Jim Buyens

Webdatenbanken

Schritt für Schritt

Microsoft Press

Dieses Buch ist die deutsche Übersetzung von:
Jim Buyens: Web Database Development Step by Step
Microsoft Press, Redmond, Washington 98052-6399

15 14 13 12 11 10 9 8 7 6 5 4 3 2 1
01 00

ISBN: 3-86063-766-5

Übertragung ins Deutsche: Beate Majetschak
Satz/Korrektorat: mediaService, Siegen (www.mediaproject.net)
Umschlaggestaltung: HommerDesign, Haar (www.HommerDesign.com)
Typografie: HommerDesign, Haar (www.HommerDesign.com)
Herstellung, Druck und Bindung: Kösel, Kempten (www.KoeselBuch.de)

Inhaltsverzeichnis

Danksagung

Meiner Frau Connie und meinen Kindern Lorrill, Justin und Lynessa herzlichen Dank für ihre Unterstützung und dafür, dass sie mir Aufschub gewährten, während ich dieses Buch schrieb. Dank auch an meine Eltern und an meine Brüder und deren Familien: Harold, Marcella, Ruth, Dave, Connie, Michael, Steven, Rick, Jenny, Matt und Claire. Wir sind inzwischen ganz schön viele.

Bei Microsoft möchte ich mich bei Eric Stroo bedanken, der die geschäftlichen Details festgelegt hat und auch bei John Pierce, dem Managing Editor und Devon Musgrave, dem Project-Editor. Dank auch an Brian Johnson für seine kompetente technische Überarbeitung und an Becka McKay für ihre gründliche Überarbeitung des Manuskripts.

Dank auch an die Firma Interlang und hier insbesondere an Ken Gavranovic und Jason Peoples für ihre Hilfe bei der Bereitstellung der Website *www.interlacken.com.*

Der größte Dank gebührt jedoch Ihnen, den Lesern, die ein solches Unterfangen möglich machen und die dieses auch wert sind. Ich hoffe, mein Buch erfüllt Ihre Erwartungen.

Einführung

In diesem Buch erfahren Sie, wie Sie Datenbankanwendungen für das World Wide Web erstellen. Wenn Sie wissen, wie ganz normale Webseiten erstellt werden, ein wenig von Datenbanken verstehen und beides integrieren wollen, ist dieses Buch das Richtige für Sie.

Es gibt mindestens genau so viele potentielle Webdatenbankanwendungen wie Datenbanken. Wenn sich Ihre Daten in einer Datenbank speichern lassen, können Sie Webseiten erstellen, um die Daten einzugeben, zu warten und anderen zur Verfügung zu stellen. Und Sie brauchen dafür außer auf Ihrem Webserver nicht einmal Software weiterzugeben und zu installieren.

Selbstverständlich lassen sich Webdatenbankseiten auch als Oberfläche für traditionelle Geschäftsanwendungen wie Auftragsbearbeitung und Bestellwesen, Lagerwirtschaft und Lohn und Gehalt nutzen, sie eignen sich jedoch prinzipiell für jede Sammlung sich wiederholender Webseiten. Anstatt für jede Person, jeden Ort oder Gegenstand eine eigene Webseite zu erstellen, können Sie diesen variablen Teil auch in einer Datenbank ablegen und die Webseite so einrichten, dass der gewünschte Datenbankinhalt angezeigt wird.

Eine Webseite zu entwickeln, die auf eine Datenbank zugreift (d. h. eine Webdatenbankseite) muss nicht besonders schwierig sein. Im einfachsten Fall reichen dafür circa zwanzig Codezeilen aus. Seiten, die mehr Funktionalität bieten, sind natürlich aufwendiger. Davon sollten Sie sich jedoch nicht abhalten lassen.

Bekommen Sie Bauchschmerzen, wenn von »Codezeilen« die Rede ist? Keine Sorge, es gibt inzwischen mehrere Millionen Menschen, die wissen, wie HTML-Code erzeugt wird und sich bis zu einem gewissen Grad mit Visual Basic auskennen. Mehr brauchen Sie nicht zu wissen, um die Beispiele im Buch nachvollziehen zu können und eigene Webdatenbankanwendungen zu entwickeln.

Systemanforderungen

Die meisten Webseiten in diesem Buch sind Active Server Pages (kurz ASP-Seiten). Das bedeutet, dass sie Skriptcode enthalten, der jedes Mal auf dem Webserver ausgeführt wird, wenn ein Besucher die Seite anfordert. Der Skriptscode übernimmt die Eingaben des Besuchers der Webseite, greift auf die Datenbank zu und personalisiert die Webseite, die an den Besucher zurückgesendet wird.

ASP ist eine Funktion von Microsoft-Webservern und Ihr Produktionswebserver sollte ein Microsoft Windows 2000 Server sein, auf dem Internet Information Server 4.0 ausgeführt wird. Wenn Ihr aktueller Webserver eine andere Art von Software nutzt, müssen Sie den Server austauschen, den Provider wechseln oder eine andere Technik nutzen.

Für den Zugriff auf die Datenbank sind verschiedene Schichten von Software erforderlich, die alle in einem Paket namens Microsoft Data Access Components (MDAC) enthalten sind. Im Lieferumfang von IIS ist eine Version von MDAC enthalten. Neuere Versionen finden Sie im Web unter *http://www.microsoft.com/data/*.

Wenn Sie neue Webseiten lieber auf Ihrem Desktop entwickeln und testen, müssen Sie IIS unter Windows 95, Windows 98, Windows NT Workstation und Windows 2000 Professional installieren. Für Windows NT Workstation müssen Sie dazu das Windows NT 4.0 Option Pack herunterladen und installieren. Unter Windows 98 installieren Sie die Windows-Komponente namens Personal Web Server und unter Windows 2000 Professional die Windows-Komponente Internet Information Services.

Über eine Webseite kann auf fast alle Arten von Datenbanken zugegriffen werden. Aber die Datenbank, die in diesem Buch benutzt wird, wurde mit Microsoft Access erstellt. Die Entscheidung fiel zugunsten von Access aus, weil Access das am weitesten verbreitete und bedienerfreundlichste Datenbanksystem ist. Wenn Ihre Anwendung ein hohes Transaktionsvolumen erfordert oder eine extrem hohe Zuverlässigkeit, erfahren Sie in diesem Buch auch, wie Sie über Webseiten auf Microsoft SQL Server-Datenbanken zugreifen können.

Sie brauchen keinen bestimmten HTML-Editor zu benutzen. Sie können Microsoft FrontPage, Microsoft Visual InterDev, Editor oder auch jeden anderen Editor verwenden, den Sie bevorzugen. Sie müssen lediglich sicherstellen, dass der Editor ASP-Code, d. h. Code, der zwischen den Tags `<%` und `%>` steht, nicht als Syntaxfehler behandelt.

Mit Ausnahme von einigen Seiten, die eXtensible Markup Language (XML) verwenden, sind die Webseiten in diesem Buch browserneutral. Dies bedeutet, dass sie bei fast allen Browsern funktionieren, die Ihre Besucher einsetzen, auch bei älteren Versionen von Microsoft Internet Explorer und Netscape Navigator. Die Browserunabhängigkeit ist ein wesentlicher Vorteil der serverseitigem Skripterstellung.

Organisation des Buches

Dieses Buch besteht aus sechs Teilen, die wie folgt organisiert sind:

- Teil A, »Einführung in Webdatenbankseiten« bietet eine Einführung in das Material, das für die Erstellung einfacher Webdatenbankseiten erforderlich ist und erklärt, wie diese erstellt werden. Kurz gesagt, bietet dieser Teil einen Überblick über alles, was folgt.
- Teil B, »Grundkonzepte«, bietet den Hintergrund zum Design und dem Einsatz von Datenbanken, zur Schnittstelle zwischen serverseitigen Skripten und Datenbanken, zur Schnittstelle zwischen einem serverseitigen Skript und dem Webserver und zu Visual Basic, Scripting Edition (VBScript), der Programmiersprache, die am häufigsten zur Erstellung serverseitiger Skripts benutzt wird. Es schließt mit einer Lektion zur Einrichtung einer Entwicklungsumgebung für Webdatenbanken.

  Dieser Teil enthält zahlreiche Referenzmaterialien, die Sie zunächst nur überfliegen oder sogar ganz übergehen können. Sie können diese zusätzlichen Details bei Bedarf auch jederzeit später noch lesen.
- Teil C, »Anwendungen entwickeln« ist das Herzstück des Buches – der Teil, der erklärt, wie Anwendungen in der Praxis erstellt werden. Vier Lektionen erklären, wie eine einfache Kataloganwendung mit Suchfunktion und drei Arten von Wartung erstellt werden kann.

  Die Webseiten in diesen Lektionen sind keine rudimentären Beispiele; es handelt sich um vernünftig ausgestattete Seiten mit Funktionen, die Sie sehr wahrscheinlich in Ihrer eigenen Site benutzen möchten. Schließlich werden Sie sich nicht mit einer Site zufrieden geben wollen, die lediglich die Funktionen eines Lehrbuchbeispiels aufweist. Dies führt natürlich zu einem gewissen Grad an Komplexität, der Sie jedoch hoffentlich nicht überfordert.
- Teil D, »Fortgeschrittene Themen«, erklärt, wie der Zugriff auf Microsoft Index Server über einen Webserver erfolgt. Index Server ist eine Suchmaschine für Text, die im Lieferumfang von Microsofts höherwertigen Webservern enthalten ist. Index Server ist nützlich für die Suche nach Dokumenten über bestimmte Wörter, die in diesen enthalten sind und ist auch ein Beispiel für den Einsatz einer nicht relationalen Datenbank.

  Dieser Teil erklärt auch, wie das IIS Session-Objekt verwendet wird, um Daten zu sammeln, während Besucher mehrere Seiten innerhalb der Site durchqueren.
- Teil E, »Daten mit XML austauschen«, führt XML ein und bietet Arbeitsbeispiele, die den Browser und den Webserver mit einbeziehen.

Wenn Sie bisher noch nicht mit XML gearbeitet haben, wird dieser Teil für Sie sehr wahrscheinlich eine Überraschung sein. XML-Tags bezeichnen die Struktur von Daten, nicht deren Erscheinungsbild. Die Anzeige von Daten mit XML erfolgt deshalb in zwei Schritten: die Daten in das XML-Format bringen und die XML-Daten dann für die Anzeige in ein anderes Format (wie z.B. HTML) konvertieren. Dieser Teil des Buches erklärt verschiedene Wege, um jeden dieser Schritte durchzuführen.

- Teil F, »Tuning und Debugging«, bietet Tipps zur Verbesserung der Performanz von Webdatenbankseiten und für die Diagnose von Seiten, die Amok laufen. Zum Schluss wird beschrieben, wie interaktive Debuggingsitzungen gestartet werden, bei denen Webdatenbankseiten Anweisung für Anweisung ausgeführt werden, die aktuelle Anweisung immer hervorgehoben wird und Zugriff auf alle aktuellen Werte und Eigenschaften besteht.

Die Übungsdateien installieren

Gehen Sie wie folgt vor, um die Übungsdateien von der CD-ROM zu installieren. Anschließend können Sie sie in den Übungen der verschiedenen Lektionen einsetzen.

1. Falls Ihr Computer noch nicht eingeschaltet ist, schalten Sie ihn jetzt ein und starten Sie Windows.
2. Legen Sie die CD-ROM zum Buch in das CD-ROM-Laufwerk ein.
3. Klicken Sie auf die Option *Übungsdateien installieren* und befolgen Sie die Anweisungen am Bildschirm.
4. Nehmen Sie nach Abschluss der Installation die CD-ROM aus dem CD-ROM-Laufwerk und legen Sie sie in die Verpackung zurück.

Auf der Festplatte wurde nun ein Ordner namens *Webdbdev* im von Ihnen festgelegten Ordner angelegt. Dieser enthält einen Unterordner pro Kapitel, in dem die Übungsdateien für das jeweilige Kapitel abgelegt sind. Innerhalb jedes Kapitels werden die Dateinamen für die Übungsdateien an den relevanten Stellen genannt.

Die Übungsdateien deinstallieren

Haben Sie die Übungsdateien über das Setup-Programm auf Ihrer Festplatte installiert, können Sie sie wie folgt löschen:

1. Klicken Sie in der Windows-Taskleiste auf die Schaltfläche *Start,* zeigen Sie auf *Einstellungen* und wählen Sie *Systemsteuerung.*

2. Klicken Sie in der *Systemsteuerung* doppelt auf das Symbol *Software* und anschließend auf die Schaltfläche *Programme ändern oder entfernen.*
3. Klicken Sie in der Liste auf *Webdbdev Beispieldateien* und klicken Sie anschließend auf *Ändern/Entfernen.*
4. Klicken Sie zur Bestätigung auf *Ja.*

Konventionen

Im Rahmen dieses Buches werden einige Konventionen zur Kennzeichnung von Anweisungen, Tastatureingaben und speziellen Textteilen wie Übungen, Tipps und Warnungen benutzt, mit denen Sie sich vertraut machen sollten.

Übungen

- Die Anleitungen für praktische Übungen, die Sie nachvollziehen sollten, werden immer in nummerierten Aufzählungen angegeben.
- Text, den Sie eingeben sollten, wird in **fett gedruckten Buchstaben** dargestellt.
- Namen von Menüs, Befehlen, Optionen und ähnlichem, die Sie am Bildschirm wählen bzw. aktivieren sollen, werden kursiv (z.B. *Datei/Öffnen*) dargestellt.

Tastatureingaben

Tastatureingaben werden mit einer speziellen Schrift gekennzeichnet (z.B. [↵]). Ein Pluszeichen zwischen zwei Tasten bedeutet, dass Sie die Taste vor dem Pluszeichen gedrückt halten müssen, während Sie auf die Taste nach dem Pluszeichen drücken (z.B. [Alt]+[⇆]).

Symbole in der Marginalspalte

Mit diesem Symbol sind Tipps gekennzeichnet. Dies können z.B. alternative Vorgehensweisen für einen Schritt sein, mit denen Sie Zeit sparen können.

Dieses Symbol kennzeichnet Hintergrundinformationen oder andere weiterführende Informationen, die im aktuellen Zusammenhang nützlich sind, wie z.B. dass eine bestimmte Datei auf der CD-ROM zum Buch enthalten ist oder was eine bestimmte Notation bedeutet.

In Absätzen, die mit diesem Symbol gekennzeichnet sind, werden Sie auf Punkte aufmerksam gemacht, die Sie unbedingt beachten müssen, um Probleme zu vermeiden.

Mit diesem Symbol werden Sie am Anfang jeder Lektion darauf hingewiesen, wie viel Zeit Sie benötigen, um die Lektion durchzuarbeiten.

Weiterführende Übungen und Informationen

In der Zusammenfassung am Ende jeder Lektion erhalten Sie noch einmal einen Überblick über die Themen, die in der Lektion behandelt wurden und Sie erfahren, was Sie in der nächsten Lektion erwartet.

Kontaktaufnahme mit dem Autor

Es ist immer schön, eine Rückmeldung von zufriedenen Lesern zu erhalten und die von weniger zufriedenen Lesern ist natürlich auch sehr wichtig. Bitte schreiben Sie in Englisch. Meine E-Mail-Adresse ist

buyensj@primenet.com

Ich bin sehr an Ihrem Eindruck von diesem Buch interessiert. Bitte teilen Sie mir mit, was Ihnen gefallen oder missfallen hat, welche Ihrer Fragen beantwortet oder nicht beantwortet wurden, was Sie als überflüssig empfunden haben und was Sie in der nächsten Ausgabe gerne sehen würden. Fehlerkorrekturen und Ergänzungen finden Sie in meiner Website unter

http://www.interlacken.com/webdb/errata.htm

Weitere Informationen finden Sie außerdem in der Website von Microsoft Press:

http://www.microsoft.com/germany/mspress

Ich kann nur Verbesserungsvorschläge für dieses Buch und nicht für Microsoft-Software entgegennehmen. Falls Sie Verbesserungsvorschläge für Microsoft-Produkte abgeben möchten, können Sie dies unter der folgenden E-Mail-Adresse tun (bitte in englischer Sprache):

mswish@microsoft.com

Bitte haben Sie Verständnis dafür, dass ich nur eine Einzelperson bin und weder technischen Kundendienst noch Unterstützung beim Debugging bieten kann. Selbst für meine Leser nicht. Bitte versuchen Sie es bei anderen Kanälen, wie z.B. die Microsoft Developer Network Library und den Kundendienst-Website von Microsoft unter

http://msdn.microsoft.com/library/
http://support.microsoft.com/directory/

Wenn Sie keinen Erfolg haben, können Sie sich an mich wenden. Ich kann zwar nicht versprechen, jede Frage beantworten zu können, aber ich werde zumindest versuchen, einen nützlichen Vorschlag zu machen. Auch wenn ich Ihre E-Mail-Nachrichten nicht direkt beantworten kann, lerne ich aus den Problemen, die Benutzer wie Sie haben – und davon werden dieses und alle zukünftigen Bücher profitieren.

Einführung in Webdatenbank-seiten

A

1

Die erste Webdatenbank

Geschätzte Dauer:
40 Minuten

In dieser Lektion lernen Sie

- wie Sie eine neue ASP-Datei erstellen.
- wie Sie Code schreiben, um eine Datenbank zu lesen.
- wie Sie eine ASP-Datei auf dem Webserver installieren und ausführen.

Die Präsentation und Sammlung von Daten im Web ist inzwischen weit über das Stadium der Anzeige einfacher Seiten hinweg. Die Tage, als Webdesigner, die eine Sammlung von Elementen präsentieren wollten, für jedes Element eine separate Webseite erstellen mussten, gehören längst der Vergangenheit an. Solche Seiten ließen sich nicht nur am Anfang schwer organisieren, sondern es war auch fast unmöglich, sie zu warten.

Das Volumen und die Struktur der Daten, die im Web präsentiert werden, verlangen zunehmend nach einer Speicherung und Organisation in Datenbanken, aus denen dann datenbankgesteuerte Webseiten erstellt werden können. Alle Websites oder Teile einer Website, die Informationen über eine Sammlung von Elementen präsentieren, wie z.B. Produkte, die zum Verkauf angeboten werden, persönliche Fotografien, Hyperlinks, sind Kandidaten für den Einsatz einer Webdatenbank.

Die allgemeine Vorgehensweise besteht darin, eine Datenbank zu definieren (z.B. in Microsoft Access), einen Datensatz für jedes Element hinzuzufügen und die Datenbank dann abzufragen, um Webseiten dynamisch zu erstellen. Die Menüseite in HTML wird zur Datenbankabfrage mehrerer Datensätze genutzt. Untergeordnete Seiten zeigen einzelne Datenbankeinträge detailliert an. Weitere Vorteile von Webdatenbanken sind:

- Eine Datenbank lässt sich wesentlich leichter warten als einzelne Webseiten.
- In einer Datenbank lassen sich die gesuchten Elemente leichter finden.
- In einer Datenbank lassen sich Daten desselben Typs leicht auf unterschiedliche Arten präsentieren, wie z.B. nach der Kategorie, nach der Beschreibung, nach dem Alter und nach jedem anderen Feld in der Datenbank.

Informationen über Webseiten zu sammeln oder bereitzustellen, ist allgemein attraktiv. Die Größe einer Organisation spielt dabei keine Rolle und auch der Bereich nicht, in dem die Organisation tätig ist. Die Techniken lassen sich unabhängig davon anwenden, ob Antiquitäten, Gebrauchtwagen, seltene Briefmarken, Kunst, Häuser oder vermisste Kinder präsentiert werden. Wenn Sie glauben, dass statische Webseiten für das, was Sie anzubieten haben, zu langweilig, fehleranfällig und zu schwierig zu organisieren und zu warten seien, sind Webdatenbankseiten genau das Richtige für Sie.

Leider gibt es bisher – trotz vieler Bemühungen – noch keine Möglichkeit, Datenbankanwendungen per Mausklick oder über einen WYSIWYG-Editor zu erstellen. Im besten Fall automatisieren solche Entwicklungssysteme nur eine Teilmenge dessen, was für eine bestimmte Art von Anwendung erforderlich ist. Für die Entwicklung von Datenbankanwendungen ist der Code das wichtigste – egal, ob es sich dabei um Web-, Client/Server- oder Mainframedatenbanken handelt.

Die Komponenten Internet Information Services (IIS) von Microsoft Windows 2000 und Internet Information Server für Microsoft Windows NT 4 bieten eine leistungsfähige Sammlung von Technologien für die schnelle und einfache Entwicklung von Webdatenbankanwendungen mit einem Minimum an Code. Selbst, wenn Sie nur mäßig mit diesen Technologien vertraut sind, können Sie Webdatenbankanwendungen für den Hausgebrauch, Ihre Abteilung oder Ihr Unternehmen entwickeln. Nachfolgend sind die Technologien aufgelistet, die im Zusammenhang mit Webdatenbankseiten relevant sind. Bis auf HTML und Microsoft Visual Basic, mit denen Sie bereits vertraut sein sollten, werden die Technologien im Rahmen dieses Buches erklärt.

- **HTML** Trotz der zahlreichen Beschränkung bleibt HTML (Hypertext Markup Language) die grundlegende Technologie, um die Struktur und das Erscheinungsbild von Webseiten festzulegen. Es wird vorausgesetzt, dass Sie mit HTML hinlänglich vertraut sind, um einfache Webseiten manuell erstellen zu können.
- **Microsoft Active Server Pages (ASP)** Eine einfache, serverseitige Skripterstellungsfunktion, die Microsoft für alle Microsoft-Webserver bereitstellt. Wenn ein Besucher eine Seite anfordert, die ein serverseitiges Skript enthält, passt das Skript die Seite an, bevor sie den Server verlässt. Dieses Buch setzt keine Vorkenntnisse über ASP voraus. Ihr Webserver muss jedoch in der Lage sein, die Beispiele und ähnlichen Code auszuführen, den Sie selbst erstellen. ▶ Lektion 5 erklärt dies genauer.

- **Microsoft Visual Basic Scripting Edition (VBScript)** Dies ist die Programmiersprache der Wahl für ASP. Um dieses Buch zu verstehen, benötigen Sie zwar keine ausgeprägten Kenntnisse über Visual Basic, sollten jedoch mit der Struktur und der Syntax vertraut sein. Sie sollten z.B. wissen, was eine *If Then...Else...End If*-Struktur oder *While...Wend*-Schleife ist (siehe hierzu ▶ Lektion 5).

Viele Webentwickler verzichten in ihren Webseiten auf VBScript, weil VB-Script nicht von Netscape Navigator unterstützt wird. Weil ASP-Seiten jedoch auf dem Webserver und nicht im Browser des Besuchers ausgeführt werden, spielt dies hier keine Rolle und die Seiten können in Netscape Navigator trotzdem angezeigt werden.

- **Datenbankdesign und -implementierung** Der erste Schritt bei der Erstellung einer Datenbank besteht immer darin, die Tabellen und Felder festzulegen. Im zweiten Schritt wird diese Struktur dann mit der Datenbanksoftware implementiert. Im dritten und vierten Schritt werden die Daten eingegeben und die Daten abgefragt. Diese beiden Schritte sind völlig abhängig von den ersten beiden Schritten.
- Sie brauchen kein Datenbankexperte zu sein, um Webdatenbankseiten zu entwickeln, aber Sie müssen wissen, wie eine Datenbank erstellt wird. Die ▶ Lektionen 2 und 3 sollten Ihnen jedoch genügend Hilfe bieten, damit Sie loslegen können.
- **Microsoft ActiveX Data Objects (ADO)** Um über eine Programmiersprache auf eine Datenbank zugreifen zu können, ist ganz offensichtlich eine Softwareschnittstelle nötig. Microsoft Webserver bieten eine solche Schnittstelle. Sie heißt ActiveX Data Objects (ADO). Eine Datenbank wird wie folgt geöffnet und gelesen:
    - Instantiierung (Erstellung aktiver Kopien) der benötigten ADO-Objekte
    - Festlegung der Eigenschaften
    - Aufruf der Methoden (auch Befehle genannt)
    - Übernahme der Ergebnisse

▶ Lektion 3 zeigt, wie ADO auf dem Webserver installiert wird. Es wird fast in jedem Beispiel in diesem Buch erklärt, wie ADO auf die eine oder andere Weise verwendet wird.

- **Structured Query Language (SQL)** Fast alle Datenbanksysteme können Befehle von Anwendungen im SQL-Format verarbeiten. Und da bilden auch Access – das bevorzugte Datenbanksystem in diesem Buch – und Microsoft SQL Server keine Ausnahme. ADO übernimmt SQL-Befehle von Anwendungen und sendet sie an die Datenbanksoftware, die diese dann ausführt.

Die meisten Webdatenbankseiten erstellen eigene SQL-Anweisungen, die häufig Optionen oder Suchwerte enthalten, die der Webbesucher eingibt. Um Webdatenbankseiten entwickeln zu können, benötigen Sie also zumindest Grundkenntnisse in SQL. ▶ Lektion 2 bietet eine Einführung in SQL und zeigt, wie Access SQL-Anweisungen für Sie erstellen kann.

Es gibt zahlreiche umfassende Bücher zu den genannten Themen. Alles in allem sind sie jedoch für angehende Webdatenbankentwickler zu teuer und schrecken möglicherweise ab. Anfänger benötigen nur einen kleinen Teil der Informationen, die in diesen Büchern enthalten sind. Es muss jedoch alles ganz ausführlich erklärt werden. Kurz gesagt benötigen Anfänger ein Kochbuch.

Und ein solches Kochbuch ist *Webdatenbanken Schritt für Schritt*. Das Buch zeigt anhand von einfachen und trotzdem praktischen Beispielen, wie eine Datenbank, die mit Access erstellt wurde, auf einen Webserver kopiert wird und wie Webseiten für die Abfrage und die Aktualisierung erstellt werden. Die Betonung liegt hier auf dem Lernen am Beispiel, nicht auf langen, monotonen Textbeschreibungen.

Die Oberfläche für eine einfache Webdatenbank erstellen

Wenn wir schon von Beispielen sprechen, hier gleich das erste. Sie werden sicher zustimmen, dass es nichts besseres gibt, als ein konkretes Beispiel, um die Grundkonzepte einer neuen Technologie zu erfassen. Im Beispiel werden die in Abbildung 1.1 gezeigten Access-Daten eingelesen und die in Abbildung 1.2 gezeigte Webseite erzeugt. Das Beispiel besteht aus vier grundlegenden Schritten:

1. Eine neue ASP-Datei erstellen.
2. Code erstellen, der die Datenbank einliest und den entsprechenden HTML-Quelltext ausgibt.
3. Die ASP-Datei und die Datenbank auf den Webserver kopieren.
4. Die Seite ausführen und die Ergebnisse betrachten.

Abbildung 1.1 Die Tabelle *Spielplan* in der Datenbank *Critters* enthält eine Liste mit Hockeyspielern

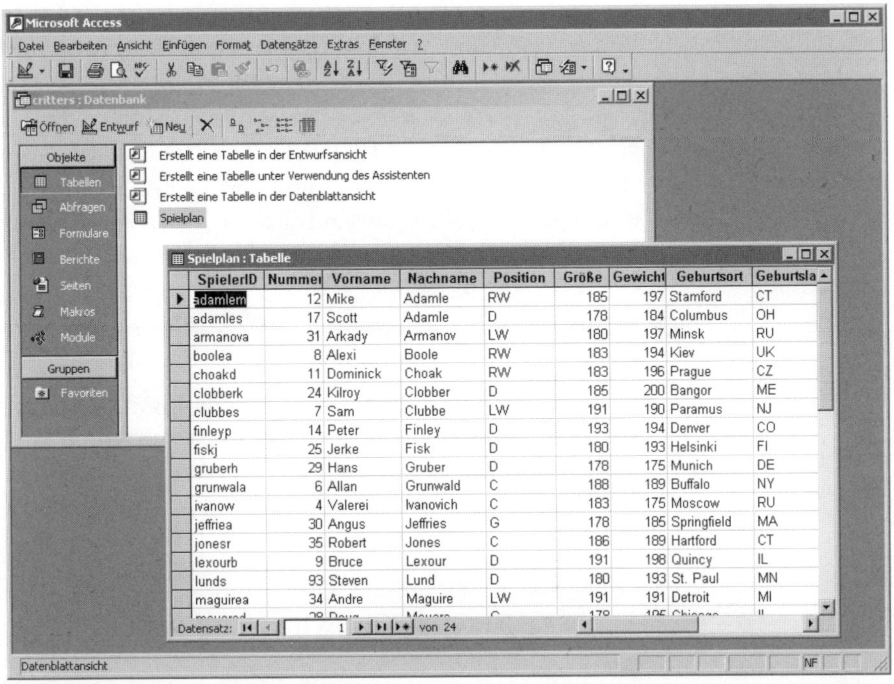

Abbildung 1.2 So sollte der Hockeyspielplan im Web aussehen. Bei diesem einführenden Beispiel ist Einfachheit mehr wert als eine aufwendige Formatierung.

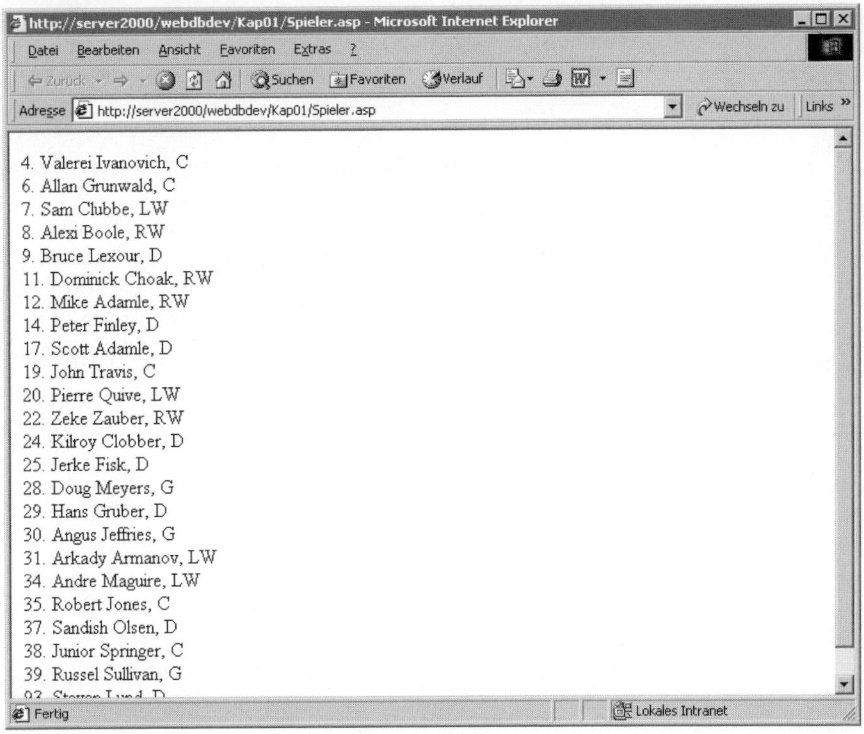

Webdatenbankseiten werden zunächst auf dieselbe Weise erstellt wie Webseiten. Die Vorgehensweise sollte Ihnen eigentlich bereits vertraut sein. Für alle Fälle hier noch einmal eine kurze Beschreibung.

Eine neue ASP-Datei erstellen

1. Öffnen Sie Ihren bevorzugten HTML-Editor. Dies kann ein einfacher Texteditor wie der Windows-Editor, ein WYSIWYG-Editor wie Microsoft FrontPage oder Microsoft Visual InterDev, aber auch ein beliebiger anderer Editor sein.

2. Wenn Sie sich für einen WYSIWYG-Editor entscheiden, wechseln Sie zu einer Ansicht, die den HTML-Quelltext zeigt.

Wenn Sie den Code für dieses Beispiel nicht selbst eingeben möchten, können Sie ihn auch von der CD-ROM zum Buch kopieren. Sie finden den Code in der Datei *x:\Webdbdev\Kap01\Spieler.asp* (*x* ist der Laufwerkbuchstabe Ihres CD-ROM-Laufwerks).

3. Erstellen Sie eine neue Datei.

4. Geben Sie die folgenden Anweisungen ein, falls sie nicht bereits vorhanden sind. Die Groß-/Kleinschreibung wird nicht berücksichtigt.

```
<html>
<head>
</head>
<body>
</body>
</html>
```

Code, um die Datenbank einzulesen und den HTML-Quelltext auszugeben

Jetzt kommt der wichtige Teil, d. h. der Teil, für den Sie das Buch gekauft haben. Sie geben nun den Code ein, der die Tabelle *Spielplan* aus der Datenbank einliest und als Webseite präsentiert. Die ADO-Technologie, die hier eingeführt wird, wird in den ▶ Lektionen 3 und 4 ausführlich beschrieben.

1. Geben Sie den folgenden Code zwischen den Tags *<body>* und *</body>* ein.

```
<p>
<%
%>
</p>
```

Die erste und die vierte Zeile kennzeichnen den Anfang und das Ende eines HTML-Absatzes, die zweite und die dritte Zeile einen Block mit

VB-Script-Code, der auf dem Webserver ausgeführt wird, wenn die Seite von einem Besucher angefordert wird.

2 Um die Datenbank einlesen zu können, muss sie zuerst geöffnet werden. Geben Sie dazu den folgenden Code zwischen den Tags <% und %> ein.

```
openStr = "driver={Microsoft Access Driver (*.mdb)};" & _
          "dbq=" & Server.MapPath("critters.mdb")
Set cn = Server.CreateObject("ADODB.Connection")
cn.Open openStr
' Hier Code einfügen, um die Tabelle zu öffnen und einzulesen.
cn.Close
Set cn = Nothing
```

Mit dem »Kaufmännischen Und«-Zeichen (&) werden in Visual Basic zwei Zeichenfolgen miteinander verknüpft. Die folgenden Ausdrücke sind identisch:

```
"a" & "b"
"ab"
```

Der Unterstrich (_) dient als Zeilenfortsetzungszeichen. Visual Basic ignoriert das Zeilenendezeichen, das dem Unterstrich folgt.

Die ersten beiden Zeilen beinhalten den *Verbindungsstring*, mit dem die Datenbank geöffnet wird. Mit dem Teil *driver=* wird angegeben, dass es sich um eine Access-Datenbank handelt. Mit dem Teil *dbq=* werden der Pfad und der Dateiname festgelegt. ADO benötigt diese beiden Informationen, um die Datenbank zu öffnen.

Der Ausdruck *Server.MapPath("Critters.mdb")* in der zweiten Zeile ist erklärungsbedürftig. Alle Dateinamen, die im *dbq=*-Teil des Verbindungsstrings enthalten sind, müssen lokale, vollständig qualifizierte Dateinamen sein, wie z.B. *F:\InetPub\Wwwroot\Webdbdev\Kap01\Critters.mdb*. Dies ist problematisch, da Sie in den meisten Fällen nicht wissen werden, wo die Website im Dateisystem des Webservers beginnt. Sie kennen jedoch den URL jeder Datei in der Site. Und hier kommt die Methode *Server.MapPath* ins Spiel. *Server.MapPath* konvertiert einen relativen URL in einen lokalen, vollständig qualifizierten Dateinamen.

Die dritte Zeile weist den Server an, ein ADODB *Connection*-Objekt zu erstellen und einen Verweis darauf in der Variablen *cn* zu speichern. *ADODB* steht für »ADO-Datenbank«. Das ADODB *Connection*-Objekt verwaltet die Verbindung zu einer geöffneten Datenbank.

Die vierte Zeile weist das *Connection*-Objekt an, das in der vorhergehenden Zeile erstellt wurde, die Datenbank zu öffnen, die in den ersten beiden Zeilen genannt wurde. Dazu wird die *Open*-Methode des Objekts *cn* mit dem Verbindungsstring aus den ersten beiden Zeilen als Argument aufgerufen.

Die beiden letzten Zeilen beenden die Datenbankverbindung und entfernen das *Connection*-Objekt. Es ist empfehlenswert, sorgfältig zu arbeiten und immer alle verwendeten Objekte zu entfernen.

3 Während die Datenbank geöffnet ist, können Datensätze abgefragt werden. Geben Sie dazu den folgenden Code zwischen die Anweisungen *cn.Open* und *cn.Close* ein, die Sie in Schritt 2 eingegeben hatten.

```
sql = "SELECT Nummer, Vorname, Nachname, Position " & _
      "FROM Spielplan " & _
      "ORDER BY Nummer; "
Set rs = Server.CreateObject("ADODB.Recordset")
rs.Open sql, cn, 3, 3
' Hier Code einfügen, um die Tabelle zu durchlaufen.
rs.Close
set rs = Nothing
```

Die ersten drei Zeilen definieren eine SQL-Anweisung, die die benötigten Datensätze in der gewünschten Reihenfolge abruft.

Die vierte Zeile erzeugt ein ADODB *Recordset*-Objekt und speichert einen Verweis darauf in der Variablen *rs*. Ein ADODB *Recordset*-Objekt bietet Zugriff auf die Ergebnisse einer Abfrage – d. h. die Datensätze, die die Abfrage zurückliefert.

Die fünfte Zeile öffnet das Recordset mittels der Methode *Open* des *Recordset*-Objekts *rs*, das soeben erstellt wurde. Die Methode übernimmt als Parameter die SQL-Anweisung, die in den ersten drei Zeilen erstellt wurde, die Verbindungszeichenfolge, der in Schritt 2 erstellt wurde und zwei weitere Parameter namens *CursorType* und *LockType*, die in ▶ Lektion 4 ausführlicher beschrieben werden. Im Augenblick werden diese Parameter auf den Wert 3 gesetzt.

Schritt 4 liefert den Code, um das Recordset einzulesen. Zuvor sollten Sie jedoch das Recordset schließen und das *Recordset*-Objekt löschen. Solche Dinge sollten Sie nicht aufschieben, da Sie sie sonst vergessen.

4 Um die Datensätze zu durchlaufen, die in Schritt 3 abgerufen wurden, geben Sie den folgenden Code zwischen den Anweisungen *rs.Open* und *rs.Close* ein:

```
On Error Resume Next
rs.MoveFirst
Do While Not rs.EOF
' Hier Code einfügen, um jeden Datensatz zu verarbeiten
    rs.MoveNext
Loop
```

Die erste Anweisung teilt dem Server mit, dass der Code selbst dann weiter ausgeführt werden soll, wenn ein Fehler auftritt. Bis zu dieser Stelle sendet ADO dem Webbesucher eine Fehlermeldung und der Server stoppt die Ausführung des Skripts, wenn ein Fehler auftritt. Die Anweisung *On Error Resume Next* teilt dem Server mit, dass er einfach die nächste Anweisung ausführen soll, wenn bei einer Anweisung ein Fehler auftritt.

Die zweite Zeile setzt das Recordset in der Variablen *rs* auf den ersten Datensatz. Da das Recordset soeben geöffnet wurde, sollte dies bereits der Fall sein. Es ist jedoch immer besser, auf Nummer sicher zu gehen.

Die dritte und die sechste Zeile kennzeichnen den Anfang und das Ende einer Schleife, die so lange ausgeführt wird, bis das Ende des Recordsets *rs* erreicht ist. Wird das Ende eines Recordsets erreicht, wird die Eigenschaft *EOF* auf den Wert *True* gesetzt.

Die fünfte Zeile enthält die Anweisung, die den nächsten Datensatz im Recordset *rs* aufruft. Dazu dient die Methode *MoveNext* des *Recordset*-Objekts *rs*.

5 Nun fehlt nur noch der Code, der die Datenbankwerte in HTML-Quelltext ausgibt, der an den Webbesucher übertragen werden kann. Der Code sieht wie folgt aus und sollte vor die *rs.MoveNext*-Anweisung gesetzt werden.

```
Response.Write Server.HTMLEncode(_
    rs.Fields("Nummer") & ", " & _
    rs.Fields("Vorname") & " " & _
    rs.Fields("Nachname") & ", " & _
    rs.Fields("Position")) & "<br>" & vbCrLf
```

Diesen Code sollten Sie am besten von innen nach außen lesen. Die vier Ausdrücke ab *rs.Fields("Nummer")* rufen die Datenwerte aus dem aktuellen Datensatz im Recordset *rs* ab. Die Namen in Klammern geben an, welche Datenbankfelder aus dem (aktuellen) Datensatz abgerufen werden sollen.

Server.HTMLEncode ist eine Methode, die Zeichenfolgen inspiziert und alle in HTML reservierten Zeichen findet und durch entsprechende Symbole ersetzt. Alle Kleiner-als-Zeichen (<) werden z.B. durch *&lt* ersetzt und alle Größer-als-Zeichen (>) durch *&gt* etc. Damit wird sichergestellt, dass alle von HTML reservierten Zeichen, die in einer Datenbank enthalten sind, einfach angezeigt und nicht als HTML-Quelltext interpretiert werden.

Die Methode *Response.Write* schreibt alle abgerufenen Zeichenfolgen in die Webseite, die dann dem Webbesucher präsentiert wird. Die Zeichenfolge erscheint anstelle des Bereichs <% und %>, der die *Response.Write*-Anweisung enthält. Weder die Tags <% und %> noch der Code dazwischen werden an den Webbesucher gesendet.

Über das Literal *
* und die integrierte Konstante *vbCrLf* werden nach jedem Spieler ein Zeilenumbruch und ein ASCII-Zeilenendezeichen eingefügt.

Nachfolgend sehen Sie die fertige Webseite mit dem gesamten Code, den Sie in den fünf Schritten eingegeben haben. Nachdem Sie nun wissen, wie die einzelnen Teile funktionieren, sollten Sie auch die gesamte Seite verstehen.

```
<html>
<head>
</head>
<body>
<p>
<%
openStr = "driver={Microsoft Access-Treiber (*.mdb)};" & _
          "dbq=" & Server.MapPath("critters.mdb")
Set cn = Server.CreateObject("ADODB.Connection")
cn.Open openStr
sql = "SELECT Nummer, Vorname, Nachname, Position " & _
      "FROM Spielplan " & _
      "ORDER BY jersey; "
Set rs = Server.CreateObject("ADODB.Recordset")
rs.Open sql, cn, 3, 3
On Error Resume Next
rs.MoveFirst
Do While Not rs.EOF
    Response.Write Server.HTMLEncode(_
        rs.Fields("Nummer") & ", " & _
        rs.Fields("Vorname") & " " & _
        rs.Fields("Nachname") & ", " & _
        rs.Fields("Position")) & "<br>" & vbCrLf
    rs.MoveNext
Loop
rs.Close
Set rs = Nothing
cn.Close
Set cn = Nothing
%>
</p>
</body>
</html>
```

Speichern Sie die Seite unter dem Namen *Spieler.asp*, nachdem Sie sich vergewissert haben, dass alle Eingaben korrekt sind. Achten Sie darauf, die Datei mit der Erweiterung *.asp* zu speichern. Wenn Sie die Seite mit der Dateinamenserweiterung *.htm* speichern, erkennt der Server den VB-Script-Code nicht und führt ihn entsprechend auch nicht aus.

Die Webseite und die Datenbank auf den Webserver kopieren

Um die Datenbankwebseite in Aktion zu sehen, müssen Sie die Datei *Spieler.asp* und die Datenbank *Critters.mdb* an einen passenden Ort auf Ihrem Webserver kopieren. Details dazu, wie Sie einen Webserver einrichten, finden Sie in ▶ Lektion 6.

Für die korrekte Konfiguration gibt es zwei Anforderungen:

- Der Webserver muss mit einer Software betrieben werden, die Active Server Pages unterstützt (siehe Tabelle 1.1).
- Für den Ordner auf dem Webserver, in dem die Datei *Spieler.asp* abgelegt wird, muss die Berechtigung *Ausführen* aktiviert sein. Dafür muss der Administrator des Servers sorgen.

Tabelle 1.1 Webserver, die ASP unterstützen

Betriebssystem	Webserver
Windows 95 oder Windows 98	Microsoft Personal Web Server 4 oder später
Windows NT Workstation 4	Microsoft Personal Web Server 4 oder später
Windows NT Server 4	Internet Information Server 4 oder später
Windows 2000 Professional, Server und Advanced Server	Internet Information Services

Auf der CD-ROM zum Buch finden Sie die Datenbank *Critters.mdb* im Verzeichnis *x:\Webdbdev\Kap01\Critters.mdb* (*x* ist der Laufwerkbuchstabe Ihres CD-ROM-Laufwerks).

Wenn die Dateien von der CD-ROM über Windows-Explorer auf eine Festplatte kopiert werden, sind die Dateien auf der Festplatte schreibgeschützt. Um mit Access-Datenbanken arbeiten zu können, müssen Sie den Schreibschutz aufheben. Klicken Sie dazu mit der rechten Maustaste auf die Datei, und wählen Sie im Kontextmenü den Befehl *Eigenschaften*. Deaktivieren Sie das Kontrollkästchen *Schreibgeschützt*. Wenn Sie den Installer von der CD-ROM benutzen, brauchen Sie sich darum nicht zu kümmern, weil das Attribut *Schreibgeschützt* bei der Installation automatisch deaktiviert wird.

Sofern Sie die Dateien *Spieler.asp* und *Critters.mdb* auf dem Webserver in einen Ordner mit der Berechtigung *Ausführen* kopieren, spielt die Uploadmethode keine Rolle. Sie können weiterhin so verfahren, wie Sie es vom Upload normaler Webseiten her gewohnt sind.

ASP funktioniert nur, wenn der Webserver korrekt konfiguriert ist. Wenn der Webserver von jemand anderem verwaltet wird, wie z.B. dem Internetdienstanbieter oder einem Mitarbeiter aus der EDV-Abteilung des Unternehmens, müssen Sie wissen, wonach Sie fragen müssen. Wenn Sie den Webserver selbst verwalten, müssen Sie wissen, welche Einstellungen Sie konfigurieren müssen. Die ▶ Lektion 5 bietet hilfreiche Informationen für diesen Bereich.

Die Seite ausführen und das Ergebnis betrachten

Wenn Sie die Seite auf den Webserver geladen haben, können Sie sie testen, indem Sie den URL in Ihren Browser eingeben. Falls alles gut geht, sollten Sie die in Abbildung 1.1 gezeigte Seite sehen.

Folgende drei Ergebnisse sind nicht erwünscht:

- Eine Webseite, die Ihren VBScript-Code anzeigt
- Eine Webseite, die keine Datenbankinformationen enthält
- Eine Eingabeaufforderung, bei der Sie gefragt werden, ob Sie die Seite herunterladen möchten

Diese Fehler treten normalerweise auf, wenn der Webserver eine ASP-Seite nicht als Programm ausführt, sondern diese stattdessen wie eine normale Webseite überträgt. Wenn dies passiert, müssen Sie entweder die Datei *Spieler.asp* und die Datei *Critters.mdb* in einen Ordner mit der Berechtigung *Ausführen* verschieben oder Ihren Serveradministrator bitten, dem Ordner diese Berechtigung zuzuweisen.

Die Anzeige ist außerdem auch dann nicht korrekt, wenn Sie die Datei *Spieler.asp* direkt von Ihrer Festplatte öffnen. Die Skripts in einer ASP-Seite müssen von einem Webserver verarbeitet und ausgeführt werden, damit das Ergebnis korrekt im Webbrowser angezeigt wird.

Abbildung 1.3 zeigt, was passiert, wenn der VBScript-Code einen Tippfehler enthält. Es gibt zu viele Fehlermeldungen, um sie in einem Buch beschreiben zu können. Meistens enthält die Fehlermeldung jedoch eine Zeilennummer oder einen Objektnamen, über den Sie die Fehlerstelle im Code leicht finden können.

Wenn Sie eine Fehlermeldung mit dem Hinweis auf ein ungültiges oder unbekanntes Datenbankformat erhalten, stimmt möglicherweise die Version von Access, mit der die Datenbank erstellt wurde, nicht mit der des Access-Treibers überein, der auf dem Webserver installiert ist. Dafür gibt es zwei Lösungen. Entweder konvertieren Sie die Datenbank in die korrekte Version oder der Serveradministrator aktualisiert den Access-Treiber auf dem Webserver.

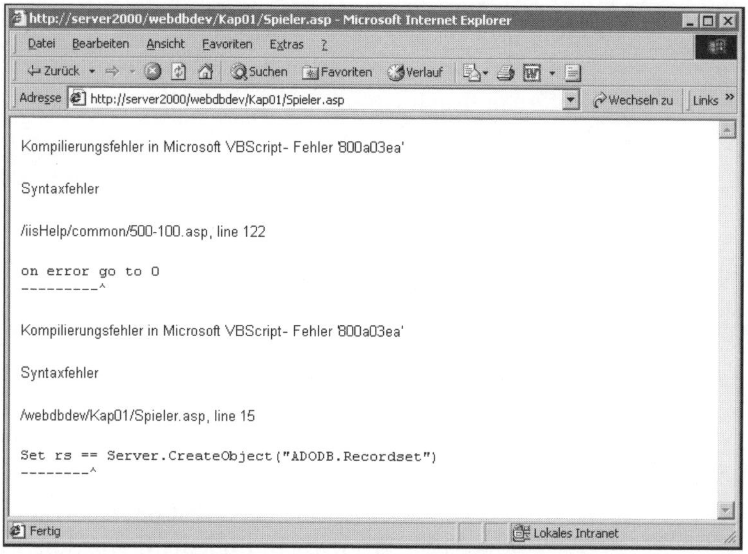

Abbildung 1.3 Der VBScript-Interpreter gibt einen Kompilierungsfehler aus, indem eine Fehlerseite an den Webbesucher gesendet wird

Wenn die Seite im Browser korrekt ausgegeben wird, sollten Sie über *Ansicht/Quelltext anzeigen* den Quelltext der Seite betrachten. Wie in Abbildung 1.4 gezeigt, empfängt der Browser keinen ASP-Code, sondern eine normale HTML-Seite. Der Webserver führt den ASP-Code aus, bevor die Webseite an den Webbesucher übertragen wird. Der Browser empfängt nur den HTML-Quelltext, der mit dem ASP-Code erzeugt wird.

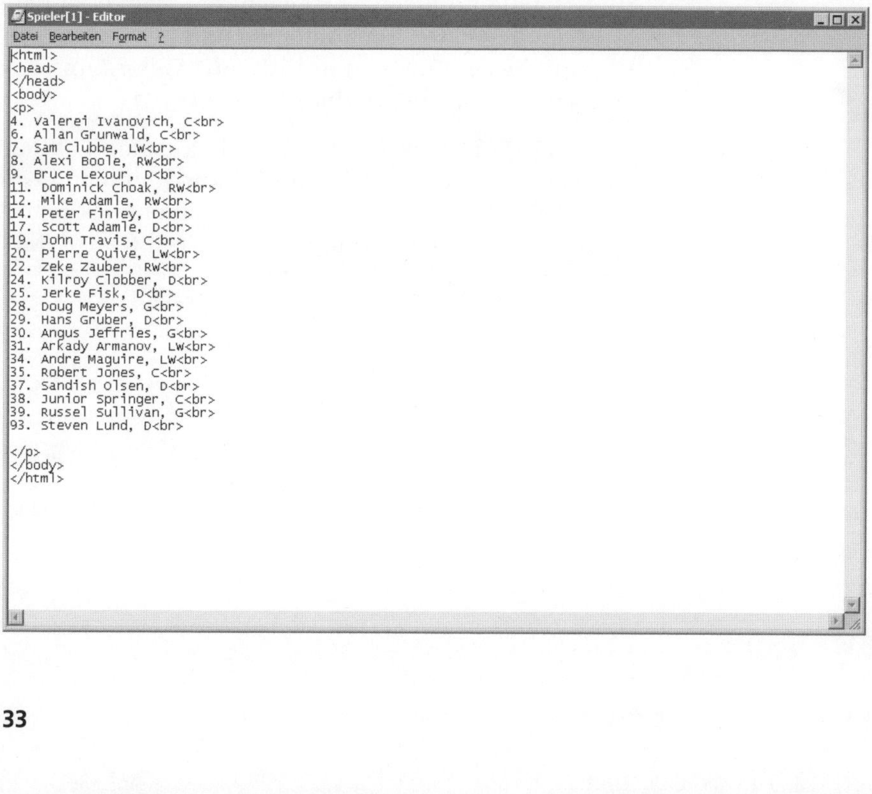

Abbildung 1.4 Der Browser empfängt nicht den ASP-Code der angeforderten ASP-Seite, sondern den HTML-Quelltext, der von der ASP-Seite auf dem Server erzeugt wird

Wie geht es weiter?

In dieser Lektion wurden bei der Vorstellung des Beispiels *Spieler.asp* ganz offensichtlich ziemlich viele Details übergangen. Nun stellen Sie sich vielleicht folgende Fragen:

- Was passiert, wenn Ihr Webserver nicht zu denen gehört, die in Tabelle 1.1 aufgeführt werden?
- Wie können Sie ASP-Seiten auf Ihrem eigenen PC testen?
- Wie erstellen Sie die Datenbank und organisieren die Tabellen, die darin enthalten sind?
- Wie lassen sich Datensätze einfügen, aktualisieren und löschen?
- Wie können Datenbanken mit HTML-Formularen abgefragt und aktualisiert werden?
- Lässt sich die Ausführung des ASP-Codes betrachten und anhalten und wie können die Datenwerte überprüft werden?
- Was ist XML ist und wie lässt sich XML auf Webdatenbanken anwenden?

Sie haben Glück. Diese und viele weitere Fragen werden im restlichen Verlauf des Buches beantwortet.

Zusammenfassung der Lektion

Diese Lektion führte das Konzept der Webdatenbankseiten ein, nannte die grundlegenden Technologien und beschrieb, was Sie wissen müssen, um von diesem Buch zu profitieren. Außerdem wurde ein Beispiel für eine einfache Webdatenbank gezeigt.

Der nächste Teil des Buches besteht aus fünf Lektionen zum Hintergrundwissen. Je nach Ihrem Kenntnisstand können Sie die Lektionen ausführlich studieren, übergehen oder im Augenblick ignorieren und bei Bedarf später wieder zurückkommen. In ▶ Teil C wird die Erstellung ganzer Webseiten wieder aufgenommen.

Grundkonzepte

B

2 Grundbegriffe von Datenbanken

Geschätzte Dauer:
60 Minuten

In dieser Lektion lernen Sie

- die Grundkonzepte relationaler Datenbanken kennen
- wie Datenbanken entwickelt werden – d.h. wie die Felder in den Tabellen der Anwendung korrekt angeordnet werden
- wie Sie Datenbanken in Microsoft Access definieren
- SQL kennen, die Sprache, die am häufigsten für den Zugriff auf und die Bearbeitung von Informationen in Datenbanken benutzt wird

Datenbanken dienen den Zwecken von *Anwendungen* und diese wiederum speziellen *Aktivitäten*, wie z.B. einem Spiel, einem öffentlichen Dienst oder einer Anzeige. In einer perfekten Welt legen die Aktivitäten die Anforderungen an die Anwendung fest und die Anwendung bestimmt ihrerseits die Anforderungen an die Datenbank. Die Anwendungen in diesem Buch sind Webseiten, über die Daten an Besucher im World Wide Web übermittelt oder von diesen erhoben werden.

Ein Datenbankentwickler hat die Aufgabe, alle Anforderungen zu implementieren, die seitens der Anwendung bestehen und zu vermeiden, dass die Datenbank die Anwendung oder die Aktivität in irgendeiner Weise beschränkt.

Eine Datenbank dient in erster Linie dazu, Dateien in organisierter Form zu speichern. Dies hat zwei Vorteile. Erstens stehen die Daten für zahlreiche Verwendungszwecke in einer Organisation bereit. Zweites kann das System, das die Datenbank speichert, zahlreiche Tools bereitstellen, um den Nutzen der Datenbank zu erweitern. Wenn Sie noch nie zuvor eine Datenbank benutzt haben, werden Sie sehr erstaunt sein, wie schnell dieses einfache Konzept kompliziert werden kann.

Fast alle Beispiele in diesem Buch greifen auf Microsoft Access 2000-Datenbanken zu. Access 2000 ist zwar nicht die leistungsfähigste, schnellste und flexibelste Datenbank der Welt, sie ist jedoch sehr wahrscheinlich am weitesten verbreitet. Mit den verschiedenen Versionen von Microsoft Office wurden mehrere Millionen Exemplare verkauft. Außerdem sind für Access 2000 keine kostspieligen Lizenzen pro Benutzer oder pro Server erforderlich.

Wenn Ihre Anwendung eine hohe Zuverlässigkeit oder ein hohes Transaktionsvolumen erfordert, sollten Sie eine Industriestandardlösung wie Microsoft SQL Server in Betracht ziehen. Doch selbst dann ist es ziemlich einfach, von Access auf SQL Server umzusteigen, wenn Sie entsprechend vorbereitet sind.

Relationale Datenbanken

Datenbanken bestehen zwar aus Dateien. Anwendungen, die Datenbanken nutzen, verändern diese Dateien jedoch nicht direkt, sondern sie senden Befehle an ein *Datenbank-Managementsystem* (DBMS – *Database Management System*) und erhalten von diesem Daten. Microsoft SQL Server und Access sind Beispiele für Datenbank-Managementsysteme. Ein DBMS enthebt Programmierer von vielen langweiligen und komplizierten Aufgaben, die bei der Verarbeitung von Datenbanken anfallen, und es stellt sicher, dass keine ungültigen Daten in die Datenbank aufgenommen werden.

Fast alle modernen Datenbanken entsprechen dem sogenannten *relationalen Modell*. Deshalb werden sie *relationale Datenbanken* genannt.

Die Grundeinheit relationaler Datenbanken ist die *Tabelle*. Die Spalten in einer Tabelle repräsentieren *Felder* und die Zeilen sind die *Datensätze*. Die Tabelle 2.1 veranschaulicht eine einfache Tabelle, in der die Mitglieder eines internetbasierten Münzsammlervereins gespeichert werden.

Tabelle 2.1 Die Tabelle *Mitglieder*

MitgliedsID	Vorname	Nachname	Position	Telefon	E-Mail
mueller	Stefan	Müller	M	089-223311	StefanM@online.de
meyer	Andrea	Meyer	M	0234-556644	AndreaM@aol.com
frei	Andreas	Frei	P	0931-554466	AndreasF@test.de
lever	Janet	Lever	V	040-445566	janet@t-online.de
peters	Margarete	Peters	S	0221-556677	margarete@t-online.de

In dieser Tabelle enthält das erste Feld jedes Datensatzes den Identifizierungscode für die Mitglieder. Die Spalte trägt den Titel *MitgliedsID*. Das zweite Feld jedes Datensatzes enthält den Vornamen des Mitglieds. Das dritte Feld enthält den Nachnamen etc. Hinsichtlich der Reihenfolge der Felder gibt es nichts zu berücksichtigen. Die Felder lassen sich neu anordnen und es lassen sich Felder hinzufügen oder löschen, ohne dass dadurch die Funktionalität der Tabelle beeinträchtigt wird. Innerhalb einer Tabelle ist es jedoch nicht möglich, die *MitgliedsID* zum ersten Feld in einem Datensatz und zum zweiten Feld in einem anderen Datensatz zu machen, und ein Datensatz kann auch nicht ein Feld enthalten, das ein anderer nicht enthält.

Alle relationalen DBMS müssen folgende drei Funktionen für den Zugriff auf Daten bieten:

- **Select** Präsentiert eine Ansicht einer Tabelle, bei der nur die Datensätze angezeigt werden, die bestimmte Werte in den angegebenen Feldern enthalten. Der folgende natürlichsprachliche Befehl würde z.B. mit einer *Select*-Operation implementiert werden: »Bitte alle Datensätze aus der Tabelle *Mitglieder* mit der *Position* M zurückliefern«.
- **Project** Präsentiert eine Ansicht einer Tabelle, die nicht alle Felder enthält. Ein *Project*-Befehl könnte z.B. wie folgt aussehen: »Bitte nur die Felder *Vorname* und *Nachname* aus der Tabelle *Mitglieder* abrufen«.
- **Join** Präsentiert eine kombinierte Ansicht aus zwei Tabellen, die so wirkt, als würde es sich um nur eine Tabelle handeln. Das Ergebnis ähnelt einer temporären Tabelle, die das DBMS erstellt, indem die Daten in einer Tabelle mit denen in einer anderen Tabelle verglichen werden und dann die Felder aus den übereinstimmenden Datensätzen kombiniert werden.

Um den *Join*-Befehl anhand eines Beispiels zu präsentieren, werden zwei Datenbanken benötigt. wie z.B. die Tabelle *Mitglieder* und die Tabelle *Verkauf* (siehe Tabelle 2.2). Die Tabelle *Verkauf* enthält Münzen, die von den Mitgliedern des Münzsammlervereins zum Verkauf angeboten werden. Beachten Sie, dass die Tabelle *Mitglieder* (siehe Tabelle 2.1) und die Tabelle *Verkauf* (siehe Tabelle 2.2) jeweils ein Feld namens *MitgliedsID* enthalten. Dem DBMS könnte deshalb der folgende Befehl erteilt werden: »Vergleiche die Tabelle *Verkauf* und die Tabelle *Mitglieder* auf der Basis des Felds *MitgliedsID*, und liefere eine Ansicht zurück, die die Felder *Verkauf.Land*, *Verkauf.Münze*, *Verkauf.Jahr*, *Verkauf.Menge*, *Verkauf.Preis*, *Mitglieder.MitgliedsID* und *Mitglieder.E-Mail* enthält.«

Die Notation *Mitglieder.MitgliedsID* benennt »das Feld *MitgliedsID* aus der Tabelle *Mitglieder*« und ist bei der Arbeit mit Tabellen und Feldern allgemein üblich.

Tabelle 2.2
Tabelle *Verkauf*

Land	Münze	Jahr	Menge	MitgliedsID	Preis
USA	20 GOLD	1890	2	frei	$100,00
USA	NICKEL	1999	100	peters	$0,06
USA	PENNY	1850	1	lever	$1,05
USA	PENNY	1850	4	frei	$1,00
USA	PENNY	1850	5	meyer	$0,95

Das Ergebnis einer *Join*-Abfrage wird immer als Ergebnisgruppe bezeichnet, selbst wenn es leer ist oder nur einen Datensatz enthält.

Die Tabelle 2.3 zeigt die Ergebnisse der *Join*-Operation. Beachten Sie, dass das Ergebnis aus mehreren Datensätzen besteht und als *Ergebnisgruppe* (engl. *Resultset*) bezeichnet wird. Einige der Felder stammen aus der Tabelle *Verkauf* und einige aus der Tabelle *Mitglieder*, die Datensätze enthalten jedoch immer die gleichen Werte im Feld *MitgliedsID*.

Tabelle 2.3
Die Abfrage *Verkaufsangebote*

Verkauf. Land	Verkauf. Münze	Verkauf. Jahr	Verkauf. Menge	Verkauf. Preis	Mitglieder. MitgliedsID	Mitglieder. E-Mail
USA	20 GOLD	1890	2	$100,00	frei	AndreasF@test.de
USA	NICKEL	1999	100	$0,06	peters	margarete@t-online.de
USA	PENNY	1850	5	$0,95	meyer	AndreaM@aol.com
USA	PENNY	1850	4	$1,00	frei	AndreasF@test.de
USA	PENNY	1850	1	$1,05	lever	margarete@t-online.de

Wenn Sie scharfe Augen haben, haben Sie vielleicht bereits festgestellt, dass in der Ergebnisgruppe nicht alle Felder aus den beiden Tabellen enthalten sind. Dies liegt daran, dass nicht alle Felder abgefragt wurden, obwohl dies möglich gewesen wäre. Die Abfrage verbindet zwei Tabellen miteinander und gibt das Ergebnis mit einer *Project*-Abfrage aus. Dies ist zulässig, da sich *Select*-, *Project*- und *Join*-Operationen nach Belieben kombinieren lassen.

Eine Datenbank entwickeln

Eine relationale Datenbank kann beliebig viele Tabellen enthalten. Dies wirft die Frage auf, wie viele Tabellen eine Datenbank enthalten sollte und welche Felder in welche Tabellen gehören. Solche Entscheidungen sind die Grundlage des Datenbankdesigns. Ein gutes Design sorgt dafür, dass sich die Datenbank leicht bedienen lässt und es bietet genügend Flexibilität, um die Datenbank an zukünftige Anforderungen anzupassen. Ein schwaches Design behindert dagegen *Select*-, *Join*- und *Project*-Operationen und die Datenbank ist inflexibel und schwierig zu benutzen.

Wie so viele Dinge im Leben ist das Datenbankdesign sowohl eine Kunst als auch eine Wissenschaft. Dies bedeutet, dass es informell und mit Erfahrung und Faustregeln angegangen werden kann, oder aber formell durch rigorose Anwendung wissenschaftlicher Methoden. Zunächst wird der informelle Ansatz beschrieben.

Informelles Datenbankdesign

Mit dem Ansatz, der in den folgenden Schritten beschrieben wird, lassen sich in der Regel Datenbanken erstellen, die ziemlich gut funktionieren. Dieser Ansatz wird in der Praxis von den meisten Datenbankdesignern verwendet. Der formelle Ansatz, der später beschrieben wird, dient eher dazu, ein informelles Design zu überprüfen, anstatt ein Design komplett neu zu erstellen.

Die Grundelemente der Anwendung identifizieren

Jede Anwendung enthält Grundelemente, deren Eigenschaften und Beziehungen für die Anwendung wesentlich sind. Hier sind einige Beispiele:

- **Stundenplansystem** Lehrer, Studenten, Räume, Lehrpläne und Lehrveranstaltungen
- **Ticketsystem einer Fluggesellschaft** Kunde, Mitglieder der Crew, Flüge, Flugzeuge, Sitze, Flughäfen, Gates
- **Sportliga** Spieler, Teams, Spielplätze, Geplante Spiele, Spielstatistik, Trainer, Schiedsrichter
- **Bestellannahmesystem** Kunden, Bestellungen, bestellte Produkte, Konnossements, Produkte der Konnossements, Rechnungen, Elemente der Rechnungen, Produkte im Lager, Großhändler, Lieferanten, Reihenfolge des Bestelleingangs, Lieferantenrechnungen

Beachten Sie, dass Sie sich im Augenblick nur für die höheren Objekte der Anwendung interessieren sollten. Es ist zwar sinnvoll, vorauszudenken, Sie sollten sich jetzt jedoch nur um die Attribute jeder Einheit kümmern.

Eine Tabelle für jede Haupteinheit erstellen

Der nächste Schritt besteht darin, für jede Haupteinheit der Anwendung eine Tabelle zu erstellen. Sie können dies auf Papier, in jeder Art von elektronischem Dokument oder in einem Datenbank-Managementsystem wie Access oder SQL Server tun. Verwenden Sie aussagekräftige Namen für die Tabellen, wie z. B *Produkte* für eine Tabelle, in der die Produkte definiert und beschrieben werden, die zum Verkauf angeboten werden sollen.

Einen Schlüssel für jede Haupteinheit wählen

Legen Sie nun für jede Tabelle eines oder mehrere Felder fest, die jeden Datensatz in der Tabelle eindeutig definieren. Dieses Feld (bzw. die Felder) wird der *Primärschlüssel* der Tabelle sein. Da der Primärschlüssel eindeutig sein muss, darf die Abfrage eines Primärschlüssels nur einen einzigen Datensatz ergeben.

Dem Computer ist es egal, welches Feld Sie als Primärschlüssel benutzen, Ihren Benutzern jedoch nicht. Deshalb sollten Sie die Einheiten am Besten mit *natürlichen Schlüsseln* identifizieren, sofern dies möglich ist, anstatt neue Schlüssel zu diesem Zweck einzuführen. Ein natürlicher Schlüssel ist einer, der die Einheit bereits üblicherweise identifiziert, wie z.B. die ISBN-Nummer zur Identifikation von Büchern.

Einige natürliche Schlüssel eignen sich jedoch kaum als Datenbankschlüssel. Dazu gehören lange Schlüssel, bei denen die Groß-/Kleinschreibung relevant ist oder die Leerzeichen oder Satzzeichen enthalten. Wenn der natürliche Schlüssel einen oder mehrere solcher Defizite aufweist, sollten Sie stattdessen lieber einen eigenen Primärschlüssel erstellen.

Den Einheiten in jeder Tabelle Attribute zuweisen

Überlegen Sie nun, welche Informationen Ihre Anwendung über jede Haupteinheit benötigt, die Sie definiert haben und welche Felder die einzelnen Tabellen entsprechend enthalten müssten. Eine Tabelle namens *Kunden* würde selbstverständlich ein Feld *Kundennummer* enthalten, aber auch Felder wie *Name*, *Straße*, *Ort*, *Land*, *Postleitzahl*, *E-Mail-Adresse*, *Telefonnummer*, *Faxnummer* etc.

Es ist an dieser Stelle nicht wichtig, jedes einzelne Feld zu identifizieren, das die Anwendung benötigt. Je schneller die Felder jedoch identifiziert werden, desto leichter lassen sie sich zum Datenbankdesign hinzufügen. Wenn eine Anwendung gedruckte Formulare enthält, können Sie über diese wahrscheinlich feststellen, welche Felder Sie benötigen. Sie können jedoch auch jede andere Art von Beispieldokumenten zu diesem Zweck nutzen.

Jede Anwendung nutzt eine andere Kombination von Tabellen und Feldern innerhalb jeder Tabelle. Es gibt kein universelles Datenbankdesign, das sich für alle Anwendungen eignet.

Zusätzliche Tabellen für Attribute erstellen, die sich wiederholen

Während Sie die Attribute hinzufügen, werden Sie wahrscheinlich feststellen, dass einige Attribute mehrmals vorkommen. Im Beispiel des Münzsammlervereins könnten Sie überlegen, die Mitgliedschaft in einem Komitee in einem Feld *Komitee* in der Tabelle *Mitglieder* aufzuzeichnen. Anschließend stellen Sie vielleicht fest, dass einige Mitglieder mehreren Komitees angehören. In einem Schulungssystem sind einige Trainer möglicherweise mehreren Klassen zugeordnet etc.

Eine Lösung besteht darin, mehrere Felder zu definieren, wie z.B. die Felder *Komitee1*, *Komitee2* und *Komitee3* in der Tabelle *Mitglieder.* Dieser Ansatz ist jedoch nicht sehr geeignet und birgt drei Probleme in sich. Erstens könnten in einigen Datensätzen in der Tabelle *Mitglieder* Felder frei bleiben. Leere Felder sind normalerweise ein Zeichen dafür, dass etwas nicht korrekt organisiert ist. Zweitens werden *Select-*, *Join-* und *Project-*Operationen erschwert, wenn ein Datensatz mehrere Komiteefelder enthält. Bei drei Komiteefeldern stellt sich die Frage, welches benutzt werden sollte und was aus den Daten wird, die in den anderen Feldern enthalten sind. Drittens stellt sich ein Problem, wenn sich ein Mitglied entscheidet, sich einem vierten Komitee anzuschließen. In der Datenbank sind nur Felder für drei Komitees vorgesehen.

Eine bessere Lösung besteht darin, eine Tabelle *Komiteemitgliedschaft* zu definieren, die einen Datensatz für jedes Mitglied in jedem Komitee enthält. Der Primärschlüssel einer solchen Tabelle würde wahrscheinlich aus zwei Feldern bestehen: einer *KomiteeID* und einer *MitgliedsID*. Dieses Design ist flexibel, weil es das Konzept unterstützt, dass ein Mitglied keinem, nur einem oder sogar mehreren Komitees angehört und auch das Konzept, dass ein Komitee keine Mitglieder, nur ein Mitglied oder aber mehrere Mitglieder hat. Änderungen lassen sich leicht in die Tabelle aufnehmen.

Sicherstellen, dass jedes Feld wirklich ein Attribut des Primärschlüssels ist

Um diese Phase des Designs zu beenden, sollten Sie noch einmal prüfen, ob die Primärschlüssel sich wirklich eignen, um die einzelnen Felder zu finden. Um zu sehen, wie dies funktioniert, nehmen Sie an, Sie hätten versuchsweise eine Tabelle *Komiteemitgliedschaft* mit den folgenden Feldern definiert. Welches Objekt gehört nicht dazu?

- *KomiteeID* (das erste Feld des Primärschlüssels)
- *MitgliedsID* (das zweite Feld des Primärschlüssels)
- *Verbundene Datumsangaben*
- *Komiteename*

Wenn Sie auf *Komiteename* getippt haben, liegen Sie richtig. Dieses Feld ist keine Eigenschaft einer Komiteemitgliedschaft, sondern die Eigenschaft des Komitees und gehört deshalb in die Tabelle *Komitees* (deren Primärschlüssel nur das Feld *KomiteeID* wäre).

Anders betrachtet, sollte die *KomiteeID* ausreichen, um einen Komiteenamen zu finden. Die *MitgliedsID* sollte dafür nicht erforderlich sein. Deshalb gehört das Feld *Komiteename* nicht in eine Tabelle, deren Primärschlüssel sich aus der *KomiteeID* und der *MitgliedsID* zusammensetzt.

Was ist, wenn für ein bestimmtes Mitglied die Komitees ermittelt werden müssen, denen es zugehört? Zu diesem Zweck würden die Tabellen *Komiteemitgliedschaft* und *Komitees* auf der Basis der *KomiteeID* verknüpft werden.

Die Beziehungen zwischen den Tabellen betrachten

Als letzten Schritt betrachten Sie nun alle Tabellen in der Datenbank, ermitteln die Beziehungen, die zwischen den Tabellen bestehen und vergewissern sich, dass Sie eine Möglichkeit bereitgestellt haben, diese zu verbinden. Das heißt, Sie stellen sicher, dass alle Tabellen, die miteinander verknüpft werden müssen, gemeinsame Felder enthalten, die als Schlüssel benutzt werden können.

Beachten Sie, dass die Schlüssel in einer Verknüpfung dieselben Namen haben müssen. Rein theoretisch können Sie Tabellen auf der Basis jedes beliebigen Feldes miteinander verknüpfen. In der Praxis werden jedoch fast immer dieselben Felder miteinander verknüpft, wie z.B. die Felder *MitarbeiterID* in zwei verschiedenen Tabellen. Es macht einfach keinen Sinn, zwei Tabellen auf der Basis von Mitgliedsnummern aus der einen Tabelle und der Straße aus der anderen Tabelle miteinander zu verknüpfen.

Wenn zwei Felder in unterschiedlichen Tabellen dieselbe Bedeutung haben, sollten diese auch gleich benannt werden. Es entsteht nur Verwirrung, wenn ein und dasselbe Feld in der einen Tabelle *MitarbeiterID* und in der anderen *Mitarbeiternummer* heißt, selbst wenn die Datenbank mit diesen Bezeichnungen ebenfalls funktionieren würde.

Dies ist ein guter Zeitpunkt, um über Codetabellen zu sprechen. Wenn Sie Codewerte in Ihrem Datenbankdesign erzeugt oder benutzt haben, ist es häufig sehr nützlich, eine Tabelle zu haben, die die Codewerte mit Beschreibungen verknüpft. Unter anderem können Sie solche Tabellen in *Join*-Operationen nutzen, um aussagekräftige Beschreibungen statt obskurer Codes anzuzeigen und in HTML-Formularen können Sie damit Listenfelder füllen. Im Beispiel des Münzsammlervereins wäre es sinnvoll, eine Codetabelle zumindest für die Felder *KomiteeID* und *Position* zu erstellen.

Der Abschnitt »Ein Datenbankdesign in Access 2000 implementieren« später in dieser Lektion erklärt, wie eine echte Datenbank erstellt wird. Bis dahin sollen nun noch die formalen Regeln beschrieben werden, die hinter dem informellen Ansatz stehen.

Formelles Datenbankdesign

Eine echte relationale Datenbank ist eine, die dem so genannten *relationalen Modell* entspricht, das erstmals von E. F. Codd ausgeführt wurde, einem Wissenschaftler bei IBM. Das relationale Modell beschreibt Datenbanken, Tabellen, Datensätze, Felder und Operatoren wie *Select*, *Join* und *Project* in einer formellen, mathematischen Weise. Eine der großen Stärken des relationalen Modells besteht darin, dass es *mathematisch vollständig* ist – ein Begriff, der besagt, dass es keine Inkonsistenzen oder fehlenden Verknüpfungen enthält. Das Ergebnis ist ein Datenbankmodell mit einer beispiellosen Anwendungsmöglichkeit auf einen extrem breiten Problembereich.

In der relationalen Technologie wird der Prozess der Organisation von Feldern in Tabellen als *Normalisierung* bezeichnet, weil sich das Design mit jedem Schritt dem relationalen Standard annähert (d. h. der relationalen Norm). Experten haben zahlreiche Stufen der Normalisierung vorgeschlagen, es konnten sich jedoch nur die ersten fünf durchsetzen:

- **Erste Normalform** Ein bestimmtes Feld in einem vorgegebenen Datensatz kann nur einen Wert enthalten. Dies verhindert die Wiederholung innerhalb eines Datensatzes. Um wiederholte Gruppen korrekt zu implementieren, muss eine Tabelle entworfen werden, die wiederholte Datensätze enthält.

  Die Felder *Komitee1*, *Komitee2* und *Komitee3*, die im Beispiel im letzten Abschnitt verwendet wurden, verletzen bereits die erste Normalform. Wird dagegen eine separate Tabelle *Komiteemitgliedschaft* erstellt, wird die erste Normalform dagegen wieder erfüllt.

- **Zweite Normalform** Jedes Feld, das kein Schlüssel ist, muss von allen Feldern im Primärschlüssel abhängen. Denken Sie an das Beispiel der Tabelle *Komiteemitgliedschaft*, in der der Primärschlüssel aus zwei Schlüsseln bestand: der *KomiteeID* und der *MitgliedsID*. Ein Feld *Komiteename* in dieser Tabelle würde die zweite Normalform verletzen, weil der *Komiteename* nur von einem der zwei Schlüssel abhängt, der *KomiteeID*. Die Lösung besteht im Allgemeinen darin, das störende Feld in eine geeignetere Tabelle zu verschieben.

Diese Form gibt auch an, dass ein Primärschlüssel eindeutig sein muss. Wenn eine Datenbank zwei oder mehr Tabellen mit demselben Primärschlüssel enthält, sollten Sie aus diesen Tabellen eine Tabelle machen.

- **Dritte Normalform** Felder, denen kein Schlüssel zugewiesen wurde, dürfen nicht von anderen Feldern abhängen, denen ebenfalls kein Schlüssel zugewiesen wurde. Denken Sie an die Tabelle *Mitglieder*, die ein Feld *Position* enthält. Dieses enthält die Einträge P für Präsident, V für Vizepräsident, S für Sekretärin und M für Mitglied. Gemäß der dritten Normalform dürfen Sie kein Feld *Positionsbeschreibung* in die Tabelle *Mitglieder* aufnehmen, weil dieses Feld nicht von dem Feld *MitgliedsID* abhängt, dem Primärschlüssel der Tabelle, sondern von dem Feld *Position*, dem kein Schlüssel zugewiesen ist.

  Wie bei der zweiten Normalform müssen auch bei der dritten Normalform alle nicht kompatiblen Felder in eine passendere Tabelle verschoben werden.

- **Vierte Normalform** Diese Form verbietet mehrere unabhängige 1:n-Beziehungen zwischen Primärschlüsselfeldern und Feldern, die nicht mit einem Schlüssel versehen sind. Um diese Form zu verstehen, müssen Sie daran denken, dass die Datenbank zahlreiche zum Verkauf anstehende Münzen für ein bestimmtes Mitglied verwalten muss und außerdem mehrere Komitees, denen das Mitglied angehört. Die Münzen, die zum Verkauf anstehen und die Komitees haben nichts miteinander zu tun. Die Felder sind also voneinander unabhängig. Deshalb sollten Sie nicht versuchen, diese beiden Gruppen in einer Tabelle anzulegen. Um der vierten Normalform zu genügen, müssen Sie für jede unabhängige 1:n-Beziehung eine separate Tabelle erstellen.

- **Fünfte Normalform** Diese Form ist sehr extrem und wird häufig ignoriert. Eine Tabelle muss dafür in die kleinstmöglichen Teile unterteilt werden, um Redundanz zu vermeiden. Angenommen, der Münzsammlerverein besitzt einen Posterkatalog und alle Poster kosten entweder $10, $15 oder $20. Dies bedeutet, dass die Tabelle *Poster* Dutzende, Hunderte oder sogar Tausende von Datensätzen enthält, die alle einen dieser drei Werte beinhalten. Gemäß der fünften Normalform sollte eine Tabelle *Preis* eingerichtet und mit einer Codierung versehen werden, wie z.B. Hoch, Mittel, Gering, und es sollte der Preiscode statt des eigentlichen Preises in die Katalogtabelle gesetzt werden.

Wie Sie vielleicht bemerkt haben, entsprechen die Normalformen eher Bewertungsregeln als Prozeduren. Rein theoretisch könnten Sie die Normalformen wiederholt auf eine zufällige Sammlung von Feldern anwenden. Es müsste dann ein logisch korrektes Design resultieren. In der Praxis ist diese Vorgehensweise jedoch kaum praktikabel.

Um die Normalform zu erhalten, werden normalerweise große Tabellen in mehrere kleinere unterteilt, bis alle Daten in den einzelnen Tabellen klar und eindeutig mit anderen Daten in derselben Tabelle verknüpft sind. Dadurch lassen sich die Daten leichter warten und die Anwendungen leichter erstellen. Wenn Sie eine Tabelle im Rahmen der Normalisierung aufgeteilt haben, können Sie diese immer mit einer *Join*-Operation wieder zusammenfügen.

Nachdem sie mehrere Datenbanken entworfen und normalisiert haben, entwickeln die meisten Datenbankentwickler ein gewisses Gefühl für die Sache und müssen nicht mehr für jede Tabelle alle Schritte des Normalisierungsprozesses durchgehen. Wenn ein Feld angepasst werden muss, setzen sie es automatisch in die passende Tabelle oder erstellen, falls nötig, eine neue Tabelle. Dies ist der Effekt von Erfahrung.

Ein Datenbankdesign in Access 2000 implementieren

Nachdem Sie Ihre Datenbank gestaltet haben, werden Sie die Struktur in einem DBMS implementieren und Daten eingeben wollen. Um am Beispiel üben zu können, definieren Sie nun eine Access 2000-Datenbank, die die Tabellen *Mitglieder* und *Verkauf* enthält, die im Rahmen Lektion bereits gezeigt wurden.

Eine leere Datenbank erstellen

Access-Datenbanken bestehen immer aus einer einzelnen Datei mit der Erweiterung *.mdb*, und zwar unabhängig davon, wie viele Tabellen, Abfragen, Formulare, Berichte, Makros und Module die Datenbank enthält. Deshalb besteht der erste Schritt bei jedem Access-Projekt darin, eine leere Datenbank zu initialisieren. Gehen Sie dazu wie folgt vor:

1. Starten Sie Access 2000.
2. Wählen Sie im Eröffnungsbildschirm die Option *Leere Access-Datenbank*, und klicken Sie auf *OK* (siehe Abbildung 2.1).

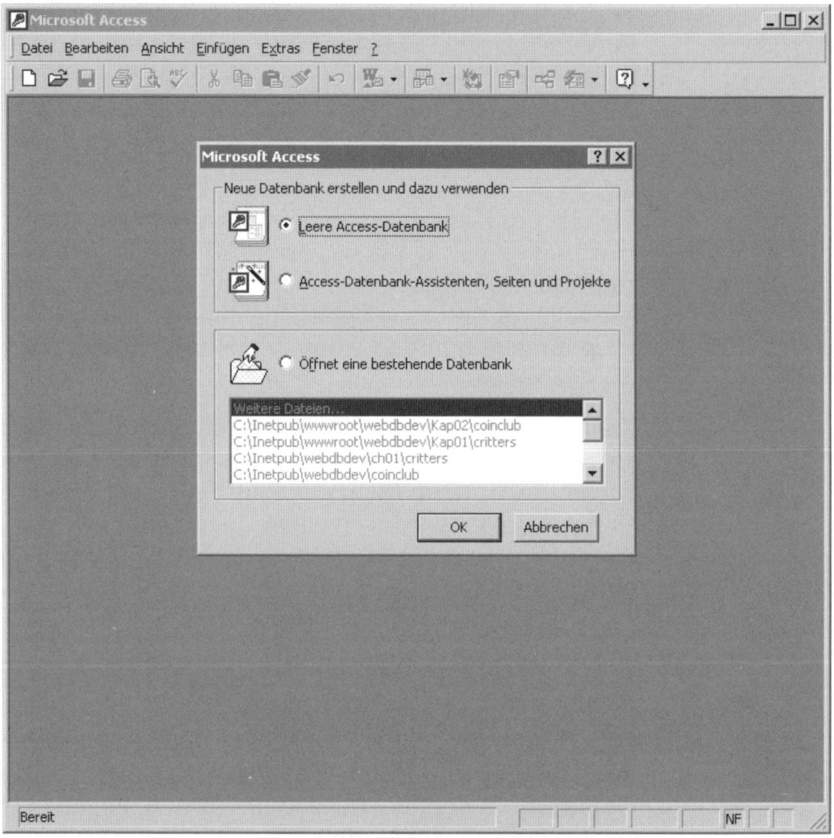

Abbildung 2.1
Die leere Access-Datenbank bietet einen Container für alle Tabellen, Abfragen und sonstigen Objekte einer Anwendung

3. Nachdem Sie auf *OK* geklickt haben, werden Sie aufgefordert, einen Dateinamen für die Datenbank anzugeben (siehe Abbildung 2.2). Geben Sie im Beispiel den Namen *Münzsammler.mdb* ein, wählen Sie im Feld *Speichern in* den gewünschten Ordner, und klicken Sie auf die Schaltfläche *Erstellen*.

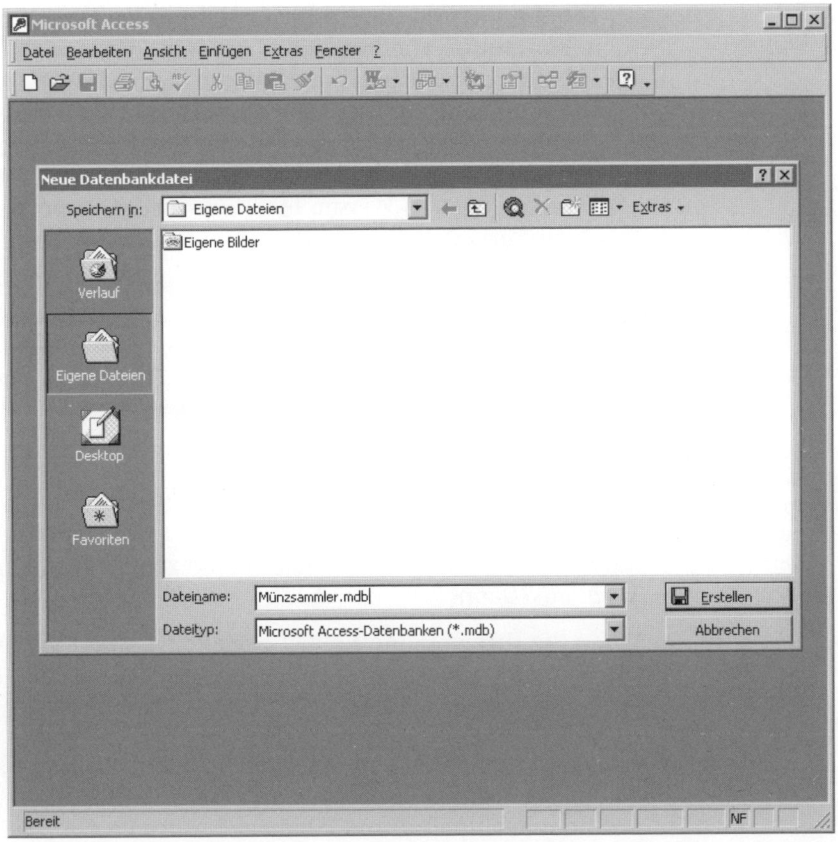

Abbildung 2.2 Geben Sie hier den Dateinamen ein, und wählen Sie den Ordner, in dem die neue Access-Datenbank gespeichert werden soll

Eine neue Tabelle erstellen

Access 2000 bietet drei Vorgehensweisen, um neue Tabellen zu erstellen. Diese unterscheiden sich zwar im Grad der Automatisierung, nicht aber im Ergebnis.

- **Tabellen in der Entwurfsansicht erstellen** Bei diesem Ansatz werden die Felder, die in der Tabelle enthalten sind, in Tabellenform angezeigt. Diese Tabelle ist selbstverständlich zunächst leer. Um ein Feld hinzuzufügen, geben Sie dessen Namen in eines der Felder in der Spalte *Feldname* ein und legen anschließend die Feldeigenschaften fest.
- **Tabellen unter Verwendung des Assistenten erstellen** Bei diesem Ansatz wird zunächst eine Liste häufig benutzter Tabellen und damit verbundener Felder präsentiert. Wählen Sie aus dieser Liste die Felder aus, die in Ihrer neuen Tabelle enthalten sein sollen. Access erstellt die Tabelle, fragt, ob es Beziehungen zu anderen Tabellen gibt und bietet die Möglichkeit, die Tabelle für die Eingabe von Daten zu öffnen.

- **Tabellen in der Datenblattansicht erstellen** Diese Option öffnet eine unbenannte Tabelle in einer Ansicht, die einem Arbeitsblatt in einer Tabellenkalkulation ähnelt. Wenn Sie bereits Daten vorbereitet haben, können Sie diese über das Menü *Datei* importieren oder über das Menü *Bearbeiten* einfügen. Wenn Sie die unbenannte Tabelle schließen, prüft Access die Daten in jedem Feld und legt die Feldeigenschaften nach bestem Wissen fest. Sie werden außerdem aufgefordert, einen aussagekräftigen Dateinamen einzugeben.

Die Entwurfsansicht bietet den geringsten Grad an Automatisierung, aber die meiste Kontrolle über die Ergebnisse. Die Entwurfsansicht eignet sich außerdem am besten, um Felder zu einer bestehenden Tabelle hinzuzufügen, Felder zu verändern oder zu löschen. Aus diesem Grund wird im Beispiel die Entwurfsansicht verwendet.

Wenn Sie lieber die fertige Datenbank betrachten möchten, öffnen Sie die Datei *\Kap02\Münzsammler.mdb*

1. Wechseln Sie in Access zum Datenbankfenster und klicken Sie doppelt auf die Option *Erstellt eine Tabelle in der Entwurfsansicht.*

2. Wenn sich das Fenster *Tabelle* öffnet (siehe Abbildung 2.3), klicken Sie auf das erste Feld in der Spalte *Feldname* und geben die Bezeichnung *MitgliedsID* ein.

Wenn Sie Ihre eigenen Felder erstellen, sollten Sie überlange Namen sowie Namen vermeiden, die Leerzeichen, Satzzeichen oder eine gemischte Schreibweise enthalten.

Es gilt als guter Stil, Schlüsselfelder an den Anfang der Tabelle zu setzen, wobei die wichtigsten Felder an erster Stelle stehen sollten. Bei der Anordnung der Felder ohne Schlüssel sollten die am häufigsten benutzten Felder näher an den Anfang gesetzt werden und Felder, die miteinander in Beziehung stehen, wie z.B. *Ort* und *PLZ*, sollten aufeinander folgen.

3. Setzen Sie den Cursor in das Feld in der Spalte *Felddatentyp*, und klicken Sie auf die Pfeilschaltfläche, um den passenden Felddatentyp aus der Dropdownliste auszuwählen. Für das Feld *MitgliedsID* ist dies der Felddatentyp *Text*. Wählen Sie für Schlüsselfelder nur die Datentypen *Text*, *Zahl*, *Datum/Uhrzeit* und *AutoWert*.

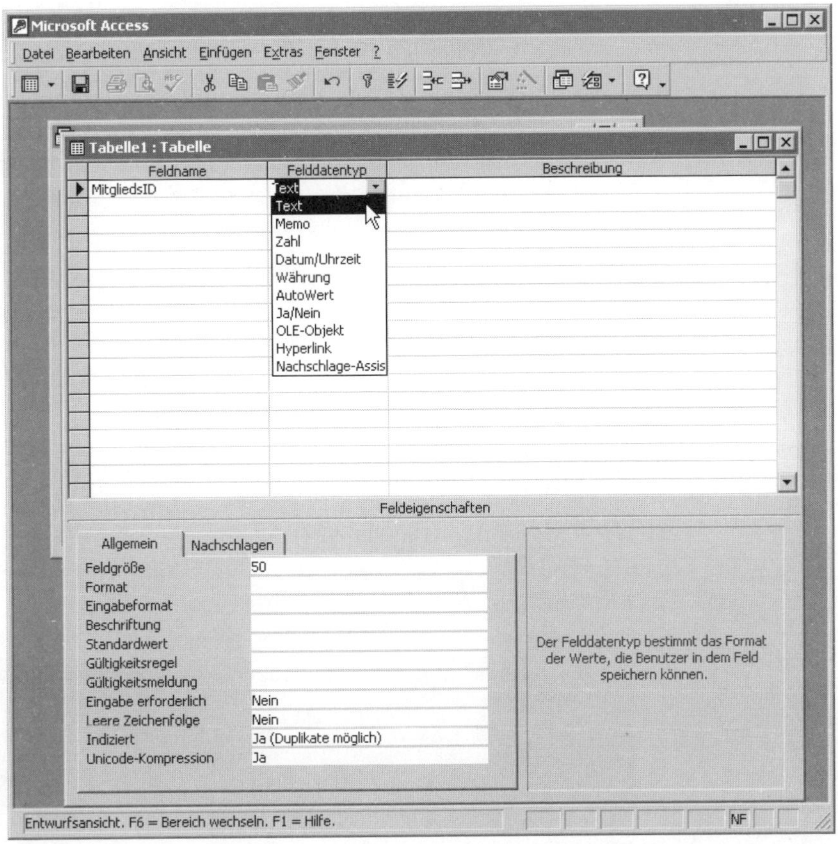

Abbildung 2.3 Wählen Sie in der Spalte *Felddatentyp* den passenden Datentyp für das neue Feld

4. Überprüfen Sie die Eigenschaftswerte in der unteren Hälfte des Fensters *Tabelle*. Achten Sie dabei insbesondere auf folgende Eigenschaften. Einige dieser Eigenschaften stehen nur für bestimmte Felddatentypen zur Verfügung.

- **Feldgröße** Diese Eigenschaft legt die maximale Größe fest, die der Inhalt des Felds haben kann. Bei Text ist dies die maximale Zeichenanzahl, bei Zahlen bezieht sich dieser Wert auf das interne Speicherformat. *Byte* steht für 8 Bit, *Integer* steht für 16 Bit, *Long Integer* steht für 32 Bit, *Single* und *Double* stehen für Fließkommazahl usw.

  Bei numerischen Datentypen gibt es auch die Eigenschaft *Dezimalstellenanzeige*, die die Anzahl der Dezimalstellen festlegt.

- **Standardwert** Wenn Sie hier einen Wert eingeben und die Anwendung später versucht, einen Datensatz zu erzeugen, ohne einen Datenwert bereitzustellen, verwendet Access den Standardwert.

- **Leere Zeichenfolge** Wenn diese Eigenschaft auf den Wert *Nein* gesetzt wird und eine Anwendung später versucht, einen Datensatz zu erzeugen, bei dem das Feld leer ist, verweigert Access, diesen Datensatz zu speichern und liefert einen Fehlercode zurück.

- **Eingabe erforderlich** Viele Datenbanksysteme unterscheiden zwischen Feldern, die leere Zeichenfolgen als Werte haben und Feldern, bei denen überhaupt kein Wert angegeben ist. Wenn die Eigenschaft *Eingabe erforderlich* eines Felds auf den Wert *Ja* gesetzt ist, weist Access alle Datensätze zurück, bei denen kein Wert im Feld enthalten ist.

5. Geben Sie für alle verbleibenden Felder den Namen in die erste verfügbare Zelle in der Spalte *Feldname* ein, und wählen Sie dann den Typ und die Eigenschaften für dieses Feld. Bei der Tabelle *Mitglieder* müssen Sie noch die Felder *Vorname*, *Nachname*, *Position*, *Telefon* und *E-Mail* anlegen. Der Datentyp für diese Felder ist immer *Text*.

6. Nachdem Sie alle Feldnamen eingegeben haben, markieren Sie die Felder, die den Primärschlüssel der Tabelle bilden. Wählen Sie anschließend im Menü *Bearbeiten* den Befehl *Primärschlüssel.* Abbildung 2.4 veranschaulicht dies. Um mehrere Felder als Primärschlüssel auszuwählen, drücken Sie die ⇧- oder die Strg-Taste und halten diese gedrückt, während Sie auf die gewünschten Felder klicken.

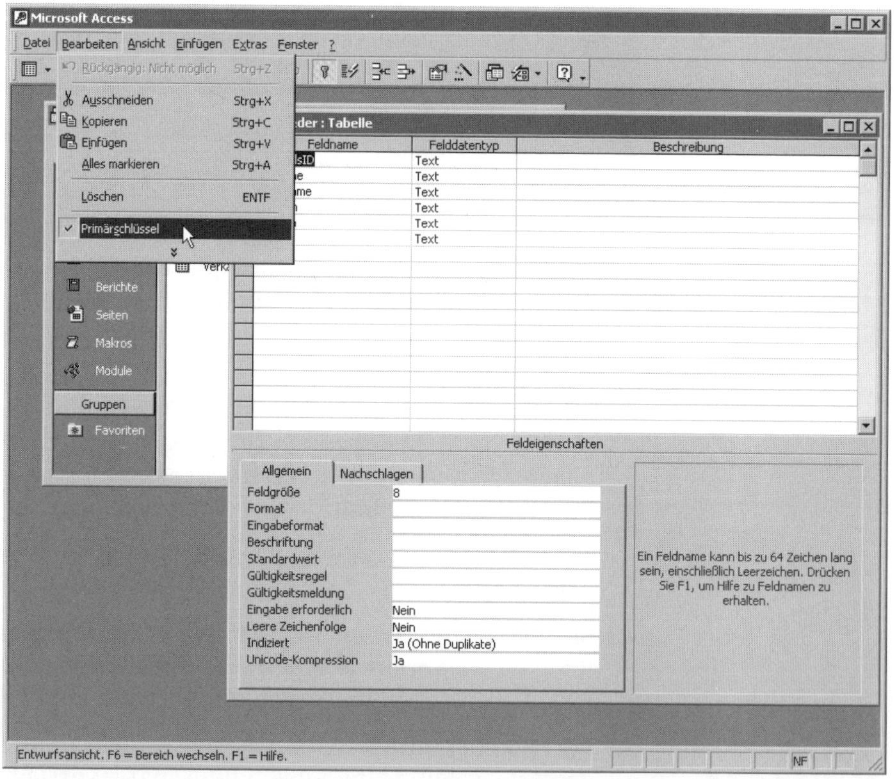

Abbildung 2.4
Um den Primärschlüssel einer Tabelle zuzuweisen, markieren Sie die gewünschten Felder und wählen dann im Menü *Bearbeiten* den Befehl *Primärschlüssel*

7. Speichern Sie die Tabelle, indem Sie im Menü *Datei* den Befehl *Speichern* wählen. Access fordert Sie nun auf, den Tabellennamen einzugeben. Geben Sie *Mitglieder* ein, und drücken Sie die [↵]-Taste.

Wiederholen Sie die obigen Schritte, um in der Datenbank *Münzsammler.mdb* eine neue Access-Tabelle namens *Verkauf* zu erstellen (siehe Tabelle 2.2). Für die Felder *Jahr* und *Menge* sollten Sie den Datentyp *Zahl* wählen und für das Feld *Preis* den Datentyp *Währung*. Weisen Sie den restlichen Feldern den Datentyp *Text* zu. Markieren Sie alle Felder bis auf das Feld *Preis* und machen Sie diese zum Primärschlüssel. Schließen Sie die Tabelle, wenn Sie fertig sind.

Daten in die Tabelle eingeben

Nachdem Sie die Tabelle erstellt haben, können Sie mit der Dateneingabe beginnen. Dafür gibt es verschiedene Vorgehensweisen. Um die in Tabelle 2.1 enthaltenen Daten in die Access-Tabelle *Mitglieder* einzugeben, gehen Sie wie folgt vor:

1. Klicken Sie unter *Objekte* auf *Tabellen*
2. Klicken Sie doppelt auf den Namen der Tabelle, die Sie öffnen möchten.
3. Access zeigt die Tabelle nun in der Datenblattansicht an, in der sie aussieht wie ein Arbeitsblatt in einer Tabellenkalkulation.
4. Um einen neuen Datensatz zu erzeugen, geben Sie die gewünschten Werte in die letzte Zeile der Access-Tabelle ein (diejenige, die in der grauen Zelle am linken Rand ein Sternchen enthält).
5. Um den neuen Datensatz zu speichern, drücken Sie entweder die [↵]-Taste, während sich der Cursor innerhalb des Datensatzes befindet oder setzen Sie den Cursor in einen anderen Datensatz.

Wiederholen Sie die Schritte 5 und 6 für jeden Wert, den Sie in die Tabelle *Mitglieder* einfügen möchten. Die fertige Tabelle sollte wie in Abbildung 2.5 aussehen. Wiederholen Sie den Vorgang für die Tabelle *Verkauf* (siehe Tabelle 2.2).

Abbildung 2.5
Die Datenblattansicht bietet eine einfache Oberfläche für die Dateneingabe, die der einer Tabellenkalkulation ähnelt

Wenn Sie mit Daten arbeiten, die bereits in einer anderen digitalen Quelle enthalten sind, können Sie die Daten in die Zwischenablage kopieren und dann in die Tabelle in der Datenblattansicht einfügen. Um Daten aus einer Tabellenkalkulation einzufügen, gehen Sie wie folgt vor:

1. Öffnen Sie die Zieltabelle in der Datenblattansicht.
2. Öffnen Sie die Quelldatei in der Tabellenkalkulation.
3. Vergewissern Sie sich, dass die Felder in der Datenquelle und diejenigen in Access genau gleich angeordnet sind. Die erste Spalte, die Sie aus der Quelldatei kopieren, wird auch als erste Spalte in Access eingefügt etc.
4. Markieren Sie die Quelldaten, und kopieren Sie die Daten dann mit dem Befehl *Bearbeiten/Kopieren* in die Windows-Zwischenablage.
5. Wenn die Datenquelle Zeilen oder Datensätze enthält, die Access nicht in die Datenbank einfügen kann, legt Access diese in der Tabelle *Einfügefehler* ab, die zu diesem Zweck automatisch neu erstellt wird. Bei Bedarf können Sie diese Tabelle öffnen, die fehlerhaften Datensätze korrigieren, in die Zwischenablage kopieren und anschließend Schritt 5 wiederholen.

Die Datenblattansicht eignet sich auch sehr gut, um Datensätze hinzuzufügen oder zu verändern. Um einen Datensatz zu ändern markieren Sie die Daten im gewünschten Feld und geben die neuen Daten ein. Um einen Datensatz zu löschen klicken Sie auf eine beliebige Stelle im Datensatz und wählen im Menü *Bearbeiten* den Befehl *Datensatz löschen.*

Beziehungen zwischen Tabellen

Die meisten Anwendungen nutzen mehrere, wenn nicht gar Dutzende von Tabellen. Es ist zwar nicht unbedingt erforderlich, jedoch aber sinnvoll, die Beziehungen, die zwischen diesen Tabellen bestehen sollen, zu dokumentieren. Access kann diese Beziehungen bei Bedarf verstärken und die Konsistenz zwischen den Tabellen erhalten.

Abbildung 2.6 zeigt die Struktur der Access-Tabelle *Verkauf*, die in Tabelle 2.2 eingeführt wurde. Abbildung 2.5 zeigt die Struktur der Access-Tabelle *Mitglieder.* Die beiden Tabellen sind auf zwei Weisen über das Feld *MitgliedsID* miteinander verbunden:

- Einem Datensatz in der Tabelle *Mitglieder* kann keiner, einer oder mehrere Datensätze in der Tabelle *Verkauf* zugeordnet sein.
- Einem Datensatz in der Tabelle *Verkauf* darf nur ein Datensatz in der Tabelle *Mitglieder* zugeordnet sein, der über eine bestehende *MitgliedsID* identifiziert wird.

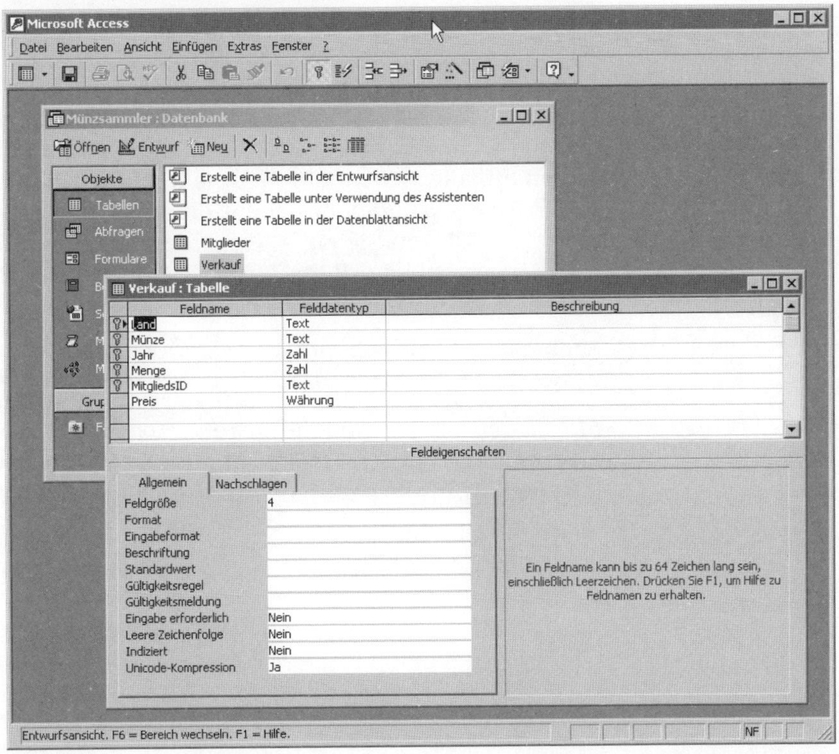

Abbildung 2.6
Die in Access implementierte Tabelle *Verkauf* (siehe Tabelle 2.2)

Beziehungen richten Sie wie folgt ein:

1. Öffnen Sie die Datenbank *Münzsammler.mdb* in Microsoft Access.
2. Wählen Sie im Menü *Extras* den Befehl *Beziehungen*.
3. Wenn Sie diesen Befehl für eine Datenbank das erste Mal wählen, öffnet Access das Dialogfeld *Tabelle anzeigen* (siehe Abbildung 2.7).

Wenn Sie den Befehl *Beziehungen* für die aktuelle Datenbank bereits einmal gewählt haben, öffnet Access das Dialogfeld *Tabelle anzeigen* nicht automatisch, sondern nur das Fenster *Beziehungen*. Um das Dialogfeld *Tabelle anzeigen* einzublenden, klicken Sie entweder mit der rechten Maustaste auf den Hintergrundbereich des Fensters *Beziehungen* und wählen im Kontextmenü den Befehl *Tabelle anzeigen* oder Sie wählen diesen Befehl im Menü *Beziehungen*.

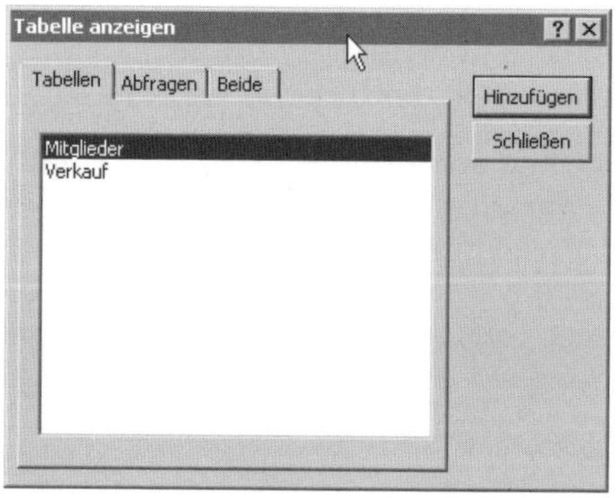

Abbildung 2.7 Über das Dialogfeld *Tabelle anzeigen* lassen sich Tabellen zum Fenster Beziehungen hinzufügen

4. Fügen Sie alle gewünschten Tabellen hinzu. Klicken Sie dazu im Dialogfeld *Tabelle anzeigen* entweder doppelt auf den jeweiligen Tabellennamen oder klicken Sie ein Mal auf den Tabellennamen und anschließend auf die Schaltfläche *Hinzufügen*. Klicken Sie im Beispiel doppelt auf die Tabellen *Mitglieder* und *Verkauf*.
5. Schließen Sie das Dialogfeld *Tabelle anzeigen*.
6. Ziehen Sie das Feld *MitgliedsID* von der Tabelle *Mitglieder* auf das Feld *MitgliedsID* in der Tabelle *Verkauf*. Access zeigt nun das Dialogfeld *Beziehungen bearbeiten* an (siehe Abbildung 2.8). Aktivieren Sie das Kontrollkästchen *Mit referentieller Integrität* und klicken Sie dann auf OK.

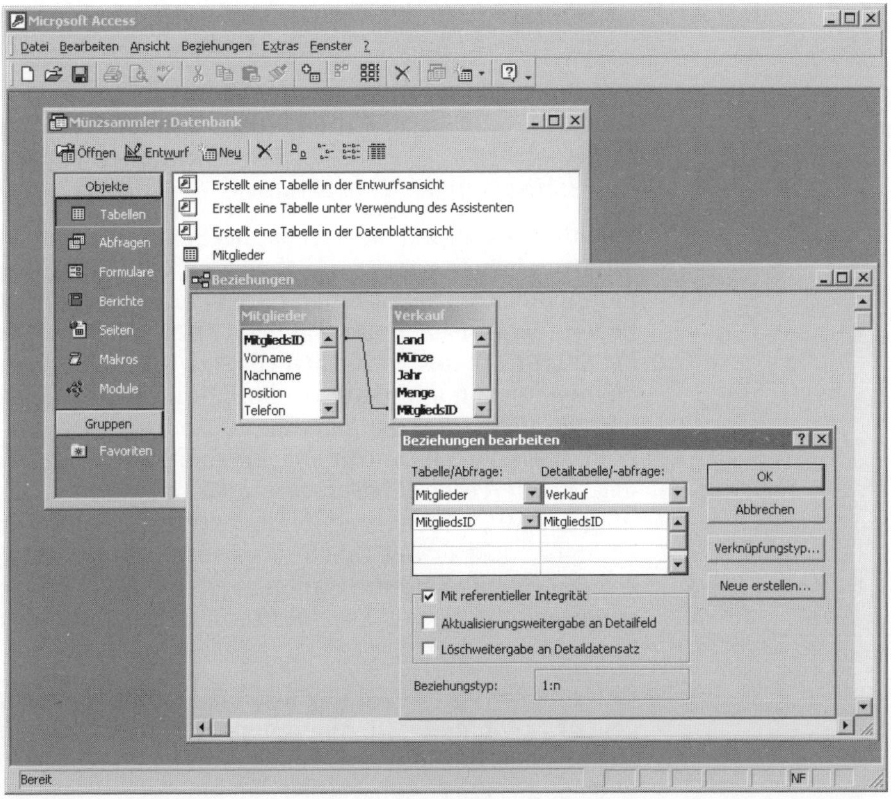

Abbildung 2.8
Über das Fenster Beziehungen einer Access-Datenbank werden Beziehungen zwischen den Tabellen eingerichtet

7. Schließen Sie das Fenster *Beziehungen.*

Access nutzt die Beziehungsinformationen auf zwei Weisen. Wenn Sie zwei oder mehr Tabellen für eine Abfrage auswählen, sind die Standardbeziehungen diejenigen, die Sie im Fenster *Beziehungen* definiert haben.

Der zweite Einsatzbereich von Beziehungen ist nur relevant, wenn das Kontrollkästchen *Mit referentieller Integrität* aktiviert ist. Mit der referentiellen Integrität wird sichergestellt, dass die Beziehungen zwischen Datensätzen in verknüpften Tabellen gültig sind. Es sollten also keine Datensätze in der Detailtabelle (rechte Seite) des Dialogfelds *Beziehungen bearbeiten* enthalten sein, die nicht auch in der Tabelle auf der linken Seite vorhanden sind. Wenn dies verwirrend auf Sie wirkt, sollten Sie noch einmal Abbildung 2.8 betrachten und folgende Punkte bedenken:

- Wird das Kontrollkästchen *Mit referentieller Integrität* aktiviert, wird verhindert, dass über einen Primärschlüssel (*MitgliedsID*) verknüpfte Daten versehentlich geändert werden.
- Wird das Kontrollkästchen *Aktualisierungsweitergabe an Detailfeld* aktiviert, werden Änderungen, die an einem Primärschlüsselfeld wie

MitgliedsID in der Primärtabelle (*Mitglieder*) vorgenommen werden, in der verknüpften Tabelle (*Verkauf*) ebenfalls vorgenommen.

- Wird das Kontrollkästchen *Löschweitergabe an Detaildatensatz* aktiviert, löscht Access automatisch den entsprechenden Datensatz (mit derselben *MitgliedsID*) in der verknüpften Tabelle (*Verkauf*), wenn ein Datensatz in der Primärtabelle (*Mitglieder*) gelöscht wird.

Es dauert eventuell eine Weile, bis Sie die Vorteile von Beziehungen zu schätzen lernen – ganz zu Schweigen vom Debuggen. Angenommen, Sie hätten das Kontrollkästchen *Löschweitergabe an Detaildatensatz* für die Beziehung zwischen den Tabellen *Mitglieder* und *Verkauf* aktiviert und die Sekretärin des Vereins würde nun einen Datensatz in der Tabelle *Mitglieder* löschen und neu erstellen. Dann würde der Datensatz mit derselben *MitgliedsID* in der Datenbank *Verkauf* ebenfalls gelöscht werden. Wenn sich die Sekretärin anschließend über den fehlenden Datensatz in der Tabelle *Verkauf* beschweren würde, könnten Sie den Code zur Wartung der Mitglieder stundenlang betrachten, ohne jemals auf die Idee zu kommen, dass er die Tabelle *Verkauf* beeinflusst. Unabhängig vom Typ der Datenbank sind die Optionen *referentielle Integrität*, *Aktualisierungsweitergabe* und *Löschweitergabe* berühmt für unerwartete Auswirkungen.

Unter dieser Voraussetzung beschließen Sie vielleicht, ganz auf Beziehungen zu verzichten. Mit zunehmender Erfahrung werden Sie jedoch feststellen, dass Beziehungen ein wertvolles Hilfsmittel sind. Und es ist gut zu wissen, dass Access bereit ist, sobald Sie es auch sind.

Eine Abfrage erstellen

Nachdem die relationalen Operatoren *Select*, *Project* und *Join* nun bereits so häufig erwähnt wurden, werden Sie sich vielleicht Fragen, wie Access diese nutzt. Das folgende Beispiel verbindet die Tabellen *Mitglieder* und *Verkauf* und projiziert die Felder, die in der Tabelle am unteren Rand angezeigt werden. Gehen Sie wie folgt vor, um die Abfrage zu erstellen:

1. Starten Sie Microsoft Access und öffnen Sie die Datenbank *Münzsammler.mdb.*
2. Klicken Sie unter *Objekte* auf *Abfragen.*
3. Klicken Sie doppelt auf die Option *Erstellt eine neue Abfrage in der Entwurfsansicht.* Access öffnet nun das Dialogfeld *Tabelle anzeigen* (siehe Abbildung 2.7). Klicken Sie doppelt auf die Tabellen, die Sie für die Abfrage nutzen möchten (*Mitglieder* und *Verkauf*).
4. Vergewissern Sie sich, dass eine Verbindungslinie zwischen dem Feld *MitgliedsID* aus der Tabelle *Mitglieder* und dem Feld *MitgliedsID* aus der Tabelle *Verkauf* besteht. Ist dies nicht der Fall, ziehen Sie das Feld *Mit-*

gliedsID aus der Tabelle *Mitglieder* auf das Feld *MitgliedsID* in der Tabelle *Verkauf*.

5. Ziehen Sie die folgenden Felder aus dem Diagramm in der oberen Hälfte des Fensters *Auswahlabfrage* in die Tabelle in der unteren Fensterhälfte. Behalten Sie dabei die Reihenfolge bei. *Verkauf.Land*, *Verkauf.Münze*, *Verkauf.Jahr*, *Verkauf.Menge*, *Verkauf.Preis*, *Verkauf.MitgliedsID*, *Mitglieder.E-Mail*.

6. Um die Abfrageergebnisse nach dem Feld *Land* sortiert anzuzeigen, klicken Sie auf das Feld *Sortierung* in der Spalte des Felds *Land* und wählen im Listenfeld die Option *Aufsteigend*. Wiederholen Sie diesen Schritt für jedes weitere Feld, nach dem Sie die Abfrageergebnisse sortieren möchten. Das Fenster *Auswahlabfrage* sollte nun wie in Abbildung 2.9 aussehen. Speichern Sie die Abfrage unter dem Namen *Verkaufsangebote*. Wenn Sie die Abfrage nach dem Speichern öffnen, wird die Abfrage noch einmal auf die aktuellen Daten angewendet. Außerdem können Sie gespeicherte Abfragen auf die gleiche Weise wie Tabelle nutzen, um neue Abfragen zu erstellen.

7. Klicken Sie doppelt auf die Abfrage, um sie auszuführen und die Ergebnisse zu betrachten. Das Ergebnis sollte der Abbildung 2.10 entsprechen.

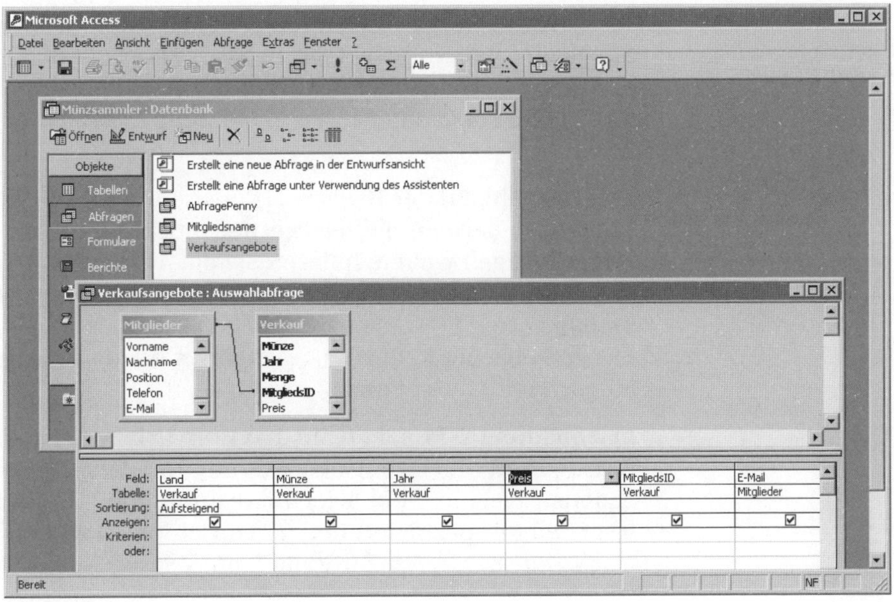

Abbildung 2.9
Diese Abfrage verbindet zwei Tabellen und zeigt die Felder an, die in der Tabelle in der unteren Fensterhälfte enthalten sind

Abbildung 2.10
In der Datenblattansicht werden die Ergebnisse einer Abfrage in Tabellenform angezeigt

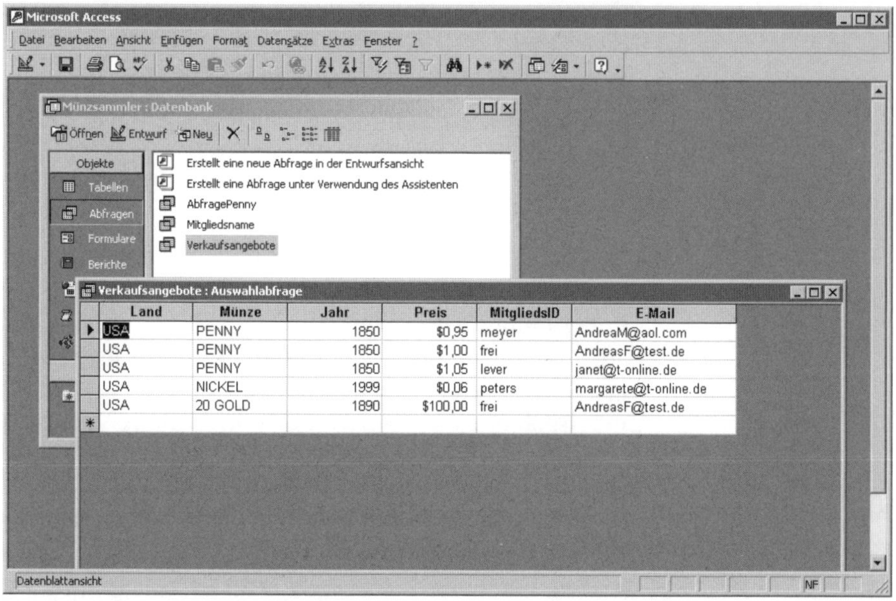

Eine parametrisierte Abfrage erstellen

Viele Abfragen beinhalten Auswahlkriterien für Datensätze, die auch *Suchwerte* genannt werden. In SQL entspricht diese SELECT-Abfragen. Um eine *Select*-Operation auszuführen, geben Sie den gewünschten Wert im Fenster *Auswahlabfrage* in die Zeile *Kriterien* ein (siehe Abbildung 2.9).

Die Auswahl auf der Basis von Konstanten ist sehr nützlich, sie ist jedoch für den wiederholten Einsatz etwas umständlich. Wenn Sie einen anderen Wert abfragen wollen, müssen Sie die Abfrage jedes Mal in der Entwurfsansicht öffnen, zur gewünschten Spalte gehen und den *Kriterien*-Wert aktualisieren. Es wäre wesentlich komfortabler, wenn bei jeder Abfrage das gewünschte Kriterium angegeben werden könnte. Und genau diese Möglichkeit bieten Parameterabfragen.

In Abbildung 2.11 sehen Sie den Entwurf einer Parameterabfrage. Diese Abfrage ruft alle Datensätze aus der Tabelle *Mitglieder* ab, die den angegebenen Wert im Feld *Nachname* enthalten. Ein Parameter namens *qNachname* spezifiziert den gewünschten Wert. Dies wird durch den Eintrag *[qNachname]* in der Zeile *Kriterien* der Spalte *Nachname* realisiert.

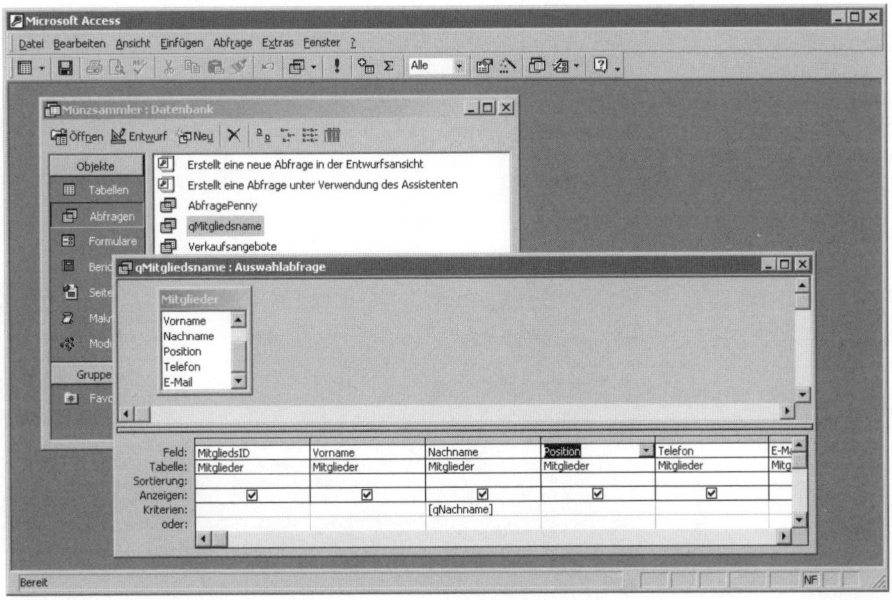

Abbildung 2.11
Wird *[qNachname]* als Kriterium für das Feld Nachname angegeben, fordert Access Sie zur Eingabe eines Wertes auf und ersetzt den Parameter *qNachname* durch diesen Wert, wenn die Abfrage ausgeführt wird

Die eckigen Klammern um *qNachname* identifizieren diesen Eintrag als Datenbankfeld. Wenn Sie nur *qNachname* in die Zeile *Kriterien* eingeben würden, würde der Eintrag als Konstante behandelt werden und es würden alle Datensätze abgerufen werden, die im Feld *Nachname* den Wert »qNachname« enthalten. Wird der Ausdruck dagegen in eckige Klammern gesetzt, interpretiert Access (und auch SQL) diesen Ausdruck als Name eines Datenbankfeldes.

Selbstverständlich ist in der Tabelle kein Wert *qNachname* enthalten. Deshalb geht Access davon aus, dass es sich um einen Parameter handelt, den Sie jedes Mal spezifizieren möchten, wenn Sie die Abfrage ausführen. (Wenn Sie jemals einen Feldnamen manuell eingegeben, ihn falsch geschrieben und sich gewundert haben, warum Access das Dialogfeld *Parameterwerte eingeben* einblendet, wissen Sie nun Bescheid.)

Abbildung 2.12 zeigt, was passiert, wenn Sie versuchen, diese Abfrage auszuführen (d.h. wenn Sie von der Entwurfsansicht in die Datenblattansicht wechseln): die Abfrage wird erst dann ausgeführt, wenn Sie einen Wert für den Parameter *qNachname* angeben. Wenn Sie z.B. den Wert *Meyer* eingeben, werden nur die Datensätze zurückgeliefert, die diesen Wert im Feld *Nachname* enthalten. Abbildung 2.13 zeigt das Ergebnis.

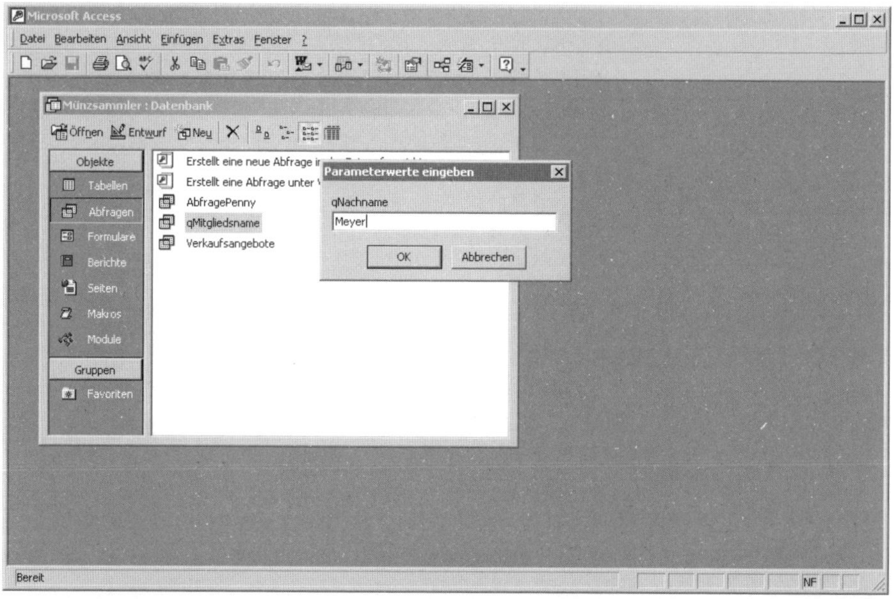

Abbildung 2.12 Wenn Sie in die Datenblattansicht wechseln, werden Sie aufgefordert, einen Wert für den Parameter *qNachname* einzugeben

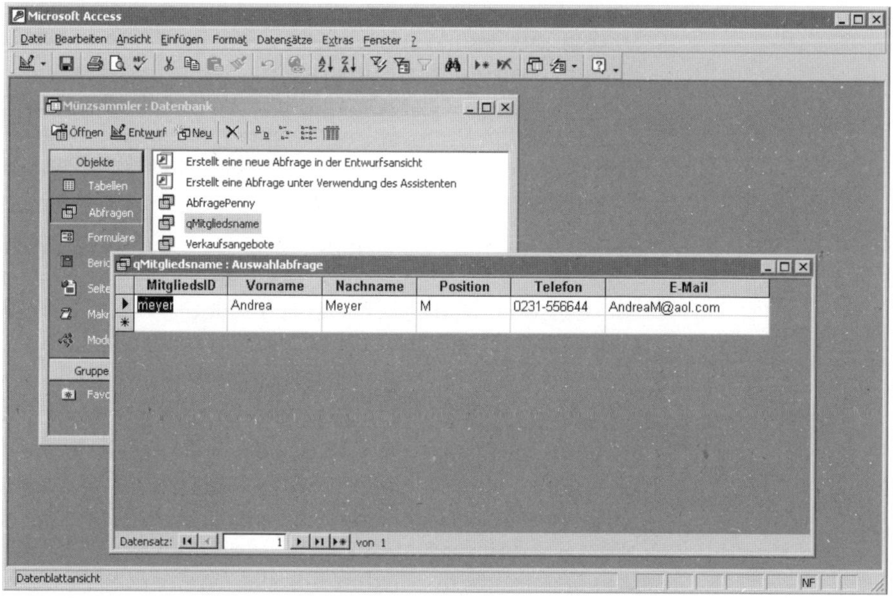

Abbildung 2.13 Access wendet das Kriterium *qNachname* an, bevor die Ergebnisse angezeigt werden

Die ▶ Lektion 4 zeigt, wie eine Parameterabfrage über eine Webseite ausgeführt wird. Dieser Ansatz hat zwei Vorteile:

- Die Abfrage kann in Access entwickelt und Besuchern im Web präsentiert werden, ohne dass jemals eine SQL-Anweisung genauer betrachtet werden muss.

- Sämtliche Abfragen einer Anwendung sind in der Datenbank und nicht in den Webseiten enthalten. Wenn die Datenbankstruktur verändert wird, lassen sich die Abfragen, die in der Datenbank gespeichert sind, wesentlich leichter finden und korrigieren, als wenn die Abfragen in den Webseiten und anderen Anwendungen verstreut wären.

Der Hauptnachteil des Einsatzes von gespeicherten Parameterabfragen in Webseiten ist jedoch die höhere Komplexität des Aufrufs von Parameterabfragen. Die ▶ Lektion 4 führt diesen Punkt näher aus.

Grundkonzepte und Syntax von SQL

In Abbildung 2.14 sehen Sie eine überarbeitete Version der Abfrage aus Abbildung 2.9. In dieser Abfrage werden nur Datensätze angezeigt, bei denen das Feld *Münze* den Wert PENNY enthält.

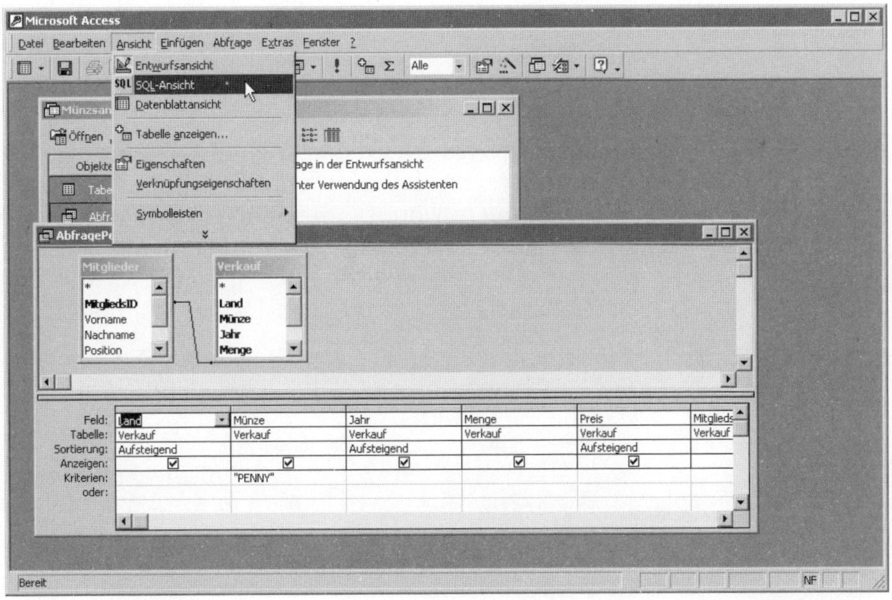

Abbildung 2.14 Diese Abfrage ruft nur Datensätze ab, die im Feld *Münze* den Wert *PENNY* enthalten

Abbildung 2.14 zeigt, dass das Menü *Ansicht* nun neben den Befehlen *Datenblattansicht* und *Entwurfsansicht* noch den Befehl *SQL-Ansicht* enthält, der die SQL-Anweisung anzeigt, die der aktuellen Spezifikation in der Entwurfsansicht entspricht. Abbildung 2.15 zeigt diese Funktion in Aktion.

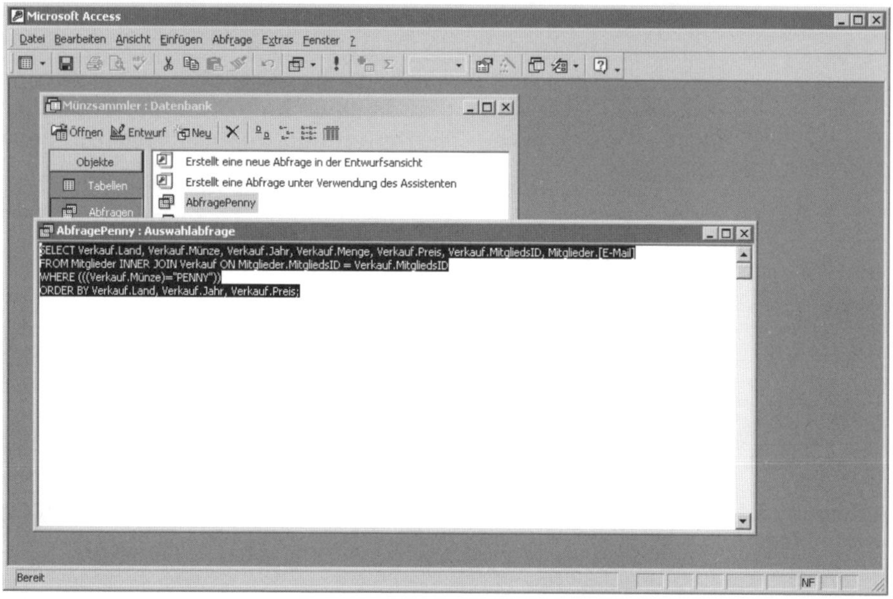

Abbildung 2.15
Access kann in der Entwurfsansicht die SQL-Anweisung anzeigen, die einer Abfrage entspricht

SQL ist die Sprache, in der Befehle für relationale Datenbanken normalerweise geschrieben werden. SQL ist eine leistungsfähige und komplexe Sprache, die nur im Rahmen eines eigenen Buches ausführlich erklärt werden kann. In diesem Abschnitt kann lediglich ein Überblick vermittelt werden. Trotzdem werden fast alle SQL-Anweisungen beschrieben, die bei Webdatenbankseiten zum Einsatz kommen.

Die Tabelle 2. listet die grundlegenden SQL-Anweisungen auf. Die SELECT-Anweisung wird dabei bei weitem am häufigsten eingesetzt. Und das hat zwei Gründe.

- Erstens bieten die meisten modernen Datenbanksysteme grafische Werkzeuge für die Definition und Verwaltung der Daten. Diese Werkzeuge sind so einfach zu bedienen, dass nur wenige Entwickler die Befehle CREATE, DROP, GRANT und REVOKE nutzen.
- Zweitens verarbeiten alle Befehle zur Bearbeitung von Daten außer dem Befehl INSERT eine Menge von Datensätzen. Um einzelne Datensätze zu bearbeiten, muss ein Programmierer APIs verwenden (API – Application Programming Interfaces). Wie sich noch herausstellen wird, ist es häufig einfacher, Datensätze über diese APIs einzufügen, zu verändern und zu löschen, als über SQL-Anweisungen. Deshalb benutzen viele Entwickler die Befehle INSERT, UPDATE und DELETE äußerst selten.
- Die ▶ Lektionen 3 und 4 erklären die APIs näher.

Nachdem die Befehle CREATE, DROP, GRANT, REVOKE, INSERT, UPDATE und DELETE ausgeschlossen sind, bleibt nur noch die SELECT-Anweisung übrig. Der restliche Abschnitt konzentriert sich deshalb nur auf SELECT-Anweisungen.

Tabelle 2.4 Grundlegende SQL-Anweisungen

Kategorie	Befehl	Beschreibung
Datendefinition	CREATE	Erstellt eine neue Datenbank, Tabelle, einen Index oder eine gespeicherte Abfrage
	DROP	Löscht eine bestehende Datenbank, Tabelle, einen Index oder eine Ansicht
Datenverwaltung	GRANT	Gestattet den angegebenen Benutzern, einen angegebenen Verwaltungsakt durchzuführen
	REVOKE	Erklärt die Berechtigung der angegebenen Benutzer, eine bestimmte Aktion auszuführen, für ungültig
Datenmanipulation	DELETE	Entfernt alle Datensätze, die mit den angegebenen Kriterien übereinstimmen
	INSERT	Fügt einen neuen Datensatz hinzu
	SELECT	Liefert alle Datensätze zurück, die den angegebenen Kriterien entsprechen
	UPDATE	Ändert den Wert aller angegebenen Felder in allen Datensätzen, die den vorgegebenen Kriterien entsprechen

Ein Index ist eine Tabelle mit bereits vorsortierten Datensätzen. Mit einem Index lässt sich der Zugriff und die Sortierung auf der Basis der entsprechenden Felder erheblich beschleunigen.

Betrachten Sie nun ein Beispiel. Angenommen, ein Besucher der Website des Münzsammlervereins möchte wissen, ob eine amerikanische Pennymünze aus dem Jahr 1850 zum Verkauf ansteht. Die SELECT-Anweisung, mit der diese Abfrage durchgeführt wird, sieht wie folgt aus:

```
SELECT Land, Münze, Jahr, Menge, Preis, MitgliedsID
FROM Verkauf
WHERE (Land="USA") AND (Münze="PENNY") AND (Jahr=1850);
```

Diese Anweisung liefert alle Datensätze aus der Tabelle *Verkauf* zurück, deren Felder *Land*, *Münze* und *Jahr* die Werte USA, PENNY und 1850 enthalten. Für jeden gefundenen Datensatz werden die sechs Felder angezeigt, die in der ersten Zeile der SQL-Anweisung genannt werden.

Abfragen wie die obige sind zwar gut und schön, SQL bietet Ihrem Programm jedoch keine Möglichkeit, auf die resultierenden Datensätze zuzugreifen. Sie benötigen also eine zusätzliche Möglichkeit, diese Datensätze nacheinander einzulesen und die einzelnen Feldwerte in den ASP-Code zu integrieren, um sie als Webseite formatieren zu können.

Jedes Datenbank-Managementsystem bietet dafür eine eigene Vorgehensweise, Access und SQL Server sogar gleich mehrere bieten dafür mehrere Möglichkeiten. Dieses Buch verwendet einen Ansatz namens ActiveX Data Objects (ADO), der in ▶ Lektion 3 erklärt wird. Im Augenblick reicht es aus, zu wissen, dass neben SQL weitere Programmiermethoden (APIs) benötigt werden, um die Daten zu überprüfen, die von einer SELECT-Anweisung zurückgeliefert werden.

Die folgenden Abschnitte führen die Hauptbestandteile der SELECT-Anweisung ein.

Die SELECT-Anweisung

SELECT identifiziert den Befehl, initiiert ihn und identifiziert die Felder, die der Befehl zurückliefern sollte. Die Argumente für eine SELECT-Anweisung werden wie folgt codiert:

- Nach dem Wort SELECT werden die Felder angegeben, die in der Ergebnisgruppe erscheinen sollen. Die einzelnen Felder werden durch Kommata getrennt und sollten in der Reihenfolge angeordnet sein, in der sie in der Ausgabe angezeigt werden sollen.
- Kommt ein Feldname in mehreren Tabellen vor, die in der FROM-Klausel angegeben sind, muss er in der Form *Tabellenname.Feldname* angegeben werden (mehr hierzu weiter unten).
- Wenn der Tabellen- oder Feldname Leer- oder Sonderzeichen enthält, sollten diese in eckige Klammern gesetzt werden (z.B. *Mitglieder.[Zweiter Name]*).
- Mit dem Sternchen werden alle Feldnamen aus einer Tabelle in die Abfrage aufgenommen (z.B. *Verkauf.**).
- Bei den meisten Datenbanksystemen können Funktionen und Formeln wie Feldnamen angegeben werden. Mit folgendem Code ließe sich z.B. der absoluten Wert des Felds *Bilanz* aus der Tabelle *Konto* abrufen:

  ```
  abs(Konto.Bilanz) AS absbil
  ```

  Damit würde ein Feld namens *absbil* zur Ergebnisgruppe hinzugefügt werden, wobei die Datenwerte dem absoluten Wert des Felds *Bilanz* in der Tabelle *Konto* entsprechen würden. Wenn die SELECT-Anweisung eine GROUP BY-Klausel enthält (wird nachfolgend beschrieben), kann die SELECT-Klausel eine Berechnungsfunktion wie *sum*, *avg*, *count*, *min*, *max*, *first* und *last* enthalten.

Die FROM-Klausel

Die FROM-Klausel identifiziert die Tabelle oder JOIN-Operation, die benutzt wird, um die Ergebnisgruppe zu formulieren. Um Felder aus einer bestehenden Tabelle auszuwählen, müssen deren Namen angegeben werden. Um Felder aus einer verknüpften Tabelle auszuwählen, dient ein Ausdruck mit der folgenden Form:

```
FROM LinkeTabelle Jointyp RechteTabelle
     ON LinkeTabelle.Joinfeld = RechteTabelle.Joinfeld
```

In der Praxis sieht die Klausel dann z.B. wie folgt aus:

```
FROM Verkauf INNER JOIN Mitglieder
     ON Verkauf.MitgliedsID = Mitglieder.MitgliedsID
```

Es gibt drei Arten von JOIN-Operationen:

- INNER JOIN. Die Ergebnisgruppe enthält nur Datensätze, bei denen die kombinierten Felder aus beiden Tabellen gleich sind.
- LEFT JOIN. Die Ergebnisgruppe enthält alle Datensätze aus der linken Tabelle und nur die Datensätze aus der rechten Tabelle, in der die kombinierten Felder gleich sind.

  Wenn für einen Datensatz aus der linken Tabelle keine Übereinstimmung in der rechten Tabelle existiert, enthält die Ergebnisgruppe in allen Feldern, die aus der rechten Tabelle stammen, Nullen.
- RIGHT JOIN. Die Ergebnisgruppe enthält alle Datensätze aus der rechten Tabelle und nur diejenigen Datensätze aus der linken Tabelle, in denen die verknüpften Felder identisch sind.

Wenn es für einen Datensatz aus der rechten Tabelle keine Übereinstimmung in der linken Tabelle gibt, enthält die Ergebnisgruppe in allen Feldern, die aus der linken Tabelle stammen, nur Nullen.

Die WHERE-Klausel

Die WHERE-Klausel gibt Kriterien für die Auswahl von Datensätzen an. Die meisten Kriterien haben die Form *Feldname.Operator = Wert*, wie auch im folgenden Beispiel:

```
Verkauf.Land = "USA"
```

Wie in der letzten Codezeile gezeigt, identifizieren die Anführungszeichen Textkonstanten. Nummernzeichen (Hash-Zeichen) identifizieren Datumskonstanten, wie in der Angabe *#31/12/2000#*. Numerische Konstanten werden nicht zwischen zwei Begrenzungszeichen gesetzt, wie z.B. im folgenden Beispiel: *Jahr=1950*.

Kriterien lassen sich mittels Klammern, dem AND-Operator und dem OR-Operator gruppieren.

Die GROUP BY-Klausel

Die GROUP BY-Klausel teilt dem Datenbanksystem mit, dass Datensätze, die in einer angegebenen Feldliste dieselben Werte enthalten, zu einem einzelnen Datensatz zusammengefasst werden sollen. Bei der Klausel *GROUP BY Land, Münze, Jahr* fasst das Datenbanksystem beispielsweise alle Datensätze zusammen, die dieselben Werte in den genannten Feldern haben, bevor das Ergebnis ausgegeben wird.

Die HAVING-Klausel

HAVING funktioniert wie WHERE, wird jedoch im Anschluss an die GROUP BY-Klausel angewendet. Angenommen, Sie erstellen folgende SELECT-Anweisung für die Tabelle Verkauf in der Datenbank *Münzsammler.mdb*.

```
SELECT Land, Münze, Jahr, sum(Menge) as gesMenge
    FROM Verkauf
    GROUP BY Land, Münze, Jahr
```

Wird die Klausel `WHERE Menge > 5` verwendet, wählt das Datenbanksystem zunächst alle Datensätze aus der Datenbank *Verkauf* aus, deren Feld *Menge* einen Wert größer als 5 enthält, und addiert die Daten anschließend.

Wenn Sie stattdessen die Klausel `HAVING gesMenge > 5` einsetzen, werden zunächst alle Datensätze der Tabelle *Verkauf* nach den Feldern *Land*, *Münze* und *Jahr* aggregiert und anschließend werden die Datensätze ausgewählt, deren Feld *gesMenge* einen Wert enthält, der größer als 5 ist.

Die ORDER BY-Klausel

Die ORDER BY-Klausel legt die Reihenfolge der Datensätze in der Ergebnisgruppe fest. Für die Ergebnisgruppe kann jedes beliebige Feld angegeben werden. Die einzelnen Felder werden durch Kommata getrennt und die Reihenfolge wird beliebig festgelegt. Die Ergebnisgruppe wird entsprechend sortiert: das erste Feld zuerst, das zweite Feld als Zweites usw. Um die Datensätze nach einem Feld in absteigender Reihenfolge zu sortieren, muss das Schlüsselwort DESC nach dem Feldnamen angegeben werden. Hier eine typische ORDER BY-Klausel:

```
ORDER BY Land, Münze, Jahr, Preis DESC
```

Lassen Sie SQL-Anweisungen von Access erstellen

Wenn dies noch immer etwas schwierig auf Sie wirkt, sollten Sie sich ein Herz fassen. In den meisten Fällen können Sie wie folgt vorgehen, um die SQL-Anweisungen von Access erstellen zu lassen:

1. Starten Sie Access, und öffnen Sie Ihre Datenbank.
2. Erstellen Sie eine Abfrage, wie im Abschnitt »Eine Abfrage erstellen« in dieser Lektion beschrieben. Im Beispiel wird die Abfrage verwendet, die in Abbildung 2.14 gezeigt wird.
3. Wenn die Abfrage die gewünschten Ergebnisse zurückliefert, wählen Sie im Menü *Ansicht* den Befehl *SQL-Ansicht.*
4. Wie Sie bereits in Abbildung 2.15 gesehen haben, zeigt Access die SQL-Anweisung an, die die erfolgreiche Abfrage aus Schritt 3 erzeugt. Markieren Sie den SQL-Code und kopieren Sie ihn in die Zwischenablage.
5. Öffnen Sie die ASP-Seite, in der Sie die Abfrage verwenden möchten.
6. Geben Sie im ASP-Skriptblock eine Codezeile wie die folgende ein:

```
strSQL = ""
```

7. Setzen Sie den Cursor zwischen die beiden Anführungszeichen, und fügen Sie dann die SQL-Anweisung aus der Zwischenablage ein. Es resultiert der folgende Code:

```
strSQL = "SELECT Verkauf.Land, Verkauf.Münze, Verkauf.Jahr,
Verkauf.Menge, Verkauf.Preis, Verkauf.MitgliedsID, Mitglieder.E-Mail
FROM Mitglieder INNER JOIN Verkauf ON Mitglieder.MitgliedsID =
Verkauf.MitgliedsID WHERE (((Verkauf.Münze)="PENNY")) ORDER BY
Verkauf.Land, Verkauf.Jahr, Verkauf.Preis;"
```

8. Suchen Sie alle Anführungszeichen, die aus Access übernommen wurden, und ersetzen Sie sie durch ein Apostroph-Zeichen. Die Anweisung sieht nun wie folgt aus:

```
strSQL = "SELECT Verkauf.Land, Verkauf.Münze, Verkauf.Jahr,
Verkauf.Menge, Verkauf.Preis, Verkauf.MitgliedsID, Mitglieder.E-Mail
FROM Mitglieder INNER JOIN Verkauf ON Mitglieder.MitgliedsID =
Verkauf.MitgliedsID WHERE (((Verkauf.Münze)='PENNY')) ORDER BY
Verkauf.Land, Verkauf.Jahr, Verkauf.Preis;"
```

Beachten Sie, dass der Wert PENNY nun von Apostroph-Zeichen anstatt von Anführungszeichen umgeben ist.

SQL sollte zwar eigentlich eine standardisierte Sprache sein, sie wird jedoch von jedem Datenbanksystem etwas anders implementiert. Aus diesem Grund sprechen erfahrene Datenbankentwickler von *Dialekten* (d.h. linguistischen Variationen) von SQL. Der Access-Dialekt von SQL verwendet Anführungszeichen, um Textkonstanten zu kennzeichnen. Die Dialekte, die in ODBC und ADO verwendet werden, benutzen jedoch Apostroph-Zeichen für diesen Zweck. Dies ist zwar sehr unkomfortabel, wenn Sie Code aus Access kopieren und in eine ADO-Anwendung einfügen (wie z.B. eine Webdatenbankseiten). Es ist jedoch sehr komfortabel, wenn Sie Code schreiben, der SQL-Anweisungen »on the fly« erzeugt. Weil VBScript doppelte Anführungszeichen benutzt, um Textkonstanten zu begrenzen, lassen sich die einfachen Anführungszeichen, die von ADO benötigt werden, leicht als Literale codieren.

9 In einem optionalen letzten Schritt kann die VBScript-Anweisung formatiert werden, sodass der SQL-Code leichter lesbar ist. Brechen Sie dazu lange Konstanten wie die in Schritt 8 in kleinere Segmente auf, und verbinden Sie diese Segmente mit &-Zeichen. Fügen Sie bei Bedarf am Zeilenende Zeilenfortsetzungszeichen ein. Rücken Sie schließlich alle Zeilen ein, sodass der Code wie eine Tabelle aussieht. Hier ein Beispiel:

```
strSQL = "SELECT Verkauf.Land, " & _
                "Verkauf.Münze, " & _
                "Verkauf.Jahr, " & _
                "Verkauf.Menge, " & _
                "Verkauf.Preis, " & _
                "Verkauf.MitgliedsID, " & _
                "Mitglieder.E-Mail " & _
           "FROM Mitglieder INNER JOIN Verkauf " & _
             "ON Mitglieder.MitgliedsID = Verkauf.MitgliedsID " & _
          "WHERE (((Verkauf.Münze)='PENNY')) " & _
       "ORDER BY Verkauf.Land, " & _
                "Verkauf.Jahr, " & _
                "Verkauf.Preis;
```

Der Fehler, der bei der Eingabe des Codes am häufigsten gemacht wird, besteht darin, dass das Leerzeichen vor dem schließenden Anführungszeichen in jeder Zeile vergessen wird.

Sie können nun jeden beliebigen Teil der SQL-Anweisung oder sogar die gesamte SQL-Anweisung ersetzen und jede beliebige Option und jeden Wert verwenden. Sie können z.B. das Literal »PENNY« durch einen Ausdruck ersetzen, der einen Wert enthält, der vom Besucher der Website eingegeben wurde. Wahrscheinlich werden Sie je nach der gewählten Einstellung in einem Listenfeld oder einer Gruppe von Optionsfeldern verschiedene ORDER BY-Klauseln erzeugen wollen. Lassen Sie sich nicht abhalten. In den ▶ Lektionen 7 bis 12 erhalten Sie weitere Anleitungen und zahlreiche Beispiele hierzu.

Selbstverständlich gehört mehr zur Entwicklung von Datenbankwebseiten als ein paar Kenntnisse über SQL-Anweisungen und darüber, wie SQL-Anweisungen kopiert werden, die mit Access erzeugt wurden. Sie müssen noch wissen, wie SQL-Anweisungen an die Datenbanksoftware gesendet werden, wie die Ergebnisse in den VBScript-Code gelangen und wie Sie Eingaben von den Besuchern der Website entgegennehmen und an die Besucher zurücksenden können. Die ▶ Lektionen 3 bis 6 erklären die Technologie, die dahinter steckt und die ▶ Lektionen 7 bis 12 bieten mehrere praktische Beispiele.

Zusammenfassung der Lektion

Diese Lektion führte die Grundkonzepte relationaler Datenbanken ein und erklärte, wie solche Datenbanken entworfen und in Access implementiert werden. Es wurden außerdem die Grundlagen von SQL erklärt.

Die ▶ Lektion 3 bietet eine Einführung in ActiveX Data Objects (ADO), die eine Schnittstelle zwischen dem Scriptcode in einer Webseite und der Information in einer Datenbank bieten. Die ▶ Lektion 4 setzt dies fort, indem erklärt wird, wie Datenbanktabellen geöffnet und Datensätze bearbeitet werden.

3 Mit ADO und ODBC auf Datenbanken zugreifen

Geschätzte Dauer:
30 Minuten

In dieser Lektion lernen Sie

- die Grundkonzepte von ActiveX Data Objects (ADO) kennen, die Skripts und anderen Programmen eine allgemeine Vorgehensweise bieten, um Daten zu speichern und abzurufen.
- wie eine Datenbankverbindung hergestellt wird, über die ADO auf Datenbanken zugreifen kann.
- wie eine Webseite ADO und ODBC nutzen kann, um eine Datenbank zu öffnen.

Der Entwurf und die Implementierung von Datenbanken sind sehr wichtig und Grundvoraussetzung für die Implementierung jeder Art von Webdatenbanken. Eine Kenntnis dieser Techniken reicht jedoch nicht aus, sondern Sie müssen sich noch weitere Techniken aneignen. Zu den Wichtigsten gehört, wie Anwendungen – und dabei insbesondere ASP-Seiten – Befehle an die Datenbank und Ergebnisse abrufen können. Dies beinhaltet folgende Grundkonzepte und Komponenten:

- Eine *Datenquelle* ist eine Softwarekomponente, die einen strukturierten Zugriff auf Daten bietet.
- Microsoft ActiveX Data Objects (ADO) bieten eine Programmierschnittstelle zwischen einer Webdatenbankseite und verschiedenen Datenquellen. ADO bietet ein breites Sortiment an Objekten, Methoden und Eigenschaften.
- Open Database Connectivity (ODBC) ist eine Datenquelle, die Zugriff auf viele relationale Datenbank-Managementsystem wie z.B. Microsoft Access und Microsoft SQL Server.

Diese Lektion erklärt, wie diese Software in Anwendungen funktioniert, in denen Webseiten die visuelle Oberfläche bieten.

ADO und ODBC

Die Abbildung 3.1 veranschaulicht den Informationsfluss bei der Verarbeitung einer Webdatenbankseite. Wie Sie sehen können, handelt es sich um einen Prozess, der in mehreren Schritten über verschiedene Ebenen hinweg erfolgt.

Abbildung 3.1
Die Verarbeitung einer Webdatenbankseite verläuft über mehrere Softwareschichten

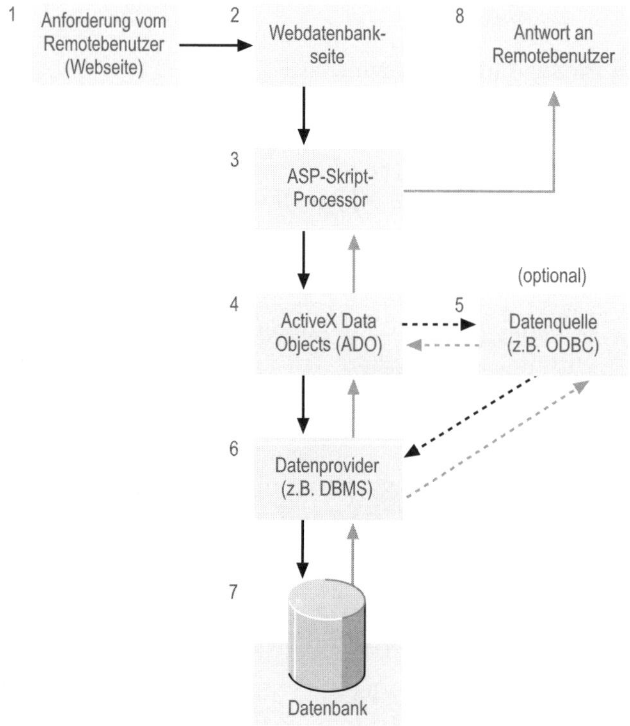

❶ Ein Webbesucher initiiert den Prozess, indem er eine Anforderung an den Webserver absendet. Normalerweise klickt der Webbesucher dazu auf einen Hyperlink oder eine *Absenden*-Schaltfläche, die im Browser angezeigt wird.

❷ Der Webserver erhält die Anforderung, stellt fest, dass die angeforderte Webseite die Dateinamenserweiterung *.asp* hat und startet das ASP-Skriptmodul.

❸ Das ASP-Skriptmodul liest die angeforderte Seite ein und führt den gesamten serverseitigen Skriptcode aus, der in der Seite enthalten ist.

❹ Der serverseitige Skriptcode lädt verschiedene ADO-Objekte, d.h. er erzeugt Instanzen dieser Objekte oder *instantiiert* diese. Der Skriptcode verwendet dann die Methoden der Objekte (d.h. er ruft Softwarebefehle auf), um auf die Datenquellen zuzugreifen, die auf dem Server verfügbar sind.

5 ODBC ist eine solche Datenquelle. ADO greift auf die meisten, aber nicht auf alle relationalen Datenbank-Managementsysteme über ODBC zu. Die ODBC-Datenquelle bietet Verfahrensweisen, um Datenbanken und Tabellen zu öffnen, SQL-Befehle zu verarbeiten und andere Aufgaben zu erfüllen.

6 ADO arbeitet entweder direkt oder indirekt über eine Datenquelle und sendet die Befehle schließlich an einen *Datenprovider*. Der Datenprovider kann ein DBMS wie Microsoft SQL Server oder das Jet-Datenbankmodul sein, das von Microsoft Access 2000 verwendet wird. Es kann sich jedoch auch um eine nicht relationale Datenquelle wie eine Volltextsuchmaschine oder ein hierarchisches Verzeichnis handeln, aus dem Informationen über LDAP (Lightweight Directory Access Protocol) abgerufen werden.

7 Die Datenquelle greift schließlich auf die Datenbank zu und sendet die Ergebnisse an das aufrufende Modul zurück.

Nachdem er auf die Daten zugegriffen hat, sendet der Provider das Ergebnis entweder direkt oder indirekt über ODBC an ADO zurück. ADO sendet sofort einen Statuscode an den ASP-Code. Falls eine Ergebnisgruppe erzeugt wurde, stellt ADO außerdem Methoden bereit, um diese zu durchlaufen und den Inhalt jedes Datensatzes zu inspizieren oder zu aktualisieren oder den Datensatz ganz zu löschen. Selbstverständlich reagiert die ASP-Seite, nachdem die Verarbeitung der Datenbank beendet ist, auf den Webbesucher, indem sie eine personalisierte Webseite an ihn sendet.

ADO erhalten und installieren

ADO ist nichts, was Sie kaufen oder herunterladen und dann installieren könnten. Es ist Bestandteil einer größeren Gruppe von Programmen namens Microsoft Data Access Components (MDAC). MDAC enthält Datenbankmodule wie Datenbanktreiber, ODBC-Treiber und selbstverständlich auch ADO, die alle mit einem einzigen Setupprogramm installiert werden.

Wenn eine der Komponenten aktualisiert wird, erscheint eine neuere Version von MDAC. Eine neue Version von Access führt beispielsweise zu einer aktualisierten Version von MDAC. Eine neue Version von SQL Server ebenfalls. Und auch eine neue Version von ODBC etc.

Standardmäßig wird ADO bei der Installation eines Microsoft-Webservers auf Ihrem Computer installiert. Dies gilt für Microsoft Internet Information Services (IIS), die in Microsoft Windows 2000 integriert sind und auch für Internet Information Server unter Microsoft Windows NT Server sowie Microsoft Personal Web Server unter Windows NT Workstation, Windows 98 und Windows 95. Die ▶ Lektion 4 beschreibt die Webserverkomponenten ausführlicher. Im Augenblick brauchen Sie sich nur zu merken, dass Sie bei der Installation eines Microsoft-Webservers keine Optionen deaktivieren dürfen, die die Begriffe ADO, MDAC und Datenzugriff enthalten.

Microsoft-Datenbankprodukte, Windows 2000, Windows NT, Anwendungen aus Microsoft Developer Studio und Microsoft Internet Explorer enthalten alle unterschiedliche Versionen von MDAC. Dies kann Verwirrung darüber auslösen, welche Versionen welcher Komponenten schließlich auf dem Computer installiert sind. Wenn Sie unsicher sind, sollten Sie die neueste Version von MDAC herunterladen und installieren.

Für die Suche nach neueren Versionen von MDAC eignet sich die Universal Data Access-Website (UDA) von Microsoft am besten. Diese finden Sie unter *http://www.microsoft.com/data/*. In dieser steht auch die MDAC-Version in deutscher Sprache zur Verfügung. Wählen Sie die gewünschte MDAC-Version und folgen Sie den üblichen Links und Eingabeaufforderungen. Üblicherweise wird eine einzelne Datei heruntergeladen, die Sie anklicken können, um sie auszuführen.

Die ADO-Dokumentation

Als dieses Buch geschrieben wurde, befand sich die ADO-Dokumentation unter dem URL *http://msdn.microsoft.com/library/psdk/dasdk/ados4piv.htm*. Leider ändert sich dieser URL, wie alle anderen URLs auch, von Zeit zu Zeit. Und je länger der URL ist, desto höher ist die Wahrscheinlichkeit einer Änderung – wie auch bei diesem URL. Die Startseite der Dokumentation zu ActiveX Data Objects (ADO) können Sie aber auch über einen beständigeren Eintrittspunkt erreichen:

1. Laden Sie die Seite *http://msdn.microsoft.com/library/*.
2. Warten Sie, bis die Seite vollständig geladen ist und öffnen Sie dann im Inhaltsverzeichnis auf der linken Seite die Elemente in der nachfolgend aufgeführten Reihenfolge:

Platform SDK

Data Access Services

Microsoft Data Access Components (MDAC) SDK

Microsoft Data Access 2.6 SDK

Microsoft ActiveX Data Objects (ADO)

Lassen Sie sich nicht verwirren, wenn der tatsächliche Wortlaut oder die Versionsnummer von den Angaben abweicht. Ständige Änderungen sind sowohl der Segen als auch der Fluch des Webs. Abbildung 3.2 zeigt den Pfad zur ADO-Startseite.

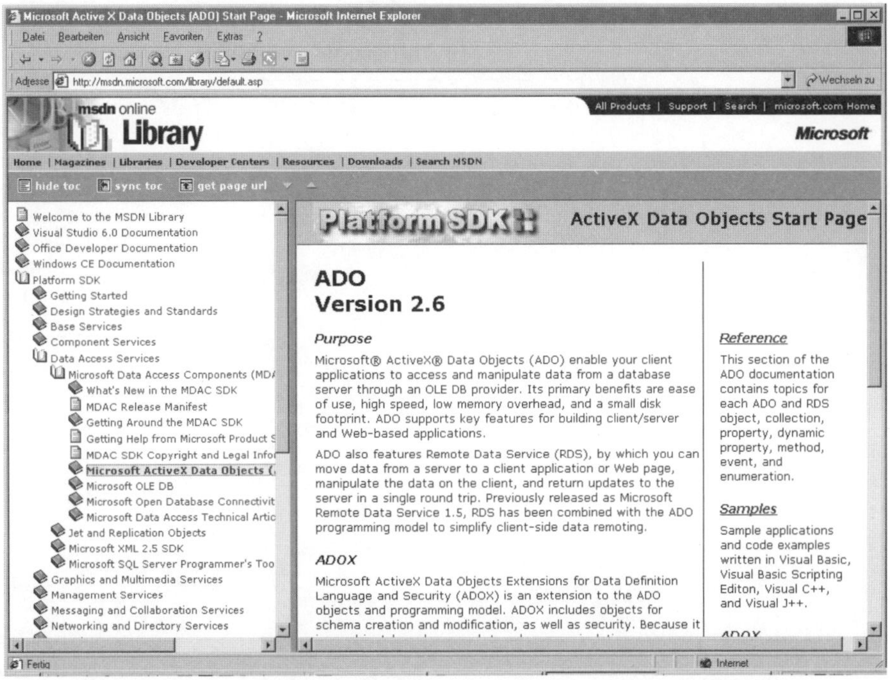

Abbildung 3.2
Die offizielle Dokumentation für ADO befindet sich in der Bibliothek *Platform SDK*

Ein weiterer Eintrittspunkt für Informationen, eine Dokumentation und Downloads ist die UDA-Homepage (UDA – Universal Data Access) unter

`http://www.microsoft.com/data/`

Hier können Sie ebenfalls nach der Dokumentation suchen. Wenn alles andere scheitert, können Sie auch auf der Startseite der Adressen *http://www.microsoft.com/search* und *http://msdn.microsoft.com/search* den Suchbegriff »ActiveX Data Objects« eingeben.

ADO-Objekte

Trotz ihrer Leistungsfähigkeit gibt es nur wenige ADO-Objekte. Diese sind in Tabelle 3.1 aufgelistet. Abbildung 3.3 zeigt die Hierarchie der ADO-Objekte, die in diesem Buch benutzt werden.

Tabelle 3.1
ADO-Objekte auf oberster Ebene

Objekt	Enthalten in Auflistung	Übergeordnetes Objekt	Beschreibung
Connection			Bietet einen Pfad, den andere Objekte nutzen können, um auf einen Datenbankprovider zuzugreifen
Recordset		*Connection*	Bietet Zugriff auf die Ergebnisgruppe einer Abfrage oder Datenbankoperation
Field	*Fields*	*Record*	Bietet Zugriff auf einzelne Felder im aktuellen Datensatz eines *Recordset*-Objekts.
Property	*Properties*	*Connection* *Command* *Recordset* *Field*	Bietet Zugriff auf alle Merkmale eines ADO-Objekts
Command		*Connection*	Enthält einen Befehl und wahlweise auch Befehlsparameter, die gegen eine Datenbankverbindung ausgeführt werden
Parameter	*Parameters*	*Command*	Enthält einen benannten Wert, den der Datenbankprovider in einer vordefinierten Abfrage oder gespeicherten Prozedur benutzt
Error	*Errors*	*Connection*	Enthält Informationen über Fehler, die vom Datenbankprovider zurückgeliefert werden
Record			Repräsentiert eine Zeile einer Ergebnisgruppe oder ein Verzeichnis bzw. eine Datei in einem Dateisystem
Stream			Repräsentiert einen binären Datenstrom

Die folgenden Objekte sind Bestandteil von Remote Data Services (RDS), einer Technologie, die in diesem Buch nicht behandelt wird.

Objekt	Beschreibung
DataControl	Bindet die Ergebnisgruppe einer Datenabfrage an eines oder mehrere Steuerelemente (z.B. ein Textfeld, ein Diagramm oder ein Kombinationsfeld), um die Daten auf einer Webseite anzeigen zu können
DataFactory	Implementiert Methoden, die clientseitige Anwendungen einen Lese-/Schreibzugriff auf die Daten der angegebenen Datenquellen bieten
DataSpace	Erzeugt clientseitige Proxies für personalisierte Geschäftsobjekte, die sich in der mittleren Schicht befinden

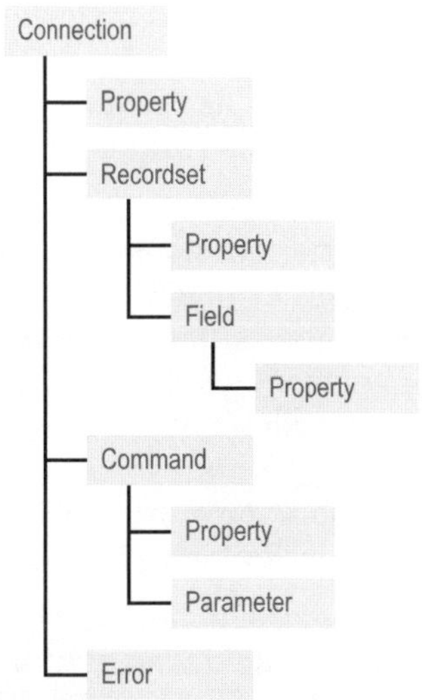

Abbildung 3.3 Das Diagramm zeigt die Beziehungen, die zwischen den ADO-Objekten bestehen, die in diesem Buch verwendet werden

Im restlichen Abschnitt finden Sie eine kurze Beschreibung zu allen ADO-Objekttypen, die normalerweise bei Webdatenbankseiten benutzt werden. In den nachfolgenden Abschnitten wird dann jedes Objekt ausführlicher beschrieben.

- Das Stamm-ADO-Objekt, das sich auf der obersten Ebene befindet, ist das *Connection*-Objekt. Ein *Connection*-Objekt behandelt alle Interaktionen mit einem Datenprovider und somit hängen alle anderen ADO-Objekte von diesem Objekt ab. Um ein *Connection*-Objekt nutzen zu können sind zwei Schritte erforderlich: das Objekt muss geladen (instantiiert) und dann geöffnet werden. Wird ein *Connection*-Objekt geöffnet, muss eine Verbindungszeichenfolge angegeben werden, die festlegt, welcher Provider geöffnet werden soll.

- Das ADO *Recordset*-Objekt bietet Zugriff auf die Ergebnisgruppe, die aus einer Datenbankoperation resultiert. Ein *Recordset*-Objekt zu erzeugen und eine Ergebnisgruppe zu erhalten, sind zwei verschiedene Dinge und müssen in der genannten Reihenfolge ausgeführt werden. Eine Ergebnisgruppe kann auf zwei Weisen bezogen werden: mit der *Open*-Methode eines *Recordset*-Objekts oder der *Execute*-Methode eines *Command*-Objekts.

- ADO erzeugt für jedes Feld in einer Ergebnisgruppe ein *Field*-Objekt. Dadurch besteht Zugriff auf den Wert und andere Eigenschaften eines Felds. Weil ADO die *Field*-Objekte zusammen mit der Ergebnisgruppe automatisch erzeugt, muss dieses Objekt so gut wie nie manuell eingerichtet werden.

- ADO erzeugt auch *Property*-Objekte automatisch. Alle Arten von Informationen über ein Objekt, die gelesen oder verändert werden können, sind in einem *Property*-Objekt abgelegt. Wie bei *Field*-Objekten brauchen Sie sich auch um die Existenz der *Property*-Objekte keine Sorgen zu machen. Sie brauchen nur deren Namen und Werte zu benutzen.

- Das ADO *Command*-Objekt enthält einen Befehl – und wahlweise auch Parameter –, der an einen Datenprovider gesendet werden soll. Der eigentliche Versand des Befehls erfolgt über die *Execute*-Methode des *Command*-Objekts. Bei normalen Abfragen ist die *Open*-Methode des *Recordset*-Objekts besser geeignet, weil sie sich leichter benutzen lässt und weniger programmiert werden muss als bei der *Execute*-Methode des *Command*-Objekts. Das *Command*-Objekt unterstützt jedoch im Gegensatz zum *Recordset*-Objekt zwei wichtige Methoden: Parametrisierte Abfragen und Befehle, die keine Ergebnisgruppe hervorbringen.

Eine parametrisierte Abfrage entspricht einer normalen SQL-Anweisung, der Entwickler verändert jedoch Teile davon, damit die Abfrage austauschbare Parameter übernimmt. Auf diese Weise lassen sich SQL-Anweisungen zentral in einer Datenbank statt auf viele Programme verteilt speichern. Die einzelnen Programme können aber trotzdem variable Informationen bereitstellen.

- Das ADO *Parameter*-Objekt enthält einen austauschbaren Parameter, der von einem ADO *Command*-Objekt benutzt werden kann. Für jeden Parameter, den ein *Command*-Objekt bereitstellen soll, muss zunächst ein ADO *Parameter*-Objekt erstellt und diesem muss dann ein Wert zugewiesen werden. Anschließend muss das *Parameter*-Objekt mit den *Command*-Objekt verbunden werden.

- Das ADO *Error*-Objekt stellt eine Auflistung von Fehlern bereit, die von einem Datenbankprovider gemeldet werden. Wenn ein Zugriff auf einen Provider über sein *Connection*-Objekt erfolgt, löscht ADO jedes Mal zuerst die *Errors*-Auflistung mit den *Error*-Objekten und fügt dann für jeden Fehler, den der Provider meldet, ein *Error*-Objekt zur Auflistung hinzu. Wenn das Steuerelement zum ASP-Code zurückkehrt, kann die *Errors*-Auflistung überprüft werden, um festzustellen, ob Fehler aufgetreten sind.

ADO-Objekte nutzen

Nachdem Sie nun die wichtigsten ADO-Objekte kennen, erfahren Sie in den nachfolgenden Abschnitten, wie sie eingesetzt werden. Um Ihnen etwas Praxiserfahrung zu bieten, enthält der Text einige Codefragmente.

ADO-Konstanten

Um ADO-Dienste aufzurufen oder zu erklären verwenden die meisten Dokumentationen und auch die meisten Beispiele in diesem Buch Konstanten statt Literale. Anstatt der Angabe

```
rsMbrs.Open sql, cnn1, 0, 1, 1
```

sehen Sie beispielsweise die folgende

```
rsMbrs.Open sql, cnn1, adOpenForwardOnly, adLockReadOnly, adCmdText
```

Die zweite Form ist ganz offensichtlich aussagekräftiger und leichter verständlich, erfordert jedoch eine *Konstantendeklaration* wie die folgende:

```
Const adOpenForwardOnly = 0
Const adLockReadOnly = 1
Const adCmdText = &H0001
```

Sie sollten immer die Datei *Adovbs.inc* verwenden, die in der auf Ihrem Webserver installierten MDAC-Version enthalten ist. Falls dies nicht möglich sein sollte, können Sie auch die Datei *Adovbs.inc* verwenden, die zusammen mit den Beispieldateien bereitgestellt wird.

Glücklicherweise wird bei der Installation von ADO auch eine Datei installiert, die alle Konstantendeklarationen enthält, die für die ADO-Eigenschaften und -Methoden benötigt werden. Dies ist die Datei *Adovbs.inc*, die normalerweise im Pfad *C:\Programme\Gemeinsame Dateien\System\Ado\Adovbs.inc* abgelegt ist.

Diese Datei wird wie folgt in Webseiten verwendet:

1. Kopieren Sie die Datei *Adovbs.inc* aus ihrem ursprünglichen Pfad in einen geeigneten Ordner auf dem Webserver. Wenn Sie z.B. mit einem Microsoft FrontPage-Web arbeiten, sollten Sie die Datei in den Stammordner des Webs kopieren.
2. Integrieren Sie in jede Webseite, die ADO-Konstanten verwendet, die folgende Codezeile vor den ersten Block des serverseitigen Skriptcodes (d.h. vor das erste <%-Tag.

```
<!-- #include file="../Adovbs.inc" -->
```

Beachten Sie, dass das *file*=-Argument – der Wert in Anführungszeichen – ein relativer URL ist. Je nachdem, wo Sie die Datei *Adovbs.inc* in Relation zur Webseite abgelegt haben, müssen Sie eventuell den Pfad anpassen (im Beispiel den Teil »../«).

Serverside Includes

Anweisungen wie die folgende verwenden eine Technik namens *Serverside Include*, die eine bestimmte Anweisung in einer Datei vorübergehend durch den kompletten Inhalt einer anderen Datei ersetzt.

```
<!-- #include file="../Adovbs.inc" -->
```

Wenn der Webserver eine ASP-Seite verarbeitet, die diese Anweisung enthält, »sieht« der ASP-Prozessor den gesamten Inhalt der Datei *Adovbs.inc* und nicht nur die obige Anweisung. Beachten Sie, dass der Pfad ein relativer URL und kein physischer Speicherort im Dateisystem des Servers ist.

Muss ein Anweisungsblock in mehreren Webseiten erscheinen, ist es sinnvoll, diese Anweisungen einmal zu programmieren, in einer Datei abzuspeichern und dann mit einem Serverside Include an jeder beliebigen Stelle zu integrieren. Wenn der Code in der Datei einmal aktualisiert werden muss, müssen außerdem nicht alle Stellen, an denen er integriert wurde, einzeln geändert werden.

Serverside Includes müssen vom Webserver extra bearbeitet werden und werden deshalb nicht bei allen Seitentypen standardmäßig aktiviert. Microsoft-Webserver verarbeiten Serverside Includes normalerweise zwar bei allen Dateien mit der Erweiterung *.asp*, nicht aber bei Dateien mit der Erweiterung *.htm*.

ADO *Connection*-Objekte

Im Zusammenhang mit dem ADO *Connection*-Objekt sind nur vier Operationen relevant und drei davon sind extrem einfach:

- Erzeugen des Objekts
- Öffnen des Objekts
- Schließen des Objekts
- Freigeben des Objekts

Das Objekt zu öffnen ist normalerweise der schwierigste Teil.

Ein ADO *Connection*-Objekt erzeugen

ADO *Connection*-Objekte lassen sich ganz einfach erzeugen, weil keine Optionen festgelegt werden müssen. Die folgende Anweisung reicht aus. Das einzige, was jeweils angepasst werden muss, ist der Name des resultierenden Objekts (im Beispiel *cnn1*) und selbst das ist nur eine Geschmacksfrage.

```
Set cnn1 = Server.CreateObject("ADODB.Connection")
```

Wenn Sie bereits in anderen Zusammenhängen mit Microsoft Visual Basic-Objekte gearbeitet haben, wird die obige Anweisung vielleicht etwas überraschend für Sie sein. Sicherlich hätten Sie eher die folgende Anweisung erwartet:

```
Dim cnn1 as New ADODB.Connection
```

Beide Anweisungen erzeugen ein ADO *Connection*-Objekt. Die erste Form entspricht jedoch der Syntax von VBScript. VBScript ist die Form von Visual Basic, die ASP nutzt. In der ersten Anweisung ist *Server* ein Objekt, das in die ASP-Skriptumgebung integriert ist und *CreateObject* ist eine Methode, die – wie nicht anders zu erwarten – Objekte erzeugt! Das Literal *ADODB.Connection* teilt der *CreateObject*-Methode mit, welche Art von Objekt erzeugt werden soll.

Ein ADO *Connection*-Objekt öffnen

Beim Erzeugen eines *Connection*-Objekt wird nicht automatisch eine Verbindung zu einer Datenbank hergestellt. Dafür muss die *Open*-Methode des *Connection*-Objekts aufgerufen werden. Mit der folgenden Anweisung wird eine Verbindung zu einer Datenquelle geöffnet:

```
connection.Open ConnectionString, UserID, Password
```

Von den drei Argumenten der *Open*-Methode wird nur das erste benötigt. Die Argumente *UserID* und *Password* können Sie vernachlässigen, wenn bei der Datenbank keine Anmeldung erforderlich ist oder wenn diese Information über das *ConnectionString*-Argument bereitgestellt wird.

Der schwierigste Teil beim Öffnen einer ADO-Verbindung ist, ein gültiges *ConnectionString*-Argument zu erstellen. Die Verbindungszeichenfolge besteht aus einem oder mehreren *Argument/Wert*-Anweisungen, die durch Semikolons voneinander getrennt sind. Einige dieser Argumente gehören zum *Connection*-Objekt, andere zum Datenprovider (d.h. ODBC) oder zur Datenquelle (d.h. Access, SQL Server oder eine andere Datenbank). Somit gibt es keine einzelne Referenz, der sich entnehmen ließe, was in einer Verbindungszeichenfolge enthalten sein muss.

Jede Softwareschicht durchsucht alle Argumente einer Verbindungszeichenfolge. Wenn ein *Connection*-Objekt ein bestimmtes Argument nutzen kann, entfernt es dieses (und seinen Wert) aus der Verbindungszeichenfolge, bevor sie an den Datenprovider übergeben wird. Wenn der Datenprovider weiß, wie das Argument verarbeitet werden soll, entfernt er es aus der Verbindungszeichenfolge, bevor sie an die Datenquelle übergeben wird.

In einigen Fällen erhält eine Softwareschicht die Argumente über APIs (APIs – Application Programming Interfaces) und übergibt sie an die untergeordnete Schicht, indem sie zur Verbindungszeichenfolge hinzugefügt werden. Und manchmal macht die Softwareschicht auch das Gegenteil. Sie entfernt Argumente aus der Verbindungszeichenfolge, die von einer untergeordneten Schicht verwendet werden und übergibt diese über APIs. Wenn zwei Schichten verschiedene Argumentnamen für denselben Wert verwenden, kann jede Schicht die Argumentnamen übersetzen.

Die Tabelle 3.2 listet die Argumente auf, die ein ADO *Connection*-Objekt selbst verarbeitet und aus der Verbindungszeichenfolge entfernt, die an einen Datenprovider übergeben wird. Argumentnamen, die nicht in der ersten Spalte von Tabelle 3.2 aufgelistet sind, übergibt ADO mit unveränderten Namen und Werten an den Provider.

Tabelle 3.2 Einstellungen der ADO *Connection-String*-Eigenschaft

ADO-Argument	ODBC-Entsprechung	ADO-Standard	Beschreibung
Provider	ODBC		Der Name des Datenproviders, der für die Verbindung verwendet wird
Data Source	DSN	DSN	Der Namen einer ODBC-Datenquelle, den die Verbindung nutzen sollte
User ID	UID		Ein Benutzername, der angegeben wird, wenn die Verbindung hergestellt wird
Password	PWD		Ein Kennwort, das angegeben wird, wenn die Verbindung hergestellt wird
File Name			Der Name einer providerspezifischen Datei, die die voreingestellten Verbindungsinformationen enthält
Remote Provider			Der Name eines Providers, der beim Öffnen einer clientseitigen Verbindung verwendet wird (Nur Remote Data Services)
Remote Server			Der Pfadname des Servers, der beim Öffnen einer clientseitigen Verbindung verwendet wird (Nur Remote Data Services)

Wird kein Provider angegeben, wird standardmäßig Microsoft ODBC verwendet. Dieser Provider wird normalerweise für den Zugriff auf SQL Server, Access, Oracle, Informix und die meisten anderen relationalen Datenbanken verwendet. Andere Provider wie z.B. für Microsoft-Indexdienst und für LDAP-Verzeichnisdienste werden selbstverständlich auch unterstützt.

Der Microsoft-Indexdienst ist eine Volltextsuche, die im Lieferumfang von Internet Information Server 4.0 und auch in Microsoft Windows 2000 enthalten ist.

ADO-Verbindungszeichenfolgen, ODBC-Argumente und weitere Argumente sind einzigartig für jedes DBMS und die Frage, welche Werte gültig sind, ist komplex und etwas mysteriös. Deshalb werden in diesem Teil nur wenige allgemeine Beispiele gezeigt. Die folgende Liste enthält einige typische Verbindungszeichenfolgen.

Siehe den ▶ Abschnitt »Einen ODBC-Datenquellennamen definieren« weiter unten in dieser Lektion, um mehr über System-DSNs zu erfahren.

Einige der Beispiele erwähnen den Namen von ODBC-Systemdatenquellen oder, wie sie meistens genannt werden, System-DSNs. System-DSNs bieten die Möglichkeit, den Datenbanktyp, den Pfad und andere Einstellungen pro Computer statt für jede einzelne ASP-Seite zu definieren. Dies hat offensichtliche Vorteile, wenn die Datenbank verschoben oder das DBMS geändert werden muss. System-DSNs müssen jedoch vom Serveradministrator eingerichtet werden.

- Öffnen einer Verbindung zu einer ODBC-System-DSN namens *Pubs*.

  ```
  Set cnn1 = Server.CreateObject("ADODB.Connection")
  cString = "Pubs"
  cnn1.Open cString
  ```

  Die zweite Anweisung entspricht der folgenden,

  ```
  cstring = "Provider=ODBC;DSN=Pubs"
  ```

  weil der Standardprovider ODBC und der Standardargumentname DSN ist.

- Öffnen einer Verbindung zur selben Datenquelle mit ADO-Argumentnamen. Zusätzlich werden ein Benutzername (*sa*) und ein Kennwort (*pwd*) angegeben.

  ```
  Set cnn2 = Server.CreateObject("ADODB.Connection")
  cString = "Data Source=Pubs;User ID=sa;Password=pwd;"
  cnn2.Open cString
  ```

- Öffnen einer Verbindung zur selben Datenquelle mit ODBC-Argumentnamen.

  ```
  Set cnn3 = Server.CreateObject("ADODB.Connection")
  cString = "DSN=Pubs;UID=sa;PWD=pwd;"
  cnn3.Open cString
  ```

- Öffnen einer Verbindung zur selben Datenquelle, wobei *User ID* und *Password* als Argumente an die *Open*-Methode statt in der Verbindungszeichenfolge übergeben werden.

```
Set cnn4 = Server.CreateObject("ADODB.Connection")
cString = "Pubs"
cnn4.Open cString, "sa", "pwd"
```

Die Datenquelle der Verbindungszeichenfolge ist standardmäßig DSN.

- Öffnen einer Verbindung zu einer SQL Server-Datenbank ohne eine ODBC-System-DSN.

```
Set cnn5 = Server.CreateObject("ADODB.Connection")
cString = "driver={SQL Server};server=bigsmile;" & _
          "uid=sa;pwd=pwd;database=pubs"
cnn5.Open cString
```

Das Argument *server* gibt den Computer an, auf dem SQL Server ausgeführt wird und das Argument *database* legt den Namen der SQL Server-Datenbank fest.

- Öffnen einer Verbindung zu einer Access-Datenbank ohne Zugriff auf eine DSN.

```
Set cnn6 = Server.CreateObject("ADODB.Connection")
cString = "driver={Microsoft Access-Treiber (*.mdb)};" & _
          "dbq=G:\InetPub\wwwroot\Webdbdev\Kap03\Münzsammler.mdb"
cnn6.Open cString
```

Beim Einsatz in einer Active Server Page muss das Argument *dbq* entweder einen Dateinamen und Pfad auf dem lokalen Webserver angeben oder einen Netzwerkpfad, der dem UNC-Format (UNC – Universal Naming Convention) entspricht. Wenn der URL der Datenbank, nicht aber der Dateipfad bekannt ist, kann der URL mit der *Server.MapPath*-Methode wie folgt umgewandelt werden:

```
cString = "driver={Microsoft Access-Treiber (*.mdb)};" & _
          "dbq=" & _
          Server.MapPath("../kap03/Münzsammler.mdb")
```

- Öffnen einer Verbindung zum Microsoft-Indexdienst.

```
Set cnn7 = Server.CreateObject("ADODB.Connection")
cString = "Provider=MSIDXS"
cnn7.Open cString
```

- Öffnen einer Verbindung zu einem LDAP-kompatiblen Verzeichnisdienst.

```
Set cnn8 = Server.CreateObject("ADODB.Connection")
cString = "Provider=ADSDSOObject"
cnn8.Open cString
```

Wird eine ADO-Verbindung zu einer Datenbank geöffnet, besteht noch nicht automatisch ein Zugriff auf die darin enthaltenen Datensätze. Dafür muss ein Recordset geöffnet und geändert werden. Mehr hierzu erfahren Sie im Abschnitt »ADO-Recordsets« in ▶ Lektion 4.

Ein ADO *Connection*-Objekt schließen

Ein *Connection*-Objekt wird über die *Close*-Methode geschlossen. Mit der folgenden Anweisung wird z.B. ein *Connection*-Objekt namens *cnn1* geschlossen

```
cnn1.Close
```

Wenn Sie vergessen, ein *Connection*-Objekt zu schließen, findet der ASP-Skriptprozessor dieses, schließt es und entfernt es aus dem Speicher. So ist es zumindest vorgesehen. In der Praxis läuft Ihr Webserver jedoch vermutlich stabiler, wenn Sie alle Objekte, die Sie erzeugen, auch wieder schließen und freigeben.

Ein ADO *Connection*-Objekt freigeben

Nachdem ein *Connection*-Objekt geschlossen wurde, bleibt es trotzdem noch im Speicher stehen. Um das Objekt *cnn1* und auch jedes andere Objekt aus dem Speicher zu entfernen, dient folgende Anweisung:

```
Set cnn1 = Nothing
```

Einen ODBC-Datenquellennamen definieren

Ein ODBC-Datenquellenname definiert den Typ, den Pfad und die Operationsparameter jeder Datenbank, die ODBC unterstützt, an einem zentralen Ort. Dies ist ein großer Vorteil, wenn die Datenbank verschoben werden muss oder ein Upgrade zu einer anderen Datenbanksoftware erfolgt. Anstatt die Verbindungszeichenfolge in jeder Webseite aktualisieren zu müssen, braucht nur die DSN aktualisiert zu werden.

Es gibt zwei Arten von ODBC-DSNs: Benutzer- und System-DSNs. In ODBC-Benutzerdatenquellen (Benutzer-DSNs) werden Informationen gespeichert, wie eine Verbindung mit dem Datenprovider hergestellt werden kann. Sie sind nur für den Benutzer sichtbar und können nur auf dem aktuellen Computer verwendet werden. Deshalb eignen sie sich nicht für Webdatenbankseiten. Diese müssen ODBC-Systemdatenquellen (System-DSNs) verwenden.

Die Methoden, mit denen ODBC-Datenquellennamen definiert werden, unterscheiden sich je nach Betriebssystem, Datenbanktyp und der Version von ODBC. Deshalb sollten Sie nicht überrascht sein, wenn die

Dialogfelder bei Ihnen etwas anders aussehen als auf den Abbildungen im Buch.

Den ODBC-Datenquellen-Administrator öffnen

Die Vorgehensweise, um ODBC-Systemdatenquellen zu definieren, ist unter Windows 95, Windows 98, Windows NT und Windows 2000 gleich. Sie müssen jedoch lokal oder über eine Konsole bei dem Computer angemeldet sein, der die Anwendung ausführen wird, und Sie müssen Administratorrechte für diesen Computer haben.

Wenn Sie nicht Serveradministrator sind, der Administrator nicht bereit ist, die DSNs für Sie einzurichten oder eine Gebühr dafür verlangt, können Sie auch eine Verbindungszeichenfolge nutzen, die nicht auf einen DSN zugreift.

Um einen ODBC-Datenquellennamen einzurichten, gehen Sie wie folgt vor:

1. Öffnen Sie die Systemsteuerung, klicken Sie doppelt auf *Verwaltung* und anschließend auf *Datenquellen (ODBC)*. Wenn Sie mit Windows 95, Windows 98 oder Windows NT 4 arbeiten, klicken Sie in der Systemsteuerung doppelt auf das Symbol *ODBC-Datenquellen (32Bit)*.
2. Es öffnet sich das in Abbildung 3.4 gezeigte Dialogfeld. Aktivieren Sie die Registerkarte *System-DSN*. Diese enthält die folgenden drei Schaltflächen:
   - *Hinzufügen,* um eine neue System-DSN zu erzeugen.
   - *Entfernen,* um eine bestehende System-DSN zu löschen. Markieren Sie dazu die DSN und klicken Sie anschließend auf die Schaltfläche *Entfernen.*
   - *Konfigurieren,* um die Einstellungen einer bestehenden System-DSN zu betrachten oder zu verändern. Markieren Sie die gewünschte System-DSN und klicken Sie anschließend auf die Schaltfläche *Konfigurieren* oder klicken Sie doppelt auf die System-DSN, um das Dialogfeld mit den Einstellungen zu öffnen.
3. Klicken Sie auf die Schaltfläche *Hinzufügen,* um das in Abbildung 3.5 gezeigte Dialogfeld zu öffnen.
4. Markieren Sie den Treiber für die Art von Datenbank, die Sie benutzen möchten, und klicken Sie dann auf die Schaltfläche *Fertig stellen.*

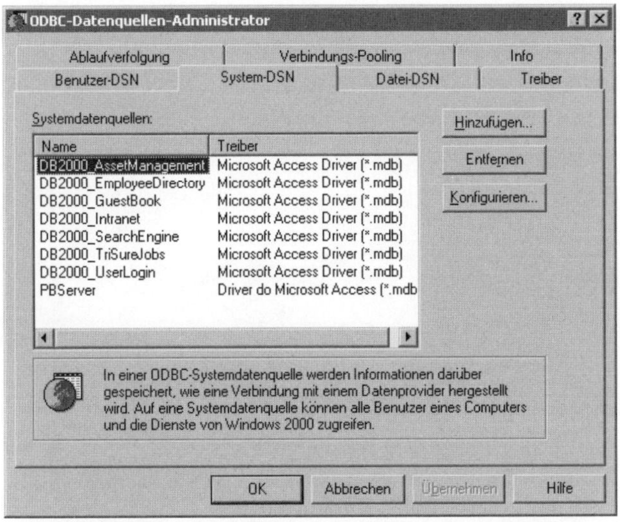

Abbildung 3.4
Das Dialogfeld *ODBC-Datenquellen-Administrator*

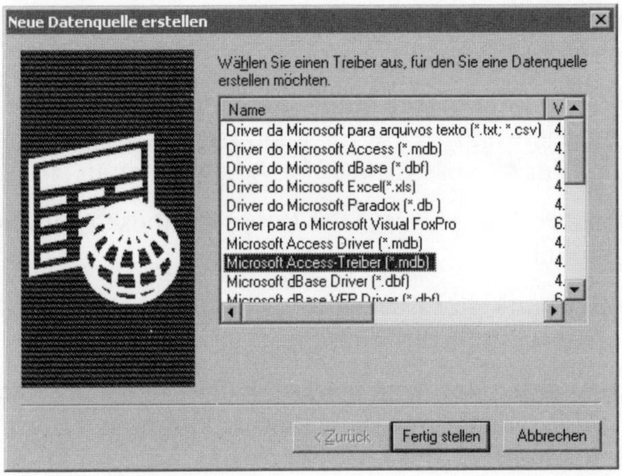

Abbildung 3.5
In diesem Dialogfeld legen Sie den Treiber für eine neue ODBC-System-DSN fest

Ab dieser Stelle hängt das Aussehen der Dialogfelder (und entsprechend auch die Vorgehensweise) vom gewählten Datenbanktyp ab. In den nächsten beiden Abschnitten wird erklärt, wie Sie DSNs für Microsoft Access und Microsoft SQL Server einrichten.

Datenquellennamen für Microsoft Access definieren

Wenn der Datenquellennamen für eine Microsoft Access-Datenbank festgelegt wird, gehen Sie wie folgt vor, nachdem Sie auf die Schaltfläche *Fertig stellen* geklickt haben.

1. Es sollte sich nun das Dialogfeld *ODBC Microsoft Access Setup* öffnen (siehe Abbildung 3.6). Hier werden Access-System-DSNs definiert.

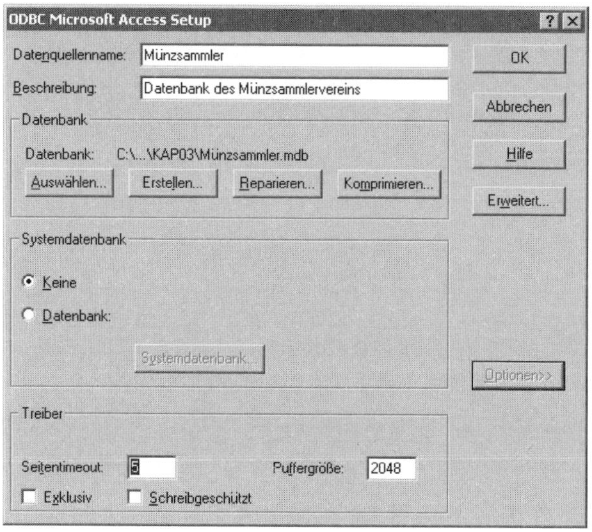

Abbildung 3.6 Dieses Dialogfeld definiert eine Access-ODBC System-DSN

Geben Sie Werte für die folgenden Optionen ein bzw. legen Sie folgende Optionen fest:

- **Datenquellenname** stellt den Namen bereit, den Active Server Pages und andere Prozesse für den Zugriff auf die Datenbank nutzen werden. Kurze, aussagekräftige Namen eignen sich am besten.
- **Beschreibung** bietet eine kurze Textbeschreibung. Dieser Eintrag ist optional.
- **Datenbank** gibt den Namen der Access-Datenbank an und bietet einige Verwaltungsfunktionen.
- **Auswählen** durchsucht das lokale oder Netzwerkdateisystem nach der Zieldatenbank. Access-Datenbanken haben normalerweise die Erweiterung *.mdb*.

Wenn eine Access-Datenbank nicht auf dem lokalen System abgelegt ist, muss ein UNC-Name angegeben werden. Verwenden Sie keine zugewiesenen Laufwerksbuchstaben, da sich diese verändern, wenn sich unterschiedliche Benutzer anmelden oder auch, wenn kein Benutzer angemeldet ist, UNC-Namen haben die Syntax: \\<*Computername*>\<*Freigabename*>\<*Pfad*>\<*Dateiname*>.

- **Erstellen** erzeugt eine neue, leere Datenbank, die keine Tabellen enthält.
- **Reparieren** führt eine Konsistenzprüfung durch und versucht, Strukturprobleme in der Datenbank zu beheben.

- **Komprimieren** gewinnt Speicherplatz, der von der Datenbankdatei nicht benutzt wird.
- **Systemdatenbank** legt fest, ob eine Systemdatenbank in Verbindung mit der normalen Access-Datenbank benutzt werden soll. Die Systemdatenbank speichert die Sicherheits- und sonstigen Einstellungen für Access-Datenbanken.
- **Keine** gibt an, dass die Access-Datenbank nicht durch eine Systemdatenbank gesteuert werden soll.
- **Datenbank** legt fest, dass eine Systemdatenbank verwendet werden soll. Klicken Sie auf die Schaltfläche *Systemdatenbank*, um die gewünschte Systemdatenbank auszuwählen.

2. Klicken Sie auf die Schaltfläche *Optionen,* um das Dialogfeld zu erweitern. Es stehen nun folgende Datenfelder zusätzlich zur Verfügung:

- **Treiber** dient zur Konfiguration des Access-Treibers.
- **Seitentimeout** gibt die Zeitbeschränkung in Zehntelsekunden an, innerhalb derer ODBC-Operationen durchgeführt werden müssen. Der Standardwert ist normalerweise ausreichend.
- **Puffergröße** legt die Puffergröße in Byte fest. Der Standardwert ist normalerweise ausreichend.
- **Exklusiv** Wird dieses Kontrollkästchen aktiviert, wird die Datenbank im exklusiven Modus geöffnet.
- **Schreibgeschützt** Wird dieses Kontrollkästchen aktiviert, wird die Datenbank im schreibgeschützten Modus geöffnet.

3. Klicken Sie auf die Schaltfläche *OK*, wenn Sie fertig sind.

Datenquellennamen für SQL Server definieren

Haben Sie den Treiber SQL Server gewählt, gehen Sie wie folgt vor, nachdem Sie auf die Schaltfläche *Fertig stellen* geklickt haben.

1. Es soll nun der Assistent *Neue Datenquelle für SQL Server erstellen* angezeigt werden (siehe Abbildung 3.7). Dies ist der erste Bildschirm, in dem Sie die System-DSN definieren.

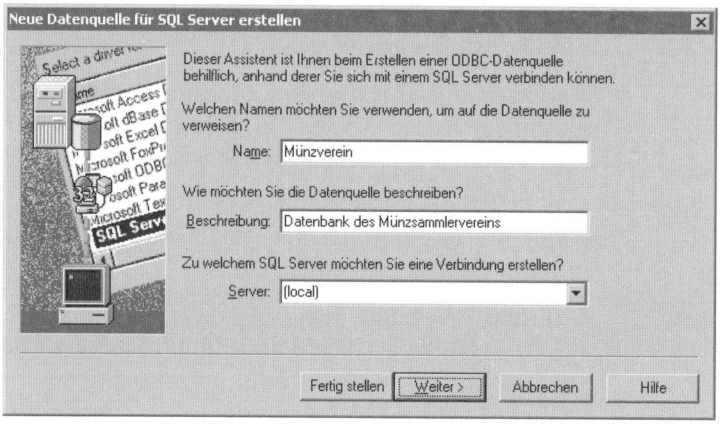

Abbildung 3.7 Dies ist der erste Bildschirm des Assistenten, mit dem eine ODBC-Systemdatenquelle für SQL Server definiert wird

Geben Sie Werte für die folgenden Optionen ein:

- **Name** Geben Sie der Datenquelle einen Namen, den Anwendungen nutzen können.
- **Beschreibung** Dokumentieren Sie mit einer Zeile den Verwendungszweck der Datenquelle. Dieses Feld ist optional.
- **Server** Geben Sie den Computer an, auf dem SQL Server ausgeführt wird. Wenn der Name des Computers nicht im Listenfeld aufgeführt ist, können Sie ihn auch einfach eintippen.

2. Klicken Sie auf die Schaltfläche *Weiter,* um zum Bildschirm zu gelangen, der in Abbildung 3.8 gezeigt wird. Hier wird festgelegt, wie SQL Server die Login-ID verarbeitet, mit der auf die Datenbank zugegriffen wird. Möglicherweise müssen Sie sich bei diesem Schritt vom SQL Server-Administrator helfen lassen.

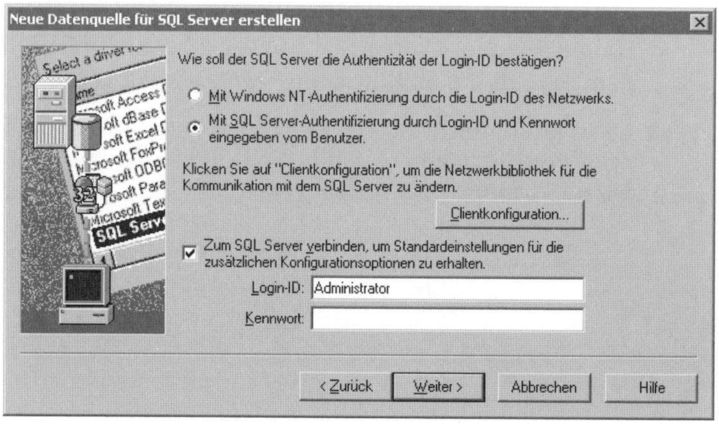

Abbildung 3.8 Diese Einstellungen beziehen sich auf die Kommunikation und Sicherheit bei SQL Server

- **Wie soll der SQL Server die Authentizität der Login-ID bestätigen?** Wählen Sie *Mit Windows NT-Authentifizierung*, wenn der SQL Server den Datenbankzugriff über Windows 2000- oder Windows NT-Benutzerkonten und -Kennwörter kontrolliert. Wählen Sie *Mit SQL Server-Authentifizierung,* wenn der SQL Server seinen integrierten Sicherheitsmechanismus verwendet.
- **Clientkonfiguration** Klicken Sie auf diese Schaltfläche, um das Protokoll für die Kommunikation im Netzwerk festzulegen.
- **Zum SQL Server verbinden, um Standardeinstellungen für die zusätzlichen Konfigurationsoptionen zu erhalten** Um die Standardwerte vom Server zu erhalten, der in Schritt 1 angegeben wurde, aktivieren Sie dieses Kontrollkästchen und geben eine *Login-ID* und ein *Kennwort* ein, das der SQL Server akzeptiert.

3. Klicken Sie auf die Schaltfläche *Weiter,* um das Setup der Datenquelle fortzuführen. Es ist nun der in Abbildung 3.9 gezeigte Bildschirm zu sehen.

Abbildung 3.9 Hier brauchen Sie wahrscheinlich nur den Standarddatenbankabschnitt zu ändern

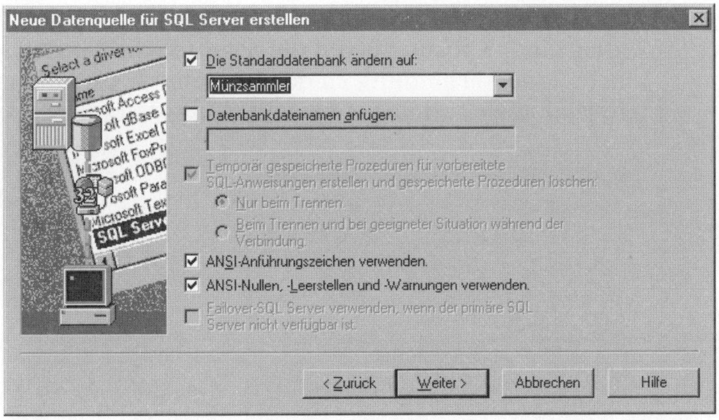

In der Regel muss in diesem Bildschirm nur die Standarddatenbank festgelegt werden. Falls die Datenbank nicht im Medium *master* enthalten ist, aktivieren Sie das Kontrollkästchen *Die Standarddatenbank ändern auf* und wählen dann die gewünschte Datenbank aus.

Im SQL-Jargon ist ein *Medium* eine physische Datei, die alle Objekte einer Datenbank enthält.

Wie bei den restlichen Feldern in diesem Bildschirm sollten Sie die Standardwerte nur überschreiben, wenn der SQL Server-Administrator Sie entsprechend anweist. Um weitere Informationen zu erhalten, klicken Sie auf die Schaltfläche *Hilfe.*

4. Klicken Sie auf die Schaltfläche *Weiter,* um zum nächsten Bildschirm zu gelangen (siehe Abbildung 3.10). In der Regel sind die Standardwerte akzeptabel.

5. Klicken Sie auf *Fertig stellen.*

Abbildung 3.10
Diese Einstellungen weichen selten vom Standard ab

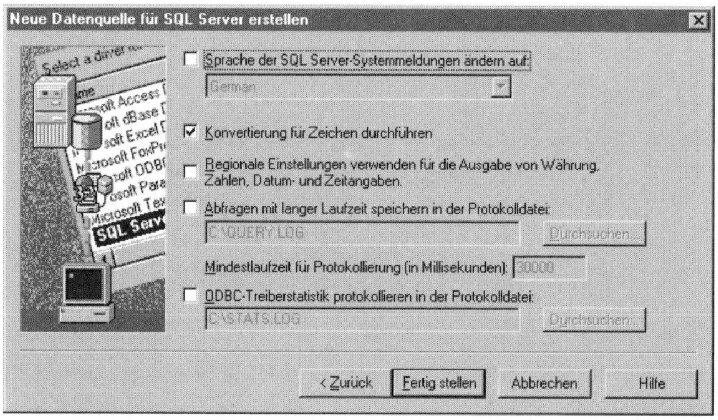

ODBC zeigt nun die Informationen an, die in Abbildung 3.11 links zu sehen sind. Klicken Sie auf die Schaltfläche *Datenquelle testen,* wird versucht, eine Verbindung zu der Datenbank aufzubauen und es resultiert ein Dialogfeld mit dem Ergebnis dieses Versuchs.

Abbildung 3.11
Klicken Sie auf die Schaltfläche Datenquelle testen, um eine SQL Server-Systemdatenquelle zu überprüfen

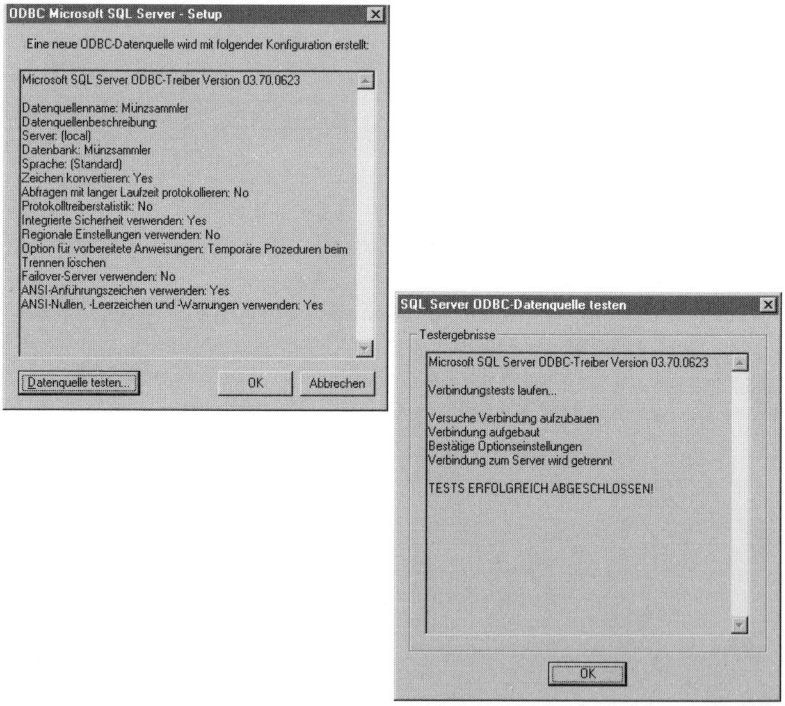

Wenn Sie die Meldung *TESTS ERFOLGREICH ABGESCHLOSSEN* sehen, können Sie sich freuen. Falls nicht, sollten Sie noch einmal zurück gehen und alle Einträge prüfen. Ziehen Sie notfalls den SQL Server-Administrator hinzu, damit dieser den Fehler suchen und beheben kann.

Mehr zu ODBC

Wenn die Datenquelle aus einer anderen Art von Datenbank stammt, können Sie die oben beschriebenen Vorgehensweisen als allgemeine Richtlinie verwenden. Weitere Informationen finden Sie in der Online-Hilfe oder der Dokumentation für die ODBC-Treiber.

Wenn Sie eine Systemdatenquelle wie oben beschrieben einrichten, kann jede beliebige ODBC-Anwendung inklusive von ASP-Seiten, die ADO nutzen, eine Datenbank auf der Basis einer einzigen Kennung öffnen oder verändern: dem Datenquellennamen. ODBC ermittelt den korrekten Treibertyp sowie den physischen Pfad und den Namen der Datenbank aus den Informationen, die Sie bereitstellen.

ODBC-Treiber werden häufig aktualisiert und in der Regel tauchen neue Versionen auf, wenn datenbankbezogene Software installiert wird. Dadurch könnten sich geringfügige Änderungen an den Optionen und Einstellungen in den oben beschriebenen Dialogfeldern ergeben.

Die häufigste Ursache für einen ODBC-Treiberfehler liegt darin begründet, dass die ODBC-Versionen nicht zusammenpassen. Wenn Sie Probleme dieser Art haben, klicken Sie im ODBC-Datenquellen-Administrator auf die Registerkarte *Info.* Wenn es bei den aufgeführten Modulen Abweichungen in der Version gibt, müssen Sie diese durch Module ersetzen, die dieselbe Version haben.

Zusammenfassung der Lektion

Diese Lektion führte Sie in die Grundkonzepte von ADO (ActiveX Data Objects) und ODBC (Open Database Connectivity) ein. Es beschrieb außerdem, wie eine Datenbank über eine Webseite geöffnet wird. Die nächste Lektion erklärt, wie Tabellen und Abfragen geöffnet und Datensätze abgerufen und aktualisiert werden.

4 Mit ADO auf Tabellen und Datensätze zugreifen

Geschätzte Dauer:
90 Minuten

In dieser Lektion lernen Sie

- wie Sie das ADO *Recordset*-Objekt nutzen können, um auf Tabellen, Datensätze und Felder in einer Datenbank zuzugreifen und diese zu aktualisieren.
- wie Sie mit dem ADO *Command*-Objekt beliebige Datenbankbefehle ausführen können.
- wie Sie mit dem ADO *Parameter*-Objekt vordefinierte Abfragen ausführen können, die austauschbare Parameter enthalten.
- wie Sie das ADO *Error*-Objekt einsetzen können, um Informationen über alle Fehler zu erhalten, die bei Datenbankoperationen auftreten.

Wie Sie in der letzten Lektion gesehen haben, sind das Öffnen und Schließen von Datenbankverbindungen unerlässliche Operationen für alle Datenbankanwendungen, ob webbasiert oder nicht. Diese Operationen sind jedoch nur der Anfang, wenn es um Datenbankanwendungen geht. Sie bieten die Grundlage, auf der Datenbankoperationen wie das Öffnen von Tabellen oder Abfragen, die Suche nach Datensätzen und die Anzeige und Aktualisierung von Feldwerten aufsetzen.

Das *Recordset*-Objekt ist dasjenige ADO-Objekt, das Tabellen, Datensätze und Felder verarbeitet. Deshalb wird in dieser Lektion die größte Gewichtung auf dieses Objekt gelegt. Es werden jedoch noch drei andere Objekte besprochen, die mit dem *Recordset*-Objekt zusammenarbeiten: die ADO-Objekte *Command, Parameter* und *Error.*

ADO-Recordsets

Praktisch gesehen ist das *Recordset*-Objekt das wichtigste aller ADO-Objekte, denn über dieses Objekt erfolgt der Zugang zum Datenaustausch zwischen einem Datenprovider und einer Webdatenbankseite.

Entsprechend seiner Bedeutung ist das *Recordset*-Objekt mit Funktionalität beladen und deshalb etwas komplex. In ADO 2.5 ist das *Recordset*-Objekt beispielsweise mit 25 Methoden (von denen die meisten mehrere

Argumente übernehmen) und 24 Eigenschaften (die meist obskure Werte haben) ausgestattet. Es würde den Rahmen dieses Buches sprengen, alle Methoden und Eigenschaften zu beschreiben. Glücklicherweise ist im Zusammenhang mit Webdatenbanken nur ein Bruchteil der vielen Funktionen des *Recordset*-Objekts relevant.

Dieser Abschnitt beschreibt die häufigsten Einsatzbereiche des *Recordset*-Objekts. Tabelle 4.1 fasst die Methoden aus ADO 2.5 zusammen und Tabelle 4.2 die Eigenschaften. Im Abschnitt »Die ADO-Dokumentation« in ▶ Lektion 3 erfahren Sie, wo Sie die ADO-Dokumentation finden, die eine ausführliche Beschreibung enthält.

Tabelle 4.1 Methoden des ADO *Recordset*-Objekts

Methode	Beschreibung
Kategorie *Ergebnisgruppen erhalten und löschen*	
Open	Ruft eine Ergebnisgruppe vom Datenprovider ab und stellt diese für den Zugriff bereit.
Clone	Erzeugt eine Kopie des *Recordset*-Objekts.
Requery	Aktualisiert die Daten in einem *Recordset*-Objekt, indem die Abfrage noch einmal ausgeführt wird, mit der die Daten erzeugt wurden.
Resync	Aktualisiert die Daten im *Recordset*-Objekt aus der zugrunde liegenden Datenbank.
Refresh	Aktualisiert die Objekte in einer Auflistung, damit diese die Objekte enthält, die der Provider zur Verfügung stellt und die für diesen spezifisch sind.
NextRecordset	Löscht das *Recordset*-Objekt, teilt dem Datenprovider mit, dass der nächste Befehl in der Liste ausgeführt werden soll und stellt die Ergebnisgruppe zur Verfügung.
Close	Schließt ein geöffnetes *Recordset*-Objekt und alle abhängigen Objekte.
Kategorie *Bewegung*	
Move	Verschiebt die Position des aktuellen Datensatzes in einem *Recordset*-Objekt um die angegebene Anzahl von Datensätzen nach vorn oder nach hinten.
MoveFirst	Wechselt zum ersten Datensatz in einem *Recordset*-Objekt und definiert ihn als aktuellen Datensatz.
MoveLast	Wechselt zum letzten Datensatz in einem *Recordset*-Objekt und definiert ihn als aktuellen Datensatz. ▶

Methode	Beschreibung
MoveNext	Wechselt zum nächsten Datensatz in einem *Recordset*-Objekt und definiert ihn als aktuellen Datensatz.
MovePrevious	Wechselt zum vorherigen Datensatz in einem *Recordset*-Objekt und definiert ihn als aktuellen Datensatz.
Find	Definiert den Datensatz, der die angegebene Bedingung erfüllt, als aktuellen Datensatz.
Seek	Durchsucht den Index eines *Recordset*-Objekts, um die Zeile schnell zu finden, die der angegebenen Bedingung entpricht.
Kategorie *Aktualisieren*	
AddNew	Fügt einen neuen, leeren Datensatz ein.
Update	Speichert alle Änderungen, die am aktuellen Datensatz vorgenommen wurden.
CancelUpdate	Macht alle Änderungen rückgängig, die am aktuellen Datensatz oder an einem neuen Datensatz vorgenommen wurden.
Delete	Löscht den aktuellen Datensatz oder eine Gruppe von Datensätzen.
Kategorie *Stapelaktualisierungen*	
UpdateBatch	Speichert alle anstehenden Stapelaktualisierungen in der Datenbank.
CancelBatch	Bricht eine anstehende Stapelaktualisierung ab.
Kategorie *Verschiedenes*	
GetRows	Setzt mehrere Datensätze eines *Recordset*-Objekts in ein Datenfeld.
Supports	Bestimmt, ob ein festgelegtes *Recordset*-Objekt einen bestimmten Funktionstyp unterstützt.
ConvertToString	Konvertiert ein *Recordset*-Objekt in eine MIME-Zeichenfolge, die die Daten des *Recordset*-Objekts repräsentiert.
GetString	Liefert das *Recordset*-Objekt als Zeichenfolge zurück.
Save	Speichert das *Recordset*-Objekt in einer Datei oder einem *Stream*-Objekt.

Eine Auflistung von ADO-Objekten, -Methoden und -Eigenschaften kann selbstverständlich immer nur für eine bestimmte Version von ADO gelten. Neuere Versionen bieten zusätzliche Features, während sie die alten weiterhin unterstützen. Dies ist jedoch nicht sicher.

Die Tatsache, dass ADO eine bestimmte Methode oder Eigenschaft unterstützt, bedeutet nicht, dass alle Provider und DBMS dies ebenfalls tun. Es gibt so viele Kombinationen aus ADO-Versionen, Providern, DBMSs und Einstellungen, dass sich keine vollständige Tabelle mit allen unterstützten Methoden und Eigenschaften erstellen lässt. Sie sollten jedoch – insbesondere beim Debuggen – daran denken, dass die Features, die in einer bestimmten Konfiguration zur Verfügung stehen, von zahlreichen Softwarekomponenten abhängen.

Die Stapelaktualisierung

Einige Anwendungen müssen multiple Datenbankaktualisierungen auf einer »Alles-oder-Nichts«-Basis durchführen. Die bekanntesten Beispiele sind Buchhaltungs- und Banksysteme, bei denen für jeden Kreditor ein entsprechender Debitor vorhanden sein muss. Wenn die Datenbank die Aktualisierung eines Kreditors durchführt, die Aktualisierung des Debitors jedoch nicht, muss die Anwendung die Aktualisierung des Kreditors rückgängig machen.

Die meisten Datenbanksysteme unterstützen diese Anforderung mit dem Konzept der *Transaktion*. Eine Transaktion besteht aus einer Gruppe von »Alles-oder-Nichts«-Aktualisierungen. ADO unterstützt die Transaktionsverarbeitung mittels eines etwas anderes Modell namens *Stapelverarbeitung*. Die Stapelaktualisierung – d.h. die Durchführung einer Transaktion mit mehreren Aktualisierungen – kann auch nützlich sein, um die Leistung zu steigern. Wenn eine Anwendung Dutzende oder sogar Hunderte von Datensätzen gleichzeitig aktualisiert oder erstellt, verläuft eine Stapelaktualisierung häufig schneller, als wenn die Datensätze einzeln bearbeitet werden.

Tabelle 4.2 Eigenschaften des ADO *Recordset*-Objekts

Eigenschaft	Beschreibung
AbsolutePage	Legt fest, auf welcher Seite sich der aktuelle Datensatz befindet (siehe auch die Eigenschaft *PageSize*).
AbsolutePosition	Legt die Ordinalposition des aktuellen Datensatzes fest.
ActiveCommand	Legt das *Command*-Objekt fest, mit dem ein *Recordset*-Objekt erzeugt wurde.
ActiveConnection	Legt das *Connection*-Objekt fest, das mit einem *Recordset*-Objekt verknüpft ist.
BOF	Gibt an, dass sich die aktuelle Datensatzposition vor dem ersten Datensatz befindet.
Bookmark	Liefert einen Wert zurück, der den aktuellen Datensatz eindeutig identifiziert. ▶

Eigenschaft	Beschreibung
CacheSize	Die Anzahl der Datensätze in einem *Recordset*-Objekt, die lokal zwischengespeichert sind.
CursorLocation	Legt die Position eines Cursor Service fest oder liefert diese zurück. Verschiedene Cursorbibliotheken stellen unterschiedliche Features für die Verarbeitung eines *Recordset*-Objekts bereit.
CursorType	Gibt an, ob ein *Recordset*-Objekt Einfügungen, Änderungen und Löschungen in einer Datenbank wiederspiegelt, die von anderen Benutzern vorgenommen wurden. Weitere Informationen über Cursor finden Sie im Einschub mit dem Titel »Cursor und Datenbanksysteme.«
EditMode	Gibt an, ob gerade Änderungen am aktuellen Datensatz vorgenommen werden.
EOF	Gibt an, dass sich die aktuelle Datensatzposition hinter dem letzten Datensatz befindet.
Filter	Blendet Datensätze aus einem *Recordset*-Objekt wahlweise aus.
Index	Gibt den Index an, der momentan für ein *Recordset*-Objekt gültig ist.
LockType	Legt fest, wie die Datenbanksätze gesperrt werden (d.h. andere Benutzer können sie nicht aktualisieren), während sie bearbeitet werden.
MarshalOptions	Legt fest, welche Datensätze über Marshaling an den Server zurückgegeben werden (nur Remote Data Services).
MaxRecords	Beschränkt die Anzahl der Datensätze, die der Provider aus der Datenquelle zurückliefert.
PageCount	Gibt die Anzahl der Datenseiten an, die momentan in einem *Recordset*-Objekt enthalten sind.
PageSize	Die Anzahl der Datensätze, die auf einer Seite im *Recordset*-Objekt enthalten sind.
RecordCount	Gibt die aktuelle Anzahl von Datensätzen in einem *Recordset*-Objekt an.
Sort	Legt einen oder mehrere Feldnamen fest, nach denen das *Recordset*-Objekt sortiert ist und gibt an, ob die Sortierung in aufsteigender oder absteigender Reihenfolge erfolgt.
Source	Die Datenquelle in einem *Recordset*-Objekt. Dies kann ein *Command*-Objekt, eine SQL-Anweisung, ein Tabellenname oder der Name einer gespeicherten Prozedur sein.
State	Der aktuelle Status des *Recordset*-Objekts (geöffnet oder geschlossen). ▶

Eigenschaft	Beschreibung
Status	Der Status des aktuellen Datensatzes in Bezug auf Stapelaktualisierungen oder andere umfangreiche Vorgänge.
StayInSync	Legt in einem hierarchischen *Recordset*-Objekt fest, ob sich der Verweis auf die untergeordneten Datensätze ändert, wenn sich die Position der übergeordneten Zeile verändert.

Cursor und Datenbanksysteme

Im Zusammenhang mit Recordsets hat der Begriff *Cursor* zwei Bedeutungen: Erstens die als Zeiger auf den aktuellen Datensatz und zweitens die Software, mit der die Position des aktuellen Datensatzes ermittelt und verändert wird.

Viele Datenbanksysteme bieten verschiedene Cursortypen mit unterschiedlichen Funktionen. Einige können ein *Recordset*-Objekt beispielsweise nur vorwärts durchlaufen, andere dagegen auch rückwärts.

Bei verteilten Anwendungen kann die Cursorsoftware entweder auf dem Client oder dem Datenbankserver ausgeführt werden. Ein clientbasierter Cursor ruft ein *Recordset*-Obekt in Blocks ab und überträgt es dann an den Client. Ein serverbasierter Cursor sendet ein Recordset an den Datenbankserver und übermittelt alle Datensätze gleichzeitig an den Client. (Der Client ist in diesem Zusammenhang der Webserver, der die ASP-Seite ausführt und der Server ist der Computer, der die Datenbanksoftware ausführt.)

Die bestmögliche Leistung lässt sich mit einem Cursor erzielen, der nur die Funktionalität bietet, die absolut nötig ist, um die Anforderungen der Webseite zu erfüllen.

In den folgenden Beschreibungen erfahren Sie, wie die meisten ADO-*Recordset*-Operationen durchgeführt werden.

Ein ADO *Recordset*-Objekt erzeugen

Der erste Schritt beim Einsatz eines ADO *Recordset*-Objekts besteht darin, eines zu erzeugen. Die VBScript-Anweisung für diese Operation ähnelt der Anweisung, mit der Sie in ▶ Lektion 3 das ADO *Connection*-Objekt erzeugt haben:

```
Set rsMtgld = Server.CreateObject("ADODB.Recordset")
```

Sie können das *Recordset*-Objekt beliebig benennen, so lange der Name den Regeln von VBScript entspricht.

Ein ADO *Recordset*-Objekt öffnen

Das *Recordset*-Objekt wird bei der Erstellung nicht automatisch mit einem Datenprovider verbunden und erhält auch keine Datensätze. Die Anweisung, mit der ein *Recordset*-Objekt geöffnet wird, hat die folgende Syntax:

```
recordset.Open Source, ActiveConnection, CursorType, LockType, Options
```

- *recordset* ist der Name des *Recordset*-Objekts, das Sie öffnen möchten, wie z.B. das Objekt *rsMtgld*, das im letzten Beispiel erzeugt wurde.
- *Source* ist jeder beliebige Ausdruck, der einer gültigen SQL-Anweisung, einem Tabellennamen, dem Namen einer gespeicherten Prozedur oder einem *Command*-Objekt entspricht. Die folgende Anweisung weist einer Variablen namens *sql* eine gültige SQL-Anweisung zu:

  ```
  sql = "SELECT * FROM Mitglieder"
  ```

  Nachdem diese Anweisung ausgeführt wurde, kann die Variable *sql* als *Source*-Argument für die Methode *Recordset.Open* verwendet werden.
- *ActiveConnection* kann entweder der Namen eines *Connection*-Objekts oder ein Ausdruck sein, der eine gültige Verbindungszeichenfolge enthält.
- *CursorType* legt die Art des Cursors fest, den der Provider benutzen sollte. Tabelle 4.3 listet die verfügbaren Typen auf. Diese Cursortypen bieten verschiedene Kombinationen von Funktionen, um die Datensätze in einem geöffneten *Recordset*-Objekt zu durchlaufen.

Weitere Informationen über Cursor finden Sie im Einschub »Cursor und Datenbanksysteme« in dieser Lektion.

- *LockType* legt fest, welche Art von Sperrung der Provider beim Öffnen des *Recordset*-Objekts verwenden sollte.

  Wenn Sie eine Webdatenbankseite entwerfen oder entwickeln, müssen Sie daran denken, dass möglicherweise mehrere Webbesucher gleichzeitig auf einen Datensatz zugreifen. Dies kann zu Problemen führen, wenn die Besucher den Datensatz alle gleichzeitig aktualisieren möchten, weil die Aktualisierung jeweils nur von einem Besucher vorgenommen werden darf.

  Datenbanksysteme behandeln diese Situation, indem sie die Datensätze während der Aktualisierung sperren. Wenn der erste Prozess versucht, einen Datensatz zu aktualisieren, sperrt das Datenbanksystem diesen Datensatz für die Dauer der Aktualisierung. Wenn ein anderer Webbesucher gleichzeitig versucht, diesen Datensatz zu aktualisieren, erhält er eine Fehlermeldung.

  Die meisten Webdatenbankseiten, die Aktualisierungen vornehmen, bearbeiten nur ein paar Datensätze pro Transaktion – d.h. nur ein paar Datensätze oder vielleicht auch nur einer werden verändert, wenn ein Webbesucher auf die *Senden*-Schaltfläche klickt. Außerdem sind die meisten Sperren nur kurzzeitig wirksam. Trotzdem sollten Sie an die Sperrung von Datensätzen denken, wenn Sie ein *Recordset*-Objekt öffnen. Die Tabelle 4.4 listet die verschiedenen Sperrverfahren auf, die ADO unterstützt.

- *Options* gibt an, welche Art von Befehl das *Source*-Argument enthält und wie die Verarbeitung erfolgt. Die Tabelle 4.5 listet die verfügbaren Befehlstypen auf. Diese Werte teilen der ADO-Methode *Recordset.Open* mit, welche Art von Objekt als *Source*-Argument zu erwarten ist. Die Tabelle 4.6 listet die Optionen auf, die der ADO-Methode *Recordset.Open* mitteilen, wie die *Open*-Anweisung ausgeführt werden soll. Um eine Option anzugeben, benutzen Sie einfach deren Wert. Um einen Befehlstyp und eine Ausführungsoption anzugeben, fügen Sie diese einfach aneinander.

Tabelle 4.3
Cursortypen für ADO *Recordset*-Objekte

Konstante	Wert	Beschreibung
AdOpenStatic	3	**Statischer Cursor** Eine unveränderte Kopie einer Gruppe von Datensätzen. Während das *Recordset*-Objekt geöffnet ist, werden Einfügungen, Aktualisierungen und Löschvorgänge, die andere Benutzer an der Datenquelle vornehmen, nicht automatisch wiedergegeben. Statische Cursor eignen sich besser dazu, Datensätze zu suchen und anzuzeigen, als dazu, Datensätze zu aktualisieren.
adOpenDynamic	2	**Dynamischer Cursor** Das *Recordset*-Objekt gibt Einfügungen, Aktualisierungen und Löschvorgänge wieder, die von anderen Benutzern vorgenommen werden und gestattet alle Arten der Navigation im *Recordset*-Objekt.
adOpenKeyset	1	**Cursor vom Typ Schlüsselgruppe** Das *Recordset*-Objekt gibt alle Änderungen und Löschvorgänge wieder, die von anderen Benutzern vorgenommen werden, nicht aber die Einfügungen. Im *Recordset*-Objekt sind Arten der Navigation zulässig.
adOpenForwardOnly	0	**Vorwärtscursor** Ähnelt dem statischen Cursor, die Datensätze können jedoch nur nacheinander in Vorwärtsrichtung gelesen werden. Dies verbessert die Leistung, wenn ein *Recordset*-Objekt nur ein Mal durchlaufen werden muss.

Tabelle 4.4 Sperrverfahren für ADO *Recordset*-Objekte

Konstante	Wert	Beschreibung
adLockReadOnly (Voreinstellung)	1	**Schreibgeschützt** Die Daten können nicht verändert werden.
adLockPessimistic	2	**Vollständiges Sperren, Datensatz für Datensatz** Sobald die Bearbeitung eines Datensatzes beginnt, sperrt der Provider den Datensatz. Wenn der Datensatz bereits benutzt wird, schlägt die VBScript-Anweisung fehl, die mit der Bearbeitung begann.
adLockOptimistic	3	**Teilweises Sperren, Datensatz für Datensatz** Der Provider sperrt die Datensätze in einer Datenquelle nur, wenn die *Update*-Methode aufgerufen wird. Wenn der Datensatz bereits benutzt wird, schlägt die VBScript-Anweisung fehl, die versucht, den Datensatz zu aktualisieren.
adLockBatch-Optimistic	4	**Teilweise Stapelaktualisierungen** ADO speichert alle Aktualisierungen, die an einem *Recordset*-Objekt vorgenommen werden und wendet diese dann an, wenn die *BatchUpdate*-Methode des *Recordset*-Objekts aufgerufen wird. Wenn der Provider feststellt, dass ein Datensatz in der Stapelaktualisierung bereits in Benutzung ist, schlägt die VBScript-Anweisung fehl, die versucht, die Stapelaktualisierung durchzuführen.

Tabelle 4.5 Befehlsoptionen für ADO *Recordset*-Objekte

Konstante	Wert	Beschreibung
adCmdUnspecified	–1	Gibt an, dass kein Befehlstypargument angegeben wird.
adCmdText (Voreinstellung)	1	Gibt an, dass der Provider das *Source*-Argument als Textdefinition eines Befehls auswertet.
adCmdTable	2	Gibt an, dass der Provider das *Source*-Argument als Tabellenname auswerten soll.
adCmdStoredProc	4	Gibt an, dass der Provider das *Source*-Argument als Name einer gespeicherten Prozedur auswerten soll.
adCmdUnknown	8	Gibt an, dass der im *Source*-Argument verwendete Befehlstyp unbekannt ist. ADO versucht, das *Source*-Argument im Modus 1, 2 und 4 an den Provider zu senden. ►

Konstante	Wert	Beschreibung
adCmdFile	256	Gibt an, dass der Provider das *Source*-Argument als Dateiname eines permanent gespeicherten Recordsets interpretieren soll.
adCmdTableDirect	512	Gibt an, dass der Provider das *Source*-Argument als Name einer Tabelle interpretieren soll, deren Spalten alle zurückgeliefert werden.

Tabelle 4.6 Ausführungsoptionen für ADO *Recordset*-Objekte

Konstante	Wert	Beschreibung
adAsyncExecute	16	Gibt an, dass der Befehl asynchron ausgeführt werden soll. Das heißt, die Anweisung, die der *Open*-Anweisung folgt, kann ausgeführt werden, bevor die *Open*-Anweisung beendet wurde.
adAsyncFetch	32	Gibt an, dass der Provider nach Abruf der Zeilenanzahl, die in der *CacheSize*-Eigenschaft angegeben wird, alle verbleibenden Zeilen asynchron abrufen sollte.
adAsyncFetchNonBlocking	64	Gibt an, dass der Hauptthread während des Abrufs nicht blockiert sein sollte. Wenn die angeforderte Zeile nicht abgerufen werden konnte, wird die aktuelle Zeile automatisch ans Dateiende verschoben. Wenn ein *Recordset*-Objekt über ein Stream-Objekt geöffnet wird, das ein dauerhaft gespeichertes Recordset enthält, hat diese Option keine Auswirkung. Die Operation verläuft synchron und mit Sperre.
adExecuteNoRecords	128	Gibt an, dass der Befehlstext ein Befehl oder eine gespeicherte Prozedur ist, die keine Zeile zurückliefert (z.B. ein Befehl, der nur Daten einfügt). Wenn Zeilen abgerufen werden, werden diese gelöscht und nicht zurückgeliefert. Dies gilt für die Befehlstypoptionen *adCmdText* und *adCmdStoredProc*.
adOptionUnspecified	–1	Gibt an, dass der Befehl nicht spezifiziert ist.

Nachfolgend sehen Sie die vollständige *Open*-Anweisung für das Beispiel. In natürlicher Sprache bedeutet der Befehl folgendes: »Öffne das *Recordset*-Objekt *rsMtgld*. Rufe die Ergebnisgruppe ab, indem der Befehlstext in der Variablen *sql* an den Datenprovider gesendet wird, der vom *Connec-*

tion-Objekt *cnn1* angegeben wird. Rückwärtsbewegungen durch das *Recordset*-Objekt müssen nicht unterstützt werden, sondern nur Vorwärtsbewegungen. Die Daten, die diese Ergebnisgruppe produzieren, sollen nicht aktualisiert werden.«

```
rsMtgld.Open sql, cnn1, adOpenForwardOnly, adLockReadOnly, adCmdText
```

Die restlichen Beispiele in dieser Lektion zeigen, wie das *Recordset*-Objekt mit anderen Optionen geöffnet wird.

Die Ergebnisgruppe eines ADO *Recordset*-Objekts durchlaufen

Nachdem das *Recordset*-Objekt geöffnet wurde, machen die meisten Provider den ersten Datensatz zur aktuellen Datensatzposition. Dies ist nützlich, wenn nur der erste Datensatz verwendet werden soll. Häufig sollen jedoch auch andere Datensätze geprüft oder verarbeitet werden. Dazu bietet das *Recordset*-Objekt fünf Methoden und vier Eigenschaften, die in Tabelle 4.1 aufgelistet sind.

Die ersten vier Methoden, die in Tabelle 4.7 aufgelistet sind, sind sehr einfach und werden am häufigsten benutzt, um die aktuelle Datensatzposition in einem *Recordset*-Objekt nach vorn oder zurück zu verschieben. Diese Methoden übernehmen keine Argumente, sondern werden – wie nachfolgend gezeigt – in den Code geschrieben:

```
rsMtgld.MoveFirst
rsMtgld.MoveLast
rsMtgld.MoveNext
rsMtgld.MovePrev
```

Tabelle 4.7 Methoden des ADO *Recordset*-Objekts, um die Datensatzposition zu verschieben

Methode	Beschreibung
MoveFirst	Macht den ersten Datensatz im Recordset zum aktuellen Datensatz.
MoveLast	Macht den letzten Datensatz im Recordset zum aktuellen Datensatz.
MoveNext	Verschiebt die aktuelle Datensatzposition auf den nächsten Datensatz.
MovePrevious	Verschiebt die aktuelle Datensatzposition auf den vorherigen Datensatz. Diese Methode ruft einen Fehler hervor, wenn beim Öffnen des Recordsets die Option *adOpenForwardOnly* angegeben wurde.
Move	Verschiebt die aktuelle Datensatzposition zu dem Datensatz, der sich an der angegebenen Position ab Beginn des Recordsets oder ab einem Lesezeichen befindet.

Die *MoveFirst*-Methode kann ziemlich viel Zeit beanspruchen, wenn beim Öffnen des *Recordset*-Objekts *adOpenForwardOnly* angegeben wurde.

Wenn bereits der letzte Datensatz in einem Recordset erreicht wurde und die Methode *MoveNext* ausgeführt wird, setzt ADO die *EOF*-Eigenschaft des Recordsets auf den Wert *True*. Wenn die Methode *MovePrevious* ausgeführt wird, und der erste Datensatz bereits der aktuelle Datensatz ist, setzt ADO entsprechend die *BOF*-Eigenschaft auf den Wert *True*. Um alle Datensätze in einem Recordset zu lesen, muss folglich nur eine Schleife wie die folgende programmiert werden:

```
rsMtgld.MoveFirst
Do While Not rsMtgld.EOF
    ' Code einfügen, der den Datensatz verarbeitet.
    rsMtgld.MoveNext
Loop
```

Wenn die Datensätze stattdessen in Rückwärtsrichtung verarbeitet werden sollen, kann die Schleife wie folgt programmiert werden:

```
rsMtgld.MoveLast
Do While Not rsMtgld.BOF
     ' Code einfügen, der den Datensatz verarbeitet.
    rsMtgld.MovePrevious
Loop
```

Selbstverständlich funktioniert dies nicht, wenn der Provider in *Recordset*-Objekten keine Rückwärtsbewegung unterstützt oder wenn beim Öffnen des *Recordset*-Objekts die Option *adOpenForwardOnly* angegeben wurde.

Die folgenden Bedingungen verursachen einen schwerwiegenden Fehler, bei dem der VBScript-Code angehalten und eine kryptische Meldung an den Webbesucher ausgegeben wird:

- Wenn die Methode *MoveNext* angewendet wird, obwohl die Eigenschaft *EOF* bereits auf *True* gesetzt wurde.
- Wenn die Methode *MovePrevious* angewendet wird, obwohl die Eigenschaft *BOF* bereits auf *True* gesetzt wurde.
- Wenn eine der *Move*-Methoden angewendet wird, obwohl das *Recordset*-Objekt leer ist und die Eigenschaften *BOF* und *EOF* entsprechend beide auf *True* gesetzt sind.

ADO stellt noch eine fünfte Methode bereit, die auf der Basis von Datensatznummern arbeitet:

```
recordset.Move NumRecords, Start
```

Das Argument *NumRecords* legt die Anzahl der Datensätze fest, um die die aktuelle Datensatzposition verschoben werden muss. Ein positiver Wert steht für eine Bewegung in Vorwärtsrichtung und ein negativer Wert für eine Bewegung in Rückwärtsrichtung. Das Argument *Start* ist optional. Wird es angegeben, kann jedes gültige Lesezeichen oder auch jeder Wert aus Tabelle 4.8 als Wert verwendet werden.

Tabelle 4.8 Werte für das Argument *Start* der *Move*-Methode

Konstante	Wert	Beschreibung
adBookmarkCurrent	0	Die Zählung beginnt beim aktuellen Datensatz
adBookmarkFirst	1	Die Zählung beginnt beim ersten Datensatz
adBookmarkLast	2	Die Zählung beginnt beim letzten Datensatz.

Wie auch bei den Methoden *MoveFirst*, *MoveLast*, *MovePrevious* und *MoveNext* resultiert ein schwerwiegender Fehler, wenn versucht wird, die aktuelle Datensatzposition hinter das Ende des Recordsets oder in ein leeres Recordset zu setzen.

Die *Move*-Methode hat zwei deutliche Beschränkungen: Die Datensatznummer scheint zwar ein einfaches und nützliches Konzept zu sein, wird jedoch nicht von allen Providern unterstützt. Außerdem (und dies ist auch der Grund für die erste Beschränkung) ändern sich die Datensatznummern, wenn Datensätze in der Ergebnisgruppe oder in der zugrundeliegenden Datenbank gelöscht oder eingefügt werden. Dies bedeutet, dass die Datensatznummer 10 innerhalb eines Bruchteils einer Sekunde zur Nummer 9 oder 11 werden kann. Datensatznummern geben also die Position eines Datensatzes nicht zuverlässig wieder.

Lesezeichen bleiben dagegen konstant. Ein Lesezeichen verweist immer auf denselben Datensatz, bis die Methode *Requery*, *Resync* oder *Close* auf das *Recordset*-Objekt angewendet wird.

Die Tabelle 4.9 listet die Eigenschaften auf, die die aktuelle Datensatzposition festlegen und herausfiltern.

Lesezeichen

Ein Lesezeichen ist ein intern erzeugter Wert, der jeden Datensatz in einem Recordset eindeutig identifiziert. Der Wert eines Lesezeichens bleibt für einen bestimmten Datensatz selbst dann konstant, wenn der Datensatz aktualisiert wird oder wenn andere Datensätze im Recordset gelöscht oder in diesen eingefügt werden.

Um ein Lesezeichen für einen Datensatz zu speichern, muss die aktuelle Datensatzposition auf diesen Datensatz verschoben werden und dann muss die *Bookmark*-Eigenschaft einer VBScript-Variablen zugewiesen werden. Um später schnell zu diesem Datensatz zurückkehren zu können, muss nur die *Bookmark*-Eigenschaft des *Recordset*-Objekts auf den Wert dieser Variablen gesetzt werden.

Der Wert eines Lesezeichens hat für sich genommen keine Bedeutung und ihm ist nichts über den entsprechenden Datensatz zu entnehmen.

Um die Ordinalzahl des aktuellen Datensatzes zu ermitteln, kann auch die *AbsolutePosition*-Eigenschaft verwendet werden.

Tabelle 4.9 Positionierungseigenschaften für ADO *Recordset*-Objekte

Eigenschaft	Beschreibung
AbsolutePosition	Gibt die Ordinalposition des aktuellen Datensatzes an. Wird dieser Wert verändert, wechselt auch die aktuelle Datensatzposition und zeigt nun auf den Datensatz mit der angegebenen Ordinalposition.
AbsolutePage	Gibt die Position der Seite an, die den aktuellen Datensatz enthält. Wird dieser Wert verändert, wechselt auch die aktuelle Datensatzposition und zeigt nun auf den ersten Datensatz in der angegebenen Seite.
Bookmark	Liefert einen vom System erzeugten Wert zurück, der einen Datensatz eindeutig identifiziert. Wird die *Bookmark*-Eigenschaft auf den Wert eines vorher abgerufenen Lesezeichens gesetzt, wird die aktuelle Datensatzposition auf den entsprechenden Datensatz gesetzt.
Filter	Zeigt nur die Datensätze eines Recordsets an, die dem angegebenen Kriterium entsprechen.

Leider verwendet die Eigenschaft *AbsolutePosition* Ordinalzahlen. Deshalb gelten für sie auch dieselben Beschränkungen wie für die *Move*-Methode. Sie sollten daher besser mit Lesezeichen und den Methoden *MoveFirst*, *MoveNext*, *MovePrevious* und *MoveLast* arbeiten.

Wenn es keinen aktuellen Datensatz gibt, hat die Eigenschaft *AbsolutePosition* einen der in Tabelle 4.10 aufgeführten Werte.

Tabelle 4.10 Ordinalpositionen in ADO *Recordset*-Objekten

Wert	Konstante	Beschreibung
1 bis Anzahl der Datensätze	(Keine)	Eine Ordinalposition in dem *Recordset*-Objekt.
–1	*adPosUnknown*	Das *Recordset*-Objekt ist leer, die aktuelle Position ist unbekannt oder der Provider unterstützt die Eigenschaft *AbsolutePosition* nicht.
–2	*adPosBOF*	Der aktuelle Datensatzzeiger befindet sich bei *BOF.* Die Eigenschaft *BOF* hat den Wert *True*.
–3	*adPosEOF*	Der aktuelle Datensatzzeiger befindet sich bei *EOF.* Die Eigenschaft *EOF* hat den Wert *True*.

Die Eigenschaft *AbsolutePage* gibt an, welche Seite des *Recordset*-Objekts den aktuellen Datensatz enthält. Die Anzahl der Datensätze in jeder Seite lässt sich über die Eigenschaft *PageSize* des *Recordset*-Objekts ermitteln. Um die Seitengröße zu verändert, muss der gewünschte Wert in der Eigenschaft *PageSize* des *Recordset*-Objekts gespeichert werden, bevor die Seite geöffnet ist. Es ist jedoch fraglich, welchen Nutzen diese Eigenschaften in einer Webdatenbankseite haben könnten.

Die Eigenschaft *Filter* erzeugt eine neue, temporäre Ergebnisgruppe als Untermenge der ursprünglichen Ergebnisgruppe. Die Filterung kann entweder über logische Ausdrücke wie die folgenden oder über eines der Kriterien ausgeführt werden, die in Tabelle 4.11 aufgeführt sind.

```
Position = 'M'
(Position = 'P') or (Position = 'V') or (Position = 'S')
(Position = 'M') and (Nachname = Frei')
```

Wird die *Filter*-Eigenschaft eines Recordsets geändert, ändert sich auch die aktuelle Datensatzposition. Der neue aktuelle Datensatz ist der erste Datensatz in der gefilterten Ergebnisgruppe. Wird ein Filter entfernt (indem die Eigenschaft *Filter* auf den Wert *adFilterNone* gesetzt wird), werden wieder alle Datensätze angezeigt, die im *Recordset*-Objekt enthalten sind.

Im Allgemeinen ist es effizienter, die Filterung über die SQL-Anweisung vorzunehmen, mit der das ursprüngliche *Recordset*-Objekt erzeugt wird. Es kann jedoch Fälle geben, in denen es effizienter ist, eine umfangreiche Datenbank einmal abzufragen und dann verschiedene Filter anzuwenden, anstatt die Datenbank mehrmals abzufragen.

Tabelle 4.11 Spezialwerte für die *Filter*-Eigenschaft des ADO *Recordset*-Objekts

Konstante	Wert	Beschreibung
adFilterNone	0	Entfernt den aktuellen Filter und zeigt wieder alle Datensätze an.
adFilterPendingRecords	1	Der Zugriff ist nur auf die Datensätze möglich, die geändert, aber noch nicht an den Server gesendet wurden (gilt nur für den Stapelaktualisierungsmodus).
adFilterAffectedRecords	2	Der Zugriff ist nur auf die Datensätze möglich, die von dem letzten Aufruf der Methode *Delete*, *Resync*, *UpdateBatch* oder *CancelBatch* betroffen war.
adFilterFetchedRecords	3	Der Zugriff ist nur auf die Datensätze möglich, die sich im Zwischenspeicher befinden, d.h. die Datensätze, die zuletzt aus der Datenbank abgerufen wurden.

Auf Felder in einem ADO *Recordset*-Objekt zugreifen

Es ist zwar gut und schön, zu wissen, wie sich die Datenposition verschieben oder auf einen bestimmten Datensatz setzen lässt, dies bietet jedoch noch keinen Zugriff auf die Information, die der Datensatz enthält. Dazu müssen Sie auf die *Fields*-Auflistung zugreifen. Die *Fields*-Auflistung enthält ein *Field*-Objekt für jedes Feld (Spalte) im *Recordset*-Objekt. ADO erzeugt diese *Field*-Objekte automatisch, wenn ein *Recordset*-Objekt geöffnet wird.

Die Syntax für den Zugriff auf die Eigenschaft eines Feldes sieht wie folgt aus:

```
recordset.Fields(index).property
```

wobei

- *recordset* das *Recordset*-Objekt ist, das die gewünschte Ergebnisgruppe enthält.
- *index* entweder der Feldname oder die Ordinalposition des Felds ist.
- *property* jeder der in Tabelle 4.12 aufgelisteten Eigenschaftsnamen sein kann.

Wie Sie Tabelle 4.12 entnehmen können, haben *Field*-Objekte ziemlich viele nützliche Eigenschaften.

Tabelle 4.12
Eigenschaften des ADO *Field*-Objekts

Eigenschaft	Beschreibung
ActualSize	Die tatsächliche Länge eines Feldes in Bytes.
Attributes	Ein Wert des Typs *long integer*, der Informationen über das Feld bietet.
DefinedSize	Die maximale Länge eines Feldes in Bytes.
Name	Der Feldname, der normalerweise dem Feldnamen entspricht, der in der Datenbank oder der SQL-Anweisung definiert wird.
NumericScale	Die Anzahl der Dezimalstellen, die in der Datenbank gespeichert werden (gilt nur für numerische Werte).
OriginalValue	Der Wert, der im Feld enthalten war, als der Datensatz erstmals abgerufen wurde (bevor vom Code Änderungen vorgenommen wurden).
Precision	Die maximale Anzahl von Ziffern, mit denen Werte dargestellt werden.
Type	Das interne Format eines Feldes. ▶

Eigenschaft	Beschreibung
UnderlyingValue	Der Wert, der momentan für das Feld in der Datenbank gespeichert ist. ADO aktualisiert diese Eigenschaft jedes Mal aus der Datenbank, wenn dies angefordert wird. Wenn sich die Werte der Eigenschaften *OriginalValue* und *UnderlyingValue* unterscheiden, wurde der Datensatz von einem anderen Benutzer aktualisiert, nachdem Sie das *Recordset*-Objekt geöffnet haben.
Value	Der aktuelle Wert eines Feldes, der von Ihrem Code abgerufen oder verändert wird.

Die *Attributes*-Eigenschaft, die in Tabelle 4.12 beschrieben wird, enthält einen Bitwert, der verschiedene Arten von Informationen miteinander verbindet. Er enthält die Summe aller anwendbaren Werte aus Tabelle 4.13. D.h., die ADO-Eigenschaft *Recordset.Field.Attributes* enthält die Summe aller Werte, die in Tabelle 4.13 aufgelistet sind und die für ein bestimmtes Feld gelten.

Tabelle 4.13 Werte der Eigenschaft *Field.Attributes*

Konstante	Wert	Beschreibung
adFldMayDefer	&H00000002	Das Feld ist zurückgestellt. ADO ruft den Wert des Feldes nur ab, wenn eine explizite Aufforderung dafür besteht.
adFldUpdatable	&H00000004	In das Feld darf geschrieben werden.
adFldUnknownUpdatable	&H00000008	Der Provider kann nicht feststellen, ob in das Feld geschrieben werden darf.
adFldFixed	&H00000010	Das Feld enthält Daten mit einer festen Länge.
adFldIsNullable	&H00000020	Das Feld akzeptiert Nullwerte.
adFldMayBeNull	&H00000040	Nullwerte dürfen aus dem Feld gelesen werden.
adFldLong	&H00000080	Das Feld ist ein langes Binärfeld. Außerdem dürfen die Methoden *AppendChunk* und *GetChunk* für dieses Feld verwendet werden. ▶

Konstante	Wert	Beschreibung
adFldRowID	&H00000100	Das Feld enthält einen permanenten Zeilenbezeichner (die Datensatznummer, ein eindeutiger Bezeichner etc.)
adFldRowVersion	&H00000200	Das Feld enthält einen Zeit- oder Datumsstempel, mit dem Aktualisierungen überwacht werden.
adFldCacheDeferred	&H00001000	Der Provider speichert Feldwerte zwischen und nachfolgende Lesezugriffe erfolgen aus dem Zwischenspeicher.
adFldKeyColumn	&H00008000	Das Feld ist Bestandteil eines Schlüssels.

Die *Type*-Eigenschaft, die in Tabelle 4.12 beschrieben wird, verwendet die in Tabelle 4.14 aufgeführten Werte, um das interne Format eines Feldes anzugeben. In den meisten Fällen ist bereits bekannt, welche Art von Daten die einzelnen Felder einer Anwendung enthalten können. Falls nicht, ist es möglicherweise einfacher, die Datenbankeigenschaften in Microsoft Access zu betrachten oder den Datenbankadministrator zu bitten, eine Webseite zu schreiben, die die Feldtypen anzeigt, die Sie betreffen. Ein Test der Feldtypen ist nützlicher, wenn eine Schleife geschrieben wird, die alle Felder in einem *Recordset*-Objekt durchläuft und wenn die verschiedenen Feldtypen unterschiedlich behandelt werden sollen.

Tabelle 4.14
ADO-Feldtypen

Konstante	Wert	Beschreibung
adEmpty	0	Es wurde kein Wert angegeben.
adSmallInt	2	Eine 2 Byte (16 Bit) umfassende vorzeichenbehaftete Ganzzahl (Integer).
adInteger	3	Eine 4 Byte (32 Bit) umfassende vorzeichenbehaftete Ganzzahl (Integer).
adSingle	4	Ein Gleitkommawert mit einfacher Genauigkeit.
adDouble	5	Ein Gleitkommawert mit doppelter Genauigkeit.
adCurrency	6	Ein Währungswert. Eine Währungsangabe ist eine Festkommazahl mit vier Ziffern hinter dem Dezimalzeichen. Sie wird als vorzeichenbehafteter 8 Byte umfassender Ganzzahlwert, skaliert mit 10.000, gespeichert. ▶

Konstante	**Wert**	**Beschreibung**
adDate	7	Ein Datumswert. Ein Datumswert wird als Wert des Typs *Double* gespeichert, dessen Ganzzahlanteil die Anzahl der Tage seit dem 30. Dezember 1899 darstellt und den Bruchteil eines Tages.
adBSTR	8	Eine Null-terminierte Zeichenfolge.
adIDispatch	9	Ein Zeiger auf eine *IDispatch*-Schnittstelle eines OLE-Objekts.
adError	10	Ein 32-Bit-Fehlercode.
adBoolean	11	Ein boolescher Wert.
adVariant	12	Ein *Variant*-Wert.
adIUnknown	13	Ein Zeiger auf eine *IUnknown*-Schnittstelle eines OLE-Objekts.
adDecimal	14	Genauer numerischer Wert, mit festgelegter Genauigkeit und Skalierung.
adTinyInt	16	Eine 1 Byte umfassende vorzeichenbehaftete Ganzzahl (*Integer*).
adUnsignedTinyInt	17	Eine 1 Byte umfassende vorzeichenlose Ganzzahl.
adUnsignedSmallInt	18	Eine 2 Byte umfassende vorzeichenlose Ganzzahl.
adUnsignedInt	19	Eine 4 Byte umfassende vorzeichenlose Ganzzahl.
adBigInt	20	Eine 8 Byte umfassende vorzeichenbehaftete Ganzzahl.
adUnsignedBigInt	21	Eine 8 Byte umfassende vorzeichenlose Ganzzahl.
adGUID	72	Ein globaler eindeutiger Bezeichner (GUID –Globally Unique Identifier).
adBinary	128	Ein Binärwert.
adChar	129	Ein *String*-Wert (Zeichenfolge).
adWChar	130	Eine nullterminierte Unicode-Zeichenfolge.
adNumeric	131	Ein genauer numerischer Wert mit festgelegter Genauigkeit und Skalierung.
adUserDefined	132	Eine benutzerdefinierte Variable.
adDBDate	133	Ein Datumswert (*jjjjmmtt*). ▶

Konstante	Wert	Beschreibung
adDBTime	134	Eine Zeitangabe (*hhmmss*).
adDBTimeStamp	135	Ein Datums-/Zeitstempel (*jjjjmmtthhmmss* plus ein Bruchteil in Milliardstel).

Nachfolgend finden Sie ein praktisches Beispiel. Der folgende Ausdruck liefert den aktuellen Wert des Felds *MitgliedsID* aus dem Recordset namens *rsMtgld* zurück:

```
rsMtgld.Fields("MitgliedsID").Value
```

Es gibt zwei ADO-Standardwerte, mit denen sich dieser Ausdruck sogar noch weiter vereinfachen lässt: die *Fields*-Auflistung ist das Standardobjekt für jedes Recordset und die *Value*-Eigenschaft ist die Standardeigenschaft für jedes Feld. Somit sind die folgenden Ausdrücke gleichwertig:

```
rsMtgld.Fields("MitgliedsID").Value
rsMtgld.Fields("MitgliedsID")
rsMtgld("MitgliedsID").Value
rsMtgld("MitgliedsID")H
```

Wenn dies zweckmäßig ist, können Sie Felder auch über ihre in der Datenquelle definierte Reihenfolge auswählen. Sie sind beginnend mit dem Wert Null von links nach rechts durchnummeriert. Wenn Sie das Recordset *rsMtgld* z.B. mit einer SQL-Anweisung geöffnet hätten, die wie folgt beginnt,

```
SELECT MitgliedsID, Vorname, Nachname, Position, Telefon, E-Mail
FROM Mitglieder ...
```

wären die folgenden Ausdrücke gleichwertig:

```
rsMtgld.Fields("MitgliedsID").Value
rsMtgld.Fields(0).Value
rsMtgld(0)
```

Indexwerte können auch Variablen sein. Dies bedeutet, dass die folgenden Anweisungspaare gültig sind:

```
fldName = "MitgliedsID"
fldValue = rsMtgld.Fields(fldName).Value
fldNum = 0
fldValue = rsMtgld.Fields(fldNum).Value
```

Um alle Felder eines Recordsets zu durchlaufen und den Wert jedes Feldes in einer eigenen Tabellenzelle darzustellen, ließe sich folgender Code verwenden:

```
For i = 0 To rsMtgld.Fields.Count - 1
    Response.Write "<td>" & rsMtgld.Fields(i) & "</td>"
Next
```

Wie die meisten Auflistungen hat auch die Auflistung *Fields* eine Eigenschaft *Count*, die die Anzahl der Elemente in der Auflistung angibt. Im Fall der *Fields*-Auflistung gibt die *Count*-Eigenschaft die Anzahl der Felder in der Ergebnisgruppe an. Die Auflistung ist nullbasiert. Deshalb muss die obige Schleife von Null bis zur Anzahl der Felder minus 1 laufen.

Die *Response.Write*-Anweisung sendet HTML-Quelltext an den Browser des Webbesuchers. Die obige *Response.Write*-Anweisung sendet z.B. ein *<td>*-Tag, um eine Tabellenzelle einzufügen, den Datensatz in Feld *i* des Recordsets *rsMtgld* und ein *</td>*-Tag, um die Tabellenzelle zu schließen.

Nun haben Sie genug Hintergrundwissen, um das Beispiel fertig stellen zu können. Der kommentierte Code folgt. Er sollte Ihnen vertraut sein, wenn Sie die bisherigen Beschreibungen verstanden haben. Denken Sie an die folgenden Merkmale von ASP-Code:

- Alles innerhalb der Tags <% und %> ist VBScript-Code, der auf dem Webserver ausgeführt wird.
- Nichts innerhalb der Tags <% und %> wird direkt an den Browser des Webbesuchers gesendet.
- Der Code, der zwischen den Tags <% und %> ausgeführt wird, kann über die Methode *Response.Write* Text an den Browser senden. Diese Ausgabe erscheint
  - in der Reihenfolge, in der die *Response.Write*-Anweisungen ausgeführt werden
  - anstatt des <%...%>-Blocks, der die *Response.Write*-Anweisungen enthält.
- Die folgenden Anweisungen sind gleichwertig:

  ```
  <%
  Response.Write Server.HTMLEncode(rsMtgld("MitgliedsID"))
  %>
  ```

  und

  ```
  <%=Server.HTMLEncode(rsMtgld("MitgliedsID"))%>
  ```

  Mit dem Gleichheitszeichen wird die *Response.Write*-Anweisung also abgekürzt. Bei dieser Syntax müssen jedoch das führende <%-Tag, das Gleichheitszeichen, der Ausdruck und das schließende %>-Tag in einer Zeile stehen.

- VBScript hat eine integrierte Konstante namens *vbCrLf*, die nützlich ist, um Zeilenendezeichen einzufügen. Ihr Wert besteht immer aus zwei Byte: einem Wagenrücklauf (CR) und einem Zeilenvorschub (LF).

```
<html>
<head>
<title>Mitglieder</title>
<! Include ADO named constants -->
<!-- #include file="../adovbs.inc" -->
<%
' Verbindung zur Access-Datenbank Münzsammler.mdb öffnen.
Set cnn1 = Server.CreateObject("ADODB.Connection")
openStr = "driver={Microsoft Access-Treiber (*.mdb)};" & _
          "dbq=" & _
               Server.MapPath("Münzsammler.mdb")
cnn1.Open openStr,"",""
' Recordset öffnen, das alle Felder aus allen
' Datensätzen der Tabelle Mitglieder enthält.
sql = "SELECT * FROM Mitglieder;"
Set rsMtgld = Server.CreateObject("ADODB.Recordset")
rsMtgld.Open sql, cnn1, adOpenForwardOnly, adLockReadOnly, adCmdText
%>
</head>
<body>
<! Kopfzeile für HTML-Tabelle angeben. -->
<table border="1" cellspacing="0" cellpadding="3">
  <caption><b>Mitglieder</b></caption>
  <tr>
    <th>MitgliedsID</th>
    <th>Vorname</th>
    <th>Nachname</th>
    <th>Position</th>
    <th>Telefon</th>
    <th>E-Mail</th>
  </tr>
<%' Beginn der Schleife, die alle Datensätze durchläuft.
Do While Not rsMtgld.EOF
%><!-- Neue Tabellenzeile beginnen.-->
    <tr valign="TOP">
<!-- Sechs Tabellenzeilen erstellen, die Werte aus den Feldern
     MitgliedsID, Vorname, Nachname, Position, Telefon, und
     E-Mail enthalten. -->
<td><%=Server.HTMLEncode(rsMtgld.Fields("MitgliedsID").Value)%>
<td><%=Server.HTMLEncode(rsMtgld.Fields("Vorname").Value)%></td>
<td><%=Server.HTMLEncode(rsMtgld.Fields("Nachname").Value)%></td>
<td><%=Server.HTMLEncode(rsMtgld.Fields("Position").Value)%></td>
<td><%=Server.HTMLEncode(rsMtgld.Fields("Telefon").Value)%></td>
<td><%=Server.HTMLEncode(rsMtgld.Fields("E-Mail").Value)%></td>
</tr>
<%
```

```
' Zum nächsten Datensatz wechseln.
rsMtgld.MoveNext
' Ende der Schleife, die ein Mal pro Datensatz durchlaufen wurde.
Loop
' Recordset schließen und Objekt löschen.
rsMtgld.Close
set rsMtgld = Nothing
' Verbindung schließen und Objekt löschen
cnn1.Close
set cnn1 = Nothing
%>
</table>
</body>
</html>
```

Diesen Code und die Datenbank *Münzsammler.mdb* finden Sie auf der CD-ROM zum Buch im Ordner *\Webdbdev\Kap04*. Die ASP-Seite heißt *Mitglieder.asp*. Abbildung 4.1 zeigt, wie die Ausgabe in einem Browser aussieht. Abbildung 4.2 zeigt einen repräsentativen Teil des HTML-Quelltexts, der an den Browser gesendet wird.

Abbildung 4.1
Die Beispieldatei *Mitglieder.asp* erzeugt diese Webseite

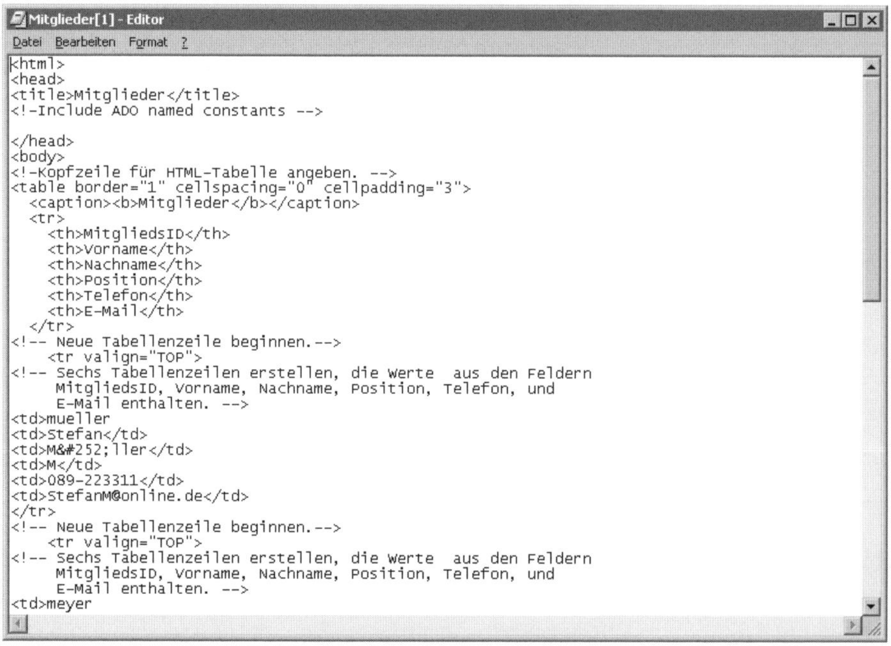

```
Mitglieder[1] - Editor
Datei  Bearbeiten  Format  ?
<html>
<head>
<title>Mitglieder</title>
<!-Include ADO named constants -->

</head>
<body>
<!-Kopfzeile für HTML-Tabelle angeben. -->
<table border="1" cellspacing="0" cellpadding="3">
  <caption><b>Mitglieder</b></caption>
  <tr>
    <th>MitgliedsID</th>
    <th>Vorname</th>
    <th>Nachname</th>
    <th>Position</th>
    <th>Telefon</th>
    <th>E-Mail</th>
  </tr>
<!-- Neue Tabellenzeile beginnen.-->
    <tr valign="TOP">
<!-- Sechs Tabellenzeilen erstellen, die Werte  aus den Feldern
     MitgliedsID, Vorname, Nachname, Position, Telefon, und
     E-Mail enthalten. -->
<td>mueller
<td>Stefan</td>
<td>M&#252;ller</td>
<td>M</td>
<td>089-223311</td>
<td>StefanM@online.de</td>
</tr>
<!-- Neue Tabellenzeile beginnen.-->
    <tr valign="TOP">
<!-- Sechs Tabellenzeilen erstellen, die Werte  aus den Feldern
     MitgliedsID, Vorname, Nachname, Position, Telefon, und
     E-Mail enthalten. -->
<td>meyer
```

Abbildung 4.2 Der HTML-Quelltext, den ein Webbesucher im Beispiel der Seite *Mitglieder.asp* empfängt. Beachten Sie, dass der serverbasierte VBScript-Code verschwunden und nur HTML-Quelltext zu sehen ist.

Eine alternative Lösung, die ähnliche Ergebnisse erzeugt, ist nachfolgend aufgeführt (siehe *Mitglieder2.asp*). Statt die Spaltenüberschriften hart zu codieren, durchläuft diese Lösung die *Fields*-Auflistung und benutzt die Feldnamen aus der Datenbank. Auf ähnliche Weise durchläuft dieser Code auch die *Fields*-Auflistung jedes Datensatzes.

```
<html>
<head>
<title>Mitglieder</title>
<!-- #include file="../adovbs.inc" -->
<%
Set cnn1 = Server.CreateObject("ADODB.Connection")
openStr = "driver={Microsoft Access-Treiber (*.mdb)};" & _
          "dbq=" & _
              Server.MapPath("Münzsammler.mdb")
cnn1.Open openStr,"",""

sql = "SELECT * FROM [Mitglieder];"
Set rsMtgld = Server.CreateObject("ADODB.Recordset")
rsMtgld.Open sql, cnn1, adOpenForwardOnly, adLockReadOnly, adCmdText
%>
</head>
<body>
<table border="1" cellspacing="0" cellpadding="3">
  <caption><b>Mitglieder</b></caption>
<%
```

```
' Zeile für Spaltenüberschriften beginnen.
response.write "<tr>" & vbCrLf
' Fields-Auflistung durchlaufen und für jeden Feldnamen eine
' Überschriftenzelle erzeugen.
For i = 0 To rsMtgld.Fields.Count-1
    Response.Write "  <th>" & _
      Server.HTMLencode(rsMtgld.Fields(i).Name) & _
      "</th>" & vbCrLf
Next
' Ende der Überschriftenzeile.
Response.Write "</tr>" & vbCrLf
' Schleife beginnen, die für jeden Datensatz durchlaufen wird.
Do While Not rsMtgld.EOF
  ' Tabellenzeile für Datensatzwerte beginnen.
  Response.Write "<tr>" & vbCrLf
  ' Fields-Auflistung durchlaufen und
  ' Tabellenzelle für jeden Feldwert erzeugen.
  For i = 0 To rsMtgld.Fields.Count-1
      Response.Write "<td>" & _
        Server.HTMLencode(rsMtgld.Fields(i)) & _
        "</td>" & vbCrLf
  Next
  ' Ende der Tabellenzeile.
  Response.Write "</tr>" & vbCrLf
  rsMtgld.MoveNext
' Ende der Schleife, die alle Datensätze durchläuft.
Loop
%>
</table>
<%
rsMtgld.Close
Set rsMtgld = Nothing
cnn1.Close
Set cnn1 = Nothing
%>
</body>
</html>
```

Die ▶ Lektionen 5, 6 und 7 veranschaulichen die in dieser Lektion beschriebenen Techniken anhand zahlreicher Beispiele von Datenbankabfragen, die über Webseiten initiiert und angezeigt werden.

Einen Datensatz in einem ADO *Recordset*-Objekt ändern

Mit ADO lassen sich vorhandene Datensätze relativ leicht ändern. Die allgemeine Vorgehensweise ist dabei folgende:

1. Öffnen einer Datenbankverbindung zur Datenbank.

2. Öffnen desjenigen Recordsets, das den Datensatz enthält, der aktualisiert werden soll.
3. Datenpositionierung auf Datensatz setzen, der aktualisiert werden soll.
4. Die Inhalte aller Felder ersetzen, die geändert werden sollen.
5. Die Änderungen mit der *Update*-Methode des *Recordset*-Objekts oder mit einer der *Move*-Methoden ändern. Um die Änderungen rückgängig zu machen, muss die *CancelUpdate*-Methode des *Recordset*-Objekts aufgerufen werden, bevor eine der *Move*-Methoden angewendet wird.
6. Das *Recordset*-Objekt und die Datenbankverbindung schließen.

Um diese Vorgehensweise zu veranschaulichen, implementiert das nächste Beispiel einen Zugriffszähler, der seine Werte in der Datenbank *Münzsammler* speichert. Abbildung 4.3 zeigt die Tabelle, die die Zugriffe speichert. Sie heißt *Zugriffszähler* und enthält drei Felder:

- Das Feld *url* ist ein Textfeld, das den URL einer Webseite enthält. Dieses Feld ist der Primärschlüssel der Tabelle.
- Das Feld *Zähler* ist ein numerisches Feld, das die aktuelle Anzahl der Zugriffe für die entsprechende Webseite enthält.
- Das Feld *LetzterZugriff* zeichnet das Zugriffsdatum des letzten Besuchers der Webseite auf.

Der erste Schritt bei der Entwicklung dieser Anwendung besteht darin, den URL der aktuellen Webseite zu erhalten. Ihr erster Gedanke mag vielleicht sein, diesen einfach einzugeben. Webseiten werden jedoch häufig verschoben, und normalerweise denkt niemand daran, den ASP-Code auf hartcodierte Webadressen hin zu untersuchen. Außerdem kann es für einen Webmaster zur Sucht werden, Zugriffszähler zu sammeln. Deshalb ist es sinnvoll, einen Code zu entwickeln, der sich unverändert auf vielen verschiedenen Seiten einsetzen lässt.

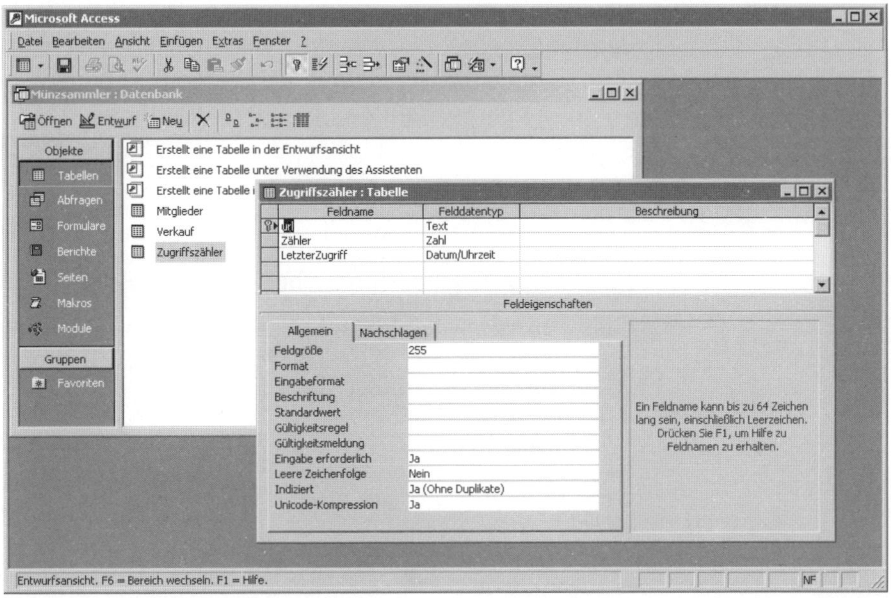

Abbildung 4.3
Diese Tabelle zählt die Zugriffe und speichert die Uhrzeit und das Datum des letzten Zugriffs

Wie in ▶ Lektion 5 ausführlicher beschrieben wird, bietet die ASP-Umgebung fünf wichtige integrierte Objekte:

- Das *Server*-Objekt bietet Zugriff auf Methoden und Eigenschaften auf dem Webserver.
- Das *Request*-Objekt bietet Informationen über die aktuelle Anforderung für einen Dienst, die von einem Webbesucher an den Webserver gesendet wird.
- Das *Application*-Objekt bietet einen allgemeinen, permanenten Speicherbereich, der von allen Webseiten einer Anwendung gemeinsam genutzt wird (d.h. alle Webseiten im entsprechenden Pfad).
- Das *Session*-Objekt stellt einen allgemeinen, permanenten Speicherbereich für alle Transaktionen, die von einem Webbesucher vorgenommen werden.
- Das *Response*-Objekt sendet eine Webseite oder eine andere Antwort an den Webbesucher zurück, von dem die aktuelle Anforderung stammt.

Eine der Eigenschaften des *Request*-Objekts ist eine Auflistung namens *ServerVariables*. In dieser Auflistung gibt es eine Eigenschaft namens *PATH_INFO*, die den URL der aktuellen Seite enthält. Die folgende Anweisung ruft diese Informationen ab und speichert sie in einer Variablen namens *thisURL*.

```
thisURL = Request.ServerVariables("PATH_INFO")
```

Die nächste Anweisung schreibt diese Information in die Webseite, die an den Webbesucher zurückgeschickt wird. Es ist sehr unwahrscheinlich, dass eine echte Webseite diese Information anzeigt, sie ist jedoch nützlich, um das Beispiel zu verstehen und debuggen zu können.

```
Response.Write "<p>Der URL der Seite lautet: " & thisURL & _
               "</p>" & vbCrLf
```

Die folgenden zehn Anweisungen öffnen eine Verbindung zur Datenbank, erstellen eine SQL-Anweisung, um den Datensatz abzurufen, der den Wert enthält, der in *thisURL* gespeichert ist und ein Recordset zu öffnen, das den Datensatz verfügbar macht. Der Code verwendet keine neuen Techniken. Um die Aktualisierung zu ermöglichen, wird jedoch die Konstante *adLockPessimistic* anstatt der Konstante *adLockReadOnly* verwendet.

```
Set cnn1 = Server.CreateObject("ADODB.Connection")
openStr = "driver={Microsoft Access-Treiber (*.mdb)};" & _
          "dbq=" & _
             Server.MapPath("Münzsammler.mdb")
cnn1.Open openStr,"",""

sql = "SELECT url, Zähler, LetzterZugriff " & _
      "FROM Zugriffszähler " & _
      "WHERE url = '" & thisURL & "';"
Set rsHits = Server.CreateObject("ADODB.Recordset")
rsHits.Open sql, cnn1, adOpenDynamic, adLockPessimistic, adCmdText
```

Der nächste Anweisungsblock überprüft die Eigenschaft *EOF* des Recordsets. Hat sie den Wert *True*, enthält die Tabelle *Zugriffszähler* keinen Datensatz für die aktuelle Seite und das Skript sendet dem Webbesucher eine entsprechende Meldung. Hat die Eigenschaft *EOF* den Wert *False*, enthält das Recordset einen Datensatz für den angeforderten URL. (Weil das Feld *url* der Primärschlüssel der Tabelle ist und es niemals mehrere Datensätze mit demselben URL-Wert geben kann.)

```
If rsHits.EOF Then
    Response.Write "<p>Kein Zugriffszähler definiert.</P>"
Else
    curCount = rsHits("Zähler") + 1
    rsHits("Zähler") = curCount
    rsHits("LetzterZugriff") = Now()
    rsHits.Update
    Response.Write "<p>Bisherige Seitenzugriffe: " &  curCount
End If
```

- Die erste Anweisung nach *Else* ruft den aktuellen Wert für das Feld *Zähler* aus der Datenbank ab, erhöht ihn um eins und speichert das Ergebnis in einer Variablen namens *curCount*.

- Die nächste Anweisung kopiert den Wert aus der Variablen *curCount* zurück in das Feld *Zähler*.
- Die dritte Anweisung nach *Else* speichert das aktuelle Datum und die Uhrzeit im Feld *LetzterZugriff* (die Funktion *Now* ist in VBScript integriert).
- Die vierte Anweisung nach *Else* bestätigt die Änderung in der Datenbank.
- Die letzte Anweisung nach *Else* zeigt dem Webbesucher die bisherige Anzahl der Seitenzugriffe an.

Als letztes müssen nun noch die Objekte *Connection* und *Recordset* geschlossen und gelöscht werden. Dazu dient der folgende Code:

```
rsHits.Close
Set rsHits = Nothing
cnn1.Close
Set cnn1 = Nothing
```

Und so sieht das Beispiel aus, wenn es in eine fertige Webseite integriert ist. Sie finden diese Seite im Ordner der Beispieldateien unter *\Kap04\Zähler.asp*. Wenn die Seite ausgeführt wird, resultiert das in Abbildung 4.4 gezeigte Ergebnis. Bisher aktualisiert die Seite nur die vorhandenen Zugriffszählereinträge. Sie kann keine neuen Datensätze einrichten.

```
<html>
<head>
<title>Zugriffszähler</title>
<!-- #include file="../adovbs.inc" -->
</head>
<body>
<%
' Den URL der aktuellen Seite ermitteln und anzeigen.
thisURL = Request.ServerVariables("PATH_INFO")
Response.Write "<p>Der URL dieser Seite: " & thisURL & _
  "</p>" & vbCrLf
' Eine Datenbankverbindung herstellen.
Set cnn1 = Server.CreateObject("ADODB.Connection")
openStr = "driver={Microsoft Access-Treiber (*.mdb)};" & _
          "dbq=" & _
             Server.MapPath("Münzsammler.mdb")
cnn1.Open openStr,"",""
' Ein Recordset öffnen und den Datensatz für den aktuellen URL abrufen.
sql = "SELECT url, Zähler, LetzterZugriff " & _
      "FROM Zugriffszähler " & _
      "WHERE url = '" & thisURL & "';"
Set rsHits = Server.CreateObject("ADODB.Recordset")
rsHits.Open sql, cnn1, adOpenDynamic, adLockPessimistic, adCmdText
```

```
' Ist das Recordset leer, steht kein Zugriffszähler zur Verfügung.
If rsHits.EOF Then
    Response.Write "<p>Kein Zugriffszähler definiert.</P>"
Else
    ' Zugriffszähler abrufen und um 1 erhöhen.
    curCount = rsHits("Zähler") + 1
    ' Datenbank mit dem neuesten Zugriffszähler und Datum aktualisieren.
    rsHits("Zähler") = curCount
    rsHits("LetzterZugriff") = Now()
    rsHits.Update
    ' Neue Zugriffszahl Webbesucher präsentieren.
    Response.Write "Anzahl bisheriger Seitenzugriffe: " & curCount & _
      "</p>"
End If
' Objekte Recordset und Connection schließen und freigeben.
rsHits.Close
Set rsHits = Nothing
cnn1.Close
Set cnn1 = Nothing
%>
</body>
</html>
```

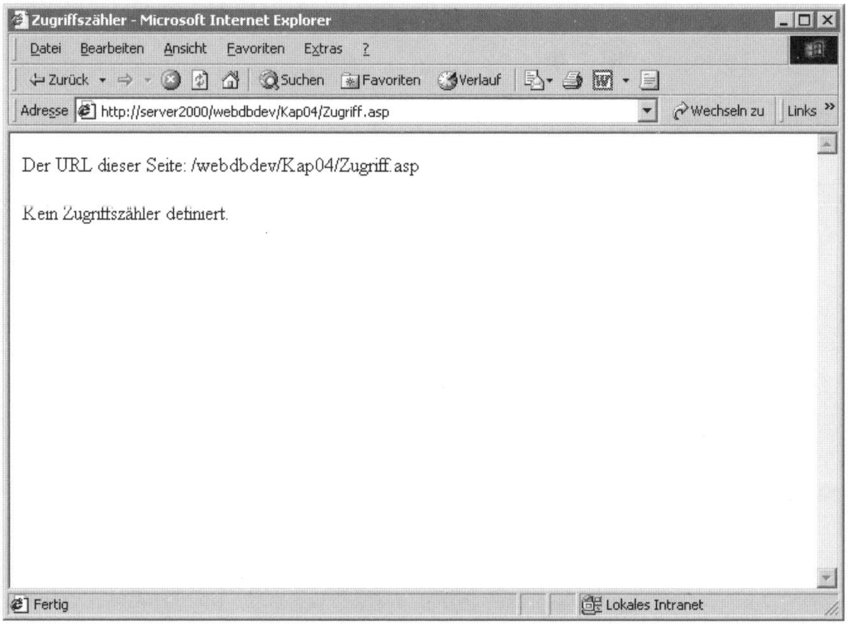

Abbildung 4.4 Der Zugriffszähler, der auf dieser Seite angezeigt wird, ist eigentlich ein Feld in einer Datenbank

Einen Datensatz zu einem ADO-Recordset hinzufügen

Die Vorgehensweise, um einen neuen Datensatz hinzuzufügen, ist der für die Aktualisierung eines bestehenden Datensatzes ziemlich ähnlich. Um einen bestehenden Datensatz zu aktualisieren, muss dieser zum aktuellen Datensatz gemacht werden, der neue Feldwert muss eingefügt werden und dann muss die *Update*-Methode des *Recordset*-Objekts aufgerufen werden. Ein neuer Datensatz wird mit der Methode *AddNew* des *Recordset*-Objekts erstellt. Anschließend muss der neue Feldwert eingegeben und es muss die Methode *Update* des *Recordset*-Objekts aufgerufen werden.

Um diesen Prozess zu veranschaulichen, wird im nächsten Beispiel die Seite *Zugriff.asp* so verändert, dass ein neuer Datensatz erstellt wird, wenn für einen URL noch keiner besteht. Die Seite *Zugriff.asp* enthielt den folgenden Code:

```
If rsHits.EOF Then
    Response.Write "<p>Kein Zugriffszähler definiert.</p>"
Else
    curCount = rsHits("Zähler") + 1
     rsHits("Zähler") = curCount
     rsHits("LetzterZugriff") = Now()
    rsHits.Update
    Response.Write "<p>Anzahl bisheriger Seitenzugriffe: " & curCount & _
      "</p>"
End If
```

Dieser Code behandelt den Fall, dass kein Datensatz in der Datenbank enthalten ist und gibt die Meldung aus »Kein Zugriffszähler definiert.« Damit stattdessen ein neuer Datensatz erzeugt wird, muss der Code wie folgt lauten:

```
If rsHits.EOF Then
    rsHits.AddNew
    rsHits("url") = thisURL
    curCount = 1
Else
    curCount = rsHits("Zähler") + 1
End If
rsHits("Zähler") = curCount
rsHits("LetzterZugriff") = Now()
rsHits.Update
Response.Write "<p>Anzahl bisheriger Seitenzugriffe: " &  curCount
```

Wenn noch kein Datensatz bzw. noch kein Datensatz für den aktuellen URL existiert, ruft dieser Code den *AddNew*-Befehl des *Recordset*-Objekts auf, speichert den URL der aktuellen Seite im Feld *url* und setzt den *Zähler* auf den Wert 1.

Wenn bereits ein passender *Zugriffszähler*-Datensatz existiert, wird der Wert des Zählers um 1 erhöht.

In beiden Fällen speichert der Code den neuen Zählerwert und den Zeitpunkt des letzten Zugriffs im Datensatz und ruft die *Update*-Methode des *Recordset*-Objekts auf, um die Änderungen wirksam werden zu lassen. Anschließend wird der neue Zählerwert dem Webbesucher präsentiert.

Wenn das Beispiel in eine Webseite integriert ist, sieht es wie folgt aus. Die entsprechende Beispieldatei finden Sie im Ordner der Beispieldateien unter *Kap04\Zähler2.asp*. Wird diese Seite ausgeführt, wird die Anzahl der Seitenzugriffe an den Webbesucher ausgegeben.

```
<html>
<head>
<title>Zugriffszähler</title>
<!-- #include file="../adovbs.inc" -->
</head>
<body>
<%
thisURL = Request.ServerVariables("PATH_INFO")
Response.Write "<p>Der URL dieser Seite: " & thisURL & _
  "</p>" & vbCrLf

Set cnn1 = Server.CreateObject("ADODB.Connection")
openStr = "driver={Microsoft Access-Treiber (*.mdb)};" & _
          "dbq=" & _
                Server.MapPath("Münzsammler.mdb")
cnn1.Open openStr,"",""

sql = "SELECT url, Zähler, LetzterZugriff" & _
      "FROM Zugriffszähler " & _
      "WHERE url = '" & thisURL & "';"
Set rsHits = Server.CreateObject("ADODB.Recordset")
rsHits.Open sql, cnn1, adOpenDynamic, adLockPessimistic, adCmdText

If rsHits.EOF Then
    rsHits.AddNew
    rsHits("url") = thisURL
    curCount = 1
Else
    curCount = rsHits("Zähler") + 1
End If
rsHits("Zähler") = curCount
rsHits("LetzterZugriff") = Now()
rsHits.Update
Response.Write "<p>Anzahl bisheriger Seitenzugriffe: " & curCount & _
  "</p>"
rsHits.Close
Set rsHits = Nothing
```

```
cnn1.Close
Set cnn1 = Nothing
%>
</body>
</html>
```

Wenn Sie versuchen, einen Datensatz hinzuzufügen, ruft der Datenprovider einen Fehler hervor, sobald er feststellt, dass Anforderungen nicht erfüllt sind. Dies ist z.B. der Fall, wenn für ein Feld ein unzulässiger Wert bereitgestellt wird oder gar kein Wert angegeben ist, obwohl dieser unbedingt erforderlich ist. Der obige Code enthält keine Anweisungen zur Fehlerbehandlung. Wird eine ADO-Methode nicht erfolgreich ausgeführt, schlägt das Skript fehl und der Webbesucher erhält eine obskure Fehlermeldung vom Datenprovider. Im ▶ Abschnitt »Das ADO *Error*-Objekt« in dieser Lektion wird erklärt, wie eine benutzerdefinierte Fehlerbehandlung eingerichtet wird.

Es kann ziemlich lästig sein, für alle erforderlichen Felder Werte bereitzustellen. Dies gilt insbesondere dann, wenn die entsprechenden Felder im Recordset gar nicht enthalten sind. Hier zwei Beispiele für dieses Problem:

- Angenommen, die Tabelle *Zugriffszähler* enthält ein Feld namens *Besitzer* bei diesem Feld ist eine Eingabe erforderlich. Dies bedeutet, dass die Datenbank alle Versuche zurückweist, Datensätze hinzuzufügen, denen das Feld *Besitzer* fehlt. Es ist nicht möglich, einen Datensatz hinzuzufügen, dem das Feld *Besitzer* fehlt.
- Angenommen, es wird eine JOIN-Anweisung verwendet, um die Tabelle *Zugriffszähler* mit einer Mitarbeitertabelle zu kombinieren, die auf dem hypothetischen Feld *Besitzer* basiert. Anschließend würde versucht werden, einen neuen Datensatz hinzuzufügen. Sollte das Datenbanksystem nun einen neuen Datensatz in die Tabelle *Zugriffszähler*, in die Mitarbeitertabelle oder in beide einfügen? Und was wäre, wenn der Mitarbeiterdatensatz Felder enthielte, die nicht im Recordset vorhanden sind?

Um derartige Probleme zu vermeiden, bevorzugen es viele erfahrene Programmierer, nur Aktualisierungen vorzunehmen, die alle Felder in der Tabelle betreffen und bei denen keine JOIN-Operation involviert ist.

Einen Datensatz in einem ADO Recordset-Objekt löschen

Die Vorgehensweise, um einen Datensatz zu löschen, ist sogar noch einfacher als diejenige, um Datensätze hinzuzufügen oder zu verändern. Machen Sie einfach den gewünschten bzw. nicht mehr erwünschten

Datensatz zum aktuellen Datensatz, und rufen Sie dann die Methode *Delete* des Recordset-Objekts auf.

Das folgende Beispiel zeigt zunächst alle Datensätze in der Tabelle *Zugriffszähler* an, deren *LetzterZugriff*-Datum mehr als 180 Tage zurückliegt und löscht diese Datensätze anschließend. Um nach diesen Datensätzen zu suchen dient z.B. die folgende SQL-Anweisung:

```
SELECT * FROM Zugriffszähler WHERE LetzterZugriff < #10/17/1999#
```

Diese Anweisung liefert alle Datensätze zurück, deren Feld *LetzterZugriff* einen Wert enthält, der vor dem angegebenen Datum liegt. Beachten Sie die Nummernzeichen, die die Datumsangabe umgeben. Weil das Feld *LetzterZugriff* ein Datumsfeld ist, muss es mit einem Datumsliteral verglichen werden. Dies kann ein gültiges Datum, eine gültige Uhrzeit oder beides sein. Die Angabe muss jedoch in Nummernzeichen (#) gesetzt werden. Der Code, der im Beispiel verwendet wird, lautet wie folgt. Es wird kein konkretes Datum angegeben, sondern es wird das Datum berechnet, das 180 Tage zurückliegt:

```
sql = "SELECT * " & _
      "FROM Zugriffszähler " & _
      "WHERE LetzterZugriff < #Now()-180)#;"
```

Die Funktion *Now* liefert immer das aktuelle Datum zurück. Wird der Wert 180 vom aktuellen Datum subtrahiert, resultiert der gewünschte Grenzwert.

Der Datumswert, der von der Funktion *FormatDateTime* verwendet wird, ist in VBScript ein Fließkommawert mit doppelter Genauigkeit, mit dem Tage seit dem 30. Dezember 1899 angegeben werden. Werte links neben dem Dezimalzeichen repräsentieren das Datum und Werte rechts neben dem Dezimalzeichen die Uhrzeit. Um 30 Tage zu einem Datum hinzuzufügen, muss die Zahl 30 addiert werden. Um sechs Stunden zu subtrahieren, muss der Wert 0,25 subtrahiert werden. Datumswerte vor dem 30. Dezember 1899 sind negativ.

Die Schleife, mit der Datensätze angezeigt und gelöscht werden, die von der SQL-Anweisung zurückgeliefert werden, sieht wie folgt aus:

```
Do While Not rsHits.EOF
  Response.Write _
    "<tr>" & vbCrLf & _
    "  <td>" & rsHits("url") & "</td>" & vbCrLf & _
    "  <td>" & rsHits("Zähler") & "</td>" & vbCrLf & _
    "  <td>" & rsHits("LetzterZugriff") & "</td>" & vbCrLf & _
    "</tr>" & vbCrLf
  rsHits.Delete
  rsHits.MoveFirst
Loop
```

Wenn die Schleife das erste Mal ausgeführt wird, steht das Recordset *rsHits* ganz am Anfang, weil es gerade geöffnet wurde. In diesem Fall:

- gibt die *Response.Write*-Anweisung den aktuellen Datensatz aus,
- löscht die *rsHits.Delete*-Anweisung den aktuellen Datensatz,
- positioniert die *rsHits.MoveFirst*-Anweisung das Recordset auf den Anfang,
- führt die *Loop*-Anweisung die Schleife noch einmal aus.

Weil die letzte Anweisung vor dem Schleifenende die Datensatzpositionierung auf den ersten Datensatz setzt, hat die Eigenschaft *rsHits.EOF* erst dann den Wert *True*, wenn das Recordset leer ist. Die Schleife gibt immer den ersten Datensatz im Recordset aus, löscht diesen und macht den ersten Datensatz wieder zum aktuellen etc.

Die vollständige Webseite mit dem Beispielcode finden Sie im Unterordner *\Webdbdev\Kap04\ZählerLöschen.asp*.

```
<html>
<head>
<title>Zugriffszähler</title>
<!-- #include file="../adovbs.inc" -->
</head>
<body>
<%
' Verbindung zu Datenprovider öffnen.
Set cnn1 = Server.CreateObject("ADODB.Connection")
openStr = "driver={Microsoft Access-Treiber (*.mdb)};" & _
          "dbq=" & _
              Server.MapPath("Münzsammler.mdb")
cnn1.open openStr,"",""

' SQL-Anweisung liefert alle Zugriffszähler zurück,
' die länger als 180 Tage nicht benutzt wurden.
sql = "SELECT * " & _
      "FROM Zugriffszähler " & _
      "WHERE LetzterZugriff < #Now()-180#;"
' Recordset öffnen.
Set rsHits = Server.CreateObject("ADODB.Recordset")
rsHits.Open sql, cnn1, adOpenDynamic, adLockPessimistic, adCmdText
' Wenn solche Datensätze nicht vorhanden sind, Meldung ausgeben.
If rsHits.EOF Then
  Response.Write "<p>Keine alten Zugriffszähler vorhanden.</p>"
'  Wenn es solche Datensätze gibt, HTML-Tabelle ausgeben.
```

```
Else
  Response.Write "<table border=1>" & vbCrLf
  Response.Write "<caption>Gelöschte Zugriffszähler" & _
    "</caption>" & vbCrLf
  Response.Write _
    "<tr>" & vbCrLf & _
    "  <th>URL</th>" & vbCrLf & _
    "  <th>Zähler</th>" & vbCrLf & _
    "  <th>Letzter Zugriff</th>" & vbCrLf & _
    "</tr>" & vbCrLf
'  Ersten Datensatz anzeigen, löschen und neuen ersten Datensatz
'  aktivieren. Wiederholen, bis alle Datensätze gelöscht sind.
Do While Not rsHits.EOF
  Response.Write _
    "<tr>" & vbCrLf & _
    "  <td>" & rsHits("url") & "</td>" & vbCrLf & _
    "  <td>" & rsHits("Zähler") & "</td>" & vbCrLf & _
    "  <td>" & rsHits("LetzterZugriff") & "</td>" & vbCrLf & _
    "</tr>" & vbCrLf
  rsHits.Delete
  rsHits.MoveFirst
Loop
    ' HTML-Tabelle schließen.
    Response.Write "</table>" & vbCrLf
End If
' Recordset- und Connection-Objekt schließen und freigeben.
rsHits.Close
Set rsHits = Nothing
cnn1.Close
Set cnn1 = Nothing
%>
</body>
</html>
```

Abbildung 4.5 zeigt eine typische Ausgabe dieser Webseite. Vom ASP-Code wurden alle aufgelisteten Datensätze aus der Datenbank gelöscht.

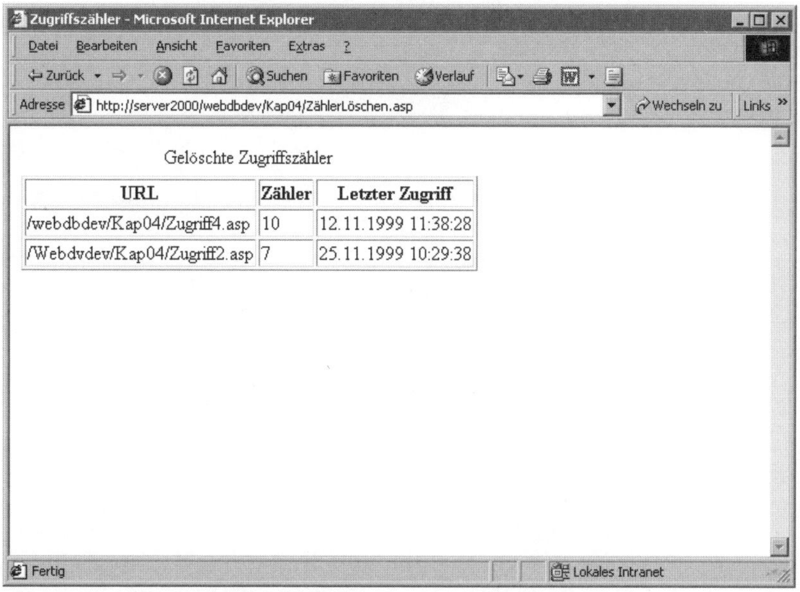

Abbildung 4.5
Die Seite *Zähler-Löschen* zeigt alle alten Datensätze aus der Tabelle *Zugriffszähler* an und löscht sie

Ein ADO Recordset-Objekt löschen

In den vorangegangenen Beispielen haben Sie bereits mehrmals gesehen, wie ein *Recordset*-Objekt geschlossen wird: Es wird einfach die *Close*-Methode aufgerufen. Falls das Objekt nicht wiederverwendet werden soll, sollte der Speicher freigegeben werden, indem das Objekt auf den Wert *Nothing* gesetzt wird. Der Code sieht z.B. wie folgt aus:

```
rsMtgld.Close
set rsMtgld = Nothing
```

Wenn Sie vergessen, ein *Recordset*-Objekt (oder auch jedes andere Objekt) zu schließen und freizugeben, übernimmt ASP dies für Sie, nachdem die Verarbeitung der Webseite beendet ist. Um sicher zu gehen, dass das Objekt aus dem Speicher entfernt wurde, sollten Sie diese Aufgabe jedoch selbst übernehmen.

Das ADO *Command*-Objekt nutzen

Das ADO *Command*-Objekt enthält einen Datenbankbefehl, mit dem sich ein Recordset öffnen lässt. Um zu verstehen, wie dies funktioniert, betrachten Sie zunächst den folgenden Code (die Seite *Mitglieder.asp* nutzte diesen Code, um eine Datenbankverbindung herzustellen.)

```
Set cnn1 = Server.CreateObject("ADODB.Connection")
openStr = "driver={Microsoft Access-Treiber (*.mdb)};" & _
          "dbq=" & _
             Server.MapPath("Münzsammler.mdb")
cnn1.Open openStr,"",""
```

Der folgende Code erzeugte dann ein Recordset namens *rsMtgld* und öffnete dieses:

```
sql = "SELECT * FROM Mitglieder;"
Set rsMtgld = Server.CreateObject("ADODB.Recordset")
rsMtgld.Open sql, cnn1, adOpenForwardOnly, adLockReadOnly, adCmdText
```

Wird dasselbe Recordset mit einem *Command*-Objekt geöffnet, sind zwei Schritte erforderlich: Als erstes muss das *Command*-Objekt erzeugt und initialisiert werden. Anschließend muss das *Recordset*-Objekt erzeugt und geöffnet werden. Mit dem nachfolgenden Code wird das *Command*-Objekt erzeugt und initialisiert:

```
sql = "SELECT * FROM Mitglieder;"
Set cmdQuery = Server.CreateObject("ADODB.Command")
Set cmdQuery.ActiveConnection = cnn1
cmdQuery.CommandText = sql
cmdQuery.CommandType = adCmdText
```

Die erste Zeile speichert eine SQL-Anweisung in einer Variablen, um diese später verwenden zu können. Die zweite Zeile erzeugt ein ADO *Command*-Objekt namens *cmdQuery*. Die dritte Zeile verknüpft das *Command*-Objekt *cmdQuery* mit dem ADO *Connection*-Objekt *cnn1*. Die vierte Zeile speichert die SQL-Anweisung aus Zeile 1 im *Command*-Objekt. Die fünfte Zeile gibt an, dass es sich bei dem Text, der in Zeile 4 bereitgestellt wird, um einen Datenbankbefehl handelt (für diesen Provider eine SQL-Anweisung).

Nun kann die *Execute*-Methode des *Command*-Objekts das gewünschte Recordset erzeugen. In den bisherigen Beispielen wurden die Optionen *adOpenForwardOnly* und *adLockReadOnly* angegeben, die die Methode *Execute* nicht verarbeiten kann. Um die Optionen festzulegen und das Recordset zu öffnen, müssen die folgenden Anweisungen benutzt werden:

```
Set rsMtgld = Server.CreateObject("ADODB.Recordset")
rsMtgld.CursorType = adOpenForwardOnly
rsMtgld.LockType = adLockReadOnly
Set rsMtgld = cmdQuery.Execute()
```

Die erste Zeile erzeugt ein ADO *Recordset*-Objekt namens *rsMtgld*. Die zweite Zeile setzt die Eigenschaft *CursorType* des Recordsets auf den Wert *adOpenForwardOnly*. Die dritte Zeile setzt die Eigenschaft *LockType* des Recordsets auf den Wert *adLockReadOnly*. Die letzte Zeile ruft die Methode *Execute* des *Command*-Objekts auf, um das *Recordset*-Objekt zu öffnen.

In diesem Beispiel sind drei Anweisungen erforderlich, um ein *Recordset*-Objekt direkt zu öffnen. Um das *Recordset*-Objekt mit dem *Command*-Objekt zu öffnen, sind dagegen neun Anweisungen erforderlich. Aus diesem Grund verzichten die meisten Entwickler darauf, das *Command*-Objekt bei einfachen Abfragen zu benutzen. *Command*-Objekte sind jedoch zumindest in zwei Situationen ziemlich nützlich:

- Wenn der Befehl keine Ergebnismenge zurückliefert. Dies bezieht sich auf alle SQL-Befehle außer SELECT.
- Wenn der Befehl eine Parameterabfrage ist. Der nächste Abschnitt beschreibt Parameter.

Wenn keine Standardeigenschaften überschrieben werden, muss das *Recordset*-Objekt nicht explizit erstellt werden, bevor die *Execute*-Methode des *Command*-Objekts verwendet wird. Die *Execute*-Methode erzeugt das Recordset für Sie.

ADO-Parameter

In allen Beispielen, die Sie bisher gesehen haben, bestand der Skriptcode in der Webseite aus SQL-Anweisungen, die Dienste vom Datenprovider abrufen. Dies hat den Vorteil, dass der gesamte Code einer Webseite an einer Stelle vorliegt. Es hat jedoch auch drei Nachteile:

- Der SQL-Code muss häufig auf mehreren verschiedenen Seiten wiederholt werden.
- Wenn eine Datenbank oder Tabelle geändert werden muss, kann es schwierig sein, sämtliche betroffenen SQL-Anweisungen zu finden.
- In großen Organisationen müssen SQL-Experten auf Programmcode und Programmierexperten auf SQL-Code zugreifen. Dies könnte einen Konflikt mit ihren Stellenbeschreibungen hervorrufen.

Um derartige Probleme zu adressieren, unterstützen viele Datenprovider gespeicherte Abfragen, gespeicherte Prozeduren oder beides. Eine *gespeicherte Abfrage* ist eine SQL-Anweisung, die im Datenbanksystem gespeichert ist und die Anwendungen über ihren Namen aufrufen können. Eine *gespeicherte Prozedur* ist Programmcode – normalerweise in einer Sprache wie Transact*SQL oder Visual Basic for Applications (VBA) geschrieben – der dasselbe Kriterium erfüllt.

Gespeicherte Abfragen und gespeicherte Prozeduren übernehmen häufig *Parameter*, d.h. benannte Werte, die das Datenbanksystem durch den gespeicherten Code ersetzt. Stellen Sie sich z.B. eine gespeicherte Abfrage vor, die bestimmte Mitglieder des Münzsammlervereins sucht. Es wäre nicht sinnvoll, für jede Suche nach einem Mitglied eine separate Abfrage zu nutzen. Besser wäre es, eine Abfrage zu speichern, die den Wert *MitgliedsID* als Parameter übernimmt.

In ▶ Lektion 2 wurde gezeigt, wie parametrisierte Abfragen in Microsoft Access eingerichtet werden. Falls Sie nicht mehr wissen, wie Sie vorgehen müssen, lesen Sie den ▶ Abschnitt »Eine Parameterabfrage erzeugen«.

Um eine Parameterabfrage in einer Webseite nutzen zu können, sind fünf Schritte erforderlich:

1. Eine ADO-Verbindung zu dem gewünschten Provider öffnen.
2. Ein ADO *Command*-Objekt erzeugen, um die gespeicherte Abfrage aufzurufen.
3. Ein ADO *Parameter*-Objekt erzeugen, das den Namen und den Wert jedes Parameters speichert.
4. Das *Parameter*-Objekt oder die Objekte mit dem *Command*-Objekt verknüpfen.
5. Ein *Recordset*-Objekt mit der *Execute*-Methode des *Command*-Objekts erzeugen.

Eine ADO-Verbindung zum gewünschten Provider öffnen

Dies ist nicht so kompliziert, wie es klingt. Der erste Schritt, um eine Verbindung zu öffnen, folgt dem Muster, das in den vorangegangenen Beispielen verwendet wurde:

```
Set cnn1 = Server.CreateObject("ADODB.Connection")
openstr = "driver={Microsoft Access-Treiber (*.mdb)};" & _
          "dbq=" & _
              Server.MapPath("Münzsammler.mdb")
cnn1.Open openstr,"",""
```

Ein ADO *Command*-Objekt erzeugen, um die gespeicherte Abfrage aufzurufen

Der ▶ Abschnitt »Das ADO *Command*-Objekt nutzen« weiter oben in dieser Lektion beschrieb, wie ein ADO *Command*-Objekt erzeugt wird. Der folgende Code sollte Ihnen also vertraut sein:

```
Set cmdAbfrage = Server.CreateObject("ADODB.Command")
Set cmdAbfrage.ActiveConnection = cnn1
cmdAbfrage.CommandText = "qMitgliedsname"
cmdAbfrage.CommandType = adCmdStoredProc
```

Ein ADO *Parameter*-Objekt erzeugen, das den Namen und den Wert jedes Parameters enthält

Und jetzt kommt der Code, mit dem ein *Parameter*-Objekt erzeugt und initialisiert wird. Um das Beispiel einfach zu halten, wird immer nach dem Nachnamen »Frei« gesucht. Das Beispiel wäre realistischer, wenn nach einem Wert gesucht würde, der in einem URL oder einem HTML-Formular angegeben wird. Programmcode mit der dafür erforderlichen Komplexität wird jedoch erst ab ▶ Lektion 6 beschrieben.

```
Nachname = "Frei"
Set parQNachname = Server.CreateObject("ADODB.Parameter")
parQNachname.Name = "qNachname"
parQNachname.Direction = adParamInput
parQNachname.Type = adVarChar
parQNachname.Size = Len(Nachname)
parQNachname.Value = Nachname
```

Die erste Zeile speichert den Suchbegriff »Frei« in der Variablen *Nachname.* Zeile zwei erzeugt ein ADO *Parameter*-Objekt namens *parQNachname.* Zeile drei speichert den Parameternamen "*qNachname*" in der Eigenschaft *Name* des *Parameter*-Objekts. Zeile vier gibt an, dass dieses Objekt einen Eingabeparameter zurückliefert (ein *Parameter*-Objekt kann auch Ausgabeparameter von einer gespeicherten Prozedur entgegennehmen). Zeile fünf gibt an, dass der Parameterwert eine Zeichenfolge ist. Zeile sechs gibt die Länge des Parameterwerts an. Die *Len*-Funktion ist in VBScript integriert und liefert die Länge des Arguments zurück. Die letzte Zeile gibt schließlich den Parameterwert an.

Das *Parameter*-Objekt mit dem *Command*-Objekt verknüpfen

Der nächste Schritt, um eine Parameterabfrage ausführen zu können, besteht darin, das *Parameter*-Objekt an das gewünschte *Command*-Objekt anzuhängen. Die folgende Anweisung hängt das soeben erstellte *Parameter*-Objekt namens *parQNachname* an das *Command*-Objekt *cmdQuery* an, das zuvor erzeugt wurde.

```
cmdAbfrage.Parameters.Append parQNachname
```

Ein Recordset mit der *Execute*-Methode des *Command*-Objekts erzeugen

Der letzte Schritt besteht darin, ein Recordset über die Ausführung der Abfrage zu erzeugen. Anders als das Beispiel im Abschnitt »ADO-Parameter« früher in dieser Lektion akzeptiert dieser Code alle Standardeigenschaften und muss deshalb nicht explizit ein *Recordset*-Objekt erzeugen.

```
Set rsQmem = cmdAbfrage.Execute()
```

Die restliche Webseite entspricht der Seite *Mitglieder.asp,* die am Anfang der Lektion besprochen wurde. Den Code finden Sie im Pfad *\Webdb-dev\Kap04\qNachname.asp* auf der CD-ROM zum Buch. Abbildung 4.6 zeigt die ASP-Seite in Aktion.

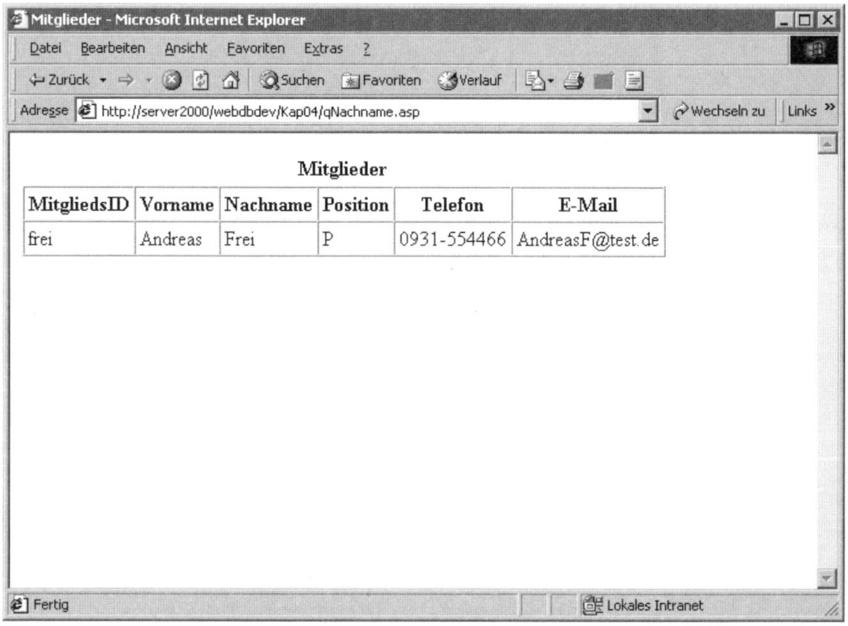

Abbildung 4.6 Diese Webseite zeigt dieselben Ergebnisse wie die Abfrage in Abbildung 2.13. Das sollte auch so sein, denn es wird dieselbe Parameterabfrage benutzt.

Der Hauptvorteil des Einsatzes von gespeicherten Abfragen besteht darin, dass sie nicht im gesamten Skriptcode von mehreren Webseiten verteilt sind, sondern zentral in derselben Datenbank, die auch abgefragt wird. Wie der folgende Code veranschaulicht, gibt es natürlich einfachere Möglichkeiten, Suchwerte in SQL-Anweisungen zusammenzufügen.

```
surname = "Frei"
sql = "SELECT MitgliedsID, Vorname, Nachname, " & _
          "position, Telefon, E-Mail " & _
     "FROM Mitglieder " & _
     "WHERE (Nachname='" & Nachname & "'); "
```

Das ADO *Error*-Objekt

Die Beispiele, die bisher beschrieben wurde, enthielten keinen Code zur Fehlerbehandlung. Wenn eine Komponente in der Webdatenbankseite einen schwerwiegenden Fehler meldet, stoppt die Verarbeitung und der Webbesucher erhält eine relativ obskure Fehlermeldung angezeigt. Es sprechen mindestens drei Gründe dafür, dieses Verhalten zu vermeiden:

- Einige Fehler werden möglicherweise als normal betrachtet, d.h., sie entsprechen Bedingungen, die Sie erwarten und zu behandeln wissen.
- Sie möchten den Text der Fehlermeldungen vielleicht lieber selbst gestalten, anstatt die Systemfehlermeldungen zu verwenden.
- Webbesucher gewinnen im Allgemeinen einen schlechten Eindruck von einer Site, die nur eine halbe Webseite sendet und anschließend eine kryptische Meldung anzeigt, die angibt, dass ein Fehler aufgetreten ist.

Damit der Code Fehler selbst entdecken und behandeln kann, müssen Sie VBScript zuerst mitteilen, dass der Code weiterhin ausgeführt werden soll, nachdem ein Fehler aufgetreten ist. Dazu dient die folgende Anweisung:

```
On Error Resume Next
```

Diese Anweisung teilt VBScript mit, dass die Ausführung mit der Anweisung fortgesetzt werden soll, die der fehlerhaften folgt, wenn ein Fehler auftritt. Dieses Verhalten wird fortgesetzt, bis die Ausführung mit einer Unterroutine (*Sub)* oder Funktion (*Function*) unterbrochen wird, die die Anweisung `On Error Resume Next` enthält oder die folgende Anweisung ausgeführt wird:

```
On Error GoTo 0
```

Wenn die `On Error Resume Next`-Anweisung zur Anwendung kommt, muss der Code nach jeder Anweisung, die Fehler erzeugt, auf die Fehler reagieren. das *Err*-Objekt von VBScript unterstützt dies, indem der zuletzt ausgeführten Anweisung die Eigenschaften bereitgestellt werden, die in Tabelle 4.15 aufgeführt sind. *Err.Number* hat den Wert Null, wenn die Anweisung fehlerfrei ausgeführt werden konnte und einen Wert ungleich Null, wenn ein Fehler auftrat.

Tabelle 4.15 Eigenschaften des *Err*-Objekts von VBScript

Eigenschaft	Beschreibung
Number	Ein numerischer Wert, der einen Fehler kennzeichnet
Description	Eine Zeichenfolge, die einen Fehler in Worten beschreibt
Source	Der Name des Objekts oder der Anwendung, die den Fehler hervorrief
HelpFile	Der voll qualifizierte Pfad zu einer Windows-Hilfedatei, die einen Fehler erklärt
HelpContext	Ein Zeiger auf ein bestimmtes Thema innerhalb der Windows-Hilfedatei

Hier ist ein typisches Codebeispiel:

```
On Error Resume Next
cnn1.Open ConnectStr, "", ""
If Err.Number <> 0 Then
    Response.Write "<p>Keine Verbindung zur Datenbank möglich.</p>"
End If
```

Die dritte Anweisung in diesem Code wird sehr häufig wie nachfolgend gezeigt abgekürzt. Die beiden Anweisungen sind gleichwertig, weil *Number* die Standardeigenschaft des *Err*-Objekts ist und weil VBScript alle Werte ungleich Null als *True* bewertet.

```
On Error Resume Next
cnn1.Open ConnectStr, "", ""
If Err Then
    Response.Write "<p>Keine Verbindung zur Datenbank möglich.</p>"
End If
```

Bei den meisten Webdatenbankanwendungen stellt das *Err*-Objekt alle benötigten Fehlerinformationen bereit. ADO beinhaltet jedoch ein *Error*-Objekt, das zwei Arten zusätzlicher Informationen bereitstellt. Erstes liefert das ADO *Error*-Objekt die zwei zusätzlichen Eigenschaften zurück, die in Tabelle 4.16 aufgelistet sind. Zweites gehört das ADO *Error*-Objekt in jedem *Connection*-Objekt zu einer *Errors*-Auflistung. Die *Errors*-Auflistung kann somit Informationen über mehrere aufgetretene Fehler zurückliefern, obwohl nur ein ADO-Aufruf behandelt wird.

Tabelle 4.16 Eigenschaften, die nur das ADO *Error*-Objekt bietet

Eigenschaft	Beschreibung
NativeError	Der numerische Wert, den ein Datenprovider verwendet, um einen bestimmten Fehler zu identifizieren.
SQLState	Eine aus fünf Zeichen bestehende Zeichenfolge, die vom Datenprovider benutzt wird, um Fehler zu melden, die während der Verarbeitung einer SQL-Anweisung auftraten.

Der nachfolgende Code erzeugt absichtlich einen Fehler und meldet diesen. Abbildung 4.7 zeigt das Ergebnis.

```
Set cnn1 = Server.CreateObject("ADODB.Connection")
' Deaktiviert die Standardfehlerbehandlungsroutine von VBScript.
On Error Resume Next
' Absichtlich einen Fehler erzeugen.
cnn1.Open "nothing"
' Feststellen, ob ein Fehler aufgetreten ist.
If Err Then
    ' Eigenschaften des VB Script Err-Objekts anzeigen.
```

```
    Response.Write "<p><b>VBScript Err-Objekt:</b><br>" & _
      "Number: "      & Err.Number      & "<br>" & _
      "Description: " & Err.Description & "<br>" & _
      "Source: "      & Err.Source      & "<br>" & _
      "HelpFile: "    & Err.HelpFile    & "<br>" & _
      "HelpContext: " & Err.HelpContext & "</p>"
  ' Schleife, um alle Objekte der Errors-Auflistung des
  ' Objekts cnn1 zu durchlaufen.
  For i = 0 To cnn1.Errors.Count - 1
    ' Eigenschaften des ADO Error-Objekts anzeigen.
    Response.Write  "<p><b>ADO Error-Objekt:</b><br>" & vbCrLf & _
      "Number: "      & cnn1.Errors(i).Number      & "<br>" & vbCrLf & _
      "Description: " & cnn1.Errors(i).Description & "<br>" & vbCrLf & _
      "Source: "      & cnn1.Errors(i).Source      & "<br>" & vbCrLf & _
      "HelpFile: "    & cnn1.Errors(i).HelpFile    & "<br>" & vbCrLf & _
      "HelpContext: " & cnn1.Errors(i).HelpContext & "<br>" & vbCrLf & _
      "SQL State: "   & cnn1.Errors(i).SQLState    & "<br>" & vbCrLf & _
      "NativeError: " & cnn1.Errors(i).NativeError & _
      "</p>" & vbCrLf
  ' Schleifenende.
  Next
End If
On Error GoTo 0
```

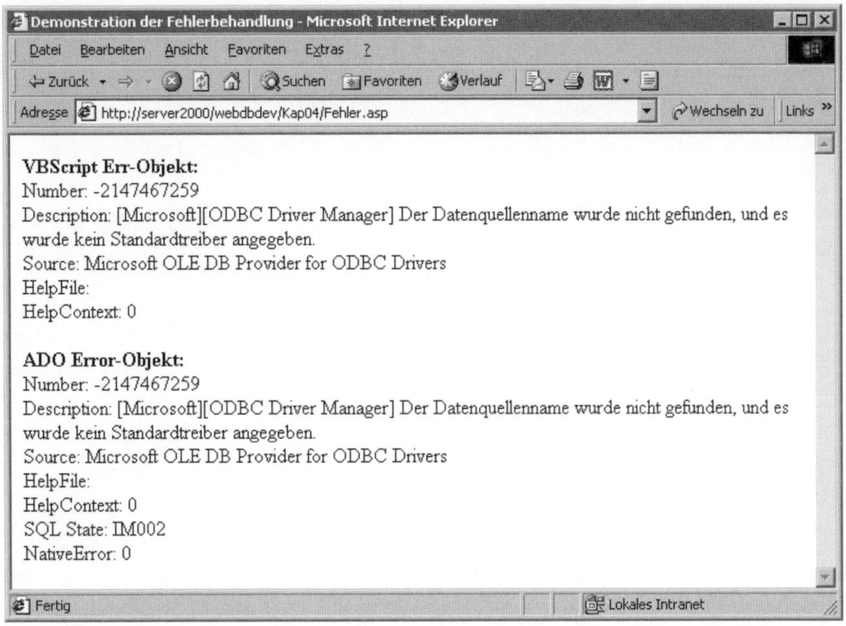

Abbildung 4.7 Diese ASP-Seite erzeugt einen Fehler und liefert eine Meldung zurück

ADO setzt die *Errors*-Auflistung einer Verbindung jedes Mal zurück, wenn eine ADO-Methode aufgerufen wird, die diese Verbindung verwendet.

Somit enthält die *Errors*-Auflistung nur die Fehler, die beim letzten Methodenaufruf entstanden. Um den Erfolg eines bestimmten Aufrufs zu ermitteln, müssen Sie die *Errors*-Auflistung der Verbindung prüfen, bevor ein weiterer ADO-Aufruf erfolgt.

Zusammenfassung der Lektion

Diese Lektion beschrieb in erster Linie das ADO *Recordset*-Objekt, das Zugriff auf Tabellen, Datensätze und Felder einer Datenbank bietet. Außerdem wurden die Objekte *Command* und *Parameters* besprochen, die Parameterabfragen ausführen, sowie das *Error*-Objekt, das mehr Informationen über Datenbankfehler bietet als das *Err*-Objekt von VBScript.

Die nächste Lektion erklärt, welche Webserverumgebung benötigt wird, um Webdatenbankseiten ausführen zu können.

5 Webinhalte mit serverseitigen Skripts anpassen

Geschätzte Dauer:
120 Minuten

In dieser Lektion lernen Sie

- wie Sie serverbasierten VBScript-Code in eine ASP-Seite integrieren.
- wie sich VBScript von anderen Formen von Visual Basic unterscheidet.
- wie Ihr Code integrierte Webserverobjekte nutzen kann, um Informationen von Webbesuchern abzufragen, auf Ressourcen zuzugreifen, die auf dem Server abgelegt sind und um Antworten zu erzeugen, die versandt werden können.

Für viele Webentwickler ist der Einstieg in die Datenbankentwicklung mit dem Einstieg in die serverbasierte Programmierung verbunden. Anstatt feste Inhalte (Webseiten) an den Browser zu senden und dann den Browser so zu programmieren, dass er die Anzeige anpasst, programmieren Webdatenbankanwendungen den Webserver so, dass der Inhalt angepasst wird, bevor er an den Browser gesendet wird. Die Personalisierung kann einfach darin bestehen, dass Werte aus einer Abfrage eingefügt werden oder auch so komplex sein, dass für jede Kombination aus Webbesucher und Fragebogen eine eigene Seite erstellt wird.

Die Entwicklung von Skripts, d.h. kurzen Programmblöcken mit komplexem Programmcode, die auf einem Webserver ausgeführt werden, unterscheidet sich sehr von der Entwicklung von Skripts, die in einem Browser ausgeführt werden.

- Die vorherrschende Sprache für die Entwicklung von browserbasierten Skripts ist JavaScript. Für serverbasierte Skripts hat VBScript bei Microsoft-Webservern die höchste Verbreitung und bei den meisten anderen Servern wird Perl, C oder Java verwendet.
- Die meisten browserbasierten Skripts adressieren Themen der visuellen Präsentation. Außer den Bestandteilen für die Anzeige haben sie keinen Zugriff auf Bestandteile des Computers des Webbesuchers. Serverbasierte Skripts können auf alle anderen Ressourcen auf dem Server und im Netzwerk des Servers zugreifen (vorausgesetzt, dass der Administrator des Servers diesen Zugriff gewährt.) Dazu gehören Dateien, Datenbanken, Mailsysteme, Drucker und Faxserver, um nur einige zu nennen.

- Die Ausführung von serverbasierten Skripts beansprucht mehr Serverressourcen und stellt ein höheres Sicherheitsrisiko dar als die Bereitstellung einfacher Webseiten. Aus diesem Grund ist es normalerweise schwieriger, kostspieliger oder restriktiver (oder alle drei) vom Internetdienstanbieter (Service Provider) oder der EDV-Abteilung Ressourcen für serverbasierte Skripts zu erhalten, als dies bei Webspace ohne die Absicht, Skripts zu nutzen, der Fall ist.
- Wenn Ihre Webseiten nur aus HTML-Quelltext und Browserskripts bestehen, können Sie diese testen, indem Sie die Dateien mit Ihrem Browser öffnen. Um ein serverbasiertes Skript zu testen, benötigen Sie einen Webserver, auf dem Sie es ausführen können. Wenn Sie kein anderes Testgerät haben, können Sie auch einen Webserver auf Ihrem eigenen PC installieren.

Diese Lektion erklärt die Grundlagen der serverbasierten Skripterstellung und auch, wie die Bearbeitung von Webanforderungen, die Bereitstellung von Serverressourcen und die Bereitstellung von Webantworten erfolgt.

ASP-Anwendungen und -Seiten strukturieren

Serverbasierte Skripts werden schon seit Einführung des Web geschrieben. Und es gab sogar eine Spezifikation *Common Gateway Interface* (CGI), die die serverbasierte Verarbeitung unterstützte, bevor browserbasierte Skripts verfügbar waren.

Ein CGI-Programm wird jedes Mal ausgeführt, wenn ein Webbesucher seinen URL anfordert. Die Laufzeitumgebung ähnelt MS-DOS in gewisser Weise: CGI-Programme erhalten Daten aus der Standardeingabe und aus Umgebungsvariablen und schreiben HTML-Quelltext an etwas wie die Standardausgabe. Der Webserver behandelt die Details der Übertragung des HTML-Quelltexts an den Webbesucher, von dem die Anforderung stammt.

CGI-Programme sind relativ ineffizient, weil der Webserver jedes Mal, wenn ein Webbesucher den URL anfordert, Speicher allozieren, einen Prozess erstellen, das CGI-Programm starten, es ausführen, den Prozess beenden und den Speicher freigeben muss. Dies ist normalerweise nicht sehr effizient. Die Zeit, die benötigt wird, um die Rahmenbedingungen einzurichten, überschreitet häufig diejenige, die für die Verarbeitung der Anwendung erforderlich ist, aber es funktioniert immerhin.

Wie alles andere im Web müssen auch serverbasierte Programme sehr schnell entwickelt werden. Im Web gelten Entwicklungszeiten, die auf Stunden- oder Tagen basieren, nicht auf Wochen, Monaten oder Jahren. Dies erklärt, warum sowohl serverbasierte also auch browserbasierte

Skripts in höheren Interpretersprachen wie JavaScript, VBScript und Perl geschrieben werden. Und der Einsatz dieser Sprachen erklärt, warum browser- und serverbasierte Programme häufig als *Skripts* bezeichnet werden.

Microsoft-Webserver bieten eine Methode, mit der sich serverbasierte Skripts wesentlich effizienter ausführen lassen als CGI. Serverbasierte Skripts werden normalerweise als ISAPI-Programme (ISAPI – Internet Server Application Programming Interface) ausgeführt. ISAPI-Programme werden im Hauptspeicher des Webservers ausgeführt. Deshalb ist im Gegensatz zu CGI-Anforderungen kein Overhead erforderlich, um den Speicherplatz zu allozieren und freizugeben. Weil es DLLs gibt, kann ein einziges ISAPI-Programm mehrere Anforderungen gleichzeitig bedienen und sogar zwischen den Anforderungen im Speicher geladen bleiben.

Ein solches ISAPI-Programm ist der ASP-Interpreter *Asp.dll*. Microsoft Webserver führen diese DLL immer dann aus, wenn die folgenden drei Bedingungen eintreten:

- Ein Webbesucher fordert einen URL an, der die Dateinamenserweiterung *.asp* hat.
- Es existiert eine Seite mit dem angeforderten Dateinamen und der Erweiterung *.asp* im angegebenen Pfad im Dateisystem des Webservers.
- Die Seite befindet sich in einem Ordner, für den das Attribut *Ausführen* aktiviert ist.

Einen passenden Webserver zu finden und einen Ordner zu erhalten, dem die Berechtigung *Ausführen* zugewiesen wurde, ist normalerweise das größte Problem, um eine ASP-Seite zum Laufen zu kriegen. UNIX-basierte Server können ASP-Seiten z.B. nicht ausführen, weil es keine Datei *Asp.dll* für UNIX gibt. Wenn Ihr Service-Provider keinen Windows 2000- oder Microsoft Windows NT-Server anbietet, müssen Sie möglicherweise den Service-Provider wechseln. Wenn Sie einen Ordner mit der Berechtigung *Ausführen* nutzen möchten, müssen Sie möglicherweise einen teureren Dienst in Anspruch nehmen. Die zusätzlichen Ausgaben sind durch den erhöhten Ressourcenverbrauch und die Sicherheitsrisiken bedingt, die serverbasierte Skripts mit sich bringen.

Die nächste Lektion erklärt, wie einem Ordner die Berechtigung *Ausführen* zugewiesen wird (vorausgesetzt, Sie sind der Serveradministrator). Die aktuelle Lektion behandelt die ASP-Seiten.

Einen Service-Provider, der Windows 2000-Webserver anbietet, finden Sie unter dem URL *http://www.microsoft.com/germany/office/frontpage/internet/*.

ASP-Code zu einer Webseite hinzufügen

Die Struktur von ASP-Seiten ähnelt der von normalen HTML-Seiten, die einen oder mehrere Blöcke mit serverbasierten Skriptcode beinhalten. Meistens wird Skriptcode mit den <% ... %>-Tags wie folgt in HTML-Seiten integriert:

```
<html>
<head>
</head>
<body>
<%
Response.Write "<p>Dies ist ein Textabsatz.</p>" & vbCrLf
%>
</body>
</html>
```

Fast alle Beispiele in diesem Buch benutzen die *Response.Write*-Anweisung, weil ASP-Code damit HTML-Quelltext an den Webbesucher sendet. Der ASP-Prozessor sendet nicht den Code, der sich zwischen den Tags <% und %> befindet, an den Browser des Webbesuchers, sondern den HTML-Quelltext und die Ausgabe der *Response.Write*-Anweisungen. Nachdem die obige ASP-Seite verarbeitet wurde, sendet der ASP-Interpreter beispielsweise die folgende HTML-Seite an den Webbesucher:

```
<head>
</head>
<body>
<p>Dies ist ein Textabsatz.</p>
</body>
</html>
```

Die gesamte ASP-Seite wird als ein Programm ausgeführt, selbst wenn sie mehrere Skriptblöcke enthält. Betrachten Sie z.B. die folgende Seite, die drei Blöcke mit Skriptcode enthält.

```
<html>
<head>
<%
Sub AbsatzSchreiben(argText)
    Response.Write "<p>" & argText & "</p>" & vbCrLf
End Sub
%>
</head>
<body>
<%
cnt = 1
AbsatzSchreiben "Dies ist Absatz " & cnt & "."
%>
<hr>
<%
```

```
cnt = cnt + 1
AbsatzSchreiben "Dies ist Absatz " & cnt & "."
%>
<hr>
</body>
</html>
```

Der erste Block ASP-Code definiert eine Unterroutine namens *Absatzschreiben*. Diese übernimmt beliebige Zeichenfolgen, setzt sie zwischen die Tags *<p>* und *</p>*, hängt ein Zeilenvorschub- und ein Wagenrücklaufzeichen an und schreibt das Ergebnis dann in den ausgehenden HTML-Quelltext. Der zweite Block speichert den Wert 1 in einer Variablen namens *cnt*, erzeugt eine Zeichenfolge mit dem Wert von *cnt* und ruft dann die Unterroutine *AbsatzSchreiben* mit der Zeichenfolge als Argument auf. Der letzte Block fügt 1 zum Wert von *cnt* hinzu, erzeugt eine weitere Zeichenfolge, die den Wert von *cnt* enthält und ruft noch einmal die Unterroutine *AbsatzSchreiben* auf.

Wird dieser Code ausgeführt, resultiert daraus der nachfolgend aufgeführte Code. Beachten Sie, dass der Wert von *cnt* zwischen der Ausführung von Skriptblock zwei und Skriptblock drei beibehalten wird. Beachten Sie auch, dass sich die Unterroutine *AbsatzSchreiben* zwar im Abschnitt *<head>* der ASP-Seite befindet, die Ausgabe der *Response.Write*-Anweisung jedoch statt des Skriptblocks angezeigt wird, von dem die Unterroutine *AbsatzSchreiben* aufgerufen wurde.

```
<html>
<head>
</head>
<body>
<p>Dies ist Absatz 1.</p>
<hr>
<p>Dies ist Absatz 2.</p>
<hr>
</body>
</html>
```

Wenn der Schleifenanfang und das Schleifenende in verschiedene Skriptblocks gesetzt werden, wird der HTML-Quelltext, der dazwischen liegt, in der ausgehenden Webseite ein Mal pro Schleifendurchlauf angezeigt. Betrachten Sie die folgende ASP-Seite:

```
<html>
<head>
</head>
<body>
<%
For cnt = 1 To 5
%>
<p>Einzeiliger Absatz.</p>
```

```
<%
Next
%>
</body>
</html>
```

Diese Seite schreibt die Zeichenfolge *<p>Einzeiliger Absatz.</p>* fünf Mal auf die ausgehende Webseite. Es wird also folgender HTML-Quelltext erzeugt:

```
<html>
<head>
</head>
<body>
<p>Einzeiliger Absatz.</p>
<p>Einzeiliger Absatz.</p>
<p>Einzeiliger Absatz.</p>
<p>Einzeiliger Absatz.</p>
<p>Einzeiliger Absatz.</p>
</body>
</html>
```

Wenn Sie einen Skriptblock erstellen müssen, der nur eine Anweisung enthält, und wenn diese Anweisung eine *Response.Write*-Anweisung ist, kann die folgende Syntax Ihnen sehr viel Platz und Schreibarbeit ersparen:

```
<% = Ausdruck %>
```

Und hier sehen Sie ein Beispiel:

```
<% = "<p>Aktuelles Datum und aktuelle Uhrzeit: " & Now() & "</p>" %>
```

Das öffnende <%-Tag, das Gleichheitszeichen, der Ausdruck und das schließende %>-Tag müssen sich in einer Zeile befinden. Die Anweisung erzeugt dasselbe Ergebnis wie die folgende:

```
<%
Response.Write "<p>Aktuelles Datum und aktuelle Uhrzeit: " & Now() & "</p>"
%>
```

Der folgende Codeblock hat fast den gleichen Effekt wie die beiden vorherigen, ist aber nicht gleichbedeutend.

```
<script runat=server language=VBScript>
Response.Write "<p>Aktuelles Datum und aktuelle Uhrzeit: " & Now() & "</p>"
</script>
```

Das Tag *<script runat=server>* entspricht ungefähr dem öffnenden <%-Tag und das *</script>*-Tag dem schließenden %>-Tag. Diese Syntax hat den Vorteil, dass auch andere Sprachen als VBScript angegeben werden können. Sie hat aber auch einen entscheidenden Nachteil. ASP setzt Skriptcode intern zwischen die Tags *<script runat=server>* und *</script>*

und führt ihn dann am Ende Ihrer Webseite aus. Das ist nicht immer erwünscht und ein guter Grund, immer die Tags <% und %> zu benutzen.

Einführung in VBScript

Im Rahmen dieses Buches kann die Programmiersprache VBScript selbstverständlich nicht vollständig beschrieben werden. Glücklicherweise steht jedoch, wie im nächsten Abschnitt beschrieben, das gesamte Referenzhandbuch in zahlreichen Online-Ressourcen zur Verfügung. Möglicherweise ist sogar schon ein Exemplar auf Ihrem Computer installiert, ohne dass Sie davon etwas wissen. Wenn Sie ein gedrucktes Handbuch benötigten, stehen zahlreiche Bücher zur Auswahl.

Die VBScript-Dokumentation

Die VBScript-Sprachverzeichnis in Microsofts Website listet alle VBScript-Funktionen und -Funktionsmerkmale auf und bietet für jede Funktion Erklärungen und Beispielcode. Diese Dokumentation finden Sie in der MSDN Library oder direkt auf der Website *Microsoft Scripting-Technologien*. Laden Sie die Seite *http://www.microsoft.com/germany/scripting/default.htm*, und navigieren Sie dann zu den Themen *VBScript*, *Dokumentation* und *Sprachverzeichnis*. Die Abbildung 5.1 veranschaulicht dies.

Abbildung 5.1
Das VBScript-Sprachverzeichnis

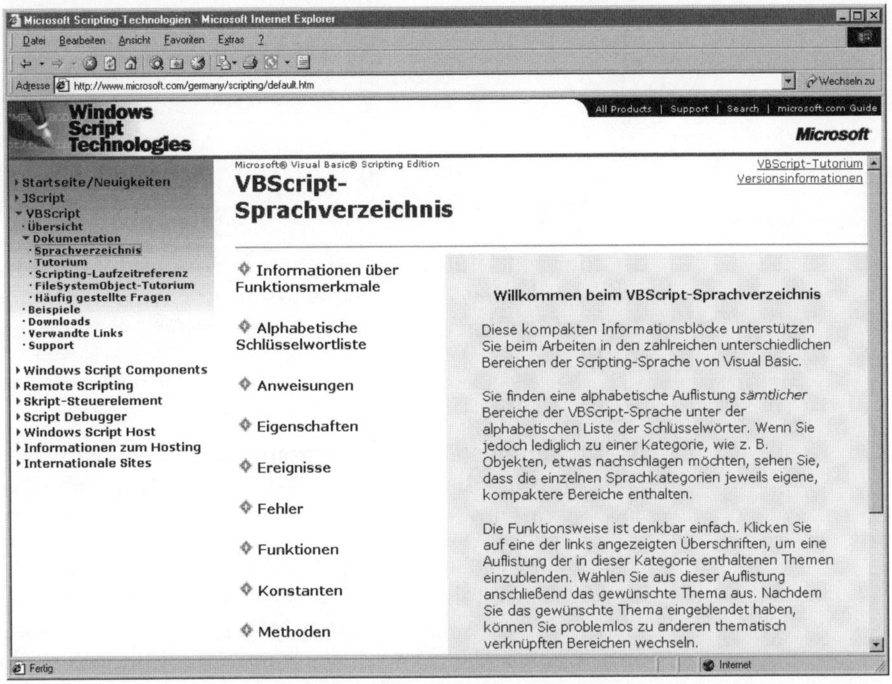

Von der Site *http://www.microsoft.com/germany/scripting/default.htm* können Sie sich das VBScript-Sprachverzeichnis auch herunterladen. Es wird dabei automatisch auf Ihrem Computer installiert und Sie können es über *Start/Programme/Microsoft Windows Script/VBScript-Dokumentation* laden (siehe Abbildung 5.2). Dies hat den Vorteil, dass Sie über die aktuellste Version des Sprachverzeichnisses verfügen.

Abbildung 5.2
Das VBScript-Sprachverzeichnis können Sie auch auf Ihrem Computer installieren

Bei der Installation von Microsoft Personal Web Server auf einem Windows 95- oder Windows 98-Computer wird auch die VBScript-Dokumentation installiert. Um darauf zuzugreifen, verwenden Sie den folgenden URL:

```
http://localhost/iishelp/pws/misc/default.asp
```

Wenn Sie diese Seite auf einem vernetzten Windows 95- oder Windows 98-Computer betrachten, müssen Sie die Angabe *localhost* durch den DNS-Namen oder die IP-Adresse des Webservers ersetzen.

Wenn Ihr Webserver unter Windows NT Server ausgeführt wird, lautet der URL wie folgt: *http://localhost/iishelp/iis/misc/default.asp*. Dieser URL existiert auch auf einem Windows 2000 Web-Server, aber zumindest in einigen Versionen verweist er einfach auf die Dokumentation in der Website von Microsoft.

Unterschiede zwischen VBScript und anderen Formen von Visual Basic

Wenn Sie bereits mit anderen Formen von Microsoft Visual Basic gearbeitet haben, wie z.B. Visual Basic for Applications (VBA) oder der Vollversion von Visual Basic, können Sie den größten Teil Ihrer Kenntnisse auch auf VBScript übertraten. Es gibt jedoch auch einige Unterschiede:

- Kein visueller Aspekt
- Variablen werden implizit definiert
- Variablen sind nur schwach typisiert
- Einige Objekte gibt es nur in VBScript
- Der Geltungsbereich von Variablen
- Formatierungsfunktionen
- Zusätzliche Funktionen für Strings

Kein visueller Aspekt

Visual Basic Scripting Edition ist nicht visuell. Sie kann keine Fenster oder Dialogfelder anzeigen und unterstützt, wenn sie in einer ASP-Seite ausgeführt wird, noch nicht einmal die Funktionen *MsgBox* und *InputBox*. Der Grund hierfür ist ganz einfach: weil ASP-Skripts auf dem Webserver ausgeführt werden, würde jedes Dialogfeld, das ein Skript ausgibt, auf der Konsole des Webservers angezeigt werden und wäre für niemand zugänglich. Selbstverständlich kann das Skript den HTML-Quelltext erzeugen, mit dem eine beliebige visuelle Anzeige im Browser des Webbesuchers ausgegeben wird.

VBScript kann trotzdem ActiveX-Objekte nutzen, obwohl keine visuelle Oberfläche vorhanden ist, und tut dies auch extensiv. Alle ADO-Objekte sind beispielsweise ActiveX-Objekte. ActiveX-Objekte, die für den Server entwickelt wurden, haben jedoch keinen visuellen Aspekt. Es handelt sich lediglich um Softwaremodule, die anderen Programmen Methoden und Eigenschaften zur Verfügung stellen.

Implizite Variablendefinition

In VBScript müssen Variablen normalerweise nicht explizit definiert werden. Um eine neue Variable zu erzeugen, brauchen Sie diese nur zu verwenden! Viele erfahrene Programmierer halten es jedoch für gute Programmierpraxis, alle Variablen mit der *Dim*-Anweisung zu deklarieren. Dies ist jedoch keine Anforderung von VBScript.

Datenfelder bilden eine Ausnahme. Wenn Sie versuchen, ein Datenfeld (Array) zu benutzen, ohne es vorher zu deklarieren, erzeugt VBScript eine normale Variable. Wenn Sie ein Subskript benutzen möchten, wird ein Fehler erzeugt, weil der Datentyp nicht gefunden wurde. Deklarieren Sie Datenfelder immer wie folgt mit der *Dim*-Anweisung:

```
Dim Datenfeldname(index)
```

Dadurch, dass VBScript implizite Variablennamen verwendet, wird beim Kompilieren kein Fehler ausgegeben, wenn der Variablenname falsch geschrieben wurde, sondern es wird eine neue Variable mit dem falsch geschriebenen Namen erzeugt. Achten Sie deshalb besonders auf die Schreibweise Ihrer Variablen und denken Sie beim Debuggen an dieses Problem.

Sie können auch bestimmen, dass immer *Dim*-Anweisungen für die Deklaration von Variablen benutzt werden müssen. Geben Sie dazu vor allen anderen VBScript- oder HTML-Anweisungen in einer ASP-Seite die folgende Anweisung ein. Es wird dann ein Fehler hervorgerufen, wenn Sie vergessen, eine Variable zu deklarieren. Es entdeckt jedoch einen Fehler, wenn ein Variablenname an einer anderen Stelle im Code falsch geschrieben wurde.

```
<% Option Explicit %>
```

Schwach typisierte Variablen

VBScript unterstützt zwei Arten von Variablentypen: Objekte und Variablen des Typs *Variant*. Objekte können Sie sehr leicht erkennen. Sie werden mit Anweisungen wie der folgenden erzeugt:

```
Set objekt = Server.CreateObject("Klasse")
```

Alle anderen Variablen sind Variablen des Typs *Variant*. Dies bedeutet, dass die Merkmale jedes Wertes, der in einer *Variant*-Variablen gespeichert wird, automatisch festgelegt werden. Die folgenden Anweisungen legen beispielsweise fest, dass die Variable *meinWert* ein Integer-, ein String- und ein Datumswert ist.

```
meinWert = 6
MeinWert = "Jim"
meinWert = #06/01/2000 3:34#
```

Um zu erzwingen, dass eine Variable einen bestimmten Typ hat, können Sie eine der Typkonvertierungsfunktionen verwenden, die in Tabelle 5.1 aufgelistet sind. Die beiden folgenden Anweisungen bedingen z.B., dass die Variable *Ergebnis* den zugewiesenen Wert als Fließkommazahl mit doppelter Genauigkeit speichert.

```
ergebnis = CDbl(5)
ergebnis = 5E00
```

Tabelle 5.1
Typkonvertierungsfunktionen von VBScript

Funktion	Beschreibung
CBool	Wenn das Argument gleich Null ist, wird *False* zurückgegeben, sonst *True*. Bei nicht numerischen Argumenten wird ein Laufzeitfehler hervorgerufen.
CByte	Liefert einen Ganzzahlwert (*Integer*) zurück, wenn der ein Byte umfasst, wird ein Laufzeitfehler hervorgerufen.
CCur	Konvertiert ein beliebiges numerisches Argument in einen Währungswert (*Currency*). Wenn das Argument nicht numerisch ist, wird ein Laufzeitfehler hervorgerufen.
CDate	Konvertiert jeden gültigen Datums- oder Uhrzeitwert in einen Wert des Typs *Date*.
CDbl	Konvertiert ein beliebiges numerisches Argument in eine Fließkommazahl mit doppelter Genauigkeit (*Double*).
CInt	Konvertiert ein beliebiges numerisches Argument in einen Ganzzahlwert (*Integer*).
CLng	Konvertiert ein beliebiges numerisches Argument in einen Wert es Typs *Long*.
CSng	Konvertiert ein beliebiges numerisches Argument in eine Fließkommazahl mit einfacher Genauigkeit (*Single*).
CStr	Konvertiert ein beliebiges Argument in eine Zeichenfolge (*String*). Boolesche Werte werden in die Wörter *True* oder *False* umgewandelt und Datumsangaben werden im kurzen Datumsformat des Systems angezeigt. Ein leeres Argument erzeugt einen Laufzeitfehler.

In der Regel bedeutet schwache Typisierung bei VBScript, dass jede Variable überall verwendet werden kann und dass VBScript alle erforderlichen Typkonvertierungen automatisch vornimmt. Es ist selten nötig, den Typ einer Variablen zu ermitteln. Wenn Sie diese Information jedoch benötigen, können Sie sie mit der *VarType*-Funktion erhalten. Der Ausdruck *VarType(Variable)* gibt das interne Format des Arguments an, indem einer der in Tabelle 5.2 aufgelisteten Werte zurückgeliefert wird.

Tabelle 5.2
Werte, die die Funktion *VarType* zurückliefert

Konstante	Wert	Beschreibung
vbEmpty	0	*Empty* (nicht initialisiert)
vbNull	1	Null (ungültige Daten)
vbInteger	2	Ganzzahl

▶

Konstante	Wert	Beschreibung
vbLong	3	Long Integer
vbSingle	4	Fließkommazahl mit einfacher Genauigkeit
vbDouble	5	Fließkommazahl mit doppelter Genauigkeit
vbCurrency	6	Währung
vbDate	7	Datum
vbString	8	Zeichenfolge
vbObject	9	Automatisierungsobjekt
vbError	10	Fehler
vbBoolean	11	Boolesch
vbVariant	12	*Variant* (nur bei Datenfeldern mit *Variant*-Werten)
vbDataObject	13	Datenzugriffsobjekt
vbByte	17	Byte
vbArray	8192	Datenfeld

Die Funktionen, die in Tabelle 5.3 aufgelistet sind, ähneln der Funktion *VarType* in gewisser Weise. Zwei dieser Funktionen, *IsDate* und *IsNumeric*, geben an, ob die Konvertierung einer Variablen in das entsprechende Format erfolgreich verlaufen wird. Die Funktion *IsDate* kann prüfen, ob VBScript einen Zeichenfolgenausdruck, der von einem Webbesucher stammt, in eine Datumsangabe konvertieren kann. Hier ein Beispiel:

- *VarType("06/11/2000")* liefert die Konstante *vbString* zurück, die den Wert *8* hat.
- *IsDate("06/11/2000")* liefert den Wert *True* zurück.

Tabelle 5.3
VBScript-Funktionen zur Typbestimmung

Funktion	Beschreibung
IsArray	Liefert *True* zurück, wenn das Argument eine Zeichenfolge ist.
IsDate	Liefert *True* zurück, wenn das Argument ein Datum oder eine Uhrzeit ist oder in ein Datum oder eine Uhrzeit konvertiert werden kann. **Beispiele:** ***IsDate("16:40")*** liefert *True* zurück. *IsDate("12/12/1999")* liefert *True* zurück. *IsDate("13/13/1999")* liefert *False* zurück. ▶

Funktion	Beschreibung
IsEmpty	Liefert *True* zurück, wenn das Argument nicht initialisiert ist oder explizit auf *Empty* gesetzt wurde.
IsNull	Liefert *True* zurück, wenn das Argument keine gültigen Daten enthält.
IsNumeric	Liefert *True* zurück, wenn das Argument eine Zahl ist oder in eine konvertiert werden kann. **Beispiel:** *IsNumeric("2" & "3")* liefert *True* zurück.
IsObject	Liefert *True* zurück, wenn das Argument ein Automatisierungsobjekt ist (wie z.B. ein ActiveX-Objekt).

Die restlichen Funktionen in Tabelle 5.3 – *IsArray*, *IsEmpty*, *IsNull* und *IsObject* – liefern das Ergebnis zurück, das Sie auch erhalten, wenn Sie die Funktion *VarType* anwenden und das Ergebnis auf die passende Konstante aus Tabelle 5.2 überprüfen.

Objekte, die nur in VBScript enthalten sind

VBScript ist mit einigen Objekten ausgestattet, die weder in Visual Basic noch in VBA zu finden sind. Wie Sie Tabelle 5.4 entnehmen können, beziehen sich die meisten dieser Objekte auf den Dateizugriff und ersetzen herkömmliche Befehle wie *Open*, *Line Input*, *Print*, *Close*, *Dir$*, *FileAttr* und *FileDateTime*.

Tabelle 5.4
Objekte, die es nur in VBScript gibt

Kategorie	Objekt	Typ	Beschreibung
Zeichenfolge	*Dictionary*	Objekt	Speichert ein Datenfeld mit Element/Schlüssel-Paaren. Das heißt, jeder Eintrag wird mit einem eindeutigen Schlüssel verknüpft.
Datei	*Drive*	Objekt	Bietet Zugriff auf die Eigenschaften eines bestimmten Festplattenlaufwerks oder einer Netzwerkfreigabe.
	Drives	Auflistung	Stellt eine schreibgeschützte Auflistung aller verfügbaren Laufwerke des Computers bereit.
	Err	Objekt	Enthält Informationen über Laufzeitfehler. ▶

Kategorie	Objekt	Typ	Beschreibung
	File	Objekt	Bietet Zugriff auf alle Eigenschaften einer Datei (z.B. das *Zuletzt geändert*-Datum).
	Files	Auflistung	Liefert eine schreibgeschützte Auflistung der Dateien in einem angegebenen Verzeichnis auf dem lokalen Computer zurück.
	FileSystem-Object	Objekt	Ermöglicht Informationen über den Zugriff auf das Dateisystem des Computers. Bietet Dateiorientierte Methoden wie *Open*, *Create*, *Delete*, *Move*, *Copy* und *IfExists*.
	Folder	Objekt	Bietet Zugriff auf die Eigenschaften eines Ordners.
	Folders	Auflistung	Liefert eine schreibgeschützte Auflistung aller *Folder*-Objekte zurück, die in einem *Folder*-Objekt enthalten sind.
	TextStream	Objekt	Bietet einen sequentiellen Zugriff auf eine Datei, die auf einem lokalen Computer gespeichert ist. Stellt Methoden für den Dateizugriff bereit wie *Open*, *Read*, *ReadLine*, *Write*, *WriteLine* und *Close*.

Das *Dictionary*-Objekt

Das *Dictionary*-Objekt hat nichts mit Dateien zu tun, sondern liefert ein Datenfeld mit Elementen zurück die mit alphanumerischen Schlüsseln statt mit Zahlen identifiziert werden. Das *Dictionary*-Objekt von VBScript entspricht assoziativen Array in Perl. Die folgende Anweisung erzeugt ein *Dictionary*-Objekt namens *Person*:

```
Set person = Server.CreateObject("Scripting.Dictionary")
```

Das *Dictionary*-Objekt hat die in Tabelle 5.5 aufgelisteten Methoden und die in Tabelle 5.6 aufgelisteten Eigenschaften. Anwendungen wie die folgende verwenden die *Add*-Methode, um das Datenfeld mit Daten zu füllen. Das erste Argument ist der Schlüssel, der jedes Element im Datenfeld identifiziert. Das zweite Argument ist der Wert des Elements.

```
person.Add "Vorname", "Peter"
person.Add "Nachname", "Meier"
person.Add "Ort", "München"
person.Add "Land", "Deutschland"
```

Die folgende Anweisung erzeugt dasselbe Ergebnis. Wenn ein bestehender Schlüssel angegeben wird, wird der Wert des entsprechenden Elements ersetzt. Wenn ein neuer Schlüssel angegeben wird, fügt das *Dictionary*-Objekt den neuen Schlüssel und den neuen Wert zum Datenfeld hinzu.

```
person.Item("Vorname") = "Peter"
person.Item("Nachname") = "Meier"
person.Item("Ort") = "München"
person.Item("Land") = "Deutschland"
```

Weil *Item* die Standardeigenschaft für ein *Dictionary*-Objekt ist, stellen die vier nachfolgenden Anweisungen eine dritte Alternative zu den obigen Anweisungen dar.

```
person("Vorname") = "Peter"
person("Nachname") = "Meier"
person("Ort") = "München"
person("Land") = "Deutschland"
```

Wenn versucht wird, einen Schlüssel zu lesen, der in einem *Dictionary*-Objekt nicht enthalten ist, erzeugt das Objekt den Schlüssel und weist ihm einen Nullwert zu.

Tabelle 5.5 Methoden des *Dictionary*-Objekts

Methode	Argument	Beschreibung
Add	Schlüssel, Element	Fügt einen Schlüssel und den damit verknüpften Wert zum Datenfeld hinzu.
Exists	Schlüssel	Liefert *True* zurück, wenn ein angegebener Schlüssel existiert und *False,* wenn er nicht vorhanden ist.
Items	Keine	Gibt ein Datenfeld zurück, das alle Elemente in einem *Dictionary*-Objekt enthält.
Keys	Keine	Gibt ein Datenfeld zurück, das alle Schlüssel in einem *Dictionary*-Objekt enthält. ▶

Methode	Argument	Beschreibung
Remove	Schlüssel	Entfernt einen Schlüssel und das damit verknüpfte Element aus einem *Dictionary*-Objekt.
RemoveAll	Keine	Entfernt alle Schlüssel/Element-Paare aus einem *Dictionary*-Objekt.

Sobald ein *Dictionary*-Objekt Elemente enthält, können Sie darauf mit Ausdrücken wie dem folgenden zugreifen. Die beiden Anweisungen erzeugen dasselbe Ergebnis, weil *Item* die Standardeigenschaft des *Dictionary*-Objekts ist.

```
person.Item("Vorname")
person("Vorname")
```

Tabelle 5.6
Eigenschaften des *Dictionary*-Objekts

Eigenschaft	Beschreibung
CompareMode	Legt den Vergleichsmodus zum Vergleich von Schlüsseln fest oder gibt ihn zurück. Die Eigenschaft ist schreibgeschützt, falls das Datenfeld nicht leer ist.
Count	Gibt die Anzahl der Elemente zurück, die im Datenfeld enthalten sind.
Item	Gibt den Wert des Elements für einen angegebenen Schlüssel im Datenfeld zurück oder legt diesen fest. Dies ist die Standardeigenschaft des *Dictionary*-Objekts.
Key	Benennt einen Schlüssel im Datenfeld um. Die Anweisung hat die folgende Syntax: *Objekt.Key(Schlüssel) = NeuerSchlüssel*

Die Tabelle 5.7 zeigt die Werte für die Eigenschaft *CompareMode*. Wie der Tabelle zu entnehmen ist, kann die Suche mit Unterscheidung der Groß-/Kleinschreibung und ohne diese Unterscheidung erfolgen.

Tabelle 5.7
Werte, die das Argument der *CompareMode*-Eigenschaft annehmen kann

Konstante	Wert	Beschreibung
vbBinaryCompare	0	Führt einen binären Vergleich durch (Groß-/Kleinschreibung wird unterschieden).
vbTextCompare	1	Führt einen Textvergleich durch (Groß-/Kleinschreibung wird nicht unterschieden). Dies ist der Standard.

Die Schlüssel eines *Dictionary*-Objekts lassen sich normalerweise mit einer *For Each*-Schleife am einfachsten durchlaufen. Hier ist ein Beispiel:

```
For Each kn In person
    Response.Write "<p>" & kn & "=" & person(kn) & "</p>" & vbCrLf
Next
```

VBScript durchläuft diese Schleife ein Mal für jedes Schlüssel/Element-Paar, das im *Dictionary*-Objekt *person* enthalten ist (d.h., die Schleife wird *person.Count* Mal ausgeführt). Während jeder Iteration stellt VBScript in der Variablen *kn* einen anderen Schlüsselwert aus dem Datenfeld bereit.

Dictionary-Objekte sind sehr nützlich, um temporäre Kopien von Datensätzen zu speichern. Betrachten Sie den folgenden Code:

```
Set speichernDatensatz = Server.CreateObject("Scripting.Dictionary")
For Each fld In rsMtgld.Fields
  speichernDatensatz(fld.Name) = fld.Value
Next
For Each ky In speichernDatensatz
  Response.Write "<p>" & ky & "=" & speichernDatensatz(ky) & "</p>" & vbCrLf
Next
```

Dieser Code:

- erzeugt ein *Dictionary*-Objekt namens *speichernDatensatz*,
- lädt das Objekt *speichernDatensatz* mit den Schlüsselnamen und Elementwerten, die den Feldnamen und Feldwerten in einem Datensatz entsprechen,
- zeigt den Inhalt des *speichernDatensatz*-Objekts als HTML-Quelltext an.

Beachten Sie, dass die Variable *fld* während des ersten Schleifendurchlaufs nacheinander auf jedes Objekt in der Auflistung *rsMtgld.Fields* zeigt. Die Objekte in einer *Fields*-Auflistung sind natürlich *Field*-Objekte. Dies erklärt, wie die Variable *fld* auf die Eigenschaften *Name* und *Value* jedes Feldes im Objekt *rsMtgld* zugreifen kann. Die Variable *fld* wird nach und nach zu einem Alias für jedes *Field*-Objekt in der *rsMtgld.Fields*-Auflistung.

Die Beispieldateien auf der CD-ROM zum Buch enthalten eine Datei namens *\Webdbdev\Kap05\Dictdb.asp*, die diese Technik veranschaulicht.

Dateisystemobjekte verwenden

Um auf das Dateisystem des lokalen Computers zuzugreifen, nutzt VBScript nicht die herkömmlichen Befehle aus Visual Basic und VBA, sondern eigene, neue Befehle. Die Befehle *Open*, *Line Input*, *Print*, *Close*, *Dir$*, *FileAttr* und *FileDateTime* sind also nicht vorhanden. VBScript bietet stattdessen die in Tabelle 5.4 aufgelisteten Dateiobjekte.

Betrachten Sie Abbildung 5.3, um sich einen Eindruck davon zu verschaffen, wie die Dateisystemobjekte funktionieren. Es handelt sich um eine einfache Menüseite, die visuell nicht besonders ansprechend gestaltet ist, aber ein interessantes Merkmal aufweist: sie teilt dem Webbesucher das Datum mit, an dem die aufgeführten Seiten aktualisiert wurden. Diese Information ist immer aktuell, weil die Webseite sie automatisch bezieht.

Den Code für die Webseite finden Sie bei den Beispieldateien unter *\Webdbdev\Kap05\Revolten.asp* und im nachfolgenden Listing:

```
<html>
<head>
<title>Alternative Nachrichten</title>
<%
' Globales FileSystemObject-Objekt erstellen
Set fs = Server.CreateObject("Scripting.FileSystemObject")

' Funktion definieren, um das Dateidatum eines URL abzurufen.
Function GetFileDate(argURL)
' Den URL in einen physischen Pfad im Dateisystem des Servers
' übersetzen und dann ein Dateiobjekt erstellen
  Set fileObj = fs.GetFile(Server.MapPath(argURL))
' Funktion liefert das Datum zurück, an dem die Datei
' zuletzt geändert wurde.
  GetFileDate = fileObj.DateLastModified
' Dateiobjekt löschen.
  Set fileObj = Nothing
End Function
%>
</head>
<body>
<h1>Alternative Nachrichten</h1>
<table border="0" cellpadding="0" cellspacing="5">
  <tr>
    <th>Thema</th>
    <th>Aktualisiert am</th>
  </tr>
  <tr>
    <td><a href="revoltfr.htm">Neuigkeiten zur Französischen Revolution</a></td>
<!-- Datum, zu dem die Datei Revoltfr.htm zuletzt geändert wurde. -->
    <td><%=GetFileDate("revoltfr.htm")%></td>
  </tr>
  <tr>
    <td><a href="revoltam.htm">Neuigkeiten zur Amerikanischen Revolution</a></td>
<!-- Datum, zu dem die Datei Revoltam.htm zuletzt geändert wurde. -->
    <td><%=GetFileDate("revoltam.htm")%></td>
  </tr>
  <tr>
    <td><a href="revoltgg.htm">Neuigkeiten zu den Revolutionsgruppen </a></td>
<!-- Datum, zu dem die Datei Revoltgg.htm zuletzt geändert wurde. -->
```

```
    <td><%=GetFileDate("revoltgg.htm")%></td>
  </tr>
</table>
</body>
</html>
```

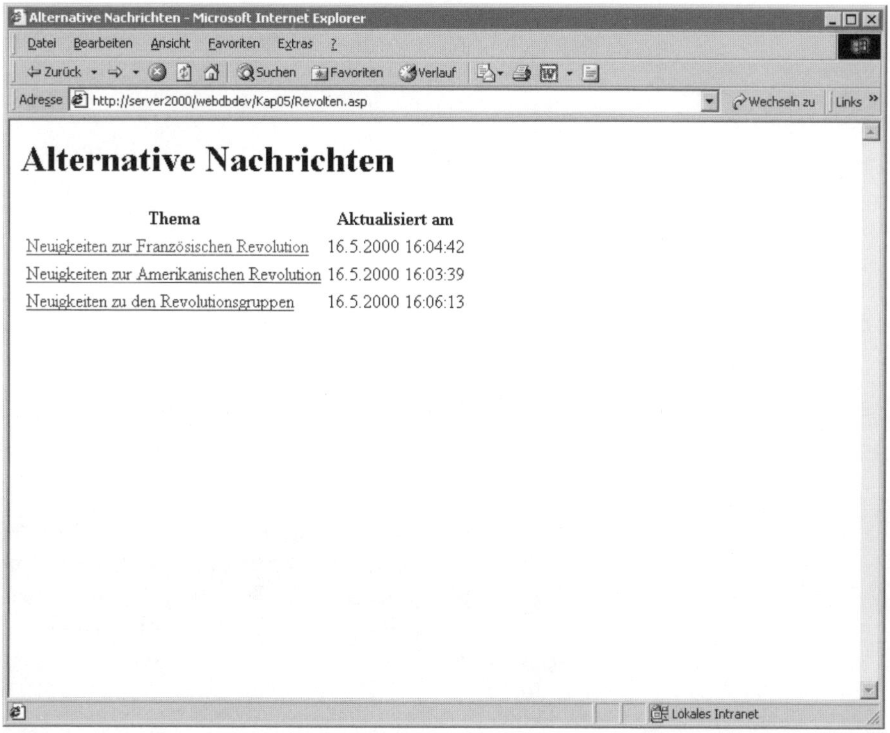

Abbildung 5.3
In der Spalte *Aktualisiert am* wird das Datum aus dem Dateisystem jeder Zielseite angezeigt

Der größte Teil dieser Seite besteht aus gewöhnlichem HTML-Quelltext. Interessant sind die Codeblöcke mit VBScript-Code:

- Die folgende Anweisung, die sich im <*head*>-Abschnitt der Seite befindet, erzeugt ein VBScript-*FileSystemObject*-Objekt namens *fs*.

```
Set fs = Server.CreateObject("Scripting.FileSystemObject")
```

- Die nächsten fünf Anweisungen definieren eine VBScript-Funktion, die einen URL auf dem lokalen Webserver übernimmt und den Wert der Eigenschaft *DateLastModified* aus dem Dateisystem des Servers abruft.

```
Function GetFileDate(argURL)
  Set fileObj = fs.GetFile(Server.MapPath(argURL))
  GetFileDate = fileObj.DateLastModified
  Set fileObj = Nothing
End Function
```

Die erste Anweisung weist der Funktion den Namen *GetFileDate* zu und gibt an, dass die Funktion ein Argument namens *argURL* übernimmt.

Die zweite Anweisung verwendet das *FileSystemObject*-Objekt namens *fs*, um ein *File*-Objekt namens *fileObj* zu erzeugen. Dieses *File*-Objekt enthält Informationen über die Datei, deren physischer Pfad mit dem Wert des Arguments *argURL* übereinstimmt. (Denken Sie daran, dass die Methode *Server.MapPath* einen lokalen URL in einen physischen Pfad im Dateisystem konvertiert.)

Die dritte Anweisung ruft den Wert der Eigenschaft *DateLastModified* des Objekts *fileObj* ab und macht ihn zum Rückgabewert der Funktion. Die vierte Anweisung gibt das *fileObj*-Objekt frei und die fünfte bildet das Ende der Funktion.

- Im HTML-Quelltext, der jedes Menüelement auflistet, wird das Änderungsdatum mit Code wie dem folgenden ermittelt und angezeigt.

```
<%=GetFileDate("revoltam.htm")%>
```

  Diese Anweisung ermittelt das Dateidatum, das dem URL *revoltam.htm* entspricht und zeigt dieses an. Es handelt sich um denselben URL, auf den auch der Hyperlink im Menü verweist.

Die meisten Dateisystemobjekte funktionieren auf dieselbe Weise. Als erstes wird ein *Scripting.FileSystemObject*-Objekt erzeugt (eines pro Webseite reicht aus). Anschließend wird mit diesem Objekt das Objekt erzeugt, das eigentlich benötigt wird. Schließlich werden die Eigenschaften und Methoden des Objekts verwendet, um das gewünschte Ergebnis zu erhalten.

Gültigkeitsbereich von Variablen

Anders als andere Formen von Visual Basic unterstützt VBScript das modulare Konzept nicht. Und ohne den visuellen Aspekt werden natürlich auch keine Formularmodule unterstützt. Stattdessen werden alle serverbasierten Skripts innerhalb einer Webseite als ein Modul behandelt. Dies bedeutet, dass es keine Unterscheidung zwischen einer globalen und lokalen Variablen bzw. Konstanten gibt. Entsprechend gibt es auch keine Unterstützung für derartige Deklarationen.

Variablen, die innerhalb von Unterroutinen und Funktionen erzeugt werden, stehen nur innerhalb dieser Strukturen und in allen Unterroutinen und Funktionen zur Verfügung, die sie aufrufen. Damit eine Variable oder Konstante im gesamten serverbasierten Skriptcode in einer Webseite zur Verfügung steht, muss sie außerhalb einer Funktion oder Unterroutine definiert werden.

Formatierungsfunktionen

Die meisten anderen Versionen von Visual verwenden den *Format*-Befehl, um Zahlenformate, Prozentwerte und Datumsformate für die Anzeige zu erzeugen. In VBScript wurde dieser Befehl durch die sechs Befehle ersetzt, die in Tabelle 5.8 aufgelistet sind. Alle Befehle sind etwas spezifischer als der ursprüngliche *Format*-Befehl.

Tabelle 5.8 Formatierungsfunktionen von VBScript

Funktion	Syntax	Beschreibung
FormatCurrency	`FormatCurrency(`*`Ausdruck [,AnzDezimalstellen [,FührendeNull [,KlammernFürNegativeWerte [,ZiffernGruppieren]]]]`*`)`	Liefert einen Ausdruck zurück, der als Währungsbetrag mit dem in der Systemsteuerung festgelegten Währungsformat formatiert ist.
FormatDateTime	`FormatDateTime(`*`Datum[, Formatname]`*`)`	Gibt einen Ausdruck im Datums- oder Zeitformat zurück.
FormatNumber	`FormatNumber(`*`Ausdruck [, AnzDezimalstellen [, FührendeNull [, KlammernFürNegativeWerte [, ZiffernGruppieren]]]]`*`)`	Gibt einen als Zahl formatierten Ausdruck zurück.
FormatPercent	`FormatPercent(`*`Ausdruck [, AnzDezimalstellen [, FührendeNull [, KlammernFürNegativeWerte [, ZiffernGruppieren]]]]`*`)`	Gibt einen Ausdruck als Prozentangabe zurück (multipliziert mit 100 und abschließendem %-Zeichen).
MonthName	`MonthName(`*`Monat[, Abkürzen]`*`)`	Gibt eine Zeichenfolge mit dem angegebenen Monatsnamen zurück.
WeekdayName	`WeekdayName(`*`Wochentag[, Abkürzen[, ErsterWochenTag]]`*`)`	Gibt eine Zeichenfolge mit dem angegebenen Wochentag zurück.

Die Tabelle 5.8 zeigt auch die Syntax eines jeden Befehls. Die Argumente, die in eckigen Klammern stehen, sind optional. Lassen Sie sich durch die eckigen Klammern nicht verwirren. Sie bedeuten einfach, dass die angegebene Anzahl der Kommas vor jedem Argument stehen muss. Wenn Sie z.B. eine Währungsangabe ausgeben und die Gruppierung der Ziffern unterdrücken möchten, können Sie folgende Anweisung benutzen:

```
amt = 1004,95
Response.Write FormatCurrency(amt,,,,False)
```

Wenn Sie eines der vier Kommas weglassen, die dem Argument *False* vorangestellt sind, wendet die Funktion *FormatCurrency* den Wert auf das erste, zweite oder dritte Argument anstatt auf das vierte Argument *ZiffernGruppieren* an. Deshalb müssen Sie die korrekte Anzahl von Kommas vor jedes Argument setzen, auch wenn keine Werte zwischen den Kommas angegeben werden. Kommas am Ende sind natürlich unnötig. Wenn die Zifferngruppierung nicht unterdrückt werden soll, sieht der Befehl wie folgt aus:

```
Response.Write FormatCurrency(amt)
```

Die Tabelle 5.9 zeigt die Werte, die für die Argumente zulässig sind, die in Tabelle 5.8 aufgeführt werden.

Der Stil der Zifferngruppierung unterscheidet sich in den verschiedenen Ländern. In den USA wird ausgehend vom Dezimalpunkt nach jeweils drei Ziffern ein Komma als Trennzeichen gesetzt. In Deutschland und in vielen anderen Ländern wird dagegen ausgehend vom Dezimalkomma nach jeweils drei Ziffern ein Punkt als Trennzeichen gesetzt. Auch die Dezimaltrennzeichen unterscheiden sich. In einigen Ländern wird der Punkt verwendet, in anderen dagegen das Komma. Selbstverständlich müssen sich das Gruppierungszeichen und das Dezimaltrennzeichen immer unterscheiden!

Tabelle 5.9 Formatierungsargumente für die Funktionen aus Tabelle 5.8

Argument	Verwendungszweck
Abkürzung	*True* oder *False*. Wenn dieses Argument Null ist oder nicht vorhanden ist, gibt die Funktion einen vollständig ausgeschriebenen Namen zurück. Wenn das Argument vorhanden ist und einen Wert ungleich Null hat, gibt die Funktion einen abgekürzten Namen zurück.
ErsterWochentag	Gibt an, welche Nummer dem ersten Tag der Woche zugewiesen wird (von 1 bis 7). Weitere Details zeigt Tabelle 5.10.
ZiffernGruppieren	Tristate-Konstante, die angibt, ob die Ziffern mit dem Trennzeichen getrennt werden sollen, die in den Ländereinstellungen des Computers angegeben sind (siehe Tabelle 5.11 für die entsprechenden Werte).
FührendeNull	Tristate-Konstante, die angibt, ob eine führende Null für Werte zwischen +1 und –1 angezeigt werden soll (siehe Tabelle 5.11 für die entsprechenden Werte).
Formatname	Gibt das Datums-/Uhrzeitformat an, das verwendet werden soll. Der Standard ist *vbGeneralDate* (siehe Tabelle 5.12 für Details). ▶

Argument	Verwendungszweck
AnzDezimalstellen	Gibt an, wie viele Stellen rechts neben dem Dezimalzeichen angezeigt werden sollen. Der Standardwert entspricht den Ländereinstellungen des Computers (–1).
KlammernFürNegativeWerte	Tristate-Konstante, die angibt, ob negative Werte mit Klammern umgeben werden sollen (siehe Tabelle 5.11 für die entsprechenden Werte).

Verwenden Sie für das Argument *ErsterWochentag* der Funktion *WeekdayName* die in Tabelle 5.10 aufgeführten Werte.

Tabelle 5.10 Werte für das Argument *ErsterWochentag* der Funktion *WeekdayName*

Konstante	Wert	Beschreibung
vbUseSystem	0	Einstellung der NLS (National Language Support)-API verwenden.
vbSunday	1	Sonntag (Standard)
vbMonday	2	Montag
vbTuesday	3	Dienstag
vbWednesday	4	Mittwoch
vbThursday	5	Donnerstag
vbFriday	6	Freitag
vbSaturday	7	Samstag

Die Tabelle 5. führt Einzelheiten zu den Tristate-Werten auf, die bei zahlreichen VBScript-Formatierungsfunktionen als Argumentwerte verwendet werden. Die Argumentwerte werden durch Tristate-Konstanten repräsentiert.

Tabelle 5.11 Werte für Tristate-Konstanten

Konstante	Wert	Beschreibung
tristateTrue	–1	*True*
tristateFalse	0	*False*
tristateUseDefault	–2	Die Einstellungen aus der Ländereinstellung des Computers verwenden.

Die Tabelle 5.12 listet die möglichen Einstellungen für das Argument *Formatname* der Funktion *FormatDateTime* auf.

Tabelle 5.12 Mögliche Werte für das Argument *Formatname* der Funktion *FormatDateTime*

Konstante	Wert	Beschreibung
vbGeneralDate	0	Zeigt den Datumsanteil, falls vorhanden, im kurzen Datumsformat und den Uhrzeitanteil, falls vorhanden, im langen Uhrzeitformat an.
vbLongDate	1	Zeigt nur das Datum an und verwendet dazu das lange Datumsformat, das in den Ländereinstellungen des Computers angegeben ist.
vbShortDate	2	Zeigt nur das Datum an und verwendet dazu das kurze Datumsformat, das in den Ländereinstellungen des Computers angegeben ist.
vbLongTime	3	Zeigt nur die Zeit an und verwendet dazu das in den Ländereinstellungen des Computers angegebene Format.
vbShortTime	4	Zeigt nur die Zeit im 24-Stunden-Format an (*hh:mm*).

Bei einigen Argumenten werden Standardwerte angegeben, die aus den Ländereinstellungen des Computers stammen. Um die Ländereinstellungen einzusehen, wählen Sie *Start/Einstellungen/Systemsteuerung* und klicken dann doppelt auf das Symbol *Ländereinstellungen*. Die Registerkarten *Zahlen, Währung, Uhrzeit* und *Datum* enthalten die entsprechenden Werte.

Das Zahlen-, Währungs- und Uhrzeitformat sowie das lange und das kurze Datumsformat, die in Ihren ASP-Skripts verwendet werden, entsprechen denen, die in den Ländereinstellungen des Webservers festgelegt sind. Wenn Sie mit zwei unterschiedlichen Servern für die Entwicklung und die Produktion arbeiten, unterscheiden sich diese Ländereinstellungen möglicherweise. Das Risiko steigt, wenn Sie ein Skript auf mehreren Servern in verschiedenen Ländern installieren.

Weitere Funktionen für die Bearbeitung von Zeichenfolgen

VBScript verfügt über mehrere Funktionen zur Bearbeitung von Zeichenfolgen, die in anderen Formen von Visual Basic nicht vorhanden sind. Wie das *Dictionary*-Objekt ähneln die meisten dieser Funktionen, die bisher nur in Perl zur Verfügung standen. Tabelle 5.13 listet diese neuen Funktionen auf und Tabelle 5.14 beschreibt ihre Argumente.

Tabelle 5.13 Funktionen zur Bearbeitung von Zeichenfolgen, die es nur in VBScript gibt

Funktion	Syntax	Beschreibung
Filter	`Filter(Zeichenfolgen, Wert [, Einschließen [, Vergleich]])`	Liefert ein Datenfeld zurück, das alle Elemente eines anderen Datenfelds enthält, in dem die angegebene Zeichenfolge vorhanden oder auch nicht vorhanden ist.
InStrRev	`InStrRev(Zeichenfolge1, Zeichenfolge2 [, Start [, Vergleich]])`	Gibt die Position, an der sich eine Zeichenfolge innerhalb einer anderen befindet, wobei von rechts nach links (also vom Ende zum Anfang) gezählt wird.
Join	`Join(Liste [, Trennzeichen])`	Kopiert alle Elemente eines Datenfelds in eine Zeichenfolge, wobei die einzelnen Elemente mit dem angegebenen Zeichen voneinander getrennt werden.
Replace	`Replace(Ausdruck, SuchZF, ErsetzenDurch [, Start [, Anzahl [, Vergleich]]])`	Ersetzt in einer vorgegebenen Zeichenfolge eine bestimmte Teilzeichenfolge an allen Stellen, an denen sie vorkommt, durch eine andere und gibt die Zeichenfolge dann zurück.
Split	`Split(Ausdruck [, Trennzeichen [, Anzahl [, Vergleich]]])`	Kopiert eine Teilzeichenfolge in ein eindimensionales Datenfeld. Immer, wenn die Funktion *Split* das Trennzeichen für die Teilzeichenfolge findet, beginnt sie, die Zeichen in ein neues Datenfeldelement zu kopieren.
StrReverse	`StrReverse(Zeichenfolge1)`	Kehrt die Reihenfolge der Zeichen in einer Zeichenfolge um und liefert die Zeichenfolge dann zurück. Beispiel: *StrReverse("abc")* liefert die Zeichenfolge »cba« zurück.

Tabelle 5.14 Argumente der Funktionen zur Bearbeitung von Zeichenfolgen

Argument	Beschreibung
Vergleich	Gibt die Art des Zeichenfolgenvergleichs an, der verwendet werden soll (siehe Tabelle 5.7 für entsprechende Werte).
Anzahl	Anzahl der Teilzeichenfolgen, die verarbeitet werden müssen. Wird dieser Wert nicht angegeben, wird der Standardwert –1 benutzt, was bedeutet, dass alle Teilzeichenfolgen verarbeitet werden. ▶

Argument	Beschreibung
Trennzeichen	Ein Zeichen, das die Teilzeichenfolgen in einer längeren Zeichenfolge voneinander trennt. Wird kein Trennzeiche angegeben, wird das Leerzeichen – *Chr(32)* – benutzt. Wird als Trennzeichen eine Zeichenfolge mit der Länge Null angegeben, enthält die Zeichenfolge, die ein- oder ausgegeben wird, keine Trennzeichen.
SuchZF	Teilzeichenfolge, die gesucht wird.
Einschließen	Wenn das Argument *Einschließen* den Wert *True* hat, liefert die *Filter*-Funktion Elemente des Datenfelds zurück, die *Wert* als Teilzeichenfolge enthalten. Hat das Argument *Einschließen* den Wert *False*, liefert die *Filter*-Funktion Elemente des Datenfelds zurück, die *Wert* nicht als Teilzeichenfolge enthalten.
ErsetzenDurch	Teilzeichenfolge, durch die *Ausdruck* ersetzt wird.
Start	Die Position innerhalb eines Ausdrucks, an der die Suche nach der Teilzeichenfolge beginnen sollte. Wird dieser Wert nicht angegeben, beginnt die Suche je nach Suchrichtung am Anfang oder Ende der Zeichenfolge.
Wert	Zeichenfolge, die gesucht werden soll.

Die Funktionen *Split*, *Join* und *Filter* lassen sich sowohl auf Datenfelder als auch auf Zeichenfolgen anwenden. Die Funktion *Split* kopiert eine Zeichenfolge in ein Datenfeld und legt jedes Mal ein neues Datenfeldelement an, wenn sie auf das angegebene Trennzeichen stößt. Die folgende Anweisung erzeugt ein Datenfeld namens *status*, das aus vier Elementen besteht und die Werte *reicher, ärmer, besser* und *schlechter* enthält.

```
status = Split("reicher,ärmer,besser,schlechter", ",")
```

Die Funktion *Join* macht genau das Gegenteil. Sie kopiert alle Daten, die in einem Datenfeld enthalten sind, in eine lange Zeichenfolge. Die Datenelemente in der Zeichenfolge werden dabei optional durch das angegebene Trennzeichen voneinander getrennt. Die folgende Anweisung macht das Ergebnis der *Split*-Anweisung wieder rückgängig:

```
csvStat = Join(status, ",")
```

Die *Filter*-Funktion erzeugt ein neues Datenfeld, das ausgewählte Elemente aus einem bestehenden Datenfeld enthält. Die Funktion kann Elemente auswählen, die eine bestimmte Teilzeichenfolge enthalten oder auch nicht. Die nachfolgende Anweisung wählt z.B. alle Elemente im Datenfeld *status* aus, die die Zeichenfolge *er* enthalten und setzt sie in das

Datenfeld *nichtSchlechter*. Das Datenfeld *nichtSchlechter* enthielte dann die Werte *reicher*, *ärmer* und besser, nicht aber *schlechter*.

```
notWorse = Filter(status,"er")
```

Die Funktionen *InStrRev*, *Replace* und *StrReverse* haben mit Zeichenfolgen nicht zu tun. Die Funktion *InStrRev* funktioniert sehr ähnlich wie die Funktion *InStr*, die es von Anfang an in Visual Basic gab. *InStrRev* arbeitet jedoch in umgekehrter Richtung, d.h. von hinten nach vorne. Die Funktion *InStr* durchsucht eine Zeichenfolge von links nach rechts nach einer Teilzeichenfolge und liefert die Position zurück, an der die erste Übereinstimmung gefunden wird. Die Funktion *InStrRev* macht das gleiche, sucht jedoch von rechts nach links und gibt die am weitesten rechts liegende Position zurück, an der die erste Übereinstimmung gefunden werden konnte. Die erste der beiden nachfolgenden Anweisungen gibt den Wert 3 zurück, die zweite dagegen den Wert 9.

```
InStr("--xy----xy--", "xy")
InStrRev("--xy----xy--", "xy")
```

Die Funktion *Replace* sucht nach einer Teilzeichenfolge innerhalb einer Zeichenfolge, ersetzt die Teilzeichenfolge ein Mal oder mehrmals durch eine andere und liefert das Ergebnis zurück. Der folgende Ausdruck liefert *Motorrad* zurück:

```
Replace("Fahrrad", "Fahr", "Motor")
```

Selbstverständlich unterstützt VBScript auch Visual Basic-Funktionen zur Bearbeitung von Zeichenfolgen, die auf der Anzahl von Zeichen basieren, wie die Funktionen *Mid*, *Left*, *Right*, *UCase*, *LCase* und *Trim*. Beschreibungen dieser Funktionen finden Sie in den meisten Visual Basic-Sprachverzeichnissen.

Schleifen und Kontrollstrukturen

VBScript unterstützt die meisten Schleifen- und Kontrollstrukturen von Visual Basic. Die Tabelle 5.15 führt diese Konstrukte auf. Die Tatsache, dass die *GoTo*- und die *GoSub*-Anweisung fehlen, ist bemerkenswert.

Tabelle 5.15 Schleifenkonstrukte von Visual Basic

Syntax	Beschreibung

`Do [{While | Until} *Bedingung*]`
`[Exit Do]`
`Loop`
	Wiederholt eine Gruppe von Anweisungen so lange, wie oder bis die *Bedingung* den Wert *True* hat. Je nachdem, welchen Wert das Argument *Bedingung* hat, wird die Gruppe von Anweisungen überhaupt nicht ausgeführt. ▶

Syntax	Beschreibung

`Do`
`    [Exit Do]`
`Loop [{While | Until} Bedingung]`
	Führt eine Gruppe von Anweisungen so lange aus, wie oder bis die *Bedingung* den Wert *True* hat. Die Gruppe von Anweisungen wird mindestens ein Mal ausgeführt.

`For Zähler = Start To Ende [Step Schritt]`
`    [Exit For]`
`Next`
	Führt eine Gruppe von Anweisungen ein Mal für jeden Wert in einer Folge von Werten aus, die bei *Start* beginnt und bei *Ende* endet. Der *Zähler* wird bei jedem Schleifendurchlauf um die in *Schritt* angegebene Schrittweite erhöht.

`For Each Element In Gruppe`
`    [Exit For]`
`Next`
	Führt eine Gruppen von Anweisungen ein Mal für jedes Element aus, das in einer Auflistung oder einem Datenfeld enthalten ist. Bei jedem Schleifendurchlauf zeigt die Variable *Element* auf ein anderes Element.

`While Ausdruck` `Wend`	Führt eine Gruppe von Anweisungen aus, so lange die Bedingung den Wert *True* hat. Das Schleifenkonstrukt *Do While...Loop* hat dieselbe Funktion, ist jedoch flexibler.

`If Ausdruck Then`
`Else`
`End If`
	Wenn *Ausdruck* den Wert *True* hat, werden alle Anweisungen ausgeführt, die zwischen *Then* und *Else* stehen. Ansonsten werden alle Anweisungen ausgeführt, die zwischen *Else* und *End If* stehen.

`Select Case Testausdruck`
`    Case Ausdruckliste`
`    Case Else`
`End Select`
	Wenn *Testausdruck* mit *Ausdruckliste* übereinstimmt, werden alle Anweisungen ausgeführt, die zwischen der *Case*-Klausel und der nächsten *Case*-Klausel oder der *End Select*-Anweisung stehen.

VBScript unterstützt wie alle anderen Formen von Visual Basic Unterroutinen und Funktionen. Die Syntax ist nachfolgend aufgeführt:

```
Sub name [(Argument, ...)]
   [Anweisungen]
   [Exit Sub]
   [Anweisungen]
End Sub

Function Name [(Argument, ...)]
   [Anweisungen]
   [Exit Function]
   [Anweisungen]
   Name = Ausdruck
End Function
```

Der Hauptunterschied zwischen einer Unterroutine und einer Funktion besteht darin, dass eine Funktion einen Wert zurückliefert. Dazu wird der Rückgabewert innerhalb der Funktion dem Funktionsnamen zugewiesen. Weil eine Funktion einen Wert zurückgibt, kann sie auch innerhalb eines Ausdrucks aufgerufen werden. Hier ein Beispiel:

```
Response.Write = "Das Ergebnis ist: " & MeineFunktion(Argument, Tatsache)
```

Außerdem können Unterroutinen und Funktionen auch mit der folgenden Syntax aufgerufen werden. Visual Basic löscht dann jedoch den Rückgabewert.

```
Call MeineSub(Argument, Tatsache)
Call MeineFunktion(Argument, Tatsache)
MeineSub Argument, Tatsache
MeineFunktion Argument, Tatsache
```

VBScript unterstützt rekursive Aufrufe von Unterroutinen und Funktionen. Dies bedeutet, dass eine Unterroutine oder Funktion sich selbst beliebig oft aufrufen kann. Werden solche Aufrufe jedoch zu tief verschachtelt, kann dies zu einem Speicherüberlauf führen. Rufen Sie eine Unterroutine oder Funktion immer nur ein paar Mal rekursiv auf, ohne sie zu verlassen.

Integrierte ASP-Objekte

In ▶ Lektion 3 wurden in Abbildung 3.1 die Beziehungen zwischen eingehenden Webanforderungen, ASP-Seiten, der Datenbanksoftware und ausgehenden Webseiten veranschaulicht. In den ▶ Lektionen 3 und 4 wurde außerdem die Datenbanksoftware erklärt und in der ersten Hälfte dieser Lektion wurde VBScript eingeführt, die Programmiersprache, die im Zusammenhang mit ASP am häufigsten eingesetzt wird.

Es bleibt jetzt noch ein wichtiges Thema übrig, das bisher noch nicht beschrieben wurde: die Schnittstelle zwischen ASP und der Webumgebung inklusive eingehender Anforderungen, ausgehender Webseiten und dem Webserver selbst. Diese Schnittstellen werden im weiteren Verlauf dieser Lektion beschrieben.

Wenn ein Webbesucher auf einen Hyperlink oder eine *Senden*-Schaltfläche klickt, stellt der Browser eine Verbindung zum dem Server her, der im URL angegeben ist und überträgt mehrere Textzeilen. Die erste dieser Zeilen enthält den Begriff *GET* oder *POST* gefolgt von einem Verzeichnispfad und möglicherweise auch einem Dateinamen. Wenn der Server den Pfad und den Dateinamen in seinem Dateisystem finden kann (oder den Pfad und den Standarddateinamen, falls kein Dateinamen angegeben ist), überträgt er die Datei an den Browser des Benutzers. Diese Erklärung enthält zahlreiche wichtige Details, beschreibt jedoch im Wesentlichen die Funktionsweise von HTTP (Hypertext Transfer Protocol). D.h., es wird beschrieben, auf welche Weise Webbesucher Webinhalte wie HTML-Dateien, GIF- und JPEG-Bilder und ähnliches anfordern und Webserver diese bereitstellen.

Der Prozess verläuft etwas anders, wenn der Webbesucher eine ausführbare Datei anfordert. Eine ausführbare Datei ist eine Datei, die zwei Kriterien erfüllt:

- Die Dateinamenserweiterung gibt an, dass es sich um ein ausführbares Programm handelt. Üblich sind die Erweiterungen *.exe*, *.dll*, *.pl* und *.asp*.
- Sie ist in einem *ausführbaren Ordner*, d.h. einem Ordner mit der Berechtigung *Ausführen* abgelegt.

Serverseitige Programme, die in einer kompilierten Sprache wie C++ geschrieben sind, werden direkt auf dem Webserver ausgeführt. Interpretierte Sprachen wie VBScript, JavaScript und Perl werden indirekt ausgeführt. Der Webserver muss einen Interpreter laden, der die angewendeten Quellanweisungen kompiliert und dann ausführt. Der Webserver wählt den Ausführungsmodus und bei Bedarf auch den passenden Interpreter auf der Basis der Dateinamenserweiterung der angeforderten Datei.

Wenn der Dateiname die Erweiterung *.asp* hat, lädt der Webserver einen Interpreter namens *Asp.dll*. Dieser Interpreter initialisiert bestimmte integrierte Objekte und liest dann die ASP-Datei. Wenn er auf serverseitigen Skriptcode stößt, lädt er den passenden Skriptinterpreter, um den Code kompilieren und ausführen zu können.

Die Datei *Asp.dll* enthält sechs integrierte Objekte, die nachfolgend aufgeführt sind. Diese Objekte stellen die Schnittstellen für ASP bereit, über die Informationen vom Webbesucher eingehen, Dienste vom Webserver angefordert werden und Antworten an den Webbesucher gesendet werden.

- Das *Request*-Objekt enthält Informationen von oder über die Anforderung des Webbesuchers.
- Das *Response*-Objekt erhält die Daten, die ausgegeben werden sollen, wenn eine ASP-Seite verarbeitet wird, und sendet die Daten dann an den Webbesucher.
- Das *Server*-Objekt bietet Funktionen, um Objekte zu erstellen, Zeichenfolgen zu codieren und URLs in physische Pfade zu übersetzen.
- Das *Application*-Objekt bietet einen allgemeinen Speicherbereich für alle ASP-Seiten in einer Anwendung. Es kann auch Unterroutinen enthalten, die ausgeführt werden, wenn die Anwendung startet und stoppt.

- Das *Session*-Objekt bietet einen permanenten Speicher für eine Folge von Interaktionen mit einem bestimmten Webbesucher. Es kann auch Unterroutinen enthalten, die ausgeführt werden, wenn eine Folge von Interaktionen gestartet oder beendet wird.
- Das *ObjectContext*-Objekt bestätigt eine Transaktion, die von Microsoft Transaction Server verwaltet wird oder bricht diese ab. Eine ausführliche Beschreibung dieses Objekts sprengt jedoch den Rahmen dieses Buches.

Die ASP-Dokumentation

Wenn Sie die VBScript-Dokumentation erfolgreich gefunden haben, sollte es auch beim Active Server Pages-Handbuch kein Problem sein. Bei der Installation der Microsoft Internet-Informationsdienste bzw. von Internet Information Server und Microsoft Web Server wird ein Active Server Pages-Handbuch auf Ihrer Festplatte installiert. Dieses finden Sie, wenn Sie im Webserver den URL *http://localhost/iisHelp/iis/misc/default.asp* laden und auf den Link *Active Server Pages-Handbuch* klicken.

Das *Request*-Objekt

Das *Request*-Objekt enthält Informationen über die Anforderung, die die ASP-Seite angefordert hat. In gewissem Sinne beantwortet das Objekt die Fragen »Warum bin ich hier?« und »Was soll ich tun?«. Die Tabelle 5.16 listet die Auflistungen, Eigenschaften und Methoden auf, die das *Request*-Objekt bereitstellt.

Tabelle 5.16 Die Auflistungen, Eigenschaft und Methode des *Request*-Objekts

Kategorie	Name	Beschreibung
Auflistung	*ClientCertificate*	Die Werte von Feldern, die in dem Clientzertifikat gespeichert sind, das in der HTTP-Anforderung gesendet wurde.
	Cookies	Die Werte von Cookies, die in der HTTP-Anforderung gesendet wurden.
	Form	Alle Werte von Formularelementen, die in der HTTP-Anforderung gesendet wurden.
	QueryString	Alle Werte in der Abfragezeichenfolge, die in der HTTP-Anforderung gesendet wurden.
	ServerVariables	Die Werte bestimmter Umgebungsvariablen. ▶

Kategorie	Name	Beschreibung
Eigenschaft	*TotalBytes*	Die Gesamtanzahl in Bytes, die der Client im Hauptteil der Anforderung gesendet hat (schreibgeschützt).
Methode	*BinaryRead*	Die Daten, die vom Client als Teil einer POST-Anforderung an den Server gesendet wurden.

Die *Request.ClientCertificate*-Auflistung

Falls der Browser des Webbesuchers kein digitales Format zusammen mit der normalen Webanforderung versendet, ist die *Request.ClientCertificate*-Auflistung leer. Falls der Browser ein digitales Zertifikat sendet, enthält die Auflistung einen Eintrag für jedes Feld aus dem Zertifikat. Weitere Informationen finden Sie im Einschub »Digitale Zertifikate«.

Die *Request.Cookies*-Auflistung

Die *Request.Cookies*-Auflistung enthält einen Eintrag für jeden Cookiewert, der an einen Webbesucher als Teil einer früheren Antwort gesendet wurde. Dies stellt eine Lösung dafür dar, dass Webtransaktionen *zustandslos* sind. *stateless* (siehe hierzu der Einschub »HTTP und zustandslose Transaktionen«). Die folgenden Anweisungen senden Cookies an den Browser, der die aktuelle Webseite angefordert hat.

Digitale Zertifikate

Bei einem digitalen Zertifikat handelt es sich um Daten, die einen oder mehrere Namensfelder enthalten und die mit einem privaten Schlüssel verschlüsselt sind, der dem Webbesucher gehört. Eine weitere Möglichkeit besteht darin, dass eine Prüfsumme der Daten gebildet wird, die dann verschlüsselt wird. Eine *Prüfsumme* ist eine Zahl, die aus den numerischen Werten jedes Bytes in einer Zeichenfolge oder einem Dokument berechnet wird. Die meisten Prüfsummenformeln sind so gestaltet, dass die Wahrscheinlichkeit minimal ist, dass bei zwei verschiedenen Dokumenten dieselbe Prüfsumme berechnet wird.

Daten, die mit einem privaten Schlüssel verschlüsselt sind, können nur mit dem entsprechenden öffentlichen Schlüssel entschlüsselt werden. Wenn ein Webbesucher also eine bestimmte Identität vorgibt und ein digitales Zertifikat als Beweis übermittelt, kann der Webserver die Identität überprüfen, indem er den öffentlichen Schlüssel des Zertifikats von einer unabhängigen und vertrauenswürdigen Quelle erhält und dann versucht, das Zertifikat oder die Prüfsumme zu entschlüsseln. Wenn die Entschlüsselung erfolgreich verläuft, muss der Sender Besitzer des privaten Schlüssels sein, womit die Identität eindeutig wäre.

HTTP und zustandslose Transaktionen

HTTP wurde ursprünglich als zustandsloses Protokoll entwickelt. Dies bedeutet, dass ein Webserver laut Spezifikation alle Anforderungen vom selben Startpunkt aus behandeln und sich nicht an Anforderungen erinnern sollte, nachdem die entsprechenden Antworten an den Webbesucher zurückgesendet wurden. Für Anwendungen wie die Bestellannahme oder Online-Shopping, bei denen der Webserver Daten aus mehreren Übertragungen sammeln muss, entstand dadurch ein Problem.

Um dieses Problem zu lösen, müssen mit jeder Antwort alle Daten gesendet werden, die bisher gesammelt wurden oder aber ein Schlüssel zu einem Speicherbereich, in dem sich alle gesammelten Daten befinden. Solche Daten lassen sich sehr leicht über verborgene Formularfelder oder Daten übermitteln, die an den URL angehängt sind. Beide Methoden haben denselben Mangel: wenn der Webbesucher zu einer anderen Site wechselt und dann wieder zurückkehrt, sind alle Daten verloren gegangen.

Mit Cookies lässt sich dieses Problem lösen, da die Daten im Browser beständiger gespeichert werden. Ein Cookie ist ein benannter Wert, der an den Browser gesendet werden kann und den der Browser zurücksendet. Der Browser erinnert sich an die Herkunft jedes Cookies. Dazu werden entweder der Server, der Server und der Pfad oder der Server, der Pfad und der Dateiname gespeichert. Ein Cookie kann dann an seinen Herkunftsort zurückgesendet werden.

Um ein Cookie zu senden, muss es zur *Response.Cookie*-Auflistung hinzugefügt werden. Diese Auflistung lässt sich auch auf zurückgeschickte Cookies überprüfen.

```
Response.Cookies("Begrüßung") = "Hallo"
Response.Cookies("Leid")("Tod") = "dauerhaft"
Response.Cookies("Leid")("Krankheit") = "heilbar"
```

Wird dieselbe Seite wiederholt von einem Browser angefordert, können die Werte über die nachfolgenden Anweisungen abgerufen werden. Beachten Sie den Einsatz des *Dictionary*-Objekts in der zweiten Gruppe der Anweisungen, das ein Datenfeld mit alphanumerischen Schlüsselwerten enthält.

```
greet = Request.Cookies("Begrüßung")
Set Leid = Server.CreateObject("Scripting.Dictionary")
For Each Not In Request.Cookies("Leid")
    Leid(Not) = Request.Cookies("Leid")(Not)
Next
```

Die Eigenschaften, die im nachfolgenden Code gezeigt werden, verändern das Verfallsdatum des Cookies, den Bereich der URLs, die das Cookie empfangen und den Bedarf, das Cookie sicher zu verschlüsseln.

```
Response.Cookies("Begrüßung") = "Herzlich willkommen"
Response.Cookies("Begrüßung").Expires = "31. Oktober 2000"
Response.Cookies("Begrüßung").Domain = "interlacken.com"
Response.Cookies("Begrüßung").Path = "/Webdbdev/Kap05/"
Response.Cookies("Begrüßung").Secure = True
```

Ein Komplikation entsteht dadurch, dass der Webserver Cookies als Bestandteil der HTTP-Header versendet und der Header vor den anderen Teilen einer Webseite übertragen wird. Wird im HTML-Quelltext ein Skript verwendet, um Cookiewerte zu speichern, wird somit ein Laufzeitfehler hervorgerufen. Für dieses Problem gibt es zwei Lösungen: das Cookie kann im Skriptcode gespeichert werden, der sich vor der *<html>*-Anweisung befindet. Der Webserver kann außerdem aufgefordert werden, die ausgehende Seite zwischenzuspeichern. Bei der *Zwischenspeicherung* werden die Seiteninhalte so lange auf dem Server gehalten, bis die Verarbeitung beendet ist und Änderungen am Header aus dem Hauptteil heraus vorgenommen werden können. Die folgende Anweisung, die sich an einer beliebigen Stelle innerhalb der *<html>...</html>*-Tags befinden kann, bewirkt die Zwischenspeicherung.

```
Response.Buffer = True
```

Die *Request.Form*-Auflistung

Die *Request.Form*-Auflistung enthält einige Werte, die der Browser über ein HTML-Formular mit der *POST*-Methode übermittelt hat. HTML-Formulare werden mit den *<form>...</form>*-Tags in HTML-Seiten integriert. Die meisten HTML-Formulare enthalten eine oder mehrere *Senden*-Schaltflächen sowie Textfelder, Listenfelder, Kontrollkästchen und Optionsfelder. Jedes dieser Formularelemente hat einen Namen und einen Wert. Wenn der Webbesucher auf die *Senden*-Schaltfläche klickt, sendet der Browser alle Namen und Werte der Formularelemente an den URL, der im Attribut *action* des *<form>*-Tags angegeben ist.

Wenn das *action*-Attribut eines HTML-Formulars eine ASP-Seite angibt und das Formular außerdem die *POST*-Methode verwendet, erscheinen alle Werte der Formularelemente in der *Request.Form*-Auflistung. Betrachten Sie z.B. die folgende Webseite:

```
<html>
<head>
<title>Beispiel für Formularversand mit der POST-Methode </title>
</head>
<body>
<form method="POST" action="formpost.asp">
```

```
<p><input type="text" name="Feld11" size="20"
          value="<%=UCase(Request.Form("Feld1"))%>">
   <input type="Submit" value="Senden" name="Schaltfläche1"></p>
</form>
</body>
</html>
```

Wie Sie sehen können, spezifiziert das *<form>*-Tag die *POST*-Methode und ein *action*-Attribut, das eine ASP-Seite angibt. Diese ASP-Seite ist die Seite, die angezeigt wird. Immer, wenn der Webbesucher auf die *Senden*-Schaltfläche klickt, sendet der Browser zwei Formularfeldwerte an den Server: den Wert des Textfeldes namens *Feld1* and den Wert der *Senden*-Schaltfläche namens *Schaltfläche1*. Der Skriptcode innerhalb einer ASP-Seite kann über folgende Ausdrücke auf die Werte zugreifen:

```
Request.Form("Feld1")
Request.Form("Schaltfläche1")
```

Beachten Sie, dass das Textfeld im Beispiel die Benutzereingaben in Großbuchstaben konvertiert.

Die Datei, die den angegebenen Code enthält, finden Sie unter *\webdbdev\Kap05\formpost.asp* auf der CD-ROM zum Buch.

Die *Request.QueryString*-Auflistung

Die *Request.QueryString*-Auflistung funktioniert ziemlich ähnlich wie die *Request.Form*-Auflistung, jedoch unter anderen Umständen. Die *Request.QueryString*-Auflistung nimmt in zwei Fällen benannte Werte entgegen:

- Der Webbesucher sendet ein HTML-Formular, und das *<form>*-Tag spezifiziert *method= GET.*
- Der Webbesucher sendet einen URL, der eine *Abfragezeichenfolge* enthält. Eine Abfragezeichenfolge ist eine Folge aus *Name=Wert*-Paaren mit vorangestelltem Fragezeichen, die durch &-Zeichen voneinander getrennt sind. Der folgende URL enthält eine Abfragezeichenfolge: *http://www.interlacken.com/webdbdev/Kap05/Abfrageanzeigen.asp?Vorname=Andreas&Nachname=Frei*

Hier ein einfaches Beispiel, das alle Werte anzeigt, die eine ASP-Seite in der *Request.QueryString*-Auflistung erhält:

```
For Each name In Request.QueryString
  Response.Write "<tr>" & vbCrLf
  Response.Write "  <td>" & name & "</td>" & vbCrLf
  Response.Write "  <td>" & Request.QueryString(name) & _
    "</td>" & vbCrLf
  Response.Write "</tr>" & vbCrLf
Next
```

Selbst wenn die Abfragezeichenfolge in einem *<form>*-Tag angegeben wird, wird der URL länger. Wenn der URL die Kapazität des Browsers oder Webservers überschreitet, kann dies zu einem Datenverlust führen. Deshalb sollten Sie für Formulare immer die *POST*-Methode verwenden. Setzen Sie den Code *method= POST* in das *<form>*-Tag und suchen Sie dann in der *Request.Form*-Auflistung der Seite, die in der *action*-Eigenschaft angegeben wird, nach den gesendeten Daten.

Die *Get*-Methode und die *Request.Query*-Auflistung sind jedoch in einem anderen Kontext nützlich. Angenommen, eine ASP-Seite erzeugt die folgende Ausgabe:

```
<table>
<tr>
  <th>Name des Mitglieds</th>
</tr><tr>
  <td>Andreas Frei</td>
</tr><tr>
  <td>Janet Lever</td>
</tr>
</table>
```

Weiterhin soll eine ASP-Seite namens *Minfo.asp* ausgeführt werden, die weitere Informationen über dieses Mitglied enthält, wenn ein Webbesucher auf den Namen eines Mitglieds klickt. Dies können Sie sehr leicht erreichen, wenn Sie die erste ASP-Seite wie folgt ändern:

```
<table>
<tr>
  <th>Name des Mitglieds</th>
</tr><tr>
  <td><a href="minfo.asp?id=Frei">Andreas Frei</a></td>
</tr><tr>
  <td><a href="minfo.asp?id=Lever">Janet Lever</a></td>
</tr>
</table>
```

Nun muss die Seite *Minfo.asp* nur noch die Mitglieds-ID aus der Abfragezeichenfolge *Request.QueryString("id")* auslesen, die entsprechende *MitgliedsID* aus der Datenbank abfragen und das Ergebnis anzeigen.

Es kann etwas lästig sein, sich zu merken, zu welchem Zweck sich die *Request.Form*- und die *Request.QueryString*-Auflistung eignen. Außerdem werden Sie wahrscheinlich eine ASP-Seite nutzen wollen, die auf beide Arten von Eingaben reagiert. Die Lösung besteht darin, dass Sie den Namen der Auflistung überhaupt nicht angeben. Sie könnten z.B. folgenden Code verwenden:

```
Request("id")
```

Wenn Sie keine Auflistung angeben, durchsucht der ASP-Prozessor die folgenden Auflistungen in der angegebenen Reihenfolge. Wenn die *Request.QueryString*-Auflistung keinen Wert »id« enthält, durchsucht der Interpreter die *Form*-Auflistung, dann die *Cookies*-Auflistung usw., bis ein Wert mit dem angegebenen Namen gefunden wird.

1. *QueryString*
2. *Form*
3. *Cookies*
4. *ClientCertificate*
5. *ServerVariables*

Sie sollten zwei Dinge bedenken, wenn Sie für das *Request*-Objekt keine Auflistung angeben. Erstens beansprucht die Durchsuchung von bis zu fünf Auslistungen mehr Ressourcen des Webservers als die Durchsuchung einer Auflistung. Zweitens kann es passieren, dass der gesuchte Name in mehreren Auflistungen existiert und möglicherweise wird nicht die gewünschte Auflistung ausgewählt.

Die *Request.ServerVariables*-Auflistung

Weitere Informationen über den Webbesucher, den Browser des Besuchers, den Webserver und andere Details einer bestimmten Transaktion finden Sie in der *Request.ServerVariables*-Auflistung. Die Elemente hängen natürlich von den Umständen ab, Sie können diese Auflistung jedoch mit der folgenden Schleife ziemlich leicht anzeigen:

```
For Each key In Request.ServerVariables
  val = Request.ServerVariables(key)
  Response.Write _
    "<tr>" & vbCrLf & _
    "  <td valign=top>" & key & "</td>" & vbCrLf & _
    "  <td valign=top>" & val & " </td>" & vbCrLf & _
    "</tr>" & vbCrLf
Next
```

Die Datei *\Webdbdev\Kap05\Anforderung.asp* enthält genau diese Schleife. Einen Teil der Ausgabe können Sie in Abbildung 5.4 sehen. Um jedoch die gesamte Ausgabe zu erhalten, sollten Sie die Seite auf Ihrem eigenen Webserver ausführen.

Abbildung 5.4
Die *Request.ServerVariables*-Auflistung bietet einen Reichtum an Informationen über eingehende Anforderungen

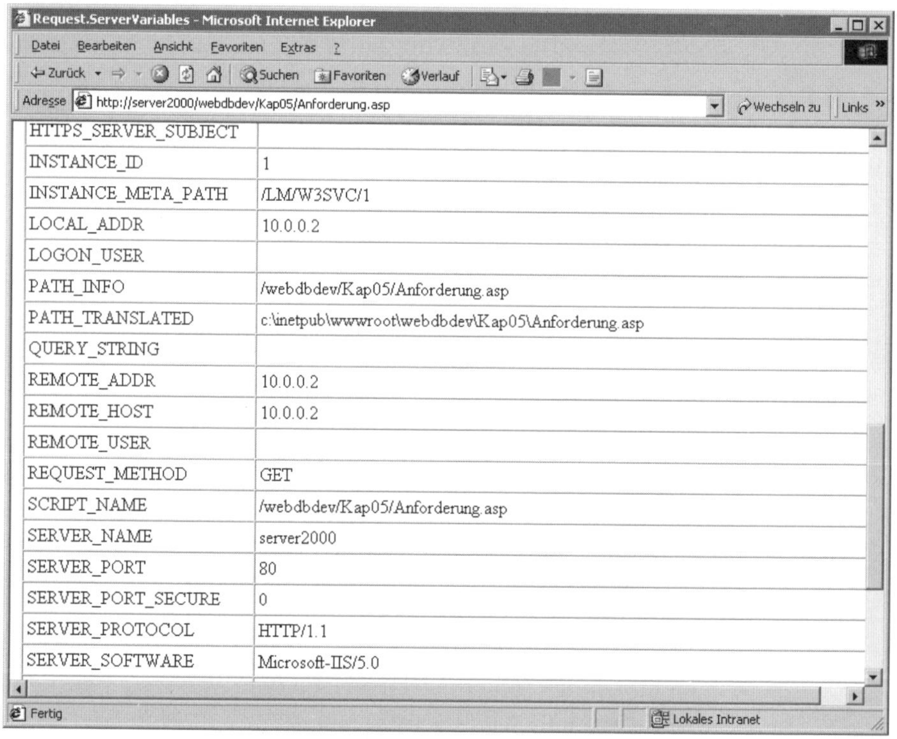

HTTPS_SERVER_SUBJECT	
INSTANCE_ID	1
INSTANCE_META_PATH	/LM/W3SVC/1
LOCAL_ADDR	10.0.0.2
LOGON_USER	
PATH_INFO	/webdbdev/Kap05/Anforderung.asp
PATH_TRANSLATED	c:\inetpub\wwwroot\webdbdev\Kap05\Anforderung.asp
QUERY_STRING	
REMOTE_ADDR	10.0.0.2
REMOTE_HOST	10.0.0.2
REMOTE_USER	
REQUEST_METHOD	GET
SCRIPT_NAME	/webdbdev/Kap05/Anforderung.asp
SERVER_NAME	server2000
SERVER_PORT	80
SERVER_PORT_SECURE	0
SERVER_PROTOCOL	HTTP/1.1
SERVER_SOFTWARE	Microsoft-IIS/5.0

Die Browserversion ermitteln

Einer der interessantesten Werte des *Request*-Objekts ist der Wert *Request.ServerVariables("HTTP_USER_AGENT")*. Dieser enthält eine Zeichenfolge, die den Browsertyp und die Browserversion des Benutzers, das Betriebssystem und anderes identifiziert. Eine typische *HTTP_USER_AGENT*-Zeichenfolge sieht wie folgt aus:

```
Mozilla/4.0 (compatible; MSIE 5.0; Windows 95; DigExt)
```

Microsoft-Webserver stellen ein Objekt zur Verfügung, das diese Zeichenfolgen analysiert und die Eigenschaften zurückliefert, die die Merkmale des Browsers angeben, von dem die Anforderung übermittelt wurde. Diese Informationen können Sie nutzen, um die Webseite zu personalisieren, die der Webbesucher erhält:

```
Set variable = Server.CreateObject("MSWC.BrowserType")
```

Die Eigenschaften, die verfügbar sind, hängen von einer Datei namens *Browscap.ini* ab. Um hinsichtlich der neuesten Browserversion auf dem Laufenden zu bleiben, kann der Serveradministrator diese Datei in regelmäßigen Abständen von der Website von Microsoft herunterladen. Neue Versionen der Datei *Browscap.ini* enthalten möglicherweise neue Eigenschaften, aber diejenigen, die in Abbildung 5.5 gezeigt werden, reichen für die meisten Zwecke aus.

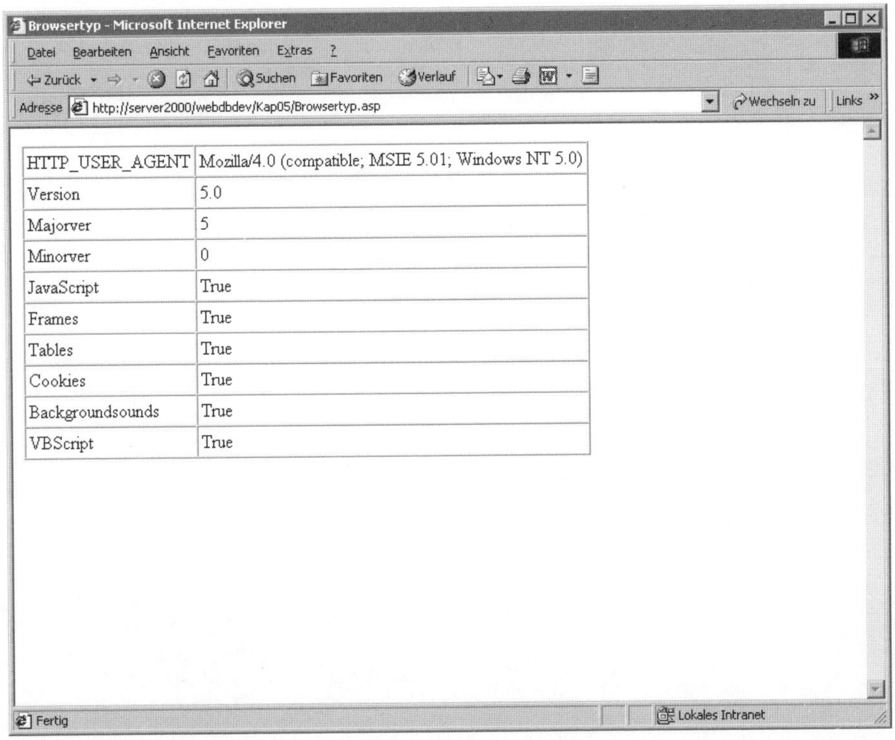

Abbildung 5.5 Die erste Zeile dieser Webseite zeigt den Wert von *Request.ServerVariables("HTTP_USER_AGENT")* an, und die restlichen Zeilen zeigen, welche Funktionsmerkmale des Browsers das *MSWC.BrowserType*-Objekt aus diesem Wert ableitet

Eine Warnung: Sie können zwar über das *MSWC.BrowserType*-Objekt sehr viel über die Funktionen eines Browsers erfahren, sie wissen jedoch nicht, ob der Webbesucher diese aktiviert oder deaktiviert hat.

Das *Response*-Objekt

Das komplexeste der integrierten ASP-Objekte ist das *Response*-Objekt. Dieses sendet die Ausgabe einer ASP-Seite an den Webbesucher, von dem die Anforderung stammt. Die meisten Funktionen dieses Objekts werden jedoch selten benutzt und sind deshalb in diesem Abschnitt nur kurz beschrieben. Eine Liste aller Auflistungen, Eigenschaften und Methoden des *Response*-Objekts finden Sie in Tabelle 5.17. Ausführlichere Informationen finden Sie außerdem in der Online-Dokumentation unter *Integrierte ASP-Objekte*.

Tabelle 5.17 Die Auflistungen, Eigenschaften und Methoden des *Response*-Objekts

Kategorie	Name	Beschreibung
Auflistung	*Cookies*	Enthält alle Cookie-Werte, die der Client empfangen hat oder die an den Client gesendet werden sollen.
Eigenschaft	*Buffer*	Gibt an, ob die Seitenausgabe zwischengespeichert werden soll.
	CacheControl	Legt fest, ob der Proxyserver die Ausgabe, die von ASP generiert wird, zwischenspeichern sollen.
	Charset	Fügt den Namen eines Zeichensatzes an den *content-type*-Header an.
	ContentType	Gibt den HTTP-Inhaltstyp für die Antwort an. (Wird diese Eigenschaft geändert, weiß der Browser, dass kein HTML-Quelltext gesendet wird.)
	Expires	Die Zeitspanne in Minuten, die ein Browser die Seite zwischenspeichern kann.
	ExpiresAbsolute	Der Zeitpunkt (Datum und Uhrzeit), zu dem ein Browser alle zwischengespeicherten Exemplare einer Seite löschen muss.
	IsClientConnected	Gibt an, ob der Client die Verbindung zum Server getrennt hat.
	Pics	Fügt einen Wert zum *PICS-label*-Antwortheader hinzu. (PICS ist ein System zur Beurteilung von Webseiteninhalten.)
	Status	Der Wert der Statuszeile, die vom Server zurückgegeben wird.
Methode	*AddHeader*	Fügt einen HTML-Header mit dem angegebenen Wert hinzu oder überschreibt den vorhandenen.
	AppendToLog	Fügt eine Zeichenfolge am Ende des Webserverprotokolleintrags für diese Anforderung ein.
	BinaryWrite	Schreibt die angegebenen Informationen in die aktuelle HTTP-Ausgabe, ohne eine Zeichenkonvertierung vorzunehmen.
	Clear	Löscht alle zwischengespeicherten HTML-Ausgaben.

▶

Kategorie	Name	Beschreibung
	End	Stoppt die Verarbeitung der ASP-Datei und sendet alle Ausgaben, die bisher erzeugt wurden.
	Flush	Sendet alle zwischengespeicherten Ausgaben sofort an den Webbesucher.
	Redirect	Sendet eine Nachricht an den Browser, die diesen anweist, eine Verbindung zu einem anderen URL herzustellen.
	Write	Schreibt einen Ausdruck als Zeichenfolge an die aktuelle HTTP-Ausgabe.

Weitere Informationen darüber, wie Cookies gesendet und empfangen werden, finden Sie im ▶ Abschnitt »Die *Request.Cookies*-Auflistung« in dieser Lektion.

Die *Response.Buffer*-Eigenschaft ist ein *True/False*-Schalter, der dem Webserver mitteilt, dass die Übertragung der ausgehenden Webseite so lange verzögert werden soll, bis diese vollständig ist. Dies beansprucht einige Ressourcen des Webservers, aber die Zwischenspeicherung ist die einzige Möglichkeit, um Header- oder andere Informationen am Anfang einer Seite über Code zu verändern, der in der Mitte einer ASP-Seite steht. Die Methode *Response.Clear* leert den Speicher. Die Methode *Response.Flush* sendet alles, was bisher erstellt wurde. Die beiden Methoden werden jedoch selten eingesetzt.

Die Erfahrung zeigt, dass die Zwischenspeicherung ausgehender ASP-Seiten weniger Serverressourcen beansprucht, als die Arbeit ohne Zwischenspeicher. Dies liegt daran, dass Webserver zwischengespeicherte Seiten in größeren, effizienteren TCP/IP-Paketen versenden können als Seiten, die nicht zwischengespeichert sind. Die Zwischenspeicherung ist deshalb unter Windows 2000 der Standard, jedoch nicht unter Windows NT 4.0.

Um die Zwischenspeicherung für eine einzelne Seite zu deaktivieren, setzen Sie die folgende Anweisung vor das *<html>*-Tag.

```
<%
Response.Buffer = True
%>
```

Die Eigenschaft *ContentType* legt den Inhalt eines Headerfeldes fest, das dem Browser mitteilt, welche Art von Ausgabe gesendet wird. Der Standardwert ist natürlich *text/html*. Wenn der ASP-Code eine andere Art von Code als HTML-Quelltext erzeugt, wie z.B. reinen Text oder XML-Code

(XML – Extensible Markup Language), muss die Eigenschaft *ContentType* auf den Wert *text/plain* oder *text/xml* gesetzt werden. Weitere Informationen über XML erhalten Sie in ▶ Teil 5 dieses Buches.

Weil die Eigenschaft *ContentType* ein Headerfeld verändert, muss ihr Wert entweder vor dem öffnenden *<html>*-Tag geändert werden oder es muss, wie soeben beschrieben, die Zwischenspeicherung aktiviert werden.

Um anzugeben, wie lange der Browser eines Webbesuchers eine Seite zwischenspeichern kann, müssen Sie der Eigenschaft *Response.Expires* oder die Eigenschaft *Response.ExpiresAbsolute* den passenden Wert zuweisen. Die Eigenschaft *Response.Expires* gibt die Zeitspanne in Minuten an, wohingegen die Eigenschaft *Response.ExpiresAbsolute* einen Zeitpunkt (Datum und Uhrzeit) angibt. Wird die Eigenschaft *Response.Expires* auf Null gesetzt, weiß der Browser, dass er die Seite jedes Mal aktualisieren muss, wenn der Webbesucher sie betrachten möchte. Dies ist ein weiteres HTTP-Headerfeld und wie bei der Eigenschaft *ContentType* sind einige Dinge zu berücksichtigen.

Die Eigenschaft *Response.Status* gibt einen dreistelligen Statuscode an, dem ein Leerzeichen und eine kurze Textnachricht folgen. Der Standardwert ist »200 OK«, es sind jedoch auch andere Werte möglich wie »401 Unauthorized« oder »301 Moved Permanently«. Der Statuscode 401 fordert den Webbesucher auf, einen Benutzernamen und ein Kennwort einzugeben und die Anforderung dann noch einmal zu schicken. In Kombination mit einem *Response.Redirect*-Wert teilt der Statuscode 301, wie nachfolgend beschrieben, dem Browser mit, dass alle zukünftigen Anforderungen automatisch umgeleitet werden sollen. Dies ist ein weiteres Headerfeld und auch hier müssen die üblichen Vorkehrungen getroffen werden (d.h. Zwischenspeicherung oder Platzierung vor dem *<html>*-Tag oder der *Response.Write*-Anweisung).

Eine Liste der HTTP-Statusmeldungen finden Sie entweder unter *http://msdn.microsoft.com/workshop/networking/wininet/reference/constants/statuscodes.asp* oder Sie laden die Seite *http://msdn.microsoft.com/search*, und suchen nach »HTTP-Statusmeldungen.«

Die Methode *Response.AddHeader* fügt die gewünschten Headerinformationen zur ausgehenden Webseite hinzu. *Header* bestehen aus einer Textidentifizierungszeichenfolge, einem Doppelpunkt, einem Leerzeichen und einem Wert. Der Browser muss selbstverständlich alle Headerinformationen verstehen, die Sie versenden. Sonst werden sie ignoriert. Und natürlich müssen Sie auch wieder die üblichen Vorkehrungen für die Zwischenspeicherung treffen.

Die Methode *Response.End* teilt dem Webserver mit, dass er die Verarbeitung der ASP-Seite sofort stoppen soll. Der Webserver sendet dem Webbesucher alle Ausgaben, die erzeugt wurden, bevor die Methode *Response.End* aufgerufen wurde.

Wenn die Daten Zeichen enthalten, die für den Browser wie HTML-Quelltext wirken könnten, sollte die Methode *Server.HTMLEncode* angewendet werden, bevor sie übertragen werden.

Die Methode *Response.Redirect* sendet dem Webbesucher einen anderen URL, der wie im folgenden Beispiel als Argument angegeben wird:

```
Response.Redirect "/default.htm"
```

Diese Anweisung leitet den Webbesucher an die Homepage des Servers um. Wenn ein URL auf demselben Webserver als ASP-Seite angegeben wird, bricht der Server einfach die aktuelle Anforderung ab und sendet stattdessen die Seite, an die die Weiterleitung besteht. Wenn ein URL auf einem anderen Server angegeben wird, sendet der aktuelle Server dem Browser den Hinweis, dass er eine Verbindung zu diesem anderen Server herstellen muss. Die üblichen Vorkehrungen für die Veränderung der Headerfelder werden hier angewendet.

Die *Response.Write*-Methode sendet dem Webbesucher eine Zeichenfolge, die Sie als Argument angeben. In diesem Buch wurden bereits zahlreiche Beispiele für die *Response.Write*-Anweisung gegen und es werden noch mehr hinzukommen.

Wenn Sie eine ASP-Seite entwickeln, die Daten in einen URL schreiben (z.B. als Abfragezeichenfolge), sollten Sie die Methode *Server.URLEncode* auf die Daten anwenden, wenn Sie nicht absolut sicher sind, dass die Daten ausschließlich Buchstaben, Zahlen und Bindestriche enthalten.

Das *Server*-Objekt

Im Vergleich zum *Response*-Objekt ist das *Server*-Objekt wohltuend einfach. Es unterstützt eine Eigenschaft und vier Methoden, die in Tabelle 5.18 aufgeführt sind.

Tabelle 5.18
Die Eigenschaften und Methoden des *Server*-Objekts

Kategorie	Name	Beschreibung
Eigenschaft	*ScriptTimeout*	Die Zeitdauer, die ein Skripts ausgeführt werden kann, bevor eine Zeitüberschreitung (*Timeout*) auftritt.
Methode	*CreateObject*	Erzeugt eine Instanz einer Serverkomponente.
	HTMLEncode	Wendet HTML-Codierung auf eine Zeichenfolge an.
	MapPath	Ordnet einen virtuellen Pfad einem physischen Pfad zu. Der virtuelle Pfad kann ein absoluter Pfad auf dem aktuellen Server sein oder aber ein relativer Pfad zur aktuellen Seite. ▶

Kategorie	Name	Beschreibung
	URLEncode	Wendet URL-Codierungsregeln inklusive nicht druckbarer Zeichen auf eine Zeichenfolge an.

Die Eigenschaft *Server.ScriptTimeout* des *Server*-Objekts gibt an, wie lange (in Sekunden) ein Skripts ausgeführt werden kann, bevor der Server die Ausführung beendet. Ein Administrator konfiguriert den Standardwert für diese Eigenschaft auf Serverebene. Normalerweise liegt der Standardwert jedoch bei 90 Sekunden. Dieses Intervall kann über ASP-Code verlängert, nicht jedoch verkürzt werden.

Die Methode *Server.CreateObject* erzeugt alle nicht integrierten Objekte, die in einer Seite benötigt werden. Die Syntax ist nachfolgend aufgeführt. Beispiele für die Methode finden Sie im gesamten Buch.

```
Set variable = Server.CreateObject("Objektname")
```

Die *Server.HTMLEncode*-Methode prüft ein Zeichenfolgenargument, ersetzt alle Sonderzeichen durch die entsprechenden HTML-Codierungen und liefert das Ergebnis zurück. Alle &-Zeichen im Argument werden z.B. durch *&amp* ersetzt, Anführungszeichen durch *&quot* etc.

Die Methode *Server.URLEncode* nimmt eine andere Art von Konvertierung vor. Sie konvertiert alle Argumente in eine Zeichenfolge, die in einem URL zulässig sind. Es werden dabei folgende Regeln angewendet:

- Buchstaben, Zahlen und Bindestriche bleiben unverändert.
- Leerzeichen werden durch Pluszeichen ersetzt.
- Alle anderen Zeichen werden durch ein Prozentzeichen und den Zeichencode in hexadezimaler Schreibweise dargestellt.

Das *Application*-Objekt

Wie Sie bereits an mehreren Stellen in diesem Buch gesehen haben, müssen ASP-Dateien in einem Ordner gespeichert werden, der die Berechtigung *Ausführen* hat. Und damit ein Ordner diese Berechtigung hat, muss ein Administrator ihn entsprechend konfigurieren. Nachdem der Ordner konfiguriert wurde, haben standardmäßig auch alle Unterordner die Berechtigung *Ausführen*.

Im ASP-Jargon besteht eine *Anwendung* aus allen ASP-Dateien innerhalb einer ausführbaren Ordnerstruktur. Das *Application*-Objekt stellt einen Bereich zur Verfügung, in dem diese Seiten Daten austauschen können. Die Tabelle 5.19 listet die Auflistungen, Methoden und Ereignisse des *Application*-Objekts auf.

Eine ASP-Datei kann nicht zu zwei Anwendungen gehören. Wenn der Administrator einem Ordner die Berechtigung *Ausführen* zuweist und dann einen der Unterordner explizit als nicht ausführbar deklariert, gehören die Dateien in diesem Unterordner nur zur Anwendung im Unterordner.

Tabelle 5.19 Auflistungen, Methoden und Ereignisse des *Application*-Objekts

Kategorie	Name	Beschreibung
Auflistung	*Contents*	Enthält alle Elemente, die Skriptbefehle zu einem *Application*-Objekt hinzugefügt haben.
	StaticObjects	Enthält alle Objekte, die *<object>*-Tags zur Anwendung hinzugefügt haben.
Methode	*Lock*	Verhindert, dass andere Clients die Eigenschaften des *Application*-Objekts verändern.
	Unlock	Gestattet, dass andere Clients die Eigenschaften des *Application*-Objekts verändern.
Ereignis	*Application_OnStart*	Wenn eine Unterroutine mit diesem Namen in der Datei *Global.asa* existiert, wird sie jedes Mal ausgeführt, wenn die Anwendung startet.
	Application_OnEnd	Wenn eine Unterroutine dieses Namens in der Datei *Global.asa* existiert, wird sie immer ausgeführt, wenn die Anwendung beendet wird.

Der Server verarbeitet die Datei *Global.asa* automatisch, wenn der Webbesucher eine ASP-Datei in einer Anwendung das erste Mal anfordert.

Die Auflistung *Application.Contents* enthält alle Variablen, die die ASP-Seiten oder die Datei *Global.asa* hinzugefügt haben. Mit Anweisungen wie den folgenden können Sie Elemente in der Auflistung *Application.Contents* speichern:

```
Application.Contents("ImAngebot") = "Frikadellen"
Application("Dessert") = "Avocado-Sorbet"
```

Die *Application.StaticObjects*-Auflistung enthält alle Objekte, die wegen des *<object>*-Tags in der Datei *Global.asa* geladen werden. Wenn Sie Einsteiger sind, ist es sehr unwahrscheinlich, dass Sie diese Funktion nutzen werden. Falls Sie es doch tun, ist vielleicht gepackte Software im Spiel und Sie sollten die Dokumentation des Herstellers konsultieren.

Die Methoden *Lock* und *Unlock* richten eine exklusive Kontrolle der *Application.Contents*-Auflistung bzw. geben diese auf. Dies ist nötig, um zu verhindern, dass zwei ASP-Seiten (oder eine ASP-Seite, die verschiedene Webbesucher bedient), versuchen, gleichzeitig dieselben Daten zu aktualisieren. Um andere Benutzer während der Zeitdauer auszuschließen, in der die Aktualisierung durchgeführt wird, muss der Aktualisierungsbefehl, wie nachfolgend gezeigt, zwischen die Befehle *Lock* und *Unlock* gesetzt werden:

```
Application.Lock
Application("Zugriffe") = Application("Zugriffe") + 1
Application.Unlock
```

Die Datei *Global.asa* muss sich im selben Startordner befinden wie die Anwendung – der Ordner, dem vom Administrator ursprünglich die Berechtigung *Ausführen* zugewiesen wurde. Innerhalb dieser Datei können Sie optional zwei spezielle Unterroutinen programmieren:

```
<script language=Skriptsprache runat=server>
Sub Application_OnStart
'   Anweisungen hier einsetzen.
End Sub

Sub Application_OnEnd
'   Anweisungen hier einsetzen.
End Sub
</script>
```

Die ASP-Umgebung führt bei jedem Start der ASP-Seiten einer Anwendung automatisch den gesamten Code aus, der in der Unterroutine *Application_OnStart* enthalten ist. Dieser Code könnte z.B. die Konstanten in die *Application.Contents*-Auflistung laden, die sie nicht in eine ASP-Seite setzen möchten.

In ähnlicher Weise führt die ASP-Umgebung die Unterroutine *Application_OnEnd* aus, wenn die Anwendung beendet wird. Dies geschieht normalerweise, wenn ein Administrator oder Serveroperator den Webdienst stoppt. Die Routine *Application_OnEnd* führt alle Aufgaben aus, die nötig sind, um die Anwendung korrekt zu beenden, wie z.B. das Beenden anderer Prozesse oder die Ausgabe von Statistiken. Denken Sie daran, dass die Routine *Application_OnEnd* sehr wahrscheinlich nicht ausgeführt wird, wenn der Server abstürzt.

Das *Session*-Objekt

Wenn ein Webbesucher eine Anwendung das erste Mal nutzt (d.h. eine ihrer ASP-Seiten anfordert), erzeugt der Webserver für diesen Besucher ein *Session*-Objekt. Diese *Session*-Objekte sind permanent, d.h., sie existieren so lange, bis von dem Webbesucher für eine bestimmte Zeitdauer (normalerweise 20 Minuten) keine Aktivität mehr festgestellt werden kann. So lange dieses Objekt existiert, stellt es Speicherplatz für Daten bereit, die von einer Seite an eine andere übergeben werden.

Die *Session*-Objekte werden über eine *SessionID* eindeutig identifiziert. Der Webserver überträgt die *SessionID* als Cookie an den Browser. Die *SessionID* wird dann mit allen Anforderungen zurückgesendet, die der Browser an eine Anwendung sendet. Der Webserver verwendet das Cookie *SessionID*, um ein *Session*-Objekt mit allen Anforderungen eines Benutzers zu verknüpfen.

Wenn der Benutzer eine Anforderung nicht innerhalb des festgelegten Zeitüberschreitungsintervalls sendet, verwirft der Webserver das *Session*-Objekt. Wenn der Besucher später zurückkehrt, erstellt der Server ein neues (leeres) *Session*-Objekt.

Die Tabelle 5.20 listet die Auflistungen, Eigenschaften, Methoden und Ereignisse des *Session*-Objekts auf. Die Auflistungen *Contents* und *StaticObjects* funktionieren genau gleich wie die entsprechenden Auflistungen im *Application*-Objekt. Der Gültigkeitsbereich beschränkt sich jedoch auf einen Benutzer statt auf die gesamte Anwendung. Das *Session*-Objekt bietet also eine beständige Ressource für die wiederholten Besuche eines Webbesuchers.

Tabelle 5.20
Die Auflistungen, Eigenschaften, Methoden und Ereignisse des *Session*-Objekts

Kategorie	Name	Beschreibung
Auflistung	*Contents*	Enthält alle Elemente, die die Skriptbefehle zum *Session*-Objekt hinzugefügt haben.
	StaticObjects	Enthält alle Objekte, die die <*object*>-Tags zur Sitzung hinzugefügt haben.
Eigenschaft	*CodePage*	Die Codeseite (Zeichensatz), die für die Zuordnung der Symbole verwendet wird
	LCID	Der lokaler Bezeichner (*Locale Identifier*).
	SessionID	Der Sitzungsbezeichner für diesen Benutzer.
	Timeout	Das Zeitüberschreitungsintervall für die Sitzungen innerhalb der aktuellen Anwendung in Minuten.
Methode	*Abandon*	Löscht ein *Session*-Objekt und gibt die Ressourcen frei. ►

Kategorie	Name	Beschreibung
Ereignis	*Session_OnStart*	Wenn eine Unterroutine mit diesem Namen in der Datei *Global.asa* existiert, wird sie immer ausgeführt, wenn eine Sitzung beginnt.
	Session_OnEnd	Wenn eine Unterroutine mit diesem Namen in der Datei *Global.asa* existiert, wird sie immer ausgeführt, wenn die Sitzung beendet wird.

Die Eigenschaften *Session.CodePage* und *Session.LCID* werden auf natürlichsprachliche Zeichensätze und Konventionen angewendet. Eine Tabelle mit Werten für Codeseiten finden Sie unter *http://search.microsoft.com/search*, wenn Sie nach der Artikelnummer *Q165478* suchen. Eine Tabelle mit den *LCID*-Werten finden Sie unter demselben URL, wenn Sie nach dem Schlüsselwort *kbLocaleID* oder der Artikelnummer *Q224804* suchen.

Die Eigenschaft *Session.SessionID* enthält die *SessionID*, die dem aktuellen Webbesucher zugewiesen wurde. Die *Timeout*-Eigenschaft legt fest, wie lange das *Session*-Objekt bestehen bleibt, wenn keine Anforderungen eingehen.

Die Methode *Session.Abandon* löscht das aktuelle *Session*-Objekt.

Die Ereignisse *Session_OnStart* und *Session_OnEnd* funktionieren ähnlich wie die Methoden *Application_OnStart* und *Application_OnEnd*, die bereits in dieser Lektion beschrieben wurden. Wenn eine Unterroutine mit einem der angegebenen Namen in der Datei *Global.asa* enthalten ist, wird diese jedes Mal ausgeführt, wenn eine Sitzung beginnt oder endet.

ASP-Direktiven nutzen

Der ASP-Interpreter akzeptiert fünf Direktiven, die festlegen, wie eine Seite verarbeitet wird. Diese Direktiven werden selten eingesetzt. Falls dies jedoch einmal nötig sein sollte, finden Sie in Tabelle 5.21 eine Beschreibung.

Um eine Direktive zu nutzen, setzen Sie diese als einzige Anweisung zwischen die <%...%>-Tags. Um z.B. JScript statt VBScript als Skriptsprache zu nutzen, dient der folgende Code:

```
<%@ LANGUAGE=JScript %>
```

Tabelle 5.21
ASP-Direktiven

Direktive	Beschreibung
@CODEPAGE	Legt die Codeseite fest, die verwendet wird, um den dynamischen Inhalt anzuzeigen. Eine Codeseite entspricht ungefähr einem Zeichensatz wie z.B. Deutsch, Französisch oder Japanisch.
@ENABLESESSIONSTATE	Aktiviert (*True*) oder deaktiviert (*False*) die Aufzeichnung einer Sitzung.
@LANGUAGE	Legt die Standardsprache fest, die die Skriptbefehle interpretiert. Mit Sprache, in der die Befehle zwischen den <% ... %>-Tags programmiert sind. IIS ist mit den Skript-Engines VBScript und JScript ausgestattet.
@LCID	Legt den lokalen Bezeichner fest, mit dem dynamische Inhalte angezeigt werden.
@TRANSACTION	Gibt an, ob Microsoft Transaction Server eine Transaktion erzeugt, um Aktualisierungen zu koordinieren, die das Skript vornimmt

Zusammenfassung der Lektion

Diese Lektion beschrieb, wie serverseitiger VBScript-Code in ASP integriert wird und wie sich VBScript von anderen Formen von Visual Basic unterscheidet. Anschließend wurde erklärt, wie Ihr Code auf das *Request*-Objekt zugreifen kann, um Informationen über die Anforderung zu erhalten, die vom Webbesucher gesendet wurden und das *Response*-Objekt, um den HTML-Quelltext an den Webbesucher zu übermitteln. Zum Schluss wurde erklärt, wie das *Application*- und das *Session*-Objekt Daten speichern, wenn mehr als eine Webseite verarbeitet wird.

Die folgende ▶ Lektion 6 erläutert, wie ein Webserver konfiguriert werden muss, um Webdatenbankseiten ausführen zu können.

6 Organisation der Webumgebung

Geschätzte Dauer:
35 Minuten

In dieser Lektion lernen Sie

- woher Sie den Microsoft Web Server bekommen und für die Entwicklung von Webdatenbankseiten konfigurieren,
- worauf Sie achten müssen, wenn Sie einen Provider für Ihre Webpräsenz auswählen,
- welche Art von Webdatenbankfunktionen die verschiedenen Microsoft-Produkte bereitstellen.

Für die Entwicklung von Webdatenbankseiten benötigen Sie verschiedene Software. In den vorherigen Lektionen wurden ADO, Microsoft Visual Basic, Scripting Edition (VBScript) und die IIS-Serverobjekte beschrieben. Sie haben jedoch bisher nicht erfahren, wie und wo diese Tools installiert und konfiguriert werden. Der erste Teil dieser Lektion adressiert diese Themen.

In vielen Fällen werden Sie natürlich nicht Ihren eigenen Webserver verwalten, sondern stattdessen Platz auf einem Webserver und Dienste von der EDV-Abteilung, einem kommerziellen Internetdienstanbieter (ISP – Internet Service Provider) oder einem Webpräsenzprovider erhalten. In allen Fällen müssen Sie wissen, welche Dienste Sie benötigen. Dies ist das zweite Thema, das in dieser Lektion besprochen wird.

Der letzte Teil dieser Lektion führt drei Softwareprodukte ein, mit denen sich Webdatenbankseiten erstellen lassen. Dies sind Microsoft Access, Microsoft FrontPage und Microsoft Visual InterDev.

Die Entwicklungsumgebung auf dem eigenen PC einrichten

Wenn Sie bisher nur einfache HTML-Seiten benutzt haben, haben Sie möglicherweise nur einen Webserver benötigt: denjenigen, auf den auch Ihre Webbesucher zugreifen. Sie haben die Seiten vermutlich auf Ihrem eigenen PC entwickelt und dadurch getestet, dass sie die Dateien in Ihrem Browser geöffnet haben. Wenn Sie mit einer Seite zufrieden waren, haben Sie sie mittels FTP oder einer Webentwicklungsumgebung wie Microsoft FrontPage auf dem Webserver abgelegt.

Eine solche Anordnung reicht normalerweise aus, um einfache HTML-Seiten zu entwickeln. Für die Entwicklung von Webdatenbankseiten benötigen Sie jedoch normalerweise zwei Webserver: einen für die Entwicklung und einen zweiten, auf den Ihre Webbesucher zugreifen. Dafür sprechen vier Gründe.

- Eine Webdatenbankseite lässt sich nicht dadurch ausführen, indem sie in den Browser geladen wird. Wie bereits in den vorangegangenen Lektionen veranschaulicht wurde, beanspruchen Webdatenbankseiten verschiedene Softwareressourcen, die nur in einer echten Webserverumgebung existieren.
- Sie wünschen wahrscheinlich nicht, dass die Webbesucher Ihre Webdatenbankseiten ausführen, bevor Sie diese als fertig betrachten. Dies gilt insbesondere, wenn Sie eine vorhandene Seite verändern. Ihre Webbesucher sehen dann möglicherweise eine Seite, die weder ganz der alten noch der neuen Version entspricht und auch nicht richtig funktioniert.
- Wenn Sie auf Ihrem Produktionswebserver nur eine beschränkte Bandbreite haben, kann es wegen der Geschwindigkeit, Zuverlässigkeit und Kosten dieser Verbindung zu teuer sein, die Entwicklung direkt auf diesem Server vorzunehmen.
- Um eine ASP-Seite interaktiv zu debuggen, d.h., um die Ausführung jeder Anweisung zu betrachten, an jedem Haltepunkt zu pausieren und die Variablen und Objekte während der Ausführung zu überprüfen, müssen Sie an der Konsole des Webservers sitzen. Und die Installation von Webserversoftware ist normalerweise am eigenen PC erheblich einfacher, als Zugriff auf die Konsole eines Produktionswebservers zu erhalten.

ASP, ADO und VBScript sind Microsoft-Produkte, die im Lieferumfang von Microsoft-Webservern enthalten sind. Microsofts Flagschiff unter den Webservern – und der einzige, der sich als Produktionsserver eignet – ist Bestandteil der Internet Information Services. IIS läuft unter Microsoft Windows 2000 und hat, wie in Tabelle 6.1 gezeigt, momentan die Versionsnummer 5.0.

Tabelle 6.1 Die verschiedenen Versionen von Internet Information Server

Version	Enthalten in
1.0	Post Release Feature von Microsoft Windows NT Server 3.51
2.0	Windows NT Server 4.0

▶

Version	Enthalten in
3.0	Post Release Feature von Windows NT Server 4.0
4.0	Windows NT 4.0 Option Pack
5.0	Windows 2000

Wie Sie sehen können, wird IIS häufiger aktualisiert als Windows NT Server (nun Windows 2000 Server). Und neue Versionen von ADO erscheinen sogar noch häufiger als die von IIS, und zwar meistens zeitgleich mit Updates von Microsoft Access oder Microsoft SQL Server. Einige ADO-Versionen sind jedoch reine »Bugfixes«, d.h. Versionen zur Behebung von Fehlern oder anderen wichtigen Verbesserungen. Es gibt keinen festgelegten Zeitplan, zu dem neue Versionen von VBScript erscheinen. Um das Leben jedoch etwas interessanter zu machen, enthalten einige Windows NT Service Packs auch Fixes und Verbesserungen für IIS und Windows NT.

Glücklicherweise sind die Softwareschnittstellen, die von Webdatenbankentwicklern benutzt werden, seit der Version 4.0 von IIS stabil geblieben. Dies hat den Vorteil, dass nicht mehrere Millionen vorhandener ASP-Seiten wegen einer neuen Version überarbeitet werden müssen. Es ist sehr wahrscheinlich, dass die Entwicklungstechniken, die in diesem Buch vorgestellt werden, mehrere Jahre lang Gültigkeit haben werden, auch wenn die Softwarebasis gelegentlich aktualisiert wird.

IIS läuft auch unter Windows NT Workstation, Windows 98 und Windows 95, heißt dann jedoch Microsoft Personal Web Server (PWS). Außerdem sind einige Funktionen nicht vollständig vorhanden oder wurden ganz entfernt. PWS unterstützt beispielsweise nur einen Webserver pro Computer und die Versionen von Windows 95 und Windows 98 sind mit beschränkten Sicherheitsfunktionen ausgestattet.

Bezug eines Microsoft-Webservers

Installieren Sie nicht die Version von IIS, die auf der Windows NT 4.0-CD oder einer früheren Version enthalten ist, weil diese Version die Techniken nicht unterstützt, die in diesem Buch beschrieben werden.

Unter Windows 2000 können Sie IIS zusammen mit dem Betriebssystem oder später über die Systemsteuerung installieren. Microsoft Personal Web Server ist im Lieferumfang von Windows 98 enthalten und lässt sich über die Windows 98-CD installieren.

Selbst, wenn Sie mit Windows 2000 oder Windows 98 arbeiten, sollten Sie auf der Microsoft-Site häufiger nachsehen, ob neuere Versionen, Patches oder Updates für IIS oder PWS vorhanden sind.

Wenn Sie Windows NT 4 oder Windows 95 nutzen, sollten Sie sich das Windows NT Server 4.0 Option Pack (oder einen Nachfolger, falls es diesen gibt) von der folgenden Website herunterladen: *http://www.microsoft.com/ntserver.*

Webdienste unter Windows 2000 installieren

Die Installation von IIS unter Windows 2000 beginnt mit dem in Abbildung 6.1 gezeigten Dialogfeld. Dieses erscheint während des Setups oder auch, wenn Sie folgende Schritte ausführen:

1. Systemsteuerung öffnen.
2. Auf Symbol *Software* doppelklicken.
3. Auf *Windows-Komponenten hinzufügen/entfernen* klicken.

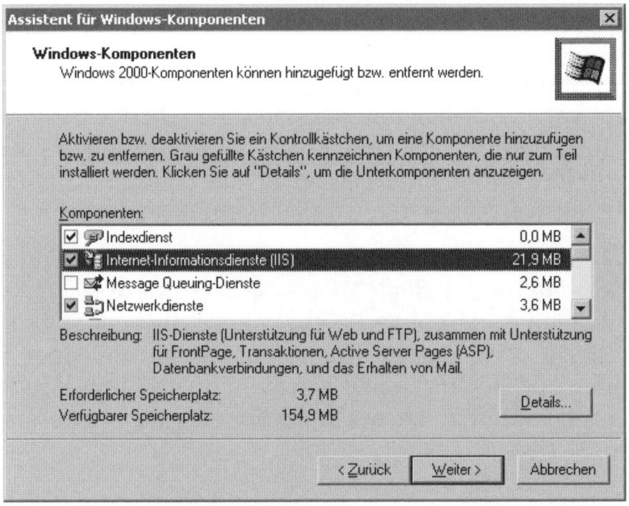

Abbildung 6.1
Um einen Webserver unter Windows 2000 zu installieren, aktivieren Sie das Kontrollkästchen *Internet-Informationsdienste (IIS)*

Die Liste der Komponenten, die im Dialogfeld *Windows-Komponenten* angezeigt werden, hängt davon ab, ob Sie Windows 2000 Server oder Windows 2000 Professional installiert haben. Abbildung 6.1 zeigt die Optionen für Windows 2000 Server. Die folgenden Optionen beziehen sich auf die Webdatenbankentwicklung:

In ▶ Lektion 11 wird erklärt, wie Webseiten erstellt werden, die den Indexdienst nutzen.

- **Indexdienst** ermöglicht die Volltextsuche in Dateien und kann die Seiten in einer Website indizieren. Sie sollten diese Option installieren, wenn Ihre Website (oder eine andere Anwendung auf dem Server) von der Volltextsuche profitieren soll.
- **Internet-Informationsdienste (IIS)** enthält den Webserver. Sie sollten diese Option wählen, wenn Ihr Server Webbesuchern Webseiten jeder Art zur Verfügung stellen soll.

Die ▶ Lektion 16 beschreibt, wie der Script Debugger verwendet wird.

- **Script Debugger** ermöglicht die interaktive Fehlersuche in Skriptprogrammen. Programme lassen sich im Einzelschrittmodus ausführen, Haltepunkte können eingefügt werden und es besteht ein Laufzeitzugriff auf Variablen. Sie sollten diese Option auf jedem Computer installieren, der für die ASP-Entwicklung eingesetzt werden soll.

IIS enthält einige Teilkomponenten, die Sie bei Bedarf installieren oder von der Installation ausnehmen können. Um die Liste der Teilkomponenten zu betrachten und eine Auswahl vorzunehmen, markieren Sie die Option *Internet-Informationsdienste (IIS)*, und klicken Sie dann auf die Schaltfläche *Details*. Es öffnet sich das in Abbildung 6.2 gezeigte Dialogfeld.

Abbildung 6.2 Dieses Dialogfeld listet installierbare Komponenten für Internet-Informationsdienste auf

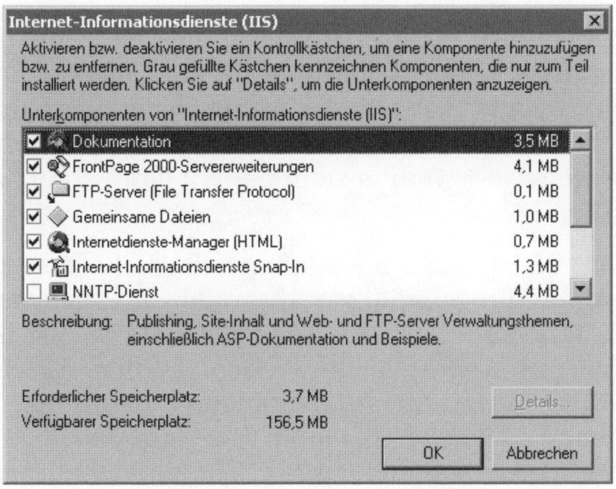

IIS bietet folgende installierbare Komponenten:

- **Gemeinsame Dateien** bezieht sich auf die verschiedenen Dateien, die von einer oder mehreren anderen Teilkomponenten verwendet werden. Wenn Sie andere Teilkomponenten auswählen, müssen Sie diese ebenfalls installieren.
- **Dokumentation** enthält Informationen über die Verwaltung und Programmierung der anderen Teilkomponenten. Aktivieren Sie diese Option.

- **FTP-Server (File Transfer Protocol)** nimmt eingehende Verbindungen von Remotebenutzern entgegen, die mit einer FTP-Clientsoftware arbeiten. Installieren Sie diese Teilkomponente nur, wenn Sie FTP-Sites zum Übertragen von Dateien installieren möchten.
- **FrontPage 2000-Servererweiterungen** bietet erweiterte Funktionen zum Webpublishing für alle Versionen von FrontPage, alle Versionen von Visual InterDev und die Funktion *Webordner* in Office 2000. Die Erweiterungen stellen auch serverseitige Programme bereit, die einige FrontPage-Funktionen benötigen, um korrekt ausgeführt zu werden. Aktivieren Sie diese Option, wenn Sie die Arbeit mit FrontPage, Visual InterDev oder den Webordnern von Office 2000 ermöglichen möchten.
- **Internet-Informationsdienste Snap-In** bietet Software für die Verwaltung des Webservers über die Microsoft Management-Konsole (MMC). Diese Option müssen Sie unbedingt aktivieren.
- **Internetdienste-Manager (HTML)** bietet eine grafische Verwaltungsoberfläche für IIS auf der Basis von Webseiten. Aktivieren Sie diese Option nur, wenn Sie den Webserver über einen Standort mit HTTP-Connectivity verwalten können.
- **NNTP-Dienst** nimmt Beiträge zu Internet-Newsgroups entgegen und leitet diese weiter. Außerdem können einzelne Benutzer über Newsgroup-Clients (Newsreaders) eine Verbindung herstellen. Aktivieren Sie diese Option nur, wenn Sie einen eigenen Newsserver einrichten möchten. Diese Option steht bei Windows 2000 Professional nicht zur Verfügung.
- **SMTP-Dienst** nimmt eingehende E-Mail-Nachrichten entgegen und versucht in regelmäßigen Abständen, sie an einen anderen Server weiterzuleiten. Der Dienst speichert die Nachrichten nur, bis sie erfolgreich weitergeleitet werden konnten. Anschließend werden sie gelöscht. E-Mail-Clients können über diesen Dienst keine Nachrichten empfangen. Server mit einem zuverlässigen Zugriff auf einen anderen SMTP-Server benötigen diese Teilkomponente selten.
- **Unterstützung von Visual für RAD Remote-Bereitstellung** fügt weitere Funktionen zu den FrontPage-Servererweiterungen hinzu. Diese Funktionen registrieren serverseitige Komponenten und richten Microsoft Transaction Server-Pakete auf Anforderung von Entwicklern ein, die Visual InterDev remote einsetzen. Installieren Sie diese Option nur, wenn Entwickler, die Visual InterDev nutzen, diese Funktionalität benötigen.
- **WWW-Server** bietet Webbesuchern Zugriff auf normale Webseiten, ASP-Seiten und andere serverseitige Programme über HTTP. Für die Webdatenbankentwicklung müssen Sie diese Option immer installieren.

Webdienste unter Windows NT 4.0 installieren

Um IIS unter Windows NT 4.0 Server oder Workstation zu installieren, müssen Sie sich das Windows NT Server 4.0 Option Pack von der Website *http://www.microsoft.com/ntserver* herunterladen und das Installationsprogramm ausführen. Folgen Sie den Anweisungen des Installationsprogramms, wählen Sie die Option *Benutzerdefinierte Installation*, und warten Sie dann, bis das Installationsprogramm das in Abbildung 6.3 gezeigte Dialogfeld öffnet.

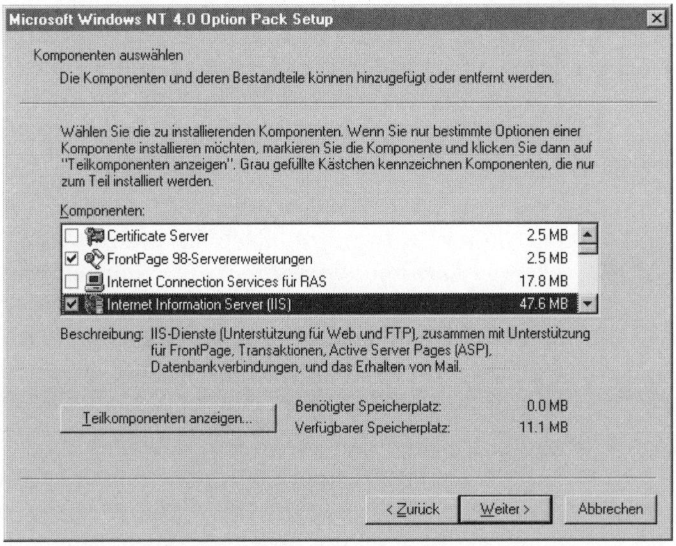

Abbildung 6.3 Dieses Dialogfeld listet die optionalen Komponenten aus dem Windows NT 4.0 Option Pack auf.

Für die Webdatenbankentwicklung sollten Sie die folgenden drei Optionen installieren:

- **Internet Information Server (IIS)** ist die Komponente, die die Webserversoftware enthält. Diese Option muss unbedingt aktiviert werden, wenn Sie ASP-Anwendungen auf dem lokalen Computer testen oder bereitstellen möchten. Unter Windows NT Workstation heißt diese Option Personal Web Server.
- **Microsoft Script Debugger** stellt zusätzliche Funktionalität für die Fehlersuche in Webseiten bereit. Sie sollten diese Option auf allen Computern installieren, die Sie für die Entwicklung von ASP-Seiten nutzen möchten.
- **NT Option Pack Dateien** installiert verschiedene Dateien, die von anderen Komponenten benutzt werden. Wenn Sie andere Komponenten installieren, müssen Sie auch diese Dateien installieren.

Die folgenden Komponenten sind überholt. Selbst, wenn Sie beschließen, die Versionen zu installieren, die im Option Pack enthalten sind, sollten

Sie sich die neuesten Versionen von Microsofts Website herunterladen und diese installieren.

- **FrontPage 98-Servererweiterungen** bieten allen Versionen von FrontPage und von Visual InterDev verbesserte Funktionen für die Webentwicklung und stellen die Funktion *Webordner* in Office 2000 bereit. Sollten Sie diese Funktion benötigen, empfiehlt es sich, die aktuelle Version von FrontPage 2000-Servererweiterungen aus dem Internet herunterzuladen. Es gibt drei Möglichkeiten, dies zu tun:
  - Führen Sie das Programm *Setup* von der CD 1 des Office 2000 Premium-CD-Sets aus wählen Sie unter *Microsoft FrontPage für Windows* für die folgenden Optionen *Vom Arbeitsplatz starten: Server Extensions Resource Kit* und, wenn Sie die Erweiterungen über Ihren Browser verwalten möchten, *Administrationsformulare für Servererweiterungen.*
  - Legen Sie die CD 3 des Office 2000 Premium CD-Sets ein, und wählen Sie im Eröffnungsbildschirm die Option *Microsoft Office Servererweiterungen installieren*. Es werden nun nicht nur die FrontPage 2000-Servererweiterungen, sondern auch alle zusätzlichen Funktionen für Microsoft Office installiert. Sie können die Office-Servererweiterungen jedoch nur auf einem Windows 2000- oder einem Windows NT Server-System installieren.
  - Laden Sie die neueste Version der FrontPage 2000-Servererweiterungen von Microsofts Website unter *http://msdn.microsoft.com/workshop/languages/fp/2000/winfpse.asp* herunter und folgen Sie den Anleitungen, die Ihnen zur Verfügung gestellt werden. Selbst wenn Sie die Erweiterungen von der Office-CD, sollten Sie die Microsoft-Site hin und wieder aufsuchen, um festzustellen, ob neue Versionen vorliegen.
- **Microsoft Data Access Components 1.5** bietet eine frühere Version von ADO. Unabhängig davon, ob Sie diese Komponente installieren oder nicht, sollten Sie auf jeden Fall die neueste Version des Microsoft Data Access Packs herunterladen. eine Beschreibung finden Sie in ▶ Lektion 3.

Nachdem Sie diese Optionen gewählt haben, markieren Sie die Option *Internet Information Server (IIS)*, klicken auf die Schaltfläche *Teilkomponenten anzeigen* und prüfen die folgende Liste. Abbildung 6.4 zeigt einen Ausschnitt. Eine Beschreibung der einzelnen Teilkomponenten finden Sie im ▶ Abschnitt »Webdienste unter Windows 2000 installieren« in dieser Lektion. Es gibt möglicherweise kleinere Abweichungen in der Schreibweise.

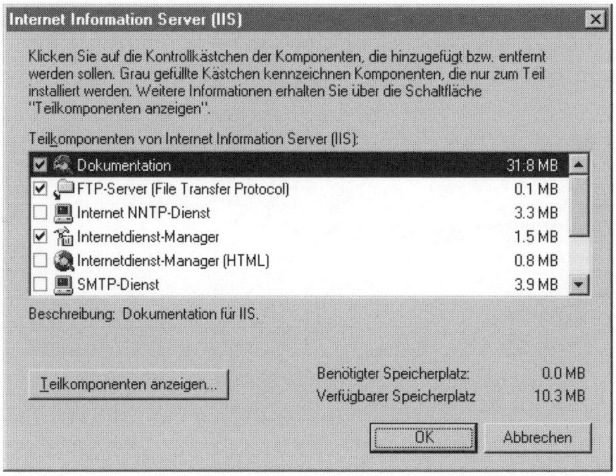

Abbildung 6.4 Dieses Dialogfeld listet die Teilkomponenten von Internet Information Server 4.0 auf

Die Teilkomponenten *Internetdienst-Manager* aus dem Option Pack installiert zwei Elemente: die Microsoft Management-Konsole (MMC) und das Internet Information Server Snap-In. Windows 2000 installiert MMC automatisch.

Die Dienste NNTP und SMTP stehen nicht zur Verfügung, wenn Sie das Option Pack unter Windows NT Workstation installieren.

Webdienste unter Windows 95 und Windows 98 installieren

Wenn Sie mit Windows 98 arbeiten, können Sie Personal Web Server von der Windows 98-CD installieren. Öffnen Sie dazu die Systemsteuerung, klicken Sie doppelt auf das Symbol *Software,* aktivieren Sie die Registerkarte *Windows Setup*, markieren Sie die Option *Internet-Programme,* und klicken Sie auf die Schaltfläche *Details.* Aktivieren Sie im Dialogfeld *Internet-Programme* die Option *Personal Web Server*, und klicken Sie auf OK.

Wählen Sie anschließend *Start/Ausführen,* legen Sie die Windows 98-CD-ROM ein und geben Sie im Dialogfeld *Ausführen* den Pfad *x:\add-ons\pws\setup.exe* ein (*x* steht für den Laufwerksbuchstaben Ihres CD-ROM-Laufwerks). Klicken Sie anschließend auf OK, wird die Installation von Personal Web Server gestartet.

So seltsam dies auch klingen mag, müssen Sie Microsoft Personal Web Server unter Windows 95 über das Windows NT 4.0 Option Pack installieren. Wenn Sie das Setupprogramm starten, entdeckt es das Betriebssystem des Computers und installiert die korrekte Software. Abbildung 6.6 zeigt die Komponenten, die zur Verfügung stehen, wenn Sie unter Windows 95 die Option *Benutzerdefiniert* wählen.

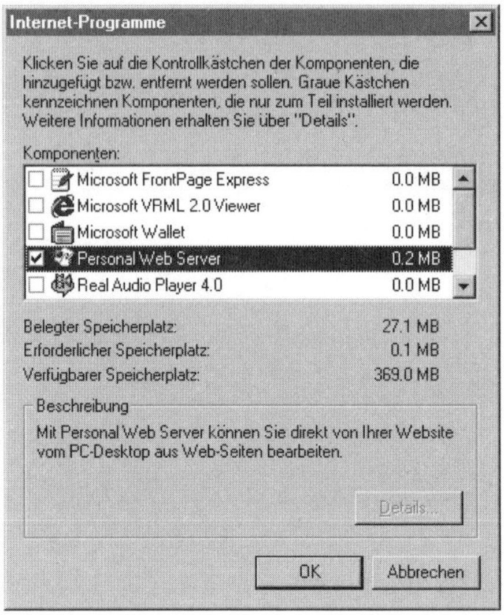

Abbildung 6.5 Eines der Internet-Programme, die unter Windows 98 SE zur Verfügung stehen, ist *Personal Web Server*

Unter Windows 95 sollten Sie dieselben Optionen wählen, wie unter Windows NT Workstation. Das heißt, Sie müssen zumindest *Allgemeine Programmdateien* und *Personal Web Server* installieren.

Sie müssen außerdem *Microsoft Data Access Components* installieren. Sie sollten sich jedoch die neueste Version von Microsofts Website herunterladen und im Anschluss an das Option Pack installieren. Wenn Sie die *FrontPage-Servererweiterungen* benötigen, sollten Sie die FrontPage 2000-Version von der Office 2000 Premium-CD oder von Microsofts Website installieren.

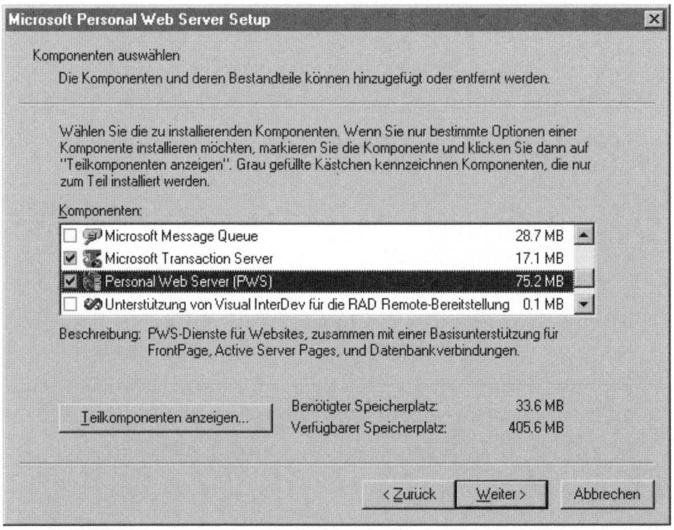

Abbildung 6.6 Bei der Installation von Windows NT 4.0 Option Pack unter Windows 95 stehen Ihnen die gezeigten Komponenten zur Verfügung

Ausführbare Ordner erzeugen

Jeder Webserver verbindet einen bestimmten Ordner mit dem URL »/«. Dieser Ordner ist das *HTTP-Basisverzeichnis*. Wenn ein Webbesucher einen URL anfordert, sucht der Webserver relativ zum HTTP-Basisverzeichnis nach dem angeforderten Pfad und Dateinamen. Die Tabelle 6.2 zeigt einige Beispiele mit *C:\InetPub\wwwroot* als HTTP-Basisverzeichnis ist.

Tabelle 6.2 URLs werden relativ zum HTTP-Basisverzeichnis aufgelöst

Angeforderter URL	Bereitgestellte Datei
http://<server>/default.htm	*C:\InetPub\wwwroot\default.htm*
http://<server>/xyz/info.htm	*C:\InetPub\wwwroot\xyz\info.htm*
http://<server>/bilder/logo.gif	*C:\InetPub\wwwroot\bilder\logo.gif*

Weil *C:\InetPub\wwwroot* das HTTP-Basisverzeichnis des Webservers ist, werden URLs in Relation zu diesem aufgelöst. Dieses Schema ist einfach und elegant, aber nicht flexibel. Früher oder später tritt immer bei jedem Webadministrator die Situation auf, dass sich der URL-Pfad vom physischen Pfad unterscheiden muss.

Angenommen, bei der Installation eines Softwareprodukts namens *Bits* würden die webbasierten Dokumentationsdateien im Pfad *E:\Programme\Bits\docs* installiert werden. Sie können diese Dokumentation auch in einem neuen Ordner namens *C:\InetPub\wwwroot\BitDocs* kopieren, aber es wäre wesentlich günstiger, den URL *http://<server>/BitDocs* mit dem physischen Pfad *E:\Programme\Bits\docs* zu verknüpfen. Die meisten Webserver inklusive der von Microsoft unterstützen solche Anforderungen mit sogenannten *virtuellen Verzeichnissen*. Ein virtuelles Verzeichnis verknüpft einen URL-Pfad mit einem physischen Pfad, der sich nicht unbedingt im HTTP-Basisverzeichnis befinden muss.

Mit dem Konzept der virtuellen Verzeichnisse lässt sich erheblich mehr als eine einfache Übersetzung von Pfaden realisieren. Alle Ordnereinstellungen und Berechtigungen, die sich auf die Benutzung von Webservern beziehen – und nicht auf normale Dateien – befinden sich im Eintrag des virtuellen Verzeichnisses. Dies gilt auch dann, wenn der virtuelle und der physische Pfad identisch sind.

Eine solche Einstellung bezieht sich auf die Eigenschaft *Ausführen*. Diese Eigenschaft teilt dem Webserver mit, dass ASP-Seiten und andere ausführbare Objekte, die sich in einem bestimmten Ordner befinden, ausgeführt werden dürfen. Wird eine ASP-Seite in einem nicht ausführbaren Ordner abgelegt, kann der Webserver sie nicht ausführen.

Im nächsten Abschnitt wird beschrieben, wie ein virtuelles Verzeichnis eingerichtet und zu einem ausführbaren Verzeichnis gemacht wird. Wenn Sie selbst der Administrator des Webservers sind (z.B., weil Sie den Webserver auf Ihrem eigenen PC konfigurieren), können Sie die Beschreibung selbst nachvollziehen. Ansonsten müssen Sie den Serveradministrator darum bitten.

Ein ausführbares Verzeichnis unter Windows 2000 erstellen

Gehen Sie wie folgt vor, um ein ausführbares virtuelles Verzeichnis unter Windows 2000 zu erstellen:

1. Wählen Sie *Start/Programme/Verwaltung/Internetdienste-Manager.* (Es funktioniert auch jede andere Konfiguration der Microsoft Management-Konsole, die das Internet-Informationsdienste-Snap-In enthält.)
2. Wenn der Computer, der das ausführbare virtuelle Verzeichnis enthält, nicht unter den Internetinformationsdiensten aufgeführt ist, klicken Sie mit der rechten Maustaste auf *Internet-Informationsdienste,* und wählen Sie im Kontextmenü den Eintrag *Verbinden.* Geben Sie den gewünschten Computernamen ein, und klicken Sie auf OK.
3. Ist dem Computer, der das ausführbare virtuelle Verzeichnis enthält, ein Pluszeichen vorangestellt, klicken Sie darauf, um die nächste Ebene einzublenden.
4. Klicken Sie mit der rechten Maustaste auf die Website, die das ausführbare virtuelle Verzeichnis enthalten wird, und wählen Sie im Kontextmenü den Befehl *Neu/Virtuelles Verzeichnis* (siehe Abbildung 6.7).

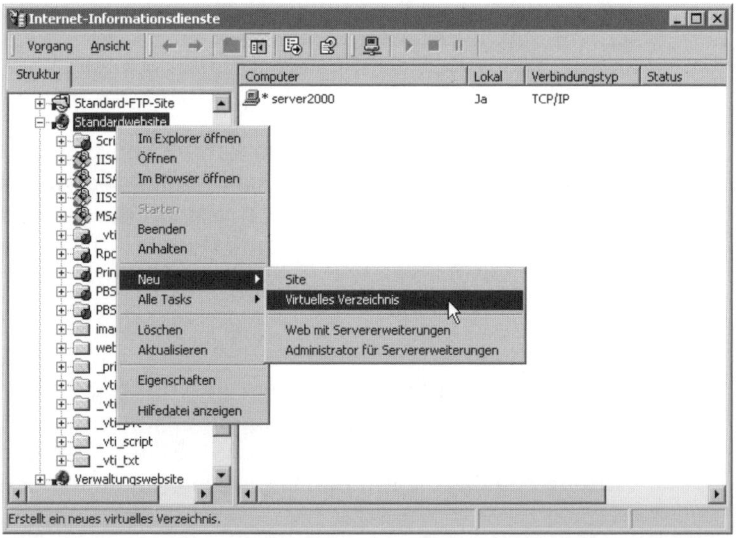

Abbildung 6.7 Wählen Sie im Kontextmenü der Website *Neu/Virtuelles Verzeichnis*, um ein virtuelles Verzeichnis einzurichten

5. Wenn sich der *Assistent zum Erstellen virtueller Verzeichnisse* öffnet, klicken Sie auf die Schaltfläche *Weiter*, um den Eröffnungsbildschirm zu übergeben und dann den gewünschten Aliasnamen einzugeben. Dies ist der Pfad, den die Webbesucher in Ihren URLs sehen werden. Abbildung 6.8 zeigt diesen und den nächsten Schritt.

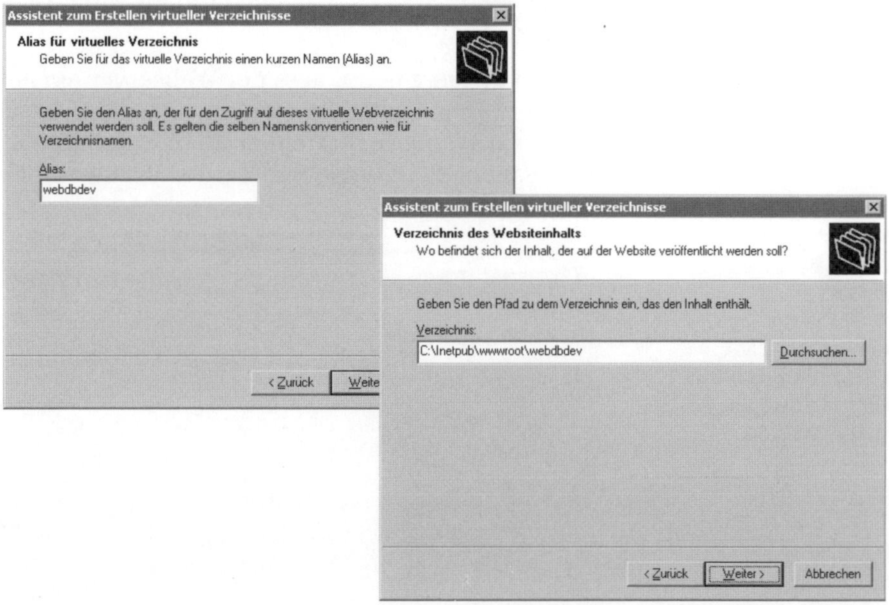

Abbildung 6.8
Geben Sie den Alias (URL-Pfad) und den physischen Pfad des virtuellen Verzeichnisses in die beiden Dialogfelder ein

6. Klicken Sie auf die Schaltfläche *Weiter*, und geben Sie dann den Pfad zu dem Verzeichnis im UNC-Format ein, das die Website enthält, oder wählen Sie den Pfad über die Schaltfläche *Durchsuchen*.

7. Klicken Sie auf die Schaltfläche *Weiter*. Es öffnet sich das Dialogfeld *Zugriffsberechtigungen*, das die folgenden Sicherheitsoptionen für das neue virtuelle Verzeichnis enthält:

- **Lesen** legt fest, dass der Webserver auf normale GET-Anforderungen für Dateien im virtuellen Verzeichnis reagieren kann. D.h., er kann HTML-, GIF-, JPEG- und andere Dateien wie üblich versenden.

- **Skripts ausführen** legt fest, dass der Webserver GET- und POST-Anforderungen behandeln kann, die auf einen Pfad innerhalb des virtuellen Verzeichnisses zugreifen und bei denen ein Skriptinterpreter Webseiten ausführt, die serverseitige Skripts enthalten. Sie müssen diese Option unbedingt aktivieren, damit ASP-Seiten korrekt funktionieren.

- **Ausführen** legt fest, dass der Webserver alle Programmdateien (wie *.exe-* und *.dll-*Dateien ausführen kann, die sich im virtuellen Verzeichnis befinden und Bestandteil des URL sind.
- **Schreiben** legt fest, dass der Webserver Dateien von Webbesuchern empfangen und die entsprechendenden Dateien im virtuellen Verzeichnis erstellen oder überschreiben kann. Diese Option wird selten benutzt.
- **Durchsuchen** gibt an, dass der Webserver ein mit Hyperlinks versehenes Verzeichnis aller Dateien im virtuellen Verzeichnis zurücksendet, wenn ein Webbesucher einen URL ohne Dateinamen sendet und der angegebene Pfad keine Standardwebseite enthält.

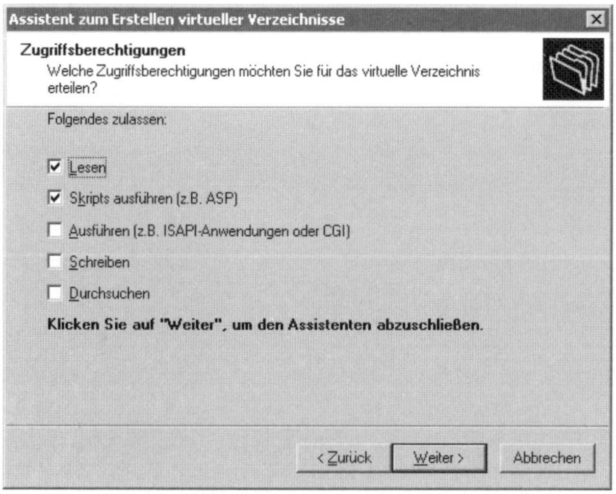

Abbildung 6.9
Legen Sie in diesem Dialogfeld die Sicherheitseinstellungen fest. Die Option *Skripts ausführen* ist standardmäßig aktiviert.

8. Klicken Sie auf die Schaltfläche *Weiter* und dann auf *Fertig stellen*. Das neue virtuelle Verzeichnis sollte nun im MMC unterhalb des Eintrags der Website angezeigt werden.
9. Um die gewählten Einstellungen noch einmal zu betrachten oder zu verändern, klicken Sie mit der rechten Maustaste auf das neue virtuelle Verzeichnis in MMC, und wählen Sie im Kontextmenü den Befehl *Eigenschaften*. Es öffnet sich das in Abbildung 6.10 gezeigte Dialogfeld. Klicken Sie auf die Schaltfläche *Konfiguration*, öffnet sich das auf der rechten Seite gezeigte Dialogfeld. Aktivieren Sie z.B. die Registerkarte *Debuggen der Anwendung,* und deaktivieren Sie das Kontrollkästchen *ASP-serverbasiertes Skriptdebuggen aktivieren.*

Die Optionen *Lesen*, *Schreiben* und *Verzeichnis durchsuchen* auf der linken Seite entsprechen den Optionen *Lesen*, *Schreiben* und *Durchsuchen* im Assistenten. Die Optionen im Listenfeld *Ausführberechtigungen* entsprechen den Optionen *Skripts ausführen* und *Ausführen* im Assistenten.

10 Das Dialogfeld *Eigenschaften von <virtuelles Verzeichnis>*, das Sie in der Abbildung 6.10 auf der linken Seite sehen, enthält viele Optionen, die der *Assistent zum Erstellen virtueller Verzeichnisse* nicht konfiguriert. Glücklicherweise eignen sich die Standardeinstellungen für die meisten Zwecke. Ist das einmal nicht der Fall, können Sie über die *Hilfe*-Schaltfläche weitere Hinweise erhalten. Eine Einstellung muss jedoch etwas ausführlicher beschrieben werden. Wenn Sie auf die Schaltfläche *Konfiguration* klicken und dann im Dialogfeld *Anwendungskonfiguration* die Registerkarte *Debuggen der Anwendung* aktivieren, sind die in Abbildung 6.10 dargestellten Optionen sichtbar:

- **ASP-serverbasiertes Skriptdebuggen aktivieren** muss aktiviert sein, wenn Sie Ihre ASP-Anwendungen, wie in ▶ Lektion 16 beschrieben, debuggen möchten.

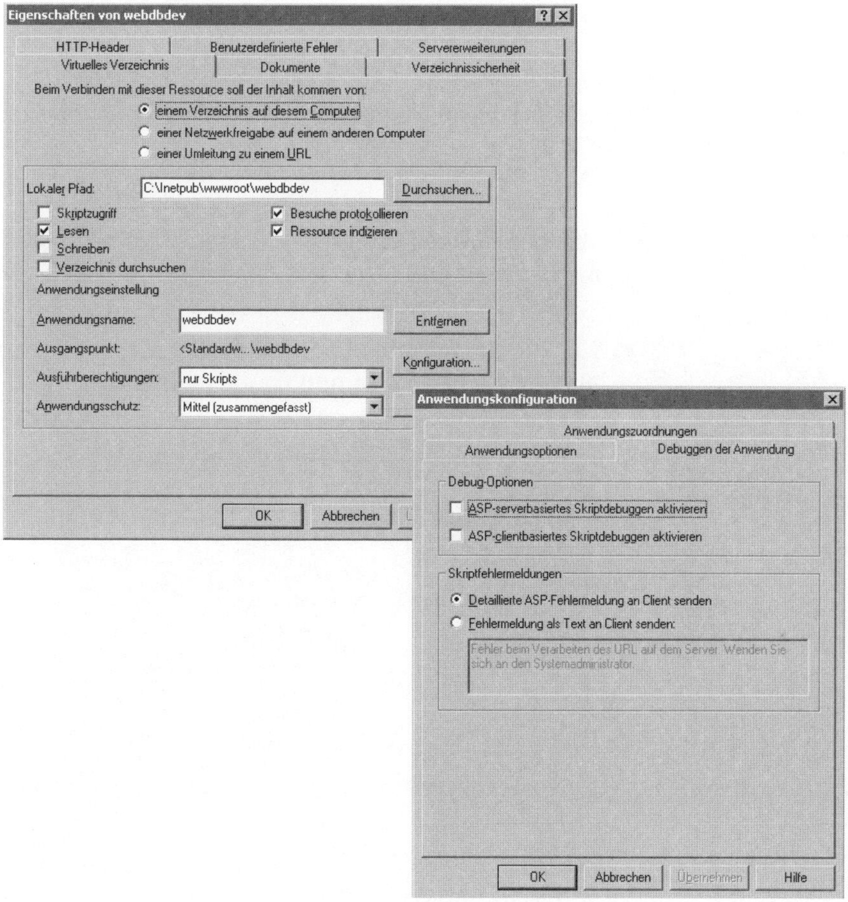

Abbildung 6.10 Das IIS-Snap-In zeigt im Dialogfeld auf der linken Seite die Eigenschaften eines bestehenden virtuellen Verzeichnisses an

Ein ausführbares Verzeichnis unter Windows NT 4.0 erstellen

Abgesehen von kleineren visuellen Unterschieden wird ein virtuelles Verzeichnis unter Windows NT 4.0 auf die gleiche Weise eingerichtet wie unter Windows 2000. Klicken Sie auf *Start/Programme/Windows NT 4.0 Option Pack/Microsoft Internet Information Server* und schließlich auf Internetdienst-Manager (wie üblich wählen Sie unter Windows NT 4.0 Workstation *Personal Web Server* statt *Internet Information Server*).

Ein ausführbares Verzeichnis unter Windows 95 oder Windows 98 erstellen

Gehen Sie wie folgt vor, um ein virtuelles Verzeichnis auf einem Microsoft Personal Web Server zu erstellen, der unter Windows 95 oder Windows 98 ausgeführt wird:

1. Starten Sie Personal Web Manager wie folgt:
   - Klicken Sie doppelt auf das Symbol *Veröffentlichen* auf dem Desktop.
   - Klicken Sie auf *Start/Programme/Microsoft Personal Web Server* und anschließend auf *Personal Web Manager.*
2. Wenn sich das Dialogfeld *Personal Web Manager* öffnet, klicken Sie auf die Schaltfläche *Erweitert.* Im Personal Web Manager werden nun alle virtuellen Verzeichnisse aufgeführt.
3. Klicken Sie auf die Schaltfläche *Hinzufügen,* um das Dialogfeld *Verzeichnis hinzufügen* zu öffnen (siehe Abbildung 6.11).

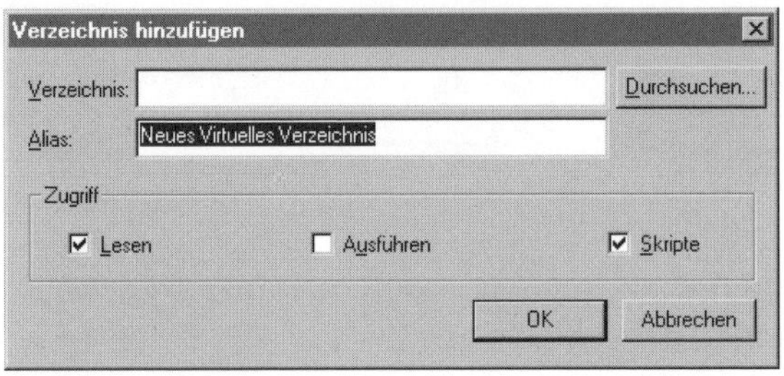

Abbildung 6.11 Unter Windows 95 und Windows 98 können Sie über diese Dialogfelder virtuelle Verzeichnisse in Microsoft Personal Web Server einrichten

4. Legen Sie Werte für die folgenden Optionen fest:
   - **Verzeichnis** Geben Sie den physischen Pfad zum Basisverzeichnis der Website an.
   - **Alias** Geben Sie den URL-Pfad an, über den Webbesucher auf den Inhalt der Website zugreifen können.

- **Zugriff: Lesen** Aktivieren Sie diese Option, wenn der Webserver Anforderungen für normale Dateitypen wie HTML, GIF und JPEG bedienen können soll, die im virtuellen Verzeichnis abgelegt sind.
- **Zugriff: Ausführen** Aktivieren Sie diese Option, wenn der Webserver in der Lage sein sollte, Programme auszuführen, die sich im virtuellen Verzeichnis befinden und eine Dateinamenserweiterung wie *.exe* oder *.dll* haben.
- **Zugriff: Skripte** Aktivieren Sie diese Option, wenn der Webserver Anforderungen bedienen können sollte, die einen Pfad im virtuellen Verzeichnis angeben und bei denen der Skriptinterpreter Webseiten ausführen muss, die serverseitige Skripts enthalten. Diese Option müssen Sie unbedingt aktivieren, damit ASP-Seiten korrekt funktionieren.

Klicken Sie auf OK, um das virtuelle Verzeichnis zu erstellen.

Um ein vorhandenes virtuelles Verzeichnis zu verändern, markieren Sie dieses im Listenfeld *Virtuelle Verzeichnisse*, und klicken Sie dann auf die Schaltfläche *Bearbeiten*. Um ein vorhandenes virtuelles Verzeichnis zu entfernen, markieren Sie es auf dieselbe Weise und klicken auf die Schaltfläche *Entfernen*.

Ein ausführbares Verzeichnis mit Microsoft FrontPage erstellen

Webseiten, die Sie mit FrontPage erstellen, können Sie auf drei Weisen organisieren:

- Als einzelne HTML- oder ASP-Dateien.
- Als Gruppe von Dateien auf der Festplatte. FrontPage bezeichnet dies als *festplattenbasiertes Web*.
- Als Gruppe von Dateien auf einem Webserver. FrontPage bezeichnet dies als *serverbasiertes Web*.

Als Webdatenbankentwickler, der seine ASP-Seiten auf einem Webserver testen muss, sollten Sie sich für den serverbasierten Webserver entscheiden. FrontPage stellt sicher, dass das Basisverzeichnis jedes serverbasierten FrontPage-Webs auch ein virtuelles Verzeichnis ist. Dies bedeutet, dass Sie kein virtuelles Verzeichnis zu erstellen brauchen, weil FrontPage Ihnen diese Arbeit abnimmt.

Wenn Sie die Berechtigung haben, ein serverbasiertes Web zu verwalten, können Sie die Eigenschaften des virtuellen Verzeichnisses betrachten und verändern. Gehen Sie dazu wie folgt vor:

1. Öffnen Sie das serverbasierte Web in FrontPage.

2. Klicken Sie mit der rechten Maustaste auf das Basisverzeichnis des Webs.
3. Wählen Sie im Kontextmenü den Befehl *Eigenschaften*. Es öffnet sich nun das in Abbildung 6.12 gezeigte Dialogfeld, in dem Sie die folgenden Einstellungen ändern können:
   - **Das Ausführen von Programmen erlauben** legt fest, dass der Webserver *.exe-* oder *.dll*-Programme ausführen soll, die in einem URL angegeben werden und im aktuellen Web enthalten sind.
   - **Ausführen von Skripts zulassen** teilt dem Webserver mit, dass der Server Anforderungen von URLs, die einen Dateityp angeben, der von einem serverseitigen Skriptinterpreter verarbeitet wird, annehmen und verarbeiten soll. Diese Option *muss* aktiviert sein, damit ASP-Seiten korrekt funktionieren.

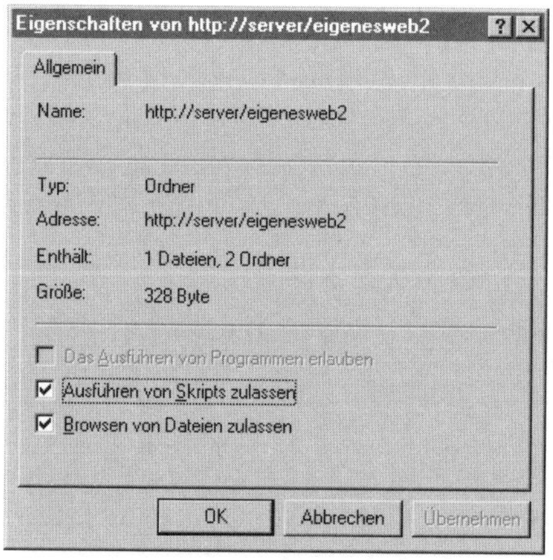

Abbildung 6.12 Über dieses Dialogfeld können Sie in FrontPage die Einstellungen eines virtuellen Verzeichnisses festlegen

   - **Browsen von Dateien zulassen** legt fest, dass der Webserver auf einfache Dateitypen wie HTML-, GIF- oder JPEG-Dateien nur einen Lesezugriff gewähren soll. Beachten Sie, dass die Option *Browsen von Dateien zulassen* in FrontPage angibt, ob der Webbesucher Dateien über HTTP abrufen kann. Die Option hat keinen Einfluss auf die Suche nach Dateien.

Die *Browsen*-Option entspricht der Option *Lesen* in den Konfigurationsprogrammen der Webserver. FrontPage bietet keine Entsprechung für die Funktion *Durchsuchen* in den Konfigurationsprogrammen der Webserver.

Einer Dateinamenserweiterung einen Interpreter zuweisen

Wenn ein Webbesucher Inhalte von einem ausführbaren Verzeichnis anfordert, suchen Microsoft-Webserver die angeforderten Dateinamenserweiterungen in einer Tabelle der *Anwendungszuordnungen*. Diese Tabelle weist Dateinamenserweiterungen Skriptinterpreter zu.

Unter Windows 2000 und Windows NT können Sie die Anwendungszuordnungstabelle anzeigen und verändern. Gehen Sie dazu wie folgt vor (Beschreibung für Windows 2000):

1. Starten Sie den Internetdienste-Manager (oder eine andere Instanz von MMC, die das Internet-Informationsdienste-Snap-In enthält).
2. Klicken Sie unter dem Eintrag *Internet-Informationsdienste* mit der rechten Maustaste auf den Computer, den Sie verwalten möchten, und wählen Sie dann im Kontextmenü den Befehl *Eigenschaften*.
3. Vergewissern Sie sich, dass die Registerkarte *Internet-Informationsdienste* aktiviert ist.
4. Vergewissern Sie sich, dass das Listenfeld *Haupteigenschaften* den Eintrag *WWW-Dienst* enthält, und klicken Sie auf die Schaltfläche *Bearbeiten*.
5. Wählen Sie im Dialogfeld *Haupteigenschaften des WWW-Dienstes*, das sich nun öffnet, die Registerkarte *Basisverzeichnis* (siehe Abbildung 6.13).

Abbildung 6.13 Im Dialogfeld *Haupteigenschaften des WWW-Dienstes* werden Standardeigenschaften für alle Webserver unter Windows NT oder Windows 2000 konfiguriert

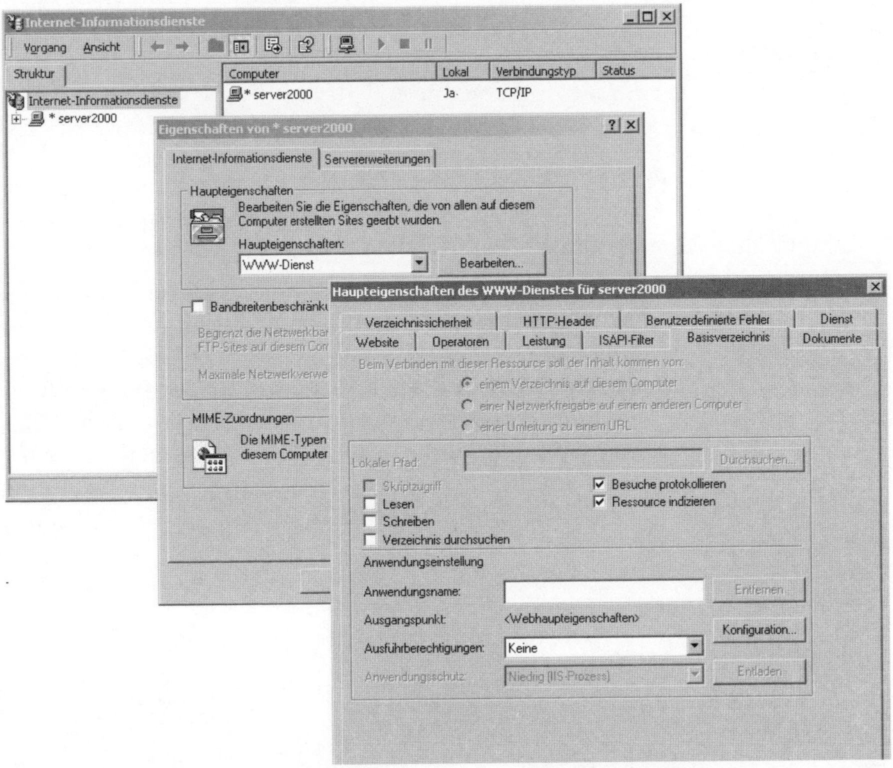

❻ Klicken Sie auf die Schaltfläche *Konfiguration,* um das in Abbildung 6.14 gezeigte Dialogfeld zu öffnen. Die erste Registerkarte namens *Anwendungszuordnungen* listet die Zuordnungen zwischen den Dateinamenserweiterungen und Skriptsinterpretern auf, die momentan aktiv sind. Die Abbildung zeigt z.B., dass die Datei *C:\WINNT\System32\inetsrv\asp.dll* alle angeforderten Dateien mit der Erweiterung *.asp* verarbeitet.

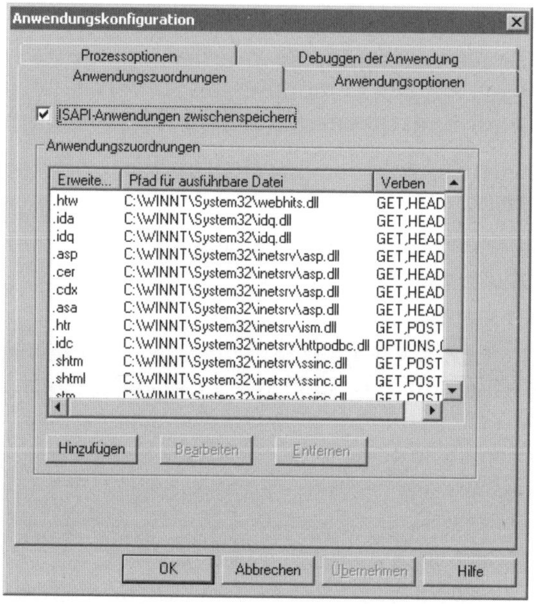

Abbildung 6.14 Das Listenfeld *Anwendungszuordnungen* weist Dateinamenserweiterungen Skriptprozessoren zu

❼ Benutzen Sie die Schaltflächen unter dem Listenfeld *Anwendungszuordnungen,* um Zuordnungen hinzuzufügen, zu verändern oder zu entfernen (Letzteres sollte, falls überhaupt, nur selten vorkommen).

Die Vorgehensweise auf einem Windows NT-Computer ist fast identisch. Auf der Registerkarte *Anwendungszuordnungen* gibt es jedoch einen kleinen Unterschied. Die Windows 2000-Tabelle, die in Abbildung 6.14 gezeigt wird, enthält eine Spalte *Verben,* die angibt, welche HTTP-Befehle für eine Anwendungszuordnung zulässig sind. Wie Sie Abbildung 6.15 entnehmen können, enthält die entsprechende Windows NT 4.0-Tabelle eine Spalte *Ausnahmen,* in der angegeben ist, welche HTTP-Befehle für eine Zuordnung *nicht* gültig sind.

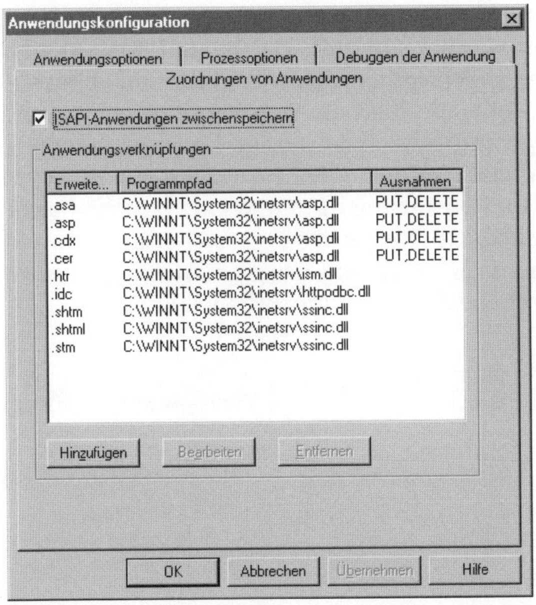

Abbildung 6.15 In der Spalte *Ausnahmen* des Listenfelds *Anwendungszuordnungen* sind unter Windows NT die unzulässigen HTTP-Befehle aufgeführt

Die Registerkarte *Basisverzeichnis* für jeden Webserver und die Registerkarte *Verzeichnis* für jedes virtuelle Verzeichnis enthalten eine *Konfiguration*-Schaltfläche, über die die Registerkarte *Anwendungszuordnungen* eingeblendet werden kann. Die Einstellungen, die hier vorgenommen werden, überschreiben die Einstellungen in der Tabelle *Anwendungszuordnungen* auf der Ebene des Webservers und des virtuellen Verzeichnisses.

MIME-Typen zuweisen

Webserver bieten buchstäblich Hunderte verschiedener Konfigurationsoptionen an, die selbstverständlich im Rahmen dieses Buches nicht alle ausführlich beschrieben werden können. Es gibt jedoch noch eine Einstellung, die sich auf die Entwicklung von Webdatenbanken bezieht.

Wenn ein Webserver eine eingehende Anforderung bearbeitet, sendet er einen oder mehrere *Header-Datensätze*, bevor er den aktuellen Inhalt überträgt. Diese Header-Datensätze enthalten Statuscodes, Serveridentifizierungen, Datumsangaben für Dateien, um die Zwischenspeicherung zu verwalten, Cookies und andere Informationen, die der Webserver und der Browser des Besuchers benötigen, um intelligent kommunizieren zu können. Der eigentliche Datenstrom besteht aus einem oder mehreren Headern, einer Leerzeile und dem eigentlichen Inhalt.

Einer dieser Header, der Header *Content-Type* gibt die Art des Inhalts an, den eine Webantwort enthält. Tabelle 6.3 zeigt einige typische *Content-Type*-Header.

Der Browser verwendet diese Information, um festzustellen, wie die Datei behandelt werden soll, d.h., ob sie als HTML-Seite oder Grafik im Browserfenster angezeigt werden soll, als Sound abgespielt werden soll etc. Sie glauben vielleicht, dass die Dateinamenserweiterung für Typentscheidungen verantwortlich ist. Einige Betriebssysteme kennen jedoch keine Dateinamenserweiterungen. Dazu gehört z.B. das Macintosh-Betriebssystem. Um Plattformunabhängigkeit zu gewährleisten, beschlossen die ursprünglichen Erfinder des Webs, Antworten mit einem existenten Standard namens *Multipurpose Internet Mail Extensions* (MIME) zu beschreiben. Angaben wie *text/html* sind MIME-Typen.

Tabelle 6.3
Typische HTTP-*Content-Type*-Header

Dateityp	Content-Type Header
GIF	*image/gif*
HTML	*text/html*
JPEG	*image/jpeg*
WAV	*audio/x-wav*

Die meisten Windows-basierten Webserver weisen MIME-Typen auf der Basis von Dateinamenserweiterungen zu. Dies impliziert, dass der Webserver über eine Tabelle verfügt, in der Dateinamenserweiterungen MIME-Typen zugeordnet werden. Gehen Sie wie folgt vor, um diese Tabelle zu öffnen:

1. Starten Sie den Internetdienste-Manager (oder eine andere Instanz von MMC, die das Internet-Informationsdienste-Snap-In enthält).
2. Klicken Sie unter dem Eintrag *Internet-Informationsdienste* mit der rechten Maustaste auf den Computer, den Sie verwalten möchten, und wählen Sie dann im Kontextmenü den Befehl *Eigenschaften*.
3. Vergewissern Sie sich, dass die Registerkarte *Internet-Informationsdienste* aktiviert ist.
4. Klicken Sie im Dialogfeldbereich *MIME-Zuordnungen* für den Computer auf die Schaltfläche *Bearbeiten* (unter Windows NT 4.0 heißt diese Schaltfläche *Dateitypen*).
5. Das Dialogfeld *Dateitypen*, das Sie in Abbildung 6.16 sehen, öffnet sich als nächstes. Prüfen Sie die Einträge, und wandern Sie im Listenfeld *Registrierte Dateitypen* nach unten. Um Einträge hinzuzufügen, zu entfernen und zu ändern, benutzen Sie die Schaltflächen *Neuer Typ*, *Entfernen* und *Bearbeiten*.

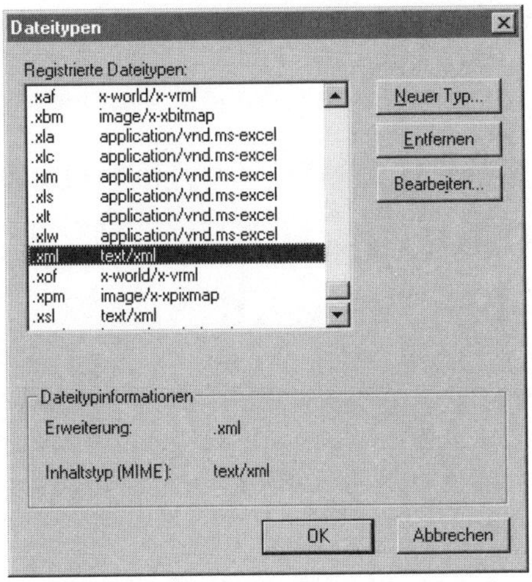

Abbildung 6.16 Dem Listenfeld *Registrierte Dateitypen* können Sie entnehmen, welchen MIME-Typ der Webserver angeben wird, wenn Inhalt mit einer bestimmten Dateinamenserweiterung übertragen wird

Beachten Sie, dass Abbildung 6.16 auch Einträge für die Dateinamenserweiterungen *.xml* und *.xsl* enthält. Diese Einträge fehlen in der Standardinstallation von Windows NT 4.0. Wenn Sie diese Erweiterungen unter Windows NT 4.0 benötigen, müssen Sie die Einträge selbst hinzufügen.

Wie die Anwendungszuordnung gibt es auch die MIME-Typen auf der Ebene des Webservers und auf der von virtuellen Verzeichnissen. Auf der tieferen Ebene ist die Liste jedoch bis auf einige Überschreibungen leer.

ASP-Dateien können die Standard-MIME-Zuordnungen überschreiben, indem sie einen Wert in der Eigenschaft *Response.ContentType* angeben. Wenn Sie z.B. eine ASP-Seite erstellen, die XML- anstatt HTML-Quelltext erzeugt, sollte die Seite mit dem folgenden Code beginnen:

```
<%
Response.ContentType = "text/xml"
%>
```

Wenn der Browser den Inhalt falsch interpretiert, liegt dies häufig daran, dass der MIME-Typ, der auf dem Webserver zugewiesen wurde, fehlt oder fehlerhaft ist. Es ist jedoch auch möglich, dass der Browser falsch (oder gar nicht) konfiguriert wurde und somit den MIME-Typ nicht behandeln kann. Für Microsoft Internet Explorer sind diese Einstellungen in der Dateitypliste des Betriebssystems enthalten. Gehen Sie unter Windows 2000 wie folgt vor, um die Liste zu betrachten:

1. Klicken Sie doppelt auf *Arbeitsplatz* und wählen Sie im Menü *Extras* den Befehl *Ordneroptionen.*
2. Aktivieren Sie die Registerkarte *Dateitypen.*

Um die Liste auf einem Clientcomputer zu betrachten, der unter Windows 95, Windows 98 oder Windows NT 4.0 läuft, gehen Sie wie folgt vor:

1. Wählen Sie in Windows-Explorer im Menü *Ansicht* den Befehl *Optionen*.
2. Aktivieren Sie die Registerkarte *Dateitypen*.

Die Sicherheit von Webseiten unter Windows 2000 und Windows NT verwalten

Damit ein Windows 2000- oder ein Windows NT-Webserver ASP-Seiten korrekt verwendet, reichen korrekte Einstellungen für das virtuelle Verzeichnis nicht aus. Auch die Sicherheit des NTFS-Dateisystems muss korrekt eingerichtet sein. Und, um die Dinge einfach zu halten (je nachdem, wie Sie es sehen, auch kompliziert), sind die Sicherheit virtueller Verzeichnisse und von NTFS vollkommen unabhängig voneinander. Änderungen beeinflussen sich nicht gegenseitig.

Alle Windows 2000- und Windows NT-Webserver verwenden zunächst ein *anonymes Benutzerkonto*, um Webanforderungen zu bearbeiten. Dieses Konto heißt normalerweise *IUSR_<Computername>*. Immer, wenn ein nicht identifizierter Webbesucher eine Datei anfordert, versucht der Webserver, auf diese Datei über das anonyme Benutzerkonto zuzugreifen. Ist dies nicht möglich, sendet der Webserver dem Browser eine »Nicht autorisiert«-Meldung. Der Webbesucher kann dann versuchen, einen Benutzernamen und ein Kennwort für ein Benutzerkonto einzugeben, das mit den entsprechenden NTFS-Berechtigungen versehen ist.

Abbildung 6.17 zeigt typische Einstellungen für die NTFS-Zugriffskontrolle, die anonymen Zugriff auf eine Webseite (oder einen Webordner) auf einem Windows 2000-Server namens SERVER bieten. Um dieses Dialogfeld zu öffnen, klicken Sie in Windows-Explorer mit der rechten Maustaste auf die gewünschte Datei oder den Ordner, wählen im Kontextmenü den Befehl *Eigenschaften*, klicken auf die Registerkarte *Sicherheitseinstellungen* und anschließend auf die Schaltfläche *Erweitert*.

Verwenden Sie niemals den in NTFS integrierten Listenfeldeintrag *Vollzugriff*. Alle Berechtigungen, die Sie dem Konto *Jeder* gewähren, sind dann für jeden zugänglich – und zwar ohne Authentifizierung.

Doch selbst wenn das anonyme Benutzerkonto die NTFS-Berechtigung hat, eine ASP-Seite zu lesen, kann die Seite trotzdem eine »Zugriff verweigert«-Meldung hervorrufen. Dies geschieht, wenn das anonyme Konto nicht auf Software oder eine andere Datei zugreifen kann, die die ASP-Seite verwendet. Der ASP-Skriptinterpreter, die ADO-Software und die Datenbank müssen alle für alle Webbesucher verfügbar sein. Aus diesem Grund müssen Sie die Softwarekomponenten kennen, die Ihre Webseiten benutzt.

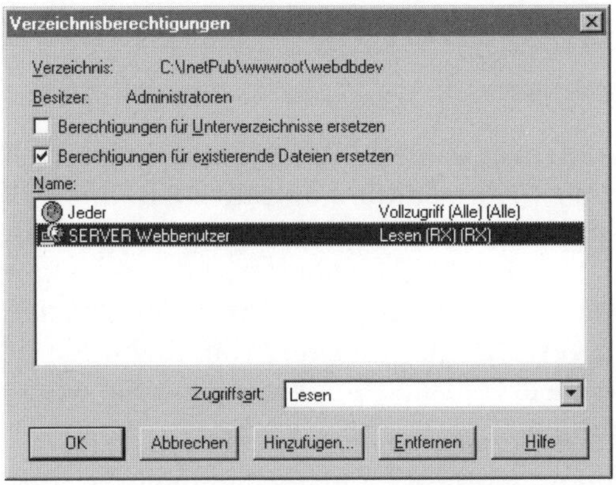

Abbildung 6.17 Werden dem anonymen Benutzerkonto eines Webservers die Berechtigungen *Lesen* und *Lesen und Ausführen* zugewiesen, stehen die Seiten jedem Webbenutzer zur Verfügung

Wenn es um Access-Datenbanken geht, muss dem anonymen Benutzerkonto häufig die Berechtigung *Ändern* zugewiesen werden. Dies gilt auch für Webseiten, die die Datenbank nur lesen. Das liegt daran, dass der Microsoft Access-Treiber die Datenbank mit Informationen aktualisieren muss, bei denen die Datenbank gesperrt werden muss.

Die Notwendigkeit, unterschiedliche Sicherheitsstufen für alle Access-Datenbanken (*Ändern*) und die damit verknüpften ASP-Seiten (*schreibgeschützt*) bieten zu müssen, spricht dafür, die Dateien in unterschiedlichen Ordnern abzulegen. Wird eine Access-Datenbank im Pfad eines Webservers abgelegt, bedeutet dies außerdem, dass jeder, der den URL der Datenbank errät, diese auch herunterladen kann. Angenommen, eine Datenbank ist in dem Pfad gespeichert, der in der folgenden Verbindungszeichenfolge angegeben ist:

```
cnstCC = "driver={Microsoft Access-Treiber (*.mdb)};" & _
         "dbq=" & Server.MapPath("../Kap03/Münzsammler.mdb")
```

Die Datenbank hat den zur aktuellen Webseite relativen URL *../Kap03/Münzsammler.mdb*. Wenn der Webserver Lesezugriff auf diesen URL bietet, kann der Webbesucher die Datenbank herunterladen. Um dies zu verhindern, muss der Webserver (aber nicht NTFS) so konfiguriert werden, dass der Zugriff auf den Ordner, der die Datenbank enthält, verweigert wird. Die Datenbank kann auch außerhalb des HTTP-Basisverzeichnisses des Webservers abgelegt werden. Der Pfad zur Datenbank muss dann entweder wie folgt in einem Verbindungsstring fest einprogrammiert oder über einen ODBC-System-DSN angegeben werden:

```
cnstCC = "driver={Microsoft Access Driver (*.mdb)};" & _
         "dbq="E:\WebDbs\Münzsammler\Münzsammler.mdb")
```

Beachten Sie, dass die Definition eines virtuellen Verzeichnisses, das auf den Ordner *E:\WebDbs\Münzsammer* verweist, den Zweck verfehlt, der dadurch erzielt werden soll, dass die Datenbank außerhalb des HTTP-Basisverzeichnisses abgelegt wird.

Einen geeigneten Webpräsenzprovider finden

Ein Webpräsenzprovider (WPP) ist jemand, der Webserver bereitstellt. Innerhalb einer Organisation kann dies z.B. die EDV-Abteilung sein. Ansonsten sind dies häufig unabhängige Firmen, die auch einen Internetzugang über eine Einwählverbindung oder eine Standleitung anbieten. Die Funktionalität der Webserver unterscheidet sich zwischen den Providern und der gewählten Preiskategorie. Bevor Sie sich für einen Provider oder einen Webserver entscheiden, sollten Sie wissen, welche Funktionalität Sie benötigen.

Um die Webdatenbankseiten nutzen zu können, die in diesem Buch vorgestellt werden, sollte Ihr Produktionswebserver mit der folgenden Software ausgestattet sein:

- Windows 2000 Server oder Windows NT Server 4.0.
- Internet Information Server Version 4 oder 5.
- Active Server Pages.
- Microsoft Data Access Components 2.5 (DAO) oder später. (Frühere Versionen funktionieren nur im Zusammenhang mit Access 97-Datenbanken, nicht aber mit Access 2000-Datenbanken.)

Außerdem könnten die folgenden Komponenten nützlich oder erforderlich sein:

- Wenn die Datenbank entweder sehr umfangreich ist oder sehr stark genutzt wird, sollte sie eventuell unter Microsoft SQL Server laufen. Access 2000 ist mit einem Aktualisierungs-Assistenten ausgestattet, der Access-Datenbanken in SQL Server-Datenbanken konvertiert. Dies gilt sowohl für das Schema also auch für die Daten.
- Wenn Sie FrontPage oder Visual InterDev als Entwicklungsumgebung einsetzen möchten, sollten die FrontPage 2000-Servererweiterungen auf Ihrem Webserver installiert sein.

Wenn ihr Provider oder die EDV-Abteilung die benötigte Software nicht bereitstellen kann, sollten Sie daran denken, den Provider zu wechseln. Das *Verzeichnis der registrierten Web Presence Providers* unter *http://www.microsoft.com/germany/office/frontpage/internet/liste.htm* kann Ihnen bei der Suche helfen.

Die Software für die Entwicklung von Webdatenbanken wählen

Entwickler haben jahrelang einfache Texteditoren benutzt, um Webseiten beliebiger Komplexität zu erstellen. Dies hat eine gewisse Logik, da HTML, VBScript, JavaScript und andere Websprachen aus reinem Text bestehen. Die direkte Bearbeitung dieses Textes bietet ein Maximum an Flexibilität und Kontrolle.

Trotzdem ist der Editor nur schwer als ultimatives Webentwicklungswerkzeug vorstellbar. Einige Aufgaben lassen sich leichter mit Editoren lösen, die mit etwas mehr Intelligenz ausgestattet sind oder eine grafische Benutzeroberfläche bieten. Microsoft bietet einige Produkte an, die sich für die Webdatenbankentwicklung eignen. Diese sollen nun kurz beschrieben werden. Weitere Informationen über die einzelnen Microsoft-Produkte entnehmen Sie der jeweiligen Produktdokumentation oder Microsoft Press-Büchern, die auf das entsprechende Thema spezialisiert sind.

Unabhängig von persönlichen Vorlieben, die Sie möglicherweise haben, bietet keines dieser Produkte eine vollständige Entwicklungsumgebung für Webdatenbankanwendungen. Da es eine so große Zahl möglicher Anwendungen und unterschiedlicher Anforderungen gibt, gibt es kein Produkt, das die Entwicklung aller benötigten Dinge automatisiert. An einigen Stellen werden Sie immer die Anforderungen analysieren und den Code schreiben müssen. Deshalb beschreiben die restlichen Lektionen in diesem Buch, wie Webdatenbankseiten entwickelt werden, die *keine* der im folgenden beschriebenen Techniken benutzen.

Microsoft Access

Die ▶ Lektion 2 beschreibt, wie Datenbanken mit Microsoft Access implementiert und Abfragen erstellt werden. Diese Funktionen sind zwar nützlich, wie werden jedoch mit Access ganze Anwendungen entwickelt? Access bietet in dieser Hinsicht zwei nützliche Funktionen, die jedoch beide gewissen Beschränkungen haben:

- Export von ASP-Dateien
- Datenzugriffsseiten

Export von ASP-Dateien

Access kann alle Tabellen, Abfragen, Formulare und Berichte als ASP-Seiten exportieren. Die ASP-Seiten werden auf der lokalen Festplatte oder dem Dateiserver gespeichert. Um eine ASP-Seite auszuführen, muss sie nur in ein ausführbares Verzeichnis auf dem Webserver kopiert werden. Anschließend muss ein ODBC-System-DSN eingerichtet werden, der auf die Datenbank verweist und der URL muss an den Webserver gesendet werden.

Leider ist diese Funktionalität nicht mit allen Merkmalen ausgestattet, die Sie vielleicht erwarten würden. Wenn Sie eine Tabelle oder Abfrage exportieren, erhalten Sie eine einfache ASP-Seite, die alle in der Tabelle oder Abfrage enthaltenen Spalten und Zeilen als HTML-Tabelle anzeigt. Wenn Sie ein Formular oder einen Bericht exportieren, erhalten Sie dasselbe Ergebnis: Eine HTML-Tabelle, die alle Zeilen und Spalten anzeigt. Genauer gesagt, heißt dies:

- Beim Export eines Access-Berichts wird keine Webseite erzeugt, die alle Überschriften, Fußbereiche und Umbrüche aus Access enthält, sondern nur eine einfache Auflistung - ohne Gesamtsummen und ähnliches, die als HTML-Tabelle formatiert ist.
- Beim Export eines Access-Formulars wird keine HTML-Version des Formulars erzeugt, die alle Textfelder, Listenfelder, Schaltflächen und anderen Elemente enthält, sondern nur eine einfache Tabelle mit den Daten, die das Access-Formular verarbeitet.

Export einer Access-Tabelle oder -Abfrage, eines Formulars oder eines Berichts

Gehen Sie wie folgt vor, um eine ASP-Seite zu erzeugen, die die Daten in verschiedenen Access-Objekte anzeigt:

1. Öffnen Sie die Datenbank in Access.
2. Markieren Sie das Objekt, dessen Daten Sie in einer ASP-Seite ausgeben möchten.
3. Wählen Sie im Menü *Datei* den Befehl *Exportieren.*
4. Wählen Sie im daraufhin geöffneten Dialogfeld *Exportieren von* den Dateityp *Microsoft Active Server Pages (*.asp).* Überschreiben Sie bei Bedarf den Standarddateinamen, und wählen Sie den Ordner, in dem Ihre neue ASP-Seite gespeichert werden soll.
5. Klicken Sie auf die Schaltfläche *Speichern,* und warten Sie, bis sich das in Abbildung 6.18 gezeigte Dialogfeld öffnet. Suchen Sie dann das Feld *Datenquellennamen,* und geben Sie den Namen eines ODBC-System-DSN ein, der auf dem Webserver eingerichtet wurde und auf die Datenbank verweist, die abgefragt werden soll.

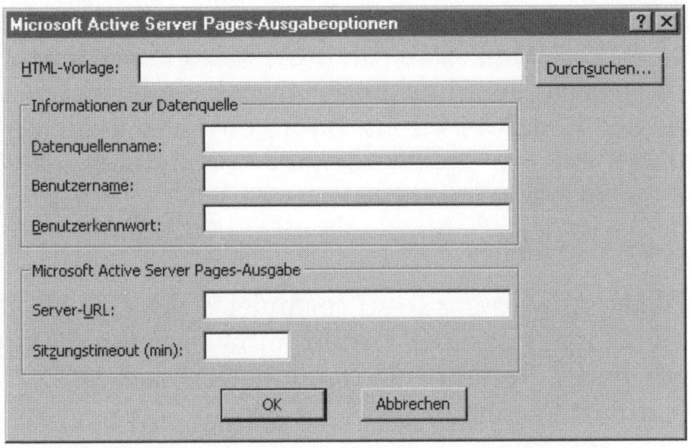

Abbildung 6.18
Beim Export eines Access-Objekts öffnet sich dieses Dialogfeld, in dem Sie den ODBC-System-DSN angeben, der die Datenbank auf dem Webserver identifiziert

6. Klicken Sie auf *OK*.
7. Kopieren Sie die ASP-Datei aus dem Pfad, den Sie in Schritt 4 angegeben haben, in einen ausführbaren Ordner auf Ihrem Webserver.
8. Kopieren Sie ein Exemplar der Datenbank auf den Webserver, falls noch keines vorhanden ist.
9. Richten Sie einen ODBC-System-DSN ein, falls dieser noch nicht bereits existiert.
10. Öffnen Sie die ASP-Seite in einem Webbrowser. Das Ergebnis sollte nun wie in Abbildung 6.19 aussehen.

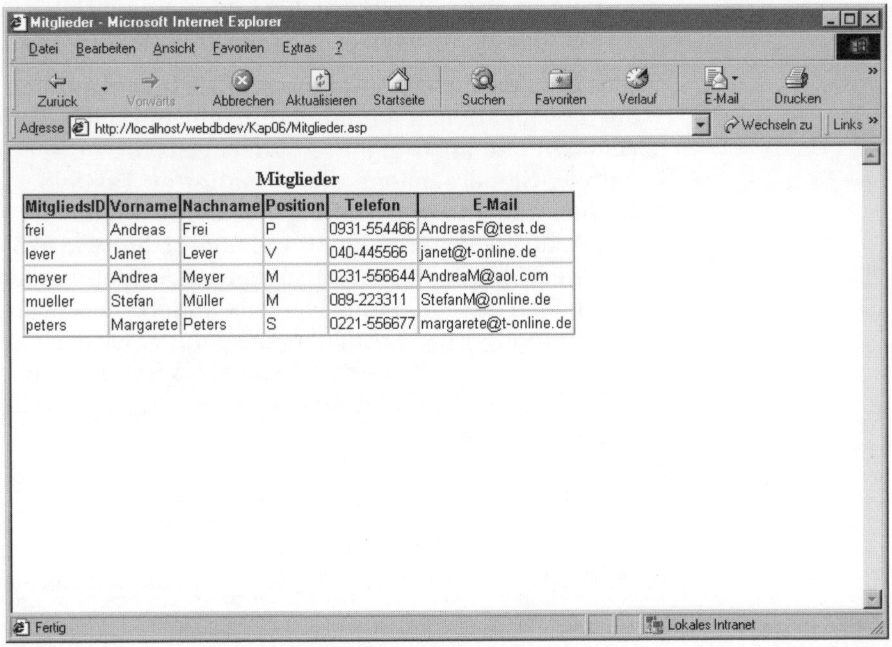

Abbildung 6.19
Wenn Sie eine Microsoft Access-Tabelle oder -Abfrage, ein Formular oder einen Bericht exportieren, erhalten Sie eine ASP-Seite, die die Daten im gezeigten Format präsentiert

Weitere Informationen über Verbindungszeichenfolgen finden Sie in ▶ Lektion 3.

ASP-Seiten, die als Access-Objekte exportiert wurden, lassen sich bestenfalls als grausam beschreiben. Sie werden die Seiten sehr wahrscheinlich verbessern wollen. Für diesen Zweck eignet sich jeder HTML-Editor – sogar der Windows-Editor. Damit die Seite keinen ODBC-System-DSN benötigt, müssen Sie die folgende Verbindungszeichenfolge im VBScript-Code suchen und verändern:

```
conn.Open "Münzsammler","",""
```

Um diese Anweisung so zu verändern, dass sie die Datenbank *Münzsammler.mdb* im selben Ordner öffnet wie die ASP-Seite und deshalb keinen ODBC-System-DSN benötigt, ersetzen Sie die Verbindungszeichenfolge durch folgenden Code:

```
conn.Open "driver={Microsoft Access-Treiber (*.mdb)};" & _
        "dbq=" & Server.MapPath("Münzsammler.mdb")
```

Datenzugriffsseiten erstellen

Access 2000 bietet viele Funktionen für die Entwicklung von Webdatenbankseiten. In Access heißen diese Seiten *Datenzugriffsseiten.* Leider weisen Datenzugriffsseiten einige Merkmale auf, die die Einsatzmöglichkeiten im Internet etwas beschränken:

- Die resultierenden Webseiten lassen sich nur mit Internet Explorer 5 oder später unter Windows 95 oder höher nutzen.
- Die Webseiten können nur Datenbanken verarbeiten, die auf dem Computer des Webbesuchers oder einem Dateiserver abgelegt sind, auf den der Webbesucher Zugriff und eine Zugriffsberechtigung hat.

Dies liegt daran, dass Datenzugriffsseiten eigentlich HTML-Seiten sind, die Spezifikationen enthalten, um ein spezielles ActiveX-Steuerelement zu laden und anzuzeigen. Auf der Basis dieser Spezifikationen zeigt das ActiveX-Steuerelement alle formatierten Textfelder, Listenfelder, Schaltflächen und anderen Standardelemente an, die der Entwickler angibt. Das ActiveX-Steuerelement und andere Softwarekomponenten, die mit Internet Explorer 5 installiert werden, öffnet dann die Datenbank mit demselben Mechanismus wie jede andere Access-Anwendung, die auf dem Computer des Besuchers ausgeführt wird: sie öffnet die *.mdb*-Datei. Die Tatsache, dass Internet Explorer 5 unter Windows ausgeführt werden, beschränkt den Einsatz von Datenzugriffsseiten in der Regel auf den Einsatz im Intranet.

Eine Datenzugriffsseite erstellen

Gehen Sie wie folgt vor, um eine einfache Datenzugriffsseite zu erstellen, die die Tabelle *Mitglieder* in der Datenbank *Münzsammler* aktualisiert.

1. Öffnen Sie die Datenbank in Access 2000, die die gewünschten Daten enthält, wie z.B. die Datenbank *Münzsammler.mdb.*
2. Klicken Sie unter *Objekte* auf *Seiten* und dann doppelt auf *Erstellt eine Datenzugriffsseite unter Verwendung des Assistenten.*
3. Wenn sich die erste Seite des Assistenten öffnet, wählen Sie im Listenfeld *Tabellen/Abfragen* den Eintrag *Tabellen: Mitglieder.*
4. Klicken Sie auf die Schaltfläche >>, um die verfügbaren Felder auszuwählen und anschließend auf *Weiter.*
5. Wenn Sie nach den Gruppierungsebenen gefragt werden, klicken Sie einfach auf *Weiter.*
6. Sortieren Sie als nächstes die Felder über die angezeigten Listenfelder, und klicken Sie anschließend auf *Weiter.*
7. Geben Sie als Titel einen beliebigen beschreibenden Text ein und klicken Sie auf *Fertig stellen.*
8. Nach wenigen Sekunden zeigt Access die in Abbildung 6.20 gezeigte Datenzugriffsseite an. Sie können nun über die Toolbox oder Befehle in der Access-Menüleiste oder das Kontextmenü die Ausgabe des Assistenten verändern.

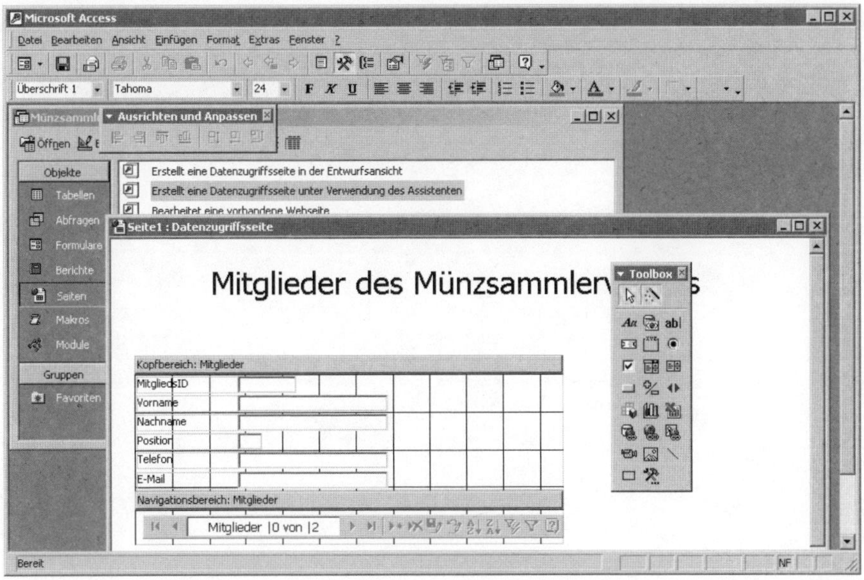

Abbildung 6.20
So zeigt Access 2000 eine Datenzugriffsseite in der Entwurfsansicht an

9. Access speichert die Seite im angegebenen Pfad auf der Festplatte. Um die Datenzugriffsseite auszuführen, können Sie sie entweder in Ihrem Browser direkt von der Festplatte laden oder auf eine Webseite kopieren und von dort öffnen.

Gehen Sie wie folgt vor, um den Pfad anzuzeigen, über den die Datenzugriffsseite die Datenbank öffnet:

1. Öffnen Sie in Access 2000 die Seite in der Entwurfsansicht.
2. Öffnen Sie das Fenster *Feldliste,* indem Sie in der Symbolleiste auf die gleichnamige Schaltfläche klicken.
3. Aktivieren Sie die Registerkarte *Datenbank.*
4. Klicken Sie mit der rechten Maustaste auf den Datenbanknamen.
5. Wählen Sie im Kontextmenü den Befehl *Verbindung.*

Dadurch wird nun der Pfad der Datei angegeben, den jeder Webbesucher, der diese Datenzugriffsseite nutzt, versucht zu öffnen. Um diesen Pfad zu ändern, müssen Sie die Datenbank (aber nicht Access) schließen, die Datenzugriffsseite über den Befehl *Datei/Öffnen* öffnen und dann das Menü *Feldliste* öffnen.

Abbildung 6.21 zeigt, wie die Datenzugriffsseite in Internet Explorer angezeigt wird. Beachten Sie die Dateinamenserweiterung *.htm* im URL. Dies beweist, dass bei Datenzugriffsseiten keine serverseitige Verarbeitung erfolgt. Datenzugriffsseiten hängen vollständig von ActiveX-Steuerelementen ab, die auf dem Browser ausgeführt werden und die Datenbanken öffnen, die auf der lokalen Festplatte des Webbenutzers oder über eine Netzwerkverbindung verfügbar sind.

Abbildung 6.21 So zeigt Internet Explorer Datenzugriffsseiten an

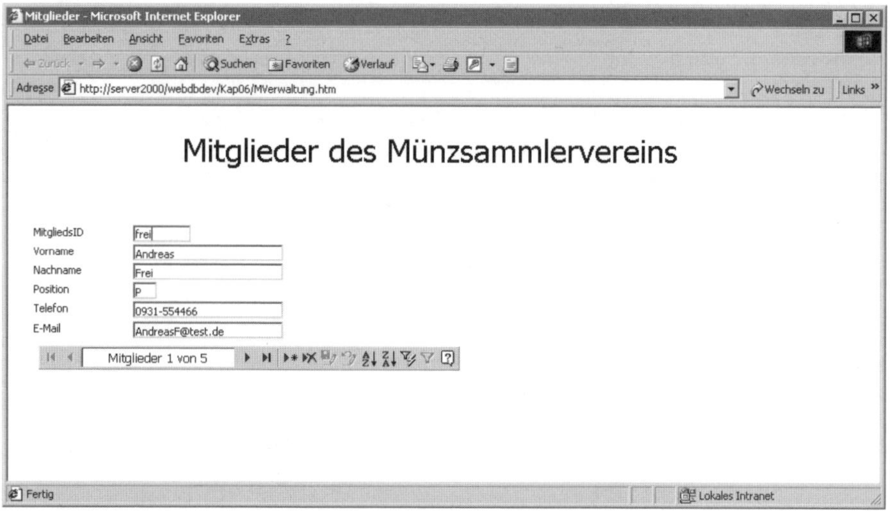

Die Datenzugriffsseite auf der CD-ROM zum Buch gibt die Datenbank *\\Spike\dbfunweb\Kap06\Münzsammler.mdb* an. Dies ist ein Pfad im Netzwerk des Autors und Sie haben natürlich keinen Zugriff darauf. Genau das ist eine der wichtigsten Beschränkungen von Datenzugriffsseiten.

Microsoft FrontPage

Die meisten Webentwickler, die FrontPage nutzen, tun dies wegen der Siteverwaltungsfunktionen und der WYSIWYG-Oberfläche für die Bearbeitung von HTML-Quelltext. Trotzdem bietet FrontPage zwei Arten von Funktionen, die auch nützlich für die Webdatenbankentwicklung sind:

- Es stehen zwei verschiedene Weisen zur Verfügung, um HTML-Quelltext direkt zu bearbeiten: die FrontPage HTML-Ansicht und Microsoft Skript-Editor. Skript-Editor bietet zusätzliche Funktionen für das interaktive Debugging von ASP-Seiten.
- Auf der Basis der bereitgestellten Informationen werden zwei Arten von Webdatenbankseiten erzeugt. Die erste namens *Ergebnisse in Datenbank speichern* fügt einen Datensatz zu einer Datenbanktabelle hinzu, wenn ein Webbesucher ein HTML-Formular sendet. Die zweite namens *Datenbankergebnisse* zeigt Datenbankinformationen im Tabellenformat an.

Die FrontPage HTML-Ansicht

FrontPage ist zwar am besten für den WYSIWYG-Webseiteneditor bekannt, bietet jedoch auch Zugriff auf den HTML-Quelltext. Um mit dem Code zu arbeiten, klicken Sie einfach auf die Registerkarte *HTML* am unteren Rand des Bearbeitungsfensters.

Die HTML-Ansicht soll nicht der großartigste HTML-Editor sein, sondern grundlegende Bearbeitungsfunktionen bereitstellen wie das Suchen, Ersetzen und die farblich differenzierte Anzeige von Quellcode. Die Tatsache, dass der Wechsel zwischen der normalen (WYSIWYG)-Ansicht und der HTML-Ansicht sehr schnell erfolgen kann, erleichtert es sehr, die beste Ansicht für jeden Designaspekt zu wählen.

Frühere Versionen von FrontPage wurden zum Teil kritisiert, weil HTML-Quelltext automatisch neu formatiert wurde. FrontPage 2000 begegnet dieser Kritik auf zwei Weisen:

- FrontPage 2000 enthält eine Option namens *Bestehende HTML erhalten*, die aufzeichnet, wie der Code bei der Eingabe formatiert wurde und die ihn bei der Ausgabe identisch formatiert. Außerdem versucht diese Funktion dieselben Formatierungskonventionen für den gesamten HTML-Quelltext zu verwenden, der erzeugt wird – selbst im normalen Bearbeitungsmodus.
- Falls Sie eine Neuformatierung von HTML-Quelltext wünschen, können Sie genau festlegen, wie diese aussehen soll. Sie können z.B. angeben, ob für ein bestimmtes Tag das Starttag, das Endtag oder beides unterdrückt werden soll, dass dieses eingerückt werden soll, dass immer ein Zeilenwechsel vor dem Starttag erfolgen soll etc. Die For-

matierungsregeln werden dann auf den gesamten HTML-Quelltext angewendet, den Sie erstellen.

Um das Dialogfeld zu öffnen, über das diese Einstellungen gesteuert werden, wählen Sie im Menü *Extras* den Befehl *Seitenoptionen* und aktivieren die Registerkarte *HTML-Quelltext* (siehe Abbildung 6.22).

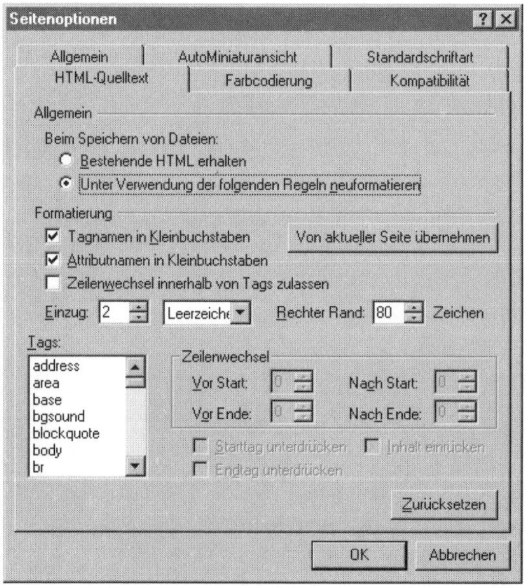

Abbildung 6.22 FrontPage 2000 kann HTML-Code direkt bearbeiten und dabei entweder das vorhandene Format beibehalten oder bestimmte Regeln anlegen

Microsoft Skript-Editor starten

FrontPage enthält auch Microsoft Skript-Editor, den Sie wie folgt öffnen können:

1. Starten Sie FrontPage.
2. Öffnen Sie die Webseite, die Sie bearbeiten möchten.
3. Wählen Sie im Menü *Extras* den Befehl *Makro* und im Untermenü den Eintrag *Microsoft Skript-Editor* (drücken Sie alternativ die Tasten ⇧+Alt+F11).

Es öffnet sich ein Fenster, wie in Abbildung 6.23 gezeigt. Der Code wird im mittleren Fenster angezeigt und auf der linken Seite sehen Sie eine Sammlung häufig benutzter Objekte, die Sie in den Code ziehen können. Über das *Eigenschaften*-Fenster auf der rechten Seite können Sie auf die HTML-Elemente zugreifen, die momentan im Codefenster markiert sind.

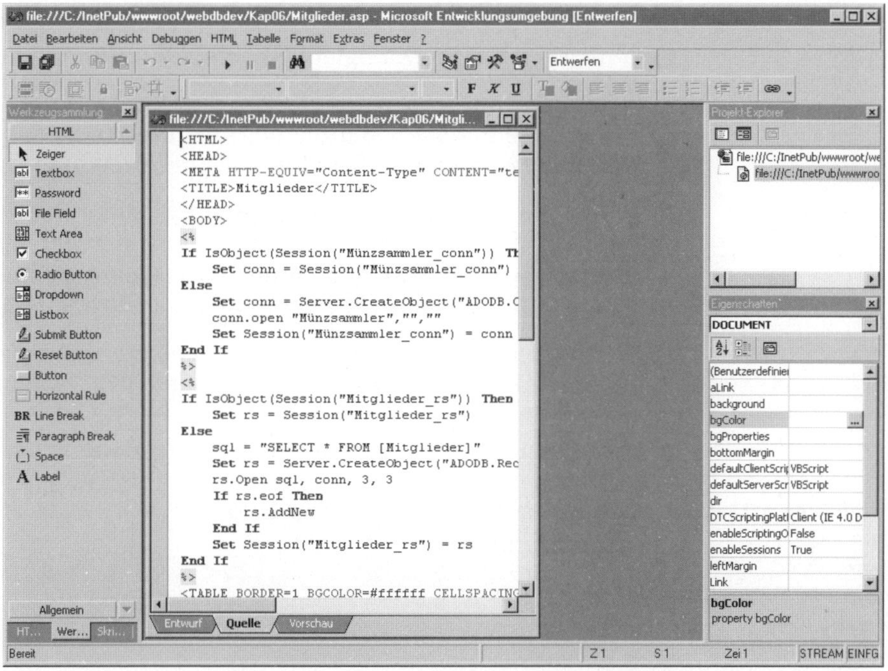

Abbildung 6.23
In Microsoft Skript-Editor lässt sich der Code von Webseiten bearbeiten und debuggen

Die Menüleiste des Skript-Editors enthält weitere Befehle, um HTML-Elemente einzufügen und zu verändern. Sie können z.B. Hyperlinks, Bilder, Tabellen und Formulare einfügen.

Der Skript-Editor bietet auch eine Funktion für das interaktive Debuggen. Diese steht für das Debugging von clientseitigen Skripts immer zur Verfügung. Für das Debugging in ASP-Seiten gibt es jedoch zwei Vorbedingungen. Erstens muss Microsoft Skript-Editor auf einem Windows 2000- oder Windows NT 4.0-System installiert sein und IIS oder Personal Web Server muss auf demselben System laufen.

Mit zwei bemerkenswerten Ausnahmen bietet Skript-Editor eine umfangreiche Teilmenge der Funktionen, die auch in Visual InterDev zur Verfügung stehen. Erstens lässt sich Skript-Editor nicht als unabhängiges Programm ausführen, sondern nur innerhalb von FrontPage und es lassen sich auch nur Webseiten bearbeiten, die bereits in FrontPage geöffnet wurden. Zweitens ist die Registerkarte *Design,* die in Visual InterDev einen WYSIWYG-Editor bietet, in Skript-Editor deaktiviert. Um die Seite in einer WYSIWYG-Ansicht zu betrachten, müssen Sie zu FrontPage zurückkehren.

FrontPage-Datenbankverbindungen einrichten

FrontPage hat seine eigene Art, eine Verbindung zu Datenbanken herzustellen. Gehen Sie wie folgt vor, um eine Datenbankverbindung einzurichten, die andere FrontPage-Funktionen nutzen können:

1. Wählen Sie im Menü *Extras* den Befehl *Webeinstellungen*.
2. Aktivieren Sie im Dialogfeld *Webeinstellungen* die Registerkarte *Datenbank*.
3. Klicken Sie auf die Schaltfläche *Hinzufügen,* um das Dialogfeld *Neue Datenbankverbindung* zu öffnen (siehe Abbildung 6.24).
4. Geben Sie im Feld *Name* eine aussagekräftige Bezeichnung für die Verbindung ein. Für Access-Datenbanken ist der Dateiname ohne die Erweiterung normalerweise eine gute Wahl. Wenn Sie eine Verbindung zu einem ODBC-System-DSN herstellen, wiederholen Sie dessen Namen.
5. Wählen Sie die Art der Verbindung. Es kann sich um eine dateiorientierte Datenbank wie Microsoft Access, einen ODBC-System-DSN, einen vernetzten Datenbankserver (wie Microsoft SQL) oder eine benutzerdefinierte Version handeln, die in einem ODBC-Datenquellennamen enthalten ist.

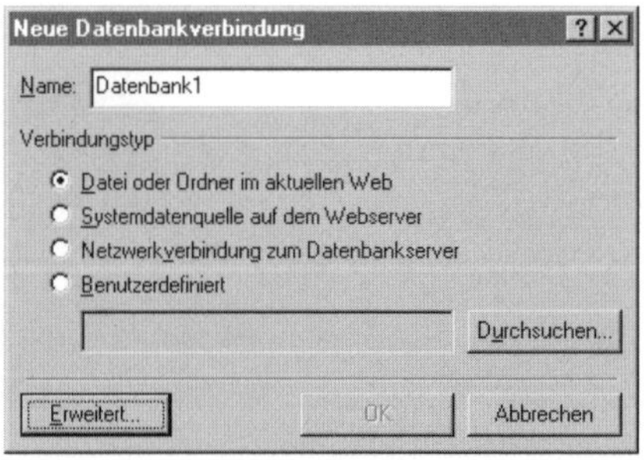

Abbildung 6.24 FrontPage-Datenbankverbindungen definieren Einstellungen, die von anderen FrontPage-Datenbankfunktionen benutzt werden

6. Klicken Sie auf die Schaltfläche *Durchsuchen,* um die angegebene Datenquelle zu finden. das resultierende Dialogfeld hängt davon ab, welche Auswahl Sie in Schritt 5 getroffen haben.
7. Klicken Sie auf die Schaltfläche *Erweitert,* wenn Sie Einstellungen vornehmen müssen, die nur im Dialogfeld *Erweiterte Verbindungseigenschaften* festgelegt werden, wie z.B. eine Verbindungszeichenfolge oder ein Kennwort.
8. Klicken Sie auf OK, um die vorgenommenen Einstellungen anzuwenden und das Dialogfeld zu schließen.

An FrontPage-Datenbankverbindungen gibt es nichts geheimnisvolles. Es handelt sich um einfache Gruppierungen von Einstellungen, die FrontPage in der Datei *Global.asa* speichert. Wenn ein Webbesucher eine ASP-Seite in dem FrontPage-Web das erste Mal nach einem Neustart anfordert (d.h., immer, wenn die Anwendung gestartet wird), speichert der Code die Verbindungseinstellungen als Eigenschaften im *Application*-Objekt. Alle Webdatenbankseiten, die FrontPage erzeugt, greifen dann auf das *Application*-Objekt zu, um die Verbindungszeichenfolge einzurichten, mit der die ADO-Datenbankverbindungen geöffnet werden.

Wichtig ist hier, dass Frontpage dieselben ADO-Methoden und Eigenschaften nutzt, um eine Webdatenbankseite zu erstellen, wie Sie es auch manuell tun würden. Es handelt sich um die einzige Methode, um unterschiedliche Verbindungszeichenfolgen zu speichern.

Ergebnisse in einer Datenbank speichern

Die FrontPage-Komponente *Ergebnisse speichern* sammelt Informationen aus einem HTML-Formular und sendet diese als E-Mail, speichert sie in einer normalen Datei oder speichert sie als neuen Datensatz in einer Datenbanktabelle. Hier ist natürlich insbesondere die Methode interessant, wie Informationen in einer Datenbank gespeichert werden. Die Komponente *Ergebnisse speichern* erzeugt eine ASP-Seite, die die Datenbankverarbeitung auf dem Webserver vornimmt. Sie kann von zahlreichen Browsern benutzt werden.

Abbildung 6.25 zeigt die Komponenten *Ergebnisse speichern* in Aktion. Ein Webbesucher hat das HTML-Formular im Hintergrund ausgefüllt und auf die Schaltfläche *Senden* geklickt. Die FrontPage-Servererweiterungen haben die Information in der Datenbank *Münzsammler.mdb* gespeichert und senden als Bestätigung das im Vordergrund der Abbildung gezeigte Formular an den Benutzer zurück.

Abbildung 6.25 FrontPage kann Formulare wie diese erzeugen, ohne dass Sie eine Zeile programmieren müssen

Abbildung 6.26 zeigt dieselbe Webseite in FrontPage.

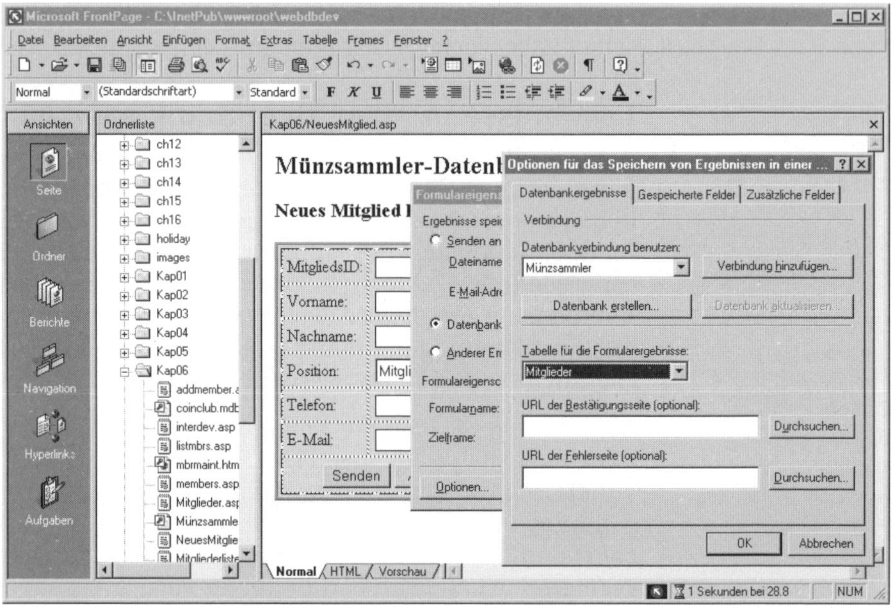

Abbildung 6.26
FrontPage erzeugt die *Ergebnisse speichern*-Anwendung vollständig über Dialogfelder: Es ist keine Programmierung erforderlich

Um das gezeigte Ergebnis zu erhalten, müssen Sie wie folgt vorgehen:

1. Erstellen Sie das gewünschte HTML-Formular in FrontPage.
2. Öffnen Sie das Dialogfeld *Formulareigenschaften*, indem Sie mit der rechten Maustaste auf das Formular klicken und dann den Befehl *Eigenschaften* wählen.
3. Aktivieren Sie im Dialogfeld *Formulareigenschaften* die Option *Datenbank*, und klicken Sie dann auf die Schaltfläche *Optionen*.
4. Geben Sie im Dialogfeld *Optionen für das Speichern von Ergebnissen* auf der Registerkarte *Datenbankergebnisse* den Ort an, an dem die Daten gespeichert werden sollen. Im Beispiel ist dies die Tabelle *Mitglieder* aus der Datenbank *Münzsammler.mdb*.
5. Aktivieren Sie die Registerkarte *Gespeicherte Felder* (siehe Abbildung 6.26), um HTML-Formularfelder den Datenbankfeldern zuzuweisen. Im Beispiel wurden die Formularfelder gleich benannt wie die Datenbankfelder. Dadurch wird eine gewissen Konsistenz erzeugt. Dies ist jedoch nicht unbedingt notwendig.

Leider bietet FrontPage keine Möglichkeit, bestehende Datensätze zu verändern oder zu löschen. Den dafür erforderlichen Datenbankcode müssen Sie also selbst erstellen.

Datenbankergebnisse

Wie Sie gesehen haben, speichert die Komponente *Ergebnisse speichern* die Daten, die über ein HTML-Formular gesendet werden. Die Komponente *Datenbankergebnisse* hat zwar einen ähnlichen Namen, bewirkt jedoch das Gegenteil. Sie zeigt das Ergebnis einer Datenbankabfrage an. Abbildung 6.27 bietet ein einfaches Beispiel für diese Komponente.

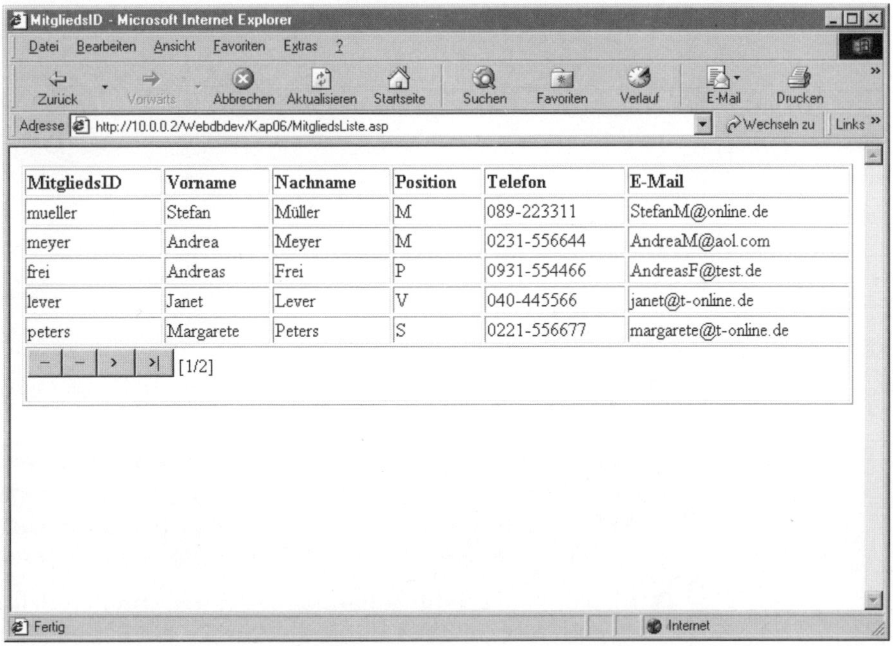

Abbildung 6.27
Die FrontPage-Komponenten *Datenbankergebnisse* erzeugt eine tabellarische Auflistung des Datenbankinhalts. Optional lassen sich HTML-Formulare erzeugen, die Selektionskriterien bereitstellen.

Gehen Sie wie folgt vor, um die Seite zu erzeugen:

1. Öffnen Sie ein serverbasiertes FrontPage-Web, und erzeugen Sie eine neue, leere Webseite.
2. Wählen Sie im Menü *Einfügen* den Befehl *Datenbank/Ergebnisse.*
3. Wenn sich der erste Bildschirm des *Datenbankergebnis-Assistenten* öffnet (siehe Abbildung 6.28), wählen Sie die Datenbank, die die gewünschten Daten enthält. Wenn noch keine Verbindung zu dieser Datenbank besteht, wählen Sie die Option *Neue Datenbankverbindung verwenden,* um eine Verbindung herzustellen.

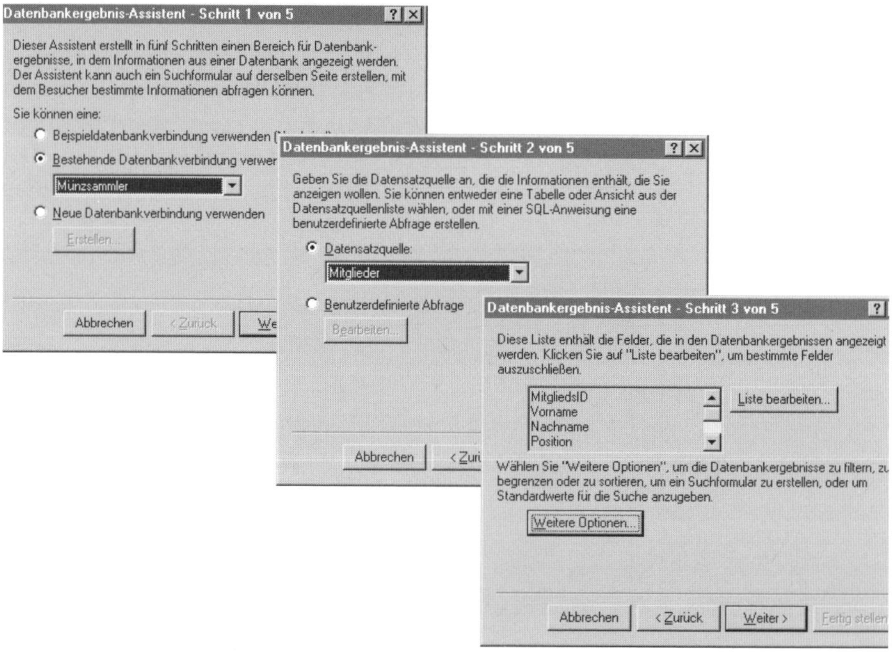

Abbildung 6.28
Dies sind die ersten drei Bildschirme des *Datenbankergebnis-Assistenten* von FrontPage

4. Klicken Sie auf die Schaltfläche *Weiter,* um den zweiten Bildschirm wie in Abbildung 6.28 gezeigt zu öffnen, und wählen Sie dann die Tabelle oder Abfrage aus, die die gewünschten Daten enthält. Um eine eigene Abfrage zu erzeugen, wählen Sie die Option *Benutzerdefinierte Abfrage.*

5. Klicken Sie auf die Schaltfläche *Weiter,* um den dritten Bildschirm des Assistenten zu öffnen. Betrachten Sie die Feldliste, die nun angezeigt wird, und klicken Sie auf die Schaltfläche *Liste bearbeiten,* wenn Sie die Liste verändern müssen.

6. Klicken Sie auf die Schaltfläche *Weitere Optionen,* um Kriterien für die Auswahl von Datensätzen, eine Sortierung, Standardwerte oder eine maximale Anzahl zurückgelieferter Datensätze anzugeben.

7. Klicken Sie auf die Schaltfläche *Weiter,* um den nächsten Bildschirm des Assistenten einzublenden (siehe Abbildung 6.29).

8. Klicken Sie auf die Schaltfläche *Weiter,* um den fünften und letzten Bildschirm zu öffnen. Hier können Sie angeben, ob eine bestimmte Anzahl von Datensätzen gleichzeitig angezeigt werden soll oder ob alle Datensätze auf einer Webseite enthalten sein sollen. Wenn Sie in Schritt 6 ein Auswahlkriterium angegeben haben, wird am oberen Rand der Webseite ein Suchformular hinzugefügt, wenn Sie dieses Kontrollkästchen aktivieren.

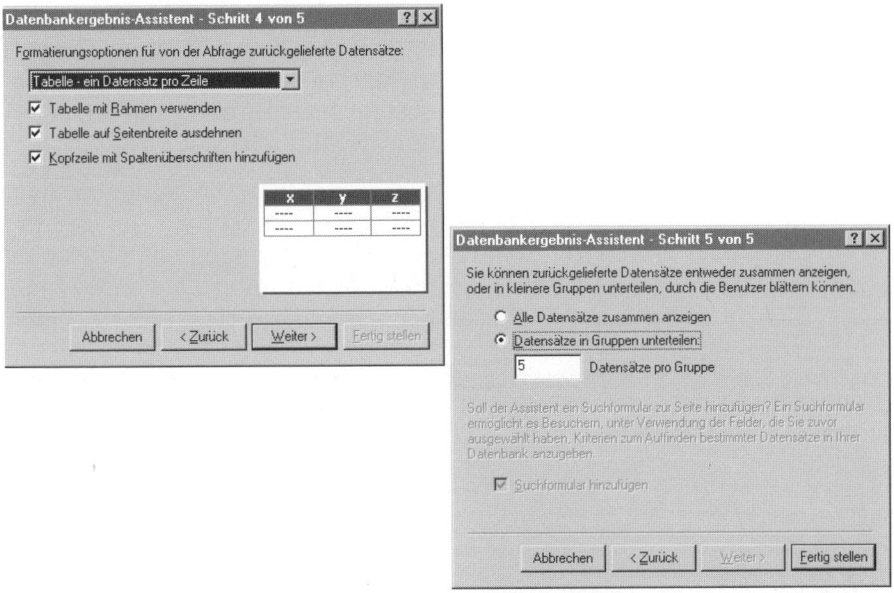

Abbildung 6.29 Der vierte und fünfte Schritt im Datenbankassistenten

9. Klicken Sie auf die Schaltfläche *Fertig stellen,* um die Komponente *Datenbankergebnisse* zu erzeugen und den Assistenten zu beenden.

Sie können den Assistenten so oft ausführen, wie Sie wollen. Klicken Sie dazu einfach mit der rechten Maustaste auf eine beliebige Stelle im Bereich *Datenbankergebnisse*, und wählen Sie im Kontextmenü den Befehl *Eigenschaften: Datenbankergebnisse*. Wenn die Seite korrekt funktioniert, lässt sie sich mit den Standardbefehlen in FrontPage bearbeiten, um das Erscheinungsbild anzupassen oder weitere Inhalte auf die Seite zu setzen.

Microsoft Visual InterDev

Entwickler, die mit Visual InterDev arbeiten, sind normalerweise auch mit anderen Visual Studio-Anwendungen vertraut.

Wenn Ihnen die Benutzeroberfläche von Microsoft Skript-Editor vertraut vorkam, befinden Sie sich wahrscheinlich im Besitz von einer oder mehreren Visual Studio-Anwendungen wie Microsoft Visual Basic, Microsoft Visual C++ oder Microsoft Visual J++. Microsoft Visual InterDev stellt eine Webentwicklungsumgebung innerhalb desselben Rahmens zur Verfügung. Eine ausführliche Beschreibung von Microsoft Visual InterDev würde den Rahmen dieses Buches sprengen. Deshalb wird hier nur ein Überblick geboten.

Visual InterDev bietet zum größten Teil dieselben WYSIWYG-Bearbeitungswerkzeuge wie FrontPage. Sie sind jedoch etwas anders angeordnet. Außerdem verwendet Visual InterDev sogenannte DTCs (*Design-Time Controls*) statt der FrontPage-Komponenten. Ein DTC ist ein ActiveX-Steuerelement, das über die Toolbox oder Werkzeugsammlung zu einem

Projekt hinzugefügt wird und im Visual InterDev-Editor ausgeführt wird. Wenn Sie einen Bereich bearbeiten, der von einem DTC kontrolliert wird, öffnen sich Dialogfelder, in denen Sie Einstellungen vornehmen müssen. Wenn Sie eine Webseite speichern, die ein DTC enthält, erzeugt das DTC den entsprechenden HTML-Code.

Abbildung 6.30 zeigt Visual InterDev in der Ansicht *Quelle,* wobei eine Seite bearbeitet wird, die DTCs enthält. Die Registerkarte *Design* am unteren Rand dieser Abbildung zeigt die Webseite im WYSIWYG-Modus an und die Registerkarte *Schnellansicht* so, wie Internet Explorer sie anzeigen würde (jedoch, ohne serverseitige Skripts auszuführen).

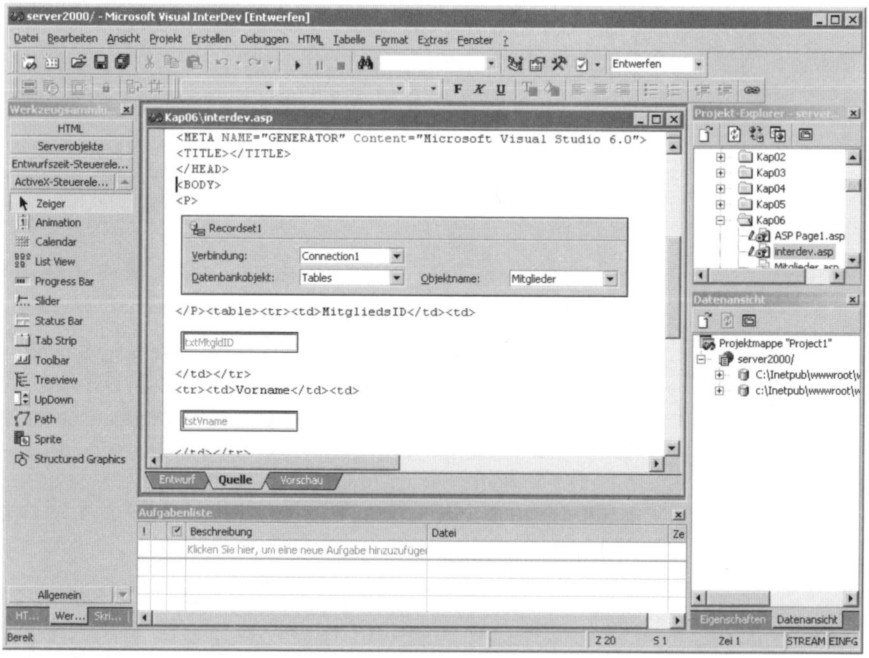

Abbildung 6.30 Visual InterDev hat dieselbe Benutzeroberfläche wie andere Visual Studio-Anwendungen. Die grafischen Elemente im Code sind die DTCs.

Sie können Visual InterDev einsetzen, um ASP-Code einzugeben und zu debuggen und somit, um die Webdatenbankseiten zu erstellen, die im restlichen Verlauf des Buches besprochen werden. Visual InterDev bietet jedoch eine weitere Methode für den Einsatz von DTCs:

Sie können auch die fertige Datei im Verzeichnis *\Webdbdev \Kap06\ Interdev.asp* laden.

1. Stellen Sie eine Verbindung zu der Datenbank her, auf die Sie zugreifen möchten.
2. Fügen Sie ein Recordset-DTC zu der Webseite hinzu. Diese Art von DTC öffnet eine Datenbanktabelle oder Abfrage, ohne sie an den Webbesucher zu senden.
3. Konfigurieren Sie das Recordset-DTC, um auf die gewünschte Tabelle oder Abfrage zugreifen zu können.

4. Erzeugen Sie ein Formularfeld-DTC für jedes Datenbankfeld, das Sie anzeigen möchten. Diese Art von DTC zeigt ein Textfeld, ein Listenfeld, eine Schaltfläche und andere Formularelemente an.

5. Binden Sie jedes Formularfeld-DTC, das Sie in Schritt 3 erstellt haben, an das Recordset-DTC, das Sie in Schritt 1 hinzugefügt haben. Klicken Sie dazu zunächst mit der rechten Maustaste auf das Formularfeld-DTC, und wählen Sie im Kontextmenü den Befehl *Eigenschaften*. Wählen Sie im Dialogfeld, das sich nun öffnet, im Feld *Recordset* das passende Recordset-DTC und im Listenfeld *Feld* das Tabellenfeld, aus der gewünschten Tabelle oder Abfrage.

Abbildung 6.31 zeigt ein Beispiel für diese Technik. Das graue Feld mit der Bezeichnung *Recordset1* ist ein Recordset-DTC, das eine Verbindung zur Tabelle *Mitglieder* in der Datenbank *Münzsammler* herstellt. Die drei Textfelder sind Textbox-DTCs und das Objekt mit den vier Schaltflächen ist ein *RecordsetNavBar*-DTC.

Abbildung 6.31
Die Eigenschaften *Recordset* und *Feld* im *Eigenschaften*-Dialogfeld verknüpften das Textfeld *txtMtgldID* mit dem Feld *MitgliedsID* im Recordset-Steuerelement namens *Recordset1*

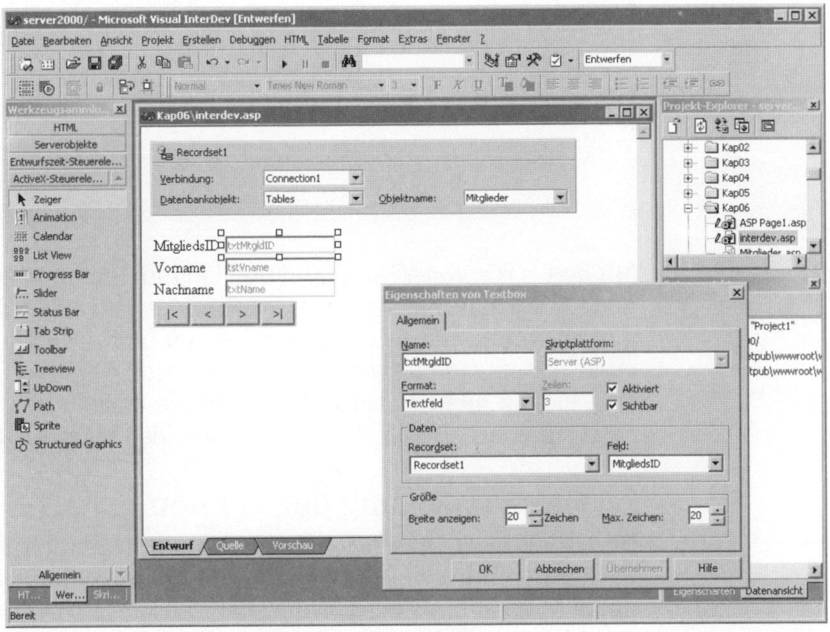

Klicken Sie mit der rechten Maustaste auf das *TextBox*-DTC namens *txtMtgldID*, und wählen Sie im Kontextmenü den Befehl *Eigenschaften,* um das *Eigenschaften*-Dialogfeld zu öffnen. Beachten Sie den Bereich *Daten* in der Mitte des Dialogfelds, der das Textfeld *txtMtgldID* an das Feld *MitgliedsID* im DTC *Recordset1* bindet.

Wenn Sie diese Webseite speichern, schreiben die DTCs den HTML- und ASP-Code, mit dem der Zugriff auf die Datenbank, die Ausgabe der Formularfelder und die Antwort auf alle Schaltflächenklicks. Die Seite in Abbildung 6.32 wird mit Netscape Navigator 4.7 geöffnet und, falls keine ActiveX-Steuerelemente oder andere proprietäre Elemente in der Webseite enthalten sind, an den Benutzer übermittelt.

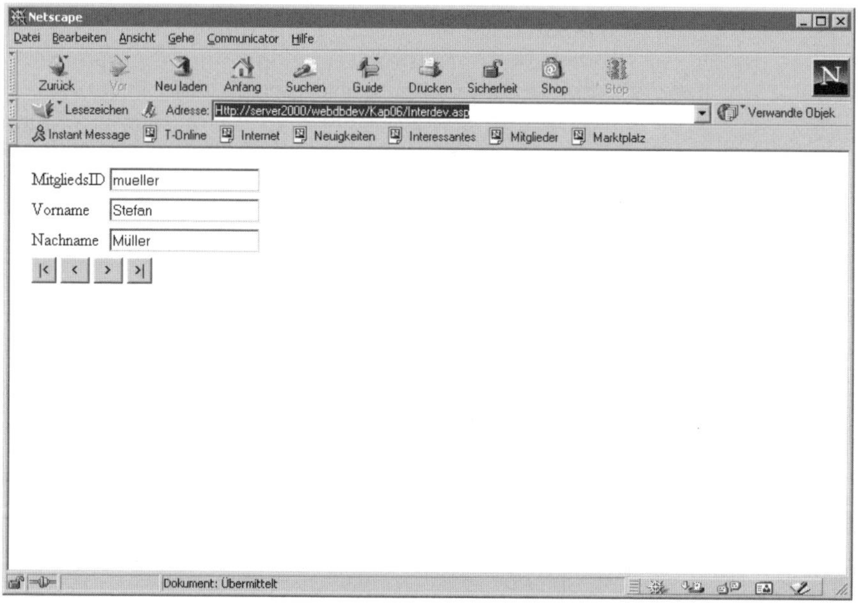

Abbildung 6.32 In dieser Abbildung zeigt Netscape Navigator 4.7 eine Webseite an, die Visual Interdev-DTCs enthält

Mit den DTCs von Visual InterDev können Sie nicht sehr viele Anwendungen erstellen, ohne selbst programmieren zu müssen. Selbstverständlich gibt es eine Lernkurve und Sie müssen nicht prinzipiell auf den HTML- oder Skripts-Quelltext zugreifen, den ein DTC erzeugt. Wenn Sie einen DTC jedoch nicht so verändern können, dass er wie gewünscht funktioniert, müssen Sie die Anwendung sowieso manuell programmieren.

Zusammenfassung der Lektion

Der Teil B dieses Buches führte die grundlegenden Technologien ein, die Sie kennen müssen, um Webdatenbankanwendungen zu erzeugen, die unter Microsoft-Webservern laufen. Zu diesen Technologien gehören Grundlagen von Datenbanktheorie und -design, die Implementierung von Datenbanken mit Microsoft Access, der Datenbankzugriff über ADOs, serverseitige Skripts mit ASP und Webserver, die unter Microsoft Internet Information Server oder Microsoft Personal Web Server laufen. Es wurden außerdem die Webdatenbankfunktionen verschiedener Microsoft-Produkte betrachtet.

Im nächsten Teil des Buches werden verschiedene typische Webdatenbankanwendungen gezeigt und erklärt.

Anwendungen entwickeln

C

7 Webdatenbankabfragen einrichten und ausführen

Geschätzte Dauer:
40 Minuten

In dieser Lektion lernen Sie

- wie Sie eine Menüseite auf der Grundlage des Datenbankinhalts erstellen,
- wie Sie ein Frameset erstellen, das Werte aus einem aufrufenden URL übernimmt und an die Seiten innerhalb der Frames übergibt,
- wie Sie eine Webseite erzeugen, die einen Frame besetzt und einen Titel und ein Symbol basierend auf den Werten anzeigt, die dem Frameset übergeben werden,
- wie Sie eine Webseite erzeugen, die einen weiteren Frame besetzt und ein Menü anzeigt, in dem ein Eintrag für jeden Datensatz enthalten ist, der bestimmte Kriterien erfüllt,
- wie Sie eine Webseite erzeugen, die einen dritten Frame besetzt und detaillierte Informationen über das ausgewählte Element anzeigt.

Die einfachste Form einer Webdatenbankseite ruft einfach Informationen aus einer Datenbank ab und zeigt sie im Browser des Webbesuchers an. In den vorangegangenen Lektionen haben Sie bereits zahlreiche einfache Abfragen gesehen. Diese Lektion zeigt weitere Abfragen. Einige davon sind ganz einfach, andere dagegen nicht.

Diese Lektion führt eine Anwendung ein, der Sie in den nächsten Lektionen häufiger begegnen werden: Der Urlaubsfotokatalog. Sie können bei Bedarf eigene Fotos integrieren. Die Technik ist jedoch für Sammlungen aller Arten und damit fast alle Datenbanktypen gleich.

Der Urlaubsfotokatalog

Webdatenbankanwendungen werden meistens zur Anzeige von Katalogen benutzt. Ein Katalog besteht aus einer Sammlung von Elementen, die der Webbesucher betrachten möchte. Kataloge bieten dem Kunden (hier Webbesuchern) normalerweise die Möglichkeit, die gewünschten Elemente zu suchen und dann alle gefundenen Elemente zu betrachten. Es spielt dabei keine Rolle, ob der Katalog Antiquitäten, seltene Samen, Zootiere, Gebrauchtwagen, Künstler, tropische Fische oder Urlaubsfotos enthält. Die Struktur der Anwendung ist immer gleich.

Die Katalogelemente sind in diesem Beispiel Urlaubsfotos. Für diese Wahl sprechen verschiedene Gründe. Der wichtigste aber ist, dass es sich dabei um ein Thema handelt, mit dem jeder vertraut ist.

Die Daten für diese Anwendung sind in einer Microsoft Access-Datenbank namens *Urlaub.mdb* enthalten. Diese Datenbank enthält zwei Tabellen namens *Kategorien* und *Elemente*.

Die Tabelle *Kategorien* enthält einen Datensatz für jede Gruppe von Elementen. Jede Kategorie im Beispiel entspricht einem Besuchsziel. Die Kategorien in Ihrer Anwendung könnten auch Möbeltypen, Tierklassifikationen, Autotypen und ähnliches sein.

Abbildung 7.1 zeigt die Tabelle *Kategorien* in Access. Der Primärschlüssel ist ein Feld namens *catnr*. Im Sinne des guten Datenbankdesigns enthalten die anderen Felder der Tabelle alle Daten, die nur einen Wert pro Kategorienummer haben.

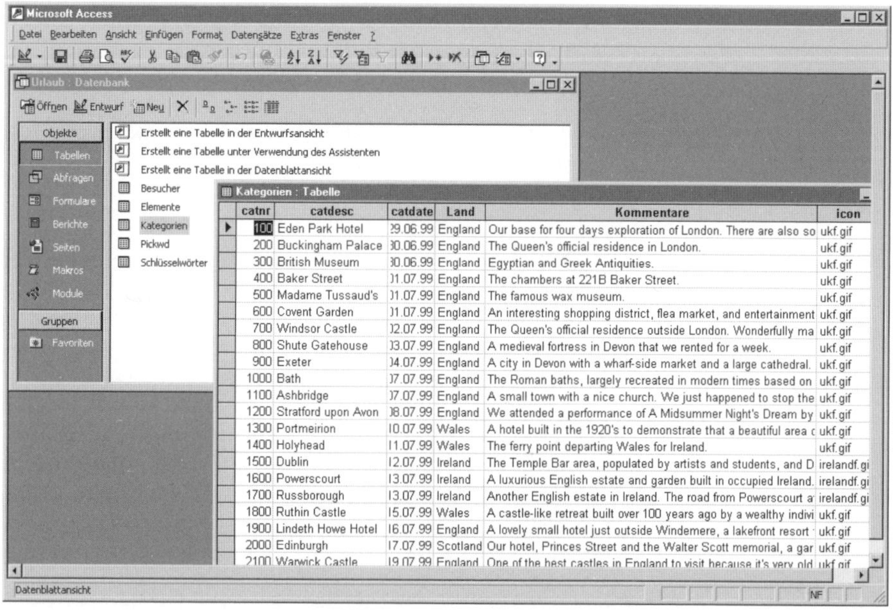

Abbildung 7.1
Die Tabelle *Kategorien* enthält einen Datensatz für jede Gruppe von Elementen. Die Felder in dieser Tabelle beziehen sich auf die Kategorie als Ganzes und nicht auf die einzelnen Elemente.

In ▶ Lektion 2 finden Sie Einzelheiten zum Datenbankdesign.

Die Tabelle *Elemente* enthält einen Datensatz für jedes Katalogelement. Im Beispiel entspricht jedes Element einem Urlaubsfoto. Es könnte sich jedoch genauso gut um Pflanzen, Tiere, Gebäude, Campingplätze, Mitarbeiter, Züge, Flugzeuge oder Autos handeln.

Die Tabelle *Elemente* enthält zwei Primärschlüssel: die Kategorienummer und die Sequenznummer (siehe Abbildung 7.2). Wie bei der Tabelle *Kate-*

gorien enthält jedes Feld nur einen Wert pro Primärschlüssel. Beachten Sie jedoch, dass mehrere Sequenznummern innerhalb jeder Kategorie vorhanden sein können. Aus diesem Grund werden die zwei Tabellen *Elemente* und *Kategorien* benötigt.

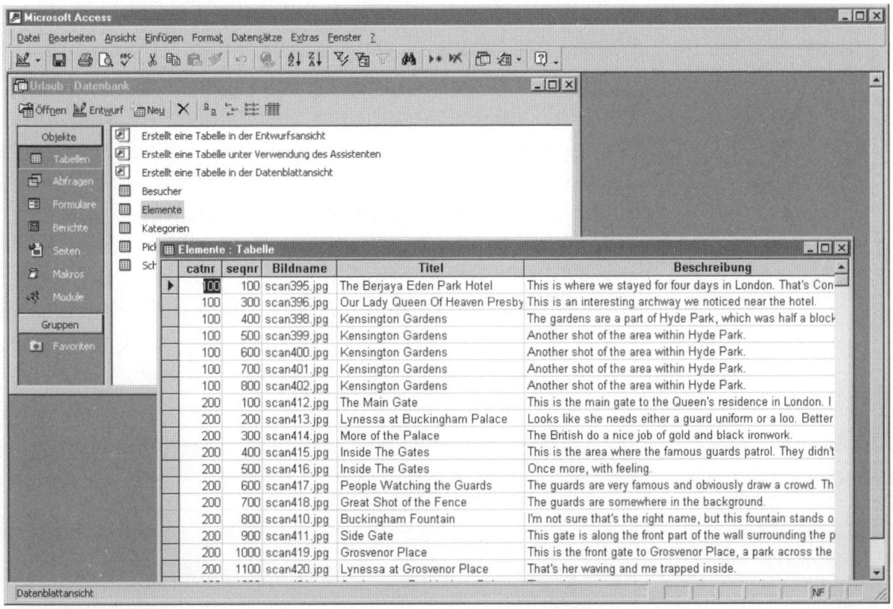

Abbildung 7.2 Die Tabelle *Elemente* enthält Felder mit eindeutigen Werten für jeden Katalogeintrag

Diese Datenbankstruktur ist ziemlich einfach, was den Vorteil hat, dass auch das Beispiel relativ einfach bleibt. Eine echte Anwendung enthielte wesentlich mehr Tabellen, wobei die einzelnen Tabellen auch mehr Felder enthielten. Um z.B. nach einem Familienangehörigen zu suchen, müssten Sie eine Tabelle hinzufügen, die den Bildnamen und den Namen des Familienmitglieds als Spaltennamen enthält und für jede Person in jedem Bild einen Datensatz einrichten.

Die Webseiten für diese Lektion finden Sie im Pfad *\Webdbdev\Kap07* der Beispieldateien auf der CD-ROM zum Buch. Die Datenbank und die gemeinsamen Anwendungsdateien befinden sich jedoch im Ordner *Holiday* (siehe Tabelle 7.1).

Tabelle 7.1 Pfadangaben für die Webanwendung *Urlaubsfotokatalog*

Beschreibung	Pfad
Datenbank und gemeinsam genutzte Dateien	*\Webdbdev\Holiday*
Bilder in voller Größe	*\Webdbdev\Holiday\Images*
Miniaturbilder	*\Webdbdev\Holiday\Images\Thumb*

Die Hauptmenüseite einrichten

Abbildung 7.3 zeigt die Hauptmenüseite der Anwendung. Beachten Sie die Dateinamenserweiterung *.asp* im URL und die Ähnlichkeit des Inhalts mit der Tabelle *Kategorien* in Abbildung 7.1. Tatsächlich zeigt diese Menüseite das Ergebnis einer Datenbankabfrage an.

Die Titelgrafiken, der Titeltext und die Spaltenüberschriften bestehen aus normalem HTML-Quelltext. Sie können diesen HTML-Quelltext im Listing am Ende dieses Abschnitts oder in den Beispieldateien unter *\Webdb-dev\Kap07\Default.asp* betrachten. Die einzige Technik, die sogar etwas ungewöhnlich ist, ist die folgende Anweisung, die im *<head>*-Abschnitt enthalten ist und dem Browser mitteilt, wie ein externes Stylesheet mit dem relativen URL *../Holiday/Holiday.css* angewendet wird. Das Stylesheet überschreibt die Schriftart- und Farbeinstellungen, die normalerweise für verschiedene HTML-Elemente verwendet werden.

```
<link rel="stylesheet" type="text/css"
     href="../Holiday/Holiday.css">
```

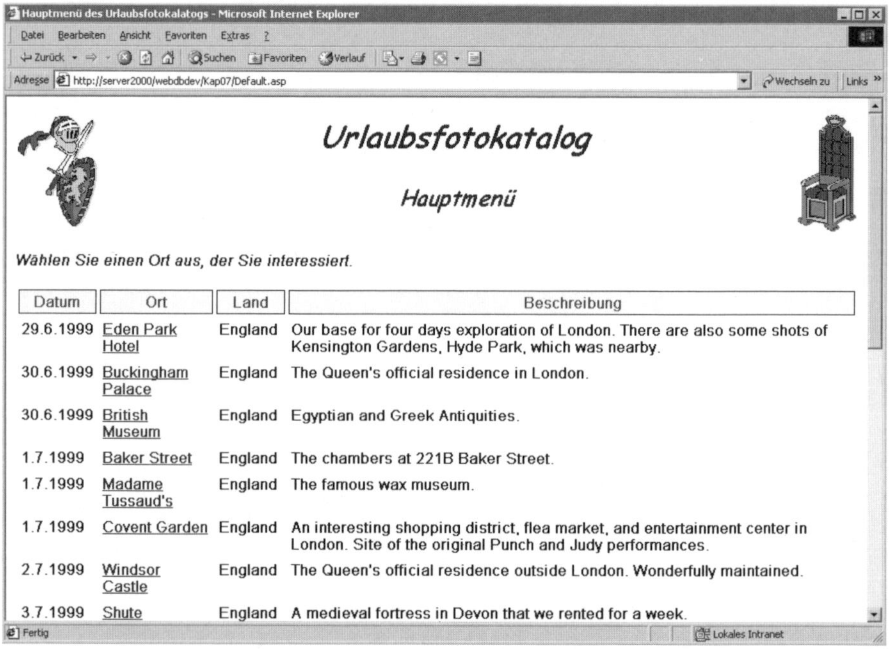

Abbildung 7.3 Diese Menüseite zeigt das Ergebnis einer Datenbankabfrage an

Aus Gründen des Seitenlayouts belegt das Menüelement eine Zeile in einer HTML-Tabelle. Das folgende Listing zeigt den HTML-Quelltext, mit dem eine solche Zeile ausgegeben wird. Die Hervorhebungen im Listing kennzeichnen die Informationen, die aus der Datenbank stammen.

```
<tr>
<td valign="top">6/29/99</td>
<td valign="top"><a href="Katalog.asp?qcatnr=100">Eden Park Hotel</a></td>
<td valign="top">England</td>
<td valign="top">Our base for four days exploration of London. There are
also some shots of Kensington Gardens, Hyde Park, which was nearby.</td>
</tr>
```

Beachten Sie, dass der Hyperlink in Zeile drei einen URL angibt, der eine Abfragezeichenfolge enthält. Die Abfragezeichenfolge ist der Teil *?qcatnr=100*. Wenn der Webbesucher auf diesen Hyperlink klickt, übernimmt die Seite *Katalog.asp* die Information aus der Abfragezeichenfolge, fragt die angegebene Kategorienummer aus der Tabelle *Elemente* ab und zeigt eine Liste aller übereinstimmenden Elemente an.

Cascading Style Sheets (CSS)

Cascading Style Sheets (CSS) ist eine Technologie, die weit mehr typografische Kontrolle bietet als normales HTML. Sie können CSS-Stile innerhalb einzelner HTML-Tags, innerhalb der *<style>...</style>*-Tags am Anfang einer Webseite oder in einer separaten Datei angeben. Wenn verschiedene Webseiten auf dieselbe CSS-Datei verweisen, ist sichergestellt, dass ihr Erscheinungsbild gleich ist.

Weitere Informationen zu CSS finden Sie unter *http://msdn.microsoft.com/workshop/author/Default.asp?* (Microsoft) und unter *http://www.w3.org/Style/* (W3C).

Cascading Style Sheets verändern nur das Erscheinungsbild einer Webseite und nicht deren Funktion. Ihr Einsatz ist deshalb optional.

Die Startmenüseite erstellen

Die erste Herausforderung besteht darin, die Startmenüseite zu erstellen. Gehen Sie wie folgt vor, um die ASP-Anweisungen zu erzeugen, die die Tabelle *Kategorien* abfragen, alle übereinstimmenden Datensätze durchlaufen und dann den HTML-Code für jeden Katalogeintrag ausgeben:

1. Erzeugen Sie eine neue, leere ASP-Seite. Geben Sie die folgende Tag-Struktur ein, und speichern Sie die Datei unter dem Namen *Default.asp*.

In ▶ Lektion 3 finden Sie im Abschnitt »ADO-Konstanten nutzen« eine Beschreibung, wie Sie die Datei *Adovbs.inc* erhalten.

```
<html>
<head>
<title></title>
</head>
<body>
</body>
</html>
```

2. Um die ADO benannten Konstanten zu definieren, fügen Sie die folgende Anweisung zum *<head>*-Abschnitt der Webseite *Default.asp* hinzu.

```
<!-- #include file="../Adovbs.inc" -->
```

Passen Sie den relativen URL *../Adovbs.inc* an, wenn sich die Datei nicht im übergeordneten Ordner der Webseite befindet. Fügen Sie dann den folgenden Code ein:

```
<link rel="stylesheet" type="text/css"
      href="../Holiday/Holiday.css">
```

3. Legen Sie im *<body>*-Bereich eine Tabelle mit den folgenden Spaltenüberschriften an:

```
<table>
<tr>
<th>Datum</th>
<th>Ort</th>
<th>Land</th>
<th>Beschreibung</th>
</tr>
<!-- Hier Code für die Tabellenzeilen einfügen -->
</table>
```

4. Erzeugen und öffnen Sie ein ADO *Connection*-Objekt für die Datenbank *Urlaub.mdb*. Dazu dient der folgende Code, bei dem davon ausgegangen wird, dass sich die Datenbank in einem Ordner befindet, dessen Pfad im Web relativ zur aktuellen Seite der folgende ist: *../Holiday*. Dieser Code schließt auch die Verbindung und löscht das *Connection*-Objekt, nachdem die Verarbeitung beendet ist.

```
<%
Set cnHol = Server.CreateObject("ADODB.Connection")
cnStHol = "driver={Microsoft Access-Treiber (*.mdb)};" & _
          "dbq=" & Server.MapPath("../Holiday/Urlaub.mdb")
cnHol.Open cnStHol,"",""
' Hier Code einfügen, der die Verbindung nutzt.
cnHol.Close
Set cnHol = Nothing
%>
```

Wie Sie sich vielleicht erinnern werden, übersetzt die Methode *Server.MapPath* einen URL in einen physischen Pfad im Dateisystem des Webservers.

5. Erzeugen und öffnen Sie ein ADO *Recordset*-Objekt, das alle Datensätze aus der Tabelle *Kategorien* sortiert nach der Kategorienummer enthält. Dieser Code sollte den in Schritt 4 gezeigten Kommentar ersetzen.

```
Set rsCat = Server.CreateObject("ADODB.Recordset")
sql = "SELECT * FROM Kategorien ORDER BY catnr ; "
rsCat.Open sql, cnHol, adOpenStatic, adLockReadOnly
' Hier Code einfügen, der das Recordset-Objekt nutzt.
rsCat.Close
Set rsCat = Nothing
```

Beachten Sie, dass die *rsCat.Open*-Anweisung das *Recordset*-Objekt im statischen, schreibgeschützten Modus öffnet. Statischer Modus bedeutet, dass Änderungen, die vorgenommen werden, während ein *Recordset*-Objekt geöffnet ist, nicht gespeichert werden. Dies ist während der kurzen Zeit, die benötigt wird, um eine ASP-Seite zu verarbeiten, kein Problem. Der schreibgeschützte Modus stellt sicher, dass die Webseite das *Recordset*-Objekt nicht aktualisiert und dass die Datenbanksoftware die Datensätze nicht sperren muss, um zu verhindern, dass ein Datensatz gleichzeitig von anderen Prozessen aktualisiert wird. Beide Einstellungen minimieren den Overhead der Datenbankverarbeitung.

6 Programmieren Sie eine Schleife, die alle Datensätze im *Recordset*-Objekt *rsCat* durchläuft, d.h. eine Schleife, die so lange zum nächsten Datensatz wechselt, bis keine weiteren mehr vorhanden sind.

```
Do While Not rsCat.EOF
' Hier Code einfügen, der jeden Datensatz verarbeitet.
rsCat.MoveNext
Loop
```

Ersetzen Sie mit diesem Code den Kommentar in Schritt 5.

7 Ersetzen Sie den Kommentar in Schritt 6 durch den Code, der den HTML-Quelltext für eine Menüauswahl erzeugt, d.h. für eine Zeile in der HTML-Tabelle. Sie können dafür jede beliebige Kombination aus normalen HTML- und ASP-Code nutzen. Denken Sie jedoch daran, das %>-Tag einzufügen, wenn Sie zu HTML-Quelltext übergehen und das <%-Tag, wenn Sie zu ASP-Skriptcode wechseln. Der folgende Code nutzt beide Techniken:

```
  %>
  <tr>
    <td valign="top"><%=rsCat("catdate")%></td>
    <td valign="top"><%
      Response.Write "<a href=" & _
Chr(34) & _
"Katalog.asp?" & _
"qcatnr=" & rsCat("catnr") & _
Chr(34) & ">" & _
rsCat("catdesc") & "</a>"
      %></td>
    <td valign="top"><%=rsCat("Land")%></td>
    <td valign="top"><%=rsCat("Kommentare")%></td>
  </tr>
  <%
```

Beachten Sie, dass alle Strukturtags, wie z.B. die Tags *<tr>* und *<td>* als normaler HTML-Code angezeigt werden. Dies erspart beim *Response.Write*-Code etwas Tipparbeit und erleichtert den Einsatz eines HTML-Editors, um das Aussehen der Seite zu kontrollieren.

Ausdrücke wie *rsCat("catdate")* liefern Feldwerte vom aktuellen Datensatz im *rsCat*-Recordset. Der Ausdruck in Klammern gibt den Feldnamen oder die Nummer an. Ausdrücke wie *rsCat.Fields("catdate").Value* sind gleichbedeutend, weil die *Fields*-Auflistung die Standardeigenschaft jedes *Recordset*-Objekts ist und weil *Value* die Standardeigenschaft jedes *Field*-Objekts ist.

Der ASP-Code, mit dem die Werte der Felder *catdate*, *Land* und *Kommentare* angezeigt werden, ist in Kurznotation gehalten: ein Gleichheitszeichen bedeutet *Response.Write*. Diese Notation erfordert, dass die <% ... %>-Tags, das Gleichheitszeichen und der Ausdruck alle in einer Zeile stehen.

Weil der Code für das Feld *catdesc* und die damit verknüpften Hyperlinks so lang ist, wäre es etwas unbequem, alles in eine Zeile zu setzen (es sei denn, Sie benutzen den weltweit breitesten Computermonitor). Damit ist die <% = %>-Notation an dieser Stelle ungeeignet. Eine vollständige *Response.Write*-Anweisung, in der auch Zeilenumbrüche und Zeilenfortsetzungen erlaubt sind, eignet sich deshalb besser, um den HTML-Quelltext für dieses Feld und die Hyperlinks zu erstellen. Wie Sie sich erinnern werden, ist das &-Zeichen der VBScript-Operator, um Zeichenfolgen zusammenzufügen, der Unterstrich (_) gibt an, dass der Code in der nächsten Zeile fortgesetzt wird und die Funktion *Chr* liefert ein ASCII-Zeichen für eine vorgegebene Dezimalzahl zurück. Der Ausdruck *Chr(34)* gibt z.B. ein Ausrufungszeichen zurück.

Damit ist der serverseitige Code vollständig, mit dem die Tabelle *Kategorien* abgefragt und die Webseite ausgegeben wird, die in Abbildung 7.3 zu sehen ist. Das vollständige ASP-Listing für die Datei *Default.asp* sehen Sie im Anschluss und auch im Ordner *\Webdbdev\Kap07* der Beispieldateien auf der Buch-CD-ROM. Sie können diese Datei mit dem Windows-Editor oder einem beliebigen anderen reinen Texteditor öffnen.

```
<html>
<head>
<title>Hauptmenü Urlaubsfotokatalog</title>
<!-- #include file="../adovbs.inc" -->
<link rel="stylesheet" type="text/css"
     href="../holiday/holiday.css">
</head>
<body>
<table align="center"border="0" width="100%"
      cellpadding="3" cellspacing="0">
<tr>
<td align="left" rowspan="2">
     <img src="../images/armor.gif" border="0"
          width="88" height="121">
</td>
<td align="center">
     <h1>Urlaubsfotokatalog</h1>
```

```
</td>
<td align="right" rowspan="2">
      <img src="../images/throne.gif" border="0"
          width="64" height="125"></td>
</tr>
<tr>
<td align="center">
<h2>Hauptmenü</h2>
</td>
</tr>
</table>
<p><i>Wählen Sie einen Ort aus, der Sie interessiert.</i></p>
<table border="0" cellpadding="3" cellspacing="4">
<tr>
<th>Datum</th>
<th>Ort</th>
<th>Land</th>
<th>Beschreibung</th>
</tr>
  <%
' ADO Connection-Objekt erzeugen und öffnen
Set cnHol = Server.CreateObject("ADODB.Connection")
cnStHol = "driver={Microsoft Access-Treiber (*.mdb)};" & _
          "dbq=" & Server.MapPath("../holiday/Urlaub.mdb")
cnHol.Open cnStHol,"",""
' ADO Recordset-Objekt erzeugen und öffnen.
Set rsCat = Server.CreateObject("ADODB.Recordset")
sql = "SELECT * FROM Kategorien ORDER BY catnr ; "
rsCat.Open sql, cnHol, adOpenStatic, adLockReadOnly
' Recordset-Objekt durchlaufen und jeden Datensatz anzeigen
Do While Not rsCat.EOF
  %>
<tr>
<td valign="top"><%=rsCat("catdate")%></td>
<td valign="top"><%
      Response.Write "<a href=" & _
Chr(34) & _
"Katalog.asp?" & _
"qcatnr=" & rsCat("catnr") & _
Chr(34) & ">" & _
rsCat("catdesc") & "</a>"
      %></td>
<td valign="top"><%=rsCat("Land")%></td>
    <td valign="top"><%=rsCat("Kommentare")%></td>
</tr>
  <%
  rsCat.MoveNext
Loop
' Recordset- und Connection-Objekt schließen und entfernen.
rsCat.Close
Set rsCat = Nothing
cnHol.Close
```

```
Set cnHol = Nothing
%>
</table>
</body>
</html>
```

Die Anzeige der Kataloginhalte

Im letzten Abschnitt wurde beschrieben, dass die einzelnen Hyperlinks auf der Seite *Hauptmenü Urlaubsfotokatalog* alle auf die Webseite *Katalog.asp* verweisen. Außerdem wurde beschrieben, wie das Hauptmenü über eine Abfragezeichenfolge angibt, welche Kategorienummer angezeigt werden soll. Im nächsten Schritt wird die Seite *Katalog.asp* erzeugt, die anhand der Abfragezeichenfolge die korrekten Ergebnisse anzeigt (siehe Abbildung 7.4).

Abbildung 7.4
Auf dieser Seite werden die Inhalte des Katalogs angezeigt

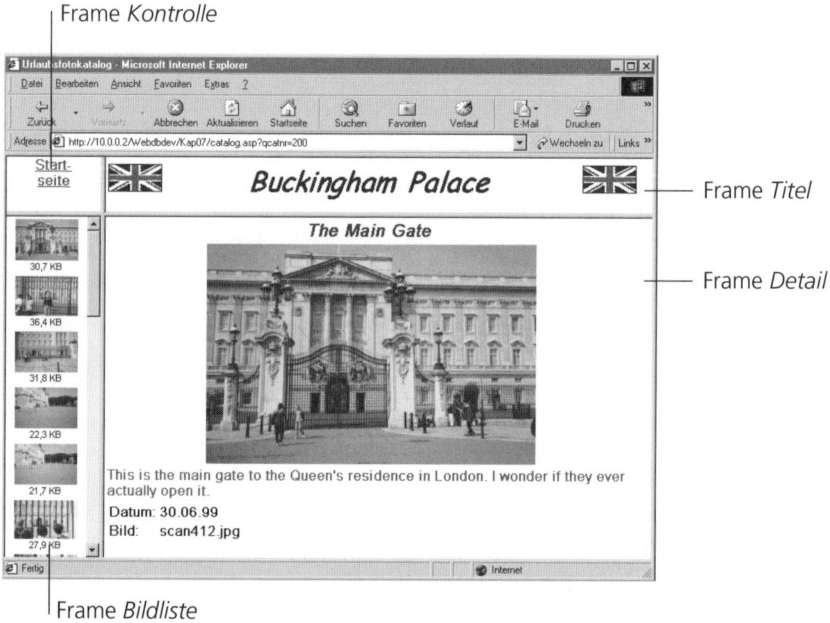

Eine ausführliche Beschreibung zu Frames finden Sie im Web unter *http://www.teamone.de/selfhtml/tci.htm.*

Die Webseite in dieser Abbildung ist ein Frameset, d.h. eine spezielle Art von Webseite, die selbst keinen Inhalt bereitstellt. Die Webseite unterteilt die Anzeige in mehrere Rahmen (Frames), in denen wiederum andere Webseiten angezeigt werden. Das Frameset *Katalog.asp* enthält z.B. vier Frames mit den folgenden Bezeichnungen:

- Der Frame *Kontrolle* zeigt eine normale Webseite namens *Kontrolle.htm* an. Diese Seite enthält einen Link auf die Startseite, der in Abbildung 7.4 in der linken oberen Ecke zu sehen ist.

- Der Frame *Titel* beansprucht die restliche Fläche am oberen Rand und zeigt eine ASP-Seite namens *Titel.asp* an. Diese Seite ermittelt den Namen der aktuellen Kategorie und das entsprechende Symbol und zeigt beides an.
- Der Frame *Bildliste* besetzt die Fläche am linken Rand und zeigt eine Seite namens *Bildliste.asp* an. Diese enthält eine Liste mit Miniaturbildern, die aus der Tabelle *Elemente* der Datenbank *Urlaub.mdb* für den angegebenen Kategoriecode abgerufen werden.
- Der Frame *Detail* bedeckt die gesamte restliche Fläche des Browserfensters. Das Frameset lädt diesen Frame mit einer Leerseite namens *Leer.htm*, aber diese Seite wird nur ein paar Sekunden angezeigt. Sobald die Seite *Bildliste.asp* geladen wird, teilt sie dem Browser mit, dass der Frame *Detail* mit einer Seite namens *Bild.asp* neu geladen werden muss. Diese Seite zeigt das Bild in voller Größe und die Datenbankinformationen zum ersten Miniaturbild an.

Miniaturbilder erzeugen

Es ist nicht gerade angenehm, Miniaturversionen für eine große Anzahl von Bildern erzeugen zu müssen, wenn Sie die Bilder einzeln in einem Bildbearbeitungsprogramm öffnen, die Größe anpassen und speichern müssen. Dienstprogramme wie Thumbnailer von Smaller Aminals Software automatisieren diese lästige Arbeit. Abbildung 7.5 zeigt das Programm Thumbnailer in Aktion.

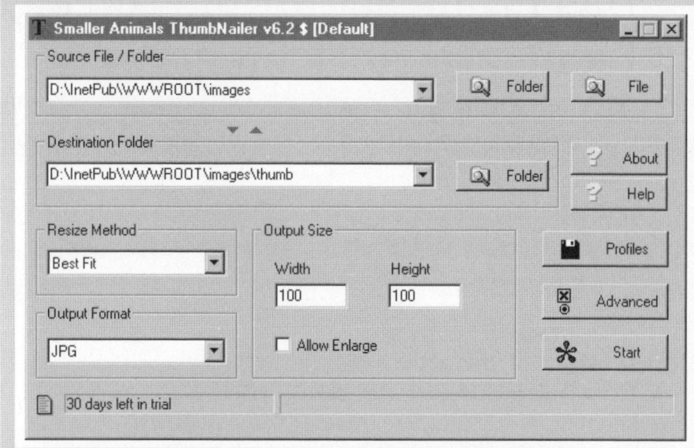

Abbildung 7.5 Mit Thumbnailer von Smaller Animals Software können Sie automatisch Miniaturversionen für alle Bilder in einem Ordner erzeugen

Unter dem URL *http://www.smalleranimals.com* können Sie sich eine Sharewareversion der Software herunterladen.

Hier ein kurzer Überblick über die Zusammenarbeit der Hauptmenüseite *Default.asp* mit dem Frameset *Katalog.asp*:

- Die Hauptmenüseite *Default.asp* sendet eine Kategorienummer an die Framesetseite *Katalog.asp*.
- Die Framesetseite *Katalog.asp* leitet diese Kategorienummer an die Seite *Titel.asp* (die im *Titel*-Frame geladen wird) und an die Seite *Bildliste.asp* weiter (die im *Bildliste*-Frame geladen wird).
- Die Seite *Bildliste.asp* lädt im *Detail*-Frame eine Seite namens *Bild.asp* in den *Detail*-Frame und sendet dieser ebenfalls die Kategorienummer und die erste Sequenznummer innerhalb dieser Kategorie.
- Die Seite *Bild.asp* zeigt den Titel, das Bild, die Beschreibung und andere Informationen zur angegebenen Kategorie und Sequenznummer an.

Nachdem das Frameset vollständig geladen wurde, können Sie auf ein beliebiges Miniaturbild im *Bildliste*-Frame klicken, um das entsprechende Bild (inklusive der Bildinformationen) in voller Größe im *Detail*-Frame anzeigen zu lassen. Dies geschieht, weil die Hyperlinks, mit denen jedes Miniaturbild unterlegt ist, die Seite *Bild.asp* und eine Abfragezeichenfolge angeben. Die Abfragezeichenfolge beinhaltet wiederum die Kategorie und die Sequenznummer des Bilds, das angezeigt werden soll.

```
Bild.asp?qcatnr=100&qseqnr=100
```

Das Frameset für die Anzeige der Elemente einrichten

Die Seite *Katalog.asp* definiert ein ganz normales Frameset mit nur drei Fragmenten von ASP-Code, die im folgenden Listing entsprechend hervorgehoben sind:

```
<html>
<head>
<title>Urlaubsfotokatalog</title>
<%
catnr = Request("qcatnr")
If catnr = "" Then catnr = 100
If Not IsNumeric(catnr) Then catnr = 100
%>
</head>
<frameset rows="65,*">
<frameset cols="115,99%">
<frame name="kontrolle"
          src="Kontrolle.htm"
          target="_self" noresize scrolling="no"
```

```
          marginwidth="0" marginheight="0">
    <frame name="titel"
src="Titel.asp?qcatnr=<%=catnr%>"
marginwidth="0" marginheight="0">
</frameset>
<frameset cols="115,99%">
<frame name="bildliste"
src="Bildliste.asp?qcatnr=<%=catnr%>"
scrolling="auto" noresize
marginwidth="0" marginheight="0">
    <frame name="detail"
src="Leer.htm"
scrolling="auto" target="_self"
marginwidth="0" marginheight="0">
</frameset>
<noframes>
<body>
<p>Browser unterstuetzt keine Frames. Keine korrekte Anzeige möglich! </p>
</body>
</noframes>
</frameset>
</html>
```

Weitere Informationen über das *Request*-Objekt finden Sie in ▶ Lektion 5 im Abschnitt »Das *Request*-Objekt«.

Der erste Block des ASP-Codes überprüft, ob die eingehende Anforderung eine gültige Kategorienummer enthält. Dieser Wert sollte im Ausdruck *Request("qcatnr")* erscheinen, der die folgenden *Request*-Auflistungen nach dem in *qcatnr* angegebenen Wert durchsucht:

1. *QueryString*
2. *Form*
3. *Cookies*
4. *ClientCertificate*
5. *ServerVariables*

Wenn das Skript einen solchen Wert findet und dieser numerisch ist, wird der Wert verwendet. Ansonsten wird die Standardkategorie 100 eingesetzt. Das Ergebnis speichert das Skript in einer Variablen namens *catnr*.

Die anderen beiden ASP-Blocks fügen den überprüften *catnr*-Wert in die URLs ein (oder genauer gesagt, den Teil mit der Abfragezeichenfolge), die die Seiten *Titel.asp* und *Bildliste.asp* in die Frames *Titel* und *Bildliste* laden. Damit wird der *qcatnr*-Wert, der auf der Hauptmenüseite ausgewählt wurde, an die korrekten Inhaltsseiten weitergeleitet.

Wie bereits erwähnt, lädt der *Detail*-Frame eine leere Seite namens *Leer.htm*. Im Abschnitt über die Seite *Bildliste.asp* erfahren Sie, wie der Inhalt in diesem Frame angezeigt wird.

Die Kontrollseite einrichten

Die Kontrollseite *Kontrolle.html* ist die bei weitem einfachste Seite im Katalogframeset. Sie existiert nur, um einen Link zur Startseite der Anwendung bereitzustellen. Diese Funktion ist jedoch sehr wichtig, weil die Webbesucher sicher kein Interesse daran haben, über die *Zurück*-Schaltfläche zur Startseite zu gelangen, nachdem sie 20 oder 30 Elemente betrachtet haben. Die Rückkehr zur Startseite ist immer ein wichtiger Aspekt beim Design von Anwendungen, die Framesets nutzen. Nachfolgend sehen Sie das komplette HTML-Listing für die Seite *Kontrolle.html*:

```
<html>
<head>
<title>Urlaubsfotokatalog</title>
<link rel="stylesheet" type="text/css" href="../holiday/holiday.css">
<base target="_self">
</head>
<body>
<p align="center"><a href="Default.asp" target="_top">Start-<br>
seite</a></p>
</body>
</html>
```

Das *<link>*-Tag verweist auf dasselbe Stylesheet, das auch von allen anderen Seiten in der Anwendung genutzt wird. Damit bleibt ein einheitliches Aussehen gewährleistet. Das Hyperlinkattribut *target="_top"* teilt dem Browser mit, dass das gesamte Frameset und nicht nur der aktuelle Frame durch die Seite *Default.asp* ersetzt werden soll.

Die Titelseite einrichten

Der ASP-Code, mit dem der aktuelle Kategoriename angezeigt wird, ist ganz einfach aufgebaut. Es handelt sich fast um eine Miniaturreplikation des Codes der Seite *Default.asp*. Der folgende ASP-Code steht im Body der Seite *Titel.asp*:

```
<%
' Prüfen, ob Kategorienummer gültig ist.
' Standardwert nehmen, falls ungültig oder nicht vorhanden.
catnr = Request("qcatnr")
If catnr = "" Then catnr = 100
If Not IsNumeric(catnr) Then catnr = 100

' ADO Connection zur Datenbank Urlaub.mdb einrichten und öffnen.
Set cnHol = Server.CreateObject("ADODB.Connection")
cnStHol = "driver={Microsoft Access-Treiber (*.mdb)};" & _
          "dbq=" & Server.MapPath("../holiday/Urlaub.mdb")
cnHol.Open cnStHol,"",""
' Ein ADO Recordset-Objekt erzeugen und benutzen, um die
```

```
' angegebene Kategorie aus der Tabelle abzurufen.
Set rsCat = Server.CreateObject("ADODB.Recordset")
sql = "SELECT * FROM Kategorien WHERE (catnr=" & catnr & ")  "
rsCat.Open sql, cnHol, adOpenStatic, adLockReadOnly
' Standardtitel angeben, falls Kategorie keine Datensätze enthält.
' Falls Datensatz vorhanden, Feld catdesc speichern.
If rsCat.EOF Then
  CatTitle = "holiday"
Else
  CatTitle = rsCat("catdesc")
' Wenn die Kategorie mit einem Symbol verknüpft ist,
' den HTML-Quelltext in der Variablen catIcon speichern, der
' das Symbol anzeigt. Sonst Nullzeichenfolge in der Variablen speichern.
If IsNull(RsCat("icon")) Then
catIcon = ""
Else
If rsCat("icon") = "" Then
      catIcon = ""
Else
      catIcon = "<img src=" & chr(34) & _
"../images/" & rsCat("icon") & _
                Chr(34) & " border=0 >" & vbCrLf
End If
End If
End If
' Recordset-  Connection-Objekt schließen und löschen.
rsCat.Close
Set rsCat = Nothing
cnHol.Close
Set cnHol = Nothing
%>
```

Anders als der Code in der Datei *Default.asp* enthält dieser Code in der SELECT-Anweisung eine bestimmte Kategorienummer. Weil nur ein Datensatz zurückgeliefert werden soll, wird die Ergebnisgruppe nicht mit einer Schleife durchlaufen. Der Titel wird außerdem nicht direkt angezeigt, sondern in einer Variablen namens *CatTitle* gespeichert. Ein weiterer Teil der Webseite kann dann den Ausdruck *<%=CatTitle%>* benutzen, um den Titel anzuzeigen. Existiert ein Symbol, erzeugt der ASP-Code außerdem ein *<img>*-Tag und speichert das Symbol in einer Variablen namens *catIcon*. Das Symbol kann dann in der Seite über den Ausdruck *<%=catIcon%>* ausgegeben werden.

Um den Code für diese Seite zu betrachten, öffnen Sie die komplette Seite *\Webdbdev\Kap07\Titel.asp* im Ordner der Beispieldateien auf der CD-ROM zum Buch.

Die Miniaturbildseite einrichten

Inzwischen sollten Sie das Schema kennen, nach dem die Abfrageseiten aufgebaut sind. Es wird ein *Connection*- und ein *Recordset*-Objekt geöffnet, eine Schleife programmiert, die alle zurückgelieferten Datensätze einliest und den HTML-Quelltext für die Anzeige jedes Datensatzes ausgibt. Die Seite *Bildliste.asp* folgt diesem Schema, hat jedoch die folgenden spezifischen Anforderungen:

- Sie muss eine Liste aller Bilder einer bestimmten Kategorie aus der Tabelle *Elemente* abrufen. Die Tabelle *Elemente* enthält nur die Dateinamen dieser Bilder, nicht die Bilder selbst.
- Sie muss eine Miniaturversion jedes Bilds anzeigen, wobei die Bilder in einer Spalte untereinander stehen. Die Anzeige erfolgt über eine einspaltige HTML-Tabelle mit einem Bild pro Zeile. Die Miniaturbilder befinden sich im Unterordner *../Holiday/Images/Thumb* der Website. Um die Bilder anzeigen zu können, muss ein entsprechendes *<img>*-Tag für jede Tabellenzelle erzeugt werden.
- Ein Mausklick auf ein Miniaturbild sollte bewirken, dass im *Detail*-Frame eine Webseite angezeigt wird, die das entsprechende Bild in voller Größe und ausgewählte Feldinhalte der Tabelle *Elemente* enthält. Dazu muss das Verweisziel (Anker) wie folgt definiert werden:

```
<a href=Bild.asp?qcatnr=200&qseqnr=300 target=detail>
```

- Selbstverständlich hat jedes Bild eine andere Kategorie- und Sequenznummer. Der Anker (*<a href*) und das schließende *</a>*-Tag umgeben jedes *<img>*-Tag. Das Attribut *target=detail* teilt dem Browser mit, dass die resultierende Webseite im *Detail*-Frame angezeigt werden soll. Das Ankertag selbst wird jedoch im *Bildliste*-Frame ausgegeben.
- Um Webbesucher mit langsamen Verbindungen zu warnen, sollten unter jedem Miniaturbild die Größe des entsprechenden Bilds in voller Größe angezeigt werden. Weil diese Information nicht in der Tabelle *Elemente* aufgezeichnet ist, ruft die Seite *Bildliste.asp* die Information aus dem Dateisystem des Webservers ab. Das Bild in voller Größe befindet sich relativ zur Seite *Bildliste.asp* im Ordner *../Holiday/Images/* der Website.
- Wenn die Seite *Bildliste.asp* erstmals geladen wird, muss sie die Seite *Leer.html* im *Detail*-Frame ersetzen. Dazu muss sie einen Mausklick auf das erste Miniaturbild simulieren.

  Dies stellt ein Problem dar. Eine ASP-Seite kann sich bei Bedarf selbst verändern, sie kann jedoch keine Framesets, Seiten oder andere Elemente beeinflussen, die bereits im Browser des Webbesuchers angezeigt werden. Die Seite *Bildliste.asp* nutzt deshalb den indirekten Ansatz: mit derselben Technik, mit der auch der HTML-Quelltext erzeugt wird, wird ein browserseitiges Skript erstellt, das den *Detail*-Frame erneut lädt. Wenn der Browser die resultierende Webseite empfängt, führt er das Skript aus und ersetzt den gewünschten Frame.

Die Miniaturbildseite erzeugen

Gehen Sie wie folgt vor, um die benötigte Seite *Bildliste.asp* zu erzeugen:

1. Erstellen Sie eine ASP-Seite mit dem folgenden Inhalt:

```
<html>
<head>
<title>Miniaturausgabe der Bilder im Urlaubsfotokatalog</title>
<!-- #include file="../adovbs.inc" -->
<link rel="stylesheet" type="text/css"
     href="../holiday/holiday.css">
</head>
<body>
</body>
</html>
```

Die *#include*-Anweisung stellt dem VBScript-Code die ADO-Standardkonstanten zur Verfügung. Die *<link>*-Anweisung verweist auf ein gemeinsam genutztes CSS.

2. Nun muss überprüft werden, ob die Seite eine gültige Kategorienummer erhalten hat. Ist dies nicht der Fall, soll die Standardkategorie 100 verwendet werden. Dazu müssen die folgenden Anweisungen vor das *</head>*-Tag gesetzt werden.

```
<%
catnr = Request("qcatnr")
If catnr = "" Then catnr = 100
If Not IsNumeric(catnr) Then catnr = 100
%>
```

3. Um die Dateigrößen aus dem Dateisystem abzurufen, muss die folgende Anweisung direkt vor das schließende %>-Tag gesetzt werden, das in Schritt 2 eingefügt wurde.

```
Set fs = Server.CreateObject("Scripting.FileSystemObject")
```

4. Um ein ADO *Connection*-Objekt zu erzeugen, zu öffnen, zu schließen und zu löschen, fügen Sie den folgenden Code zwischen die *<body>...</body>*-Tags ein:

```
<%
Set cnHol = Server.CreateObject("ADODB.Connection")
cnStHol = "driver={Microsoft Access-Treiber (*.mdb)};" & _
         "dbq=" & Server.MapPath("../holiday/Urlaub.mdb")
cnHol.Open cnStHol,"",""
' Hier Anweisungen einsetzen, um das Recordset zu erzeugen, zu öffnen,
```

```
' zu verarbeiten, zu schließen und zu löschen.
cnHol.Close
Set cnHol = Nothing
%>
```

5 Um ein ADO *Recordset*-Objekt zu erzeugen, zu öffnen, zu schließen und zu löschen, das alle Datensätze aus der angeforderten Kategorie enthält, müssen Sie den Kommentar in Schritt 4 durch den folgenden Code ersetzen. Beachten Sie, dass die SQL-Anweisung nur Datensätze aus der angeforderten Kategorie abfragt und die Ergebnisgruppe nach der Sequenznummer sortiert.

```
Set rsItm = Server.CreateObject("ADODB.Recordset")
sql = "SELECT catnr, seqnr, Bildname " & _
      "FROM Elemente " & _
"WHERE (catnr=" & catnr & ") " & _
"ORDER BY seqnr "
rsItm.Open sql, cnHol, adOpenStatic, adLockReadOnly
' Hier Anweisungen einsetzen, um das Recordset zu verarbeiten.
rsItm.Close
rsItm = Nothing
```

6 Wenn die *rsItm.Open*-Anweisung in Schritt 5 ausgeführt wird, bewirkt ADO entweder, dass das *rsItm*-Recordset auf den ersten übereinstimmenden Datensatz zeigt oder, wenn es keine übereinstimmenden Datensätze gibt, die Eigenschaft *rsItm.EOF* auf *True* setzt. Nun muss das browserseitige Skript erzeugt werden, das den *Detail*-Frame aktualisiert. Wenn die Eigenschaft *rsItm.EOF* den Wert *True* hat, sehen die benötigten Skriptanweisungen wie folgt aus:

```
<script>
parent.frames.detail.location = "Leer.htm"
</script>
```

Wenn die Eigenschaft *rsItm.EOF* den Wert *False* hat, werden die folgenden Skriptanweisungen benötigt:

```
<script>
parent.frames.detail.location = _
"Bild.asp?qcatnr=200&qseqnr=300"
</script>
```

Das übergeordnete Objekt bezieht sich auf das Frameset (*Katalog.asp),* das den Frame erzeugt, in dem die aktuelle Seite (*Bildliste.asp*) angezeigt wird. Die *Frames*-Auflistung enthält alle Frames des Framesets. Das *Detail*-Objekt bezieht sich auf den Frame namens *Detail* und die Eigenschaft *Location* bezieht sich auf den URL. Wird der Wert der Eigenschaft *Location* verändert, wird die neue Seite in den Frame geladen.

Mit den folgenden Anweisungen werden die *<script>...</script>*-Tags ausgegeben, es wird die Eigenschaft *rsItm.EOF* getestet und die Eigenschaft *parent.frames.detail.location* des Browsers wird entsprechend verändert. Die Anweisungen müssen unmittelbar nach der *rsItm.Open*-Anweisung aus Schritt 5 stehen. Beachten Sie, dass die lange *Response.Write*-Anweisung, die in der sechsten Zeile beginnt, eine Abfragezeichenfolge aus den Werten des ersten Datensatzes erzeugt.

```
Response.Write "<script>" & vbCrLf
If rsItm.EOF Then
Response.Write "parent.frames.detail.location = " & _
                Chr(34) & "Leer.htm" & Chr(34) & vbCrLf
Else
  Response.Write "parent.frames.detail.location = " & _
Chr(34) & _
"Bild.asp" & _
"?qcatnr=" & rsItm("catnr") & _
"&qseqnr=" & rsItm("seqnr") & _
Chr(34) & vbCrLf
End If
Response.Write "</script>" & vbCrLf
```

7. Ersetzen Sie den Kommentar in Schritt 5 durch die folgenden Anweisungen. Mit den Anweisungen wird eine HTML-Tabelle erzeugt, in der die Miniaturbilder organisiert werden.

```
Response.Write "<table align=center>" & vbCrLf
' Hier Anweisungen einsetzen, um das Recordset zu verarbeiten.
Response.Write "</table>" & vbCrLf
```

8. Ersetzen Sie den Kommentar in Schritt 7 durch die folgenden Anweisungen, um alle Datensätze des Recordsets *rsItm* zu durchlaufen.

```
On Error Resume Next
Do While Not rsItm.EOF
' Hier Anweisungen einsetzen, um alle Datensätze zu verarbeiten.
rsItm.MoveNext
Loop
```

Die *On Error*-Anweisung teilt VBScript, die Ausführung des Skripts selbst dann nicht zu beenden, wenn ein schwerwiegender Fehler auftritt. Stattdessen soll die Ausführung einfach mit der nächsten Anweisung fortgesetzt werden. Dies ist nötig, weil die Anweisung, die in Schritt 9 beschrieben wird, fehlschlagen kann.

9. Fügen Sie die folgende Anweisung direkt hinter der *Do While Not*-Anweisung aus Schritt 8 hinzu, um die Dateieigenschaften für den Bildnamen zu erhalten, der sich im aktuellen *item*-Datensatz befindet.

```
  Set f = fs.GetFile(Server.MapPath( _
          "../holiday/images/" & rsItm("Bildname")))
```

Diese Anweisung ruft das Feld *Bildname* aus dem aktuellen *item*-Datensatz ab und stellt diesem den erforderlichen URL-Pfad voran. Die Methode *Server.MapPath* konvertiert den resultierenden URL in einem physischen Dateipfad. Die Methode *GetFile* erzeugt ein Dateiobjekt für die Datei im physischen Pfad. Die Variable *f* erhält schließlich einen Zeiger auf dieses Dateiobjekt. Angenommen, alles geht gut, bietet die Variable *f* nun Zugriff auf mehrere Eigenschaften, die die Datei beschreiben. Im Beispiel ist insbesondere die Eigenschaft *f.Size* interessant, die die Dateigröße in Bytes enthält.

Wenn die Methode *GetFile* die angegebene Datei nicht finden kann, wird normalerweise ein schwerwiegender Fehler hervorgerufen und die Ausführung des Skripts beendet. In dieser Anwendung ist es jedoch sinnvoller, die Dateigröße Null zurückzuliefern und die Ausführung fortzusetzen. Aus diesen Grund wurde in Schritt 8 eine *On Error Resume Next* zum Code hinzugefügt.

10 Der HTML-Quelltext, mit dem die Miniaturbilder angezeigt werden, sollten dem Muster folgen, das nachfolgend aufgeführt ist. Die variablen Teile sind hervorgehoben.

```
<tr>
<td class=pic align=center>
<a href=Bild.asp?qcatnr=100&qseqnr=100 target=detail>
<img src=../holiday/images/thumb/scan395.jpg border=0>
</a>
   <br>12.2 KB
  </td>
</tr>
```

Der folgende ASP-Code erzeugt den HTML-Quelltext.

```
Response.Write "<tr>" & _
"<td class=pic align=center>" & _
       "<a href=Bild.asp" & _
"?qcatnr=" & rsItm("catnr") & _
"&qseqnr=" & rsItm("seqnr") & _
" target=detail>" & _
      "<img src=../holiday/images/thumb/" & _
rsItm("Bildname") & _
" border=0></a>" & _
"<br>" & Round(f.Size/1024,1) & " KB" & _
    "</td></tr>" & vbCrLf
```

Beachten Sie, dass die Felder *catnr*, *seqnr* und *Bildname* aus dem aktuellen Datensatz im Recordset *rsItm* stammen. In der vorletzten Zeile ermittelt der Ausdruck *Round(f.Size/1024,1)* die Dateigröße, die in Schritt 9 in der Variablen *f.Size* gespeichert wurde, teilt sie durch 1 KB und rundet den Quotienten auf eine Dezimalstelle auf.

Damit ist der Code für die Seite *Bildliste.asp* fertig. Das vollständige Listing wird nachfolgend gezeigt. Wenn Sie die Schritte 1 bis 10 verstanden haben, sollte das Listing keine Überraschungen mehrfür Sie enthalten.

```
<html>
<head>
<title>Miniaturausgabe der Bilder im Urlaubsfotokatalog</title>
<!-- #include file="../adovbs.inc" -->
<link rel="stylesheet" type="text/css"
      href="../holiday/holiday.css">
<%
' Prüfen, ob gültige Kategorie angefordert wurde.
' Bei Bedarf Standardwert (100) verwenden.
catnr = Request("qcatnr")
If catnr = "" Then catnr = 100
If Not IsNumeric(catnr) Then catnr = 100
' Ein FileSystemObject-Objekt erzeugen, um Dateigrößen zu ermitteln.
Set fs = Server.CreateObject("Scripting.FileSystemObject")
%>
</head>
<body>
<%
'  ADO Connection-Objekt erzeugen und öffnen.
Set cnHol = Server.CreateObject("ADODB.Connection")
cnStHol = "driver={Microsoft Access-Treiber (*.mdb)};" & _
          "dbq=" & Server.MapPath("../holiday/Urlaub.mdb")
cnHol.Open cnStHol,"",""
' ADO Recordset-Objekt erzeugen und öffnen.
Set rsItm = Server.CreateObject("ADODB.Recordset")
sql = "SELECT catnr, seqnr, Bildname " & _
"FROM Elemente " & _
"WHERE (catnr=" & catnr & ") " & _
"ORDER BY seqnr "
rsItm.Open sql, cnHol, adOpenStatic, adLockReadOnly
' Browserseitiges Skript erzeugen, um einen anderen Frame (detail)
' im Frameset zu aktualisieren, der die Seite anzeigt.
Response.Write "<script>" & vbCrLf
If rsItm.EOF Then
  Response.Write "parent.frames.detail.location = " & _
                 Chr(34) & "Leer.htm" & Chr(34) & vbCrLf
Else
  Response.Write "parent.frames.detail.location = " & _
Chr(34) & _
"Bild.asp" & _
"?qcatnr=" & rsItm("catnr") & _
"&qseqnr=" & rsItm("seqnr") & _
                 Chr(34) & vbCrLf
End If
Response.Write "</script>" & vbCrLf
' HTML-Tabelle erzeugen.
```

```
Response.Write "<table align=center>" & vbCrLf
' Alle übereinstimmenden Datensätze durchlaufen und für jeden
' eine Zeile in der HTML-Tabelle erzeugen.
On Error Resume Next
Do While Not rsItm.EOF
  Set f = fs.GetFile(Server.Mappath( _
          "../holiday/images/" & rsItm("Bildname")))
Response.Write "<tr>" & _
"<td class=pic align=center>" & _
      "<a href=Bild.asp" & _
"?qcatnr=" & rsItm("catnr") & _
"&qseqnr=" & rsItm("seqnr") & _
" target=detail>" & _
      "<img src=../holiday/images/thumb/" & _
rsItm("Bildname") & _
" border=0></a>" & _
"<br>" & Round(f.Size/1024,1) & " KB" & _
"</td></tr>" & vbCrLf
rsItm.MoveNext
Loop
' Ende der HTML-Tabelle.
Response.Write "</table>" & vbCrLf
' Das Recordset-Objekt schließen und löschen.
rsItm.Close
Set rsItm = Nothing
' Connection-Objekt schließen und löschen.
cnHol.Close
Set cnHol = Nothing
%>
</body>
</html>
```

Die Detailseite

Der vierte und letzte Frame im Frameset *Katalog.asp* ist der *Detail*-Frame. In der Anwendung *Urlaubsfotokatalog* ist dies der Frame, der das Bild in voller Größe und die entsprechenden Informationen aus der Tabelle *Elemente* anzeigt. In Ihrer eigenen Anwendung könnte der *Detail*-Frame ein Element aus einem beliebigen Katalog anzeigen, den die Anwendung präsentiert.

An Anfang enthält der *Detail*-Frame eine Leerseite. Die Seite *Bildliste.asp* ersetzt diese jedoch schnell durch eine Seite namens *Bild.asp*. Die Seite *Bild.asp* erhält über die Abfragezeichenfolge eine Kategorie- und eine Sequenznummer, sucht die entsprechenden Werte in der Tabelle *Elemente* und formatiert eine Webseite, die die Informationen aus dem übereinstimmenden Datensatz anzeigt. Kurz gesagt, handelt es sich um eine ziemlich typische Abfrageseite.

Um die Anwendung etwas flexibler zu gestalten, ist die Sequenznummer optional. Wenn die Seite *Bild.asp* keine Sequenznummer erhält, zeigt sie die erste Sequenznummer aus einer vorgegebenen Kategorie an.

Um zu sehen, wie die Seite *Bild.asp* aussehen sollte, werfen Sie einen Blick auf den in Abbildung 7.4 als *Detail*-Frame bezeichneten Frame. Das Seitenlayout wird mit zwei HTML-Tabellen organisiert. Die erste Tabelle besteht aus einer einzelnen Zeile, die auf der Seite zentriert ist. Der Bildtitel, das Bild selbst und die Bildbeschriftung beanspruchen jeweils eine Zeile. Weil die Beschreibung häufig mehrere Zeilen lang ist, ist sie linksbündig ausgerichtet. Der Bildtitel und das Bild sind jedoch zentriert.

Die restlichen Felder – das Bilddatum und der Dateiname des Bildes – befinden sich in einer zweizeiligen Tabelle, die in der letzten Zeile der zentrierten, einspaltigen Tabelle enthalten ist. Da die Felder in einer eigenen Tabelle enthalten sind, lassen sie sich leicht linksbündig anordnen.

Die Seite *Bild.asp* berücksichtigt auch die Anzeige von leeren Feldern. Ist beispielsweise keine Beschreibung vorhanden, wird keine Leerzeile statt der Beschreibung angezeigt.

Die Detailseite erstellen

Gehen Sie wie folgt vor, um die Seite *Bild.asp* zu erzeugen:

1. Erstellen Sie eine neue Seite in Ihrem bevorzugten Text-Editor und geben Sie die Grundelemente einer Webseite ein. Der folgende Code reicht dafür aus:

```
<html>
<head>
<title>Details zum Urlaubsfotokatalog</title>
<!-- #include file="../adovbs.inc" -->
<link rel="stylesheet" type="text/css"
      href="../holiday/holiday.css">
</head>
<body>
</body>
</html>
```

Die Datei *Adovbs.inc* stellt die ADO-Standardkonstanten bereit. Die <*link*>-Anweisung verweist auf das gemeinsam genutzte Stylesheet, das eine einheitliche typografische Gestaltung in der Anwendung sicherstellt.

2. Fügen Sie einen ASP-Skriptblock direkt vor dem <*/head*>-Tag ein, der den Code enthält, mit dem überprüft wird, ob die eingehende Anforderung eine gültige Kategorienummer enthält. Fehlt die Kategorienummer oder wird ein nichtnumerischer Wert angegeben, soll der Standardwert 100 verwendet werden. Hier der erforderliche Code:

```
<%
catnr = Request("qcatnr")
If catnr = "" Then catnr = 100
If Not IsNumeric(catnr) Then catnr = 100
%>
```

3. Fügen Sie nach dem *<body>*-Tag die folgenden HTML-Tags hinzu, um den Anfang und das Ende einer zentrierten Tabelle zu kennzeichnen:

```
<table align="center">
</table>
```

4. Setzen Sie einen ASP-Codeblock zwischen diese Tags, um ein ADO *Connection*-Objekt zu erzeugen, zu öffnen, zu schließen und zu löschen:

```
<%
Set cnHol = Server.CreateObject("ADODB.Connection")
cnStHol = "driver={Microsoft Access-Treiber (*.mdb)};" & _
         "dbq=" & Server.MapPath("../holiday/Urlaub.mdb")
cnHol.Open cnStHol, "", ""
' Hier Anweisungen einsetzen, um ein Recordset zu erzeugen, zu öffnen,
' zu verarbeiten, zu schließen und zu löschen, das das angeforderte
' Element enthält.
cnHol.Close
Set cnHol = Nothing
%>
```

5. Ersetzen Sie den Kommentar in Schritt 5 durch den folgenden Code, um ein Recordset zu erzeugen, das den angegebenen Datensatz enthält, dieses zu öffnen, zu schließen und zu löschen.

```
Set rsItm = Server.CreateObject("ADODB.Recordset")
seqnr = Request("qseqnr")
If Not IsNumeric(seqnr) Then
seqnr = ""
End If
If seqnr = "" Then
seqwhere = ""
Else
seqwhere = " AND (seqnr=" & seqnr & ") "
End If
sql = "SELECT * " & _
        "FROM Elemente " & _
       "WHERE (catnr=" & catnr & ") " & seqwhere & _
    "ORDER BY seqnr "
rsItm.Open sql, cnHol, adOpenStatic, adLockReadOnly
' Hier Code einsetzen, um den angeforderten Datensatz anzuzeigen.
rsItm.Close
Set rsItm = Nothing
```

Die zweite Codezeile in diesem Codefragment ruft die gewünschte Sequenznummer aus der eingehenden Anforderung ab. Die nächsten drei

Zeilen löschen diese Wert, falls er nicht numerisch ist. Die nächsten fünf Zeilen erzeugen ein SQL-Codefragment namens *seqwhere*, das entweder leer ist (wenn keine Sequenznummer verfügbar ist) oder die eingegangene Sequenznummer angibt.

Die nächsten vier Zeilen stellen eine SQL-Anweisung dar, die die Tabelle *item* abfragt. Die dritte Zeile enthält die *seqwhere*-Variable, die im letzten Absatz beschrieben wurde. Die ORDER BY-Klausel ist ungewöhnlich, aber harmlos, wenn die Variable *seqwhere* eine Sequenznummer enthält, weil die Ergebnisgruppe dann zumindest einen Datensatz enthält. (Die Kombination aus Sequenz- und Kategorienummer ist der Primärschlüssel der Tabelle *Elemente* und Primärschlüssel sind immer eindeutig.) Wenn die Variable *seqwhere* leer ist, stellt die ORDER BY-Klausel jedoch sicher, dass der erste Datensatz in der Ergebnisgruppe die niedrigste Sequenznummer hat.

Mit den restlichen Zeilen wird das *Recordset*-Objekt geöffnet, geschlossen und gelöscht. Dies sollte Ihnen inzwischen vertraut sein. Falls nicht, sollten Sie noch einmal die Beispiele betrachten, die bisher beschrieben wurden.

6. Ersetzen Sie den Kommentar in Schritt 5 durch die folgende *If*-Anweisung, die überprüft, ob passende Datensätze vorhanden sind.

```
If Not rsItm.EOF Then
' Hier Code einsetzen, der den Datensatz anzeigt.
End If
```

7. In den nächsten vier Schritten wird der Kommentar aus Schritt 6 durch Code ersetzt, der jedes gewünschte Feld aus der Tabelle *Elemente* anzeigt, vorausgesetzt, das Feld ist nicht leer. Das erste Feld ist Titel des Elements.

```
If Not IsNull(rsItm("titel")) Then
If rsItm("titel") <> "" Then
     Response.Write "<tr><td align=center class=titl>" & _
rsItm("titel") & _
"</td></tr>" & vbCrLf
End If
End If
```

Es sind zwei Schritte erforderlich, um festzustellen, ob das *titel*-Feld einen Wert enthält. Im ersten Schritt wird die VBScript-Funktion *IsNull* verwendet, um zu überprüfen, ob der Wert gleich *Null* ist. Ist dies nicht der Fall, wird im zweiten Schritt ermittelt, ob das Feld leer ist.

Wenn das Feld *titel* einen Wert enthält, wird dieser als HTML-Quelltext umgeben von den Tags *<tr>*, *<td>*, *</td>* und *</tr>* ausgegeben. Das Tag *<td>* legt über *align=center* fest, dass der Titel in der HTML-Tabelle zentriert werden soll (die wiederum auf der Seite zentriert ist).

Nullwerte behandeln

Gelegentlich stoßen Sie auf Datenbankfelder, die keinen Wert enthalten. Also nicht einmal leere Zeichenfolge (*Empty*) oder die Zahl Null. Wird ein Nullwert mit einem Wert des Typs *Empty* verglichen, meldet VBScript einen Laufzeitfehler und stoppt die Verarbeitung der ASP-Seite sofort. Für dieses Problem gibt es nur drei Lösungen:

Benutzen Sie die *IsNull*-Funktion, bevor Sie auf ein Feld zugreifen, das einen Nullwert enthalten könnte.

Halten Sie die Datenbank frei von Nullwerten. Dies lässt sich nur realisieren, wenn sich das Datenbanksystem so programmieren lässt, dass es diese Überprüfung unterstützt.

Umgeben Sie die Anweisung mit *On Error Resume Next*- und *On Error Go To 0*-Anweisungen. Bei einer *If Then Else*-Struktur wird jedoch weder der *If*- noch der *Else*-Code ausgeführt.

8 Fügen Sie als nächstes die folgenden Zeilen nach den zwei *End If*-Anweisungen ein, um das Bild in voller Größe anzuzeigen, das im aktuellen *item*-Datensatz angegeben wird:

```
Response.Write "<tr><td align=center>" & _
"<img src=../holiday/images/" & _
rsItm("Bildname") & ">" & _
"</td></tr>" & vbCrLf
```

Dieser Code gibt ein normales *<img>*-Tag aus, das von den Tags *<tr>*, *<td>*, *</td>* und *</tr>* umgeben ist. Die Zeichenfolge *../holiday/images/* gibt den Pfad zum Bild in voller Größe relativ zur Seite *Bild.asp* an.

9 Fügen Sie die folgenden Zeilen direkt hinter denen aus Schritt 8 ein, um zu prüfen, ob im Feld *Beschreibung* ein Wert enthalten ist und um diesen anzuzeigen:

```
If Not Isnull(rsItm("Beschreibung")) Then
If rsItm("Beschreibung") <> "" Then
     Response.Write "<tr><td class=capt>" & _
rsItm("Beschreibung") & _
"</td></tr>" & vbCrLf
End If
End If
```

Bis auf wenige Formatierungsunterschiede ist dieser Code identisch mit dem in Schritt 5.

10 Fügen Sie die folgenden Zeilen ein, um eine neue Tabelle in einer Zelle der bestehenden Tabelle zu definieren:

```
  Response.Write "<tr><td><table>" & vbCrLf
'   Hier werden zusätzliche Feldnamen und Werte angezeigt.
  Response.Write "</table></td></tr>" & vbCrLf
```

11 Um das Datum des Bildes aus dem aktuellen *Elemente*-Datensatz anzuzeigen, ersetzen Sie die Kommentarzeile aus Schritt 10 durch den folgenden Code:

```
If Not IsNull(rsItm("Bilddatum")) Then
If rsItm("Bilddatum") <> "" Then
      Response.Write _
"  <tr>" & vbCrLf & _
         "    <td>Datum:</td>" & vbCrLf & _
         "    <td>" & rsItm("Bilddatum") & "</td>" & vbCrLf & _
         "  </tr>" & vbCrLf
End If
End If
```

Diese Anweisungen stellen im Wesentlichen eine Wiederholung der Techniken aus Schritt 7 dar. Es werden jedoch zwei Tabellenzellen anstatt einer erzeugt. Die erste Zelle zeigt den Feldnamen an, die zweite seinen Wert.

12 Um den Dateinamen des Bildes anzuzeigen, fügen Sie die folgenden Anweisungen nach denen aus Schritt 11 ein. Weil *Bildname* ein Feld ist, bei dem eine Eingabe erforderlich ist, muss nicht überprüft werden, ob es den Wert *Null* oder *Empty* enthält.

```
Response.Write _
"  <tr>" & vbCrLf & _
    "    <td>Bild:</td>" & vbCrLf & _
    "    <td>" & rsItm("Bildname") & "</td>" & vbCrLf & _
    "  </tr>" & vbCrLf
```

Der Code für die Seite *Bild.asp* ist nun fertig und damit alle Seiten des Framesets *Katalog.asp*. Nachfolgend sehen Sie das komplette Listing der Seite *Bild.asp*:

```
<html>
<head>
<title>Details zum Urlaubsfotokatalog</title>
<!-- #include file="../adovbs.inc" -->
<link rel="stylesheet" type="text/css"
      href="../holiday/holiday.css">
<%
' Prüfen, ob angeforderte Kategorie gültig ist.
' Bei Bedarf Standardwert (100) benutzen.
catnr = Request("qcatnr")
If catnr = "" Then catnr = 100
If Not IsNumeric(catnr) Then catnr = 100
%>
```

```
</head>
<body>
<table align="center">
<%
' ADO Connection-Objekt erzeugen und öffnen.
Set cnHol = Server.CreateObject("ADODB.Connection")
cnStHol = "driver={Microsoft Access-Treiber (*.mdb)};" & _
          "dbq=" & Server.Mappath("../holiday/Urlaub.mdb")
cnHol.Open cnStHol, "", ""
' ADO Recordset-Objekt erzeugen und öffnen.
' Falls Sequenznummer zurückgeliefert wurde, diese benutzen.
' Ansonsten alle Datensätze innerhalb der angeforderten Kategorie
' abrufen und den ersten anzeigen.
Set rsItm = Server.CreateObject("ADODB.Recordset")
seqnr = Request("qseqnr")
If Not IsNumeric(seqnr) Then
  seqnr = ""
End If
If seqnr = "" Then
  seqwhere = ""
Else
  seqwhere = " AND (seqnr=" & seqnr & ") "
End If
sql = "SELECT * " & _
        "FROM Elemente " & _
       "WHERE (catnr=" & catnr & ") " & seqwhere & _
    "ORDER BY seqnr "
rsItm.Open sql, cnHol, adOpenStatic, adLockReadOnly
' Wenn die Abfrage übereinstimmende Datensätze finden konnte,
' den ersten anzeigen.
If Not rsItm.EOF Then
' Falls vorhanden, Titel anzeigen.
If Not IsNull(rsItm("titel")) Then
If rsItm("titel") <> "" Then
      Response.Write "<tr><td align=center class=titl>" & _
rsItm("titel") & _
"</td></tr>" & vbCrLf
End If
End If
' Das Bild in voller Größe anzeigen.
Response.Write "<tr><td align=center>" & _
"<img src=../holiday/images/" & _
rsItm("Bildname") & ">" & _
"</td></tr>" & vbCrLf
' Falls vorhanden, Beschreibung anzeigen.
If Not IsNull(rsItm("Beschreibung")) Then
If rsItm("Beschreibung") <> "" Then
      Response.Write "<tr><td class=capt>" & _
rsItm("Beschreibung") & _
```

```
"</td></tr>" & vbCrLf
End If
End If
' Verschachtelte Tabelle erzeugen, um benannte Felder anzuzeigen.
  Response.Write "<tr><td><table>" & vbCrLf
' Datumsfeld des Bildes anzeigen, falls vorhanden.
If Not IsNull(rsItm("Bilddatum")) Then
If rsItm("Bilddatum") <> "" Then
      Response.Write _
"  <tr>" & vbCrLf & _
          "    <td>Datum:</td>" & vbCrLf & _
          "    <td>" & rsItm("Bilddatum") & "</td>" & vbCrLf & _
          "  </tr>" & vbCrLf
End If
End If
' Namensfeld des Bildes anzeigen, falls vorhanden.
Response.Write _
"  <tr>" & vbCrLf & _
        "    <td>Bild:</td>" & vbCrLf & _
        "    <td>" & rsItm("Bildname") & "</td>" & vbCrLf & _
        "  </tr>" & vbCrLf
' Ende der verschachtelten Tabelle.
  Response.Write "</table></td></tr>" & vbCrLf
End If
' Das Recordset-Objekt schließen und löschen.
rsItm.Close
Set rsItm = Nothing
' Das Connection-Objekt schließen und löschen.
cnHol.Close
Set cnHol = Nothing
%>
</table>
</body>
</html>
```

Insgesamt enthält die Webdatenbankanwendung *Urlaubsfotokatalog* mehr als 500 Fotos, die per Mausklick angezeigt werden. Es ist sicherlich einfacher, die Fotos mit sieben als mit 500 Seiten anzuzeigen. Die gesamte Anwendung enthält weniger als 400 Codezeilen – inklusive HTML-, VBScript und CSS. Wie Sie sehen, lohnt es sich, die Webdatenbankprogrammierung zu erlernen.

Zusammenfassung der Lektion

In dieser Lektion wurde erläutert, wie eine typische Kataloganwendung mit Inhalt aus einer einfachen Datenbank erstellt wird. Die Anwendung beinhaltet fünf ASP-Seiten, von denen vier Datenbankabfragen ausführen: Eine Hauptseite, eine Seite, die den Titel einer Kategorie in einem Frame des Framesets anzeigt, eine Seite, die eine Spalte mit Miniaturbildern in einem anderen Frame anzeigt und eine Seite, die das Bild in voller Größe und einige Datenbankinformationen anzeigt. Die Techniken, die in diesem Beispiel verwendet werden, lassen sich mit geringfügigen Änderungen auf zahlreiche Kataloganwendungen anwenden.

Die ▶ Lektion 8 zeigt, wie sich Kataloginformationen über eine Webseite aktualisieren lassen.

8 Tabellen mittels Formularen aktualisieren

Geschätzte Dauer
45 Minuten

In dieser Lektion lernen Sie

- wie Sie ein HTML-Formular erstellen, das Datensätze in einer Datenbanktabelle sucht und aktualisiert.
- wie Sie Datensätze zu einer Datenbank hinzufügen, aus dieser löschen und Datensätze ändern.

Es gibt Webdatenbankanwendungen, bei denen es ausreicht, die Daten lesen zu können. Ein Offlineprozess aktualisiert die Datenbank, deren Inhalt die Webbesucher ausschließlich betrachten. Es gibt jedoch auch Anwendungen, bei denen die Aktualisierung der Datenbank zur Anwendung gehört. In ▶ Lektion 4 wurden einige einfache Webseiten beschrieben, die eine Datenbank aktualisierten. Sie hatten jedoch nicht die Komplexität einer vollständig funktionsfähigen Transaktion. Eine solche Anwendung wird erst in dieser Lektion beschrieben.

Die Urlaubsfotodatenbank warten

Es gibt unzählig viele Gründe dafür, warum Datenbanken über Webseiten aktualisiert werden, und ähnlich verhält es sich auch mit der Anzahl der Vorgehensweisen. Das Beispiel, das in dieser Lektion veranschaulicht wird, ist eine ziemlich einfache Webdatenbankseite, die Datensätze zur Tabelle *Elemente* der Urlaubsfotodatenbank *Urlaub.mdb* hinzufügt und Daten aus der Tabelle abfragt, verändert und entfernt. Diese Art von Beispiel bietet zwei Vorteile: Erstens hat die Seite eine nützliche Funktion, die leicht verständlich ist, und zweitens veranschaulicht sie häufig benutzte Befehle zur Aktualisierung von Datenbanken.

Die Seite heißt *Urlaubsfotokatalog pflegen* und wird in Abbildung 8.1 gezeigt. Die Gruppe von Formularobjekten mit der Beschriftung *Abfragesteuerelemente* dient zur Auswahl des Datensatzes, der auf der Seite gezeigt wird. Sie können entweder einen bestimmten Datensatz über die Kategorie- und Sequenznummer auswählen oder aber den vorherigen oder nachfolgenden Datensatz. Der Webbesucher (wahrscheinlich der Siteadministrator) muss den Datensatz öffnen und betrachten, bevor er ihn ändert oder löscht.

Abbildung 8.1 Über diese Webseite lassen sich Datensätze der Anwendung *Urlaubsfotokatalog* ändern, löschen und hinzufügen

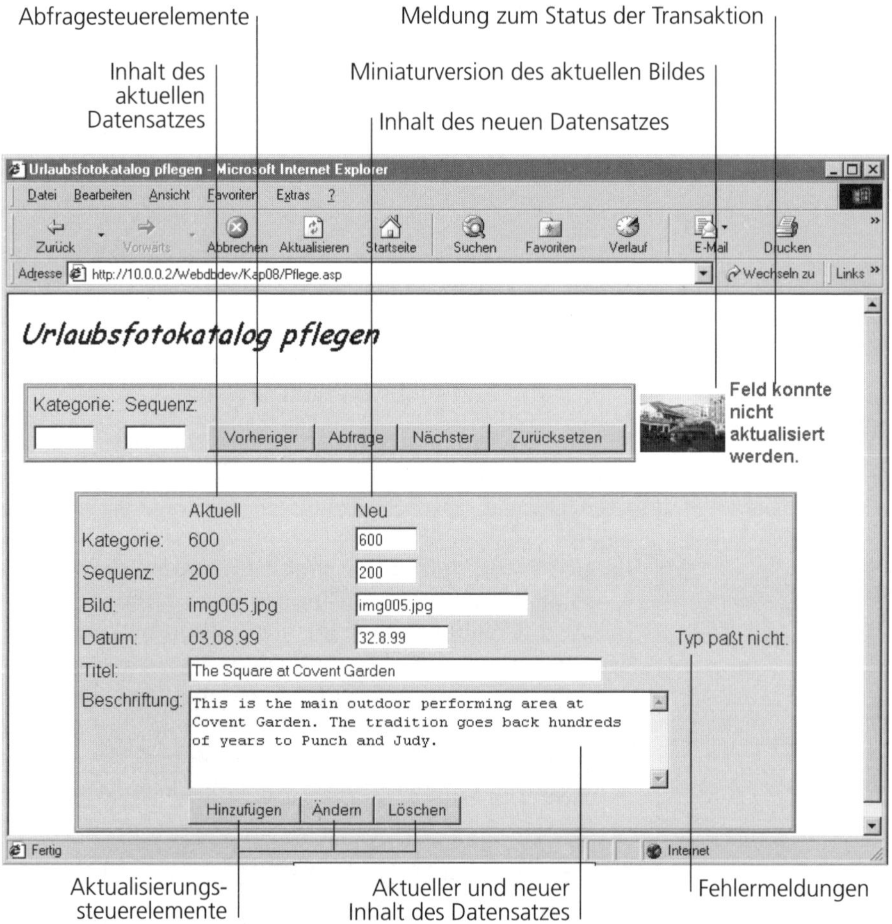

Der aktuelle Datensatz ist entsprechend der Datensatz, der zuletzt angezeigt wurde. Der Webbesucher kann einen anderen Datensatz wählen, indem er die gewünschten Werte in die Felder *Kategorie* und *Sequenz* eingibt. Wenn der Besucher beispielsweise in das Feld *Kategorie* den Wert 500 eingibt und dann auf die Schaltfläche *Nächster* klickt, zeigt die Webseite den ersten Datensatz der Kategorie 500 an.

Die Seite *Urlaubsfotokatalog pflegen* zeigt den Inhalt eines Datensatzes in den Feldern des Bereichs *Aktuell* an. Die Werte der Felder *Kategorie*, *Sequenz*, *Bildname*, und *Bilddatum* werden als normaler Text angezeigt. Die Werte der Felder *Titel* und *Beschreibung* sind in Textfeldern enthalten. Rechts neben den Abfragesteuerelementen sehen Sie eine Miniaturversion des aktuellen Bildes.

Datensätze verändern

Wenn der gewünschte Datensatz angezeigt wird, kann der Besucher im Bereich *Neu* neue Werte für die Felder *Kategorie*, *Sequenz*, *Bildname* und *Bilddatum* eingeben. Um die Werte der Felder *Titel* und *Beschreibung* zu ändern, bearbeitet der Besucher die vorhandenen Werte. Um die Änderung wirksam werden zu lassen, klickt der Besucher auf die Schaltfläche *Ändern*.

Konnte die ASP-Seite den Datensatz in der Tabelle *Elemente* erfolgreich ändern, wird die Meldung »Datensatz wurde geändert.« angezeigt. In der Spalte *Aktuell* steht der resultierende Datensatz und in der Spalte *Neu* sind leere Textfelder zu sehen.

Die ASP-Seite kann beim Versuch der Aktualisierung eines Datensatzes zwei Arten von Fehlern behandeln: Fehler, die sich auf einzelne Felder beziehen und Fehler, die bei der Aktualisierung des Datensatzes auftreten:

- Wenn ein Fehler auftritt, während ein einzelnes Feld aktualisiert wird, zeigt die Seite eine ADO-Fehlermeldung im Bereich *Fehler* an. Die Meldung »Type mismatch« in Abbildung 8.1 bezieht sich beispielsweise auf das Feld *Bilddatum*. Wenn ein Fehler bei der Aktualisierung eines Feldes auftritt, bricht die Webseite die Aktualisierung ab und zeigt die Meldung »Feld konnte nicht aktualisiert werden« an.
- Wenn ein Fehler auftritt, während die ASP-Seite die Datenbankverbindung herstellt, ein *Elemente*-Recordset öffnet oder die Methode *Update* des Recordsets benutzt, zeigt die Webseite eine ADO-Fehlermeldung an und bricht ebenfalls die Aktualisierung ab.

Wenn beide Arten von Fehlern aufgetreten sind, zeigt die ASP-Seite die Webseite genau so an, wie der Besucher sie gesendet hat (bis auf die Fehlermeldungen). Im Bereich *Aktuell* steht also der ursprüngliche, unveränderte Datensatz und im Bereich *Neu* die Eingaben des Besuchers.

Datensätze löschen

Datensätze der Tabelle *Elemente* werden auf dieselbe Weise gelöscht, wie sie verändert werden. Zuerst muss der Webbesucher den Datensatz auswählen, den er löschen möchte, und anschließend muss er auf die Schaltfläche *Löschen* klicken. Es müssen keine Werte eingegeben werden.

Falls der Datensatz erfolgreich gelöscht wurde, zeigt die ASP-Seite die Meldung »Datensatz wurde gelöscht« an. Die Spalte *Aktuell* ist leer, weil der Datensatz, der bisher angezeigt wurde, nicht mehr vorhanden ist. Die ASP-Seite zeigt jedoch den bisherigen Inhalt des gelöschten Datensatzes im Bereich *Neu* an. Der Datensatz kann so einfach wieder zur Datenbank hinzugefügt werden, falls der Besucher ihn versehentlich gelöscht hat.

Falls der Datensatz nicht gelöscht werden konnte, bleibt der Inhalt der Bereiche *Aktuell* und *Neu* unverändert.

Datensätze hinzufügen

Die Vorgehensweise, um einen Datensatz zur Tabelle *Elemente* hinzuzufügen, ähnelt den bisherigen. Es gibt jedoch keinen Grund, einen bereits vorhandenen Datensatz anzuzeigen. Der Webbesucher muss nur eine Kategorienummer, eine Sequenznummer und einen Bildnamen eingeben und dann auf die Schaltfläche *Hinzufügen* klicken. Die Felder *Datum*, *Titel* und *Beschreibung* sind optional. Der Webbesucher braucht also keine Werte einzugeben.

Wenn der Datensatz erfolgreich hinzugefügt werden konnte, zeigt die Seite *Urlaubsfotokatalog pflegen* den neuen Datensatz im Bereich *Aktuell* an und leert die Felder im Bereich *Neu*. Konnte der Datensatz nicht hinzugefügt werden, zeigt die Seite beide Bereiche so an, wie sie vom Webbesucher versendet wurden.

Beachten Sie, dass die Funktion *Hinzufügen* die Bilddatei – oder die Miniaturversion – nicht in die Website lädt. Derjenige, der die Website pflegt, muss diese Dateien auf dieselbe Weise hochladen wie Webseiten und andere Inhalte.

Hinweise zur weiteren Verarbeitung

Die Seite *Pflege.asp* bietet die Möglichkeit, Werte in die Felder *catnr* und *seqnr* einzugeben, die zusammen den Primärschlüssel der Tabelle *Elemente* bilden. Dies ist zwar ganz angenehm, aber nicht ganz leicht zu realisieren. Die Seite kann einen Datensatz in der Tabelle *Elemente* erzeugen, zu dem es keine Übereinstimmung in der Tabelle *Kategorie* gibt und sie kann alle Datensätze aus einer vorhandenen Kategorie löschen. Dieses Beispiel geht davon aus, dass diese Aktionen akzeptabel sind. Es wird nichts unternommen, um sie zu verhindern. Wenn Ihre Anwendung weniger tolerant ist, müssen Sie Ihre Programme eventuell ergänzen und Regeln der referenziellen Integrität in Ihrer Datenbank definieren oder Änderungen von Schlüsseln verhindern.

Die Änderungen, Ergänzungen und Löschungen, die auf dieser Webseite vorgenommen werden, erfolgen nach dem Alles-oder-Nichts-Prinzip. Tritt ein Fehler bei der Aktualisierung eines Feldes auf, wird die gesamte Aktualisierung rückgängig gemacht. Dies ist der einfachste Ansatz, es gibt jedoch Anwendungen, die andere Anforderungen stellen. Wenn ein optionales Feld z.B. zu lang ist, könnte es wünschenswert sein, es zu kürzen. Es gibt hier keine allgemeinen Regeln, die sich auf jede Situation anwenden lassen. Sie müssen immer die Anforderungen jeder Anwendung berücksichtigen.

Die Seite *Urlaubskatalog pflegen* erstellen

Ein Programm, das zwei Arten von Ergebnissen – Erfolg oder Scheitern – von sechs Transaktionscodes – *Vorheriger, Abfrage, Nächster, Hinzufügen, Ändern* und *Löschen* – verarbeiten muss, ist zu komplex, um gleichzeitig auch noch den HTML-Quelltext erzeugen und ausgeben zu können. Die Reihenfolge der Ausgabefelder im HTML-Quelltext weicht zu stark von der Reihenfolge ab, in der der Code sie ableitet. Deshalb befindet sich fast der gesamte ASP-Code im *<head>*-Bereich der Webseite. Der *<body>*-Bereich enthält nur statischen, in HTML-Tabellen angeordneten HTML-Quelltext zur Anzeige der Feldüberschriften und -inhalte.

Die beiden grauen Rechtecke sind einzellige HTML-Tabellen mit einem grauen Rahmen und einer entsprechenden Hintergrundfarbe. Die Formularelemente und Titel werden anhand von zusätzlichen Tabellen (innerhalb der einzelligen Tabellen) organisiert. Abbildung 8.2 zeigt, wie Microsoft FrontPage diese Tabellen anzeigt.

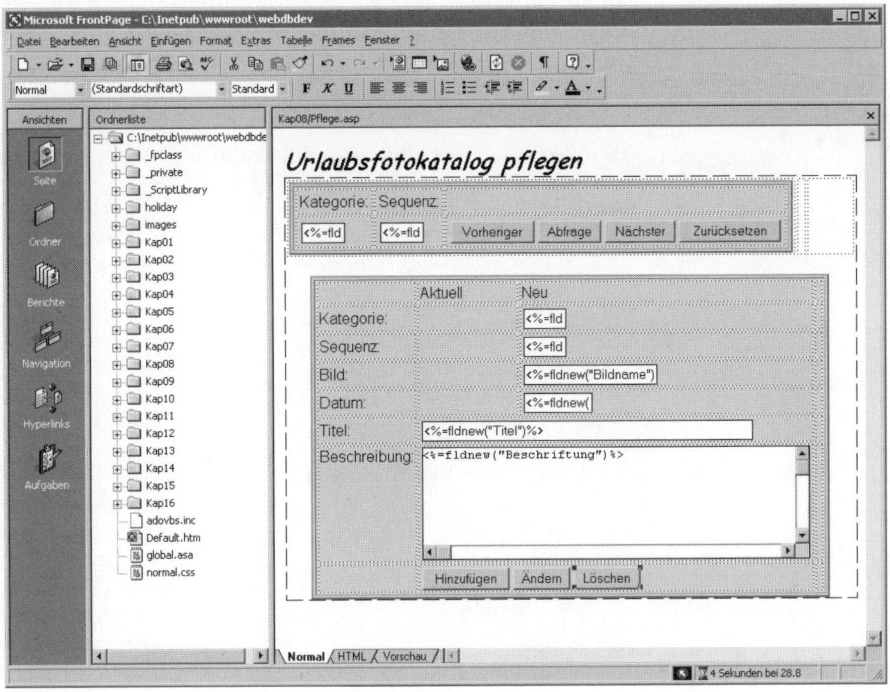

Abbildung 8.2 FrontPage zeigt den Rand eines HTML-Formulars mit einer gestrichelten Linie und den Rand der Tabellenzellen mit einer gepunkteten Linie an

Mit zwei Ausnahmen, besteht alles im <*body*>-Bereich aus normalem HTML-Quelltext oder einfachen ASP-Feldreferenzen, wie z.B. den <*%=Ausdruck%*>-Tags. Die zwei Ausnahmen sind:

- Das Miniaturbild. Ein triviales Codefragment erzeugt ein <*img*>-Tag, falls das Feld *Bildname* einen Wert enthält, und nichts, falls das Feld *Bildname* leer ist.
- Die Überschrift des Bereichs *Fehler*. Ein weiteres einfaches Codefragment gibt diesen Titel aus, wenn Fehler bei der Bearbeitung eines Feldes aufgetreten sind und unterdrückt die Anzeige, falls die Bearbeitung erfolgreich verlief.

Weitere Informationen zum *Dictionary*-Objekt finden Sie in ▶ Lektion 5.

Der Code im <*head*>-Bereich lädt vier *Dictionary*-Objekte mit den Werten, die der <*body*>-Bereich anzeigen wird. Wie ein VBScript-Datenfeld enthält auch das *Dictionary*-Objekt eine Auflistung mit einwertigen Elementen. Anders als das Datenfeld verwendet ein *Dictionary*-Objekt jedoch einen alphanumerischen Schlüssel, um jedes Element zu identifizieren. Wie Sie sehen werden, wenn Sie den Code prüfen, ist es günstig, wenn die Elemente in diesem *Dictionary*-Objekt dieselben Namen haben wie die entsprechenden Datenbankfelder. Die Tabelle 8.1 listet die *Dictionary*-Objekte auf, die in der Seite *Urlaubsfotokatalog pflegen* enthalten sind.

Tabelle 8.1 *Dictionary*-Objekte auf der Seite *Urlaubsfotokatalog pflegen*

Objektname	Schlüssel des Elements	Beschreibung
fldQry	*Qcatnr* *qseqnr*	Enthält die Felder *Kategorie* und *Sequenz* aus dem Bereich *Abfragesteuerelemente*.
fldCur	*catnr* seqnr	Enthält die Feldwerte, die im Bereich *Aktuell* angezeigt werden.
	Bildname Bilddatum Titel Beschreibung	Der Wert *fldCur("catnr")* erscheint auch in einem versteckten Formularfeld namens *hcatnr*. Der Wert *fldCur("seqnr")* erscheint in einem versteckten Formularfeld namens *hseqnr*. Wenn *Pflege.asp* ausgeführt wird, werden diese versteckten Felder benutzt, um den Datensatz zu identifizieren, der bei der letzten Ausführung im Bereich *Aktuell* angezeigt wurde. ▶

Objektname	Schlüssel des Elements	Beschreibung
fldNew	catnr seqnr Bildname Bilddatum Titel Beschreibung	Enthält die Feldwerte, die aus dem Bereich *Aktuell* stammen (und, falls die Aktualisierung nicht erfolgreich verlief, an diesen gesendet werden).
fldMsg	catnr seqnr Bildname Bilddatum Titel Beschreibung	Enthält alle Fehlermeldungen, die sich auf ein angegebenes Feld beziehen.

Um den ASP-Code für die Seite *Urlaubsfotokatalog pflegen* zu erstellen, müssen Sie wie folgt vorgehen. Die einzelnen Schritte werden im restlichen Teil dieser Lektion ausführlich erklärt.

1. Den statischen HTML-Quelltext erzeugen.
2. Die vier *Dictionary*-Objekte erzeugen.
3. Eingaben des Webbesuchers laden und auswerten.
4. Ein *Recordset*-Objekt für die Tabelle *Elemente* erzeugen und öffnen.
5. Den *Hinzufügen*-Transaktionscode verarbeiten.
6. Den *Ändern*-Transaktionscode verarbeiten.
7. Den *Löschen*-Transaktionscode verarbeiten.
8. Die *Vorheriger*-, *Abfrage*- und *Nächster*-Transaktionscodes verarbeiten.
9. Alles aufräumen und den Code beenden.
10. Die Unterroutine *CopyRsToCur* erzeugen.
11. Die Unterroutine *CopyNewToRs* erzeugen.
12. Die Unterroutine *GetNextPrevKey* schreiben.

Den statischen HTML-Quelltext erzeugen

Die folgende Schritt-für-Schritt-Anleitung bietet eine allgemeine Richtlinie für die Erstellung des HTML-Quelltextes der Seite *Urlaubsfotokatalog pflegen*. Zwei Gründe sprechen dafür, diesen Code nicht ausführlich zu beschreiben: Erstens wird in diesem Buch davon ausgegangen, dass Sie bereits mit HTML vertraut sind. Zweitens enthält die CD-ROM zum Buch die gesamte Webseite inklusive HTML-Quelltext.

1. Erzeugen Sie eine normale Webseite, die alle Formularelemente wie in Abbildung 8.2 gezeigt enthält. Verwenden Sie folgendes Start- und Ende-Tags.

```
<form method="POST" action="Pflege.asp">
'  Hier Formularinhalt ergänzen.
</form>
```

2. Direkt nach dem *<form>*-Tag werden die folgenden zwei versteckten Formularelemente hinzugefügt:

```
<input type="hidden" name="hcatnr" value="<%=fldCur("catnr")%>">
<input type="hidden" name="hseqnr" value="<%=fldCur("seqnr")%>">
```

Diese Felder sind für den Webbesucher unsichtbar und bieten der Seite *Pflege.asp* die Schlüsselwerte, die bei der vorherigen Ausführung benutzt wurden.

3. Legen Sie alle Schaltflächenobjekte bis auf die Schaltflächen *Zurücksetzen* und *Abschicken* fest, und weisen Sie jedem den Namen *btnSub* zu. Vergewissern Sie sich, dass jede Schaltfläche die in der Abbildung gezeigte Beschreibung erhält. Hier ein typisches Beispiel:

```
<input type="Submit" value="Vorheriger" name="btnSub">
```

4. Nennen Sie die Textfelder im Abfragebereich *qcatnr* und *qseqnr.*

5. Nennen Sie die Textfelder im Aktualisierungsbereich *catnr, seqnr, Bildname, Bilddatum, Titel* und *Beschreibung.*

Wenn ein Formular gesendet wird, überträgt der Browser nur die Werte der Schaltfläche, die angeklickt wurde. Wenn mehrere Schaltflächen denselben Namen tragen, kann der Code, der auf dem Server ausgeführt wird, über den Wert einer Schaltfläche, wie z.B. *Request.Form("btnSub"),* feststellen, welche Schaltfläche vom Webbesucher angeklickt wurde.

Die vier *Dictionary*-Objekte erzeugen

Fügen Sie den folgenden Code direkt vor dem *</head>*-Tag ein, mit dem die *Dictionary*-Objekte erzeugt werden. Diese enthalten die Werte, die an den Webbesucher zurückgegeben werden:

```
<%
Set fldQry = Server.CreateObject("Scripting.Dictionary")
Set fldCur = Server.CreateObject("Scripting.Dictionary")
Set fldNew = Server.CreateObject("Scripting.Dictionary")
Set fldMsg = Server.CreateObject("Scripting.Dictionary")
' Hier Code zur weiteren Verarbeitung hinzufügen.
%>
```

Eingaben des Webbesuchers laden und auswerten

Der Code, der in diesem Abschnitt erzeugt wird, analysiert die Eingabe vom Webbesucher und speichert sie für die weitere Verarbeitung. Der Code ersetzt die Kommentarzeile in der obigen Prozedur.

1. Initialisieren Sie fünf Variablen namens *fMsg*, *iMsg*, *keyCatNr*, *keySeqNr* und *fldFail* für die spätere Verarbeitung:

```
fMsg = ""
iMsg = ""
keyCatNr = ""
keySeqNr = ""
fldFail = False
```

Die Variablen *fMsg* und *iMsg* werden Fehlermeldungen und informative Meldungen enthalten, d.h. Meldungen, denen der Webbesucher entnehmen kann, ob die Transaktion erfolgreich verlief. Die Variablen *keyCatNr* und *keySeqNr* werden die Kategorie- und die Sequenznummer des Datensatzes enthalten, den die Transaktion verarbeiten wird. Damit diese Variablen sowohl innerhalb als auch außerhalb aller Unterroutinen oder Funktionen verfügbar sind, müssen sie außerhalb aller Funktionen oder Unterroutinen erzeugt werden. Die Variable *fldFail* gibt an, ob ein Fehler auftrat, während die Daten in die Felder eines neuen oder veränderten Datensatzes in der Tabelle *Elemente* geschrieben wurden.

2. Beim Abruf des aktuellen Transaktionscodes müssen folgende Punkte beachtet werden:

- Jeder Transaktionscode ist mit einer eigenen *Abschicken*-Schaltfläche ausgestattet.
- Alle *Abschicken*-Schaltflächen haben den Namen *btnSub*.
- Der Titel jeder Schaltfläche und der Wert im Formularfeld sind per Definition identisch.
- Es sendet ausschließlich die Schaltfläche Daten, auf die der Webbesucher klickt.

Weil alle sechs Schaltflächen *Abschicken*-Schaltflächen sind, weiß der Browser beim Anklicken, dass er die Seite anfordern muss, die in der *action*-Eigenschaft des *<form>*-Tags angegeben wird. Im Beispiel ist dies die Seite *Pflege.asp*. Wenn der Webbesucher auf die Schaltfläche *Vorheriger* klickt, stellt der serverseitige Code in der Seite *Pflege.asp* fest, dass *Request("btnSub")* die Zeichenfolge *Vorheriger* zurückgibt. Wenn der Besucher auf die *Abfrage*-Schaltfläche klickt, gibt *Request("btnSub")* die Zeichenfolge *Abfrage* zurück. Dasselbe gilt auch für die restlichen Schaltflächen.

Beim Programmieren ist es normalerweise einfacher, mit Codes wie *H, Ä* und *L* umzugehen, anstatt mit Wörtern wie *Hinzufügen*, *Ändern* und *Löschen*. Deshalb nimmt der folgende Code nur den ersten Buchstaben, der im Feld *Wert/Beschriftung* der Formularfeldeigenschaften jeder Schaltfläche enthalten ist, konvertiert diesen in einen Großbuchstaben und speichert das Ergebnis in einer Variablen namens *trancd*. (Rein theoretisch sollte der erste Buchstabe immer ein Großbuchstabe sein, weil dies in HTML so codiert wird. Praktisch gesehen ist es jedoch kein großer Aufwand, dies sicherzustellen.)

```
trancd = UCase(Left(Request("btnSub"),1))
```

❸ Nun wird der Transaktionscode ausgewertet. Der folgende Code prüft als erstes, ob die Variable *trancd*, die im letzten Schritt erzeugt wurde, leer ist. Ist dies der Fall, kommt der Standardtransaktionscode *A* (*Abfrage*) zum Einsatz. Enthält die Variable einen Wert, wird geprüft, ob es sich um einen der folgenden Buchstaben handelt: *V* (*Vorheriger*), *A* (*Abfrage*), *N* (*Nächster*), *H* (*Hinzufügen*), *Ä* (*Ändern*) oder *L* (*Löschen*). Verläuft dieser Test nicht erfolgreich, wird der Standardtransaktionscode *A* verwendet.

```
If trancd = "" Then
  trancd = "A"
Else
  If InStr("VANHÄL", trancd) = 0 Then
    trancd = "A"
  End If
End If
```

❹ Nun muss der Schlüssel gewählt werden, den der Transaktionscode verarbeiten soll. Der Schlüssel besteht aus einer Kategorie- und einer Sequenznummer, weil die Felder *catnr* und *seqnr* den Primärschlüssel der Tabelle *Elemente* bilden.

- Beim Transaktionscode *H* (*Hinzufügen*) fügt die Transaktion einen Datensatz zur Tabelle hinzu, wobei die Werte für die Felder *catnr* und *seqnr* aus dem Bereich *Neu* des Formulars stammen.
- Beim Transaktionscode *Ä* oder *L* (*Ändern* oder *Löschen*) ändert oder löscht die Transaktion den Datensatz, der in der vorherigen Transaktion angezeigt wurde. Die Werte der Felder *catnr* und *seqnr* werden in zwei versteckten Formularfeldern namens *hcatnr* und *hseqnr* gespeichert.
- Beim Transaktionscode *N* oder *V* (*Nächster* oder *Vorheriger*) prüft die Transaktion in der angegebenen Reihenfolge, ob die folgenden Felder einen Wert enthalten: das Feld *qcatnr* im Abfragebereich, das Feld *hcatnr*, das bei der letzten Transaktion aufgezeichnet wurde und das Feld *catnr* im Bereich *Neu*. Wenn diese Felder alle leer sind, benutzt

die Transaktion den Standardwert Null für *N*-Transaktionen oder 2.147.483.647 (der größtmögliche Wert) für *V*-Transaktionen.

Findet die Transaktion eine Kategorienummer, verwendet sie die Sequenznummer aus demselben Quellcode oder, falls dieser Wert leer ist, einen Standardwert bzw. 0 für *N*-Transaktionen und 2.147.483.647 für *V*-Transaktionen.

Weil der Algorithmus, mit dem die Schlüssel ermittelt werden, ziemlich lang ist und Wiederholungen enthält, wurde er in eine Funktion namens *GetNextPrevKey* gesetzt. Der Code für diese Funktion wird später in dieser Lektion beschrieben. Im Augenblick reicht es aus, zu wissen, dass die Funktion den Standardwert als Argument übernimmt und die Variablen *keyCatNr* und *keySeqNr* aktualisiert.

2.147.483.647 ist die Standardkategorienummer für *V*-Transaktionen, weil das Feld *seqnr* in der Tabelle *Elemente* ein *long integer*-Wert ist (32-Bit-Wert). 2.147.483.647 ist der größte Wert, der mit diesem Datentyp repräsentiert werden kann. Um die letzte Kategorie in der Tabelle zu finden, sucht die Transaktion nach einer Kategorie, die kleiner oder gleich diesem Wert ist. Weil es etwas schwierig ist, den Wert 2.147.483.647 zu behalten, verwendet der Code den Ausdruck *CLng(&H7FFFFFFF)*. Das Literal *&H7FFFFFFF* ist ein Hexadezimalwert, der einem Nullbit, gefolgt von 31 Einsbits entspricht. Das erste Bit im *long integer*-Wert ist ein Vorzeichenbit, wobei der Wert Null einen positiven Wert kennzeichnet. *CLng* ist eine integrierte VBScript-Funktion, die einen Ausdruck in einen *long integer*-Wert konvertiert.

- Beim Transaktionscode *A* (*Abfrage*) sucht die Transaktion in der Tabelle *Elemente* nach dem Datensatz, dessen Kategorie- und Sequenznummern mit den Werten der Felder *qcatnr* und *qseqnr* übereinstimmen.

Der folgende Code implementiert diese Regeln. Beachten Sie, dass im Falle des Transaktionscodes *A* die Inhalte der Felder *qcatnr* und *qseqnr* im *Dictionary*-Objekt *fldQry* gespeichert werden. Mit *fldQry("qcatnr")* und *fldQry("qseqnr")* werden später die Ausgabewerte für die Textfelder *Kategorie* und *Sequenz* im Abfragebereich bereitgestellt.

```
Select Case trancd
  Case "H"
    keyCatNr = Request("catnr")
    keySeqNr = Request("seqnr")
  Case "Ä"
    keyCatNr = Request("hcatnr")
    keySeqNr = Request("hseqnr")
  Case "L"
    keyCatNr = Request("hcatnr")
    keySeqNr = Request("hseqnr")
```

```
  Case "N"
    GetNextPrevKey (0)
  Case "V"
    GetNextPrevKey (CLng(&h7FFFFFFF))
  Case Else ' "Ä" ist der Standardtransaktionscode
    keyCatNr = Request("qcatnr")
    keySeqNr = Request("qseqnr")
    fldQry("qcatnr") = Request("qcatnr")
    fldQry("qseqnr") = Request("qseqnr")
End Select
```

5. Beim Transaktionscode *H* (*Hinzufügen*), *Ä* (*Ändern*) oder *L* (*Löschen*) werden die Werte, die in den Feldern des Bereichs *Neu* enthalten sind, wie folgt im *Dictionary*-Objekt *fldNew* gespeichert.

```
If  InStr("HÄL", trancd) <> 0  Then
  fldNew("catnr") = Request("catnr")
  fldNew("seqnr") = Request("seqnr")
  fldNew("Bildname") = Request("Bildname")
  fldNew("Bilddatum") = Request("Bilddatum")
  fldNew("Titel") = Request("Titel")
  fldNew("Beschreibung") = Request("Beschreibung")
End If
```

6. Nun muss sichergestellt werden, dass die Variable *keyCatNr* nicht leer ist und einen numerischen Wert enthält. Ist dies nicht der Fall, wird eine Fehlermeldung in der Variablen *fMsg* (*fatal message*, d.h. schwerwiegender Fehler) abgelegt:

```
If keyCatNr = "" Then
  fMsg = "Kategorienummer eingeben."
Else
  If Not IsNumeric(keyCatNr) Then
    fMsg = "Kategorie muss numerisch sein."
  End If
End If
```

7. Jetzt muss noch sichergestellt werden, dass die Variable *keySeqNr* nicht leer und numerisch ist. Ansonsten wird eine entsprechende Fehlermeldung in der Variablen *fMsg* gespeichert:

```
If fMsg = "" Then
  If keySeqNr= "" Then
    fMsg = "Sequenznummer eingeben."
  Else
    If Not IsNumeric(keySeqNr) Then
      fMsg = "Sequenz muss numerisch sein."
    End If
  End If
End If
```

Ein Recordset-Objekt für die Tabelle *Elemente* erzeugen und öffnen

An dieser Stelle verfügt die Transaktion entweder über die gültigen Schlüssel oder eine entsprechende Meldung in der Variablen *fMsg*. Ist die Variable *fMsg* leer, besteht der nächste Schritt darin, ein ADO *Connection*- und ein ADO *Recordset*-Objekt zu erzeugen und zu öffnen, um die gewünschten Datensätze zu erhalten. Wenn die Variable *fMsg* eine Meldung enthält, übergeht das Transaktionsskript alle weiteren Verarbeitungsschritte und zeigt die Fehlermeldung an.

Die Transaktionscodes *H*, *Ä*, *L* und *A* benötigen alle eine SQL-Anweisung, die einen Datensatz mit der angegebenen Kategorie- (*catnr*) und Sequenznummer (*seqnr*) abruft. Der Transaktionscode *N* erfordert eine SQL-Anweisung, die den ersten Datensatz mit Schlüsselwerten abruft, die größer sind als die angegebenen und der Transaktionscode *V* benötigt eine SQL-Anweisung, die den ersten Datensatz mit Schlüsselwerten abruft, die kleiner sind als die angegebenen.

Erstellen Sie den benötigten Code wie folgt:

1. Überprüfen Sie, ob bereits ein schwerwiegender Fehler aufgetreten ist. Die Ausführung soll nur fortgesetzt werden, wenn dies nicht der Fall ist.

```
If fMsg = "" Then
```

2. Richten Sie ein ADO *Connection*-Objekt ein, das auf die Datenbank *Urlaub.mdb* verweist:

```
Set cnHol = Server.CreateObject("ADODB.Connection")
cnStHol = "driver={Microsoft Access-Treiber (*.mdb)};" & _
          "dbq=" & Server.MapPath("../holiday/Urlaub.mdb")
cnHol.Open cnStHol,"",""
```

3. Erzeugen Sie ein ADO *Recordset*-Objekt:

```
Set rsItm = Server.CreateObject("ADODB.Recordset")
```

4. Beginnen Sie eine *Select Case*-Anweisung, die den Transaktionscode prüft:

```
Select Case trancd
```

5. Wenn die Variable *trancd* den Wert *N* hat, soll eine SQL-Anweisung alle Datensätze aus der Tabelle *Elemente* abrufen, die eines der beiden folgenden Kriterien erfüllen:

   - Die Kategorienummer (*catnr*) hat den Wert *keyCatNr* und die Sequenznummer (*seqnr*) ist größer als *keySeqNr*
   - Die Kategorienummer ist größer als *keyCatNr*

Die Datensätze sollen alle in absteigender Reihenfolge nach den Werten *catnr* und *seqnr* sortiert werden, sodass der erste Datensatz, der zurückgeliefert wird, die niedrigste Kategorie- und Sequenznummer der Datensätze hat, die die Kriterien erfüllen:

```
Case "N"
  sql = "SELECT * FROM Elemente " & _
         "WHERE ((catnr = " & keyCatNr & ") AND " & _
                "(seqnr > " & keySeqNr & ")) " & _
            "OR (catnr > " & keyCatNr & ") " & _
         "ORDER BY catnr, seqnr ; "
```

6 Wenn die Variable *trancd* den Wert *V* hat, soll eine SQL-Anweisung alle Datensätze aus der Tabelle *Elemente* abrufen, die eines der beiden folgenden Kriterien erfüllen:

- Die Kategorienummer (*catnr*) hat den Wert *keyCatNr* und die Sequenznummer (*seqnr*) ist kleiner als *keySeqNr*
- Die Kategorienummer ist kleiner als *keyCatNr*

Die Datensätze werden in absteigender Reihenfolge nach den Feldern *catnr* und *seqnr* sortiert, sodass die Kategorie- und Sequenznummer des ersten zurückgelieferten Datensatzes auch die höchsten Werte sind, die die Kriterien erfüllen:

```
Case "V"
  sql = "SELECT * FROM Elemente " & _
         "WHERE ((catnr = " & keyCatNr & ") AND " & _
                "(seqnr < " & keySeqNr & ")) " & _
            "OR (catnr < " & keyCatNr & ") " & _
         "ORDER BY catnr DESC, seqnr DESC ; "
```

7 Bei allen anderen Transaktionscodes soll eine SQL-Anweisung alle Datensätze aus der Tabelle *Elemente* mit der angegebenen Kategorie- und Sequenznummer zurückliefern (gespeichert in den Werten *keyCatNr* und *keySeqNr*). Weil die Felder *catnr* und *seqnr* den Primärschlüssel der Tabelle darstellen, kann es nur einen solchen Datensatz geben. Die Reihenfolge, in der das Ergebnis angezeigt wird, ist deshalb irrelevant.

```
Case Else
  sql = "SELECT * " & _
          "FROM Elemente " & _
         "WHERE (catnr = " & keyCatNr & ") " & _
           "AND (seqnr = " & keySeqNr & ") ; "
```

8 Beenden Sie die *Select Case*-Anweisung:

```
End Select
```

9 Öffnen Sie das Recordset.

```
rsItm.Open sql, cnHol, adOpenDynamic, adLockOptimistic
```

Verarbeitung des *Hinzufügen*-Transaktionscodes

Der *Hinzufügen*-Transaktionscode wird mit den folgenden Schritten verarbeitet. Der Code verrichtet die eigentliche Arbeit, die beim Hinzufügen eines Datensatzes zu einer Datenbank anfällt. Das erforderliche Recordset wurde mit dem Code im letzten Abschnitt geöffnet. Wenn der angegebene Schlüssel bereits existiert, soll der entsprechende Datensatz abgerufen werden. Wie schon beschrieben, ist durch eine *If*-Anweisung bereits dafür gesorgt, dass dieser Code nicht ausgeführt wird, wenn ein schwerwiegender Fehler aufgetreten ist.

1. Beginnen Sie eine *Select Case*-Anweisung, die den Transaktionscode überprüft:

```
Select Case trancd
```

2. Initialisieren Sie die *Case*-Anweisung für den Transaktionscode *H*:

```
   Case "H"
```

3. Prüfen Sie, ob das Recordset *rsItm* einen Datensatz enthält:

```
      If rsItm.EOF Then
```

4. Ist das Recordset leer, muss ADO mitgeteilt werden, dass ein neuer Datensatz erzeugt und anschließend die Funktion *CopyNewToRs* aufgerufen werden muss:

```
         rsItm.AddNew
         fMsg = CopyNewToRs
```

Die Funktion *CopyNewToRs* bewirkt folgendes:

- Sie kopiert alle Feldwerte aus dem *Dictionary*-Objekt *fldNew* in den neuen Datensatz.
- Wenn ADO einen Feldwert zurückweist, beendet die Funktion *CopyNewToRs* die Aktualisierung und liefert eine Fehlermeldung für einen schwerwiegenden Fehler zurück.
- Wenn ADO keinen Feldwert zurückweist, teilt die Funktion ADO mit, dass die Aktualisierung durchgeführt werden soll. Es wird außerdem geprüft, ob Fehler auftreten. Wenn ADO mitteilt, dass ein Fehler aufgetreten ist, liefert die Funktion diesen als schwerwiegenden Fehler zurück. Ansonsten liefert die Funktion eine Nullzeichenfolge zurück.

Die Funktion *CopyNewToRs* wird später in dieser Lektion erklärt.

5. Trat kein schwerwiegender Fehler auf, soll die Information »Datensatz wurde hinzugefügt« in der Variablen *iMsg* gespeichert werden. Anschließend sollen alle Daten gelöscht werden, die im *Dictionary*-Objekt *fldNew* enthalten sind, und es soll die Unterroutine *CopyRsToCur* aufgerufen werden, um den Inhalt des *Dictionary*-Objekts *fldCur* in den neuen *Elemente*-Datensatz zu laden:

```
If fMsg = "" Then
  iMsg = "Datensatz wurde hinzugefügt."
  fldNew.removeall
  CopyRsToCur
End If
```

Beachten Sie, was passiert, wenn das *Dictionary*-Objekt *fldNew* gelöscht und das *Dictionary*-Objekt *fldCur* aus dem aktuellen Datensatz der Tabelle *Elemente* geladen wird: dem Webbesucher wird mitgeteilt, dass der Datensatz erfolgreich hinzugefügt wurde. Die Felder im Bereich *Neu* sind nun außerdem wieder leer, damit der Webbesucher einen weiteren Datensatz hinzufügen kann.

Falls beim Versuch, einen neuen Datensatz hinzuzufügen, ein schwerwiegender Fehler hervorgerufen wurde, ist keine weitere Aktion erforderlich. Das *Dictionary*-Objekt *fldNew* enthält bereits alle Feldwerte, die vom Webbesucher eingegeben wurden. Das *Dictionary*-Objekt *fldCur* muss keine Werte enthalten.

6 Falls in Schritt 3 festgestellt wurde, dass die Tabelle *Elemente* bereits einen Datensatz mit dem angegebenen Schlüssel enthält, übergeht der Code die Schritte 4 und 5 und führt stattdessen den Code aus, der in diesem Schritt erzeugt wird. Dieser Code ruft die Fehlermeldung »Datensatz bereits vorhanden« für einen schwerwiegenden Fehler hervor. Außerdem wird die Unterroutine *CopyRsToCur* aufgerufen, die auch in Schritt 5 verwendet wurde, um den Inhalt des vorhandenen Datensatzes in das *Dictionary*-Objekt *fldCur* zu kopieren. Dem Webbesucher wird also der bereits vorhandene Datensatz, der den Konflikt hervorruft, im Bereich *Aktuell* angezeigt. Die Eingabe des Webbesuchers wird weiterhin über das *Dictionary*-Objekt *fldNew* im Bereich *Neu* angezeigt:

```
Else
  fMsg = "Datensatz bereits vorhanden."
  CopyRsToCur
End If
```

Verarbeitung des *Ändern*-Transaktioncode

Der Code, mit dem ein vorhandener Datensatz geändert wird, ist jenem ziemlich ähnlich, mit dem ein neuer Datensatz hinzugefügt wird:

1 Die *Case*-Anweisung für den Transaktionscode *Ä* muss initialisiert werden:

```
Case "Ä"
```

2 Es muss geprüft werden, ob das *Recordset*-Objekt *rsItm* einen Datensatz enthält:

```
If rsItm.EOF Then
```

3. Ist kein Datensatz im *Recordset*-Objekt enthalten, wird eine Fehlermeldung zurückgeliefert und die Ausführung beendet:

```
fMsg = "Datensatz konnte nicht gefunden werden."
```

4. Enthält das *Recordset*-Objekt Daten, wird die Funktion *CopyNewToRs* aufgerufen, die auch in Schritt 4 der *Hinzufügen*-Transaktion verwendet wurde. Die Felder aus dem *Dictionary*-Objekt *fldNew*, die nicht leer sind, werden in den aktuellen Datensatz im *Recordset*-Objekt *rsItm* kopiert, wobei alle Fehlermeldungen im *Dictionary*-Objekt *fldMsg* kopiert werden. Die Funktion *CopyNewToRs* weist ADO dann an, den Datensatz zu aktualisieren. Wenn bei dieser Operation ein Fehler hervorgerufen wird, liefert die Funktion eine Fehlermeldung zurück:

```
Else
  fMsg = CopyNewToRs
```

5. Konnte der Prozess ohne schwerwiegenden Fehler beendet werden, wird die Meldung »Datensatz wurde geändert« ausgegeben und es werden alle Felder im *Dictionary*-Objekt *fldNew* gelöscht. (Diese Feldwerte wurden bereits in der Datenbank gespeichert und haben nun keinen weiteren Nutzen mehr.)

   Anschließend wird die Unterroutine *CopyRsToCur* aufgerufen, um die geänderten Werte im Bereich *Aktuell* anzuzeigen:

```
  If fMsg = "" Then
    iMsg = "Datensatz wurde geändert."
    fldNew.removeall
  End If
  CopyRsToCur
End If
```

Verarbeitung des *Löschen*-Transaktionscodes

Die Verarbeitung der *Löschen*-Transaktion folgt wieder demselben Muster wie die Verarbeitung der *Hinzufügen*- und der *Ändern*-Transaktion:

1. Die *Case*-Anweisung für den Transaktionscode *L* muss initialisiert werden:

```
Case "L"
```

2. Nun muss geprüft werden, ob das *Recordset*-Objekt *rsItm* Datensätze enthält:

```
If rsItm.EOF Then
```

3. Ist das *Recordset*-Objekt leer, wird die Fehlermeldung »Datensatz konnte nicht gefunden werden« ausgegeben und die Verarbeitung beendet. Im *Dictionary*-Objekt *fldCur* ist kein Datensatz enthalten. Das *Dictionary*-Objekt *fldNew* enthält bereits die Werte, die vom Webbesucher in das Formular eingegeben wurden.

```
        fMsg = "Datensatz konnte nicht gefunden werden."
```

4 Wenn das *Recordset*-Objekt *rsItm* einen Datensatz enthält, muss jeder Feldwert in das *Dictionary*-Objekt *fldNew* kopiert werden. Damit wird dem Webbesucher die Möglichkeit gegeben, den Datensatz wiederherzustellen, falls er versehentlich gelöscht wurde.

```
      Else
        For Each fld In rsItm.Fields
          fldNew(fld.Name) = fld.Value
        Next
```

Die *For Each*-Schleife wird für jedes Element der *rsItm.Fields*-Auflistung, d.h. für jedes Feld im Recordset, ein Mal durchlaufen. Die Variable *fld* zeigt während jedes Iterationsschritts auf ein anderes *Field*-Objekt. Wenn die Variable *fld* während einer Iteration auf das Feld *catnr* verweist, sind die beiden folgenden Ausdrücke gleichbedeutend.

```
rsItm.Fields.catnr.Name
fld.Name
```

Selbstverständlich hat jeder Ausdruck die Zeichenfolge "*catnr*" als Wert. Die folgenden Ausdrücke sind deshalb gleichbedeutend:

```
fldNew(fld.Name) = fld.Value
fldNew("catnr") = rsItm.Fields.catnr.Value
fldNew("catnr") = rsItm("catnr")
```

Die dritte Anweisung ist gleichbedeutend, weil die *Fields*-Auflistung die Standardauflistung jedes *Recordset*-Objekts ist und *Value* die Standardeigenschaft jedes *Field*-Objekts.

Es sollte nun klar sein, dass die oben gezeigte Schleife jedes Feld, das im Recordset *rsItm* enthalten ist, in ein gleichnamiges Feld im *Dictionary*-Objekt *fldNew* kopiert. Dieses Codefragment veranschaulicht den Nutzen des *Dictionary*-Objekts.

5 Teilen Sie VBScript nun mit, dass die Ausführung mit der nächsten Anweisung fortgesetzt werden soll, falls ein schwerwiegender Fehler auftritt. Im Falle eines Fehlers soll also keine Fehlermeldung ausgegeben und die Ausführung des Skripts auch nicht beendet werden.

```
        On Error Resume Next
```

6 Der aktuelle Datensatz im Recordset *rsItm* muss nun gelöscht werden:

```
        rsItm.Delete
```

7 Falls der Datensatz nicht gelöscht werden konnte, soll die ADO-Fehlermeldung in die Variable *fMsg* kopiert werden. Die Elemente im *Dictionary*-Objekt sollen außerdem durch die entsprechenden Werte aus dem *Request*-Objekt ersetzt werden. Damit wird die Aktion aus Schritt 4 rück-

gängig gemacht, bei der der Inhalt des aktuellen Datensatzes in das *Dictionary*-Objekt *fldNew* kopiert wurde.

```
If Err Then
  fMsg = "Löschen fehlgeschlagen: " & Err.Description
  For Each fld In fldNew
    fldNew(fld) = Request(fld)
  Next
```

Weil die Schlüssel eines *Dictionary*-Objekts durchgezählt werden, setzt diese *For Each*-Schleife normale Zeichenfolgenwerte in die Variable *fld* ein. Hätte eine Auflistung von Objekten aufgezählt werden müssen, wären aufeinanderfolgende Zeiger auf diese Objekte eingesetzt worden.

8 Falls das Element erfolgreich gelöscht werden konnte, wird die Meldung »Datensatz wurde gelöscht« in das Feld *iMsg* geschrieben und alle Einträge aus dem *Dictionary*-Objekt *fldCur* werden gelöscht:

```
Else
  iMsg = "Datensatz wurde gelöscht."
  fldCur.RemoveAll
End If
```

9 Kehren Sie nun zur normalen Fehlerbehandlung zurück und beenden Sie die *If*-Anweisung, die in Schritt 2 geöffnet wurde:

```
  On Error GoTo 0
End If
```

Verarbeitung des *Vorheriger-*, *Abfrage-* und *Nächster-* Transaktioncodes

Die Transaktionen *Vorheriger*, *Abfrage* und *Nächster* werden mit demselben Code verarbeitet. Außerdem ist dieser Code im Vergleich zum Code, mit dem Datensätze hinzugefügt, geändert und gelöscht werden, erfrischend einfach.

1 Initialisieren Sie die *Case*-Anweisungen für alle anderen Transaktionscodes:

```
Case Else
```

2 Prüfen Sie, ob das Recordset *rsItm* einen Datensatz enthält:

```
If rsItm.EOF Then
```

3 Ist kein Datensatz vorhanden, wird die Fehlermeldung »Datensatz konnte nicht gefunden werden« der Variablen *fMsg* zugewiesen:

```
fMsg = "Datensatz konnte nicht gefunden werden."
```

4 Falls das Recordset *rsItm* einen Datensatz enthält, sollen die Feldwerte in das *Dictionary*-Objekt *fldCur* kopiert werden. Dazu wird die Unterroutine

CopyRsToCur aufgerufen. Anschließend müssen die Eingabefelder im Formular gelöscht und alle Elemente aus dem *Dictionary*-Objekt *fldQry* entfernt werden:

```
Else
  CopyRsToCur
  fldQry.removeall
```

5 Beenden Sie nun die *If*-Anweisung, die in Schritt 2, und die *Select Case*-Anweisung, die in Schritt 1 der Prozedur zur Verarbeitung des *Hinzufügen*-Transaktionscodes eröffnet wurde:

```
End If
End Select
```

Alles aufräumen und die Anwendung beenden

Um die Verarbeitung des Transaktionscodes zu beenden, sind folgende Schritte erforderlich:

1 Schließen Sie das *Recordset*- und das *Connection*-Objekt, das im ▶ Abschnitt »Ein Recordset-Objekt für die Tabelle *Elemente* erzeugen und öffnen« erzeugt wurde.

```
rsItm.Close
set rsItm = Nothing
cnHol.Close
set cnHol = Nothing
```

2 Beenden Sie die *If*-Anweisung, die im Schritt 1 des ▶ Abschnitts »Ein Recordset-Objekt für die Tabelle *Elemente* erzeugen und öffnen« geöffnet wurde.

```
End If
```

3 Die Webseite enthält nur ein Textfeld, in dem die Eingabe und die Ausgabe für das Feld *Titel* angezeigt werden und auch nur ein Textfeld für das Feld *Beschreibung*. Normalerweise zeigen die zwei Felder die *Dictionary*-Elemente *fldNew("Titel")* und *fldNew("Beschreibung")* an. Das ist prima, wenn das *Dictionary*-Objekt *fldNew* Eingabewerte enthält, für die Anzeige des aktuellen Datensatzes ist dies jedoch nutzlos. Deshalb prüfen die folgenden Anweisungen zwei Felder aus *fldNew*-Elemente und ersetzen den Inhalt durch die entsprechenden Werte aus dem *Dictionary*-Objekt *fldCur*, falls die Felder leer sind:

```
If fldNew("Titel") = "" Then fldNew("Titel") = fldCur("Titel")
If fldNew("Beschreibung") = "" Then _
    fldNew("Beschreibung") = fldCur("Beschreibung")
```

Die Unterroutine *CopyRsToCur* erzeugen

Der Code zur Verarbeitung der Transaktionscodes *H*, *Ä*, *V* und *A* ruft die Unterroutine *CopyRsToCur* auf, die den Inhalt des aktuellen Datensatzes aus der Tabelle *Elemente* in das *Dictionary*-Objekt *fldCur* kopiert. Der Code sieht wie folgt aus:

```
Sub CopyRsToCur ()
  For Each fld In rsItm.Fields
    fldCur(fld.Name) = fld.Value
  Next
End Sub
```

Die Funktion *CopyNewToRs* schreiben

Die Funktion *CopyNewToRs*, die in den Transaktionen *Hinzufügen* und *Ändern* verwendet wird, aktualisiert jedes Feld im aktuellen Datensatz des Recordsets *rsItm* mit dem entsprechenden Wert aus dem *Dictionary*-Objekt *fldNew* – vorausgesetzt, der Wert ist nicht leer. Wenn ADO feststellt, dass das Recordset keine Werte entgegennehmen kann, speichert die Funktion die ADO-Fehlermeldung im *Dictionary*-Objekt *fldMsg*, bricht die Aktualisierung ab und liefert eine Fehlermeldung zurück. Treten keine Fehler bei der Aktualisierung auf, weist die Funktion ADO an, den Datensatz zu aktualisieren. Falls die Aktualisierung erfolgreich verläuft, liefert die Funktion eine leere Zeichenfolge zurück, ansonsten die ADO-Fehlermeldung.

Die Funktion *CopyNewToRs* programmieren Sie wie folgt:

1. Deklarieren Sie die Funktion ohne Argumente:

```
function CopyNewToRs()
```

2. Initialisieren Sie die Variable *fldFail*, und teilen Sie VBScript mit, dass die Verarbeitung mit der nächsten Anweisung fortgesetzt werden soll, falls ein schwerwiegender Fehler auftritt, anstatt eine Fehlermeldung auszugeben und die Ausführung des Skripts zu beenden:

```
fldFail = False
On Error Resume Next
```

3. Programmieren Sie eine Schleife, die jedes Feld im Recordset *rsItm* durchläuft:

```
  For Each fld In rsItm.Fields
'   Hier Code einfügen, um jedes Feld zu verarbeiten.
  Next
```

4. Für jedes Feld muss nun ermittelt werden, ob das gleichnamige Element im *Dictionary*-Objekt *fldNew* leer ist.

- Falls ja, soll nichts unternommen werden.

- Falls das *fldNew*-Element Daten enthält, sollen diese in das aktuelle Feld des Recordsets kopiert werden.
- Falls beim Kopieren des *fldNew*-Werts ein Fehler aufritt, muss die Fehlermeldung in einem *fldMsg*-Element gespeichert werden, dessen Schlüssel dem aktuellen Feldnamen entspricht. Außerdem muss die Variable *fldFail* auf *True* gesetzt werden.

Die Schleife sieht nun wie folgt aus:

```
For Each fld In rsItm.Fields
  If fldNew(fld.Name) <> "" Then
    fld.Value = fldNew(fld.Name)
    If Err Then
      fldMsg(fld.Name) = Err.Description
      fldFail = True
    End If
  End If
Next
```

5. Wenn die Schleife beendet ist und die Variable *fldFail* auf *True* gesetzt ist, wird ADO angewiesen, die Aktualisierung abzubrechen und den Rückgabewert der Funktion auf die Meldung »Feld konnte nicht aktualisiert werden.« zu setzen.

```
If fldFail Then
  rsItm.CancelUpdate
  CopyNewToRs = "Feld konnte nicht aktualisiert werden."
Else
```

6. Falls die Schleife beendet werden konnte und die Variable *fldFail* noch immer auf *False* gesetzt ist, wird ADO angewiesen, den Datensatz zu aktualisieren. Falls ADO eine Fehlermeldung zurückliefert, ist die Fehlermeldung der Rückgabewert der Funktion. Falls die Aktualisierung erfolgreich verlief, wird der Rückgabewert auf eine leere Zeichenfolge gesetzt:

```
  rsItm.Update
  If Err Then
    CopyNewToRs = "Aktualisierung fehlgeschlagen: " & Err.Description
    rsItm.CancelUpdate
  Else
    CopyNewToRs = ""
  End If
```

7. Nun muss noch die *If*-Anweisung beendet werden, die in Schritt 5 eröffnet wurde. Dann wird die normale Fehlerbehandlung wieder aufgenommen und die Funktion beendet:

```
  End If
  On Error GoTo 0
End Function
```

Die Unterroutine *GetNextPrevKey* erzeugen

Die Transaktionen *Nächster* und *Vorheriger* arbeiten mit unpräzisen Schlüsseln und sollten deshalb unabhängig von der Eingabe des Webbesuchers immer ein Ergebnis zurückliefern. Deshalb und weil derselbe Code an zwei Stellen ausgeführt werden muss, ist es sinnvoll, ihn als Unterroutine zu programmieren.

Die *GetNextPrevKey* speichert eine erste Kategorienummer in einer Variablen namens *keyCatNr* und eine erste Sequenznummer in einer Variablen namens *keySeqNr*. Diese Felder wurden an einer anderen Stelle in der Webseite außerhalb des Gültigkeitsbereiches aller Unterroutinen und Funktionen definiert und stehen deshalb global, d.h. dem gesamten Code in der Seite zur Verfügung. An einer anderen Stelle im Code wird der Datensatz gesucht, dessen Schlüssel (im Fall der Transaktion *Nächster*) größer ist als *keyCatNr* und *keySeqNr* oder dessen Schlüssel (im Falle der Transaktion *Vorheriger*) kleiner ist als diese Werte.

Mit den folgenden Schritten wird der Code für die Unterroutine *GetNextPrevKey* erzeugt:

1. Zunächst müssen Sie die Unterroutine deklarieren, die ein Argument übernimmt. Dieses Argument liefert einen Standardwert, falls die Unterroutine eine Kategorie- oder Sequenznummer nicht finden kann:

```
Sub GetNextPrevKey (argDft)
```

2. Nun soll an folgenden Stellen (in der angegebenen Reihenfolge) nach einem Kategorienummernfeld gesucht werden, das nicht leer ist:

- Im Feld *qcatnr* im Abfragebereich
- Im Feld *hcatnr*, das von der vorherigen Transaktion ausgefüllt wird
- Im Feld *catnr* im Bereich *Neu*

Wenn diese Felder alle leer sind, soll den Variablen *keyCatNr* und *keySeqNr* der Standardwert zugewiesen werden. Wenn eines der Felder Daten enthält, sollen diese den Feldern *keyCatNr* und *keySeqNr* zugewiesen werden:

```
If Request("qcatnr") = "" Then
  If Request("hcatnr") = "" Then
    If Request("catnr") = "" Then
      keyCatNr = argDft
      keySeqNr = argDft
    Else
      keyCatNr = Request("catnr")
      keySeqNr = Request("seqnr")
    End If
  Else
    keyCatNr = Request("hcatnr")
```

```
      keySeqNr = Request("hseqnr")
    End If
  Else
    keyCatNr = Request("qcatnr")
    keySeqNr = Request("qseqnr")
  End If
```

3 Wenn das Feld *keySeqNr* noch immer leer ist, soll ihm der Standardwert zugewiesen werden:

```
  If keySeqNr = "" Then
    keySeqNr = argDft
  End If
```

4 Beenden Sie die Unterroutine.

```
End Sub
```

Die komplette Seite *Urlaubsfotokatalog pflegen* im Überblick

Um es kurz zu halten, wird hier nur der ASP-Code der Seite abgedruckt. Den vollständigen Code inklusive HTML-Quelltext finden Sie bei den Beispieldateien auf der CD-ROM zum Buch im Pfad *\Webdbdev\Kap08\Pflege.asp*. Öffnen Sie die Seite und betrachten Sie sie. Im ▶ Abschnitt »Den statischen HTML-Quelltext erzeugen« in dieser Lektion werden die wichtigsten Aspekte des HTML-Quelltextes erklärt.

Nachfolgend sehen Sie den vollständigen VBScript-Code, mit dem die sechs Transaktionen verarbeitet werden. Dieser Code steht im *<head>*-Bereich der Webseiten. Nachdem der Code ausgeführt wurde, müssen die Ergebnisse noch mit <%=*Ausdruck* %>-Tags angezeigt werden.

```
<%
' Definition der Unterroutine CopyRsToCur.
Sub CopyRsToCur ()
  For Each fld In rsItm.Fields
    fldCur(fld.Name) = fld.Value
  Next
End Sub
' Definition der Funktion CopyNewToRs.
Function CopyNewToRs()
  fldFail = False
  On Error Resume Next
' Schleife durchläuft alle Felder des Recordsets rsItm
' und aktualisiert sie.
  For Each fld In rsItm.Fields
    If fldNew(fld.Name) <> "" Then
      fld.Value = fldNew(fld.Name)
      If Err Then
```

```
        fldMsg(fld.Name) = Err.Description
        fldFail = True
      End If
    End If
  Next
' Prüfen, ob Fehler bei Aktualisierung eines Felds auftrat
' und bei Fehler Aktualisierung abbrechen.
  If fldFail Then
    rsItm.CancelUpdate
    CopyNewToRs = "Feld konnte nicht aktualisiert werden."
  Else
' Aktualisierung fortsetzen, falls kein Fehler bei Feldzuweisung auftrat.
    rsItm.Update
    If Err Then
      CopyNewToRs = "Aktualisierung fehlgeschlagen: " & Err.Description
    Else
      CopyNewToRs = ""
    End If
  End If
  On Error GoTo 0
End Function
' Definition der Unterroutine GetNextPrevKey.
Sub  GetNextPrevKey (argDft)
    If Request("qcatnr") = "" Then
      If Request("hcatnr") = "" Then
        If Request("catnr") = "" Then
          keyCatNr = argDft
          keySeqNr = argDft
        Else
          keyCatNr = Request("catnr")
          keySeqNr = Request("seqnr")
        End If
      Else
        keyCatNr = Request("hcatnr")
        keySeqNr = Request("hseqnr")
      End If
    Else
      keyCatNr = Request("qcatnr")
      keySeqNr = Request("qseqnr")
    End If
    If keySeqNr = "" Then
      keySeqNr = argDft
    End If
End Sub
' Dictionary-Objekte erzeugen.
Set fldQry = Server.CreateObject("Scripting.Dictionary")
Set fldCur = Server.CreateObject("Scripting.Dictionary")
Set fldNew = Server.CreateObject("Scripting.Dictionary")
Set fldMsg = Server.CreateObject("Scripting.Dictionary")
```

```
' Globale Variablen initialisieren.
fMsg = ""
iMsg = ""
keyCatNr = ""
keySeqNr = ""
fldFail = False
' Transaktionscode ermitteln.
trancd = UCase(Left(Request("btnSub"),1))
If trancd = "" Then
  trancd = "A"
Else
  If instr("VANHÄL", trancd) = 0 Then
    trancd = "A"
  End If
End If
' Anhand des Transaktionscodes feststellen, welche Schlüsselfelder
' benutzt werden sollen.
Select Case trancd
  Case "H"
    keyCatNr = Request("catnr")
    keySeqNr = Request("seqnr")
  Case "Ä"
    keyCatNr = Request("hcatnr")
    keySeqNr = Request("hseqnr")
  Case "L"
    keyCatNr = Request("hcatnr")
    keySeqNr = Request("hseqnr")
  Case "N"
    GetNextPrevKey (0)
  Case "V"
    GetNextPrevKey (clng(&h7FFFFFFF))
  Case Else ' "A" ist Standardtransaktionscode.
    keyCatNr = Request("qcatnr")
    keySeqNr = Request("qseqnr")
    fldQry("qcatnr") = Request("qcatnr")
    fldQry("qseqnr") = Request("qseqnr")
End Select
' Eingabefelder für Transaktionscodes H, Ä und L speichern.
If  InStr("HÄL", trancd) <> 0  Then
  fldNew("catnr") = Request("catnr")
  fldNew("seqnr") = Request("seqnr")
  fldNew("Bildname") = Request("Bildname")
  fldNew("Bilddatum") = Request("Bilddatum")
  fldNew("Titel") = Request("Titel")
  fldNew("Beschreibung") = Request("Beschreibung")
End If
' Prüfen, ob keine Schlüsselwerte eingegeben wurden
' oder diese unzulässig sind.
If keyCatNr = "" Then
```

```
  fMsg = "Kategorienummer eingeben."
Else
  If Not IsNumeric(keyCatNr) Then
    fMsg = "Kategorie muss numerisch sein."
  End If
End If
If fMsg = "" Then
  If keySeqNr = "" Then
    fMsg = "Sequenznummer eingaben."
  Else
    If Not IsNumeric(keySeqNr) Then
      fMsg = "Sequenz muss numerisch sein."
    End If
  End If
End If
' Transaktion verarbeiten, falls keine schwerwiegenden Fehler auftraten.
If fMsg = "" Then
'  ADO Connection-Objekt erzeugen und öffnen.
  Set cnHol = Server.CreateObject("ADODB.Connection")
  cnStHol = "driver={Microsoft Access-Treiber (*.mdb)};" & _
            "dbq=" & Server.MapPath("../holiday/Urlaub.mdb")
  cnHol.Open cnStHol,"",""
' ADO Recordset-Objekt erzeugen und öffnen.
' Transaktionscodes N und V benötigen unterschiedliche WHERE-Klauseln
' als Transaktionscodes H, Ä, L und A.
  Set rsItm = Server.CreateObject("ADODB.Recordset")
  Select Case trancd
    Case "N"
      sql = "SELECT * FROM Elemente " & _
              "WHERE ((catnr = " & keyCatNr & ") AND " & _
                     "(seqnr > " & keySeqNr & ")) " & _
                  "OR (catnr > " & keyCatNr & ") " & _
              "ORDER BY catnr, seqnr ; "
    Case "V"
      sql = "SELECT * FROM Elemente " & _
              "WHERE ((catnr = " & keyCatNr & ") AND " & _
                     "(seqnr < " & keySeqNr & ")) " & _
                  "OR (catnr < " & keyCatNr & ") " & _
              "ORDER BY catnr DESC, seqnr DESC ; "
    Case Else
      sql = "SELECT * " & _
               "FROM Elemente " & _
              "WHERE (catnr = " & keyCatNr & ") " & _
                "AND (seqnr = " & keySeqNr & ") ; "
  End Select
  rsItm.Open sql, cnHol, adOpenDynamic, adLockOptimistic
' Alle Transaktionscodes verarbeiten.
  Select Case trancd
' Hinzufügen-Transaktion verarbeiten.
```

```
    Case "H"
      If rsItm.EOF Then
        rsItm.AddNew
        fMsg = CopyNewToRs
        If fMsg = "" Then
          iMsg = "Datensatz wurde hinzugefügt."
          fldNew.RemoveAll
          CopyRsToCur
        End If
      Else
        fMsg = "Datensatz bereits vorhanden."
        CopyRsToCur
      End If
' Ändern-Transaktion verarbeiten.
    Case "Ä"
      If rsItm.EOF Then
        fMsg = "Datensatz konnte nicht gefunden werden."
      Else
        fMsg = CopyNewToRs
        If fMsg = "" Then
          iMsg = "Datensatz wurde geändert."
          fldNew.RemoveAll
        End If
        CopyRsToCur
      End If
' Löschen-Transaktion verarbeiten.
    Case "L"
      If rsItm.EOF Then
        fMsg = "Datensatz konnte nicht gefunden werden."
      Else
        For Each fld In rsItm.Fields
          fldNew(fld.Name) = fld.Value
        Next
        On Error Resume Next
        rsItm.Delete
        If Err Then
          fMsg = "Löschen fehlgeschlagen: " & Err.Description
          For Each fld In fldNew
            fldNew(fld) = Request(fld)
          Next
        Else
          iMsg = "Datensatz wurde gelöscht."
          fldCur.RemoveAll
        End If
        On Error GoTo 0
      End If
' Transaktionen Vorheriger, Abfrage und Nächster verarbeiten.
    Case Else
      If rsItm.EOF Then
```

```
        fMsg = "Datensatz konnte nicht gefunden werden."
      Else
        CopyRsToCur
        fldQry.RemoveAll
      End If
  End Select
'  ADO Recordset- und Connection-Objekt schließen.
  rsItm.Close
  set rsItm = Nothing
  cnHol.Close
  set cnHol = Nothing
End If
' Sicherstellen, dass die aktuellen Werte für Titel und Beschreibung
' angezeigt werden, falls möglich (d.h., wenn die relevanten Elemente
' im Dicitionary-Objekt fldNew nicht bereits Werte enthalten).
If fldNew("Titel") = "" Then fldNew("Titel") = fldCur("Titel")
If fldNew("Beschreibung") = "" Then _
   fldNew("Beschreibung") = fldCur("Beschreibung")
%>
```

Zusammenfassung der Lektion

In dieser Lektion wurde erklärt, wie eine Webdatenbank erzeugt wird, die Datensätze zur Tabelle *Elemente* der Urlaubsfotodatenbank *Urlaub.mdb* hinzufügt. Diese Webseite kann Elemente aus der Tabelle *Elemente* abfragen und einen Datensatz vor und zurück gehen. Die Abfrage- und Navigationsfunktionen dienen dazu, Datensätze zu finden, um diese aktualisieren oder löschen zu können. Diese Webseite ist zwar die komplexeste, die bisher präsentiert wurde, aber auch die leistungsfähigste.

In ▶ Lektion 9 wird eine weitere Methode erklärt, um dasselbe Ziel zu erreichen – allerdings mit mehr (aber einfacheren) Webseiten.

9 Tabelle mittels mehrerer Webseiten aktualisieren

Geschätzte Dauer:
35 Minuten

In dieser Lektion lernen Sie

- wie Sie ein Frameset erzeugen, das Datensätze in einer Datenbanktabelle findet und aktualisiert.
- wie Sie die Interaktion zwischen Frames in einem Frameset kontrollieren können.

Die Seite *Urlaubsfotokatalog pflegen* aus ▶ Lektion 8 veranschaulicht einen allgemeinen Ansatz zur Aktualisierung von Tabellen: ein einzelner Bildschirm enthält alle Funktionen zur Pflege sämtlicher Felder in einer Tabelle. Durch die Veränderung der Anzahl und der Namen der Eingabefelder lässt sich dieser Ansatz so verändern, dass damit so gut wie jede Tabelle aktualisiert werden kann.

Dieser Ansatz ist zwar sehr allgemein, er lässt sich jedoch nicht vollständig in die Anwendung *Urlaubsfotokatalog* integrieren. Um die Auswirkungen der Veränderungen sehen zu können, müssen Sie entweder die Wartungsseite verlassen und das Hauptmenü des Urlaubsfotokatalogs anzeigen oder zwei Browserfenster geöffnet halten: eines für die Wartung und eines, um die Änderungen zu betrachten.

Diese Lektion veranschaulicht eine zweite Lösung für das Problem, das in ▶ Lektion 8 behandelt wurde. Diese Lösung unterscheidet sich von der vorherigen dadurch, dass Navigation in der Datenbank zur Pflege auf dieselbe Weise erfolgt wie in der Anwendung in ▶ Lektion 7. Die Ansicht der Daten wird also zum wesentlichen Bestandteil der Wartungsfunktion.

Die Anwendung *Urlaubsfotokatalog pflegen*

Die Startseite für diesen zweiten Ansatz zur Pflege einer Datenbank sehen Sie in Abbildung 9.1. Diese Seite wird Ihnen sehr vertraut vorkommen, da es sich im Prinzip um die Seite *Hauptmenü Urlaubsfotokatalog* aus ▶ Lektion 7 handelt. Es gibt jedoch zwei wichtige Unterschiede:

- Die Seite trägt den Titel »Urlaubsfotokatalog pflegen« statt »Urlaubsfotokatalog«.
- Wenn Sie auf einen Link für eine beliebige Kategorie klicken, wird eine Frameset-Seite namens *Wartung.asp* anstatt der Frameset-Seite *Katalog.asp* angezeigt, die in ▶ Lektion 7 beschrieben wurde.

Wie Sie Abbildung 9.2 entnehmen können, ist das Frameset *Wartung.asp* seinem Vetter aus ▶ Lektion 7 sehr ähnlich.

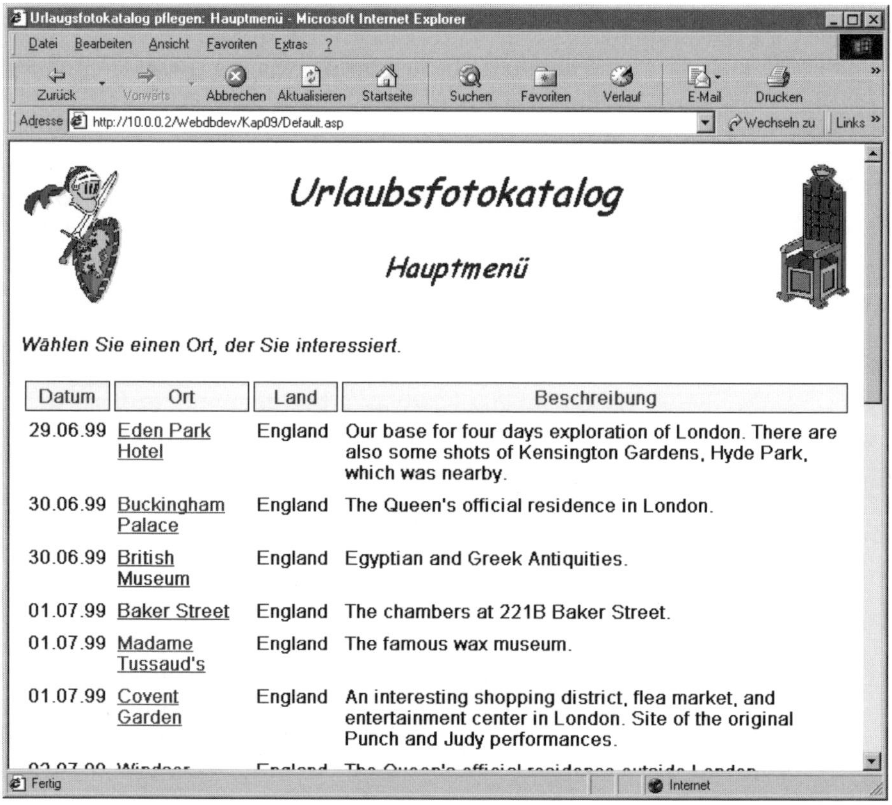

Abbildung 9.1 Die Hyperlinks in diesem Hauptmenü unterscheiden sich von denen im Hauptmenü des Urlaubsfotokatalogs nur durch die Angabe eines anderen Framesets

Abbildung 9.2
Alle Hyperlinks im Hauptmenü der Anwendung *Urlaubsfotokatalog pflegen* verweisen auf diese Seite, die nicht nur Fotos anzeigt, sondern auch die Möglichkeit bietet, Datensätze hinzuzufügen, zu betrachten, zu ändern und zu löschen

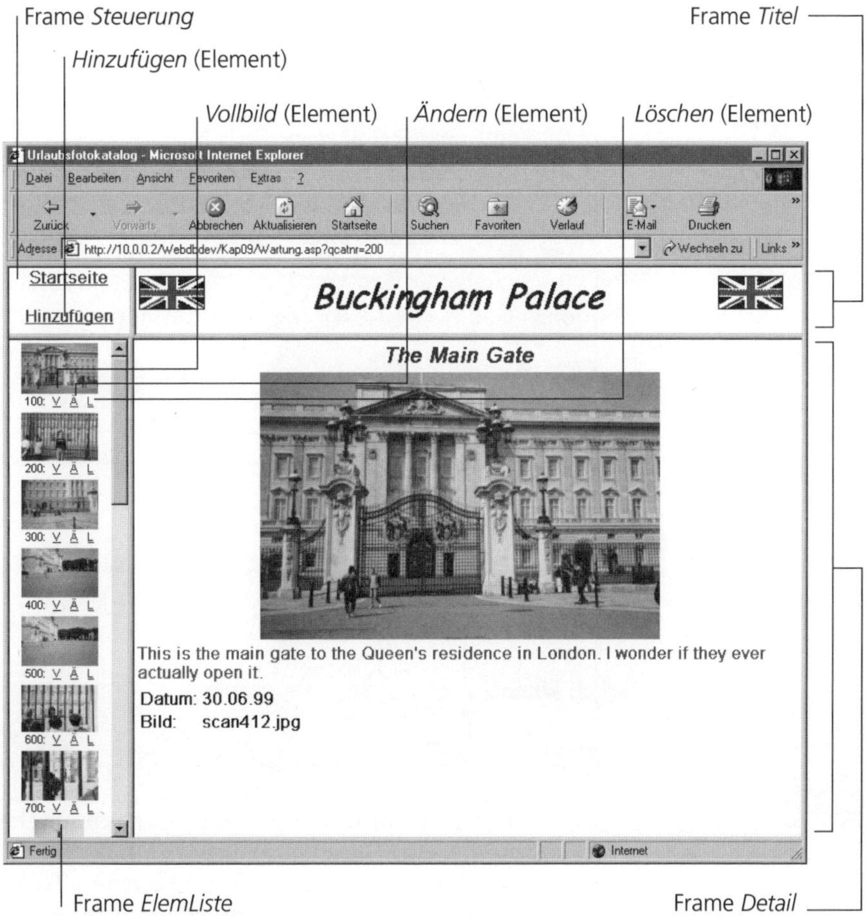

Es gibt jedoch einige wichtige Unterschiede:

- Der Frame *Steuerung* in der linken oberen Ecke zeigt nicht nur einen Link zur Startseite an, sondern auch einen zu einer Seite, über die Datensätze hinzugefügt werden können. Durch Anklicken des Links *Hinzufügen* wird das in Abbildung 9.3 auf der rechten Seite gezeigte HTML-Formular geöffnet. Die Webseite, die dieses Formular anzeigt, heißt *ElemNeu.asp*.

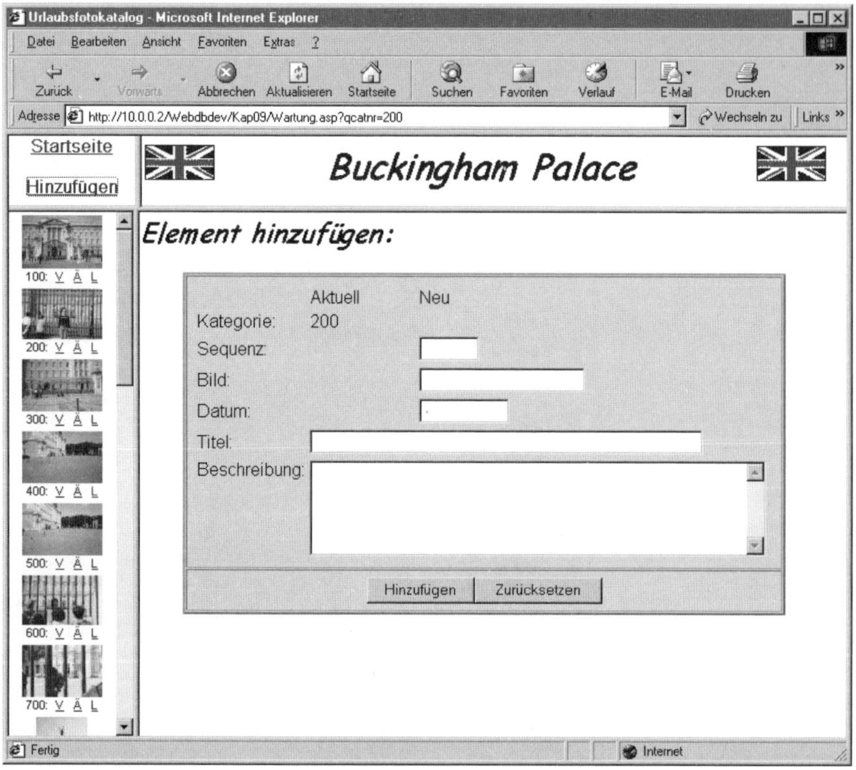

Abbildung 9.3 Diese Webseite zeigt ein HTML-Formular an, über das Datensätze zur Tabelle *Elemente* hinzugefügt werden

Um den Code nicht unnötig kompliziert zu machen, kann die Seite *ElemNeu.asp* nur Datensätze innerhalb der aktuellen Kategorienummer hinzufügen. Entsprechend gibt es kein Textfeld für das Kategorienummernfeld. Die angezeigte Kategorienummer stammt aus der Hyperlink, über den die Seite angefordert wird (z.B. *<a href="ElemNeu.asp?qcatnr=200">*). Um diesen Hyperlink anzupassen, lädt das Frameset *Wartung.asp* die Seite *Steuerung.asp* in den Frame *Steuerung* und übergibt ihm die Kategorienummer als Abfragezeichenfolge. Die Seite *Steuerung.asp* integriert diesen Wert dann, wenn sie den Hyperlink erstellt, der die Seite *ElemNeu.asp* anfordert.

- Direkt unterhalb des Frames *Steuerung* befindet sich der Frame *ElemListe*, der eine Webseite namens *ElemListe.asp* anzeigt. Anders als die Seite *Bild.asp*, die in ▶ Lektion 7 an dieser Stelle angezeigt wurde und die Downloadgröße jedes Bildes angab, zeigt die Seite *ElemListe.asp* die Sequenznummer jedes Bildes und die folgenden drei Hyperlinks an:
  - *V* lädt eine Seite, die das Miniaturbild in voller Größe anzeigt. Dazu wird die Seite *Bild.asp*, die in ▶ Lektion 7 erzeugt wurde, in den

Frame *Detail* geladen (der große Frame in der rechten unteren Ecke des Fensters).

- *Ä* zeigt ein HTML-Formular an, über das sich der Datensatz aus der Tabelle *Elemente* aktualisieren lässt, der zum angezeigten Miniaturbild gehört. Abbildung 9.4 zeigt dieses Formular. Die Webseite, die dieses Formular ausgibt, heißt *ElemÄndern.asp*.

Abbildung 9.4 Diese Webseite zeigt ein HTML-Formular an, über das sich Datensätze aus der Tabelle *Elemente* ändern lassen

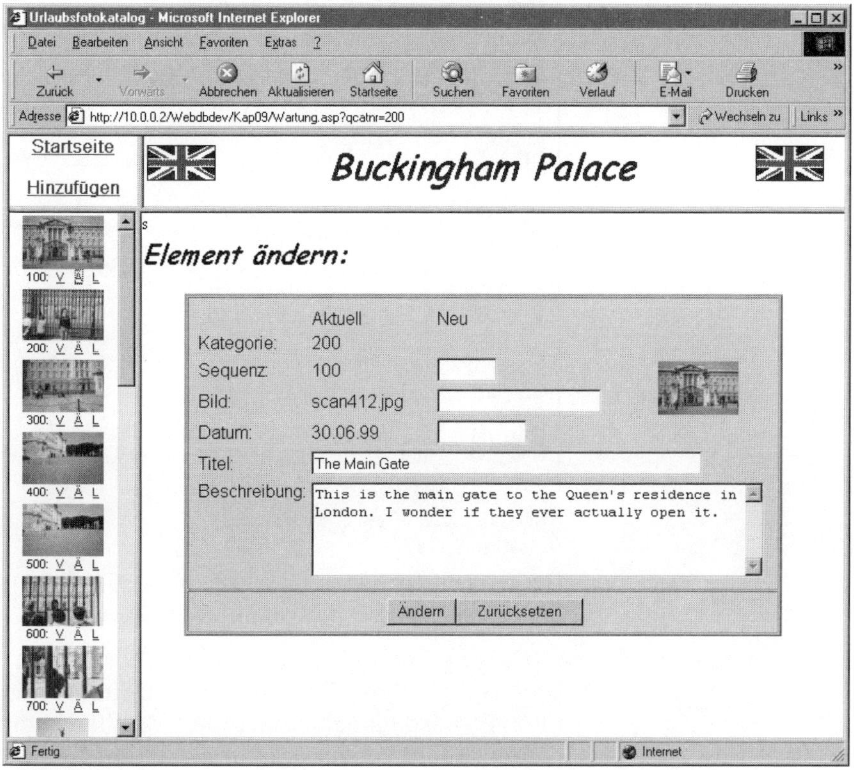

- *L* zeigt ein Formular an, über das sich der Datensatz für das aktuelle Miniaturbild aus der Tabelle *Elemente* löschen lässt. Eine Webseite namens *ElemLöschen.asp* zeigt dieses Formular wie in Abbildung 9.5 an.

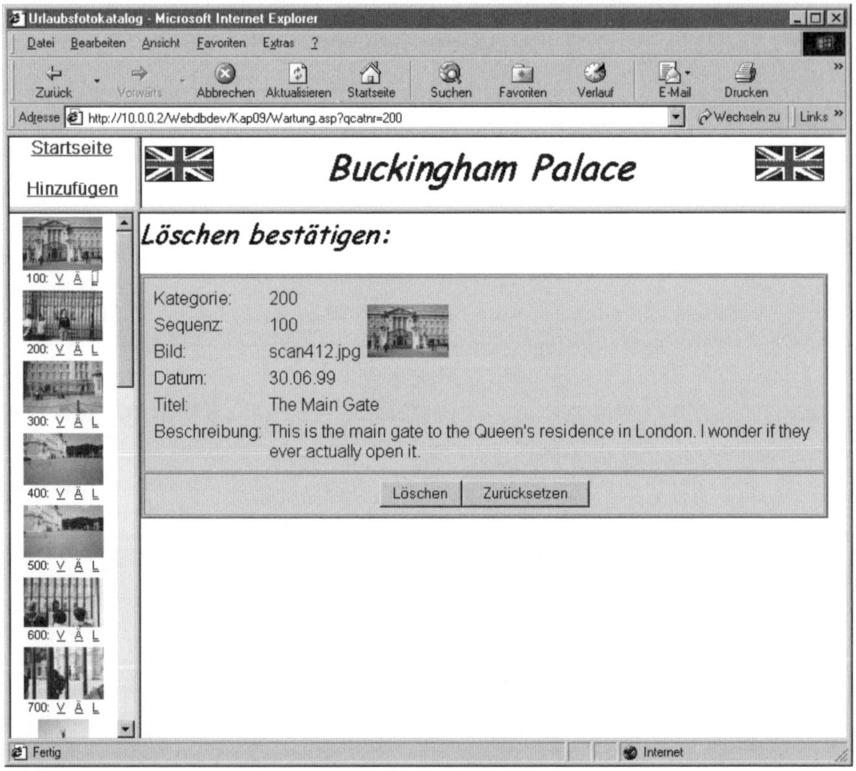

Abbildung 9.5 Das HTML-Formular in dieser Webseite löscht Datensätze aus der Tabelle *Elemente*

- Der Frame *Titel* in der rechten oberen Ecke zeigt die Seite *Titel.asp* an, die in ▶ Lektion 7 entwickelt wurde.
- Der Frame *Detail* in der rechten unteren Ecke zeigt zunächst die Seite *Bild.asp* an. Diese Seite wird unverändert aus ▶ Lektion 7 übernommen. Es wird jedoch eine andere Methode verwendet, um die Seite zu laden. In der Anwendung in ▶ Lektion 7 zeigt das Frameset zunächst die Seite *Leer.htm* an. Nachdem der Server die Seite *Bild.asp* erzeugt hat, erzeugt der ASP-Code ein browserseitiges Skript, das die Seite *Leer.htm* durch die Seite *Bild.asp* ersetzt. Das browserseitige Skript teilt der Seite über eine Abfragezeichenfolge mit, welche Kategorie- und Sequenznummer angezeigt werden soll.

  In dieser Lektion lädt das Frameset *Wartung.asp* die Seite *Bild.asp* direkt, wobei die Kategorienummer über die Abfragezeichenfolge festgelegt wird, nicht aber die Sequenznummer. Die Seite *Bild.asp* zeigt daraufhin die erste Sequenznummer in der vorgegebenen Kategorie an, die – zumindest anfangs – immer korrekt ist.

Nachdem das Frameset geladen wurde, zeigt der Frame *Detail* eine der folgenden vier Seiten an. Die Wahl hängt vom Hyperlink ab, auf den der Webbesucher im Frame *Steuerung* oder *ElemListe* klickt: *Bild.asp*, *ElemNeu.asp*, *ElemÄndern.asp* oder *ElemLöschen.asp*. Bis auf die Seite *ElemNeu.asp* zeigen diese Seiten den Datensatz mit der Kategorie- und Sequenznummer an, die mit dem Hyperlink verknüpft ist, über den die Seite geladen wurde. Die Seite *ElemNeu.asp* zeigt anfangs nur die Kategorienummer an.

Werden Datensätze zur Tabelle *Elemente* hinzugefügt oder in dieser verändert oder gelöscht, ist die Auflistung der Miniaturbilder im Frame *ElemListe* nicht mehr aktuell. Deshalb enthält die entsprechende Webantwort, wenn eine dieser Operationen erfolgreich verläuft, nicht nur eine Meldung für den Webbesucher, sondern auch ein Skript, dass den Browser anweist, die Seite *ElemListe.asp* erneut zu laden.

Damit wird das Problem gelöst, dass der Inhalt des Frames *ElemListe* nicht mehr aktuell ist. Ein unangenehmer Nebeneffekt davon ist jedoch der, dass die Liste am oberen Rand positioniert wird. Damit die aktualisierte Liste so angezeigt wird, dass das geänderte Element sichtbar ist, müssen noch einige Vorkehrungen getroffen werden:

- Wenn die Seite *ElemListe.asp* das Ankertag erzeugt, das jedes Miniaturbild umgibt, weist sie einen Ankernamen zu, der aus dem Buchstaben *s* und der Sequenznummer besteht. Das Ankertag, das die Seite *ElemListe.asp* für die Kategorie 200 und die Sequenznummer 500 erzeugen würde, sähe z.B. wie folgt aus. Der Code, der den Ankernamen definiert, wird hervorgehoben dargestellt:

```
<a name=s500
   href=../Kap07/Bild.asp?qcatnr=200&qseqnr=500
   target=Detail>
<img src=../holiday/images/thumb/scan416.jpg
     border=0
     alt="Inside The Gates">
</a>
```

- Immer, wenn die Seite *ElemNeu.asp* oder die Seite *ElemÄndern.asp* die Tabelle *Elemente* aktualisiert und den Frame *ElemListe* erneut lädt, aktualisiert die Seite auch das Ziel des Frames, damit dieses einen Ankernamen enthält, der auf den neu hinzugefügten oder geänderten Datensatz verweist.

  Damit die Seite *ElemÄndern.asp* z.B. den Datensatz für die Kategorie 200 und die Sequenznummer 500 in der Tabelle *Elemente* ändern kann, muss der folgende Anker verwendet werden:

```
ElemListe.asp?qcatnr=200#s500
```

Dieser URL weist den Browser an, die Seite *ElemListe.asp* vom Server anzufordern und dieser Seite den Wert *qcatnr=200* als Abfragezeichenfolge zu senden. Außerdem wird dem Browser mitgeteilt, dass der Browser die Seite am Anker *s500* positionieren sollte.

Weil die Aktualisierung des Frames *Detail* dazu führen kann, dass der Inhalt des Frames *ElemListe* erneut geladen wird, sollte der Frame *ElemListe* seinerseits keine Aktualisierung des Frames *Detail* hervorrufen. Der Frame *Detail* würde dann nämlich aktualisiert werden, bevor der Webbesucher die angezeigten Meldungen lesen kann. Aus diesem Grund lädt das Frameset die Seite *Bild.asp* direkt in den Frame *Detail*. In ▶ Lektion 7 wird dagegen eine Leerseite in den Frame *Detail* geladen, die dann durch die Miniaturbildseite ersetzt wird.

Es sind noch zwei weitere Fragen zu berücksichtigen, bevor der Code der einzelnen Webseiten des Framesets *Wartung.asp* erklärt wird. Beide Fragen beziehen sich auf die Pflege von Kategorienummern:

- Sollten Webbesucher über die Transaktionen *Hinzufügen* und *Löschen* die Möglichkeit haben, Datensätze in Kategorien zu löschen oder zu diesen hinzuzufügen, die momentan nicht angezeigt werden?
- Sollten Webbesucher über die Transaktion *Ändern* Datensätze in einer Kategorie verändern können, die momentan nicht angezeigt wird?

Die Antwort lautet in beiden Fällen Nein. Dadurch wird das Beispiel vereinfacht und es wird sichergestellt, dass der Webbesucher eine vollständige visuelle Rückmeldung über die Auswirkung seiner Aktionen erhält.

Das Frameset *Element aktualisieren*

Ab diesem Abschnitt werden die Webseiten erklärt, die in der Anwendung *Urlaubsfotokatalog aktualisieren* neu sind. Beschreibungen der Menüseite *Default.asp*, der Titelseite *Titel.asp* und der Detailseite *Bild.asp* finden Sie in ▶ Lektion 7.

Das Frameset *Wartung.asp* besteht fast vollständig aus normalem HTML-Quelltext. Es enthält nur zwei Instanzen von ASP-Code. Die erste stellt sicher, dass eine korrekte Kategorienummer vorhanden ist. Ist die Kategorienummer nicht vorhanden, setzt der Code die Standardkategorie 100 ein.

```
catnr = Request("qcatnr")
If catnr = "" Then catnr = 100
If Not IsNumeric(catnr) Then catnr = 100
```

Die zweite Instanz von ASP-Code fügt den Wert der Variablen *catnr* in die Abfragezeichenfolge der URLs ein, über die die Inhalte der Frames *Titel, Steuerung, ElemListe* und *Detail* geladen werden. Die entsprechenden

<%=catnr%>-Ausdrücke werden nachfolgend entsprechend hervorgehoben:

```
<html>
<head>
<title>Urlaubsfotokatalog</title>
<%
catnr = Request("qcatnr")
If catnr = "" Then catnr = 100
If Not IsNumeric(catnr) Then catnr = 100
%>
</head>
<frameset rows="65,*">
  <frameset cols="115,99%">
    <frame name="Steuerung"
           src="Steuerung.asp?qcatnr=<%=catnr%>"
           target="_self"
           noresize scrolling="no"

           marginwidth="0" marginheight="0">
    <frame name="Titel"
           src="../Kap07/Titel.asp?qcatnr=<%=catnr%>"
           marginwidth="0" marginheight="0">
  </frameset>
  <frameset cols="115,99%">
    <frame name="Elemliste"
           src="ElemListe.asp?qcatnr=<%=catnr%>"
           scrolling="auto" noresize
           marginwidth="0" marginheight="0">
    <frame name="Detail"
           src="../Kap07/Bild.asp?qcatnr=<%=catnr%>"
           scrolling="auto" target="_self"
           marginwidth="0" marginheight="0">
  </frameset>
  <noframes>
  <body>
<p>Browser unterstuetzt keine Frames. Keine korrekte Anzeige möglich!  </p>
  </body>
  </noframes>
</frameset>
</html>
```

Die Seite *Steuerung*

Die Seite *Steuerung* ist wesentlich einfacher aufgebaut als das Frameset *Elemente aktualisieren*. Sie enthält nur zwei Hyperlinks, von denen einer auf herkömmliche Weise auf die Homepage verweist. Der andere Hyperlink lädt die Seite *ElemNeu.asp* in den Frame *Detail* und spezifiziert die folgende Abfragezeichenfolge: *?qcatnr=<%=request("qcatnr")%>*. Damit wird sicher gestellt, dass die Seite *ElemNeu.asp* immer denselben *qcatnr*-Wert erhält wie die Seite *Steuerung.asp*.

```
<html>
<head>
<title>Urlaubsfotokatalog</title>
<link rel="stylesheet" type="text/css"
      href="../holiday/holiday.css">
</head>
<body>
<p align="center">
  <a href="Default.asp" target="_top">Home</a></p>
<p align="center">
  <a href="ElemNeu.asp?qcatnr=<%=request("qcatnr")%>"
     target="Detail">Hinzufügen</a></p>
</body>
</html>
```

Die Seite *Elementliste*

Die Seite *ElemListe.asp* ähnelt der Seite *Bildliste.asp* in ▶ Lektion 7 sehr stark. Sie ruft als erstes alle Datensätze aus der Tabelle *Elemente* ab, die in einer vorgegebenen Kategorie enthalten sind. Für jeden gefundenen Datensatz zeigt sie das entsprechende Miniaturbild und einige Hyperlinks in einer Zeile der HTML-Tabelle an.

Nachfolgend sehen Sie den HTML-Quelltext für eine typische Zeile in der Tabelle, die von der Seite *ElemListe.asp* erzeugt wird. Die hervorgehoben dargestellten Zeichen hängen vom jeweils aktuellen Datensatz ab. Die Webseite muss diesen Code ein Mal für jeden Datensatz in einer Kategorie wiederholen.

```
<tr><td>
' Hyperlink und Image-Tag für das Miniaturbild.
<a name=s100
   href=../Kap07/Bild.asp?qcatnr=200&qseqnr=100
   target=Detail>
<img src=../holiday/images/thumb/scan412.jpg
     border=0 alt="The Main Gate">
</a>
' Beschreibung für Miniaturbild.
<br>100:  
' Hyperlink für Code V (Vollbild).
<a href=../Kap07/Bild.asp?qcatnr=200&qseqnr=100
   target=Detail>V</a>
  
' Hyperlink für Code Ä (Ändern).
<a href=ElemÄndern.asp?qcatnr=200&qseqnr=100 target=Detail>Ä</a>
  
```

```
' Hyperlink für Code L (Löschen).
<a href=ElemLöschen.asp?qcatnr=200&qseqnr=100 target=Detail>L</a>
</td></tr>
```

Die Seite *Elementliste* erzeugen

Wenn Sie den HTML-Quelltext im letzten Abschnitt und den der Seite *Bildliste.asp* aus ▶ Lektion 7 verstanden haben, benötigen Sie vermutlich keine weitere Erklärung. Ansonsten sollten Sie die folgende Anleitung zur Erstellung dieser Seite nachvollziehen.

1. Beginnen Sie mit einer leeren Webseite, und geben Sie die grundlegenden HTML-Tags, eine *include*-Anweisung für die Datei *Adovbs.inc* und die gewünschten Stylesheet-Informationen ein. Der Code für die Seite *Elem-Liste.asp* sieht dann wie folgt aus.

```
<html>
<head>
<title>Urlaubsfotokatalog aktualisieren</title>
<!-- #include file="../adovbs.inc" -->
<link rel="stylesheet" type="text/css"
     href="../holiday/holiday.css">
</head>
<body>
</body>
</html>
```

2. Stellen Sie nun sicher, dass die Seite eine akzeptable Kategorienummer erhalten hat. Falls nicht, soll die Standardkategorie 100 verwendet werden. Fügen Sie dazu die folgenden Anweisungen direkt vor dem *</head>*-Tag ein.

```
<%
catnr = Request("qcatnr")
If catnr = "" Then catnr = 100
If Not IsNumeric(catnr) Then catnr = 100
%>
```

3. Fügen Sie den folgenden Code zwischen den *<body>* ... *</body>*-Tags ein. Der Code erzeugt, öffnet, schließt und entfernt ein ADO *Connection*-Objekt.

```
<%
Set cnHol = Server.CreateObject("ADODB.Connection")
cnStHol = "driver={Microsoft Access-Treiber (*.mdb)};" & _
          "dbq=" & Server.MapPath("../holiday/Urlaub.mdb")
cnHol.Open cnStHol,"",""
' Hier Anweisungen einsetzen, die ein Recordset erzeugen, öffnen,
' verarbeiten, schließen und entfernen, das die angeforderten
' Datensätze enthält.
cnHol.Close
```

```
Set cnHol = Nothing
%>
```

4 Ersetzen Sie die Kommentare in Schritt 3 durch den folgenden Code. Dieser Code erzeugt, öffnet, schließt und entfernt ein ADO *Recordset*-Objekt, das alle Datensätze der Tabelle *Elemente* enthält, die in der angeforderten Kategorie enthalten sind. Die Datensätze werden nach der Sequenznummer sortiert.

```
Set rsItm = Server.CreateObject("ADODB.Recordset")
sql = "SELECT * " & _
        "FROM Elemente " & _
       "WHERE (catnr=" & catnr & ") " & _
       "ORDER BY seqnr "
rsItm.Open sql, cnHol, adOpenStatic, adLockReadOnly
' Hier Anweisungen einsetzen, um das Recordset zu bearbeiten.
rsItm.Close
rsItm = Nothing
```

5 Ersetzen Sie den Kommentar in Schritt 4 durch die folgenden Anweisungen. Diese Anweisungen begrenzen die HTML-Tabelle, mit der die Miniaturbilder und Hyperlinks organisiert werden.

```
Response.Write "<table align=center>" & vbCrLf
' Hier Anweisungen einsetzen, um das Recordset zu bearbeiten.
Response.Write "</table>" & vbCrLf
```

6 Ersetzen Sie den Kommentar in Schritt 5 durch den folgenden Code. Dieser Code liest alle Datensätze ein, die im Recordset *rsItm* enthalten sind.

```
Do While Not rsItm.EOF
'  Hier Anweisungen einsetzen, um jeden Datensatz zu verarbeiten.
  rsItm.MoveNext
Loop
```

7 Der HTML-Quelltext, mit dem jedes Miniaturbild angezeigt wird, sollte dem Modell entsprechen, das am Anfang dieses Abschnitts gezeigt wurde. Um diesen HTML-Quelltext für den aktuellen Datensatz aus der Tabelle *Elemente* zu erzeugen, ersetzen Sie den Kommentar in Schritt 6 durch den folgenden Code:

```
' Die Abfragezeichenfolge für die Seiten Bild.asp,
' ElemNeu.asp und ElemLöschen.asp erzeugen.
  qstring = "?qcatnr=" & rsItm("catnr") & _
           "&qseqnr=" & rsItm("seqnr")
' Den Text auswählen, der in der QuickInfo angezeigt wird.
  tip = rsItm("Titel")
  If tip = "" Then
    tip = rsItm("Bildname")
  End If
' Eine neue Tabellenzeile und -zelle erzeugen.
  Response.Write "<tr><td class=pic align=center>" & vbCrLf
```

```
' Den Hyperlink und das Image-Tag für das Miniaturbild schreiben.
  Response.Write _
       "<a name=s" & rsItm("seqnr") & _
         " href=../Kap07/Bild.asp" & qstring & _
         " target=Detail>" & _
      "<img src=../holiday/images/thumb/" & _
         rsItm("Bildname") & _
         " border=0" & _
         " alt=" & Chr(34) & tip & Chr(34) & _
         "></a>"
' Unterhalb des Miniaturbilds eine neue Zeile beginnen
  Response.Write "<br>" & vbCrLf
' Die Sequenznummer und einen kleinen Abstand anzeigen.
  Response.Write rsItm("seqnr") & ":  "
' Den Hyperlink V(ollbild) anzeigen.
  Response.Write _
        "<a href=../Kap07/Bild.asp" & qstring & _
        " target=Detail>V</a>  " & vbCrLf
' Den Hyperlink Ä(ndern) anzeigen.
  Response.Write _
        "<a href=ElemÄndern.asp" & qstring & _
        " target=Detail>Ä</a>  " & vbCrLf
' Den Hyperlink L(öschen) anzeigen.
  Response.Write _
        "<a href=ElemLöschen.asp" & qstring & _
        " target=Detail>L</a> " & vbCrLf
' Ende der Tabellenzeile und -zelle.
  Response.Write "</td></tr>" & vbCrLf
```

Beachten Sie, dass die Inhalte der Felder *catnr*, *seqnr*, *Titel* und *Bildname* aus dem aktuellen Datensatz im Recordset *rsItm* stammen.

Das Attribut *alt* im *<img>*-Tag des Miniaturbildes enthält entweder den Titel des Bildes oder dessen Dateinamen. Wenn der Browser des Webbesuchers Bilder nicht anzeigen kann, sieht der Webbesucher stattdessen den Text der QuickInfo. Wenn der Browser das Bild anzeigen kann, wird der Text immer dann eingeblendet, wenn der Webbesucher mit der Maus auf das Bild zeigt.

Nachfolgend sehen Sie den vollständigen Code der Seite *ElemListe.asp*. Wenn Sie die vorherigen sieben Schritte verstanden haben, sollte das Listing keine Überraschungen mehr für Sie enthalten.

```
</html>
<html>
<head>
<title>Urlaubsfotokatalog aktualisieren</title>
<!-- #include file="../adovbs.inc" -->
<link rel="stylesheet" type="text/css"
      href="../holiday/holiday.css">
```

```
<%
' Prüfen, ob angeforderte Kategorie gültig ist.
' Bei Bedarf Standardwert (100) verwenden.
catnr = Request("qcatnr")
If catnr = "" Then catnr = 100
If Not IsNumeric(catnr) Then catnr = 100
%>
</head>
<body>
<%
'  ADO Connection-Objekt erzeugen und öffnen.
Set cnHol = Server.CreateObject("ADODB.Connection")
cnStHol = "driver={Microsoft Access-Treiber (*.mdb)};" & _
          "dbq=" & Server.MapPath("../holiday/Urlaub.mdb")
cnHol.Open cnStHol,"",""
'  ADO Recordset-Objekt erzeugen und öffnen
Set rsItm = Server.CreateObject("ADODB.Recordset")
sql = "SELECT * " & _
        "FROM Elemente " & _
       "WHERE (catnr=" & catnr & ") " & _
       "ORDER BY seqnr "
rsItm.Open sql, cnHol, adOpenStatic, adLockReadOnly
' HTML-Tabelle anfangen.
Response.Write "<table align=center>" & vbCrLf
' Alle übereinstimmenden Datensätze durchlaufen und
' für jeden eine Zeile in der HTML-Tabelle erzeugen.
Do While Not rsItm.EOF
' Die Abfragezeichenfolge für die Seiten Bild.asp,
' ElemNeu.asp und ElemLöschen.asp erzeugen.
  qstring = "?qcatnr=" & rsItm("catnr") & _
            "&qseqnr=" & rsItm("seqnr")
' Den QuickInfo-Text auswählen.
  tip = rsItm("Titel")
  If tip = "" Then
    tip = rsItm("Bildname")
  End If
' Eine neue Tabellenzeile und -zelle erzeugen.
  Response.Write "<tr><td class=pic align=center>" & vbCrLf
' Den Hyperlink und das Image-Tag für das Miniaturbild schreiben.
  Response.Write _
    "<a name=s" & rsItm("seqnr") & _
      " href=../Kap07/Bild.asp" & qstring & _
      " target=Detail>" & _
    "<img src=../holiday/images/thumb/" & _
      rsItm("Bildname") & _
      " border=0" & _
      " alt=" & Chr(34) & tip & Chr(34) & _
      "></a>"
' Eine neue Zeile unterhalb des Miniaturbilds beginnen.
```

```
Response.Write "<br>" & vbCrLf
' Die Sequenznummer anzeigen und einen Abstand einfügen.
  Response.Write rsItm("seqnr") & ":  "
' Den Hyperlink V(ollbild) anzeigen.
  Response.Write _
    "<a href=../Kap07/Bild.asp" & qstring & _
    " target=Detail>V</a>  " & vbCrLf
' Den Hyperlink Ä(ndern) anzeigen.
  Response.Write _
    "<a href=ElemÄndern.asp" & qstring & _
    " target=Detail>Ä</a>  " & vbCrLf
' Den Hyperlink L(öschen) anzeigen.
  Response.Write _
    "<a href=ElemLöschen.asp" & qstring & _
    " target=Detail>L</a> " & vbCrLf
' Die Tabellenzeile und -zelle abschließen.
  Response.Write "</td></tr>" & vbCrLf
  rsItm.MoveNext
Loop
' Ende der HTML-Tabelle.
Response.Write "</table>" & vbCrLf
' Recordset-Objekt schließen und entfernen.
rsItm.Close
Set rsItm = Nothing
' Connection-Objekt schließen und entfernen.
cnHol.Close
Set cnHol = Nothing
%>
</body>
</html>
```

Die Seite *Element hinzufügen*

Wenn die Seite *Element hinzufügen – ElemNeu.asp* – erstmals angezeigt wird, ist ein HTML-Formular zu sehen, das eine Zeile mit Textfeldern für jedes Feld der Tabelle *Elemente* angezeigt. Die erste Spalte enthält den Feldnamen. Die zweite Spalte namens *Aktuell* zeigt den Inhalt des aktuellen Datensatzes an. Die dritte Spalte namens *Neu* enthält für alle Datensatzfelder bis auf *Kategorie* Textfelder, in die der Webbesucher neue Werte eingeben kann. Die letzte Spalte namens *Fehler* wird nur dann angezeigt, wenn ein Fehler auftritt. Diese Spalte zeigt alle Fehlermeldungen an, die sich auf ein bestimmtes Feld beziehen. Die Seite *Element hinzufügen* sehen Sie in Abbildung 9.3.

Wenn die Spalte *Aktuell* erstmals angezeigt wird, ist nur die Kategorienummer vorhanden, die im Hyperlink enthalten ist, über den die Seite angefordert wurde. Alle anderen Felder und Spalten sind leer. Der Webbesucher füllt die restlichen Felder aus und klickt dann auf die Schaltfläche *Hinzufügen*.

Die Seite *Element hinzufügen* erzeugt einen neuen Datensatz in der Tabelle *Elemente*, der die voreingestellte Kategorienummer und die vom Webbesucher eingegebenen Werte zur Sequenznummer, dem Bildnamen, dem Bilddatum, dem Titel und der Beschreibung enthält. Wenn dieser Prozess erfolgreich verläuft, werden die Werte des neuen Datensatzes in der Spalte *Aktuell* angezeigt und die Textfelder in der Spalte *Neu* sind leer (um einen neuen Datensatz aufnehmen zu können). Wenn der Datensatz nicht hinzugefügt werden konnte, enthalten die Spalten *Aktuell* und *Neu* einfach die Werte, die vom Webbesucher eingegeben wurden. Er hat so die Möglichkeit, die Werte zu korrigieren.

Wie Sie vielleicht erwartet haben, basiert diese Seite stark auf der Funktion *Hinzufügen* der Seite *Urlaubsfotokatalog pflegen* (*Pflege.asp*), die in ▶ Lektion 8 beschrieben wurde. Es gibt jedoch einige Anforderungen, die sich unterscheiden. Diese werden nun beschrieben.

- In der Seite *ElemNeu.asp* müssen die Transaktionscodes *Vorheriger*, *Nächster*, *Ändern* und *Löschen* nicht unterstützt werden.
- Die Seite *ElemNeu.asp* soll nur Datenbankoperationen ausführen, wenn der Webbesucher das HTML-Formular sendet (d.h., wenn er auf die Schaltfläche *Hinzufügen* klickt). Wenn der Webbesucher die Seite auf eine andere Weise anfordert – wenn er z.B. auf den Hyperlink *Hinzufügen* auf der Seite *Steuerung.asp* klickt –, sollte nur ein leeres Formular angezeigt werden, in das der Webbesucher neue Werte eingeben kann.
- Die Seite *ElemNeu.asp* enthält keine *Abfrage*-Schaltfläche. Eine Abfrage wird automatisch ausgeführt, wenn die Felder für die Kategorie- und Sequenznummer numerische Werte enthalten.
- Nachdem ein Datensatz erfolgreich hinzugefügt wurde, muss die Seite *ElemNeu.asp* den Inhalt des Frames *ElemListe* aktualisieren.

Wie die Seite *Pflege.asp*, die in ▶ Lektion 8 beschrieben wurde, macht auch die Seite *ElemNeu.asp* extensiven Gebrauch von *Dictionary*-Objekten. Dabei werden insbesondere die *Dictionary*-Objekte *fldCur*, *fldNew* und *fldMsg* benutzt, die in Tabelle 8.1 beschrieben werden. Das Objekt *fldQry*, das ebenfalls in dieser Tabelle beschrieben wird, kommt jedoch nicht zum Einsatz.

Die Seite *Element hinzufügen* erzeugen

Der HTML-Quelltext für diese Seite ist ziemlich konventionell und erfordert somit keiner speziellen Erklärung. Sie können den Code in einem beliebigen Texteditor betrachten, den Sie im Ordner der Beispieldateien unter *\Webdbdev\Kap09\ElemNeu.asp* auf der CD zum Buch finden. Der gesamte Webdatenbankcode ist im *<head>*-Abschnitt enthalten. Die folgenden Schritte beschreiben, wie dieser Code erzeugt wird.

1. Erstellen Sie mit einem beliebigen HTML- oder Texteditor eine neue Webseite und ein HTML-Formular, das dem in Abbildung 9.3 entspricht. Sie müssen die folgenden Änderungen vornehmen:

   - Unter der Spalte *Aktuell* sollen die ASP-Variablen *keyCatNr, fldCur("seqnr"), fldCur("Bildname")* und *fldCur("Bilddatum")* angezeigt werden.
   - Unter der Spalte *Neu* sollen die ASP-Variablen *fldNew("catnr"), fldNew("seqnr"), fldNew("Bildname"), fldNew("Bilddatum"), fldNew("Titel")* und *fldNew("Beschreibung")* angezeigt werden.
   - Unter der Spalte *Fehler* sollen die ASP-Variablen *fldMsg("catnr"), fldMsg("seqnr"), fldMsg("Bildname"), fldMsg("Bilddatum"), fldMsg("Titel")* und *fldMsg("Beschreibung")* angezeigt werden.
   - Benennen Sie die *Hinzufügen*-Schaltfläche mit *btnSub*.
   - Definieren Sie ein verstecktes Formularfeld namens *hcatnr*, das die ASP-Variable *keyCatNr* als Wert enthält.
   - Definieren Sie ein verstecktes Formularfeld namens *Hinzufügen*, das immer den Wert *J* enthält. Beachten Sie, dass die Seite *ElemNeu.asp* diesen Wert nur dann empfängt, wenn ein Webbesucher die Seite über ein HTML-Formular verschickt. Wenn der Webbesucher die Seite auf eine andere Weise angefordert hat – z.B. durch Anklicken eines normalen Hyperlinks –, ist das Feld *request("add")* leer.
   - Vergewissern Sie sich, dass das HTML-Formular alle oben aufgeführten Felder enthält und dass die *action*-Eigenschaft des Formulars die Seite *ElemNeu.asp* angibt.
   - Geben Sie in der rechten oberen Ecke die Werte der ASP-Variablen *fMsg* und *iMsg* aus.
   - Damit die Spalte *Fehler* nur im Falle eines Fehlers angezeigt wird, müssen Sie folgenden Code eingeben:

```
<% If fldError Then Response.Write "Fehler" %>
```

2. Fügen Sie die folgenden Zeilen an einer beliebigen Stelle im *<head>*-Bereich ein (direkt vor dem *</head>*-Tag ist z.B. eine geeignete Stelle).

```
<%
Set fldCur = Server.CreateObject("Scripting.Dictionary")
Set fldNew = Server.CreateObject("Scripting.Dictionary")
Set fldMsg = Server.CreateObject("Scripting.Dictionary")
' Hier zusätzlichen Code einfügen.
%>
```

Dieser Code erzeugt drei *Dictionary*-Objekte namens *fldCur, fldNew* und *fldMsg*. Denken Sie daran, dass die *Dictionary*-Objekte Auflistungen von Elementen (d.h. Werten) enthalten, die alle über alphanumerische Schlüssel identifiziert werden.

3. Fügen sie den folgenden Code direkt hinter den drei *Set*-Anweisungen aus Schritt 2 ein. Diese Anweisungen initialisieren eine Variable für Fehlermeldungen, eine Variable für informative Meldungen und eine Variable, die angibt, dass beim Kopieren eines Werts in die Tabelle *Elemente* ein Fehler auftrat und eine Variable, die angibt, ob ein Datensatz bei der Ausführung der Seite *ElemNeu.asp* erfolgreich hinzugefügt werden konnte.

```
fMsg = ""
iMsg = ""
fldError =  False
recAdded =  False
```

4. Schritt 1 definiert zwei versteckte Formularfelder namens *add* und *hcatnr*. Das Feld *add* enthält immer den Wert *J*. Dieser Wert erscheint jedoch nur dann in der *Request*-Auflistung, wenn der Webbesucher das Formular versendet. In diesem Fall entspricht der Ausdruck *Request.Form("add")* dem Wert *J*.

Wenn der Webbesucher die Seite *ElemNeu.asp* auf eine andere Weise anfordert, indem er z.B. im Frame *Steuerung* auf den Hyperlink *Hinzufügen* klickt, enthält *Request.Form("add")* keinen Wert.

Wenn *Request.Form("add")* den Wert *J* hat, hat der Webbesucher auf die Schaltfläche *Hinzufügen* geklickt und die Seite *ElemNeu.asp* versucht nun, einen Datensatz zur Tabelle *Elemente* hinzuzufügen. Um dieses Verhalten zu erzielen, führt der nachfolgende Code drei Aktionen aus:

- Er speichert die aktuelle Kategorienummer (die zuvor im versteckten Formularfeld *hcatnr* gespeichert wurde) und die gewünschte Sequenznummer (die vom Webbesucher in das Textfeld namens *seqnr* eingegeben wurde) in zwei Variablen namens *keyCatNr* und *keySeqNr*.
- Er führt eine Unterroutine namens *AddItemsRecord* aus, die die Datenbank öffnet und einen neuen Datensatz hinzufügt.

Wenn *Request.Form("add")* nicht den Wert *J* enthält, hat der Webbesucher nicht auf die Schaltfläche *Hinzufügen* geklickt und die Seite *ElemNeu.asp* zeigt nur das Eingabeformular an. Der Code lädt dann die Werte für die Felder *keyCatNr* und *keySeqNr* aus der Abfragezeichenfolge, kopiert diese Werte in das *Dictionary*-Objekt *fldCur*, um sie anzuzeigen, und beendet die Ausführung.

```
addRec = UCase(Left(Request.Form("add"),1))
If addRec = "J" Then
  keyCatNr = Request("hcatnr")
```

```
  keySeqNr = Request("seqnr")
  AddItemsRecord
Else
  keyCatNr = Request("qcatnr")
  keySeqNr = Request("qseqnr")
  fldCur("catnr") = keyCatNr
  fldNew("seqnr") = keySeqNr
End If
```

5. Definieren Sie die Unterroutine *AddItemsRecord*, indem Sie die folgenden Anweisungen direkt im Anschluss an die Anweisung eingeben, die Sie in Schritt 4 erzeugt haben.

```
Sub AddItemsRecord()
' Hier Code einfügen, um Datensatz zur Tabelle Elemente hinzuzufügen.
End Sub
```

6. Um einen Datensatz zur Tabelle *Elemente* hinzuzufügen, besteht der erste Schritt in einer Überprüfung der Gültigkeit der Schlüsselwerte. Es muss sowohl eine Kategorie- als auch eine Sequenznummer vorhanden sein und beide Werte müssen numerisch sein. Die folgenden Anweisungen prüfen diese Bedingungen und weisen der Variablen *fMsg* eine Fehlermeldung zu, falls die Bedingungen nicht erfüllt sind. Die Anweisungen ersetzen den Kommentar in Schritt 5.

```
If keyCatNr = "" Then
  fMsg = "Kategorienummer eingeben."
ElseIf keySeqNr = "" Then
  fMsg = "Sequenznummer eingeben."
ElseIf Not IsNumeric(keyCatNr) Then
  fMsg = "Kategorienummer ungültig."
ElseIf Not IsNumeric(keySeqNr) Then
  fMsg = "Sequenznummer ungültig."
End If
```

7. Verwenden Sie als Nächstes die folgenden Anweisungen, um die Werte aus der *Request.Form*-Auflistung und den gespeicherten Wert *keyCatNr* in die entsprechenden Felder des *Dictionary*-Objekts *fldNew* zu kopieren.

```
For Each fld in Request.Form
  fldNew(fld) = Request.Form(fld)
Next
fldNew("catnr") = keyCatNr
```

Das Objekt *fldNew* stellt alle Feldwerte für den neuen Datensatz bereit. Wenn der Datensatz nicht zur Tabelle hinzugefügt werden konnte, liefert das Objekt *fldNew* die Werte an den Webbesucher zurück, damit dieser Korrekturen vornehmen kann.

Um eine Auflistung mit *Request*-Werten zu durchlaufen, müssen Sie eine spezifische Auflistung wie z.B. *Request.QueryString* oder *Request.Form* verwenden. Eine *For Each*-Anweisung, die auf dem *Request*-Objekt basiert, würde die fünf Auflistungen des Objekts (*ClientCertificate*, *Cookies*, *Form*, *QueryString* und *ServerVariables*) statt des Inhalts einer einzigen Auflistung zurückliefern.

8 Die folgenden Anweisungen prüfen, ob bei der Ausführung des bisherigen Codes ein schwerwiegender Fehler festgestellt werden konnte. Ist dies der Fall, wird die Unterroutine über die *Exit Sub*-Anweisung verlassen, bevor Datenbankaktivitäten vorgenommen werden. Fügen Sie diese Anweisungen direkt hinter dem Code aus Schritt 7 ein.

```
If fMsg <> "" Then
  Exit Sub
End If
```

9 Ergänzen Sie die folgenden Anweisungen, um die Datenbank zu öffnen und die Tabelle *Elemente* nach einem Datensatz mit der vom Benutzer eingegebenen Kategorie- und Sequenznummer abzufragen.

```
cnStHol = "driver={Microsoft Access-Treiber (*.mdb)};" & _
          "dbq=" & Server.MapPath("../holiday/Urlaub.mdb")
Set rsItm = Server.CreateObject("ADODB.Recordset")
sql = "SELECT * " & _
        "FROM Elemente " & _
       "WHERE (catnr = " & keyCatNr & ") " & _
         "AND (seqnr = " & keySeqNr & ") ; "
rsItm.Open sql, cnStHol, adOpenDynamic, adLockOptimistic
' Hier Code einfügen, um zu prüfen, ob der Datensatz vorhanden ist.
' Falls nicht, soll ein neuer Datensatz hinzugefügt werden.
rsItm.Close
Set rsItm = Nothing
```

Die Anweisung *rsItm.Open* benutzt eine Verbindungszeichenfolge statt eines *Connection*-Objekts als zweites Argument der *Open*-Methode. Damit lässt sich eine Codezeile einsparen, der Overhead erhöht sich jedoch leicht, da zwei oder mehr Recordsets geöffnet werden müssen. Wenn eine Webseite nur ein Recordset öffnet, ist der zusätzliche Overhead gleich Null.

10 Im nächsten Schritt wird ermittelt, ob bereits ein Datensatz mit der angegebenen Kategorie- und Sequenznummer existiert. Dazu braucht nur die *EOF*-Eigenschaft des Recordsets überprüft zu werden. Wenn die *EOF*-Eigenschaft den Wert *False* hat, sollte der Code eine Fehlermeldung ausgeben und den Inhalt des vorhandenen Datensatzes in das *Dictionary*-Objekt *fldCur* kopieren, um es an den Webbesucher ausgeben zu können. Wenn die *EOF*-Eigenschaft den Wert *True* hat, ist der Datensatz noch nicht vorhanden und der Code kann ihn zur Datenbank hinzufügen.

Um diese Programmlogik zu implementieren, ersetzen Sie den Kommentar aus Schritt 9 durch die folgenden Anweisungen:

```
If Not rsItm.EOF Then
  fMsg = "Datensatz bereits vorhanden."
  For Each fld in rsItm.Fields
    fldCur(fld.Name) = fld.Value
  Next
Else
' Hier Code einfügen, um einen Datensatz zur Tabelle hinzuzufügen.
End If
```

11 Um einen neuen Datensatz zu erzeugen, muss zunächst die normale Fehlerbehandlung für einige Anweisungen deaktiviert werden. Anschließend muss das Recordset *rsItm* angewiesen werden, einen Zwischenspeicher für den neuen Datensatz zu erzeugen. Dies geschieht mit den folgenden Anweisungen.

```
  On Error Resume Next
  rsItm.AddNew
'  Hier Code hinzufügen, um die Werte in die Felder einzutragen.
  On Error GoTo 0
```

12 Benutzen Sie eine *For Each*-Schleife, um die Werte aus dem *Dictionary*-Objekt *fldNew* in die einzelnen Felder des neuen Datensatzzwischenspeichers zu laden. Wenn bei einem Feld ein Fehler auftritt, wird zunächst die Fehlermeldung im *Dictionary*-Objekt *fldMsg* gespeichert, wobei der aktuelle Feldname als Schlüssel dient. Anschließend wird die Variable *fldError* auf den Wert *True* gesetzt.

Der folgende Code, der den Kommentar in Schritt 11 ersetzt, erfüllt diese Anforderungen.

```
  For Each fld in rsItm.Fields
    If fldNew(fld.Name) <> "" Then
      fld.Value = fldNew(fld.Name)
      If Err Then
        fldMsg(fld.Name) = Err.Description
        fldError = True
      End If
    End If
  Next
'  Hier Code einfügen, mit dem ein Datensatz hinzugefügt wird.
```

Beachten Sie, dass dieser Code die Auflistung *rsItm.Fields* durchläuft und nicht die Elemente des *Dictionary*-Objekts *fldNew*. Das liegt daran, dass die *rsItm.Fields*-Auflistung garantiert einen korrekten Satz Feldnamen enthält, das Objekt *fldNew* dagegen nicht.

Zu den Fehlern, die häufig vorkommen, wenn Daten hinzugefügt werden, gehört, dass die Werte außerhalb des gültigen Wertebereichs liegen (z.B., weil sie zu lang, zu kurz, zu groß oder zu klein sind) oder dass die Werte nicht den korrekten Datentyp haben (wie z.B. ein nicht numerischer Wert für ein Nummernfeld oder ein Textwert für ein Datumsfeld).

Wenn in Schritt 11 die Fehlerbehandlung nicht deaktiviert worden wäre, würde die Ausführung der ASP-Seite beim Versuch, einen ungültigen Feldwert zu speichern, sofort beendet werden. Nun führt das Skript jedoch seine eigene Fehlerbehandlung durch.

13. Nach dem Versuch, die Daten in den neuen Datensatz zu laden, besteht der nächste Schritt darin, festzustellen, ob ein Fehler bei der Zuweisung der Werte zu den Feldern auftrat. Die Variable *fldError* stellt diese Information zur Verfügung. Wenn sie den Wert *True* hat, muss das Skript eine Fehlermeldung für einen schwerwiegenden Fehler ausgeben und den neuen Datensatz, der gerade angelegt wird, verwerfen.

```
  If fldError Then
    fMsg = "Feld konnte nicht aktualisiert werden."
    rsItm.CancelUpdate
  Else
'   Hier Code einfügen, um den Datensatz fertig zu stellen.
  End If
```

Dieser Code ersetzt den Kommentar in Schritt 12.

14. Wenn kein Fehler bei der Zuweisung der Werte zu den Feldern auftrat, kann der Datensatz zur Datenbank hinzugefügt werden. Dazu dient die Methode *Update* des Recordsets:

```
rsItm.Update
If Err Then
  fMsg = "Hinzufügen fehlgeschlagen:" & Err.Description
  rsItm.CancelUpdate
Else
  iMsg = "Datensatz wurde hinzugefügt."
  recAdded = True
  For Each fld in rsItm.Fields
    fldCur(fld.Name) = fld.Value
  Next
  fldNew.RemoveAll
End If
```

Es gibt natürlich zahlreiche Bedingungen, die bedingen können, dass die Methode *Update* fehlschlägt. Dem neuen Datensatz könnte z.B. ein benötigter Feldwert fehlen. Wenn der Code einen solchen Fehler entdeckt, gibt er eine Fehlermeldung zurück und weist das Recordset an, den neuen, fehlerhaften Datensatz zu verwerfen.

Wenn kein Fehler auftrat, zeichnet der Code eine informative Meldung auf und setzt die Variable *recAdded* auf den Wert *True*. Als Nächstes kopiert eine *For Each*-Schleife alle Felder aus dem neuen Datensatz in das *Dictionary*-Objekt *fldCur*, um sie anzeigen zu können. Zum Schluss löscht die *fldNew.RemoveAll*-Anweisung alle Elemente, die im *Dictionary*-Objekt *fldNew* enthalten sind, wodurch indirekt die Eingabefelder im HTML-Formular geleert werden. Der Webbesucher kann nun einen weiteren Datensatz hinzufügen.

15 Nun sind alle Datenbankverarbeitungsschritte beendet und die letzten beiden Anweisungen aus Schritt 9 können ausgeführt werden. Es müssen jedoch noch zwei Punkte berücksichtigt werden. Der erste bezieht sich auf die Felder *Titel* und *Beschreibung*.

Wegen der Länge des Inhalts gibt es für diese Felder keine separaten Formularfelder im Bereich *Aktuell* und *Neu*, sondern nur jeweils eines im Bereich *Neu*. Wenn der Wert im *fldNew*-Objekt (das für die Spalte *Neu* bestimmt ist) leer ist und der Wert im *fldCur*-Objekt (das niemals angezeigt wird) nicht, kopieren die folgenden Anweisungen die aktuellen Werte in das *fldNew*-Objekt:

```
If fldNew("Titel") = "" Then fldNew("Titel") = fldCur("Titel")
If fldNew("Beschreibung") = "" Then _
  fldNew("Beschreibung") = fldCur("Beschreibung")
```

Dieser Code sollte sich an den Code anschließen, der in den vorherigen Schritten beschrieben wurde.

16 Der zweite Punkt, der berücksichtigt werden sollte, ist nur relevant, wenn die Webseite einen Datensatz zur Tabelle *Elemente* hinzufügen konnte, d.h., wenn die Variable *recAdded* auf den Wert *True* gesetzt ist. In diesem Fall muss die Seite *ElemNeu.asp* ein Skript enthalten, das sich wie folgt verhält, sobald es beim Browser eintrifft:

- Es aktualisiert den Webpfad, der im Frame *ElemListe* angezeigt wird.
- Es zwingt den Frame *ElemListe*, seinen Inhalt zu aktualisieren.

Und hier ein typisches zweizeiliges Skript, das diese Aktionen ausführt. Der variable Teil wird hervorgehoben dargestellt: *200* ist die Kategorienummer, die angezeigt werden soll und *50* die Sequenznummer für die Positionierung der Liste.

```
<script>
parent.frames.Elemliste.location = "ElemListe.asp?qcatnr=200#s50"
parent.frames.Elemliste.location.reload(true)
</script>
```

Der folgende Code erzeugt diese Anweisungen – vorausgesetzt, die Variable *recAdded* ist auf *True* gesetzt. Der Code sollte direkt an den Code anschließen, der in Schritt 15 entwickelt wurde.

```
If recAdded Then
  Response.Write "<script>" & vbCrLf
  Response.Write "parent.frames.Elemliste.location = " & _
```

```
      Chr(34) & _
      "ElemListe.asp" & _
      "?qcatnr=" & keyCatNr & _
      "#s" & keySeqNr & _
      Chr(34) & vbCrLf
  Response.Write _
      "parent.frames.Elemliste.location.reload(true)" & vbCrLf
  Response.Write "</script>" & vbCrLf
End If
```

Nun ist der ASP-Code für die Seite *ElemNeu.asp* fertig. Und hier ist das vollständige Listing, in dem alles am richtigen Platz steht:

```
<%
' Dictionary-Objekte erzeugen.
Set fldCur = Server.CreateObject("Scripting.Dictionary")
Set fldNew = Server.CreateObject("Scripting.Dictionary")
Set fldMsg = Server.CreateObject("Scripting.Dictionary")
' Die globalen Variablen initialisieren.
fMsg = ""
iMsg = ""
fldError = False
recAdded = False
' Feststellen, ob die Anforderung vom HTML-Formular der Seite stammt.
addRec = UCase(Left(Request.Form("add"),1))
If addRec = "J" Then
' Falls ja, die passenden Schlüsselwerte speichern und versuchen,
' die Datenbank zu aktualisieren.
  keyCatNr = Request("hcatnr")
  keySeqNr = Request("seqnr")
  AddItemsRecord
' Falls nein, die Schlüsselwerte speichern und das Formular anzeigen.
Else
  keyCatNr = Request("qcatnr")
  keySeqNr = Request("qseqnr")
  fldCur("catnr") = keyCatNr
  fldNew("seqnr") = keySeqNr
End If
Sub AddItemsRecord()
' Unterroutine, um einen Datensatz zur Tabelle Elemente hinzuzufügen.
' Syntax überprüfen und Fehlermeldung speichern,
' falls Syntaxfehler vorliegt.
  If keyCatNr = "" Then
    fMsg = "Kategorienummer eingeben."
  ElseIf keySeqNr = "" Then
    fMsg = "Sequenznummer eingeben."
  ElseIf Not IsNumeric(keyCatNr) Then
    fMsg = "Kategorienummer ungültig."
  ElseIf Not IsNumeric(keySeqNr) Then
    fMsg = "Sequenznummer ungültig."
```

```
  End If
' Formularfeldwerte in Dictionary-Objekt fldNew kopieren.
  For Each fld in Request.Form
    fldNew(fld) = Request.Form(fld)
  Next
  fldNew("catnr") = keyCatNr
' Unterroutine verlassen, falls schwerwiegender Fehler aufgetreten ist.
  If fMsg <> "" Then
    Exit Sub
  End If
'  ADO-Verbindungszeichenfolge erzeugen.
  cnStHol = "driver={Microsoft Access-Treiber (*.mdb)};" & _
           "dbq=" & Server.MapPath("../holiday/Urlaub.mdb")
'  ADO Recordset-Objekt erzeugen und öffnen.
  Set rsItm = Server.CreateObject("ADODB.Recordset")
  sql = "SELECT * " & _
          "FROM Elemente " & _
         "WHERE (catnr = " & keyCatNr & ") " & _
          "AND (seqnr = " & keySeqNr & ") ; "
  rsItm.Open sql, cnStHol, adOpenDynamic, adLockOptimistic
' Wenn ein übereinstimmender Datensatz vorhanden ist,
' eine Fehlermeldung speichern und den vorhandenen Datensatz
' in das Objekt curflds kopieren, um ihn anzeigen zu können. Dann
' die Unterroutine verlassen
  If Not rsItm.EOF Then
    fMsg = "Datensatz bereits vorhanden."
    For Each fld in rsItm.Fields
      fldCur(fld.Name) = fld.Value
    Next
  Else
' Die normale Fehlerbehandlung deaktivieren. Das Skript
' entdeckt und behandelt die Fehler selbst.
    On Error Resume Next
' Wenn kein übereinstimmender Datensatz vorhanden ist,
' einen neuen Datensatz initialisieren und den Feldern
' den Inhalt des Dictionary-Objekts fldNew zuweisen.
    rsItm.addnew
    For Each fld in rsItm.Fields
      If fldNew(fld.Name) <> "" Then
        fld.Value = fldNew(fld.Name)
' Falls ein Fehler bei der Feldzuweisung auftrat,
' Fehlermeldung im Dictionary-Objekt fldMsg speichern,
' um sie später anzeigen zu können und die Variable
' fldError auf True setzen.
        If Err Then
          fldMsg(fld.Name) = Err.Description
          fldError = True
        End If
      End If
```

```
    Next
' Falls ein Fehler bei der Feldzuweisung auftrat,
' eine Fehlermeldung für einen schwerwiegenden Fehler speichern
' und die Aktualisierung abbrechen.
    If fldError Then
      fMsg = "Feld konnte nicht aktualisiert werden."
      rsItm.CancelUpdate
' Wenn bei der Feldzuweisung kein Fehler auftrat,
' den Datensatz zur Datenbank hinzufügen.
    Else
      rsItm.Update
' Wenn der Datensatz nicht hinzugefügt werden kann, eine
' Fehlermeldung speichern und die Aktualisierung abbrechen.
      If Err Then
        fMsg = "Hinzufügen fehlgeschlagen:" & Err.Description
        rsItm.CancelUpdate
' Wenn der Datensatz erfolgreich hinzugefügt werden konnte,
' eine informative Meldung speichern, den neuen Datensatz in das
' Dictionary-Objekt fldCur kopieren und alle Einträge im Dictionary-Objekt
' fldNew löschen.
      Else
        iMsg = "Datensatz wurde hinzugefügt."
        recAdded = True
        For Each fld in rsItm.Fields
          fldCur(fld.Name) = fld.Value
        Next
        fldNew.RemoveAll
      End If
    End If
' Die normale Fehlerbehandlung wieder aufnehmen.
    On Error GoTo 0
  End If
' Das Recordset-Objekt schließen und löschen.
  rsItm.Close
  Set rsItm = Nothing
' Sicherstellen, dass die Werte der Felder Titel und Beschreibung
' aus dem aktuellen Datensatz stammen (d.h., wenn die entsprechenden
' Elemente im Dictionary-Objekt fldNew nicht bereits Werte enthalten).
If fldNew("Titel") = "" Then fldNew("Titel") = fldCur("Titel")
  If fldNew("Beschreibung") = "" Then _
    fldNew("Beschreibung") = fldCur("Beschreibung")
' Wenn der Datensatz erfolgreich hinzugefügt werden konnte,
' browserseitiges Skript senden, das den Inhalt des Frames ElemListe
' aktualisiert und neu positioniert.
  If recAdded Then
    Response.Write "<script>" & vbCrLf
    Response.Write "parent.frames.Elemliste.location = " & _
      Chr(34) & _
      "ElemListe.asp" & _
```

```
      "?qcatnr=" & keyCatNr & _
      "#s" & keySeqNr & _
      Chr(34) & vbCrLf
    Response.Write "parent.frames.Elemliste.location.reload(true)" & vbCrLf
    Response.Write "</script>" & vbCrLf
  End If
End Sub
%>
```

Die Seite *Element ändern* erzeugen

Der ASP-Code in der Seite *ElemÄndern.asp* ähnelt dem in der Seite *ElemNeu.asp* sehr stark. Deshalb soll er nicht ausführlich in einer Schritt-für-Schritt-Anleitung beschrieben werden. Wenn Sie verstehen, wie eine dieser Seiten funktioniert, kennen Sie das Prinzip, nach dem alle anderen funktionieren. Wesentliche Unterschiede ergeben sich in den folgenden Bereichen:

- Das Wort *Hinzufügen* wird in allen Fehlermeldungen und Kommentaren durch das Wort *Ändern* ersetzt.
- Wenn die Seite *ElemNeu.asp* erstmals geladen wird, muss in der Abfragezeichenfolge nur eine Kategorienummer vorhanden sein. Anschließend wird ein leeres Formular für diese Kategorie angezeigt und es erfolgt kein Zugriff auf die Datenbank. Wenn die Seite *ElemÄndern.asp* erstmals geladen wird, muss in der Abfragezeichenfolge sowohl eine Kategorie- als auch eine Sequenznummer vorhanden sein. Anhand dieser Werte wird der in der Datenbank enthaltene Datensatz angezeigt, den der Webbesucher dann ersetzen kann.
- Anstatt einen Fehler hervorzurufen, wenn ein übereinstimmender Datensatz in der Datenbank gefunden wird, tritt hier ein Fehler auf, wenn kein übereinstimmender Datensatz gefunden wird.
- Weil die Formularfelder *catnr* und *seqnr* den Primärschlüssel der Tabelle *Elemente* bilden, kopiert die Seite *ElemNeu.asp* Werte in diese Felder. Weil der Webbesucher den Wert des Felds *catnr* nicht ändern kann, kopiert die Seite *ElemÄndern.asp* niemals Werte in dieses Feld. Weil das Feld *seqnr* nicht unbedingt geändert werden muss, kopiert die Seite *ElemÄndern.asp* nur leere Werte in dieses Feld.

Nachfolgend sehen Sie das Listing des ASP-Codes für die Seite *ElemÄndern.asp*. Achten Sie auf die Ähnlichkeiten und Unterschiede zur Seite *ElemNeu.asp*. Um das komplette Listing zu betrachten, das sowohl den ASP-Code und den HTML-Quelltext enthält, öffnen Sie die Datei *\Webdbdev\Kap09\ElemÄndern.asp* von der CD-ROM zum Buch.

```
<%
' Dictionary-Objekte erzeugen.
Set fldCur = Server.CreateObject("Scripting.Dictionary")
Set fldNew = Server.CreateObject("Scripting.Dictionary")
Set fldmsg = Server.CreateObject("Scripting.Dictionary")

' Globale Variablen initialisieren.
fMsg = ""
iMsg = ""
fldError = False
recChanged = False

' Feststellen, ob die Anforderung vom HTML-Formular der Seite stammt.
cngRec = UCase(Left(Request.Form("change"),1))
If cngRec = "J" Then
' Falls ja, die vorherigen Schlüsselwerte anzeigen
  keycatnr = Request("hcatnr")
  keyseqnr = Request("hseqnr")
Else
' Falls nicht, alle Schlüssel speichern, die in der Abfragezeichenfolge
' gefunden wurden.
  keycatnr = Request("qcatnr")
  keyseqnr = Request("qseqnr")
End If

' Versuchen, die Datenbank zu aktualisieren.
ChangeItemsRecord

Sub ChangeItemsRecord()

' Unterroutine, um einen Datensatz in der Tabelle Elemente
' zu ändern. Syntax der Schlüsselwerte auswerten.
' Fehlermeldung speichern, falls Syntaxfehler vorliegt.

  If keycatnr = "" Then
    fMsg = "Kategorienummer eingeben."
  ElseIf keyseqnr = "" Then
    fMsg = "Sequenznummer eingeben."
  ElseIf Not IsNumeric(keycatnr) Then
    fMsg = "Kategorienummer ungültig."
  ElseIf Not IsNumeric(keyseqnr) Then
    fMsg = "Sequenznummer ungültig."
  End If

' Formularfeldwerte in Dictionary-Objekt fldNew kopieren.
  For Each fld In Request.Form
    fldNew(fld) = Request.Form(fld)
  Next
```

```
' Unterroutine verlassen, falls schwerwiegender Fehler aufgetreten ist.
  If fMsg <> "" Then
    Exit Sub
  End If

' ADO-Verbindungszeichenfolge erzeugen.
  cnStHol = "driver={Microsoft Access-Treiber (*.mdb)};" & _
            "dbq=" & Server.MapPath("../holiday/Urlaub.mdb")

' ADO Recordset-Objekt erzeugen und öffnen.
  Set rsItm = Server.CreateObject("ADODB.Recordset")
  sql = "SELECT * " & _
          "FROM Elemente " & _
         "WHERE (catnr = " & keycatnr & ") " & _
           "AND (seqnr = " & keyseqnr & ") ; "
  rsItm.Open sql, cnStHol, adOpenDynamic, adLockOptimistic

' Wenn kein übereinstimmender Datensatz vorhanden ist,
' Fehlermeldung speichern.
  If rsItm.eof Then
    fMsg = "Datensatz konnte nicht gefunden werden."

' Wenn ein übereinstimmender Datensatz gefunden wurde und diese Seite
' ausgeführt wird, weil der Webbesucher auf die Ändern-Schaltfläche
' geklickt hat, den Inhalt des Datensatzes durch alle nicht leeren Werte
' ersetzen, die im Dictionary-Objekt fldNew enthalten sind.
  Else
    If cngRec = "J" Then

' Die normale Fehlerbehandlung deaktivieren. Das Skript
' entdeckt und behandelt die Fehler selbst.
On Error Resume Next
      For Each fld In rsItm.fields
        If (fld.name <> "catnr") And (fldNew(fld.name) <> "") Then
          fld.Value = fldNew(fld.name)

' Falls ein Fehler bei der Feldzuweisung auftrat,
' Fehlermeldung im Dictionary-Objekt fldMsg speichern,
' um sie später anzeigen zu können und die Variable
' fldError auf True setzen.
          If err Then
            fldmsg(fld.name) = err.description
            fldError = True
          End If
        End If
      Next

' Wenn bei der Feldzuweisung kein Fehler auftrat,
' den Datensatz zur Datenbank hinzufügen.
```

```
      If fldError Then
        fMsg = "Feld konnte nicht aktualisiert werden."
        rsItm.CancelUpdate
' Wenn kein Fehler auftrat, Datensatz ersetzen.
      Else
        rsItm.Update

' Wenn die Aktualisierung des Datensatzes fehlschlug,
' Fehlermeldung speichern.
        If err Then
          fMsg = "Aktualisierung fehlgeschlagen:" & err.description
' Konnte der Datensatz aktualisiert werden, informative Meldung
' speichern und alle Einträge im Dictionary-Objekt fldNew löschen.
        Else
          iMsg = "Datensatz wurde geändert."
          recChanged = True
          fldNew.RemoveAll
        End If
      End If

' Die normale Fehlerbehandlung wieder aufnehmen.
     On Error GoTo 0
    End If

' Den vorhandenen (möglicherweise überarbeiteten) Datensatz
' in das Dictionary-Objekt fldCur kopieren.
    For Each fld In rsItm.fields
      fldCur(fld.name) = fld.Value
    Next
  End If


' Das Recordset-Objekt schließen und löschen.
  rsItm.Close
  Set rsItm = Nothing

' Sicherstellen, dass die Werte der Felder Titel und Beschreibung
' aus dem aktuellen Datensatz stammen (d.h., wenn die entsprechenden
' Elemente im Dictionary-Objekt fldNew nicht bereits Werte enthalten).
If fldNew("Titel") = "" Then fldNew("Titel") = fldCur("Titel")
  If fldNew("Beschreibung") = "" Then fldNew("Beschreibung") = fldCur("Beschreibung")

' Wenn der Datensatz erfolgreich geändert werden konnte,
' browserseitiges Skript senden, das den Inhalt des Frames ElemListe
' aktualisiert und neu positioniert.
  If recChanged Then
    Response.Write "<script>" & vbCrLf
    Response.Write "parent.frames.ElemListe.location = " & _
                   Chr(34) & _
```

```
                    "ElemListe.asp" & _
                    "?qcatnr=" & keycatnr & _
                    "#s" & fldCur("seqnr") & _
                    Chr(34) & vbCrLf
    Response.Write "parent.frames.ElemListe.location.reload(true)" & vbCrLf
    Response.Write "</script>" & vbCrLf
  End If
End Sub
%>
```

Die Seite *Element löschen* erzeugen

Die Seite *ElemLöschen.asp* ist eine weitere Variante des Codes, der in den Seiten *ElemNeu.asp* und *ElemÄndern.asp* benutzt wird. Wie die Seite *Element ändern* erwartet auch die Seite *Element löschen*, dass der Hyperlink, von dem die Seite geladen wird, in der Abfragezeichenfolge eine Kategorie- und Sequenznummer angibt. Die Seite *Element ändern* setzt auch voraus, dass die Tabelle *Elemente* einen Datensatz mit den entsprechenden Schlüsselwerten enthält. Die folgenden Anforderungen gelten jedoch nur für die Seite *Element löschen*:

- Die Seite *Element löschen* enthält keine Eingabefelder. Wenn sie erstmals geladen wird, überprüft sie, ob ein Datensatz mit den angegebenen Schlüsselwerten existiert. Ist dies der Fall, wird der Datensatz angezeigt. Wenn der Webbesucher auf die Schaltfläche *Löschen* klickt, löscht die Seite den Datensatz.
- Weil es keine Eingabefelder gibt, besteht kein Bedarf, über ein *Dictionary*-Objekt *fldNew* Werte für diese bereitzustellen.
- Weil keine Werte in die Datenbank geschrieben werden, können auch keine Fehler bei der Feldzuweisung auftreten. Deshalb wird auch kein *Dictionary*-Objekt *fldMsg* benötigt.

Entsprechend diesen Anforderungen ist die Seite *Element löschen* eine abgespeckte Version der Seite *Element ändern*, wobei alle Verarbeitungsschritte für Feldzuweisungen entfernt wurden und die Methode *rsItm.Update* durch die Methode *rsItm.Delete* ersetzt wird. Sie sollten diese Unterschiede im folgenden Listing identifizieren können. Das Listing für die folgende Seite finden Sie in der Datei *\Webdbdev\Kap09\ElemLöschen.asp* auf der CD-ROM zum Buch.

```
<%
' Dictionary-Objekte erzeugen.
Set fldCur = Server.CreateObject("Scripting.Dictionary")
' Die globalen Variablen initialisieren.
fMsg = ""
iMsg = ""
recDeleted =  False
```

```
' Feststellen, ob die Anforderung vom HTML-Formular der Seite stammt.
dltRec = UCase(Left(Request.Form("delete"),1))
If dltRec = "J" Then
' Falls ja, die vorher angezeigten Schlüsselwerte speichern
  keyCatNr = Request("hcatnr")
  keySeqNr = Request("hseqnr")
Else
' Falls nicht, alle Schlüssel speichern, die in der Abfragezeichenfolge
' gefunden wurden.
  keyCatNr = Request("qcatnr")
  keySeqNr = Request("qseqnr")
End If
' Syntax der Schlüsselwerte überprüfen und Fehlermeldung speichern,
' falls Syntaxfehler vorhanden.
If keyCatNr = "" Then
  fMsg = "Kategorienummer eingeben."
ElseIf keySeqNr = "" Then
  fMsg = "Sequenznummer eingeben."
ElseIf Not IsNumeric(keyCatNr) Then
  fMsg = "Kategorienummer ungültig."
ElseIf Not IsNumeric(keySeqNr) Then
  fMsg = "Sequenznummer ungültig."
End If
' Den restlichen Code nur ausführen, wenn bisher kein schwerwiegender Fehler
' aufgetreten ist.
If fMsg = "" Then
' ADO-Verbindungszeichenfolge erstellen.
  cnStHol = "driver={Microsoft Access-Treiber (*.mdb)};" & _
            "dbq=" & Server.MapPath("../holiday/Urlaub.mdb")
' ADO Recordset-Objekt erzeugen und öffnen.
  Set rsItm = Server.CreateObject("ADODB.Recordset")
  sql = "SELECT * " & _
          "FROM Elemente " & _
         "WHERE (catnr = " & keyCatNr & ") " & _
           "AND (seqnr = " & keySeqNr & ") ; "
  rsItm.Open sql, cnStHol, adOpenDynamic, adLockOptimistic
' Wenn kein übereinstimmender Datensatz vorhanden ist,
' Fehlermeldung speichern.
  If rsItm.EOF Then
    fMsg = "Datensatz wurde nicht gefunden."
    fldCur("catnr") = keyCatNr
    fldCur("seqnr") = keySeqNr
  Else
' Wenn übereinstimmender Datensatz vorhanden ist, seine Feldwerte
' in das Dictionary-Objekt fldCur kopieren.
    For Each fld in rsItm.Fields
      fldCur(fld.Name) = fld.Value
    Next
' Wenn diese Seite ausgeführt wird, weil der Webbesucher auf die
```

```
' Schaltfläche Löschen geklickt hat, Datensatz löschen.
      If dltRec = "J" Then
' Die normale Fehlerbehandlung deaktivieren. Das Skript
' entdeckt und behandelt die Fehler selbst.
        On Error Resume Next
' Versuchen, den aktuellen Datensatz zu löschen.
        rsItm.Delete
' Falls der Datensatz nicht gelöscht werden konnte, Fehlermeldung speichern.
        If Err Then
          fMsg = "Löschen fehlgeschlagen: " & Err.Description
' Wenn der Datensatz erfolgreich gelöscht werden konnte,
' informative Meldung speichern und die Variable
' recdeleted auf True setzen.
        Else
          iMsg = "Datensatz wurde gelöscht."
          recDeleted = True
        End If
' Die normale Fehlerbehandlung wieder aufnehmen.
        On Error GoTo 0
      End If
    End If
' Das Recordset-Objekt schließen und löschen.
rsItm.Close
  Set rsItm = nothing
End If
' Wenn der Datensatz erfolgreich gelöscht werden konnte,
' browserseitiges Skript senden, das den Inhalt des Frames ElemListe
' aktualisiert und neu positioniert.
If recDeleted Then
    Response.Write "<script>" & vbCrLf
    Response.Write "parent.frames.Elemliste.location = " & _
                   Chr(34) & _
                   "ElemListe.asp" & _
                   "?qcatnr=" & keyCatNr & _
                   "#s" & keySeqNr & _
                   Chr(34) & vbCrLf
    Response.Write "parent.frames.Elemliste.location.reload(true)" _
                   & vbCrLf
    Response.Write "</script>" & vbCrLf
End If
%>
```

Zusammenfassung der Lektion

In dieser Lektion wurde eine zweite Methode präsentiert, um Webdatenbankseiten zu entwickeln, die Tabellen aktualisieren. Statt einer einzelnen Seite mit mehreren Transaktionscodes verwendet dieses Beispiel mehrere Seiten, die jeweils einen Transaktionscode unterstützen. Ein Frameset integriert diese Seiten in eine zusammenhängende Anwendung. Das Frameset-Layout bietet Webbesuchern eine visuelle Rückmeldung zu den Effekten der Änderungen, die sie vornehmen.

Die folgende ▶ Lektion 10 beschreibt zwei Anwendungen: eine, die den Fotos in der Tabelle *Elemente* Schlüsselwörter zuweist und eine zweite, die nach Elementen mit den angegebenen Schlüsselwörtern sucht.

10 Nach Schlüsselwörtern suchen

Geschätzte Dauer:
60 Minuten

In dieser Lektion lernen Sie

- wie Sie Webbesuchern eine Suchfunktion mit Schlüsselwortsuche bieten können.
- wie Sie HTML-Formularelemente und Datenbankwerte integrieren können.

Die Beispiele in den letzten beiden Lektionen veranschaulichten verschiedene Techniken zur Aktualisierung von Datenbanken. Bis auf eine gewisse Komplexität im Zusammenhang mit Framesets waren die Benutzeroberflächen jedoch ziemlich einfach gehalten. Textfelder lassen sich zwar leicht programmieren, erfordern jedoch, dass der Webbesucher weiß, welche Werte zulässig, erforderlich oder keines von beidem sind. Formularelemente wie Listen- und Optionsfelder bieten eine wesentlich bessere Benutzerführung. Diese Lektion zeigt und erklärt einige HTML-Formulare, die diese Elemente verwenden und die Werte der Listenfelder aus einer Datenbank beziehen.

Es ist natürlich ziemlich sinnlos, Formulare zu entwickeln, ohne eine Anwendung im Auge zu haben, in der sie genutzt werden. Die Beispiele in dieser Lektion veranschaulichen eine Funktion, die bei fast allen Datenbanksystemen beliebt und praktisch ist: die Suche. Die Webbesucher legen bei dieser Anwendung Suchkriterien fest, indem sie ein HTML-Formular ausfüllen, dann auf eine *Senden*-Schaltfläche klicken und ein Frameset angezeigt bekommen, in dem auf der linken Seite die Suchergebnisse aufgelistet sind. Klickt der Webbesucher auf ein Suchergebnis, werden auf der rechten Seite des Framesets Details angezeigt. Die Anwendung setzt natürlich voraus, dass den Elementen in der Datenbank bereits Schlüsselwörter zugewiesen wurden. Die Anwendung enthält deshalb eine weitere Webseite zur Pflege der Schlüsselwörter. In diesem Beispiel wird die Datenbank *Holiday.mdb* verwendet, die bis auf die Feldbezeichnungen und Tabellen identisch ist mit der Datenbank *Urlaub.mdb*. Sie enthält außerdem zwei neue Tabellen: die Tabelle *keywords* (Schlüsselwörter), die eine Liste aller gültigen Schlüsselwörter enthält und die Tabelle *pickwd* (Zugewiesene Schlüsselwörter), in der die Schlüsselwörter den einzelnen Datenbankelementen zugeordnet sind.

Einführung in die Anwendung *Schlüsselwortsuche*

Das fertige Suchformular, *Suchen.asp*, sehen Sie in Abbildung 10.1. Der Webbesucher kann nach Elementen einer bestimmten Kategorie, nach einem bestimmten Land oder einem bestimmten Datum suchen. Außerdem kann er bis zu vier Schlüsselwörter für die Suche benutzen.

Die zulässigen Werte für die Kategorie, das Land und die vier Schlüsselwörter werden in Dropdown-Listenfeldern aufgelistet. Damit wird sichergestellt, dass der Webbesucher – zumindest aus Sicht der Anwendung – nur gültige Werte auswählt. (Es gibt keine Möglichkeit, den Webbesucher daran zu hindern, unabsichtlich den falschen Wert aus einer Liste auszuwählen.)

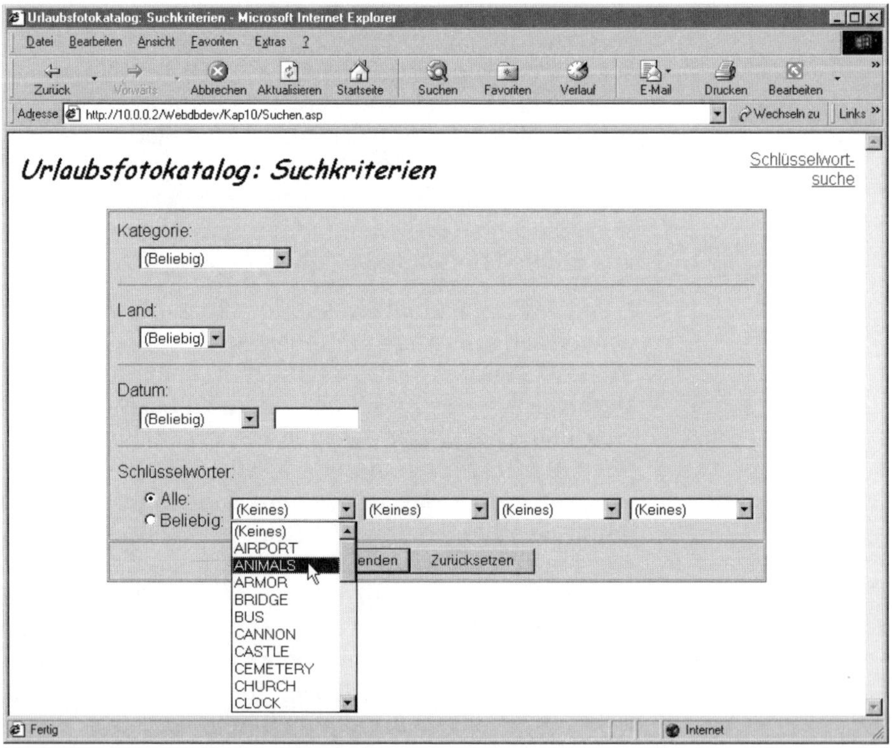

Abbildung 10.1
Über dieses Formular können Webbesucher die Datenbank *Holiday.mdb* durchsuchen

Das Dropdown-Listenfeld für das Datumsfeld stellt sechs Werte zur Auswahl:

- *(Beliebig)*
- *Vor*
- *Am oder Vor*
- *Am*
- *Nach*
- *Am oder Nach*

Wenn der Webbesucher den Wert *(Beliebig)* wählt, berücksichtigt die Suche das Datum nicht. Andernfalls gibt die Suche nur die Elemente zurück, deren Datum dem angegebenen Kriterium entspricht. Wenn der Besucher ein ungültiges Datum eingibt, wird das Kriterium *Datum* bei der Suche nicht berücksichtigt.

Der Abschnitt *Schlüsselwörter* des Formulars enthält zwei Optionsfelder mit der Beschriftung *Alle* und *Beliebig*. Wenn der Webbesucher die Option *Alle* wählt, müssen die übereinstimmenden Datensätze mit jedem der angegebenen Schlüsselwörter codiert sein. Wählt der Webbesucher dagegen die Option *Beliebig*, wird jeder Datensatz zurückgegeben, der mit einem oder mehreren der angegebenen Schlüsselwörter codiert ist.

Klickt der Webbesucher auf die Schaltfläche *Senden* (siehe Abbildung 10.1), öffnet sich die in Abbildung 10.2 gezeigte Webseite namens *Ergebnis.asp*. Bei dieser Seite handelt es sich um ein Frameset mit drei Frames:

- Der Frame *Titel* befindet sich im oberen Fensterteil. Er enthält den Namen der Seite, einen Link zu einer neuen Suche.
- Der Frame *ElemListe* ist das Arbeitspferd des Framesets. Er nimmt die Suchkriterien entgegen, die vom Webbesucher auf der Seite *Suchen.asp* eingegeben werden, sucht die übereinstimmenden Datensätze in der Datenbank, listet alle gefundenen Elemente auf und aktualisiert den Frame *Detail*, in dem daraufhin das erste gefundene Element angezeigt wird.
- Der Frame *Detail* überlagert die rechte untere Seite des Fensters. Wie in ▶ Lektion 7 zeigt dieser Frame zunächst die Seite *Leer.htm* an. Wenn die Seite *ElemListe.asp* Elemente findet, die den Suchkriterien des Webbesuchers entsprechen, wird die Seite *Leer.htm* durch die Seite *Bild.asp* ersetzt. Die Seite *Bild.asp* wurde ebenfalls in ▶ Lektion 7 entwickelt. Die Seite, die für dieses Beispiel benutzt wird, greift jedoch im Gegensatz zur Seite aus ▶ Lektion 7 auf die Datenbank *Holiday.mdb* mit den englischen Feldnamen zu.

  Wenn der Webbesucher auf eines der Miniaturbilder im Frame *ElemListe* klickt, ruft der Hyperlink die Seite *Bild.asp* auf, um die Informationen und das Vollbild zum Miniaturbild im Frame *Detail* anzuzeigen.

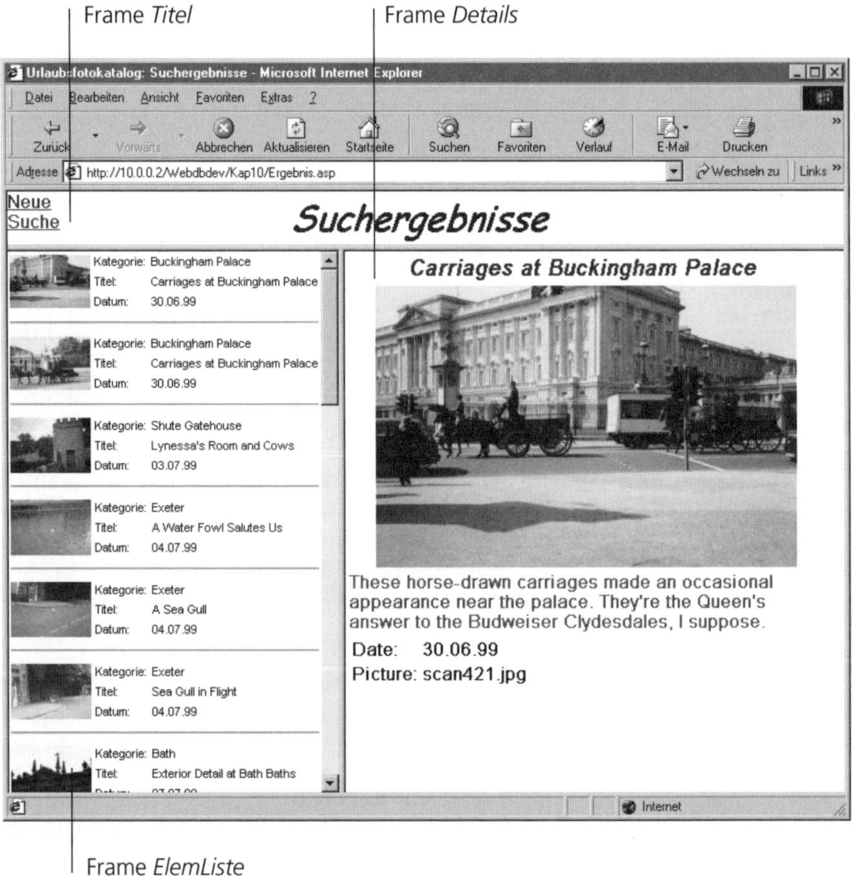

Abbildung 10.2 Wenn ein Webbesucher die Suchkriterien über die Webseite aus Abbildung 10.1 abschickt, öffnet sich dieses Frameset mit übereinstimmenden Elementen

Suchfunktionen dieser Art sind in fast jeder Site willkommen, eignen sich aber insbesondere bei Sites, die eine große Bandbreite von Elementen anbieten. Es spielt dabei keine Rolle, welche Art von Elementen eine Site enthält. Sie lassen sich fast immer nach ihrer Farbe, Größe, Art, dem Material, dem Hersteller, dem Künstler, dem Geschmack, der Produktlinie, dem Alter, dem Planeten, dem Sonnensystem oder einer sonstigen nützlichen Eigenschaft codieren. Dies hilft dem Webbesucher dabei, die gesuchten Elemente schnell und präzise zu finden. Wird der Verlauf der Abfragen gespeichert und analysiert, lassen sich nützliche Hinweise über die Art der Elemente ablesen, die der Webbesucher am interessantesten oder uninteressantesten findet.

Eine Schlüsselwortsuche kann nur dann erfolgreich verlaufen, wenn die Möglichkeit besteht, Schlüsselwörter zuzuweisen. Die Webseite *Urlaubsfotokatalog: Schlüsselwortpflege* (*Schlüsselwort.asp*), die in Abbildung 10.3 gezeigt wird, bietet genau diese Funktion.

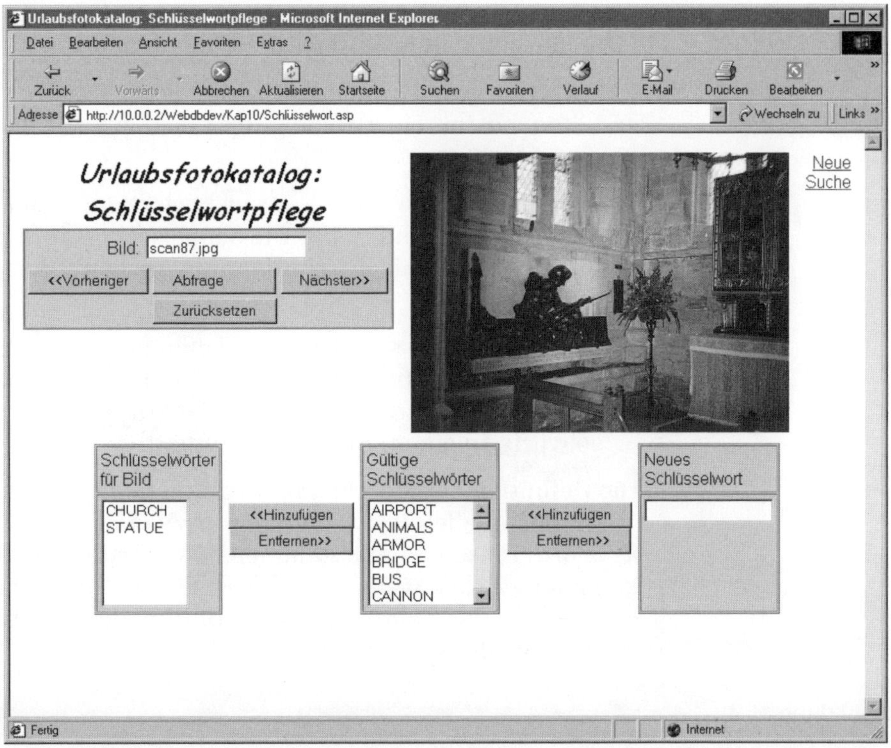

Abbildung 10.3 Diese Webseite aktualisiert zwei Tabellen, von denen eine die gültigen Schlüsselwörter und die andere eine Zuweisung von Schlüsselwörtern zu Bildern enthält

Die Seite *Schlüsselwort.asp* aktualisiert zwei Tabellen in der Datenbank *Holiday.mdb*: die Tabelle *pickwd*, die die Schlüsselwörter enthält, die mit jedem Bild verknüpft sind und die Tabelle *keywords*, die eine Liste aller gültigen Schlüsselwörter enthält.

Der graue Kasten in der linken oberen Ecke der Seite *Schlüsselwort.asp* bietet Navigationsfunktionen für die Tabelle *Elemente*. Die Schaltflächen *Vorheriger*, *Abfrage* und *Nächster* funktionieren ganz ähnlich wie in der Seite *Pflege.asp* aus ▶ Lektion 8. Die Tabelle *items* (*Elemente*) wird jedoch nach dem Wert *picname* (*Bildname*) sortiert durchlaufen und nicht nach den Werten *catnr* und *seqnr*. Das aktuelle Bild wird zentriert am oberen Rand angezeigt.

Die grauen Kästen am unteren Rand der Seite enthalten Schlüsselwörter, die bereits mit dem aktuellen Bild verknüpft sind, alle gültigen Schlüsselwörter und ein Textfeld, über das neue Schlüsselwörter hinzugefügt werden können. Mit den Schaltflächen *Hinzufügen* und *Entfernen* zwischen dem ersten und dem zweiten Kasten lassen sich dem aktuellen Bild Schlüsselwörter zuweisen oder vorhandene Zuweisungen entfernen. Über die Schaltflächen *Hinzufügen* und *Entfernen* zwischen dem zweiten und dem dritten Kasten kann der Webbesucher neue Schlüsselwörter zur Liste der gültigen Schlüsselwörter hinzufügen.

Es sprechen zwei Gründe dafür, eine neue Tabelle namens *pickwd* zu erstellen, anstatt ein gleichnamiges Feld zur Tabelle *items* (Elemente) hinzuzufügen:

- Jedes Feld in der Tabelle *items* basiert auf dem Primärschlüssel, den Feldern *catnr* und *seqnr*. Die Schlüsselwörter in dieser Anwendung beziehen sich jedoch auf Bilder und nicht auf Kategorie- und Sequenznummern.
- Zwischen Schlüsselwörtern und dem Feld *picname* (Bildname) besteht eine 0:n-Beziehung. Diese lässt sich nur mit einer separaten Tabelle repräsentieren, die einen Datensatz für jede Zuweisung eines Schlüsselworts zu einem Bildnamen enthält.

Die Definition der Tabellen *pickwd* und *keyword* sehen Sie in Abbildung 10.4. Die Tabelle *pickwd* enthält nur zwei Felder namens *picname* und *keyword*. Diese bilden zusammen den Primärschlüssel der Tabelle. Sie können natürlich weitere Felder zu dieser Tabelle hinzufügen, wie z.B. ein Feld für das Zuletzt-geändert-Datum, die zwei vorhandenen Felder reichen für diese Übung jedoch aus.

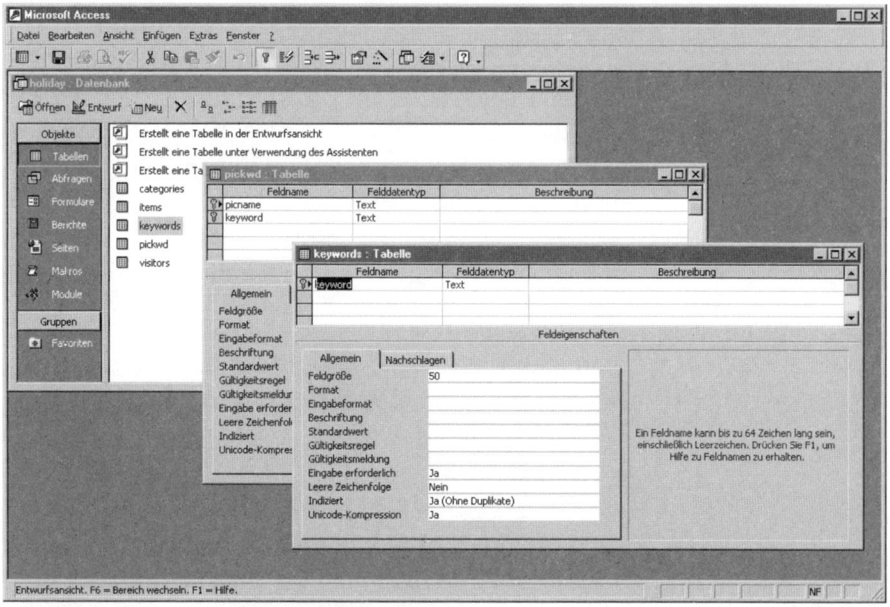

Abbildung 10.4 Die Tabellen *pickwd* und *keyword* bestehen nur aus Primärschlüsselwerten

Die Tabelle *keywords* hat zwei Einsatzzwecke. Sie stellt dem Webbesucher, der die Schlüsselwörter pflegen möchte, eine Liste aller bereits vorhandenen Schlüsselwörter zur Verfügung. Damit wird verhindert, dass

Werte doppelt eingegeben werden. Außerdem werden Schreibfehler verhindert. Die Dropdown-Listenfelder in Abbildung 10.1 für die Schlüsselwortsuche werden außerdem über diese Tabelle gefüllt. Es ist somit gewährleistet, dass der Webbesucher nur Schlüsselwörter wählen kann, die sinnvolle Ergebnisse produzieren.

Es sollte kein Problem darstellen, diese beiden Tabellen zur Datenbank *Holiday.mdb* hinzuzufügen. Geben Sie dazu einfach vor, wie in ▶ Lektion 2 im Abschnitt »Eine neue Tabelle erstellen« beschrieben. Wählen Sie für die beiden Felder *picname* und *keyword* den Datentyp *Text* mit einer Feldgröße von 50 Zeichen (Standardwert).

Im restlichen Verlauf dieser Lektion werden die Seiten der Anwendung *Schlüsselwortsuche* beschrieben.

Die Seite *Urlaubsfotokatalog: Schlüsselwortpflege* erstellen

Für die Seite *Schlüsselwort.asp* müssen Sie die folgenden vier Hauptfunktionen programmieren:

- Initialisierung der Seite
- Reaktion auf die Benutzung der Navigationsschaltflächen
- Reaktion auf die Benutzung der Schaltflächen *Hinzufügen* und *Entfernen*
- Anzeige der Datenbankwerte im HTML-Formular

Initialisierung der Seite *Urlaubsfotokatalog: Schlüsselwortpflege*

Es wird nun beschrieben, wie das HTML-Formular erstellt und ein Klick auf eine Schaltfläche prinzipiell verarbeitet wird.

1. Öffnen Sie Ihren bevorzugten HTML-Editor, und erzeugen Sie eine neue ASP-Seite. Diese sollte die üblichen Strukturtags, eine *Option Explicit*-Anweisung vor dem *<html>*-Tag und eine *Include*-Anweisung für die Daten *Adovbs.inc* enthalten. Bei Bedarf können Sie auch einen Link zu einem Stylesheet integrieren.

```
<% Option Explicit %>
<html>
<head>
<!-- #include file="../adovbs.inc" -->
<link rel="stylesheet" type="text/css"
      href="../holiday/holiform.css">
<title>Urlaubsfotokatalog: Schlüsselwortpflege</title>
```

```
</head>
<body>
</body>
</html>
```

Dieses Beispiel macht hauptsächlich deswegen Gebrauch von der *Option Explicit*-Anweisung, weil der Code zu umfangreich wäre, um eine manuelle Überprüfung der Schreibweisen vorzunehmen. Weitere Informationen zu dieser Anweisung finden Sie im Hinweis zur *Option Explicit*-Anweisung.

Die *Option Explicit*-Anweisung

Die *Option Explicit*-Anweisung teilt VBScript mit, dass Variablennamen explizit mit einer *Dim*-Anweisung deklariert werden müssen. Dies hat den Vorteil, dass VBScript eine Fehlermeldung ausgibt, wenn ein Variablenname falsch geschrieben wird und nicht einfach eine neue Variable mit dem falsch geschriebenen Namen erstellt. Dies hat allerdings den Nachteil, dass Sie Variablen nicht mehr innerhalb von Anweisungen definieren können. Erfahrene Programmierer bevorzugen die explizite Variablendefinition. Die Wahl der Deklarationsform bleibt jedoch Ihnen überlassen.

Wenn Sie sich dafür entscheiden, die *Option Explicit*-Anweisung zu verwenden, muss diese vor dem HTML- und VBScript-Code gesetzt werden.

2. Gestalten Sie die Webseite anhand der Vorlage von Abbildung 10.3 und den folgenden Anweisungen:

- Setzen Sie den Inhalt des *<body>*-Abschnitts in ein Formular-Tag, das die Methode *POST* spezifiziert und angibt, dass die Seite *Schlüsselwort.asp* geladen werden soll:

```
(<form methode="POST" action = "Schlüsselwort.asp">)
```

- Weisen Sie dem Textfeld neben der Beschriftung *Bild* den Namen *picname* zu.
- Wählen Sie für die Schaltflächen *Vorheriger, Abfrage* und *Nächster* den Schaltflächentyp *Senden*. Im Code wird dies mit der Angabe *type=submit* gekennzeichnet. Weisen Sie den Schaltflächen die Namen *btnPrev, btnQuery* und *btnNext* zu.
- Weisen Sie dem Listenfeld *Schlüsselwörter für Bild* den Namen *pickwd* zu. Kümmern Sie sich momentan nicht darum, wie die Werte für diese Liste bereitgestellt werden.

- Weisen Sie den Schaltflächen *Hinzufügen* und *Entfernen* zwischen dem ersten und zweiten Kasten den Schaltflächentyp *Senden* (als Code *type=submit*), und den Namen *btnPicAdd* bzw. *btnPicDel* zu.
- Weisen Sie dem Dropdown-Listenfeld unter der Beschriftung *Gültige Schlüsselwörter* den Namen *valkwd* zu. Kümmern Sie sich auch hier nicht darum, wie die Werte für diese Liste bereitgestellt werden.
- Weisen Sie den Schaltflächen *Hinzufügen* und *Entfernen* zwischen dem zweiten und grauen Kasten den Schaltflächentyp *Senden* zu (als Code *type=submit*), und benennen Sie die Schaltflächen mit *btnKwdAdd* und *btnKwdDel*.
- Weisen Sie dem Textfeld im Kasten *Neues Schlüsselwort* auf der rechten Seite den Namen *newkwd* zu.

3. Fügen Sie vor dem *</head>*-Tag das Tagpaar *<%...%>* hinzu und setzen Sie den folgenden Code ein. Dieser Code deklariert alle Variablen, die im ASP-Code der Webseite verwendet werden.

```
CONST KW_NONE = "(Keines)"
Dim cnHol, cnStHol
Dim rsKwd, rsItm, rsPkw
Dim sql
Dim fld
Dim trancd
Dim curPic
Dim curKwd
Dim oldKwd
Dim fMsg
Dim optCnt
```

4. Fügen Sie den folgenden Code direkt hinter dem Code ein, den Sie in Schritt 3 hinzugefügt haben. Dieser Code erzeugt ein ADO *Connection*-Objekt und drei ADO *Recordset*-Objekte. Die *Recordset*-Objekte werden später benutzt, um die Tabellen *keyword*, *items* und *pickwd* in der Datenbank *Holiday.mdb* zu öffnen.

```
Set cnHol = Server.CreateObject("ADODB.Connection")
Set rsKwd = Server.CreateObject("ADODB.Recordset")
Set rsItm = Server.CreateObject("ADODB.Recordset")
Set rsPkw = Server.CreateObject("ADODB.Recordset")
```

5. Der nächste Schritt öffnet das *Connection*-Objekt *cnHol* und verweist auf die Datenbank *Holiday.mdb*. Wie bisher auch müssen Sie dafür zuerst eine Verbindungszeichenfolge einrichten und dann die Zeichenfolge als Argument an die *Open*-Methode des *Connection*-Objekts übergeben. Fügen Sie dazu den folgenden Code direkt hinter dem ein, den Sie in Schritt 4 hinzugefügt haben.

```
cnStHol = "driver={Microsoft Access-Treiber (*.mdb)};" & _
          "dbq=" & Server.MapPath("../holiday/holiday.mdb")
cnHol.Open cnStHol,"",""
```

6 Unabhängig davon, was passiert, zeigt die Seite *Schlüsselwort.asp* immer eine Liste der gültigen Schlüsselwörter an. Dazu muss die Tabelle *keywords* geöffnet werden. Fügen Sie als Nächstes also die folgenden Anweisungen ein:

```
sql = "SELECT * FROM keywords ORDER BY keyword ; "
rsKwd.Open sql, cnHol, adOpenDynamic, adLockOptimistic
```

Nun ist der Code fertig, der unabhängig von der Funktion ausgeführt werden muss, die vom Webbesucher gewählt wurde. Die Funktion wird also immer ausgeführt, egal, auf welche Schaltfläche der Webbesucher klickt. Als Nächstes werden Sie den Code erzeugen, der feststellt, auf welche Schaltfläche geklickt wurde.

Die Seite *Bild.asp* in ▶ Lektion 8 enthielt sechs Schaltflächen mit dem Namen *btnSub*. Sie wurden über deren Beschriftung unterschieden. Dieser Ansatz lässt sich im Beispiel hier nicht anwenden, weil es jeweils zwei Schaltflächen mit der Beschriftung *Hinzufügen* und *Entfernen* gibt. Aus diesem Grund wurde in Schritt 2 jeder Schaltfläche ein eindeutiger Name zugewiesen.

Die sieben Schaltflächennamen in der Seite *Schlüsselwort.asp* beginnen alle mit »*btn*«; Es gibt keine weiteren Formularelemente, die mit diesem Präfix beginnen. Der Browser sendet nur den Namen und die Beschriftung der Schaltfläche, die vom Webbesucher angeklickt wurde. Die *Request.Form*-Auflistung enthält deshalb nur einen Eintrag mit einem Namen, der mit »*btn*« beginnt. Mit dem Rest des Schaltflächennamens wird die Schaltfläche identifiziert, die angeklickt wurde.

Nun muss nur noch eine Schleife erzeugt werden, die alle Elemente der *Request.Form*-Auflistung durchläuft. Wird ein Elementname gefunden, der mit »*btn*« beginnt kopiert der Code ab dem vierten Zeichen alle Zeichen des Schaltflächennamens in eine Variable namens *trancd* und verlässt dann die Schleife. Dieser Code folgt direkt dem Code, der in Schritt 6 hinzugefügt wurde.

```
For Each fld in Request.Form
  If LCase(Left(fld,3)) = "btn" Then
    trancd = Mid(fld,4)
    Exit For
  End If
Next
```

Beachten Sie, dass die Variable *trancd* leer bleibt, wenn keine Schaltfläche angeklickt wurde. Dies geschieht, wenn die Seite von einem normalen URL angefordert wird.

Die Navigationsschaltflächen behandeln

Diese Anwendung ist so gestaltet, dass die Schlüsselwörter jeweils einem speziellen Bild und nicht einer Kombination aus Kategorie- und Sequenznummer zugewiesen werden. Die Seite *Urlaubsfotokatalog: Schlüsselwortpflege* muss deshalb die Elemente der Tabelle *items* in der Reihenfolge des Bildnamens (*picname*) durchlaufen. Die Schaltfläche *Nächster* sollte zum nächsten Bildnamen vorrücken und die Schaltfläche *Vorheriger* zum vorherigen Bildnamen. Die Schaltfläche *Abfrage* sollte den Datensatz für einen bestimmten Bildnamen abrufen.

Es wird dabei natürlich davon ausgegangen, dass es einen vorherigen und nächsten bzw. einen *picname*-Wert gibt, der abgefragt werden kann. Ist dies nicht der Fall, soll die Schaltfläche *Vorheriger* den Datensatz für das letzte Bild in der Tabelle anzeigen und die Schaltfläche *Nächster* den Datensatz für das letzte Bild. Die Tabelle 10.1 fasst die Anforderungen für die Navigation zusammen. Sie gibt auch an, welche Elemente in der Tabelle *items* zur Verfügung stehen, wenn eine bestimmte Schaltfläche gewählt wird und in welcher Reihenfolge die Elemente übertragen werden.

Tabelle 10.1 Navigationsanforderungen für die Schlüsselwortsuche

Schaltfläche	Textfeld *picname*	Datensätze in Tabelle *items*	Reihenfolge
Vorheriger	Leer	Alle Elemente verfügbar	Absteigend
Nächster	Wert	Alle Elemente verfügbar, deren *picname*-Wert kleiner als der Wert im Textfeld *picname* ist.	Absteigend
Nächster	Leer	Alle Elemente verfügbar	Aufsteigend
Nächster	Wert	Alle Elemente verfügbar, deren *picname*-Wert größer als der Wert im Textfeld *picname* ist.	Aufsteigend
Abfrage	Leer	Alle Elemente verfügbar	Aufsteigend
Abfrage	Wert	Bestimmter Datensatz mit Bild	Irrelevant

Der folgende Code erzeugt eine der sechs SQL-Anweisungen, die die sechs in Tabelle 10.1 aufgeführten Fälle behandeln. In jedem Fall ist der gewünschte Datensatz der erste in der Ergebnisgruppe. Fügen Sie diesen Code direkt hinter dem Code ein, der in Schritt 7 im letzten Abschnitt beschrieben wurde.

```
sql = ""
Select Case trancd
  Case "Prev"
    If Request("picname") = "" Then
      sql = "SELECT * FROM items " & _
          "ORDER BY picname DESC ; "
    Else
      sql = "SELECT * FROM items " & _
            "WHERE picname < '" & Request("picname") & "' " & _
          "ORDER BY picname DESC ; "
    End If
  Case "Next"
    If Request("picname") = "" Then
      sql = "SELECT * FROM items " & _
          "ORDER BY picname ; "
    Else
      sql = "SELECT * FROM items " & _
            "WHERE picname > '" & Request("picname") & "' " & _
          "ORDER BY picname ; "
    End If
  Case "Query"
    If Request("picname") = "" Then
      sql = "SELECT * FROM items " & _
          "ORDER BY picname ; "
    Else
      sql = "SELECT * FROM items " & _
            "WHERE picname = '" & Request("picname") & "' ; "
    End If
End Select
```

Wenn dieser Code keine SQL-Anweisung erzeugen kann, hat der Webbesucher nicht auf die Schaltfläche *Vorheriger*, *Abfrage* oder *Nächster* geklickt. Bei der weiteren Verarbeitung wird der Bildname verwendet, der im Textfeld *picname* angegeben wird. Der folgende Code speichert diesen Wert in einer Variablen namens *curPic*.

Wenn der obige Code eine SQL-Anweisung erzeugt, wird er von der *Else*-Bedingung im folgenden Code benutzt, um das Recordset *rsItm* zu öffnen. Wenn das Recordset leer ist (d.h. die Eigenschaft *EOF* oder *BOF* des Recordsets hat den Wert *True*), speichert der Code noch einmal den Wert aus dem Textfeld *picname* in der Variablen *curPic*. Wenn das Recordset nicht leer ist, speichert der Code den *picname*-Wert aus dem ersten Datensatz in der Variablen *curPic*.

```
If sql = "" Then
  curPic = Request("picname")
Else
  rsItm.Open sql, cnHol , adOpenDynamic, adLockOptimistic
  If rsItm.EOF or rsItm.BOF Then
    curPic = Request("picname")
```

```
  Else
    curPic = rsItm("picname")
  End If
  rsItm.Close
End If
```

Das Recordset *rsItm* wird im Rest der Webseite nicht mehr benutzt. Deshalb ist es sinnvoll, es nun zu schließen. Die *rsItm.Close*-Anweisung im obigen Code erledigt dies.

Falls der bisher beschriebene Code einen nicht leeren *curPic*-Wert erzeugt. besteht der nächste Schritt darin, die Tabelle *pickwd* nach den Schlüsselwörtern abzufragen, die dem Bild zugewiesen wurden:

```
IF curPic <> "" Then
  sql = "SELECT * FROM pickwd " & _
        "WHERE picname = '" & curPic & "' " & _
      "ORDER BY keyword ; "
  rsPkw.Open sql, cnHol , adOpenDynamic, adLockOptimistic
End If
```

Beachten Sie, dass der Code an jeder beliebigen Stelle der Seite feststellen kann, ob das Recordset *rsPkw* geöffnet ist, indem die *state*-Eigenschaft überprüft wird. Hat *rsPkw.state* den Wert *adStateOpen*, ist das Recordset geöffnet.

Die Schaltflächen *Hinzufügen* und *Entfernen*

Die Seite *Schlüsselwort.asp* weiß nun, mit welchem Bild der Webbesucher arbeiten möchte. Die nächste Aufgabe besteht darin, die verbleibenden Schaltflächenklicks zu verarbeiten, bei denen Schlüsselwörter zur Liste der einem Bild zugewiesenen oder gültigen Schlüsselwörter hinzugefügt oder aus dieser entfernt werden.

In Schritt 2 im letzten Abschnitt wurde dem Listenfeld, das alle gültigen Schlüsselwörter enthält, der Name *valkwd* zugewiesen. Immer, wenn der Webbesucher auf eine der sieben Schaltflächen des Typs *Senden* klickt, sendet der Browser das Schlüsselwort, das momentan in diesem Listenfeld ausgewählt ist, und der ASP-Code nimmt es im Code *Request.Form ("valkwd")* entgegen. Die erste Anweisung im folgenden Code speichert diesen Wert in einer Variablen namens *curKwd*, um ihn bei der Verarbeitung der Schaltflächenklicks zu verwenden. Die Variable *curKwd* legt auch fest, welches Element im Listenfeld der gültigen Schlüsselwörter markiert ist, das an den Webbesucher zurückgesendet wird.

Die restlichen Anweisungen rufen Funktionen auf, die alle verbleibenden Schaltflächenklicks behandeln. Jede der Funktionen gibt eine leere Zeichenfolge zurück, wenn die Funktion erfolgreich ausgeführt wurde und eine Fehlermeldung, falls bei der Ausführung ein Fehler auftrat.

```
curKwd = UCase(Request.Form("valkwd"))
Select Case trancd
  Case "PicAdd"
    fMsg = PictureAdd()
  Case "PicDel"
    fMsg = PictureDel()
  Case "KwdAdd"
    fMsg = KeywordAdd()
  Case "KwdDel"
    fMsg = KeywordDel()
End Select
```

Die folgenden Abschnitte beschreiben jede dieser Funktionen ausführlich.

Ein Schlüsselwort einem Bild zuweisen

Die Funktion *PictureAdd* weist einem Bild ein gültiges Schlüsselwort zu. Die Funktion *PictureAdd* wurde als separate Funktion erstellt, um den Code besser warten zu können und um die Verarbeitung früh beenden zu können, falls ein Fehler auftritt. Wenn die Funktion normal beendet wird, liefert sie eine leere Zeichenfolge zurück und andernfalls eine Fehlermeldung. Die folgende Schritt-für-Schritt-Anleitung erklärt, wie diese Funktion programmiert wird.

1. Kennzeichnen Sie den Funktionsanfang und das -ende mit den Anweisungen *Function PictureAdd()* und *End Function*. Fügen Sie diese Anweisungen hinter dem Code, der im letzten Abschnitt beschrieben wurde und direkt vor den Tags *%>* und *</head>* ein.

```
Function PictureAdd()
' Hier Prozeduranweisungen einfügen.
End Function
```

2. Um einem Bild ein Schlüsselwort zuweisen zu können, werden das aktuelle Schlüsselwort und der aktuelle Bildname benötigt. Deshalb wird die Ausführung der folgenden Anweisungen mit einer Fehlermeldung beendet, wenn die Variable *curKwd* (aktuelles Schlüsselwort) oder die Variable *curPic* (aktuelles Bild) leer ist. Ersetzen Sie den Kommentar in Schritt 1 durch die folgenden Anweisungen:

```
  If curKwd = "" Then
    PictureAdd = "Bitte Schlüsselwort eingeben."
    Exit Function
  End If
  If curPic = "" Then
    PictureAdd = "Bitte Bildnamen eingeben."
    Exit Function
  End If
```

3. Fügen Sie die folgende Anweisung hinzu, sodass VBScript nicht die Ausführung des Skripts beendet, sondern die Skriptsausführung mit der nächsten Anweisung fortsetzt, falls ein Fehler auftritt.

```
On Error Resume Next
```

4. Fügen Sie die folgenden Anweisungen hinzu, um im Recordset *rsPkw* einen neuen, leeren Datensatz zu initialisieren. Falls ein Fehler auftritt, soll die Funktion verlassen und eine ADO-Fehlermeldung zurückgegeben werden.

```
rsPkw.AddNew
If Err Then
  PictureAdd = Err.Description
  Exit Function
End If
```

5. Kopieren Sie den Wert der Variablen *curPic* in das Feld *picname* des neuen, leeren Datensatzes. Wenn hierbei ein Fehler auftritt (z.B., weil das Schlüsselwort länger als zulässig ist), soll der Rückgabewert auf die ADO-Fehlermeldung gesetzt, die Aktualisierung abgebrochen (d.h., der neue, leere Datensatz gelöscht) und die Funktion verlassen werden.

```
rsPkw("picname") = curPic
If Err Then
  PictureAdd = Err.Description
  rsPwk.CancelUpdate
  Exit Function
End If
```

6. Kopieren Sie den Wert der Variablen *curKwd* in das Feld *keyword*. Falls ein Fehler auftritt, soll die Aktualisierung wieder beendet und die Funktion mit einer ADO-Fehlermeldung als Rückgabewert verlassen werden.

```
rsPkw("keyword") = curKwd
If Err Then
  PictureAdd = Err.Description
  rsPkw.CancelUpdate
  Exit Function
End If
```

7. Fügen Sie den neuen (und nun vollständigen) Datensatz zur Tabelle *pickwd* hinzu. Falls ein Fehler auftritt, soll die Aktualisierung beendet und die Funktion mit einer ADO-Fehlermeldung als Rückgabewert verlassen werden.

```
rsPkw.Update
If Err Then
  PictureAdd = Err.Description
  rsPkw.CancelUpdate
  Exit Function
End If
```

8. Nehmen Sie die normale Fehlerbehandlung wieder auf.

```
On Error GoTo 0
```

9. Normalerweise werden Datensätze, die zu einem Recordset hinzugefügt wurden, nicht an der richtigen Stelle innerhalb der bestehenden Reihenfolge eingefügt. Wenn die Seite *Schlüsselwort.asp* das Recordset *rsPkw* nicht weiter benutzen würde, wäre dies kein Problem. Der Inhalt des Recordsets wird jedoch im Listenfeld *Schlüsselwort für Bild* der Webseite angezeigt, die an den Webbesucher gesendet wird. Da es für den Webbesucher etwas unangenehm wäre, wenn der Inhalt dieses Listenfelds unsortiert ist, muss das Recordset noch einmal abgefragt werden, um ein neues Exemplar zu erhalten, in dem die Einträge korrekt angeordnet sind.

```
rsPkw.Requery
```

10. Stellen Sie sicher, dass die Funktion eine leere Zeichenfolge zurückliefert, wenn sie normal beendet wird.

```
fMsg = ""
```

Eine Schlüsselwortzuweisung entfernen

Sie können Datensätze mit ADO auf verschiedene Weisen löschen. Eine Möglichkeit besteht darin, eine SQL-Anweisung wie die folgende an die Methode *Execute* eines *Connection*-Objekts zu übergeben:

```
DELETE * FROM pickwd
   WHERE (picname = 'img001.jpg') AND (keyword = 'HEDGEHOGS')
```

Im Beispiel ist das Recordset *rsPkw* jedoch bereits geöffnet und bietet Zugriff auf den Zieldatensatz. Der gewünschte Datensatz lässt sich hier also leichter mit der Methode *Delete* des Recordsets löschen.

Das Schlüsselwort, das hier gelöscht werden soll, ist übrigens nicht das Schlüsselwort in der Variablen *curKwd* Der Wert der Variablen *curKwd* stammt aus dem Listenfeld *Gültige Schlüsselwörter* (*valkwd*). Das Schlüsselwort, das gelöscht werden soll, stammt jedoch aus dem Listenfeld *Schlüsselwörter für Bild* (*pickwd*).

Erstellen Sie nun die Funktion *PictureDel* wie nachfolgend beschrieben.

1. Fügen Sie das Funktionsgerüst mit den Anweisungen *Function PictureDel()* und *End Function* direkt hinter der *End Function*-Anweisung der Funktion *PictureAdd* ein, die Sie im letzten Abschnitt erstellt haben. Die Funktion steht nun vor den Tags %> und *</head>*.

```
Function PictureDel()
' Hier Prozeduranweisungen einfügen.
End Function
```

2 Um eine vorhandene Schlüsselwortzuweisung zu löschen, benötigen Sie wieder einen Bildnamen und ein Schlüsselwort. Fehlen diese Werte, wird die Funktion wie folgt mit einer Fehlermeldung beendet. Ersetzen Sie den Kommentar in Schritt 1 durch die folgenden Anweisungen.

```
If (Request("pickwd") = "" ) OR (Request("pickwd") = KW_NONE)Then
  PictureDel = "Bitte Schlüsselwort auswählen."
  Exit Function
End If
If curPic = "" Then
  PictureDel= "Bitte Bildnamen eingeben."
  Exit Function
End If
```

Im Falle des Schlüsselworts entspricht die Zeichenfolge *(Keines)* einem leeren Wert. In einem Codefragment, das später beschrieben wird, wird dieser Wert immer dann im Listenfeld *Schlüsselwörter für Bild* angezeigt, wenn dem aktuellen Bild keine Schlüsselwörter zugewiesen sind. Um sicherzustellen, dass dieser Wert immer gleich geschrieben wird, wurde er in Schritt 3 des Abschnitts »Initialisierung der Seite *Urlaubsfotokatalog: Schlüsselwortpflege*« mit einer Konstanten namens *KW_NONE* definiert.

3 Um einen Datensatz mit der Methode *rsPkw.Delete* zu löschen, muss die aktuelle Datensatzposition auf diesen Datensatz gesetzt werden. Dafür müssen alle Datensätze in Recordset *rsPkw* durchlaufen werden. Weil in der *WHERE*-Klausel, mit der dieses Recordset erzeugt wurde, ein Bildname angegeben wurde, müssen nur wenige Datensätze durchlaufen werden. Fügen Sie den folgenden Code direkt hinter dem Code aus Schritt 2 ein.

```
Do While Not rsPkw.EOF
'    Hier Code einfügen, der gewünschten Datensatz sucht.
  rsPkw.MoveNext
Loop
```

4 Weil die *WHERE*-Klausel, mit der das Recordset *rsPkw* erzeugt wurde, den Inhalt des Recordsets auf Datensätze mit dem korrekten Bildnamen beschränkt, muss nur noch das korrekte Schlüsselwort gesucht werden, um den gewünschten Datensatz zu erhalten. Ersetzen Sie den Kommentar in Schritt 3 mit den folgenden Anweisungen, um den gewünschten Datensatz zu finden.

```
  If UCase(Request("pickwd")) = UCase(rsPkw("keyword")) Then
'     Hier Code einfügen, um Datensatz zu löschen.
    Exit Function
  End If
```

Beachten Sie, dass der Code die Werte *Request("pickwd")* und *rsPkw("keyword")* in Großbuchstaben umwandelt, bevor sie miteinander verglichen werden. Das macht die Überprüfung unabhängig von der Groß- und Kleinschreibung.

Es gibt zwei Gründe, die Funktion direkt zu verlassen, nachdem der korrekte Datensatz gefunden (und verarbeitet) wurde. Erstens beansprucht die Verarbeitung weiterer Datensätze nur Ressourcen des Servers, ohne einen praktischen Nutzen zu haben. Zweitens wird eine »Nicht gefunden«-Bedingung erzeugt, wenn die Schleife in Schritt 3 beendet wird, ohne die Funktion zu verlassen.

5 Wenn die *If*-Anweisung in Schritt 4 den korrekten Datensatz findet, soll dieser gelöscht werden. Zuvor wird jedoch das Schlüsselwort in der Variablen *curKwd* gespeichert. Damit lässt sich sicherstellen, dass das Schlüsselwort, mit dem der Webbesucher zuletzt gearbeitet hat, dasjenige ist, das im Listenfeld *Gültige Schlüsselwörter* markiert ist.

Wenn die Methode *Delete* fehlschlägt, verlässt der Code die Funktion mit einer ADO-Fehlermeldung. Eine *On Error Resume Next*-Anweisung teilt VBScript, dass die Verarbeitung nicht abgebrochen werden soll, wenn dieser Fall eintritt.

Wenn die Methode *Delete* erfolgreich ausgeführt wurde, fragt der Code das Recordset noch einmal ab, um eine korrekte Anzeige sicherzustellen, und verlässt die Funktion dann mit einem leeren Rückgabewert.

```
curKwd = UCase(Request("pickwd"))
On Error Resume Next
rsPkw.Delete
If Err Then
  PictureDel = Err.Description
Else
  PictureDel = ""
  rsPkw.Requery
End If
```

Fügen Sie diesen Code an Stelle des Kommentars in Schritt 4 ein.

6 Wenn die Schleife, die in Schritt 3 erzeugt wurde, beendet wird, ohne dass die Funktion verlassen wurde, entsteht eine »Nicht gefunden«-Bedingung. Um den Webbesucher darüber zu informieren, fügen Sie die folgende Anweisung direkt hinter der *Loop*-Anweisung ein, die in Schritt 3 erzeugt wurde und vor der *End Function*-Anweisung:

```
PictureDel = "Schlüsselwort " & Request("pickwd") & _
        "konnte nicht gefunden werden."
```

Ein neues Schlüsselwort hinzufügen

Die Funktion *KeywordAdd* ähnelt der Funktion *PictureAdd* so stark, dass sie nicht mit einer ausführlichen Schritt-für-Schritt-Anleitung beschrieben werden muss. Beachten Sie jedoch die folgenden Unterschiede:

- Die Funktion *KeywordAdd* aktualisiert die Tabelle *keywords* (über das Recordset *rsKwd*) und nicht die Tabelle *pickwd* (über das Recordset *rsPkw*).
- Weil die Tabelle *keywords* kein Feld für den Bildnamen (*picturename*) enthält, verarbeitet die Funktion *KeywordAdd* nur das Feld *keyword*.
- Das Schlüsselwort, das hinzugefügt werden soll, wurde vom Webbesucher in das Textfeld *Neues Schlüsselwort* eingegeben – d.h. es ist im Feld *Request("newkwd")* enthalten.
- Wenn das Schlüsselwort erfolgreich hinzugefügt werden konnte, setzt die Funktion *KeywordAdd* die Variable *curKwd* wieder auf das neue Schlüsselwort, das soeben hinzugefügt wurde. Damit wird das neue Schlüsselwort im Listenfeld *Gültige Schlüsselwörter* markiert.

Es folgt nun der Code für die Funktion *KeywordAdd*. Fügen Sie diesen Code hinter der *End Function*-Anweisung der Funktion *PictureDel* und vor den Tags %> und </*head*> in die Webseite ein.

```
Function KeywordAdd()
  If (Request("newkwd") = "") Then
    KeywordAdd = "Bitte neues Schlüsselwort eingeben."
    Exit Function
  End If
  On Error Resume Next
  rsKwd.AddNew
  If Err Then
    KeywordAdd = Err.Description
    Exit Function
  End If
  rsKwd("keyword") = UCase(Request("newkwd"))
  If Err Then
    KeywordAdd = Err.Description
    rsKwd.CancelUpdate
    Exit Function
  End If
  rsKwd.Update
  If Err Then
    KeywordAdd = Err.Description
    rsKwd.CancelUpdate
    Exit Function
  End If
  On Error GoTo 0
  curKwd = UCase(Request("newkwd"))
  rsKwd.Requery
  KeywordAdd = ""
End Function
```

Ein gültiges Schlüsselwort entfernen

Die Funktion *KeywordDel* ist fast identisch mit der Funktion *PictureDel*. Es gibt jedoch folgende Unterschiede:

- Die Funktion *KeywordDel* aktualisiert die Tabelle *keywords* statt der Tabelle *pickwd*.
- Die Funktion *KeywordDel* verarbeitet nur das Feld *keyword*.
- Das Schlüsselwort, das gelöscht werden soll, ist das momentan im Listenfeld *Gültige Schlüsselwörter* markierte Schlüsselwort.
- Wenn das Schlüsselwort erfolgreich entfernt werden konnte, speichert die Funktion *KeywordDel* das gelöschte Schlüsselwort in einer Variablen namens *oldKwd*. Der Wert dieser Variablen wird mit einem Codefragment, das später noch beschrieben wird, in das Textfeld *Neues Schlüsselwort* gesetzt, damit der Besucher es wieder zur Liste der gültigen Schlüsselwörter hinzufügen kann, falls es versehentlich gelöscht wurde.

Es folgt nun der vollständige Code für die Funktion *KeywordDel*. Fügen Sie diesen Code hinter der *End Function*-Anweisung der Funktion *KeywordAdd* und vor den Tags *%>* und *</head>* in die Webseite ein.

```
Function KeywordDel()
  If (curKwd = "") Then
    KeywordDel = "Es wurde kein Schlüsselwort ausgewählt."
    Exit Function
  End If
  rsKwd.MoveFirst
  Do While Not rsKwd.EOF
    If UCase(rsKwd("keyword")) = curKwd Then
      On Error Resume Next
      rsKwd.Delete
      If Err Then
        KeywordDel = Err.Description
      Else
        On Error GoTo 0
        rsKwd.Requery
        oldKwd = curKwd
        KeywordDel = ""
      End If
      Exit Function
    End If
    rsKwd.MoveNext
  Loop
  KeywordDel = "Schlüsselwort " & curKwd & "konnte nicht" _
     & "gefunden werden."
End Function
```

Bei dieser Funktion fehlt etwas sehr Wichtiges: Es werden keine Datensätze in der Tabelle *pickwd* berücksichtigt, die das Schlüsselwort enthalten, das der Webbesucher aus der Tabelle *keywords* löschen möchte. Diese Situation lässt sich auf unterschiedliche Weisen behandeln:

- Nachdem ein Schlüsselwort aus der Tabelle *keywords* gelöscht wurde, kann eine SQL-Anweisung wie die folgende ausgeführt werden, um alle Datensätze in der Tabelle *pickwd* zu löschen, die das Schlüsselwort enthalten.

  ```
  DELETE * FROM pickwd WHERE keyword = "HEDGEHOGS"
  ```

- Es lassen sich Regeln zur referenziellen Integrität einrichten, anhand derer Löschungen in der Tabelle *keywords* auch in der Tabelle *pickwd* berücksichtigt werden.
- Es lassen sich Regeln zur referenziellen Integrität einrichten, nach denen eine Löschung in der Tabelle *keywords* fehlschlägt, wenn ein übereinstimmender Datensatz in der Tabelle *pickwd* enthalten ist.
- Die Anwendung kann so bleiben, wie sie ist. Der Besitzer muss die Tabellen dann manuell synchronisieren.

Der *<head>*-Abschnitt der Seite *Schlüsselwort.asp* im Überblick

Verschaffen Sie sich mit dem folgenden Listing einen Überblick darüber, wie die Codefragmente, die Sie bisher erstellt haben, zusammen gehören. Der Rest der Webseite besteht bis auf die drei Elemente, die im nächsten Abschnitt ausführlich beschrieben werden, aus gewöhnlichem HTML-Code.

```
<% Option Explicit %>
<html>
<head>
<!-- #include file="../adovbs.inc" -->
<link rel="stylesheet" type="text/css"
     href="../holiday/holiform.css">
<title>Urlaubsfotokatalog: Schlüsselwortpflege </title>
<%
' Konstanten und Variablen definieren.
CONST KW_NONE = "(Keines)"
Dim cnHol, cnStHol
Dim rsKwd, rsItm, rsPkw
Dim sql
Dim fld
Dim trancd
Dim curPic
Dim curKwd
```

```
Dim oldKwd
Dim fMsg
Dim optCnt
' ADO Connection- und Recordset-Objekte erzeugen.
Set cnHol = Server.CreateObject("ADODB.Connection")
Set rsKwd = Server.CreateObject("ADODB.Recordset")
Set rsItm = Server.CreateObject("ADODB.Recordset")
Set rsPkw = Server.CreateObject("ADODB.Recordset")
' ADO Connection-Objekt erzeugen.
cnStHol = "driver={Microsoft Access Driver (*.mdb)};" & _
          "dbq=" & Server.MapPath("../holiday/holiday.mdb")
cnHol.Open cnStHol,"",""
' Recordset für die Tabelle keywords öffnen.
sql = "SELECT * FROM keywords ORDER BY keyword ; "
rsKwd.Open sql, cnHol , adOpenDynamic, adLockOptimistic
' Alle Formularelemente durchsuchen, die vom Webbesucher gesendet wurden,
' und feststellen, auf welche Schaltfläche geklickt wurde.
For Each fld in Request.Form
  If LCase(Left(fld,3)) = "btn" Then
    trancd = Mid(fld,4)
    Exit For
  End If
Next
' SQL-Anweisung erzeugen, um die Tabelle items abzufragen. Das
' korrekte Format hängt davon ab, auf welche Schaltfläche geklickt wurde
' und ob vom Webbesucher (oder einer vorherigen Ausführung) ein Bildname
' angegeben wurde.
sql = ""
Select Case trancd
  Case "Prev"
    If Request("picname") = "" Then
      sql = "SELECT * FROM items " & _
          "ORDER BY picname DESC ; "
    Else
      sql = "SELECT * FROM items " & _
            "WHERE picname < '" & Request("picname") & "' " & _
          "ORDER BY picname DESC ; "
    End If
  Case "Next"
    If Request("picname") = "" Then
      sql = "SELECT * FROM items " & _
          "ORDER BY picname ; "
    Else
      sql = "SELECT * FROM items " & _
            "WHERE picname > '" & Request("picname") & "' " & _
          "ORDER BY picname ; "
    End If
  Case "Query"
    If Request("picname") = "" Then
```

```
      sql = "SELECT * FROM items " & _
          "ORDER BY picname ; "
    Else
      sql = "SELECT * FROM items " & _
             "WHERE picname = '" & Request("picname") & "' ; "
    End If
End Select
' Wenn die Select Case-Anweisung eine SQL-Anweisung erzeugt,
' mit dieser das Recordset rsItm öffnen. Wenn ein Datensatz zurückgegeben
' wird, Wert des Felds picname in der Variablen curPic speichern. Sonst Wert
' aus dem Textfeld picname in dieser Variablen speichern.
If sql = "" Then
  curPic = Request("picname")
Else
  rsItm.Open sql, cnHol , adOpenDynamic, adLockOptimistic
  If rsItm.EOF or rsItm.BOF Then
    curPic = Request("picname")
  Else
    curPic = rsItm("picname")
  End If
  rsItm.Close
End If

' Wenn Variable curPic nicht leer ist, Wert benutzen, um
' die Schlüsselwörter aus der Tabelle pickwd abzufragen,
' die diesem Bild zugewiesen wurden.
If curPic <> "" Then
  sql = "SELECT * FROM pickwd " & _
         "WHERE picname = '" & curPic & "' " & _
         "ORDER BY keyword ; "
  rsPkw.Open sql, cnHol , adOpenDynamic, adLockOptimistic
End If
' Wert, der im Listenfeld valkwd ausgewählt wurde, in der
' Variablen curKwd speichern.
curKwd = UCase(Request.Form("valkwd"))
' Funktionen ausführen, um Klicks auf die Schaltflächen Hinzufügen
' (PicAdd, KwdAdd) und Entfernen (PicDel, KwdDel) zu verarbeiten.
Select Case trancd
  Case "PicAdd"
    fMsg = PictureAdd()
  Case "PicDel"
    fMsg = PictureDel()
  Case "KwdAdd"
    fMsg = KeywordAdd()
  Case "KwdDel"
    fMsg = KeywordDel()
End Select

' Funktion definieren, um Klicks auf Schaltfläche Hinzufügen (PicAdd)
```

```
' zu verarbeiten.
Function PictureAdd()
' Funktion verlassen, wenn kein Schlüsselwort ausgewählt wurde.
  If curKwd = "" Then
    PictureAdd = "Bitte Schlüsselwort eingeben."
    Exit Function
  End If
' Funktion verlassen, wenn Bildname fehlt.
  If curPic = "" Then
    PictureAdd = "Bitte Bildnamen eingeben."
    Exit Function
  End If
' Standardfehlerbehandlung deaktivieren.
  On Error Resume Next
' Neuen, leeren Datensatzzwischenspeicher erzeugen.
' Bei Fehler Funktion verlassen.
  rsPkw.AddNew
  If Err Then
    PictureAdd = Err.Description
    Exit Function
  End If
' Aktuellen Bildnamen in neuen Datensatzspeicher kopieren.
' Funktion bei Fehler verlassen.
  rsPkw("picname") = curPic
  If Err Then
    PictureAdd = Err.Description
    rsPwk.CancelUpdate
    Exit Function
  End If
' Aktuelles Schlüsselwort in neuen Datensatzspeicher kopieren.
' Funktion bei Fehler verlassen.
  rsPkw("keyword") = curKwd
  If Err Then
    PictureAdd = Err.Description
    rsPkw.CancelUpdate
    Exit Function
  End If
' Neuen Datensatz zur Tabelle hinzufügen. Funktion bei Fehler verlassen.
  rsPkw.Update
  If Err Then
    PictureAdd = Err.Description
    rsPkw.CancelUpdate
    Exit Function
  End If
' Normale Fehlerbehandlung wieder aufnehmen.
  On Error GoTo 0
' Ursprüngliche Abfrage wiederholen, um Recordset zu aktualisieren.
  rsPkw.Requery
' Rückgabewert für erfolgreiches Hinzufügen zuweisen.
```

```
  PictureAdd = ""
End Function

' Funktion definieren, um Klick auf Schaltfläche Entfernen (PicDel)
' zu verarbeiten.
Function PictureDel()
' Funktion verlassen, wenn kein Schlüsselwort ausgewählt wurde.
  If (Request("pickwd") = "" ) OR (Request("pickwd") = KW_NONE)Then
    PictureDel = "Es wurde kein Schlüsselwort ausgewählt."
    Exit Function
  End If
' Funktion verlassen, wenn kein Bildname vorhanden ist.
  If curPic = "" Then
    PictureDel= "Bitte Bildnamen eingeben."
    Exit Function
  End If
' Schleife, um jeden Datensatz zu prüfen.
  rsPkw.MoveFirst
  Do While Not rsPkw.EOF
'   Prüfen, ob Schlüsselwörter übereinstimmen.
    If UCase(Request("pickwd")) = UCase(rsPkw("keyword")) Then
'     Bei Übereinstimmung aktuelles Schlüsselwort zurücksetzen.
      curKwd = UCase(Request("pickwd"))
      On Error Resume Next
'     Übereinstimmenden Datensatz löschen.
      rsPkw.Delete
      If Err Then
'       Bei Fehler Fehlermeldung als Rückgabewert nutzen.
        PictureDel = Err.Description
      Else
'       Bei Erfolg entsprechenden Rückgabewert zuweisen.
        PictureDel = ""
'       Abfrage wiederholen, um Recordset zu aktualisieren.
        rsPkw.Requery
      End If
'     Funktion verlassen, nachdem übereinstimmendes Schlüsselwort
'     verarbeitet wurde.
      Exit Function
    End If
'   Suche nach übereinstimmendem Datensatz fortsetzen.
    rsPkw.MoveNext
  Loop
' Wenn Schleife endet, ohne dass Übereinstimmung gefunden wurde,
' Fehlermeldung zurückliefern.
  PictureDel = "Keyword " & Request("pickwd") & "konnte nicht" _
    & "gefunden werden."
End Function

' Funktion definieren, um Klicks auf die Schaltfläche Hinzufügen (KwdAdd)
```

```
' zu verarbeiten.
Function KeywordAdd()
' Funktion verlassen, wenn kein neues Schlüsselwort angegeben wurde.
  If (Request("newkwd") = "") Then
    KeywordAdd = "Kein neues Schlüsselwort angegeben."
    Exit Function
  End If
' Aktuelles Schlüsselwort zurücksetzen.
  curKwd = UCase(Request("newkwd"))
' Neuen, leeren Datensatzzwischenspeicher erzeugen.
' Bei Fehler Funktion verlassen.
  On Error Resume Next
  rsKwd.AddNew
  If Err Then
    KeywordAdd = Err.Description
    Exit Function
  End If
' Neues Schlüsselwort in neuen Datensatzzwischenspeicher kopieren.
' Bei Fehler Funktion verlassen.
  rsKwd("keyword") = UCase(Request("newkwd"))
  If Err Then
    KeywordAdd = Err.Description
    rsKwd.CancelUpdate
    Exit Function
  End If
' Neuen Datensatz zur Tabelle hinzufügen. Bei Fehler
' Aktualisierung beenden und Funktion verlassen.
  rsKwd.Update
  If Err Then
    KeywordAdd = Err.Description
    rsKwd.CancelUpdate
    Exit Function
  End If
  On Error GoTo 0
' Aktuelles Schlüsselwort zurücksetzen.
  curKwd = UCase(Request("newkwd"))
' Ursprüngliche Abfrage wiederholen, um Recordset zu aktualisieren.
  rsKwd.Requery
' Rückgabewert für erfolgreiche Funktionsausführung zuweisen.
  KeywordAdd = ""
End Function

' Funktion definieren, um Klicks auf die Schaltfläche Entfernen (KwdDel)
' zu verarbeiten.
Function KeywordDel()
' Funktion verlassen, wenn kein Schlüsselwort ausgewählt wurde.
If (curKwd = "") Then
    KeywordDel = "Es wurde kein Schlüsselwort ausgewählt."
    Exit Function
```

```
  End If
' Schleife starten, um übereinstimmenden Datensatz zu finden.
  rsKwd.MoveFirst
  Do While Not rsKwd.EOF
'   Prüfen, ob Datensatz Schlüsselwort enthält.
    If UCase(rsKwd("keyword")) = curKwd Then
'     Falls ja, Datensatz löschen.
      On Error Resume Next
      rsKwd.Delete
      If Err Then
'       Falls nein, ADO-Fehlermeldung als Rückgabewert zuweisen.
        KeywordDel = Err.Description
      Else
'       Bei Erfolg:
'       Ursprüngliche Abfrage wiederholen, um Recordset zu aktualisieren.
'       gelöschtes Schlüsselwort speichern, um es wieder hinzufügen zu
'       können. Rückgabewert für erfolgreiche Funktionsausführung zuweisen.
        On Error GoTo 0
        rsKwd.Requery
        oldKwd = curKwd
        KeywordDel = ""
      End If
'     Funktion verlassen.
      Exit Function
    End If
'   Suche nach übereinstimmendem Datensatz fortsetzen.
    rsKwd.MoveNext
  Loop
' Falls Schleife endet, ohne dass Datensatz
' gefunden wurde, Fehlermeldung zurückgeben.
KeywordDel = "Schlüsselwort " & curKwd & "konnte nicht" _
       & "gefunden werden."
End Function
%>
</head>
```

Datenbankwerte im HTML-Formular anzeigen

Die Seite *Urlaubsfotokatalog: Schlüsselwortpflege* enthält drei Elemente, die Datenbankwerte anzeigen: das Bild, das zum aktuellen Bildnamen gehört, die Schlüsselwörter, die im Listenfeld *Schlüsselwörter für Bild* enthalten sind, und die Schlüsselwörter, die im Listenfeld *Gültige Schlüsselwörter* enthalten sind. Die folgenden Abschnitte beschreiben den Code für diese Elemente.

Das aktuelle Bild anzeigen

Der Code, der im ▶ Abschnitt »Die Navigationsschaltflächen behandeln« in dieser Lektion beschrieben wurde, erzeugte eine Variable namens *curPic*, die den Dateinamen des Bildes enthält, das vom Webbesucher zuletzt angegeben wurde oder zu dem er navigiert ist. Dieses Bild sollte die Webseite anzeigen.

In einigen Fällen, wie z.B., wenn die Webseite erstmals geladen wird, ist die Variable *curPic* leer. Um das aktuelle Bild anzeigen zu können, muss also erst der Wert der Variablen *curPic* überprüft werden. Wenn ein Wert vorhanden ist, muss ein *<img>*-Tag erzeugt werden, das den Wert der Variablen *curPic* als *src*-Attribut angibt. Dazu dient der folgende Code.

```
<%
If curPic <> "" Then
  Response.Write "<img src=..\holiday\images\" & curPic & "> "
End If
%>
```

Fügen Sie den Code an der Stelle auf Ihrer Webseite ein, an der das Bild angezeigt werden soll – d.h., dort, wo Sie ein normales *<img>*-Tag einfügen würden.

Die Schlüsselwörter für das aktuelle Bild anzeigen

Um Datenbankwerte in einem Listenfeld anzuzeigen, wird nur ein *<option>*-Tag, ein Wert und ein schließendes *</option>*-Tag für jeden gewünschten Datenbankwert benötigt. Nachfolgend erfahren Sie, wie Sie den entsprechenden Code für das Listenfeld *Schlüsselwörter für Bild* erstellen:

1. Definieren Sie das Listenfeld mit den *<select>* ... *</select>*-Tags wie folgt:

```
<select size="6" name="pickwd" ondblclick="btnPicDel.click();">
' Hier Code einfügen, um <option>-Tags zu erzeugen.
</select>
```

Das Attribut *size* gibt die Höhe des Listenfelds in Zeilen an. Der Wert *"6"* bedeutet also, dass maximal sechs Schlüsselwörter sichtbar sind. Das Attribut *name* gibt den Namen des Listenfelds an (und somit auch den Namen, den der ausgewählte Wert in den Auflistungen *Request.QueryVariables* und *Request.Form* haben wird). Das Attribut *ondblclick* ist optional. Es spezifiziert eine Zeile JavaScript-Code, den der Browser ausführen sollte, falls der Webbesucher auf eines der aufgeführten Elemente doppelklickt. Der Code weist den Browser an, so zu reagieren, als ob der Webbesucher auf die Schaltfläche *btnPicDel* geklickt hätte.

2. Es gibt mindestens zwei Gründe dafür, dass das Listenfeld *Schlüsselwörter für Bild* leer ist. Der erste wäre, dass der Webbesucher keinen gültigen Bildnamen eingegeben hat oder noch nicht zu einem gültigen Bildnamen

navigiert ist. Dann kann es natürlich keine entsprechenden Schlüsselwörter geben. Zweitens kann es auch sein, dass dem Bild keine Schlüsselwörter zugewiesen wurden. In beiden Fällen sollte zumindest ein Wert im Listenfeld angezeigt werden. Wenn die Seite *Urlaubsfotokatalog: Schlüsselwortsuche* kein Schlüsselwort anzuzeigen hätte, sollte zumindest die Angabe *(Keines)* angezeigt werden.

Dies wird mit dem folgenden Code erreicht, der einen Zähler namens *optCnt* mit dem Wert Null initialisiert. Wenn dieser Zähler nicht erhöht wurde, gibt der Code die Zeile *<option>(Keines)</option>* aus. Aus Gründen, die in Schritt 2 im ▶ Abschnitt »Eine Schlüsselwortzuweisung entfernen« beschrieben wurden, wird die Angabe *(Keines)* über eine Konstante namens KW_NONE bereitgestellt.

```
<%
optCnt = 0
'  Hier Code einfügen, um ein <option>-Tag für jedes
' Schlüsselwort zu erzeugen.
If optCnt < 1 Then
  Response.Write "<option>" & KW_NONE & "</option>" & vbCrLf
End If
%>
```

3 Das Recordset *rsPkw* ist nur dann geöffnet, wenn bereits ein Bildname abgefragt wurde. Um sicherzustellen, dass das Recordset geöffnet ist, muss die *State*-Eigenschaft des Recordsets überprüft werden. Hat diese den Wert der ADO-Konstanten *adStateOpen*, ist das Recordset geöffnet. Sonst nicht. Ersetzen Sie den Kommentar in Schritt 2 durch die folgenden Anweisungen, um den Test zu implementieren.

```
If rsPkw.State = adStateOpen Then
'  Hier Code einfügen, um <option>-Tag für jedes Schlüsselwort
' zu erzeugen.
End If
```

4 Wenn das Recordset geöffnet ist, muss der Code die einzelnen Datensätze durchlaufen, bis die *EOF*-Eigenschaft des Recordsets den Wert *True* hat, und dabei für jeden Datensatz ein *<option>*-Tag ausgeben. Die Anwendung muss außerdem die Variable *optCnt* jedes Mal um 1 erhöhen, nachdem ein *<option>*-Tag ausgegeben wurde. Dazu dient der folgende Code:

```
Do While Not rsPkw.EOF
  Response.Write "<option>" & rsPkw("keyword") & _
    "</option>" & vbCrLf
  optCnt = optCnt + 1
  rsPkw.MoveNext
Loop
rsPkw.Close
```

Die letzte Codezeile schließt das Recordset *rsPkw*, weil bekannt ist, dass es geöffnet wurde und es außerdem nicht mehr weiter benötigt wird.

Insgesamt sieht der Code, mit dem das Listenfeld *Schlüsselwörter für Bild* gefüllt wird, wie folgt aus. Fügen Sie den Code an der Stelle an, an der das Listenfeld auf der Webseite angezeigt werden soll.

```
<select size="6" name="pickwd" ondblclick="btnPicDel.click();">
<%
optCnt = 0
If rsPkw.state = adStateOpen Then
  rsPkw.MoveFirst
  Do While Not rsPkw.EOF
    Response.Write "<option>" & rsPkw("keyword") & _
      "</option>" & vbCrLf
    optCnt = optCnt + 1
    rsPkw.MoveNext
  Loop
  rsPkw.Close
End If
If optCnt < 1 Then
  Response.Write "<option>" & KW_NONE & "</option>" & vbCrLf
End If
%>
</select>
```

Die Liste der gültigen Schlüsselwörter anzeigen

Diese Aufgabe lässt sich sogar noch einfacher umsetzen, als die Anzeige der Schlüsselwörter, die einem Bild zugewiesen wurden. Das liegt daran, dass das Recordset *rsKwd* immer geöffnet ist und dass davon ausgegangen werden kann, dass das Recordset immer Datensätze enthält. Es gibt jedoch ein Problem. Wenn die Seite geöffnet wird, sollte im Listenfeld *Gültige Schlüsselwörter* immer das Schlüsselwort ausgewählt sein, das in der Variablen *curKwd* gespeichert ist.

Der HTML-Code, mit dem das Listenelement ausgewählt wird, ist ziemlich einfach aufgebaut: das *<option>*-Tag muss lediglich das *selected*-Attribut mit dem gewünschten Listenelement enthalten. Der folgende Code leistet dies, indem er die Zeichenfolge *<option>*, gefolgt von " *selected*" und dem Schlüsselwort "*>HEDGEHOGS</option>*" ausgibt, wobei *HEDGEHOGS* ein typisches Schlüsselwort aus der Tabelle *keywords* ist.

Die Funktionsweise des Codes sollte Ihnen klar sein, wenn Sie die bisherigen Ausführungen in diesem und im letzten Abschnitt verstanden haben. Fügen Sie diesen Code an der Stelle in Ihre Webseite ein, an der das Listenfeld *Gültige Schlüsselwörter* angezeigt werden soll.

```
<select size="6" name="valkwd" ondblclick="btnPicAdd.click();">
<%
```

```
Do While Not rsKwd.EOF
  Response.Write "<option"
  If rsKwd("keyword") = curKwd Then
    Response.Write " selected"
  End If
  Response.Write ">" & rsKwd("keyword") & "</option>" & vbCrLf
  rsKwd.MoveNext
Loop
%>
</select>
```

Die Seite *Urlaubsfotokatalog: Suchkriterien* erstellen

Es ist zwar sehr interessant, Elementen Schlüsselwörter zuzuweisen, wirklich nützlich wird das Ganze aber erst dann, wenn Schlüsselwörter als Suchkriterien genutzt werden. Die Seite *Suchen.asp*, die in Abbildung 10.1 gezeigt wird, bietet diese Funktionalität – zumindest fast.

Die Seite *Suchen.asp* bietet selbst keine Suchfunktionen. Es handelt sich vielmehr um ein Dateneingabeformular. Durch Anklicken der Schaltfläche *Senden* werden die vom Webbesucher ausgewählten Kriterien an eine andere Seite namens *Ergebnis.asp* gesendet. Diese Seite durchsucht die Datenbank und präsentiert die Ergebnisse – zumindest fast.

Die Seite *Ergebnis.asp* ist eigentlich ein Frameset (siehe Abbildung 10.2). Die Webseite, die die Suche tatsächlich durchführt, heißt *ElemListe.asp* und wird im Frame *ElemListe* am linken Rand des Framesets *Ergebnis.asp* angezeigt.

Die nächsten drei Abschnitte beschreiben das Frameset *Ergebnis.asp*, die Seite *Titel.htm*, die im Frame *Titel* am oberen Rand angezeigt wird und die Seite *ElemListe*.asp. Die Seite *Detail.asp* aus ▶ Lektion 7 wird in den Frame *Detail* rechts unten geladen. Das Hauptthema dieses Abschnitts ist jedoch die Seite *Suchen.asp*, mit der der Vorgang beginnt.

Die Seite *Suchen.asp* können Sie gestalten, wie es Ihnen beliebt, solange Sie sich an die folgenden Spezifikationen halten. Diese Spezifikationen dienen lediglich dazu, eine Übereinstimmung mit dem ASP-Code zu gewährleisten, der später in dieser Lektion beschrieben wird.

- Weisen Sie dem Listenfeld *Kategorie* den Namen *qcatnr* zu, und geben Sie nur den Wert *(Beliebig)* fest in die Auswahlliste ein.
- Weisen Sie dem Listenfeld *Land* den Namen *qcountry* zu, und geben Sie nur den Wert *(Beliebig)* fest in die Auswahlliste ein.
- Weisen Sie dem Listenfeld *Datum* den Namen *datecomp* zu, und geben Sie die in Tabelle 10.2 aufgeführten Werte fest in die Auswahlliste ein.

- Weisen Sie dem Textfeld *Datum* den Namen *dateval* zu. Wenn der Webbesucher Datenbankinhalte nach dem Datum sucht, enthält dieses Listenfeld das gesuchte Datum.
- Weisen Sie den beiden Optionsfeldern den Gruppennamen *kwdmode* zu. Weisen Sie außerdem dem Optionsfeld mit der Beschriftung *Alle* den Wert *AND* und dem Optionsfeld mit der Beschriftung *Beliebig* den Wert *OR* zu.
- Weisen Sie den vier Listenfeldern im Bereich *Schlüsselwörter* die Namen *keyword1*, *keyword2*, *keyword3* und *keyword4* zu. Geben Sie bei jedem Listenfeld nur den Wert *(Keines)* fest in die Auswahlliste ein.
- Sie benötigen eine *Senden*-Schaltfläche, die jedoch eine beliebige Beschriftung tragen kann. Im Beispiel trägt die Schaltfläche den Namen *btnSub* und die Beschriftung *Senden*.
- Integrieren Sie alle bisher genannten Formularfelder in ein HTML-Formular. Nutzen Sie dazu ein *<form>*-Tag, das die Methode *POST* spezifiziert und angibt, dass die Seite *Ergebnis.asp* geladen werden soll:

```
<form method="POST" action="Ergebnis.asp">
```

Tabelle 10.2
Bezeichnungen und Werte für die Elemente, die fest in der Auswahlliste *Datum* angezeigt werden sollen

Bezeichnung	Wert	Bezeichnung	Wert
(Beliebig)	XX	Am	EQ
Vor	LT	Am oder Vor	LE
Nach	GT	Am oder Nach	GE

Nun steht das Grundgerüst des HTML-Formulars. Wenn Sie lieber den fertigen Code betrachten wollen, anstatt ihn selbst neu zu erstellen, öffnen Sie die Beispieldatei *\Webdbdev\Kap10\Suchen.asp* in Ihrem bevorzugten HTML-Editor.

Der folgende Code erzeugt das Dropdown-Listenfeld *Kategorie*. Das Dropdown-Listenfeld selbst und die erste Listenoption werden dabei mit normalem HTML-Code erstellt. Anschließend wird die Tabelle *categories*, sortiert nach der Kategorienummer im Feld *catnr* geöffnet, es werden alle Datensätze gelesen und es wird für jeden Datensatz ein *<option>*-Tag ausgegeben. Hier sehen Sie ein solches *<option>*-Tag, bei dem der variable Teil hervorgehoben dargestellt wird.

```
<option value=100>Eden Park Hotel</option>
```

Der eigentliche Code folgt nun. Sie können diesen Code an einer beliebigen Stelle einfügen, an der das Dropdown-Listenfeld *Kategorie* auf der Webseite angezeigt werden soll.

```
<select size="1" name="qcatnr">
  <option>(Beliebig)</option>
  <%
  Set rsCat = Server.CreateObject("ADODB.Recordset")
  sql = "SELECT * FROM categories ORDER BY catnr "
  rsCat.Open sql, cnHol, adOpenStatic, adLockReadOnly
  Do While Not rsCat.EOF
    Response.Write "<option value=" & _
      rsCat("catnr") & ">" & _
      rsCat("catdesc") & _
      "</option>" & vbCrLf
    rsCat.MoveNext
  Loop
  rsCat.Close
%>
</select>
```

Der Code, mit dem die Auswahlliste *Länder* angezeigt wird, ist fast identisch. Er öffnet jedoch ein etwas komplexeres Recordset. Die SQL-Anweisung fragt alle *country*-Werte aus der Tabelle *categories* ab, und verwendet dann eine GROUP BY-Klausel, um nur einen Wert auszugeben, wenn ein Eintrag mehrfach vorkommt.

```
<select size="1" name="qcountry">
  <option>(Beliebig)</option>
  <%
  Set rsCtr = Server.CreateObject("ADODB.Recordset")
  sql = "SELECT country " & _
        "FROM categories " & _
      "GROUP BY country " & _
      "ORDER BY country;"
  rsCtr.Open sql, cnHol, adOpenStatic, adLockReadOnly
    Do While Not rsCtr.EOF
    Response.Write "<option>" & rsCtr("country") & _
      "</option>" & vbCrLf
    rsCtr.MoveNext
  Loop
    rsCtr.Close
  %>
</select>
```

Im obigen Code wird *Connection*-Objekt *cnHol* jedoch weder definiert noch geöffnet, das in der *rsCtr.Open*-Anweisung referenziert wird. Um dies zu korrigieren, fügen Sie die folgende Anweisung vor dem *</head>*-Tag der Webseite ein.

```
<%
Set cnHol = Server.CreateObject("ADODB.Connection")
cnStHol = "driver={Microsoft Access-Treiber (*.mdb)};" & _
        "dbq=" & Server.MapPath("../holiday/holiday.mdb")
```

```
cnHol.Open cnStHol,"",""
%>
```

Der Code, der die vier Listenfelder im Bereich *Schlüsselwörter* erzeugt, befindet sich ebenfalls im *<head>*-Bereich. Es macht keinen Sinn, die Tabelle *keywords* vier Mal zu durchlaufen, um vier identische Schlüsselwortlisten zu erzeugen. Deshalb liest der Code, der im *<head>*-Abschnitt steht, die Tabelle nur einmal, formatiert alle *<option>*-Tags und speichert die gesamte Liste in einer Variablen namens *kwOpts*. Und hier nun der Code, der zwischen der *cnHol.Open*-Anweisung und dem schließenden %>-Tag steht.

```
Set rsKwd = Server.CreateObject("ADODB.Recordset")
sql = "SELECT * FROM keywords ORDER BY keyword "
rsKwd.Open sql, cnHol, adOpenStatic, adLockReadOnly
kwOpts = ""
Do While Not rsKwd.EOF
  kwOpts = kwOpts & "<option>" & _
                  rsKwd("keyword") & _
                  "</option>" & vbCrLf
  rsKwd.MoveNext
Loop
rsKwd.Close
```

Der Code, mit dem die Listenfelder im Bereich *Schlüsselwörter* gefüllt werden, besteht aus den folgenden Anweisungen. Fügen Sie den Code an der Stelle auf der Webseite ein, an der das jeweilige Listenfeld angezeigt werden soll (denken Sie daran, im letzten Zeichen des *name*-Attributs die korrekte Nummer für jedes Listenfeld anzugeben).

```
<select size="1" name="keyword1">
  <option>(Keines)</option>
  <%=kwOpts%>
</select>
```

Die Seite *Suchergebnisse*

Die Seite *Suchergebnisse* (*Ergebnis.asp*) ist eigentlich ein Frameset, das nur sehr wenig ASP-Code enthält. Dieser Code übernimmt die Feldwerte aus der Seite *Suchen.asp* und leitet diese an die Seite *ElemListe.asp* weiter.

Ein komplettes Listing für diese Seite folgt. Der hervorgehobene Text kennzeichnet die folgenden zwei Instanzen von ASP-Code:

- Der Code, der in Zeile vier beginnt, setzt eine Abfragezeichenfolge zusammen, die jeden Formularfeldnamen und -wert wiederholt, der von der Seite *Suchen.asp* empfangen wird.

- Das Attribut *src* im zweiten *<frame>*-Tag hängt diese Abfragezeichenfolge an den URL an, der die Seite *ElemListe.asp* lädt.

Der Rest des Framesets ist nicht besonders bemerkenswert.

```
<html>
<head>
<title>Urlaubsfotokatalog: Suchergebnisse</title>
<%
qstring = "?qcatnr=" & Request("qcatnr") & _
          "&qcountry=" & Request("qcountry") & _
          "&dateval=" & Request("dateval") & _
          "&datecomp=" & Request("datecomp") & _
          "&keyword1=" & Request("keyword1") & _
          "&keyword2=" & Request("keyword2") & _
          "&keyword3=" & Request("keyword3") & _
          "&keyword4=" & Request("keyword4") & _
          "&kwdmode=" & Request("kwdmode")
%>
</head>
<frameset rows="50,*">
  <frame name="title" src="title.htm"
         target="_top" scrolling="no"
         marginwidth="0" marginheight="0">
  <frameset cols="40%,60%">
    <frame name="ElemListe" src="ElemListe.asp<%=qstring%>"
           target="detail" scrolling="auto"
           marginwidth="0" marginheight="0">
    <frame name="detail" src="../Kap07/Leer.htm"
           target="_self" scrolling="auto"
           marginwidth="0" marginheight="0">
    <noframes>
    <body>
    <p>Ihr Browser unterstützt keine Frames. Keine korrekte Anzeige möglich.</p>
   </body>
    </noframes>
  </frameset>
</frameset>
</html>
```

Die Seite *Titel*

Im Frame *Titel* des Framesets *Ergebnis.asp* wird eine Seite namens *Titel.htm* angezeigt – eine gewöhnliche Webseite, die den Titeltext und einen Link zur Seite *Suchkriterien* bereitstellt. Um den Code dieser Seite zu betrachten, öffnen Sie die Beispieldatei *\Webdbdev\Kap10\Titel.htm* in Ihrem bevorzugten HTML-Editor.

Die Seite *Gefundene Elemente*

Die Seite *Gefundene Elemente* (*ElemListe.asp*) unterscheidet sich nicht wesentlich von der Miniaturbildseite (*Bildliste.asp*), die in ▶ Lektion 7 beschrieben wurde. Beide Seiten erzeugen eine SQL-Anweisung auf der Basis der Kriterien, die vom Webbesucher festgelegt werden, fragen die Tabelle *items* bzw. *Elemente* ab und zeigen das Ergebnis in einer anklickbaren Liste der Miniaturbilder an, die in Form einer HTML-Tabelle organisiert ist. Beide Seiten zeigen die Seite *Bild.asp* im *Detail*-Frame des entsprechenden Framesets an, und zwar gleich am Anfang und immer dann, wenn der Webbesucher auf ein Miniaturbild klickt.

Es gibt jedoch zwei deutliche Unterschiede zwischen diesen Webseiten. Der weniger wichtige betrifft die Formatierung. Die Seite *ElemListe.asp* ist breiter und zeigt mehr Daten an, als die Seite *Bildliste.asp* in ▶ Lektion 7. Der wichtigere Unterschied ist der, dass die Seite *Bildliste.asp* anhand eines Kriteriums, der Kategorienummer, eine einfache SQL-Anweisung erzeugt. Die Seite *ElemListe.asp* übernimmt neun Kriterienwerte, die alle optional sind, und erstellt anhand dieser ziemlich komplexe SQL-Anweisungen. Wählt der Webbesucher beispielsweise die in Abbildung 10.5 gezeigten Kriterien, resultiert die folgende SQL-Anweisung.

Abbildung 10.5 Anhand der gewählten Kriterien werden alle SQL-Optionen aktiviert, die die Seite *ElemListe.asp* erzeugen kann

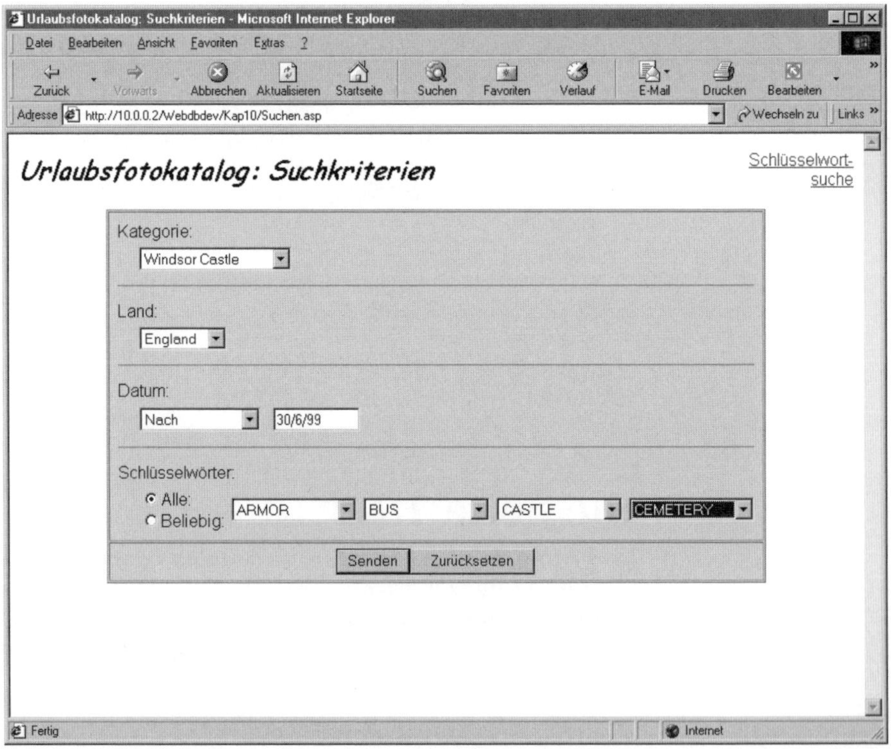

```
SELECT    items.catnr,
          items.seqnr,
          items.picname,
          items.title,
          items.picdate,
          categories.catdesc,
          categories.country,
          Count(pickwd.keyword) AS CountOfkeyword
FROM      (items LEFT JOIN categories
                 ON items.catnr = categories.catnr)
              LEFT JOIN pickwd
                 ON items.picname = pickwd.picname
WHERE     (items.catnr = 700)
      AND (categories.country = 'England')
      AND (picdate > #30/6/99#)
      AND ((pickwd.keyword = 'ANIMALS') OR
          (pickwd.keyword = 'BUS') OR
          (pickwd.keyword = 'CASTLE') OR
          (pickwd.keyword = 'CEMETERY'))
GROUP BY items.catnr,
         items.seqnr,
         items.picname,
         items.title,
         items.picdate,
         categories.catdesc,
         categories.country
HAVING   Count(pickwd.keyword) = 4
ORDER BY items.catnr,
         items.seqnr ;
```

Die SQL-Anweisung ist ziemlich umfangreich. Glücklicherweise bleibt der größte Teil konstant. Im Folgenden sind die einzelnen Klauseln ausführlicher beschrieben:

- Die SELECT-Klausel benennt alle Felder, die in der Ergebnisgruppe enthalten sein sollten. Die Felder stammen aus den Tabellen *items*, *categories* und *pickwd*.

  Das letzte Feld, *Count(pickwd.keyword) AS CountOfkeyword*, kommt im Zusammenhang mit der GROUP BY-Klausel weiter unten in der SQL-Anweisung zum Einsatz. Die GROUP BY-Klausel teilt der Datenbanksoftware mit, dass zwei oder mehr Datensätze in der Ergebnisgruppe identische Werte in der vorgegebenen Feldliste enthalten. Die Datenbanksoftware soll diese Datensätze in einem Datensatz zusammenziehen. Der Ausdruck *Count(pickwd.keyword)* teilt der Datenbanksoftware mit, dass kein Schlüsselwort zurückgeliefert werden soll, sondern die Anzahl der Schlüsselwörter, die in dem neuen Datensatz enthalten sind.

Angenommen, die Datenbanksoftware konsolidiert (bedingt durch die GROUP BY-Klausel) drei Datensätze in einem. Weiter angenommen, diese Datensätze enthalten die Schlüsselwörter BUS, CASTLE und CEMETERY. In der aggregierten Ergebnisgruppe würde *Count(pickwd.keyword)* den Wert 3 zurückliefern.

Im Beispiel in Abbildung 10.5 wurden vier Schlüsselwörter und die Option *Alle* gewählt. Die HAVING-Klausel beschränkt deshalb die Menge der zurückgelieferten Datensätze auf diejenigen, bei denen *Count(pickwd.keyword)* den Wert 4 zurückgibt. Wenn stattdessen die Option *Beliebig* aktiviert worden wäre, wäre die HAVING-Klausel weggefallen.

- Die FROM-Klausel gibt an, wie die Tabellen *items*, *categories* und *pickwd* zusammengefügt werden sollen. Der folgende Ausdruck bedeutet folgendes: »Für jeden Datensatz in der Tabelle *items*, der die WHERE-Klausel erfüllt (wenn es eine gibt), den entsprechenden Datensatz in der Tabelle *categories* mit demselben *catnr*-Wert finden. Anhand des Datensatzes aus der Tabelle *categories* alle Feldnamen bereitstellen, die in der SELECT-Klausel genannt werden. Wenn es keinen übereinstimmenden Datensatz in der Tabelle *categories* gibt, die Informationen aus der Tabelle *items* integrieren und für die Felder aus der Tabelle *categories* den Wert Null verwenden.«

```
(items LEFT JOIN categories ON items.catnr = categories.catnr)
```

Wird der folgende Ausdruck an den vorherigen angehängt, wird die Tabelle *pickwd* mit der Ergebnisgruppe zusammengefügt, die aus dem Zusammenschluss der Tabellen *items* und *categories* resultiert. Anders als die erste JOIN-Anweisung basiert diese auf einer Übereinstimmung der Werte im Feld *picname*. Wie die erste JOIN-Anweisung ist auch diese eine LEFT JOIN-Anweisung. Wenn kein übereinstimmender Datensatz gefunden werden konnte, wird der Datensatz aus der Tabelle *pickwd* trotzdem in die Ergebnismenge aufgenommen.

```
LEFT JOIN pickwd ON items.picname = pickwd.picname
```

Abbildung 10.6 veranschaulicht die Beziehungen zwischen den Tabellen *items*, *categories* und *pickwd*, wenn die Abfrage in Microsoft Access eingerichtet wird.

- Der Aufbau der WHERE-Klausel hängt davon ab, welche Kriterien der Webbesucher auswählt. Der Ausdruck *(items.catnr = 700)* ist z.B. vorhanden, weil der Webbesucher die Kategorie *Windsor Castle* ausgewählt hat. Hätte der Besucher dagegen die Kategorie *(Beliebig)* gewählt, wäre dieser Ausdruck nicht vorhanden.

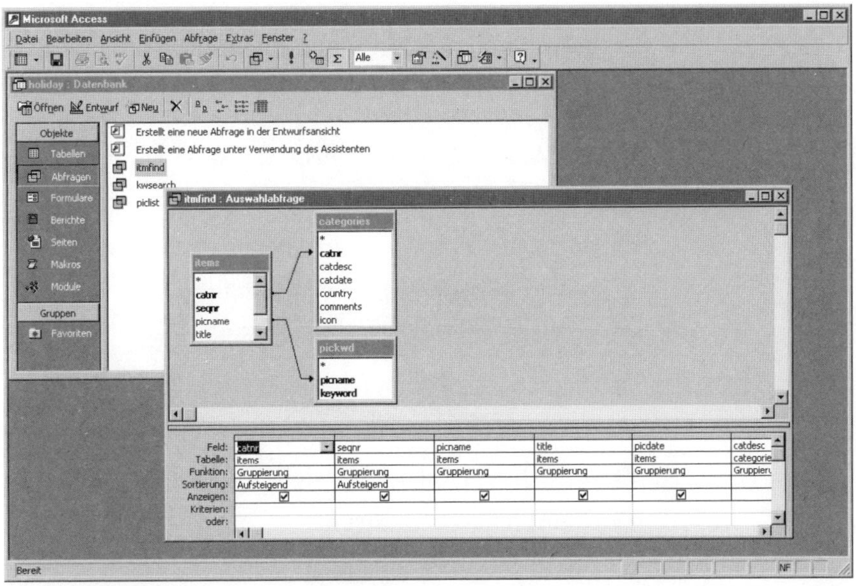

Abbildung 10.6
So wird eine komplexe SQL-Anweisung, die von der Seite *ElemListe.asp* erzeugt wird, in Access dargestellt

Der Vergleichsoperator > im Ausdruck *(picdate > #30/06/99#)* stammt aus dem Dropdown-Listenfeld *Datum*, in dem der Webbesucher den Wert *Nach* ausgewählt hat. Wenn der Webbesucher den Wert *(Beliebig)* gewählt hätte oder das Textfeld *Datum* leer gelassen hätte, wäre kein Ausdruck vorhanden, der das Feld *picdate* beinhaltet.

Merken Sie sich, dass die WHERE-Klausel die Datensätze filtert, bevor diese mit einer GROUP BY-Klausel aggregiert werden, und die HAVING-Klausel die Datensätze erst filtert, nachdem sie aggregiert wurden.

- Die GROUP BY-Klausel aggregiert, wie bereits erwähnt, alle Datensätze in der Ergebnisgruppe, die gleiche Werte in den aufgelisteten Feldern enthalten.
- Die HAVING-Klausel filtert Datensätze, nachdem sie von der GROUP BY-Klausel aggregiert wurden. Wenn der Webbesucher eines oder mehrere Schlüsselwörter und die Option *Alle* wählt, wird diese Klausel generiert und das Ergebnis von *Count(pickwd.keyword)* muss identisch mit der Anzahl der gewählten Schlüsselwörter sein. Andernfalls ist die Klausel nicht vorhanden.
- Die ORDER BY-Klausel legt die Reihenfolge der Datensätze in der Ergebnismenge fest, die die Datenbanksoftware zurückliefert.

Von diesen Klauseln sind alle bis auf die WHERE- und die HAVING-Klausel konstant. Dies vereinfacht die Dinge etwas. Trotzdem sind folgende 10 Schritte nötig, um diese Webseite zu erstellen. Die einzelnen Schritte werden im Anschluss beschrieben. Wenn Sie lieber den fertigen Code betrachten, als ihn neu zu erstellen, öffnen Sie die Beispieldatei im Ordner *\Webdbdev\Kap10\ElemListe.asp*, oder prüfen Sie das Listing am Ende dieser Lektion.

1. Die Webseite initialisieren.
2. Die Variablen deklarieren.
3. Das Kriterium *Kategorie* berücksichtigen.
4. Das Kriterium *Land* berücksichtigen.
5. Das Kriterium *Datum* berücksichtigen.
6. Die Schlüsselwörter berücksichtigen.
7. Die WHERE- und die HAVING-Klausel fertig stellen.
8. Die SQL-Anweisung erstellen.
9. Die Abfrage ausführen.
10. Die Ergebnisse anzeigen.

Die Webseite initialisieren

Erstellen Sie mit Ihrem bevorzugten HTML-Editor eine neue *.asp*-Seite. Weil die Seite *ElemListe.asp* sehr komplex ist und es deshalb leicht passieren kann, dass Variablennamen falsch geschrieben werden, sollten Sie eine *Option Explicit*-Anweisung in die erste Zeile der Datei setzen. Denken Sie außerdem an die *Include*-Anweisung für die Datei *Adovbs.inc* und, bei Bedarf an einen Link zu einer Stylesheet-Datei.

```
<% Option Explicit %>
<html>
<head>
<!-- #include file="../adovbs.inc" -->
<link rel="stylesheet" type="text/css"
      href="../holiday/holiday.css">
<title>Urlaubsfotokatalog: Gefundene Elemente</title>
<base target="detail">
<!-- Hier Code einfügen, um Variablen zu deklarieren und -->
<!-- Suchkriterien zu integrieren. -->
</head>
<body>
<!-- Hier Code einfügen, um die Datenbank abzufragen. -->
<!-- Hier Code einfügen, um die Ergebnisse anzuzeigen. -->
</body>
</html>
```

Die Variablen deklarieren

Ersetzen Sie den ersten Kommentar im obigen Listing durch den folgenden Code. Dieser erzeugt alle Variablen, die im ASP-Code genutzt werden.

```
<%
Dim datecl
Dim sqlWhere
Dim kwdWhere
Dim kwdCnt
Dim sqlHaving
Dim sql
Dim cnHol
Dim cnStHol
Dim rsHit
' Hier Code einfügen, um Suchkriterien zu integrieren.
%>
```

Unter realen Bedingungen kennen Programmierer selten im Voraus alle Variablen, die sie verwenden werden. Sie fügen deshalb bei Bedarf *Dim*-Anweisungen an dieser Stelle ein.

Das Kriterium *Kategorie* berücksichtigen

Um ein Suchkriterium zu berücksichtigen, muss im Wesentlichen die korrekte WHERE-Klausel für eine SQL-Anweisung erzeugt werden. Im Fall des Feldes *Category* ist dies ziemlich einfach. Es gibt nur drei Bedingungen, und zwei davon erfordern keine Aktion.

Der erste Fall, in dem keine Aktion erforderlich ist, tritt auf, wenn das Feld *qcatnr* im *Request*-Objekt leer ist. Der zweite tritt auf, wenn der Inhalt des Felds *qcatnr* nicht numerisch ist. Andernfalls sieht die benötigte WHERE-Klausel wie folgt aus. (Selbstverständlich wird die hervorgehoben dargestellte Zahl 700 durch die tatsächlich angeforderte Kategorienummer ersetzt.)

```
(items.catnr = 700)
```

Wenn der Kategoriecode gültig ist, setzt der folgende Code diese Zeichenfolge einer Variablen namens *sqlWhere* zu. Andernfalls wird eine leere Zeichenfolge in dieser Variablen gespeichert. In beiden Fällen ist die WHERE-Klausel bereit für weitere Kriterien, falls solche existieren.

Ersetzen Sie den Kommentar aus dem letzten Abschnitt durch die folgenden Anweisungen.

```
If (Request("qcatnr") = "") Or _
Not IsNumeric(Request("qcatnr")) Then
  sqlWhere = ""
Else
  sqlWhere = "(items.catnr = " & Request("qcatnr") & ")"
End If
```

Das Kriterium *Land* berücksichtigen

Wenn der Wert *qcountry*, der von der Seite *Suchen.asp* gesendet wird, leer ist oder die Standardzeichenfolge *(Beliebig)* enthält, ist das Kriterium *Land* nicht vorhanden und die WHERE-Klausel benötigt keinen zusätzlichen Code. Wenn jedoch ein zulässiger Wert übermittelt wird, muss die WHERE-Klausel einen Ausdruck wie den folgenden enthalten:

```
(categories.country = 'Wales')
```

Diese Anforderung ähnelt derjenigen aus dem letzten Abschnitt sehr stark. Es gibt jedoch einige zusätzliche Probleme.

- Das Feld *country* ist ein Textfeld. Der Vergleichswert muss deshalb in einfache Anführungszeichen gesetzt werden.
- Es ist nicht sicher, ob die Variable *sqlWhere* bereits einen Ausdruck enthält. Enthält die Variable einen Wert, muss der Code die Zeichenfolge " *AND* " vor der Landesangabe anhängen. Wenn die Variable *sqlWhere* leer ist, kann der Code den der Landesangabe einfach so anhängen.

Wenn Sie sicher sind, dass der folgende Code diese Anforderungen erfüllt, fügen Sie ihn direkt hinter dem Code aus dem letzten Abschnitt ein.

```
If (Request("qcountry") <> "") and _
   (Request("qcountry") <> "(Beliebig)") Then
  If sqlWhere <> "" Then
    sqlWhere = sqlWhere & " AND "
  End If
  sqlWhere = sqlWhere & "(categories.country = '" & _
             Request("qcountry") & "')"
End If
```

Das Kriterium *Datum* berücksichtigen

Ein Datumskriterium ist nur dann gültig, wenn die Seite *Suchen.asp* einen Wert für das Feld *dateval* sowie für das Feld *datecomp* übermitteln kann. Diese Anforderung erhöht die Wahrscheinlichkeit, dass ein Fehler auftritt. Es bietet deshalb Vorteile, den benötigten Code in eine Unterroutine zu setzen, da die Unterroutine im Falle eines Fehlers einfach mit einer *Exit Sub*-Anweisung verlassen werden kann.

1. Fügen Sie den folgenden Code direkt hinter dem Code aus dem letzten Abschnitt ein. Die erste Anweisung ruft die Unterroutine auf, die letzten drei definieren die Unterroutine.

```
AppendDateClause
' Hier Code einfügen, um zusätzliche Kriterien zu behandeln.
Sub AppendDateClause()
' Hier Code einfügen, um die Datumskriterien zu überprüfen
' und anzuwenden.
End Sub
```

2. Ersetzen Sie den zweiten Kommentar in Schritt 1 durch den folgenden Code. Dieser Code überprüft, ob der Wert *dateval*, der von der Seite *Suchen.asp* übergeben wurde, leer ist. Falls ja, wird die Unterroutine verlassen.

```
If Request("dateval") = "" Then
  Exit Sub
End If
```

3. Der folgende Code stellt fest, ob der Webbesucher ein gültiges Datum in das Feld *dateval* eingegeben hat. Falls nicht, ignoriert der Code die Kriterien, indem er die Unterroutine verlässt.

```
If Not IsDate(Request("dateval")) Then
  Exit Sub
End If
```

Fügen Sie diesen Code direkt hinter dem Code aus Schritt 2 ein.

4. Der folgende Code überprüft den Wert, der im Dropdown-Listenfeld *datecomp* auf der Seite *Suchen.asp* ausgewählt wurde. Es stehen die in Tabelle 10.2 aufgelisteten Werte zur Auswahl. Wenn die Seite *ElemListe.asp* einen dieser Werte empfängt, beginnt sie, eine WHERE-Klausel in der Variablen *datecl* zu erstellen. Andernfalls verlässt sie die Unterroutine. Der Code muss direkt hinter dem Code aus Schritt 3 eingefügt werden.

```
Select Case UCase(Request("datecomp"))
  Case "LT"
    datecl = "(picdate < #"
  Case "LE"
    datecl = "(picdate <= #"
  Case "EQ"
    datecl = "(picdate = #"
  Case "GE"
    datecl = "(picdate >= #"
  Case "GT"
    datecl = "(picdate > #"
  Case Else
    Exit Sub
End Select
```

5. Wenn die Unterroutine noch immer ausgeführt wird (d.h. die Ausführung wurde nicht durch eine Fehlerbedingung beendet), prüft der folgende Code zunächst, ob die Variable *sqlWhere* bereits ein Kriterium enthält. Falls ja, hängt der Code die Zeichenfolge " *AND* " an. Anschließend wird in jedem Fall der *datecl*-Wert angehängt, d.h. das Datum aus dem Textfeld *dateval*, sowie ein schließendes Nummernzeichen und eine Klammer. Es wird also eine Klausel wie die folgende angehängt:

```
AND (picdate > #30/6/99#)
```

Fügen Sie den folgenden Code zwischen dem Code aus Schritt 4 und der *End Sub*-Anweisung ein, die Sie in Schritt 1 erstellt haben.

```
If sqlWhere <> "" Then
  sqlWhere = sqlWhere & " AND "
End If
sqlWhere = sqlWhere & datecl & Request("dateval") & "#)"
```

Die Schlüsselwörter berücksichtigen

Um die vier Schlüsselwortfelder behandeln zu können, muss Folgendes bedacht werden:

- Ein Schlüsselwortfeld darf nicht leer sein oder den Wert *(Keines)* enthalten, um ein gültiges Kriterium zu sein.
- Die Werte der Schlüsselwortfelder müssen sich unterscheiden. Wenn ein Webbesucher ein Schlüsselwortfeld zwei Mal auswählt, soll der Wert nur ein Mal gewertet werden.
- Wie nachfolgend gezeigt, muss der OR-Operator den Ausdrücken vorangesetzt werden, die das zweite und alle folgenden Schlüsselwörter überprüfen.

  ```
  (pickwd.keyword = 'ANIMALS') OR (pickwd.keyword = 'BUS')
  ```

- Der Code muss einen Zähler für die Anzahl der gültigen Schlüsselwörter enthalten. Dieser Zähler wird später als Grundlage genutzt, um festzustellen, ob alle Schlüsselwörter angegeben wurden.

Die folgende Schritt-für-Schritt-Anleitung beschreibt, wie der Code erzeugt wird, mit dem die vier Schlüsselwortfelder behandelt werden. Ersetzen Sie mit dem Code den Kommentar im ersten Schritt des vorherigen Abschnitts.

1. Der Zähler für die gefundenen Schlüsselwörter muss mit dem Wert Null initialisiert werden.

```
kwdCnt = 0
```

2. Wenn das erste Schlüsselwort nicht leer ist und auch nicht den Wert *(Keines)* hat, soll ein Ausdruck der folgenden Form in der Variablen *kwdWhere* gespeichert und der Zähler *kwdCnt* um eins erhöht werden:

```
(pickwd.keyword = 'ANIMALS')
```

Andernfalls soll der Variablen *kwdWhere* eine leere Zeichenfolge zugewiesen werden.

```
If (Request("keyword1") <> "") and _
   (Request("keyword1") <> "(Keines)") Then
  kwdWhere = "(pickwd.keyword = '" & Request("keyword1")& "')"
  kwdCnt = kwdCnt + 1
```

```
Else
  kwdWhere = ""
End If
```

3 Das zweite Schlüsselwort soll als gültig betrachtet werden, wenn es nicht leer ist, nicht den Wert *(Keines)* hat und auch nicht mit dem ersten Schlüsselwort identisch ist. Wenn das Schlüsselwort gültig ist und die Variable *kwdWhere* bereits einen Ausdruck enthält, wird die Zeichenfolge " *OR* " an diesen Ausdruck angehängt. Anschließend wird ein Ausdruck der folgenden Form angehängt:

```
(pickwd.keyword = 'BUS')
```

Anschließend wird die Variable *kwdCnt* um den Wert 1 erhöht.

```
If (Request("keyword2") <> "") and _
   (Request("keyword2") <> "(Keines)") and _
   (Request("keyword2") <> (Request("keyword1"))) Then
  If kwdWhere <> "" Then
    kwdWhere = kwdWhere & " OR "
  End If
  kwdWhere = kwdWhere & "(pickwd.keyword = '" & Request("keyword2") & _
      "')"
  kwdCnt = kwdCnt + 1
End If
```

4 Wiederholen Sie die Programmlogik, aus Schritt 3 für das dritte Schlüsselwort. Denken Sie daran, dass das dritte Schlüsselwort nicht leer sein darf, nicht gleich *(Keines)* sein darf und auch nicht identisch mit dem Schlüsselwort eins oder zwei sein darf.

```
If (Request("keyword3") <> "") and _
   (Request("keyword3") <> "(Keines)") and _
   (Request("keyword3") <> (Request("keyword1"))) and _
   (Request("keyword3") <> (Request("keyword2"))) Then
  If kwdWhere <> "" Then
    kwdWhere = kwdWhere & " OR "
  End If
  kwdWhere = kwdWhere & "(pickwd.keyword = '" & Request("keyword3") & "')"
  kwdCnt = kwdCnt + 1
End If
```

5 Wiederholen Sie die Programmlogik aus Schritt 3 für das vierte Schlüsselwort. Das vierte Schlüsselwort darf nicht mit dem ersten, dem zweiten oder dem dritten identisch sein.

```
If (Request("keyword4") <> "") and _
   (Request("keyword4") <> "(Keines)") and _
   (Request("keyword4") <> (Request("keyword1"))) and _
   (Request("keyword4") <> (Request("keyword2"))) and _
   (Request("keyword4") <> (Request("keyword3"))) Then
  If kwdWhere <> "" Then
```

```
    kwdWhere = kwdWhere & " OR "
  End If
  kwdWhere = kwdWhere & "(pickwd.keyword = '" & _
              Request("keyword4") & "')"
  kwdCnt = kwdCnt + 1
End If
```

6 Wenn die Variable *kwdWhere* nicht leer ist (wenn in den Schritten 1 bis 5 Ausdrücke erzeugt wurden), soll die Variable *sqlWhere* überprüft werden. Wenn die Variable leer ist, gibt es keine anderen Kriterien. Deshalb wird der Inhalt der Variablen *sqlWhere* durch den der Variable *kwdWhere* ersetzt. Wenn die Variable *sqlWhere* nicht leer ist, sollen der Wert " *AND* ", eine öffnende Klammer, die Variable *kwdWhere* und eine schließende Klammer angehängt werden.

```
If kwdWhere <> "" Then
  If sqlWhere = "" Then
    sqlWhere = kwdWhere
  Else
    sqlWhere = sqlWhere & " AND (" & kwdWhere & ")"
  End If
End If
```

Die WHERE- und die HAVING-Klausel fertig stellen

Es müssen noch zwei Punkte berücksichtigt werden, bevor die SQL-Anweisung erzeugt wird, die nach den Elementen sucht, die mit den vom Besucher gewählten Kriterien übereinstimmen. Falls die Variable *sqlWhere* nicht leer ist, muss ihrem Wert das reservierte SQL-Schlüsselwort WHERE vorangestellt und ein Leerzeichen angehängt werden. Damit werden die Anforderungen der SQL-Syntax unabhängig davon erfüllt, ob die Variable *sqlWhere* leer ist oder nicht. Dieser Code steht direkt hinter dem Code, den Sie im letzten Abschnitt hinzugefügt haben.

```
If sqlWhere <> "" Then
  sqlWhere = " WHERE " & sqlWhere & " "
End If
```

Es muss außerdem überprüft werden, ob die SQL-Anweisung eine HAVING-Klausel benötigt. Falls ja, muss diese erzeugt werden. Die HAVING-Klausel wird einer Variablen namens *sqlHaving* zugewiesen, die im folgenden Code mit einer leeren Zeichenfolge initialisiert wird. Der Code prüft anschließend, ob der Webbesucher auf der Seite *Suchen.asp* die Option *Alle* gewählt hat und ob ein gültiges Schlüsselwort ausgewählt wurde. Wenn beide Bedingungen erfüllt sind, erzeugt der Code eine HAVING-Klausel der folgenden Form:

```
HAVING Count(pickwd.keyword) = 4
```

Der Code ersetzt den Wert 4 durch den Wert der Variablen *kwdCnt* und weist den sich ergebenden Ausdruck der Variablen *sqlHaving* zu.

```
sqlHaving = ""
If UCase(Left(Request("kwdmode"),1)) = "A" Then
  If kwdCnt > 0 Then
    sqlHaving = " HAVING Count(pickwd.keyword) = " & kwdCnt
  End If
End If
```

Die SQL-Anweisung erstellen

Der letzte Codeblock im *<head>*-Abschnitt erzeugt die SQL-Anweisung, mit der die Datensätze gesucht werden, die die vom Webbesucher gewählten Kriterien erfüllen. Wie versprochen, ist der Code bis auf den Wert, der der Variablen *sqlWhere* in Zeile 12 zugewiesen wird und den Code, der in der drittuntersten Zeile der Variablen *sqlHaving* zugewiesen wird (beide werden hervorgehoben angezeigt), konstant.

Fügen Sie diese Anweisung zwischen dem Code aus dem letzten Abschnitt und der Anweisung *Sub AppendDateClause* ein, der im ▶ Abschnitt »Das Kriterium *Datum* berücksichtigen« eingefügt wurde.

```
sql = "SELECT items.catnr, " & _
            "items.seqnr, " & _
            "items.picname, " & _
            "items.title, " & _
            "items.picdate, " & _
            "categories.catdesc, " & _
            "categories.country, " & _
            "Count(pickwd.keyword) AS CountOfkeyword " & _
       "FROM (items " & _
  "LEFT JOIN categories ON items.catnr = categories.catnr) " & _
  "LEFT JOIN pickwd ON items.picname = pickwd.picname " & _
             sqlWhere & _
      "GROUP BY items.catnr, " & _
            "items.seqnr, " & _
            "items.picname, " & _
            "items.title, " & _
            "items.picdate, " & _
            "categories.catdesc, " & _
            "categories.country " & _
            sqlHaving & _
  " ORDER BY items.catnr, items.seqnr ; "
```

Die Abfrage ausführen

Inzwischen sollten Ihnen Anweisungen wie die folgenden ziemlich vertraut sein. Nur zur Erinnerung noch einmal eine Zusammenfassung: Es werden ein ADO *Connection*-Objekt und eine ADO-Verbindungszeichenfolge erzeugt, das *Connection*-Objekt wird geöffnet und es wird ein ADO *Recordset*-Objekt mit der SQL-Anweisung aus dem letzten Abschnitt erstellt und geöffnet. Die letzten beiden Anweisungen schließen das *Recordset*- und *Connection*-Objekt, nachdem die Verarbeitung beendet ist. Fügen Sie die Anweisungen direkt hinter dem *<body>*-Tag der Webseite ein.

```
<%
Set cnHol = Server.CreateObject("ADODB.Connection")
cnStHol = "driver={Microsoft Access-Treiber (*.mdb)};" & _
          "dbq=" & Server.MapPath("../holiday/holiday.mdb")
cnHol.Open cnStHol,"",""
Set rsHit = Server.CreateObject("ADODB.Recordset")
rsHit.Open sql, cnHol, adOpenStatic, adLockReadOnly
' Hier Code einfügen, um das Recordset zu verarbeiten.
rsHit.Close
cnHol.Close
%>
```

Die Ergebnisse anzeigen

Nun ist das Schlimmste geschafft. Es bleibt nur noch die Anzeige der Abfrageergebnisse.

1 Wenn die Datenbank keine Elemente enthält, die die vom Webbesucher gewählten Kriterien erfüllen, sollte statt eines leeren Bildschirms eine passende Meldung angezeigt werden. Ersetzen Sie dazu den Kommentar im letzten Abschnitt durch die folgenden Anweisungen:

```
If rsHit.EOF Then
  Response.Write "<P> </p>" & vbCrLf
  Response.Write "<P class=err align=center>" & _
    "Keine übereinstimmenden Elemente vorhanden.</p>" & vbCrLf
Else
' Hier Code einsetzen, der das Recordset durchläuft und
' eine Ausgabe erzeugt.
End If
```

2 Wenn die Abfrage einen oder mehrere Datensätze finden konnte, muss die Seite *ElemListe.asp* und die Seite *Leer.htm*, die vom Frameset *Ergebnis.asp* ursprünglich in den Frame *Detail* geladen wurde, durch die Seite *Bild.asp*, die in ▶ Lektion 7 entwickelt wurde, ersetzt werden. Diese Seite benötigt zwei Schlüsselwerte (*catnr* und *seqnr*) des Datensatzes, der angezeigt werden soll.

Wie bisher auch, kann der ASP-Code der Seite *ElemListe.asp* den Inhalt des Framesets *Detail* nicht direkt aktualisieren. Stattdessen wird mit folgenden Anweisungen ein Browserskript in die ausgehende Webseite geschrieben. Wenn der Browser dieses Skript ausführt, wird der Inhalt des Frames *Detail* aktualisiert. Ersetzen Sie den Kommentar in Schritt 1 durch diesen Code:

```
  Response.Write "<script>" & vbCrLf
  Response.Write "parent.frames.Detail.location = " & _
    chr(34) & _
    "Bild.asp" & _
    "?qcatnr=" & rsHit("catnr") & _
    "&qseqnr=" & rsHit("seqnr") & _
    chr(34) & vbCrLf
  Response.Write "</script>" & vbCrLf
' Hier Code einfügen, um das Recordset zu durchlaufen
' und die Ausgabe zu erzeugen.
```

3. Um das Miniaturbild und andere Details des ersten Elements im Frame *Detail* anzuzeigen, ersetzen Sie den Kommentar in Schritt 2 durch die folgende HTML-Tabelle. Die Tabelle umfasst drei Spalten und vier Zeilen, wobei die ersten drei Zeilen in der Spalte eins verbunden sind, damit das Miniaturbild angezeigt werden kann. Die Zellen in der vierten Zeile sind ebenfalls verbunden und enthalten eine horizontale Linie. Dieses Layout sehen Sie in Abbildung 10.7.

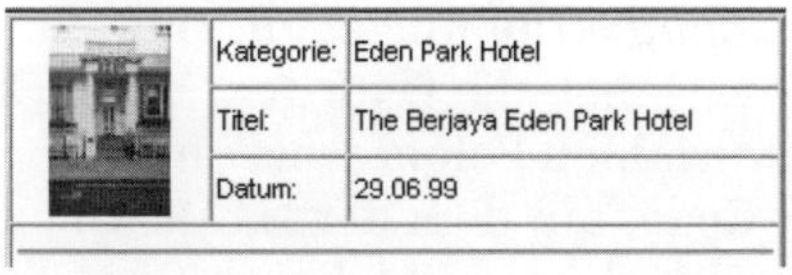

Abbildung 10.7 Das Layout der HTML-Tabellen, in denen die Elemente im Frame *Detail* angezeigt werden

Weil dieser Codeteil nicht wesentlich mehr HTML-Code enthält als ASP-Code, lässt er sich leichter als reiner HTML-Code programmieren. Beachten Sie die Tags %>und <% vor und nach der Tabelle. Der ASP-Code, mit dem der Kategoriename, der Bildtitel und das Datum angezeigt werden, ist hellgrau dargestellt. Fügen Sie nun den Code hinzu, der das Miniaturbild anzeigt.

```
%>
<table border="0" cellpadding="2" cellspacing="0">
<!-- 1. Schleife, um alle Elemente zu lesen, soll hier starten -->
  <tr>
    <td class="pic" rowspan="3" align="center"><%
'   2. Hier Code einfügen, um das Miniaturbild anzuzeigen.
        %></td>
    <td class="pic">Kategorie:</td>
    <td class="pic"><%=rsHit("catdesc")%></td>
  </tr>
  <tr>
    <td class="pic">Titel:</td>
    <td class="pic"><%=rsHit("title")%></td>
  </tr>
```

```
  <tr>
    <td class="pic">Datum:</td>
    <td class="pic"><%=rsHit("picdate")%></td>
  </tr>
  <tr>
    <td class="pic" colspan="3">
      <hr>
    </td>
  </tr>
<!-- 3. Schleife, um alle Elemente zu lesen, soll hier enden -->
</table>
<%
```

4. Um ein gefundenes Miniaturbild anzuzeigen, benötigen Sie folgenden Code:

```
<a href=Bild.asp?qcatnr=700&qseqnr=1300
   target=detail>
<img src=../holiday/images/thumb/scan12.jpg border=0>
</a>
```

Der einzige variable Teil des *<img>*-Tags ist der Dateiname der Bilddatei, der aus dem Feld *picname* der Tabelle *items* stammt. Innerhalb der *<a>* ... *</a>*-Tags, die das *<img>*-Tag umgeben, sind nur die Kategorie- und die Sequenznummer variabel, die festlegen, welches Element die Seite *Bild.asp* anzeigt. Die variablen Felder werden hervorgehoben dargestellt. Es folgt nun der ASP-Code, mit dem der HTML-Quelltext für ein gefundenes Element erzeugt wird. Fügen Sie diesen Code an Stelle des zweiten Kommentars in Schritt 3 ein.

```
<%
Response.Write "<a href=Bild.asp" & _
  "?qcatnr=" & rsHit("catnr") & _
  "&qseqnr=" & rsHit("seqnr") & _
  " target=detail>" & _
  "<img src=../holiday/images/thumb/" & _
  rsHit("picname") & " border=0></a>"
    %>
```

5. Um mehrere gefundene Elemente anzuzeigen, muss der ASP-Code den Code zwischen den *<table>* ... *</table>*-Tags in Schritt 3 mehrfach durchlaufen. Um diese Schleife einzurichten, ersetzen Sie den ersten Kommentar in Schritt 3 durch den folgenden Code:

```
  <%
Do While Not rsHit.EOF
  %>
```

6. Um die Schleife zu beenden, ersetzen Sie den 3. Kommentar in Schritt 3 durch die folgenden Anweisungen.

```
  <%
rsHit.MoveNext
Loop
  %>
```

Die komplette Webseite *ElemListe.asp* im Überblick

Sie hatten bis hierher Einblick in den Code der Seite *ElemListe.asp*. Wie nun sämtliche Codefragmente zusammen arbeiten, entnehmen Sie bitte dem folgenden kompletten Listing:

```
<% Option Explicit %>
<html>
<head>
<!-- #include file="../adovbs.inc" -->
<link rel="stylesheet" type="text/css"
      href="../holiday/holiday.css">
<title>Urlaubsfotokatalog: Gefundene Elemente</title>
<base target="detail">
<%
' Variablen deklarieren.
Dim datecl
Dim sqlWhere
Dim kwdWhere
Dim kwdCnt
Dim sqlHaving
Dim sql
Dim cnHol
Dim cnStHol
Dim rsHit
'  WHERE-Ausdruck für die Kategorienummer erzeugen.
If (Request("qcatnr") = "") or _
Not IsNumeric(Request("qcatnr")) Then
  sqlWhere = ""
Else
  sqlWhere = "(items.catnr = " & Request("qcatnr") & ")"
End If
'  WHERE-Ausdruck für das Land erzeugen.
If (Request("qcountry") <> "") and _
   (Request("qcountry") <> "(Beliebig)") Then
  If sqlWhere <> "" Then
    sqlWhere = sqlWhere & " AND "
  End If
  sqlWhere = sqlWhere & "(categories.country = '" & _
             Request("qcountry") & "')"
End If
'  WHERE-Ausdruck für das Datum erzeugen.
AppendDateClause
kwdCnt = 0
' WHERE-Ausdruck für das Schlüsselwort im Listenfeld keyword1 erzeugen.
```

```
If (Request("keyword1") <> "") and _
   (Request("keyword1") <> "(Keines)") Then
  kwdWhere = "(pickwd.keyword = '" & Request("keyword1")& "')"
  kwdCnt = kwdCnt + 1
Else
  kwdWhere = ""
End If
' WHERE-Ausdruck für das Schlüsselwort im Listenfeld keyword2 erzeugen.
If (Request("keyword2") <> "") and _
   (Request("keyword2") <> "(Keines)") and _
   (Request("keyword2") <> (Request("keyword1"))) Then
  If kwdWhere <> "" Then
    kwdWhere = kwdWhere & " OR "
  End If
  kwdWhere = kwdWhere & "(pickwd.keyword = '" & Request("keyword2") & "')"
  kwdCnt = kwdCnt + 1
End If
' WHERE-Ausdruck für das Schlüsselwort im Listenfeld keyword3 erzeugen.
If (Request("keyword3") <> "") and _
   (Request("keyword3") <> "(Keines)") and _
   (Request("keyword3") <> (Request("keyword1"))) and _
   (Request("keyword3") <> (Request("keyword2"))) Then
  If kwdWhere <> "" Then
    kwdWhere = kwdWhere & " OR "
  End If
  kwdWhere = kwdWhere & "(pickwd.keyword = '" & Request("keyword3") & "')"
  kwdCnt = kwdCnt + 1
End If
' WHERE-Ausdruck für das Schlüsselwort im Listenfeld keyword4 erzeugen.
If (Request("keyword4") <> "") and _
   (Request("keyword4") <> "(Keines)") and _
   (Request("keyword4") <> (Request("keyword1"))) and _
   (Request("keyword4") <> (Request("keyword2"))) and _
   (Request("keyword4") <> (Request("keyword3"))) Then
  If kwdWhere <> "" Then
    kwdWhere = kwdWhere & " OR "
  End If
  kwdWhere = kwdWhere & "(pickwd.keyword = '" & Request("keyword4") & "')"
  kwdCnt = kwdCnt + 1
End If
' Ausdrücke für Kategoriekriterien an WHERE-Klausel anhängen.
If kwdWhere <> "" Then
  If sqlWhere = "" Then
    sqlWhere = kwdWhere
  Else
    sqlWhere = sqlWhere & " AND (" & kwdWhere & ")"
  End If
End If
' Falls Abfragekriterien existieren, das SQL-Schlüsselwort WHERE einfügen.
```

```
If sqlWhere <> "" Then
  sqlWhere = " WHERE " & sqlWhere & " "
End If
' Wenn der Webbesucher festlegt, dass alle Schlüsselwörter vorhanden
' sein müssen, die erforderliche HAVING-Klausel erzeugen.
sqlHaving = ""
If UCase(Left(Request("kwdmode"),1)) = "A" Then
  If kwdCnt > 0 Then
    sqlHaving = " HAVING Count(pickwd.keyword) = " & kwdCnt
  End If
End If
' Eine SQL-Anweisung erzeugen, um alle Elemente zu finden,
' die den Kriterien des Webbesuchers entsprechen.
sql = "SELECT items.catnr, " & _
             "items.seqnr, " & _
             "items.picname, " & _
             "items.title, " & _
             "items.picdate, " & _
             "categories.catdesc, " & _
             "categories.country, " & _
             "Count(pickwd.keyword) AS CountOfkeyword " & _
        "FROM (items " & _
   "LEFT JOIN categories ON items.catnr = categories.catnr) " & _
   "LEFT JOIN pickwd ON items.picname = pickwd.picname " & _
              sqlWhere & _
       "GROUP BY items.catnr, " & _
             "items.seqnr, " & _
             "items.picname, " & _
             "items.title, " & _
             "items.picdate, " & _
             "categories.catdesc, " & _
             "categories.country " & _
             sqlHaving & _
  " ORDER BY items.catnr, items.seqnr ; "

' Unterroutine definieren, die Datumskriterien behandelt.
Sub AppendDateClause()
' Falls kein Datum angegeben wurde, Unterroutine verlassen.
  If Request("dateval") = "" Then
    Exit Sub
  End If
' Falls Datumsangabe ungültig ist, Unterroutine verlassen.
  If Not IsDate(Request("dateval")) Then
    Exit Sub
  End If
' Falls Datumsoperator gültig ist, WHERE-Klausel erstellen.
' Sonst Unterroutine verlassen.
  Select Case UCase(Request("datecomp"))
    Case "LT"
```

```
      datecl = "(picdate < #"
    Case "LE"
      datecl = "(picdate <= #"
    Case "EQ"
      datecl = "(picdate = #"
    Case "GE"
      datecl = "(picdate >= #"
    Case "GT"
      datecl = "(picdate > #"
    Case Else
      Exit Sub
  End Select
' Datumsausdruck an WHERE-Klausel anhängen.
  If sqlWhere <> "" Then
    sqlWhere = sqlWhere & " AND "
  End If
  sqlWhere = sqlWhere & datecl & Request("dateval") & "#)"
End Sub
%>
</head>
<body>
<%
' ADO Connection-Objekt erzeugen und anhängen.
Set cnHol = Server.CreateObject("ADODB.Connection")
cnStHol = "driver={Microsoft Access-Treiber (*.mdb)};" & _
          "dbq=" & Server.MapPath("../holiday/holiday.mdb")
cnHol.Open cnStHol,"",""
'  ADO Recordset-Objekt erzeugen und öffnen.
Set rsHit = Server.CreateObject("ADODB.Recordset")
rsHit.Open sql, cnHol, adOpenStatic, adLockReadOnly
' Falls keine übereinstimmenden Datensätze vorhanden, Meldung ausgeben.
If rsHit.EOF Then
  Response.Write "<P> </p>" & vbCrLf
  Response.Write "<P class=Err align=center>" & _
    "Keine übereinstimmenden Elemente vorhanden.</p>" & vbCrLf
' Wenn übereinstimmende Datensätze existieren, diese anzeigen.
Else
'   Browserseitiges Skript erzeugen, um einen anderen Frame (namens
'   Detail) im selben Frameset zu aktualisieren, das die Seite anzeigt.
  Response.Write "<script>" & vbCrLf
  Response.Write "parent.frames.detail.location =  & _
    chr(34) & _
    "Bild.asp" & _
    "?qcatnr=" & rsHit("catnr") & _
    "&qseqnr=" & rsHit("seqnr") & _
    chr(34) & vbCrLf
  Response.Write "</script>" & vbCrLf
'   Große ELSE-Anweisung wird weiter unten fortgesetzt.
%>
```

```
<!-- Ausgabe mittels HTML-Tabelle anordnen. -->
<table border="0" cellpadding="2" cellspacing="0">
  <%
' Schleife starten, die alle gefundenen Datensätze durchläuft.
Do While Not rsHit.EOF
  %>
  <tr>
    <td class="pic" rowspan="3" align="center"><%
Response.Write "<a href=Bild.asp" & _
  "?qcatnr=" & rsHit("catnr") & _
  "&qseqnr=" & rsHit("seqnr") & _
  " target=detail>" & _
  "<img src=../holiday/images/thumb/" & _
  rsHit("picname") & " border=0></a>"
      %></td>
    <td class="pic">Kategorie:</td>
    <td class="pic"><%=rsHit("catdesc")%></td>
  </tr>
  <tr>
    <td class="pic">Titel:</td>
    <td class="pic"><%=rsHit("title")%></td>
  </tr>
  <tr>
    <td class="pic">Datum:</td>
    <td class="pic"><%=rsHit("picdate")%></td>
  </tr>
  <tr>
    <td class="pic" colspan="3">
      <hr>
    </td>
  </tr>
  <%
' Schleife durch alle gefundenen Datensätze beenden.
rsHit.MoveNext
Loop
  %>
</table>
<%
End If
'  ADO Recordset- und Connection-Objekt schließen.
rsHit.Close
cnHol.Close
%>
</body>
</html>
```

Zusammenfassung der Lektion

In dieser Lektion wurden verschiedene Möglichkeiten beschrieben, um HTML-Formularelemente und Datenbankwerte zu integrieren. Sie haben außerdem anhand von mehreren Webdatenbankseiten mittlerer Komplexität erfahren, wie Sie Webbesuchern eine Schlüsselwortsuchfunktion anbieten können.

In Teil C dieses Buches wurde die praktische Umsetzung der in Teil B erklärten Themen anhand von praktischen Beispielen erklärt. Dies beinhaltete Webseiten, die Suchen in Katalogen durchführen, über die sich Kataloginformationen auf zwei unterschiedliche Weisen pflegen lassen, und die Schlüsselwortsuchen verwenden. Diese Seiten sind zwar alle nicht einfach, sie bieten jedoch – gemessen an der Codemenge, die sich dahinter verbirgt – sehr viel Funktionalität.

Der folgende Teil D, »Fortgeschrittene Themen«, erklärt nun, wie eine Volltextsuche durchgeführt wird und Sitzungen verwaltet werden.

D

Fortgeschrittene Themen

11 Textabfragen

Geschätzte Dauer:
35 Minuten

In dieser Lektion lernen Sie

- wie Microsoft Indexdienst eine Datenbank aus Wörtern aufbaut, die in einer Sammlung von Webseiten oder andersartigen Dokumenten enthalten sind.
- wie Sie eine ADO-Verbindung zu einem Indexdienst-Katalog öffnen.
- wie Sie einen Indexdienst-Katalog abfragen und die Ergebnisse als ADO-Recordset erhalten.
- wie Sie eine Webseite erzeugen, die diese Techniken nutzt, um den Text in einer Sammlung normaler Webseiten zu suchen.

Die Schlüsselwortsuche, die in ▶ Lektion 10 beschrieben wurde, ist eine wertvolle und nützliche Technik, um Ad-hoc-Datenbankabfragen durchzuführen. Ad hoc sind die Abfragen deshalb, weil weder der Datenbankentwickler noch der Webprogrammierer oder die Person, die die Schlüsselwörter eingibt, weiß, welche Arten von Abfragen die Webbesucher durchführen möchten. Es gibt viel zu viele Kriterienkombinationen, um jede im Voraus planen zu können. Dennoch liegen die Daten wohlgeordnet in einer Microsoft Access- oder Microsoft SQL Server-Datenbank vor.

Eine weitere Form der Ad-hoc-Abfrage ist die Volltextsuche in einer Gruppe von Webseiten oder anderen Dokumenten. Es handelt sich hierbei jedoch um eine völlig andere Spezies der Suche. Die Daten liegen hier nicht hübsch verpackt in Datensätzen vor, sondern sie sind über viele Dateien und Ordner auf einer lokalen Festplatte, einem Dateiserver oder einem Webserver verstreut. Die Informationen, die in diesen Dokumenten enthalten sind, sind in natürlicher Sprache formuliert, die im Vergleich zum hoch strukturierten und wohldefinierten Inhalt einer Datenbank unpräzise ist. Die Abfragen sind ebenfalls unpräzise. Bei der Volltextsuche werden keine perfekten Ergebnisse erwartet, sondern Ergebnisse, die nach dem Grad der Übereinstimmung geordnet sind.

Wenn Sie bei ADO bisher nur an die Möglichkeit gedacht haben, traditionelle Datenbanken wie Microsoft Access und Microsoft SQL Server abzufragen, wird Sie diese Lektion vermutlich überraschen. Wird der Microsoft Indexdienst als Datenquelle betrachtet, kann ADO in ganz ähnlicher Weise wie bei herkömmlichen Datenbanken Volltextabfragen versenden und eine Liste aller Dokumente empfangen, in denen Übereinstimmungen gefunden werden konnten.

Einführung in den Microsoft Indexdienst

Alle Versionen von Microsoft Windows 2000 enthalten eine Volltextindizierung und -suchmaschine namens Microsoft Indexdienst. Ein vergleichbarer Dienst steht auch für Microsoft Windows NT Server 4.0 zur Verfügung. Er heißt dort Microsoft Index Server und ist Bestandteil des Windows NT Server 4.0 Option Packs. Für den Zweck dieses Kapitels können Sie die Windows 2000- und die Windows NT 4.0-Version des Microsoft Indexdienst als gleichwertig betrachten. Der ASP-Code funktioniert in beiden Umgebungen.

Jede Indexdienstanwendung enthält zwei fundamentale Einheiten: einen Korpus und einen Katalog. Der *Korpus* besteht aus der Auflistung von Dokumenten (Dateien), die die Anwendung durchsuchen möchte. In der Praxis besteht der Korpus normalerweise aus einer Auflistung von einem oder mehreren Ordnerbäumen. Jedes Mal, wenn jemand ein Dokument zum Korpus hinzufügt, ein Dokument im Korpus ändert oder löscht, durchsucht der Indexdienst die Dokumente und speichert die Wörter und Eigenschaften in einer Datenbank namens *Katalog*. Ein Indexdienst kann gleichzeitig mehrere Kataloge unterstützen, und jeder Katalog kann mehrere Ordnerbäume indizieren.

Anwendungen, die den Indexdienst nutzen, durchsuchen scheinbar den Korpus. Tatsächlich durchsuchen sie jedoch den Katalog. Dies erhöht die Effizienz und Geschwindigkeit beträchtlich.

Wird ein Indexdienstkatalog über ADO abgefragt, ergibt sich ein ADO-Recordset, das einen Datensatz für jede übereinstimmende Datei im Korpus enthält. Wird eine Ergebnisgruppe angegeben, die Dateipfade enthält, kann auf diese Dateien in der üblichen Weise zugegriffen werden (d.h. dadurch, dass diese Pfade als Hyperlinkziele verwendet werden).

Um die Dokumente intelligent durchsuchen zu können, verwendet der Indexdienst eine Sammlung von Filtern. Der Filter für Microsoft Word-Dokumente kann z.B. Informationen extrahieren, die im *Eigenschaften*-Dialogfeld der Datei enthalten sind. Der Microsoft Excel-Filter kann Informationen über jedes Arbeitsblatt in einer Arbeitsmappe herausfiltern. Der Microsoft PowerPoint-Filter kann Informationen über einzelne Folien herausziehen usw. Der Webseitenfilter kann Daten abfragen, die von bestimmten Tags, wie z.B. den *<title>…</title>*- und den *<h1>…</h1>*-Tags umgeben sind. Die Felder, die in einem Katalog gespeichert sind, stammen aus dem Dateisystem, das den Korpus enthält und den Feldern, die von den installierten Filtern zur Verfügung gestellt werden. Um ein Feld zum Katalog hinzuzufügen, muss in der Regel ein Filter hinzugefügt oder aktualisiert werden, mit dem die gewünschten Informationen gesammelt werden.

Microsoft bietet Filter für Office-Dokumente und Webseiten. Um Indexdienstfilter für andere Dokumenttypen zu erhalten, müssen Sie Kontakt zum Softwarehersteller aufnehmen, der die entsprechenden Dokumenttypen unterstützt.

Wenn der Indexdienst für die Zusammenarbeit mit Internet-Informationsdienste konfiguriert ist, richtet er automatisch einen Katalog namens *Web* ein, der die Inhaltsstruktur des Standardwebservers indiziert. Um zusätzliche Webserver zu indizieren, die auf demselben Computer ausgeführt werden, kann der Serveradministrator zusätzliche Kataloge einrichten.

Wenn Ihre Indexdienstabfragen Dokumente finden, die offensichtlich zum falschen Webserver gehören, sollten Sie Kontakt zum Serveradministrator aufnehmen, und den korrekten Katalognamen in Erfahrung bringen.

Eine ADO-Verbindung zum Indexdienst öffnen

Die Kataloge eines Indexdienstes verwenden proprietäre Zugriffsmethoden. Es handelt sich nicht um eine Access- oder SQL Server-Datenbank. Trotzdem kann ADO auf einen Indexdienstkatalog auf dieselbe Weise zugreifen wie auf andere Datenbanken. Die folgenden Anweisungen öffnen beispielsweise eine Verbindung zu einem Katalog eines Indexdienstes:

```
cnStIx = "provider=msidxs;data source=Interlacken"
Set cnIx = Server.CreateObject("ADODB.Connection")
cnIx.Open cnStIx, "", ""
```

Die erste Anweisung baut die Verbindungszeichenfolge auf und der Ausdruck *provider=msidxs* teilt ADO mit, dass eine Verbindung zum Indexdienst hergestellt werden soll. Das Attribut *data source=* gibt einen Indexdienstkatalog an. Ist kein Katalog angegeben, wird der Standardkatalog mit der Bezeichnung *Web* verwendet.

Die letzten beiden Anweisungen haben die gleiche Syntax wie entsprechende Anweisungen in früheren Lektionen.

Ein ADO *Recordset* für den Indexdienst öffnen

Wie bei anderen Datenbanken auch muss ein *Recordset*-Objekt geöffnet werden, um einen Katalog des Indexdienstes abfragen zu können. Erzeugen Sie als Erstes ein *Recordset*-Objekt und eine SQL-Anweisung und nutzen Sie anschließend, wie im folgenden Beispiel – die *Open*-Methode des Recordsets, um die Datensätze zu erhalten, die mit der Abfrage übereinstimmen.

```
Set rsIx = Server.CreateObject("ADODB.Recordset")
sql = "SELECT Rank, Filename, DocTitle, Path, VPath, Size, Write " & _
       "FROM SCOPE('"/webdbdev"') " & _
      "WHERE (CONTAINS(Contents, '"home"') > 0) " & _
        "AND (VPath NOT LIKE '%[_]vti[_]%') " & _
   "ORDER BY Rank DESC
rsIx.Open sql, cnIx, adOpenForwardOnly
```

Zwei Details in diesem Beispiel sind bemerkenswert:

- Die FROM-Klausel enthält einen SCOPE-Ausdruck statt eines Tabellennamens oder eines JOIN-Ausdrucks. Mit dem SCOPE-Ausdruck (SCOPE steht für *Bereich*) wird beschrieben, welcher Teil des Korpus durchsucht werden soll. Dokumente können nur dann verglichen werden, wenn sie sich innerhalb des angegebenen Bereichs befinden.
- Die WHERE-Klausel legt einige seltsam aussehende Suchkriterien fest. Der erste Ausdruck gibt an, dass die übereinstimmenden Dokumente das Wort *home* enthalten müssen. Der zweite Ausdruck disqualifiziert alle Dokumente mit einem URL, der die Zeichenfolge *_vti_* enthält.

Die Microsoft FrontPage- und Microsoft Office-Servererweiterungen erzeugen zahlreiche interne Dateien in diesen Verzeichnissen, deren Verzeichnisnamen mit *_vti_* beginnen. Weil es sich hierbei nicht um echte Inhaltsdateien handelt, sollten sie von den Suchergebnissen ausgeschlossen werden.

Weniger offensichtlich, aber genauso wichtig sind die Feldnamen, die dem Begriff SELECT folgen. Welche Daten enthalten diese Felder wohl und welche Felder stehen sonst noch zur Verfügung? Diese und weitere Fragen werden im nächsten Abschnitt behandelt, in dem Formulierung von SQL-Anweisungen im Zusammenhang mit dem Indexdienst beschrieben wird.

Den Indexdienst mit SQL abfragen

Der ADO-Provider für den Indexdienst nimmt zwar SQL-Befehle entgegen, das Format dieser Befehle ist jedoch sehr speziell. Die folgenden Abschnitte beschreiben, wie die SELECT-Anweisung und die drei zulässigen Klauseln FROM, WHERE und ORDER BY genutzt werden.

Die SELECT-Anweisung

Die SELECT-Anweisung ruft Datensätze aus dem Katalog des Indexdienstes ab. Jeder dieser Datensätze repräsentiert eine Dokumentdatei, die die Kriterien der SELECT-Anweisung erfüllt. Die allgemeine Syntax einer SELECT-Anweisung für den Indexdienst sieht wie folgt aus:

```
SELECT<Feld 1, ... Feld n>
FROM<Abschnitt>
WHERE<Kriterien>
ORDER BY<Feld 1, ... Feld n>
```

Die SELECT-Klausel gibt die Felder an, die von Interesse sind. Die FROM-Klausel legt den Bereich (die Gruppe der Felder) für die Suche fest. Die WHERE-Klausel spezifiziert die Suchkriterien. Alle Klauseln sind obligatorisch.

Die ORDER BY-Klausel teilt ADO mit, wie die Ergebnisgruppe sortiert werden soll. Dieses Feld ist optional. Manche Webbesucher bevorzugen eine zufällig geordnete Liste von Dokumenten.

Die Tabelle 11.1 listet die gebräuchlichsten Felder auf, die im Katalog des Indexdienstes zur Verfügung stehen. Wenn die Spalte *Abfrage* ein Kreuz enthält, lässt sich der entsprechende Feldname in einer WHERE-Klausel verwenden. Wenn die Spalte *Abrufen* ein Feld enthält, lässt sich das entsprechende Feld in einer SELECT-Anweisung nutzen. Betrachten Sie das Feld *All*, um zu sehen, warum diese Unterscheidung nötig ist. Mit diesem Feldnamen können Sie alle Dokumenteigenschaften nach einer bestimmten Zeichenfolge durchsuchen. Sie können damit aber nicht alle Dokumenteigenschaften inklusive des Dokumentinhalts abrufen, um sie in einem Feld anzuzeigen.

In der Praxis stehen nicht alle Felder in allen Katalogen zur Verfügung. Um festzustellen, welche Felder in einem Windows 2000-Katalog enthalten sind, gehen Sie wie folgt vor:

1. Öffnen Sie die *Computerverwaltung*.
2. Erweitern Sie den Knoten *Dienste und Anwendungen*.
3. Erweitern Sie den Knoten *Indexdienst*.
4. Erweitern Sie den Katalog, den Sie abfragen möchten.

5 Markieren Sie den Ordner *Eigenschaften* für diesen Katalog.

Tabelle 11.1 Feldnamen von Katalogen des Indexdienstes

Name	Typ	Beschreibung	Abfragen	Abrufen
A_Href	Text	Entspricht der Eigenschaft *HtmlHRef* des Indexdienstes, die später in dieser Tabelle beschrieben wird	X	
Access	Datum/ Uhrzeit	Zeitpunkt (Datum/Uhrzeit), zu dem zuletzt auf die Datei zugegriffen wurde	X	X
All		Kombination aus allen anderen Eigenschaften	X	
AllocSize	Zahl	Menge des Festplattenspeichers in Bytes, die einer Datei zugewiesen wurde	X	X
Attrib	32 Bit	Windows-Dateiattributbits (Archiv, Schreibgeschützt etc.)	X	X
ClassId	GUID	Klassenbezeichner eines Objekts, der indirekt die mit dem Objekt verknüpfte Anwendung angibt	X	X
Characterization	Text	Auszug aus der Datei, der vom Indexdienst abgerufen wird	X	X
Contents	Keine Angabe	Hauptinhalt einer Datei	X	
Created	Datum/ Uhrzeit	Zeitpunkt (Datum/Uhrzeit), zu dem die Datei erzeugt wurde	X	X
Directory	Text	Physischer Pfad zur Datei, ausgenommen vom Dateinamen	X	X
DocAppName	Text	Name der Anwendung, mit der die Datei erstellt wurde	X	X

▶

Name	Typ	Beschreibung	Abfragen	Abrufen
DocAuthor	Text	Autor der Datei	X	X
DocByteCount	Zahl	Anzahl an Bytes, die in einer Datei enthalten sind	X	X
DocCategory	Text	Dateityp (z.B. Memo, Zeitplan oder White Paper)	X	X
DocCharCount	Zahl	Anzahl der Zeichen in der Datei	X	X
DocComments	Text	Kommentare zur Datei	X	X
DocCompany	Text	Unternehmen, das die Datei besitzt	X	X
DocCreatedTm	Datum/ Uhrzeit	Zeitpunkt (Datum/Uhrzeit), zu dem die Datei erzeugt wurde	X	X
DocEditTime	Zeit	Zeitdauer, in der die Datei bearbeitet wurde	X	X
DocHiddenCount	Zahl	Anzahl der versteckten Folien in einer PowerPoint-Datei	X	X
DocKeywords	Text	Schlüsselwörter, die in der Datei codiert wurden	X	X
DocLastAuthor	Text	Benutzer, von dem die Datei zuletzt bearbeitet wurde	X	X
DocLastPrinted	Datum/ Uhrzeit	Zeitpunkt (Datum/Uhrzeit), zu dem die Datei zuletzt ausgedruckt wurde	X	X
DocLastSavedTm	Datum/ Uhrzeit	Zeitpunkt (Datum/Uhrzeit), zu dem die Datei zuletzt gespeichert wurde	X	X
DocLineCount	Zahl	Anzahl der Zeilen, die in einer Datei enthalten sind	X	X
DocManager	Text	Datei-Manager des Autors	X	X
DocNoteCount	Zahl	Anzahl der PowerPoint-Seiten mit Kommentaren	X	X

▶

Name	Typ	Beschreibung	Abfragen	Abrufen
DocPageCount	Zahl	Anzahl der Seiten in einer Datei	X	X
DocParaCount	Zahl	Anzahl der Absätze in einer Datei	X	X
DocPartTitles	Text	Name der Dateibestandteile (Namen der Arbeitsblätter in einer Excel-Arbeitsmappe, Namen der Folien in einer PowerPoint-Präsentation oder Namen der Dateien in einem Zentraldokument)	X	X
DocPresentationTarget	Text	Zielformat (35mm, Drucker, Video etc.) für eine PowerPoint-Präsentation	X	X
DocRevNumber	Text	Aktuelle Versionsnummer einer Datei	X	X
DocSlideCount	Zahl	Anzahl der Folien in einer PowerPoint-Datei	X	X
DocSubject	Text	Thema einer Datei	X	X
DocTemplate	Text	Name der Dokumentvorlage einer Datei	X	X
DocTitle	Text	Titel der Datei	X	X
DocWordCount	Zahl	Anzahl der Wörter in einer Datei	X	X
FileIndex	Zahl	Eindeutiger Bezeichner einer Datei	X	X
FileName	Text	Dateiname	X	X
HitCount	Zahl	Anzahl übereinstimmender Abfragewörter (Treffer) in einer Datei	X	X
HtmlHRef	Text	Text innerhalb des HTML HREF-Attributs	X	
HtmlHeading1	Text	Text innerhalb des HTML <*H1*>-Tags	X	

▶

Name	Typ	Beschreibung	Abfragen	Abrufen
HtmlHeading2	Text	Text innerhalb des HTML <*H2*>-Tags	X	
HtmlHeading3	Text	Text innerhalb des HTML <*H3*>-Tags	X	
HtmlHeading4	Text	Text innerhalb des HTML <*H4*>-Tags	X	
HtmlHeading5	Text	Text innerhalb des HTML <*H5*>-Tags	X	
HtmlHeading6	Text	Text innerhalb des HTML <*H6*>-Tags	X	
Img_Alt	Text	Text innerhalb des *alt*-Attributs des <*IMG*>-Tags	X	
Path	Text	Vollständiger physischer Pfad zur Datei inklusive Dateinamen	X	X
Rank	Zahl	Grad der Übereinstimmung (1000 entspricht der höchsten Übereinstimmung und 0 der geringsten.)	X	X
RankVector	Zahl	Anordnung der individuellen Komponenten einer Datenfeld- oder Vektorabfrage	X	X
ShortFileName	Text	Kurzer Dateiname (8+3-Format)	X	X
Size	Zahl	Dateigröße in Bytes	X	X
USN	Zahl	USN (Update Sequence Number, betrifft nur NTFS-Datenträger)	X	X
VPath	Text	Vollständiger virtueller Pfad zur Datei inklusive Dateinamen (wenn mehr als ein Pfad möglich ist, wählt der Indexdienst den besten Pfad aus.)	X	X

▶

Name	Typ	Beschreibung	Abfragen	Abrufen
WorkId	Zahl	Der interne Dateibezeichner (wird nur innerhalb des Indexdienstes verwendet)	X	X
Write	Datum/ Uhrzeit	Zeitpunkt (Datum/Uhrzeit), zu dem zuletzt in die Datei geschrieben wurde	X	X

Um die Felder zu betrachten, die in einem Katalog von Windows NT 4.0 Index Server verfügbar sind, gehen Sie wie folgt vor:

1. Öffnen Sie Index Server in der Microsoft Management-Konsole.
2. Öffnen Sie den Katalog, den Sie abfragen möchten.
3. Markieren Sie den Ordner *Eigenschaften* für den gewünschten Katalog.

In beiden Fällen wird die Feldliste in der rechten Hälfte von MMC in der Spalte *Angezeigter Name* aufgeführt. Abbildung 11.1 zeigt das Anzeigeformat.

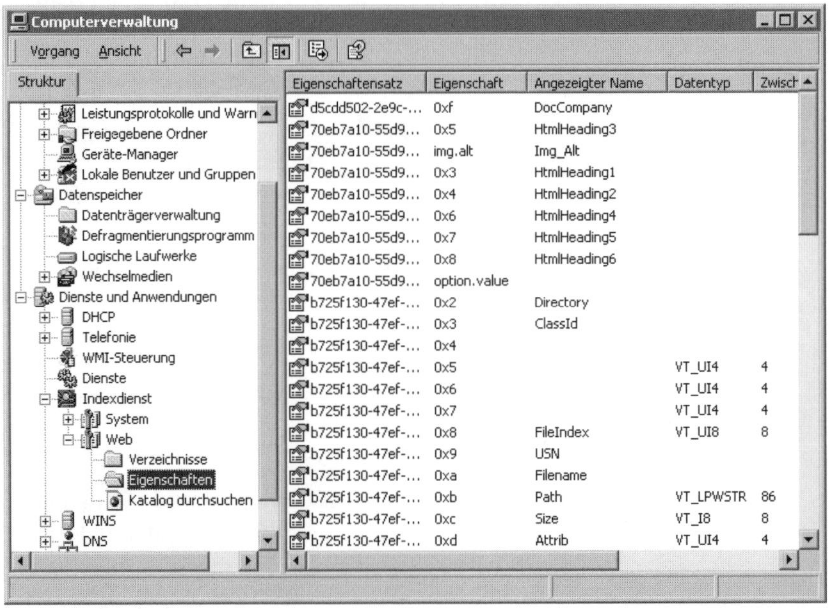

Abbildung 11.1 Die Spalte *Angezeigter Name* zeigt die in einem Katalog verfügbaren Felder

Die FROM-Klausel

Die FROM-Klausel gibt einen oder mehrere Ordner an, in denen sich die übereinstimmenden Dokumente befinden können. Der Indexdienst bezeichnet jeden dieser Order oder Ordnerstrukturen als *Bereich* und durchsucht nur Dokumente innerhalb des angegebenen Bereichs. FROM-Klauseln lassen sich auf zwei verschiedene Weisen formulieren:

```
FROM <Katalogname> SCOPE('<Bereichsargumente>')
FROM <Katalogname> <Name der Sicht>
```

Die folgende Aufzählung erklärt den variablen Teil dieser Anweisungen.

- **Katalogname** gibt den Katalognamen für die Suche an. Microsoft empfiehlt jedoch, den Katalog über den *data source*-Wert in einer ADO-Verbindungszeichenfolge anzugeben.
- **SCOPE** legt einen oder mehrere Ordner fest, in denen die Dokumente durchsucht werden sollen. Diese Ordner müssen sich innerhalb eines Pfads befinden, der dem Indexdienstkatalog bereits bekannt ist, d.h. aufgelistet wird, wenn der Ordner *Verzeichnisse* in der Computerverwaltung geöffnet wird. Dieser Ordner ist in Abbildung 11.1 sichtbar, aber nicht markiert.
- **Bereichsargumente** geben die Pfade oder virtuellen Stammverzeichnisse an, die durchsucht werden. Die Syntax eines Bereichsarguments sieht wie folgt aus:

  ```
  '<Vorgehensweise bei der Suche> "<Pfad 1>" , ..., "<Pfad n>"'
  ```

  Es gibt drei Vorgehensweisen bei der Suche:

  - **DEEP TRAVERSAL OF** durchsucht den angegebenen Ordner und alle darin enthaltenen Unterordner. Dies ist der Standard.
  - **SHALLOW TRAVERSAL OF** durchsucht nur den angegebenen Ordner.

  Alle Pfadangaben, d.h. *<Pfad 1>* bis *<Pfad n>*, müssen in doppelten Anführungszeichen stehen und das gesamte Bereichsargument in einfachen Anführungszeichen. Wenn Sie mehrere Pfade angeben, werden diese durch Kommas getrennt.

  Bei einem Pfad kann es sich um einen physischen Order, wie z.B. *D:\InetPub\Wwwroot\Webdbdev* oder einen Pfad in einer Website, wie z.B. */Webdbdev/* handeln. Die Definition eines Bereichs kann Null einen oder mehrere physische Ordner und Webpfade enthalten. Der Standardbereich ist der Webpfad /. Um diesen Standard zu nutzen, Verwenden Sie SCOPE mit einer leeren Argumentliste.

Wenn Sie einen Pfad oder mehrere Pfade angeben, die nicht vorhanden sind, werden diese ignoriert. Wenn keiner der angegebenen Pfade existiert, ist die Ergebnisgruppe leer.

- **Name der Sicht** gibt mit einer CREATE VIEW-Anweisung entweder eine vordefinierte oder eine nicht gespeicherte Sicht an.

Nachfolgend sehen Sie eine typische FROM-Klausel, die einen SCOPE-Ausdruck enthält. Da nichts weiter angegeben wurde, kommt die Standardvorgehensweise bei der Suche, DEEP TRAVERSAL OF, zum Einsatz. Doppelte Anführungszeichen umgeben nur die Pfadangabe und einfache Anführungszeichen das gesamte Bereichsargument.

```
FROM SCOPE('"/webdbdev"')
```

Die WHERE-Klausel

Die WHERE-Klausel legt auf der Basis des Inhalts fest, welche Datensätze in der Ergebnisgruppe enthalten sein dürfen. Sie definiert also die Suchkriterien. Die Syntax sieht wie folgt aus:

```
WHERE <Suchkriterien>
```

Die Suchkriterien bestehen aus einem oder mehreren Ausdrücken (sog. *Prädikate*), die durch die Operatoren AND und OR miteinander verknüpft sind. Die Reihenfolge, in die Prädikate ausgewertet werden, lässt sich mittels Klammern festlegen.

Bis auf den Ausdruck lässt sich jedem Ausdruck der NOT-Operator voranstellen. Die WHERE-Klausel in der ersten *SELECT*-Anweisung ist hier beispielsweise nicht zulässig. Die zweite SELECT-Anweisung jedoch schon.

```
SELECT FileName
  FROM SCOPE()
 WHERE NOT CONTAINS(Contents, 'Elefanten')>0
   AND CONTAINS(Contents, 'Mäuse')>0

SELECT FileName
  FROM SCOPE()
 WHERE CONTAINS(Contents, 'Mäuse')>0
   AND NOT CONTAINS(Contents, 'Elefanten')>0
```

Das Prädikat CONTAINS liefert einen positiven Wert für jeden Datensatz im Katalog zurück, der die angegebene Zeichenfolge (wie z.B. *Mäuse*) in einem bestimmten Feld (wie z.B. *Contents*) enthält. Ein Vergleich des Rückgabewerts mit Null ergibt den benötigten *True/False*-Wert. Tabelle 11.2 listet die Vergleichsoperatoren auf, die Sie im Zusammenhang mit den Prädikaten des Indexdienstes inklusive CONTAINS verwenden können.

Tabelle 11.2 Vergleichsoperatoren des Indexdienstes

Operator	Symbol	Operator	Symbol
Gleich	=	Ungleich	!= oder <>
Größer als	>	Größer oder gleich	>=
Kleiner als	<	Kleiner oder gleich	<=

Der Indexdienst unterstützt insgesamt sechs Prädikate: CONTAINS, FREETEXT, LIKE, MATCHES, ARRAY und NULL. Diese werden in den folgenden Abschnitten beschrieben.

Das Prädikat CONTAINS

Das Prädikat CONTAINS sucht nach einem vorgegebenen Wert in einem angegebenen Katalogfeld und hat die folgende Syntax:

```
CONTAINS (<Feldname>, '<Suchkriterien für Inhalt>') > 0
```

Es folgt nun eine Beschreibung der variablen Teile dieses Prädikats:

- **Feldname** legt das Feld fest, das durchsucht werden soll. Wird kein Feldname angegeben, wird das Standardfeld *Contents* benutzt. Deshalb sind die beiden folgenden Klauseln gleichwertig:

  ```
  WHERE CONTAINS (Contents, 'Antipasti') > 0
  WHERE CONTAINS ('Antipasti') > 0
  ```

- **Suchkriterien für Inhalt** enthält einen oder mehrere Suchbegriffe. Mehrere Suchbegriffe müssen mit den Operatoren AND, NOT oder OR verknüpft werden. Die Symbole & (für AND), | (für OR) und ! (für NOT) sind ebenfalls zulässig.

  Wenn Sie befürchten, dass die Ausdrücke nicht in der richtigen Reihenfolge ausgewertet werden, können Sie die Reihenfolge anhand von Klammern festlegen.

- **> 0** bewirkt, dass ein Boolescher Wert erzeugt wird. Diese Angabe ist unbedingt erforderlich. Der folgende Ausdruck sucht alle Webseiten, die entweder die Zeichenfolge *www.microsoft.com* oder die Zeichenfolge *msdn.microsoft.com* in einem Hyperlink enthalten:

  ```
  CONTAINS (HtmlHRef, 'www.microsoft.com' OR 'msdn.microsoft.com') > 0
  ```

Das Prädikat FREETEXT

Das Prädikat FREETEXT sucht Katalogeinträge, deren Inhalt mit der Bedeutung – statt dem exakten Wortlaut – einer Abfrage übereinstimmt. Diese sogenannte Freitextabfrage hat eine ähnliche Syntax wie das CONTAINS-Prädikat:

```
FREETEXT ( <Feldname>, '<Freitext>') > 0
```

Dieses Prädikat übernimmt die folgenden Argumente:

- **Feldname** gibt den Feldnamen an, der durchsucht werden soll. Der Datentyp muss mit dem Format der Freitextzeichenfolge kompatibel sein. Normalerweise müssen beide Zeichenfolgen sein. Wird kein Feldname angegeben, kommt das Standardfeld *Contents* zum Einsatz.
- **Freitext(zeichenfolge)** legt einen oder mehrere Werte fest, nach denen gesucht werden soll. Wie beim CONTAINS-Prädikat müssen die einzelnen Werte mit AND, NOT oder OR verknüpft werden. Gruppierungen werden auch hier mit Klammern erzeugt.
- **> 0** bewirkt, dass ein Boolescher Wert zurückgegeben wird. Dies ist unbedingt erforderlich. Der folgende Ausdruck sucht nach Dateien, die Angaben zu Reisen nach Marrakesch oder Empathie für Marketing enthalten:

```
WHERE FREETEXT('Wie komme ich nach Marrakesch') > 0
   OR FREETEXT('Wie verstehe ich Marketing') > 0
```

Das LIKE-Prädikat

Das LIKE-Prädikat führt einen Mustervergleich (mit Platzhalter) durch und hat die folgende Syntax:

```
<Feldname> <NOT> LIKE '<Musterzeichenfolge>'
```

Die Argumente haben folgende Bedeutung:

- **Feldname** gibt den Namen des Feldes an, das durchsucht werden soll. Der Datentyp des Feldes muss mit dem Format der Musterzeichenfolge übereinstimmen.
- **NOT** ist ein optionales Schlüsselwort, das nach Katalogeinträgen sucht, die nicht mit dem vorgegebenen Muster übereinstimmen.
- **Musterzeichenfolge** gibt ein Literal an, das als Muster für den Zeichenfolgenvergleich verwendet werden soll. Das Literal kann beliebig aus normalen Zeichen und Platzhaltern zusammengesetzt sein. Die Tabelle 11.3 listet die Jokerzeichen auf, die das LIKE-Prädikat erkennt.

Tabelle 11.3
Jokerzeichen für das LIKE-Prädikat

Name	Symbol	Beschreibung
Prozent	%	Sucht nach beliebig vielen Vorkommnissen des Suchmusters
Unterstrich	_	Beim Mustervergleich werden alle Zeichenfolgen gefunden, die an Stelle des Unterstrichs ein beliebiges Zeichen haben ▶

Name	Symbol	Beschreibung
Eckige Klammern	*[ ]*	Beim Mustergleich werden alle Zeichen gefunden, die in der Liste oder dem Zeichenbereich in eckigen Klammern angegeben werden
Caret	*[^]*	Beim Mustervergleich werden alle Zeichen gefunden, die nicht dem in Klammern angegebenen Zeichen entsprechen

Um das Prozentzeichen (%), den Unterstrich (_) oder die linke eckige Klammer ([) als Literal zu verwenden (anstatt als Platzhalter), müssen Sie dies mit eckigen Klammern umgeben. Die rechte eckige Klammer (]) hat nur im Zusammenhang mit einer linken eckigen Klammer Auswirkungen auf die Suche.

Der Platzhalter für einen Wertebereich (–) muss in eckige Klammern gesetzt und von einzelnen Zeichen umgeben werden, um als solcher interpretiert zu werden. Der Ausdruck *[A-K]* findet z.B. alle Zeichenfolgen, bei denen eine Übereinstimmung mit einem Zeichen aus dem Bereich A bis K vorkommt.

Die Tabelle 11.4 führt einige Beispiele für den Einsatz von Platzhaltern als Literale auf.

Tabelle 11.4 Mustervergleich in der LIKE-Klausel

Muster	Suchergebnis
LIKE 'd%'	Das Zeichen *d*, gefolgt von einer beliebigen Zeichenfolge mit null oder mehr Zeichen
LIKE 'd[%]'	Das Zeichen *d*, gefolgt vom Zeichen *%*
LIKE '_n'	Jedes einzelne Zeichen, dem der Buchstabe *n* folgt
LIKE '[_]n'	Ein Unterstrich, gefolgt vom Zeichen *n*
LIKE '[a-cdf]'	Die Zeichen *a*, *b*, *c*, *d* oder *f*
LIKE '[-acdf]'	Die Zeichen -, *a*, *c*, *d* oder *f*
LIKE '[[]'	Das Zeichen *[*
LIKE ']'	Das Zeichen *]*
LIKE '[ab]cd]e'	Die Zeichenfolge *"acd]e"* oder die Zeichenfolge *"bcd]e"*

Das MATCHES-Prädikat

Das MATCHES-Prädikat sucht nach Katalogfeldern, die einem *regulären Ausdruck* entsprechen. Mit regulären Ausdrücken lassen sich aufwendigere Mustervergleiche durchführen. Da reguläre Ausdrücke bei UNIX eingeführt wurden, sind sie nicht nur leistungsfähiger, sondern auch komplexer als das LIKE-Prädikat. Das MATCHES-Prädikat hat die folgende Syntax:

```
MATCHES (<Feldname>, '<Gruppiertes Suchmuster>') > 0
MATCHES (<Feldname>, '< Suchmusterwiederholungen >') > 0
```

Codieren Sie die variablen Teile dieses Prädikats wie nachfolgend beschrieben:

- **Feldname** gibt den Namen der Datei an, die gesucht werden soll. Der Datentyp muss mit dem Format des angegebenen Suchmusters übereinstimmen.
- **Gruppiertes Suchmuster** legt eine Suche nach einem oder mehreren verschiedenen Mustern fest.
- **Suchmusterwiederholungen** legt eine Suche nach Wiederholungen eines Suchmusters fest. Es kann entweder die genaue Zahl *m* der Übereinstimmungen oder ein Wertebereich (zwischen m und n) festgelegt werden.

Ein gruppiertes Suchmuster oder eine Suchmusterwiederholung ist eine Zeichenfolge, die normale Zeichen und reguläre Ausdrücke (Vergleichssymbole) enthält. Die Tabelle 11.5 beschreibt die regulären Ausdrücke, die Sie im Zusammenhang mit dem MATCHES-Prädikat verwenden können.

Tabelle 11.5
Platzhalter für das MATCHES-Prädikat

<table>
<tr><th>Name</th><th>Symbol</th><th>Beschreibung</th></tr>
<tr><td>Senkrechter Strich</td><td>|</td><td>Ein Escapezeichen, das bewirkt, dass die nachfolgenden Symbole als Mustervergleichszeichen interpretiert werden. Ohne das führende Escapezeichen werden diese Symbole als normale Zeichen interpretiert. Kommas oder trennenden OR-Klauseln in den übereinstimmenden Begriffen muss auch ein Escapezeichen vorangestellt werden.</td></tr>
<tr><td>Sternchen</td><td>*</td><td>Sucht 0 oder mehr Vorfälle des Suchmusters.</td></tr>
<tr><td>Fragezeichen</td><td>?</td><td>Es wird ein einzelnes Zeichen gesucht.</td></tr>
<tr><td>Pluszeichen</td><td>+</td><td>Es wird eines oder mehrere Zeichen des vorherigen Musters gesucht.</td></tr>
<tr><td>Klammern</td><td>( )</td><td>Dienen zur Gruppierung umfangreicherer Suchmuster.</td></tr>
</table>

▶

Name	Symbol	Beschreibung
Geschweifte Klammern	{ }	Dient zur Angabe einer Anzahl der Übereinstimmungen.
Eckige Klammern	[ ]	Dient dazu, einen Zeichenbereich in einem Muster anzugeben.

Der Indexdienst unterscheidet bei der Suche nicht zwischen Groß- und Kleinschreibung.

Das folgende Beispiel verwendet eine gruppierte Suche. Anhand des Suchmusters werden Autoren mit den Namen *McAlister*, *McAllister*, *McAlllister* etc. gefunden. Beachten Sie das Escapezeichen, das dem Pluszeichen und den Klammern vorangestellt ist. Ohne die vertikalen Linien würde das Prädikat nach Zeichenfolgen suchen, die genau mit dem Suchmuster übereinstimmen *(MacAl+ister)*.

```
...WHERE MATCHES (DocAuthor, '|(MacAl|+ister|)' )> 0
```

Das nächste Beispiel verwendet eine Suche mit Angabe der Anzahl der Übereinstimmungen. Der Ausdruck *|{2|}* wird als Ausdruck *{2}* interpretiert. Damit wird angegeben, dass das Muster *Walla* genau zwei Mal vorkommen muss.

```
...WHERE MATCHES (DocText, '|(Walla|)|{2|}' ) > 0
```

Soll das Wort *Walla* zwei- oder mehrmals vorkommen, muss das Muster wie folgt aussehen: *{2,}* – d.h. *|{2,|}*. Mit dem Ausdruck *{2,3}* – d.h. *|{2,3|}* wird festgelegt, dass das Muster zwei- oder dreimal vorkommen muss.

Das ARRAY-Prädikat

Das ARRAY- (oder VECTOR)-Prädikat sucht nach einem Datenfeld. Das ARRAY-Prädikat hat die folgende Syntax:

```
<Feldname>
    <Vergleichsoperator>
    <ALL oder SOME> ARRAY [<Datenfeldelemente>]
```

Für die einzelnen Parameter dieses Prädikats gelten folgende Anforderungen:

- **Feldname** gibt den Namen des Felds an, das durchsucht werden soll. Der Datentyp dieses Feldes muss mit dem Format des von Ihnen angegebenen Datenfeld übereinstimmen. Ein Feldname kann mehrere Werte haben, wie z.B. eine Vektoreigenschaft oder eine Dateiattribut-Bitmaske.
- **Vergleichsoperator** gibt an, wie die Datenfeldelemente verglichen werden sollen. Die gültigen Werte sind in Tabelle 11.2 aufgelistet.

- **ALL oder SOME** gibt an, ob alle oder nur einige Datenfeldelemente bei der Suche berücksichtigt werden sollen.

  Wird der Wert ALL angegeben, verläuft der Test nur dann erfolgreich, wenn die Bedingung zwischen jedem Element auf der linken Seite des Ausdrucks mit dem Element auf der rechten Seite erfüllt ist. Der folgende Test schlägt beispielsweise fehl, weil das erste Element auf der linken Seite nicht größer ist als das zweite Element auf der rechten Seite. Damit dieser Test erfolgreich verläuft, müssten alle sechs Vergleiche den Wert *True* ergeben.

  ```
  [1,2,3] > ALL ARRAY [1,2]
  ```

  Wird die Bedingung SOME angegeben, verläuft der Test erfolgreich, wenn die Bedingung zwischen zwei beliebigen Elementen auf der linken und der rechten Seite erfüllt ist. Der folgende Test ist z.B. erfolgreich, weil das zweite Element auf der linken Seite größer ist als das zweite Element auf der rechten. Damit dieser Test fehlschlägt, müssten alle sechs Vergleiche den Wert *False* ergeben.

  ```
  [1,2,3] > SOME ARRAY [2,1]
  ```

  Wenn weder ALL noch SOME angegeben wird, muss die Bedingung zwischen jedem Element auf der linken und der Entsprechung auf der rechten Seite erfüllt sein. Wenn eine Seite mehr Werte enthält als die andere, sind die vorhandenen Werte immer größer als die nicht vorhandenen.

- **Datenfeldelemente** legt die Elemente fest, die im Datenfeld enthalten sind. Die Elemente müssen von eckigen Klammern umgeben sein. Ein leeres Datenfeld besteht nur aus zwei eckigen Klammern: *[]*.

Das NULL-Prädikat

Das NULL-Prädikat ermittelt, ob ein vorgegebenes Katalogfeld einen angegebenen Wert enthält, und hat die folgende Syntax:

```
<Feldname> IS <NOT> NULL
```

Feldname gibt den Namen des Katalogfelds an. *NOT* negiert den Ausdruck, falls vorhanden.

Das nachfolgende Beispiel ruft den Inhalt der Felder *FileName* und *VPath* aus allen Dateien ab, die sich im Webpfad */Webdbdev* befinden, bei denen das Feld *DocAuthor* definiert ist.

```
SELECT FileName, VPath
  FROM SCOPE('"/webdbdev"')
 WHERE DocAuthor IS NOT NULL
```

Die ORDER BY-Klausel

Die ORDER BY-Klausel sortiert die Ergebnismenge in den angegebenen Feldern und hat die folgende Syntax:

```
ORDER BY <Feld 1> <ASC oder DESC>, ..., <Feld n> <ASC oder DESC>
```

Die Argumente haben die folgende Bedeutung:

- **Feld** gibt den Namen des Feldes an, das sortiert werden soll (oder seine Ordinalposition nach dem SELECT-Verb).
- **ASC oder DESC** legt die Sortierreihenfolge fest: *ASC* ist aufsteigend (engl. ascending) und *DESC* absteigend (engl. descending). Wird keine Sortierreihenfolge angegeben, wird die Standardsortierreihenfolge aufsteigend benutzt. Wird einmal eine Sortierreihenfolge explizit angegeben, werden alle nachfolgenden Felder mit dieser Reihenfolge sortiert, falls für sie nicht explizit eine andere angegeben wird.

Zusätzliche Dokumentationen zum Indexdienst

Auf der Windows 2000-Website von Microsoft unter *http://windows.microsoft.com/windows2000/de/server/help* erhalten Sie zusätzliche Informationen zum Indexdienst. Um Informationen zum Indexdienst zu finden, klicken Sie zunächst auf *Dateien und Drucker* und dann auf *Indexdienst* (siehe Abbildung 11.2).

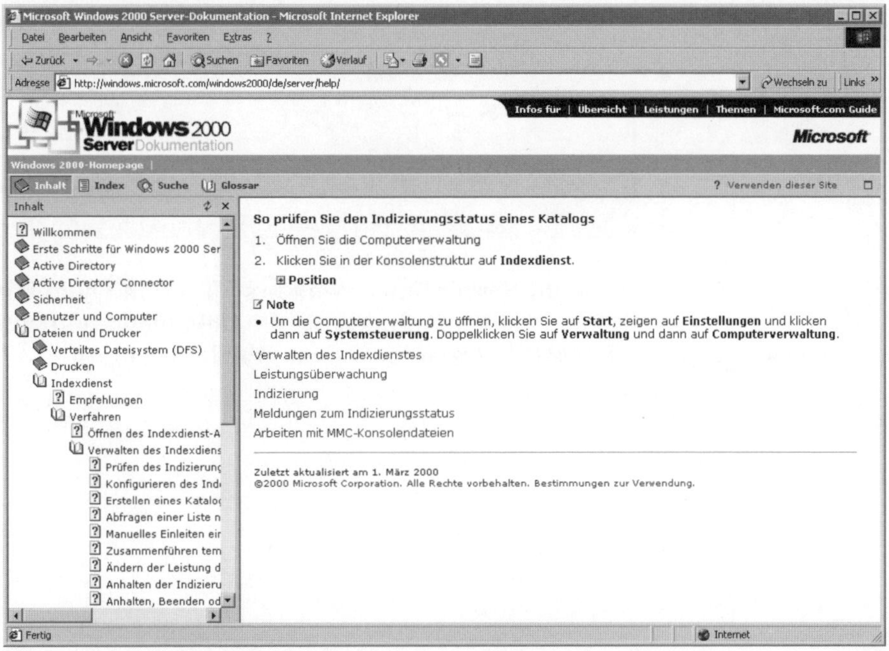

Abbildung 11.2 Informationen über Windows 2000 Indexdienst finden Sie auf der Microsoft-Website zu Windows 2000

Um mehr über den ADO-Zugriff auf Kataloge des Indexdienstes herauszufinden, suchen Sie in der MSDN Library unter *http://msdn.microsoft.com/library* nach dem passenden Eintrag. Erweitern Sie die Themen in der folgenden Reihenfolge (siehe Abbildung 11.3):

```
Platform SDK
  Data Access Services
    Microsoft Data Access Components (MDAC) SDK
      Microsoft ActiveX Data Objects (ADO)
       Microsoft ADO Programmer's Reference
        Using Providers with ADO
          Microsoft OLE DB Provider for Microsoft Indexing Service.
```

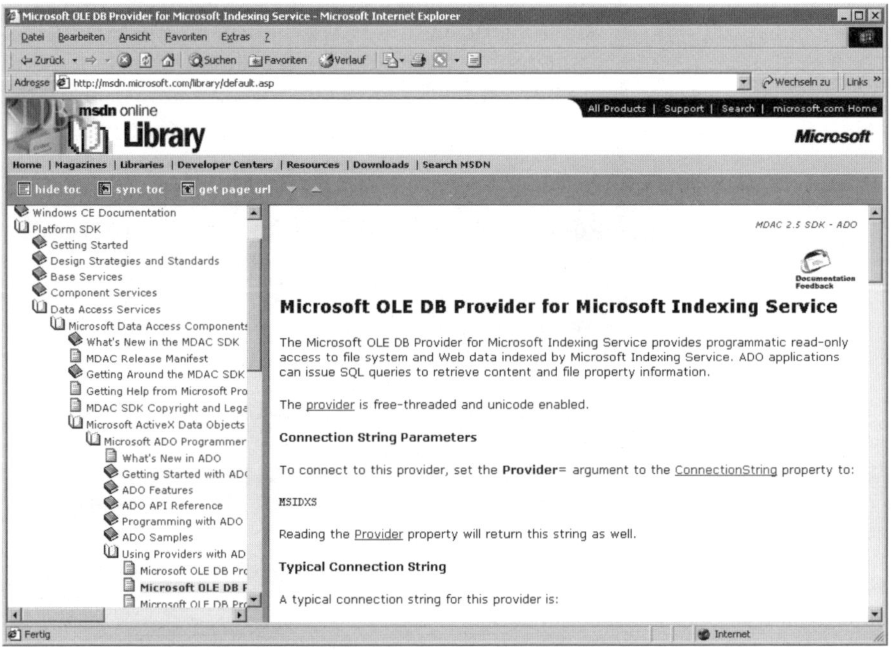

Abbildung 11.3
Hier finden Sie die Dokumentation zur Verwendung von ADO, um Kataloge des Indexdienstes zu durchsuchen

Wenn Ihr Server unter Windows NT 4.0 mit dem Windows NT Server Option Pack läuft, finden Sie die Dokumentation unter der Überschrift *Microsoft Index Server* (siehe Abbildung 11.4).

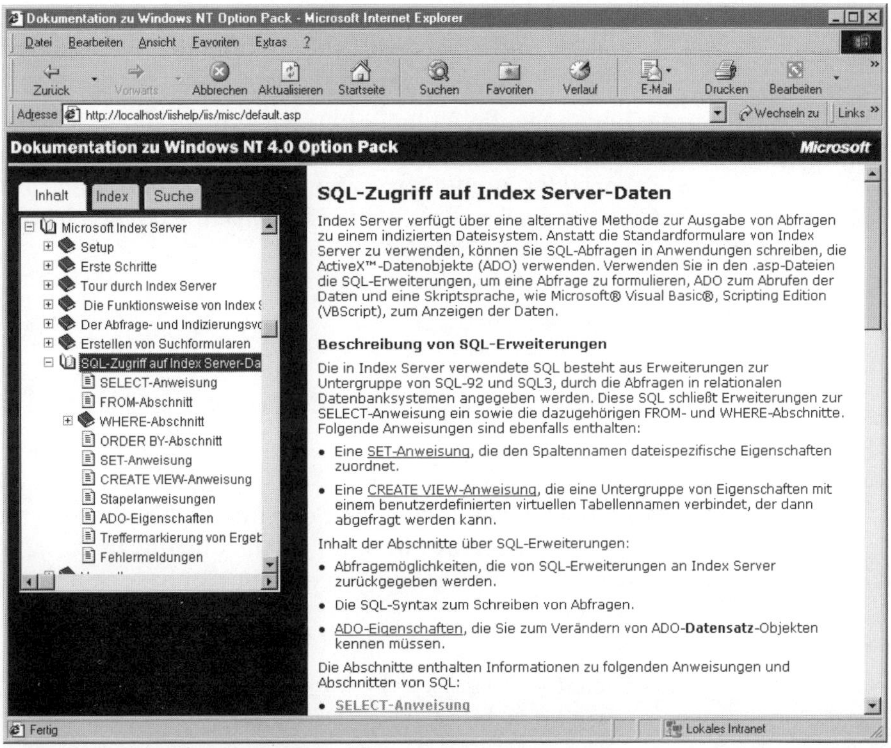

Abbildung 11.4
Das markierte Thema bietet Informationen über den Zugriff auf Index Server-Kataloge über ADO

Eine Website durchsuchen

Ein Beispiel für den Einsatz dieser Technologie sehen Sie in Abbildung 11.5. Die gezeigte Webseite übernimmt zwei Eingaben vom Webbesucher (den Suchtext und den Bereich). Wenn das Feld *Bereich* leer ist, verwendet der ASP-Code den Standardpfad */webdbdev*. Wenn das Feld *Text* leer ist, wird eine Fehlermeldung ausgegeben. Enthält das Feld *Text* einen Wert, erstellt der Code mit den angegebenen Werte eine SQL-Anweisung und führt diese aus. Werden keine übereinstimmenden Datensätze gefunden, wird eine Fehlermeldung ausgegeben. Sind übereinstimmende Datensätze vorhanden, führt der Code die typische *Do While Not EOF*-Schleife aus, um jeden Datensatz anzuzeigen. Diese Seite ist also ziemlich typisch für das, was Sie in den letzten Lektionen gesehen haben. Sie greift jedoch auf einen Indexdienstkatalog anstatt auf eine Access-Datenbank zu.

Wenn Sie die vorherigen Lektionen durchgearbeitet haben, sollte es Ihnen leicht fallen, die Seite zu erstellen:

1. Erzeugen Sie eine neue Webseite mit den üblichen Strukturelementen und *Include*-Anweisungen. Erzeugen Sie im *<body>*-Bereich ein HTML-

Formular mit einem Textfeld namens *qText*, einem Textfeld namens *qScope* und einer *Senden*-Schaltfläche, die Sie beliebig beschriften können.

2. Fügen Sie die folgenden Anweisungen in den *<head>*-Bereich der Webseite ein. Diese Anweisungen weisen den empfangenen Suchtext einer Variablen namens *qText* und den übermittelten Bereich einer Variablen namens *qScope* zu. Wenn die Variable *qScope* leer ist, setzt der Code den Standardpfad */webdbdev* ein.

```
<%
qText = Request("qText")
qScope = Request("qScope")
If qScope = "" Then
  qScope = "/webdbdev"
End If
%>
```

3. Fügen Sie den folgenden Code im *<body>*-Bereich nach dem Code für das HTML-Formular ein, um die Ausführung zu verlassen und eine Fehlermeldung auszugeben, wenn vom Webbesucher kein Suchtext angegeben wurde:

```
<%
If qText = "" Then
  Response.Write "<p class=err>Bitte Suchtext eingeben.</p>"
  Response.Write vbCrLf
Else
'  Hier Code einfügen, um Abfrage auszuführen.
End If
%>
```

4. Erzeugen, öffnen und schließen Sie eine Verbindung zum Indexdienst-Datenprovider. Ersetzen Sie dazu den Kommentar in Schritt 3 durch den nachfolgenden Code.

```
  cnStIx = "provider=msidxs;data source=Interlacken"
  Set cnIx = Server.CreateObject("ADODB.Connection")
  cnIx.Open cnStIx, "", ""
'   Hier Code einfügen, um Recordset zu öffnen und anzuzeigen.
  cnIx.Close
```

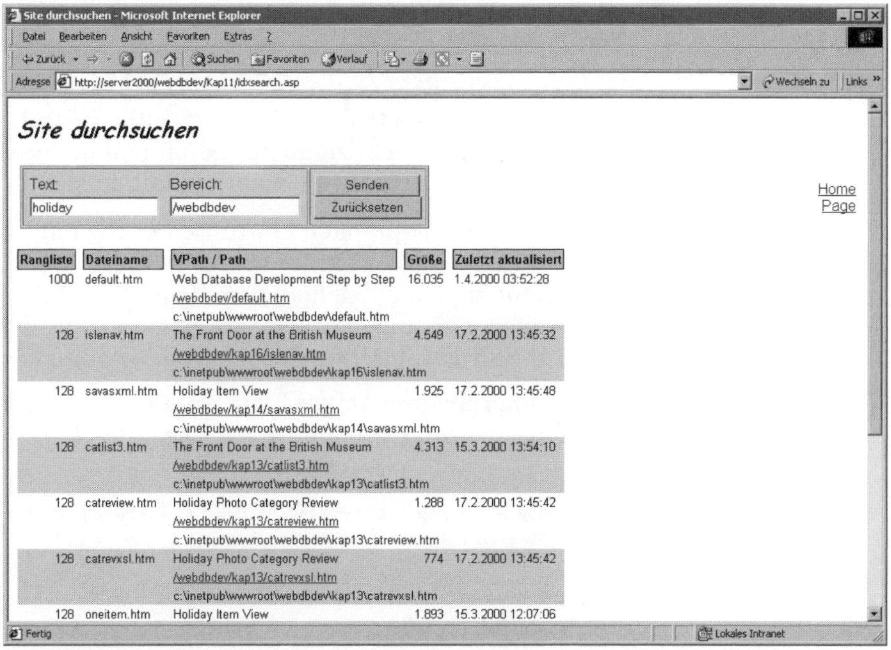

Abbildung 11.5 Diese Webseite sucht Dokumente in einem Indexdienstkatalog, die den angegebenen Text enthalten und im vorgegebenen Bereich gespeichert sind

Die Angabe *provider* ist immer auf den Wert *msidxs* gesetzt (für Microsoft Indexdienst). Der Angabe *data source* ist der Name des Indexdienstkatalogs zugeordnet, der durchsucht werden soll. Diesen Namen erfahren Sie vom Webadministrator.

❺ Öffnen und schließen Sie ein *Recordset*-Objekt, das alle Katalogeinträge enthält, die die vom Webbesucher angegebenen Kriterien erfüllen. Ersetzen Sie dazu den Kommentar in Schritt 4 durch den folgenden Code:

```
  Set rsIx = Server.CreateObject("ADODB.Recordset")
  sql = "SELECT Rank, Filename, DocTitle, Path, VPath, Size, Write " & _
          "FROM SCOPE('" & Chr(34) & qScope & Chr(34) & "') " & _
         "WHERE (CONTAINS(Contents, '" & _
                        Chr(34) & qText & Chr(34) & _
                        "') > 0) " & _
           "AND (VPath NOT LIKE '%[_]vti[_]%') " & _
      "ORDER BY Rank DESC"
  rsIx.Open sql, cnIx, adOpenForwardOnly
'   Hier Code einfügen, um Inhalt des Recordsets anzuzeigen.
  rsIx.Close
```

Die Zeilen zwei bis sechs dieses Codes erzeugen eine SQL-Anweisung, die wie folgt aussieht:

```
SELECT Rank, Filename, DocTitle, Path, VPath, Size, Write
     FROM SCOPE('"/webdbdev"')
    WHERE (CONTAINS(Contents, '"Urlaub"') > 0)
```

```
     AND (VPath NOT LIKE '%[_]vti[_]%')
 ORDER BY Rank DESC
```

Die Klausel *SCOPE('"/webdbdev"')* beschränkt die Suche auf Dateien mit URLs in der Ordnerstruktur */webdbdev*. Die WHERE-Klausel sucht nach Dateien, die das Wort *Urlaub* enthalten und in deren virtuellem Pfad (URL) die Zeichenfolge *_vti_* nicht enthalten ist..

Die Seite sucht entsprechend ihrer Codierung nach vollständigen Sätzen. Wenn Sie mehrere Wörter angeben, sucht der Indexdienst nach ihnen als zusammenhängende Zeichenfolge. Wenn Sie flexiblere Suchoptionen bereitstellen möchten, müssen Sie Code erstellen, der diese Kriterien vom Benutzer abfragt und die erforderlichen Prädikate erzeugt.

6 Um alle übereinstimmenden Datensätze anzuzeigen, ersetzen Sie den Kommentar in Schritt 5 durch den folgenden Code:

```
If rsIx.EOF Then
  Response.Write "<p class=err>Keine Übereinstimmungen gefunden. & _
    </p>" & vbCrLf
Else
  hits = 0
  Do While Not rsIx.EOF
    hits = hits + 1
    If hits Mod 2 = 0 Then
      bgcolor = "background-color: #cccccc"
    Else
      bgcolor = ""
    End If
    link = "<a href=" & _
            Chr(34) & rsIx("VPath") & Chr(34) & _
           ">" & rsIx("VPath") & "</a>"
'      Hier Code einfügen, um einen Ergebnisdatensatz anzuzeigen.
       rsIx.MoveNext
  Loop
End If
```

Wenn beim Recordset *rsIx* bereits das Ende erreicht ist (die Eigenschaft *EOF* hat den Wert *True*), sind keine übereinstimmenden Datensätze vorhanden und der Code gibt eine entsprechende Meldung aus. Andernfalls initialisiert er den Zähler namens *hits* auf Null und führt eine *Do While Not EOF*-Schleife aus, um jeden Datensatz anzuzeigen. Wenn der Zähler *hits* einen geraden Wert hat (d.h., wenn bei der Teilung durch 2 kein Rest bleibt), setzt der Code die Variable *bgcolor* auf den CSS-Code, um einen grauen Hintergrund zu erzeugen. Ansonsten speichert er einen leeren Wert. Um die Lesbarkeit zu erhöhen, enthält der Code den Wert *bgcolor* als Attribut in jedem *<tr>*-Tag.

Die Linkvariable enthält HTML-Code, um jeden *VPath*-Wert als Hyperlink anzuzeigen.

7 Der folgende HTML-Code zeigt jeden Datensatz an. Ersetzen Sie mit diesem Code den Kommentar in Schritt 6.

```
%>
  <tr style="<%=bgcolor%>">
    <td align="right"><%=rsIx("rank")%></td>
    <td></td>
    <td align="left"><%=rsIx("filename")%></td>
    <td></td>
    <td align="left"><%=rsIx("DocTitle") %></td>
    <td></td>
    <td align="right"><%=formatnumber(rsIx("size"),0,,true)%></td>
    <td></td>
    <td align="left"><%=rsIx("write")%></td>
  </tr>
  <tr style="<%=bgcolor%>">
    <td align="right" colspan="4"></td>
    <td align="left" colspan="5"><%=link%></td>
  </tr>
  <tr style="<%=bgcolor%>">
    <td align="right" colspan="4"></td>
    <td align="left" colspan="5"><%=rsIx("Path")%></td>
  </tr>
  <%
```

Weil die Werte *VPath* und *Path*, die aus dem Katalog abgerufen werden, lange Zeichenfolgen sind, reicht eine HTML-Tabellenzeile für die Anzeige nicht aus. Im vorherigen Code wurden deshalb drei HTML-Tabellenzeilen für jeden übereinstimmenden Datensatz erzeugt. Die visuelle Gruppierung erfolgt dadurch, dass die Datensätze abwechselnd weiß und grau hinterlegt sind.

Den fertigen HTML- und ASP-Code für diese Seite finden Sie in der Beispieldatei *\Webdbdev\Kap11\idxsearch.asp*.

Zusammenfassung der Lektion

In dieser Lektion wurde erklärt, wie eine Volltextsuche in einem Dokumentindex mit Methoden erfolgt, die Sie bereits im Zusammenhang mit regulären Datenbanken kennen gelernt haben. Diese Technik funktioniert sowohl bei Microsoft Indexdienst für Windows 2000 als auch bei Microsoft Index Server für Windows NT Server 4.0.

Die ▶ Lektion 12 erklärt, wie Informationen über die Webbesucher gesammelt werden können, wenn sie mehrere Seiten einer Site durchwandern.

12 Sitzungen verwalten

In dieser Lektion lernen Sie

- wie Sie das *Session*-Objekt nutzen, um temporäre Daten über die Besucher Ihrer Site zu speichern.

Geschätzte Dauer:
40 Minuten

Alle ASP-Seiten, die Sie bisher gesehen haben, haben Daten über eine Abfragezeichenfolge, die in einem URL oder einem Formularfeld enthalten war, von einer Webseite an die nächste übergeben. Diese Methoden haben den Vorteil, dass sie ganz einfach sind. Das gilt aber nur, wenn die Datenmenge relativ gering ist. Würden mehrere Dutzend oder sogar mehrere Hundert Dateiwerte auf diese Weise übergeben, wäre dies im besten Fall etwas lästig. Bei der Verwendung von Abfragezeichenfolgen oder Formularfeldern stellt sich auch das Problem, dass keine Beständigkeit da ist. Dies bedeutet, dass der Webbesucher wieder von vorne beginnen muss, wenn er nur geringfügig von der erwarteten Abfolge der Webseiten abweicht.

Das ASP *Session*-Objekt löst beide Probleme zugleich. IIS legt automatisch für jeden Besucher Ihrer Anwendung ein *Session*-Objekt an und in diesem Objekt lassen sich beliebige Daten für jeden einzelnen Besucher speichern. Die Sitzungsinformationen bleiben selbst dann – zumindest eine bestimmte Zeit – vorhanden, wenn der Besucher die Site verlässt und später wieder zurückkehrt.

Das *Session*-Objekt

Das *Session*-Objekt wurde in ▶ Lektion 5 eingeführt. Falls Sie nicht mehr alles in Erinnerung haben, hier noch einmal eine kurze Zusammenfassung:

- Immer, wenn ein Webbesucher das erste Mal auf eine ASP-Seite in einer vorgegebenen ausführbaren Verzeichnisstruktur zugreift (d.h., innerhalb einer vorgegebenen IIS-Anwendung), erzeugt die ASP-Software ein neues *Session*-Objekt, das über eine Sitzungs-ID identifiziert wird. Der Wert der Sitzungs-ID wird in der Eigenschaft *SessionID* des *Session*-Objekts gespeichert.

- Wenn die ASP-Software auf den Webbesucher reagiert, überträgt sie die Sitzungs-ID als Cookie.
- Der Browser – vorausgesetzt, er unterstützt Cookies – sendet die Sitzungs-ID jedes Mal zurück an den Server, wenn er eine Seite innerhalb derselben ausführbaren Ordnerstruktur anfordert.
- Wenn die ASP-Software diese bestimmte Sitzungs-ID nicht finden kann, benutzt sie das damit verknüpfte *Session*-Objekt.
- Wenn eine Anforderung eine Sitzungs-ID angibt, die nicht mehr existiert, oder wenn überhaupt keine Sitzungs-ID angegeben ist, erzeugt die ASP-Software ein neues *Session*-Objekt, und hängt dieses an.

Es ist einfacher, das *Session*-Objekt zu benutzen, als dieses zu erklären. Um die Informationen zu speichern, die im *Session*-Objekt enthalten sind, weisen Sie einfach wie folgt einen Wert zu:

```
Session("Vorname") = "Markus"
```

Anschließend kann jede ASP-Seite, die sich in derselben ausführbaren Ordnerstruktur befindet, diesen Wert mit fast derselben Syntax abrufen. Nachdem die folgende Anweisung ausgeführt wurde, enthält die Variable *fName* (für Vorname) beispielsweise den Wert *Markus*:

```
fName = Session("fName")
```

Wenn verschiedene Webbesucher gleichzeitig auf eine Anwendung zugreifen, hat jeder Anwender sein eigenes *Session*-Objekt. Der Ausdruck *Session("fName")* könnte auf ein und demselben Server gleichzeitig den Wert *Anna*, *Bernhard*, *Celine*, *Dirk* und andere haben. Die ASP-Software hält die einzelnen Webbesucher auseinander und stellt jedem das korrekte *Session*-Objekt zur Verfügung.

Abbildung 12.1 zeigt eine extrem einfache Webseite, die das *Session*-Objekt nutzt. Um das vollständige Listing dieser Seite zu betrachten, öffnen Sie die Beispieldatei *\Webdbdev\Kap12\SSpeichern.asp* in Ihrem bevorzugten Text- oder HTML-Editor.

Abbildung 12.1 Diese Webseite speichert die Werte aus zwei Textfeldern in einem *Session*-Objekt

Die beiden Textfelder auf dieser Seite heißen *fName* und *sName*. Die Schaltfläche *Speichern* trägt den Namen *btnSave*. Das folgende Codefragment, das sich im *<head>*-Abschnitt befindet, wird jedes Mal ausgeführt, wenn die ASP-Seite geladen wird:

```
<%
If Request("btnSave") <> "" Then
  Session("fName") = Request("fName")
  Session("sName") = Request("sName")
End If
%>
```

Die Bedingung in der ersten Zeile ist nur dann erfüllt (*True*), wenn die ASP-Seite ausgeführt wird, weil der Webbesucher auf die *Speichern*-Schaltfläche geklickt hat. Ist dies der Fall, speichern die nächsten beiden Anweisungen die Werte, die in die Textfelder *fName* und *sName* eingegeben wurden, als Sitzungsvariablen namens *fName* und *sName*.

Ist die Bedingung nicht erfüllt (*False*), wird die Seite vermutlich ausgeführt, weil der Webbesucher auf eine Menüseite geklickt hat oder den URL in die Adresszeile des Webbrowsers eingegeben hat. In einem solchen Fall wird der Inhalt der Felder *Request("fName")* und *Request("sName")* nicht berücksichtigt und der Code aktualisiert das *Session*-Objekt nicht.

Die *value*-Attribute der beiden Textfelder sind entsprechend wie folgt kodiert:

```
value="<%=Session("fName")%>"
value="<%=Session("sName")%>"
```

In jedem Fall zeigen die Textfelder jedoch die Werte an, die momentan im *Session*-Objekt gespeichert sind. Werfen Sie einen Blick auf die Seite *SAnzeigen.asp* in Abbildung 12.2, um eine Bestätigung für den Inhalt des *Session*-Objekts zu erhalten.

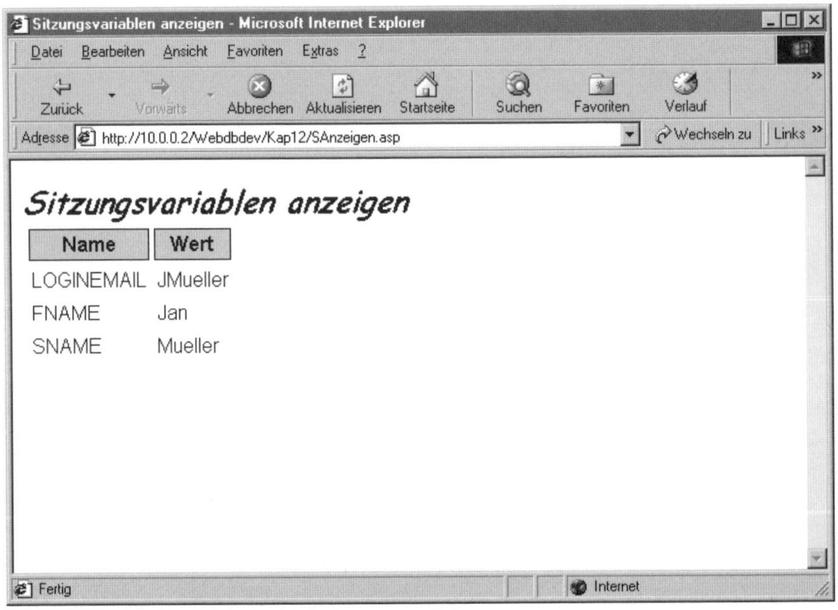

Abbildung 12.2 Diese Webseite listet die Werte auf, die momentan im *Session*-Objekt des Webbesuchers gespeichert sind

Die Auflistung *Contents* ist die Standardauflistung des *Session*-Objekts.

Diese Seite führt die folgende Schleife aus, um alle Variablen abzurufen und anzuzeigen, die momentan im *Session*-Objekt gespeichert sind. Diese Variablen sind in der Auflistung *Session.Contents* enthalten.

```
<%
For Each vbl in Session.Contents
  Response.Write "<tr>" & vbCrLf
  Response.Write "  <td>" & vbl & "</td>" & vbCrLf
  Response.Write "  <td>" & Session(vbl) &"</td>" & vbCrLf
  Response.Write "</tr>" & vbCrLf
Next
%>
```

Sie können mehr über das Verhalten des *Session*-Objekts erfahren, wenn Sie die verschiedenen Szenarien für diese beiden Seiten testen, wie in der folgenden Aufzählung beschrieben:

- Wenn Sie die Seite *SSpeichern.asp* ausführen, speichern Sie einen beliebigen Vor- und Nachnamen und führen anschließend die Seite *SAnzeigen.asp* aus. Die Seite *SAnzeigen.asp* zeigt dann die gespeicherten Werte an, obwohl keine sichtbare Datenverbindung zwischen diesen beiden Seiten besteht.

- Wenn andere Webbesucher diese Übung zur selben Zeit ausführen, treten keine Konflikte auf, da für jeden Besucher ein separates *Session*-Objekt angelegt wird.
- Wenn Sie länger als zwanzig Minuten warten und dann die Seite *SAnzeigen.asp* noch einmal ausführen, sind die Felder *fName* und *sName* leer, weil das *Session*-Objekt abgelaufen war und vom IIS gelöscht wurde (der Zeitüberschreitungswert von zwanzig Minuten ist ein Standard, der auf jedem Server anders konfiguriert sein kann).
- Wenn Sie den Browser verlassen und neu starten, ist die Seite *SAnzeigen.asp* leer, weil Sie eine neue Sitzung gestartet haben.

Sitzungsvariablen haben den Datentyp *Variant* und können somit alle Variablen, Datenfelder oder Objekte enthalten, die eine VBScript-Variable enthalten kann. Denken Sie jedoch an die folgenden Sicherheitsvorkehrungen:

- Wenn das Threading-Modell eines Objekts nicht als *both* gekennzeichnet ist, wird die Sitzung auf einen Thread beschränkt, wenn das Objekt im *Session*-Objekt gespeichert wird, was die Leistung reduziert. Diese Überlegung ist zwar etwas fortgeschritten, jedoch wert, darüber nachzudenken, wenn Sie hohe Datenvolumen für eine Anwendung oder den Server erwarten, auf dem die Anwendung ausgeführt wird.
- Wenn Sie ein Datenfeld in einem *Session*-Objekt speichern, sollten Sie nicht versuchen, seine Elemente direkt zu bearbeiten. Die folgende Anweisung funktioniert beispielsweise nicht, weil der Ausdruck *(2)* die dritte Sitzungsvariable indiziert, nicht das dritte Datenfeldelement (sowohl das Datenfeld als auch die *Session.Contents*-Auflistung sind nullbasiert).

  ```
  Session("MeinDatenfeld")(2) = "Wen interessiert's?"
  ```

  Der bevorzugte Ansatz besteht darin, das gesamte Datenfeld in eine lokale Variable zu kopieren, diese Variable zu aktualisieren und dann das Datenfeld im *Session*-Objekt zu ersetzen.

  ```
  locArray = Session("MeinDatenfeld")
  locArray(2) = "Wen interessiert's?"
  Session("MeinDatenfeld") = locArray
  ```

Das *Session*-Objekt ist nützlich, wenn Daten aus verschiedenen Webseiten gesammelt werden müssen (wie bei der Zusammenstellung einer Kundenbestellung) und anschließend, wenn alles fertig ist, alle Daten verarbeitet werden müssen (d.h., wenn der Besucher die Bestellung tatsächlich abschickt).

Das *Session*-Objekt im Einsatz

Das *Session*-Objekt lässt sich zwar auch einsetzen, um Informationen zu speichern, die sich auf eine einzelne Webseite anwenden lassen. Es wird jedoch häufiger verwendet, um Daten aus mehreren Webseiten zu sammeln, die der Webbesucher sehr wahrscheinlich in einer bestimmten Reihenfolge durchgehen wird. Und dies funktioniert so:

- Jede Seite enthält ein HTML-Fomular mit einer *Senden*-Schaltfläche, die dieselbe Seite ausführt. Die *Senden*-Schaltfläche von *Seite1.asp* führt also *Seite1.asp* aus, die *Senden*-Schaltfläche von *Seite2.asp* führt *Seite2.asp* aus usw.
- Der ASP-Code am Anfang jeder Seite prüft, ob die übertragenen Daten vollständig und korrekt sind. Sind die Daten gültig, führt der Code alle erforderlichen Verarbeitungsschritte aus (wie z.B. die Aktualisierung des *Session*-Objekt oder der Datenbank) und benutzt dann die Methode *Response.Redirect*, um zur nächsten Seite zu gelangen. Wenn die Daten unvollständig oder in anderer Hinsicht nicht akzeptabel sind, zeigt die Seite sich selbst mit einer Fehlermeldung an.

Der Abschnitt »Das *Response*-Objekt im Einsatz« in ▶ Lektion 5 erläutert die Methode *Response.Redirect* im Detail. Zu Ihrer Erinnerung: die folgende Anweisung zeigt im Browser des Benutzers die Webseite am *url* anstatt der aktuellen Seite an.

```
Response.Redirect <url>
```

Die *Response.Redirect*-Methode kann je nach URL auf zwei Arten eingesetzt werden:

- Wenn Sie einen URL innerhalb des Servers angeben, der die ASP-Seite ausführt, weist die Methode *Response.Redirect* den Server an, die angegebene Seite anstelle der aktuellen bereitzustellen. Wenn der Server jedoch bereits mit der Übertragung der Seite begonnen hat, die die *Response.Redirect*-Anweisung enthält, gibt es keine Möglichkeit, den bereits übertragenen Teil wieder zurückzuholen. Die Methode *Response.Redirect* schlägt fehl.
- Wenn Sie einen URL angeben, der sich in einem anderen Server befindet, erzeugt die Methode *Response.Redirect* einen speziellen HTTP-Header, der den Browser des Webbesuchers anweist, die angegebene Seite abzurufen. Wenn der Server bereits mit der Übertragung der HTML-Tags für die aktuelle Seite begonnen hat, ist es jedoch zu spät, um zusätzliche HTTP-Header zu senden. Die Methode *Response.Redirect* schlägt fehl.

Der ASP-Code kann den Webbesucher in Abhängigkeit von den Daten, die bisher gesammelt wurden, an verschiedene Seiten weiterleiten.

Auf jeden Fall muss die *Response.Redirect*-Anweisung ausgeführt werden, bevor der Webserver auf das erste HTML-Tag stößt. Ist dies nicht möglich, muss vor dem ersten HTML-Tag eine *Response.Buffer=True*-Anweisung ausgeführt werden. Diese teilt dem Server mit, dass er Bestandteile der Webseite erst dann übertragen soll, wenn die Verarbeitung der Webseite beendet ist.

Eine Registrierungsseite für die Webbesucher erzeugen

Es gibt immer mehr Websites, bei denen sich Besucher registrieren und anmelden müssen, bevor sie die gesamte oder einen Teil der Site nutzen können. Die Betreiber der Site können die Informationen, die bei der Registrierung eingegeben werden, nutzen, um mehr über die Vorlieben und Interessen der Besucher zu erfahren. Mit den Informationen lässt sich dann der Inhalt der Site anpassen. Damit sich Besucher bei Ihrer Site anmelden müssen, müssen Sie zwei Komponenten entwickeln:

- Eine Komponente, die ermittelt, ob ein Webbesucher bereits angemeldet ist. Falls nicht, wird der Besucher zu einer Anmeldungsseite umgeleitet. Diese Komponente muss in jeder Webseite vorhanden sein, bei der eine Registrierung erforderlich ist.
- Eine Registrierungs- und Anmeldungsseite, in der Besucher ein neues Konto einrichten oder sich bei einem bestehenden Konto anmelden können.

Der Code für die Seite sieht wie folgt aus. Sie finden ihn außerdem in der Beispieldatei *\Webdbdev\Kap12\Sicher.inc*.

```
<%
If Session("loginemail") = "" Then
  Session("goback") = Request.ServerVariables("URL")
  Response.Redirect "Anmeldung.asp"
End If
%>
```

Die erste Anweisung in diesem Code stellt fest, ob eine *Session*-Objektvariable namens *loginemail* existiert und einen Wert enthält. Angenommen, dass nur der Anmeldeprozess diese Variable aktualisiert, gibt die Existenz eines Wertes an, dass der Webbesucher bereits angemeldet ist und der Webserver den Rest der Seite normal verarbeiten kann.

Wenn kein *Session("loginemail")*-Wert vorhanden ist, ist der Webbesucher noch nicht angemeldet. Der Code speichert deshalb den aktuellen URL in der *Session*-Variablen *goback* und leitet den Webbesucher dann zu einer Seite namens *Anmeldung.asp* weiter. Wenn sich der Webbesucher erfolgreich anmeldet, speichert die Seite *Anmeldung.asp* die Identität des

Besuchers in der Variablen *Session("loginemail")* und führt den Webbesucher zurück zu der Seite, die in der Variablen *Session("goback")* angegeben wird.

Weil diese Art von Code normalerweise in mehreren Seiten enthalten sein muss, ist es sinnvoll, den Code in einer separaten Datei zu speichern und mit einer *Include*-Anweisung zu jeder anwendbaren Webseite hinzuzufügen. Dazu muss jede anwendbare Seite die Extension *.asp* haben und die folgende Anweisung vor dem ersten HTML-Tag enthalten (selbstverständlich variieren der Dateiname *Sicher.inc* und sein relativer Pfad in Abhängigkeit von der Umgebung).

```
<!-- #include file="Sicher.inc" -->
```

Die Beispieldatei, die in Abbildung 12.3 gezeigt wird, enthält eine solche Anweisung. Wenn die Seiten *Sicher.asp*, *Sicher.inc* und *Anmeldung.asp* im selben Verzeichnis abgelegt werden, erfolgt auf der Seite *Sicher.asp* sofort eine Umleitung zur Seite *Anmeldung.asp*, falls der Webbesucher noch nicht angemeldet ist.

Abbildung 12.3 Diese Webseite leitet den Webbesucher automatisch zur Anmeldungsseite um, falls er noch nicht angemeldet ist

Eine Registrierungs- und Anmeldeseite erstellen

Abbildung 12.4 zeigt die Seite *Anmeldung.asp*, die im letzten Abschnitt erwähnt wurde. Die Meldung »Sie sind momentan nicht angemeldet« kennzeichnet den aktuellen Anmeldestatus. Um ein neues Benutzerkonto anzulegen, gibt ein Webbesucher seine E-Mail-Adresse und ein Kennwort ein, aktiviert im Bereich *Neuer Besucher* die Option *Ja* und klickt dann auf die Schaltfläche *Anmelden*. Wenn für die E-Mail-Adresse noch kein Konto existiert, macht die Seite folgendes:

- Sie fügt einen neuen Datensatz zur Tabelle *Besucher* in der Datenbank *Urlaub.mdb* hinzu. Diese Tabelle enthält zwei Felder namens *email* und *paswd* des Typs *Text*. Das Feld *email* ist der Primärschlüssel der Tabelle.
- Sie speichert die E-Mail-Adresse in der Variablen *loginemail* des *Session*-Objekts.
- Sie leitet den Besucher zur Seite um, die in der Variablen *goback* des *Session*-Objekts enthalten ist.

Wenn ein Webbesucher versucht, ein neues Konto mit einer E-Mail-Adresse anzulegen, die bereits in der Tabelle *Besucher* enthalten ist, liefert die Seite eine Fehlermeldung zurück.

Verfügt ein Webbesucher bereits über ein Konto, kann er sich bei diesem anmelden. Dazu gibt er die E-Mail-Adresse und das Kennwort ein, aktiviert im Bereich *Neuer Besucher* die Option *Nein* und klickt dann auf die Schaltfläche *Anmelden*. Stimmen E-Mail-Adresse und Kennwort mit einem vorhandenen Datensatz in der Tabelle *Besucher* überein, wird die E-Mail-Adresse wieder in der Variablen *Session("loginemail")* gespeichert. Anschließend wird der Webbesucher zur Seite umgeleitet, die in der Variablen *Session("goback")* gespeichert ist.

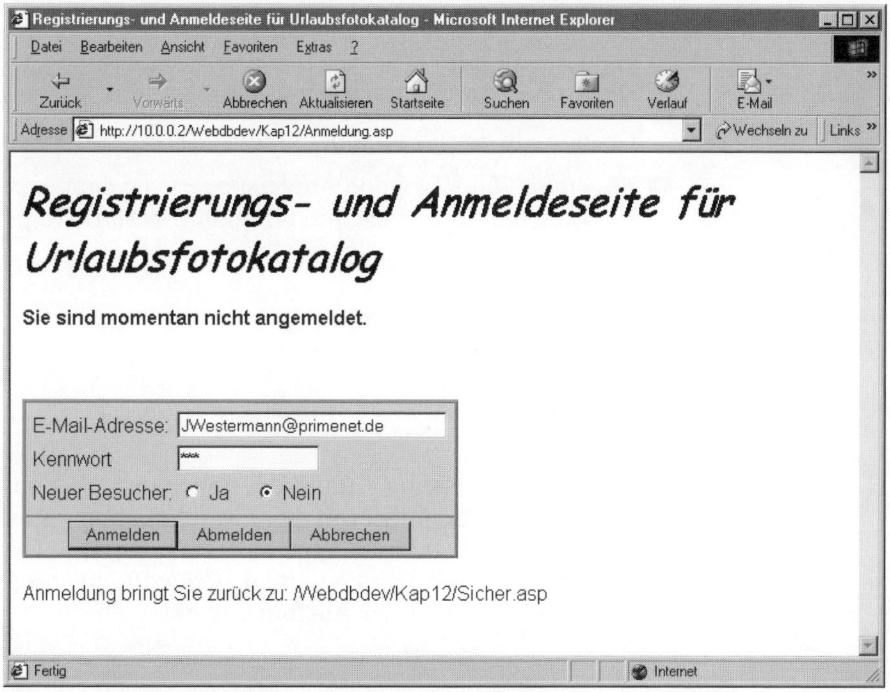

Abbildung 12.4 Webbesucher können sich auf dieser Seite für die Site registrieren und bei weiteren Besuchen anmelden

Klickt der Webbesucher auf die Schaltfläche *Abmelden*, wird der aktuelle Wert der Variablen *loginemail* des *Session*-Objekts gelöscht.

Die Anmeldungsseite wird wie folgt aufgebaut.

1. Initialisieren Sie eine neue Webseite mit den üblichen Strukturtags und einem HTML-Formular, das die folgenden Elemente beinhaltet:

   - Ein Textfeld namens *email* und ein Anfangswert, der dem aktuellen Wert *email* des *Request*-Objekts entspricht.

```
<input type="text" name="email" size="30"
      value="<%=Request("email")%>">
```

   - Ein Textfeld namens *paswd* und ein Anfangswert, der dem aktuellen Wert *paswd* im *Request*-Objekt entspricht.

```
<input type="password" name="paswd" size="15"
      value="<%=Request("paswd")%>">
```

   - Zwei Optionsfelder namens *newvisitor*. Eines soll den Wert *j* übertragen und das zweite den Wert *n*, wobei letzteres aktiviert sein soll, wenn die Seite geladen wird.

```
<input type="radio" name="newvisitor" value="j">
<input type="radio" name="newvisitor" value="n" checked>
```

   - Zwei Befehlsschaltflächen, wobei die eine die Beschriftung *Anmelden* und den Namen *btnLogin* trägt und die zweite die Beschriftung *Abmelden* und den Namen *btnLogout*.

```
<input type="submit" value="Anmelden" name="btnLogin">
<input type="submit" value="Abmelden" name="btnLogout">
```

   Ordnen Sie diese Elemente in einer HTML-Tabelle an.

2. Fügen Sie die folgenden Anweisungen vor dem ersten HTML-Tag in der Webseite ein (d.h., vor dem öffnenden *<html>*-Tag):

```
<!-- #include file="../adovbs.inc" -->
<%
fMsg = ""
iMsg = ""
loggedIn = False
' Hier Code einfügen, um Anmeldung zu verarbeiten.
%>
```

Die erste Anweisung enthält die üblichen ADO-Konstanten. Die Zeilen drei und vier initialisieren die Variablen *fMsg* und *iMsg*, die alle Fehler- und informativen Meldungen enthalten werden. Die fünfte Anweisung initialisiert eine Variable namens *loggedIn*, die angibt, ob sich der Webbesucher während der Ausführung der Webseite angemeldet hat.

3. Ersetzen Sie den Kommentar in Schritt 2 durch den folgenden Code, um festzustellen, welche Schaltfläche vom Webbesucher angeklickt wurde:

```
If Request("btnLogin") <> "" Then
  ProcessLogin
Else
  If Request("btnLogout") <> "" Then
    Session("loginemail") = ""
  End If
End If
```

Wenn die Schaltfläche *Anmelden* angeklickt wurde, führt der Code eine Unterroutine namens *ProcessLogin* aus. Die nächsten Schritte erklären, wie diese Unterroutine erzeugt wird. Wird die Schaltfläche *Abmelden* angeklickt, setzt der Code die *Session*-Objekt-Variable *loginemail* auf eine leere Zeichenfolge und zeigt dann den Rest der Webseite normal an. Wenn der Webbesucher keine Schaltfläche anklickt, macht das Skript gar nichts und die Webseite wird ebenfalls ganz normal angezeigt.

4. Beginnen Sie nun mit der Unterroutine *ProcessLogin*, indem Sie die folgenden Anweisungen direkt hinter dem Code aus Schritt 3 einfügen:

```
Sub ProcessLogin()
' Hier Code einfügen, um Anmeldung zu verarbeiten.
End Sub
```

5. Der erste Schritt bei der Verarbeitung einer Anmeldung besteht darin, sicherzustellen, dass vom Webbesucher eine E-Mail-Adresse und ein Kennwort eingegeben wurde. Ersetzen Sie dazu den Code in Schritt 4 durch den folgenden Code. Wenn beide Felder leer sind, speichert der Code eine Fehlermeldung in der Variablen *fMsg* und verlässt die Unterroutine.

```
  If Request("email") = "" Then
    If Request("paswd") = "" Then
      fMsg = "Bitte E-Mail-Adresse und Kennwort eingeben."
      Exit Sub
    Else
      fMsg = "Bitte E-Mail-Adresse eingeben."
      Exit Sub
    End If
  Else
    If Request("paswd") = "" Then
      fMsg = "Bitte Kennwort eingeben."
      Exit Sub
    End If
  End If
```

Wenn die E-Mail-Adresse oder das Kennwort weiter verarbeitet werden soll, müssen Sie den entsprechenden Code an dieser Stelle einfügen. Ein Beispiel wäre, wenn überprüft werden soll, ob der Inhalt eines Feldes eine minimale Länge überschreitet oder dass die E-Mail-Adresse das Zeichen @ enthält. An dieser Stelle sollten Sie auch alle weiteren Felder für Informationen einfügen, die Sie von Ihrem Besucher sammeln möchten.

6. Erzeugen Sie eine ADO-Verbindungszeichenfolge für die Datenbank *Urlaub.mdb* sowie eine SQL-Anweisung, die die Tabelle *Besucher* nach der angegebenen E-Mail-Adresse abfragt. Verwenden Sie dann diese Werte, um ein ADO-Recordset zu öffnen und zu schließen. Setzen Sie den entsprechenden Code direkt hinter den Code, den Sie in Schritt 5 eingegeben haben.

```
cnStHol = "driver={Microsoft Access-Treiber (*.mdb)};" & _
          "dbq=" & Server.MapPath("../holiday/Urlaub.mdb")
sql = "SELECT * " & _
        "FROM Besucher " & _
       "WHERE (email = '" & Request("email") & "') ; "
Set rsVis = Server.CreateObject("ADODB.Recordset")
rsVis.Open sql, cnStHol, adOpenDynamic, adLockOptimistic
' Hier Code einfügen, um Webbesucher hinzuzufügen und/oder anzumelden.
rsVis.Close
```

Nun müssen zwei binäre Bedingungen ausgewertet werden. Die eine besteht darin, ob der Besucher in der Datenbank enthalten ist und die zweite, ob der Besucher ein neues Konto einrichten möchte. Die Bedingungen und die Reaktionen lassen sich in einer typischen Wahrheitstabelle anordnen (siehe Tabelle 12.1).

Tabelle 12.1 Bedingungen für die *Registrierungs- und Anmeldeseite für Urlaubsfotokatalog*

Neuer Besucher	E-Mail-Adresse nicht in Datenbank enthalten	E-Mail-Adresse in Datenbank enthalten
Ja	Besucher zur Datenbank hinzufügen	Anforderung mit Meldung zurückweisen »E-Mail-Adresse wird bereits benutzt.«
Nein	Anforderung mit Meldung zurückweisen »E-Mail-Adresse konnte nicht gefunden werden.«	Falls Kennwörter übereinstimmen, Benutzer anmelden. Falls nicht, Anforderung mit der Meldung zurückweisen »Kennwort stimmt nicht mit der letzten Eingabe überein«.

Um diese Tabelle in Code umzusetzen, geben Sie die folgenden Anweisungen anstelle des Kommentars in Schritt 6 ein:

```
If rsVis.EOF Then
  If LCase(Request("newvisitor")) = "j" Then
```

```
'     1:  E-Mail-Adresse nicht in Datenbank enthalten, neuer Besucher
    Else
'     2:  E-Mail-Adresse nicht in Datenbank enthalten,
'         zurückkehrender Webbesucher.
    End If
  Else
    If LCase(Request("newvisitor")) = "j" Then
'     3:  E-Mail-Adresse vorhanden, neuer Besucher.
    Else
'     4:  E-Mail-Adresse in Datenbank, zurückkehrender Webbesucher.
    End If
  End If
```

7 Im Fall 1 ist die E-Mail-Adresse nicht in der Datenbank enthalten und der Besucher fordert ein neues Konto an. Deshalb soll ein neuer Datensatz für den Besucher angelegt und die Variable *loggedIn* auf *True* gesetzt werden.

```
rsVis.Addnew
rsVis("email") = Request("email")
rsVis("paswd") = Request("paswd")
rsVis.Update
loggedIn = True
```

Wenn Sie weitere Informationen von Ihrem Besucher sammeln möchten, müssen Sie sicherstellen, dass die Felder zwischen den Anweisungen *rsVis.Addnew* und *rsVis.Update* enthalten sind.

8 Im Fall 2 ist die E-Mail-Adresse nicht in der Datenbank enthalten und der Besucher fordert kein neues Konto an. Deshalb wird eine Fehlermeldung zurückgegeben.

```
fMsg = " E-Mail-Adresse konnte nicht gefunden werden."
```

9 Im Fall 3 ist die E-Mail-Adresse bereits in der Datenbank enthalten, aber der Besucher fordert einen neuen Datensatz an. Deshalb wird eine Fehlermeldung zurückgegeben.

```
fMsg = " E-Mail-Adresse wird bereits benutzt."
```

10 Im Fall 4 ist die E-Mail-Adresse in der Datenbank enthalten und der Besucher fordert kein neues Konto an. Wenn der Besucher das Kennwort eingibt, das bereits in der Datenbank gespeichert wurde, wird die Variable *loggedIn* auf *True* gesetzt. Wenn er ein falsches Kennwort eingibt, wird eine Fehlermeldung ausgegeben.

```
If Request("paswd") = rsVis("paswd") Then
  loggedIn = True
Else
  fMsg = "Kennwort stimmt nicht mit der letzten Eingabe überein. "
End If
```

11. Wenn in einem vorherigen Schritt eine Fehlermeldung aufgezeichnet wurde, wird die Unterroutine direkt verlassen. Die folgende Anweisung muss hinter der *rsVis.Close*-Anweisung eingefügt werden, die in Schritt 6 hinzugefügt wurde:

```
If fMsg <> "" Then
  Exit Sub
End If
```

12. Wenn die Anmeldung in der Unterroutine erfolgreich durchgeführt werden konnte (d.h., die Variable *loggedIn* ist auf *True* gesetzt), wird die E-Mail-Adresse des Besuchers in der *Session*-Objektvariablen *loginemail* gespeichert. Wenn die *Session*-Objekt-Variable *goback* keinen Wert enthält, wird eine informative Meldung zurückgegeben. Wenn jedoch von der Seite, über die der Webbesucher an die Seite *Anmeldung.asp* umgeleitet wurde, ein *goback*-Pfad zurückgegeben wurde, soll der Webbesucher dorthin umgeleitet werden.

```
If loggedIn Then
  Session("loginemail") = Request("email")
  If Session("goback") = "" Then
    iMsg = "Anmeldung verlief erfolgreich."
  Else
    goback = Session("goback")
    Session("goback") = ""
    Response.Redirect goback
  End If
End If
```

13. Um den aktuellen Anmeldestatus des Webbesuchers anzuzeigen, fügen Sie den folgenden Code in den *<body>*-Abschnitt der Webseite ein:

```
<%
If Session("loginemail") = "" Then
  Response.Write " Sie sind momentan nicht angemeldet. "
Else
  Response.Write " Sie sind momentan angemeldet als " _
    & Session("loginemail")
End If
%>
```

14. Um alle Fehler- oder informativen Meldungen anzuzeigen, die auftreten, fügen Sie den folgenden Code an einer beliebigen Stelle im *<body>*-Bereich der Webseite ein:

```
<p>
<span class="err"><%=fMsg%></span>
<span class="msg"><%=iMsg%></span> 
</p>
```

15 Soll der Pfad angegeben werden, an den der Webbesucher nach einer erfolgreichen Anmeldung zurückkehrt, fügen Sie den folgenden Code an der Stelle ein, an der er auf der Webseite angezeigt werden soll:

```
<p>Anmeldung bringt Sie zurück zu: <%=Session("goback") %></p>
```

Die Seite *Anmeldung.asp* ist nun fertig. Das vollständige Listing des ASP-Codes folgt nun. Das Listing der gesamten Seite inklusive HTML-Code finden Sie bei den Beispieldateien unter *\Webdbdev\Kap12\Anmeldung.asp*.

```
<!-- #include file="../adovbs.inc" -->
<%
fMsg = ""
iMsg = ""
loggedin = False

' Feststellen, auf welche Schaltflächen geklickt wurde. Entsprechende
' Aktionen unternehmen.
If Request("btnLogin") <> "" Then
  ProcessLogin
Else
  If Request("btnLogout") <> "" Then
    Session("loginemail") = ""
  End If
End If

Sub ProcessLogin()
' Sicherstellen, dass Webbesucher sowohl E-Mail-Adresse also auch
' Kennwort eingegeben hat.
  If Request("email") = "" Then
    If Request("paswd") = "" Then
      fMsg = "Bitte E-Mail-Adresse und Kennwort eingeben."
      Exit Sub
    Else
      fMsg = "Bitte E-Mail-Adresse eingeben."
      Exit Sub
    End If
  Else
    If Request("paswd") = "" Then
      fMsg = "Bitte Kennwort eingeben."
      Exit Sub
    End If
  End If

' ADO-Verbindungszeichenfolge erzeugen.
  cnStHol = "driver={Microsoft Access-Treiber (*.mdb)};" & _
            "dbq=" & Server.MapPath("../holiday/Urlaub.mdb")

' ADO Recordset-Objekt erzeugen und öffnen.
  sql = "SELECT * " & _
        "FROM Besucher " & _
```

```
        "WHERE (email = '" & Request("email") & "') ; "
  Set rsVis = Server.CreateObject("ADODB.Recordset")
  rsVis.Open sql, cnStHol, adOpenDynamic, adLockOptimistic

' Webbesucher einrichten und/oder anmelden.
  If rsVis.EOF Then
    If LCase(Request("newvisitor")) = "j" Then
'    1:  E-Mail-Adresse nicht in Datenbank enthalten, neuer Besucher
      rsVis.Addnew
      rsVis("email") = Request("email")
      rsVis("paswd") = Request("paswd")
      rsVis.Update
      loggedin = True
    Else
'   2:   E-Mail-Adresse nicht in Datenbank enthalten,
'        zurückkehrender Webbesucher.
      fMsg = "E-Mail-Adresse konnte nicht gefunden werden."
    End If
  Else
    If LCase(Request("newvisitor")) = "j" Then
'   3:   E-Mail-Adresse vorhanden, neuer Besucher
      fMsg = "E-Mail-Adresse wird bereits benutzt."
    Else
'   4:   E-Mail-Adresse in Datenbank, zurückkehrender Webbesucher.
      If Request("paswd") = rsVis("paswd") Then
        loggedin = True
      Else
        fMsg = "Kennwort stimmt nicht mit der letzten Eingabe überein."
      End If
    End If
  End If
  rsVis.Close

  If fMsg <> "" Then
    Exit Sub
  End If

  If loggedin Then
    Session("loginemail") = Request("email")
    If Session("goback") = "" Then
      iMsg = "Anmeldung verlief erfolgreich."
    Else
      GoBack = Session("goback")
      Session("goback") = ""
      Response.redirect GoBack
    End If
  End If
End Sub
%>
```

Dieses Beispiel sammelt keine weiteren Daten, wie z.B. den Namen, demografische Daten, Anmeldungen für Mailinglisten oder Sicherheitsebenen. Wenn Ihre Site solche Felder nutzt, können Sie diese wie das Kennwort im Beispiel behandeln (selbstverständlich sollte der Besucher nicht alle Werte korrekt eingeben müssen, um sich anzumelden). Wenn Ihre Site zahlreiche Felder für die Personalisierung enthält, sollten Sie die eigentliche Anmeldung von der Erhebung dieser Feldinformationen trennen.

Zusammenfassung der Lektion

In dieser Lektion wurde erläutert, wie das *Session*-Objekt funktioniert und wie Sie eine Registrierungs- und Anmeldeseite für Ihre Site erstellen können.

In diesem Teil D wurden zwei fortgeschrittene Techniken erklärt, die unabhängig davon nützlich sind, ob Ihre Website datenbankorientiert ist: die Bereitstellung einer Volltextsuche über Microsoft Indexdienst und der Einsatz des *Session*-Objekts, um temporäre Daten zu speichern, die von mehreren Webseiten benutzt werden.

Der ▶ Teil E dieses Buches beschreibt eine weitere Technik, die so wichtig ist, dass sie in einem separaten Teil beschrieben werden muss: XML (eXtensible Markup Language). XML verspricht, den Datenaustausch in ähnlicher Weise zu revolutionieren, wie dies bei HTML und dem Austausch von Dokumenten der Fall war. Dadurch wird XML zu einem wichtigen Thema für die Verarbeitung von Webdatenbanken. ▶ Lektion 13 erklärt die Grundlagen von XML und zeigt, wie die Verarbeitung von XML-Code auf dem Computer des Webbesuchers erfolgt. ▶ Lektion 14 beschreibt, wie XML von ASP-Skripts genutzt werden kann, was die Verarbeitung der XML-Daten gestattet, bevor diese dem Client präsentiert werden.

Datenaustausch mit XML

E

13 XML im Webbrowser nutzen

Geschätzte Dauer:
40 Minuten

In dieser Lektion lernen Sie

- die Grundkonzepte von XML (eXtensible Markup Language) kennen.
- wie Sie Beispiele programmieren, bei denen der Browser Informationen anzeigt, die der Webserver von einer Datenbank erhält und im XML-Format versendet.

In den vergangenen Jahren konnte XML sehr viel Lob und Unterstützung einheimsen. Gleichzeitig gibt es jedoch nur wenige einfache Erklärungen und praktische Beispiele für den Einsatz von XML. Dieses und das nächste Kapitel versuchen, diese Diskrepanz zu lösen.

Aus technologischen und ästhetischen Gründen haben Webentwickler sich bisher wesentlich stärker auf die Datenpräsentation, anstatt auf den Datenaustausch konzentriert. Sie betrachten Webseiten als natürlichsprachliche Dokumente mit einfachen Formatierungscodes. Dadurch lassen sich die Informationen, die in diesen Dokumenten enthalten sind, kaum aktualisieren und für weitere Zwecke verwenden. Wenn XML seine Versprechungen einlöst, wird sich dies jedoch alles ändern.

Anders als HTML, das auf die Kontrolle des visuellen Erscheinungsbildes von Informationen ausgelegt war, wurde XML ausschließlich für die Übertragung strukturierter Daten zwischen Computern oder Anwendungen entwickelt. XML bietet keinerlei visuelle Informationen. Die visuelle Präsentation bleibt dem Empfängerprogramm überlassen.

Mit XML können Sie Daten mit Hilfe von Attributen wie der Struktur, dem Informationstyp und dem Speicherformat codieren. Nachdem Daten in das XML-Format umgesetzt wurden, werden sie von einem Formatierungsprogramm in ein lesbares Dokument übersetzt. Kurz gesagt, wird eine Webseite zu einem strukturierten Datenspeicher mit einer übergeordneten Präsentationsschicht.

Wenn Sie sich fragen, was dies in einem Buch zur Webdatenbankentwicklung zu suchen hat, sollten Sie die folgenden Dinge berücksichtigen:

- XML dient dazu, strukturierte Daten zu speichern und zu übertragen.

- Daten, die in einer Datenbank gespeichert sind, sind definitionsgemäß strukturiert.
- Das World Wide Web bietet fantastische Möglichkeiten, um Daten zu speichern und zu übertragen.

Jetzt fehlt nur noch das Wissen, wie dies alles umzusetzen ist. Und genau dies soll in dieser Lektion bereitgestellt werden.

Einführung in XML

Zunächst werden nun die Grundkonzepte von XML erklärt. Anschließend erfahren Sie, wie Sie nützliche Beispiele konstruieren, die XML im Browser nutzen. In der folgenden ▶ Lektion 14 wird erklärt, wie ein Webserver XML nutzen kann. Die Betonung liegt in beiden Lektionen auf praktischen Lösungen.

Denken Sie jedoch immer daran, dass es sich hier nur um eine Einführung handelt. Weitere Informationen zu XML und verwandten Technologien finden Sie auf der Microsoft-Website unter *http://www.microsoft.com/xml.*

Berücksichtigen Sie außerdem, dass XML-Standards und -Software sich noch immer in einem frühen Entwicklungsstadium befinden. Deshalb kann keine Informationsquelle für alle Umgebungen korrekt sein. Die XML-Umgebung, die hier beschrieben wird, ist in Microsoft Internet Explorer 5.0 enthalten.

XML – eXtensible Markup Language

Wenn Sie sich mit XML befassen, sollten Sie als Erstes ein allgemeines Vorurteil begraben: den Glauben, dass XML eine Art von Super-HTML mit fantastischen neuen Präsentationsfunktionen ist, die alle Browser einheitlich unterstützen werden. Tatsächlich sind XMLs Präsentationsqualitäten gleich Null. XML stellt nur die Daten bereit. Anschließend müssen diese anhand anderer Techniken sortiert, zusammengefasst und formatiert werden.

Das Grundkonzept von XML besteht darin, Daten zu übertragen, wie z.B. den Inhalt des Feldes *catnr* aus einem Datensatz in der Datenbank *Holiday.mdb*. Dazu sollte der Feldname in Tags wie die folgenden gesetzt werden:

```
<catnr>100</catnr>
```

XML-Tagnamen beginnen immer mit einem Buchstaben, einem Unterstrich (_) oder einem Doppelpunkt (:). Tagnamen, die mit *xml* beginnen – wobei die Groß-/Kleinschreibung keine Rolle spielt – sind nicht zulässig. Die restlichen Zeichen können Leerzeichen, Tabulatoren, Zeilenvorschübe, Wagenrückläufe, Doppelpunkte oder eckige Klammern sein. Die meisten anderen Satzzeichen sind zwar auch erlaubt, aus rein praktischen Gründen sollten Sie sie jedoch besser vermeiden.

Die Start- und Endetags sind obligatorisch, und bei den Namen wird zwischen Groß- und Kleinschreibung unterschieden. Ordnen Sie mehrere Felder, wie nachfolgend gezeigt, hintereinander an.

Wenn ein XML-Tag keine Daten enthält, lässt es sich dadurch eliminieren, dass ein Schrägstrich als letztes Zeichen in das Starttag gesetzt wird. Die Ausdrücke *<initial></initial>* und *<initial/>* sind also gleichwertig.

Die Syntax von XML ist wesentlich anspruchsvoller als die von HTML. Im Falle von HTML ist es die Aufgabe des Browsers, das Beste aus dem zu machen, was er empfängt. Im Falle von XML ist es die Aufgabe des Programmierers, auf eine korrekte Syntax zu achten.

```
<catnr>100</catnr>
<seqnr>100</seqnr>
<picname>scan395.jpg</picname>
<title>The Berjaya Eden Park Hotel</title>
<caption>This is where we stayed for four days in London.
That's Connie standing outside the front door.</caption>
<picdate>6/29/99</picdate>
```

Um diese Felder in einem Datensatz zu gruppieren, müssen sie mit einem Tagpaar umgeben werden, das beliebig benannt werden kann, wie z.B. *<itemrec>* und *</itemrec>*. Um eine Tabelle zu repräsentieren, müssen Sie eine oder mehrere *<itemrec>...</itemrec>*-Gruppierungen mit einem weiteren Tagpaar umgeben, das einen aussagekräftigen Namen trägt, wie *<catalog>* und *</catalog>*. Das Ergebnis sieht wie folgt aus:

```
<catalog>
<itemrec>
<catnr>100</catnr>
<seqnr>100</seqnr>
<picname>scan395.jpg</picname>
<title>The Berjaya Eden Park Hotel</title>
<caption>This is where we stayed for four days in London.
That's Connie standing outside the front door.</caption>
<picdate>6/29/99</picdate>
</itemrec>
<itemrec>
<catnr>100</catnr>
<seqnr>200</seqnr>
<picname>scan397.jpg</picname>
<title>Inverness Terrace</title>
<caption>These are the buildings across the street from
our hotel. They're typical of the architecture in the
district.</caption>
<picdate>6/29/99</picdate>
```

```
</itemrec>
</catalog>
```

Der XML-Standard erfordert, dass jedes XML-Dokument mit einem »Wurzel«- oder »Dokumentelement« beginnt, wie z.B. das obige Katalogelement. Dieses Dokumentelement enthält wiederum alle anderen Elemente, wobei die Struktur korrekt verschachtelt sein muss.

Beachten Sie, wie die Daten mit wohlbenannten, wohlstrukturierten Tags beschrieben und organisiert werden. Anders als Daten, die in einer HTML-Tabelle angeordnet sind, können andere Programme Daten in diesem Format intelligent behandeln.

Selbstverständlich können XML-Dokumente auch wesentlich komplexer sein als im obigen Beispiel. Viele XML-Dokumente sind wesentlich tiefer verschachtelt, als es sich mit der Metapher einer Datenbank mit Tabelle, Datensatz und Feld beschreiben ließe. XML-Dokumente können auch natürlichsprachliche Dokumente wie Bücher, Essays, Gedichte, Spiele und Broschüren enthalten – Texte, die normalerweise nicht in relationalen Datenbanken gespeichert werden. Deshalb bevorzugen XML-Entwickler häufig auch den allgemeineren Begriff *Knoten* (*Node*) anstatt des spezielleren Begriffs *Datenbankelement*.

XML-Elemente können sowohl Attribute als auch Text enthalten. Das folgende Element enthält beispielsweise ein Attribut namens *Währung*:

```
<Preis Währung="USD">14,95</Preis>
<Preis Währung="GBP">8,50</Preis>
```

Dieses spezielle Attribut informiert denjenigen, der das XML-Dokument verwendet, darüber, dass der erste Preis in US-Dollar angegeben ist und der zweite in Britischen Pfund. Eine Anwendung könnte diese Informationen nutzen, um alle Preise in einer Website in die Landeswährung des Webbesuchers zu konvertieren. (Denken Sie daran, wie angenehm es wäre, wenn Banken ihre Wechselkurstabellen im Web im XML-Format zur Verfügung stellen würden.)

Weil XML aus reinem Text besteht, lassen sich XML-Dokumente ganz einfach mit verschiedenen Computerprogrammen erstellen. Es wäre z.B. sehr leicht denkbar, eine ASP-Seite zu erzeugen, die eine Datenbankverbindung herstellt, eine Abfrage ausführt und die Ergebnisse als XML formatiert. Zukünftige Datenbanksysteme werden zweifellos SQL-Anweisungen übernehmen und XML-Ergebnisgruppen direkt über das Netzwerk zurückliefern.

Etwas aufwendiger ist es, die XML-Daten zu empfangen und zu verarbeiten, weil das Empfängerprogramm den XML-Code analysieren (parsen), eine passende Struktur im Speicher erzeugen, die Daten in diese Struktur laden und dann dem restlichen Programm verfügbar machen muss. Software, die dies leistet, wird als *XML-Parser* bezeichnet.

Microsoft bietet einen Parser namens *Msxml.dll* im Zusammenhang mit Internet Explorer 5.0 und später an. Dieser Parser kann XML-Code laden und verarbeiten, der in einem Programm, einer Datei auf der lokalen Festplatte über HTTP von einem anderen Computer im Netzwerk geliefert wird. Außerdem lässt sich dieser Parser auch außerhalb von Internet Explorer 5.0 laden und auch in jedem Programm ausführen, das ActiveX-Steuerelemente laden und ausführen kann. Eine ASP-Seite kann beispielsweise *Msxml.dll* nutzen, um einen oder mehrere Parser zu laden, wobei jeder Parser Daten von einer unterschiedlichen Datenquelle anfordert, und dem Webbesucher dann konsolidierte Daten präsentieren.

DTD – Die Dokumenttypdefinition

Ein *wohlgeformtes* XML-Dokument entspricht allen Syntaxregeln von XML. Wenn ein Parser ein nicht wohlgeformtes Dokument erhält, weigert er sich, dieses zu laden und gibt stattdessen einen Fehlercode zurück.

Der Parser kann ein XML-Dokument auf *gültigen* Inhalt hin überprüfen. Dafür benötigt er jedoch eine *Dokumenttypdefinition* (DTD). Eine DTD teilt dem Parser mit, welche Tags obligatorisch sind, welche optional sind, welche Werte für ein bestimmtes Tag zulässig sind etc. Wenn ein Dokument eine Regel der Dokumenttypdefinition verletzt, liefert der Parser eine Fehlermeldung zurück. Die Seite wird außerdem nicht geladen. Ein Dokument, das einer Dokumenttypdefinition entspricht, ist sowohl *wohlgeformt* als auch *gültig*.

DTDs haben eine eigene Syntax, die sich von der Syntax von XML, HTML, CSS und sonstigen Sprachen unterscheidet. In lokalen Anwendungen, in denen eine Person oder ein Team die XML-Dokumente und alle anderen Programme erzeugt, die auf die XML-Dokumente zugreifen, lohnt es sich in der Regel kaum, DTDs zu erstellen. Sobald sich der Einsatzbereich einer Anwendung jedoch erweitert, wird die Bedeutung von DTDs schnell offensichtlich.

Stellen Sie sich vor, das Bundesfinanzministerium würde beschließen, zukünftig elektronische Steuererklärungen im XML-Format zu akzeptieren. Dazu würde wahrscheinlich für jedes Formular eine DTD erzeugt werden. Die Entwickler der Steuerberatungssoftware könnten diese DTDs dann benutzen, um die Übereinstimmung ihrer Ausgabe mit den Standards des Finanzministeriums zu überprüfen. Die einzelnen Finanzämter könnten die DTDs verwenden, um die Gültigkeit jedes elektronischen Steuerformulars zu testen.

Wenn Banken beschließen würden, Wechselkurse über XML bereitzustellen, könnte eine zentrale Organisation eine DTD erzeugen und diese allen Banken zur Anzeige von Wechselkursen zur Verfügung stellen.

Eine weitere Beschreibung von DTDs überschreitet den Rahmen dieses Buches. Sie finden jedoch auf der Microsoft-Website und in XML-Büchern weitere Informationen.

XSL – Extensible Stylesheet Language

Weil XML-Dokumente keine visuelle Komponenten haben, ist eine weitere Technologie erforderlich, um XML-Daten anzuzeigen. Der offensichtlichste Ansatz besteht darin, ein Skript zu schreiben, das ein XML-Dokument in einem Parser lädt, die Daten liest und HTML-Code erzeugt. Dieser Ansatz ist weit verbreitet und lässt sich sowohl im Browser als auch auf dem Webserver implementieren.

Ein weiterer Ansatz besteht darin, ein XML-Dokument in einen Parser im Browser zu laden und anschließend einen vollständigen HTML-Strom zu erzeugen, der einfach die Teile einer Webseite ersetzt, die bereits angezeigt werden. Dies wird durch DHMTL (Dynamic HTML) ermöglicht, einer Funktion, die ab Internet Explorer Version 4.0 zur Verfügung steht.

Beide bisher beschriebenen Ansätze verwenden das Document Object *Model* oder DOM, um XML-Daten anzuzeigen. Wenn Sie einmal XML-Entwickler davon sprechen hören, dass sie Daten »mit dem DOM« anzeigen, wissen Sie nun, was gemeint ist.

Ein dritter Ansatz besteht darin, ein sogenanntes XML-DSO (DSO – Data Source Object) innerhalb der Webseite zu definieren. Dieser Ansatz bietet zwei wesentliche Vorteile. Erstens kann der Skriptcode auf die XML-Daten mit den bereits vertrauten ADO *Recordset*-Methoden und -Eigenschaften zugreifen. Zweitens lassen sich HTML-Anzeigelemente mit den Elementen innerhalb eines XML DSO-Recordsets verknüpfen. Jedes gebundene Anzeigeelement zeigt dann automatisch den aktuellen Wert des gebundenen Elements an. Wenn ein browserseitiges Skript Methoden wie *moveFirst*, *moveNext*, *moveLast* und *movePrevious* aufruft, ändern sich die Werte der gebundenen Anzeigelemente entsprechend.

Der vierte Ansatz wird vom World Wide Web Consortium (W3C) empfohlen und verwendet XSL (Extensible Stylesheet Language). XSL beinhaltet zwei Hauptkomponenten: Eine Transformations- und eine Formatierungssprache. Die Transformationssprache konvertiert ein XML-Dokument, wobei beispielsweise Elemente hinzugefügt, neu berechnet, ausgeschlossen, umgenannt und neu angeordnet werden. Es sind natürlich zahlreiche Arten der Kommunikation möglich.

Die XSL-Formatierungssprache existiert momentan nur als Arbeitsentwurf und versucht, die Formatierung von XML-Daten für verschiedene Medien anzupassen, wobei HTML nur eines davon ist und bereits einige Kontroversen zwischen den vielen betroffenen Parteien hervorgerufen hat. Entsprechend gibt es momentan keine nennenswerten Implementierungen.

Der Ansatz von Microsoft besteht, zumindest im Augenblick, darin, die Formatierung über Transformation zu erreichen. Die XSL-Funktionen im Internet Explorer nehmen zur XSL-Formatierung eine Transformation eines XML-Dokuments in ein anderes XML-Dokument vor, das sowohl die HTML- als auch die XML-Syntaxregeln erfüllt.

Die XSL-Transformationssprache baut auf dem Konzept der *Templates* (Vorlagen) auf. Ein XSL-Template ist im Wesentlichen eine modellhafte Sammlung von Anweisungen, die mit XSL-Tags durchsetzt sind, die Anweisungen aus jedem ausgewählten Element in einem XML-Dokument wiederholen. Zusätzliche XSL-Tags ersetzen die Werte der angegebenen Elemente in den Modellanweisungen.

Ein XSL-Stylesheet ist selbst ein gültiges XML-Dokument. Um das Stylesheet auszuführen, werden die Daten zunächst in ein XML-Dokumentobjekt geladen und das Stylesheet in ein weiteres. Anschließend wird die Methode *transformNode* des ersten Objekts aufgerufen, um den Text eines neuen XML-Dokuments zu erzeugen.

Im ▶ Abschnitt »XSL-Stylesheets nutzen« später in dieser Lektion erhalten Sie ein Beispiel für die Funktionsweise dieser Technologie.

XML-Namensräume

Die Möglichkeit, Daten aus verschiedenen Quellen zu sammeln, zu konsolidieren und zu verarbeiten, ist ein Hauptziel von XML. Dies funktioniert jedoch, wenn verschiedene Datenprovider dieselben Namen verwenden, um unterschiedliche Arten von Daten zu identifizieren.

Die offensichtlichste Lösung besteht darin, allen Namen einen eindeutigen Bezeichner voranzustellen. Damit lässt sich Verwirrung vermeiden. Alle Elementnamen, die mit einem bestimmten Präfix definiert werden, befinden sich im Namensraum (für engl. *Namespace*) dieses Präfixes.

Die kritische Eigenschaft ist selbstverständlich, dass sie eindeutig sein muss. Der genaue Inhalt ist irrelevant. Namensraum-Bezeichner könnten z.B. Semizufällige Zahlen sein, die von einem Algorithmus oder Code erzeugt werden, der von einer entsprechenden Körperschaft vergeben wird. Der XML-Standard verwendet jedoch einen Universal Resource Identifier (URI). In den meisten Fällen entspricht dieser dem URL der Website.

Rein theoretisch identifiziert ein URI Informationen unabhängig von ihrem physischen Standort. Der URI sollte auch dann unverändert bleiben, wenn sich die physische Lage (also der URL) ändert. Da es jedoch bisher kein globales URI-Verzeichnissystem gibt, sind URIs und URLs momentan identisch.

Um einen Namensraum in einem XML-Dokument verfügbar zu machen, muss ein Tag wie das folgende vor das erste XML-Element gesetzt werden:

```
<?xml:namespace ns="http://www.interlacken.com/schema/ns" prefix="il" ?>
```

Anschließend wird jedem Knotennamen, der in diesen Namensraum gehört, der lokale Namen mit dem Präfix *il* und einem Doppelpunkt vorangestellt. Hier sehen Sie ein Beispiel:

```
<il:catnr>100</il:catnr>
```

Tag-Namen, die nicht mit einem Namensraum verknüpft sind, werden als *lokal* bezeichnet.

Sie können auch einen Namensraum für ein einzelnes Element definieren. Der folgende Code veranschaulicht diese Technik:

```
<il:catnr xmlns:il="http://www.interlacken.com/schema/ns">100</il:catnr>
```

Wenn Sie kein Präfix angeben, wird der angegebene Namensraum zum Standard. D.h., er gilt für alle Tag-Namen, die kein Präfix spezifizieren.

Weil die Beispiele in diesem Buch unabhängig sind, verwenden sie keine globalen Namensräume. Dadurch würden die Beispiele nur noch komplexer werden. Sie sollten in Ihren XML-Dateien, die Sie nicht nur in einer Anwendung einsetzen, jedoch unbedingt Namensräume zuweisen – zumindest Standardnamensräume.

Das XML Document Object (DOM)

Um XML-Daten verarbeiten zu können, muss zuerst ein XML Document Object (DOM) erzeugt und geladen werden. Für den Einsatz in Microsoft-Produkten dient dazu ein ActiveX-Steuerelement namens *Microsoft.XMLDOM*. Die folgenden Anweisungen erstellen eine Instanz dieses Objekts in der angegebenen Umgebung:

- Microsoft JScript

```
var mydoc = new ActiveXObject("Microsoft.XMLDOM");
```

- Microsoft VBScript

```
Dim xmldoc
Set xmldoc = CreateObject("Microsoft.XMLDOM")
```

- Microsoft Visual Basic

```
Dim xmldoc = new DOMDocument
```

Microsoft nennt das Objekt, das ein XML-Dokument speichert, *XMLDOMDocument*-Objekt. Dieses Objekt implementiert den XML-Parser und zusätzliche Methoden, die XML und XSL unterstützen. Weil dieser Name lang und unleserlich ist, wird das Objekt in diesem Buch einfach XML DOM-Objekt genannt.

Ein XML DOM-Objekt laden

Es gibt zwei Methoden, um Daten in ein XML DOM-Objekt zu laden. Beide ersetzen alle Daten, die bereits im Objekt enthalten sind. Die erste Methode lädt XML aus einer lokalen Datei oder einer Website. Das folgende Beispiel lädt XML von einem Webserver. Um XML aus einer Datei zu laden, muss der Pfad in herkömmlicher Weise angegeben werden (mit explizitem oder implizitem Laufwerksbuchstaben, Pfad und Dateinamen).

```
XMLDoc.load("http://<Server>/<Pfad>/<Datei>.xml")
```

Die zweite Methode lädt XML aus einer Zeichenfolgenvariablen oder einem Literal. Das folgende Beispiel veranschaulicht diese Methode:

```
strMbrXml = "<mitglied>" & _
"<vorname>Andreas</vorname>" & _
"<nachname>Frei</nachname>" & _
"</mitglied>")
XMLDoc.loadXML(strMbrXML)
```

Das XML DOM-Objekt hat vier Eigenschaften, die die Dokumentanalyse (*Parsing*) steuern. Diese Eigenschaften sind in Tabelle 13.1 aufgelistet.

Für die meisten Aufgaben ist jedoch nur die Eigenschaft *async* relevant, weil das Laden und die Analyse von XML-Dateien standardmäßig asynchron erfolgt. Dies bedeutet, dass das XML DOM-Objekt die Kontrolle an die nächste Codezeile übergeben kann, bevor das XML-Dokument vollständig geladen ist. Um dieses Verhalten zu vermeiden (d.h., den asynchronen Ladevorgang der XML-Datei), muss die Eigenschaft *async* auf *False* gesetzt werden. Ein asynchroner Ladevorgang kann mit der *abort*-Methode des XML DOM-Objekts abgebrochen werden.

Tabelle 13.1 XML DOM-Eigenschaften, die das Laden des Objekts beeinflussen

Eigenschaft	Wert	Standard	Beschreibung
async	*True*	X	Die Methode *load* gibt die Kontrolle fast sofort an den Aufrufer zurück (bevor das Dokument vollständig geladen ist).
	False		Die Methode *load* behält die Kontrolle so lange, bis das Dokument vollständig geladen ist oder ein nicht behebbarer Fehler auftritt.
validateOnParse	*True*	X	Der Parser soll die Gültigkeit dieses Dokuments anhand aller verfügbaren DTDs überprüfen.
	False		Der Parser testet nur wohlgeformte XML-Dokumente, selbst wenn eine anwendbare DTD vorhanden ist.
resolveExternals	*True*	X	Der Parser soll alle externen Definitionen (auflösbare Namensräume, externe DTD-Untermengen und externe Entity-Referenzen) unabhängig von der Validierung auflösen.
	False		Der Parser soll keine externen Definitionen auflösen.
preserveWhiteSpace	*False*		Die Eigenschaft *xml* enthält ein neues Zeilen- oder Leerzeichen, wenn ein Leerraum (White Space) im Originaldokument enthalten war. Die Eigenschaft *text* enthält keine führenden oder nachfolgenden Leerraumzeichen und ein Leerzeichen für Leerräume im Originaldokument. Alle *xml:space*-Attribute im XML-Dokument überschreiben diese Einstellungen.
	True	X	Alle Leerraumzeichen im Originaldokument werden gespeichert.

Dokumentinformationen abrufen

Die folgenden Eigenschaften bieten Informationen über alle Dokumente, die in einem XML DOM-Objekt geladen sind:

- *doctype* enthält den Namen der DTD, die mit der die Gültigkeit des Dokuments überprüft wurde. Für XML-Dokumente ohne eine DTD und für HTML-Dokumente hat diese Eigenschaft den Wert *NULL*.
- *implementation* bietet Zugriff auf das Objekt *XMLDOMImplementation*, das dieses Dokument behandelt. Anhand dieses Objekts lässt sich feststellen, ob bestimmte Funktionen für das angegebene Dokument verfügbar sind.
- *parseError* bietet Zugriff auf ein *XMLDOMParseError*-Objekt. Dieses Objekt bietet Informationen über die neuesten Analysefehler. Tabelle 13.2 listet die verfügbaren Eigenschaften auf.
- *readyState* gibt den aktuellen Zustand des XML-Dokuments an. Tabelle 13.3 listet die möglichen Werte auf.
- *url* liefert den URL des letzten erfolgreichen Ladevorgangs zurück. Während ein Dokument geladen wird, hat diese Eigenschaft den Wert *NULL*. Wird ein geladenes Dokument an einem anderen Ort gespeichert, ändert sich der Wert dieser Eigenschaft nicht.

Tabelle 13.2
Eigenschaften des Objekts *XMLDOMParseError*

Eigenschaft	Beschreibung
errorCode	Enthält den Fehlercode des letzten Parsefehlers.
filepos	Enthält die absolute Dateiposition, an der der Fehler auftrat.
line	Gibt die Zeilennummer an, die den Fehler enthält.
linepos	Enthält die Zeichenposition innerhalb der Zeile, an der der Fehler auftrat.
reason	Erklärt den Grund für den Fehler. (Warnung: bei manchen Arten von Fehlern ist dieses Objekt möglicherweise nicht verfügbar.)
srcText	Liefert den vollständigen Text der Zeile zurück, die den Fehler enthält.
url	Enthält den URL des XML-Dokuments, das den letzten Fehler enthält.

▶

Tabelle 13.3
Werte der Eigenschaft *readyState*

Status	Wert	Beschreibung
LOADING	1	Der Ladevorgang ist aktiv, die Analyse der Daten wurde jedoch noch nicht gestartet.
LOADED	2	Der Ladevorgang und die Datenanalyse sind beendet, aber das Objektmodell ist noch nicht verfügbar.
INTERACTIVE	3	Einige Daten wurde gelesen und analysiert und stehen nun im schreibgeschützten Modus zur Verfügung.
COMPLETED	4	Der Ladevorgang ist beendet.

XML-Dokumente asynchron laden

Wenn Sie ein XML-Dokument laden und die Eigenschaft *async* des XML DOM-Objekts ist auf *True* gesetzt (der Standard), darf das XML DOM-Objekt erst verwendet werden, wenn die Eigenschaft *readyState* den Wert 4 hat. Es gibt zwei Möglichkeiten, um dies zu verifizieren:

- Schreiben Sie eine Unterroutine oder Funktion, die den Wert der Eigenschaft *readyState* überprüft. Wenn die Eigenschaft nicht den Wert 4 hat, sollte ein Zeitgeber eingerichtet werden, der die Routine nach einer gewissen Verzögerung noch einmal ausführt.

  Wenn *readyState* den Wert 4 hat, den Wert der *parseError*-Eigenschaft überprüfen. Wenn der Wert gleich Null ist, ist kein Fehler aufgetreten und das XML DOM-Objekt kann verwendet werden. Wenn der Wert ungleich Null ist, sollte der Fehler ausgegeben und die Verarbeitung beendet werden.

- Stellen Sie eine *onreadystatechange*-Ereignisbehandlungsroutine (*Handler*) zur Verfügung. Es handelt sich hierbei um eine Unterroutine oder Funktion, die das XML DOM-Objekt jedes Mal aufruft, wenn sich der Wert der Eigenschaft *readyState* ändert. Wenn die *readyState* den Wert 4 hat, sollten Sie wie im letzten Aufzählungspunkt beschrieben vorgehen. Tabelle 13.4 listet drei Methoden auf, um eine *onreadystatechange*-Ereignisbehandlungsroutine aufzurufen.

Tabelle 13.4
Eine onreadystatechange-Ereignisbehandlungsroutine aufrufen

Methode	Beispielcode	Umgebung
Inline-HTML	`<ELEMENT onreadystatechange = "<Handler>" ... >`	Alle Plattformen ▶

Methode	Beispielcode	Umgebung
Ereignis-eigenschaft	`<object>.onreadystatechange = <Handler>`	Nur JScript
Benanntes Skript	`<SCRIPT FOR = <object> EVENT = onreadystate-change>`	Nur Internet Explorer

Bei der asynchronen Analyse führt die Webseite andere Verarbeitungsschritte aus, während das XML DOM-Objekt eine XML-Datei empfängt und parst. Wenn jedoch nur sehr wenig Zeit zur Verfügung steht, um das Objekt zu laden (oder wenn die Webseite leer oder sonst nutzlos ist), ist die asynchrone Analyse vermutlich keiner Mühe wert. Die folgenden Anweisungen deaktivieren das asynchrone Parsen. Sie müssen diese drei Werte festlegen, nachdem Sie das XML DOM-Objekt erzeugt haben und bevor Sie es laden:

- JScript

  ```
  <object>.async = "false"
  ```

- VBScript

  ```
  <object>.async = False
  ```

Daten aus einem XML-Dokument beziehen

Nachdem Daten in ein XML DOM-Objekt geladen wurden, zeigt der folgende Ausdruck auf das Dokumentelement, d.h. das Element, das das äußerste XML-Tagspaar definiert.

```
<tag id>.documentElement
```

Wenn ein XML DOM-Objekt namens *xmlDoc* mit dem folgenden XML-Dokument geladen würde, würde *xmlDoc.documentElement* auf das Element *items* zeigen.

```
<items>
<itemrec>
<catnr>100</catnr>
<seqnr>100</seqnr>
<picname>scan395.jpg</picname>
<title>The Berjaya Eden Park Hotel</title>
  <caption>This is where we stayed for four days in London. That's Connie
standing outside the front door.</caption>
<picdate>6/29/99</picdate>
</itemrec>
</items>
```

Das Dokumentelement (und auch jedes andere Element) enthält ein *childNodes*-Objekt, das eine Liste aller untergeordneten Elemente unterhält. Vorausgesetzt, es gibt einen nullbasierten Index d.h., ein Subscript), liefert die Methode *item* des *childNodes*-Objekts einen Zeiger auf jedes gewünschte Element zurück. Der Ausdruck, der auf das erste *itemrec*-Element innerhalb des *items*-Elements zugreift, sieht deshalb wie folgt aus:

```
xmlDoc.documentElement.childNodes.item(0)
```

Der Ausdruck, um auf das zweite *itemrec*-Element zuzugreifen, falls ein solches vorhanden ist, würde wie folgt aussehen:

```
xmlDoc.documentElement.childNodes.item(1)
```

Der Ausdruck *xmlDoc.documentElement.childNodes.length* liefert die Anzahl verfügbarer untergeordneter Elemente zurück. Die Iteration durch alle untergeordneten Elemente des Elements *items* beinhaltet folglich nichts weiter als die Iteration des Index *item* von Null auf *xmlDoc.documentElement.childNodes.length* minus 1.

Selbstverständlich enthält jedes dieser Unterelemente (d.h. jedes *itemrec*-Element) ein eigenes *childNodes*-Objekt mit Zeigern auf die Elemente *catnr*, *seqnr*, *picname*, *title*, *caption* und *picdate*. Der Ausdruck, mit dem der Zugriff auf das erste *catnr*-Element erfolgt, sieht deshalb wie folgt aus:

```
xmlDoc.documentElement.childNodes.item(0).childNodes.item(0)
```

Der Ausdruck, mit dem auf das Element *title* des zweiten *itemrec*-Elements zugegriffen würde (wenn es eines gäbe), wäre

```
xmlDoc.documentElement.childNodes.item(1).childNodes.item(3)
```

Wenn Sie Schwierigkeiten damit haben, mit einem solchen Ausdruck zu arbeiten, seien Sie versichert, dass es den meisten Programmierern so geht. Der Hinweis »Abkürzungen für lange Objektausdrücke« beschreibt Möglichkeiten, um diesen Missstand zu vermeiden.

Abkürzungen für lange Objektausdrücke

Weil die Arbeit mit Ausdrücken wie dem folgenden etwas schwierig ist, speichern die meisten Entwickler Zeiger auf Zwischenobjekte und verwenden diese als Abkürzung.

```
xmlDoc.documentElement.childNodes.item(1).childNodes.item(3)
```

Der folgende Code

```
xmlDoc.documentElement.childNodes.item(1).childNodes.item(3)
```

ließe sich beispielsweise auch wie folgt formulieren: ▶

```
rootnode = xmlDoc.documentElement
dtitle = rootnode.childNodes.item(1).childNodes.item(3)
```

oder wie folgt:

```
currec = xmlDoc.documentElement.rootnode.childNodes.item(1)
dtitle = currec.childNodes.item(3)
```

Dieser Code funktioniert, weil JScript- und VBScript-Objektvariablen Zeiger auf Objekte und nicht die Objekte selbst enthalten. Nachdem eine Anweisung wie die folgende ausgeführt wird:

```
rootnode = xmlDoc.documentElement
```

zeigt die Variable *rootnode* auf dasselbe Objekt wie *xmlDoc.documentElement*. Die Variable *rootnode* enthält kein neues Exemplar des Objekts.

Eine einfache Seite erzeugen, die XML-Daten anzeigt

Nun sollten Sie in der Lage sein, eine einfache Webseite zu erstellen, die Daten anzeigt, die im XML-Format geliefert werden. Eine solche Seite sehen Sie in Abbildung 13.1.

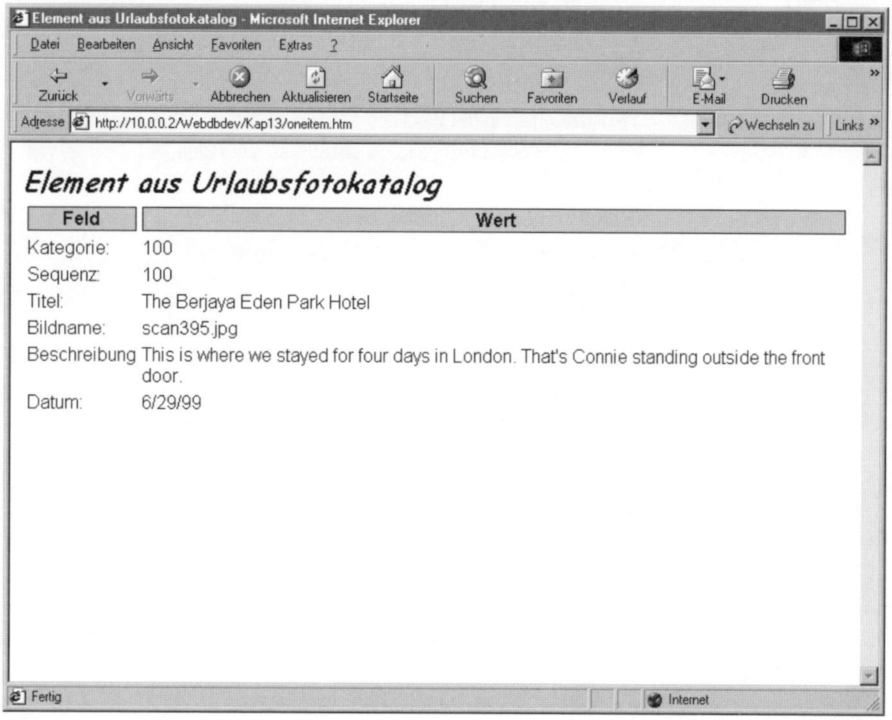

Abbildung 13.1 Diese Webseite zeigt Daten aus einer XML-Datei an, auf die über das Netzwerk zugegriffen wird

Den fertigen Quellcode für diese Übung finden Sie in den Beispieldateien unter *Webdbdev\Kap13\Oneitem.htm*. Die XML-Datei, die die Daten enthält, heißt *Webdbdev\Kap13\Holicat.xml*. Die Datensätze sehen wie folgt aus:

```
<items>
<itemrec>
<catnr>100</catnr>
<seqnr>100</seqnr>
<picname>scan395.jpg</picname>
<title>The Berjaya Eden Park Hotel</title>
  <caption>This is where we stayed for four days in London. That's Connie
standing outside the front door.</caption>
<picdate>6/29/99</picdate>
</itemrec>
</items>
```

Gehen Sie wie folgt vor, um die Site zu erzeugen:

1. Initialisieren Sie eine neue, leere Webseite mit den üblichen Strukturelementen und allen Schmuckelementen, die Sie verwenden möchten.

```
<html>
<head>
<link rel="stylesheet" type="text/css"
      href="../holiday/holiform.css">
<title> Element aus Urlaubsfotokatalog</title>
</head>
<body>
<h2>Element aus Urlaubsfotokatalog</h2>
<!-- Hier Code einfügen, um XML-Daten zu laden und anzuzeigen. -->
</body>
</html>
```

2. Kommentar in Schritt 1 ersetzen und alle Variablen deklarieren, die Sie benutzen möchten.

```
<script language="JavaScript">
var dcatnr, dseqnr, dpname, dtitle, dcaptn, dpdate
var rootElem;
// Code, um XML DOM-Objekt zu laden und Daten abzurufen.
</script>
```

3. XML DOM-Objekt erzeugen, *async*-Eigenschaft auf *false* setzen und XML-Datei *holicat.xml* laden. Diese Anweisungen müssen den Kommentar in Schritt 2 ersetzen.

```
var xmlDoc = new ActiveXObject("Microsoft.XMLDOM");
xmlDoc.async = "false";
xmlDoc.load("holicat.xml");
```

Wird die Eigenschaft *async* auf *false* gesetzt, werden alle Anweisungen hinter der Anweisung *xmlDoc.load* erst dann ausgeführt, wenn die Methode *load* beendet ist.

4. Testen Sie den Erfolg der *xmlDoc.load*-Operation, indem Sie den Wert der Eigenschaft *xmlDoc.parseErrror* überprüfen. Wenn diese Eigenschaft den Wert Null hat, verlief der Ladevorgang erfolgreich. Andernfalls muss die Fehlermeldung ausgegeben werden, die in der Eigenschaft *xmlDoc.parseError.reason* enthalten ist. Der Code sollte direkt an den Code aus Schritt 3 anschließen.

```
if (xmlDoc.parseError == 0) {
// Hier Code einfügen, um Feldwerte abzurufen.
}else{
alert(xmlDoc.parseError.reason);
}
```

5. Wenn der Ladevorgang erfolgreich verlief, soll ein Zeiger auf das Dokumentelement des XML-Dokuments gespeichert werden. Speichern Sie jeden Wert in einer JScript-Variablen. Ersetzen Sie mit dem folgenden Code den Kommentar in Schritt 4.

```
rootElem = xmlDoc.documentElement;
dcatnr=rootElem.childNodes.item(0).childNodes.item(0).text;
dseqnr=rootElem.childNodes.item(0).childNodes.item(1).text;
dpname=rootElem.childNodes.item(0).childNodes.item(2).text;
dtitle=rootElem.childNodes.item(0).childNodes.item(3).text;
dcaptn=rootElem.childNodes.item(0).childNodes.item(4).text;
dpdate=rootElem.childNodes.item(0).childNodes.item(5).text;
```

6. Setzen Sie hinter das *</script>*-Tag, das Sie in Schritt 2 erzeugt haben, den HTML-Code, mit dem die Strukturelemente und Titel für die Datenpräsentation angezeigt werden. Fügen Sie anschließend ein einzeiliges Skript wie das folgende an allen Stellen ein, an denen ein Datenwert angezeigt werden soll.

```
<script>document.write(dcatnr)</script>
```

Um Schritt 6 fertig zu stellen, verwendet diese Übung eine HTML-Tabelle. Dem folgenden Listing können Sie entnehmen, wie dies funktioniert.

```
<html>
<head>
<link rel="stylesheet" type="text/css" href="../holiday/holiform.css">
<title>Element aus Urlaubsfotokatalog</title>
<meta name="GENERATOR" content="Microsoft FrontPage 4.0">
<meta name="ProgId" content="FrontPage.Editor.Document">
</head>
<body>
<h2>Element aus Urlaubsfotokatalog</h2>
<script language="JavaScript">
```

```
var dcatnr, dseqnr, dpname, dtitle, dcaptn, dpdate
var rootElem;

// XML DOM-Objekt erzeugen und laden.
var xmlDoc = new ActiveXObject("microsoft.xmldom");
xmlDoc.async = false;
xmlDoc.load("holicat.xml");

// Falls erfolgreich, Datenwerte aus dem ersten Datensatz abrufen.
// Andernfalls Fehlermeldung vom Parser anzeigen.
if (xmlDoc.parseError == 0) {
  rootElem = xmlDoc.documentElement;
  dcatnr=rootElem.childNodes.item(0).childNodes.item(0).text;
  dseqnr=rootElem.childNodes.item(0).childNodes.item(1).text;
  dpname=rootElem.childNodes.item(0).childNodes.item(2).text;
  dtitle=rootElem.childNodes.item(0).childNodes.item(3).text;
  dcaptn=rootElem.childNodes.item(0).childNodes.item(4).text;
  dpdate=rootElem.childNodes.item(0).childNodes.item(5).text;
}else{
  alert(xmlDoc.parseError.reason);
}
</script>
<table border="0" cellpadding cellspacing="5">
<tr>
<th>Feld</th>
<th>Wert</th>
</tr>
<tr>
<td>Kategorie:</td>
<td><script>document.write(dcatnr)</script></td>
</tr>
<tr>
<td>Sequenz:</td>
<td><script>document.write(dseqnr)</script></td>
</tr>
<tr>
<td valign="top">Titel:</td>
<td><script>document.write(dtitle)</script></td>
</tr>
<tr>
<td>Bildname:</td>
<td><script>document.write(dpname)</script></td>
</tr>
<tr>
<td valign="top">Beschreibung</td>
<td><script>document.write(dcaptn)</script></td>
</tr>
<tr>
<td>Datum:</td>
<td><script>document.write(dpdate)</script></td>
```

```
</tr>
</table>
</body>
</html>
```

Eine Seite erzeugen, die XML-Daten asynchron anzeigt

In dem eben gezeigten Beispiel wurde, weil die *async*-Eigenschaft des XML DOM-Objekts auf *false* gesetzt war, die Ausführung des Skripts angehalten, während das XML DOM-Objekt die angegebene XML-Datei lud. Dies bewirkt eine Verzögerung der Ausführung des restlichen Codes.

Wenn diese Verzögerung nicht akzeptabel ist, muss die Eigenschaft *async* weiterhin den Wert *True* (Standard) haben. Somit lässt sich der Rest des Skripts ausführen, während das XML DOM-Objekt das angegebene XML-Dokument lädt. Dazu müssen Sie sich jedoch mit zwei weiteren Problemen befassen.

- Bevor Ihr Skript zuverlässig auf das geladene XML-Dokument zugreifen kann, muss sichergestellt werden, dass der Ladevorgang beendet ist. Dazu gibt es zwei Vorgehensweisen:
  - Das Skript führt eine Funktion aus, die die Eigenschaft *readyState* des XML DOM-Objekts überprüft. Wenn diese Eigenschaft den Wert 4 hat (d.h. der Ladevorgang ist beendet), verarbeitet das Skript das XML-Dokument. Ist dies nicht der Fall, setzt das Skript einen Zeitgeber, der die Überprüfungsfunktion nach einem bestimmten Zeitintervall noch einmal ausführt. Die Beispielseite *Oneitema.htm* veranschaulicht diese Methode.
  - Das Skript kann dem XML DOM-Objekt mitteilen, dass immer dann eine bestimmte Funktion aufgerufen werden soll, wenn sich der Wert der Eigenschaft *readyState* ändert. Wenn diese Funktion feststellt, dass die Eigenschaft *readyState* den Wert 4 hat, verarbeitet sie das fertige XML-Dokument. Die Beispielseite *Oneitemb.htm* veranschaulicht diese Methode.
- Nachdem das XML DOM-Objekt geladen ist, wird die Webseite vermutlich im Browser angezeigt (bis auf die XML-Daten natürlich). Um Werte aus dem XML-Dokument anzuzeigen, müssen Sie die DHTML-Funktionen nutzen, die mit Internet Explorer 4.0 eingeführt wurden.

Nachfolgend sind die DHTML-Eigenschaften aufgeführt, die am häufigsten im Zusammenhang mit der Anzeige von XML-Daten zum Einsatz kommen.

- *innerText* enthält den gesamten Text, der zwischen einem öffnenden und einem schließenden HTML-Tag steht, wie im folgenden Beispiel:

  ```
  <span id=product>Gummi-<br>bärchen</span>
  ```

product.innerText setzt *Gummi-* und *bärchen* in zwei separate Zeilen. Wenn Sie *product.innerText* durch die Zeichenfolge *Bonbons* ersetzen würden, würde der Webbesucher das Wort *Bonbons* sehen. Wenn Sie *product.innerText* durch *Gummi-
bärchen* ersetzen würden, würde der Webbesucher die Angabe *Gummi-
bärchen* (inklusive der spitzen Klammern) sehen.

- *innerHTML* enthält den gesamten Text und die HTML-Tags zwischen einem HTML-Tags-Paar.

  Im obigen Beispiel hätte *product.innerHTML* anfänglich den Wert *Gummi-
bärchen*. Würde *product.innerHTML* durch die Zeichenfolge *Bonbons* ersetzt werden, würde der Webbesucher das Wort *Bonbons* sehen. Würde *product.innerHTML* durch *Gummi-
bärchen* ersetzt werden, würde der Webbesucher die Wörter *Gummi-* und *bärchen* in zwei separaten Zeilen sehen.

Ein *Span* ist einfach ein benannter Block innerhalb einer Webseite. Er führt selbst keine Formatierung ein (sie können jedoch eine Formatierung über die Attribute *style=* und *class=* zuweisen). Ein Span beginnt an der Stelle, an der das *<span>*-Tag steht und endet mit dem *</span>*-Tag.

Mit diesen Informationen können Sie nun die asynchrone Version des vorherigen Beispiels erzeugen. Den vollständigen Code finden Sie im Pfad *\Webdbdev\Kap13\Oneitema.htm* bei den Beispieldateien zum Buch.

1. Initialisieren Sie eine neue, leere Webseiten mit den üblichen Strukturelementen und allen sonstigen Stilen, die Sie nutzen möchten.

```
<html>
<head>
<link rel="stylesheet" type="text/css"
     href="../holiday/holiform.css">
<title>Element aus Urlaubsfotokatalog </title>
<!-- Hier Code einfügen, um XML-Daten zu laden und anzuzeigen. -->
</head>
<body>
<h2>Element aus Urlaubsfotokatalog</h2>
</body>
</html>
```

2. Ersetzen Sie den Kommentar in Schritt 1 durch einen *<script>*-Block. Erzeugen Sie ein XML DOM-Objekt namens *xmlDoc* und weisen Sie es an, die Datei *Holicat.xml* zu laden. Initialisieren Sie einen Zähler namens *xmlwait* mit Null.

```
<script language="JavaScript">
var xmlDoc = new ActiveXObject("Microsoft.XMLDOM");
xmlDoc.load("holicat.xml");
```

```
xmlwait = 0
// Hier Code einfügen, um zu prüfen, ob Ladevorgang beendet ist.
</script>
```

3. Definieren Sie das Layout der Webseite. Fügen Sie die folgenden Tags an der Stelle ein, an der die Werte der Felder *catnr*, *seqnr*, *title*, *picname*, *caption* und *picdate* angezeigt werden sollen.

```
<span id="dcatnr"></span>
<span id="dseqnr"></span>
<span id="dtitle"></span>
<span id="dpname"></span>
<span id="dcaptn"></span>
<span id="dpdate"></span>
```

4. Fügen Sie den folgenden Code in der Nähe des unteren Randes des *<body>*-Bereichs ein. Damit wird die Zeitdauer angezeigt, die für das Laden des XML-Dokuments benötigt wurde.

```
<p>XML Response time: <span id="waitsec">0</span> second(s).</p>
```

5. Fügen Sie ein *onload*-Attribut, wie nachfolgend gezeigt, zum *<body>*-Tag hinzu. Der Browser weiß dann, dass er die Skriptfunktion *CheckState()* immer dann ausführen soll, wenn der Ladevorgang des *<body>*-Bereichs abgeschlossen ist.

```
<body onload="CheckState();">
```

Eine Erklärung dafür, warum diese Technik nötig ist, finden Sie im folgenden ▶ Hinweis »Asynchroner Timingfaktor«.

Asynchroner Timingfaktor

Wenn ein XML-Dokument synchron geladen und sein Inhalt mit Hilfe von DHTML angezeigt wird, muss sichergestellt werden, dass der gesamte *<body>*-Bereich geladen wurde, bevor ein XML-Wert eingefügt wird. Andernfalls, wenn das XML-Dokument schneller als die restliche Webseite geladen wird, wird möglicherweise versucht, einen XML-Wert in einem Span zu speichern, das noch gar nicht existiert.

Eine Möglichkeit, um einen asynchronen Ladevorgang zu erhalten, besteht darin, das XML-Dokument in eine Funktion zu laden, die vom *onlaad*=-Attribut des *<body>*-Tags aufgerufen wird. Eine Funktion, die auf diese Weise aufgerufen wird, wird erst ausgeführt, nachdem die gesamte Webseite geladen wurde.

6. Fügen Sie die folgende Funktion zum *<script>*-Block hinzu, der sich bereits im *<head>*-Bereich befindet. Dieser Code ersetzt den Kommentar in Schritt 2.

```
function CheckState() {
if (xmlDoc.readyState == "4")
GetData();
else
xmlwait = xmlwait + 1;
waitsec.innerText = xmlwait;
window.setTimeout("CheckState()", 1000);
}
```

Wenn diese Funktion herausfindet, dass die Eigenschaft *readyState* des Objekts *xmlDoc* den Wert 4 hat (was *fertig* bedeutet), führt sie die Funktion *GetData()* aus. Andernfalls wird der Reaktionszeitzähler *xmlwait* um 1 erhöht. Dann wird der Wert mit der Meldung angezeigt, die in Schritt 4 erzeugt wurde und ein Zeitgeber wird gesetzt, um die Funktion *CheckState()* nach 1.000 Millisekunden erneut aufzurufen.

7. Fügen Sie die folgende Funktion direkt hinter dem Code ein, den Sie in Schritt 6 eingegeben haben. Wie im letzten Beispiel ruft dieser Code Datenwerte aus dem ersten Datensatz im XML-Dokument ab. In diesem Fall kopiert der Code diese Werte jedoch in die *innerText*-Eigenschaften des *<span>*-Elements, das Sie in Schritt 3 erzeugt haben und gibt es an den Webbesucher aus.

```
function GetData() {
  curRec = xmlDoc.documentElement.childNodes.item(0);
  dcatnr.innerText = curRec.childNodes.item(0).text;
  dseqnr.innerText = curRec.childNodes.item(1).text;
  dpname.innerText = curRec.childNodes.item(2).text;
  dtitle.innerText = curRec.childNodes.item(3).text;
  dcaptn.innerText = curRec.childNodes.item(4).text;
  dpdate.innerText = curRec.childNodes.item(5).text;
}
```

Wie in Abbildung 13.2 gezeigt, erzeugt diese Webseite im Wesentlichen dieselben Ergebnisse wie die vorherige. Der einzige Unterschied besteht darin, dass unter der Tabelle eine Meldung mit der Reaktionszeit angezeigt wird.

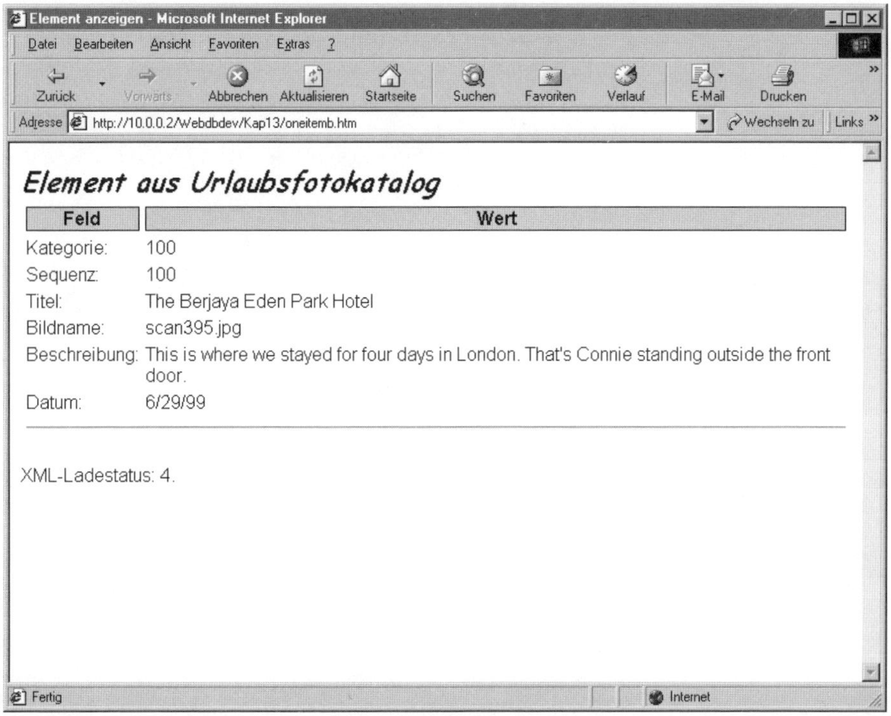

Abbildung 13.2 Das XML-Dokument, das in dieser Webseite angezeigt wird, wurde asynchron geladen, d.h., während der Browser andere Teile der Webseite bearbeitete

Nachfolgend sehen Sie das vollständige HTML-Listing dieser Seite:

```
<html>
<head>
<link rel="stylesheet" type="text/css"
      href="../holiday/holiform.css">
<title>Element anzeigen</title>
<script language="JavaScript">
// XML DOM-Objekt erzeugen und das XML-Dokument laden.
var xmlDoc = new ActiveXObject("Microsoft.XMLDOM");
xmlDoc.load("holicat.xml");
xmlwait = 0
// Prüfen, ob XML DOM-Objekt vollständig geladen wurde.
// Falls ja, Funktion GetData() ausführen.
// Falls nein, 1 Sekunde warten und es dann noch einmal versuchen.
function CheckState() {
if (xmlDoc.readyState == "4")
GetData();
else
xmlwait = xmlwait + 1
waitsec.innerText = xmlwait
window.setTimeout("CheckState()", 1000)
}
// Werte aus dem ersten XML-Datensatz in Spans in der Webseite kopieren.
```

```
function GetData() {
  curRec = xmlDoc.documentElement.childNodes.item(0);
  dcatnr.innerText = curRec.childNodes.item(0).text;
  dseqnr.innerText = curRec.childNodes.item(1).text;
  dpname.innerText = curRec.childNodes.item(2).text;
  dtitle.innerText = curRec.childNodes.item(3).text;
  dcaptn.innerText = curRec.childNodes.item(4).text;
  dpdate.innerText = curRec.childNodes.item(5).text;
}
</script>
</head>
<body onload="CheckState();">
<h2>Element aus Urlaubsfotokatalog</h2>
<table border="0" cellpadding cellspacing="5">
<tr>
<th>Feld</th>
<th>Wert</th>
</tr>
<tr>
<td>Kategorie:</td>
<td><span id="dcatnr"></span></td>
</tr>
<tr>
<td>Sequenz:</td>
<td><span id="dseqnr"></span></td>
</tr>
<tr>
<td valign="top">Titel:</td>
<td><span id="dtitle"></span></td>
</tr>
<tr>
<td>Bildname:</td>
<td><span id="dpname"></span></td>
</tr>
<tr>
<td valign="top">Beschreibung:</td>
<td><span id="dcaptn"></span></td>
</tr>
<tr>
<td>Datum:</td>
<td><span id="dpdate"></span></td>
<tr>
<td colspan="2">
      <hr>
    </td>
</table>
<p>XML-Ladestatus: <span id="loadstat">0</span>.</p>
</body>
</html>
```

Eine asynchrone Seite erzeugen, die keine Zeitgeber verwendet

Wird ein Zeitgeber verwendet, um den Wert der Eigenschaft *readyState* abzufragen, wirkt der Ladevorgang auf den Webbesucher gelegentlich möglicherweise ziemlich langsam und umständlich. Beim XML-Dokument im letzten Beispiel muss der Webbesucher 4 Sekunden warten, bis der Ladevorgang beendet ist. Diese Wartezeit ließe sich reduzieren, wenn das XML DOM-Objekt einfach ein Codefragment »aufwecken« könnte, sobald der Ladevorgang beendet ist. Ersetzen Sie das *<body>*-Tag und den *<script>*-Block im *<head>*-Bereich durch den folgenden Code.

```
<script language="JavaScript">
var xmlDoc;
xmlDoc = new ActiveXObject("Microsoft.XMLDOM");
xmlDoc.onreadystatechange = ChkStateChange;

function StartLoad() {
  xmlDoc.load("holicat.xml");
}
function ChkStateChange(){
var state = xmlDoc.readyState;
loadstat.innerText = state;
if (state == 4) {
if (xmlDoc.parseError == 0) {
      GetData();
}else{
      alert(xmlDoc.parseError.reason);
    }
  }
}

function GetData() {
  curRec = xmlDoc.documentElement.childNodes.item(0);
  dcatnr.innerText = curRec.childNodes.item(0).text;
  dseqnr.innerText = curRec.childNodes.item(1).text;
  dpname.innerText = curRec.childNodes.item(2).text;
  dtitle.innerText = curRec.childNodes.item(3).text;
  dcaptn.innerText = curRec.childNodes.item(4).text;
  dpdate.innerText = curRec.childNodes.item(5).text;
}
</script>
</head>
<body onload="StartLoad();">
```

Die ersten drei Zeilen im *<script>*-Block erzeugen ein XML DOM-Objekt namens *xmlDoc* in herkömmlicher Weise. Die folgende Anweisung teilt dem Objekt *xmlDoc* mit, dass eine Funktion namens *ChkStateChange* aufgerufen werden soll, wenn sich der Wert der Eigenschaft *readyState* ändert:

```
xmlDoc.onreadystatechange = ChkStateChange
```

Das *<body>*-Tag gibt an, dass die Webseite beim Laden eine Funktion namens *StartLoad* ausführen soll. Dies ist die erste Funktion im obigen Skriptblock. Sie ruft einfach die *load*-Methode des *xmlDoc*-Objekts auf.

Während des Ladevorgangs aktualisiert *xmlDoc*-Objekt die Eigenschaft *readyState*. Immer, wenn diese Eigenschaft geändert wird, ruft das *xmlDoc*-Objekt die Funktion *ChkStateChange* auf. Wenn die Funktion *ChkStateChange* bemerkt, dass die Eigenschaft *readyState* den Wert 4 hat, ruft sie die Funktion *GetData* auf, um die Webseite mit den gewünschten Daten zu aktualisieren.

Beachten Sie, dass dieser Code keinen Mechanismus beinhaltet, um die Aktualisierung eines Teils der Webseite zu verhindern, der noch nicht geladen wurde, wenn der Befehl, *xmlDoc* zu laden, gesendet wird. Mehr zu diesem Thema finden Sie im ▶ Hinweis »Asynchrone Timingfaktoren« weiter vorne in diesem Kapitel.

Diese Technik finden Sie in der Beispieldatei *\Webdbdev\Kap13\Oneitemb.htm*. Diese Seite erzeugt im Wesentlichen dasselbe Ergebnis wie die vorherigen beiden Beispiele.

Ein XML-Dokument speichern

Die Methode *save* schreibt das aktuelle Dokument des XML DOM-Objekts in eine Datei oder ein anderes Objekt. Der Speicherort kann ein Dateiname sein, der als Zeichenfolge angegeben wurde, ein ASP *Response*-Objekt, ein anderes XML DOM-Objekt oder auch ein beliebiges benutzerdefiniertes Objekt, das die permanente Speicherung unterstützt. Der folgende ASP-Code speichert das XML-Dokument in einer Datei namens *Sample.xml*:

```
<%
Dim xmldoc
Set xmldoc = Server.CreateObject("Microsoft.XMLDOM")
xmldoc.async = false
xmldoc.load(Request)
xmldoc.save(Server.MapPath("sample.xml"))
%>
```

Die folgende Anweisung behandelt den Body einer HTTP-Anforderung als XML-Daten und lädt ihn in das *xmldoc*-Objekt.

```
xmldoc.load(Request)
```

Die folgende Anweisung würde den XML-Code, der im *xmldoc*-Objekt enthalten ist, als XML-Text zurück an einen Webbesucher senden.

```
xmldoc.save(Response)
```

Das XML-Data Source Object nutzen

Falls der Zugriff auf Daten in einem XML DOM-Objekt im Vergleich zum Datenzugriff in einem ADO *Recordset*-Objekt schwierig und etwas lästig wirkt, haben Sie Glück. Das XML-DSO (DSO – Data Source Object) lädt ein XML-Dokument in ein untergeordnetes XML DOM-Objekt und bietet anschließend Zugriff mit den bekannten ADO-Methoden und -Eigenschaften.

Es gibt zwei Methoden, um ein XML DSO zu erzeugen:

- Mit dem OBJECT-Element eine Instanz des XML DSOs direkt laden. Der folgende Code, der sich irgendwo im *<body>*-Bereich einer Webseite befindet, lädt eine Instanz des XML DSO:

```
<OBJECT width=0 height=0
classid="clsid:550dda30-0541-11d2-9ca9-0060b0ec3d39"
id="ex1dso">
</OBJECT>
```

- XML-Dateninsel nutzen. Dies Methode wird im ▶ Abschnitt »XML-Dateninseln nutzen« in diesem Kapitel ausführlich beschrieben.

Um über das DSO auf XML-Daten zuzugreifen, muss das XML DOM-Objekt mit der Eigenschaft *XMLDocument* gefunden werden. Anschließend kann das XML DOM-Objekt wie üblich geladen werden. Der folgende Code lädt das XML DOM-Objekt, das im oben beschriebenen XML DSO enthalten ist. Es wird ausgeführt, nachdem der Rest der Webseite geladen wurde.

```
<SCRIPT for=window event=onload>
var doc = ex1dso.XMLDocument;
doc.load("yourdata.xml");
if (doc.documentNode == null)
   {
      YourErrorHandler(doc);
   }
</SCRIPT>
```

Wenn die XML-Daten nicht aus einer anderen Datei geladen werden sollen, können Sie die Daten im OBJECT-Element angeben. Das folgende Beispiel veranschaulicht dies.

```
<OBJECT width=0 height=0
   classid="clsid:550dda30-0541-11d2-9ca9-0060b0ec3d39"
   id="ex2dso">
<mitglieder>
<mitglieder>
<vorname>Andreas</vorname>
<nachname>Frei</nachname>
</mitglieder>
</mitglieder>
</OBJECT>
```

Der folgende Skriptcode lädt diesen XML-Code in diesem DSO:

```
<SCRIPT for=window event=onload>
var doc = ex2dso.XMLDocument;
doc.loadXML(ex2dso.altHtml);
if (doc.documentNode == null)
    {
        HandleError(doc);
    }
</SCRIPT>
```

Mit DSO in einem XML-Dokument navigieren

Die Webseite *Catbrowse.htm* in Abbildung 13.3 lädt eine XML-Datei in ein XML DSO und zeigt einen Datensatz nach dem anderen an. Anders als im letzten Beispiel bietet diese Seite dem Webbesucher jedoch die Möglichkeit, durch das XML-Dokument vor und zurück zu gehen. Außerdem wird der Einsatz gebundener Datenelemente veranschaulicht, die – im Vergleich mit anderen Methoden – Code einsparen.

Die XML-Daten in diesem Beispiel stammen aus einer ASP-Seite namens *Holicat.asp*. Die folgende ▶ Lektion 14 erklärt ausführlich, wie diese Seite funktioniert. Im Augenblick reicht es aus, zu wissen, dass die Anforderung *holicat.asp?qcatnr=200* vom Webserver alle *item*-Datensätze in der Datenbank *Holiday.mdb* mit der Kategorienummer 200 zurückliefert.

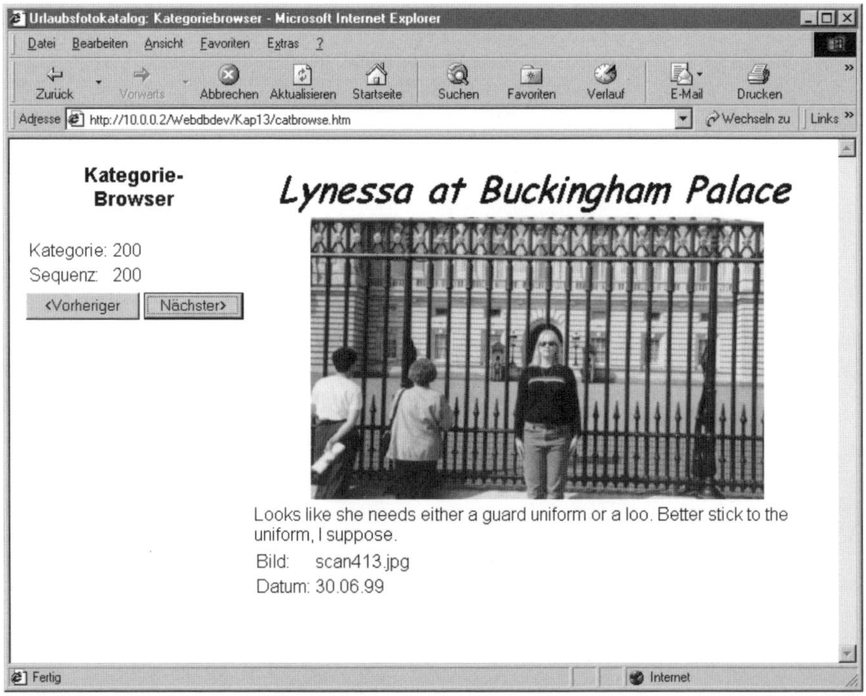

Abbildung 13.3
Über die Schaltflächen *Vorheriger* und *Nächster* lässt sich der aktuelle Datensatzzeiger in einem XML DSO-Recordset verändern

Weil *Holicat.asp* eine ASP-Datei ist, enthält sie Programmcode anstatt XML-Code. Wird die Seite ausgeführt, wird die in Abbildung 13.4 gezeigte Ausgabe erzeugt. Testen Sie diese Seite direkt, wie in der Abbildung gezeigt, bevor Sie sie in den restlichen Beispielen nutzen.

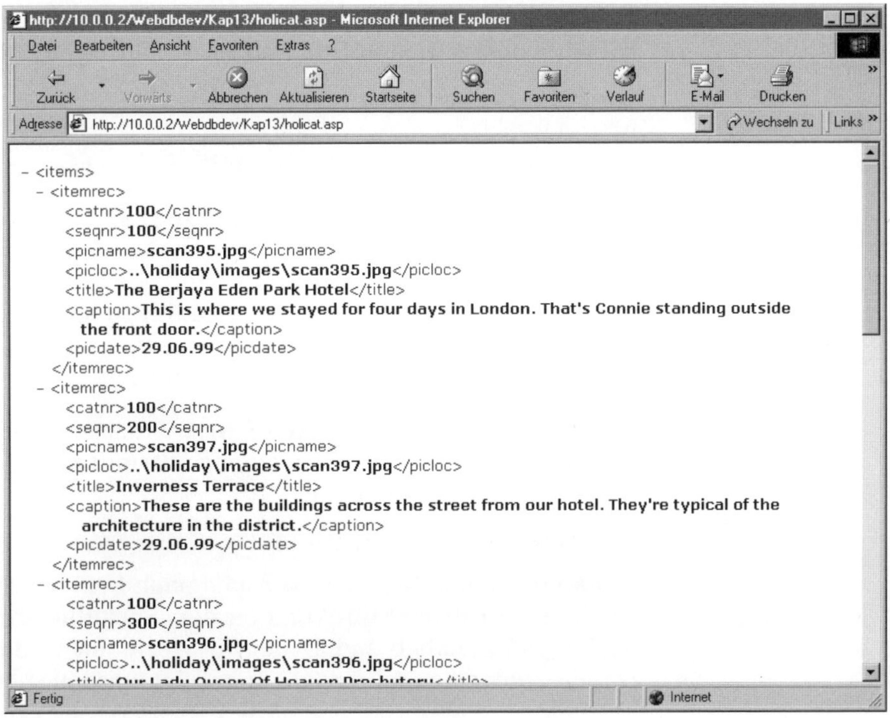

Abbildung 13.4
Wird die Seite *Holicat.asp* von einem korrekt konfigurierten Webserver abgerufen, wird dieser XML-Stream zurückgegeben

Die Seite *Catbrowse.htm* wird wie folgt erstellt:

1. Initialisieren Sie eine neue, leere Webseite mit den folgenden Strukturelementen. Fügen Sie nach Bedarf weitere Elemente hinzu.

```
<html>
<head>
<link rel="stylesheet" type="text/css"
      href="../holiday/holiform.css">
<title>Urlaubsfotokatalog: Kategoriebrowser</title>
<!-- Hier Code einfügen, um XML-Daten zu laden und anzuzeigen. -->
</head>
<body>
</body>
</html>
```

2. Fügen Sie ein XML DSO namens *xmldso* direkt hinter dem *<body>*-Tag ein. Dazu benötigen Sie den folgenden Code:

```
<object width="0" height="0" id="xmldso"
  classid="clsid:550dda30-0541-11d2-9ca9-0060b0ec3d39">
</object>
```

3. Fügen Sie ein *<script> ... </script>*-Tags-Paar direkt hinter dem Code ein, den Sie in Schritt 2 hinzugefügt haben. Erzeugen Sie zwischen diesen Tags eine Funktion, die das XML DSO lädt, das Sie in Schritt 2 erstellt haben, wobei XML den URL *holicat.asp?qcatnr=200* zurücklieferte.

```
<script language="JavaScript">
function OpenDSO() {
xmldso.XMLDocument.load("holicat.asp?qcatnr=200");
if (xmldso.XMLDocument.parseError != 0) {
alert("XML-Ladevorgang fehlgeschlagen.");
  }
</script>
```

Weil die Seite *Holicat.asp* eine ASP-Seite ist, müssen Sie diese Datei von einem korrekt konfigurierten Webserver und nicht von einem Pfad auf Ihrer lokalen Festplatte laden.

4. Um die Funktion *OpenDSO* aus Schritt 3 auszuführen, wenn die Webseite geöffnet wird, müssen Sie ein *onload*-Attribut zum *<body>*-Tag, wie nachfolgend gezeigt, hinzufügen.

```
<body onload="OpenDSO();">
```

5. Gestalten Sie den Rest der Webseite nach Belieben. Fügen Sie dann die folgenden Ausdrücke direkt hinter dem Skriptblock ein, den Sie in Schritt 3 hinzugefügt haben und an der die Werte der Felder *catnr*, *seqnr*, *title*, *caption*, *picname* und *picdate* angezeigt werden sollen.

```
<span datasrc="#xmldso" datafld="catnr"></span>
<span datasrc="#xmldso" datafld="seqnr"></span>
<span datasrc="#xmldso" datafld="title"></span>
<span datasrc="#xmldso" datafld="caption"></span>
<span datasrc="#xmldso" datafld="picname"></span>
<span datasrc="#xmldso" datafld="picdate"></span>
```

Die *datasrc*-Attribute in diesen Ausdrücken zeigen auf Datenquellen, die die Daten enthalten, die angezeigt werden sollen. Dies gilt für das *xmldso*-Objekt, das in Schritt 2 erzeugt und in Schritt 3 geladen wurde. Die *datafld*-Attribute geben den Namen des Feldes (aus der Datenquelle) an, das angezeigt werden soll.

Werden die Attribute *datasrc* und *datafld* für ein HTML-Element angegeben, wird dieses Element an die Datenquelle gebunden. Das gebundene Element wird unabhängig davon, welchen Wert der aktuelle Datensatz in der Datenquelle enthält, dynamisch angezeigt.

6. Fügen Sie den folgenden Ausdruck an der Stelle ein, an der das Bild in voller Größe angezeigt werden soll. Die Seite *Holicat.asp* erzeugt ein

picloc-Feld, indem sie dem Inhalt des *picname*-Feldes die Pfadangabe *../holiday/images/* voranstellt.

```
<img datasrc="#xmldso" datafld="picloc">
```

7. Um die Vorwärts- und Rückwärtsnavigation durch das XML-Dokument zu ermöglichen, fügen Sie mit den folgenden Anweisungen zwei Schaltflächen in die Seite ein. Die Schaltflächen brauchen nicht in einer HTML-Tabelle angeordnet zu werden.

```
<input type="button" value="<Vorheriger" onclick="mvprev()">
<input type="button" value="Nächster>" onclick="mvnext()">
```

8. Damit die Schaltfläche wie gewünscht funktioniert, fügen Sie die folgende Funktion hinter der Funktion *OpenDSO* ein, die Sie in Schritt 3 erzeugt haben. Beachten Sie, dass der Name der Funktion, *mvprev*, in Schritt 7 als *onclick*-Ereignis angegeben wurde.

```
function mvprev() {
if (xmldso.recordset.bof){
alert("Dateianfang wurde bereits erreicht.")
}else{
xmldso.recordset.movePrevious()
if (xmldso.recordset.bof){
      xmldso.recordset.moveFirst();
      alert("Dies ist der erste Datensatz.");
   }
  }
}
```

Weil diese Funktion im XML DSO-Recordset in Richtung des Anfangs läuft, besteht die erste Aufgabe darin, zu überprüfen, ob der Dateianfang (*bof* – beginning of file) nicht bereits erreicht wurde. Ist der Dateianfang bereits erreicht, wird beim Versuch, weiter zurück zu gehen, ein Fehler hervorgerufen und die Ausführung des Skripts mit einer Meldung beendet.

Wenn der Anfang des Recordsets noch nicht erreicht wurde, verwendet das Skript die Methode *movePrevious* des Recordsets, um zu einem Datensatz in Richtung des Anfangs zu gelangen. Wenn dies in einer *bof*-Bedingung resultiert, setzt das Skript die aktuelle Datensatzposition mit der Methode *moveFirst* auf den ersten Datensatz und informiert dann den Webbesucher.

Wird die aktuelle Datensatzposition im Recordset *xmldso* verändert, werden die gebundenen Elemente, die auf *#xmldso* in einem *datasrc*-Attribut verweisen, automatisch aktualisiert.

9. Fügen Sie direkt hinter der Funktion *mvprev*, die Sie in Schritt 8 programmiert haben, eine Funktion *mvnext*, die auf die Schaltfläche *Nächster* reagiert. Die Funktion *mvnext* verhält sich nahezu spiegelbildlich zur

Funktion *mvprev*. Es brauchen nur die folgenden Angaben und die Warnhinweise ausgetauscht zu werden: *bof* durch *eof*, *movePrevious* durch *moveNext* und *moveFirst* durch *moveLast*.

```
function mvnext() {
if (xmldso.recordset.eof){
alert("Dateiende wurde bereits erreicht.")
}else{
xmldso.recordset.moveNext()
if (xmldso.recordset.eof){
      xmldso.recordset.moveLast();
      alert("Dies ist der letzte Datensatz.");
    }
  }
}
```

Um den fertigen Code dieser Webseite zu betrachten, öffnen Sie die Beispieldatei *\Webdbdev\Kap13\Catbrowse.htm*. Um die Seite in Aktion zu sehen, speichern Sie sie auf Ihrem ASP-fähigen Webserver und öffnen sie in Internet Explorer 5.0 unter dem URL *http://<webserver>/webdbdev/Kap13/Catbrowse.htm*.

XML-Dateninseln nutzen

Es kann manchmal etwas anstrengend sein, XML DOM- und XML DSO-Objekte direkt zu erzeugen. XML-Dateninseln (für engl. Data Islands) bieten eine direktere Möglichkeit, um dasselbe Ziel zu erreichen.

Eine XML-Dateninsel besteht im Wesentlichen aus Daten, die sich in einer Webseite befinden. Solche »Inseln« bieten alle Funktionen von XML DOM und XML DSO, lassen sich jedoch mit einem einzelnen HTML-Tag erzeugen. Hier ein Beispiel:

```
<XML id="xmlmems" src="Mitglieder.xml"></XML>
```

Diese Anweisung richtet ein XML DSO ein (inklusive des begleitenden XML DOM-Objekts) und lädt dann das XML DOM-Objekt aus der Datei *Mitglieder.xml*. Wenn Sie die Daten lieber in der Webseite speichern, können Sie das Attribut *src* übergehen und den XML-Code, wie nachfolgend gezeigt, zwischen *<XML>* ... *</XML>*-Tags setzen:

```
<XML ID="xmlmems">
<mitglieder>
<mitglied>
<vorname>Andreas</vorname>
<nachname>Frei</nachname>
</mitglied>
</mitglieder>
</XML>
```

Auf die Daten in einer XML-Dateninsel können Sie auf mindestens drei Arten zugreifen:

- Die Insel als Datenquelle nutzen und HTML-Elemente daran binden.
- Auf die Felder im *Recordset*-Objekt der Insel zugreifen (Beispiel: *xmlmems.recordset("vorname")*.
- Auf das in die Insel integrierte XML DOM-Objekt zugreifen.

XML-Dateninseln und XML DOM-Objekte verknüpfen

Wie alle anderen XML DOM-Objekte wird auch das XML DOM-Objekt in einer XML-Dateninsel standardmäßig asynchron geöffnet. Damit entstehen beim Datenzugriff über Datenbindung oder das *Recordset*-Objekt keine Probleme: der integrierte Microsoft-Code scheint darauf zu warten, bis die Daten ankommen.

Wird jedoch auf das XML DOM-Objekt einer XML-Dateninsel direkt zugegriffen, sollte der asynchrone Ladevorgang besser vermieden werden. Der folgende Code leistet dies, indem der Eigenschaft *async* und dem XML DOM-Objekt explizit Werte zugewiesen werden. Beachten Sie, dass im *<XML>*-Tag selbst kein *src*-Attribut angegeben ist.

```
<XML id="xmldso"></XML>
<script>
xmldso.XMLDocument.async = "false"
xmldso.XMLDocument.load("holicat.asp?qcatnr=200&thumb=y")
</script>
```

Der Zugriff auf das XML DOM-Objekt einer XML-Dateninsel erfolgt über den Ausdruck *<id>.XMLDocument*, wobei *<id>* die Schreibweise für das *id=*-Attribut im *<XML>*-Tag ist.

Um auf den ersten Datensatz im XML DOM-Objekt einer XML-Dateninsel zuzugreifen, verwenden Sie einen der folgenden Ausdrücke:

```
curRec = xmldso.XMLDocument.documentElement.childNodes.item(0)
curRec = xmldso.documentElement.childNodes.item(0)
```

Weil die Eigenschaft *XMLDocument* im zweiten Ausdruck nicht enthalten ist, ruft die Eigenschaft *documentElement* das XML-Dokumentelement ab. Nach der Ausführung einer dieser Anweisungen können Sie mit dem folgenden Ausdruck auf das erste Feld im ersten Datensatz zugreifen:

```
curRec.childNodes.item(0).text
```

Eine gesamte XML-Dateninsel mit Hilfe der Datenbindung anzeigen

Die in Abbildung 13.5 gezeigte Webseite zeigt alle Datensätze in einem XML-Dokument an, die in einer XML-Dateninsel geladen sind. Dazu ist kein Skriptcode erforderlich.

Den *<body>*-Abschnitt dieser Webseite sehen Sie im folgenden Code, wobei die Teile, die für XML-Dateninseln relevant sind, hervorgehoben dargestellt sind. Die zweite Zeile definiert die XML-Dateninsel. Das Attribut *id* weist der Insel einen Namen zu und das Attribut *src* nennt der Insel den Namen der XML-Datei, die geladen werden soll. Diese Datei stammt wieder aus dem *Holicat.asp*-Beispiel, das in der folgenden ▶ Lektion 14 beschrieben wird. Die Variable für die Abfragezeichenfolge, *thumb=y*, weist die Datei *Holicat.asp* an, das Feld *picloc* zu erstellen, indem dem Feld *picname* der Pfad *../holiday/images/thumb/* statt des Pfads *../holiday/images/* vorangestellt wird.

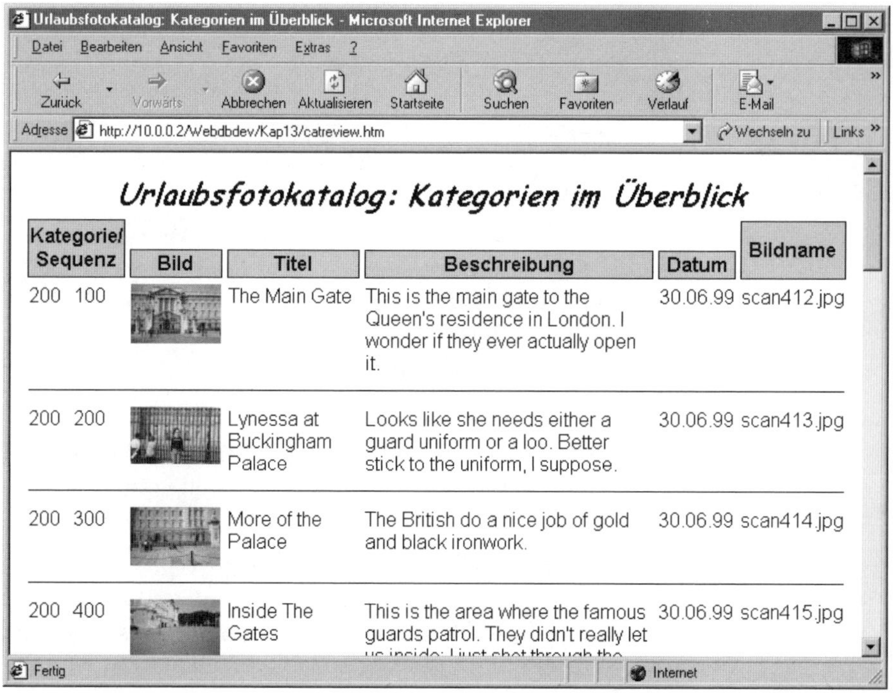

Abbildung 13.5
Diese Seite basiert auf XML-Dateninseln und der Datenbindung. Sie enthält keinerlei Skriptcode.

```
<body>
<XML id="xmldso" src="holicat.asp?qcatnr=200&thumb=y"></XML>
<h2 align="center">Urlaubsfotokatalog: Kategorien im Überblick</h2>
<table datasrc="#xmldso" cellspacing="4">
<thead>
```

```
<tr>
      <th rowspan="2" colspan="2">Kategorie/<br>
        Sequenz</th>
<td colspan="4"> </td>
<th rowspan="2">Bildname</th>
    <tr>
<th>Bild</th>
<th>Titel</th>
<th>Beschreibung</th>
<th>Datum</th>
</thead>
<tr>
    <td valign="top"><span datafld="catnr"></span></td>
<td valign="top"><span datafld="seqnr"></span></td>
    <td valign="top" align="center"><img datafld="picloc"></td>
<td valign="top"><span datafld="title"></span></td>
    <td valign="top"><span datafld="caption"></span></td>
<td valign="top"><span datafld="picdate"></span></td>
<td valign="top"><span datafld="picname"></span></td>
</tr>
<tr>
<td colspan="7">
      <hr size="1" color="#000000">
</td>
</tr>
</table>
</body>
```

Beachten Sie, dass das *<table>*-Tag in Zeile vier das *datasrc*-Attribut enthält. Damit wird ein spezieller Prozess hervorgerufen, bei dem alle normalen Zeilen, die zwischen den *<table>* ... *</table>*-Tags stehen, ein Mal für jeden Datensatz in einer vorgegebenen Datenquelle wiederholt werden. Die einzigen Ausnahmen bilden Zeilen, die zwischen den *<thead>* ... *</thead>*-Tags oder den *<tfoot>* ... *</tfoot>*-Tags stehen. Diese offiziellen HTML-Tags werden zwar selten benutzt, kennzeichnen jedoch die Kopf- und Fußzeile einer Tabelle. Die ersten beiden Zeilen der Tabelle zwischen den *<thead>* ... *</thead>*-Tags verhindern, dass der Datenbindungsprozess diese Tabellenzeilen für jeden Datensatz wiederholt.

Die Tabellenzellen in der dritten Zeile enthalten ein *<span>*- oder ein *<img>*-Tag mit einem *datafld*-Attribut. Damit wird gesteuert, welche Felder in welchen Zellen angezeigt werden. Diese Tags enthalten keine *datasrc*-Tags, weil das *<table>*-Tag bereits eine Datenquelle spezifiziert hat.

Weitere Vorgehensweisen zur Navigation von XML-Dokumenten

In den vorhergehenden Abschnitten wurden zwei Vorgehensweisen beschrieben, um auf Daten zuzugreifen, die in einem XML DOM-Objekt geladen sind. Die erste davon besteht darin, einen numerischen Index einzurichten und die zweite bindet HTML-Elemente an XML DSOs. Dieser Abschnitt veranschaulicht drei weitere Methoden, um dasselbe zu erreichen:

- Numerische Indizierung aller untergeordneten Elemente und Suche nach den gewünschten Namen.
- Einsatz einer integrierten Methode, die alle untergeordneten Elemente eines Elements sucht.
- Zugriff auf die Feldobjekte in einem XML DSO-Recordset.

Warum so viele Methoden, um ein und dasselbe zu erreichen? Das könnte etwas mit dem Wunsch nach Flexibilität zu tun haben. Oder auch mit der Tatsache, dass XML eine neue Technologie ist, die noch auf der Suche nach Akzeptanz ist. Unabhängig davon steht eine große Auswahl an Werkzeugen zur Verfügung und es sollte sich damit jeder Code interpretieren lassen, den Sie von anderen erhalten.

Die Webseite, die diese Techniken veranschaulicht, sehen Sie in Abbildung 13.6. Es mag zwar etwas ungewöhnlich sein, die Ergebnisse drei Mal anzuzeigen, aber die Techniken werden damit effizient gezeigt.

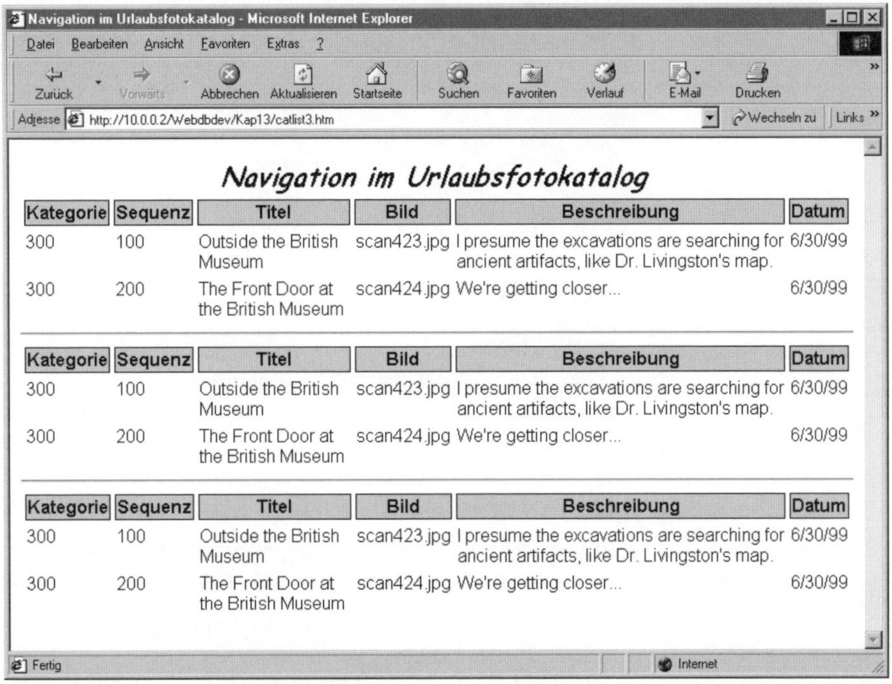

Abbildung 13.6
Diese Webseite zeigt, wie sich ein Ergebnis auf drei Weisen erzielen lässt

Die Daten stammen in allen drei Fällen aus einer XML-Dateninsel, die mit dem folgenden Code erzeugt wird. Um das Beispiel einfach zu halten, sind die XML-Daten integriert und es sind nur zwei Datensätze vorhanden.

```
<xml id=catalog>
<items>
<itemrec>
<catnr>300</catnr>
<seqnr>100</seqnr>
<title>Outside the British Museum</title>
<picname>scan423.jpg</picname>
<caption>I presume the excavations are searching for ancient artifacts
like Dr. Livingston's map.</caption>
<picdate>6/30/99</picdate>
</itemrec>
<itemrec>
<catnr>300</catnr>
<seqnr>200</seqnr>
<title>The Front Door at the British Museum</title>
<picname>scan424.jpg</picname>
<caption>We're getting closer...</caption>
<picdate>6/30/99</picdate>
</itemrec>
</items>
</xml>
```

Die HTML-Tabellenstruktur und der Tabellenkopf werden für alle drei Fälle wiederholt:

```
<table cellspacing="4">
<tr>
<th>Kategorie</th>
<th>Sequenz</th>
<th>Titel</th>
<th>Bild</th>
<th>Beschreibung</th>
<th>Datum</th>
</tr>
<script>
// ^Hier Code einfügen, um XML-Daten anzuzeigen.
</script>
</table>
```

Alle Felder durchlaufen und Namen suchen

Bezug nehmend auf den integrierten XML-Code, der im letzten Abschnitt aufgelistet wurde, sollten Sie die folgenden Dinge überprüfen können:

- *catalog* ist der Name des XML-Dokuments.
- *catalog.documentElement* bezieht sich auf das Dokumentelement im Dokument: das Element *items*.
- *catalog.documentElement.childNodes.length* liefert die Anzahl der dem Element *items* untergeordneten Elemente auf, d.h. die Anzahl der *itemrec*-Elemente.
- *catalog.documentElement.childNodes.item(0)* bezieht sich auf das erste untergeordnete Element des Elements *items*, d.h., das erste *itemrec*-Element.
- *catalog.documentElement.childNodes.item(0).childNodes.length* liefert die Anzahl der Elemente zurück, die dem ersten *itemrec*-Element untergeordnet sind, d.h. die Anzahl der Felder in einem *itemrec*-Element.
- *catalog.documentElement.childNodes.item(0).childNodes.item(0)* bezieht sich auf das erste Element, das dem Element *itemrec* untergeordnet ist, d.h. das erste *catnr*-Element.

Anhand dieser Beobachtungen und der Freiheit, dazwischen liegende Variablen erzeugen zu können, ist es nicht besonders schwierig, eine Schleife zu programmieren, die alle Felder in allen Datensätzen überprüft. Gehen Sie dazu wie folgt vor:

1. Richten Sie eine Variable namens *rset* als Alias für *catalog.documentElement.childNodes* ein, d.h. für das Objekt, das alle Elemente enthält, die dem Element *items* untergeordnet sind.

```
rset = catalog.documentElement.childNodes
```

2. Schreiben Sie eine Schleife, die jedes untergeordnete Element des *rset*-Objekts durchläuft (durch jedes *itemrec*-Element).

```
for (rnum = 0; rnum < rset.length ; rnum++){
// Code hier einfügen, um jeden Datensatz zu verarbeiten.
}
```

Denken Sie daran, dass alle XML-Elemente nullbasiert sind. Die Schleife initialisiert *rnum* (Anzahl der Datensätze) deshalb mit Null und erhöht den Wert nach jeder Iteration, so lange *rnum* kleiner als die Anzahl der *itemrec*-Elemente ist. Wenn es zwei Datensätze gibt, erhöht die Schleife *rnum* von Null auf Eins.

3. Ersetzen Sie den Kommentar in Schritt 2 durch eine Anweisung, die *crec* als Alias für *rset.item(rnum).childNodes* einrichtet, d.h. für das Objekt, das alle untergeordneten Elemente des aktuellen *itemrec*-Elements enthält.

```
   crec = rset.item(rnum).childNodes
```

4. Schreiben Sie eine Schleife, die jedes Element durchläuft, das dem Objekt *crec* untergeordnet ist (durch jedes Feld im aktuellen *itemrec*-Element).

```
   for (fnum = 0 ; fnum < crec.length ; fnum++) {
// Code hier einfügen, um jedes Feld zu verarbeiten.
   }
```

5. Der Ausdruck *crec.item(fnum).tagName* im Code, den Sie in Schritt 4 erzeugt haben, liefert den Namen des aktuellen Feldes und den Ausdruck *crec.item(fnum).text* zurück. Der folgende Code testet, ob *crec.item(fnum).tagName* einen der gesuchten Werte enthält und speichert den Wert in einer entsprechenden temporären Variablen. Ersetzen Sie den Kommentar in Schritt 4 durch den folgenden Code:

```
    switch (crec.item(fnum).tagName) {
      case "catnr":
dcatnr = crec.item(fnum).text;
break;
      case "seqnr":
dseqnr = crec.item(fnum).text;
break;
      case "title":
dtitle = crec.item(fnum).text;
break;
      case "picname":
dpname = crec.item(fnum).text;
```

```
break;
      case "caption":
dcaptn = crec.item(fnum).text;
break;
      case "picdate":
dpdate = crec.item(fnum).text;
break;
    }
```

6 Nachdem alle Felder des aktuellen Datensatzes geprüft wurden (wenn die innere Schleife endet), wird mit dem folgenden Code eine Zeile einer HTML-Tabelle ausgegeben:

```
document.writeln("<tr>")
document.writeln("<td valign=top>" + dcatnr + "</td>");
document.writeln("<td valign=top>" + dseqnr + "</td>");
document.writeln("<td valign=top>" + dtitle + "</td>");
document.writeln("<td valign=top>" + dpname + "</td>");
document.writeln("<td valign=top>" + dcaptn + "</td>");
document.writeln("<td valign=top>" + dpdate + "</td>");
document.writeln("</tr>")
```

7 Es gibt keine Garantie, dass jedes *itemrec*-Element alle sechs untergeordneten Elemente enthält, die in Schritt 5 verarbeitet wurden. Wenn ein untergeordnetes Element fehlt, ersetzt der Code in Schritt 5 niemals die entsprechende temporäre Variable. Stattdessen werden die Werte aus einem Element in ein anderes übernommen. Um diese Möglichkeit zu verhindern, fügen Sie den folgenden Code ein, um alle temporären Variablen zu löschen:

```
dcatnr = ""
dseqnr = ""
dtitle = ""
dpname = ""
dcaptn = ""
dpdate = ""
```

Dieser Code muss direkt hinter der Schleife stehen, die Sie in Schritt 4 erzeugt haben.

Der vollständige Skriptcode für diese Zugriffsmethode auf XML-Daten wird nachfolgend gezeigt:

```
rset = catalog.documentElement.childNodes
for (rnum = 0; rnum < rset.length ; rnum++){
crec = rset.item(rnum).childNodes
dcatnr = ""
dseqnr = ""
dtitle = ""
dpname = ""
dcaptn = ""
```

```
dpdate = ""
  for (fnum = 0 ; fnum < crec.length ; fnum++) {
    switch (crec.item(fnum).tagName) {
      case "catnr":
dcatnr = crec.item(fnum).text;
break;
      case "seqnr":
dseqnr = crec.item(fnum).text;
break;
      case "title":
dtitle = crec.item(fnum).text;
break;
      case "picname":
dpname = crec.item(fnum).text;
break;
      case "caption":
dcaptn = crec.item(fnum).text;
break;
      case "picdate":
dpdate = crec.item(fnum).text;
break;
    }
  }
  document.writeln("<tr>")
  document.writeln("<td valign=top>" + dcatnr + "</td>");
  document.writeln("<td valign=top>" + dseqnr + "</td>");
  document.writeln("<td valign=top>" + dtitle + "</td>");
  document.writeln("<td valign=top>" + dpname + "</td>");
  document.writeln("<td valign=top>" + dcaptn + "</td>");
  document.writeln("<td valign=top>" + dpdate + "</td>");
  document.writeln("</tr>")
}
```

Nach untergeordneten Elementen mit einem bestimmten Namen suchen

Das XML DOM-Objekt verfügt über eine Methode namens *getElementsByTagName*, die untergeordnete Elemente über ihre Namen ausfindig macht. Damit erübrigt sich der Bedarf, die Felder eines Datensatzes numerisch zu indizieren, um einen gewünschten Feldnamen zu suchen. Wie Sie in diesem Abschnitt sehen werden, kann dies den Code beträchtlich vereinfachen, wenn Sie bereits im Voraus wissen, welche Namen in den Daten existieren. Dieser Code ist einfacher als das letzte Beispiel, weil keine verschachtelte Schleife benötigt wird, um die Felder zu durchlaufen und keine CASE-Struktur erforderlich ist, um alle Feldnamen zu testen.

```
rset = catalog.documentElement.childNodes
for (rnum = 0 ; rnum < rset.length ; rnum++) {
  cnode = rset.item(rnum);
```

```
  dcatnr = cnode.getElementsByTagName('catnr').item(0).text
  dseqnr = cnode.getElementsByTagName('seqnr').item(0).text
  dtitle = cnode.getElementsByTagName('title').item(0).text
  dpname = cnode.getElementsByTagName('picname').item(0).text
  dcaptn = cnode.getElementsByTagName('caption').item(0).text
  dpdate = cnode.getElementsByTagName('picdate').item(0).text
  document.writeln("<tr>")
  document.writeln("<td valign=top>" + dcatnr + "</td>");
  document.writeln("<td valign=top>" + dseqnr + "</td>");
  document.writeln("<td valign=top>" + dtitle + "</td>");
  document.writeln("<td valign=top>" + dpname + "</td>");
  document.writeln("<td valign=top>" + dcaptn + "</td>");
  document.writeln("<td valign=top>" + dpdate + "</td>");
  document.writeln("</tr>")
}
```

Denken Sie bei der Methode *getElementsByTagName* daran, dass sie nur das erste übereinstimmende Element zurückliefert. Dies kann zu unerwarteten Ergebnissen führen, wenn Sie ein verschachteltes Element durchsuchen, das mehr als eine Instanz mit demselben Tagnamen enthält.

Auf XML DSO-Recordset-Felder zugreifen

Wenn Sie mit ADO-Konventionen vertraut sind, lassen sich Informationen am einfachsten mit dem XML DSO-*Recordset*-Objekt aus XML-Dokumenten abrufen. Die Methoden *moveFirst*, *movePrevious*, *moveNext* und *moveLast* verändern die aktuelle Datensatzposition und Sie können mit den bekannten ADO-Eigenschaften auf Feldwerte zugreifen. Der folgende Code erzeugt dasselbe Ergebnis wie die letzten beiden Codebeispiele:

```
while (catalog.recordset.eof == 0) {
  document.writeln("<tr>");
  document.writeln("<td valign=top>" + catalog.recordset("catnr")
                   +"</td>");
  document.writeln("<td valign=top>" + catalog.recordset("seqnr")
                   +"</td>");
  document.writeln("<td valign=top>" + catalog.recordset("title")
                   +"</td>");
  document.writeln("<td valign=top>" + catalog.recordset("picname")
                   +"</td>");
  document.writeln("<td valign=top>" + catalog.recordset("caption")
                   +"</td>");
  document.writeln("<td valign=top>" + catalog.recordset("picdate")
                   +"</td>");
document.writeln("</tr>");
catalog.recordset.moveNext();
}
```

Diese Methode hat zwei große Nachteile. Erstens eignet sie sich nur für XML-Dokumente, die als Tabellen strukturiert sind, die Datensätze und Felder enthalten. Der Zugriff auf ein Theaterskript oder ein technisches Dokument, das in XML verfasst wurde, wäre zumindest recht schwierig. Außerdem sind die Methoden und Eigenschaften des Recordsets proprietär für Microsoft. Der Code lässt sich deshalb kaum auf andere Parser portieren.

XSL-Stylesheets nutzen

Dieses letzte Beispiel zeigt, wie mit XSL ein HTML-Dokument erzeugt werden kann, das die Daten anzeigt, die in einem XML-Dokument enthalten sind.

XML-Daten mit einem XSL-Stylesheet anzeigen

Wie Sie sich vielleicht erinnern werden, hat Microsoft nur den Transformationsbestandteil von XSL implementiert. Die Transformation beinhaltet, dass ein XML-Dokument gelesen und Werte in Templates ersetzt werden. Nachfolgend sehen Sie eine Webseite, die diesen Prozess untermalt.

```
<html>
<head>
<link rel="stylesheet" type="text/css"
      href="../holiday/holiform.css">
<SCRIPT LANGUAGE="JavaScript" FOR="window" EVENT="onload">
var source = new ActiveXObject("Microsoft.XMLDOM");
source.async = "false";
source.load("holicat.asp?qcatnr=200");
var style = new ActiveXObject("Microsoft.XMLDOM");
style.async = "false";
style.load("catrevxsl.xsl");
document.all.item("xslContainer").innerHTML =
  source.transformNode(style.documentElement);
</SCRIPT>
<title>Urlaubsfotokatalog: Kategorien im Überblick</title>
</head>
<body>
<h2 align="center">Urlaubsfotokatalog: Kategorien im Überblick </h2>
<div id="xslContainer"></div>
</body>
</html>
```

Das Skript, das hervorgehoben dargestellt ist, wird sofort ausgeführt, nachdem das aktuelle Fenster geladen wurde. Derselbe Effekt hätte sich erzielen lassen, wenn der Code in eine Funktion gesetzt worden wäre, die mit dem *onload*-Attribut im *<body>*-Tag aufgerufen worden wäre.

Die drei folgenden Zeilen im Skript sollten Ihnen vertraut sein. Sie erzeugen ein XML DOM-Objekt und laden alle Datensätze aus der Tabelle *items* der Datenbank *Holiday.mdb* in dieses, die unter der Kategorienummer 200 gespeichert sind. Die Daten stammen aus derselben ASP-Seite, die bereits in mehreren vorherigen Beispielen genutzt wurde.

Die nächsten drei Zeilen laden ein XSL-Stylesheet in der gleichen Weise. Dies ist möglich, weil ein XSL-Stylesheet selbst ein XML-Dokument ist.

Die letzte Anweisung im Skript setzt die Eigenschaft *innerHTML* eines Objekts namens *xslContainer* auf die Ausgabe der Methode *transformNode*. Betrachten Sie den folgenden Ausdruck:

```
source.transformNode(style.documentElement);
```

- *source* ist der Name des XML DOM-Objekts, das die Daten enthält, die formatiert werden sollen.
- *transformNode* ist die Methode, die die Transformation durchführt.
- *style* ist der Name des XML DOM-Objekts, das das Template enthält.
- *documentElement* zeigt auf den Anfang des Stylesheets.

Der Code *<div id="xslContainer"></div>*, der später in der Webseite auftaucht, definiert einen leeren Abschnitt namens *xslContainer.* Die Eigenschaft *innerHTML* dieses Abschnitts empfängt die Ausgabe der Transformation und zeigt diese an.

Der Hauptunterschied zwischen einem *<div>*- und einem *<span>*-Tag besteht darin, dass das *<div>*-Tag einen Zeilenumbruch vorher und nachher bewirkt.

Das Template selbst, *Catrevxsl.xsl*, ist nachfolgend aufgeführt.

```
<?xml version="1.0"?>
<xsl:stylesheet xmlns:xsl="uri:xsl">
<xsl:template match="/">
<table  cellspacing="4">
      <tr>
        <th rowspan="2" colspan="2">Category/<br/>Sequence</th>
        <td colspan="4" style="color:white">X</td>
        <th rowspan="2">Bild-<br/>name</th>
      </tr>
      <tr>
        <th>Bild</th>
        <th>Titel</th>
        <th>Beschreibung</th>
        <th>Datum</th></tr>
<xsl:for-each select="items/itemrec">
<tr>
<td valign="top"><xsl:value-of select="catnr"/></td>
```

```
<td valign="top"><xsl:value-of select="seqnr"/></td>
<td valign="top" align="center"><img>
<xsl:attribute name="src">
../holiday/images/thumb/<xsl:value-of select="picname"/>
</xsl:attribute>
</img></td>
<td valign="top"><xsl:value-of select="title"/></td>
<td valign="top"><xsl:value-of select="caption"/></td>
<td valign="top"><xsl:value-of select="picdate"/></td>
<td valign="top"><xsl:value-of select="picname"/></td>
      </tr>
</xsl:for-each>
</table>
</xsl:template>
</xsl:stylesheet>
```

Das Listing enthält die folgenden wichtigen Merkmale, die alle hervorgehoben dargestellt sind:

- Die *<xsl:stylesheet>* ... *</xsl:stylesheet>*-Tags kennzeichnen dieses Dokument als XSL-Stylesheet.
- Die *<xsl:template>* ... *</xsl:template>*-Tags geben den Anfang und das Ende des Templates an. Das Attribut *match*="/" integriert alle Datensätze aus dem XML-Dokument.
- Die nächsten 12 Zeilen, die hervorgehoben dargestellt sind, werden in der Ausgabe so, wie sie sind, verwertet. Es handelt sich jedoch um XML-Code, der von einem XML-Parser als gültig bewertet werden muss. Beachten Sie das *
*-Tag in der dritten dieser Zeilen. Der Schrägstrich vor dem schließenden »>«-Zeichen erfüllt die XML-Anforderung, dass alle Tags geschlossen werden müssen. Die vierte Zeile bewahrt die Zeilenhöhe, indem ein weißes X statt eines geschützten Leerzeichens angezeigt wird, weil die Zeichenfolge * * die Regeln der XML-Syntax verletzt.
- Das Tag *<xsl:for-each select="items/itemrec">* wiederholt alles zwischen sich selbst und dem schließenden *</xsl:for-each>*-Tag ein Mal für jedes *itemrec*-Element in einem *items*-Element.
- Innerhalb dieser Schleife markieren Tags wie *<xsl:value-of select="catnr"/>* Feldwerte und ersetzen diese. Beachten Sie auch hier, dass der schließenden Klammer ein Schrägstrich vorangestellt ist. Ein schließendes Tag wird dadurch nicht mehr benötigt.
- Die Erstellung des *<img>*-Tags erfordert besondere Vorkehrungen. Einmal handelt es sich hier um XML-Code, was ein schließendes *</img>*-Tag erforderlich macht. Außerdem lassen sich XML-Tags nicht verschachteln. Der folgende Ausdruck ist deshalb ungültig.

```
<img src='<xsl:value-of select="picname">'>
```

Stattdessen müssen zuerst die *<img> ... </img>*-Tags definiert werden. Anschließend müssen Sie ein *<xsl:attribute>*-Tag (und das schließende Gegenstück) dazwischen setzen. Setzen Sie schließlich den gewünschten Attributwert zwischen die Tags *<xsl:attribute> ... </xsl:attribute>*. Der entsprechende Code sieht wie folgt aus:

```
<img>
<xsl:attribute name="src">
../holiday/images/thumb/<xsl:value-of select="picname"/>
</xsl:attribute>
</img>
```

Das Ergebnis, das in Abbildung 13.7 gezeigt wird, entspricht dem aus Abbildung 13.5.

Abbildung 13.7
Diese Seite wurde mit einem XSL-Stylesheet aus einem Template erzeugt

Um die Webseite für dieses Beispiel zu betrachten, öffnen Sie die Beispieldatei *\Webdbdev\Kap13\catrevxsl.htm*. Um das Template einzusehen, öffnen Sie die Datei *\Webdbdev\Kap13\catrevxsl.xsl*. Um das Ergebnis zu erhalten, das in Abbildung 13.7 zu sehen ist, wird noch die Seite *Holicat.asp* benötigt, die in der nächsten Lektion ausführlicher beschrieben wird. Die ASP-Seite funktioniert natürlich nur, wenn sie von einem voll funktionsfähigen Webserver geladen wird.

Es sollte in dieser Lektion offensichtlich geworden sein, dass die Codierung von Daten im XML-Format und die Erstellung von Code, der die Daten in HTML transformiert, erheblich arbeitsintensiver und weniger kompatibel ist, als wenn Sie die Webseite von Grund auf neu erstellen. Dies gilt jedoch nur für einzelne Webseiten. Die Leistungsfähigkeit von XML wird sehr schnell deutlich, wenn Tausende von Dokumenten vorliegen, die in mehreren Formaten präsentiert werden müssen (um beispielsweise in mehreren Browsern angezeigt werden zu können). Mit XML brauchen Sie die Daten nur einmal zu codieren, egal, wie viele Präsentationsformate Sie benötigen. Die Transformationen müssen außerdem nur ein Mal erzeugt werden, egal, wie viele Dokumente damit verarbeitet werden sollen.

Zusammenfassung der Lektion

Diese Lektion erklärte die Grundlagen von XML und bot mehrere Beispiele für den Einsatz von XML-codierten Datenbankinformationen im Webbrowser des Webbesuchers.

Die folgende ▶ Lektion 14 veranschaulicht verschiedene Möglichkeiten, um XML auf einem Webserver zu unterstützen und zu verwenden.

14 XML auf dem Server nutzen

Geschätzte Dauer:
65 Minuten

In dieser Lektion lernen Sie

- wie Sie XML-Text aus konventionellen Datenbankabfragen erzeugen.
- wie Sie Microsoft XML-Objekte in ASP-Seiten einsetzen.

XML behandelt die Speicherung, die Beschreibung und den Austausch von Daten unabhängig von ihrer visuellen Präsentation. Deshalb nutzten die Beispiele in ▶ Lektion 13 HTML zur Anzeige der Daten, obwohl sie als XML-Daten abgerufen wurden.

Weil die verschiedenen XML-Programmierobjekte das Anzeigesystem des Computers nicht verwenden, lassen sie sich ebenso einfach auf einem Server (wie z.B. einem Webserver ausführen wie auf einem Client (einem Webbrowser). Eine ASP-Seite kann XML-Daten – und Daten aus konventionellen Datenbanken – erzeugen, laden, übertragen und empfangen. Dies verleiht Ihnen eine enorme Flexibilität bei der Entwicklung von Anwendungen, die an den Bedarf Ihrer Webbesucher angepasst sind.

Welchen Vorteil hat es, XML-Daten auf dem Server zu verarbeiten? Es hat verschiedene Vorteile, aber die folgenden drei sind wahrscheinlich die wichtigsten:

- Einige oder vielleicht sogar alle Ihrer Webbesucher setzen Browser ein, die XML nicht unterstützen.
- Die XML-Datenmenge ist zu groß, um in einer annehmbaren Zeit an den Client übertragen werden zu können.
- Sobald Sie XML-Daten für Ihre eigenen Webseiten verfügbar machen, stellen diese auch Seiten von anderen Sites zur Verfügung. Diese anderen Sites verwenden die Daten möglicherweise in einer Weise, die Sie weder beabsichtigt haben, noch wünschen.

Selbstverständlich gibt es auch Nachteile:

- Beim Erzeugen, Laden, Parsen und Übertragen von XML-Dokumenten werden erheblich mehr Serverressourcen beansprucht als bei der Bereitstellung normaler Webseiten.

- Clients, die ansonsten, wenn das XML-Dokument im Browser geladen wäre, ein kleines Recordset lokal filtern, sortieren oder in anderer Weise abfragen könnten, müssen zusätzliche, ressourcenverbrauchende Servertransaktionen vornehmen.
- Microsoft bietet keine Unterstützung für den Einsatz von XML-Objekten, um auf Netzwerkressourcen zuzugreifen, während das XML-Objekt in einer ASP-Seite ausgeführt wird. ASP-Seiten sollten nur auf XML-Ressourcen zugreifen, die im Dateisystem des Webservers oder dem Skript selbst gespeichert sind. Werden XML-Daten von einem anderen Server abgerufen, werden die Serverressourcen sehr viel länger beansprucht, als wenn die Daten lokal abgefragt würden.

Hieraus ergibt sich, dass weder die clientbasierte noch die serverbasierte XML-Verarbeitung in allen Fällen geeignet ist. Sie wissen jedoch nur dann, was die jeweils richtige Methode ist, wenn Sie beide Ansätze genau kennen.

XML-Code für Clients erzeugen

Der erste und vermutlich auch am weitesten verbreitete Einsatzbereich von XML auf Webservern ist die Bereitstellung von XML-Daten für Clients. Dieser Abschnitt beschreibt zwei Methoden hierfür.

XML-Code explizit erzeugen

Als erstes soll nun, wie versprochen, die Seite *Holicat.asp* beschrieben werden, die bereits in mehreren Beispielen in der letzten ▶ Lektion 13 verwendet wurde. Es folgt nun das vollständige Listing für diese Seite.

```
<% Response.ContentType = "text/xml" %>
<!-- #include file="../adovbs.inc" -->
<%
' XML-Versionsheader schreiben.
Response.Write "<?xml version=" & Chr(34) & "1.0" & Chr(34) & "?>" & vbCrLf
catnr = Request("qcatnr")
If catnr = "" Then
  catnr = 100
End If
If Request("thumb") = "" Then
  picPath = "..\holiday\images\"
Else
  picPath = "..\holiday\images\thumb\"
End If
' ADO Connection-Objekt erzeugen und öffnen.
Set cnHol = Server.CreateObject("ADODB.Connection")
cnStHol = "driver={Microsoft Access-Treiber (*.mdb)};" & _
         "dbq=" & Server.MapPath("../holiday/holiday.mdb")
cnHol.Open cnStHol,"",""
```

```
' ADO Recordset-Objekt erzeugen und öffnen.
Set rsItm = Server.CreateObject("ADODB.Recordset")
sql = "SELECT * " & _
       "FROM items " & _
      "WHERE (catnr=" & catnr & ") " & _
    "ORDER BY seqnr "
' XML-Tag für Dokumentelement schreiben.
Response.Write "<items>" & vbCrLf
rsItm.Open sql, cnHol, adOpenStatic, adLockReadOnly
' XML-Element für jeden Datensatz und untergeordnetes Element
' jedes Feldes erzeugen.
Do While Not rsItm.EOF
  Response.Write _
    "<itemrec>"  & vbCrLf & _
    "  <catnr>"  & rsItm("catnr")   & "</catnr>" & vbCrLf & _
    "  <seqnr>"  & rsItm("seqnr")   & "</seqnr>" & vbCrLf & _
    "  <picname>" & rsItm("picname") & "</picname>" & vbCrLf & _
    "  <picloc>"  & picPath & rsItm("picname") & _
                   "</picloc>" & vbCrLf & _
    "  <title>"  & rsItm("title")   & "</title>" & vbCrLf & _
    "  <caption>" & rsItm("caption") & "</caption>" & vbCrLf & _
    "  <picdate>" & rsItm("picdate") & "</picdate>" & vbCrLf & _
    "</itemrec>"  & vbCrLf
  rsItm.MoveNext
Loop
' XML-Tag schreiben, um Dokumentelement zu schließen.
Response.Write "</items>" & vbCrLf
rsItm.Close
cnHol.Close
%>
```

Der größte Teil des Codes sollte Ihnen inzwischen vertraut sein. Beachten Sie jedoch die folgenden wichtigen Details:

- Diese ASP-Seite erzeugt keinerlei HTML-Anweisungen – nicht einmal die Strukturtags *<html>*, *<head>* und *<body>*.

Einige HTML-Editoren stellen automatisch die benötigten HTML-Tags, wie z.B. *<html>* und *<head>* bereit, wenn sie in einer Eingabedatei nicht gefunden wurden, und speichern diese später. Diese Tags verursachen Parse-Fehler, wenn die Seite später ausgeführt wird und Sie versuchen, die Ausgabe als XML-Code zu laden. Um dieses Problem zu vermeiden, müssen Sie möglicherweise einen anderen Editor für ASP-Dateien verwenden, die XML-Code produzieren. Bei Microsoft FrontPage 2000 stellt sich dieses Problem, nicht aber bei Microsoft Visual InterDev.

- Die ersten Zeile setzt den Inhaltstyp der Antwort auf *text/xml*. Dies teilt dem Browser mit, dass es sich bei den eingehenden Daten um HTML-Daten handelt.

- Die erste ausführbare Zeile (im Listing die fünfte Zeile) schreibt die XML-Identifikationszeichenfolge *<?xml version="1.0" ?>*. Diese kennzeichnet die Antwort zusätzlich als XML-Code.
- Der Code öffnet ein gewöhnliches ADO *Recordset*-Objekt mit denselben Methoden und Argumenten wie bei den Seiten, die in früheren Lektionen beschrieben wurden.
- Der Code schreibt immer öffnende und schließende XML-Tags für ein Dokumentelement namens *items*.
- Der Code schreibt öffnende und schließende *<itemrec>*-Tags für jedes Element in der Ergebnisgruppe. Innerhalb dieser Tags setzt der Code um jeden Feldwert öffnende und schließende Tags. Hier sehen Sie als Beispiel einen der Datensätze, die von der Seite ausgegeben werden. Die variablen Teile sind hervorgehoben dargestellt.

```
<itemrec>
  <catnr>100</catnr>
  <seqnr>100</seqnr>
  <picname>scan395.jpg</picname>
  <picloc>..\holiday\images\scan395.jpg</picloc>
  <title>The Berjaya Eden Park Hotel</title>
  <caption>This is where we stayed for four days in London.
  That's Connie standing outside the front door.</caption>
  <picdate>29.06.99</picdate>
</itemrec>
```

Es ist sicher erheblich zeitaufwendiger und schwieriger, eine ASP-Seite zu schreiben, die XML-Code produziert und anschließend noch eine Webseite mit XML-Unterstützung, die Daten liest und formatiert, als eine ASP-Seite, die dasselbe sichtbare Ergebnis ohne XML-Unterstützung hervorbringt. Erstens müssen Sie beim XML-Ansatz zwei Webseiten statt einer erstellen und zweitens müssen Sie sich mit der neuen und häufig etwas verwirrenden Technologie XML herumschlagen.

Die Mühe macht sich jedoch bezahlt, wenn eine XML-produzierende ASP-Seite mehrere HTML-Seiten mit XML-Ausgabe steuert. Das entschädigt Sie für die Zeit, die Sie für die Programmierung des Datenbankcodes über mehrere Webseiten hinweg investiert haben. Außerdem lässt sich so die Arbeit zwischen einem Datenbankspezialisten, der den Datenbankcode schreibt und wartet, und einem Webseitendesigner aufteilen, der die beste Präsentation entwickelt und wartet. Und selbstverständlich sind die Vorteile von ASP-Seiten, die XML-Daten generieren, größer, je höher die Anwendbarkeit und Verbreitung der XML-Daten ist.

Ein Recordset als XML-Text speichern

Das Beispiel im letzten Abschnitt ist zwar nicht furchtbar kompliziert, es stellt sich jedoch die Frage, ob ADO Funktionen bietet, um eine Abfrage oder ein Recordset als XML-Code zu übermitteln. ADO kennt alle Datensätze und Feldnamen. Warum also können diese Daten nicht einfach im XML-Format ausgegeben werden?

Diese Art von Funktionen werden jetzt erst in Datenbanksysteme eingeführt. Im Falle von ADO sind in Microsoft Data Access Components (MDAC) 2.5 und später XML-Funktionen integriert. MDAC 2.5 ist die Version, die in Microsoft Windows 2000 enthalten ist. Auf der CD-ROM zum Buch finden Sie ein Exemplar im Ordner *\Software\MDAC*. Die neueste Version ist immer auf der Site *http://www.microsoft.com/data* bereitgestellt.

Ein *Stream*-Objekt verhält sich im Wesentlichen wie eine Datei auf der Festplatte, existiert jedoch nur temporär im Arbeitsspeicher.

Gehen Sie wie folgt vor, um ein ADO *Recordset*-Objekt mit Hilfe von MDAC 2.5 in XML-Text zu konvertieren:

1. Erzeugen und öffnen Sie ein ADO *Recordset*-Objekt wie gewohnt.
2. Richten Sie ein ADO *Stream*-Objekt ein. Es handelt sich hierbei um eine neue Art von Objekt, das Binär- oder Textdaten übernimmt und später bereitstellt. Die folgende ASP-Anweisung erzeugt ein *Stream*-Objekt namens *stm*:

```
Set stm = CreateObject("ADODB.Stream")
```

3. Verwenden Sie die Methode *Save* des Recordsets, um das Schema und die Daten – formatiert als XML – im *Stream*-Objekt zu speichern. Die folgende Anweisung speichert das *Recordset*-Objekt *rsItm* im *Stream*-Objekt *stm* als XML-Code. Der Parameter *adPersistXML* ist eine Konstante in der Datei *Adovbs.inc*; sein Wert ist *1*.

```
rsItm.Save stm, adPersistXML
```

4. Setzen Sie die Methode *ReadText* des *Stream*-Objekts, um den Objektinhalt in eine Textvariable zu kopieren.

```
XMLtext = stm.ReadText
```

5. Senden Sie den Inhalt der Textvariablen an den Webbesucher, indem Sie ihn in ein *Response*-Objekt schreiben.

```
Response.Write XMLtext
```

Das folgende Listing zeigt eine ASP-Seite, die genau diese Schritte ausführt. Die Seite unterscheidet sich nur an einigen Stellen von der Seite aus dem letzten Abschnitt. Die veränderten Anweisungen werden hervorgehoben dargestellt.

```
<% Response.ContentType = "text/xml" %>
<!-- #include file="../adovbs.inc" -->
<%
Dim stm
Response.Write "<?xml version=" & _
  chr(34) & "1.0" & chr(34) & "?>" & vbCrLf
catnr = Request("qcatnr")
If catnr = "" Then
  catnr = 100
End If
If Request("thumb") = "" Then
  picPath = "..\holiday\images\"
Else
  picPath = "..\holiday\images\thumb\"
End If
' ADO Connection-Objekt erzeugen und öffnen.
Set cnHol = Server.CreateObject("ADODB.Connection")
cnStHol = "driver={Microsoft Access-Treiber (*.mdb)};" & _
          "dbq=" & Server.MapPath("../holiday/holiday.mdb")
cnHol.Open cnStHol,"",""
' ADO Recordset-Objekt erzeugen und öffnen.
Set rsItm = Server.CreateObject("ADODB.Recordset")
sql = "SELECT * " & _
        "FROM items " & _
       "WHERE (catnr=" & catnr & ") " & _
    "ORDER BY seqnr "
rsItm.Open sql, cnHol, adOpenStatic, adLockReadOnly
' Stream-Objekt erzeugen,
' Recordset als XML in Stream-Objekt speichern,
' Inhalt des Stream-Objekts Textvariable zuweisen,
' Textvariable in Response-Objekt schreiben.
Set stm = CreateObject("ADODB.Stream")
rsItm.Save stm, adPersistXML
XMLtext = stm.ReadText
Response.Write XMLtext
rsItm.Close
cnHol.Close
```

Dieser Ansatz hat zwei Nachteile. Erstens muss MDAC 2.5 vorhanden sein, das nicht unbedingt auf dem Server installiert oder verfügbar ist. Zweitens gibt es keine Optionen, um die Struktur, des resultierenden XML-Codes zu steuern. Es resultiert das, was die *Save*-Methode für richtig hält.

Abbildung 14.1 und Abbildung 14.2 veranschaulichen, was resultiert, wenn die obige ASP-Seite ausgeführt wird. Auf der ersten Ebene finden sich zwei Elemente namens *s:schema* und *rs:data*. Das Element *s:schema* beschreibt die Felder, die im Recordset enthalten sind, in einer Weise, die die *Recordset.Open*-Methode verstehen kann (dies ist nützlich, falls Sie die gespeicherten Daten als ADO Recordset statt als XML DOM-Objekt laden möchten). Das Element *rs:data* enthält für jeden Datensatz, der vorhanden war, als die *Save*-Methode des Recordsets ausgeführt wurde, ein Element *z:row*. Die Felder innerhalb jeder Zeile werden als XML-Attribute dargestellt (z.B. *catnr="100"*).

Der JavaScript-Code, der bedingt, dass diese ASP-Seite im Browser ausgeführt und die Ausgabe in einem XML DOM-Objekt geladen wird, sollte Ihnen aus der letzten Lektion vertraut sein:

```
var  xmlDoc = new  ActiveXObject("Microsoft.XMLDOM");
xmlDoc.async = false;
xmlDoc.load("savasxml.asp");
```

Die folgende Anweisung richtet für das Element *rs:data* einen Aliasnamen ein. Denken Sie daran, dass dies das zweite Element unterhalb des Dokumentelementes ist (immer *<id>.documentElement*), und dass der Index nullbasiert ist.

```
xmlRsData = xmlDoc.documentElement.childNodes.item(1);
```

Unter Berücksichtigung dieses Aliasnamens entspricht die Anzahl der *z:row*-Elemente *xmlRsData.childNodes.length* und das erste Element befindet sich an der Position *xmlRsData.childNodes.item(0)*. Weil die Feldwerte innerhalb jeder Zeile Attribute und keine Elemente sind, müssen Sie die Werte mit der *getAttribute*-Methode abrufen. Hier nun die erforderlichen Anweisungen, um die einzelnen Datenwerte aus der ersten Zeile in normale Skriptvariablen zu kopieren.

```
  dcatnr = xmlRsData.childNodes.item(0).getAttribute("catnr");
  dseqnr = xmlRsData.childNodes.item(0).getAttribute("seqnr");
  dpname = xmlRsData.childNodes.item(0).getAttribute("picname");
  dtitle = xmlRsData.childNodes.item(0).getAttribute("title");
  dcaptn = xmlRsData.childNodes.item(0).getAttribute("caption");
  dpdate = xmlRsData.childNodes.item(0).getAttribute("picdate");
```

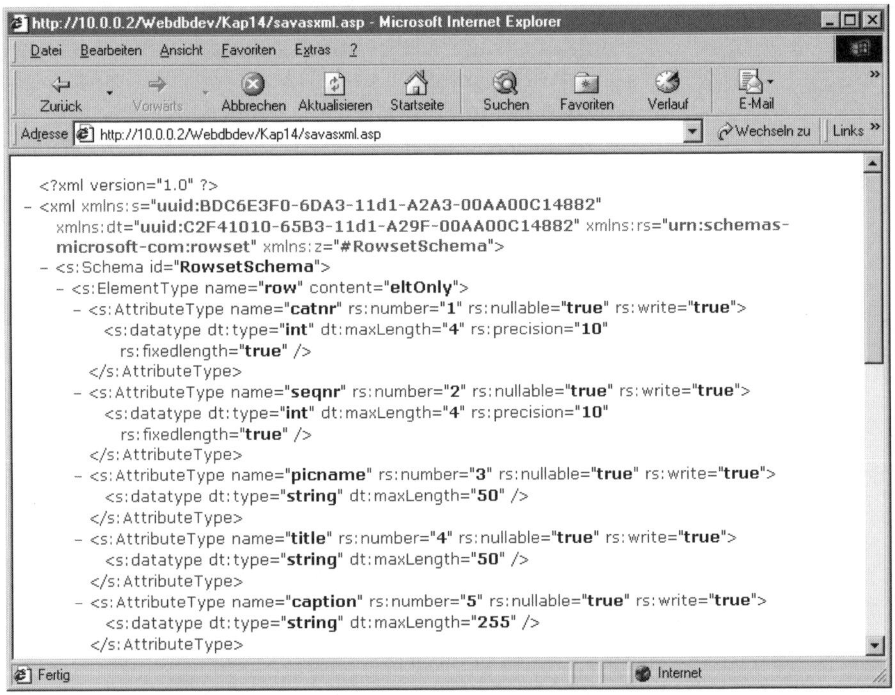

Abbildung 14.1
Die *Save*-Methode eines ADO *Recordset*-Objekts speichert zunächst eine Beschreibung des Recordsets in einem Element namens *<s:schema>*

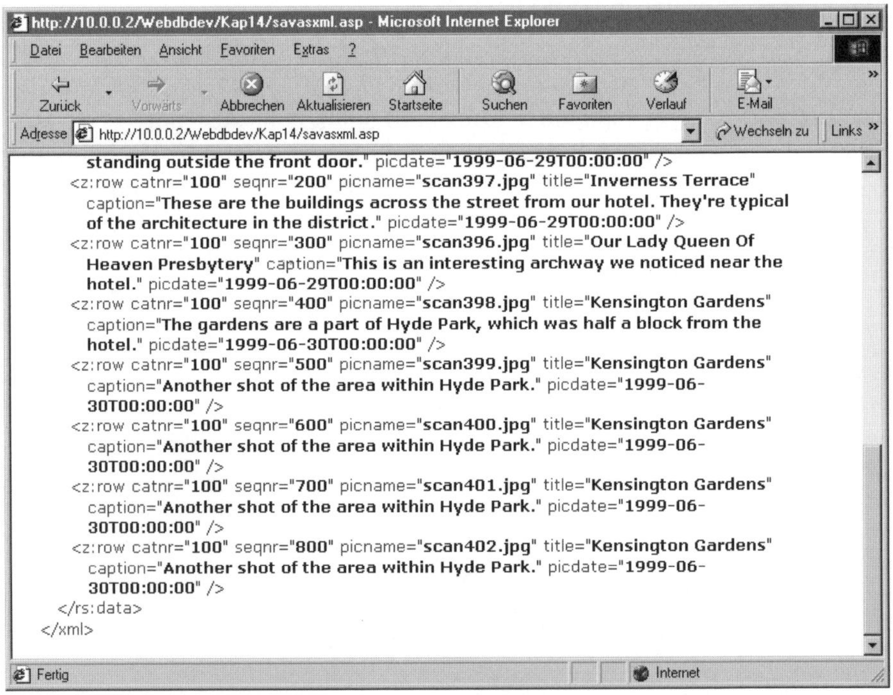

Abbildung 14.2
Wenn ein ADO *Recordset*-Objekt als XML-Text gespeichert wird, werden die Daten aus dem Recordset in ein Element namens *<rs:data>* gesetzt. Die Spaltenwerte erscheinen als XML-Attribute von untergeordneten Elementen namens *<z:row>*.

Abbildung 14.3 zeigt eine Webseite, die die Seite *Saveasxml.asp* ausführt und den ersten Datensatz der Ergebnisgruppe anzeigt. Die Ausgabe hat eine erstaunliche Ähnlichkeit mit der Abbildung 13.2 aus ▶ Kapitel 13. Lediglich der ASP-Code und die Zugriffsmethode auf die Felddaten haben sich verändert. Sie finden diese Datei bei den Beispieldateien auf der Buch-CD-ROM unter *\Webdbdev\Kap14\Savasxml.htm*.

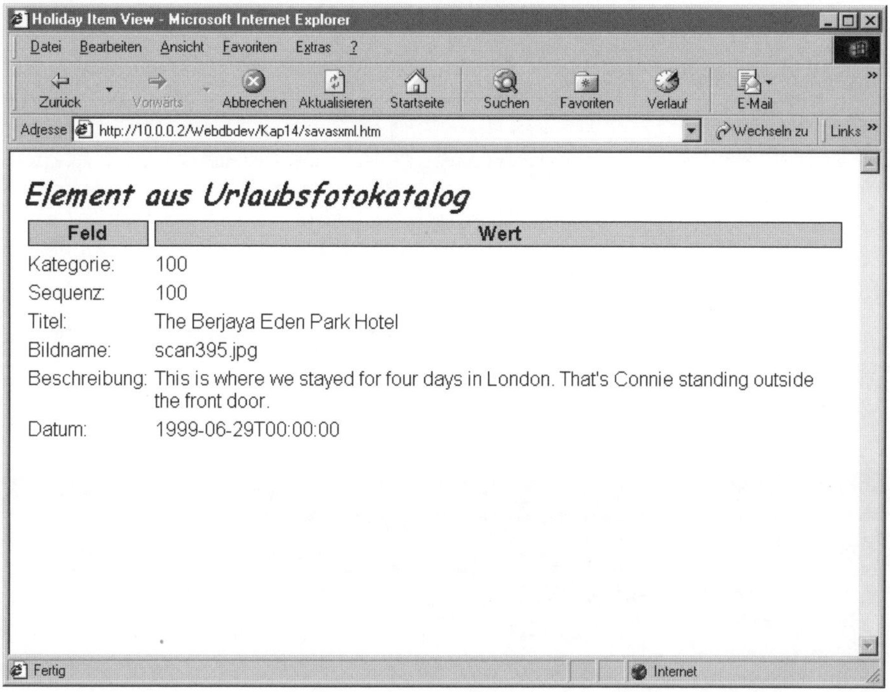

Abbildung 14.3 Diese Webseite zeigt XML-Daten an, die erzeugt werden, indem ein ADO-Recordset als XML-Text gespeichert wird

XML auf den Server laden

Microsoft hat das *Microsoft.XMLDOM*-Objekt zwar für die Ausführung in einem Webbrowser entwickelt, es kann jedoch auch auf einem Server ausgeführt werden. Abbildung 14.4 zeigt eine Webseite, die genau dies tut. Beachten Sie, dass die Seite im Browser Netscape Navigator 4.7 geladen wurde, der *Microsoft.XMLDOM* (und auch andere ActiveX-Objekte) nicht laden kann.

Der ASP-Skriptcode, der diese Ergebnisse erzeugt, folgt noch. Die erste Codezeile richtet ein XML DOM-Objekt ein. Die zweite Zeile spezifiziert einen asynchronen Ladevorgang und die dritte Zeile lädt die XML-Datei, deren Pfad mit dem URL *../Kap13/Holicat.xml* übereinstimmt. Der restliche Code prüft, ob Parse-Fehler aufgetreten sind und schreibt entweder eine Fehlermeldung in die Antwortzeichenfolge oder speichert jeden Wert aus dem ersten Datensatz in Variablen namens *dcatnr*, *dseqnr* etc.

Tags wie *<%=dcatnr%>* und *<%=dseqnr%>* zeigen die gespeicherten Feldwerte in einer HTML-Tabelle an.

```
<%
Set xmlDoc = Server.CreateObject("Microsoft.XMLDOM")
xmlDoc.async = False
xmlDoc.load(Server.MapPath("../Kap13/holicat.xml"))
If xmlDoc.parseError Then
  Response.Write "<p class=err>" & xmlDoc.parseError.reason & _
    "</p>" & vbCrLf
Else
  Set rootElem = xmlDoc.documentElement
  dcatnr=rootElem.childNodes.item(0).childNodes.item(0).text
  dseqnr=rootElem.childNodes.item(0).childNodes.item(1).text
  dpname=rootElem.childNodes.item(0).childNodes.item(2).text
  dtitle=rootElem.childNodes.item(0).childNodes.item(3).text
  dcaptn=rootElem.childNodes.item(0).childNodes.item(4).text
  dpdate=rootElem.childNodes.item(0).childNodes.item(5).text
%>
<!-- Hier HTML-Tabelle einfügen, die die Ergebnisse ausgibt. -->
<%
End If
%>
```

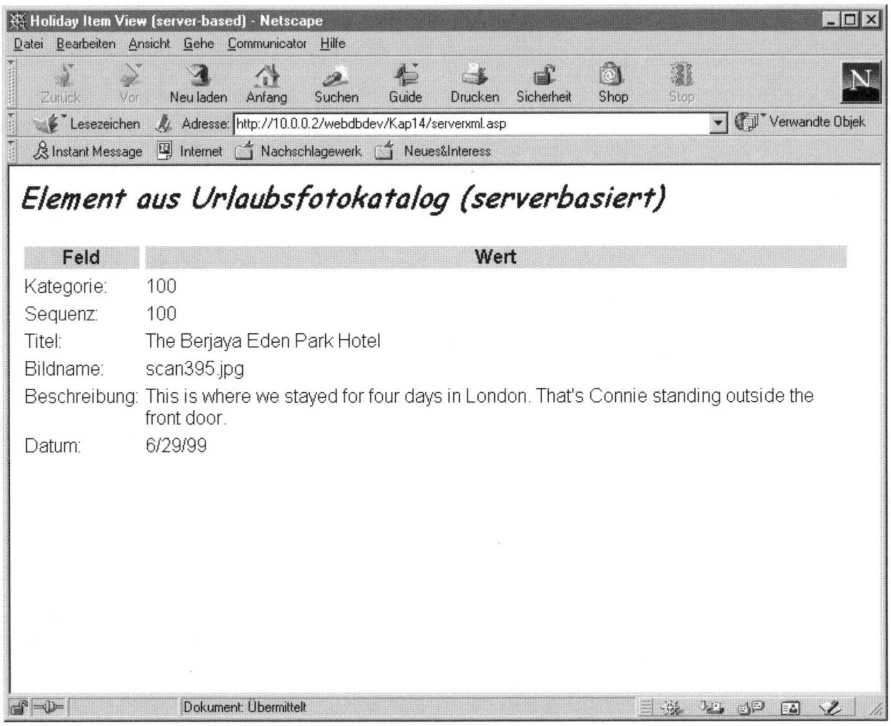

Abbildung 14.4
Diese Webseite fragt XML-Daten von einem Webserver ab und sendet normalen HTML-Code an den Browser. Der Browser ist hier Netscape Navigator 4.7.

Eine ASP-Seite als XML-Gateway nutzen

Wenn Sie in seltsamer (oder zumindest experimenteller) Stimmung sind, fragen Sie sich vielleicht, ob die Methode *xmlDoc.load*, die in einer ASP-Seite ausgeführt wird, einen URL wie *http://www.interlacken.com/webdbdev/Kap13/Holicast.asp* akzeptiert (dieser URL stellt ein XML-Dokument bereit). Schließlich funktioniert die Methode *xmlDoc.load* prima, wenn das ActiveX-Steuerelement in einem Browser ausgeführt wird. Wenn Sie es mit deaktivierter asynchroner Ladung versuchen, werden Sie sehr wahrscheinlich feststellen, dass es auch in einer ASP-Seite gut funktioniert. Trotzdem ist es so, dass Microsoft diesen Ansatz weder empfiehlt noch unterstützt, und zwar aus den folgenden Gründen:

- Alle Microsoft-XML-Objekte inklusive des *Microsoft.XMLDOMO*-Objekts nutzen Netzwerkaufrufe, die für Clientcomputer gedacht sind und nicht für Server. Diese Aufrufe bieten auf nur leicht ausgelasteten Systemen eine erhöhte Leistung. Bei stark belasteten Systemen verringert sich jedoch die Leistung. Weil Server normalerweise stark belastet sind, sollten Sie Software vermeiden, die für den Client entwickelte Netzwerkaufrufe nutzt.
- ASP-Seiten, die auf eine Antwort von einem anderen System warten, bleiben ungewöhnlich lange im Arbeitsspeicher. Wenn dies häufig vorkommt, kann dies eine ungewöhnlich große Menge an Serverressourcen verbrauchen.
- ASP-Seiten enthalten keine Zeitgeberobjekte. Dies erschwert es oder macht es sogar unmöglich, XML-Objekte von mehreren remoten Sites gleichzeitig abzurufen. Warum Microsoft keine Zeitgeber für ASP-Seiten zur Verfügung stellt, sehen Sie im letzten Aufzählungspunkt.

Weitere Informationen über diese Beschränkungen finden Sie im Artikel Q237906 auf der Microsoft-Website.

XML-Objekte übertragen

In einigen früheren Beispielen wurde die Seite *Holicat.asp* verwendet, um personalisierte XML-Daten aus einem URL abzurufen. Diese Beispiele erzeugten zunächst ein XML DOM-Objekt und setzten dies dann ein, um ein XML-Dokument aus einem URL wie *holicat.asp?qcatnr=200* zu laden. Dies ist nur ein relativer URL mit einer Abfragezeichenfolge. Der Code würde auch mit einem vollständig qualifizierten URL wie dem folgenden funktionieren: *http://www.interlacken.com/webdbdev/ch13/holicat.asp?qcatnr=200.*

Diese Technik funktioniert, aber Abfragezeichenfolgen können nur eine beschränkte Informationsmenge enthalten. Umfangreichere, variablere oder komplexere Arten von Daten, wie eine Bestellung lassen sich nicht über eine Abfragezeichenfolge übermitteln. Bei derartigen Anwendungen ist es sinnvoller, XML-Dokumente für die Anforderung und die Antwort einzusetzen. Das Objekt *XMLHttpRequest* (*Microsoft.XMLHTTP*) unterstützt diese Art von Operation.

Bei Verwendung des *XMLHttpRequest*-Objekts wird ein Hintergrundprozess aktiviert, der die aktuelle Webseite nicht neu lädt.

Das Objekt *XMLHttpRequest* wird über ein Skript gesteuert und macht dabei Folgendes:

- Es fordert wie ein Browser ein Dokument von einem lokalen oder remoten Webserver an.
- Es überträgt als Body dieser Anforderung ein XML-Dokument.
- Es interpretiert den Body der Antwort des Webservers als XML-Dokument.

Das Ziel muss eine ASP-Seite oder ein anderer serverseitiger Prozess sein, der Folgendes tut:

- Das XML-Dokument, das mit der Anforderung übertragen wird, laden.
- Auf den Inhalt des XML-Dokuments reagieren.
- Ein XML-Dokument zusammen mit der Antwort liefern.

Die Tabelle 14.1 listet die Methoden des Objekts *XMLHttpRequest* auf und die Tabelle 14.2 nennt die Eigenschaften des Objekts *XMLHttpRequest*.

Tabelle 14.1 Methoden des *XMLHttpRequest*-Objekts (*Microsoft.XMLHTTP*)

Name	Beschreibung
abort	Stoppt und wartet auf eine HTTP-Antwort
getAllResponseHeaders	Gibt alle HTTP-Header zurück, die mit einer Antwort empfangen wurden
getResponseHeader	Gibt einen bestimmten HTTP-Header zurück, der mit einer Antwort empfangen wurde
open	Initialisiert eine Anforderung und gibt die Methode (*GET* oder *POST*), den URL, und Authentifizierungsinformationen an
send	Sendet eine HTTP-Anforderung an den Server und empfängt eine Antwort
setRequestHeader	Gibt den Namen und den Wert eines HTTP-Headers an

Tabelle 14.2 Eigenschaften des *XMLHttpRequest*-Objekts (*Microsoft.XMLHTTP*)

Name	Zugriff	Beschreibung
onreadystatechange	Lesen/Schreiben	Gibt eine Ereignisbehandlungsroutine an, die aufgerufen werden soll, wenn sich der Wert der Eigenschaft *readystate* ändert
readyState	Schreibgeschützt	Gibt den aktuellen Status einer Anforderung an
responseBody	Schreibgeschützt	Gibt den Body einer Antwort auf eine Anforderung als Datenfeld mit vorzeichenlosen Bytes zurück
responseStream	Schreibgeschützt	Gibt den Body einer Antwort als *IStream* zurück
responseText	Schreibgeschützt	Gibt den Body einer Antwort als Zeichenfolge zurück
responseXML	Schreibgeschützt	Gibt den Body einer Antwort als XML DOM-Objekt zurück
status	Schreibgeschützt	Gibt den HTTP-Statuscode zurück, der vom Webserver zurückgegeben wurde (z.B. 200 oder 404)
statusText	Schreibgeschützt	Gibt die HTTP-Antwortzeile zurück, die vom Webserver mit der Antwort zurückgegeben wurde (z.B. *OK* oder *Datei konnte nicht gefunden werden*)

Es folgt nun ein typischer Clientcode, der ein *Microsoft.XMLHTTP*-Objekt verwendet. Die erste Zeile erzeugt ein normales XML DOM-Objekt und die zweite ist ein Platzhalter für den Code, der Anwendungsdaten in das neue *xmlDoc*-Objekt lädt.

```
var xmlDoc = new ActiveXObject ("Microsoft.XMLDOM");
// Hier Code einfügen, um Daten in xmlDoc zu laden.
var xmlhttp = new ActiveXObject ("Microsoft.XMLHTTP");
xmlhttp.open("POST", "http://<Server>/<Pfad>/<Seite>.asp", false);
xmlhttp.send(xmlDoc);
```

Die dritte Anweisung erzeugt das *Microsoft.XMLHTTP*-Objekt. Die vierte setzt die Methode *open* ein, um die Anforderung zu initialisieren (d.h., um die Informationen anzugeben, die später benutzt werden, um eine Verbindung zu einem Webserver herzustellen). Die Methode *Send*, die in der letzten Zeile benutzt wird, gibt das XML-Dokument an, das den Body der Anforderung bildet, und sendet die gesamte Anforderung an den angegebenen URL. Dabei wird die eigentliche Verbindung initiiert. Dieses XML-Dokument kann eine Zeichenfolgenvariable, ein Literal oder ein *Stream*-Objekt sein, das XML-Code enthält. Es kann aber auch ein XML DOM-Objekt sein.

Die Tabelle 14.3 listet die Argumente auf, die die *open*-Methode übernehmen kann.

Tabelle 14.3 Parameter für die *open*-Methode des *XMLHttpRequest*-Objekts

Parameter	Typ	Definition
Method	*Zeichenfolge*	HTTP-Methode, mit der die Verbindung geöffnet wird, wie z.B. GET, POST, PUT oder PROPFIND.
Url	*Zeichenfolge*	Angeforderter URL. Dies kann ein absoluter URL sein wie *http://MeinServer/MeinPfad/* oder ein relativer wie */MeinPfad/xml/*.
Async	*Boolescher Wert*	Indikator dafür, ob der Aufruf asynchron erfolgt. Der Standardwert ist *True* (der Aufruf kehrt sofort zurück).
User	*Zeichenfolge*	Name des Benutzers für die Authentifizierung. Wenn der Parameter gleich *NULL ("")* ist oder nicht angegeben wurde und die Site eine Authentifizierung erfordert, zeigt die Komponente ein Anmeldungsfenster an.
Password	*Zeichenfolge*	Kennwort für die Authentifizierung. Dieser Parameter wird ignoriert, wenn der Parameter *User* den Wert *NULL ("")* hat oder ganz fehlt.

Wenn als dritter Parameter der *open*-Methode (*async*) der Wert *False* angegeben wird, wartet das Skript, während das Objekt *Microsoft.XMLHTTP* die Webanforderung sendet und auf eine Antwort wartet. Wenn *True* angegeben worden wäre, wurde das Skript weiter ausgeführt werden. Sie müssten dann eine *onreadystatechange*-Routine einfügen, die prüft, wann die Antwort vollständig ist und dann die passende Aktion ausführt.

Wenn das *Microsoft.XMLHTTP*-Objekt mehrmals benutzt wird, sollten die Header der Anforderung und der Body der Antwort nach jedem Gebrauch geleert werden.

Nachdem die Anforderung vollständig durchgeführt wurde, bieten die Eigenschaften the *responseBody*, *responseStream*, *responseText* und *responseXML* Zugriff auf die Ergebnisse. Die Eigenschaften wurden bereits in Tabelle 14.1 aufgelistet.

Abbildung 14.5 zeigt eine einfache Webseite, die ein *Microsoft.XMLHTTP*-Objekt verwendet. Die Seite heißt *Getcats.htm* und funktioniert wie folgt:

- Der Webbesucher baut eine Liste der Kategorien, die abgefragt werden, auf, indem er die Kategorienummer jeweils im gleichnamigen Textfeld eingibt und auf die Schaltfläche *Hinzufügen* klickt. Es handelt sich hierbei um eine lokale Operation, die keine Interaktion mit dem Webserver erfordert.
- Wenn der Webbesucher auf die Schaltfläche *Abfrage ausführen* klickt, baut die Webseite ein XML-Dokument auf, das ein Element *catrec* und ein untergeordnetes Element *catnr* für jeden Wert enthält, der im Listenfeld *Angegebene Kategorien* aufgeführt ist.
- Ein *Microsoft.XMLHTTP*-Objekt sendet dieses XML-Dokument an den relativen URL *Getcats.asp*.
- Beim Start öffnet die Seite *Getcats.asp* das eingehende XML-Dokument, öffnet die Tabelle *category* in der Datenbank *Holiday* und erzeugt ein neues, einfaches XML DOM-Objekt.
- Die Seite *Getcats.asp* durchsucht dann im übertragenen XML-Dokument nach Elementen mit der Bezeichnung *catnr*.
- Für jedes gefundene *catnr*-Element durchsucht die Seite *Getcats.asp* nach der entsprechenden Kategorienummer und fügt drei Elemente zum neu erstellten XML DOM-Objekt hinzu: ein *catrec*-Element und zwei untergeordnete Elemente. Die untergeordneten Elemente heißen *catnr* und *desc*. Jedes *catnr*-Element enthält einen Wert, der vom Webbesucher gesendet wurde, und das entsprechende *desc*-Element enthält den übereinstimmenden *catdesc*-Wert aus der Tabelle *categories*.
- Die Seite *Getcats.asp* speichert das neue XML-Dokument im *Response*-Objekt und beendet dann die Ausführung.
- Die Ausführung des Skripts in der Seite *Getcats.htm* wird wieder aufgenommen, wenn das Objekt *Microsoft.XMLHTTP* eine Antwort von der Seite *Getcats.asp* erhält.
- Die Eigenschaft *responseXML* des *Microsoft.XMLHTTP*-Objekts enthält eine Kopie des XML-Dokuments, das von *Getcats.asp* im *Response*-Objekt gespeichert wurde. Das Skript zeigt dieses Dokument an, indem

es eine HTML-Tabelle für jedes Element auf zweiter Ebene erzeugt und eine HTML-Tabellenzelle für jedes Element auf der dritten Ebene des XML-Dokuments (selbstverständlich gibt es nur ein Element auf erster Ebene: das Dokumentelement).

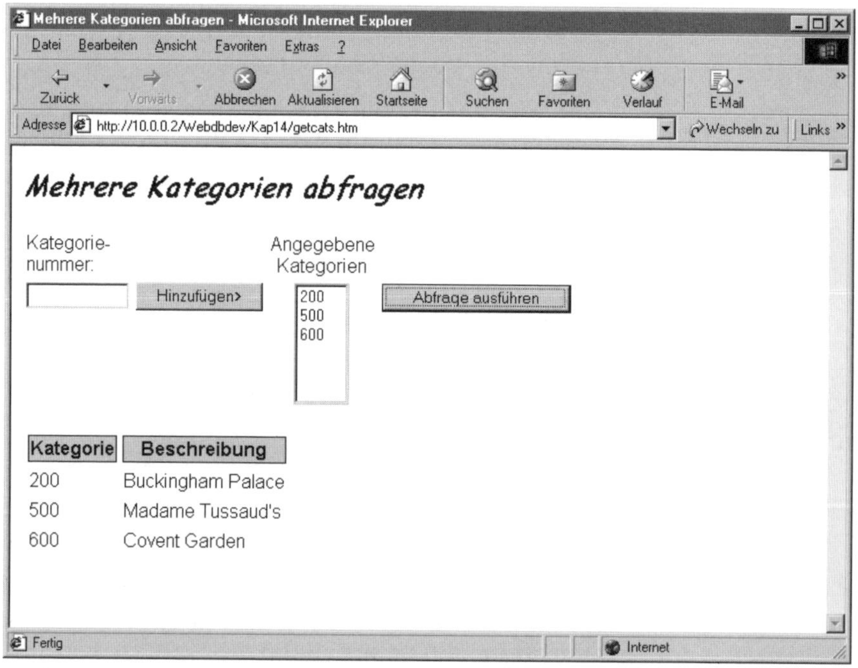

Abbildung 14.5 Diese Webseite sammelt mehrere Kategorienummern und sendet sie als XML-Dokument an den Webserver. Der Server antwortet mit einem weiteren XML-Dokument, das diese Webseite dann anzeigt.

Die folgenden Abschnitte beschreiben, wie diese Webseiten erstellt werden.

Die Seite *Getcats.asp* einrichten

Die Seite *Getcats.asp* lädt ein XML-Dokument aus dem IIS- *request*-Objekt, sucht im Dokument nach dem Element *catnr* und ermittelt den Wert für jedes Element. Die Antwort ist ein weiteres XML-Dokument, das die folgende Struktur hat. Es gibt eine *<catrec>*-Struktur für jedes *catnr*-Element, das im gesendeten XML-Dokument gefunden wurde. Die variablen Teile werden hervorgehoben dargestellt.

```
<categories>
  <catrec>
    <catnr>100</catnr>
    <desc>Berjaya Eden Park Hotel</desc>
  </catrec>
</categories>
```

1 Initialisieren Sie mit den folgenden Anweisungen eine neue Webseite ohne die üblichen Tags *<html>*, *<head>* und *<body>*.

```
<% Response.ContentType = "text/xml" %>
<!-- #include file="../adovbs.inc" -->
<%
Response.Write "<?xml version=" & _
  Chr(34) & "1.0" & Chr(34) & "?>" & vbCrLf
' Hier Code für die wesentlichen Verarbeitungsschritte einfügen.
%>
```

Die erste Zeile bearbeitet den HTTP-*ContentType*-Hedar, damit dieser die Ausgabe dieser ASP-Seite als XML und nicht als HTML (der Standard) interpretiert. Die zweite Zeile enthält die üblichen ADO-Datenbankkonstanten. Die vierte Zeile identifiziert die Ausgabe dieser Seite als XML. Diesmal wird jedoch ein XML-Tag an den Anfang der Antwort gesetzt.

2 Öffnen und schließen Sie ein ADO *Recordset*-Objekt, das alle Datensätze aus der Tabelle *categories* der Datenbank *Holiday.mdb* enthält. Diese Anweisungen sollten für Sie nichts Neues sein. Fügen Sie sie an Stelle des Kommentars in Schritt 1 ein.

```
sql = "SELECT * FROM categories ORDER BY catnr ; "
cnStHol = "driver={Microsoft Access-Treiber (*.mdb)};" & _
          "dbq=" & Server.MapPath("../holiday/holiday.mdb")
Set rsCat = Server.CreateObject("ADODB.Recordset")
rsCat.Open sql, cnStHol,adOpenStatic, adLockReadOnly
' Code, um ein eingehendes XML-Dokument zu öffnen und zu verarbeiten.
rsCat.Close
```

3 Erzeugen Sie ein XML DOM-Objekt und in diesem ein Element namens *categories*. Schreiben Sie außerdem die Anweisung, die dieses Dokument zurück an den Webbesucher sendet, von dem die Anforderung stammt. Diese Anweisungen sollten den Kommentar in Schritt 2 ersetzen.

```
Set xmlRsp = Server.CreateObject("Microsoft.XMLDOM")
Set newNode = xmlRsp.createElement("categories")
xmlRsp.appendChild(newNode)
' Hier Code einfügen, um Daten in XML-Dokument xmlRsp zu laden.
xmlRsp.save(response)
```

Um zu erfahren, wie die zweite und die dritte Anweisung funktioniert, lesen Sie den Hinweis »Neue XML-Dokumentelemente über Programme erzeugen«.

Die *save*-Methode des XML DOM-Objekts kann dieses in andere Objekte verschiedener Typen kopieren. Eines davon ist das ASP *Response*-Objekt. Wird ein XML DOM-Objekt im *Response*-Objekt gespeichert, wird eine Kopie des XML DOM-Objekts an den Webbesucher gesendet, von dem die Anforderung stammt.

4. Erzeugen Sie ein XML DOM-Objekt namens *xmlReq* und laden Sie dieses aus dem ASP *Request*-Objekt. Damit wird eine Kopie des XML-Dokuments erstellt, das im Browserskript des Webbesuchers angegeben war, das die Methode *send* des *Microsoft.XMLHTTP*-Objekts aufgerufen hat. Die folgenden Anweisungen sollten den Kommentar in Schritt 3 ersetzen.

```
Set xmlReq = Server.CreateObject("Microsoft.XMLDOM")
xmlReq.load(request)
```

5. Wenn beim Versuch, das ASP *Request*-Objekt als XML-Dokument zu laden, ein Parse-Fehler hervorgerufen wurde, fügen Sie die Fehlermeldung wie ein normales Element zum *xmlRsp*-Dokument hinzu. Die aufrufende Webseite zeigt eine Kopie des *xmlRsp*-Objekts an, womit sichergestellt wird, dass der Besucher die Meldung sieht. Andernfalls muss das wohlgeformte XML-Dokument nach den gesuchten Kategorien durchforstet werden.

```
If xmlReq.parseError Then
  AddCatnrNode "", xmlReq.parseError.reason
Else
' Hier Code einfügen, um Kategorien zu suchen.
End If
```

Schritt 8 erklärt, wie die Unterroutine *AddCatnrNode* ein Element zum *xmlRsp*-Dokument hinzufügt.

6. Ersetzen Sie den Code in Schritt 5 durch die folgenden Anweisungen, die das gesamte *reqRst*-Dokument auf der Suche nach *catnr*-Elementen durchlaufen. Wird ein solches Element gefunden, soll die Unterroutine *FindCatnr* aufgerufen werden, der der Textwert des Elementes (die Kategorienummer) als Argument übergeben wird.

```
Set reqRst = xmlReq.documentElement.childNodes
For rnum = 0 to reqRst.length - 1
  Set reqRcd = reqRst.item(rnum).childNodes
  For fnum = 0 to reqRcd.length - 1
    If (reqRcd.item(fnum).tagName = "catnr") Then
      FindCatnr(reqRcd.item(fnum).text)
    End If
  Next
Next
```

Wenn Ihnen dieser Code nicht vertraut vorkommt, sollten Sie den Abschnitt »Alle Felder durchlaufen und Namen suchen« in ▶ Lektion 13 lesen.

7. Fügen Sie den Code für die Unterroutine *FindCatnr* direkt nach dem Code aus Schritt 2 ein. Diese Routine übernimmt ein Argument: die Kategorienummer.

- Wenn das Argument nicht numerisch ist, übergibt die Routine die Kategorienummer und die Meldung »Ungültig« an die Unterroutine *AddCatnrNode*, die in Schritt 8 beschrieben wird.
- Wenn das Argument numerisch ist, versucht die Routine, einen übereinstimmenden Datensatz im *rsCat*-Recordset zu finden, das in Schritt 2 geöffnet wurde. Bei erfolgreicher Suche ruft die Unterroutine *AddCatnrNode* mit der angegebenen Kategorienummer dem Wert des *catdesc*-Feldes aus dem Recordset *rsCat* als Argument auf.
- Wenn das Argument numerisch ist, die Routine aber keinen übereinstimmenden Datensatz finden kann, wird *AddCatnrNode* mit der angegebenen Kategorienummer und der Meldung »Not found« als Argument aufgerufen.

```
Sub FindCatnr (acatnr)
  If IsNumeric(acatnr) Then
    rsCat.MoveFirst
    rsCat.find "catnr = " & acatnr
    If rsCat.EOF Then
      AddCatnrNode acatnr, "Not found."
    Else
      AddCatnrNode acatnr, rsCat("catdesc")
    End If
  Else
      AddCatnrNode acatnr, "Invalid."
  End If
End Sub
```

8. Fügen Sie den Code für die Unterroutine *AddCatnrNode* direkt hinter dem Code aus Schritt 7 hinzu. Diese Routine übernimmt zwei Argumente – eine Kategorienummer und eine Beschreibung oder Meldung – und fügt sie zum Dokument hinzu, das die ASP-Seite an das Skript des Webbesuchers zurückgibt. Und dies funktioniert so:

   - Erst erzeugt die Unterroutine ein Element namens *catrec* und hängt es an das letzte untergeordnete Element des Dokumentelementes *xmlRsp* an (d.h. an das Element *categories*, das in Schritt 3 eingerichtet wurde.)
   - Als Nächstes wird ein Element namens *catnr* erstellt und an das Element *catrec* angehängt, das im letzten Aufzählungspunkt erzeugt wurde. Diesem wird der Wert zugewiesen, der im ersten Argument übergeben wurde.
   - Zum Schluss erzeugt die Unterroutine ein Element namens *desc*, hängt dieses an das Element *catrec* aus dem ersten Aufzählungspunkt an und weist ihm den Wert des zweiten Arguments zu.

```
Sub AddCatnrNode (acatnr, adesc)
  Set newNode = xmlRsp.createElement("catrec")
  xmlRsp.lastChild.appendChild(newNode)

  Set newNode = xmlRsp.createElement("catnr")
  xmlRsp.lastChild.lastChild.appendChild(newNode)
  xmlRsp.lastChild.lastChild.lastChild.text = acatnr

  Set newNode = xmlRsp.createElement("desc")
  xmlRsp.lastChild.lastChild.appendChild(newNode)
  xmlRsp.lastChild.lastChild.lastChild.text = adesc
End Sub
```

Damit ist der Code für die Seite *Getcats.asp* fertig.

Neue XML-Dokumentelemente über Programme erzeugen

Es sind zwei Schritte erforderlich, um Elemente zu einem XML DOM-Dokument hinzuzufügen. Als erstes muss das Element mit einer der Methoden erzeugt werden, die in Tabelle 14.4 genannt werden. Der folgende Code richtet ein Element namens *etwas* ein:

```
Set neuesElement = xmlRsp.createElement("etwas")
```

Damit wird ein unabhängiger Knoten erstellt, also ein Knoten ohne übergeordnetes Element. Um dem Element ein übergeordnetes Element zu verleihen, wird die Methode *appendChild* wie folgt eingesetzt:

```
xmlDoc.appendchild(neuesElement)
```

Diese Anweisung hängt ein neues Element an das Dokumentelement eines XML-Dokuments namens *xmlDoc* an. Um ein neues Element einem bereits vorhandenen Element zuzuweisen, muss die Methode *appendChild* auf dieses Element angewendet werden. Die folgende Anweisung hängt das Element *neuesElement* an das zweite Element an, das im Dokumentelement gefunden wird.

```
xmlDoc.documentElement.childNodes.item(1).appendchild(newNode)
```

Alle Elemente, die Sie einfügen, werden automatisch zum letzten untergeordneten Element. Wenn Sie also mehrere Elemente hintereinander einfügen, sollten Sie diese mit der *lastChild*-Eigenschaft adressieren. Angenommen, Sie hätten ein *datensatz*-Element mit den folgenden Anweisungen eingefügt:

```
Set neuesElement = xmlRsp.createElement("datensatz")
xmlDoc.lastChild.appendchild(neuesElement)
```

Dieses Element wird zum letzten Element des letzten Elementes des Dokumentelementes. Die folgende Anweisung würde dann ein Element namens *feld1* an das Element anhängen:

```
Set neuesElement = xmlRsp.createElement("feld1")
xmlDoc.lastChild.lastChild.appendchild(neuesElement)
```

Um diesen neuen Element einen Wert zuzuweisen, muss dessen Texteigenschaft geändert werden:

```
xmlRsp.lastChild.lastChild.lastChild.text = acatnr
```

Tabelle 14.4 Methoden des XML DOM-Objekts, die Elemente erzeugen, entfernen und ersetzen

Methode	Beschreibung
cloneNode	Erzeugt ein neues Element, das genau mit dem Element übereinstimmt, von dem die Methode aufgerufen wurde.
createAttribute	Erzeugt ein neues Attribut mit dem angegebenen Namen.
createCDATASection	Erzeugt ein CDATA-Bereichselement, das die bereitgestellten Daten enthält.
createComment	Erzeugt ein Kommentarelement, das die bereitgestellten Daten enthält.
createDocumentFragment	Erzeugt ein leeres Dokumentfragment-Objekt.
createElement	Erzeugt ein Element mit dem angegebenen Namen.
createEntityReference	Erzeugt ein neues Entity-Verweisobjekt.
createNode	Erzeugt ein Element mit dem angegebenen Typ, Namen und Namensraum
createProcessingInstruction	Erzeugt ein Processing Instruction-Element, das ein angegebenes Ziel und die angegebenen Daten enthält.
createTextNode	Erzeugt ein Textelement, das die angegebenen Daten enthält.
insertBefore	Fügt ein untergeordnetes Element links vom angegebenen Element oder am Ende der Liste ein. ▶

Methode	Beschreibung
removeChild	Entfernt das angegebene untergeordnete Element aus der Liste der untergeordneten Elemente und gibt es zurück.
replaceChild	Ersetzt das angegebene alte untergeordnete Element durch das bereitgestellte neue untergeordnete Element und gibt dann das alte untergeordnete Element zurück.

Es folgt nun der komplette Quellcode. Denken Sie daran, dass dieser keine HTML-Elemente, sondern nur Skriptcode enthält.

```
<% Response.ContentType = "text/xml" %>
<!-- #include file="../adovbs.inc" -->
<%
Response.Write "<?xml version=" & _
  chr(34) & "1.0" & chr(34) & "?>" & vbCrLf
'  ADO Recordset-Objekt erzeugen und öffnen.
sql = "SELECT * FROM categories ORDER BY catnr ; "
cnStHol = "driver={Microsoft Access Driver (*.mdb)};" & _
          "dbq=" & Server.MapPath("../holiday/holiday.mdb")
Set rsCat = Server.CreateObject("ADODB.Recordset")
rsCat.Open sql, cnStHol,adOpenStatic, adLockReadOnly
' XML-Dokument für Antwort erstellen und initialisieren.
Set xmlRsp = Server.CreateObject("Microsoft.XMLDOM")
Set newNode = xmlRsp.createElement("categories")
xmlRsp.appendChild(newNode)
' XML-Dokument aus Anforderung erstellen und laden.
Set xmlReq = server.createobject("Microsoft.XMLDOM")
xmlReq.load(Request)
' Wenn das gesendete Dokument nicht geparst werden konnte,
' Fehlerbedingung melden. Ansonsten das Dokument nach
' den Wert jedes catnr-Elementes durchsuchen.
If xmlReq.parseError Then
  AddCatnrNode "", xmlReq.parseError.reason
Else
  Set reqRst = xmlReq.documentElement.childNodes
  For rnum = 0 to reqRst.length - 1
    Set reqRcd = reqRst.item(rnum).childNodes
    For fnum = 0 to reqRcd.length - 1
      If (reqRcd.item(fnum).tagName = "catnr") Then
        FindCatnr(reqRcd.item(fnum).text)
      End If
    Next
  Next
End If
' Das XML-Antwortdokument in das Response-Objekt kopieren.
```

```
xmlRsp.save(response)
' Das ADO Recordset-Objekt schließen.
rsCat.Close
' Wenn die als Argument übergebene Kategorienummer numerisch ist und
' in der Tabelle categories gefunden wurde, Kategorienummer und
' Beschreibung zum XML-Antwortdokument hinzufügen. Andernfalls
' Feldermeldung zu diesem Dokument hinzufügen.
Sub FindCatnr (acatnr)
  If IsNumeric(acatnr) Then
    rsCat.MoveFirst
    rsCat.Find "catnr = " & acatnr
    If rsCat.EOF Then
      AddCatnrNode acatnr, "Not found."
    Else
      AddCatnrNode acatnr, rsCat("catdesc")
    End If
  Else
      AddCatnrNode acatnr, "Invalid."
  End If
End Sub
' Ein neues catrec-Element und zwei untergeordnete Elemente
' für catnr und desc) zum XML-Antwortobjekt hinzufügen.
Sub AddCatnrNode (acatnr, adesc)
  Set newNode = xmlRsp.createElement("catrec")
  xmlRsp.lastChild.appendChild(newNode)
  Set newNode = xmlRsp.createElement("catnr")
  xmlRsp.lastChild.lastChild.appendChild(newNode)
  xmlRsp.lastChild.lastChild.lastChild.text = acatnr
  Set newNode = xmlRsp.createElement("desc")
  xmlRsp.lastChild.lastChild.appendChild(newNode)
  xmlRsp.lastChild.lastChild.lastChild.text = adesc
End Sub
%>
```

Die Seite *Getcats.htm* einrichten

Die Seite *Getcats.htm* sammelt eine Liste mit Kategorienummern, die vom Webbesucher eingegeben werden, und sendet diese als einzelnes XML-Dokument an die Seite *Getcats.asp*. Weil das Skript, das die Seite ausführt, auf dem Client läuft, ist es in JavaScript geschrieben. Wenn die Seite *Getcats.asp* mit einem XML-Dokument antwortet, das die Kategorienummern plus Beschreibungen enthält, zeigt die Seite *Getcats.htm* diese mit einer HTML-Tabelle an.

Gehen Sie wie folgt vor, um die Webseite zu erzeugen:

1. Initialisieren Sie eine neue Webseite mit den üblichen HTML-Tags (*<html>*, *<head>*, *<body>* etc.).

2. Richten Sie ein HTML-Formular namens *frmReq* ein. Erstellen Sie in diesem die folgenden Formularelemente, die Sie nach Belieben anordnen können:

   - Ein Textfeld namens *txtCatnr*:

   ```
   <input type="text" name="txtCatnr" size="11">
   ```

   - Eine Schaltfläche namens *btnAdd*. Die *onclick*-Methode der Schaltfläche muss eine Funktion namens *AddCat* aufrufen.

   ```
   <input type="button" value="Hinzufügen>" name="btnAdd"
   onclick="AddCat()">
   ```

   - Eine Auflistung namens *lstCatnr*:

   ```
   <select size="6" name="lstCatnr"></select>
   ```

   - Eine Schaltfläche namens *btnQuery*. Die *onclick*-Methode der Schaltfläche muss eine Funktion namens *GetCatInfo* ausführen.

   ```
   <input type="button" value="Abfrage ausführen" name="btnQuery" _
   onclick="GetCatInfo()">
   ```

3. Richten Sie unterhalb des HTML-Formulars einen Bereich namens *catinfo* ein:

```
<div id=catinfo></div>
```

4. Fügen Sie *<script>* ... *</script>*-Tags zwischen den *<head>* ... *</head>*-Tags der Webseite ein.

5. Geben Sie den Code für die *AddCat*-Funktion zwischen den *<script>* ... *</script>*-Tags ein, die Sie in Schritt 4 hinzugefügt haben.

Diese Funktion wird immer dann ausgeführt, wenn der Webbesucher auf die Schaltfläche *btnAdd* klickt. Die erste Anweisung kopiert den aktuellen Wert aus dem Textfeld *txtCatnr* in eine Variable namens *txt*. Wenn dieser Wert leer ist, verfährt die Funktion wie folgt:

- Sie kopiert die Anzahl der Elemente in der Liste *lstCatnr* in eine Variable namens *pos*.
- Sie erzeugt ein neues *Option*-Objekt namens *opt*. Der Text und der Wert entsprechen dem Wert, der in der Variablen *txt* gespeichert wurde.
- Sie hängt dieses Objekt an das Listenfeld *lstCatnr* an der Position *pos* an. (Wenn das Listenfeld bereits drei Elemente enthält, werden Sie mit 0, 1 und 2 nummeriert. Der korrekte Index für eine neue Option ist deshalb 3.)
- Sie löscht den Wert im Textfeld *txtCatnr*, um dem Webbesucher die Eingabe des nächsten Kategoriecodes zu erleichtern.

```
function AddCat(){
  txt = document.frmReq.txtCatnr.value;
  if (txt != "") {
    pos = document.frmReq.lstCatnr.options.length;
    var opt = new Option (txt, txt);
    document.frmReq.lstCatnr.options[pos] = opt;
    document.frmReq.txtCatnr.value = "";
  }
}
```

Der Webbesucher kann so viele Kategorienummern in das Listenfeld *lstCatnr* eingeben, wie er möchte, indem er jeweils einen Wert in das Textfeld *txtCatnr* eingibt und auf die Schaltfläche *btnAdd* klickt.

6. Zur Definition der Funktion *GetCatInfo* geben Sie den folgenden Code direkt hinter dem Code der Funktion *AddCat* ein:

```
function GetCatInfo() {
// Hier Prozeduranweisungen einfügen.
}
```

7. Die Funktion *GetCatInfo* muss als erstes ein XML-Dokument erstellen, das ein *catnr*-Tag für jede Kategorienummer enthält, die vom Webbesucher zum Listenfeld *listCatnr* hinzugefügt wurde. Ersetzen Sie dazu den Kommentar in Schritt 6 durch die folgenden Anweisungen, um ein Dokumentelement zu erzeugen:

```
  xml = "<categories>";
// Hier Code einfügen, um <catnr>-Elemente hinzuzufügen.
  xml = xml + "</categories>";
```

8. Fügen Sie den folgenden Code ein, um jeden Eintrag des Listenfeldes *lstCatnr* zu lesen. Dieser Code sollte den Kommentar in Schritt 7 ersetzen.

```
  for (itm=0;
       itm < document.frmReq.lstCatnr.options.length;
       itm++) {
// Hier Code einfügen, um ein catnr-Element einzurichten.
  }
```

Der Ausdruck *document.frmReq.lstCatnr.options.length* gibt die Anzahl der Elemente zurück, die im Listenfeld *lstCatnr* enthalten sind.

9. Um die einzelnen *catnr*-Elemente zu erzeugen, ersetzen Sie den Kommentar in Schritt 8 durch die folgenden Anweisungen:

```
    xml = xml + "<catrec>";
    xml = xml + "<catnr>"
              + document.frmReq.lstCatnr.options[itm].value
              + "</catnr>";
    xml = xml + "</catrec>";
```

Der Ausdruck *document.frmReq.lstCatnr.options[itm].value* gibt den Wert der Optionsnummer *itm* im Listenfeld *lstCatnr* zurück.

10 Die zweitwichtigste Aufgabe der Funktion *GetCatInfo* besteht darin, das XML-Dokument, das in den Schritten 7 bis 9 zusammengestellt wurde, an die Seite *Getcats.asp* zu übersenden. Dazu dienen die folgenden Anweisungen, die Sie hinter der letzten Anweisung aus Schritt 7 einfügen müssen.

```
var xmlhttp = new ActiveXObject("Microsoft.XMLHTTP");
xmlhttp.open("POST", "getcats.asp", "false");
xmlhttp.send(xml);
```

Wie bereits in dieser Lektion erklärt, sendet das *Microsoft.XMLHTTP*-Objekt ein XML-Dokument an einen Webpfad und empfängt daraufhin ein XML-Dokument. In diesem Fall sendet die Funktion das Dokument, das in der Zeichenfolgenvariablen *xml* angegeben wird, an die ASP-Seite *Getcats.asp*. Der Parameter *false* deaktiviert den asynchronen Empfang. Dies bedeutet, dass die Ausführung des Skripts so lange unterbrochen wird, bis die Operation erfolgreich beendet wurde oder fehlschlug.

11 Die dritte wichtige Aufgabe der Funktion *GetCatInfo* besteht darin, das XML-Dokument zu empfangen und anzuzeigen, das die Seite *Getcats.asp* erzeugt.

Wie bei allen HTTP-Anforderungen steht der Statuscode 200 für OK. Alles andere entspricht einem Fehler. Deshalb müssen Sie die folgenden Anweisungen im Anschluss an den Code aus Schritt 10 einfügen.

```
  if (xmlhttp.status == 200) {
// Hier Code einfügen, um erfolgreiche HTTP-Antwort zu verarbeiten.
  }else{
    rslt = "<p class=err>"
           + xmlhttp.status + " "
           + xmlhttp.statusText + "</p>";
  }
```

Der Ausdruck *xmlhttp.status* gibt den Statuscode aus der letzten *send*-Operation zurück, die vom *xmlhttp*-Objekt ausgeführt wurde. Der Ausdruck *xmlhttp.status-Text* liefert die entsprechende Meldung zurück.

12 Wenn die *send*-Operation des *xmlhttp*-Objekts erfolgreich verläuft, kann die Tabelle erzeugt werden, in der die Ergebnisse angezeigt werden. Der folgende Code sollte den Kommentar in Schritt 11 ersetzen:

```
    rslt = "<table cellspacing=5>";
    rslt = rslt + "<tr><th>Kategorie</th>" +
                  "<th>Beschreibung</th></tr>";
// Hier Code einfügen, um Zeilen und Spalte einzurichen.
    rslt = rslt + "</table>";
```

13 Das XML-Dokument, das die Seite *Getcats.asp* sendet, ist im untergeordneten Objekt *responseXML* des *xmlhttp*-Objekts enthalten. Die folgende Schleife durchläuft dieses Objekt und erzeugt für jedes untergeordnete Element des Dokumentelementes (d.h. des Elementes *catrec*) *<tr>* ... *</tr>*-Tags und *<td>* ... *</td>*-Tags, die jeden Wert umgeben, der in einem untergeordneten Element des *catrec*-Elementes gefunden wurde. Der folgende HTML-Quelltext ist typisch für dieses Muster: Variable Teile werden hervorgehoben dargestellt.

```
<tr>
  <td>100</td>
  <td>Berjaya Eden Park Hotel</td>
</tr>
```

Fügen Sie die folgenden Anweisungen anstelle des Kommentars aus Schritt 12 ein:

```
    rset = xmlhttp.responseXML.documentElement.childNodes;
    for (rnum = 0; rnum < rset.length ; rnum++){
      crec = rset.item(rnum).childNodes;
      rslt = rslt + "<tr>";
      for (fnum = 0 ; fnum < crec.length ; fnum++) {
        rslt = rslt + "<td>" + crec.item(fnum).text + "</td>";
      }
      rslt = rslt + "</tr>";
    }
```

14 Der letzte Schritt besteht darin, den HTML-Quelltext anzuzeigen, der nun in der Variablen *rslt* enthalten ist. Fügen Sie dazu die folgende Anweisung als letzte Anweisung in die Funktion *GetCatInfo* ein:

```
  catinfo.innerHTML = rslt;
```

Damit ist der wesentliche Teil der Seite *Getcats.htm* fertig. Es folgt nun ein vollständiges Listing der Funktionen *AddCat* und *GetCatInfo*. Wenn Sie wissen möchten, wie dieser Code in den HTML-Quelltext integriert ist, öffnen Sie die Beispieldatei *\Webdbdev\Kap14\Getcats.htm* in Ihrem bevorzugten HTML- oder Texteditor.

```
function AddCat(){
// Den aktuellen Wert des Textfeldes txtCatnr ermitteln und zum
// Listenfeld lstCatnr hinzufügen.
  txt = document.frmReq.txtCatnr.value;
  if (txt != "") {
    pos = document.frmReq.lstCatnr.options.length;
    var opt = new Option (txt, txt);
    document.frmReq.lstCatnr.options[pos] = opt;
    document.frmReq.txtCatnr.value = "";
  }
}
function GetCatInfo() {
```

```
// Ein XML-Dokumentelement erzeugen.
  xml = "<categories>";
// Für jeden Wert, der im Listenfeld lstCatnr enthalten ist,
// ein catrect-Element und ein untergeordnetes catnr-Element hinzufügen.
  for (itm=0;
       itm < document.frmReq.lstCatnr.options.length;
       itm++) {
    xml = xml + "<catrec>";
    xml = xml + "<catnr>"
              + document.frmReq.lstCatnr.options[itm].value
              + "</catnr>";
    xml = xml + "</catrec>";
// Ein schließendes Tag für das XML-Dokumentelement einfügen.
  xml = xml + "</categories>";
// Das XML-Dokument an die Seite Getcats.asp senden und auf eine
// Antwort warten.
  var xmlhttp = new ActiveXObject("Microsoft.XMLHTTP");
  xmlhttp.open("POST", "getcats.asp", "false");
  xmlhttp.send(xml);
// Wenn die Asp-Seite mit OK (Status 200) antwortet, eine HTML-Tabelle
// erzeugen, die eine Zeile für jedes Element der Ebene zwei enthält und
// eine Zelle für jedes Element der Ebene 3
// (Ebene 1 ist das Dokumentelement).
// Andernfalls den Fehlercode und entsprechende Meldung anzeigen.
  if (xmlhttp.status == 200) {
    rslt = "<table cellspacing=5>";
    rslt = rslt + "<tr><th>Kategorie</th>" +
                  "<th>Beschreibung</th></tr>";
    rset = xmlhttp.responseXML.documentElement.childNodes;
    for (rnum = 0; rnum < rset.length ; rnum++){
      crec = rset.item(rnum).childNodes;
      rslt = rslt + "<tr>";
      for (fnum = 0 ; fnum < crec.length ; fnum++) {
        rslt = rslt + "<td>" + crec.item(fnum).text + "</td>";
      }
      rslt = rslt + "</tr>";
    }
    rslt = rslt + "</table>";
  }else{
    rslt = "<p class=err>"
         + xmlhttp.status + " "
         + xmlhttp.statusText + "</p>";
  }
  catinfo.innerHTML = rslt;
}
```

XSL auf dem Server nutzen

Die Methode *transformNode* des XML DOM-Objekts lässt sich genauso einfach auf dem Server einsetzen wie im Browser. Es werden dabei zwar Serverressourcen verbraucht, jedoch muss der Browser keine XSL-Unterstützung bieten. XSL auf dem Server auszuführen, kann auch vorteilhaft sein, wenn die Datenmenge zu groß ist, um sie an den Browser zu senden.

Im letzten Beispiel erzeugte die Seite *Getcats.asp* ein neues XML-Dokument und schrieb es mit der *save*-Methode des Dokumentes in den *Response*-Stream. Dies funktioniert zwar prima. Nehmen Sie aber einmal an, die Kategorien im *Response*-Objekt müssten nach der Kategorienummer sortiert werden. Das XML DOM-Objekt enthält keine Methoden für die Sortierung (oder sonstige Anordnung) seiner Elemente. XSL führt jedoch diese Art von Transformationen durch. XSL kann also ein unsortiertes XML-Dokument in ein neues, sortiertes XML-Dokument umwandeln.

Ein XSL-Stylesheet einrichten, das ein XML-Dokument sortiert

Gehen sie wie folgt vor, um ein XSL-Stylesheet einzurichten, das das Dokument *xmlRsp* aus dem letzten Beispiel in ein neues Dokument transformiert, das nach dem Inhalt des *catnr*-Elementes sortiert ist:

1. Erzeugen Sie eine neue, leere Textdatei und fügen Sie die XML-Headerzeile hinzu:

```
<?xml version="1.0"?>
```

2. Fügen Sie hinter der Zeile, die Sie in Schritt 1 eingefügt haben, die Tags hinzu, die den Anfang und das Ende eines XSL-Stylesheets definieren.

```
<xsl:stylesheet xmlns:xsl="uri:xsl">
<!-- Hier Code für XSL-Template einfügen. -->
</xsl:stylesheet>
```

3. Den Kommentar in Schritt 2 durch die Tags ersetzen, die den Anfang und das Ende eines XSL-Templates definieren;

```
<xsl:template match="/">
<!-- Hier Body des XSL-Templates einfügen. -->
</xsl:template>
```

Das Attribut *match*="/" wendet dieses Template auf alle Elemente im XML-Quelldokument an.

4. Ersetzen Sie den Kommentar in Schritt 3 durch die gewünschten Dokumentelementtags. Das Template gibt diese Tags nur ein Mal aus.

```
<categories>
<!-- Hier Code einfügen, um untergeordnete Elemente einzurichten. -->
</categories>
```

5. Richten Sie eine *for-each*-Schleife ein, die für jedes *catrec*-Element das im XML-Eingabedokument enthalten ist, einen Satz von Ausgabeanweisungen erzeugt. Ersetzen Sie dazu den Kommentar in Schritt 4 durch den folgenden Code:

```
<xsl:for-each select="categories/catrec" order-by="+ catnr">
<!-- Hier Code einfügen, um catrec-Elemente zu erzeugen. -->
</xsl:for-each>
```

Das *order-by*-Attribut gibt an, dass die *for-each*-Schleife alle *catrec*-Elemente in aufsteigender Reihenfolge nach dem Wert des untergeordneten Elementes *catnr* sortieren soll. Daraus entsteht die sortierte Ausgabe.

6. Um den Text für jedes *catrec*-Element der Ausgabe zu erzeugen, ersetzen Sie den Kommentar in Schritt 5 durch den folgenden Code:

```
<catrec>
  <catnr><xsl:value-of select="catnr"/></catnr>
  <desc><xsl:value-of select="desc"/></desc>
</catrec>
```

Die *<xsl:value-of>*-Tags ersetzen sich selbst durch die aktuellen Werte der Elemente *catnr* und *desc* aus dem XML-Eingabedokument.

Das fertige Listing sehen Sie im Anschluss. Die XSL-Tags werden hervorgehoben dargestellt. Sie finden diesen Code in der Beispieldatei *\Webdbdev\Kap14\Getcats2.xsl*.

```
<?xml version="1.0"?>
<xsl:stylesheet xmlns:xsl="uri:xsl">
<xsl:template match="/">
  <categories>
  <xsl:for-each select="categories/catrec" order-by="+ catnr">
    <catrec>
      <catnr><xsl:value-of select="catnr"/></catnr>
      <desc><xsl:value-of select="desc"/></desc>
    </catrec>
  </xsl:for-each>
  </categories>
</xsl:template>
</xsl:stylesheet>
```

Ein XSL-Stylesheet auf einem Webserver ausführen

Um das Beispiel *Getcats.htm* so zu verändern, dass es das im letzten Abschnitt erstellte Stylesheet verwendet, gehen Sie wie folgt vor:

1. Speichern Sie die Seiten *Getcats.htm* und *Getcats.asp* aus dem letzten Beispiel unter den Namen *Getcats2.htm* und *Getcats2.asp*.

2. Öffnen Sie die Seite *Getcats2.asp*, und suchen Sie die folgende Anweisung:

```
xmlRsp.save(response)
```

Ersetzen Sie diese durch den folgenden Code:

```
Set xmlSty = Server.CreateObject("Microsoft.XMLDOM")
xmlSty.async = False
xmlSty.load(Server.MapPath("getcats2.xsl"))
If xmlSty.parseError Then
  AddCatnrNode "", xmlSty.parseError.reason
  xmlRsp.save(response)
Else
  Response.Write xmlRsp.transformNode(xmlSty.documentElement)
End If
```

Die ersten drei Anweisungen in diesem Code erzeugen ein neues XML DOM-Objekt, deaktivieren den asynchronen Modus (*False*) und laden die Stylesheet-Datei *Getcats2.xsl* aus dem physischen Pfad, der dem relativen URL *getcats2.xsl* entspricht.

Wenn beim Laden des Stylesheets ein Parse-Fehler resultiert, ruft der Code die Routine *AddCatnrNode* auf, um ein Element mit einer Fehlermeldung zum Objekt *xmlRsp* hinzuzufügen und das Objekt dann wie zuvor auch an das Objekt *xmlhttp* in der Seite *Getcats2.htm* zu senden.

Wenn das Stylesheet erfolgreich geladen werden konnte, wendet die Methode *transformNode* des *xmlRsp*-Objekts diese an. Der Code schreibt dann die Ergebnisse (die aus XML-Text bestehen) direkt in das ASP *Response*-Objekt.

3 Standardmäßig sind alle Werte von XML-Elementen Zeichenfolgen. Werden die *catnr*-Werte 100, 500 und 1000 sortiert, ergibt sich deshalb die folgende Reihenfolge:

```
100
1000
500
```

Um diese Werte numerisch zu sortieren, muss der XML-Datentyp jedes *catnr*-Codes auf *number* gesetzt werden. Suchen Sie dazu die folgende Zeile in der Unterroutine *AddCatnrNode* der Seite *Getcats2.asp*:

```
xmlRsp.lastChild.lastChild.lastChild.text = acatnr
```

Fügen Sie hinter ihr den folgenden Code ein:

```
If IsNumeric(acatnr) Then
  xmlRsp.lastChild.lastChild.lastChild.dataType = "number"
End If
```

Beachten Sie, dass einige *catnr*-Elemente möglicherweise keine numerischen Werte enthalten. Dies kann vorkommen, wenn der Webbesucher falsche Daten eingegeben hat oder weil das Element eine Fehlermeldung enthält. Bei der Zuweisung des Datentyps *number* zu Code, der keine numerischen Daten enthält, resultiert ein Fehler.

Wird eine Auflistung von *catnr*-Feldern sortiert – Felder mit dem zugewiesenen Datentyp *number* und Felder mit dem Datentyp *text* – wird kein Fehler hervorgerufen. XSL sortiert einfach zuerst die Textwerte und anschließend die numerischen.

Weitere Informationen zu XML-Datentypen finden Sie im gleichnamigen Hinweis.

4. Suchen Sie in der Seite *Getcats2.htm* die folgende JavaScript-Anweisung:

```
xmlhttp.open("POST", "getcats.asp", false);
```

und verändern Sie diese, um auf die Seite *Getcats2.asp* zuzugreifen:

```
xmlhttp.open("POST", "getcats2.asp", false);
```

5. Suchen Sie in der Seite *Getcats2.htm* die folgende Schleife:

```
for (fnum = 0 ; fnum < crec.length ; fnum++) {
  rslt = rslt + "<td>" + crec.item(fnum).text + "</td>";
}
```

Ersetzen Sie die mittlere Anweisung wie folgt. Dies hat den Effekt, dass die numerisch sortierten Kategorienummern bei der Anzeige rechtsbündig ausgerichtet werden.

```
for (fnum = 0 ; fnum < crec.length ; fnum++) {
  if (fnum == 0) {
    rslt = rslt + "<td align=right>";
  }else{
    rslt = rslt + "<td>";
  }
  rslt = rslt + crec.item(fnum).text + "</td>";
}
```

Abbildung 14.6 zeigt die fertige Webseite in Aktion. Beachten Sie, dass die Kategorienummern in der Antwort die richtige Reihenfolge haben, obwohl der Webbesucher die Kategorienummern in einer zufälligen Reihenfolge eingegeben hat. Die ungültige Kategorienummer *foo* wird als erstes aufgelistet, weil sie nicht numerisch ist.

Abbildung 14.6 Eine ASP-Seite verwendet XSL auf dem Webserver, um die angezeigten XML-Daten zu sortieren

XML-Datentypen

Standardmäßig sind alle XML-Werte Zeichenfolgen. Um diese Einstellung im XML-Code zu überschreiben, müssen Sie als erstes eine Abkürzung für den Namensraum *datatypes* definieren. Des lässt sich wahrscheinlich am bequemsten realisieren, wenn folgende Codezeile vor das erste Element in einem XML-Dokument gesetzt wird:

```
<?xml:namespace ns="urn:schemas-microsoft-com:datatypes"
                        prefix="dt" ?>
```

Anschließend können Sie einen Datentyp für jedes Element angeben, indem Sie den Code *dt:dt="<Datentyp>"* in das öffnende Tag des Elementes setzen, wobei *<Datentyp>* ein Wert aus Tabelle 14.5 oder Tabelle 14.6 ist.

```
<Element>.dataType = "<datatype>"
```

Ein Skript kann zwar den Datentyp eines vorhandenen Elementes ändern, Sie sollten jedoch daran denken, dass nicht alle Konvertierungen möglich sind und dass sich bei einigen unerwartete Ergebnisse einstellen. So ist es beispielsweise nicht möglich, die Zeichenfolge *giraffe* in eine Zahl zu konvertieren. Wird die Zeichenfolge *-99* in den Datentyp *ui1* konvertiert, resultiert die positive Zahl 99.

Datentypen kommen häufiger in DTDs vor, als in normalem XML-Code. Werden Datentypen in einer DTD angegeben, wird der Parser angewiesen, jedes Dokument zurückzuweisen, das eines oder mehrere Felder enthält, die diesen Typen nicht entsprechen.

Die Tabelle 14.5 enthält XML-Datentypen, die vom Microsoft-Prozessor unterstützt werden. Die Tabelle 14.6 enthält einfache XML-Datentypen, die in der XML 1.0 Empfehlung des World Wide Web Consortium (W3C) enthalten sind.

Tabelle 14.5 Vom Microsoft-Prozessor unterstützte XML-Datentypen

Typ	Beschreibung
bin.base64	Ein Binärobjekt, das mit dem MIME-Stil Base64 codiert ist.
bin.hex	Hexadezimale Ziffern, die Oktette repräsentieren.
Boolean	0 oder 1, wobei 0 dem Wert *false* und 1 dem Wert *true* entspricht.
char	Eine Zeichenfolge mit einem Zeichen.
date	Eine Datumsangabe im ISO 8601-Format. Beispiel: 1947-06-11.
dateTime	Eine Datumsangabe im ISO 8601-Format, wobei die Angabe der Uhrzeit optional ist, aber keine Zeitzone angegeben wird. Bruchteile von Sekunden werden bis zu Nanosekunden angezeigt. Beispiel: 1947-06-11T18:39:09.
dateTime.tz	Eine Datumsangabe im ISO 8601-Format mit optionaler Angabe der Zeitzone. Die Genauigkeit bei der Sekundendarstellung geht bis zu Nanosekunden. Beispiel: 1947-06-11T18:39:09-08:00.
fixed.14.4	Identisch mit *number*, es werden aber nur 14 Ziffern links vom Dezimalzeichen angezeigt und maximal 4 Ziffern rechts vom Dezimalzeichen.
float	Eine Fließkommazahl ohne Beschränkung der Ziffernanzahl. Die Zahl kann vorzeichenbehaftet sein, Bruchzahlen enthalten und optional auch einen Exponenten. Der Wertebereich liegt zwischen 1,7976931348623157E+308 und 2,2250738585072014E-308.
int	Eine Zahl mit optionalem Vorzeichen. Keine Brüche und Exponenten zulässig.
Number	Eine Zahl ohne Beschränkung der Ziffernanzahl. Die Zahl kann vorzeichenbehaftet sein, Brüche enthalten und optional auch einen Exponenten. (Der Wertebereich liegt zwischen 1,7976931348623157E+308 und 2,2250738585072014E-308.) ▶

Typ	Beschreibung
time	Eine Zeitangabe im ISO 8601-Format ohne Datums- und Zeitzonenangabe. Beispiel: 13:30:01.
time.tz	Eine Zeitangabe im ISO 8601-Format ohne Datumsangabe, jedoch mit optionaler Zeitzonenangabe. Beispiel: 13:30:01-05:00.
i1	Eine Ganzzahl, die in einem Byte repräsentiert wird. Eine Zahl mit optionalem Vorzeichen und keinen Brüchen und Exponenten. Beispiele: 1, 127, –128.
i2	Eine Ganzzahl, die mit zwei Bytes repräsentiert wird. Eine Zahl mit optionalem Vorzeichen, keinen Brüchen und Exponenten. Beispiele: 1, 703, –32768.
i4	Eine Ganzzahl, die mit vier Bytes repräsentiert wird. Eine Zahl mit optionalem Vorzeichen, keinen Brüchen und Exponenten. Beispiele: 1, 703, –32768, 148343, –1000000000.
r4	Eine reelle Zahl mit siebenstelliger Genauigkeit. Sie kann vorzeichenbehaftet sein, Brüche enthalten oder einen Exponenten. Zeichensetzung ist zulässig. Der Wertebereich liegt zwischen 3,40282347E+38F und 1,17549435E-38F.
r8	Eine reelle Zahl mit fünfzehnstelliger Genauigkeit. Sie kann vorzeichenbehaftet sein, Brüche oder einen Exponenten enthalten. Zeichensetzung ist zulässig. Der Wertebereich liegt zwischen 1,7976931348623157E+308 und 2,2250738585072014E-308.
ui1	Eine vorzeichenlose Ganzzahl. Der Wert muss eine vorzeichenlose Zahl ohne Brüche und Exponenten sein. Beispiele: 1, 255.
ui2	Eine vorzeichenlose Zwei-Byte-Ganzzahl. Der Wert muss eine vorzeichenlose Zahl ohne Brüche und Exponenten sein. Beispiele: 1, 255, 65535.
ui4	Eine vorzeichenlose Vier-Byte-Ganzzahl. Der Wert muss eine vorzeichenlose Zahl ohne Brüche und Exponenten sein. Beispiele: 1, 703, 3000000000.
uri	Ein Universal Resource Identifier (URI). Beispiel: *uri:schemas-microsoft-com:Office9*.
uuid	Eine Folge von Hexadezimalzahlen, die Oktette repräsentieren. Bindestriche sind optional und werden ignoriert. Beispiel: 333C7BC4-460F-11D0-BC04-0080C7055A83. ▶

Tabelle 14.6 Primitive XML-Datentypen

Typ	Beschreibung
entity	Repräsentiert den Typ XML ENTITY
entities	Repräsentiert den Typ XML ENTITIES .
enumeration	Repräsentiert den Typ *Enumeration* (Aufzählung, wird nur bei Attributen unterstützt)
id	Repräsentiert den Typ XML ID
idref	Repräsentiert den Typ XML IDREF
idrefs	Repräsentiert den Typ XML IDREFS
nmtoken	Repräsentiert den Typ XML NMTOKEN
nmtokens	Repräsentiert den Typ XML NMTOKENS
notation	Repräsentiert den Typ NOTATION
String	Repräsentiert den Typ STRING

Zusammenfassung der Lektion

Diese Lektion veranschaulichte, wie XML-Text aus einer konventionellen Datenbankabfrage erzeugt wird und wie Microsoft XML-Objekte in ASP-Seiten verwendet werden. Die serverbasierte XML-Verarbeitung ist nicht nur nützlich, um den clientbasierten Einsatz von XML zu unterstützen, sondern auch dann, wenn die Browserkompatibilität oder die Datenübertragungszeiten ein Problem sind.

Der Teil E dieses Buches bot eine kurze Einführung in XML und die verschiedenen Microsoft-Objekte, die XML verarbeiten. Anders als in den meisten Bücher geschah dies hier im Kontext von praktischen Beispielen. Die Komplexität des Umgangs mit XML wird sich reduzieren, wenn mehr Daten im XML-Format verfügbar werden, wenn Designer lernen, XML für die Massenproduktion oder die Massenpersonalisierung von Webseiten einzusetzen und natürlich, wenn die Technologie weiterentwickelt wird.

Im folgenden ▶ Teil F dieses Buches werden Ihnen einige Techniken erläutert, mit denen Sie dafür sorgen können, dass Ihre Webseiten schnell, zuverlässig und wie beabsichtigt ausgeführt werden.

Tuning und Debugging

F

15 Anwendungen tunen

Geschätzte Dauer:
30 Minuten

In dieser Lektion lernen Sie

- wie Sie den Ressourcenverbrauch von ASP-Seiten reduzieren.
- wie Sie die Nutzung von Datenbankressourcen reduzieren.

Bei allen bisherigen Beispielen und Texten lag die Betonung darauf, wie sich am einfachsten und offensichtlichsten lauffähige Webseiten erzeugen lassen. Dies bietet hinsichtlich der Lernkurve, der Entwicklungszeit und der Zeit, die für die Pflege benötigt wird, viele Vorteile. Wie so oft ist jedoch der offensichtlichste Ansatz nicht immer der effektivste. Wenn alles gut geht und Ihre Seiten einen phänomenalen Erfolg erzielen, werden Sie auf einen oder zwei Engpässe hinsichtlich der Systemleistung stoßen.

Für ASP-Seiten gelten natürlich die üblichen Überlegungen hinsichtlich der Systemleistung wie bei normalen HTML-Seiten auch: es sollte vermieden werden, große Textmengen, große Bilder und ähnliches zu übertragen. Darüber hinaus gibt es zwei weitere Bereiche, die berücksichtigt werden müssen: die Leistung des ASP-Codes und die des Datenbanksystems. Diese Lektion enthält Empfehlungen, die Ihnen helfen, die Leistung Ihrer Webdatenbank zu verbessern.

ASP-Seiten tunen

Das Design von Datenbanken und der Datenbankzugriff über ADO und ASP sind für sich genommen bereits eine Herausforderung. Das Design und das Tuning, um eine bestmögliche Leistung zu erhalten, machen die Sache noch komplexer.

Um die Leistung von ASP-Seiten zu verbessern, sollten Sie folgende Punkte berücksichtigen:

- Achten Sie darauf, dass die ASP-Seite nur die Arbeit verrichtet, die unbedingt nötig ist.
- Vermeiden Sie Praktiken, die besonders ressourcenintensiv sind.
- Vermeiden Sie, dass ASP-Seiten dieselbe Arbeit ständig wiederholen.

Bevor Sie sich ins Tuning stürzen, sollten Sie sich vergewissern, dass dies das Richtige ist. Messen Sie, bevor Sie versuchen, zu korrigieren. Konzentrieren Sie sich auf die langsamsten Webseiten, die am seltensten zum Einsatz kommen. Protokolle der Webserveraktivität sind dabei sehr hilfreich. Versuchen Sie nicht, Probleme der Datenbankleistung durch die Optimierung von ASP-Code zu beheben und umgekehrt.

Skriptblocks kombinieren

Alle Übertragungen zwischen Skript- und HTML-Code erzeugen Arbeit für den ASP-Prozessor. Deshalb ist es besser, wenn der Code nur wenige große Blöcke mit Skriptcode anstatt vieler kleiner enthält. Es beansprucht außerdem weniger Zeit, wenn eine *Response.Write*-Anweisung eine lange Zeichenfolge ausgibt, als wenn solche Anweisungen eine Folge kurzer Zeichenfolgen schreiben. Zusammengenommen sprechen diese beiden Faktoren dagegen, die Syntax <%=...%> häufig in ASP-Seiten einzusetzen.

Wenn eine einzelne ASP-Seite zwei Skriptsprachen verwendet, muss der Server zwei Skriptinterpreter laden, wenn sie drei Skriptsprachen verwendet, drei Interpreter etc. Schützen Sie Ihren Server – und Ihre Gesundheit –, indem Sie alles in einer Skriptsprache schreiben.

Das *Application*-Objekt mit nützlichen Daten vorladen

Gibt es Webseiten, die häufig ausgeführt werden und die ressourcenintensive Methoden nutzen, um relativ statische Daten abzurufen, können Sie die Leistung sehr wahrscheinlich verbessern, indem Sie die Daten nur ein Mal abrufen und in einem *Application*-Objekt speichern.

Speichern Sie dazu eine Datei namens *Global.asa* im Stammverzeichnis Ihrer Anwendung (der Ordner, mit dem die ausführbare Ordnerstruktur beginnt), und definieren Sie in dieser Datei eine Unterroutine namens *Application_OnStart*. Der Code sollte wie folgt aussehen:

```
<%
Sub Application_OnStart ()
' Hier Startcode der Anwendung einfügen.
End Sub
%>
```

Der Webserver führt diese Unterroutine das erste Mal aus, wenn ein Webbesucher eine ASP-Seite der Anwendung anfordert (d.h. aus dem ausführbaren Ordner). Ein einfaches Beispiel hierfür wäre der Code, der die Verbindungszeichenfolgen für die meisten Beispiele in diesem Buch erzeugt:

```
cnStHol = "driver={Microsoft Access-Treiber (*.mdb)};" & _
        "dbq=" & Server.MapPath("../holiday/holiday.mdb")
```

Jedes Mal, wenn eine Webseite, die diesen Code enthält, ausgeführt wird, weist sie den Webserver an, den relativen URL *../holiday/holiday.mdb* in einem physischen Pfad umzuwandeln. Es kann leicht passieren, dass der Server diese Übersetzung mehrere Tausend Mal pro Stunde vornehmen muss und immer dasselbe Ergebnis zurückliefert. Um diese doppelte Arbeit zu vermeiden, könnten Sie den folgenden Code in die Datei *Global.asa* setzen:

```
Application("HolidayDB") = _
    Server.MapPath("/webdbdev/holiday/holiday.mdb")
```

Anschließend können Sie den Code wie folgt ändern, der die Verbindungszeichenfolge aufbaut:

```
cnStHol = "driver={Microsoft Access-Treiber (*.mdb)};" & _
        "dbq=" & Application("HolidayDB")
```

Dadurch muss der Webserver die Methode *Server.MapPath* nur noch ein Mal ausführen. Es gibt jedoch drei Vorbehalte:

- Wenn die Unterroutine in der Datei *Global.asa* ausgeführt wird, ist der aktuelle URL der URL der ersten ASP-Seite, die der Webbesucher anfordert, nachdem der Webserver gestartet wurde. In den meisten Fällen bedeutet dies, dass der aktuelle URL nicht vorhersehbar ist. Aus diesem Grund wurde im letzten Beispiel der Methode *Server.MapPath* der vollständige URL */Webdbdev/Holiday/Holiday.mdb* angegeben und nicht ein relativer URL wie *../Holiday/Holiday.mdb*. Wenn ein Pfad relativ zu einem nicht vorhersagbaren Startpunkt angegeben wird, ist es sehr unwahrscheinlich, dass daraus das gewünschte Ergebnis resultiert.
- Wie beim *Session*-Objekt kann ein Datenfeld, das im *Application*-Objekt enthalten ist, nicht direkt aktualisiert werden. Der folgende Ausdruck aktualisiert die dritte Variable im *Application*-Objekt – nicht das dritte Element im Datenfeld *MeinDatenfeld*:

  ```
  Application("MeinDatenfeld")(2) = "sechs"
  ```

  Um eine solche Aktualisierung vorzunehmen, kopieren Sie das gesamte Datenfeld in eine lokale Variable, aktualisieren das gewünschte Element lokal und kopieren dann das gesamte Datenfeld zurück in das *Application*-Objekt.
- Nachdem die Unterroutine *Application_OnStart* einmal ausgeführt wurde, wird sie erst wieder aufgerufen, wenn der Administrator den Webserver neu startet und ein Webbesucher eine ASP-Seite aus dem ausführbaren Ordner Ihrer Anwendung anfordert. Wenn ein anderer Prozess Änderungen vornimmt, die eine Aktualisierung des *Application*-Objekts erfordern, sollte dieser Prozess die Aktualisierung direkt ausführen.

Angenommen, eine Webseite zeigt eine Liste der anstehenden Ereignisse an, die in einer Datenbanktabelle namens *Ereignisse* gespeichert sind. Die Webseite, die diese Daten anzeigt, wird möglicherweise mehrere Tausend Mal pro Tag ausgeführt, aber die Liste der Ereignisse wird nur ein oder zwei Mal wöchentlich aktualisiert. Wenn die Leistung dieser Webseite ein Problem ist, wäre es vorteilhafter, die Daten aus der Tabelle *Ereignisse* als HTML-Zeichenfolge im *Application*-Objekt zu speichern, anstatt die Datenbank für jede Anforderung zu öffnen, abzufragen und wieder zu schließen. In einem solchen Fall würden Sie die Datenbank an zwei Stellen öffnen und den HTML-Quelltext erzeugen:

- In der Unterroutine *Application_OnStart*, die in der Datei *Global.asa* enthalten ist.
- In der Webseite, die die Tabelle *Ereignisse* aktualisiert.

Sie müssen die Methode *Application.Lock* aufrufen, bevor Sie das *Application*-Objekt außerhalb der Unterroutine *Application_OnStart* verändern. Wenn die Aktualisierung beendet ist, müssen Sie die Methode *Application.Unlock* aufrufen.

Abbildung 15.1 zeigt eine einfache ASP-Seite, die den Inhalt des *Application*-Objekts anzeigt. Sie finden diese Seite unter den Beispieldateien im Verzeichnis *\Webdbdev\Kap15\Showapp.asp*.

Im *Application*-Objekt können Sie die verschiedensten Dinge speichern: einfache Variablen, Anwendungsparameter, Datenfelder und Objekte, um nur ein paar zu nennen. Denken Sie jedoch daran, dass alles im *Application*-Objekt im Speicher konstant bleibt. Es sollte kein Problem darstellen, einige KB an Informationen im *Application*-Objekt zu speichern. Bei mehreren MB ist das jedoch sicher eine schlechte Idee.

Um eine Textdatei im *Application*-Objekt zu speichern, verwenden Sie als Erstes das ASP *FileSystem*-Objekt, um jeden Datensatz in einem Datenfeldelement zu speichern, und speichern Sie anschließend das Datenfeld im *Application*-Objekt. Der Code hierfür sieht wie folgt aus:

```
Set fSys = Server.CreateObject("Scripting.FileSystemObject")
fNam = Server.MapPath("file2app.txt")
Set fObj = fSys.OpenTextFile(fNam)
fTbl = Split(Replace(fObj.ReadAll,Chr(10),""),Chr(13))
fObj.Close
Set fSys = Nothing
Application("fTbl") = fTbl
```

Die erste Anweisung in diesem Code erzeugt ein Dateisystemobjekt. Die zweite ruft den physischen Pfad der Textdatei *file2app.txt* ab und die dritte öffnet die Textdatei. Die nächste Anweisung verwendet die *ReadAll*-Methode des Dateiobjektes, um die gesamte Datei in den Arbeitsspeicher zu lesen. Die VBScript-Funktion *Replace* dient dazu, alle Zeilenvorschubzeichen zu entfernen und ein Datenfeld mit Teilzeichenfolgen zu erzeugen, das Absatzmarken als Trennzeichen verwendet. Die nächsten beiden Anweisungen schließen die Datei und löschen das Dateisystemobjekt. Die letzte Anweisung kopiert die Tabelle in das *Application*-Objekt.

Es gibt verschiedene Methoden, um ein Recordset im *Application*-Objekt zu speichern:

- Als HTML-Zeichenfolge
- Als Datenfeld, das mit zwei Skripten versehen ist (ein Teilskript für die Datensatznummer und eines für die Feldnummer)
- Als einzelnes Datenfeld, das ein Element pro Datensatz enthält (jedes Datensatzelement würde dann Felddaten mit Tabulatoren als Trennzeichen enthalten).
- Als ADO *Stream*-Objekt (aber nur, wenn der Server ADO 2.5 oder später nutzt).

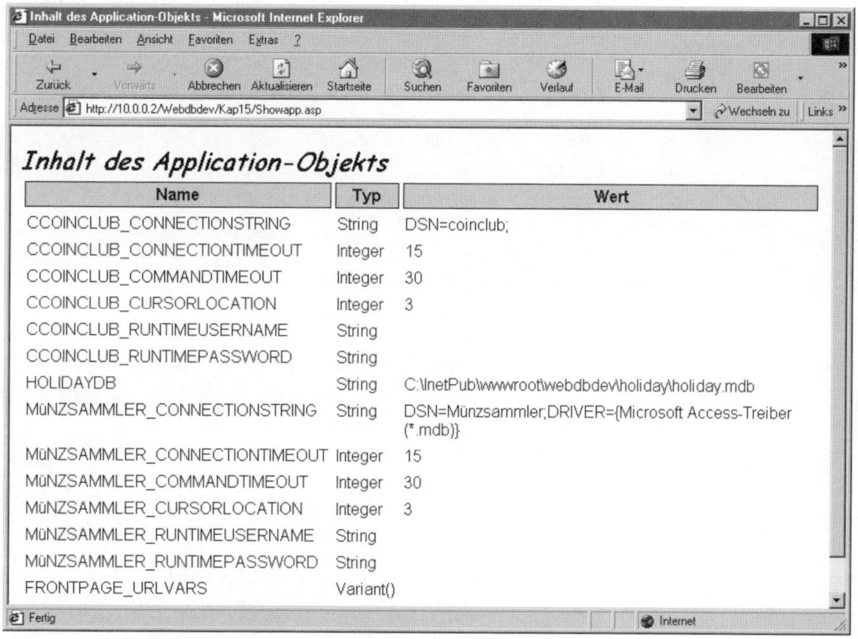

Abbildung 15.1 Diese Webseite zeigt den aktuellen Inhalt des *Application*-Objekts an

Vermeiden, dass dieselben Daten mehr als einmal abgerufen werden

Im letzten Abschnitt wurde erklärt, wie vermieden werden kann, dass dieselben Daten in mehreren Webseiten abgerufen werden. Dasselbe Konzept lässt sich auch anwenden, wenn in einer Webseite immer wieder dieselben Daten abgerufen werden. Betrachten Sie beispielsweise den folgenden Code, der ein Recordset durchläuft. Für jeden Datensatz sucht er den Inhalt des Feldes *desc*, um festzustellen, ob dieses eine Zeichenfolge namens *qdesc* enthält, die vom Webbesucher eingegeben wurde.

```
Do While Not rsItm.EOF
  If InStr(UCase(rsItm("desc")), UCase(Request("qdesc"))) Then
    Exit Do
  End If
  rsItm.MoveNext
Loop
```

Wenn die Eigenschaft *rsItm.EOF* den Wert *False* hat, wenn die Schleife endet, muss die *Exit Do*-Anweisung ausgeführt worden sein und die aktuelle Datensatzposition steht auf dem ersten übereinstimmenden Datensatz. Wenn die Eigenschaft *rsItm.EOF* den Wert *True* hat, war kein übereinstimmender Datensatz vorhanden.

Noch wichtiger ist jedoch, dass die Schleife den Ausdruck *UCase(Request ("qdesc"))* ein Mal für jeden Datensatz im Recordset auswertet. Wenn es 50 Datensätze gibt, sind dies 50 Suchläufe durch fünf Auflistungen im *Request*-Objekt plus 50 Konvertierungen in Großbuchstaben. Der folgende Code durchsucht das *Request*-Objekt und konvertiert den *qdesc*-Wert nur ein Mal in Großbuchstaben, was erheblich effizienter ist:

```
sdesc = UCase(Request("qdesc"))
Do While Not rsItm.EOF
  If InStr(UCase(rsItm("desc")), sdesc) Then
    Exit Do
  End If
  rsItm.MoveNext
Loop
```

Der Abruf von Werten aus Auflistungen ist immer relativ langsam. Wenn Sie mehr als ein Mal auf einen Wert zugreifen müssen, sollten Sie ihn in einer lokalen Variablen speichern.

Lokale Variablen statt mehrfacher Objektreferenzen verwenden

Wenn Microsoft VBScript (oder JavaScript) eine Anweisung wie die folgende ausführt, muss sie nach dem *Catalog*-Objekt, dem *ChildNodes*-Objekt und dem *Item*-Objekt in der angegebenen Reihenfolge suchen.

```
rset = Catalog.DocumentElement.ChildNodes.Item(0).Value
```

Dies ist eine umfangreiche Suche und VBScript muss sie jedes Mal wiederholen, wenn Sie auf dieselbe Struktur zugreifen. Der folgende Code durchsucht diese Objekte drei Mal:

```
<td><%=Catalog.DocumentElement.ChildNodes.Item(0).Value %></td>
<td><%=Catalog.DocumentElement.ChildNodes.Item(1).Value %></td>
<td><%=Catalog.DocumentElement.ChildNodes.Item(2).Value %></td>
```

Der folgende Code würde erheblich schneller ausgeführt werden, weil er die Objektstruktur nur ein Mal durchsucht:

```
<% Set curnode = Catalog.DocumentElement.ChildNodes %>
<td><%=curnode.Item(0).Value %></td>
<td><%=curnode.Item(1).Value %></td>
<td><%=curnode.Item(2).Value %></td>
```

Der folgende Code wäre sogar noch besser. Eine Erklärung hierfür finden Sie im ▶ Abschnitt »Skriptblocks kombinieren« in dieser Lektion.

```
<%
Set curnode = Catalog.DocumentElement.ChildNodes
Response.Write _
  "<td>" & curnode.Item(0).Value & "</td>" & vbCrLf & _
  "<td>" & curnode.Item(1).Value & "</td>" & vbCrLf & _
  "<td>" & curnode.Item(2).Value & "</td>" & vbCrLf
%>
```

Größenänderungen bei Datenfeldern verhindern

VBScript bietet die *ReDim*-Anweisung, um die Größe eines Datenfeldes zu ändern. Dieser Befehl erzeugt ein neues Datenfeld der angegebenen Größe, kopiert optional alle Daten aus dem alten Datenfeld in das neue, löscht dann das alte Datenfeld und ersetzt die Adresse des alten Datenfeldes durch die des neuen. Die Ausführung von Code wie dem folgenden ist entsprechend zeitaufwendig:

```
Dim CatArray()
Do While Not rsCat.EOF
  ReDim Preserve CatArray(UBound(CatArray) + 1))
  CatArray(UBound(CatArray)) = rsCat("catnr")
  rsCat.MoveNext
Loop
```

Diese Schleife liest alle Datensätze im Recordset *rsCat*. Für jeden Datensatz wird die Größe des Datenfeldes *CatArray* um eins erhöht. Anschließend wird die aktuelle Kategorienummer im letzten Datenfeldelement gespeichert (die Funktion *UBound* gibt das höchste zulässige Subskript für das Datenfeld zurück). Dies ist ziemlich prozessorintensiv.

Die folgende Schleife erfüllt denselben Zweck, jedoch erheblich effizienter, weil die Größe des Datenfeldes nur ein Mal angepasst wird:

```
Dim CatArray()
ReDim CatArray(rsCat.RecordCount - 1)
pos = 0
Do While Not rsCat.EOF
```

```
  CatArray(pos) = rsCat("catnr")
  pos = pos + 1
  rsCat.MoveNext
Loop
```

Code, der ein großes statisches Datenfeld anlegt, wird sogar noch schneller ausgeführt. An Stelle der obigen Anweisung verwenden Sie besser folgenden Code:

```
Dim CatArray(100)
pos = 0
Do While Not rsCat.EOF
  If pos < UBound(CatArray) Then
    CatArray(pos) = rsCat("catnr")
    pos = pos + 1
  End If
Loop
```

Dies setzt natürlich voraus, dass Sie sicher sind, dass nie mehr als 100 Kategoriecodes vorhanden sind. Sollte dies ein Problem sein, sollten Sie das Datenfeld auf 500 oder 1.000 Elemente auslegen. Wenn es sich bei den Kategoriecodes um 32-Bit-Integerwerte handelt, beansprucht ein Datenfeld mit 1.000 Einträgen nur 4 KB Arbeitsspeicher. Falls dies ein Problem sein sollte, wäre es besser, wenn Sie Ihre Hardware upgraden würden.

Das *Dictionary*-Objekt verwenden

Das *Dictionary*-Objekt von VBScript funktioniert wie ein Datenfeld mit alphanumerischen Subskripts. In ▶ Lektion 5 wurden die Details dieses Objekts beschrieben.

Die Indizierung eines konventionellen Datenfeldes lässt sich erheblich schneller realisieren als die Indizierung eines *Dictionary*-Objekts, aber nur, wenn Sie bereits das Subskript kennen. Betrachten Sie z.B. das Problem der Suche in einer Liste. Ein Datenfeld würden Sie wie folgt codieren:

```
Dim tiere(4)
tiere(0) = "Huhn"
tiere(1) = "Kuh"
tiere(2) = "Ziege"
tiere(3) = "Schwein"
tiere(4) = "Schaf"
For pos = 0 to UBound(tiere)
  If tiere(pos) = Request("qtier") Then
    Exit For
  End If
Next
If pos <= UBound(tiere) Then
' Übereinstimmung wurde gefunden.
End If
```

Dieser Code beansprucht Ressourcen für einen fünfmaligen Schleifendurchlauf, Berechnung, Indizierung und Vergleich. Im Gegensatz dazu muss beim Einsatz des *Dictionary*-Objekts, das denselben Zweck erfüllt, keine Schleife durchlaufen und es müssen auch nicht mehrere Vergleiche durchgeführt werden:

```
Set tiere = Server.CreateObject("Scripting.Dictionary")
tiere("Huhn") = "j"
tiere("Kuh")     = "j"
tiere("Ziege")    = "j"
tiere("Schwein")     = "j"
tiere("Schaf")   = "j"
If tiere(Request("qtier")) = "j" Then
' Übereinstimmung wurde gefunden.
End If
```

Mit dem richtigen Werkzeug lassen sich immer die besten Ergebnisse erzielen.

Mit dem *<object>*-Tag Objekte erzeugen

Es gibt drei Methoden, um Instanzen von ActiveX-Objekten zu erzeugen, die von einer ASP-Seite genutzt werden können:

- Aufruf der *CreateObject*-Methode des ASP-*Server*-Objekts. Diese Methode wurde bereits im gesamten Buch verwendet und nun auch hier:

```
<%
Set cn = Server.CreateObject("ADODB.Connection")
%>
```

- Einsatz des *<object>*-Tags wie im folgenden Code gezeigt. Dieser Code entspricht demjenigen aus dem letzten Aufzählungspunkt.

```
<object
runat="SERVER"
id="cn"
classid="Clsid:00000514-0000-0010-8000-00AA006D2EA4">
</object>
```

  Dieser Code muss außerhalb aller <% ... %>-Tags stehen. Das Attribut *runat="SERVER"* bewirkt, dass der Code direkt auf dem Webserver ausgeführt wird und nicht im Browser.

Die erste Methode ist leichter lesbar, die zweite ist jedoch schneller. Wenn Sie Probleme mit der Leistung einer häufig benutzten Webdatenbankseite haben, sollte sich eine gewisse Erleichterung einstellen, wenn Sie die ADO- und andere ActiveX-Objekte mit *<object>*-Tags erzeugen.

Eine Möglichkeit, die Klassen-ID eines Objekts zu finden, besteht darin, den Pfad *HKEY_LOCAL_MACHINE\SOFTWARE\classes* der Registrierung auf dem Computer zu betrachten, auf dem das Objekt installiert ist. Abbildung 15.2 zeigt die Microsoft Windows 2000-Version der Registrierung (*Regedit.exe)*, die diese Information anzeigt.

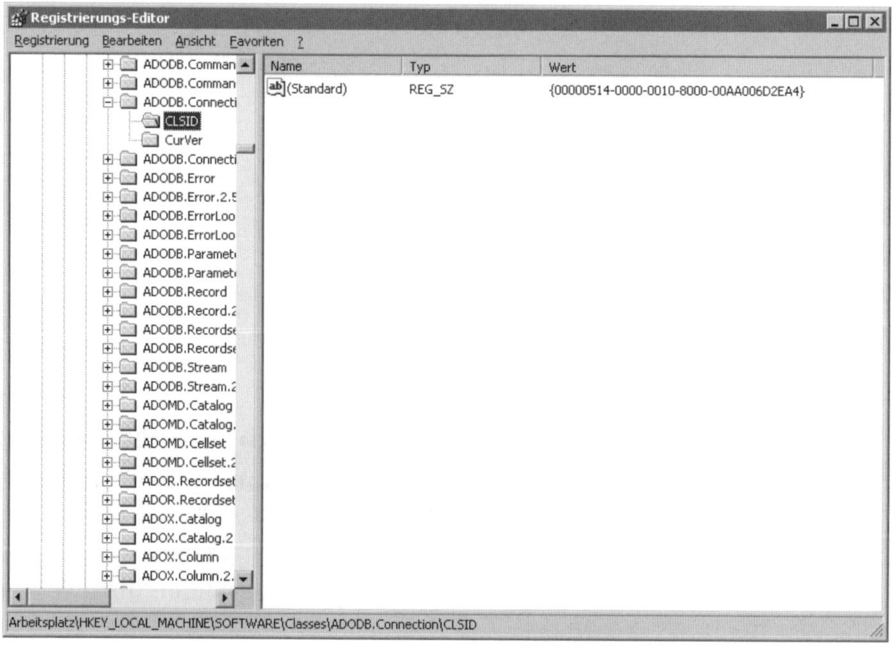

Abbildung 15.2 Dieser Teil der Microsoft Windows-Registrierung enthält eine Klassen-ID für jedes installierte Objekt

Ein Nachteil der Nutzung eines *<object>*-Tags besteht darin, dass das Objekt *immer* erzeugt wird. Mit der Methode *Server.CreateObject* können Sie entscheiden, ob ein Objekt erzeugt werden soll, während die Seite ausgeführt wird.

Die *Request.ServerVariables*-Auflistung vermeiden

Unter Berücksichtigung der Systemleistung erstellt der Webserver nur dann die *Request.ServerVariables*-Auflistung, wenn eine ASP-Seite versucht, darauf zuzugreifen. Beim ersten Zugriff auf diese Auflistung muss der Server jedoch die gesamte Auflistung erzeugen. Der Server kann also nicht nur die angeforderten Elemente erstellen. Dies kann in einem beachtlichen Rückgang der Leistung resultieren.

Wenn Leistungsprobleme im Zusammenhang mit einer ASP-Seite auftreten, die diese Auflistung verwendet, sollten Sie in Betracht ziehen, auf die Auflistung zu verzichten. Denken Sie auch daran, dass der Ausdruck *Request("feld1")* die folgenden Auflistungen in der angegebenen Reihenfolge durchsucht: *QueryString*, *Form*, *Cookies*, *ClientCertificate* und *ServerVariables*.

Wenn Sie den Ausdruck *Request("feld1")* verwenden und das Feld in den Auflistungen *QueryString*, *Form*, *Cookies* und *ClientCertificate* nicht vorhanden ist, erzeugt der ASP-Prozessor die *ServerVariables*-Auflistung und durchsucht diese. Wenn Sie erwarten, dass *feld1* in der *QueryString*-Auflistung enthalten ist, nutzen Sie den Ausdruck *Request.QueryString("feld1")*. Wenn Sie erwarten, dass *feld1* in der *Form*-Auflistung enthalten ist, verwenden Sie den Ausdruck *Request.Form("feld1")*.

Seien Sie beim Einsatz des *Session*-Objekts vorsichtig

Wie auch bei allen anderen Objekten beansprucht die Erzeugung und Löschung des *Session*-Objekts ihren Anteil an den Serverressourcen. Wenn eine Anwendung oder sogar eine einzelne Webseite das *Session*-Objekt nicht benutzt, können Sie Ressourcen einsparen, indem Sie keines erzeugen.

Um die Verwendung des *Session*-Objekts für eine einzelne Webseite zu deaktivieren, geben Sie den folgenden Code vor der ersten HTML- oder *Response.Write*-Anweisung ein:

```
<%@ EnableSessionState=False %>
```

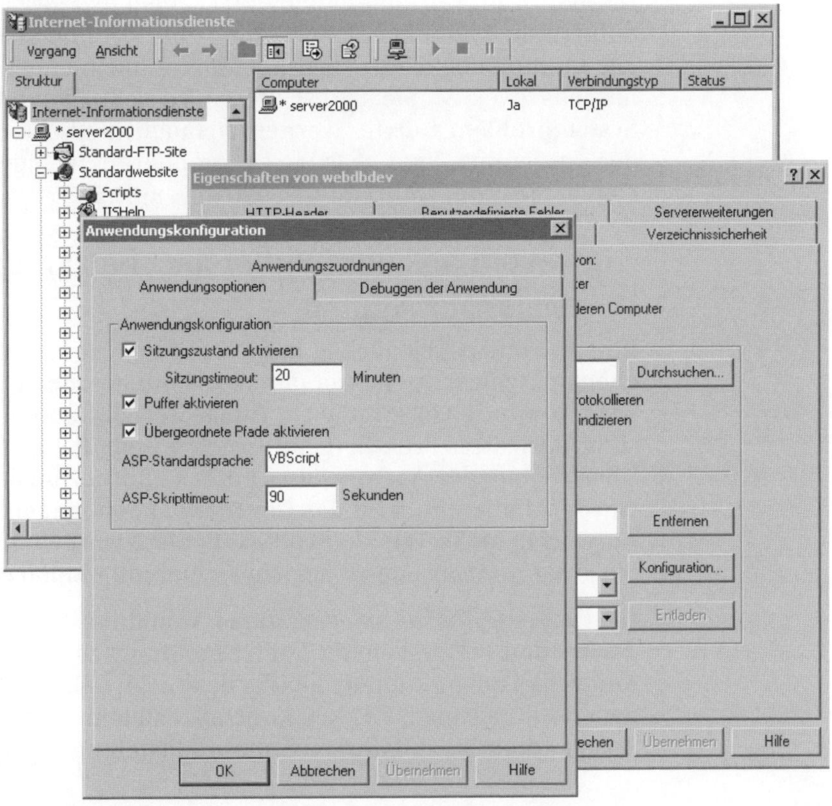

Abbildung 15.3 Mit dem Internetdienste-Manager können Sie den Einsatz des *Session*-Objekts für einen ausführbaren Ordner aktivieren und deaktivieren

Um die Verwendung des *Session*-Objekts für eine gesamte Anwendung auszuschalten, deaktivieren Sie das Kontrollkästchen *Sitzungszustand aktivieren*, die in Abbildung 15.3 gezeigt wird. Dies ist eine Webeinstellung der Microsoft Internet-Informationsdienste (IIS), die auf der Ebene des virtuellen Verzeichnisses angewendet wird. Um diese Einstellung abzufragen oder zu ändern, öffnen Sie den Webserver im Internetdienste-Manager, klicken mit der rechten Maustaste auf das virtuelle Verzeichnis, wählen im Kontextmenü den Befehl *Eigenschaften* und klicken im *Eigenschaften*-Dialogfeld auf die Schaltfläche *Konfiguration*. Aktivieren Sie dann die Registerkarte *Anwendungsoptionen*. Dafür sind Administratorrechte erforderlich.

Beachten Sie, dass zwei Webseiten, die dasselbe *Session*-Objekt nutzen, nicht gleichzeitig ausgeführt werden können. Dies ist normalerweise kein Problem, weil Webbesucher immer nur eine Anforderung senden. Die Webbesucher warten also auf eine Antwort, bevor sie eine weitere Anforderung senden. Trotzdem können durch die Deaktivierung des *Session*-Objekts mehrere ASP-Anforderungen vom selben Webbesucher gleichzeitig ausgeführt werden.

Vermeiden Sie es, *Session_OnEnd*-Ereignisprozeduren zu verwenden. Diese Prozeduren sind in der Datei *Global.asa* gespeichert und werden aufgerufen, wenn bei einer Sitzung eine Zeitüberschreitung auftrat. Solche Routinen beanspruchen Ressourcen noch lange, nachdem der Webbesucher weg ist. Sie sind schwierig zu debuggen und wenn ein Systemproblem auftritt, werden sie möglicherweise sowieso niemals wieder ausgeführt. Egal, was Sie akkumulieren und speichern müssen; Sie sollten dies tun, während die Aktivität auftritt.

Antworten aus dem Pufferspeicher an den Webbesucher senden

Eine Zwischenspeicherung in diesem Sinne bedeutet, dass die ASP-Ausgabe im Speicher gehalten und erst dann an den Webbesucher gesendet wird, wenn sie vollständig ist. Einige Zeit bestand die allgemeine Auffassung, dass diese Praktik mehr Speicher und CPU-Zeit beansprucht als die Übertragung der Antwort direkt, nachdem sie von der ASP-Seite erzeugt wurde. Momentan wird das Gegenteil angenommen. Der Versand der Antwort in mehreren kleinen Paketen beansprucht mehr Ressourcen, als die gesamte Webseite zu speichern und auf einmal zu senden.

Die Option *Puffer aktivieren*, die in Abbildung 15.3 zu sehen ist, konfiguriert den Pufferspeicher auf Anwendungsebene. In IIS 4.0 ist dieses Kontrollkästchen standardmäßig deaktiviert. Unter Berücksichtigung der neuen Auffassung ist dieses Kontrollkästchen bei IIS 5.0 (in Windows 2000 enthalten) aktiviert. Um diese Einstellung für eine bestimmte Webseite zu überschreiben, setzen Sie eine der folgenden Anweisungen vor die erste HTML- oder *Response.Write*-Anweisung:

```
Response.Buffer=True
Response.Buffer=False
```

Die *Response-Flush*-Methode sendet alle zwischengespeicherten Ausgaben direkt an den Webbesucher.

Beachten Sie, dass der Webbesucher die Website, wenn die Ausführung der ASP-Seite auffällig viel Zeit beansprucht, bei aktivierter Zwischenspeicherung als negativ empfindet. Dies liegt daran, dass der Webbesucher erst dann eine Antwort erhält, wenn die gesamte ASP-Seite verarbeitet wurde. Ist die Zwischenspeicherung deaktiviert, empfängt der Webbesucher immerhin die Seitenüberschrift und den Titel, bevor die Verarbeitung späterer Teile beendet ist.

Response.IsClientConnected während langer Prozesse prüfen

Wenn die Ausführung der ASP-Seite trotz aller Bemühungen bemerkenswert viel Zeit beansprucht, wird der Webbesucher des Wartens vermutlich müde werden und zu einer anderen Site gehen. Wenn dies geschieht, sind alle weiteren Verarbeitungsschritte reine Verschwendung.

Die Eigenschaft *Response.IsClientConnected* hat den Wert *False*, wenn der Webbesucher die Verbindung zum Server seit der letzten *Response.Write*-Anweisung abgebrochen hat. Ist dies der Fall, kann auch die Ausführung des Skripts beendet werden. Fügen Sie solche Prüfmechanismen in alle Programme ein, deren Ausführung sehr viel Zeit beansprucht.

Realistische Timeoutwerte für Skripts festlegen

IIS bricht die Ausführung jeder ASP-Seite ab, deren Ausführung länger als angegeben dauert. Der Standardwert ist der Wert, der unter der Option *ASP-Skripttimeout* im Dialogfeld *Anwendungskonfiguration* eingegeben wird (siehe Abbildung 15.3) und beträgt normalerweise 90 Sekunden. Sie können diesen Wert für eine bestimmte Seite erhöhen, wenn Sie die folgende Anweisung einfügen (<*time*> ist die Anzahl der Sekunden):

```
Server.ScriptTimeout = <time>
```

Ist der Timeoutwert zu gering, resultiert dies in Seiten, die Ressourcen beanspruchen und dann fehlschlagen, bevor sie normalerweise beendet sind. Wird ein zu hoher Timeoutwert gewählt, kann dies in Seiten resultieren, die Ressourcen beanspruchen, weil sie auf etwas warten, was nie eintritt.

Wenn eine ASP-Seite 90 Sekunden lang auf dem Webserver ausgeführt wird, resultiert dies in Reaktionszeiten von 110 bis 120 Sekunden für den Webbesucher. Dies ist lange genug, um die meisten Webbesucher zu langweilen und zum Wechsel zu einer anderen Site zu zwingen. Wenn Sie glauben, dass Ihre Webbesucher bereits nach 30 Sekunden ungeduldig werden, sollten Sie den Wert *ASP-Skripttimeout* auf 20 bis 25 Sekunden setzen.

Effiziente Cacheeigenschaften einrichten

Wenn sich die Informationen in einer ASP-Seite weniger häufig ändern, sollten Sie daran denken, der Eigenschaft *Response.Expires* einen ziemlich hohen Wert zuzuweisen. Innerhalb des angegebenen Zeitlimits kann der Browser des Webbesuchers Kopien der Seite zwischenspeichern und bereitstellen, anstatt die Seite erneut vom Webserver anzufordern. Um der Eigenschaft den gewünschten Wert zuzuweisen, benötigen Sie folgende Anweisung (wobei *<nummer>* die Anzahl in Minuten ist, bevor die Seite ausläuft):

```
Response.Expires = <nummer>
```

Setzen Sie diesen Parameter auf 0, damit die zwischengespeicherte Seite sofort ausläuft.

Die Eigenschaft *Response.CacheControl* steuert die Zwischenspeicherung auf Proxyservern. Wird diese Eigenschaft auf den Wert *Public* gesetzt, bedeutet dies, dass Proxyserver die ASP-Ausgabe zwischenspeichern können, um sie später an Webbesucher zuzustellen. Jede Seite, die zwischengespeichert wird, repräsentiert für Ihren Webserver eine Einsparung, vorausgesetzt, es ist für den Proxyserver akzeptabel, Seiten an Webbesucher zu senden, die in der Vergangenheit erzeugt wurden.

```
Response.CacheControl = "Public"
```

Falls Sie die Zwischenspeicherung nicht aktivieren, müssen Sie die Wertzuweisung für die Eigenschaften *Response.Expires* und *Response.CacheControl* vor der ersten HTML- oder *Response.Write*-Anweisung vornehmen.

Verlagern Sie die Verarbeitung auf den Browser

Wird die Ausführung von Code auf den Browser verlagert, reduziert sich die Belastung des Webservers in zweifacher Hinsicht. Erstens reduziert sich die Arbeit, die der Webserver pro Anforderung verrichten muss. Zweitens reduzieren browserseitige Skripts durch die direkte Interaktion mit dem Webbesucher die Anzahl der Anforderungen, die ein Webbesucher senden muss.

Die Überprüfung der Korrektheit von Eingaben kann hervorragend im Browser ausgeführt werden. Der Webbesucher erhält die Antwort dadurch schneller und der Webserver verzeichnet weniger Zugriffe. Denken Sie jedoch daran, dass einige sehr alte Browser serverseitige Skripts nicht unterstützen und sich die Option bei aktuellen Browsern deaktivieren lässt. Reduzieren Sie die serverseitige Gültigkeitsüberprüfung jedoch nicht so stark, dass bösartige Besucher Ihr System beschädigen können.

Denken Sie bei der Ausgabe daran, kleine Datenmengen an den Browser zu senden und dem Webbesucher die Möglichkeit zu bieten, diese mit DHMTL zu betrachten. Sie könnten z.B. eine kleine Elementdatenbank in einem JavaScript-Datenfeld oder XML-Dokument speichern und zur Bearbeitung an den Webbesucher senden. Damit könnten verschiedene Rundtrips an den Server vermieden werden.

Den Datenbankzugriff tunen

Das Datenbankdesign und der Datenbankzugriff sind in der Regel wichtigere Faktoren für die Systemleistung als das Anwendungsdesign und die Programmierung. Praktisch gesehen bedeutet dies, dass sich das Tuning der Datenbanknutzung generell eher auszahlt als die Optimierung des Codes Ihrer Anwendung. Welcher Ansatz sich am Besten eignet, hängt von der jeweiligen Situation ab. Aber wenn andere ASP-Seiten auf Ihrem Server glatt laufen und nur die Datenbankseiten langsam sind, ist es absolut an der Zeit, die Datenbank zu tunen.

Datenbanken effizient machen

Wenn Sie die Empfehlungen in ▶ Lektion 2 berücksichtigt haben, sollten Ihre Datenbanken ein solides Grunddesign haben. Falls Sie die Empfehlungen nicht berücksichtigt haben und nun ein Durcheinander vorherrscht, sollten Sie daran denken, die Datenbank mit neuen Tabellennamen neu zu gestalten und dann gespeicherte Abfragen zu erzeugen, die die Tabellen in der Originaldatenbank nachahmen. Damit bleibt Ihre bestehende Webseite funktionsfähig, während Sie die langsamen Webseiten so überarbeiten, dass sie auf die neue Struktur zugreifen. Hier noch einige Tipps, die Sie sich merken sollten:

- **Eliminieren Sie redundante Daten** Wenn Sie feststellen, dass Sie Schleifen programmieren, um immer dieselben Daten in mehreren Datensätzen zu aktualisieren, sollten Sie das Datenbankdesign überarbeiten.
- **Achten Sie darauf, dass Felder nicht länger sind als nötig** Dies verhindert, dass Festplattenspeicher verschwendet und die Festplattenaktivität unnötig erhöht wird.

- **Verwenden Sie den passenden Datentyp für jedes Feld** Wenn die Daten aus Datums- und Uhrzeitwerten bestehen, sollten Sie das Feldformat *Datum/Uhrzeit* verwenden. Handelt es sich bei den Daten dagegen um Ganzzahlwerte, sollten Sie diese nicht als Fließkommazahlen oder Währungswerte speichern. Das Leben wird für Sie und das Datenbanksystem leichter, wenn Sie immer die passenden Datentypen verwenden.
- **Unterstützen Sie gebräuchliche Zugriffspfade** Reale Datenbanken werden nicht im Elfenbeinturm entwickelt. Stellen Sie sich darauf ein, dass Sie etwas von der theoretischen Klarheit für eine verbesserte praktische Leistung opfern müssen.

Abfragen optimieren

Schlecht konstruierte Abfragen sind sehr häufig der Grund für eine geringe Datenbankleistung. Hier nun einige Tipps, um dieselben Ergebnisse in erheblich weniger Zeit zu erhalten:

- Rufen Sie nie mehr Daten ab als nötig. Wenn Sie ein Feld nicht benötigen, sollten Sie es nicht in einer SELECT-Anweisung angeben. Wenn Sie nur den ersten Datensatz verwenden möchten, sollten Sie die Eigenschaft *MaxRecords* des Recordsets auf 1 setzen. Wenn Sie keine Daten aus einer verknüpften Tabelle benötigen, sollten Sie die JOIN-Anweisung löschen.
- Wenn Sie die Wahl zwischen der HAVING- und der WHERE-Klausel haben, sollten Sie sich für die WHERE-Klausel entscheiden. Die Daten werden früher abgerufen und die Reaktionszeit der Datenbank ist erheblich schneller.
- Lassen Sie das Datenbanksystem möglichst viel Arbeit übernehmen. Normalerweise sind Sie wesentlich besser dran, wenn Sie dem Datenbanksystem mitteilen, was Sie wünschen, anstatt mehr Daten abzurufen, als Sie benötigen und diese Daten selbst filtern und zusammenfassen zu müssen.
- Vermeiden Sie umfangreiche Ergebnismengen.
- Verwenden Sie keine Kriterien, bei denen das Datenbanksystem eine große Anzahl an Datensätzen sequentiell durchsuchen muss. Kriterien, die IN, NOT IN, oder != (ungleich) enthalten, sind Beispiele dafür.
- Spaltenfunktionen wie SUM sind ebenfalls ressourcenintensiv. Im Allgemeinen ist die Beanspruchung jedoch geringer, als wenn Sie eine umfangreiche Ergebnismenge abrufen und die Summe selbst berechnen. Benutzen Sie WHERE-Kriterien, um die Daten zu minimieren, die von SUM- oder GROUP BY-Klauseln verarbeitet werden.

Gespeicherte Prozeduren und Abfragen nutzen

Gespeicherte Prozeduren sind auf dem Datenbankserver gespeicherte Skriptblöcke. Microsoft SQL Server unterstützt beispielsweise gespeicherte Prozeduren, die in der Sprache Transact-SQL geschrieben sind. Weil gespeicherte Prozeduren in einer Umgebung ausgeführt werden, die eng an den Datenbankserver gebunden ist, lassen sich damit die effizientesten Folgen von Datenbankoperationen ausführen, die voneinander abhängen.

Eine gespeicherte Abfrage ist eine SQL-Anweisung, die im Datenbanksystem gespeichert ist. Wenn Sie eine gespeicherte Abfrage ausführen möchten, senden Sie einfach den Namen und die gewünschten Parameter an das Datenbanksystem. In ▶ Lektion 4 wird erklärt, wie gespeicherte Abfragen ausgeführt werden.

Die *Optimierung von Abfragen* gehört zu den ersten Dingen, die erforderlich sind, um SQL-Anweisungen zu verarbeiten. Bei der Abfrageoptimierung analysiert das Datenbanksystem die empfangene SQL-Anweisung sowie die Struktur der Datenbank und entwickelt (mit etwas Glück) eine optimale Strategie, um die angeforderten Daten effizient abzurufen. Die meisten Datenbanken vollziehen diesen Schritt, wenn eine gespeicherte Abfrage gespeichert wird und nicht, wenn die Anweisung die Abfrage ausführt. Bei konventionellen Abfragen muss das Datenbanksystem die Abfrage natürlich zur Laufzeit optimieren. Aus diesem Grund lassen sich gespeicherte Abfragen häufig schneller ausführen als die entsprechenden Textabfragen.

Keine binären Daten in der Datenbank speichern

Microsoft Access, SQL Server und die meisten anderen Datenbanken können zwar Objekte wie Bilder und Sounds speichern. Bei Webdatenbanken sollten Sie jedoch besser darauf verzichten. Erstens vergrößern sich die Datenbanken durch diese Objekte physisch, was die Suchzeiten erhöht. Wichtiger ist jedoch, dass die Datenbank für jedes Objekt, das auf einer Webseite benutzt wird, ein weiteres Mal abgefragt werden muss.

Um dieses Problem zu verstehen, denken Sie daran, dass eine ASP-Seite dem Browser keine Bild- oder Sounddatei zusammen mit dem HTML-Quelltext senden kann. Sie kann nur ein *<img>*-Tag senden, das den Pfad angibt, in dem die Datei gespeichert ist. Um ein Bild anzuzeigen, das in einer Datenbank gespeichert ist, sind demnach folgende Schritte erforderlich:

1. Die angeforderte ASP-Seite sendet dem Browser ein *<img>*-Tag, das das Attribut *src=* als weitere ASP-Seite übergibt und dann den korrekten Datensatzschlüssel als Abfragezeichenfolge bereitstellt.

2 Wenn der Browser dieses *<img>*-Tag empfängt, fordert er die darin genannte ASP-Seite an.

3 Die zweite ASP-Seite sucht den Datensatz, der in der Abfragezeichenfolge angegeben ist, empfängt die Bilddaten und schreibt sie in das *Response*-Objekt. Diese Seite weist außerdem der Eigenschaft *Response.ContentType* den Typ *audio/wav, image/gif, image/jpeg* oder jeden sonstigen passenden Typ zu.

Es sollte deutlich geworden sein, dass die Ausführung einer weiteren ASP-Seite, die Ausführung einer weiteren Abfrage und der Kopiervorgang der Daten aus der Datenbank in das *Response*-Objekt wesentlich mehr Verarbeitungsschritte umfassen, als dies bei der einfachen Zustellung einer *.wav-*, *.gif-* oder *.jpg*-Datei der Fall ist. Der beste Ansatz besteht daher darin, die Bild-, Sound- oder anderen Binärdateien als normale Dateien auf dem Webserver und nur den Bildnamen in der Datenbank zu speichern.

Den passenden Cursor auswählen

Wie in ▶ Lektion 4 im Abschnitt »Ein ADO *Recordset*-Objekt öffnen« beschrieben, bietet ADO die vier Cursoroptionen *statischer Cursor, dynamischer Cursor, Cursor vom Typ Schlüsselgruppe* und *Vorwärtscursor.* Jede dieser Optionen bietet andere Funktionen und eine etwas andere Leistung. Der Vorwärtscursor bietet den geringsten Leistungsumfang und ist am schnellsten. Der dynamische Cursor bietet den größten Leistungsumfang und ist am langsamsten. Die Tabelle 4.3 erklärt die Funktionen der verschiedenen Cursortypen.

Wenn Sie unsicher sind, für welchen Cursortyp Sie sich entscheiden sollen, probieren Sie einfach alle aus! Es dauert nicht lange, alle vier Möglichkeiten zu prüfen. Wenn die Webseite mit einem Vorwärtscursor prima läuft, belassen Sie es dabei. Probieren Sie andernfalls zunächst den statischen, dann den Schlüsselgruppen- und schließlich den dynamischen Cursor aus, bis die Seite wieder korrekt funktioniert. Alternativ dazu können Sie die Seite zuerst mit einem dynamischen Cursor zum Laufen bringen und es dann mit dem Schlüsselgruppen-, dem statischen und schließlich dem Vorwärtscursor versuchen.

Die *LockType*-Eigenschaft wirkt sich ebenfalls auf die Leistung aus. Wenn Ihre Webseite ein Recordset nicht aktualisiert, können Sie es auch mit einer Schreibschutzsperre öffnen. Versuchen Sie es andernfalls mit einer optimistischen Sperre. Wenn dann beim Aufruf der *Update*-Methode zu viele »Datensatz in Benutzung«-Fehler hervorgerufen werden, sollten Sie es einmal mit der pessimistischen Sperrung versuchen.

Verbindungs-Pooling nutzen

Das Öffnen einer Verbindung ist ein relativ zeitaufwendiger Prozess. IIS unterstützt deshalb eine Funktion namens *Verbindungs-Pooling*, die *Connection*-Objekte eine bestimmte Zeitdauer speichert, nachdem sie von einer ASP-Seite freigegeben wurden. Wenn eine andere Seite eine ähnliche Verbindung anfordert (d.h. eine für denselben Treiber, dieselbe Datenbank, denselben Benutzernamen und dasselbe Kennwort), verwendet IIS das ausrangierte Objekt wieder, anstatt ein neues zu erzeugen.

Der Webserver-Administrator kann das Verbindungs-Pooling auf Treiberbasis aktivieren und deaktivieren. Dazu dient das Dialogfeld *Attribute für das Verbindungs-Pooling festlegen* (siehe Abbildung 15.4). Ein Administrator kann dieses Dialogfeld in Windows 2000 öffnen, indem er zunächst *Start/Verwaltung/Computerverwaltung* wählt und dann doppelt auf *Datenquellen* klickt. Im ODBC-Datenquellen-Administrator muss der Administrator dann die Registerkarte *Verbindungs-Pooling* aktivieren.

Abbildung 15.4
Verwenden Sie den ODBC-Datenquellen-Administrator, um das Verbindungs-Pooling für einen Datenbanktreiber zu konfigurieren

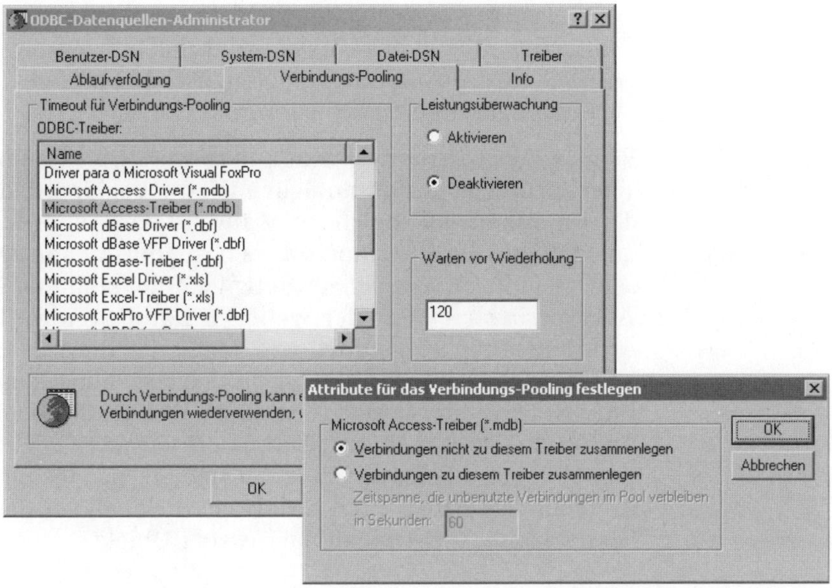

Um das Verbindungs-Pooling für einen bestimmten Treiber zu aktivieren, muss der Administrator auf den Treibernamen doppelklicken und die Option *Verbindungen zu diesem Treiber zusammenlegen* aktivieren. Die Zeitspanne, die unbenutzte Verbindungen im Pool verbleiben, ist standardmäßig auf 60 Sekunden gesetzt. Dieser Wert lässt sich jedoch auch überschreiben. Klicken Sie auf OK, wenn alle Einträge korrekt sind.

Die Optionen *Aktivieren* und *Deaktivieren* im Bereich *Leistungsüberwachung* legen fest, ob die Datenquelle *ODBC Connection Pooling* im Systemmonitor vorhanden ist. Diese Datenquelle bietet eine Rückmeldung zur Effektivität der aktuellen Einstellungen für das Verbindungs-Pooling.

Die Einstellung im Bereich *Warten vor Wiederholung* legt die Zeitdauer fest, die ODBC wartet, bevor der zweite (oder folgende) Versuch unternommen wird, eine Verbindung zum Datenbankserver herzustellen.

Keine ADO-Objekte im *Session*-Objekt speichern

Bevor das Verbindungs-Pooling verfügbar und verbreitet war, speicherten Entwickler das *Connection*- und sogar das *Recordset*-Objekt häufig im *Session*-Objekt. Die Idee dabei war, dass es besser wäre, ein *Connection*-Objekt pro Sitzung zu öffnen als ein *Connection*-Objekt pro Webseite. Es stellt sich heraus, dass diese Verbindungen nicht während des kurzen Augenblicks geöffnet blieben, in dem eine ASP-Seite ausgeführt wurde, sondern während der ganzen Sitzung (d.h. der Zeit, die der Besucher in der Site verbrachte plus 20 Minuten). Dies bedeutete, dass der Server seine Kapazitätsgrenze schneller erreichte, wenn *Connection*-Objekte permanent im *Session*-Objekt gespeichert wurden, als dies bei einem *Connection*-Objekt pro Webseite der Fall gewesen wäre. Kurz gesagt, sollten Sie lieber Verbindungs-Pooling als das *Session*-Objekt nutzen, um die Verbindungszeiten zu reduzieren.

Es mag zwar attraktiv wirken, *Recordset*-Objekte im *Session*-Objekt zu speichern, weil es dann möglich ist, die Position und den Sperrstatus in der Datenbank zu speichern, während der Webbesucher die Site durchquert. Wenn die Site jedoch stark besucht ist, kann dies dazu führen, dass sehr viele Recordsets gleichzeitig geöffnet sind und sich die Serverkapazität verringert. Wenn der Webbesucher die Site verlässt, ohne dass eine Art Abmeldung ausgeführt wird, bleibt das Recordset 20 Minuten lang geöffnet, nachdem er die Site bereits verlassen hat. Pessimistisch gesperrte Datensätze sind so lange für andere Webbesucher nicht verfügbar. Außerdem ist es nicht möglich, ein *Recordset*-Objekt ohne das *Connection*-Objekt im *Session*-Objekt zu speichern. Dies führt zu den ganzen Problemen, die im letzten Absatz beschrieben wurden. Speichern Sie also besser keine ADO-Objekte im *Session*-Objekt.

Nützliche Indizes einrichten

Im Datenbankkontext ist ein Index eine Tabelle mit Werten, die in einer anderen Tabelle enthalten sind. Die Reihenfolge der Datensätze in einem Index unterscheidet sich jedoch von der in der ursprünglichen Tabelle. Das Ganze funktioniert wie folgt:

Die meisten Datenbanksysteme unterstützen mehrere Indizes pro Tabelle.

Angenommen, Ihre Datenbank enthält eine Tabelle, in der die Mitarbeiternummer der Primärschlüssel ist.

- Das Datenbanksystem würde automatisch einen Primärschlüsselindex erzeugen, der die Mitarbeiternummer und die physische Lage jedes Datensatzes in der Tabelle *Mitarbeiter* enthält.
- Zeiger innerhalb des Primärschlüsselindex würden die Lese- oder Suchgeschwindigkeit des Index in der Reihenfolge der Mitarbeiternummern signifikant erhöhen. Was die Sortierung oder Suche in der Tabelle *Mitarbeiter* direkt beschleunigen würde.
- Immer, wenn eine Anwendung einen Datensatz zur Tabelle *Mitarbeiter* hinzufügte, einen Datensatz in der Tabelle änderte oder löschte, würde das Datenbanksystem automatisch den Primärschlüsselindex aktualisieren.

Wenn das Datenbanksystem aufgefordert wird, eine SQL-Anweisung zu verarbeiten, nimmt der Abfrageoptimierer alle anwendbaren Indizes zur Kenntnis und setzt sie ein, um die Verarbeitung zu beschleunigen. Wenn die Abfrage einen bestimmten Primärschlüssel abruft, beschließt der Optimierer zweifellos, diesen über den Primärschlüsselindex zu suchen.

Wenn dieselbe Tabelle nach allen Mitarbeitern abgefragt würde, deren Nachname mit dem Buchstaben B beginnt, müsste das Datenbanksystem alle Datensätze in der Tabelle *Mitarbeiter* lesen und die Nachnamen suchen, die mit B beginnen. Wenn diese Datensätze sortiert nach dem Nachnamen abgefragt würden, würde das Datenbanksystem einen temporären Index der gefundenen Datensätze erzeugen und diesen benutzen, um die übereinstimmenden Datensätze in der geforderten Reihenfolge abzurufen. Die Erzeugung eines temporären Index ist wesentlich aufwendiger als der Einsatz eines bereits vorhandenen Index.

Schlüssel lassen sich in einem Index erheblich schneller finden als in der Datenbank selbst, weil der Index kleiner und in der passenden Reihenfolge sortiert ist.

Indizes beschleunigen zwar die Suche und eine Sortierung ist häufig auch nicht mehr nötig, es gibt jedoch auch Nachteile. Erstens beanspruchen Indizes zusätzlichen Festplattenspeicher. Außerdem muss das Datenbanksystem alle Indizes aktualisieren, wenn eine Anwendung einen Datensatz zu einer indizierten Tabelle hinzufügt, einen Datensatz ändert oder löscht. Dies kann die Leistung erheblich beeinträchtigen.

Im Allgemeinen ist die Indizierung eines Feldes attraktiver, wenn die folgenden Bedingungen erfüllt sind:

- Die Tabelle, die das Feld enthält, ist sehr groß.
- Das Feld wird häufig für Auswahl-, Join- und Sortierungsabfragen verwendet.
- Es kommt selten vor, dass Datensätze hinsichtlich des angegebenen Feldes erzeugt, gelöscht oder aktualisiert werden.

Es gibt jedoch keine zuverlässige Regel. Sie müssen Indizes erzeugen und löschen und dann die resultierende Leistung überwachen.

Abbildung 15.5 zeigt, wie ein Feld in Access indiziert wird. Öffnen Sie die Tabelle im Entwurfsmodus, markieren Sie das Feld, das Sie indizieren möchten, und wählen Sie im Feld *Indiziert* die Option *Ja (Duplikate möglich)* oder *Ja (Ohne Duplikate)*. Wenn Sie die Option *Ja (Ohne Duplikate)* wählen, weist Access alle Versuche zurück, einen zweiten Datensatz mit einem bereits vorhandenen Wert hinzuzufügen.

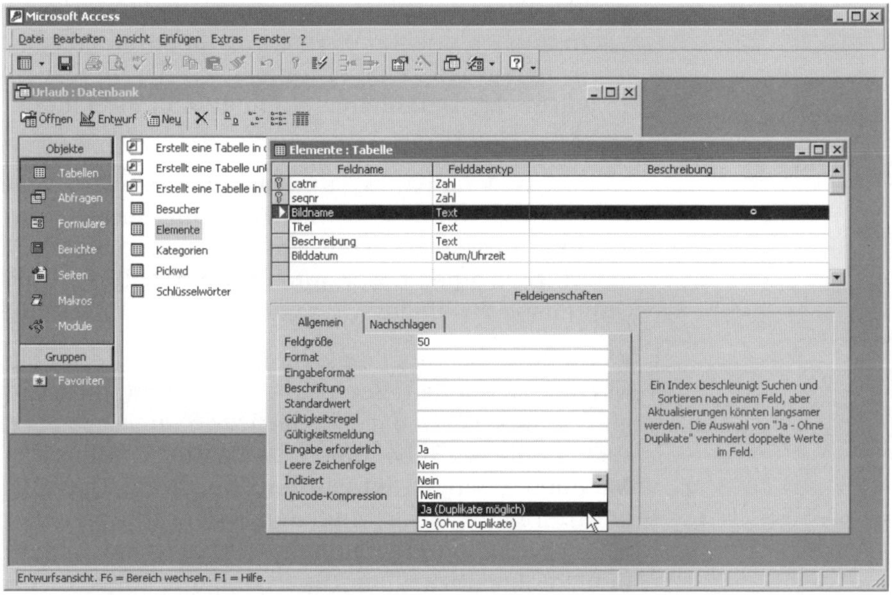

Abbildung 15.5 Ändern Sie den Wert der Eigenschaft *Indiziert* eines Feldes, für das Sie einen Index erzeugen oder löschen möchten

Die Migration zu SQL Server in Betracht ziehen

Alle Beispiele in diesem Buch greifen auf Access-Datenbanken zu. Dies hat drei Gründe: Access ist weit verbreitet, leicht zu bedienen und zu administrieren und die Lizenzen sind preisgünstig. Access ist jedoch nicht so leistungsfähig und stabil wie eine wohlkonfigurierte SQL Server-Installation. Wenn die Zugriffsrate auf die Anwendung höher als mehrere Male pro Minute ist und die Datenbank selbst größer als 10 bis 20 MB ist, sollten Sie daran denken, auf SQL Server umzusteigen.

Access 2000 enthält einen Upsizing-Assistenten, der die Konvertierung von Access in SQL-Server-Datenbanken automatisiert. Abbildung 15.6 zeigt den Befehl, über den der Assistent gestartet wird. Weil der Assistent Anmeldeinformationen und Konfigurationseinstellungen von SQL Server abfragt, sollten Sie den SQL Server-Administrator bitten, die Konvertierung für Sie oder zusammen mit Ihnen auszuführen.

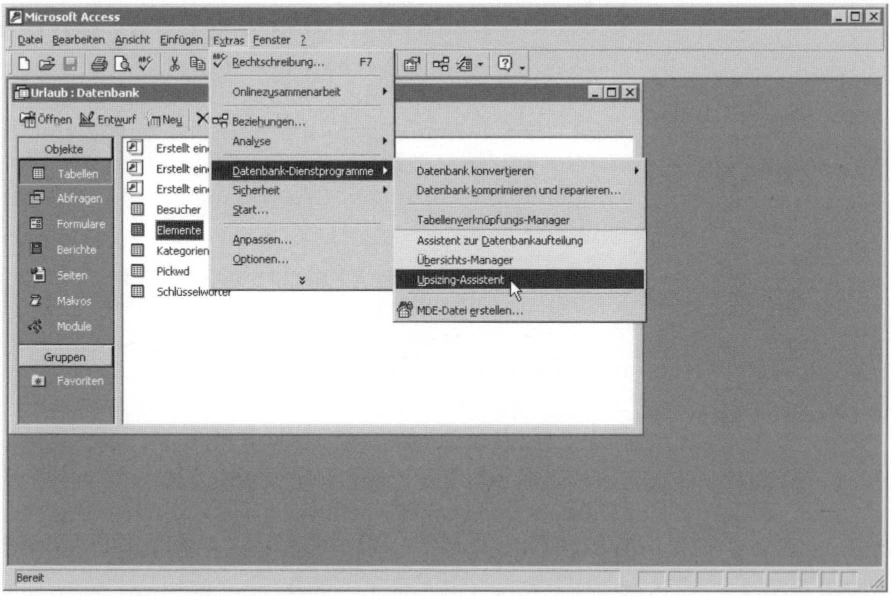

Abbildung 15.6 Mit dem Upsizing-Assistenten können Sie eine Datenbank leicht auf SQL Server migrieren

Der Assistent erzeugt eine SQL Server-Datenbank mit derselben Struktur wie Ihre bestehende Access-Datenbank. Bei Bedarf werden die bestehenden Daten auch dupliziert. Wenn Sie einen ODBC-System-DSN in allen Verbindungszeichenfolgen benutzen, müssen Sie den System-DSN einfach so umdefinieren, dass er auf die SQL Server-Datenbank verweist. Ansonsten brauchen Sie Ihre Verbindungszeichenfolgen nicht zu verändert. Dies spricht dafür, mit System-DSNs zu arbeiten oder die Verbindungszeichenfolge zumindest im *Application*-Objekt zu speichern.

Seien Sie nicht überrascht, wenn einige Ihrer Webseiten nicht mehr funktionieren, nachdem die Datenbank in eine SQL Server-Datenbank konvertiert wurde. SQL Server und Access sind verschiedene Datenbanksysteme, und es ist ganz normal, dass sie Details unterschiedlich behandeln. Es wäre also sinnvoll, die Konvertierung zuerst zu testen, bevor Sie sie vollständig durchführen.

Die Administration von SQL Server bleibt normalerweise Profis vorbehalten und überschreitet den Rahmen dieses Buches. Wenn Sie SQL Server-Administrator werden wollen, sollten Sie das passende Schulungs- und Referenzmaterial suchen. Andernfalls sollten Sie sich mit dem Administrator gut stellen, mit dem Sie zusammenarbeiten müssen.

Die Systemleistung regelmäßig testen

Die Systemleistung verhält sich umgekehrt zur Entropie (= Größe des Nachrichtengehalts einer Zeichenmenge) – sie nimmt ständig ab. Überprüfen Sie deshalb die Systemleistung in regelmäßigen Abständen. Führen Sie zumindest Ihre eigenen Webseiten aus, um zu sehen, ob sie im Vergleich zur vorherigen Woche oder dem vorherigen Monat langsam wirken.

Das Snap-In *Leistung* von Windows 2000 (*Systemmonitor* unter Windows NT/98), der Netzwerkmonitor und sogar der Task-Manager sind wertvolle Tools, um die Systemleistung zu messen. Das IIS Resource Kit bietet sogar noch zusätzliche Tools für diesen Zweck.

Zusammenfassung der Lektion

Diese Lektion bot zahlreiche Tipps zur Verbesserung der Leistung von Webdatenbankseiten. Dabei wurden in erster Linie zwei Bereiche berücksichtig: Die ASP- und die Datenbankleistung.

Die letzte ▶ Lektion 16 nennt einige Tipps für das Debugging von Webdatenbanken, die nicht die erwarteten Ergebnisse zeigen oder völlig versagen.

16 Debugging

Geschätzte Dauer:
30 Minuten

In dieser Lektion lernen Sie

- wie Sie Webdatenbankseiten testen, Fehler diagnostizieren und diese beheben können.
- wie der Microsoft Script Debugger funktioniert

Bei einer Webdatenbankseite kann vieles schief gehen und früher oder später werden Sie mit allen Problemen konfrontiert werden. Bei der Verarbeitung von Webdatenbankseiten ist sehr viel Software involviert und jede Komponente hat eigene Anforderungen und Besonderheiten.

Weder diese, noch irgend eine andere Lektion kann eine detaillierte Methode für das Debugging bei allen Webdatenbankproblemen bieten. Irgendwann müssen Sie wissen, wie die Software funktioniert, was die Seiten machen sollen und wie Sie zumindest ungefähr abschätzen können, was eine Fehlermeldung bedeutet. Diese Lektion zeigt Ihnen jedoch einen allgemeinen Ansatz für das Debugging und bietet Lösungen für bekannte Fallen. Die Lektion schließt mit einer kurzen Beschreibung des Microsoft Script Debugger, in dem Sie ASP-Seiten interaktiv debuggen können.

Allgemeine Tipps zum Debugging

Dieser Abschnitt bietet Tipps und Vorschläge, um Webdatenbankseiten lauffähig zu machen. Um etwas über die Ursache eines bestimmten Fehlers zu erfahren, geben Sie die Fehlernummer oder -Meldung in die Seite *http://search.microsoft.com/germany/SearchMS.asp* ein und suchen Sie nach einer Übereinstimmung. Weiterhin finden Sie auch in der MSDN Library, der Microsoft Internet-Informationsdienste-Website und der Microsoft Knowledge Base nützliche Informationen.

Die ASP-Umgebung überprüfen

Wenn eine einfache ASP-Seite wie die folgende nicht die erwartete Meldung (»Es hat geklappt.«) ausgibt, ist Ihr Webserver nicht korrekt für die Ausführung von ASP-Seiten konfiguriert (die ASP-Datei finden Sie im Pfad *\Webdbdev\Kap16\Itworked.asp*).

```
<html>
<head>
<title>Es hat geklappt.</title>
</head>
<body>
<%="<H1>Es hat geklappt.</H1>"%>
</body>
</html>
```

ASP-Seiten können nur auf einem Webserver ausgeführt werden, der unter IIS oder PWS ausgeführt wird und auch nur dann, wenn sie in einer Ordnerstruktur gespeichert sind, der die Berechtigung *Skript ausführen* zugewiesen wurde. ASP-Seiten lassen sich nicht direkt von der Festplatte in den Browser laden, wie dies bei normalen Webseiten möglich ist. Entsprechend können Sie ASP-Seiten auch nicht im Vorschaumodus in Microsoft FrontPage oder dem Schnellansichtmodus in Microsoft Visual InterDev betrachten. In diesen Modi wird die Webseite temporär auf der Festplatte gespeichert und angezeigt, nicht aber auf einem Webserver verarbeitet.

Die Berechtigung *Ausführen* einrichten

Wenn Ihr Webserver IIS für Microsoft Windows 2000 oder Microsoft Windows NT 4 ist, können Sie ausführbare Ordner über den Internetdienst-Manager konfigurieren. Abbildung 16.1 zeigt, wie Sie dazu vorgehen müssen. Die Einstellung *Ausführberechtigungen: nur Skripts* gibt an, dass die ASP-Seiten im aktuellen Ordner ausgeführt werden können, nicht aber kompilierte Programme mit der Dateinamenserweiterung *.exe* oder *.dll*. Damit kompilierte Programme ausgeführt werden können, müssen Sie die *Ausführberechtigungen* auf *Skripts und ausführbare Dateien* setzen.

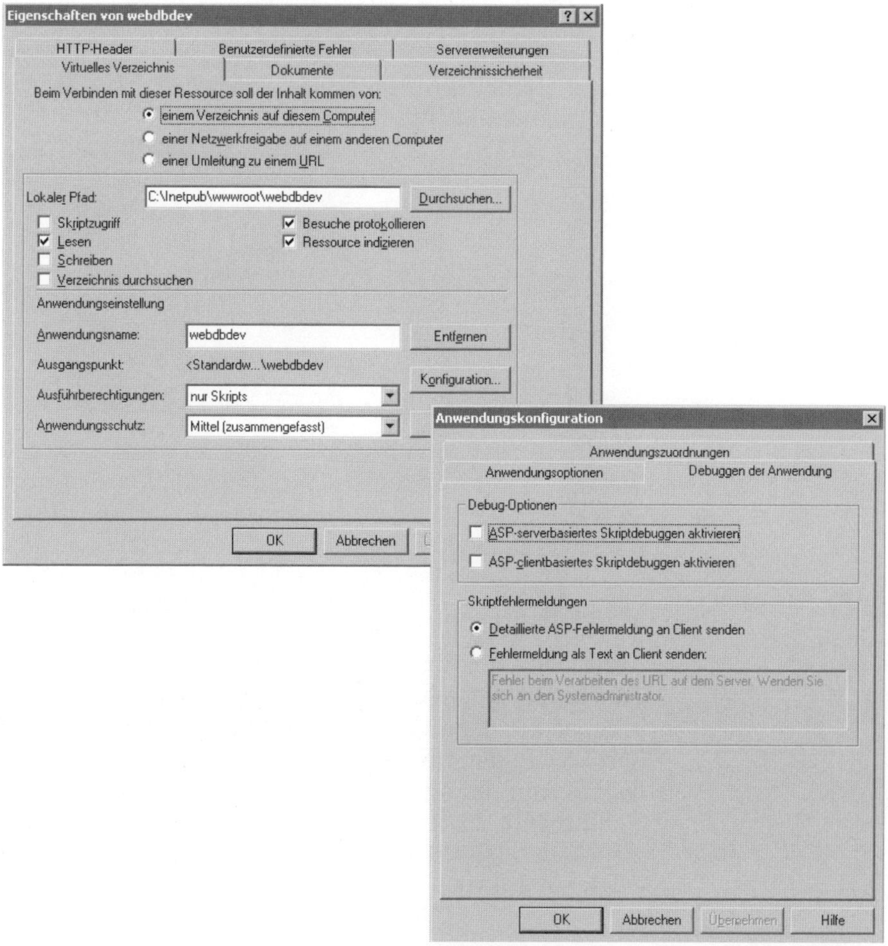

Abbildung 16.1
Dieses Dialogfeld konfiguriert einen Webserver so, dass Skripts im aktuellen Ordner ausgeführt werden können

Die Ausführberechtigungen über FrontPage festlegen

Wenn Sie Administrator eines serverbasierten FrontPage-Webs sind, können Sie die Ausführberechtigung für Skripts über FrontPage vergeben. Klicken Sie dazu einfach mit der rechten Maustaste auf den Ordner, den Sie konfigurieren möchten, und wählen Sie im Kontextmenü den Befehl *Eigenschaften*. Aktivieren Sie dann im *Eigenschaften*-Dialogfeld das Kontrollkästchen *Ausführen von Skripts zulassen*. Die Abbildung 16.2 zeigt dieses Dialogfeld.

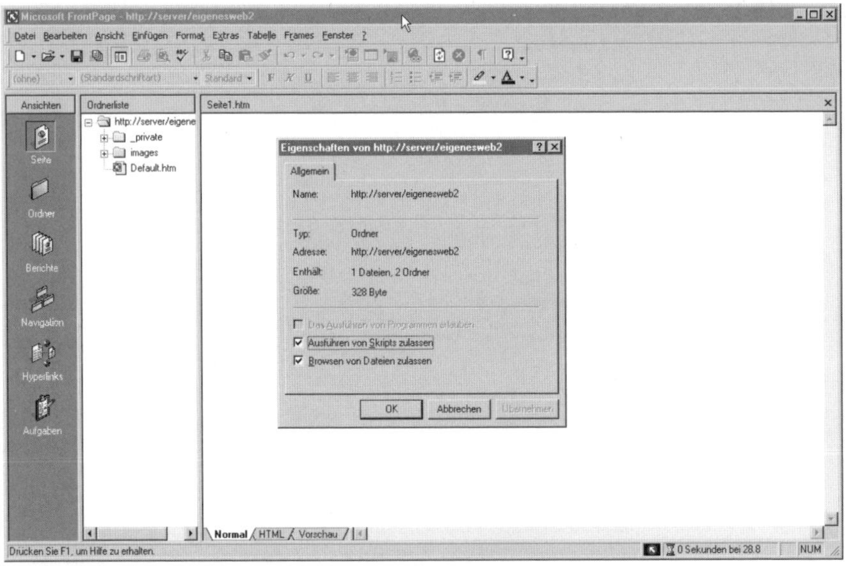

Abbildung 16.2 Administratoren von FrontPage-Webs können Ordner über dieses Dialogfeld als ausführbar kennzeichnen

Ausführberechtigungen über PWS einrichten

Wenn Sie PWS für Windows 95 oder Windows 98 nutzen, können Sie ausführbare Verzeichnisse über den Personal Web-Manager konfigurieren. Klicken Sie dazu im Personal Web-Manager auf die Schaltfläche *Erweitert*. Wenn der Ordner, den Sie konfigurieren möchten, im Feld *Virtuelle Verzeichnisse* angezeigt wird, markieren Sie ihn und klicken auf die Schaltfläche *Bearbeiten*. Aktivieren Sie dann im Dialogfeld *Verzeichnis bearbeiten* (siehe Abbildung 16.3) das Kontrollkästchen *Skripte*, und klicken Sie auf OK.

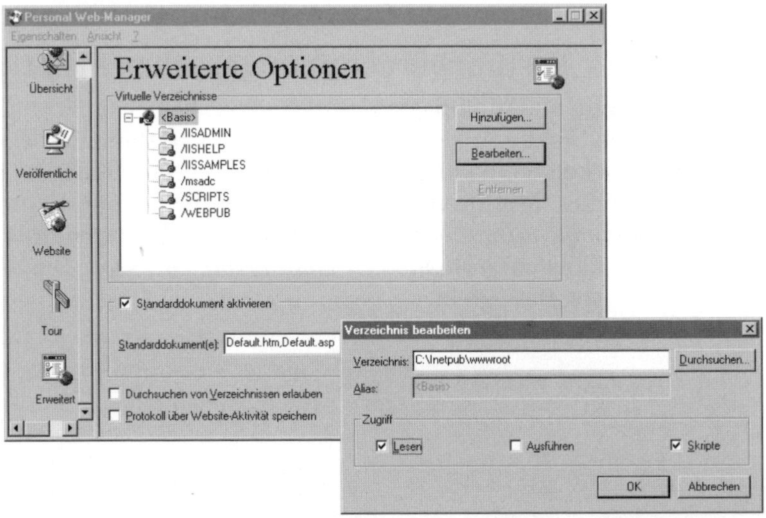

Abbildung 16.3 In diesem Dialogfeld können Sie Ordnerstrukturen als ausführbar kennzeichnen

Geben Sie im Feld *Verzeichnis* den physischen Pfad ein. Geben Sie im Feld *Alias* den URL für den Ordner ein. Konfigurieren Sie schließlich die Zugriffsberechtigungen wie zuvor.

Personal Web-Manager steht auch für die Verwaltung der Internet-Informationsdienste in Windows 2000 Professional zur Verfügung.

Um die Sicherheit zu erhöhen deaktivieren viele Webadministratoren den Lesezugriff auf ausführbare Verzeichnisse. Auf diese Weise lässt sich der Server weiter absichern, denn der Webbesucher kann nun weder ASP-Code herunterladen noch diesen oder anderen Code im selben Verzeichnis betrachten.

Denken Sie daran, die Dateinamenserweiterung *.asp* für ASP-Seiten zu verwenden.

Frühzeitig und häufig testen

ASP-Seiten lassen sich schnell speichern und ausführen. Deshalb können Sie selbst Codeteile sofort testen, nachdem Sie sie erstellt haben. Wenn Ihr Text erfolgreich verläuft, können Sie die nächste Funktion programmieren und diese dann ebenfalls wieder testen. So besteht kein Zweifel, wo die Probleme liegen.

Wenn Sie dagegen Code debuggen, der ziemlich umfangreich ist, sollten Sie versuchen, logische Funktionen auszukommentieren. Wenn das Problem behoben ist, haben Sie möglicherweise seine Quelle auskommentiert.

Fehlermeldungen finden

Microsoft VBScript-, IIS- und ADO-Fehlermeldungen können sowohl auf servergenerierten Fehlerseiten oder in der Antwortseite integriert sein (der genaue Ort hängt zu größten Teil davon ab, wo sich der fehlerhafte Code befindet). Manchmal steht eine Fehlermeldung jedoch an einer Stelle, an der der Browser sie nicht anzeigen kann, wie z.B. zwischen *<option>* ... *</option>*-Tags. Wie in Abbildung 16. gezeigt, sind solche Fehler häufig erst dann sichtbar, wenn Sie im Browser den Befehl *Quelltext anzeigen* wählen. (IIS 5.0, der im Lieferumgang von Windows 2000 enthalten ist, kann Fehler besser sichtbar machen als seine Vorgänger. Dieser spezielle Fehler erzeugt z.B. eine klar sichtbare Fehlerseite.)

Wenn Ihre Seite nicht funktioniert und es keine offensichtliche Fehlermeldung gibt, sollten Sie es einmal mit dem Befehl *Quelltext anzeigen* im Menü *Ansicht* des Browsers versuchen und den HTML-Quelltext betrachten. Diese Vorgehensweise eignet sich auch, um die Gültigkeit des HTML-Quelltexts in einer ASP-Seite zu überprüfen.

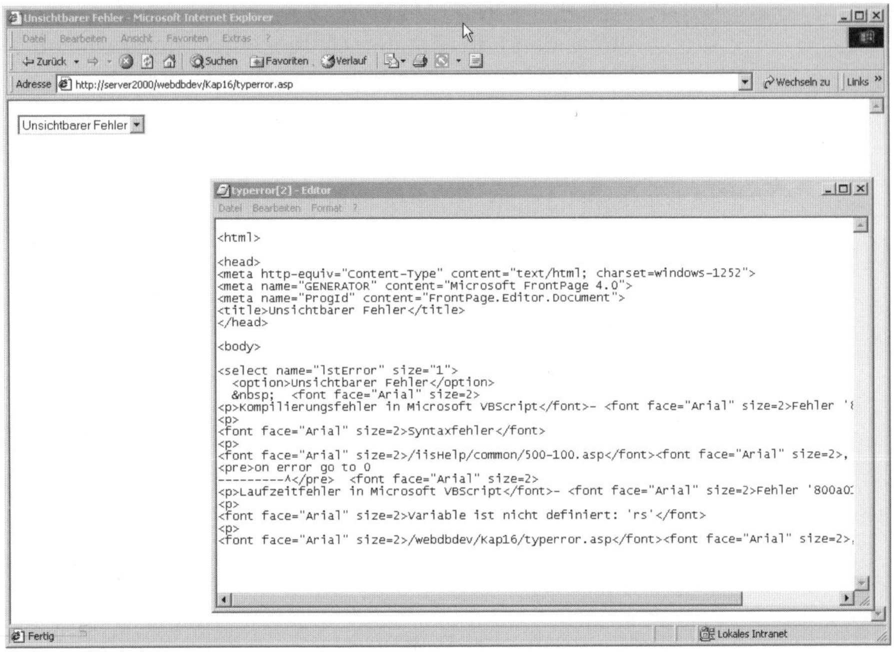

Abbildung 16.4 ASP- und ADO-Fehlermeldungen sind möglicherweise Bestandteil von Teilen einer Webseite, die der Browser anzeigt. Hier hilft der Befehl *Quelltext anzeigen* weiter.

Verwenden Sie beim Testen nie die *On Error Resume Next*-Anweisung

Ein weiterer Grund dafür, dass Sie keine nützlichen Fehlermeldungen erhalten, könnte damit zusammenhängen, dass Sie sie deaktiviert haben. Nachdem eine *On Error Resume Next*-Anweisung ausgeführt wurde, wird das Skript trotz Fehlern weiter ausgeführt, ohne dass Fehlermeldungen angezeigt werden. Die Ausführung endet erst in folgenden Fällen:

- Eine *On Error GoTo 0*-Anweisung wird ausgeführt.
- Die Unterroutine oder Funktion, die die *On Error Resume Next*-Anweisung enthielt, wird verlassen.
- Das Skript endet.

Die *On Error Resume Next*-Anweisung ist kein Ersatz für gute Programmierung. Sie sollten immer versuchen, Code zu produzieren, der keine Laufzeitfehler hervorruft, es sei denn unter bestimmten Bedingungen, in denen der Webbesucher ungültige Anforderungen sendet. (Wenn beispielsweise der Webbesucher versucht, einen Datensatz hinzuzufügen, der bereits vorhanden ist, oder Daten im falschen Format bereitstellt, wäre es möglicherweise sinnvoller, Code zu schreiben, der Datenbankfehler behandelt, als eine eigene Gültigkeitsüberprüfung zu entwickeln.)

Es gibt zwei Standpunkte zur Gültigkeitsüberprüfung bei Datenbankaktivitäten. Ein Standpunkt besagt, dass der Code in der Anwendung zur Minimierung der Belastung des Datenbanksystems eine möglichst umfassende Gültigkeitsüberprüfung vornehmen sollte. Der andere Standpunkt behauptet, dass die Gültigkeitsüberprüfung auf der Datenbankebene erfolgen sollte, so dass er über alle Anwendungen hinweg konsistent ist. Selbstverständlich sind beide Standpunkte nicht völlig wahr oder falsch. Als Entwickler müssen Sie immer die richtige Balance hinsichtlich Ihrer speziellen Bedürfnisse finden.

Meldungen zur Fehlerüberprüfung integrieren

Wenn Sie den Wert einer bestimmten Variablen oder Eigenschaft erfahren möchten, ist es häufig hilfreich, diesen in einer Meldung anzuzeigen. Die erste Anweisung im folgenden Code gibt die Anzahl der Elemente aus, die in einem bestimmten Recordset gefunden wurden. Wird diese Information mit den Ergebnissen in der nachfolgenden Schleife verglichen, könnte es sinnvoll sein, zu wissen, wo der Fehler im Code liegt.

```
Response.Write "<p>Gefundene Elemente: " & rsItm.RecordCount & "</p>"
Do While Not rsItm.EOF
'  Hier steht Code, der offenbar nicht korrekt ausgeführt wird.
  rsItm.MoveNext
Loop
```

Die *Option Explicit*-Anweisung verwenden

VBScript kann prüfen, ob die Variablen und Konstanten in Ihrem Programm vorhanden und korrekt geschrieben sind. Um diese Funktion zu aktivieren, fügen Sie die folgende Anweisung vor alle anderen ASP- und HTML-Anweisungen in Ihre Webseite ein:

```
<% Option Explicit %>
```

Nun erzeugt VBScript keine Variablen mehr, sobald sie benutzt werden. Variablen müssen nun immer mit *Dim*-Anweisungen wie den folgenden deklariert werden:

```
Dim pos, cnt
Dim rsItm
```

Wenn Sie vergessen, eine Variable zu deklarieren, gibt VBScript eine Fehlermeldung wie die folgende aus:

```
Laufzeitfehler in VBScript Fehler '800a01f4'
Variable ist nicht definiert: 'rs'
/webdbdev/Kap16/typerror.asp, line 26
```

Wenn die problematische Variable gültig ist, aber nicht lokal in einer Unterroutine oder Funktion deklariert, sollten Sie sie mit einer *Dim*-Anweisung direkt hinter dem ersten <%-Tag in der Webseite deklarieren.

Wenn es sich um eine lokale Variable einer Funktion oder Unterroutine handelt, setzen Sie die Deklaration direkt hinter die *Sub*- oder *Function*-Anweisung.

Wenn die problematische Variable ungültig ist, korrigieren Sie die Schreibweise.

Vergessen Sie die Datei *Adovbs.inc* nicht

Falls möglich, sollten Sie die Version von *Adovbs.inc* nutzen, die in der auf Ihrem Webserver installierten MDAC-Version enthalten ist.

Wenn Sie die *Option Explicit*-Anweisung nicht benutzen, können sehr viele Probleme entstehen, wenn Sie eine Include-Datei vergessen. Wenn Sie z.B. eine ADO-Konstante verwenden und die *Include*-Anweisung für die Datei *Adovbs.inc* vergessen, erzeugt VBScript Variablen mit dem gleichen Namen wie ADO-Konstanten. Handelt es sich um Zeichenfolgenvariablen, sind sie leer und die numerischen Variablen enthalten den Wert Null. In beiden Fällen resultiert eine Fehlermeldung wie die folgende:

```
ADODB.Recordset Fehler '800a0bb9'
```

Wenn Sie in VBScript-Code immer die *Option Explicit*-Anweisung verwenden, tritt das Problem nicht auf.

Der Fehler lässt sich ganz einfach beheben, indem die Datei *Adovbs.inc* wie in ▶ Lektion 3 beschrieben integriert wird.

SQL-Anweisungen in Microsoft Access debuggen

In ▶ Lektion 2 wurde im Abschnitt »Access SQL-Anweisungen erzeugen lassen« beschrieben, wie eine Abfrage in Microsoft Access entwickelt, die entsprechende SQL-Anweisung angezeigt und dann in die Webseite kopiert wird. Um SQL-Anweisungen, die Webseiten erzeugen, zu debuggen, ist auch der umgekehrte Prozess möglich.

Bei einer SQL-Anweisung, die entweder völlig fehlschlägt oder nicht das gewünschte Ergebnis produziert, gehen Sie wie folgt vor:

1. Zeigen Sie die SQL-Anweisung oder Webseite an, indem Sie die folgende Anweisung zu Ihrem ASP-Code hinzufügen.

```
Response.Write "<p>" & strSQL & "<p>" & vbCrLf
```

2. Führen Sie die ASP-Seite aus, und vergewissern Sie sich, dass die SQL-Anweisung im Browserfenster angezeigt wird.
3. Starten Sie Access und öffnen Sie die Datenbank, die die ASP-Seite versucht, zu öffnen.
4. Erzeugen Sie eine neue Abfrage, und wechseln Sie von der Entwurfs- in die SQL-Ansicht.
5. Kopieren Sie die SQL-Anweisung, die in Schritt 2 angezeigt wurde, in die Zwischenablage.
6. Fügen Sie den Inhalt der Zwischenablage in der SQL-Ansicht, die Sie in Schritt 4 geöffnet haben, ein.

7. Führen sie die SQL-Anweisung aus, indem Sie zur Datenblattansicht wechseln.

Bevor Sie eine Abfrage ausführen, die über die Zwischenablage in Access eingefügt wurde, müssen Sie alle einfachen Anführungszeichen, die Textliterale umgeben, durch doppelte Anführungszeichen ersetzen.

Die Chancen stehen gut, dass Access eine informativere Meldung bereitstellt als ADO. Außerdem können Sie die Abfrage dann wahrscheinlich in der Entwurfsansicht korrigieren und in der Datenblattansicht testen. Wenn die Abfrage funktioniert, können Sie sie wieder über die Zwischenablage in die Webseite kopieren oder die korrigierte Abfrage in der SQL-Ansicht anzeigen, die Änderungen notieren und sie in Ihren Code integrieren.

Den korrekten Cursor und die korrekte Sperre wählen

Wenn die ADO-Methoden und -Eigenschaften nicht wie dokumentiert ausgeführt werden, verwenden Sie möglicherweise den falschen Cursor- oder Sperrtyp. Weitere Details hierzu finden Sie in ▶ Lektion 4 im Abschnitt »Ein ADO Recordset-Objekt öffnen«.

Anhand der Methode *Recordset.Supports* können Sie feststellen, welche Funktionen ein offenes Recordset unterstützt. Abbildung 16.5 zeigt eine Webseite, die dies für die Tabelle *items* der Datenbank *Holiday.mdb* macht. Um die Eigenschaften eines Recordsets zu prüfen, das diese Tabelle öffnet, wählen Sie einen Cursortyp, ein Sperrverfahren, und klicken Sie auf OK. Die HTML-Tabelle, die den größten Teil der Seite einnimmt, zeigt die Funktionalität des resultierenden Recordsets an. Sie finden diese Seite bei den Beispieldateien auf der Buch-CD-ROM unter *\Webdbdev\Kap16\Supports.asp*.

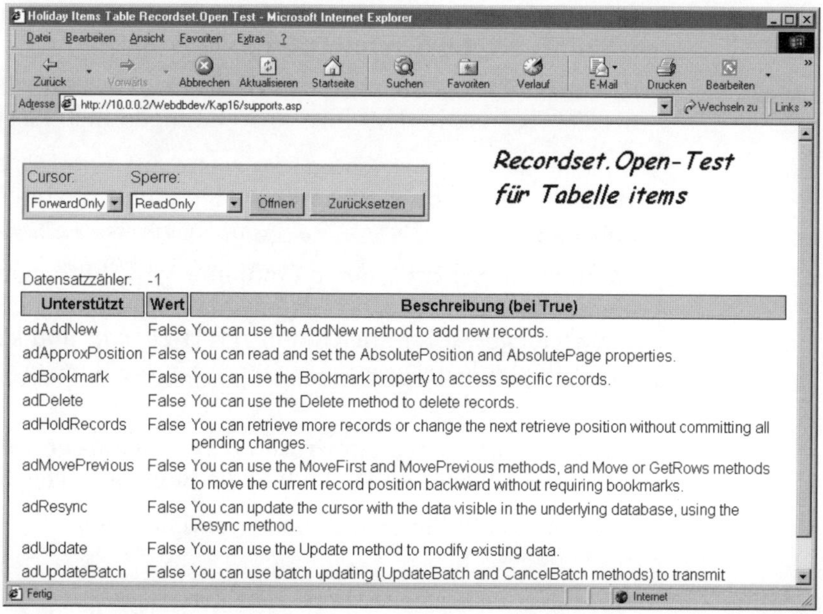

Abbildung 16.5 Diese Webseite zeigt die Eigenschaften eines geöffneten Recordsets mit den gewählten Optionen an

Bei dieser Seite wird das Recordset in üblicher Weise geöffnet. Dann wird die Methode *Recordset.Supports* für jede Konstante abgefragt, die in der Spalte *Unterstützt* aufgelistet ist. Die erste Zelle in der Spalte *Wert* zeigt z.B. den Wert des Ausdrucks *RsItm.Supports(adAddNew)* an. Dadurch, dass Sie die Verbindungszeichenfolge und den Tabellennamen verändern, können Sie mit den Möglichkeiten einer Datenbank experimentieren.

Wenn Sie die Webseite ausführen, werden Sie vielleicht feststellen, dass Sie eigentlich einen Schlüsselwertcursor (*keyset*) erhalten, wenn Sie den dynamischen Cursor (*dynamic*) wählen. Dies ist eine Beschränkung von Microsoft Access. Vielleicht ist Ihnen auch aufgefallen, dass der Datensatzzähler beim Vorwärtscursor (*forward-only*) auf –1 steht. Ein Vorwärtscursor weist das Datenbanksystem an, nur ganz wenige Datensätze auf einmal zu schicken und hat keine Möglichkeit, festzustellen, wie viele Datensätze gesendet wurden. Deshalb kann er keinen Datensatzzähler bereitstellen.

Die Anwendungseinstellungen für Testzwecke konfigurieren

Wenn Sie Ihre Webanwendungen für Testzwecke konfigurieren, werden Sie Fehler erheblich leichter finden. Die Abbildung 16.6 und die Abbildung 16.7 zeigen die Registerkarten des Dialogfelds *Anwendungskonfiguration* für Windows 2000 Webserver. Das entsprechende Dialogfeld für Windows NT 4.0 sieht ganz ähnlich aus.

Gehen Sie wie folgt vor, um das Dialogfeld zu öffnen:

1. Öffnen Sie unter Windows 2000 Internet-Informationsdienste und unter Windows NT 4.0 den Internetdienst-Manager.
2. Erweitern Sie die Struktur des Webservers so, dass das virtuelle Verzeichnis sichtbar ist, in dem Ihre Anwendungen installiert sind.
3. Klicken Sie mit der rechten Maustaste auf einen Computer oder auf das virtuelle Verzeichnis, und wählen Sie im Kontextmenü den Befehl *Eigenschaften*.
4. Wenn Sie in Schritt 3 einen Computer gewählt haben, aktivieren Sie nun die Registerkarte *Internet-Informationsdienste*, wählen Sie im Listenfeld *Haupteigenschaften* die Option *WWW-Dienst*, und klicken Sie auf die Schaltfläche *Bearbeiten*. Aktivieren Sie die Registerkarte *Basisverzeichnis*.
5. Wenn Sie in Schritt 3 ein virtuelles Verzeichnis gewählt haben, aktivieren Sie im *Eigenschaften*-Dialogfeld die Registerkarte *Virtuelles Verzeichnis*.
6. Klicken Sie auf die Schaltfläche *Konfiguration*.

Wenn die Schaltfläche *Konfiguration* deaktiviert ist, ist der aktuelle Ordner nicht das Stammverzeichnis einer IIS-Anwendung. Schließen Sie das Dialogfeld und wiederholen Sie die obigen Schritte ab Schritt 3 für das Stammverzeichnis der Anwendung. Wenn der aktuelle Ordner das Stammverzeichnis einer neuen Anwendung werden soll, klicken Sie auf die Schaltfläche *Erstellen*.

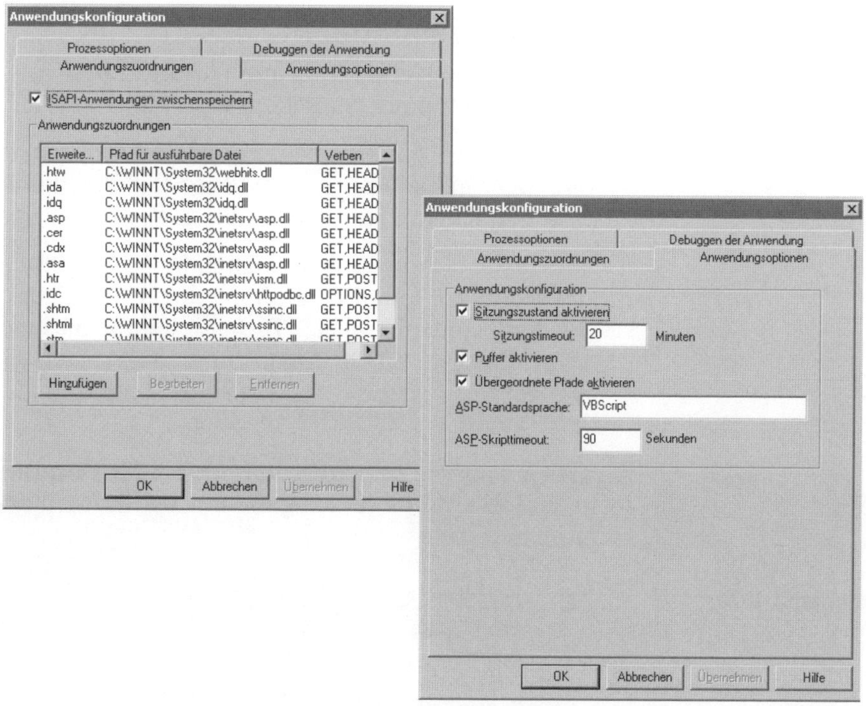

Abbildung 16.6
Diese Dialogfelder legen viele Details der Ausführung von ASP-Seiten fest

Die folgenden Abschnitte geben an, welche Einstellungen Sie in bezug auf das Testen wählen sollten. Weitere Einzelheiten zu allen angegebenen Feldern erhalten Sie, wenn Sie auf die *Hilfe*-Schaltfläche am unteren Rand des Dialogfelds klicken. Bei PWS für Windows 95 und 98 lassen sich diese Optionen nicht konfigurieren.

Anwendungszuordnungen

Diese Einstellungen sind bei allen drei Konfigurationenebenen unter Windows 2000 und Windows NT 4.0 verfügbar.

- Aktvieren Sie das Kontrollkästchen *ISAPI-Anwendungen zwischenspeichern*. Diese Option bewirkt, dass IIS jedes Mal, wenn ein Webbesucher eine Webseite anfordert, die ASP-Umgebung initialisiert, ein *Application*- und ein *Session*-Objekt erzeugt, die Datei *Global.asa* ausführt, die angeforderte ASP-Datei verarbeitet und an den Webbesucher zurücksendet, das *Session*- und das *Application*-Objekt löscht und dann die ASP-Umgebung herunterfährt.

Dies bedeutet, dass das *Session*-Objekt nicht genutzt werden kann, um Informationen zwischen Seiten weiterzugeben. Wenn eine ASP-Seite angefordert wird, während eine vorherige Sitzung noch aktiv ist, schlägt die zweite Anforderung fehl.

Anwendungsoptionen

Diese Einstellungen sind bei allen drei Konfigurationsebenen unter Windows 2000 und Windows NT 4.0 verfügbar.

- Aktivieren Sie das Kontrollkästchen *Sitzungszustand aktivieren*, wenn eine Seite in der Anwendung das *Session*-Objekt nutzt. Das Kontrollkästchen ist standardmäßig aktiviert.
- Aktivieren Sie das Kontrollkästchen *Puffer aktivieren*, um die Leistung zu verbessern und die Erfüllung der Anforderung zu erleichtern, dass alle Änderungen von HTTP-Header-Informationen vorausgehen, bevor die erste HTML-Anweisung ausgegeben wird. Das Kontrollkästchen ist unter Windows 2000 standardmäßig aktiviert, nicht aber unter Windows NT 4.0.
- Überprüfen Sie den Wert *ASP-Skripttimeout*. Dies ist die Zeitspanne, in der eine ASP-Seite ausgeführt wird, wenn die Seite in einer Schleife läuft.

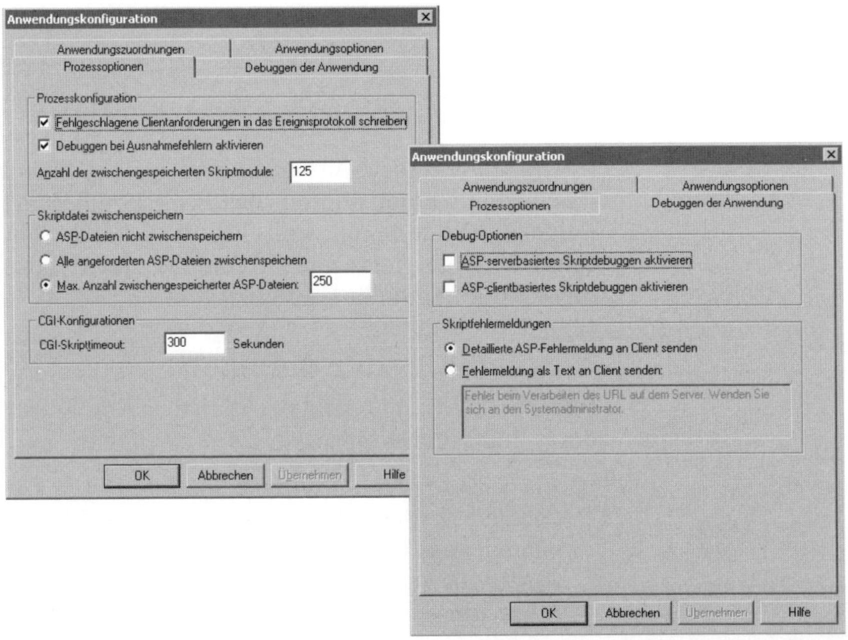

Abbildung 16.7 Dies sind die restlichen Registerkarten im Dialogfeld *Anwendungskonfiguration*. Die Registerkarte *Prozessoptionen* ist unter manchen Umständen nicht vorhanden.

Prozessoptionen

Unter Windows NT 4.0 ist diese Registerkarte nur bei den Haupteigenschaften für den gesamten Computer verfügbar. Unter Windows 2000 ist die Registerkarte auch bei der Anwendungskonfiguration für einen virtuellen Server vorhanden. Für einzelne virtuelle Verzeichnisse steht die Registerkarte *Prozessoptionen* nicht zur Verfügung.

- Aktivieren Sie das Kontrollkästchen *Fehlgeschlagene Clientanforderungen in das Ereignisprotokoll schreiben*. Wenn ein Fehler bei der Ausführung der Webseiten auftritt, schreibt IIS Fehlermeldungen in das Windows-Ereignisprotokoll. Einige dieser Meldungen erscheinen sonst nirgends. In einer Produktionsumgebung sollten Sie das Kontrollkästchen deaktivieren, um die Systemleistung nicht zu beeinträchtigen.
- Aktivieren Sie das Kontrollkästchen *Debuggen bei Ausnahmefehlern aktivieren* bitte nicht. Wenn dieses Kontrollkästchen aktiviert ist, sendet ASP eine allgemeine Fehlermeldung, falls *Server.CreateObject* fehlschlägt. Ist das Kontrollkästchen dagegen deaktiviert, sendet ASP eine spezifische Fehlermeldung von der Komponente. Bei Produktionswebservern ist dieses Kontrollkästchen normalerweise aktiviert.
- Aktivieren Sie die Option *ASP-Dateien nicht zwischenspeichern*, wenn Sie ASP-Dateien aktualisieren, indem Sie sie direkt im Dateisystem des Webservers speichern. Andernfalls wird eine Datei vielleicht gerade benutzt, wenn Sie versuchen, sie zu speichern. Es könnten dann passieren, dass bei einem Text die alte Version geprüft wird, die sich noch im Arbeitsspeicher befindet.

  Wenn die FrontPage-Servererweiterungen eine ASP-Seite aktualisieren, weisen Sie den Webserver an, alle zwischengespeicherten Kopien dieser Webseiten zu löschen. Deshalb brauchen Sie die Zwischenspeicherung von ASP-Dateien nicht zu deaktivieren, wenn Sie FrontPage, Visual InterDev oder die Microsoft Office 2000-Webordner nutzen, um ASP-Dateien in einem serverbasierten FrontPage-Web zu speichern.

Auf Produktionswebservern sollte eine der Optionen aktiviert werden, die die Zwischenspeicherung erlaubt.

Debuggen der Anwendung

Diese Einstellungen sind bei allen drei Konfigurationsebenen unter Windows 2000 und Windows NT 4.0 verfügbar:

- Aktivieren Sie das Kontrollkästchen *ASP-serverbasiertes Skriptdebuggen aktivieren*, wenn Sie planen, Microsoft Script Debugger zu nutzen, der später in dieser Lektion beschrieben wird. Aktivieren Sie das Kontrollkästchen niemals auf einem Produktionsserver. Falls ASP-Seiten fehlschlagen, wird der Webbesucher hingehalten und es werden Debugging-Sitzungen initialisiert.

- Ignorieren Sie das Kontrollkästchen *ASP-clientbasiertes Skriptdebuggen aktivieren*. Diese Funktion ist inklusive IIS 5.0 in keinem Microsoft-Webserver implementiert. Spätere Versionen enthalten diese Funktion vielleicht. Wird das Kontrollkästchen aktiviert, hat dies momentan jedoch keine Auswirkung.
- Aktivieren Sie die Option *Detaillierte ASP-Fehlermeldung an Client senden*. Beim Debuggen benötigen Sie alle Informationen, die Sie bekommen können. Auf einem Produktionsserver sind freundlichere Meldungen eher zu bevorzugen.

Windows-Berechtigungen konfigurieren

In ▶ Lektion 6 im Abschnitt »Die Sicherheit von Webseiten unter Windows 2000 und Windows NT verwalten« wurde erklärt, wie Microsoft Webserver für Windows 2000 und Windows NT 4.0 zunächst versuchen, auf Webressourcen mit dem so genannten »anonymen« Benutzerkonto zuzugreifen. Wird der Zugriff verweigert, fordern solche Webserver den Webbesucher auf, einen Windows-Benutzernamen und ein Kennwort einzugeben.

Um zu vermeiden, dass Sie neuen Webbenutzern an mehreren Stellen Berechtigungen zuweisen, können Sie dies ein Mal für eine Gruppe tun und die Webbesucher dann zu dieser Gruppe hinzufügen.

Im selben Abschnitt wurde auch erklärt, dass das Konto, mit dem erfolgreich auf eine Webseite zugegriffen werden kann, auch das Konto ist, welches für den Zugriff auf den ASP-Skriptinterpreter, die Datenbanksoftware, die Datenbank selbst und alle anderen ActiveX-Steuerelemente oder Systemdienste verwendet wird, die die Webseite benutzt. Jedes Konto muss das Benutzerrecht *Lokale Anmeldung* haben. Wenn der Zugriff auf eine dieser Ressourcen fehlschlägt, wird auch die Verarbeitung der ASP-Seite fehlschlagen.

Um festzustellen, ob ASP-Seiten wegen falscher Einstellungen in der NTFS-Sicherheit nicht funktionieren, können Sie das Benutzerkonto *Anonymous* zur Gruppe der *Administratoren* des lokalen Systems hinzufügen, den Webserver dann stoppen und neu starten. Wenn Ihre ASP-Seiten nun funktionieren, waren die vorherigen Probleme Sicherheitsprobleme. Sie können den Benutzer *Anonymous* zum Test auch wieder aus der Gruppe *Administratoren* herausnehmen und dann die Ressource suchen, auf die kein Zugriff besteht.

Benutzen Sie niemals ein *Administrator*-Konto für einen anonymen Webzugriff, da sonst ein Sicherheitsproblem entsteht.

Ein weiteres Problem stellt sich beim Zugriff auf Ressourcen (wie Access- oder SQL Server-Datenbanken), die auf anderen Computern gespeichert sind. Dies gilt insbesondere, wenn das Standardkonto *Anonymous* (das bei der Installation von IIS erstellt wird), ein lokales Konto ohne Berechtigungen auf einem anderen Computer ist. Hier ist es empfehlenswert, ein Konto namens *Domäne* zu erstellen, das auf beiden Systemen eingesetzt werden kann, dieses Konto mit allen benötigten Berechtigungen und Benutzerrechten zu versehen und es zum Webserverkonto *Anonymous* für das virtuelle Verzeichnis zu machen, das auf die remote Ressource zugreift. Wenn dies nicht sinnvoll ist, sollten Sie den Sicherheitsadministrator, den Webserveradministrator oder einer anderen Person konsultieren, die Ihnen die Administration von Windows-Konten erklärt.

Einem Benutzer oder einer Gruppe das Benutzerrecht *Lokale Anmeldung* zuweisen

Um einem Benutzer oder einer Gruppe das Benutzerrecht *Lokale Anmeldung* zuzuweisen, öffnen Sie das Gruppenrichtlinien-Snap-In, erweitern den Eintrag *Zuweisen von Benutzerrechten* und öffnen die Richtlinien *Lokale Anmeldung*. Klicken Sie dann auf die Schaltfläche *Hinzufügen*, um das Benutzerrecht einem Benutzer oder einer Gruppe zuzuweisen.

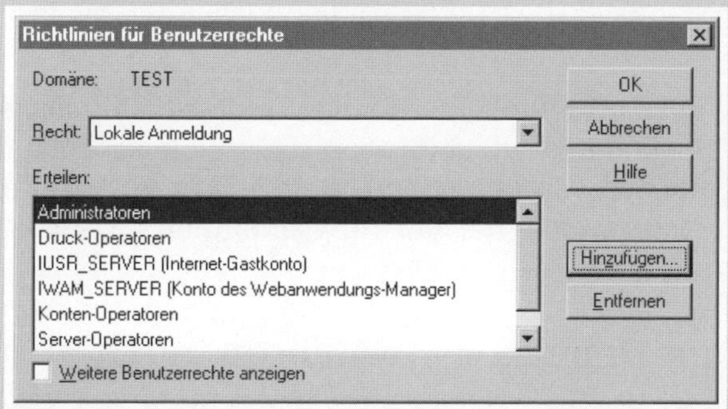

Abbildung 16.8 Das Recht *Lokale Anmeldung* lässt sich auch unter Windows NT 4.0 zuweisen

Um dieses Recht unter Windows NT 4.0 zuzuweisen, starten Sie den *Benutzer-Manager für Domänen*, wählen im Menü *Richtlinien* den Befehl *Benutzerrechte* und wählen das Recht *Lokale Anmeldung* im Dialogfeld *Richtlinien für Benutzerrechte* im Listenfeld *Rechte* aus (siehe Abbildung 16.8). Klicken Sie dann auf die Schaltfläche *Hinzufügen*, um die Zuweisung an die Benutzer und Gruppen vorzunehmen.

Debugging mit Microsoft Script Debugger

Microsoft bietet eine Anwendung namens Script Debugger, die interaktives Debugging für serverseitige Skripts, wie z.B. der VBScript-Code in ASP-Seiten, und browserseitige Skripts bietet, wie z.B. JavaScript-Code, der im Browser ausgeführt wird. Mit Script Debugger können Sie Ihr Skript betrachten, während es ausgeführt wird, es anhalten, um den Code zu überprüfen, es zeilenweise ausführen, Haltepunkte setzen, Variablen betrachten und modifizieren, Objekteigenschaften bearbeiten und vieles mehr. Und dies alles unter einer integrierten grafischen Benutzeroberfläche.

Script Debugger bietet keine remoten Debugging-Funktionen. Um ein browserseitiges Skript interaktiv zu debuggen, müssen Microsoft Internet Explorer und Script Debugger auf demselben Computer ausgeführt werden. Außerdem muss einer der folgenden Webserver eingesetzt werden:

- Internet-Informationsdienste für Windows 2000
- Internet Information Server 4.0 für Windows NT Server 4.0
- Personal Web Server 4.0 für Windows NT Workstation 4.0

Microsoft Personal Web Server für Windows 95 und Windows 98 kann vernachlässigt werden. Das interaktive Debugging funktioniert unter diesen Windows-Versionen nicht. Wenn Sie Ihre Webseiten momentan auf einem Windows 95- oder einem Windows 98-Computer testen und ASP-Seiten interaktiv debuggen möchten, sollten Sie besser auf Windows 2000 umsteigen.

Praktisch gesehen, eignen sich Windows 2000 Professional und Windows NT Workstation 4.0 sehr wahrscheinlich am besten als Plattformen für das interaktive Debugging von ASP-Skripts. Auf einem Produktionsserver sollten Sie wegen der Leistungseinbußen besser kein Debugging durchführen.

Script Debugger installieren und aktivieren

Um serverseitige Skripts auf einem Windows NT 4.0-Computer zu debuggen, müssen Sie die Version von Script Debugger installieren, die im Windows NT 4.0 Option Pack enthalten ist. Die Version von Script Debugger, die im Lieferumfang von Internet Explorer 4.0 und später enthalten ist, bietet nur browserseitiges Debugging.

In Visual InterDev ist das Skript Debugging integriert. Deshalb sollten Sie keine separate Version von Script Debugger auf einem Computer installieren, auf dem auch Visual InterDev installiert ist. Weitere Informationen hierzu finden Sie in der Dokumentation von Visual InterDev.

Um Script Debugger unter Windows 2000 zu installieren, klicken Sie in der Systemsteuerung doppelt auf *Software* und klicken dann auf *Windows-Komponenten hinzufügen/entfernen*. Abbildung 16.9 zeigt diesen Vorgang.

Abbildung 16.9
Windows 2000 bietet den Script Debugger als installierbare Option

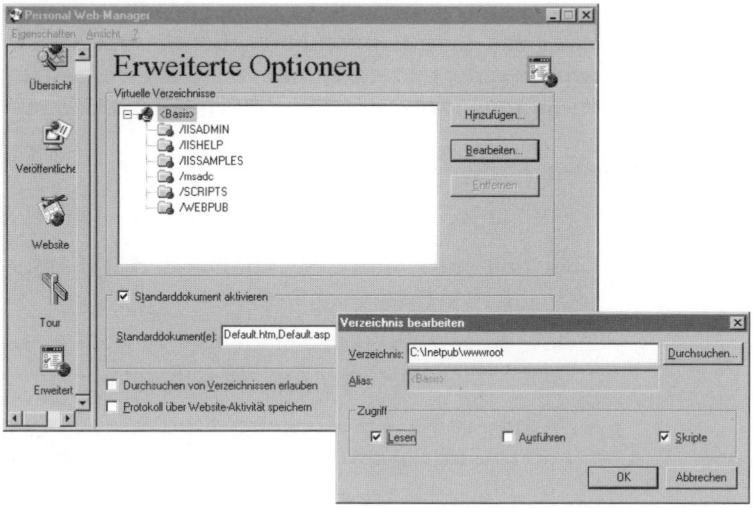

Um das browserseitige Skriptdebugging zu aktivieren, gehen Sie wie folgt vor:

1. Starten Sie Internet Explorer.
2. Wählen Sie im Menü *Extras* den Befehl *Internetoptionen*.
3. Klicken Sie auf die Registerkarte *Erweitert*.
4. Suchen Sie die Option *Skriptdebugging deaktivieren*, und vergewissern Sie sich, dass die Option nicht aktiviert ist. Abbildung 16.10 zeigt die korrekte Einstellung.

Abbildung 16.10
In diesem Dialogfeld können Sie das browserseitige Skriptdebugging aktivieren oder deaktivieren

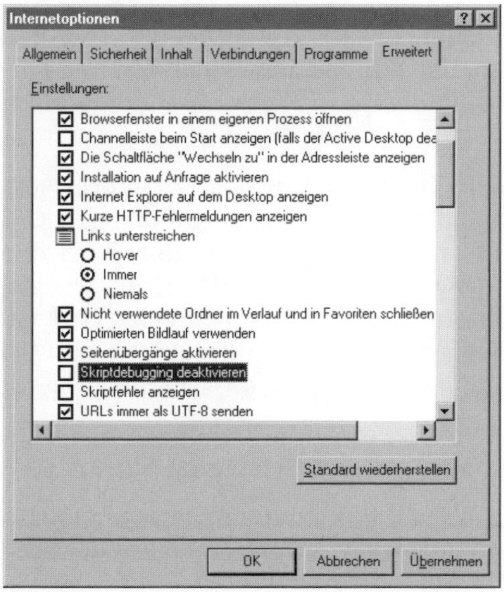

Das serverseitige Skriptdebugging wird für die ausführbare Ordnerstruktur, die das Skript enthält, über die Option *ASP-serverseitiges Skriptdebuggen aktivieren* aktiviert. Diese Einstellung muss der Webserveradministrator mit dem Internetdienst-Manager vornehmen.

Script Debugger starten

Script Debugger lässt sich auf vier verschiedene Weisen starten:

- **Über das Start-Menü** Sie können Script Debugger manuell starten, wenn Sie wie folgt vorgehen:
  - **Windows 2000** Klicken Sie auf *Start/Programme/Zubehör/Microsoft Script Debugger* und schließlich auf *Microsoft Script Debugger.*
  - **Windows NT 4.0** Klicken Sie auf *Start/Programme/Windows NT 4.0 Option Pack/Microsoft Script Debugger* und dann auf *Microsoft Script Debugger.*

  Wenn Script Debugger auf diese Weise gestartet wird, kann er Webdateien mit einer ähnlichen Funktionalität wie Windows-Editor öffnen, bearbeiten und speichern. Die einzige Verbesserung gegenüber Windows-Editor ist die farbige Hervorhebung der verschiedenen Codebestandteile. Für Seiten, die Sie im Script Debugger öffnen, können Sie kein Skriptdebugging initiieren.
- **Über Internet Explorer** Wählen Sie im Menü *Ansicht* den Befehl *Skriptdebugger/Öffnen*. Diese Option ist nicht vorhanden, wenn Sie die Option *Skriptdebugging deaktivieren* aktiviert haben (siehe Abbildung 16.10). Über Internet Explorer lässt sich browserseitiges Debugging initiieren, nicht aber serverseitiges.
- **Über das Skript** In VBScript öffnet der *Stop*-Befehl den Debugger, weist ihn an, die aktuelle Seite zu öffnen und auf der aktuellen Anweisung zu positionieren. In JScript heißt der entsprechende Befehl *debugger.*
- **Automatisch** Wenn der Browser einen browserseitigen Skriptfehler entdeckt und das Skriptdebugging aktiviert ist, gibt der Browser eine Meldung aus, in der der Benutzer gefragt wird, ob er den Fehler debuggen möchte. Wenn der ASP-Prozessor einen serverseitigen Skriptfehler entdeckt und das Debugging aktiviert ist, startet er sofort Script Debugger. In beiden Fällen zeigt Script Debugger automatisch die Seite und die Anweisung an, die den Fehler enthält.

Alle vier Methoden laden Script Debugger, aber nur die letzten beiden Methoden können eine ASP-Debugging-Sitzung initiieren.

Neben den geöffneten Dokumentfenstern zeigt Script Debugger noch bis zu drei eigene Fenster an. Sie können diese bei Bedarf auch ausblenden, wenn Sie den entsprechenden Befehl im Menü *Ansicht* wählen oder auf eine Schaltfläche in der Symbolleiste klicken. Abbildung 16.11 zeigt, wo Sie diese Optionen finden.

Die drei Fenster bieten die nachfolgend aufgeführten Funktionen:

- **Laufende Dokumente** Listet zwei Gruppen von Webseiten auf: eine für ASP-Seiten und eine für Seiten, die in Microsoft Internet Explorer ausgeführt werden. Um eines der aufgelisteten Dokumente zu debuggen, klicken Sie auf den Eintrag. Die Merkmale dieser Gruppen sind nachfolgend aufgelistet:
  - **Microsoft Active Server Pages** Listet alle ASP-Seiten auf, die der Server momentan ausführt. Beachten Sie, dass eine ASP-Seite nur dann hier aufgeführt wird, wenn der Webserver die Ausführung der Seite temporär unterbricht. Dies ist nur dann der Fall, wenn das Debugging für den ausführbaren Ordner aktiviert ist und die Webseite entweder einen Fehler hervorruft oder die *Stop*- (VBScript) bzw. die *debugger*-Anweisung (JScript) ausführt.
  - **Microsoft Internet Explorer** Listet alle Webseiten auf, die momentan im Browser angezeigt werden. Beachten Sie jedoch, dass bei einem Doppelklick auf eine ASP-Seite, die hier aufgeführt wird, nur der Code geladen wird, den Internet Explorer empfängt. Dies ist der HTML-Code, der vom Server zurückgesendet wird und alle browserseitigen Skripts, die dieser enthält.
- **Aufrufliste** Listet alle Unterroutinen oder Funktionen auf, die momentan ausgeführt werden.
- **Befehlsfenster** Hier können Befehle eingegeben und Ergebnisse angezeigt werden. Sie können dieses Fenster nutzen, um Variablen und Eigenschaften in Ihrem Skript abzufragen oder zu verändern oder um eine beliebige Skriptanweisung direkt auszuführen.

  Das Befehlsfenster verwendet immer die Sprache der momentan ausgeführten Anweisung. Wenn momentan ein VBScript-Codeblock ausgeführt wird, erwartet das Befehlsfenster eine VBScript-Anweisung. Handelt es sich um einen JScript-Codeblock, erwartet das Befehlsfenster JScript-Anweisungen.

  Um eine Variable oder eine Eigenschaft in VBScript anzuzeigen, geben Sie ein Fragezeichen, ein Leerzeichen und den Variablennamen oder den Namen der Eigenschaft ein. Um eine Variable oder eine Eigenschaft in JScript anzuzeigen, geben Sie einfach den Namen ein.

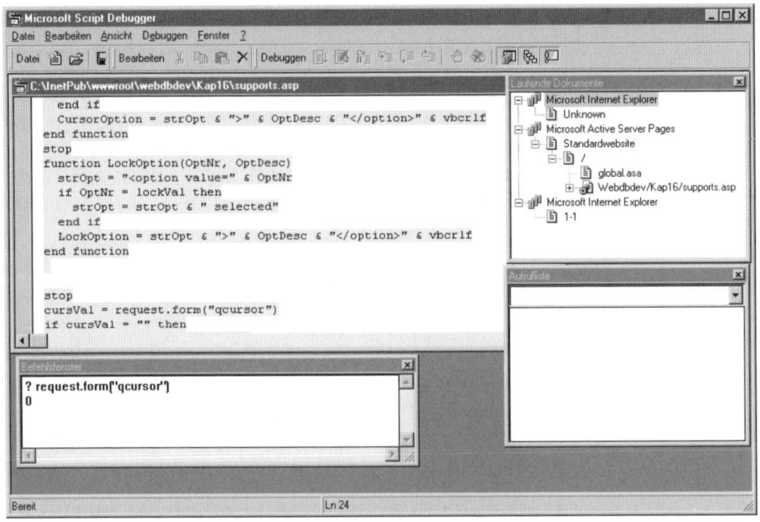

Abbildung 16.11 Microsoft Script Debugger kann interaktiv Werte anzeigen, modifizieren und die Abfolge der Ausführung in einer ASP-Seite verfolgen

Eine ASP-Debugging-Sitzung lässt sich nur indirekt starten, und beim Browser entsteht ein Timeout. Um zu verstehen, warum dies so ist, betrachten Sie den Kontrollfluss:

1. Der Browser fordert die Seite an.
2. Der Webserver entdeckt einen schwerwiegenden Fehler oder eine *Stop*-Anweisung und stellt fest, dass das serverseitige Debugging aktiviert ist.
3. Der Webserver hält das Skript an.
4. Der Webserver sucht nach einer Version von Script Debugger. Falls er diese findet, weist er Script Debugger an, eine Debuggingsitzung zu starten und fährt fort, wie zuvor.
5. Der Entwickler behebt die Fehler in der Webseite.

Beim Browser ist entweder die zulässige Zeitspanne für die Wartezeit auf eine Antwort überschritten oder er zeigt die resultierende Webseite an. Dies hängt ganz davon ab, wie viel Zeit der Entwickler für das Debugging benötigt.

Das Befehlsfenster in Abbildung 16.11 zeigt, wie eine Eigenschaft in VBScript abgefragt wird: geben Sie einfach ein Fragezeichen, ein Leerzeichen und den Namen der Eigenschaft ein. In der Abbildung enthält *request.form("qcursor")* den Wert *0*. Normale Variablen, Datenfelder und andere Ausdrücke lassen sich auf dieselbe Weise abfragen. Um den Wert einer Variablen oder einer Eigenschaft zu verändern oder eine Methode aufzurufen, geben Sie einfach die erforderliche Codezeile in das Befehlsfenster ein. Um z.B. den Wert der Variablen *cursVal* auf *3* zu setzen, geben Sie die folgende Anweisung ein, und drücken Sie die [↵].

```
cursVal = 3
```

Die Tabelle 16.1 fasst die Befehle zusammen, die einzelne Anweisungen, einzelne Prozeduren oder den gesamten Code bis zu einer bestimmten Anweisung ausführen. Sie können diese Befehle über das *Debuggen*-Menü, über Funktionstasten oder die Symbolleiste aufrufen.

Tabelle 16.1
Befehle von Microsoft Script

Menübefehl	Funktionstaste	Schaltfläche	Beschreibung
Ausführen	F5		Initiiert die Ausführung des ausgewählten Dokuments oder nimmt diese wieder auf.
Bei nächster Anweisung anhalten			Initiiert das Debuggen bei der ersten Anweisung im ausgewählten Dokument. Wenn Sie ein Dokument im Feld *Laufende Dokumente* auswählen und dann diesen Befehl wählen, wird, wenn das Dokument das nächste Mal ausgeführt wird, eine Debuggingsitzung gestartet.
Debuggen anhalten	⇧+F5		Schließt die Debuggingsitzung für das momentan ausgewählte Dokument.
Einzelschritt	F8		Führt die aktuelle Skriptsanweisung aus und stoppt dann. Wenn die aktuelle Anweisung eine andere Prozedur aufruft, läuft der Debugger in diese Prozedur und stoppt bei der ersten Anweisung.
Prozedurschritt	⇧+F8		Führt die aktuelle Skriptanweisung aus und hält dann an. Wenn die aktuelle Anweisung eine andere Prozedur aufruft, führt der Debugger die gesamte Prozedur aus und hält dann bei der ersten Anweisung nach der aktuellen Prozedur an.
Rücksprung	Strg+⇧+F8		Führt alle verbleibenden Anweisungen der aktuellen Prozedur aus und pausiert erst nach der Anweisung, in der der Debugger aufgerufen wurde. ▶

Menübefehl	Funktionstaste	Schaltfläche	Beschreibung
Haltepunkt Ein/Aus	F9		Setzt oder löscht alle Haltepunkte, die auf die momentan ausgewählte Anweisung gesetzt sind. Das Skript pausiert, wenn es eine Anweisung erreicht, die mit einem Haltepunkt versehen ist. Haltepunkte existieren nur für die Dauer der aktuellen Debuggingsitzung.
Alle Haltepunkte löschen	Strg+⇧+F9		Löscht alle Haltepunkte im aktuellen Skript.

Um Prozeduren in der Datei *Global.asa* interaktiv zu debuggen, müssen Sie die *Stop*- oder *debugger*-Anweisungen in diese Prozeduren setzen. Um die *Session_OnStart*- und die *Session_OnEnd*-Prozeduren zu aktivieren, müssen Sie den Browser schließen und erneut starten, da dann erst eine neue Sitzung geöffnet wird. Um die Prozeduren *Application_OnStart* und *Application_OnEnd* zu starten, speichern Sie eine neue Kopie der Datei *Global.asa* oder stoppen Sie den Webserver und starten Sie ihn neu.

Script Debugger ist ein leistungsfähiges und elegantes Tool, aber auch fast die einzige Möglichkeit, um ASP-Seiten zu debuggen. Sie können auch viel erreichen, wenn Sie bei der Programmierung in kleinen Schritten vorgehen und *Response.Write*-Anweisungen einsetzen, die die Werte anzeigen, an denen Sie interessiert sind. Script Debugger ist trotzdem ein sehr attraktives Tool. Wenn Sie an interaktivem Debugging interessiert sind, sollten Sie die benötigte Umgebung einrichten.

Zusammenfassung der Lektion

Diese Lektion stellte einige Tools und Techniken für den Test, die Diagnose und Korrektur von Webdatenbankseiten vor. Sie schloss mit einer kurzen Einführung in Microsoft Script Debugger, der interaktives Debugging für browser- und serverseitigen Skriptcode bietet.

In diesem Buch wurden die Grundlagen der Erstellung von Datenbankanwendungen beschrieben, auf die Clients über das World Wide Web zugreifen. Der Ansatz war eher praktisch als theoretisch orientiert und eher kompakt, als in die Breite gehend. Ich hoffe, das Buch war Ihnen nützlich und Sie sind nun gut vorbereitet, um eigene Anwendungen zu erstellen. Viel Glück für Ihre eigene Website.

Stichwortverzeichnis

Der Autor

Jim Buyens ist Senior PC-LAN-Administrator für AG Communication Systems, einem führenden amerikanischen Anbieter von Telefon-Switching-Geräten und Software. Als früher Befürworter von TCP/IP-Connectivity administriert er ein weltweites Netzwerk, das mehr als 50 Microsoft Windows NT-Server und mehr als 2.000 Clientcomputer umfasst. Er war schon früh ein Verfechter von World Wide Web-Anwendungen für den Einsatz im Intranet und er verwaltet eine firmeneigene Website unter *www.agcs.com*.

Jim machte 1971 seinen Bachelor of Science in Informatik an der Purdue University und 1992 einen Master of Business Administration an der Arizona State University. Wenn er nicht gerade ein Netzwerk administriert oder Bücher schreibt, reist er gerne oder besucht Profisportereignisse – insbesondere der NHL. Er lebt mit seiner Familie in Phoenix.

DAS JAHR HUNDERT BUCH

EIN
ADAC
BUCH

Impressum

Dieses Buch entstand in Zusammenarbeit
zwischen dem ADAC Verlag, München,
und dem Bertelsmann Lexikon Verlag, Gütersloh

Projektleitung: Michael Dultz, Christoph Hünermann
Konzeption: Dr. Hans-Joachim Völse

Autoren: Johannes Ebert, Andreas Schmid

Redaktionsleitung: Andreas Schimkus
Redaktion: Claudia Stutzmann, Christian Berndt, Simone Burst

Bildredaktion: Ursula Thorbrügge
Bildnachweis: Seite 1262
Karten: Ing.-Büro für Kartografie Achim Fritz, Obernburg

Projektabwicklung, Layout, Satz: txt redaktion & agentur, Lünen

Titelgestaltung: Kühne Werbeagentur, München

Herstellung: John C. Bergener
Repro: D & L Reichenberg, Bocholt
Druck und Bindung: Mohndruck
Graphische Betriebe GmbH, Gütersloh

Redaktionsschluss: 31. August 1999

ISBN 3-87003-925-6

Wer von den Älteren unter uns, verehrte Leser, erinnert sich nicht an Radioreporter Herbert Zimmermanns erregte »Tooor«-Schreie beim Fußball-Weltmeisterschaftsfinale 1954? Und haben nicht auch die Jüngeren berühmte Bilder und Klänge und Gesichter der Zeitgeschichte im Kopf: den flüchtenden Volksarmisten beim Sprung über den Stacheldrahtzaun, Kennedy in Berlin, die Beatles in Hamburg, GIs in Vietnam, Neil Armstrong auf dem Mond, Brandt in Warschau, Kohl und Gorbatschow im Kaukasus, die Öffnung der Mauer. Manchem von uns stehen Geschehnisse vor Augen, die noch weit länger zurückliegen: die Kämpfe in der Weimarer Republik, Hitlers Siegeszug und die Verfolgung der Juden, die Bombennächte des Krieges. Oder wir denken an die zwei wichtigsten Politiker im geteilten Nachkriegs-Deutschland: Adenauer und Ulbricht. Erinnerungen an Bilder, Personen, Ereignisse.

Ein Jahrhundert liegt hinter uns, das wie kein anderes zuvor von dramatischen Gegensätzen geprägt war. Bahnbrechende Erfindungen im Dienst des weltweiten Fortschritts, großartige rechtliche, soziale, medizinische Errungenschaften, relativer Wohlstand in großen Teilen der Welt, demokratische Freiheiten, viele ermutigende Beispiele menschlicher Größe, Friedfertigkeit und Courage stehen auf der einen Seite der Bilanz. Verheerende Kriege und Naturkatastrophen, Mord und politische Verbrechen gigantischen Ausmaßes, Flucht und Vertreibung, Krankheit und Elend, Fanatismus und Intoleranz waren auf der anderen Seite mindestens ebenso häufige Begleiterscheinungen des geschichtlichen Ablaufs.

Zeitzeugen der Geschichte

Am Beginn eines neuen Jahrtausends befinden wir uns längst mitten im viel beschworenen Informationszeitalter. Neue, hoch technisierte Arbeits- und Kommunikationsprozesse bestimmen jetzt unser Leben und werden es zukünftig noch weit stärker tun. Viele Jahre lang für unumstößlich gehaltene Überzeugungen, Werte, Denkgewohnheiten beweisen ihre immer schneller deutlich werdende Vergänglichkeit. Durch Funk und Fernsehen sind mehr oder minder wir alle – und das ist einmalig in der Menschheitsgeschichte – Zeitzeugen der wichtigen Ereignisse unserer Tage geworden.

Am Ende des Jahrhunderts liegt es nahe zurückzuschauen, Bilanz zu ziehen, alle diejenigen Dinge Revue passieren zu lassen, die in den letzten hundert Jahren wirklich die wichtigsten gewesen sind. Selber Erlebtes und Erinnertes will zusammengefasst sein, systematisch und übersichtlich aufbereitet, damit man es für sich ordnen und in einen größeren Zusammenhang stellen, Hintergründe erkennen, geistige Verbindungen knüpfen kann. Eine solche Bilanz liegt mit dieser sorgfältig zusammengetragenen und sachkundig gewichteten Chronik vor Ihnen.

Tag für Tag ein Ereignis

Das Jahrhundertbuch ist eine in ihrer Art einzigartige Edition. Wie eine Zeitung können Sie die Vergangenheit durchblättern – in keinem anderen Einbänder finden Sie umfassendere Angaben über die letzten 100 Jahre. Vollgepackt mit Daten, Fakten und Fotos, präsentiert Ihnen das Werk in angemessen großer Aufmachung die Highlights der Geschichte, über die Sie sich sozusagen auf einen Blick gründlich und schnell informieren können, Jahr für Jahr, Monat für Monat.

Wenn Sie aber darüber hinaus ins Detail gehen wollen, dann bietet Ihnen das Jahrhundertbuch etwas ganz besonderes: Tag für Tag des behandelten Zeitraums ist mit einem Ereignis-Eintrag versehen. Auf diese Weise erfahren Sie zum Beispiel, was sich am Tag Ihrer Geburt oder Hochzeit sonst noch in der Welt ereignet hat.

Die Auswahl der Tageseinträge erfolgte mit dem Ziel, die Bandbreite dessen, was weltweit in 100 Jahren geschehen ist, in seiner ganzen Vielfältigkeit und Buntheit anzudeuten. So finden sich hochpolitische Geschehnisse neben Sportresultaten, sozialgeschichtliche Einzelheiten neben kulturellen Ereignissen – und manchmal werden Sie bestimmt über die eine oder andere kurios anmutende Meldung schmunzeln.

Auch bei den Hauptartikeln, die den Mittelteil jeder Doppelseite bestimmen, haben wir darauf geachtet, dass bei den ausgewählten Themen neben dem politischen auch andere Aspekte des Lebens nie zu kurz kommen, weltweit betrachtet – aber unter besonderer Berücksichtigung Deutschlands. Zahlreiche Tabellen und historische Karten erhöhen den Informationsgehalt der sorgfältig recherchierten und überprüften Beiträge dabei noch zusätzlich. Leitfarben kennzeichnen die Jahrzehnte. Die Einführungsartikel der Dekaden widmen sich, nicht zuletzt mit ihren prächtigen Bildstrecken, ganz bewusst sehr stark dem Alltag, den Moden, kurzum dem Lebensgefühl der jeweiligen Zeit.

Menschen machen Geschichte. Eine große Auswahl derjenigen Personen, die das 20.Jahrhundert auf die unterschiedlichste Weise mitgeprägt haben – Politiker, Forscher, Künstler, Sportler –, wird in besonderen Porträt-Artikeln vorgestellt. Auf diese Weise ist das Jahrhundertbuch auch ein höchst aufschlussreiches Personenlexikon.

Der Aufbau des Jahrhundertbuchs ist chronologisch und damit so klar, dass ein Inhaltsverzeichnis sich erübrigt. Ein ausführliches Personen- und Sachregister am Schluss des Bandes erschließt Ihnen den Inhalt sämtlicher Aufmacher- und Hauptartikel.

Der zeitungsähnliche Charakter des Jahrhundertbuchs und seine qualitätvolle Bebilderung wird, wie wir hoffen, Ihre Freude am Lesen, Forschen, Stöbern und Sich Erinnern wecken. Die Fakten und Zusammenhänge in den einzelnen Artikeln sind jedoch nicht im Sinne der Tagesaktualität dargelegt. Vielmehr wurden sie nach bestem Wissen und Gewissen vor dem Hintergrund und im Lichte des zeithistorischen Forschungsstandes für dieses Buch aufbereitet – mit dem hohen Anspruch, auch wissenschaftlicher Überprüfung standzuhalten.

Information und Unterhaltung

Dabei darf in diesem Zusammenhang jedoch nicht übersehen werden: Geschichtsschreibung, verehrter Leser, ist nichts Statisches. Täglich werden neue Erkenntnisse gewonnen. Objektivität des Urteils ist stets anzustreben, kann aber wegen der Unterschiedlichkeit menschlicher Blickwinkel niemals völlig erreicht werden. So bleibt es nicht aus, dass das Wissen über den Ablauf des einen oder anderen in diesem Buch mitgeteilten Sachverhalts und seine Bewertung im Laufe der Zeit ganz zwangsläufig Änderungen unterliegen werden. Dafür bitten wir um Verständnis.

Autoren und Redaktion sind sicher, Ihnen ein Werk von hoher Qualität, riesiger Informationsfülle und nicht zuletzt großem Unterhaltungswert vorzulegen. Wir wünschen Ihnen viel Freude mit unserem großen Buch des Jahrhunderts.

Die Herausgeber

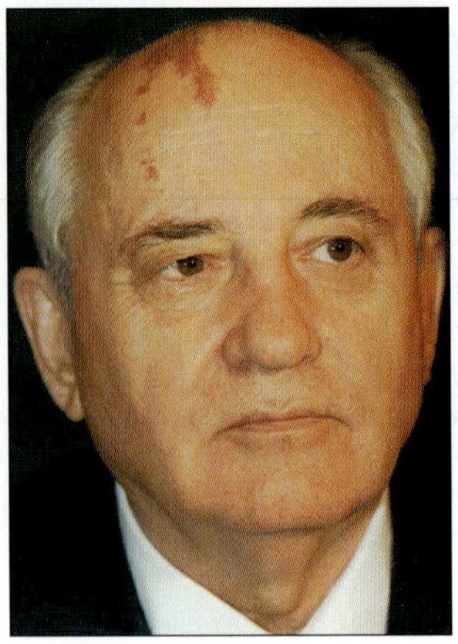

Das Höchste ist das Recht auf Leben

Ich begrüße das Erscheinen dieses Buches, welches das zu Ende gehende Jahrhundert Tag um Tag dokumentiert. Das über diese Zeit abgelegte Zeugnis trägt herausragende Bedeutung: Es ist gleichzeitig eine Mahnung an die Vergangenheit und eine Lehre für die Zukunft.

Das 20. Jahrhundert ist von vielen faszinierenden Leistungen des menschlichen Verstandes geprägt. Aber es war auch das Jahrhundert der Weltkriege und unzähliger blutiger Konflikte. Manchmal schien es, als triumphiere eine Kultur des Todes.

Jetzt, an der Wende der Jahrtausende, lautet eine zeitgemäße Frage: Was von den vergangenen Erfahrungen nehmen wir mit in das neue Jahrhundert? Kann es möglich sein, dass wir weiter den Weg des Krieges, der Gewalt, der systematischen Vernichtung von Mutter Natur beschreiten? Täuschen wir uns allen Ernstes darüber hinweg, dass diesen Weg weiterzuverfolgen nicht nur einfach gefährlich, sondern verbrecherisch ist? Gerade in diesem Jahrhundert haben ja die Menschen erkannt, dass die Menschheit als solche mitnichten unsterblich ist.

Wenn wir eine neue, humane und gerechte Weltordnung schaffen wollen, müssen wir gemeinschaftlich jeder Machtpolitik und jeglicher Gewalt an sich unser entschiedenes »Nein« entgegensetzen. Das kommende Jahrhundert muss zu einem Jahrhundert durchgreifender Erneuerung in den Beziehungen der Menschen, Staaten und Völker werden. Es ist aufgerufen, sich zum Jahrhundert der Weltkultur zu entwickeln.

Im Epizentrum der Ereignisse des 20. Jahrhunderts befand sich das Schicksal Europas. Alles Wohl und Wehe des Planeten kreiste gewöhnlich um diesen Fixpunkt. Immer waren Deutschland und Russland aktiv am Geschehen beteiligt. Ihr Beispiel – die Entwicklung der Beziehungen zwischen den Russen und den Deutschen – macht vieles begreiflich. Vom gegenseitigen Hass in den Zeiten der Weltkriege hin zu Verständnis und Zusammenarbeit: Um diese Wende zu vollziehen, mussten zahllose Schwierigkeiten überwunden werden. Aber wir haben, das wissen wir, zweifellos etwas erreicht – Ressourcen, die wir getrost ins 21. Jahrhundert mitnehmen können.

Der Fall der Berliner Mauer ist mehr als nur ein Ergebnis der Beendigung des Kalten Krieges. Er ist auch ein Symbol, ein Aufruf, alle Barrieren, die Menschen trennen, niederzureißen. Dies ist das Vermächtnis, welches das zwanzigste Jahrhundert dem einundzwanzigsten übermittelt.

Beträchtliches wurde erreicht, ohne dass deshalb jedoch Anlass zu Euphorie bestünde. Auch in den letzten Jahren und Monaten des scheidenden Jahrhunderts wird in Europa und in anderen Teilen der Welt Blut vergossen.

Das Schicksal der Menschheit hängt davon ab, ob wir zu einer tatsächlichen Verankerung und Umsetzung des höchsten Menschenrechts – des Rechts auf Leben – gelangen. Wird diese Aufgabe gelöst, so können alle Rechte zuverlässig gesichert werden.

Michail S. Gorbatschow, Generalsekretär der KPdSU (1985-91) und sowjetischer Staatspräsident (1990-91)

Träume sind in Erfüllung gegangen

Am Beginn des 20. Jahrhunderts standen naiver Optimismus und ungetrübter Zukunftsglaube. Doch die Jahrzehnte von 1914 bis 1989 wurden überschattet von zwei Weltkriegen und zwei totalitären Diktaturen. Der Name »Sarajevo« steht symbolisch für das Leiden ungezählter Menschen am Anfang und am Ende jener Epoche.

Trotz dieser schrecklichen Erfahrungen bin ich zuversichtlich im Blick auf das 21. Jahrhundert: Deutschland lebt seit über fünfzig Jahren in Frieden. Es hat seine Einheit in freier Selbstbestimmung und mit Zustimmung aller seiner Nachbarn und Partner wiedererlangt. Wir sind als vereinte Nation unwiderruflich Teil der Europäischen Union und der Atlantischen Allianz.

Noch vor wenigen Jahren trennten Mauer und Stacheldraht die Menschen in Deutschland und Europa voneinander. Jenseits dieses Eisernen Vorhangs herrschten Unfreiheit, Willkür und Bespitzelung. NATO und Warschauer Pakt standen einander hochgerüstet gegenüber. Im sowjetisch dominierten Teil Europas beargwöhnte und behinderte eine ebenso gigantische wie unfähige Wirtschaftsbürokratie jede größere private Initiative und betrog die Menschen um die Früchte ihrer harten Arbeit.

Wer jedoch genau hinhörte und hinsah, der konnte die Vorboten eines politischen Erdbebens spüren, das das von Stalin nach dem Zweiten Weltkrieg errichtete Imperium erschüttern und zerstören würde. Es wurde immer offensichtlicher, dass die kommunistische Diktatur nicht in der Lage war, den von ihr beherrschten Völkern ein Leben in Wohlstand und sozialer Sicherheit zu ermöglichen.

Schwerer als diese materiellen Probleme wog jedoch die Sehnsucht von Millionen nach Achtung der Menschenrechte, nach persönlicher Freiheit und nationaler Selbstbestimmung. Im Laufe der achtziger Jahre verstärkten die Bürgerrechtsbewegungen in Polen und in der Tschechoslowakei ihr Engagement für Freiheit und Demokratie. Auch in der damaligen DDR traten mutige Männer und Frauen dem SED-Regime entgegen; viele von ihnen wurden dafür drangsaliert und verfolgt, eingekerkert und ausgebürgert.

Von entscheidender Bedeutung für das Ende des Ost-West-Konflikts war das »Neue Denken« in der Sowjetunion unter Michail Gorbatschow, der 1985 zum Generalsekretär der Kommunistischen Partei der Sowjetunion gewählt worden war. Er brach schon bald nach seinem Amtsantritt mit der Doktrin, wonach kommunistische Staaten bei Bedrohung des sozialistischen Weltsystems angeblich das Recht hatten, in abtrünnige »Bruderländer« einzumarschieren. Diese Wende war das Ergebnis der Einsicht in eigene Fehler, aber auch eine Frucht der Standhaftigkeit des Westens gegenüber früheren sowjetischen Einschüchterungs- und Pressionsversuchen.

Für Europa wie für Deutschland war es ein Glücksfall der Geschichte, dass in den achtziger Jahren mit Ronald Reagan und George Bush an der Spitze der Vereinigten Staaten zwei Persönlichkeiten standen, die unbeirrt Kurs hielten. Beide verbanden Verhandlungsbereitschaft mit Grundsatztreue, diplomatische Flexibilität mit Festigkeit dort, wo es um fundamentale Werte der westlichen Staatengemeinschaft ging.

Auch wir Deutschen hatten wesentlichen Anteil am Zusammenhalt des Bündnisses und damit – so hat es mir Gorbatschow selbst einmal gesagt – am Kurswechsel im Kreml: Die Stationierung amerikanischer Mittelstreckenraketen im Jahre 1983 – also die Antwort des Westens auf neue nukleare Bedrohungen von Seiten der Sowjetunion – hat die NATO vor einer schweren Krise, vielleicht sogar vor dem Zerfall bewahrt; damit haben wir jene Entwicklung mit ermöglicht, die schließlich die Chance zur deutschen Einheit eröffnete und den Kalten Krieg zu einem friedlichen Abschluss brachte.

So kurz diese Zeit auch zurückliegen mag, so weit entrückt scheint sie doch vielen zu sein. Damit wächst die Gefahr, dass wir den gegenwärtigen Zustand für selbstverständlich halten und nicht mehr zu schätzen wissen, welch großartige Fortschritte wir in nur wenigen Jahren erreicht haben. Träume sind in Erfüllung gegangen, die noch vor kurzem als blanke Illusion verlacht wurden. Wahr ist aber auch, dass ethnische und religiöse Konflikte wieder aufgeflammt oder neu ausgebrochen sind, die in ihrem furchtbaren Ausmaß ebenfalls niemand für möglich gehalten hatte – ich erwähne hier nur das Blutvergießen im ehemaligen Jugoslawien.

Trotz aller Konflikte, auch trotz aller Schwierigkeiten bei der Überwindung der kommunistischen Erblast bleibe ich zuversichtlich, dass die Wiedervereinigung Europas gelingen kann, wenn wir es nur wollen. Es ist die große Aufgabe der heutigen Generation, die einzigartige Chance für Frieden und Freiheit zu nutzen, die sich uns am Ende des 20. Jahrhunderts bietet.

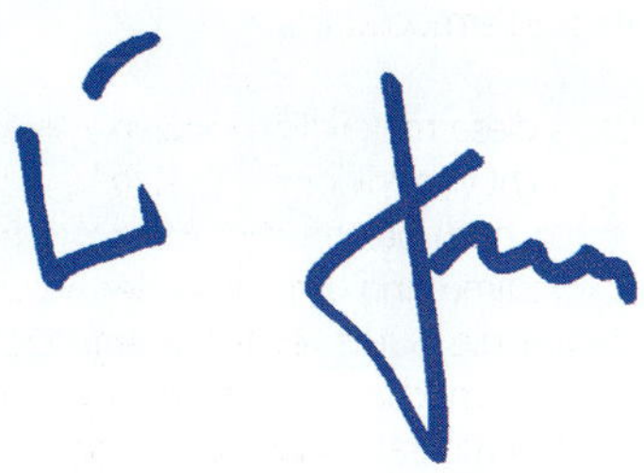

Helmut Kohl, deutscher Bundeskanzler (1982-1998)

Meilensteine und Steine des Anstoßes

Es war ein Jahrhundert der Widersprüche. Hundert Jahre, in denen fast alle Spielregeln der Menschheit gebrochen und die Meilensteine der bewundernswerten Errungenschaften gleichzeitig zu Steinen des Anstoßes wurden.

So hat zum Beispiel die sensationelle Erfindung des Antibiotikums die Grundsätze der Natur geändert und das durchschnittliche Lebensalter von einem Tag auf den anderen um fünfundzwanzig Jahre verlängert, andererseits aber unlösbare Probleme geschaffen. Die Wunderpille macht die Ärzte, die Apotheker und die Kranken glücklich, doch der von einer unaufhaltbar anwachsenden Rentnerzahl immer mehr bedrohte Finanzminister hofft nur eines – dass sich die Bakterien bis zum neuen Staatsbudget an die Antibiotika gewöhnen werden ...

Eine andere, ebenso widersprüchliche Errungenschaft ist die siegreiche Hightech, die alle Träume verwirklicht, uns aber nicht mehr schlafen lässt. Dank der meteorenhaften Fortschritte wird Oma hundert Jahre alt, ihre Kinder antidepressivasüchtig, die Enkelkinder können ohne Knopfbatterien nicht mehr multiplizieren. Und der Kriminelle von heute bekommt nostalgische Gefühle, wenn er an die guten alten Zeiten denkt, in denen Sherlock Holmes die Visitenkarte des Mörders brauchte. Heute muss der Täter am Tatort nur einmal niesen, und schon liefert der Fahndungscomputer neben seinem genetischen Fingerabdruck die e-mail-Adresse gleich mit.

Doch was ist das, fragen die führenden Zukunftsforscher, verglichen mit der wichtigsten Errungenschaft dieses Jahrhunderts, nämlich dem Minirock. Zwar korreliert er mit der steigenden Verkehrsunfallhäufigkeit, doch sind die Spielregeln des Sexuallebens sowieso vollkommen auf den Kopf gestellt. Einmal war Amor das Symbol der Liebe, heute ist es die blaue Viagrapille. Einmal lebten die Anarchisten und die Partisanen im Untergrund, heute sind es die auf die Seite springenden Ehemänner, immer in panischer Flucht vor Kopfjägern mit Zoomobjektiven im Dienst der freien Presse, der Krone der echten Demokratie.

Was übrigens die demokratische Idylle betrifft, so wurde sie in diesem Jahrhundert zweimal ausgepfiffen. Einmal durch die Musterschüler von Karl Marx, dessen schöne Theorie den kleinen Fehler hatte, dass man sie verwirklichen konnte. Ein zweites Mal durch Stalins schnurrbärtigen Rivalen, der den bestorganisierten Raubmord an den begabtesten Bürgern erfand, ohne dabei zu vergessen, seinen Opfern vor der Endlösung den Besitz von Haarbürsten und Kanarienvögeln gesetzlich zu verbieten.

Heute liegt, solange die Terrorgruppen keine nuklearen Waffen haben, die Weltherrschaft zweifellos in den guten Händen des Fernsehens. Die allmächtige Glotze entscheidet, welches Shampoo und welchen Präsidenten wir wählen oder welche Armee im Kriegsfall recht haben soll. Auch über den Humor ist schon entschieden: Das Lachen ist fürsorglich eingebaut in den beliebten Fernsehserien.

Neue Winde überall: die Musik wurde zum Lärm in Dolby, die Malerei eine millionenschwere Schmiererei, die Literatur zum Schnellimbiss im Softcover. Doch der Parkplatz erwies sich als die positivste Errungenschaft des Jahrhunderts. Sein Mangel löste nämlich eine freudige Fitnesswelle aus. Seit man in kilometerweit entfernte Vororte fährt, um endlich eine Parkinsel zu finden, haben die Beinmuskeln ihre Chance zurückbekommen, die sie am Anfang dieses Jahrhunderts verloren hatten, die Blutzirkulation wird gefördert, eine neue, sportgestählte Generation wächst heran.

In diesem hoffnungsfrohen Sinne verlassen wir das Jahrhundert der Widersprüche. Pessimisten sagen, schlechter kann es nicht werden. Ein Optimist wie ich sagt: »Doch.«

Ephraim Kishon, israelischer Schriftsteller

1900-1909

1

2

3

4

1 – Eine 15 000-t-Presse in den Essener Kruppwerken. Das Unternehmen ist Symbol für die beschleunigte Industrialisierung und die zunehmende Wirtschaftskraft des deutschen Kaiserreichs. 2 – Moderne Bademode für Groß und Klein. 3 – Der Daimler-Typ »Mercedes« mit 35 PS und 5,9 l Hubraum erreicht eine Höchstgeschwindigkeit von 75 km/h. 4 – Im Grünen schmeckt's am besten: Biergartenszene im Volkspark Hasenheide in Berlin-Neukölln.

5

6

7

8

9

10

11

12

13

5 – »Gute alte Zeit«: Berliner Straßenszene Unter den Linden. 6 – Badenixe. 7 – Eine Münchener »Holzfrau« transportiert ihr Brennmaterial. 8 – Deutsche Kolonialtruppen beim Gefecht in Afrika. 9 – Begehrtes Design: Teeservice von Henry van de Velde. 10 – Mitglieder einer »Schlagenden Verbindung«. 11 – Blick in eine kleinbürgerliche Küche. 12 – Werbepostkarte für die moderne Kücheneinrichtung. 13 – Architektur auf neuen Bahnen: Hochhausbau in den USA.

Das erste Jahrzehnt – Für Kaiser und Vaterland

Mit Zuversicht sieht die Mehrheit der deutschen Bevölkerung dem anbrechenden Jahrhundert entgegen. Das wirtschaftlich florierende Deutschland arbeitet durch unverhohlene Aufrüstung am Auf- und Ausbau seiner Position als Weltmacht. Nationale Gesinnung und Militarismus prägen das allgemeine Bewusstsein. Leuchtende Integrationsfigur ist Kaiser Wilhelm II., zu dem seine Untertanen aufsehen. Deren Leben, so jedenfalls sieht es der Schriftsteller Heinrich Mann, bestimmen »eine einflussreiche Kirche, ein handfester Säbel, strikter Gehorsam und starre Sitten«. Innenpolitisch übertünchen wirtschaftliche Erfolge die großen sozialen Probleme nur unzureichend. Und nach außen präsentiert sich das Deutsche Reich als ein fordernd und aggressiv auftretender, nicht immer bündniswilliger Nachbar. Am Ende des Jahrzehnts ist das bevölkerungsreiche Land außenpolitisch weitgehend isoliert.

Wettkampf der Weltmächte

Das erste Jahrzehnt unseres Jahrhunderts ist Teil einer Epoche, die als »Imperialistisches Zeitalter« in die Geschichtsbücher eingegangen ist. Der von nationalem Sendungsbewusstsein und wirtschaftlichem Expansionsdrang inspirierte Wettlauf der europäischen Kolonialmächte, die sich durch den Erwerb von überseeischen Besitzungen eine Weltmachtposition erhalten oder aufbauen wollen, strebt seinem Höhepunkt zu. Die gemeinsame Strafexpedition nach China zur Niederschlagung des Boxeraufstands im Jahre 1900 täuscht darüber hinweg, dass das zwischenstaatliche Konfliktpotential und die Rivalität weiter anwachsen. In Wirklichkeit geht es darum, bei der Ausbeutung des asiatischen Riesenreichs nicht außen vor zu bleiben. Auch das wilhelminische Deutschland hat durch seine Schutzgebiete in Afrika, China und der Südsee »den Fuß in der Tür«.

Kaiser Wilhelm II., wie er sich am liebsten sieht

Der russische Zar Nikolaus II., dessen Herrschaft durch sozialrevolutionäre Kräfte immer stärker in Bedrängnis gerät, muss in Asien 1905 die Vormachtstellung des aufstrebenden Japan anerkennen. Das sich rasant modernisierende Kaiserreich tritt als fernöstliche Vormacht auf den Plan und setzt sich auf dem asiatischen Festland fest. Am Ende des Jahrzehnts ist die Erde unter den europäischen und außereuropäischen Großmächten weitgehend aufgeteilt.

Der Glanz der Uniform

Kaiser Wilhelm II. ist ein schwieriger Monarch. Sein romantisch-altmodischer Lebensstil in Glanz und

Eine starke Flotte – hier die »Kaiser Friedrich III.« – soll auf allen Meeren »Flagge zeigen« und von nationaler Stärke künden.

Gloria, seine selbstherrliche Art zu herrschen, die sich auch außenpolitisch in auftrumpfendem Gebaren ausdrückt, prägen Staat und Gesellschaft. Die wilhelminische Gesellschaft, das sind in erster Linie die alten und neuen Machtkartelle: Großagrarier, Bankiers und Industrielle, aber auch das durch den industriellen Aufschwung der Gründerzeit zu Wohlstand gelangte mittlere Bürgertum, aus dem sich neue Bildungseliten rekrutieren. Sie alle sind geblendet vom Nimbus der frisch erworbenen deutschen Weltmachtstellung. Kaisermanöver, Flottenparaden, Aufmärsche von Garderegimentern verfehlen ihre Wirkung nicht. Bis in die entferntesten Provinzstädte dringt das vom Kaiser vorgelebte, chauvinistisch übersteigerte Selbstwertgefühl. Und die kolonialpolitischen Erfolge scheinen Wilhelm II. recht zu geben. Das Militärische ist allgegenwärtig. In den Wohnstuben hängt neben dem Kaiserporträt das Erinnerungsfoto an die eigene Militärzeit. »Gediente« höhere Beamte, Geschäftsleute, Apotheker, Ärzte, als Reserveoffiziere ins Zivilleben zurückgekehrt, tragen bei jeder sich bietenden Gelegenheit Uniform. Der unbedingte Glaube an die dem Offiziersrock zugeschriebene Autorität führt zu grotesken Verirrungen. Die ganze Welt lacht über den Husarenstreich des falschen Hauptmanns von Köpenick, der mit zackigem Auftreten Beamte arrestiert und sich die Stadtkasse aneignet.

Einkreisungsängste

Mit dem Abgang Bismarcks von der politischen Bühne war im Deutschen Reich ein Machtvakuum entstanden, das der Kaiser allein nicht füllen konnte. Unsicher und sprunghaft in seinen Entscheidungen, lässt er sich von Freunden und Beratern beeinflussen. Im Bann dieser Hofkamarilla wirkt das persönliche Regiment des Kaisers vielfach oberflächlich und unausgereift. Bombastische, nicht selten operettenhafte Auftritte ändern nichts daran: In Wirklichkeit bestimmen verschiedene, oft rivalisierende Interessengruppen die Politik. Dazu zählt z.B. der Flotten-Lobbyismus des Reichsstaatssekretärs Alfred von Tirpitz. Die Flotte wird zum Lieblingskind des Kaisers. Sie soll das Instrument deutscher »Weltpolitik« sein. Die Aufrüstung bringt Deutschland in einen unauflösbaren Gegensatz zu Großbritannien. Dieser Umstand wiegt doppelt schwer, da der Rückversicherungsvertrag mit Russland nach Bismarcks Sturz 1890 nicht verlängert worden war und sich mit der »Entente cordiale« 1904 eine Annäherung zwischen den alten Rivalen Großbritannien und Frankreich ergeben hatte. Im Deutschen Reich entwickelt sich eine regelrechte Einkreisungspsychose, die ihrerseits eine »Nun erst Recht«-Stimmung und verstärktes militärisches Säbelrasseln zur Folge hat.

Arbeiter gewinnen Einfluss

Der Wirtschaftsboom, der Ende des 19. Jahrhunderts einsetzte, ist ungebrochen. Bergbau und Stahlindustrie, vor allem aber die neuen Bereiche Elektro- und chemische Industrie haben enorme Zuwachsraten. Hand in Hand damit geht das Erstarken der Arbeiterbewegung, das sich in der Institutionalisierung der Arbeiterparteien und der Gewerkschaften ausdrückt. 1909 sind bereits 2,2 Mio. Arbeiter gewerkschaftlich organisiert.

Viel Enge und ein wenig Idylle: »De scheebe Stebel« in Alt-Hamburg

Kaiser Wilhelm II. nimmt die gesellschaftlichen Wandlungsprozesse, wie sie beim Übergang von einem Agrar- in einen Industriestaat zutage treten, nicht ausreichend wahr. Er besitzt kein Gespür für die soziale Frage und für die drängenden Probleme der Arbeiterschaft. Stattdessen hat das böse Wort von den Sozialdemokraten als »vaterlandslose Gesellen« Konjunktur. In der Art des Umgangs der führenden Schichten mit den Arbeitern offenbart sich ein tiefer Riss durch die Gesellschaft. Die Spannungen zwischen Kaisertreuen und republikanisch Gesonnenen nehmen zu. Dieser weltanschaulich bestimmte Gegensatz veranlasst die Arbeiterbewegung zur verstärkten Selbstorganisation. Trotz behördlicher und polizeilicher Schikanen steigt die Sozialdemokratie zur stärksten politischen Kraft auf. 1912 stellt sie die stärkste Reichstagsfraktion.

Das Elend der Unterschichten

Im Mittelpunkt des Kampfes der Gewerkschaften stehen die Forderungen nach einer gesetzlichen Regelung der Höchstarbeitszeit, die in der Regel immer noch zehn bis zwölf Stunden täglich beträgt. Weitere Kampfziele sind verbesserte Sicherheitsvorschriften, die Einschränkung der Sonntagsarbeit und das Verbot der Frauenarbeit in der Schwerindustrie. Eine im Deutschen Reich weit verbreitete Beschäftigungsform ist die Heimarbeit. Vor allem Frauen betätigen sich in völliger Abhängigkeit vom Arbeitgeber – etwa als Näherinnen oder Korbflechterinnen. Manche montieren Spielzeug, um das zu knappe Familieneinkommen aufzubessern. Die Bezahlung erfolgt im Stücklohn, eine soziale Absicherung, etwa im Krankheitsfall, gibt es nicht. Auch Kinder werden zu Arbeiten herangezogen. 1907 wird die Zahl der arbeitenden Kinder auf 300 000 geschätzt. Die Arbeiterquartiere in den Großstädten platzen aus allen Nähten. Obwohl die feuchten und zugigen Wohnungen meist nur über ein oder zwei Zimmer verfügen, sind die Arbeiterfamilien oftmals gezwungen, aus finanziellen Gründen auch noch Untermieter aufzunehmen. Häufig steht für ein ganzes Mietshaus nur eine einzige Toilette zur Verfügung. Die Folge ist, dass sich in den Elendsquartieren rasch Krankheiten ausbreiten. Darminfekte, Lungenentzündung und Tuberkulose sind »Volkskrankheiten«.

Pickelhaube und Doppeldecker auf dem Flugplatz Johannisthal bei Berlin: Symbole neuen Selbstbewusstseins im deutschen Kaiserreich

Schneller, höher, weiter

Auf dem Gebiet der Technik zeigt sich der Jahrhundertbeginn indessen als glanzvolle Epoche. Verkehr und Kommunikation erreichen weltweit ganz neue Dimensionen. Längst hat die Eisenbahn die zivilisierte Welt mit ihrem Netz überzogen. Das Automobil entwickelt sich – zunächst in den USA – vom Sportgerät zum Massenprodukt. Der US-Auto-Industrielle Henry Ford, dessen legendäres Modell T im Jahre 1908 auf den Markt kommt, beschreitet neue Wege in der Betriebsorganisation und der arbeitsteiligen Fertigung. Der Weg in die automobile Gesellschaft ist nunmehr vorgezeichnet. Der Ausbau von Straßen- und Eisenbahnnetzen genießt absolute Priorität. Projekte wie die Transsibirische Eisenbahn oder die Bagdadbahn lassen Raum und Zeit zusammenschrumpfen. Weitere Marksteine sind die Erfolge Guglielmo Marconis in der Funktechnik oder Arthur Korns in der Bildtelegrafie. Gleichzeitig erobern Sportler, Techniker und Militärs den Luftraum. 1900 startet Graf Zeppelin zum Jungfernflug mit seinem Luftschiff »LZ 1«. Im Jahre 1909 beginnt mit Gründung der Deutschen Luftschifffahrt-Aktiengesellschaft, der ersten Fluggesellschaft der Welt, die Kommerzialisierung der Zeppelin-Idee. 1901 gelingen dem deutschstämmigen Amerikaner Gustave Whitehead die ersten Motorflug-Hüpfer, 1903 erheben sich die Brüder Wright zum ersten gelenkten Motorflug in die Lüfte. Zum Ende der Dekade, im Jahre 1909, ermöglicht die Flugtechnik bereits – durch den Franzosen Louis Blériot – die Überquerung des Ärmelkanals. Die Zeit der Rekordjagden zu Lande, in der Luft und im Wasser ist angebrochen. Immer schneller werden die turbinengetriebenen Luxusliner, die um das begehrte »Blaue Band« der schnellsten Atlantik-Überquerung wetteifern. Technischer Fortschritt und nationales Prestigestreben lassen die Rekorde purzeln. 1903 erreicht ein Eisenbahntriebwagen ein Tempo von 211 km/h. 1909 überschreitet der »Blitzen-Benz« mit 202,7 km/h erstmals die 200-Stundenkilometer-Grenze bei Automobilen, nachdem noch zehn Jahre zuvor ein Elektrowagen lediglich Tempo 100 vorlegen konnte. Die Jagd nach Rekorden in der Technik spiegelt eine allgemeine gesellschaftliche Tendenz wider: die Lust an Wettkampf, Kräftemessen, Ausloten von Grenzen, überhaupt jeder Art von Stärkedemonstration. Dies zeigt sich gerade auch im Sport. Nicht umsonst gewinnt die Idee der Olympischen Spiele zu dieser Zeit eine immer größere Bedeutung.

Glanz des Übergangs

In der bildenden Kunst vollendet sich der Jugendstil als Übergang vom 19. Jahrhundert zur Moderne. Er bereitet den Weg für den Neuanfang des 20. Jahrhunderts: Expressionismus, Fauvismus und Kubismus eröffnen in Malerei und Plastik eine völlig neue Perspektive. Peter Behrens, Frank Lloyd Wright und Adolf Loos legen Grundlagen für moderne Architektur und zeitgemäßes Design. Einige Komponisten schwenken in dieser Übergangszeit von den romantischen Traditionen eines Richard Wagner, Gustav Mahler oder Richard Strauss über zu Arnold Schönbergs »freier Atonalität«. Im Ballett hat die Zukunft mit den »Ballets Russes« schon begonnen. Die erste Dekade des 20. Jahrhunderts ist aber auch die goldene Zeit des Operngesangs. Auf den Bühnen der Welt liegen Sänger und Sängerinnen im Wettstreit um die Gunst eines gleichsam fanatischen und sachkundigen Publikums. Die Besten ernten schon zu Lebzeiten unsterblichen Ruhm: Nellie Melba, Fjodor Schaljapin und Enrico Caruso. Durch die neuen technischen Möglichkeiten haben sich ihre Stimmen bis heute auf Tonträgern erhalten können. Der Film schwingt sich von der Jahrmarkt-Attraktion zur Kunstform auf. Neue Verfahren in der Fototechnik und -entwicklung erlauben die massenhafte Verbreitung dieses Mediums.

Schönheit der schlichten Form: Jugendstilvase

+++ Zitate +++ Zitate +++ Zitate +++

Kronprinz Rupprecht von Bayern anlässlich der Taufe des Linienschiffes Wittelsbach zur deutschen Flottenpolitik (1900):

»... haben sich dabei überzeugen können, wie mächtig der Wellenschlag des Ozeans an unseres Volkes Tore klopft und es zwingt, als ein großes Volk seinen Platz in der Welt zu behaupten, mit einem Wort zur Weltpolitik. Der Ozean ist unentbehrlich für Deutschlands Größe.«

Kaiser Wilhelm II. hält bei der Verabschiedung deutscher Truppen zur Niederschlagung des chinesischen Boxeraufstandes die sog. Hunnenrede (1900):

»...Kommt ihr vor den Feind, so wird derselbe geschlagen! Pardon wird nicht gegeben! Gefangene werden nicht gemacht! Wer euch in die Hände fällt, sei euch verfallen! Wie vor tausend Jahren die Hunnen... so möge der Name Deutscher in China... auf 1000 Jahre... bestätigt werden, dass niemals wieder ein Chinese es wagt, einen Deutschen auch nur scheel anzusehen...«

Der US-Auto-Industrielle Henry Ford in seiner Autobiografie (1922) zur Konstruktion des Automobilmodells »999« (1903):

»Ich baute vier riesengroße Zylinder mit 80 PS ein ... Der Lärm, den sie machten, genügte schon, um einen Menschen halb umzubringen. Nur ein Sitz war vorhanden. Ein Menschenleben pro Wagen genügte.«

Karl Legien, Vorsitzender der Generalkommission der Gewerkschaften, analysiert in einem Artikel der sozialdemokratischen Zeitschrift »Neue Zeit« den Charakter der Arbeitskämpfe im Deutschen Reich (1904):

»Mit Recht sehen diese Unternehmer in den gewerkschaftlichen Organisationen die Ursache des sich wandelnden Verhältnisses zwischen Arbeitgeber und Arbeiter, und ihr Bestreben geht dahin, diese Organisation unwirksam zu machen, ihre Tätigkeit lahmzulegen.«

Der italienische Schriftsteller und Futurismus-Theoretiker Filippo Tommaso Marinetti im »Manifest des Futurismus« (1909):

»Schönheit gibt es nur noch im Kampf. Ein Werk ohne aggressiven Charakter kann kein Meisterwerk sein...Wir wollen den Krieg verherrlichen – diese einzige Hygiene der Welt – den Militarismus, die Vernichtungstat der Anarchisten, die schönen Ideen, für die man stirbt, und die Verachtung des Weibes.«

Der deutsche Reichskanzler Bernhard Fürst von Bülow prägt im Reichstag in einem Aufruf zur Unterstützung Österreichs in der Balkankrise den Begriff der »Nibelungentreue« (1909):

»Meine Herren, ich habe irgendwo ein höhnisches Wort gelesen über unsere Vasallenschaft gegenüber Österreich-Ungarn. Das Wort ist einfältig! es gibt hier keinen Streit um den Vortritt, wie zwischen den beiden Königinnen im Nibelungenlied; aber die Nibelungentreue wollen wir aus unserem Verhältnis zu Österreich-Ungarn nicht ausschalten, die wollen wir gegenseitig wahren.«

Wörter des Jahrzehnts

Boxeraufstand • Expressionismus • Flottenrüstung • Ford Modell T • Hottentotten • Jugendstil • Kubismus • Massenstreik • Psychoanalyse • Relativitätstheorie • Schutztruppen • Suffragetten • Wandervogel • Zeppelin

Januar 1900

1 Mo Im Deutschen Reich treten das Bürgerliche Gesetzbuch (BGB) und eine Neufassung des Handelsgesetzbuches (HGB) in Kraft. → Neujahr

2 Di Die erste Nummer der »Österreichischen Kronen-Zeitung« erscheint in Wien. Gründer dieses täglich erscheinenden Blattes ist Gustav Davis.

3 Mi Der französische Dichter und Politiker Paul Déroulède wird vom Staatsgerichtshof in Paris wegen Hochverrats zu zehn Jahren Verbannung verurteilt.

4 Do Bei einem Streik der Weber in Saint-Etienne (Frankreich) kommt es zu blutigen Auseinandersetzungen mit der Polizei und dem Militär.

5 Fr Für preußische Eisenbahner treten neue Dienstzeiten in Kraft. Lokomotivführer dürfen danach nicht länger als 16 Stunden täglich arbeiten.

6 Sa In Berlin wird die internationale Gesellschaft für soziale Reform gegründet. Sie setzt sich u.a. für die Ausweitung des gesetzlichen Arbeiterschutzes ein.

7 So Britische Kriegsschiffe geleiten den deutschen Kreuzer »Kondor« in den südafrikanischen Hafen Durban und durchsuchen ihn nach Waffen für den Burenkrieg.

8 Mo In Italien tritt Kriegsminister Giuseppe Mirri zurück. Ihm werden Verbindungen zur Mafia nachgesagt. +++ Im Bayerischen Wald liegt der Schnee 3 m hoch.

9 Di Die Technische Hochschule Berlin-Charlottenburg verleiht Prinz Heinrich von Preußen den Ehrentitel Doktor-Ingenieur.

10 Mi Der größte und stärkste deutsche Dampfer – die »Deutschland« – läuft auf der Vulkanwerft in Stettin in Gegenwart von Kaiser Wilhelm II. vom Stapel.

11 Do Die Presse meldet, dass die Essener Firma Krupp während des Burenkrieges Munition und Geschütze an Großbritannien liefert.

12 Fr Die Reichsbank in Berlin senkt den Diskontsatz von der bisherigen Höchstmarke 7% auf 6%. +++ Kanada unterstützt London im Burenkrieg mit Kavallerie.

13 Sa Der russische Finanz- und Verkehrsminister Sergej J. Graf Witte informiert Zar Nikolaus II. über die Folgen der Missernte in Südwestrussland und Sibirien.

14 So Die Oper »Tosca« von Giacomo Puccini wird im Teatro Constanzi in Rom uraufgeführt. Das Musikdrama setzt sich rasch weltweit durch.

15 Mo Streik in Böhmen und Mähren: Rd. 70 000 Kohlearbeiter fordern die Verkürzung der täglichen Arbeitszeit und eine Lohnerhöhung von 20%.

16 Di Bei einer Explosion in der italienischen Dynamitfabrik von Avigliani bei Turin sterben zehn Menschen, 30 werden zum Teil schwer verletzt.

17 Mi Aus Durban wird die Freigabe des der Waffenlieferungen an die Buren verdächtigten deutschen Dampfers »Bundesrat« gemeldet.

18 Do König Oscar II. von Schweden und Norwegen eröffnet den schwedischen Reichstag. Er fordert die Stärkung der Landesverteidigung.

19 Fr Großbritannien nimmt den Feldherrn Osman Digna fest und sichert damit zwei Jahre nach dem Sieg über die Mahdisten seinen Besitz im Sudan.

20 Sa Der russische Generalgouverneur von Warschau, Alexander K. Fürst Imeretinski, schränkt Kohlenspekulationen durch Festsetzung eines Höchstpreises ein.

21 So In Berlin werden die Gründung des Deutschen Reichs (18. 01. 1871) und die erste Königskrönung in Preußen (18. 01. 1701) gefeiert.

22 Mo In Wien wird die Oper »Es war einmal« von Alexander von Zemlinsky uraufgeführt. +++ Das norwegische Parlament berät über eine Invalidenversicherung.

23 Di Russland verlegt mehrere Regimenter aus dem Kaukasus an die afghanische Grenze und verstärkt seine Präsenz im Raum Afghanistan und Persien.

24 Mi Die britischen Streitkräfte erleiden im Krieg gegen die Buren in der Nähe des südafrikanischen Ladysmith eine schwere Niederlage.

25 Do Dem Deutschen Reichstag in Berlin geht eine neue Flottenvorlage zu. Bis 1917 soll die deutsche Hochseeflotte auf vier Geschwader verdoppelt werden.

26 Fr In Bayern wird ein Antrag genehmigt, wonach den Kanzleien der staatlichen Behörden die Vorschriften über die Sonntagsruhe einzuschärfen sind.

27 Sa Die ausländischen Gesandten in Peking fordern die chinesische Regierung auf, die christlichen Missionen vor dem Geheimbund der Boxer zu schützen.

28 So In Leipzig gründen Vertreter von 68 deutschen Vereinen den Deutschen Fußball-Bund (DFB) als Spitzenverband.

29 Mo Russland und Persien schließen einen Anleihevertrag. Mit der Unterzeichnung beginnt für Russland die »friedliche Eroberung« Persiens.

30 Di Die seit 1895 gespaltene irische Home-Rule-Partei wird unter John Redmond wiedervereint. Sie setzt sich für ein selbstständiges Irland ein.

31 Mi Der Streit zwischen Italien und der Türkei wegen der Italienerin Silvia Genelli, die in einen türkischen Harem gebracht worden ist, erregt internationales Aufsehen.

1. Januar 1900

Die Welt tanzt beschwingt in ein neues Zeitalter

Optimismus pur: Auch wenn das 20. Jahrhundert eigentlich erst mit dem 1. Januar 1901 beginnt, tanzt die Welt erwartungsfroh in den 1. Januar 1900. Die letzten 100 Jahre des zweiten Jahrtausends sind angebrochen und weltweit mit vielen Hoffnungen und Erwartungen verbunden. Hinter den 1,7 Mrd. Menschen, die zu diesem Zeitpunkt auf den fünf Kontinenten leben, liegt ein Jahrhundert des Aufbruchs: Das Industriezeitalter ist zu voller Blüte gereift, das Bürgertum hat sich endgültig etabliert, Arbeiter- und Frauenbewegungen haben ihre Forderungen vorgetragen, Dichtung, Musik, Malerei und Architektur sind mit großartigen Meisterwerken in teilweise völlig neue Bereiche vorgestoßen. Der Imperialismus prägt an der Schwelle des 20. Jahrhunderts Politik und Wirtschaft auf der ganzen Welt. Die europäischen Großmächte, Japan und die USA konkurrieren um die Aufteilung der Welt und der Märkte.

Nicht in allen Ländern wird der Anfang des neuen Jahrhunderts am 1. Januar gefeiert. Die Kopten beginnen das neue Jahr am 1. August, die syrischen Christen am 1. September, die Nestorianer und Jakobiten am 1. Oktober des Julianischen Kalenders. In China fällt Neujahr auf den Tag nach dem Neumond, während die Sonne im Sternbild Wassermann kulminiert, Japan und Korea haben den Neujahrstag des Gregorianischen Kalenders (1.1.) übernommen. Den Streit, wann dieses Jahrhundert tatsächlich beginnt, hat im Deutschen Reich Kaiser Wilhelm II. am 1. Januar 1900 sozusagen offiziell und mit martialischen Worten beendet: »Der erste Tag des neuen Jahrhunderts sieht Unsere Armee, d.h. Unser Volk in Waffen ...«, heißt es in seiner Ansprache. Um zwölf Uhr nachts begrüßen die Salutschüsse der Feldbatterien im Berliner Lustgarten das neue Jahrhundert. Die Zahl der auf Litfasssäulen angekündigten Silvesterveranstaltungen übersteigt alles bislang Dagewesene. Die Feiern in der Reichshauptstadt werden allerdings durch trübes, regnerisches Wetter beeinträchtigt. Das Treiben auf den Straßen ist daher nicht so bunt und der Lärm nicht so groß wie in den Vorjahren. Auf den Brücken beobachten Menschen den Eisgang auf der Spree, eine für Berliner Winter seltene Erscheinung. Um befürchteten Ausschreitungen und Krawallen vorzubeugen, ist die gesamte Polizei der Reichshauptstadt in Dienst gestellt. Die Straßensperren sind angesichts der erwarteten Menschenmengen und des allgemeinen Trubels im Vergleich zum Vorjahr ebenfalls ausgedehnt worden. Bilanz der Polizei: 133 Festnahmen wegen »Skandalmachens, groben Unfugs und Trunkenheit.« Ähnlich wie in der Reichshauptstadt sieht es in anderen Großstädten aus. Während der Adel und das Großbürgertum rauschende Feste feiern, gehen viele Arbeiter, Handwerker und Kleinbürger um Mitternacht auf die Straße und begrüßen lautstark das neue Jahr. Für den Adligen und den gehobenen Bürger ist die Straße, der »Tanzsaal der armen Leute«, an Silvester etwas Unheimliches. In dieser Nacht, so lautet das Vorurteil, werden auf der Straße alle menschlichen Leidenschaften entfesselt. »Aus den verborgensten Winkeln kam das lichtscheue Gesindel beiderlei Geschlechts zu einem Stelldichein zusammen, und zwar auf der Hauptverkehrsstraße«, heißt es in einem Bericht aus Frankfurt am Main.

Wie das Folies-Bergère in Paris laden Tanztheater und Musikpaläste in allen Hauptstädten Europas zum großen Silvestervergnügen.

Auf prunkvollen Bällen feiert die gehobene Gesellschaft den Beginn eines neuen Jahrhunderts.

1. Januar 1900

Großmächte zeigen Flagge

Zum Ende des 19. und am Beginn des 20. Jahrhunderts formulieren die Großmächte ihre hochgesteckten Ziele und Erwartungen (Abb.: Neujahrskarte, das alte Jahrhundert reicht dem neuen Jahrhundert die Hand).

Deutsches Reich: Kaiser Wilhelm II. nutzt die Jahrhundertwende zu einer imposanten militärischen Kundgebung. Dabei werden im prächtig geschmückten Berliner Zeughaus die Fahnen und Standarten des Gardekorps geweiht. Die Neujahrsansprache des Kaisers bei dieser sog. Jahrhundertfeier ist eine an die im Zeughaus versammelten Offiziere der Garnison gerichtete Programmrede, die ausschließlich militärischen Charakter hat. Eine andere, dem gesamten deutschen Volk gewidmete Ansprache hält Wilhelm II. nicht. Das neue Jahrhundert beginnt im Deutschen Reich mit Waffengeklirr.

Frankreich: Emile Loubet, seit 1899 Präsident der 3. Republik, will zukünftig die Beziehungen zu Russland intensivieren. In der Weltausstellung sieht er ein Mittel, Frankreich als »das Land des Friedens und der Arbeit« zu präsentieren.

Großbritannien: Viktoria, Königin von Großbritannien und Irland seit 1837 sowie Kaiserin von Indien seit 1876, will ihre Kolonialpläne durch Unterwerfung der Buren in Südafrika verwirklichen. Paulus »Ohm« Krüger, seit 1883 Präsident im südafrikanischen Transvaal, ruft die europäischen Mächte zur Unterstützung auf.

Österreich-Ungarn: Für Franz Joseph I., Kaiser von Österreich seit 1848 und König von Ungarn seit 1867, ist der Ausgleich zwischen den Nationen die wichtigste Aufgabe. Elf ethnische Volksgruppen leben in dem Vielvölkerstaat.

Russland: Nikolaus II., Kaiser von Russland seit 1894, will auch in Zukunft am zaristischen autokratischen Regierungsstil festhalten. Bei seinem Amtsantritt galt der Zar noch als liberal. Kolonialpolitisch rivalisiert er in Asien mit Großbritannien und Japan.

USA: William McKinley, US-Präsident seit 1897, fordert die Fortsetzung der imperialistischen Politik gegenüber Asien und Lateinamerika. Zudem will er den Protektionismus verschärfen.

Vatikan: Papst Leo XIII. will die katholische Lehre mit den modernen kulturellen, sozialen und politischen Strömungen in Einklang bringen. Sein wichtigstes politisches Ziel ist die Wiederherstellung des Kirchenstaats, der im Jahre 1870 dem Königreich Italien angegliedert wurde.

Februar 1900

1 Do Im Londoner Unterhaus berichtet ein Staatssekretär über die Hungersnot auf dem indischen Subkontinent, unter der 49 Mio. Menschen leiden.

2 Fr Die norwegische Linke fordert auf einem Kongress in Kristiania (Oslo) mehr Rechte für Norweger in der 1814 gegründeten Union Schweden-Norwegen.

3 Sa Die Komödie »Schluck und Jau« von Gerhart Hauptmann wird im Deutschen Theater in Berlin uraufgeführt.

4 So Der Klub der Jungtschechen beschließt, an der Verständigungskonferenz zwischen Deutschen und Tschechen am 5. Februar in Wien teilzunehmen.

5 Mo Großbritannien und die USA unterzeichnen in Washington den Vertrag über den Bau eines Kanals durch Nicaragua.

6 Di Der Deutsche Reichstag verbietet unsittliche Bilder, Schriften oder Handlungen und verabschiedet das sog. Lex Heinze-Gesetz.

7 Mi Das britische Unterhaus lehnt mit großer Mehrheit den Antrag der irischen Nationalisten auf Beendigung des Burenkrieges in Südafrika ab.

8 Do Ein Militärgericht in Brünn (Österreich-Ungarn) verurteilt Reservisten, weil sie sich beim Appell mit dem tschechischen »Zde« statt mit »Hier« gemeldet haben.

9 Fr Der US-Tennisspieler Dwight Filley Davis stiftet den nach ihm benannten Davis-Pokal, um den jährlich Länder-Mannschaften spielen sollen.

10 Sa Der norwegische Eisschnelläufer Peder Östlund stellt im schweizerischen Kurort Davos fünf Weltrekorde in zwei Tagen auf.

11 So Der irische Politiker John Redmond ruft das irische Volk zu Diskussionen über die Unabhängigkeit von Großbritannien auf. Die politische Lage sei günstig.

12 Mo Die britische Regierung teilt mit, dass sie vor dem Hintergrund des Burenkrieges in Südafrika eine Reorganisation des Herres für notwendig halte.

13 Di Wegen chinesischer Übergriffe auf deutsche Ingenieure, die die Eisenbahn nach Tsingtau bauen, werden in der Stadt Kau-mi 120 Marinesoldaten stationiert.

14 Mi Der Deutsche Reichstag berät über den Bau von Eisenbahnen in Ostafrika. Kosten: 2,6 Mio. Mark. Geschätzte Einnahmen pro Jahr: 85 000 Mark.

15 Do Das bayerische Justizministerium erlässt eine Verfügung über das Züchtigungsrecht von Lehrern: Prügelstrafe ist erlaubt, Missbrauch wird streng bestraft.

16 Fr Die bayerische Abgeordnetenkammer genehmigt die Novelle zum Berggesetz, durch die Missstände im Bergbau abgeschafft werden sollen.

17 Sa Der Teil der Samoa-Inseln, der westlich des 171. Längengrades liegt, wird deutsches Schutzgebiet. Großbritannien hatte seine Ansprüche 1899 abgegeben.

18 So Die hauptsächlich aus Arbeitern bestehende Bevölkerung des schweizerischen Kantons Basel-Stadt lehnt die Einführung einer Arbeitslosenversicherung ab.

19 Mo Chile rüstet militärisch auf, weil es Gerüchte über einen Dreibund der Nachbarländer Argentinien, Peru und Bolivien gibt.

20 Di Der bisherige Bischof von Paderborn, Hubert Simar, wird im Kölner Dom als neuer Erzbischof von Köln inthronisiert.

21 Mi Der Deutsche Reichstag hebt den Diktaturparagraphen für Elsass-Lothringen auf, der bislang dem Statthalter bei Gefahr Handlungsfreiheit garantierte.

22 Do Der neue österreichische Ministerpräsident Ernest von Koerber fordert in seiner Regierungsrede vor dem Reichsrat die rasche Lösung der Nationalitätenfrage.

23 Fr In Berlin fordern Unternehmer die Vereinheitlichung der Bestimmungen für sog. Lokomobile (mobile Dampfmaschinen).

24 Sa Der Berliner Physiker Martin Leo Arons wird wegen SPD-Mitgliedschaft als Privatdozent suspendiert. Das Gesetz dazu hatte Preußen eigens für ihn erlassen.

25 So Der deutsche Aeronaut Arthur Berson weist auf die Gefahren der Luftschifffahrt in Höhen über 5000 m hin, z.B. Herzklopfen, Schläfrigkeit, Pulssteigerung.

26 Mo Die Komödie »Rausch« bzw. »Verbrechen und Verbrechen« von August Strindberg wird im Königlichen Dramatischen Theater in Stockholm uraufgeführt.

27 Di Beim Treffen der britischen Gewerkschaften in London wird das »Labour Representation Committee«, die erste gesamtbritische Arbeiterpartei, gegründet.

28 Mi Das Großherzogtum Baden erlässt eine Verordnung, durch die Frauen uneingeschränkt zum Hochschulstudium zugelassen werden.

März 1900

1 **Do** Die bayerische Abgeordnetenkammer genehmigt den Antrag auf Errichtung einer Handwerker-Zentralkasse. → Samoa

2 **Fr** Die britischen Streitkräfte ziehen während des Burenkrieges in Ladysmith, die drittgrößte Stadt des südafrikanischen Staates Natal, ein.

3 **Sa** Das preußische Abgeordnetenhaus lehnt einen Antrag auf Herabsetzung der Personentarife im Bahnverkehr ab.

4 **So** In Wien demonstrieren mehrere tausend Arbeiter gegen die neue Gemeindewahlordnung, die eine Vorherrschaft der Christlichsozialen festschreibt.

5 **Mo** Die Südafrikanische Republik und der Oranjefreistaat richten eine Depesche an die britische Regierung und fordern die Unabhängigkeit von Großbritannien.

6 **Di** In den nördlichen Provinzen der Kapkolonie wird nach Aufständen der Buren das Kriegsrecht proklamiert.

7 **Mi** 4000 Menschen – darunter viele Prominente und Künstler – gehen in München aus Protest gegen das Sittengesetz Lex Heinze auf die Straße.

8 **Do** Die Kohlenwerke des Zwickauer Reviers in Sachsen bewilligen den Bergarbeitern eine Lohnerhöhung. Seit Februar hatten die Kumpel dafür gestreikt.

9 **Fr** In Berlin genehmigt der Deutsche Reichstag das umstrittene Fleischbeschaugesetz. Vor und nach der Schlachtung sollen Tiere amtlich untersucht werden.

10 **Sa** Die Niederländische Zweite Kammer genehmigt einen Teil des Schulgesetzes, der den sechsjährigen Volksschulbesuch für obligatorisch erklärt.

11 **So** Großbritannien teilt der Südafrikanischen Republik und dem Oranjefreistaat mit, dass es die Unabhängigkeit dieser Burenrepubliken nicht anerkennt.

12 **Mo** Zum zweiten Mal innerhalb von vier Tagen kommt es in Kopenhagen wegen des Militärhaushalts zu einem Misstrauensvotum gegen die Regierung.

13 **Di** Die britischen Streitkräfte in Südafrika erobern im Burenkrieg den Oranjefreistaat. Großbritannien erklärt das Gebiet am 28. Mai zur Kolonie.

14 **Mi** US-Präsident William McKinley unterzeichnet das Goldstandardgesetz. Zur Deckung der Geldwährung dient eine Goldreserve von 150 Mio. Dollar.

15 **Do** Die Welturaufführung des Dramas »Der junge Aar« von Edmond Rostand mit der Schauspielerin Sarah Bernhardt begeistert das Pariser Publikum.

16 **Fr** Im norwegischen Kristiania beginnt der Parteitag der Konservativen. Sie fordern für ihr Land die Gleichberechtigung in der Union mit Schweden.

17 **Sa** Der Deutsche Reichstag stellt bei einer namentlichen Abstimmung über das umstrittene Sittengesetz Lex Heinze Beschlussunfähigkeit fest.

18 **So** Zum Gedächtnis des früheren Reichskanzlers Otto von Bismarck errichten Studenten im gesamten Deutschen Reich sog. Bismarck-Säulen.

19 **Mo** Die Akademie der Wissenschaften zu Berlin feiert ihr 200-jähriges Bestehen. An den Festlichkeiten nimmt auch das deutsche Kaiserpaar teil.

20 **Di** Die USA erklären, Europas Kolonialmächte und Japan hätten die »Politik der offenen Tür«, die gleiche Handelschancen in China einräumt, akzeptiert.

21 **Mi** In Rom verabschieden Abgeordnete ein Gesetz gegen parlamentarische Verschleppungstaktik. Die Opposition verhindert das Inkrafttreten.

22 **Do** Eine russische Finanzdelegation trifft im bulgarischen Sofia ein. Sie soll die Finanzen des Landes untersuchen, das vor dem Staatsbankrott steht.

23 **Fr** Zeitungen berichten über die Hochzeit der österreichischen Erzherzogin Stephanie mit dem k.u.k.-Kämmerer Graf Elemer Lonyay. → Knossos

24 **Sa** Presseberichte erschüttern Belgien: Handelsagenten im afrikanischen Kongostaat haben Greueltaten begangen, um Kautschuklieferungen zu erzwingen.

25 **So** Persönlichkeiten aus Kunst, Literatur und Wissenschaft gründen in Berlin aus Protest gegen das sog. Lex Heinze-Gesetz den Goethebund.

26 **Mo** Der Franzose René de Knyff gewinnt das Automobilrennen Nizza-Marseille. Die 223 km lange Strecke schaffte er in 3:25,30 h.

27 **Di** Trotz des Prinzips der sog. Diätenlosigkeit genehmigt der Deutsche Reichstag in Berlin »Anwesenheitsgelder« für Abgeordnete.

28 **Mi** Das Deutsche Reich und Frankreich schließen ein Abkommen, das den Telefonverkehr zwischen beiden Staaten ab dem 4. August regelt.

29 **Do** Der Schweizer Bundesrat entscheidet in der Delagoa-Frage: Die ostafrikanische Bucht bleibt portugiesisch. Großbritannien erhält eine Entschädigung.

30 **Fr** Französische Truppen stürmen die Tuareg-Siedlung Ain Salag in der Sahara. Das Territorium ist wichtig für den Bau der Eisenbahnlinie in der Wüste.

31 **Sa** Der tschechische Soziologe, Philosoph und Politiker Tomáš Garrigue Masaryk gründet in Prag die Tschechische Volkspartei.

1. März 1900

Deutsche Flagge auf Samoa

Das Deutsche Reich dehnt sein Kolonialreich aus: In Milinuu, dem früheren Sitz der Regierung von Samoa, wird in Gegenwart der Vertreter Großbritanniens und der USA die deutsche Flagge gehisst (s. Abb.). Erster Gouverneur des neuen deutschen Schutzgebiets wird Wilhelm Heinrich Solf. Alfred von Tirpitz, Staatssekretär im Reichsmarineamt, betont, dass durch den erwarteten Bau des Panamakanals Samoa in Zukunft militär- und handelsstrategische Bedeutung erlangen werde. Samoa wurde durch den Niederländer Jacob Roggeveen erst 1722 von den Europäern entdeckt. Ab 1830 begannen Missionare mit ihrer Arbeit. Händler aus den USA, Großbritannien und Deutschland folgten.

Wirtschaftlich behauptete die Deutsche Handels- und Plantagengesellschaft bald einen großen Vorsprung vor der britischen und nordamerikanischen Konkurrenz. Als 1885 Kämpfe zwischen verfeindeten Häuptlingsfamilien ausbrachen und der deutsche Konsul einseitig Partei ergriff, entsandte Washington Kriegsschiffe in die Südsee. Der Konflikt wurde 1889 auf der Berliner Samoa-Konferenz durch die Samoa-Akte beigelegt. Ein Gremium von Vertretern der Vertragsmächte Deutsches Reich, USA und Großbritannien übernahm die Leitung der Politik auf Samoa. Als Großbritannien 1899 in den Burenkrieg in Südafrika verwickelt wurde, gelang es dem Deutschen Reich durch diplomatischen Druck, die Briten zur

Aufgabe ihrer Ansprüche zu bewegen. Samoa wurde zwischen den USA und dem Deutschen Reich am 171. Breitengrad geteilt, Großbritannien erhielt als Entschädigung Tonga, das 1876 einen »immerwährenden Freundschaftsvertrag« mit den Deutschen abgeschlossen hatte, und Teile der Salomonen.

In den deutschen Kolonien sind zahlreiche Kolonialgesellschaften aktiv. Allein in der Südsee arbeiten vier, in Südwest-Kamerun und Südwestafrika je zwölf, in Ostafrika 17. Weitere Kolonisationsunternehmen befassen sich mit Ländern, die nicht zum deutschen Kolonialreich gehören, u.a. die Venezuela Plantagen-Gesellschaft oder die Deutsche Überseeische Bank. Die Gesellschaften verfolgen unterschiedliche Ziele. Einige erwerben durch Kauf oder Gewalt Ländereien oder nehmen »herrenlose« Gebiete in Besitz. Andere verstehen sich als gemeinnützige Vereine, die sich aus philanthropischen oder patriotischen Gründen mit Auswanderung oder Kolonisation befassen. Die größte Organisation im Deutschen Reich zur Propagierung der kolonialen Expansion ist die Deutsche Kolonialgesellschaft.

22. April 1900

Franzosen erobern Tschad

Französische Truppen festigen ihre Herrschaft in Afrika. Sie besiegen in der Schlacht bei Kousseri den arabischen Abenteurer Rabeh Zobeïr, der in der Tschadsee-Region einen eigenen Staat gegründet hatte (Abb.: Truppen der französischen Mission Foureau-Lamy bei der Oase Ouargla). In der Schlacht fällt auch der französische Afrikaforscher François Joseph Amédée Lamy, nach dem die Hauptstadt des Tschad benannt wird. Das Tschadbecken ist Frankreich nach der Faschodakrise 1898 zugesichert worden. Am 20. September 1898 standen sich in Faschoda am Oberen Nil französische und britische Truppen gegenüber. Beide wollten den Sudan im Namen ihrer Regierungen in Besitz nehmen. Die Faschodakrise führt nach wochenlanger Kriegsgefahr zur Abgrenzung der französischen und britischen Einflusszonen in Zentralafrika.

29. April 1900

Hawaii wird US-Territorium

Das ehemalige Königreich Hawaii erhält eine neue Verfassung als Territorium der Vereinigten Staaten von Amerika.

Hawaii wurde 1778 von James Cook entdeckt und zunächst Sandwich Islands genannt. Auf den von Polynesiern bewohnten Inseln existierten zunächst mehrere, territorial unbeständige Königreiche, die kurzzeitig ein Bündnis bildeten. Mit dem Beginn der Missionierung der Inselgruppe im nördlichen Pazifik Anfang des 19. Jahrhunderts wurde die einheimische Politik und Kultur zurückgedrängt. Der politische und wirtschaftliche Einfluss der USA, Großbritanniens und Frankreichs wuchs zusehends, doch erkannten die drei Mächte die Unabhängigkeit der einheimischen Könige zunächst an.

Ab Mitte des 19. Jahrhunderts verdrängten die USA ihre Kontrahenten Großbritannien und Frankreich aus Hawaii. Im Jahr 1893 kam es zu einer blutigen Revolution, die zum Sturz von Königin Liliukolani und zur Ausrufung der Republik Hawaii führte. Der damalige US-Präsident Benjamin Harrison (Republikaner) erklärte Hawaii daraufhin zum Protektorat, sein Nachfolger Stephan Grover Cleveland (Demokrat), ein Gegner des Imperialismus, machte diesen Schritt jedoch wieder rückgängig. Hawaii blieb Republik, bis die USA 1897 auf Betreiben nordamerikanischer Zuckerpflanzer endgültig die Annexion vollzogen.

Die Eingliederung der Inselgruppe in die USA ist ein weiteres Anzeichen für das verstärkte koloniale Engagement der Vereinigten Staaten. Nach dem Spanisch-Amerikanischen Krieg von 1898 musste Spanien die Philippinen, Kuba, Puerto Rico und Guam an die USA abtreten, 1899 hatten die USA und das Deutsche Reich Samoa unter sich aufgeteilt.

14. April 1900

Schaufenster der Welt

Pompös und gewaltig präsentieren sich Gebäude und Gelände der ersten Weltausstellung des 20. Jahrhunderts in der Metropole Paris.

Bei strahlendem Frühlingswetter eröffnen Frankreichs sozialistischer Handelsminister Alexandre Millerand und Staatspräsident Emile Loubet in Gegenwart zahlreicher Minister und offizieller Vertreter des Auslands die Weltausstellung. Aufsehenerregend sind weniger die Errungenschaften der Völker auf den Gebieten der Technik, Wissenschaft, Kunst und Kultur, als der Reichtum, der zur Schau gestellt wird. Am Tag nach der offiziellen Eröffnung wird das Gelände auch für die allgemeine Öffentlichkeit freigegeben. Die Weltausstellung ist die größte Veranstaltung ihrer Art in Europa seit der ersten Weltausstellung 1851 in London. Präsentationshallen und -pavillons, Alleen, Parks und Straßen erstrecken sich auf einer Fläche von 109 ha (London 1851: 9,5 ha). Mit 47 Mio. Besuchern (London 1851: 6 Mio.) ist die Weltausstellung die bis dahin bestbesuchte.
In eigens errichteten, aufwendigen Häusern und Pavillons präsentieren die Nationen ihre Errungenschaften. Eines der originellsten Bauensembles ist das Schweizerdorf in der Avenue de Suffren. Die Häuser sind keine bloßen Theaterdekorationen, sondern solide Bauten aus allen Kantonen der Eidgenossenschaft. Als heimlicher Clou der gigantischen Veranstaltung gelten die rollenden Bürgersteige bzw. Stufenbahnen, die »trottoirs roulants«. Auf diesen Rollbahnen werden die Besucher stehend von einem Ort zum anderen transportiert. Für die Betreiber erweist sich die Anlage als Verlust. Auch viele Gasthäuser und Kioske kommen nicht auf ihre Kosten.

23. März 1900

Ausgrabung von Knossos

Der britische Archäologe Arthur Evans beginnt mit der Ausgrabung von Knossos, der Stadt mit dem bedeutendsten Palast der minoischen Kunst auf Kreta (Abb.: Vorratskeller). Knossos, unweit der Nordküste der Insel in einer Ebene gelegen, ist die mythische Heimat des Königs Minos und des Minotaurus, eines Wesens – halb Stier, halb Mensch –, das in dem von Dädalus für Minos erbauten Labyrinth gehaust haben soll. Nach Minos ist die minoische Kultur benannt, die vorgriechische Kultur Kretas.
Eine Woche nach seinem ersten Spatenstich stößt der 50-jährige Evans auf die Mauern der labyrinthischen Palastanlage. 1901 publiziert der Archäologe erstmals einen Bericht über seine Grabungen und erregt damit in der Weltöffentlichkeit viel Aufsehen. Die Entdeckungen werden rasch als das bedeutendste archäologische Ereignis seit den Funden des Deutschen Heinrich Schliemann in Troja (1870-1890) gewürdigt. Die Ausgrabungen von Evans belegen, dass noch vor den Griechen eine entwickelte, friedliche Zivilisation existierte, die ihren Höhepunkt um 1700 v. Chr. erreicht hatte.
Im Verlauf der Arbeiten werden im vielgeschossigen Palast von Knossos perfekt konstruierte sa-

nitäre Anlagen, gut erhaltene Fresken und Schriftzeugnisse der minoischen Kultur entdeckt. Die Forschungs- und Restaurierungsarbeiten auf Kreta beschäftigen Evans insgesamt mehrere Jahrzehnte. Auch die Medien in aller Welt berichten ausführlich über den Stand der Grabungen. Die Forschungsberichte von Evans werden weltweit mit Spannung verfolgt. Am 13. Juli 1901 würdigt die Berliner Zeitschrift »Die Woche« die wissenschaftlichen Ergebnisse mit ausführlichen Berichten. Evans bereiste nach einem Studium der Archäologie im Jahr 1875 zunächst die Balkanländer. Mit seinem Privatvermögen erwarb er im Jahr 1899 auf Kreta die spätere Ausgrabungsstätte von Knossos. Ein Jahr später stieß der Forscher auf seinen sensationellen archäologischen Fund.

April 1900

1 So In Deutschland gilt eine neue Fernsprechgebührenordnung. +++ In Spanien treten umstrittene Steuergesetze in Kraft.

2 Mo Die Verwendung von Surrogaten anstelle des Hopfens bei der Bierzubereitung wird in Österreich durch Ministerialverordnung verboten.

3 Di Die Niederlande genehmigen die Konvention über den Ständigen Schiedshof in Den Haag, der internationale Streitfälle friedlich lösen soll.

4 Mi Auf den Prinzen von Wales, Albert Edward, wird auf dem Brüsseler Bahnhof ein Attentat verübt. Er bleibt unverletzt.

5 Do Die französische Regierung untersagt katholischen Bischöfen, Angehörige eines von ihr nicht genehmigten Ordens u.a. bei Predigten einzusetzen.

6 Fr Der deutsche Maler und Illustrator Anton von Werner feiert sein 25-jähriges Jubiläum als Direktor der Berliner Akademie der Künste.

7 Sa Coriolano Graf Ponza di San Martino wird italienischer Kriegsminister und Nachfolger des wegen Mafiaverbindungen zurückgetretenen Giuseppe Mirri.

8 So In Albanien, das seit 1468 zum Osmanischen Reich gehört, versammeln sich Separatisten, die die Unabhängigkeit ihres Landes fordern.

9 Mo Im Deutschen Reich tritt ein Gesetz in Kraft, das die »Entziehung elektrischer Arbeit« (z.B. durch das Anzapfen von Stromleitungen) unter Strafe stellt.

10 Di Bei der Hamburger Werft Blohm + Voss läuft der für die deutsche Ostafrika-Linie gebaute Doppelschraubendampfer »Kronprinz« vom Stapel.

11 Mi König Leopold II. schenkt anlässlich seines 65. Geburtstages dem belgischen Staat mehrere (Jagd-)Schlösser und eine Farm in Ravenstein.

12 Do Der US-Kongress verabschiedet das Foraker-Gesetz. Danach wird Puerto Rico durch einen vom US-Präsidenten zu ernennenden Gouverneur regiert.

13 Fr Der im April in Kolumbien ausgebrochene Bürgerkrieg tobt jetzt in den Grenzprovinzen und in der Gegend um Isthmus.

14 Sa In Genf treffen die Delegierten des II. Kongresses des Auslandsbundes der russischen Sozialdemokraten ein. → Weltausstellung

15 So China verbietet die christen- und fremdenfeindliche Geheimgesellschaft der Boxer. Trotzdem hat die Vereinigung weiterhin viele Sympathisanten.

16 Mo In Magdeburg wird das Drama »Meister Oelze« von Johannes Schlaf uraufgeführt. Das Musterwerk des Naturalismus gefällt dem Publikum jedoch nicht.

17 Di In Brüssel werden zehn Kaufleute wegen Massenmordes angeklagt, den sie aus Habsucht im Kongostaat begangen haben sollen.

18 Mi Das Wiener Blatt »Unverfälschtes Wort« berichtet, dass im März fast 9000 Personen aus der römisch-katholischen Kirche ausgetreten seien.

19 Do Für Straßenschmuck beim Besuch des österreichischen Kaisers Franz Joseph I. bewilligt die Berliner Stadtverordnetenversammlung 50 000 Reichsmark.

20 Fr Der Verband der Hochschullehrer des Deutschen Reiches für volkstümliche Kurse hält in München seine erste Generalversammlung ab.

21 Sa Im Deutschen Theater in Berlin wird unter der Regie von Otto Brahm das rein naturalistisch inszenierte Drama »Gespenster« von Henrik Ibsen uraufgeführt.

22 So Die letzten Vorbereitungen zur Inbetriebnahme einer neuen Fährverbindung zwischen Stralsund und Rügen laufen. → Tschad

23 Mo Im böhmischen Landtag beginnen die Beratungen über die Staatssprache. Die Tschechen fordern die Gleichstellung ihrer Sprache mit der deutschen.

24 Di Eine internationale Konferenz zum Tierschutz in Afrika beginnt in London. Teilnehmer sind die europäischen Staaten und der Kongostaat.

25 Mi 200 japanische Matrosen übernehmen einen von der Vulkan-Werft in Bredow bei Stettin für Japan gebauten Panzerkreuzer.

26 Do Bei einer Dynamitexplosion in einer Gießerei im südafrikanischen Pretoria werden 65 Menschen getötet. Die Fabrik diente den Buren als Munitionsdepot.

27 Fr Ein verheerender Großbrand vernichtet große Teile der kanadischen Hauptstadt Ottawa. 2000 Familien werden obdachlos.

28 Sa Das »Leipziger Tageblatt« berichtet, dass evangelische Soldaten in der katholischen Hofkirche zu Dresden vor dem Altar niederknien mussten.

29 So In der belgischen Hauptstadt Brüssel demonstrieren rund 60 000 Arbeiter für die Einführung von Arbeiterpensionen. → Hawaii

30 Mo Zur Eindämmung des Schmuggels verbietet der russische Innenminister den Juden, sich nahe der deutschen oder österreichischen Grenzen niederzulassen.

Mai 1900

1 Di Der französische Staatspräsident Emile Loubet eröffnet auf der Pariser Weltausstellung die Abteilung der schönen Künste.

2 Mi Bei einer Explosion im Kohlenbergwerk von Schofield im US-Bundesstaat Utah kommen mehr als 200 Menschen ums Leben.

3 Do Der deutsche Kaiser Wilhelm II. teilt Indien mit, dass er eine Spende von 400 000 Mark für die Not leidenden Menschen nach Kalkutta angewiesen hat.

4 Fr In Berlin trifft der österreichische Kaiser Franz Joseph I. zur Feier anlässlich der Volljährigkeitserklärung des deutschen Kronprinzen Wilhelm von Preußen ein.

5 Sa Nach einer Kundgebung gegen Steuererhöhungen in Barcelona (Spanien) und schweren Unruhen wird der Belagerungszustand über die Stadt verhängt.

6 So In rd. 34 000 Gemeinden Frankreichs werden neue Gemeinderäte gewählt. Gewinner sind die Republikaner, die 24 832 Delegierte stellen.

7 Mo In Berlin genehmigt der Deutsche Reichstag die Vorlage über die Subventionierung der Afrika-Postdampfer.

8 Di Die österreichische Regierung legt Gesetzentwürfe über die amtliche Sprachregelung in Böhmen und Mähren vor. Die Tschechen lehnen die Entwürfe ab.

9 Mi Der Maler Max Liebermann eröffnet die zweite Kunstausstellung der Berliner Secession. Gezeigt werden 420, vor allem impressionistische, Bilder.

10 Do Der japanische Kronprinz Joschihito, der 1912 seinem Vater Mutsuhito auf den Thron folgen wird, heiratet Prinzessin Sada aus dem Haus Kuyo.

11 Fr In den USA wird der Amerikaner James J. Jeffries Schwergewichts-Boxweltmeister. Er schlägt seinen Landsmann James J. Corbett in der 23. Runde k.o.

12 Sa Das Deutsche Buchgewerbehaus wird in Leipzig eröffnet. Es soll eine Art Hochschule des deutschen Buchgewerbes werden.

13 So Gewaltige Eruptionen des Vesuv und heftige Erdstöße lösen im Gebiet des Golfs von Neapel eine Panik unter der Bevölkerung aus.

14 Mo In Stuttgart wird die Gesellschaft zur Förderung der deutschen Ansiedlungen in Palästina m.b.H. gegründet.

15 Di Die spanische Regierung erlässt ein Dekret an die Handelskammern und droht mit ihrer Schließung, wenn sie weiterhin zur Steuerverweigerung aufrufen.

16 Mi 6000 Berliner Straßenbahner fordern in einer Resolution eine Lohnerhöhung sowie andere Verbesserungen ihrer wirtschaftlichen Lage.

17 Do Die österreichische Regierung legt dem Reichsrat in Wien ein Gesetz vor, das die Arbeitsdauer der Bergarbeiter auf acht Stunden pro Schicht beschränkt.

18 Fr In China kommt es erneut zu schweren Ausschreitungen der christen- und fremdenfeindlichen Geheimgesellschaft der Boxer. 73 Menschen werden ermordet.

19 Sa Die Angestellten der Großen Berliner Straßenbahngesellschaft treten in den Streik. Die Bevölkerung erklärt sich solidarisch.

20 So Unter belgischen Bürgergarden kommt es zu Schlägereien, weil einige ein französisches anstelle eines flämischen Kommandos verlangen. → Spiele

21 Mo Das Gesetz über die Patentanwälte tritt im Deutschen Reich in Kraft. +++ Im britischen Unterhaus wird vor Russlands Korea-Engagement gewarnt.

22 Di Gegen die Stimmen der Sozialdemokraten und der Freisinnigen billigt der Deutsche Reichstag das sog. Lex Heinze-Gesetz in einer Kompromissfassung.

23 Mi Das britische Unterhaus beschließt mit 248 zu 129 Stimmen das passive Wahlrecht für Frauen bei den Londoner Gemeinderatswahlen.

24 Do Im bayerischen Oberammergau werden die Passionsspiele eröffnet. Sie finden alle zehn Jahre statt und zeigen das Leiden und Sterben Christi.

25 Fr Die Bayerische Abgeordnetenkammer beschließt die Einführung eines Gerste- und Haferzolls in Höhe der Weizen- und Roggenzölle.

26 Sa Das Deutsche Reich feiert den 200. Geburtstag des evangelischen Theologen und Liederdichters Nikolaus Ludwig Graf von Zinzendorf und Pottendorf.

27 So In Berlin wird der Deutsche Automobil-Verband (DAV) gegründet. Er nimmt großen Einfluss auf die Entwicklung des Motorsports in Deutschland.

28 Mo Über Europa, Nordafrika und Nordamerika ist eine Sonnenfinsternis zu beobachten. +++ Die Aufnahme in den russischen Adel wird per Gesetz erschwert.

29 Di Die »Société Hippique Française« veranstaltet anlässlich der Weltausstellung in Paris den ersten internationalen Reitwettbewerb.

30 Mi Der deutsche Kronprinz Wilhelm tritt seinen aktiven Dienst im ersten Garderegiment zu Fuß in Potsdam an.

31 Do Das Schauspiel »Wie die Blätter« von Giuseppe Giacosa wird im Teatro Manzoni in Mailand uraufgeführt.

20. Mai 1900

Olympische Spiele nur Beiwerk

Im Rahmen der Pariser Weltausstellung werden die II. Olympischen Spiele der Neuzeit eröffnet. 1344 Aktive aus insgesamt 22 Ländern – unter ihnen lediglich zwölf Frauen – kämpfen um 96 Goldmedaillen in 16 Sportarten. Die Spiele haben noch keinen eigenen Charakter und werden lediglich als schmückendes Beiwerk der Weltausstellung betrachtet.

Dementsprechend schlecht ist die Großveranstaltung von den Organisatoren vorbereitet. So müssen die Leichtathleten ihre Sprunggruben selbst ausheben. Darüber hinaus präsentieren sich viele Sportanlagen in einem derart miserablen Zustand, dass die sportlichen Ergebnisse mehr oder weniger nur statistischen Wert haben. Obendrein leiden die Wettkämpfe darunter, dass sie auf fast den gesamten Zeitraum der Weltausstellung verteilt sind. Von Mai bis Oktober kämpfen die Athleten in den verschiedenen Disziplinen um Sieg, Medaillen und die Ehre. Nicht zuletzt herrschen Meinungsverschiedenheiten darüber, welche der in der Zeit von Mai bis Oktober angebotenen Sportwettkämpfe tatsächlich zu den Olympischen Spielen zählen und welche nicht. Zum ersten Mal steht in Paris Bogenschießen (s. Abb.) auf dem olympischen Programm. Ziel ist ein Metallvogel auf einer 32 Fuß (9,75 m) hohen Stange. Erstmals olympisch ist auch Krocket. In diesem Wettbewerb sichern sich die Franzosen alle Medaillen. Herausragender und vielseitigster Athlet ist der in Wien geborene US-Amerikaner Alvin Kraenzlein. Der 23-Jährige holt für die Mannschaft der Vereinigten Staaten vier Goldmedaillen über 110-m- und 200-m-Hürden sowie im Weitsprung und beim Sprint über 60 m.

Eine erneut beeindruckende Leistung bietet der britische Schwimmer John Arthur Jarvis, der seit Jahren mit aufsehenerregenden Weltrekordleistungen die Konkurrenz beherrscht. In seinem neuartigen »Hand-über-Hand-Stil« gewinnt er die 4000 m auf einer flußabwärts vermessenen Strecke der Seine mit zehn Minuten Vorsprung vor dem besten Freistilschwimmer des Kontinents, dem Ungarn Zoltán Halmay.

Als die Spiele am 28. Oktober zu Ende gehen, führt das Gastgeberland Frankreich den inoffiziellen Medaillenspiegel vor den USA und Großbritannien an. Das 64-köpfige deutsche Aufgebot holte vier Gold- und je zwei Silber- und Bronzemedaillen. Bester deutscher Teilnehmer ist der Bremer Schwimmer Ernst Hoppenberg, der die 200-m-Rücken gewinnt und mit seinen Teamkameraden Max Hainle, Herbert von Petersdorff, Max Schöne und Julius Frey im 200-m-Mannschaftsschwimmen siegt. Zwei Medaillen gewinnt ausserdem das deutsche Segelschiff »Aschenbrödel«: Beim Wettbewerb in der 1-2 t-Klasse gewinnt es Gold vor der schweizerischen »Lérina«, beim Segeln in der offenen Klasse sichert es sich den zweiten Rang hinter der britischen »Scotia«.

12. Juni 1900

Reichsmarine rüstet auf

Mit 201 zu 103 Stimmen nimmt der Deutsche Reichstag das neue Flottengesetz an, das die Konfrontation mit der bislang uneingeschränkt herrschenden Seemacht Großbritannien entscheidend forciert. Nach der 2. Tirpitzschen Flottenvorlage wird die deutsche Hochseeflotte bis 1917 auf vier Geschwader ausgebaut und ihre Größe damit verdoppelt. Die Kosten belaufen sich pro Jahr auf etwa 300 Mio. Reichsmark. Der sog. Two-Power-Standard, d.h. zwei britische gegen ein deutsches Kriegsschiff, wird durch die Aufrüstung der deutschen Marine zu Gunsten eines Verhältnisses von 3:2 verschoben (Abb.: Britisches Schlachtschiff HMS Jupiter bei einer Manöverfahrt). Befürworter der Flottenvorlage betonen, dass nur die Aufrüstung den Schutz der deutschen Kolonien und des deutschen Seehandels gewährleiste. Hintergrund der neuerlichen Aufrüstung zur See – bereits im Jahre 1898 wurde das erste Flottengesetz verabschiedet – sind massive wirtschaftliche Interessen deutscher Waffenschmieden sowie das Großmachtstreben Kaiser Wilhelms II.

Kriegsschiffbau 1901-1917

Jahr	Linienschiffe	große Kreuzer	kleine Kreuzer
1901	-	1	-
1902	-	1	1
1903	-	1	1
1904	-	-	2
1905	-	-	2
1906	2	-	2
1907	2	-	2
1908	2	-	2
1909	2	-	2
1910	1	1	2
1911	1	1	2
1912	1	1	2
1913	1	1	2
1914	1	1	2
1915	1	1	2
1916	1	1	2
1917	2	-	2
Ges.	17	10	30

16. Juni 1900

Kanal soll Handel beleben

Kaiser Wilhelm II. gibt sich die Ehre und wohnt der Eröffnung des Elbe-Trave-Kanals (Elbe-Lübeck-Kanal) bei. Sein Schiff durchschneidet die Schnur an der Mündung des neuen Schifffahrtsweges. Der 67 km lange, nach fast vierjähriger Bauzeit vollendete Kanal verläuft vom Ostseehafen Lübeck bis zur Elbe bei Lauenburg. Damit ist die Ostsee mit der Nordsee durch einen weiteren Kanal verbunden, Lübeck wird gleichzeitig Ostsee- und Nordseehafen. Die Fahrtzeit von Lübeck nach Lauenburg wird auf der neuen Wasserstraße 18 bis 21 Stunden dauern, während die Fahrt auf dem alten Stecknitzkanal die achtfache Zeit in Anspruch nahm Mit dem Kanal wird ein Schifffahrtsweg eröffnet, dem große Bedeutung für Handel und Verkehr zukommt.

13. Juni 1900

Mentor der Flottenrüstung

Einen Tag, nachdem der Reichstag das zweite Flottengesetz angenommen hat, erhält Alfred Tirpitz, der Initiator der Flottenvorlage, den erblichen Adelstitel. Der so Geehrte ist seit 1897 Staatssekretär des Kaiser Wilhelm II. persönlich unterstellten Reichsmarineamtes. Mit Tirpitz wird ein Mann geehrt, der durch eine geschickte Politik und Ausnutzung der öffentlichen Meinung stark dazu beiträgt, dass sich der Gegensatz zu Großbritannien bis zum Ersten Weltkrieg zunehmend verschärft. Durch die aggressive Rüstungspolitik des Deutschen Reichs nähert sich Großbritannien in den nächsten Jahren an Frankreich an. Das Deutsche Reich unter Kaiser Wilhelm II., der eine starke Flotte befürwortet, gerät mehr und mehr in die Isolation.

Alfred von Tirpitz

deutscher Militär und Politiker; * 19.3.1849 Küstrin; † 6.3.1930 Ebenhausen bei München

Tirpitz war ab 1877 mit der Entwicklung der Torpedowaffe betraut, ehe er 1892 Stabschef der Marine wurde. Sein Bestreben war es, eine Schlachtflotte zu schaffen, die Großbritannien von einem Angriff abhalten sollte (»Risikogedanke«). Im Ersten Weltkrieg setzt er sich für einen uneingeschränkten U-Boot-Krieg ein. Aus Protest gegen dessen Einschränkung tritt er 1916 von seinem Amt zurück.

- 1897-1916: Staatssekretär des Reichsmarineamts
- 1898-1916: Preußischer Marineminister
- 1898: Mitbegründer des Deutschen Flottenvereins
- 1911: Großadmiral
- 1917: Mitbegründer der Deutschen Vaterlandspartei
- 1924-28: Mitglied des Reichstags (DNVP)

9. Juni 1900

Sprachenstreit in Österreich

Die Auseinandersetzungen zwischen Tschechen und Deutschen wegen der seit Jahren strittigen Sprachenregelung in Österreich führen zur Schließung des Reichsrats in Wien und damit zum völligen Stillstand des parlamentarischen Betriebs. Aus Protest gegen die Sprachengesetzgebung, die die Tschechen benachteiligt, verhindern die tschechischen Abgeordneten durch Lärmen, den Einsatz von Musikinstrumenten und durch andere Arten von Obstruktion die Verabschiedung des Haushalts. Nach den wilden Szenen (Abb.: Tumult im Abgeordnetenhaus; Zeitungsillustration) muss die Regierung Ernest von Koerber durch Notverordnung regieren. Die tschechischen Parlamentarier feiern ihre ungewöhnliche Aktion als Sieg über die Regierung.

Juni 1900

1 Fr In den USA wird eine Volkszählung durchgeführt. Das Land hat ihrem Ergebnis nach 76,3 Mio. Einwohner (1890: 63,0 Mio).

2 Sa Der französische Senat in Paris genehmigt eine Amnestievorlage über die Dreyfus-Spionageaffäre. Zahlreiche Prozesse müssen nun eingestellt werden.

3 So Im französischen Chalon-sur Saône kommt es bei einem Streik zu blutigen Auseinandersetzungen zwischen Arbeitern und dem Militär.

4 Mo Im Norden Chinas finden schwere Gefechte zwischen der Anhängern der Geheimgesellschaft der Boxer und Kosaken statt.

5 Di Ohne Widerstand nimmt der britische Oberbefehlshaber in Südafrika die Hauptstadt der Südafrikanischen Republik, Pretoria, ein.

6 Mi Die Konferenz über das höhere Schulwesen in Berlin stimmt für die Gleichstellung der Abiturienten von Realgymnasien und humanistischen Gymnasien.

7 Do In Krakau feiern Vertreter vieler europäischer Hochschulen den 500. Geburtstag der ansässigen Universität.

8 Fr In Karlsruhe endet der Evangelisch-Soziale Kongress. Diskutiert wurden neben theologischen Standpunkten vor allem Erziehungsfragen.

9 Sa Zeitungen berichten über den Beschluss einer internationalen Kommission in Brüssel zur Einschränkung der Alkoholexporte nach Afrika. → Sprachenstreit

10 So Nach Ausschreitungen gegen Juden wird in der Kreisstadt Konitz in Westpreußen das Standrecht proklamiert.

11 Mo Die Parlamentswahlen in Italien bestätigen die Regierung von Luigi Pelloux. Die oppositionellen Sozialisten verbuchen Stimmenzuwächse.

12 Di Der deutsche Kaiser Wilhelm II. nimmt an der 700-Jahr-Feier des Mansfelder Bergbaus teil. +++ Die Sitzungsperiode des Reichstags endet. → Reichsmarine

13 Mi Mitglieder des Geheimbundes der Boxer zerstören in Peking Kapellen und Missionshäuser und ermorden mehrere chinesische Christen. → Flottenrüstung

14 Do Das erste Gordon-Bennett-Automobilrennen von Paris nach Lyon über 566 km gewinnt der Franzose François Charron mit einem Panhard.

15 Fr Den preußischen Eisenbahnarbeitern wird verboten, dem sozialdemokratischen Verband der Eisenbahner Deutschlands beizutreten.

16 Sa Nach schweren militärischen Niederlagen erlahmt der Widerstand der Buren in Südafrika, die sich in der Folgezeit auf einen Guerillakrieg verlegen. → Kanal

17 So Der russische Polarforscher Eduard von Toll beginnt eine Expedition zu den Neusibirischen Inseln und nach Sannikowland.

18 Mo Weil er keine sichere Mehrheit mehr im Parlament hat, tritt der italienische Ministerpräsident Luigi Pelloux zurück.

19 Di Fürst Ferdinand von Bulgarien schränkt die Pressefreiheit ein, um die Agitation gegen die Regierung zu unterbinden.

20 Mi Klemens Freiherr von Ketteler, deutscher Gesandter in Peking, wird während des Boxeraufstandes in China auf offener Straße erschossen.

21 Do In Madrid wird wegen anhaltender katalonisch-separatistischer Unruhen der Belagerungszustand über die Stadt verhängt.

22 Fr Der Senat in Paris beschließt, dass Pressevertreter, die hohe Staatsdiener beleidigen, nicht durch Geschworene, sondern die Zuchtpolizei abgeurteilt werden.

23 Sa Der Gouverneur des Schutzgebietes Deutsch-Ostafrika tritt zurück. Ein Teil der Presse hatte ihn wegen seiner Verwaltungsmaßnahmen heftig kritisiert.

24 So Der 500. Geburtstag von Johannes Gutenberg, dem Erfinder des Buchdrucks mit beweglichen Lettern, wird in seiner Geburtsstadt Mainz groß gefeiert.

25 Mo Der Führer der portugiesischen Konservativen, Ernst Rudolf Hintze-Ribeiro, bildet nach dem Rücktritt der Regierung ein neues Kabinett.

26 Di Das internationale Korps, das mit 2000 Mann in Peking den Geheimbund der Boxer besiegen sollte, kehrt geschlagen nach Tientsin zurück.

27 Mi König Wilhelm II. von Württemberg verabschiedet die Freiwilligen seiner Regimenter, die am Kampf gegen den Boxeraufstand in China teilnehmen.

28 Do Österreichs Thronfolger Franz Ferdinand verzichtet per Eid auf das Nachfolgerecht seiner als nicht ebenbürtig geltenden Kinder.

29 Fr Die »Wiener Zeitung« veröffentlicht eine kaiserliche Verordnung zum Notparagraphen, nach der der Staat bis Ende 1900 Steuern und Abgaben erheben darf.

30 Sa Ein Brand im New Yorker Hafen zerstört die Docks der deutschen Linienschifffahrtsgesellschaft Norddeutscher Lloyd. 300 Menschen sterben.

Juli 1900

1 So In Daressalam, der Hauptstadt von Deutsch-Ostafrika, wird eine Stadt-Fernsprecheinrichtung mit 25 Teilnehmerstellen in Betrieb genommen.

2 Mo Das Deutsche Reich und die belgische Kongorepublik beschließen die Ausrüstung einer Expedition zur Erforschung Zentralafrikas. → Zeppelin

3 Di Der russische Zar Nikolaus II. hebt die Deportationen nach Sibirien auf. Zu Beginn des 20. Jahrhunderts leben dort 287 000 Verbannte.

4 Mi Das Königreich Württemberg erlässt ein neues Biersteuergesetz. In Stuttgart liegt der jährliche Bierkonsum bei 292 l (München: 566 l).

5 Do Das königlich-preußische Observatorium auf der Schneekoppe, dem höchsten Gipfel des Riesengebirges, wird eröffnet. → »Deutschland«

6 Fr In den USA verabschiedet die Demokratische Partei das Programm für die Präsidentenwahl. Ihr Kandidat ist William Jennings Bryan.

7 Sa Der französische Außenminister Théophile Delcassé warnt die Abgeordnetenkammer vor einem Eingreifen Frankreichs in die Chinafrage.

8 So Die Besucherzahlen der Pariser Weltausstellung gehen wegen der Hitze (bis 38 °C im Schatten) zurück. Eintrittskartenpreise sinken von 75 auf 60 Centimes.

9 Mo Die britische Königin Viktoria verkündet in London die Verfassung der australischen Kolonien, die sich zu einem Bundesstaat zusammenschließen werden.

10 Di Das Deutsche Reich und die USA unterzeichnen in Washington ein Handelsabkommen. +++ Kaiser Wilhelm II. reist nach Norwegen in den Sommerurlaub.

11 Mi Nachfolger des in China ermordeten deutschen Gesandten, Klemens von Ketteler, wird Philipp Alphons von Mumm von Schwarzenstein.

12 Do Kaiser Wilhelm II. befördert Emil von Lessel zum Generalleutnant und ernennt ihn zum Kommandeur des chinesischen Expeditionskorps.

13 Fr Die Briten erleiden bei Kämpfen mit der Burenguerilla in Nitralsnek und Derdepoort in Südafrika Niederlagen mit hohen Verlusten.

14 Sa Im Rahmen der Pariser Weltausstellung beginnen die Leichtathletikwettbewerbe der Olympischen Sommerspiele.

15 So Britische Truppen besiegen die aufständischen Aschanti, die die Stadt Kumasi in der britischen Kolonie Goldküste belagert hatten.

16 Mo In Berlin beginnt der Internationale Kongress der Textilarbeiter. Hauptthemen sind die Akkordarbeit und die Verbesserung der Situation der Arbeiter.

17 Di Das rumänische Kabinett Gheorghe Grigore Cantacuzino erklärt seinen Rücktritt. Neuer Ministerpräsident wird am 20. Juli Petre Carp.

18 Mi Das aus 2000 Mann bestehende italienische Expeditionskorps zur Niederschlagung des Boxeraufstandes in China schifft sich in Neapel ein.

19 Do Die meteorologische Station auf der Zugspitze, dem mit 2962 m höchsten Berg im Deutschen Reich, wird eröffnet. → Metro

20 Fr Marokko tritt Spanien, das seine Territorialinteressen in der Region energisch verfolgt, Gebiete bei Santa Cruz und Melilla ab.

21 Sa Der britische Gouverneur der Kapkolonie erklärt bei der Eröffnung des Parlaments in Kapstadt, das Ende des Burenkriegs in Südafrika stehe kurz bevor.

22 So König Alexander I. von Serbien verlobt sich mit der neun Jahre älteren Ingenieurswitwe Draga Mašin, einer ehemaligen Hofdame seiner Mutter.

23 Mo In Geneva City (USA) und im französischen Marseille wird der relativ helle Komet 1900 II entdeckt. Er kann bis Ende des Jahres beobachtet werden.

24 Di Das Deutsche Reich schließt per Verordnung die Öffentlichkeit bei Verhandlungen von Militärgerichtsverfahren wegen Gefährdung der Disziplin aus.

25 Mi In Paris trifft sich der Internationale Kongress für Arbeiterschutz unter dem Vorsitz des sozialistischen französischen Handelsministers Alexandre Millerand.

26 Do Russische Truppen erobern während des Boxeraufstands nach heftigen Kämpfen den chinesischen Hafen Niutschwang.

27 Fr Kaiser Wilhelm II. ruft in seiner »Hunnenrede« das deutsche Expeditionskorps dazu auf, im Kampf gegen die Boxer keine Gefangenen zu machen.

28 Sa Im Deutschen Reich wird mit zahlreichen Veranstaltungen der 150. Todestag des Komponisten Johann Sebastian Bach gefeiert.

29 So Der aus der sibirischen Verbannung zurückgekehrte russische Revolutionär Wladimir I. Lenin geht ins Exil, zunächst ins Deutsche Reich. → Attentat

30 Mo Nach einer Novelle zur Gewerbeverordnung kann der Bundesrat bestimmte Handwerkszweige verpflichten, Lohnbücher und Arbeitszettel zu führen.

31 Di Preußen verordnet, dass der Religionsunterricht der Ober-und Mittelstufe in Posen in deutscher statt in polnischer Sprache erteilt wird.

19. Juli 1900

Pariser Metro eröffnet

Zwischen der Porte Maillot und der Porte de Vincennes wird während der Weltausstellung das erste Teilstück der Untergrundbahn in Betrieb genommen. Die 10,6 km lange Strecke verläuft zwischen Porte Maillot und Place de la Bastille fast geradlinig und hat 16 Bahnhöfe. Die Fahrt auf dieser West-Ost-Linie dauert 30 Minuten.

Die Züge bestehen aus einem Motorwagen mit Anhängern. Die Motorwagen verfügen über zwei Motoren mit je 100 PS, die Stromabnahme erfolgt über die Schienen. In den Motorwagen finden 20, in den Anhängern 32 Menschen Sitzplätze. Die Züge verkehren im 10-Minuten-Takt. Die West-Ost-Linie ist der erste Teil des seit 1898 in Bau befindlichen Pariser Stadtbahnnetzes, das auf 63 km zweigleisig ausgebaut werden soll, darunter 70% in Tunneln. Die Seine soll mit Brücken überschritten, teilweise auch untertunnelt werden. Das neue Verkehrsmittel erregt wegen der achitektonischen Gestaltung der Bahnhöfe großes Aufsehen. Hector Guimard ist der Schöpfer der spektakulären Eingänge mit ihren eleganten, abstrakten Linien. Die dekorative Erscheinung dieses Stils ist so markant, dass die Art nouveau (Neue Kunst), wie der Jugendstil in Frankreich heißt, in Paris auch Style Métro genannt wird. Im Laufe der folgenden Jahrzehnte wird die Metro ständig erweitert und dem technischen Standard angepasst (Abb.: Die Metro-Station Richelieu-Drouot, 1936, mit neuer Beleuchtung).

29. Juli 1900

Anarchistenattentat in Italien

Der Anarchist Gaetano Bresci ermordet in Monza König Umberto I. Nachfolger des Königs wird sein Sohn Viktor Emanuel III., der sich zum Zeitpunkt des Attentats auf einer Orientreise befindet. Als Umberto I. abends von der Preisverleihung nach einem Turnfest zurückkehrt und seinen Wagen besteigt, lauert der Mörder ihm bereits auf. Bresci feuert drei Kugeln ab, von denen eine das Herz des Monarchen trifft. Der Täter versucht nach dem Anschlag noch zu fliehen, kann jedoch von Umstehenden überwältigt werden. Der Mörder gibt zu Protokoll, als Einzeltäter gehandelt zu haben, doch gilt ein anarchistisches Komplott als sicher. Der Mord ist Höhepunkt einer Periode der Unruhen in Italien, ausgelöst durch die Verarmung des Südens und des Wirtschaftsaufschwungs im Norden des Landes. Bresci wird am 30. August in Mailand vom Schwurgericht zur höchsten zulässigen Strafe verurteilt: Er erhält lebenslänglich Zuchthaus mit siebenjähriger Einzelhaft. Am 22. Mai 1901 begeht er im Kerker Selbstmord. Der Tod von Umberto I., der stets die Verfassung genau befolgt und deswegen manchmal ein tatkräftiges Eingreifen in die Politik unterlassen hat, wird allgemein betrauert. Am 9. August wird der Monarch unter großer Anteilnahme im Pantheon in der Hauptstadt Rom beigesetzt. Dass Umberto ein kirchliches Begräbnis erhält, empört viele Katholiken, da er aufgrund des ungelösten Konflikts mit dem Vatikan exkommuniziert worden war.

27. August 1900

Burenführer auf der Flucht

Der britische Generalleutnant Redvers Henry Buller schlägt während des Kriegs in Südafrika die burischen Truppen in einem schweren Artilleriegefecht bei Dalmanutha. Am gleichen Tag fliehen Paulus »Ohm« Krüger, Präsident der Südafrikanischen Republik, und Martinus Theunis Steijn, Premierminister des am 28. Mai von Großbritannien annektierten Oranjefreistaats, nach Nelspruit. Damit sind die politischen Führer der Buren außer Landes, der Krieg in Südafrika ist damit de facto beendet. Am 19. September verkünden die Briten offiziell das Ende des seit 1899 dauernden Burenkriegs. Der organisierte militärische Widerstand der burischen Truppen gegen die Kolonialmacht ist zwar gebrochen. Guerillatruppen bringen den Briten jedoch bis 1902 schwere Verluste bei.

Paulus »Ohm« Krüger

südafrikanischer Politiker, * 10.10.1825 Vaalbank bei Colesberg, Kapkolonie; † 14.7.1904 Clarens/Schweiz

Der als Kind mit dem »Großen Treck« nach Natal (Transvaal) gekommene Bure war vor seiner militärischen und politischen Karriere Prediger einer streng calvinistischen Glaubensgemeinschaft. Während des Konflikts mit Großbritannien erhielt er 1880 den Oberbefehl über die Truppen der Buren, schlug die Briten im Unabhängigkeitskrieg 1881 und wurde 1883 Präsident von Transvaal. Durch deutsche Waffenlieferungen gestärkt, begann Krüger nach dem Abschluss eines Bündnisses mit dem Oranjefreistaat den Burenkrieg.

- 1880/81: Chef einer provisorischen Regierung
- 1883-1902: Staatspräsident
- 1898: Gründung des Krüger-Nationalparks
- ab 1902: Exil in den Niederlanden, später in der Schweiz

Start des Starrluftschiffs am Bodensee; nach dem Flug wird der 128 m lange »LZ 1« wieder im schwimmenden Holzschuppen (u.r.) verstaut.

2. Juli 1900

Zeppelin auf großer Fahrt

Graf Ferdinand von Zeppelin unternimmt in Friedrichshafen am Bodensee die erste Versuchsfahrt mit seinem lenkbaren Starrluftschiff »LZ 1« und läutet damit eine neue Ära ein.

Die erfolgreiche Fahrt beweist Stabilität und Lenkbarkeit des zigarrenförmigen Fahrzeugs, das aus Aluminiumgitterträgern mit äußeren Stoffüberzügen und einem Gasballon im Inneren besteht. Unter dem Ballonkörper sind zwei durch einen Laufsteg verbundene Aluminiumgondeln angebracht. Jede Gondel hat einen Daimler-Benzinmotor mit 16 PS und enthält die Instrumente für die Steuerung des Luftschiffs. Über den Gondeln sind an den Seiten des Ballonkörpers Propeller angebracht. »LZ 1« erreicht eine Geschwindigkeit von 9 m/sec.

In der Nähe der königlichen Domäne Manzell wird ein großer schwimmender Holzschuppen errichtet, der an der Spitze verankert ist und sich immer nach dem Wind dreht, so dass das Floß, auf dem das Luftschiff gebaut worden und befestigt ist, ohne Schwierigkeiten ins Freie gebracht werden kann. Bei der ersten Fahrt gibt es allerdings Probleme mit der Steuerung des Fahrzeugs, und fast wäre der Luftriese bei der Landung zerbrochen. Ein Vierteljahr später, am 17. Oktober, steigt »LZ 1« – technisch verbessert – erneut auf. Er landet sicher, aber die Höchstgeschwindigkeit bleibt hinter den Erwartungen zurück. Nach einer dritten Fahrt wird das Luftschiff abgewrackt – neue Zeppeline sind aber bereits im Bau.

Ferdinand Graf v. Zeppelin

deutscher Luftschiffkonstrukteur, * 8.7.1838 Konstanz; † 8.3.1917 Berlin

Mit dem Namen des Generals, der 1885 württembergischer Gesandter in Berlin war, ist eine Ära der Luftfahrt verknüpft, die noch heute ihre Faszination ausübt. Zeppelin widmet sich seit 1891 dem Bau von Luftschiffen. Dem ersten Versuchsschiff folgen mehr als 100 weitere »Zigarren«. Der Luftschiffkonstrukteur gründete Firmen zum Bau von Luftschiffen sowie eine Motoren- und eine Zahnradfabrik.

- 1892/93: Erster Entwurf eines lenkbaren Luftschiffs
- 1909: Gründung der Luftschiffbau-Zeppelin-GmbH
- 1913: Einsatz von Zeppelinen für militärische Zwecke

1. August 1900

Frauenstudium neu geregelt

Der Bundesrat in Berlin, die Vertretung der deutschen Bundesstaaten, fasst den Beschluss, den Reichskanzler zu einer Neuordnung des Frauenstudiums zu ermächtigen. Frauen, die vor dem Sommersemester 1899 an einer Universität im Ausland Medizin studiert haben, sollen sich die Semester anrechnen lassen können, ohne ein deutsches Reifezeugnis vorlegen zu müssen.

Seit 1899 dürfen Frauen im Deutschen Reich die medizinische und pharmazeutische Staatsprüfung ablegen. Bis dahin mussten Frauen, die Medizin studieren wollten, ins Ausland ausweichen, wie z.B. Henriette Hirschfeld, Deutschlands erste Zahnärztin, oder Franziska Tiburtius, die erste praktizierende Ärztin in Berlin. Mit der Zulassung zum Medizinstudium haben sich die deutschen Frauen Zugang zu einem ihnen bis dahin verschlossenen Hochschul- und Arbeitsbereich verschafft. Ehe das Ziel erreicht war, bedurfte es langwieriger Debatten. Die Frauen begründeten ihre Forderungen damit, dass weibliches Schamgefühl die Existenz von Ärztinnen erfordere.

5. Juli 1900

Triumph für die »Deutschland«

Die »Deutschland« (s. Abb.), der neue Personen-Schnelldampfer der Hamburg-Amerikanischen Packetfahrt-Actien-Gesellschaft (Hapag), erringt das begehrte Blaue Band. Die prestigeträchtige Auszeichnung wird für die schnellste Überquerung des Atlantiks vergeben. Auf der Fahrt vom französischen Cherbourg nach New York erreicht die »Deutschland« eine Durchschnittsgeschwindigkeit von 23,61 Knoten (rd. 44 km/h). Der Stapellauf am 10. Januar fand in Gegenwart von Kaiser Wilhelm II. statt. Die »Deutschland« ist das zur Zeit größte und schnellste deutsche Schiff.

August 1900

1 Mi Der italienische König Viktor Emanuel III. bestätigt als künftiges Staatsoberhaupt die Minister des Kabinetts Giuseppe Saracco. → Frauenstudium

2 Do Während der Pariser Weltausstellung wird auf den Schah von Persien, Muzaffar Ad Din, erfolglos ein Attentat verübt.

3 Fr Im russischen Chabarowsk treffen 6000 Flüchtlinge aus der Mandschurei ein, die nach ihrem Aufstand aus Angst vor Massakern durch die Russen fliehen.

4 Sa Die britische Zeitschrift »Scribners Magazine« kritisiert britische Offiziere, die sich in der Gefangenschaft der Buren unwürdig betragen haben sollen.

5 So Während der Weltausstellung in Paris machen die Droschkenkutscher der Stadt durch einen Streik auf ihre niedrigen Löhne aufmerksam.

6 Mo Zwischen Berlin und Paris wird der Fernsprechverkehr eröffnet. Seit 1899 sind 1200 km Leitungen verlegt worden.

7 Di Die seit Anfang August streikenden Glasarbeiter im belgischen Charleroi verlangen die Entlassung von Streikbrechern, die nicht zu ihrem Syndikat gehören.

8 Mi Wladimir N. Graf Lamsdorf wird nach dem Tod des Außenministers Michail N. Graf Murawjow zum Verweser des russischen Außenministeriums ernannt.

9 Do Im Großherzogtum Baden wird durch Gesetz das steuerfreie Existenzminimum von 500 auf 900 Reichsmark jährlich angehoben.

10 Fr Der deutsche Kaiser Wilhelm II. verbietet per Verordnung die Ausfuhr von Waffen und Kriegsmaterialien nach China.

11 Sa Der neue italienische König Viktor Emanuel III. leistet vor beiden Häusern des Parlaments in Rom den Eid auf die Verfassung und verliest seine Thronrede.

12 So Das Heer der Kolonialmächte zur Niederschlagung des Boxeraufstandes siegt bei Tschang-tschia-wan in der Nähe von Peking über die Chinesen.

13 Mo Mit einer patriotischen Rede verabschiedet der französische Staatspräsident Emile Loubet in Marseille ein Expeditionskorps nach China.

14 Di Im deutschen Schutzgebiet Samoa wird die Selbstverwaltung der Samoaner feierlich eingeführt. Häuptling Mataafa wird durch einen Rat unterstützt.

15 Mi Die Kolonialmächte ziehen nach dreitägigen Gefechten gegen die Boxer in Peking ein und befreien die seit acht Wochen belagerten Gesandten.

16 Do In Hamburg startet eine Nordpolarexpedition, die nach Expertenansicht wenig Aussicht auf Erfolg hat. Bislang hat noch kein Mensch den Nordpol erreicht.

17 Fr Die deutsche Regierung lehnt Friedensverhandlungen mit China ab, solange in Peking Europäer weiterhin durch den Geheimbund der Boxer gefährdet seien.

18 Sa Franz Joseph I., Kaiser von Österreich und König von Ungarn, feiert den 70. Geburtstag. +++ Auf der Pariser Weltausstellung erhalten Aussteller Ehrenpreise.

19 So Der französische Außenminister Théophile Delcassé warnt in einer vielbeachteten Rede vor zu großen Forderungen bei den Verhandlungen mit China.

20 Mo Die deutsche Presse diskutiert, ob die christlichen Missionen für die Unruhen in China mitverantwortlich seien. Die kirchliche Presse widerspricht heftig.

21 Di Papst Leo XIII. fordert in einem Schreiben über die Ausbreitung des Protestantismus die Katholiken dazu auf, sich eifriger für die römische Kirche einzusetzen.

22 Mi Der preußische Finanzminister Johannes von Miquel ordnet in einem Erlass die zügigere Bearbeitung von Steuerreklamationen an.

23 Do Erste Nachrichten aus Peking treffen in Berlin ein: Während der Kämpfe in China wurden elf deutsche Soldaten getötet und 16 verwundet.

24 Fr Der im Exil lebende Revolutionär Wladimir I. Lenin berät mit russischen Sozialdemokraten in Genf über die Herausgabe eines Parteiorgans.

25 Sa Der deutsche Philosoph Friedrich Nietzsche stirbt im Alter von 55 Jahren im Zustand geistiger Umnachtung in Weimar.

26 So Frederick Sleigh Roberts, der britische Oberbefehlshaber in Südafrika, eröffnet eine Großoffensive gegen die Buren.

27 Mo In Paris beginnt unter starkem Presseecho der fünftägige Internationale Kongress für Handels- und Wirtschaftsgeografie. → Burenführer

28 Di Aus Russland wird gemeldet, dass Kaspisches Meer und Schwarzes Meer durch einen Kanal verbunden werden sollen.

29 Mi In Mailand beginnt der Prozess gegen den Attentäter König Umbertos I. Der Anarchist Gaetano Bresci wird zu lebenslanger Haft verurteilt.

30 Do Der schwedische Forscher Karl Kolthoff, der im Juli die Ostküste Grönlands erreicht hat, fängt für Zuchtversuche in Lappland Kälber von Moschusochsen.

31 Fr Wer sich vor Moskitos schützt, ist vor Malaria sicher. Das haben Versuche mit Eisenbahnbeamten in den Fiebergebieten der römischen Campagna gezeigt.

September 1900

1 Sa Im schottischen Glasgow werden 83 Personen wegen des Verdachts der Beulenpest unter Beobachtung gestellt. → Kabel

2 So Fernand Foureau, der mit der Durchquerung der Sahara und des Sudans die Kolonialisierung vorangetrieben hat, wird in Frankreich festlich empfangen.

3 Mo Laut Ministerialerlass dürfen Österreicherinnen mit Reifezeugnis künftig Medizin studieren, sofern die Hochschule zustimmt.

4 Di Die auf der Haager Friedenskonferenz vertretenen Mächte legen die Ratifikationsurkunden nieder. Die Arbeit der Konferenz ist damit beendet.

5 Mi Von der Kolonie Französisch-Kongo wird das »Territoire militaire des pays et protectorats du Tchad« (Tschad) abgetrennt.

6 Do Anlässlich der Herbstmanöver besucht Deutschlands Kaiser Wilhelm II. die pommersche Hauptstadt Stettin. → Lenin

7 Fr Durch Verordnung von Kaiser Franz Joseph I. werden das Abgeordnetenhaus in Wien aufgelöst und Neuwahlen für Januar 1901 angesetzt.

8 Sa Bei einem Orkan im US-Bundesstaat Texas kommen mehr als 6000 Menschen ums Leben, die Sachschäden gehen in die Millionenhöhe.

9 So Der Abenteuerreisende Ludwig Amadeus von Savoyen, Herzog der Abruzzen, trifft von seiner Nordlandexpedition in der norwegischen Stadt Trondheim ein.

10 Mo Das neue deutsche Schutzgebietsgesetz wird veröffentlicht. Die Schutztruppen gelten als Kernstück einer künftigen Kolonialarmee des Deutschen Reiches.

11 Di Paulus »Ohm« Krüger, berühmtester Anführer im Burenkrieg, trifft in der Hauptstadt des portugiesischen Freien Staats von Ostafrika ein.

12 Mi Der schwedische Ministerpräsident Erich Gustav Boström tritt wie erwartet zugunsten von Admiral Friedrich Wilhelm Freiherr von Otter zurück.

13 Do Die österreichische Erzählerin Marie von Ebner-Eschenbach erhält an ihrem 70. Geburtstag in Wien die Ehrendoktorwürde verliehen.

14 Fr Zur Weltausstellung in Paris wird eine Statistik über die Rechtsprechung der Strafgerichte veröffentlicht: Danach begehen Deutsche am häufigsten Betrug.

15 Sa Die Eröffnung des Deutschen Schauspielhauses in Hamburg ist das größte Theaterereignis des Jahres im deutschsprachigen Raum.

16 So Prinz Albert von Sachsen, Rittmeister im 1. sächsischen Ulanenregiment, stürzt aus einem Pferdewagen und verletzt sich tödlich. → SPD-Frauen

17 Mo In Japan wird Hoshi Toru zum Verkehrsminister designiert. Die Öffentlichkeit entrüstet sich, da er Schlägertrupps zur Wähler-Einschüchterung unterhält.

18 Di Das Deutsche Reich fordert die Auslieferung der Rädelsführer des Boxeraufstandes als Vorbedingung für diplomatische Beziehungen zu China.

19 Mi Der Burenkrieg ist beendet. Das erklärt Feldmarschall Frederick Sleigh Roberts, der britische Oberbefehlshaber in Südafrika.

20 Do Italien feiert den 30. Jahrestag der Eroberung Roms. +++ Deutsche in Siebenbürgen wehren sich gegen ungarische Ortsnamen.

21 Fr In Kapstadt wird ein Gesetz angenommen, das allen Kapholländern das Stimmrecht entzieht, die sich in Südafrika für den Burenkrieg eingesetzt haben.

22 Sa Eines der glanzvollsten Feste der Pariser Weltausstellung, das Bankett der Bürgermeister, findet im Jardin des Tuileries statt.

23 So In Paris tritt der Kongress der sozialistischen Internationale zusammen. Es sind nur Organisationen zugelassen, die sich für den Klassenkampf einsetzen.

24 Mo Der seit Juni dauernde Ausstand der Hamburger Werftarbeiter wird abgebrochen, ohne dass die Streikenden ihre Ziele erreicht hätten.

25 Di Der chinesische Kaiserhof veröffentlicht ein Edikt, durch das mehrere hohe Würdenträger, die in den Boxeraufstand verwickelt waren, degradiert werden.

26 Mi Die USA beschließen, ihre Truppen aus China abzuziehen und nach Manila auf den Philippinen zu verlegen. In Peking bleibt nur eine Gesandtenwache.

27 Do Eine Konferenz in London beschließt die Ausweisung von Schonungsgebieten zum Schutz der afrikanischen Elefanten. → Boxeraufstand

28 Fr In der britischen Presse mehren sich Angriffe auf Kolonialminister Joseph Chamberlain wegen unlauterer Finanzspekulationen und Rüstungsgeschäfte.

29 Sa Der US-Botschafter in Berlin fordert die stimmberechtigten Deutschen in den USA auf, bei den Präsidentschaftswahlen für McKinley zu stimmen. → Museum

30 So Kaiser Wilhelm II. lehnt den Vorschlag Chinas ab, die Ermordung des deutschen Gesandten Klemens Freiherr von Ketteler durch Trankopfer zu sühnen.

+++ Erstes Transatlantik-Kabel verlegt +++ SP

16. September 1900

SPD-Frauen rügen die Partei

Der elfte Parteitag der deutschen Sozialdemokratie in Mainz, der bis zum 21. September dauert, wird mit einer Frauenkonferenz eröffnet. Diskutiert wird der Ausbau des Systems der weiblichen Vertrauenspersonen, die politische Agitation unter den Frauen und der erhöhte gesetzliche Schutz der Arbeiterinnen.

Rednerinnen beklagen die geringen Fortschritte der sozialdemokratischen Frauenbewegung und werfen der Partei vor, ein großer Teil der Genossen habe ebensoviel Vorurteile wie die Männer der Bourgeoisie. Hauptredner auf dem SPD-Parteitag sind Clara Zetkin, Ottilie Baader, Rosa Luxemburg, August Bebel, Georg Heinrich von Vollmar und Paul Singer, der als SPD-Vorsitzender in seinem Amt bestätigt wird. Nach lebhafter Debatte beschließen die Delegierten, dass sich die Sozialdemokraten an den kommenden Landtagswahlen beteiligen wollen. Außerdem wird vereinbart, daß Wahlbündnisse mit bürgerlichen Parteien grundsätzlich gestattet seien.

6. September 1900

Lenin lebt illegal in München

Der emigrierte russische Revolutionär Wladimir I. Lenin trifft in München ein, wo er unter dem Namen Meyer illegal bei dem sozialdemokratischen Gastwirt Rittmeyer in der Kaiserstraße 53 wohnt. Lenin, der sich nach der Hinrichtung seines Bruders wegen eines geplanten Attentats auf den Zaren schon als 17-Jähriger an Studentenunruhen beteiligte und im Jahre 1895 den Petersburger Kampfbund zur Befreiung der Arbeiterklasse gründete, wurde 1897 wegen politischer Agitation nach Sibirien verbannt. Nach dem Ende der Verbannung im Februar 1900 und einer erneuter Verhaftung hatte er am 29. Juli sein Heimatland verlassen.

27. September 1900

Boxer in China geschlagen

Der preußische Generalfeldmarschall Alfred Graf von Waldersee übernimmt in Tientsin den Oberbefehl über die Truppen des internationalen Expeditionsheers, das den Aufstand der christen- und ausländerfeindlichen Boxer in China niederschlagen soll. Waldersee trifft am 17. Oktober in Peking ein.

Mit dem Begriff »Boxer« wird aus europäischer Sichtweise spöttisch die Untergrundbewegung i-ho-ch'üan (Fäuste der Rechtlichkeit und Eintracht), bezeichnet, die sich seit dem Ende des 19. Jahrhunderts im Norden Chinas ausbreitete und sich u.a. gegen Konzessionen und Gebietsabtretungen an ausländische Kolonialmächte richtet. Die Boxer zerstörten Eisenbahnlinien, Telegraphenleitungen und Missionsstationen. Nachdem der deutsche Gesandte in Peking, Klemens Freiherr von Ketteler, am 20. Juni 1900 einem Attentat zum Opfer fiel, reagierten die europäischen Großmächte und stellten ein Heer zusammen. Der Krieg brach offen aus. Waldersee übernimmt den Oberbefehl zu einem Zeitpunkt, als die Lage in China bereits weitgehend entschieden ist und Russland sowie die USA bereits den Abzug ihrer Truppen in Erwägung gezogen haben. Zehn Tage vor Waldersee ist der chinesische Generalbevollmächtigte Li Hung-chang in Peking eingetroffen, um Friedensverhandlungen mit den europäischen Delegierten aufzunehmen. Der

17. Oktober 1900

Wechsel im Kanzleramt

Der deutsche Kaiser Wilhelm II. beruft Bernhard von Bülow, den Staatssekretär des Auswärtigen, zum Reichskanzler und preußischen Ministerpräsidenten. Bülow ist Nachfolger von Chlodwig Fürst zu Hohenlohe-Schillingsfürst, der aus Altersgründen um Entlassung aus diesen Ämtern gebeten hat, die er seit 1894 ausübte. Zum neuen Außenminister wird am 23. Oktober Oswald Freiherr von Richthofen ernannt. Die Öffentlichkeit misst dem Wechsel nur geringe Bedeutung zu, da seit dem Sturz Otto von Bismarcks im Jahre 1890 der Kaiser die Leitlinien der Politik bestimmt. Der Rücktritt von Hohenlohe-Schillingsfürst wird als Kapitulation vor der Flottenaufrüstungspolitik des Reichsmarineamtsstabschefs Alfred von Tirpitz und der von Bülow mitverantworteten »Weltpolitik« gewertet. »Die jäh dahinjagende Weltpolitik verträgt den Hemmschuh nicht mehr«, kommentiert der sozialdemokratische »Vorwärts« den Rücktritt, »dem mühselig beschwichtigenden Greise folgt der schmiegsame junge Mann...«

Bernhard von Bülow

deutscher Politiker, * 3.5.1849 Klein-Flottbek; † 28.10.1929 Rom

Der Sohn des Staatssekretärs im Auswärtigen Amt, Bernhard Ernst von Bülow, entschied sich wie sein Vater ebenfalls für eine politische Karriere. In jungen Jahren trat er in den diplomatischen Dienst ein. Als Reichskanzler und preußischer Ministerpräsident ist er ein nach außen glänzender Repräsentant des Kaiserreichs. Innenpolitisch zunächst reformerisch orientiert, verfolgt er nach den Hottentotten-Wahlen ab 1907 einen Kurs des Lavierens. Schließlich scheitert er am Widerstand von Konservativen, die seinen Plan einer preußischen Wahlrechtsreform vereiteln wollen, und des Zentrums, das er 1906 in die Opposition gedrängt hatte. Außenpolitisch sucht Bülow (Graf ab 1899, Fürst ab 1905) die von Kaiser Wilhelm II. proklamierte Großmachtpolitik zu realisieren. Er prägte den Satz: »Wir wollen niemanden in den Schatten stellen, aber wir verlangen auch unseren Platz an der Sonne.«

- 1874: Eintritt in den diplomatischen Dienst
- 1893/94: Botschafter in Rom
- 1897-1900: Staatssekretär des Auswärtigen Amtes
- 1900-1909: Reichskanzler und preuß. Ministerpräsident

Mit aller Härte gehen die Kolonialmächte gegen die Geheimorganisation der Boxer in China vor. Führende Mitglieder werden sofort nach ihrer Ergreifung exekutiert.

preußische Generalfeldmarschall hat keine Schlachten mehr auszufechten. Seine Truppen beschränken sich vor allem darauf, Strafexpeditionen durchzuführen und die Dörfer von Boxern zu »säubern«. Dabei kommt es immer wieder zu Übergriffen der Truppen gegen die Zivilbevölkerung. Ein hartes Vorgehen gegen die chinesischen Rebellen hatte der deutsche Kaiser Wilhelm II. in seiner international viel beachteten sog. Hunnenrede gefordert. Am 27. Juli, während einer Truppenbesichtigung in Bremerhaven, hielt der Monarch die forsche, von diplomatischen Rücksichten freie Ansprache an die in das ostasiatische Krisengebiet fahrenden Soldaten, in der er u.a. sagte: »... Ihr sollt Beispiele abgeben von der Manneszucht und Disziplin, aber auch der Überwindung und Selbstbeherrschung. Ihr sollt fechten gegen eine gut bewaffnete Macht, aber Ihr sollt auch rächen, nicht nur den Tod des Gesandten, sondern auch vieler Deutscher und Europäer. Kommt Ihr vor den Feind, so wird er geschlagen, Pardon wird nicht gegeben, Gefangene werden nicht gemacht ...«

1. September 1900

Kabel verbindet Kontinente

Mit einem Depeschenwechsel zwischen Kaiser Wilhelm II. und US-Präsident William McKinley wird das erste deutsche Transatlantik-Kabel in Betrieb genommen. Das rd. 13 000 km lange Kabel zwischen Borkum und New York ist Eigentum der privaten Deutsch-Atlantischen Telegraphengesellschaft. Die Übermittlungsgeschwindigkeit beträgt 150-160 Buchstaben in der Minute. Seit dem Ausbruch des Burenkriegs haben die Industriestaaten erkannt, wie wichtig Telegrafenkabel sind. Die Schaffung eines deutschen Kabelnetzes hatte 1896 mit der Verlegung des Kabels Emden-Vigo (Spanien) begonnen (Abb.: An Bord eines deutschen Kabelverlegedampfers gleitet das mehrfach isolierte Kabel ins Meer).

29. September 1900

Nationalmuseum eröffnet

Der bayerische Prinzregent Luitpold eröffnet den Neubau des bereits 1855 gegründeten Bayerischen Nationalmuseums in München. Der weitverzweigte Komplex beherbergt eine volkskundliche und eine kunstgeschichtliche Abteilung. Architekt Gabriel von Seidl, ein Vertreter des Historismus, hat jeden Trakt und Flügelbau in einem eigenen historischen Baustil gestaltet (Abb.: Saal im Nationalmuseum, der Maximilian I., dem ersten bayerischen Kurfürsten, gewidmet ist.).

Oktober 1900

1 Mo Die Bestimmungen der Gewerbegesetzgebung im Deutschen Reich treten in Kraft: z.B. zur Mindestruhe für Gehilfen und Lehrlinge.

2 Di Sozialdemokraten stören die Feiern in Gent anlässlich der Vermählung von Prinzessin Elisabeth von Bayern mit dem belgischen Thronfolger Prinz Albert.

3 Mi Mit der Uraufführung der Tragödie »Rosenmontag« im Münchener Schauspielhaus feiert der Schriftsteller Otto Erich Hartleben seinen größten Bühnenerfolg.

4 Do In der Schweiz wird das Denkmal für den Bernhardinerhund Barry, der 40 Menschen rettete, auf dem Großen Sankt Bernhard fertiggestellt.

5 Fr Die südafrikanische »Cape Times« meldet, dass in der britischen Kapkolonie eine Kamelpost eingerichtet worden ist.

6 Sa In Rom wird bekannt, dass bei einem Einbruch im Vatikan Anfang Oktober Wertpapiere in Höhe von mehreren 100 000 Lire gestohlen worden sind.

7 So Bei einem Zugunglück zwischen Heidelberg und Neckargemünd im Großherzogtum Baden kommen neun Menschen ums Leben, 70 werden verletzt.

8 Mo In Wetzlar eröffnet der zweitägige Parteitag des Christlichsozialen Vereins, der eine hochkonservative Politik vertritt.

9 Di Der japanische Kaiser Mutsuhito empfiehlt dem Kaiser von China, zur Lösung des Konflikts mit den Kolonialmächten eine neue Regierung einzusetzen.

10 Mi Zum Skandal weitet sich ein Fall von Auflehnung in einer französischen Artillerieschule aus. Die Ernennung eines jüdischen Lehrers führt zu Protesten.

11 Do Wilhelm II. legt auf dem Plateau des alten Römerkastells Saalburg in Nassau den Grundstein zum Reichs-Limes-Museum.

12 Fr Zwischen Ma t'ou und dem deutschen Pachtgebiet Kiautschou in China wird die neue Eisenbahnlinie eröffnet.

13 Sa Der Deutsche Automobilverein eröffnet inoffiziell die neue Automobilrennbahn in Berlin-Westend mit einem Proberennen.

14 So Im russischen St. Petersburg startet eine topographische Schlittenexpedition zu den Neusibirischen Inseln.

15 Mo Bei den Parlamentswahlen in Großbritannien siegen erwartungsgemäß die konservativen Regierungsparteien.

16 Di Das Deutsche Reich und Großbritannien schließen in London das Jangtse-Abkommen, in dem sie sich auf einen ungehinderten Handel in China einigen.

17 Mi Bei seiner zweiten Versuchsfahrt mit dem Luftschiff »LZ 1« bleibt Ferdinand Graf von Zeppelin eine Stunde und 20 Minuten in der Luft. → Kanzleramt

18 Do Am Leipziger Stadtrand wird unweit des historischen Schlachtfeldes der Grundstein zum Völkerschlachtdenkmal gelegt.

19 Fr Paulus »Ohm« Krüger, Präsident der annektierten Südafrikanischen Republik, schifft sich im Hafen Lourenco Marquez (Maputo) nach Europa ein.

20 Sa Generalleutnant Redvers Henry Buller legt in Pretoria sein Amt als Oberbefehlshaber der britischen Streitkräfte im südafrikanischen Natal nieder.

21 So Bei seiner dritten Versuchsfahrt beschreibt Ferdinand Graf von Zeppelin mit seinem Luftschiff am Himmel die Figur einer 8 und landet sicher.

22 Mo Die Ernennung des für seine Brutalität bekannten Generals Valeriano Weyler y Nicolau zum Generalkapitän von Madrid führt zu einer Regierungskrise.

23 Di Oswald Freiherr von Richthofen wird Staatssekretär des Auswärtigen Amts und damit Nachfolger des neuen Reichskanzlers Bernhard Graf von Bülow.

24 Mi Österreich-Ungarn tritt dem deutsch-britischen Jangtse-Abkommen über den ungehinderten Handel in China bei.

25 Do Kaiser Wilhelm II. und Kaiserin Auguste Viktoria unternehmen eine Fahrt mit der Schwebebahn von Barmen nach Vohwinkel.

26 Fr Das Deutsche Reich feiert den 100. Geburtstag des preußischen Generalfeldmarschalls Helmuth Graf von Moltke, der 1891 in Berlin starb.

27 Sa Die internationale Zuckerkonferenz in Paris beschließt die Aufhebung der Exportprämien, falls die Zölle der Zuckerimportländer aufgehoben werden.

28 So Zwei Montenegriner werden in Bosnien bei Zusammenstößen zwischen österreichischen und montenegrinischen Patrouillen erschossen.

29 Mo Das Parteiorgan der deutschen Sozialdemokraten, der »Vorwärts«, veröffentlicht sog. Hunnenbriefe, in denen Soldaten über Greueltaten in China berichten.

30 Di Die Wiener Symphoniker, das erste vom Theater unabhängige österreichische Orchester, geben unter Leitung von Ferdinand Löwe ihr Eröffnungskonzert.

31 Mi Eine offizielle Statistik gibt den Totalverlust britischer Soldaten im Burenkrieg an der Südspitze Afrikas mit 48 026 Mann an.

November 1900

1 Do In London tritt die neue Gemeindeverfassung in Kraft. Danach ist die britische Hauptstadt in 20 »Boroughs« (Gemeinden) eingeteilt.

2 Fr Wegen der andauernden karlistischen Unruhen werden in Spanien die Verfassung aufgehoben, karlistische Klubs geschlossen und viele Karlisten verhaftet.

3 Sa Der Chef der chinesischen Seezollverwaltung schätzt in einem Artikel in der »Fortnightly Review« die Überlebenschancen der Europäer in China als gering ein.

4 So Das schweizerische Volksbegehren um die Einführung des proportionalen Wahlsystems für die Wahl des Nationalrates wird verworfen.

5 Mo In Bremen wird ein Fall von Pest amtlich gemeldet. Am 30. Juli 1900 war das neue Reichsseuchengesetzt in Kraft getreten.

6 Di Im französischen Senat wird ein Antrag diskutiert, nach dem Unverheiratete eine Sondersteuer entrichten sollen. → McKinley

7 Mi Die Liberalen unter Premier Wilfrid Laurier, der seit 1896 im Amt ist, erzielen bei den kanadischen Parlamentswahlen einen klaren Sieg.

8 Do Papst Leo XIII. empfängt im Vatikan Ernst Lieber, Führer der deutschen Zentrumspartei. +++ Bei einem Eisenbahnunglück bei Offenbach sterben 13 Passagiere.

9 Fr Ein Taifun verwüstet die britische Kronkolonie Hongkong, eine der wichtigsten Handelsplätze Ost- und Südostasiens. Fast 1000 Menschen werden getötet.

10 Sa Dem Deutschen Bundesrat wird der Nachtrag zum Reichshaushalt von 1900 mit den Kosten für die chinesische Expedition vorgelegt.

11 So In Berlin gründen Handel und Industrie den Handelsvertragsverein, der die deutsche Zoll- und Handelspolitik in der derzeitigen Form stützen soll.

12 Mo Die am 14. April eröffnete Weltausstellung in Paris, die nach Angaben des Veranstalters 47 Mio. Menschen besuchten, schließt ihre Pforten.

13 Di Zar Nikolaus II. erkrankt in dem Schwarzmeerkurort Liwadija an Typhus. +++ London erlaubt wieder die Waffenausfuhr in die Burenrepubliken. → Frauen

14 Mi Bei einem Eisenbahnunglück in Frankreich kommen 17 Menschen ums Leben. +++ Mit einer Thronrede wird der Reichstag eröffnet. → Kriegskredite

15 Do In Paris gibt die Regierung anlässlich des Endes der Weltausstellung das Abschiedsbankett für die ausländischen Ausstellungskommissare.

16 Fr Bei einem Attentatsversuch auf Kaiser Wilhelm II. wirft eine Frau ein Beil gegen den kaiserlichen Wagen, der vom Bahnhof in die Stadt Breslau fährt.

17 Sa Der bayerische Prinzregent Luitpold fordert vom Innenminister, eine Landesstiftung für gemeinnützige und wohltätige Zwecke ins Leben zu rufen.

18 So Der chinesische Kaise übermittelt dem Auswärtigen Amt in Berlin ein Schreiben, in dem er die Bestrafung der Verantwortlichen des Boxeraufstandes zusagt.

19 Mo Der erste Teil von August Strindbergs Dramentrilogie »Nach Damaskus« wird im Königlichen Dramatischen Theater in Stockholm uraufgeführt.

20 Di Die französische Öffentlichkeit diskutiert über obligatorische Schiedsgerichte bei Streiks in Betrieben mit mehr als 50 Arbeitern.

21 Mi Der Streit unter der politischen Rechten des dänischen Parlaments spitzt sich zu, als einige Konservative die Entwürfe für Steuererhöhungen ablehnen.

22 Do Die »Deutsche Kolonialzeitung« veröffentlicht eine Exportstatistik der deutschen Kolonien, in der sie Zollbefreiung bzw. Zollerleichterung fordern.

23 Fr In Rumänien werden mehrere Bulgaren wegen einer Verschwörung gegen König Karl I. zu Gefängnis und Geldstrafen verurteilt.

24 Sa Die Sozialdemokraten bringen im Deutschen Reichstag eine Anfrage über die Beschaffung von Agitationsgeldern durch das Reichsamt des Innern ein.

25 So Ein 140 km langes Teilstück der Eisenbahnlinie vom westlichen Teil des Golfs von Aden bis Harara in Abessinien (Äthiopien) wird dem Verkehr übergeben.

26 Mo Das Abgeordnetenhaus in Rom nimmt einen Antrag der oppositionellen Sozialisten an, der die Aufhebung der Kriegsgerichte in Friedenszeiten vorsieht.

27 Di US-Präsident William McKinley ruft alle Bürger der Vereinigten Staaten dazu auf, die geplante Verstärkung der Armee auf 100 000 Mann zu unterstützen.

28 Mi Georg Herbert Reichsgraf zu Münster-Ledenburg Fürst von Derneburg erhält den erbetenen Abschied als Botschafter des Deutschen Reiches in Paris.

29 Do Der rumänische König Karl I. eröffnet das Parlament und kündigt angesichts der schlechten Beziehungen zu Bulgarien entschlossenes Handeln an.

30 Fr Feldmarschall Frederick Sleigh Roberts, britischer Oberbefehlshaber in Südafrika, übergibt das Kommando an Generalstabschef Horatio Herbert Kitchener.

16. Dezember 1900

Schulschiff sinkt im Sturm

41 Mann ertrinken, als das deutsche Schulschiff »Gneisenau« im Hafen von Málaga in einem Sturm sinkt (Abb.: In die Takelage geenterte Matrosen der »Gneisenau« werden gerettet.).

Während am Morgen des Unglückstags auf der Reede des südspanischen Hafens nur schwache nördliche Winde herrschen, setzt kurz nach zehn eine Bö aus Südost ein, und der Wind frischt innerhalb weniger Minuten auf. Die Maschinisten der »Gneisenau« erhalten den Befehl, für soviel Dampf wie möglich zu sorgen. Nach einer halben Stunde versagen die Maschinen. Da das Schulschiff schnell achteraus getrieben wird, gibt der Kapitän Befehl, den Backbordanker fallen zu lassen. Der Anker hält jedoch nicht, und der Kapitän lässt »Schotten dicht« anschlagen. Als das Schiff mit dem Heck gegen die Mole schlägt und der Maschinenraum voll Wasser läuft, gibt der Kommandant Befehl, das Schiff zu verlassen. Die Besatzung versucht, mit Hilfe von Seilen an Land zu gelangen. Nach einer halben Stunde ist die »Gneisenau« bis an die Höhe der Untermasten gesunken.

6. November 1900

US-Wähler vertrauen McKinley

Der amtierende republikanische Präsident William McKinley wird mit 292 Wahlmännerstimmen zum zweiten Mal zum Staatsoberhaupt der Vereinigten Staaten gewählt. Sein demokratischer Herausforderer William Jennings Bryan hat mit lediglich 155 Stimmen das Nachsehen.

Zentrales Thema des Wahlkampfs war die imperialistische Politik des Präsidenten, die von einem großen Teil der Bevölkerung abgelehnt wird. Die Wiederwahl McKinleys schien daher keineswegs sicher. Dass Theodore Roosevelt zum Vizepräsidenten nominiert wurde, erwies sich als brillanter Schachzug und brachte den Republikanern viele Stimmen. Der als zuweilen derber, aber ehrlicher Politiker bekannte Roosevelt – er ist kein Freund des Präsidenten, den er als Mann ohne Rückgrat bezeichnet haben soll – gilt u.a. als Garant dafür, dass hohe Ämter nicht mehr nur nach dem Parteibuch vergeben werden. Nach der Wiederwahl betont McKinley, dass er die Regierung in den alten Bahnen fortführen und ein gutes Einvernehmen der USA zu allen Ländern der Welt zu pflegen versuchen werde. Außerdem deutet er an, dass er die strenge Schutzzollpolitik lockern wolle. McKinley setzt in der Folgezeit die im Spanisch-Amerikanischen Krieg 1898 begonnene Weltmachtpolitik fort. Auch vorübergehende Spannungen, innenpolitische Querelen und Schwierigkeiten in den neuerworbenen Gebieten hemmen nicht den Expansionsdrang Washingtons. Ganz offen arbeiten die Vereinigten Staaten darauf hin, auch in der Inselrepublik Kuba eine Regierung einzusetzen, die sich für den raschen Anschluss an die USA aussprechen wird.

14. Dezember 1900

Planck revolutioniert Physik

Auf einer Sitzung der Physikalischen Gesellschaft in Berlin trägt Max Planck ein neues physikalisches Denkmodell vor, mit dem er die Quantenphysik begründet. Die Quantentheorie, die sich mit dem Verhalten mikrophysikaler Systeme befasst, revolutioniert die bestehenden Erkenntnisse und leitet von der klassischen zur modernen Physik über.

Planck widmete sich seit dem Jahre 1894 umfangreichen Forschungen auf dem Gebiet der Thermodynamik. Wie viele seiner Kollegen studierte er die Strahlung schwarzer Körper. Mehrere Wissenschaftler hatten zuvor Gleichungen aufgestellt, die eine Verteilung der Strahlungsintensität über das Spektrum beschreiben. Doch galten einige Gleichungen nur für niedrige Frequenzen, andere nur für hohe. Planck findet eine Gleichung, die für den gesamten Frequenzbereich gültig ist. Er hat eine Theorie entwickelt, die auf einem neuen, zunächst unverständlich erscheinenden Modell der Materie beruht. Es geht von der Emission elektromagnetischer Strahlung (z.B. Wärmestrahlung oder Licht) in Form von einzelnen kleinen Partikeln aus, die später Quanten genannt werden. Die Strahlung ist also nicht kontinuierlich. Die jedem Quantum zugehörige Energie (E) ergibt sich als Produkt aus Strahlungsfrequenz (v) und einer Universalkonstanten. Die Konstante h wird später als Plancksches Wirkungsquantum bekannt. Sie ist eine Fundamentalkonstante des Universums und spielt in fast allen Gesetzen der Atom-, Kern- und Elementarteilchenphysik eine entscheidende Rolle. Plancks Quantentheorie ist eine in sich widerspruchsfreie Beschreibung aller Vorgänge der Physik der Elementarteilchen.

Im Jahre 1918 wird der Wissenschaftler für seine bahnbrechenden Erkenntnisse auf dem Gebiet der Physik mit dem Nobelpreis ausgezeichnet. Auf Plancks Erkenntnissen bauen u.a. die wissenschaftlichen Denkmodelle von Albert Einstein, Niels Bohr und Werner Heisenberg auf. Als Planck sich unter nationalsozialistischer Herrschaft gegen den Antisemitismus wendet und u.a. gegen die entwürdigende Behandlung jüdischer Wissenschaftler protestiert, werden ihm bis 1945 sämtliche Arbeitsmöglichkeiten genommen.

24. Dezember 1900

Papst schließt Heilige Pforte

Papst Leo XIII. beendet das Heilige Jahr in Rom. Das Jubiläumsjahr der katholischen Kirche, das auf eine Bulle von Papst Bonifatius VIII. im Jahre 1300 zurückgeht, soll der inneren Erneuerung der Gläubigen dienen. Seit Ende des 15. Jahrhunderts findet es alle 25 Jahre statt. Das Jubeljahr wird seit 1500 eröffnet, indem der Papst dreimal mit einem Hammer an die vermauerte Heilige Pforte in der Peterskirche schlägt (s. Abb.), die daraufhin für die Dauer des Heiligen Jahres geöffnet wird.

Max Planck

deutscher Physiker, * 23.4.1858 Kiel; † 4.10.1947 Göttingen

Planck ist einer der bedeutendsten Physiker des Jahrhunderts. Er stammt aus einer Familie von Juristen und protestantischen Geistlichen. Im Jahre 1867 siedelte seine Familie nach München über. Der Schöpfer der Quantentheorie ist außerdem ein hervorragender Pianist und widmet sich neben der Physik der Theorie der Musik sowie dem Verhältnis von Religion und Naturwissenschaft.

- 1889-1926: Professor an der Universität Berlin
- 1912-1938: Sekretär der Preußischen Akademie der Wissenschaften
- 1918: Nobelpreis für Physik
- 1930-1937 + 1945/46: Präsident der Kaiser-Wilhelm-Gesellschaft zur Förderung der Wissenschaften/Max-Planck-Gesellschaft)

25. Dezember 1900

Skandal um »Lieutenant Gustl«

In der Weihnachtsbeilage der »Neuen Freien Presse« wird auf den Seiten 34-41 die Erzählung »Lieutenant Gustl« von Arthur Schnitzler veröffentlicht. Inhalt und Präsentation der Erzählung führen zu einem Skandal in Wien.
Zum einen erregt die Geschichte selbst, in der ein allzu ängstlicher junger Mann in k.u.k.-Uniform geschildert wird. Schnitzler wird für diese Darstellung wegen Beleidigung des »Ansehens der österreichisch-ungarischen Armee« am 14. Juni 1901 seine Offizierscharge als Oberarzt aberkannt. Unmut erregt aber auch die Präsentation der Erzählung in der Zeitung: »Lieutenant Gustl« beginnt auf der unteren Hälfte der Seite 34, der obere Teil dieser Seite wird von einer Anzeige ausgefüllt, die unter der Schlagzeile »Paprika-Schlesinger's Weihnachtstraum!« ein 30-strophiges Werbegedicht bringt. Auch die anderen Seiten bieten neben der Geschichte großformatige Annoncen, u.a. für »Die schneidigen Uniformen für Reserve-Offiziere und Cadetten« sowie für »Fernolendt, die beste Schuhwichse der Welt«.

13. November 1900

Frauen bieten Männern Paroli

Der französische Senat in Paris genehmigt ein vom Abgeordnetenhaus beschlossenes Gesetz über die Zulassung von Frauen zum Beruf des Rechtsanwalts. Damit sind die französischen Frauen in eine weitere Männerdomäne eingebrochen. In Frankreich dürfen Frauen schon seit langem ein Studium aufnehmen. Bereits im Jahr 1861 ließ die Universität Lyon erstmals Frauen zum Studium zu. 1863 erhielten weibliche Studierende Zugang zu allen Fakultäten mit Ausnahme der theologischen. Nach statistischen Erhebungen studieren die meisten Französinnen Medizin oder Naturwissenschaften. Frankreich ist das einzige Land in Europa, in dem die Zahl der Lehrerinnen und der Lehrer in etwa ausgewogen ist.

14. November 1900

Streit um Kriegskredite

Hauptthema der Thronrede von Kaiser Wilhelm II., mit der die erste Reichstagssitzung nach der Sommerpause im Rittersaal des königlichen Schlosses zu Berlin eröffnet wird, ist die militärische Expedition zur Niederschlagung des Boxeraufstands in China. Der Kaiser nimmt Stellung zu Vorwürfen, dass zur Finanzierung der Aktion der Reichstag hätte einberufen werden müssen.
Der kurz »Chinavorlage« genannte Gesetzentwurf geht dem Reichstag gleich nach der Eröffnung zu. Am 19. November fordert der Reichskanzler die Abgeordneten auf, für die 152 770 000 Mark, die zur Bestreitung der Chinaexpedition nötig gewesen seien, Indemnität (»Straffreiheit«) zu erteilen, d.h., die Regierung für verfassungswidrige bzw. im Ausnahmezustand ergriffene Maßnahmen nachträglich parlamentarisch zu entlasten. Der neue Reichskanzler Bernhard von Bülow betont während der hitzig geführten Debatte: »Wir werden uns das Recht auf eine verständige, besonnene Weltpolitik weder ausreden noch verkümmern lassen.«

Dezember 1900

1 Sa Der Schweizer Bundesrat in Bern fällt das Schiedsurteil über den Grenzverlauf zwischen Französisch-Guyana und Brasilien am Rio Oiapoque.

2 So Paulus »Ohm« Krüger, der Präsident der annektierten Südafrikanischen Republik, wird in Köln, wo er einen Tag zuvor eingetroffen ist, begeistert gefeiert.

3 Mo Aus Berlin wird gemeldet, dass zum 200-jährigen Jubiläum der preußischen Monarchie Gedenkmünzen im Wert von 4,5 Mio. Reichsmark geprägt werden.

4 Di In einer Reichstagsdebatte wird über die Kohlenteuerung im Deutschen Reich diskutiert. +++ Das Tiber-Hochwasser lässt in Rom Häuser einstürzen.

5 Mi Bei den Landtagswahlen im Königreich Württemberg bleibt die Volkspartei stärkste Fraktion vor dem Zentrum. Die Sozialdemokraten legen zu.

6 Do Der britische Premierminister lehnt vor dem Londoner Oberhaus die Unabhängigkeitsforderung der Südafrikanischen Republik und des Oranjefreistaates ab.

7 Fr In der südafrikanischen Kapkolonie werden Stimmen laut, die die von den Briten während des Burenkriegs begangenen Grausamkeiten anprangern.

8 Sa Auf einem Bankett in Lissabon feiern Portugal und Großbritannien ihre engen Beziehungen, die sich auch während des Burenkrieges bewährt haben.

9 So Im Kreis Ruhrort und in Barmen treten Fälle von Ruhr auf. Bereits 1899 waren dort über 166 Menschen an dieser Krankheit gestorben.

10 Mo Das britische Unterhaus lehnt einen Antrag ab, der es Ministern verbietet, direkt oder indirekt an Firmen beteiligt zu sein.

11 Di Der Dampfer »Köln« trifft mit den ersten aus China zurückkehrenden deutschen Soldaten in Wilhelmshaven ein.

12 Mi Der Wahlkampf für die Wahlen zum österreichischen Reichstag beginnt. Hauptthema ist die umstrittene Sprachenregelung im Vielvölkerstaat.

13 Do In Bern wählt die Schweizer Bundesversammlung für 1901 Ernst Brenner zum Bundespräsidenten und Nachfolger von Walter Hauser.

14 Fr Russische Soldaten in der Mandschurei erhalten die Erlaubnis, sich im Land niederzulassen. Sie erhalten freie Wohnung und eine Anstellung. → Planck

15 Sa In Wien wird das Goethedenkmal von Edmund Hellmer enthüllt. +++ Die südafrikanischen Buren formieren sich zum Guerillakrieg gegen die Briten.

16 So Der deutsche Kaiser Wilhelm II. empfängt in Berlin die ersten Soldaten, die von der Expedition aus China zurückgekehrt sind. → Schulschiff

17 Mo Papst Leo XIII. hält im Konsistorium im Vatikan eine Ansprache über den Konflikt zwischen dem Heiligen Stuhl und dem italienischen Staat.

18 Di Auf einer Parteiversammlung der Konservativen in London wird betont, dass Ruhm und Macht des britischen Weltreichs gesichert werden sollen.

19 Mi Die französische Abgeordnetenkammer genehmigt zwei Amnestievorlagen für politische Verurteilungen sowie Straftaten rund um die Dreyfus-Affäre.

20 Do Die verbündeten Kolonialmächte legen China in einer Note ihre Friedensbedingungen vor. Eine der Hauptforderungen: Todesurteile für die Rädelsführer.

21 Fr Gerhart Hauptmanns Drama »Michael Kramer«, das offen die bürgerliche Gesellschaft kritisiert, wird im Deutschen Theater in Berlin uraufgeführt.

22 Sa Anlässlich des Todes des preußischen Generalfeldmarschalls Leonhard Graf von Blumenthal bestimmt Kaiser Wilhelm II., dass Offiziere Trauer tragen.

23 So Polen feiert das 25-jährige Dichterjubiläum von Henryk Sienkiewicz, dem Autor des weltberühmten Romans »Quo vadis?«.

24 Mo In Leipzig wird die erste Nummer der »Iskra« gedruckt, des Parteiorgans der im Exil lebenden russischen Sozialdemokraten. → Heilige Pforte

25 Di Das erste Weihnachtsfest des neuen Jahrhunderts hat der Spielzeugindustrie einen Aufschwung beschert. → »Lieutenant Gustl«

26 Mi Arme und alleinstehende Kranke werden in Berlin durch die neu gegründete Krankenküche versorgt, einen Wohltätigkeitsverein, der Essen frei Haus liefert.

27 Do Großbritannien bietet sich freiwillig ergebenden Buren an, in britischen »Lagerplätzen« zu leben, bis der Krieg die Rückkehr in ihre Siedlungen zulässt.

28 Fr Im Senat in Rom erklärt der Außenminister, Italien verfolge in China keine Abenteurerpolitik, sondern nehme nur die Interessen des Staates wahr.

29 Sa In Paris eröffnet die Comédie Française neu. Das 1680 unter König Ludwig XIV. gegründete französische Nationaltheater war am 8. März abgebrannt.

30 So Der britische Oberbefehlshaber in Südafrika, Horatio Herbert Kitchener, gibt bekannt, dass Buren den britischen Posten in Helvetia erobert haben.

31 Mo Da es noch keine mitteleuropäische Zeit gibt, läuten die Silvesterglocken in den Orten östlich Berlins früher als im Westen Europas.

Januar 1901

1 Di Auf allen Berliner Straßenbahnstrecken wird auf Druck sozialdemokratischer Stadtverordneter ein Einheitstarif von 10 Pfennig eingeführt. → Australien

2 Mi Der österreichische Nervenarzt Sigmund Freud veröffentlicht seinen Aufsatz »Zur Psychopathologie des Alltagslebens«.

3 Do Der deutsche Kaiser Wilhelm II. ordnet für alle preußischen Schulen und Akademien die Abhaltung eines Festaktes zur 200-Jahr-Feier Preußens an.

4 Fr Im thüringischen Weimar beginnt der erste Kongress der im Vorjahr begründeten Freien Deutschen Studentenschaften.

5 Sa Der Entwurf zum Schaumweinsteuergesetz geht dem deutschen Bundesrat zu. Danach soll auf jede Flasche Sekt 20 bis 60 Pfennig Steuer erhoben werden.

6 So Die Deutsche Gesellschaft für soziale Reform wird in Berlin gegründet. Vorsitzender wird der Sozialpolitiker Hans Hermann Freiherr von Berlepsch.

7 Mo Für seine Verdienste um die Luftschifffahrt wird Ferdinand Graf von Zeppelin mit dem Roten Adlerorden 1. Klasse ausgezeichnet.

8 Di Im Berliner Reichstag beginnt die zweitägige Debatte über den Gesetzentwurf zur Neuregelung des Urheberrecht-Schutzes.

9 Mi Ein Fall von Pest mit tödlichem Ausgang wird in Konstantinopel festgestellt. Wegen Gefahr einer Epidemie wird der internationale Verkehr eingestellt.

10 Do Keine Chance für deutsche Fußballer: Eine Berliner Fußball-Auswahl verliert auf einer zehntägigen Großbritannien-Reise alle fünf Spiele. → Texas

11 Fr Die Berliner Stadtverordnetenversammlung billigt Maßnahmen zur Linderung der Wohnungsnot. Berlin zählt zu den dichtbesiedeltsten Städten der Welt.

12 Sa Eine Vorlage zum Kanalbau wird im preußischen Abgeordnetenhaus eingebracht. Das Projekt des Mittellandkanals bleibt umstritten.

13 So In Wien finden die Eiskunstlauf-Europameisterschaften statt. Der Österreicher Gustav Hügel wird Europameister.

14 Mo In der Reichshauptstadt Berlin wird ein Institut für Meereskunde eingerichtet. Für ein entsprechendes Museum liegen bereits Pläne vor.

15 Di Bei einer Reichstagsdebatte zum Duellwesen wird darauf hingewiesen, dass Duellanten in ihrer militärischen Laufbahn benachteiligt werden.

16 Mi Ein Brand im Alten Pathologischen Institut in Berlin vernichtet eine wertvolle Sammlung anthropologischer und prähistorischer Objekte.

17 Do Auf der Zeche König Ludwig bei Recklinghausen ereignet sich eine Schlagwetterexplosion. Bei dem Unglück sterben zehn Bergarbeiter.

18 Fr Preußens Monarchie feiert ihr 200-jähriges Bestehen. +++ Bei Wahlen zum österreichischen Abgeordnetenhaus gewinnt die Rechte hinzu. → Kabarett

19 Sa Die Goethe-Gesellschaft übermittelt dem Reichstag in Berlin eine Petition zur Abschaffung der Theaterzensur. Die Zensur wird jedoch beibehalten.

20 So Der Centralverein für Hebung der deutschen Flussschifffahrt veranstaltet eine Großkundgebung in Berlin und fordert die Verabschiedung der Kanalvorlage.

21 Mo Prinz Alfons von Bayern wird seiner Stellung als Kommandeur der bayerischen Kavalleriebrigade enthoben. Als Grund wird Etikette-Verletzung vermutet.

22 Di Der Mord an einem ostpreußischen Rittmeister und die spätere Verurteilung des Täters zum Tod sorgen für großes Aufsehen in der Öffentlichkeit. → Viktoria

23 Mi Der älteste Sohn der verstorbenen britischen Königin Viktoria leistet als König Edward VII. den Throneid vor dem Erzbischof von Canterbury.

24 Do Abgeordnete verschiedener Parteien verurteilen im Reichstag die Nichtbeförderung von Briefsendungen mit polnischer Anschrift.

25 Fr In Bulgarien nimmt ein am 23. Januar ernanntes neues Kabinett unter Ministerpräsident Petko Karawelow seine Arbeit auf.

26 Sa Die Enzyklika zur christlichen Demokratie von Papst Leo XIII. wird veröffentlicht. Darin fordert der Papst die Abgrenzung zum Sozialismus.

27 So In der ostfriesischen Stadt Leer kündigt sich am Abend nach heftigem Sturm eine schwere Überschwemmung an. → Verdi

28 Mo Im britischen Osborne findet die Investitur des deutschen Kronprinzen Friedrich Wilhelm mit den Insignien des Hosenbandordens statt.

29 Di In Berlin tritt der Deutsche Städtetag zusammen. Zu den Sitzungsthemen zählen unter anderem das Kleinbahnwesen und die Waisenfürsorge.

30 Mi An der Wiener Universität protestieren jüdische Mediziner gegen einen Dozenten, der Juden bei Prüfungen benachteiligt haben soll.

31 Do Anton P. Tschechows Drama in vier Akten »Drei Schwestern« wird in Moskau unter der Regie von Konstantin S. Stanislawski uraufgeführt.

18. Januar 1901

Kabarett kommt in Mode

Punkt Mitternacht eröffnet in Berlin mit dem »Überbrettl« das erste literarische Kabarett im Deutschen Reich. Im seinem Sog schießen weitere Bühnen wie Pilze aus dem Boden. Das Kabarett entwickelte sich als Kleinkunstbühne aus dem französischen Varieté.

Initiator des 650 Plätze fassenden »Überbrettl« ist der Schriftsteller Ernst von Wolzogen. Publikum und Kritiker reagieren begeistert auf das bunte Programm mit Gedichtrezitationen, erotischen Chansons, satirischen Couplets, Pantomime und Schattenspiel. Ebenfalls in Berlin schart sich um den österreichischen Schauspieler Max Reinhardt das Ensemble von »Schall und Rauch«. Es setzt sich hauptsächlich aus jungen Schauspielern des Deutschen Theaters zusammen und debütiert am 1. Oktober. In der bayerischen Hauptstadt München treten seit dem 12. April »Die elf Scharfrichter« auf. Maler, Musiker, Bildhauer und Schriftsteller, unter ihnen Frank Wedekind und Willy Rath, realisieren ein antibürgerliches Programm von beißender Schärfe. Die meisten Kleinkunstbühnen kämpfen mit der Theaterzensur.

27. Januar 1901

Ein König der Oper stirbt

Italiens größter Opernkomponist, der 87-jährige Giuseppe Verdi, erliegt in seinem Appartement im Mailänder Grand Hotel den Folgen eines Schlaganfalls. Im Jahre 1896 hatte er die »Quattro pezzi sacri«, seine letzten Kompositionen, vollendet und sich dann vom öffentlichen Leben zurückgezogen. 300 000 Menschen geben dem Komponisten, der auch eine Symbolfigur der nationalen Einigung Italiens ist, das letzte Geleit. Auch internationale Regierungsvertreter nehmen am Trauerzug teil. Der Dirigent Arturo Toscanini leitet bei der Begräbnisfeier den 900-stimmigen Chor.

Giuseppe Verdi

italienischer Komponist, * 10.10.1813 Le Roncole (= Busseto); † 27. 1. 1901 Mailand

Dem Hauptvertreter der nationalen italienischen Oper gelang nach beruflichen und privaten Schicksalsschlägen mit »Nabucco« (1842) der Durchbruch zum Weltruhm. Trotz zunehmend orchestraler Ausarbeitung seiner Werke stand bei Verdi stets die menschliche Stimme im Vordergrund. Der Sohn eines bäuerlichen Schankwirts und einer Textilspinnerin komponierte insgesamt 26 Opern – mit vorwiegend patriotischer Thematik und auch historischen Stoffen. Eine neue Stufe erreichte Verdi mit »Rigoletto« (1851), »Der Troubadour« (1853) und »La Traviata« (1853), Opern, in denen er den Kampf von Erniedrigten um ihre menschliche Selbstverwirklichung gestaltete.

- ab 1836: Städtischer Musikdirektor in Busseto
- 1848: Teilnahme am Mailänder Aufstand
- 1861-64: Abg. des italienischen Parlaments in Turin
- 1871: »Aida«
- 1887: »Otello«

1. Januar 1901

Australien entsteht

Mit Jahresbeginn tritt die australische Bundesverfassung in Kraft. Die bisher selbstständigen Gebiete Westaustralien, Südaustralien, Queensland, Victoria, Tasmanien und Neu-Südwales bilden zukünftig einen Bundesstaat. Zur Hauptstadt wird zunächst Melbourne bestimmt. Erst 1908 fällt der Beschluss, Canberra als zukünftige Hauptstadt zu gründen.

Die ehemalige Sträflingskolonie bleibt mit dem Mutterland Großbritannien verbunden. Staatsoberhaupt ist weiterhin die britische Königin Viktoria. Am 9. Mai wird das Bundesparlament feierlich eröffnet (s. Abb.).

Den Weg zu einem einheitlichen Bundesstaat bereiteten vorwiegend wirtschaftliche Überlegungen. Während der Gründerkrise in Europa zum Ende des 19. Jahrhunderts litt die australische Wollproduktion unter schwerwiegenden Absatzproblemen.

22. Januar 1901

Queen Viktoria stirbt – Ende eines Zeitalters

Auf Schloss Osborne (Insel Wight) stirbt im Alter von 81 Jahren die britische Königin Viktoria (s. Abb.). Sie hatte seit 1837 regiert und gab der viktorianischen Epoche ihren Namen.
Nach der Überführung des Leichnams per Schiff und Bahn nach London findet am 2. Februar ein Trauerzug durch die Metropole statt. Millionen Menschen säumen die Straßen, um der beliebten und geachteten Regentin die letzte Ehre zu erweisen. Dem Sarg, der auf einer Lafette steht, folgen zahlreiche europäische Könige und Fürsten.
Der Viktorianismus gilt als relativ geschlossene Zeitströmung mit charakteristischen Einstellungen und Werten innerhalb des britischen Bürgertums. Typisch war die starke, oft puritanisch gefärbte Religiosität, kulturelle Verflachung und eine prüde Einstellung zur Sexualität. Hinzu kamen wirtschaftliche Prosperität und ein ungebrochener Fortschrittsglaube, wie er auf der Weltausstellung 1851 in London seinen Ausdruck fand. Während der Regierungszeit Viktorias expandierte die britische Wirtschaft. Der Wert des britischen Exports erhöhte sich um das Viereinhalbfache, die Länge des Eisenbahnnetzes verzehnfachte sich. Ab den 70er Jahren verfolgte das »Empire« eine betont imperialistische Politik mit dem Ziel weltweiter Machtausdehnung. Die heraufziehende wirtschaftliche Stagnation verschärfte die Klassenkämpfe im Innern des Landes. Soziale Probleme blieben im viktorianischen Zeitalter ungelöst, die Kluft zwischen Arm und Reich wuchs.

Trauerzug mit dem Sarg der britischen Königin

Königin Viktoria

Königin von Großbritannien und Nordirland; * 24.5.1819 Kensington Palace; † 22.1.1901 Osborne House

Viktoria begründete durch ihre vorbildliche Haltung die bedeutende Stellung des britischen Königtums in der Öffentlichkeit und im gesamten Empire. Zudem versuchte sie politisch Einfluss zu nehmen. Durch ihre neun Kinder war die »Großmutter Europas« mit fast allen europäischen Fürstenhäusern verwandt.

- 1840: Heirat mit ihrem Vetter, Prinz Albert von Sachsen-Coburg-Gotha
- 1861: Tod des Prinzgemahls
- 1876: Kaiserin von Indien

17. Februar 1901

Wintersport wird international

Mit der Verleihung der Preise und Ehrengaben durch Kronprinz Gustav von Schweden enden in Stockholm die ersten Nordischen Sportspiele. Aus allen Teilen Europas waren die Athleten angereist, um an dem ersten großen internationalen Wintersportfest teilzunehmen.
Sie erlebten innerhalb von acht Tagen ein vielseitiges Programm. Die Weltmeisterschaft im Eiskunstlaufen am 10./11. Februar entschied nach einem packenden Zweikampf der Schwede Ulrich Salchow für sich. Er setzte sich gegenüber dem Deutschen Gilbert Fuchs bei gleicher Platzziffer nur wegen seiner spektakulären Sprünge durch. Dreifacher Weltmeister im Eisschnelllauf wurde der Finne Franz Frederik Wathen, der über 500 m, 1500 m und 10 000 m die Oberhand behielt. Daneben gab es Wettbewerbe u. a. im Schlittenfahren, ferner Jagden zu Pferde durch den tiefen Schnee, Stafettenlauf auf Schneeschuhen, Springlaufen auf Schneeschuhen und Pferderennen auf schneebedeckten Rennbahnen. Aufgrund ihrer guten Organisation werden die Nordischen Spiele von Presse und Publikum allgemein gelobt. Die nächste Wintersportwoche ist für 1903 in Kristiania (heute Oslo) terminiert.

10. Januar 1901

»Schwarzes Gold« in Texas

Als aus der sog. Spindletop-Bohrung in der Nähe der Stadt Beaumont mit lautem Knall eine Ölfontäne 60 m in die Höhe schießt, schlägt die Geburtsstunde der texanischen Erdölindustrie (s. Abb.). Das unter einem Marschlandhügel gelegene Vorkommen ist derart ergiebig, dass es dieselbe Menge Erdöl liefert wie 37 000 Bohrungen in den östlichen Bundesstaaten zusammen. Es festigt zusammen mit weiteren Funden den Ruf von Texas als reichem Ölland. Wichtigstes Erdölprodukt ist um die Jahrhundertwende noch Petroleum. Erst mit dem Aufkommen des elektrischen Lichts und dem wachsenden Autoverkehr wird Benzin zum begehrtesten Raffinerieprodukt.

Februar 1901

1 Fr – Das russische Innenministerium gibt Missernten in verschiedenen Landesteilen bekannt. Die Bevölkerung in den Gebieten leidet Hunger.

2 Sa – In Mexiko erringen Yaqui-Indianer bei ihrem Kampf um Unabhängigkeit einen Sieg über anrückende Regierungstruppen.

3 So – Eine Brandkatastrophe im aserbaidschanischen Erdölgebiet von Baku fordert über 300 Tote. Das Feuer wütet mehrere Tage lang.

4 Mo – Im preußischen Abgeordnetenhaus beginnt die erste Lesung der heftig umstrittenen Kanalvorlage, die den Bau des Mittellandkanals vorsieht.

5 Di – In Berlin fordert die Vollversammlung des Deutschen Landwirtschaftsrates von der Reichsregierung Anerkennung als öffentlich-rechtliche Korporation.

6 Mi – Die italienische Regierung unter Ministerpräsident Giuseppe Saracco erklärt nach einer Abstimmungsniederlage im Parlament in Rom ihren Rücktritt.

7 Do – Die 21-jährige niederländische Königin Wilhelmina heiratet in Den Haag Herzog Heinrich von Mecklenburg-Schwerin.

8 Fr – Die britische Regierung beschließt, die Truppen im südafrikanischen Burenkrieg um 30 000 Mann berittene Einheiten zu verstärken.

9 Sa – Offizielle britische Stellen bestätigen das Auftreten von Pestfällen im südafrikanischen Kapstadt. Der Pesterreger war erst 1894 entdeckt worden.

10 So – In München begeht der 82-jährige Max von Pettenkofer, Begründer der experimentellen Hygiene, aus Angst vor geistigem Verfall Selbstmord.

11 Mo – Bei den Nordischen Spielen in Stockholm gewinnt der Schwede Ulrich Salchow die Eiskunstlauf-Weltmeisterschaft.

12 Di – Die ehemals verfolgten Sozialdemokraten Eduard Bernstein und Julius Motteler kehren aus ihrem Londoner Exil ins Deutsche Reich zurück.

13 Mi – Auf sozialdemokratischen Volksversammlungen in und um Berlin werden Resolutionen gegen die geplante Erhöhung der Getreidezölle angenommen.

14 Do – Die Behörden verhängen über die spanische Hauptstadt Madrid nach schweren sozialen Unruhen den Belagerungszustand.

15 Fr – Der italienische Politiker Giuseppe Zanardelli bildet in Rom nach dem Rücktritt von Giuseppe Saracco ein neues Kabinett.

16 Sa – Wegen des wachsenden Verkehrs zwischen dem Deutschen Reich und Dänemark soll eine Brücke über den Kleinen Belt gebaut werden.

17 So – Der französische Rennfahrer Maurice Farman gewinnt auf seinem Panhard-Levassor den Automobil-Preis von Pau über 335 km. → Wintersport

18 Mo – Zwischen den USA und Russland entbrennt ein Zollkrieg. Die US-Regierung hat den Zoll auf russischen Zucker erhöht, Russland auf Maschinen aus USA.

19 Di – Russland droht dem Deutschen Reich mit Handelssanktionen, falls kein neuer Handelsvertrag zustande kommen sollte. Der alte Vertrag läuft aus.

20 Mi – Im südafrikanischen Middelburg beginnen Friedensgespräche zwischen Burengeneral Louis Botha und dem britischen Oberbefehlshaber Horatio Kitchener.

21 Do – Das preußische Abgeordnetenhaus in Berlin billigt mit großer Mehrheit den Antrag auf Errichtung einer Handelskammer.

22 Fr – Die russisch-orthodoxe Kirche schließt den Schriftsteller Leo N. Tolstoi wegen kirchenfeindlicher Passagen in dem Roman »Auferstehung« aus.

23 Sa – Der deutsche Kaiser Wilhelm II. stimmt dem Gesetzentwurf über die Errichtung eines speziellen Oberpräsidiums für Berlin zu.

24 So – Nach heftigen Kämpfen im Rahmen des Burenkrieges scheitert Burenführer Christiaan Dewet mit seiner Invasion der Kapkolonie.

25 Mo – Mit der US-Steel-Corporation entsteht unter Leitung des Bankiers John Pierpont Morgan der größte Stahlkonzern der Welt.

26 Di – Vor dem Hintergrund wachsender sozialer Unruhen in Madrid tritt die spanische Regierung unter Marcelo de Azcárraga y Palermo zurück.

27 Mi – In London stimmt das britische Unterhaus einem Gesetzentwurf über die Einführung des Achtstunden-Arbeitstages für Bergarbeiter zu.

28 Do – Für den Reichshaushalt 1901 werden weitere finanzielle Mittel für deutsche Interventionstruppen in China gefordert.

März 1901

1 Fr Im sizilianischen Palermo kommt es zu einem Aufstand der Hafenarbeiter. Gegen die Demonstranten wird Militär eingesetzt. → Schwebebahn

2 Sa In der deutschen Öffentlichkeit steigt das Interesse am Thema Kindheit. Zahlreiche Presseartikel belegen diesen Trend.

3 So Die britische Regierung plant, die südafrikanischen Burenstaaten Transvaal und Oranjefreistaat Großbritannien anzugliedern.

4 Mo US-Präsident William McKinley wird in Washington in sein Amt eingeführt. +++ Petko Karawelow wird bulgarischer Regierungschef.

5 Di Im britischen Unterhaus verweigern elf irische Abgeordnete die Stimmabgabe und fordern die Unabhängigkeit Irlands von Großbritannien.

6 Mi Kaiser Wilhelm II. wird in Bremen bei einem Attentat leicht verletzt, als ein psychisch gestörter Schlosser ein Eisenteil gegen den kaiserlichen Wagen wirft.

7 Do Mit einem Massenschachwettbewerb feiert der Berliner Schachverein sein 25-jähriges Bestehen. 166 Spieler nehmen teil.

8 Fr Der britische Kriegsminister William Fremantle Brodrick stellt eine Armeereform vor, nach der die Truppenstärke um 126 500 Mann erhöht werden soll.

9 Sa Wegen Befreiungsbestrebungen des bulgarisch-makedonischen Komitees werden im Osmanischen Reich sämtliche bulgarische Schulen geschlossen.

10 So Die Berliner Kunstfahrer Paul und Otto Lüders führen einem erstaunten Publikum erstmals das neue Radball-Spiel vor.

11 Mo In Paris konstituiert sich das internationale Komitee für die Gestaltung der Getreidepreise. Vertreten sind Delegierte aus acht Nationen.

12 Di Im Rahmen eines Streiks von 15 000 spanischen Arbeitern kommt es in verschiedenen Orten Kataloniens erneut zu Unruhen.

13 Mi Das kanadische Unterhaus verwirft einen Antrag, der sich gegen die Entsendung weiterer Truppenteile nach Südafrika ausspricht.

14 Do In dem westböhmischen Kurort Karlsbad wird ein neuer Sprudel aufgebohrt. Das Heilbad verfügt bereits über mehrere warme Quellen.

15 Fr Reichskanzler Bernhard von Bülow bezieht im Reichstag im Streit um die Mandschurei-Frage gegen Großbritannien Stellung. → Van Gogh

16 Sa Der deutsche Zentrumspolitiker Ernst Lieber, führender Kopf seiner Partei, wird von Papst Leo XIII. zum Geheimen Kammerherrn ernannt. → Buren

17 So In mehreren russischen Städten kommt es zu schweren Studentenunruhen, die sich gegen das absolutistische Zarenregime richten.

18 Mo In Stuttgart findet eine Versammlung von 65 süddeutschen Webereien statt. Infolge der Wirtschaftskrise stehen viele Webstühle still. → Kontakte

19 Di In einem Erlass der preußischen Regierung zur Wohnungsnot wird die Förderung gemeinnütziger Bauvereine empfohlen.

20 Mi Ein Hafenarbeiterstreik in Marseille führt zu Zusammenstößen von Polizei und Streikenden. 18 000 Arbeiter befinden sich im Ausstand.

21 Do In London beginnt ein Verleumdungsprozess, der von der Familie des Kolonialministers Joseph Chamberlain gegen ein britisches Presseorgan angestrengt wurde.

22 Fr In der russischen Hauptstadt Sankt Petersburg scheitert ein Attentat auf den Oberprokuror des Heiligen Synods, Konstantin P. Pobedonószew.

23 Sa Der traditionelle Gesindeball der Schauspieler findet in Berlin statt. Schauspieler sind einem historischen Urteil nach als Gesinde einzustufen.

24 So Den Ergebnissen einer Volkszählung zufolge verzeichnet Frankreich 38,6 Mio. Einwohner. 1896 waren es noch 38,27 Mio.

25 Mo Nach Angaben des Kolonialministers Joseph Chamberlain will London keine neuen Friedensverhandlungen mit den Buren aufnehmen. → Mercedes

26 Di In Leipzig endet die siebte Generalversammlung der Großeinkaufsgesellschaft deutscher Konsumvereine. Ihr gehören 129 Gesellschaften an.

27 Mi Auf den Philippinen wird Rebellenführer Emilio Aguinaldo von US-Truppen gefangengenommen. Die USA konsolidieren mehr und mehr ihre Herrschaft.

28 Do Nach einer Kesselexplosion auf der Zeche Hardenberg bei Dortmund kommen vier Arbeiter durch Verbrühungen ums Leben.

29 Fr Das preußische Herrenhaus fordert in einer mit 101 gegen 27 Stimmen verabschiedeten Resolution »wesentlich erhöhte« Getreidezölle.

30 Sa Beim traditionellen Rudervergleich Oxford-Cambridge auf der Themse in London siegt die Mannschaft aus Oxford.

31 So Die Rehabilitierung Ernst von Jagows, der gegen die Kanalvorlage gestimmt und daraufhin aus dem Verwaltungsdienst entlassen worden war, wird bekannt.

16. März 1901

Buren führen Guerillakrieg fort

In Middelburg im Osten von Transvaal scheitern die Friedensverhandlungen zwischen dem Burengeneral Louis Botha und dem britischen Oberbefehlshaber Horatio Herbert Kitchener. Vor allem die Weigerung Londons, nach einem möglichen Ende des Krieges die Buren zu amnestieren, verhinderte einen Verhandlungserfolg.

Im Burenkrieg stehen sich seit 1899 Großbritannien sowie die Burenrepubliken Transvaal und Oranjefreistaat gegenüber. Das britische Interesse gilt in erster Linie den reichen Gold- und Diamantenvorkommen in Südafrika. Die Burenrepubliken, Gründungen niederländisch-stämmiger Einwanderer, versuchen, in einem Guerillakrieg ihre seit Mitte des 19. Jahrhunderts währende Selbstständigkeit vor britischem Zugriff zu bewahren.

Am 12. Oktober 1899 war der Krieg ausgebrochen (Abb: Kapitulation von Gronje am 28. Februar 1900). Die Auseinandersetzungen in Südafrika sind geprägt von der Guerilla-Taktik der Buren. Trotz der militärischen Überlegenheit des Feindes gelingt es ihnen immer wieder, britische Einheiten erfolgreich anzugreifen oder Züge zu überfallen. Um die Buren zu bekämpfen, zerstören die Briten deren Farmen und halten burische Frauen und Kinder in Lagern gefangen. In Europa wird der Konflikt mit großer Anteilnahme verfolgt. Die Sympathien gelten überwiegend den Buren. Großbritannien wird beschuldigt, aus wirtschaftlichen Erwägungen einen unmenschlichen Krieg zu führen. Vertreter Frankreichs, der Niederlande und des Deutschen Reichs gründen am 12. März eine »Internationale Burenliga«. Sie hat die Aufgabe, die Unterstützung für die Buren ländergreifend zu koordinieren.

18. März 1901

Deutsch-britische Kontakte

Zwischen Großbritannien und dem Deutschen Reich beginnen Verhandlungen über den Abschluss eines Bündnisses. Es handelt sich dabei um den letzten Versuch im Rahmen der seit 1898 laufenden Sondierungsgespräche.

Ziel der deutschen Regierung ist es, Großbritannien an den Dreibund Deutschland, Österreich-Ungarn und Italien zu binden. Großbritannien verspricht sich seinerseits von einer Übereinkunft mit Berlin die Aufhebung seiner bündnispolitischen Isolierung innerhalb Europas. Im Verlauf des Jahres scheitern jedoch die Verhandlungen endgültig. Die deutsch-britischen Bündniskontakte und Verhandlungen gehen ursprünglich auf eine Anregung des britischen Kolonialministers Joseph Chamberlain zurück.

1. März 1901

Weltneuheit Schwebebahn

Das erste Teilstück einer Schwebebahn für den öffentlichen Personennahverkehr in Elberfeld, das heute zu Wuppertal gehört, wird nach dreijähriger Bauzeit auf einer Länge von insgesamt 4,5 km in Betrieb genommen. Das weltweit einzigartige Beförderungsmittel hängt an einer Schiene, die an Doppel-T-Stahlprofilträgern befestigt ist und fährt in einer Höhe von 8-12 m über dem engen Tal der Wupper.

Die Durchschnittsgeschwindigkeit der Schwebebahn liegt, Aufenthalte einberechnet, bei 30 km/h. Experten messen der Novität, deren gesamte Streckenlänge 13,3 km betragen wird, weitreichenden Einfluss auf die Gestaltung des innerstädtischen Verkehrswesens bei. Die Bahn, erbaut nach einer Konstruktion des 1895 verstorbenen Ingenieurs Eugen Langen, gilt – trotz eines tragischen Unfalls 1999 – als das sicherste Verkehrsmittel der Welt. Auch der ökonomische Aspekt spielt eine Rolle: Der Bau der Schwebebahn hat sich als günstiger erwiesen als die Anlage anderer Stadtbahnen. Zudem kostet ein Streckenkilometer weniger als bei konkurrierenden Systemen. Die Wagen hängen an zweirädrigen Drehgestellen, die zugleich die elektrischen Motoren tragen. Die Aufhängung wurde so konstruiert, dass eine Entgleisung praktisch ausge-

1. April 1901

Zarenregime unter Druck

In Stuttgart, im deutschen Exil, erscheint erstmals die von Wladimir I. Lenin herausgegebene sozialistisch-oppositionelle Zeitung »Sarja« (»Morgenröte«). Auch die wachsenden Unruhen in Russland deuten darauf hin, dass der Widerstand gegen das Zarenregime stetig wächst.

Bei einer Demonstration am 4. März in Sankt Petersburg war es zu gewaltsamen Übergriffen von Kosaken und berittener Polizei gegen demonstrierende Studenten gekommen (s. Abb.). In Odessa, Kiew und Charkow verhängen die Behörden den Ausnahmezustand. Die Studentenunruhen sind der augenfälligste Ausdruck des sozialen Gärungsprozesses im Zarenreich. Die Zahl der unter elenden Bedingungen tätigen Arbeiter beträgt rd. 3 Mio. Daneben sorgen 10 Mio. landlose Bauern für sozialen Sprengstoff.

schlossen ist. Die Wagen sind gegen die Aufhängung abgefedert und haben ein dreifaches Bremssystem: Eine Luftdruckbremse, eine Handbremse und eine elektrische Kurzschlussbremse. Die Stromzuleitungsschiene ist unter dem Träger befestigt und wird von einem breiten Stromabnehmer berührt. Die Tragschienen, auf denen die beiden zweirädrigen Drehgestelle der Wagen laufen, liegen auf zwei eisernen Walzbalken. Diese wiederum bilden die unteren Außenkanten eines Fachwerkträgers, dessen Enden an eisernen Stützböcken befestigt sind. Die Böcke überspannen den Fluss schräg und sind an den Ufern untermauert.

Die Schwebebahn ist eine technische Meisterleistung und prägt das Stadtbild.

15. März 1901

Van Gogh sorgt für Furore

In der Pariser Galerie Bernheim-Jeune eröffnet die erste Retrospektive des niederländischen Malers Vincent van Gogh (s. Abb.: Selbstporträt). Die Ausstellung erregt in der Kunstwelt großes Aufsehen.
Junge Maler wie André Derain und Maurice de Vlaminck zeigen sich von den Bildern des Niederländers beeindruckt. Auch der renommierte Maler Henri Matisse zählt zu den Besuchern der Retrospektive. Die Galerie präsentiert 71 Werke aus den verschiedenen Schaffensperioden des 1890 durch Selbstmord aus dem Leben geschiedenen Künstlers. In seinen durch Nervenzusammenbrüche und Anfälle von geistiger Umnachtung unterbrochenen produktiven Phasen schuf er die Grundlagen für die moderne Malerei des 20. Jahrhunderts. Vielfach klingen in seinen Bildern künftige Stilrichtungen wie der Expressionismus und der Fauvismus an. Van Goghs extremer Lebensweg spiegelt sich nicht nur in vielen seiner Bilder wider, sondern auch in den zahlreichen Briefen, die er an seinen Bruder Theo schrieb.

25. März 1901

Stern von Mercedes geht auf

Bei der Autowoche von Nizza feiert der Mercedes-Rennwagen der Cannstatter Daimler-Motoren-Gesellschaft seinen ersten großen Sieg. Der 27-jährige deutsche Fahrer Wilhelm Werner setzt sich bereits beim Start des Langstreckenrennens Nizza – Salon de Provence – Nizza an die Spitze und bewältigt die 392 km lange Strecke in der Rekordzeit von 6:45,48 h. Das entspricht einer Durchschnittsgeschwindigkeit von 57,96 km/h.
Mit fast einer halben Stunde Rückstand belegt der Franzose Degrais auf einem Wagen von Rochet-Schneider den zweiten Platz. Der zweite Mercedes im Rennen belegt Platz fünf. Der Name Mercedes steht bald für die gesamte Marke. Emil Jellinek, österreichisch-ungarischer Generalkonsul in Nizza und Förderer sowie wichtigster Geschäftspartner der Daimler-Motorengesellschaft, setzte durch, dass der Rennwagen den Vornamen seiner zwölfjährigen Tochter erhält. Der Mercedes-Rennwagen ist eine Entwicklung des technischen Direktors der Daimler-Motoren-Gesellschaft, Wilhelm Maybach. Sein 1150 kg schwerer Rennwagen hat einen Sechs-Liter-Vierzylinder-Motor. Zusammen mit Gottlieb Daimler hatte Maybach 1883 die Werkstatt in Cannstatt eröffnet. Maybach konstruierte den Vergaser und damit den ersten Benzinmotor.

April 1901

1 Mo In London wird eine Volkszählung veröffentlicht. Danach hat Großbritannien (England, Schottland, Wales, Irland) rd. 41,5 Mio. Einwohner. → Zarenregime

2 Di In Kiel läuft das für die Drygalski-Südpolexpedition vorgesehene Schiff »Gauß« vom Stapel. Die Expedition beginnt am 11. August.

3 Mi Die liberale Venstre-Partei gewinnt die Parlamentswahlen in Dänemark und wird daraufhin erstmals an der Regierung beteiligt.

4 Do In Belfast läuft die »Celtic«, das größte Dampfschiff der Welt, vom Stapel. Es ist 220 m lang, 23,6 m breit und 16 Knoten (29,6 km/h) schnell.

5 Fr Nach der Auslieferung eines italienischen Anarchisten wird in der Schweiz gegen die Asylpolitik der Regierung protestiert.

6 Sa In der bulgarischen Hauptstadt Sofia werden sämtliche führende Mitglieder des sogenannten Makedonischen Komitees verhaftet.

7 So Der Jahreskongress der belgischen Sozialdemokraten beschäftigt sich mit dem Kampf um das allgemeine und gleiche Stimmrecht.

8 Mo Eine österreichische Fußball-Auswahl besiegt in einem internationalen Vergleich in Wien eine Mannschaft aus der Schweiz 4:0.

9 Di In Mecklenburg-Schwerin tritt Großherzog Friedrich Franz IV. nach Erreichen der Volljährigkeit seine Herrschaft und die Nachfolge seines Vaters an.

10 Mi Der 30. Deutsche Chirurgenkongress beginnt in Berlin. Zu den wichtigsten Problemen der Chirurgie zählen die Krebserkrankungen.

11 Do In Potsdam wird in Gegenwart von Kaiser Wilhelm II. ein Denkmal für Kaiser Wilhelm I. enthüllt. Es stammt von dem deutschen Bildhauer Ernst Herter.

12 Fr Im italienischen Genua startet eine österreichische Expedition zur Erforschung Südbrasiliens, die von dem Botaniker Richard Wettstein geleitet wird.

13 Sa In Den Haag wird das Internationale Büro des ständigen Schiedshofes begründet. Es soll internationale Streitfälle friedlich schlichten.

14 So Auf dem Kongress der deutschen Handels-, Transport- und Verkehrsarbeiter wird der Beitritt zur Internationalen Gewerkschaftsföderation beschlossen.

15 Mo Gustav Adolf Graf von Götzen wird zum neuen Gouverneur des deutschen Kolonialgebietes in Ostafrika ernannt.

16 Di In Stockholm verabschiedet der schwedische Reichstag ein Gesetz zum Schutz von Arbeitern vor den Folgen von Betriebsunfällen.

17 Mi Erzherzog Franz Ferdinand sichert dem Katholischen Schulverein in Österreich Schutz zu und stellt sich gegen die alldeutsche »Los-von-Rom«-Bewegung.

18 Do Ein Brandunglück zerstört einen Teil des Pekinger Kaiserpalastes, der als Hauptquartier für die deutschen Besatzungstruppen in China dient.

19 Fr Serbien erhält eine neue, liberale Verfassung, die ein Zweikammersystem mit Parlament und Senat vorsieht. Sie räumt dem Monarchen mehr Rechte ein.

20 Sa In Portugal wird ein Dekret über religiöse Vereinigungen veröffentlicht. Es sieht die Säkularisierung derartiger Organisationen binnen sechs Monaten vor.

21 So Im Wiener Burgtheater wird mit »Der böse Geist Lumpazivagabundus« erstmals ein Stück von Johann Nepomuk Nestroy aufgeführt.

22 Mo In Sankt Petersburg wird die Wiedereröffnung der Hochschulen bekanntgegeben. Sie wurden aufgrund anhaltender Studentenunruhen geschlossen.

23 Di Der Deutsche Reichstag berät die Branntweinsteuer-Novelle, nach der die Produktion von Branntwein im privaten Bereich beschränkt werden soll.

24 Mi Der prominente Sozialdemokrat Franz Mehring veröffentlicht in der »Neuen Zeit« eine Analyse der weltweit herrschenden Wirtschaftskrise.

25 Do Bei einem schweren Explosionsunglück in der chemischen Fabrik Elektron in Griesheim bei Frankfurt am Main werden 22 Menschen getötet.

26 Fr Nach einer parlamentarischen Vorlage sollen in Österreich Wasserstraßen mit einer Länge von insgesamt 17 000 Kilometern gebaut werden.

27 Sa Die Regierung der südamerikanischen Republik Uruguay unter Präsident Juan Lindolfo Cuestas untersagt die Einwanderung von Ordensgeistlichen.

28 So Bei einer Abstimmung votieren in Frankreich 28 800 Bergarbeiter für einen umfassenden Streik. 17 600 stimmen dagegen.

29 Mo An der Universität von Budapest kommt es zu Zusammenstößen zwischen jüdischen Gruppen und antisemitischen Korporationen.

30 Di Bei einem Brand stürzt in Quedlinburg (nördliches Harzvorland) der Turm der spätgotischen Marktkirche Sankt Benedikti aus dem 15. Jahrhundert ein.

Mai 1901

1 Mi In den Niederlanden wird ein Plan zur Eindeichung und teilweisen Trockenlegung der Zuidersee (heute Ijsselmeer) vorgelegt.

2 Do Der deutsche Reichstag lehnt eine Verlängerung der Schutzfrist für Bühnenwerke und musikalische Kompositionen von 30 auf 50 Jahre ab.

3 Fr Wegen nicht zu überbrückender Uneinigkeit in der Kanalvorlage beendet der preußische Landtag überraschend seine Sitzung.

4 Sa Die Große Berliner Kunstausstellung mit über 2500 Exponaten von nationalen und internationalen Künstlern wird eröffnet.

5 So Meldungen aus Peking zufolge haben sich die Großmächte darauf geeinigt, von China eine Kriegsentschädigung über 1,3 Mrd. Mark zu fordern.

6 Mo Im norwegischen Kristiania (Oslo) findet eine internationale Meeresforscherkonferenz statt. +++ Das preußische Kabinett wird umgebildet.

7 Di Das neue Militärgesetz der Niederlande wird in Den Haag verabschiedet. Künftig sollen jährlich 17 000 Rekruten zum Dienst verpflichtet werden.

8 Mi In der Berliner Philharmonie findet erstmals im Deutschen Reich eine Aufführung japanischer Geisha-Tänzerinnen statt.

9 Do Ein spektakuläres Zugunglück ereignet sich im Bahnhof von Ludwigshafen, als ein einfahrender Zug die Bahnhofsmauer durchstößt.

10 Fr Die britische Regierung beschlagnahmt die irische Zeitschrift »The Irish People«. Anlass ist ein Artikel, in dem der britische König angegriffen wird.

11 Sa Die württembergische Abgeordnetenkammer spricht sich gegen den Anschluss des Landes an die preußisch-hessische Eisenbahngemeinschaft aus.

12 So Der dänische Radrennstar Thorwald Ellegaard besiegt in Paris im Sprint den Vorjahresweltmeister Edmond Jacquelin aus Frankreich.

13 Mo Fragen des Patent- und Warenzeichenrechts stehen im Mittelpunkt des Kongresses für gewerblichen Rechtsschutz in Köln.

14 Di Der russische Schriftsteller Maxim Gorki wird in Sankt Petersburg verhaftet. Der 33-jährige Autor steht politisch den Sozialisten sehr nahe.

15 Mi Eine Ausstellung moderner portugiesischer Kunst, u.a. mit Aquarellen, Grafiken und Zeichnungen, beginnt in Lissabon. → Jugendstil

16 Do Die Spinnereiarbeiter in Sankt Petersburg treten wegen Lohnfragen in den Streik. Es kommt zu Auseinandersetzungen mit dem Militär.

17 Fr Die dreijährige Stute Emilia aus dem Gestüt Mariahall gewinnt in Berlin-Westend das diesjährige Deutsche Traber-Derby.

18 Sa In Berlin konstituiert sich ein Zentralkomitee für ärztliche Weiterbildung in Preußen, das durch kostenlose Vorträge die Fortbildung von Medizinern fördern will.

19 So Eine Fußballbegegnung zwischen Preußen Berlin und dem Deutschen Fußballklub Prag endet auf dem Athletik-Sportplatz in Berlin 2:2.

20 Mo In den USA und Kanada treten rund 50 000 Maschinenarbeiter in den Ausstand. Sie fordern einen Neunstunden-Arbeitstag bei vollem Lohnausgleich.

21 Di Auf einer Konzertreise durch Süd- und Westeuropa feiert das von Arthur Nikisch dirigierte Berliner Philharmonische Orchester Triumphe.

22 Mi Ein gesundheitsförderndes »Sonnenbad« wird am Berliner Kurfürstendamm eingeweiht. Parallel erscheinen Presseberichte über die Heilkraft der Sonne.

23 Do In Stockholm wird die Militärvorlage über Einführung der Wehrpflicht von den Reichstagsabgeordneten angenommen.

24 Fr Bei der traditionsreichen Pariser Zeitung »Le Figaro« kommt es zu einem spektakulären Machtkampf zwischen Zeitungsaktionären und Direktor.

25 Sa In Berlin wird die Internationale Ausstellung für Feuerschutz- und Feuerrettungswesen in einer feierlichen Zeremonie eröffnet. → Frauenwahlrecht

26 So Der deutsche Kaiser Wilhelm II. ordnet an, Vorbereitungen für die Auflösung des deutschen Armeeoberkommandos in Ostasien zu treffen.

27 Mo Nach schweren Meinungsverschiedenheiten der führenden Politiker spalten sich in Lyon die französischen Sozialisten.

28 Di Die Christlichen Gewerkschaften im Deutschen Reich beschließen die Statuten des neuen »Gesamtverbandes der Christlichen Gewerkschaften Deutschlands«.

29 Mi Der zwölfte Evangelisch-soziale Kongress ruft in Braunschweig seine Anhänger zur Bekämpfung sozialer Missstände auf.

30 Do Bei blutigen Zusammenstößen von Militär und Streikenden im nordspanischen La Coruña werden mehrere Personen getötet.

31 Fr Die russische Regierung untersagt die Besprechung von Büchern des weltberühmten Schriftstellers Leo N. Tolstoi in Zeitungen.

25. Mai 1901

Frauenrechte: Norwegen setzt Zeichen

Das norwegische Parlament in Kristiania billigt die Einführung des kommunalen Wahlrechts für Frauen. Norwegen ist das erste europäische Land, das Frauen das allgemeine Wahlrecht gewährt.

Das allgemeine kommunale Wahlrecht gilt allerdings nur für Bürgerinnen, die über ein bestimmtes jährliches Mindesteinkommen verfügen bzw. in entsprechender Vermögensgemeinschaft mit ihren Ehemännern leben. Erstmals angewendet wird das Frauenwahlrecht bei den Kommunalwahlen im Dezember.

Die Einführung des Frauenstimmrechts zählt zu den zentralen Forderungen der internationalen Frauenbewegung (s. Abb: Plakat).

Bisher gestehen lediglich einige US-Bundesstaaten Frauen das Wahlrecht zu. In Wyoming dürfen Frauen seit 1869 zu den Urnen. Neuseeland folgte 1893. In Europa schlugen die Uhren langsamer: Der Philosoph John Stuart Mill beantragte 1867 im britischen Parlament ohne nennenswerten Erfolg erstmals das aktive Wahlrecht für Frauen. Im gleichen Jahr wurde die britische »National Society for Women's Suffrage« gegründet. Auch in anderen Staaten etablierten sich Organisationen, die friedlich für ihre Ziele eintreten. Mit Emmeline Pankhursts »Women's Social and Political Union« setzt 1903 die Radikalisierung der Frauenstimmbewegung ein.

Mit öffentlichkeitswirksamen Aktionen kämpfen die britischen »Suffragetten« für die Einführung des Frauenstimmrechts. Die Abbildung zeigt einen Demonstrationswagen um das Jahr 1905.

25. Juni 1901

Sparer büßen für Bankenkrach

Der Zusammenbruch der Leipziger Bank stürzt das Bundesland Sachsen in eine Wirtschafts- und Regierungskrise. Die Zahlungsunfähigkeit des Instituts steht im Zusammenhang mit dessen Engagement bei der unrentabel arbeitenden Kasseler Aktiengesellschaft für Trebertrocknung.

Es folgen Konkurse mehrerer Industrie- und Handelsunternehmen. Zahlreiche kleine Sparer verlieren ihre Einlagen, Arbeiter und Angestellte rutschen in die Arbeitslosigkeit. Im Deutschen Reich wächst das Misstrauen selbst gegenüber angesehenen Bankinstituten. Auch in Hannover, Jena, Lübeck und Dresden kommt es zu einem Ansturm der Kunden auf die örtlichen Sparkassen.

24. Juni 1901

Picasso malt Verzweifelte

Die Pariser Galerie Vollard präsentiert erstmals Bilder des 19-jährigen spanischen Malers Pablo Picasso. Trotz wohlwollender Urteile von Kunstkritikern urteilt der Galerist Ambroise Vollard: »Diese Ausstellung hatte keinerlei Erfolg, und Picasso sollte lange Zeit nicht freundlicher vom Publikum aufgenommen werden.«

Um 1901 entstehen die ersten Bilder Picassos, die der »Blauen Periode« zugeordnet werden. Sie zeigen in einer Synthese aus Jugendstil und Symbolismus ausschließlich einsame, verzweifelte und schwermütige Menschen, z. B. Trinker oder Prostituierte. Der einfarbig blaue Hintergrund symbolisiert triste Seelenzustände.

30. Juni 1901

Sensation Okapi entdeckt

In London präsentiert der britische Gouverneur in Uganda, Harry Johnston, das Fell und die Schädelknochen eines in Europa bislang unbekannten Säugetieres. Das in Zentralafrika beheimatete Tier, eine Giraffenart, wird von den einheimischen Pygmäen als »Okapi« bezeichnet.
Mit Unglauben hatten Afrika-Forscher zuvor Berichte der Pygmäen aufgenommen, die ein im Regenwald lebendes, pferdeähnliches Tier mit Zebrastreifen an Bauch und Beinen beschrieben (s. Abb.). Erst die Nachforschungen von Johnston bewiesen, dass die Steppengiraffe tatsächlich einen Verwandten mit kurzem Hals besitzt.

29. Juni 1901

Fernfahrt Paris – Berlin

Sieger der ersten Automobilfernfahrt von Paris nach Berlin ist der Franzose Henry Fournier. Die Route, die der Pionier in seinem Mors-Rennwagen mit 60 PS und 10 l Hubraum in 15:33,06 h reiner Fahrtzeit bewältigt, führt über Aachen und Hannover und endet in der Trabrennbahn im Berliner Westend.
Vom Start in Champigny am 27. Juni (s. Abb.) ins Ziel hinein bejubeln Tausende an der Strecke das Rennen. Das Leistungsgefälle der Fahrer ist jedoch groß. Als letzter Klassifizierter im Teilnehmerfeld beendet Baron Turkheim auf Platz 43 in einer Zeit von 40:09,03 h die Fernfahrt.

15. Mai 1901

Jugendstil in Darmstadt

Auf der Mathildenhöhe wird die Bau- und Kunstausstellung (Abb.: Plakat) der Darmstädter Künstlerkolonie eröffnet.
Unter der Leitung des Wiener Architekten Joseph Maria Olbrich wurden Wohnhäuser und Gartenanlagen im Jugendstil errichtet, die dem Besucher eine neue Lebenskultur vermitteln sollen. Die Künstler streben eine Erneuerung der Kunst in allen ihren Aspekten an. Neben Olbrich wirken in Darmstadt u.a. der Maler Peter Behrens, der Bildhauer Rudolf Bosselt sowie der Maler und Grafiker Hans Christiansen. Die einzelnen Künste sollen dabei zusammenwirken. Mit diesem ehrgeizigen Anspruch greift die im Jahr 1899 von dem hessischen Großherzog Ernst Ludwig gegründete Künstlerkolonie eine der Grundthesen des Jugendstils auf, der die Grenzen zwischen den Kunstgattungen aufheben will. Denn es gebe, wie es der Architekt Hermann Muthesius im Jahre 1901 in seiner programmatischen Schrift über Stilarchitektur und Baukunst formuliert, »keine Spezialkünste, sondern nur eine Allgemeinkunst«. Der Anspruch der Ausstellung, Anstöße für eine neue Wohn- und Lebenskultur zu geben, kann aber nicht eingelöst werden. Die Entwürfe sind insgesamt zu individuell und zu kostspielig, als dass sie zum Vorbild für eine verbreitete Wohnkultur werden könnten. Dennoch entwickelt sich Darmstadt aufgrund der vielfältigen Aktivitäten der Künstlerkolonie zu einem maßgeblichen Zentrum der Jugendstilbewegung.

23. Juni 1901

Gutenberg-Museum eröffnet

In Mainz öffnet das Gutenberg-Museum, das vorläufig in zwei Räumen des Kurfürstlichen Schlosses untergebracht ist, seine Pforten. Gleichzeitig konstituiert sich die Internationale Gutenberg-Gesellschaft. Das neue Museum beherbergt Exponate aus der Geschichte der Druckkunst. Erster Leiter ist der Mainzer Oberbibliothekar Wilhelm Velke. Ein bereits im Vorjahr gebildeter Beirat gründet im Anschluss an die Museumseröffnung die Internationale Gutenberg-Gesellschaft. Sie hat es sich zum Ziel gesetzt, die technologische und kulturelle Geschichte des Buchdrucks zu erforschen. Großherzog Ernst Ludwig von Hessen-Darmstadt wird Protektor der Gesellschaft, die Ende des Jahres bereits 613 Mitglieder zählt. Der Plan einer Gutenberg-Gesellschaft geht auf eine Anregung des Göttinger Bibliothekars und Altphilologen Karl Dziatzko zurück, der allgemein als erster wissenschaftlicher Gutenberg-Forscher gilt. In ein konkretes Stadium traten die Überlegungen anlässlich der Feierlichkeiten zum 500. Geburtstag des aus Mainz stammenden Johannes Gutenberg (1400-1468), der als Erfinder des Buchdrucks mit beweglichen Lettern gilt.

Juni 1901

1 Sa Der bayerische Prinzregent Luitpold eröffnet in München die achte Internationale Kunstausstellung, die über 2800 Exponate präsentiert.

2 So In Japan bildet Taro Katsura ein neues Kabinett. Er löst Ministerpräsident Hirobumi Ito ab, der sich für die Modernisierung Japans eingesetzt hatte.

3 Mo Die wegen des Boxeraufstands in China stationierten deutschen Interventionstruppen werden auf Befehl von Kaiser Wilhelm II. abgezogen.

4 Di Das westböhmische Karlsbad meldet mit 673 Kurgästen einen Tagesrekord bei Anmeldungen von Heilung Suchenden seit Gründung des Badeortes 1711.

5 Mi In der belgischen Hafenstadt Antwerpen bricht ein Großfeuer aus. Dabei werden drei der vier Gebäudeflügel des königlichen Zollhauses zerstört.

6 Do In Kopenhagen findet eine Kundgebung gegen die Regierung statt. Die bei den Wahlen siegreiche Venstre-Partei wird am 24. Juli an der Regierung beteiligt.

7 Fr In der spanischen Region Mancha richten riesige Heuschreckenschwärme große Schäden an. Auch der Bahnverkehr wird zeitweise beeinträchtigt.

8 Sa Die peruanische und die chilenische Regierung verhandeln über die Abtretung zweier chilenischer Gebiete. Peru erhebt Anspruch auf Arica und Tacna.

9 So Auf einer Konferenz der kaufmännischen Vereine weiblicher Angestellte in Sonneberg i.Th. wird für Frauen und Männer gleiche Ausbildung gefordert.

10 Mo In Leipzig tritt unter Leitung von Albert Brockhaus der vierte internationale Verlegerkongress zusammen. Hauptthema ist das Urheberrecht.

11 Di Der russische Finanzminister Sergej J. Witte lässt deutsche Kapitalgesellschaften nur noch mit besonderer Genehmigung an der Börse zu.

12 Mi Der neuen kubanischen Verfassung zufolge erhalten die USA ein Interventionsrecht auf der mittelamerikanischen Insel.

13 Do Der deutsche Bundesrat billigt das Gesetz über das Urheberrecht und sichert damit den Schutz geistigen Eigentums für Autoren und Komponisten.

14 Fr Die Liberalen gehen als Verlierer aus den niederländischen Parlamentswahlen hervor. Neuer Regierungschef wird Abraham Kuyper.

15 Sa Im italienischen Parlament kommt es zu einer Debatte über verbesserte Beziehungen zu Frankreich. Eine Staatenannäherung findet jedoch nicht statt.

16 So Sieger des in Hamburg ausgetragenen Deutschen Galopp-Derbys wird vor 150 000 Zuschauern der dreijährige Hengst Tuki.

17 Mo Die Konferenz zur Vereinheitlichung der deutschen Rechtschreibung tritt in Berlin zusammen und einigt sich auf eine einheitliche Orthografie.

18 Di Neue Forschungsergebnisse des französischen Physikers Antoine Henri Becquerel geben Aufschlüsse über die innere Struktur des Atoms.

19 Mi Die württembergische Abgeordnetenkammer in Stuttgart billigt einen Antrag auf Einrichtung von Landwirtschaftskammern.

20 Do Die Kieler Woche beginnt. Höhepunkt der größten Segelsportveranstaltung im Deutschen Reich ist die Enthüllung eines Denkmals des Großen Kurfürsten.

21 Fr Die österreichische Presse berichtet, dass Arthur Schnitzler die Würde eines Reserveoffiziers wegen seiner Novelle »Lieutenant Gustl« aberkannt wurde.

22 Sa Bei einem Dammbruch im US-Bundesstaat Virginia kommen mehrere hundert Menschen ums Leben. 30 Städte sind betroffen.

23 So Das badische Oberschulratsamt untersagt der Stadt Mannheim die Errichtung eines modernen sog. Reformgymnasiums. → Gutenberg

24 Mo Das Reichsgericht Leipzig erklärt den Attentäter, der Kaiser Wilhelm II. mit einem Wurfgeschoss leicht verletzt hatte, für unzurechnungsfähig. → Picasso

25 Di Der Bau der Tauernautobahn schreitet voran. Die Verbindung soll den Fremdenverkehr in den Ostalpen fördern. → Bankenkrach

26 Mi Im Zuge antiklerikaler Unruhen in Spanien kommt es in Valencia anlässlich einer kirchlichen Prozession zu Straßenkämpfen.

27 Do In Chile wird die Wahl von Germán Riesco zum neuen Präsidenten bekannt gegeben. Riesco übernimmt das Amt am 12. Juli.

28 Fr Der seit 1893 amtierende badische Ministerpräsident Franz Wilhelm Nokk tritt zurück. Sein Nachfolger wird der bisherige Außenminister Arthur von Brauer.

29 Sa Die spanische Regierung ordnet nach schweren Ausschreitungen ein Verbot aller Kundgebungen auf öffentlichen Straßen an. → Fernfahrt

30 So Der preußische Kultusminister Konrad von Studt verkündet Grundsätze für die Geschichts-Lehrpläne in höheren Schulen. → Okapi

Juli 1901

1 Mo In den USA beginnt ein Stahlarbeiterstreik. +++ Der preußische Kultusminister Konrad Studt erlässt neue Lehrpläne. → Wimbledon

2 Di Die französische Abgeordnetenkammer verwirft einen Antrag auf Untersuchung etwaiger Greueltaten der Besatzungtruppen in China.

3 Mi Aus New York und mehreren US-Bundesstaaten wird eine Hitzewelle bisher unbekannten Ausmaßes gemeldet. Mehrere Personen sterben durch Hitzschlag.

4 Do Erster Zivilgouverneur auf den Philippinen wird der US-Politiker und spätere Präsident der USA William Howard Taft.

5 Fr Im Oberhaus in London wird dem britischen Marineministerium die angeblich ungenügende Stärke der Mittelmeerflotte vorgeworfen.

6 Sa Im oberschlesischen Beuthen kommt es bei einem Zirkustransport zu einem Zugunglück. Zwei Menschen und zahlreiche Tiere werden getötet.

7 So Der deutsche Radmeister Thaddäus Robl wird in Berlin Steher-Weltmeister. Bei den Amateuren gewinnt der Berliner Heinrich Sievers.

8 Mo Kaiser Wilhelm II. beginnt seine traditionelle Nordland-Reise. Die Fahrt wird wegen schwerer Erkrankung seiner Mutter vorzeitig abgebrochen.

9 Di Rumänien und Bulgarien ordnen strenge Quarantänemaßnahmen gegen die im türkischen Konstantinopel um sich greifende Pest an.

10 Mi Die französische Bergarbeiter-Gewerkschaft fordert einen Mindestlohn für Arbeiter in allen Staaten der Welt. → Spanien

11 Do Die Wahl des Stadtrats Gustav Kauffmann zum Bürgermeister von Berlin wird von Kaiser Wilhelm II. nicht bestätigt und sorgt für Auseinandersetzungen.

12 Fr Die chinesische »Sühnegesandtschaft« reist von Peking ab. Die chinesische Herrscherfamilie muss in Berlin wegen des Boxeraufstands Abbitte leisten.

13 Sa Das Pferd Extra Dry überspringt in Rouen ein Zwei-Meter-Hindernis und bricht damit den Springweltrekord für Pferde.

14 So In der Leichtathletik werden die Bestmarken nach oben geschraubt: In Berlin stellt Weitspringer Rudolf Schindler mit 6,35 m einen deutschen Rekord auf.

15 Mo In Russland droht Presseberichten zufolge in den baltischen Provinzen und an der Wolga eine Missernte und Futtermangel.

16 Di Kampf gegen Tuberkulose: Im Harzer Kurort St. Andreasberg wird die erste Heilstätte für weibliche Lungenkranke eröffnet.

17 Mi Der Kongostaat bleibt Besitz des belgischen Königs. +++ Der Passagierdampfer »Deutschland« verbessert seinen eigenen Rekord bei der Atlantik-Überquerung.

18 Do Der 36-jährige Geograph Erich von Drygalski wird zum Leiter der deutschen Südpolexpedition ernannt. Das Unternehmen soll am 11. August beginnen.

19 Fr Im spanischen Saragossa werden über 50 Personen bei gewalttätigen antiklerikalen Auseinandersetzungen verwundet.

20 Sa Ein in Sankt Petersburg veröffentlichtes Gesetz regelt Verkauf und Verpachtung von Staatsländereien in Sibirien zu landwirtschaftlichen Zwecken.

21 So Bei den französischen Generalratswahlen verzeichnen die regierenden republikanischen Radikalen Gewinne. Die Nationalisten verlieren Stimmenanteile.

22 Mo In London findet der Internationale Tuberkulose-Kongress statt. Der deutsche Bakteriologe Robert Koch stellt bahnbrechende Forschungsergebnisse vor.

23 Di Bei einer Explosion auf dem US-Dreimaster »Luise Adelaide« in Stockholm kommen 15 Menschen ums Leben. → Wagner-Festspiele

24 Mi In Dänemark wird erstmals ein Kabinett unter Beteiligung der Reformpartei Venstre gebildet. Ministerpräsident wird Johann Heinrich Deuntzer.

25 Do Bei einem schweren Zugunglück in Basel kommen vier Personen ums Leben. Wegen eines entgleisten Güterzuges stoßen weitere Züge zusammen.

26 Fr Abiturienten deutscher Realgymnasien können laut Verordnung des sächsischen Kultusministeriums ein Medizinstudium in Leipzig aufnehmen.

27 Sa Nach der Niederlage der Liberalen bei den Parlamentswahlen tritt das niederländische Kabinett unter Ministerpräsident Nicolaas Gerhard Pierson zurück.

28 So Im schwedischen Visby beginnen die Ruinen-Festspiele. In der Kirchenruine von St. Nikolaus wird ein mittelalterliches Laien-Schauspiel aufgeführt.

29 Mo In vielen Städten Italiens finden Gedächtnisfeiern zur Erinnerung an den vor einem Jahr ermordeten König Umberto I. statt. → Südamerika

30 Di Der russische Zar Nikolaus II. verfügt die Erschließung der ostsibirischen Küste für die Erdölindustrie. In dem Gebiet werden große Öllagerstätten vermutet.

31 Mi Mit Beatrice Edgall erwirbt erstmals eine Frau an der Universität Würzburg einen Doktortitel. Frauen werden im Hochschulwesen weiterhin benachteiligt.

29. Juli 1901

Konflikt in Südamerika

Die venezolanische Armee (s. Abb.) schlägt kolumbianische Interventionstruppen zurück, die aufständische Rebellen im östlichen Nachbarland unterstützen wollten.
Nach ihrem Sieg erklärt die venezolanische Regierung unter Präsident Cipriano Castro Kolumbien den Krieg. Das Verhältnis der Nachbarn war in den letzten Monaten aufgrund von Grenzstreitigkeiten äußerst angespannt gewesen. Zudem unterstützte Venezuela seinerseits Rebellen, die gegen die Steuerpolitik der Regierung kämpften. Der Konflikt zwischen den Nachbarn ist von internationaler Bedeutung, da zu Kolumbien die Provinz Panama mit dem geplanten Kanal zählt.

10. Juli 1901

Soziale Krise in Spanien

Mit der Verhängung des Belagerungszustandes über Sevilla erreichen die Unruhen in Spanien einen neuen Höhepunkt. Damit reagieren die Behörden auf zahlreiche Streiks, Proteste und Straßenkämpfe zwischen Demonstranten und Polizeikräften.
Die sozialen Unruhen reflektieren die Krise der spanischen Gesellschaft. Ein Hauptproblem ist die ungelöste Landfrage. Feudaler Großgrundbesitz und massive Wahlbeeinflussung auf dem Land bringen die Landarbeiter gegen die herrschenden Autoritäten auf. Auch die in Opposition zum restaurativen System stehenden Industriearbeiter kämpfen, besonders in Katalonien, seit 1898 mit Streiks um ihre Rechte. Intellektuelle mit antiklerikaler Haltung fordern die Modernisierung der spanischen Gesellschaftsordnung.

14. August 1901

Neue Ära der Luftfahrt

Zum ersten Mal erhebt sich ein Mensch mit Hilfe von Motorkraft in die Lüfte. Der Amerikaner Gustave Whitehead schlägt vor mehr als 20 Augenzeugen in Bridgeport/Connecticut ein neues Kapitel der Luftfahrtgeschichte auf.
Der gebürtige Franke Gustav Weißkopf – mit seiner Übersiedlung in die Neue Welt nennt er sich Whitehead – arbeitete vor der Jahrhundertwende mit dem Flugpionier Otto Lilienthal zusammen, der bei Berlin bahnbrechende Gleitflugversuche unternahm. Im Jahre 1895 baute Whitehead, gelernter Schlosser und Matrose, in den USA sein eigenes Gleitflugzeug. Doch als Visionär, der den Flugzeugen eine herausragende Bedeutung in der Zukunft prophezeite, wusste er, dass nur motorgetriebene Flugzeuge eine wirkliche Chance haben würden. In Pittsburgh/Pennsylvania baute er seinen ersten dampfgetriebenen Flugapparat. Gleich der erste Flugversuch mit dem Ungetüm verlief wenig erfolgversprechend. Statt mit einer sanften Landung endete der Test mit dem Absturz auf ein Gebäude. Der Konstrukteur samt Gattin wurde von der örtlichen Polizei nach dem Unfall aus der Stadt gewiesen. Whitehead hielt jedoch an seinem Traum fest und startete einen neuen Versuch. Nachdem er im Sommer 1900 nach Bridgeport gezogen war, baute der findige Tüftler an einem neuen Flugapparat. Es entstand das Modell »Nr. 21« mit einem von ihm selbst konstruierten und gebauten Benzinmotor. Der Flieger bietet zwei Personen Platz. Bei seinem ersten Flug steigt er in eine Höhe von 15 m auf und legt eine Strecke von rd. 850 m zurück.

23. Juli 1901

25 Jahre Wagner-Festspiele

Die Bayreuther Richard-Wagner-Festspiele feiern ihr 25-jähriges Jubiläum. Höhepunkt der Aufführungen ist die Bayreuther Premiere des »Fliegenden Holländer« im Festspielhaus. Die Neuinszenierung des balladesken Jugendwerks besorgt die Richard-Wagner-Witwe Cosima mit ihrem Sohn Siegfried. Dirigent ist Felix Mottl, die Titelpartie singen Anton van Rooy und Theodor Bertram. Als Daland ist Peter Heidkamp zu hören, die Rolle der Senta singt die tschechische Sopranistin Emmy Destinn. Neben dem »Fliegenden Holländer« stehen Aufführungen des »Parsifal« und des »Ring des Nibelungen« auf dem Spielplan. Dirigent des »Parsifal« ist Carl Muck, Kapellmeister der Berliner Königlichen Oper. Das 1872–1876 eigens für Wagner-Aufführungen errichtete Gebäude verkörpert die Festspielidee des Komponisten.

Cosima Wagner

deutsche Festspielleiterin * 24.12.1837 Como; † 1.4.1930 Bayreuth

Die Tochter des Komponisten Franz von Liszt und der Marie Gräfin d'Agoult war in erster Ehe mit dem Pianisten und Dirigenten Hans Guido Freiherr von Bülow verheiratet. Im Jahr 1870 heiratete sie den Komponisten Richard Wagner. Aus der zweiten Ehe stammen Eva Wagner, die den britischen Kulturphilosophen und Schriftsteller Houston Stewart Chamberlain heiratete, und der Komponist, Dirigent und Regisseur Siegfried Wagner. Unter ihrer Führung etablierten sich die Bayreuther Festspiele als gesellschaftliches und kulturell bedeutendes Ereignis. Während ihr Mann in Bayreuth nur den »Ring des Nibelungen« und »Parsifal« inszeniert hatte, setzte sie u.a. »Tannhäuser« (1891) und »Lohengrin« (1901) auf den Spielplan.

- 1857: Eheschließung mit Hans von Bülow
- 1870: Eheschließung mit Richard Wagner
- 1883-1906: Leitung der Bayreuther Festspiele

Mit Gleitfliegern versuchen wagemutige Pioniere, den jahrhundertealten Traum der Menschen vom Fliegen zu realisieren. Mit dem ersten Motorflug läutet Whitehead eine neue Ära ein.

Gustave Whitehead

eigtl. Gustav Weißkopf, US-Luftfahrtpionier dt. Herkunft, * 1.1.1874 Leutershausen (Franken); † 10.10.1927 Fairfield

Viele Jahre war die Pionierleistung des findigen und umtriebigen Flugzeugbauers in der Fachwelt umstritten. Von seinem ersten Flug existiert kein Foto. Darüber hinaus haben nur wenige US-Zeitungen über seinen ersten Flugversuch berichtet, so dass das Ereignis schnell wieder in Vergessenheit geriet. Erst im Jahr 1964 wird endgültig bewiesen, dass Gustave Whitehead – noch vor den Brüdern Wright – der Ruhm des ersten Motorfliegers gebührt. Whitehead arbeitet auch als erster an verstellbaren Propellern, konstruiert eine Baumaschine und baut die ersten Betonpisten der Vereinigten Staaten.

- 1895: Auswanderung in die USA
- ab 1895: Flugversuche mit dampfkraftgetriebenen Flugapparaten
- 1900: Übersiedlung nach Bridgeport

13. August 1901

Erster Kelten-Kongress

Verschiedene keltisch sprechende Volksgruppen treffen sich im nordirischen Dublin zum ersten Pankeltischen Kongress, um ihre Sprache und Literatur zu pflegen bzw. zu erforschen. Sowohl in Frankreich als auch in Großbritannien geht die Zahl der bretonisch, gälisch oder walisisch sprechenden Menschen beständig zurück. Die britische Presse verspottet die Bemühungen der Kelten, ihre Traditionen zu wahren (Abb: Der Erz-Druide – mit Blumenkrone – empfängt die Delegierten am Tagungsort).

1. Juli 1901

Überraschung in Wimbledon

Mit einer Überraschung endet das Herren-Tennisturnier von Wimbledon. Der 34-jährige Brite Arthur Wentworth Gore siegt zum ersten Mal im Finale des renommierten Wettbewerbs. Er schlägt den hohen Favoriten Reginald Frank Doherty, der in den letzten vier Jahren das Turnier gewonnen hatte, klar mit 3:1 Sätzen. Damit nimmt Gore Revanche für die letztjährige Endspielniederlage, die ihm Doherty nach einem 0:2-Rückstand noch beigebracht hatte. Im rein englischen Damenfinale setzt sich Charlotte Sterry am 3. Juli gegen Blanche Hillyard durch. Sie siegt überraschend klar mit 6:2 und 6:2. Die beiden Sportlerinnen dominieren seit Jahren das hochklassig besetzte Turnier von Wimbledon (Abb.: Spielszene).

August 1901

1 Do In Mexiko erobern Regierungstruppen mit Santa Cruz den letzten Stützpunkt der Maya-Indianer von Yucatan, die gegen die Regierung rebellieren.

2 Fr Ein Großfeuer zerstört die Holzbearbeitungsgebäude der Kaiserlichen Artilleriewerkstatt in Danzig. Der Schaden beträgt mehrere 100 000 Mark.

3 Sa Britische Truppen erobern ein türkisches Fort bei Aden und sichern die Kontrolle über den Seeweg nach Indien.

4 So Das Osmanische Reich verweigert einem französischen Unternehmen die Konzession. Frankreich droht mit Abbruch der diplomatischen Beziehungen.

5 Mo Der Ire Peter O'Connor springt in Dublin 7,61 m weit; es ist der erste offiziell anerkannte Weltrekord in der Geschichte der Leichtathletik.

6 Di Mit Eröffnung des letzten Teilabschnitts wird der Bau des Wiener Stadtbahn-Liniennetzes vollendet. Herausragend sind die Bauten von Otto Wagner.

7 Mi In Emden werden die neuen Hafenanlagen eröffnet. Aufgrund des Todes der Kaiserinmutter am 5. August werden sämtliche Feierlichkeiten abgesagt.

8 Do Der brasilianische Luftfahrtpionier Alberto Santos-Dumont stürzt nach einer Umkreisung des Eiffelturms ab. Der Unfall verläuft glimpflich.

9 Fr Im US-Bundesstaat Oklahoma werden Indianergebiete weiter verkleinert. Das Land wird von weißen Siedlern übernommen.

10 Sa Bei Arbeiten zur Albula-Bahn in der Schweiz stürzt ein Tunnel ein. Mehrere Arbeiter kommen bei dem Unglück ums Leben.

11 So Mit der Ausfahrt des Polarschiffes »Gauß« startet von Kiel aus die erste deutsche Expedition in die Antarktis.

12 Mo In Berlin tagt der fünfte Internationale Zoologenkongress. Der Italiener Giovanni Battista Grassi legt einen Bericht zur Malaria-Bekämpfung vor.

13 Di Ein Dekret des portugiesischen Königs Karl I. legt ein neues Wahlsystem fest. Listenwahl und Wahlkreise werden neu bestimmt. → Kelten-Kongress

14 Mi Burenpräsident Paulus »Ohm« Krüger verurteilt die angekündigten drakonischen Strafen gegen die noch unter Waffen stehenden Buren. → Flug

15 Do Die von dem russischen Maler Wassily Kandinsky begründete Künstlergruppe »Phalanx« eröffnet in München ihre erste Ausstellung.

16 Fr In Berlin kommt der sog. Ständige Ausschuss des Deutschen Landwirtschaftrates zusammen, um über die Zolltarifvorlage zu debattieren.

17 Sa Dem französischen Komponisten Camille Saint-Saëns wird der preußische Orden Pour le mérite für Wissenschaften und Künste verliehen.

18 So Die Regierung Venezuelas setzt die Verfassung außer Kraft. Das Land steht in militärischen Auseinandersetzungen mit dem Nachbarstaat Kolumbien.

19 Mo Nach Meldungen aus Paris wird der russische Zar Nikolaus II. an französischen Manövern teilnehmen. Russland und Frankreich sind Verbündete.

20 Di Das Prinzregententheater in München beginnt seine erste Spielzeit. Das neue Festspielhaus soll vor allem zur Pflege der Musik von Richard Wagner dienen.

21 Mi Die Grenzstreitigkeiten zwischen Chile und Argentinien sind beigelegt. Seit 1894 gab es Auseinandersetzungen um ein Grenzgebiet in den Anden.

22 Do Die Regierung Japans beschließt eine Neuorganisation von Heer und Flotte. Die Generalstabschef beider Gattungen sind künftig nur vom Kaiser abhängig.

23 Fr Nach dem Eindringen von Buren ordnen die britischen Militärbehörden im südafrikanischen Bezirk Queenstown die Schließung aller Geschäfte an.

24 Sa Im militärischen Konflikt zwischen Kolumbien und Venezuela bieten die USA diplomatische Vermittlung an. Der Vorstoß bleibt jedoch erfolglos.

25 So In Zürich demonstrieren mehrere tausend Sozialdemokraten gegen die Ausweisung von Anarchisten durch die Regierung in Bern.

26 Mo Mit Abreise des französischen Botschafters Jean A. E. Constans aus Konstantinopel eskaliert der Konflikt zwischen dem Osmanischen Reich und Frankreich.

27 Di Papst Leo XIII. ernennt den Abt von Maria-Laach zum Bischof von Metz. +++ In Prag beendet der böhmische Landtag seine Sitzungsperiode.

28 Mi Die französische Schimmelstute Semendria gewinnt auf der Galopprennbahn in Iffezheim den Großen Preis von Baden.

29 Do Generalsekretär des Internationalen Schiedsgerichtshofes wird der bisherige Generalsekretär des niederländischen Außenministeriums.

30 Fr Der Franzose Maurice Garin gewinnt das 1200-km-Rennen Paris-Brest-Paris. +++ In Wien findet der erste österreichische Klerustag statt.

31 Sa Die russische Regierung verbietet bzw. verwarnt zwölf finnische Zeitungen wegen oppositioneller Tendenzen.

September 1901

1 So Das australische Bundesparlament beschränkt die Einwanderungsmöglichkeiten. Einwanderungswillige sollen auf ihren Bildungsstand hin geprüft werden.

2 Mo Die französische Regierung ordnet die Auflösung einer osmanischen Geheimpolizei an, die zur Überwachung der Jungtürken in Frankreich diente.

3 Di In Breslau wird der Hafen eröffnet. +++ Am Rande britischer Flottenmanöver nimmt der portugiesische König Karl an einem Empfang britischer Admiräle teil.

4 Mi Kaiser Wilhelm II. empfängt in Berlin die chinesische Sühnegesandtschaft, die ihr Bedauern über die Ermordung des deutschen Gesandten ausdrückt.

5 Do Die Berliner Stadtverordnetenversammlung spricht sich für die Wiederwahl von Gustav Kauffmann zum Bürgermeister aus.

6 Fr In Berlin laufen die letzten Vorbereitungen für die Segelwettfahrten, die im Rahmen der sog. Berliner Woche stattfinden. → McKinley

7 Sa Der Konflikt zwischen Venezuela und Kolumbien eskaliert. Im Juli hatten kolumbianische Truppen das Nachbarland angegriffen. → Boxerprotokoll

8 So In der Schweiz werden besondere Überwachungsmaßnahmen für Anarchisten angeordnet, die sich im schweizerischen Exil aufhalten. → Felsbilder

9 Mo Mit 36 Jahren stirbt der französische Maler Henri de Toulouse-Lautrec. +++ Österreich-Ungarn und Mexiko nehmen wieder diplomatische Beziehungen auf.

10 Di Unter Teilnahme von Ludwig Quidde und Bertha von Suttner findet in Glasgow der zehnte Weltfriedenskongress statt.

11 Mi Kaiser Wilhelm II. und Zar Nikolaus II. kommen zu einem Treffen auf der Ostsee zusammen, um den deutschen Flottenmanövern beizuwohnen.

12 Do In Neapel treffen die ersten aus China zurückkehrenden italienischen Besatzungstruppen ein, die den Boxeraufstand niederschlagen halfen.

13 Fr Der italienische Politiker Matteo Renato Imbriant-Poeria stirbt im Alter von 58 Jahren in Rom. Er zählt zu den Mitbegründern der sog. Irredentisten.

14 Sa Nachdem US-Präsident William McKinley seinen Attentats-Verletzungen erlegen ist, übernimmt Vizepräsident Theodore Roosevelt die Amtsgeschäfte.

15 So In den Vereinigten Staaten endet der seit dem 1. Juli andauernde Stahlarbeiterstreik. Die Streikenden setzen ihre Lohnerhöhungs-Forderungen durch.

16 Mo Nach Unterzeichnung des internationalen Boxerprotokolls ziehen wieder chinesische Truppeneinheiten in die Hauptstadt Peking ein.

17 Di Königin Wilhelmina der Niederlande eröffnet in Den Haag mit einer Thronrede die sog. Generalstaaten, das niederländische Parlament.

18 Mi In Dünkirchen beginnt ein viertägiger Frankreichbesuch des russischen Zaren Nikolaus II. Frankreich und Russland sind Bündnispartner (Zweibund).

19 Do Nach einer Explosion an Bord sinkt der britische Torpedozerstörer »Cobra« in der Nordsee. Alle 67 Besatzungsmitglieder kommen ums Leben.

20 Fr 32 Personen sterben bei einem schweren Eisenbahnunglück, das sich in der Nacht vom 20. auf den 21. September in Rumänien ereignet.

21 Sa Eine deutsche Fußballauswahl verliert in Tottenham gegen eine englische Mannschaft 0:12 und vier Tage später 0:10.

22 So Im Mittelpunkt des SPD-Parteitags in Lübeck stehen das Zolltarifproblem und Fragen des Wohnungswesens.

23 Mo Titelverteidiger Jim »Rube« Ferns gewinnt in Fort Erie die Weltergewichts-Box-WM gegen Frank Erne durch k.o. in der neunten Runde.

24 Di Nach Meldungen aus Schanghai ist es zu schweren Überschwemmungen im Jangtse-Gebiet gekommen. Zehn Millionen Chinesen sind obdachlos.

25 Mi In München endet eine dreitägige Tagung des Vereins für Sozialpolitik, der sich für soziale Reformen im Deutschen Reich einsetzt.

26 Do In Buffalo im US-Bundesstaat New York wird der Attentäter von Präsident William McKinley zum Tod durch den elektrischen Stuhl verurteilt.

27 Fr Der österreichische Kaiser Franz Joseph I. betont die »treue Waffenbrüderschaft« zwischen seinem Land und dem Deutschen Reich.

28 Sa Der erste deutsche Kunsterziehungstag findet in Dresden statt. Zwei Tage lang diskutieren Lehrer und Künstler über die künstlerische Erziehung der Jugend.

29 So Zar Nikolaus II. ordnet die Aufnahme von Ausländern in russische Militäreinrichtungen an. Bulgaren, Serben und Montenegriner sollen bevorzugt werden.

30 Mo Im Zuge des Konflikts der Stadt Berlin mit Kaiser Wilhelm II. brüskiert der Monarch den Berliner Oberbürgermeister.

6. September 1901

McKinley ermordet

Der Anarchist Leon Czolgosz verletzt den US-Präsidenten William McKinley bei einem Revolverattentat so schwer, dass der republikanische Politiker am 14. September seinen Verletzungen erliegt. Als neuer Präsident wird der bisherige Vizepräsident Theodore Roosevelt vereidigt. McKinley ist nach Abraham Lincoln und James A. Garfield der dritte US-Präsident, der während seiner Amtszeit einem Attentat zum Opfer fällt.
Das Attentat ereignet sich während eines Empfangs, den McKinley auf der Panamerikanischen Ausstellung im sog. Tempel der Musik in Buffalo gibt. Czolgosz mischt sich unter eine Gruppe von Umstehenden. Als der Präsident gerade einem kleinen Mädchen über den Kopf streicht, tritt der Attentäter auf ihn zu. Die rechte Hand, in der er den Revolver hält, ist mit einem Taschentuch umwickelt. Aus kurzer Entfernung schießt er zweimal, eine Kugel trifft die Brust, die andere dringt in den Unterleib und verletzt den Magen und die Niere. Nach seiner Tat wird der arbeitslose Stahlarbeiter aus Cleveland von Polizeikräften umgehend überwältigt, der schwer verletzte Präsident in das Haus eines Freundes gebracht. Nachdem der Präsident unter Anwendung einer eigenwilligen Diät aus Wasser, Whisky und rohen Eiern zunächst von seinen schweren Verletzungen zu genesen scheint, tritt am 13. September eine Verschlechterung seines Zustands ein, die letztendlich zu seinem Tod führt. Die feierliche Beisetzung William McKinleys findet am 19. September an seinem Wohnort in Canton (US-Bundesstaat Ohio) statt. Nach seiner Verhaftung legt Czolgosz dar, mit den Zielen der anarchistischen Bewegung zu sympathisieren. Er habe den Präsidenten erschossen, weil das Land eine neue Form der Regierung benötige. Landesweit wird daraufhin eine Jagd nach Anarchisten eröffnet. U.a. werden die bekannte Anarchistin Emma Goldmann und der in den USA lebende deutsche Anarchist Johann Most verhaftet. Beide müssen aber wieder auf freien Fuß gesetzt werden. Czolgosz wird am 29. Oktober im Auburn-Gefäng-

William McKinley

US-Politiker, * 29.1.1843 Niles (Ohio); † 6.9.1901 Buffalo (New York)

Der 25. Präsident der USA (seit 1897) war ein Vertreter der Schutzzollpolitik und des Imperialismus. Während seiner ersten Amtsperiode kümmerte er sich verstärkt um außenpolitische Belange. Der Republikaner ließ 1897 Hawaii besetzen und führte 1898/99 den siegreichen Krieg mit Spanien. Außerdem erwarb er Puerto Rico, Guam sowie die Philippinen und sicherte den USA das Protektorat über Kuba. Das Ende der kontinentalen Isolation unter seiner Präsidentschaft zog den Aufstieg der Vereinigten Staaten zur Weltmacht nach sich. Wirtschaftspolitisch profitierte die Präsidentschaft McKinleys von einem Aufschwung, der im Zusammenhang mit der geduldeten Ausbreitung von Monopolen und Trusts stand (Politik des »laissez faire«).

- ab 1876: Abgeordneter der Republikanischen Partei
- 1890: McKinley setzt im Repräsentantenhaus die Erhöhung des Zolltarifs durch
- 1892: Gouverneur von Ohio
- 1898: Gesetz zur Annexion der Hawaii-Inseln
- 1900: Currency Act fixiert den Goldstandard

24. Oktober 1901

Eastman gründet Kodak

Der Erfinder und Industrielle George Eastman gründet in Trenton (US-Bundesstaat New Jersey) die Eastman Kodak Co. zur Produktion und zum Vertrieb von Kameras und fotografischem Zubehör. Das Unternehmen, das über ein Kapital von 35 Mio. Dollar verfügt, vereinigt führende Kamera- und Zubehörunternehmen aus dem angelsächsischen Raum.
Eastman arbeitete zuerst in der Bank- und Versicherungsbranche, ehe er sich der Fototechnik zuwandte. 1880 entwickelte er ein Verfahren zur Herstellung von fotografischen Trockenplatten. 1884 gründete er die »Eastman Dry Plate and Film Company« und meldete den von ihm entwickelten Rollfilm zum Patent an. Vier Jahre später brachte Eastman die Kodak-Rollfilmkamera auf den Markt. Mit dem Rollfilm wird es erstmals möglich, mehrere Bilder hintereinander zu schießen. Eastmans eigentliche Innovation besteht aber darin, die Filmentwicklung und die schwierige Herstellung der Abzüge in eine Firma zu verlagern, um jeden, der sich Kamera und Film leisten kann, als potentiellen Kunden zu gewinnen. Die tragbare, einfache »Kodak«-Kamera mit Rollfilm, die für die Massenproduktion konzipiert ist, läutet die Epoche der Hobbyfotografie ein. Der Foto-Amateur braucht nur noch zu knipsen, die Firma Eastman Kodak übernimmt das Auswechseln der Filme, ihre Entwicklung und die Abzüge der Bilder. Auf diese Weise entwickelt sich das Unternehmen zu einem der weltweit größten Anbieter für fotografisches Zubehör (Abb.: Kodak-Laden im schottischen Glasgow).

Der Augenblick der Mordtat: Die Schüsse treffen den Präsidenten völlig unvorbereitet.

nis in New York auf dem elektrischen Stuhl hingerichtet. Der 42-jährige Roosevelt, der der bis dahin jüngste Präsident in der Geschichte der USA wird, studierte an der Harvard Universität und war u.a. im Marineministerium tätig. Als Führer der US-Kavallerie, der »Rough Riders«, im Amerikanisch-Spanischen Krieg wurde er ein nationaler Kriegsheld. Ihm geht der Ruf voraus, mit großer Tatkraft und Energie ausgestattet zu sein. Anders als sein Vorgänger gilt Roosevelt als »Progressivist«, der Reformen unterstützt. Schon bald geht er vor allem gegen die steigende Macht der Trusts vor.

8. September 1901

Felsbilder aus der Prähistorie

In der Grotte Les Combarelles in Südfrankreich identifiziert der Prähistoriker Henri Breuil Ritzzeichnungen als unbestritten altsteinzeitlich. Nicht weit vom Eingang finden sich Tierdarstellungen u.a. von Mammuts und Bisons.
Damit ist entgegen der vorherrschenden Lehrmeinung die Existenz vorgeschichtlicher Höhlen-

malerei bewiesen (Abb.: Kopf eines Löwen in Les Combarelles). Der eiszeitlichen Höhlenmalerei liegen Vorstellungen von Bildmagie zugrunde. Durch das Abbild sollte das gemalte Objekt »gebannt« und Gewalt über es erlangt werden. Erste Funde aus dem Paläolithikum waren 1879 im nordspanischen Altamir von Wissenschaftlern bislang als Fälschungen eingestuft worden.

7. September 1901

Frieden nach »Boxerprotokoll«

Im Schlussprotokoll der Friedensverhandlungen nach dem sog. Boxeraufstand muss die chinesische Führung die Bedingungen der Besatzungsmächte hinnehmen und u.a. hohe Entschädigungszahlungen akzeptieren. Der Boxeraufstand, der sich gegen die Anwesenheit von Ausländern in China richtete, ist damit offiziell beendet.
Das Boxerprotokoll wird von insgesamt elf ausländischen Mächten, darunter dem Deutschen Reich, Frankreich, Großbritannien, Italien, Russland und den USA unterzeichnet. Es sieht eine Entschädigungszahlung von 1,35 Mrd. Mark vor, die sich durch Einrechnung der Zinsen auf fast 3 Mrd. Mark erhöht. Dabei ist klar, dass das bankrotte Land diese Summe nicht aufbringen kann. Außerdem sollen die Waffeneinfuhren nach China gesperrt, chinesische Befestigungsanlagen geschleift und das Gesandtschaftsviertel befestigt werden. China verpflichtet sich zum Erlass eines Verbots fremdenfeindlicher Aktionen und zur Entsendung einer »Sühnegesandtschaft« nach Berlin. Dieser symbolische Bußgang zu Kaiser Wilhelm II. (s. Abb.) wird von den Chinesen als besonders demütigend empfunden. Er findet schon am 4. September statt. Entsprechend den deutschen

Forderungen muss der chinesische Gesandte Prinz Tschun mit drei Verbeugungen das Bedauern der chinesischen Führung über die Ermordung des deutschen Gesandten in Peking am 20. Juni 1900 zum Ausdruck bringen.

31. Oktober 1901

»Buddenbrooks« erscheint

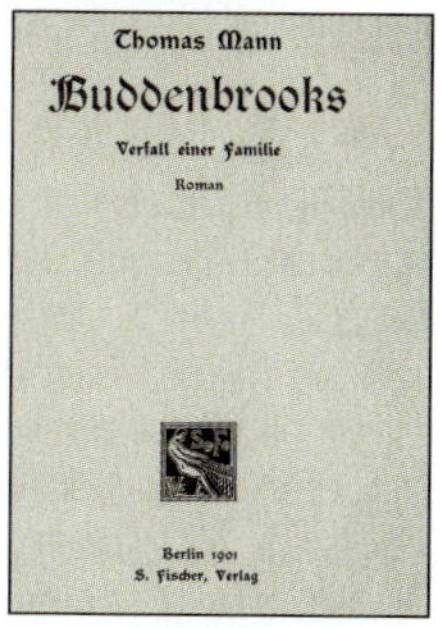

In einer Auflage von 1000 Exemplaren erscheint im S. Fischer Verlag die Familiensaga »Buddenbrooks« von Thomas Mann (s. Abb.). Der 26-jährige Autor legt mit seinem Roman-Debüt den Grundstein zu einer beispiellosen literarischen Karriere.
Mann, selbst aus Lübeck stammend, beschreibt im speziellen den Niedergang einer Lübecker Kaufmannsfamilie, im allgemeinen die Krise und den Niedergang des europäischen Bürgertums. Als letzter Spross stellt Hanno Buddenbrook nach vier Generationen den Typus des feinnervig-schwächlichen Schöngeistes dar, der in Kunst und Philosophie vergeblich nach Singgebung sucht. Thomas Mann gelingt mit seinem Werk der Anschluss des modernen deutschen Romans an die Weltliteratur. 1929 erhält er für die »Buddenbrooks« den Literaturnobelpreis.

Oktober 1901

1 Di — Der neue US-Präsident Theodore Roosevelt sorgt in seiner Republikanischen Partei für Proteste, als er höhere Beamtenstellen an Demokraten vergibt.

2 Mi — In Eisenach endet der Allgemeine Deutsche Frauentag, den die Pädagogin Auguste Schmidt geleitet hatte.

3 Do — Im Reichstag in Berlin tagt der Verband fortschrittlicher Frauenvereine. Vorsitzende ist die Frauenrechtlerin Minna Cauer.

4 Fr — Vor Newport gewinnt die US-Jacht »Columbia« gegen die britische »Shamrock II« den »America´s Cup« für Segeljachten.

5 Sa — In Kopenhagen werden die Sitzungen des dänischen Reichstags mit einer Thronrede von König Christian IX. eröffnet.

6 So — Nach Meldungen aus Neapel verbessert sich die gesundheitliche Lage der an Pest erkrankten Personen. Im September waren Pestfälle bekannt geworden.

7 Mo — Die Wiederwahl von Gustav Kauffmann zum Bürgermeister von Berlin wird Kaiser Wilhelm II. wegen dessen Ablehnung nicht offiziell zur Kenntnis gebracht.

8 Di — In der russischen Erdölmetropole Baku bricht erneut ein Großfeuer aus. Die brennende Erdölfontäne erlischt trotz starker Regenfälle nicht.

9 Mi — Großbritannien dehnt im Rahmen des Burenkrieges das Kriegsrecht auf die Hafenstädte in der Kapkolonie aus.

10 Do — Der Rat der Universität des russischen Charkow spricht sich für die Zulassung von Frauen zum Studium an allen Fakultäten aus.

11 Fr — Im Berliner Residenztheater wird Frank Wedekinds Stück »Der Marquis von Keith« uraufgeführt. +++ In Sachsen finden Landtagswahlen statt.

12 Sa — Im preußischen Abgeordnetenhaus findet eine Feier zum 80. Geburtstag des deutschen Mediziners und Politikers Rudolf Virchow statt.

13 So — Spanien fordert den Sultan von Marokko, Abd Al Asis, zur Zahlung einer Entschädigung für die Verschleppung zweier Spanier durch Einheimische auf.

14 Mo — Das norwegische Parlament billigt Zollerhöhungen auf Tabakwaren. Die Einnahmen sollen militärischen Zwecken dienen.

15 Di — In Russland verschärfen sich die Hungerunruhen. Zusammenstöße mit dem Militär fordern mehrere Verletzte.

16 Mi — Aufsehen erregt in den USA der Empfang des schwarzen Bürgerrechtlers Booker T. Washington durch Präsident Theodore Roosevelt.

17 Do — Frankreichs Ministerpräsident Pierre Marie Waldeck-Rousseau lehnt eine regierungsseitige Regelung von Arbeiterfragen ab.

18 Fr — Nach Meldungen aus Wien wird der neue österreichische Zolltarif den deutschen Sätzen folgen. Zwischen beiden Ländern besteht ein Handelsvertrag.

19 Sa — Zum ersten Mal tagt die deutsche Anti-Duell-Liga. +++ Der Brasilianer Alberto Santos-Dumont umrundet in seinem Luftschiff den Eiffelturm.

20 So — Im preußischen Nordschleswig werden elf Oppositionelle ausgewiesen. Ihnen wird das Singen von prodänischen Liedern vorgeworfen.

21 Mo — In Frankfurt am Main wird die Akademie für Sozial- und Handelswissenschaften eröffnet – neben Köln die zweite Handelshochschule im Deutschen Reich.

22 Di — Auf dem zweiten Panamerikanischen Kongress in Mexiko-Stadt werden Wirtschafts-, Rechts- und Friedensfragen der beteiligten Länder erörtert.

23 Mi — Die Hamburger Bürgerschaft bewilligt insgesamt 3,5 Mio. Mark zur Vergrößerung der Hafenanlagen in der Hansestadt.

24 Do — In Berlin wird eine Auskunftsstelle für Auswanderer errichtet. 1901 werden auch die Auswandererhallen auf der Hamburger Elbinsel Veddel fertig. → Kodak

25 Fr — Der britische Minister Joseph Chamberlain rechtfertigt die Kriegsführung im Burenkrieg durch einen Vergleich mit deutschem Vorgehen gegen Frankreich.

26 Sa — Die Berliner Kaufmannschaft beschließt ihre Umwandlung in eine Handelskammer, der Staat Preußen besteht jedoch auf einer Neugründung.

27 So — Kaiser Wilhelm II. reist für drei Tage zu seinem engsten politischen Berater, Philipp Fürst zu Eulenburg und Hertefeld, nach Liebenberg.

28 Mo — Wegen der unversöhnlichen Haltung Großbritanniens im Burenkrieg beschließen die Hafenarbeiter von Rouen einen Boykott britischer Schiffe.

29 Di — Im New Yorker Auburn-Gefängnis wird der Attentäter von US-Präsident William McKinley, Leon Czolgosz, auf dem elektrischen Stuhl hingerichtet.

30 Mi — Die Yale-Universität in New Haven feiert ihr 200-jähriges Bestehen. Die Hochschule ist das drittälteste College in den USA.

31 Do — Der niederländische Radsportler Piet Dickentman stellt hinter seinem Schrittmacher mit 65,621 km/h einen Stundenweltrekord auf. → »Buddenbrooks«

November 1901

1 Fr Nach Angaben des russischen Finanzministers Sergej J. Witte ist die Transsibirische Eisenbahn in wichtigen Teilen fertiggestellt.

2 Sa Auf dem zweiten Gesamtparteitag der österreichischen Sozialdemokraten in Wien wird das erste Parteiprogramm, das »Wiener Programm«, beschlossen.

3 So Der Münchener Radrennfahrer Thaddäus Robl stellt in Paris im Windschatten eines Motorrades mit 65,742 km/h einen Weltrekord auf.

4 Mo In Posen beginnt gegen 13 polnische Bürger wegen angeblicher »Geheimbündelei« ein Prozess, der mit Gefängnisstrafen endet. → »Wandervogel«

5 Di Ein französisches Flottengeschwader besetzt die osmanische Hafenstadt Mytilini auf der Insel Lesbos und verschärft den Konflikt zwischen den Nationen.

6 Mi Die portugiesische Regierung unter Ministerpräsident Ernst Rudolf Hintze-Ribeiro verzeichnet bei den Wahlen in Lissabon eine große Mehrheit.

7 Do Papst Leo XIII. empfängt in Rom eine Gruppe von 80 englischen Pilgern und fordert alle Engländer dazu auf, zur Wiedervereinigung der Kirchen beizutragen.

8 Fr Herzog George Frederick Ernest Albert von Cornwall und York, der britische Thronfolger, wird zum Prinzen von Wales ernannt.

9 Sa Die US-Sängerin und Tänzerin Loie Fuller gastiert mit ihrem Serpentinentanz in Berlin. +++ Die Oper »Die Rose vom Liebesgarten« hat in Elberfeld Premiere.

10 So Nach dem Tod des osmanischen Großwesirs Chalil Risaat Pascha wird Abdul Rahman Pascha mit der vorläufigen Leitung des Großwesirats beauftragt.

11 Mo Im US-Bundesstaat Alabama wird eine neue Verfassung beschlossen, die die politischen Rechte der schwarzen Bevölkerung drastisch einschränkt.

12 Di Der Zolltarif wird vom deutschen Bundesrat in Berlin gebilligt, nachdem die Ausschüsse einzelne Änderungen vorgenommen haben.

13 Mi Die europäischen Schutzmächte Kretas beschließen, den griechischen Prinzen Georg als Hochkommissar der Insel für weitere drei Jahre im Amt zu belassen.

14 Do In einer Thronrede anlässlich der Eröffnung des sächsischen Landtags fordert König Albert von Sachsen einen nachhaltigen Schutz der Landwirtschaft.

15 Fr Box-Weltmeister aller Klassen James J. Jeffries verteidigt seinen Titel in San Francisco gegen seinen Landsmann Gus Ruhlin durch k.o.

16 Sa Bei anhaltenden Stürmen sinken vor der britischen Küste 33 Schiffe; dabei kommen insgesamt 187 Personen ums Leben.

17 So In Wien spricht sich das Professorenkollegium der Hochschule für Bodenkultur einstimmig für die Zulassung von Frauen zum Studium aus.

18 Mo In Rom einigen sich Italien und Großbritannien in zehntägigen Verhandlungen auf die koloniale Grenzziehung in Eritrea (Afrika). → Panamakanal

19 Di US-Außenminister John Hay fordert von den anderen Großmächten eine »Politik der offenen Tür« auf den östlichen Märkten. → Kamerun

20 Mi Der Internationale Schiedsgerichtshof in Den Haag sieht sich zu einer Intervention im südafrikanischen Burenkrieg nicht in der Lage.

21 Do In Dresden wird mit »Feuersnot« die zweite Oper des Komponisten Richard Strauss uraufgeführt. Das Libretto stammt von Ernst von Wolzogen.

22 Fr Im venezolanischen Porto Cabello wird der Kriegsminister des Landes, Ramon Guerra, wegen Verschwörung gegen den Präsidenten festgenommen.

23 Sa Das preußische Innenministerium beschließt, die Wahl Gustav Kauffmanns zum Berliner Bürgermeister dem Kaiser nicht mehr zur Bestätigung vorzulegen.

24 So Auf dem Pariser Montmartre-Friedhof wird ein Heinrich-Heine-Denkmal enthüllt. Im Deutschen Reich gibt es kein öffentliches Denkmal für den Dichter.

25 Mo In Griechenland wird ein neues Kabinett gebildet. Hintergrund sind Studentenunruhen wegen einer modernen Übersetzung des Neuen Testaments.

26 Di Die osmanische Regierung verweigert einem französischen Schiff die Durchfahrt durch die Dardanellen und verschärft die internationalen Spannungen.

27 Mi Der Reichstag debattiert über die Duellfrage. Abgeordnete des Zentrums und der Sozialdemokraten fordern ein Duell-Verbot.

28 Do Young Corbett II. wird Box-Weltmeister im Federgewicht. Er schlägt Titelverteidiger Terry McGovern in der zweiten Runde k.o.

29 Fr Karl Hermann Wolf, einer der Führer der Alldeutschen, legt sein Reichstagsmandat nieder und leitet damit die Spaltung des Verbandes ein.

30 Sa In russischen Städten kommt es zu Protesten oppositioneller Studenten. Als sich Arbeiter mit den Studenten solidarisieren, setzt die Regierung Militär ein.

Alfred Nobel

schwedischer Chemiker und Industrieller, * 21.10.1833 Stockholm; † 10.12.1896 San Remo

Mit der Entdeckung des Dynamits 1867 gründete Nobel ein riesiges Unternehmenskonsortium. Er war bei der Suche nach risikoarmen Zündungsmechanismen für Nitroglycerin auf die Möglichkeit einer kontrollierten Explosion gestoßen. Ohne zunächst die militärische Bedeutung des von ihm entdeckten Sprengstoffes zu erkennen, führte er seine Forschungen fort und erwarb rd. 350 Patente. Die intensive Auseinandersetzung mit der Friedensproblematik veranlasste ihn zur Stiftung des Nobelpreises aus Zinserträgen seines Vermögens. Seit 1901 werden die Auszeichnungen auf verschiedenen Gebieten verliehen.

- 1859: Beschäftigung mit der Produktion von Sprengstoff
- 1875: Erfindung der Sprenggelatine
- 1890: Erfindung von Nitroglyzerinpulver
- 1895: Einrichtung der Nobelpreis-Stiftung

Die Preisträger; oben v.l.: Dunant, Passy; Mitte: Röntgen; unten v.l.: van't Hoff, von Behring, Sully Prudhomme

Ein beispielloses Testament

Alfred Nobel verfügte, dass der grösste Teil seines Vermögens einem Fond zugute kommt. Von seinem Erbe flossen mehr als 30 Mio. schwedische Kronen (33,75 Mio. deutsche Reichsmark) als Grundkapital in die Stiftung.
Diese Summe teilte Nobel in fünf Teile auf. Die Zinserträge daraus sollen Personen auszeichnen, die in den Bereichen Physik, Chemie, Medizin oder Physiologie, Literatur sowie Friedenserhaltung Herausragendes geleistet haben. Nobel sah vor, dass die wissenschaftlichen Preise in Stockholm, der Friedensnobelpreis in der norwegischen Hauptstadt Kristiania (Oslo) verliehen werden. Ein Komitee berät über die Vergabe der Preise.

12. Dezember 1901

Marconi empfängt Signale

Auf Saint John in Neufundland empfängt der italienische Ingenieur Guglielmo Marchese Marconi (s. Abb.) drei kurze Töne, die im Morsealphabet dem Buchstaben »s« zugeordnet sind. Das vereinbarte Funksignal aus dem britischen Cornwall hat 3500 km zurückgelegt und stellt die erste funktechnische Verbindung über den Atlantik dar. Die Annahme, dass sich Funkwellen wegen der Erdkrümmung in der Atmosphäre verlieren müssten, ist damit widerlegt. Stattdessen reflektieren die Wellen an der Ionosphäre.

2. Dezember 1901

Gillette mit Sicherheitsrasierer

In der Ostküstenmetropole Boston gründet der US-Erfinder King Camp Gillette die Gillette Razor Company. Das Unternehmen dient der Vermarktung des von Gillette konstruierten Rasierapparats mit auswechselbaren Klingen (s. Abb.). Die bahnbrechende technische Neuerung, die in der Form einer Harke ähnelt, erleichtert das alltägliche Rasieren, erhöht in erheblichem Maße den Komfort und die Sicherheit.

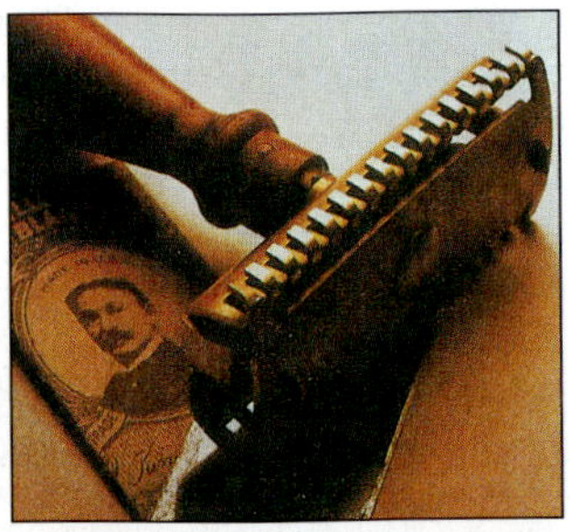

Auch andere Erfindungen aus dem Jahr 1901 erleichtern den Alltag der Menschen. Schreibarbeiten können nunmehr auf einer elektrischen Schreibmaschine komfortabler erledigt werden. Erstmals ist in diesem Jahr in den USA der Instant-Kaffee auf den Markt gekommen.

10. Dezember 1901

Nobelpreise verliehen

In Stockholm erfolgt die von aller Welt mit großer Spannung erwartete erste Verleihung der Nobelpreise. Die Auswahl nehmen verschiedene akademische Gremien – im Falle des Friedensnobelpreises ein Komitee des norwegischen Parlaments – vor. Das Preisgeld beträgt pro Preisträger rd. 150000 schwedische Kronen (169650 Reichsmark).
Die naturwissenschaftlichen Preise gehen an die Deutschen Wilhelm Conrad Röntgen (Physik) und Emil von Behring (Medizin) sowie an den Niederländer Jacobus Henricus van't Hoff (Chemie). Anders als diese Zuerkennungen wird die Vergabe der Nobelpreise für Literatur und Frieden in der Öffentlichkeit heftig diskutiert. So protestieren 42 schwedische Schriftsteller beim Preiskomitee gegen die Auszeichnung des weithin unbekannten französischen Dichters René François Armand Sully Prudhomme. Sie plädieren stattdessen für den Russen Leo N. Tolstoi, den sie für preiswürdiger gehalten hätten.
Auch die gemeinsame Zuerkennung des Friedensnobelpreises an den Schweizer Henri Dunant, Gründer des Roten Kreuzes, sowie an den Franzosen Frédéric Passy, den Initiator der Internationalen Friedensliga, stößt international nicht auf ungeteilte Zustimmung. Viele hätten lieber Bertha von Suttner als Preisträgerin gesehen, zumal die österreichische Pazifistin den Industriellen Nobel zu seiner wohltätigen Stiftung angeregt hatte.

4. November 1901

»Wandervogel« gegründet

In einem Hinterzimmer des Steglitzer Rathauses gründet der Student Karl Fischer den »Wandervogel-Ausschuss für Schülerfahrten e. V.«.
Damit hat sich die »Wandervogelbewegung« konstituiert, die ihrerseits den Ausgangspunkt zu einer eigenständigen Jugendkultur bildet. Die Bewegung, deren Anfänge bis ins Jahr 1895 zurückreichen, propagiert in Abgrenzung von der industriell-städtischen Zivilisation und der älteren Generation einen naturverbundenen, jugendspezifischen Lebensstil. Dazu zählen Wanderungen, Zeltlager und das Singen von Volksliedern in der freien Natur (s. Abb.).

Sozial verankert sind die »Wandervögel« in der bildungsbürgerlichen Jugend. Kurz vor dem Ersten Weltkrieg gibt es mehrere zehntausend »Wandervögel« im Deutschen Reich.

18. November 1901

Panamakanal in Bau

In einem in Washington unterzeichneten Vertrag verzichtet Großbritannien zugunsten der USA auf seine Rechte am Bau des Panamakanals (s. Abb.: Bauarbeiten). Der nach den Unterhändlern benannte Hay-Pauncefote-Vertrag tritt anstelle des am 19. April 1850 abgeschlossenen Clayton-Bulwer-Vertrages, der es beiden Mächten untersagte, den Wasserweg in Alleinregie zu bauen.
Politisch ist das Projekt einer Wasserverbindung durch den Isthmus von Panama allerdings noch keineswegs abgesichert. Eine starke Fraktion im Washingtoner Kongress will den Kanal zwischen Atlantik und Pazifik lieber durch nicaraguanisches Territorium graben. Zudem sind die Machtverhältnisse in der zu Kolumbien gehörenden Provinz Panama unübersichtlich. Separatisten führen einen Bürgerkrieg gegen die Regierung. Trotz aller Unwägbarkeiten bildet sich 1901 ein Syndikat finanzkräftiger Magnaten mit dem Ziel, die Anteile am Panama-Kanalprojekt zu erwerben. Die Sympathisanten einer »Nicaragua-Lösung« scheitern am 25. Juni 1902 im Kongress. Lobbyisten des Panamakanal-Projekts hatten Gerüchte über Erdbebengefahren in Nicaragua gestreut.

19. November 1901

Aufstand in Kamerun erstickt

Einheiten der deutschen »Schutztruppen« schlagen bei Garua einen Aufstand des Stammes der Fulbe nieder. Damit dehnt die deutsche Kolonialmacht ihren Einflussbereich bis weit in das Landesinnere von Kamerun aus.
Im Gegensatz zu ihren anderen Kolonien treffen die Deutschen in Kamerun auf erbitterte Gegenwehr. Die unter dem Befehl des Sultans von Yola stehenden Einheimischen erleiden ihre dritte Niederlage in diesem Jahr. Zuvor mussten die Eingeborenen bereits die strategisch wichtigen Städte Tibati und Ngaoundéré räumen. Die Kolonialmacht kontrolliert nunmehr mit dem schwer zugänglichen Gebirgsland Adamaua die Kernregion des Yola-Reiches. Der blutige Kriegszug der deutschen Truppen diente weniger der politischen Machtentfaltung als der Sicherung der wirtschaftlichen Interessen der deutschen Handelshäuser bei der Ausbeutung der afrikanischen Kolonie. Mit der Inbesitznahme der Wirtschaftswege vom nördlichen Hinterland bis an die Küste Kameruns wird das bisherige Zwischenhandelsmonopol des Duala- Stammes gebrochen. Der deutsche Afrika-Forscher und kaiserliche Kommissar Gustav Nachtigal hatte am 14. Juli 1884 mit einem Duala-Häuptling unter Ausnutzung von Stammes-Rivalitäten einen Protektoratsvertrag über die Küste Kameruns abgeschlossen. Damit verbuchte er einen großen Erfolg und kam einem ähnlichen Vorhaben der rivalisierenden Kolonialmächte Großbritannien und Frankreich nur um wenige Tage zuvor.

Dezember 1901

1 So In Warschau kommt es zu Demonstrationen gegen die Urteile zur Einführung deutschen Religionsunterrichts in Wreschen (Österreich-Ungarn).

2 Mo US-Präsident Theodore Roosevelt setzt sich für die Eindämmung des europäischen Einflusses auf dem amerikanischen Kontinent ein. → Gillette

3 Di In Potsdam legt Hugo Freiherr Zorn von Bulach, katholischer Weihbischof von Straßburg, seinen Eid vor dem deutschen Kaiser Wilhelm II. ab.

4 Mi Zwischen Bayern, Baden und dem Elsass wird ein Vertrag über den Ausbau des Oberrheins zum Großschifffahrtsweg beschlossen.

5 Do Die Burenführer lehnen alle Friedensverhandlungen mit den Briten ab, solange Alfred Viscount Milner Oberkommissar in Südafrika bleibt.

6 Fr Im Hauptbahnhof von Frankfurt am Main rast der einfahrende Orient-Express über den Prellbock hinweg und kommt erst im Wartesaal zum Stehen.

7 Sa Beim Untergang des Schiffes »Weser« in der Nordsee sterben 14 Menschen. +++ Die Berliner Hofoper engagiert die US-Sopranistin Geraldine Farrar.

8 So Russischen Presseberichten zufolge ist aufgrund des deutschen Zolltarifentwurfs kein neuer Handelsvertrag zwischen beiden Staaten mehr möglich.

9 Mo Die Heereskommission des französischen Senats billigt in Paris einen Antrag auf Einführung der zweijährigen Militärdienstzeit.

10 Di Der Rechtsanwalt des Schriftstellers Karl May reicht in Dresden Klage wegen unbefugten Nachdrucks und Verletzung der Urheberrechte ein. → Nobelpreise

11 Mi Der Schweizer Kanton Bern fordert den Bundesrat auf, sich für eine verbesserte Situation der Burenbevölkerung in Südafrika einzusetzten.

12 Do Nach Beendigung der ersten Beratung des Zolltarifentwurfs vertagt sich der Reichstag bis zum 6. Januar 1902. → Marconi

13 Fr Italiens Ministerpräsident Giuseppe Zanardelli kündigt Hilfsmaßnahmen für die armen süditalienischen Regionen in Form von Steuersenkungen an.

14 Sa Kaiser Wilhelm II. empfängt im Potsdamer Neuen Palais den einflussreichen japanischen Politiker und früheren Regierungschef Hirobumi Ito.

15 So Zu einer dramatischen Kältewelle kommt es in den nordwestlichen Staaten der USA. Zeitweise sinkt das Thermometer auf -40 °C.

16 Mo Preußische Behörden verbieten den von Polen getragenen Vereinen in Westfalen den Gebrauch der polnischen Sprache bei öffentlichen Versammlungen.

17 Di In Krakau verschärft ein Boykott deutscher Firmen den »Wreschener Schulkonflikt« um die Einführung deutschen Unterrichts an polnischen Schulen.

18 Mi Auf der Museumsinsel in Berlin öffnet das Pergamonmuseum seine Pforten. +++ In der Reichshauptstadt wird die Siegesallee eingeweiht.

19 Do Der preußische Handelsminister Theodor Möller genehmigt die Errichtung einer Handelskammer in Berlin zum 1. April 1902.

20 Fr Im australischen Sydney wird dem deutschen Dampfer »Prinzregent Luitpold« wegen Nichtachtung zollamtlicher Siegel die Weiterfahrt untersagt.

21 Sa Sieger des New Yorker Sechstagerennens im Madison Square Garden werden die US-amerikanischen Radrennfahrer Robert Walthour und MacEachern.

22 So In Rom nimmt das Abgeordnetenhaus die Regierungsvorlagen zur Finanzpolitik mit 184 zu 58 Stimmen an.

23 Mo In Wien verlobt sich der 41-jährige Komponist Gustav Mahler mit der 22-jährigen Alma Maria Schindler. Die Feier findet im engsten Familienkreis statt.

24 Di Die deutsche Presse berichtet anlässlich des Weihnachtsfestes über die Ausbreitung von mechanischem und automatischem Kinderspielzeug.

25 Mi In Ilvesheim bei Mannheim kommt es zu antisemitischen Ausschreitungen, bei denen die Leichenhalle eines jüdischen Friedhofs aufgebrochen wird.

26 Do Die Regierungen von Chile und Argentinien einigen sich darauf, ihren Grenzkonflikt dem Schiedsspruch des britischen Königs Edward VII. zu unterwerfen.

27 Fr Im Deutschen Theater in Berlin wird das Stück »Der rote Hahn«, eine Tragikomödie in vier Akten von Gerhart Hauptmann, uraufgeführt.

28 Sa Der Maler Friedrich Kallmorgen wird an die Berliner Kunstakademie berufen. Er gilt als Mitbegründer der deutschen impressionistischen Landschaftsmalerei.

29 So Die britische Presse kritisiert die schlechte Ausbildung und ungenügende Disziplin der Freiwilligentruppen im Burenkrieg.

30 Mo Adam Fürst Czartoryski wendet sich im Landtag von Galizien (Österreich-Ungarn) gegen die Haltung des Deutschen Reiches im »Wreschener Schulkonflikt«.

31 Di Russische Oppositionelle bilden die sog. Partei der Sozialrevolutionäre. +++ Bei Kommunalwahlen in Norwegen beteiligen sich erstmals auch Frauen.

Januar 1902

1 Mi Ringer-Champion Georg Hackenschmidt gewinnt in Paris die WM-Revanche gegen Constant le Boucher, den belgischen Titelträger. → El Greco

2 Do Die Münchener Schulkommission entscheidet, dass auch geschiedene Frauen Lehrerinnen werden dürfen, wenn sie kinderlos sind.

3 Fr In Rom wird ein Streit zwischen Witwe und Tochter des verstorbenen italienischen Politikers Francesco Crispi vor Gericht ausgetragen.

4 Sa Alice Roosevelt, Tochter des US-Präsidenten Theodore Roosevelt, nimmt die Einladung an, die Rennjacht des deutschen Kaisers Wilhelm II. zu taufen.

5 So Das 1835 von Georg Büchner geschriebene Schauspiel »Dantons Tod« wird im Belle-Alliance-Theater in Berlin zum ersten Mal aufgeführt.

6 Mo In Budapest demonstrieren ungarische Studenten gegen die Aufführung deutscher Stücke auf den Bühnen der Hauptstadt.

7 Di Nach dem Ende des Boxeraufstands in China kehrt die Kaiserwitwe Tz'u Hsi in die Verbotene Stadt in Peking und auf den Drachenthron zurück.

8 Mi Der deutsche Reichskanzler Bernhard Graf von Bülow bezeichnet in einer Rede vor dem Reichstag die Finanzlage des Reiches als »ungünstig«.

9 Do Arthur Berson startet in Berlin zu einem Ballonflug nach Osten. Nach einem Flug von 1400 km landet er in der Nähe von Kiew.

10 Fr Bei Zusammenstößen zwischen demonstrierenden Arbeitslosen und der Polizei werden in Frankfurt am Main mehrere Personen verhaftet.

11 Sa Der britische Kolonialminister Joseph Chamberlain verteidigt in einer Rede das brutale Vorgehen britischer Soldaten im Burenkrieg. → Duelle

12 So Auf Befehl des russischen Gouverneurs in Finnland soll die finnische Armee aufgelöst oder den Russen unterstellt werden.

13 Mo Die dänische Regierung beschließt die Ernennung eines für die Insel Island zuständigen Ministers, der die isländische Sprache beherrscht. → Hochschule

14 Di Das bayerische Abgeordnetenhaus entscheidet sich gegen die Vereinheitlichung der Briefmarken im Deutschen Reich.

15 Mi In der spanischen Stadt San Sebastian kommt es nach dem Verbot des traditionellen Karnevals zu blutigen Unruhen.

16 Do Ein deutsches Konsortium erhält die Konzession für den Bau der Bagdadbahn, die von Konstantinopel zum Persischen Golf führen soll.

17 Fr Im Reichstag fordert die SPD zur Unterstützung der Erwerbslosen die Einführung einer Arbeitslosenversicherung.

18 Sa Der deutsche Kaiser Wilhelm II. empfängt den französischen Schauspieler Benoît Constant Coquelin zu einer Audienz.

19 So Der Norweger Johann Schwartz wird im schweizerischen Winterkurort Davos Europameister im Eisschnelllauf. → Zille

20 Mo In Barcelona liefern sich streikende Arbeiter Straßenschlachten mit der Polizei. +++ Das Königliche Hoftheater in Stuttgart brennt nieder.

21 Di Die Budgetkommission des Reichstages nimmt die Beratungen über den Marine-Etat auf. Ziel ist ein Ausbau der deutschen Flotte.

22 Mi Der Gouverneur von Britisch-Indien befürchtet den Einmarsch russischer Truppen im Pufferstaat Afghanistan und konzentriert seine Einheiten an der Grenze.

23 Do In Wien heiraten die Erzherzogin Elisabeth Marie von Österreich und Fürst Otto von Windischgrätz. +++ Albanien fordert vom Osmanischen Reich Souveränität.

24 Fr Das Königreich Dänemark tritt die dänisch-westindischen Inseln in der Karibik an die USA ab. +++ Der griechische König Georg I. überlebt ein Attentat.

25 Sa Der britische Thronfolger Prinz Georg von Wales trifft zu einem Besuch beim deutschen Kaiser Wilhelm II. in Berlin ein.

26 So Während der Kämpfe um die südafrikanische Provinz Transvaal nehmen britische Truppen den Burenführer Ben Viljoen gefangen.

27 Mo Mit Paraden und Banketten feiern die Menschen im Deutschen Reich den 43. Geburtstag von Kaiser Wilhelm II.

28 Di In Wien wird der Betrieb der letzten Pferdebahnlinie eingestellt. Sie wird durch eine elektrische Straßenbahn ersetzt.

29 Mi Die Veröffentlichung eines Geheimerlasses zum Flottenausbau im sozialdemokratischen »Vorwärts« gerät zum Presseskandal.

30 Do Für 38 000 Mark erwirbt die Dresdener Gemäldegalerie das Gemälde »Der Krieg« des Schweizers Arnold Böcklin. → Bündnis

31 Fr Die Londoner Regierung lehnt die bisherigen Friedensvorschläge der niederländischen Regierung für den Burenkrieg ab.

Duell der französischen Parlamentarier Gérault-Richard (l.) und Marquis de Dion in Paris

11. Januar 1902

Verein verurteilt Duelle

In Kassel gründet sich unter dem Vorsitz des Fürsten Karl zu Löwenstein die Antiduell-Liga. Die Gründung ist unmittelbare Reaktion auf eine in den letzten Monaten geführte Diskussion über Sinn und Unsinn des Duells.
Um die oftmals tödlich endenden Auseinandersetzungen in Zukunft zu verhindern, will die Antiduell-Liga eine Alternative für die um ihr Ansehen besorgten Männer schaffen. Die existierenden sog. Ehrengerichte sind nicht in der Lage, diese Aufgaben wahrzunehmen. Löwensteins Liga fordert vor allem eine Verschärfung der strafrechtlichen Bestimmung zum Schutz der Ehre. Obwohl das Duellieren im Deutschen Reich verboten ist, wird es von staatlicher Seite weitgehend toleriert als »notwendige Möglichkeit der persönlichen Genugtuung zur Wahrung der Standesehre«. So kommt bei der strafrechtlichen Verfolgung von Duellanten nicht die Anklage wegen versuchter Tötung zur Anwendung, sondern nur wegen Eingriffs in die Rechtsordnung. Wenn bei einem Duell einer der Kontrahenten zu Tode kommt, wird der Überlebende mit Festungshaft bis zu drei Jahren bestraft.

13. Januar 1902

Hochschule für das Volk

In der Reichshauptstadt Berlin wird die erste Volkshochschule im Deutschen Reich aus der Taufe gehoben. Mit einem Festvortrag im Roten Rathaus eröffnet der Philosoph und Publizist Bruno Wille diese sog. Freie Hochschule.
Zu den Initiatoren dieser modernen Bildungseinrichtung gehören Schriftsteller und Philosophen. In seiner Rede erläutert Wille, der 1890 Mitbegründer und Herausgeber der Zeitschrift »Die Freie Volksbühne« war, die Intention der Gründung. Mit einer freien, vom Staat unabhängigen Hochschule soll ein »Gegenpol zu dem veralteten, mittelalterlichen Charakter« der bestehenden Universitäten geschaffen werden. Die Bevölkerung hat hier die Möglichkeit, sich mit modernsten Erkenntnissen der Naturwissenschaften, Philosophie und Ästhetik vertraut zu machen. Dass dieses Konzept auf Interesse stößt, beweisen die Hörerzahlen. Bei Aufnahme des Lehrbetriebs sind es bereits 1000. Die Idee der freien Volksbildung stammt von Nicolai Grundtvig, der 1844 in Dänemark die erste Volkshochschule gründete.

21. Februar 1902

Keine Gnade für Kneißl

Der 26-jährige Matthias Kneißl (s. Abb.) und seine Untaten sind in Bayern noch heute bekannt. Um sieben Uhr morgens endet die Karriere des vielfach Vorbestraften. Im Gefängnis von Augsburg saust das Fallbeil nieder und macht seinem unruhigen Leben ein Ende.
»Räuber Kneißl«, wie der Exekutierte genannt wird, wurde Ende 1901 wegen Raubes und Mordes an zwei Polizisten zum Tode verurteilt. Vor der Vollstreckung bat zwar der Bayerische Oberlandesgerichtsrat Rebholz um eine Wiederaufnahme des Verfahrens, da die Geschworenen wahrscheinlich ein Fehlurteil gesprochen hätten, doch lehnt Bayerns Justizminister das Ansinnen ab. Kneißl, der in Liedern besungen wurde, genoss als wilder, anarchischer Naturbursche gewisse Sympathien in der bayerischen Landbevölkerung. Bereits mit 16 Jahren war er das erste Mal wegen Jagdfrevels bestraft worden.

1. Januar 1902

El Greco wiederentdeckt

Für eine Sensation in der Kunstszene sorgt eine Sonderausstellung im Madrider Prado mit Werken des Malers El Greco.
Der neue Leiter des Museums, José Viniegra, präsentiert damit der Öffentlichkeit erstmals einen Überblick über das Schaffen des spanisch-griechischen Künstlers aus dem 16. Jahrhundert. El Greco (spanisch: »der Grieche«) hieß eigentlich Dominikos Theotokopulos und wurde um 1541 auf Kreta geboren. Über Italien kam er nach Spanien, wo er sich 1577 bei Toledo niederließ. Zu seinen Lebzeiten genoss El Greco mit seinen Bildern die Anerkennung seiner zumeist kirchlichen Auftraggeber, geriet jedoch im Laufe der Jahrhunderte in Vergessenheit. El Grecos Gemälde »El Espolio« (»Die Entkleidung Christi«, s. Abb.) entstand zwischen 1587 und 1597 für die Kathedrale von Toledo.

19. Januar 1902

Zille zeigt Berlin ungeschminkt

Zum ersten Mal werden die Bilder des Zeichners und Fotografen Heinrich Zille der Öffentlichkeit präsentiert. Seine Werke werden im Rahmen der ersten Schwarzweiß-Ausstellung der Berliner Secession im Haus Kantstraße 12 gezeigt.
Erst Freunde konnten den Berliner Künstler ermuntern, seine vielen Skizzen und Zeichnungen aus dem Berliner Milieu auszustellen. Obwohl ein Großteil der Besucher entrüstet ist über die »Verunglimpfung Berlins und seiner Bewohner«, bildet die Ausstellung doch die Grundlage für Zilles späteren Erfolg. Der 1858 geborene Künstler (Abb.: Zille in seinem Atelier) absolvierte ab 1872 eine

Ausbildung zum Lithographen und ging abends in die Akademie zum Zeichenunterricht. Seit Beendigung der Militärzeit arbeitet Zille, genannt »Pinsel-Heinrich« oder »Vater Zille«, im grafischen Gewerbe und zeichnet in seiner Freizeit. Seine bevorzugten Motive sind Szenen aus dem Berliner Arbeiterleben bzw. die zeittypischen, beengten Hinterhöfe: »Zille sein Milljöh«, dessen – bei allem Elend – humoristische Seiten er unnachahmlich und überaus eindrucksvoll ins Bild setzt.

9. Februar 1902

Jungtürken contra Sultan

Auf ihrem zu Ende gehenden ersten Pariser Kongress formieren sich die im Exil lebenden türkischen Oppositionellen. Teilnehmer der Veranstaltung sind Vertreter der Widerstandskämpfer, die ihr Land, das Osmanische Reich, nach einem missglückten Attentat auf Sultan Abd Al Hamid II. im Jahr 1892 hatten verlassen müssen.
Seitdem wirken sie in Kairo, London, Genf und Paris, wo man sie allgemein als Jungtürken bezeichnet. Der Begriff war im Zuge einer um 1870 gegründeten Bewegung zur Reformierung der türkischen Sprache entstanden, die bald auch politischen Charakter annahm. Bei den Jungtürken sind zumeist jüngere Beamte, Offiziere, Lehrer sowie Vertreter freier Berufe vertreten. Sie fordern den Sturz des Sultans und die Wiedereinsetzung der Reform-Verfassung von 1876. Die Initiatoren des Pariser Kongresses sehen ihre Aufgabe darin,

die zerspaltenen Gruppen des türkischen Widerstands zusammenzuführen. Doch werden die hochgesteckten Hoffnungen zunächst enttäuscht, denn in entscheidenden Fragen sind die Meinungsunterschiede noch unüberbrückbar. Erst auf einem zweiten Kongress in Paris im Jahre 1907 gelingt die Einigung auf ein Kampfprogramm (Abb.: Türkische Oppositionelle während des ersten Pariser Kongresses).

30. Januar 1902

London paktiert mit Tokio

Zum ersten Mal wird ein diplomatisches Abkommen zwischen einer europäischen und einer asiatischen Macht auf der Grundlage der Gleichberechtigung geschlossen. In London schließen Delegierte der japanischen und der britischen Regierung ein Bündnis beider Staaten.
In dem am 11. Februar veröffentlichten Vertragstext erklären die Partner ihr Einverständnis in dem Wunsch, den Status quo im Fernen Osten aufrechtzuerhalten, und bekunden ihr Interesse an der Erhaltung der Unabhängigkeit des chinesischen und koreanischen Kaiserreichs. Auch um die Sicherung der zur Zeit bestehenden Handels- und Industrievorteile für die dort engagierten Nationen geht es den Vertragspartnern. In den folgenden acht Artikeln verpflichten sie sich zur gegenseitigen Unterstützung ihrer Interessen im ostasiatischen Raum, wenn diese von anderen Staaten gefährdet würden. Von den übrigen europäischen Mächten und den USA wird der Pakt zwischen Großbritannien und Japan wohlwollend kommentiert, da er die bestehenden Machtverhältnisse und Einflusszonen in China nicht antastet. Für das Deutsche Reich bedeutet die Beibehaltung des Status quo, dass niemand die eigenen Gebietsansprüche in Kiautschou und die wirtschaftlichen Vorteile in China in Frage stellt.

Februar 1902

1 Sa — Das preußische Abgeordnetenhaus berät einen Gesetzentwurf gegen die »Verunstaltung schöner Gegenden durch Reklame«.

2 So — Die Frauenrechtlerin Helene Lange gründet in Berlin einen Hilfsbund für die Burenfamilien in den südafrikanischen Lagern.

3 Mo — Im Berliner Central-Theater beginnt die berühmte französische Chanson-Sängerin Yvette Guilbert ein mehrtägiges Gastspiel.

4 Di — Wegen der sich ausbreitenden Studentenunruhen gegen die russische Innenpolitik wird das Polytechnikum in Kiew vorübergehend geschlossen.

5 Mi — Das Pariser Abgeordnetenhaus beschränkt die tägliche Arbeitszeit der Bergleute gesetzlich auf neun Stunden.

6 Do — In einem Gespräch mit dem Berliner Polizeipräsidenten lehnt Kaiser Wilhelm II. das in Deutschland verbreitete Gesundbeten als »Kurpfuscherei« ab.

7 Fr — Nach Auseinandersetzungen über den überzogenen Finanzhaushalt erklärt die sächsische Landesregierung ihren Rücktritt.

8 Sa — Die Stadt Berlin gründet eine Kommission, um die Eingemeindung von Treptow, Stralau, Boxhagen-Rummelsburg und Lichtenberg vorzubereiten.

9 So — In den USA legt der Justizausschuss dem Repräsentantenhaus einen Gesetzentwurf zur Bekämpfung des Anarchismus vor. → Jungtürken

10 Mo — 8000 Landwirte versammeln sich im Berliner Zirkus Busch und fordern höhere Einfuhrzölle, um ihre Getreidepreise zu schützen.

11 Di — Die Budgetkommission des Deutschen Reichstags kürzt den Militärhaushalt für die Artillerie von 10 auf 8 Mio. Mark.

12 Mi — Die Wahhabiten unter Führung von Abd Al Asis Ibn Saud beginnen die Rückeroberung von Riad, der späteren Hauptstadt Saudi-Arabiens.

13 Do — Die Stadt Schemacha in den Bergen Kaukasiens wird durch ein Erdbeben fast völlig zerstört, 1000 Einwohner sterben.

14 Fr — Wilhelm von Kardorff, Vorsitzender der Zolltarifkommission des Reichstages, legt aus Protest gegen die Forderungen der Landwirte sein Amt nieder.

15 Sa — Die Schifffahrtsgesellschaften Hapag und Lloyd bilden ein Kartell mit dem US-Schiffs-Trust Morgan. +++ In Berlin geht die erste Hochbahn auf die Strecke.

16 So — In Paris wird die Ermordung der Mitglieder einer französischen Expedition nach Neuguinea durch die einheimischen Papuas bekannt.

17 Mo — Das US-Repräsentantenhaus schafft die 1898 während des Spanisch-Amerikanischen Krieges eingeführte Einkommenssteuer wieder ab.

18 Di — In Monte Carlo findet die Uraufführung der Oper »Der Jongleur von Notre-Dame« von Jules Massenet statt.

19 Mi — Frankreich nimmt die diplomatischen Beziehungen zu Venezuela wieder auf, die es nach der Revolution in dem südamerikanischen Land abgebrochen hatte.

20 Do — Im Vatikan feiert die katholische Kirche das 25-jährige Jubiläum des Pontifikats des 91-jährigen Papstes Leo XIII.

21 Fr — Die Abteilung Schöne Literatur der russischen Akademie der Wissenschaften wählt den Schriftsteller Maxim Gorki zum Ehrenmitglied. → Kneißl

22 Sa — Im Münchener Schauspielhaus kommt Frank Wedekinds Theaterstück »So ist das Leben« zur Uraufführung.

23 So — In Turin treten 5000 Arbeiter der Metallindustrie in den Streik. Sie fordern höhere Löhne und die Begrenzung der täglichen Arbeitszeit auf acht Stunden.

24 Mo — In der Veröffentlichung von Lord Kitcheners Bericht über die Lage im Burenkrieg kündigt die britische Regierung Friedensgespräche an.

25 Di — Im russischen Sankt Petersburg beginnt ein internationaler Kongress über drängende Fragen des Fischereiwesens.

26 Mi — In Paris wird anlässlich seines 100. Geburtstages ein Denkmal des französischen Schriftstellers Victor Hugo enthüllt.

27 Do — Die Berliner Zeitung »Der Tag« veröffentlicht die neuesten Förderzahlen für Erdöl aus der Lüneburger Heide. 400 Barrel werden hier täglich gewonnen.

28 Fr — Die Essener Krupp-Werke beschließen den Ausbau des Hüttenwerks in Rheinhausen für eine höhere Stahlproduktion.

März 1902

1 Sa Schwere Unwetter in Nordamerika verursachen eine katastrophale Hochwasserlage. Brücken und Eisenbahngleise werden unterspült.

2 So In Brasilien wird Francisco de Paula Rodriguez Alves zum neuen Präsidenten gewählt. Sein Amt tritt er am 15. November an. → Achtstundentag

3 Mo Vor dem Deutschen Reichstag tritt Kanzler Graf von Bülow für die weitere Stationierung deutscher Truppen in China ein.

4 Di Britische Unterhaus-Abgeordnete fordern Maßnahmen gegen die hohe Sterblichkeitsrate in den Internierungslagern Südafrikas.

5 Mi In Brüssel einigen sich die Teilnehmer der sog. Zuckerkonferenz auf eine internationale Konvention über Zoll und Ausfuhrprämien. → Freud

6 Do US-Präsident Theodore Roosevelt teilt Vertretern der Buren mit, dass die Vereinigten Staaten sich nicht in den südafrikanischen Krieg einmischen wollen.

7 Fr Die sächsische Regierung lehnt die Forderung kleiner Fachhändler nach einer Warenhaussteuer als Schutz für den traditionsreichen Kleinhandel ab.

8 Sa In Helsinki wird die Sinfonie Nr. 2 D-dur op. 43 von Jean Sibelius unter der Leitung des Komponisten uraufgeführt.

9 So Die britische Regierung befürchtet neue Unruhen in Irland und entsendet zur Befriedung ein Bataillon auf die Nachbarinsel.

10 Mo Ein Erdbeben zerstört die türkische Stadt Tochangri am Schwarzen Meer. 20 000 Menschen werden obdachlos.

11 Di An der Mailänder Scala wird Alberto Franchettis Werk »Germania« uraufgeführt. +++ Prinz Heinrich von Preußen beendet seine Amerikareise.

12 Mi Die schwedische Regierung legt einen Entwurf zur Wahlrechtsreform vor. Auch Frauen sollen sich an Kommunalwahlen beteiligen dürfen.

13 Do In den russischen Gebieten Polens werden Gymnasien geschlossen, da sich die Schüler weigern, das russische Lied »Gott schütze den Zaren« zu singen.

14 Fr In Norditalien treten 20 000 Landarbeiter für Lohnerhöhungen in den Streik. Die Regierung entsendet Truppen in das Gebiet.

15 Sa Wegen des Generalstreiks in Katalonien verlängert das spanische Kriegsministerium die Dienstzeit seiner Soldaten.

16 So Bei Zusammenstößen von russischen Studenten und Polizei werden in St. Petersburg und Moskau mehrere Menschen verletzt.

17 Mo Kaiser Wilhelm II. ordnet die Ausrüstung deutscher Kriegsschiffe und Küstenstationen mit Geräten zur drahtlosen Telegraphie an.

18 Di In Stuttgart erscheint Wladimir I. Lenins Schrift »Was tun?«. +++ Das französische Parlament beschließt eine Verlängerung der Legislaturperiode.

19 Mi Der »Deutsche Verein für Gasthaus-Reform« will Lokale gemeinnützigen Gesellschaften übergeben, die den Alkoholkonsum der Gäste kontrollieren.

20 Do In den südrussischen Gouvernements Poltawa und Charkow kommt es zu Protesten gegen die anhaltende Hungersnot.

21 Fr Der US-Senat beschließt das Anarchisten-Gesetz, nach dem künftig auch versuchter Mord am Präsidenten mit dem Tod bestraft wird.

22 Sa Das belgische Parlament beschließt ein Verbot aller Spielcasinos im Land. Auch die berühmten Spielsäle in Ostende und Spa müssen schließen.

23 So Die italienische Abgeordnetenkammer genehmigt ein Gesetz zur Einschränkung der industriellen Frauen- und Kinderarbeit.

24 Mo In Berlin beraten landwirtschaftliche Sachverständige über die Möglichkeit, in den deutschen Kolonien Baumwolle anzubauen.

25 Di Im Stadttheater Barmen bricht in der Nacht ein Feuer aus. Das Gebäude brennt bis auf die Grundmauern nieder.

26 Mi In Kapstadt stirbt der südafrikanische Kolonialpolitiker Cecil Rhodes mit 48 Jahren. Er hinterlässt eine Stiftung, die Stipendien an deutsche Studenten vergibt.

27 Do Portugal vereinbart mit seinen Gläubigerländern Frankreich, Großbritannien und Deutschland einen Tilgungsplan.

28 Fr Mehrere Zeitungen greifen den hessischen Großherzog Ernst Ludwig an, weil er Gespräche mit sozialdemokratischen Abgeordneten führte.

29 Sa Papst Leo XIII. verurteilt in einer Enzyklika »moderne Irrlehren« und Ehescheidungen. Damit wendet er sich in erster Linie gegen Reformkatholiken.

30 So Die Zeitschrift »Woche« berichtet über die Eröffnung eines Kinderspielplatzes in London und fordert ähnliche Einrichtungen auch für Deutschland.

31 Mo Die deutsche Orient-Gesellschaft beendet unter der Leitung des Forschers Ludwig Borchardt den ersten Abschnitt ihrer Ausgrabungen in Abu Sir in Ägypten.

15. April 1902

Konflikt in Irland spitzt sich zu

Mit der Verhängung des Ausnahmezustands über neun irische Grafschaften reagiert die britische Regierung in London auf die Zunahme von Überfällen auf englische Gutsbesitzer und -verwalter auf der Insel.

Ursache der Gewalttätigkeiten ist das unter der katholischen Landbevölkerung herrschende soziale Elend. Die in der Landwirtschaft tätigen Bewohner Irlands leben häufig unter dem Existenzminimum. Als Pächter sind sie der Willkür englischer Großgrundbesitzer oder -verwalter ausgeliefert, deren Ausbeutermethoden sich noch verschärft haben, seitdem die europäische Landwirtschaft durch die US-Konkurrenz auf dem Weltmarkt in die Krise geraten ist. So werden die Bauern noch immer, obwohl dies in Widerspruch zu den 1872 und 1880 vom Londoner Parlament verabschiedeten Bodengesetzen steht, ohne Entschädigung vom Land vertrieben. Zuflucht finden sie oftmals nur in den Slums der Großstädte.

10. April 1902

Generalstreik in Belgien

Zur Durchsetzung des allgemeinen Wahlrechts nach der Losung »Ein Mann – eine Stimme« proklamieren die belgischen Sozialdemokraten den Generalstreik. Bereits am ersten Tag des Ausstands kommt es in Brüssel zu gewalttätigen Auseinandersetzungen (Abb.: Straßenkampf in der belgischen Hauptstadt).

Bei den Unruhen während des Streiks werden insgesamt elf Menschen erschossen. Am 18. April berät das Parlament über eine Revision der Verfassung als Voraussetzung für das allgemeine und gleiche Wahlrecht. Der Vorstoß wird jedoch abgelehnt, die klerikale Regierung kündigt an, den militärischen Druck verstärken zu wollen. Um weiteres Blutvergießen zu vermeiden, wird der Streik am 20. April abgebrochen. Die Wahlrechtsfrage nimmt in der belgischen Innenpolitik seit 1890 eine zentrale Stellung ein.

2. März 1902

Partei für den Achtstundentag

In Frankreich tritt eine neue Partei auf den Plan. Sozialisten verschiedener Richtungen gründen in Tours die Französische Sozialistische Partei (PSF, Parti Socialiste Français). Das Programm ist stark beeinflusst von den unabhängigen Sozialisten Jean Jaurès, Aristide Briand und Alexandre Millerand, die auch in den leitenden Gremien tätig sind. Die PSF will u.a. den Achtstundentag und die Trennung von Staat und Kirche durchsetzen.

5. März 1902

Anerkennung für Freud

Sigmund Freud, Begründer der Psychoanalyse und seit einigen Jahren Dozent an der Universität von Wien, erhält von Kaiser Franz Joseph I. von Österreich den Titel eines außerordentlichen Professors.

Am 11. März schreibt Freud an seinen Freund Wilhelm Fließ: »Es war also erreicht. Die Wiener Zeitung hat die Ernennung noch nicht gebracht, aber die Nachricht, dass sie bevorstehe, hat sich von der amtlichen Seite aus rasch verbreitet. Die Teilnahme der Bevölkerung ist sehr groß. Es regnet auch jetzt schon Glückwünsche ... als sei die Rolle der Sexualität plötzlich von Sr. Majestät amtlich anerkannt, die Bedeutung des Traumes vom Ministerrat bestätigt.« Die Betonung der Rolle der verdrängten Sexualität bei der Entstehung neurotischer Symptome stieß in der Gesellschaft des ausgehenden 19. Jahrhunderts zunächst auf scharfe Ablehnung und Empörung. Die ebenfalls reservierte Haltung von Wissenschaftlern führte zunächst zu einer Isolierung Freuds.

Ausgehend von der Annahme, dass menschlichen Handlungen von unterdrückten und verdrängten Trieben beeinflusst werden, will die Freudsche Psychoanalyse die hinter Handlungen, Worten und Bildern verborgenen unbewussten Bedeutungen entschlüsseln, um den Menschen zu heilen. Wichtige therapeutische Mittel sind dabei die Traumdeutung und das freie Assoziieren des Patienten. In den folgenden Jahren entwickelt Freud Schritt für Schritt die Grundzüge seiner Lehre vom unbewussten Seelenleben. Fortlaufend

15. April 1902

Revolte im russischen Reich

Die Unterdrückung der Opposition und wachsendes soziales Elend lassen die Gewalt im russischen Zarenreich eskalieren: In Sankt Petersburg wird Innenminister Dmitri Sipjagin von einem anarchistischen Studenten ermordet. Universitäten und Fachhochschulen werden daraufhin geschlossen. Studenten, die eine Abschaffung des autokratischen Herrschaftssystems und die Herstellung demokratischer Rechte fordern, werden verbannt (s. Abb.). Auch Arbeiter und Bauern erheben sich gegen die unmenschlichen Zustände.

Mit seinen Ideen beeinflusst Sigmund Freud Kunst, Philosophie und Wissenschaft dieses Jahrhunderts.

Sigmund Freud

österreichischer Nervenarzt, * 6.5.1856 Příbor/Nordmähren, † 23.9.1939 London

Freud, Begründer der theoretischen und praktischen Psychoanalyse, legte mit dem 1900 veröffentlichten Werk »Die Traumdeutung« die Grundlagen der analytischen Psychologie. Seine Ideen prägen maßgeblich das Denken im 20. Jahrhundert.

- 1885: Dozent an der Universität Wien
- 1886: Eröffnung seiner Privatpraxis
- 1938: Emigration nach London

definiert er die zentralen Elemente der frühen Psychoanalyse – ein Begriff, den er erstmals 1896 benutzte – und der Metapsychologie: Regression, Primär- und Sekundärvorgang, infantiler Wunsch, Ödipuskomplex und das Unbewusste als psychische Realität. Seine Schrift »Das Ich und das Es« (1923) gehört zu den Spätschriften. Das Ich, das u.a. die Vernunft umfasst, versucht nach Freuds Lehre, auf das Es als Träger der Triebe einzuwirken. Als dritte Komponente und Instanz der Persönlichkeit bringt Freud das Über-Ich ins Spiel mit den Funktionen des Gewissens, der Pflicht und des Schuldgefühls.

23. April 1902

USA pokern um Panamakanal

Die Vereinigten Staaten sichern sich die Rechte für den Weiterbau des Panamakanals. US-Außenminister John Milton Hay und Kolumbiens Botschafter Thomas Herrán unterzeichnen in Washington einen entsprechenden Vertrag, der Voraussetzung für die Zustimmung von Senat und Repräsentantenhaus ist.

Nachdem die beiden Häuser des Parlaments das Abkommen gebilligt haben, ist Präsident Theodore Roosevelt verpflichtet, die Rechte und den Besitz von der französischen Kanalgesellschaft für umgerechnet 160 Mio. Mark zu kaufen. Der Franzose Ferndinand de Lesseps hatte bereits 1879 für seine Kanalgesellschaft die Konzessionen für den Schifffahrtsweg vom Staat Kolumbien, zu dem Panama seit 1821 gehört, erworben. Allerdings unterschätzte er den Umfang und die Schwierigkeiten des Kanalbaus. Die anfängliche Begeisterung der französischen Geldgeber für das Großprojekt ließ mit wachsenden Problemen nach. Ein Finanzskandal 1888 bedeutete das Ende des französischen Projekts.

30. April 1902

Streit um Debussy-Oper

Heftige Diskussionen bei Kritikern und Publikum entfacht die Uraufführung der Oper »Pelléas et Mélisande« an der Pariser Opéra Comique.

Claude Debussy schrieb die Musik zu dem gleichnamigen Drama des belgischen Dichters Maurice Maeterlinck. Das Premierenpublikum macht sein Unverständnis gegenüber der »modernen« Musik durch laute Missfallenskundgebungen deutlich. Auch Maeterlinck selbst ist äußerst unzufrieden mit der Bearbeitung seines Werkes. Zu heftigen Streitigkeiten war es bereits im Vorfeld gekommen, als Debussy und Theaterdirektor Albert Carré die Forderung Maeterlincks ablehnten, dessen Frau, der Sängerin Georgette Leblanc, die weibliche Titelrolle zu geben. Seinen Unmut äußert der Dichter noch vor der Premiere öffentlich. Er protestiert gegen willkürliche und sinnlose Streichungen, die das Drama unverständlich gemacht hätten. Insgesamt sei ihm der zur Aufführung kommende »Pelléas« fremd, ja verhasst geworden. Er wünsche sich, dass das Werk »mit Pauken und Trompeten« durchfallen möge.

April 1902

1 Di In London startet E. E. Lehwess zu einer Weltreise in einem mit 25 PS motorisierten Wohnwagen. In Nischni Nowgorod gibt er wegen Motorschadens auf.

2 Mi 400 Delegierte aus Europa, Asien und den USA nehmen am elften Weltfriedenskongress teil, der bis zum 7. April in Monaco stattfindet.

3 Do Die russische Hafenstadt Odessa am Schwarzen Meer meldet Studentenunruhen. Immer mehr Arbeiter schließen sich der Protestbewegung an.

4 Fr Der sozialdemokratische Publizist Walter Mehring übernimmt die Chefredaktion der »Leipziger Volkszeitung«.

5 Sa In Finnland demonstrieren Tausende für die Eigenständigkeit der Armee gegenüber Russland. +++ Ein Tribüneneinsturz tötet in Glasgow 25 Fußballfans.

6 So In Paris wird eine Ausstellung mit Werken burischer Künstler eröffnet. Der Erlös soll den Witwen und Kindern gefallener Buren zugute kommen.

7 Mo Sächsische Industrielle fordern ihre Landesregierung zu Maßnahmen gegen die Masseneinwanderung tschechischer und polnischer Arbeiter auf.

8 Di Vertreter Russlands und Chinas unterzeichnen in Peking das Mandschurei-Abkommen, das den russischen Einfluss in Ostasien festigt.

9 Mi Vertreter deutscher Kartelle und Syndikate beauftragen den Zentralverband der Industriellen mit der Vereinigung aller Wirtschaftsorganisationen.

10 Do Der deutsche Schriftsteller Otto Julius Bierbaum startet in Berlin mit einem Automobil zu einer abenteuerlichen Italienreise. → Generalstreik

11 Fr Die »Berliner Illustrirte Zeitung« veröffentlicht eine Reportage über Unterschiede in der Kunst des Frisierens in den europäischen Hauptstädten.

12 Sa Der norwegische Ministerpräsident Johan Wilhelm Christian Steen tritt infolge der Auseinandersetzungen um ein neues Wahlrecht zurück.

13 So US-Zeitungen berichten von Grausamkeiten, die amerikanische Soldaten auf Befehl ihrer Generäle an der philippinischen Bevölkerung verübt haben sollen.

14 Mo Ein Unwetter richtet in Berlin großen Sachschaden an. Straßen werden überflutet, in die Bahnhöfe der 1902 eingeweihten U-Bahn dringt Wasser ein.

15 Di Im Gebäude der Wiener Secession wird die Beethoven-Ausstellung eröffnet. Mittelpunkt ist die Beethoven-Statue von Max Klinger. → Irland → Revolte

16 Mi Die Organisatoren der Weltausstellung in St. Louis im Jahr 1904 schreiben 800 000 Mark für die Entwicklung eines lenkbaren Luftschiffes aus.

17 Do Unter großem öffentlichem Interesse beginnt der Revisionsprozess gegen zwei preußische Unteroffiziere, die ihren Vorgesetzten erschossen haben sollen.

18 Fr Der junge russische Revolutionär Josef W. Dschugaschwili, der sich später Stalin nennt, wird als Unruhestifter zum ersten Mal verhaftet.

19 Sa In Strausberg bei Berlin wird eine neue Radrennbahn eingeweiht. +++ Sieben Menschen sterben bei Unruhen im belgischen Löwen.

20 So In Dresden beginnt die Internationale Kunstausstellung. Gezeigt werden Bilder in traditioneller Malweise, moderne Kunst wird nicht ausgestellt.

21 Mo Wegen der steigenden Kosten des Krieges in Südafrika genehmigt das britische Unterhaus die Anhebung der Einkommenssteuer.

22 Di Das russische Ministerium für Volksaufklärung kündigt aufgrund der wachsenden Studentenunruhen härtere Maßnahmen gegen die Revolutionäre an.

23 Mi Im Reichstag beginnt die erste Lesung des vom Bundesrat genehmigten Gesetzentwurfs über eine Beschränkung der Kinderarbeit. → Panamakanal

24 Do In der Donaumonarchie gilt auch künftig bei Verteilung der Haushaltsmittel auf Österreich und Ungarn ein Schlüssel von zwei zu eins.

25 Fr Bei einem Unfall in der Londoner Untergrundbahn, verursacht durch das Überfahren eines Signals, werden 50 Personen zum Teil schwer verletzt.

26 Sa Der Künstlerbund Berliner Secession eröffnet seine Sommerausstellung. Hauptattraktion ist Max Liebermanns Gemälde »Simson und Delila«.

27 So Bei den französischen Parlamentswahlen erringt das Bündnis der Mitte-Links-Parteien die Mehrheit. +++ Die Schweiz erlässt ein neues Zollgesetz.

28 Mo Der Deutsche Reichstag beschließt erstmals Diäten für Abgeordnete, die allerdings auf die Mitglieder der Zolltarifkommission beschränkt bleiben.

29 Di Bei den Berliner Städtischen Sparkassen werden Unterschlagungen größeren Ausmaßes aufgedeckt. Der verdächtige Angestellte ist flüchtig.

30 Mi Das Parlament von Barcelona beschließt, sich nicht an den Feiern zur Regentschaftsübernahme von Spaniens König Alfons XIII. zu beteiligen. → Debussy-Oper

Mai 1902

1 Do Die deutsche Schifffahrtsgesellschaft Hapag verlegt Abfahrt und Ankunft im Schnelldampferverkehr von Hamburg nach Cuxhaven. → All

2 Fr In deutschen Unternehmen werden gewerkschaftlich organisierte Arbeitnehmer ausgesperrt, weil sie am 1. Mai demonstriert hatten, anstatt zu arbeiten.

3 Sa Der Reichstag beschließt die Wehrpflicht in afrikanischen »Schutzgebieten«. +++ In Berlin wird die Große Kunstausstellung eröffnet.

4 So Die Mitglieder der »Neuen Gemeinschaft« verwirklichen in Berlin-Schlachtensee ihre Vision einer Künstlerkolonie auf dem Land.

5 Mo In einer Debatte über die Rolle der Frau im öffentlichen Leben spricht die preußische Regierung Frauen das Recht ab, politisch tätig zu sein.

6 Di Der Außenminister von Österreich-Ungarn, Agenor Graf Goluchowski, erklärt den Dreibund mit Italien und dem Deutschen Reich als gesichert.

7 Mi Auf dem Weg nach Lourdes verunglückt in Frankreich ein Zug nach einem Dammrutsch. Neun belgische Pilger verunglücken tödlich.

8 Do Bei einem Vulkanausbruch auf der französischen Antillen-Insel Martinique wird die Stadt St. Pierre fast völlig zerstört. Dabei sterben 30 000 Menschen.

9 Fr In weiten Teilen Teilen Portugals kommt es zu Unruhen gegen den Klerus. In Coimbra gelingt es den Aufständischen, die Polizei in die Flucht zu schlagen.

10 Sa In Straßburg hebt Kaiser Wilhelm II. den Diktaturparagraphen auf und beendet den seit 30 Jahren herrschenden Ausnahmezustand in Elsass-Lothringen.

11 So In Venezuela erleiden die Regierungstruppen bei Carugano eine empfindliche Niederlage gegen aufständische Einheiten.

12 Mo Der gebürtige Schweizer Frank Erne verliert durch k.o. in der ersten Runde seinen Titel als Boxweltmeister im Leichtgewicht an Joe Gans aus den USA.

13 Di Im südrussischen Poltawa werden zwei Studenten gehenkt. Sie sollen zu den Anstiftern der dortigen Bauernunruhen gehört haben.

14 Mi Der französische Staatspräsident Emile Loubet beginnt an Bord eines Schiffes »Montcalm« seine Reise nach Sankt Petersburg zum russischen Zaren.

15 Do Auf der Industrieausstellung in Düsseldorf treffen die Bürgermeister aller größeren deutschen Städte zum Erfahrungsaustausch zusammen.

16 Fr Das schwedische Parlament fordert von der Regierung die Ausarbeitung eines Gesetzes zur Einführung des allgemeinen Wahlrechts.

17 Sa König Oskar II. von Schweden und Norwegen trifft zu einem mehrwöchigen Kuraufenthalt im deutschen Heilbad Ems ein. → Thron

18 So Das serbische Kabinett unter Michael Vujić tritt wegen der Ablehnung eines Anleiheprojekts durch das Parlament zurück.

19 Mo 90 Todesopfer fordert ein Wirbelsturm in Tennessee/USA. +++ Bei einem Grubenunglück in Texas sterben 150 Bergleute. → Kunst → Tennissport

20 Di Delegierte der deutschen Lehrerversammlung fordern ein Verbot jeder Erwerbstätigkeit schulpflichtiger Kinder vor dem zwölften Lebensjahr. → Kuba

21 Mi Auf der Tagung des evangelisch-sozialen Kongresses in Dortmund wird Adolf von Harnack zum Vorsitzenden gewählt.

22 Do Die Teilnehmer des internationalen Bergarbeiterkongresses in Düsseldorf fordern die Verstaatlichung aller Bergwerke.

23 Fr Die preußischen Staatsbahnen wollen »Wander-Rückfahrkarten« ausgeben, die zur Rückfahrt von einem Wanderungszielort berechtigen.

24 Sa Bei einer Schlagwetterexplosion in einem Bergwerk in Britisch-Kolumbien (Kanada) sterben 170 Grubenarbeiter.

25 So Die russische Regierung erlässt ein Verbot der Schriften von Leo N. Tolstoi. +++ Bei Wahlen in Belgien verbuchen klerikale Parteien Zugewinne.

26 Mo In Anwesenheit des Großherzogs von Baden, Friedrich I., wird der Rheinhafen in Karlsruhe dem Verkehr übergeben.

27 Di Der Wiener Bischof Johann Baptist Schneider weiht das neue Städtische Elektrizitätswerk der österreichischen Hauptstadt ein.

28 Mi In den USA stellt der Erfinder Thomas A. Edison eine Batterie für ein elektrisches Automobil vor, das damit auch weite Strecken bewältigen soll.

29 Do Auf dem Bahnhof in Potsdam empfängt Kaiser Wilhelm II. den Schah von Persien, Muzaffar Ad Din, zum Staatsbesuch.

30 Fr In einem Hirtenbrief verurteilen die katholischen Bischöfe in Bayern in scharfer Form den Reformkatholizismus.

31 Sa Das Land Württemberg genehmigt einen Kredit für baugenossenschaftliche Projekte von Beamten bei Eisenbahn und Schifffahrt. → Buren

Oben: Die burischen und britischen Delegierten setzen ihre Unterschrift unter den Friedensvertrag.
Links: Ein Burentreck. Im 19. Jahrhundert eroberten die Buren Südafrika und gründeten eigene Republiken.

20. Mai 1902

Kuba wird Republik

Im Kampf um Unabhängigkeit erzielt Kuba einen Teilerfolg. Der erste vom kubanischen Volk gewählte Präsident, Tomás Estrada Palma, übernimmt die Führung der Republik.

Höhepunkt der Amtseinführung ist das Einholen des US-Sternenbanners, an dessen Stelle die Fahne der neugegründeten Inselrepublik gehisst wird. Mit dem Abzug der Truppen entlassen die USA Kuba offiziell in die Unabhängigkeit, die jedoch infolge vielfältiger Verpflichtungen faktisch nicht realisiert wird. Die Geburt der kubanischen Republik ist eine Folge des 1898 von den USA gewonnenen Spanisch-Amerikanischen Krieges. Er brachte den Inselbewohnern das Ende der spanischen Herrschaft. Den USA eröffnete er neue wirtschaftliche Möglichkeiten. Das nur 160 km vor der US-amerikanischen Küste gelegene Kuba ist begehrt wegen seines Zuckerrohr- und Tabakanbaus. Gegen die spanische Herrschaft war es auf Kuba im 19. Jahrhundert wiederholt zu Aufständen und Unruhen gekommen. 1868 hatten Revolutionäre eine Republik ausgerufen, die jedoch mit Gewalt unterdrückt wurde. Der Freiheitskampf wurde jedoch unvermindert fortgesetzt.

19. Mai 1902

Moderne dekorative Kunst

Den wohl vollständigsten Überblick über die weltweite Jugendstil-Produktion präsentiert die Erste Internationale Kunstausstellung für moderne dekorative Kunst, die in Turin eröffnet wird (Abb.: Kunstvoll gestalteter Eingang der Ausstellung).

Die bekanntesten Künstler der europäischen Moderne sind in der norditalienischen Stadt mit ihren Werken vertreten. Das Organisationskomitee will mit der Ausstellung u.a. die Zusammenarbeit von industrieller und künstlerischer Avantgarde fördern. Ein Charakteristikum des italienischen Modernismus, auch Stile Liberty genannt, ist die Annäherung beider Bereiche.

31. Mai 1902

Burenkrieg beendet

Mit dem Friedensvertrag von Vereeniging wird der Krieg zwischen Großbritannien, das auf der Höhe seiner kolonialen Macht steht, und den südafrikanischen Buren beendet. In dem Abkommen verzichten die Burenrepubliken auf ihre Unabhängigkeit und erkennen die Herrschaft Londons an.
Allerdings erhalten die Buren, Nachkommen der seit 1652 eingewanderten niederländischen und deutschen Siedler, die Möglichkeit, ihre eigene Identität und die Hoffnung auf Unabhängigkeit zu bewahren. Rechte und Lebensbedingungen der schwarzen Bevölkerungsmehrheit werden zwischen beiden Parteien nicht verhandelt. Die Einigung ist Schlusspunkt eines zermürbenden, seit 1899 ausgefochtenen Krieges am Kap der Guten Hoffnung. Hintergründe waren das u.a. von Cecil Rhodes, Premierminister der Kapkolonie von 1890 bis 1896, formulierte Ziel eines britischen Kolonialreichs vom »Kap bis Kairo« sowie die Frage, wer die Diamanten- und Goldvorräte auf dem Gebiet der Südafrikanischen Republik und des Oranjefreistaats ausbeuten durfte. Nach Kriegsausbruch sahen sich zunächst die Buren im Vorteil. Als London jedoch die Truppen massiv verstärkte und die besten Heerführer nach Afrika schickte, wendete sich das Blatt zugunsten der Kolonialmacht. Im Jahre 1900 wurden die Hauptstädte der Burenrepubliken erobert. Die Buren suchten in der Folgezeit ihr Heil im Guerillakrieg.

1. Mai 1902

Phantastische Reise durchs All

In Paris zeigt der französische Filmemacher Georges Méliès zum ersten Mal seinen phantastischen Film »Die Reise zum Mond« (Abb.: Filmszene). Damit wird ein neues Filmgenre, der Science-fiction-Film, aus der Taufe gehoben. Das Drehbuch nach Motiven der Romane »Von der Erde zum Mond« von Jules Verne sowie »Die Zeitmaschine« von H. G. Wells und der Film selbst zeichnen sich durch Humor und Phantasie aus und erzielen im In- und Ausland triumphale Erfolge.

17. Mai 1902

16-Jähriger auf dem Thron

An seinem 16. Geburtstag übernimmt Alfons XIII. (s. Abb.) die Regentschafts Spaniens.
Ganz Madrid feiert die Thronbesteigung. Die festlichen Veranstaltungen beginnen bereits am Vormittag mit einer Prozession vom Schloss durch die Hauptstraßen der Metropole. An der Spitze des Zuges fährt Alfons XIII. in einer sechsspännigen Karosse zum Kongresspalast. Dort empfängt ihn der Präsident des Parlaments, der Cortes, und geleitet ihn in die Krönungshalle, wo der junge König den Eid auf die spanische Verfassung leistet.
Alfons XIII. war sechs Monate nach dem Tod seines Vaters geboren worden und erhielt schon als Kind den Königstitel. Somit erfolgt jetzt keine Krönung, sondern nur die Übernahme der Regierungsgewalt durch den jugendlichen Herrscher von seiner Mutter Maria Christina. Die Königinwitwe aus dem Geschlecht der Habsburger hatte die Geschicke Spaniens während der letzten 16 Jahre gelenkt. Obgleich sie als kluge und besonnene Regentin galt, gelang es ihr nicht, den Niedergang des einst mächtigen Kolonialreichs Spanien aufzuhalten. Die außenpolitischen Niederlagen zogen zugleich eine Verschärfung der innenpolitischen Situation nach sich.

28. Juni 1902

Dreibundvertrag erneuert

Zum vierten Mal wird der Dreibund der Staaten Deutschland, Italien und Österreich-Ungarn verlängert. Mit der Unterzeichnung in Berlin behält der 1891 formulierte Text des Vertragswerks unverändert seine Gültigkeit. Die Bemühungen um die Aufrechterhaltung des Dreibundes, der aufgrund der Vereinbarung von 1891 im Mai 1902 ausgelaufen wäre, begannen von deutscher Seite schon im Sommer des Jahres 1900. Sie setzten nach dem Tod des italienischen Königs Umberto I. ein, da man eine Kursänderung in der italienischen Außenpolitik befürchtete. Neben dem Dreibund existiert ein Bündnis zwischen Frankreich und Russland.

19. Mai 1902

Tennissport im Aufwind

Zehn Jahre, nachdem die ersten deutschen Tennismeisterschaften ausgetragen worden sind, wird der Deutsche Tennisbund gegründet. Die neue Vereinigung trägt der steigenden Bedeutung dieses Sports Rechnung. Das Tennisturnier von Wimbledon, die offenen amerikanischen Meisterschaften und der Davis-Cup haben sich seit Jahren als feste Größen etabliert und ziehen die Besucher an. Am 2. Juli besiegt der 26-jährige Hugh Lawrence (Laurie) Doherty im diesmal rein englischen Tennis-Finale von Wimbledon den 35-jährigen Titelverteidiger Arthur W. Gore in 3:1 Sätzen. Lauries Bruder war im Vorjahr an Gore gescheitert.

Juni 1902

1 So In den russischen Gouvernements Saratow, Nowgorod und Kursk kommt es wegen der herrschenden Hungersnot zu erneuten Bauernunruhen.

2 Mo In Kopenhagen bricht eine Gruppe dänischer Wissenschaftler zu einer Forschungsexpedition nach Grönland auf.

3 Di In Zürich verabschiedet der internationale Kongress der Textilarbeiter eine Resolution zur Abschaffung der Akkordarbeit.

4 Mi Vertreter der kaufmännischen Verbände fordern in Berlin die einheitliche Festlegung der Ladenschlusszeit auf 20 Uhr.

5 Do Der Reichstag stimmt für den Ankauf von Land in Preußisch-Polen zur Ansiedlung Deutscher in den Provinzen Westpreußen, Posen und Schlesien.

6 Fr In der Berliner Philharmonie veranstaltet die armenische Studentenschaft einen kulturellen Abend zugunsten armenischer Waisen in der Türkei.

7 Sa Der neue Ministerpräsident Frankreichs, Émile Combes, stellt sein Kabinett vor, dem nur zwei Mitglieder der bisherigen Regierung angehören.

8 So Julius Jaksch läuft in 17:51,0 min. deutschen Rekord über 5000 m. +++ Der Reichstag billigt die Aufhebung des Diktaturparagraphen in Elsass-Lothringen.

9 Mo Die renommierte Militärakademie der US-Armee in West Point (New York) feiert ihr 100-jähriges Bestehen.

10 Di Im österreichischen Abgeordnetenhaus kommt es zu Tumulten, als ein tschechischer Abgeordneter sich gegen den deutschen Kaiser Wilhelm II. wendet.

11 Mi Reichskanzler Bernhard Graf von Bülow lädt zu einem Wohltätigkeitsball für die Kinderheilstätten an Nord- und Ostsee in sein Berliner Palais ein.

12 Do Schneefälle und Temperaturen unter dem Gefrierpunkt sorgen in Norditalien für eine Katastrophe. Die Landwirtschaft wird in Mitleidenschaft gezogen.

13 Fr Auf Antrag des Ministers für öffentliche Arbeiten ordnet Kaiser Wilhelm II. einheitliche Uniformen für die Schlafwagenschaffner deutscher Eisenbahnen an.

14 Sa Am Wannsee bei Berlin findet zum ersten Mal eine Motorboot-Ausstellung statt, die u.a. Sport- und Rennboote zeigt.

15 So Auf dem Wohnungskongress in Düsseldorf gehört die Selbsthilfe Wohnungssuchender durch Gründung von Baugenossenschaften zu den Themen.

16 Mo Das preußische Abgeordnetenhaus verabschiedet das Gesetz über die Fleischbeschau von Schlachtvieh auf Trichinen.

17 Di Mit großer Mehrheit stimmt das hessische Landesparlament für die Einführung des freien und geheimen Wahlrechts.

18 Mi In Anwesenheit von Kaiser Wilhelm II. feiert in Bonn das Studenten-Corps »Borussia« sein 75-jähriges Bestehen.

19 Do Als Reaktion auf einen Streik der Belegschaft entlässt die Schweizer Maschinenfabrik Escher Wyß in Zürich sämtliche 1200 Arbeiter.

20 Fr Der US-Senat ermächtigt den Präsidenten, für 40 Mio. Dollar die Lizenz zum Bau des Panama-Kanals zu kaufen.

21 Sa In Deutsch-Südwestafrika wird die Bahnstrecke zwischen der Hafenstadt Swakopmund und dem Verwaltungszentrum Windhuk fertiggestellt.

22 So Der sächsische Kultusminister gibt bekannt, dass die in Wien ausgestellte Beethoven-Büste von Max Klinger für die Stadt Leipzig erworben werden soll.

23 Mo Der Physiker Albert Einstein tritt beim Schweizer Patentamt in Bern eine Stelle als »technischer Experte III. Klasse« an.

24 Di Beim Zusammenstoß mit einem britischen Dampfer vor Cuxhaven sinkt ein Torpedoboot der deutschen Marine. Der Kapitän und drei Matrosen ertrinken.

25 Mi Auf Haiti kommt es zu Kämpfen zwischen den Anhängern des amtierenden Präsidenten Boisrond Canal und seines Rivalen Alexis Nord.

26 Do Das Land Hessen befürwortet einen Gesetzentwurf über die Wohnungsfürsorge für Minderbemittelte. Zudem wird eine Wohnungsinspektion eingerichtet.

27 Fr Zar Nikolaus II. von Russland verfügt hohe Entschädigungen für die Grundbesitzer, denen bei Bauernunruhen Vermögensschaden entstanden ist.

28 Sa Der Polizeipräsident von Berlin erlässt eine Verordnung mit Vorschriften für das »öffentliche Dirnenwesen«. → Dreibundvertrag

29 So Der Franzose Marcel Renault gewinnt mit einem 16 PS starken Wagen aus der Werkstatt seines Bruders Louis die Automobil-Fernfahrt Paris-Wien.

30 Mo Auf der Hohensyburg in der Nähe von Dortmund wird ein gewaltiges Reiter-Denkmal für Kaiser Wilhelm I. eingeweiht.

Juli 1902

1 Di Im Fernsprechverkehr zwischen Berlin und Dresden wird der Nachtdienst eingeführt. Ein Telefongespräch bis zu drei Minuten kostet eine Mark.

2 Mi Der britische Sportler Hugh Lawrence Doherty gewinnt das Herren-Einzel beim Tennis-Turnier in Wimbledon.

3 Do Die deutschen Behörden lösen in Posen den Fürsorgeverein für arme Polenkinder wegen der antideutschen Haltung seiner Mitglieder auf.

4 Fr Der französische Senat verabschiedet das Gesetz zur Verringerung der allgemeinen Wehrpflicht von drei auf zwei Jahre.

5 Sa Erich Gustav Boström wird Ministerpräsident von Schweden. Sein Vorgänger war nach dem Scheitern der Wahlrechtsvorlage zurückgetreten.

6 So Anlässlich der Kommunalwahlen in Italien kommt es in Städten im Norden des Landes zu Kämpfen zwischen sozialistischen Demonstranten und der Polizei.

7 Mo Die bayerischen Behörden eröffnen ein Verfahren gegen zwei Würzburger Professoren, die Kultusminister Robert von Landmann beleidigt haben sollen.

8 Di Das Land Sachsen genehmigt die Erhöhung der jährlichen Finanzmittel für das sächsische Königshaus von 3 Mio. auf 3,5 Mio. Mark.

9 Mi Im Rahmen der Düsseldorfer Industrie- und Gewerbeausstellung beginnt die Tagung des Deutschen Handwerkerkongresses. → Jugendstil

10 Do Die »Illustrirte Zeitung« veröffentlicht Fotos von sporttreibenden Mädchen und Frauen aus dem »Licht-Luft-Sportinstitut« in Berlin. → Konflikt

11 Fr Maurice Garin gewinnt das Radrennen Bordeaux-Paris über 575 km. Die Veranstaltung wird in diesem Jahr zweimal ausgetragen. → Amt

12 Sa Königin Alexandra empfängt in London Lord Horatio Kitchener, Oberbefehlshaber der britischen Truppen im südafrikanischen Burenkrieg, bei seiner Rückkehr.

13 So Die Rektoren der Universitäten Zürich, Bern und Basel beraten in Olten über einheitliche Doktorprüfungen im Deutschen Reich und in der Schweiz.

14 Mo Der jahrhundertealte Glockenturm der Markuskirche in Venedig (Campanile di San Marco), Wahrzeichen der Stadt, stürzt ein.

15 Di In Paris beginnt eine Konferenz zur Bekämpfung des Mädchenhandels. +++ Der britische Schwimmer John Arthur Jarvis gewinnt den Kaiserpokal. → Duse

16 Mi Die neue Segeljacht »Meteor« des deutschen Kaisers passiert bei der Regatta Helgoland-Dover als erstes Boot das Ziel.

17 Do Die Teilnehmer des panarmenischen Kongresses in Brüssel fordern die Europäer zum Schutz der im Osmanischen Reich unterdrückten Armenier auf.

18 Fr Aufstände der schwarzen Bevölkerung gegen die Kolonialmacht in Deutsch-Ostafrika werden von den deutschen Schutztruppen niedergeschlagen.

19 Sa Der Schweizer Bundesrat befürwortet die Rechtschreibreform, wie sie vom Orthographiekongress in Berlin 1901 verabschiedet wurde.

20 So Nach der Kollision eines Vergnügungsdampfers mit einem Hapag-Schlepper ertrinken auf der Unterelbe bei Hamburg 109 Menschen.

21 Mo In Manchester (England) beginnt ein internationaler Gewerkschaftskongress. Auf der Tagesordnung steht das Wohnungselend in den Industriestädten.

22 Di Die Bayerische Abgeordnetenkammer lehnt die Erhöhung des Haushalts für Kunstpflege und Wissenschaft ab.

23 Mi Der Strafprozess gegen die Führung der zusammengebrochenen Leipziger Bank endet mit einer dreijährigen Gefängnisstrafe für Direktor August H. Exner.

24 Do Der britische Außenminister referiert vor dem Oberhaus die politische Situation im Mittelmeerraum, insbesondere die Rolle Italiens.

25 Fr In San Francisco (USA) schlägt James J. Jeffries Herausforderer Bob Fitzsimmons durch k.o. in der achten Runde und bleibt Box-Weltmeister aller Klassen.

26 Sa Eine in Alexandria und Kairo ausgebrochene Cholera-Epidemie droht sich über weite Gebiete Ägyptens und Nordafrikas auszubreiten.

27 So In Graz treffen mehrere tausend Mitglieder von Gesangvereinen zum Deutschen Sängerbundfest zusammen.

28 Mo In einem Handelsvertrag mit Großbritannien verpflichtet sich China zur Aufhebung der Importzölle auf britische Waren bis zum Jahr 1904.

29 Di In Osttirol stirbt im Alter von 49 Jahren Joseph Kürschner, der Herausgeber bedeutender Nachschlagewerke.

30 Mi Das Gericht von Bologna verurteilt den früheren Abgeordneten Palizzolo, einen Führer der sizilianischen Mafia, als Mörder zu 30 Jahren Zuchthaus.

31 Do In der belgischen Hauptstadt Brüssel wird eine mit Unterstützung der deutschen Kolonialgesellschaft errichtete deutsche Schule eingeweiht.

10. August 1902

Kraul-Stil ist der effektivste

Schwimmer, die den neuen Kraul-Stil beherrschen, sind ihren Konkurrenten mehrere Längen voraus. Der englische Doppelolympiasieger John Arthur Jarvis gewinnt mit dieser Technik beim Internationalen Schwimm-Meeting in Wien den von Kaiser Franz Joseph I. gestifteten Pokal.

Im Wettstreit mit Sportlern aus Österreich und Ungarn siegt der 30-Jährige unangefochten über 800 m und über eine Meile, im 100-m-Sprint wird er Zweiter hinter dem Budapester Halmay. Einen Monat zuvor hatte der Brite in Berlin den deutschen Kaiserpokal gewonnen. Jarvis selbst nennt seinen neuartigen Stil »Crawl«. Die Technik, die neu in Europa ist, hat aber viele Namen: Kriechstoß, Arm-über-Arm- oder Hand-über-Hand-

Schwimmen (Abb.: Schwimmer, der mit dem neuen Stil durchs Wasser »pflügt«). Erfunden haben den neuen Stil australische Schwimmer auf der Insel Hawaii. Viele Schwimm-Wettbewerbe machen ihn in Österreich und Deutschland populär.

10. Juli 1902

Konflikt Kirche-Staat eskaliert

In Frankreich eskaliert der Konflikt zwischen Staat und Kirche. Der französische Ministerpräsident Emile Combes verfügt die Schließung aller ohne staatliche Genehmigung existierenden Kongregationsschulen. Dabei handelt es sich um Institutionen katholischer Ordensgemeinschaften. 2500 Schulen in ganz Frankreich stehen vor der Auflösung. Ziel des kompromisslosen Vorgehens der Regierung ist der Versuch, den kirchlichen Einfluss, insbesondere der Klerikal-Konservativen, in Frankreich zurückzudrängen. Letztere stehen den monarchistischen Kreisen nahe und werden von der Regierung als innenpolitische Bedrohung angesehen.

11. Juli 1902

Amt bleibt in der Familie

Aus Altersgründen scheidet der regierende britische Premierminister Robert Arthur Talbot Gascoyne-Cecil, Marquess of Salisbury, aus dem Amt. Nachfolger des 72-Jährigen wird tags darauf sein Neffe, Arthur James Balfour, bislang Innenminister. Salisbury erhofft sich von ihm die Fortführung seiner eigenen Politik im Dienste der britischen Interessen in aller Welt. Mit Salisbury tritt ein Mann zurück, der dreimal Premierminister seines Landes war. In den Jahren 1878 bis 1880 nahm er als Außenminister entscheidenden Einfluss auf friedliche Lösungen in der Balkanfrage bei gleichzeitiger Stärkung der britischen Position.

9. August 1902

»God save the King«

In einer prunkvollen Zeremonie in der Londoner Westminsterabtei wird Edward VII., König von Großbritannien und Irland (s. Abb.), gekrönt.

Bereits nach dem Tod seiner Mutter Viktoria im Januar 1901 übernahm er im Alter von 59 Jahren das Herrscheramt. 63 Jahre hatte Viktoria die Geschicke des britischen Weltreichs bestimmt. Schon zu Lebzeiten übertrug sie ihrem Sohn, seit 1863 verheiratet mit Prinzessin Alexandra von Dänemark, wichtige Repräsentationspflichten im In- und Ausland. Die Inthronisierung Edwards sollte zu einer glanzvollen Selbstdarstellung werden, weshalb er den Vorbereitungen der Zeremonie persönlich größte Aufmerksamkeit schenkte. Zum ursprünglich festgesetzten Termin am 26. Juni lud er Gäste aus aller Welt ein, darunter die Mitglieder der alten europäischen Adelsgeschlechter. Allerdings wurden zwei Tage vor dem Termin überraschend alle Feierlichkeiten abgesagt. Edward VII. war plötzlich erkrankt und musste sich einer Blinddarmoperation unterziehen, so dass die Krönung auf den 9. August verschoben wurde. Zwar reisten nunmehr wesentlich weniger illustre ausländische Gäste an, und man beorderte auch nicht so viele Truppen zur

Eleonora Duse

itallienische Schauspielerin, * 3.10.1858 Vigevano/Italien, † 21.4.1924 Pittsburgh/USA

Die Künstlerin, die als Kind einer Schauspielerfamilie geboren wurde und in einer Theatergruppe aufgewachsen ist, gehört zu den international renommierten Künstlern, die ihrer Zeit maßgeblich den Stempel aufgedrückt haben. Ihre Karriere begann 1878 in Neapel. Den ersten großen Erfolg hatte sie bereits als 20-Jährige. 1879 wurde sie erste Schauspielerin der Truppe Ernesto Rossis, 1886 gründete sie ihre eigene Gesellschaft, die »Drammatica Compagnia della Città di Roma«. Mehrere Gastspielreisen machten die Duse weltberühmt. Ihren Rollen verlieh die Mimin durch völlige Hingabe eine nur selten wieder erreichte Tiefe und Lebenswirklichkeit.

- 1862: Erster Bühnenauftritt
- 1881: Ehe mit dem Schauspieler Tebaldo Checchi
- 1885: Beginn ihrer internationalen Karriere in Südamerika
- 1909: Abschied von der Bühne
- 1914: Gründung eines Heims für Schauspielerinnen in Rom
- 1921: Rückkehr auf die Bühne
- 1924: Letzter Auftritt in Pittsburgh

Parade – dennoch sprechen die Berichterstatter von einem überaus glanzvollen Ereignis in der britischen Hauptstadt.
Der Tag beginnt mit dem Donner von Salutschüssen, ein Signal für tausende schaulustige Londoner, sich auf den Weg in die Innenstadt zu machen. Dort verlassen Edward VII. und seine Frau um 11 Uhr den Buckingham-Palast und fahren unter dem Jubel der Menschenmassen in der goldenen Staatskarosse zur Westminsterabtei. Begleitet von den Klängen der britischen Nationalhymne führt sie der Erzbischof von Canterbury in die Kirche, wo die Menge dem Monarchen mit dem Ruf »God save King Edward!« huldigt. Nachdem der König den Eid geleistet hat, nach der Salbung und der Übergabe der Reichsinsignien – Sporen, Schwert, Reichsapfel, Ring und Zepter – erfolgt um 12.40 Uhr der Hauptakt: Das Aufsetzen der Krone aus purem Gold auf das Haupt des britischen Königs. Fanfarenklang und erneute Salutschüsse künden von der vollzogenen Zeremonie. Dass sich der Monarch für den Königsnamen Edward entscheidet und nicht für Albert Edward (wie es Viktoria in Erinnerung an ihren deutschen Gemahl Prinz Albert gewünscht hatte), ist Ausdruck künftiger Herrschaftsmaxime: Der neue britische König will Deutsches am Hof zurückdrängen und stärker als bislang das Englische betonen. Der Besuch des deutschen Kaisers Wilhelm II., Neffe des Königs, im November fällt denn auch betont kühl aus. Grund für die Zurückhaltung ist nicht zuletzt die zwischen beiden Staaten bestehende Spannung.

15. Juli 1902

Die Duse auf Tournee

Die italienische Schauspielerin Eleonora Duse, eine der herausragenden Künstlerinnen ihrer Zeit, trifft zu einer zweimonatigen Tournee in den USA ein. Die Mimin, die mit ihrer Bühnenkunst den Stil einer ganzen Epoche beeinflusst, bereist mit ihrem Ensemble sowie dem Komponisten und Dirigenten Pietro Mascagni mehrere Städte. Auf dem Spielplan stehen vor allem Stücke des Norwegers Henrik Ibsen und des jungen italienischen Dichters Gabriele D'Annunzio. Anders als ihre Konkurrentin Sarah Bernhardt verkörpert die Duse den sensiblen Frauentyp des Jugendstils. Ihre verinnerlichte Spielweise orientiert sich am Realismus und ist sprachlich stark differenziert. Ihr ganz eigener Stil ist bereits in ihren ersten Auftritten erkennbar und fällt auf. Über ihre Darstellung der Ophelia in Shakespeares »Hamlet« in Neapel, die den Beginn ihrer Karriere markiert, schrieb die Kritik: »Sie verwirrt das Publikum, aber sie packt es auch, ohne dass es gelänge, einen Grund dafür anzugeben.« Dabei lässt sich die Ausnahmekünstlerin nicht festlegen. Sie spielt die klassischen Stücke ebenso gern wie Werke der Moderne. Ihre Triumphe, die sie auf allen Bühnen der Welt feiert, geben ihr recht.

9. Juli 1902

Museum für den Jugendstil

Karl Ernst Osthaus eröffnet in Hagen das von ihm gegründete Folkwang-Museum. Es beherbergt Sammlungen von Gemälden, außereuropäischem Kunstgewerbe und naturkundlichen Exponaten. Wichtigster Gast der Einweihungsfeier ist der belgische Künstler Henry van de Velde, der für die Innenraumgestaltung des Museums im Jugendstil verantwortlich zeichnet. Nachdem bereits der Museumsrohbau erstellt war, hatte van de Velde den Auftrag zur Ausgestaltung erhalten (Abb.: Eingangshalle mit Brunnen). Der Rohbau ist ein Werk des Berliner Baurats Carl Gérard und entspricht in seiner Ausführung dem allgemein üblichen Historismus. Das Sammelsurium von verschiedenen Stilen entsprach allerdings nicht dem Kunstverständnis von Osthaus, der mittlerweile von den Formen des Jugendstils fasziniert war.

August 1902

1 Fr Die deutsche Regierung veröffentlicht den Gesetzentwurf eines Urheberrechts für fotografische Werke, der u.a. eine Verlängerung der Schutzdauer vorsieht.

2 Sa In einem Schreiben an die französische Regierung protestiert Papst Leo XIII. gegen die angeordnete Schließung der Klosterschulen.

3 So Die Delegierten der Demokratischen Partei der USA akzeptieren auf ihrem Parteitag das Motto »Kampf gegen die Trusts« für den Wahlkampf im Jahr 1904.

4 Mo Der Vizepräsident von Nanking (China) fordert den Rückzug der britischen, deutschen, französischen und japanischen Soldaten aus Schanghai.

5 Di Der US-Millionenerbe William K. Vanderbilt stellt mit 122, 4 km/h einen Geschwindigkeits-Weltrekord für Automobile auf.

6 Mi Der deutsche Kaiser Wilhelm II. und Zar Nikolaus II. von Russland treffen anlässlich eines Manövers der russischen Ostseeflotte zu Gesprächen zusammen.

7 Do Orkanböen, begleitet von wolkenbruchartigen Regenfällen, hinterlassen Verwüstungen im Rheinland und im Vogtland.

8 Fr Im zu Österreich-Ungarn gehörenden Galizien kommt es zu Kämpfen zwischen Militär und Landarbeitern, die seit mehreren Wochen für höhere Löhne streiken.

9 Sa Die städtischen Haus- und Grundbesitzervereine vertreten die Ansicht, dass im Deutschen Reich keine Wohnungsnot existiere. → King

10 So Die Berliner Zeitung »Der Tag« beginnt mit dem Abdruck der »Empfindsamen Reise im Automobil« von Otto Julius Bierbaum. → Kraulstil

11 Mo Bei der Beisetzung eines Rabbiners in New York lösen antisemitische Äußerungen von Zuschauern eine Prügelei aus, die von der Polizei beendet wird.

12 Di Im russischen Charkow wird auf den Fürsten Obolenski geschossen, der nach Unruhen Massenzüchtigungen unter den Bauern durchführen ließ.

13 Mi Eine Depesche, in der Kaiser Wilhelm II. die Kürzung des bayerischen Kunst-Etats kritisiert, löst in Bayern Entrüstung aus.

14 Do Die chinesische Stadt Tientsin wird von den ausländischen Besetzern an die chinesische Verwaltung zurückgegeben.

15 Fr Das bayerische Militär ersetzt den Generalshut durch einen Helm nach preußischem Vorbild, was die einheimische Presse als Nachgiebigkeit kommentiert.

16 Sa Zum Beginn des Schuljahres berichtet der Berliner Verein für Schulkolonien, dass er in den großen Ferien 4000 Kinder in Ferienlagern betreute.

17 So Das deutsche Kriegsschiff »Gazelle« läuft von Curaçao in Richtung Venezuela aus, nachdem dort die Revolution um sich greift.

18 Mo Ein Redakteur des Prager Polizeianzeigers wird strafversetzt, weil er Kaiser Wilhelm II. Volksverhetzung vorgeworfen hatte.

19 Di Max Reinhardt eröffnet in Berlin die Schauspielbühne »Kleines Theater«, zu deren Repertoire vor allem Stücke moderner Autoren gehören.

20 Mi Der Finanzminister des Deutschen Reiches gibt bekannt, dass das vergangene Haushaltsjahr mit einem Defizit von 48,5 Mio. Mark abgeschlossen wurde.

21 Do In Mitteleuropa kommt es im Hochsommer zu heftigen Schnee- und Regenfällen, die an vielen Orten Überschwemmungen und Erdrutsche auslösen.

22 Fr Der mit 41,26 m bisher weiteste Diskuswurf gelingt dem Franzosen François Eynard, wird aber nicht offiziell als Weltrekord anerkannt.

23 Sa US-Präsident Theodore Roosevelt wehrt sich in einer Rede gegen das Verbot von Kartellen, die in einer modernen Wirtschaft notwendig seien.

24 So In Mannheim nehmen 20 000 Arbeiter an der Generalversammlung der deutschen Katholiken teil, die vier Tage dauert.

25 Mo Nach der Fertigstellung der Transsibirischen Eisenbahn besteht eine Verbindung von Moskau bis Wladiwostok. Die Reise über 9000 km dauert 20 Tage.

26 Di Beim Einsturz eines Bogens der im Bau befindlichen Corneliusbrücke in München kommen zwei Arbeiter ums Leben.

27 Mi Die deutsche Industrie erklärt, eine Verkürzung der Arbeitszeit von Frauen auf zehn Stunden am Tag sei nicht sinnvoll.

28 Do Tschechische Nationalisten fordern auf Kundgebungen während des Kurbetriebs in Karlsbad eine Zurückdrängung des deutschen Einflusses.

29 Fr In Frankfurt am Main befürworten die Teilnehmer einer Massenversammlung eine Protestresolution gegen die Erhöhung der Fleischpreise.

30 Sa In Anwesenheit von Viktor Emanuel III. von Italien und Wilhelm II. veranstaltet die kaiserliche Armee in Berlin ihre große Herbstparade.

31 So Der Deutsche Meister über 1500 m, Hermann Friese, läuft in Hamburg mit 4:18,0 min einen neuen deutschen Rekord.

September 1902

1 Mo In Prag stellt der Kunstverein »Manes« Werke moderner französischer Künstler aus, darunter Auguste Renoir, Claude Monet und Edgar Degas.

2 Di Bei einem erneuten Ausbruch des Vulkans St. Pelé auf der Antilleninsel Martinique kommen etwa 1000 Menschen ums Leben.

3 Mi Der Allgemeine deutsche Genossenschaftsverband schließt 99 sozialdemokratische Konsumvereine wegen ihrer politischen Haltung aus.

4 Do Die Veltlinbahn, die von Lecco nach Sondrio in Italien fährt, nimmt auf einer 106,3 km langen Strecke den Drehstrombetrieb auf.

5 Fr Im Alter von 80 Jahren stirbt in Berlin der deutsche Mediziner und Politiker Rudolf Virchow. +++ Frankreich beruft seinen Botschafter aus Russland ab.

6 Sa Deutsche Zeitungen veröffentlichen die neuesten Berichte von der Südpolexpedition unter der Leitung des Berliner Forschers Erich von Drygalski.

7 So Im zehnten Wiener Bezirk wird mit dem Bau eines »Volkshauses« für gesellige und politische Zusammenkünfte der Arbeiter begonnen.

8 Mo Vor der Küste von Haiti zerstört ein deutsches Kanonenboot ein haitianisches Kriegsschiff, nachdem die Haitianer einen deutschen Dampfer gekapert hatten.

9 Di Die Regierung des Osmanischen Reiches verweigert russischen Torpedobooten die Durchfahrt durch die Meerenge am Bosporus.

10 Mi Der Zentralverband deutscher Industrieller spricht sich auf seiner Konferenz in Düsseldorf für die Regierungsvorlage zum Zolltarif aus.

11 Do In Brüssel wird die Internationale Chirurgische Gesellschaft gegründet. +++ Kronprinz Wilhelm nimmt an Manövern der österreichisch-ungarischen Armee teil.

12 Fr Der französische Marineminister Camille Pelletan greift in Reden das Deutsche Reich heftig an und wirft ihm eine agressive Politik vor.

13 Sa Unter dem Vorsitz von Clara Zetkin treffen sich in München 20 Delegierte zur zweiten Konferenz der sozialdemokratischen Frauen Deutschlands.

14 So Im irischen Dublin protestieren 20 000 Menschen gegen die Verhängung des Ausnahmezustands über Irland. → SPD

15 Mo Die ungarische Handelskammer spricht sich auf ihrer Jahresversammlung für ein selbstständiges ungarisches Handelsgebiet aus. → Juden

16 Di Wegen starker Nordweststürme müssen die Herbst-Flottenmanöver der deutschen Marine für zwei Tage unterbrochen werden.

17 Mi Ausgedehnte Waldbrände im US-Bundesstaat Washington kosten insgesamt 38 Menschen das Leben.

18 Do Bei der österreichischen Länderbank wird die Unterschlagung von 3,8 Mio. Mark durch einen Beamten entdeckt, der mit dem Geld spekuliert hatte.

19 Fr In der norwegischen Hafenstadt Stavanger kehrt die Nordpolarexpedition des Norwegers Otto Sverdrup vier Jahre nach ihrem Aufbruch zurück.

20 Sa In einer Rede in Cincinnati betont US-Präsident Theodore Roosevelt die Notwendigkeit einer staatlichen Kontrolle der Trusts und Kartelle.

21 So Ein US-Kriegsschiff geht in der kolumbianischen Hafenstadt Colon vor Anker. Es soll die Panamakanalzone sichern.

22 Mo In Köln beginnen die Beratungen der internationalen Gesellschaft für soziale Reformen über den Schutz von Kindern und Frauen in Gewerbebetrieben.

23 Di Die vatikanische Zeitung »Osservatore Romano« warnt in einem Artikel vor der Verbreitung der Ideen des Sozialismus.

24 Mi Die Polizeidirektion München genehmigt dem Schriftsetzergehilfen Ferdinand Weißheitinger, der als Volkssänger Weiß Ferdl populär wird, den ersten Auftritt.

25 Do Ein Wirbelsturm richtet in Sizilien Verwüstungen an. In den Trümmern ihrer Häuser und bei Überschwemmungen sterben 400 Menschen.

26 Fr Im Berliner Hotel »Kaiserhof« überreichen Vertreter der irischen Stadt Cork einen Ehrenpokal an den Berliner Ruderclub.

27 Sa Die seit 1894 in Wien erscheinende kulturelle und politische Wochenschrift »Die Zeit« kommt künftig als Tageszeitung heraus.

28 So Der französische Sozialistenführer Jean Jaurès fordert seine Genossen auf, die Arbeiter aller Länder im Kampf gegen den Krieg zusammenzuschließen.

29 Mo Der weltberühmte französische Romancier Emile Zola stirbt in seiner Pariser Wohnung an einer Abgasvergiftung durch ein defektes Ofenrohr.

30 Di Die Christlichsoziale Partei einigt sich auf ihrem Jahreskongress in Siegen darauf, sich stärker um Industriearbeiter zu kümmern.

22. Oktober 1902

Letzter Goldrausch in Alaska

Zum letzten Mal treibt ein Goldrausch die Glücksritter nach Alaska. In der Goldgräbersiedlung Nome trifft die Nachricht ein, dass der Italiener Felice Pedro im Innern des Landes – dort, wo später die Stadt Fairbanks entsteht – Lagerstätten des begehrten Edelmetalls entdeckt hat. Begonnen hatte der Zug von Abenteurern Richtung Nordalaska Ende des 19. Jahrhunderts. Die Verlockung schnellen und unerschöpflichen Reichtums führte Hunderttausende in die Minen und an die Flussläufe, wo sie unter härtesten Bedingungen Gold schürften. Nach der Ausbeutung der Vorkommen im Yukongebiet erreichte der Goldrausch am Klondike, einem Zufluss des Yukon in Kanada, ab 1898 seinen Höhepunkt. 1900 betrug der Wert des hier geschürften Goldes 22,275 Mio. Dollar. Noch im selben Jahr entstand das neue Goldgräberzentrum in Nome, wo die Männer teilweise direkt am Meeresstrand fündig wurden. Der Ertrag erreichte dort im Verlauf mehrerer Jahre einen Wert von 100 Mio. Dollar. Die Suche nach dem begehrten Metall war hart und ausgesprochen langwierig. In sog. Schüttelkästen, den »Rockern«, wurden durch ständiges Bewegen des geschürften Schlamms Goldkörnchen von Sand und Kies getrennt. Anschließend formten die Goldsucher das geschmolzene und von Fremdsubstanzen chemisch gereinigte Edelmetall zu Barren.

Oben: Goldsucher in Alaska
Unten: Reiche Goldmine bei Nome

14. September 1902

Kontroversen in der SPD

Auf dem Münchener SPD-Parteitag wendet sich Rosa Luxemburg gegen die Bildung einer von deutschen Sozialdemokraten unabhängigen polnischen Organisation in Posen. Die Konsequenz einer solchen Haltung würde nach ihrer Meinung eine Schwächung der sozialistischen Bewegung bedeuten, zudem die dort lebenden Deutschen auch nicht Mitglied der von Polen geführten Partei werden könnten. Luxemburg erhält für ihre Position Rückendeckung von Parteichef August Bebel.

August Bebel

deutscher Politiker, * 22.2.1840 Köln; † 13.8.1913 Passugg bei Chur/Schweiz

Bebel ist einer der Pioniere der deutschen Arbeiterbewegung. Seit 1889 war er Berufspolitiker. Er gehörte zu den Gründern der Sozialdemokratischen Arbeiterpartei (SDAP) in Eisenach und trat für die Vereinigung mit dem Allgemeinen Deutschen Arbeiterverein (ADAV) zur Sozialistischen Arbeiterpartei ein.

- 1875: Mitgründer und Führer der SDAP, seit 1890 SPD
- 1876: Mitinhaber einer kleinen Fabrik
- 1876-81 und ab 1883: Mitglied des Reichstags

8. Oktober 1902

Anthroposophie begründet

Wie der Philosoph Rudolf Steiner später berichtet, war der Vortrag mit dem Titel »Monismus und Theosophie«, den er im Rahmen einer Veranstaltung des Giordano-Bruno-Bundes in Berlin hält, Ausgangspunkt seiner anthroposophischen Lehre. 1902 schließt er sich der Theosophischen Gesellschaft an, die er nach Differenzen mit dem Präsidenten wieder verlässt. 1913 begründet er die Anthroposophische Gesellschaft. Anthroposophie ist nach Steiner »ein Erkenntnisweg, der das Geistige im Menschwesen zum Geistigen im Weltenall führen möchte.« Die Weltanschauungslehre geht vom stufenweisen Aufbau der Welt aus, die der Mensch einfühlend und erkennend nachvollziehen könne, um entsprechende Fähigkeiten zu erlangen.

Rudolf Steiner

österreichischer Philosoph und Pädagoge, * 27.1.1861 Kraljevica/Kroatien; † 30.3.1925 Dornach bei Basel

Nach dem Studium der Mathematik und Naturwissenschaften in Wien sowie umfangreichen Goethe-Forschungen wurde Steiner 1890 Mitarbeiter am Goethe- und Schiller-Archiv in Weimar. In Dornach bei Basel gründet er das Goetheanum als »freie Hochschule für Geisteswissenschaft«. Steiner und seine Weltanschauung üben einen weitreichenden Einfluss auf das allgemeine Kulturleben des 20. Jahrhunderts aus. Die in ganz Europa verbreiteten Waldorfschulen arbeiten auf Grundlage der Steinerschen Anthroposophie.

- 1894: »Die Philosophie als Freiheit«
- 1902: »Das Christentum als mystische Tatsache«
- 1913: Gründung des Goetheanums
- 1919: Gründung der ersten freien Waldorfschule

10. Oktober 1902

Mehr Geld für Kolonialpolitik

Im Gebäude des Deutschen Reichstages formulieren Politiker und Lobbyisten die Ziele künftiger Kolonialpolitik sowie Forderungen an die Regierung, von der ein größeres finanzielles Engagement und verstärkte Propaganda für Überseeprojekte erwartet wird.
Fachkommissionen des Deutschen Kolonialkongresses, der von Johann Albrecht von Mecklenburg, Präsident der Kolonialgesellschaft, eröffnet wird, befassen sich mit rechtlichen, medizinischen, kulturellen und ökonomischen Aspekten der kolonialen Expansion. Veranstalter des Treffens sind 70 Gesellschaften und Institute, die 1350 Delegierte nach Berlin entsandt haben. Damit ist dies die erste Konferenz, an der Vertreter aller deutschen Kolonialgesellschaften und -vereine teilnehmen. Bislang hatten die Gesellschaften unabhängig voneinander ihre Probleme beraten. Die Kolonialpolitik der Regierung beruhte – aufgrund wirtschaftlicher Bedenken – lange Jahre auf der Praxis, die Erschließung der Überseegebiete nicht als Sache des Staates zu betreiben, sondern sie einzelnen Gesellschaften zu übertragen.

14. Oktober 1902

Zankapfel Samoa

Das Deutsche Reich erhält Schadenersatz, weil Großbritannien und die USA als Verursacher eines militärischen Konflikts auf Samoa, seit 1900 deutsche Kolonie, verantwortlich gemacht werden. Den Schiedsspruch in den Streitigkeiten um die Südsee-Inselgruppe fällt Oskar II., König von Norwegen und Schweden.
Unter den drei westlichen Mächten gab es lange Streit um die Einflussgebiete auf den zunächst gemeinsam verwalteten Inseln. Die Einflusszonen waren auf einer Berliner Konferenz 1889 fixiert worden. Britische und US-Marine-Einheiten waren gegen Eingeborene unter Häuptling Mataafa vorgegangen, der von den Deutschen unterstützt wurde. Im März 1899 bombardierten sie den Hafenort Apia und in erster Linie deutsche Besitzungen. Im Anschluss daran brachen unter rivalisierenden einheimischen Stämmen Kämpfe aus. Nach einem Abkommen wurden die Inseln schließlich aufgeteilt: Die USA erhielten den östlichen Teil, das Deutsche Reich die größten Inseln Upolu und Sawati. Großbritannien bekam als Ausgleich die Tonga-Inseln und die Salomonen.

15. September 1902

Judenpogrome in Russland

In der russischen Stadt Czenstochau sterben 15 Juden bei einem Pogrom. Immer häufiger ereignen sich Gewaltakte dieser Art im Zarenreich. Bereits Anfang der 80er Jahre setzten blutige Judenverfolgungen ein, die seitdem mit dem russischen Wort »Pogrom« bezeichnet werden. Sie finden vor allem in Süd- und Westrussland statt, wo sich die Juden in Siedlungsgebieten niederlassen mussten. Dort leben etwa 5 Mio. jüdische Menschen zumeist in kleinen Orten, den Stetln, zusammengedrängt und fristen ihr Dasein hauptsächlich als kleine Handwerker (Abb.) oder Händler. In Zeiten sozialer Not werden sie häufig zur Zielscheibe des Zorns derjenigen, die in den Juden die Schuldigen des eigenen Elends sehen. Die Auffassung wird von Behörden gestützt, die so von den wahren Ursachen ablenken können.

Oktober 1902

1 Mi Die deutsche Zolltarifkommission weist auf die Notwendigkeit einer stärkeren Kontrolle der 400 Wirtschaftskartelle im Deutschen Reich hin.

2 Do In der makedonischen Provinz Monastir kommt es zu Kämpfen zwischen bulgarischen Aufständischen und türkischen Truppen.

3 Fr Die japanische Regierung beschließt die Aufnahme einer Anleihe in Großbritannien in Höhe von 150 Mio. Mark für den Ausbau der Flotte.

4 Sa Nach dem Vorbild der Berliner Wandervogel-Organisation bilden die Teilnehmer einer Versammlung in Lüneburg eine weitere »Horde« des Vereins.

5 So Aus Kiew werden neue Unruhen russischer Studenten gemeldet. +++ In München geht das Oktoberfest mit einer Schlägerei zu Ende.

6 Mo Das Kaufhaus Wertheim in der Leipziger Straße in Berlin eröffnet die Verkaufsausstellung »Moderne Wohnräume«.

7 Di Der internationale Kongress zur Bekämpfung des Mädchenhandels diskutiert Schutzmaßnahmen für die jüdischen Frauen in Osteuropa.

8 Mi Das Nationalkomitee der französischen Bergarbeiterverbände beschließt einen Lohnstreik der Grubenarbeiter. → Antroposophie

9 Do Schwere Kämpfe zwischen Sozialisten und bewaffneter Polizei sind die Folge der Schließung eines sozialistischen Klubs in Gibraltar.

10 Fr In Genf sind die Straßenbahner im Ausstand. Aufgrund der unnachgiebigen Haltung der Stadt hat sich der Streik massiv ausgeweitet. → Kolonialpolitik

11 Sa Die preußische Eisenbahnverwaltung gibt bekannt, dass ab 1903 eine Schnellzugverbindung von Westeuropa nach Peking bestehen wird.

12 So Das erste Fußballländerspiel auf dem europäischen Kontinent gewinnt in Wien die österreichische Mannschaft mit 5:0 gegen Ungarn.

13 Mo In der serbischen Hauptstadt Belgrad fordern makedonische Demonstranten die Unterstützung Serbiens für die aufständischen Makedonier in der Türkei.

14 Di In den USA verläuft der Versuch einer drahtlosen Telegrafenverbindung zu einem fahrenden Zug erfolgreich. → Samoa

15 Mi In Berlin verlangen die Vertreter von Bauernvereinen auf einer Vorstandssitzung die Aufrechterhaltung der Importzölle auf Lebensmittel.

16 Do Im US-Bundesstaat Pennsylvania beschließt die Mehrheit der Arbeiterverbände das Ende des seit Mai andauernden Bergarbeiterstreiks.

17 Fr Im französischen Abgeordnetenhaus scheitert ein Misstrauensantrag gegen den Ministerpräsidenten Emile Combes.

18 Sa Die Weigerung der russischen Zarin, die aus bürgerlichem Haus stammende serbische Königin zu empfangen, ist Anlass einer Regierungskrise in Serbien.

19 So Unter Beteiligung staatlicher und städtischer Behörden gründet sich in Berlin die »Deutsche Gesellschaft zur Bekämpfung der Geschlechtskrankheiten«.

20 Mo In München gründet Franz Klasen, Herausgeber der Zeitschrift »20. Jahrhundert«, eine Gesellschaft fortschrittlicher Katholiken.

21 Di Das britische Kolonialministerium berichtet von verlustreichen Kämpfen britischer Truppen in Somalia gegen die Streitkräfte dort lebender Stämme.

22 Mi Die in Berlin erscheinende Zeitschrift »Die Woche« veröffentlicht erstmals Bilder von der Ziehung der Lottozahlen. → Goldrausch

23 Do Der Reichstag legt die Zölle für Gerste und Hafer fest. +++ Der französische Sozialistenführer Jean Jaurès wirft den Bergwerksgesellschaften Gewinnsucht vor.

24 Fr Der französische Radrennfahrer Henri Contenet verbessert auf der Pariser Buffalo-Rennbahn den Weltrekord im Dauerfahren über eine Stunde auf 75,5 km.

25 Sa Die Akademie Münster wird durch die Einrichtung einer juristischen und staatswissenschaftlichen Fakultät zur Universität erhoben.

26 So Das Kunsthistorische Museum in Wien beklagt einen Verlust: Das Schwert des Bauernführers Stephan Fadinger ist gestohlen worden.

27 Mo Die berühmte französische Schauspielerin Sarah Bernhardt gastiert im Berliner Schauspielhaus und tritt damit erstmals in Deutschland auf.

28 Di Die Modistinnen von Paris fordern Urheberrechtsschutz für ihre Hutmodelle. +++ Bei einer Bombenexplosion in Italien werden mehrere Kinder verletzt.

29 Mi Prinz Eitel Friedrich von Preußen, der zweite Sohn des deutschen Kaisers Wilhelm II., wird 19-jährig an der Universität Bonn immatrikuliert.

30 Do Mit der Aufführung von »Iphigenie auf Tauris« schließt das Alte Schauspielhaus in Frankfurt am Main. Das neue Haus öffnet zwei Tage später.

31 Fr Zum Abschluss der Fahrradsaison teilen die Händler mit, dass die Fahrradpreise aufgrund steigender inländischer Produktion sinken.

November 1902

1 Sa Die Universität Wittenberg feiert ihr 400-jähriges Bestehen. +++ In Wien wird die XV. Ausstellung der Secession eröffnet. → Geheimabkommen

2 So In Kolumbien stoßen Soldaten mit US-Truppen zusammen, die einen Militärtransport im Gebiet des Panamakanals verhindern wollen.

3 Mo Der russische Großfürst Paul Alexandrowitsch wird wegen seiner Heirat mit einer geschiedenen Frau aus dem Dienst im Gardecorps entlassen.

4 Di Bei einer durch Feuerwerkskörper zur Feier des republikanischen Wahlsiegs verursachten Explosion sterben in New York 15 Menschen.

5 Mi Dem französischen Autorennfahrer Henry Fournier gelingt mit einer Geschwindigkeit von 123,272 km/h ein neuer Weltrekord.

6 Do Der Kölner Weihbischof Anton Hubert Fischer wird zum Erzbischof von Köln gewählt. Sein Vorgänger, Erzbischof Simar, war im Mai verstorben. → Caruso

7 Fr Nach einem Kompromiss zwischen französischen Bergleuten und Arbeitgebern über die Erhöhung der Altersrenten endet der Streik in den Zechen.

8 Sa In Marokko breiten sich die Aufstände der Kabylen gegen die Soldaten von Abd Al Asis aus. Auch im Land lebende Ausländer sind bedroht. → Zirkus

9 So In Bochum gründen die im Ruhrgebiet lebenden Polen eine Berufsvertretung. +++ Wegen Verschuldung wird der Komponist Pietro Mascagni verhaftet.

10 Mo Eine Brandkatastrophe beschädigt in New York die kurz vor der Vollendung stehende Williamsburg-Brücke über den East River.

11 Di Die Berliner Organisation der Schulärzte dehnt ihren Wirkungsbereich auf alle Volksschulen der deutschen Reichshauptstadt aus.

12 Mi In Frankfurt am Main wird die Märchenoper »Dornröschen« von Engelbert Humperdinck zum ersten Mal auf die Bühne gebracht.

13 Do Der französische Ingenieur Henry Juillot startet bei Paris zu seiner ersten Fahrt mit dem Luftschiff »Lebaudy I«.

14 Fr Bei einer Entscheidung im Deutschen Reichstag wird zum ersten Mal die namentliche Abstimmung durchgeführt.

15 Sa Die sozialdemokratische Zeitung »Vorwärts« löst mit der Behauptung, der Unternehmer Friedrich Alfred Krupp sei homosexuell, einen Skandal aus.

16 So Die Aufführung von Oscar Wildes »Salome« in Max Reinhardts Kleinem Theater in Berlin wird zu einem großen Erfolg.

17 Mo Zwischen den italienischen Städten Rom und Mailand wird die bis dahin längste Telefonleitung Europas fertiggestellt.

18 Di Nach der Ausweitung eines Massenstreiks in Buenos Aires verhängt die argentinische Regierung den Belagerungszustand über die Hauptstadt.

19 Mi In den ehemaligen Burenrepubliken Südafrikas wird ein halbes Jahr nach dem Ende des Burenkriegs das Kriegsrecht aufgehoben.

20 Do Wegen Falschmeldungen über die Fertigstellung von Bahnstationen entlässt Russlands Finanzminister Sergej Witte bei einer Inspektionsreise sibirische Beamte.

21 Fr Zum ersten Mal wird im »Theater an der Wien« in der österreichischen Hauptstadt Franz Lehárs Operette »Wiener Frauen« aufgeführt.

22 Sa An der schweizerisch-italienischen Grenze wird versucht, mit Hilfe von Spezialzäunen den Schmuggel einzudämmen. → Villa Hügel

23 So In einem Volksentscheid stimmen die Schweizer für die Bundessubventionierung der Primarschulen. +++ Ausländische Truppen räumen Schanghai.

24 Mo In der kubanischen Hauptstadt Havanna kommt es zu militärischen Übergriffen auf streikende Arbeiter der Zigarrenfabriken.

25 Di Das britische Unterhaus genehmigt mit der Mehrheit von 231 zu 120 Stimmen die Brüsseler Zuckersteuerkonvention.

26 Mi An der Universität Barcelona kommt es zu Tumulten unter den Katalanen, weil künftig nur in spanischer Sprache gelehrt werden darf. → Hungersnot.

27 Do Die italienische Regierung legt einen Entwurf zur Reform des Familiengesetzes vor, der die Scheidung ermöglicht. Die Kirche verhindert das Gesetz.

28 Fr Die Reichstagsdebatte um das Kartellwesen muss unterbrochen werden, weil der Präsident nach einem lautstarken Streit keine Ruhe mehr herstellen kann.

29 Sa Die Zeitung »Tag« veröffentlicht in ihrer illustrierten Beilage Bilder von amerikanischen Indianern und dokumentiert ihre Dezimierung.

30 So Vermittler aus den USA erreichen eine Kampfpause im kolumbianischen Bürgerkrieg. Sie wollen die Zeit für eine Friedenslösung nutzen.

1. November 1902

Geheimabkommen Rom-Paris

Italien und Frankreich schließen ein geheimes Neutralitätsabkommen. Italien erklärt darin in aller Form, strikte Neutralität zu wahren, falls Frankreich zur Verteidigung seiner Ehre und seiner Sicherheit einen Krieg erklärt oder aber auch selbst angegriffen wird. Im Falle eines französischen Angriffs auf Deutschland würde das neue Abkommen mit den Vereinbarungen in Kollision kommen, die Italien im Dreibund mit Deutschland und Österreich-Ungarn eingegangen ist. Im Gegenzug erklärt sich Paris bereit, Italiens Annexionsbestrebungen im zum Osmanischen Reich gehörenden Tripolis nicht zu behindern.

26. November 1902

Hungersnot in Schweden

Als dramatische Folge des regnerischen und kalten Sommers, der Missernten in vielen Gebieten verursacht hat, leiden die Menschen in den nordschwedischen Grenzgebieten zu Finnland unter einer Hungersnot. Die schon im Vorjahr geringen Erträge in der Landwirtschaft konnten nicht ausgeglichen werden, so dass die Vorratshäuser und Scheunen leer geblieben sind. Zusätzliche Versorgungsengpässe durch Unruhen in Finnland machen den Menschen das Leben noch schwerer.

22. November 1902

Tod in der Villa Hügel

Nach offizieller Erklärung erliegt der schon seit langem an Asthma und Herzschwäche leidende Industrielle Friedrich Alfred Krupp einem Schlaganfall. Vermutungen, er habe Selbstmord begangen, widersprechen Hausarzt und Familie. Sein Tod wird jedoch in Zusammenhang mit einem Skandal gebracht. Danach veröffentlichte der sozialdemokratische »Vorwärts« einen Artikel, der dem Industriellen homosexuelle Verbindungen nachsagte. Die Behauptungen wurden von der Familie Krupp umgehend dementiert und von der staatsnahen Presse verurteilt.

Friedrich Alfred Krupp

deutscher Industrieller, * 17.2.1854 Essen; † 22.11.1902 Essen

Krupp übernahm die Leitung des Stahlkonzerns von seinem Vater Alfred, der aus der einst kleinen Firma einen Weltkonzern gemacht hatte. Friedrich Alfred Krupp, der die wissenschaftliche Stahlforschung begründete, baute den Konzern stetig aus. Seit 1890 begann er mit der Herstellung von Panzerplatten und erweiterte die Firma um mechanische Werkstätten. In Duisburg-Rheinhausen ließ der Unternehmer das moderne Hüttenwerk errichten. Krupp, der die Flottenpolitik von Kaiser Wilhelm II. unterstützte, baute die schon bestehenden Wohlfahrtseinrichtungen und Arbeitersiedlungen weiter aus.

- ab 1887: Übernahme der Essener Kruppwerke
- 1893: Erwerb der Grusonwerke in Magdeburg
- 1897: Bau des Hüttenwerks in Duisburg-Rheinhausen
- 1902: Übernahme der Germania-Werft

10. Dezember 1902

Staudamm in Assuan

In einer feierlichen Zeremonie wird der weltgrößte Staudamm offiziell seiner Bestimmung übergeben. Mit der Fertigstellung dieser gigantischen Anlage, an der 25 000 Menschen vier Jahre lang gearbeitet haben, besteht nunmehr die Möglichkeit, 10 Mio. t Wasser zu stauen. Die Bewässerung des Niltals ist damit zum ersten Mal regulierbar geworden.

Über Jahrtausende hatte der Rhythmus des Flusses das Leben der Menschen in seinem Tal bestimmt. Die heftigen Regenfälle, die von Juni bis September in Äthiopien niedergehen, lassen den Wasserstand des Blauen Nil um das Vierzigfache ansteigen. Zusammem mit dem Weißen Nil führen die Wassermassen zur jährlichen Überschwemmung des Niltals.

Mit dem Staudamm gibt es erstmals die Möglichkeit, die fruchtbaren Felder am Nil das ganze Jahr über gleichmäßig zu bewässern. Zudem wird durch ein komplexes System von Seitendämmen und Kanälen die Fläche des fruchtba-

8. November 1902

US-Zirkus kehrt heim

Nach einem vierjährigen umjubelten Gastspiel in Europa trifft der US-Zirkus »Barnum & Bailey« wieder in New York ein. Er gehört zu den berühmtesten Unternehmen seiner Art, nicht zuletzt, weil er in jeder Hinsicht Superlative zu bieten hat. Mehr

als 100 Tiere, darunter zahlreiche Pferde, Affen, 23 Elefanten, ein Büffel, ein Nilpferd, zwei Giraffen, vier Känguruhs, vier Zebras und sieben Kamele sowie waghalsige Showdarbietungen lockten das Publikum in Scharen. Die bislang bekannten Wanderzirkusse in Europa sind oft kleine Familienbetriebe. Die großen Zirkusunternehmen – wie Renz, Busch und Sarrasani – bringen ihre Schau zumeist in festen Gastspielhäusern.

Blick auf den Nilstaudamm mit den Schleusen (rechts) für die den Nil befahrenden Schiffe; im See die Insel Philä mit altägyptischen Bauwerken, darunter ein Isis-Tempel.

ren Bodens vergrößert. Für insgesamt 100 000 Bauern soll in kurzer Zeit kultivierbares Land gewonnen sein. Wasser für das gesamte Gebiet bietet der Stausee mehr als genug. Mit einer Länge von 175 km und einer Tiefe von 20 m reicht er an die aus Granit bestehende Staumauer. Diese überbrückt den Nil auf einer Länge von 2 km. Die 180 Schleusen des gewaltigen Damms besitzen je nach Tiefe des Flussbettes unterschiedliche Weiten und Stärken und müssen einem enormen Wasserdruck standhalten. Die Kosten des Damms betragen insgesamt 100 Mio. Mark.

Theodor Mommsen

deutscher Historiker, * 30.11.1817 Garding/Schleswig; † 1.11.1903 Berlin

Mommsen machte sich als Wissenschaftler und Politiker einen Namen. Im preußischen Abgeordnetenhaus und im Deutschen Reichstag war er ein erklärter Gegner Otto von Bismarcks. Seine Rolle als Wissenschaftler und Geschichtsschreiber interpretierte er mehr als Künstler denn als Gelehrter. Er verband fundiertes Fachwissen mit Phantasie, um zwischen Wissenschaft und Dichtung zu vermitteln.

- 1848: Professor in Leipzig
- 1881-1884: Mitglied im Deutschen Reichstag
- 1902: Nobelpreis für Literatur

10. Dezember 1902

Nobelpreis für Historiker

Mit dem Nobelpreis für Literatur wird der deutsche Historiker Theodor Mommsen geehrt. Er erhält die Auszeichnung für sein Monumentalwerk »Römische Geschichte«. Anlässlich der Preisverleihung kritisiert der nationalliberale Abgeordnete, dass die heutige Politik einen Interessenkampf der egoistischen, persönlichsten Art eingeführt habe und damit die öffentliche Moral getötet habe. Weitere Nobelpreise gehen u.a. an Emil Fischer (Chemie), Pieter Zeemann (Physik) und Ronald Ross (Medizin).

6. November 1902

Steiler Aufstieg Carusos

Mit seiner einzigartigen Stimme schlägt der italienische Tenor Enrico Caruso (Abb.: als Bajazzo in dem gleichnamigen Opernwerk von Leoncavallo) sein Publikum in den Bann. Am Mailänder Teatro Lirico singt der Star die Partie des Maurizio in der Uraufführung von Francesco Cilèas Oper »Adriana Lecouvreur«. Der Beifall des Premierenpublikums gilt vor allem dem Gesang Carusos, der seinen unaufhaltsamen Aufstieg fortsetzt. Begonnen hatte seine Karriere 1898, als er ebenfalls am Teatro Lirico in der Uraufführung von Umberto Giordanos Oper »Fedora« mitwirkte. Publikum wie Fachwelt waren hingerissen von der Sangeskunst des in ärmlichen Verhältnissen aufgewachsenen Tenors.

Dezember 1902

1 Mo Der Rottenburger Bischof Paul Wilhelm Keppler wendet sich gegen die modernen Bestrebungen der »Reform-Katholiken«.

2 Di Die Pariser Regierung lässt fünf französischen Bischöfen die Gehälter sperren, weil sie gegen das Kongregationsabkommen protestiert hatten.

3 Mi Während an der deutschen Nordseeküste Stürme hohe Sachschäden anrichten, herrscht an der Ostsee strenger Frost bis -20 °C.

4 Do Die US-Armee führt Uniformen in der neuen Farbe »olive-drab« ein, welche die Kleidung im auffälligeren Khaki ersetzen.

5 Fr Während eines Zwischenaufenthalts auf dem Breslauer Bahnhof warnt Kaiser Wilhelm II. eine Arbeiterdelegation vor sozialistischen Einflüssen.

6 Sa Der spanische Ministerpräsident Práxedes Mateo Sagasta tritt nach heftigen Angriffen der Opposition zurück.

7 So Zu Ehren ihres verstorbenen Firmenchefs Friedrich Alfred Krupp finden für die Belegschaften aller Krupp-Werke in Essen, Bochum und Kiel Trauerfeiern statt.

8 Mo Vertreter Deutschlands und Großbritanniens stellen der Regierung Venezuelas ein Ultimatum für die Befriedigung ihrer Geldforderungen.

9 Di Im oberägyptischen Assuan werden die letzten Arbeiten am Nil-Staudamm erledigt. Das gewaltige Bauwerk ist 2 km lang.

10 Mi Die venezolanische Regierung berät über ein Ultimatum Deutschlands und Großbritanniens über Darlehensrückzahlungen. → Assuan → Nobelpreis

11 Do Bei einer Dynamitexplosion auf der Zeche Gneisenau in Derne bei Dortmund kommen 13 Menschen ums Leben.

12 Fr In Rom werden die zwischen Italien und Abessinien geschlossenen Verträge über die Ansprüche beider Staaten auf Gebiete Eritreas veröffentlicht.

13 Sa Deutsche und britische Kriegsschiffe beschießen die Stadt Puerto Caballo in Venezuela als Reaktion auf die Beschlagnahme eines britischen Dampfers.

14 So Nach einer 19-stündigen Mammutsitzung stimmt die Mehrheit des Deutschen Reichstags für das neue Zolltarifgesetz, um das ein Jahr gestritten wurde.

15 Mo In Paris wird der diesjährige Autosalon eröffnet, auf dem unter anderem der erste Achtzylindermotor vorgestellt wird.

16 Di Die Zweite Kammer des Württemberger Landtags lehnt mit großer Mehrheit die Abschaffung des Religionsunterrichts in der Volksschule ab.

17 Mi Bei einem Erdbeben, das die Stadt Ansischan in Turkestan fast völlig zerstört, sterben 2500 Menschen. 300 000 werden in der Region obdachlos.

18 Do Die Regierung der USA übernimmt die Vermittlerrolle im Konflikt zwischen Venezuela und seinen Gläubigern Deutschland, Großbritannien und Italien.

19 Fr Die Firma Edison Electric & Co. bringt in der Stadt Harrison im US-Bundesstaat New Jersey erstmals elektrische Weihnachtsbaumkerzen auf den Markt.

20 Sa Die wegen Millionenbetrugs und Hochstapelei seit Monaten gesuchte Familie Humbert wird in Madrid festgenommen.

21 So Der erste Verkehrspolizist in Berlin bezieht seinen Posten an der Kreuzung Unter den Linden/Friedrichstraße.

22 Mo Der russische Außenminister Wladimir N. Graf Lamsdorf bricht zu Gesprächen mit den Regierungen in Belgrad, Sofia und Wien über den Balkan auf.

23 Di Papst Leo XIII. bezeichnet den Gesetzentwurf der italienischen Christdemokraten zur Ehescheidung als »Erschütterung der christlichen Ordnung«.

24 Mi Zu handfesten Auseinandersetzungen zwischen Opposition und Regierung kommt es in der neu gewählten griechischen Nationalversammlung.

25 Do Eine im Ruhrgebiet einmalige Varietee-, Revue- und Operettenbühne wird im Olympia Theater in Dortmund eröffnet.

26 Fr In einem Leichtgewichts-Boxkampf in Hot Springs, USA, siegt Battling Nelson nach 42 Niederschlägen durch k.o. in der 17. Runde gegen Christy Williams.

27 Sa Der Sultan von Marokko, Abd Al Asis, sendet 10 000 Soldaten in den Kampf gegen aufständische Berberstämme, die bis zur Stadt Fes vorgerückt sind.

28 So Mit pompösen Feierlichkeiten wird der britische König Edward VII. in Delhi zum Kaiser von Indien proklamiert.

29 Mo Auf dem zweiten preußischen Lehrertag in Magdeburg bezeichnen Delegierte die Besoldung der Volksschullehrer als unbefriedigend.

30 Di Spanien entsendet Kriegsschiffe in die nordafrikanische Hafenstadt Tanger und hält wegen der Kabylenaufstände in Marokko Eingreiftruppen bereit.

31 Mi Unter der Regie von Konstantin Stanislawski wird das Schauspiel »Nachtasyl« von Maxim Gorki am Moskauer Künstlertheater uraufgeführt.

Januar 1903

1 Do Ein deutsches Zentralarbeitersekretariat nimmt seine Arbeit auf. Erster Sekretär wird der Sozialdemokrat Robert Schmidt. → Rechtschreibreform → Indien

2 Fr Wegen Beleidigung einer Schauspielerin wird der Kritiker der »Täglichen Rundschau« in Berlin zu 14 Tagen Gefängnis und einer Geldstrafe verurteilt.

3 Sa In Wien beginnt die deutsch-tschechische Ausgleichskonferenz. Hauptthema ist die Sprachenregelung in Böhmen und Mähren.

4 So Das preußische Kriegsministerium erklärt in Berlin, dass es jedem selbst überlassen sein sollte, in Duellen seine Ehre zu wahren.

5 Mo Der neue Außenminister Serbiens, Simeon Lozanić, tritt in Belgrad sein Amt an. +++ Práxedes Mateo Sagasta, Ex-Premier von Spanien, stirbt in Madrid.

6 Di In Bern heiratet Albert Einstein Mileva Maric. Der 23-jährige Physiker ist seit Sommer 1902 beim Schweizer Patentamt angestellt.

7 Mi Werftarbeiter aus Stettin erklären öffentlich, sie seien zu einer Loyalitätserklärung gegenüber Kaiser Wilhelm II. gezwungen worden. → Tanz

8 Do Burenführer aus Südafrika fordern in einer Petition eine allgemeine Amnestie für ihre gegen Großbritannien kämpfenden ehemaligen Soldaten.

9 Fr In Gera treten die Kassenärzte in den Streik. Sie fordern eine bessere Bezahlung ihrer Leistungen durch die Krankenkassen.

10 Sa Argentinien und Chile schließen ein Abkommen über eine beiderseitige Reduzierung ihrer Kriegsflotten und Armeen.

11 So Der katholische Priester Adolf von Berlichingen beginnt in Würzburg eine Vortragsreihe zum Thema Reformation, die von Protestanten heftig kritisiert wird.

12 Mo Die Vorschläge der österreichischen Regierung zur Sprachenregelung in Böhmen und Mähren werden von den Tschechen abgelehnt.

13 Di Unter dem Titel »Babel und Bibel« erläutert der deutsche Archäologe Friedrich Delitzsch neue Erkenntnisse über die assyrische Kultur und das Alte Testament.

14 Mi Ein Karlsruher Schwurgericht verurteilt den Studenten Fritz Ruff, der im Duell einen Kommilitonen getötet hat, zu dreieinhalb Jahren Festungshaft.

15 Do Die britische Regierung protestiert unter Hinweis auf internationale Verträge gegen die Fahrt eines russischen Torpedobootes durch die Dardanellen.

16 Fr Das französische Parlament verabschiedet mit 339 gegen 185 Stimmen ein Gesetz, das die bretonische Sprache im Religionsunterricht verbietet. → Marokko

17 Sa In Peking wird ein Denkmal für Klemens Freiherr von Ketteler enthüllt. Der ehemalige deutsche Gesandte war 1900 von Aufständischen ermordet worden.

18 So Mit zehn gegen neun Stimmen lehnt die Synode der reformierten niederländischen Kirche die Zulassung einer Frau für das Predigeramt ab.

19 Mo Das Oberverwaltungsgericht in Berlin bestätigt das Aufführungsverbot für das Drama »Maria Magdalena« von Paul von Heyse, weil es die Religion angreife.

20 Di Deutsche Zeitungen berichten von einem regen Handel mit Doktortiteln. Vor allem Zahnärzte würden ihre Diplome an US-Universitäten kaufen. → Cakewalk

21 Mi Deutsche Kanonenboote bombardieren das venezolanische Fort San Carlos. Hintergrund sind ausstehende Schulden des südamerikanischen Landes.

22 Do Der US-Senat genehmigt den von Präsident Theodore Roosevelt vorgelegten Hay-Herrán-Vertrag über den Bau des Panamakanals.

23 Fr Im Berliner Kleinen Theater feiert die deutsche Erstaufführung von Maxim Gorkis Drama »Nachtasyl« einen großen Erfolg.

24 Sa Eine Versammlung ehemaliger liberaler Minister Spaniens verabschiedet ein neues Parteiprogramm, das u.a. eine engere Bindung an Portugal vorsieht.

25 So Die internationale Meisterschaft im Eiskunstlauf in Davos gewinnt das Wiener Paar Szabo/Euler. Bei den Herren siegt der Schwede Ulrich Salchow.

26 Mo Aus dem Südosten Europas werden Angriffe von Wolfsrudeln auf Menschen gemeldet. Starke Schneefälle treiben die hungrigen Wölfe bis in die Dörfer.

27 Di Das Deutsche Reich feiert den 44. Geburtstag von Kaiser Wilhelm II. mit Militärparaden und Umzügen der Krieger- und Schützenvereine.

28 Mi Der schweizerische Bundesrat berät über das Einfuhrverbot von Brieftauben. Der Import soll künftig durch die Militärbehörden genehmigt werden.

29 Do Ein seit zwei Tagen andauernder Eisenbahnerstreik in den Niederlanden führt zu ernsthaften Transportproblemen innerhalb des Landes.

30 Fr Die in Kattowitz erscheinende Zeitung »Gornoslazak« ruft die Polen zum Widerstand gegen die sog. Germanisierungspolitik Preußens auf.

31 Sa Der Reichstag verabschiedet ein Abkommen über gegenseitigen Patent-, Muster- und Markenschutz mit der Schweiz und Österreich. → Kinderarbeit

16. Januar 1903

Berber für freies Marokko

Vor der marokkanischen Hafenstadt Tanger verschärfen sich die Kämpfe zwischen Truppen von Sultan Abd Al Asis und Berberstämmen, die sich gegen die Politik des Landesherrn auflehnen. Abd Al Asis (Abb.: Mitte, mit ausländischen Botschaftern) kollaboriert mit den europäischen Kolonialmächten, allen voran mit Frankreich und Spanien.

Für ein freies Marokko setzt sich der Halbbruder des Sultans ein, der die revoltierenden Berberstämme anführt. Nach mehrwöchigen Auseinandersetzungen sehen die europäischen Mächte ihre Gebiete in Marokko gefährdet und senden Kriegsschiffe in die Küstengewässer. Unter dem Vorwand, Landsleute schützen zu wollen, demonstrieren sie militärische Stärke. Marokko bleibt auch in den Folgejahren ein Krisenherd, da sich Frankreich, Spanien, Großbritannien, Italien und das Deutsche Reich nicht über ihre Interessengebiete einig werden können.

Isadora Duncan

US-Tänzerin, * 26.5.1877 San Francisco; † 14.9.1927 Nizza

Isadora Duncan bestritt ihre ersten Tanzvorführungen in New York. Der Erfolg des von ihr kreierten freien Tanzes stellte sich jedoch erst in Europa ein. Dabei brach sie barfuß tanzend mit den Traditionen des klassischen Balletts. Trotz großen Erfolgs wurde ihr Stil noch zu Lebzeiten als gekünstelt kritisiert. Wie den freien Tanz proklamierte sie auch die freie Liebe. So gab sie die Väter ihrer beiden Töchter nie bekannt. Der tragische Tod Isadora Duncans ereignete sich während einer Autofahrt, als sich ihr Seidenschal in den Speichen eines Rades verfing.

- 1898: Erster Solotanzabend in New York
- 1901: Durchbruch in Paris
- 1904: Gründung der Duncan-Tanzschule in Berlin
- 1909: Wenig erfolgreiche Tournee durch die USA
- 1922: Heirat mit dem erheblich jüngeren sowjetischen Dichter Sergej A. Jessenin

7. Januar 1903

Erneuerin der Tanzkunst

In einem Interview mit dem »Berliner Tageblatt« erläutert die Tänzerin Isadora Duncan ihre Auffassung vom modernen Tanz. Er dürfe »nicht eingezwängt werden in harte Formen, die jeder Empfindung bar sind«. Die Berliner Kritiker feiern Isadora Duncan als die »Neuentdeckerin des Tanzes«.

1. Januar 1903

Neuer Kaiser für Indien

In Delhi wird König Edward VII., König von Großbritannien und Irland, zum Kaiser von Indien erhoben. Der Monarch reist jedoch nicht selbst in die britische Kolonie. An seiner Stelle nimmt Herzog Arthur von Connaught die Würde aus den Händen des britisch-indischen Vizekönigs, George Nathaniel Curzon, entgegen. Zu der feierlichen Zeremonie in der traditionsreichen Stadt der Moguln sind die bedeutendsten Fürsten des Subkontinents angereist, um dem obersten Herrscher der Kolonie ihre Loyalität zu bekunden (Abb.: Einzug des Herzogs von Connaught in Delhi). Seit dem antibritischen Sepoyaufstand 1857/58 untersteht Indien direkt der englischen Krone. Nach der Niederschlagung der Revolte wurde der Großmogul abgesetzt. Der britische Generalgouverneur erhielt den Titel eines Vizekönigs. Damit endete auch die Existenz der Britisch-Ostindischen Kompanie, die im 18. Jahrhundert die Macht Großbritanniens begründet hatte. Premierminister Benjamin Disraeli veranlasste 1876 die Erhebung des britischen Herrschers zum Kaiser von Indien. Königin Viktoria nahm als erster britischer Monarch den Titel »Kaisar-i-Hind« an.

20. Januar 1903

Cakewalk schüttelt Tanzbeine

Der Berliner Publizist Theodor Wolff berichtet über den sich ausbreitenden Modetanz »Cakewalk«. Der Tanz soll Mitte des vorigen Jahrhunderts bei einem Fest in den USA entstanden sein, als der Gastgeber für die beste Tanzpantomime einen Kuchen (Cake) als Preis aussetzte. In den Ballsälen Europas sorgt die rhythmische Modeerscheinung innerhalb kürzester Zeit für Aufsehen und wird beliebtes Darstellungsmotiv (s. Abb.).

Stanzarbeit für künstliche Blumen; Kinder werden oft viele Stunden am Tag zur Arbeit herangezogen, um das Einkommen der Familie aufzubessern.

31. Januar 1903

Arbeitende Kinder – zu müde für die Schule

Der Deutsche Reichstag genehmigt den Gesetzentwurf über gewerbliche Kinderarbeit. Danach dürfen Kinder sämtliche Arbeiten in Ziegeleien, Baubetrieben, im Schornsteinfegergewerbe, in Fuhrwerksunternehmen u.a. fortan nicht mehr ausüben.
Andererseits dürfen eigene Kinder nicht wie bisher erst ab einem Alter von zwölf, sondern schon ab zehn Jahren in allen anderen Bereichen beschäftigt werden. Zudem werden Arbeitszeiten großzügiger gehandhabt. Das Gesetz stößt bei sozialen Organisationen auf Kritik. Mediziner verweisen auf gesundheitliche Schäden aufgrund großer Belastung für die noch nicht ausgewachsenen Körper. Auch die Lehrer protestieren, denn die überanstrengten Kinder seien kaum mehr zum Lernen fähig. Das Gesetz bleibt ferner ohne ergänzende Kontrollmaßnahmen-Regelung.

16. Februar 1903

Kuba lässt US-Flotte einlaufen

Die USA erhalten die Genehmigung zur Errichtung von Flottenstützpunkten auf Kuba. Ein entsprechendes Abkommen unterzeichnet Tomás Estrada Palma, Präsident der Republik Kuba, mit Regierungsvertretern der Vereinigten Staaten. Daraufhin sollen die Häfen Guantanamo und Bahia Honda ab März für US-Zwecke ausgebaut werden. Der Vertrag ist eine Folge des sog. »Platt-Amendments«. Dabei handelt es sich um die Verankerung von Punkten in der kubanischen Verfassung, die den USA Vorteile auf dem Inselstaat sichern. Die Regierung in Washington machte die Aufnahme dieser Reglements zur Bedingung, als es um die Entlassung der Karibik-Insel in die Souveränität ging.
Neben der Errichtung der Stützpunkte verzichtet die kubanische Regierung gemäß dem »Platt-Amendment« auf die Insel Isla de Pinos und gesteht den USA das Recht zu, in Kuba zu intervenieren. Der Inselstaat ist wegen seiner territorialen Nähe und als Rohstofflieferant für die USA von besonderem Interesse.

1. Januar 1903

Rechtschreibung reformiert

Eine neue Rechtschreibung tritt im Deutschen Reich, in Österreich und in der Schweiz in Kraft. Die neuen vereinheitlichten Regeln beruhen auf dem Wörterbuch von Konrad Duden aus dem Jahre 1880. Wesentliche Änderungen sind die Eliminierung des »th« in vielen Fällen (z.B. Turm statt Thurm), das Ersetzen des französischen »C« durch das »Z« (Zitat statt Citat) und die Einführung des »ie« und doppelter Vokale als Dehnungsmerkmal (Illustrierte statt Illustrirte). Der ehemalige preußische Kultusminister Robert von Puttkamer hatte bereits im Jahre 1880 eine Übergangsregelung zur Rechtschreibreform vorgelegt, die aber allgemein als unzulänglich eingeschätzt wurde (Abb.: Puttkamer wird in einer Karikatur vom Sockel gestoßen).

Februar 1903

1 So Im Deutschen Theater Berlin kann Max Dreyers Stück »Tal des Lebens« wegen der Zensur nur in einer geschlossenen Vorstellung uraufgeführt werden.

2 Mo Die russische Regierung bestätigt ein mit Persien geschlossenes Zollabkommen, das dem Zarenreich günstige Handelsbedingungen garantiert.

3 Di Kanzler Bernhard Graf von Bülow spricht sich gegen die weitere Verfolgung der Jesuiten im Deutschen Reich aus. Sein Vorschlag ist heftig umstritten.

4 Mi Die Schriftsteller Thomas Mann und Jakob Wassermann lesen in der Berliner Lessing-Gesellschaft aus noch nicht veröffentlichten Werken.

5 Do Preußens Innenminister bestätigt Willkür und Amtsmissbrauch der Polizei und spricht sich für eine bessere Ausbildung aus.

6 Fr Das US-Repräsentantenhaus in Washington verabschiedet ein Gesetz über die Kontrolle von Trustbildungen durch die Regierung.

7 Sa Die Abgeordneten des Deutschen Reichstags diskutieren über sozialpolitische Fragen, u.a. die Herabsetzung der Arbeitszeit und den Arbeiterschutz.

8 So Die »Marconischen Funkgeräte« informieren die Passagiere des Atlantikdampfers »Minneapolis« während ihrer Reise über die jüngsten Weltereignisse.

9 Mo Delegierte des Bundes der Landwirte beschließen in Berlin eine verstärkte Mitgliederwerbung. Kritisiert wird die Zollpolitik des Deutschen Reichs.

10 Di In den zum Osmanischen Reich gehörenden Balkangebieten flammen erneut Unabhängigkeitskämpfe der Makedonier und Albaner auf.

11 Mi Anton Bruckners neunte Sinfonie wird in Wien uraufgeführt. +++ Die zweite württembergische Kammer genehmigt eine Novelle zum Volksschulgesetz.

12 Do In der Kathedrale von Canterbury wird das künftige Oberhaupt der anglikanischen Kirche inthronisiert. Neuer Erzbischof ist Randall Davidson.

13 Fr Das dänische Parlament diskutiert eine Steuerrefom, wonach u.a. die Vermögens- und Immobiliensteuern erhöht werden sollen.

14 Sa Das Deutsche Reich, Großbritannien und Italien heben die seit Dezember bestehende Seeblockade vor Venezuelas Küste auf und beenden damit die Krise.

15 So Die belgische Kammer genehmigt mit 83 gegen 24 Stimmen eine Erhöhung der Alkoholsteuer. Der Zoll auf Branntwein steigt um bis zu 50%.

16 Mo Der ehemalige Führer der Unabhängigkeitsbewegung der Philippinen, Emilio Aguinaldo, bittet die USA um Wirtschaftshilfe. → Kuba

17 Di Vor dem Parlament in Sofia rechtfertigt der bulgarische Ministerpräsident die Auflösung des revolutionären makedonischen Komitees in seinem Land.

18 Mi Im schottischen Glasgow bricht in den Docks am Ufer des Clyde ein gewaltiges Feuer aus. Der Schaden wird auf umgerechnet 1 Mio. Mark geschätzt.

19 Do Das italienische Abgeordnetenhaus lehnt einen Antrag auf Reduzierung der Militärausgaben mit 129 zu 64 Stimmen ab.

20 Fr Das österreichische Parlament verabschiedet das umstrittene Wehrgesetz. Es sieht u.a. die Verlängerung der Militärdienstzeit auf zwei Jahre vor.

21 Sa Das US-Repräsentantenhaus in Washington genehmigt den Gesetzentwurf zum Schutze des Präsidenten, das sog. Anarchistengesetz.

22 So In Wien stirbt der Komponist Hugo Wolf. +++ Max Reinhardt engagiert den Maler Lovis Corinth als Berater für das Neue Theater in Berlin.

23 Mo Preußens Minister für öffentliche Arbeiten untersagt dem Eisenbahnpersonal jegliche sozialdemokratische Agitation und droht mit Entlassungen.

24 Di In der spanischen Stadt Cádiz werden bei Auseinandersetzungen von streikenden Arbeitern mit der Polizei mehrere Menschen getötet.

25 Mi Der Bund der Kaufleute wird in Berlin gegründet. Schon in den ersten Tagen treten ihm über 200 000 Interessierte bei.

26 Do Ein Antrag der Regierung über ein gesetzmäßiges Streikverbot löst in den Niederlanden eine Protestwelle aus.

27 Fr Der französische Senat in Paris genehmigt das neue Wehrgesetz, in dem u.a. die Dauer der Wehrpflicht auf zwei Jahre festgelegt ist.

28 Sa Konservative, Nationalliberale, Reformpartei und Landwirte in Sachsen wollen sich auf die Reichstagswahlen im Juni gemeinsam vorbereiten.

März 1903

1 So Die Wiederherstellung der Grenzen des alten Gallien fordert Emile Deschanel, Ex-Präsident des französischen Abgeordnetenhauses. → Fingerabdruck

2 Mo Das britische Oberhaus kritisiert die Kooperation Großbritanniens mit dem Deutschen Reich in der Venezuela-Affäre. Vorteile hätten nur die Deutschen.

3 Di Die USA verabschieden ein Einwanderungsgesetz. Danach können die Behörden z. B. Anarchisten die Einwanderung verweigern.

4 Mi Aufgrund einer Marinevorlage, die einen Kriegsflottenausbau vorsieht, bewilligen die USA die finanziellen Mittel für drei Schlachtschiffe.

5 Do Die SPD fordert im Reichstag angesichts willkürlicher Verhaftungen durch die Polizei eine Entschädigungspflicht des Staates für Betroffene.

6 Fr Die letzten Vorbereitungen für die Deutsche Automobilausstellung in Berlin laufen. Sie zeigt Entwicklungen im Auto- und Zweiradbau. → Bagdadbahn

7 Sa Der »Verband Pfälzer Vereine für Bewegungsspiele« wird gegründet. +++ In Wien öffnet die Frühjahrsausstellung der Wiener Secession.

8 So In den Niederlanden kommt es zu Protestveranstaltungen gegen die von der Regierung eingebrachte Antistreiknovelle. → Gefängnis

9 Mo Mit einem Vortrag beginnt in Frankfurt am Main der drei Tage dauernde 1. Kongress zur Bekämpfung der Geschlechtskrankheiten.

10 Di In der Umgebung der makedonischen Stadt Monastir kämpfen makedonische und bulgarische Aufständischen gegen das türkische Militär.

11 Mi Der Erzbischof von Köln, Anton Hubert Fischer, legt den Eid auf Kaiser Wilhelm II. ab. +++ Die britischen Konservativen verlieren eine Nachwahl in Woolwich.

12 Do Die serbische Presse berichtet, Zar Nikolaus II. von Russland schenke Serbien anlässlich dessen Proklamationsjubiläums zum Königreich 10 Mio. Patronen.

13 Fr Der Landtag von Sachsen-Altenburg überreicht Herzog Ernst I. zu seinem 50-jährigen Regierungsjubiläum 100 000 Mark für gemeinnützige Zwecke.

14 Sa In einem Antrag an den Landesausschuss von Elsass-Lothringen fordern Vertreter verschiedener Parteien die Revision der Verfassung.

15 So Bayerische Nationalliberale sprechen sich gegen Versuche aus, Bayern als katholische Vormacht gegen das protestantische Preußen auszuspielen.

16 Mo US-Präsident Theodore Roosevelt kritisiert die Abneigung gutsituierter Amerikanerinnen, Kinder in die Welt zu setzen.

17 Di Die britische Regierung beantragt beim Unterhaus finanzielle Mittel für den Bau mehrerer Schiffe der Kriegsmarine, darunter auch für zehn Unterseeboote.

18 Mi Einige Abgeordnete des britischen Unterhauses verlangen den sofortigen Rücktransport gefangener Buren nach Südafrika.

19 Do Kanzler Bernhard Graf von Bülow erklärt in einer außenpolitischen Debatte, dass das Deutsche Reich dabei bleibe, keine Orientpolitik zu betreiben.

20 Fr Am neunten Todestag des ungarischen Politikers Lajos Kossuth kommt es in Budapest zu Massendemonstrationen für die Unabhängigkeit Ungarns.

21 Sa Die US-Tänzerin Isadora Duncan gastiert in Wien. +++ Schweden und Norwegen bewilligen Geld für die Opfer einer Hungersnot in Skandinavien. → Sklaverei

22 So Bei einem verheerenden Vulkanausbruch bei Galera de Zamba in Kolumbien kommen zahlreiche Menschen ums Leben.

23 Mo Der Prozess gegen das »Blumenmedium« Anna Rothes beginnt in Berlin. Sie soll in ihren spiritistischen Sitzungen mit Tricks gearbeitet haben.

24 Di Die Kapkolonie, Natal, Transvaal, die Oranje-Kolonie und Südrhodesien unterzeichnen eine Zollkonvention, die Einfuhren aus Großbritannien begünstigt.

25 Mi Die britische Regierung bringt im Unterhaus einen Gesetzentwurf ein, der die schlechten sozialen Verhältnisse irischer Landarbeiter verbessern soll.

26 Do Das preußische Abgeordnetenhaus in Berlin verabschiedet ein Gesetz über die Gewährung von Wohngeldzuschüssen.

27 Fr In Agram (Zagreb) finden ungarnfeindliche Demonstrationen kroatischer Organisationen und Studenten sowie gewalttätige Auseinandersetzungen statt.

28 Sa Der britische Gouverneur der Kapkolonie verfügt eine Amnestie für politische Häftlinge. Daraufhin werden 527 Gefangene niederländischer Herkunft entlassen.

29 So In den südlichen Gebieten Somalias kommt es zu Auseinandersetzungen zwischen britischen Kolonialtruppen und Unabhängigkeitskämpfern.

30 Mo In einem geheimen Schreiben warnt der Chef des Generalstabes der deutschen Armee vor einem Generalstreik und sozialistischen Umtrieben im Kriegsfall.

31 Di Aufgrund der sich ausbreitenden russischen Studentenunruhen wird in St. Petersburg die Universität vorübergehend geschlossen.

19. April 1903

Terror gegen Juden

In der bessarabischen Stadt Kischinew ereignet sich ein Pogrom, bei dem mehrere Juden auf offener Straße erschlagen werden. Die Ausschreitungen beginnen am Sonntag des russischen Osterfestes und dauern drei Tage an. Es handelt sich um den bisher größten antisemitischen Terrorakt in Russ-

Erschlagene Opfer der Judenverfolgung in Kischinew werden in einem Gebäude aufgebahrt. Insgesamt sterben 49 [...]schen bei den Ausschreitungen in der bessarabischen Stadt, über 400 werden verletzt.

29. April 1903

Makedonien wird Krisenherd

Ein Bombenanschlag zerstört die Filiale der Ottomanbank im makedonischen Saloniki. Die Explosion wurde von bulgarischen Attentätern verursacht, die sich gegen die türkische Verwaltung Makedoniens auflehnen. Auch in den Folgetagen kommt es zu Sprengstoffanschlägen. Schließlich

verhängen die Türken das Standrecht über die Provinz. Ziel der revolutionären Kräfte ist die Autonomie Makedoniens. Mehrere Gruppen kämpfen gegen die Türken, aber auch gegeneinander. So erheben Griechen, Serben, Bulgaren und Albaner Anspruch auf das Land (Abb.: Die bulgarischen Rebellen »Makedonisches Komitee«). Das Ausland befürchtet einen bevorstehenden Balkankrieg zwischen Bulgarien und der Türkei und interveniert im Streit um Makedonien. Das Osmanische Reich verspricht schlichtende Reformen.

1. März 1903

Fingerabdruck verrät Täter

Die Polizei in Dresden identifiziert Verbrecher ab sofort über Fingerabdrücke. Der Erkennungsdienst der Elbestadt stellt das Verfahren, die sog. Daktyloskopie, der Öffentlichkeit vor.

Die neue kriminalistische Technik gründet auf der Tatsache, dass die Linien an den Fingerspitzen eines Menschen unveränderlich und einzigartig sind. Das Verfahren, Menschen anhand ihrer Fingerabdrücke zu klassifizieren, unterscheidet Bogen, Schleifen, Wirbel und ihre Kombinationen. Durch ein kompliziertes Unterteilungssystem entstehen 1024 Möglichkeiten, die Zuordnung zu erleichtern. Zur Untersuchung werden die Fingerspitzen mit schwarzer Farbe bestrichen und auf eine Metallplatte abgerollt. Der Kriminalist kann in einer Kartei mit eventuell schon existierenden Abdrücken vergleichen und so die Person überführen. Die Daktyloskopie stößt bei Kriminalbeamten auf erhebliches Interesse. Bisher diente der Polizei die Bertillonage zur Identifizierung von Personen. Bei diesem Verfahren werden Fotografien von Verdächtigen angefertigt, die Länge ihrer Gliedmaßen erfasst sowie unveränderliche Kennzeichen wie z.B. Augenfarbe festgehalten. Die Ergebnisse werden auf Karteikarten in einer zentralen Stelle in Berlin registriert und können bei Bedarf verglichen werden. Die Daktyloskopie scheint den Beamten mit ihrem unkomplizierteren Verfahren zukunftsweisend.

land. Augenzeugen berichten, dass die Polizei untätig geblieben sei, als Christen ihre jüdischen Mitbürger verstümmelten und ermordeten. Keinem Plünderer sei Einhalt geboten worden, vielmehr hätten die Beamten die Bürger von Kischinew noch zur Eskalation ermutigt. Höhergestellte Damen seien in Wagen durch die Straßen gefahren, um sich an den furchtbaren Szenen der Judenverfolgung zu ergötzen. Nach Bekanntwerden der Greueltaten erhebt sich internationaler Protest. Den staatlichen Stellen werden eklatante Versäumnisse vorgeworfen. Die lokale Zeitung »Bessarabez« hatte bereits seit Wochen anitsemitische Artikel veröffentlicht, die eine ohnehin bedrohliche Stimmung in der Region geschürt hatten. Im Ausland wird der Verdacht laut, dass der russischen Regierung der Antisemitismus der Bevölkerung gelegen käme, um von innenpolitischen Problemen abzulenken. Aus diesem Grund, so wird vermutet, sei den Behörden das Eingreifen verboten worden. Für diesen Verdacht spricht auch das Verhalten von Innenminister Wjatscheslaw K. Plewe, der erst nach vier Wochen Stellung zu den Vorfällen in Kischinew bezieht. Er begründet das Pogrom damit, dass ein jüdischer Bürger »als Sozialist gegen den Zaren wühle« und deshalb vom rechtsgläubigen Russen gehasst werde. In Russland leben über fünf Mio. Juden – die Hälfte aller Juden weltweit. Meist fristen sie in Städten zusammengedrängt ein kümmerliches Dasein im Kleinhandwerk. Russifizierungsbestrebungen stoßen meist auf wenig Resonanz, so dass Juden in Russland eine Ghettoexistenz führen. Schon 1881 war es in Südrussland zu Ausschreitungen gekommen.

6. März 1903

Freie Fahrt für Bagdadbahn

Die letzten noch ausstehenden Abkommen zum Bau der Bagdadbahn werden in Konstantinopel unterzeichnet. Damit sind die Weichen für eine Unternehmung gestellt, die insbesondere dem Deutschen Reich erhebliche Vorteile verschafft. Die Verkehrsverbindung soll im März 1904 in Bau gehen und vom türkischen Angora (Ankara) über Konya und Bagdad bis in die Hafenstadt Basra am Persischen Golf führen. Insgesamt soll eine Strecke von 1800 km gebaut werden.
Die Bagdadbahn wird zum Politikum. Insbesondere Großbritannien und Russland befürchten einen erheblichen Machtzuwachs Deutschlands im Vorderen Orient sowie eine Stärkung des Osmanischen Reichs in wirtschaftlicher und militärischer Hinsicht. So bleibt die vorgesehene Beteiligung britischer Banken an dem Projekt aus, die Spannungen zwischen Großbritannien und dem Deutschen Reich wachsen (Abb.: Der britische Löwe soll in die von Deutschlands Kaiser Wilhelm II. angelegte Fallgrube der Bagdadbahn tappen; Karikatur aus »Punch«).

21. März 1903

Fesseln der Sklaverei gelockert

Im Reichstag fordert der SPD-Abgeordnete Karl Wilhelm Stolle die Abschaffung der Sklaverei in den Kolonien. Er reagiert damit auf Aussagen von Regierungsvertretern in Deutsch-Ostafrika, die die Sklaverei als ökonomische Grundlage des dortigen Staatswesens bezeichnen.
Bereits seit einigen Monaten bekennt sich die deutsche Regierung zur Abschaffung der menschenunwürdigen Verhältnisse in den afrikanischen und asiatischen Kolonien. Gleichzeitig räumt sie ein, dass Sachzwänge wie Arbeitskräftemangel Hindernisse darstellen (Abb.: Eingeborene in der Polizeitruppe von Deutsch-Neuguinea). Deshalb soll die Sklaverei Schritt für Schritt abgeschafft werden. Die Leibeigenschaft soll solange aufrecht erhalten werden, bis der »Neger freiwillig seine Arbeitskraft dem europäischen Kulturträger zur Vefügung stellt«, weisen die Kolonialbeamten die Kritik der Parlamentarier zurück. Sklavenmärkte sind bereits seit 1901 gesetzlich verboten. Der Verkauf eines Menschen ist nur noch mit behördlicher Genehmigung erlaubt. Freilassungen sind gegen Zahlung von Ablösesummen möglich.

8. März 1903

Gefängnis für Streikende

Tausende niederländische Arbeiter protestieren gegen die Antistreiknovelle der Regierung. In den Städten demonstrieren Massenversammlungen Einigkeit gegen die Gesetzesvorlage von Ministerpräsident Abraham Kuyper. Die von ihm vorgelegte Novelle ist Reaktion auf einen Massenstreik der niederländischen Eisenbahner, die sich sich seit Ende Januar im Ausstand befinden. Nach Kuyper ist dieser Streik »ein wahnsinniges Attentat auf den Hauptfaktor des Verkehrslebens... und ein tyrannisches Zwangsmittel«. Sein Gesetzentwurf sieht deshalb z.T. hohe Gefängnisstrafen für Arbeiter vor, die einen Kollegen moralisch zum Streik drängen. Auch streikende Angestellte und Beamte im öffentlichen Dienst sollen entsprechende Verurteilungen erhalten. Besonders hohe Haftstrafen von bis zu sechs Jahren sollen entsprechend der Gesetzesvorlage verhängt werden, wenn der Streik zum Erfolg führt. Auch sollen die Führer der Aktionen mit drakonischen Maßnahmen zu rechnen haben. Kritik erntet Ministerpräsident Kuyper nicht nur von der Arbeiterschaft, sondern auch von linken und liberalen Parlamentariern. Es kommt zu heftigen Auseinandersetzungen unter den Abgeordneten. Erst als die Gewerkschaften Mitte April mit einem Generalstreik drohen, lenkt die Regierung ein und erkärt ihre Bereitschaft, die Maßnahmen der Antistreiknovelle zu entschärfen.

April 1903

1 Mi Während des Bergrennens Nizza–La Turbie verunglückt der russische Fahrer Graf Louis Zborowski mit seinem Mercedes tödlich.

2 Do US-Präsident Theodore Roosevelt bekräftigt, dass die isolationistische Monroe-Doktrin weiterhin eine Basis der US-Außenpolitik sei.

3 Fr Die französische Regierung sperrt die Gehälter von Pfarrern in der Bretagne, die trotz Verbots in bretonischer Sprache predigen.

4 Sa Die erste Lokomotive durchfährt den großen Albulatunnel der schweizerischen Albulabahn, die von Thusis nach St. Moritz im Engadin führt.

5 So Deutsche, italienische, niederländische und US-Kriegsschiffe treffen zu Beobachtungszwecken in der Dominikanischen Republik ein.

6 Mo Aus Protest gegen das von der Regierung geplante Antistreikgesetz legen die niederländischen Eisenbahner die Arbeit nieder.

7 Di Der Versuch König Alexanders I. von Serbien, die Verfassung außer Kraft zu setzen und damit z.B. Presse- und Versammlungsfreiheit aufzuheben, scheitert.

8 Mi Der vereinbarte Abzug Russlands aus der Mandschurei beginnt mit der Verlegung russischer Soldaten an die Bahnlinie nach Port Arthur.

9 Do Die zweite niederländische Kammer genehmigt das umstrittene Antistreikgesetz, das am nächsten Tag von der ersten Kammer verabschiedet wird.

10 Fr Die französische Regierung ordnet den Ausschluss aller den Kongregationen angehörenden Geistlichen vom Predigeramt an.

11 Sa Aufsehen erregt der Tod eines Soldaten in Essen, der seinen Offizier nicht gegrüßt hatte und in der darauf folgenden Auseinandersetzung erstochen wurde.

12 So Der französische Sozialistenkongress beginnt in Bordeaux. +++ In Madrid befürworten republikanische Gruppierungen einen Zusammenschluss.

13 Mo Der Sultan von Marokko, Abd Al Asis, entlässt alle in Fes angestellten Europäer, um die rebellierenden Berber und moslemischen Untertanen milde zu stimmen.

14 Di Thema der in Berlin beginnenden Tagung der freien kirchlich-sozialen Konferenz ist die Stellung der Frau in der kirchlichen und bürgerlichen Gemeinde.

15 Mi In Finnland setzt der russische Zar per Erlass die Verfassung für drei Jahre außer Kraft und erteilt dem Generalgouverneur diktatorische Vollmachten.

16 Do Das kanadische Parlament löst mit der Erhebung von Einfuhrzöllen auf deutsche Waren einen Zollkrieg zwischen Kanada und dem Deutschen Reich aus.

17 Fr Polnische und deutsche Sozialdemokraten in Oberschlesien beschließen die Aufstellung gemeinsamer Kandidaten für die Reichstagswahlen im Juni.

18 Sa Die Erzbischöfe von Paris, Reims und Lyon protestieren gegen das von der französischen Regierung ausgesprochene Amtsverbot für einige Prediger.

19 So Bei Demonstrationen von arbeitslosen Landarbeitern in der italienischen Stadt Galatina kommt es zu gewalttätigen Auseinandersetzungen. → Terror

20 Mo Zar Nikolaus II. spricht sich für eine Reform des höheren Schulwesens in Russland und damit für eine technikorientierte Ausbildung aus.

21 Di In Berlin erscheint das »Reichs-Abeitsblatt«, das über die Entwicklungen auf dem Arbeitsmarkt informiert. Herausgeber ist das kaiserliche statistische Amt.

22 Mi Das Deutsche Reich verbietet per Gesetz die Verwendung von weißem und gelbem Phosphor für die Herstellung von Zündhölzern.

23 Do Das britische Unterhaus wird über die Kosten für den Burenkrieg in Südafrika und den Boxeraufstand in China informiert. Sie betragen 217 Mio. Pfund.

24 Fr Durch einen neuen russisch-chinesischen Handelsvertrag sichert sich Russland die wichtigsten Handelsprivilegien in der Mandschurei.

25 Sa In Venedig wird der Grundstein für den Neubau des Campanile von San Marco gelegt. Er war im Juli 1902 eingestürzt.

26 So Da sich die Regierung in Wien den Ansprüchen der Deutschen in Böhmen und Mähren füge, sprechen ihr tschechische Parteien das Vertrauen ab.

27 Mo König Edward VII. von Großbritannien trifft in Rom ein. Er spricht mit Viktor Emanuel III. von Italien und wird von Papst Leo XIII. empfangen.

28 Di Wie das »Berliner Tageblatt« meldet, wird Reichskanzler Bernhard Graf von Bülow das Jesuitengesetz dem Bundesrat nicht zur Aufhebung vorlegen.

29 Mi Die Mönche der Grande Chartreuse, die Kartäuser, müssen ihr Kloster in der Nähe von Grenoble auf behördliche Anordnung verlassen. → Makedonien

30 Do Der Deutsche Reichstag verabschiedet eine Novelle zum Krankenversicherungsgesetz. Die Sozialdemokraten fordern weitere Verbesserungen.

Mai 1903

1 Fr Die bislang rivalisierenden Großmächte Großbritannien und Frankreich nähern sich an. Der britische König Edward VII. besucht für vier Tage Paris.

2 Sa In den Ausstellungshallen in Moabit wird die Große Berliner Kunstausstellung eröffnet. U.a. sind die Impressionisten Monet und Pissarro zu sehen.

3 So Die Nationalliberale Partei distanziert sich in einem Aufruf zu den Reichstagswahlen, die im Juni stattfinden, von sozialdemokratischem Gedankengut.

4 Mo Wegen wachsender Unruhen in Makedonien und Ausschreitungen gegen die Türken führen die osmanischen Behörden in Saloniki das Standrecht ein.

5 Di Auf dem »Kafetierkongress« in Berlin beraten deutsche und österreichische Kaffeehausbesitzer über die Lösung ihrer wirtschaftlichen Probleme.

6 Mi Im dänischen Kopenhagen verabschiedet das Abgeordnetenhaus, das Folketing, ein Gesetz über die einheitliche Eigentumssteuer.

7 Do In Paris, Straßburg, Friedrichshafen, Zürich, Wien, Berlin, St. Petersburg, Rom, Madrid und Boston starten Ballons zu meteorologischen Forschungsflügen.

8 Fr Südlich der marokkanischen Oase Figuig nahe der Grenze zu Algerien wird ein französischer Lebensmitteltransport von Berbern überfallen. → Gauguin

9 Sa In Nordalbanien kämpfen türkische Truppen gegen Albaner, die gegen die Durchsetzung geplanter Reformen sind.

10 So Der Diplomat Hermann Freiherr von Eckardstein weist auf die Gefahr hin, die von der britisch-französisch-russischen Annäherung ausgehe.

11 Mo Das britische Unterhaus debattiert darüber, ob Großbritannien, Japan und die USA Maßnahmen gegen die Politik Russlands in der Mandschurei treffen sollen.

12 Di Das ungarische Abgeordnetenhaus berät über Maßnahmen gegen die Unruhen, die in Kroatien ausgebrochen sind. → Design

13 Mi Der Hilfsverein der deutschen Juden ruft zu Spenden für die Opfer des Judenpogroms in der russischen Stadt Kischinew auf.

14 Do Das Land Württemberg setzt den Höchstbetrag der Einkommensteuer auf fünf Prozent bei einem Einkommen von 200 000 Mark im Jahr fest.

15 Fr Kolonialminister Joseph Chamberlain berichtet über die wirtschaftlichen Probleme Großbritanniens im Verhältnis zu seinen Kolonien.

16 Sa Arbeitgeberverbände drohen mit der Schließung von Weser-Werften, sollte es zu keiner Einigung mit den Gewerkschaften über Arbeitszeit und Lohn kommen.

17 So In Dresden gründet sich der »Zentralverband Deutscher Konsumvereine«. Die Initiatoren sind Konsumvereine, die den Sozialdemokraten nahestehen.

18 Mo An der Technischen Hochschule in Wien kommt es zu Auseinandersetzungen zwischen klerikalen und alldeutschen Studentenvereinigungen.

19 Di Der österreichische Ministerpräsident Ernest von Koerber rechtfertigt das Vorgehen in Laibach (Ljubljana) gegen Slowenen und Kroaten.

20 Mi Im russischen Ufa wird während Arbeiterunruhen der Gouverneur Nikolai Modestowitsch Bogdanowitsch Opfer eines Attentats.

21 Do Der britische Langstreckenläufer Alfred Shrubb läuft in London Weltrekord über drei Meilen in 14:17,6 min.

22 Fr In der »Deutschen Zeitung« erscheint ein Brief Leo N. Tolstois, in dem der russische Schriftsteller gegen den Judenpogrom in Kischinew protestiert.

23 Sa Auf den Müggelbergen bei Köpenick in der Nähe Berlins findet die feierliche Grundsteinlegung für eine Bismarckwarte statt.

24 So Prinz Heinrich von Preußen, ein Bruder von Kaiser Wilhelm II., trifft zu Gesprächen mit der spanischen Regierung in Madrid ein. → ADAC

25 Mo Die Kreissynode Berlin-Köln-Stadt debattiert heftig über Maßnahmen gegen die Unsittlichkeit und die Prostitution.

26 Di Papst Leo XIII. ordnet Feierlichkeiten zum 50. Jahrestag der Verkündigung des Dogmas von der unbefleckten Empfängnis der Jungfrau Maria an.

27 Mi Die britische Regierung informiert das Unterhaus über Absprachen der Großmächte, die die Einflusssphären in Persien betreffen. → Telefunken

28 Do Das britische Unterhaus berät über Zollstreitigkeiten mit dem Deutschen Reich wegen des Exports deutscher Waren nach Kanada.

29 Fr Russland feiert das 200-jährige Bestehen seiner Hauptstadt St. Petersburg mit zahlreichen Gästen aus ganz Europa.

30 Sa Im Königlichen Kunstausstellungsgebäude am Münchener Königsplatz wird die Sommerausstellung der Münchener Secession eröffnet.

31 So Der französische Gouverneur in Algerien wird während einer Inspektionsreise an der algerisch-marokkanischen Grenze angegriffen. → Fußballmeister

+++ Maler Gauguin stirbt +++ Erster deutscher Fu

11. Juni 1903

Serbischer König gemeuchelt

Serbische Offiziere ermorden in der Nacht König Alexander I. Obrenović und seine Frau Draga (s. Abb.) im Belgrader Königspalast. Mit dem Monarchenpaar werden weitere Regierungsmitglieder in ihren Häusern getötet. Der Putsch wird von Dragutin Dimitrijević angeführt. Der 27-jährige Offizier gilt als Verfechter eines radikalen großserbischen Nationalismus. Er findet moralische Unterstützung bei einem Großteil der serbischen Bevölkerung, da König Alexander in den vergangenen Monaten durch diktatorische Maßnahmen in Misskredit geraten war. Auch wurde seine kinderlose Ehe mit der bürgerlichen Draga Mašin in der Öffentlichkeit kritisiert. Die Attentäter ernennen Jovan Avakumović zum neuen Regierungschef des Landes. Am 24. Juni erhebt die serbische Nationalversammlung Peter Karadordević als Nachfolger Alexanders auf den Thron. Er wird in der Kathedrale von Belgrad gekrönt und leistet den Eid auf die Verfassung von 1889, die wieder in Kraft gesetzt wurde.

12. Mai 1903

Design der Wiener Werkstätten

Das Projekt »Wiener Werkstätten« wird in der österreichischen Hauptstadt gegründet. Initiatoren des neuartigen Design-Prinzips sind der Architekt Josef Hoffmann, der Graphiker und Design-Pionier Koloman Moser sowie der Financier Fritz Waerndorfer.

Ihre Ideen sollen in allen Sparten Anwendung finden: Architektur, Innenausstattung, Mode, Schmuck etc. Grundgedanke der als »Productivgenossenschaft von Kunsthandwerkern in Wien« eingetragenen Einrichtung ist die Abkehr von der Massenproduktion des Jugend- und Secessionsstils. Das neue Design soll die gefälligen fließenden Formen ablehnen, sich die Merkmale des Materials zu eigen machen und diese bei der Gestaltung herausarbeiten (Abb.: Stuhl in klaren Formen von Koloman Moser). Schon bald arbeiten in den Werkstätten die herausragendsten Handwerker der Donaumetropole. Inspiration für die Wiener Werkstätten fand Josef Hoffmann in Großbritannien. Dort lernte er die »Guild and School of Handicrafts« von Charles Robert Ashbee kennen. Ashbee fertigte Entwürfe an, die von begabten Arbeitern in seiner Schule verwirklicht wurden und direkt an den Käufer gelangten. Die Wiener Designer orientierten sich zugleich an der klaren Linienführung des Schotten Charles Rennie Mackintosh und seiner Glasgower Schule.

8. Mai 1903

Gauguin tot – Bilder verrotten

Der französische Maler Paul Gauguin stirbt auf der Südsee-Insel Atuona. Hierher hatte er sich nach sieben Jahren Aufenthalt auf Tahiti zurückgezogen. Gauguin hatte seit einer Woche über Depressionen und körperliche Schmerzen geklagt und nachts mehrfach Ohnmachtsanfälle erlitten. Am nächsten Morgen findet man ihn ohne Bewusstsein.

Beerdigt wird der Künstler auf dem katholischen Friedhof der Marquesas-Inseln. Der Tod des 54-Jährigen findet kaum Beachtung. Seine Hütte wird zum Verkauf angeboten. Die Werke des Malers werden zum Teil aussortiert. Diejenigen, die man für anstößig hält, verrotten. Gauguin wandte sich erst spät der Malerei zu – eine Entscheidung, die dem Pariser Bankkaufmann finanzielle Schwierigkeiten und die Trennung von seiner Ehefrau Mette Sophie Gad eintrug. Seine künstlerische Ausbildung erhielt er von Camille Pissarro, inspiriert wurde er u.a. von Paul Cézanne, mit dem er eng zusammenarbeitete. Neben Aufenthalten in einer bretonischen Künstlerkolonie und auf Martinique lebte Paul Gauguin eine Zeitlang mit Vincent van Gogh in Arles. In der Südsee schließlich suchte der Maler nach den Ursprüngen des Lebens, die er bei den einheimischen Ethnien zu finden hoffte. Sein ornamentaler Flächenstil (Abb.: Selbstbildnis mit Heiligenschein, 1889) war für die Moderne richtungsweisend.

24. Mai 1903

ADAC-Vorläufer gegründet

In Stuttgart heben 25 Anhänger des Zweiradsports die »Deutsche Motorradfahrer-Vereinigung« (DMV) aus der Taufe (Abb.: Gründungsurkunde). Aus dem Verein entwickelt sich später der Allgemeine Deutsche Automobil Club (ADAC).

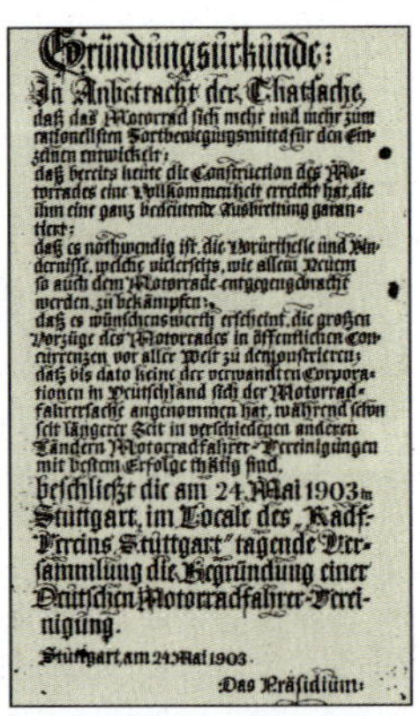

Gründungsurkunde:
In Anbetracht der Thatsache,
daß das Motorrad sich mehr und mehr zum rationellsten Fortbewegungsmittel für den Einzelnen entwickelt;
daß bereits heute die Construction des Motorrades eine Vollkommenheit erreicht hat, die ihm eine ganz bedeutende Ausbreitung garantiert;
daß es nothwendig ist, die Vorurtheile und Hindernisse, welche vielerseits, wie allem Neuem so auch dem Motorrade entgegengebracht werden, zu bekämpfen;
daß es wünschenswerth erscheint, die großen Vorzüge des Motorrades in öffentlichen Concurrenzen vor aller Welt zu demonstrieren;
daß bis dato keine der verwandten Corporationen in Deutschland sich der Motorradfahrersache angenommen hat, während schon seit längerer Zeit in verschiedenen anderen Ländern Motorradfahrer-Vereinigungen mit bestem Erfolge thätig sind,
beschließt die am 24. Mai 1903 in Stuttgart, im Locale des „Radf.-Vereins Stuttgart" tagende Versammlung die Begründung einer Deutschen Motorradfahrer-Vereinigung.
Stuttgart, am 24. Mai 1903.
Das Präsidium.

Die Gründungsmitglieder wollen mit dem DMV Motorradfahrern Hilfeleistung bieten. Aufgaben der Gruppierung sind u.a. die Errichtung von Öl-, Benzin- und sonstigen Hilfsstationen, Rechtsschutz sowie die Einrichtung von Auskunftsstellen über Straßenverhältnisse. Mitglieder sollen in den Genuss von günstigen Unfall- und Haftpflichtversicherungen kommen. Die Zusammenarbeit mit anderen Rad-, Motorrad- und Automobilvereinen soll international das Engagement für den freien Verkehr verbessern. Das Konzept trägt schon bald Früchte: Ende 1903 hat der DMV bereits 1650 Mitglieder.

Die Mannschaft des VfB Leipzig gruppiert sich vor dem ersten Meisterschaftspokal der deutschen Fußballgeschichte. 500 Schaulustige kamen zum Endspiel in Altona.

31. Mai 1903

Erster Fußballmeister

Die erste deutsche Fußballmeisterschaft geht mit dem Sieg des VfB Leipzig über den DFC Prag zu Ende. In Altona erzielen die Leipziger einen spektakulären 7:2 Erfolg gegen ihren Finalgegner. Die Fußball-Premiere wird von einer Reihe Kuriosa begleitet: Die Mannschaft des DFC Prag wird in der zweiten Halbzeit Opfer ihrer schlechten Kondition. Am Vorabend hatten sich die Spieler zum »Abschlusstraining« ausgiebig auf der Hamburger Reeperbahn amüsiert. Zudem waren die Fußballer aus Böhmen durch einen Trick ins Endspiel gerutscht. Ihr ausgeloster Vorrunden-Gegner, Karlsruher FV, hatte eine gefälschte Telegramm-Absage erhalten und die Anreise daraufhin abgebrochen. Das Endspiel selbst fand mit einer halben Stunde Verspätung statt, da der Ball nicht rechtzeitig geliefert worden war.

Fußballmeister bis 1914 *

Jahr	Deutscher Meister (Endspielergebnis)
1903	VfB Leipzig (7:2 gegen DFC Prag)
1905	Union 92 Berlin (2:0 gegen Karlsruher FV)
1906	VfB Leipzig (2:1 gegen 1. FC Pforzheim)
1907	Freiburger FC (3:1 gegen Viktoria 89 Berlin)
1908	Viktoria 89 Berlin (3:1 geg. Stuttg. Kickers)
1909	Phönix Karlsruhe (4:2 gegen Viktoria 89 Berlin
1910	Karlsruher FV (1:0 gegen Holstein Kiel)
1911	Viktoria 89 Berlin (3:1 gegen VfB Leipzig)
1912	Holstein Kiel (1:0 gegen Karlsruher FV)
1913	VfB Leipzig (3:1 gegen Duisburger SV)
1914	SpVgg. Fürth (3:2 gegen VfB Leipzig)

* 1904: kein Meister – Endspiel kurzfristig abgesagt

16. Juni 1903

Reichstagswahlen in Kabinen

Die deutschen Sozialdemokraten erringen große Erfolge bei den Reichstagswahlen. Mit 81 Mandaten werden sie zweitstärkste Fraktion nach dem katholischen Zentrum mit 100 Sitzen. Einbußen zugunsten der Sozialdemokraten müssen insbesondere die bürgerlichen Linksliberalen, die Freisinnige Volkspartei, die Konservativen und das Zentrum hinnehmen. Bei den diesjährigen Wahlen wurden erstmals sog. Isolierzellen aufgestellt, die von den Wählern einzeln betreten werden müssen. Maßnahmen wie diese wurden von den Rechtsparteien im Vorfeld stark kritisiert. Derartige Debatten sorgten für den Stimmenzuwachs der SPD. Der Wahlerfolg der Sozialdemokraten hat allerdings kaum Einfluss auf die künftige Politik des Deutschen Reiches.

27. Mai 1903

Telefunken erforscht Äther

In Berlin gründet sich die »Gesellschaft für drahtlose Telegrafie«, ein Zusammenschluss der Studiengruppen für Funktechnik von AEG und Siemens. Damit wird ein einheitliches Funksystem eingeführt, das den Namen der Telegrammadresse der neuen Gesellschaft, »Telefunken«, erhält. Zwischen den führenden Ingenieuren herrschte auf dem Gebiet der drahtlosen Nachrichtenübermittlung lange Zeit starker Konkurrenzkampf. Schließlich ordnete der deutsche Kaiser Wilhelm II. die Beilegung der Rivalitäten an, da sie sich negativ auf die Arbeitsergebnisse auswirkten. Die Wissenschaftler gerieten zudem gegenüber der italienischen Marconi-Gesellschaft ins Hintertreffen, die ebenfalls mit Entwicklungen für den Nachrichtenverkehr beschäftigt war.

Juni 1903

1 Mo Die belgische Regierung weist Vorwürfe Großbritanniens wegen Misshandlung der schwarzen Bevölkerung in der Kongokolonie zurück.

2 Di In Potsdam berät der »Allgemeine Deutsche Schulverein zur Erhaltung des Deutschtums im Ausland« über die Verbreitung deutscher Kultur in den Kolonien.

3 Mi Die Gesetzesvorlage zur Verstaatlichung der italienischen Eisenbahnen lehnt das Unterhaus in Rom mit großer Mehrheit ab.

4 Do Russland erlässt einen Beschluss, wonach es Juden verboten ist, Land oder Immobilien außerhalb ihres Gouvernements zu erwerben oder zu nutzen.

5 Fr Russische Werftarbeiter protestieren in Nikolajew gegen die Misshandlungen durch einen Meister und treten schließlich zu Tausenden in den Streik.

6 Sa Die Teilnehmer des Kongresses für angewandte Chemie in Berlin streiten über die internationale Patentregelung, die noch nicht weitreichend genug sei.

7 So Der Fürstbischof von Breslau spricht sich gegen nationale Bestrebungen in Polen aus. Im Osten Deutschlands kommt es daraufhin zu polnischen Protesten.

8 Mo Am New Yorker Broadway endet die Spielzeit 1902/03, in der die 26 Theater und Spielstätten 99 Produktionen, davon 44 Musicals, aufführten.

9 Di Württembergs zweite Kammer kritisiert die Einmischung des Klerus in die Reichstagswahl. Pfarrer hätten versucht, Gemeindemitglieder zu beeinflussen.

10 Mi Ein Großfeuer im Daimler-Werk in Cannstatt bei Stuttgart richtet schwerste Schäden an und verwüstet das Gelände. Alle Automobile verbrennen.

11 Do Die nationalliberale Partei Badens erklärt, der Hauptfeind der anstehenden Reichstagswahl sei die katholische Zentrumspartei. → König

12 Fr Die in Oberschlesien lebenden Katholiken protestieren beim Vatikan gegen einen Hirtenbrief, der nationalistische Aktionen der Polen unchristlich nennt.

13 Sa US-Präsident Theodore Roosevelt versichert, dass Washington einen Rücktritt Kolumbiens vom Kanal-Vertrag mit den USA nicht akzeptieren werde.

14 So Nach dem Verbot der Fronleichnamsprozessionen durch die französische Regierung kommt es in Nantes zu Auseinandersetzungen mit Klerikalen.

15 Mo Die Maschinenfabrik Krag im norwegischen Kristiania (Oslo) stellt die erste mechanische Frankiermaschine der Welt her.

16 Di Koloman von Széll tritt von seinem Amt als ungarischer Ministerpräsident zurück. Károly Graf Khuen-Hédeváry wird sein Nachfolger. → Reichstagswahlen

17 Mi Ein drei Tage dauernder Generalstreik im spanischen Barcelona legt den gesamten Verkehr lahm. Trotzdem erhalten die Arbeiter keine höheren Löhne.

18 Do Der italienische Volksschullehrer und spätere Faschistenführer Benito Mussolini wird in Bern wegen sozialistischer Aktionen vorübergehend verhaftet.

19 Fr Berufsfeuerwehren entkräften die Einwände von Warenhausgegnern, in mehrstöckigen Kaufhäusern gebe es eine hohe Feuergefährdung.

20 Sa Der schwedische König Oskar II. verzichtet offiziell auf die norddeutsche Stadt Wismar, die einst zu Schweden gehört hat.

21 So In Laurahütte (Oberschlesien) stören Polen eine Versammlung der Zentrumspartei, der man antipolnisches Verhalten vorwirft.

22 Mo Auf der Insel Malta setzt der britische Gouverneur – u.a. wegen des Sprachenstreits – die seit 1887 existierende Verfassung außer Kraft.

23 Di Das französische Abgeordnetenhaus verabschiedet nach heftigen Diskussionen endgültig das Gesetz über die Säkularisierung der Kongregationen.

24 Mi Peter Karadordević wird in der Belgrader Kathedrale als neuer König von Serbien gekrönt. Er leistet den Eid auf die alte Verfassung von 1889.

25 Do In Athen tritt die griechische Regierung unter Theodoros Delijannis zurück. Nur eine knappe Parlamentsmehrheit hatte ihr das Vertrauen ausgesprochen.

26 Fr Während der Stichwahlen zum Deutschen Reichstag schreitet in Dortmund die Polizei mit Säbeln in Kämpfe zwischen Anhängern gegnerischer Parteien ein.

27 Sa Juden und Christen aus Kischinew überreichen dem russischen Finanzminister eine Denkschrift über die Zerstörungen durch den Judenpogrom.

28 So An der schweizerischen Station Eigerwand wird der erste Teil der Jungfraubahn freigegeben. Der Bau der 9,3 km langen Zahnradbahn dauert bis 1912.

29 Mo Großbritannien überreicht Belgien eine Protestnote wegen der im Kongo verübten Grausamkeiten an der einheimischen schwarzen Bevölkerung.

30 Di Laurie Doherty und Dorothea Douglass holen sich die Einzeltitel beim hochklassig besetzten Tennisturnier von Wimbledon.

Juli 1903

1 Mi Das gesamte Wiener Straßenbahnnetz ist im Besitz der Stadt. 1901 begann die Übernahme des Nahverkehrs durch die Kommune. → Krupp → Tour de France

2 Do Der Sieg des Belgiers Camille Jenatzy auf Mercedes beendet in Irland das vierte Gordon-Bennett-Rennen. Er legte 527 km in 6:39 h zurück.

3 Fr Australische Frauenvereine stellen einen Forderungskatalog für die bevorstehenden Wahlen auf, an denen sie erstmals teilnehmen dürfen.

4 Sa In Bremen wollen Frauenvereine frühere Ladenschlusszeiten durchsetzen. Sie rufen Frauen in Zeitungen dazu auf, ihren Einkauf vor 20 Uhr zu erledigen.

5 So 20 000 Sozialisten demonstrieren in Budapest gegen die mangelnde Abgrenzung des Ministerpräsidenten gegenüber dem österreichischen Kaiserreich.

6 Mo Der Besuch des französischen Staatspräsidenten Emile Loubet in London löst erneut eine Pressediskussion über ein britisch-französisches Bündnis aus.

7 Di In Großbritannien beklagt der Bischof von Ripon den auffälligen Geburtenrückgang während der letzten 18 Jahre.

8 Mi Sintflutartige Regenfälle in den Sudeten und Beskiden führen zu Überschwemmungen. Besonders betroffen ist Schlesien.

9 Do Das »Berliner Tageblatt« veröffentlicht eine Äußerung Kaiser Wilhelm II., wonach er die wachsende Macht der Sozialdemokraten nicht als Gefahr ansehe.

10 Fr Französische Zeitungen berichten über die Verhaftung eines Grafen, der in seinem Haus Orgien und schwarze Messen mit Schülern gefeiert habe.

11 Sa Die Pariser Zeitschrift »Temps« testet die Schnelligkeit des Kabelweges und verschickt ein Telegramm, das nach 60 000 km und 6:20 h wieder in Paris eintrifft.

12 So In der Erdölstadt Baku am Kaspischen Meer treten 45 000 Arbeiter in einen Lohnstreik, der sich bis hin zum Schwarzen Meer nach Odessa ausdehnt.

13 Mo Ein seit Wochen dauernder Sreik der New Yorker Maurer für Arbeitszeitverkürzung und höhere Zulagen wird erfolglos abgebrochen.

14 Di Das Hochwasser in Osteuropa hat das Weichselstromgebiet erreicht. Auch in Warschau überfluten die Wassermassen ganze Straßenzüge.

15 Mi Der Sozialdemokrat Eduard Bernstein fordert von der SPD-Reichstagsfraktion, als zweitstärkste Fraktion einen Sitz im Reichstagspräsidium zu beanspruchen.

16 Do In Berlin kündigt der preußische Kriegsminister Heinrich von Goßler seinen Rücktritt an. Ihm wird u.a. Eigenmächtigkeit vorgeworfen.

17 Fr Der russische Zar Nikolaus II. befiehlt die Abschaffung verschiedener Körperstrafen für Sträflinge in Bergwerken und Zuchthäusern.

18 Sa Großherzog Wilhelm Ernst von Sachsen-Weimar-Eisenach eröffnet in Weimar eine Kunstausstellung mit Werken von Max Klinger.

19 So Sieger der ersten Tour de France ist der Franzose Maurice Garin. Der einzige deutsche Teilnehmer, der Münchner Josef Fischer, erreicht Platz 15.

20 Mo Im Alter von 93 Jahren stirbt in Rom Papst Leo XIII., der die Basis der katholischen Soziallehre legte, an einer Lungenentzündung.

21 Di Laut dem Bericht einer russischen Zeitung droht das Zarenreich mit einem Krieg, falls Japan sich auf dem asiatischen Festland festsetzen sollte.

22 Mi Ein Artikel im »Berliner Tageblatt« fordert die gesetzliche Herabsetzung der täglichen Arbeitszeit für Mädchen über 16 Jahren auf zehn Stunden.

23 Do Die Abgeordneten des britischen Unterhauses in London diskutieren über den deutsch-kanadischen Zollkonflikt. → Modell

24 Fr Die russische Regierung ordnet die sofortige Einziehung des gesamten armenisch-gregorianischen Kirchenvermögens an.

25 Sa Die bulgarischen Sozialdemokraten spalten sich: Die marxistisch orientierte Mehrheit nennt sich Bulgarische Sozialdemokratische Arbeiterpartei.

26 So Die Londoner »Times« veröffentlich das von der kanadischen Regierung herausgegebene »Weissbuch« über den Zollkonflikt mit dem Deutschen Reich.

27 Mo Deutsche Zeitungen kritisieren den freundlichen Empfang von zwei durch Europa reisenden US-Millionären durch die preußischen Behörden.

28 Di König Edward VII. von Großbritannien und seine Frau Alexandra besuchen während ihres Irland-Aufenthaltes die nordirische Stadt Londonderry.

29 Mi Das liberale »Berliner Tageblatt« meldet den Zusammenschluss zweier liberaler Parteien zur »Sozialliberalen Partei«.

30 Do In Brüssel beginnt der II. Parteitag der Sozialdemokratischen Arbeiterpartei Russlands (SDAPR), in dessen Verlauf die Partei sich in zwei Lager aufspaltet.

31 Fr Das Althing, das isländische Parlament in der Hauptstadt Reykjavik, genehmigt die von der dänischen Regierung entworfene Verfassung.

+++ Mythos Tour de France geboren +++ Firmen-

1. Juli 1903

16-Jährige erbt Krupp AG

Die Firma Friedrich Krupp wird in eine Aktiengesellschaft (AG) umgewandelt. Sämtliche Aktien bleiben in Händen des ehemaligen Familienunternehmens. Der im November 1902 verstorbene Chef des Kruppschen Monopols, Friedrich Alfred Krupp, verfügte in seinem Testament die Übernahme sämtlicher Aktiva und Passiva des Unternehmens in eine AG und setzte seine 16-jährige Tochter Bertha als Erbin ein. Bis zu ihrer Volljährigkeit übernimmt ihre Mutter Margarethe die Geschäfte. Die 1811 gegründete Essener Gussstahlfabrik ist zum größten deutschen Industrieunternehmen herangewachsen. Das Stammkapital der AG beläuft sich auf 160 Mio. Mark. Technologien wie das Bessemer-Verfahren ermöglichen die Massenherstellung von Qualitätsstahl. Die steigende Flottenrüstung im Deutschen Reich und der international boomende Eisenbahnbau sichern der Krupp AG riesige Absatzmärkte (Abb.: Ein 60-t-Stahlblock wird aus der Gießgrube gehoben).

9. August 1903

Papstwürden für Pius X.

Kardinal Giuseppe Sarto wird im Petersdom zum Papst gekrönt. Sein Vorgänger, Papst Leo XIII., war am 20. Juli im Alter von 93 Jahren an einer Lungenentzündung gestorben. Als Oberhaupt der katholischen Kirche trägt Sarto von nun an den Namen Pius X. Bereits am Vormittag des 4. August hatte Kardinal Macchi auf dem Petersplatz das Wahlergebnis für das Amt des Pontifex Maximus verkündet, das am ersten Sonntag nach der Wahl durch die Krönungszeremonie im Vatikan traditionell zur Durchführung kommt.

Pius X.

Papst, * 2.6.1835 Riese, Prov. Treviso; † 20.8.1914 Rom

Giuseppe Sarto wurde als Sohn eines Bauern geboren und lebte lange Jahre als Landpfarrer in seiner Heimatregion. Während seines Pontifikats als Pius X. wendete er sich gegen den Reformkatholizismus und gegen die demokratischen Bewegungen in der katholischen Kirche. 1954 wird er von Papst Pius XII. heiliggesprochen.

- 1884: Bischof von Mantua
- 1893: Erzbischof und Patriarch von Venedig
- 1910: Einrichtung des Antimodernisteneids für Geistliche

23. August 1903

Bolschewiken – Menschewiken

Die Sozialdemokratische Arbeiterpartei Russlands (SDAPR) spaltet sich. Bei ihrer zweiten Parteisitzung in London eskalieren die Diskussionen, als Wladimir I. Lenin die Redaktion der Parteizeitung »Iskra« (Funke) von sechs auf drei Mitglieder reduzieren will. Es kommt laut Protokoll zu »allgemeiner Unordnung«, zu »ausgerufenen Drohungen« und »Pfui-Rufen«. Bei der Abstimmung erhält Lenin 25, sein Gegner Julius Martow 20 Stimmen. Das Ergebnis besiegelt die Spaltung der russischen Sozialdemokratie. Lenin-Anhänger werden nach dem Abstimmungsergebnis »Bolschewiken« (Mehrheitler), die Oppositionellen unter Martow »Menschewiken« (Minderheitler) genannt. Diese ironischen Namen prägen sich im Laufe der Zeit ein und werden offizielle Bezeichnungen für die Parteiströmungen der SDAPR.

LE PORTRAIT D

LA VIE AU GRAND A

ABONNEMENTS

24 Juillet 1903. — N° 254.

Rédaction et Administration : 9, Avenue de l'Opéra, PARIS (1er Arr')

MAURICE GARIN, VAINQUEUR DU TOUR DE FRANCE

Le Tour de France, la plus gigantesque course cycliste

jusqu'à ce jour, vient de prendre fin par la victoire de

couvert les 2400 kilomètres du parcours en 94 h. 33 m. —

a été prise au moment où Brillouet, le masseur bien co

sportifs, vient de s'emparer de Garin, pour lui octroyer u

sage bien gagnés. Près de Garin se trouve son plus

(Voir l'article page 499 et suiv.)

Oben: Das Titelfoto der Sportzeitung »La vie au grand air« zeigt den Toursieger Garin mit Sohn und Masseur. Unten: Offizielle Siegerehrung

Henry Ford

US-Industrieller, *30.7.1863 Dearborn, Michigan; † 7.4.1947 Detroit

Der Farmerssohn reparierte nach einer Uhrmacherlehre Lokomotiven und bastelte mit 24 Jahren an Ottomotoren. Im Jahre 1892 stellte er das erste Auto, den »Gasolinwagen«, in Detroit fertig. Nach Schwierigkeiten mit seinen Geldgebern gründete Henry Ford im Jahre 1903 die »Ford Motor Company«, die ihn zum erfolgreichsten Automobilkonstrukteur werden lässt Mit der Erfindung des Fließbandes revolutioniert der Unternehmer im Jahre 1913 die Produktion.

- 1906-19, 1943-45: Präsident der Ford Motor Company
- 1908: Modell T »Tin Lizzy«
- 1914: Verdoppelung der Löhne seiner Arbeiter und soziale Maßnahmen
- 1936: Gründung der Ford Foundation zur Friedenssicherung

23. Juli 1903

Modell A startet Siegeszug

In der US-amerikanischen Stadt Detroit wird das erste Automobil der Ford Motor Company verkauft. Es handelt sich um das sog. Modell A (s. Abb.) und ist mit einem Zweizylindermotor bestückt, der eine Leistung von 8 PS aufbringt. Das Gefährt kostet 950 Dollar (3800 Mark). Damit macht Firmengründer Henry Ford das Automobil für die Allgemeinheit erschwinglich und sichert ihm reißenden Absatz. Bereits im ersten Jahr werden 1708 Exemplare verkauft. 1908 geht das legendäre Modell T in Produktion.

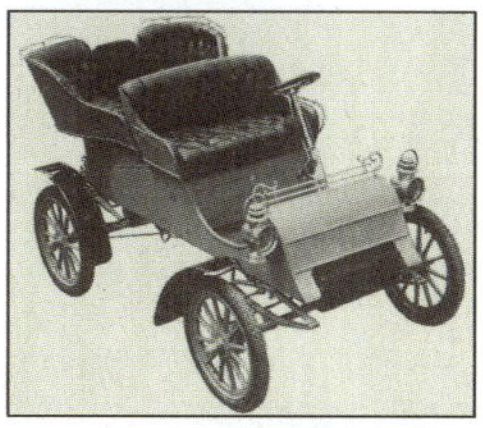

1. Juli 1903

Erster Start zur »Tour der Leiden«

Mit dem Start zur ersten Tour de France wird eine Radrundfahrt aus der Taufe gehoben, die sich bald zum schwersten und bedeutendsten Rennen der Welt entwickelt. Die Premierenfahrt entscheidet der 32-jährige Franzose Maurice Garin für sich. Sein Vorsprung vor dem Zweitplatzierten beträgt knapp drei Stunden.

Die Tour verdankt ihre Gründung dem Konkurrenzstreit zweier Journalisten. Pierre Giffard betreut den »Petit-Journal«-Ableger »Le Vélo«, der frühere Rennfahrer und »La Bicyclette«-Mitarbeiter Henri Desgrange ist Chefredakteur des von dem Reifenfabrikanten Adolphe Clement 1900 gegründeten Fachblatts »L'Auto-Vélo«. Die beiden sind wegen der Dreyfus-Affäre, die Frankreich gesellschaftspolitisch in zwei Lager gespalten hat, auch persönlich verfeindet. Bereits 1902 organisieren sowohl Giffard als auch Desgrange als verkaufsfördernde Maßnahme für ihre Zeitungen je ein Bordeaux-Paris-Rennen. Während Giffard die Auflage seines Blattes steigern kann, stagniert die Publikation von Desgrange. Die Geldgeber werden ungeduldig und verlangen einen wirksamen Verkaufsschub. Als Desgrange aufgrund eines von Giffard erwirkten Gerichtsbeschlusses auch noch den Begriff »Vélo« (Rad) aus seinem Zeitungstitel streichen muss, greift er eine Idee seines Redakteurs Geo Lefèvre auf. Am 19. Januar 1903 annonciert er: »Die Tour de France! Die größte Radprüfung der Welt. Ein Rennen über einen ganzen Monat: Paris – Lyon – Marseille – Toulouse – Bordeaux – Nantes – Paris. 10 000 Francs Siegprämie.« Auf die erste offizielle Ausschreibung melden sich jedoch nur 27 Fahrer. Ständige Aufrufe und direkte Ansprache mobilisieren letztendlich 60 Sportler, die am 1. Juli am Standort Villeneuve-St. Georges die Strapazen des ungewöhnlichen Radrennens auf sich nehmen. Die mit Ersatzreifen und Pannenmaterial bestückten Räder wiegen mehr als 16 kg. Die Fahrer müssen die insgesamt knapp 2500 km lange Strecke durch Frankreich in sechs Abschnitten – unterbrochen von mehrtägigen Ruhepausen – bewältigen.

Die Tour-Etappen

Paris – Lyon (476 km)		
1. Garin	2. Pagie	3. Georget
Lyon – Marseille (374 km)		
1. Aucouturier	2. Georget	3. Brange
Marseille – Toulouse (434 km)		
1. Aucouturier	2. Brange	3. Samson
Toulouse – Bordeaux (268 km)		
1. Laeser	2. Samson	3. Muller
Bordeaux – Nantes (425 km)		
1. Garin	2. Pasquier	3. Pothier
Nantes – Paris (460 km)		
1. Garin	2. Aguereau	3. Samson

Das Wettbewerbsreglement, vor allem die Prämienzahlung, sorgt für Unverständnis. Nach zahlreichen Disqualifikationen werden schließlich 18 Fahrer offiziell in die Wertungsliste der ersten Tour eingeschrieben, darunter auch der einzige deutsche Teilnehmer: Der schon 38 Jahre alte Münchner Josef Fischer, 1896 Sieger bei der Paris-Roubaix-Premiere, kommt auf Platz 15 und erhält noch 25 Francs Preisgeld. »L'Auto«-Chef Desgrange verbucht mit der Rundfahrt einen sportjournalistischen Achtungserfolg. Er verkauft von seiner Zeitschrift 65 000 Exemplare.

August 1903

1 Sa Exilrussen beschließen in Schaffhausen (Schweiz) die Gründung eines »Befreiungsbundes«, der eine liberale Verfassung anstrebt.

2 So Die Hannoversche Maschinenbau-Aktiengesellschaft (HANOMAG) in Linden bei Hannover feiert die Fertigstellung ihrer 4000. Lokomotive.

3 Mo Österreichs Kaiser Franz Joseph I. spricht sich gegen die Ernennung des Kardinals Mariano Rampolla del Tindaro zum Papst aus.

4 Di Der Vatikan verkündet das Ergebnis der Papstwahl: Das neue Oberhaupt der katholischen Kirche ist Kardinal Giuseppe Sarto – nun Papst Pius X.

5 Mi Der französische Lehrerkongress in Marseille befürwortet die kompromisslos antiklerikale Schulpolitik der Regierung.

6 Do Die Bergleute im Ruhrgebiet fordern wirksame Maßnahmen gegen eine Wurmkrankheit und finanzielle Unterstützung der arbeitsunfähigen Kollegen.

7 Fr Im sächsischen Crimmitschau treten Beschäftigte der Textilbranche in einen Lohnstreik, der bis Januar 1904 dauern wird.

8 Sa In Berlin wird der erste Deutsche Abstinententag eröffnet, an dem etwa 2000 Menschen aus mehreren europäischen Ländern teilnehmen.

9 So König Karl von Rumänien trifft zu einer Kur in Bad Ischl ein, wo er mit Kaiser Franz Joseph I. von Österreich zusammentreffen wird. → Pius X.

10 Mo Bei einem Brand in der Pariser Metro sterben mehr als 160 Menschen. Es handelt sich um das bisher schwerste Unglück bei den Pariser Verkehrsbetrieben.

11 Di Wegen der schweren Kämpfe der makedonischen Aufständischen in der Nähe von Saloniki erwägt die osmanische Regierung eine Truppenverstärkung.

12 Mi Japan protestiert gegen die Verlegung russischer Truppen nach Korea und legt der Zarenregierung einen Vertragsentwurf zur territorialen Einigung vor.

13 Do Aufgrund von Querelen im Kriegsministerium tritt das serbische Kabinett unter Jovan Avakumovic zurück, der daraufhin die Regierung umbildet.

14 Fr Box-Weltmeister James J. Jeffries verteidigt in San Francisco seinen Titel im Schwergewicht durch einen k.o.-Sieg über James J. Corbett.

15 Sa Karl von Einem löst Heinrich von Goßler als preußischen Kriegsminister ab. +++ Die Presse berichtet, in Spandau solle ein Schloss errichtet werden.

16 So Der Staatssekretär im Auswärtigen Amt trifft den Großherzog von Baden, um ihn für die Ansiedlung von kirchlichen Orden in Baden zu gewinnen.

17 Mo Der erste Kongress der finnischen Sozialdemokraten plant eine verstärkte Aktion gegen die ständische Verfassung im russischen Großfürstentum Finnland.

18 Di Das Forschungsschiff »Fritjof« verlässt den Stockholmer Hafen zu einer Expedition. +++ Die evangelischen Pfarrvereine halten ihre erste Versammlung ab.

19 Mi Die deutsch-evangelischen Pfarrvereine sprechen sich für einen Zusammenschluss mit der deutsch-evangelischen Landeskirche aus.

20 Do Der österreichische Kaiser Franz Joseph I. führt als König von Ungarn in Budapest Gespräche zur Lösung der ungarischen Regierungskrise.

21 Fr Die Polizei durchsucht die Redaktion des SPD-Blattes »Vorwärts« nach einem Bericht über den Neubau eines kaiserlichen Schlosses in Spandau bei Berlin.

22 Sa Im Alter von 73 Jahren stirbt Robert Arthur Talbot Gascoyne-Cecil, langjähriger Premierminister von Großbritannien.

23 So Auf dem sechsten Zionistenkongress in Basel diskutiert man angesichts des aktuellen Antisemitismus über einen zukünftigen Judenstaat. → Bolschewiki

24 Mo Bei einem Brand des »Pariser Kaufhauses« in Budapest sterben über 60 Menschen. Die Brandschutzvorrichtungen sind äußerst ungenügend.

25 Di In ihrem Abschlussbericht über den Burenkrieg wirft eine Untersuchungskommission der Regierung mangelhafte Vorbereitungen und Information vor.

26 Mi Die Hamburgerische Gewerbeinspektion berichtet, dass sich die Drechslereien der Stadt in einer Krise befinden und Beschäftigte bereits entlassen wurden.

27 Do Ein leitender Arzt der Berliner Unfallstation fordert eine bessere medizinische Versorgung in Urlaubsorten, speziell in den Ostseebädern.

28 Fr Der französische Sozialistenführer Jean Jaurès spricht sich dafür aus, dass ein Sozialdemokrat das Amt eines Vizepräsidenten im Parlament bekleiden solle.

29 Sa Das Apollotheater in Berlin zeigt als Uraufführung zwei Streifen des Filmpioniers Oskar Meßter: »Der lustige Ehemann« und »Der Specht«.

30 So Fritz von Opel, Sohn des Nähmaschinen-, Fahrrad- und Motorwagenfabrikanten Adam Opel, gewinnt zwei erste Preise bei einem Bahnradrennen.

31 Mo Die britische Zeitung »Daily Express« berichtet von antisemitischen Ausschreitungen gegen polnische und rumänische Juden in Dowlais (Südwales).

September 1903

1 Di In Chile führen soziale Spannungen und mehrere Korruptionsskandale zum Sturz der Regierung. Ricardo Matte wird neuer Ministerpräsident. → Städtetag

2 Mi Der Bischof von Marseille protestiert gegen die antiklerikale Politik der französischen Regierung, woraufhin ihm die Behörden sein Gehalt sperren.

3 Do Ein Redakteur des SPD-Blatts »Vorwärts« wird wegen Zeugnisverweigerung verhaftet. Er hatte erfahren, dass Vorgesetze Soldaten misshandeln.

4 Fr Im serbischen Nis werden Offiziere verhaftet, die öffentlich die Bestrafung der Mörder König Alexanders I. fordern.

5 Sa Die diesjährigen Kaisermanöver des deutschen Heeres beginnen in Merseburg mit einem Großen Zapfenstreich.

6 So Sächsische Industrielle fordern die Landesregierung auf, die Wahlrechtsreform zu überarbeiten und u.a. neue Landtagswahlkreise zu bilden.

7 Mo Der österreichische Ministerpräsident Ernest von Koerber eröffnet in Wien die interparlamentarische Friedenskonferenz.

8 Di Britische Gewerkschaften stimmen gegen die von Kolonialminister Joseph Chamberlain geforderten Schutzzölle für Länder, die nicht zum Empire gehören.

9 Mi Zwischen Thusis und Schlagrina wird das letzte Teilstück der schweizerischen Engadinbahn mit dem 5865 m langen Albulatunnel eröffnet.

10 Do Die Teilstrecke des zweiten deutschen Telegrafenkabels durch den Atlantik – von der Insel Borkum zu den Azoren – wird fertiggestellt.

11 Fr Die britische Regierung protestiert gegen die Besetzung einiger kleiner Inseln vor der Nordküste von Borneo durch die USA.

12 Sa Wirtschaftsfachleute fordern bei einem Treffen in Daressalam den Bau von Eisenbahnstrecken in der Kolonie Deutsch-Ostafrika (heute u.a. Tansania).

13 So In Dresden beginnt der SPD-Parteitag. Die Delegierten beraten u.a. über die revisionistischen Tendenzen in ihrer Partei.

14 Mo Die niederländische Regierung bekräftigt bei der Eröffnung der neuen Sitzungsperiode ihren Willen, eine soziale Gesetzgebung zu unterstützen.

15 Di Eine bulgarische Nachrichtenagentur meldet, dass Truppenverstärkungen an der Grenze zum Osmanischen Reich bevorstehen.

16 Mi Franz Joseph I., Kaiser von Österreich und König von Ungarn, fordert in einem Befehl an die Armee die Einheit des österreichisch-ungarischen Heeres.

17 Do Die Regierung des Kongostaates in Brüssel weist die britischen Vorwürfe über Misshandlungen von Eingeborenen zurück.

18 Fr Großbritanniens Kolonialminister Joseph Chamberlain tritt von seinem Amt zurück, um den Kampf für Schutzzölle intensiver führen zu können.

19 Sa Der Schweizer Aeronaut Eduard Spelterini fliegt mit dem Freiballon »Stella« von Zermatt aus über das Matterhorn nach Bignosco im Tessin.

20 So In München werben Frauenvereine mit einer »Ausstellung zur Verbesserung der Frauentracht« für die Verbreitung sog. Reformkleider.

21 Mo In den Vereinigten Staaten wird mit »Kit Carson« der erste Wildwestfilm öffentlich vorgeführt. Er hat elf Szenen und eine Laufzeit von 21 Minuten.

22 Di Die Regierung des Osmanischen Reiches macht in einer diplomatischen Note Bulgaren für die Unruhen in Makedonien verantwortlich.

23 Mi Die deutsche Eisenbahngesellschaft in der Kolonie Deutsch-Südwestafrika erhöht ihre Tarife auf der Strecke zwischen Swakopmund und Windhuk.

24 Do Die russische Regierung befürwortet die von Österreich-Ungarn geforderten Reformen in den europäischen Gebieten des Osmanischen Reiches.

25 Fr Mit einer Aufführung der Oper »Tannhäuser« von Richard Wagner wird das neue Stadttheater im schweizerischen Bern eröffent.

26 Sa Ein Delegiertentag der Liberalen lehnt in Hannover eine Zusammenarbeit mit den Sozialdemokraten bei den bevorstehenden Landtagswahlen in Preußen ab.

27 So Die US-Yacht »Reliance« holt sich in der Atlantikbucht von Sandy Hook den America's Cup der Hochseesegler.

28 Mo Das Herrenhaus in Wien genehmigt die umstrittene österreichisch-ungarische Militärvorlage, die u.a. eine Verlängerung der Wehrzeit auf zwei Jahre vorsieht.

29 Di Im Neuen Theater Berlin hat Oscar Wildes Schauspiel »Salome« Premiere. Für die Schauspielerin Tilla Durieux ist die Titelrolle ihr erster großer Erfolg.

30 Mi Zar Nikolaus II. von Russland besucht Kaiser Franz Joseph I. in Wien, um über das gemeinsame Vorgehen in der makedonischen Frage zu beraten.

Emmeline Pankhurst

britische Frauenrechtlerin * 14.7.1858 Manchester; † 14.6.1928 London

Die aus einer angesehenen Bürgerfamilie stammende Pankhurst (Abb. l. mit ihrer Tochter Christabel) besuchte schon als Jugendliche politische Versammlungen. Die maßgebliche Persönlichkeit der Frauenbewegung zu Beginn des Jahrhunderts wurde bei ihrem Kampf um die Gleichberechtigung der Frauen von ihrem Mann, einem Rechtsanwalt und Abgeordneten, unterstützt. Pankhurst, die mehrmals inhaftiert wurde, gelang es u.a. durch ihre eindrucksvollen Reden auf Massenkundgebungen, ihre Anhängerschaft auch in den oberen Gesellschaftsschichten stetig zu vergrößern.

- 1910: Suffragetten-Demonstration vor dem Londoner Parlament
- 1918: Eintritt in die Konservative und Unionistische Partei
- 1919-25: Aufenthalt in Kanada und den USA

10. Oktober 1903

Kampf der Suffragetten

Der Kampf der Frauen um das Wahlrecht verschärft sich. Gemeinsam mit ihrer Tochter Christabel gründet Emmeline Pankhurst im britischen Manchester die »National Women's Social and Political Union« als sozialen und politischen Landesfrauenverband. Ziel ist die Durchsetzung des Frauenwahlrechts.
Die neue Organisation geht aus einer Kampagne der Textilarbeiterinnen hervor, die von der 23-jährigen Christabel geleitet wurde. Zu den ersten Anhängern und Mitgliedern gehören zunächst überwiegend Beschäftigte der Textilindustrie aus York und Lancashire. Später schließen sich Frauen aus allen Gesellschaftsbereichen den Suffragetten an. Einig sind sich Gründerin und Mitglieder des Verbandes, dass sie den Kampf um das Stimmrecht nicht mit den bisher üblichen »friedlichen, weiblichen Mitteln« erreichen können, weil diese nicht zum Erfolg geführt haben. Eingaben an Regierung und Parlament, Mitarbeit in Parteien und andere legale Aktionen hatten die Wahlrechtsbewegung seit ihren ersten großen Aktionen 1866 in Großbritannien keinen Schritt weitergebracht. Folge war, dass die Arbeit der vier existierenden Verbände 1903 völlig zum Stillstand gekommen war. Verbittert über den jahrzehntelangen Kampf der gemäßigten Stimmrechtsbewegung bekennen sich die Suffragetten zur Militanz. Emmeline Pankhurst und ihre Mitstreiterinnen wollen künftig zu »unweiblichen« Methoden greifen, um den Widerstand von Regierung und Par-

17. Oktober 1903

Alaskas Grenzen festgelegt

Das nördlichste Bundesland der USA erhält seine endgültigen Grenzen. In London trifft das Schiedsgericht zur Regelung der Grenzfrage zwischen Alaska und Kanada seine Entscheidung über den Verlauf der Demarkationslinie.
Die Kommission, bestehend aus drei US-Amerikanern, einem Briten und zwei Kanadiern, verabschiedet den Vertrag trotz kanadischen Protests. Kanadas Vertreter verweigern die Unterschrift, weil sie sich vor allem durch die Grenzziehung an der Küste zum Pazifischen Ozean zugunsten der USA übervorteilt sehen. Sie erheben Anspruch auf die dortigen schiffbaren Buchten südlich des Mount St. Elias, die Mündungen von Lynn, Skitine und Taku. Sie sind für die von dort aus zugänglichen Goldfelder von überragender Bedeutung. Die USA ihrerseits begründen ihr Eigentumsrecht mit Verträgen von 1825, die mit Russland geschlossen worden waren. Russland hatte obendrein im Jahr 1867 Alaska für 7,2 Mio. Dollar an die USA verkauft. Die amerikanischen Ansprüche werden von den britischen Vertretern unterstützt – dies wiederum löst in Kanada helle Empörung und Protest aus.

28. Oktober 1903

AEG-Bahn fährt Rekord

Ein Versuchswagen der Allgemeinen Elektrizitätswerke (AEG, s. Abb.) stellt auf einer Teststrecke südlich von Berlin zwischen den Orten Marienfelde und Zossen mit 210,2 km/h einen Geschwin-

digkeitsweltrekord auf. Vier Drehstrom-Motoren sorgen dabei für eine stattliche Gesamtleistung von 3000 PS. Der aufsehenerregende Versuch dient dazu, die Grundbedingungen für einen überregionalen Schnellverkehr zu prüfen.

Emmeline Pankhurst wird bei einer Protestaktion 1914 von einem Polizisten weggetragen.

lament zu brechen. Mit Hungerstreiks, organisierten Massenprotesten und auch gewaltsamen Aktionen wie Bombenanschlägen werden Politik und Gesellschaft unter Druck gesetzt. Von der Durchsetzung des Stimmrechts erhoffen sich die radikalen Frauen eine Lösung der sozialen Probleme. Die von Pankhurst gegründete Organisation verlegt 1906 ihren Sitz nach London. Hier finden die Frauen Unterstützung durch das Ehepaar Pethrick Lawrence, das eine Zeitschrift herausgibt.

1. September 1903

Städtetag vor Problemen

Auf dem ersten Deutschen Städtetag im sächsischen Dresden diskutieren 400 Delegierte aus 160 Ortschaften mit mehr als 250 000 Einwohnern über Problemlösungen. Zu Beginn des Jahrhunderts stehen die Städte im Deutschen Reich, u.a. in der Sozialpolitik, vor völlig neuen Aufgaben. Die Tagung findet im Rahmen der Deutschen Städteausstellung statt, die am 20. Mai auf dem Gelände an der Stübel-Allee eröffnet wurde und noch bis Ende September zu sehen ist (Abb.: Postkarte von der Schau mit der Maschinenhalle und modernem Feuerwehrgerät: Eine von Pferden zu ziehende Leiter und eine Dampfspritze). Themen sind die zahlreichen Aufgaben, denen sich die Kommunalverwaltungen in der modernen Gesellschaft gegenübersehen.

Die zunehmende Industrialisierung hat zu erheblichen Veränderungen in der Bevölkerungsstruktur der Städte geführt und stellt die Kommunen vor Probleme. Aus einst verschlafenen Kleinstädten oder Bergarbeiterdörfern wurden Großstädte. So wohnen in der westfälischen Ortschaft Dortmund, die um 1800 lediglich 4000 Einwohner zählte und die im Zuge der florierenden Montanindustrie expandierte, im Jahr 1901 bereits rd. 142 000 Menschen. Im gleichen Zeitraum wuchs die Einwohnerzahl von München von 40 000 auf 500 000.

Für die Kommunen bedeuten die Umwälzungen der letzten Jahrzehnte neue Herausforderungen: Neben Verwaltungstechnik, Städteplanung, Sicherheit, Bildungswesen und Kultur werden in Dresden vor allem sozialpolitische Themen wie Armenfürsorge und Krankenpflege diskutiert.

LA VIE AU GRAND AIR

ABONNEMENTS — Paris et Départements .... 16 fr. — Étranger .... 20 fr.

23 Octobre 1903. — N° 267

Rédaction et Administration : 9, Avenue de l'Opéra, PARIS (1er Arrt)

PUBLICITÉ — Pages de Couverture, la ligne. 1 fr. — La Page .... 600 f — Encartage .... 500 f

BONNES, CHAMPION DU MONDE DE FORCE

Bonnes, considéré jusqu'à ce jour comme l'homme le plus fort de France, vient de confirmer cette juste réputation en s'adjugeant, en grand et beau lutteur, la première place du Championnat du Monde de Force qu'avait organisé notre confrère l'Auto. La victoire de notre champion national est d'autant plus remarquable, qu'il avait affaire à forte partie. Tous les plus fameux athlètes internationaux lui furent, en effet, opposés et tous finirent par succomber devant cet homme, champion incontesté de la force.

(Voir l'article page 786.)

3. Oktober 1903

Kraftsport kommt in Mode

In ganz Europa finden sportliche Veranstaltungen, in denen vor allem die Muskeln zählen, immer mehr Anhänger. Der französische Meister Jacques Bonnes (s. Abb.) holt sich bei einem mehrwöchigen Schwerathletik-Wettkampf in Paris mit 1679 Punkten den Gesamtsieg vor dem Russen Elliseieff (1589) und dem Schweizer Deriaz (1588). Bei den Amateuren überrascht der erst 18 Jahre alte Kölner Heinrich Schneidereit mit dem zweiten Rang hinter dem Schweizer François Lancoud.

Die Zeitschrift »L 'Auto«, die auch die Tour de France initiierte, hat die Veranstaltung als »Weltmeisterschaft der Kraftmenschen« ausgeschrieben, um Aktiven und Zuschauern einen besonderen Anreiz zu bieten. Zahlreiche Preise sind ausgeschrieben und viele Rekordleistungen der muskelbepackten Athleten werden vom Publikum mit Raunen und frenetischem Jubel honoriert. Der »starke Kosak« Elliseieff aus St. Petersburg, der erstmals in Paris gastiert, drückt 125 kg. Gesamtsieger Bonnes stemmt in einer mehrteiligen Stoß-Übung 281,5 Pfund. Der Franzose Victorius hält mit ausgestrecktem Arm 75 kg.

Oktober 1903

1 Do Frankreichs berühmtester Juwelier René Lalique eröffnet im Berliner Hohenzollern-Kunstgewerbehaus eine Ausstellung moderner Goldschmiedekunst.

2 Fr Der Industriellen-Verband der Berliner Metallindustrie sperrt Tausende von streikenden Arbeitern aus. Die Parteien einigen sich drei Tage später auf mehr Lohn.

3 Sa Der westfälische Kunstmäzen Karl Ernst Osthaus kauft für sein im Vorjahr eröffnetes Folkwang-Museum in Hagen Bilder von Paul Gauguin. → Kraftsport

4 So Die Freikonservative Partei spricht sich für die Germanisierungspolitik in den Ostmarken und damit gegen das vordringende Polentum aus.

5 Mo Die italienische Schauspielerin Eleonora Duse eröffnet ihr umjubeltes Londoner Gastspiel mit der Titelrolle des Schauspiels »La Gioconda«.

6 Di Auf einem Versuchsgelände in Berlin erreicht ein elektrischer Triebwagen der Siemens-Schuckert-Werke eine Geschwindigkeit von über 200 km/h.

7 Mi Der polnische Wahlverein für Schlesien und der radikale Polnische Volksverein bilden ein gemeinsames »Wahlkomitee für Schlesien«.

8 Do Bulgarien und das Osmanische Reich beschließen die Entlassung von insgesamt über 60 000 Soldaten auf beiden Seiten.

9 Fr Auf der Mathildenhöhe in Darmstadt wird im Ernst-Ludwig-Haus eine Ausstellung mit Arbeiten von Joseph Maria Olbrich eröffnet.

10 Sa In Weimar werden die Kunsterziehungstage veranstaltet. Teilnehmer fordern mehr Berücksichtung der Kunst im Bildungsbereich. → Suffragetten

11 So Beim 100-km-Steherrennen in Dresden stürzt Weltmeister Alfred Görnemann so unglücklich, dass er an seinen Verletzungen stirbt.

12 Mo Leopold II., König von Belgien, besucht den französischen Präsidenten Émile Loubet in Paris. Der Monarch ist auf einer Rundreise durch Europa.

13 Di In Nordfrankreich protestieren die Weber gegen Lohnstreichungen, die mit der am 1. April eingeführten Arbeitszeitverkürzung begründet werden.

14 Mi Frankreich und Großbritannien verpflichten sich gemäß der Haager Konvention von 1899 schriftlich, internationale Streitigkeiten friedlich zu regeln.

15 Do Auf der 5. Tagung der Generalsynode der evangelischen Kirche in Berlin sprechen sich die Mitglieder gegen die Feuerbestattung aus.

16 Fr Das Osmanische Reich verspricht Reformen in Makedonien. +++ Ein Redakteur des »Vorwärts« wird in Berlin wegen Majestätsbeleidigung verurteilt.

17 Sa Der belgische König Leopold II. besucht den österreichischen Kaiser Franz Joseph I. +++ Zwei Söhne Kaiser Wilhelms II. werden konfirmiert. → Alaska

18 So In Leipzig veranstaltet der »Deutsche Patriotenbund« zum 90. Jahrestag der Völkerschlacht gegen die napoleonischen Truppen einen großen Festakt.

19 Mo Oskar II., König von Schweden und Norwegen, berichtet dem Parlament von Verhandlungen mit europäischen Mächten über Schiedsgerichtsverträge.

20 Di Im nordalbanischen Djakova treffen sich Separatisten, die einen unabhängigen Staat auf dem zum Osmanischen Reich gehörenden Gebiet fordern.

21 Mi Italiens Ministerpräsident Giuseppe Zanardelli tritt aus gesundheitlichen Gründen zurück. Die neue Regierung übernimmt Giovanni Giolitti im November.

22 Do Der »Verein gegen den Missbrauch geistiger Getränke« in Berlin macht die schlechten Wohnverhältnisse für die Trunksucht der Arbeiter verantwortlich.

23 Fr In Berlin werden die Szenen vier bis sechs aus Arthur Schnitzlers umstrittenem Bühnenwerk »Reigen« uraufgeführt.

24 Sa Kaiser Wilhelm II. nimmt an einer Denkmalsenthüllung für den Großen Kurfürsten von Brandenburg-Preußen und König Friedrich II. in Küstrin teil .

25 So München feiert das 50-jährige Bestehen der Neuen Pinakothek. +++ In Frankfurt am Main tagen die nicht-sozialdemokratischen Arbeiterverbände.

26 Mo Franz Joseph I., Kaiser von Österreich und König von Ungarn, genehmigt das Regierungsprogramm des ungarischen Ministerpräsidenten István Graf Tisza.

27 Di Weil die Errichtung eines ukrainischen Gymnasiums in Stanislau abgelehnt wird, verlassen Befürworter den Landtag Galiziens (Österreich-Ungarn).

28 Mi Im nordspanischen Bilbao gärt es. Die Arbeiter fordern eine wöchentliche Auszahlung ihres Lohns, den sie bislang nach 14 Tagen bekommen. → AEG

29 Do Der preußische Innenminister, Hans Freiherr von Hammerstein-Loxten nimmt in Hannover an der feierlichen Übergabe des neuen Polizeigebäudes teil.

30 Fr Im Kleinen Theater Berlin findet die Uraufführung von Hugo von Hofmannsthals Stück »Elektra« statt. Regie führt Max Reinhardt.

31 Sa Einer der größten deutschen Zeitungsverlage, der Ullstein Verlag Berlin, gründet seinen Buchverlag und spezialisiert sich u.a. auf Unterhaltungsromane.

November 1903

1 So Nach Auseinandersetzungen mit Georgi W. Plechanow über die Mitarbeit an der »Iskra« tritt Wladimir I. Lenin in Zürich aus der Redaktion aus.

2 Mo Bei den Wahlen zum bulgarischen Parlament erringt die Regierungspartei einen großen Sieg und sieht sich damit in ihrer Rüstungspolitik bestätigt.

3 Di Italiens neuer Ministerpräsident Giovanni Giolitti stellt in Rom sein Kabinett vor. Der liberale Politiker plädiert für soziale Reformen. → Panama

4 Mi An der Universität Bonn werden erstmals zwei weibliche Doktoranden zum Dr. med. promoviert: Frida Busch und Hermine Edenhuizen.

5 Do Die klerikalen ungarischen Abgeordneten hindern den neuen Minsterpräsidenten Graf Tisza daran, sein Regierungsprogramm vorzustellen.

6 Fr Die US-Regierung erkennt das seit dem 3. November unabhängige Panama an. +++ Der Publizist Fritz Stahl fordert in Berlin kindgerechtere Spielplätze.

7 Sa Kaiser Wilhelm II. wird in Berlin an den Stimmlippen operiert. Der Eingriff ist komplikationslos. +++ Zar Nikolaus II. beendet einen Deutschlandbesuch.

8 So Jung- und Alttschechen sowie böhmische Agrarier fordern in ihrem gemeinsamen Programm einen föderativen österreichisch-ungarischen Staat .

9 Mo In Wien beginnt der Parteitag der österreichischen Sozialdemokraten, der von Auseinandersetzungen der Revisionisten mit den Marxisten geprägt ist.

10 Di Die schweizerische Armee berichtet über ihr Herbstmanöver und bewertet den erstmaligen Einsatz von Automobilen anstelle von Pferden als positiv.

11 Mi Wegen seines zeitkritischen Romans über das Leben der Offiziere in einer Garnisonsstadt wird ein Offizier in Metz zu sechs Monaten Haft verurteilt.

12 Do Im Alter von 73 Jahren stirbt der französische Landschaftsmaler und berühmte Impressionist Camille Pissarro.

13 Fr In Karlsruhe treffen sich Nervenärzte. Sie beschließen u.a. die Bildung einer Kommission zur »Untersuchung angeblicher telepathischer Phänomene«.

14 Sa Die 18. Ausstellung der Wiener Secession wird mit 80 Werken des Malers Gustav Klimt eröffnet. Er ist einer der bedeutendsten Vertreter des Jugendstils.

15 So Im Deutschen Theater in Prag hat die Oper »Tiefland« von Eugen d'Albert Premiere. +++ In Dresden wird eine Schau zum Thema »Mutter und Kind« eröffnet.

16 Mo Die Regierung Großbritanniens bestätigt, dass im Auftrag des britischen Vizekönigs von Indien eine Militärexpedition nach Tibet entsandt wurde.

17 Di Vor dem Abgeordnetenhaus in Wien unterstreicht Österreichs Ministerpräsident Ernest von Koerber seine Kompromisslosigkeit in der Militärfrage.

18 Mi Die USA und Panama schließen den Hay-Varilla-Vertrag, der den USA alle Rechte für den Bau einer Wasserstraße zwischen Atlantik und Pazifik zusichert.

19 Do Österreich verbietet eine freie italienische Hochschule in Innsbruck. Die Behörden wollen eine Provokation der Deutschnationalen im Land verhindern.

20 Fr Die Sozialdemokraten verlieren die preußischen Landtagswahlen und erhalten als Folge des Dreiklassenwahlrechts kein einziges Mandat im Landtag.

21 Sa Die Presse berichtet, dass das Kultusministerium den Kauf eines Walter Leistikow-Gemäldes ablehne, weil er Hauptakteur der Berliner Secession sei.

22 So Ein argentinisches Kriegsschiff bringt im Hafen von Puerto Galleyos Südpolarexpeditions-Teilnehmer an Land. Eismassen hatten ihr Schiff zerstört.

23 Mo Die Briten mobilisieren ihre Truppen in Südafrika, weil sie ein Übergreifen des Hottentottenaufstandes in Deutsch-Südafrika auf ihr Schutzgebiet befürchten.

24 Di Die Südpolarexpedition, die 1901 unter Leitung von Erich von Drygalski aufgebrochen war, kehrt auf der »Gauß« in den Kieler Hafen zurück.

25 Mi Revolutionäre Truppen besetzen Santo Domingo, die Hauptstadt der Dominikanischen Republik, und zwingen den amtierenden Präsidenten zum Rücktritt.

26 Do In Rom verhandeln Italien und Österreich-Ungarn über einen Handelsvertrag. Zur gleichen Zeit demonstrieren deutsche Studenten gegen Italiener in Tirol.

27 Fr Ermanno Wolf-Ferraris musikalische Komödie »Die neugierigen Frauen« wird im Münchener Residenztheater uraufgeführt.

28 Sa Die Gordon-Bennett-Kommission gibt in Berlin die Streckenführung für das nächste Automobilrennen bekannt, das 1904 in Deutschland stattfindet.

29 So In Deutsch-Südwestafrika kämpfen die Hottentotten gegen die deutschen Kolonialherren. Die Rebellion wird nach einigen Wochen niedergeschlagen.

30 Mo Zwischen russischen Matrosen und Japanern kommt es in der koreanischen Hafenstadt Tschemulpho zu Zusammenstößen.

3. November 1903

Panama wird unabhängig

Mit Unterstützung der USA, die an der wichtigen Kanalzone interessiert sind, wird Panama souverän. Nach Übernahme der Regierungsgeschäfte erklärt eine Junta die bisherige kolumbianische Provinz für unabhängig.
Dieser Akt beendet eine der kürzesten Revolutionen in der Geschichte Lateinamerikas. Sie hatte am Morgen begonnen, als sich 500 kolumbianische Soldaten auf Befehl der Regierung in Bogotá vom Hafen Colón aus in Richtung der Provinzhauptstadt Panama in Bewegung setzten. Die von den Generälen Tovar und Amaya geführten Truppen sollen eine Abspaltung des Gebiets am Isthmus verhindern, die seit Ablehnung des Hay-Herrán-Vertrags durch den Senat in Bogotá zur drohenden Gefahr geworden war. Der Vertrag hatte die Voraussetzungen für den Bau des Panamakanals durch eine US-Gesellschaft geschaffen und übereignete faktisch das entsprechende Gebiet den USA. Die Weigerung Kolumbiens, diese Vereinbarung zu erfüllen, stellt die Realisierung des gesamten Projekts in Frage. Daher verbünden sich die USA mit den Separatisten Panamas und unterstützen die Revolutionspläne. Kolumbien entsendet Soldaten in das Krisengebiet. Sie können jedoch nicht bis Panama-Stadt vordringen, weil die von US-Gesellschaften betriebene »Panama Railroad« alle Transporte blockiert. Lediglich die Generäle fahren zu Verhandlungen in die Stadt, wo sie jedoch von einem übergelaufenen kolumbianischen General verhaftet werden. Damit siegen die Separatisten und das begehrte Land zwischen den Ozeanen ist für Kolumbien verloren (Abb.: Unabhängigkeitsfeier vor dem Kolumbus-Denkmal in Colón).

17. Dezember 1903

Erster Flug der Wrights

Der erste gesteuerte Motorflug der Weltgeschichte gelingt den Brüdern Wright. In der Nähe von Kitty Hawk im US-Bundesstaat North Carolina erhebt sich »Flyer 1« in die Lüfte.
Es ist ein kurzer Flug, der nicht länger als 12 sec dauert und nicht weiter als 35 m führt – dennoch ist er für die Luftfahrtgeschichte von überragender Bedeutung. Wie Orville Wright es selbst formuliert, ist der Flug »der erste in der Geschichte der Erde, bei dem eine Maschine mit einem Menschen sich selbst aus eigener Kraft in freiem Flug in die Luft erhoben hat, in waagerechter Bahn vorwärts geflogen und schließlich gelandet ist, ohne zum Wrack zu werden.« Diese Tatsache widerlegt eine allgemeine Skepsis gegenüber Projekten mit Flugmaschinen, die nach Misserfolgen auch unter Fachleuten verbreitet ist. Weit größere Chancen räumen die Aeronautiker der Entwicklung von Luftschiffen ein. Dass den Brüdern Wright nun der Gegenbeweis gelungen ist, ba-

Meilensteine des Motorflugs

Jahr	Ereignis
1901	Gustave Whitehead gelingt der erste Motorflug
1909	Louis Blériot überquert Ärmelkanal im Eindecker
1915	Hugo Junkers konstruiert erstes Ganzmetallflugzeug
1927	Charles A. Lindbergh gelingt Alleinflug über Atlantik
1939	Erstes Düsenflugzeug HE-178
1974	Erste Linienflüge mit Überschallflugzeug »Concorde«

10. Dezember 1903

Nobelpreise verliehen

Zum dritten Mal werden herausragende Persönlichkeiten für ihre Leistungen ausgezeichnet. Den Physik-Nobelpreis erhalten Antoine Henri Becquerel für »die Entdeckung der spontanen Radioaktivität« sowie das Ehepaar Curie für »die Arbeiten über die von Becquerel entdeckten Strahlenphänomene«. Weitere Auszeichnungen für ihr Schaffen erhalten der Schwede Svante Arrhenius (Chemie) und der Däne Niels Ryberg Finsen (Medizin). Der Nobelpreis für Literatur geht an den Norweger Bjørnstjerne Bjørnson »als Beweis der Anerkennung für seine edle, großartige und vielseitige Wirksamkeit als Dichter, die immer durch einmalige Frische der Eingebung und durch eine seltene Seelenreinheit ausgezeichnet war.« Mit dem Friedensnobelpreis wird der Brite William Randal Cremer geehrt. Der Arbeiterführer engagierte sich u.a. in der Friedensbewegung.

Pierre und Marie Curie

französischer Chemiker
* 15.5.1859 Paris;
† 19.4.1906 Paris

franz.-poln. Chemikerin und Physikerin
* 7.11.1867 Warschau;
† 4.7.1934 Sancellemoz

Gemeinsam widmete sich das Ehepaar Curie der Erforschung der Radioaktivität. Sie konnten beweisen, dass die radioaktive Strahlung aus negativ und positiv geladenen sowie neutralen Komponenten bestehen muss. Marie Curie war nicht nur die erste Frau, die einen Nobelpreis erhielt, sie bekam die begehrte Auszeichnung gleich zweimal und wurde zur Begründerin der Radiochemie.

- 1904-06: Pierre Curie ist Professor an der Sorbonne
- 1906: Marie Curie wird erste Professorin an der Sorbonne
- 1911: Marie Curie erhält ihren zweiten Nobelpreis (Chemie)

Jubel über die Flugpioniere Wright

Orville und Wilbur Wright

US-Flugpioniere, Orville: * 19.8.1871 Dayton; † 30. 1.1948 Dayton, Wilbur: * 16.4.1867 Milville; † 30.5.1912 Dayton

Nach Konstruktion einer Druckerpresse und Eröffnung eines Fahrradgeschäfts weckten Berichte über den Flugpionier Otto von Lilienthal und Vogelflugstudien das Interesse der Brüder am Fliegen. Aufgrund ihrer systematischen Arbeit und der ständigen Verbesserungen ihrer Flugzeuge gelten die Wright als die eigentlichen Wegbereiter der Luftfahrt.

- 1901: Erste Gleitflugversuche mit Doppeldeckern
- 1905: Streckenflüge über 45 km

siert auf jahrelangen Tüfteleien und unzähligen Flugversuchen. Das erste Motorflugzeug der Brüder Wright ist ein aus Holz, Draht und Stoff gefertigter Zweidecker. Die hängenden, leicht gewölbten Tragflächen haben eine Spannweite von 12,30 m und bestehen aus Kiefernholzrippen mit Musselinbespannung. Ebenfalls aus lackiertem Kiefernholz sind die zwei Luftschrauben, die auf massiven Stahlwellen sitzen. Den Motor montieren die Brüder auf die untere Tragfläche rechts der Flugzeuglängsachse. Zum Ausgleich werden die rechten Tragflächen 10 cm länger als die linken und der Pilotensitz auf unten links platziert.

3. Dezember 1903

Streik für den Zehnstundentag

Über die sächsische Industriestadt Crimmitschau wird der Belagerungszustand verhängt. Wiederholt war es zu Konfrontationen zwischen streikenden Webern und Militär gekommen.

Crimmitschau ist Zentrum der Textilindustrie im sächsischen Wirtschaftsraum und Schauplatz eines erbitterten Arbeitskampfes zwischen Webern und den Textilfabrikanten. Am 7. August waren die Arbeiter in einen Streik getreten, um ihrer Forderung nach einer zehnstündigen täglichen Arbeitszeit und einer 14%igen Lohnerhöhung Nachdruck zu verleihen. Fast 8000 Weber befanden sich im Ausstand. Die Fabrikbesitzer reagierten mit Aussperrung. Allen Vermittlungsversuchen sozialer Organisationen zum Trotz zeigten sich die Arbeitgeber zu keinerlei Zugeständnissen bereit. Sie drohten damit, einige Werke auf Monate hin geschlossen zu halten oder auch völlig aufzugeben. Die Fronten verhärteten sich zusehends. Der Kampf der Crimmitschauer Weber löst überregional eine Welle der Solidarität aus.

15. Dezember 1903

Künstlerbund gegründet

Als Reaktion auf anhaltende Repressionen gegen die moderne Kunst schließen sich Vertreter der Secessionen aus Berlin, München, Karlsruhe und weiteren Kunstzentren zum Deutschen Künstlerbund zusammen.

Die Bildung des Verbandes im Großherzoglichen Museum für Kunst und Kunstgewerbe in Weimar ist Folge zunehmender Diskriminierung moderner Künstler. Dazu gehören vor allem die Einmischungen von Kaiser Wilhelm II. bei Ankäufen preußischer Museen, in deren Folge viele Werke von Secessionisten abgelehnt werden. Die Ablehnung eines Landschaftsbildes von Walter Leistikow, das er für die Berliner Kunstausstellung gemalt hatte, war Ende des 19. Jahrhunderts Anlass der Gründung der Berliner Secession gewesen. Den Vorsitz des neuen Künstlerbundes übernimmt Leopold Graf von Kalckreuth, Vizepräsidenten werden Max Liebermann und Ude Kessler. Nach dem Zweiten Weltkrieg verlegt der Verband seinen Sitz nach Berlin.

Dezember 1903

1 Di Der Finanzminister fordert vom badischen Landtag Maßnahmen zur Verbesserung des Staatshaushaltes, u.a. die Erhöhung der Einkommenssteuer.

2 Mi Die Liberal-Demokratische Partei Spaniens wird in Madrid gegründet. Sie fordert die Trennung von Kirche und Staat.

3 Do In Paris wird eine internationale Konvention gegen Pest und Cholera (Schutzvorschriften etc.) verabschiedet. → Zehnstundentag

4 Fr Der britische Vizepräsident von Indien betont auf einer Reise durch Persien die wirtschaftliche und politische Bedeutung des Persischen Golfs für sein Land.

5 Sa Im ungarischen Abgeordnetenhaus erklären die Unabhängigkeitspartei und die Liberalen, dass sie zukünftig auf Obstruktion verzichten werden.

6 So Studenten demonstrieren in Athen gegen die Einführung einer einheinheitlichen neugriechischen Schriftsprache als sog. Volkssprache.

7 Mo US-Präsident Roosevelt rechtfertigt sein Eingreifen in den Panama-Konflikt mit der wirtschaftlichen Bedeutung des Panamakanal-Projektes für die USA.

8 Di Ein neu entwickeltes Motorflugzeug stürzt nach einem missglückten Katapultstart von einem Hausboot in einen Fluss bei Washington.

9 Mi Das Storting, die norwegische Volksvertretung in Kristiania (Oslo), verwirft einstimmig eine Gesetzesvorlage zur Einführung des Frauenwahlrechtes.

10 Do Auf einer Zusammenkunft in Paris beschließen deutsche, britische und französische Segelschiffsreeder eine Festsetzung von Frachtgebühren. → Nobelpreis

11 Fr Japanische Parlamentarier kritisieren die Außenpolitik ihres Landes in Bezug auf Russland. Daraufhin löst die Regierung die Kammer auf.

12 Sa In Österreich setzt sich die tschechische Volksgruppe für Selbstständigkeit innerhalb des Reichs und die Bildung einer Konföderation ein.

13 So Italienische Kriegsschiffe bombardieren die somalische Küste. Italien kämpft zusammen mit Großbritannien gegen die Freiheitsbewegung der Somalis.

14 Mo Infolge wiederholter Prostestaktionen der Studenten gegen staatliche Willkür wird das Polytechnikum der russischen Stadt Kiew geschlossen.

15 Di Der konservative Reichstagsabgeordnete Friedrich Wilhelm Graf zu Limburg-Stirum fordert Repressionen gegen die Sozialdemokratie. → Künstlerbund

16 Mi Norwegen verbietet für zehn Jahre den Walfischfang innerhalb von sieben Kilometern vor der norwegischen Küste.

17 Do Bei den Wahlen in Australien – erstmals durften Frauen wählen – verbuchen die Kandidaten der Arbeiterpartei einen großen Stimmenzuwachs. → Flug

18 Fr In Sachsen wird Wohlfahrtsorganisationen verboten, den seit August streikenden Textilarbeitern in Crimmitschau Weihnachtsgeschenke zu machen.

19 Sa Im Neuen Theater in Berlin wird das Schauspiel »Der Strom« von Max Halbe uraufgeführt. Die Hauptrolle spielt Agnes Sorma.

20 So Kirchenvertreter fordern von der britischen Regierung in der Makedonien-Frage ein härteres Durchgreifen gegenüber dem Osmanischen Reich.

21 Mo Im russischen Kischinew werden zwei Angeklagte zu Zwangsarbeit und 22 zu Gefängnis veruteilt, die zu Ostern am Pogrom gegen die Juden beteiligt waren.

22 Di Der »Berliner Lokal-Anzeiger« berichtet über die organisierte Arbeiterbewegung in den USA, die z.T. mit Waffengewalt den sog. Achtstundenkrieg führt.

23 Mi Das Reichspostministerium teilt seinen Beamten mit, dass nach den geplanten Änderungen der Titel auch einige Bezüge erhöht werden.

24 Do Mit »Parsifal« wird erstmals in New York eine Wagner-Oper aufgeführt. +++ Die Berliner Feuerwehr meldet nur einen einzigen Weihnachtsbaumbrand.

25 Fr Nach einer veröffentlichten Umfrage der Berliner Zeitung »Der Tag« unter Prominenten blicken die Deutschen optimistisch in die Zukunft.

26 Sa Der erst am 21. Oktober zurückgetretene italienische Ministerpräsident Giuseppe Zanardelli stirbt 77-jährig in Maderno.

27 So Mit dem Rückruf ihrer Gesandten aus Belgrad wollen die Großmächte Serbien dazu zwingen, den Mörder von König Alexander seines Postens zu entheben.

28 Mo Wegen der bevorstehenden Krise mit Russland stellt die japanische Regierung einen uneingeschränkten Kredit für die militärische Verteidigung zur Verfügung.

29 Di In der französischen Hauptstadt Paris kommt es zu heftigen Zusammenstößen zwischen streikenden Bäckergesellen und Einheiten der Polizei.

30 Mi Japan informiert Europa und die USA darüber, dass es das Verhalten Russlands in der Mandschurei und in Korea nicht weiter dulden könne.

31 Do Die beiden Nachbarländer Italien und Österreich-Ungarn schließen in Rom einen provisorischen Handelsvertrag.

Januar 1904

1 Fr Im Deutschen Reich treten neue gesetzliche Bestimmungen in Kraft, die Kinderarbeit wesentlich einschränken sollen.

2 Sa In St. Petersburg fordert der liberale »Befreiungsbund« auf seinem illegalen Gründungskongress das allgemeine Wahlrecht in Russland.

3 So Der Führer der irischen Nationalisten, John Edward Redmond, fordert die Unabhängigkeit Irlands von Großbritannien.

4 Mo Der Gouverneur der Kolonie Deutsch-Neuguinea, Albert Hahl, meldet den Abschluss einer militärischen Strafexpedition gegen aufständische Eingeborene.

5 Di Das alljährlich im Pariser Varieté »Folies-Bergère« stattfindende internationale Ringerturnier gewinnt der französische Meister Paul Pons.

6 Mi Papst Pius X. erklärt die französische Nationalheldin Jeanne d'Arc zur »verehrungswürdigen« Frau – eine Vorstufe zur Selig- und Heiligsprechung.

7 Do Der US-Schriftsteller Jack London reist nach Japan, um für die Zeitung »Examiner« über den drohenden Russisch-Japanischen Krieg zu berichten.

8 Fr In Aachen entsteht ein Schiedsgericht für Arbeitsstreitigkeiten in der Textilindustrie, dem Arbeitgeber und christliche Gewerkschaften angehören.

9 Sa In Serbiens Hauptstadt Belgrad werden einige Beteiligte an der Ermordung des Königs Alexander I. vom Dienst am Hofe entfernt.

10 So Der Kaiser von China ratifiziert Handelsverträge mit den USA und Japan und verpflichtet sich, mehrere Häfen für den Handelsverkehr zu öffnen.

11 Mo Die schwedische Regierung erlässt eine Verordnung, nach der auch unverheiratete Ärztinnen ihren männlichen Kollegen gleichgestellt werden. → Somalia

12 Di Mit einem Angriff auf den Ort Okahandja beginnt in der Kolonie Deutsch-Südwestafrika der Aufstand der einheimischen Herero.

13 Mi Anlässlich der Beschlagnahme einer Ausgabe des Satireblattes »Simplicissimus« streitet der bayerische Landtag über die Freiheit der Presse.

14 Do Ein deutsches Kanonenboot läuft nach Swapokmund aus, um den Kampf gegen die aufständischen Herero in Deutsch-Südwestafrika aufzunehmen.

15 Fr Die Berliner Stadtverordnetenversammlung verdoppelt die Umsatzsteuer auf Immobilien, um stärker von der intensiven Bautätigkeit in der Stadt zu profitieren.

16 Sa Das Amtsgericht Zwickau verurteilt die Sozialdemokratin Rosa Luxemburg wegen Majestätsbeleidigung zu einer dreimonatigen Gefängnisstrafe.

17 So Bei der Europameisterschaft im Eisschnelllauf in Davos siegt Rudolf Gundersen aus Norwegen auf allen vier Einzelstrecken. → Crimmitschau

18 Mo Beim Brand von Knepp Castle im englischen Sussex wird die wertvolle Kunstsammlung, u.a. mit Gemälden von Hans Holbein d. J., vernichtet.

19 Di Im Deutschen Reichstag wird bekannt, dass die russische Geheimpolizei mit Duldung der Behörden angebliche russische Anarchisten in Deutschland verfolgt.

20 Mi Die Operette »Der Göttergatte« des Komponisten Franz Lehár wird im Wiener Carl-Theater zum ersten Mal aufgeführt.

21 Do In Berlin gründet der Nationalökonom Julius Wolf den »Mitteleuropäischen Wirtschaftsverein«, der die Konkurrenzfähigkeit zu den USA herstellen soll.

22 Fr Der Leiter der Handelsstation Ossidinge in der deutschen Kolonie Kamerun, Fürst von Pückler-Muskau, wird bei einem Aufstand der Anjang getötet.

23 Sa Die norwegische Kleinstadt Ålesund wird bei einem Großbrand fast vollständig zerstört. 12 000 Menschen werden obdachlos.

24 So Der russische Zar Nikolaus II. kündigt eine Reform der Gesetzgebung über bäuerliches Eigentum und die Gemeindeverwaltungen an.

25 Mo Auf einem Kongress in Leipzig beraten die Krankenkassen über den Konflikt mit den Ärzten, die Honorarforderungen mit Boykott durchsetzen wollen.

26 Di Ein Brand in der Turiner Nationalbibliothek richtet große Schäden an. Zahlreiche unersetzliche Manuskripte und Bücher fallen den Flammen zum Opfer.

27 Mi In der deutschen Kolonie Togo geht im Hafen von Lomé eine 350 m lange, eiserne Landungsbrücke in Betrieb.

28 Do In Genf beginnt eine Sitzung des Parteirats der Sozialdemokratischen Arbeiterpartei Russlands, an der auch Wladimir I. Lenin teilnimmt.

29 Fr Die Budgetkommission des Deutschen Reichstags setzt sich kritisch mit den häufigen Änderungen an den Armeeuniformen auseinander.

30 Sa Im norwegischen Parlament protestiert die Opposition gegen die Stiftung des »Löwenordens«, zu dessen erstem Ritter der deutsche Kaiser ernannt wird.

31 So In Kassel findet eine Versammlung des Deutschen Fußball-Bundes (DFB) statt, der seit seiner Gründung im Jahr 1900 auf 10 000 Mitglieder wuchs.

17. Februar 1904

Zweimal »Madame Butterfly«

Die jüngste Oper von Giacomo Puccini fällt in der Mailänder Scala beim Premieren-Publikum glatt durch (Abb.: Plakat). Die Entrüstung gilt dem Aufbau des Werkes, das zwei überlange Akte aufweist. Vom Komponisten zu einem Dreiakter umgearbeitet, feiert »Madame Butterfly« am 28. Mai in Brescia einen einhelligen Erfolg und setzt sich weltweit durch.

»Madame Butterfly« ist in Text und Musik ein psychologisches, ganz auf die Gestalt der Cho-Cho-San konzentriertes Drama mit fernöstlichem Kolorit. Die Titelrolle singt Rosina Storchio.

24. Februar 1904

Salchow vergoldet Kufen

Bei der Eiskunstlauf-Weltmeisterschaft in Berlin holt der Schwede Ulrich Salchow (s. Abb.) zum vierten Mal hintereinander unangefochten die Goldmedaille. Der Eisstar aus Stockholm, seit drei Jahren international unbesiegt, besticht durch das exakt ausgeführte Pflichtprogramm und seine variantenreiche Kür, die er immer wieder durch schwierigste Sprünge aufwertet. Seinen ersten internationalen Erfolg sichert sich der Münchner Heinrich Burger mit Platz zwei.

17. Januar 1904

Kraftprobe in Crimmitschau

Nach 21 Wochen endet der erbittert geführte Arbeitskampf in der sächsischen Stadt mit einer Niederlage der Textilarbeiter und -arbeiterinnen. Der lokale Streik um die Einführung des Zehnstundentages, der im gesamten Deutschen Reich mit Spannung verfolgt worden war, hatte sich zu einer generellen Kraftprobe zwischen Unternehmern und Arbeiterbewegung entwickelt.

Grund für das Einlenken der Streikenden war die Befürchtung, dass ein noch längerer Arbeitskampf die Existenz der gesamten Textilindustrie in Crimmitschau gefährden könnte. Am 4. Dezember 1903 hatten die Behörden den sog. kleinen Belagerungszustand über die Ortschaft verhängt. Umzüge, Versammlungen und sogar Weihnachtsfeiern wurden polizeilich untersagt.

8. Februar 1904

Konflikt um Vorherrschaft

Ohne offizielle Kriegserklärung beschießen japanische Torpedoboote in der Nacht drei russische Kriegsschiffe im Hafen von Port Arthur (Mandschurei) und beschädigen sie schwer. Die Eröffnung der Kampfhandlungen im Russisch-Japani-

Chronik des Russisch-Japanischen Krieges

Datum	Ereignis
1904	
6.2.	Japan: Abbruch der diplomatischen Beziehungen zu Russlan
8.2.	Überfall auf die russische Flotte bei Port Arthur
10.2.	Offizielle Kriegserklärung Japans an Russland
1.5.	1. japanische Armee dringt in die Mandschurei ein
14.8.	Niederlage des russischen Geschwaders vor Wladiwostok
3.9.	Sieg der Japaner in der Mandschurei
1905	
2.1.	Russische Kapitulation von Port Arthur
27.5.	Niederlage Russlands in der Seeschlacht von Tsushima
5.9.	Friedensvertrag: Japan erhält Süd-Sachalin und Port Arthu

schen Krieg steht im Zusammenhang mit konkurrierenden Ansprüchen beider Länder auf

11. Januar 1904

London beansprucht Somalia

Britische Kolonialtruppen bringen islamischen Kämpfern des Scheichs Muhammad Ibn Abd Allah Hassan in Britisch-Somalia eine schwere Niederlage bei und töten mehr als 1000 Moslems. Es ist der vierte Versuch Londons seit 1900, den Widerstand der islamischen Stämme gegen die britische Kolonialherrschaft zu brechen.

Scheich Muhammad, von den Engländern »the mad Mullah« (»verrückter Mullah«) tituliert, ist führendes Mitglied eines Derwisch-Ordens, der in der europäischen Missionierung den islamischen Glauben bedroht sieht. Trotz militärischer Nieder-

lagen gelang es ihm bisher, die Ausdehnung des britischen Machtbereichs von der Küste auf das Hinterland zu verhindern (Abb.: Kamelpatrouille mit britischem Offizier). Seit 1884 beanspruchen die Briten ein Protektorat an der Ostküste Afrikas.

Japanische Soldaten überblicken das von ihnen belagerte Port Arthur mit dem eisfreien Hafen. Im Hafenbecken liegen die beschädigten Reste der eingeschlossenen russischen Kriegsflotte.

Einfluss in Korea und der Mandschurei. Gleichzeitig beginnen die Japaner mit Truppenlandungen an der koreanischen Westküste. Da sie den Hafen Port Arthur belagern und das Auslaufen der russischen Kriegsflotte verhindern können, verschaffen sie sich eine hervorragende strategische Ausgangsposition. Die russische Expansion auf die Mandschurei und Korea kollidierte mit den Bestrebungen Japans, auf dem asiatischen Festland Fuß zu fassen. In diesem ersten großen Krieg des 20. Jahrhunderts richtet sich das Interesse der Weltöffentlichkeit auf das imperial-auftrumpfende Japan, das die europäische Großmacht Russland überraschend in die Defensive drängt.

14. Februar 1904

Unmenschliche Kolonie

Nachrichten, die aus der belgischen Kongo-Kolonie nach London dringen, schockieren die Weltöffentlichkeit. Der britische Konsul Roger Casement berichtet über Zwangsarbeit, Folterungen und Hinrichtungen in der Privatkolonie des belgischen Königs Leopold II. Um möglichst viel des in Europa begehrten und teuren Rohkautschuks zu gewinnen, werden die Eingeborenen mit brutalen Methoden ausgebeutet. Sie sind verpflichtet, ein bestimmtes Quantum Kautschuk an die europäischen Herren abzuliefern (Abb.: Europäer mit Eingeborenen). Geschieht dies nicht, kommen drakonische Strafen zur Anwendung, die von Auspeitschung über Verstümmelung bis zu wahllosen Erschießungen reichen. In vielen Gebieten haben diese Methoden bereits einen drastischen Rückgang der Bevölkerung bewirkt. Unter dem Eindruck des Casement-Reports konstituiert sich am 25. März die »Congo Reform Association«, die für eine Verbesserung der inhumanen Zustände eintritt. Im Gegenzug bemüht sich Leopold II. in einer internationalen Kampagne, die britischen Berichte als böswillige Greuelpropaganda abzutun. Eine von ihm berufene internationale Kommission gibt zwar vereinzelte Übergriffe zu, verteidigt aber die Form der Verwaltung.

Leopold II.

belgischer König, * 9.4.1835 Brüssel; † 17.12.1909 Schloss Laeken bei Brüssel

Der gewandte Diplomat und Geschäftsmann machte das Kongogebiet, das 80mal so groß ist wie Belgien, 1885 zu seinem Privatbesitz und beutet es rücksichtslos aus. In den parlamentarischen Kämpfen zwischen Liberalismus und politischem Katholizismus verteidigte er ungefährdet die Monarchie.

- 1865: Inthronisation nach dem Tod von Vater Leopold I.
- 1884/85: Durchsetzung des belgischen Kongostaates auf der Berliner Konferenz
- 1908: Übergabe der Kongo-Kolonie an den Staat

Februar 1904

1 Mo Die US-Firma Victor Talking Company bringt die erste Schallplatte mit Caruso-Arien heraus. Sie wird weltweit zum Verkaufsschlager.

2 Di In einem Rundschreiben weist Papst Pius X. auf die Bedeutung des Dogmas von der Jungfräulichkeit Marias hin, das Pius IX. 1854 verkündet hatte.

3 Mi Der gesetzgebende Rat im südafrikanischen Transvaal nimmt einen Gesetzenwurf an, der die Anwerbung chinesischer Arbeiter erlaubt.

4 Do Die Allgemeine Elektrizitäts-Gesellschaft (AEG) bildet eine Interessengemeinschaft mit dem Dampfturbinen-Bauer Brown, Boveri & Cie.

5 Fr Im Ruhrgebiet, schwerpunktmäßig in Oberhausen, kommt es auf mehreren Zechen zu Streiks, an denen sich 2000 Bergarbeiter beteiligen.

6 Sa Eine neu entwickelte Lokomotive der Firma Henschel mit einer keilförmigen Blechverkleidung erreicht die Rekordgeschwindigkeit von 127 km/h.

7 So Ganze Bezirke der Stadt Baltimore im US-Bundesstaat Maryland werden durch ein Großfeuer vernichtet. Der Sachschaden beträgt rd. 400 Mio. Mark.

8 Mo In Helsinki wird das Violinkonzert d-Moll Opus 47 von Jean Sibelius unter der Leitung des Künstlers uraufgeführt. → Konflikt

9 Di Die 32. Vollversammlung des deutschen Landwirtschaftsrates berät in Berlin über die sozialen und wirtschaftlichen Verhältnisse der Landbevölkerung.

10 Mi Der Reichstagsabgeordnete und Arzt Johannes Leonhart fordert, im ganzen Deutschen Reich die Möglichkeit der Feuerbestattung zuzulassen.

11 Do Aufständische in Santo Domingo in der Dominikanischen Republik beschießen einen US-Dampfer. Sie werden von 300 US-Marinesoldaten vertrieben.

12 Fr Bei den Bürgerschaftswahlen in Hamburg erzielt die SPD einen starken Stimmenzuwachs und vergrößert die Zahl ihrer Mandate von eins auf 13.

13 Sa Frankreich und Siam (Thailand) schließen einen Vertrag über strittige Grenzfragen in Indochina, in dem Siam erhebliche Zugeständnisse macht.

14 So Die konstituierende Versammlung in Panama verabschiedet eine Verfassung. Sie räumt den USA das Recht der Einmischung ein. → Leopold II.

15 Mo Im Berliner Zirkus Busch fordert die 11. Generalversammlung des Bundes der Landwirte größere Unterstützung der Landwirtschaft durch die Regierung.

16 Di Der Reichstag kritisiert, dass Kaiser Wilhelm II. bei der Auswahl deutscher Kunstwerke für die Weltausstellung in St. Louis Traditionelles bevorzugt.

17 Mi In der niederländischen Diamantenschleifindustrie beginnt ein monatelanger Streik u.a. um Arbeitszeitverkürzung. → »Madame Butterfly«

18 Do Auf Sumatra in Niederländisch-Indien beginnen die Kolonialtruppen einen neuen Feldzug gegen das Sultanat Aceh im Norden der Insel.

19 Fr Die Teilnehmer einer polnischen Volksversammlung in Berlin äußern in einer Resolution ihre Zufriedenheit über die russischen Niederlagen gegen Japan.

20 Sa In Ogden im US-Bundesstaat Utah kommen bei der Explosion von zwei Waggonladungen Schießpulver 25 Arbeiter ums Leben.

21 So Der Vorstand des Bundes deutscher Architekten, zu dem u. a. Bruno Schmitz und Joseph Maria Olbrich gehören, tritt zu seiner ersten Sitzung zusammen.

22 Mo Der Schiedsgerichtshof in Den Haag verurteilt Venezuela dazu, Deutschland und Großbritannien die Kosten der Seeblockade von 1903 zu erstatten.

23 Di Der US-Senat ratifiziert den Vertrag, mit dem die USA die Besitzrechte an der Panamakanalzone erwerben.

24 Mi Im schwedischen Reichstag bringt der Abgeordnete Hjalmar Branting einen Antrag auf Einführung des allgemeinen Wahlrechts ein. → Salchow

25 Do Die Aufstellung von Paul Göhre als Kandidat für eine Reichstags-Nachwahl löst in der SPD heftige Diskussionen über die Rechte der Parteibasis aus.

26 Fr Ein Kriegsgericht in Leipzig verurteilt einen Hauptmann zu zwei Jahren Festungshaft, weil er in einem Pistolenduell einen Leutnant getötet hatte.

27 Sa Der Elektrokonzern AEG kauft die Union-Elektrizitäts-Gesellschaft, um sich am lukrativen Straßenbahnbau beteiligen zu können.

28 So Die Reichsregierung erlässt eine Verordnung über das Münzwesen in Deutsch-Ostafrika. Die Rupie wird mit 1,33 Mark bewertet.

29 Mo In Düsseldorf vereinigt der Stahlwerksverband 31 Firmen zu einem Preis- und Absatzkartell. +++ Bei Hoyerswerda (Sachsen) erlegen Jäger einen Wolf.

März 1904

1 Di Die illustrierte Monatsschrift »Wandervogel«, herausgegeben von Fritz A. Meyen, erscheint zum ersten Mal.

2 Mi In New York stürzt ein im Bau befindliches Hochhaus ein. Bei dem Unglück werden zahlreiche Arbeiter verletzt, acht von ihnen tödlich.

3 Do In Berlin wird der Prinz von Arenberg, der in Deutsch-Südwestafrika einen Mischling erschossen hatte, vom Vorwurf des Mordes freigesprochen.

4 Fr Die russische Regierung schlägt mehreren europäischen Ländern ein Auslieferungsabkommen vor, da viele Gegner des Zarismus hier im Exil leben.

5 Sa Auf Beschluss des französischen Kassationsgerichts wird der Prozess um den angeblichen Hochverrat des jüdischen Hauptmanns Alfred Dreyfus neu aufgerollt.

6 So Die Gesellschaft zur Bekämpfung der Geschlechtskrankheiten streitet über den Schutz vor Infektionen, da Delegierte Kondome als »unsittlich« ablehnen.

7 Mo In Prag liefern sich Tschechen und deutschösterreichische Studenten Schlägereien. Hintergrund ist der Nationalitätenkonflikt in Österreich-Ungarn.

8 Di Der Bundesrat stimmt der Aufhebung von Teilen des Jesuitengesetzes zu, das im sog. Kulturkampf 1872 erlassen worden war.

9 Mi Der russische Zar Nikolaus II. verzichtet auf die ihm zustehende Erbfolge im Großherzogtum Oldenburg und tritt alle Rechte ab.

10 Do US-Schriftsteller Jack London, der als Reporter über den Russisch-Japanischen Krieg berichtet, wird von Japanern festgenommen. → Nationalisten

11 Fr Hermann Anschütz-Kaempfe erprobt auf See erstmals den von ihm entwickelten Kreiselkompass, den er zwei Wochen später zum Patent anmeldet.

12 Sa Der spanische Ministerpräsident Antonio Maura y Montaner wird bei einem Attentat durch einen Messerstich verwundet.

13 So Der Gewerkverein christlicher Bergarbeiter lehnt die Zusammenarbeit mit dem sozialdemokratischen Bergarbeiterverband ab.

14 Mo Der oberste Gerichtshof der USA stellt fest, dass der Eisenbahntrust »Northern Securities Company« in unerlaubter Weise den Wettbewerb unterbinde.

15 Di Die Düsseldorfer Stadtverordnetenversammlung beschließt den Ausbau des Hafens und bewilligt dafür 6,5 Mio. Mark.

16 Mi Die deutschen Behörden verbieten die Buchausgabe von Arthur Schnitzlers Stück »Reigen«. +++ In Berlin entsteht ein Verein gegen Säuglingssterblichkeit.

17 Do Die Sozialdemokraten lehnen im Reichstag die Bewilligung weiterer Mittel für die Niederschlagung des Herero-Aufstandes in Deutsch-Südwestafrika ab.

18 Fr Bei einem Manöverunfall versenkt ein kollidierender Dampfer das britische U-Boot »A 1«. Elf Mann der U-Boot-Besatzung sterben.

19 Sa Die Geschäftsführer aller Druckereien von SPD-Parteizeitungen geben deren Gesamtauflage in Deutschland mit 599 880 Exemplaren an.

20 So Auf dem ersten deutschen Volkshochschultag in Wien beraten die Delegierten über bessere Möglichkeiten der Erwachsenenbildung.

21 Mo Karl Fischer, der Begründer der deutschen »Wandervogel«-Bewegung, legt nach internem Streit sein Leitungsamt als »Oberbachant« nieder.

22 Di Zum ersten Mal erscheint eine Farbfotografie auf dem Titelbild einer Zeitung, dem britischen »Daily Illustrated Mirror«.

23 Mi Nach dem fünften Angriff auf die mandschurische Hafenstadt Port Arthur ziehen sich die japanischen Marine-Einheiten zunächst zurück. → Wedekind

24 Do Die Brüder Orville und Wilbur Wright beantragen für ihren Flugapparat, mit dem ihnen der erste gelenkte Motorflug gelang, das deutsche Patent.

25 Fr Das dänische Parlament in Kopenhagen beschließt die Einführung der Prügelstrafe für bestimmte Straftatbestände.

26 Sa Der Kreuzer »Lübeck«, das erste deutsche Schiff, das mit einer Dampfturbine angetrieben wird, läuft auf der Stettiner Vulkanwerft vom Stapel.

27 So Die US-Arbeiterführerin Mary Harris »Mother« Jones wird 76-jährig wegen Aufwiegelei aus dem Bundesstaat Colorado ausgewiesen.

28 Mo Die amtliche Theater-Kommission in Wien empfiehlt Damen, aus Sicherheitsgründen bei Theaterbesuchen auf Kleider mit Schleppe zu verzichten.

29 Di Der französische Marineminister Charles Camille Pelletan wird wegen des schlechten Zustandes der Marine von der Opposition angegriffen.

30 Mi In Dresden wird der Bund für Heimatschutz gegründet, zu dessen Zielen die Pflege der ländlichen Sitten und Gebräuche und der Schutz der Natur gehören.

31 Do Mehrere hundert Tibeter werden getötet, als sie versuchen, den Vormarsch britischer Truppen auf ihre Hauptstadt Lhasa zu stoppen.

Ein Bild mit hohem Symbolgehalt: Der britische König Edward VII. (l.) pflanzt während seines Paris-Besuches im Jahr 1903 im Garten der britischen Botschaft einen »Freundschaftsbaum«.

Neue Machtverteilung in Europa

Die Bedeutung der »Entente cordiale« geht weit über den unmittelbaren Anlass eines kolonialen Interessenausgleichs hinaus: Die Übereinkunft beendet den jahrhundertealten Gegensatz der der Großmächte Frankreich und Großbritannien und ordnet die europäische Bündnispolitik neu. Eine politische Neuorientierung hatte sich vor allem in London bereits seit längerem abgezeichnet. Infolge der zunehmenden politischen und wirtschaftlichen Rivalitäten war Großbritannien zunächst um eine vertragliche Regelung mit dem Deutschen Reich bestrebt gewesen. Die Verhandlungen scheiterten 1901 endgültig. Seither bemühte sich London unter Aufgabe seiner »splendid isolation« (»glanzvolle Bündnislosigkeit«) um einen Ausgleich mit seinen kolonialpolitischen Rivalen Japan und Frankreich. Ein bereits 1902 geschlossenes Bündnis mit Japan richtete sich in erster Linie gegen die russische Expansion im Nahen Osten. Das Deutsche Reich steht innerhalb Europas inzwischen weitgehend allein da. Die neue kaiserliche »Weltpolitik« scheint bereits an ihre Grenzen zu stoßen.

1. April 1904

Südpol im Visier der Forscher

Im neuseeländischen Hafen Lyttelton trifft eine britische Expedition unter Robert F. Scott ein, die am 6. August 1901 in die Antarktis aufgebrochen war. Auf der dramatisch verlaufenen Forschungsreise konnten wichtige Erkenntnisse über die Südpolregion und die Lebensbedingungen im Eis gesammelt werden.

Ausgangspunkt der Expedition war das Ross-Schelfeis vor der südöstlichen Antarktis. Von hier aus entdeckten die Forscher, die mit Skorbut zu kämpfen hatten, einen Landstrich, den sie König-Edward-VII.-Land benannten. Während einer 93-tägigen Exkursion in die Eiswüste verendeten alle Schlittenhunde an der ungewohnten Fischnahrung. Auf einem Plateau im Victorialand entdeckte Scott in 2700 m Höhe das »Dry Valley«, ein im Sommer eisfreies Tal mit einem offenen Süßwassersee. Die für Januar 1904 terminierte Rückreise verzögerte sich, da das Forschungsschiff im Eis feststeckte. Erst nach wochenlangen Bemühungen kann die »Discovery« von der Mannschaft im allerletzten Moment doch noch freigesprengt werden.

Robert Falcon Scott

englischer Polarforscher, * 6.6.1868 Devonport bei Plymouth; † Ende März 1912 in der Antarktis

Mit dem Namen Scotts verbindet sich sein tragisches Ende nach dem verlorenen Wettlauf zum Südpol mit dem Norweger Roald Amundsen. Der Kapitän der Royal Navy konnte auf seiner ersten Südpolarexpedition u.a den Nachweis des früheren Zusammenhangs von Australien und der Antarktis erbringen. Neue Erfolge in der Südpolarforschung, u.a. durch den Iren Henry Shackleton, veranlassen den Forscher im Jahre 1910 mit der »Terra Nova« erneut in die Antarktis aufzubrechen. Dabei wählt Scott eine Route, die von der Rossinsel aus durch teilweise bekanntes Gebiet führt und 150 km länger ist als die seines Rivalen Amundsen. Er führt zu Beginn Motorschlitten mit, die er in Norwegen getestet hat, ferner Hunde- und Ponygespanne. Nach 81 Tagen erreicht Scott am 18. Januar 1912 den Südpol, um festzustellen, dass Amundsen ihm um 36 Tage zuvorgekommen ist. Auf dem Rückweg erfrieren Scott und seine vier Begleiter in wochenlangen Schneestürmen.

- 1901-1904: Erste Südpolarexpedition auf dem Forschungsschiff »Discovery«
- 1905: Veröffentlichung des Expeditionsberichts »The Voyage of the Discovery« (2 Bände)
- 1911: Aufbruch von Kap Evans auf der Rossinsel zur Eroberung des Südpols

8. April 1904

Bündnis isoliert Berlin

Großbritannien und Frankreich unterzeichnen in London ein Abkommen zur Beilegung ihrer kolonialen Differenzen in Nordafrika und Asien. Durch die sog. »Entente cordiale« (»herzliches Einvernehmen«) verschiebt sich das europäische Kräftespiel zum Nachteil des nunmehr in Europa isolierten Deutschen Reiches.
Frankreich gibt Großbritannien freie Hand in Ägypten, im Gegenzug sichert London die vollständige Neutralität des Suezkanals und die Respektierung der französischen Vertrags- und Gewohnheitsrechte zu. Großbritannien verzichtet außerdem zugunsten Frankreichs auf eine Einmischung in Marokko. Weitere Interessenausgleiche betreffen Zentral- bzw. Westafrika, Siam, Madagaskar und die Hebriden sowie Fischereirechte in Neufundland und verschiedene Durchfahrtsrechte.
Die Beseitigung der kolonialen Reibeflächen öffnet den Weg für eine weitergehende Zusammenarbeit. Großbritannien kann sich, da es seine Differenzen mit Frankreich beigelegt hat, nunmehr ganz auf die heraufziehende Auseinandersetzung mit dem Deutschen Reich konzentrieren. Neben der Handelsrivalität belastet vor allem die seit 1898 verfolgte deutsche Flottenpolitik das Verhältnis. Aus deutscher Sicht ist eine koloniale Expansion gegen den vereinten Widerstand von London und Paris kaum noch erfolgversprechend.

23. März 1904

»Lex Heinze« beutelt Wedekind

Die Berliner Staatsanwaltschaft beschlagnahmt die erste Buchausgabe der Tragödie »Die Büchse der Pandora« von Frank Wedekind. Sieben Tage zuvor war die Druckfassung des Dramas »Reigen« von Arthur Schnitzler verboten worden.
Seit der Jahrhundertwende gehen die Zensurbehörden verstärkt gegen missliebige Autoren und kritische Inhalte vor. Als Grundlage dient der Unzuchtparagraph 184, nach einem Zuhälterprozess aus dem Jahr 1900 »Lex Heinze« genannt.

30. April 1904

Radar-Vorläufer entwickelt

Seiner Zeit um einige Jahre voraus ist der deutsche Hochfrequenztechniker Christian Hülsmeyer, der in Berlin sein »Telemobiloskop«, einen Vorläufer des Radargeräts, zum Patent anmeldet.
Der Apparat sendet elektromagnetische Wellen aus und ortet metallene Gegenstände. Am 9. Juni führt der Tüftler seine Erfindung in Rotterdam vor einer Versammlung von Reedern vor. Diese jedoch vertrauen zur Ortung von nahenden Schiffen lieber weiterhin auf das altmodische Nebelhorn und lehnen die wegweisende Neuerung ab.

10. März 1904

Nationalisten stellen auf stur

Nach monatelanger systematischer Behinderung der parlamentarischen Arbeit durch die Opposition kann im ungarischen Abgeordnetenhaus das Rekrutengesetz von 1903 beschlossen werden. Der liberale Ministerpräsident István Graf Tisza hatte den oppositionellen Nationalisten die Aufgabe ihrer »Obstruktion« mit der Drohung einer Änderung der parlamentarischen Geschäftsordnung abgepresst. Obwohl die Nationalisten ihr eigentliches Ziel, die Einführung des Ungarischen als Kommandosprache in der k.u.k.-Armee, nicht erreichen konnten, wächst ihr Einfluss weiter. Als im

November schließlich doch eine neue Geschäftsordnung beschlossen wird, demoliert die Opposition am 12. Dezember das Parlament (s. Abb.).

9. April 1904

Makedonien bleibt Streitfall

Das Osmanische Reich und Bulgarien schließen einen Vertrag über die Regelung der makedonischen Frage. Dennoch bleibt Makedonien einer der Unruheherde auf dem Balkan. Die Übereinkunft sieht vor, dass Bulgarien auf seinem Territorium künftig keine Gruppen mehr duldet, die gegen die osmanische Herrschaft über Makedonien kämpfen. Dafür verspricht die Regierung des Sultans Abd Al Hamid II. Erleichterungen für die christliche Bevölkerung in Makedonien.

15. April 1904

Tirpitz bremst Radikale

Die Delegierten des Deutschen Flottenverbandes (DFV) sprechen sich auf ihrer Jahresversammlung in Dresden in allgemeiner Form für eine Vergrößerung der Flotte aus.
Damit kommt es nicht zu den vom Reichsmarineamt befürchteten weitreichenderen Forderungen nach Aufstellung eines dritten Doppelgeschwaders. Staatssekretär Alfred von Tirpitz, Stratege und Mentor der Flottenaufrüstungspolitik, bekämpft radikale Forderungen dieser Art, da sie die Durchsetzbarkeit neuer Schiffsbauten zum jetzigen Zeitpunkt gefährden könnten. Der DFV (Abb.: Werbeplakat), der momentan 688 008 Mitglieder zählt, gehört zu den großen nationalistischen Verbänden im Kaiserreich – wie der Deutsche Ostmarkenverein, die Deutsche Kolonialgesellschaft und der Alldeutsche Verband.

April 1904

1 Fr Bochum wird nach der Eingemeindung der Orte Grumme, Hamme, Hofstedde und Wiemelhausen zur Großstadt mit 108 000 Einwohnern. → Südpol

2 Sa An der im südafrikanischen Johannesburg ausgebrochenen Pest sind bis jetzt 126 Menschen erkrankt. Bisher starben sieben Weiße und 63 Schwarze.

3 So Die Badekommission des Nordseebads Wyk auf Föhr beschließt die Einrichtung eines Familienbades, das am Strand angelegt werden soll.

4 Mo Auf dem Ersten Internationalen Kongress für Schulhygiene in Nürnberg wird die Einstellung von Schulärzten für alle Schulen gefordert.

5 Di Der »Zentralverband zur Bekämpfung des Alkoholismus« erklärt, dass 10% des deutschen Volkseinkommens für Alkohol ausgegeben werden.

6 Mi Katholische Geistliche in Oberschlesien bestreiten, dass sie in Predigten zur Wahl von Kandidaten der katholischen Zentrumspartei aufgerufen hätten.

7 Do Der Delegierten-Tag der deutschen Goethe-Bünde in Dresden ruft zur Wachsamkeit gegen staatliche Zensurversuche auf.

8 Fr In Darmstadt treffen sich Lehrer zum ersten Deutschen Oberlehrertag, um vor allem Standesfragen zu erörtern. → Bündnis

9 Sa In Hamburg entsteht zum Schutz gegen große Warenhäuser eine »Zentrale Einkaufsgesellschaft deutscher Kolonialwarenhändler«. → Makedonien

10 So In der Reichshauptstadt Berlin beginnt eine »Hockey-Woche«, zu der auch das Team des St. John's College in Oxford eingeladen ist.

11 Mo Der neugegründete Bund der Handwerker fordert in Berlin die Abschaffung der Zuchthausarbeit, die er als unlautere staatliche Konkurrenz sieht.

12 Di Ein Teil der Arbeitgeberverbände schließt sich in Berlin zur »Hauptstelle Deutscher Arbeitgeberverbände« zusammen, um gemeinsam Streiks abzuwehren.

13 Mi Das russische Flaggschiff »Petropawlowsk« läuft vor Port Arthur auf eine japanische Mine und sinkt. Von 600 Mann Besatzung werden nur 80 gerettet.

14 Do Der Verband deutscher Gastwirtsgehilfen fordert auf seinem Verbandstag die gesetzliche Festlegung von Ruhetagen.

15 Fr Die deutsche Kaiserin Auguste Viktoria legt den Grundstein für den Neubau des Senckenberg-Museums in Frankfurt am Main. → Tirpitz

16 Sa Der Rektor der Universität Wien verbietet den Studenten das Tragen von Abzeichen nationalistischer Verbindungen.

17 So Die USA und Brasilien erneuern ihren Zollvertrag, der den Amerikanern den ermäßigten Export von Fertigprodukten nach Brasilien erlaubt.

18 Mo Erstmals erscheint in Paris die sozialistische Tageszeitung »L'Humanité«. Herausgeber ist der Sozialistenführer Jean Jaurès.

19 Di Im rheinischen Kurort Bad Neuenahr wird nach mehrmonatiger Arbeit ein neuer Thermalsprudel mit einer Temperatur von 49 °C erbohrt.

20 Mi Ein Generalstreik der ungarischen Eisenbahnbeamten für die erste Lohnerhöhung seit Jahrzehnten legt den gesamten Schienenverkehr des Landes lahm.

21 Do Der Deutsche Reichstag debattiert über geplante Zechenschließungen im Ruhrgebiet, die 20 000 Arbeitsplätze bedrohen.

22 Fr Die Tänzerin Isadora Duncan tritt in der Bürgergesellschaft in Köln auf. +++ In Halle wird die Kant-Gesellschaft gegründet.

23 Sa Der preußische Landtag genehmigt 16 Mio. Mark für die Errichtung von Wohnungen für Arbeiter und gering besoldete Beamte.

24 So Bei einem internationalen Schachturnier in den USA verliert der deutsche Weltmeister Emanuel Lasker gegen den Amerikaner Frank J. Marshall.

25 Mo In Karlsruhe wird das neunte Krematorium im Deutschen Reich in Betrieb genommen. Seit Jahren setzen sich Vereine für die Feuerbestattung ein.

26 Di Der Labor-Politiker John Christian Watson wird neuer australischer Premierminister. Damit stellt erstmals eine Arbeiterpartei die australische Regierung.

27 Mi Großbritannien will den Anbau von Baumwolle in den Kolonien fördern, um von den Schwankungen des amerikanischen Marktes unabhängig zu werden.

28 Do Im Berliner Apollo-Theater wird die Burleske »Berliner Luft« mit der Musik von Paul Lincke und dem Text von Heinrich Bolten-Baeckers uraufgeführt.

29 Fr Der russische Außenminister Wladimir N. Lamsdorf erklärt, sein Land werde sich auf keine ausländische Vermittlung im Krieg gegen Japan einlassen.

30 Sa In St. Louis im US-Bundesstaat Louisiana beginnt die Weltausstellung, die Präsident Theodore Roosevelt aus Washington per Telegraf eröffnet. → Radar

Mai 1904

1 So Die Große Kunstausstellung in Dresden wird eröffnet. +++ In Mainz wird die Eisenbahn-Rheinbrücke in Betrieb genommen. → Garten-Schau

2 Mo In Berlin erscheint die erste Ausgabe des »Neuen Montagsblatts«, das der Sozialdemokrat Eduard Bernstein herausgibt.

3 Di Eine Ansprache des Malers Max Liebermann eröffnet die Ausstellung der Berliner Sezessionisten. U.a. werden Bilder des Impressionisten Max Slevogt gezeigt.

4 Mi Junge Arbeiter gründen in Gelsenkirchen den Fußball-Verein »Spiel-Club Westfalia«, der später in »FC Schalke 04« umbenannt wird.

5 Do Die Sozialistische Partei Amerikas wählt den Arbeiterführer Eugene V. Debs zu ihrem Kandidaten für die US-Präsidentschaftswahl im November.

6 Fr Der Berliner Magistrat bewilligt 10 Mio. Mark für den Umbau der städtischen Wasserwerke am Müggelsee und in Tegel.

7 Sa In Mexiko wird das Amt eines Vizepräsidenten eingerichtet. Er soll vom Volk in direkter Wahl bestimmt werden.

8 So Die Berliner Frühjahrsregatta auf dem Müggelsee, die als Probe für die Kieler Woche gilt, gewinnt die kaiserliche Jacht »Niagara«.

9 Mo Die Gründungsversammlung des »Reichsverbandes gegen die Sozialdemokratie« findet in Berlin statt. Der Verband wird von der Industrie unterstützt.

10 Di In Berlin beginnt ein Streik der Bäckergesellen für einen Mindestlohn und gegen die Pflicht, beim Arbeitgeber zu wohnen.

11 Mi Unter der Devise »Jedem Deutschen wöchentlich ein Bad« tagt in Kassel die Gesellschaft für Volksbäder, die sich für öffentliche Badeanstalten einsetzt.

12 Do Bei der Explosion eines Gasballons nahe des Place de la Bastille in Paris werden mehrere Personen verletzt, ein Haus gerät in Brand.

13 Fr Das preußische Abgeordnetenhaus in Berlin bestimmt die konfessionelle Bekenntnisschule zur Regelschule in Preußen.

14 Sa Mit einem Treffen unterstreichen Fürst Ferdinand I. von Bulgarien und König Peter I. von Serbien die Annäherung der zwei südosteuropäischen Staaten.

15 So Die Dresdner Bank übernimmt die Deutsche Genossenschaftsbank und erweitert damit ihr Geschäftsfeld auf das Genossenschaftswesen.

16 Mo Der spätere britische Regierungschef Winston Churchill greift kurz vor seinem Wechsel zu den Liberalen die eigene konservative Regierung scharf an.

17 Di Unternehmer vor allem aus der verarbeitenden Industrie schließen sich zum »Verein Deutscher Arbeitgeberverbände« (VDA) zusammen.

18 Mi Die Beteiligten an dem Pogrom in der russischen Stadt Kischinew, bei dem 49 Juden getötet wurden, werden zu milden Haftstrafen verurteilt.

19 Do Der 24-jährige Buchhändler Reinhard Piper gründet in München einen Verlag, der mit seinem literarisch-künstlerischen Programm sofort großen Erfolg hat.

20 Fr Der deutsche Vizekanzler Arthur Graf von Posadowsky-Wehner betont die Bedeutung der Gesundheitspolitik für die Wehrfähigkeit des Landes.

21 Sa Die Presse berichtet über die Einweihung eines Denkmals für den Pionier der Turnkunst Johann Christoph Friedrich GutsMuth. → Fußball → Vatikan

22 So Die Delegierten des sozialdemokratischen Bergarbeiterverbandes werfen ihrem Vorstand »zimperliches Verhalten« gegenüber den Zechenunternehmen vor.

23 Mo Die »Zionistischen Vereinigungen für Deutschland« betonen ihr Ziel der Schaffung einer »Heimstätte« für das jüdische Volk in Palästina.

24 Di In Stuttgart treffen Bibliothekare aus allen Teilen Deutschlands erstmals zu einer Tagung zusammen. Sie verfügen über keine berufsständische Organisation.

25 Mi Vertreter der Buren in der britischen Kolonie Transvaal sprechen sich in Pretoria dafür aus, an ihrer Nationalität festzuhalten.

26 Do Der Deutsche Lehrerverein setzt sich auf seiner Jahresversammlung in Königsberg für eine bessere Ausbildung der Volksschullehrer ein.

27 Fr In Danzig läuft das Panzerschiff »Lothringen« in Anwesenheit von Kaiser Wilhelm II. vom Stapel. +++ Der Deutsche Musikverein tagt in Frankfurt am Main.

28 Sa Die Berliner Stadtverordnetenversammlung berät über die Einrichtung von fünf neuen städtischen Straßenbahnlinien.

29 So Bei den Parlamentswahlen in Belgien kann die konservative klerikale Partei ihre Mehrheit trotz Stimmeneinbußen behaupten.

30 Mo US-Marinesoldaten landen in der marokkanischen Hafenstadt Tanger, nachdem dort der amerikanische Geschäftsmann Ion Perdicaris entführt worden war.

31 Di In Anwesenheit des Prinzregenten Luitpold wird in München die erste Ausstellung des Deutschen Künstlerbundes eröffnet.

25. Juni 1904

Königlicher Besuch in Kiel

Der britische König Edward VII. reist an Bord seiner Jacht »Victoria and Albert« zu einem Besuch der Kieler Woche. Er trifft anlässlich des maritimen Großereignisses mit seinem Neffen, dem deutschen Kaiser Wilhelm II., zusammen.
Angesichts der deutsch-britischen Flottenrivalität und der britisch-französischen Annäherung durch die »Entente cordiale« erhält der Besuch eine besondere Bedeutung. Edward VII. reist in Begleitung eines Geschwaders aus vier Kreuzern und

sechs Torpedobooten an. Der Hohenzoller nimmt ihn an der Holtenauer Schleuse an der Ausfahrt des Kaiser-Wilhelm-Kanals (heute: Nord-Ostsee-Kanal) in Empfang. Um seinen Besucher zu beeindrucken, stellt Wilhelm II. in Kiel einen Großteil der deutschen Flotte zur Schau (Abb: Edward VII., sitzend rechts, im Kieler Jachtclub). In einem Trinkspruch feiert der deutsche Kaiser die Marine als Ausdruck der »wiedererstarkenden Seegeltung« des Deutschen Reiches. Edward VII. verlässt Kiel am 30. Juni.

21. Mai 1904

Fußball wird international

In Paris gründen sieben europäische Fußballverbände den Weltverband FIFA (Fédération Internationale de Football Association). Gründungsmitglieder sind Belgien, Dänemark, Frankreich, die Niederlande, Schweden, die Schweiz und Spanien. Der Deutsche Fußball-Bund, der an dem Kongress in der französischen Hauptstadt nicht teilnimmt, meldet sich telegrafisch an und wird im Jahre 1905 ebenfalls FIFA-Mitglied.
Zum Bedauern des ersten FIFA-Präsidenten, des Franzosen Robert Guérin, stößt die Neugründung ausgerechnet im Mutterland des Fußballs auf Desinteresse. Der englische Verbandschef Lord A. F. Kinnaird will nicht glauben, dass Fußball auch auf dem europäischen Kontinent Anhänger findet. In der Frage des Beitritts fahren die Engländer in Zukunft einen Zick-Zack-Kurs. Sie treten 1905, 1924 und 1946 in die FIFA ein und 1919 und 1929 wieder aus. Die wichtigste Bestimmung der FIFA-Satzung besagt, dass sich die nationalen Verbände gegenseitig als einzig zuständig für den Fußball in ihren Staaten anerkennen. Bald schon wird diese Regel jedoch durchlöchert. Aus dem Gebiet der Donaumonarchie nimmt die FIFA im Jahre 1906 Österreich, Ungarn und Böhmen als eigenständige Mitglieder auf, wie später auch Schottland und Irland.

21. Mai 1904

Paris bricht mit dem Vatikan

Ein Staatsbesuch von Frankreichs Präsident Emile Loubet in Italien, der von Papst Pius X. heftig kritisiert worden war, führt zur Abberufung des französischen Botschafters aus dem Vatikan. Die Kritik des Papstes, die in einer Protestnote an sämtliche katholische Regierungen in Europa versandt wurde, richtet sich gegen den Aufenthalt Loubets in Rom, da der Vatikan die weltliche Herrschaft des italienischen Königs Viktor Emanuel III. über die ewige Stadt nicht anerkennt.
Das Protestschreiben hat der außenpolitische Berater des Papstes, Kardinal Rafael Merry del Val in ungewöhnilch scharfem Ton abgefasst. Es soll andere katholische Staatsoberhäupter davon abhalten, ebenfalls Staatsbesuche in Rom zu unternehmen und damit die internationale Autorität des Vatikan zu schmälern. Die Diskussion um die päpstliche Protestnote verschärft die in Frankreich ohnehin vorherrschende antiklerikale Stimmung. Ein weiterer Konflikt um zwei französische Bischöfe zieht am 30. Juli den endgültigen Abbruch der diplomatischen Beziehungen zum Vatikan nach sich. Im Oktober debattiert die französische Nationalversammlung über das gespannte Verhältnis zur Kirche. Ministerpräsident Emile Combes und der Sozialist Aristide Briand legen Pläne für eine Trennung von Staat und Kirche vor. Ein entsprechendes Gesetz wird 1905 verabschiedet.

12. Juni 1904

Frauen tagen in Berlin

Mehrere hundert Vertreterinnen bürgerlicher Frauenvereine aus 25 Ländern nehmen an einem internationalen Frauenkongress teil. Im Mittelpunkt steht das Wahlrecht für Frauen.
In insgesamt vier Sektionen wird während der sechstägigen Veranstaltung das riesige Programm bewältigt. Die Sektion für Bildungsfragen steht unter der Leitung der deutschen Frauenrechtlerinnen Helene Lange und Gertrud Bäumer. Sektion zwei und drei beschäftigen sich mit Frauenberufen sowie sozialen Einrichtungen und Bestrebungen. Sektion vier widmet sich schließlich der rechtlichen Stellung der Frau.

15. Juni 1904

1000 Tote bei Schiffsbrand

Mehr als 1000 Todesopfer fordert ein Brand auf dem Dampfer »General Slocum« (Abb.), der sich auf einer Ausflugsfahrt auf dem Hudson River in New York befindet. An Bord sind u.a. Schüler der Sonntagsschule der Deutsch-Lutherischen Sankt-Markus-Kirche in New York und ihre Mütter. Anschließende Untersuchungen offenbaren schwere Sicherheitsmängel. Nur veraltete Rettungsgürtel waren an Bord, außerdem konnten die Rettungsboote nicht zu Wasser gelassen werden, weil sie festgebunden waren.
Am 28. Juni sinkt das dänische Passagierschiff »Norge« und reißt 637 Passagiere mit in den Tod.

Der Moment des Attentats des finnischen Beamten Eugen Schaumann auf Nikolaj I. Bobrikow, den verhassten Statthalter des Zaren in Finnland, festgehalten in einer zeitgenössischen Darstellung.

16. Juni 1904

Finnen begehren auf

Aus Erbitterung gegen die russische Unterdrückungspolitik verübt der finnische Beamte Eugen Schaumann im Senatsgebäude von Helsinki auf den russischen Generalgouverneur Nikolaj I. Bobrikow ein Revolverattentat. Der Attentäter richtet sich nach der Tat selbst, Bobrikow stirbt in der folgenden Nacht. Der Generalgouverneur, seit April 1903 vom Zaren mit diktatorischen Vollmachten ausgestattet, ist Symbolfigur der sog. Russifizierungspolitik. Durch sie soll Finnland mit harter Hand in das russische Reich eingegliedert werden. In einem an den Zaren hinterlassenen Brief rechtfertigt Schaumann die Tat mit dem Handeln Bobrikows. Er fordert Nikolaus II. auf, sich über die Zustände in Finnland zu informieren. Schaumann wird zum Nationalhelden.

1. Mai 1904

Garten-Schau in Düsseldorf

Die »Internationale Kunst- und Große Gartenausstellung« öffnet in Düsseldorf ihre Tore. Kronprinz Wilhelm von Preußen ist bei der feierlichen Eröffnung anwesend.
Bis Oktober locken die eigens gestaltete Gartenanlage und zahlreiche Sonderschauen tausende Besucher auf das Ausstellungsgelände am Rhein. Eine internationale Kunstausstellung zeigt vor allem zeitgenössische Malerei aus Großbritannien

und Frankreich. Sonderausstellungen sind dem deutschen Maler Adolph von Menzel und dem französischen Bildhauer Auguste Rodin gewidmet (Abb.: Gartenanlage von Konrad Bartels nach einem Entwurf von Peter Behrens).

15. Juni 1904

Musik wird drahtlos gesendet

In einer Zeit, in der es noch kein Radio und Fernsehen gibt, gelingt dem österreichischen Ingenieur Otto Nussbaumer eine technische Erfindung, mit deren Hilfe zum ersten Mal drahtlos Musik übertragen werden kann.
Nussbaumer benutzt einen sog. Braunschen Funkensender, der mit einem Lichtbogen betrieben wird. Über ein Mikrofon, das an den Lichtbogen angeschlossen ist, werden die elektromagnetischen Wellen moduliert. Bei der ersten Demonstration in den Räumen der Technischen Hochschule in Graz gelingt es Nussbaumer, Grammophonmusik über mehrere Zimmer hinweg zu übertragen. Zum Abschluss der Vorführung greift Nussbaumer selbst zum Mikrofon und singt das »Dachsteinlied«. Trotz der Ermunterung durch den Physikprofessor Albert von Ettinghausen meldet Nussbaumer seine Erfindung nicht zum Patent an.
Im Jahre 1906 macht der US-Physiker Lee De Forest eine für die Entwicklung des Radios wichtige Erfindung. Er baut eine »Audion« genannte Verstärkerröhre zur Radioröhre um. Zudem werden in Laborversuchen erste Bildübertragungssysteme, u.a. mit der Nipkow-Scheibe und der Braunschen Röhre, getestet.

Juni 1904

1 Mi Politiker, die dem Deutschen Schwimm-Verband nahestehen, wenden sich wegen der zunehmenden Verschmutzung der Flüsse an den Reichstag.

2 Do Der britische Kriegsminister Hugh Oakley Arnold-Forster lehnt die Einführung einer allgemeinen Wehrpflicht in Großbritannien ab.

3 Fr Der Berliner Schlosserlehrling Paul Nähring erhängt sich wegen der Schikanen seines Lehrherrn. Daraufhin gründen Lehrlinge einen eigenen Verein.

4 Sa Der Deutsche Verein für Volkshygiene erörtert in Frankfurt am Main die Einführung eines bezahlten Jahresurlaubs in manchen Gewerben.

5 So Auf der Weltausstellung in St. Louis in den USA werden aus der deutschen Kolonialabteilung Juwelen im Wert von 4190 Mark entwendet.

6 Mo Der Etat des Senats in Rom weist einen Überschuss von 15 Mio. Mark aus. Damit ist Italien in diesem Jahr das einzige Land Europas ohne Staatskredit.

7 Di Die westfranzösische Stadt Mamers wird durch einen Wirbelsturm verwüstet. Dabei kommen 17 Menschen ums Leben.

8 Mi Im preußischen Landtag scheitert ein Gesetz, das die Stadtflucht der schlecht bezahlten Landarbeiter unterbinden soll.

9 Do Der Reichstag beschließt Maßnahmen zur Bekämpfung der Reblaus, die seit ihrem ersten Auftreten vor rd. 40 Jahren Schäden im Weinbau anrichtet.

10 Fr Mehr als 200 Vertreter europäischer Staats- und Privateisenbahnen treffen sich in Kopenhagen zu einer internationalen Fahrplankonferenz.

11 Sa Im Berliner Dürerhaus beginnt die Ausstellung »Kunst im Leben des Kindes«, die u. a. Bilderbücher und handwerklich gefertigtes Spielzeug zeigt.

12 So In Argentinien wird der Rechtsanwalt Manuel Quintana zum Staatspräsidenten gewählt. Seine Amtszeit beginnt am 12. Oktober. → Frauen

13 Mo Auf dem ersten ordentlichen Genossenschaftstag des Zentralverbandes deutscher Konsumvereine treffen sich 300 Delegierte von Arbeiter-Konsumvereinen.

14 Di Die deutsche Kaiserin Auguste Viktoria empfängt eine Abordnung des Berliner internationalen Frauenkongresses in Privataudienz.

15 Mi In der Schweiz wird ein Entwurf für eine neue Militärorganisation veröffentlicht, der einen Militärunterricht für Jugendliche vorsieht. → Musik → Schiffsbrand

16 Do Dem heutigen Tag in Dublin setzt der irische Dichter James Joyce mit seinem Roman »Ulysses« ein literarisches Denkmal. → Finnen

17 Fr In Paris erstreiken 3000 Droschkenkutscher eine Reduzierung der Abgaben, die sie an die Mietwagenbesitzer leisten müssen.

18 Sa In der Nähe von Asch in Nordböhmen nehmen rd. 20 000 Menschen an der feierlichen Einweihung des ersten Bismarckturms in der Donaumonarchie teil.

19 So Ein Vertrag Spaniens mit dem Vatikan regelt die Stellung der religiösen Orden in Spanien, die zukünftig durch die Regierung zu genehmigen sind.

20 Mo In Bad Homburg konstituiert sich der Internationale Verband der anerkannten Automobilclubs. +++ Sarah Bernhardt beginnt ihr Gastspiel in London.

21 Di Die deutsche Reederei Hapag schließt mit Russland einen Vertrag über die Lieferung von Kohlen an die russische Ostseeflotte.

22 Mi Auf dem Parteitag der Republikaner in Chicago wird der amtierende US-Präsident Theodore Roosevelt für die Präsidentschaftswahl im November nominiert.

23 Do Im Park Villa Borghese wird das 8 m hohe Goethe-Denkmal enthüllt, das Kaiser Wilhelm II. der italienischen Hauptstadt Rom geschenkt hat.

24 Fr 15 000 Menschen aus 49 Ländern besuchen in London den internationalen Kongress der Heilsarmee, die der Geistliche William Booth 1878 gegründet hatte.

25 Sa Die Generalversammlung der Deutschen Bank beschließt eine Erhöhung des Aktienkapitals auf insgesamt 180 Mio. Mark. → Kiel

26 So Auf dem Schlachtfeld von Waterloo, wo 1815 die Truppen Napoleons geschlagen wurden, wird ein Denkmal enthüllt.

27 Mo Der Deutsche Automobilclub veranstaltet während der Kieler Woche zum ersten Mal ein Motorbootrennen auf der Förde.

28 Di Nachdem der deutsche und der französische Gesandte in Haiti mit Steinen beworfen wurden, wird ein deutsches Kanonenboot nach Haiti entsandt.

29 Mi Die »Wandervogel«-Bewegung spaltet sich. +++ Der Brite Hugh Laurence Doherty und sein Bruder Reggie gewinnen das Tennisturnier von Wimbledon.

30 Do Der ungarische Ministerpräsident István Graf Tisza warnt die serbischen und rumänischen Volksgruppen vor zu großem Nationalismus.

Juli 1904

1 Fr Die Beschlüsse der Internationalen Telegraphenkonferenz treten in Kraft. U.a. wird der Telegrammverkehr vereinfacht. → Olympische Spiele

2 Sa Der preußische Handelsminister Theodor von Möller kündigt die Einrichtung öffentlicher Rechtsberatungsstellen für Minderbemittelte an.

3 So Im münsterländischen Telgte wird das 250-jährige Bestehen des Wallfahrtsortes begangen. 40 000 Menschen besuchen die Feier. → Judenstaat

4 Mo Ein Prozess gegen den Leiter des Gelsenkirchener Wasserwerkes, der mit der Einleitung ungefilterten Wassers eine Typhusepidemie auslöste, beginnt.

5 Di Zar Nikolaus II. ernennt den Fürsten Iwan M. Obolenski zum Nachfolger des ermordeten Generalgouverneurs von Finnland, Nikolaj I. Bobrikow.

6 Mi In Kopenhagen treffen Vertreter der pazifistischen Verbände von Dänemark, Schweden und Norwegen zum fünften nordischen Friedenskongress zusammen.

7 Do Das französische Parlament lehnt den Antrag der Sozialisten ab, Soldaten das Waffentragen außerhalb des Dienstes zu verbieten.

8 Fr In London können sich die transatlantischen Reedereien nicht auf ein Ende des Konkurrenzkampfes einigen, der zu drastischen Preissenkungen führte.

9 Sa Eine Parlamentskommission spricht Edgar Combes, Sohn des französischen Ministerpräsidenten, vom Vorwurf der Bestechlichkeit frei.

10 So Der autokratische Machthaber Mexikos, General Porfirio Díaz, wird zum siebten Mal zum Präsidenten gewählt.

11 Mo Der polnische Sozialistenführer Józef Klemens Pilsudski verhandelt mit den Japanern über die Unterstützung der polnischen Unabhängigkeitsbewegung.

12 Di Das badische Parlament genehmigt die Regulierung des Rheins zwischen Sonderheim und Straßburg, die die Schifffahrt erleichtern soll.

13 Mi Die Berliner Hochbahngesellschaft erhält die Genehmigung zum Bau und Betrieb einer sogenannten Unterpflasterbahnstrecke.

14 Do Bei einem Eisenbahnunglück in Glenwood bei Chicago kommen 18 Menschen ums Leben. +++ In Preußen tritt ein neues Wildschongesetz in Kraft.

15 Fr Die zehn größten Berliner Kaufhäuser wollen einen Monat lang schon um 19 Uhr schließen, um ihren Angestellten bei der Hitze mehr Erholung zu bieten.

16 Sa Im Maingebiet beginnt die Aussperrung von 2000 organisierten Bauarbeitern in einem Konflikt über deren Arbeitsverträge.

17 So Der Vizegouverneur des russischen Jelissawetpol fällt einem Attentat zum Opfer. +++ In Essen tagt der Kongress christlicher Gewerkschaften.

18 Mo Die »Alldeutsche Vereinigung« im österreichischen Parlament, die unter Führung des Antisemiten Georg Schönerer 14 Delegierte umfasst, löst sich auf.

19 Di Eine in Köln gegründete deutsch-niederländische Gesellschaft soll eine Kabelverbindung zu den Südseeinseln der Karolinen und Marianen herstellen.

20 Mi Der Vizekönig von Indien, George Nathaniel Curzon, erhält in London die Ehrenbürgerwürde und betont die wachsende Bedeutung Indiens.

21 Do Der französische Autorennfahrer Rigolly stellt im belgischen Ostende mit 166,667 km/h einen neuen Geschwindigkeits-Weltrekord auf.

22 Fr Alfred von Tirpitz, Staatssekretär im Reichsmarineamt, ordnet den Bau des ersten U-Boots für die deutsche Marine an.

23 Sa Die Harpener Bergbau-AG erhöht ihr Kapital um 10 Mio. Mark und beschließt den Erwerb einer Schifffahrtsgesellschaft.

24 So Mit der Etappe Nantes-Paris endet die zweite Tour de France. Die vier erstplatzierten Radsportler werden disqualifiziert, weil sie zum Teil mit der Bahn fuhren.

25 Mo Ein in Chicago ausgebrochener Streik der Schlachthofarbeiter weitet sich schnell auf 100 000 Beteiligte in mehreren Städten der USA aus.

26 Di In Berlin wird die »Kamerunbergwerksgesellschaft« gegründet. Sie soll die Erdölvorkommen in der deutschen Afrikakolonie ausbeuten.

27 Mi Japanische Truppen greifen im Russisch-Japanischen Krieg erneut die Befestigung des eingeschlossenen Hafens Port Arthur an.

28 Do Der russische Innenminister Wjatscheslaw K. Plewe wird bei einem Bombenattentat getötet. +++ Der deutsch-russische Handelsvertrag ist perfekt.

29 Fr Die preußische Bahnverwaltung führt einen Notstandstarif für Fracht nach Schlesien ein, da durch den trockenen Sommer der Schiffsverkehr brachliegt.

30 Sa Frankreich bricht die diplomatischen Beziehungen mit dem Vatikan endgültig ab und beruft seinen Botschafter aus Rom zurück.

31 So Die Stubaitalbahn von Innsbruck nach Fulpmes, die dem Tourismus in den Stubaier Alpen den Weg ebnet, nimmt ihren Betrieb auf.

Deutsche Truppen greifen eine Hererostellung in Deutsch-Südwestafrika (Namibia) an.

Völkermord an den Herero

Bis Ende Juli zogen die deutschen Truppen einen weiträumigen Belagerungsring um den Waterberg. Die rd. 5000 Soldaten wurden in sechs Gruppen aufgeteilt, deren schwächste auf der südöstlichen Seite des Gebiets stand – mit der Omaheke-Wüste im Rücken. Nach schweren Angriffen der Deutschen durchbrechen die Herero erwartungsgemäß die deutschen Linien an der schwächsten Stelle und flüchten in die Wüste. Die Zurückgebliebenen werden von den Deutschen sofort getötet. Entlang der Omaheke richtet das Militär bis Ende August Posten ein, um die Herero an einer Rückkehr zu hindern. Trotz der Absperrungen gelingt es kleineren Gruppen, der Wüste zu entfliehen.

1. Juli 1904

Olympische Spiele in USA

Erneut sind die Olympischen Spiele, die mit dem Mehrkampf der Turner in St. Louis beginnen, nur ein lieblos veranstaltetes Anhängsel einer Weltausstellung.

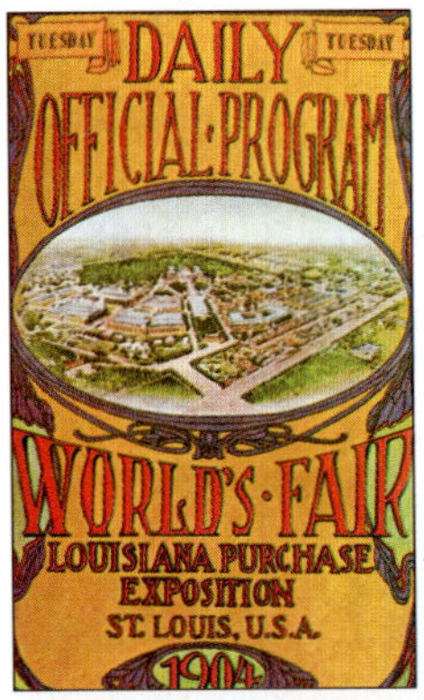

Noch stärker als vor vier Jahren in Paris wird das aufkommende Interesse am Sport für wirtschaftspolitische Werbezwecke missbraucht. Die Veranstalter zeichnen insgesamt 390 Olympiasieger aus. Dabei werden auch reine Profi-Wettbewerbe und nationale Schülermeisterschaften einbezogen.

Das Internationale Olympische Komitee (IOC) erkennt in seiner offiziellen Statistik nur 88 Disziplinen in 14 Sportarten an (Abb.: Offizielles Tagesprogramm).

Erfolgreichster Sportler ist der 26-jährige deutschstämmige Amerikaner Anton Heida, der im Turnen fünf Gold- und eine Silbermedaille erringt. Die Medaillenwertung der Nationen gewinnen die USA überlegen vor Kuba und Deutschland.

10. August 1904

Gesetz diskriminiert Polen

Das neue Ansiedlungsgesetz, das in Preußen in Kraft tritt, diskriminiert polnische Landwirte in den preußischen Ostprovinzen. Die umstrittene antipolnische Politik von Ministerpräsident Bernhard von Bülow erreicht damit einen Höhepunkt.

Dem Gesetz zufolge darf die Genehmigung zur Ansiedlung in den Ostprovinzen nur dann erteilt werden, wenn sie nicht dem ersten Ansiedlungsgesetz von 1886 widerspricht. Dieses Gesetz der Regierung Otto von Bismarcks war bereits von polnischer Seite als Ausdruck eines offensiven »Germanismus« bekämpft worden. Der Klageweg gegen das neue Ansiedlungsgesetz, das faktisch polnische Ansiedlungen weiter erschwert, ist ausgeschlossen. Bislang standen deutsche Siedlungspolitik und polnische genossenschaftliche Siedlungsarbeit prinzipiell gleichberechtigt nebeneinander.

Mit dem Gesetz führt die preußische Regierung ihre Politik für die Stärkung des »Deutschtums« in den polnischen bzw. gemischt besiedelten Ostprovinzen fort. Einer der führenden polnischen Abgeordneten im preußischen Landtag, Fürst Ferdinand Radziwill, weist vergeblich darauf hin, dass die Diskriminierung der polnischen Bauern im Widerspruch zur preußischen Verfassung stehe, wo es heißt: »Alle Preußen sind gleich.«

11. August 1904

Schlacht am Waterberg

Deutsche Truppen führen in Afrika einen Vernichtungskrieg gegen die Herero. In der Schlacht am Waterberg bei Windhuk unterliegen die Einheimischen der Kolonialmacht. Die überlebenden Krieger des Bantustamms und ihre Familien werden auf Anweisung des deutschen Oberbefehlshabers Lothar von Trotha in die Omaheke-Wüste abgedrängt, wo viele verdursten.
Seit Beginn des Hereroaufstands am 12. Januar kam es immer wieder zu kleineren Gefechten. Ab Juni 1904 zogen sich unter Führung von Samuel Maharero rd. 6000 Hererokrieger mit ihren Familien und dem verbliebenen Vieh in ein wasserreiches Gebiet am Waterberg zurück. Bald lagerten hier mehr als 50000 Menschen. Der deutsche Gouverneur Theodor Leutwein, der zunächst auch die Truppen befehligt hatte, sah die Möglichkeit, die Herero in einer Entscheidungsschlacht endgültig zu unterwerfen. Hingegen strebt der seit Mai 1904 amtierende von Trotha die völlige Vernichtung der Einheimischen an. Er schreibt u.a.: »... Innerhalb der deutschen Grenze wird jeder Herero, mit oder ohne Gewehr, mit oder ohne Vieh erschossen. Ich nehme keine Weiber und Kinder mehr auf, treibe sie zu ihrem Volke zurück oder lasse auf sie schießen...«

Theodor Herzl

österreichischer Schriftsteller und Politiker * 2.5.1860 Budapest; † 3.7.1904 Edlach an der Rax bei Gloggnitz

Der Sohn eines Kaufmanns ist Begründer des politischen Zionismus. Unter dem Eindruck der französischen Dreyfus-Affäre verfasste er die Schrift »Der Judenstaat«, in der er die Ansicht vertritt, der Antisemitismus sei in der europäischen Gesellschaft trotz aller Assimilierungsversuche der Juden nicht aus der Welt zu schaffen. Eine Alternative sei daher nur die Wiederherstellung eines souveränen jüdischen Staates. Er berief den ersten Zionistischen Weltkongress ein, der ihn zum Präsidenten wählte

- 1878-1884: Jurastudium in Wien
- 1891-95: Korrespondent in Paris
- 1896: »Der Judenstaat«
- 1897: Erster Zionistischer Weltkongress

3. Juli 1904

Judenstaat in weiter Ferne

Mit dem Tod von Theodor Herzl, der im Alter von 44 Jahren an Herzschwäche stirbt, verliert die zionistische Bewegung ihren führenden Kopf. Ein souveräner Staat für Juden in Palästina ist noch ein Traum. Herzl erwog deshalb die Einrichtung jüdischer Siedlungen in Afrika.

3. August 1904

Tibet unter Londons Knute

Britisches Militär besetzt die tibetische Hauptstadt Lhasa. Der XIII. Dalai Lama, Oberhaupt der Tibeter, ist zuvor geflohen. Das imperialistische Großbritannien beendet damit seine militärischen Aktionen gegen Tibet und unterwirft den Himalaja-Staat seiner Kontrolle.
Der Besetzung Lhasas ist ein Feldzug britischer Truppen vorausgegangen. Dabei ging es um eine Stärkung des britischen Einflusses in dem Land, das formell unter chinesischer Oberhoheit steht und von China als Protektorat behandelt wird. Großbritannien ist zu Beginn des Jahrhunderts die bedeutendste koloniale Landmacht in Asien. Der britische Vizekönig von Indien, Lord Curzon, entsandte am 3. Juni 1903 eine militärische Expedition unter Führung von Oberst Francis Edward Younghusband nach Tibet. Ziel war zunächst das tief im Landesinneren gelegene Khamba. Proteste der Tibeter und Chinesen gegen das gewaltsame

Vordringen blieben ungehört. Auf bloße Gerüchte von tibetischen Angriffen gegen britische Agenten veranlasste Curzon den weiteren Vormarsch der Truppen, die mit ihrer modernen Ausrüstung den Verteidigern klar überlegen waren (Abb.: Blick auf den Potala-Palast von Lhasa, Sitz des Dalai Lama).

22. August 1904

Korea wird Kriegsbeute

Durch einen in Seoul unterzeichneten Vertrag mit Korea erhält Japan weitgehenden Einfluss auf die koreanische Innen- und Außenpolitik. Für Japan ist Korea von strategischer und wirtschaftlicher Bedeutung.
Bereits im Vertrag von 1904 wurde die Selbstständigkeit Koreas erheblich eingeschränkt. Die koreanische Regierung verpflichtet sich, »volles Vertrauen« in Japan zu setzen (Abb.: Japanische Offiziere verspotten einen koreanischen Träger).

August 1904

1 Mo In Großbritannien meldet ein Bericht zur »Degenerierung der englischen Nation«, dass die Hälfte der Bewerber zum Militär dienstuntauglich ist.

2 Di Der Verband der deutschen Hilfskassen wendet sich gegen den Kassenboykott der Ärzte und fordert eine gütliche Einigung im Honorarstreit.

3 Mi Bei der Wahl zum niederländischen Parlament verbuchen die Liberalen Stimmengewinne. +++ In Daressalam beginnt eine Agrarausstellung. → Tibet

4 Do Die deutschen Haus- und Grundbesitzervereine verurteilen auf einer Tagung in Breslau die Unterstützung des Staates für die Baugenossenschaftsbewegung.

5 Fr Der Berliner Georg Zacharias schwimmt mit 8:30,6 min Weltrekord über 500-m-Brust. +++ Britische Politiker warnen vor der deutschen Flottenaufrüstung.

6 Sa Der Entwurf des preußischen Wohnungsgesetzes, der unter anderem eine verbesserte Wohnungsaufsicht vorsieht, wird veröffentlicht.

7 So 76 Menschen kommen ums Leben, als im US-Staat Colorado eine hochwassergeschädigte Brücke über den Fountain River unter einem Schnellzug einstürzt.

8 Mo In Paraguay bricht vor dem Hintergrund der schlechten wirtschaftlichen Verhältnisse ein Aufstand gegen den Präsidenten Juan Antonio Escurra aus.

9 Di Nach Berichten aus Amoy an der Südostküste Chinas ist der britische Dampfer »Hoangho« mit 350 Menschen an Bord gesunken.

10 Mi In Glogau an der Oder wird ein Offizier wegen Soldatenmisshandlung verurteilt. +++ Japanische Truppen besiegen russische Einheiten vor Port Arthur. → Polen

11 Do Ganz Russland wartet sehnsüchtig auf einen Thronfolger. Zarin Alexandra Fjodorowna bringt am folgenden Tag einen Sohn zur Welt. → Waterberg

12 Fr Die von Mittelstands- und Handwerkerorganisationen in Berlin gegründete »Deutsche Mittelstandspartei« setzt sich für eine Warenhaussteuer ein.

13 Sa In Neu-Pommern im südpazifischen Bismarck-Archipel werden vier Missionsschwestern und fünf katholische Missionare von Eingeborenen getötet.

14 So Die in Amsterdam tagende »Zweite Internationale« der Sozialisten lehnt eine Zusammenarbeit mit den bürgerlichen Parteien ab.

15 Mo Der durch die langanhaltende Dürre gefallene Wasserspiegel der Spree und anderer Gewässer bei Berlin beginnt nach ersten Regenfällen wieder zu steigen.

16 Di Russland legt eine Staatsanleihe über 324 Mio. Mark auf. Das Geld dient der Finanzierung der hohen Kosten des Krieges mit Japan.

17 Mi In Statesborough im US-Bundesstaat Georgia holt ein weißer Mob zwei Schwarze aus dem Gefängnis und verbrennt sie auf dem Scheiterhaufen.

18 Do In Breslau beginnen die Fünften Deutschen Automobiltage, an denen rund 200 »Automobilisten« aus ganz Deutschland teilnehmen.

19 Fr In der Hafenstadt Marseille bricht ein großer Streik der französischen Handelsmarine aus. +++ Japanische Truppen greifen das russische Port Arthur an.

20 Sa Die Präsidenten von San Salvador, Honduras und Nicaragua schließen ein Abkommen zur Sicherung des Friedens in Zentralamerika.

21 So Die 51. Generalversammlung der Katholiken Deutschlands beschäftigt sich in Augsburg mit den sozialen Fragen der Gegenwart.

22 Mo In der Kasseler Orangerie findet im Zusammenhang mit einer Tagung des »Photographen-Vereins« eine große Fotoausstellung statt. → Korea

23 Di Das preußische Handelsministerium bereitet die Ausdehnung der Krankenversicherung auf die Hausgewerbetreibenden vor.

24 Mi Anlässlich der Taufe des russischen Thronfolgers Alexej erlässt Zar Nikolaus II. ein Gnadenmanifest, in dem er die Prügelstrafe für die Landbevölkerung aufhebt.

25 Do Im irischen Belfast läuft die »Victorian«, der erste mit Dampfturbinen ausgerüstete Überseedampfer, vom Stapel.

26 Fr In San Francisco verteidigt James J. Jeffries gegen Jack Munroe seinen Titel als Box-Weltmeister im Schwergewicht.

27 Sa Auf der Generalversammlung der Aktionäre der Zeche »Hibernia« scheitert der Versuch des preußischen Staates, das Ruhrgebiets-Bergwerk zu übernehmen.

28 So Die neue Alpenstraße über den Großen St.-Bernhard-Pass von der Schweiz nach Italien wird in einer feierlichen Zeremonie eröffnet.

29 Mo In Magdeburg beginnt der erste Allgemeine Deutsche Innungs- und Handwerkertag. Unter anderem wird das Verbot von Streikposten gefordert.

30 Di In der Nähe der Stadt Liaoyüan in der zentralen Mandschurei beginnt eine große Schlacht zwischen russischen und japanischen Truppen.

31 Mi Der US-Sprinter Archie Hahn stellt in St. Louis mit 21,6 sec einen viel umjubelten Weltrekord über 200 m auf.

September 1904

1 Do Bei Scuol/Schuls erlegen Jäger den letzten Bären der Schweiz. +++ In Danzig tagt ein deutsch-österreichisch-ungarischer Eisenbahnerkongress.

2 Fr Der russische Vizeadmiral Prinz Pawel P. Ukhtomski kommt vor ein Kriegsgericht, weil er sich vor japanischen Angriffen zu schnell zurückgezogen haben soll.

3 Sa Der Amerikaner L.L. Whitman legt mit dem Auto die Strecke quer durch die USA in der neuen Rekordzeit von 33 Tagen zurück.

4 So Durch einen Erlass des russischen Zaren Nikolaus II. werden die beschränkten Niederlassungsrechte der Juden in Russland ausgedehnt.

5 Mo Auf einem Kongress in Leeds wenden sich die britischen Gewerkschafter u.a. gegen den Einsatz ungelernter Ausländer in Bergwerken.

6 Di Im ungarischen Budapest beginnt der sechste internationale Genossenschaftskongress. 250 Delegierte aus mehreren europäischen Staaten nehmen teil.

7 Mi In Kopenhagen entsteht eine Aktiengesellschaft, die probeweise Automobile zur Beförderung von Personen und Briefen einsetzen soll.

8 Do Der »Verein gegen den Missbrauch geistiger Getränke« fordert in Erfurt die gesetzliche Regelung der Trinkerfürsorge.

9 Fr Der badische Großherzog Friedrich I. warnt höhere Staatsbeamte anläßlich der ersten Direktwahl der Zweiten Kammer vor »umstürzlerischen Tendenzen«.

10 Sa Auf seiner Versammlung in Heidelberg beschließt der Verband deutscher Touristenvereine die Errichtung von billigen Studentenherbergen.

11 So Der Freiburger Erzbischof Thomas Nörber erklärt in einer Predigt, ein echter Katholik dürfe keine liberale Zeitung halten.

12 Mo Bei den Knappschaftswahlen im Ruhrgebiet erhalten die Kandidaten des »alten« sozialdemokratischen Bergarbeiterverbandes die Mehrheit.

13 Di Eine Regierungsvorlage beabsichtigt die Zusammenlegung der Finanzverwaltung des Fürstentums Lübeck mit der des Großherzogtums Oldenburg.

14 Mi Im Deutschen Buchgewerbehaus in Leipzig wird eine Ausstellung von Fotografien gezeigt, in der der Kunstanspruch dieser neuen Form deutlich wird.

15 Do Anläßlich der Geburt des italienischen Thronfolgers Umberto erlässt König Viktor Emanuel III. eine Amnestie für kleinere Delikte.

16 Fr In einer Botschaft an den Kongress betont der wiedergewählte mexikanische Präsident Porfirio Díaz das gute Verhältnis des Landes zum Deutschen Reich.

17 Sa Der kleine württembergische Ort Binsdorf wird durch einen Brand fast völlig zerstört. +++ In Bremen beginnt der 3. Kongress sozialdemokratischer Frauen.

18 So In Breslau tagt die 76. Versammlung Deutscher Naturforscher und Ärzte, einer der traditionsreichsten wissenschaftlichen Vereine im Deutschen Reich.

19 Mo Der italienische Ministerpräsident Giovanni Giolitti verurteilt das brutale Vorgehen der Polizei gegen streikende Arbeiter in Mailand.

20 Di Bei einem Flugversuch nahe Dayton im US-Bundesstaat Ohio gelingt es Wilbur Wright mit seinem Flugapparat erstmals, einen Kreis zu fliegen.

21 Mi Die Darmstädter Bank, eines der einflussreichsten deutschen Geldinstitute, erhöht ihr Aktienkapital auf 132 Mio. Mark. → Doppelmoral → König

22 Do Nach einer längeren Zeit der Ruhe bricht der Vesuv wieder aus. Mehrere Tage lang speit der Vulkan bei Neapel Lava und Asche.

23 Fr Auf den Stadthauptmann des russischen Odessa wird ein Revolverattentat verübt. Der Beamte bleibt dabei unverletzt.

24 Sa Das Hamburger Waisenhaus feiert sein 300-jähriges Bestehen. Zur Zeit stehen über 7000 Kinder unter der Aufsicht dieser Anstalt.

25 So Der 5. Verbandstag deutscher Mietervereine spricht sich für eine stärkere staatliche Förderung des Wohnungsbaus aus. → Portugal → Transsib

26 Mo Nach dem Tod des Grafen Ernst von Lippe-Biesterfeld entbrennt der Erbfolgestreit im Fürstentum Lippe-Detmold erneut.

27 Di In der Tiroler Landeshauptstadt Innsbruck wird eine provisorische Fakultät für Rechts- und Staatswissenschaften in italienischer Sprache eingerichtet.

28 Mi Der seit 1863 amtierende griechische König Georg I. verfügt die Auflösung des griechischen Parlaments.

29 Do Das Nationaltheater am Weinbergsweg in Berlin wird eröffnet. +++ In Japan wird die Wehrdienstzeit von fünf auf zehn Jahre verlängert.

30 Fr Die Generalversammlung der Daimler-Motoren-Gesellschaft beschließt die Verlegung des Cannstätter Unternehmens ins nahegelegene Untertürkheim.

21. September 1904

Neuer serbischer König

In Belgrad wird der neue König von Serbien, Peter I. Karadordević, feierlich gekrönt (Abb.: Triumphzug des neuen Monarchen durch Belgrad). Er tritt die Nachfolge von Alexander I. Obrenović an, der am 11. Juni 1903 einer Verschwörung zum Opfer fiel und ermordet wurde.
Russland und Österreich-Ungarn erkennen den neuen Monarchen sofort an, allerdings wird der vorangegangene Königsmord allgemein verurteilt. Ausländische Regierungen fordern vergeblich die Bestrafung der Verschwörer, die weiterhin in nächster Nähe des neuen Königs wirken, bzw. in hohe militärische Positionen aufrücken. Innenpolitisch übernehmen in der Amtszeit von Peter I. die sog. Radikalen die Macht. Bis zum Ausbruch des Ersten Weltkriegs bleiben sie bestimmende Kraft. In Anlehnung an Russland und in der Konfrontation mit Wien zielen sie auf den Ausbau der serbischen Position in Südosteuropa.

18. Oktober 1904

Neues Museum in Berlin

Auf der sog. Museumsinsel wird das neue Kaiser-Friedrich-Museum eingeweiht (s. Abb.). Zu den Schwerpunkten der Sammlung zählen die altdeutsche Malerei und die Kunst der Renaissance. Mit der Anordnung der Kunstgegenstände beschreitet Direktor Wilhelm von Bode neue Wege. Gemälde und Skulpturen werden nicht wie in anderen Museen voneinander getrennt ausgestellt, sondern in einem Raum aufeinander bezogen.

Zeitgenössische Möbelstücke, Kunsthandwerk oder Wandteppiche ergänzen jeweils das Ensemble. So wird es dem Besucher ermöglicht, eine kunsthistorische Epoche in ihrer Gesamtheit aufzufassen. Das Ausstellungskonzept wird zum Vorbild für andere Museen. Den in der Öffentlichkeit umstrittenen Bau im wilhelminischen Barockstil hat der Architekt Ernst von Ihne entworfen.

25. September 1904

Portugals Heer besiegt

Im südlichen Angola erleiden die portugiesischen Kolonialtruppen gegen eingeborene Stämme eine schwere Niederlage. In einem Gefecht gegen den Cuamato-Stamm fallen 305 Soldaten.
Angola ist seit dem 16. Jahrhundert portugiesische Kolonie. Neben der christlichen Missionierung betrieb die Kolonialmacht in Angola einen regen Sklavenhandel, zu dessen Ausweitung die Portugiesen systematisch Kriege zwischen den Eingeborenen schürten. Tatsächlich beschränkt sich aber die portugiesische Herrschaft nur auf einige größere Städte, den Küstenstreifen sowie kleinere Gebiete im Landesinnern. Vielfach besteht der Herrschaftsanspruch Portugals nur auf dem Papier. Durch Militäraktionen gegen einzelne Stämme versuchen die Portugiesen seit etwa 1880, ihre Stellung in Angola zu festigen bzw. auszubauen. Schwerpunkt der Kämpfe sind die Region der Dembos nordöstlich der Hauptstadt Luanda und die südliche Grenzregion, in der die Cuamato leben. Eine vergleichbare Situation herrscht in der anderen großen Afrika-Kolonie Mosambik. Auch hier versuchen die Portugiesen, mit militärischen Einzelaktionen rebellierende Stämme zu unterwerfen. Portugal ist die älteste Kolonialmacht Afrikas. Wegen seiner schwächer werdenden Stellung in Europa hat Lissabon jedoch Probleme, seine Besitzungen gegen die Ansprüche der anderen Kolonialstaaten zu verteidigen. Der Versuch, eine Landverbindung zwischen Angola und Mosambik herzustellen, scheiterte an der britischen Kolonisation Nordrhodesiens.

25. September 1904

Transsib endlich vollendet

Das letzte Stück der Transsibirischen Eisenbahn (Transsib) ist mit der Eröffnung der Baikalsee-Ringbahn fertiggestellt.
Wegen der Bedeutung der Bahnstrecke für den russischen Truppentransport im Krieg mit Japan sind die Bauarbeiten von russischer Seite zuletzt mit Hochdruck vorangetrieben worden. Der Bau der Transsib wurde im Jahre 1891 in Angriff genommen. Die künftige Hauptverkehrsader Sibiriens sollte die Oberläufe der Nord-Süd-gerichteten großen Flüsse verbinden. 1902 waren die wesentlichen Abschnitte der 9300 km langen Strecke von Moskau nach Wladiwostok fertiggestellt. Eine Ausnahme stellte die nun vollendete südliche Umgehung des Baikalsees dar, wo das gebirgige Gelände besondere Schwierigkeiten bereitete. Die gesamte Fahrtdauer für Personenzüge auf der Strecke Moskau – Wladiwostok beträgt sieben Tage (Abb.: Fahrgäste an einer Station). Noch im Bau befinden sich mehrere abzweigende Stichbahnen zu den bedeutenden sibirischen Rohstoff- und Industriegebieten. Erst mit der Transsib kann die wirtschaftliche Erschließung Sibiriens, vor allem die Ausbeutung der reichen Kohlevorkommen, beginnen. Nach dem Russisch-Japanischen Krieg schuf der Bau der Amurstrecke eine Verbindung über ausschließlich russisches Gebiet.

Interessiert werden die neuesten Nachrichten gelesen.

22. Oktober 1904

Start für »schnellste Zeitung der Welt«

Um 13 Uhr erscheint in der Reichshauptstadt die erste Ausgabe der »Berliner Zeitung am Mittag« (s. Abb.). Das Blatt ist die erste Boulevard-Zeitung im Deutschen Reich. Durch den Direktverkauf und die mittägliche Erscheinungsweise trifft die »Bezett« den Geschmack eines Publikums, das sich zwischen den Morgen- und Abendausgaben ohne Abonnementverpflichtung aktuell informieren möchte.
Nach US-Vorbild wird die Zeitung von uniformierten Verkäufern nur auf Straßen, öffentlichen Plätzen sowie in Lokalen angeboten. Trotz sensationeller Aufmachung soll der Inhalt seriös sein. Der Ullstein-Verlag preist das Blatt als »schnellste Zeitung der Welt« an. Tatsächlich erreicht die Rubrik »Börse von heute« eine erstaunliche Aktualität. Von der Verbreitung der Börsenmeldungen bis zum Verkauf des Blattes vergeht nur rd. eine halbe Stunde.

B.Z. am Mittag

1 Uhr Mittags-Ausgabe der »Berliner Zeitung«. 5 ₰ Nr. 1 Sonnabend

Falschmünzer.

Sturm auf Port Arthur.

Russische Offensive an der Mandarinenstraße.

Freiherr v. Schlicht vor Gericht.

Börse von heute.

21. September 1904

Frauen gegen Doppelmoral

Auf einem internationalen Kongress der »Abolitionistischen Föderation« in Dresden berichtet die deutsche Vorsitzende Katharina Scheven über den Stand der Bewegung.
Die Abolitionisten wenden sich gegen die gesellschaftliche Doppelmoral, die Prostitution gesetzlich verbietet, andererseits aber Bordelle duldet. Alle polizeiliche Maßnahmen treffen zudem nur die Frauen (s. Abb.: Berliner Prostituierte auf dem Weg zur medizinischen Untersuchung), nicht jedoch die sie aufsuchenden Männer. Begründet wurde der Abolitionismus durch die Britin Josephine Butler. Um die Jahrhundertwende wird die Zahl der Prostituierten im Deutschen Reich auf 100 000 bis 200 000 geschätzt.

3. Oktober 1904

Marokko wird aufgeteilt

Spanien und Frankreich einigen sich in einem Abkommen auf ihre politischen Einflusszonen in Marokko. Spanien muss auf große Gebiete im Hinterland mit den Städten Fes und Tanger verzichten. Die Übereinkunft löst das spanisch-französische Kolonialabkommen vom 27. Juni 1900 ab, das eine erste Abgrenzung der Interessensphären zum Inhalt hatte.
Mit seinen territorialen Zugewinnen kann Frankreich seine schon jetzt einflussreiche Position in dem nordafrikanischen Land, das lange Zeit als natürliches Interessengebiet Spaniens angesehen wurde, endgültig festigen. Spanien kann aufgrund seiner politischen und wirtschaftlichen Schwäche seine ursprünglich starke Stellung an der nordafrikanischen Küste nicht mehr halten. Das nominell selbstständige Marokko, dessen innenpolitische Situation jedoch labil und von häufigen Unruhen geprägt ist, wird zunehmend zu einem Spielball der europäischen Großmächte.

Oktober 1904

1 Sa Im oberschlesischen Industriebezirk wird die Schankordnung verschärft. Nach 22 Uhr, an Zahltagen ab 16 Uhr ist der Alkoholausschank verboten.

2 So Der österreichische Ministerpräsident Ernest von Koerber unterstreicht in einer Rede die Bemühungen seiner Regierung um die Industrieförderung.

3 Mo Die 17. Generalversammlung des Evangelischen Bundes tagt in Dresden. +++ In Deutsch-Südwestafrika erheben sich die Nama. → Marokko

4 Di In Preußen werden die sozialdemokratischen Turnvereine wegen ihrer »staatsfeindlichen Haltung« von der Benutzung der Turnhallen ausgeschlossen.

5 Mi Das Kaiser-Friedrich-Museum wird in Posen eröffnet. Es ist als Kultureinrichtung Bestandteil der »Germanisierungspolitik« Preußens.

6 Do In Köln endet der zweitägige »Internationale Kongress zur Bekämpfung der unsittlichen Literatur«, der drakonische Maßnahmen fordert.

7 Fr Ein Sturm richtet in Bayern erhebliche Schäden an. Auf der Oktoberfestwiese in München wird über die Hälfte der Zelte umgeweht.

8 Sa Auf der Berliner Jahresversammlung des »Wissenschaftlich-Humanitären Komitees« spricht u. a. der Sexualwissenschaftler Magnus Hirschfeld.

9 So Die türkische Regierung vergibt die Konzession zum Betrieb einer Kabelverbindung von Berlin nach Konstantinopel an ein deutsches Unternehmen.

10 Mo In Hamburg wird Elisabeth Wiese wegen angeblichen fünffachen Mordes an Pflegekindern nach einem Aufsehen erregenden Prozess zum Tode verurteilt.

11 Di Die Hasper Trinkwasser-Talsperre, die nach Plänen Otto Hintzes, des bedeutendsten deutschen Talsperrenbauers errichtet wurde, wird eröffnet.

12 Mi Das neue Rathaus in Bielefeld wird nach einjähriger Bauzeit eingeweiht. Die Baukosten belaufen sich auf 811 000 Mark.

13 Do In Mainz diskutiert die II. Generalversammlung der »Gesellschaft für soziale Reform« über Konsumvereine und Arbeiterkammern.

14 Fr Ein Konsortium unter Führung der Dresdner Bank und der Deutsch-Westafrikanischen Handelsgesellschaft gründet die »Deutsch-Westafrikanische Bank«.

15 Sa Der sächsische König Georg stirbt. Nachfolger wird sein ältester Sohn Friedrich August III. +++ Der Bundestag Deutscher Bodenreformer tagt in Darmstadt.

16 So Vor dem Hintergrund des Wohnungsmangels in den Städten findet in Frankfurt am Main der erste allgemeine Wohnungskongress die Beratungen auf.

17 Mo Nach dem Rücktritt des konservativen Ministerpräsidenten Ernst Rudolf Hintze-Ribeiro bildet José Luciano de Castro in Portugal ein neues Kabinett.

18 Di In Köln wird die 5. Sinfonie von Gustav Mahler uraufgeführt. +++ Das italienische Parlament wird per Dekret aufgelöst. → Museum

19 Mi Der Schriftsteller Oskar Panizza wird von der Polizei in eine Heilanstalt eingeliefert, nachdem er nur mit einem Hemd bekleidet durch München gelaufen war.

20 Do Die ungarische Regierung legt einen Gesetzentwurf vor, der Ungarisch zur dominierenden Unterrichtssprache im Lande machen soll.

21 Fr Auf Initiative des Vereins Deutscher Ingenieure beschäftigt sich eine Konferenz in Berlin mit der Frage einer einheitlichen Schreibweise von Fremdwörtern.

22 Sa Prinz Adalbert von Preußen, Sohn Kaiser Wilhelms II., legt in Schanghai den Grundstein für das Gebäude des deutschen Klubs »Konkordia«. → Zeitung

23 So In Wien demonstrieren die Sozialdemokraten gegen Bürgermeister Karl Lueger, der sich abfällig über den »Tag der Arbeit« geäußert hatte.

24 Mo In Köln wird die neue Maschinenbauschule eingeweiht. +++ Das brasilianische Parlament beschließt eine Reorganisation der Marine.

25 Di Eine erste Teilstrecke der von deutschen Banken finanzierten Bagdadbahn zwischen den Städten Konia und Burgula in Kleinasien wird eröffnet.

26 Mi Die preußische Regierung bestreitet, den Kammerherrn der Kaiserin, Ernst von Mirbach, bei einer Spendensammlung unterstützt zu haben.

27 Do In New York wird das erste Teilstück der U-Bahn zwischen Manhattan und den nördlichen Stadtteilen in Betrieb genommen.

28 Fr In seiner Thronrede zur Eröffnung des bulgarischen Parlaments betont Ferdinand I. die guten Beziehungen zum Nachbarstaat Serbien.

29 Sa Zur Durchsetzung des Zehnstundentages ruft Carl Matthias Schiffer, Führer der christlichen Textilarbeitergewerkschaft, zu Massendemonstrationen auf.

30 So US-Außenminister John Milton Hay lädt alle Staaten zur zweiten allgemeinen Friedenskonferenz ein, die u. a. internationale Rechtsnormen schaffen soll.

31 Mo Im spanischen Parlament kommt es zu lautstarken Auseinandersetzungen und Schlägereien der Abgeordneten untereinander.

November 1904

1 Di Die USA und Frankreich schließen in Washington einen Schiedsgerichtsvertrag, der im Falle von diplomatisch nicht zu lösenden Konflikten Anwendung findet.

2 Mi Russische und japanische Einheiten vereinbaren vor Port Arthur einen sechsstündigen Waffenstillstand, um ihre toten Soldaten zu bergen.

3 Do Der deutsche Bundestag beschließt eine »Eisenbahn-Bau und Betriebsordnung«, die am 1. Mai 1905 in Kraft tritt. → Tirol

4 Fr In seiner Thronrede zur Eröffnung des Landtags kündigt der württembergische König Wilhelm II. die Einführung des allgemeinen Wahlrechts an.

5 Sa Der deutsche Kaiser Wilhelm II. erlegt bei einer Hofjagd bei Potsdam mit 300 Patronen 147 Kaninchen und 103 Fasane.

6 So In Frankfurt am Main tagt die erste Generalversammlung des katholischen Frauenbundes, der sich vor allem auf sozialen Gebiet engagieren will.

7 Mo Die Farbenfabriken Hoechst gründen in Marburg die Behring-Werke, die vor allem Impfstoffe gegen Diphterie produzieren sollen.

8 Di Unter der Leitung des Oberbürgermeisters Martin Kirschner tagt in Berlin eine Konferenz zum Problem der Obdachlosigkeit. → Roosevelt

9 Mi Der britische Außenminister Henry Charles Keith äußert die Hoffnung, dass nach dem japanisch-russischen Krieg Konflikte friedlich geregelt würden.

10 Do Die Zentralstelle für Arbeiterwohlfahrtseinrichtungen in Berlin stellt fest, dass der Lohn von Fabrikarbeiterinnen nicht für deren Grundbedürfnisse ausreicht.

11 Fr Die Elbschifffahrtsgesellschaften nehmen den Verkehr wieder auf, da sich der Wasserstand nach Ende der Trockenperiode normalisiert hat.

12 Sa Wegen seiner angeblich nachgiebigen Haltung im Hereroaufstand wird der Gouverneur Deutsch-Südwestafrikas, Theodor Leutwein, beurlaubt.

13 So Bei einer Demonstration in Warschau liefern sich polnische Sozialisten und russische Soldaten Feuergefechte.

14 Mo Im preußischen Abgeordnetenhaus stimmt die Kanalkommission dem Bau des Rhein-Weser-Hannover-Kanals zu, der später Teil des Mittellandkanals wird.

15 Di Eine Untersuchung der Hamburger Oberschulbehörde ergibt, dass die Hälfte aller Volksschüler zusätzlich erwerbstätig ist.

16 Mi Der Brite John Ambrose Fleming erhält in Großbritannien ein Patent auf die Glühkathoden-Gleichrichterröhre, die sogenannte Diode.

17 Do Die nach Plänen von Otto Intze errichtete Glörtalsperre wird eingeweiht. Sie soll den Pegel der Volme regeln und Wasser für das Ruhrgebiet liefern.

18 Fr Im österreichischen Reichsrat werfen sozialdemokratische Abgeordnete der Habsburger-Dynastie vor, sie richte das Land zugrunde.

19 Sa In Anwesenheit von US-Präsident Theodore Roosevelt wird in Washington ein von Wilhelm II. gestiftetes Denkmal für Friedrich den Großen enthüllt.

20 So In Olten treffen sich 15 Schweizer Ski-Vereine zur Gründung eines nationalen Verbandes. Die Vereine haben zusammen 700 Mitglieder.

21 Mo Auf Antrag der Freisinnigen Volkspartei beschließt das preußische Abgeordnetenhaus, die Zahl der Richter und Staatsanwälte zu erhöhen.

22 Di In Washington unterzeichnen US-Außenminister John Milton Hay und der deutsche Botschafter Speck von Sternburg einen Schiedsvertrag für Streitfälle.

23 Mi In Wien treten mehr als 100 Kohlenarbeiter in den Ausstand. Der Streik endet, nachdem u.a. der Neunstundentag vereinbart wird. → Farbenindustrie

24 Do In einer Debatte des niederländischen Parlaments über die Kolonialpolitik wird das Vorgehen eigener Truppen auf der Insel Sumatra scharf kritisiert.

25 Fr Die bulgarische Nationalversammlung billigt die Aufnahme einer Anleihe in Höhe von 80 Mio. Mark von Frankreich.

26 Sa Bei einer Besichtigung der Weltausstellung in St. Louis besucht US-Präsident Theodore Roosevelt als erstes das Deutsche Haus.

27 So In der Stadt Kutno in Russisch-Polen führt die Einziehung von Reservisten zur russischen Armee zu schweren Unruhen.

28 Mo Das preußische Abgeordnetenhaus beschließt, dass beurlaubte Soldaten für ihre Heimfahrt unentgeltlich die Bahn benutzen können.

29 Di Am Kölner Heumarkt wird die neue Hauptmarkthalle eröffnet, die 2,5 Mio. Mark kostete und Kühlräume sowie unmittelbaren Bahnanschluss bietet.

30 Mi Die Beschäftigten der Berliner Schokoladen- und Bonbonfabriken machen auf ihre miserablen Arbeitsbedingungen aufmerksam.

Der alte und neue US-Präsident Roosevelt mit seinen Söhnen

Theodore Roosevelt

US-Politiker, * 27.10.1858 New York; † 6.1.1919 Sagamore Hill (New York)

Roosevelt gehörte zu den populärsten Präsidenten der USA. Als Schriftsteller und Forschungsreisender, vor allem aber als Führer eines Freiwilligenregiments im spanisch-amerikanischen Krieg (1898) wurde er zum Nationalhelden. Außenpolitisch, etwa in China, vertrat er eine imperialistische »Politik der offenen Tür«. Während seiner Amtszeit erreichte Roosevelt die Abtrennung Panamas von Kolumbien und trieb in der Folge den Bau des Panamakanals voran. Für seine Vermittlung beim russisch-japanischen Friedensvertrag erhielt Roosevelt 1906 den Friedensnobelpreis. Innenpolitisch trat er mit Erfolg gegen Korruption und Trustbildung auf. Aus Unzufriedenheit über die Stagnation von Reformen war der Republikaner 1911 Mitbegründer der Progressiven Partei.

- 1899/1900: Gouverneur von New York
- 1901: Vizepräsident unter William McKinley
- 1911-16: Spaltung der Republikaner unter seiner Mitwirkung

5. Dezember 1904

Erste Streiks in Bochum

Auf der Stinnes-Zeche Bruchstraße in Langendreer treten die Kumpel gegen die Verlängerung der Schichtdauer in den Streik. Der Ausstand leitet eine Reihe von weiteren Protestaktionen ein, die schließlich in den großen Bergarbeiterstreik von 1905 münden.

Ausgangspunkt des Streiks ist die Ausweitung der Ein- und Ausfahrtszeiten, die im Widerspruch zu geltenden Vereinbarungen zwischen Zechenleitungen und Gewerkschaften steht. Außerdem sorgen Rationalisierungsmaßnahmen und die ungünstige Preis-Lohn-Entwicklung für Zündstoff. Als sich die Zechenleitung am 7. Januar 1905 weigert, die Schichtverlängerung zurückzunehmen, weitet sich der Ausstand binnen weniger Tage auf das gesamte Ruhrgebiet aus. Am bis dahin größten Streik im Revier beteiligen sich 50 000 Kumpel. In der Zeitschrift »Soziale Praxis« heisst es dazu: »Die Kardinalforderung der Ruhrbergleute ist ... der Maximalarbeitstag von acht Stunden einschließlich Ein- und Ausfahrt ... was aber geschieht heute? Man versucht, die sowieso schon neun- bis zehnstündige Schichtzeit noch auszudehnen.« Als die Unternehmer die Forderungen der Kumpel schroff ablehnen, wächst die Sympathie für die Streikenden in der Bevölkerung.

23. November 1904

Fusion in der Farbenindustrie

Die Farbenfabriken Friedrich Bayer & Co. und die Badische Anilin- und Sodafabrik AG (BASF) schließen einen sog. Interessengemeinschaftsvertrag. Das Abkommen leitet eine Konzentration auf dem Chemiesektor ein und gilt als Vorläufer der späteren I.G. Farbenindustrie.

Die Initiative für den Zusammenschluss ging von dem Chemiker und Industriellen Carl Duisberg aus, der seit 1899 Direktor bei Bayer ist. Die Zusammenlegung sollte der Gefahr sinkender Gewinne aufgrund der internationalen Konkurrenz begegnen. Außerdem sind nach Einschätzung Duisbergs mit vereinten Kräften die großen Investitionen besser aufzubringen, die für die Forschungsarbeit (Abb.: Indigo-Labor der BASF) nötig sind. Die Rechtsform der I.G. belässt den Firmen ihre Selbstständigkeit. Basis des Zusammenschlusses ist der Gewinnausgleich. Bis zum Ersten Weltkrieg erlangt die deutsche Farbenindustrie fast eine Monopolstellung auf dem Weltmarkt.

8. November 1904

Roosevelt bestätigt

Der amtierende US-Präsident Theodore Roosevelt distanziert mit dem größten Vorsprung aller bisherigen Präsidentenwahlen seinen demokratischen Herausforderer Alan Brooks. Er vereinigt 336 Wahlmänner, das sind 71%, auf sich.
Mit seiner Wahl ist Roosevelt nunmehr auch vom Wähler demokratisch legitimiert. Der Republikaner hatte im September 1901 als Vizepräsident nach der Ermordung von US-Präsident William McKinley das höchste Staatsamt der USA übernommen. Der 46-jährige Roosevelt gilt innenpolitisch als relativ fortschrittlich. Er tritt für eine begrenzte Kontrolle der Macht von Trusts ein und engagiert sich für eine Reform des Arbeitsschutzes ebenso wie für Verbraucher- und Naturschutz. Außerdem steht der Präsident in dem Ruf, Ämter nicht nach Parteizugehörigkeit, sondern streng nach Eignung zu besetzen. In einer Botschaft an den Kongress bekräftigt Roosevelt am 6. Dezember die Erweiterung der sog. Monroe-Doktrin. Sein Land habe in der westlichen Hemisphäre in bestimmten Situationen eine »internationale Polizeigewalt« auszuüben. In diesem Zusammenhang befürwortet Roosevelt einen weiteren Ausbau der US-Flotte. Die aggressiv-ausgerichtete Interventionspolitik Roosevelts stößt insbesondere in Lateinamerika auf Kritik.

10. Dezember 1904

Berlin platzt aus den Nähten

Die Reichshauptstadt erlebt einen Boom. Nach offiziellen Angaben leben erstmals mehr als 2 Mio. Menschen in der Spree-Metropole, die sich seit der Reichsgründung 1871 zum politischen und gesellschaftlichen Mittelpunkt des Landes entwickelt. Die Infrastruktur hält mit demographischer und wirtschaftlicher Expansion kaum Schritt. Vor allem nach der Hochkonjunktur Ende des 19. Jahrhunderts und der damit verbundenen hitzi-

gen Bauspekulation wirkte die Stadt wie ein riesiger Bauplatz. Kanalisations- und Versorgungsnetz wurden erweitert, U-Bahn und Straßenbahn neu angelegt oder ausgebaut. Die Innenstadt Berlins wandelt sich zu einer modernen City mit Geschäfts- und Vergnügungsbetrieb (Abb.: Pulsierendes Großstadtleben am Kottbusser Tor).

28. Dezember 1904

Indien fordert Eigenständigkeit

Knapp 1000 indische Politiker entwerfen auf einem Treffen des Indischen Nationalkongresses (INC) den Plan einer eigenständigen indischen Regierung. In scharfem Ton wird die Politik des britischen Vizekönigs und Generalgouverneurs George Nathaniel Curzon angegriffen.
In einer Rede wird u.a. auf bisher nicht eingelöste Rechte und Freiheiten verwiesen, die dem indischen Volk durch die britische Kolonialmacht zugesagt worden waren. Der Plan indischer Politiker sieht die Schaffung der Vereinigten Staaten von Indien vor. Dabei sollen die britischen Funktionsträger nach und nach durch einheimische Experten abgelöst werden. Der INC ist das Zentrum der neueren, nationalen Unabhängigkeitsbewegung in Indien. 294 Mio. Inder, die rd. ein Fünftel der Weltbevölkerung stellen (Abb.: Heiliges Bad

im Ganges), leben unter britischer Herrschaft. Bis 1858 war das Land von der Ostindien-Gesellschaft verwaltet worden. Nach einem Aufstand wurde Indien unter direkte Kontrolle der Krone gestellt. Ein sog. Vizekönig regierte seitdem. Das in London geschaffene Indien-Ministerium eröffnete dem Parlament in London Möglichkeiten der Kontrolle. Ab 1870 entstanden indische Unabhängigkeitsorganisationen, die zumeist in der Bildungselite verankert waren.

3. November 1904

Schwere Unruhen in Tirol

Das gemischtsprachige, 1814 Österreich zugeteilte Tirol wird von Sprachen- und Nationalitätenkonflikten erschüttert: Nach Einrichtung einer italienischsprachigen Rechtsfakultät kommt es in Innsbruck zu Ausschreitungen deutschsprachiger Nationalisten. Damit erreichen die anti-italienischen Unruhen in Tirol einen neuen Höhepunkt. Die Angriffe gegen die italienische Fakultät eskalieren nach einer friedlich verlaufenen Eröffnungsfeier. Deutsche und italienische Studenten liefern sich Straßenschlachten. Nationalistische deutsche Randalierer dringen in das Gebäude der italienischen Fakultät ein und zertrümmern das Mobiliar. Beim Einsatz von Militär kommt der Maler August Pezzey ums Leben, mehrere Menschen werden verletzt. Pezzey wird von deutschsprachigen Nationalisten zum Märtyrer stilisiert. Die rechtsnationalen Alldeutschen in Österreich nutzen die Ereignisse zu Protesten gegen die Regierung. Die Unruhen in Innsbruck halten mehrere Tage an, zahlreiche Personen werden verhaftet. Am 9. November werden die Kurse an der italienischen Fakultät unter dem Druck der Ereignisse eingestellt.

Dezember 1904

1 Do In Gelsenkirchen endet der Prozess gegen die Direktoren des Wasserwerks um verunreinigtes Trinkwasser mit milden Geldstrafen.

2 Fr Die »unionistischen« Abgeordneten des britischen Unterhauses beschließen in Belfast ein gemeinsames Vorgehen gegen irische Selbständigkeitsinteressen.

3 Sa Reichsfinanzminister Hermann von Stengel teilt dem Reichstag mit, dass 293 Mio. Mark Kredit für den Ausgleich des Haushaltes 1905 nötig sind.

4 So Zahlreiche russische Rechtsanwälte fordern auf Versammlungen in Moskau und St. Petersburg grundlegende politische Reformen.

5 Mo Unter großen Verlusten erstürmen japanische Truppen vor Port Arthur den bisher von den Russen gehaltenen sog. 203-m-Hügel. → Streiks

6 Di US-Präsident Theodore Roosevelt bekräftigt das Recht der USA, in der Karibik und in Südamerika politisch und militärisch zu intervenieren.

7 Mi Die Bremer Bürgerschaft stimmt einem Antrag der Sozialdemokraten zu, Kammern zur gesetzlichen Vertretung der Arbeiter zu schaffen.

8 Do Auf Druck der Wiener Regierung bestraft die Türkei Beamte, die im Oktober 1904 das österreichisch-ungarische Postamt in Skutari angegriffen hatten.

9 Fr Die Direktion der Stettiner Vulcanwerft beschwert sich über die angebliche Bevorzugung der Kieler Germania-Werft bei der Vergabe von Rüstungsaufträgen.

10 Sa Das Insitut für Völkerrecht, das im Jahre 1873 im belgischen Gent gegründet wurde, erhält den Friedensnobelpreis. → Berlin

11 So In mehreren russischen Städten demonstrieren Studenten und Arbeiter gegen die Regierung und für Reformen.

12 Mo Der Deutsche Reichstag verlangt von der Regierung ein Gesetz zur einheitlichen Regelung des Bergrechts, das auch den Arbeitsschutz berücksichtigt.

13 Di In Berlin findet die Uraufführung der Oper »Der Roland von Berlin« statt, die Kaiser Wilhelm II. bei Ruggiero Leoncavallo in Auftrag gegeben hatte.

14 Mi Australien verabschiedet ein neues Seefrachtgesetz, das die Praxis des Norddeutschen Lloyd beendet, bei Klagen nur deutsche Gerichte zu akzeptieren.

15 Do Die evangelische Kirche klagt wegen Beleidigung gegen den Schriftsteller Ludwig Thoma, der sich über ihre Zensurforderungen lustig gemacht hatte.

16 Fr Auf den Philippinen erleiden US-Truppen schwere Verluste in Kämpfen gegen Aufständische. Spanien trat die Inselgruppe 1898 an die USA ab.

17 Sa Bayern und Württemberg regulieren in einem Staatsvertrag ihre gemeinsame Grenze und nehmen den Austausch von Gebieten vor.

18 So Die deutsche und die rumänische Minderheit in Siebenbürgen (Ungarn) protestiert gegen die Stärkung der ungarischen Sprache im Schulwesen.

19 Mo Preußen schließt mit Lübeck einen Vertrag über eine Lotteriegemeinschaft, wodurch die Lübecker Staatslotterie aufgehoben wird.

20 Di Der Landtag von Mecklenburg-Schwerin genehmigt die »Prinzessinnen-Steuer« in Höhe von 73 099 Mark für die Aussteuer von Prinzessin Cecilie.

21 Mi An den US-Kongress ergeht der Vorschlag, zur besseren Kontrolle der Trusts deren Auslandsgeschäfte lizenzpflichtig zu machen.

22 Do Kaiser Wilhelm II. wird von König Alfons XIII. von Spanien zum »Generalkapitän des spanischen Heeres« ernannt und mit einer Uniform beschenkt.

23 Fr Die US-Tänzerin Isadora Duncan beginnt ein einwöchiges Gastspiel in St. Petersburg, nachdem sie in Berlin eine Ballettschule eröffnet hat.

24 Sa In London wird das von Frank Matcham erbaute »Coliseum«-Theater eröffnet, das modernste Bühnentechnik und Platz für 2358 Besucher bietet.

25 So Die Ankündigung von Reformen durch Russlands Zar Nikolaus II. wird mit Enttäuschung aufgenommen, da er die Forderung nach einer Verfassung ablehnt.

26 Mo Die vor der russischen Festung Port Arthur liegenden japanischen Truppen erobern die Befestigungen der Russen unmittelbar vor der Stadt.

27 Di Eine achtköpfige deutsche »Spezialgesandtschaft« bricht zu einer Reise nach Abessinien (Äthiopien) auf, um den Weg für Handelsbeziehungen zu ebnen.

28 Mi Im US-Bundesstaat Georgia verbrennen Farmer nach einer Rekordernte Baumwolle, um durch Verknappung den Preissturz aufzuhalten. → Indien

29 Do In Berlin wird der Vertrag über eine russische Staatsanleihe in Höhe von 500 Mio. Mark unterzeichnet, die Russland für den Krieg gegen Japan braucht.

30 Fr In Tokio werden die siegreichen japanischen Admiräle Heihachiro Togo und Hikonojo Kamimura mit großen Feierlichkeiten empfangen.

31 Sa Nach dem Rücktritt des österreichischen Ministerpräsidenten Ernest von Koerber wird Paul Freiherr Gautsch von Frankenthurn zu seinem Nachfolger.

Januar 1905

1 So In Berlin wird auf Initiative von Helene Stöcker der »Bund für Mutterschutz« gegründet. Dem Leitungskomitee gehören u.a. Marie Stritt und Hedwig Dahn an.

2 Mo Schwere Stürme und der bisher kälteste Winter des Jahrhunderts führen in ganz Europa zu mehr als einem Dutzend Todesfällen. → Port Arthur

3 Di Im deutschen Pachtgebiet Tsingtau (China) werden russische Torpedoboote entwaffnet, die nach der Übergabe von Port Arthur entkommen waren.

4 Mi Der österreichische Kaiser Franz Joseph I. löst als König von Ungarn das Abgeordnetenhaus in Budapest auf. → Vernichtungskrieg

5 Do Der osmanische Sultan Abd Al Hamid II. entsendet Truppen in den Jemen, um die Aufständischen unter Imam Hamid Ad Din Jahja zu bekämpfen.

6 Fr Das US-Repräsentantenhaus verabschiedet das Gesetz über die militärische Befestigung der Häfen. Bisher sind 31 Häfen entsprechend ausgebaut.

7 Sa Die USA garantieren der Dominikanischen Republik Unversehrtheit. Der Inselstaat wird faktisch zur Kolonie der US-Amerikaner.

8 So An der Nordseeküste verursacht eine Sturmflut schwere Schäden. +++ In Nürnberg verabschieden die liberalen Parteien Bayerns ein Aktionsprogramm.

9 Mo In Berlin beraten Regierungskommissionen u.a. aus Bayern, Baden, Württemberg und Sachsen über die Schaffung einer Eisenbahngemeinschaft mit Preußen.

10 Di Die französische Abgeordnetenkammer wählt, gegen den Willen der amtierenden Regierung, den Radikalen Paul Doumer zum Kammerpräsidenten.

11 Mi Ein Gericht spricht in Hamburg vier Fabrikantensöhne frei, die ein Dienstmädchen nachweislich missbraucht hatten. Die Presse spricht von »Klassenjustiz«.

12 Do Der bisherige dänische Kultusminister Jens Christian Christensen bildet in Kopenhagen ein linksliberales Kabinett.

13 Fr Der Anatom Wilhelm von Waldeyer hält in Berlin einen Vortrag über Umweltverschmutzung und weist auf die schädliche Wirkung von Großstadtlärm hin.

14 Sa Die französische Regierung unter Emile Combes erhält von der Abgeordnetenkammer ein Vertrauensvotum mit nur sechs Stimmen Mehrheit und tritt zurück.

15 So In Berlin findet das 14. Stiftungsfest der Arbeiterbildungsschule statt. +++ In Daressalam wird die Deutsch-Ostafrikanische Bank gegründet.

16 Mo Bei orkanartigen Stürmen über dem Ärmelkanal sinken zahlreiche Schiffe und Fähren. 15 Menschen sterben in den Fluten.

17 Di Großherzogin Karoline von Sachsen-Weimar stirbt 20-jährig an einer Grippe. Sie ist das prominenteste Opfer der in Europa grassierenden Grippewelle.

18 Mi Die britische Regierung teilt mit, dass während des Hottentottenkrieges mehrere tausend Hottentotten auf südafrikanischen Boden geflüchtet sind.

19 Do Beim Salutschießen zum russisch-orthodoxen Jordansfest gibt ein Unbekannter einen scharfen Schuss auf das Winterpalais in St. Petersburg ab.

20 Fr Russland und Österreich fordern vom Osmanischen Reich, die makedonischen Provinzen einer europäischen Finanzkontrolle zu unterstellen.

21 Sa In Glarus finden vor 6000 Zuschauern die ersten Schweizer Skimeisterschaften statt. Erster Sieger wird Fred Iselin.

22 So Eine Versammlung der Pfälzer Nationalliberalen beschließt in Neustadt an der Weinstraße, für eine Vereinigung der Liberalen zu arbeiten. → Blutsonntag

23 Mo In Florida beginnt das Zweite Automobil-Meeting. Sieger der bis zum 31. Januar dauernden Veranstaltung wird William Kissan Vanderbilt jr.

24 Di Der französische Finanzminister Maurice Rouvier wird zum Nachfolger des zurückgetretenen Ministerpräsidenten Emile Combes gewählt.

25 Mi In Berlin wird ein Handelsvertrag zwischen dem Deutschen Reich und Österreich-Ungarn unterzeichnet, der u.a. die Landwirtschaft fördern soll.

26 Do Die sinfonische Dichtung »Pelleas und Melisande« von Arnold Schönberg wird in Wien unter der Leitung des Komponisten uraufgeführt. → Ungarn

27 Fr Bei Zusammenstößen zwischen Streikenden und russisch-polnischen Soldaten in Lodz und Warschau werden mehrere hundert Arbeiter getötet.

28 Sa Japan beginnt während des Russisch-Japanischen Kriegs mit der Blockade von Wladiwostok. +++ In Russland erscheinen wegen Streiks keine Zeitungen.

29 So Der Moskauer Stadthauptmann führt in einer öffentlichen Erklärung die revolutionären Unruhen auf britische und japanische »Machenschaften« zurück.

30 Mo Der Oberste Gerichtshof der USA erklärt den »Beef Trust« für illegal. Die Anti-Trust-Kampagne von Präsident Theodore Roosevelt erringt einen Erfolg.

31 Di Der württembergische Ministerpräsident Wilhelm August von Breitling kündigt eine Verfassungs- und Walhrechtsreform an. → Theatersensation

Soldaten stehen Demonstranten gegenüber (Filmszene aus »Schwarzer Sonntag«)

22. Januar 1905

Petersburger Blutsonntag

Soldaten eröffnen auf die Teilnehmer einer friedlichen Demonstration in St. Petersburg, an der rd. 140000 Arbeiter mit Frauen und Kindern teilnehmen, das Feuer. 1000 Menschen sterben im Kugelhagel, mehr als 2000 werden verletzt.
Das Massaker ist der traurige Höhepunkt einer Welle von Streiks und Demonstrationen, die seit einer Woche andauern. Am 16. Januar waren die Arbeiter des Putilow-Werks , des größten Petersburger Rüstungsbetriebs, in den Ausstand getreten. Zar Nikolaus II. zog nach weiteren Arbeitsniederlegungen Militär zusammen.
Die Demonstranten waren zum Winterpalais gezogen, um dem Zaren eine Bittschrift zu überreichen.

31. Januar 1905

Theatersensation in Berlin

Max Reinhardts Inszenierung von William Shakespeares Schauspiel »Ein Sommernachtstraum« wird zur Theatersensation in Berlin. Reinhardt (s. Abb.), der die Leitung des Deutschen Theaters übernommen hat, nutzt erstmals die Drehbühne, die einen blitzschnellen Szenenwechsel erlaubt, als dramaturgisches Mittel. Zudem begeistert der Bühnenwald, der aus echten Bäumen besteht.

Max Reinhardt

österreichischer Theaterregisseur, * 9.9.1873 Baden bei Wien; † 31.10.1943 New York

Mit seinen farbenprächtigen und fantasievollen Inszenierungen wird Reinhardt zum Begründer des modernen Regietheaters. Sprache, Tanz und Musik fügt er zu einer beeindruckenden Komposition zusammen, die Publikum und Kritiker begeistern.

- 1894-1902: Ensemblemitglied am Dt. Theater Berlin
- 1920: Gründung der Salzburger Festspiele
- 1937: Emigration in die USA

27. Februar 1905

Einweihung des Berliner Doms

In Berlin wird der Dom (s. Abb.) geweiht. Erbaut wurde das Gotteshaus nach Plänen von Julius Raschdorff, der ihn als »Hauptkirche des deutschen Protestantismus« bezeichnet. Der Dom, ein Zentralbau mit Kuppel, ist 114 m lang und 75 m hoch. Als Baumaterial diente schlesischer Sandstein. Insgesamt hat die Kirche zwölf Eingänge. Neun befinden sich an der Seite zum Lustgarten, zwei an der Spreeseite und einer gegenüber dem Schloss. Sie ist unterteilt in Predigtkirche, Kirche für Taufen und Trauungen sowie Gruftkirche.

Massaker in St. Petersburg (Zeitungsillustration)

Darin forderten sie die Einführung des Achtstundentags, ein Arbeiterschutzgesetz und die Trennung von Kirche und Staat, eine Boden- sowie eine Steuerreform. Eine Abschrift der Petition wurde dem Innenminister am späten Abend des 21. Januar übergeben, der sie dem Zaren vorlegte. Der Monarch lehnte es allerdings ab, eine Delegation der Arbeiter zu empfangen, und übertrug die Wahrung der öffentlichen Ordnung seinem Onkel, Großfürst Wladimir Alexandrowitsch, dem Kommandanten des Petersburger Militärbezirks. Der politische Schaden des »Blutsonntags« in St. Petersburg ist groß und zukunftsbelastend.

2. Januar 1905

Port Arthur kapituliert

Nach 157 Tagen verlustreicher Belagerung kapituliert die russische Besatzung von Port Arthur. Die Niederlage ist eine Vorentscheidung im japanisch-russischen Krieg.
Der militärische Konflikt wurde von Japan begonnen, um das militärische und politische Übergewicht im südostasiatischen Raum zu gewinnen und sich als Weltmacht zu etablieren. Die eisfreie Hafenstadt Port Arthur – von China zum Kriegshafen ausgebaut – war bereits im japanisch-chinesischen Krieg von Japan erobert, später jedoch wieder abgetreten worden. In einem in Moskau unterzeichneten Vertrag hatte Russland 1896 China Unterstützung gegen ein weiteres Vordringen Japans zugesichert. Schon ein Jahr später besetzten die Truppen des Zarenreichs Port Arthur. 1898 pachtete Russland die Halbinsel Liaotung mit Port Arthur auf 25 Jahre von China und begann mit dem Ausbau zu seinem stärksten Flottenstützpunkt in Ostasien. 1902 schlossen Großbritannien und Japan einen Vertrag über ihre Interessen in China und Korea. Japan verschaffte sich mit diesem Abkommen diplomatische Rückendeckung für seinen Angriffskrieg gegen Russland, der im Jahre 1904 begann.

9. Februar 1905

Streik an der Ruhr

Auf seinem Höhepunkt wird der Streik von 200 000 Kumpeln im Ruhrgebiet abgebrochen. Die Delegierten aller Schachtanlagen beschließen in Essen, den Ausstand zu beenden.
Auslöser für diese Entscheidung ist das Versprechen der Reichsregierung, die bestehende Berggesetzgebung zu reformieren. Hinzu kommt, dass die Streikkasse der vier Bergarbeiterverbände nach dem wochenlangen Streik nahezu leer ist. Da jeder weitere Tag die Gewerkschaften einem Zusammenbruch des Ausstands näherbringt, bietet das Angebot der Regierung die Möglichkeit zum Abbruch. Folge des Bergarbeiterstreiks ist das »Gesetz, betreffend die Abänderung einzelner Bestimmungen des allgemeinen Berggesetzes«, das am 26. Mai vom preußischen Abgeordnetenhaus verabschiedet wird. Kern der Novelle ist neben der Einführung einer Achteinhalbstundenschicht einschließlich Ein- und Ausfahrt die gesetzliche Einführung von Arbeiterausschüssen auf allen Zechen mit mehr als 100 Beschäftigen (Abb.: Bergleute unter Tage).

26. Januar 1905

Wahlen in Ungarn

Mit 159 Abgeordneten erreichen die oppositionellen magyarischen Kossuthisten bei den ungarischen Parlamentswahlen die Mehrheit. Der liberale Ministerpräsident, István Graf Tisza, erklärt daraufhin seinen Rücktritt, bleibt jedoch bis zur Ernennung einer neuen Regierung durch König Franz Joseph I., zugleich Kaiser von Österreich, im Amt. Mit dem Sturz der Liberalen und dem Sieg der nationalistischen Kossuthisten erreicht in Ungarn eine Entwicklung ihren Höhepunkt, die die Doppelmonarchie Österreich-Ungarn zu zerreissen droht. Auslöser waren die Verhandlungen über einen neuen Ausgleich zwischen den beiden Reichshälften der Donaumonarchie.

4. Januar 1905

Vernichtungskrieg in Afrika

Deutsche Schutztruppen unter Oberst Berthold von Deimling erstürmen nach fünfzigstündigem Gefecht die Hottentotten-Festung Groß-Nabas. Es ist die verlustreichste Schlacht im Hottentottenkrieg, der seit 1904 in Deutsch-Südwestafrika (heute Namibia) tobt. Der von deutscher Seite als Vernichtungskrieg geführte Konflikt entwickelte sich aus einem Aufstand unter Häuptling Hendrik Witbooi (s. Abb.) Ende 1903.

Februar 1905

1 Mi Die Verhandlungen über das norwegisch-schwedische Konsulatswesen scheitern und führen zum Bruch der Union von Norwegen und Schweden.

2 Do In St. Petersburg stürzt die sog. Ägyptische Brücke über die Fontanka ein, als eine Abteilung Dragoner über sie hinwegreitet. Ein Reiter stirbt.

3 Fr Truppen des Osmanischen Reiches dringen auf das Gebiet des aufständischen Jemen vor. +++ Britische Zeitungen kritisieren sinkende Geburtenziffern.

4 Sa In Berlin wird in Gegenwart von Kaiser Wilhelm II. die Internationale Automobilausstellung eröffnet. +++ In London findet ein Eisenbahnwettrennen statt.

5 So Der internationale Eislaufverband beschließt, ab 1906 Weltmeisterschaften im Eiskunstlauf auch für Damen durchzuführen.

6 Mo Die Adelsversammlung von St. Petersburg fordert Zar Nikolaus II. auf, »erwählte Vertreter des Volkes« an der russischen Gesetzgebung zu beteiligen.

7 Di Im Berliner Reichstag kommt es zu einer Debatte über den Zehnstundentag. Dieser sei zwar erwünscht, wirtschaftlich aber nicht durchführbar.

8 Mi Wegen des Verfassungskonfliktes mit Norwegen überträgt König Oscar II. von Schweden und Norwegen die Regierung an Kronprinz Gustav.

9 Do Aufgrund der revolutionären Stimmung unter den Studenten stellt die Universität Dorpat im russischen Livland den Vorlesungsbetrieb ein. → Streik

10 Fr Italiens König Viktor Emanuel III. gründet das Internationale Institut zum Schutz des Ackerbaus. Es soll die Lage der Landwirtschaft aller Länder studieren.

11 Sa Der russische Zar Nikolaus II. ordnet die Bildung einer Kommission an, die in erster Linie die Gründe der schweren Arbeiterunruhen untersuchen soll.

12 So In Portugal erhalten die Republikaner die Mehrheit. +++ Mit Einzug einer Handelsdelegation in Addis-Abeba fasst das Deutsche Reich in Abessinien Fuß.

13 Mo Der Bund der Landwirte erkennt an, dass die neuen Handelsverträge u.a. mit Italien und Russland, künftig die deutsche Landwirtschaft fördern können.

14 Di Der britische Außenminister Henry Charles Keith Petty-Fitzmaurice Marquess of Lansdowne lehnt eine Vermittlung im japanisch-russischen Krieg ab.

15 Mi Die Polenclub-Fraktion des österreichischen Reichsrats fordert die Polen in Österreich dazu auf, sich von den Unruhen in Russisch-Polen zu distanzieren.

16 Do In Kopenhagen beginnt die Internationale Konferenz der Ost- und Nordsee-Reeder, die die Bildung einer internationalen Reederei-Vereinigung beschließen.

17 Fr Großfürst Sergej Aleksandrowitsch, Berater des Zaren, wird im Moskauer Kreml durch ein Bombenattentat des Sozialrevolutionärs Iwan Kaljaew getötet.

18 Sa Im Münchener Schauspielhaus findet die Uraufführung von Frank Wedekinds Schauspiel »Hidalla oder Sein und Haben« statt.

19 So Im japanisch-russischen Krieg beginnt der Angriff der Japaner auf Mukden (Schenjang). Bei der größten Landschlacht des Krieges unterliegt Russland.

20 Mo John Redmond, Führer der irischen Nationalpartei, erklärt im britischen Unterhaus, Irland sei zum bewaffneten Aufstand für mehr Unabhängigkeit bereit.

21 Di Der kanadische Premierminister Sir Wilfrid Laurier legt die Grenzen der neu zu bildenden Provinzen Alberta und Saskatchewan fest.

22 Mi Frankreichs Marineminister Gaston Thomson begründet die Flottenrüstung mit dem Hinweis, Deutschlands Flotte werde bis 1917 enorm wachsen.

23 Do In Moskau werden 15 oppositionelle Schriftsteller verhaftet. Unter ihnen befindet sich auch der Dramatiker Leonid N. Andrejew.

24 Fr Der Simplontunnel, der längste Eisenbahntunnel der Welt, wird durchstochen. Er verbindet die Schweiz mit Italien.

25 Sa Die Hull-Kommission in Paris verurteilt Russland zu einer Geldbuße von 65 000 Pfund wegen ungerechtfertigter Beschießung britischer Fischerboote.

26 So Weil Streiks die Truppen im japanisch-russischen Krieg behindern, unterstellt die russische Regierung Eisenbahnangestellte den Kriegsgesetzen.

27 Mo August Bebel, Parteiführer der SPD, wird von der konservativen Presse angegriffen, weil er ein Haus in der Schweiz besitzt. → Dom

28 Di Der preußische Kriegsminister Karl von Einem fordert im Reichstag in Berlin eine massive Aufrüstung des Heeres, um bei einem Landkrieg überlegen zu sein.

März 1905

1 Mi Der britische Flottenetat verursacht 9% weniger Kosten als im Vorjahr, weil die große Dreadnought-Klasse kleine Kampfschiffe überflüssig macht.

2 Do Der Staatssekretär des Reichsamts des Innern, Arthur Graf von Posadowsky-Wehner, kündigt vor dem Reichstag eine Reform der Sozialversicherung an.

3 Fr Der deutsche Zoologe Fritz Schaudinn entdeckt am Kaiserlichen Gesundheitsamt in Berlin den Erreger der Syphilis.

4 Sa In Washington wird Theodore Roosevelt als US-Präsident in seine zweite Amtsperiode eingeführt. Der Republikaner hatte das Amt 1901 übernommen.

5 So In Berlin findet ein Fußballspiel der Stadtauswahlen von Berlin und Wien statt. Die Österreicher unterliegen 1:3.

6 Mo Papst Pius X. fordert den österreichischen Episkopat zum Kampf gegen die Los-von-Rom-Bewegung auf, die sich gegen die katholische Kirche richtet.

7 Di Nationalistische bulgarische Extremisten unternehmen mehrere bewaffnete Überfälle in das zum Osmanischen Reich gehörende Makedonien.

8 Mi Französische Zeitungen melden einen angeblichen Brand des Louvre in Paris. Grund der Meldung ist eine Fotomontage, die das Gebäude in Flammen zeigt.

9 Do In Deutsch-Südwestafrika kommt es zu verlustreichen Gefechten zwischen aufständischen Hottentotten und Soldaten der Kolonialmacht.

10 Fr In Monte Carlo endet das internationale Tennisturnier. Die Konkurrenz der Herren gewinnt Hugh Lawrence Doherty gegen M.J.G. Ritchie in drei Sätzen.

11 Sa Christian Michelsen wird neuer norwegischer Ministerpräsident. Sein Vorgänger war auf Druck der Öffentlichkeit zurückgetreten. → Studenten

12 So Erstmals findet im Deutschen Reich ein Cross-Country-Lauf statt. +++ Prinz Ludwig von Bayern eröffnet in München das Armeemuseum.

13 Mo Die Konservativen gewinnen die Kommunalratswahlen in Spanien. Die Regierung wertet das Ergebnis als Bestätigung ihrer Politik.

14 Di Im britischen Unterhaus bezeichnet Premierminister Arthur James Balfour Warnungen vor der deutschen Flottenstärke als unbegründet.

15 Mi Der neue norwegische Staatsminister Christian Michelsen gibt seine Regierungserklärung ab. Er fordert von Schweden das Recht auf ein Konsulatswesen.

16 Do In Berlin protestieren 2500 Angestellte von Anwaltskanzleien gegen ihre »demütigende« Bezahlung von zum Teil weniger als 35 Mark im Monat.

17 Fr Das britische Unterhaus in London genehmigt ein Gesetz über die Einführung des Achtstundentags für Bergleute unter 18 Jahren. → Einstein

18 Sa Das russische Konsulat in Berlin erhält eine Sonderbewachung. Die Sicherheitskräfte befürchten Attentate von Exilrussen.

19 So Bei Lilienfeld führt Matthias Zdarsky den ersten Torlaufwettbewerb im Skifahren durch. Auf einer Strecke von 489 Höhenmetern sind 85 Tore ausgesteckt.

20 Mo Kaiser Wilhelm II. ernennt Theobald von Bethmann Hollweg als Nachfolger von Hans Freiherr von Hammerstein-Loxten zum preußischen Innenminister.

21 Di Bei der Beratung des Militäretats im Berliner Reichstag werden Misshandlungen von Untergebenen durch Offiziere kritisiert.

22 Mi Eine Ausweitung der revolutionären Handlungen im russischen Reich wird per Telegraph aus Kaukasien und Transkaukasien gemeldet.

23 Do Kaiser Wilhelm II. hält bei der Enthüllung eines Kaiser-Friedrich-Denkmals in Bremen eine Rede über die deutsche Weltpolitik.(»Wir sind das Salz der Erde.«)

24 Fr Auf der Krim brechen revolutionäre Unruhen aus. In Jalta wird das Schloss des Zaren geplündert. Militär und Kriegsschiffe stellen die Ruhe wieder her.

25 Sa Die deutsche Kaiserin Auguste Viktoria trifft in Civitavecchia mit dem italienischen Königspaar, Viktor Emanuel III. und Helene, zusammen.

26 So Bei Saloniki, das zum Osmanischen Reich gehört, liefern sich griechische und bulgarische Extremisten blutige Kämpfe.

27 Mo Nach einer Übergangsregierung unter Außenminister Tommaso Tittoni bildet Alessandro Fortis als italienischer Ministerpräsident eine neue Regierung.

28 Di In Berlin tritt der erste preußische Bergarbeitertag zusammen. Auf ihm treffen sich Vertreter der christlichen und der sozialdemokratischen Gewerkschaften.

29 Mi Zar Nikolaus II. beauftragt den Generalgouverneur von Russisch-Polen, die revolutionären Unruhen »fest« und »gesetzmäßig« zu unterdrücken.

30 Do Auf der Nationalversammlung der Kreter wird die Vereinigung der Insel mit Griechenland proklamiert. Kreta gehört zum Osmanischen Reich.

31 Fr Kaiser Wilhelm II. besucht Tanger, um gegen das Vordringen Frankreichs in Marokko zu protestieren. Der Vorfall löst die sog. Marokko-Krise aus.

11. März 1905

Treffen der Studenten

Im Hotel »Kaiserhof« in Eisenach wird der sog. Erste Deutsche Studententag eröffnet. Teilnehmer an der viertägigen Veranstaltung sind 120 freistudentische Delegierte von 31 Universitäten, Technischen Hochschulen und Bergakademien. Katholische Studentenverbindungen sind dem Treffen ferngeblieben.

Hintergrund für die Einberufung des Studententages sind der Streit um ein Verbot konfessioneller Verbindungen sowie staatliche Eingriffe in den Universitätsbetrieb.

Auslöser war Anfang Februar die Auflösung des Studentenausschusses der Technischen Hochschule in Hannover, dessen Mitglieder den deutschen Kommilitonen in Innsbruck telegraphisch ihre Sympathien im österreichischen Nationalitätenkonflikt übermittelt hatten. In zahlreichen Universitätsstädten kam es daraufhin zu Protestaktionen. Der Studententag in Eisenach beschließt die Gründung eines Studentenverbandes, der alle Hochschulen umfassen soll (Abb.: »Semesteranfang«, Karikatur im »Simplicissimus«).

23. April 1905

Fußballfest an Ostertagen

In einem vielbeachteten Fußballspiel besiegt der Berliner Fußballclub Preußen das dänische Team von Frem Kopenhagen mit 4:0. Das Match ist nur eines in einer Reihe von Fußballbegegnungen an den Ostertagen, bei denen sich Mannschaften aus Berlin mit Vertretungen aus dem Ausland messen. So spielt der Fußballklub Union am gleichen Tag gegen den Akademisk Boldklub Kopenhagen und siegt mit 6:2. Das größte Interes-

se findet das Aufeinandertreffen des B.F.C. Germania und der Londoner Mannschaft von Civil Service Football Club (s. Abb.: Kronprinz Wilhelm – an der Barriere, mit Fotoapparat – verfolgt aufmerksam das Spiel). Zur allgemeinen Überraschung gelingt der Berliner Mannschaft ein knapper 3:2-Sieg über die erheblich stärker eingeschätzten Gäste. Die Anwesenheit von Kronprinz Wilhelm, die ausführlich in der Presse gewürdigt wird, macht das Spiel zu einem gesellschaftlichen Ereignis. Der Erfolg zeigt, dass der deutsche Fußball in den vergangenen Jahren deutlich an Spielstärke gewonnen hat. Bei innerdeutschen Vergleichen stehen Berliner Teams Mannschaften aus Hamburg und Halle gegenüber.

22. April 1905

Staat und Kirche getrennt

Die französische Abgeordnetenkammer genehmigt mit 509 zu 44 Stimmen den entscheidenden Artikel des Gesetzes über die Trennung von Kirche und Staat. Danach werden alle Kirchengüter neu zu bildenden, örtlichen »Kultusgemeinden« übertragen. Diese wiederum bedürfen der staatlichen Zulassung.

Das Gesetz, das am 11. Dezember als Ganzes verabschiedet wird, geht davon aus, dass die Religion persönliche Angelegenheit der Gläubigen sei. Der Staat müsse von jeder Leistung für »religiöse Handlungen« befreit sein und habe nur darüber zu wachen, dass seine Interessen durch die Ausübung des Kultus nicht gefährdet werden. Der Beschluss sieht vor, dass ab 1906 jede staatliche Zahlung für Religionsgemeinschaften eingestellt wird. Die Kultusgemeinschaften haben selbst für die Besoldung ihrer Geistlichen und die Erhaltung der Kirchen zu sorgen. Dafür verzichtet der Staat auf jede Einflussnahme bei der Wahl der Kirchendiener. Ob dieses Gesetz die Macht der katholischen Kirche in Frankreich brechen kann, wird von Kritikern bezweifelt.

8. April 1905

Weltrekord im Windschatten

In der französischen Hauptstadt stellt der Radrennfahrer Paul Guignard mit 89,904 km einen sensationellen Stundenweltrekord auf. Der Franzose bewältigt diese Strecke im Prinzenparkstadion hinter einer Schrittmachermaschine der Marke »Motocyclette Bertin« (s. Abb.).

Sein erster Versuch war, obwohl er zunächst ein Tempo nach Plan vorlegte, durch einen Reifendefekt vereitelt worden. Unverzüglich unternahm der Athlet einen weiteren Versuch. Nach 30 km lag er auf Weltrekordkurs, als die Schrittmachermaschine mit Motorschaden ausfiel. Guignard stürzte schwer und kam ins Krankenhaus. Doch schon wenige Wochen später trat er erneut an und stellte – trotz Gegenwind – den Weltrekord auf. Seinen Willen demonstrierte Guignard bereits zu Beginn seiner Karriere, als er, ohne je ein Radrennen bestritten zu haben, 1894 bei der Distanzfahrt Bordeaux-Paris an den Start ging und als Vierter von 87 Teilnehmern ins Ziel kam.

1. April 1905

Deutsches Heer vergrößert

Im Reichstag wird das sog. Gesetz über die Erhöhung der Friedenspräsenzstärke des deutschen Heeres verabschiedet. Innerhalb von vier Jahren soll das Heer um 10 000 auf 500 000 Mann wachsen. Der Reichstag verabschiedet das Gesetz ohne große Debatten, obwohl die Sozialdemokraten keinen Grund für eine Erhöhung sehen. Weitgehende Einigkeit herrscht in der Einschätzung, dass Deutschland momentan bei einem Landkrieg jedem Gegner überlegen sei.

17. März 1905

Einsteins Theorie verändert die Physik

Der als Patentprüfer in Bern arbeitende deutsche Physiker Albert Einstein veröffentlicht zwei Abhandlungen, die das Weltbild der Wissenschaften revolutionieren.

In den Aufsätzen vom März und September erweitert er die Quantentheorie von Max Planck und formuliert die Gesetze der speziellen Relativitätstheorie. Damit revolutioniert er das physikalische Weltbild, das bisher auf rein mechanistischen Denkmodellen aufbaute. Durch die Relativitätstheorie definiert Einstein wesentliche physikalische Grundbegriffe. Masse (m), Energie (E) und Lichtgeschwindigkeit (c) werden in eine grundlegend neue Beziehung gestellt. $E = mc^2$ ist die berühmte Einsteinsche Gleichung, die die Masse eines Körpers nur als eine bestimmte Erscheinungsform der Energie festlegt.

Einstein lehrt ab 1933 in Princeton in den USA.

Die Grundlage des alten Weltbilds schufen Naturwissenschaftler wie Galileo Galilei, Christian Huygens und Isaac Newton. Erstmals in seiner Allgemeingültigkeit in Frage gestellt wurde diese Physik, als 1881 der US-Physiker Albert Abraham Michelson die bekannten naturgesetzlichen Zusammenhänge von Zeit und Raum auf sehr hohe Geschwindigkeiten anwenden und die Relativitätsbewegung der Erde gegenüber dem ruhenden »Äther« des Weltalls ermitteln wollte. Bei seinen Experimenten erwies sich die Lichtgeschwindigkeit als von der Bewegung des Beobachters unabhängige Konstante. Die Erklärung dieses merkwürdigen empirischen Befundes gelingt zum ersten Mal Einstein. Er stellt fest, dass es keine absoluten Bewegungen in einem als feststehend definierten Raum und damit auch keinen »Welt-Äther« geben kann. Nach seinem neuen physikalischen Verständnis lässt sich jedes beliebig bewegte, aber nicht beschleunigte System als ruhend auffassen und damit zum Bezugssystem (Inertialsystem) für Raum-Zeit-Beobachtungen wählen. Misst ein Beobachter die Zeit in seinem eigenen System (A) und vergleicht sie mit der Zeit, die währenddessen in einem an ihm vorbeiziehenden Inertialsystem (B) verstreicht, so stellt er fest, dass eine völlig gleich arbeitende Uhr im System (B) langsamer als in seinem eigenen System läuft. Weil beide Systeme gleichberechtigt sind, stellt aber auch ein sich in einem anderen System befindlicher Beobachter fest, dass Uhren im System (A) langsamer laufen. Zwei Ereignisse, die an verschiedenen Orten stattfinden und als gleichzeitig erkannt werden, sind es nicht ohne weiteres.

Grundlagen der Physik

Jahr	Forscher	Leistung
1900	Max Planck	Quantentheorie
1911	Ernest Rutherford	Atommodell
1913	Niels Bohr	Atommodell
1916	Albert Einstein	Allg. Relativitätstheorie
1925	Werner Heisenberg	Quantentheorie

Albert Einstein

deutscher Physiker, * 14.3.1879 Ulm; † 18.4.1955 Princeton/New Jersey

Einstein gilt als der Begründer eines neuen physikalischen Weltbildes. Die Theorien des Genies, der in der Schule als mittelmäßig galt, stoßen zunächst auf Ablehnung. Nach seiner Tätigkeit im Berner Patentamt lehrt er in Zürich und Prag. 1913 wird Einstein Direktor des Kaiser-Wihelm-Instituts in Berlin. Er nutzt seinen Ruhm auch politisch und unterstützt den Pazifismus und den Zionismus. Im Ersten Weltkrieg gehört er zu den wenigen Akademikern, die öffentlich gegen die deutsche Kriegspolitik auftreten. 1939 warnt er vor dem Bau einer deutschen Atombombe.

- 1922: Nobelpreis für Physik für das Jahr 1921
- 1932: Emigration in die USA
- 1940: Amerikanische Staatsbürgerschaft

April 1905

1 Sa Auf der Themse findet das 63. Bootsrennen Oxford-Cambridge statt. +++ Das neue Rathaus von Stuttgart wird eingeweiht. → Heer

2 So Unter dem Einfluss der russischen Revolution demonstrieren in Tokio mehrere hundert Arbeiter unter der Losung »Es lebe der Sozialismus«.

3 Mo In Moskau beginnt ein Ärztekongress zur Bekämpfung der Cholera. Die Teilnehmer sprechen sich für die Einführung einer Verfassung im Zarenreich aus.

4 Di Ein Erdbeben in Britisch-Indien richtet zwischen Agra und Simla große Verwüstungen an. Mehr als 1400 Menschen finden bei dem Beben den Tod.

5 Mi In Deutsch-Südwestafrika wird der aufständische Hottentottenführer Abraham Morris bei einem Rückzugsgefecht mit deutschen Truppen getötet.

6 Do Hans Pfitzners Oper »Die Rose vom Liebesgarten« wird in Wien unter der Leitung von Gustav Mahler erstaufgeführt.

7 Fr Die italienische Abgeordnetenkammer in Rom verabschiedet einen neuen Handelsvertrag mit dem Deutschen Reich.

8 Sa König Christian IX. von Dänemark feiert seinen 87. Geburtstag. Wegen geschickter Heiratspolitik wird er »Großvater Europas« genannt. → Weltrekord

9 So Auf Kreta finden Demonstrationen für die Vereinigung der unter türkischer Herrschaft stehenden Insel mit Griechenland statt.

10 Mo Der Österreicher Josef Steinbach gewinnt in Berlin die Weltmeisterschaft im Gewichtheben. In vielen Ländern Europas ist Schwerathletik populär.

11 Di Die zaristischen Behörden in St. Petersburg beschließen geringfügige Liberalisierungsmaßnahmen für das russische Pressewesen.

12 Mi Die epidemische Genickstarre (Hirnhautentzündung), die seit November 1904 in Oberschlesien 578 Tote forderte, verbreitet sich in Mecklenburg.

13 Do Im Dresdener Elektrizitätswerk wird in Anwesenheit von Sachsens König Friedrich August III. die Station für drahtlose Telegrafie Dresden-Berlin eröffnet.

14 Fr Im Opernhaus in Berlin findet unter der Leitung von Richard Strauss die Uraufführung von Engelbert Humperdincks Oper »Die Heirat wider Willen« statt.

15 Sa »Die Woche« veröffentlicht eine Liste über Gehälter von preußischen Beamten. Spitzenverdiener sind Oberpräsidenten mit 21 000 Mark jährlich.

16 So Der britische König Edward VII. trifft in Algier ein und betont die Solidarität mit Entente-Partner Frankreich im Konflikt mit Deutschland wegen Marokko.

17 Mo Preußische Gefängnisbibliotheken sollen laut Erlass neugestaltet werden. Alle Romane außer den historischen müssen durch religiöse Bücher ersetzt werden.

18 Di Die japanischen Marinebehörden erklären während des japanisch-russischen Kriegs die Tongarustraße zum Kriegsgebiet.

19 Mi Das italienische Abgeordnetenhaus in Rom verabschiedet die von Gewerkschaften bekämpfte Vorlage zur Verstaatlichung des Eisenbahnwesens.

20 Do Auf Kreta beschließt die Abgeordnetenkammer in Chania den Anschluss an Griechenland. Die Abgeordneten leisten den Eid auf die griechische Verfassung.

21 Fr Das Britische Museum in London erhält das Skelett eines Sauriers der Spezies Diplodocus mit einer Rückenlänge von 23 Metern.

22 Sa Zwischen Frankreich und Russland herrscht diplomatische Verstimmung, weil ein Flottenverband in französischem Kolonialgebiet ankerte. → Kirche

23 So Die Britischen Inseln werden um 1.40 Uhr von einem Erdstoß erschüttert. In vielen Grafschaften bricht eine Panik aus. → Fußballfest

24 Mo In Moskau streiken 20 000 Bäckergehilfen für eine Verkürzung der Arbeitszeit. Der Ausstand führt bei ärmeren Bevölkerungsschichten zu Brotknappheit.

25 Di In Frankreich vereinigen sich die beiden sozialistischen Parteien. +++ Großbritannien veröffentlicht einen Verfassungsentwurf für Transvaal.

26 Mi Die japanische Regierung verhängt das Kriegsrecht über Formosa (Taiwan). Auf der Insel kam es vermehrt zu anti-japanischen Aufständen.

27 Do Prinz Albert von Belgien eröffnet die Weltausstellung in Lüttich, die im Rahmen der Feiern zum 75. Jubiläum der Unabhängigkeit jedes Landes stattfindet.

28 Fr Im japanischen Parlament in Tokio wird bekanntgegeben, dass die Zahl der im japanisch-russischen Krieg Gefallenen etwa 50 000 betrage.

29 Sa In Russisch-Polen brechen Unruhen aus. In Tschenstochau werden bei einem Zusammenstoß mit dem Militär zahlreiche Arbeiter getötet.

30 So Die Charlottenburger Kriminalpolizei beschlagnahmt Leo N. Tolstois Schrift »An die Soldaten und die jungen Leute« wegen »antimilitaristischer Tendenz«.

Mai 1905

1 Mo Während der Maikundgebung kommt es in Warschau zu blutigen Zusammenstößen zwischen Demonstranten und russisch befehligtem Militär.

2 Di Das britische Unterhaus in London verabschiedet mit 211 zu 59 Stimmen eine Gesetzesvorlage zur Erschwerung der Einwanderung.

3 Mi Bei einem Kutscherstreik in Chicago liefern sich Streikende und Arbeitswillige blutige Kämpfe. Die Polizei wird während der Unruhen um 3000 Mann verstärkt.

4 Do Der türkische Kriegsrat in Konstantinopel beschließt die Mobilmachung von weiteren 100 000 Soldaten gegen die Aufständischen im Jemen.

5 Fr Die britische Regierung verschiebt wegen Marokkokrise und japanisch-russischem Krieg ihre Flottenmanöver auf unbestimmte Zeit.

6 Sa Kuba und Großbritannien unterzeichnen einen Freundschafts- und Handelsvertrag. +++ Liberale fordern in Moskau Presse- und Versammlungsfreiheit.

7 So In der Ukraine kommt es zu einem Judenpogrom. +++ In Sterzing wird der Tirolische Volksbund gegen italienische Nationalisten gegründet.

8 Mo In Bern wird eine Internationale Arbeiterschutzkonferenz eröffnet, die weiblichen Industriearbeiterinnen die Arbeit zwischen 23 und 5 Uhr untersagt.

9 Di Deutschland, Österreich und die Schweiz feiern den 100. Todestag des Dichters Friedrich Schiller mit Gedenkfeiern und Denkmalsenthüllungen.

10 Mi Auf dem Parteitag der Sozialdemokratischen Arbeiterpartei Russlands setzt Wladimir I. Lenin seine Vorstellungen von einer Kaderpartei durch.

11 Do Nach einem Flottenentwurf des italienischen Marineministeriums sollen Schiffskapazität und Mannschaftsstärke bis 1909 verdoppelt werden.

12 Fr Der Reichstag in Berlin diskutiert über »Unsittlichkeit« in Literatur und Kunst. +++ Die italienische Regierung kritisiert die Vereinigung Kretas mit Griechenland.

13 Sa Das österreichische Abgeordnetenhaus debattiert über die Einrichtung nationaler Universitäten. Es wird u.a. eine italienische Universität in Triest gefordert.

14 So In Moskau werden Flugblätter verteilt, in denen die Bevölkerung aufgefordert wird, »alle Juden zu erschlagen«, da sie Russland ins Verderben führten.

15 Mo Die Motorboot-Wettfahrt von Algier nach Toulon wird wegen heftigen Sturms abgebrochen. Die meisten Boote sind in dem Unwetter gesunken.

16 Di Das norwegische Parlament in Kristiania beschließt die Einführung der Direktwahl. +++ In New York starten elf Hochseejachten zu einer Wettfahrt.

17 Mi Der 13-jährige Paul F. Harsch wird in Gera wegen Gefährdung eines Zuges zu einem Jahr Gefängnis verurteilt. Er hatte einen Stein auf ein Gleis gelegt.

18 Do In Lyon beginnt ein Streik der Polizisten wegen Ernennung eines unbeliebten Kommandanten. Der Ausstand wird am 22. Mai ergebnislos abgebrochen.

19 Fr Bei einem Bombenattentat in Warschau, das dem Generalgouverneur galt, kommen vier Menschen ums Leben. Der Gouverneur entgeht dem Anschlag.

20 Sa Aufsehen erregt im Salon Cassirer in Berlin eine Ausstellung mit Gemälden des verstorbenen niederländischen Malers Vincent van Gogh.

21 So Deutscher Fußballmeister wird Union 92 Berlin durch einen 2:0-Sieg gegen den Karlsruher FV. +++ Das Rathaus von Charlottenburg wird eingeweiht.

22 Mo In Köln beginnt der Kongress der Freien Gewerkschaften, die mit 1,34 Mio. Mitgliedern die größte Gewerkschaftsbewegung im Deutschen Reich ist.

23 Di Das Schauspiel »Mensch und Übermensch« von George Bernhard Shaw wird im Royal Court Theatre in London uraufgeführt.

24 Mi Österreichs Kaiser Franz Joseph I. empfängt den ungarischen Oppositionsführer Gyula Graf von Andrássy zu Verhandlungen über die Regierungsbildung.

25 Do In Paris endet der dreitägige Gründungskongress des freigewerkschaftlichen Weltverbands der Diamantenarbeiter.

26 Fr Während des Generalstreiks in Iwanowo-Wosnessensk wird erstmals in Russland ein gesamtstädtischer Arbeiterdeputiertenrat gebildet.

27 Sa In Stuttgart findet in Anwesenheit von Kaiser Wilhelm II. die Jahresversammlung des Deutschen Flottenvereins statt. → Motorflugversuche

28 So Im Gefolge von Streiks brechen in Warschau blutige Unruhen aus, bei denen nach offiziellen Angaben vor allem jüdische Arbeiter eine Rolle spielen.

29 Mo Die US-Jacht »Atlantik« gewinnt die Regatta um den Ozean-Pokal über den Atlantik. +++ In Stockholm endet ein Streik der Straßenreiniger.

30 Di Sultan Abd Al Asis lädt zu einer internationalen Marokkokonferenz nach Tanger ein. Alle angesprochenen Regierungen nehmen im Juni und Juli daran teil.

31 Mi Das württembergische Abgeordnetenhaus lehnt die Zulassung konfessionsloser Volksschulen mit 53 gegen neun Stimmen ab. → Bombenattentat

31. Mai 1905

Bombenattentat scheitert

Nur knapp entgeht König Alfons XIII. von Spanien, der sich zu einem sechstägigen Staatsbesuch in Frankreich aufhält, in Paris einem Bombenattentat. Als der Monarch von einem Opernbesuch in Begleitung des französischen Staatspräsidenten Emile Loubet zurückkehrt, wird an der Einmündung der Rue de Rohan in die Rue de Rivoli aus der Menge eine Bombe gegen den Wagen mit den beiden Staatsoberhäuptern geworfen. Zehn Menschen werden zum Teil schwer verletzt, König und Präsident kommen mit dem Schrecken davon. Ein spanischer Anarchist wird als mutmaßlicher Täter verhaftet (Abb.: Polizei sucht nach dem Attentat nach Beweisstücken).

7. Juni 1905

»Brücke« gegründet

Die Architekturstudenten Erich Heckel, Ernst Ludwig Kirchner und Karl Schmidt-Rottluff sowie der Malerei studierende Fritz Bleyl gründen in Dresden den Künstlerbund »Die Brücke«, Ausgangs- und Sammelpunkt des deutschen Expressionismus.

Die vier Künstler, zu denen später Max Pechstein und Otto Mueller hinzukommen, geben sich betont antibürgerlich. Ein gemieteter Schusterladen in der Dresdner Friedrichstadt dient der Gemeinschaft als Arbeitslokal. Ihr Motto ist: »Odio profanum vulgus« (Ich hasse die uneingeweihte Menge) aus den Oden des Horaz. Die Künstler leben und arbeiten zusammen. Sie entwickeln nach und nach einen Malstil, der u.a. Elemente und Eindrücke der »primitiven Kunst« afrikanischer Völker aufweist und die deutsche Malerei im 20. Jahrhundert revolutioniert.

Jedes »Brücke«-Mitglied führt die anderen in Techniken ein, die es am besten beherrscht. Die Arbeiten finden vor dem Modell bei ständiger gegenseitiger Kontrolle statt. Diese Arbeitsweise hat zur Folge, dass die frühen Arbeiten der Künstler nur schwer auseinanderzuhalten sind. Bevorzugte Themen sind Akt, Landschaft und Gegenstand, wobei die »Brücke«-Maler für sich das Recht in Anspruch nehmen, die Natur im expressiven Sinn zu deformieren. Ergebnis ist eine Malerei des reinen Instinkts, die eine subjektive Ausdruckssteigerung zu erreichen versucht, ohne auf Form und Konstruktion zu verzichten. Bildnerische Mittel sind ein flächig bezogener, stark farbiger Mal- und Zeichenstil. Weil Berlin den Künstlern bessere Möglichkeiten zu bieten schien, siedelt die Gemeinschaft nach Berlin über. Im Jahre 1913 löst sie die Gruppe auf. Kirchners oben rechts abgebildetes Gemälde zeigt stehend v.l. Kirchner selbst, Heckel, und Schmidt-Rottluff, sitzend davor Mueller.

Ernst Ludwig Kirchner, »Vier Maler der Künstlergemeinschaft Die Brücke«

Ernst Ludwig Kirchner

deutscher Maler und Grafiker, * 6.5.1880 Aschaffenburg; † 15.6.1938 Frauenkirch (heute zu Davos/Schweiz)

Das Gründungsmitglied der »Brücke« gilt als Hauptvertreter des deutschen Expressionismus. Er begann als Neoimpressionist, lernte Werke von Munch, Gauguin und Künstlern des Fauvismus kennen. Kirchner suchte die größte Vereinfachung der Form und der Farbe. Seine Werke sah er nicht als Abbilder der Wirklichkeit, sondern mehr als Gleichnisse. Er malte zahlreiche Bilder aus dem Großstadtleben, später häufig Gebirgslandschaften. Ein schweres Nervenleiden veränderte zwar die Themen, nicht aber die Ausdruckskraft seiner Bilder. Kirchners grafisches Werk gilt als stärkster Beitrag des deutschen Expressionismus in der Kunst des beginnenden 20. Jahrhunderts.

- 1901-05: Architekturstudium in Dresden
- 1911: Übersiedlung nach Berlin
- 1915: Umzug nach Davos
- 1933: Ausschluss aus der Akademie der Künste und Beschlagnahme seiner Bilder

26. Juni 1905

Zar schließt das Volk aus

Die offiziöse russische Telegraphenagentur veröffentlicht die Grundzüge der von Alexander G. Bulygin entworfenen Verfassung. Sie sieht ein auf fünf Jahre gewähltes Parlament mit 524 Mitgliedern vor, die »Duma«, die bei den Regierungsgeschäften eine beratende Funktion übernehmen soll. Das Wahlverfahren, das innerhalb der Regierung noch umstritten ist, wird in dem Entwurf nicht näher erläutert.

Erst als Zar Nikolaus II. Mitte August ein Manifest über die Einführung einer Verfassung veröffentlicht, wird klar, dass ein Zensuswahlrecht den Großteil des russischen Volkes von der Wahl ausschließen wird. Anstatt die innenpolitische Lage zu beruhigen, facht das Verfassungsmanifest die revolutionäre Stimmung im Land weiter an. Vorausgegangen waren missverständliche Treffen zwischen Zar und Volksdelegierten: Am 19. Juni empfing der Monarch in seiner Sommerresidenz Peterhof eine Delegation des Moskauer Semstwo-Kongresses und der Stadt St. Petersburg. Diese bis dahin vom Zaren stets abgelehnte Zusammenkunft mit Vertretern von Selbstverwaltungsorganen galt als Zeichen für einen Kompromiss in der Verfassungsfrage.

27. Mai 1905

Motorflugversuche in Europa

Die Luftfahrt schlägt immer mehr Tüftler und Flugbegeisterte in ihren Bann. Dem französischen Offizier Ferdinand Ferber (s. Abb.) gelingt in der Militärstation von Meudon einer der ersten Motorflüge in Europa.

Ferbers Flugapparat »Nr. 6« ist ausgestattet mit einem 6 PS starken Peugeot-Explosionsmotor. Gestartet wird die Maschine von einem Laufschlitten aus, der auf einem Kabel zwischen zwei Stahlträgern gespannt ist. Die 6 PS sind zwar zu schwach, um Ferbers Fluggerät horizontal fliegen zu lassen, aber immerhin so stark, dass die Maschine nur zwölf Höhenmeter auf einer Strecke von 100 m sinkt. Ferber ist ermutigt durch das gelungene Experiment, weiss jedoch genau, dass der Motor nicht nur zu viel wiegt, sondern auch zuwenig Leistung bringt. Dieses Problem versuchen u.a. die beiden Schweizer Ingenieure Henri und Armand Dufaux durch Reduzierung des Schraubengewichts zu lösen. Ferber seinerseits motiviert den Automobil-Bauer Léon Lavasseur dazu, ihm einen Motor mit einer Leistung von 24 PS zu bauen.

Während Europa im Jahre 1905 in der Flugtechnik kaum aus den Kinderschuhen hinauskommt, gelingt den US-Flugpionieren Wilbur und Orville Wright am 5. Oktober in ihrem Doppeldecker »Flyer III« ein Flug über 39 km in 35 Minuten. Doch ebenso wenig wie in Frankreich der Ferber-Flug wird die Leistung der Brüder Wright als Sensation empfunden. Wirtschaft und Regierung sehen noch keine Einsatzmöglichkeiten für die Technik.

7. Juni 1905

Norwegen löst Union auf

Anders als zunächst befürchtet wird die langjährige Verbindung Norwegens mit Schweden gewaltlos beendet. Das norwegische Parlament in Kristiania (Oslo) erklärt einstimmig die Union mit dem Nachbarland für aufgelöst und den gemeinsamen König Oscar II. von Schweden und Norwegen als König ihres Landes für abgesetzt.

Begründet wird dieser Beschluss damit, dass der König außerstande sei, eine verfassungsmäßige Regierung für Norwegen zu bilden. Das Parlament (Storting) ermächtigt den im Verfassungsstreit zurückgetretenen Staatsminister Christian Michelsen, eine provisorische Regierung zu bilden. Mit diesem Schritt soll die seit 1814 bestehende Union der beiden Königreiche beendet und Norwegen zu einem selbstständigen Staat gemacht werden. König Oscar II. protestiert noch am gleichen Tag gegen dieses »ungesetzliche« Handeln. Die schwedische Presse und der Reichstag bestreiten dem Storting das Recht, durch »revolutionäres Vorgehen ... den König zu stürzen.« Teile der schwedischen Öffentlichkeit fordern den Einsatz der Armee. Das Auseinanderfallen der Staaten verläuft jedoch ohne Zwischenfälle, die norwegischen »Revolutionäre« bitten den von ihnen abgesetzten Monarchen sogar, ihnen bei der Suche nach einem neuen König zu helfen (Abb.: König Håkon VII. mit Familie).

19. Juni 1905

Vatikan ringt um Einfluss

In der Enzyklika »Il firmo proposito« an die italienischen Bischöfe gibt Papst Pius X. den Katholiken Italiens die Erlaubnis, sich in der Politik zu engagieren.

Zur Begründung heißt es in dem päpstlichen Schreiben: »Die katholische Aktion muss sich Geltung verschaffen durch all jene Mittel, die ihr der Fortschritt des sozialen und wirtschaftlichen Studiums, ... die Verhältnisse der bürgerlichen Gesellschaft, ja sogar das öffentliche Staatsleben an die Hand geben. Sie muss sich infolgedessen jener bürgerlichen Rechte bedienen, welche die heutigen Staatverfassungen allen und demnach auch den Katholiken gewähren.« Bislang ist den italienischen Katholiken die Beteiligung am staatlichen Leben verboten, sie dürfen sich z.B. nicht an den Parlamentswahlen beteiligen. Dies untersagt Pius X. zwar ausdrücklich weiterhin, gestattet werden soll die Beteiligung der Gläubigen am politischen Leben jedoch in Ausnahmefällen, nämlich dann, wie es weiter heißt, »wenn ihr ... von der unbedingten Notwendigkeit für das Heil der Seelen und für das höchste Interesse eurer Kirchen überzeugt seid ...«.

Juni 1905

1 Do Erdstöße im westlichen Balkan, die bis zum 20. Juni andauern, zerstören die albanische Stadt Skutari fast völlig. 300 Menschen werden verschüttet.

2 Fr Das ungarische Abgeordnetenhaus genehmigt einen Antrag von Oppositionsführer Ferenc Kossuth, einen autonomen ungarischen Zolltarif einzuführen.

3 Sa Das preußische Herrenhaus in Berlin spricht sich gegen eine Reichserbschaftssteuer aus. Die Steuer sei bei den Einzelstaaten zu belassen.

4 So Eine antizaristische Demonstration von rund 15 000 Arbeitern in St. Petersburg führt zu blutigen Zusammenstößen mit dem Militär.

5 Mo Der spanische König Alfons XIII., der in Paris nur knapp einem Anschlag entkommen ist, trifft zu einem Besuch bei König Edward VII. in London ein.

6 Di In Berlin heiraten der deutsche Kronprinz Wilhelm und Herzogin Cecilie von Mecklenburg-Schwerin. Die Hochzeit gilt als gesellschaftliches Ereignis des Jahres.

7 Mi Die Zahl der bayerischen Wahlkreise wird von 63 auf 77 erhöht, die Zahl der Abgeordneten bleibt jedoch auf 159 beschränkt. → »Brücke« → Norwegen

8 Do Der französische Flugzeugkonstrukteur Gabriel Voisin konstruiert ein Wasserflugzeug, das von einem Motorboot gezogen wird.

9 Fr US-Präsident Theodore Roosevelt bittet die japanische und die russische Regierung, Friedensverhandlungen im japanisch-russischen Krieg aufzunehmen.

10 Sa Der Vulkan Mont Pelé im Nordwesten der französischen Antilleninsel Martinique bricht aus. Mehrere Dörfer werden verschüttet. 37 Menschen sterben.

11 So Die Polizei verbietet den nach Wenigenjena bei Jena einberufenen Anarchistenkongress, auf dem das Für und Wider des Generalstreiks behandelt werden soll.

12 Mo Die Universität New Orleans lehnt 25 Mio. Dollar des Milliardärs Andrew Carnegie ab, weil an dem Geld »Blut und Schweiss der Arbeiter« hafte.

13 Di Deutsche Schutztruppen schlagen eine Einheit des Hottentottenführers Jakob Morenga. Die Aufständischen verlieren 30 Mann.

14 Mi Das russische Außenministerium gibt bekannt, dass US-Präsident Theodore Roosevelt die Vermittlerrolle im japanisch-russischen Krieg übernommen habe.

15 Do Der Afrikaforscher Hermann von Wissmann, der als erster Äquatorialafrika durchquert hatte, tötet sich in der Steiermark bei der Jagd versehentlich selbst.

16 Fr Bei den Parlamentswahlen in den Niederlanden verliert die konservativ-klerikale Koalition unter Ministerpräsident Abraham Kuyper die Mehrheit.

17 Sa Die Juden in Warschau halten Protestveranstaltungen ab, weil der Verfassungsentwurf kein Wahlrecht für sie vorsieht.

18 So Mit Ludwig van Beethovens »Fidelio« werden in Köln die Opernfestspiele eröffnet. +++ Bei einem Grubenunglück in Russland sterben 500 Kumpel.

19 Mo In Würzburg wird der Besuch des Stadtbades nach Konfessionen geregelt. Protestantische Mädchen dürfen Montag, Mittwoch und Freitag baden. → Vatikan

20 Di Das konservative spanische Kabinett unter Raimundo Fernández Villaverde tritt zurück, da ihm das Abgeordnetenhaus das Misstrauen ausspricht.

21 Mi Im Wiener Rathauspark wird für die Komponisten Johann Strauß (Vater) und Joseph Lanner ein Denkmal errichtet.

22 Do Die k.u.k. Hofzensur verbietet die Aufführung von Richard Strauss' Oper »Salome«. Das Werk verstoße gegen Anstand und Moral.

23 Fr Die US-Flugpioniere Orville und Wilbur Wright starten in Stimms Station die ersten Flüge mit ihrem neukonstruierten Flugzeug »Flyer III«.

24 Sa Der französische Sozialistenführer Jean Jaurès beschuldigt die Regierung, in der Marokkokrise eine Unversöhnlichkeit zu zeigen, die den Frieden gefährde.

25 So Während eines Kavalleriemanövers bei Lyon stoßen zwei Eskadrons zusammen. Ein Unteroffizier kommt ums Leben, 20 Soldaten erleiden Verletzungen.

26 Mo Max Hirsch, Begründer der Hirsch-Dunkerschen Gewerkvereine, stirbt im Alter von 72 Jahren in Homburg vor der Höhe. → Zar

27 Di Auf dem russischen Panzerkreuzer »Potemkin« beginnt ein Matrosenaufstand. Die sozialen Unruhen weiten sich damit auf die Marine aus.

28 Mi In Stadt und Kreis von St. Petersburg beginnt die Einberufung von 80 000 Reservisten. +++ Bei Unruhen in Odessa kommen 100 Menschen ums Leben.

29 Do Kaiser Wilhelm II. ernennt den Chef der aktiven Schlachtflotte, Hans von Koester, zum Großadmiral. Es ist das erste Mal, dass diese Würde verliehen wird.

30 Fr Schwere Stürme, heftige Niederschläge und Gewitter fordern in Europa und Nordamerika mehrere Todesopfer und führen zu Verwüstungen.

Juli 1905

1 Sa In Dresden endet ein mehrwöchiger Streik in der Zigarettenindustrie. Die Arbeitgeber erkennen die Arbeitervertretung an. → Immigration

2 So In Frankreich tritt ein Berggesetz in Kraft, das den Maximalarbeitstag in Bergwerken bis 1910 auf neun Stunden und ab 1910 auf acht Stunden festsetzt.

3 Mo Marvin Hart (USA) wird in Reno neuer Schwergewichtsweltmeister im Boxen. Er schlägt Jack Root in der achten Runde k.o.

4 Di Alexander F. Rediger wird von Zar Nikolaus II. als Nachfolger von Viktor V. Sacharow zum russischen Kriegsminister ernannt.

5 Mi In Tscherkessk im Kaukasus kommt es während der Unruhen in Russland zu einem Judenpogrom. +++ In London läuft das Schlachtschiff »Katori« vom Stapel.

6 Do Als letztes Teilstück der Montreux-Berner Oberland Bahn (MOB) wird die Strecke Gstaad-Zweisimmen in Betrieb genommen.

7 Fr Der ehemalige Kriegsminister Elihu Root wird Außenminister der USA als Nachfolger des am 1. Juli verstorbenen John M. Hay.

8 Sa In Wimbledon gehen die englischen Tennismeisterschaften zu Ende. Bei den Herren gewinnt Laurie Doherty den Titel. → Revolte

9 So 18 000 Menschen protestieren in Berlin gegen die deutsche Marokkopolitik und für die Erhaltung des Friedens.

10 Mo Kaiser Wilhelm II. tritt in Swinemünde seine alljährliche Nordlandreise an. Wegen der Krise in Norwegen lässt der Monarch diese Station aus. → »Borussia«

11 Di Über die Stadt und den Kreis Tiflis im Kaukasus wird der Belagerungszustand verhängt. +++ Der Stadthauptmann von Moskau wird Opfer eines Attentats.

12 Mi Russische Kriegsschiffe kapern auf dem Schwarzen Meer das russische Torpedoboot »267«, das sich der Marinerevolte angeschlossen hatte.

13 Do In Frankreich werden alle politischen Gefangenen amnestiert. +++ In Marokko siegen die Truppen des Sultans Abd Al Asis gegen Aufständische.

14 Fr Ministerpräsident Sergej J. Graf Witte wird mit der Leitung der russischen Abordnung bei den russisch-japanischen Friedensgesprächen beauftragt.

15 Sa Bei Lodz meutert eine Kosakenabteilung wegen schlechter Verpflegung. Der Aufstand wird durch Infanterietruppen niedergeschlagen.

16 So In New York kommt es zu Rassenunruhen. 300 Schwarze und 800 Weiße liefern sich eine erbitterte Straßenschlacht, bei der Hunderte verletzt werden.

17 Mo Die Zentrumspartei gewinnt die bayerischen Landtagswahlen. +++ In Moskau findet eine Konferenz von Industriellen statt.

18 Di In Deutsch-Togo nimmt die Küsteneisenbahn Lomé-Aného den Betrieb auf. +++ Ungarische Oppositionelle fordern zum Steuerboykott auf.

19 Mi Herzog Karl Eduard von Sachsen-Coburg-Gotha tritt nach Erreichen der Volljährigkeit die Regierung des Landes an.

20 Do In Moskau protestiert eine Versammlung von 200 Semstwo- und Städtevertretern gegen die Willkür der Verwaltung.

21 Fr Bei einer Kesselexplosion auf dem US-Kanonenboot »Bennington« im Hafen von San Diego kommen 50 Soldaten ums Leben, über 200 werden verletzt.

22 Sa Zu schweren Ausschreitungen kommt es in St. Petersburg bei einer Gedenkfeier für die am »Blutsonntag« vor einem halben Jahr getöteten Arbeiter.

23 So In Italien enden die Provinzial- und Kommunalwahlen, die am 16. Juli begonnen haben, mit einem Erfolg der vereinigten Konservativen und Katholiken.

24 Mo Im russischen Nischni Nowgorod wüten nach Pressemeldungen »große Volksmassen fünf Stunden lang gegen die höheren Klassen der Bevölkerung«.

25 Di Kaiser Wilhelm II. und Zar Nikolaus II schließen auf der Insel Björkö ein deutsch-russisches Defensivbündnis. → Bahn

26 Mi Offiziere und Mannschaften von sechs Regimentern am Don weigern sich, Unruhen zwischen Polizei und Bevölkerung zu schlichten.

27 Do Beide Kammern des schwedischen Reichstags genehmigen den Ausschussbericht über die norwegisch-schwedische Unionsfrage.

28 Fr Der US-Polarforscher Robert Edwin Peary bricht zu einer Nordpolexpedition auf. Es ist sein dritter Anlauf, der ebenfalls scheitert.

29 Sa Auf der Versammlung des Schweizerischen Ingenieur- und Architektenvereins in Zürich wird die Gründung einer Bürgerhaus-Kommission angeregt.

30 So In Paris endet die dritte Tour de France mit einem Sieg des Franzosen Louis Trousselier. Von 60 Teilnehmern erreichen nur 24 das Ziel.

31 Mo Die Generalkonsuln der europäischen Schutzmächte verhängen über Kreta das Standrecht. +++ Kaiser Wilhelm II. stattet Kopenhagen einen Besuch ab.

Die Meuterer an Deck der »Potemkin« (Foto in der Zeitschrift »L'Illustration« vom 5. Juli)

»Potemkin«: Fanal und Film-Mythos

Für die spätere sowjetische Geschichtsschreibung stellt die Meuterei auf der »Potemkin« einen zentralen Einschnitt in der Geschichte des Sozialismus dar. Erstmals solidarisieren sich Marinesoldaten mit den Zielen der Revolution. Symbol dafür ist die rote Fahne, die sie auf dem Kriegsschiff hissen. Sergej Eisenstein verarbeitet die Ereignisse am Schwarzen Meer in seinem Revolutionsepos »Panzerkreuzer Potemkin« (1925). Der Welterfolg dieses Films, der von den sowjetischen Behörden zunächst äußerst kühl aufgenommen wird, macht ihn auch in der UdSSR populär. Die eindrucksvollen Bilder des Films finden daraufhin auch Eingang in die Geschichtsbücher.

29. August 1905

Passagierschiff der Superlative

Die Schifffahrt im Deutschen Reich boomt und erlangt die höchsten Weihen: In Anwesenheit von Kaiser Wilhelm II. und Kaiserin Auguste Viktoria findet in Stettin der Stapellauf des neuen Passagierdampfers »Kaiserin Auguste Viktoria« (s. Abb.) statt. Der neue Gigant ist für die Hamburg-Amerika-Linie gebaut worden.

Der Luxusliner, der mit allerhöchstem Komfort ausgestattet ist, hat eine Wasserverdrängung von 42 500 Bruttoregistertonnen (BRT) und bietet

mehr als 4000 Passagieren Platz. Die Höchstgeschwindigkeit beträgt 23,6 Knoten. Wie alle bisher gebauten Nordatlantik-Schnelldampfer wird auch die »Kaiserin Auguste Viktoria«, die das Flaggschiff der deutschen Handelsmarine werden soll, von Kolbenmaschinen angetrieben. Die rasante Entwicklung im zivilen Schiffbau ist Folge der erbitterten Konkurrenz der großen Schifffahrtsgesellschaften, die zumeist von den Regierungen subventioniert werden.

12. August 1905

Bündnis zur Abgrenzung

In London wird ein britisch-japanisches Schutz- und Trutzbündnis unterzeichnet. Ziel des Vertrags ist eine klare Abgrenzung der japanischen und britischen Interessensphären. Während Japan, der Sieger im Krieg gegen Russland, von Großbritannien unterstützt wird, ist Russland mit Frankreich verbündet. Bereits 1902 hatten London und Tokio einen Bündnisvertrag geschlossen, der sich vorrangig gegen das russische Vordringen im ostasiatischen Raum richtete.

23. August 1905

Kampf gegen Cholera

Im Regierungsbezirk Bromberg in der preußischen Provinz Posen an der Weichsel treten Fälle von Cholera auf. Auch in Graudenz an der Weichsel sterben Menschen an der sich epidemisch in Deutschland verbreitenden Darmkrankheit, die von russischen Flößern eingeschleppt wurde. Anders als noch zehn Jahre zuvor reagiert die Bevölkerung aber nicht mit Panik, weil die Behörden Vorsorge getroffen haben. Besonders hart betroffen war im Jahre 1892 die Hafenstadt Hamburg. Innerhalb von acht Wochen starben 6000 Menschen. Die Cholera, die aus Südostasien stammt, hat sich seit 1831 in großen Schüben immer wieder über weite Teile der Erde ausgebreitet. Robert Koch entdeckte 1883 den Erreger.

8. Juli 1905

Revolte vor Odessa

Die aufständischen Mannschaften der »Potemkin« übergeben den Panzerkreuzer in Konstanza rumänischen Behörden. Diese hatten ihnen Straffreiheit zugesichert und liefern das Schiff der russischen Regierung aus.

Begonnen hatte die Meuterei auf der »Potemkin« am 27. Juni. Als sich Matrosen über verdorbenes Fleisch beschweren und der Erste Kommandeur daraufhin einen Soldaten erschießt, erhebt sich die Mannschaft unter dem Matrosen Afansi Matuschenko. Die Meuterer nehmen das Schiff in Besitz, erschießen mehrere Offiziere, werfen andere ins Meer und hissen die rote Fahne. Damit haben sich die sozialen Unruhen, die bislang weitgehend auf die Städte beschränkt waren, auch auf die Marine ausgeweitet. Nach der Meuterei läuft der Panzerkreuzer Odessa an. Der nur durch einige wenige Küstenbatterien geschützte, wichtigste Handels- und Hafenplatz des Schwarzen Meeres ist seit April Schauplatz blutiger revolutionärer Unruhen. Mit ihrer Drohung, Odessa zu bombardieren, erzwingt die Besatzung Kohle- und Lebensmittellieferungen. Eine Menschenansammlung, die sich vor dem Panzerkreuzer bildet, wird zusammengeschossen.

10. Juli 1905

Tragödie auf »Borussia«

Bei einem Brand auf der Dortmunder Zeche »Borussia« kommen 39 Bergleute ums Leben. Ursache ist eine explodierende Lampe. Die Kumpel werden unter den Trümmern des zusammenstürzenden Schachtes begraben. Forderungen nach einem Reichsberggesetz werden lauter (Abb.: Beerdigung der ersten sechs toten Kumpel).

25. Juli 1905

Mit der Bahn auf den Berg

Auf der Station Eigerwand der Jungfraubahn wird oberhalb von Interlaken in den Berner Alpen die höchstgelegene Eisenbahnstrecke der Welt eröffnet. Die Zahnradbahn mit einem Meter Spurweite fährt von der Kleinen Scheidegg (2064 m) über Eigerwand (2865 m) bis Eismeer auf den Südostabstürzen von Eiger, Mönch und Jungfrau. Die Bahn, an der seit 1896 gebaut wird, soll letztendlich bis zum Jungfraujoch (3457 m) verlängert werden und dient dem Bergtourismus.

1. Juli 1905

USA beschränkt Immigration

In den USA tritt ein neues Einwanderungsgesetz in Kraft. Es wendet sich vor allem gegen illegale Immigranten. Nach dem Gesetz ist jeder Kapitän eines die Vereinigten Staaten anlaufenden Schiffes verpflichtet, den Zollbeamten eine beeidete Passagierliste vorzulegen. Die Liste muss genaue Angaben über Alter, Geschlecht, Familienstand, Nationalität und Beruf sowie Zahl der Gepäckstücke jedes Passagiers enthalten. Sofort in ihre Heimatländer zurückschicken dürfen die Behörden u.a. Geisteskranke, Personen mit ansteckenden Krankheiten, Kriminelle und Mittellose (Abb.: Einwandererfamilie wartet auf der Insel Ellis Island auf die Erlaubnis, das Festland zu betreten).

11. August 1905

Vorbild für Auto-Rallyes

Die Gordon-Bennett-Rennen für hochgezüchtete Automobile haben Konkurrenz bekommen: Auf der siebentägigen Herkomer-Fahrt geht es nicht nur um Geschwindigkeit, sondern vor allem um die Zuverlässigkeit der Wagen.

102 Teilnehmer haben gemeldet, unter ihnen Prinz Heinrich von Preußen, der sich am Steuer eines 40-PS-Benz versucht. Am Start sind auch viele Werkswagen. Die Firmen versprechen sich eine hohe Werbewirkung. Schließlich verlangt das Reglement, dass die Wagen alltagstauglich sein sollen. So heißt es in der Ausschreibung: »Jeder Wagen muss mindestens vier bequeme Sitze mit Rückenlehnen, eine Motorhaube, Kotflügel ... besitzen.« Die eigentliche Tourenfahrt, die als dritter Teil des Wettbewerbs neben einer ästhetischen Beurteilung der Modelle und einer Schnelligkeitsprüfung steht, führt über 937 km. Sieger Edgar Ladenburg (s. Abb., l.) bekommt neben dem Pokal ein Bild des Künstlers und Stifters Hubert von Herkomer.

August 1905

- **1 Di** Bei einem Sturm vor der portugiesischen Küste sinken bei Lissabon 28 große Fischerboote mit mehr als 300 Mann Besatzung. Keiner der Seeleute überlebt.
- **2 Mi** Christian Lundeberg bildet in Stockholm als Nachfolger von Ministerpräsident Erich Gustav Boström eine konservativ-liberale Koalitionsregierung.
- **3 Do** In China wird mit einem kaiserlichen Edikt die Prügelstrafe aufgehoben. An ihre Stelle treten Geld- bzw. Gefängnisstrafen.
- **4 Fr** Der schwedische Kronprinz-Regent Gustav trifft in Kopenhagen ein, um mit König Christian IX. über die Neubesetzung des norwegischen Throns zu beraten.
- **5 Sa** In Portsmouth im US-Bundesstaat New Hampshire beginnen die Friedensverhandlungen zur Beendigung des japanisch-russischen Krieges.
- **6 So** Der Südafrikaner John Vincent Duncker stellt in Berlin einen Weltrekord über 100 m in 10,8 sec auf. +++ In Berlin findet das 14. Sängerfest statt.
- **7 Mo** 19 Personen sterben beim Zusammenstoß zweier Züge bei Spremberg (Brandenburg). Kompetenzstreitigkeiten verzögern die Rettungsarbeiten.
- **8 Di** In Portugiesisch-Westafrika bricht ein Aufstand gegen die Kolonialmacht aus, die faktisch nur den Küstenstreifen beherrscht.
- **9 Mi** Kaiser Wilhelm II. besucht Gnesen und die preußischen Ostprovinzen, um dort für die »innere Kolonisation« zu werben.
- **10 Do** In der chinesischen Provinz Kaifengsu bricht ein Truppenaufstand aus. Er wird von regierungstreuen Einheiten niedergeschlagen.
- **11 Fr** Ein lokaler Eingeborenenaufstand, der in Deutsch-Ostafrika ausbricht, weitet sich rasch auf die gesamte Kolonie aus. → Auto-Rallye
- **12 Sa** Aus Zentralchina werden fremden- und christenfeindliche Ausschreitungen gemeldet. Katholiken und Missionare werden getötet. → Bündnis
- **13 So** Bei der Volksabstimmung stimmen 368 392 Norweger für das Ende der Union mit Schweden, nur 184 sind dagegen.
- **14 Mo** Im Gebiet des Uelle bricht ein Eingeborenenaufstand gegen die unmenschliche Herrschaft der Weißen im belgischen Kongostaat aus.
- **15 Di** Der belgische Senat genehmigt ein Gesetz, wodurch in Industrie und Handel eine Sonntagsruhe von einem halben bis zu einem ganzen Tag eingeführt wird.
- **16 Mi** Der österreichische Kaiser Franz Joseph I. empfängt in Bad Ischl den britischen König Edward VII., um u.a. über die Marokkokrise zu beraten.
- **17 Do** In Tientsin wird auf die chinesische Kaiserinwitwe T'zu Hsi ein Attentat verübt. Sie bleibt unverletzt, der Attentäter wird von einem Soldaten erstochen.
- **18 Fr** Der österreichische Kaiser Franz Joseph I. begeht seinen 75. Geburtstag. Offizielle Feiern finden auf Wunsch des Monarchen nicht statt.
- **19 Sa** Zar Nikolaus II. erlässt das Manifest über die Einführung einer Verfassung. Es entfacht wegen Ausschluss des Volkes die Revolution weiter.
- **20 So** Sintflutartige Regenfälle vernichten in Japan große Teile der Reisernte. +++ In Straßburg beginnt die Generalversammlung der Katholiken Deutschlands.
- **21 Mo** Während der Eingeborenenaufstände in Deutsch-Ostafrika ermorden Rebellen auf der Station Liwale einen Feldwebel und zwei Siedler.
- **22 Di** Wegen eines Generalstreiks in Warschau und anhaltenden Unruhen wird über Russisch-Polen der Kriegszustand verhängt.
- **23 Mi** Sozialdemokraten in Berlin plädieren für einen Generalstreik, den sie als wichtigstes Mittel zur Durchsetzung ihrer Ziele ansehen. → Cholera
- **24 Do** Der französische Sportler Lucien Petit-Breton stellt mit 41,110 km/h einen Stundenweltrekord im Bahnradfahren auf.
- **25 Fr** Aus St. Petersburg wird gemeldet, dass Offiziere, die sich in der Koreastraße den Japanern ergeben hatten, aus der russischen Marine ausgestoßen wurden.
- **26 Sa** Während einer Hungersnot in Südspanien bemächtigen sich Landarbeiter der Viehherden, um sich und ihre Familien ernähren zu können.
- **27 So** Die Behörden im Osten Preußens erklären die Weichsel für Cholera-verseucht. Die Badeanstalten am Fluss werden geschlossen.
- **28 Mo** Der Militärbezirk des russischen Großfürstentums Finnland wird aufgelöst. Die in Finnland stehenden Truppen werden neu organisiert.
- **29 Di** Russland und Japan einigen sich in Portsmouth (USA) auf die Bedingungen zur Unterzeichnung eines Friedensvertrags. → Passagierschiff
- **30 Mi** Am Mittelmeer ist eine Sonnenfinsternis zu sehen. +++ Das Osmanische Reich lehnt es ab, Makedonien unter internationale Finanzkontrolle zu stellen.
- **31 Do** Im rheinisch-westfälischen Baugewerbe geht ein dreimonatiger Streik zu Ende. Die Arbeitszeit wird auf zehn Stunden begrenzt.

September 1905

1 Fr – Das Nürnberger Opernhaus wird u.a. mit dem lokalen Festspiel »Im neuen Hause« feierlich seiner Bestimmung übergeben. → USA-Boykott

2 Sa – Die Hamburger Polizeibehörde untersagt wegen Choleragefahr die Beförderung russischer Auswanderer in die Vereinigten Staaten über die Hansestadt.

3 So – Aus Deutsch-Ostafrika wird die Ermordung zahlreicher weißer Siedler am Ruaha-Fluss durch aufständische Eingeborene gemeldet.

4 Mo – In Hanley beginnt der Kongress der britischen Gewerkschaften. Die Delegierten fordern die gesetzliche Einführung des Achtstundentages.

5 Di – In Portsmouth in den USA wird der Friedensvertrag zur Beendigung des Japanisch-Russischen Kriegs unterzeichnet.

6 Mi – Der mit 70 t Dynamit beladene britische Dampfer »Chatan« gerät im Suezkanal in Brand. Um eine Explosion zu vermeiden, wird das Schiff versenkt.

7 Do – In Tokio wird nach Ausschreitungen der Ausnahmezustand ausgerufen. Grund der Unruhen ist der russisch-japanische Frieden von Portsmouth.

8 Fr – An der türkisch-serbischen Grenze kommt es nach illegalen Grenzübertritten zu blutigen Gefechten der Grenztruppen beider Länder. → Katastrophe

9 Sa – Wegen Meuterei auf dem Panzerschiff »Georgi Pobedonoszew« werden in Sewastopol drei Angeklagte zum Tode und 33 zu Strafdienst verurteilt.

10 So – Graf Vincenzo Florio stiftet die Coppa Florio für ein Automobilrennen. Die erste Wettfahrt gewinnt der Italiener Raggio.

11 Mo – In Warschau wird der Generalstreik proklamiert. Grund ist die Hinrichtung mehrerer wegen politischer Straftaten verurteilter Arbeiter.

12 Di – Das japanische Panzerflaggschiff »Mikasa«, eines der größten Kriegsschiffe der Welt, sinkt, nachdem es in Brand geraten war, vor der japanischen Küste.

13 Mi – In Tiflis werden bei Zusammenstößen zwischen antizaristischen Demonstranten und Militär 27 Menschen getötet.

14 Do – Ungarische Oppositionsparteien wollen gegen die von Kaiser Franz Joseph I. ernannte Regierung klagen, da sie nicht gesetzlich sei. → Autorennen

15 Fr – 100 000 Menschen demonstrieren anlässlich der Parlamentseröffnung in Budapest für die Einführung des allgemeinen Wahlrechts.

16 Sa – In Bengalen proklamieren Hindus einen Boykott britischer Waren. Damit protestieren sie gegen die geplante Teilung Bengalens.

17 So – Der SPD-Vorsitzende August Bebel bezeichnet auf dem SPD-Parteitag in Jena den Generalstreik als Mittel politischer Notwehr. → Generalstreik

18 Mo – Japanische Kriegsschiffe bombardieren und zerstören die russischen Städte Petropawlowsk, Ajan und Ochotsk.

19 Di – Königin Wilhelmina der Niederlande kündigt bei der Eröffnung der Generalstaaten in Den Haag die Einführung des allgemeinen Wahlrechts an.

20 Mi – Der österreichische Kaiser Franz Joseph I. eröffnet in Gastein die Tauernbahn, die der Weiterentwicklung des Fremdenverkehrs in den Alpen dienen soll.

21 Do – In Makedonien kommt es zu blutigen Gefechten zwischen bulgarischen Extremisten und türkischen Regierungstruppen.

22 Fr – Ein Bergrutsch verschüttet das Städtchen Sutera auf Sizilien. +++ Die Hofzensur verbietet erneut die Aufführung der Oper »Salome« an der Wiener Oper.

23 Sa – In Karlstadt enden die norwegisch-schwedischen Verhandlungen über die Auflösung der Union beider Staaten. Grenzfestungen sollen geschleift werden.

24 So – In Mannheim wird die Generalversammlung des »Vereins für Socialpolitik« eröffnet. Gustav von Schmoller warnt vor einer Dominanz der Kartelle.

25 Mo – Den erstmals ausgefahrenen »Coupe Internationale des Motocyclettes« für Motorräder bei Dourdan gewinnt der Franzose Demestre.

26 Di – Österreichs Ministerpräsident Gautsch von Frankenthurn weist alle Forderungen Ungarns nach Machterweiterung zurück.

27 Mi – Die italienische Regierung erhebt beim osmanischen Sultan Abd Al Hamid Beschwerde wegen der Zunahme der Piraterie im Roten Meer.

28 Do – Auf einer Veranstaltung des Bundes für Menschenrechte in Berlin hält der Neurologe Magnus Hirschfeld einen Vortrag über »Alkohol und Geschlechtsleben«.

29 Fr – Im Alten Stadttheater in Köln wird der erste Teil des Schauspiels »Totentanz« von August Strindberg uraufgeführt. Der zweite Teil folgt tags darauf.

30 Sa – Bei Gefechten in Deutsch-Südwestafrika wurden offiziellen Angaben zufolge 250 Hereros getötet und 767 gefangengenommen. Ein Deutscher starb.

8. September 1905

Katastrophe in Kalabrien

Ein schweres Erdbeben erschüttert die süditalienische Region Kalabrien. Weit mehr als 2000 Menschen kommen ums Leben, über 10 000 werden verletzt. Betroffen ist das gesamte Gebiet auf dem Nordhang des langgestreckten Apennino Calabrese von Nicastro im Nordosten bis Reggio di Calabria im Südwesten der Sizilien gegenüberliegenden Halbinsel. Nahezu völlig zerstört sind die Orte Stefanaconi, Piscopio und Zammaro. Nachfolgende Erdstöße versetzen die Bevölkerung auch an den folgenden Tagen in Angst und Schrecken (Abb.: Szenen der Verwüstung).

30. Oktober 1905

Oktobermanifest in Russland

Unter dem unmittelbaren Eindruck des politischen Generalstreiks erlässt Zar Nikolaus II. in seiner Sommerresidenz bei St. Petersburg das sog. Oktobermanifest. Darin verheißt er bürgerliche Grundrechte und eine Volksvertretung, die aus Wahlen hervorgehen soll. Mit dem Manifest erfüllt der Zar die Hauptforderungen der liberalen Opposition, nicht jedoch die der Sozialdemokratie, die eine Republik errichten will. Trotz der Ankündigung gehen die Unruhen im Zarenreich weiter. Mit dem Einlenken des Monarchen haben die bürgerlichen Oppositionsgruppen vieles von dem erreicht, wofür sie gekämpft haben. Der politische Massenstreik wird nach dem Erlass des Manifests beendet. Auf einem Kongress in Moskau werden weitere Forderungen aufgestellt, so dass sich die innenpolitische Lage nicht beruhigt.

1. September 1905

USA-Boykott aufgehoben

Die kaiserliche Regierung Chinas fordert die Bevölkerung auf, US-Waren nicht mehr zu boykottieren. Die USA hätten mitgeteilt, sie wollten chinesische Reisende wieder »höflich« aufnehmen. Der Boykott war eine Reaktion auf die in China als demütigend empfundene Behandlung einer chinesischen Studienkommission, die in Westeuropa und den USA moderne Staatseinrichtungen studieren sollte. Dass der Boykott eingestellt wird, steht mit den Friedensverhandlungen in Portsmouth in Zusammenhang. Dort haben die USA durchgesetzt, dass die Mandschurei, Stammland des chinesischen Kaiserhauses, von russischen und japanischen Truppen geräumt und wieder ganz der Souveränität Chinas unterstellt wird. Der Boykott hatte jedoch tiefere Gründe: In China nehmen Übergriffe von Nationalisten gegen Ausländer zu. In gleichem Maß richten sich Aufständische gegen das Kaiserhaus der Mandschus (Abb.: Kaiserinwitwe T'zu Hsi), das von den Kolo-

nialmächten gestützt und als Fremdherrschaft im eigenen Land empfunden wird. Am 17. August erst ist auf die verhasste Kaiserinwitwe ein Attentat verübt worden. Die Regierung will das Land mit Reformen befrieden.

18. Oktober 1905

Geburt des Fauvismus

Im »Salon d'Automne«, der traditionellen Pariser Herbstausstellung, sorgt eine Gruppe junger Künstler um Henri Matisse für Aufsehen. Die Fauves (die »Wilden«), zu denen große Moderne wie André Derain, Georges Braque, Georges Rouault, Maurice de Vlaminck und Kees van Dongen gerechnet werden, räumen der Farbgebung den größten Stellenwert ein (Abb.: »Die Zigeunerin«, Gemälde von Henri Matisse).

Henri Matisse

französischer Maler, Bildhauer und Grafiker, * 31.12.1869 Le Cateau; † 3.11.1954 Cimiez, Nizza

Matisse zählt zu den führenden Meistern der französischen Kunst zu Beginn des 20. Jahrhunderts und der klassischen Moderne überhaupt. Er studierte zunächst Jura und wandte sich erst dann der Malerei zu. Nach einer impressionistischen Phase wird er 1905 Mitbegründer und Hauptvertreter des Fauvismus. Er schuf vor allem flächig-ornamentale Bilder in leuchtenden Farben. Als Bildhauer trat er mit Figuren und Porträtplastiken hervor.

- 1891: Studium der Malerei in Paris
- 1898: Bekanntschaft mit André Derain
- 1950: Innenausstattung der Kapelle Notre-Dame du Rosaire, Vence

17. September 1905

Bebel: Generalstreik ist legitim

August Bebel – die Identifikationsfigur der SPD

Der politische Generalstreik und die Maikundgebungen sind die wichtigsten Themen des Parteitags der deutschen Sozialdemokratie, der im Volkshaus der Zeiss-Stiftung in Jena von ihrem Vorsitzenden August Bebel eröffnet wird. 400 Delegierte nehmen an dem Treffen teil.

Höhepunkt des Parteitags sind die Debatten über den politischen Massenstreik. Ehe es dazu kommen könne, müssten die Massen zuerst dafür gewonnen und organisiert werden – diesen Standpunkt des rechten Flügels formuliert Wolfgang Heine. Dafür wird er von radikalen Linken wie Rosa Luxemburg und Clara Zetkin heftig angegriffen. Karl Legien warnt jedoch ebenfalls vor einem politischen Generalstreik, da ein solcher die Revolution zur Folge habe. Darauf seien die Arbeiter jedoch nicht vorbereitet.

August Bebel bringt die gegensätzlichen Meinungen in einer vierstündigen Grundsatzrede auf eine Kompromissformel: Er erklärt den politischen Generalstreik für zulässig in einer Situation der politischen Notwehr. Beispiele dafür sieht er u.a. in den »Wahlrechtsräubereien durch eine herrschgierige und maßlos feige Bourgeoisie ...« Es könne eine Zeit kommen, in der politischer und wirtschaftlicher Druck unerträglich würden. Dann sei ein Generalstreik ein legitimes Mittel des Protestes. Bebels Rede wird nicht von orthodox-marxistischen Vorstellungen, sondern von der Vision eines demokratischen Staates geprägt. Dieses Staatswesen, so Bebel, müsse nach dem Willen der Mehrheit des Volkes geführt werden und nicht im Interesse einer Minderheit.

14. September 1905

Faszination Autorennen

Auf der Insel Man gewinnt John S. Napier auf einem Arroll-Johnston die erste Tourist Trophy. Er durchfährt die 333,5 km lange, kurvenreiche Strecke mit einer Durchschnittsgeschwindigkeit von 54,545 km/h und lässt 41 Konkurrenten hinter sich. Da auf dem britischen Festland Autorennen verboten sind, dient den Veranstaltern die Insel in der irischen See als Ausweichort. Ziel der Wettfahrt ist es, die Leistungsfähigkeit der britischen Automobilindustrie unter Beweis zu stellen. Deshalb lassen die Verantwortlichen nur Tourenwagen mit reglementiertem Benzinverbrauch zu.

Oktober 1905

1 So Die Städte Duisburg, Ruhrort und Meiderich werden zur Großstadt Duisburg vereinigt, die nunmehr 192 346 Einwohner zählt.

2 Mo Die Max Reinhardt-Schauspielschule in Berlin wird eröffnet. +++ Die Eisenbahnverwaltung in Württemberg führt den Neunstundentag ein.

3 Di Im Reichstagsgebäude in Berlin wird der Zweite Kolonialkongress eröffnet. 1800 Teilnehmer diskutieren über das Thema »Deutsche Kolonien«.

4 Mi Aus Daressalam, der Hauptstadt von Deutsch-Ostafrika, wird gemeldet, dass aufständische Eingeborene drei Dörfer niedergebrannt haben.

5 Do Das Verlagshaus Brockhaus feiert den 100. Jahrestag seiner Gründung. Das Unternehmen wird in der vierten Generation als Familienbetrieb geführt.

6 Fr Die österreichische Regierung lehnt alle Dringlichkeitsanträge zur Einführung des allgemeinen Wahlrechts ab.

7 Sa Aufständische Eingeborene brennen die Küstenstation Kisidja in Deutsch-Ostafrika nieder. +++ In Leipzig wird das Rathaus seiner Bestimmung übergeben.

8 So Im Berliner Vorort Charlottenburg fällt für eineinhalb Stunden der Strom aus. Grund ist nach Angaben der Behörden kein Stromausfall sondern Strommangel.

9 Mo Das norwegische Parlament billigt das Karlstader Abkommen über die Auflösung der schwedisch-norwegischen Union.

10 Di Die österreichischen Sozialdemokraten veranstalten vor dem Landtag in Prag eine Massendemonstration für die Einführung des allgemeinen Wahlrechts.

11 Mi In Glücksburg heiratet Herzog Karl Eduard von Sachsen-Coburg-Gotha Prinzessin Viktoria Adelheid von Schleswig-Holstein-Sonderburg-Glücksburg.

12 Do In den an Ostpreußen grenzenden russisch-polnischen Gebieten grassiert weiter die Cholera. Auch in der Industriestadt Lodz mehren sich Krankheitsfälle.

13 Fr Die Oper »Bruder Lustig« von Siegfried Wagner wird im Hamburger Stadttheater uraufgeführt. +++ Das britische Ostasiengeschwader besucht Tokio.

14 Sa In Paris wird der internationale Luftfahrtverband »Fédération Aéronautique Internationale« (FAI) gegründet.

15 So Die türkische Regierung lehnt die Forderung der Großmächte ab, Makedonien internationaler Finanzkontrolle zu unterstellen.

16 Mo Der japanische Kaiser erlässt ein Manifest über den Frieden. Darin wird Russland nach 20 Monaten Krieg wieder zum »Freund Japans« erklärt.

17 Di In St. Petersburg und Tokio wird der russisch-japanische Friedensvertrag von Portsmouth offiziell veröffentlicht.

18 Mi US-Präsident Theodore Roosevelt betont, dass die USA die Ordnung in der Karibik aufrechterhalten müssen. → Fauvismus

19 Do Wegen des harten Winters im Deutschen Reich nehmen Diebstähle zu. Ziel der Diebe ist es, ins Gefängnis zu kommen, um nicht verhungern zu müssen.

20 Fr Ein Eisenbahnerausstand in Moskau bildet den Auftakt zu einer allgemeinen politischen Streikbewegung im Russischen Reich.

21 Sa Anlässlich des 100. Jahrestages der Seeschlacht bei Trafalgar findet vor der Nelson-Säule auf dem Trafalgar Square in London ein Festakt statt.

22 So 60 Menschen werden in Santiago de Chile bei Massendemonstrationen gegen Einfuhrzölle auf argentinisches Fleisch getötet.

23 Mo Die Arbeiter in Prag treten nach einem Aufruf der Sozialdemokraten in einen Streik, um das allgemeine Wahlrecht in Österreich und Ungarn zu erkämpfen.

24 Di In Moskau wird der politische Generalstreik proklamiert. Die Streikenden fordern den Sturz des Zarismus und die Errichtung einer Republik.

25 Mi Kaiser Wilhelm II. weist in Dresden darauf hin, dass gegenwärtig »jeder wehrhafte junge Deutsche bereit sein muss, für das Vaterland einzutreten.«

26 Do Die schwedische und die norwegische Regierung unterzeichnen in Stockholm die Abmachung, mit der die Union der Königreiche offiziell aufgehoben wird.

27 Fr Portugiesische Kolonialtruppen erobern einen Kral bei Quissango in Portugiesisch-Westafrika. 200 Eingeborene und drei Portugiesen fallen bei dem Kampf.

28 Sa In Warschau wird der politische Generalstreik für Russisch-Polen proklamiert. Die Regierung verhängt daraufhin ab 20 Uhr eine Ausgangssperre.

29 So Bei den Nationalratswahlen in der Schweiz behält die Freisinnige Partei mit 104 Sitzen (+4) die Mehrheit. Die Sozialdemokraten verlieren fünf Sitze.

30 Mo Die technische Hochschule Charlottenburg bietet viermonatige »freie Fortbildungskurse für Arbeiter« an. Die Gebühr beträgt 15 Pfennig. → Oktobermanifest

31 Di In St. Petersburg wird die konstitutionell-demokratische »Partei der Volksfreiheit« für die die im Oktobermanifest festgelegten Parlamentswahlen gegründet.

November 1905

1 Mi Schweden bekommt nach dem Ende der Union mit Norwegen eine neue Flagge. Sie zeigt das liegende skandinavische Kreuz gelb auf blauem Grund.

2 Do Als eine seiner ersten Amtshandlungen löst Russlands Ministerpräsident Sergej J. Graf Witte die Gouverneure ab, in deren Bezirken Judenpogrome andauern.

3 Fr Hendrik Witbooi, der bekannteste Führer im Hottentottenkrieg, wird von deutsch-südwestafrikanischen Truppen bei Fahlgras tödlich verwundet.

4 Sa Die bayerische Abgeordnetenkammer in München genehmigt die Verstaatlichung der pfälzischen Eisenbahnen. → Finnland

5 So In Warschau, der Hauptstadt Russisch-Polens, beteiligen sich mehr als 100 000 Menschen an einer Kundgebung für einen eigenständigen polnischen Staat.

6 Mo Die Wiener Universität wird wegen anhaltender Zusammenstöße deutschnationaler Studenten mit der übrigen Studentenschaft vorerst geschlossen.

7 Di In Stockholm bildet der bisherige Justizminister Karl Staaff als Ministerpräsident die erste liberale Regierung Schwedens.

8 Mi Deutsch-ostafrikanische Schutztruppen schlagen einen Angriff aufständischer Eingeborener auf Kilossa bei Daressalam zurück.

9 Do In Schweden endet ein Streik in der Eisen- und Metallindustrie. Die 17 000 seit 10. Juni ausgesperrten Arbeiter setzen einen Minimallohn durch.

10 Fr Truppen aus St. Petersburg werfen in Kronstadt eine am 8. November ausgebrochene antizaristische Matrosenmeuterei nieder.

11 Sa Der russische Ministerpräsident Sergej J. Graf Witte lehnt in St. Petersburg die Forderung einer Deputation ab, Russisch-Polen Autonomie zu gewähren.

12 So Ein zweitägiger Schachwettkampf per Fernübertragung zwischen sechs deutschen und sechs US-Spielern endet mit dem Sieg der USA.

13 Mo Auf der osmanisch beherrschten Insel Kreta bricht der Aufstand der Panhellenen zusammen, die den Anschluss an Griechenland erzwingen wollten.

14 Di In Wladiwostok beginnt eine zweitägige Meuterei, an der sich mehrere tausend Matrosen beteiligen. Die Aufständischen brennen die Gefängnisse nieder.

15 Mi In Berlin nehmen die ersten von Motoren getriebenen Omnibusse im öffentlichen Nahverkehr ihren Liniendienst auf.

16 Do Die russische Regierung unter Sergej J. Graf Witte erlässt den Bauern die Hälfte der Abzahlungsverpflichtungen zum Beginn des kommenden Jahres.

17 Fr Das Kaiserreich Korea wird japanischer Schutzstaat. Voraussetzung für die »Schutzherrschaft« war der Sieg Japans im japanisch-russischen Krieg.

18 Sa Das norwegische Parlament wählt einstimmig Prinz Carl von Dänemark als Håkon VII. zum König von Norwegen.

19 So Rosa Luxemburg veröffentlicht im SPD-Zentralorgan »Vorwärts« einen Artikel über die neue Flottenvorlage mit der Überschrift »Eine maßlose Provokation«.

20 Mo Im Londoner Hyde Park demonstrieren mehrere tausend Menschen gegen die hohe Arbeitslosigkeit in Großbritannien.

21 Di Der russische Revolutionär Wladimir I. Lenin trifft in St. Petersburg ein und übernimmt u.a. die Leitung des Komitees der Bolschewiken.

22 Mi König Carlos I. von Portugal trifft zu einem Staatsbesuch in der französischen Hauptstadt Paris ein. +++ In St. Petersburg sterben 30 Menschen bei Unruhen.

23 Do In Piräus vereinigen sich Flottenverbände mehrerer Staaten, die das Osmanische Reich zur Annahme des Reformprogramms für Makedonien zwingen sollen.

24 Fr In Sewastopol beginnt ein Matrosenaufstand, bei dem fast die Hälfte der Stadt zerstört wird, da die Meuterer sie von einem Kreuzer aus beschießen.

25 Sa Mitarbeitern des Aeronautischen Observatoriums Lindenberg gelingt es, eine Konstruktion mit sechs Drachen auf 6430 m Höhe aufsteigen zu lassen.

26 So In Paris wird ein Stufenwettrennen auf den Eiffelturm veranstaltet. Ziel des Rennens ist nach 729 Stufen die zweite Plattform des Turms.

27 Mo König Håkon VII. legt im Storting, dem Parlament in Kristiania (Oslo), den Eid auf die norwegische Verfassung ab.

28 Di In Wien demonstrieren 200 000 Menschen für die Einführung des allgemeinen Wahlrechts. +++ Die Komödie »Major Barbara« hat in London Premiere.

29 Mi Über Barcelona wird nach von Separatisten verursachten Unruhen der Ausnahmezustand verhängt. Katalonien verlor 1479 seine Selbständigkeit.

30 Do In St. Petersburg wird der rechtskonservative »Bund des russischen Volkes« gegründet. Die »Schwarzen Hundertschaften« sind seine Kampfgruppen.

4. Dezember 1905

Liberale wieder an der Macht

Die konservative britische Regierung unter Premierminister Arthur James Balfour reicht den Rücktritt ein. Mehrere Nachwahlen in Sommer und Herbst hatten die Mehrheit der in sich zerstrittenen Regierungspartei von 134 auf 68 Abgeordnete schrumpfen lassen. Als am 10. Dezember Henry Campbell-Bannerman (s. Abb.) zum neuen Regierungschef gewählt wird, erhält Großbritannien erstmals im 20. Jahrhundert und zum ersten Mal seit zehn Jahren eine liberale Regierung.

Der Niedergang der Konservativen wird auf den Streit über die Schutzzollpolitik zurückgeführt. Innerhalb der Regierungspartei forderte eine starke Gruppe um den früheren Kolonialminister Joseph Chamberlain die Abkehr vom Freihandel und die Einführung des Schutzzollsystems, wie es u.a. auch im Deutschen Reich gilt. Die Liberalen wollen hingegen am Freihandel festhalten.

1. Dezember 1905

Volkszählung in Deutschland

Im Deutschen Reich wird eine Volkszählung durchgeführt. Danach leben 60 641 278 Menschen in den deutschen Bundesstaaten einschließlich Elsass-Lothringen. Das bedeutet eine Zunahme um 47,7% seit der Reichsgründung im Jahre 1871 und um 7,6% seit 1900.

Mit dieser Bevölkerungszahl rangiert Deutschland an dritter Stelle unter den Großmächten. Lediglich Russland (125 Mio.) und die USA (75,9 Mio.) weisen eine noch höhere Einwohnerzahl auf. Zugleich ist das Deutsche Reich eines der am dichtesten besiedelten Länder. 112,1 Menschen leben statistisch gesehen auf einem Quadratkilometer. Spitzenreiter in dieser Tabelle ist Belgien (227), gefolgt von den Niederlanden (154), Großbritannien und Irland (132) und Italien. In ganz besonderem Maße haben die Großstädte im Deutschen Reich einen Zuwachs zu verzeichnen. Die größte Stadt Deutschlands ist Berlin mit über 2 Mio. Einwohnern. Nur 822 000 Menschen sind jedoch gebürtige Berliner. Rd. 18 % kommen aus der näheren, brandenburgischen Umgebung, die restlichen 40% sind ortsfremd. Noch extremer ist das Verhältnis im noch nicht eingemeindeten Charlottenburg, wo nur 18,9% der ansässigen Bevölkerung aus der Stadt stammt.

10. Dezember 1905

Drei Nobelpreise für deuts

In der schwedischen und der norwegischen Hauptstadt werden zum fünften Mal die Nobelpreise für herausragende Leistungen verliehen. Drei der fünf Preisträger sind Deutsche: Robert Koch (s. Abb. u.) erhält den Nobelpreis für Medizin, Adolf von Baeyer (s. Abb. o. l.) wird in der Sparte Chemie ausgezeichnet und Philipp Lenard (s. Abb. r.) in Physik. Den vierten der jeweils mit umgerechnet 200 000 Mark dotierten Preise, die in Stockholm vergeben werden, erhält der polnische Dichter Henryk Sienkiewicz. Er und Robert Koch sind die einzigen Preisträger, die der Zeremonie beiwohnen. Für Lenard und Baeyer nimmt der deutsche Gesandte die Urkunden aus der Hand des schwedischen Königs Oscar II. entgegen. In Kristiania findet die Preisverleihung in Gegenwart von König Håkon VII. ebenfalls ohne die Preisträgerin statt: Die österreichische Pazifistin Bertha von Suttner sieht sich außerstande, in die norwegische Hauptstadt zu fahren. »Hielte es nicht aus«, notierte sie am 1. Dezember in ihr Tagebuch, als sie in Wiesbaden die Nachricht erhielt, »würde vielleicht gesundheitlich zusammenbrechen.« Die Verleihung der Nobelpreise an vier Deutsche – in der Presse wird Freifrau von Suttner durchgehend als Deutsche bezeichnet – gilt als »rühmliches Zeugnis für den regen wissenschaftlichen Geist unseres Vaterlandes und für die Anerkennung, die er im Ausland erringt«, kommentiert die Leipziger »Illustrirte Zeitung«. Robert Koch erhält den Preis für seine bakteriologischen Forschungen. Philipp Lenard schafft mit seiner Entdeckung, dass dünne Aluminiumschichten unter bestimmten Bedingungen Kathodenstrahlen durchlassen, die Voraussetzungen für die Arbeiten Wilhelm Conrad Röntgens. Adolf von Baeyer war 1878 die erste Vollsynthese des Indigos gelungen. Die Verleihung des Literaturnobelpreises an Henryk Sienkiewicz wird weltweit nicht nur als Auszeichnung für das literarische Werk des Schriftstellers verstanden, sondern zugleich als Huldigung an einen Kämpfer für die nationale Einheit Polens.

4. November 1905

Finnland wieder autonom

Zar Nikolaus II. stellt die Verfassung und damit die innere Autonomie des russischen Großfürstentums Finnland wieder her. In einer Proklamation (Abb.: Menschenmenge bei der Verkündung in Helsinki) widerruft er wenige Tage nach dem Oktobermanifest die 1899 ohne Zustimmung des finnischen Landtags erlassenen Verordnungen und kündigt die Ausarbeitung einer neuen Landtagsordnung an. Die Unruhen, die vom Zarenreich

nach Finnland herübergeschwappt sind, flauen danach ab. Während Finnland seit 1809 trotz zaristischer Oberherrschaft relativ eigenständig gewesen war, setzte unter Zar Nikolaus II. um 1890 eine massive Russifizierungspolitik ein.

e Forscher

Bertha von Suttner

österreichische Schriftstellerin und Pazifistin, * 9.6.1843 Prag; † 21.6.1914 Wien

Bertha Freifrau von Suttner war für lange Zeit die zentrale Figur der europäischen Friedensbewegung. Vor allem ihre pazifistischen Romane »Die Waffen nieder!« und »Martha's Kinder« erreichen weite Kreise der Bevölkerung. Sie war es, die Alfred Nobel im Jahre 1892 zur Stiftung des Friedensnobelpreises anregte. Sie setzte zeitlebens für den Frieden ein und gründete 1891 die österreichische Gesellschaft der Friedensfreunde. Außerdem war die Autorin kulturphilosophischer Werke Vizepräsidentin des Internationalen Friedensbureaus in Bern.

- 1889: »Die Waffen nieder!« (Roman)
- 1890: »Das Maschinenzeitalter« (Roman)
- 1916: Erste Verfilmung »Die Waffen nieder!«
- 1917: »Der Kampf um die Vermeidung des Weltkriegs« (Aufsätze)

26. Dezember 1905

Schlieffenplan fertig gestellt

Der preußische Generalstabschef Alfred Graf von Schlieffen (s. Abb.) legt in Berlin letzte Hand an den nach ihm benannten Schlieffenplan zur militärischen Niederwerfung Frankreichs und Russlands. Der Plan enthält im Kern die Strategie, die die deutschen Militärs 1914 beim Ausbruch des Ersten Weltkriegs anwenden.

Ausgangspunkt der Überlegungen Schlieffens ist ein Zweifrontenkrieg, weil Russland und Frankreich seit 1892 verbündet sind. Da Russland nach der Niederlage im Krieg gegen Japan militärisch geschwächt ist, fordert Schlieffen zunächst hinhaltenden Kampf gegen Russland, während der Angriff mit stärksten Kräften gegen Frankreich geführt werden soll, um es in kürzester Zeit niederzuringen. Da das Befestigungssystem der französischen Ostfront als so stark gilt, dass ein schneller Waffenerfolg nicht erreichbar scheint, soll die Linie Verdun-Belfort durch die neutralen Staaten Belgien, Luxemburg und Niederlande umgangen werden. Schlieffen rechnet nur in Belgien mit Gegenwehr. Der Bruch der luxemburgischen Neutralität werde lediglich Proteste zur Folge haben. Mit den Niederlanden ließe sich ein Bündnis erreichen, weil es Frankreich feindlich gegenüberstehe. Der linke deutsche Flügel im Elsass und in Lothringen solle schwach gehalten und selbst ein französischer Einbruch nach Süddeutschland in Kauf genommen werden. Die Masse des Heeres müsse auf dem rechten Flügel eingesetzt werden, um Frankreich besiegen zu können.

20. Dezember 1905

Aufstand in Russland

Im Russischen Reich gärt es weiter. Der Moskauer Sowjet der Arbeiterdeputierten proklamiert den politischen Generalstreik zum Sturz des Zarismus. Vorausgegangen war ein entsprechender Beschluss einer Stadtkonferenz der Bolschewiken, des von Wladimir I. Lenin geführten radikalen Flügels der Sozialdemokratischen Arbeiterpartei Russlands.

Während in St. Petersburg und anderen Städten der Aufruf zum Generalstreik kaum befolgt wird, ist Moskau Schauplatz des blutigen Dezemberaufstands. Am 23. Dezember führt die Streikleitung den Generalstreik in den bewaffneten Aufstand über. Bis Jahresende schlagen zaristische Truppen diesen Versuch, die Monarchie zu stürzen und eine Republik zu errichten, nieder. Die Zahl der Toten ist nicht bekannt, Schätzungen belaufen sich auf mehrere Tausend. Der bewaffnete Aufstand beginnt am Abend des 23. Dezember mit der Errichtung von Barrikaden auf der Sadowja, einer die Stadt im Halbkreis umziehenden Straße. Die telegraphischen Verbindungen werden gekappt, die Waffenläden geplündert. Am 25. Dezember haben zaristische Truppen die Innenstadt zurückerobert.

Dezember 1905

1 Fr 200 Soldaten der Leibgarde des russischen Zaren werden wegen mutmaßlicher revolutionärer Tätigkeit verhaftet. → Volkszählung

2 Sa Die spanische Regierung unter Eugenio Montero Rios tritt wegen der separatistischen Unruhen in Katalonien zurück.

3 So Der Ungar Zoltán Halmay schwimmt in Wien in 1:05,8 min Weltrekord über 100 m. +++ In Genf entdeckt die Polizei eine illegale Bombenfabrik.

4 Mo US-Präsident Theodore Roosevelt betont seinen Willen, die Macht der Trusts zu brechen. +++ In Kiew sterben 70 Menschen bei Unruhen. → Liberale

5 Di Im Londoner Bahnhof Charing Cross stürzt ein Teil des von Eisenträgern gehaltenen Glasdachs ein und begräbt Menschen und Züge unter sich.

6 Mi Reichskanzler Bernhard Fürst von Bülow betont vor dem Reichstag, er bestehe in der Marokkofrage auf wirtschaftlicher Gleichberechtigung (»Offene Tür«).

7 Do Der Generaladjutant von Zar Nikolaus II., Viktor V. Sacharow, wird in Saratow von einem revolutionären Schlossergesellen erschossen.

8 Fr Der Hoachanas-Hottentottenführer Manasse fällt mit 23 Kriegern im Gefecht bei Gubuonis im Kampf gegen die deutsche Kolonialmacht.

9 Sa Die Oper »Salome« von Richard Strauss wird in Dresden uraufgeführt. Die Premiere des Singspiels in Wien ist von der k.u.k-Hofzensur verboten worden.

10 So Das niederdeutsche Drama »Mutter Mews« von Fritz Stavenhagen wird im Hamburger Stadttheater erstmals aufgeführt. → Nobelpreise

11 Mo Die österreichischen Sozialdemokraten proklamieren den Generalstreik, um die Einführung des allgemeinen Wahlrechts zu erzwingen.

12 Di In der russischen Mandschurei-Armee brechen Meutereien aus. Bei Kämpfen mit zarentreuen Soldaten fallen bei Chardin mehrere hundert Mann.

13 Mi Frankreich verbietet den Sklavenhandel. Der Sklaventausch in den afrikanischen Besitzungen der Republik wird bei Geld- und Gefängnisstrafen untersagt.

14 Do In den russischen Ostseeprovinzen erhebt sich die Bevölkerung gegen die überwiegend deutschen Gutsbesitzer. Hunderte von Höfen werden geplündert.

15 Fr Der bayerische Justizminister Ferdinand Ritter von Miltner lehnt im Landtag die geforderte Wiedereinführung der Prügelstrafe ab.

16 Sa Die russische Regierung unter Sergej J. Graf Witte lässt den Arbeiterdeputiertenrat in St. Petersburg auflösen und die Mitglieder verhaften.

17 So In Konstantinopel werden die Urteile im Prozess gegen die Attentäter auf Sultan Abd Al Hamid II. gefällt. Sieben Männer werden zum Tode verurteilt.

18 Mo In Vorarlberg (Österreich) wird die elektrisch betriebene Eisenbahnlinie in das Montafon von Bludenz nach Schruns eröffnet.

19 Di Aus Schanghai werden fremdenfeindliche Unruhen gemeldet. Zum Schutz der Reichsangehörigen wird ein deutscher Kreuzer vor die Stadt beordert.

20 Mi In Deutsch-Ostafrika werden die Aufständischen bei einem Angriff auf die Etappenstation Livale zurückgeschlagen. → Russland

21 Do In Schanghai erheben sich die Chinesen gegen die Europäer. Deutsche und britische Truppen greifen in den Konflikt ein.

22 Fr Ein königlicher Erlass ordnet die Eindeutschung von 97 polnischen Ortsnamen in der preußischen Provinz Posen an.

23 Sa Der russische Kommandant der Mandschurei-Armee gibt bekannt, dass sich die Hälfte seiner Soldaten den antizaristischen Revolutionären angeschlossen habe.

24 So Der Anarchist José Salas Tomas versucht in Barcelona, Kardinal Casanas zu erstechen. Als der Mordversuch misslingt, begeht der Attentäter Selbstmord.

25 Mo An der Metropolitan Opera in New York wird Richard Wagners Oper »Parsifal« erstmals außerhalb von Bayreuth aufgeführt.

26 Di Zar Nikolaus II. legt fest, dass auch Arbeiter und Handwerker in den Städten ein eingeschränktes Wahlrecht erhalten. → Schlieffenplan

27 Mi Der japanische Tenno Mutsuhito ernennt Marquis Hirobum Ito zum ersten Generalresidenten im japanischen Schutzstaat Korea.

28 Do Die Operette »Die lustige Witwe« von Franz Lehár wird im Theater an der Wien in Wien zum ersten Mal aufgeführt.

29 Fr Deutsche Kolonialtruppen schlagen während des Hottentottenkrieges in Deutsch-Südwestafrika bei Toasis die Krieger von Häuptling Simon Copper.

30 Sa Der Moskauer Dezemberaufstand wird vom Militär niedergeworfen. Die Zahl der Toten liegt nach Schätzungen bei mehr als 10 000.

31 So Kaiser Wilhelm II. skizziert die allgemeine politische Situation des Deutschen Reiches: »Erst die Sozialisten abschießen ... und dann Krieg nach außen!«

Januar 1906

1 Mo Zwischen den Nachbarländern Österreich-Ungarn und Serbien kommt es wegen Zollstreitigkeiten zu einem Handelskrieg. → Zollunion → Kinderarbeit

2 Di In den Werkstätten der preußisch-hessischen Eisenbahn wird der Neunstundentag eingeführt. Die Regel in Deutschland ist ein Zehn- bis14-Stunden-Tag.

3 Mi Der Telegraphenverkehr zwischen Moskau und dem Ausland wird nach dem Ende des Dezemberaufstandes wiederhergestellt.

4 Do Der Heilige Synod der russisch-orthodoxen Kirche ordnet nach dem Dezemberaufstand an, regierungsfeindliche Geistliche aus ihren Ämtern zu entfernen.

5 Fr In Riga werden 100 Arbeiter von Militärangehörigen erschossen. Sie haben sich geweigert, Revolutionäre zu denunzieren.

6 Sa Nach der Erhebung neuer Steuern bricht in Albanien ein Aufstand gegen die Herrschaft des Osmanischen Reiches aus.

7 So In Österreich-Ungarn werden die ersten Kennzeichen für Kraftfahrzeuge ausgegeben: Weiße Tafeln mit schwarzen Bezeichnungen.

8 Mo In Brüssel wird die Nachricht verbreitet, dass im Kongostaat »unruhige Neger« einen Missionar und acht Katecheten getötet und verzehrt hätten.

9 Di Die deutsche Gesandtschaft in Tokio und die japanische Gesandtschaft in Berlin werden zu Botschaften erhoben.

10 Mi Der persische Schah Muzaffar Ad Din gibt revolutionären Forderungen nach einem Parlament teilweise nach und beruft ein legislatives Gremium ein.

11 Do Die Rheinuferbahn zwischen Köln und Bonn wird für den Personenverkehr eröffnet. +++ In Berlin findet der erste Waldlauf in Deutschland statt.

12 Fr In Madrid heiratet die spanische Infantin Maria Theresia Prinz Ferdinand von Bayern. Die 23-Jährige ist die Schwester von König Alfons XIII.

13 Sa Aus dem Kaukasus werden im Rahmen der revolutionären russischen Unruhen blutige Kämpfe zwischen Armeniern und Tataren gemeldet.

14 So In mehreren Distrikten Ungarns kommt es zu schweren Zusammenstößen zwischen nationalistischen Magyaren und der Gendarmerie.

15 Mo Serbien lehnt die Forderung Österreich-Ungarns ab, die Pläne für einen serbisch-bulgarischen Zollunionsvertrag auszusetzen.

16 Di In St. Petersburg wird der Arbeiterdelegiertenrat verhaftet, weil es sich laut Regierung um Revolutionäre und keine Arbeiter handele. → Algeciras-Konferenz

17 Mi Armand Fallières wird in Versailles vom französischen Kongress als Nachfolger von Émile Loubet zum französischen Staatspräsidenten gewählt.

18 Do Der Parteikongress der »Kadetten« in Petersburg erkennt die monarchische Regierungsform an und verurteilt revolutionäre Kampfmethoden.

19 Fr Im Berliner Lessingtheater wird das Schauspiel »Und Pippa tanzt!« (Untertitel: »Ein Glashüttenmärchen«) von Gerhart Hauptmann uraufgeführt.

20 Sa In Frankreich muss sich ein Pension beanspruchender Geistlicher an den Präfekten seines Departements wenden. Die Trennung Kirche – Staat verschärft sich.

21 So In vielen Ländern finden Solidaritätskundgebungen aus Anlass des Jahrestags des Beginns der Revolution in Russland statt.

22 Mo Die russische Regierung gibt bekannt, dass acht von Revolutionären eingerichtete Laboratorien und Bombenwerkstätten ausgehoben wurden.

23 Di In Berlin berät eine Kommission über die Reform des höheren Mädchenunterrichts. Neben Beamten gehören auch einige Frauen zu den Teilnehmern.

24 Mi Im Deutschen Reichstag in Berlin beginnt die Beratung des vom Zentrum 1902 eingebrachten Toleranzantrags über die Religionsausübung. → Romantiker

25 Do Das US-Repräsentantenhaus in Washington beschließt, die Gebiete Arizona und Oklahoma als Bundesstaaten anzuerkennen.

26 Fr Der badische Innenminister Karl Schenkel erklärt, alle Staaten des Deutschen Reiches seien von einer Fleischteuerung in »ungewöhnlicher Höhe« betroffen.

27 Sa Die Sudan-Eisenbahn von Berber nach Suakin wird eröffnet. Neben dem Nil ist diese Eisenbahnlinie die Hauptverkehrsader des Sudan.

28 So Bulgarien weist eine Protestnote des Osmanischen Reiches gegen die serbisch-bulgarische Zollunion als Einmischung in innere Angelegenheiten zurück.

29 Mo In Davos enden die Eiskunstlauf-Europameisterschaften der Herren. Sieger ist der schwedische Sportler Ulrich Salchow.

30 Di In Riga werden fünf im Polizeigebäude inhaftierte Revolutionäre trotz der Bewachung durch eine halbe Kompanie gewaltsam befreit.

31 Mi Die französische Abgeordnetenkammer in Paris verabschiedet ein Gesetz, das eine Mindestrente für Arbeiter garantiert.

16. Januar 1906

Algeciras-Konferenz stoppt Krise um Marokko

In der südspanischen Hafenstadt Algeciras beginnt eine Konferenz zur Beilegung der Marokkokrise, die an den Rand eines Krieges geführt hat. Die Tagung, die den künftigen Status des Sultanats Marokko klären soll, ist auf Drängen Deutschlands einberufen worden. Die Algeciras-Akte beendet im April die Krise, sichert die Souveränität Marokkos und die »formale« Handelsfreiheit. Ursache des Konflikts ist das französische Vordringen in Marokko nach einer Verständigung mit Großbritannien über die gegenseitige Anerkennung der kolonialen Einflusszonen. Zum Auslöser der Marokkokrise wurde schließlich der Besuch von Kaiser Wilhelm II. in Tanger, der den Weltmachtanspruch Deutschlands unterstreichen sollte und an den Rand eines Krieges führt. In der Vergangenheit versuchten neben Spanien vor allem Großbritannien und Frankreich ihren Einfluss in dem nordafrikanischen Land geltend zu machen. Eine internationale Konferenz regelte 1880 in Übereinstimmung mit dem marokkanischen Sultan Abd Al Asis die Rechte der ausländischen Mächte.

Stationen der 1. Marokkokrise

Jahr	Ereignis
1904	
8.4.	Frankreich erhält Vormachtstellung in Marokko
1905	
31.3.	Kaiser Wilhelm II. landet in Tanger; Besuch gefährdet deutsch-französischen Beziehungen – Beginn der Krise
27.5.	Sultan von Marokko schlägt Verhandlungen vor
6.6.	Frankreichs Außenminister, der zum Krieg mit Deutschland bereit ist, tritt zurück.
6.12.	Deutschland fordert Gleichberechtigung für alle Staaten in Marokko
1906	
7.4.	Ende der Algeciras-Konferenz

19. Februar 1906

Parlament in Ungarn aufgelöst

Der Streit zwischen der ungarischen nationalistischen Oppositionskoalition, die im Parlament in Budapest die Mehrheit hat, und dem österreichischen Kaiser Franz Joseph I., der zugleich König von Ungarn ist, erreicht einen dramatischen Höhepunkt: Militär- und Polizeieinheiten räumen das Abgeordnetenhaus.

Hintergrund des Konflikts ist die Politik der oppositionellen ungarischen Delegierten, die allgemein als Kossuthisten – nach dem als Nationalheld verehrten Lajos Kossuth – bezeichnet werden. Sie wollen das staatsrechtliche Band zwischen Österreich und Ungarn zukünftig lockern und fordern Eigenständigkeit. Zu den Hauptforderungen zählt die Schaffung eines autonomen ungarischen Staatsgebiets. Bei den Wahlen 1905 erhielten die Kossuthisten die Mehrheit, als Regierungschef amtierte der vom Kaiser eingesetzte Géza Freiherr von Fejéváry. Gespräche des Kaisers mit den Kossuthisten über eine Neubildung der Regierung wurden am 2. Februar 1906 ergebnislos abgebrochen, weil Franz Joseph I. weder die deutsche Kommandosprache in der Armee aufgeben noch eine Garantie für größeren Minderheitenschutz geben wollte.

Am 19. Februar löst der Kaiser den Reichstag auf, weil die kossuthistische Opposition die Übernahme der Regierung ohne Beeinträchtigung der im Gesetz verankerten königlichen Rechte hartnäckig verweigere und daher vom Reichstag keine nützliche Tätigkeit zu erwarten sei. Da das Abgeordnetenhaus die Verlesung des Auflösungsschreibens klar und deutlich ablehnt, wird es von Polizei und Militär aufgelöst.

10. Februar 1906

»Dreadnought« sticht in See

Im britischen Kriegshafen Portsmouth läuft in Gegenwart von König Edward VII. das größte Panzerschiff der Welt vom Stapel – die »Dreadnought« (s. Abb.). Das Schiff wird zum Inbegriff der Großkampfschiffe, die bis zum Ersten Weltkrieg – auch in Deutschland – allgemein als »Dreadnought« bezeichnet werden.

Die »Dreadnought« (zu deutsch: »Fürchtenichts«) ist das erste Schiff einer Generation von Großkampfschiffen, mit denen eine neue Etappe im deutsch-britischen Wettrüsten zur See eingeleitet wird. Deutschland reagiert noch im selben Jahr mit einer Flottennovelle, die den Bau von vier Großkampfschiffen pro Jahr ermöglicht. Die »Dreadnought« ist ein gewaltiges Schlachtschiff. Sie hat eine Wasserverdrängung von 22 500 t, ist mit zehn 30,5-cm-Geschützen bestückt und erreicht eine Geschwindigkeit von 21 Knoten (38,9 km/h). Das deutsch-britische Wettrüsten begann zum Ausklag des 19. Jahrhunderts. Alfred Tirpitz, Staatssekretär im Reichsmarineamt, hob im Jahre 1900 in einer Denkschrift hervor, dass es nur ein Mittel gebe, um die deutschen Kolonien und den deutschen Seehandel zu schützen: Die Schlachtflotte müsse so stark sein, dass ein Krieg auch für den mächtigsten Gegner gefährlich und unkalkulierbar wäre.

Karikatur zur Algeciras-Akte, die die Auflösung eines drohenden deutsch-französischen Duells in ein »Freudenfeuer« zeigt.

1. Januar 1906

Zollunion bringt Nachbarstreit

Die Regierung des Königreichs Serbiens veröffentlicht ihren Entwurf eines serbisch-bulgarischen Zollvertrags. Er sieht u.a. eine Eisenbahnunion sowie ab dem Jahre 1917 einen gemeinsamen Zolltarif vor.

Österreich-Ungarn droht daraufhin mit dem Abbruch der austro-serbischen Verhandlungen für einen Handelsvertrag und der Grenzsperrung, falls Serbien seine Pläne nicht fallenlasse. Es kommt zum sog. Zollkrieg zwischen beiden Staaten, als die serbische Regierung die Forderungen zurückweist. Serbien sieht in dem Zollkrieg einen Versuch Österreich-Ungarns, das kleine Nachbar-

land wirtschaftlich zu vereinnahmen. Für eine militärische Auseinandersetzung mit der Donaumonarchie ist die serbische Armee (s. Abb.) nicht gerüstet. Auch das Osmanische Reich wendet sich gegen die serbisch-bulgarischen Pläne einer Zollunion. Am 28. Januar finden in der serbischen Hauptstadt Belgrad Demonstrationen statt, nachdem verlautete, der König wolle den Forderungen Österreich-Ungarns nachgeben. Der Zollkrieg schwelt mehrere Monate lang.

1. Januar 1906

Gesetz erlaubt Kinderarbeit

Im Deutschen Reich treten Bestimmungen in Kraft, die das Kinderarbeitsverbot lockern. Betroffen sind Kinder unter zehn Jahren in familieneigenen Betrieben.

Die Ausnahmeregelungen beziehen sich vor allem auf arbeitende Kinder in landwirtschaftlichen Betrieben. Die Arbeit auf dem Feld oder dem Hof, die hauptsächlich im Sommer, vor allem während der Ernte, anfällt, schädige nach Auffassung des Gesetzgebers nicht die Gesundheit der Kinder – anders als Kinderarbeit in Fabriken. Außerdem habe sie den Vorteil, dass sie das geringe Einkommen der Familien erhöhe und die Kinder frühzeitig an eine für ihre körperliche und geistige Ausbildung förderliche Arbeit gewöhne. Eine missbräuchliche Ausdehnung der Kinderarbeit, vor allem auf Kosten der Schulbildung der Kinder,

könne ohne Schädigung des landwirtschaftlichen Betriebs vermieden werden. Hierzu dienen die genauen Zeitvorgaben, die von der Polizei überwacht werden sollen. Nur Kinder, die das neunte Lebensjahr vollendet haben, dürfen nach der Verordnung arbeiten. Die Beschäftigung darf nicht in der Zeit von 18 Uhr abends bis 8 Uhr morgens sowie nicht vor dem Vormittagsunterricht stattfinden. Mittags ist den Kindern eine mindestens zweistündige Pause zu gewähren. Am Nachmittag darf die Beschäftigung erst eine Stunde nach Unterrichtsende beginnen (Abb.: Zöglinge eines Erziehungsheims in Berlin arbeiten im Garten).

24. Januar 1906

Romantiker neu entdeckt

Der preußische Kultusminister Konrad von Studt eröffnet in der Berliner Nationalgalerie die Deutsche Jahrhundertausstellung. Die von Hugo von Tschudi, dem Direktor der Galerie, initiierte Gemäldeschau, präsentiert deutsche Werke aus der Zeit von 1775 bis 1875.

Die Schau soll der Öffentlichkeit zeigen, dass die bislang weitgehend unbeachtete deutsche Malerei zwischen dem Ende des Rokoko und dem Beginn des Impressionismus Herausragendes geleistet hat. Durch die Ausstellung geraten Namen und Werke ins Rampenlicht, die künftig zum allgemeinen deutschen Kulturgut gerechnet werden. Dazu gehört der Romantiker Caspar David Friedrich, der durch die Jahrhundertausstellung neu entdeckt wird (Abb.: »Die gescheiterte Hoffnung«, um 1823/24).

Februar 1906

1 Do Die Kolonialverwaltung von Deutsch-Ostafrika lässt 150 Farbige aus Deutsch-Neuguinea zur Bekämpfung des Aufstandes in Deutsch-Ostafrika ausbilden.

2 Fr Im Deutschen Theater in Berlin wird das Drama »Ödipus und die Sphinx« von Hugo von Hofmannsthal unter der Regie von Max Reinhardt uraufgeführt.

3 Sa Die japanische Regierung erklärt, die Tonnage der Kriegsmarine werde bis 1908 von 240 000 auf 400 000 t verdoppelt.

4 So Gilbert Fuchs gewinnt in München die Weltmeisterschaft der Herren im Eiskunstlauf. +++ Preußen will die »innere Kolonisation« der Ostgebiete fördern.

5 Mo Ein Gesetz zur Reform des Wahlrechts in Bayern führt die Direktwahl und die Neueinteilung des Landes in 163 Wahlkreise ein.

6 Di Der badische Staatsminister Alexander Freiherr von Dusch verurteilt die Beteiligung katholischer Geistlicher im Wahlkampf auf Seiten des Zentrums.

7 Mi Die Sozialdemokraten beantragen im Deutschen Reichstag vergeblich die Einführung des allgemeinen Wahlrechts für Männer und Frauen über 20 Jahre.

8 Do Die italienische Schauspielerin Eleonora Duse gibt im Rahmen einer Europatournee ihr erstes Gastspiel am Nationaltheater in Kristiania (Oslo).

9 Fr Im Bergwerk South Rose Deep im südafrikanischen Transvaal ertrinken nach schweren Regenfällen 53 Eingeborene.

10 Sa Die Skupschtina in Belgrad, das Parlament des Königreichs Serbien, genehmigt den Handelsvertrag mit dem Deutschen Reich. → »Dreadnought«

11 So Ein Delgiertentag preußischer Bergarbeiter spricht sich in Essen für ein Reichsberggesetz aus. Außerdem wird eine Lohnerhöhung wegen Teuerung verlangt.

12 Mo Die französische Abgeordnetenkammer in Paris nimmt den Handelsvertrag mit Russland an, der einzig der Freundschaft beider Länder dienen soll.

13 Di Der Deutsche Reichstag bewilligt 106 200 Mark für Schulen in Deutsch-Ostafrika, um Bildungseinrichtungen zu erweitern.

14 Mi In Ecuador und Kolumbien richten mehrere Überschwemmungen und Erdbeben in großem Ausmaß Verwüstungen an.

15 Do Das US-Repräsentantenhaus in Washington genehmigt 4,3 Mio. Dollar (18 Mio. Mark) für Befestigungen und Kriegsgerät.

16 Fr Schlesische Zentrumsabgeordnete verabschieden eine Resolution über die Polenfrage in Schlesien und fordern die Förderung des »Deutschtums«.

17 Sa In Berlin wird der Delgiertentag des Wahlvereins der Liberalen eröffnet. Die Teilnehmer fordern Maßregeln zur Unterstützung aller Arbeiter und Angestellten.

18 So Papst Pius X. verurteilt in einer Enzyklika das französische Gesetz zur Trennung von Staat und Kirche, das 1905 erlassen wurde.

19 Mo König Edward VII. von Großbritannien und Irland eröffnet das neugewählte Parlament in London mit einer Thronrede. → Ungarn

20 Di Der britische Außenminister Edward Grey beurteilt den Ausbruch eines Krieges als wahrscheinlich, falls die Marokkokonferenz in Algeciras scheitern sollte.

21 Mi Der Bundesrat der Schweiz verfügt die Ausweisung von Ausländern, die zur Wehrdienstverweigerung aufrufen, wegen »antimilitaristischer Propaganda«.

22 Do Im Reichstag wird der von Reichskanzler Bernhard Fürst von Bülow vorgelegte Handelsvertrag mit den USA debattiert, der einen Zollkrieg vermeiden soll.

23 Fr Im Kampf um die Box-Weltmeisterschaft im Schwergewicht schlägt in Los Angeles Tommy Burns aus Kanada Marvin Hart aus den USA nach Punkten.

24 Sa Die schwedische Regierung bringt ein Wahlgesetz nach dem Mehrheitsprinzip ein. Wahlberechtigt sind alle unbescholtenen Männer ab 25 Jahren.

25 So Das Drama »Der Ruf des Lebens« des österreichischen Autors Arthur Schnitzler wird am Berliner Lessing-Theater uraufgeführt.

26 Mo Die Berliner Droschkenkutscher stellen den Betrieb ein, um gegen die Erhebung von drei Mark Bußgeld bei zu scharfem Um-die-Ecke-Biegen zu protestieren.

27 Di Der deutsche Kaiser Wilhelm II. und Kaiserin Auguste Viktoria feiern in Berlin in glanzvollem Rahmen ihre Silberhochzeit.

28 Mi Aus Paris wird die Verhaftung von rund 1000 Personen gemeldet, die beim Karneval »verbotene Waffen« mit sich geführt haben.

März 1906

1 Do 36 Menschen kommen ums Leben, als vor der westnorwegischen Stadt Haugesund im Sturm das Dampfschiff »Thor« sinkt.

2 Fr In Frankreich führt der Widerstand der Bevölkerung gegen die Inventaraufnahme in den katholischen Kirchen zu Unruhen, die vielfach blutig verlaufen.

3 Sa Der österreichische Physiker Robert von Lieben erhält das Patent für seine Glühkathodenröhre (Lieben-Röhre), die bahnbrechend für Funk- und Radiotechnik ist.

4 So Die zu Französisch-Ozeanien gehörenden Gesellschaftsinseln im Pazifik werden durch einen Wirbelsturm verwüstet.

5 Mo In Berlin wird in Anwesenheit von Kaiser Wilhelm II. das Museum für Meereskunde eröffnet. Es ist die weltweit erste Einrichtung dieser Art.

6 Di Der US-amerikanische Polarforscher Robert Edwin Peary muss seine Nordpolexpedition wegen schlechter Witterung abbrechen.

7 Mi Die französische Regierung unter Ministerpräsident Maurice Rouvier tritt wegen des umstrittenen Gesetzes zur Trennung von Staat und Kirche zurück.

8 Do Das Fischerdorf Steine auf den norwegischen Lofoten wird während eines Schneesturms von einer Lawine verschüttet. 30 Menschen kommen ums Leben.

9 Fr Italiens Presse berichtet über das Treuebekenntnis zum Dreibund, das der neue italienische Ministerpräsident Giorgio Sidney Baron Sonnino abgegeben hat.

10 Sa In den Schachtanlagen von Courriéres in Nordfrankreich bricht nach einer Schlagwetterexplosion ein Feuer aus. 1140 Kumpel sterben.

11 So Die Vertreter der Zentrumsvereine im deutschen Reichsland Elsass-Lothringen beschließen die Gründung einer elsass-lothringischen Zentrumspartei.

12 Mo Der deutsche Bakteriologe Robert Koch hält in Charlottenburg einen Vortrag über die unzureichenden Gesundheitsverhältnisse in Deutsch-Ostafrika.

13 Di Der Republikaner Ferdinand Sarrien bildet in Paris als Nachfolger des zurückgetretenen Ministerpräsidenten Maurice Rouvier eine neue Regierung .

14 Mi Der Deutsche Reichstag ändert das Vereinsgesetz. Von nun an dürfen auch Frauen und Lehrlinge an politischen Versammlungen teilnehmen.

15 Do In den nordfranzösischen Departements Nord und Pas-de-Calais treten 76 000 Bergarbeiter in den Ausstand, um Lohnforderungen durchzusetzen.

16 Fr Im Deutschen Reichstag wird ein Antrag zum Schutz der Heimarbeiter eingebracht. Auslöser ist eine erschütternde Ausstellung über Heimarbeit.

17 Sa Das japanische Abgeordnetenhaus in Tokio genehmigt mit 243 zu 109 Stimmen die Verstaatlichung der Eisenbahnen.

18 So In Russland finden die Vorwahlen für die Reichsduma statt. Obwohl im Vorfeld oppositionelle Versammlungen verboten waren, verlaufen die Wahlen ruhig.

19 Mo In München wird die musikalische Komödie »Die vier Grobiane« von Ermanno Wolf-Ferrari uraufgeführt.

20 Di König Karl I. von Portugal ernennt den Konservativen Ernst Rudolf Hintze-Ribeiro als Nachfolger des Liberalen José Luciano de Castro zum Ministerpräsidenten .

21 Mi Das preußische Abgeordnetenhaus in Berlin lehnt die Einführung der Feuerbestattung ab, die seit der Christianisierung nicht mehr gebräuchlich ist.

22 Do Auf der Werft Blohm & Voss in Hamburg läuft der Große Kreuzer »Scharnhorst« vom Stapel. Deutschland und Großbritannien setzen ihr Wettrüsten fort.

23 Fr Ameri Ndgerere, der Anführer der Aufständischen in Lukoliro, Deutsch-Ostafrika, stellt sich nach Angaben des deutschen Kolonialamtes freiwillig.

24 Sa Der preußische Kultusminister Konrad von Studt warnt vor Ausländern an den Universitäten – wegen deren »fragwürdigen politischen Charakters«.

25 So Vor einer gewerkschaftlichen Versammlung in Essen spricht Adolph Wagner über die »Kartellierung der Großindustrie«.

26 Mo Im Braunkohlerevier Weißenfels-Zeitz-Meuselwitz-Luckenau bricht ein Streik aus. Die Arbeiter fordern Lohnerhöhungen.

27 Di Das britische Unterhaus in London genehmigt den Gesetzentwurf über die Entschädigung von Arbeitern bei Betriebsunfällen.

28 Mi Generalstaatsanwalt Lawson Walton fordert im britischen Unterhaus ein Gesetz, das den Schadenersatz für Streikfolgen regelt.

29 Do Der Deutsche Reichstag billigt in zweiter Lesung die Errichtung eines selbstständigen Kolonialsekretariats. In dritter Lesung wird der Antrag abgewiesen.

30 Fr Der preußische Kriegsminister Karl von Einem räumt vor dem Reichstag in Berlin ein, dass es zahlreiche Fälle von Misshandlung in der Armee gebe.

31 Sa Im Salzburger Stadttheater wird der Einakter »Totentag« des österreichischen Dichters Georg Trakl uraufgeführt.

18. April 1906

Jahrhundert-Beben vernichtet San Francisco

Ein schweres Erdbeben und nachfolgende Brände (s. Abb.) zerstören einen Großteil der kalifornischen Metropole San Francisco. Das Beben hat die Stärke 8,3 auf der nach oben offenen Richterskala. Auf der zwölfteiligen Mercalli-Skala, mit der die Stärke eines Bebens nach seinen Auswirkungen an der Oberfläche gemessen wird, erreicht das »Jahrhundertbeben« den Wert 11.

In einer Länge von 400 km, von Fort Bragg in Nordkalifornien bis San Juan Bautista im Süden, reißt die als San-Andreas-Graben bezeichnete Verwerfungszone ruckartig auf. Über große Zeiträume hinweg haben sich hier die beiden großen Kontinentalplatten, die pazifische und die nordamerikanische Scholle, ineinander verkeilt. Mit einem Schlag werden die im Gestein aufgestauten Energien freigesetzt und entladen sich in Bewegung. Mit einer Geschwindigkeit von 30 000 km/h rasen die Druckwellen von hier in alle Himmelsrichtungen. 40 lange Sekunden bebt die Erde unter San Francisco. Nach zehn Sekunden trügerischer Ruhe erfolgt ein zweiter, noch stärkerer Stoß, der 25 Sekunden währt. Die Stadt übersteht die beiden heftigen Erdstöße und die folgenden Nachbeben relativ gut. Die viktorianischen Holzhäuser in den Außenbezirken und die neuen Hochhäuser mit ihren flexiblen Stahlgerippen im Stadtzentrum verzeichnen lediglich kleinere Schäden. Verheerend sind dagegen die Zerstörungen an den Backsteinbauten, die buchstäblich zu Steinhaufen zerfallen. In diesen Häusern sterben die meisten der 498 Menschen, die während des Bebens ums Leben kamen. Ein Großteil der Betroffenen kommt mit dem Schrecken, einige mit kleinen Kratzern davon. So der zur Zeit prominenteste Gast der Stadt, Enrico Caruso, der am Abend zuvor in der San Francisco Opera eine brillante Vorstellung als Don José in George Bizets Oper »Carmen« gegeben hat: Der Startenor wird schluchzend auf dem Fußboden seiner völlig verwüsteten Suite im Palace Hotel gefunden.

Nach den Beben geben sich die Menschen der trügerischen Gewissheit hin, das Naturereignis mit

7. April 1906

Vesuv speit wieder Feuer

Der größte Ausbruch des Vesuv seit dem Untergang von Pompeji versetzt die Menschen am Golf von Neapel in Panik. 150 m hohe Feuersäulen steigen aus dem Hauptkrater empor, weißglühende Gesteinsmassen werden hunderte von Metern in die Luft geschleudert, ein 200 m breiter und 7 m starker Lavastrom wälzt sich auf die Ortschaften Boscotrecase und Torre Annunziata sowie auf die Nordostseite der alten Stadt Pompeji zu (Abb.:

Blick vom Hafen in Neapel auf den Vesuv). Mehrere Menschen kommen ums Leben. Nach weiteren Eruptionen gehen Stein- und Ascheregen nieder. Beben zerstören Häuser. Erst am 11. April beruhigt sich der Vesuv wieder.

2. April 1906

Blutiger Aufstand in Natal

Nachdem zwölf Eingeborene wegen der Ermordung britischer Polizisten hingerichtet wurden, bricht in der britischen Kolonie Natal in Südafrika ein Aufstand aus, der tausende Tote fordert und auch die Kolonie Transvaal erfasst. Ende März waren die Eingeborenen verurteilt worden. Als der britische Kolonialminster Victor Alexander Earl of Elgin and Kincardine die Aufschiebung der Hinrichtung verlangte, trat die Regierung von Natal aus Protest zurück. Lokalbehörden und weiße Bevölkerung liefen Sturm gegen die Entscheidung des Ministers. Elgin zog daraufhin seinen Einspruch zurück. Die Gründe für den Aufstand (Abb.: Aufständische werden mit Scheinwerfern geblendet und niedergeschossen) aber liegen tiefer, u.a. in der kompromisslosen Kolonialherrschaft. So hatte nach dem Ende des Burenkriegs Alfred Viscount Milner die Verwaltung übernommen und war erst nach Kritik an seiner Amtsführung zurückgetreten.

Eine Trümmerlandschaft bleibt nach den Erdstößen und den Bränden von der Metropole übrig.

Schwere Erdbeben im 20. Jahrhundert

Jahr	Ort/Land	Tote
1908	Messina/Italien	100 000
1923	Tokio/Japan	143 000
1927	Kansu/China	100 000
1932	Kansu/China	70 000
1976	Tagshan/China	650 000
1988	Armenien/UdSSR	60 000
1995	Kobe/Japan	6055

Schrammen, aber insgesamt noch glücklich überstanden zu haben. Die eigentliche Katastrophe steht jedoch erst bevor. Kurzschlüsse und geborstene Gasrohre haben harmlos erscheinende kleine Brände verursacht. Damit könnte die Feuerwehr ohne Probleme fertig werden – aber es gibt kein Wasser. Die Beben haben das Leitungsnetz zerstört. So entwickeln sich die Brände zu einem gewaltigen Feuersturm. Dreieinhalb Tage brennt San Francisco.

19. April 1906

Lastwagen überrollt Forscher

Der weltberühmte Physiker Pierre Curie wird in Paris Opfer eines tragischen Verkehrsunfalls. Das Hinterrad eines Pferdefuhrwerks zermalmt den Kopf des gestürzten Nobelpreisträgers.

Für Curie beginnt der regnerische Apriltag mit einem Frühstück bei seinem Freund, dem Physiker Jean-Baptiste Perrin. Nach einer Versammlung von Fachkollegen macht sich Curie kurz nach 14 Uhr zu einem Verleger auf, um Abzüge zu korrigieren, findet dessen Büro aber wegen eines Streiks der Drucker verschlossen und kehrt um. Gedankenverloren eilt Curie durch die Stadt. Es regnet in Strömen, als er um 14.30 Uhr die enge und überfüllte Rue Dauphiné an der Ecke Pont Neuf überqueren will. Der Asphalt ist glitschig. Aus der Rue Dauphiné nähert sich eine Droschke, vom Pont-Neuf kommt ein mit zwei Pferden bespannter Lastwagen. Als die beiden Fahrzeuge auf gleicher Höhe sind, läuft der Physiker ohne aufzuschauen hinter der Droschke auf die Straße, prallt gegen das linke Pferd des Lastwagens, gleitet aus und fällt unter die Hufe des Tieres. Der Lastgaul bäumt sich auf und springt zur Seite. Der Kutscher versucht noch, das Gespann zu halten, die Pferde ziehen jedoch den Wagen vorwärts. Das linke Hinterrad überrollt den am Boden liegenden 46-jährigen Gelehrten. Erst auf dem Polizeirevier wird die Identität des Toten geklärt.

22. April 1906

Zwischenspiele in Athen

Mit Freuden folgten 884 Sportler aus 20 Ländern dem Ruf nach Athen zu den Olympischen Zwischenspielen, die in Anwesenheit vieler gekrönter Häupter feierlich eröffnet werden. Die Wettkämpfe bieten eine willkommene Gelegenheit zu einem internationalen Kräftevergleich. Zudem

können viele Europäer, denen die Reise zu den Olympischen Spielen in St. Louis 1904 zu teuer war, gegen die hochgerühmten US-Amerikaner antreten. Die Initiative für diese Spiele ging von den Griechen aus, die in den Spielen 1900 und 1904 eine Verwässerung der olympischen Idee sahen. Frankreich gewinnt die Medaillenwertung vor den USA und Griechenland (Abb.: Endphase des 800-m-Laufs).

April 1906

1 So In der US-Kolonie Philippinen tritt das Gesetz zur Beschränkung des Opiumhandels in Kraft. Auch China will dem Missbrauch des Rauschmittels vorbeugen.

2 Mo Dortmunder Bürger gründen die Gartenbaugesellschaft 1906, die sich um die Anlage von Schrebergärten bemüht. → Natal

3 Di In den Bergwerken der USA befinden sich rund 500 000 Bergarbeiter im Streik. Sie fordern höhere Löhne.

4 Mi 25 Tage nach der Bergwerkskatastrophe von Courrières in Nordfrankreich werden zehn Verschüttete lebend gerettet.

5 Do Nach seiner Grundsatzrede über Marokko und die deutsche Außenpolitik erleidet Reichskanzler Bernhard Fürst von Bülow einen Ohnmachtsanfall.

6 Fr Das norwegische Parlament in Kristiania (Oslo) bewilligt 100 000 Kronen für die Krönung von König Håkon VII. am 22. Juni in Trondheim.

7 Sa Der Einwanderungsausschuss des US-Repräsentantenhauses legt einen Gesetzentwurf zur Einschränkung der Einwanderung vor. → Vesuv

8 So Die ungarische Presse feiert den Rücktritt von Ministerpräsident Géza Freiherr von Fejérváry als Sieg der magyarischen Nationalisten.

9 Mo Das britische Unterhaus verabschiedet ein Unterrichtsgesetz. Alle aus Steuergeldern finanzierten Schulen sollen gleiche Unterrichtsmethoden erhalten.

10 Di Nach dem Vesuvausbruch stürzt in Neapel eine Markthalle unter der Last des Ascheregens zusammen. Zahlreiche Menschen kommen ums Leben.

11 Mi In Paris treten die Briefträger wegen Lohnforderungen in den Ausstand. Bis zum Ende des ergebnislosen Streiks werden 300 Beamte entlassen.

12 Do US-Präsident Theodore Roosevelt empfängt ehemalige deutsche Soldaten, die in die USA ausgewandert sind, und betont die Freundschaft beider Staaten.

13 Fr Auf dem in Lissabon vor Anker liegenden portugiesischen Kreuzer »Dom Carlos« und dem Panzerschiff »Vasco da Gama« bricht eine Meuterei aus.

14 Sa In Basel beginnt der Kongress der Schweizerischen Gewerkschaften. Die Delegierten lehnen die »direkte Aktion« als Kampfmittel ab.

15 So In Berlin verteilt der »Jordan-Wasser-Betrieb« Broschüren, die die Taufe von Kindern mit Wasser aus dem Jordan propagiert. Eine Flasche kostet 15 Mark.

16 Mo Vor dem Panthéon in Paris wird die Statue »Der Denker« des expressionistischen Bildhauers Auguste Rodin enthüllt.

17 Di Der russische Finanzexperte Wladimir N. Kokowzew schließt in Paris ein Abkommen mit Frankreich über eine Anleihe in Höhe von 2,25 Mrd. Franc ab.

18 Mi In der »Deutschen Monatsschrift« veröffentlicht Elisabeth von Oertzen einen aufsehenerregenden Artikel zur Landarbeiterfrage. → San Francisco

19 Do Während eines Lohnstreiks der Metallarbeiter in Breslau kommt es zu Straßenschlachten, die 23 Verletzten fordern. → Forscher

20 Fr Im Pariser Arrondissement Valenciennes greifen Streikende Militär an. Es kommt zu blutigen Zusammenstößen.

21 Sa Der Bildhauer Gustav Eberlein fordert die Einsetzung einer Kommission zur Rettung des Mailänder »Abendmahl«-Freskos von Leonardo da Vinci.

22 So Bei einem Sturm an der isländischen Küste sinken zwei Fischkutter. Die 40 Mann Besatzung beider Schiffe finden den Tod. → Athen

23 Mo Das belgische Schulschiff »Smet de Naeyer« sinkt im Golf von Biskaya. 33 Seeleute ertrinken. +++ In San Francisco beginnt der Wiederaufbau.

24 Di Das seit 1905 selbständige und von Schweden unabhängige Königreich Norwegen erhält ein eigenes Außenministerium.

25 Mi Auf der Besuchergalerie des britischen Unterhauses in London demonstrieren Suffragetten für die Einführung des Frauenstimmrechts.

26 Do Das Internationale Olympische Komitee (IOC) vergibt die IV. Olympischen Spiele für das Jahr 1908 nach London.

27 Fr Großbritannien und China schließen in Peking einen Vertrag über Tibet. London verpflichtet sich, kein tibetanisches Territorium in Besitz zu nehmen.

28 Sa In Gegenwart des italienischen Königs Viktor Emanuel III. wird in Mailand die Internationale Verkehrsausstellung eröffnet.

29 So Das Breslauer Polizeipräsidium verbietet einen für den 1. Mai geplanten Demonstrationszug der Sozialdemokraten.

30 Mo Der österreichische Ministerpräsident Paul Freiherr Gautsch von Frankenthurn tritt zurück, da seine Vorschläge für eine Wahlreform abgelehnt wurden.

Mai 1906

1 Di – Die Maikundgebungen stehen im Zeichen des Kampfes um den Achtstundentag. In Frankreich wird der Generalstreik ausgerufen.

2 Mi – Konrad Prinz von Hohenlohe-Waldenburg-Schillingsfürst wird als Nachfolger von Paul Freiherr Gautsch von Frankenthurn österreichischer Ministerpräsident.

3 Do – Das preußische Abgeordnetenhaus in Berlin verabschiedet eine Wahlrechtsnovelle, die die Zahl der Abgeordneten um zehn auf 443 erhöht.

4 Fr – Um der Landflucht von Volksschullehrern entgegenzuwirken, erhöht das preußische Kultusministerium die Besoldung von Lehrern auf dem Land.

5 Sa – Der seit 1903 amtierende russische Ministerpräsident Sergej J. Graf Witte tritt zurück. Als Nachfolger beruft Zar Nikolaus II. Iwan L. Goremykin.

6 So – Während der revolutionären Unruhen in Russland ermorden in Jekaterinoslaw Sozialrevolutionäre den Generalgouverneur Jeoltanowsky. → Verfassung

7 Mo – Die ungarische Unabhängigkeitspartei erringt bei den Parlamentswahlen die absolute Mehrheit. Die Wahl war wegen der Parlamentsauflösung erforderlich.

8 Di – Der Deutsche Reichstag in Berlin verabschiedet das Gesetz zur Einführung der Zigarettensteuer im Rahmen der großen Reichsfinanzreform.

9 Mi – Der russische Reichsrat erhält eine neue Verfassung. Seine Mitglieder werden vom Zaren ernannt oder von Körperschaften (Gutsbesitzer u.a.) gewählt.

10 Do – In Hamburg kommt es zu Straßenschlachten zwischen ausgesperrten Hafenarbeitern und ausländischen Ersatzarbeitern.

11 Fr – 24 sozialistische Abgeordnete des Parlaments in Rom legen ihre Mandate nieder und protestieren gegen den Einsatz von Militär gegen Streikende.

12 Sa – In Dresden wird die Deutsche Kunst-Gewerbe-Ausstellung eröffnet. Die Ausstellung markiert eine Abkehr von unerschwinglichen Luxusgegenständen.

13 So – In den Kupfergruben von Caneva in Mexiko brechen nationalistische Auseinandersetzungen zwischen mexikanischen und US-Arbeitern aus.

14 Mo – Nach einem britischen Ultimatum zieht die türkische Regierung ihre Truppen von der Sinaihalbinsel zurück. Es handelt sich um ägyptisches Territorium.

15 Di – Der Deutsche Reichstag in Berlin verabschiedet mit großer Mehrheit eine Verfassungsänderung, die es ermöglicht, den Abgeordneten Diäten zu gewähren.

16 Mi – Der Hottentottenführer Jakob Morenga, der aus Deutsch-Südwestafrika in die britische Kapkolonie geflohen ist, wird nicht ausgeliefert.

17 Do – König Karl I. von Portugal beruft João Franco zum Ministerpräsidenten eines Kabinetts der »liberalen Konzentration«.

18 Fr – Bei einem Empfang in der lothringischen Stadt Diedenhofen (Thionville) äußert Kaiser Wilhelm II. die Überzeugung, den Frieden erhalten zu können.

19 Sa – Der Deutsche Reichstag verabschiedet eine Finanzreform wegen hoher Rüstungsausgaben und genehmigt die Flottennovelle. → Tunnel

20 So – In Hamburg findet die Hauptversammlung des Deutschen Flottenvereins statt, eines der mitgliederstärksten Vereine im Kaiserreich.

21 Mo – Zar Nikolaus II. will Dumapräsident Sergej A. Muromzew nicht empfangen, der ihm eine Adresse über Amnestie für politische Straftaten überbringen soll.

22 Di – König Karl I. von Rumänien begeht den 25. Jahrestag seiner Krönung. +++ Im sardischen Grubengebiet kommt es zu blutigen Teuerungsunruhen.

23 Mi – Der norwegische Dramatiker Henrik Ibsen stirbt im Alter von 78 Jahren in Kristiania (Oslo). Ibsen erhält ein Staatsbegräbnis.

24 Do – In Deutsch-Ostafrika und Deutsch-Südwestafrika kommt es erneut zu Gefechten zwischen Kolonialtruppen und Aufständischen.

25 Fr – Die letzten britischen Truppen verlassen Esquimouth in British Columbia (Kanada). Kanada sorgt von nun an selbst für die Verteidigung seines Territoriums.

26 Sa – Der Politiker Elard von Oldenburg-Januschau hält im Reichstag eine Rede gegen das allgemeine Wahlrecht. → Luftschiff → Schweineskandal → Buffalo Bill

27 So – Im Endspiel um die Deutsche Fußballmeisterschaft besiegt der VfB Leipzig in Nürnberg vor 1100 Zuschauern den 1.FC Pforzheim mit 2:1.

28 Mo – Im mitteldeutschen Grubenrevier wird nach neunwöchigem Streik die Arbeit wieder aufgenommen. +++ Preußen erhält das Volksschulgesetz.

29 Di – Großbritannien und Frankreich unterzeichnen in London eine Konvention über die Abgrenzung ihrer Kolonialgebiete am Niger und Tschadsee.

30 Mi – Preußens Handelsminister Clemens von Delbrück begrüßt die königstreue Ausrichtung der christlichen Gewerkschaften.

31 Do – Das deutsche ostasiatische Besatzungsgeschwader trifft – auf der Rückkehr aus China – in der Hansestadt Bremen ein. → »Bluthochzeit«

6. Mai 1906

Zar diktiert Verfassung

Zar Nikolaus II. oktroyiert das Reichsgrundgesetz, die erste Verfassung des Russischen Reiches. Das Grundgesetz wird wenige Tage vor der Zusammenkunft der ersten Reichsduma erlassen, um dem Monarchen auch nach Einführung des Parlamentarismus die Macht zu sichern.

Wörtlich heißt es in der Verfassung: »Dem russischen Kaiser steht die oberste selbstherrliche Gewalt zu. Gott selbst hat befohlen, dass man seiner Gewalt nicht bloß aus Furcht, sondern auch dem Gewissen nach gehorchen muss. Die gleiche oberste Gewalt steht der Kaiserin zu, wenn, aufgrund der dafür festgesetzten Ordnung, eine Frau den Thron besteigt ...« Das Reichsgrundgesetz bestimmt ferner, dass der Ministerpräsident und die Minister nicht vom Parlament, sondern vom Zaren ernannt werden. Auch die Außenpolitik bleibt Ressort des Zaren: »Der Kaiser ist der oberste Leiter der auswärtigen Beziehungen des Russischen Reiches. Ihm ist die oberste Leitung der internationalen Politik Russlands vorbehalten.« Diese und weitere Bestimmungen führen dazu, dass die neue Ära des Konstitutionalismus, die mit der Eröffnung der ersten Reichs-Duma am 10. Mai beginnen soll, tatsächlich eine Ära des »Scheinkonstitutionalismus« ist. Nichtsdestotrotz herrscht Freude über die Parlamentseröffnung. Die 478 Duma-Mitglieder, unter denen die Kadetten (Konstitutionelle Demokratische Partei) mit 179 Abgeordneten die stärkste Fraktion bilden, sind meist nicht in Frack und weißer Binde erschienen, sondern in verschiedenen Trachten, vom Arbeitskittel bis zum Festgewand. Nach der feierlichen Eröffnung durch den Zaren begeben sich die Duma-Mitglieder zur ersten Sitzung ins Taurische Palais. Sergej A. Muromzew wird zum Präsidenten der ersten Duma gewählt. Das erste russische Parlament hat jedoch nicht lange Bestand. Schon am 21. Juli verfügt der Zar die Auflösung. Er begründet diesen Schritt mit Kompetenzüberschreitungen und ungesetzlichen Handlungen der Duma-Mitglieder. Seit Parlamentseröffnung war das Verhältnis zwischen dem Zaren und der Duma äußerst gespannt. Bereits zwei Tage nach Eröffnung verlangte die Duma eine Amnestie für politische Straftaten während der Revolution. Am 17. Mai forderte sie u.a. die Pressefreiheit.

Illustrirte Zeitung

Nr. 3282. 126. Bd. Leipzig, 24. Mai 1906.

Die feierliche Eröffnung der Reichsduma durch den Zaren im St. Georgssaal des Winterpalais zu St. Petersburg am 10. Mai.

Nach dem Leben gezeichnet von [illegible]

Titelblatt zur Duma-Eröffnung

19. Mai 1906

Längster Tunnel der Welt

In Brig (Wallis) wird in einer feierlichen Zeremonie der Simplontunnel eingeweiht. Beim Bankett bezeichnet der Schweizer Bundespräsident Ludwig Forrer den mit 19,8 km längsten Eisenbahntunnel der Welt als ein »Riesenwerk des Friedens und der modernen Kultur.« (Abb.: Tunnelarbeiten). Die Röhre unter den Alpen verkürzt die Strecke Paris-Mailand um 81 km.

26. Juni 1906

Erstes Grand-Prix-Rennen

32 Wagen starten in Le Mans zum ersten offiziell so genannten Grand-Prix-Rennen. Der Circuit de la Sarthe ist an zwei Tagen je sechsmal zu durchfahren. Insgesamt müssen 1238,160 km zurückgelegt werden.

Bei glühender Hitze und schlecht geteerten, von den Rädern rasch zerpflügten Straßen kommt es zu vielen Reifenschäden und Unfällen. 16 Wagen scheiden bereits am ersten Tag aus, weitere fünf am zweiten. Der in Frankreich lebende Ungar Ferencz Scisz auf Renault behauptet seinen am ersten Tag herausgefahrenen Vorsprung bis zum Schluss. Er gewinnt das Rennen mit einer Durchschnittsgeschwindigkeit von 101,195 km/h. Der französische Automobilclub verbucht als Organisator der Veranstaltung wegen mangelnden Zuschauerinteresses ein Defizit von 162 000 Mark.

Juni 1906

1 Fr In Weimar wird die dritte Ausstellung des Deutschen Künstlerbunds eröffnet. Mitglieder sind u.a. Lovis Corinth, Max Liebermann und Max Slevogt.

2 Sa Der US-Amerikaner Leroy Samse stellt in Chicago mit 3,78 m einen (inoffiziellen) Weltrekord im Stabhochsprung auf.

3 So König Leopold II. von Belgien erlässt vor dem Hintergrund der »Kongogreuel« 24 Dekrete zur Verbesserung der Verwaltung in seiner Kolonie Kongostaat.

4 Mo Die Stadt San Francisco wird von einem neuen, zehn Sekunden dauernden Erdbeben heimgesucht. Es verursacht jedoch kaum Zerstörungen.

5 Di Der Verbandstag des Deutschen Katholischen Lehrerverbandes spricht sich gegen die Simultanschule aus, an der religionsübergreifend unterrichtet werden soll.

6 Mi Der deutsche Kaiser Wilhelm II. reist zu einem zweitägigen Besuch des österreichischen Kaisers Franz Joseph I. nach Wien.

7 Do In Clydebank läuft mit dem britischen Passagierdampfer »Lusitania« das größte Schiff der Welt vom Stapel.

8 Fr Die Deutsche Kolonialgesellschaft fordert bei ihrer Jahresversammlung im preußischen Königsberg den Ausbau der Kriegsflotte zum Schutz der Kolonien.

9 Sa In Warschau in Russisch-Polen werden 23 staatliche Branntweinverkaufsstellen überfallen. Staatliche Stellen machen Anarchisten dafür verantwortlich.

10 So Das österreichische Abgeordnetenhaus verabschiedet das Militärtaxgesetz, nach dem die vom Wehrdienst Befreiten Ausgleichszahlungen leisten müssen.

11 Mo Die Adelskorporationen der russischen Gouvernements schließen sich zum Vereinigten Adel zusammen und bilden einen ständigen Rat in der Duma.

12 Di Rudolf Stöss gewinnt die Herkomer-Fahrt, das deutsche Etappenrennen für Automobile. +++ Italiens Ministerpräsident Giovanni Giolitti tritt sein Amt an.

13 Mi Wegen zunehmender Radikalisierung der Einheimischen, die Unabhängigkeit fordern, werden die britischen Truppen in Ägypten verstärkt.

14 Do In der russichen Stadt Bialystok bricht ein Judenpogrom aus. 75 Menschen werden getötet, zahlreiche jüdische Geschäfte geplündert.

15 Fr Die Verwaltung der New Yorker Telefonzentrale verbietet Telefonistinnen das Tragen von »unfeinen Strümpfen« und modischen »Draufguck-Blusen«.

16 Sa Wegen der anhaltenden blutigen Unruhen im russischen Bialystok wird das Kriegsrecht über die Stadt verhängt. 500 Menschen kamen bisher ums Leben.

17 So In der schwedischen Stadt Hudiksvall am Bottnischen Meerbusen brennt die Vorstadt Avik nieder. 1600 Menschen werden obdachlos.

18 Mo Die Zeitung »Göttinger deutscher Bote« erscheint in einem größeren Format. Leserklagen zufolge konnte man sich kein Butterbrot in den Bogen einwickeln.

19 Di Kaiser Wilhelm II. hält vor Seglern in Cuxhaven eine Rede über deutsche Männlichkeit, die besonders bei der Marine gefördert werde.

20 Mi Die britische Regierung ruft ihren Botschafter in St. Petersburg zur Berichterstattung über das Judenmassaker in Bialystok nach London zurück.

21 Do Der US-Senat in Washington beschließt den Bau des Panamakanals als Schleusenkanal. +++ Kaiser Franz Joseph I. von Österreich reist nach Böhmen.

22 Fr Das norwegische Königspaar, Håkon VII. und Maud, wird im Nidarsdom in Trondheim gekrönt. Norwegen erhält nach 500 Jahren wieder einen eigenen König.

23 Sa Beim Zusammenstoß eines elektrischen Straßenbahnwagens mit einem vollbesetzten Automobilbus werden in London zahlreiche Menschen getötet.

24 So Der dänische Polarforscher Ludwig Mylius-Erichsen sticht von Kopenhagen aus zu seiner zweiten Grönlandexpedition in See.

25 Mo Der österreichische Kaiser Franz Joseph I. richtet am Ende seiner Reise durch Böhmen einen Appell zu nationaler Verständigung an Tschechen und Deutsche.

26 Di Die »Moskauer Bank« in Moskau ist Schauplatz eines Überfalls, bei dem mehrere Mio. Rubel erbeutet werden. → Grand-Prix-Rennen

27 Mi In der deutschen Presse häufen sich Vorwürfe über finanzielle Unregelmäßigkeiten in der Kolonialabteilung des Auswärtigen Amts.

28 Do Die Berliner Meierei Bolle wird kritisiert, halbwüchsige Mädchen trügen den Firmen-Schriftzug an der Stelle, an der sich später der Busen entwickeln würde.

29 Fr Ein Gewitter mit nachfolgendem Wolkenbruch richtet in Berlin und seinen Vororten Überschwemmungen und schwere Verwüstungen an.

30 Sa Die SPD veröffentlicht zum ersten Mal die genaue Zahl der Parteimitglieder: 384 327 +++ Die Moskauer Polizei hebt eine Bombenwerkstatt aus.

26. Mai 1906

Fahrt mit unstarrem Luftschiff

Der Ingenieur August von Parseval unternimmt in Berlin-Tegel die erste Fahrt mit seinem lenkbaren unstarren Luftschiff (Abb.: Das Parseval-Luftschiff in der Halle des Luftschifferbataillons in Tegel).
Das Luftschiff besteht aus einem langen Zylinder, der bei einer Länge von 48 m 2500 m³ Gas fasst. Am hinteren Ende befinden sich drei Steuerruder. Die Luftschraube liegt über dem hinteren Teil der Gondel. Sie wird von einem 90 PS starken Rennwagenmotor angetrieben. Parsevals Schiffe werden die bekanntesten Vertreter des unstarren Typs. Starrluftschiffe – wie die von Ferdinand Graf von Zeppelin konstruierten Giganten – besitzen im Unterschied zu den preiswerteren Prallluftschiffen ein Innengerüst.

31. Mai 1906

»Bluthochzeit« in Madrid

In Madrid findet die Hochzeit des 19-jährigen spanischen Königs Alfons XIII. mit Prinzessin Ena von Battenberg (18) statt. Die Braut nimmt als Königin den Namen Viktoria Eugenia an. Bei der Rückfahrt von der Kirche zum Schloss wird auf das Königspaar ein Bombenattentat verübt.
Das Paar bleibt unverletzt, 15 Passanten werden sofort getötet, von 70 Verletzten erliegen mehrere ihren Verwundungen. Der Täter, der entkommt, hatte die Bombe in einem Blumenstrauß versteckt (Abb.: Der Moment des Anschlags).

26. Mai 1906

Schweineskandal in Chicago

Der US-Senat in Washington genehmigt ein Landwirtschaftsgesetz, durch das u.a. eine strengere Fleischbeschau eingeführt wird. Damit reagiert das Parlament auf das Entsetzen der Öffentlichkeit nach dem Erscheinen des Romans »Der Dschungel«. Der Autor Upton Sinclair hatte u.a. die katastrophalen Missstände in der Fleischindustrie angeprangert.
Anfang Juni wird ein Kongress-Untersuchungsbericht über die Zustände in den Schlachthöfen von Chicago veröffentlicht. In dem Bericht, den US-Präsident Theodore Roosevelt veranlasst hat, heißt es u.a., die feuchte Atmosphäre in den Viehhöfen sei »mit dem furchtbaren Gestank von dem auf den blutgetränkten, faulenden Holzdielen angehäuften Schmutz angefüllt«, das faulende Fleisch sei voller Krankheitserreger für Menschen und Tiere. Unter den Bediensteten herrsche in hohem Grade Lungenschwindsucht, die Kranken spuckten ihren Auswurf auf die Böden, auf denen das Fleisch zur Verarbeitung liege. Auch über Tierkrankheiten wird berichtet.

Buffalo Bill

US-Scout und Offizier, * 26.2.1846 Scott County (Iowa); † 10.1.1917 Denver (Colorado)

Buffalo Bill, der eigentlich William Frederick Cody heißt, machte sich im Wilden Westen einen Namen als erfahrener Fährtenleser. Beim Bau der Pazifikbahn 1867/68 war er Versorgungsleiter und erwarb sich seinen Namen als erfolgreicher Jäger, der die Arbeiter stets mit ausreichend Bisonfleisch zu versorgen wusste. Als die Ära der Scouts sich dem Ende zuneigte, wurde Buffalo Bill Ende des 19. Jahrhunderts Publikumsmagnet in Wild West Shows, die ihn durch die gesamten Vereinigten Staaten und auch nach Europa führten. Als Titelheld zahlreicher Erzählungen ist er noch heute weit über die USA hinaus ein Begriff.

- 1868-72: Kundschafter in den Indianerkriegen
- 1883: Organisation der ersten »Wildwest-Show«
- 1887: Erfolg mit »Wildwest-Show« auf Tourneen

26. Mai 1906

Echter Büffeljäger in Wien

Buffalo Bill, eine Symbolfigur für europäische Wild-West-Romantiker, gastiert mit einer Showtruppe auf dem Gelände neben der Rotunde im Wiener Prater (Abb.: Plakat der Buffalo-Bill-Show). Der »Letzte des Wilden Westens« begeistert große und kleine Zuschauer mit den farbenprächtigen Vorführungen aus der Welt der Cowboys und Indianer.

Juli 1906

1 So Peter Klöckner gründet in Duisburg die Eisenhandelsgesellschaft Klöckner & Co. und baut innerhalb weniger Jahre ein florierendes Unternehmen auf.

2 Mo Bei einer Debatte über die Abschaffung der Todesstrafe im russischen Parlament (Duma) wird ein Befürworter der Todesstrafe niedergeschrien.

3 Di Kaiser Wilhelm II. tritt in Kiel auf der »Hamburg« seine traditionelle jährliche Nordlandreise an, auf die er im Vorjahr verzichtet hatte. → Michel → Finnland

4 Mi Der französische Sozialist Jean Jaurès beantragt in der Abgeordnetenkammer in Paris die Abschaffung der Todesstrafe. Der Antrag wird abgelehnt.

5 Do Der Liberale José López Domínguez wird als Nachfolger des Konservativen Segismundo Moret y Prendergast spanischer Ministerpräsident .

6 Fr Die württembergische Abgeordnetenkammer in Stuttgart verabschiedet mit Zweidrittelmehrheit eine Verfassungsrevision. → Genfer Konvention

7 Sa In einem Berliner Warenhaus wird die international tätige Taschen- und Warenhausdiebin Marie Riebeck auf frischer Tat ertappt und verhaftet.

8 So Ein schwerer Wirbelsturm über Tunis, der Hauptstadt des gleichnamigen französischen Schutzstaates in Nordafrika, fordert hunderte Menschenleben.

9 Mo In St. Petersburg finden Demonstrationen für die Duma und gegen die Politik der russischen Regierung unter Ministerpräsident Iwan L. Goremykin statt.

10 Di Die französische Abgeordnetenkammer befürwortet eine Gesetzesvorlage zur Amnestierung von Arbeitern, die sich an Streikunruhen beteiligt haben.

11 Mi Die Hamburger Bürgerschaft genehmigt den Antrag des Senats, staatlichen Angestellten und Arbeitern eine Rente für Alter und Invalidität auszusetzen.

12 Do Bei Crawley in der englischen Grafschaft Sussex verunglückt ein »Automobilomnibus«. Zehn Menschen kommen ums Leben. → Dreyfus

13 Fr »Berlin im Omnibus« heißt das neueste Stück, mit dem das Apollo-Theater seinen Stammgästen über die heißen Sommerabende hinweghelfen will.

14 Sa In London wird das Schauspiel »Der Arzt am Scheideweg« des Dramatikers George Bernhard Shaw uraufgeführt.

15 So In München wird das XV. Deutsche Bundesschießen eröffnet. Sieger der einwöchigen Veranstaltung wird der Büchsenmacher Franz Ritzl aus Fügen in Tirol.

16 Mo Die Stuttgarter Firma Robert Bosch führt den Achtstundentag ein, bei dem allerdings noch keine Pausen miteinbezogen werden.

17 Di Eine wissenschaftliche Kommission öffnet in Aachen den Sarg Kaiser Karls des Großen. Zwei kostbare Gewebe werden zur Nachbildung nach Berlin gebracht.

18 Mi Das britische Kolonialministerium beziffert die während des Aufstandes in Natal in den letzten Wochen getöteten Zulus mit 3500.

19 Do In Zürich kommt es zu gewalttätigen Auseinandersetzungen zwischen Streikenden und Polizei. Daraufhin werden Straßendemonstrationen verboten.

20 Fr In deutschen Zeitungen erscheinen Anzeigen, in denen Arbeiter für den Wiederaufbau des vom Erdbeben zerstörten San Francisco gesucht werden.

21 Sa Zar Nikolaus II. löst das erste russische Parlament, die Duma, wegen Regimefeindlichkeit auf. Eine neue Duma wird für März kommenden Jahres einberufen.

22 So Bei einem Unterrichts-Unfall am Pomologischen Institut Proskau in Schlesien werden Lehrer und Schüler durch umherspritzende Salzsäure verätzt.

23 Mo Mitglieder der aufgelösten russischen Duma veröffentlichen im finnischen Wyborg einen Aufruf zum Steuer- und Rekrutierungsboykott.

24 Di Im niederländischen Amtsblatt wird bekanntgegeben, dass Königin Wilhelmina eine Fehlgeburt erlitten hat.

25 Mi In Deutsch-Ostafrika werden die Kampfhandlungen von deutscher Seite wieder aufgenommen, da sich die Aufständischen weigern, die Waffen abzuliefern.

26 Do In Belgien tritt das Gesetz über die Sonntagsruhe in Kraft. Es verbietet, Personen zu mehr als sechs Tagen Arbeit in einer Woche heranzuziehen.

27 Fr Großbritannien kündigt eine Verminderung des Flottenbauprogramms an. Statt der geplanten vier Dreadnought-Schiffe sollen nur zwei gebaut werden.

28 Sa Papst Pius X. erlässt eine Enzyklika an die italienischen Bischöfe über die Erziehung des Klerus und seine Beteiligung am politischen Leben.

29 So Der Franzose René Pottier gewinnt die vierte Tour de France. Pottier gewann fünf Etappen und war dreimal Zweiter sowie einmal Dritter.

30 Mo In der Festung Sweaborg im russischen Großfürstentum Finnland meutern revolutionäre Matrosen. Nach zweitägiger Beschießung ergeben sich die Meuterer.

31 Di Der russische Duma-Abgeordnete Michail Herzenstein wird in Terijoki in Finnland ermordet. Die Mörder werden unter den Zaristen vermutet.

25. August 1906

Stolypin überlebt Attentat

Das Landhaus des russischen Ministerpräsidenten Pjotr A. Stolypin auf der Apothekerinsel bei St. Petersburg ist Ziel eines Bombenattentats von Sozialrevolutionären. 24 Menschen – unter ihnen drei Attentäter – kommen ums Leben, 32 werden verwundet. Sechs der Schwerverletzten sterben im Krankenhaus, Stolypin selbst bleibt unverletzt.

Das Attentat geht auf das Konto der Kampforganisation der Sozialrevolutionäre. Die 1901 gebildete Partei der Sozialrevolutionäre tritt für die Errichtung eines bäuerlichen Sozialismus ein. Sie steht in krassem Gegensatz zu den Marxisten, bekämpft jedoch wie alle Oppositionsparteien das Zarenregime. Diesen Kampf führt sie mit einem »revolutionären Individualterror«. Die prominentesten Opfer der Mordanschläge waren bisher Innenminister Dmitri S. Sipjagin im Jahre 1902, Innenminister Wjatscheslaw K. Plewe im Jahre 1904 sowie Großfürst Sergej Alexandrowitsch im

Jahre 1905. Stolypin gilt als Symbolfigur der zaristischen Herrschaft. 1905 war er von Zar Nikolaus II. zum Innenminister berufen worden. In dieser Funktion versuchte er, durch rücksichtslosen Polizeiterror der revolutionären Unruhen im Lande Herr zu werden. Am 23. Juli berief ihn der Zar als Nachfolger von Iwan L. Goremykin zum Ministerpräsidenten Russlands. 1911 fällt Stolypin einem erneuten Anschlag der Sozialrevolutionäre zum Opfer (Abb.: Das Landhaus von Stolypin).

3. Juli 1906

Hamburger Michel brennt

Das Wahrzeichen der Hansestadt steht in Flammen. Gegen 14 Uhr bricht in St. Michaelis bei Reparaturarbeiten ein Feuer aus, das die von Baumeister Ernst Georg Sonnin im 18. Jahrhundert errichtete Barockkirche völlig zerstört (s. Abb.). Auch die angrenzende Häuserreihe an der Englischen Planke wird ein Raub der Flammen. Die Hamburger Bürgerschaft beschließt mit großer Mehrheit den Wiederaufbau, der im Laufe der folgenden Jahre 3,5 Mio. Mark verschlingt. Zur Neueinweihung des technisch modernisierten Gotteshauses im Jahre 1912 reist auch Kaiser Wilhelm II. nach Hamburg.

16. August 1906

Valparaiso in Trümmern

Valparaiso, die bedeutendste Handelsstadt Chiles, wird in der Nacht zum 17. August durch ein Erdbeben und nachfolgende Brände zerstört. Auch in Santiago de Chile richten die Erdstöße schwere Schäden an. Mehr als 10 000 Menschen kommen bei der Naturkatastrophe ums Leben.

Als die Erde zu beben begann, brach Panik in der Bevölkerung aus. Viele Menschen stürzten ins Freie und suchten ihr Heil in der Flucht. Mehrere Gebäude stürzten sofort ein. Nach dem zweiten Erdstoß glichen ganze Stadtteile einer Trümmerlandschaft. Nur noch eine Ruinenallee ist die Gran Avenida im Zentrum von Valparaiso nach dem Beben. Die reiche Hafenstadt besaß schon vor der Jahrhundertwende Gas- und elektrische Beleuchtung sowie ein Straßenbahnnetz.

6. Juli 1906

Neue Genfer Konvention

Delegierte aus 36 Staaten unterzeichnen für den Landkrieg eine neue, 33 Artikel umfassende Genfer Konvention. Die im Jahre 1864 verabschiedete internationale Vereinbarung sollte das Los verwundeter und kranker Soldaten im Kriegsfall mildern. Nach dem Urteil vieler Politiker waren die zehn Artikel der Genfer Konvention von 1864 ohne genügenden juristischen Beistand und übereilt zustande gekommen. Im Deutschen Krieg von 1866 und im Deutsch-Französischen Krieg von 1870/71 erwies sie sich als unvollständig und mangelhaft. Zu den Streitpunkten zählte u.a. das internationale Abzeichen des Sanitätsdienstes, das rote Kreuz im weißen Feld. Das Zeichen ist eine Umkehrung des eidgenössischen Nationalsymbols, war doch von der Schweiz die Initiative zur Genfer Konvention ausgegangen. Islamische Staaten sahen darin eine Werbung für das Christentum.

Henri Dunant

Schweizer Philantrop und Schriftsteller, * 8.5.1828 Genf; † 30.10.1910 Heiden, Kanton Appenzell Außerrhoden

Der Kaufmann und Gründer des Roten Kreuzes ist von Jugend an philantropisch eingestellt. So initiierte er die Gründung des Christlichen Vereins Junger Männer in Genf. Unter dem Eindruck der Grausamkeiten in der Schlacht von Solferino (Frankreich und Piemont besiegten hier 1859 Österreich) rief Dunant eine Organisation ins Leben, aus der sich das Internationale Rote Kreuz entwickelte. Auch der Schutz von Kriegsopfern lag ihm am Herzen. Mit seinem Engagement trug er zur Einberufung einer Konferenz bei, die schließlich die Genfer Konvention von 1864 beschloss. Das Vertragswerk hatte die »Verbesserung des Loses der verwundeten Soldaten der Armeen im Felde« zum Ziel und wurde im Laufe der Zeit auf Kriegsgefangene und Zivilisten ausgedehnt. Für seine Verdienste erhielt Dunant, inzwischen verarmt, gemeinsam mit dem Politiker Frédéric Passy den Friedensnobelpreis.

- 1862: Schrift »Eine Erinnerung an Solferino« erscheint.
- 1864: Rotes Kreuz gegründet
- 1901: Friedensnobelpreis

12. Juli 1906

Dreyfus rehabilitiert

Ohne das Urteil an eine andere Instanz zu verweisen, hebt der französische Kassationshof in Paris das Kriegsgerichtsurteil von Rennes aus dem Jahre 1899 gegen Alfred Dreyfus auf. Mit der Rehabilitierung von Dreyfus endet eine der schwersten innenpolitischen Krisen der Dritten Republik. Der jüdische Offizier Dreyfus war 1894 von einem Militärgericht in einem regelwidrigen Verfahren des Landesverrats zugunsten des Deutschen Reichs für schuldig befunden worden. Er wurde degradiert und zu lebenslänglicher Verbannung auf die Teufelsinsel bei Cayenne in Französisch-Guyana verurteilt. Wichtigstes Beweisstück war ein angeblich von Dreyfus verfasster Brief, der die Übergabe von Geheimpapieren ankündigte. Der Brief war tatsächlich von dem Major Marie Charles Ferdinand Walsin Esterházy verfasst worden, der jedoch 1898 von einem Militärgericht freigesprochen wurde. Beide Urteile entsprachen den antisemitischen Tendenzen innerhalb der nationalistisch-klerikalen Rechten in Frankreich. Der Generalstab unterdrückte darüber hinaus aus Prestigegründen Dokumente, die die Unschuld von Dreyfus bewiesen. Der Streit um Schuld und Unschuld von Dreyfus entwickelte sich zu einer Auseinandersetzung zwischen der militaristischen, antisemitisch und nationalistisch eingestellten Rechten und der republikanisch-demokratischen Linken. Die öffentliche Meinung erzwang eine Revision des Prozesses, der jedoch in einen offenen Rechtsbruch mit erneuter Verurteilung zu zehn Jahren Gefängnis mündete. Um einen Schlussstrich zu ziehen, wurde Dreyfus begnadigt. Der Offizier erklärte jedoch, nicht eher zu ruhen, »ehe nicht der letzte Franzose aufhört, mir ein Verbrechen zuzuschreiben, das ein anderer begangen hat.« Die Staatskrise, die durch diesen Justizskandal hervorgerufen wurde, führte 1899 zur Übernahme der Regierung durch die politische Linke (Abb.: Am 21. Juli wird Dreyfus mit dem höchsten französischen Orden dekoriert).

Alfred Dreyfus

französischer Offizier, * 9.10.1859 Mühlhausen; † 12.7.1935 Paris

Der aus dem jüdischen Bürgertum stammende Dreyfus machte eine Karriere in der französischen Armee und stieg bis zum Hauptmann im Generalstab auf. Seine Name ist verbunden mit der größten innenpolitischen Krise der 3. Französischen Republik. Die Prozesse gegen den jüdischen Offizier tragen zum Erstarken der zionistischen Bewegung bei. Im Ersten Weltkrieg dient er als Oberstleutnant.

- 1895: Dreyfus wird öffentlich degradiert und aus der Armee ausgestoßen
- 1897: Der Dichter Emile Zola ergreift Partei für Dreyfus
- 1899: Revisionsprozess, Dreyfus wird zu zehn Jahren Festungshaft verurteilt, dann begnadigt

3. Juli 1906

Finnland wagt den Sprung in den modernen Parlamentarismus

Der Landtag des russischen Großfürstentums Finnland in Helsingfors (Helsinki) verabschiedet die radikalste Parlamentsreform in der bisherigen Geschichte Europas. Sie ist eine unmittelbare Folge der revolutionären Vorgänge in Russland.
Während in den wenigen demokratisch regierten Staaten Europas noch weitgehend das Zweikammersystem vorherrscht, bei dem nur das Unterhaus nach demokratischen Kriterien zusammengesetzt ist, vollzieht Finnland den direkten Übergang vom mittelalterlichen Vierstände- zum Einkammerlandtag. Diese allgemeine Volksvertretung soll demokratisch nach dem Verhältniswahlrecht bestimmt werden. Frauen erhalten aktives und passives Wahlrecht. Nach der Eroberung Finnlands hatte der Zar Alexander I. 1809 ein autonomes finnisches Großfürstentum unter russischer Hoheit gegründet. Die um 1890 einsetzende Russifizierungspolitik gegenüber der nichtrussischen Bevölkerung im Zarenreich bekamen auch die Finnen zu spüren. 1899 hob Zar Nikolaus II. durch das Februarmanifest die Autonomie auf. 1905 griffen die revolutionären Aufstände von Russland auf Finnland über. Die Unruhen führten dazu, dass der Zar das Februarmanifest widerrief. Damit war die Autonomie Finnlands wiederhergestellt. Die ersten Wahlen in dem skandinavischen Land finden im Jahre 1907 statt.

August 1906

1 Mi Russissche Regierungstruppen unterdrücken revolutionäre Unruhen unter den Marinesoldaten im Ostseehafen Kronstadt.

2 Do Bei den Deutschen Leichtathletikmeisterschaften in Hannover stellt Emil Welz mit 41,62 m einen deutschen Rekord im Diskuswurf auf.

3 Fr Im britischen Unterhaus wird die Forderung zurückgewiesen, die britische Flotte auf die Gesamtstärke von Deutschland und Frankreich hochzurüsten.

4 Sa Etwa 350 Menschen sterben, als der italienische Dampfer »Sirio« vor der spanischen Küste in der Nähe von Cartagena sinkt.

5 So Mehr als 25 000 Menschen treffen trotz unbeständigen Wetters zur Teilnahme am 15. Sängerfest des Arbeitersängerbundes in Friedrichshagen (Berlin) ein.

6 Mo In Moskau und St. Petersburg beginnt ein Generalstreik, der von Mitgliedern der aufgelösten Duma proklamiert wird. Der Streik bricht ergebnislos ab.

7 Di Die konservative Presse rügt das in den Schulen aufgehängte neue Porträt der deutschen Kaiserin Auguste Viktoria: Wegen des Dekolletés sei es anstößig.

8 Mi Der persische Schah Muzaffar Ad Din beruft eine Nationalversammlung ein und kündigt eine Verfassung für das Land an.

9 Do Papst Pius X. veröffentlich die Enzyklika »Gravissimi officii munere« gegen die Trennung von Staat und Kirche in Frankreich.

10 Fr In Konstantinopel erscheint wegen einer Erkrankung der seit 30 Jahren regierende Sultan Abd Al Hamid II. erstmals nicht beim Freitagsgebet.

11 Sa Im Berliner Nordpark wird ein 20-Jähriger, den Passanten bei der Vergewaltigung eines 12-jährigen Mädchens überrascht hatten, bewusstlos geprügelt.

12 So Beim internationalen Schachmeisterturnier in Nürnberg erringt der US-Amerikaner James F. Marshall den ersten Preis. Er gilt als weltbester Schachspieler.

13 Mo Bei einem Schwimmfest in Hamburg demonstriert der Australier Cecil Healy das Hand-über-Hand-Schwimmen, »Crawl« genannt.

14 Di Im belgischen Verviers streiken die Textilarbeiter gegen die Einführung neuer Arbeitsgeräte, durch die ein Arbeiter mehrere Webstühle bedienen kann.

15 Mi König Edward VII. von Großbritannien trifft zu einem eintägigen Besuch beim deutschen Kaiser Wilhelm II. in Kronberg am Taunus ein.

16 Do In Warschau in Russisch-Polen sterben bei blutigen Kämpfen von Revolutionären und Militär mehr als 200 Menschen. → Valparaiso

17 Fr In Kuba bricht ein bewaffneter Volksaufstand für demokratische Rechte und nationale Unabhängigkeit von den USA aus.

18 Sa Ein Kriegsgericht im russischen Kronstadt verurteilt zehn Teilnehmer der antizaristischen Meuterei von Ende Juli zum Tode und 122 zur Zwangsarbeit.

19 So In Nauen im Regierungsbezirk Potsdam wird die Großfunkstelle der Gesellschaft für drahtlose Telegrafie (Telefunken) in Betrieb genommen.

20 Mo Der kubanische Präsident Tomás Estrada Palma ruft zur Bildung einer Landwehr gegen die Aufständischen auf, die nationale Unabhängigkeit fordern.

21 Di In St. Petersburg wird offiziell bekanntgegeben, dass während der letzten Woche in Russland 72 politische Morde an Beamten verübt worden sind.

22 Mi In Erfurt werden drei Schuljungen zu fünf Monaten Gefängnis verurteilt. Sie hatten Stroh gestohlen und einen Postkartenautomaten aufgebrochen.

23 Do Über das spanische Bilbao wird der Belagerungszustand verhängt, nachdem es zwischen Arbeitern und Militär zu Zusammenstößen gekommen war.

24 Fr In Baden-Baden wird die Rennwoche eröffnet. Die Pferderennen sind für die sog. höhere Gesellschaft das größte Sportereignis im Deutschen Reich.

25 Sa In der Nacht zum Sonntag toben über Berlin orkanartige Stürme. Im Innern der Stadt werden Hunderte von Fensterscheiben zertrümmert. → Attentat

26 So In der Hansestadt Hamburg werden eine Bombenfabrik und ein Waffenlager russischer Revolutionäre entdeckt.

27 Mo Die angesehene »Frankfurter Zeitung« begeht den 50. Jahrestag ihrer Gründung durch Leopold Sonnemann.

28 Di Durch einen Erlass des spanischen Königs Alfons XIII. wird in Spanien trotz der Proteste aus Rom die Zivilehe eingeführt.

29 Mi In Potsdam wird der erste Sohn des deutschen Kronprinzen Wilhelm und seiner Frau Cecilia auf den Namen Wilhelm getauft.

30 Do Auf Einladung von Kaiser Wilhelm II. besucht der britische Kriegsminister Richard Burdon Haldane Militärinstitute in Berlin.

31 Fr Prinz Oskar von Preußen (18), jüngster Sohn von Kaiser Wilhelm II., wird vom Kaiser als Offizier in das »1. Garderegiment zu Fuß« eingestellt und vereidigt.

September 1906

1 Sa In Interlaken (Schweiz) erschießt eine russische Emigrantin einen Franzosen in dem Glauben, es sei der frühere russische Innenminister Pjotr N. Durnowo.

2 So Der Deutsch-Südafrikaner John Vincent Duncker wird in Hannover am selben Tag Deutscher Meister über 100 m, 400 m und 110-m-Hürden.

3 Mo Die erste Nummer der illegalen Zeitung »Der Proletarier«, des von Wladimir I. Lenin herausgegebenen Zentralorgans der Bolschewiken, erscheint.

4 Di Auf dem 2. Deutschen Handwerks- und Gewerbekammertag wird die Einführung eines Befähigungsnachweises für das Baugewerbe gefordert.

5 Mi Bei anti-ungarischen Demonstrationen tschechischer und kroatischer Gesangsvereine in Fiume (Rijeka) kommt es zu blutigen Straßenschlachten.

6 Do Zar Nikolaus II. verfügt wegen anhaltender Unruhen die Einsetzung von Feldkriegsgerichten, die ohne Untersuchung Urteile verhängen und vollziehen können.

7 Fr Die kubanische Regierung bietet den um Unabhängigkeit kämpfenden Aufständischen einen Waffenstillstand an. Die Rebellen lehnen das Angebot ab.

8 Sa Der deutsche Jesuit Franz Xaver Wernz wird in Rom zum General des Jesuitenordens gewählt und damit zweitmächtigster Mann der katholischen Kirche.

9 So Wegen Wassermangels wird die Schifffahrt auf der Elbe eingestellt. Der Fluss hat in der sommerlichen Hitze einen Wasserstand von 2 m unter Null erreicht.

10 Mo Im russisch-polnischen Siedlce ermorden Regierungssoldaten mehr als 100 Juden, nachdem zwei Soldaten von Attentätern erschossen worden waren.

11 Di Die spanischen Bischöfe veröffentlichen einen Hirtenbrief gegen das von der Regierung erlassene Gesetz über die Einführung der Zivilehe.

12 Mi Dem dänischen Erfinder Jakob Ellehammer gelingt auf der Ostseeinsel Lindholm als erstem Europäer ein Motorflug.

13 Do Der russische Zar Nikolaus II. und seine Familie treten aus Furcht vor Attentätern eine mehrwöchige Ausfahrt in die finnischen Gewässer an.

14 Fr Der deutsche Volksrat für Böhmen fordert in Flugblättern die Deutschen in Böhmen auf, die tschechische Sprache zu erlernen. → Kuba

15 Sa Ein Erdbeben zerstört im Norden Siziliens mehrere Ortschaften. +++ Die russische Regierung verbietet die Gründung der Kadettenpartei.

16 So Trotz Regenwetters besuchen fast sämtliche Motorbootbesitzer von Berlin und Umgebung das erste Motorbootrennen auf dem Müggelsee.

17 Mo Bei einer durch Blitzschlag ausgelösten Pulverexplosion fliegt das französische Fort Montfaucon bei Besançon in die Luft. Neun Menschen sterben.

18 Di Prinz Georg von Griechenland tritt als Oberkommissar von Kreta zurück, weil die osmanisch beherrschte Insel nicht mit Griechenland vereinigt wird.

19 Mi Auf der 78. Versammlung deutscher Ärzte und Naturforscher in Stuttgart verteidigt Max Planck die spezielle Relativitätstheorie von Albert Einstein.

20 Do Großherzog Friedrich I. von Baden und Großherzogin Luise feiern in Karlsruhe im Beisein des Kaiserpaares ihre goldene Hochzeit. → Opiumverbot

21 Fr Bei Nachwahlen zum dänischen Oberhaus in Kopenhagen verlieren die Konservativen und die Liberalen Mandate an Sozialdemokraten und radikale Linke.

22 Sa In Mannheim wird die vierte sozialdemokratische Frauenkonferenz eröffnet. Zentrales Thema ist die Einführung des Frauenwahlrechts.

23 So In Mannheim wird der Parteitag der SPD eröffnet. Zentrales Thema ist der Massenstreik, der von August Bebel als politisches Mittel verworfen wird.

24 Mo Die Künstlergemeinschaft »Die Brücke« veranstaltet in Dresden-Löbtau ihre erste Jahresausstellung mit Werken von Ernst Ludwig Kirchner und Erich Heckel.

25 Di In Heidelberg wird das Institut für experimentelle Krebsforschung unter der Leitung von Vincenz Czerny eröffnet.

26 Mi Prinz Heinrich von Preußen, ausgebildeter Seeoffizier und Bruder von Kaiser Wilhelm II., übernimmt das Kommando der aktiven Schlachtflotte.

27 Do In der norwegischen Zellulose-Industrie wird der Achtstundentag eingeführt. Die Arbeiter erhalten den gleichen Lohn wie zuvor beim Zwölfstundentag.

28 Fr Im Gebiet des Golfs von Mexiko richtet ein Orkan schwere Verwüstungen an. Zahlreiche Schiffe und Hafenanlagen werden vernichtet.

29 Sa US-Kriegsminister William Howard Taft teilt im Amtsblatt von Havanna mit, dass er vorläufig die Regierung in Kuba als Gouverneur übernimmt.

30 So Im Jardin des Tuileries in Paris steigen die 16 Ballons auf, die um den ersten Gordon-Bennett-Pokal der Lüfte konkurrieren. → Großer Preis

14. September 1906

Aufstand auf Kuba beendet

US-Marineinfanteristen landen in Havanna, um einen regierungsfeindlichen Aufstand niederzuschlagen (Abb.: Im Zentrum der Hauptstadt schlagen US-Soldaten ihr Lager auf).

Die Parteienkämpfe zwischen den Liberalen und den konservativen Moderados unter dem seit 1902 regierenden Präsidenten Tomás Estrada Palma führten im August – nach Massenverhaftungen unter den Liberalen – zum Bürgerkrieg. Führer des Aufstands ist General José Miguel Gómez. Er zählte von 1895 bis 1898 zu den militärischen Führern des Unabhängigkeitskampfes gegen Spanien. Seit der Konstituierung der Republik führt er die Liberalen an. Die Aufständischen fordern demokratische Rechte und nationale Unabhängigkeit von den Vereinigten Staaten, die faktisch ein Protektorat über die Zuckerinsel ausüben. Nach der Landung der Marinesoldaten versprechen die Rebellen Unterwerfung – unter der Bedingung, dass den während der Herrschaft Palmas inhaftierten Oppositionellen rechtmäßige

Gerichtsverfahren gewährt werden. Auf Druck Washingtons tritt Palma am 28. September zurück. US-Kriegsminister William Howard Taft übernimmt einen Tag später als Gouverneur die Regierung und erlässt am 30. September eine Amnestie für politische Häftlinge.

20. September 1906

Opiumverbot in China

Ein kaiserlicher Erlass verbietet in China nach Ablauf einer Frist von zehn Jahren das Opiumrauchen. Die Regierung will damit dem Missbrauch des Rauschmittels vorbeugen.

Opium wurde im 16. Jahrhundert als Arzneimittel aus Vorderindien nach China eingeführt. Die britische Handelsgesellschaft Ostindische Kompanie, die die Opiumkultur in Indien mit Schwerpunkt Bengalen monopolisierte, exportierte ab dem ausgehenden 18. Jahrhundert in steigendem Maße Opium nach China. 1820 verbot die chinesische Regierung den Import. Folge war ein blühender Schmuggel mit der begehrten Droge. Als Peking 1839 die Vernichtung von 20 283 Kisten britisch-indischen Opiums erzwang, kam es zum sog. Opiumkrieg zwischen Großbritannien und China. China musste die Einfuhr schließlich zulassen. Seit 1853 wird in China selbst Opium gewonnen. Der kaiserliche Erlass ist ein erneuter Versuch, gegen den Genuss des Opiums vorzugehen. Opiumraucher sind anfangs heiter, oft aber auch zanksüchtig. Merkmale sind Röte des Gesichts, Wohlbehagen, Lebhaftigkeit der Empfindungen und der Phantasie. Opium verwirrt den Geist und kann zu Abhängigkeit führen.

16. Oktober 1906

Der falsche Hauptmann

Der arbeitslose Schuster Wilhelm Voigt (s. Abb.) lässt in einer beim Trödler erworbenen Hauptmannsuniform den Bürgermeister von Köpenick verhaften und beschlagnahmt die Stadtkasse mit 4002 Mark. Über die Posse um den falschen Hauptmann, die den unbedingten Gehorsam gegenüber dem Militär im wilhelminischen Deutschland zeigt, lacht die ganze Welt. Die Geschichte dient als Vorlage für Romane, Theaterstücke und Filme.

Voigt hatte bereits mehrmals im Zuchthaus gesessen. Er war erst im Frühjahr entlassen worden, diesmal fest entschlossen, ein anständiges Leben zu beginnen. Er erhält eine Anstellung in Wismar, wird jedoch als ehemaliger Zuchthäusler von den Behörden ausgewiesen. Als er auch in Berlin keine Arbeit findet„ beschließt er, Deutschland den Rücken zu kehren – dafür benötigt er jedoch einen Pass. Voigt ersteht eine Hauptmannsuniform und befiehlt zehn Mann des ersten preußischen Garderegiments, denen er zufällig auf der Straße begegnet, eine Fahrt nach Köpenick. Die Soldaten gehorchen, obwohl dieser Hauptmann eher wie ein Strolch aussieht: Er trägt keinen Helm, sondern eine schäbige Mütze ohne Kokarde, die Schärpe hat er wie eine Wurst umgeschlungen,

17. Oktober 1906

Korn sendet erste Fernkopie

Der Münchener Eletrophysiker Arthur Korn überträgt auf telegrafischem Wege ein Porträt des deutschen Kronprinzen Wilhelm (s. Abb.) über eine Strecke von 1800 km. Korn zählt zu den Pionieren der Bildtelegrafie. Bereits im Jahre 1904 gelang ihm die erste telegrafische Übertragung einer Fotografie. Jetzt setzt er ein neues Verfahren zum Abtasten der zu übertragenden Bilder ein, das mit einem Lichtstrahl arbeitet. Zur Umwandlung der Lichtschwankungen in elektrische Stromstöße benutzt er eine Selenzelle. Selen ändert seinen elektrischen Widerstand mit der Stärke des einfallenden Lichtes. Beim Empfänger steuern die ankommenden Ströme ebenfalls einen Lichtstrahl, der das übertragene Bild aufzeichnet. Die Erfindung ist von grundlegender Bedeutung für die Telekopie.

Wilhelm Voigt nach der Entlassung aus dem Gefängnis 1908. Fortan tritt er in Varietees auf und lebt vom Verkauf der Postkarten, die ihn in seiner Glanzrolle als Hauptmann von Köpenick zeigen.

seine Uniform ist in Unordnung und die Sporen hat er verloren. In Köpenick lässt Voigt an der Spitze seiner zehn Gardesoldaten »auf Befehl des Kaisers« mehrere Stadtobere verhaften und beschlagnahmt – da es in Köpenick kein Passamt gibt – die Stadtkasse. Danach schickt er die Verhafteten, unter ihnen den Bürgermeister, auf die Neue Wache in Berlin. Er selbst macht sich aus dem Staub. Einen Tag nach diesem tolldreisten Auftritt des falschen Hauptmanns beginnt die Großfahndung der Polizei. Auf die Ergreifung des Räubers wird eine Belohnung von 2000 Mark ausgesetzt. Wenige Tage später wird der Schuster aus Tilsit, der nie Soldat war und einen Großteil des Lebens im Gefängnis zugebracht hat, tatsächlich verhaftet. Er legt ein umfassendes Geständnis ab und betont bei der Vernehmung nicht ohne Stolz: »Mit einem Dutzend Soldaten in der Hand mache ich noch ganz andere Sachen als in Köpenick! Ich hole die Spitzen der Behörden in Berlin aus den Amtszimmern und verhafte sie!« Das Landgericht Berlin II verurteilt ihn zu vier Jahren Gefängnis. Wilhelm Schäfer verarbeitet die Posse in dem Roman »Der Hauptmann von Köpenick«. Carl Zuckmayer bringt sie auf die Bühne, Siegfried Dessauer und Helmut Käutner verfilmen sie.

27. Oktober 1906

Die Eulenburg-Affäre

Der Publizist Maximilian Harden (s. Abb.) bezichtigt den Berliner Stadtkommandanten Kuno Graf von Moltke, später auch Philipp Fürst zu Eulenburg und Hertefeld, Vertrauter des Kaisers, der Homosexualität. Harden, der den Einfluss der »Hofkamarilla« brechen will, löst damit die sog. Eulenburg-Affäre aus, die der Monarchie schweren Schaden zufügt.

Maximilian Harden

(eigtl. Felix Ernst Witkowski), deutscher Publizist und Schauspieler, * 20.10.1861 Berlin; † 30.10.1927 Montana/Schweiz

Der Mitbegründer der Freien Bühne in Berlin führte zahlreiche literarische Fehden. 1892 gründete er die politisch-konservative Wochenschrift »Die Zukunft« und polemisierte gegen den Kaiser. Unter dem Eindruck des Weltkriegs wandelte er sich vom Vertreter einer Annexionspolitik zum Pazifisten. Auf den Gegner des Nationalsozialismus verübten Rechte 1922 ein Attentat.

- 1892: »Apostata« (Essays)
- 1923: Übersiedlung in die Schweiz

30. September 1906

Robl gewinnt Großen Preis

12 000 Zuschauer umsäumen bei herrlichem Wetter die Steglitzer Radrennbahn, wo das mit 10 000 Mark dotierte 100-km-Dauerrennen um den Großen Preis von Europa ausgefahren wird. Thaddäus Robl, der sich in glänzender Form befindet, hat bei diesem Steherrennen hinter Schrittmachermaschinen keinen ernsthaften Gegner. Beim Start liegt der Münchener zwar noch an

vierter Stelle, kämpft sich jedoch bis zur 28. Runde an die Spitze. Nach 1:09,50 h fährt er mit einem Vorsprung von 3,5 Runden durchs Ziel. Die Steglitzer Radrennbahn, die erst 1905 eröffnet wurde, entwickelt sich zur umsatzstärksten im internationalen Radsport (Abb.: Die ersten vier beim Großen Preis, links der Sieger Thaddäus Robl).

Oktober 1906

1 Mo Durch eine Verordnung werden die Kraftfahrzeugkennzeichen im Deutschen Reich vereinheitlicht. Eine Ziffer benennt das Land, ein Buchstabe die Stadt.

2 Di Ein Orkan zerstört Fort Maccran bei Pensacola in Florida. Fast 100 Menschen sterben. +++ In Deutsch-Ostafrika wird das Kriegsrecht aufgehoben.

3 Mi In Berlin beginnt eine internationale Konferenz zur Regelung der »Funkentelegrafie«, einer Technologie mit zunehmender Bedeutung.

4 Do US-Präsident Theodore Roosevelt greift in Harrisburg im US-Bundesstaat Pennsylvania in scharfer Form die Trusts an.

5 Fr Eine Versammlung der deutschen Bergarbeiterverbände fordert in Essen eine Lohnerhöhung von 15% für alle deutschen Bergarbeiter.

6 Sa In Teheran wird in Gegenwart von Schah Muzaffar Ad Din das erste Parlament in der Geschichte Persiens eröffnet.

7 So Auf dem Parteitag der italienischen Sozialdemokraten in der Hauptstadt Rom setzt sich der gemäßigte Flügel durch.

8 Mo Der Deutsche Karl Ludwig Nessler stellt einen Dauerwellenapparat vor. Eine Dauerwelle dauert sechs Stunden, die Wickler stehen strahlenförmig ab.

9 Di In Berlin meldet die Kolonialabteilung neue Kämpfe in Deutsch-Südwestafrika. Die Reichsregierung fordert 29 Mio. Mark zur Unterstützung der Truppen.

10 Mi US-Kriegsminister William H. Taft erlässt als Gouverneur von Kuba eine Amnestie für alle am Aufstand gegen Präsident Tomás Estrada Palma Beteiligten.

11 Do In Berlin wird ein Brief des Herzogs von Cumberland an Kaiser Wilhelm II. veröffentlicht. Der Herzog erhebt Anspruch auf den braunschweigischen Thron.

12 Fr Der Deutsche Fleischerverband kündigt in Nürnberg eine Erhöhung der Preise an. Durch zu wenig Importe kommt es in Deutschland zur Fleischknappheit.

13 Sa Charles Mayoon, bisher Gouverneur der Panamakanalzone, übernimmt als Nachfolger von US-Kriegsminister William Howard Taft die Regierung in Kuba.

14 So Auf der Pariser Rennbahn Longchamp kommt es zu gewalttätigen Ausschreitungen, als das favorisierte Pferd am Start stehenbleibt.

15 Mo Die Hindus begehen den ersten Jahrestag der Teilung Bengalens durch die britisch-indische Kolonialmacht als Trauertag, die Moslems feiern ein Freudenfest.

16 Di Der Schriftsteller Ludwig Thoma tritt in München eine sechswöchige Haftstrafe wegen Beleidigung der Kirche an. → Hauptmann

17 Mi In Spanien werden die Ordensgesellschaften der staatlichen Genehmigung unterstellt und dürfen nicht mehr öffentlich unterrichten. → Fernkopie

18 Do In der spanischen Stadt Valencia finden Kundgebungen gegen den Erzbischof statt, der in einer Predigt die Zivilehe als »Konkubinat« diffamiert hat.

19 Fr Der Norweger Roald Amundsen erreicht nach der ersten Durchfahrt durch die Nordwestpassage die kalifornische Stadt San Francisco.

20 Sa Zar Nikolaus II. gewährt allen Bauern Rechtsgleichheit. Der Prozess der russischen Bauernbefreiung erreicht damit seinen Abschluss.

21 So Um Grundstücksspekulationen zu begegnen, fordert der Bundestag der Deutschen Bodenreformer in Düsseldorf eine sog. Wertzuwachssteuer.

22 Mo König Håkon VII. von Norwegen eröffnet zum ersten Mal das Storting, das Parlament in Kristiania (Oslo).

23 Di Der französische Innenminister Georges Clemenceau wird Ministerpräsident als Nachfolger des zurückgetretenen Ferdinand Sarrien.

24 Mi Die Besetzung Berlins durch französische Truppen jährt sich zum 100. Mal. Am 24. Oktober 1806 zog Napoleon ins Charlottenburger Schloss ein.

25 Do Das Gebäude der Handelskammer in Kansas City wird durch einen Brand zerstört. 20 Menschen werden getötet, 50 verletzt.

26 Fr In St. Petersburg überfallen Räuber einen von Gendarmen eskortierten Wagen mit Staatsgeldern und erbeuten fast 400 000 Rubel.

27 Sa Der Alpenländische Agrartag in Linz verabschiedet eine Resolution mit der Forderung, die Alpen gesetzlich unter Schutz zu stellen. → Eulenburg-Affäre

28 So In Berlin wird bekanntgegeben, dass deutsche Truppen die Hottentotten in Deutsch-Südwestafrika ohne eigene Verluste geschlagen hätten.

29 Mo Im US-Bundesstaat Pennsylvania stürzen mehrere Wagen eines Zuges durch eine offene Brücke ins Wasser. 70 Personen kommen ums Leben.

30 Di Ein Erlass des russischen Zaren gestattet den Sekten der orthodoxen Kirche den Bau von Kirchen und die Wahl von Geistlichen.

31 Mi Die Schlachtviehpreise am Berliner Viehhof erreichen eine neue Rekordhöhe. Der Preis für Lämmer liegt 25,5% über dem des Vorjahres.

November 1906

1 Do Der deutsche Kronprinz Wilhelm eröffnet im Zoologischen Garten in Berlin die siebte Internationale Automobilausstellung.

2 Fr Der russische Revolutionär Leo Trotzki wird nach Sibirien verbannt. Es ist für ihn bereits die zweite Deportation.

3 Sa In Paris kommt es bei Demonstrationen für die Einhaltung der gesetzlich vorgeschriebenen Sonntagsruhe zu Ausschreitungen.

4 So In der Marinekaserne im britischen Kriegshafen Portsmouth bricht eine Meuterei der Heizer aus. Grund ist die schlechte Behandlung durch die Offiziere.

5 Mo Die Physikerin Marie Curie hält ihre Antrittsvorlesung als Professorin an der Sorbonne in Paris. Sie ist die erste Frau in dieser Position.

6 Di Bei den Gouverneurs- und Repräsentantenhauswahlen in den USA erleiden die Republikaner von Präsident Theodore Roosevelt Verluste.

7 Mi Der Zentralverein zur Hebung der Fluss-Kanalschifffahrt erklärt sich in Berlin gegen die Einführung des staatlichen Schleppmonopols.

8 Do Mit einer Inszenierung von Henrik Ibsens Drama »Gespenster« unter der Regie von Max Reinhardt werden die Berliner Kammerspiele eröffnet.

9 Fr Die Regierung von Baden erkennt die Tatsache einer Fleischteuerung an und beschließt die Öffnung der Grenzen, um Fleisch zu importieren.

10 Sa In Berlin demonstrieren Kellner für ein festes Gehalt. Die Einnahmen der Ober sind durch geringer werdende Trinkgelder erheblich gesunken.

11 So Der auf dem Gelände der Mailänder Verkehrsausstellung aufgestiegene Ballon »Milano« fährt in einer Höhe von 6000 m über den Montblanc.

12 Mo In Berlin beginnt ein Prozess gegen den »Simplicissimus«-Verleger Albert Langen wegen Veröffentlichung angeblich unsittlicher Anzeigen. → Luft

13 Di Kaiser Wilhelm II. legt in München den Grundstein zum Bau des Deutschen Museums, den der Münchener Baurat Oskar von Miller initiiert hatte.

14 Mi In Chile genehmigt die Abgeordnetenkammer eine Anleihe zum Wiederaufbau der durch Erdbeben zerstörten Hafenstadt Valparaiso. → Bülow

15 Do Der im Renaissancestil aus rotem Mainsandstein errichtete Hauptbahnhof von Wiesbaden wird feierlich seiner Bestimmung übergeben.

16 Fr Der deutsche Generalstab betont die Notwendigkeit des Eisenbahnbaus von Kubub bis Keetmanshoop in der Kolonie Deutsch-Südwestafrika.

17 Sa Kaiser Wilhelm II. erinnert in einem Erlass an den Beginn der Sozialgesetzgebung im Deutschen Reich vor genau 25 Jahren.

18 So In der Peterskirche in Rom explodiert während des Hochamts eine mit Pulver und Nägeln gefüllte Blechbüchse, richtet aber keinen Schaden an.

19 Mo Im Gedränge um eine Truppenparade kommt der Wagen Kaiser Wilhelms II. in Berlin zum Stehen. Polizisten müssen einen Weg durch die Menge bahnen.

20 Di Max Reinhardt inszeniert an den Berliner Kammerspielen Frank Wedekinds »Frühlings Erwachen« und verhilft dem Dramatiker zum Durchbruch.

21 Mi Der deutsche Dampfer »Kaiser Wilhelm der Große« stößt im französischen Cherbourg mit der britischen »Orinoco« zusammen. Vier Passagiere sterben.

22 Do Bernhard von Arnim-Criewen wird als Nachfolger des zurückgetretenen Viktor von Podbielski preußischer Landwirtschaftsminister.

23 Fr Der Nationalökonom Lujo Brentano redet in München über die Auswanderung deutschen Kapitals. Deutschland werde ein »Rentnerland«.

24 Sa Das Drama »Feinde« von Maxim Gorki wird in Berlin uraufgeführt. Das Stück des als »Modedramatiker« geltenden Russen wird ein Misserfolg.

25 So In Kanton verüben fremdenfeindliche Chinesen Anschläge auf christliche Missionen. Die Vorfälle erinnern an den Boxeraufstand des Jahres 1900.

26 Mo Georg I. von Griechenland trifft in Rom Papst Pius X. Zuvor besuchte er König Viktor Emanuel III., um für Unterstützung gegen Bulgarien zu werben.

27 Di In der belgischen Abgeordnetenkammer kommt es wegen Menschenrechtsverletzungen zu einer hitzigen Debatte über die Kolonie Kongostaat.

28 Mi Der Kanadier Tommy Burns verteidigt in Los Angeles seinen Titel als Boxweltmeister im Schwergewicht gegen Jack O'Brien durch Unentschieden.

29 Do Frankreichs Außenminister Stéphan Pichon befürwortet die Entsendung von Kriegsschiffen nach Tanger, um Aufstände von Marokkanern niederzuschlagen.

30 Fr Segismundo Moret y Prendergast wird als Nachfolger des zurückgetretenen José López Domínguez (beide liberal) spanischer Ministerpräsident .

14. November 1906

Bülows Alptraum

Reichskanzler Bülow während seiner »Einkreisungsrede« im Reichstag

»Eine Politik, die darauf ausginge, Deutschland einzukreisen, einen Kreis von Mächten um Deutschland zu bilden, um es zu isolieren und lahmzulegen, wäre eine für den europäischen Frieden bedenkliche Politik«, sagt Reichskanzler Bernhard Fürst von Bülow im Berliner Reichstag. Er prägt das Schlagwort von der »Einkreisung« Deutschlands, die das Reich zunehmend auf internationalem Parkett isoliere.

»Einkreisung« steht vor allem für die in Berlin als deutschfeindlich empfundene Bündnispolitik Großbritanniens seit Beginn der Herrschaft von König Edward VII. im Jahre 1901. Noch im Jahre 1900 hatten Großbritannien und das Deutsche Reich das Jangtse-Abkommen geschlossen, in dem sie sich zum Prinzip des ungehinderten Handels in China verpflichteten. Zwei Jahre später gingen die Briten, die in Ostasien bisher mit Deutschland zusammengearbeitet hatten, ein Bündnis mit Japan ein. Darüber hinaus schloss Großbritannien 1904 mit Frankreich die »Entente cordiale«. Auch die Bündnispolitik Frankreichs wird in Berlin als deutschfeindlich interpretiert.

Hauptpfeiler der »Einkreisung«

Jahr	Ereignis
1892	Französisch-russischer Zweiverband
1904	Britisch-französische Entente cordiale
1907	Britisch-russischer Petersburger Vertrag

Der französisch-russische Vertrag gilt im Deutschen Reich als weiterer Grundpfeiler der »Einkreisung«, obwohl die deutsche Politik seinen Abschluss erst ermöglicht hatte: Nach der Entlassung von Reichskanzler Otto von Bismarck 1890 hatte die deutsche Regierung die Erneuerung des deutsch-russischen Rückversicherungsvertrags ausgeschlagen. In seiner Rede beschreibt Bülow die Lage: »Wären wir wirklich isoliert ..., so brauchten wir auch noch nicht zu flennen wie ein einsames Kind im Walde. Ein Volk von 60 Millionen mit einem Heer wie das deutsche ist niemals isoliert, solange es sich selbst treu bleibt, solange es sich selbst nicht aufgibt. Wir haben es gar nicht nötig, irgend jemand nachzulaufen, den anderen gegenüber entgegenkommender zu sein als diese uns gegenüber. Das wäre nicht würdig, das wäre nicht einmal klug.«

12. November 1906

Alle Welt geht in die Luft

Auf dem Flugfeld von Bagatelle bei Paris fliegt der brasilianische Luftfahrtpionier Alberto Santos-Dumont (s. Abb. auf dem Sitz seines neuesten Flugdrachens kurz vor dem Start) über 220 m weit und sichert sich damit den mit 1500 Franc dotierten Großen Preis der französischen Aéroclubs. Am 30. September wurde das erste Gordon-Bennett-Rennen der Lüfte gestartet. Im Oktober war Berlin Schauplatz einer Luftschifferwoche.

Das Abenteuer Luftfahrt begeistert immer mehr Menschen. Ob Flugdrachen, Ballons oder Luftschiffe – die neue Technik entwickelt sich rasant. Die teils kuriosen Fluggeräte stellen in Wettbewerben ihre Tauglichkeit unter Beweis.

24. Dezember 1906

Radio-Zeitalter beginnt

Am Weihnachtsabend geht die erste Radiosendung in der Geschichte der Menschheit über den Äther. Der Kanadier Reginald Aubrey Fessenden sendet das erste Radiokonzert der Welt.

Mit Hilfe des von dem Dänen Valdemar Poulsen erfundenen Lichtbogensenders überträgt er aus Massachusetts (USA) sprachmodulierte Rundfunkwellen. Funker auf den Schiffen vor der Küste Neufundlands sowie einige Bastler vernehmen in ihren Kopfhörern statt Morsezeichen die fast geisterhafte Stimme eines Mannes. Der Unbekannte meldet sich mit dem Funkruf »CQ«, kündigt eine Schallplatte an und verliest nach dem Erklingen von Georg Friedrich Händels »Largo« die Weihnachtsgeschichte. Als »Vater des Radios« gilt jedoch Lee De Forest aufgrund seiner Erfindung der elektronischen Verstärkerröhre im Jahre 1906. Hatte der italienische Physiker Guglielmo Marchese Marconi die drahtlose Telegraphie entwickelt, so lieferte der US-Physiker mit seinem »Audion« das entscheidende Bauteil zur drahtlosen Übertragung von Sprache und Musik.

14. Dezember 1906

Erstes deutsches U-Boot

Die Germaniawerft in Kiel stellt nach den Plänen eines spanischen Ingenieurs das erste deutsche Unterseе-Boot in Dienst (s. Abb.). Es ist 3,60 m breit und 42,3 m lang. Das Schiff kann bis zu 30 m tief tauchen. Zur Orientierung verfügt es über zwei Sehrohre. Als Antrieb für die Fahrt über Wasser dient ein 200-PS-Verbrennungsmotor, unter Wasser ein Elektromotor. Die Akkumulatoranlage für den Elektromotor erlaubt eine Fahrt bis zu drei Stunden bei einer Geschwindigkeit von 9,5 Knoten (rd. 17,6 km/h) unter Wasser. Das Boot kann mit zehn Mann bis zu 24 Stunden unter Wasser bleiben. Noch um die Jahrhundertwende hatte die Führung der kaiserlichen Flotte den kostspieligen Bau von U-Booten abgelehnt. Das internationale Wettrüsten zur See und das Anwachsen vor allem der französischen und britischen U-Boot-Flotte sind der Grund, dass sich nun auch die deutsche Reichsmarine dieser neuen Kriegswaffe bedienen will. Frankreich verfügt bereits über 48 U-Boote, Großbritannien über 15.

4. Dezember 1906

Weltgrößter Bahnhof

In Hamburg wird der neue Hauptbahnhof (s. Abb.) eröffnet. Die Bahnhofshalle ist mit einer Höhe von 35 m die derzeit größte der Welt.
Der Neubau liegt in unmittelbarer Nähe des alten Klostertor-Bahnhofs, dessen beschränkte Verhältnisse den Ärger vieler Reisenden erregten. Der neue Hauptbahnhof der Hansestadt ist die Zentralstation für Züge aller Richtungen. Seit der Verstaatlichung der privaten Eisenbahnen in Preußen gegen Ende des 19. Jahrhunderts fehlte ein Verkehrsknotenpunkt im Zentrum von Hamburg. Die

Reisenden mussten bislang einen der kleinen Hamburger Bahnhöfe aufsuchen, ein oftmals zeitraubendes Verwirrspiel für Ortsunkundige. Der 5 Mio. Mark teure Bahnhof ist das gemeinsame Werk von Hamburg und Preußen, wie der preußische Minister für öffentliche Arbeiten, Paul von Breitenbach, in seiner Eröffnungsrede hervorhebt: »Hamburg, das dem modernen Verkehr, der Entwicklung der Stadt und ihrer Umgestaltung gerecht werden wollte, und Preußen in Wahrnehmung ähnlicher Interessen, da ihm die Fürsorge und Pflicht als Eigentümer und Betriebsführer der auf dem Bahnhof einmündenden Linien obliegt.«

13. Dezember 1906

Reichstag wird aufgelöst

Unter stürmischem Beifall erklärt Reichskanzler Bernhard Fürst von Bülow den Deutschen Reichstag im Namen des Kaisers für aufgelöst.
Die Geschichte dieser Reichstagsauflösung beginnt mit der sensationellen Ablehnung der Regierungsvorlage über die Errichtung eines Kolonialministeriums im März. Das Zentrum hatte seit 1890 immer die Regierung unterstützt. Seit Anfang dieses Jahres kamen die schärfsten Angriffe jedoch nicht mehr aus den Reihen der Sozialdemokratie, sondern von der Zentrumspartei. Wortführer waren Matthias Erzberger und Hermann Roeren. Bülow stellte am 28. November im Reichstag Bernhard Dernburg als neuen Direktor der Kolonialabteilung des Auswärtigen Amtes vor. Dieser trat dem Vorwurf der Korruption und anderer Missstände in der Kolonialverwaltung mit ungewöhnlicher Schärfe entgegen. Er warf Roeren vor, durch die Drohung, das Zentrum werde keine Gelder mehr für die Kolonien bewilligen, ungesetzlichen Druck auszuüben. Als die Regierung in einem Nachtragshaushalt 29 Mio. Mark zur Fortsetzung des Kriegs gegen die Hottentotten in Deutsch-Südwestafrika forderte, holte das Zentrum zum Gegenschlag aus: Mit Hilfe der Sozialdemokratie und polnischer Abgeordneter lehnte es 9 Mio. Mark der Vorlage ab und forderte obendrein eine Reduzierung der deutschen Kolonialtruppen. Die Regierung sah in dieser Politik eine klare Kompetenzüberschreitung des Parlaments, das Finanzmittel ablehnen, aber keine Bedingungen formulieren dürfe. Das Zentrum blieb unnachgiebig und lehnte die Vorlage am 13. Dezember in zweiter Lesung erneut ab.

1. Dezember 1906

Wahlreform in Österreich

Das Abgeordnetenhaus in Wien genehmigt eine Wahlreform, die das allgemeine, gleiche, geheime und direkte Wahlrecht für Männer einführt. Frauen bleiben weiterhin ausgeschlossen.
Bislang konnte in Österreich nur rd. ein Viertel der Männer zur Wahl gehen. Nur diejenigen besaßen das Wahlrecht, die mehr als zehn Gulden direkte Steuern im Jahr bezahlten. Der Wahlreform sind monatelange Kämpfe zwischen den verschiedenen Volksgruppen vorausgegangen.

14. Dezember 1906

Abessinien bleibt unabhängig

Die Kolonialmächte Großbritannien, Frankreich und Italien garantieren im Londoner Vertrag auch weiterhin die Unabhängigkeit Abessiniens nach dem Prinzip der Offenen Tür. Danach steht das afrikanische Kaiserreich dem Handel aller Länder offen.
Abessinien ist der einzige unabhängige Staat in Afrika. Er wird seit dem Jahre 1889 von Kaiser Menilek II. regiert. 1889 schloss Menilek mit Italien einen Vertrag, von dem er sich Unterstützung bei der Entwicklung seines Landes versprach. Rom wollte jedoch ein Protektorat errichten. Es kam zum Krieg. Durch den Sieg über Italien in der Schlacht bei Adua im Jahre 1896 sicherte Menilek seinem Reich die Unabhängigkeit.

Dezember 1906

1 Sa Der Schuhmacher Wilhelm Voigt, der als »Hauptmann von Köpenick« auftrat, wird in Berlin zu vier Jahren Gefängnis verurteilt. → Österreich

2 So In Paris wird bekanntgegeben, dass Eingeborene am Tschadsee einen französischen Militärposten überfallen und vier Mann verzehrt hätten.

3 Mo In Berlin wird die 3. Generalversammlung der Gesellschaft für soziale Reform eröffnet. Zentrales Thema ist die tarifliche Arbeitsregelung.

4 Di US-Präsident Theodore Roosevelt definiert in seiner Jahresbotschaft an den Kongress, wann ein Krieg gerecht sei. → Bahnhof

5 Mi Im Königreich Württemberg werden erstmals sämtliche Abgeordnete der zweiten Kammer direkt vom Volk gewählt.

6 Do Das Oberhaus in London genehmigt das vom Unterhaus verabschiedete Schulgesetz nur mit Änderungen. Der Streit zwischen den Kammern spitzt sich zu.

7 Fr Die französische Abgeordnetenkammer in Paris verabschiedet die Algeciras-Akte, die im April unterzeichnet wurde und die Marokko-Krise beilegte.

8 Sa Das für Kämpfe gegen Aufständische in Marokko zusammengezogene französisch-spanische Geschwader läuft von Cádiz in Richtung Tanger aus.

9 So Der Bund der Landwirte weist in einem in Berlin veröffentlichten Flugblatt den Vorwurf zurück, die Bauern trügen die Schuld an der Fleischteuerung.

10 Mo In Stockholm und Kristiania (Oslo) werden die Nobelpreise verliehen. US-Präsident Theodore Roosevelt erhält den Friedensnobelpreis.

11 Di In Frankreich läuft die Frist zur Bildung von Kultusvereinen ab, zu denen sich alle Religionsgemeinschaften ummelden müssen.

12 Mi Die britische Kolonie Transvaal erhält durch einen Erlass von König Edward VII. innere Selbstregierung und eine Verfassung.

13 Do Suffragetten veranstalten im Hof des britischen Unterhauses lärmende Kundgebungen für das Frauenwahlrecht. → Reichstag

14 Fr Das Brüsseler Parlament spricht sich für die Übernahme der königlichen Kolonie Kongostaat durch den belgischen Staat aus. → U-Boot → Abessinien

15 Sa Mit der Forderung nach Einführung des Achtstundentags und 9 Pfennig Stundenlohn gehen die Berliner Dachdecker in Gespräche mit den Unternehmern.

16 So Die Kommission für den Bau des Panamakanals teilt in Washington mit, dass ausländische Unternehmen beim Kanalbau ausgeschlossen seien.

17 Mo Winston Churchill, Unterstaatssekretär im britischen Kolonialamt, kündigt für 1907 eine Verfassung und Selbstregierung für die Oranjekolonie an.

18 Di In Deutschland, Österreich und der Schweiz verursachen Schneestürme erhebliche Verkehrsstörungen. Ein ungewöhnlich kalter Winter bricht an.

19 Mi Die chinesische Regierung gibt bekannt, dass die Orte Tschang-Tschun, Kirin, Charbin und Mandschuria als internationale Hafenplätze geöffnet werden.

20 Do Der russische Ministerrat unter Pjotr A. Stolypin legt die Wahl der Wahlmänner für die zweite Duma (Parlament) auf den 15. Januar fest.

21 Fr Die französische Abgeordnetenkammer genehmigt das Gesetz zur Ausübung des Kultus. Danach werden den katholische Kirchen und Pfarreien verstaatlicht.

22 Sa Regierungsfreundliche Zeitungen bezeichnen Berichte von Plänen der deutschen Regierung gegen das allgemeine Wahlrecht als »plumpen Wahlschwindel«.

23 So In Deutsch-Südwestafrika unterwerfen sich 120 Krieger der Bondelswarts. Damit gilt der Kolonialkrieg in Südwestafrika als beendet.

24 Mo Auch an den Weihnachtstagen behindern Schnee und Kälte den Verkehr in ganz Mitteleuropa. Es schneit unaufhörlich. → Radio-Zeitalter

25 Di In Makedonien finden schwere Kämpfe zwischen den bulgarischen und griechischen Nationalisten statt.

26 Mi 15 Mio. Franzosen wählen in einer Umfrage der Zeitung »Le Matin« die größten Männer Frankreichs. Die meisten Stimmen erhält der Chemiker Louis Pasteur.

27 Do Marokkanische Regierungstruppen besetzen Tanger, um gegen die Aufständischen zu kämpfen und ein Einschreiten europäischer Mächte zu verhindern.

28 Fr Bei Elliott in der Nähe von Dundee in Schottland fährt ein Expresszug auf einen Personenzug auf. 16 Menschen werden getötet.

29 Sa Starke Schneefälle bescheren Berliner Arbeitslosen unverhofft Brot: Die Verkehrsbetriebe zahlen Schneekehrern 2,80 Mark pro Tag.

30 So Der persische Schah Muzaffar Ad Din unterzeichnet in Teheran die Verfassungsurkunde. Damit wird Persien eine konstitutionelle Monarchie.

31 Mo In Madrid werden die Ratifikationsurkunden der Algeciras-Akte hinterlegt. Die Unterzeichnung der Akte hat die Marokko-Krise beigelegt.

Januar 1907

1 Di In Großbritannien tritt das Antikorruptionsgesetz in Kraft. Es wendet sich gegen die zunehmende Bestechlichkeit von Staatsangestellten.

2 Mi Beim Zusammenstoß zweier Personenzüge auf der Chicago-Rock-Island-Pacific-Eisenbahn kommen mehr als 30 Menschen ums Leben.

3 Do In Teheran tritt nach dem Inkrafttreten der Verfassung das erste gewählte Parlament in der Geschichte Persiens zusammen.

4 Fr Durch einen Schachteinsturz beim Bau der Hunsrückbahn werden mehr als 40 Menschen verschüttet. Die Katastrophe fordert 22 Tote.

5 Sa Marokkanische Regierungstruppen zerstören die Bergfeste Zinat, das Hauptquartier des aufständischen Häuptlings Raisuli.

6 So In Frankreich leben nach den Ergebnissen der Volkszählung vom 4.März 1906 39.2 Mio. Menschen, 0,7% mehr als vor 5 Jahren. → Montessori

7 Mo Die größten Schifffahrtsgesellschaften Japans fusionieren zur »Japan-China-Dampfergesellschaft«, die gegen die ausländische Konkurrenz antreten will.

8 Di Der Schah von Persien, Muzaffar Ad Din, stirbt in Teheran. Nachfolger wird sein 34-jähriger Sohn Mohammad Ali. → »März«

9 Mi Die Potsdamer Handelskammer fordert Grenzöffnung zur Milcheinfuhr, da die »minder bemittelten Klassen« die hohen Milchpreise nicht mehr zahlen könnten.

10 Do Der Emir von Afghanistan, Habib Ullah Khan, besucht in Agra den Vizekönig von Britisch-Indien, Gilbert John Elliot-Murray-Kynynmound Earl of Minto.

11 Fr In Geispelsheim bei Straßburg kommen beim Brand einer Schuhösenfabrik 21 jugendliche Arbeiter ums Leben. → Deutsch

12 Sa In Berlin beginnt die erste Generalversammlung des 1905 von Helene Stöcker gegründeten »Bundes für Mutterschutz«.

13 So Das britische Vollschiff »Pengwern« strandet während eines orkanartigen Sturms zwischen Helgoland und Cuxhaven. 26 Menschen ertrinken.

14 Mo Kingston, die Hauptstadt von Jamaika, wird durch ein schweres Erdbeben und nachfolgende Brände weitgehend zerstört.

15 Di Der preußische Landwirtschaftsminister Bernhard von Arnim-Criewen bezeichnet in Berlin die Fleischteuerung als weitgehend abgeklungen.

16 Mi Nach einer von Farbigen provozierten Schlägerei wird in einem großen Berliner Kaffeehaus ein Plakat »Negern ist der Zutritt verboten« angebracht.

17 Do Helene Simon fordert in einem Vortrag im Berliner Frauenverein die »Schulspeisung aller bedürftigen, unterernährten und hungernden Kinder«.

18 Fr Der Landtag des Herzogtums Braunschweig fordert die Regierungsübernahme durch Prinz Ernst August von Cumberland.

19 Sa Der französische Schriftsteller Maurice Barrès wird in die Académie française aufgenommen. +++ In Teheran wird Mohammad Ali zum Schah gekrönt.

20 So Über Europa bricht eine Kältewelle herein. Im Osten Deutschlands fallen die Temperaturen auf Minus 30 °C.

21 Mo In Russland beginnen die Wahlen zur zweiten Duma. Das erste Parlament war von Zar Nikolaus II. wegen oppositioneller Haltung aufgelöst worden.

22 Di Der Schwede Ulrich Salchow gewinnt in Wien die Weltmeisterschaft im Eiskunstlauf der Herren. Bei den Damen siegt die Britin Madge Syers-Cave.

23 Mi US-Präsident Theodore Roosevelt fordert in Washington die Errichtung schneller Dampferlinien nach Südamerika, um den Handel auszubauen.

24 Do Die liberale spanische Regierung unter Antonio Aguilar y Correa tritt wegen Teuerungsunruhen zurück. +++ Die Stadt Gera führt eine Warenhaussteuer ein.

25 Fr In Gegenwart von Kaiser Wilhelm II. wird das neue Gebäude der Berliner Akademie der Künste am Pariser Platz eröffnet. → SPD

26 Sa Die Tragikomödie »Der Held der westlichen Welt« von John Millington Synge wird im Dubliner Abbey Theatre uraufgeführt.

27 So In der Kolonie Deutsch-Togo an der Sklavenküste von Westafrika wird die Eisenbahnlinie von Lomé nach Palimé eröffnet.

28 Mo Bei einer Schlagwetterexplosion auf der Grube Reden bei St. Johann an der Saar sterben 148 Bergleute. +++ In Berlin sind 37 cm Neuschnee gefallen.

29 Di Der US-Funkpionier Lee De Forest meldet das »Audion« zum Patent an. Die Audionschaltung wird Grundlage der Rundfunktechnik.

30 Mi Die französische Abgeordnetenkammer verabschiedet eine Novelle zum Vereinsgesetz. Versammlungen müssen nun nicht mehr angemeldet werden.

31 Do Russische Truppen beginnen mit dem Rückzug aus der Mandschurei, wo sie seit Beginn des Boxeraufstands im Jahre 1900 stationiert waren.

6. Januar 1907

Erste Montessori-Schule

Am Tag der Heiligen Drei Könige, einem in Italien traditionell hohen Festtag für Kinder, eröffnet die italienische Ärztin und Pädagogin Maria Montessori in einer Arbeitersiedlung im römischen Stadtteil San Lorenzo ihr erstes »Kinderhaus« (»Casa dei Bambini«). Dort kann sie nach den von ihr selbst entwickelten bahnbrechenden Erziehungsmethoden arbeiten und forschen. »Ich weiß nicht, was mich überkam«, erinnert sie sich später, »aber ich hatte eine Vision, und von ihr inspiriert geriet ich ins Feuer und sagte, diese Arbeit, die wir auf uns nähmen, würde sich als sehr bedeutsam erweisen, und eines Tages würden von überall her Leute kommen, um sie anzuschauen.« Sie sollte recht behalten.

Montessoris Erziehungsmethode der »selbsttätigen Erziehung« will den natürlichen Ansprüchen des Kindes gerecht werden. Der Erwachsene soll das Kind weder sich selbst überlassen noch ihm jede Tätigkeit abnehmen, sondern »dem Kind helfen, dass es seine eigene Arbeit in der Welt ausführen kann«. Die Aufgabe des Erwachsenen ist es weiter, dem Kind gesellschaftliche Umgangsformen, den Sinn für Ordnung und das Bedürfnis nach Körperhygiene zu vermitteln, es in der Selbstkontrolle seiner Bewegungen zu schulen und ihm eine umfassende Ausbildung aller Sinne zuteil werden zu lassen. Montessori erkannte die besondere Aufnahme- und Lernfähigkeit des Kleinkindes, die eher sensorischer Natur ist. Durch Schulung der Sinneswahrnehmungen im freien Spiel will sie die Intelligenz und Kreativität des Kindes fördern. Die in ihrem Kinderhaus entwickelten Methoden baut die Ärztin später für das Grundschulalter aus. Die Methoden Maria Montessoris finden in den folgenden Jahren großen Widerhall, vor allem nach dem Erscheinen ihrer programmatischen Schrift »Selbsttätige Erziehung im frühen

Maria Montessori

italienische Ärztin und Pädagogin, * 31.8.1870 Chiaravalle (Ancona); † 6.5.1952 Noordwijk aan Zee/Niederlande

Montessori, die erste Italienerin, die zum Doktor der Medizin promovierte, entwickelte didaktische Methoden und Materialien, mit denen sie zunächst geistig behinderte Kinder, später auch normalbegabte Kleinkinder in ihrer Entwicklung fördern kann. Ihre Methode setzt eine pädagogisch gestaltete Umgebung voraus, in der die Kinder selbsttätig auf Gegenstände aufmerksam werden und damit spielerisch lernen. So sollen Kreativität und Entscheidungsfähigkeit des Kindes positiv beeinflusst werden. Im Jahre 1936 flieht sie über England nach Indien, wo sie bis zu ihrer Rückkehr nach Italien 1947 Kurse erteilt.

- 1896: Erste Ärztin Italiens
- 1904: Lehrstuhl für Anthropologie an der Universität Rom
- 1916: »Selbsterziehung in den Grundschulen« (Schrift)
- 1929: Gründung der Internationalen Montessori-Vereinigung
- 1949: »Frieden und Erziehung« (Schrift)

2. Februar 1907

Desaster für Hauptmann

Buhrufe und Pfiffe erntet Gerhart Hauptmanns Lustspiel »Die Jungfern vom Bischofsberg« (s. Abb.) vom Premierenpublikum im Berliner Lessingtheater. Die höhnischen Missfallenskundgebungen richten sich nicht etwa gegen das Ensemble, sondern gegen die Qualität des Stückes in der Inszenierung von Otto Brahm. »Uferloses Geschwätz«, »Sinnloses Lallen«, »Hauptmanns Stern im Sinken«, so lauten die vernichtenden Presseurteile. Das Desaster trifft einen Dramatiker, der als wichtigster Vertreter des deutschen Naturalismus und als Begründer des modernen sozialen Dramas in der Tradition Georg Büchners gilt. Bei Kaiser Wilhelm II. war Hauptmann schon lange »persona non grata«. Der Uraufführung seines Erstlingswerkes »Vor Sonnenaufgang« (1889) folgte die Kündigung der kaiserlichen Loge im Deutschen Theater. Dem Kaiser missfiel die ganze Denkweise des Dichters, der 1912 den Nobelpreis erhält.

8. Januar 1907

Zeitschrift »März« erscheint

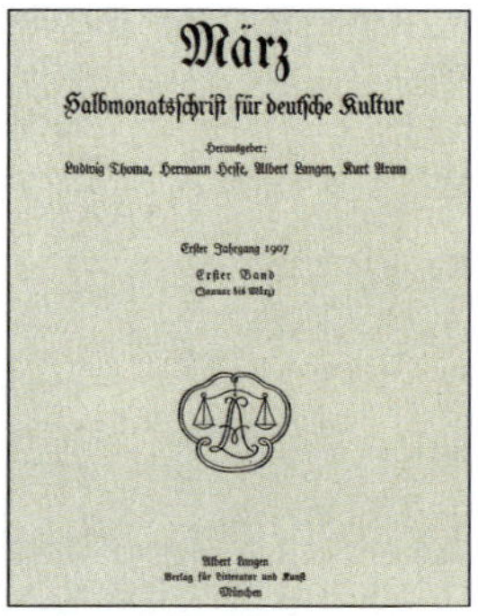

Der Münchener Verlag Albert Langen kommt mit der ersten Nummer (s. Abb.) der Kultur-Zeitschrift »März« heraus, die als Gegenstück des Satireblatts »Simplicissimus« gedacht ist. Herausgeber sind neben Langen die Schriftsteller Ludwig Thoma, Hermann Hesse und Kurt Aram. Anders als das populäre Satireblatt soll der »März« eher seriös, aufbauend und »positiv« sein. Ohne parteipolitische Anlehnung und eher literarisch als politisch ausgerichtet, versteht sich die neue Zeitschrift als aufklärerisch, tendenziell freiheitlich und völkerverbindend. Ein weiterer Leitgedanke ist die Förderung des Süddeutschen in Literatur, Kunst, Wissenschaft und Politik. Der süddeutsche Gedanke, unter Einbeziehung der Schweiz und Österreichs, richtet sich gegen die Dominanz des Preußischen im sog. Neuberlinertum. Als Mitarbeiter gewinnt Langen u.a. Knut Hamsun, Heinrich Mann und Frank Wedekind. Späterer Herausgeber des »März« wird Theodor Heuss.

Die Reformpädagogin Maria Montessori

Kindesalter« (1909). In kürzester Zeit wird das Werk in 20 Sprachen übersetzt. 1910 wird das Montessori-System offiziell in italienischen Volksschulen anerkannt. Die Pädagogin hält Kurse in London, Paris, Barcelona und London. Überall in der Welt werden Kindergärten und -schulen eingerichtet, die sich den Lernmethoden der italienischen Pädagogin verpflichtet fühlen.

11. Januar 1907

Deutsch oder dänisch?

Der sog. Optantenvertrag, der in Berlin unterzeichnet wird, soll die seit dem Deutsch-Dänischen Krieg von 1864 bestehenden Spannungen im nordschleswigschen Grenzgebiet beseitigen. Unter »Option« wird die Entscheidungswahl in bezug auf die Staatsangehörigkeit verstanden. Im vorliegenden Fall geht es um das Recht einer Gruppe von Dänen, sich entweder für die deutsche oder die dänische Staatsbürgerschaft zu entscheiden. Es handelt sich um die Nachkommen der Dänen, die sich nach der Abtretung Schleswig-Holsteins an Preußen (1864) für die dänische Staatsbürgerschaft entschieden hatten. Nach preußischer Auffassung galten Kinder von »Optanten« als Dänen, nach dänischer Auffassung nicht als Dänen, da sie außerhalb des dänischen Staatsgebiets geboren worden waren. Folglich waren die Optantenkinder staatenlos und ohne staatsbürgerliche Rechte. Der jetzt geschlossene Vertrag soll diesen von beiden Seiten als unhaltbar empfundenen Zustand beenden. Zugleich zeigt der Vertrag »den festen Willen der beiden Regierungen, die in den Grenzgebieten bestehenden Spannungen zu beheben«, kommentiert die »Norddeutsche Allgemeine Zeitung«. Am 3. Juli unterstreicht das deutsche Kaiserpaar anlässlich eines Besuches in Kopenhagen die gutnachbarlichen Beziehungen zu Dänemark.

25. Januar 1907

SPD büßt Stimmen ein

Die Wahlen zum zwölften Deutschen Reichstag enden mit einem Mandatszuwachs für Zentrum, Konservative, Nationalliberale und Freisinnige. Nach den Stichwahlen vom 5. Februar steht fest, dass sich die Abgeordnetenzahl der Sozialdemokraten von 81 auf 43 fast halbiert hat.
Reichskanzler Bernhard Fürst von Bülow hatte den Reichstag vorzeitig aufgelöst, weil Zentrum, Sozialdemokraten sowie polnische Abgeordnete am 13. Dezember 1906 einem Nachtragshaushalt nicht zustimmen wollten, mit dem die Fortsetzung des Kolonialkriegs gegen die Hottentotten finanziert werden sollte. Darüber hinaus hatte das Zentrum eine substantielle Verringerung der Kolonialtruppen gefordert und Missstände in der Kolonialverwaltung angeprangert. Das katholische Zentrum hatte sich von der traditionellen Regierungspartei zum schärfsten Kritiker der Regierung entwickelt. Dennoch bleibt das Zentrum stärkste Fraktion und baut seine Mandatszahl sogar von 100 auf 105 aus. Die SPD, die einen schweren Einbruch erleidet, ist u.a. Opfer des Mehrheitswahlrechts. Mit 28,9 % der Stimmen gewinnt sie über 246 000 Stimmen hinzu, verliert aber 38 Mandate. In der Stichwahl verhindern die bürgerlichen Parteien vielfach einen Erfolg des Arbeitervertreters. Allerdings führt das SPD-Zentralorgan »Vorwärts« die Niederlage auch auf »ungenügende Organisation der Partei« zurück.
Die Deutschkonservativen werden zweitstärkste Kraft. Nach den »Hottentottenwahlen« führt der Bruch mit dem Zentrum zur Bildung des sog. Bülow-Blocks, einer aus Konservativen und Liberalen bestehenden Koalition zur parlamentarischen Unterstützung der Regierungsarbeit.

8. Februar 1907

11 000 Tote bei Bauernrevolte

Gegen Großgrundbesitzer und Juden richtet sich ein Aufstand der Kleinbauern im Fürstentum Moldau (Rumänien). Sie fordern die Herabsetzung des horrenden Pachtzinses und die Aufteilung des Großgrundbesitzes. Bei der Erstürmung von Dorfverwaltungen und Gutshöfen (s. Abb.) kommt es vielerorts zu Judenpogromen.
Die Wut der Kleinbauern entlädt sich mit unvorstellbarer Gewalt. Dass auch Juden zur Zielschei-

be werden, ist für den osteuropäischen Raum keine Ausnahmeerscheinung. Die Regierungen verstehen es geschickt, die Ursachen für soziale Missstände den Juden anzulasten. Erst ein massiver Truppeneinsatz kann den Aufstand beenden. Er fordert unter den Bauern 11 000 Tote. An ihrer Notlage ändert sich jedoch nichts.

Februar 1907

1 Fr Obwohl das neue Wahlrecht in Hamburg gegen die Sozialdemokratie gerichtet ist, verdoppelt die SPD ihre Mandate bei den Bürgerschaftswahlen auf zehn.

2 Sa Der Große Rat von Genf verabschiedet das Gesetz über das Verkaufsverbot für Absinth in den Kantonen Waadt und Genf. → Hauptmann

3 So In der argentinischen Provinz San Juan bricht eine Revolution gegen die Zentralregierung unter José Fugueroa Alcorta aus.

4 Mo Im Westen Marokkos wird eine französische Expedition von aufständischen Berbern angegriffen und zum Rückzug gezwungen.

5 Di Italiens Außenminister Tommaso Tittoni dementiert Pressemeldungen, nach denen Österreich-Ungarn Vorbereitungen für einen Krieg mit Italien treffe.

6 Mi In Berlin wird der Zentralverband Deutscher Reeder gegründet, dessen Ziel u.a. die Unterstützung der Reeder bei Arbeitskämpfen ist.

7 Do König Wilhelm II. von Württemberg eröffnet in Stuttgart den ersten nur vom Volk gewählten Landtag. +++ Frankreich führt die Einkommensteuer ein.

8 Fr Zugunsten des Grafen Ferdinand von Zeppelin und seines Luftschiffprogramms wird eine Lotterie durchgeführt. → Bauernrevolte

9 Sa Auf einer Demonstration in London fordern mehr als 3000 britische Suffragetten die Einführung des Stimmrechts für Frauen.

10 So In der chinesischen Provinz Kiangsi brechen fremden- und christenfeindliche Unruhen aus. Die Aufständischen verlangen den Erlass einer Verfassung.

11 Mo Der Rosenmontag steht im Zeichen von Schnee und bitterer Kälte. Während der »tollen Tage« erfrieren allein in Paris 20 Menschen.

12 Di Der britische Premierminister Henry Campbell-Bannerman kündigt in London eine Neuregelung der Beziehungen von Ober- und Unterhaus an.

13 Mi In der Kolonie Deutsch-Südwestafrika beginnen Friedensgespräche der Kolonialbehörden mit Hottentottenführer Simon Copper.

14 Do Die französische Schauspielerin Sarah Bernhardt wird Professorin am Pariser Konservatorium, wo sie Deklamation und Ausdruck unterrichten soll.

15 Fr Während der Stammesunruhen in Marokko wird Ben Mansur, ehemaliger Stellvertreter des aufständischen Häuptling Raisuli, bei Tanger ermordet.

16 Sa In Mannheim protestieren Vertreter von Stadtverwaltungen und Handelskammern gegen die geplante Einführung von Schifffahrtsabgaben auf dem Rhein.

17 So In Rom finden antiklerikale Kundgebungen zum Todestag des Naturphilosophen Giordano Bruno statt, der 1600 von der Inquisition verbrannt worden war.

18 Mo Bei der Entgleisung eines elektrischen Vorortzuges in New York werden 20 Menschen getötet und über 50 verletzt.

19 Di Kaiser Wilhelm II. eröffnet in Berlin den neugewählten Reichstag mit einer Rede, in der er Kolonialpolitik als dringlichste Aufgabe des Parlaments bezeichnet.

20 Mi Die Schifffahrtsgesellschaft Norddeutscher Lloyd feiert den 50. Jahrestag ihres Bestehens. Die Flotte ist von anfangs vier auf jetzt 81 Dampfer angewachsen.

21 Do Der Passagierdampfer »Berlin« wird bei Hoek van Holland von Orkanböen gegen die Mole geworfen und bricht auseinander. 129 Menschen sterben.

22 Fr Eine Kommission in St. Petersburg empfiehlt eine Expedition, um eine Passage durch die Beringstraße in den Fernen Osten ausfindig zu machen.

23 Sa In der britischen Kolonie Transvaal wird die erste Burenregierung gebildet. Premierminister wird der General Louis Botha.

24 So In der russischen Schwarzmeerhafenstadt Odessa werden wegen revolutionärer Unruhen alle Konsulate unter den Schutz von Militärwachen gestellt.

25 Mo Reichskanzler Bernhard Fürst von Bülow wendet sich in einer Rede vor dem Reichstag gegen die Sozialdemokratie und spricht für den nationalen Gedanken.

26 Di In Italienisch-Afrika kommt es bei Benadir zu blutigen Kämpfen zwischen den Kolonialtruppen und Rebellen des Stammes Bimal.

27 Mi Im Zuge der Auseinandersetzung mit der Kirche lässt die französische Regierung das beschlagnahmte Archiv der päpstlichen Nuntiatur an den Vatikan leiten.

28 Do In Wien beginnen die Verhandlungen über die Neuregelung des österreichisch-ungarischen Ausgleichs von 1867. Ungarn fordert u.a. autonomes Zollwesen.

März 1907

1 Fr Das Pariser Leichenschauhaus soll aus Gründen der Moral für die Öffentlichkeit geschlossen werden. Die Morgue ist täglich Ziel hunderter Neugieriger.

2 Sa Bei einer Haussuchung in der polytechnischen Hochschule in St. Petersburg entdeckt die Polizei ein Bombenlager antizaristischer Revolutionäre.

3 So Die Truppen des nicaraguanischen Diktators José Santos Zelaya erobern im Krieg um die Mosquitoküste den Ort El Corpus in Honduras.

4 Mo In Hamburg streiken wegen Nachtarbeitsregelungen mehrere tausend Schauerleute. Die Reeder reagieren mit Einstellung von 2000 britischen Arbeitswilligen.

5 Di Der Parteitag der bayerischen Zentrumspartei erklärt, die zur Zeit gefährlichsten politischen Gegner seien die Liberalen. → Duma

6 Mi Kaiser Wilhelm II. hebt den Kriegszustand in der Kolonie Deutsch-Südwestafrika zum 31. März auf und beendet damit den Hottentottenkrieg.

7 Do Frühjahrsmodenschauen deuten einen Wandel hin zur praktischen Eleganz an, noch wird aber der gewohnte Stil favorisiert. → Wall Street

8 Fr In Paris treten die Arbeiter der Elektrizitätswerke in den Streik. Energiemangel zwingt viele Unternehmen, den Betrieb einzustellen.

9 Sa Das Folketing, die dänische Abgeordnetenkammer in Kopenhagen, verabschiedet das Gesetz über die Arbeitslosenversicherung.

10 So Nach Russland beginnt auch Japan mit dem Rückzug seiner Truppen aus der Mandschurei, die während des Boxeraufstands 1900 besetzt worden war.

11 Mo Der bulgarische Ministerpräsident Dmitri Petkow wird in Sofia von einem entlassenen Beamten auf offener Straße erschossen.

12 Di Eine Pulverexplosion zerstört das französische Panzerschiff »Iéna«; mehr als 100 Marinesoldaten kommen dabei ums Leben.

13 Mi Das britische Unterhaus verabschiedet eine Erklärung, nach der die Ausnahmegesetze gegen Irland baldmöglichst aufgehoben werden sollen.

14 Do Die deutschen Börsen erleben einen »schwarzen Donnerstag«. Es ist der größte Kurseinbruch seit sieben Jahren.

15 Fr Bei den finnischen Landtagswahlen haben erstmals in der Geschichte Frauen bei der Wahl eines Landesparlaments aktives und passives Wahlrecht.

16 Sa Das 64. Ruderrennen zwischen den Studenten-Achtern von Oxford und Cambridge gewinnt das Boot aus Cambridge.

17 So Aufständische rumänische Bauern umzingeln die Distrikthauptstadt Jassy im Nordosten des Landes. Sie fordern die Herabsetzung der Pachtzinsen.

18 Mo Kaiser Wilhelm II. setzt seinen Sohn Prinz Eitel Friedrich von Preußen als Herrenmeister des evangelischen Johanniterordens ein.

19 Di Der russische Ministerpräsident Pjotr A. Stolypin kündigt in St. Petersburg die Einführung einer Invaliden- und Krankenversicherung für Arbeiter an.

20 Mi Das Konditionenkartell der österreichischen Banken tritt in Kraft. Es enthält Bestimmungen über Art und Umfang von Geschäftskonditionen für die Kunden.

21 Do Die britische Regierung lehnt den Bau eines Kanaltunnels zwischen Frankreich und Großbritannien aus Gründen der politischen Sicherheit ab.

22 Fr Das britische Unterhaus in London lehnt die Einführung des metrischen Maß- und Gewichtssystems mit 150 zu 118 Stimmen ab.

23 Sa Durch einen Grenzvertrag mit dem Königreich Siam (Thailand) vergrößert Frankreich sein Kolonialgebiet Kotschinchina um rund 20 000 km^2.

24 So In der Kolberger-Straße in Berlin weiht der SPD-Reichstagsabgeordnete Paul Singer ein neues Frauenasyl ein.

25 Mo Die Berliner Polizei hebt in einer Privatwohnung eine geheime polnische Religionsschule aus, die sich regen Zulaufs erfreut hatte.

26 Di Demetrios Sturdza übernimmt zum vierten Mal das Amt des rumänischen Ministerpräsidenten als Nachfolger des zurückgetretenen Gheorghe Cantacuzino.

27 Mi Frankreichs Ministerpräsident Georges Clemenceau verteidigt die Versetzung von General Bailloud wegen einer kriegerischen Rede gegen Deutschland.

28 Do Während der Bauernunruhen in Rumänien verweigern zahlreiche Soldaten den Gehorsam und schließen sich den plündernden Bauern an.

29 Fr Französische Truppen ziehen in die nordostmarokkanische Stadt Oujda ein, um gegen christenfeindliche Aufständische vorzugehen.

30 Sa Die französischen Flugzeugkonstrukteure Gabriel und Charles Voisin fliegen in Billancourt mit einem Doppeldecker über 60 m weit.

31 So US-Truppen landen in Honduras. Die USA intervenieren im Mosquitoküstenkrieg zum »Schutze amerikanischen Eigentums«. → Hottentottenkrieg

5. März 1907

Duma erneut widerspenstig

Die Neuwahlen zur russischen Volksvertretung (Duma) enttäuschen die Hoffnungen von Zar Nikolaus II. Die zweite Duma (Abb.: Eröffnung) weist noch mehr radikale Deputierte auf als die erste. Dominierende Kraft sind die Sozialisten.

Im Juli 1906 hatte der Zar die wenige Wochen zuvor eröffnete Volksvertretung wieder aufgelöst. Er begründete dies mit deren »Kompetenzüberschreitungen« und »Ungesetzlichkeiten«. Während das erste Parlament als »Duma der Volkshoffnung« in die Geschichte eingeht, erhält ihre Nachfolgerin den Namen »Duma des Volkszorns«. Auch sie wird nach wenigen Wochen aufgelöst.

1. April 1907

Hengste, Hüte und Brillanten

Bei herrlichem Frühlingswetter verzeichnet die Pferderennbahn in Berlin-Karlshorst zum Auftakt der Rennsaison am Ostermontag einen Besucherrekord. Rd. 25 000 Menschen drängen sich am Totalisator, der dem Ansturm der Massen nicht mehr gewachsen ist. Pferdesport liegt als Freizeitvergnügen bei der »besseren Gesellschaft« im Trend. Entsprechend glanzvoll ist der äußere Rahmen der Veranstaltung.

Das Hauptereignis des Tages, der mit 10 000 Mark dotierte Osterpreis, entwickelt sich zu einem spannenden Rennen mit überraschendem Ausgang. Außenseiter Kuroki läuft mit einer halben Länge Vorsprung vor Tamales sicher ins Geld. Der Favorit Kings Coat landet auf dem sechsten Platz. Von mindestens ebenso großer Bedeutung wie das sportliche Geschehen ist das gesellschaftliche Treiben auf den Rennplätzen. Zu besonderen Veranstaltungen geben sich nicht selten gekrönte Häupter die Ehre. »Sehen und gesehen werden« lautet die Devise. Der weibliche Teil von Adel und Hochfinanz stellt elegante Hüte und kostbare Juwelen in der neuesten Fassung von Lalique und Tiffany zur Schau (s. Abb.). Teilweise sind auch extravagante Sportkostüme zu bewundern. Für diejenigen, die nicht dabei sein können, berichten Journalisten ausführlich nicht nur über das sport-

liche Geschehen, sondern auch über die Garderoben. So enthält die Rennreportage stets den Modebericht, die »Toilettenschau«. Über keine Sportart berichten Zeitungen so häufig wie über Pferderennen. Für viele Besucher spielt dabei der Nervenkitzel eine zentrale Rolle, wie der Andrang auf die Wettmaschinen zeigt. Auch in der Spielleidenschaft vermischen sich Aristokratie und gehobenes Bürgertum. Man verfolgt gespannt den Einlauf seiner Favoriten. Die verlorenen Summen spielen kaum eine Rolle.

25. April 1907

Puttkamer stürzt über Liaison

Die Disziplinarkammer in Potsdam verurteilt Jesko von Puttkamer (s. Abb. links), den Gouverneur von Kamerun, zu 1000 Mark Geldstrafe und erteilt ihm einen Verweis. Er hatte seine frühere Mätresse als Kusine ausgegeben und unter falschem Namen in die Kolonie geschmuggelt.

Die Laufbahn des Kolonialpolitikers ist durch die amouröse Affäre beendet, er wird in den einst-

weiligen Ruhestand versetzt. Über die spöttisch »Puttkamerun« genannte Affäre schreibt die Berliner »Welt am Montag«: »Das Ewig-Weibliche hat ja bei so vielen Kolonialskandalen Pate gestanden«. Unter Puttkamer vollzog sich die eigentliche Eroberung der afrikanischen Kolonie. Bekannt war seine brutale Behandlung der Eingeborenen. Als 1906 Prinz Akwa aus Kamerun beim Reichstag Beschwerde über die »strenge« Behandlung der Einheimischen durch den Gouverneur einlegte und erste Einzelheiten der Mätressen-Affäre durchsickerten, wurde Puttkamer nach Berlin zurückbeordert. »Puttkamerun« ist mit der Verurteilung des Kolonialpolitikers noch nicht ausgestanden. Die ehemalige Mätresse tritt mit einem Schreiben an die Öffentlichkeit, in dem sie gegen das negative Bild angeht, das in der Öffentlichkeit von ihr gezeichnet wurde. Im Gegenzug wartet sie mit Enthüllungen auf: Puttkamer habe ihr den falschen Namen »von Eckardtstein« gegeben. Nur auf sein unausgesetztes Bitten hin habe sie eine Passfälschung durchführen lassen. Nachfolger Jesko von Puttkamers in Kamerun wird Theodor Seitz. Im Juli findet in Deutschland ein weiterer Kolonialprozess statt. Carl Peters, berüchtigt wegen Grausamkeiten gegen Eingeborene, wird Mord vorgeworfen. Das Gericht bescheinigt ihm Brutalität, hält ihn aber nicht des Mordes für schuldig.

31. März 1907

Kaiser beendet Hottentottenkrieg

Mit der Aufhebung des Kriegszustandes in der Kolonie Deutsch-Südwestafrika durch Kaiser Wilhelm II. endet der seit 1903 dauernde Hottentottenkrieg, der blutigste Krieg in der deutschen Kolonialgeschichte. Die Niederschlagung der Herero und Hottentotten, die von deutscher Seite mit äußerster Härte betrieben wurde, forderte unter den Eingeborenen zehntausende Tote und führte an den Rand des Völkermords.

Auch nach dem offiziellen Ende des Krieges kommt es vereinzelt zu Gefechten, da noch einige Häuptlinge im Feld stehen. Jakob Morenga (s. Abb.), der in das britische Betschuanaland abgedrängt worden war, fällt im August in Deutsch-Südwest ein. Er kommt bei Kämpfen mit den Kolonialtruppen in der Wüste um. Ebenfalls von britischem Territorium aus operiert ein weiterer Hottentotten-Häuptling, Simon Copper. Mit seinem Anhang wird er 1908 entscheidend geschlagen und fällt in der Kalahari-Wüste. Damit ist endgültig der letzte Widerstand gebrochen.

Stationen des Hottentottenkriegs

Datum	Ereignis
Dez. 1903	Erhebung der Bondelswart-Hottentotten
12.1.1904	Aufstand der Herero
9.2.1904	Erster dt. Truppentransport erreicht Swakopmund
4.5.1904	Lothar von Trotha löst Gouverneur Theodor Leutwein ab; Beginn des Vernichtungsfeldzugs
11.8.1904	Niederlage der Herero in der Schlacht am Waterberg
4.1.1905	Erstürmung der Hottentotten-Festung Groß-Nabas
3.2.1906	Hottentottenführer Samuel Isak Witbooi stellt sich
13.12.1906	Deutsche Regierung erklärt Fortsetzung des Hottentotten-Krieges zur »nationalen Frage«; Reichtagsauflö sung wegen Verweigerung eines Nachtragshaushalts
31.3.1907	Offizielles Kriegsende
6.9.1907	Deutsche Truppen stellen Kampfhandlungen ein

General Max von Bock und Polach (vorn l.) begrüßt am 2. Mai in Hamburg den aus Afrika zurückgekehrten Generalmajor Berthold von Deimling (vorn r.), der den Hottentottenkrieg beendet hat.

7. März 1907

Panik an der Wall Street

In den USA bricht der Aktienmarkt zusammen. Der Börsenkrach greift eine Woche später auch auf Deutschland über und führt zu einer Weltwirtschaftskrise, die bis zum Jahre 1908 andauert. Schlüsselfigur des Geschehens ist der Finanzmagnat Edward Henry Harriman, der einen Großteil des US-Eisenbahnnetzes sowie Dampferlinien kontrolliert. Den äußeren Anlass zur Panik gibt ein Antitrust-Verfahren gegen Harriman, das seine unseriösen Geschäftspraktiken ans Tageslicht bringt. Die Krise führt Ende Oktober zusätzlich zu einem Bankenkrach in den USA.

15. April 1907

Schulreform für Mädchen

Der preußische Kultusminister Konrad von Studt stellt die Grundzüge der geplanten Mädchenschulreform vor. Danach wird u.a. das gesamte höhere Mädchenschulwesen der Verwaltung des höheren Schulwesens eingegliedert und im Lehrplan Mathematik und Naturwissenschaften in Angleichung an die Knabenrealschule verstärkt. Studt führt aus: »Die bedeutsamste Änderung wird darin bestehen, dass gegenüber der vielfach einseitigen Betonung der ästhetischen und Gefühlsbildung ein größeres Gewicht auf die Verstandesbildung gelegt wird.«

April 1907

1 Mo Der Nationalkongress der französischen sozialistischen Partei lehnt in Lyon Generalstreiks als gefährlich ab. → Hengste

2 Di Nach Angaben christlicher Missionare sterben in Südchina täglich rund 5000 Menschen an Hunger. Das Gros der Chinesen lebt in Armut.

3 Mi Die russische Hungersnot-Kommission erklärt in St. Petersburg den Mangel an Brotkorn in den von der Hungersnot betroffenen Provinzen als beseitigt.

4 Do Die Oper von Monte Carlo eröffnet ihr Gastspiel im Königlichen Opernhaus in Berlin mit »Fausts Verdammung« von Hector Berlioz.

5 Fr Die Moskauer Universität wird wegen Studentenunruhen geschlossen. Zugleich werden auch aus Kiew Studentenunruhen gemeldet.

6 Sa Die USA, Mexiko, Costa Rica, El Salvador und Guatemala einigen sich auf gemeinsames Handeln im honduranisch-nicaraguanischen Mosquitoküstenkrieg.

7 So In Kristiania (Oslo) wird der norwegische Reichssprachenverband gegründet, der sich gegen die Einführung einer zweiten Landessprache wendet.

8 Mo König Edward VII. von Großbritannien und Irland kommt in Cartagena zu einem Gipfeltreffen mit König Alfons XIII. von Spanien zusammen.

9 Di Die 33. Vollversammlung des Deutschen Handelstags in Berlin wird eröffnet. Zentrales Thema ist die Weltwirtschaftskrise.

10 Mi Der dänische Regierungsentwurf zur Einführung eines allgemeinen, kommunalen Wahlrechts für alle Männer und Frauen scheitert im Parlament.

11 Do In Pittsburgh (Pennsylvania) wird das Carnegie Institute of Technology feierlich eröffnet. +++ Der britische Generalkonsul in Ägypten tritt zurück.

12 Fr In Genua und Zürich werden Falschmünzerwerkstätten ausgehoben, die sich auf den Druck falscher 100-Franc-Noten spezialisiert haben.

13 Sa Russische Regierungstruppen schlagen eine Häftlingsmeuterei in Riga nieder. Sieben Häftlinge werden dabei getötet.

14 So In der Nacht zum Montag zerstört ein Erdbeben die mexikanische Hafenstadt Acapulco de Juárez. Hunderte von Menschen kommen ums Leben.

15 Mo Der bekannte Dichter, Zeichner und Maler Wilhelm Busch feiert in Mechtshausen am Harz seinen 75. Geburtstag. → Schulreform

16 Di In Peking wird das Abkommen über den Verkauf der Mandschureibahn Hsinmintun-Mukden an Japan unterzeichnet.

17 Mi In Paris streiken die Caféhauskellner. Sie kämpfen für das Recht, sich künftig einen Schnurrbart wachsen lassen zu dürfen.

18 Do König Edward VII. von Großbritannien und Irland trifft in Gaeta König Viktor Emanuel III. von Italien. Die Dreibundstaaten zweifeln Italiens Bündnistreue an.

19 Fr Während des Mosquitoküstenkrieges wird in der honduranischen Stadt Amapala der Friedensvertrag zwischen Nicaragua und El Salvador unterzeichnet.

20 Sa Der Italiener Felice Nazzaro gewinnt das zweite Tourenwagen-Rennen um die Targa Florio, die Graf Vicenzo Florio im Vorjahr gestiftet hatte.

21 So In St. Petersburg wird das Fährschiff »Archangelsk« auf der Newa von Eisschollen erfasst und sinkt. Von den 18 Menschen an Bord werden nur drei gerettet.

22 Mo Die spanischen Parlamentswahlen erbringen einen Sieg der konservativen Regierung unter Antonio Maura y Montaner.

23 Di Hitzige Debatten löst der sozialdemokratische Abgeordnete August Bebel im Reichstag mit der Forderung aus, die Wehrdienstzeit zu verkürzen.

24 Mi Der »Bund für Mutterschutz« veranstaltet in Berlin einen Vortragsabend. U.a. spricht Otto Juliusburger über »Mutterschutz und Alkohol«.

25 Do Unter dem Druck der europäischen Großmächte erhöht die osmanische Regierung in Konstantinopel (Istanbul) die Zölle um 3%. → Puttkamer

26 Fr In Berlin wird das Banktechnische Seminar für Frauen eröffnet. Die wohlhabende Damenwelt soll sich mit den Verhältnissen des Geldverkehrs bekannt machen.

27 Sa Der deutsche Publizist Maximilian Harden bezichtigt während der Eulenburg-Affäre drei Flügeladjutanten von Kaiser Wilhelm II. der Homosexualität.

28 So Die Ausdruckstänzerin Isadora Duncan gibt mit ihren Schülerinnen im Neuen Schauspielhaus in Berlin eine gut besuchte Vorstellung.

29 Mo Die französische Regierung entlässt einen Lehrer und fünf Postbeamte, weil sie sich für das Streikrecht von Beamten ausgesprochen hatten.

30 Di Der deutsche Reichskanzler Bernhard Fürst von Bülow lehnt es ab, sich an der durch Großbritannien begonnenen Abrüstungsdiskussion zu beteiligen.

Mai 1907

1 Mi Die Maikundgebungen am Internationalen Arbeiterkampftag stehen im Zeichen der Forderung nach Einführung des Achtstundentags.

2 Do Der Konservative Jules de Trooz wird als Nachfolger seines Parteifreundes Paul Graf de Smet de Nayer belgischer Ministerpräsident.

3 Fr Der Deutsche Reichstag billigt die Errichtung eines Kolonialministeriums. +++ Bei Boulogne-Sur-Mer sinkt der französiche Passagierdampfer »Laure«.

4 Sa Per Vertragsschluss beider Regierungen wird den USA die Finanzkontrolle über die Dominikanische Republik in Mittelamerika übertragen.

5 So Im Berliner Hoppegarten wird die Rennsaison eröffnet. Nach einem übermäßig langen Winter herrscht zum ersten Mal wirkliches Frühlingswetter.

6 Mo In Ost-Bengalen brechen Unruhen der Hindus gegen die britisch-indische Kolonialverwaltung aus. Die Hinduführer rufen zum Boykott britischer Waren auf.

7 Di Die belgischen Abgeordneten verhindern durch Lärm das Verlesen der Regierungserklärung des Ministerpräsidenten Jules de Trooz. → Zoo

8 Mi Durch einen Punktsieg verteidigt der Kanadier Tommy Burns seinen Titel als Boxweltmeister aller Klassen in Los Angeles erneut gegen Jack O'Brien.

9 Do Der britische Premierminister Henry Campbell-Bannerman bedauert den Beschluss Deutschlands, sich nicht an Abrüstungsdiskussionen zu beteiligen.

10 Fr Königin Viktoria Eugenia von Spanien wird von einem Sohn (Alfons) entbunden. König Alfons XIII. erlässt aus diesem Anlass eine Amnestie.

11 Sa Mit der Auflösung der Abgeordnetenkammer in Lissabon durch König Karl I. beginnt in Portugal die Königsdiktatur.

12 So In Béziers protestieren 100 000 französische Weinbauern für ein Verbot von »Zuckerwein«, den sie als Grund für ihre schlechte Lage ansehen.

13 Mo Der Deutsche Reichstag nimmt den umstrittenen Handelsvertrag mit den USA an. Kritiker meinen, die Vereinigten Staaten erhielten darin zu große Vorteile.

14 Di Der schwedische Reichstag in Stockholm beschließt die Einführung des allgemeinen Stimmrechts für Männer bei den Reichstagswahlen.

15 Mi Der italienische Außenminister Tommaso Tittoni hält im Abgeordnetenhaus in Rom eine Grundsatzrede über die Außenpolitik Italiens.

16 Do Im Rahmen der Winzerunruhen in Frankreich stürmen Marktfrauen das Rathaus von Béziers und zerstören das Mobiliar. Militär stellt die Ruhe wieder her.

17 Fr Unterrichtsminister Pjotr M. von Kauffmann stellt vor der Duma fest, dass nur 29% aller Männer und 13% aller Frauen in Russland lesen könnten.

18 Sa Im persischen Täbris brechen revolutionäre Unruhen aus. Die Aufständischen verlangen von Schah Mohammad Ali die Bestätigung der Verfassung.

19 So Osmanische Truppen erobern die Hauptstützpunkte der nationalistischen bulgarischen Extremisten in Makedonien, das unter osmanischer Herrschaft steht.

20 Mo Bei fremden- und christenfeindlichen Unruhen in der chinesischen Provinz Kwangtun werden alle Beamten in der Stadt Wongkong getötet.

21 Di Der Gesamtverband Evangelischer Arbeitervereine, der 125 000 Mitglieder zählt, begeht in Dortmund den 25. Jahrestags seines Bestehens.

22 Mi Wegen der Winzerunruhen kommt der französische Ministerrat den Forderungen der Winzer nach und verbietet Zuckerzusatz bei der zweiten Kelterung.

23 Do Russlands Ministerpräsident Pjotr A. Stolypin erläutert der Duma sein Agrarprogramm: Alle Landlosen sollen Land erhalten.

24 Fr Der Vaterländische Frauenverein hält seine Generalversammlung im preußischen Abgeordnetenhaus in Berlin ab. Ihm gehören 100 000 Mitglieder an.

25 Sa Die Berliner Zeitschrift »Die Woche « veröffentlicht einen Artikel über das gewandelte Selbstverständnis moderner Frauen. → Finnland

26 So Der belgische Radrennfahrer Cyrille Van Hauwaert wird Sieger des am Vorabend gestarteten Rad-Marathons von Bordeaux nach Paris.

27 Mo Gewinner der ersten Tourist Trophy für Motorräder auf der britischen Isle of Man wird in der Einzylinderklasse C.R. Collier auf Matchless.

28 Di Der braunschweigische Landtag wählt Herzog Johann Albrecht von Mecklenburg einstimmig zum Regenten des Herzogtums.

29 Mi E.Courtis gewinnt die dritte Tourist Trophy für Tourenwagen auf der britischen Isle of Man in 8:23,07 h auf Rover.

30 Do US-Präsident Theodore Roosevelt greift bei einer Rede in Indianapolis erneut die Trusts an: Das Eigentum werde von den »reichen Räubern« bedroht.

31 Fr Im Königreich Bayern werden die Landtagsabgeordneten erstmals direkt gewählt. Die Zahl der SPD-Mandate steigt von acht auf 20.

17. Juni 1907

Wahlreform in Österreich

Das erste aus allgemeinen und gleichen Wahlen hervorgegangene Parlament Österreichs tritt in Wien zusammen. Nach einer Wahlrechtsreform vom 26. Januar 1906 waren alle Männer über 24 Jahre zum Urnengang berechtigt. Frauen bleiben weiterhin von der Wahl ausgeschlossen. Bei den von Nationalitätenunruhen überschatteten Wahlen werden die Sozialdemokraten mit 87 Mandaten stärkste Partei, gefolgt von den Christlichsozialen mit 66 Delegierten. Radikale nationale Gruppen haben deutliche Verluste erlitten, so sind die völkisch-antisemitischen Alldeutschen fast völlig von der politischen Bühne verschwunden.

25. Mai 1907

Finnlands Satz in die Moderne

Der neue finnische Landtag ist das Ergebnis der radikalsten Parlamentsreform in der bisherigen Geschichte Europas. Er ist erstmals nach dem allgemeinen Wahlrecht von Männern und Frauen gewählt. Als weltweit erstes Parlament dürfen in ihm auch Frauen ein politisches Mandat übernehmen. Damit hat das von Russland verwaltete, teilautonome Finnland den direkten Übergang vom mittelalterlichen Vierständesenat zum Einkammernparlament vollzogen. Der Landtag wird demokratisch von allen Frauen und Männern, die älter als 24 Jahre sind, nach dem Verhältniswahlrecht gewählt. 19 Abgeordnete sind Frauen.

Das architektonisch im Stil der Zeit gestaltete Eingangstor des weltweit einzigartigen Tierparks in Stellingen bewachen Bronzeskulpturen: Elefant, Eisbär und Löwe.

7. Mai 1907

Ein etwas anderer Zoo

In Stellingen bei Hamburg eröffnet der Tierhändler Carl Hagenbeck einen Tierpark, der sich von allen herkömmlichen Zoos unterscheidet und bald Nachahmer in aller Welt findet. Neu ist das Prinzip des Freigeheges, in dem sich jede Tierart in einer ihrer Heimat angepassten Umgebung fast frei bewegen kann.

Tausende neugierige Besucher drängen am Eröffnungstag in den Park, wo u.a. der Dresseur Fritz Schilling Raubtiergruppen vorführt. Der Somali-Häuptling Hersy Egget inszeniert mit Mitgliedern der verschiedenen afrikanischen Stämme eine »Völkerschau«. In den Freigehegen klettern Gemsen, Wildschafe und Steinböcke auf künstlichen Gebirgen, die Steppentiere bewegen sich auf freien, ebenen Flächen und Raubtiere wie Löwen leben in unvergitterten, künstlich angelegten Schluchten. Dabei sind sie nur durch einen Graben von den Besuchern getrennt. Um seinen Traum zu verwirklichen, beschäftigte Hagenbeck einen ganzen Stab von Landschaftsgärtnern, Ingenieuren, Architekten und Künstlern.

Carl Hagenbeck

deutscher Tierhändler und Zoodirektor, * 10.6.1844 Hamburg; † 14.4.1913 Hamburg

Mit Unternehmergeist und Abenteuerlust wandelt Hagenbeck die Tierhandlung seines Vaters in eine weltweit tätige Firma, die nicht nur mit Tieren handelt, sondern den Menschen exotische Exemplare auch in neuartigen Gehegen und Ausstellungen nahebringt. Als einer der weltweit führenden Zoologen organisiert er eigene Tierfangexpeditionen in entlegene und wilde Gegenden der Welt. 1890 führte Hagenbeck in seinem Zirkus die »zahme Dressur« ein, d.h. eine Dressur ohne Zwangsmittel. Überall griffen Schausteller und Zirkusunternehmen seine Ideen auf.

- 1866: Übernahme der väterlichen Tierhandlung
- 1874: »Völkerausstellung« in Hamburg
- 1887: Eröffnung des Internationalen Circus

10. Juni 1907

Sensationell: Erste Farbfotos

Der französische Chemiker Louis Jean Lumière veröffentlicht in der Zeitschrift »L' Illustration« die ersten Farbfotografien, darunter die Aufnahme einer Gruppe Soldaten in Paris (s. Abb.). Mit seinem Bruder Auguste hatte er 1903 das sog. Autochrome-Verfahren entwickelt.

Die beiden Chemiker und Fabrikanten arbeiten mit beschichteten Glasplatten. In die Schichten sind winzige, rot, grün und blau gefärbte Stärkekörnchen eingelassen, die als Lichtfilter dienen,

also jeweils nur Licht bestimmter Wellenlänge passieren lassen. Das Ergebnis sind Glasdiapositive. Damit haben die Brüder Lumière das erste brauchbare System zur Anfertigung von Farbfotos geschaffen. 1826 hatte der französische Fotopionier François Nicéphore Niepce die erste fotografische Aufnahme gemacht.

10. Juni 1907

Fernfahrt Technik gegen Natur

Die längste Autofahrt aller Zeiten startet morgens um zehn Uhr an der Voyron-Kaserne in Peking. Ziel der fünf teilnehmenden Wagen ist die französische Hauptstadt Paris, die über die Stationen Kalgran – Irkutsk – Tomsk – Jekaterinovka (Swerdlowsk) – Perm – Kazan – Moskau – St. Petersburg – Küstrin – Berlin– Hannover – Köln erreicht werden soll.

Die von der Pariser Tageszeitung ausgeschriebene Tour ist weniger ein sportlicher Wettkampf als

eine Abenteuerreise. Auf dem alten Handelsweg durch die Mongolei, die Wüste Gobi und Sibirien, über den Ural, durch die Wolga-Ebene, das europäische Russland bis nach Mitteleuropa soll sich die moderne Technik bewähren. Teilweise müssen die Wagen jedoch von Menschenhand über die Gebirgspässe gezogen werden (s. Abb.). Bejubelter Sieger wird der italienische Fürst Scipio Borghese, der am 10. August mit seinem 50 PS starken Itala-Wagen in Paris eintrifft.

15. Juni 1907

Schwierige Haager Konferenz

Der niederländische Außenminister Dirk Arnold Willem van Tets van Goudriaan eröffnet die zweite Haager Friedenskonferenz. Zentrales Thema ist die Einrichtung eines internationalen Schiedsgerichtshofes. Zwar wird ein entsprechender Entwurf am 18. Oktober verabschiedet, die Umsetzung scheitert jedoch an der Frage der Besetzung des Gerichts (Abb.: »Vorläufer des Friedensgedankens« in einer Montage der »Illustrated London News« anlässlich der Konferenz).

Im Vergleich zur ersten Haager Friedenskonferenz (1899) haben sich die Voraussetzungen für ein internationales Friedensinstrumentarium verschlechtert. Die wachsenden zwischenstaatlichen Verteilungskämpfe und der Ausbruch des japanisch-russischen Krieges (1904/05) hatten die Chancen auf eine Übereinkunft minimiert. Nach Kriegsende nahm Zar Nikolaus II. den Gedanken wieder auf. So gilt Russland als eigentlicher Initiator der Zweiten Haager Friedenskonferenz. Beim zentralen Verhandlungspunkt, der Gründung eines internationalen Schiedsgerichtshofs, erheben die USA die Forderung, dass zur Eintreibung von Schulden gegen einen Staat keine Waffengewalt angewendet werden dürfe. Während die hochverschuldeten mittel- und südamerikanischen Länder diesem Antrag zustimmen, setzen die europäischen Länder eine Änderung durch: es wird beschlossen, dass der Gläubigerstaat Gewalt anwenden darf, wenn der Schuldner ein Schiedsgerichtsverfahren ablehnt oder sich einem Urteil nicht fügt. Heftige Debatten entzündet sich an Anträgen der Nordamerikaner und Franzosen. Sie fordern die Einsetzung eines obligatorischen Schiedsgerichtes für alle Streitfälle, die durch verschiedene Auslegung bestehender Verträge hervorgerufen werden. Deutschland protestiert gegen einen solchen Gerichtshof mit der Begründung, es wolle sich in einem solchen Streitfall nicht von vorneherein binden. Österreich-Ungarn, Rumänien und das Osmanische Reich schließen sich dem Protest an, so dass eine Einigung nicht erzielt werden kann. Zuvor hatte Deutschland bereits Beratungen über eine Rüstungsbegrenzung als imperialistische, gegen das Deutsche Reich gerichtete Bündnispolitik abgelehnt. Deutschland, das sich durch seine Haltung in der Marokkokrise bereits ohnehin ins politische Abseits manövriert hatte, sieht sich am Ende der Konferenz noch stärker isoliert.

Auch das Seebeuterecht wird in Den Haag neu formuliert. So gilt künftig – auf deutschen Antrag – die Post auf neutralen Schiffen als unverletzlich. Küstenschifffahrt und Fischerei dürfen von Kriegshandlungen nicht betroffen werden. Verabschiedet wird ferner eine Erklärung über das Verbot des Werfens von Sprengstoff aus Luftschiffen.

Juni 1907

1	Sa	Die fremden- und christenfeindlichen Aufstände in Südchina erfassen die gesamte Provinz Kwangtung und breiten sich auch über Szetschuan aus.
2	So	Vor 3000 Zuschauern gewinnt der Freiburger FC in Mannheim das Endspiel um die Deutsche Fußball-Meisterschaft mit 3:1 gegen Viktoria 89 Berlin.
3	Mo	Die britische Regierung zieht ihre Verwaltungsreform für Irland zurück. Die irische Nationalpartei hatte die Vorlage abgelehnt und Selbstregierung gefordert.
4	Di	In Freiberg wird eine Witwe zu zwölf Jahren Zuchthaus verurteilt. Sie hatte ihr sechstes Kind nach der Geburt vergiftet, weil sie es nicht versorgen konnte.
5	Mi	Herzog Johann Albrecht von Mecklenburg hält unter Feierlichkeiten seinen Einzug als Regent des Herzogtums Braunschweig.
6	Do	Vor der tunesischen Küste sprengt ein Kapitän sein Schmugglerschiff in die Luft, als es von einer französischen Patrouille verfolgt wird. 61 Menschen sterben.
7	Fr	Der Franzose Duray gewinnt die 545 km lange Automobilfernfahrt von Moskau nach St. Petersburg in 9:21 h.
8	Sa	Der österreichische Kaiser Franz Joseph I. feiert in Budapest das 40-jährige Jubiläum seiner Krönung als König von Ungarn.
9	So	In Düsseldorf fällt der Startschuss zu einer Ballonfahrt, bei der vor der Abfahrt das Ziel angegeben werden muss. Die Sieger landen in Wesel und Kleve.
10	Mo	US-Präsident Theodore Roosevelt regt in einer Rede in Jamestown in Virginia die Einführung einer Arbeiterunfallversicherung an. → Farbfotos → Fernfahrt
11	Di	Fritz Erle ist Sieger der Herkomerkonkurrenz, der größten Etappenfahrt für Automobile im Deutschen Reich.
12	Mi	In St. Petersburg erinnert die Regierung in einem Erlass daran, dass nur solche Streiks als berechtigt gelten, die wirtschaftliche Hintergründe haben.
13	Do	Im osmanisch beherrschten Makedonien kommt es zu blutigen Auseinandersetzungen zwischen bulgarischen, griechischen und serbischen Nationalisten.
14	Fr	Das norwegische Parlament beschließt einen Gesetzentwurf, nach dem Frauen auf Reichsebene dasselbe Wahlrecht wie auf Kommunalebene erhalten.
15	Sa	Die Medizin verzeichnet in diesem Jahr durch verbesserte Hygiene einen Rückgang der Sterblichkeit bei fast allen Krankheiten. → Haager Konferenz
16	So	Zar Nikolaus II. löst staatsstreichartig die zweite Duma auf. Das gewählte russische Parlament wurde von den Oppositionsparteien beherrscht.
17	Mo	In Gotha endet die Hauptversammlung des Deutschen Privatbeamtenvereins. Die Delegierten fordern u.a. eine staatliche Pension. → Österreich
18	Di	Ein Ministerialerlass »zur Beschränkung der körperlichen Züchtigung« schreibt preußischen Lehrern vor, künftig über Prügelstrafen Buch zu führen.
19	Mi	Französische Weinbauern zerschneiden in Montpellier und Narbonne die Telegraphendrähte, um gegen die Weinpolitik der Regierung zu protestieren.
20	Do	Die Schweizerische Nationalbank nimmt ihren Betrieb auf. Ihre wichtigste Aufgabe ist die Ausgabe von Banknoten unter Aufsicht des Bundes.
21	Fr	Die Abgeordnetenkammer in Paris spricht der Regierung Clemenceau das Vertrauen aus, nachdem sie im Zuge der Winzerunruhen kritisiert worden war.
22	Sa	Die gegen die Diktatur von Ministerpräsident João Franco gerichtete revolutionäre Bewegung in Portugal breitet sich auf alle Industriestädte aus.
23	So	Der Dorfwirt Albert Marcelin, Führer der aufständischen französischen Winzer, trifft sich in Paris mit Ministerpräsident Georges Clemenceau.
24	Mo	Der preußische Kultusminister Konrad von Studt tritt zurück. Nachfolger wird Ludwig Holle. Der Wechsel stärkt den konservativ-liberalen Block.
25	Di	Der russische Bolschewik Josef W. Stalin erbeutet bei einem Überfall auf die Reichsbankfiliale in Tiflis (Georgien) 250000 Rubel.
26	Mi	Das britische Unterhaus nimmt eine von Premierminister Henry Campbell-Bannerman eingebracht Resolution zur Einschränkung der Oberhaus-Rechte an.
27	Do	In Italien wird der 100. Geburtstag des italienischen Freiheitskämpfers Giuseppe Garibaldi zum Nationalfest erklärt.
28	Fr	Die Marienburger Privatbank meldet Konkurs an. Ihr Direktor hatte rd. 4 Mio. Mark unterschlagen. Viele Sparer verlieren ihr Vermögen.
29	Sa	Prinz Tiying Chiyi von Korea trifft in Den Haag ein. Er protestiert gegen die Nichteinladung Koreas zur Haager Friedenskonferenz.
30	So	Die Einwohner des schweizerischen Kantons Genf nehmen mit einer knappen Mehrheit das Gesetz über die Trennung von Staat und Kirche an.

Juli 1907

1 Mo In den USA wird die Möglichkeit der Einwanderung per Gesetz drastisch eingeschränkt. Im vergangenen Jahr sind 1,1 Mio. Menschen in die USA gekommen.

2 Di Sieger im zweiten Grand Prix auf der Rundstrecke von Dieppe in Frankreich wird der italienische Rennfahrer Felice Nazzaro.

3 Mi Der marokkanische Heeresbefehlshaber Harry MacLean, ein Brite, gerät in die Gefangenschaft des aufständischen Häuptlings Raisuli.

4 Do Der Kanadier Tommy Burns verteidigt in Kalifornien seinen Titel als Boxweltmeister gegen Bill Squires durch k.o. in der ersten Runde. → Wimbledon

5 Fr Die italienische Abgeordnetenkammer in Rom verabschiedet das Gesetz über die Einführung eines 24-stündigen Ruhetags pro Woche.

6 Sa In Paris finden die Bahn-Weltmeisterschaften der Radrennfahrer statt. Die französische Mannschaft dominiert die Wettkämpfe. → Kinder

7 So Im Pariser Louvre zerfetzt ein Geistesgestörter das Gemälde »Die Sintflut« von Nicolas Poussin mit einem Messer.

8 Mo Paris: Die Abgeordnetenkammer beschließt im Zuge einer allgemeinen Wehrdienstzeitverkürzung, die 1903 eingezogenen Rekruten zu entlassen.

9 Di Im Rahmen der »Sittlichkeitskampagne« wird Emmo Delahon in Breslau zu Gefängnis verurteilt. Er hatte Rubens-Postkarten verkauft.

10 Mi Die US-Regierung unter Präsident Theodore Roosevelt reicht beim Bundesgericht Auflösungsklage gegen den Tabaktrust American Tobacco Company ein.

11 Do In Russland wird das Auftauchen von Mönchen am Zarenhof gemeldet. Einige, darunter Grigori J. Rasputin, sollen Einfluss auf die Politik gewonnen haben.

12 Fr Eine Verordnung des deutschen Kolonialamtes bestimmt, dass bei körperlichen Züchtigungen von Eingeborenen ein Arzt anwesend sein muss.

13 Sa Wegen des kriegerischen Vorgehens Frankreichs in Marokko veranstalten Antimilitaristen Kundgebungen in zahlreichen französischen Städten.

14 So Während des französischen Nationalfeiertages gibt ein angeblich Geistesgestörter zwei Schüsse dicht vor dem Wagen des Staatspräsidenten ab.

15 Mo In Österreich wird das letzte Teilstück der Mariazellerbahn eröffnet. Die 92 km lange Trasse führt durch 21 Tunnel.

16 Di Der Vertrauensarzt der Postverwaltung Wiesbaden erhält die Kündigung, weil er bei der Reichstagswahl für die Sozialdemokraten gestimmt hatte.

17 Mi Italienische Ärzte rufen zu einem Boykott von Duellen auf. Ohne Anwesenheit von Ärzten würde dieser Unsitte bald ein Ende gemacht, hoffen sie.

18 Do Österreichs Ministerpräsident Max Wladimir Freiherr von Beck kündigt im Wiener Reichsrat den Ausbau der Arbeiterversicherung an.

19 Fr In Mori auf Celebes in Niederländisch-Indien metzeln aufständische Eingeborene eine Infanterieabteilung der Kolonialmacht nieder. → Korea

20 Sa Delegierte der aufständischen französischen Winzer beschließen, dass die aus Protest zurückgetretenen Gemeinderäte wieder ihre Ämter übernehmen sollen.

21 So Auf der britischen Inselkolonie Mauritius im Indischen Ozean brechen blutige Unruhen gegen die Kolonialmacht aus.

22 Mo In Duisburg kommen rund 1000 Lehrer aus allen Teilen des Reiches zum ersten Deutschen Klassenlehrertag zusammen.

23 Di In Gegenwart des belgischen Königs Leopold II. wird der neue Hafen der Stadt Brügge feierlich eingeweiht.

24 Mi Türkische Truppen zersprengen in Makedonien mehrere bulgarische Banden, die für die Unabhängigkeit Makedoniens vom Osmanischen Reich kämpfen.

25 Do Zwischen Japan und seinem Schutzstaat Korea wird ein Vertrag geschlossen, der Japan die Kontrolle der inneren Verwaltung Koreas überträgt.

26 Fr Edmund Fischer empfiehlt der deutschen Sozialdemokratie eine entschiedene Mittelstandspolitik, um das Bürgertum zu gewinnen.

27 Sa Mit der Operette »Der fidele Bauer«, die in Mannheim uraufgeführt wird, gelingt dem österreichischen Komponisten Leo Fall der Durchbruch.

28 So In Südtirol werden Deutsche von italienischen Irredentisten misshandelt. Die Irredentisten fordern die Anbindung österreichischer Gebiete an Italien.

29 Mo Großbritannien nimmt den chinesischen Vorschlag an, die Opiumausfuhren in das Reich der Mitte um jährlich 10% zu drosseln. → Pfadfinder

30 Di In St. Petersburg einigen sich Russland und Japan über die Abgrenzung ihrer Interessensgebiete im Fernen Osten.

31 Mi Marokkaner ermorden in der Hafenstadt Casablanca acht Europäer. Frankreich entsendet ein Geschwader, es kommt zum Krieg.

31. August 1907

»Entente cordiale« erweitert

Die Bündniskonstellationen, wie sie bis zum Ausbruch des Ersten Weltkriegs Bestand haben, werden in feste Formen gegossen: Im Petersburger Vertrag verständigen sich Großbritannien und Russland über eine Gebietsabgrenzung in Persien, Afghanistan und Tibet. Die britisch-französische »Entente cordiale« von 1904 wird unter Einschluss des Zarenreiches zur Tripelallianz aufgestockt. Ihr gegenüber stehen die Dreibundpartner Deutschland, Österreich-Ungarn und Italien.

Im Petersburger Vertrag überlässt Russland Afghanistan dem britischen Einfluss. Zar Nikolaus II. verpflichtet sich, Verhandlungen mit Afghanistan nur unter britischer Vermittlung zu führen. Dafür verspricht London, Afghanistan nicht zu anti-russischen Schritten zu ermutigen. Großbritannien verzichtet außerdem auf seine weitreichenden Tibet-Pläne. Beide Großmächte erlegen sich in dem Himalaja-Staat Zurückhaltung auf. Tibet soll stattdessen der Oberhoheit Chinas überlassen werden. Keine Partei darf mit dem Dalai Lama direkte Beziehungen unterhalten. Nicht einmal wissenschaftliche Expeditionen nach Tibet sollen in den nächsten drei Jahren erlaubt werden. In Bezug auf Persien, den dritten Konfliktherd in Asien, einigen sich London und Moskau auf eine Teilung

in zwei Einflusszonen. Eine nördliche Zone wird Russland zugesprochen, eine südöstliche geht in britische Oberhoheit über. Dazwischen bleibt neutrales Gebiet. Damit sind die wesentlichen Streitpunkte zwischen Großbritannien und Russland in Asien ausgeräumt (Abb.: Aufstellung des ersten Grenzpfahls bei Zulfikar im Dreiländereck Persien, Afghanistan und Russland 1886). Der Petersburger Vertrag wird als Erfolg britischer Außenpolitik und König Edwards VII. gewertet. Die Einflussnahme in Afghanistan und in Persien verstärkt die Nordwestflanke Britisch-Indiens. Allerdings werden auch kritische Stimmen wegen der Preisgabe Nordpersiens und Tibets laut.

Der Petersburger Vertrag verstärkt in Berlin die Einkreisungsängste, da er die Klammer zwischen der »Entente cordiale« und dem französisch-russischen Zweibund von 1892 bildet. Die Wilhelminische Außenpolitik steht vor einem Scherbenhaufen. Friedrich von Holstein, graue Eminenz der Außenpolitik (1890-1906), kritisiert den Kaiser: »Die auswärtige Politik fängt gern mit einem Einschüchterungsversuch an, weicht aber zurück, sobald der andere nicht gleich nachgibt ... Diese Eigenart, die anfangs nur Onkel Eduard (VII. von Großbritannien) kannte, ist jetzt weltbekannt. Deshalb wird sich jetzt noch schwer ein Dummer finden, der uns gegenüber so schnell nachgibt...«.

5. August 1907

Europäer-Morde in Casablanca

Zum Schutz der Europäer vor den Übergriffen christenfeindlicher Araber marschieren 6000 französische und spanische Marinesoldaten in die marokkanische Hafenstadt ein. Mehr als 1000 Marokkaner, darunter viele Frauen und Kinder (s. Abb.), kommen bei der sich anschließenden Strafexpedition ums Leben.

Auslöser für die Intervention war die Ermordung von acht Europäern am 31. Juli. Sie fielen einer fanatisierten innenpolitischen Stimmung zum Opfer, die bürgerkriegsähnliche Züge trug. Die ohnehin geringe Autorität des Sultans Abd Al Asis war noch mehr geschwächt worden, als christenfeindliche Berberstämme im Landesinnern dessen Halbbruder Abd Al Hafis zum Gegensultan ausriefen. Obwohl die Franzosen diesem zur Warnung die Grenzstadt Oujda besetzt hatten, gewann Abd Al Hafis rasch Anhang. In dieser aufgeheizten Atmosphäre kam es zu den Europäer-Morden.

Die »Säuberung« Casablancas von christenfeindlichen Arabern trug Züge eines Massakers. Am Aufstand unbeteiligte Araber, Frauen und Kinder wurden unterschiedslos niedergemetzelt. Die Araberviertel wurden durch vor der Küste liegende Kriegsschiffe unter Beschuss genommen.

19. Juli 1907

Korea unter Japans Knute

Unter dem Druck der japanischen Besatzungsmacht zwingt der koreanische Ältestenrat den alten Kaiser Ni-höng zur Abdankung zugunsten des Kronprinzen Ni-tschök. Damit ist Korea völlig unter japanischer Kontrolle.

Ursache für den Rücktritt war eine Delegation, die Ni-höng heimlich zur Friedenskonferenz nach Den Haag entsandte, um dort gegen das brutale Vorgehen der Japaner auf der ostasiatischen Halbinsel zu protestieren. Korea war in Den Haag nicht eingeladen worden, um Japan nicht zu verärgern. Die Meldung von dem erzwungenen Thronwechsel löst in Seoul blutige Straßenkämpfe aus. Die Besatzungsmacht reagiert mit Massenverhaftungen und Hinrichtungen (s. Abb.). Da sich den Aufständischen auch viele Soldaten der regulären koreanischen Armee anschließen, löst der japanische Generalresident Hirobumi Ito die koreanische Armee auf. Die entlassenen Soldaten kämpfen als »Armee der Gerechtigkeit« bis 1911 weiter. Nach dem Sieg über Russland zwang Japan Korea 1905 einen »Schutzvertrag« auf. Seither kontrolliert Japan u.a. die Außenbeziehungen Koreas.

29. Juli 1907

Erstes Pfadfinderlager

Pfadfinderlager mit Lord Baden-Powell

Vom Seebad Poole rudert der britische General Robert Stephenson Smyth Baden-Powell mit 22 Jungen zur Insel Brownsea Island und veranstaltet das erste Pfadfinderlager. Es ist der Beginn einer weltumspannenden Jugendbewegung, die auf Gemeinschaft, Gleichheit und Hilfsbereitschaft aufbaut. Baden-Powell hatte als Oberst im Burenkrieg Jungen für leichte militärische Aufgaben wie Meldegänge herangezogen. Dabei stellte er fest, dass die Jugendlichen Strapazen erdulden und Verantwortung übernehmen konnten, wenn ihnen Vertrauen entgegengebracht wurde. Baden-Powell legt Wert auf Gehorsam, achtet aber darauf, dass die Jungen ihm freiwillig folgen, nur aufgrund seines Vorbildes und seiner Überzeugungskraft. Ganz Großbritannien spricht bald davon, dass Baden-Powell, dessen Gruppe sich bewusst aus Jungen unterschiedlichster Gesellschaftsschichten zusammensetzt, ein vollkommen »klassenloses« Jugendlager durchgeführt habe. Vielen scheint es unfassbar, dass der Sohn eines Tagelöhners neben dem Sohn eines Ministers am Lagerfeuer sitzt. Die Jungen werden in Patrouillen zu je fünf aufgeteilt, der jeweils älteste ist der Anführer. Jeder Leiter erhält die volle Verantwortung für das Verhalten seiner Leute im Lager. Die Uniform – breitrandiger Filzhut, Halstuch und Khakihemd – ist einer berittenen südafrikanischen Polizeitruppen nachempfunden, die Baden-Powell nach dem Burenkriegs befehligte.

Robert Baden-Powell

brit. General, * 22.2. 1857 London; † 8.1. 1941 Nyeri/Kenia

Der Begründer der Pfadfinderbewegung und hochdekorierte Militär wird durch seine Erfolge im Burenkrieg (1899-1902) zum britischen Nationalhelden. Baden-Powell wollte Jungen das Auskundschaften von Wegen und Fährten (Boy-Scout) lehren. In seinen späteren Lebensjahren rückte die Idee der Völkerverständigung und des Weltfriedens in den Vordergrund.

- 1900: Verteidigung von Mafeking
- 1901: Beförderung vom Oberst zum General
- 1901-03: Organisator der südafrikanischen Polizei
- 1903-07: Generalinspekteur der britischen Kavallerie

4. Juli 1907

Australier gewinnt Wimbledon

Ein Aufstöhnen geht nach dem Matchball durchs Publikum. Mit dem Australier Norman Everard Brookes (s. Abb. vorn) gewinnt erstmals ein Ausländer die seit 1877 ausgetragenen »All England

Lawn Tennis Championships«. Er schlägt den Briten Arthur William Gore mühelos in drei Sätzen. Bei den Damen siegt May Godfray Sutton (USA).

6. Juli 1907

Kinder unter dem Hammer

In Ravensburg findet die traditionelle Hütekinder-Auktion statt. Wie alljährlich werden uneheliche Kinder und Kinder von Armen aus Vorarlberg und Tirol ins Oberschwäbische gebracht und für die Erntezeit als billige Arbeitskräfte an Bauern aus der Umgebung versteigert. 227 Buben und Mädchen finden bei dem von Geistlichen geleiteten Auftrieb einen »Besitzer« für Sommer und Herbst. Teilweise spielen sich herzzerreißende Szenen ab, besonders bei Kleinen, die zum ersten Mal versteigert werden. Einige versuchen zu fliehen, werden aber eingefangen, mit Stricken gefesselt und zurück zum Markt gebracht. Die Älteren, die schon mehr Erfahrung besitzen, warnen sich gegenseitig vor Bauern, die für ihre Gewalttätigkeit bekannt sind. Sie malen diesen Bauern mit Kreide Striche auf den Rücken.

August 1907

1 Do Durch ein Gesetz zur Bekämpfung der Trunksucht wird in Norwegen Trunkenheit an öffentlichen Orten unter Strafe gestellt.

2 Fr Türkische Truppen überschreiten die persische Grenze bei Urmia, schlagen persische Einheiten in die Flucht und verüben Plünderungen.

3 Sa Bei der Tourenwagen-Konkurrenz von Paris nach Clermont-Ferrand werden beim Zusammenstoß zweier Automobile fünf Menschen getötet.

4 So Der französische Radrennfahrer Lucien Petit-Breton gewinnt die Tour de France. +++ Der Brite Ernest Shackleton bricht von London aus zum Südpol auf.

5 Mo In Berlin wird bekannt, dass sich Klein-Hendrik, Sohn des Hottentottenführers Hendrik Witbooi, den deutschen Kolonialbehörden gestellt hat. → Casablanca

6 Di In zahlreichen Städten des japanischen Schutzstaates Korea entlädt sich die Wut der Bevölkerung gegen die Besatzer in blutigen Ausschreitungen.

7 Mi In den USA wird – u.a. von Presseorganen – die Möglichkeit diskutiert, die Kolonie Philippinen an Japan zu verkaufen.

8 Do 125 Mitglieder der russischen lokalen Selbstverwaltungsorgane fordern die Einführung der allgemeinen Schulpflicht.

9 Fr Der Rostocker Magistrat fordert die Abschaffung des »Königs-Beda«, einer Abgabe an den Landesfürsten aus der Zeit der Normanneneinfälle vor 1000 Jahren.

10 Sa Scipio Fürst Borghese gewinnt mit seinem 50-PS-Itala die Fernfahrt Peking-Paris über eine Strecke von 13 000 km.

11 So Der Zentrumspolitiker Peter Spahn fordert Mehrausgaben für die deutsche Flotte in Höhe von jährlich 40 Mio. Mark.

12 Mo Der Berliner Bauarbeiterstreik endet nach einer Dauer von fast drei Monaten mit einer Niederlage für die Arbeiter.

13 Di Der Hottentottenhäuptling Jakob Morenga unternimmt von der Kapprovinz aus einen Einfall in die Kolonie Deutsch-Südwestafrika (Namibia).

14 Mi Kaiser Wilhelm II. empfängt auf Schloss Wilhelmshöhe bei Kassel König Edward VII. von Großbritannien und Irland.

15 Do Bei der Explosion einer Dynamitfabrik in Dömitz an der Elbe entsteht großer Sachschaden. Zwölf Menschen kommen ums Leben.

16 Fr Die Labour Party protestiert gegen den »Streikbrecher-Export« aus Großbritannien. Briten arbeiten in bestreikten Häfen des Kontinents.

17 Sa Die Haager Friedenskonferenz nimmt den britischen »Abrüstungsvorschlag« an: Die Staaten sollen »das ernste Studium der Abrüstungsfragen« betreiben.

18 So In Stuttgart beginnt der Internationale Sozialisten-Kongress, der erstmals in Deutschland tagt. Zentrale Themen sind Militarismus und Kolonialpolitik.

19 Mo In Berlin protestieren die Straßenhändler gegen einen Staatsanwalt, der festgestellt hatte, dass sich Straßenhändler »vielfach aus Zuhältern« rekrutierten.

20 Di US-Präsident Theodore Roosevelt hält in Provincetown im US-Bundesstaat Massachusetts eine Rede gegen die Trusts.

21 Mi König Edward VII. von Großbritannien und Irland empfängt in Marienbad den französischen Ministerpräsidenten Georges Clemenceau.

22 Do Der Berner Bundesrat verweist den Deutschen Karl Gruber des Landes, der im Auftrag der Berliner Polizei Spitzeldienste in Genf und Zürich geleistet hat.

23 Fr Der französische Schlepper »Abeille« sinkt nach einer Kollision mit dem Hamburger Dampfer »Minerva« in der Nordsee. Zwölf Mann Besatzung ertrinken.

24 Sa In Stuttgart wird die Erste Internationale Konferenz der sozialistischen Jugendorganisationen eröffnet, bei der die Jugendinternationale gegründet wird.

25 So Zur Vorbeugung gegen die Choleragefahr im Weichselgebiet verfügt der Landrat des Kreises Bromberg für die Ortschaften eine obligatorische Leichenschau.

26 Mo Eine marokkanische Fürstenversammlung erklärt Sultan Abd Al Asis für abgesetzt und proklamiert dessen Halbbruder Abd Al Hafis zum Oberhaupt.

27 Di Portugiesische Kolonialtruppen besiegen bei der Festung Rocadas in Portugiesisch-Westafrika (Angola) die aufständischen Cuamatas.

28 Mi Ferdinand Fürst von Bulgarien feiert sein 20. Regierungsjubiläum. Er war 1887 zum Fürsten von Bulgarien gewählt worden.

29 Do US-Präsident Theodore Roosevelt lädt die mittelamerikanischen Staaten zur Friedenskonferenz im Mosquitoküstenkrieg nach Washington ein.

30 Fr Beim Einsturz einer noch im Bau befindlichen Brücke über den St.-Lorenz-Strom in Kanada kommen 90 Menschen ums Leben.

31 Sa In Antwerpen kommt es zu blutigen Zusammenstößen von ausgesperrten Hafenarbeitern mit ausländischen Arbeitswilligen. → »Entente cordiale«

September 1907

1 So Während der revolutionären Unruhen in Persien wird Großwesir Ali Ughar Khan vor dem Parlamentsgebäude in Teheran ermordet.

2 Mo In Bath beginnt die 40. Jahresversammlung der britischen Trade-Unions. Verlangt wird insbesondere die Einführung des Achtstundentages.

3 Di In New York beginnt der Prozess gegen die Standard Oil Company zur Einziehung der Konzession wegen Verstoßes gegen die Trustgesetzgebung.

4 Mi Der bekannte norwegische Komponist Edvard Grieg stirbt im Alter von 64 Jahren in seiner Heimatstadt Bergen.

5 Do Im Berner Oberland wird es Mädchen verboten, mit Italienern auszugehen. Die Schweizer befürchten zu viele Geburten von südländischen Kindern.

6 Fr Der Siebte Skandinavische Arbeiterkongress in Kristiania (Oslo) erklärt seinen vollen Anschluss an das Programm des internationalen Sozialismus.

7 Sa In Wiesbaden wird der Alldeutsche Verbandstag eröffnet, auf dem ein Enteignungsgesetz gegen»die Polengefahr« in den Ostgebieten gefordert wird.

8 So In Salzburg tritt der erste deutsche Hochschullehrertag zusammen. Es wird u.a. die Gründung einer Professorengewerkschaft angeregt. → Modernismus

9 Mo In München wird der neunte internationale Friedenskongress eröffnet. Zentrales Thema ist der Verlauf der Haager Friedenskonferenz.

10 Di In der britischen Kolonie Südafrika werden die Gewinne der Diamant- und Kupfergesellschaften mit 10% versteuert.

11 Mi In Vancouver in Kanada kommt es zu Ausschreitungen gegen japanische Arbeiter. Das asiatische Stadtviertel wird niedergebrannt.

12 Do In Berlin wird der Parteitag der Freisinnigen Volkspartei eröffnet. Die Delegierten verteidigen die Politik des konservativ-liberalen Bülow-Blocks.

13 Fr Der Versuch des US-Amerikaners Walter Wellmann, mit einem Luftschiff den Nordpol zu überfliegen, scheitert. → Lusitania

14 Sa Einer Schneiderin in Leipzig wird ein Schadenersatz von 1000 Mark zugesprochen, nachdem ihr Verlobter die Verlobung gelöst hatte. → Sun Yat-sen

15 So In Merlenbach in Elsass-Lothringen sterben vier Menschen bei einer Grubenkatastrophe, die durch eine Schlagwetterexplosion hervorgerufen wird.

16 Mo In Essen beginnt der Parteitag der deutschen Sozialdemokratie. Zentrales Thema ist die Stellung der SPD zum Krieg.

17 Di Königin Wilhelmina der Niederlande kündigt in Den Haag die bevorstehende Einführung des passiven und aktiven Wahlrechts für Frauen an.

18 Mi In der deutschen Presse erregt der Fall Kit Purkins Aufsehen, die vor der Hinrichtung des russischen Attentäters Sinjawski mit ihm getraut werden will.

19 Do In Wien wird der 6. Internationale Tuberkulosekongress eröffnet. Die Tuberkulose zählt weiterhin zu den häufigsten Volkskrankheiten.

20 Fr Die Stadtverordnetenversammlung von Berlin nimmt einstimmig einen Antrag an, wonach der Grunewald als Volkspark erhalten bleiben soll.

21 Sa Aus Deutsch-Südwestafrika flieht der Hottentottenführer Jakob Morenga auf britisches Gebiet. Er wird von einer Patrouille bei Witpan erschossen.

22 So In Anwesenheit von Kaiser Wilhelm II. wird der restaurierte Dom im ostpreußischen Königsberg feierlich wieder eröffnet.

23 Mo Der deutsche Kronprinz Wilhelm eröffnet in Berlin den 14. Internationalen Kongress für Hygiene und Demographie.

24 Di In Friedrichshafen am Bodensee gelingt der Probeflug des neuen Starrluftschiffs des Grafen Ferdinand von Zeppelin.

25 Mi Ex-Kronprinzessin Luise von Sachsen heiratet in London den italienischen Pianisten und Komponisten Enrico Toselli und löst damit einen Skandal aus.

26 Do Eine Überschwemmungskatastrophe in der südspanischen Provinz Málaga fordert mehrere hundert Menschenleben.

27 Fr Eine Versammlung der Berliner Stukkateure macht den Wandel im bürgerlichen Wohnen deutlich: Von 1100 Berufsangehörigen sind 500 arbeitslos.

28 Sa Der Hafen von Oran in der französischen Kolonie Algerien wird für pestverseucht erklärt. Bisher wurden zwei Pesttote festgestellt.

29 So Dänische Dienstknechte und Dienstmädchen setzen sich dagegen zur Wehr, vom Wahlrecht ausgeschlossen zu sein und wenden sich an die Regierung.

30 Mo Am Tag des Schulabschlusses stehen viele junge Menschen vor der Berufswahl. Ein Schreiber verdient 700 Mark jährlich, ein Knecht etwa 1000 Mark.

14. September 1907

Aufstand unter Sun Yat-sen

Der gegen die Mandschus gerichtete Aufstand im Reich der Mitte, der im August in Südchina ausgebrochen ist, breitet sich in die mittleren Provinzen aus. Träger und Organisator der Bewegung ist die Geheimgesellschaft Kuomintang (»Nationale Volkspartei«), bzw. T'ung-meng-hui (»Verschworene Liga«), die von dem Arzt Sun Yat-sen (Abb.: mit Ehefrau) geführt wird. Am 24. Dezember kündigt die kaiserliche Regierung eine Verfassung an.

Sun Yat-sen

(eigentlich Sun Wen), chinesischer Politiker, * 12.11.1866 Zuiheng; † 12.3.1925 Peking

Sun Yat-sen prägte die Entwicklung Chinas am Übergang vom Kaiserreich zur Republik. Nach dem Medizinstudium gründete der Sohn eines christlichen Bauern in Honolulu eine »Vereinigung zur Erneuerung Chinas«, die 1905 in den »Chinesischen Revolutionsbund« mündete. Sun Yat-sen ist maßgeblich an der Revolution in China von 1911 beteiligt und wird 1912 erster Staatspräsident der Chinesischen Republik, muss allerdings nach kurzer Zeit vor einer Militädiktatur fliehen. Ab 1923 wird er von der Sowjetunion unterstützt, mit deren Hilfe er die Umstrukturierung seiner Partei Kuomintang (ab 1919) in eine Kaderpartei einleitet sowie eine parteieigene Armee aufbaut.

- 1905: Aufstellung der »drei Volksprinzipien«: Nationalismus, Volksherrschaft und Volkswohlstand
- 1917/18 und ab 1921: Organisation einer Gegenregierung in Kanton, an deren Spitze er sich stellt

8. September 1907

Papst gegen »Modernismus«

In seiner Enzyklika »Pascendi dominici gregis« spricht sich Papst Pius X. gegen den Modernismus an. Der Modernismus ist eine um die Jahrhundertwende entstandene reformkatholische Bewegung, die einen Ausgleich zwischen der tradierten katholischen Lehre und den gewandelten, modernen Denkweisen der bürgerlichen Gesellschaft und Regierungsform anstrebt.

Der Kampf gegen die Modernisten ist eines der Hauptanliegen des päpstlichen Oberhirten. Die Enzyklika verfügt die Entfernung aller modernistischen Professoren und Geistlichen von den katholischen Hochschulen und Fakultäten, verbietet die Lektüre ihrer Schriften und macht die Scholastik zur alleinigen Grundlage katholischer Forschung und Lehre. Zu den bekanntesten Modernisten zählen Franz Xaver Kraus, Hermann Schell und Albert Ehrhard. Ihr gemeinsamer Nenner ist die Forderung nach einer stärkeren Teilnahme der Katholiken am modernen Leben und an der modernen Wissenschaft. Darüber hinaus sind ihre Anschauungen schwer auf eine gemeinsame Formel zu bringen. Papst Pius X. kritisiert in der Enzyklika, »dass jeder Modernist mehrere Rollen in einer Person spielt; er ist Philosoph, Gläubiger, Theologe, Historiker, Apologet und Reformator«.

31. Oktober 1907

Kubismus geboren

Eine Gedächtnisausstellung für den im Vorjahr verstorbenen Maler Paul Cézanne wird in Paris heftig diskutiert. Cézanne, für den sich »alles in der Natur nach Kugel, Kegel und Zylinder formt«, war der wichtigste Wegbereiter der neuen Kunstrichtung des Kubismus. Sein Ziel war es, die in der Natur entdeckte Ordnung in geometrische Formen zu verwandeln, so dass eine Analyse des Gegenstandes die Form freisetzt. In dieser Sehweise liegt der Kern des Kubismus. In der Auseinandersetzung mit dem Werk Cézannes reift auch bei dem Spanier Pablo Picasso und dem Franzosen Georges Braque eine neue Bildsprache. Mit dem Bild »Les Demoiselles d'Avignon« begründet Picasso 1907 fast zeitgleich mit Braque den Kubismus.

In dieser ersten, analytischen Phase des neuen Stils werden die Formen aufs äußerste vereinfacht. Der Gegenstand wird zerteilt, jedes Detail für sich untersucht und einer Form zugeordnet. Die Grundformen erscheinen facettiert und aufgeklappt. Durch die gleichzeitige Sicht des Gegenstandes aus mehreren Perspektiven erreicht der kubistische Maler ein ganzheitliches Bild in der Ebene, so als ginge der Betrachter um den Gegenstand herum. Auf diese Weise malt Picasso nicht nur Gegenstände, sondern auch Personen. Er erreicht eine Reduzierung der Gesichter auf typisierte Modelle und eine Radikalisierung der Körper zu gedrungenen Formen, zu kubistisch vereinfachten Blockformen, die an archaisch-naive Volkskunst afrikanischer Künstler erinnern. Mit ihr hat sich Pablo Picasso seit etwa 1906 intensiv auseinandergesetzt.

Braque, der Picasso im Anschluss an die Gedächtnisausstellung begegnet, lässt sich von des-

21. Oktober 1907

Archäologischer Coup

In der Kiesgrube Grafenrain bei dem Dorf Mauer, zehn Kilometer südöstlich von Heidelberg, finden Arbeiter einen gut erhaltenen, bezahnten Unterkiefer, der sich als Überrest eines Vorzeitmenschen (s. Abb.) erweist. Der Paläantologe Otto Schoetensack erkennt als erster die Bedeutung des Fundes und nennt den Menschen, von dem der Knochen stammt, »Homo heidelbergensis«. Die geologische Untersuchung der Fundschicht ergibt ein überraschend hohes Alter: 478 000 bis 543 000 Jahre. Es ist zur Zeit des Fundes der älteste Beleg für menschliche Existenz auf der Erde.

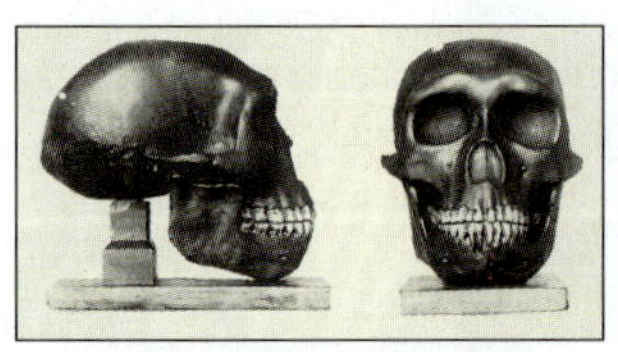

Zersplitterung der Formen: Das Gemälde »Les Demoiselles d'Avignon« ist Pablo Picassos programmatisches Bild zur neuen Kunstrichtung des Kubismus (1907, Museum of Modern Art, New York).

sen Bild »Les Demoiselles d'Avignon« inspirieren. Die revolutionäre Methode, die Wirklichkeitsillusion an die malerische Fläche zu bilden, beeinflusst Braques künstlerische Weiterentwicklung. Beispiele dafür sind die auf geometrische Formen reduzierte Landschaften, die der Franzose in den folgenden Jahren malt. Gemeinsam entwickeln Picasso und Braque in der Folge den Kubismus von der analytischen zur synthetischen Phase weiter. Sie geben den Realitätsbezug zunehmend auf, bis sich das Sujet nahezu in farbige und formale Strukturen auflöst und (ab 1912) kaum noch erkennbar ist. Aus den abstrakten, formalen Bildelementen entsteht ein vom Naturvorbild unabhängiges Werk.

13. September 1907

Lusitania setzt auf Turbinen

Im englischen Liverpool läuft die »Lusitania« (s. Abb.), das derzeit größte Passagierschiff der Welt, zu ihrer Jungfernfahrt in Richtung Amerika aus. Der 240 m lange Luxusliner bietet mehr als 2000 Passagieren Platz. Die »Lusitania« und die ebenfalls 1907 in Dienst gestellte »Mauretania« sind die ersten nicht mehr mit Kolbenmaschinen, sondern mit Turbinen angetriebenen Schnelldampfer. Sie überholen die deutsche Konkurrenz als schnellste Transatlantik-Verbindung.

6. Oktober 1907

Werkbund gegründet

Auf Initiative des linksliberalen Politikers Friedrich Naumann sowie des Architekten und Kunstschriftstellers Hermann Muthesius konstituiert sich in München der Deutsche Werkbund. Er vereint Künstler, Kunsthandwerker, Architekten und Industrielle mit dem Ziel, eine ästhetische Modernisierung von handwerklicher und industrieller Produktion zu erreichen und damit den Erfolg deutscher Produkte auf den internationalen Märkten zu fördern. In einem ersten Schritt vollziehen zwölf Künstler und zwölf Handwerks- bzw. Industriebetriebe den »Zusammenschluss von Künstler, Techniker und Kaufmann« (Naumann). Beteiligt sind u.a die Architekten und Designer Peter Behrens und Richard Riemerschmid, seitens der Industrie etwa die Vereinigten Werkstätten für Kunst und Handwerk (München).

Oktober 1907

1 Di Die Bierpreise in München werden um zwei Pfennig erhöht. Einige Kantinen verkaufen statt 15 Hektoliter nur noch 50 l Bier täglich.

2 Mi US-Präsident Theodore Roosevelt fordert bei einer Rede in St.Louis, die großen Eisenbahngesellschaften unter staatliche Aufsicht zu stellen.

3 Do In Hamburg beginnt die 24. Generalversammlung des Allgemeinen Deutschen Frauenvereins. Kernforderung ist der Zehnstundentag für Arbeiterinnen.

4 Fr Die Einwohner des Königreichs Sachsen wünschen sich eine neue Landesmutter. Kronprinzessin Luise wurde von König Friedrich August III. geschieden.

5 Sa Frankreichs Regierung reagiert mit Ausweisungen auf antimilitärische Propaganda von Ausländern. Vier Spanier redeten in Paris gegen den Marokkokrieg.

6 So Die preußischen Feuerbestattungsvereine protestieren gegen das Verbot der Benutzung des Krematoriums in Hagen. → Werkbund

7 Mo Ein Potsdamer, der aufgefordert wird, 87 1/2 Pfennig Einkommensteuer zu zahlen, wendet sich auf der Suche nach halben Pfennigen an die Öffentlichkeit.

8 Di In Budapest wird der neue Ausgleich zwischen Österreich und Ungarn unterzeichnet. Die österreichische Reichshälfte steht als Gewinner da.

9 Mi Kaiser Franz Joseph I. von Österreich zieht sich 77-jährig eine Grippe zu. Die Presse bereitet sich auf den Tod des Monarchen vor, der jedoch genest.

10 Do Während der revolutionären Unruhen in Persien unterzeichnet Schah Mohammad Ali die lange geforderte Verfassung.

11 Fr Die Arbeiterkammer in Mailand proklamiert den Generalstreik, weil Polizisten auf Steine werfende Arbeiter geschossen hatten.

12 Sa Karl Liebknecht wird wegen seiner Schrift »Militarismus und Antimilitarismus« zu Gefängnis verurteilt. +++ Der Pariser Eiffelturm erhält eine Leuchtuhr.

13 So Immer mehr Landarbeiter wandern in die Städte ab. Bei der diesjährigen Kartoffelernte müssen zahlreiche Kinder helfen.

14 Mo Weil er einen Artikel über »Die Gewissensfreiheit der Lehrer und Geistlichen« veröffentlicht hat, wird ein Lehrer im ostpreußischen Grabowen suspendiert.

15 Di Die Explosion einer Pulverfabrik zerstört fast die ganze Stadt Fontanet im US-Bundesstaat Indiana. Fast 100 Menschen kommen ums Leben.

16 Mi Das Auswärtige Amt in Berlin verweigert den Empfang von Abgesandten des marokkanischen Gegensultans Abd Al Hafis.

17 Do Sintflutartige Regenfälle richten in Schottland und England verheerende Schäden an. Es ereignen sich in diesem Jahr ungewöhnlich viele Naturkatastrophen.

18 Fr In Den Haag endet die zweite Friedenskonferenz nach viermonatiger Tagungsdauer. Ab sofort muss Feindseligkeiten eine Kriegserklärung vorausgehen.

19 Sa In Wien wird das »Kabarett Fledermaus« mit 300 geladenen Gästen eröffnet. Das neue Lokal gilt als Meisterwerk des Sezessionsstils.

20 So Die ersten deutschen Golfmeisterschaften enden in Hamburg. +++ In Berlin beginnt der zweite deutsche Arbeiterkongress.

21 Mo In St. Petersburg werden zahlreiche Oppositionelle unter dem Verdacht revolutionärer Agitation verhaftet. → Archäologischer Coup

22 Di Die deutsche Kaiserin Auguste Viktoria feiert ihren 49. Geburtstag. Die Berliner Stadtverordnetenversammlung gratuliert erstmals seit sieben Jahren.

23 Mi In Ottawa wird ein kanadisch-japanischer Notenwechsel veröffentlicht. Darin verspricht die kanadische Regierung, Japaner-Pogrome zu verhindern.

24 Do Die süditalienische Provinz Kalabrien wird von einem schweren Erdbeben erschüttert. Mehrere Ortschaften werden völlig zerstört.

25 Fr Die bayerische Abgeordnetenkammer nimmt einen Antrag der Liberalen an, Frauen zum Armen- und Waisenpflegeschaftsrat für wählbar zu erklären.

26 Sa Dem französischen Flugpionier Henri Farman gelingt auf einem Flugplatz bei Paris erstmals ein Wendemanöver in der Luft.

27 So In Russland beginnen die Wahlen zur dritten Duma. Die ersten beiden Parlamente waren vom Zaren wegen oppositioneller Haltung aufgelöst worden.

28 Mo König Alfons XIII. von Spanien trifft zu einem Staatsbesuch in Paris ein, wo er von Präsident Armand Fallières empfangen wird.

29 Di Das Deutsche Reich und Russland unterzeichnen in St. Petersburg ein geheimes Ostseeabkommen, das den Status quo garantiert.

30 Mi 15 000 Menschen sterben bei einem Erdbeben in der Stadt Karatag im russischen Buchara. Die Zahl der Toten in ländlichen Gebieten ist unbekannt.

31 Do Nach Behördenangaben ist die Kriminalität im Deutschen Reich seit 1902 stark zurückgegangen – gestiegen ist jedoch die Jugendkriminalität. → Kubismus

November 1907

1 Fr In Tientsin enden die deutsch-chinesischen Verhandlungen über den Bau einer Eisenbahn von Tientsin nach Chinkiang.

2 Sa Im Vertrag von Kristiania (Oslo) garantieren das Deutsche Reich, Großbritannien, Frankreich und Russland die Integrität Norwegens.

3 So Beim Kampf um die Einführung des Acht-Uhr-Ladenschlussgesetzes unterstützen 20 000 Geschäftsinhaber die Handlungsgehilfen in Berlin.

4 Mo Prinz Friedrich Wilhelm von Preußen wird an der Universität Straßburg immatrikuliert. Die Studenten weigern sich, das Gelände zum Empfang zu räumen.

5 Di Vor dem römischen Senat beginnt der Prozess gegen den früheren italienischen Unterrichtsminister Nunzio Nasi, dem Unterschlagungen vorgeworfen werden.

6 Mi Auf dem deutschen Schulschiff »Blücher« explodiert vor Flensburg ein Kessel. Acht Menschen kommen bei dem Unglück ums Leben. → Affären

7 Do In der britischen Kolonie Natal bricht ein Kaffernaufstand aus. Die Revolte wird bis Dezember niedergeschlagen.

8 Fr Zwischen Paris und London wird erstmals eine Fotografie über ein Unterwasserkabel mit dem Faksimiletelegrafen übertragen.

9 Sa Beim traditionellen Lord Mayor's Bankett in London fordert der britische Premierminister Henry Campbell-Bannermann internationale Abrüstung.

10 So In Washington findet die allgemeine zentralamerikanische Friedenskonferenz statt, in deren Verlauf Nicaragua seine Ansprüche auf Honduras aufgibt.

11 Mo König Edward VII. von Großbritannien und Irland und Königin Alexandra empfangen am Bahnhof von Windsor das deutsche Kaiserpaar.

12 Di Der französische Außenminister Stéphan Pichon verteidigt das militärische Eingreifen Frankreichs in Marokko als Strafmaßnahme für getötete Europäer.

13 Mi Vertreter der Ententemächte weisen die bulgarische Regierung auf Übergriffe bulgarischer Banden in Makedonien hin, das zum Osmanischen Reich gehört.

14 Do König Viktor Emanuel III.von Italien erlässt nach der Geburt einer Tochter eine Amnestie für Majestätsbeleidiger und Duellanten.

15 Fr Zum ersten Mal erscheint im »San Francisco Chronicle« ein Comic-Strip. Ziel ist es, durch komische Bildgeschichten Leser zu binden.

16 Sa Oklahoma wird als 46. Bundesstaat in die USA aufgenommen. Es ist die erste Neuaufnahme eines Staates im 20. Jahrhundert.

17 So In Frankfurt am Main tritt der zweite deutsche Privatbeamtentag unter Teilnahme von rund 3000 Delegierten zusammen.

18 Mo Papst Pius X. erlässt ein persönliches Schreiben über den Modernismus und fordert die Entlassung der Lehrer mit modernem Gedankengut.

19 Di Die portugiesische Regierung unter Diktator João Franco verbietet die Abhaltung politischer Versammlungen.

20 Mi Der Dampfer »Main« des Norddeutschen Lloyd sticht in New York mit 2400 Zwischendeckpassagieren Richtung Bremen in See. → Modersohn-Becker

21 Do In Berlin tritt der zweite Parteitag der preußischen Sozialdemokratie zusammen. Die Gründung einer preußischen Landesorganisation wird abgelehnt.

22 Fr Die ersten Parlamentswahlen in der britischen Oranjeflusskolonie (Südafrika) bringen den Buren eine überwältigende Mehrheit.

23 Sa In Konstantinopel wird die Bewässerung der Konya-Ebene beschlossen. Es handelt sich um das größte Bewässerungsprojekt in Kleinasien seit der Antike.

24 So In St. Petersburg werden 14 Mitglieder des Zentralkomitees der Sozialdemokratischen Arbeiterpartei Russlands verhaftet.

25 Mo König Karl I. von Portugal verweist alle politischen Vergehen an einen Sondergerichtshof, der nach einem summarischen Verfahren zu urteilen hat.

26 Di Der Deutsche Reichstag in Berlin debattiert auf Antrag der SPD über die hohen Kohlepreise, mit wenig Aussicht auf Lösung des Problems. → Intima Teatern

27 Mi Angesichts der revolutionären Unruhen in Persien droht Schah Mohammad Ali mit Auflösung des Parlaments.

28 Do Truppen des marokkanischen Sultans Abd Al Asis schlagen im Schaujagebiet Truppen des Gegensultans Abd Al Hafis in die Flucht.

29 Fr Russlands Ministerpräsident Pjotr A. Stolypin verliest vor der Duma sein Regierungsprogramm, in dem er eine Agrarreform ankündigt.

30 Sa Gegen die preußischen Enteignungsvorlage protestieren in Lemberg Tausende von Polen und rufen zum Boykott preußischer Waren auf.

6. November 1907

Affären um »Unsittliche«

Vor der zweiten Strafkammer des Landgerichts II in Berlin beginnt der Beleidigungsprozess des deutschen Reichskanzlers Bernhard Fürst von Bülow gegen den Schriftsteller Adolf Brand. Brand, der Bülow Vergehen gegen den Homosexuellen-Paragrafen 175 vorgeworfen hatte, wird zu eineinhalb Jahren Gefängnis und zu öffentlicher Widerrufung verurteilt.
Der Prozess ist einer der Auswüchse im Rahmen der sog. Eulenburg-Affäre, die der Publizist Maximilian Harden mit vagen Anspielungen auf angebliche homosexuelle Neigungen preußischer Adliger ins Rollen gebracht hat. Kuno Graf von Moltke und Philipp Fürst zu Eulenburg und Hertefeld sind die Opfer der Anschuldigungen. Harden behauptet, die Affäre ins Rollen gebracht zu haben, um Kaiser Wilhelm II. vor dem Einfluss Moltkes und des Grafen Eulenburg sowie ihrer »Tafelrunde« zu befreien. Er verstehe sich als Verfechter altpreußischer Gesinnung und Wahrer deutscher Machtinteressen im Sinne der Politik Otto von Bismarcks.
Seit der Gründung seiner Zeitschrift »Die Zukunft« im Jahre 1892 führt Harden einen publizistischen Kampf gegen die Person des Kaisers und die meisten von diesem ernannten Politiker. Dabei verfügt er über weitreichende Kenntnisse, da er von intimen Kennern des Kaiserhofs unterrichtet wird. Auf der ganzen Welt nehmen Prominente zu dem Skandal Stellung. Die Eulenburg-Affäre hat politische Hintergründe, kommt jedoch in einer gesellschaftlichen Atmosphäre ins Rollen, in der ein allgemeinen »Verfall der Sitten« beklagt wird.
Es vergeht kaum ein Tag, ohne dass Zeitungen in Deutschland über neue Prozesse berichten, in denen »Unsittliche« verurteilt werden. Viele Katholiken rufen in Anzeigenserien dazu auf, nicht »bei Unsittlichen« zu kaufen, selbsternannte Tugendwächter lassen sich über Zügellosigkeit und Perversität aus. Wer sind diese »Unsittlichen«? Da ist z.B. ein Papierwarenhändler, der zu einer Freiheitsstrafe verurteilt wird, weil er »unzüchtige« Bilder öffentlich zur Schau gestellt habe. Dabei handelte es sich um Ansichtskarten mit Werken bekannter Maler, darunter Peter Paul Rubens. Selbst die Kaiserin Auguste Viktoria, die eigentlich über alle Zweifel erhaben ist, wurde von Katholiken scharf angegriffen wegen ihres zu weit ausgeschnittenen Dekolletés.
Nicht immer haben die Saubermänner jedoch Erfolg. So wurde die Zeitschrift »Schönheit« wegen einiger in künstlerischer Weise abgebildeter nackter Gestalten von Katholiken bei der Staatsanwaltschaft denunziert. Doch der Prozess endete mit einem spektakulären Freispruch. Als Sachverständiger fungierte

20. November 1907

Worpsweder Malerin stirbt

Wenige Wochen nach der Geburt ihrer Tochter stirbt die Malerin Paula Modersohn-Becker in dem Künstlerort Worpswede. Die Künstlerin – Hauptvertreterin der Worpsweder Malerschule und gegenüber avantgardistischen Strömungen aufgeschlossen – erkannte als eine der ersten in Deutschland die Bedeutung der Pariser Avantgarde.

Paula Modersohn-Becker

deutsche Malerin, * 8.2.1876 Dresden; † 20.11.1907 Worpswede

Die Künstlerin gilt in der Malerei als eine Wegbereiterin der Moderne in Deutschland. Ihre Bilder sind jedoch im Gegensatz zu späteren expressionistischen Werken stärker gefühlsbetont und gehen einen eigenen Weg. Als eine der ersten deutschen Malerinnen griff die Schülerin Fritz Mackensens Einflüsse von Avantgardisten wie Paul Cézanne, Paul Gauguin, Henri Matisse und Vincent van Gogh auf. Doch verarbeitete sie diese Eindrücke zu einem eigenen Stil. Ihre Bilder zeichnen sich durch einfache Formen, große Flächen und konturhafte Figuren aus. Das Werk der Worpsweder Künstlerin umfasst zahlreiche Stillleben und Selbstbildnisse.

- 1892: erster Zeichenunterricht in London
- 1896/97: Studium in Berlin
- 1897: Umzug in die norddeutsche Künstlerkolonie Worpswede
- ab 1900: mehrere Parisaufenthalte
- 1901: Ehe mit dem Maler Otto Modersohn

8. Dezember 1907

Schweden betrauert Oscar II.

In Stockholm stirbt im Alter von 79 Jahren der schwedische König Oscar II. (s. Abb., sitzend, 2.v.l., im Kreise der Familie), der bis zum Jahre 1905 zugleich König von Norwegen war. Nachfolger wird sein 49-jähriger Sohn Gustav V., der u.a. das Prinzip strikter Neutralität vertritt.

26. November 1907

Intima Teatern eröffnet

Mit der Uraufführung seines Kammerspiels »Der Scheiterhaufen« eröffnet August Strindberg das Intima Teatern in Stockholm. Der Dramatiker hat das Theater mit seinem Freund August Falck gegründet, um seine Stücke in einer Zeit aufzuführen, in der sein Streit mit der schwedischen Öffentlichkeit dem Höhepunkt zustrebt.
Die Strindberg-Fehde, eine Presse-Kontroverse zwischen traditionalistischen und fortschrittlichen Kräften, hatte Strindberg mit Angriffen auf die etablierte Gesellschaft in dem satirischen Roman »Die gotischen Zimmer« (1904) ausgelöst und 1907 durch »Schwarze Fahnen« noch angeheizt. Mit seinen Stücken will Strindberg u.a. die Scheinwirklichkeit bürgerlicher Gesellschaft entlarven.

Karikatur in der französischen Satire-Zeitschrift »L'Assiette au beurre«: »Und das lassen Sie sich ein für allemal gesagt sein, Herr Leutnant, den Mann zu schonen! Exzellenz nennen ihn Fanny!«

Otto von Leixner, Vorsitzender des »Volksbundes zur Bekämpfung des Schmutzes in Wort und Bild«.

10. Dezember 1907

Nobelpreise verliehen

Zum sechsten Mal werden die Nobelpreise verliehen, die nach dem Willen des Stifters wie stets ohne Rücksicht auf Konfession und Nationalität einzig aufgrund des Verdienstes zuerkannt werden sollen. Den Friedensnobelpreis teilen sich der Italiener Ernesto Teodoro Moneta und der Franzose Louis Renault. Der Brite Rudyard Kipling (s. Abb.), erhält den Literaturnobelpreis. Der Physikpreis geht an den Deutsch-Amerikaner Albert Abraham Michelson, der Chemienobelpreis an den Deutschen Eduard Buchner. Der Franzose Alphonse Laveran erhält den Medizinnobelpreis.

(Joseph) Rudyard Kipling

englischer Schriftsteller, *30.12.1865 Bombay/Indien; † 18.1.1936 London

Als erster Engländer erhält der Verfechter des britischen Imperialismus den Literaturnobelpreis. Während sein literarischer Ruhm auf volkstümlichen Gedichten beruht, so gründet seine weltweite Bekanntheit auf seinen Kinderbüchern. Vor allem »Das Dschungelbuch« (1894/95, dt. 1898) begeistert die Leser.

- 1885: »Schlichte Geschichten aus Indien« (Kurzgeschichten, dt. 1895)
- 1891: »Kim« (Roman)

27. Dezember 1907

Eisenbahnen verkeilt

Zu einem spektakulären Unfall kommt es in der Nähe der britisch-indischen Distrikthauptstadt Judhiana im Punjab. Zwei Eisenbahnzüge prallen auf der Strecke von Lahore nach Ambala aufeinander (s. Abb.). Das Unglück fordert insgesamt 20 Menschenleben.

2. Dezember 1907

Aus für den Kongostaat

Belgien und der Kongostaat, der im Besitz des belgischen Königs Leopold II. ist, unterzeichnen einen Vertrag, der die Übernahme der königlichen Privatkolonie durch den belgischen Staat regelt. Zum ersten Mal in der Geschichte des Kolonialismus wird damit aus internationalen Protesten gegen ein mörderisches Unterdrückungssystem die Konsequenz gezogen.

Bis zum Jahre 1884 ging fast das gesamte Kongobecken durch den Abschluss zahlreicher »Schutzverträge« in das persönliche Eigentum des Monarchen über. Auf der Berliner Konferenz 1884/85 wurde das Gebiet als »unabhängiger und neutraler Staat« unter der Souveränität des belgischen Königs Leopold II. anerkannt. Der Monarch beutete unter brutalster Behandlung der Eingeborenen die natürlichen Ressourcen des Landes aus. 1890 sicherte er sich das Recht, Einfuhrzölle zu erheben, und überzog das Land mit Militärstationen. Hunderttausende fielen seinem Zwangsarbeitersystem zum Opfer (Abb.: Prügelstrafe für einheimischen Arbeiter). Erst internationale Proteste führten letztlich dazu, dass der belgische Staat den Kongostaat vom König übernahm. Die skandalösen Zustände in dem afrikanischen Land sind symptomatisch für die Situation in nahezu allen Kolonien.

Dezember 1907

1 So Der französische Militärballon »Patrie« reißt sich in Verdun bei Ausbesserungsarbeiten aus den Händen von 200 Leuten und fliegt bis nach Irland.

2 Mo Der kanadische Box-Weltmeister Tommy Burns verteidigt in London erfolgreich seinen Titel gegen den Briten Gunnar James Moir. → Kongostaat

3 Di Wegen Wuchers einer Mietgesellschaft verabreden 2000 Mieter Neapels, ab Januar keinen Mietzins mehr zu zahlen.

4 Mi Reichskanzler Bernhard Fürst von Bülow droht mit Rücktritt, falls die Parteien des sog. Bülow-Blocks sich weiterhin untereinander anfeinden.

5 Do Prinz Heinrich von Preußen eröffnet in Berlin eine Internationale Automobilausstellung. Gezeigt werden u.a. Luxuswagen, Motorboote und Droschken.

6 Fr Bei einer Kohlenstaubexplosion in den Minen der Fairmont Coal Company im US-Bundesstaat West Virginia kommen über 500 Arbeiter ums Leben.

7 Sa Gustav Mahler verabschiedet sich von seinen Mitarbeitern nach seinem Rücktritt von der Leitung der Wiener Hofoper, um künftig in New York zu arbeiten.

8 So Die Sozialdemokraten veranstalten in Sachsen Kundgebungen für ein allgemeines, freies und gleiches Wahlrecht. → Schweden

9 Mo Hottentotten greifen in Deutsch-Südwestafrika einen Ochsenwagen an und töten deutsche Reiter. Der Hottentottenkrieg ist offiziell seit März zu Ende.

10 Di Der Stamm der Beni Snassen in Nordmarokko stellt nach schweren Verlusten seinen »Heiligen Krieg« gegen die Franzosen ein. → Nobelpreise

11 Mi Das persische Parlament ruft die Großmächte auf, es bei seinem Kampf um konstitutionelle Reche nicht allein zu lassen.

12 Do In der bulgarischen Hauptstadt Sofia wird der Führer der makedonischen Bewegung, Boris Sarasow, von dem Bandenführer Panitza erschossen.

13 Fr Kaiser Wilhelm II. trifft, aus London kommend, zu einem Besuch der niederländischen Königin Wilhelmina in Amsterdam ein.

14 Sa Kaiser Wilhelm II. kehrt nach vierwöchigem Auslandsaufenthalt nach Potsdam zurück. In Oxford hatte der Kaiser den Ehrendoktortitel erhalten.

15 So Der deutsche Radrennfahrer Walter Rütt gewinnt mit dem Niederländer John Stol im Madison Square Garden in New York das Sechstagerennen.

16 Mo Der größte Teil der US-Flotte läuft in Richtung Pazifik aus, um Japan die Seemacht der Vereinigten Staaten zu demonstrieren.

17 Di Der marokkanische Gegensultan Abd Al Hafis bietet Sultan Abd Al Asis seine Unterwerfung an, wenn Al Asis die Regierung entlässt.

18 Mi An der Universität der ukrainischen Stadt Odessa werden 20 Professoren wegen Förderung der revolutionären Bewegung unter den Studenten entlassen.

19 Do In der sizilianischen Hauptstadt Palermo kommen bei der Explosion eines Pulver- und Dynamitlagers 45 Menschen ums Leben.

20 Fr In der US-Hauptstadt Washington endet die zentralamerikanische Friedenskonferenz mit der Errichtung eines Schiedsgerichtshofes.

21 Sa Die niederländische Abgeordnetenkammer in Den Haag lehnt das Kriegsbudget ab, da die Stärke der Armee nicht im Verhältnis zu den Ausgaben stehe.

22 So In St. Petersburg wird das Ballett »Der sterbende Schwan« unter der Choreographie von Michail M. Fokin uraufgeführt.

23 Mo Die europäischen Großmächte fordern die türkische Regierung auf, das internationale Polizeimandat in Makedonien um sieben Jahre zu verlängern.

24 Di Während der revolutionären Unruhen in China kündigt die kaiserliche Regierung die Einführung einer Verfassung und Pressegesetze an.

25 Mi Der Verein für Kinder-Volksküchen fordert die deutsche Bevölkerung auf, am Silvesterabend einen Beitrag für notleidende Kinder zu spenden.

26 Do In Surat tritt der Indian National Congress zusammen, die Interessenvertretung der Inder gegenüber der britischen Kolonialmacht.

27 Fr Auf dem Jangtsekiang erobern chinesische Salzschmuggler nach erbitterten Gefechten 19 Kanonenboote der Regierung. → Eisenbahnen

28 Sa Das russische Parlament (Duma) bewilligt einen Kredit von 15,2 Mio. Rubel zur Unterstützung der betroffenen Menschen in den Hungergebieten.

29 So In Berlin unternimmt die Polizei nachts eine Razzia gegen Zigeuner. Ziel der Suche ist ein flüchtiger Mörder aus Stettin.

30 Mo Die spanische Abgeordnetenkammer in Madrid genehmigt den Gesetzentwurf über den Ausbau der spanischen Flotte.

31 Di Der belgische Ministerpräsident Jules de Trooz (klerikal) stirbt im Alter von 50 Jahren in Brüssel. Nachfolger wird Frans Schollaert (klerikal).

Januar 1908

1 Mi Der österreichische Komponist Gustav Mahler tritt sein Engagement als Dirigent der Metropolitan Opera in New York an.

2 Do Der US-Industrielle John D. Rockefeller schenkt der Universität von Chicago 2,19 Mio. Dollar. Er hatte die Universität 1890 selbst gegründet.

3 Fr Im Pariser Bahnhof Saint-Lazare revoltieren die Fahrgäste gegen die miserablen Transportbedingungen. Es kommt zu Schlägereien mit der Polizei.

4 Sa In Frankreich übernimmt der bisherige Unterrichtsminister Aristide Briand das Amt des verstorbenen Justizministers Jean Guyot-Dessaigne. → Marokko

5 So König Gustav V. von Schweden gibt in Stockholm bekannt, er wolle sich nicht krönen lassen, weil eine Krönung zu kostspielig sei.

6 Mo Als einer der ersten Konzerne in Deutschland gewährt die BASF ihren Arbeitern von diesem Jahr an einen bezahlten Jahresurlaub. → »Times«

7 Di Der russische Bolschewikenführer Wladimir I. Lenin trifft mit seiner Frau in Genf ein. Wegen Sozialistenverfolgungen muss Lenin zum zweiten Mal ins Exil.

8 Mi In New York wird die Teilstrecke der Untergrundbahn in Betrieb genommen, die Brooklyn und Manhattan verbindet. Das erste Teilstück wurde 1904 eröffnet.

9 Do Etwa 2000 Abessinier sind in Italienisch-Somaliland eingedrungen und belagern die Stadt Luq. Der Konflikt wird friedlich beigelegt. → Wilhelm Busch

10 Fr In New York brennt ein 13-stöckiges Hochhaus nieder, weil die Spritzen der Feuerwehr nur bis zum achten Stock reichen.

11 Sa In Anwesenheit des deutschen Kaisers Wilhelm II. und zahlreicher prominenter Gäste wird das neue Weimarer Hoftheater eröffnet.

12 So Bei erneuten Demonstrationen für das allgemeine Wahlrecht in Berlin kommt es zu Zusammenstößen mit der Polizei. 30 Demonstranten werden verletzt.

13 Mo Im französischen Issy gelingt es Henri Farman mit seiner Flugmaschine als erstem Europäer, einen vollständigen Kreis von 1000 m Umfang zu fliegen.

14 Di Mit einer neuen Form des Audruckstanzes begeistern die Schwestern Grete, Else und Berta Wiesenthal im »Cabaret Fledermaus« das Wiener Publikum.

15 Mi Der neue, von Ungarn eingesetzte Statthalter von Kroatien, Paul Freiherr Rauch von Nyék, wird bei seinem Amtsantritt in Agram mit Steinen beworfen.

16 Do Im Kampf gegen den umstrittenen neuen Sultan von Marokko, Abd Al Hafis, besetzen französische Truppen die marokkanische Stadt Settat.

17 Fr Angeführt von Emmeline Pankhurst demonstrieren in London Suffragetten für das Frauenstimmrecht. Fünf Frauen werden verhaftet.

18 Sa Im preußischen Abgeordnetenhaus wird die sog. Polenvorlage angenommen. Das Gesetz erlaubt die Enteignung polnischer Grundbesitzer in Ostpreußen.

19 So In Berlin findet das erste deutsche Hallensportfest statt. +++ Der Deutsche Flottenverein hält in Kassel eine Hauptversammlung ab.

20 Mo Auf einer Eisenbahnbrücke bei Mailand kommt es infolge einer falschen Weichenstellung zu einem Zusammenstoß. Neun Menschen werden getötet.

21 Di Im Bois de Bologne in Paris wird das erste Automobildenkmal der Welt zu Ehren des französischen Autopioniers Emile Levassor errichtet.

22 Mi Die Zechenunternehmer des Ruhrgebiets gründen einen Zechenverband mit dem Ziel, Streiks zu verhindern.

23 Do Der US-Funktechniker Lee De Forest, der »Vater des Radios«, erhält ein deutsches Patent auf seine Erfindung der Glühkathoden-Röhre.

24 Fr In Chicago finden Demonstrationen von Arbeitslosen statt. Es kommt dabei zu blutigen Zusammenstößen mit der Polizei.

25 Sa In der Königlichen Akademie der Künste in Berlin wird anlässlich des Geburtstags von Kaiser Wilhelm II. eine Ausstellung von britischen Künstlern eröffnet.

26 So Bruno Biehler gewinnt die ersten deutschen Skimeisterschaften in Bad Kohlgrub. +++ Ulrich Salchow wird Weltmeister im Eiskunstlauf.

27 Mo Der ungarische Graf László Széchenyi heiratet in der New Yorker Fifth Avenue die Milliardärstochter Gladys Vanderbilt.

28 Di In der marokkanischen Stadt Tanger wird zum Schutz der europäischen Interessen eine internationale Polizeitruppe aufgestellt.

29 Mi Der Deutsche Reichstag in Berlin genehmigt das neue Flottengesetz. Es sieht eine Beschleunigung des Flottenbaus in den nächsten vier Jahren vor.

30 Do Der US-Finanzminister George B. Cortelyou legt einen Bericht über die Finanzkrise vor, die für hohe Arbeitslosigkeit in den USA verantwortlich ist.

31 Fr US-Präsident Theodore Roosevelt wendet sich in einer Spezialbotschaft an den Kongress gegen die Macht und den politischen Einfluß der Trusts.

9. Januar 1908

Wilhelm Busch ist tot

Der Maler, Zeichner und Dichter Wilhelm Busch (s. Abb.), Vater von »Max und Moritz«, stirbt im Alter von 75 Jahren in seinem Haus im niedersächsischen Mechtshausen bei Seesen. Mit den »Bubengeschichten in sieben Streichen«, die der bekannteste Humorist Deutschlands 1865 veröffentlichte, wachsen Generationen von Kindern auf. Der Nachruf auf Busch in der »Berliner Illustrirten Zeitung« imitiert den Stil des Zeichners und lässt seine bekanntesten Figuren Revue passieren. Wilhelm Busch wurde 1832 in Wiedensahl (Hannover) als Sohn eines Kaufmanns geboren. Nach einer vielseitigen Ausbildung studierte er in Düsseldorf, Antwerpen und München Malerei. Von 1859 bis 1871 war er Mitarbeiter der »Fliegenden Blätter« und der »Münchner Bilderbogen«. Neben »Max und Moritz« zählen »Die fromme Helene« (1872), »Herr und Frau Knopp« (1876) und »Maler Klecksel« (1884) zu den bekanntesten Bildergeschichten von Busch. Beeinflusst von der pessimistischen Philosophie Arthur Schopenhauers, entlarvt Wilhelm Busch mit einer unübertroffenen Kombination aus knappen Texten und satirischen Bilderfolgen die verlogene Scheinmoral und Selbstzufriedenheit des Bürgertums.

4. Januar 1908

Marokko bleibt Unruheherd

Wegen seiner nachgiebigen Haltung gegenüber den Europäern, besonders den Franzosen, wird der Sultan von Marokko, Abd Al Asis, von den Würdenträgern der Residenzstadt Fes für abgesetzt erklärt. Im Anschluss proklamieren sie seinen Halbbruder Abd Al Hafis zum neuen Sultan (Abb.: Die verfeindeten Halbbrüder Abd Al Hafis, l. und Abd Al Asis).

Der neue Sultan ruft zum Widerstand gegen die französischen Truppen auf, die sich seit dem Vorjahr im Land befinden. Auch in Frankreich selbst wächst der Widerstand gegen das eigene militärische Engagement in dem nordafrikanischen Land. Der Wortführer derer, die sich für einen Rückzug aus Marokko aussprechen, ist der Sozialistenführer und Pazifist Jean Jaurès. Während einer Debatte in der französischen Abgeordnetenkammer am 24. Januar verlangt er von der Regierung, Frankreich »mutig von dem marokkanischen Abenteuer zu befreien«.

12. Februar 1908

Fernfahrt New York–Paris

Ein unvergleichliche Strapaze für Mensch und Maschine ist die Automobilfahrt von New York nach Paris. Mehrere tausend Autobegeisterte verfolgen vor dem Verlagsgebäude der »New York Times« den Start (s. Abb.). Sechs Automobil-Crews aus Europa und Amerika gehen das spektakuläre 23 000-km-Unternehmen New York-Alaska-Sibirien-Berlin-Paris an.

Geboren wurde die Idee in Frankreich – in Anlehnung an die 13 000-km-Fernfahrt Peking-Paris aus dem Jahre 1907. Große Verlagshäuser finanzieren das Spektakel, um die Leserwünsche nach Reportagen aus unerforschten Gebieten zu befriedigen. Drei Teams kommen aus Frankreich, je eins aus Deutschland, Italien und den USA. Die »Berliner Illustrirte Zeitung« aus dem Ullstein-Verlag sponsert den 35-PS-»Protos« von Oberstleutnant Hans Koeppen. Die Karosserie des deutschen Autos ist aus besonders widerstandsfähigen Holzarten hergestellt und mit einer wasser- und zugluftdichten Plandecke überspannt, die gleichzeitig

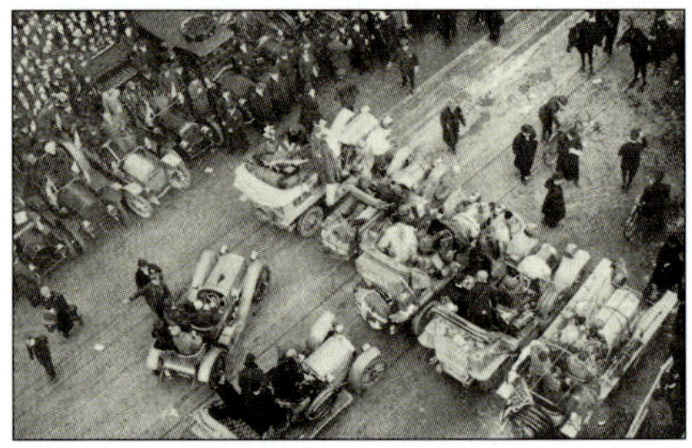

als Zelt und provisorische Garage benutzt werden kann. Oberhalb der drei Sitze ist ein spartanischer Schlafraum eingerichtet. Zur Ausrüstung gehören neben Waffen, Lebensmittel-Konserven, Ersatzteilen, Spaten, Seilwinde und Medikamenten auch Schlittenkufen.

Offenbar hatten die Organisatoren der Tour nur wenig Zeit in die Planung investiert, denn die ursprüngliche Route sollte u.a. durch straßenlose Gegenden führen. Hinzu kommen winterliche Temperaturen und schlechtes Gelände. Die Route wird erst geändert, als der US-Wagen stecken bleibt. In Russland kommt es zu einer spannenden Wettfahrt zwischen den Mannschaften aus Amerika und Deutschland. Die Durchquerung des Landes erweist sich als schwierig, und ohne Unterstützung der Eisenbahn, die Ersatzteile heranschafft, würde wohl keines der Fahrzeuge die französische Metropole erreicht haben.

Die Deutschen haben Glück. Hans Koeppen führt ab Moskau die Wettfahrt an, fährt am 24. Juli, von einer begeisterten Menschenmenge gefeiert, in Berlin ein und erreicht zwei Tage später Paris. In seinem Buch »Im Auto um die Welt« beschreibt der Sieger die Hürden, die auf der Wettfahrt zu meistern waren. Das Durchfahren eines Flusslaufs wird beinahe zur Endstation: »Ich war ziemlich überrascht, dass schon die Vorderräder so tief in den Grund eintauchten, dass der Kühler auf den Boden aufstieß, er federte jedoch wieder hoch, das Vorderteil des Wagens sprang aufs Trockene, die Hinterräder aber blieben unrettbar im tiefsten Schlamm stecken. Das Wagnis war misslungen ...«

7. Februar 1908

Erhöhung der Schiffstarife

Die transatlantischen Schifffahrtsgesellschaften einigen sich auf einer internationalen Konferenz in London auf einheitliche Tarife für Reisen von Europa nach Amerika.
Damit wird ein monatelanger Tarifkampf beendet, der zu einer nie dagewesenen Herabsetzung der Passagierpreise geführt hatte. Die unmittelbare Konsequenz der Übereinkunft ist eine allgemeine Preiserhöhung für Transatlantik-Reisen. Die neuen Passagiertarife sollen das ganze Jahr über gelten. Je neuer, größer und schneller die Schiffe, desto höher sollen die Preise sein.

6. Januar 1908

»Times« in AG umgewandelt

Die traditionsreiche Londoner Tageszeitung »The Times«, die seit ihrer Gründung 1785 im Privatbesitz der Familie Walter ist, wird in eine Aktiengesellschaft umgewandelt.
Neuer Geschäftsführer wird Cyril Arthur Pearson, Besitzer der Zeitungen »Daily Express« und »Standard«. Seit dem Tod von John Walter III., dem Enkel des Gründers 1894, war die Zeitung in immer größere wirtschaftliche Schwierigkeiten geraten. Die aufwendige und kostenintensive Berichterstattung, u.a. im Burenkrieg (19 Korrespondenten), machten eine Umstrukturierung notwendig.

1. Februar 1908

Königsmord in Portugal

Bei der Rückkehr von einem Landausflug in die Hauptstadt Lissabon werden König Karl I. (s. Abb.) und Kronprinz Ludwig Philip durch Karabinerschüsse ermordet.
Prinz Manuel, der zweite Sohn des Königs, wird leicht verletzt. Polizisten und Soldaten töten drei der sechs Attentäter, die Anhänger der republikanischen Partei sind. Die Ermordung des Königs bildet den Höhepunkt eines erbittert geführten Verfassungskampfs zwischen der diktatorischen Regierung unter Ministerpräsident João Franco und der republikanischen Linken. Karl I. hatte Franco im Jahre 1906 zum Ministerpräsidenten berufen und im Mai 1907, nach Auflösung des Parlaments, mit diktatorischen Vollmachten ausgestattet. Mit brutalen Mitteln hatte Franco die Monarchie in Portugal festigen wollen. Die republikanische Opposition sah keine Möglichkeit mehr, auf parlamentarischem Weg in das politische Geschehen des Landes einzugreifen. Einige Republikaner entschlossen sich deshalb, die Wiederherstellung der Verfassung mit gewaltsamen Mittel zu erzwingen. Die Ermordung des Monarchen löst in den europäischen Staaten unterschiedliche Reaktionen aus. Zwar erfolgen offizielle Beileidskundgebungen von nahezu allen Staaten, doch werden in einigen Parlamenten auch andere Töne laut. So erklärt ein sozialistischer Abgeordneter in der französischen Kammer, dass das Attentat durch die Diktatur provoziert worden sei. Im russischen Parlament, der Duma, und im Deutschen Reichstag bleiben die sozialistischen und sozialdemokratischen Abgeordneten den Beileidskundgebungen fern.

Neuer König von Portugal wird der 18-jährige Manuel II., der den Thron am 2. Februar besteigt. Admiral Francisco Joaquim Ferreira do Amaral wird als Nachfolger von Franco neuer Ministerpräsident. Republikanische Abgeordnete werden aus der Haft entlassen, die Pressefreiheit wird wiederhergestellt. Das neue Kabinett erfährt durch Neuwahlen am 4. April seine Bestätigung. Die sozialistischen und republikanischen Ideen, die in anderen Ländern bereits die Politik beeinflussten, machten somit auch vor der Monarchie in Portugal nicht Halt.

Seit 1907 regierte das portugiesische Kabinett unter Ministerpräsident João Franco (2.v.r.) ohne parlamentarische Kontrolle. Diese Politik verlieh der antimonarchistischen Stimmung im Land Aufwind.

Februar 1908

1	Sa	Die japanische Regierung gestattet die Auswanderung nach Hawaii nur noch für Rückkehrer oder Verwandte dort lebender Japaner. → Portugal
2	So	Die Eisschnellauf-Europameisterschaft in Klagenfurt entscheidet der 15-jährige schwedische Läufer Moje Öholm für sich.
3	Mo	Nach dem Rücktritt von Leander Starr Jameson konstituiert sich in der britischen Kapkolonie ein neues Kabinett unter John Xavier Merriman.
4	Di	Belgiens Ministerpräsident Frans Schollaert erklärt, dass die Regierung zu weiteren Verhandlungen über die Zukunft der Kolonie Kongostaat bereit ist.
5	Mi	Im österreichischen Ministerrat in Wien wird die Errichtung eines neuen Ministeriums, des sog. Arbeitsministeriums, bekanntgegeben.
6	Do	China beschlagnahmt vor Macau den japanischen Dampfer »Tatsu Maru«, mit dem Waffen in das Land geschmuggelt werden sollten.
7	Fr	In Altenburg stirbt im Alter von 82 Jahren Herzog Ernst I. von Sachsen-Altenburg. Nachfolger wird sein ältester Neffe als Herzog Ernst II. → Schiffstarife
8	Sa	In Amsterdam konstituiert sich ein neues niederländisches Kabinett. Theodore Heemskerk wird Ministerpräsident und Innenminister der Regierung.
9	So	Beim Wintersportfest im schweizerischen Davos stellt der Norweger Oscar Mathisen mit 2:20,8 min einen Weltrekord im Eisschnelllauf über 1500 m auf.
10	Mo	Der italienische Dirigent Arturo Toscanini sichert der Metropolitan Opera in New York zu, gemeinsam mit Gustav Mahler die Dirigentenstelle zu übernehmen.
11	Di	Britische Frauenrechtlerinnen unternehmen in London im Kampf um das Frauenstimmrecht einen vergeblichen Versuch, das Parlament zu stürmen.
12	Mi	Der Deutsche Reichstag in Berlin fordert einstimmig ein Gesetz zur Regelung des Autoverkehrs, z.B. schärfere Prüfungen für die Chauffeure. → Fernfahrt
13	Do	In Zürich wird der Verbund schweizerischer Arbeiterorganisationen gegründet, der »Zusammenwirken von Arbeitgebern und -nehmern« ermöglichen soll.
14	Fr	Spanische Truppen besetzen die nordmarokkanische Stadt Mar Chica bei Melilla, um Marokko zu verpflichten, den Vertrag zum Grenzschutz zu erfüllen.
15	Sa	Der Erzbischof von Paris verbietet dem Theologen Alfred Loisy die Veröffentlichung seiner letzten Schriften gegen die Modernismus-Enzyklika des Papstes.
16	So	In Rom demonstrieren 3000 Menschen auf dem Campo dei Fiori für die Abschaffung des Religionsunterrichts in Volksschulen.
17	Mo	Zwei von Anarchisten gezündete Bomben explodieren in Barcelona. Sie töten einen Menschen und verletzen zwei.
18	Di	Japan erkennt die von den USA aufgestellte Verfügung an, keine japanischen Arbeiter mehr ins Land zu lassen.
19	Mi	In Medina erfolgt die Grundsteinlegung für eine elektrische Beleuchtung der Moschee El Haram, in der sich das Grab Mohammeds befindet.
20	Do	Der ehemalige Kommandant von Port Arthur, Anatol M. Stössel, wird in St. Petersburg zum Tode verurteilt, weil er die Festung im Krieg gegen Japan auslieferte.
21	Fr	Das preußische Abgeordnetenhaus genehmigt die Errichtung einer Eisenbahn-Dampffähr-Verbindung zwischen Sassnitz und dem schwedischen Trelleborg.
22	Sa	Die Umgebung von Casablanca befindet sich in vollem Aufruhr gegen die französischen Truppen. Marokko ist de facto französisches Protektorat.
23	So	Die Wiener Presse berichtet, dass sich der britische Geschäftsmann William Willett für die Einführung einer »Sommerzeit« einsetzt.
24	Mo	In Denver im US-Bundesstaat Colorado erschießt ein italienischer Anarchist den römisch-katholischen Priester Leo Heinrich während eines Gottesdienstes.
25	Di	Auf der Jahreshauptversammlung der Österreichischen Friedensgesellschaft fordert die Vorsitzende Bertha von Suttner eine internationale Friedenspartei.
26	Mi	Im preußischen Abgeordnetenhaus beginnen Beratungen über die Vorlage zur Enteignung polnischen Grundbesitzes, die schließlich angenommen wird.
27	Do	Im britischen Unterhaus wird das neue Schankstättengesetz angenommen, das eine Verringerung der Gaststätten vorsieht.
28	Fr	Auf den Schah von Persien, Mohammad Ali, wird in Teheran ein Attentat verübt. Er bleibt unverletzt, aber drei seiner Minister sterben.
29	Sa	Im Schweizer Ort Goppenstein ereignet sich eine Lawinenkatastrophe. Durch den Luftdruck einer Staublawine wird ein Hotel weggerissen.

März 1908

1 So In Paris findet eine Protestversammlung der Sozialisten gegen das französische Engagement in Marokko statt.

2 Mo Der französische Physiker Gabriel Lippmann stellt in Paris die »dreidimensionale« Farbfotographie vor, für die er in diesem Jahr den Nobelpreis für Physik erhält.

3 Di Wegen der Wirtschaftskrise in den USA kommt die Zahl der Auswanderungen erstmals seit vielen Jahren der Menge der Einwanderungen gleich.

4 Mi In Jena unternehmen Fanatiker einen erfolglosen Attentatsversuch auf den Philosophen Ernst Haeckel, den Gründer der Freidenkervereinigung.

5 Do Das traditionsreiche Hoftheater in Meiningen fällt einem Brand zum Opfer. Herzog Georg II. von Sachsen-Meiningen verspricht den Wiederaufbau.

6 Fr Der britische König Edward VII. trifft in Paris mit dem französischen Staatspräsidenten Armand Fallières zusammen.

7 Sa Im Deutschen Reich tritt eine Gesetzesänderung über das Telegrafenwesen in Kraft. Danach wird die Funktechnik zum Hoheitsrecht des Staates erkärt.

8 So Eine deutsche Patrouille wird am Rand der Kalahariwüste in Deutsch-Südwestafrika von Hottentotten angegriffen und erschossen.

9 Mo Das britische Parlament diskutiert den Briefwechsel zwischen Kaiser Wilhelm II. und Lord Edward Tweedmouth zum Thema Wettrüsten.

10 Di Ein 30-jähriger Schwede feuert auf das norwegische Königsschloss in Kristiania (Oslo) mehrere Schüsse ab, um Håkon VII. zu töten, der jedoch abwesend ist.

11 Mi Der französische Senat genehmigt ein Ehescheidungsgeetz, wonach eine dreijährige Trennung von Tisch und Bett als Scheidungsgrund genügt.

12 Do Serbien ersucht das Osmanische Reich um Erlaubnis, eine Bahn durch türkisches Gebiet bauen zu dürfen, die von Midare an die Adria reichen soll.

13 Fr Vor dem »Hôtel des Postes« in Paris wird der erste Briefmarken- und Postkarten-Automat der Welt installiert.

14 Sa In Wien wird ein Handelsvertrag zwischen Österreich-Ungarn und Serbien unterzeichnet. Damit endet ein jahrelanger Zollkrieg der beiden Staaten.

15 So Auf Haiti bricht eine Revolution gegen Diktator Alexis Nord aus. Zwölf Verschwörer werden von der Regierung festgenommen und getötet.

16 Mo Ein Trupp Hottentotten wird in Deutsch-Südwestafrika in einem Vergeltungsschlag für den Überfall vom 8. März von deutschen Truppen getötet.

17 Di Den bislang schnellsten k.o. in der Geschichte der Box-Schwergewichts-Weltmeisterschaften erreicht Tommy Burns gegen Jem Roche nach 1:21 min.

18 Mi In Berlin finden zweitägige Straßendemonstrationen für die preußische Wahlrechtsreform und gegen das Dreiklassenwahlrecht statt.

19 Do Die Bank von England in London setzt zum fünften Mal in diesem Jahr den Zinsfuß herab. Der neue Stand von 3% ist der niedrigste seit 1905.

20 Fr Die »Isländische Kommission« in Kopenhagen beantragt eine Volksabstimmung, die über die Unabhängigkeit Islands von Dänemark entscheiden soll.

21 Sa Auf dem Flugfeld von Issy bei Paris erfolgt der erste Flug mit einem Passagier. Pilot Henri Farman nimmt Léon Delagrange im Doppeldecker mit.

22 So In Berlin wird ein deutsch-französisches Annäherungskomitee gebildet, das eine nähere Beziehung zwischen den Staaten fördern soll.

23 Mo Nach einer Kollision mit einem anderen Schiff sinkt bei Hakodate der japanische Küstendampfer »Mutsu Maru«. 250 Menschen kommen ums Leben.

24 Di Der autobegeisterte Prinz Heinrich von Preußen bekommt ein Patent auf die von ihm erfundenen ersten handbetriebenen Scheibenwischer.

25 Mi Kaiser Wilhelm II. trifft in Venedig mit Italiens König Viktor Emanuel III. zusammen. Beide Regenten betonen ihre Treue zum Dreibund mit Österreich-Ungarn.

26 Do In Berlin werden bei einer Sitzung von Unternehmern und den Zentralverbänden des Baugewerbes Muster für Tarifverträge vereinbart.

27 Fr Die französische Abgeordnetenkammer in Paris bewilligt einen außerordentlichen Kredit für militärische Operationen in Marokko. → »Dreadnoughts«

28 Sa In New York kommt es zu schweren Kämpfen zwischen Tausenden Arbeitslosen und der Polizei. Mehrere Menschen sterben. → Juden

29 So Der deutsche Reichskanzler Bernhard Fürst von Bülow kommt zu politischen Gesprächen u.a. über den Dreibund nach Wien.

30 Mo 70 Kumpel sterben bei einer Explosion in einer Kohlegrube in Wyoming. +++ Russlands Geheimdienst deckt ein Komplott in der Schwarzmeerflotte auf.

31 Di In Indianapolis beginnt ein Streik von 250 000 Arbeitern der Kohlenbergwerke, durch den Lohnerhöhungen erzwungen werden sollen.

28. März 1908

Juden werden diskriminiert

In Deutschland macht sich zunehmend ein radikaler Antisemitismus breit. Zwei Vorfälle bestimmen die Diskussion: In Berlin erklärt Universitätsrichter Paul Daude anlässlich eines Konflikts zwischen einem polnischen und einem jüdischen Studenten, dass es keine Beleidigung sei, einem Juden keine Satisfaktion zu erteilen. Das Urteil ruft in jüdischen und liberalen Kreisen Empörung hervor. Der polnische Student war nach einem Streit mit dem jüdischen Hochschüler zum Duell aufgefordert worden und hatte die Forderung mit der Begründung abgelehnt, einem Juden generell keine Genugtuung zu geben. Gegen den Polen erfolgte eine sog. studentische Verrufserklärung. Dieser machte davon der Universitätsbehörde Mitteilung, die zum Spruch des Universitätsrichters führte. Daude steht offenbar auf dem gleichen Standpunkt wie der »Waidhofener Verband der Wehrhaften Vereine Deutscher Studenten in der Ostmark«, der im Jahre 1896 den Beschluss fasste, »dem Juden auf keine Waffe mehr Genugtuung zu geben, da er deren unwürdig ist.«
Am 31. März kommt im preußischen Abgeordnetenhaus ein zweiter Fall von Antisemitismus zur Sprache. Die seit Jahren andauernden Anfeindungen, denen Juden im Seebad Borkum ausgesetzt seien, werden beklagt. Das sog. Borkum-Lied sei eine Beleidigung für alle jüdischen Bürger. Der Refrain lautet: »Doch wer dir (Borkum) naht mit platten Füßen, mit Nasen krumm und Haaren kraus, der soll nicht deinen Strand genießen, der muss hinaus! der muss hinaus!«

5. April 1908

Deutsche Elf ohne Chance

Der erste Auftritt einer deutschen Fußballnationalmannschaft gerät zur Pleite. Gastgeber Schweiz feiert auf dem Landhof-Spielfeld in Basel (Abb.: Programmblatt zum Match) vor 3000 Zuschauern und bei strömendem Regen einen verdienten 5:3-Erfolg .
Das erste offizielle Länderspiel einer Auswahlmannschaft des Deutschen Fußball-Bundes wird von dem in der Schweiz lebenden Unparteiischen Henry Paul Devitte geleitet. Der Frankfurter Fritz Becker bringt die deutsche Mannschaft in Führung, doch die Schweiz kontert erfolgreich und liegt zur Halbzeit mit 3:1 in Front. Den deutschen Kickern Becker und Förderer gelingen zwar noch zwei Treffer, doch die Eidgenossen haben das Spiel jederzeit im Griff und sie-

6. April 1908

Neue britische Regierung

Aus gesundheitlichen Gründen tritt der liberale britische Premierminister Henry Campbell-Bannerman – seit dem Jahre 1905 im Amt – zurück. Während seiner Regierungszeit begann der Umbau des konservativen Empires zu einem modernen Wohlfahrts- und Sozialstaat. Auch sein Nachfolger Herbert Henry Asquith initiiert zahlreiche Sozialreformen.

Herbert Henry Asquith

britischer Politiker, * 12.9.1852 Morley (Yorkshire); † 15.2.1928 Sutton Courtenay (Berkshire)

Als Premierminister (1908-16) regt Asquith die Einführung einer Altersrente an (1911). Der liberale Politiker setzt sich zudem für das Frauenwahlrecht ein. Mit der Ausschaltung des Oberhauses bei Gesetzgebungsverfahren stärkt er im Jahre 1911 die Position des Premierministers sowie des Unterhauses. 1916 tritt Asquith zurück und bleibt bis 1925 Führer der Opposition.

- ab 1877: Publizist bei »The Economist«
- 1886-1918, 1920-24: Mitglied des Unterhauses für die Liberalen
- 1892-95: Innenminister
- 1906-08: Schatzkanzler
- ab 1925: Mitglied des Oberhauses.

21. April 1908

Blockpolitik spaltet Liberale

Aus Protest gegen die Blockpolitik der Liberalen verlassen einige linksliberale Politiker auf dem Parteitag der Freisinnigen Vereinigung in Frankfurt am Main die Partei.
Die Gruppe um Theodor Barth gründet in der Folge die Demokratische Vereinigung, die sich um eine enge Zusammenarbeit mit der Sozialdemokratie bemüht. Den letzten Anstoß für den Austritt hatte die Zustimmung der Liberalen zum Paragraf 7 des neuen Vereinsgesetzes gegeben. Barth sieht darin »eine Verletzung der liberalen Grundsätze, wie man sie sich nicht schlimmer denken kann.« Der sog. »Bülow-Block« (Abb.: Karikatur) war nach den Reichstagswahlen 1907 entstanden. Er umfasst alle konservativen und liberalen Parteien und bildet im Reichstag eine Mehrheit gegenüber dem katholischen Zentrum, den Sozialdemokraten und den kleinen Oppositionsparteien. Reichskanzler Bernhard Fürst von Bülow hatte sich entschlossen, gegen die stärkste Partei, das Zentrum, zu regieren, weil diese im Jahre 1906 einen Nachtragshaushalt zum Hottentottenkrieg nicht bewilligt hatte. Der »Bülow-Block« ist seither die parlamentarische Stütze der Regierung, erweist sich jedoch als äußerst labil.

Die deutsche Mannschaft (ab 2. v.l.): Willy Baumgärtner, Fritz Becker, Gustav Hensel, Fritz Baumgarten, Arthur Hiller, Walter Hempel, Fritz Förderer, Ernst Jordan, Karl Ludwig, Eugen Kipp, Hans Weymar

gen überlegener, als es der 5:3-Endstand vermuten lässt. Ein schriftliches Protokoll des DFB bewertet die Leistungen seiner Spieler: »Der Torwart genügte. Von den Verteidigern war Jordan sehr schlecht; Hempel fehlte der befreiende Stoß, wohl weil er keinen schusskräftigen Partner in der Läuferreihe hatte. Die Halbstürmer genügten. Im Angriff vermisste man jegliche Kombination: Keiner vertraute dem anderen, jeder spielte für sich allein.« Nicht die besten Spieler stehen auf dem Platz. Vielmehr wollen sich die DFB-Landesverbände proportional vertreten sehen. Für den 1895 gegründeten Schweizerischen Fußball-Verband ist es im dritten offiziellen Länderspiel der erste Sieg – nach zwei Niederlagen gegen Frankreich. Der DFB organisiert 1908 zwei weitere Länderspiele, die ebenfalls verloren gehen. Öffentlichkeit und Medien nehmen kaum Notiz von den Spielen.

27. März 1908

Neue »Dreadnoughts«

Zu einer neuerlichen Verschärfung des Wettrüstens zwischen Großbritannien und dem Deutschen Reich führt die Verabschiedung einer Novelle zum Flottengesetz nach dritter Lesung im Deutschen Reichstag.

Danach soll die Lebensdauer der Schiffe von 25 auf 20 Jahre gesenkt werden, was faktisch eine Verdoppelung des Baus von Schlachtschiffen der »Dreadnought«-Klasse bis 1911 bedeutet (Abb.: Die »Ersatz Bayern«, das erste deutsche Großkampfschiff der »Dreadnought«-Klasse. Es lief am 5. März vom Stapel). Die Aufrüstung stellt die britische Vorherrschaft zur See ernsthaft in Frage.

Das Misstrauen Londons gegenüber dem Deutschen Reich vertieft sich zusätzlich durch den ungeschickten Brief von Kaiser Wilhelm II. an Edward Tweedmouth, den Ersten Lord der britischen Admiralität. Darin heißt es: »Unsere Seemacht ist ein Fünftel der Eurigen ... Das heißt, Deutschland kann zur See niemals offensiv sein wollen. Nur ist es nicht gewillt, die Pflicht der Defensive und der Selbstbehauptung zu vernachlässigen.«

27. April 1908

Psychoanalytischer Kongress

Unbemerkt von der Öffentlichkeit findet im Hostel Bristol in Salzburg der erste internationale Psychoanalytische Kongress statt. Die Veranstaltung, an der 42 Wissenschaftler teilnehmen, hat mehr den Charakter eines privaten Treffens als eines Symposiums.

Dennoch ist der Kongress nach Jahren der Nichtbeachtung als erste öffentliche Anerkennung der Forschungen von Sigmund Freud von großer Bedeutung. Der Begründer der Psychoanalyse hält den Eröffnungsvortrag. Er spricht über die Analyse eines Falls von Zwangsneurose, den sog. Rattenmann. Ernest Jones, ein Schüler und späterer Biograph Freuds, erinnert sich an dieses Referat: »Freud saß am Ende eines langes Tisches, um den herum wir unsere Plätze hatten, und sprach wie sonst bei einer Unterhaltung mit leiser, aber deutlicher Stimme. Er fing um acht Uhr morgens an, und wir hörten ihm mit gespannter Aufmerksamkeit zu. Um elf Uhr unterbrach er sich mit der Bemerkung, wir hätten jetzt genug gehabt. Aber das Gehörte war für uns so spannend gewesen, dass wir in ihn drangen, fortzufahren, was er dann auch bis fast ein Uhr tat. Jemand, der eine Hörerschaft fünf Stunden lang in Bann halten kann, muss etwas zu sagen haben. Was uns fesselte, war nicht nur das Neue, das er uns bot, sondern auch seine ungewöhnliche Gabe der klaren Darstellung.« Nach Freud referieren u.a. auch noch C. G. Jung (»Über Dementia praecox«) und Alfred Adler (»Sadismus im Leben und in der Neurose«).

April 1908

1 Mi In Frankfurt am Main wird die II. Deutsche Heimarbeiter-Ausstellung eröffnet, in der Elend und Ausbeutung der Heimarbeiter dargestellt wird.

2 Do Das Begräbnis eines verunglückten Arbeiters in Rom endet in schweren Tumulten. Drei Menschen werden erschossen, zwölf verletzt.

3 Fr Der russische Ministerpräsident Pjotr A. Stolypin tritt in einem Schreiben für die verstärkte Russifizierung der baltischen Staaten ein.

4 Sa Der finnische Landtag in Helsinki wird wegen vermeintlicher staatsfeindlicher Gesinnung vom russischen Zaren Nikolaus II. aufgelöst.

5 So Bei einem Fußball-Städtekampf zwischen Berlin und Wien muß die Berliner Mannschaft in Wien eine 1:3-Niederlage hinnehmen. → Deutsche Elf

6 Mo Bei Wyborg in Finnland wird ein verunglückter Ballon geborgen, der am 29. März vom Stockholmer Luftschiffpark gestartet war. → Asquith

7 Di Der schweizerische Nationalrat in Bern verbietet Produktion, Einfuhr und Verkauf von Absinthlikör. Der Wermutschnaps gilt als gesundheitsschädlich.

8 Mi Infolge lang anhaltender Trockenheit kommt es in Teilen Brasiliens zu Missernten und in deren Folge zu einer Hungersnot.

9 Do In einer Botschaft an den Kongress fordert US-Präsident Theodore Roosevelt in Washington gesetzliche Maßnahmen gegen den Anarchismus.

10 Fr Die deutschen Dampfer »Teutonia« und »Coronia« beenden eine Wettfahrt nach New York. Die »Teutonia« läuft 88 Minuten früher in den Hafen ein.

11 Sa Auf dem Exerzierplatz von Issy bei Paris stellt der französische Aviatiker Léon Delagrange mit 3,925 km einen neuen Weitenrekord auf.

12 So In Chelsea, einer Vorstadt von Boston, bricht ein Feuer aus. Es vernichtet über 1200 Häuser. 15 000 Menschen werden obdachlos.

13 Mo Das russische Parlament beschließt die Einführung des Elementarunterrichts. 71% der russischen Männer und 87% der Frauen sind Analphabeten.

14 Di Im dänischen Parlament wird ein Gesetz angenommen, das das allgemeine Wahlrecht für steuerzahlende Männer und Frauen über 25 Jahre einführt.

15 Mi Die russische Reichsduma genehmigt den Bau der Amur-Eisenbahn. Durch sie soll die transsibirische Eisenbahn bis Wladiwostok verlängert werden.

16 Do Der deutsche Komponist und Dirigent Richard Strauss übernimmt die Leitung der Sinfoniekonzerte der königlichen Kapelle in Berlin.

17 Fr Die rumänische Regierung regelt die Petroleumpreise per Gesetz und wendet sich damit gegen die Macht der US-Firma Standard Oil Company.

18 Sa Der frankokanadische Boxweltmeister Tommy Burns schlägt in Paris seinen Herausforderer Jewey Smith in der fünften Runde k.o.

19 So In Wien beginnt eine zweitägige Frauenkonferenz, bei der u.a. über das Frauenwahlrecht und kürzere Arbeitszeit für Frauen debattiert wird.

20 Mo In der Nähe von Melbourne in Australien ereignet sich ein Eisenbahnunglück, das 42 Menschen das Leben kostet.

21 Di In der venezolanischen Stadt La Guayara ist die Pest ausgebrochen. Täglich sterben Menschen, die Krankenhäuser sind überfüllt. → Liberale

22 Mi In London stirbt der frühere Premierminister Henry Campbell-Bannerman im Alter von 71 Jahren. Er war vor einem halben Monat zurückgetreten.

23 Do Wladimir I. Lenin trifft zu einem einwöchigen Besuch bei dem russischen Schriftsteller Maxim Gorki auf der italienischen Insel Capri ein.

24 Fr Ein Tornado sucht die US-Bundesstaaten Mississippi, Alabama und Louisiana heim. Hunderte Menschen kommen ums Leben.

25 Sa In der argentinischen Provinz Santiago de Estero bricht eine Revolution aus, die von der Zentralregierung rasch niedergeschlagen wird.

26 So In der marokkanischen Stadt Fes kommt es zu fremdenfeindlichen Aktionen der Bevölkerung. U.a. werden die ausländische Postämter bedroht und zerstört.

27 Mo In London beginnen Wettkämpfe der Olympischen Spiele, deren Hauptveranstaltungen allerdings erst im Juli stattfinden werden. → Kongress

28 Di Als Nachfolger des ermordeten Grafen Andreas Potocki ernennt Kaiser Franz Joseph I. Michael Bobrzynski zum Statthalter von Galizien.

29 Mi Der Deutsche Reichstag in Berlin genehmigt das Vogelschutzgesetz, wodurch Schlingen zum Fangen von Krammetsvögeln verboten werden.

30 Do Die Moskauer Universität gestattet der 31-jährigen Medizinerin Wera Dantschakowa als erster Frau die Habilitierung zur Professorin der Histologie.

Mai 1908

1 Fr In zahlreichen eruopäischen Städten finden Maifeiern statt. Kundgebungen in Berlin wenden sich gegen das preußische Dreiklassenwahlrecht.

2 Sa Wegen der Einmischung Russlands und Großbritanniens in die inneren Angelegenheiten des Landes tritt die persische Regierung zurück.

3 So Die Journalistin Jeanne Laloë gibt in Paris ihre Kandidatur für die Gemeinderatswahlen bekannt. Die Kandidatur ist ein Erfolg für die Feministinnen.

4 Mo Einer der berühmtesten Edelsteine der Welt, der blaue »Hopesche Diamant« wechselt in Paris für umgerechnet 2,5 Mio. Mark seinen Besitzer.

5 Di Der Deutsche Reichstag in Berlin beschließt den Bau von Kolonialbahnen in Ostafrika, Südwestafrika und Kamerun für insgesamt 150 Mio. Mark.

6 Mi Unter dem Jubel der Bevölkerung wird Abd Al Hafis in Meknés zum Sultan von Marokko proklamiert. Er ist Gegenspieler seines Bruders, Sultan Abd Al Asis.

7 Do König Manuel II. leistet in der Cortes, dem portugiesischen Parlament in Lissabon, den Eid auf die Verfassung. → Franz Joseph

8 Fr Ein Hurrikan und nachfolgende Brände zerstören die City von Atlanta (US-Bundesstaat Georgia). Der Schaden wird auf umgerechnet 6,8 Mio. Mark geschätzt.

9 Sa Der spanische Senat in Madrid genehmigt mit großer Mehrheit ein Gesetz zur Unterdrückung des Terrorismus. Zahlreiche Attentate waren vorausgegangen.

10 So Abgesandte des marokkanischen Gegensultans Abd Al Hafis treffen in Berlin ein, um den Regenten anerkennen zu lassen, werden aber nicht empfangen.

11 Mo Zum ersten Mal seit 1870 kommt es wieder zu einem Treffen von französischen und deutschen Freimaurern in Berlin. Sie halten eine Versammlung ab.

12 Di Hans Hauslian trifft in Hamburg ein. 1900 hatte er nach einer Wette Wien verlassen und in einem Karren Frau und Tochter um die ganze Welt geschoben.

13 Mi In Casablanca nimmt die in der Algeciras-Akte geforderte internationale Polizei ihre Tätigkeit auf. Sie wird aus spanischen und französischen Truppen gebildet.

14 Do Der Prinz von Wales eröffnet in London eine große französisch-britische Ausstellung, die alle Lebensbereiche umfaßt. → Indien

15 Fr In Deutschland tritt das neue Vereinsgesetz in Kraft, das erstmals das Vereinsrecht für das ganze Reich einheitlich regelt. → Claude Monet

16 Sa Italien und Abessinien unterzeichnen in Addis Abbeba einen Vertrag, der die Grenze zwischen Abessinien und Italienisch-Somaliland festlegt.

17 So Die Gewerbe- und Gestaltungsausstellung »München 1908« auf dem neuen Münchener Ausstellungsgelände zieht massenweise Besucher an.

18 Mo Wegen Studentenunruhen wird die Universität Innsbruck geschlossen. Grund der Auseinandersetzungen war die Kritik eines Theologieprofessors am Papst.

19 Di Der russische Bass Fjodor J. Schaljapin tritt in seiner Glanzrolle als »Boris Godunow« zum ersten Mal in Paris auf.

20 Mi Der Landtag in Braunschweig führt die direkte Wahl nach einem Dreiklassenwahlrecht ein. Wähler der dritten Klasse erhalten mehr Stimmanteile.

21 Do In Paris findet der erste »Internationale Kongress zur Bekämpfung der Pornographie« statt. Die Sittlichkeitskampagne erreicht einen neuen Höhepunkt.

22 Fr Der britische Passagierdampfer »Lusitania« stellt mit vier Tagen, 20:22 h Fahrzeit einen Rekord für die Strecke Amerika-Europa auf.

23 Sa In der britischen Kolonie Uganda sind infolge einer Bananenmissernte bereits 4000 Menschen an Hunger gestorben.

24 So 15 000 Sozialisten enthüllen auf dem Pariser Friedhof Père Lachaise ein Denkmal für den Verfasser der »Internationale«, Eugène Pottier.

25 Mo In Cartago, der Hauptstadt von Costa Rica, wird unter Teilnahme von nordamerikanischen Gesandten ein zentralamerikanisches Schiedsgericht eröffnet.

26 Di Mit North Carolina wird ein weiterer US-Bundesstaat »trocken«: Das Prohibitionsgesetz verbietet Verkauf und Herstellung alkoholischer Getränke.

27 Mi Auf der Insel Samos, die zum Osmanischen Reich gehört, bricht ein Aufstand gegen die türkische Herrschaft aus. Die Revolte wird niedergeschlagen.

28 Do Verhandlungen zwischen Besitzern der englischen Werften und streikenden Arbeitern ergeben einem Kompromiss. Die Arbeit wird wieder aufgenommen.

29 Fr Auf dem Exerzierfeld in Döberitz spricht Kaiser Wilhelm II. in einer Ansprache an die Truppe von einer »Einkreisung« Deutschlands.

30 Sa Der 22-jährige Brite Harold Wilson ist der erste Läufer, der über 1500 m unter vier Minuten bleibt. Er läuft in London eine Zeit von 3:59,8 min.

31 So Das letzte deutsche Traber-Derby in Berlin-Westend findet statt. Danach werden die Rennen in Berlin-Mariendorf ausgetragen.

14. Mai 1908

Unruhen in Indien erstickt

Britische Truppen gehen in Indien brutal gegen Aufständische vor. Sie beginnen u.a. einen Feldzug gegen den Stamm der Mohmand an der indischen Grenze zu Afghanistan.

Die Mohmand werden von afghanischer Seite unterstützt. Dennoch gelingt es den Briten, die Rebellion, die sich immer mehr zu einem regelrechten Grenzkrieg entwickelt hat, innerhalb von zwei Wochen niederzuschlagen (Abb.: Transport eines indischen Regiments in das Aufstandsgebiet). Aber nicht nur an den Grenzen, auch im Landesinneren regt sich Unmut gegen die britische Kolonialmacht. Seit Konstituierung des Indian National Congress im Jahre 1885 war der Widerstand kontinuierlich gewachsen. Den Bestrebungen der Inder nach Selbstverwaltung und Unabhängigkeit suchte die britische Verwaltung durch politische Reformen entgegenzuwirken. Die Teilung Bengalens durch den Vizekönig erwies sich als politischer Fehler, weil sie den Widerstand von Nationalisten hervorrief.

4. Juni 1908

Schüsse auf Dreyfus

Bei der Feier zur Überführung des Leichnams des 1902 verstorbenen französischen Schriftstellers Emile Zola ins Panthéon, die Pariser Gedächtnisstätte für berühmte Persönlichkeiten, kommt es zu einem aufsehenerregenden Attentat. Ein Militärjournalist namens Gregory, Redakteur der monarchistischen Tageszeitung »Le Gaulois«, gibt auf den Offizier Alfred Dreyfus zwei Schüsse ab. Eine Kugel trifft den Hauptmann jüdischer Herkunft am rechten Unterarm. Dreyfus stand jahrelang im Mittelpunkt einer der schwersten innenpolitischen Krisen Frankreichs. In einem antisemitisch motivierten Prozess war er zu Unrecht wegen Landesverrats verurteilt worden. Erst der persönliche Einsatz einer Gruppe von Prominenten erzwang eine Überprüfung des Urteils.

9. Juni 1908

Erste Prinz-Heinrich-Fahrt

Zu einem gesellschaftlichen Großereignis wird der Start zur ersten Prinz-Heinrich-Fahrt (s. Abb.) für Automobile in Berlin. Stifer des Pokals ist Prinz Heinrich von Preußen. Die Wettfahrt, die der Mannheimer Benz-Fahrer Fritz Erle gewinnt, löst das Herkomer-Rennen ab.

7. Mai 1908

Franz Joseph 60 Jahre im Amt

Glanzvoller Empfang in Schloss Schönbrunn bei Wien: Die gekrönten Häupter Europas statten Franz Joseph I., Kaiser von Österreich und König von Ungarn, einen Huldigungsbesuch zum 60-jährigen Regierungsjubiläum ab.

In Ansprachen und Trinksprüchen bekräftigen Deutschlands Fürsten (s. Abb.) enge freundschaftliche Beziehung und Bundesgenossenschaft des Deutschen Reiches mit Österreich-Ungarn. Der 77-jährige Franz Joseph, der seit 1848 regiert, ist der dienstälteste Monarch Europas.

16. Juni 1908

SPD im Landtag

Bei den Landtagswahlen in Preußen sorgen die Sozialdemokraten für eine Überraschung: Trotz des Dreiklassenwahlrechts gelingt ihnen zum ersten Mal der Einzug ins Parlament.

Einen Zugewinn verbuchen auch Konservative, Zentrum, Freisinnige Volkspartei und Polen. Die größten Verluste müssen die Nationalliberalen hinnehmen. Der Wahlkampf stand ganz im Zeichen der Wahlrechtsreform. Seit Jahren fordern

Wahlrecht in deutschen Ländern (Auswahl)

Land	Legislaturperiode (in Jahren)	Art des Wahlrechts/ Besonderheiten/ Ausnahmen
Anhalt	6	Direkt, geheim, Sondersitze für Höchstbesteuerte, kein Wahlrecht für unterstützte Arme
Baden	4	Allgemein, geheim
Bayern	6	Geheim, Wahlrecht nur für Steuerza
Bremen	6	Allgemein, direkt, geheim
Hamburg	6	Direkt, geheim; Wahlrecht nur für Steuerzahler
Lippe	4	Allgemein, direkt, geheim, Dreiklassenwahlrecht
Lübeck	6	Allgemein, direkt, geheim Vierklassenwahlrecht
Oldenburg	3	Allgemein, geheim; Wahlrecht bei Gründung eines Hausstands
Preußen	3	Dreiklassenwahlrecht; Kein Wahlrec Empfänger von Armenunterstützun

Claude Monet

französischer Maler, * 14.2.1840 Paris; † 6.12.1926 Giverny bei Paris

Monet zählt zu den Begründern und Hauptvertretern des französischen Impressionismus. Sein Bild »Impression, aufgehende Sonne« war im Rahmen einer Ausstellung im Jahre 1874 Namensgeber für die Impressionisten, eine Gruppe von Freilichtmalern um Monet. Die Bezeichnung war zunächst spöttisch gemeint, denn Monet provozierte mit diesem Gemälde, auf dem er eine Landschaft in Blau- und Rottönen wiedergab: Die Konturen sind aufgelöst, es entsteht eine vom Licht hervorgerufene Farbstimmung. Der Impressionismus und seine veränderte Sichtweise der Gegenstände ist das zentrale Thema des Künstlers, das er auch in Architekturbildern und später in Bildfolgen eines einzigen Motivs zu veränderten Tages- oder Jahreszeiten verwirklicht. In Monets Spätwerk ist die Lichtbewegung gänzlich dominierend.

- 1857: Anregung zur Freilichtmalerei durch Eugène Boudin
- ab 1862: autodidaktische Ausbildung zum Maler
- 1870: Übersiedlung nach London
- 1871-78: Freundschaft mit dem Maler Edouard Manet
- 1908/09: Reisen nach Venedig.

15. Mai 1908

Eigene Werke vernichtet

Aus Unzufriedenheit über ihre Qualität vernichtet der französische Maler Claude Monet seine letzten zwölf Bilder. Bei den Werken, die einen Gesamtwert von 400 000 Mark haben, handelt es sich um Landschaftsstudien, die eine Wasserfläche in verschiedenen Beleuchtungen und Farbharmonien zeigen.

In ganz Europa gehen die Künstler zu Beginn des 20. Jahrhunderts neue Wege. Neben der impressionistischen Ausrichtung eines Monet führt der Umbruch zu neuen Sehweisen. Eine revolutionäre, alle Konventionen sprengende Formensprache zeigen in Frankreich Fauvismus und Kubismus. In Deutschland entsteht der Expressionismus mit seiner intensiven Farbgebung. In anderen Staaten, u.a. Russland, versuchen sich die Künstler dem Wandel, vornehmlich der Kunst in Frankreich, anzupassen. In Österreich entwickelt sich der Wiener Jugendstil, wobei Britisches, Französisches und Belgisches übernommen, aber nicht kopiert wird.

Die sozialdemokratischen Abgeordneten erringen – mit Ausnahme von Robert Leinert, der in Linden (heute Stadtteil von Hannover) gewählt wird – ihre Sitze in der Reichshauptstadt Berlin.

die preußischen Sozialdemokraten die Einführung des allgemeinen, gleichen, direkten und geheimen Wahlrechts, was Regierung und konservative Parteien jedoch beharrlich ablehnen.

Das Wahlergebnis ändert wenig an den Verhältnissen im Abgeordnetenhaus. Es bringt auch hinsichtlich des Wahlrechts keine Demokratisierung, da die konservativen Parteien weiterhin den Landtag beherrschen. Innerhalb der anderen Fraktionen ist jedoch ein deutlicher Linksruck zu bemerken. Die Sozialdemokraten äußern sich zufrieden über das Wahlergebnis. Einer ihrer Abgeordneten, Karl Liebknecht, der sich wegen Hochverrats seit 1907 in Haft befindet, bezeichnet den Ausgang der Wahlen in einem Brief an den österreichischen Sozialisten Karl Kautsky als »famos«.

Die konservativen »Hamburger Nachrichten« kommentieren den Erfolg der Sozialdemokraten wie folgt: »Das Eindringen der Umsturzpartei nunmehr auch in das preußische Parlament erklärt sich durch den Druck, den diese Partei der angeblichen Freiheit auf zahlreiche abhängige Wähler ausgeübt hat. In den Arbeiterwahlbezirken sind die Wähler zweiter Klasse zumeist Bäcker, Metzger, Kleinhändler, Barbiere, Gastwirte, die von ihrer Kundschaft im Triumph herangeschleppt und dank der öffentlichen Stimmabgabe daraufhin kontrolliert wurde, ob sie Sozialdemokraten wählten. Diese Leute aus dem behäbigen Mittelstande wurden wie Schlachtvieh hergetrieben und hatten nur die Wahl zwischen Existenzvernichtung oder Stimmabgabe für die Sozialdemokratie.« Am 26. Juni findet in Berlin die erste Sitzung des neuen preußischen Landtags statt. Den Vorsitz führt Alterspräsident Arthur Hobrecht. Die Eröffnungsrede hält der deutsche Reichskanzler und preußische Ministerpräsident Bernhard Fürst von Bülow.

Juni 1908

1 Mo Die aus der Secession ausgeschiedene Gruppe um den österreichischen Maler Gustav Klimt eröffnet in Wien die »Kunstschau 1908«.

2 Di In Konstantinopel werden zwischen der Bagdadbahn-Gesellschaft und der türkischen Regierung Verträge über den Weiterbau der Bahn abgeschlossen.

3 Mi Durch ein Dekret des finnischen Senats in Helsinki wird die polizeiliche Aufsicht und Reglementierung der Prostitution für Finnland abgeschafft.

4 Do Im britischen Unterhaus kommt es zu einer lebhaften Debatte über den bevorstehenden Besuch von König Edward VII. beim russischen Zaren. → Dreyfus

5 Fr Der preußische Kultusminister Ludwig Holle gibt bekannt, dass er die Habilitation von Frauen als Privatdozentinnen grundsätzlich ablehne.

6 Sa Die russische Reichsduma lehnt einen Kredit von 11 Mio. Rubel zum Bau neuer Schlachtschiffe mit 194 gegen 78 Stimmen ab.

7 So Die Wahlen zur Sobranje, dem bulgarischen Parlament in Sofia, enden mit einem überwältigenden Erfolg für die regierende Demokratische Partei.

8 Mo Mit der Verhaftung bekannter Persönlichkeiten in Teheran beginnt der persische Schah Mohammad Ali einen Putsch zur Ausschaltung des Parlaments.

9 Di Der britische König Edward VII. trifft zu einem dreitägigen Besuch bei Zar Nikolaus II. von Russland in Reval (Tallinn) ein. → Prinz-Heinrich-Fahrt

10 Mi Das australische Parlament verabschiedet ein Gesetz über eine Unterstützung für Invalide und Alte und ist damit vielen europäischen Staaten voraus.

11 Do Alle französischen Truppen in Marokko kehren von ihren Expeditionen zur Unterstützung des Sultans Abd Al Asis nach Casablanca zurück.

12 Fr Der britische Dampfer »Lusitania« fährt von Queenstown (Irland) nach New York mit vier Tagen, 20 Stunden und sieben Minuten erneut Rekordzeit.

13 Sa Der kanadische Boxweltmeister aller Klassen, Tommy Burns, schlägt den Australier Bill Squires in Paris in der achten Runde k.o.

14 So In der französischen Afrikakolonie Mauretanien brechen Unruhen aus. Die Bewegung gegen die Besatzungstruppen greift rasch um sich.

15 Mo In Friedrichshafen am Bodensee wird das neue Zeppelin-Luftschiff »LZ 4« fertiggestellt. In zwei Gondeln können 18 Passagiere befördert werden.

16 Di Vor der Küste der japanischen Stadt Kagoshima sinken in einem Taifun 50 Fischerboote. 350 Menschen kommen ums Leben. → SPD

17 Mi Der katholisch-konservative Anton Schobinger wird als Nachfolger von Joseph Zemp in Bern zum Schweizer Bundespräsidenten gewählt.

18 Do Der serbische Ministerpräsident Nikola Pašić gibt seinen Rücktritt bekannt, da die Oppostion zu sehr erstarkt sei.

19 Fr Beim bisher friedlich verlaufenen Agrarstreik im italienischen Parma kommt es zu Ausschreitungen, als ein Zug mit Ersatzlandarbeitern eintrifft.

20 Sa Die Gesamtanlage des Ruhrorter Hafens ist fertiggestellt. Der größte Flusshafen Europas umfasst eine Wasserfläche von 155 ha.

21 So Im Londoner Hydepark versammeln sich 250 000 Menschen, um für das Frauenstimmrecht zu demonstrieren.

22 Mo In Hamburg beginnt unter dem Vorsitz des sozialdemokratischen Reichstagsabgeordneten Karl Legien der VI. Deutsche Gewerkschaftskongress.

23 Di Der Schah von Persien, Mohammad Ali, lässt das Parlamentsgebäude in Teheran durch ein Kosakenregiment beschießen.

24 Mi Die USA brechen ihre diplomatischen Beziehungen zu Venezuela ab, das die aus der Revolte von 1899 entstandenen Reparationsforderungen nicht zahlt.

25 Do Die Robert-Koch-Stiftung zur Bekämpfung der Tuberkulose in Berlin erhält die staatliche Anerkennung. Die Stiftung wird von Koch selbst geleitet.

26 Fr Ein berittener Trupp von 200 Revolutionären greift die mexikanische Stadt Vesca an und zerstört die Telegrafen- und Eisenbahnanlagen.

27 Sa Bei einem Umzug in Barcelona explodiert eine Bombe, die einen Menschen schwer und einen zweiten leicht verletzt.

28 So Die Radsternfahrt Wien-Berlin endet mit dem Sieg des Sossenheimers Hans Ludwig. Er legt die 600 km in 28:16,12 h zurück.

29 Mo In Berlin beginnt der Meineidsprozess gegen den ehemaligen Vertrauten des Kaisers, Philipp Fürst zu Eulenburg.

30 Di Mit 37 Jahren ist Charlotte Sterry die bisher älteste Siegerin des Tennisturniers in Wimbledon. Arthur W. Gore gewinnt das Endspiel im Herren-Einzel.

Juli 1908

1 Mi Das internationale Notrufzeichen SOS, auf das sich 27 Teilnehmerstaaten 1906 in Berlin geeinigt haben, wird offiziell eingeführt.

2 Do In Den Haag werden Abkommen der Zweiten Haager Friedenskonferenz unterzeichnet. Die Konferenz modifizierte das Kriegsrecht.

3 Fr Im Verwaltungsbezirk Monastir der türkischen Provinz Makedonien beginnen Revolten von Offizieren gegen die osmanische Regierung.

4 Sa Am heutigen Unabhängigkeitstag der USA erhält die Nationalflagge den 46. Stern. Er symbolisiert die Aufnahme Oklahomas.

5 So In Triest wird eine riesige Grotte zur Besichtigung freigegeben. Es ist die größte bekannte unterirdische Halle der Welt.

6 Mo Das britische Unterhaus in London genehmigt mit 390 gegen 120 Stimmen die Einführung des Achtstundentags für Bergleute.

7 Di Den dritten Grand Prix von Frankreich gewinnt in Dieppe der deutsche Rennfahrer Christian Lautenschlager auf einem Mercedes.

8 Mi Von Cape Breton bricht der US-Polarforscher Robert Edwin Peary zu seiner Nordpol-Expedition auf. Er erreicht die unmittelbare Polnähe.

9 Do In Köln stürzt die in Bau befindliche südliche Rheinbrücke ein. Ursache ist wahrscheinlich mangelhafte Konstruktion der Holz- und Eisengerüste.

10 Fr In Hildesheim wird das erste automatische Fernsprechwählamt Deutschlands, gebaut von Ingenieur August Krukkow, in Betrieb genommen.

11 Sa In Frankfurt am Main beginnt das 11. Deutsche Turnerfest mit 35 000 Turnern. Das Fest wird mit einer Gedenkfeier für »Turnvater« Jahn eröffnet.

12 So In 35 deutsch-böhmischen Städten finden Versammlungen der Gemeindevertreter statt, auf denen das Eintreten für Rechte der Deutschen gefordert wird.

13 Mo Quer durch Paris findet ein Wettschwimmen statt. Als erster trifft der Brite Billington am Viadukt von Auteuil ein. → Spiele

14 Di Ferdinand Graf von Zeppelin unternimmt von Friedrichshafen aus mit seinem neuen Luftschiff »LZ 4« eine Fahrt nach Mainz und zurück.

15 Mi Bei den Landtagswahlen in Finnland, die vom russischen Zaren ausgeschrieben worden waren, bleiben die Sozialdemokraten stärkste Partei.

16 Do Der russische Schriftsteller Leo N. Tolstoi prangert in der Wiener Zeitung »Neue Freie Presse« die zahlreichen Massenhinrichtungen in Russland an.

17 Fr Im persischen Täbris finden Kämpfe zwischen den Abgesandten des Schahs und Revolutionären statt, die die Stadt besetzt haben.

18 Sa Der italienische Restaurator Luigi Cavenaghi beginnt in Mailand mit der Restaurierung von Leonardo da Vincis »Abendmahl«-Fresko.

19 So Im Rahmen der Olympischen Spiele wird in London der Welt-Schwimmverband FINA (Fédération Internationale de Natation Amateur) gegründet.

20 Mo Nach einer mehrwöchigen Regierungskrise bildet der Altradikale Peter Welimirowitsch in Belgrad ein neues serbisches Kabinett.

21 Di Der Staatssekretär des deutschen Kolonialamtes, Bernhard Dernburg, trifft in Deutsch-Südwestafrika ein, um eine neue Bahnstrecke zu eröffnen.

22 Mi Der US-Amerikaner Charles Bacon stellt bei den Olympischen Spielen in London mit 55,0 sec einen Weltrekord über 400-m-Hürden auf.

23 Do In Freiberg (Sachsen) wird Grete Beier, die Tochter des Bürgermeisters von Brand, wegen Mordes an ihrem Bräutigam hingerichtet.

24 Fr Dramatisch endet der olympische Marathonlauf: der Italiener Dorando Pietri wird wegen Inanspruchnahme fremder Hilfe disqualifiziert. → Jungtürken

25 Sa Bei den Olympischen Spielen in London stellt der US-Amerikaner Forrest Smithson über 110-m-Hürden mit 15,0 sec einen Weltrekord auf.

26 So Der Sieger des Automobilrennens »Rund um die Erde«, der deutsche Oberleutnant Hans Koeppen, trifft auf seinem Protos-Wagen in Paris ein.

27 Mo In seinem Kampf um die absolute Herrschaft in Persien löst Schah Mohammad Ali in Teheran das Parlament auf und suspendiert die Verfassung.

28 Di Der britische Schatzkanzler David Lloyd George bedauert in einer Rede, dass zwischen Deutschland und Großbritannien noch Spannungen herrschten.

29 Mi Ein verheerendes Unwetter in Tirol verwüstet das Unterinntal und das Zillertal. 25 Menschen kommen bei der Naturkatastrophe ums Leben.

30 Do In Draveil-Vigneux bei Paris werden bei Zusammenstößen zwischen Militär und streikenden Arbeitern sechs Personen getötet und 60 verwundet.

31 Fr Die Universität Jena feiert ihr 350-jähriges Bestehen. +++ Das britische Oberhaus nimmt ein Altersspensionsgesetz für über 70-Jährige an.

13. Juli 1908

Durchbruch für die Spiele

Der britische König Edward VII. eröffnet im für 1 Mio. Mark neu erbauten Londoner White-City-Stadion offiziell die IV. Olympischen Spiele. Die Veranstaltung bedeutet den entscheidenden Durchbruch für die olympische Bewegung, weil sie erstmals nicht mehr das Anhängsel einer Weltausstellung ist, sondern einen eigenen Charakter besitzt. Bei der offiziellen Eröffnung sind die ersten Wettkämpfe, u.a. Tennis und Polo, bereits absolviert. Die sportlichen Highlights – wie Leichtathletik, Ringen, Schwimmen, Rudern und Segeln, Turnen, Fechten, Rad- und Schießsport – finden allesamt im Juli statt. Bis Ende Oktober stehen noch Mannschaftsspiele (Fußball, Hockey, Rugby), das Boxen und – als erste olympische Wintersportart – der Eiskunstlauf auf dem Programm. Nationales Prestige im »Mutterland des Sports« war eine wichtige Triebfeder für den Bau des White-City-Stadions in nur zwei Jahren. Als Finanzierungshilfe und als Demonstration des guten Verhältnisses zwischen London und Paris diente die benachbarte französisch-britische Ausstellung. Auf dem schwenkbaren Aussichtsturm (s. Abb., oben) werden Messebesucher zu olympischen Zaungästen. Mit je drei Siegen zählen der Mittelstreckenläufer Melvin Sheppard (USA, s. Abb. unten, im 1500-m-Finale) und der Schwimmer Henry Taylor (GB) zu den Stars der Spiele.

12. August 1908

Premiere für »Modell T«

Das erste »Modell T«, ein zur Serienproduktion bestimmtes Auto, verlässt in Detroit die Montagehalle des US-Autofabrikanten Henry Ford. Mit dem Wagen beginnt eine neue Ära in der Automobilproduktion.

Wie die Verkaufszahlen zeigen, erreicht Ford sein Ziel, ein Auto für die »breite Masse« zu fertigen. Bis zum Jahre 1927 wird der Wagen mehr als 15 Mio. Mal verkauft. Der Erfolg des »Modell T«, das am 1. Oktober offiziell präsentiert wird, beruht vor allem auf dem einfachen und robusten Konstruktionsprinzip sowie dem günstigen Preis von 850 Dollar. In seiner Autobiographie fasst Ford zusammen, welchen Eigenschaften seinen 840 kg schweren »Volkswagen« auszeichnen sollten: Erstklassiges Modell zur dauernden und ausgiebigsten Benutzung, Einfachheit, ausreichende Motorkraft, absolute Zuverlässigkeit und Fahrsicherheit. Zudem sollte das Auto so billig sein, dass es für fast jeden erschwinglich ist. Bei der Realisierung seiner Projekte wird Henry Ford von einem Mitarbeiterstab unterstützt, der seine Ideen in Zeichnungen umsetzt – eine Fähigkeit, die Ford selbst nie besaß. Ein Gefolgsmann Fords seit Beginn ist C. H. Wills, ein ungemein fähiger Techniker, dem entscheidender Anteil bei der Entwicklung des »Modell T« zugeschrieben wird. Auf ihn geht die Verwendung der Legierung Vanadium zurück, eine Idee, die Ford sich selbst zuschreibt. Später geht Ford bei der Produktion noch weitere neue Wege und führt das Fließband ein.

24. Juli 1908

Erfolg für Jungtürken

Unter dem Druck der rebellierenden Armee setzt der türkische Sultan Abd Al Hamid II. (Abb., auf der Fahrt zum Freitagsgebet) die liberale Verfassung von 1876 wieder in Kraft. Am folgenden Tag wird eine Amnestie für politische Häftlinge, die Aufhebung der Zensur und die Abschaffung der Geheimpolizei verfügt. Damit

endet das autokratische Regime des Sultans. Getragen wird die Revolution von den sog. Jungtürken, einer im Jahre 1860 gegründeten Reformbewegung von Studenten und Offizieren, die einen modernen Staat propagieren.

Kemal Atatürk

(eigtl. Mustafa Kemal Pascha), türkischer Offizier und Politiker, * 12.3.1881 Saloniki/Griechenland; † 10.11.1938 Istanbul

Atatürk befreite die Türkei nach dem Untergang des Osmanischen Reiches von europäischen Protektoratsmächten und erreichte 1923 die Ausrufung der Republik. Den Beinamen »Atatürk« (Vater der Türken) erwirbt er sich als Staatspräsident (ab 1923), indem er die Türkei zu einem modernen Staat europäischer Prägung umformt. Er reformiert nahezu alle Lebensbereiche in einer für ein islamisches Land geradezu revolutionären Weise. So führt er Einehe und Familiennamen ein, schafft gleiches Recht für Frauen, erlässt ein Verschleierungsverbot und propagiert den Hut als Kopfbedeckung für Männer. Lateinische Schrift und der Gebrauch des gregorianischen Kalenders gehen ebenfalls auf ihn zurück. Die Verehrung seiner Landsleute wird in den überlebensgroßen Statuen deutlich, die in jedem Ort das Zentrum dominieren.

- 1899-1905: Absolvent der Kriegsakademien in Monastir und Istanbul
- 1919: Führer der Aufstandsbewegung in Ostanatolien
- 1920 Präsident der Nationalversammlung, vom Sultan in Abwesenheit zum Tode verurteilt
- 1921/22: Vertreibung der Griechen aus Kleinasien

Schlicht, aber äußerst funktional ist das erste Auto für den »kleinen Mann«.

Robuste Technik für den Alltag

Der »Modell T« besitzt einen nahezu unverwüstlichen Vierzylindermotor mit 21 PS bei einem Hubraum von 2892 cm^3. Das Getriebe hat zwei Vorwärtsgänge und einen Rückwärtsgang, die durch Pedale bedient werden. Einen Schalthebel gibt es nicht. Die Blechkarosserie ist schwarz lackiert, weil schwarze Farbe schneller als andere Farben trocknet. Das völlig schlichte Erscheinungsbild trägt dem Wagen bald den Spitznamen »Tin Lizzy« (»Blechliesl«) ein. Die Konstruktion ist ganz auf die US-Verhältnisse abgestimmt: Reparatur und Wartung sind einfach – schließlich stehen nicht überall fachkundige Mechaniker zur Verfügung. Darüber hinaus ist das Auto so ausgelegt, dass es auch auf den ausgefahrenen Wegen für Pferdefuhrwagen bestehen kann. Ford berücksichtigt mit zwei Spurweiten sogar die in Nord- und Südstaaten unterschiedliche Spur der Pferdegespanne.

17. August 1908

Striche lernen laufen

Der erste Zeichentrickfilm der Welt wird im Pariser Théâtre du Gymnase vorgeführt. Er stammt von dem 51-jährigen französischen Fotografen und Karikaturisten Emile Cohl. Der Film, den Cohl »Fantasmagorie« (»Blendwerk«) nennt, besteht aus 2000 Einzelbildern, ist 36 m lang und dauert gerade 2 Minuten.

Der Streifen zeigt extrem stilisierte Strichfiguren, die Cohl »fantoches« (»Marionetten«) nennt (s. Abb.). Für seine Erfindung machte er sich eine Filmtechnik zunutze, die in den USA entwickelt wurde. Danach wird jedes Bild eines Films einzeln belichtet. So konnte er eine Zeichnung nach der anderen abfilmen und eine Bewegung der Figuren vortäuschen. Später macht sich Cohl auch als Pionier des Puppenfilms einen Namen.

7. August 1908

Steinzeit-»Venus« entdeckt

Bei Ausgrabungsarbeiten im niederösterreichischen Willendorf taucht ein sensationeller Fund aus frühester Zeit auf: Eine 11 cm große Statuette aus Kalkstein mit üppigen weiblichen Formen und einem gesichtslosen Kopf (s. Abb.) begeistert die Archäologen. Ihr Alter wird auf etwa 35 000 Jahre geschätzt. Vermutlich diente sie als Fruchbarkeitssymbol kultischen Zwecken. Figuren vom Typ »Venus von Willendorf«, wie sie bald genannt wird, werden auch in anderen Gegenden Europas gefunden. Gegenüber all diesen Statuetten überrascht die jungpaläolithische Skulptur, die ursprünglich am ganzen Körper bemalt war, durch ihre naturalistische und dabei doch gleichzeitig stark abstrakte Formgebung.

August 1908

1 Sa Unter US-Aufsicht finden in Kuba die ersten Parlamentswahlen statt. Sie enden mit einem Sieg der Liberalen. Kuba wird von den USA verwaltet.

2 So Ein großer Waldbrand in Britisch-Kolumbien (Kanada) vernichtet sechs Städte. Tausende werden obdachlos. Mehrere hundert Menschen sterben.

3 Mo Der Aufruf zum Generalstreik der französischen Gewerkschaft CGT wird kaum befolgt. Der Streik sollte sich gegen die Verhaftung von CGT-Führern richten.

4 Di In London wird ein internationaler Freihandelskongress eröffnet. Handelsminister Winston Churchill betont die Vorteile gegenüber der Schutzzollpolitik.

5 Mi In Echterdingen bei Stuttgart wird das Luftschiff von Ferdinand Graf von Zeppelin bei einer Fahrt während eines Sturms durch eine Explosion zerstört.

6 Do In St. Petersburg werden die Noten über die Abgrenzung der russischen und japanischen Besitzungen auf der Insel Sachalin unterzeichnet.

7 Fr In Berlin wird ein Komitee gegründet, das Ferdinand Graf von Zeppelin durch private Spenden den Bau eines neuen Luftschiffs ermöglichen soll. → »Venus«

8 Sa Bei seinem ersten Flugversuch in Europa legt der US-Aviatiker Wilbur Wright bei Le Mans eine Strecke von drei Kilometern zurück.

9 So In Essen wird der »Nationale Metallarbeiter Verband Essen« gegründet. +++ Der Franzose Lucien Petit-Breton gewinnt die Tour de France.

10 Mo Der Deutsche Schwimmer Oskar Schiele stellt in Starnberg mit 3:07,8 min einen neuen Weltrekord über 200-m-Rücken auf.

11 Di In Homburg findet ein erfolgloses Abrüstungstreffen des deutschen Kaisers Wilhelm II. mit dem britischen König Edward VII. statt.

12 Mi Mit dem britischen König Edward VII. unternimmt Kaiser Franz Joseph I. von Österreich in Bad Ischl die erste Automobilfahrt seines Lebens. → »Modell T«

13 Do Der Franzose Jean-Baptiste Charcot bricht von Paris zu einer zweijährigen Antarktis-Expedition auf. Auf der Fahrt entdeckt er die Charcot-Inseln.

14 Fr In Springfield (US-Bundesstaat Illinois) liefern sich nach einem Lynchmord Schwarze und Weiße blutige Straßenschlachten.

15 Sa In Preußen werden neue Schulverordnungen veröffentlicht. Danach dürfen jetzt auch Frauen an den Landesuniversitäten studieren.

16 So Wilhelm Voigt, der »Hauptmann von Köpenick«, wird begnadigt. Er war 1906 wegen eines Überfalls auf die Stadtkasse zu vier Jahren Haft verurteilt worden.

17 Mo In Düsseldorf beginnt die Schachweltmeisterschaft. Emanuel Lasker verteidigt erfolgreich seinen Titel gegen Siegbert Tarrasch. → Striche

18 Di In der Kohlengrube Maypole in der Nähe von Wigan in Großbritannien werden durch eine Explosion von Grubengas 76 Bergleute verschüttet.

19 Mi Vor Marrakesch erleiden die Truppen des Sultans Abd Al Asis eine entscheidende Niederlage gegen die Armee des Gegensultans Abd Al Hafis.

20 Do Die belgische Abgeordnetenkammer genehmigt das Kolonialgesetz. Danach ist der Kongostaat belgischer Besitz und nicht mehr Domäne des Königs.

21 Fr Der niederösterreichische Landschulrat in Wien gibt einen Erlass an die Bezirksschulräte gegen das »Steinewerfen auf Automobile« heraus.

22 Sa Die »Danmark«-Expedition kehrt von ihrer Reise nach Grönland zurück und wird in Kopenhagen von Ministerpräsident Jens Christian Christensen begrüßt.

23 So In Konstantinopel bricht ein Feuer aus, das etwa 6000 Häuser vernichtet. Tausende Menschen werden obdachlos.

24 Mo Der kanadische Boxweltmeister Tommy Burns besiegt in Sydney zum dritten Mal Bill Squires, der in der 13. Runde k.o. geht.

25 Di Hans Richter feiert sein 40-jähriges Dirigentenjubiläum. Er gilt als der bedeutendste Interpret Richard Wagners.

26 Mi In Berlin findet ein Ansturm auf die Friedrichsberger Bank statt, nachdem ein Lehrer das Gerücht verbreitet hatte, die Bank sei in Zahlungsschwierigkeiten.

27 Do Die portugiesische Abgeordnetenkammer genehmigt eine Gesetzesvorlage, die die Auslieferung von Straftätern zwischen den USA und Portugal vorsieht.

28 Fr In Peking erscheint ein kaiserliches Edikt, das eine Verfassung für China in Aussicht stellt. Die Vorbereitungen würden allerdings neun Jahre dauern.

29 Sa Seit Ausbruch der Cholera am 21. Juli sind in St. Petersburg 3341 Menschen an der Seuche erkrankt und 1515 gestorben.

30 So Bei einem Festbankett in Straßburg weist Kaiser Wilhelm II. erneut die britischen Abrüstungsvorschläge zurück.

31 Mo Der Bürgermeister von Roda in Sachsen-Altenburg erschießt sich. Weil er ein Duell abgelehnt hatte, war ihm der Hauptmannsrang aberkannt worden.

September 1908

1 Di Ein Waldbrand zerstört den berühmten Hain alter Riesenbäume in Stockton/Kalifornien. Die Bäume waren 3000 bis 4000 Jahre alt.

2 Mi In Melbourne schlägt der kanadische Boxweltmeister Tommy Burns den Australier Bill Lang in der sechsten Runde k.o.

3 Do Die japanische Hafenstadt Niigata wird durch einen Großbrand verwüstet. 4000 Häuser werden ein Raub der Flammen.

4 Fr Die russisch-orthodoxe Kirche ruft alle Gläubigen auf, sich nicht an den Feierlichkeiten zum 80. Geburtstag von Kirchengegner Leo N. Tolstoi zu beteiligen.

5 Sa Österreichische und deutsche Diplomaten besiegeln in Berchtesgarden die Annexion Bosniens und der Herzegowina durch Österreich-Ungarn.

6 So Den Coupe Florio gewinnt in Bologna der italienische Rennfahrer Felice Nazzaro auf Fiat mit einer Durchschnittsgeschwindigkeit von 119,439 km/h.

7 Mo In Elsass-Lothringen beginnen die diesjährigen deutschen Kaisermanöver. Verstärkt werden bei der Übung Kraftwagen eingesetzt.

8 Di In Berlin wird der erste Löschzug der Feuerwehr mit vier elektrisch angetriebenen Wagen in Betrieb genommen. → Serienheld

9 Mi Mit einer Flugdauer von 62 Minuten und 15 Sekunden ist der US-Amerikaner Orville Wright der erste Mensch, der länger als eine Stunde in der Luft bleibt.

10 Do Für den Bau eines neuen Luftschiffs für Ferdinand Graf von Zeppelin wurden bereits 4 Mio. gespendet. Der Vorgänger »LZ 4« erlitt Havarie in einem Sturm.

11 Fr Wilhelm Hagenbeck, Direktor der Menagerie in Berlin, wird während eines Dressurakts von einem Eisbären angegriffen und am Unterleib verletzt.

12 Sa In Westminster findet die Hochzeit des 33-jährigen britischen Handelsministers Winston Churchill mit Clementine Hosier statt.

13 So In Russland sind während der vergangenen Woche 2296 Menschen an Cholera erkrankt. Die Epidemie grassiert bereits seit zwei Monaten.

14 Mo Frankreich und Spanien wollen den neuen Sultan Marokkos, Abd Al Hafis, erst anerkennen, wenn er der Algeciras-Akte zustimmt. Der Sultan ist dazu bereit.

15 Di Der schwedische Asienforscher Sven Hedin trifft in der nordindischen Stadt Simla ein. Damit endet seine zweijährige Expedition ins Himalaya-Gebirge.

16 Mi Das unstarre Luftschiff von August von Parseval wird über Berliner Grunewald von einem Sturm zum Sinken gebracht und landet auf einem Haus.

17 Do Auf den Präsidenten der Republik Guatemala wird ein Attentat verübt. Diktator Manuel Estrada Cabrera wird dabei schwer verwundet.

18 Fr In Prag wird die Sinfonie No. 7 (»Lied der Nacht«) von Gustav Mahler uraufgeführt. Der Komponist dirigiert selbst.

19 Sa In der slowenischen Stadt Laibach (Ljubljana) kommt es zu schweren Nationalitäten-Ausschreitungen gegen die deutschsprachige Bevölkerung.

20 So In der Pariser Telefonzentrale bricht infolge eines Kurzschlusses ein Feuer aus. Der Fernsprechverkehr ist für mehrere Tage unterbrochen. → Lasker

21 Mo Auf der Naturforscherversammlung in Köln hält Hermann Minkowski einen Vortrag über »Raum und Zeit« und erklärt die Zeit zur vierten Dimension.

22 Di In Amsterdam wird der bisher größte Diamant der Welt, der Cullinan II., von dem Diamantenschleifer Henri Koe fertiggestellt. Cullinan II. hat 330 Karat.

23 Mi In Budapest empfängt Kaiser Franz Joseph I. von Österreich den Fürsten von Bulgarien, Ferdinand I., der sein Land vom Osmanischen Reich lösen will.

24 Do Die Regierung in Sofia beschlagnahmt den Teil der Orientbahnen, die durch bulgarisches Gebiet führen. Die türkische Regierung protestiert erfolglos.

25 Fr Der Bakteriologe Robert Koch fordert bei einem Kongress die »Isolierung Schwerkranker in ihrer eigenen Familie«, um die Tuberkulose zu bekämpfen.

26 Sa Der Schah von Persien, Mohammad Ali, kündigt in Teheran die Einberufung des Parlaments für den 14. November an.

27 So In Vevey am Genfer See wird der Schweizerische Eishockey-Verband (SEHV) gegründet. Er soll seinen Sitz in Zürich haben.

28 Mo Der Dalai Lama, das Oberhaupt Tibets, trifft in Peking ein. Er soll dem Kaiser von China, Kuang Hsü, seine Unterwürfigkeit bekunden.

29 Di Die russische Schauspielerin Marja F. Andrejewna gibt in St. Petersburg ihre Heirat mit dem Schriftsteller Maxim Gorki bekannt.

30 Mi In der Bucht von Smyrna sinkt nach dem Zusammenstoß mit einem großen türkischen Dampfer ein kleineres Schiff. 90 Menschen ertrinken.

5. Oktober 1908

Kriegsgefahr auf dem Balkan

Mit einem Schreiben an den österreichisch-ungarischen Außenminister Aloys Freiherr Lexa von Aehrenthal erklärt Kaiser Franz Joseph I. die von Österreich-Ungarn okkupierten Balkanländer Bosnien und Herzegowina für annektiert.

Die Annexion der beiden Balkanländer verursacht eine Krise, die an den Rand eines europäischen Krieges führt. In ihrem Verlauf droht der Konflikt zu eskalieren und den Mechanismus der Beistandsverpflichtungen zwischen den Großmächten in Gang zu setzen. Die Annexionskrise ist das erste Vorspiel zum 1914 beginnenden Weltkrieg.

Franz Joseph I. schreibt, dass er sich entschlossen habe, »die Rechte Meiner Souveränität auf Bosnien und die Herzegowina zu erstrecken und die für Mein Haus geltende Erbfolgeordnung auch für diese Länder in Wirksamkeit zu setzen sowie ihnen gleichzeitig verfassungsmäßige Einrichtungen zu gewähren«. Um die friedliche Absicht dieser »unabweislichen Verfügung« zu unterstreichen, ordnet er gleichzeitig den Abzug der Truppen aus dem gleichfalls okkupierten Sandschak Novi Pazar an. Der Entschluss zur Annexion der beiden rechtlich zum Osmanischen Reich gehörenden Balkanländer war durch die jungtürkische Revolution ausgelöst worden. Wien befürchtet, die türkische Regierung könnte Anspruch auf die Gebiete erheben, deren Besetzung Österreich-Ungarn durch den Berliner Kongress 1878 gestattet worden war (Abb.: Karikatur zur Annexion der Balkanländer).

8. September 1908

Erster Serienheld im Film

Mit dem Meisterdetektiv Nick Carter erobert der erste Serienheld die Leinwand (Abb.: Plakat). Wie »Der Hinterhalt« zeichnen sich auch die acht folgenden Nick-Carter-Filme, die Victorin Jasset in den Jahren 1908 und 1909 inszeniert, durch Authentizität und raffinierte Montage aus.

Jasset lehnt seine Hauptfigur an die Helden aus erfolgreichen amerikanischen Broschüren an, verlegt das Geschehen jedoch in die französische Hauptstadt Paris. Die international erfolgreiche Serie verhilft dem Nick-Carter-Darsteller André Liabel zu weltweitem Ruhm.

Nick Carter erhält rasch Konkurrenz. Der dänische Regisseur Viggo Larsen inszeniert zwischen 1908 und 1911 elf Sherlock-Holmes-Filme, in denen er Arthur Conan Doyles Meisterdetektiv selbst spielt. Zeitgleich mit Nick Carter werden auch bei der Komödie und beim Western die ersten Serienhelden geschaffen.

Anders als bei den Fortsetzungsfilmen sind hier die einzelnen Teile in sich abgeschlossen, haben aber identische Helden, die in der Regel auch von immer denselben Schauspielern dargestellt werden. Besonders in der Frühzeit wird auf Schlüssigkeit zwischen den Teilen nicht viel Wert gelegt. So kann es vorkommen, dass die Titelfigur in einem Streifen als glücklicher Familienvater, im zweiten als vereinsamter Junggeselle und im dritten als trauriger Witwer agiert. Auch Helden, die zu Tode kommen, tauchen in der nächsten Folge – ohne Erklärung – wieder auf. Da die bereits bekannten Figuren nicht mehr eingeführt werden müssen und so viel Raum für Action oder Gags bleibt, sind die Serienfilme sehr beliebt.

Emanuel Lasker

deutsch-amerikanischer Mathematiker, Schachspieler, Schriftsteller, * 24.12.1868 Berlinchen (Brandenburg); † 11.1.1941 New York

Lasker gilt als der unbestrittene Meister der psychologischen Spielführung im Schach. Über Jahrzehnte ist er die herausragende Persönlichkeit in diesem Sport. Als die Nationalsozialisten die Macht übernehmen, verlässt der gebürtige Jude Deutschland. Zunächst geht er nach Großbritannien und in die Sowjetunion, ehe er in den USA Fuß fasst. Noch im Jahre 1935, als er im Alter von 66 Jahren bei der Schachweltmeisterschaft in Moskau den dritten Platz belegt, gehört er zur Weltspitze. Lasker verfasst mehrere philosophische und spieltheoretische Schriften, von denen einige zu Klassikern werden.

- 1894-1921: Weltmeister
- 1896: Veröffentlichung »Gesunder Menschenverstand im Schach«
- 1902: Promotion in Mathematik über »Reihen auf der Konvergenzgrenze«
- 1926: »Lehrbuch des Schachspiels«
- 1931: »Brettspiele der Völker«
- 1933-37: Emigration über England und UdSSR in die USA

20. September 1908

Kampf um die Schach-Krone

Mit dem entscheidenden achten Sieg endet der Kampf um die Schachweltmeisterschaft. Altmeister Emanuel Lasker verteidigt erfolgreich seinen Titel gegen Herausforderer Siegbert Tarrasch. Der Wettkampf der beiden hatte bereits am 17. August in Düsseldorf begonnen. Beim Zwischenstand von 3:1 wurde die Partie in München fortgesetzt.

Während der Weltmeister seinen Gegner achtmal Matt setzen konnte, gewann der Nürnberger Tarrasch lediglich drei Spiele, fünf endeten Remis. Mehrfach hatte Lasker zuvor Titelkämpfe gegen Tarrasch abgelehnt (Abb. v.l.: Tarrasch, Lasker).

28. Oktober 1908

Daily-Telegraph-Affäre

Helle Empörung und Entsetzen ruft ein unbedachtes Interview von Kaiser Wilhelm II. in der Öffentlichkeit hervor. Die britische Tageszeitung »Daily Telegraph« hat den Artikel mit den umstrittenen Äußerungen des Kaisers zum deutsch-britischen Verhältnis veröffentlicht.

Das Interview besteht aus Gesprächen, die Kaiser Wilhelm II. mit dem britischen Oberst Stuart Montagu Wortley geführt hat und die von einem Journalisten zusammengestellt wurden. Darin erklärt der Kaiser, dass er, im Gegensatz zum Großteil seiner Landsleute, ein Freund Großbritanniens sei. Während des Burenkriegs habe er eine europäische Union gegen Großbritannien verhindert und außerdem seiner Großmutter Königin Viktoria durch den später erfolgreich ausgeführten Plan für einen Feldzug gegen die Buren geholfen. Die deutsche Flotte – so der Kaiser – stelle keine Bedrohung für Großbritannien dar, sondern diene lediglich dem Schutz des deutschen Handels. Vielleicht, so erklärt der Kaiser abschließend, würde sie einmal gemeinsam mit der britischen im Pazifischen Ozean gegen die Japaner antreten.

Die deutsche Öffentlichkeit ist über das Interview entsetzt. Fast alle Zeitungen und Parteien verurteilen die Aussagen des Kaisers: Diese schädigten den Ruf Deutschlands und machten seine Politik unglaubwürdig. In Großbritannien wird besonders die Behauptung des Kaisers, er habe Königin Victoria einen Feldzugsplan gegen die Buren übersandt, mit Befremden und Verärgerung aufgenommen. Nachdem bekannt wird, dass das Interview ungeprüft das Auswärtige Amt passiert hatte, weitet sich der Skandal aus.

Wilhelm II.

deutscher Kaiser und preußischer König, * 27.1.1859 Potsdam; † 4.6.1941 Doorn/Niederlande

Unter der Ägide von Wilhelm II. erlebte das Deutsche Reich einen Aufschwung der Industrie und soziale Reformen. Sein unverhohlenes Streben nach Weltmachtstellung, einem Kolonialreich sowie die von ihm geförderte Militarisierung von Politik und Gesellschaft führten zur Isolierung des Deutschen Reiches bis zum Ersten Weltkrieg.

- 1888: Regierungsantritt
- 1890: Entlassung Bismarcks als Reichskanzler
- 1914: Kriegserklärung an Russland und Frankreich
- 1918: Flucht in die Niederlande

6. Oktober 1908

Kreta wird griechisch

Begeistert von der Unabhängigkeitserklärung Bulgariens am 5. Oktober, verkündet auch die Bevölkerung Kretas die Loslösung vom Osmanischen Reich und den Anschluss an Griechenland. Auf der ganzen Mittelmeerinsel werden griechische Behörden installiert. Seit Jahrhunderten unter türkischer Herrschaft, hatte Kreta immer wieder versucht, unabhängig zu werden. Nach dem gescheiterten Aufstand von 1897/98 übertrugen Großbritannien, Frankreich, Russland und das Deutsche Reich Georg von Griechenland als Kommissar unter ihrem militärischen Schutz die Verwaltung der Insel. 1906 wurde Georg von Alexander Zaimis abgelöst. Bis 1909 wollen die Großmächte, angesichts der sich positiv entwickelnden Verhältnisse, ihre Truppen wieder abziehen.

13. Oktober 1908

Ammoniak im Blickpunkt

Ein Verfahren zur Ammoniak-Synthese wird zum Patent angemeldet, nachdem es dem deutschen Chemiker Fritz Haber erstmals gelungen ist, Ammoniak künstlich herzustellen. Der Erfolg ist von größter Bedeutung für die chemische Industrie und vor allem für die Landwirtschaft. Er öffnet Perspektiven zur großindustriellen Erzeugung von Ammoniak, das zur Herstellung von Stickstoffdünger benötigt wird. Bislang wird zur Deckung des Düngemittelbedarfs in Deutschland vorrangig Salpeter aus Chile importiert. Im Jahre 1898 hatte der britische Chemiker William Crookes prophezeit, dass es zu einer Welthungersnot kommen werde, falls es – angesichts der rasch steigenden Weltbevölkerungszahl – nicht bald gelänge, Stickstoffdünger künstlich herzustellen.

Oktober 1908

1 Do In Berlin wird das 3,3 km lange Teilstück der Untergrundbahn zwischen Leipziger Platz und Spittelmarkt in Betrieb genommen.

2 Fr Die sog. Sanjavski-Universität in Moskau nimmt ihren Lehrbetrieb auf. Sie ist eine Art Volkshochschule und dem Moskauer Parlament unterstellt.

3 Sa In Madame Tussauds Wachsfigurenkabinett in London wird eine Statue des britischen Handelministers Winston Churchill aufgestellt.

4 So Der ungarische Schwimmer Zoltán Halmay stellt in Magdeburg mit 2:25,4 min über 200-m-Freistil einen Weltrekord auf.

5 Mo Der französische Ackerbauminister Joseph Ruan eröffnet in Paris den Ersten Internationalen Kongress für Kälte-Industrie. → Balkan

6 Di Die japanische Regierung in Tokio beschließt die Aufhebung des Totalisators für Pferdewetten; es sei zu Spielexzessen gekommen. → Kreta

7 Mi An der Berliner Universität werden die ersten Studentinnen immatrikuliert, die ihr Studium zum Wintersemester 1908/09 beginnen.

8 Do In Serbien wird gegen die Annexion Bosniens und der Herzegowina durch Österreich-Ungarn demonstriert. In der Bevölkerung herrscht Kriegsstimmung.

9 Fr Sechs britische Kriegsschiffe laufen von Malta mit Kurs auf die Ägäis aus, um eine griechische Landung auf Kreta zu verhindern.

10 Sa In Frankreich legt der amerikanische Flugpionier Wilbur Wright eine Rekordstrecke von 80 km in einem Flugzeug zurück.

11 So In Berlin beginnt das Gordon-Bennett Rennen der Lüfte. 23 Ballone aus acht Ländern nehmen daran teil. Sieger wird der Schweizer Ballon »Helvetica«.

12 Mo Ferdinand von Bulgarien zieht feierlich in Sofia ein. Der Ex-Fürst hatte sich selbst zum Zaren des bisher vom Osmanischen Reich abhängigen Landes erklärt.

13 Di In London finden wieder Demonstrationen von Suffragetten statt. Gleichzeitig versammeln sich Arbeitslose auf dem Trafalgar Square. → Ammoniak

14 Mi Das montenegrinische Parlament stimmt für den Krieg gegen Österreich-Ungarn. Die endgültige Entscheidung soll Fürst Nikolaus I. treffen.

15 Do In Nordkorea kommt es zu Kämpfen zwischen chinesischen und japanischen Soldaten. Die beiden Länder streiten um die Vorherrschaft im besetzten Korea.

16 Fr Im US-Bundesstaat Michigan toben verheerende Waldbrände. 150 Menschen sterben in den Flammen. Ein entgleister Zug fordert 17 Opfer.

17 Sa Der Präfekt von Paris kündigt an, dass eine Straße nach dem Dichter Heinrich Heine benannt werden soll, der mehrere Jahre in der Stadt gelebt hatte.

18 So In der Walhalla bei Regensburg wird anlässlich des 10. Todestags des ehemaligen Reichskanzlers Otto von Bismarck eine Büste enthüllt.

19 Mo Die US-Schlachtflotte trifft auf ihrer Weltreise zu einem Besuch im japanischen Yokohama ein. Die USA demonstrieren ihre militärische Stärke.

20 Di In Hamburg wird in Anwesenheit von Reichskolonialminister Bernhard Dernburg das neu geschaffene Kolonialinstitut eröffnet.

21 Mi Die anti-österreichische Stimmung in Serbien veranlasst die Regierung in Wien, den Export von Waffen und Munition das Balkanland zu verbieten.

22 Do In St. Petersburg werden 25 Personen unter dem Verdacht der Zugehörigkeit zur Kampforganisation der Sozialrevolutionäre verhaftet.

23 Fr Das unstarre Luftschiff von August von Parsefal unternimmt in Berlin einen erfolgreichen Aufstieg bis in eine Höhe von 1600 m.

24 Sa Die Frauenrechtlerin Emmeline Pankhurst und ihre Tochter werden in London zu Haft verurteilt, weil sie zum Sturm auf das Unterhaus aufgerufen hatten.

25 So In Prag kommt es erneut zu blutigen Zusammenstößen zwischen Tschechen und Deutschen. Die Polizei muss eingreifen.

26 Mo In Stuttgart wird die Sammlung für eine neues Luftschiff des Grafen Zeppelin mit einem Ergebnis von über 5 Mio. Mark abgeschlossen.

27 Di In Berlin findet eine Konferenz zur Reform der Arbeiterversicherung statt. Das ganze Versicherungssystem soll einheitlicher werden.

28 Mi Einigen Suffragetten gelingt es, ins britische Parlamentsgebäude einzudringen. Sie ketten sich an und fordern das Frauenwahlrecht. → Daily-Telegraph-Affäre

29 Do In Sofia wird zwischen der Türkei und Bulgarien ein Präliminarvertrag abgeschlossen. Danach erkennt die Türkei die Unabhängigkeit Bulgariens an.

30 Fr Im brasilianischen Bundesstaat Mato Grosso bricht eine Revolte aus. Der Aufstand wird kurz darauf niedergeschlagen.

31 Sa In Berlin bietet Reichskanzler Bernhard Fürst von Bülow dem Kaiser seinen Rücktritt an. Wilhelm II. lehnt das Ersuchen ab.

November 1908

1 So In Österreich-Ungarn tritt das Automobilhaftpflichtgesetz in Kraft. Die Versicherungsgesellschaften verdoppeln oder verdreifachen die Prämien.

2 Mo Die »Kölnische Zeitung« meldet, dass der Historienmaler Anton von Werner zum Direktor der Berliner Nationalgalerie ernannt worden sei.

3 Di Der chinesische Kaiser, Kuang Hsü, spricht dem Dalai Lama von Tibet ein Jahresgehalt zu und fordert ihn gleichzeitig zum Gehorsam auf. → US-Präsident

4 Mi Im französischen Parlament beginnt eine Debatte über die Abschaffung der Todesstrafe. Justizminister Aristide Briand plädiert für lebenslange Einzelhaft.

5 Do Deutsche Zeitungen appellieren an den Reichstag, das Ansehen des Deutschen Reiches, das durch das Kaiserinterview gelitten habe, wiederherzustellen.

6 Fr Kaiser Wilhelm II. besucht Kaiser Franz Joseph I. von Österreich in Schloss Schönbrunn bei Wien und fährt anschließend nach Donaueschingen.

7 Sa Der britische Physiker Ernest Rutherford gibt in London bekannt, dass es ihm gelungen sei, ein Atom zu isolieren. Er erhält im Dezember den Nobelpreis.

8 So In Paris stirbt im Alter von 77 Jahren der französische Bühnenschriftsteller Victorien Sardou, einer der meistgespielten Autoren der Gegenwart.

9 Mo Das Kriegsministerium in Berlin übernimmt das neue Luftschiff des Grafen Ferdinand von Zeppelin, das den Namen »Z I« trägt.

10 Di Auf Anweisung der russisch-orthodoxen Kirche beendet die Polizei in St. Petersburg eine Aufführung von Oscar Wildes »Salome«.

11 Mi Der ungarische Innenminister Gyula Graf Andrássy legt einen Entwurf zur Wahlrechtsreform vor. Wähler werden danach in vier Klassen eingeteilt.

12 Do Durch eine Schlagwetterexplosion in der Zeche Radbod in Hamm (Westfalen) werden 368 Bergleute getötet.

13 Fr Wegen zunehmender Entkräftung des 56-jährigen Großherzogs Wilhelm IV. setzt das luxemburgische Parlament seine Frau Maria Anna als Regentin ein.

14 Sa Vor drei Hörern hält der 29-jährige Physiker Albert Einstein an der Universität Bern seine erste Vorlesung über Strahlentheorie.

15 So Der belgische König Leopold II. unterzeichnet einen Vertrag, durch den die Hoheitsrechte für den Kongostaat auf den belgischen Staat übergehen.

16 Mo Mit einer Aufführung von Giuseppe Verdis Oper »Aida« debütiert der italienische Dirigent Arturo Toscanini als Leiter der Metropolitan Opera in New York.

17 Di In Paris wird als erste Aufführung der Gesellschaft »Film d'Art« der Streifen »Die Ermordung des Herzogs von Guise« gezeigt.

18 Mi In Südeuropa, besonders in Sizilien und Spanien, richten außergewöhnlich starke Regenfälle große Schäden an.

19 Do Der ehemals aufständische Berberhäuptling Ahmed Raisuli wird vom marokkanischen Sultan Abd Al Hafis zum Gouverneur aller Stämme ernannt.

20 Fr In seiner Wochenzeitschrift »Die Zukunft« veröffentlicht Maximilian Harden einen Erlass des Kaisers über das »Hurra«-Rufen der Flotten-Mannschaften.

21 Sa In Berlin vereinbaren die Vertreter von sechs deutschen Ländern die Vereinheitlichung des Eisenbahnwesens im Deutschen Reich.

22 So Der Schah von Persien, Mohammad Ali, gibt in Teheran bekannt, dass die Einberufung eines Parlaments den Gesetzen des Islam widerspreche.

23 Mo Die US-Regierung beauftragt den Obersten Gerichtshof zu prüfen, ob die Aufhebung eines Anti-Trust-Urteils gegen die Standard Oil Company rechtens sei.

24 Di Abd Al Hafis wird in Casablanca zum Sultan ausgerufen. Damit erkennt ihn auch die letzte große Stadt als neuen Herrscher von Marokko an.

25 Mi Nahe der maltesischen Hauptstadt Valletta gerät der britische Dampfer »Sardinia« in Brand. 120 Menschen kommen bei dem Unglück ums Leben.

26 Do Nach seiner Rückkehr aus dem Himalaya-Gebirge wird Asienforscher Sven Hedin in Tokio vom japanischen Kaiser empfangen.

27 Fr In Prag werden Berliner Studenten von Tschechen tätlich angegriffen. Die Deutschen sind zum Jubiläum der Lese- und Redehalle angereist.

28 Sa Die USA und Japan unterzeichnen in Washington einen Vertrag, in dem sich beide Staaten ihren Besitz im Pazifischen Ozean garantieren.

29 So Die Ausschreitungen in Prag nehmen zu. Deutsche Studenten werden verletzt, österreichische Fahnen herabgerissen und zerfetzt.

30 Mo Die revolutionären Unruhen gegen Diktator Alexis Nord in Haiti weiten sich aus. Die Rebellen nähern sich der Hauptstadt Port-au-Prince.

28. Dezember 1908

Beben vernichtet Messina

Über 100 000 Menschen finden bei einem furchtbaren Erdbeben in Süditalien den Tod. Die Städte Messina und Reggio di Calabria werden fast völlig zerstört (Abb.: Überlebende in den Trümmern ihrer Häuser). In ganz Europa laufen daraufhin Hilfsaktionen an.

Ein Matrose, der die Katastrophe von einem Handelsschiff aus beobachtet, berichtet in einer Ta-

geszeitung: »Ich befand mich um 5 Uhr 15 Minuten an Deck und blickte auf die noch spärlichen Hafenlichter hin. Nach einigen Minuten vernahm ich ein sonderbares, wie aus der Luft oder dem Meere kommendes Geräusch. Plötzlich sah ich, wie die verankerten Schiffe und Barken im Hafen in die Höhe gehoben wurden und bald darauf verschwanden. Ich sah die verschiedenen Campanilen (Glockentürme) in die Höhe getragen, ich sah den Bau des Palazzo Lutino versinken sowie die hoch gelegene Kaserne Mezzocapo, die Präfektur sowie das Theater. Bald darauf ertönte ein unbeschreibliches Krachen. Hunderte von Häusern mussten eingestürzt sein. Eine dichte Staubwolke entzog die Stadt meinen Blicken.«

10. Dezember 1908

Preise für Wissenschaftler

In der schwedischen Hauptstadt Stockholm werden zum achten Mal die Nobelpreise für Chemie, Physik, Medizin und Literatur vergeben, in der norwegischen Hauptstadt Kristiania (Oslo) der Friedensnobelpreis.

Die Auszeichnungen für herausragende wissenschaftliche Leistungen gehen an Ernest Rutherford (Chemie), Gabriel Lippmann (Physik), Paul Ehrlich und Ilja I. Metschnikow (Medizin), Rudolf Eucken ist Literatur-Preisträger. Den Friedensnobelpreis erhalten Klas Pontus Arnoldson und Frederik Bajer für ihr Engagement in der Friedensbewegung.

Paul Ehrlich

deutscher Mediziner, * 14.3.1854 Strehlen (Schlesien); † 10.8.1915 Bad Homburg v. d. Höhe

Der Begründer des Chemotherapie führte neue diagnostische Verfahren ein. Er fand Mittel gegen den Erreger der Schlafkrankheit und gegen die weit verbreitete Syphilis. Mit dem Mittel »Salvarsan«, das Ehrlich gemeinsam mit dem Japaner Sahatschiro Hata aus mehr als 1000 Arsenverbindungen heraussuchte, hatten die Mediziner endlich Erfolg im Kampf gegen die Syphilis.

- 1890-1904: Mitarbeiter von Robert Koch
- Ab 1899: Leitung des Instituts für experimentelle Therapie in Frankfurt am Main

3. November 1908

Taft wird US-Präsident

William Howard Taft (s. Abb.), Kandidat der Republikanischen Partei, wird mit 302 Wahlmännerstimmen zum neuen Präsidenten der Vereinigten Staaten gewählt. Der Demokrat William Jennings Bryan erhält lediglich 181 Stimmen.

Der frühere Kriegsminister Taft war vom amtierenden Präsidenten Theodore Roosevelt als Nachfolger vorgeschlagen und am 18. Juni vom republikanischen Parteikonvent nominiert worden. Roosevelt selbst hatte auf eine neuerliche Kandidatur verzichtet. Bryan unterliegt bereits zum dritten Mal bei Präsidentschaftswahlen und erklärt, dass er kein viertes Mal antreten wolle.

Taft, der zum rechten Flügel der Republikaner zählt, verspricht eine Fortsetzung der Politik Roosevelts, der als Nachfolger des ermordeten Präsidenten William McKinley seit dem Jahre 1901 im Amt ist. Roosevelt hat die Kandidatur des gelernten Juristen massiv gefördert.

2. Dezember 1908

Pu Yi wird Chinas Kaiser

Im Alter von zwei Jahren wird Pu Yi zum Kaiser von China gekrönt. Stellvertretend für ihn übernimmt sein Vater, Prinz Tschun, ein Bruder des verstorbenen Herrschers Kuang Hsü, die Amtsgeschäfte.

Kuang Hsü war am 14. November im Alter von 37 Jahren gestorben. Einen Tag später endete auch das Leben seiner Tante und Ziehmutter Tz'u Hsi. Ihr letzter politischer Akt war die Bestimmung des zweijährigen Pu Yi zum neuen Kaiser von China. Kuang Hsü und Tz'u Hsi gehören der Dynastie der Mandschus an, die seit dem 17. Jahrhundert das Land beherrscht. Die Mandschuren, ein ursprünglich halbnomadisch lebendes Volk aus dem Nordosten, sind keine Chinesen.

Kuang Hsü hatte den Thron im Jahre 1875 als Vierjähriger bestiegen. Bis 1889 stand er unter der Vormundschaft der Kaiserinwitwe Tz'u Hsi, die die Regierungsgeschäfte führte. Auch als Kuang Hsü die Herrschaft übernahm, blieb seine Tante bestimmende Kraft. Das formell unabhängige Reich war in den letzten Jahrzehnten immer stärker zu einem Objekt wirtschaftlicher Ausbeutung durch die Kolonialmächte geworden. Das führte zu einer hohen passiven Handelsbilanz und steigender Inflation, zum Niedergang des traditionellen Handwerks und zur Zerstörung des bäuerlichen Absatzmarktes. Kuang Hsü zeigte sich modernen Ideen gegenüber recht aufge-

Jack Johnson

US-Boxer, * 31.3.1878 Galveston (US-Bundesstaat Texas); † 10.6.1946 Raleigh

Johnson ging als erster farbiger Weltmeister in die Boxgeschichte ein. Der Modellathlet hatte als Baumwollpflücker und Stallbursche gearbeitet. 1897 bestritt der 1,86 m große Athlet seinen ersten Kampf. Nach dem Gewinn der Box-Krone polarisiert Johnson die Bevölkerung. Die Farbigen verehren ihn als »Befreiungshelden«, die Weißen hassen ihn wegen seines selbstbewussten Auftretens. Dass er in zweiter und dritter Ehe weiße Frauen heiratet, ruft den Zorn vieler Rassenfanatiker hervor. Er stirbt bei einem Verkehrsunfall.

- 1910: Sieg über den weißen Herausforderer Jim Jeffries
- 1912: Reise nach Europa
- 1915: Umstrittene Niederlage gegen Jess Willard
- 1928: In Kansas City verliert er seinen letzten Kampf

26. Dezember 1908

Erster schwarzer Champion

Als erster Farbiger wird der 30-jährige Hüne Jack Johnson (USA) Boxweltmeister im Schwergewicht.

Der »Riese aus Galveston« beherrscht in der Boxarena in Sydney den drei Jahre jüngeren Titelverteidiger Tommy Burns von Beginn an nach Belieben, verzichtet jedoch auf den entscheidenden k.o.-Schlag. Anfang der 14. Runde schreitet die Polizei ein und bricht den ungleichen Fight ab. Die australische Jury bestätigt – unter wütenden Protesten der 20000 Zuschauer – das »außergerichtliche« Urteil. Burns, seit Februar 1906 Weltmeister, und ohne Manager unterwegs, verteidigte lukrativ und erfolgreich zehnmal seinen Titel. Jeden Gegner akzeptierte er – bis auf Johnson, von dessen Box-Fähigkeiten wahre Wunderdinge berichtet wurden. Burns floh vor dem schwarzen Top-Mann über Europa nach Australien, wo ihn Promoter Hugh D. McIntosh für eine Rekordgage von umgerechnet 30000 Mark schließlich doch zum Titelkampf überredete. Die schwarze Bevölkerung in den USA feiert Johnsons Sieg, das weiße Amerika ist entsetzt.

Der chinesische Kaiser Pu Yi

Die jüngsten Kaiser Chinas

Alter bei Amtsantritt (in Jahren)	Name	Herkunft/ Dynastie	Amtszeit
2	Pu Yi	Qing*	1908-1912
4	Kuang Hsü	Qing*	1875-1908
6	Shun Zhi	Qing*	1644-1661
6	Tong Zhi	Qing*	1862-1874
7	Kang Xi	Qing*	1661-1722
8	Tian Shan	Ming	1457-1464
9	Wang Li	Ming	1572-1620
16	Zhong Zheng	Ming	1627-1644

* Mandschu

schlossen und versuchte, Reformen umzusetzen: Das Schulwesen sollte umgestaltet, überflüssige Institutionen abgeschafft werden. Der Kaiser wollte die Pressefreiheit einführen und dem Volk erlauben, sich mit Beschwerden direkt an ihn zu wenden.

Die konservativen Hofkreise reagierten auf die Bedrohung ihrer Privilegien mit einem Staatsstreich unter Führung von Tz'u Hsi. Der Kaiser wurde im Jahre 1898 gefangengenommen, die Kaiserinwitwe übernahm wieder die Macht. Bis zu seinem – möglicherweise gewaltsamen – Ende lebte Kuang Hsü wie ein Gefangener im Kaiserpalast. Der Niedergang des Reiches war auch nach der Entmachtung Kuang Hsü nicht aufzuhalten. Die Zentralregierung zeigte sich machtlos gegen ausländische Einflüsse. Besonders die Japaner nutzten das Machtvakuum und dehnten ihren Einflussbereich in China immer weiter aus. Immer wieder kam es zu Zwischenfällen.

Am 6. Februar 1908 beschlagnahmten chinesische Behörden nahe dem Hafen Macau den mit Waffen beladenen japanischen Dampfer »Tatsu Maru«. Dadurch wollten die Chinesen verhindern, dass die Waffen über Macau, das portugiesischer Kolonialbesitz ist, nach China geschmuggelt und dort von revolutionären Gruppen gegen das Mandschu-Regime eingesetzt werden. Japan protestierte heftig und warf China einen Verstoß gegen internationales Handelsrecht vor. Am 7. März verlangte Japan ultimativ die Freigabe des Schiffes, eine offizielle Entschuldigung sowie eine finanzielle Entschädigung, was in China eine Welle der Empörung auslöste. Aus Furcht vor einem militärischen Konflikt mit Japan lenkte China aber schließlich ein. Zugleich mit diesem Zwischenfall wurden auch die politische Widerstände gegen die Mandschu-Herrschaft im Land selbst immer größer.

Dezember 1908

1 Di Auf der sog. bayerischen Tauernbahn findet die offizielle Eröffnungsfahrt statt. Die Strecke ist Teilstück der Verbindung Triest-Bayern-Norddeutschland.

2 Mi In Haiti siegt die Revolution. Die Hauptstadt Port au Prince ist in den Händen der Aufständischen. Staatspräsident Alexis Nord flieht. → Pu Yi

3 Do In der persischen Stadt Astrabad brechen Unruhen aus. Die Aufständischen kämpfen für eine Verfassung, die der Schah hartnäckig verweigert.

4 Fr In London beginnt eine internationale Konferenz zur Reform des Seekriegsrechts. Die beschlossenen Kodifizierungen treten aber nie in Kraft.

5 Sa Rektor und Senatsmitglieder der Universität Prag legen ihre Ämter nieder und protestieren damit gegen das Verbot des Farbentragens.

6 So In Berlin findet eine Kundgebung für die deutschen Studenten in Prag statt. Dort wurde wegen studentischer Ausschreitungen das Standrecht verhängt.

7 Mo Der katholische Theologe Josef Schnitzer lehnt einen Lehrauftrag der Münchener Universität ab, da der Papst ihm jede Lehrtätigkeit verboten hat.

8 Di In der französischen Abgeordnetenkammer in Paris wird ein Antrag auf Abschaffung der Todesstrafe erneut abgelehnt.

9 Mi Der Deutsche Reichstag in Berlin regelt die Frauenarbeit neu. Frauen dürfen ab sofort von 8 Uhr abends bis 6 Uhr früh nicht mehr beschäftigt werden.

10 Do Der Präsident der Deutschen Bühnengenossenschaft, Max Pohl, tritt zurück. Seine Stelle übernimmt der Regisseur Hermann Nissen. → Preise

11 Fr Das russische Parlament, die Duma, genehmigt eine Anleihe von 450 Mio. Rubel (1,45 Mrd. Mark), die für Ausgaben der Staatseisenbahn benötigt werden.

12 Sa Durch eine verfrühte Explosion von 40 t Dynamit kommen beim Bau des Panamakanals in Obispo zehn Arbeiter ums Leben, 50 werden verletzt.

13 So Der niederländische Kreuzer »Gelderland« kapert ein venezolanisches Schiff – eine Protestaktion gegen die feindliche Haltung Venezuelas.

14 Mo Das britische Unterhaus in London nimmt in dritter Lesung den Gesetzentwurf zur Einführung des achtstündigen Arbeitstages für Bergleute an.

15 Di In Prag wird das Standrecht wieder aufgehoben, das wegen Auseinandersetzungen zwischen tschechischen und deutschen Studenten verhängt worden war.

16 Mi Durch eine Schlagwetterexplosion in der Domaner Kohlengrube in Reschitza (Österreich-Ungarn) sterben 13 Bergleute.

17 Do Während sich der venezolanische Präsident Cipriano Castro in Berlin aufhält, findet in seiner Heimat ein Putsch statt. Castro wird abgesetzt.

18 Fr In der russischen Stadt Odessa wird der Kriegszustand aufgehoben, der drei Jahre zuvor wegen revolutionärer Unruhen verhängt worden war.

19 Sa Die belgische Abgeordnetenkammer in Brüssel beschließt mit 62 gegen 29 Stimmen, den Frauen das aktive und passive Wahlrecht zu gewähren.

20 So In Rom wird die »Jungfrau von Orléans«, Jeanne d'Arc, von Papst Pius X. seliggesprochen. Der Seligsprechungsprozess lief seit 1885.

21 Mo Der US-Industrielle Andrew Carnegie appelliert an den Kongress in Washington, die Schutzzollpolitik zu beenden, da sie die Wirtschaft behindere.

22 Di Vertreter Frankreichs und Belgiens unterzeichnen einen Vertrag, der die Grenze zwischen dem französischen und dem belgischen Kongogebiet festlegt.

23 Mi In Deutsch-Südwestafrika werden drei Farmer von Hottentotten erschossen. Unter ihrem Anführer Simon Copper verüben diese immer wieder Überfälle.

24 Do Der US-Flugpionier Wilbur Wright stellt in Le Mans mit einer Flugdauer von 2 Stunden und 20 Minuten einen Weltrekord auf.

25 Fr In Paris überfällt ein Anhänger der rechtsradikalen »Action française« den französischen Staatspräsidenten Armand Fallières und zieht ihn am Bart.

26 Sa In Paris bringt die am 24. Dezember im Grand Palais eröffnete erste Luftfahrtausstellung die Besucher zum Staunen. → Jack Johnson

27 So Die türkische Abgeordnetenkammer in Konstantinopel wirft Sultan Abd Al Hamid II. vor, sich zu sehr von außen beinflussen zu lassen.

28 Mo In Madras wird eine britenfreundliche indische Nationalversammlung eröffnet. In einer Resolution dankt sie für angekündigte Reformen. → Messina

29 Di Der brasilianische Ministerrat in Rio de Janeiro beschließt, bei der Firma Krupp in Essen Kanonen zu bestellen.

30 Mi In Westeuropa sinken die Temperaturen auf außergewöhnliche Tiefstwerte. In Berlin werden -18 °C gemessen. Viele Flüsse frieren zu.

31 Do Ein Korse namens Anton Benedetti gibt sechs Schüsse auf das Büro des französischen Ministerpräsidenten Georges Clemenceau ab, der nicht verletzt wird.

Januar 1909

1 Fr — Nachfolger des schweizerischen Bundespräsidenten Ernst Brenner wird Adolf Deucher, der dieses Amt bereits dreimal innehatte.

2 Sa — Kaiser Wilhelm II. trifft in Berlin zur traditionellen Neujahrsgratulation mit den Generälen der deutschen Streitkräfte zusammen. → Zahlungsverkehr

3 So — Der südamerikanische Staat Bolivien führt die Goldwährung ein. Neues Zahlungsmittel ist das peruanische Pfund.

4 Mo — In Berlin wird der Deutsche Richterverbund gegründet. Ziel des Interessenverbandes ist die Sicherung der Unabhängigkeit der Gerichtsbarkeit.

5 Di — Kolumbien erkennt vertraglich die Souveränität Panamas an. Panama hatte sich 1903 mit US-Hilfe von Kolumbien abgespalten.

6 Mi — Bei der Tagung der Internationalen Kriminalistischen Vereinigung in Berlin sprechen sich die Teilnehmer für das Recht von Angeklagten auf Strafverteidiger aus.

7 Do — Im britischen Südafrika werden bewaffnete Hottentottenbanden wegen Anschlägen verhaftet und der Justiz in Deutsch-Südwestafrika ausgeliefert.

8 Fr — Das französische Parlament lehnt in Paris den Antrag der Regierung ab, die Todesstrafe durch eine lebenslange Zuchthausstrafe zu ersetzen.

9 Sa — In Paris wird der Klavierzyklus »Gaspard de la Nuit« des französischen Komponisten Maurice Ravel uraufgeführt. Solist ist Ricardo Viñes.

10 So — Im Rahmen zunehmender Nationalitätenkonflikte kommt es in Prag zu Kämpfen zwischen tschechischen und deutsch-österreichischen Studenten.

11 Mo — Die türkische Regierung gesteht gegen Entschädigung der Donaumonarchie die Oberhoheit über Bosnien und die Herzegowina zu.

12 Di — Der preußische Finanzminister Georg Freiherr von Rheinbaben beziffert das Haushaltsdefizit des Landes für 1908 auf 165 Mio. Mark.

13 Mi — Die Zentrumsfraktion fordert die Reichsregierung auf, Maßnahmen gegen Veranstaltungen von Anhängern der Freikörperkultur zu ergreifen.

14 Do — Die dänische Regierung dementiert in Kopenhagen Berichte, nach denen sich deutsche Kriegsschiffe zu Manövern in dänischen Gewässern aufhielten.

15 Fr — In Berlin wird eine Verordnung zum Diamantabbau in Deutsch-Südwestafrika veröffentlicht. Jeder Fund muss bei der Kolonialbehörde abgeliefert werden.

16 Sa — Eine Schlechtwetterlage sorgt in weiten Teilen des Deutschen Reiches für langanhaltende Schneefälle. Viele Eisenbahnverbindungen sind unterbrochen.

17 So — In der sächsischen Hauptstadt Dresden werden bei Demonstrationen gegen das geplante Pluralwahlrecht mehrere Menschen verletzt.

18 Mo — Das französische Parlament debattiert über die Beilegung des Konflikts mit dem Deutschen Reich um Marokko und beschließt ein Abkommen mit Berlin.

19 Di — Der britische Forscher Ernest Shackleton entdeckt am Südpol große Kohlevorkommen und nimmt sie für die britische Krone in Besitz.

20 Mi — Der US-Senat beschließt in Washington, die Bezüge des Präsidenten von 75 000 auf 100 000 Dollar im Jahr zu erhöhen.

21 Do — In Berlin erklärt Staatssekretär Bernhard Dernburg, dass in den deutschen Kolonien Westafrikas 100 000 Weiße ihr Auskommen finden könnten.

22 Fr — In München gründen u.a. Wassily Kandinsky und Alexej von Jawlensky die »Neue Künstlervereinigung«, die sich als Kunst-Avantgarde versteht.

23 Sa — Zwei exilrussische Terroristen erbeuten bei einem Überfall in London 80 Pfund Gold und schießen sich ihren Fluchtweg mit automatischen Waffen frei.

24 So — Der Schwede Ulrich Salchow gewinnt die Eiskunstlauf-Europameisterschaften in der ungarischen Hauptstadt Budapest. → Wahlrecht

25 Mo — Die USA und Kanada unterzeichnen in Ottawa ein Abkommen über den gemeinsamen Schutz der Niagarafälle. → Operngala

26 Di — Die Unruhen im Süden Persiens breiten sich aus. Die Aufständischen fordern weiterhin eine demokratische Verfassung.

27 Mi — In Berlin begeht Kaiser Wilhelm II. unter großer Anteilnahme der Bevölkerung seinen 50. Geburtstag. Die Straßen gleichen einem Fahnenmeer.

28 Do — Nachdem er in einem Artikel angegriffen worden war, fordert Portugals Außenminister den Chefredakteur des »Diario Popular« zum Duell.

29 Fr — In Berlin debattiert der Deutsche Reichstag über sog. schwarze Listen, in denen Arbeitgeber politisch unbequeme Arbeiter erfassen.

30 Sa — In Kairo demonstrieren rund 13 000 Studenten für eine generelle Demokratisierung des ägyptischen Bildungswesens.

31 So — Im Anschluss an ein internationales Hockey-Turnier wird im Bonner Hotel »Royal« der »Deutsche Hockey-Bund« gegründet.

24. Januar 1909

Kampf um neues Wahlrecht

Mitglieder der Sozialdemokratischen Partei demonstrieren in Berlin, Halle und Magdeburg gegen das preußische Dreiklassenwahlrecht.

Die Reform des Wahlrechts ist eines der meistdiskutierten politischen Themen in Deutschland. Vor allem linke und linksliberale Parteien, deren Wählerpotential vorrangig in Arbeiterkreisen und Schichten mit geringem Einkommen liegt, fühlen sich durch das 1849 eingeführte Wahlrecht benachteiligt. Die Mehrheit des Volkes ist in Preußen praktisch entmündigt. Das Dreiklassenwahlrecht teilt die Wähler – Frauen besitzen überhaupt kein Stimmrecht – je nach den von ihnen aufgebrachten Steuern in drei Klassen ein, die je einem Drittel des Gesamtsteueraufkommens entsprechen. Die einzelnen Klassen bestimmen Wahlmänner. Das hat zur Folge, dass die wenigen, die auf Grund ihres Einkommens den Höchststeuersatz entrichten, ebenso viele Wahlmänner stellen können wie die Mittelschicht oder die große Masse derjenigen, die wegen ihres geringen Einkommens nicht besteuert werden (Abb.: Rechtskonservative Kräfte kämpfen für die Erhaltung des Dreiklassenwahlrechts – Karikatur aus der Satirezeitschrift »Simplicissimus«).

26. Februar 1909

Balkankrise weitet sich aus

Österreich-Ungarn und das Osmanische Reich schließen in Wien ein Abkommen über die politische Zukunft Bosniens und der Herzegowina. Die türkische Regierung verzichtet auf ihre Ansprüche und erkennt die Annexion der Region durch die Donaumonarchie an. Durch das Abkommen wächst die Kriegsgefahr. Am 27. Februar verkündet der serbische Ministerpräsident Stojan Novaković ein »großserbisches Programm«, in dem er von der Wiener Regierung die Freigabe von Bosnien, der Herzegowina, Kroatiens, Slawoniens und Dalmatiens fordert.

26. Februar 1909

Konferenz über Rechte auf See

In London einigen sich die Großmächte auf ein neues Seekriegsrecht. Die insgesamt erfolgreich verlaufene Konferenz bleibt jedoch folgenlos, weil mehrere Staaten entgegen ihren Bekundungen die Vereinbarungen nicht ratifizieren.

Im Mittelpunkt der Verhandlungen standen vor allem Regelungen über die Blockade in Friedenszeiten, Fragen des sog. Prisenrechts (Beschlagnahme feindlicher Schiffe) und die Behandlung neutraler Schiffe, die Kriegsmaterial transportieren. Umstritten blieb die Frage, unter welchen Umständen der Eigentümer der Ladung eines im Kriegsfall aufgebrachten Schiffes als Feind zu betrachten sei und ob die Fracht beschlagnahmt werden dürfe.

20. Februar 1909

Manifest des Futurismus

Der Schriftsteller Fillippo Tommaso Marinetti veröffentlicht in der französischen Tageszeitung »Le Figaro« sein Manifest des Futurismus, das zum Gründungsdokument einer radikal neuen Bewegung in der europäischen Kunst wird. Mit seinem Vorstoß will der 33-jährige Italiener die seiner Ansicht nach in musealer Verehrung des Alten erstarrte, unfruchtbar gewordene Kunst revolutionieren.

Kernpunkt seiner weltanschaulich-künstlerischen Erneuerungsbewegung ist ein vorbehaltloses Be-

Künstler des Futurismus

Künstler (Lebensdaten)	Werke (Auswahl)
Giacomo Balla (1871-1958) Maler	»Bewegungsrhythmus eines Hundes an der Leine« (1912) »Merkur zieht an der Sonne vorbei« (1914)
Umberto Boccioni (1882-1916) Maler und Bildhauer	»Die Stadt erhebt sich« (1910) »Dynamismus eines Radfahrers« (1913)
Carlo Carrà (1881-1966) Maler	»Rüttelnde Droschke« (1912) »Metaphysische Muse« (1917)
Luigi Russolo (1885-1947) Maler und Komponist	»Blitze« 1909/10 »Dichter Nebel« (1912)
Gino Severini (1883-1966) Maler	»Bal Tabarin« (1912) »Sphärische Expansion des Lichts« (1914)

25. Januar 1909

Glanzvolle Operngala

In der Dresdner Hofoper wird die Richard-Strauss-Oper »Elektra« nach Hugo von Hofmannsthals gleichnamigem Drama uraufgeführt. Unter der musikalischen Leitung von Ernst von Schuch wird die Premiere des Einakters zu einem stürmisch umjubelten Erfolg. Strauss hat das antike Thema in ein kraftvolles musikalisches, dennoch äußerst differenziertes Gewand gekleidet.

Richard Strauss

deutscher Komponist und Dirigent, * 11.6.1864 München; † 8.9.1949 Garmisch-Partenkirchen

Strauss gilt als die letzte große Musikerpersönlichkeit der klassisch-romantischen Epoche. Bis 1905 komponierte er vornehmlich sinfonische Programmmusik in der Nachfolge u.a. von Franz Liszt. Später wandte er sich der Oper zu und schuf 15 höchst unterschiedliche Werke dieses Genres. Mit »Salome« (1905) und »Elektra« gelang Strauss die Kreation eines neuen Operntypus, der über Richard Wagner hinauswies.

- 1911: Oper »Der Rosenkavalier«
- 1915: Mitbegründer der Salzburger Festspiele
- 1945: Übersiedelung in die Schweiz

Ölgemälde (»Racing Car«) des italienischen Futuristen Giacomo Balla

kenntnis zur Moderne, zur Welt der Technik und zu den Ausdrucksformen der Massengesellschaft. Dafür gilt es, die gesellschaftlichen und kulturellen Traditionen zu zerstören. Der Futurismus betreibt einen Kult der Bewegung, der »allgegenwärtigen Geschwindigkeit, die die Kategorien Raum und Zeit aufhebt«. Gefeiert wird die »Schönheit der Geschwindigkeit« wie sie an einem Rennwagen erscheint, die Eleganz technischer Bauwerke, der »gleitende Flug der Flugzeuge«. In den folgenden Monaten und Jahren bringt der italienische Futurismus eine wahre Flut weiterer Manifeste zu allen Bereichen der Kunst hervor – u.a. für Malerei, Theater und Musik – in denen der Bruch mit traditionellen Stilformen und Inhalten gefordert wird. Auch vor der Politik machen Vertreter der neuen Bewegung nicht Halt. Neben der Verherrlichung der Gefahr und des Krieges, »dieser einzigen Hygiene der Welt«, enthalten die Äußerungen Marinettis zahlreiche antidemokratische Elemente.

3. Februar 1909

Zeppelin im Dienst der Militärs

Das Deutsche Kriegsministerium übernimmt in Friedrichshafen das Luftschiff »LZ 3«, künftig »Reichsflugschiff Z 1« genannt.
Neben Deutschland erkennen immer mehr Staaten die Bedeutung der Luftwaffe für die Kriegsführung. Das Deutsche Reich setzt vor allem auf die Luftschiffe des Grafen Zeppelin. Sie können weite Strecken zurücklegen und sollen vor allem zur Beobachtung eingesetzt werden. Allerdings sind die mit Wasserstoff gefüllten Zeppeline stark explosionsgefährdet, so dass sie leicht abgeschossen werden können. Beweglicher als Zeppeline sind die seit Jahrzehnten erprobten Ballons. Im Deutschen Reich wurde das erste Fesselballon-Versuchsdetachement im Jahre 1884 aufgestellt, 1909 gibt es bereits mehrere deutsche Luftschiffer-Bataillone. Flugzeuge spielen für die Militärs noch keine große Rolle. Im Deutschen Reich wird erst im Jahre 1910 mit der Ausbildung von Militärpiloten begonnen. In Frankreich und Großbritannien sind dagegen bereits Flugzeuge zur Luftaufklärung einsatzbereit. So startete im Oktober 1908 bei London das von Samuel Cody konstruierte »Army Aeroplane No. 1« – mit einer Spannweite von 16 m das bislang größte Flugzeug der Welt – zu einem Testflug.

2. Januar 1909

Bargeldloser Zahlungsverkehr

Die Deutsche Reichspost führt in ganz Deutschland den bargeldlosen Zahlungsverkehr mit Postschecks ein (s. Abb.).
Zur Annahme und Auszahlung von Schecks werden in verschiedenen Städten zunächst 13 zentrale Postscheckämter eröffnet. Der bargeldlose Zahlungsverkehr wurde monatelang vorbereitet.

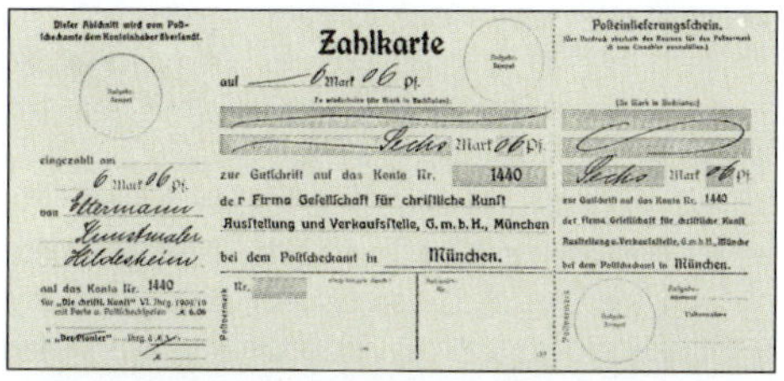
Dieser Abschnitt wird vom Postscheckamte dem Kontoinhaber überlandt.
Zahlkarte
auf 6 Mark 06 Pf.
Sechs Mark 06 Pf.
eingezahlt am 6 Mark 06 Pf.
von Ellermann Kunstmaler Hildesheim
auf das Konto Nr. 1440
zur Gutschrift auf das Konto Nr. 1440
der Firma Gesellschaft für christliche Kunst
Ausstellung und Verkaufsstelle, G. m. b. H., München
bei dem Postscheckamt in München.
Posteinlieferungsschein.
Sechs Mark 06 Pf.
zur Gutschrift auf das Konto Nr. 1440
der Firma Gesellschaft für christliche Kunst
Ausstellung u. Verkaufsstelle, G.m.b.H., München
bei dem Postscheckamt in München.

In Berlin ist das neue Amt im Postgebäude für den Bezirk Berlin Mitte untergebracht. Zur Beschleunigung der Bearbeitung wurde in dem Gebäude eine Rohrpostanlage installiert. Der Postscheckverkehr wird in Berlin zunächst mit 1800 Konten aufgenommen. Die Post rechnet jedoch mit einer raschen Ausweitung der neuen Dienstleistung. Bei den Kunden handelt es sich vornehmlich um Geschäftsleute, die sich eine Beschleunigung der Geldbewegungen erhoffen.

Februar 1909

1 Mo Die Reichsregierung veröffentlicht eine Erklärung, dass sie an der geplanten Einführung einer Nachlasssteuer festhalte, obwohl diese umstritten ist.

2 Di Die österreichische Regierung legt Gesetzentwürfe über die Schaffung von tschechischsprachigen und deutschsprachigen Gebieten in Böhmen vor.

3 Mi Karl Graf von Wedel, Statthalter von Elsass-Lothringen, fordert eine größere Autonomie der Region innerhalb des Deutschen Reiches. → Zeppelin

4 Do Das preußische Abgeordnetenhaus in Berlin verabschiedet einen Entwurf, der erhöhte Bezüge für Lehrer und Beamte unterer Gehaltsklassen vorsieht.

5 Fr Im Reichsrat von Österreich-Ungarn kommt es zu heftigen Tumulten wegen der Verwaltungsreform für Böhmen, die sprachlich getrennte Gebiete vorsieht.

6 Sa In weiten Gebieten Deutschlands treten die Flüsse nach heftigen Regenfällen über die Ufer. In mehreren Orten bricht Typhus aus.

7 So Bei einem Hallensportfest in Berlin gelingt es dem deutschen Läufer Hanns Braun den US-Sportler James Lightbody über 1000 m zu schlagen.

8 Mo Der Schwede Ulrich Salchow verteidigt bei den Eiskunstlauf-Weltmeisterschaften in Stockholm seinen Weltmeistertitel.

9 Di In Berlin schließt das Deutsche Reich mit Frankreich ein Abkommen zur Beendigung der Marokkokrise. Beide Staaten erhalten Handelsrechte.

10 Mi Laut amtlicher Mitteilung ist die Bevölkerung im Deutschen Reich von 45 Mio. (1882) auf 61,72 Mio. Einwohner im Jahre 1907 angewachsen ist.

11 Do Im spanischen Barcelona kommt es zu Bombenanschlägen gegen öffentliche Einrichtungen. Die Polizei vermutet Anarchisten hinter den Attentaten.

12 Fr Die dänische Regierung legt ein umfassendes Programm zur Landesverteidigung vor, das u.a. den Ausbau der Flotte vorsieht.

13 Sa In Kairo kommt es anlässlich des Todestages des Führers der ägyptischen Nationalistenpartei zu Demonstrationen gegen die britische Kolonialmacht.

14 So Wegen der Annexion Bosniens und der Herzegowina kommt es im Osmanischen Reich zu Übergriffen gegen österreichisch-ungarische Einrichtungen.

15 Mo Das US-Abgeordnetenhaus nimmt eine Gesetzesvorlage an, nach der die Territorien Arizona und New Mexico Bundesstaaten werden sollen.

16 Di Der deutsche Zentralverband für Handel und Gewerbe spricht sich in Berlin gegen die Einführung einer Steuer für Gas und Elektrizität aus.

17 Mi An der bosnisch-serbischen Grenze kommt es zu Gefechten zwischen den Streitkräften Österreich-Ungarns und Serbien.

18 Do Das bulgarische Parlament verabschiedet das Gesetz zur Einführung der Junggesellensteuer. Es betrifft unverheiratete Bulgaren, die älter als 30 Jahre sind.

19 Fr In London herrscht große Aufregung, nachdem am Tag zuvor Suffragetten demonstriert hatten. Die Polizei griff ein und verhaftete 20 Frauenrechtlerinnen.

20 Sa Die britische Regierung plant eine Reorganisation und den Ausbau der Steitkräfte auf eine Gesamtstärke von 46 Divisionen. → Futurismus

21 So In St. Petersburg findet die Uraufführung der Tondichtung »Der verzauberte See« des Komponisten Anatoli K. Ljadow statt.

22 Mo Russlands Zar Nikolaus II. empfängt Ferdinand von Bulgarien. Das Treffen wird im Ausland als Anerkennung der bulgarischen Unabhängigkeit gewertet.

23 Di Die russische Regierung lässt in Helsinki den finnischen Landtag auflösen. Abgeordnete hatten sich für die Souveränität Finnlands ausgesprochen.

24 Mi In London werden die ersten nach dem Cinemacolorverfahren gedrehten Farbfilme gezeigt. Bislang mussten Schwarzweißfilme handkoloriert werden.

25 Do Das preußische Abgeordnetenhaus in Berlin bewilligt einen Etat über zwei Mio. Mark für die Erschließung Pommerns und Ostpreußens.

26 Fr Reichskanzler Bernhard Fürst von Bülow trifft in Berlin mit den Führern der im sog. Bülow-Block vertretenen Parteien zusammen. → Konferenz → Balkankrise

27 Sa In Berlin wird bekanntgegeben, dass sich die Lage in Nordschleswig verschärft habe. Die dänischsprachige Bevölkerung fordere den Anschluss an Dänemark.

28 So In Prag kommt es zu Kämpfen zwischen deutschsprachigen Studenten und tschechischen Nationalisten. Die Polizei schreitet mit Waffengewalt ein.

März 1909

1 Mo In Berlin findet in Anwesenheit von Kaiser Wilhelm II. eine Feier anlässlich des 100-jährigen Bestehens des preußischen Kriegsministeriums statt.

2 Di In Christiania (Schweden) verteidigt der Norweger Oscar Mathisen seinen Weltmeistertitel im Eisschnelllaufen vor dem russischen Läufer Nikolaj Srunikow.

3 Mi Im Londoner Hafen werden bei einer Kontrolle von US-Lebensmitteln große Mengen an verdorbenem Fleisch von kranken Tieren entdeckt.

4 Do Vor dem Kongress in Washington hält der neu gewählte republikanische US-Präsident William Howard Taft seine Antrittsrede.

5 Fr Die serbische Regierung erlässt ein Ausfuhrverbot für Getreide, um die Bevölkerung im Fall eines Krieges mit Österreich-Ungarn versorgen zu können.

6 Sa Im Hofburgtheater in Wien wird das Stück »Griseldis« des deutschen Dramatikers Gerhart Hauptmann uraufgeführt.

7 So Aus den Parlamentswahlen in Italien geht die liberale Regierungspartei unter Ministerpräsident Giovanni Giolitti als Siegerin hervor.

8 Mo Die preußische Regierung verfügt landesweite Prüfungen für Führer von Kraftfahrzeugen, um die hohe Zahl von Unfällen zu verringern.

9 Di Unter starken Missfallenskundgebungen des Publikums wird in Köln Max Regers »Sinfonischer Prolog zu einer Tragödie« uraufgeführt.

10 Mi Die serbische Regierung verzichtet auf Gebietsansprüche gegenüber Österreich in Bosnien-Herzegowina. Die Kriegsgefahr in Europa ist gebannt.

11 Do Das preußische Abgeordnetenhaus verabschiedet das Gesetz zur Einkommenssteuerpflicht, das u.a. Beamte einkommenssteuerpflichtig macht.

12 Fr In Berlin hält Sven Hedin einen vielbeachteten Vortrag über seine Tibetreisen. Der schwedische Forscher wird mit der Humboldt-Medaille ausgezeichnet.

13 Sa Prinz Ludwig von Bayern erklärt, es sei ihm rätselhaft, warum er zum Ehrenmitglied der Münchener Akademie der Wissenschaften ernannt worden sei.

14 So Sieger des internationalen Schachturniers von St. Petersburg werden der deutsche Weltmeister Emanuel Lasker und der Russe Akiba Rubinstein.

15 Mo Im Ärmelkanal kollidieren während eines Schneesturms ein norwegischer Dampfer und eine deutsche Barke. 20 Seeleute sterben. → Sechstagerennen

16 Di In Lissabon berät das portugiesische Parlament über den Abschluß eines Handelsvertrages zwischen Portugal und Deutschland.

17 Mi Der Pacific-Express rast nach einer Explosion führerlos in den Bahnhof von Montreal und kommt erst im Wartesaal zum Stehen. 23 Menschen sterben.

18 Do Schah Mohammad Ali von Persien wird beim täglichen Gebet durch einen Schuss verletzt. Aufständische in Persien fordern eine Verfassung.

19 Fr In Washington schlägt US-Präsident William H. Taft die Senkung der Einfuhrzölle vor, was u.a. durch höhere Tabaksteuern ausgeglichen werden soll.

20 Sa In Hamburg läuft der Schlachtkreuzer »Von der Tann« vom Stapel. Das Großkampfschiff mit 17 000 BRT ist das erste deutsche Schiff dieser Klasse.

21 So Die Finanzkommission des Deutschen Reichstages lehnt die Vorlage zur Gas- und Elektrizitätssteuer mit großer Mehrheit ab.

22 Mo Papst Pius X. untersagt den Kardinälen unter Androhung der Exkommunikation, bei Papstwahlen Beeinflussung durch weltliche Mächte zu dulden.

23 Di In Frankreich endet ein landesweiter Streik der Postbediensteten. Der Ausstand hatte seit dem 17. März die Briefzustellung lahmgelegt.

24 Mi Bei Beratungen im Reichstag wird bekannt, dass 1908 in Deutschland 141 Personen durch Autounfälle getötet worden sind.

25 Do Die russische Regierung gibt in St. Petersburg ihr Einverständnis zum Anschluss Bosnien-Herzegowinas an Österreich-Ungarn bekannt.

26 Fr Der Berliner Arzt Friedrich Greef entdeckt bei seinen Forschungen den Erreger der sog. Ägyptischen Augenkrankheit (Trachom).

27 Sa Der vom Marineministerium in Berlin vorgelegte Etatentwurf wird vom Reichstag ohne Debatte angenommen.

28 So In Prag schlägt die Polizei erneute Ausschreitungen tschechischer Demonstranten gegen deutschsprachige Studenten mit Waffengewalt nieder.

29 Mo Reichskanzler Bernhard Fürst von Bülow unterstreicht, dass die Annexion Bosnien-Herzegowinas durch Österreich rechtmäßig sei.

30 Di Nach der Abdankung des serbischen Kronprinzen Georg bestätigt der Kronrat in Belgrad seinen Bruder, Prinz Alexander, als rechtmäßigen Thronerben.

31 Mi Die griechische Regierung unter Ministerpräsident Jeorjios Theotokis erklärt ihren Rücktritt wegen des Widerstands gegen die Erhöhung der Zolltarife.

Peary mit Schlittenhunden und optimaler Ausrüstung – bereit zum großen Abenteuer

6. April 1909

Peary am Nordpol

Als erster Mensch erreicht der US-Polarforscher Robert E. Peary die unmittelbare Nähe des Nordpols. Damit geht für den Forscher ein Kindheitstraum in Erfüllung.

Mit spektakulären Arktis-Expeditionen hatte sich Peary in den letzten Jahren auf das große Abenteuer im ewigen Eis vorbereitet. Im Jahre 1908 trat er dann seine Entdeckungsreise an. Mit dem Schiff »Roosevelt« fuhr er gemeinsam mit seiner Mannschaft zur rd. 670 km vom Pol entfernt gelegenen Nordspitze der Ellesmere-Insel. Begleitet wurde der 53-Jährige von dem Kapitän Robert Bartlett, dem Arzt J. W. Goodsell, seinem Sekretär Ross Marvin, den jungen Forschern George Borup und Donald MacMillan sowie seinem Helfer Matthew Henson. Für tatkräftige Unterstützung sorgten 17 Eskimos, die insgesamt 133 Schlittenhunde mit sich führten.

Nach eigener Aussage schonte Peary zunächst sich und seine engsten Begleiter, um Kräfte für den entscheidenden Schlussteil seiner Expedition aufzusparen und ein schnelles Vorankommen auf den letzten Kilometern sicherzustellen. Deshalb wurden die Eskimos laut Peary »bis zur äußersten Grenze ihrer Leistungsfähigkeit« in Anspruch genommen und von seinen Helfern nach und nach zurückgeschickt. Die letzte Begleittruppe trat mit Bob Bartlett an der Spitze am 1. April 1909 die Rückreise an. Zu diesem Zeitpunkt befanden sich Peary und seine Gruppe – bestehend aus ihm selbst, Henson und vier Eskimos – noch rd. 133 Seemeilen (246 km) vom Pol entfernt. Die letzte Phase der Expedition wurde von einer stabilen Wetterlage begünstigt. Peary und seine Begleiter schafften eine tägliche Wegstrecke von bis zu 40 km. Am 6. April gegen 10 Uhr ist es schließlich soweit – entkräftet, aber wohlbehalten erreichen die Forscher das Ziel ihrer Träume.

Nach seiner Rückkehr in die USA muss der von der Bevölkerung begeistert gefeierte Peary eine bittere Enttäuschung hinnehmen. Sein eineinhalb Jahre in der Arktis verschollen geglaubter Landsmann Frederick A. Cook behauptet überraschend in einem Zeitungsartikel, den Nordpol bereits im Jahre 1908 erreicht zu haben. Sowohl Peary als auch andere Polarforscher bezweifeln die Angaben Cooks.

Robert Edwin Peary

US-Polarforscher, * 6.5.1856 Cresson Springs (Pennsylvania); † 20.2.1920 Washington

Peary zählt wegen seines großen Ehrgeizes und seiner unkonventionellen Methoden zu den außergewöhnlichsten Entdeckern unbekannter Weltregionen. Ab 1886 unternahm der Forscher mehrere Expeditionen in die Arktis. Dabei entdeckte er 1895 das nach ihm benannte Pearyland. 1901 gelang ihm der Nachweis, dass Grönland eine Insel ist. Peary erforschte Grinnell- und Grantland und versuchte von dort aus, zum Nordpol vorzudringen. Dabei machte er sich als erster Polarforscher Überlebenstechniken der Eskimos zu eigen. Er trug Pelzbekleidung und reiste mit Hundeschlitten.

- 1886: Erste Grönlandreise
- 1891/92: Als erster Weißer erforscht er die Nordküste Grönlands
- 1910: »Die Entdeckung des Nordpols« (Reisebericht)

4. April 1909

Volkssternwarte eröffnet

In Treptow bei Berlin öffnet eine Sternwarte ihre Pforten, die vor allem Angehörigen der einkommensschwachen und bildungsfernen Schichten die Himmelskunde nahebringen soll.
Initiator der sog. Volkssternwarte ist der Astronom Friedrich Archenhold. Stiftungen und freie Gewerkschaften hatten dem Schüler von Wilhelm Foerster 1896 rd. 250 000 Goldmark für die Anschaffung eines Fernrohrs mit einer Länge von rd. 21 m zur Verfügung gestellt (s. Abb.). Dieses bis dahin größte Fernrohr der Welt – Attraktion der Berliner Gewerbeausstellung 1896 – bildete den Grundstock für die neue Sternwarte, die u.a. über einen großzügig und komfortabel ausgestatteten Vortragssaal mit 461 Sitzplätzen verfügt. Die Treptower Volkssternwarte erhält keine staatliche Unterstützung und wird ausschließlich aus Spenden finanziert. Zu den Hauptsponsoren gehören die Gewerkschaften, die insgesamt 100 000 Eintrittskarten für ihre Mitglieder kaufen.

27. April 1909

Zerfall eines Weltreichs

Die reformorientierte Gruppe der sog. Jungtürken entscheidet den Machtkampf im krisengeschüttelten Osmanischen Reich für sich. Nach mehrtägigen Kämpfen gegen regierungstreue Truppen hatte sie die Macht übernommen. Auf massiven Druck der neukonstituierten Nationalversammlung erklärt Sultan Abd Al Hamid II. (s. Abb.) seinen Thronverzicht.
Sein Bruder Reschad wird als Muhammad V. neuer Sultan, verfügt jedoch kaum über politische Macht. Die Regierungsgewalt liegt bei den Jungtürken, bei denen sich nach und nach die Nationalisten gegen die Liberalen durchsetzen.

19. April 1909

Unabhängigkeit für Bulgaren

Bulgarien wird unabhängig: Delegierte des Osmanischen Reichs, Russlands, Großbritanniens und Frankreichs unterzeichnen in Konstantinopel ein entsprechendes Protokoll. Damit endet die jahrhundertelange türkische Herrschaft über das Balkanland. Der Gewinn der Unabhängigkeit ist vor allem Verdienst des geschickt taktierenden Ferdinand von Sachsen-Coburg-Gotha, der 1887 zum Fürsten von Bulgarien gewählt worden war.

23. April 1909

Der Zar interveniert in Persien

Russische Truppen marschieren in das persische Kaiserreich ein. In einer Zirkulardepesche informiert die Regierung in St. Petersburg die europäischen Mächte über die Entsendung russischer Streitkräfte nach Persien.
Die Militärintervention wird mit den bürgerkriegsähnlichen Unruhen begründet, die auch ausländische Einrichtungen gefährden. In den letzten Monaten hatte sich die politische Lage in Persien stark zugespitzt. Seit Tagen belagern regierungstreue Truppen die von Aufständischen besetzte nordpersische Stadt Täbris. Nach russischer Darstellung herrscht bereits eine Hungersnot in dem Gebiet.
Schah Mohammad Ali, seit 1907 an der Macht, weigert sich auch weiterhin, die noch von seinem Vater Muzaffar Ad Din auf Druck des Volkes unterzeichnete liberale Verfassung anzuerkennen. Persische Nationalisten werfen Mohammad Ali außerdem vor, das Land zu einem Spielball der Großmächte Russland und Großbritannien gemacht zu haben. Weder Muzaffar Ad Din noch seinem Sohn war es gelungen, den Machtverlust Persiens aufzuhalten. Besonders augenfällig wurde die politische und militärische Schwäche des Landes, als Russland und Großbritannien im August 1907 zwar die Unabhängigkeit Persiens formal anerkannten, das Königreich jedoch in eine nördliche (russische) und eine südliche (britische) Interessensphäre aufteilten.

15. März 1909

Premiere für Sechstagerennen

Als August Lehr mit dem Startschuss 15 Radsportler ins Rennen schickt, beginnt in Berlins Ausstellungshalle am Zoologischen Garten das erste Sechstagerennen in Europa (s. Abb.).
Mit dabei ist auch das favorisierte US-Team Moran/Mac Farland, das bereits die New Yorker Six Days gewonnen hat. Die Zuschauer erleben ein ungewöhnlich spannendes Rennen. Nach 45 Stunden gelingt es zwei Teams, sich vom Feld abzusetzen. Die Entscheidung auf der 150 m langen, 5 m breiten und in den Kurven 4 m hohen Holzbahn fällt in der 98. Stunde, als Moran/Mac Farland der niederländisch-französischen Kombination Stol/Berthet davonziehen und ihren Vorsprung bis zum Ende des Rennens halten können. Insgesamt legen die Sieger 3865,7 km zurück. Die Berliner nehmen das Sechstagerennen – in den USA bereits seit Jahren populär – begeistert auf und strömen in Scharen an den Ort des Geschehens.

April 1909

1 Do In Großbritannien tritt ein Gesetz in Kraft, das den Verkauf von Tabak und Alkohol an Jugendliche unter 16 Jahren unter Strafe stellt.

2 Fr Im Hafen von Marseille explodiert der französische Tanker »Jules Henry« durch Unvorsichtigkeit der Matrosen bei der Inspektion der Laderäume.

3 Sa Die zum 66. Mal auf der Themse ausgetragene Ruderregatta zwischen den Universitäten Cambridge und Oxford gewinnt die Mannschaft aus Oxford.

4 So Die deutsche Fußballnationalmannschaft erringt in Karlsruhe gegen die Schweiz mit 1:0 zum ersten Mal einen Sieg. → Volkssternwarte

5 Mo In Peking wird Chinesen per Gesetz verboten, eine andere Nationalität anzunehmen. Es betrifft vor allem Bewohner der britischen Kolonie Hongkong.

6 Di Die Motorenfabrik Benz in Mannheim beginnt mit der Produktion von Motoren für Zeppeline und Flugzeuge. → Nordpol

7 Mi In Deutsch-Ostafrika bricht unter der schwarzen Bevölkerung eine Pestepidemie aus, der 60 Menschen zum Opfer fallen.

8 Do Die Schweiz führt eine Neuorganisation ihrer Streitkräfte durch, die u.a. die Einführung moderner Waffen vorsieht.

9 Fr Die britische Verkehrsgesellschaft Widness Corporation führt in London die ersten Autobusse mit geschlossenem Oberdeck ein.

10 Sa In Hohensalza (Westpreußen) stürzt während des Gottesdienstes eine Kirche ein, die über einem stillgelegten Salzbergwerk errichtet worden war.

11 So Sieger des Radrennens von Paris nach Roubaix wird der Franzose Octave Lapize. +++ In Lublin in Polen schlägt das Militär eine Gefängnisrevolte nieder.

12 Mo Durch eine Schlagwetterexplosion in der Kohlengrube »Deutscher Kaiser« bei Hamborn kommen fünf Bergleute ums Leben.

13 Di In Konstantinopel bricht eine Militärrevolte aus, die gegen die jungtürkische Reformbewegung gerichtet ist. Mehr als 20 Personen werden erschossen.

14 Mi Der österreichische Kaiser Franz Joseph I. bewilligt in Wien ein Statut, das den Moslems in Bosnien-Herzegowina autonome Kulturverwaltung zusichert.

15 Do König Georg I. von Griechenland und Kronprinzessin Sophie empfangen auf der Insel Korfu das deutsche Kaiserpaar.

16 Fr Zur Bekämpfung einer Eingeborenenrevolte auf Deutsch-Samoa fahren Kriegsschiffe an der Küste vorbei. Die Rebellen geben eingeschüchtert auf.

17 Sa Ein 3000 Mann starkes Heer des marokkanischen Sultans Mulah Hafid wird vom aufständischen Stamm der Rifkabylen angegriffen und vernichtet.

18 So Die sinfonische Tondichtung op. 29 »Die Toteninsel« von Sergej Rachmaninow wird in Moskau unter Leitung des Komponisten uraufgeführt.

19 Mo Zur Niederschlagung von Streiks, zu denen linksgerichtete Gewerkschaften aufgerufen hatten, setzt die französische Regierung Militär ein. → Bulgaren

20 Di In Berlin wird der Publizist Maximilian Harden zu einer Geldstrafe verurteilt. Er hatte den früheren Stadtkommandanten der Homosexualität beschuldigt.

21 Mi In St. Petersburg tritt der Allslawische Kongress zusammen. Die Delegierten befürworten eine Annäherung Russlands an Polen.

22 Do Die Marineuntersuchungskommission des französischen Parlaments kritisiert Mängel hinsichtlich Einsatzbereitschaft und Ausrüstungszustand der Flotte.

23 Fr Ein Erdbeben in Portugal zerstört mehrere Ortschaften am Unterlauf des Flusses Tajo. Es fordert mehrere hundert Todesopfer. → Persien

24 Sa Das Finale um den englischen Fußballpokal gewinnt vor 80 000 Zuschauern die Mannschaft von Manchester United gegen Bristol City in London 1:0.

25 So Das spanische Parlament untersucht in Madrid Vorwürfe gegen die Regierung wegen Vergabe von Rüstungsaufträgen an englische Firmen.

26 Mo Zar Nikolaus II. verleiht anlässlich der bulgarischen Unabhängigkeit dem 54. Infanterieregiment den Titel »Regiment Seiner Majestät des Zaren von Bulgarien«.

27 Di Ein Ausschuss des britischen Unterhauses in London soll die Kriegsbereitschaft der Flotte Großbritanniens prüfen. → Weltreich

28 Mi Prinz Harald von Dänemark vermählt sich in Glücksburg mit Prinzessin Helena von Schleswig-Holstein Sonderburg-Glücksburg.

29 Do Um den Ausbau der Flotte zu finanzieren, legt der britische Schatzkanzler David Lloyd George einen Haushaltsentwurf mit der Einführung neuer Steuern vor.

30 Fr In Den Haag wird die niederländische Thronfolgerin Prinzessin Juliana, Tochter von Königin Wilhelmina, geboren.

Mai 1909

1 Sa In den Niederlanden wird die Amsterdamer Sommerzeit eingeführt. Sie liegt 40 Minuten hinter der mitteleuropäischen Sommerzeit zurück.

2 So In Frankfurt am Main stellt der Mediziner Paul Ehrlich das Medikament »Salvarsan 606« vor, das eine Heilung der Geschlechtskrankheit Syphilis ermöglicht.

3 Mo Bei den Präsidentschaftswahlen in Bolivien siegt der Liberale Heliodoro Villazón. +++ In Berlin wird der Reichsverband Deutscher Ärzte gegründet.

4 Di Die vierte Targa de Florio auf Sizilien, ein Langstreckenrennen für Automobile, gewinnt der Italiener Ciuppa auf Spa in 2:43,19 h.

5 Mi Der Schah von Persien, Mohammad Ali, stimmt unter dem Druck der Opposition einer neuen, liberalisierten Landesverfassung zu.

6 Do Luftschiffpionier Ferdinand Graf von Zeppelin kündigt die Einführung einer fahrplanmäßigen Luftschiffverbindung Straßburg-Friedrichshafen an.

7 Fr Bei der Explosion in einer Pulverfabrik in Schönebeck an der Elbe werden mehrere Gebäude dem Erdboden gleichgemacht.

8 Sa Im preußischen Abgeordnetenhaus in Berlin sprechen sich Abgeordnete aller Fraktionen gegen den gemeinsamen Unterricht für Knaben und Mädchen aus.

9 So Wirbelstürme und Überschwemmungen fordern im Norden und Mittleren Westen der USA mehr als 200 Tote.

10 Mo Das britische Unterhaus beschließt nach langer Debatte in London eine Erhöhung der Abgaben für Schankkonzessionen.

11 Di Die Regierungen Russlands und Chinas schließen in Moskau ein Abkommen über die gemeinsame Verwaltung der mandschurischen Eisenbahn.

12 Mi In Lissabon stellt der portugiesische Minsterpräsident Venceslao de Soma Perreira Lima nach wochenlangen Verhandlungen seine Regierung vor.

13 Do Der Reichstag beschließt den Beitritt zur Berner Übereinkunft zum Schutz von Werken der Literatur und Kunst, dem Urheberrechtsschutz.

14 Fr Vertreter der vier englischen Kolonien in Südafrika beschließen in Johannesburg die Gründung einer Südafrikanischen Union mit gemeinsamer Verfassung.

15 Sa In Südengland lösen Meldungen über eine deutsche Invasion aus der Luft Panik aus. Ursache ist die Reklame eines Herstellers von Spielzeugluftschiffen.

16 So Presseberichte über den heimlichen Verkauf von königlichen Kunstschätzen lösen in Belgien einen Skandal aus. Der Hof dementiert die Kunstverkäufe.

17 Mo Das Kriegsministerium des Osmanischen Reiches setzt 11 000 wegen Meuterei verurteilte Soldaten zum Bau von Militärstraßen ein.

18 Di Die französische Marineuntersuchungskommission gibt ein vernichtendes Urteil über die Einsatzbereitschaft von Panzerschiffen der Flotte ab. → Tanzkunst

19 Mi Tagelange Erdstöße und Lava-Eruptionen des Ätna lösen Panik unter der Bevölkerung aus. Tausende Sizilianer flüchten in entfernt liegende Ortschaften.

20 Do Auf der Generalversammlung des deutschen Bergarbeiterverbandes in Eisenach fordern die Delegierten den Abschluss von Tarifverträgen.

21 Fr Bei einem Gottesdienst im portugiesischen Kloster Bel Gil stürzt eine Chorgalerie unter dem Gewicht von 200 Sängern ein. Sieben Menschen sterben.

22 Sa Der Hengst »Minoru« unter Jockey Harry Jones gewinnt das Englische Derby in Epsom. Besitzer des Pferdes ist König Edward VII.

23 So In Berlin-Ruhleben wird die Grunewald-Rennbahn eröffnet. Die ersten Pferderennen verlaufen wegen der tiefen, sandigen Bahn enttäuschend.

24 Mo Der Geburtstag der 1901 verstorbenen Königin Viktoria wird im britischen Königreich zum nationalen Feiertag, dem »Empire Day«, ausgerufen.

25 Di Beim Stapellauf des französischen Schlachtschiffes »Danton« in Brest verklemmt sich der Schiffskörper und bleibt stecken.

26 Mi Die französische Heereskommission genehmigt die Aufstellung von sechs Artillerieregimentern, so dass der Gesamtbestand nun 46 Regimenter beträgt.

27 Do Ein Großfeuer zerstört die westsibirische Stadt Nowonikolajewsk fast vollständig. Mehr als 700 Häuser fallen den Flammen zum Opfer.

28 Fr Der französische Marinerat verlangt von der Regierung Mittel zum Bau von insgesamt 23 Schlachtschiffen bis zum Jahr 1920.

29 Sa Der Deutsche Fußballbund sagt Fußballvereinen, die für ihre Spiele »Lustbarkeitssteuern« entrichten müssen, Rechtshilfe zu.

30 So In Breslau wird Phönix Karlsruhe durch einen 4:2-Endspielsieg über den Titelverteidiger Viktoria Berlin deutscher Fußballmeister.

31 Mo In Wien und London finden anläßlich des 100. Todestages des Komponisten Joseph Haydn Festveranstaltungen statt.

10. Juni 1909

Erstmals SOS gesendet

Zum ersten Mal wird der Notruf-Code SOS erfolgreich eingesetzt. Vor den Azoren sendet der in Seenot geratene britische Dampfer »Slavonia« das SOS-Signal. Binnen weniger Stunden treffen andere Schiffe an der Unglücksstelle ein und nehmen die Besatzung an Bord.

Die Einführung eines international gültigen Notsignals war zum ersten Mal im Jahre 1906 von den Reedereien angeregt worden. Am 1. Juli 1908 wurde das Signal, auf das sich 27 Teilnehmerstaaten auf der ersten Internationalen Konferenz für drahtlose Telegraphie in Berlin 1906 geeinigt hatten, offiziell eingeführt. Die Seemächte einigten sich auf ein Zeichen, das nach dem Morse-Code gesendet bzw. durch eine Folge von Lichtblitzen übermittelt werden kann. Die Buchstabenfolge SOS, die für »save our souls« (»rettet unsere Seelen«) oder »save our ship« (»rettet unser Schiff«) steht, wird ohne Pausen in schneller Folge gesendet. Das SOS-Signal bedient sich des Telegrafenalphabets, das von dem US-Erfinder und -Maler Samuel Finley Breeze Morse aufgestellt wurde. Morse hatte sich im Jahre 1837 an einem vom US-Kongress ausgeschriebenen Wettbewerb für ein Telegrafie-System beteiligt. Nach mehreren Fehlschlägen gelang es ihm, eine funktionsfähige elektromagnetische Apparatur zu entwickeln, die Buchstaben oder Zahlen bestimmte Signale zuordnen und diese übermitteln kann. Die Morsezeichen setzten sich rasch durch.

Anna Pawlowa war bereits 1898 als 17-Jährige Solotänzerin im Petersburger Marginsky-Theater, wo sie 1906 zur Primaballerina aufstieg.

17. Juni 1909

Zar und Kaiser sind sich einig

Demonstrative Herzlichkeit vermitteln der russische Zar Nikolaus II. und der deutsche Kaiser Wilhelm II. während ihres Treffens in den finnischen Schären. Die Zusammenkunft kann aber nicht über das gespannte Verhältnis beider Staaten hinwegtäuschen.

In Begleitung der Kreuzer »Hamburg« und »Gneisenau« läuft die Jacht »Hohenzollern« mit Kaiser Wilhelm II. und Kaiserin Auguste Viktoria an Bord in der Nähe der Stadt Turku in den Schären ein, wo die zwei russischen Kaiserjachten »Standart« und »Polarstern« bereits vor Anker liegen. Zunächst stattet Nikolaus II. der »Hohenzollern« einen Besuch ab (s. Abb.: Wilhelm II. begrüßt Nikolaus II.), am folgenden Tag besucht Wilhelm II. den Zaren. Über den Inhalt der Gespräche wird nur wenig bekannt. Beide Seiten betonen immer wieder die enge Freundschaft ihrer beiden Staaten und sind offensichtlich bemüht, die politischen Differenzen der letzten Monate herunterzuspielen. Eine Erklärung des russischen Zaren dringt an die Öffentlichkeit. Danach will er bei seinen für die nächsten Monate geplanten Besuchen in Großbritannien und Frankreich keine gegen das Deutsche Reich gerichteten Zusagen machen. In der russischen Presse wird das Treffen scharf kritisiert, weil Deutschland in den vergangenen Monaten gegen russische Interessen gehandelt hätte.

27. Juni 1909

Rekordflut für Schwimmer

Seit Jahren zählt der Magdeburger Schwimmer Oskar Schiele (s. Abb.) zur Weltspitze. Bei einem Sportfest in Kochsee stellt er mit 3:04,2 min einen Weltrekord über 200-m-Rücken auf. Außerdem gelingt es dem 24-Jährigen kurz darauf zum dritten Mal, den begehrten britischen Königspokal in London zu gewinnen. Am 3. Oktober feiert er erneut einen Triumph, als er in Magdeburg die 100-m-Freistil in der Weltrekordzeit von 1:05,4 min zurücklegt. Auf derselben Veranstaltung schafft ein weiterer Deutscher den Sprung in die Weltelite. Walther Binner aus Breslau stellt mit 1:22,2 min einen Weltrekord über 100-m-Brust auf. Die deutschen Damen glänzen seit längerem mit Höchstleistungen. Die Magdeburgerinnen Maria Gerstung und Edith Bohne halten mit 1:35,0 min bzw. 3:46,4 min die Weltrekorde über 100- bzw. 200-m-Freistil. Weltbeste über 100- bzw. 200-m-Brust sind Gerda Hässler (1:40,8 min) und Gisela Willner (3:41,6 min).

18. Mai 1909

»Ballets Russes« revolutionieren Tanzkunst

In neue Dimensionen der Tanzkunst dringt Sergej Diaghilew mit seinem Ensemble aus Moskauer und St. Petersburger Tänzern vor. Das Ziel des Gründers und Spiritus rectors der »Ballets Russes« ist die Integration von Tanz, Musik und Bühnengestaltung. Die erste Aufführung in Paris wird zum Ausgangspunkt einer neuen Epoche des europäischen Balletts.
Auf dem Programm stehen Tänze nach der Musik russischer Komponisten, u.a. von Alexander Tscherepnin, Nikolaj Rimskij-Korsakow, Michail Glinka und Peter Tschaikowsky, sowie Auszüge aus Alexander Borodnins Oper »Fürst Igor«. Die Veranstaltung wird ein durchschlagender Erfolg. Das Pariser Publikum feiert die Akteure, insbesondere Wazlaw Nijinski, den Star des Ensembles. Im Bestreben, den Franzosen russische Kunst näherzubringen, hatte Diaghilew seit 1906 in der französischen Hauptstadt mehrere Musikvorführungen ausgerichtet. Die »Saison russes« versteht der Impresario als Krönung seiner langjährigen Arbeit.
Durch den Erfolg beflügelt, sammelt er führende französische und russische Künstler um seine »Ballets Russes«. In Choreographien auf die Werke berühmter Komponisten versucht Diaghilew, zusammen mit genialen Tänzern wie Anna Pawlowa und Nijinski, seine Vorstellung von moderner Tanzkunst zu realisieren. Erster Choreograph der Truppe ist Michail M. Fokin. Entscheidend mitgeprägt wird der Stil durch die Arbeit des russischen Malers Léon Bakst mit seiner Vorliebe für das Zusammenspiel von Farbe, Stoff, Form und Rhythmus sowie für originelle Bühnenbilder.

Sergej P. Diaghilew

russischer Ballettimpresario, * 31.3.1872 Nowgorod; † 19.8.1919 Venedig

Mit seinen in Paris und Monte Carlo ansässigen »Ballets Russes« prägt Diaghilew international den Tanz in den 20er und 30er Jahren. Diaghilew choreografiert dabei nie selbst. Sein Erfolg gründet wesentlich auf seiner Fähigkeit, Talente zu erkennen sowie Menschen zu begeistern und zusammenzubringen. Für seine Truppe arbeiten Ausnahmetänzer wie Wazlaw Nijinski und Anna Pawlowa. Die Musik für seine Inszenierungen schreiben bedeutende Komponisten, u.a. Claude Debussy, Maurice Ravel und Igor Strawinski. Die Ausstattung entwerfen Künstler wie Henri Matisse und Pablo Picasso.

- 1899-1901: Dramaturg am Marien-Theater in St. Petersburg
- 1909: Erster Auftritt einer eigenen Truppe von Tänzern in Paris
- 1910: »Der Feuervogel« (Strawinsky)
- 1912: »Nachmittag eines Fauns« (Debussy)
- 1918: »Apollon Musagète« (Strawinsky)

29. Juni 1909

Die Suffragetten sind los

Mehrere hundert Frauenrechtlerinnen versuchen in London das Unterhaus zu stürmen. Die Suffragetten fordern vom Parlament die Einführung des Wahlrechts für Frauen. Mit diesem Spektakel erreicht der Kampf der Frauenbewegung einen neuen Höhepunkt. Den rd. 3000 zum Schutz des Gebäudes aufgebotenen Polizisten gelingt es nur mit Mühe, die aufgebrachten Frauen unter Führung von Emmeline Pankhurst am Eindringen in das Unterhaus zu hindern.

Die militanten Frauenrechtlerinnen liefern ihnen eine regelrechte Straßenschlacht. Erst durch den Einsatz berittener Sicherheitskräfte können die Demonstrantinnen auseinandergetrieben werden. Die Polizei nimmt 115 Frauen fest. (Abb.: Stummer Protest – Schatzkanzler David Lloyd George wird von Suffragetten begleitet, die ihn nicht ansprechen, ihm aber überall hin folgen).

17. Juni 1909

Triumph für Opel

Sieger der »Prinz-Heinrich-Fahrt«, einer Etappenwettfahrt für Automobile, wird Wilhelm von Opel auf einem in seinem Rüsselsheimer Autowerk gebauten Fahrzeug (s. Abb.).
Den zweiten Platz in dem von Berlin über Budapest und Wien nach München führenden Rennen

belegt ein Mercedes. Die über 1838 km führende Tour wird zu einem Triumph der Rüsselsheimer Autowerke, da Opel-Wagen auch die Plätze 3 und 4 belegen. Prinz Heinrich, Bruder von Kaiser Wilhelm II. und als Namensgeber des Rennens selbst daran teilnimmt, kann sich nicht im vorderen Feld plazieren. Die Wettfahrt ist nicht zuletzt ein großes gesellschaftliches Ereignis.

Juni 1909

1 Di Die US-Einwanderungsbehörde erlegt Schifffahrtsgesellschaften, die illegale Einwanderer ins Land bringen, Geldbußen auf.

2 Mi Der Sozialdemokrat Karl Liebknecht wird in Berlin aus der Haft entlassen. Er war im Oktober 1907 wegen antimilitaristischer Schriften verurteilt worden.

3 Do In der holländischen Kolonie Sumatra fordert ein schweres Erdbeben 230 Tote. In der Hauptstadt Padang richten die Erdstöße schwere Sachschäden an.

4 Fr Auf dem deutschen Geographentag wird die Einführung von Luftschiffkarten ähnlich den herkömmlichen Seekarten als Navigationshilfe beschlossen.

5 Sa Durch Unachtsamkeit eines Soldaten explodiert in Krakau (Polen) der Pulverturm, Wahrzeichen der Stadt und Munitionsdepot der Armee.

6 So Das US-Kriegsministerium beschließt die Aufstellung einer Luftschiffabteilung zur Fernaufklärung bei der Küstenverteidigung.

7 Mo Bei Ausgrabungen in der 79 n. Chr. verschütteten Stadt Pompeji bei Neapel entdecken Archäologen eine vollständig erhaltene Villa römischer Bauart.

8 Di In Protestkundgebungen fordert die bulgarische Bevölkerung in Mazedonien das Osmanische Reich auf, Bulgaren zum türkischen Militärdienst zuzulassen.

9 Mi Die deutsche Kolonialgesellschaft empfiehlt eine weitestgehende Selbstverwaltung der deutschen Siedler in Südwestafrika.

10 Do Die US-Polizei hebt in Marion (Ohio) das nordamerikanische Hauptquartier der internationalen Verbrecherorganisation »Schwarze Hand« aus. → SOS

11 Fr Das preußische Herrenhaus lehnt die vom Abgeordnetenhaus empfohlene Radfahrsteuer für Preußen mit Mehrheit ab.

12 Sa Vertreter des Handels, der Industrie, der Banken und des Handwerks gründen in Berlin ihre Interessenvertretung, den »Hansabund«.

13 So Die britischen Streitkräfte erproben auf der Salisbury-Ebene Geschütze, die gegen feindliche Luftschiffe eingesetzt werden sollen.

14 Mo Bei einem Erdbeben in Südfrankreich werden fünf Ortschaften nahezu völlig zerstört. Bei der Naturkatastrophe kommen 45 Menschen ums Leben.

15 Di In Berlin schließen Maximilian Harden und Kuno Graf von Moltke einen Vergleich. Harden hatte den Stadtkommandanten für homosexuell erklärt.

16 Mi In Wien empfängt der österreichische Kaiser Franz Joseph I. Prinz Heinrich von Preußen zu einem Meinungsaustausch.

17 Do Der Bundesrat ratifiziert in Berlin einen umfassenden Freundschafts-, Handels- und Schifffahrtsvertrag mit Venezuela. → Opel → Zar und Kaiser

18 Fr In der Nordsee hält die britische Marine ein Großmanöver ab. Über 340 Schiffe nehmen an der Übung teil, darunter auch 26 U-Boote.

19 Sa Das italienische Parlament nimmt die Regierungsvorlage zum Flottenbauprogramm an, die u.a. die Anschaffung moderner Schlachtschiffe vorsieht.

20 So Die Pferderennen im französischen Auteuil werden von den Stalljungen bestreikt. Das aufgebrachte Publikum zerstört die Tribüne.

21 Mo Die 7000. von der Firma Borsig gebaute Lokomotive wird in Berlin-Tegel im Rahmen einer feierlichen Zeremonie französischen Staatsvertretern übergeben.

22 Di Im Stadion der Harvard-Universität im US-Bundesstaat Massachusetts führen 2000 Mitwirkende Friedrich Schillers »Jungfrau von Orleans« auf.

23 Mi Der im Bau befindliche Burgwaldtunnel in den Schweizer Alpen stürzt auf einer Länge von 30 m ein. Drei Arbeiter kommen bei dem Unglück ums Leben.

24 Do Frankreich und Italien gedenken auf dem Schlachtfeld von Solferino feierlich des Sieges über Österreich vor 50 Jahren.

25 Fr Russische Truppen besetzen die persische Ortschaft Ensili am Südufer des Kaspischen Meeres. Russland interveniert wegen des persischen Bürgerkriegs.

26 Sa Während einer Audienz bei Kaiser Wilhelm II. ersucht Reichskanzler Bernhard von Bülow um seine Entlassung wegen der gescheiterten Finanzreform.

27 So Sieger des Deutschen Derbys wird auf der Galopprennbahn in Hamburg-Horn der Hengst »Arnfried« unter Jockey Siegfried Warne. → Rekordflut

28 Mo Einer der berühmtesten Edelsteine der Welt, der 44,5 Karat schwere »Blaue Diamant«, wird in Paris für umgerechnet rd. 350 000 Mark versteigert.

29 Di Die britische Presse fordert inzwischen schon seit Tagen die Regierung vehement zum Aufbau einer Luftflotte auf. → Suffragetten

30 Mi In Berlin wird der Deutsche Bauernbund gegründet. Der Verband versteht sich als Vertretung der Kleinbauern.

Juli 1909

1 Do In Berlin protestiert die SPD auf mehreren Parteiversammlungen gegen die geplanten steuerlichen Mehrbelastungen der Arbeiter.

2 Fr In London wird ein hoher britischer Offizier von einem indischen Nationalisten erschossen. Hintergrund des Attentats sind indische Unabhängigkeitskämpfe.

3 Sa In der russischen Hauptstadt St. Petersburg fordert eine Cholera-Epidemie innerhalb von wenigen Tagen über 60 Todesopfer.

4 So Bei der »All English Lawn Tennis Championship« in Wimbledon gewinnt der Brite Arthur Gore das Herren-Einzel gegen seinen Landsmann Josiah G. Ritchie.

5 Mo In Washington beschließt der US-Senat eine Initiative zur Einführung der Einkommenssteuer, die eine Verfassungsänderung erfordern würde. → Tour

6 Di Nach Fertigstellung des letzten Teilstücks wird in Deutsch-Südwestafrika die 545 km lange Südbahn dem Verkehr übergeben.

7 Mi Österreichisches Militär besetzt eine zu Serbien gehörende Insel im Grenzfluss Drina, was die Spannungen zwischen den Ländern noch erhöht.

8 Do In der Nähe von Hamstead wird das erste Frauenheim in Großbritannien eröffnet, das unverheirateten, berufstätigen Mädchen Unterkunft bieten soll.

9 Fr Nach einem Überfall bewaffneter Marokkaner auf spanische Eisenbahnarbeiter in Melilla unternimmt Spanien eine Strafexpedition nach Marokko.

10 Sa In Frankfurt am Main öffnet die erste Internationale Luftschifffahrts-Ausstellung ihre Tore. Attraktion ist ein »Aeroplan« der Brüder Wright.

11 So In Hamburg wird das 16. »Deutsche Bundesschießen« eröffnet. An dem mehrtägigen Schützenfest nehmen 50 000 Schützen teil.

12 Mo In Berlin billigt der Bundesrat die vom Reichstag angenommene Finanzreform. Nach Monaten der Debatte kann das Gesetzespaket in Kraft treten.

13 Di Der türkische Ministerrat beschließt in Konstantinopel die Einführung des deutschen Dienstreglements in der türkischen Armee.

14 Mi Das Deutsche Reich und die USA schließen ein Abkommen, das die gegenseitige Anerkennung von Patenten regelt. → Bülow

15 Do Per Regierungsdekret übernimmt Japan die vollständige Justizhoheit in Korea, das seit 1906 unter japanischem Protektorat steht.

16 Fr Nach Unruhen verzichtet der Schah von Persien, Mohammed Ali, auf den Thron. Sein elfjähriger Sohn Ahmad Mirza wird zum Nachfolger ausgerufen.

17 Sa Das französische Parlament führt Anwesenheitslisten ein, weil viele Parlamentarier den Sitzungen der Volksvertretung fernbleiben.

18 So Bei einem schweren Unfall während eines Steherrennens auf der Radrennbahn in Berlin werden neun Zuschauer getötet.

19 Mo In Dresden wird die »Internationale Photographische Ausstellung« eröffnet. Sonderausstellungen befassen sich mit wissenschaftlicher und Amateur-Fotografie.

20 Di Frankreichs Ministerpräsident Georges Clemenceau wird u.a. wegen Streitigkeiten um die Flottenrüstung gestürzt. Aristide Briand wird Regierungschef.

21 Mi Im spanischen Barcelona kommt es zu Meutereien unter dort stationierten Soldaten, die in das Aufstandsgebiet Nord-Marokko verlegt werden sollen.

22 Do Der Erzbischof von Bordeaux wird zu einer Geldstrafe verurteilt, weil er zum Ungehorsam gegen die französischen Schulgesetze aufgerufen hatte.

23 Fr Der türkische Sultan Muhammad V. erlässt in Konstantinopel aus Anlass des Jahrestages der Verfassung eine Amnestie für politische Straftaten.

24 Sa In Marokko erleiden spanische Truppen in Gefechten mit aufständischen Kabylen eine schwere Niederlage. Über 500 spanische Soldaten werden getötet.

25 So Britische Arbeiter protestieren auf dem Londoner Trafalgar Square gegen den geplanten Besuch des russischen Zaren Nikolaus II. → Flug

26 Mo Im britischen Unterhaus kommt es zu einer hitzigen Debatte über die Flottenrüstung. Die Liberalen warnen vor einem Ausufern des Rüstungswettlaufs.

27 Di Die Mittelmeerinsel Kreta erklärt ihre Unabhängigkeit vom Osmanischen Reich. Kreta soll Teil des griechischen Staatsverbandes werden.

28 Mi In Barcelona bricht wegen des spanischen Militäreinsatzes in Marokko ein Aufstand aus. König Alfons XIII. setzt Freiheitsrechte außer Kraft.

29 Do Die Unruhen von Barcelona greifen auf ganz Katalonien über und entwickeln sich zu einem von Anarchisten geführten Putschversuch.

30 Fr In Leipzig finden zahlreiche aufwendige Festveranstaltungen und Umzüge zum 500-jährigen Bestehen der Universität statt.

31 Sa Im Rahmen seiner ausgedehnten Europareise trifft das russische Kaiserpaar im französischen Atlantikhafen Cherbourg ein.

26. August 1909

Erste Jugendherberge

In Deutschland schlägt die Geburtsstunde der Jugendherbergen: Der Volksschullehrer Richard Schirrmann gerät mit seinen Schülern während einer Wanderung durch das Bergische Land in ein schweres Unwetter und findet kein Quartier. Nur mit Not kommt er mit seiner Klasse in einem Schulgebäude in dem Dorf Bröl unter. Schirrmann fasst den Entschluss, Schulräume in den Ferien als preiswerte Unterkünfte für Jugendliche bereitzustellen. Noch im selben Jahr richtet er in seiner Heimatschule im sauerländischen Altena einen Schlafsaal ein. In den folgenden Jahren gelingt es Schirrmann, immer mehr Menschen für seine Idee zu begeistern. Im Jahre 1911 bestehen in Deutschland bereits 17 Jugendherbergen, die insgesamt 2682 Übernachtungen verzeichnen. 1912 wird auf Burg Altena (s. Abb.) die erste ständige Jugendherberge eingerichtet.

28. August 1909

Wagnersohn ist Festspiel-Chef

In Bayreuth enden die Festspiele, die in diesem Jahr erstmals von Siegfried Wagner, dem Sohn des großen Komponisten Richard Wagner, geleitet wurden.
Bei der Programmgestaltung griff Wagner auf bewährte Produktionen zurück. Als einzige Neuerung registrieren Kritiker die Präsentation außergewöhnlicher Solisten: Wahre Begeisterungsstürme ernteten Marie Wittich u.a. als Sieglinde (»Die Walküre«), Anna von Mildenberger als Ortrud (»Lohengrin«), Gertrude Rennyson als Elsa (»Lohengrin«), Herta Dehmlow als Erda (»Das Rheingold« und »Siegfried«) sowie Ernst Kraus als Siegfried (»Siegfried« und »Götterdämmerung«).

2. August 1909

Anarchistenaufstand am Ende

Spanisches Militär schlägt in Barcelona einen anarcho-syndikalistischen Aufstandsversuch blutig nieder.

L'ILLUSTRATION

Bei den Straßenkämpfen in der katalanischen Hafenstadt werden mehrere hundert Menschen getötet. Die schwer bewaffneten Ordnungskräfte nehmen über 500 Menschen gefangen (Abb.: Titelseite des französischen Wochenblatts »L'Illustration« mit gefangenen Aufständischen, die in einem spanischen Gefängnis auf ihren Prozess warten).
Nach der Niederschlagung des Aufstands bieten weite Teile von Barcelona ein Bild der Verwüstung. Insgesamt brennen während der »tragischen Woche« in Barcelona 17 Kirchen, 23 Klöster und 16 katholische Schulen nieder. Zahlreiche Priester, Nonnen und Mönche werden von den Aufständischen ermordet.
Ausgangspunkt der Unruhen waren Protestkundgebungen gegen den Einsatz spanischer Truppen in Marokko. Am 26. Juli verhängte Madrid den Belagerungszustand über Barcelona, das Zentrum des Anarcho-Syndikalismus. Der moderne Anarchismus hatte sich Anfang des 19. Jahrhunderts in zwei große Richtungen entwickelt. Der individualistische Anarchismus – u.a. von Pierre Joseph Proudhon vertreten – stellt den einzelnen Menschen mit seinen Fähigkeiten und Bedürfnissen in den Mittelpunkt und setzt auf einen emanzipatorischen Entwicklungsprozess. Der kollektivistisch-revolutionäre Anarchismus des Russen Michail A. Bakunin zählt dagegen allerdings auch Gewalt und Terror zu seinen Kampfmethoden.

14. Juli 1909

Bülow tritt zurück

Seinen Rücktritt gibt der deutsche Reichskanzler Bernhard Fürst von Bülow bekannt. Er zieht die Konsequenz aus der Abstimmungsniederlage, die er mit dem von ihm vorgelegten Erbschaftssteuergesetz im Reichstag erlitten hat. Die Konservativen hatten das von Bülow begründete liberal-konservative Bündnis (»Bülow-Block«) gesprengt und gemeinsam mit der Opposition gegen den Regierungsentwurf gestimmt. Nachfolger Bülows wird der bisherige Vizekanzler Theobald von Bethmann Hollweg (s. Abb. l.).

Theobald von Bethmann Hollweg

deutscher Politiker, * 29.11.1856 Hohenfinow bei Eberswalde; † 2.1.1921 Hohenfinow

Mit Bethmann Hollweg wird ein Verwaltungsfachmann Reichskanzler. Er stützt sich im Reichstag auf wechselnde Mehrheiten, doch gelingt es ihm nicht, innenpolitische Gegensätze auszugleichen. Außenpolitisch unerfahren, bemüht er sich vergeblich um eine deutsch-britische Verständigung. Er drängt Österreich 1914 zum Krieg gegen Serbien und kommt dem Annexionsstreben der nationalen Kräfte in Deutschland entgegen. Im Ersten Weltkrieg kann er sich gegen die Oberste Heeresleitung (OHL) nicht durchsetzen, die 1917 seinen Rücktritt erzwingt.

- 1899: Oberpräsident der Provinz Brandenburg
- ab1905: preußischer Innenminister
- ab 1907: Staatssekretär des Reichsamts des Innern
- 1911: Im Zuge der deutschen Kanonenbootpolitik provoziert Bethmann Hollweg die 2. Marokkokrise
- ab Ende 1914: Bethmann Hollweg verfolgt einen Verständigungsfrieden, der ihm aber nicht gelingt.

25. Juli 1909

Flug über den Kanal

Als erster Mensch überfliegt Louis Blériot mit einem Motorflugzeug den Ärmelkanal. Der französische Flugpionier bewältigt die rd. 36 km lange Strecke in seinem gedrungen wirkenden Eindecker in 27:20 min. Das von ihm selbst konstruierte Flugzeug hat eine Spannweite von 7,80 m und ist mit einem luftgekühlten Anzani-Motor mit 25 PS Leistung ausgestattet.
Der Flug über den Ärmelkanal ist eine weitere Pionierleistung auf dem Gebiet des noch jungen Abenteuers Motorflug, das mit den Flügen von Gustave Whitehead und den Brüdern Wright zu Anfang des Jahrhunderts begonnen hat.
Blériots Husarenstück begann kurz nach Sonnenaufgang: Bei schwachem Wind startete der Franzose seine Maschine, die er während des Flugs konstant bei 80 m über der Wasseroberfläche hielt. Bei der Landung in hügeligem Gelände bei Dover wird die »Blériot IX« leicht beschädigt. Mit dieser fliegerischen Meisterleistung gewinnt der 37-jährige Pilot die Prämie von umgerechnet 25 000 Franc, die der britische Verleger Lord Alfred Charles Northcliffe für den ersten Motorflug zwischen England und dem Kontinent ausgesetzt hat. Blériots Landsmann Hubert Latham, der sich zur selben Zeit für eine Kanal-Überquerung vorbereitete, hat das Nachsehen – Blériot wird über Nacht zum Nationalhelden. Mit seiner Leistung erhält die Luftfahrt weiteren Auftrieb. So wird die Internationale Luftschifffahrts-Ausstellung, die am 10. Juli in Frankfurt am Main ihre Pforten öffnet, zur Publikumsattraktion. Die neuesten Luftschiffe, Flugzeuge und Freiluftballons sowie Flugvorführungen sind zu bestaunen.

Blériot auf seinem Sensationsflug über den Ärmelkanal

5. Juli 1909

Erster Ausländer gewinnt Tour

Unter dem Jubel tausender Radsportfans startet die Tour de France. 147 Radrennfahrer nehmen an der Rundfahrt teil, bei der Preise in Höhe von umgerechnet rd. 20 000 Mark zu gewinnen sind. Die Tour endet am 1. August mit einer Sensation: Nach 14 Etappen fährt mit dem Luxemburger François Faber, der im Vorjahr noch zweiter wurde, zum ersten Mal ein Nichtfranzose als Erster über die Ziellinie (Abb.: Endspurt im Laufschritt: Trotz gerissener Kette kommt Faber in Lyon als Erster ins Ziel). Den zweiten Platz belegt der Franzose Gustave Garrigou vor seinem Landsmann Jean Alavoine. Von Beginn an lässt Faber keinen Zweifel an seiner Überlegenheit. Von den ersten sechs Etappen gewinnt er fünf.

August 1909

1 So Als Reaktion auf Streikdrohungen der Gewerkschaften verhängt der Polizeipräsident im schwedischen Malmö ein generelles Alkoholverbot.

2 Mo Belgische Meteorologen lassen einen unbemannten Forschungsballon bis in die Weltrekordhöhe von 30 000 m steigen. → Anarchistenaufstand

3 Di In Köln beginnt der 20. Eucharistische Kongress, an dem mehrere hundert katholische Würdenträger aus zahlreichen Ländern teilnehmen.

4 Mi Rund 300 000 Arbeiter treten in Schweden in den Streik, um soziale Verbesserungen durchzusetzen. Der Ausstand endet nach zwei Wochen.

5 Do Japan verlegt starke Truppenverbände in die an China grenzende Mandschurei, damit Peking dem Bau der Ostchinabahn durch Japan zustimmt.

6 Fr Marokkanische Rebellen liefern spanischen Truppen im Norden des Landes heftige Gefechte, durch die zeitweise die Nachschubwege unterbrochen werden.

7 Sa Der französische Flugpionier Roger Sommer stellt in Nourmelon mit 2:27,15 h einen neuen Dauer-Flugrekord auf.

8 So In Wiener Neustadt startet das erste in Österreich gebaute Motorflugzeug, die »Etrich-Taube«, zu seinem Erstflug.

9 Mo Auf dem Tempelhofer Feld in der Reichshauptstadt Berlin wird eine Halle für militärisch genutzte Luftschiffe in Betrieb genommen.

10 Di In Hagen gründet der Unternehmer Karl Ernst Osthaus das von ihm finanzierte Deutsche Museum für Kunst in Handel und Gewerbe.

11 Mi Am Gardasee rufen italienische Irredentisten dazu auf, gegen deutsche Reisende unter Umständen mit Gewalt vorzugehen.

12 Do Ein Straßburger Ingenieur stellt einen Apparat vor, der die Auspuffabgase von Automobilen und den aufgewirbelten Staub aufsaugen soll.

13 Fr An der westafrikanischen Elfenbeinküste kommt es gegen die französischen Kolonialtruppen zu einem Aufstand, der jedoch niedergeschlagen wird.

14 Sa In einer diplomatischen Note weist die türkische Regierung die Ansprüche Griechenlands auf die Mittelmeerinsel Kreta in scharfer Form zurück.

15 So Mit großem Aufwand wird am Hermannsdenkmal bei Detmold der 1900. Jahrestag der Schlacht im Teutoburger Wald gefeiert.

16 Mo In Bergen kommen Wissenschaftler verschiedener Staaten zusammen, um über Möglichkeiten der Lepra-Bekämpfung zu debattieren.

17 Di Im algerischen Departement Constantine wird eine Revolte von Zuchthaushäftlingen durch französische Kolonialtruppen blutig niedergeschlagen.

18 Mi Die Forderung von Zentrumsmitgliedern, den interkonfessionellen Anspruch der Partei aufzugeben, trifft auf partei-internen Widerstand.

19 Do Bei Parlamentswahlen in Persien kann die gemäßigte »Fortschrittspartei« vor allem in der Hauptstadt Teheran Stimmengewinne verbuchen.

20 Fr In Falkenstein im Taunus wird im Beisein des deutschen Kaiserpaares ein Erholungsheim für Offiziere feierlich eröffnet.

21 Sa In der französischen Stadt Reims beginnt die erste internationale Flugwoche. Während der Veranstaltungen werden mehrere Motorflugrekorde aufgestellt.

22 So Bei blutigen Straßenschlachten zwischen Stahlarbeitern und der Polizei werden in Pittsburgh (USA) fünf Menschen getötet.

23 Mo Ein türkisches Expeditionskorps schlägt bei Werisowitsch auf dem Amselfeld einen Aufstand albanischer Nationalisten blutig nieder.

24 Di Im Jemen, einer arabischen Provinz des Osmanischen Reiches, kommt es zu einem bewaffneten Aufstand von Freiheitskämpfern, der niedergeschlagen wird.

25 Mi China und Japan schließen ein Abkommen über strittige Fragen in Bezug auf die Mandschurei. Beide Staaten teilen das Gebiet untereinander auf.

26 Do Nach den blutig niedergeschlagenen Aufstandsversuchen weist die spanische Zentralregierung über tausend Personen aus Katalonien aus. → Jugendherberge

27 Fr In Trient kommt es zu Auseinandersetzungen zwischen Italienern, die für eine Angliederung an Italien kämpfen, und der österreichischen Polizei.

28 Sa Durch den Austausch der Ratifikationsurkunden in Caracas tritt der deutsch-venezolanische Handelsvertrag in Kraft. → Wagnersohn

29 So In Frankfurt am Main werden die deutschen Leichtathletikmeisterschaften ausgetragen. Zum Programm gehören erstmals Kugelstoßen und Stabhochsprung.

30 Mo Vor der Ostsee-Insel Rügen finden im Beisein Kaiser Wilhelms II. zweitägige Manöver der deutschen Kriegsflotte statt.

31 Di Auf einer internationalen Gewerkschaftskonferenz in Paris wird u.a. die Forderung nach einer Verkürzung der Arbeitszeit gestellt.

September 1909

1 Mi Der neue Schah von Persien, Ahmed Mirza, erlässt in Teheran aus Anlass eines religiösen Feiertags eine Amnestie, die auch politische Straftaten umfasst.

2 Do Der US-Forscher Frederick A. Cook behauptet, noch vor seinem Landsmann Robert E. Peary den Nordpol erreicht zu haben.

3 Fr In Kassel erkranken mehr als 170 Menschen an Typhus. Als Krankheitsherd wird die städtische Molkerei von den Behörden geschlossen.

4 Sa Rund 8000 Deutsch-Österreicher demonstrieren in Wien gegen die Aktivitäten nationalistischer Tschechen in Österreich.

5 So Die japanische Regierung richtet in New York ein Handelsbüro ein, um den Absatz japanischer Waren in den USA zu fördern. → Rechte

6 Mo In der niederländischen Hafenstadt Rotterdam herrscht eine Cholera-Epidemie. Sie fordert mehrere Menschenleben.

7 Di Bei einer Reichstagsnachwahl im sächsischen Wahlbezirk Stolberg-Schneeberg gewinnt der sozialdemokratische Kandidat deutlich.

8 Mi Der deutsche Kaiser Wilhelm II. beobachtet bei Groß-Meseritsch in Mähren die österreichisch-ungarischen Kaisermanöver.

9 Do Nach einem unentschiedenen Kampf gegen seinen Landsmann Al Kaufmann bleibt der schwarze US-Boxer Jack Johnson Weltmeister im Schwergewicht.

10 Fr In Spanien beginnt eine Kampagne gegen die Pressezensur, nachdem zwei Journalisten wegen Kritik am Marokkofeldzug verhaftet worden waren.

11 Sa In Nürnberg findet der zweite Deutsche Richtertag statt, auf dem u.a. über eine neue Strafprozessordnung debattiert wird.

12 So Der Leichtathlet Otto Bäuerle verbessert in München den deutschen Rekord im Dreisprung aus dem Stand von 9,09 m auf 9,51 m.

13 Mo Der Berliner Polizeipräsident erlässt eine Verordnung zur Regelung des stark zunehmenden Verkehrs von Rollschuhläufern.

14 Di Die preußische Regierung untersagt der Berliner Vorstadt Wilmersdorf die Anwendung ihrer als zu hoch angesehenen Besoldungstabellen für Lehrer.

15 Mi Eine neue Gebirgsstraße über den 2106 m hohen Falzango-Paß in den Dolomiten wird feierlich dem Verkehr übergeben. → Weltrekord

16 Do Das luxemburgische Parlament beschließt, die in Deutschland eingeführte Branntweinsteuer für das Herzogtum zu übernehmen.

17 Fr Der Hamburger Senat lehnt einen Antrag auf die Errichtung eines Heinrich-Heine-Denkmals ab. +++ In Württemberg endet das Große Kaisermanöver.

18 Sa Nach fünf Tagen schließt in Leipzig der Parteitag der SPD, auf dem die sog. Revisionisten ihren Einfluss innerhalb der Partei vergrößern können.

19 So Der Nürnberger Wilhelm Schmidt wird in der Rekordzeit von 11:30 h Deutscher Meister im 100-km-Gehen.

20 Mo Das britische Unterhaus beschließt wegen der gespannten Finanzlage des Landes eine Erhöhung der Einkommensteuer.

21 Di In Salzburg beginnt ein Kongress deutscher Ärzte und Naturforscher, auf dem über Möglichkeiten zur »Höherzüchtung der Menschen« referiert wird.

22 Mi Vertreter aus 16 Staaten nehmen an der 9. Konferenz für internationales Seerecht in Bremen teil. Thema ist u.a. ein System internationaler Frachttarife.

23 Do Rund 400 Geschäfte beteiligen sich in Berlin an einem Schaufensterwettbewerb um eine ansprechende Präsentation des Warenangebots.

24 Fr In Albanien kommt es zu Gefechten zwischen türkischen Soldaten und aufständischen Albanern, die für eine Loslösung vom Osmanischen Reich kämpfen.

25 Sa Beim Absturz eines französischen Militärluftschiffs in der Nähe von Trévol sterben alle vier Insassen. +++ Die erste Flugschau der USA beginnt in New York.

26 So Mit der Inbetriebnahme des Fernsprechamtes Wilmersdorf wird in den Innenbezirken Berlins der Aufbau eines geschlossenen Telefonnetzes vollendet.

27 Mo Auf einer Massenkundgebung mit rund 70 000 Teilnehmern in Athen fordern liberale Politiker von der griechischen Regierung umfassende Reformen.

28 Di Die Bischöfe Frankreichs rufen die katholischen Eltern des Landes auf, ihre Kinder nicht in konfessionslose, öffentliche Schulen zu schicken.

29 Mi Der 100. Jahrestag des Baus des ersten dampfgetriebenen Kriegsschiffes wird in New York mit einer großen Schiffsparade begangen.

30 Do Mit der Verstaatlichung zweier privater Gesellschaften übernimmt die britische Post die Telegrafenlinien in Großbritannien.

5. Oktober 1909

Haft für serbische Aktivisten

In einem spektakulären Hochverratsprozess gegen 53 Serben werden in Agram (Zagreb), Hauptstadt des zu Ungarn gehörenden Kroatien, die Urteile gesprochen. Nach mehrmonatigen Verhandlungen verurteilt das Gericht die Hauptangeklagten Adam und Valerian Pripisević zu zwölf Jahren Kerkerhaft. 29 Mitangeklagte erhalten Gefängnisstrafen zwischen fünf und acht Jahren, 22 weitere werden freigesprochen.

Damit bleiben die Richter deutlich unter den Anträgen der Staatsanwaltschaft, die in dem politisch brisanten Prozess mehrere Todesurteile und lebenslange Freiheitsstrafen gefordert hatte. Zwar hielt das Gericht bei den meisten Angeklagten den Vorwurf für erwiesen, zur Bildung eines »Großserbischen Reiches« gegen Österreich-Ungarn konspiriert zu haben, ging aber von minder schweren Taten aus. In Kroatien kommt es zu Protestkundgebungen gegen die als zu milde empfunden Urteile. In der Folgezeit nehmen die Nationalitätenkonflikte in der Donaumonarchie an Schärfe zu und werden zum größten innenpolitischen Problem Österreich-Ungarns.

15. Oktober 1909

Erste Frau am Steuerknüppel

Als erste Frau fliegt die Französin Raymonde Delaroche (s. Abb.) 300 m mit einem Zweidecker. Im folgenden Jahr unternimmt sie einen Flug von sieben Minuten Dauer und erhält damit das Pilotenpatent.

Im Jahre 1913 gewinnt Delaroche mit einem Flug von 160 Meilen den Coupe Fémina, ein Preis, den die Zeitschrift »Fémina« 1910 für Pilotinnen ausgeschrieben hat. Zwischen 1910 und 1914 erwerben über 40 Frauen in der ganzen Welt den Pilotenschein, obwohl ihnen von der männlichen Konkurrenz der Weg zum Erfolg nicht leicht gemacht wird. Die Pilotinnen beteiligen sich an Flugmeetings, Kunstflugvorführungen und Langstreckenflügen – und sind dabei erfolgreich.

22. Oktober 1909

Militär gegen Streikende

In Sachsen gehen Soldaten mit Waffengewalt gegen streikende Arbeiter vor. Bei den Auseinandersetzungen in Mansfeld werden mehrere Personen verletzt. Die Polizei nimmt zahlreiche Arbeiter in Haft.

Rd. 6000 gewerkschaftlich organisierte Bergarbeiter befinden sich seit Anfang des Monats im Ausstand, um höhere Löhne, kürzere Arbeitszeiten und bessere Sicherheitseinrichtungen in den Gruben zu erzwingen. Die Arbeitgeber sind jedoch zu keinerlei Zugeständnissen bereit. Auch nach dem Militäreinsatz setzen die Bergleute ihren Ausstand zunächst fort, müssen den Streik jedoch am 16. November ergebnislos abbrechen.

25. Oktober 1909

Mord an »Japans Bismarck«

Eine der herausragenden Persönlichkeiten der japanischen Politik fällt einem Attentat zum Opfer: Während einer Reise in die Mandschurei wird Fürst Hirobumi Ito, Generalresident des japanischen Protektorats Korea, bei einem Anschlag koreanischer Nationalisten ermordet (Abb.: Fürst Ito, l., im Kreise seiner Familie).

Der Sohn eines Samurai machte Japan zu einer Großmacht. Nach den Siegen über das chinesische Kaiserreich und das russische Zarenreich stieg das Land zur asiatischen Führungsmacht auf. Im Westen wurde Ito, der seit dem Jahre 1907 an der Spitze des Protektorats Korea stand, als »japanischer Bismarck« bezeichnet. Die japanischen Interessen setzte er stets mit eiserner Hand durch. Der frühere Ministerpräsident der ersten japanischen Regierung modernen Zuschnitts, der in Großbritannien Waffentechnik studiert hatte, verfügte die Auflösung der koreanischen Armee und übernahm die vollständige Kontrolle über die Verwaltung des Landes. Um die Unruhen koreanischer Nationalisten niederzuschlagen, ließ der Generalresident Tausende von Menschen in Massenexekutionen hinrichten. Dennoch erklärte Ito wiederholt, Japan plane keine Besitzergreifung Koreas. Allerdings sei die politische Vorherrschaft Japans unumkehrbar. Tokio nimmt die Ermordung Itos zum Anlass, Korea zu annektieren. Das Land wird am 22. August 1910 offiziell dem japanischen Kaiserreich als Provinz Chosen eingegliedert.

15. September 1909

Sensationeller Weltrekord

Auf der Milbertshofener Radrennbahn in München durchbricht der französische Rad-Profi Paul Guignard eine »Schallmauer«. Als erster Mensch fährt er innerhalb einer Stunde mit dem Rad weiter als 100 km. Hinter einer Schrittmachermaschine (s. Abb.) legt der 34-jährige Guignard in 60 Minuten genau 101 km und 663 m zurück. Unter dem Jubel der Zuschauer raste der Athlet auf der 666,5 m langen Bahn mit der Präzision eines Uhrwerks. Die erste Runde absolvierte er hinter dem Drei-Zylinder-Motorrad in knapp 47 sec. Für die zweite Runde wurden 27,2 sec gestoppt, alle weiteren Runden fährt Guignard in 23,2 bis 23,8 sec. In zwei Runden bleibt er sogar unter 23 sec. Im Anschluss an den sensationellen Weltrekord versucht ein Landsmann von Guignard, den Weltkrekord für Amateure (89,167 km) zu brechen, scheitert jedoch nach 69 Runden wegen eines Defekts der Schrittmachermaschine.

24. Oktober 1909

Dreibund unter Druck

Während eines offiziellen Italien-Besuchs des russischen Zaren Nikolaus II. schließen Italien und Russland einen Geheimvertrag, in dem sich beide Staaten zu enger Zusammenarbeit in bestimmten außenpolitischen Fragen verpflichten. Den Kern des Vertrags von Racconigi bildet die Festlegung von gemeinsamen Grundsätzen in der Balkan-Politik, welche entschieden gegen die machtpolitischen Ambitionen Österreich-Ungarns in dieser Region gerichtet sind. Durch die italienisch-russische Annäherung ist insbesondere der 1882 zwischen Deutschland, Österreich-Ungarn und Italien geschlossene Dreibund stark gefährdet.

Italien und Russland verpflichten sich, in der südosteuropäischen Krisenregion auf den Erhalt des Status quo hinzuwirken, d.h. territoriale Veränderungen und Machtverschiebungen zu verhindern. Für den Fall, dass es auf dem Balkan dennoch zu politischen Veränderungen kommen sollte, vereinbaren beide Mächte, sich bei ihrem weiteren Vorgehen am Nationalitätenprinzip zu orientieren. Die Vorherrschaft einer fremden Nation auf dem Balkan – gemeint ist in erster Linie Österreich-Ungarn – soll ausgeschlossen werden. Zudem sichern sich beide Partner gegenseitige Unterstützung bei der Verfolgung außenpolitischer Ziele zu. So verspricht Italien, das als Mitglied des Dreibunds formal noch mit der Donaumonarchie verbündet ist, eine wohlwollende Haltung gegenüber den russischen Vorstößen am Bosporus. Im Gegenzug stellt Russland seinem Vertragspartner diplomatische Unterstützung beim geplanten Erwerb der zum Osmanischen Reich gehörenden Provinz Cyrenaika in Aussicht. Die Hinwendung Russlands zu Italien war Folge des österreichisch-ungarischen Verhaltens in der Bosnienkrise.

Unstimmigkeiten im Dreibund thematisiert die Karikatur aus den »Lustigen Blättern«: Italien möchte sich vom Deutschen Reich und Österreich lösen.

25. Oktober 1909

Deutsche Hochschule in China

In Tsingtau, der Hauptstadt des deutschen Pachtgebiets Kiautschou in China, nimmt eine neue Hochschule den Lehrbetrieb auf. Die Einrichtung soll Deutschen und Chinesen offenstehen und kann bis zu 110 Studenten aufnehmen.

Mit der Eröffnung der Lehranstalt verstärkt das Deutsche Reich sein Engagement in China. Die Region Kiautschou an der Südküste der Halbinsel Schantung steht seit zwölf Jahren unter deutscher Verwaltung. Die Regierung in Berlin hatte im Jahre 1897 die Ermordung zweier Missionare zum Anlass genommen, das Gebiet zu besetzen. Das wirtschaftlich und militärisch geschwächte chinesische Kaiserreich musste 1898 einen Vertrag unterzeichnen, in dem das Gebiet für 99 Jahre an Deutschland verpachtet wurde. Verantwortlich für die Sicherheit in der Region ist die deutsche Marine. Schutztruppen, so die offizielle Bezeichnungen der deutschen Kolonialarmee, sind dort nicht stationiert. Allerdings stehen deutsche Truppen – nach ihrem Einsatz im Boxerkrieg – noch in der Hauptstadt Peking und der nordchinesischen Hafenstadt Tientsin.

5. September 1909

Rechte fordern »harte Hand«

Auf der Jahrestagung des nationalistischen Alldeutschen Verbandes sprechen sich die Delegierten u.a. für eine Verschärfung der deutschen Kolonialpolitik aus. Gegen die zuständigen Behörden wird der Vorwurf erhoben, nicht energisch genug die Festigung der deutschen Herrschaft in Übersee und die wirtschaftliche Nutzung der Kolonien zu betreiben.

Auch darüber hinaus plädieren die Alldeutschen für eine kompromisslose Politik. Der Verbandsvorsitzende Heinrich Claß fordert unverblümt eine Einmischung in die österreichische Innenpolitik. Berlin solle darauf dringen, dass Österreich-Ungarn entschlossener die Autonomiebestrebungen einzelner Völker in der Donaumonarchie bekämpft. Ein Machtzuwachs der slawischen Völker bedeute eine Gefahr. Der im Jahre 1890 gegründete Alldeutsche Verband verzeichnet weniger als 25 000 Mitglieder, darunter aber viele einflussreiche Politiker, Wissenschaftler und Publizisten. Rd. 30 rechtsgerichtete Reichstagsabgeordnete gehören dem reaktionär-chauvinistischen Verband an, der auch viele Anhänger in der Industrie hat.

Oktober 1909

1 Fr Der britische Fahrgastdampfer »Mauretania« stellt einen Rekord für die Atlantiküberquerung auf. +++ Ein deutsches Gesetz verbietet unlauteren Wettbewerb.

2 Sa Auf dem Flugfeld von Johannisthal bei Berlin endet die internationale Flugwoche, die von über 100 000 Zuschauern besucht wurde.

3 So In Zürich beginnt ein Teilnehmerfeld von über 20 Ballons die internationale Wettfahrt um den Gordon-Bennett-Preis.

4 Mo Bei einer Schlagwetterexplosion in einer Kohlengrube bei Roslyn im US-Bundesstaat Pennsylvania entwickelt sich eine 100 m hohe Stichflamme.

5 Di Mehreren inhaftierten britischen Frauenrechtlerinnen wird nach fünf Tagen Hungerstreik gewaltsam Nahrung eingeflößt. → Aktivisten

6 Mi Archäologische Ausgrabungen in Nedlitz bei Potsdam fördern eine altgermanische Burg aus vorchristlicher Zeit zutage.

7 Do Am Johann-Strauss-Theater in Wien kommt die Operette »Fürstenkind« des österreichischen Komponisten Franz Lehár zur Uraufführung.

8 Fr Den »Großen Preis von Karlshorst«, ein Hindernisrennen über 6000 m, gewinnt in Berlin Leutnant von Mitzlaff auf der Stute »Silesia«.

9 Sa In Abessinien (Äthiopien) wird ein Aufstand in der Provinz Tigre von britischen Kolonialtruppen blutig niedergeschlagen.

10 So Bei der Flugwoche nahe Paris kommt es durch den Ansturm Hundertausender zu Ausschreitungen, als die Eisenbahn die Massen nicht bewältigen kann.

11 Mo Das Musical »The man who owns Broadway« von George Cohan kommt am »New York Theatre« zur Uraufführung.

12 Di Nach zwölfjähriger Bauzeit wird in Dover die neue Marinebasis der britischen Atlantikflotte eröffnet, die u.a. die deutsche Flotte in Schach halten soll.

13 Mi Der spanische Reformpädagoge Francisco Ferrer wird in Barcelona wegen angeblicher Rädelsführerschaft beim Anarchistenaufstand erschossen.

14 Do In China werden die Provinzialversammlungen erstmals öffentlich gewählt. Die Wahl gilt als erster Schritt zu einer konstitutionellen Monarchie.

15 Fr In Barcelona werden durch mehrere Bombenattentate linksgerichteter Regierungsgegner zahlreiche Personen verletzt. → Erste Frau

16 Sa In Kalifornien verteidigt Jack Johnson seinen Titel als Boxweltmeister im Schwergewicht gegen Stanley Ketchell durch k.o. in der zwölften Runde.

17 So Die höchste Normalspureisenbahn Deutschlands nimmt zwischen Kempten und Isny (Allgäu) auf 40 km Länge den Betrieb auf.

18 Mo Der deutsche Generaloberst Colmar Freiherr von der Goltz trifft in Konstantinopel ein, um die türkische Regierung bei der Truppen-Organisation zu beraten.

19 Di Der italienische Startenor Enrico Caruso trifft zu einem dreitägigen Konzertaufenthalt in Berlin ein. Er singt Partien aus Werken italienischer Komponisten.

20 Mi Im rumänischen Konstanza am Schwarzen Meer wird der neue Hafen eröffnet. +++ Das österreichische Parlament tritt nach der Sommerpause zusammen.

21 Do Nach heftigen Angriffen wegen seiner repressiven Politik tritt der spanische Ministerpräsident Antonio Maura y Montaner mit seinem Kabinett zurück.

22 Fr Der dänische Ministerpräsident Ludwig Graf von Holstein-Ledreborg erklärt nach einem Mißtrauensvotum seinen Rücktritt. → Streikende

23 Sa Eine Flugvorführung des französischen Piloten Louis Blériot wird in Wien von 300 000 begeisterten Zuschauern verfolgt.

24 So Der Sozialdemokrat August Bebel tritt auf einer Veranstaltung in Berlin vehement für die Abschaffung der Todesstrafe ein. → Dreibund

25 Mo Die Presse berichtet über den Beschluss des Schiedsgerichts in Den Haag zum Grenzstreit zwischen Schweden und Norwegen. → Mord → Hochschule

26 Di In Berlin wird der Entwurf für ein neues Strafgesetzbuch veröffentlicht, der u.a. die Abschaffung der Festungshaft vorsieht.

27 Mi Der Franzose Jean Comandon stellt in Paris eine Apparatur vor, bei der eine Filmkamera an das Objektiv eines Mikroskops gekoppelt werden kann.

28 Do In Köln beginnen die Herbstmanöver der militärischen Luftschiffabteilung des deutschen Heeres. Die Flüge dienen zur Ausbildung der Mannschaften.

29 Fr Eine Schlagwetterexplosion in der nordenglischen Kohlengrube Bargoed fordert 22 Tote. Der Schacht der Grube ist verschüttet.

30 Sa Auf Long Island bei New York wird das Autorennen um den Vanderbilt-Cup ausgetragen. Es siegt der US-Fahrer Grant auf einem Berliet.

31 So In Berlin konstituiert sich der »Bund der Festbesoldeten«, der die Interessen der Staats- und Kommunalbeamten sowie der Lehrer vertreten will.

November 1909

1 Mo Bei einer Flugveranstaltung in St. Etienne kommt es zu Ausschreitungen unter den Zuschauern, nachdem alle Startversuche der Piloten gescheitert sind.

2 Di Die internationale Bagdadbahn-Gesellschaft kündigt den Bau einer 840 km langen Eisenbahnstrecke von Bagdad über den Euphrat nach El Helyf an.

3 Mi Die tschechischen Abgeordneten im Wiener Reichsrat protestieren gegen eine neue Sprachenverordnung, die Minderheiten benachteiligt.

4 Do Im Deutschen Theater in Berlin wird die Komödie »Major Barbara« des irischen Dramatikers George Bernard Shaw in deutscher Erstaufführung gezeigt.

5 Fr In Neuguinea wird ein deutscher Forschungsreisender von Angehörigen des Urwaldstammes Laewomba ermordet. → Norwegerinnen

6 Sa Über die Frage der Anschaffung von Laternenmasten kommt es im Stadtparlament von Ballelonga (Italien) zu Kämpfen mit Stich- und Schusswaffen.

7 So Zwischen New York und St. Louis wird erstmals in den USA ein 24-Stunden-Service der Eisenbahn in Betrieb genommen.

8 Mo In den australischen Steinkohlegruben bei Newcastle treten 16 000 Bergleute für bessere Arbeitsbedingungen und höhere Löhne in den Streik. → Benz

9 Di Ein Hurrikan verwüstet die Karibikinsel Jamaika. Meterhohe Flutwellen vernichten Bahnlinien und Straßenverbindungen sowie die gesamte Bananenernte.

10 Mi In ganz Deutschland wird des 150. Geburtstages von Friedrich Schiller gedacht. +++ Bei der Explosion einer Dynamitfabrik in Boliven sterben 50 Menschen.

11 Do In Dresden wird der erstmals nicht nach dem Dreiklassenwahlrecht gewählte sächsische Landtag feierlich eröffnet.

12 Fr Im Theater an der Wien wird die Operette »Der Graf von Luxemburg« des österreichischen Komponisten Franz Lehár mit großem Erfolg uraufgeführt.

13 Sa Indische Nationalisten verüben in Alahabad einen Sprengstoffanschlag auf den Wagen von Vizekönig Lord Gilbert John Elliot Minto, der unverletzt bleibt.

14 So US-Präsident William H. Taft gibt die Entscheidung bekannt, auf Hawaii einen Marinestützpunkt bei dem Fischerhafen Pearl Harbor einzurichten.

15 Mo In der Kohlengrube »St. Paul« bei Cherry (US-Bundesstaat Illinois) fordert ein Brand und eine Schlagwetterexplosion 40 Tote.

16 Di In Leipzig wird der Grundstein für das neue Hauptgebäude des im Ausbau befindlichen Zentralbahnhofes gelegt. → Fluggesellschaft

17 Mi In der Londoner »Olympia-Hall« findet eine internationale Automobilausstellung statt. Bei den neuen Modellen stechen Sechszylindermotoren hervor.

18 Do Auf der Kanarischen Insel Teneriffa bricht der Vulkan Pik aus, der seit 300 Jahren als erloschen galt. Die Bevölkerung muss evakuiert werden.

19 Fr In Paris werden Dokumente gefunden, die den Anspruch Frankreichs auf die inzwischen mexikanische Karibikinsel Clipperton belegen.

20 Sa Die »Chicago Tribune« veröffentlicht eine Statistik, nach der in der Football-Saison 26 Spieler auf dem Spielfeld starben und 70 verletzt wurden.

21 So Die argentinische Regierung verhängt nach einem Attentat auf den Polizeipräsidenten über das ganze Land den Belagerungszustand.

22 Mo In New York wird ein Unternehmen gegründet, das die Auswertung der Patente der Flugpioniere Orville und Wilbur Wright übernimmt.

23 Di Das belgische Parlament in Brüssel billigt ein Gesetz über die Einführung der allgemeinen Wehrpflicht in Belgien.

24 Mi Nach dem Bombenanschlag eines Anarchisten auf ein deutsches Geschäft im brasilianischen São Paulo brennt ein ganzes Stadtviertel nieder.

25 Do Die argentinische Regierung vergibt Aufträge für den Bau von zwölf neuen Zerstörern an drei Werften in Europa, um die Konstruktionsvorzüge zu vergleichen.

26 Fr In den italienischen Alpen stürzen zwei Berliner Ballonfahrer tödlich ab. +++ In Spokane (USA) sterben fünf Menschen bei einem Zugunglück.

27 Sa Der russische Schriftsteller Maxim Gorki wird wegen »bourgeoisem Hedonismus« aus der revolutionären Arbeiterpartei Russlands ausgeschlossen.

28 So Anlässlich seiner ersten USA-Reise bringt der russische Komponist Sergej Rachmaninow sein Klavierkonzert Nr.3 (»Elefantenkonzert«) zur Uraufführung.

29 Mo Die US-Armee testet ein zur Abwehr von Luftschiffen entwickeltes Geschütz. Von 100 Schuss auf einen 160 m hoch fliegenden Ballon trifft kein einziger.

30 Di Das britische Oberhaus in London lehnt den vom Unterhaus bereits gebilligten Haushaltsentwurf ab, was zur Auflösung des Parlaments führt.

+++ Luftverkehr wird zum Geschäft +++ 20 Tote

26. Dezember 1909

Zionisten fordern Staat

Auf dem neunten internationalen Zionistenkongress, der in der Hansestadt Hamburg eröffnet wird, diskutieren 600 Delegierte aus aller Welt über die Errichtung eines unabhängigen jüdischen Staates in Palästina.
Während des sechstägigen Treffens warnen mehrere Redner – unter ihnen Max Nordau und Franz Oppenheimer – vor zu großen Erwartungen. Zwar müsse am Ziel einer Rückkehr der Juden ins »gelobte Land« auch weiterhin festgehalten werden, eine Loslösung Palästinas vom Osmanischen Reich sei zur Zeit jedoch nicht zu erwarten. Die zionistische Bewegung solle aber alles daran setzen, dass das Einwanderungsverbot für Juden aufgehoben und der Erwerb von Land gestattet werde. Hilfestellung müsse den bereits in Palästina lebenden Juden geleistet werden. Dabei solle die Förderung der Landwirtschaft im Mittelpunkt stehen. In der Region habe vor allem der Anbau von Baumwolle, Ölbäumen und Obst eine große Zukunft. Viele Juden sind in den vergangenen Jahren bereits nach Palästina ausgewandert, um Siedlungen zu gründen. Das Osmanische Reich hatte jedoch ein Einwanderungsverbot verhängt und den Erwerb von Boden erschwert.

16. November 1909

Erste Fluggesellschaft der Welt

In Frankfurt am Main wird die Deutsche Luftschifffahrt-Aktiengesellschaft (Delag) aus der Taufe gehoben. Sie ist die erste Fluggesellschaft der Welt.

Mit der Gründung der Delag schlägt die Geburtsstunde der modernen Passagierluftfahrt. Die Weiterentwicklung der Luftschiffe des Grafen Zeppelin ist damit gesichert. Die Streitkräfte sind an einem weiteren Ausbau nicht interessiert. Das erste Luftschiff der Gesellschaft, die LZ 7 »Deutschland«, unternimmt seine Jungfernfahrt am 19. Juni 1910. Es bietet 24 Passagieren Platz und erreicht 55 km/h. (Abb.: Die luxuriöse Passagiergondel der LZ 7 ist aus Aluminium und Mahagoni gefertigt. Für die Besatzung sind getrennte Gondeln vorgesehen.)

17. Dezember 1909

Kampf gegen Trusts

Die US-Ölgesellschaft Standard Oil legt beim Obersten Bundesgericht in New York Berufung gegen die Auflösung des Konzerns ein.
Das von John D. Rockefeller gegründete Unternehmen war am 20. November in Minnesota von einem Bundesgericht wegen Verstoßes gegen die Anti-Trust-Gesetze verurteilt worden. Die Richter sahen die marktbeherrschende Stellung von Standard Oil als erwiesen an. Das Urteil stützt sich auf den im Jahre 1890 in Kraft getretenen sog. Sherman Act, der im Interesse des freien Wettbewerbs die Auflösung von Trusts – also des Zusammenschlusses von rechtlich selbstständigen, wirtschaftlich jedoch voneinander abhängigen Unternehmen – vorsieht. Rockefeller war bereits im Jahre 1892 zur Auflösung seines Unternehmens gezwungen worden, konnte es jedoch durch geschickte Reorganisation retten. Auch nachdem das Bundesgericht 1911 das Urteil bestätigt, wird der Konzern nur formal aufgelöst.

John Davison Rockefeller

US-Unternehmer, * 8.7.1839 Richford (New York); † 23.5.1937 Ormond Beach (Florida)

Der Name Rockefeller steht wie kein zweiter für den »American Dream«. Seine Karriere, die er als 16-Jähriger in einer Kommissionsfirma in Cleveland begann, erreichte bereits im Alter von 31 Jahren einen Höhepunkt, als er an die Spitze der von ihm mitgegründeten Standard Oil Company of Ohio gelangte. Er baute mit teilweise zweifelhaften Geschäftsmethoden ein Erdölimperium mit Monopolstellung auf und galt zu seiner Zeit als reichster Mann der Welt. Rockefeller betätigte sich außerdem als Förderer von Kunst und Wissenschaften. So gründete er im Jahre 1890 die Universität von Chicago, das Rockefeller Institute for Medical Research und im Jahre 1913 die Rockefeller Foundation, die humanitäre Ziele weltweit sowie die Wissenschaften fördert.

- 1862: Rockefeller gründet gemeinsam mit einem Geschäfsfreund in Cleveland eine Raffinerie
- 1870: Gründung der Standard Oil Company of Ohio
- 1872: Gründung des Standard Oil Trust
- 1875: Standard Oil beherrscht den Markt

Selma Lagerlöf

schwedische Erzählerin, * 20.11.1858 Gut Mårbacka (Värmland); † 16.3.1949 Gut Mårbacka

Die ausgebildete Lehrerin schöpfte die Stoffe ihrer Erzählungen aus der nordischen Sagenwelt und der Tradition ihrer Heimat, der sie sehr verbunden war. Kraftvolle Schilderungen, detaillierte psychologische Zeichnungen der Figuren und moralisch bzw. religiös geprägten Darstellungen kennzeichnen ein Werk, das eine Hinwendung der schwedischen Literatur zur Romantik förderte. Ihr Lesebuch »Wunderbare Reise des kleinen Nils Holgersson mit den Wildgänsen« (1906) wurde in über 30 Sprachen übersetzt.

- 1891: »Gösta Berlin« (Roman)
- 1903: »Jerusalem« (Roman)
- 1904: Christuslegenden (Erzählungen)
- 1914: Erstes weibliches Mitglied der Schwedischen Akademie
- 1915-28: »Löwensköld«-Trilogie

10. Dezember 1909

Nobelpreisverleihung

Auch zwei deutsche Wissenschaftler finden sich in der Runde der Nobelpreisträger, die in feierlichen Zeremonien im schwedischen Stockholm und im norwegischen Kristiania (Oslo) verliehen werden.

Den Physiknobelpreis teilen sich der Italiener Guglielmo Marchese Marconi und der Deutsche Ferdinand Braun. Sie erhalten die Auszeichnung für ihre bahnbrechenden Arbeiten auf dem Gebiet der drahtlosen Telegrafie. Den Nobelpreis für Chemie erhält der deutsche Chemiker Wilhelm Ostwald für seine Arbeiten über die Katalyse sowie über chemische Gleichgewichtsverhältnisse und Reaktionsgeschwindigkeiten. Die weiteren Nobelpreise gehen an Emil Theodor Kocher (Medizin), Selma Lagerlöf (Literatur) sowie Auguste Marie François Beernaert und Paul Balluat Baron de Constant de Rebecque d'Estournelles (Frieden).

5. November 1909

Norwegerinnen wählen

Bei den Wahlen zum norwegischen Parlament, dem Storting, dürfen zum ersten Mal auch Frauen ihre Stimme abgeben. Das aktive und passive Wahlrecht für Frauen wurde in dem skandinavischen Land im Jahre 1907 nach heftigen Auseinandersetzungen eingeführt.

Nach dem zum russischen Zarenreich gehörenden Großherzogtum Finnland ist Norwegen der zweite Staat in Europa, in dem Frauen als Parlamentsabgeordnete das politische Geschehen mitbestimmen können. Bei den ersten Wahlen mit weiblicher Beteiligung wird jedoch nur eine einzige Frau in die Volksvertretung gewählt. Eine herbe Niederlage müssen die regierenden Linksparteien unter Ministerpräsident Gunnar Knudsen hinnehmen. Als Siegerin geht die gemäßigt konservative Sammlungspartei aus den Wahlen hervor. Sie erhält knapp die absolute Mehrheit. Der Streit um den Einfluss ausländischen Kapitals in der norwegischen Wirtschaft hatte den Wahlkampf maßgeblich bestimmt.

8. Dezember 1909

Gasexplosion in Hamburg

Bei der Explosion eines Gaswerks im Hamburger Freihafen kommen 20 Menschen ums Leben. 41 Personen werden zum Teil schwer verletzt. Der Sachschaden geht in die Millionen.

Das Gaswerk wird durch die Explosion völlig zerstört. Die Feuerwehr ist machtlos, kann aber das Übergreifen der Flammen auf umliegende Gebäude verhindern. Die durch die Explosion des Gasometers verursachte Druckwelle richtet in der Umgebung hohen Sachschaden an. Noch in einer Entfernung von zwei Kilometern gehen Glasscheiben zu Bruch. Der Explosionsknall ist im gesamten Stadtgebiet zu hören. Die Bergungs- und Aufräumarbeiten nehmen mehrere Tage in Anspruch. Ursache der Explosion war ein Leck im Gasometer. Durch das Loch strömte Gas und entzündete sich. Als der Gasbehälter explodierte, entzündeten sich weitere Tanks.

8. November 1909

Benz schnell wie der Blitz

Der französische Rennfahrer Victor Hémery fährt auf der Rennstrecke von Brooklands in der britischen Grafschaft Weybridge einen Geschwindigkeitsweltrekord. Die Weltöffentlichkeit nimmt mit einer Mischung aus Erstaunen und Ungläubigkeit die Nachricht zur Kenntnis, dass ein benzingetriebenes Fahrzeug erstmals die Marke von 200 km/h überwunden hat. Die neue Rekordmarke über den »fliegenden Kilometer« (fliegender Start) wird auf 202,68 km/h festgelegt.

Das Rekordfahrzeug (s. Abb.) stammt aus dem Hause Benz. Die Leitung des Unternehmens sieht in den Werbemöglichkeiten bei Automobilrennen keine großen Chancen für seine Produkte. Vielmehr verspricht man sich Publizität und Werbewirkung von Geschwindigkeitsrekorden. Das Fahrzeug, das Hans Nibel konstruierte, wird von einem Vierzylindermotor mit 21,5 l Hubraum und geschätzten 200 PS angetrieben. Nach der Rekordfahrt wird der Wagen in die USA verkauft, wo er hauptsächlich von dem Berufsrennfahrer Barney Oldfield gefahren wird. Am Strand von Daytona stellt Oldfield einen weiteren Rekord auf und bewältigt die »fliegende Meile« mit 211,4 km/h. Obwohl die Rennsportbehörde in Paris seinen Rekord nicht anerkennt, feiern die Amerikaner den Triumph und taufen den Wagen »Lightning Benz« (»Blitzen-Benz«). Der »Blitzen-Benz« wird später als Jahrmarktsensation durch die USA geschickt, ehe ihn sein Besitzer nach England verkauft.

Dezember 1909

1 Mi Die USA brechen die diplomatischen Beziehungen zur nicaraguanischen Regierung ab und stellen sich offiziell auf die Seite der Revolutionäre.

2 Do In Marokko ergeben sich große Verbände der aufständischen Kabylen den überlegenen spanischen Kolonialtruppen.

3 Fr Im Geschäftsviertel von Baltimore im US-Bundesstaat Maryland bricht ein Großfeuer aus, das fast den gesamten Stadtteil zerstört.

4 Sa Ein Orkan über der Nordsee führt von England bis nach Dänemark zu schweren Überschwemmungen und Verwüstungen.

5 So Eine Gruppe von acht US-Forschern, die einen Stamm auf der Karibikinsel Tiburon studieren wollten, wird von den Einwohnern getötet.

6 Mo Die Vereinigte Bundesversammlung wählt in Bern Robert Comtesse zum neuen Bundespräsidenten der Schweiz.

7 Di Gustav Krupp von Bohlen und Halbach übernimmt den Vorsitz im Aufsichtsrat der Kruppwerke in Essen. Er hatte 1906 die Krupp-Erbin Bertha geheiratet.

8 Mi Das deutsch-englische Freundschaftskomitee beschließt in London, ab 1910 einen jährlichen Studentenaustausch durchzuführen. → Gasexplosion

9 Do Für eine Prämie von 600 000 Mark werden die beiden im Bau befindlichen Luftschiffe der Deutschen Luftschifffahrt AG bei Lloyd's in London versichert.

10 Fr Der hessische Landtag verabschiedet einen Gesetzentwurf über eine Wahlrechtsreform, der ein Direktwahlrecht vorsieht. → Nobelpreisverleihung

11 Sa Mit dem Ausbau des letzten Teilstücks im Kongo wird die erste transkontinentale Eisenbahnlinie zwischen Südafrika und dem Mittelmeer fertiggestellt.

12 So Sieger des New Yorker Sechs-Tage-Rennens wird das deutsch-amerikanische Team Walter Rütt und Jack Clark mit einer Runde Vorsprung.

13 Mo In San Francisco läuft Johnny Hayes (USA) den Marathon über 42,195 km in 2:32,23 h und verbessert seinen eigenen Weltrekord vom Vorjahr.

14 Di Bei Reidsville im US-Bundesstaat South Carolina entgleist ein Personenzug auf einer Brücke und stürzt in einen Fluss. 20 Menschen kommen ums Leben.

15 Mi Durch mehrstündige Reden zwingen tschechische Abgeordnete das österreichische Parlament zu einer dreitägigen Dauersitzung über Nationalitätenfragen.

16 Do Der nicaraguanische Präsident José Santos Zelaya gibt dem Druck von Rebellen nach, die von den USA unterstützt werden, und tritt zurück.

17 Fr In Meiningen wird der Neubau für das bekannte Hoftheater feierlich eröffnet. +++ Der belgische König Leopold II. stirbt. → Trusts

18 Sa Nach dem Tod des dänischen Multimillionärs Georg Salting geht dessen Kunstsammlung im Wert von über 80 Mio. Mark an mehrere Museen in London.

19 So Im Dortmunder Hoesch-Viertel gründen 18 fußballbegeisterte Jugendliche einer katholischen Jungenschule den Ballspielverein (BVB) Borussia 09.

20 Mo Eine internationale Expertenkommission streitet die Behauptung des Engländers Frederick A. Cook, den Nordpol entdeckt zu haben, ab.

21 Di In einem Londoner Kaufhaus bricht ein Feuer aus, das sich rasch über alle fünf Stockwerke ausbreitet. Über 30 Besucher kommen ums Leben.

22 Mi Der Chef der politischen Polizei in St. Petersburg, Oberst Karpow, wird bei einem Bombenattentat in seiner Wohnung getötet.

23 Do Ladislaw Lukács wird in Budapest zum neuen ungarischen Ministerpräsidenten ernannt und mit der Bildung der Regierung beauftragt.

24 Fr Der US-Verleger Edwin Ginn richtet in Boston eine Stiftung zur Förderung der internationalen Friedensbewegung ein.

25 Sa In Nordportugal und Spanien richten Überschwemmungen schwere Schäden an. In Galizien werden 20 Dörfer überschwemmt.

26 So Der Schnellzug Berlin-Wien stößt in Böhmen mit einem Güterzug zusammen. Dabei sterben 14 Menschen, 20 werden verletzt. → Zionisten

27 Mo In Athen konstituiert sich ein »Verein der Kreter« mit dem Ziel, die Eigenstaatlichkeit der von den Türken beherrschten Insel zu erreichen.

28 Di Der Physiker Robert Goddard veröffentlicht in den USA erste theoretische Arbeiten über die Funktionsweise von Raketentriebwerken.

29 Mi Sachsen-Anhalt gibt einen Erlass über die Einführung des katholischen und des jüdischen Religionsunterrichts an den höheren Schulen des Landes heraus.

30 Do Der türkische Politiker Hakki Bey wird in Konstantinopel von Sultan Muhammad V. zum neuen Großwesir ernannt und mit der Regierungsbildung beauftragt.

31 Fr Auf einer archäologischen Forschungsreise durch die arabische Halbinsel wird der Berliner Hermann Burckhardt im Jemen von Nomaden ermordet.

1910-1919

1

2

3

4

5

1 – Mobilmachung: Abfahrt des einberufenen Landsturms von einem Berliner Bahnhof. Euphorie prägt zu Beginn des Krieges die Stimmung in weiten Teilen der Bevölkerung. 2 – Die schwächsten Opfer: Kinder mit Blechgeschirr vor einer Kriegsküche in Wien. 3 – Werbung für Suppenwürze. 4 – Bewegungsstudien zum Tennissport, der immer mehr Anhänger findet. 5 – Szene aus dem Film »Das Kabinett des Dr. Caligari« mit Werner Krauss.

6

7

8

9

10

11

12

13

14

15

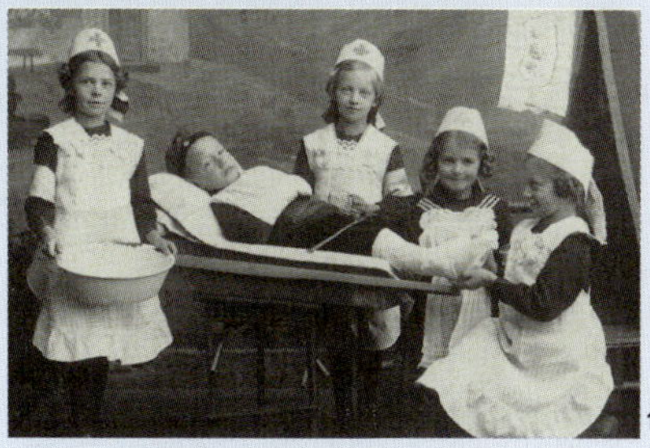

16

17

6 – Schützengrabenstation für drahtlose Telegraphie. Den Strom liefert ein Tretgenerator. 7 – Wohlfahrtskarte. 8 – Revue-Girls. 9 – Ein deutscher »Essenholer« mit Gasmaske im Laufgraben an der Front. 10 – Wilhelm II. auf dem Weg zur Neujahrsparade. 11 – Werbeplakat. 12 – Postkarte im Kriegsdesign. 13 – Staffel-Zieleinlauf bei den Olympischen Spielen. 14 – Revolution in Deutschland. 15 – Der Balletttänzer Nijinski. 16 – Neujahrskarte. 17 – Schokoladenwerbung.

Das zweite Jahrzehnt – Die Welt im Umbruch

Schüsse peitschen durch Sarajevo an diesem Junitag des Jahres 1914. Sie töten den österreichischen Thronfolger – und lösen eine Entwicklung aus, an deren Ende der Untergang einer ganzen Epoche stehen wird. Nationalistischer und imperialistischer Wahn gipfeln in einem Krieg, der die Welt in ihren Grundfesten erschüttert. Angekündigt hatte er sich längst – in zahlreichen Krisen der Großmächte, die in festen Bündnissystemen liiert sind. Deutsches Säbelrasseln – innenpolitisch unterstützt vom Hurra-Patriotismus weiter Bevölkerungskreise und fortschreitender Militarisierung der Gesellschaft, außenpolitisch aggressiv und chauvinistisch von Kaiser Wilhelm II. vorgetragen – provoziert bereits in der Marokkokrise von 1911 eine bedrohliche Konfrontation mit Frankreich. Die Schwäche des Osmanischen Reiches wird von den europäischen Großmächten Frankreich und Großbritannien genutzt, die in das Machtvakuum im Nahen Osten und in Nordafrika stoßen. Die beiden Balkankriege destabilisieren eine permanente Krisenregion noch weiter, die schließlich zum Pulverfass wird.

Erst Jubel, dann Schrecken

Der Krieg beginnt mit nationalem Getöse auf allen Seiten. Die Offensivpläne der Kontrahenten scheitern jedoch allesamt auf den Schlachtfeldern. Statt der erhofften raschen Erfolge entwickelt sich ein zäher und verlustreicher Stellungskrieg, der bald zum Sinnbild unsinnigen Massensterbens wird.

Als ginge es auf Abenteuerfahrt: Die Kriegsbegeisterung scheint im August 1914 kaum Grenzen zu kennen.

Der Krieg bringt für die Förderung und Einführung technischer Neuerungen einen nie gekannten Schub. Neue Waffen und Fortbewegungsmittel machen das große Völkerringen zu einer gigantischen Materialschlacht. Bombardements und erste Gasangriffe deuten die neuen Kampfdimensionen an. Mit dem Kriegseintritt der Vereinigten Staaten von Amerika entscheidet eine neue, an Ressourcen überreiche Großmacht das Ringen in Europa.

Nach der ersten Begeisterung zu Beginn des Krieges wird die Bevölkerung in Deutschland rasch vom Alltag eingeholt. Die Menschen leiden vor allem unter der Hungerblockade, mit der die alliierten Mächte Druck ausüben. Bald steht kaum noch anderes als Steckrüben auf dem Speisezettel. Vor allem die Zivilbevölkerung ist betroffen, Kinder in erster Linie. Und sie, die Schwächsten, werden auch die ersten Opfer der »spanischen Grippe«, die nach Ende der Kampfhandlungen in Europa wütet und mit weltweit über 20 Mio. Toten verheerender ist als der Weltkrieg.

Krieg zeichnet Landkarte neu

Nach dem Krieg hat Europa ein neues Gesicht. Lettland, Litauen, Estland und Finnland werden unabhängige Staaten, Polen ist wieder hergestellt, Ungarn stark verkleinert, aber selbstständig. Die Tschechoslowakei und das spätere Jugoslawien entstehen, und im Osten gibt sich Russland als Sowjetreich eine ganz neue Gestalt. Mit den Friedensschlüssen von Versailles und Saint-Germain-en-Laye zwingen die Alliierten dem Deutschen Reich und (Deutsch-)Österreich eine Friedensordnung auf, die im wesentlichen von Macht- und Wirtschaftsinteressen bestimmt ist und vor allem Deutschland »bestrafen« soll. Die warnenden Stimmen, die auch im Lager der Sieger Stellung gegen mögliche Folgen dieser Friedensdiktate beziehen, bleiben ungehört.

Internationale Politik nach dem Krieg weitet nun ihren Blickwinkel von der Europa- zur Weltperspektive. Die Schwächung der europäischen Staaten, die Gründung des Völkerbundes als übernationale Organisation und die gewachsene Bedeutung der USA belegen dies. Allerdings schwenkt Washington nach seinem kurzen weltpolitischen Engagement schnell wieder auf isolationistischen Kurs ein. Ideologische Konfrontation auf staatlicher Ebene deutet sich zum Ende des Jahrzehnts mit der Wirtschaftsblockade der Alliierten gegen Sowjetrussland an. Und in Italien keimt mit der Gründung eines faschistischen Kampfbundes durch Benito Mussolini der Gegenentwurf zu den großen sozialistischen Gesellschaftsentwürfen der Zeit.

Die Monarchien sind am Ende

Politik und Gesellschaft werden durch den Krieg überall entscheidend verändert. Patriotismus und die trügerische Verbrüderung der gesellschaftlichen Klassen überdecken bei Kriegseintritt in allen beteiligten Ländern die innenpolitischen Spannungen, die meist sozialer Natur sind. Doch schon bald treten sie wieder zutage. So finden durch Revolutionen 1917/18 die Monarchien in Russland, Deutschland und Österreich-Ungarn ihr Ende. Das alte Europa ist tot. Im Deutschen Reich wird das monarchische System mit Kaiser Wilhelm II. an der Spitze von der Revolution hinweggefegt. Die neu gegründete Republik mit ihrer parlamentarischen Demokratie wird zu einer von vielen Deutschen ungeliebten und schon in den ersten Jahren angefeindeten Staatsform. Rechte und linke Gruppierungen formieren sich und übernehmen politische Verantwortung. Die staatstragenden Parteien der Weimarer Koalition sind dabei mit dem Odium der »Erfüllungspolitik« gegenüber den Siegern im Krieg behaftet. Sozialdemokraten und Zentrumspolitiker unterzeichnen den Versailler Vertrag, den viele Deutsche als Schmach begreifen. Die verhängnisvolle Legende vom »Dolchstoß« der Heimatfront gegen die »im Felde« angeblich unbesiegten deutschen Frontsoldaten fällt auf fruchtbaren Boden. Vor diesem Hintergrund werden viele der demokratischen Errungenschaften, die durch die Revolution und die neue Staatsform erst ermöglicht wurden, von vornherein abgelehnt, weil die rechtsnationale Propaganda die Demokratie mit dem Untergang der deutschen Großmachtstellung gleichsetzt.

Englische Tanks an der Westfront bezeugen die materielle Überlegenheit der Ententemächte.

2. Extraausgabe. Sonnabend, den 9. November 1918.

Vorwärts

Berliner Volksblatt.

Zentralorgan der sozialdemokratischen Partei Deutschlands.

Der Kaiser hat abgedankt!

Der Reichskanzler hat folgenden Erlaß herausgegeben:

Seine Majestät der Kaiser und König haben sich entschlossen, dem Throne zu entsagen.

Der Reichskanzler bleibt noch so lange im Amte, bis die mit der Abdankung Seiner Majestät, dem Thronverzichte Seiner Kaiserlichen und Königlichen Hoheit des Kronprinzen des Deutschen Reichs und von Preußen und der Einsetzung der Regentschaft verbundenen Fragen geregelt sind. Er beabsichtigt, dem Regenten die Ernennung des Abgeordneten Ebert zum Reichskanzler und die Vorlage eines Gesetzentwurfs wegen der Ausschreibung allgemeiner Wahlen für eine verfassunggebende deutsche Nationalversammlung vorzuschlagen, der es obliegen würde, die künftige Staatsform des deutschen Volks einschließlich der Volksteile, die ihren Eintritt in die Reichsgrenzen wünschen sollten, endgültig festzustellen.

Berlin, den 9. November 1918. **Der Reichskanzler.**
Prinz Max von Baden.

Es wird nicht geschossen!

Der Reichskanzler hat angeordnet, daß seitens des Militärs von der Waffe kein Gebrauch gemacht werde.

Parteigenossen! Arbeiter! Soldaten!

Soeben sind das Alexanderregiment und die vierten Jäger geschlossen zum Volke übergegangen. Sozialdemokratische Reichstagsabgeordnete Wels u. a. haben zu den Truppen gesprochen. Offiziere haben sich den Soldaten angeschlossen.

Der sozialdemokratische Arbeiter- und Soldatenrat.

Die Presse verkündet das Ende einer Epoche.

Erfolge für die Arbeiter

Mit der Demokratisierung des politischen Lebens geht die Veränderung des Arbeitslebens einher . Der Achtstundentag wird Wirklichkeit, Gewerkschaften sind als Tarifpartner der Arbeitgeber anerkannt. In Washington stellt eine internationale Arbeitskonferenz Richtlinien für ein internationales Arbeitsrecht auf, das den Umwälzungen während und nach dem Weltkrieg sowie dem gewachsenen Selbstbewusstsein der Arbeitnehmer gerecht werden soll.

In beinahe allen europäischen Ländern wird nach 1918 – eine Folge des weiblichen Arbeitseinsatzes an der »Heimatfront« – das Frauenwahlrecht eingeführt. Die während des Krieges vielfach mit Zugeständnissen im Zaum gehaltene Arbeiterbewegung, die den Zusammenbruch der alten Ordnung insgesamt sogar gestärkt überstanden hat, wird jedoch durch die Trennung von Kommunisten und Sozialdemokraten geschwächt.

Revolution in Russland

Mit dem Sieg der Bolschewiken in der Oktoberrevolution und dem Erfolg im Bürgerkrieg gegen die »Weißen« wird ausgerechnet im eher unterentwickelten Russland eine Ideologie staatstragend, die viele Länder in den kommenden Jahrzehnten in ihren Bann schlägt.

Griff nach der Macht: Lenin (r.), der Vater der Russischen Revolution, gibt Instruktionen.

Lenin, Trotzki und Stalin sind die Führer, deren Truppen das Zarenregime zu Fall bringen. Mit Sowjetrussland entsteht der erste Staat auf der Grundlage der marxistisch-leninistischen Lehre.

Forscher finden neue Welten

Die geografische Erforschung der Erde erreicht in vieler Hinsicht Endpunkte. Bereits im Jahre 1909 war der erste Mensch zum Nordpol gelangt. 1911 gewinnt Roald Amundsen das Rennen zum Südpol. Auf der Landkarte verschwinden die letzten weißen Flecken. Während diese eindrucksvollen Entdeckungsfahrten mit Spannung verfolgt werden, unternehmen große Naturwissenschaftler Reisen in die Struktur der Materie. Geniale Grundlagenforscher wie Einstein, Bohr oder Rutherford eröffnen den Zugang zu neuen Welten und schaffen mit der allgemeinen Relativitätstheorie und Atommodellen neue Grundlagen der Physik.

Aufbruch in der Kunst

Für die Kunst ist das Jahrzehnt das vielleicht wichtigste des Jahrhunderts. Kandinsky malt das erste »abstrakte« Aquarell. Die Moderne dehnt sich in Abkehr von »richtiger« Realitätsabbildung und Perspektive in alle Richtungen aus – von der »orphistischen« Malerei eines Delaunay über den »Blauen Reiter«, Duchamps »Fahrrad-Rad«, Malewitschs einfarbige Quadrate und de Chiricos mystische Bildwelten hin zu technik- und kriegsbegeisterten Futuristen und kriegskritischer Dada-Bewegung. Die Ausstellungen der Expressionisten sollen schockieren, verstehen die Maler ihre Bilder doch als Reaktion auf die durch Materialismus und Reglementierung hervorgerufene seelische Zerrissenheit. Beim Publikum dominiert Ablehnung. Der Expressionismus startet auch in der Literatur und noch später im Film als avantgardistische Strömung gerade in Deutschland zu einem kurzen, aber intensiven Höhenflug. In Frankreich verweist der Dichter Guillaume Apollinaire bereits auf den Surrealismus der 20er Jahre.

So sieht der Maler Otto Dix den Krieg.

Architektur und Kunsthandwerk werden durch die Schlagworte Massenproduktion, Funktionalität und Stadtplanung geprägt – Ausdruck der Bedürfnisse der industriellen Massengesellschaft. Als Keimzelle moderner Gestaltungsideen gründet Walter Gropius 1919 in Weimar das Bauhaus. Zum Baustoff der Architektur wird in der zweiten Dekade des Jahrhunderts Stahlbeton, der nicht nur die Wolkenkratzer in die Höhe treibt, sondern auch den kühnen Schwung der Glas-Stahl-Konstruktionen ermöglicht.

Funktionalität, Nüchternheit und viele lichtdurchlässige Wände kennzeichnen die neue Architektur: Das von Walter Gropius erbaute Fagus-Werk in Alfeld

+++ Zitate +++ Zitate +++ Zitate +++

Der SPD-Politiker Karl Liebknecht über den Kampf der Linken gegen das Preußentum (1910):
»Die Gesetzlichkeit in Preußen ist ja nur eine dünne Moosdecke über einem stinkenden Polizeisumpf. Wir erblicken darum in der preußischen Verwaltung unseren Erzfeind, den wir mit allen Mitteln bekämpfen müssen ... Ich rufe Sie auf zu einem frischen, verwegenen Kampf gegen Henkersbrut und Tyrannen, gegen die Junkerreaktion in Preußen.«

Der deutsche Luftfahrtpionier Hugo Eckener berichtet über den ersten Absturz eines Passagierluftschiffes (1910):
»...In diesem kritischen Moment stoppte der vordere Motor ab. Langsam senkte sich das Fahrzeug tiefer und tiefer, obgleich man alles, was nicht niet- und nagelfest war, aus den Gondeln warf, bis es mit der Hintergondel in die Bäume des Teutoburger Waldes eintauchte und hängenblieb...«

Die gerettete Passagierin Lady Duff Gordon über die »Titanic«-Katastrophe (1912):
»Mir schien es, als ob zahlreiche Personen am hochaufgerichteten Heck des Schiffes hingen und Hunderte ins Wasser sprangen... dann aber erhob sich das herzzerreißende Geschrei von neuem. Männer und Frauen trieben, an Wrackstücke geklammert, zu hunderten im Wasser. Nach einer Stunde war alles wieder totenstill geworden.«

Der deutsche Kaiser Wilhelm II. zum Kriegsausbruch (1914):
»In dem jetzt bevorstehenden Kampfe kenne Ich in Meinem Volke keine Parteien mehr. Es gibt unter uns nur noch Deutsche... Es handelt sich jetzt nur darum, dass alle wie Brüder zusammenstehen, und dann wird dem deutschen Volke Gott zum Siege verhelfen.«

Karl Liebknecht, vom SPD-Reichstagsabgeordneten zum revolutionären Arbeiterführer gewandelter Politiker, bei seiner Ausrufung der sozialistischen Republik (1918):
»Parteigenossen, ich proklamiere die freie sozialistische Republik Deutschland, die alle Stämme umfassen soll, in der es keine Knechte mehr geben wird, in der jeder ehrliche Arbeiter den ehrlichen Lohn seiner Arbeit finden wird. Die Herrschaft des Kapitalismus, der Europa in ein Leichenfeld verwandelt hat, ist gebrochen...«

US-Außenminister Robert Lansing äußert sich zum Versailler Vertrag (1919):
»Den Eindruck, den er macht, ist enttäuschend, erweckt Bedauern und Niedergeschlagenheit. Die Friedensbedingungen erscheinen unsagbar hart und demütigend, während viele von ihnen mir unerfüllbar scheinen... Wir haben einen Friedensvertrag, aber er wird keinen dauernden Frieden bringen, weil er auf dem Treibsand des Eigennutzes gegründet ist.«

Wörter des Jahrzehnts

Arbeiter- und Soldatenräte • Bauhaus • Blauer Reiter • Dada • Dolchstoß • Fließband • Freikorps • Gaskrieg • Oktoberrevolution • Sarajevo • Siegfrieden • Steckrübenwinter • Tango • Tannenberg • »Titanic« • Verdun • Versailles • Völkerbund

Januar 1910

1 Sa In Ungarn beginnt der »gesetzlose Zustand«. Da für 1910 kein Haushalt verabschiedet wurde, können keine direkten Steuern mehr erhoben werden.

2 So Der Parlamentseröffnung durch den portugiesischen König Emanuel II. in Lissabon bleiben fast alle Abgeordneten des liberal-monarchischen Blocks fern.

3 Mo Unter Sicherheitsvorkehrungen wird in St. Petersburg Großfürst Michail Nikolajewitsch beigesetzt. +++ In Berlin beginnt der dritte SPD-Parteitag für Preußen.

4 Di Großherzog Wilhelm Ernst von Sachsen-Weimar-Eisenach und Prinzessin Carola Feodora von Sachsen-Meiningen heiraten in Meiningen.

5 Mi US-Außenminister Philander Chase Knox schlägt den Großmächten vor, den geplanten Schiedsgerichtshof mit umfassenden Machtbefugnissen auszustatten.

6 Do Ein Brand im griechischen Königsschloss in Athen zerstört am Dreikönigstag den Mitteltrakt des Palastes vollständig.

7 Fr Die erste sozialdemokratische Balkankonferenz von Vertretern der Balkanländer verabschiedet in Belgrad ein Aktionsprogramm.

8 Sa Kriegstechnik für den Luftraum: Nach Angaben der Zeitschrift »Die Woche« besitzt das Deutsche Reich die größte Luftschiffflotte der Welt.

9 So Bei einer Benzinexplosion in der Garage des russischen Großfürsten Nikolaj Nikolajewitsch in St. Petersburg kommen zwei Menschen ums Leben.

10 Mo Die Überreste des berühmten Heidelberger Ottheinrichsbaus, der durch Dichtung und Musikwerke bekannt wurde, sollen als Ruine erhalten werden.

11 Di Die bayerische Regierung rechtfertigt die Entnahme von Gemälden aus der »feuergefährlichen« Augsburger Galerie für die Pinakothek in München.

12 Mi Der Deutsche Reichstag diskutiert heftig über die Strafversetzung oberschlesischer Beamter, die der polnischen Opposition nahestehen sollen.

13 Do Das zur sog. keltischen Renaissance zählende Tragödienfragment »Deirdre von den Schmerzen« von John Millington Synge wird in Dublin uraufgeführt.

14 Fr Im Staatsarchiv zu Münster in Westfalen werden drei Lieder des mittelhochdeutschen Dichters Walther von der Vogelweide entdeckt. → Rechtsruck

15 Sa Die Wiener Philharmoniker feiern den 50. Jahrestag des Konzerts, mit dem ihr Aufstieg zu einem Orchester von Weltrang begann. → Kolonien

16 So Sozialdemokraten fordern in Berlin öffentlich das allgemeine, gleiche, direkte und geheime Wahlrecht für Frauen und Männer in Preußen.

17 Mo Mit der Ernennung von Károly Graf Khuen-Héderváry von Hédervár zum Ministerpräsidenten Ungarns ist das Amt nach Monaten wieder besetzt.

18 Di Die SPD bringt im Reichstag eine Anfrage zum Einsatz von Militär gegen die streikenden Bergarbeiter im obersächsischen Mansfelder Revier ein.

19 Mi Nach der Inbetriebnahme einer neu installierten Dampfheizung brennt der Palast von Tschiraghan in Konstantinopel (Istanbul) völlig aus.

20 Do Schwere Regenfälle und sich anschließende Überschwemmungen setzen in Deutschland und in Frankreich ganze Landstriche unter Wasser.

21 Fr Der Reichstag in Berlin bewilligt die Geldmittel für den Ausbau der Usambara-Eisenbahn in der Kolonie Deutsch-Südwestafrika. → Blattern

22 Sa Aus Protest gegen erhöhte Preise boykottieren mehr als eine Mio. US-Amerikaner die Fleischindustrie und verpflichten sich, 40 Tage lang kein Fleisch zu essen.

23 So In Karlsruhe wird die Oper »Banadietrich« von Siegfried Wagner uraufgeführt. +++ Aus Marokko heimkehrende Truppen werden in Spanien bejubelt.

24 Mo Industrielle kritisieren in Berlin die Politik des Bundes der Landwirte, der sich gegen die Industrialisierung zu Lasten der Großgrundbesitzer wehrt.

25 Di In der Königlichen Akademie der Künste zu Berlin wird eine Ausstellung mit Werken französischer Rokokokunst des 18. Jahrhunderts eröffnet.

26 Mi Bei der Beratung des Militäretats im Deutschen Reichstag kommt es zu einer Debatte über die Bevorzugung des Adels im Offizierkorps. → Flut

27 Do Das deutsche Reichsblatt veröffentlicht die wegen ihrer Unverbindlichkeit enttäuschenden Ergebnisse der Haager Friedenskonferenz.

28 Fr In Cannes strandet das französische Torpedoboot »192«. Die Kriegsmarine in Frankreich wird in diesem Jahr von weiteren Unglücken getroffen.

29 Sa Der konservative Politiker Elard von Oldenburg-Januschau hält im Reichstag eine Rede gegen den Parlamentarismus. → Pol

30 So Im schweizerischen Davos wird der Schwede Ulrich Salchow erneut Weltmeister im Eiskunstlaufen und gewinnt damit zum neunten Mal diesen Titel.

31 Mo Der Alldeutsche Verband wirft dem Auswärtigen Amt vor, die reichsdeutschen Wirtschaftsinteressen in Marokko nur ungenügend durchzusetzen.

1. Februar 1910

Pilotenschein wird Pflicht

Der Luftverkehr befindet sich im Aufwind – Regeln und gesetzliche Bestimmungen werden notwendig. In Deutschland erwirbt der Ingenieur und Flugpionier August Euler den ersten Flugzeugführerschein (s. Abb.).

Noch kann jeder ohne Pilotenschein fliegen, doch diese Zeiten sind bald vorbei. In Frankreich werden noch in diesem Jahr spezielle Lernmaschinen für Flugneulinge eingeführt. Diese Simulatoren sind auf Pfählen montiert, auf denen sie hin und her bewegt und zum Kippen gebracht werden können. Auf Kommando des Lehrers betätigt der Schüler die Seiten- und Höhensteuerung.

Erst wenn er alle Handgriffe beherrscht, darf er in Begleitung eines Fluglehrers das erste Mal in die Luft gehen. Die Ausbildung dauert mehrere Wochen. Zur Orientierung für die Flieger werden im Deutschen Reich auf vielen Gebäuden Zahlen-Buchstaben-Kombinationen aufgemalt.

29. Januar 1910

Den Pol im Sucher

Zum ersten Mal wird der Öffentlichkeit ein Foto vom nördlichsten Punkt der Erde präsentiert. Die britische Zeitung »The Illustrated London News« veröffentlicht das erste Bild vom Nordpol (s. Abb. mit der Flagge der USA).

Der Polarforscher Robert Edwin Peary hat das Foto am 6. April 1909 geschossen, an dem Tag, an dem er als erster Mensch in die unmittelbare Nähe des nördlichsten Punktes der Erde gelangte. Seit der Bezwingung des Nordpols grassiert in vielen Ländern eine wahre Pol-Euphorie. So lädt der US-Millionär George Keßler zum Jahreswechsel zu einem »Nordpol-Diner« nach London ein. Die Gäste sitzen um einen künstlichen Eisblock, in dessen Mitte ein stilisierter Nordpol aus Silbertuch blinkt. Die Kellner tragen Eskimo-Kleidung, die Wände glitzern wie Schneeflächen.

21. Januar 1910

Blattern wüten auf Fünen

Eine der schrecklichsten Seuchen der Menschheit sucht die dänische Stadt Odense auf der Ostseeinsel Fünen heim. Der Ausbruch der schwarzen Pocken – auch schwarze Blattern genannt – versetzt die Stadt in Panik. Wegen des epidemischen Charakters der Seuche werden alle Schulen, Theater, Varietés und Vergnügungslokale geschlossen. Öffentliche Versammlungen und sogar die Gottesdienste werden verboten. Die schwarzen Pocken sind die schwerste Form der Pocken. In den meisten Fällen verläuft die Krankheit mit der kurzen Inkubationszeit tödlich.

26. Januar 1910

Jahrhundert-Flut in Frankreich

Durch die Straßen von Paris fließt die Seine, die Anwohner vieler Boulevards können ihre Wohnungen nur durch die Fenster und mit Hilfe von Kähnen trockenen Fußes verlassen (Abb.: Überflutete Straßen). »Land unter« heißt es nicht nur rund um den Eiffelturm, sondern auch in vielen anderen Gebieten Frankreichs. Die Ebene bei Rouen ist ein einziger See, viele Städte sind überschwemmt. In der Hauptstadt erreicht der Wasserstand der Seine an der Brücke Pont Royal die Rekordhöhe von 8,60 m. Normalerweise schwankt er zwischen 2 m und 2,40 m. Die Pflasterbeläge vieler Straßen senken oder heben sich. Viele der U-Bahn-Tunnel sind schwer beschädigt. Am 27. Januar stürzt das Gewölbe der Orléans-Bahn ein.

15. Januar 1910

Föderation der Kolonien

Frankreich strukturiert einen Teil seines afrikanischen Kolonialbesitzes neu und bildet das Generalgouvernement Äquatorialafrika mit Verwaltungssitz in Brazzaville.

Zu der französischen Kolonienkonföderation gehören Gabun, Mittel-Kongo, Oubangi-Chari und Tschad. Der französische Besitz in diesem Gebiet ist von der Kolonialmacht militärisch je-

Französischer Kolonialbesitz

Jahr	Land
1674	Martinique und Guadeloupe werden Kronkolonien
1830	Eroberung Algeriens
1842	Tahiti wird Protektorat (1880 Kolonie)
1854	Senegal wird Kolonie
1883	Tunis wird Protektorat
1885	Madagaskar wird Protektorat (1896 Kolonie)
1887	Annam, Tonkin, Kambodscha und Kotschinchina – 1893 auch Laos – werden zum Protektorat Indochina vereinigt
1891	Französisch-Kongo wird selbstständige Kolonie
1893	Errichtung der Kolonien Elfenbeinküste und Französisch-Guinea
1894	Besetzung von Dahome
1895	Errichtung der Kolonie Französisch-Westafrika
1904	Großbritannien erkennt den französischen Anspruch auf Marokko an
1910	Bildung von Französisch-Äquatorialafrika

17. Februar 1910

Sonderrolle für Balkanstaaten

Der österreichische Kaiser Franz Joseph I. billigt das Landesstatut für Bosnien und die Herzegowina. Die ursprünglich zur Türkei gehörenden und im Jahre 1908 von Österreich-Ungarn annektierten Länder erhalten eine eigene Verfassung, die ihnen eine Sonderstellung innerhalb der k.u.k.-Doppelmonarchie zusichert.
Beide Gebiete werden keiner Reichshälfte angegliedert, unterstehen jedoch der Leitung und Oberaufsicht des gemeinsamen Ministeriums. Der Landtag hat sich nur mit den inneren Angelegenheiten zu befassen. Am 30. Mai besucht Kaiser Franz Joseph I. nach dem Inkrafttreten der Landesverfassung zum ersten Mal Bosnien und die Herzegowina. Der österreichische Kaiser und König von Ungarn wird in der bosnischen Hauptstadt Sarajevo von der Bevölkerung enthusiastisch empfangen.
Bosnien und Herzegowina wurden im 15. Jahrhundert vom Osmanischen Reich erobert und bildeten seit dem Jahr 1580 eine zusammengehörende Verwaltungseinheit (Paschalik) innerhalb des Osmanischen Reichs unter der Oberherrschaft eines Paschas.

14. Januar 1910

Rechtsruck in Großbritannien

Die beginnenden Unterhauswahlen, die sich über drei Wochen hinziehen, bringen erdrutschartige Verschiebungen.
Die Liberalen unter Premierminister Herbert Henry Asquith verlieren mehr als 100 Mandate und stellen nur noch 274 Abgeordnete, Konservative und Unionisten machen die Schlappe der vergangenen Wahl wett und erringen 273 Mandate (1906: 157). Die Labour Party zieht zum ersten Mal unter diesem Namen ins Unterhaus ein. Dass sie 41 Abgeordnete (Abb.: Labour-Delegierte) stellt, gilt allgemein als sensationeller Wahlerfolg. Im Jahre 1906 hatten nur fünf Abgeordnete der damaligen Independent Labour Party den Sprung ins Parlament geschafft.

Als billige Arbeitskräfte werden die einheimischen Afrikaner von den Kolonialmächten missbraucht.

doch noch nicht gesichert. Anfang Januar unternehmen französische Truppen östlich und nördlich des Tschadsees Strafexpeditionen gegen Stämme, die den Weißen im November 1909 Niederlagen bei Biski in der Nähe der Oase Bilma und bei Medeli östlich des Tschadsees zugefügt hatten. Am 4. Januar kommen fast 200 französische Soldaten bei einem Überfall von Eingeborenen bei Bir Tuil um.
Das neue Jahrzehnt wird jedoch nicht nur von der französischen Kolonialmacht mit Säbelgerassel begonnen. Die USA erklären am 21. Januar die Annexion Spitzbergens. Die vor allem an Kohlevorkommen reiche Inselgruppe im nördlichen Eismeer ist staatenlos, wird jedoch auch vom Königreich Norwegen und anderen »interessierten Mächten« wie Russland beansprucht. Am 14. Januar verhängt die Kolonialmacht Großbritannien über ganz Britisch-Indien den Ausnahmezustand, obwohl sich die antibritische Agitation vor allem der Brahmanen im wesentlichen auf das Gebiet um Bombay und auf Maharashtra beschränkt. Zu den weiteren wichtigen Kolonialmächten zählen Belgien, Dänemark, Deutschland, Italien, Japan, die Niederlande, Portugal und Spanien.

Februar 1910

1 Di In London werden die ersten staatlichen Arbeitsämter eröffnet. Großbritannien übernimmt damit in Europa eine Vorreiterrolle. → Pilotenschein

2 Mi Die Sozialdemokratische Partei Rumäniens wird in Bukarest neu gegründet. +++ Die russische Reichsduma fordert ein Gesetz gegen die Verbannung.

3 Do Bei der Vorabstimmung über die »Schifffahrtsabgabe« zeichnet sich im deutschen Bundesrat eine knappe Entscheidung zugunsten des Vorhabens ab.

4 Fr Der preußische Ministerpräsident legt die neue Wahlrechtsnovelle vor, die weiterhin auf dem Dreiklassenwahlrecht – allerdings in modifizierter Form – basiert.

5 Sa In Hildesheim findet der Parteitag der Deutschkonservativen Reichspartei statt, der zweitstärksten politischen Kraft nach dem Zentrum.

6 So Hunderttausende demonstrieren in mehreren preußischen Städten, in Braunschweig und Nürnberg gegen die Wahlrechtsvorlage der preußischen Regierung.

7 Mo Ein russischer Abgeordneter der äußersten Rechten kritisiert die Zulassung von Juden zum Richteramt. Er wird vorläufig aus dem Parlament ausgeschlossen.

8 Di Das Deutsche Reich, Belgien und Großbritannien treffen sich in Brüssel zu einer Konferenz, um den Grenzverlauf im Kongo festzulegen.

9 Mi In Halle an der Saale werden im sog. Mansfelder Aufruhrprozess zwei Bergleute, die sich am Januarstreik beteiligt haben, zu Gefängnisstrafen verurteilt.

10 Do Pfui-Rufe empfangen Ministerpräsident Theobald von Bethmann Hollweg zur ersten Lesung der Wahlrechtsnovelle im preußischen Abgeordnetenhaus.

11 Fr Italienische Maler geben in Mailand das »Manifest der futuristischen Malerei« heraus. Der Futurismus versucht, Bewegung und Energie darzustellen.

12 Sa Der Dalai Lama Thupten Gjatso, Tibets politisches und religiöses Oberhaupt, flieht vor chinesischen Truppen aus Lhasa nach Kalkutta in Britisch-Indien.

13 So Hunderttausende beteiligen sich in Preußen an Kundgebungen gegen die Wahlrechtsnovelle, zu denen die SPD aufgerufen hat.

14 Mo Im Deutschen Reichstag beginnt die Lesung des Kali-Gesetzentwurfes. Er sieht ein Zwangskartell für deutsche Kaliunternehmen vor.

15 Di Prinz Georg von Bayern bekennt sich öffentlich zum Duell und löst damit einen Sturm von Protesten im Deutschen Reich aus.

16 Mi Die Deutschkonservativen fordern wegen der Zwischenrufe der SPD im preußischen Abgeordnetenhaus die Verschärfung der Geschäftsordnung.

17 Do In Frankfurt am Main kommt es nach sozialdemokratischen Versammlungen zu blutigen Zusammenstößen mit der Polizei. → Balkanstaaten

18 Fr Der Deutsche Reichstag in Berlin lehnt einen Toleranzantrag des Zentrums zur Religionsfreiheit mit 160 zu 150 Stimmen ab.

19 Sa Der frühere ungarische Ministerpräsident István Graf Tisza gründet in Budapest die nationale Arbeiterpartie. Sie kämpft gegen die radikalen Nationalisten.

20 So Der ägyptische Ministerpräsident Butros Pascha Gali wird in Kairo durch ein Revolverattentat so schwer verletzt, dass er am nächsten Tag stirbt.

21 Mo In Zürich wird das nie veröffentlichte Jugendwerk »Wilhelm Meisters theatralische Sendung« von Johann Wolfgang von Goethe wiederentdeckt.

22 Di In mehreren deutschen Städten kommt es anlässlich des 70. Geburtstags des SPD-Vorsitzenden August Bebel zu Sympathie-Kundgebungen.

23 Mi König Ferdinand I. von Bulgarien trifft sich mit Zar Nikolaus II. in Russland zu Gesprächen über die Lage auf dem Balkan.

24 Do Bei einem Duell wegen einer Wahlrechtsfrage verwundet der frühere französische Kolonialminister Raphael Milliès-Lacroix den Senator Lentilhac.

25 Fr Der österreichisch-ungarische Außenminister Aloys Graf Lexa von Aehrenthal wird in München vom bayerischen Prinzregenten Luitpold empfangen.

26 Sa Im Wilhelm-Theater in Magdeburg wird die Operette »Die keusche Susanne« von Jean Gilbert uraufgeführt.

27 So Im Zirkus Busch in Berlin versammeln sich Gegner der preußischen Wahlrechtsvorlage und ziehen dann durch die Stadt und vor das Königliche Schloss.

28 Mo Der britische Premierminister Herbert Henry Asquith stellt sein Regierungsprogramm vor und fordert die Einschränkung des Vetorechtes des Oberhauses.

März 1910

1 Di Die »Süddeutsche Tabakzeitung« meldet, dass seit Einführung der Tabaksteuer (1906) 54 000 deutsche Zigarrenarbeiter arbeitslos geworden sind.

2 Mi Der österreichische Ministerpräsident Richard Freiherr Bienerth-Schmerling stellt seine Vorschläge zur »Abschwächung der nationalen Gegensätze vor«.

3 Do Mit der Herausgabe der Zeitschrift »Der Sturm« durch Herwarth Walden beginnt das expressionistische Jahrzehnt in der Literatur. → Chemotherapie

4 Fr Österreich fordert die Beibehaltung der abgabenfreien Elbschifffahrt. +++ Robert F. Scott, britischer Polarforscher, testet erfolgreich einen Motorschlitten.

5 Sa Das Reichsmarineamt weist Vorwürfe zurück, dass es die Firma Krupp – Deutschlands größte Waffenschmiede – bevorzuge. → Nijinski

6 So Bei der Volksabstimmung im schweizerischen Kanton Basel-Stadt wird das Gesetz zur Trennung von Kirche und Staat angenommen. → Liberale

7 Mo Der deutsche Bundesrat stimmt dem Entwurf einer Reichsversicherungsordnung zu, die ein einziges umfassendes Sozialversicherungsgesetz beinhaltet.

8 Di Als erste Frau der Welt erwirbt die Französin Raymonde Delaroche einen Pilotenschein. +++ Englands König Edward VII. ist auf Staatsbesuch in Frankreich.

9 Mi König Alfons XIII. von Spanien unterzeichnet einen Erlass, der die Zulassung von Frauen zum Universitätsstudium gestattet.

10 Do Der langjährige Wiener Bürgermeister Karl Lueger stirbt in seiner Heimatstadt Wien. Die Stadt trauert um den populären Politiker. → Sklaverei

11 Fr In Paris treffen sich unter Führung von Marie Bonnevial Feministinnen und fordern das Frauenwahlrecht. Zur Veranstaltung kommen auch zahlreiche Männer.

12 Sa Prinz Heinrich von Preußen berichtet über inoffizielle Gespräche mit Vertretern Großbritanniens und betont ihre ehrliche und aufrichtige Gesinnung.

13 So Die nationalen Auseinandersetzungen im Balkankönigreich Bulgarien erreichen mit dem sog. Blutbad von Rustschuck (Ruse) einen Höhepunkt.

14 Mo Das britische Unterhaus berät über den Marine-Etat und ein geplantes Schiffsbauprogramm. Debattiert wird auch über das britisch-deutsche Wettrüsten.

15 Di Die »Berliner Korrespondenz« veröffentlicht die Grundzüge der neuen Reichsversicherungsordnung. Neu ist u.a. eine Witwen- und Waisenversicherung.

16 Mi Das preußische Abgeordnetenhaus nimmt die umstrittene Wahlrechtsvorlage, die das Dreiklassenwahlrecht bestätigt, mit 238 zu 168 Stimmen an.

17 Do Die Akademie der Künste eröffnet eine Ausstellung US-amerikanischer Kunst mit modernen Gemälden aus der Sammlung Hugo Reisinger.

18 Fr In Lissabon wird Infant Alfons, Herzog von Oporto, zum Thronnachfolger proklamiert. Der neue Monarch soll die stark gefährdete Dynastie in Portugal stützen.

19 Sa Ein Arbeiter, der gegen das Dreiklassenwahlrecht demonstriert und Schutzleute als »Bluthunde« tituliert hat, wird in Berlin zu dreizehn Wochen Haft verurteilt.

20 So Der französische Fotopionier, Luftschiffer und Schriftsteller Nadar stirbt im Alter von 89 Jahren in seiner Heimatstadt Paris. → Balkan

21 Mo König Ferdinand I. von Bulgarien spricht mit Sultan Muhammad V. in der osmanischen Hauptstadt Konstantinopel über die Krise auf dem Balkan.

22 Di Österreichs Kaiser Franz Joseph I. löst als König von Ungarn wegen der nicht überwindbaren Spannungen den ungarischen Reichstag in Budapest auf.

23 Mi In Äthiopien wird Kaiserin Zäuditu entmachtet. Als Nachfolger ihres Mannes Kaiser Menilek II., wird dessen Enkel Josua anerkannt.

24 Do Britische Walfänger hissen auf Heard Island im Indischen Ozean ihre Landesflagge und annektieren im Namen Großbritanniens die Insel.

25 Fr US-Präsident William Howard Taft erklärt, er werde der hochverschuldeten afrikanischen Republik Liberia mit einer Anleihe helfen, die Gläubiger zu bezahlen.

26 Sa König Peter I. von Serbien besucht Moskau. Die russische Regierung sichert ihm ihre Unterstützung bei seinen friedlichen Bestrebungen auf dem Balkan zu.

27 So Der russische Zar Nikolaus II. empfiehlt der Reichsduma (Parlament), die Autonomie des russischen Großfürstentums Finnland per Gesetz aufzuheben.

28 Mo In einer Rede in Kairo verurteilt der frühere US-Präsident Theodore Roosevelt die Ermordung des ägyptischen Ministerpräsidenten Butros Pascha Gali.

29 Di In Monte Carlo wird das Ozeanographische Museum eröffnet. Gründer ist der als Meeresforscher bekannte Fürst Albert I. von Monaco.

30 Mi In Mülheim am Rhein (bei Köln) rast ein Expresszug auf einen Sonderzug mit heimkehrenden Militärurlaubern. 21 Soldaten sterben, 100 werden verletzt.

31 Do In Paris wird das Altersversorgungsgesetz verabschiedet, das die Rente für über 70-jährige Lohnarbeiter und geringer bezahlte Angestellte regelt.

2. April 1910

Bethel-Gründer gestorben

Mit Friedrich von Bodelschwingh verliert die kirchliche Sozialfürsorge ihren wichtigsten Fürsprecher und Praktiker. Die von ihm gegründeten Anstalten in Bethel entwickelten sich zum größten Hilfswerk der Inneren Mission in Deutschland.

Friedrich von Bodelschwingh

evangelischer Theologe, * 6.3.1831 Haus Marck bei Lengerich (Westfalen); † 2.4.1910 Bethel bei Bielefeld

Der aus einem alten westfälischen Adelsgeschlecht stammende Theologe gründete zunächst die Krankenanstalt für Epilepsiekranke und milieugeschädigte Jugendliche. Er achtete darauf, daß geistig und psychisch Kranken stets ein eigenverantwortlicher Arbeitsbereich zugewiesen wurde. Bodelschwingh setzte sich als Politiker für das Wanderer-Arbeitsstätten-Gesetz ein.

- 1867: Gründung der »Bodelschwinghschen Anstalten«
- 1869: Gründung des Westf. Diakonissenhauses »Sarepta«
- ab 1882: Gründung von Arbeiterkolonien für Landstreicher
- 1887: Gründung des Brüderhauses »Nazareth«
- 1903-1908: Mitglied des preußischen Landtags

23. April 1910

Weltausstellung in der Kritik

Zum zweiten Mal nach 1897 lädt Belgien die Völker der Welt zu einer Leistungsschau ein. König Albert I. eröffnet im Rahmen einer prunkvollen Feier die Weltausstellung.
Lediglich die deutsche und die japanische Ausstellungsabteilung sind zum Zeitpunkt der Eröffnung fertiggestellt. Erst als Ende Mai die meisten Aussteller ihre Arbeiten beendet haben, setzt der Besucherandrang ein. Insgesamt besuchen 13 Mio. Menschen das ca. 100 ha große Gelände. Die Schau steht unter dem Zeiches des »Progrès«, des technischen, sozialen und kulturellen Fortschritts (Abb.: Illustration aus der »Leipziger Illustrirten Zeitung«).
Die Ausstellung bringt insgesamt keine spektakulären Neuerungen. Im technisch-industriellen Bereich zeigt sich die Tendenz, bekannte Erfindungen unter dem Aspekt der Wirtschaftlichkeit zu verfeinern und zu verbessern. Zu den wichtigsten Neuerungen zählt der Kleinmotor des deutschen Maschineningenieurs Rudolf Diesel. Allgemein ist die Brüsseler Weltausstellung mit ihrer Mischung aus Kunstgewerbe und Kommerz, Hochtechnologie und Volksbelustigung Ausdruck einer Tendenz, die immer mehr Aussteller abschreckt. Die rheinisch-westfälische Großindustrie z.B. nimmt in Brüssel »aus wesentlichen finanziellen Gründen« nicht teil. Viele Hersteller ziehen es vor, ihre Produkte auf Fachausstellungen zu präsentieren anstatt auf einer jahrmarktähnlichen Messe.

20. März 1910

Balkan bleibt Zankapfel

Trotz einer Annäherung der Länder Österreich-Ungarn und Russland werden die zentralen Gegensätze der rivalisierenden Mächte nicht grundsätzlich gelöst, sondern nur vertagt. Vor allem dem russischen Außenminister Alexander P. Iswolski ist es zu verdanken, dass die diplomatischen Beziehungen zwischen der Donaumonarchie und dem Zarenreich wieder aufgenommen werden. Sie waren seit mehr als einem Jahr wegen der österreichischen Annexion Bosniens und der Herzegowina unterbrochen. Iswolski betreibt die Aussöhnung der beiden Balkanrivalen gegen die Stimmung im eigenen Land.
Russland und Österreich-Ungarn verständigen sich über die Erhaltung des Status quo auf dem Balkan und versichern, die Unabhängigkeit der Balkanstaaten anzuerkennen. Für den Fall innerer Unruhen oder kriegerischer Auseinandersetzungen zwischen den Balkanstaaten halten sie sich die Möglichkeit offen, ein neues Abkommen zu schließen. Die Annexion der osmanischen Gebiete Bosnien und Herzegowina führte Ende 1908 zur sog. Annexionskrise, die zu einem europäischen Krieg zu eskalieren drohte. Russland, das mit Österreich-Ungarn um Einflusssphären auf dem Balkan rivalisiert, musste aufgrund innen- und außenpolitischer Schwäche der Annexion der Gebiete zustimmen.

5. März 1910

Nijinski glänzt als Harlekin

Im Pawlow-Saal in St. Petersburg wird das Ballett »Le Carnaval« von Michail M. Fokin uraufgeführt.
Der von Robert Schumanns Klaviersuite »Carnaval« inspirierte Einakter wird ein Welterfolg. Hingerissen ist das Publikum von der tänzerischen Darstellung des Harlekin durch Wazlaw Nijinski (Abb.: in dem Ballett-Klassiker »Giselle«). In den weiteren Rollen glänzen Vera Fokina als Chiarina und Bronislawa Nijinska als Papillon. Die deutsche Premiere des Stücks – die erste außerhalb Russlands – findet am 20. Mai im Theater des Westens in Berlin statt.

3. März 1910

Perspektive Chemotherapie

Konrad Alt, Leiter der Landesheil- und Pflegeanstalt im sächsischen Uchtspringe, berichtet in der Medizinischen Gesellschaft zu Magdeburg erstmals über den Erfolg eines neuen Heilmittels gegen die Syphilis, des Präparats »Salvarsan 606«, das ihm der Frankfurter Serologe Paul Ehrlich zur Erprobung übergeben hat. Gemeinsam mit dem japanischen Bakteriologen Sahatschiro Hata hat Ehrlich das synthetisch hergestellte Heilmittel entwickelt. Mit dem Beginn der Chemotherapie wird ein neues Kapitel in der Behandlung von Infektionskrankheiten aufgeschlagen.

10. März 1910

Keine Sklaverei in China

Im Rahmen der kaiserlichen Reformpolitik wird ein weiterer gesellschaftlicher Bereich liberalisiert. Die Regierung genehmigt den Gesetzentwurf über die Abschaffung der Sklaverei. Danach wird der Handel mit Menschen verboten.

sucht das Kaiserhaus gegenüber der eigenen Bevölkerung durch eine vorsichtige Liberalisierung wettzumachen. Seit 1902 wurden Reformen im Unterrichts- und Heerwesen, im Finanzsystem, in Justiz und Verwaltung eingeleitet. Die imperialis-

Verurteilte Verbrecher mit dem Schandbrett »Kang«

Auslöser für Reformen in der chinesischen Politik seit Beginn des Jahrhunderts waren die Niederschlagung des fremdenfeindlichen Boxeraufstands durch die europäischen Mächte und die Aufteilung der Mandschurei in eine japanische und eine russische Einflusszone nach dem japanisch-russischen Krieg. Diese Demütigungen ver-

tischen Mächte unterstützten das halbkoloniale und halbfeudale chinesische Regime, da es die ausländischen Kapitalgesellschaften gewähren lässt. Das Gros der chinesischen Bevölkerung lebt in Armut – sowohl in den Städten wie auf dem Land. Oppositionelle Bewegungen werden im chinesischen Kaiserreich immer einflussreicher.

Friedrich Naumann

deutscher Politiker und evangelischer Theologe, * 25.3.1860 Störmthal bei Leipzig; † 24.8.1919 Travemünde

Naumann ist einer der zentralen Persönlichkeiten des deutschen Liberalismus. Der Theologe, den sein soziales Engagement in die Politik führte, ist maßgeblich an der Gründung der Fortschrittlichen Volkspartei beteiligt. Naumann will Nationalismus und Sozialismus dadurch miteinander versöhnen, dass die Arbeiter durch Reformen für den Staat gewonnen werden. In seiner Schrift »Demokratie und Kaisertum« (1900) plädierte er für eine demokratische und soziale Fortentwicklung in Form einer konstitutionellen Monarchie.

- 1896: Mitbegründer des Nationalsozialen Vereins
- 1903: Mitglied der Freisinnigen (Liberale)
- 1907-12 und 1913-18: Mitglied des Reichstags
- 1917: Gründer der Staatsbürgerschule in Berlin
- 1919: Vorsitzender der Deutschen Demokratischen Partei (DDP), Mitglied der Nationalversammlung

6. März 1910

Deutsche Liberale vereint

Durch den Zusammenschluss der liberalen Parteien Freisinnige Volkspartei, Freisinnige Vereinigung und Deutsche Volkspartei wird in Berlin – unter maßgeblicher Beteiligung von Friedrich Naumann – die Fortschrittliche Volkspartei gegründet.

Die Übereinkunft wird allgemein als der bedeutsamste Schritt in der bisherigen Geschichte des deutschen Liberalismus gewertet. »Der Strich zwischen Nord- und Süddeutschland wird heute für den Liberalismus beseitigt«, stellt Friedrich von Payer in der Schlussansprache vor dem Gründungsparteitag fest. Dem Zusammenschluss sind fast 20 Jahre der Zersplitterung vorausgegangen. Das Programm der Fortschrittlichen Volkspartei übernimmt traditionelle Forderungen des Linksliberalismus, u.a.: Abbau der Zölle und allgemeines Wahlrecht.

April 1910

1 Fr In Paris wird das Großkaufhaus »Printemps« eröffnet. In Frankreich gibt es Warenhäuser mit Artikeln für den Massenbedarf bereits seit dem 18. Jahrhundert.

2 Sa Der russische Ministerpräsident Pjotr A. Stolypin gibt bekannt, im letzten Jahr seien 450 000 Kolonisten in Westsibirien eingetroffen. → Bodelschwingh

3 So Mit 3:2 Toren gewinnt die deutsche Mannschaft ein Fußballländerspiel in Basel gegen die Auswahl der Schweiz.

4 Mo Im chinesischen Kaiserpalast werden vier mit Sprengstoff gefüllte Bomben entdeckt. China führte in den letzten Wochen umstrittene Reformen durch.

5 Di Der Landtag des Fürstentums Anhalt stimmt für die Direktwahl in den Städten. Die Landbevölkerung soll jedoch weiterhin nur indirekt wählen können.

6 Mi Aus Südamerika wird über Konflikte und eine drohende militärische Auseinandersetzung zwischen Chile, Ecuador, Peru und Kolumbien berichtet.

7 Do Die Berliner Stadtverordneten genehmigen die Erweiterung des Viktoriaparks und den Ankauf eines angrenzenden Militärgeländes für 6,3 Mio. Mark.

8 Fr Der preußische Kriegsminister Josias von Heeringen gibt einen Erlass zur »Stärkung für das Militärische bei der Jugend« heraus.

9 Sa Kiew weist 651 jüdische Familien – insgesamt 2.700 Personen– aus. +++ Ein Fußballländerspiel gegen die Schweiz gewinnt Großbritannien in London 6:1.

10 So In Jerusalem wird die deutsche Zionskirche eingeweiht. Tags zuvor war die vom Kaiserpaar gegründete Kaiserin-August-Viktoria-Stiftung eröffnet worden.

11 Mo Der deutsche Bundesrat nimmt einen Entwurf zum Wertzuwachssteuergesetz an, der die Besteuerung von Wertzuwachs bei Grundstücken vorsieht.

12 Di Wegen der Fleischnot reicht die Berliner Fleischerinnung beim Deutschen Reichstag eine Petition zur Öffnung der Grenzen für lebendes Schlachtvieh ein.

13 Mi Die Hamburger Bürgerschaft bewilligt einstimmig 1,3 Mio. Mark für den Bau eines Instituts für Schiffs- und Tropenkrankheiten.

14 Do Das britische Unterhaus in London nimmt eine Resolution an, die die Legislaturperiode von bisher sieben auf fünf Jahre verkürzt.

15 Fr In geheimer Sitzung bewilligt die russische Reichsduma mehrere Mio. Rubel für Festungsbauten an der Westgrenze des Russischen Reiches.

16 Sa Im Deutschen Reich werden rd. 160 000 Bauarbeiter ausgesperrt. Der bis Juni dauernde Arbeitskampf ist der bislang längste in Deutschland.

17 So Der Ballon »Delitzsch« wird während eines Gewitters in der Nähe von Reichensachsen vom Blitz getroffen und stürzt ab. Vier Insassen sterben.

18 Mo In Paris wird eine internationale Konferenz zur Bekämpfung des Mädchenhandels eröffnet. Betroffen sind vor allem Frauen aus slawischen Ländern.

19 Di 25 Arbeiter sterben, als in der Nähe von Lataque in Kanada ein Bergsturz auf einen Arbeiterzug der National Transcontinental Railway niedergeht.

20 Mi Eine Volksversammlung in Johannesburg (Nordböhmen) spricht sich für die Reaktivierung der antikatholischen »Los-von-Rom«-Bewegung aus.

21 Do Der US-Schriftsteller Mark Twain (»Die Abenteuer des Huckleberry Finn«) stirbt im Alter von 75 Jahren in Redding (US-Bundesstaat Connecticut).

22 Fr Im Deutschen Reichstag wird beantragt, durch eine Vermögenssteuer die Kosten der Niederschlagung des Herero-Aufstands (1904) in Südafrika zu decken.

23 Sa Auf Kuba, seit 1901 faktisch ein Protektorat der USA, wird ein Aufstand der Plantagenarbeiter blutig niedergeschlagen. → Weltausstellung

24 So Die Parlamentswahlen in Frankreich bestätigen die Koalition unter dem sozialistischen Ministerpräsidenten Aristide Briand.

25 Mo Ein Sturm reißt das Reichsluftschiff »Z II« bei der Zwischenlandung in Limburg an der Lahn aus der Verankerung und zerstört es völlig.

26 Di Der Deutsche Reichstag lehnt es ab, die Kosten für den Sieg beim Herero-Aufstand (1904) durch Minengesellschaften in Deutsch-Südafrika zu finanzieren.

27 Mi Einen 296-km-Überlandflugrekord stellt der Aviatiker Louis Paulhan mit seinem Doppeldecker bei einem Wettflug von London nach Manchester auf.

28 Do Das britische Oberhaus in London nimmt das umstrittene Finanzgesetz an, dessen Ablehnung im Vorjahr die Neuwahlen notwendig gemacht hatte.

29 Fr In Berlin billigt das preußische Herrenhaus die Wahlrechtsnovelle, die das Dreiklassenwahlrecht vorsieht, mit 140 zu 94 Stimmen.

30 Sa Der Parteitag der Fortschrittlichen Volkspartei, die sich im März 1910 aus drei liberalen deutschen Parteien gebildet hatte, wird in Nürnberg eröffnet.

Mai 1910

1 So Auf der Münchener Theresienwiese findet die erste polizeilich genehmigte Maikundgebung von Arbeitern statt.

2 Mo Zu blutigen Zusammenstößen kommt es zwischen streikenden Arbeitern und dem Militär in der französischen Hafenstadt Dünkirchen (Dunkerque).

3 Di Bei der portugiesischen Bank »Credito Predial« werden Manipulationen aufgedeckt. Da die Regierung involviert ist, kommt es im Juni zum Sturz des Kabinetts.

4 Mi Der frühere US-Präsident und Friedensnobelpreisträger von 1906, Theodore Roosevelt, referiert in Kristiania (Oslo) u.a. über das Wettrüsten.

5 Do Bei einer Explosion in der Palos-Mine bei Birmingham im US-Bundesstaat Alabama wird die gesamte Belegschaft, 45 Weiße und 100 Schwarze, getötet.

6 Fr Die Provinzhauptstadt Cartago in Costa Rica wird durch ein Erdbeben zerstört. Die Katastrophe fordert rd. 2500 Menschenleben. → Edward VII.

7 Sa Georg V., der neue König von Großbritannien und Irland, leistet in London den Eid auf die Verfassung. Die Krönung findet im Jahre 1911 statt.

8 So An der japanischen Westküste werden mehrere Divisionen in Alarmbereitschaft versetzt. Japan steht kurz vor der Annexion des Kaiserreichs Korea.

9 Mo Sieger der Parlamentswahlen in Spanien sind die regierenden Liberalen unter Ministerpräsident José Canalejas y Méndez.

10 Di Das Reichskolonialamt und die Deutsche Kolonialgesellschaft vereinbaren eine Gewinnbeteiligung Berlins an der Diamantengesellschaft in Südwestafrika.

11 Mi In Berlin nimmt der Bundesrat den Kaligesetzentwurf, der ein Zwangssyndikat für Kaliunternehmen vorsieht, in der vom Reichstag beschlossenen Fassung an.

12 Do Der frühere US-Präsident Theodore Roosevelt spricht in der Berliner Universität über die Weltkulturbewegung und wird zum Ehrendoktor ernannt.

13 Fr Das norwegische Parlament in Kristiania (Oslo) stimmt der Einführung des allgemeinen Kommunalwahlrechts für Frauen zu.

14 Sa In Brüssel verabschiedet eine deutsch-britisch-belgische Konferenz den Vertrag zur Regulierung der Grenze im Osten der Kolonie Belgisch-Kongo.

15 So Der Karlsruher FV gewinnt in Köln die Deutsche Fußballmeisterschaft mit 1:0 Toren nach Verlängerung gegen Holstein Kiel.

16 Mo Argentinien verhängt zur Abwehr eines Generalstreiks der Gewerkschaften anlässlich der 100-Jahr-Feier des Landes den Belagerungszustand.

17 Di Tausende defilieren an dem in der Londoner Westminster Hall aufgebahrten Leichnam des am 6. Mai verstorbenen britischen Königs Edward VII. vorbei.

18 Mi Das wegen Unruhen in der Gendarmeriekaserne von Pinar del Rio auf Kuba gesammelte Straßenbau-Dynamit explodiert und tötet 100 Menschen.

19 Do In Weimar wird das Dritte Bundesfest des Verbands der deutschen farbentragenden Sängerschaften eröffnet. → Komet

20 Fr Das Ballett »Le Carnaval« von Michail M. Fokin wird im Theater des Westens in Berlin erstmals außerhalb Russlands aufgeführt.

21 Sa Verfassungsgemäß wiederholt das preußische Herrenhaus in Berlin die Abstimmung über die umstrittene Wahlrechtsnovelle und nimmt sie nochmals an.

22 So Während des nicaraguanischen Bürgerkriegs versenkt das Regierungskanonenboot »Venus« bei Punta Gorda das Rebellenkanonenboot »Omotepe«.

23 Mo Auf König Alfons XIII. von Spanien wird in Madrid erfolglos ein Bombenattentat verübt. +++ Der Aviatiker Robert Frey überfliegt erstmals Berlin.

24 Di Der schweizerische Kanton Graubünden gibt die nördlichen Zufahrtstraßen bis Chur für Automobile frei. Die Alpenstraßen bleiben weiter gesperrt.

25 Mi Der Sultan von Marokko, Abd Al Hafis, verkündet, er habe beschlossen, die »Leibesstrafe« (Folter) in seinem Land aufzuheben.

26 Do Papst Pius X. bezeichnet die Reformation als Perversion des Glaubens. +++ In Süddeutschland und der Schweiz bebt die Erde.

27 Fr Die preußische Regierung zieht die von zahlreichen Protesten begleitete und bei allen Parteien umstrittene Wahlrechtsreform endgültig zurück.

28 Sa In Wien wird Oberleutnant Adolf Hofrichter zum Tode verurteilt. Um schneller befördert zu werden, hatte er versucht, zehn Offiziere mit Zyankali zu töten.

29 So Die deutsche Reichsbank wird dazu verurteilt, das 12,8 Mio. Mark-Depot des 1909 von Jungtürken gestürzten Sultans Abd Al Hamid II. herauszugeben.

30 Mo Mit großem Gefolge reist der österreichische Kaiser und ungarische König Franz Joseph I. in das 1908 von Österreich-Ungarn annektierte Bosnien.

31 Di Der deutsche Kronprinz Wilhelm nimmt in Begleitung des belgischen Königs Albert I. die Militärparade auf dem Tempelhofer Feld ab. → Südafrika

19. Mai 1910

Komet bleibt unsichtbar

Der Weltuntergang findet nicht statt, auch bleiben große Katastrophen aus, als in der Nacht vom 18. auf den 19. Mai der Halleysche Komet zum ersten Mal seit 1835 wieder seine größte Erdnähe erreicht. Er ist – so die Voraussagen – mit dem

bloßen Auge zu erkennen. Zehntausende haben sich aufgemacht, um dieses Naturschauspiel zu beobachten. Andere wiederum befürchten den Untergang der Welt (Abb.: Die Weltuntergangsstimmung, die das Nahen von Halley bei vielen auslöst, karikiert diese Postkarte). Die Neugierigen werden jedoch enttäuscht. Nichts ist von dem Kometen zu sehen, weder mit dem bloßen Auge noch mit Fernrohren oder den Präzisionsinstrumenten der Sternwarten. Dies wird damit erklärt, dass der Komet »trotz der beträchtlichen Größe und Helligkeit eine so geringe Masse und Dichte hat, dass er eine merkliche Absorption auf die ihn durchdringenden Sonnenstrahlen nicht auszuüben vermag, sondern sich wie ein vollkommen durchsichtiger Körper verhält«, heißt es in einer Stellungnahme der Berliner Sternwarte. Auch mit dem Auge wahrnehmbare Folgen des Schweifdurchgangs bleiben aus. Der Komet ist nach dem britischen Mathematiker und Astronomen Edmond Halley (1656-1742) benannt, der die Identität der in den Jahren 1531, 1607 und 1682 erschienenen Kometen entdeckte. Mit 6 km Durchmesser ist der Halleysche Komet der bis dahin größte bekannte Schweifstern. Alle 76 Jahre fliegt er an der Erde vorbei. Die erste Erscheinung wurde 466 v. Chr. registriert.

31. Mai 1910

Südafrika gegründet

Das britische Dominion Südafrikanische Union wird durch den Zusammenschluss der britischen Kolonien Kapkolonie, Natal, Oranjefreistaat und Transvaal gegründet. Regierungssitz ist Pretoria, das Parlament befindet sich in Kapstadt.

Die Südafrikanische Partei – sie fordert die Versöhnung zwischen Buren und Briten – stellt mit Louis Botha einen Ministerpräsidenten, der als ehemaliger Kriegsgeneral große Popularität bei den Buren genießt. Die britische Herrschaft in Südafrika hatte im Jahre 1806 mit der Besetzung der von niederländischen Siedlern (Buren) kolonisierten Kapkolonie (Kapprovinz) begonnen. Ab Mitte der 30er Jahre verließen die Buren im »Großen Treck« die Kolonie und zogen nach Norden, da das 1834 im britischen Empire in Kraft getretene Sklavereiverbot vielen von ihnen die Lebensgrundlage entzog. Sie gründeten nach heftigen Kämpfen mit dem Zulustaat die Republik Natal, die Großbritannien im Jahre 1834 annektiert hatte. Viele wanderten weiter über den Fluss Vaal, wo sie Republiken gründeten, aus denen die Südafrikanische Republik (Transvaal) hervorging.

Mai 1910

Neue Rheinbrücke in Köln

Die Domstadt ist um ein charakteristisches Bauwerk reicher: Die in einer architektonischen Mischung aus moderner Eisenkonstruktion und historisierenden Formen errichtete Südbrücke überspannt

650 m weit den Rhein. Das Hohenzollernbrücke genannte Bauwerk (s. Abb.), das sich in drei Bögen über den Fluss schwingt, wird offiziell im Mai 1911 eingeweiht. Das für die wilhelminische Architektur typische Monument kostete 5 Mio. Mark.

25. Juni 1910

»Feuervogel« wird umjubelt

Nach den alten russischen Volksmärchen vom »Iwan Zarewitsch«, vom »Feuervogel« und vom »Unsterblichen Köstschei« schrieb Michail M. Fokin das Libretto für das Ballett »Der Feuervogel«, das vom »Ballets Russes« in Paris uraufgeführt wird (Abb.: Kostümentwurf von Léon Bakst). Die Musik komponierte der bis dahin nur Insidern bekannte Igor Strawinsky. Mit sicherem Bühneninstinkt schuf er eine orchestral glänzende Musik zum Szenario Fokins.

Igor F. Strawinsky

US-Komponist russischer Herkunft, * 17.6.1882 Oranienbaum bei St. Petersburg; † 6.4.1971 New York

In der Musikgeschichte gilt Strawinsky als bedeutendster Vertreter der Neuen Musik und Begründer des Neoklassizismus. Der Schüler von Nikolaj Rimskij-Korsakow beeindruckte zu Beginn seiner Karriere den Ballettimpresario Sergej Diaghilew mit der Orchesterfantasie »Feu d'artifice« (1908). Mit »Feuervogel« und »Le sacre du printemps« schafft Strawinsky Klassiker der Moderne. Sein Œuvre umfasst alle Bereiche der Komposition. Das Frühwerk ist beeinflußt von russischer Folklore, später mit Elementen des Jazz durchsetzt. Unter französischem Einfluss geht er zu einem neoklassizistischen Stil über. Das Spätwerk ist von einer auf Reihenstrukturen basierenden, seriellen Technik geprägt.

- ab 1914: Wohnsitz in der Schweiz (ab 1920 in Frankreich)
- 1927: Opern-Oratorium »Oedipus Rex«
- 1928: Ballett »Apollon Musagète«
- ab 1945: US-Staatsbürgerschaft

22. Juni 1910

Jähes Ende für das erste Passagierluftschiff der Welt

Um drei Uhr morgens startet »LZ 7«, das erste Passagierluftschiff der Welt, auf dem Bodensee bei Friedrichshafen zur Probefahrt nach Düsseldorf. Das 350 PS starke Starrluftschiff, das für den Transport von 30 bis 35 Personen eingerichtet ist, bewältigt in neun Stunden die 575 km lange Strecke. Expresszüge benötigen für die gleiche Distanz zwölf Stunden. Die Durchschnittsgeschwindigkeit liegt bei 65 km/h. Der Ruhm von »LZ 7« überdauert jedoch keine Woche: Am 28. Juni strandet das Luftschiff mit Pressevertretern an Bord im Teutoburger Wald bei Osnabrück. Keiner der 32 Passagiere kommt bei dem Unfall jedoch zu Schaden.

Die lange Reihe der Herrscher führen der britische Thronfolger Prinz Georg (r.) und der deutsche Kaiser Wilhelm II., sein Cousin (l.), an. Der verstorbene Edward war der Bruder der deutschen Kaiserin Viktoria, der Mutter Wilhelms II. Auch ausländische Truppenteile erweisen dem toten Monarchen die letzte Ehre, darunter das Husaren-Regiment Fürst Blücher von Wahlstatt. Direkt hinter dem Sarg wird das Leibross Edwards mit den Stiefeln des Verstorbenen in den Steigbügeln geführt.

6. Mai 1910

Edward VII. ist tot

An einer »asthmatischen Herzaffektion« stirbt Edward VII. (s. Abb.) im Londoner Buckingham-Palast. Er war seit 1901 König von Großbritannien und Irland sowie Kaiser von Indien. Damit geht eine der kürzesten Regierungszeiten in der englischen Geschichte zu Ende. Königin Viktoria hielt 63 Jahre lang – so lange wie kein anderer britischer Monarch – das Zepter Großbritanniens. Sohn Edward VII. war nur knapp über neun Jahre in Amt und Würden. Doch während Viktoria überwiegend hinter Regierung und Parlament zurücktrat, machte Edward von Anfang an deutlich, dass er die verfassungsmäßigen Rechte der Krone auszuüben gedachte. So erklärte er, er wolle nicht gekrönt werden, bevor der Burenkrieg beendet sei. Das Ende dieses Krieges im Jahre 1902, die Gewährung der Selbstverwaltung der annektierten Burenrepubliken und damit die Schaffung eines starken Eckpfeilers im britischen Imperium gelten mit als sein Werk. Auch in anderen Bereichen der Politik setzte der Monarch Akzente: Die Bündnisse mit Japan, der Abschluss der »Entente cordiale« mit Frankreich und das Abkommen mit Russland stärkten die Position Londons.

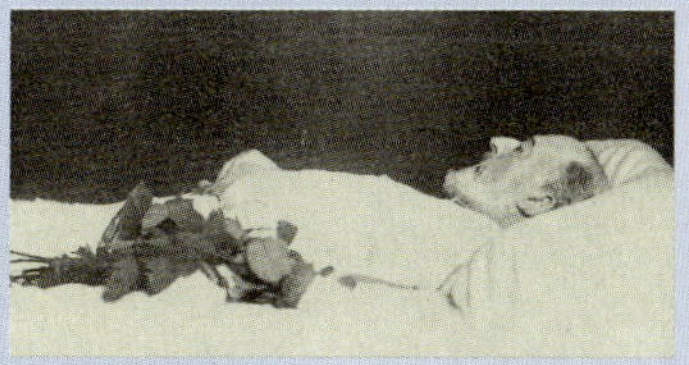

Juni 1910

1 Mi In Berlin beginnt die Prinz-Heinrich-Fahrt, das bedeutendste deutsche Auto-Etappenrennen. Sieger wird am 9. Juni der Auto-Konstrukteur Ferdinand Porsche.

2 Do Trotz internationaler Proteste nimmt die russische Reichsduma das Gesetz über die Aufhebung der Autonomie Finnlands an.

3 Fr Nach zweijähriger Eis-Expedition und der Entdeckung einer nach ihm benannten Insel vor der Küste der Antarktis trifft Jean-Baptiste Charcot in Le Havre ein.

4 Sa In Paris wird das Ballett »Scheherazade« von Nikolaj Rimskij-Korsakow durch Sergej Diaghilews »Ballets Russes« uraufgeführt.

5 So Der deutsche Turbinendampfer »Kaiser« stößt in der Elbmündung mit dem Seeleichter »Gegenwart« zusammen. Der Leichter sinkt, vier Mann ertrinken.

6 Mo Nach Angaben der Reichspost sind jährlich über 2 Mio. aufgegebene Postsendungen unzustellbar. Häufigster Grund dafür ist die fehlende Anschrift.

7 Di Zwei Menschen sterben, als Franz Heine mit seinem Rennwagen während der Prinz-Heinrich-Fahrt bei Oberenzen in die Zuschauermenge rast.

8 Mi In der portugiesischen Garnisonsstadt Almeida wird eine republikanische Verschwörung aufgedeckt, die einen Militärputsch vorbereitete.

9 Do In Konstantinopel (Istanbul) wird Ahmed Samim Bei, der Chefredakteur der oppositionellen Zeitung »Sadai Milet«, auf offener Straße ermordet.

10 Fr Arthur Herzog von Connaught, der dritte Sohn der früheren Königin Viktoria, wird zum Generalgouverneur von Kanada ernannt.

11 Sa In Madrid wird ein Dekret von König Alfons XIII. veröffentlicht, wonach alle religiösen Kulte laut Verfassung volle Freiheit haben.

12 So Mehrere tausend Menschen protestieren im Zirkus Busch in Berlin gegen die jüngsten Angriffe des Papstes auf die Protestanten.

13 Mo König Friedrich August III. von Sachsen kündigt an, mit einem Schreiben an Papst Pius X. auf dessen Kritik an der protestantischen Kirche zu reagieren.

14 Di Der »Osservatore Romano«, das halbamtliche Organ der Kurie, veröffentlicht eine Quasi-Zurücknahme der Papstenzyklika zum Protestantismus.

15 Mi In London sticht die »Terra Nova« mit dem Forscher Robert Falcon Scott zu einer Südpolexpedition in See. Ziel ist die Eroberung des Pols.

16 Do Wolkenbrüche und Stürme mit Orkanstärke richten in Ungarn schwere Verwüstungen an. 259 Personen kommen ums Leben.

17 Fr In Nordostmarokko greifen 400 Mauren einen Militärposten der französischen Kolonialmacht am Mulujafluss an. Auf beiden Seiten gibt es Tote.

18 Sa Im Rahmen seiner Weltreise wird Herzog Johann Albrecht von Mecklenburg als erster regierender Fürst des Auslands vom japanischen Hof empfangen.

19 So Infolge sintflutartiger Regenfälle steigt der Wasserpegel von Rhein und Neckar um rund 80 cm. Überflutet wird vor allem das rechte Rheinufer bei Worms.

20 Mo In den großen deutschen Tageszeitungen erscheinen Spendenaufrufe zur Unterstützung der durch das Hochwasser der letzten Tage Geschädigten.

21 Di In der japanischen Hauptstadt Tokio wird das Kolonialamt für die Verwaltung von Formosa, Sachalin und Korea gegründet.

22 Mi Die antiklerikal eingestellte spanische Regierung läßt sieben Schulen des Ordens der »Brüder der christlichen Lehre« schließen. → Passagierluftschiff

23 Do Kaiser Wilhelm II. trifft zur Kieler Woche in der Ostseestadt ein. Die US-Jacht »Westward« beherrscht bei den Segelregatten die Konkurrenz.

24 Fr Die Schweiz verbietet per Gesetz Herstellung, Einfuhr und Verkauf von Absinth. +++ In München wird das Theatermuseum eröffnet.

25 Sa Die italienische Abgeordnetenkammer in Rom bewilligt gegen 24 sozialistische Stimmen die Gelder zur Schaffung einer Luftschiffflotte. → »Feuervogel«

26 So Das Deutsche Galopp-Derby in Hamburg-Horn, das bedeutendste deutsche Pferderennen, gewinnt Jockei Bullock auf »Orient« aus dem Gestüt Graditz.

27 Mo In Mexiko wird die »Wiederwahl« des Diktators und regierenden Präsidenten Porfirio Díaz verkündet. Kurz zuvor hatte er Oppositionelle verhaftet lassen.

28 Di Ibrahim Wardani, der Mörder des ägyptischen Ministerpräsidenten Butros Pascha Gali, wird in Kairo durch den Strang hingerichtet.

29 Mi Der deutsche Bundesrat in Berlin billigt den Gesetzentwurf über den Ausbau der deutschen Wasserstraßen und die Erhebung von Schifffahrtsabgaben.

30 Do Durch Edikt des koreanischen Kaisers Ni-tschök erhält Japan die Polizeiverwaltung des Landes. Die seit 30 Jahren angestrebte Annexion ist damit gelungen.

Juli 1910

1 Fr In Spanien wird der religiöse Eid bei bürgerlichen Rechtshandlungen abgeschafft. Der Kulturkampf zwischen Staat und Kirche erreicht einen Höhepunkt.

2 Sa Die Vorexpedition für das Luftschifffahrt-Arktis-Unternehmen des Grafen Ferdinand von Zeppelin bricht von Kiel aus nach Spitzbergen auf.

3 So In Madrid, Barcelona, Sevilla, Bilbao, Santander, Valladolid und anderen spanischen Städten finden antiklerikale Protestkundgebungen statt.

4 Mo Bei einem Feuerwerk anlässlich des Unabhängigkeitstags, des Nationalfeiertags der USA, kommen 28 Menschen ums Leben. → Rassenunruhen

5 Di Die Berninabahn von St. Moritz nach Tirano wird dem Verkehr übergeben. +++ Im Tennisturnier von Wimbledon siegt der Neuseeländer Anthony Wilding.

6 Mi Die Abgeordnetenkammer in Rom nimmt das neue Elementarschulgesetz an. Dadurch wird u.a. die staatliche Schulaufsicht verschärft.

7 Do 63 Mitglieder des konservativen Geheimbundes Islahat, der die Regierung der Jungtürken stürzen wollte, werden in Konstantinopel (Istanbul) verhaftet.

8 Fr In Finnland ist nach Eröffnung der Bergenbahn Wintersport sogar im Sommer möglich: Im Süden des Gletschers Hardangerjokulen tummeln sich Skiläufer.

9 Sa Der 1890 verschollene ehemalige österreichische Erzherzog Johann Salvator wird für tot erklärt. Sein hinterlassenes Vermögen beträgt rund 22 Mio. Mark.

10 So Ein durch einen Wolkenbruch verursachter Bergrutsch zerstört in Mühlhausen bei Heidelberg mehrere Wohnhäuser und Ställe.

11 Mo Trotz einer vermeintlichen Korruptionsaffäre spricht die französische Abgeordnetenkammer in Paris Ministerpräsident Aristide Briand das Vertrauen aus.

12 Di Auf der Ruhrgebietszeche »Prinzregent« bei Bochum werden zwei Bergleute verschüttet und erst am 17. Juli nach 123 Stunden lebendig gerettet.

13 Mi Aus Hongkong werden blutige Kämpfe zwischen Portugiesen und chinesischen Piraten auf der Insel Colovan gemeldet.

14 Do Der Dumapräsident Alexander I. Gutschkow bezeichnet auf dem Panslawistenkongress in Sofia Russland als nicht reif für »Parteienregierungen«.

15 Fr Der deutsche Automobil-Rennfahrer Willy Poege gewinnt auf einem Mercedes die Zar-Nikolaus-Tourenfahrt in Russland. → Polen

16 Sa Zar Nikolaus II. von Russland trifft in Riga ein, um an der 200-Jahr-Feier der Einverleibung Livlands in das Russische Reich teilzunehmen.

17 So Die türkische Regierung fordert wegen des Streits um die noch türkische Insel Kreta, alle griechischen Lehrer zu entlassen.

18 Mo Auf der Philippineninsel Palawan überfallen Eingeborene den US-Unterrichtsminister. Er bleibt unversehrt, drei Angreifer wurden getötet.

19 Di Das Deutsche Reich gedenkt des 100. Todestags der preußischen Königin Luise, die zu Lebzeiten außergewöhnlich populär war.

20 Mi In Großbritannien wird unter dem Vorsitz des Herzogs von Argyll eine Liga zur Bekämpfung der Suffragetten (Frauenrechtlerinnen) gegründet.

21 Do In Brasilien wird der neue Hafen von Rio de Janeiro eingeweiht. +++ In Honduras bricht eine Revolution gegen Staatspräsident Miguel E. Dávila aus.

22 Fr Das britische Unterhaus genehmigt dem König jährliche Bezüge von 9,6 Mio. Mark. Die Kosten für Auslandsreisen muss er selbst bestreiten.

23 Sa Mit dem Startschuss zu einem dreitägigen Meeting wird die neue Pferderennbahn bei Wiesbaden-Erbenheim feierlich eröffnet.

24 So In Luzern wird die erste schweizerische Luftschiffstation eröffnet, die täglich Passagierfahrten über den Vierwaldstätter See anbietet.

25 Mo Ein »deutscher Volkstag« in Zwodau in Böhmen beschließt, mit allen Mitteln »den deutschen Charakter des Egerlandes« aufrecht zu erhalten.

26 Di Wegen des ständig steigenden Verkehrs im Luftraum diskutiert die deutsche Presse über ein Verbot von Flügen über Wohngebieten.

27 Mi Das Osmanische Reich droht Griechenland mit Krieg, falls dieses kretische Abgeordnete in die griechische Nationalversammlung aufnehme.

28 Do Deutschfeindliche Ausschreitungen führen zur Auflösung der tschechischen Gemeindevertretung von Themenau in Niederösterreich.

29 Fr Das Osmanische Reich genehmigt den Weiterbau der Bagdadbahn, die als die wichtigste Verbindung zwischen Europa und dem Persischen Golf gesehen wird.

30 Sa Im US-Bundesstaat Texas brechen schwere Rassenkrawalle zwischen Weißen und Schwarzen aus. Zahlreiche Farbige werden erschossen.

31 So Sieger der Tour de France wird der Franzose Octave Lapize vor dem Luxemburger François Faber und dem Franzosen Gustave Garrigou.

25. August 1910

Umstrittene Kaiser-Rede

Im Moskowiter Saal des Schlosses zu Königsberg in Ostpreußen hält Kaiser Wilhelm II. eine Rede, die bei Sozialdemokraten, Liberalen und Konservativen gleichermaßen Proteste hervorruft. Der Monarch fordert die »lückenlose Erhaltung« der Rüstung, denn »nur auf unserer Rüstung beruht unser Friede.«
Der oberste Kriegsherr der Deutschen spricht sich für eine starke Rüstung aus, plädiert für ein persönliches Regiment »ohne Rücksicht auf Tagesansichten und -meinungen«, empfiehlt den deutschen Männern die Pflege »kriegerischer Tugenden« und weist den Frauen »stille Arbeit im Hause und in der Familie« zu. Dabei sollen sich alle Deutschen – Männer und Frauen – vom Vorbild der Königin Luise leiten lassen. Die jung verstorbene Frau des Preußenkönigs Friedrich Wilhelm III. hatte im Jahre 1807 vergeblich versucht, den siegreichen Eroberer Napoleon um einen milden Frieden für ihr Land zu bitten. Der Schmerz über das Schicksal des unterlegenen Preußen hatte die Gesundheit der unermüdlichen Vaterlandskämpferin gebrochen – so weiß es die nationale Legende. In seiner Königsberger Rede bezeichnet Wilhelm II. Luise als »Märtyrerin«, sich selbst sieht er als souveränen Leiter der

Kaiser Wilhelm II. in der Uniform seines Regiments Königs-Jäger zu Pferde Nr. 1.

4. Juli 1910

Rassenunruhen nach Titelfight

Die ganze Aufmerksamkeit der USA richtet sich an diesem Nationalfeiertag auf die Stadt Reno, wo die Weltmeisterschaft im Schwergewichtsboxen ausgetragen wird. Es geht um mehr als um einen Titel: Weltmeister Jack Johnson ist Farbiger, sein Herausforderer James J. Jeffries Weißer. Schon im Vorfeld des Kampfes kam es zu blutigen

Rassenunruhen mit zahlreichen Toten. Viele weiße Amerikaner würden es als nationale Schmach empfinden, sollte der Farbige auch diesmal gewinnen. Den »Rassenkampf« entscheidet Johnson in der 15. Runde für sich (s. Abb.). Schwere Ausschreitungen sind die Folge.

2. August 1910

Drittes Geschwader gebildet

Bei herrlichem Wetter fahren in Wilhelmshaven die Linienschiffe »Hannover«, »Blitz« und »Wittelsbach« sowie »Schlesien«, »Mecklenburg« und »Zehringen« in den festlich geschmückten Hafen ein, in dem sie von nun an stationiert sind (s. Abb.). Aus sechs Linienschiffen der Reservedivision wird das dritte deutsche Marinegeschwader gebildet.
Die Bildung der neuen Staffel setzt das Wettrüsten zwischen dem Deutschen Reich und Großbritannien, das mit dem zweiten deutschen Flottengesetz im Jahre 1900 begann, fort. Viele Beobachter sehen die unverminderte Aufrüstung zur See – zusammen mit den Auswirkungen der Annexionskrise um Bosnien und der noch immer unbewältigten Marokkokrise – als Vorzeichen einer schweren Auseinandersetzung zwischen den Machtblöcken. Da es bei einem Konflikt, in dessen Mittelpunkt Deutschland und Großbritannien stehen würden, um Rohstoffe, Kolonien und Absatzmärkte gehen wird, sei zu befürchten, dass sich die Konfrontation zu einem weltweiten Krieg ausweiten könnte.

Politik, Kanzler und Parlament sollen allenfalls Schritt halten.
Wilhelm II. ist eine schwierige Persönlichkeit. In wichtigen Entscheidungen achtet er die Verfassung, prescht jedoch immer wieder unvorsichtig vor. Der bislang schlimmste Fauxpas des schwer zu berechnenden Monarchen war die Daily-Telegraph-Affäre im Jahre 1908, als er durch ein Interview die deutsch-britischen Beziehungen belastete.

Marinebudgets 1910

Land	Ausgaben (in Mio. Mark)	Veränderungen zum Vorjahr
Großbritannien	828,3	+13,3%
USA	549,2	– 4,5%
Deutschland	433,8	+ 7,8%
Frankreich	300,4	+ 12,5%
Russland	197,6	+ 1,1%
Japan	159,7	+ 5,6%
Italien	139,0	+ 2,4%

Die Reaktionen auf die Kaiser-Rede sind ausgesprochen heftig. Aus den Reihen der Sozialdemokraten verlautet, mit seiner Rede habe der Kaiser seinem eigenen Anliegen, den Gegensatz von absolutistischer Herrschaft und verfassungsmäßigem Handeln aufzulösen, einen Bärendienst erwiesen. Die »Liberale Korrespondenz« kritisiert des Kaisers »royalistisch-absolutistische Neigungen«. Viele befürchten, dass die Rede in Großbritannien als Ankündigung neuer Flottenvorlagen verstanden werden könnte. Das Wettrüsten spitzt sich ohnedies bedenklich zu.

15. Juli 1910

Nationale Feiern in Polen

100000 Menschen aus ganz Europa nehmen in Krakau an der 500-Jahr-Feier der Schlacht bei Tannenberg teil. In einer der größten Feldschlachten des Mittelalters hatte am 15. Juli 1410 König Wladislaw II. Jagello von Polen mit Unterstützung russisch-tatarischer Hilfstruppen das Deutschordensheer unter Hochmeister Ulrich von Jungingen geschlagen. Mit dem Sieg stieg das polnisch-litauische Großreich zur Führungsmacht in Osteuropa auf, während für den seit fast 200 Jahren in Teilen des späteren Preußen herrschenden Ordensstaat der Niedergang begann.

1910 existiert der Staat Polen, der zwischen Österreich, Preußen und Russland aufgeteilt wurde, nicht mehr. Die 500-Jahr-Feier ist zugleich auch eine anti-russische und anti-deutsche, nationale Demonstration. Ignacy Jan Paderewski – vor dem Jagello-Denkmal (s. Abb.) – ist nicht nur Komponist und Pianist, sondern auch glühender Verfechter des polnischen Nationalgedankens.

22. August 1910

Japan annektiert Korea

Das Kaiserreich Korea wird unter dem Namen Chosen japanisches Generalgouvernement. Damit finden die seit über 30 Jahren andauernden japanischen Versuche, die ostasiatische Halbinsel zwischen Japanischem und Gelbem Meer zu unterwerfen, mit der formellen Annexion ihren Abschluss (Abb.: Kriegsflagge von Nippon).
Erster Generalgouverneur wird der japanische Kriegsminister Masakata Graf Terauchi, der vor seiner Abreise nach Seoul erklärt, Japan werde in Korea nicht mit der gepanzerten Faust regieren, jedoch das koreanische Regierungssystem »gründlich ändern«. In den Händen des Gouverneurs liegt die gesamte politische Macht. Terauchi hatte bereits am 30. Mai das nun aufgehobene Amt des Generalresidenten übernommen und die Geschäfte von Tokio aus geleitet. In der Öffentlichkeit wird die Eignung Terauchis angezweifelt, da er sich bisher in erster Linie auf militärischem Gebiet ausgezeichnet habe. In Korea stünden aber keine militärischen, sondern administrative Aufgaben im Vordergrund.

Den koreanischen Zolltarif und die Verträge mit fremden Mächten will Japan noch fünf Jahre bestehen lassen. Die führenden koreanischen Adelsfamilien werden in die japanische Adelsliste eingetragen und erhalten Vermögensvorteile.
Im 19. Jahrhundert war Korea ein Spielball der imperialistischen Politik Japans, Chinas und Russlands. Im Jahre 1876 erzwang Japan durch den Vertrag von Kanghwa die Öffnung des von der Außenwelt völlig abgeschlossenen Königreichs: Korea musste seine Handelshäfen für japanische Schiffe öffnen. In der Folgezeit schlossen die USA, Großbritannien, Deutschland und Russland mit Korea Verträge, die das Land in eine halbkoloniale Stellung zwangen und es zum Absatzmarkt und Lieferanten von billigen Rohstoffen und landwirtschaftlichen Produkten machten.

19. August 1910

Cholera wütet in Russland

Offizielle Quellen aus St. Petersburg melden, dass im Russischen Reich allein in diesem Jahr 112985 Menschen an der Cholera erkrankt und 50287 an der epidemischen Darmkrankheit gestorben sind. Auch aus Italien, Österreich-Ungarn und Deutschland werden Cholera-Fälle gemeldet.
Die deutschen Behörden begegnen der Krankheit mit einer gewissen Gelassenheit, da sich die von Robert Koch vorgeschlagenen Maßnahmen, die in den Epidemien von 1892 und 1894 ihre Feuerprobe bestanden hatten, auch 1905 und 1909 bewährt hatten: Das Eisenbahnpersonal beobachtet demnach den Gesundheitszustand der aus dem Ausland Einreisenden, für alle aus Russland eintreffenden Personen besteht Meldepflicht. Die Kranken und ihre Familienangehörigen werden isoliert und unter Beobachtung gestellt.

August 1910

1 Mo Der 18. Weltfriedenskongress wird in Stockholm eröffnet. Rund 600 Delegierte aus aller Welt wollen Grundrechte des Völkerrechts festlegen.

2 Di In Tannwald bei Goblonz in Böhmen überfallen Tschechen mehrere Deutsche und verletzen sie schwer. → Geschwader

3 Mi Persiens Regierung entwaffnet die nationalrevolutionären Mudschaheddin. +++ In Konstantinopel werden von Drusen begangene Greueltaten bekannt.

4 Do Die internationale Friedenskonferenz in Stockholm verurteilt die Aufhebung der Autonomie Finnlands durch die russische Regierung.

5 Fr Der deutsche Chemiker Constantin Fahlberg stirbt im Alter von 59 Jahren in Nassau. Er entdeckte 1879 den künstlichen Süßstoff Saccharin.

6 Sa Bei einem internationalen Schachturnier in Hamburg gewinnt der Wiener Karl Schlechter den mit 2000 Mark dotierten Hallgarten-Preis.

7 So Auf dem Flugplatz Johannisthal bei Berlin beginnt die erste Deutsche Nationale Flugwoche. Zugelassen sind deutsche Aviatiker mit Pilotenschein.

8 Mo Persische Regierungstruppen kämpfen in Teheran gegen nationalrevolutionäre Mudschaheddin, die ihre Waffen nicht abgeben wollen.

9 Di In München wird der Bau des Walchenseekraftwerkes genehmigt. Der größte deutsche Alpensee soll die Energieversorgung Bayerns sicherstellen.

10 Mi Italien feiert den 100. Geburtstag von Camillo Benso Graf von Cavour. Der frühere sardinische Ministerpräsident war einer der Väter der Einigung Italiens.

11 Do Belgien, Großbritannien und das Deutsche Reich unterzeichnen in Brüssel ein Abkommen über die Grenzziehung im Kongo.

12 Fr Tokio und zahlreiche andere Städte stehen nach verheerenden Überschwemmungen, die durch einen Taifun in Japan ausgelöst wurden, unter Wasser.

13 Sa Der Panzerkreuzer »Duke of Edinburgh« der britischen Flotte strandet vor der Insel Isle of Wight im Ärmelkanal.

14 So Ein Feuer zerstört große Teile der Brüsseler Weltausstellung, die am 23. April eröffnet wurde. Die deutsche Abteilung bleibt unversehrt.

15 Mo Das bekannte Karersee-Hotel in Tirol brennt völlig nieder. +++ In Washington wird der sechste internationale Esperanto-Kongress eröffnet.

16 Di Der chilenische Staatspräsident Pedro Montt stirbt kurz nach seiner Ankunft in Bremen. Er wollte in Bad Nauheim sein Herzleiden auskurieren.

17 Mi Nach einer Kollision mit dem Flensburger Dampfer »Elsa« sinkt das spanische Schiff » Martos« vor Gibraltar. 38 Passagiere ertrinken.

18 Do Titelverteidiger Richard Arnst aus Neusseeland gewinnt die Ruderweltmeisterschaft für Berufsfahrer im Einer auf dem Sambesi in Rhodesien (Südafrika).

19 Fr Das erste Teilstück des Panamakanals wird auf der Atlantikseite eröffnet. +++ Russland meldet 50287 Choleratote in diesem Jahr. → Cholera

20 Sa Während des nicaraguanischen Bürgerkriegs flieht Präsident José Madriz mit seinen höchsten Offizieren nach Honduras.

21 So Im Deutschen Reich gelingt der erste Überlandfernflug von Frankfurt am Main nach Mannheim. Sieger des Wettfliegens ist der Elsässer Jeannin.

22 Mo Beim Brand des Krupp-Laboratoriums in Essen kommen drei Menschen ums Leben, zahlreiche Angestellte werden verletzt. → Korea

23 Di Die Universität zu Königsberg in Preußen ernennt den deutschen Kronprinzen Wilhelm von Preußen zum »Rector magnificentissimus«.

24 Mi Nach dem Ende der Militärregierung kehrt der gestürzte griechische Kronprinz Konstantin nach fast einjährigem Exil nach Athen zurück.

25 Do Bei verheerenden Waldbränden in Nordamerika werden zahlreiche Orte zerstört, Hunderte von Menschen kommen in den Flammen um. → Kaiser-Rede

26 Fr Die bayerische Regierung verweigert die Inbetriebnahme des Nürnberger Krematoriums. Nach dem Gesetz sei nur eine Erdbestattung erlaubt.

27 Sa Kaiser Wilhelm II. hält in Marienburg eine Rede, die von Beobachtern als Abschwächung seiner Rüstungs-Forderungen vom 25. August gewertet wird.

28 So In Kopenhagen beginnt der Internationale Sozialistenkongress der II. Internationale, an dem u.a. Wladimir I. Lenin und Rosa Luxemburg teilnehmen.

29 Mo Das Balkanfürstentum Montenegro wird Königreich. Fürst Nikolaus I., der bereits vor 50 Jahren den Thron bestiegen hatte, erhält von Russland den Königstitel.

30 Di Gegner des panamaischen Präsidenten Carlos A. Mendoza bitten die USA um Hilfe. Mendoza will sich wiederwählen lassen, was verfassungswidrig ist.

31 Mi Der frühere US-Präsident Theodore Roosevelt stellt sein politisches Programm vor. Er will gegen den »neuen Nationalismus« und die Trusts kämpfen.

September 1910

1 Do Wegen Spannungen mit Griechenland und Bulgarien lässt die türkische Regierung die Reservisten der drei europäischen Armeekorps einberufen.

2 Fr US-Präsident William Howard Taft ordnet den Abzug der Marinetruppen aus Nicaragua an. Nach Ende des Bürgerkriegs scheint sich die Lage zu stabilisieren.

3 Sa In Großbritannien streiken die britischen Werftarbeiter für mehr Lohn. Nach dem Ausschluss von 40 000 Arbeitern treten 10 000 Bergarbeiter in Solidarstreiks.

4 So Der französische Maler Henri Rousseau stirbt im Alter von 66 Jahren in Paris. Er war Begründer der naiven Malerei in Europa.

5 Mo Im kanadischen Montreal beginnt der 21. Internationale Eucharistische Kongress. Die Vertreter des Vatikans heben die Religionsfreiheit in Kanada hervor.

6 Di In Portsmouth wird der deutsche Oberleutnant Siegfried Helm unter Spionageverdacht verhaftet. Er hatte britische Festungen in sein Notizbuch gezeichnet.

7 Mi Der britische Maler William Holman Hunt stirbt im Alter von 83 Jahren in London. Er war Mitbegründer der sog. Präraffaeliten.

8 Do Papst Pius X. schreibt den Antimodernisten-Eid vor. Er richtet sich gegen die Modernisten, die kirchliche Lehren mit modernen Denkweisen versöhnen wollen.

9 Fr An der Grenze von West- und Ostpreußen südlich vom Frischen Haff beginnen zweitägige Manöver. Erstmals werden Luftschiffe eingesetzt.

10 Sa In Karlsruhe trifft sich der Alldeutsche Verband. Er verabschiedet mehrere Resolutionen gegen jede Erweiterung der politischen Rechte Elsass-Lothringens.

11 So Der Soziologe Franz Oppenheimer fordert auf dem Delegiertentag der deutschen Zionisten Staatsmittel für eine Siedlung in Palästina.

12 Mo Die tierärztlichen Hochschulen im Königreich Preußen erhalten das Promotionsrecht. Damit sind sie Universitäten gleichgestellt. → Gustav Mahler

13 Di Der Deutsche Juristentag in Danzig spricht sich gegen die Abschaffung der Todesstrafe im Deutschen Reich aus.

14 Mi In Baden-Baden wird das deutsche Luftschiff »LZ VI« durch ein Feuer zerstört. +++ König Georg I. von Griechenland eröffnet die neue Nationalversammlung.

15 Do Die ersten Wahlen zum Parlament des am 31. Mai neugegründeten Staates Südafrikanische Union gewinnen die Nationalisten.

16 Fr Abgeordnete der griechischen Nationalversammlung werden handgreiflich, um für das Parlament das Recht auf Verfassungsgebung zu erzwingen.

17 Sa In Magdeburg laufen die Vorbereitungen für den am nächsten Tag stattfindenden Parteitag der Sozialdemokraten. → Oktoberfest

18 So In München beginnt in Anwesenheit bedeutender Komponisten das Französische Musikfest. Star ist Camille Saint-Saëns, der Erneuerer der Sinfonik.

19 Mo Arbeiter und Kutscher der Kohlenfirma Ernst Kupfer & Co. treten in Berlin in den Ausstand. Ihr Lohnstreik löst die blutigen Moabiter Krawalle (24.9.) aus.

20 Di Königin Wilhelmina der Niederlande kündigt angesichts der deutsch-britischen Aufrüstung zur See den Bau von Verteidigungsanlagen an.

21 Mi Bei einem Empfang in Wien betont der deutsche Kaiser Wilhelm II., das Deutsche Reich stehe seinem Bundesgenossen Österreich-Ungarn zur Seite.

22 Do Die deutsche Metallindustrie kündigt an, am 8. Oktober 60 % der seit August streikenden Arbeiter auszusperren, wenn der Ausstand nicht beigelegt werde.

23 Fr Das persische Parlament wählt den früheren Premierminister Nasir Al Mulk zum Regenten für den zwölfjährigen Ahmed Mirza Schah. → Alpenüberflug

24 Sa Der Berliner Magistrat fordert von Reichskanzler Theobald von Bethmann Hollweg die Einfuhrerlaubnis für ausländisches Kühlfleisch. → Straßenschlacht

25 So Die »Kreuzzeitung«, das Organ des rechten Flügels der Deutschkonservativen Partei, fordert die Abkehr vom in diesen Kreisen verbreiteten Antisemitismus.

26 Mo Erneute Straßenkämpfe in Berlin-Moabit fordern mehr als 50 Verletzte. +++ In China ist die Pest ausgebrochen. Bis 1911 sterben mehr als 60 000 Menschen.

27 Di Der Staatskonvent der Republikaner in Saratoga Springs (New York) wählt den früheren US-Präsidenten Theodore Roosevelt zum Vorsitzenden.

28 Mi Alexander P. Iswolski, bislang russischer Außenminister, wird zum Botschafter in Paris ernannt. Sein Nachfolger wird Sergej D. Sasonow.

29 Do Wegen der Choleragefahr werden Zugreisende aus Konstantinopel (Istanbul) in Bulgarien einer fünftägigen Quarantäne unterworfen.

30 Fr Die Berliner Polizei rechtfertigt gegenüber Großbritannien und den USA das harte Eingreifen gegen Journalisten während der Streikkrawalle in Moabit.

24. September 1910

Straßenschlachten in Moabit

Im traditionell von Arbeitern bewohnten Berliner Stadtteil Moabit brechen blutige Streikunruhen aus. Zwei Menschen werden getötet, Hunderte erleiden im Kampf mit der Polizei Verletzungen (Abb.: Nächtliche Straßenkampfszene).

Auslöser für die Krawalle ist ein Lohnstreik von Kohlearbeitern und Kutschern, der am 19. September begann. Die bestreikte Firma hielt den Betrieb mit arbeitswilligen Mitarbeitern aufrecht. Als Streikbrecher und Streikende aneinandergeraten, schreitet die Polizei ein. Konservative Zeitungen weisen auf das »systematische Vorgehen« der Randalierer hin und machen indirekt die Sozialdemokraten für die Zustände verantwortlich.

17. September 1910

100 Jahre Oktoberfest

14 Branntwein- und Likörbuden, 14 Wurstküchen, 22 Karussells, neun Schiffsschaukeln, fünf Kinematographen, fünf Fotografierstände, sechs Zirkusse und mehrere Bierbuden sorgen in München auf dem 100. Oktoberfest für das Wohl der Besucher. Bereits vor zwei Jahren begannen die Vorbereitungen für das Jubliläumsfest. Zur Finanzierung des üppigen Programms hatte der Magistrat eine Lotterie veranstaltet. Wie vor 100 Jahren wird auch auf diesem Oktoberfest der Superlative ein Pferderennen veranstaltet.

23. September 1910

Alpenüberflug endet tödlich

Tragische Folgen hat der Premierenflug über das Massiv der Alpen. Der französisch-peruanische Pilot Geo Chavez überfliegt in einem Blériot-Monoplan von Brig im schweizerischen Kanton Wallis als erster den Simplonpass und damit die Alpen. An den Folgen eines bei der Landung erlittenen Unfalls stirbt er am 27. September.
Nach erfolgreichem Flug (Abb.: Chavez hat den Simplon überflogen und passiert die »Pforte Italiens«) werden auf dem Landeplatz Signale gegeben, die der sich nähernde Chavez zunächst jedoch übersieht. Als er den Landeplatz erkennt, geht er fast senkrecht nieder. Er versucht einen Gleitflug, aber der Flugapparat kippt in zehn Metern Höhe, stürzt auf den Boden und begräbt den Piloten unter sich. Zunächst stellen die Ärzte fest, dass sein Herz gut arbeitet und keine Lebensgefahr bestehe. Chavez, der erst vor sieben Monaten als Flieger in das Licht der Öffentlichkeit getreten war, stirbt jedoch im Mailänder Hospital. Der Leichnam des 27-Jährigen wird in seinen Geburtsort Paris überführt.

Als die Nachricht vom ersten Alpenflug in Mailand bekannt wird, bricht unbeschreiblicher Jubel auf dem Domplatz aus. Die erste Alpenüberfliegung war Teil eines Wettfliegens von Brig nach Mailand. Chavez hatte als einziger Teilnehmer die schwierige Route über den Simplon versucht. Wie schwer Chavez verletzt ist, weiß zu diesem Zeitpunkt noch niemand.

Gustav Mahler

österreichischer Dirigent und Komponist, * 7.7.1860 Kalischt (Böhmen); † 18.5.1911 Wien

Mahler ist einer der bedeutendsten Dirigenten und Komponisten seiner Zeit. Mit Interpretationen der Werke Glucks, Wagners, Webers und Mozarts erregte er wegen besonderer Werktreue Aufsehen. In seinen Kompositionen, vor allem Lieder und Sinfonien, die der Romantik verpflichtet sind, verknüpft er traditionelle und neue Elemente wie Polyphonie, Polyrhythmik und Themenschichtung. Er wurde so zum Wegbereiter der Neuen Musik. Mit seiner Musik will Mahler Ideen transportieren, die er den Werken teilweise als Programm voranstellt. Der Direktor der Wiener Hofoper und Leiter der Wiener Philharmoniker ist auch Kapellmeister an der Metropolitan Opera in New York und seit 1909 zusätzlich Leiter der neugegründeten Philharmonic Society.

- 1885: Opernkapellmeister in Prag
- ab 1902: Ehe mit Alma Schindler
- 1908/09: Sinfonie »Das Lied von der Erde«

12. September 1910

»Botschaft der Liebe«

In der Neuen Musikfesthalle in München wird im Rahmen der Münchener Festspiele die achte Sinfonie Es-Dur von Gustav Mahler unter der Leitung des Komponisten uraufgeführt.
Das 80-Minuten-Werk, das den herkömmlichen Rahmen des Sinfonischen völlig sprengt, erregt ungeheures Aufsehen. Schon der äußere Rahmen überbietet alles bisher Dagewesene: Rd. 70 Streichinstrumente, etwa 40 Blasinstrumente, zwei Harfen, Schlaginstrumente aller Art, Orgel, Harmonium, Celesta, Klavier und Mandoline sowie acht Solo-Gesangsstimmen, zwei große gemischte Chöre und einen Knabenchor schreibt der Komponist für dieses Werk vor, das als »Sinfonie der Tausend« in die Musikgeschichte eingeht. Mahler selbst bezeichnet das Werk als »Botschaft der Liebe in liebloser Zeit«. Er schreibt: »Es ist das Größte, was ich bis jetzt gemacht habe ...«

4. Oktober 1910

Umsturz in Portugal

Dragoner mit republikanischer »Freiheitsflagge«

20 Kanonenschüsse geben um 2 Uhr morgens in Lissabon das Signal zur Revolution. Der Aufstand – getragen von Flotte und Armee – treibt den erst 20-jährigen König Emanuel II., der sich nicht an die Spitze der königstreuen Truppen stellt, in die Flucht. Am 5. Oktober wird die Republik proklamiert. Der Umsturz ist kein Putsch einzelner Militärs, sondern wird von der breiten Masse der Lissaboner Bevölkerung getragen. Die Mehrheit der Nation, die in Armut lebende Landbevölkerung, bleibt von den Ereignissen jedoch unberührt.

In der Umgebung Lissabons kappen die Revolutionäre alle Telefon- und Telegrafenleitungen und zerstören die Eisenbahngleise. Vor der Küste liegende Kriegsschiffe nehmen den Königspalast unter Feuer. Die provisorische Revolutionsregierung erklärt den Adel und die Erste Kammer für abgeschafft, die Dynastie Braganca wird verbannt. Bürgerlich-demokratische Freiheiten werden verkündet, die Frauen familienrechtlich den Männern gleichgestellt. Das schwerste Erbe, das die junge Republik übernimmt, ist die völlige Zerrüttung der Staatsfinanzen und die erdrückende wirtschaftliche Abhängigkeit von Großbritannien. Der 67-jährige Literaturprofessor Joaquim Teófilo Fernandes Braga übernimmt das Amt des Ministerpräsidenten. Er wird am 15. Oktober auch zum Staatsoberhaupt gewählt. Auslöser des Umsturzes in Portugal waren die anhaltende Misswirtschaft, die allgemeine Korruption und die beharrliche Weigerung des Königs, Reformen zuzulassen. Der Monarch, Königinmutter Marie Amelie, Infant Alfons und Königin Maria Pia – die Großmutter des Königs – fliehen über Gibraltar nach England. Zwei Monate nach der Revolution macht sich jedoch im Militär, bei der Beamtenschaft und unter den Bauern erste Enttäuschung breit, weil die Regierung Braga weder die Demokratisierung von Staatsapparat und Armee noch eine Agrarreform durchführt. Gegen Streiks lässt sie sogar Schusswaffen einsetzen.

Macht der Kirche gebrochen

Die Revolution in Portugal trägt stark antiklerikale Züge. Auch nach dem Abschluss der revolutionären Kämpfe kommt es immer wieder zu Stürmung und Brandschatzung von reichen Klöstern und Ordenseinrichtungen. Die von Braga geführte Revolutionsregierung verbietet am 7. Oktober die religiösen Orden und verweist deren Mitglieder des Landes, auch die Missionare in den Kolonien sind davon betroffen. Der Klosterbesitz wird säkularisiert, Ende Oktober erfolgt die Trennung von Kirche und Schule, im April 1911 die Trennung von Kirche und Staat. Der päpstliche Nuntius verlässt das Land, im November fliehen die letzten Jesuiten in die Niederlande. Am 4. November wird das neue Ehescheidungsgesetz veröffentlicht, das den übereinstimmenden Wunsch beider Eheleute als genügenden Scheidungsgrund gelten lässt.

15. Oktober 1910

Atlantikflug scheitert

Der erste Versuch, den Atlantik zu überfliegen, scheitert. Walter Wellman (USA) steigt mit dem Lenkballon »America« in Atlantic City auf, muss den Versuch jedoch 780 km südöstlich von New York abbrechen.

Am 18. Oktober wird der Ballon von dem Dampfer »Trent« gesichtet. Wellman signalisiert, dass er sein Gefährt aufgeben will. Das Rettungsboot wird zu Wasser gelassen (s. Abb.). Viele vertreten die Meinung, eine Atlantiküberquerung sei nur von Ost nach West möglich.

Oktober 1910

1 Sa Im britischen Lancashire werden während eines Streiks durch Aussperrung 700 Spinnereien geschlossen. 150 000 Arbeiter verlieren ihren Arbeitsplatz.

2 So In Peking wird der chinesische Reichsausschuss eröffnet, eine vorbereitende Versammlung für ein künftiges Parlament.

3 Mo Die Erschießung eines republikanischen Parlamentsabgeordneten in Lissabon durch einen Soldaten ist Auslöser für die Revolution in Portugal.

4 Di In der Kolonie Deutsch-Südwestafrika revoltieren die beim Umbau der Bahnstrecke von Karibib nach Windhuk arbeitenden Kaffern. → Portugal

5 Mi Der portugiesische König Emanuel II. flieht vor den Aufständischen nach Gibraltar. In Lissabon wird die Republik Portugal proklamiert.

6 Do In Mexiko beginnt der bewaffnete Aufstand gegen Präsident Porfirio Díaz. Grund für die Unruhen ist die manipulierte »Wiederwahl« des Diktators im Juni.

7 Fr Bei Arga in Britisch-Indien reißt eine Flutwelle Hunderte von Pilgern mit, die an den Ufern des Ganges lagern. 700 Menschen ertrinken.

8 Sa Die russischen Behörden lösen den finnischen Landtag auf, der sich weigert, Zar Nikolaus II. eine Ergebenheitsadresse zu schicken.

9 So In Lissabon wird offiziell das Ende der Monarchie unter König Emanuel II. und die Gründung der Republik Portugal gefeiert.

10 Mo Die Berliner Universität wird 100 Jahre alt. Die Festlichkeiten beginnen am Abend mit einem Gottesdienst im Dom und einem Fackelzug der Studenten.

11 Di Beim Festakt zur Jahrhundertfeier der Berliner Universität kündigt Kaiser Wilhelm II. die Errichtung von reinen Forschungsinstituten an.

12 Mi Im Aachener Münster wird bei Renovierungsarbeiten der Sarg des römisch-deutschen Kaisers Otto III. gefunden. Er starb 1002 im Alter von 22 Jahren.

13 Do Japan schenkt nach der Annexion Koreas im August 70 ausgewählten koreanischen Adligen Schatzscheine im Wert von 50 000 bis 500 000 Mark je Person.

14 Fr Ein Streik bei der französischen Nordbahn führt zu einer wochenlangen Kraftprobe zwischen kommunistischen Gewerkschaften und der Regierung.

15 Sa Fürst Albert I. von Monaco verzichtet als letzter europäische Monarch auf die Ausübung absolutistischer Herrschaft. → Atlantikflug

16 So Beim deutsch-holländischen Fußball-Länderspiel in Kleve siegt Holland mit 2:1. +++ König Emanuel II. von Portugal geht ins Exil nach Großbritannien.

17 Mo Großbritannien teilt der Regierung in Teheran mit, dass es in die Unruhen in Südpersien eingreifen werde, wenn nicht in drei Monaten Ruhe eingekehrt sei.

18 Di Paul Matthies veröffentlicht das Buch »Wir Katholiken und die anderen«, in dem er Stellung zur Papst-Kritik des protestantischen sächsischen Königs nimmt.

19 Mi Der Liberale Eleftherios Weniselos wird griechischer Ministerpräsident. Er setzte sich 1908 für den Anschluss der türkischen Inseln an Griechenland ein.

20 Do In Belfast läuft die »Olympic«, das größte Schiff der Welt, vom Stapel. Der Dampfer hat eine Größe von 45 000 Buttoregistertonnen (BRT).

21 Fr Auf britischen Vorschlag hin einigen sich die europäischen Mächte, die Anerkennung der Republik Portugal »in gleichem Schritt« vorzunehmen.

22 Sa Anlässlich des Geburtstags der deutschen Kaiserin Auguste Viktoria gastiert der italienische Startenor Enrico Caruso im Neuen Palais in Berlin.

23 So Eine Volksabstimmung in der Schweiz lehnt die Einführung des Verhältniswahlrechts ab. +++ In Bangkok stirbt der siamesische König Chulalongkorn.

24 Mo Die russische Zarenfamilie, die sich seit 30. August zu einem Urlaub im hessischen Friedberg aufhält, übersiedelt nach Schloss Wolfsgarten bei Darmstadt.

25 Di Die griechische Nationalversammlung in Athen wird trotz eines Vertrauensvotums für Ministerpräsident Eleftherios Weniselos aufgelöst.

26 Mi Kaiser Wilhelm II. empfängt in Brüssel Prinz Napoléon Victor Bonaparte, den Bräutigam der belgischen Prinzessin Klementine.

27 Do Den Gordon-Bennett-Preis der Lüfte gewinnt der US-Ballon »America«, der 1355 englische Meilen (rund 2500 km) zurückgelegt hat.

28 Fr Vizepräsident Fürst Wolkonsky verbietet in der russischen Duma eine Ehrenbekundung für deren verstorbenen ersten Präsidenten Muromzew.

29 Sa Die spanische Abgeordnetenkammer in Madrid nimmt den Gesetzentwurf zur Abschaffung des religiösen Eides bei weltlichen Rechtshandlungen an.

30 So Im Alter von 82 Jahren stirbt der Schweizer Henri Dunant. Der Schriftsteller und Friedensnobelpreisträger war Gründer des Internationalen Roten Kreuzes.

31 Mo Aus Teheran wird die Ankunft des britischen Kreuzers »Fox« in Persien gemeldet, der vorgeblich zum Schutz von Briten entsandt wurde.

November 1910

1 Di In Berlin wird die erste deutsche Theaterausstellung eröffnet. Gezeigt werden Requisiten aus der Geschichte des deutschen Theaterwesens.

2 Mi Der deutsche Kronprinz Wilhelm von Preußen und Kronprinzessin Cecilia treten eine Reise nach Asien an. Sie werden unter anderem Japan besuchen.

3 Do Der französische Ministerpräsident Aristide Briand bildet nach dem Ende des großen Eisenbahnerstreiks ein neues Kabinett.

4 Fr In Kapstadt wird das erste Parlament des britischen Dominions Südafrikanische Union eröffnet. +++ In Portugal tritt das Ehescheidungsgesetz in Kraft.

5 Sa Der russische Zar Nikolaus II. beendet seinen zweitägigen Besuch beim deutschen Kaiser Wilhelm II. in Potsdam.

6 So Die deutschen Winzer beklagen die bislang schlechteste Weinernte dieses Jahrhunderts und fordern staatliche Hilfen. → »Preußen«

7 Mo Die am 23. März eröffnete Weltausstellung in Brüssel geht nach anfänglichen Schwierigkeiten erfolgreich zu Ende. → »Ödipus« → Wales

8 Di König Albert I. eröffnet das belgische Parlament in Brüssel. Die sozialdemokratische Fraktion stört die Verlesung der Thronrede.

9 Mi In Tokio werden 26 Japaner zum Tode verurteilt. Die Männer sollen eine Verschwörung zur Ermordung von Kaiser Mutsuhito gebildet haben.

10 Do Deutschland kündigt der portugiesischen Revolutionsregierung die baldige Aufnahme diplomatischer Beziehungen an.

11 Fr Dem US-Piloten Eugene B. Ely gelingt mit seinem Curtiss-Doppeldecker der erste Start eines Flugzeugs von einem Schiff aus.

12 Sa In Peking wird ein kaiserliches Edikt veröffentlicht, das ab sofort Vorbereitungen für die Einberufung eines chinesischen Parlaments vorschreibt.

13 So Beim Besuch der Benediktinerabtei Beuron (Bezirk Sigmaringen) betont Kaiser Wilhelm II. die Zusammengehörigkeit von Thron und Altar.

14 Mo Der französische Thronprätendent Prinz Napoléon Victor Bonaparte heiratet in Schloss Moncalieri bei Turin Prinzessin Klementine von Belgien.

15 Di Im niederösterreichischen Stockerau kommt es zu einer schweren Massenschlägerei zwischen klerikalen und alldeutschen Studenten.

16 Mi Das russische Parlament nimmt einen Antrag an, dem zufolge in den Schulen über die Schädlichkeit des Alkoholgenusses unterrichtet werden soll.

17 Do Der katholische Theologe Michael von Faulhaber, seit 1903 Professor für Altes Testament in Straßburg, wird zum Bischof von Speyer gewählt.

18 Fr Das restaurierte Königliche Opernhaus in Berlin wird mit einer Aufführung von Richard Wagners Oper »Die Meistersinger von Nürnberg« wiedereröffnet.

19 Sa Die portugiesische Revolutionsregierung in Lissabon beschließt die offizielle Einführung der grün-roten Flagge für die Republik Portugal.

20 So In Berlin wird der Reichsverband der deutschen Presse als Organisation der hauptamtlichen Redakteure und Journalisten gegründet. → Tolstoi

21 Mo Der Aufstand in Mexiko gegen den diktatorisch regierenden Präsidenten Porfirio Diaz breitet sich u.a. auf die Orte Durango und Torreon aus. → Österreich

22 Di Mehrere hundert Suffragetten ziehen in die Londoner Downing Street, um den Amtssitz des Premierministers zu demolieren.

23 Mi Die Nationalversammlung von Kreta wird im Namen des griechischen Königs Georg I. eröffnet, obwohl Kreta zum Osmanischen Reich gehört.

24 Do In Brasilien bricht zum zweiten Mal binnen weniger Tage eine Meuterei bei der Kriegsmarine aus. Die Offiziere fordern u.a. die Abschaffung der Prügelstrafe.

25 Fr Die tschechischen Abgeordneten im österreichischen Abgeordnetenhaus schließen sich zu einem parteiähnlichen »Klub« zusammen.

26 Sa Revolutionäre unter Führung des früheren honduranischen Präsidenten Manuel Bonilla besetzen die Atlantikhäfen von Honduras.

27 So Die Schutzmächte Kretas betonen die Souveränität des Osmanischen Reiches über die Insel, obwohl die Kreter den Anschluss an Griechenland fordern.

28 Mo Das britische Unterhaus in London wird aufgelöst. Wegen eines umstrittenen Sozialprogramms werden zum zweiten Mal in diesem Jahr Neuwahlen nötig.

29 Di In Wiesbaden wird die Europäische Fahrplankonferenz eröffnet. +++ Kaiser Wilhelm II. weiht die Technische Hochschule in Breslau ein.

30 Mi Von der portugiesischen Insel Madeira wird der Ausbruch der Cholera gemeldet. 32 Menschen sind der Krankheit bisher zum Opfer gefallen.

20. November 1910

Tod auf der Flucht

Der russische Dichter und Oppositionelle Leo Tolstoi (s. Abb.) stirbt im Alter von 82 Jahren in der Bahnstation Astapowo im Gebiet Lipzek.

Am 10. November hat der Vorkämpfer für soziale Gerechtigkeit, der wegen seiner moralischen Autorität vielen Russen als »Zar neben dem Zaren« gilt, sein Gut Jasnaja Poljana und die Familie verlassen, um in die Einsamkeit zu gehen. Wegen einer schweren Lungenentzündung endet die Flucht in Astapowo. Dort finden sich neben der Familie, Freunden und Anhängern des bekanntesten russischen Oppositionellen auch Hunderte von Pressevertretern ein. Am 21. November wird der Leichnam des Dichters u.a. von seinen Söhnen Serjoscha, Mischa, Andrjuscha und Ilja in das Familiengut überführt und im Erdgeschoss des Wohnhauses aufgebahrt. Am nächsten Tag findet die feierliche Beisetzung im Sakas-Wald statt.

Tolstoi hat als Dramatiker und als Epiker eine epochale Bedeutung für die Literatur. Auch als Kulturkritiker und religiöser Deuter übte er auf Literaten in West- und Osteuropa einen nachhaltigen Einfluss aus. Seine bekanntesten Werke sind der geschichtsphilosophische Roman »Krieg und Frieden« und der Eheroman »Anna Karenina«. »Krieg und Frieden«, das gewaltige, aus vier Bänden mit insgesamt 15 Teilen und einem zweiteiligen Epilog bestehende Werk, behandelt in einer Mischung aus psychologischem Roman, Bildungsroman, Familienchronik, historischem Roman und Kriegsepos die Epoche der Napoleonischen Kriege. »Anna Karenina«, der nach »Krieg und Frieden« zweite große Roman Tolstois, gilt als sein künstlerisch schönstes Werk.

Unter dem Einfluss des Aufklärungsphilosophen Jean-Jacques Rousseau suchte Tolstoi nach dem Sinn des Lebens, kritisierte Gesellschaft und Zivilisation und lehnte Ästhetizismus sowie jegliche Autorität von Staat und Kirche ab. 1901 wurde er aus der russisch-orthodoxen Kirche ausgeschlossen. Seine Romane, Erzählungen und Dramen vermitteln detailreich psychologische Schilderungen des Menschen in seiner schicksalhaften Wirklichkeit. Seine »Volkserzählungen«, in denen er hohen künstlerischen Anspruch mit volksnaher Sprache verband, sollten Tolstois religiöse Botschaft – die »innere Umkehr« zur Lehre Christi – den breiten Schichten des russischen Volkes bekannt machen.

Leo N. Tolstoi

russischer Schriftsteller, * 9.9.1828 Jasnaja Poljana; † 20.11.1910 Astapowo

Tolstoi beeinflußte mit seinem literarischen Werk die realistische und naturalistische Literatur der Folgezeit nachhaltig. Er stammte aus einem alten Adelsgeschlecht und war früh Vollwaise. Erfolglosen Studien von Jura und Orientalistik folgte der freiwillige Armeedienst, durch den er seinen Gläubigern, aber auch seinem zügellosen Drang zu Ausschweifungen zu entkommen versuchte. Über stark introspektive Tagebuchaufzeichnungen fand er zum Schreiben. Nach seiner Hochzeit zog sich Tolstoi auf das väterliche Gut zurück. Er übte sich in Selbstdisziplin, verbot sich weitere Exzesse und strebte danach, seine Idealvorstellung vom natürlichen Leben zu verwirklichen. Er predigte auch öffentlich eine dem Urchristentum zugeneigte Heilslehre, die Kritik an der russisch-orthodoxen Kirche übte. U.a. der Widerspruch zwischen seiner religiösen Moral und seiner sinnenfrohen Vitalität führte zur Flucht in die Einsamkeit.

- 1852: »Kindheit«, erster Teil einer autobiographischen Trilogie
- 1854/55: Teilnahme am Krimkrieg
- 1855/56: »Sewastopol«-Trilogie (dt. 1887)
- 1856: Austritt aus der Armee
- 1862: Heirat
- 1901: Exkommunikation
- 1910: Flucht vom Familiengut

7. November 1910

Beifall für »Ödipus« im Zirkus

Zum Theaterereignis des Jahres wird die Max Reinhardt-Inszenierung der Sophokles-Tragödie »Ödipus« in der Bearbeitung Hugo von Hofmannsthals im Berliner Zirkus Schumann. Die Hauptrollen spielen Paul Wegener und Tilla Durieux (Abb.: als Königin Iokaste von Theben, r., die ihren als Kind ausgesetzten Sohn Ödipus heiratet). Reinhardt verwandelte den Zirkus in ein antikes

Theater. Der Beifall des Premierenpublikums, darunter bedeutende Vertreter von Literatur, Kunst und Gesellschaft, ist enthusiastisch. Die Presse lobt die Inszenierung ebenfalls als gelungen.

21. November 1910

Österreich rüstet Marine auf

Die Wiener »Neue Freie Presse« veröffentlicht die neuesten Zahlen über das Flottenbauprogramm der österreichisch-ungarischen Kriegsmarine. Danach sind umgerechnet 263 Mio. Mark für den Bau von insgesamt vier Schlachtschiffen, drei Schnellkreuzern, zehn Torpedofahrzeugen, zwölf Hochseetorpedobooten und sechs Unterseebooten veranschlagt.
Kriegshafen der Donaumonarchie ist Triest. Im Jahre 1848 hatte Österreich durch den Abfall Venedigs fast seine ganze Flotte eingebüßt, danach begann der Aufbau einer modernen Kriegsmarine. Diese bewährte sich bereits in der Seeschlacht bei Lissa gegen die überlegene italienische Flotte. Seit dem österreichisch-ungarischen Ausgleich im Jahre 1867 besitzt die Doppelmonarchie eine Kriegsmarine für beide Reichshälften. Wie die deutsche und die britische Marine wird auch die österreichisch-ungarische Kriegsflotte unter Einsatz größter finanzieller Mittel aufgerüstet.

6. November 1910

Stolze »Preußen« gestrandet

Ein Opfer der Novemberstürme wird der Fünfmaster »Preußen«, das zweitgrößte Segelschiff der deutschen Handelsmarine (s. Abb.). Das mit Stückgut von Hamburg nach Valparaiso in Chile segelnde Schiff kollidiert im Ärmelkanal mit dem britischen Dampfer »Brighton«. Die »Preußen« wird schwer beschädigt und in einem Sturm gegen die Kreidefelsen von Dover geworfen. Es dau-

ert zwei Tage, bis die 50 Mann Besatzung und zwei Passagiere geborgen werden können. Das Schiff muss aufgegeben werden.

10. Dezember 1910

Puccini-Mädchen erobert USA

An der Metropolitan Opera in New York wird Giacomo Puccinis »La fanciulla del West« (»Das Mädchen aus dem goldenen Westen«) in Anwesenheit des Komponisten mit Erfolg uraufgeführt (Abb.: Titelblatt des Librettos).

1907 hatte Puccini das Drama »The Girl of the Golden West« von David Belasco gesehen und es – in Erinnerung an seinen Erfolg mit »Madame Butterfly« – als Vorlage seiner nächsten Oper gewählt. Das Libretto schrieben Carlo Zangarini und Guelfo Civinini.

7. November 1910

Streik-Unruhen in Wales

Während eines Bergarbeiterstreiks in Süd-Wales kommt es bei den Kohlegruben von Glamorgan zu einem blutigen Kampf zwischen den rd. 5000 Streikenden und der Polizei. Auch Frauen und Kinder bewerfen die Polizisten mit Steinen (Abb.: Ein Bild der Zerstörung bietet die Ortschaft Tonypandy nach den Unruhen).

Der Ausstand, dessen Ziel eine Lohnerhöhung und die Garantie von Mindestlöhnen ist, nimmt mehr und mehr anarchistische Züge an. Verschiedentlich werden Truppen eingesetzt, um Ausschreitungen zu verhindern und den Streik zu brechen. Opfer des Streiks sind u.a. mehrere hundert Grubenponies, die wegen des Ausfalls der Ventilation infolge von Maschinenstillstand zu Grunde gehen. Am 14. November wird der Streik beendet, nachdem die Bergwerksbesitzer eine Lohnerhöhung bewilligt haben.
Mit dem Jahre 1910 beginnt in Großbritannien eine Zeit sozialer Unruhen. Für die britische Wirtschaft ist es das bislang größte Streikjahr in diesem Jahrhundert. Im Juli war es zu Eisenbahnerstreiks im Gebiet von Newcastle gekommen, im September und im Oktober wurde in der Textil- und Eisenindustrie von Lancashire und Cheshire gestreikt. Das Ziel fast aller Ausstände ist neben Lohnerhöhungen die Festsetzung von Mindestlöhnen. Die treibenden Kräfte beim Versuch, diese Forderungen durchzusetzen, sind die Gewerkschaften.

10. Dezember 1910

Nobelpreis für drei Deutsche

Erneut werden Deutsche – ein Dichter und zwei Wissenschaftler – für ihre Leistungen geehrt. Bei der Verleihung der Nobelpreise in Stockholm erhalten Paul von Heyse (Literatur), Albrecht Kossel (Medizin) und Otto Wallach (Chemie) die begehrten Auszeichnungen.
Heyse erhält den Preis für das »von idealer Gesinnung geprägte Künstlertum, das er in einem langen, bedeutenden Wirken als Lyriker, Dramatiker, Romanschriftsteller und Verfasser weltberühmter Novellen verwirklicht hat.« Mit Wallach wird ein Pionier der Chemie geehrt. Kossel erhält die Auszeichnung für seine Arbeiten über Proteine und Nukleinsäuren.
Der Physikpreis geht an den Niederländer Johannes Diderik van der Waals für seine Arbeiten über die Zustandsgleichung der Gase und Flüssigkeiten. In Kristiania (Oslo) wird am selben Tag das Internationale Friedensbüro in Bern mit dem Friedensnobelpreis ausgezeichnet. Die 1891 gegründete Institution hat sich die Aufgabe gestellt, die Verbindung zwischen den Friedensvereinigungen der einzelnen Länder zu festigen. Der Initiator, Elie Ducommun, hatte bereits im Jahre 1902 den Nobelpreis erhalten.

Dezember 1910

1 Do Im Deutschen Reich wird eine Volkszählung durchgeführt. Mit 65 Mio. Einwohnern hat sich die Bevölkerung in den letzten 40 Jahren um 59% vermehrt.

2 Fr Die zweite Hochquellwasserleitung Wiens wird eingeweiht. +++ In Stettin wird die Pommersche Landgesellschaft gegründet.

3 Sa Die Oper »Salome« von Richard Strauss nach der gleichnamigen Tragödie von Oscar Wilde hat im Covent Garden in London Premiere.

4 So In China werden als Vorbereitung auf das konstitutionelle System die Departements für Heer und Flotte in selbstständige Ministerien umgewandelt.

5 Mo Zur Förderung der deutschen Interessen im Osmanischen Reich und in Persien wird in Leipzig das Deutsche Vorderasien-Komitee gegründet.

6 Di Beim Landgang von US-Marinesoldaten im französischen Cherbourg kommt es zu wüsten Ausschreitungen zwischen Marines und Einheimischen.

7 Mi Helen Taft, die Tochter von US-Präsident William Howard Taft, enthüllt in Washington das Denkmal für Friedrich Wilhelm Freiherr von Steuben.

8 Do Der österreichische Thronfolger, Erzherzog Franz Ferdinand, trifft zu einem Besuch bei Kaiser Wilhelm II. in Potsdam ein.

9 Fr Bei Auseinandersetzungen zwischen Hindus und Muslimen in der britisch-indischen Hauptstadt Kalkutta werden 160 Muslime schwer verletzt.

10 Sa Der britische Luxusdampfer »Mauretania« startet in Liverpool mit 2120 Passagieren zu einer Fahrt über den Atlantik. → Nobelpreis → Puccini

11 So Der liberale griechische Ministerpräsident Eleftherios Weniselos gewinnt die Neuwahlen zur griechischen Nationalversammlung.

12 Mo Die brasilianische Regierung verhängt den Ausnahmezustand über Rio de Janeiro, um weiteren Aufständen bei der Marine vorzubeugen.

13 Di In der Universität von St. Petersburg kommt es während einer Protestversammlung zu blutigen Zusammenstößen zwischen Studenten und der Polizei.

14 Mi Auf den chinesischen Prinzen Ching verübt ein Unbekannter in Peking ein Revolverattentat, als der Prinz das Vorparlament verlässt.

15 Do Im Leipziger Gewandhaus wird unter der Leitung von Arthur Nikisch das Klavierkonzert f-Moll op. 114 von Max Reger uraufgeführt.

16 Fr Vier Münchener Theologieprofessoren legen ihre Ämter nieder, weil sie den von Papst Pius X. geforderten Antimodernisteneid nicht leisten wollen.

17 Sa Die Generalversammlung der Vereinsbrauerei der Berliner Gastwirte beschließt, den Namen in »Berliner Kindl Brauerei AG« umzuändern.

18 So Das Deutsche Reich und Österreich-Ungarn protestieren gegen die Ausweisung von Missionaren aus den portugiesischen Kolonien.

19 Mo Die »Norddeutsche Allgemeine Zeitung« meldet halbamtlich, dass Großbritannien alle deutschen Schadenersatzansprüche aus dem Burenkrieg ablehne.

20 Di Die zweiten Unterhaus-Neuwahlen dieses Jahres in Großbritannien enden. Sie bringen keine wesentlichen Veränderungen der Mehrheitsverhältnisse.

21 Mi In Odessa werden nach blutigen Auseinandersetzungen mit der Polizei 240 Studenten verhaftet. Es gibt auf beiden Seiten Verletzte, ein Student stirbt.

22 Do Die russische Regierung schlägt China den Bau einer Eisenbahnlinie vom Baikalsee durch die Wüste Gobi nach Peking vor.

23 Fr In den ländlichen Fortbildungsschulen in Preußen wird nach einer Verfügung des Kultusministeriums das Fach Bürger- und Lebenskunde eingeführt.

24 Sa Der französische Senat in Paris setzt einen Ausschuss ein, um namensrechtliche Fragen um das ehemalige bourbonische Königshaus zu klären.

25 So Der deutsche Nationalökonom Gustav von Schmoller veröffentlicht einen Aufsatz über die Demokratisierungstendenzen der Gegenwart.

26 Mo Prinz Max von Sachsen, Professor für kanonisches Recht und Liturgie in Freiburg im Üechtland bekennt sich im Vatikan zum Antimodernisteneid.

27 Di Zum 62. Mal jährt sich die Verkündung der Grundrechte der Deutschen durch die Frankfurter Nationalversammlung in der Paulskirche 1848.

28 Mi Die britische Polizei entdeckt in London eine Bombenfabrik russischer Anarchisten. Polizei, Militär und Feuerwehr werden mobilisiert.

29 Do In Budapest eröffnet der österreichische Thronfolger Franz Ferdinand die Delegationen, die Abgeordnetenversammlung für beide Reichshälften.

30 Fr In Indien wird erstmals einer Abordnung des Indian National Congress (INC) eine Audienz beim Vizekönig bewilligt.

31 Sa Ein kaiserlicher Erlass lehnt das Gesuch des chinesischen Vorparlaments ab, bei Beamten den Zopf abzuschneiden und europäische Kleidung einzuführen.

Januar 1911

1 So General Juan José Estrada tritt als Nachfolger seines Bruders José Dolores Estrada das Amt als Präsident des vom Bürgerkrieg erschütterten Nicaragua an.

2 Mo Während des Bürgerkriegs in Honduras erklärt sich der frühere Präsident Manuel Bonilla zum neuen Staatsoberhaupt.

3 Di Der britische Innenminister Winston Churchill leitet in London den Großeinsatz von 1000 Polizisten gegen die Mörder »Fritz« und »Peter der Maler«.

4 Mi Die Bergleute des Lütticher Reviers in Belgien treten in den Generalstreik, um die Verkürzung der Arbeitszeit zu erkämpfen.

5 Do In Kalkutta empfängt der Vizekönig von Britisch-Indien zum ersten Mal eine Abordnung des Indian National Congress (INC).

6 Fr Zum deutsch-russischen Abkommen über den Weiterbau der Bagdadbahn erklärt die russische Regierung, dass sie den Bau nicht behindern wird.

7 Sa König Alfons XIII. trifft in der nordmarokkanischen Stadt Melilla ein und demonstriert Spaniens Präsenz gegenüber Frankreich und Deutschland in Marokko.

8 So Die deutsche Polizei löst im lothringischen Metz eine Versammlung des profranzösischen Sportvereins »Lorraine Sportive« auf. → Monaco

9 Mo Der österreichische Kaiser Franz Joseph I. genehmigt das von Ministerpräsident Richard Graf von Bienerth-Schmerling gebildete Kabinett.

10 Di Wassily Kandinsky legt wegen wachsenden Meinungsverschiedenheiten den Vorsitz der Neuen Künstlervereinigung München nieder.

11 Mi Ein politisch motivierter Streik der portugiesischen Eisenbahner bringt den Zugverkehr im gesamten Land zum Erliegen. → Forschungsgesellschaft

12 Do Der französische Außenminister Stéphan Pichon stellt die Marokkopolitik in den Mittelpunkt einer außenpolitischen Grundsatzrede vor der Kammer in Paris.

13 Fr Das sozialkritische Drama »Die Ratten« von Gerhart Hauptmann wird im Berliner Lessingtheater mit Else Lehmann als Frau John uraufgeführt.

14 Sa Wegen der andauernden Fleischnot genehmigt der deutsche Reichskanzler Theobald von Bethmann Hollweg die Einfuhr von ausländischem Schlachtvieh.

15 So Seit Anfang Dezember hat sich von der Mandschurei und der Mongolei aus über China die Pest in ihrer gefährlichsten Form, der Lungenaffektion, verbreitet.

16 Mo Der Generalstreik im Lütticher Kohlenrevier (Belgien) wird beendet. Die Bergarbeiter setzen eine Reduzierung der Arbeitszeit durch.

17 Di John Edward Redmond wird als Vorsitzender der Irischen Nationalpartei wiedergewählt. Er hat dieses Amt seit 1900 inne. → »U 3«-Tragödie

18 Mi In Epernay, einem Zentrum der französischen Champagnerherstellung, beginnen die Winzeraufstände in der Champagne. → Flugzeugträger

19 Do Albino Jara, der Kriegsminister von Paraguay, übernimmt nach einem Putsch gegen Manuel Gondra das Amt des Staatspräsidenten. → Jemen

20 Fr Die kaiserliche chinesische Regierung untersagt das Einreichen von Petitionen, in denen der Erlass einer Verfassung verlangt wird.

21 Sa Politiker der Republikanischen Partei in Washington gründen die National Progressive Republican League und spalten die Republikaner in zwei Lager.

22 So In Wien wird die Weltmeisterschaft im Eiskunstlaufen der Damen und der Paare ausgetragen. Lily Kronberger aus Ungarn holt zum vierten Mal den Titel.

23 Mo Der ägyptische Politiker Muhammad Ferid Bei wird zu Gefängnis verurteilt, weil er das Vorwort einer antibritischen Gedichtsammlung verfasst hatte.

24 Di Trotz weltweiter Proteste werden in Japan zwölf wegen einer Verschwörung gegen Kaiser Mutsuhito verurteilte Anarchisten hingerichtet.

25 Mi Papst Pius X. teilt der Fuldaer Bischofskonferenz mit, dass Theologen, die den Antimodernismus-Eid nicht leisteten, Kirchengegnern anhängen würden.

26 Do Wegen der Pest in China lassen die deutschen Behörden das Pachtgebiet Kiautschou zu Lande und zur See sperren. → »Rosenkavalier«

27 Fr Der deutsche Kaiser Wilhelm II. feiert seinen 52. Geburtstag. Der Monarch aus dem Hause Hohenzollern trägt seit 1888 die deutsche Krone.

28 Sa Friedrich Ranzow veröffentlicht in der Berliner Zeitschrift »Die Woche« einen Aufsatz über Heldentum. Darin trägt er dem Ideal des Kriegshelden Rechnung.

29 So Die konstitutionelle Bewegung in China bezieht immer deutlicher gegen das Mandschu-Regime Stellung. Im Oktober kommt es zur Revolution.

30 Mo Der österreichische Außenminister Aloys Graf Lexa von Aehrenthal betont Italien gegenüber, dass Wien die »Selbstständigkeit der Türkei« fördern wolle.

31 Di Der Sozialdemokrat Paul Singer stirbt in Berlin. +++ Der Reichstag in Berlin beschließt die Wiedereinführung der Steuerfreiheit für die Bundesfürsten.

18. Januar 1911

Geburt des Flugzeugträgers

Dem US-Aviatiker Eugene B. Ely gelingt die erste Landung an Bord eines Schiffes. Mit seinem Curtiss-Doppeldecker geht er – abgebremst durch Seile – auf dem Deck des Panzerkreuzers »Pennsylvania« nieder. Da nun erstmals Start und Landung von Bord eines Schiffes erfolgreich verlaufen sind, gilt das Datum als Geburtsstunde der Flugzeugträger.
Bereits im Vorjahr, am 11. November 1910, war dem Flugpionier der erste Start von Bord eines Schiffes gelungen (s. Abb.). Ely stieg von dem Kreuzer »Birmingham« zu einem Flug ins 20 km entfernte San Francisco auf. Das Unternehmen verlief erfolgreich, obwohl der Doppeldecker beim Start beschädigt wurde. Start- und Landeversuche werden in den USA und Großbritannien auf behelfsmäßig dazu hergerichteten Schiffen vorgenommen. Die Militärs sind hellhörig geworden. Für sie bietet die Kombination aus See- und

Luftkrieg völlig neue taktisch-strategische Optionen. Zunächst einmal ist aber nur an Aufklärungsflüge gedacht. Den ersten militärischen Aufklärungsflug mit einem Flugzeug unternimmt am 22. Oktober der italienische Hauptmann Piazza. Auch in der zivilen Luftfahrt gibt es immer wieder Novitäten und Rekorde. Am 18. Februar findet von Allahabad in Indien aus der erste offizielle Postflug der Welt statt.

17. Januar 1911

Drei Tote bei »U 3«-Tragödie

Beim ersten schrecklichen Unfall eines deutschen Unterseeboots kommen drei Männer ums Leben, 27 können gerettet werden: Im Kieler Kriegshafen sinkt die »U 3« (s. Abb.) nach dem Versagen eines Schiebers. Die drei Toten werden nachträglich zu »Märtyrern der Seemannspflicht« erklärt, die »sich opferten«, um das Leben ihrer Kameraden zu retten. Kurz nach dem Unfall war das U-Boot mit einem Spezialhebeschiff so weit gehoben worden, dass durch ein Torpedo-Rohr der Großteil der Besatzung gerettet werden konnten. Unter den dreien, für die jede Hilfe zu spät kam, waren auch der Kommandant und der Erste Offizier.

26. Januar 1911

Premiere für »Rosenkavalier«

Zu einem durchschlagenden Erfolg wird in Dresden die Uraufführung der Oper »Der Rosenkavalier« von Richard Strauss (Musik) und Hugo von Hofmannsthal (Libretto, Abb.: Kostümentwurf für die Figur des Octavian). Um den Besucherandrang bewältigen zu können, muss die Reichsbahn Sonderzüge einsetzen. Als Komponist und Autor im Januar allerdings die Proben besuchten, befürchteten sie, die steife und provinzielle Inszenierung Georg Tollers könne einen Erfolg verhindern. Hugo von Hofmannsthal bat den Regisseur Max Reinhardt, mit dem er bereits erfolgreich zusammengearbeitet hatte, einzugreifen. Auf einer Probebühne spielte Strauss daraufhin unbeholfen vor, wie er sich die jeweilige Szene vorstellte. Reinhardt sah zu, nahm einzelne Sänger beiseite und flüsterte mit ihnen. Am nächsten Tag wirkten alle Darsteller wie ausgewechselt. Mit Rücksicht auf Toller musste Reinhardt jedoch gratis und von der Öffentlichkeit unbemerkt agieren. Der Kritiker Edgar Pierson schreibt über den Erfolg des »Rosenkavaliers«: »Ein solches Werk hatte auch am ehesten Aussicht, einen Damm zu bilden gegen die immer höher steigende Operettenflut unserer Tage, also gegen die wachsende Verflachung des Geschmackes, und der Humor bei der Sache ist, dass Richard Strauss selbst durch einige elektrisierende Walzer dem großen Publikum die goldene Brücke zu dem höheren Kunstwerk baute.«

19. Januar 1911

Der Jemen erhebt sich

Der vor zwei Monaten im Südwesten des Jemen ausgebrochene Aufstand gegen die türkische Herrschaft weitet sich zu einem Unabhängigkeitskampf aus: Hamid Ad Din Jahja, Imam des Jemen, erklärt dem Osmanischen Reich den Krieg.

Um die Revolte niederzuschlagen, entsendet die Regierung unter Großwesir Ibrahim Hakki Pascha in der zweiten Januarhälfte acht Bataillone (s. Abb.). Der Aufstand scheitert, das Osmanische Reich gesteht jedoch dem Jemen mehr Autonomie zu.

8. Januar 1911

Verfassung für Monaco

Die Verfassung des Fürstentums Monaco tritt in Kraft. Das Fürstentum an der Côte d'Azur wird konstitutionelle Monarchie mit einem aus 21 Mitgliedern bestehenden Nationalrat, der alle vier Jahre gewählt wird. Fürst Albert I., der letzte absolute Monarch in Europa, verzichtet auf die Ausübung der unbeschränkten Gewalt.

Mit diesem Verzicht endet in Europa die Geschichte der absoluten Monarchien. Seit dem Jahre 1454 regiert das Geschlecht der Grimaldi das Fürstentum, das 1793-1815 von Frankreich annektiert gewesen war und Monaco unabhängig wurde. Die Monegassen erzwangen den Erlass einer Verfassung im Jahre 1910 durch monatelange Demonstrationen. Im Oktober verkündete Prinz Ludwig (II.), der Sohn von Albert I., im Namen seines Vaters die Einführung der Etatbewilligung durch das Volk, die Ersetzung des Generalgouverneurs durch ein Parlament (Nationalrat), die Anerkennung der kommunalen Autonomie, die Schaffung einer Schatzverwaltung und die Aufstellung einer Zivilliste, d.h. eines vom Parlament festgesetzten Jahreseinkommens für den Monarchen. Dieser behält jedoch auch in Zukunft eine starke Position. Bisher war das Riviera-Fürstentum eine absolute Erbmonarchie. Dem Fürsten standen ein Staatsrat aus sieben Ministern, ernannt vom Fürsten, und ein Generalgouverneur zur Seite. Der Generalgouverneur verließ nach der Ankündigung, dass Monaco eine Verfassung erhalten soll, das Land.

Vorreiter ist der kleine Staat in der wissenschaftlichen Meeresforschung. Ende Januar wird das Ozeanographische Institut eingeweiht. Gründer und Förderer ist Albert I. Seine Fahrten auf der »Hirondelle« und der »Princesse Alice« zählen zu den bedeutendsten ozeanographischen Expeditionen in der Geschichte dieser noch jungen Wissenschaft.

Albert I. regiert seit 1889 Monaco.

Alle Monarchien in Europa im Jahre 1911

Land	Staatsform	Staatsoberhaupt
Belgien	Königreich	Albert I.
Bulgarien	Königreich	Ferdinand I.
Dänemark	Königreich	Friedrich VIII.
Deutsches Reich	Kaiserreich	Wilhelm II.
Griechenland	Königreich	Georg I.
Großbritannien	Königreich	Georg V.
Italien	Königreich	Viktor Emanuel III.
Liechtenstein	Fürstentum	Johann II.
Luxemburg	Großherzogtum	Wilhelm IV.
Monaco	Fürstentum	Albert I.
Montenegro	Königreich	Nikolaus I.
Niederlande	Königreich	Wilhelmina
Norwegen	Königreich	Håkon VII.
Osmanisches Reich	Sultanat	Muhammad V.
Österreich-Ungarn	Kaiser-/Königreich	Franz Joseph I.
Rumänien	Königreich	Karl I.
Russland	Kaiserreich	Nikolaus II.
Schweden	Königreich	Gustav V.
Serbien	Königreich	Peter I.
Spanien	Königreich	Alfons XIII.

11. Januar 1911

Neue Forschungsgesellschaft

In Berlin wird die Kaiser-Wilhelm-Gesellschaft zur Förderung der Wissenschaften – nach dem Zweiten Weltkrieg Max-Planck-Gesellschaft – aus der Taufe gehoben.

Die Gesellschaft entstand auf Anregung von Kaiser Wilhelm II. und dem Theologen Adolf von Harnack. Die Naturwissenschaften sollen durch die Gründung selbstständiger Institute gefördert werden, die sich ausschließlich der Forschung und nicht – wie Universitäten – auch der Lehre widmen müssen. Die finanziellen Mittel werden von der deutschen Wirtschaft aufgebracht, deren Vertreter in den Gremien die Majorität haben.

24. Februar 1911

Sozialist Briand tritt zurück

Aristide Briand, seit 1909 im Amt des französischen Ministerpräsidenten, erklärt vor der Abgeordnetenkammer in Paris seinen Rücktritt.

Dem Ministerpräsidenten wurde vorgeworfen, durch seine vermittelnde Haltung zwischen den radikalsozialistischen Forderungen und den Ansprüchen der Kirche die Ergebnisse der antiklerikalen Politik des letzten Jahrzehnts zu gefährden. Zwar sprachen die Abgeordneten dem bürgerlichen Sozialisten mit 258 zu 242 Stimmen das Vertrauen aus, die knappe Mehrheit von zehn Stimmen war Briand jedoch zu wenig, so dass er aus dem Vertrauensverlust die Konsequenz zog.

Februar 1911

1 Mi Im Dock von Jersey City explodiert ein mit Dynamit beladenes Boot. 25 Menschen kommen ums Leben, rd. 1000 Menschen werden verletzt.

2 Do Im französischen Kriegshafen Cherbourg in der Normandie läuft das Unterseeboot »Mariette« vom Stapel. Es hat eine Wasserverdrängung von 1100 t.

3 Fr Der Schwede Ulrich Salchow wird in Berlin zum zehnten Mal Weltmeister im Eiskunstlaufen. +++ Der deutsche Kronprinz Wilhelm reist nach Kalkutta.

4 Sa Das niederländische Parlament beruft eine Kommission ein, die darüber wachen soll, ob die Finanzmittel im Heer zweckmäßig verwendet werden.

5 So In St. Petersburg wird die Zahl der Todesurteile gegen Zivilisten bekanntgegeben: Gegenüber 1449 Verurteilten im Jahre 1909 traf es 1910 noch 455.

6 Mo In Konstantinopel brennt die Hohe Pforte nieder, der Sitz des osmanischen Großwesirats und des Außen- sowie Innenministeriums.

7 Di Das US-Repräsentantenhaus in Washington verbietet durch das Spionagegesetz das Fotografieren und Zeichnen u.a. von Kriegschiffen und Festungswerken.

8 Mi Während des Bürgerkriegs in Honduras schließt Präsident Miguel E. Dávila einen Waffenstillstand mit dem Gegenpräsidenten Manuel Bonilla.

9 Do Die sozialdemokratische Reichstagsfraktion wählt an Stelle des verstorbenen Paul Singer den Abgeordneten Hermann Molkenbuhr zum Vorsitzenden.

10 Fr Der Deutsche Reichstag nimmt die Militärvorlage an. Die Friedenspräsenzstärke soll bis 1915 auf 515 321 Mann erhöht werden.

11 Sa Der Seeschiffsversicherer Lloyd's veröffentlicht eine Übersicht über Handelsflotten. Großbritannien und das Deutsche Reich haben die meisten Dampfer.

12 So Der Schwede Per Thoren wird in St. Petersburg Europameister im Eiskunstlaufen. +++ In Brüssel fordern Flamen eine flämische Universität in Gent.

13 Mo In der nicaraguanischen Hauptstadt Managua sprengen Rebellen die Munitionsdepots beim Präsidentenpalast. Präsident Juan José Estrada flieht.

14 Di Die irredentistische italienische Vereinigung am Gardasee löst sich auf, da ihre deutschfeindlichen Aktionen den Fremdenverkehr vermindert haben.

15 Mi König Peter I. Karadordević von Serbien trifft zu einem Staatsbesuch in Rom ein, um mit König Viktor Emanuel III. die Lage auf dem Balkan zu erörtern.

16 Do Aus Solidarität mit den streikenden Studenten reichen 35 Professoren der Universität Moskau ihre Entlassung ein.

17 Fr Im österreichischen Triest treten Beamte in den Bummelstreik, um die Forderung italienischer Nationalisten nach einer eigenen Universität zu unterstützen.

18 Sa Ein Vergleich der Lebenshaltungskosten von niederländischen und deutschen Arbeitern zeigt, dass die Kosten der deutschen Arbeiter höher liegen.

19 So Die portugiesische Revolutionsregierung unter Joaquim Teófilo Fernandes Braga lässt Oppositionelle des Landes verweisen.

20 Mo Die haitianischen Regierungstruppen des Präsidenten Antoine Simon richten in der von den Rebellen zurückeroberten Stadt Quanaminth ein Blutbad an.

21 Di Der preußische Innenminister Johann von Dallwitz erlässt neue Vorschriften für tschechische Gastarbeiter, die u.a. die Neuanstellung von Tschechen verbieten.

22 Mi Kaiser Wilhelm II. untersagt die ehrengerichtliche Verurteilung eines Offiziers, der einen Selbstmordversuch begangen hatte.

23 Do Im persischen Parlament wird erstmals eine Gruppierung nach Parteien durchgeführt. Die Sitzordnung wird nicht der Parteizugehörigkeit angepasst.

24 Fr Der britische Kriegsminister Richard Burdon Haldane kündigt die Umstellung des Transports von Mensch und Material auf Automobile an. → Briand

25 Sa Das US-Repräsentantenhaus in Washington bewilligt 3 Mio. US-Dollar (12,6 Mio. Mark) für die Befestigung des Panama-Kanals.

26 So Das isländische Parlament spricht dem dänischen Islandminister Björn Jonsson das Misstrauen aus und fordert die Unabhängigkeit von Dänemark.

27 Mo Die norwegische Regierung beschließt die Zulassung von Frauen zu »sämtlichen Ämtern«, ausgenommen geistlicher, diplomatischer und konsularischer Ämter.

28 Di Célestin Jonnart, Generalgouverneur von Algerien, reicht nach dem Rücktritt von Frankreichs Ministerpräsident Aristide Briand seine Entlassung ein.

März 1911

1 Mi José Batlle y Ordóñez übernimmt das Amt des Staatspräsidenten von Uruguay. +++ In der persischen Stadt Täbris tritt die Polizei in den Streik.

2 Do Das britische Unterhaus in London nimmt in zweiter Lesung die Vetobill an, die das Einspruchsrecht des Oberhauses aufhebt.

3 Fr Die antiklerikale Regierung Spaniens erklärt in einer Note an den Vatikan, sie nehme sich das Recht, Gesetze ohne Einmischung von außen zu erlassen.

4 Sa Ernest Monis wird als Nachfolger des zurückgetretenen Aristide Briand französischer Ministerpräsident. +++ In Honduras endet der Bürgerkrieg.

5 So Eine Hungersnot in der mittelchinesischen Provinz Anhwei und der ostchinesischen Provinz Kiangsu löst Massenauswanderungen in den Süden aus.

6 Mo Im osmanischen Parlament kommt es zu Tumulten, als Großwesir Ibrahim Hakki Pascha den Führer der gemäßigten Linken, Kemal Bey Ismail, ohrfeigt.

7 Di Die USA lassen 30 000 Soldaten an der Grenze zu Mexiko mobilisieren, wo 1910 eine Revolution gegen Diktator Porfirio Díaz ausgebrochen ist.

8 Mi Der britische Außenminister Edward Grey lässt vor dem Unterhaus erklären, zwischen Großbritannien und Paris bestehe keinerlei Militärabkommen.

9 Do Der britische Flottenetat weist mit 44,4 Mio. Pfund eine Steigerung von 9,4% gegenüber 1910 auf. Vorgesehen ist der Bau von fünf Großkampfschiffen.

10 Fr In Frankreich werden die Uhren von der Paris-Zeit auf die Westeuropäische Zeit um neun Minuten und 27 Sekunden zurückgestellt.

11 Sa Der mexikanische Diktator Porfirio Díaz suspendiert wegen der revolutionären Unruhen in seinem Land für sechs Monate die Verfassung.

12 So Der bayerische Prinzregent Luitpold feiert seinen 90. Geburtstag. Die Feierlichkeiten tragen volksfestähnlichen Charakter.

13 Mo In der französischen Fremdenlegion wird die 1910 aufgehobene Altersgrenze von 18 Jahren wieder eingeführt.

14 Di Oberst Albino Jara, der durch einen Putsch an die Macht in Paraguay gelangt war, zerschlägt in Villa Rosario die Streitmacht der Opposition.

15 Mi Das japanische Oberhaus in Tokio lehnt die im Unterhaus angenommene Gesetzesvorlage über die Einführung des allgemeinen Stimmrechts ab.

16 Do Das Parlament in Konstantinopel beschließt, die Juwelen des abgesetzten Sultans Abd Al Hamid II. zwecks Erwerbs von Kriegsschiffen zu veräußern.

17 Fr Die unverheiratete Lehrerin Anna Rogstad ist die erste weibliche Abgeordnete in der norwegischen Volksvertretung.

18 Sa Der mexikanische Finanzminister überbringt Diktator Porfirio Díaz die Forderung der USA, entweder die Revolution zu unterdrücken oder abzudanken.

19 So Nach Angaben der Zeitschrift »Catholic Directory« gibt es in den USA 14,6 Mio. Katholiken. Das sind 15% der Bevölkerung. → Frauen

20 Mo Knapp ein Jahr nach seinem Amtsantritt reicht der italienische Ministerpräsident Luigi Luzzatti seine Demission ein.

21 Di Die französische Abgeordnetenkammer bewilligt Nachtragskredite für militärische Operationen in Marokko in Höhe von 1,5 Mio. Franc (1,2 Mio. Mark).

22 Mi In Kiel läuft das erste deutsche Linienschiff vom Stapel, das mit Turbinenantrieb ausgestattet ist. Kaiserin Auguste Viktoria tauft es auf den Namen »Kaiser«.

23 Do Spaniens Ministerpräsident José Canalejas y Méndez stellt in einem Interview fest, Frankreich sei über die Ansprüche Spaniens in Marokko hinweggegangen.

24 Fr Das dänische Parlament in Kopenhagen beschließt die Abschaffung der Prügelstrafe, die sich damit nur sechs Jahre halten konnte.

25 Sa Der französische Afrikareisende de Segonzac bezeichnet das Sultanat Marokko als europäische Erfindung, in dem nichts an einen Staat erinnere.

26 So Von französischen Offizieren geführte Truppen des marokkanischen Sultans Abd Al Hafis werden von aufständischen Berberstämmen geschlagen.

27 Mo Der Liberale Giovanni Giolitti bildet nach der Abdankung von Luigi Luzzatti zum vierten Mal seit 1892 in Rom eine Regierung.

28 Di Am Ende des Bürgerkriegs in Honduras übernimmt Francisco Beltrán provisorisch das Amt des Staatspräsidenten als Nachfolger von Miguel E. Dávila.

29 Mi Der Konservative Iwan E. Geschow wird als Nachfolger des zurückgetretenen Alexander Malinow bulgarischer Ministerpräsident.

30 Do Auf den deutschen Tanzparketts dominieren als Modetänze One-Step und Blues. Langsam wird der Tango populär. → Abrüstung

31 Fr Der Lötschbergtunnel in der Schweiz wird durchstochen. Die 14,6 km lange Eisenbahnröhre gilt als technisches Wunderwerk.

19. April 1911

Neue Krise um Marokko

Die französische Regierung unter dem Radikalsozialisten Ernest Monis erteilt General Charles Moinier den Befehl, die Truppen des marokkanischen Sultans Abd Al Hafis im Kampf gegen aufständische Berberstämme zu unterstützen. Moinier marschiert von Rabat in Richtung der marokkanischen Residenzstadt Fes (Abb.: Der Pascha von Fes begrüßt Moinier). Das Eingreifen Frankreichs in dem Sultanat Marokko veranlasst auch Spanien zu militärischen Aktionen und führt nach Protesten des Deutschen Reichs zur zweiten Marokkokrise. Das nordafrikanische Land ist formell ein souveräner Staat. 1904 erkannte Großbritannien das Land als Interessensgebiet Frankreichs an, wofür Paris London freie Hand in Ägypten ließ. Danach begann die »friedliche Penetration« Marokkos durch die Franzosen, die jedoch das Rifgebiet im Norden des Landes als spanische Interessenssphäre anerkannten und nach deutscher Intervention im Jahre 1906 auf die förmliche Errichtung eines Protektorats verzichteten. Dennoch baute Frankreich seine Position in Marokko immer weiter aus. Berberaufstände veranlassten 1907 das militärische Eingreifen der Franzosen. Sie beschossen die Hafenstadt Casablanca und warfen die angreifenden Stämme an der Grenze zu Algerien nieder. Zugleich erhob sich gegen den damaligen Sultan Abd Al Asis dessen Halbbruder Abd Al Hafis. 1909 erkannten die Großmächte Abd Al Hafis als Staatsoberhaupt an. Die Kämpfe der Berber gegen die Kolonialmacht gehen jedoch weiter.

30. März 1911

Berlin gegen Abrüstung

Der britische Außenminister Edward Grey betont in einer außenpolitischen Grundsatzrede, seine Regierung fasse ein internationales Rüstungsbegrenzungsabkommen ins Auge, um dem »finanziellen Verbluten in Friedenszeiten« ein Ende zu machen. Der Kampf um die Aufteilung der Welt im Zeichen von Kolonialismus, Nationalismus und Imperialismus verschlingt derart hohe Summen, dass viele sozialpolitische Maßnahmen nicht finanzierbar sind.

Grey vermeidet den Ausdruck »Beschränkung« der Rüstung, da dies im Ausland so gedeutet werden könnte, als wolle Großbritannien anderen Staaten Beschränkungen aufzwingen. Kein Land, so Grey, würde sich das gefallen lassen, »Deutschland am wenigsten von allen«. Der deutsche Reichskanzler Theobald von Bethmann Hollweg lehnt am 30. März vor dem Reichstag in Berlin ein Abrüstungsabkommen ab: »Jeder Versuch allgemeiner Abrüstung müßte meines Dafürhaltens immer wieder an der Frage der Kontrolle scheitern. Ich halte jegliche Kontrolle für absolut undurchführbar...«

19. März 1911

Frauen protestieren

Zum ersten Mal begehen Frauen im Deutschen Reich, in Österreich, Dänemark und der Schweiz den Internationalen Frauentag. Mehr als 1 Mio. Frauen gehen auf die Straße, um ihrer Forderung nach dem Frauenwahlrecht Nachdruck zu verleihen. Das Datum des ersten Frauentages soll an die Revolution von 1848 erinnern, die auch von Frauen unterstützt worden war.

Die Sozialdemokraten bringen zum Frauentag ein Flugblatt mit einer Auflage von 2,5 Mio. Exemplaren heraus. Clara Zetkin veröffentlicht eine spezielle Agitationszeitung für das Frauenwahlrecht. Auf allen Veranstaltungen des Internationalen Frauentages verabschieden die Frauen einstimmig eine Resolution: »Die Forderung nach dem Frauenwahlrecht ist die notwendige Folge der durch die kapitalistische Produktionsweise bedingten wirtschaftlichen und sozialen Umwälzung, die die Stellung der Frau von Grunde aus umgewandelt hat. Zehn Millionen Frauen, die im gesellschaftlichen Produktionsprozess tätig sind, die Millionen Frauen, die als Mütter Gesundheit und Leben aufs Spiel setzen, die als Hausfrauen die schwersten Pflichten übernehmen, erheben mit allem Nachdruck Anspruch auf soziale und politische Gleichberechtigung.« Die Anregungen für den Frauentag gehen auf Demonstrationen in den USA seit 1858 zurück. Die Amerikanerinnen begingen bereits am 20. Februar 1909 den ersten nationalen Frauentag, um die Wahlrechtsforderungen in den Vereinigten Staaten zu unterstützen. Im Deutschen Reich wurde Clara Zetkins auf der Internationalen sozialistischen Frauenkonferenz vom 26. bis 28. August 1910 in Kopenhagen gemachter Vorschlag angenommen, einen Internationalen Frauentag zu veranstalten. Clara Zetkin spricht von der »ernsthaftesten und

12. April 1911

Aufstand der Winzer

Die Winzeraufstände, die Anfang des Jahres in der Champagne begonnen haben, erreichen ihren Höhepunkt (Abb.: Karikatur von Ernst Stern zur französischen »Schaumweinrevolution«). In Epernay gehen Weinbauern mit Petroleumbomben gegen Sektfabriken vor, die Reben aus anderen Anbaugebieten verarbeiten, und liefern sich Straßenschlachten mit der Polizei. Die erzürnten Winzer brennen Weinberge nieder und vernichten Champagner.

Der Demonstrationszug in Berlin ist eine von über 40 Veranstaltungen in der Hauptstadt.

Clara Zetkin

deutsche Politikerin, * 5.7.1857 Wiederau (bei Rochlitz); † 20.6.1933 Archangelskoje (bei Moskau)

Zetkin, die sich 1878 den Sozialdemokraten anschloß, war führend in der sozialistischen Frauenbewegung engagiert. Sie kämpfte für die Emanzipation der Frau ebenso wie für die »Befreiung der Arbeiterklasse«. Nach ihrem Exil in der Schweiz und Frankreich (1882-90) kehrte die Politikerin nach Deutschland zurück und gab ab 1891 die SPD-Frauenzeitschrift »Die Gleichheit« heraus. Sie ist Gründungsmitglied von Spartakusbund und USPD und gehört dem Zentralkomitee der KPD an, für die sie auch im Reichstag sitzt. Ab 1920 verbringt Zetkin viel Zeit in Moskau, wo sie eine tiefe Freundschaft mit Nadeschda Krupskaja, der Frau Wladimir I. Lenins, verbindet. Auf Kundgebungen fordert sie eine Revolution nach russischem Vorbild.

- 1907: Mitglied des Internationalen Frauensekretariats
- 1919: »Rosa Luxemburg und Karl Liebknecht«, »Erinnerungen an Lenin« (Schriften)
- 1919-24: Mitglied der KPD-Zentrale
- 1920-33: Reichstagsabgeordnete für die KPD
- 1921: Präsidiumsmitglied der Komintern, Vorsitzende des Internationalen Frauensekretariats
- 1925: Vorsitzende der Internationalen Roten Hilfe

gewaltigsten Kundgebung, die in den letzten Jahren für das Frauenwahlrecht stattgefunden hat.« 1912 schließen sich die Frauen in Frankreich, den Niederlanden und Schweden, 1913 in Russland der Idee des Frauentages an. Die US-Journalistin Meta L. Stern schickt aus New York »internationale Grüße zum sozialdemokratischen Frauentag«, die in der Zeitschrift »Die Gleichheit« abgedruckt werden: »Die amerikanischen Sozialistinnen haben mit Freuden den ersten Frauentag ihrer deutschen Genossinnen begrüßt. Auf amerikanischem Boden gedieh der Gedanke, eine nationale sozialistische Demonstration für das Frauenwahlrecht zu veranstalten. Von den nationalen Frauenkomitees der Sozialistischen Partei angeregt, wurde er von der gesamten Parteiorganisation enthusiastisch aufgenommen, und am 26. Februar dieses Jahres hat die Sozialistische Partei der Vereinigten Staaten zum dritten Mal ihren Frauentag festlich begangen. In allen größeren Städten des Landes und in vielen kleinen Orten wurden wirkungsvolle Massenversammlungen veranstaltet, und die Parteipresse gab besondere Agitationsnummern heraus, die der Erweckung und Aufklärung der Frauen gewidmet waren. Durch den Beschluss der Internationalen Sozialistischen Frauenkonferenz ... ist nun unser nationaler Frauentag zum internationalen sozialistischen Feiertag erhoben worden.«

12. April 1911

Nonstop-Flug London–Paris

Wagemutige Piloten stellen immer neue Flugrekorde auf. Dem französischen Aviatiker Pierre Prier gelingt der erste Flug von London nach Paris ohne Zwischenlandung.

Der 24-jährige Pilot, der während seiner Militärzeit u.a. ein Jahr beim französischen Aero-Korps gedient hat, startet mit seinem Blériot-Monoplan in Hendon, einer Vorstadt im Nordwesten von London. Er benötigt für die rd. 400 km lange Distanz 3:56 h. Mit seinem Nonstop-Flug stellt Prier auch den als sensationell empfundenen Weitstreckenflugrekord ein, den der Franzose Louis Paulhan vor fast genau einem Jahr aufgestellt hat. Paulhan hatte im April 1910 die 296 km lange Strecke von London nach Manchester nur mit Zwischenlandung und Übernachtung bewältigt.

1. April 1911

Arbeitersiedlung eingeweiht

Die ersten 85 Arbeiterfamilien ziehen in die Essener Siedlung Margarethenhöhe ein, die in Anlage und Ausstattung international als ein Vorbild gilt (Abb.: Die neue Wohnsiedlung ist geprägt von Giebeln, die an süddeutsche Architektur erinnern). Der Bau wird aus Mitteln der Margarethe-Krupp-Stiftung finanziert. Durch unregelmäßige Straßenführung wirkt die Siedlung wie ein natürlich gewachsenes Dorf.

April 1911

1 Sa Der liberale spanische Ministerpräsident José Canalejas y Méndez tritt wegen Protesten gegen seine Amtsführung zurück. → Arbeitersiedlung

2 So Die griechische Abgeordnetenkammer in Athen nimmt einen Gesetzentwurf über die Enteignung des Großgrundbesitzes in Thessalien an.

3 Mo In Großbritannien und Irland findet eine Volkszählung statt. Im Vereinigten Königreich leben 45,2 Mio. Menschen.

4 Di Im Großherzogtum Hessen wird das Pluralwahlrecht mit einer Zweitstimme für Männer ab 50 eingeführt, die dadurch bevorzugt werden.

5 Mi Das britische Oberhaus in London nimmt eine Resolution über die Einführung der allgemeinen Wehrpflicht an.

6 Do Die französischen Soldaten erhalten neue Uniformen. Die rote Hose und der zweispitzige Stürmer-Hut werden zugunsten graugrüner Uniformen abgeschafft.

7 Fr Im Bürgerkrieg in Mexiko werden Friedensverhandlungen zwischen Diktator Porfirio Díaz und Gegenpräsident Francisco Indalecio Madero abgebrochen.

8 Sa Bei einer Explosion in den Bergwerken von Littleton im US-Bundesstaat Alabama werden 170 Strafgefangene getötet.

9 So Französische Weinbauern veranstalten einen Sternmarsch in der südlichen Champagne, um gegen Champagner aus anderen Gebieten zu protestieren.

10 Mo In Tokio brennt das Geishaviertel Joschiwara nieder. Über 5000 Gebäude, Tempel und Fabriken werden zerstört.

11 Di Im Unabhängigkeitskrieg gegen das Osmanische Reich wenden sich die Albaner an König Nikolaus I. von Montenegro, der die Rebellen unterstützt.

12 Mi In Anwesenheit von Kaiser Wilhelm II. wird bei Kerkira auf der griechischen Insel Korfu ein Artemistempel freigelegt. → Nonstop-Flug → Winzer

13 Do In den US-Bundesstaaten Kansas, Missouri und Oklahoma richtet ein Wirbelsturm schwere Verwüstungen an. Mehr als 100 Menschen sterben.

14 Fr Edmund Brückner, seit 1910 stellvertretender Gouverneur von Deutsch-Südwestafrika, wird zum Gouverneur der Kolonie Togo ernannt.

15 Sa Ein US-Kavallerieregiment schlägt ein Heer des mexikanischen Gegenpräsidenten Francisco Indalecio Madero. Die USA unterstützen Diktator Porfirio Díaz.

16 So In Peking beginnt eine Verhaftungswelle. In den folgenden zehn Tagen werden 60 Personen wegen revolutionärer Umtriebe festgenommen.

17 Mo Während der Kämpfe gegen den marokkanischen Sultan Abd Al Hafis schließen Berberstämme die Residenzstadt Fes ein.

18 Di Das Osmanische Reich besetzt – nach einem Aufstand – den Norden des Jemen. +++ Das britische Unterhaus nimmt die Vetobill an.

19 Mi Das Ballett »Le Spectre de la Rose« von Michail M. Fokin wird durch Sergej Diaghilews »Ballets Russes« in Monte Carlo uraufgeführt. → Marokko

20 Do Die antiklerikale portugiesische Revolutionsregierung hebt das Bistum Beja auf. Am folgenden Tag werden Staat und Kirche voneinander getrennt.

21 Fr Das US-Repräsentantenhaus nimmt das Gegenseitigkeitsabkommen mit Kanada an, durch das zahlreiche Schutzzölle abgebaut werden.

22 Sa Spanien entsendet zur Bekämpfung der aufständischen Berberstämme eine Artillerieabteilung in das marokkanische Landesinnere .

23 So In Jerusalem kommt es zu moslemischen Demonstrationen gegen britische »Reliquienräuber«: Archäologen hatten wertvolle Handschriften erworben.

24 Mo Bei Madrid wird im Beisein von König Alfons XIII. die von der deutschen Telefunken-Gesellschaft errichtete Station für drahtlose Telegrafie eingeweiht.

25 Di Der Berberstamm der Zemmur besetzt Meknès und ruft Jusuf, einen Bruder von Sultan Abd Al Hafis, zum Sultan von Marokko aus.

26 Mi Bei einer Polizeiaktion gegen sozialrevolutionäre Agitatoren in der russischen Armee werden in St. Petersburg 18 Personen verhaftet.

27 Do Im südchinesischen Kanton brennen Revolutionäre die Residenz des Vizekönigs nieder und ermorden 70 Mann der Palastwache.

28 Fr Mexikos Diktator Porfirio Díaz entsendet eine Kommission zur Aufnahme von Friedensgesprächen mit Gegenpräsident Francisco Indalecio Madero.

29 Sa Das deutsche Kanonenboot »Iltis« läuft wegen der revolutionären Unruhen in Kanton nach China aus. +++ Fürst Georg von Schaumburg-Lippe stirbt.

30 So Ein Gericht in Lissabon spricht der Ärztin Carolina Beatriz Angelo das Wahlrecht zu. Das Wahlgesetz bestimmt nicht das Geschlecht zur Wahlberechtigung.

Mai 1911

1 Mo Die Aufständischen in Albanien fordern in einem Aufruf nicht die Unabhängigkeit Albaniens vom Osmanischen Reich, sondern die Bildung einer Provinz.

2 Di In der ungarischen Gemeinde Bonyhás demonstrieren rd. 6000 Kleinbauern für die Einführung des allgemeinen Wahlrechts.

3 Mi Das norwegische Parlament in Kristiania (Oslo) bewilligt die Gelder für die Errichtung drahtloser Telegrafenstationen auf Spitzbergen und in Hammerfest.

4 Do Der Deutsche Reichstag lehnt einen Antrag auf Einführung der lateinischen Antiquaschrift anstelle der deutschen Fraktur an den Schulen ab.

5 Fr In Mexiko-Stadt versammeln sich Tausende von Demonstranten vor dem Palast des Präsidenten und fordern den Rücktritt des Diktators Porfirio Díaz.

6 Sa Die Internationale Hygiene-Ausstellung in Dresden wird eröffnet. Sie präsentiert die neuesten Errungenschaften der Volksgesundheitspflege.

7 So In Südafrika wird eine Volkszählung durchgeführt. Danach sind von den 5,9 Mio. Einwohnern des 1910 gegründeten Staates 1,2 Mio. Weiße.

8 Mo Die liberale spanische Regierung legt ein Vereinsgesetz vor, das auch für religiöse Vereine gelten soll. Vereinsgründungen benötigen staatliche Erlaubnis.

9 Di Im mexikanischen Bürgerkrieg erobern Truppen des Gegenpräsidenten Francisco Indalecio Madero die Stadt Ciudad Juárez und erklären sie zur Hauptstadt.

10 Mi Angesichts der revolutionären Unruhen wird in China das sog. Vorparlament für den 23. Oktober einberufen, das ursprünglich erst für 1917 vorgesehen war.

11 Do Die Reichstagskommission in Berlin lehnt einen umstrittenen Entwurf für eine Verfassung für Elsass-Lothringen ab.

12 Fr Im Londoner Kristallpalast findet das Festival of Empire statt, eine glanzvolle Feier für die Ministerpräsidenten und Gouverneure der britischen Kolonien.

13 Sa Der Deutsche Handelstag, die Interessenvertretung von Handel und Industrie, feiert in Heidelberg sein 50-jähriges Bestehen.

14 So Der italienische Automobilsportler Pietro Ceirano gewinnt auf SCAT das Langstreckenrennen um die Targa Florio auf Sizilien.

15 Mo Josua, der Enkel des schwerkranken abessinischen Kaisers Menilek II., wird 14-jährig zum König von Abessinien proklamiert.

16 Di Das Passagierluftschiff »Deutschland« wird in Düsseldorf vom Wind gegen die Hallenwand des Hangars gedrückt und zerstört.

17 Mi Preußens Landwirtschaftsminister Klemens von Schorlemer-Lieser vergleicht die polnische Bevölkerung in Westpreußen mit Indianern in einem Reservat.

18 Do Der Komponist Gustav Mahler stirbt in Wien. +++ Das isländische Parlament beschließt die Einführung des aktiven und passiven Frauenwahlrechts.

19 Fr In der Opéra comique in Paris wird die musikalische Komödie »L'Heure espagnole« von Maurice Ravel uraufgeführt.

20 Sa Der Landtag des russischen Großfürstentums Finnland nimmt eine Gesetzesvorlage an, durch die ausländische Banken sich in Finnland niederlassen können.

21 So In Gent protestieren 20 000 Menschen gegen die Gesetzesvorlage über die Einführung des obligatorischen Schulunterrichts in Belgien.

22 Mo In Köln wird im Beisein von Kaiser Wilhelm II. die Hohenzollernbrücke eingeweiht. Der Bau der Brücke kostete 5 Mio. Mark.

23 Di Der kanadische Ministerpräsident Wilfrid Laurier bezeichnet Gerüchte über eine bevorstehende Annexion seines Landes durch die USA als lächerlich.

24 Mi Während der revolutionären Unruhen in China fordert die Opposition den Wiedereintritt des früheren Außenministers Yüan Shih-k'ai in sein Amt.

25 Do Der phantastische Roman »Alraune. Die Geschichte eines lebendigen Wesens« von Hanns Heinz Ewers wird ein großer Publikumserfolg. → Diktator

26 Fr Das Seebad Coney Island in der New Yorker Bucht brennt in der Nacht auf den 27. Mai fast vollständig nieder. → Bürgerkrieg → Elsass

27 Sa Sultan Abd Al Hafis von Marokko setzt Großwesir El Glaui ab, weil dessen gewalttätiges Regiment Grund für den Berberaufstand gewesen war.

28 So Der Deutsche Flottenverein fordert auf seiner Hauptversammlung in Nürnberg den Bau eines zusätzlichen Großkampfschiffes jährlich.

29 Mo Das Oberste Bundesgericht in New York erklärt, dass die American Tobacco Company gegen die Antitrustgesetzgebung verstoße, und verfügt die Auflösung.

30 Di Die Straßenkämpfe zwischen Karlisten und Republikanern bei Barcelona forderten 5 Tote und 14 Verletzte. → Sozialversicherung → Indianapolis

31 Mi Bei einem Anschlag von liberalen Rebellen auf die nicaraguanische Festung Jaloma sterben insgesamt 150 Menschen.

Francisco »Pancho« Villa (M.) mit seinen Revolutionstruppen, der gefürchteten »Division del Norte«, die sich aus dem Landproletariat des viehzüchtenden Nordens rekrutiert.

25. Mai 1911

Langzeit-Diktator Díaz gestürzt

Während blutiger Straßenschlachten zwischen Militär und Regimegegnern in Mexiko-Stadt sowie bürgerkriegsähnlichen Unruhen im ganzen Land tritt der mexikanische Diktator Porfirio Díaz nach 30-jähriger Herrschaft zurück.

Der Zug, mit dem der 80-Jährige am folgenden Tag nach Veracruz Llave reist, um sich ins Exil nach Europa zu begeben, wird von Rebellen überfallen. Sieben Menschen werden getötet, der Ex-Diktator bleibt unverletzt und entkommt nach Spanien. Während der Díaz-Diktatur erlebte Mexiko einen wirtschaftlichen Aufschwung, der sich einseitig auf Rohstofferzeugung und Leichtindustrie beschränkte. Er öffnete das Land ausländischem Kapital. Durch Gesetze, die das bäuerliche Gemeineigentum zu Staatsland erklärten und dessen »Kauf« durch die Großgrundbesitzer ermöglichten, verlor die indianische Bauernschaft den größten Teil des Bodens und verelendete. Am Ende der Díaz-Diktatur gehören 85% des Bodens 2% der Bevölkerung. Auf der Halbinsel Yucatán, deren Bevölkerung überwiegend aus Maya-Indianern besteht, besitzen 1% der Bevölkerung 96% des Grundes und Bodens.

Díaz war im November 1876 mit militärischer Unterstützung an die Macht gelangt und hatte sich 1877 durch Wahlen offiziell als Präsident bestätigen lassen. Von seinen Anhängern gebildete militärische Garden, die sog. Tuxtepecos, unterdrückten gewaltsam jeden Widerstand.

22. Juni 1911

Georg V. gekrönt

Mit allem Pomp wird in London die Krönung von König Georg V. von Großbritannien und Irland und seiner Frau Mary gefeiert (Abb.: Das Königspaar).

Der 46-jährige Monarch hat im Mai 1910 nach dem Tod seines Vaters, Edward VII., die Herrschaft angetreten. Seit 1893 ist er mit der schwäbischen Prinzessin Mary von Teck (44) verheiratet. Der gesamte englische Adel und tausende von ausländischen Gästen nehmen an der prunkvollen Zeremonie teil.

26. Mai 1911

Verfassung für das Elsass

Der Deutsche Reichstag verabschiedet die Verfassung und das Wahlgesetz für Elsass-Lothringen. Das Reichsland wird dadurch nach langwierigen Verhandlungen den deutschen Bundesstaaten nahezu gleichgestellt.

Im Unterschied zu den übrigen Bundesstaaten fehlt in Elsass-Lothringen ein eigener Träger der Staatsgewalt. Diese übt Kaiser Wilhelm II., der zugleich König von Preußen ist, im Namen des Reiches aus. Darüber hinaus erhält das Reichsland eine frei gewählte Volksvertretung und entsendet drei Vertreter in den Bundesrat. Der preußische Ministerpräsident und Reichskanzler Theobald von Bethmann Hollweg betont zwei Tage vor der Abstimmung im Reichstag, dass die Gewährung der Bundesratsstimmen das Band, das Elsass-Lothringen mit dem Reich verbinde, festigen werde; die Elsass-Lothringer sollen sich nicht mehr als Deutsche zweiter Klasse fühlen.

26. Mai 1911

Bürgerkrieg in Mexiko

Nach dem Rücktritt des mexikanischen Diktators Porfirio Díaz legt der Gegenpräsident Francisco Indalecio Madero die provisorische Präsidentschaft nieder und fordert in einem Aufruf seine Landsleute auf, den bisherigen Außenminister Francisco León de la Barra als neuen Präsidenten anzuerkennen.
Die bewaffnete bürgerlich-demokratische Revolution entwickelte sich 1910 aus den Unruhen anlässlich der Bemühungen des Diktators um Machterhalt. Díaz hatte am 27. Juni seine »Wiederwahl« für eine weitere Amtsperiode erklärt. Am 17. November wurde ein Verschwörungskomplott aufgedeckt, zahlreiche Personen wurden verhaftet, rd. 100 Gewehre beschlagnahmt. Danach breitete sich der Aufstand innerhalb weniger Tage rasch über das ganze Land aus. Madero ließ sich zum Gegenpräsidenten proklamieren. Er ist Repräsentant der gemäßigten Liberalen, die das kapitalistische Wirtschaftssystem bejahen, jedoch für eine Veränderung der politischen und sozialen Verhältnisse sowie für die Erlangung demokratischer Rechte kämpfen. Ihre Basis im Volk erhält die mexikanische Revolution in der von Francisco »Pancho« Villa und Emiliano Zapata geleiteten Partisanen- und Bauernbewegung. Während Villa das Agrarproletariat des Nordens um sich schart, kämpft Zapata an der Spitze der verarmten Bauern des Südens.
Der auf Mexiko beschränkte Bürgerkrieg erhielt eine neue Dimension, als die USA am 7. März 30 000 Soldaten an der Grenze zu Mexiko aufmarschieren ließen, angeblich, um die Ausrufung einer unabhängigen Republik durch die Rebellen zu verhindern. Díaz wies jede Einmischung der USA in den Bürgerkrieg zurück und bezichtigte die Vereinigten Staaten, die Schuld für die Revolution in seinem Land zu tragen. Tatsächlich gerieten bei Gefechten mehrfach US-Amerikaner, die auf seiten der Revolutionäre kämpften, in Gefangenschaft der Díaz-Truppen.

Zapata (Mitte, sitzend) mit seinen Männern

Francisco »Pancho« Villa

eigtl. Doroteo Arango, mexikanischer Revolutionär, * 5.6.1878 Rio Grande (Durango); † 20.7.1923 bei Parral (Chihuahua, ermordet)

Der Straßen- und Eisenbahnräuber stieg nach seinem zwangsweisen Militärdienst zum Revolutionsführer auf. Er wurde wie Emiliano Zapata Volksheld der Bauernaufstände nach der »Wiederwahl« von Präsident Porfirio Díaz 1910. Die Kleinbauern im Nordwesten Mexikos, die durch Díaz' Reformen in ihrer Existenz gefährdet waren, kämpfen unter Villas Leitung für die Schaffung selbstständiger agrarischer Kleinbetriebe. Villas Truppen werden 1917 durch den von den USA unterstützten Venustiano Carranza geschlagen. Unter Carranzas Federführung wird eine Verfassung eingeführt, die von »Pancho« Villa und seinen Anhängern abgelehnt wird.

- vor 1903: Landarbeiter
- 1903-1910: Soldat
- 1910-20: Revolutionsgeneral, zunächst unter Revolutionsführer Francisco Madero, später eigenständig
- 1912: Verhaftung in Mexiko-Stadt
- 1912/13: Flucht nach Texas
- 1920: Pensionierung als (regulärer) General

30. Mai 1911

500 Meilen von Indianapolis

Zum ersten Mal wird in Indianapolis, der Hauptstadt des US-Bundesstaats Indiana, das Automobilrennen »500 Meilen von Indianapolis« ausgetragen (Abb.: Veranstaltungsplakat). Als Renntag haben die Organisatoren den Memorial Day gewählt, den Gedenktag für die Gefallenen des Nordamerikanischen Bürgerkriegs. Gewinner wird Ray Harroun auf Marmon Wasp mit einer Durchschnittsgeschwindigkeit von 120,06 km/h. Überschattet wird das Langstreckenrennen von einem tödlichen Unfall.

30. Mai 1911

Sozialversicherung ausgebaut

Mit 232 gegen 58 Stimmen verabschiedet der Deutsche Reichstag die Reichsversicherungsordnung. Sie soll die in den 80er Jahren unter Reichskanzler Otto von Bismarck begonnene Sozialgesetzgebung zu Ende führen und sie um einige wichtige Bereiche ergänzen.
Gegenüber den Bismarckschen Sozialgesetzen (Kranken-, Unfall-, Invaliden- und Altersversicherung) bringt sie folgende Erweiterungen und Änderungen:

- Versorgung von Witwen und Waisen
- Erhöhung des Krankengeldes für besser entlohnte Arbeiter
- Ausdehnung der staatlichen Krankenversicherung auf Heimarbeiter, häusliche Dienstboten und Landarbeiter
- Bessere Ausbildung der Kassenbeamten
- Wahl der Vorstände der Krankenkassen von Arbeitgebern und Arbeitnehmern

Juni 1911

1 Do Zwischen den deutschen und den britischen Kolonien tritt der Vertrag über die gegenseitige Auslieferung flüchtiger Verbrecher in Kraft.

2 Fr Während des Bürgerkriegs in Mexiko setzt Interimspräsident Francisco León de la Barra den Termin für die Präsidentenwahl auf den 1. Oktober.

3 Sa Der Senat der Universität Straßburg ermittelt gegen einen profranzösischen Studentenbund wegen Deutschfeindlichkeit. Der Bund wird aufgelöst.

4 So Viktoria 89 Berlin wird in Dresden vor 12 000 Zuschauern durch einen 3:1-Sieg über den VfB Leipzig Deutscher Fußballmeister .

5 Mo Der osmanische Sultan Muhammad V. reist von Konstantinopel in das albanische Aufstandsgebiet. Die Albaner fordern die Bildung einer eigenen Provinz.

6 Di Die griechische Nationalversammlung in Athen verabschiedet die neue Verfassung. Das Neugriechische wird Amtssprache.

7 Mi Durch Ausbruch des Volcán des Colima, eines der aktivsten Vulkane Mexikos, und durch ein gleichzeitiges Erdbeben kommen 1450 Menschen ums Leben.

8 Do Die britische Birbeck-Bank stellt den Zahlungsverkehr ein. Kleinsparer verlieren umgerechnet rd. 170 Mio. Mark.

9 Fr Beim Versuch, auf dem Flugfeld Johannisthal bei Berlin einen Höhenrekord aufzustellen, stürzt Georg Schendel aus 1600 m Höhe ab.

10 Sa Japan errichtet auf den Bonininseln im Westpazifik eine Basis für seine Pazifikflotte. +++ Die USA ruft ihre Kriegsschiffe aus mexikanischen Gewässern zurück.

11 So Auf dem Flugplatz Johannisthal bei Berlin beginnt der Deutsche Rundflug, das bisher größte deutsche Etappenluftrennen.

12 Mo Der französische General Charles Moinier besetzt die heilige Stadt Moulay-Idriss in Marokko und fordert Tributzahlungen von den umliegenden Dörfern.

13 Di Die Burleske »Petruschka« von Igor Strawinsky und Michail M. Fokin wird durch Sergej Diaghilews »Ballets Russes« in Paris uraufgeführt.

14 Mi Das ungarische Abgeordnetenhaus hebt die Immunität eines Abgeordneten auf, der 1910 zwei Parlamentsmitglieder zusammengeschlagen hatte.

15 Do Persiens Ministerpräsident Mohammed Weli Khan flieht aus Teheran in den russisch besetzten Norden des von Bürgerkriegswirren erschütterten Landes.

16 Fr Die Reichskonferenz des British Empire gewährt auf Antrag Kanadas den britischen Kolonien volle Handelsfreiheit.

17 Sa In London demonstrieren 50 000 Suffragetten für die Einführung des Frauenwahlrechts. +++ Der deutsche Dampfer »Pluto« wird in Portugal beschlagnahmt.

18 So Die deutsche Fußballnationalmannschaft gewinnt in Stockholm 4:2 gegen Schweden. Dabei erzielt der Berliner Debütant Otto Dumke drei Tore.

19 Mo In Lissabon wird die konstituierende Nationalversammlung eröffnet. Sie proklamiert die Abschaffung der Monarchie »für immer«.

20 Di Der gestürzte mexikanische Diktator Porfirio Díaz trifft im Exil in Paris ein. Díaz war im Mai nach 30-jähriger Herrschaft zurückgetreten.

21 Mi Bei Marokkokonsultationen zwischen Deutschland und Frankreich in Bad Kissingen fordert Deutschland einen »großen Happen« von Marokko.

22 Do Wie jedes Jahr seit 1895 messen sich Ende Juni Boote und Schiffe zahlreicher Nationen bei den Wettbewerben auf der Kieler Förde. → Georg V.

23 Fr Der französische Ministerpräsident Ernest Monis tritt mit seinem Kabinett zurück, nachdem ihm die Abgeordnetenkammer das Vertrauen verweigert hatte.

24 Sa Im Kriegshafen Triest läuft das erste österreichisch-ungarische Großkampfschiff vom Typ »Dreadnought« vom Stapel.

25 So Den Grand Prix von Paris, das höchstdotierte Pferderennen der Welt, gewinnt »As d'Atout« aus dem Stall des Marquis de Ganay.

26 Mo Im bulgarischen Parlament in Tarnowo kommt es zu Tumulten, als König Ferdinand I. beschuldigt wird, ununterbrochen die Verfassung zu verletzen.

27 Di Der bisherige französische Finanzminister Joseph Caillaux wird neuer Ministerpräsident als Nachfolger des zurückgetretenen Parteikollegen Ernest Monis.

28 Mi Paul Freiherr Gautsch von Frankenthurn wird österreichischer Ministerpräsident. Er tritt die Nachfolge von Richard Freiherr von Bienerth-Schmerling an.

29 Do Vorjahressieger Carlo Galetti gewinnt den dritten Giro d'Italia, das größte italienische Rad-Etappenrennen für Berufsfahrer.

30 Fr Der französische Chirurg Alexis Carrel demonstriert in Berlin eine Methode, Organe außerhalb des Körpers in Flüssigkeiten lebensfähig zu erhalten.

Juli 1911

1 Sa Die Zeitschrift »Nauticus« veröffentlicht die Rüstungsausgaben der Großmächte. +++ Das zweite Teilstück der Bagdadbahn wird eröffnet. → »Panther«-Sprung

2 So Papst Pius X. verlegt mehrere Feiertage auf den jeweils darauffolgenden Sonntag. Grund ist die zunehmende Bedeutung von Handel und Verkehr.

3 Mo In Frankreich tritt das Gesetz über die Altersversorgung in Kraft. Viele Arbeiter verweigern die als Lohnkürzungen empfundenen Beitragszahlungen.

4 Di In Berlin finden mehrere Kundgebungen für die Erhaltung des Friedens angesichts der Kriegsgefahr zwischen Frankreich und Deutschland statt.

5 Mi In Bad Homburg vor der Höhe beginnt die Prinz-Heinrich-Fahrt. Das deutsche Zuverlässigkeitsrennen für Automobile führt u.a. quer durch Großbritannien.

6 Do Tausende französische und spanische Arbeiter nehmen wegen der zweiten Marokkokrise in Bordeaux an einer Antikriegskundgebung teil.

7 Fr In Belgrad bildet der serbische Altradikale Milovan Milovanović eine neue Regierung als Nachfolger des zurückgetretenen Nikola Pašić.

8 Sa Die beiden Einzel-Wettbewerbe beim Tennisturnier in Wimbledon gewinnen Anthony F. Wilding und Dorothea Lambert-Chambers.

9 So Um den Aufstand in Albanien einzudämmen, macht die osmanische Regierung den Rebellen finanzielle Zugeständnisse – erfolglos.

10 Mo Während des Bürgerkriegs in Haiti werden die Truppen von Präsident Antoine Simon bei Vallière und La Borsière vernichtend geschlagen.

11 Di Eldon Gorst, britischer Generalkonsul von Ägypten, stirbt in Wiltshire im Alter von 76 Jahren. Sein Nachfolger wird Horatio Herbert Kitchener.

12 Mi Der französische Senat in Paris beschließt, für die Teilnehmer des Deutsch-Französischen Kriegs von 1870/71 eine Gedenkmünze prägen zu lassen.

13 Do Der britisch-japanische Allianzvertrag von 1905 wird bis 1921 verlängert. Großbritannien verpflichtet sich bei einem russisch-japanischem Krieg zu Neutralität.

14 Fr Der französische Nationalfeiertag wird von der Marokkokrise überschattet. In Paris kommt es zu blutigen Kämpfen zwischen Antimilitaristen und Polizei.

15 Sa Der Hansabund rückt von der Empfehlung ab, sozialdemokratische Wahlkandidaten zu unterstützen, da es deswegen zu Austritten gekommen war.

16 So Im schweizerischen Arbon demonstrieren Tausende von Sozialisten aus der Schweiz, Deutschland, Österreich und Italien gegen den drohenden Krieg.

17 Mo Im schweizerischen Kanton Thurgau beginnt ein internationaler Sozialistenkongress. Die Teilnehmer nehmen eine Resolution gegen die »Kriegshetze« an.

18 Di Kaiser Franz Joseph I. von Österreich kündigt bei der Eröffnung des neugewählten Reichsrats in Wien die Vorlage eines Sozialversicherungsgesetzes an.

19 Mi Oswald Freiherr von Richthofen wird in Berlin wegen eines Duells mit tödlichem Ausgang zu zwei Jahren Festungshaft verurteilt.

20 Do Die britische Tageszeitung »The Times« veröffentlicht angebliche Forderungen Deutschlands an Frankreich, das seinen Kongo-Kolonialbesitz abtreten solle.

21 Fr Das bulgarische Parlament verabschiedet die neue Landesverfassung, die das Land zum »Königtum« erklärt. +++ Der Schriftsteller Philippe Monnier stirbt.

22 Sa Der gestürzte Schah von Persien, Mohammad Ali, kehrt in den Norden des Landes zurück, um mit russischer Hilfe den Thron zurückzuerobern.

23 So Der französische Rennfahrer Victor Hémery gewinnt auf Fiat den Großen Automobil-Preis von Frankreich in Le Mans. → Konstantinopel

24 Mo Im norwegischen Kristiania (Oslo) demonstrieren Arbeiter gegen Aussperrung durch den Arbeitgeberverband, der damit auf Lohnstreiks reagiert hatte.

25 Di Der britische Versicherer Lloyd's gibt anlässlich der Marokkokrise bekannt, dass das Kriegsrisiko nicht mehr in die Seeversicherung eingeschlossen wird.

26 Mi Die Nationalversammlung in Lissabon lehnt Teile des Verfassungsentwurf ab, an dem seit dem Sturz der Monarchie 1910 gearbeitet wird.

27 Do Italien verbietet seinen Bürgern die Auswanderung nach Uruguay. Dessen Regierung hatte Maßnahmen gegen italienische Einwanderer ergriffen.

28 Fr Die portugiesische Nationalversammlung verabschiedet den Verfassungsparagraphen, durch den die Todesstrafe abgeschafft wird.

29 Sa Das persische Parlament setzt per Gesetzentwurf einen Preis von umgerechnet 340 000 Mark auf den Kopf des ehemaligen Schahs Mohammad Ali aus.

30 So Der Franzose Gustave Garrigou gewinnt die Tour de France. Von 84 Startern der strapaziösen Etappenfahrt erreichen nur 28 das Ziel.

31 Mo Die Kolonialverwaltung von Deutsch-Südwestafrika entsendet 200 Mann in den Caprivi-Zipfel, um Übergriffe von rebellischen Einheimischen einzudämmen.

13. August 1911

Arbeiter machen mobil

L'ILLUSTRATION
SAMEDI 19 AOUT 1911
LES GRÈVES D'ANGLETERRE

In Liverpool gehen Polizei und Armee mit großer Härte gegen eine Kundgebung von mehreren zehntausend Streikenden vor. 250 Menschen werden schwer verletzt, mehr als 100 verhaftet.
Zwei Tage später eröffnen Wachmannschaften, die einen Wagen mit Verhafteten eskortieren, das Feuer auf die Menge, als diese droht, die gefangenen Arbeiter zu befreien: Zwei Menschen werden dabei erschossen, 20 verwundet. Die sog. Liverpooler Schlacht löst in Großbritannien einen Generalstreik aus (Abb.: Titelblatt zum Protest der britischen Arbeiter).
Am 9. August hatte in London ein von der Gewerkschaft geleiteter Streik von über 30 000 Fuhrleuten für mehr Lohn und weniger Arbeitszeit begonnen. Am 11. August traten in den Hafenstädten die Lader, Dockarbeiter und Fuhrleute in den Ausstand, so dass Engpässe bei der Lebensmittelversorgung eintraten. Als die Reedereien mit Aussperrung von 28 000 Dockarbeitern reagieren, kommen die Eisenbahner am 14. August aus Solidarität überein, keine Waren mehr abzufertigen, die aus Streikgebieten kommen oder in solche gehen. Am 15. August wird der Generalstreik beschlossen. Die Streiks der Arbeiter enden mit Erfolgen. Mindestlöhne und Arbeitszeitverkürzungen werden vereinbart.

23. Juli 1911

Konstantinopel brennt

Am dritten Jahrestag der jungtürkischen Revolution werden in Konstantinopel durch Brandstiftung zehn Stadtteile weitgehend eingeäschert. 7000 Häuser brennen nieder, darunter die Universität und das Generalstabsgebäude. 60 000 Menschen werden obdachlos.

Der Brand trifft Konstantinopel in einer Situation, in der die Bosporus-Metropole nach dem Willen der Regierung zur Weltstadt ausgebaut werden soll (Abb.: Die Sultan-Achmed-Moschee in einem kolorierten Stich). Es ist der dritte schwere Brand, von dem die osmanische Hauptstadt binnen kurzem betroffen ist. Der deutsche Kaiser Wilhelm II. spendet 20 000 Mark zur ersten Behebung der Schäden in Konstantinopel.

23. August 1911

Portugal erhält Verfassung

Mit der Verkündung der Verfassung wird Portugal offiziell Republik. Im Oktober 1910 war die Monarchie durch eine Revolution gestürzt worden.
Einen Tag nach Inkrafttreten der republikanischen Verfassung wählt die konstituierende Nationalversammlung in Lissabon mit 121 zu 96 Stimmen den Generalstaatsanwalt Manoel de Arriaga zum Präsidenten der Republik. Der neue Staatspräsident, der Joaquim Teófilo Fernandes Braga ablöst, tritt sein Amt am 2. September an. Mit der Regierungsbildung wird João Pinheiro Chagas betraut, der ein nationales Versöhnungsministerium bildet. In seiner Regierungserklärung betont er, das neue Kabinett werde als eine Regierung der republikanischen Einheit niemals Parteiregierung sein. Man werde antiklerikal bleiben, aber ohne Feindseligkeit gegen irgendeine Glaubensgemeinschaft. Die arbeitenden Klassen, die stets die Hoffnung hegten, dass eine Revolution ihnen eine Besserung ihrer Lebensumstände bringt, würden nicht enttäuscht werden. Eine Änderung in der Außenpolitik werde es nicht geben.
In Europa gibt es damit vier Staaten, in denen das monarchistische Prinzip abgelöst wurde: Neben den seit über einem halben Jahrtausend bestehenden Republiken San Marino und Schweiz sowie Frankreich, das in diesem Jahr 40-jähriges Bestehen als Republik feiert, gehört nun auch Portugal dazu. Das Land hat eine Verfassung mit Gewaltenteilung zwischen Exekutive, Legislative und Judikative. Der Nationalrat wird in direkter Wahl auf drei Jahre gewählt. Ausgearbeitet wurde die Verfassung von einer Kommission der konstituierenden Nationalversammlung.

21. August 1911

»Mona Lisa« gestohlen

Im Louvre in Paris ereignet sich ein dreister Raub. Leonardo da Vincis berühmtes Bild »Mona Lisa« (s. Abb.) wird von einem Unbekannten gestohlen. Da das Kunstmuseum montags wegen umfangreicher Reinigungs- und Instandsetzungsarbeiten für den Publikumsverkehr geschlossen bleibt und an diesem Tag ohnehin zahlreiche Bilder umgehängt werden, wird der Diebstahl erst am folgenden Tag entdeckt. Trotz umfangreicher Ermittlungen der Polizei taucht das kostbare Gemälde erst im Jahre 1913 wieder auf: Urheber des vieldiskutierten Coups war der italienische Dekorationsmaler Vincenzo Perugia. Nach seiner Festnahme gibt er den Ermittlungsbehörden zu Protokoll, er habe lediglich eines der größten italienischen Kunstwerke wieder in die Heimat holen wollen.

1. Juli 1911

Panthersprung nach Agadir

Das deutsche Kanonenboot »Panther« läuft in den Hafen Agadir an der marokkanischen Westküste ein. Der »Panther«-Sprung soll Frankreich signalisieren, dass das Deutsche Reich nicht ohne Widerspruch die Besitzergreifung des nordafrikanischen Landes durch die Franzosen hinnehmen will.

Dieser symbolische Akt – die »Panther« ist ein kleines Boot von geringer Feuerkraft – wird vor allem in Großbritannien als Vorbote eines heraufziehenden Krieges gewertet. Die Reichsregierung unter Kanzler Theobald von Bethmann Hollweg unterrichtet noch am 1. Juli die Signatarmächte der Algeciras-Akte, die den Status von Marokko festlegt, über die angeblichen Gründe für die Entsendung des Schiffs: »Deutsche Firmen, die im Süden Marokkos und besonders in Agadir und Umgegend tätig sind, sind über eine gewisse Gärung unter den dortigen Stämmen beunruhigt, die durch die letzten Ereignisse in anderen Teilen des Landes hervorgerufen zu sein scheint. Diese Firmen haben sich an die Kaiserliche Regierung mit der Bitte um Schutz für Leben und Eigentum gewandt. Auf ihre Bitte hat die Regierung beschlossen, ein Kriegsschiff nach dem Hafen von Agadir zu entsenden, um nötigenfalls den deutschen Untertanen und Schutzgenossen wie auch den beträchtlichen deutschen Interessen in jenen Gegenden Hilfe und Schutz zu gewähren. Sobald Ruhe und Ordnung in Marokko wiedergekehrt sein werden, soll das mit dieser Aufgabe betraute Schiff den Hafen von Agadir verlassen.« Zugleich wird den Mächten mitgeteilt, das Deutschland gemeinsam mit Frankreich einen Weg zur endgültigen Verständigung über Marokko suchen wolle. Während die deutsche Öffentlichkeit vielfach mit nationalistischen Tönen reagiert, drückt die spanische Presse Genugtuung darüber aus, dass dem einseitigen Vorgehen der Franzosen in Marokko die Gleichberechtigung der anderen Mächte entgegengehalten werde. Paris nimmt zunächst keine Stellung.

Der deutsche Leichtkreuzer »Berlin« im Hafen von Agadir unterhalb der Festung.

Stationen der zweiten Marokkokrise

Datum	Ereignis
3.12.1910	Französische Kriegsschiffe laufen in den südmarokkanischen Hafen Agadir ein.
1.7.1911	Panthersprung nach Agadir
8.7.1911	»Berlin« löst »Panther« vor Agadir ab.
9.7.1911	Deutsch-französische »Unterhaltungen« über Marokko
25.7.1911	Beginn britischer Flottenbewegungen
4.9.1911	Marokkokrise löst Börsenpanik aus.
4.11.1911	Deutsch-französischer Vertrag beendet Marokkokrise

19. August 1911

Rüsselsheimer Opel-Werke werden ein Raub der Flammen

In der Nacht zum 20. August bricht im Opel-Werk in Rüsselsheim ein Feuer aus, das einen großen Teil des mehrstöckigen Fabrikkomplexes in Schutt und Asche legt. Bis in die Morgenstunden bemühen sich Feuerwehren aus Frankfurt am Main, Mainz und Darmstadt vergeblich, den Brand unter Kontrolle zu bekommen.

Der Wiederaufbau wird unverzüglich nach einem schon im Jahre 1905 in groben Zügen festgelegten Plan in Angriff genommen. 1912 ist die Arbeit bereits so weit fortgeschritten, dass in Gegenwart von Großherzog Ernst Ludwig von Hessen am Tag des 50-jährigen Jubiläums der Firmengründung das feierliche Richtfest stattfinden kann. Seit 1905, als das neue Fabrikgebäude eingeweiht wurde, nimmt die Marke Opel eine angesehene Position in der europäischen Automobil-Landschaft ein. Die Jahresfertigung von 358 Fahrzeugen im Jahre 1905 hat sich mittlerweile auf über 3000 gesteigert. Seit 1907 werden auch Lkw produziert.

August 1911

1 Di Konrad Duden, der Altmeister der deutschen Rechtschreibung, stirbt im Alter von 82 Jahren. +++ In München wird der Tierpark Hellabrunn eröffnet.

2 Mi Vor dem Gebäude der portugiesischen Nationalversammlung in Lissabon findet eine Massendemonstration für das Streikrecht statt.

3 Do Wegen des durch die Hitzewelle bedingten niedrigen Wasserstands wird die Schifffahrt auf der Elbe vollständig eingestellt.

4 Fr Der gestürzte mexikanische Diktator Porfirio Díaz trifft auf der Suche nach einem Exilort aus Paris kommend im schweizerischen Luzern ein.

5 Sa Der Berliner Polizeipräsident Traugott von Jagow gibt bekannt, dass er künftig jeden Polizisten bestrafen werde, der zu spät von der Waffe Gebrauch mache.

6 So In Mainz wird der 58. Deutsche Katholikentag eröffnet. Die Veranstaltung wird von 50 000 Menschen besucht.

7 Mo Der haitianische Revolutionsgeneral Michel Cincinnatus Leconte lässt sich zum Präsidenten des Landes proklamieren.

8 Di Von 100 spanischen Marinesoldaten, die sich auf dem Kriegsschiff »Numancia« an einer Meuterei beteiligt haben, werden fünf zum Tode verurteilt.

9 Mi Die deutschen Sozialdemokraten rufen in Berlin dazu auf, wegen der Marokkokrise in Massenversammlungen die Einberufung des Reichstags zu verlangen.

10 Do Das britische Diätengesetz weist Parlamentariern jährlich 400 Pfund zu. Damit wird Arbeitervertretern unabhängiges politisches Handeln ermöglicht.

11 Fr Die französische Regierung teilt den Eisenbahngesellschaften mit, dass Material nur noch mit staatlicher Genehmigung im Ausland bestellt werden könne.

12 Sa In der kroatischen Hauptstadt Agram (Zagreb) wird das Allslawische Turnerfest eröffnet, an dem über 5000 Sportler teilnehmen.

13 So Eine französische Agentur veröffentlicht ein Geheimdokument über die Gründung eines japanischen Spionagerings in Asien. → Arbeiter

14 Mo Der ecuadorianische Präsident Eloy Alfaro wird während einer Volkserhebung zum Rücktritt gezwungen. Der Sturz löst einen Bürgerkrieg aus.

15 Di In Brüssel demonstrieren 250 000 Sozialisten und Liberale für die Einführung des allgemeinen und gleichen Stimmrechts.

16 Mi Das deutsche Torpedoboot »T 21« sinkt nach einem Zusammenstoß mit dem Torpedoboot »T 14« im Großen Belt. Die Besatzung wird gerettet.

17 Do Eine Konferenz im britischen Handelsministerium in London zur Beilegung des Eisenbahnerstreiks endet ergebnislos.

18 Fr Wegen der Generalstreiks der Transportarbeiter und Eisenbahner verzichtet das britische Unterhaus auf die zweimonatige Sommerpause.

19 Sa In St. Petersburg wird das deutsch-russische Persienabkommen über den Eisenbahnbau und die Bagdadbahn unterzeichnet. → Opel-Werke

20 So Der deutsche Hürdenläufer Richard Rau ist mit drei Siegen erfolgreichster Teilnehmer der Deutschen Leichtathletik-Meisterschaften in Dresden.

21 Mo Die britische Nachrichtenagentur Reuter meldet fälschlicherweise den Ausbruch eines deutsch-französischen Krieges. → »Mona Lisa«

22 Di In Deutsch-Südwestafrika wird die Eisenbahnstrecke von Karibib nach Windhuk eröffnet. +++ In Großbritannien flackern erneut Streikunruhen auf.

23 Mi Der nationalistische Alldeutsche Verband veranstaltet bei Chemnitz eine Massenkundgebung für ein »kühles« Reagieren in der Marokkofrage. → Portugal

24 Do Bei anti-jüdischen Ausschreitungen in Bargoed in Wales werden 20 Menschen verletzt und zwölf Läden geplündert.

25 Fr Kaiser Wilhelm II. bezeichnet Schleswig-Holstein als unlösbaren Teil des Deutschen Reiches. Dänische Bürger fordern hingegen den Anschluss an Dänemark.

26 Sa Die Berliner Polizei verbietet das Tragen großer Damenhüte in Theaterlogen und entspricht damit dem Ersuchen zahlreicher Theaterbesucher.

27 So 70 000 belgische Klerikale demonstrieren in Löwen für das abgelehnte Gesetz zur Einführung des obligatorischen Schulunterrichts.

28 Mo Die 60 arabischen Abgeordneten im osmanischen Parlament in Konstantinopel schließen sich zur Arabischen Nationalistenpartei zusammen.

29 Di In Russland wird bestimmt, dass kein Großfürst die Ehe mit einer Person eingehen darf, die keinem regierenden oder standesherrlichen Hause angehört.

30 Mi Eine Volksversammlung in Berlin fordert die Reichsregierung auf, die deutschen Interessen in Marokko gegenüber Frankreich »nachdrücklich« zu verteidigen.

31 Do Wegen des Wassermangels infolge des extrem heißen und trockenen Sommers werden die großen Herbstmanöver in Schweden abgesagt.

September 1911

1 Fr Bei Überschwemmungen in der Mandschurei und in den chinesischen Provinzen Hupeh, Hunan und Kiangsi kommen 50 000 Menschen ums Leben.

2 Sa Die Republik Portugal erhält die erste gewählte Regierung. Neuer Ministerpräsident wird João Pinheiro Chagas.

3 So Im Treptower Park in Berlin veranstalten die Sozialdemokraten eine Massenkundgebung für den Frieden. 200 000 Menschen nehmen teil.

4 Mo In Berlin werden die deutsch-französischen Verhandlungen über die sich zuspitzende Marokkokrise wieder aufgenommen. → Börsenpanik

5 Di Während des Bürgerkriegs in Persien erleidet der aus dem Exil zurückgekehrte Ex-Schah Mohammad Ali eine entscheidende Niederlage bei Teheran.

6 Mi Überschwemmungskatastrophe in China: Der Wasserpegel von Jangtsekiang und Gelbem Fluss erreicht den höchsten Stand seit 40 Jahren.

7 Do In Hamburg wird nach vierjähriger Bauzeit der (»alte«) Elbtunnel eröffnet, der die wichtigste Verbindung der beiden Elbufer bildet.

8 Fr Die Zeitung »Il Giornale d'Italia« fordert die Regierung auf, »Hand auf Tripolis zu legen«, da sich keine Großmacht einer solchen Aktion widersetzen würde.

9 Sa Zwischen London und der britischen Königsresidenz Windsor wird erstmals die Post mit einem Aeroplan auf dem Luftweg befördert.

10 So Im süditalienischen Massafra stürmt eine Volksmenge ein Lazarett, in dem Choleraverdächtige untergebracht sind, und steckt das Gebäude in Brand.

11 Mo Während des Bürgerkriegs in Persien flieht der aus dem Exil kommende Ex-Schah Mohammad Ali nach Norden zum Kaspischen Meer.

12 Di Frankreichs Regierung nimmt die deutschen Forderungen zur Marokkofrage an: Für den Rückzug aus Marokko erhält Deutschland Gebiete im Kongo.

13 Mi Der Ätna, der höchste Vulkan Europas, bricht aus. Trotz großer Zerstörungen sind keine Toten zu beklagen.

14 Do Während der Streik- und Lebensmittelunruhen in Spanien wird über Bilbao der Ausnahmezustand verhängt. → Stolypin

15 Fr Yüan Shih-k'ai, früherer chinesischer Außenminister, wird vom Ministerrat für die Ernennung zum Vizekönig der Kwangprovinzen vorgeschlagen.

16 Sa Die deutschen Reservisten werden wie jedes Jahr nach Ende der Kaisermanöver entlassen. Die Entlassung wird als Zeichen der Entspannung gewertet.

17 So Die Moskauer Polizei schließt den Kongress der Psychiater. Ein Professor hatte den »traurigen politischen Zustand Russlands« beklagt. → Bajonette

18 Mo In Amsterdam tritt das Ladenschlussgesetz in Kraft. Die Läden müssen jetzt spätestens um 21 Uhr schließen.

19 Di Wegen Streiks und Unruhen wird in Spanien die Verfassung außer Kraft gesetzt. Auf Wunsch der liberalen Regierung verhängt der König das Kriegsrecht.

20 Mi Vor Southampton rammt der Kreuzer »Hawke« die »Olympic«. Das derzeit größte Passagierschiff der Welt ist ein Schwesterschiff der »Titanic«.

21 Do Wladimir N. Kokowzew wird von Zar Nikolaus II. zum Nachfolger des ermordeten russischen Ministerpräsidenten Pjotr A. Stolypin ernannt.

22 Fr Stolypin wird in Kiew zu Grabe getragen. Sein Mörder Dimitri Bagrow wird am selben Tag zum Tod durch den Strang verurteilt.

23 Sa Mit großem Erfolg wird das Drama »Der lebende Leichnam« des 1910 verstorbenen Leo N. Tolstoi in Moskau uraufgeführt.

24 So Der französische Ministerpräsident Joseph Caillaux hält in Alençon eine Beschwichtigungsrede in der Marokkofrage.

25 Mo Im Hafen von Toulon sinkt das Panzerschiff »Liberté« nach einer Pulverexplosion. Mehr als 300 Seeleute kommen ums Leben.

26 Di Die italienische Regierung warnt die osmanische Regierung in einer Note, Militärtransporte nach Tripolis zu entsenden.

27 Mi In Italien wird ein Aufruf zum Generalstreik gegen einen Krieg um Tripolis nur teilweise befolgt, in einigen Gebieten kommt es zu Unruhen.

28 Do Das italienische Außenministerium in Rom teilt mit, dass Italien den Status quo auf dem Balkan aufrechterhalten wolle. → Tripolis

29 Fr Italien erklärt dem Osmanischen Reich den Krieg. +++ Der niederösterreichische Landtag beschließt die Aufhebung des Lehrerinnenzölibats.

30 Sa Italienische Kriegsschiffe feuern auf Tripolis. +++ Nach einer Wahlniederlage tritt der schwedische Ministerpräsident Admiral Arvid Lindman zurück.

10. Oktober 1911

Revolution in China

In Wuhan, Hauptstadt der Provinz Hupeh und Metropole Zentralchinas, meutern republikanisch gesinnte Militäreinheiten (s. Abb.). Innerhalb weniger Tage breitet sich der Aufstand auf die Nachbarprovinzen aus und entwickelt sich zur Revolution gegen die herrschenden Mandschus. Bei blutigen Kämpfen mit Regierungstruppen sterben auf beiden Seiten Zehntausende. Bis Ende des Jahres sagen sich alle Provinzen bis auf die drei nördlichsten und die Mandschurei von der

Kaiserherrschaft los. Der fünfjährige Mandschu-Kaiser Pu Yi wird gestürzt. Der militärische Führer der Revolution ist General Li Yüan-hung, ihr geistiger Vater der im Exil in den USA lebende Arzt Sun Yat-sen. Triebkräfte sind neben Soldaten, Bauern und Landarbeitern das Proletariat in den Städten sowie das kleine und mittlere Bürgertum. Zugleich trägt die Revolution stark fremdenfeindliche Züge.

14. September 1911

Stolypin erschossen

Der russische Ministerpräsident Pjotr A. Stolypin wird bei einem Theaterbesuch in Kiew durch ein Revolverattentat so schwer verletzt, dass er vier Tage später stirbt. Als Täter wird der Sozialrevolutionär Dimitri Bagrow verhaftet. Seine Oppositionsgruppe hat sich dem »revolutionären Individualterror« verschrieben.

Pjotr Arkadjewitsch Stolypin

russischer Politiker, * 14.4.1862 Dresden; † 18.9.1911 Kiew

Stolypin galt als Symbol der zaristischen Selbstherrschaft und brutaler Unterdrückungspolitik. In seinen Funktionen als Innenminister und Ministerpräsident versuchte er, mit rücksichtslosem Polizeiterror die Nachwirren der Revolution von 1905 zu überwinden. Der konservativ-nationalistische Politiker entging 1906 nur knapp einem Attentat auf sein Landhaus. In einer Notverordnung setzte Stolypin 1907 ein Wahlgesetz durch, das den Konservativen in der Duma, dem russischen Parlament, eine Mehrheit garantierte. Seine beiden Agrarreformen(1906/07 und 1910/11) erlaubten es den Bauern, selbstständig ihre Felder auch mit Hilfe fremder Arbeitskräfte zu bestellen. An die Stelle der alten russischen Dorfgemeinde (Mir) setzten sie den Einzelbauern, beschnitten jedoch nicht den Einfluss der Großgrundbesitzer. Ab 1907 ließ Stolypin zur Zerschlagung der Opposition Massenumsiedlungen nach Sibirien vornehmen.

- 1905 Innenminister
- 1906 zugleich Ministerpräsident; erster Attentatsversuch
- 1907: Auflösung der zweiten Duma

28. September 1911

Massaker in Tripolis

Die italienische Regierung übermittelt dem Osmanischen Reich ein schroffes Ultimatum mit der Forderung, binnen 24 Stunden einer militärischen Besetzung von Tripolis und der Cyrenaika durch Italien zuzustimmen. Als Konstantinopel stattdessen Verhandlungen über wirtschaftliche Zugeständnisse in Tripolis vorschlägt und die Großmächte um Vermittlung bittet, erklärt Rom den Türken den Krieg.
Italien richtet schon seit längerer Zeit begehrliche Blicke auf Tripolis und die Cyrenaika. Im Neutralitätsvertrag mit Frankreich hatte sich Rom ein Anrecht auf Tripolis zusichern lassen. Im Gegenzug hatte es 1904 Marokko als französische Interessensphäre anerkannt. Das französische, spanische und deutsche Eingreifen in Marokko war jetzt ausschlaggebend für den Zugriff auf Tripolis. Am 30. September eröffnen die zwölf vor der Küste liegenden italienischen Kriegsschiffe das Feuer auf die Forts von Tripolis. Am 5. Oktober folgt die Besetzung der Stadt. Dabei ermorden die italienischen Truppen eine Vielzahl von Menschen auf zum Teil bestialische Weise. Diese Übergriffe gehen als »Tripolis-Massaker« in die Geschichte ein. Am 1. November lässt der italienische Ministerpräsident Berichte englischer Zei-

12. Oktober 1911

Automobilausstellung Berlin

Prinz Heinrich von Preußen, der Schirmherr der deutschen Automobilisten, eröffnet die erste Internationale Automobil-Ausstellung in Berlin (Abb.: Plakat). Der Bruder von Kaiser Wilhelm II. bezeichnet die Ausstellung als einen »glänzenden, alle Erwartungen übertreffenden Erfolg.

Zehn Tage lang präsentieren Automobilhersteller aus aller Welt in den Ausstellungshallen am Zoo ihre neuesten Modelle. Auf das größte Besucherinteresse stößt der 250-PS-Rennwagen der Mannheimer Benz-Werke. Niemand will sich einen Blick auf den mit unglaublichen 238 km/h schnellsten Wagen der Welt entgehen lassen. Durch klassische Einfachheit zeichnen sich die Modelle der Adlerwerke in Frankfurt am Main aus, darunter etwa eine Halbsportlimousine mit langem Radstand. Umlagert ist auch der Stand von Continental mit einer Vielzahl von Reifen, etwa dem bekannten Continental-Pneumatik. Größte Attraktion ist die abnehmbare Continental-Felge Modell 1911.

Ausschiffung des italienischen Expeditionskorps

tungen zurückweisen, Italiener hätten Massenmorde an unbewaffneten arabischen Männern, Frauen und Kindern verübt. Allerdings räumen selbst offizielle italienische Berichte ein, dass »Hunderte« arabischer Gefangener nach summarischen Gerichtsverfahren erschossen, andere in Ketten geschlagen worden seien. Europäische Korrespondenten halten dagegen, es seien nicht »Hunderte« sondern »Tausende« Ermordeter und Gefolterter, es habe keine Kriegsgerichte gegeben und es seien auch wehrlose Frauen und Kinder von italienischen Einheiten niedergemetzelt worden. Die Bilanz des ersten Monats des Krieges zeigt, dass die italienische Präsenz nach einer erfolgreichen türkischen Gegenoffensive auf die Umgebung der Stadt Tripolis beschränkt ist. In der Cyrenaika befinden sich die Hafenstädte Bengasi, Darna und Tobruk in italienischer Hand. Die osmanische Provinz Tripolis besteht aus der gleichnamigen Hafenstadt am Mittelmeer und dem Hinterland, das bis in die Sahara reicht. Grenzziehungen gibt es dort nicht. Als sicher gilt, dass das Land reich an abbaufähigem Eisen und anderen Metallen sowie an Schwefel und Phosphaten ist.

4. September 1911

Börsenpanik in Deutschland

Die Zuspitzung der Marokkokrise und die damit verbundene Kriegsgefahr führen zu einem »schwarzen Montag« an den deutschen Börsen. In Berlin fallen die Bankkurse um 5% (Abb.: Aufregung an der Berliner Börse).

Die Großbanken hatten zuvor von der Regierung verlangt, über den Stand der Marokkoverhand-

lungen unterrichtet zu werden, um gezielt auf dem Geldmarkt intervenieren zu können. Als das Außenministerium es ablehnt, Hinweise zu geben, entscheiden sich die Bankiers für eine Machtdemonstration: Sie überlassen die Börse sich selbst. Als offenbar wird, dass keine Großbank mehr stützend eingreift, stürmen die Kleinsparer die Sparkassen und verlangen ihr Geld.

17. September 1911

Bajonette gegen Hungernde

120 000 Menschen demonstrieren vor dem Wiener Rathaus gegen die Teuerung. Die zum Teil katastrophale Ernte nach dem heißen, trockenen Sommer und die anhaltende Fleischknappheit hatte zu erheblichen Preissteigerungen geführt. Die Menge fordert von der Regierung Eingriffe in das Preisgefüge.

Es kommt zu blutigen Straßenkämpfen zwischen den Kundgebungsteilnehmern, die Barrikaden errichten, und durch Kavallerieeinheiten verstärkten Polizeikräften. Als die Regierung die »Deutschmeister«, das Wiener Hausregiment, einsetzt und die öffentliche Ordnung mit Gewalt wiederherstellen lässt, kommen mehrere Menschen um, hunderte werden verletzt. Als die Vorgänge am 5. Oktober im Reichsrat zur Sprache kommen, bezeichnet es der Sozialdemokrat Viktor Adler als »ein Wunder, dass die Bevölkerung ihr Elend so stumm ertrage«. Auch in anderen Ländern Europas spielen sich ähnliche Szenen ab. Auf belgischen Straßenmärkten und in Nordfrankreich werfen Hausfrauen den Bauern Preiswucher vor und gehen zu tätlichen Angriffen über. Die Regierungen setzen Militär gegen die Frauen ein. Im Deutschen Reich, wo Württemberg und Bayern im Jahre 1910 die Einfuhr von Vieh erlaubt hatten, bleiben Unruhen aus.

Oktober 1911

1 So Etwa 4000 portugiesische Royalisten fallen von ihrem Exil in Spanien in den Norden Portugals ein, um die Republik zu stürzen.

2 Mo An den preußischen Schulen tritt der Regierungserlass über die Einführung der 45-minütigen Unterrichtsstunde in Kraft.

3 Di Die mexikanischen Bundestruppen erringen bei Santa Barbara einen Sieg über die Aufständischen unter dem Bauernführer Emiliano Zapata.

4 Mi Persische Regierungstruppen erobern die Stadt Hamadan. Damit fällt einer der letzten Stützpunkte des abgesetzten Schahs Mohammad Ali.

5 Do Italienische Marinetruppen besetzen Tripolis. +++ Die in Peking geplante internationale Opium-Konferenz wird wegen Unruhen um ein Jahr verschoben.

6 Fr Bei revolutionären Unruhen in der chinesischen Provinz Szetschuan wurden nach Berichten von Missionaren bisher etwa 10 000 Menschen getötet.

7 Sa Der Kölner Justizpalast wird eingeweiht. Er ist mit einer Grundfläche von 12 500 m^2 das größte Verwaltungsgebäude in Preußen.

8 So Die 24. Generalversammlung des Evangelischen Bundes verabschiedet in Dortmund eine Resolution gegen die anti-reformatorische Papst-Enzyklika.

9 Mo Der Nationalökonom Alfred Weber fordert auf der Tagung des »Vereins für Socialpolitik« die Einführung einer Rentenversicherung für Arbeiter ab 40 Jahren.

10 Di Robert Laird Bordon wird Ministerpräsident Kanadas. Damit erhält das Land nach 15 Jahren wieder eine konservative Regierung. → China

11 Mi Ein Erdbeben und Flutwellen zerstören 4 Städte in Mexiko und Kalifornien. Bei der Katastrophe sterben 700 Menschen.

12 Do Zum Schutz der Deutschen in unruhigen Gebieten Chinas entsendet die Reichsregierung Kanonenboote nach Hankon. → Automobilausstellung

13 Fr In Tsinanfu in der chinesischen Provinz Schantung laufen zwei Bataillone, die von Europäern ausgebildet wurden, zu den Revolutionären über.

14 Sa Die kaiserliche chinesische Regierung ernennt den als Reformer bekannten General Yüan Shih-k'ai zum Vizekönig von Hukuang.

15 So Hunderte von Türken, von Tripolis nach Malta geflüchtet, werden von den dortigen britischen Behörden ins Armenhaus verwiesen.

16 Mo In Kalifornien wird ein Attentat auf den US-Präsidenten William Howard Taft verhindert. An einer Brücke werden 36 Dynamitpatronen entdeckt.

17 Di Reichskanzler Theobald von Bethmann Hollweg lehnt es ab, im Reichstag Anfragen über die deutsch-französischen Marokko-Verhandlungen zu beantworten.

18 Mi Die Volkszählung in Kanada ergibt eine Bevölkerungszahl von 7,08 Mio. Menschen. +++ In Leipzig findet das Richtfest des Völkerschlachtdenkmals statt.

19 Do Das osmanische Parlament spricht dem neuen Großwesir Küçük Muhammad Said Pascha das Vertrauen aus.

20 Fr Italienische Truppen besetzen während des Tripoliskrieges gegen das Osmanische Reich die Hafenstadt Bengasi an der Großen Syrte.

21 Sa Auf Schloss Parma im niederösterreichischen Schwarzau heiraten der österreichische Erzherzog Karl und Prinzessin Zita von Bourbon-Parma.

22 So König Alfons XIII. von Spanien setzt die Verfassung wieder in Kraft, die am 19. September wegen Unruhen aufgehoben worden war.

23 Mo Verlustreiche Gefechte in der Nähe von Tripolis lösen schwere Repressalien der Italiener gegenüber der arabischen Bevölkerung aus.

24 Di Der österreichische Erzherzog Ferdinand Karl verzichtet auf seine Privilegien, um die Bürgerliche Berta Czuber heiraten zu können.

25 Mi In Kanton wird der Mandschu-General Fung-Sen bei einem Attentat chinesischer Revolutionäre schwer verletzt.

26 Do In Kiel entgleitet ein vom Kreuzer »München« ausgesetztes bemanntes Boot dem Flaschenzug. 15 Männer fallen ins Wasser, sechs ertrinken.

27 Fr General Yüan Shih-k'ai erhält den Oberbefehl über alle gegen die Aufständischen kämpfenden chinesischen Regierungstruppen.

28 Sa Der österreichische Ministerpräsident Paul Freiherr Gautsch von Frankenthurn tritt wegen des deutsch-tschechischen Nationalitätenkonfliktes zurück.

29 So Bei den Stichwahlen zum Landtag in Elsass-Lothringen wird das Zentrum die stärkste Fraktion. +++ Der Verleger Joseph Pulitzer stirbt in New York.

30 Mo In Peking wird ein kaiserlicher Erlass veröffentlicht, der unter anderem die baldige Einführung einer Verfassung ankündigt.

31 Di König Viktor Emanuel III. von Italien stiftet 100 000 Lire (81 000 Mark) für die Familien von Kriegsgefallenen. Dieselbe Summe spendet er dem Roten Kreuz.

November 1911

1 Mi Die italienische Regierung weist Berichte über Massaker an unbewaffneten Männern, Frauen und Kindern während des Tripoliskrieges zurück.

2 Do Während der Revolution in China brennen die kaiserlichen Truppen die Millionenstadt Hankow mit Ausnahme der Europäerviertel nieder.

3 Fr Karl Graf Stürgkh wird als Nachfolger des zurückgetretenen Paul Freiherr Gautsch von Frankenthurn österreichischer Ministerpräsident.

4 Sa Die von den Italienern besetzte Hafenstadt Bengasi bei Tripolis ist von osmanischen Truppen unter Enwer Bei umzingelt. → Kongo-Vertrag

5 So König Viktor Emanuel III. von Italien unterzeichnet in Rom auf Vorschlag von Ministerpräsident Giovanni Giolitti das Dekret über die Annexion von Tripolis.

6 Mo In Belgien werden Befürchtungen laut, das Deutsche Reich werde nach dem Marokko-Kongo-Abkommen den Erwerb des belgischen Kongostaats betreiben.

7 Di Auf einem »Spaziergang« der ungarischen Sozialisten durch Budapest fordern 4000 Menschen die Einführung des allgemeinen und gleichen Wahlrechts.

8 Mi Der französisch-spanische Geheimvertrag über Marokko von 1904 wird veröffentlicht, worin Nordmarokko als spanisches Interessengebiet anerkannt ist.

9 Do Der bayerische Innenminister Maximilian Friedrich von Brettreich erklärt, die Feuerbestattung sei in Bayern nicht möglich und ihr Verbot nicht zu ändern.

10 Fr Der deutsche Kronprinz Wilhelm unternimmt in Berlin eine zweistündige Rundfahrt mit dem Zeppelinluftschiff »Schwaben«.

11 Sa In Kiel läuft in Gegenwart des Kaiserpaares die »Ersatz Hagen« vom Stapel. Prinzessin Viktoria Luise tauft das Schiff auf den Namen »Kaiserin«.

12 So Bei den Gemeinderatswahlen in Spanien erringt die liberale Regierungspartei von Ministerpräsident José Canalejas y Méndez einen überwältigenden Sieg.

13 Mo Andrew Bonar Law wird Parteiführer der britischen Konservativen. Sein Vorgänger Arthur James Balfour war aus Altersgründen zurückgetreten.

14 Di Prinzregent Luitpold löst den bayerischen Landtag in München auf. Die Zentrumsfraktion hatte die Beratung des Verkehrsetats verweigert.

15 Mi In der Galerie von Schloss Schleißheim bei München schneiden Diebe 22 Gemälde aus ihren Rahmen und entwenden sie.

16 Do Der Kölner Kardinal-Erzbischof Anton Huber Fischer unterstreicht das Verbot der Feuerbestattung für Katholiken. → Weltrekord

17 Fr Im australischen Bundesstaat Victoria sind bei den Wahlen zum ersten Mal auch die Frauen stimmberechtigt. Die Liberale Partei gewinnt die Wahl.

18 Sa Die US-Regierung beschließt, wegen der Gefahr einer neuen Revolution in Mexiko die im Frühjahr an der Grenze stationierten Truppen nicht abzuziehen.

19 So Ramon Cáceres, Präsident der Dominikanischen Republik, wird in Santo Domingo ermordet. Das Attentat bildet den Auftakt zu jahrelangem Bürgerkrieg.

20 Mo Zwei italienische Kriegsschiffe bombardieren während des italienisch-türkischen Tripoliskrieges den Hafen und die Stadt Akaba am Roten Meer.

21 Di In London verhindert die Polizei den Versuch von Suffragetten, das Unterhaus zu stürmen. Bei dieser und anderen Aktionen werden 223 Frauen verhaftet.

22 Mi Der britische Admiral a.D. Charles William de la Poer Baron Beresford kritisiert die unzureichende Kriegsbereitschaft der Flotte während der Marokkokrise.

23 Do Der italienische Passagierdampfer »Romagna« sinkt während der Fahrt von Ravenna nach Triest in einem Orkan. Von 72 Menschen an Bord überleben zehn.

24 Fr Die Komödie »Die Kassette« aus dem Zyklus »Aus dem bürgerlichen Heldenleben« von Carl Sternheim wird im Deutschen Theater in Berlin uraufgeführt.

25 Sa Die russische Regierung fordert die Respektierung der freien Dardanellenschifffahrt. Das Osmanische Reich hat Schiffe mit dem Ziel Italien beschlagnahmt

26 So China erhält eine Verfassung. In der Verbotenen Stadt in Peking wohnt das Kabinett der Vereidigung des Prinzregenten bei.

27 Mo Der britische Außenminister Edward Grey hält im Unterhaus eine Grundsatzrede, in der u.a. das Verhältnis zum Deutschen Reich thematisiert wird.

28 Di In Paris werden die Juwelen des osmanischen Ex-Sultans Abd al Hamid II. versteigert. Der Erlös wird für den Ausbau der türkischen Flotte verwendet.

29 Mi Im österreichischen Abgeordnetenhaus in Wien kommt es zu Schlägereien zwischen deutschen und tschechischen Parlamentariern.

30 Do Die russische Regierung fordert Persien ultimativ auf, den US-Bankier William Morgan Shuster als Generalschatzmeister zu entlassen.

Oscar Wisting, Teilnehmer der Amundsen-Expedition, mit der norwegischen Flagge

Todesdrama um Scott-Expedition

Während das norwegische Expeditionsteam unter Roald Amundsen am 14. Dezember auf dem Südpol steht, ist der Brite Robert Falcon Scott bereits zum zweiten Mal unterwegs, um 90° südliche Breite zu erreichen. Mit Hilfe von Motorschlitten, Hunde-und Ponygespannen macht er sich auf den im Vergleich zu Amundsens Route etwa 150 km längeren Weg, der dafür aber teils bekannt ist. Trotz der vermeintlichen Vorteile Scotts erreicht dieser erst vier Wochen nach dem Norweger, am 17. Januar 1912, das Ziel. Er und seine Begleiter finden auf dem Rückweg in Schneestürmen den Tod.

16. November 1911

Weltrekord über 10 000 m

Der französische Läufer Jean Bouin (s. Abb.) stellt auf der Aschenbahn des Stadions von Colombes nordwestlich von Paris mit 30:58,8 min einen Weltrekord über 10 000 m auf. Bouin gelingt es damit, nach sieben Jahren den legendären Weltrekord des britischen Athleten Alfred Shrubb zu unterbieten, der im Jahre 1904 im schottischen Glasgow 31:02,4 min gelaufen war. Der bisherige Rekord Bouins lag bei 9721 m in 30 min, nur noch 279 m entfernt von seinem Traumziel, für die 10 000 m weniger als eine halbe Stunde zu benötigen. Der Franzose kann jedoch trotz mehrerer Versuche diese Marke nicht erreichen. Bouin, der in der Hafenstadt Marseille geboren wurde, wird von der französischen Presse überschwänglich gefeiert. Man nennt ihn »ein prächtiges Tier, geschaffen zum Laufen, und gleichzeitig ein Wesen von lebhafter Intelligenz«.

10. Dezember 1911

Erneut Nobelpreis für Curie

In Stockholm wird die französische Naturwissenschaftlerin Marie Curie als erster Mensch zum zweiten Mal mit einem Nobelpreis ausgezeichnet. Sie erhält den Chemienobelpreis für die Entdeckung der radioaktiven Elemente Radium und Polonium. Bereits 1903 war ihr als erster Frau, zusammen mit Antoine Henri Becquerel sowie ihrem inzwischen verstorbenen Mann Pierre Curie, der Physik-Nobelpreis zuerkannt worden.

4. November 1911

Kongo-Vertrag in der Kritik

Das in Berlin unterzeichnete deutsch-französische Abkommen zur Beilegung der zweiten Marokko-Krise stößt im Deutschen Reich auf Kritik. Der Vertrag regelt die Einflussbereiche der beiden Kolonialmächte in Marokko und bestimmt, dass das nordafrikanische Land zum französischen Protektorat wird. Zur Kompensation tritt Frankreich einen Teil des »minderwertigen« Kongos ab. Konservative Kreise in Deutschland sehen in der kampflosen Übergabe eine »schwere Schädigung des Ansehens unseres Vaterlandes«.

14. Dezember 1911

Amundsen als Erster am Südpol

Der norwegische Polarforscher Roald Amundsen erreicht zusammen mit seinen Begleitern Olav Bjaaland, Helmer Hansen, Sverre Hassel und Oscar Wisting als erster Mensch den Südpol.
Die fünf Männer waren am 28. Oktober mit 52 Schlittenhunden von ihrem Ankerplatz »Framheim« in der Walbucht gestartet, um den Südpol über die kürzere, aber unbekannte Direktroute zu erreichen. Sein ursprüngliches Vorhaben war die Entdeckung des Nordpols, als er jedoch 1909 zu einer Expedition in die Arktis startete, erfuhr er, dass ihm der US-Forscher Robert Edwin Peary zuvorgekommen war. Daraufhin änderte er seine Route in Richtung Südpol.

Stationen der Antarktisforschung

Jahr	Forscher (Land)	Leistung
1838	Charles Wilkes (AUS)	Entdeckung der Antarktis; Bezeichnung als Kontinent
1901	Robert F. Scott (GB)	Aufbruch zur ersten Südpolexpedition
1909	Ernest Shackleton (GB)	Entdeckung des südlichen Magnetpols
1911	Roald Amundsen (N)	Entdeckung des Südpols am 14. Dezember
1912	Robert F. Scott (GB)	Ankunft am Südpol am 17. Januar
1929	Richard E. Byrd (USA)	Überflug des Südpols, Errichtung eines Stützpunkts

Roald Amundsen

norwegischer Polarforscher, * 16.7.1872 Borge; † seit 18.6.1928 verschollen zwischen Tromsø und Spitzbergen

Der berühmte Forscher und Entdecker durchfuhr als erster Mensch die Nordwestpassage. Nachdem Amundsen den Wettlauf mit Robert Falcon Scott um die Eroberung des Südpols für sich entschied, folgt in der Reihe seiner Erkundungsfahrten die Bezwingung der Nordostpassage, wobei er die gesamte nordsibirische Küste erforscht. Auch in der Luft setzte Amundsen zu Pioniertaten an: Er überfliegt 1926 zusammen mit Lincoln Ellsworth und Umberto Nobile erstmals den Nordpol. Seine Abenteuer hält er in einem Bericht fest. Als Nobile am Nordpol vermißt wird, nimmt Amundsen an der Rettungsaktion teil. Er stürzt mit dem Flugzeug vermutlich bei der Bäreninsel ab.

- 1897-99: Teilnahme an der Südpolarexpedition des Belgiers Adrien Baron de Gerlache
- 1900: Studium des Erdmagnetismus an deutschen Observatorien
- 1906: Erkundung der Nordwestpassage
- 1911: Ester Mensch am Südpol, auf dem Rückweg zum Rossmeer entdeckt Amundsen die Königin-Maud-Kette.
- 1918-20: Erkundung der Nordostpassage
- 1923 und 1925: Versuche zur Nordpolüberfliegung scheitern
- 1929: »Mein Leben als Entdecker« (Schrift)

18. Dezember 1911

»Blauer Reiter« stellt aus

In der Galerie Heinrich Tannhauser in München wird die »Erste Ausstellung der Redaktion des Blauen Reiters« eröffnet. Neben Werken der in Deutschland lebenden Künstler Wassily Kandinsky, Franz Marc, August Macke, Heinrich Campendonk und Gabriele Münter werden auch Bilder der Franzosen Robert Delaunay und des im Jahre 1910 verstorbenen Henri Rousseau gezeigt (Abb.: »Blaues Pferd« von Franz Marc, 1911).
Die Schau ist als Gegenveranstaltung zu einer im gleichen Haus stattfindenden Ausstellung der Neuen Künstlervereinigung München geplant, aus der Kandinsky und Marc zuvor ausgetreten waren.
Der »Blaue Reiter« ist neben der im Jahre 1905 gegründeten »Brücke« die wichtigste Künstlervereinigung in der Frühphase des deutschen Expressionismus. Er strebt danach, »die bisherigen Grenzen der künstlerischen Ausdrucksmöglichkeiten zu erweitern«, wie es in der Ankündigung der Münchener Ausstellung heißt. Damit solle eine Abkehr vom Materialismus des 19. Jahrhunderts hin zu einer neuen, geistigen und reinen Kunst geschaffen werden.

Dezember 1911

1 Fr Russische Truppen marschieren gegen Teheran. +++ Max Reinhardt inszeniert in Berlin die Uraufführung des »Jedermann« von Hugo von Hofmannsthal.

2 Sa Kaiser Franz Joseph I. ernennt Blasius von Schemua als Nachfolger von Franz Conrad von Hötzendorf zum Generalstabschef der österr.-ungarischen Armee.

3 So Nach Angaben der italienischen Regierung sind gegenwärtig 385 000 Soldaten aktiviert, 135 000 mehr als in Friedenszeiten.

4 Mo In Washington eröffnet US-Präsident William Howard Taft die erste Sitzung des neu gewählten Kongresses, in dem die Demokraten die Mehrheit haben.

5 Di Reichskanzler Theobald von Bethmann Hollweg schließt die letzte Sitzung des zwölften Deutschen Reichstages vor den Neuwahlen im Januar 1912.

6 Mi In Straßburg wird der elsass-lothringische Landtag vom deutschen Statthalter Karl Graf von Wedel feierlich eröffnet.

7 Do Der deutsche Kreuzer »Berlin« verlässt die marokkanischen Gewässer. Er hatte die »Panther« abgelöst, durch die die Marokkokrise ausgelöst worden war.

8 Fr Der »Reichsanzeiger« veröffentlicht eine Verordnung von Kaiser Wilhelm II.: Die Wahlen zum Deutschen Reichstag sind auf den 12. Januar 1912 festgelegt.

9 Sa Britische Marinesoldaten landen unter einem Vorwand auf Kreta. Die Insel ist nominell osmanisch, hat aber den Anschluss an Griechenland proklamiert.

10 So US-Kriegsminister Henry Lewis Stimson empfiehlt in Washington, das Mindestlimit von drei Jahren für die Militärdienstzeit aufzuheben. → Curie

11 Mo Der serbische Ministerpräsident Milovan Milovanović unterstreicht vor der Skupschtina, dem Parlament in Belgrad, die Formel: »Der Balkan den Balkanstaaten«.

12 Di Der britische König Georg V. wird in Delhi zum Kaiser von Indien gekrönt. +++ Die USA ratifizieren den Vertrag über das Verbot des Seerobbenfangs.

13 Mi In einem Aufruf zur Reichstagswahl bezeichnet der Bund der Landwirte die Freisinnigen und die Nationalliberalen sowie den Bauernbund als Gegner.

14 Do Im österreichischen Abgeordnetenhaus in Wien demonstrieren katholische Frauen für ein Ehescheidungsgesetz. → Südpol

15 Fr Im Deutschen Theater in Berlin wird unter der Regie von Max Reinhardt das Drama »Offiziere« von Fritz von Unruh uraufgeführt.

16 Sa Während einer Diskussion mit Suffragetten in London wird der britische Schatzkanzler David Lloyd George im Gesicht verletzt.

17 So Die russische Regierung protestiert formell gegen die Aufhebung des aus dem Jahre 1832 stammenden US-Handelsvertrags.

18 Mo Die portugiesische Abgeordnetenkammer in Lissabon verabschiedet den ersten regulären Haushalt der Republik. → »Blauer Reiter«

19 Di Der schweizerische Bundesrat in Bern bewilligt elf Mio. Franken (8,91 Mio. Mark) für den Neubau der Eidgenössischen Technischen Hochschule in Zürich.

20 Mi Die Komödie »Oaha - Die Satire der Satire« von Frank Wedekind wird in den Münchner Kammerspielen uraufgeführt.

21 Do Die französische Abgeordnetenkammer in Paris nimmt ein Finanzgesetz an, das Alterspensionen für Arbeiter ab dem 60. Lebensjahr ermöglicht.

22 Fr Aus der Adria werden während des italienisch-türkischen Tripoliskrieges bedrohliche Manöver italienischer Kriegsschiffe gemeldet.

23 Sa In Wien wird die Operette »Alt-Wien« von Joseph Lanner uraufgeführt. +++ Die russische Regierung verbietet für drei Jahre die Zobeljagd in Sibirien.

24 So In Berlin fallen 71 Menschen einer Methylalkoholvergiftung zum Opfer. Der verantwortliche Drogist wird zu fünf Jahren Gefängnis verurteilt.

25 Mo Während des Bürgerkriegs in Persien überfallen Nationalisten in der Nähe von Kaserun den britischen Konsul Smart.

26 Di Sowohl an der britischen als auch an der französischen Kanalküste wüten bereits seit Tagen heftige Stürme.

27 Mi Die osmanische Regierung verhängt während des italienisch-türkischen Tripoliskrieges Einfuhrzölle von 100 % auf italienische Waren.

28 Do Die Regierung Österreichs lässt in Berlin und Paris schriftlich ihre Zustimmung zum deutsch-französischen Marokko-Kongo-Abkommen erklären.

29 Fr Die provisorische Nationalversammlung der Revolutionäre in Nanking wählt Sun Yat-sen zum Präsidenten der Republik China.

30 Sa Die osmanische Regierung unter Küçük Muhammad Said Pascha in Konstantinopel tritt zurück, Said Pascha wird aber erneut zum Großwesir ernannt.

31 So Teile der Klippen von Dover stürzen nach heftigen Stürmen mit großem Getöse ins Meer. Menschen kommen nicht zu Schaden.

Januar 1912

1 Mo Mit Ehren empfängt das französische Kriegsministerium den aus deutscher Haft entflohenen Hauptmann Lux. Er war wegen Spionage verurteilt worden.

2 Di 50 000 streikende Wäscherinnen aus New York versammeln sich im Central Park zu einer Kundgebung, auf der sie mehr Lohn und kürzere Arbeitszeit fordern.

3 Mi Bei Aufräumarbeiten in der Hildesheimer Andreaskirche entdeckt der Organist wertvolle Notenhandschriften u. a. des Komponisten Heinrich Schütz.

4 Do Zwischen den Hauptstädten von Spanien und Frankreich, Madrid und Paris, wird eine Telefonleitung in Betrieb genommen. → Tangotänzer

5 Fr Prinz Friedrich Sigismund von Preußen stellt ein von ihm selbst gebautes Flugzeug vor. Der Eindecker ist mit 56 PS motorisiert.

6 Sa Ein Artikel in der Londoner Zeitung »Daily News«, der die Friedensliebe des deutschen Kaisers betont, stößt in der britischen Öffentlichkeit auf Kritik.

7 So Vor der Sozialen Missionsgesellschaft von Budapest kritisiert Erzbischof Ottokar Prohaska die Armenpflege als Modebeschäftigung des Hochadels.

8 Mo In Bloemfontein in Südafrika wird mit dem Eingeborenen-Nationalkongress, dem späteren ANC, die erste große Organisation schwarzer Afrikaner gegründet.

9 Di In Berlin ergibt eine Viehzählung den Bestand von 49 057 Pferden, 900 weniger als im Vorjahr. Als Grund der Verringerung gilt der Zuwachs an Autos.

10 Mi Bei einem Bombenattentat einer bulgarischen Terrorgruppe in Zilkowa (Makedonien) sterben 13 Teilnehmer einer protürkischen Demonstration.

11 Do Langanhaltende Regenfälle führen in Paris zu schweren Überschwemmungen. Der Schiffsverkehr auf der Seine muss eingestellt werden.

12 Fr In Wien findet die Premiere des Films »Trilby« von Anton Kolm statt, dem Gründer der österreichisch-ungarischen Kinoindustrie GmbH. → SPD

13 Sa Raymond Poincaré übernimmt in Paris das Amt des französischen Ministerpräsidenten, nachdem sein Vorgänger Joseph Caillaux zurückgetreten war.

14 So Im italienisch-türkischen Krieg kommt es bei Kunfida (Rotes Meer) zu einem Seegefecht. +++ In Berlin öffnet das Entomologische (Insekten-) Museum.

15 Mo Die französische Sängerin Yvette Guilbert beginnt ein Gastspiel in Berlin. +++ Im Berliner Schloss beginnt die neue Sitzungsperiode des preußischen Landtags.

16 Di Beim Schlittschuhlaufen auf dem Berliner Wannsee ertrinkt im Alter von 24 Jahren der expressionistische Lyriker Georg Heym.

17 Mi Vier Wochen nach dem Norweger Roald Amundsen erreicht der britische Polarforscher Robert Falcon Scott den Südpol.

18 Do Das norwegische Parlament billigt Frauen gleiche Rechte bei der Erlangung von staatlichen Ämtern zu. Höhere und geistliche Ämter bleiben ausgenommen.

19 Fr Italienische Torpedoboote stoppen französische Postdampfer im Mittelmeer, weil sie den Schmuggel von Waffen für die Türkei vermuten.

20 Sa Spanien betont, dass es seine nordafrikanischen Besitzungen nicht aufzugeben gedenke. +++ Zum 30. Mal findet der Berliner Presseball statt.

21 So Die Läden der Putzbranche in Berlin werden von der Polizei angewiesen, die Auslagen während der Sonntagsmessen aus ethischen Gründen zu verdecken.

22 Mo An der Berliner Universität hat sich die Zahl der weiblichen Studenten im Vergleich zum vorangegangenen Wintersemester von 777 auf 845 erhöht.

23 Di In Den Haag geht die internationale Opiumkonferenz mit der Annahme einer Konvention zur Einschränkung des weltweiten Rauschgifthandels zu Ende.

24 Mi Anlässlich des 200. Geburtstages des preußischen Königs Friedrich II. finden in Berlin und Potsdam Feierlichkeiten in Anwesenheit von Kaiser Wilhelm II. statt.

25 Do Die Mailänder Polizei beschlagnahmt eine Oden-Sammlung des Dichters Gabriele D'Annunzio, die angeblich Kaiser Franz Joseph I. von Österreich angreift.

26 Fr Während einer Demonstration belgischer Stahlarbeiter für die Sozialversicherung werden in Differdingen drei Menschen bei Kämpfen mit der Polizei getötet.

27 Sa Bei Unruhen nach einem misslungenen Putschversuch in Ecuador werden mehrere revolutionäre Generäle getötet, darunter der Ex-Präsident Eloy Alfaro.

28 So Petter Oestbye aus dem norwegischen Kristiania (Oslo) wird Gesamtsieger der Offenen Deutschen Skimeisterschaft in Immenstadt.

29 Mo Eine Demonstration von 7000 streikenden Textilarbeitern in Lawrence, Massachusetts (USA), endet in einem blutigen Gefecht mit Polizeitruppen.

30 Di In Berlin gründen Persönlichkeiten aus Politik und Wirtschaft sowie den bürgerlichen Parteien einen »Verband für internationale Verständigung«.

31 Mi Bei Studentenprotesten gegen die Auflösung des Landtags kommt es in Agram in Kroatien zu gewalttätigen Auseinandersetzungen mit der Polizei.

24. Februar 1912

Italien annektiert Tripolis

Im italienisch-türkischen Krieg um Tripolis und die Cyrenaika beschießen die italienischen Kriegsschiffe »Garibaldi« und »Volturno« die zum Osmanischen Reich gehörende Stadt Beirut im Libanon. Dabei versenken sie einen auf Reede liegenden türkischen Kreuzer und ein Torpedoboot. Italien versucht schon seit einigen Wochen, die Türken auch außerhalb des eigentlichen Kampfgebietes zu treffen. Der militärische und politische Druck auf das Osmanische Reich steigt immer weiter an. Erst am Vortag der Beschießung Beiruts hatte das Parlament in Rom der Annexionsvorlage für Tripolis und die Cyrenaika mit 440 gegen 36 Stimmen zugestimmt.

Die italienischen Seestreitkräfte kontrollieren intensiv den Schiffsverkehr im Mittelmeer, um z.B. Nachschublieferungen für die Türken zu verhindern. In den libyschen Kampfgebieten haben es die Osmanen schwer, den Vorstößen der italienischen Truppen standzuhalten. Schon am 16. Januar fiel die strategisch wichtige Oase Gargaresch in die Hände der Italiener (s. Abb.: Arabische Soldaten der türkischen Armee mit erbeuteten italie-

nischen Lanzen). Den Krieg um die bedeutenden Küstengebiete am Mittelmeer führt die italienische Armee mit modernsten Mitteln. So stehen ihr neueste technische Errungenschaften wie Flugzeuge und Automobile zur Verfügung. Es ist das erste Mal, dass in einem Krieg die Motorisierung eine wesentliche Rolle spielt.

Die europäischen Großmächte lassen die aggressive italienische Politik ungeahndet, weil Libyen in ihrem kolonialen Kalkül weder strategisch noch wirtschaftlich eine herausragende Rolle spielt. Außerdem genießt Italien im Reigen der europäischen Mächte eine Sonderrolle. Es ist Mitglied des Dreibundes und damit durch Deutschland und Österreich-Ungarn gedeckt. Zugleich hat Italien sich aufgrund der Reibereien mit Österreich-Ungarn um die Balkanländer an Frankreich und Russland sowie infolge eigener kolonialer Ambitionen auch an Großbritannien angenähert.

15. Februar 1912

Chinas Thron ist leer

Die Nationalversammlung in Nanking wählt den General Yüan Shih-k'ai zum Präsidenten der provisorischen Regierung. Zwei Tage zuvor war der Revolutionär und erste Präsident Chinas, Sun Yatsen, von diesem Amt zurückgetreten, um der Einheit eines republikanischen China nicht im Wege zu stehen. Am 10. März leistet der ehemalige Kaiserberater Yüan den Eid auf die Republik.

Dem Wechsel war der Verzicht der 268 Jahre über das Reich der Mitte herrschenden Ch'ing-Dynastie (Mandschu) auf den chinesischen Kaiserthron vorausgegangen. Nach dem Beginn des Aufstandes republikanisch gesinnter Soldaten in Wuhan, der sich schnell über das gesamte Land ausbreitete, beauftragte die kaiserliche Regierung zunächst Yüan mit der Niederwerfung der Revolte. Der General erkannte jedoch rasch die Aussichtslosigkeit dieses Unterfangens und drängte das kopflos agierende Herrscherhaus zu Verhandlungen. Zunächst im Auftrag der kaiserlichen Regierung, dann auf eigene Faust und mit eigenen Ambitionen nahm Yüan Verhandlungen mit der provisorischen Regierung in Nanking auf. Er überzeugte die Ch'ing-Regierung schließlich von der Notwendigkeit des Thronverzichts. Gleichzeitig mit der Bekanntgabe des Abdankungsdekrets ernannte der kaiserliche Hof Yüan »als bevollmächtigter Organisator der Republik« zum Präsidenten Chinas. Nunmehr hatte China zwei republikanische Regierungen, eine kaiserliche in Peking unter Yüan und eine revolutionäre in Nanking unter Sun Yat-sen. Yüan trat daraufhin erneut in Verhandlungen mit der Nanking-Regierung über weitere strittige Fragen. Infolge

28. Februar 1912

Sieg für britische Bergleute

Über eine Million Beschäftigte in den britischen Bergbaurevieren treten in einen Streik. Zuvor hatte die Mehrheit der Kumpel in einer Urabstimmung für den Ausstand votiert (s. Abb.). Sie fordern die Einführung eines Mindestlohnsatzes, verbunden mit einer allgemeinen Verbesserung der sozialen Verhältnisse in sämtlichen Bergbauunternehmen der britischen Inseln. Die liberale britische Regierung unter Herbert Henry Asquith befürwortet die Forderungen der Arbeiter, kann aber die Minenbesitzer nicht zum Einlenken bewegen. Als die Versorgungslage im Land kritisch wird, entschließt sich die Regierung, die Einführung von Mindestlöhnen per Gesetz durchzusetzen.

V.l.: Das Abschneiden des Zopfes symbolisiert den Anbruch einer neuen Zeit im »Reich der Mitte«; für Beamte der neuen Regierung ist Kleidung nach westlichem Zuschnitt nunmehr Pflicht.

der dabei zustande kommenden Einigung entschloss sich Sun Yat-sen im Interesse einer geeinten chinesischen Republik zum Rücktritt zugunsten Yüans. Daraufhin sprechen die in der Nationalversammlung vertretenen Delegierten aus 17 chinesischen Provinzen Yüan das Vertrauen aus und wählen ihn zum Präsidenten.
Einen Tag nach seiner Wahl lässt sich Yüan in einem symbolgeladenen Akt mit seinem Zopf das Sinnbild für das rückwärtsgewandte, konfuzianische China abschneiden. Ziel ist es, durch die Zerschlagung des alten verkrusteten Beamtenapparates der Ch'ing-Dynastie und mit Hilfe von Modernisierungsmaßnahmen die Grundlagen für ein stabiles und vom Ausland unabhängiges Staatswesen zu schaffen. Nach der Übergabe der Präsidentschaft an Yüan Shih-k'ai zeigt sich jedoch bald, dass dieser nicht gewillt ist, an der Republik festzuhalten. Er plant vielmehr, China in eine konstitutionelle Monarchie umzuwandeln und sich selbst als Kaiser an die Spitze zu stellen.

Stationen der Chinesischen Revolution

Datum	Ereignis
20.01.1911	Die kaiserliche Regierung unter Prinz Tschun verbietet Petitionen, die eine Verfassung fordern
10.10.1911	Aufstand revolutionär gesinnter Soldaten in Wuhan
03.12.1911	Die Revolutionäre erobern Nanking
29.12.1911	Sun Yat-sen wird erster Präsident der Republik China
12.02.1912	Letzter Kaiser Pu Yi dankt ab, Ende der Ch'ing Dynastie
15.02.1912	Yüan Shih-k'ai wird Präsident der Republik China
12.08.1912	Sun Yat-sen gründet die Kuomintang
08.04.1913	Kuomintang hat die Mehrheit im neuen Parlament
22.07.1913	Yüan Shih-k'ai strebt Alleinherrschaft an und verhängt Ausnahmezustand; Sun Yat-sen flieht

12. Januar 1912

SPD jetzt stärkste Fraktion

Bei den Wahlen zum Deutschen Reichstag verbucht die Arbeiterbewegung (Abb.: SPD-Wahlkämpfer) einen historischen Erfolg. Erdrutschartige Stimmenzuwächse machen die Sozialdemokraten zur stärksten politischen Kraft im Parlament. Sie erhalten 34,8 % der Stimmen und 110 von 397 Sitzen. Das katholische Zentrum, das bei Verlust von 14 Sitzen noch 91 Mandate erhält, verliert seine führende Rolle. Einen Stimmenzuwachs kann neben der SPD nur noch die linksliberale Fortschrittliche Volkspartei verzeichnen. Im konservativ-katholischen Machtkartell löst der Linksruck Krisenstimmung aus.

4. Januar 1912

Tangotänzer muss zahlen

Nach einem Bericht der »Vossischen Zeitung« ist in Berlin die erste gerichtliche Bestrafung eines Schiebetanz-Tänzers erfolgt. Der Handlungsgehilfe, der sich auf dem Parkett ganz besonders hervortat, hat sich danach gegen den Sittlichkeits-Paragraphen 183 des Reichsstrafgesetzbuches vergangen. Das Gericht verurteilt ihn zu 50 Mark Geldstrafe. Der Tanz, für den sich der Angeklagte vor den Richtern verantworten muss, ist der Tango. Der Siegeszug des erotisch-verruchten, aus Lateinamerika stammenden Tango durch die Tanzsäle ist jedoch nicht mehr aufzuhalten. Erst seit kurzem ist der Tango in Deutschland bekannt. Nachdem dieser lateinamerikanische Rhythmus vor rd. zwei Jahren in Argentinien zum Gesellschaftstanz wurde, brachten Reisende ihn nach Europa mit, wo er rasch die Ballsäle in den Großstädten erobert. Schon bald gründen sich auch erste Schulen, in denen man die komplizierten Schritte lernen kann.

Februar 1912

1 Do Die »Vossische Zeitung« berichtet, dass der 33-jährige Physiker Albert Einstein einen Ruf an die Universität in Zürich angenommen hat.

2 Fr Nach dem Zusammenstoß mit einem Torpedoboot sinkt vor der Insel Wight ein britisches U-Boot. 14 Seeleute können nur noch tot geborgen werden.

3 Sa Erstmals seit 20 Jahren ist die Eisdecke auf der Alster in Hamburg so dick, dass die Bewohner der Hansestadt dort Schlittschuh laufen können.

4 So Bei einem Fallschirmsprung vom ersten Stock der Aussichtsplattform des Eiffelturms stürzt der Österreicher Franz Reichelt ab und verletzt sich tödlich.

5 Mo Bei den Landtagswahlen in Bayern kann sich das Zentrum als stärkste Fraktion behaupten und behält die absolute Mehrheit der Mandate.

6 Di Jugendfürsorgeverbände in Bayern fordern eine staatliche »Kinematographenkontrolle«, die Filme auf ihre evtl. Jugendgefährdung untersuchen soll.

7 Mi In der Dominikanischen Republik wird Eladio Victoria zum Präsidenten gewählt. Sein Vorgänger Ramon Cáceres war am 19. November ermordet worden.

8 Do Der britische Kriegsminister Richard Burdon Haldane beginnt in Berlin Gespräche zur Entschärfung der Flottenrivalität mit Deutschland.

9 Fr Der Landtag von Oldenburg genehmigt das Kommunalwahlrecht im Großherzogtum für verheiratete oder steuerzahlende Frauen ab 24 Jahren.

10 Sa Der französische Senat akzeptiert das deutsch-französische Marokko-Kongoabkommen. +++ König Georg I. von Griechenland löst das Parlament auf.

11 So Der russische Reichsrat in St. Petersburg genehmigt die Finanzmittel für die Einführung des allgemeinen Volksschulunterrichts in Russland.

12 Mo Ein Großbrand in der Münchener Porzellanmanufaktur Nymphenburg zerstört u. a. das Magazin, in dem wertvolle historische Modelle aufbewahrt werden.

13 Di Einen Höhepunkt der diesjährigen Faschingszeit bildet das von der Münchener Presse und der Kunstakademie veranstaltete Fest.

14 Mi Arizona wird der 48. Staat der USA. +++ Die französische Kammer in Paris billigt das Flottenprogramm des Marineministeriums.

15 Do Die seit Beginn des Jahres streikenden 33 000 Bergarbeiter im belgischen Borinage nehmen ihre Arbeit wieder auf. → China

16 Fr Vor dem Deutschen Reichstag wendet sich Reichskanzler Theobald von Bethmann Hollweg gegen eine weitere Demokratisierung des Wahlrechts.

17 Sa Im Kunstsalon Goldschmidt in Frankfurt am Main wird eine Ausstellung mit Werken junger moderner Künstler gezeigt, darunter Pablo Picasso.

18 So Das Automobilrennen über die 1000 km lange Strecke Göteborg-Stockholm gewinnt J. Nerén auf dem neuen Opel-Sport.

19 Mo Während einer Gerichtsverhandlung gegen drei Schwarze in Shelbyville im US-Bundesstaat Tennessee erschießen weiße Zuschauer die Angeklagten.

20 Di In einer außenpolitischen Debatte im britischen Unterhaus verteidigt Außenminister Edward Grey die Anwesenheit russischer Truppen in Nordpersien.

21 Mi In 3457 m Höhe erfolgt der Durchstich im Jungfraujochtunnel, der zur letzten Teilstrecke der Jungfraubahn in den Berner Alpen gehört.

22 Do Die Königliche Hofoper in Berlin zahlt dem Tenor Hermann Jadlowker mit 75 000 Mark im Jahr – bei fünfeinhalb Monaten Urlaub – eine Rekordgage.

23 Fr Das italienische Parlament akzeptiert das königliche Dekret über die Annexion der Stadt Tripolis und der Landschaft Cyrenaika von der Türkei.

24 Sa In Berlin wird die Ausstellung »Die Frau in Haus und Beruf« in Gegenwart der deutschen Kaiserin Auguste Viktoria eröffnet. → Tripolis

25 So Die Hamburger Hoch- und Tiefbahn geht mit der feierlichen Eröffnung der Teilstrecke Rathausmarkt-Barmbek erstmals auf Fahrt.

26 Mo An der ältesten Universität Portugals in Coimbra tritt die Sprachwissenschaftlerin Karolina Michaelis de Vasconcelos als erste Frau ein Professorenamt an.

27 Di Der britische Generalgouverneur im Sudan, Horatio Herbert Kitchener, eröffnet die 375 km lange Eisenbahnstrecke von Khartum nach El-Obeid.

28 Mi Ein Artikel der »Vossischen Zeitung« berichtet über Predigten auf Phonographenplatte, die in den USA verkauft werden. → Bergleute

29 Do Den Boxkampf um die Europameisterschaft im Mittelgewicht gewinnt der Franzose Georges Carpentier gegen den Briten Jim Sullivan durch k. o.

März 1912

1 Fr Aus Protest gegen die Ablehnung des Frauenwahlrechts in Großbritannien zerschlagen in London Suffragetten Fensterscheiben großer Geschäftshäuser.

2 Sa Im ungarischen Parlament kommt es zu einem Säbelduell zweier Abgeordneter. Beide Kontrahenten werden leicht verletzt.

3 So Der französische Pilot Raymond Védrines verbessert seinen eigenen Weltrekord im Streckenflug um 4 Kilometer auf 164,43 km in einer Stunde. → Eisenbahn

4 Mo Nach siebeneinhalb Stunden Fahrt landet das in Friedrichshafen gestartete Luftschiff »Viktoria Luise« zur Eröffnung des Luftschiffhafens in Frankfurt am Main.

5 Di Archäologen führen in der antiken Stadt Pompeji freigelegte Gebäude und Fresken internationalen Fachleuten vor.

6 Mi Die Eisenbahnlinie von Arica in Chile über die Anden nach La Paz in Bolivien wird offiziell dem Verkehr übergeben. → Rebellen

7 Do Nach dem Eintreffen von Roald Amundsen auf der australischen Insel Tasmanien erfährt die Welt per Telegramm vom Gelingen seiner Südpoleroberung.

8 Fr In Bulgarien beginnt eine öffentliche Geldsammlung, die der Armee den Kauf von Flugzeugen ermöglichen soll.

9 Sa Aus der russischen Stadt Nikolajewsk werden erhebliche Goldfunde im Gebiet des Lamur, eines Nebenflusses des Amur, gemeldet.

10 So Im Londoner Hafen erregt das dänische Schiff »Selandia« Aufsehen, das statt der üblichen Kohlefeuerung zwei 12 000-PS-Dieselmotoren hat.

11 Mo Aufgrund scharfer öffentlicher Angriffe gegen Veränderungen im Landstraßenplan tritt der spanische Verkehrsminister zurück. → Streik

12 Di Die Türkei vermint im Krieg gegen Italien die Durchfahrt durch die Dardanellen, so dass Schiffe die Fahrrinne nur noch mit Lotsen passieren können.

13 Mi Serbien und Bulgarien bilden mit ihrem Bündnis gegen das Osmanische Reich die Grundlage für den von Russland initiierten Balkanbund.

14 Do Ein anarchistischer Maurer verübt in Rom ein Revolverattentat auf den italienischen König Viktor Emanuel III., bei dem dieser jedoch unverletzt bleibt.

15 Fr Wegen eines Streits um die Finanzierung des Wehretats tritt der deutsche Finanzminister Adolf Wermuth zurück. Sein Nachfolger wird Hermann Kühn.

16 Sa Die Münchener Polizei weist die Nackttänzerin Adorée Villany, bürgerlich Erna Reich, wegen Vergehens gegen die Sittlichkeit aus Bayern aus.

17 So Die osmanische Regierung in Konstantinopel erklärt die von Italien den internationalen Botschaftern mitgeteilten Friedensvorschläge für unannehmbar.

18 Mo In Erinnerung an die Gefallenen der Märzrevolution von 1848 werden auf dem Friedhof in Berlin-Friedrichshain Kränze niedergelegt.

19 Di Bei Auseinandersetzungen zwischen streikenden Bahnangestellten und Streikbrechern werden in San Antonio im US-Staat Texas 25 Menschen getötet.

20 Mi Das Braunschweiger Landgericht hebt die Verurteilung einer Frau wegen Sonntagsarbeit auf. Sie hatte im Urlaub sonntags eine Landschaftsstudie gemalt.

21 Do Persien erklärt sich bereit, für einen Kredit über 4 Mio. Mark die Einflusssphären von Russland und Großbritannien im eigenen Land anzuerkennen.

22 Fr Die in Berlin tagende Budgetkommission des Reichstags berät über die Einschränkung der Alkoholeinfuhr in die deutsche Kolonie Kamerun.

23 Sa Beim internationalen Schwimmwettkampf in Straßburg schlägt der Deutsche Otto Fahr den ungarischen Olympiasieger Emerich Zachar über 400 m.

24 So Bei den Parlamentswahlen in Griechenland erhält die liberale Regierungspartei unter Eleftherios Weniselos die klare Mehrheit.

25 Mo An Bord seiner vor Venedig ankernden Jacht »Hohenzollern« trifft Kaiser Wilhelm II. mit Viktor Emanuel III. von Italien zusammen.

26 Di US-Präsident William H. Taft appelliert an den Kongress, die private Ausbeutung der neuentdeckten Kalilager in Südkalifornien zu unterbinden.

27 Mi Das britische Unterhaus erfüllt mit dem Mindestlohngesetz eine Hauptforderung der streikenden Bergarbeiter, die den Arbeitskampf am 30. März beenden.

28 Do Bei den Kommunalwahlen in Konstantinopel und der dazugehörigen Provinz erhalten die westlich orientierten Jungtürken die Mehrheit.

29 Fr Die Duma, das russische Abgeordnetenhaus, nimmt den Antrag auf Zulassung von Frauen zur Advokatur, dem Rechtsanwaltsamt, an. → Antarktis

30 Sa Während eines Sturmes stürzt in der nordwestlich von Berlin gelegenen Stadt Nauen der 200 m hohe Stahlturm der Telegrafenstation um. → Karl May

31 So Ein telegrafischer Schachwettbewerb zwischen der Berliner Schachgesellschaft und dem Prager Klub »Dobrusky« endet mit einem Remis.

11. März 1912

Streik im Ruhrpott vergebens

Im Ruhrgebiet treten rd. 170 000 Kumpel, das sind 61% aller Beschäftigten, in den Streik. Sie fordern eine 15%ige Lohnerhöhung. Zum Vorteil der Grubenbesitzer sind die einzelnen Gewerkschaften an der Ruhr untereinander uneins, so dass der Streik nach acht Tagen zusammenbricht.
Die Bergarbeiter fordern eine Angleichung ihrer Löhne an die kräftigen Gewinne der Kohlesyndikate. Real verdienen in einigen Gruben die Hauer pro Schicht 51 Pfennig weniger als im Jahre 1907. Andererseits sind im gleichen Zeitraum die Preise für Nahrungsmittel um 8,4% gestiegen. Die Erfolgsaussichten der Kumpel verschlechtern sich, als der Christliche Gewerkverein den Ausstand ablehnt. Es kommt zu Auseinandersetzungen zwischen Streikposten und Arbeitswilligen.

3. März 1912

Eisenbahn in Deutsch-Südwest

In Deutsch-Südwestafrika wird die Eisenbahnstrecke vom Regierungssitz Windhuk nach Keetmannshoop, dem ökonomischen Zentrum im Südosten der Kolonie, eingeweiht. Die 507 km lange Strecke ist Teil eines Eisenbahnnetzes, das die Kupferbergbauregion im Nordwesten, die Diamantenabbaugebiete an der Lüderitzbucht und Kalkfontein im Süden verbindet. Die Infrastruktur in den Kolonien wurde häufig kritisiert. Kolonialpolitiker beklagten, dass zur Erschließung des Landesinnern zu wenig und zu spät Eisenbahnen gebaut wurden. Jetzt allerdings sei eine für alle Kolonien vorbildliche Erschließung vorhanden.

6. März 1912

Erfolg für Rebellen

Die mexikanischen Aufständischen unter Emiliano Zapata verzeichnen mit der Eroberung der Stadt Atlixo in dem 1910 ausgebrochenen Bürgerkrieg einen großen Erfolg. Bei den Kämpfen kommen 13 Zapatisten und 20 Regierungssoldaten um. Mit der Einnahme Atlixos ist der Weg frei für den Vormarsch nach Mexiko-Stadt. Ende März rücken die aufständischen Landarbeiter schließlich in Richtung Hauptstadt vor. Präsident Francisco Madero sieht sich daraufhin gezwungen, die Militärhilfe der USA in Anspruch zu nehmen.

Emiliano Zapata

mexikanischer Revolutionär, * 1879 (1883?) San Miguel; Anenecuilco; † 10.4.1919 Chinameca

Mit seinem Kampf um Land und Freiheit für die mexikanischen Bauern stieg Zapata zur Symbolfigur für die Armen auf und wird bis in die Gegenwart als Nationalheld gefeiert. Zapata, selbst Bauer indianischer Abstammung, schloss sich der Revolutionsbewegung um Francisco Madero an, die Diktator Porfirio Díaz 1910 stürzte. Die neue republikanische Verfassung akzeptiert der Sozialrevolutionär nicht.

- 1911: »Plan von Ayala«; Großgrundbesitz soll an landlose Bauern verteilt werden
- 1919: Ermordung im Auftrag der Regierung

14. April 1912

Untergang der »Titanic«

Um 23.40 Uhr kollidiert der britische Luxusliner »Titanic« nahe der Neufundlandbank mit einem Eisberg. 160 Minuten später, um 2.20 Uhr, sinkt das größte Passagierschiff der Welt, 1503 Menschen kommen ums Leben, nur 703 können gerettet werden. Wie kein anderes Unglück wird die Katastrophe im Eismeer zum Mythos.
Am 10. April hatte die »Titanic« im britischen Hafen Southampton die Anker zu ihrer ersten Fahrt über den Ozean gelichtet. Ziel der Jungfernfahrt war New York. Aufgrund seiner Bauweise mit 18 wasserdichten Schotten galt das 46 000 BRT große und 269 m lange Schiff als unsinkbar, was den Kapitän wohl dazu verführte, die Geschwindigkeit trotz Eiswarnung nicht zu drosseln. Im Konkurrenzkampf der Schifffahrtsgesellschaften war es der Ehrgeiz der White Star Line, mit der »Titanic« das Blaue Band, die begehrte Trophäe für die schnellste Atlantiküberquerung, zu erringen. Mit 22 Knoten (41 km/h) gleitet das Schiff durch

Schiffskatastrophen im 20. Jahrhundert

Jahr	Schiff	Herkunft	Tote
15.6.1904	»Slocum«	USA	ca. 1000
14.4.1912	»Titanic«	GB	1503
29.5.1914	»Empress of Ireland«	GB	1027
7.5.1915	»Lusitania«	GB	1198
30.1.1945	»Wilhelm Gustloff«	Deutschland	ca. 5100
19.1.1947	»Himara«	Griechenland	392
1955	»Noworossijsk«	UdSSR	ca. 1500
22.3.1975	Flüchtlingsdampfer	Vietnam	ca. 2800
31.8.1986	»Admiral Nachimow«	UdSSR	ca. 400
6.3.1987	»Herald of Free Enterprise«	GB	209
28.9.1994	»Estonia«	Lettland	912

29. März 1912

Tragödie in der Antarktis

Ein tragisches Ende nimmt der Wettlauf zum Südpol für den britischen Polarforscher Robert Falcon Scott (s. Abb.) und seine Begleiter. Auf dem Rückweg vom Südpol kommen sie in einem Schneesturm ums Leben.
Scott war im Oktober 1911 – nur vier Tage nach dem Norweger Roald Amundsen – aufgebrochen, um als erster Mensch den Südpol zu erreichen. Aber er war nicht zweckmäßig ausgerüstet: Die Motorschlitten versagten bald, und die Ponys vertrugen die extreme Witterung ebensowenig.

Die »Titanic« sinkt, nachdem sie einen Eisberg gerammt hat (Zeichnung von Willy Stöwer)

das 3700 m tiefe Wasser, als es einen 20 m aus dem Meer ragenden Eisberg rammt. Das Eis perforiert einen großen Teil des Schiffsrumpfes und reißt sechs der wasserdichten Schotten auf. Zunächst scheint niemandem das Ausmaß der Katastrophe bewußt zu sein. Das Vertrauen in die Größe und die moderne Technik des Schiffes ist groß. Erst als sich der Riese fühlbar neigt, bricht Panik aus. Hunderte stürzen an Deck und versuchen, die Rettungsboote zu erreichen. Doch davon gibt es zu wenige. Viele Menschen springen in das eiskalte Wasser, wo sie nur wenige Minuten überleben können. Andere warten auf dem sinkenden Schiff auf Hilfe. Die nur 32 km von der Unglücksstelle entfernte »California« kann die Notrufe zunächst nicht entgegennehmen, weil die Funkstation nicht besetzt ist. Erst gegen vier Uhr morgens trifft die »Carpathia« an der Stelle ein, wo die »Titanic« in der Mitte auseinandergebrochen und gesunken ist, und nimmt die Überlebenden an Bord. Nach dem Unglück versuchen Kommissionen in den USA und Großbritannien, die Ursachen der Katastrophe zu ermitteln. Die Abschlussberichte beider Gremien, in denen u.a. Fehler der Besatzung angeprangert werden, verdeutlichen die Mängel bisheriger Vereinbarungen im Seeverkehr. Erst nach der »Titanic«-Katastrophe bemühen sich Verantwortliche um verbindliche Sicherheitsvorschriften: Im Bereich der Telegrafie, für die Ausstattung der Rettungsboote, für navigatorische Sicherheitsmaßnahmen und für die Fixierung der Routen. 1914 wird eine entsprechende Vereinbarung fertiggestellt.

Karl May

eigtl. Karl Hohental, deutscher Schriftsteller, * 25.2.1842 Hohenstein-Ernstthal (Sachsen); † 30.3.1912 Radebeul

Karl May, dessen Romane und Erzählungen Generationen von Jugendlichen fesselten, zählt zu den populärsten Schriftstellern Deutschlands. Der gelernte Lehrer verfasste Reiseberichte, die als Fortsetzungsreihen erschienen und ab 1892 verlegt wurden. Die Geschichten Mays sind im »Wilden Westen« Nordamerikas, im Vorderen Orient, in Südamerika, in China und später auch im kosmischen Raum angesiedelt. May erzählt dabei die Erlebnisse eines deutschen Reisenden, der je nach Schauplatz Old Shatterhand oder Kara Ben Nemsi heißt.

- zwischen 1862 und 1874: sieben Jahre Haft wegen Eigentumsdelikten
- 1875: Zeitschriftenredakteur in Dresden
- 1876-93: »Winnetou«-Trilogie
- 1904: »Und Friede auf Erden« (Roman)

30. März 1912

Reiseabenteuer nur im Kopf

In Radebeul bei Dresden stirbt 70-jährig der Schriftsteller Karl May. Obwohl er durch seine Abenteuerromane große Popularität erlangte, suchen seine Verehrer in den renommierten deutschen Tageszeitungen vergeblich nach einem Nachruf. May blieb zeit seines Lebens umstritten. Kritiker warfen ihm übertriebene Abenteuerlichkeit, platte Psychologie und sentimental-moralisierende Religiosität vor. Besonders schwer zu schaffen machte ihm aber der Vorwurf, seine Reisebeschreibungen entbehrten des realen Erfahrungshintergrunds. Vehement bestritt May dies, obwohl er sich tatsächlich erst 1899 – nach den ersten finanziellen Erfolgen – die erste Orientreise leistete. So war May seit 1904 permanent in Fehden verwickelt.

April 1912

1 Mo Ein in Paris veröffentlichtes Dekret verfügt den Ausschluss von Kriminellen aus der Armee; damit werden die sog. Disziplinarsoldaten abgeschafft.

2 Di In St. Petersburg werden über 100 Angehörige der armenischen Revolutionspartei zur Zwangsarbeit in Sibirien verurteilt.

3 Mi In Kroatien werden wegen der Unruhen gegen die »Ungarisierung« die Verfassung außer Kraft gesetzt und die anstehenden Landtagswahlen abgesagt.

4 Do Der Premierenerfolg von Friedrich Hebbels Drama »Judith« im Berliner Schauspielhaus wird vor allem der Hauptdarstellerin Tilla Durieux zugeschrieben.

5 Fr Der Traditionsverlag Göschen, bekannt für seine Gesamtausgaben von Goethe, Schiller und Wieland, verlegt seinen Sitz von Leipzig nach Berlin.

6 Sa Russland schließt sich dem Konsortium für eine Anleihe an China unter der Bedingung an, dass keine russischen Interessen verletzt werden.

7 So Im italienischen Piacenza versammeln sich Reservisten des Jahrgangs 1889 zu einer Kundgebung gegen den Krieg mit der Türkei.

8 Mo Zu einem neuen Freizeitvergnügen treffen sich Mitglieder des Mecklenburger Automobilklubs: Sie verfolgen im Wettbewerb einen Heißluftballon.

9 Di Petre P. Carp, Ministerpräsident des Königreichs Rumänien, tritt mit seinem Kabinett zurück. Neuer Regierungschef wird Titu Liviu Maiorescu.

10 Mi Die norwegischen Sozialdemokraten beschließen auf ihrem Parteitag in Kristiania (Oslo), ein generelles Alkoholverbot in ihr Programm aufzunehmen.

11 Do Zeitungen in London und Madrid melden das Ableben des Papstes Pius X. Die Falschmeldung geht auf den Schreibfehler eines Telegrafenbeamten zurück.

12 Fr Der Präsident der Bank von Japan beklagt, dass deutsche Waren japanische Produkte auf dem Weltmarkt verdrängten.

13 Sa In der Berliner Galerie Gurlitt öffnet die Ausstellung der Künstlergruppe »Die Brücke« u. a. mit Arbeiten von Max Pechstein und Otto Mueller.

14 So Der Alldeutsche Verband teilt der deutschen Regierung in einer Resolution mit, dass er die Flottenvorlage für unzureichend hält. → »Titanic«

15 Mo In Charlottenburg wird ein »Fernsprech-Automat«, die erste Telefonzelle Berlins, in Betrieb genommen. Die Einrichtung hat sich in anderen Städten bewährt.

16 Di Als erste Frau überfliegt die US-Pilotin Harriet Quimby allein den Ärmelkanal. +++ In Berlin beginnt der 5. Kongress für experimentelle Psychologie.

17 Mi Über dem westlichen Teil Norddeutschlands lässt sich zwischen 12 und 14 Uhr eine totale Sonnenfinsternis beobachten.

18 Do Im New Yorker Hafen läuft die »Carpathia« ein, die alle 703 Überlebenden der »Titanic«-Katastrophe an Bord hat.

19 Fr Französische und russische Reeder protestieren bei der Türkei gegen die Schließung der Dardanellen nach einem italienischen Bombardement.

20 Sa Ein Londoner Bakteriologe widerspricht Befürchtungen, dass die Tuberkulose durch Fernsprechgeräte übertragen werden könne.

21 So Die deutschen Zeitungen veröffentlichen den von Prinz Heinrich von Preußen initiierten Aufruf zur »Nationalflugspende« zum Aufbau einer Luftwaffe.

22 Mo Die Stadtverordnetenversammlung von Frankfurt am Main beschließt mit 43 gegen 26 Stimmen die Gründung einer Universität.

23 Di Der irische Nationalkonvent in Dublin stimmt der Homerule-Bill (Selbstverwaltungsgesetz) der britischen Regierung zu.

24 Mi Frankreich verhängt nach Protesten der marokkanischen Bevölkerung über französische Bevormundung den Ausnahmezustand über die Stadt Fes.

25 Do In Anwesenheit von 150 000 Menschen wird in Venedig der wiederaufgebaute Campanile von San Marco eingeweiht.

26 Fr Im Berliner Friedrich-Wilhelmstädtischen Schauspielhaus wird Paul Friedrichs Tragödie »Das dritte Reich« über das Leben Friedrich Nietzsches uraufgeführt.

27 Sa Die Regierung des Schweizer Kantons Schwyz verhängt »im Interesse der Sonntagsruhe« ein Sonntagsfahrverbot für Automobile.

28 So Nach einem mehrstündigen Feuergefecht tötet die Pariser Polizei mit Dynamit eine Bande, die nach Raubüberfällen mit schnellen Autos entkommen war.

29 Mo Vor dem ungarischen Abgeordnetenhaus in Budapest spricht sich der neue Ministerpräsident Ladislaus von Lukács für ein liberales Wahlrecht aus.

30 Di Preußens Kriegsminister Josias von Heeringen verteidigt die Entlassung eines Militärarztes aus der Armee, nachdem dieser ein Duell verweigert hatte.

Mai 1912

1 Mi Der fertiggestellte Teil des neuen Hauptbahnhofs von Leipzig wird mit der Linie Leipzig-Zeitz-Corbetha dem Verkehr übergeben.

2 Do Im Auftrag von Kaiser Wilhelm II. kauft die deutsche Vertretung in Südwestafrika für 96 000 Mark zwei Farmen für eine Wollschafzucht.

3 Fr Nach der Statistik hat sich der Handel mit den deutschen Kolonien im Vergleich zu 1911 verstärkt, erfordert jedoch zugleich höhere Subventionen.

4 Sa Italienische Soldaten landen auf der osmanischen Insel Rhodos. Die dort stationierten Türken ergeben sich am 16. Mai.

5 So Die Kommission zur Untersuchung der »Titanic«-Katastrophe prangert Fehler der Besatzung an und spricht Empfehlungen für die Zukunft aus. → »Prawda«

6 Mo Unter Vorsitz des Reichsinnenministers Clemens von Delbrück berät in Berlin eine Konferenz über Richtlinien für größere Sicherheit im Schiffsverkehr.

7 Di Gegen die elsass-lothringische Regierung wird wegen der von ihr verhängten Sanktionen gegen eine Firma ein Misstrauensvotum eingebracht.

8 Mi Der deutsche Reichstag beschließt, dass Ehen zwischen Farbigen und Weißen in den deutschen Kolonien als rechtsgültig anerkannt werden.

9 Do Das Berliner Oberverwaltungsgericht nimmt eine Polizeiverordnung zurück, die Damen das Tragen von Hüten in der Theaterloge verboten hatte.

10 Fr Wegen politischer Proteste werden zahlreiche Matrosen russischer Schiffe im Hafen von Helsinki als Meuterer verhaftet.

11 Sa Die französische Zeitschrift »L'Illustration« berichtet von der Fertigstellung der Kirche Sacré Cœur auf dem Montmartre.

12 So In mehreren Städten des Deutschen Reichs, u. a. in Berlin, Breslau und Frankfurt am Main, veranstaltet die SPD Kundgebungen für das Frauenwahlrecht.

13 Mo Bei einem Essen in Straßburg droht Kaiser Wilhelm II. dem Bürgermeister der Stadt mit der Einverleibung Elsass-Lothringens in den preußischen Staat.

14 Di Rußland und Norwegen erklären Spitzbergen für neutral. +++ August Strindberg stirbt 63-jährig in Stockholm. → Christian X. → Flottennovelle

15 Mi Im preußischen Herrenhaus werden Maßnahmen gegen den Gebrauch fremdsprachiger Namen und Begriffe im Geschäftsleben gefordert.

16 Do In der »Vossischen Zeitung« beklagt ein Ingenieur die enorme Verschmutzung der Berliner Luft durch die verbreiteten Kohleheizungen.

17 Fr Der Verein Deutscher Zeitungsverleger beklagt auf seiner Jahreshauptversammlung in Magdeburg die Entwicklung des Sensationsjournalismus.

18 Sa Die osmanische Armee beginnt im Auftrag der Regierung mit der Entfernung von Minen aus den Gewässern der Dardanellen.

19 So Im abgelaufenen Wintersemester 1911/12 studierten nach einer Zeitungsmeldung an den 21 deutschen Universitäten 2795 Frauen.

20 Mo Auf der Fahrt zur Beisetzung des Königs von Dänemark verunglückt Prinz Georg Wilhelm zu Braunschweig und Lüneburg tödlich. → Wahlrechtsreform

21 Di In Jena wird das von dem Philosophen und Zoologen Ernst Haeckel initiierte Museum für die Entwicklungslehre eingeweiht.

22 Mi Ein Londoner Gericht verurteilt die Frauenrechtlerin Emmeline Pankhurst wegen Anstiftung zu den Suffragetten-Ausschreitungen zu neun Monaten Haft.

23 Do Die US-Regierung ordnet die Landung von Truppen auf Kuba an. +++ In London treten 100 000 Dockarbeiter in den Streik. → Stapellauf

24 Fr Der zehn Tage zuvor verstorbene dänische König Friedrich VIII. wird im Dom zu Roeskilde feierlich beigesetzt.

25 Sa An Österreichs Universitäten wird der Numerus clausus für das Medizinstudium eingeführt. +++ In Hamburg streiken die Maschinisten von Schleppdampfern.

26 So Im Endspiel um die deutsche Fußballmeisterschaft siegt Holstein Kiel gegen den Karlsruher FV vor 10 000 Zuschauern in Hamburg 1:0.

27 Mo In Danzig beginnt das 47. Tonkünstlerfest des Allgemeinen Deutschen Musikvereins, das bis zum 31. Mai dauert.

28 Di Die kanadische Regierung veröffentlicht die neuesten Einwanderungszahlen. 1911 immigrierten 300 000 Menschen, vor allem Briten und US-Bürger.

29 Mi Griechenland tritt dem am 13. März geschlossenen Bündnis Serbiens mit Bulgarien bei, dem sog. Balkanbund.

30 Do Papst Pius X. wendet sich gegen die Gewerkschaften, da sie anders als katholische Arbeitervereine nur materielle Interessen der Arbeiter vertreten würden.

31 Fr Der US-Senat beschließt die Einführung des Achtstundentages für die bei der Regierung angestellten Arbeiter und Handwerker.

5. Mai 1912

»Prawda« hat Premiere

In St. Petersburg erscheint die erste Nummer der »Prawda« (Wahrheit). Das Organ der bolschewistischen Partei wird von Josef W. Stalin auf Anregung des im Exil lebenden Wladimir I. Lenin herausgegeben.

Lenin hat auch in den folgenden Jahren maßgeblichen Einfluss auf die weitere Gestaltung des Blattes. Bereits im ersten Erscheinungsjahr erreicht die Zeitung eine Auflage von 30 000 bis 42 000 Exemplaren. In der Geschichte der Sowjetunion bleibt die Zeitung das dominierende Medium der kommunistischen Partei. Eine freie und pluralistische Presse gibt es nicht. In den 80er Jahren erreicht das Blatt eine Auflage von 10,2 Mio.

Über die Presse schaltet sich Lenin immer wieder in die aktuelle Politik ein und bestimmt den Kurs der bolschewistischen Politik. So veröffentlicht er am 12. August in der »Rabotschaja Gaseta« (»Arbeiterzeitung«) einen Artikel zu den anhaltenden Unruhen in Armee und Flotte. Darin heißt es u.a.: »Zum Aufstand aufzurufen ist jetzt höchst unvernünftig. Der Aufstand wäre vorzeitig. Nur der vereinte Ansturm der Arbeitermassen, der Bauernschaft und des besten Teils der Armee kann die Voraussetzungen für einen siegreichen, das heißt rechtzeitigen Aufstand schaffen.« Ein »vereinter Ansturm« setzt Organisation und Aufklärung voraus – wichtigste Aufgabe des Zentralkomitees der Bolschewisten. Dessen Mitglieder leben zu einem großen Teil seit der misslungenen Revolution von 1905 im Ausland, da sie in ihrer Heimat mit hohen Gefängnisstrafen oder einer langjährigen Verbannung rechnen müssen.

ПРАВДА
ЕЖЕДНЕВНАЯ РАБОЧАЯ ГАЗЕТА.
Годъ изданія первый.
№ 1. Воскресенье, 22 апреля 1912 г. ЦѢНА 2 коп.
ОТКРЫТА ПОДПИСКА НА ЕЖЕДНЕВНУЮ РАБОЧУЮ ГАЗЕТУ „ПРАВДА".
Продолжается подписка на газету „ЗВѢЗДА"
Отъ редакціи.
Наши цѣли.
На грани.
По независящимъ отъ издателя обстоятельствамъ объявленная продажа № 1 „Правды" по повышенной цѣнѣ въ пользу семей убитыхъ ленскихъ рабочихъ не можетъ состояться.

Die erste Ausgabe der bolschewistischen »Prawda« vom 22. April (nach dem Julianischen Kalender)

20. Mai 1912

Wahlrechtsreform abgelehnt

Die Mehrheit des preußischen Landtags lehnt die von der Fortschrittspartei und den Nationalliberalen eingereichten Anträge zur Reform des preußischen Wahlrechts ab. Die Liberalen haben die Einführung des allgemeinen, gleichen und direkten Wahlrechts mit geheimer Stimmabgabe sowie eine Neueinteilung der Wahlkreise vorgeschlagen. In Preußen besteht seit dem Jahre 1849 das Dreiklassenwahlrecht. In der Begründung für eine Reform heißt es, dass dieses Verfahren nichts anderes darstelle als die Repräsentation des Großgrundbesitzes mit dem heuchlerischen Schein, die Vertretung des gesamten Volkes zu sein.

7. Juni 1912

Schüsse auf den Präsidenten

Die Krise des ungarischen Parlaments erreicht einen dramatischen Höhepunkt: Der oppositionelle Abgeordnete Julius Kovacz gibt auf den Parlamentspräsidenten István Graf Tisza mehrere Schüsse ab. Tisza bleibt unverletzt.

Hintergrund des Vorfalls ist der Streit über die vom Kabinett eingebrachte Wehrreformvorlage. Diese sieht eine Verkürzung der Militärdienstzeit auf zwei Jahre vor, bei gleichzeitiger Erhöhung des Truppenkontingents. Nach dem Ausschluss mehrerer Oppositioneller und der Annahme der Vorlage kommt es zu Tumulten, in dessen Folge die Schüsse fallen.

2. Juni 1912

Zirkus lockt Publikum

Ein spektakuläres Freizeitvergnügen wird den Bewohnern der Reichshauptstadt geboten. Der Hamburger Zirkus Hagenbeck gastiert mit seiner »Indischen Völkerschau« in Berlin.
Zirkusvorstellungen gehören in Europa zu den beliebtesten Vergnügungen. Namen legendärer Zirkusfamilien wie Busch, Sarrasani, Schumann oder

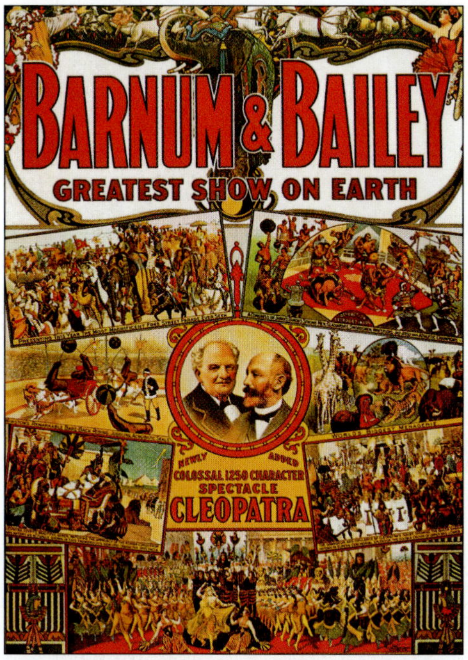

Renz sind in der Regel bekannter als die von Schauspielern und Gesangsstars. Ihre Programme, die sich hauptsächlich aus Tierdressuren und artistischen Darbietungen zusammensetzen, werden immer spektakulärer. So bietet der Zirkus Busch seinen Zuschauern z.B. sportliche Boxwettkämpfe, und das Hamburger Unternehmen Hagenbeck fasziniert durch eine reichgeschmückte Elefantenparade, verbunden mit einer indischen Völkerschau. Vorreiter der immer größeren und ausgefalleneren Darbietungen ist der US-Zirkus Barnum & Bailey (Abb.: Zirkusplakat). Der »größte Zirkus der Welt« bietet in drei Manegen gleichzeitig eine bombastische Schau.

23. Mai 1912

Stapellauf der »Imperator«

Nur wenige Wochen nach dem Untergang der »Titanic« läuft ein neues Schiff der Superlative, die »Imperator«, in Hamburg vom Stapel (s. Abb.).
Der für die Hamburg-Amerika-Linie gebaute Überseedampfer gleicht einer schwimmenden Kleinstadt: Er ist 277 m lang und mit seinem 30-m-Abstand zwischen Kiel und Bootsdeck so hoch wie ein 14-stöckiges Haus. Die 46 Wasserrohrkessel brauchen 1250 t Kohle, um den Dampf für die acht insgesamt 75 000 PS leistenden Antriebsturbinen zu erzeugen. Insgesamt 4698 Passagiere plus 1180 Mann Besatzung finden auf der »Imperator« Platz. Damit übertrifft das neue Schiff die Kapazität der »Titanic« um fast das Doppelte.

14. Mai 1912

Flottennovelle verabschiedet

Gegen die Stimmen der SPD sowie der Vertreter der Polen und der Welfenanhänger verabschiedet der Deutsche Reichstag die Novelle zum Flottengesetz.
Die Novelle war am 15. April im Rahmen der Wehrvorlage für Heer und Marine in den Reichstag eingebracht worden. Schon zu Beginn der Debatten forderte die Parlamentsmehrheit die gleichzeitige Verabschiedung der Klausel einer Besitzsteuerregelung bis einschließlich April 1913. So soll wenigstens ein Teil der Mehrkosten gedeckt werden, immerhin beträgt der Anteil der Wehrausgaben 75% des gesamten Nettoetats des Reiches. Mit der Genehmigung der Finanzierung – gegen die Stimmen der Sozialdemokraten – ist der Weg für die Erweiterung der Flotte frei. Die hohen Kosten für das Wettrüsten u.a. zwischen dem Deutschen Reich und Großbritannien führen zu innenpolitischen Schwierigkeiten, so dass London eine Rüstungsbegrenzung anstrebt. Die Verhandlungen mit Deutschland scheitern.

Christian X.

König von Dänemark und Island, * 26.9.1870 Charlottenlund; † 20.4.1947 Kopenhagen

Der beliebte König gewinnt die Zuneigung und Anerkennung seiner Untertanen, als er eine demokratische Verfassung akzeptiert, die seine eigenen Rechte als Monarch erheblich beschneidet. Dänemark wird konstitutionelle Monarchie. Im Ersten Weltkrieg bewahrt Christian die Neutralität. Im Zweiten Weltkrieg befiehlt er nach dem Einmarsch der Deutschen 1940, die Waffen niederzulegen und sich zu ergeben, um unnötiges Blutvergießen zu vermeiden. Er wird zum Idol seiner Landsleute und Vorbild im passiven Widerstand gegen deutsche Besatzung, als er sich einen Davidstern, den alle Juden tragen müssen, auf seine Kleidung nähen läßt. Die Deutschen stellen den König daraufhin unter Hausarrest.

- 1915: Anerkennung der neuen demokratischen Verfassung Dänemarks
- 1920-1944: König von Island
- 1943-45: Hausarrest auf Schloß Amalienborg

14. Mai 1912

Dänischer König stirbt

An Kreislaufversagen stirbt der dänische König Friedrich (Frederik) VIII. in Hamburg. Der König war am Vortag auf seiner Rückreise von Nizza in der Hansestadt angekommen, begleitet von seiner Frau und den Kindern Thyra, Dagmar und Gustav. Friedrich VIII., der sich in Südafrika von einer Lungenentzündung erholt hatte, unternahm am Abend noch allein einen Spaziergang. Auf dem Rückweg zum Hotel, so berichten die Zeitungen, in der Nähe des Jungfernstiegs, erlitt der König eine Schwächeanfall. Ein Passant stützte ihn und fuhr den ihm unbekannten Mann in einem Auto in das Hafenkrankenhaus. Auf der Fahrt dorthin starb Friedrich VIII. Nachfolger des nur sechs Jahre regierenden Königs wird sein Sohn Christian X.

Juni 1912

1 Sa Das italienische Parlament befürwortet die Errichtung eines Kolonialministeriums. +++ Die norwegische Armee erhält ihr erstes Flugzeug.

2 So Großbritannien beschließt auf einer Konferenz auf der Insel Malta, einen Teil seiner Flotte aus dem Mittelmeer in die Nordsee zu verlegen. → Zirkus

3 Mo In der Hansestadt Hamburg beginnt die mit einer Ausstellung verbundene Tagung der Deutschen Kolonialgesellschaft.

4 Di Mit dem Sieg der italienischen Firmenmannschaft Atala geht geht die italienische Radfernfahrt, der am 19. Mai begonnene Giro d'Italia, zu Ende.

5 Mi Wegen unlösbarer Konflikte zwischen Parlament und Regierung reicht das portugiesische Kabinett seine Demission ein.

6 Do In Berlin nimmt Kaiser Wilhelm II. an den Feierlichkeiten zum 200-jährigen Bestehen des Bankhauses der Gebrüder Schickler teil.

7 Fr In den Möllersdorfer Munitionsfabriken bei Wien explodieren über 200 000 kg Pulver. 15 Menschen kommen ums Leben. → Schüsse

8 Sa In Los Angeles gründet Carl Laemmle die Filmgesellschaft Universal. +++ Die russische Reichsduma in St. Petersburg genehmigt ein Flottenbauprogramm.

9 So Sieger der Radfernfahrt Nürnberg-München-Nürnberg, die über eine Strecke von 336 km führt, wird Franz Suter aus Zürich.

10 Mo In Tibet verschärfen sich die Kämpfe gegen die chinesischen Besatzer. +++ Der britische Kriegsminister Richard Burdon Haldane wird Lordkanzler.

11 Di Frankreichs Kriegsminister Alexandre Millerand erklärt, er wolle die östliche Landesgrenze wegen des drohenden Krieges mit Deutschland befestigen.

12 Mi In Wien endet ein Flugwettbewerb, der drei Tage zuvor in Berlin begann. Der Deutsche Hellmuth Hirth wird Sieger des Fernfluges.

13 Do Der internationale Kongress für Heimatschutz in Stuttgart fordert ein Gesetz gegen alle die Landschaft verunstaltende Reklame.

14 Fr Am Goethe-Theater in Lauchstedt findet die Uraufführung des Dramas »Gabriel Schillings Flucht« von Gerhart Hauptmann statt.

15 Sa Aus Angst vor meuternden Soldaten flieht der chinesische Premierminister, T'ang Shao-i, aus Peking in das Fremdenviertel nach Tientsin.

16 So Die »Vossische Zeitung« berichtet von der Bildung eines Bundes zur Bekämpfung der Frauenemanzipation in Weimar.

17 Mo Im Hangar in Friedrichshafen am Bodensee brennt das Luftschiff »Z III« ab. Ursache ist eine Explosion beim Ablassen des Gases.

18 Di Auf dem Wahlkonvent der republikanischen Partei in Chicago spalten sich die Progressiven um den Ex-Präsidenten Theodore Roosevelt von der Partei ab.

19 Mi In Anwesenheit von Kaiser Wilhelm II. beginnt die Kieler Woche. +++ Der russische Reichsrat lehnt die Vorlage zum allgemeinen Volksschulunterricht ab.

20 Do In Madrid berät eine französisch-spanische Kommission über eine gesetzliche Regelung zur Internationalisierung der Tanger-Zone in Nordafrika.

21 Fr Die »Deutsche Illustrirte Zeitung« berichtet über die Konservierung berühmter Sängerstimmen auf Schallplatten in der Pariser Nationalbibliothek.

22 Sa Die Berliner Künstlervereinigung der Neuen Sezession eröffnet ein eigenes Domizil in der Buch- und Kunsthandlung Reuß und Pollack in der Potsdamer Straße.

23 So In Wien endet die einwöchige Alpenrundfahrt für Automobile. Da von 84 Wagen 72 das Ziel erreichen, von ihnen 25 ohne Strafpunkte, wird der Sieg verlost.

24 Mo Neuer Gouverneur der deutschen Schutzgebiete in Samoa im Pazifik wird Adolf Schultz. +++ Alexej S. Swerwejew wird russischer Botschafter in Berlin.

25 Di Preußen erlässt eine Verordnung, die »Zigeunern« verbietet, »in Horden auf öffentlichen Straßen und Wegen« zu reisen.

26 Mi Anlässlich der Berliner Musikfestwoche gelangt postum die neunte Sinfonie von Gustav Mahler zur Uraufführung.

27 Do Das deutsche Luftschiff »Viktoria Luise« fährt auf der Kieler Woche erstmals acht Stunden lang über der offenen See.

28 Fr Die bayerische Landesregierung weigert sich, gewählte sozialdemokratische Bürgermeister in ihrem Amt zu bestätigen.

29 Sa In Stockholm beginnen die Vorentscheidungen der V. Olympischen Spiele der Neuzeit. Sie dauern bis zum 22. Juli.

30 So Die Radfernfahrt Wien-Berlin gewinnt der Schweizer Franz Suter. +++ Belgische Arbeiter demonstrieren für die Einführung des allgemeinen Wahlrechts.

Juli 1912

1 Mo Der Kommandant der türkischen Armee in Albanien, Fehti Pascha, wird wegen des Verdachts, er sympathisiere mit den Aufständischen, abberufen.

2 Di Während einer Probefahrt explodiert in der Nähe von Atlantic City (USA) das für umgerechnet 2 Mio. Mark gebaute Luftschiff »Akron« in 800 m Höhe.

3 Mi Das Komitee, das den Untergang der »Titanic« im April untersucht hat, stellt fest, dass der Kapitän und die Offiziere verantwortungslos schnell fuhren.

4 Do Der farbige Jack Johnson (USA), seit 1908 Schwergewichtsboxweltmeister, besiegt seinen weißen Landsmann Jim Flynn durch k.o.

5 Fr Die deutsche Reichspost bittet die Fernsprechteilnehmer, mitzuteilen, wann sie in Urlaub fahren. So könnten überflüssige Vermittlungen vermieden werden.

6 Sa Auf dem Gojenberg in Bergedorf bei Hamburg wird in Anwesenheit von 200 geladenen Gästen die neue Sternwarte eingeweiht. → Gold

7 So Der französische Radrennfahrer Gabriel Poulain legt mit einem Tragflächenfahrrad eine Strecke von 3,60 m in 10 m Höhe zurück.

8 Mo Bei den offenen englischen Tennismeisterschaften in Wimbledon wird der Neuseeländer Anthony F. Wilding zum dritten Mal in Folge Sieger im Herren-Einzel.

9 Di Wegen der hohen Zahl der Fliegerunfälle richtet die deutsche Armee eine Unfallversicherung für Militärflieger ein.

10 Mi Bei einem Grubenunglück in Denaba in Wales (Großbritannien) sterben 74 Bergleute. +++ Der türkische Kriegsminister Mahmud Sefket Pascha tritt zurück.

11 Do Die Kaiser-Wilhelm-Gesellschaft in Berlin beschließt die Errichtung eines Forschungsinstituts für Kohlenstoffchemie in Mülheim an der Ruhr.

12 Fr In Zürich nehmen etwa 20 000 Arbeiter an einem Generalstreik teil, der die Verkürzung der täglichen Arbeitszeit von 9 auf 8,5 Stunden erreicht.

13 Sa Der US-Senat in Washington erklärt das Mandat eines Abgeordneten für ungültig, das er mit Hilfe von Bestechung erlangt habe.

14 So Anlässlich des 50. Jahrestages des Deutschen Schützenbundes findet in Frankfurt am Main ein »Bundesschießen« statt.

15 Mo In London erscheint ein Bericht über die unmenschliche Behandlung der Amazonas-Indianer durch die britische Peruvian Amazon Company.

16 Di Mehrere Wirbelstürme über den Südstaaten der USA richten in weiten Teilen des Landes verheerende Schäden an.

17 Mi Vertreter Deutschlands und der USA besprechen die Modalitäten der Ausbildung von US-Offizieren in der deutschen Armee.

18 Do In New York wird bekannt, dass die Polizei den Mord an dem Spielbankbesitzer Hermann Rosenthal am 16. Juni angestiftet hat.

19 Fr Auf der Insel Banka in Niederländisch-Indien unterdrücken Truppen einen Aufstand chinesischer Arbeiter in den Zinngruben.

20 Sa Die im Mai begonnene Rebellion der farbigen Kubaner wird mit Hilfe des US-Militärs von kubanischen Regierungstruppen niedergeschlagen.

21 So Der französische Marineminister Theophile Delcassé gibt den Ausbau des korsischen Hafens Ajaccio zu einem wichtigen Mittelmeerstützpunkt bekannt.

22 Mo In der osmanischen Hauptstadt Konstantinopel legen alle jungtürkischen Abgeordneten ihr Parlamentsmandat nieder.

23 Di In Den Haag endet die am 15. Juni begonnene internationale Konferenz der Banken mit einer Konvention zur Vereinheitlichung des Wechselrechts.

24 Mi Russland verpflichtet sich in einem Vertrag mit der Äußeren Mongolei zu militärischen Schutz gegen China und erhält dafür wirtschaftliche Vorrechte.

25 Do In Bayreuth beginnen die Richard-Wagner-Festspiele mit der Aufführung der Oper »Das Rheingold« unter dem Dirigenten Siegfried Wagner.

26 Fr In Übereinstimmung mit den katholischen Bischöfen hebt die Regierung des Königreichs Ungarn die Autonomie des ungarisch-serbischen Patriarchats auf.

27 Sa Der norwegische Polarforscher Einar Mikkelsen, der seit zwei Jahren als verschollen galt, kehrt wohlbehalten nach Ålesund zurück.

28 So Gewinner der diesjährigen Tour de France wird der Belgier Odile Defraye. +++ Auf Rügen ertrinken 10 Menschen beim Einsturz einer Landungsbrücke.

29 Mo Die Regierung des Herzogtums Reuß lehnt zum dritten Mal die Bestätigung zweier gewählter sozialdemokratischer Stadträte in Gera ab.

30 Di In Tokio stirbt Mutsuhito, als Meidschi Tenno 122. Kaiser von Japan. Sein Nachfolger wird sein Sohn Joschihito.

31 Mi Das französische Kriegsministerium stellt bei einer Untersuchung des Bildungsstandes der Soldaten fest, dass von 300 000 Mann 8400 Analphabeten sind.

Zum ersten Mal wird der Zieleinlauf im Bild festgehalten. In zwei Disziplinen entscheidet das Zielfoto.

Fliegender Finne, vielseitiger Indianer

Zu den Stars der Spiele gehört der »fliegende Finne« Johan Petteri (Hannes) Kolehmainen (s. Abb. beim Passieren der Ziellinie im 10000-m-Lauf). Er gewinnt auf den Langstrecken dreimal Gold und einmal Silber. Über 3000 m und 5000 m läuft er Weltrekord. Der andere große Star ist der Indianer Jim Thorpe aus Oklahoma, der als größtes Naturtalent aller Zeiten gilt. Der Athlet gewinnt den Fünfkampf und den Zehnkampf. Thorpe, der sich nicht durch großen Trainingseifer auszeichnet, beeindruckt das Publikum durch seine ungewöhnliche Vielseitigkeit und herausragenden Leistungen.

8. August 1912

Kaiser besucht Kruppjubiläum

Im Rahmen der Feierlichkeiten zum 100-jährigen Bestehen der Essener Krupp-Werke und des 100. Geburtstages von Alfred Krupp trifft Kaiser Wilhelm II. in Begleitung sämtlicher Generäle und Admiräle des Deutschen Reiches in der Villa Hügel ein. In seiner Ansprache zum Doppeljubiläum betont der Monarch sein vertrauensvolles Verhältnis zur Familie Krupp.

Drei Tage dauert die Hundertjahrfeier, deren Abschluss ein mittelalterliches Schauturnier in historischen Kostümen bilden soll. Gustav Krupp von Bohlen und Halbach hatte sich eigens eine Rüstung aus Kruppstahl anfertigen lassen. Als aber die Nachricht von einem Grubenunglück auf der Zeche Lothringen bei Bochum eintrifft, bei dem 114 Bergleute getötet werden, wird das Schauspiel abgebrochen.

Die Firma Krupp hat einen wesentlichen Anteil an der Stärkung der deutschen Wirtschaft und damit am Aufstieg Deutschlands zu einer Großmacht. Seit 1904 ist die Krupp-Belegschaft von 47 500 auf 74 000 Beschäftigte angewachsen. Die Produktionsanlagen für den Kanonenbau und die Geschossherstellung wurden zielstrebig ausgebaut und verbessert.

14. August 1912

US-Invasion in Nicaragua

In Nicaragua landen US-Marineeinheiten, um – wie es offiziell heißt – die Ordnung in dem mittelamerikanischen Land wiederherzustellen (Abb.: US-Soldaten beseitigen eine Barrikade zur Behinderung von Militärtransporten).

Der Präsident der Republik, Adolfo Díaz, erhofft sich durch die Invasion eine Unterstützung gegen die sich seit seinem Amtsantritt im Jahre 1911 verstärkenden revolutionären Kämpfe. Folge des andauernden Bürgerkriegs ist u.a. eine hohe Verschuldung des Landes nicht nur bei den USA. Seine Ursache liegen in den seit der Republikgründung Mitte des vorigen Jahrhunderts bestehenden Gegensätzen zwischen liberalen und konservativen Kräften sowie den sozialen Spannungen zwischen den armen Landarbeitern, den »campesinos«, und den Großgrundbesitzern, unter denen sich auch US-Konzerne befinden.

Juli 1912

Gold für »Ode an den Sport«

Im neuen Stockholmer Stadion eröffnet der schwedische König Gustav V. die fünften Olympischen Spiele der Neuzeit.
Der feierlichen Zeremonie vorausgegangen waren der offizielle Start der Leichtathletikkämpfe am 5. Juli sowie die Vorentscheidungen im Reiten, Schießen, Tennis und im Fußball am 29. Juni. An den Wettbewerben in 16 Disziplinen nehmen 2547 Sportler aus 28 Ländern teil. Kommentatoren bezeichnen die perfekt organisierten Spiele als die besten jemals veranstalteten. Neu im Programm sind u.a. Fünfkampf und Schwimmwettbewerbe für Frauen. Ein Novum sind Kunstwettbewerbe.
Die Goldmedaille im Literaturwettbewerb gewinnt der Generalsekretär des Internationalen Olympischen Komitees und Initiator der Olympischen Spiele der Neuzeit, Pierre Baron de Coubertin, mit seiner »Ode an den Sport«.

Medaillenspiegel

and	G	S	B
chweden	24	24	17
SA	23	19	19
roßbritannien	10	15	16
innland	9	8	8
rankreich	7	4	3
eutschland	5	13	7
üdafrika	4	7	-
orwegen	4	1	5
anada	3	2	3
ngarn	3	2	3

16. August 1912

Matrosen gegen den Zaren

Über dem Kriegshafen Kronstadt am Finnischen Meerbusen wird wegen Unruhen in der russischen Flotte der Kriegszustand verhängt. Das bedeutet Ausgangssperre für Matrosen sowie Versammlungs- und Agitationsverbot.
Die Führung der Marine erhofft sich dadurch eine Eindämmung der immer zahlreicher werdenden Proteste der Matrosen sowohl in der Baltischen Flotte als auch in der russischen Schwarzmeerflotte. Zur gleichen Zeit berichten Korrespondenten von einer Meuterei auf dem Kreuzer »Kagul« im Hafen Sewastopol am Schwarzen Meer, wo daraufhin ebenfalls der Kriegszustand erklärt wird. Die Regierung versucht zunächst, die Vorfälle geheim zu halten. Als das nicht gelingt, werden sie bagatellisiert. Die internationale Presse registriert indessen sehr genau den »ernsten Charakter« der Vorfälle und stellt fest, dass es sich nicht nur um soziale Unruhen handele, vielmehr gehe es um die Forderung nach tiefgreifenden politischen Veränderungen. Zweck der Aufstände sei es, »ein Signal zum Volksaufstand zu geben«. Die Meutereien beunruhigen die Mächtigen in St. Petersburg um so mehr, als sie die allgemeine

Stimmung in Russland widerspiegeln. Die Lage der Ausgebeuteten hat sich seit der niedergeschlagenen Revolution von 1905 nicht gebessert, hohe Steuern und niedrige Einkommen nähren die Unzufriedenheit. Todesurteile, die Verbannung meuternder Armeeangehöriger und streikender Arbeiter fördern eher noch die politischen Aktivitäten (Abb.: Gefangene Oppositionelle auf dem Weg in ein sibirisches Straflager).

25. August 1912

Streit um Kanal-Gebühren

US-Präsident William Howard Taft unterzeichnet in Washington die Panama-Kanal-Bill. Das Gesetz, durch das US-Schiffe bevorzugt werden, muss noch vom Kongress genehmigt werden.
Im Vorfeld der Unterzeichnung war es bereits zu heftigen Meinungsverschiedenheiten zwischen Großbritannien und den USA gekommen. In London sieht man in der Regelung, dass US-Schiffe nach der Fertigstellung die Verbindung (Abb.: Bauarbeiten am Panamakanal) zwischen Atlantik und Pazifik gebührenfrei benutzen können – andere Nationen hingegen müssen zahlen – eine Verletzung bereits bestehender Verträge.

12. August 1912

Kuomintang gegründet

In Nanking gründet der chinesische Revolutionär Sun Yat-sen die Kuomintang, die Nationale Volkspartei. Der 46-jährige Politiker hofft auf eine schnelle Entwicklung des rückständigen und ausgebeuteten China zu einem modernen demokratischen Staat.
Die Kuomintang ist eine Verschmelzung vieler kleiner politischer Gruppen mit der Revolutionären Allianz, die bereits im Jahre 1905 unter der Führung Sun Yat-sens entstanden war. Der 1866 geborene Sun fasste damals die miteinander konkurrierenden revolutionären Zirkel und Gruppierungen unter seiner Führung zusammen. Trotz seiner bäuerlichen Herkunft genießt er bei den zumeist aus wohlhabenderen Familien stammenden Anhängern großes Ansehen. Sie schätzen an ihm seine umfassende Bildung und Kenntnis der westeuropäischen Kultur, die er sich auf vielen Reisen nach Japan, Europa und Nordamerika angeeignet hatte. Sein Ziel ist der Ausbau der am 15. Februar gegründeten chinesischen Republik nach den von ihm bereits im Jahre 1903 aufgestellten »Drei Prinzipien des Volkes«.

August 1912

1 Do Die 3457 m hoch gelegene Bahnstation im Jungfraujoch-Tunnel (Schweiz) wird feierlich dem Verkehr übergeben.

2 Fr Der Berliner Bildhauer Hugo Lederer präsentiert das Modell für ein Heinrich-Heine-Denkmal in Hamburg der Öffentlichkeit.

3 Sa Die osmanische Regierung gewährt den Albanern beschränkte Autonomierechte. Albanisch wird Amts- und Unterrichtssprache.

4 So Auf der Sonderbund-Ausstellung in Köln wurden nach Zeitungsberichten bis zum 31. Juli Kunstwerke im Wert von 145 000 Mark verkauft.

5 Mo Das türkische Abgeordnetenhaus wird wegen der Mehrheit der Jungtürken, die im Widerspruch zur Regierung stehen, aufgelöst.

6 Di In Berlin beraten die Mitglieder der vor zwei Wochen gegründeten Kinoschauspieler-Genossenschaft den Statutenentwurf.

7 Mi Der italienische Startenor Enrico Caruso erhält für jedes seiner 12 Gastspiele an der argentinischen Nationaloper in Buenos Aires 28 000 Mark Gage.

8 Do Bei einer Schlagwetterexplosion werden auf der Zeche »Lothringen« in Bochum 114 Bergarbeiter getötet. → Kruppjubiläum

9 Fr Die älteste Zeitung der Welt, die chinesische »King-Bao«, stellt ihr Erscheinen ein. Angeblich erschien sie bereits seit dem Jahr 400 ununterbrochen.

10 Sa Ein Erdbeben am Marmarameer zerstört in der Nähe von Konstantinopel mehrere Ortschaften; etwa 1 000 Menschen fallen der Katastrophe zum Opfer.

11 So Die Delegierten des 59. Deutschen Katholikentages fordern die Aufhebung des Jesuitengesetzes von 1872, das Jesuiten alle Aktivitäten verbietet.

12 Mo In Paris stirbt im Alter von 70 Jahren der Komponist Jules Massenet. +++ Der marokkanische Sultan Abd Al Hafis dankt ab. → Kuomintang

13 Di Überall in Bulgarien finden nach einem Bombenattentat Protestaktionen gegen Gewaltakte islamischer Türken statt.

14 Mi Prinz Heinrich von Preußen, Bruder von Kaiser Wilhelm II., feiert seinen 50. Geburtstag. Seine Verdienste um die Flotte werden gewürdigt. → Nicaragua

15 Do Die Idee des österreichischen Außenministers Leopold Graf von Berchtold, eine europäische Konferenz zur Balkanfrage einzuberufen, findet keine Resonanz.

16 Fr Die Regierung der chinesischen Republik läßt den General Tsang-tsen in einem Willkürakt verhaften und vor ein Militärgericht stellen. → Matrosen

17 Sa Wegen der wachsenden Spannungen auf dem Balkan mobilisiert der Oberbefehlshaber der bulgarischen Armee alle beurlaubten Offiziere.

18 So Auf dem Manöverfeld bei Moulinaux startet der Schweizer Pilot Edmond Audemars zu einem Fernflug Paris–Wanne-Eickel–Berlin.

19 Mo Prinz Heinrich von Preußen tritt die Reise nach Tokio an, wo er bei der Beisetzungsfeier für Kaiser Mutsuhito seinen Bruder, Kaiser Wilhelm II., vertritt.

20 Di In London stirbt 83-jährig der Begründer und erste »General« der Heilsarmee, William Booth. +++ Im spanischen Saragossa streiken die Bauhandwerker.

21 Mi Nach dem Innenminister der Türkei tritt auch der Justizminister wegen der Auseinandersetzungen um die Jungtürken zurück.

22 Do Nach neuen Matrosenunruhen im Schwarzmeerhafen Sewastopol auf der Krim setzt in Russland eine Verhaftungswelle ein.

23 Fr Im schweizerischen Ort Caux beginnen erste Friedensgespräche zwischen osmanischen und italienischen Unterhändlern.

24 Sa Russische Behörden veröffentlichen Daten über die Auswanderung von Juden. Sie stellen 40% aller Emigranten aus dem Zarenreich.

25 So Im Ostseebad Heiligendamm findet ein vom Deutschen Fliegerbund veranstalteter Wasserflugmaschinen-Wettbewerb statt. → Kanal-Gebühren

26 Mo In Berlin wird die Charlottenburger Synagoge eingeweiht, deren prachtvoller Stil einen Einschnitt in der Geschichte des deutschen Synagogenbaus darstellt.

27 Di Anhaltende Regenfälle in den letzten Wochen haben in Großbritannien landwirtschaftliche Nutzflächen überschwemmt und einen Großteil der Ernte zerstört.

28 Mi Kaiser Wilhelm II. bittet das deutsche Volk, anlässlich seines 25-jährigen Regierungsjubiläums von persönlichen Geschenken abzusehen.

29 Do Eine als geisteskrank bezeichnete Frau greift mit einem Messer den US-Präsidenten William H. Taft an, ohne ihn jedoch zu verletzen.

30 Fr Der deutsche Maler Max Liebermann stiftet dem Kupferstichkabinett Berlin eine Sammlung von 65 Blättern des französischen Künstlers Honoré Daumier.

31 Sa Das Deutsche Schauspielhaus in Berlin wird mit der Aufführung des Dramas »Egmont« von Johann Wolfgang von Goethe eröffnet.

September 1912

1 So Die chinesische Regierung in Peking lehnt die von Großbritannien geforderte Unabhängigkeit für das besetzte Tibet ab. → Sarah Bernhardt

2 Mo Als »Skandal« bezeichnet die Presse das Hausverbot für den Theaterkritiker Siegfried Jacobsohn am Deutschen Schauspielhaus nach einer schlechten Kritik.

3 Di Mehr als 30 000 Berliner protestieren gegen die hohen Lebensmittelpreise. +++ In München findet bis 5.9. der erste internationale Freidenkerkongress statt.

4 Mi In Mexiko nehmen Aufständische die Stadt Ojenaga ein, ohne auf nennenswerten militärischen Widerstand zu treffen.

5 Do Die Telegrafenstation auf der Zugspitze wird dem öffentlichen Funkverkehr übergeben. Verbindungen bis nach Nauen bei Berlin und nach Paris sind möglich.

6 Fr Mit knapper Mehrheit sprechen sich die Delegierten des deutschen Juristentages in Wien für die Beibehaltung der Todesstrafe aus.

7 Sa Die Münchener Universität richtet einen Lehrstuhl für soziale Hygiene ein. +++ Die evangelische Kirche entläßt den liberalen Pfarrer Gottfried Traub.

8 So Auf der Hauptversammlung des konservativen Alldeutschen Verbandes formulieren die Teilnehmer ihr Bedauern über das »verlorengegangene« Marokko.

9 Mo In Kötschenbroda stirbt die Schriftstellerin Wilhelmine Heimburg, die durch ihre in der Zeitschrift »Gartenlaube« abgedruckten Romane populär wurde.

10 Di Der mexikanische Senat ermächtigt den Präsidenten Francisco Indalecio Madero, mit den USA über Hilfe gegen die Aufständischen zu verhandeln.

11 Mi In Wien versammeln sich etwa 20 000 europäische Katholiken zum Eucharistischen Weltkongress. +++ In Hagen wird das Krematorium in Betrieb genommen.

12 Do Die badische Regierung setzt das Einfuhrverbot für Rinder und Ziegen aus der Schweiz außer Kraft, um die Fleischversorgung zu verbessern.

13 Fr Die bulgarische Militärführung verhängt ein Urlaubsverbot für Soldaten und Offiziere. +++ In Japan wird der verstorbene Kaiser Mutsuhito beigesetzt.

14 Sa In Port Augusta beginnen die Arbeiten für eine australische Eisenbahnlinie. Sie soll über 1700 km bis nach Kalgorli führen.

15 So In Chemnitz beginnt der Parteitag der Sozialdemokratischen Partei Deutschlands (SPD), der bis zum 21. September dauert.

16 Mo Aufgrund der ständigen Unruhen in dieser Region verhängt China den Ausnahmezustand über die Mandschurei. → Europa

17 Di Die Teilnehmer des vierten deutschen Bankiertages in München heben die Bedeutung der Privatbankiers für kleine und große private Unternehmen hervor.

18 Mi Mehrere tausend Anhänger der nordirischen »Orange-Bewegung« demonstrieren in London gegen eine Selbstständigkeit Irlands.

19 Do Die französische Zeitung »Le Matin« weist auf die Gesundheitsgefahr in den Pulverkammern der Kriegsschiffe hin und empfiehlt, Ventilatoren einzubauen.

20 Fr Ein seit vier Monaten andauernder Bäckerstreik in Stockholm wird durch die Vermittlung der schwedischen Regierung beigelegt.

21 Sa In den Straßen von Londonderry in Nordirland kommt es zu gewalttätigen Auseinandersetzungen zwischen Gegnern und Befürwortern der »Homerule«.

22 So Der Versuch des 20-jährigen Berliners Erich Bittner, mit einem selbst gebauten Fallschirm von der Siegessäule zu springen, endet tödlich.

23 Mo Der gefeierte italienische Tenor Enrico Caruso gibt im königlichen Hof- und Nationaltheater München zwei Vorstellungen.

24 Di In Genf beginnt der 19. Weltfriedenskongress. Die Delegierten wenden sich u.a. gegen den wachsenden Nationalchauvinismus in Europa.

25 Mi Guillermo Billinghurst, der neue Präsident der Republik Peru, tritt in Lima sein Amt an und löst Augusto Bernardino Leguía ab.

26 Do Der Bund der Landwirte veröffentlicht eine Erklärung gegen die »Fleischteuerungsagitation«, die sich gegen die Interessen der Landwirte wende.

27 Fr Das berühmte Berliner Varietétheater »Wintergarten« feiert sein 25-jähriges Bestehen. +++ Nach Baden erleichtert nun auch Preußen die Fleischeinfuhr.

28 Sa Der sozialdemokratische preußische Landtagsabgeordnete Julian Borchardt wird wegen Hausfriedensbruch im Plenarsaal zu 100 Mark Geldstrafe verurteilt.

29 So In Stockholm markiert der 32-jährige Olympiasieger Eric Lemming mit 62,32 m den ersten offiziellen Weltrekord im Speerwerfen.

30 Mo Die Staaten des Balkanbundes – Serbien, Montenegro, Bulgarien und Griechenland – geben die Mobilmachung ihrer Truppen bekannt.

8. Oktober 1912

Krieg auf dem Balkan

Nach wochenlangen Spannungen zwischen den Balkanstaaten und dem Osmanischen Reich erklärt Montenegro Konstantinopel den Krieg. Als Grund wird die Benachteiligung nichtislamischer Bevölkerungsgruppen in den vom Osmanischen Reich beherrschten europäischen Gebieten vorgeschoben.

In den folgenden Tagen erklären die mit Montenegro im Balkanbund vereinigten Staaten Bulgarien, Griechenland und Serbien dem Osmanischen Reich ebenfalls den Krieg. Innerhalb kürzester Zeit erfasst der Konflikt das gesamte europäische Gebiet des Osmanischen Reichs. Es kann den massiven Angriffen nur geringen Widerstand entgegensetzen. Zu sehr ist das einstmals so mächtige türkische Imperium infolge innenpolitischer Schwierigkeiten sowie durch den seit September 1911 andauernden italienisch-türkischen Krieg geschwächt. In dieser Situation witterten die Balkanstaaten ihre Chance zur Durchsetzung ihrer Expansionspläne. Erste Vorbereitungen waren schon zu Beginn des Jahres erfolgt: Am 13. März schlossen Bulgarien und Serbien einen Bündnisvertrag, dem bis Anfang Oktober auch Griechenland und Montenegro beitraten. Ziel des Abkommens war die Verdrängung des Osmanischen Reiches vom Balkan. Diese nur auf geheimen diplomatischen Kanälen bekanntgewordenen Absichten lösten bei den Großmächten Beunruhigung aus, da die militärische Auseinandersetzung der kleinen Mächte die Interessen der Großmächte in Südosteuropa hätten gefährden können. Sie forderten deshalb noch im Oktober Konstantinopel zu Reformen in der Balkanregion auf. Der Verlauf des Krieges zwingt das Osmanische Reich zum Rückzug. Am 8. November kapituliert der türkische Kommandant von Saloniki. Damit verliert das Osmanische Reich nicht nur seinen wichtigsten Hafen an der Balkanküste, sondern auch das neben Konstantinopel bedeutendste wirtschaftliche, kulturelle und gesellschaftliche Zentrum. Das Osmanische Reich muss im Mai 1913 den Londoner Friedensvertrag akzeptieren. Danach verliert der »kranke Mann am Bosporus« einen großen Teil seiner europäischen Territorien, die seit dem 14. Jahrhundert erobert worden waren. Insbesondere die Loslösung Makedoniens vom Osmanischen Reich ist ein wesentliches Ergebnis des Präliminarfriedens. Als europäischer Besitz verbleibt dem türkischen Staat lediglich ein kleiner Gebietsstreifen um Konstantinopel. Mit dem Londoner Friedensvertrag sind aber längst nicht alle Probleme gelöst. Innerhalb des Balkanbundes kommt es während der Verhandlungen u.a. über die Aufteilung Makedoniens zu Meinungsverschiedenheiten, die in den 2. Balkankrieg münden.

Chronik des 1. Balkankriegs

Datum	Ereignis
13.3.1912	Bündnisvertrag zwischen Bulgarien und Serbien gegen die Vorherrschaft des Osmanischen Reiches auf dem Balkan
8.10.1912	Montenegro erklärt dem Osmanischen Reich den Krieg.
8.11.1912	In Saloniki kapitulieren die Truppen des Osmanischen Reiches.
3.12.1912	In Tschataldscha wird ein Waffenstillstandsabkommen unterzeichnet.
16.12.1912	In London beginnen Friedensverhandlungen.
6.1.1913	Abbruch der Londoner Friedenskonferenz
30.1.1913	Die Balkanstaaten kündigen den Waffenstillstand mit dem Osmanischen Reich, nachdem am Vortag die Verhandlungen offiziell abgebrochen wurden.
30.5.1913	Londoner Präliminarfrieden beendet den 1. Balkankrieg; die Spannungen bleiben bestehen.

1. September 1912

50-jähriges Bühnenjubiläum

An der Comédie Française in Paris feiert Sarah Bernhardt ihr 50-jähriges Bühnenjubiläum. Die berühmte französische Schauspielerin begeht dieses Fest an der Bühne, auf der sie 1862 ihre Karriere begann, die sie aber bald verließ, um an anderen Theatern nach mehr Entfaltungsmöglichkeiten zu suchen. Seit 1880 hat die Bernhardt zahlreiche Gastspielreisen absolviert, die ihre ausgezeichnete Darstellungskunst in der ganzen Welt bekannt machten. Tatsächlich ist sie neben ihrer italienischen Kollegin und Rivalin Eleonora Duse die berühmteste Schauspielerin der Welt. Ihre Darstellung der Marguerite in Alexandre Dumas' »Kameliendame« ist legendär geworden. 1900 übernahm Sarah Bernhardt das Pariser Théatre de la Renaissance und taufte es auf ihren Namen.

Sarah Bernhardt

eigtl. Henriette Rosine Bernard, französische Schauspielerin, * 22.10.1844 Paris; † 26.3.1923 Paris

Die ebenso berühmte wie skandalumwobene Schauspielerin war eine der gefeiertsten Bühnengrößen ihrer Zeit. Auch außerhalb des Theaters sorgt sie durch einen freizügigen und ausschweifenden Lebenswandel immer wieder für Aufsehen. Sie feierte ihren ersten großen Erfolg in der Rolle der Phädra im gleichnamigen Stück von Jean Racine. Die Mimin wurde mit ihrer exzentrischen, ausdrucksstarken Spielweise zum Star in Paris und weit darüber hinaus. Ihrer ersten Amerikatournee ließ sie zahlreiche Auslandsgastspiele folgen.

- 1864: Geburt des unehelichen Sohnes Maurice
- 1881: 1. Auftritt als Marguerite Gautier in der »Kameliendame«
- 1891-93: Welttournee
- 1915: Beinamputation

Bulgarische Einheiten marschieren zur türkischen Grenze. Am 24. Oktober wird die türkische Armee in Kirkilisse vernichtend geschlagen.

Ein türkischer Hauptmann (M.) mit seiner Einheit an der montenegrinischen Grenze

25. Oktober 1912

Proteste gegen Fleischpreise

Ursachen und Auswirkungen der unzureichenden Fleischversorgung sind die heftig diskutierten Themen der Parlamentsdebatte im preußischen Abgeordnetenhaus.

Die Vertreter der Parteien verlangen wirksame Maßnahmen gegen die Fleischknappheit und die horrenden Fleischpreise. Vor allem Arbeiterfamilien können sich schon seit Wochen kein Fleisch mehr leisten. In Berlin demonstrierte am 3. September die Bevölkerung gegen die steigenden Fleischpreise. Die Vertreter der Landwirtschaft machen für den Mangel u.a. die geringe Nutzung landwirtschaftlicher Fläche in Deutschland verantwortlich. Erst nach immer häufiger auftretenden Unruhen unter der Bevölkerung entschließt sich die Regierung am 27. September zu einer vorübergehenden Lockerung der Einfuhrbestimmungen. In Berlin treffen Mitte Oktober die ersten Lieferungen von Billigfleisch aus dem Ausland ein.

7. Oktober 1912

Tenor begeistert Berlin

Auf seiner Gastspielreise durch Europa trifft Enrico Caruso in Berlin ein. Der weltberühmte italienische Tenor, der seit einigen Jahren hauptsächlich an der Metropolitan-Oper in New York singt, ist an drei Abenden im Königlichen Opernhaus Unter den Linden zu hören und zu sehen. Seine Darbietungen in Berlin beginnt Caruso mit der Rolle des Don José in der Oper »Carmen« von Georges Bizet und beendet sie am 12. Oktober als Graf Richard in Giuseppe Verdis »Ein Maskenball«. Am 10. Oktober begeistert er sein Publikum in Giacomo Puccinis »La Bohème«. In der Rolle des Rudolfo war ihm 1898 mit dieser Oper in Mailand sein erster nationaler und 1902 in London sein erster großer internationaler Erfolg gelungen.

Enrico Caruso

italienischer Sänger, * 27.2.1873 Neapel; † 2.8.1921 Neapel

Der lyrische Tenor ist ein Ausnahmekünstler unter den Sängern. Er hat eine strahlende, technisch brillante Stimme und verfügt über großes darstellerisches Talent. Der aus kleinen Verhältnissen stammende Sänger absolvierte unter schwierigsten Bedingungen seine Gesangsausbildung bei Guglielmo Vergine. Als Mitglied einer Wanderbühne debütierte er in Neapel. Er beherrscht 67 Opernrollen und etwa 500 Lieder. 250 Schallplattenaufnahmen sind von Caruso erhalten, der außerdem ein begabter Karikaturist ist.

- 1894: Debüt in Neapel
- 1898: Durchbruch in Mailand
- 1902: Gastspiele in London, Monte Carlo, St. Petersburg
- 1903: Erster großer Erfolg im »Rigoletto« in New York

16. September 1912

Europa probt den Krieg

In großer Aufmachung berichten die deutschen Tageszeitungen von den diesjährigen Herbstmanövern. Die Übungen finden wie gewohnt unter dem Oberbefehl von Kaiser Wilhelm II. statt und werden deshalb Kaisermanöver genannt. Sie zählen u.a. auch zu den gesellschaftlichen Höhepunkten des Jahres.

Repräsentanten der adligen Häuser nehmen als engagierte Beobachter an dem inszenierten Kriegsspiel der Roten gegen die Blauen Teil. Aufmerksam verfolgt die deutsche Heeresleitung die in den anderen europäischen Ländern ebenfalls im September durchgeführten Manöver. Wenn sich auch die Strategien in den Ländern unterscheiden, so gleicht sich doch die Funktion der Manöver: in der angespannten Situation in Europa demonstrieren sie Kriegsbereitschaft (Abb. v.l.: Großfürst Nikolaus mit Frankreichs Kriegsminister Alexandre Millerand bei Manövern in Saumur).

Oktober 1912

1 Di Die Regierung des Osmanischen Reiches befiehlt die allgemeine Mobilmachung. +++ Die spanischen Eisenbahner beschließen einen Generalstreik.

2 Mi Der deutsche Außenminister Alfred von Kiderlen-Waechter erklärt, dass sich die europäischen Großmächte aus dem Balkankrieg heraushalten würden.

3 Do Wegen des drohenden Generalstreiks der spanischen Eisenbahner werden fünf Reservistenjahrgänge der Armee eingezogen.

4 Fr Nach einer Kollision mit einem deutschen Dampfer sinkt vor South Foreland das britische U-Boot »B 2«. 14 der 15 Mann Besatzung ertrinken.

5 Sa Der russische Außenminister Sergej D. Sasonow erklärt, Russland sei bereit, mit Österreich-Ungarn die Interessen der Großmächte am Balkan zu sichern.

6 So Wenige Minuten vor dem Ende der Berliner Herbstflugwoche stürzt ein Eindecker-Flugzeug aus 200 m Höhe ab, der Pilot und sein Monteur sterben.

7 Mo Im Berliner Hohenzollern-Kunstgewerbemuseum beginnt die Ausstellung »Galerie der Moden«, die Kostüme aus vielen Jahrhunderten zeigt. → Caruso

8 Di Der norwegische Polarforscher Roald Amundsen hält auf Einladung der Gesellschaft für Erdkunde in Berlin Vorträge über seine Südpol-Reise. → Balkan

9 Mi Die Hamburger Bürgerschaft befürwortet den Anschluss der Landgemeinden Großborstel, Alsterdorf, Ohlsdorf, Fuhlsbüttel und Kleinborstel an Hamburg.

10 Do In Frankfurt am Main treffen deutsche Juristen zum dritten Jugendgerichtstag zusammen. Diskutiert wird die Reform des Jugendstrafrechts.

11 Fr Kaiser Wilhelm II. ordnet die Vereinigung der 1911 von Frankreich erworbenen Gebiete in Äquatorial-Afrika mit der Kolonie Kamerun an.

12 Sa Reichstagspräsident Johannes Kaempf legt sein Mandat nieder, da die Wahlprüfungskommission Zweifel an der Gültigkeit seiner Wahl im März äußert.

13 So Der Durchstich für den ersten Eisenbahntunnel in den Pyrenäen durch den Somport wird fertiggestellt, der Eisenbahnbau kann nun beginnen.

14 Mo Wegen der ständig steigenden Kohleförderung und Güterproduktion im Ruhrgebiet können die Eisenbahnen den Transportbedarf nicht mehr decken.

15 Di US-Präsidentschaftskandidat Theodore Roosevelt wird auf einer Wahlkampfreise in Milwaukee von einem Anarchisten angeschossen.

16 Mi Fürst Karl Max von Lichnowsky wird neuer deutscher Botschafter in London. +++ In Mainz tagt der Ausschuss zur Errichtung eines Bismarck-Denkmals.

17 Do Nach Montenegro erklären nun auch die Balkanstaaten Bulgarien, Griechenland und Serbien dem Osmanischen Reich den Krieg.

18 Fr In Lausanne endet mit dem Friedensvertrags der Krieg zwischen Italien und dem Osmanischen Reich, das seine nordafrikanischen Besitzungen verliert.

19 Sa Mit Kaiser Wilhelm II. nehmen tausende Hamburger an der festlichen Einweihung der nach dem Brand von 1906 wiederaufgebauten St.-Michaeliskirche teil.

20 So Der Wallonen-Kongress in Charleroi spricht sich gegen eine getrennte Verwaltung des flämischen und des wallonischen Teils von Belgien aus.

21 Mo Die Berliner strömen in Scharen zur Eröffnung eines neuen Gebäudeflügels ins Kaufhaus Tietz, dessen architektonische Gestaltung Aufsehen erregt.

22 Di Nach dem Entwurf eines deutschen Gesetzes über Kindersaugflaschen sollen schwer zu reinigende Modelle aus Hygienegründen verboten werden.

23 Mi Nachdem sich Berliner Fleischer weigern, von der Stadt erworbenes billiges Fleisch aus Russland zu verkaufen, kommt es zu Hausfrauen-Krawallen.

24 Do In einem Vortrag fordert der Baseler Zoologe Paul Sarrasin Maßnahmen gegen die Dezimierung der Robben und Wale.

25 Fr In der neuen Stuttgarter Hofoper findet die Uraufführung der Oper »Ariadne auf Naxos« von Richard Strauss statt. → Fleischpreise

26 Sa Der seit seiner Hochzeit 1911 vom Hof entfernte Erzherzog Ferdinand Karl wird von Österreichs Kaiser Franz Joseph I. wieder in Gnaden aufgenommen.

27 So Am Wiener Burgtheater findet die Uraufführung des Stückes »Das Haus am Meer« des österreichischen Schriftstellers Stefan Zweig statt.

28 Mo In Stuttgart starten 19 Freiballons zu einer Wettfahrt. Der Sieger legt in 56 Stunden eine Entfernung von 2180 Kilometern bis in die Nähe Warschaus zurück.

29 Di Durch einen Erlass der chinesischen Regierung wird der Dalai Lama wieder in seine Titel und Würden als Oberhaupt Tibets eingesetzt.

30 Mi Bei einem Zusammenstoß zweier Berliner Stadtbahnzüge auf der Station Jannowitzbrücke werden etwa 50 Personen zum Teil schwer verletzt.

31 Do US-Präsidentschaftskandidat Theodore Roosevelt ist von den Verletzungen nach dem Attentat zwei Wochen zuvor genesen und setzt den Wahlkampf fort.

November 1912

1 Fr Die rumänische Regierung bekräftigt in einer Erklärung zur außenpolitischen Lage, dass sie vorerst nicht in den Balkankrieg eingreifen will.

2 Sa In Berlin wird die 25. Ausstellung der Berliner Sezession eröffnet. Gezeigt werden u.a. Arbeiten von Adolph von Menzel und Max Liebermann.

3 So Drei deutsche Kreuzer im Mittelmeer werden »zum Schutz von Leben und Eigentum Deutscher« in türkische Gewässer abkommandiert.

4 Mo Der russische Zarenhof informiert die Öffentlichkeit in einer Erklärung, dass Kronprinz Alexej Nikolajewitsch an der Bluterkrankheit leide.

5 Di Bulgarische Truppen können die Befestigungen von Konstantinopel (Istanbul) erobern und schneiden so die Stadt von der Wasserversorgung ab. → Wilson

6 Mi Papst Pius X. verbietet katholischen Arbeitern in einer Enzyklika die Mitgliedschaft in nichtchristlichen Gewerkschaften.

7 Do Dem Berliner Piloten Ellery von Gorissen gelingt mit einem 23-minütigen Doppeldeckerflug mit fünf Passagieren ein Weltrekord im Passagierflug.

8 Fr Wegen Verbreitung von Grammophonplatten mit unzüchtigen Texten wird ein Berliner Schankwirt zu einer Geldstrafe verurteilt.

9 Sa Die Parlamentswahlen in Russland enden mit einem Sieg der konservativen Kräfte, die ihre Vorherrschaft in der Duma ausbauen können.

10 So Der Schriftsteller Ernst von Wolzogen kritisiert die Zusammenarbeit von Dramatikern mit der Kinoindustrie, die nur den Massengeschmack befriedige.

11 Mo Das Schweizerische Olympische Komitee wird gegründet. +++ Chile und Peru nehmen die 1879 abgebrochenen diplomatischen Beziehungen wieder auf.

12 Di Der spanische Ministerpräsident José Canalejas y Méndez wird in Madrid auf offener Straße von einem Anarchisten erschossen.

13 Mi Albanische Nationalisten protestieren gegen Gewaltmaßnahmen serbischer Truppen gegenüber islamischen Albanern im Kosovo.

14 Do Die bedeutendsten Telefongesellschaften Europas, deutsche Telefunken und britische Marconi-Gesellschaft, legen ihren jahrelangen Patentstreit bei.

15 Fr Der deutsche Dramatiker Gerhart Hauptmann bekommt an seinem 50. Geburtstag die Nachricht, dass er den diesjährigen Literaturnobelpreis erhält.

16 Sa Im schlesischen Ort Mauer wird die 280 m lange und 60 m hohe Sperrmauer der Bobertalsperre eingeweiht.

17 So Unter der Losung »Krieg dem Kriege« veranstalten die Sozialdemokraten in Berlin und anderen deutschen Städten Friedensdemonstrationen.

18 Mo Infolge der Belagerung der Stadt und der Unterbrechung der Wasserzufuhr verbreiten sich in Konstantinopel Krankheiten, vor allem die Cholera.

19 Di In ihren Waffenstillstandsbedingungen an das Osmanische Reich fordern die Balkanstaaten den völligen Rückzug der Türken aus Europa.

20 Mi An der bulgarisch-türkischen Front vor Tschataldscha wird wegen der bevorstehenden Verhandlungen auf beiden Seiten eine Waffenruhe angeordnet.

21 Do Thema der Berliner Tagung der Schiffsbautechnischen Gesellschaft ist die Verwendung von Dieselmotoren als Schiffsantrieb.

22 Fr Die chinesische Regierung gibt die Bildung eines Rechnungshofes bekannt, der die Zentral- und Provinzverwaltungen überprüfen soll.

23 Sa Deutsche Zeitungen berichten von Gewalt gegen Juden und Moslems in der von den Griechen eingenommenen Stadt Saloniki.

24 So Mit einer Friedensdemonstration beginnt in Basel der Kongress der II. Internationale mit Vertretern der sozialdemokratischen Parteien Europas.

25 Mo Neue Beobachtungen im Weltraum führen zu der Theorie, dass dort »dunkle Materie« manche Sterne verdecken müsse.

26 Di Direkte Gespräche über einen Waffenstillstand zwischen der Türkei und Bulgarien scheitern an der Frage der Räumung der Stadt Adrianopel (Edirne).

27 Mi Das sächsische Abgeordnetenhaus befürwortet einen Antrag, der den Religionsunterricht an Schulen ohne konfessionelle Bindung zulässt. → Marokko

28 Do Im Berliner Krematorium findet die erste Einäscherung in der deutschen Hauptstadt statt. +++ Der Theaterleiter Otto Brahm stirbt 56-jährig in Berlin.

29 Fr In Shriveport im US-Bundesstaat Louisiana ermorden weiße US-Bürger drei wegen Schlägerei verhaftete, aber noch nicht verurteilte Farbige. → Albanien

30 Sa Die Regierung der Insel Samos proklamiert die Vereinigung mit Griechenland. +++ Der dänische Polarforscher Einar Mikkelsen trifft zu Vorträgen in Berlin ein.

12. Dezember 1912

Bayern trauert um Luitpold

In München stirbt 91-jährig Prinzregent Luitpold von Bayern (s. Abb.) an einer hartnäckigen Bronchitis. Nach Bekanntgabe seines Todes trauert ganz Bayern um seinen geliebten Herrscher. Zur Trauerfeier am 19. Dezember versammelt sich der gesamte europäische Adel in München. Zehntausende säumen die Straßen, um von dem populären Landesvater Abschied zu nehmen.
Während der 26-jährigen Regierungszeit des Prinzregenten, der immer mehr zum Inbegriff des volkstümlichen Monarchen wurde, erblühte München zur kulturellen Metropole in Süddeutschland. Als Luitpold im Jahre 1886 die Regentschaft für den geisteskranken König Otto übernahm, war er bereits 65 Jahre alt. Niemand hätte angenommen, dass er so lange in Bayern herrschen und sich derartige Sympathien bei seinem Volk erwerben würde.

29. November 1912

Albanien unabhängig

In der südalbanischen Stadt Valona (Vlorë) proklamiert Kemal Bey Ismail das unabhängige Albanien. Eine Nationalversammlung mit Vertretern aus allen Teilen Albaniens wählt eine Provisorische Regierung, deren Vorsitz Kemal Bey übernimmt.
Diese Proklamation durch den ehemaligen osmanischen Beamten ist in erster Linie eine Reaktion auf die Absicht der kriegführenden Balkanmonarchien, die albanischen Gebiete unter sich aufzuteilen. Eine internationale Anerkennung des Staates erfolgt im Juli 1913.

7. Dezember 1912

Büste der Nofretete gefunden

Bei Ausgrabungen im altägyptischen Tell El-Amarna stoßen Wissenschaftler der Deutschen Orientgesellschaft auf eine bemalte Kalksteinbüste der Königin Nofretete, eines der berühmtesten Werke der altägyptischen Kunst (s. Abb.)
Das über 3000 Jahre alte Abbild der altägyptischen Königin entdecken die Archäologen in dem verschütteten Lagerraum eines Bildhauers aus dem 14. Jahrhundert vor der Zeitenwende, zusammen mit anderen Modellen und Abgüssen. Die 48 cm hohe Büste diente dem Künstler als offizielle Porträtvorlage, nach deren Vorbild andere Statuenköpfe der Königin angefertigt wurden. Als Frau des Pharaos Echnaton, der als Amenophis IV. den Thron bestieg, trat Nofretete im öffentlichen Leben stark hervor. Ob sie auch an der religiösen Reform Echnatons Anteil hatte, ist nicht geklärt. Nofretete trägt den für ihre Zeit charakteristischen Kopfschmuck, eine konisch geformte Haube. Die Einlage des linken Auges fehlt und kann trotz intensiver Suche bei der Grabung nicht gefunden werden. Da deutsche Archäologen die Ausgrabungen in Amarna durchführen, kommt es zu einer Teilung der entdeckten Gegenstände zwischen dem von Großbritannien besetzten Ägypten und dem Deutschen Reich. Dabei wird die Kalksteinbüste der Nofretete der Orientgesellschaft zugesprochen. Sie erhält ihren Platz in der ägyptischen Sammlung in Berlin-Charlottenburg.

10. Dezember 1912

Dichterpreis für Deutschen

Als vierter Deutscher wird Gerhart Hauptmann mit dem Literaturnobelpreis ausgezeichnet. Der Begründer des deutschen Naturalismus und derzeit neben Thomas Mann wohl bedeutendste Schriftsteller Deutschlands erhält die Ehrung in Stockholm für seine reiche und vielseitige dramatische Dichtung. Die weiteren Nobelpreise überreicht König Gustav V. von Schweden den Franzosen Victor Grignard und Paul Sabatier (Chemie), dem US-Amerikaner Alexis Carrel (Medizin) und dem Schweden Nils Gustaf Dalén (Physik). Die gewöhnlich ebenfalls am 10. Dezember stattfindende Verleihung des Friedensnobelpreises in Kristiania (Oslo) entfällt zunächst, da über den Preisträger noch keine Entscheidung gefallen ist. Im folgenden Jahr erhält Elihu Root, Präsident der Carnegie-Friedensstiftung und Mitglied des Haager Schiedsgerichts, die Auszeichnung rückwirkend für das Jahr 1912.

Gerhart Hauptmann

deutscher Schriftsteller, * 15.11.1862 Bad Salzbrunn (Schlesien); † 6.6.1946 Agnetendorf (Schlesien)

Hauptmann ist der wichtigste Vertreter des deutschen Naturalismus und der erfolgreichste und produktivste Dramatiker dieser Epoche. Dem aus einer Gastwirtsfamilie stammenden Schriftsteller gelang mit dem Drama »Vor Sonnenaufgang« (1889) der Durchbruch auf dem Theater. Hauptmann stellte präzise die gesellschaftliche Wirklichkeit im Zeichen der zunehmenden Industrialisierung und ihrer Begleiterscheinungen sowie das Elend der proletarischen Mehrheit der Bevölkerung dar. Die Veröffentlichung von »Die Weber«, denen der schlesische Weberaufstand von 1844 zugrunde lag, war der Grund, weshalb Kaiser Wilhelm II. es ablehnte, Hauptmann den Schiller-Preis zu verleihen. Nach der Machtergreifung Adolf Hitlers zieht sich der Literaturnobelpreisträger für mehrere Jahre aus der Öffentlichkeit zurück. Dass er sich nicht dezidiert vom Nationalsozialismus distanziert, enttäuscht viele seiner Anhänger.

- 1885: Heirat mit der Kaufmannstochter Marie Thienemann
- 1893: Uraufführung des Dramas »Der Biberpelz«
- 1904: zweite Ehe mit Margarete Marschalk
- 1911: Uraufführung des Dramas »Die Ratten«

5. November 1912

Wilson führt die USA

Mit großer Mehrheit wird Thomas Woodrow Wilson zum Präsidenten der Vereinigten Staaten von Amerika gewählt. Auf den für die Demokratische Partei kandidierenden Wilson entfallen 42% der abgegebenen Stimmen. Theodore Roosevelt von der neugegründeten Fortschrittspartei erhält 27% und der noch amtierende republikanische Präsident William Howard Taft 23%.
Wilson ist seit Ende des Bürgerkriegs der erste Politiker aus den Südstaaten, der ins Weiße Haus einzieht. Seine politische Karriere begann 1910, als er zum Gouverneur des Staates New Jersey gewählt wurde. Dort setzte er mehrere wichtige Sozialgesetze durch; dazu gehören das Arbeiterunfallgesetz und das Verbot der Kinderarbeit. Den Sieg bei den Präsidentschaftswahlen verdankt er vor allem seiner Glaubwürdigkeit im Kampf gegen die Trusts. Kommentatoren sprechen von einem Überdruss breiter Schichten an den unerfüllten Versprechungen der republikanischen Pseudo-Trustbekämpfer: Entgegen ihren Äußerungen seien sie u.a. Verfechter einer Schutzzoll-Politik, durch die sich allein die Trusts auf Kosten der ganzen Nation bereicherten. Wilson hingegen formuliert sein Programm in einer Schrift mit dem Titel »The New Freedom«, in der er u.a. die Auffassung vertritt, dass es »keine Verteidigung oder Duldung für Privat-Monopole geben kann«. Innenpolitisch strebt er u.a. eine moderne Sozialgesetzgebung an.

Thomas Woodrow Wilson

US-Politiker, * 28.12.1856 Staunton (Virginia); † 3.2.1924 Washington

Wilson, der nach einigen Jahren Rechtsanwaltstätigkeit ein Politikstudium aufnahm und nach der Promotion an mehreren Universitäten lehrte, geht als Initiator des Völkerbunds in die Geschichte ein. Während seiner Präsidentschaft (bis 1921) setzt er innenpolitisch Reformen durch. In den Ersten Weltkrieg tritt er erst nach der Ausweitung des uneingeschränkten U-Bootkriegs 1917 auf Seiten der Alliierten ein. Internationale Beachtung findet Wilson durch seinen Friedensplan von 1918, die berühmten »14 Punkte«.

- 1902-10: Präsident der Universität Princeton
- 1916: als US-Präsident im Amt bestätigt
- 1919: Friedensnobelpreis

Im Kreise der Familie: Wilson mit Frau (2.v.l.) und seinen drei Töchtern

27. November 1912

Marokko erneut aufgeteilt

In Madrid unterzeichnen Vertreter Frankreichs und Spaniens nach monatelangen Verhandlungen den französisch-spanischen Marokkovertrag (s. Abb.), der die Marokkokrise endgültig beilegen soll. Das Abkommen wird in Spanien heftig kritisiert, weil die spanischen Einflusszonen in Marokko bereits zum dritten Mal seit 1904 kleiner werden. Der Vertrag regelt die territorialen Ansprüche, gewährleistet die Autonomie beider Zonen in Zoll- und Administrationsfragen und beinhaltet die Planung für den Bau einer Eisenbahnlinie von Tanger nach Fès.

Dezember 1912

1 So Der Oberste Gerichtshof der USA ordnet zur Monopolentflechtung an, dass die Eisenbahnen der Union Pacific und der Southern Pacific ihre Fusion lösen.

2 Mo Im Deutschen Haus der Columbia-Universität in New York wird eine Gerhart-Hauptmann-Ausstellung eröffnet.

3 Di Die Geschäftsordnungskommission des preußischen Abgeordnetenhauses beschäftigt sich mit der Eindeutschung von Begriffen aus anderen Sprachen.

4 Mi Die Berliner Polizei will Kindern unter 16 Jahren den Besuch von Kinematographentheatern aus sittlichen Gründen verbieten.

5 Do Nach dem Entwurf des neuen Militärgesetzes will Belgien sein Heer auf insgesamt 33 000 Mann verdoppeln.

6 Fr Im kanadischen Winnipeg verhaftet die Polizei den Kassenboten Gustav Bruning, der im Juni der Dresdner Bank in Berlin 260 000 Mark gestohlen hatte.

7 Sa Etwa 1200 Autos können die Besucher des Pariser Autosalons in den Räumen des Grand Palais bis zum 22. Dezember begutachten. → Nofretete

8 So In Berlin beginnen die Dreharbeiten zum Film »Der Andere« nach einem Drama von Paul Lindau, der als »literarischer Film« eine Neuheit darstellt.

9 Mo Die deutsche Vereinigung für exakte Wirtschaftsforschung tritt im Berliner Hotel »Esplanade« zu ihrer Hauptversammlung zusammen.

10 Di Bei der Budgetkommission des Reichstags beantragt Reichsmarineminister Alfred von Tirpitz mehr Geld für die deutschen Truppen in China. → Hauptmann

11 Mi Nach Meldungen des Roten Kreuzes wurden im Balkankrieg bisher allein 20 000 bulgarische Soldaten getötet und 50 000 verwundet.

12 Do Großer Andrang, vor allem von Briefmarkensammlern, herrscht auf dem Berliner Postamt 12. Grund ist das heutige Datum: 12.12.1912. → Luitpold

13 Fr Die deutschen Medizinstudenten an der Universität Halle boykottieren aus Protest gegen die Zahl ausländischer Kommilitonen die Vorlesungen.

14 Sa Der südafrikanische Ministerpräsident Louis Botha löst nach Spannungen mit radikalen niederländischen Kräften im Kabinett die Regierung auf.

15 So Das 16. New Yorker Sechstagerennen gewinnt der deutsche Radrennfahrer Walter Rütt. +++ In Aleppo werden zwei Teilstücke der Bagdadbahn eingeweiht.

16 Mo Dem Eroberer des Südpols, dem Norweger Roald Amundsen, wird in Paris das Großkreuz der Ehrenlegion verliehen.

17 Di Der New Yorker Bankier Henry Goldmann erwirbt für 400 000 Mark das Rembrandt-Gemälde »St. Bartholomäus«.

18 Mi Das US-Repräsentantenhaus in Washington verabschiedet ein Einwanderungsverbot für Analphabeten, das sich vor allem gegen Süditaliener richtet.

19 Do Das Organisationskomitee der »Nationalen Flugspende« meldet, dass bisher 7,3 Mio. Mark für das deutsche Militärflugwesen gespendet wurden.

20 Fr Ein Berliner Gericht verurteilt drei Händler wegen des Vertriebs unsittlicher Grammophonplatten zu Geldstrafen bis zu 100 Mark.

21 Sa Die chinesische Regierung bittet die ausländischen Mächte um Zahlungsaufschub für die fälligen Reparationen aus dem Boxerkrieg.

22 So Die Handels- und Gewerbekommission des preußischen Abgeordnetenhauses will das »Animierkneipenwesen« einschränken.

23 Mo Der britische Vizekönig Indiens, Charles Lord Hardinge of Penshurst, wird durch eine Bombe verletzt. +++ Die Tänzerin Anna Pawlowa tritt in Berlin auf.

24 Di Wie in jedem Jahr versammelt sich die Familie des deutschen Kaiserpaars zu den Weihnachtsfeierlichkeiten im Neuen Palais in Potsdam.

25 Mi Im Wiener Burgtheater wird »Das Märchen vom Wolf« des ungarischen Autors Franz Molnár uraufgeführt.

26 Do Die bulgarische Zeitung »Mir« wendet sich gegen die bulgarenfeindliche Haltung der verbündeten Länder auf dem Balkan.

27 Fr Heftige Stürme an der Südküste Englands führen zu schweren Schäden. In mehreren Orten kommt es zu Überschwemmungen.

28 Sa Die Pelzbranche klagt in Berlin über ein unbefriedigendes Weihnachtsgeschäft aufgrund der milden Witterung.

29 So Im ostgalizischen Dorf Rudowka kommt es zu Bauernunruhen, die in ein Pogrom gegen die dort ansässigen Juden münden.

30 Mo In Stuttgart stirbt der Außenminister des Deutschen Reiches, Alfred von Kiderlen-Waechter, im Alter von 61 Jahren.

31 Di Die Berliner Polizei warnt vor »Unfug in der Silvesternacht«, besonders dem Bewerfen von Straßenbahnen mit Luftschlangen.

Januar 1913

1 Mi In London werden die am 16. Dezember begonnenen Friedensverhandlungen zwischen dem Osmanischen Reich und den Balkanstaaten fortgesetzt.

2 Do In Dortmund wird die Leitung der Niederdeutschen Bank wegen Bilanzfälschung, Untreue und weiterer Vergehen angeklagt.

3 Fr Österreich-Ungarn führt die kaiserliche Klassenlotterie ein. +++ Der Reichskanzler verhandelt mit den deutschen Ländern über eine neue Besitzsteuer.

4 Sa Die Farbwerke AG in Hoechst stiften anlässlich ihres 50-jährigen Jubiläums zwei Mio. Mark für Wohlfahrtseinrichtungen ihrer Angestellten. → Schlieffen

5 So Der Verein bayerischer Zeitungsverleger verabschiedet in Nürnberg eine Resolution gegen die staatlich finanzierte »Bayrische Staatszeitung«.

6 Mo In Berlin beginnt der Parteitag der preußischen SPD. Vor der Landtagswahl am 3. Juni stehen Fragen von Wahltaktik und Wahlrecht im Mittelpunkt.

7 Di Eine im Jahre 1911 begonnene deutsche Südpolexpedition endet erfolgreich mit der Rückkehr des Expeditionsschiffs »Deutschland« nach Buenos Aires.

8 Mi Der russische Kriegsminister Wladimir A. Suchomlinow ordnet an, wegen der Lage auf dem Balkan die mobilisierten Reservisten noch nicht zu entlassen.

9 Do In Portugal bildet Alfonso Augusto da Costa ein neues Kabinett, nachdem die Regierung unter Ministerpräsident Duarte Leite zurückgetreten war.

10 Fr Der Schweizer Bundespräsident Eduard Müller wird zum Schiedsrichter im Grenzstreit auf der Insel Timor zwischen den Niederlanden und Portugal bestimmt.

11 Sa Der österreichische Schriftsteller Arthur Schnitzler erhält von einer Filmgesellschaft den Auftrag, sein Schauspiel »Liebelei« zur Verfilmung zu bearbeiten.

12 So Das Reichsmarineamt reorganisiert die deutsche U-Boot-Flotte in der Nordsee. +++ In Mainz wird das Gebäude der neuen Stadtbibliothek eingeweiht.

13 Mo Im Vatikan spricht Papst Pius X. ein Verbot von Kinovorführungen in Kirchen aus. Das betrifft auch Filme religiösen Inhalts.

14 Di Das internationale Sechstagerennen für Radprofis in Berlin geht mit einem Sieg des US-Fahrers Robert Hill und des Australiers Jack Clark zu Ende.

15 Mi Die Gesellschaft für drahtlose Telegraphie nimmt die erste drahtlose Verbindung zwischen Berlin und Long Island bei New York (USA) auf.

16 Do Der Deutsche Bauarbeiterverband spricht sich in Jena einstimmig für die Einführung einer Arbeitslosenversicherung im Baugewerbe aus.

17 Fr In einer gemeinsamen Erklärung warnen die europäischen Großmächte das Osmanische Reich vor weiteren kriegerischen Auseinandersetzungen. → Poincaré

18 Sa Griechenland und das Osmanische Reich liefern sich bei Tenedos ein zweistündiges Seegefecht, in dem die türkische Flotte Verluste erleidet.

19 So In der italienischen Hauptstadt Rom wird die Beendigung des Libyen-Feldzugs im Vorjahr mit Paraden und Illuminationen gefeiert.

20 Mo 200 deutsche Katholiken treten im ungarischen Hermannstadt aus der Kirche aus, weil sie unzureichend an der Gemeindeverwaltung beteiligt würden.

21 Di Ein Gericht in Lemberg (Polen) spricht einen Schüler vom Mordversuch frei. Der 15-Jährige hatte im Unterricht auf seinen Mathematiklehrer geschossen.

22 Mi In Posen wird eine Veranstaltung zum 50. Gedenktag an die polnische Revolution von der preußischen Polizei aufgelöst.

23 Do Nach einem unblutigen Staatsstreich zwingt der zur jungtürkischen Bewegung zählende Enwer Pascha die türkische Regierung zur Abdankung.

24 Fr Die 800 Studenten der Exportakademie in Wien streiken, um die Umwandlung ihrer Anstalt in eine Handelshochschule zu erreichen.

25 Sa In Berlin wird der Entwurf des preußischen Wohnungsgesetzes vorgelegt, das den Mangel vor allem an kleinen Wohnungen verringern soll.

26 So Das neue Militärluftschiff »Z 15« wird nach einer dreistündigen Probefahrt in Baden-Baden von der deutschen Militärverwaltung in Dienst gestellt.

27 Mo Die Berliner Vereinigte Filmgesellschaft verpflichtet den Schauspieler Alfred Abel auf drei Jahre – bei einer Jahresgage von 50 000 Mark.

28 Di In einem Hirtenbrief sprechen sich die bayerischen Bischöfe gegen die Feuerbestattung aus und verweisen auf die Erdbestattung als christliche Tradition.

29 Mi In Wilhelmshaven wird Vizeadmiral Friedrich von Ingenohl zum neuen Befehlshaber der deutschen Hochseeflotte ernannt.

30 Do Der 19-jährige Hamburger Boxprofi Otto Flint besiegt bei einem Schaukampf des Anglo-American Boxing Club in Berlin Kid Johnson aus den USA.

31 Fr Der Berliner Magistrat beschließt auf Wunsch der Deutschen Reichspost, auf städtischem Gebiet Plätze für öffentliche Telefonzellen bereitzustellen.

Als »Theatralisierung des öffentliches Raumes« wird die Gestaltung der Wartesäle bezeichnet.

2. Februar 1913

Bahnhof als Monument

Mit der neuen Grand Central Station in New York wird einer der letzten großen Bahnhöfe eröffnet, der noch den architektonischen Prunk des 19. Jahrhunderts zeigt. Darüber hinaus ist das für die Central-Railroad-Eisenbahngesellschaft errichtete lichtdurchflutete Gebäude der größte und teuerste Bahnhof der Welt.
Der Bau war heftig umstritten, weil er die umliegende städtische Struktur zerstört. Das Bahnhofs- und Gleisareal, das die alte Grand Central Station von 1871 ersetzt, erstreckt sich auf 32 ha und kostete umgerechnet 600 Mio. Mark. In der oberen Etage des doppelstöckigen Bahnhofs liegen 42 Gleispaare für die Fernverbindungen, in der unteren Etage verkehren die Vorortzüge. Insgesamt lassen sich in der riesigen Grand Central Station 1043 Eisenbahnwaggons unterbringen.
Die Architektur der Bahnhöfe – vor allem der Empfangsgebäude – war bislang vom repräsentativen Stil des 19. Jahrhunderts geprägt. So demonstriert der monumentale New Yorker Bahnhof noch einmal die Bedeutung der Eisenbahn für die Entwicklung der USA. Anfang des 20. Jahrhunderts tritt die Funktionalität in den Vordergrund.

Bedeutende Bahnhöfe in Europa

Bahnhof	Ort/Land	Bauzeit
Euston	London/GB	1838-39
Gare de l'Est	Paris/F	1847-52
Paddington	London/GB	1852-54
Gare du Nord	Paris/F	1861-65
Anhalter Bahnhof	Berlin/D	1872-78
Hauptbahnhof	Dresden/D	1892-98
Central	Antwerpen/B	1899
SBB	Basel/CH	1905
Centrale	Mailand/I	1910-30

4. Januar 1913

Stratege und Generalfeldmarschall Schlieffen gestorben

Alfred Graf von Schlieffen, preußischer Generalfeldmarschall, stirbt in Berlin. Seit dem Jahre 1854 war der gebürtige Berliner (* 1833) Soldat. Er war Initiator des nach ihm benannten Schlieffenplans, der die deutsche Strategie im Ersten Weltkrieg entscheidend beeinflusst. Schlieffens Propagierung eines Überraschungskriegs führte zur Umstellung von Technik und Taktik des deutschen Heeres mit dem Ziel der größeren Beweglichkeit. Der Plan räumte der militärischen Konfliktlösung den Vorrang vor der politischen ein, was die Inkaufnahme der Verletzung der Neutralität anderer Staaten einschloss. Schlieffen, der ein unpolitischer Offizier war und strategische Überlegungen allein vom militärischen Standpunkt aus anstellte, gehörte seit 1863 der obersten Militärführung an und war von 1891 bis zu seiner Pensionierung 1905 Chef des Generalstabs der Armee. Anschließend wurde er zum Generalfeldmarschall befördert.

15. Februar 1913

Europas Kunst erobert USA

In New York wird die Armory Show eröffnet – ein herausragendes Ereignis der internationalen Kunstszene.

Die von der Vereinigung amerikanischer Maler und Bildhauer organisierte Ausstellung vermittelt mit ihren 1600 Objekten erstmals auf dem amerikanischen Kontinent einen repräsentativen Eindruck von der jüngeren Kunst in Europa und den USA. Für großes Aufsehen sorgt das im Jahre 1912 entstandene Bild »Die Treppe herabsteigender Akt Nummer 2« des französischen Malers und Objektkünstlers Marcel Duchamp (s. Abb.). Die von Duchamp in seine kubistische Komposition eingeführte Bewegungsdimension gilt als »unschicklich«.

Der Name Armory Show weist auf den ungewöhnlichen Veranstaltungsort hin: Aufgrund des Mangels an geeigneten Räumlichkeiten für ein derartiges Projekt musste ein Zeughaus (armory) der Armee angemietet werden. Im Verlauf der Ausstellung kommen 300 000 Besucher.

23. Februar 1913

Kachler gewinnt Eislauf-WM

Erneut beweist der Eiskunstläufer Fritz Kachler seine Ausnahmestellung. Bei den Weltmeisterschaften in seiner Heimatstadt Wien gewinnt er den Titel vor seinem Landsmann Wilhelm Böckl und dem Ungarn Andor Szende.

Der 25-jährige Kachler beweist, dass er zur Zeit der weltbeste Pflichtläufer ist. Seine Schwäche liegt im Kürprogramm, doch auch hier zeigt er bei den Titelkämpfen eine befriedigende Leistung, die ihm letztendlich zum Gesamtsieg reicht. Vizeweltmeister Böckl beeindruckt das Publikum vor allem durch seine ausgezeichnete Kür.

19. Februar 1913

Bomben für Stimmrecht

Der Kampf der Suffragetten für das Frauenwahlrecht wird immer radikaler. Britische Frauenrechtlerinnen sprengen am frühen Morgen in Walton-Hill durch eine im Schlafzimmer deponierte Bombe das neue Landhaus des britischen Schatzkanzlers David Lloyd George in die Luft.

Die sorgfältig hergestellte Bombe zerstört das kurz vor seiner Fertigstellung stehende Landhaus so weit, dass es abgerissen werden muss. Die britische Suffragette Emmeline Pankhurst übernimmt die Verantwortung für die Explosion. Daraufhin wird sie am 24. Februar in London verhaftet, allerdings gegen eine Kaution von umgerechnet 14 000 Mark wieder freigelassen. Unbeeindruckt machen die Suffragetten mit weiteren Anschlägen auf ihre Forderungen aufmerksam. Im Londoner Regents Park wird ein Kiosk zerstört (s. Abb.), in Teddington soll die Zerstörung eines Zugwaggons auf das diskriminierende Wahlrecht in Großbritannien hinweisen. Die britischen Suffragetten nehmen ihren militanten Kampf für das Frauenstimmrecht wieder auf, nachdem die Regierung eine Gesetzesvorlage zur Frauenwahlrechtsreform wegen mangelnder Aussicht auf parlamentarische Zustimmung wieder zurückgezogen hatte.

17. Januar 1913

Konservativer wird Präsident

Der französische Ministerpräsident Raymond Poincaré wird als Nachfolger von Armand Fallières zum neuen Staatsoberhaupt gewählt (Abb.: Händedruck zwischen Fallières, l. und Poincaré).

Poincaré erhält 483 von 859 Stimmen.

Der neue Staatspräsident tritt für eine konservative Politik unter Fortsetzung des Bündnisses mit Großbritannien und Russland ein. Die Berliner »Vossische Zeitung« meint: »In Deutschland kann man die Wahl dieses besonnenen und maßvollen Politikers, der wohl zur Radikalen Partei gehört, aber nie radikal gehandelt hat, ohne Bedenken und Hintergedanken begrüßen.«

Raymond Poincaré

französischer Politiker, * 20.8.1860 Bar-le-Duc; † 15.10.1934 Paris

Der dreimalige Ministerpräsident und Staatspräsident Frankreichs wird vor allem im Ersten Weltkrieg zum Sinnbild für militärischen Durchhaltewillen und der nationalen Einheit Frankreichs. Angetrieben wird der Jurist dabei von dem erklärten Gedanken der Revanche für die Niederlage im Deutsch-Französischen Krieg von 1870/71. Als Ministerpräsident und Außenminister in Personalunion und später als Staatspräsident fördert Poincaré die Tripelentente mit Russland und Großbritannien. Nach dem Ersten Weltkrieg besteht er darauf, dass Deutschland die Bestimmungen des Versailler Vertrags bedingungslos einhalten müsse.

- 1893 und 1895: Unterrichtsminister
- 1894/95, 1906: Finanzminister
- 1903-13, 1920: Senator
- 1912/13: Ministerpräsident und Außenminister
- 1913-20: Staatspräsident
- 1922-24, 1926-29: Ministerpräsident und Außenminister, 1926-28: zugleich Finanzminister

Februar 1913

1 Sa Der deutsche Bundesrat genehmigt, dass Preußen für 12 Mio. Mark Gedenkmünzen prägt, u.a. zum 25-jährigen Regierungsjubiläum Kaiser Wilhelms II.

2 So Der österreichische Kaiser Franz Joseph I. übersendet dem russischen Zaren Nikolaus II. den Vorschlag zur Aufnahme bilateraler Beziehungen. → Bahnhof

3 Mo Der Philosoph, Pädagoge, Naturforscher und Schriftsteller Rudolf Steiner gründet in Berlin die Anthroposophische Gesellschaft.

4 Di In Marburg richtet sich eine nächtliche Studentendemonstration gegen die behördliche Verschärfung der Sperrstundenregelung.

5 Mi Das britische Unterhaus in London beschließt in dritter und letzter Lesung die Trennung von Staat und Kirche im Landesteil Wales.

6 Do Ein griechisches Wasserflugzeug führt mit einem Aufklärungsflug über den Dardanellen den ersten Kriegseinsatz eines Seeflugzeuges durch.

7 Fr Wegen eines telegraphisch angekündigten vermeintlichen Besuchs von Kaiser Wilhelm II. in Straßburg wird der Schriftsteller Franz Jung verhaftet.

8 Sa Britische Frauenrechtlerinnen zerstören aus Protest gegen die Regierung die Telefonleitung zwischen London und Glasgow.

9 So Reaktionäre Gruppen unter Oberst Felix Diaz übernehmen in Mexiko in einem Putsch die Regierung. +++ In Stockholm beginnen die Nordischen Spiele.

10 Mo Nach politischen Unruhen in Tokio anlässlich der Diskussion um eine Wehrvorlage tritt Japans Ministerpräsident Taro Katsura zurück.

11 Di In Wien wird der sozialdemokratische Reichstagsabgeordnete Franz Schuhmeier von einem Attentäter ermordet.

12 Mi Die SPD fordert in einem Antrag im Deutschen Reichstag vergeblich das allgemeine, gleiche, direkte und geheime Wahlrecht für alle deutschen Länder.

13 Do In Berlin wird der Film »Die Andere« von Max Mack uraufgeführt. Hauptdarsteller ist der Theaterschauspieler Albert Bassermann.

14 Fr Nach dreitägiger Debatte lehnt das britische Oberhaus das Gesetz über die Trennung von Staat und Kirche in Wales ab.

15 Sa Das von Anton Aicher gegründete Marionettentheater veranstaltet im österreichischen Salzburg seine erste Aufführung. → Kunst

16 So Der Landrat von Sonderburg in Nordschleswig weist den norwegischen Schriftsteller William Coucheron-Aamot aus, weil er Vorträge auf Norwegisch hielt.

17 Mo Die 20. Generalversammlung des Bundes der deutschen Landwirte spricht sich in einer einstimmigen Entschließung für eine Heeresverstärkung aus.

18 Di Die Stadt Köln beteiligt sich an einer gemeinnützigen Aktiengesellschaft, die Wohnraum für arme Bevölkerungsschichten schaffen soll.

19 Mi Der Deutsche Reichstag nimmt in dritter Lesung den Gesetzentwurf zur Aufhebung des Jesuitengesetzes von 1872 an. → Stimmrecht

20 Do In einem Hotel der Heilsarmee im Tokioter Stadtteil Kanda bricht ein Feuer aus, das im ganzen Stadtviertel 3300 Gebäude zerstört.

21 Fr Der rumänische Ministerrat akzeptiert das Vermittlungsangebot der europäischen Großmächte im Grenzstreit mit Bulgarien.

22 Sa In Bremen werden erstmals Tabake der in der deutschen Kolonie Kamerun ansässigen Deutschen Tabakbaugesellschaft verkauft.

23 So Der gestürzte und gefangengenommene ehemalige mexikanische Präsident Francisco Madero wird bei einem Gefängnistransport erschossen. → Eislauf-WM

24 Mo Die Führerin der britischen Frauenstimmrechtlerinnen, Emmeline Pankhurst, wird in London wegen des Anschlags auf das Haus des Schatzkanzlers verhaftet.

25 Di In Nürnberg wird der protestantische Laienbund gegründet, dessen Ziele religiöse Toleranz und Mitsprache von Laien in der Kirche sind.

26 Mi Das US-Repräsentantenhaus billigt den Etat zur Aufrüstung der Flotte. +++ In Offenbach tötet sich ein Schüler, weil er durch die Abiturprüfung fiel.

27 Do Da im südöstlichen Europa starker Frost herrscht, werden die Kämpfe an allen Fronten des Balkankrieges vorübergehend eingestellt.

28 Fr Im Raum Innsbruck ereignen sich zwei heftige Erdstöße, die jedoch keine nennenswerten Schäden anrichten.

März 1913

1 Sa Die Elbinger Zivilkammer weist eine Klage von Kaiser Wilhelm II., der einem Pächter vorzeitig kündigen wollte, kostenpflichtig zurück.

2 So In Leipzig stellen Grete Rosenberg im 200-m-Freistil mit 1:22,3 min und Maria Bertram im 100-m-Rücken mit 1:42,0 min neue deutsche Schwimmrekorde auf.

3 Mo Auf dem Holmenkollen bei Kristiania (Oslo) gehen die traditionellen Wintersportwettbewerbe zu Ende. Die Wettkämpfe leiden unter schlechter Witterung.

4 Di In den USA tritt Thomas Woodrow Wilson die Präsidentschaft an. +++ Drei Darmstädter Studenten werden wegen einer Schlägerei mit Todesfolge verhaftet.

5 Mi Bei einer Nachtübung vor Helgoland sinkt das deutsche Torpedoboot »S 178« nach der Kollision mit einem Kreuzer. 55 Matrosen ertrinken.

6 Do Bei einer Dynamitexplosion in Baltimore (USA) kommen 100 Menschen ums Leben. +++ Griechische Truppen erobern die osmanische Festung Janina.

7 Fr In Kasibib in der Kolonie Deutsch-Südwestafrika geht die erste Fleischkonservenfabrik in Betrieb. Sie produziert auch für den deutschen Markt.

8 Sa Der als Militärluftschiff konzipierte Zeppelin »Z 4« wird in Königsberg in Dienst gestellt, wo er auch stationiert sein wird.

9 So Zum 300-jährigen Regierungsjubiläum der Romanow-Dynastie erlässt der russische Zar Nikolaus II. eine Amnestie. Ausgenommen sind politische Vergehen.

10 Mo In Berlin verständigen sich die einzelnen Länder des Deutschen Reiches auf die Notwendigkeit einer Heeresverstärkung.

11 Di Der neue US-Präsident Woodrow Wilson erklärt, dass er nicht länger die wirtschaftlichen Interessen von US-Unternehmen im Ausland unterstützen wolle.

12 Mi Die zukünftige australische Bundeshauptstadt wird mit einem feierlichen Akt offiziell auf den Namen Canberra getauft.

13 Do Die Deutsch-Konservative Partei betont auf ihrem Parteitag in Berlin die Bekämpfung der »staatsfeindlichen« Sozialdemokratie als eines ihrer Hauptziele.

14 Fr Ein Leitfaden der Berliner Kaufmannschaft gibt Tips zum Umgang mit der deutschen Post, darunter zur erlaubten und unerlaubten Portoersparnis.

15 Sa Auf dem Berliner Flugplatz Johannisthal wird der deutsche Rekord im Dauerflug mit 5:10 h und am selben Tag mit 6:07 h gleich zweimal gebrochen.

16 So Beim Einbruch in ein Pfandinstitut in New York erbeuten Räuber Juwelen für über eine Mio. Mark und Eisenbahnaktien im Wert von 294 Mio. Mark.

17 Mo Eine Ansammlung von 10 000 Menschen behindert im Londoner Hyde Park eine Veranstaltung der britischen Frauenrechtlerinnen.

18 Di Die französische Regierung unter der Führung von Aristide Briand tritt wegen der gescheiterten Wahlrechtsreform zurück. → Georg I.

19 Mi Am Galgenberg in Halle an der Saale wird ein bedeutendes bronzezeitliches Gräberfeld mit sehr gut erhaltenen Urnen sowie Skelettresten entdeckt.

20 Do Das bayerische Verkehrsministerium ermöglicht durch eine in Ludwigshafen veröffentlichte Anordnung jungen Frauen eine Ausbildung im Kanzleidienst.

21 Fr Das Fußball-Länderspiel zwischen Deutschland und England endet in Berlin 0:3. +++ Louis Barthou wird neuer französischer Ministerpräsident.

22 Sa Nach dem Ausbruch der Maul- und Klauenseuche in den Niederlanden verbietet die preußische Regierung die Einfuhr holländischer Rinder.

23 So In der Kelheimer Befreiungshalle veranstaltet der bayerische Wehrverein eine große Feier zur Erinnerung an die Befreiungskriege vor 100 Jahren.

24 Mo Bei einer Überschwemmungskatastrophe im Industriegebiet von Dayton und Cincinnati im US-Bundesstaat Ohio kommen 1 000 Menschen ums Leben.

25 Di Die deutschen Feuerbestattungsvereine beschließen auf ihrer Tagung in Berlin, bei der Regierung gegen ihre bürokratische Behinderung zu protestieren.

26 Mi Bulgarische Truppen erobern mit serbischer Unterstützung den Ostsektor der osmanischen Festung Adrianopel.

27 Do In Athen geben Tausende von Menschen dem am 18. März einem Attentat zum Opfer gefallenen griechischen König Georg I. das letzte Geleit.

28 Fr Die Deutsche Oper in Berlin zeigt die deutsche Premiere der Oper »Das Mädchen aus dem goldenen Westen« von Giacomo Puccini. → Wettrüsten

29 Sa In Berlin endet der erste Internationale Musikpädagogische Kongress. Die Delegierten beklagen die zunehmende Bedeutung der Unterhaltungsmusik.

30 So Bei einem Streik der Möbeltransportarbeiter in Kassel gibt es bei schweren Auseinandersetzungen mit Streikbrechern mehrere Verletzte.

31 Mo Der Führer der revolutionären Gruppen im Norden Mexikos, Venustiano Carranza, tritt als Gegenpräsident zu Victoriano Huerta auf.

28. März 1913

Wettrüsten ufert weiter aus

Das britische Unterhaus läutet mit der Verabschiedung des Flottenetats für 1913/14 eine neue Runde im deutsch-britischen Wettrüsten ein. Vorgesehen ist die Erhöhung des Personalstandes um 8500 auf 146 000 Mann und der Bau von fünf Schlachtschiffen, acht kleinen Kreuzern sowie 16 Torpedobooten. Erst am 12. Mai 1912 war in Berlin eine Flottennovelle verabschiedet worden, die bis 1920 den Bau von 41 Schlachtschiffen sowie von 20 großen und 40 kleinen Kreuzern anpeilt. Zuvor waren diplomatische Bemühungen Londons um Begrenzung der ruinösen Seerüstung am Widerstand von Kaiser Wilhelm II. und Alfred von Tirpitz, dem Leiter des Reichsmarineamtes, gescheitert. Beide wollten eine Kürzung des deutschen Flottenbauprogramms nicht hinnehmen. London hatte im Gegenzug die geforderte Neutralitätserklärung im Kriegsfall verweigert.

3. April 1913

Zeppelin-Havarie birgt Brisanz

Zu einem Politikum ersten Ranges wird die Notlandung des deutschen Militär-Luftschiffs »Z 4« auf dem französischen Militärflugplatz Lunéville. Der Zeppelin, der sich auf einer Probefahrt von Friedrichshafen nach Baden-Oos befindet, wird

bei Nebel und starkem Ostwind nach Lothringen abgetrieben. Angesichts wachsender deutsch-französischer Spannungen riegeln Militärs das Gebiet vor den zahlreichen Schaulustigen sofort ab (s. Abb.). Die französische Regierung ordnet eine amtliche Untersuchung an. Als kein Spionageversuch nachgewiesen werden kann, wird das Luftschiff wieder freigegeben.

26. April 1913

Belgien lockt mit Blütenpracht

In Anwesenheit des belgischen Königs Albert I. öffnet in Gent die 28. Weltausstellung für die Besucher aus aller Welt ihre Tore. Die Stadt in Ostflandern, ein Zentrum der Blumenzucht, wartet zur Eröffnung mit einem »Blumenpalast« auf. Auf 3000 m^2 ist eine in dieser Fülle fast einzigartige Blütenpracht zu bestaunen.
Eine weitere Attraktion der Weltausstellung ist der Gent-Pavillon, der dem Palast des in Gent geborenen römisch-deutschen Kaisers Karl V. (1500-1558) nachempfunden ist. Trotz künstlerischer Bemühungen erreicht die Schau nicht das Niveau früherer Weltausstellungen, wo mit dem Kristallpalast in London (1851) oder dem Eiffelturm in Paris (1889) unverwechselbare bauliche Akzente gesetzt wurden. Auch unter wirtschaftlichen Aspekten sinkt die Bedeutung von Weltausstellungen zugunsten von Fachmessen.

23. April 1913

Deutsche gegen Polen

Der preußische Landtag in Berlin billigt das »Gesetz zur Stärkung des Deutschtums in den Provinzen Posen und Westpreußen«, die sog. Ostmarkenvorlage. Damit werden im Zuge der »Germanisierungspolitik« weitere 175 Mio. Mark für Siedlungstätigkeiten und Besitzbefestigung in diesen beiden polnischen Landesteilen bereitgestellt.
Bereits 1886 förderte ein Gesetz den Ankauf von Grundbesitz für Deutsche mit der Absicht, die polnische Bevölkerung aus diesen Gebieten zu verdrängen. Kanzler Otto von Bismarck stufte das polnische Nationalbewußtsein und die polnische katholische Kirche als Bedrohung für die Einheit des preußisch-protestantischen Staates ein. 1908 trat im Zuge einer Verschärfung dieser Politik das Enteignungsgesetz in Kraft, das sich gegen polnische Großgrundbesitzer richtet. Darin wird dem Staat das Recht zugestanden, polnischen Grundbesitz in einer Grundfläche bis zu 70 000 ha gegen Entschädigung zu enteignen. Politisch dominieren nach der Verdrängung des polnischen Adels in Posen und Westpreußen, die für die deutsche Landwirtschaft von erheblicher Bedeutung sind, deutsche Großgrundbesitzer.
Im Herbst 1912 enteignete die preußische Regierung vier polnische Güter mit zusammen

9. April 1913

Neue Trabrennbahn in Berlin

Der Weißenseer Trabrennclub eröffnet in Mariendorf, einem südlichen Vorort Berlins, eine neue Trabrennbahn (s. Abb.). Die alte Anlage in

Weißensee fiel einem Bebauungsplan zum Opfer. Das 1200 m lange und 25 m breite Geläuf wird auf der Längsseite von zwei großen Tribünen begrenzt. Seit 1895 wird in Berlin das Traberderby als wichtigstes deutsches Rennen ausgetragen.

19. April 1913

Fußball boomt im Mutterland

Vor der gewaltigen Kulisse von 100 000 Zuschauern gewinnt Aston Villa durch einen 1:0-Sieg über den FC Sunderland bereits zum fünften Mal den englischen Ligapokal. Da England als das Mutterland des Fußballs gilt, ist der »Cup« die bedeutendste Fußballtrophäe der Welt.

Was Preußens »Germanisierungspolitik« konkret heißt, zeigt diese neue deutsche Siedlung in der Provinz Posen (1910). Die Häuser sind eben bezogen, die Obstbäume im Garten frisch angepflanzt.

1900 ha, was unter den polnischen Abgeordneten im Landtag heftige und einhellige Empörung auslöste. Im Verein mit Zentrum und Sozialdemokraten erreichten sie am 30. Januar 1913 folgenden Beschluss: »Die Zulassung der Enteignung polnischer Grundbesitzer für die Zwecke der preußischen Ansiedelungskommission ... entspricht nicht der Auffassung des Reichstages.«

Auch die kulturellen Rechte der Polen werden unterdrückt. Seit 1873 ist Deutsch die offizielle Unterrichtssprache in allen Schulen Posens und Westpreußens. Dadurch wurden polnischsprachige Schüler stark benachteiligt. Im Jahre 1876 wurde ein Gesetz erlassen, das Polnisch als Amtssprache verbot und damit aus dem öffentlichen Leben verbannte.

18. März 1913

Königsmord in Saloniki

Der 67-jährige griechische König Georg I. wird auf einem Spaziergang in der Hafenstadt Saloniki Opfer eines Attentates. Ein aus kurzer Distanz abgegebener Revolverschuss des später für unzurechnungsfähig erklärten Alexander Schinas trifft den Monarchen direkt ins Herz. Sein Adjutant kann nicht mehr eingreifen. Georg I. stirbt auf dem Weg ins Krankenhaus.
In zwölf Tagen hätte der in Kopenhagen geborene König sein 50-jähriges Regierungsjubiläum feiern können. Bis zum für Griechenland erfolgreichen Verlauf des ersten Balkankrieges hatte der Streit um die Autonomie Kretas antimonarchistische Kräfte gegen ihn aufgebracht und seine Position geschwächt. Der Monarch hatte bereits 1898 ein auf ihn verübtes Attentat überlebt. Am 27. März wird der Leichnam des getöteten Königs nach Athen überführt. Konstantin, der älteste Sohn Georgs, tritt die Nachfolge als griechischer König an. Der neue Monarch ist der Schwager des deutschen Kaisers Wilhelm II. und wurde in der preußischen Armee ausgebildet. Der Attentäter Alexander Schinas tötet sich am 6. Mai 1913 in der Haft.

Georg I.

König von Griechenland, * 24.12.1845 Kopenhagen; † 18.3.1913 Saloniki

Prinz Wilhelm von Dänemark wurde 1863 von der griechischen Nationalversammlung unter Zustimmung der Schutzmächte zum König Georg I. gewählt und blieb nahezu ein halbes Jahrhundert Staatsoberhaupt der Griechen. Anfang des 20. Jahrhunderts schwächten antimonarchistische Kräfte seine Stellung, die wieder erstarkte, als Griechenland mit dem Osmanischen Reich, im ersten Balkankrieg 1912/13 seinen Erzfeind besiegte. Kurz nach diesem außenpolitischen Triumph wird Georg I. ermordet.

- 1864: Anschluss der Ionischen Inseln an Griechenland
- 1896: Georg I. eröffnet in Athen die ersten Olympischen Spiele der Neuzeit
- 1897: Die Truppen Georgs I. versuchen, die Mittelmeerinsel Kreta zu annektieren.

April 1913

1 Di Der Führer der provisorischen Regierung Albaniens, Kemal Bey Ismail, erörtert in Rom mit der italienischen Regierung die Zukunft des Staates Albanien.

2 Mi In Solingen zeigen 300 Menschen Vergiftungserscheinungen, nachdem sie das Fleisch eines notgeschlachteten Pferdes verzehrt hatten.

3 Do Auf der Hamburger Werft Blohm & Voss läuft das mit 54 282 BRT größte Passagierschiff der Welt, die »Vaterland«, vom Stapel. → Zeppelin

4 Fr Der Schweizer Nationalrat nimmt den in der Bevölkerung umstrittenen Gotthardbahn-Vertrag mit Deutschland und Italien an.

5 Sa Zwei deutsche Arbeitgeberorganisationen schließen sich zur Vereinigung der deutschen Arbeitgeberverbände mit 1,65 Mio. Beschäftigten zusammen.

6 So Der Motorradclub Berlin richtet auf der Olympiabahn ein internationales Motorradrennen aus, auf dem sich ausländische Fabrikate überlegen zeigen.

7 Mo Papst Pius X. schwebt aufgrund einer schweren Infektion vorübergehend in Lebensgefahr und muss alle öffentlichen Auftritte absagen.

8 Di Die Hamburger Handelskammer lehnt die Gründung einer Universität in der Stadt ab, weil das erforderliche Geld für Handel und Schifffahrt gebraucht werde.

9 Mi Im Kölner Dom wird mit einer feierlichen Zeremonie der neue Kölner Erzbischof Felix von Hartmann inthronisiert. → Trabrennbahn

10 Do Am Pariser Louvre wird Jean Pujalet als Museumsleiter abgelöst. Nach dem Diebstahl der »Mona Lisa« 1911 hatte der Polizist dieses Amt übernommen.

11 Fr In ganz Mitteleuropa herrscht ungewöhnlich kaltes Winterwetter. Die Berliner Wetterwarte misst mit −0,6°C am Tage den kältesten 11. April seit 1848.

12 Sa Das Weimarer Kommunalparlament beschließt gegen die Stimmen der SPD, zum Regierungsjubiläum des Kaisers im Juni eine große Festhalle zu bauen.

13 So Nach Belästigungen deutscher Touristen im französischen Nancy durch Einheimische verlangt die deutsche Regierung von Frankreich eine Erklärung.

14 Mo Im Alter von 68 Jahren stirbt der deutsche Zirkusdirektor Carl Hagenbeck in Hamburg. +++ Ein Eisenbahnunglück in Tschorlu (Bulgarien) fordert 13 Tote.

15 Di In einem Grenzgefecht mit mongolischen Truppen kommen bei Urga 400 Reiter der angreifenden chinesischen Kavallerie ums Leben.

16 Mi In einer Warschauer Baumwollfabrik kommt es bei einem Streit zwischen Arbeitern und Meistern über die Lohnabrechnung zu einer Schießerei mit vier Toten.

17 Do Die Berliner Polizei weist ihre Beamten an, den Schutz verhafteter Verbrecher vor Übergriffen von Passanten erst als letzte Aufgabe wahrzunehmen.

18 Fr Im Deutschen Reichstag wirft der Sozialdemokrat Karl Liebknecht der Essener Stahlfirma Friedrich Krupp Bestechung und Spionage vor.

19 Sa Zwei der drei Kinder der berühmten US-Tänzerin Isadora Duncan ertrinken, als ein Auto in Neuilly bei Paris in die Seine stürzt. → Fußball

20 So Bei Kamanowo töten bulgarische Freischärler 80 Soldaten eines serbischen Truppentransportes. +++ Die Sachsenrundfahrt gewinnt der Radprofi Hans Ludwig.

21 Mo Der 1912 gebaute, 52 117 Bruttoregistertonnen große deutsche Dampfer »Imperator« läuft vor dem Hamburger Hafen auf Grund.

22 Di Die Zweite Kammer des elsass-lothringischen Landtages kritisiert die Wehrvorlage des Reichstags, da sie den Interessen Elsass-Lothringens widerspreche.

23 Mi Der Reichstag setzt im Zuge der Bestechungsvorwürfe eine Untersuchungskommission gegen die Firma Krupp ein. → Deutsche

24 Do In einer Bergbaugrube in Cincinnati (US-Bundesstaat Ohio) kommen 115 Bergleute durch schlagende Wetter ums Leben.

25 Fr Wegen zunehmender Straßenschäden durch den LKW-Verkehr schreibt die neue Kraftfahrzeugverkehrsordnung unter anderem Gummibereifung vor.

26 Sa In Berlin veranstaltet die Künstlervereinigung Sezession eine Ausstellung. Gezeigt werden u.a. Arbeiten von Ernst Barlach und Max Liebermann. → Belgien

27 So In Mainz gründen 100 Delegierte sämtlicher deutschen Weinanbaugebiete den Deutschen Weinbauverband.

28 Mo Österreich-Ungarn fordert die Botschafter-Konferenz in London auf, Schritte zur Beendigung der Besetzung Skutaris durch montenegrinische Truppen einzuleiten.

29 Di Die Regierung Österreich-Ungarns zieht an der Grenze zu Montenegro Truppen in einer Stärke von 80 000 Mann zusammen.

30 Mi Die Berliner Polizei verbietet wegen »Gefährdung der Sicherheit« die für den 1. Mai geplanten Gewerkschaftsumzüge.

Mai 1913

1 Do Für die in den deutschen Häfen beschäftigten Arbeiter gilt ab heute der tarifvertraglich vereinbarte Neunstundentag.

2 Fr König Nikolaus I. von Montenegro proklamiert die Annexion Skutaris und erhebt die ehemals osmanische Festung zur neuen Landeshauptstadt.

3 Sa Kaiser Wilhelm II. verfügt die Bildung einer Marineluftschiffabteilung und einer Marinefliegerabteilung innerhalb der Militärluftfahrt.

4 So Michel Oreste wird als Nachfolger des zwei Tage zuvor gestorbenen Tancrède Auguste neuer Präsident der Republik Haiti.

5 Mo In Montenegro entschließt sich König Nikolaus I. angesichts des massiven Drucks der europäischen Großmächte zur Räumung Skutaris.

6 Di Mit 266 gegen 219 Stimmen lehnt das britische Unterhaus in London eine Gesetzesvorlage zur Einführung des Frauenstimmrechts ab. → James Thorpe

7 Mi Kaiser Wilhelm II. löst formell das preußische Herrenhaus auf, um die für den 3. Juni anberaumten Landtagswahlen zu ermöglichen.

8 Do Die Kommerzienratstochter Hilde Mittelsten-Scheid aus Barmen immatrikuliert sich an der Universität Göttingen als erste blinde Studentin Deutschlands.

9 Fr Berlins Oberbürgermeister Adolf Wermuth gratuliert dem für seine Kaisergemälde bekannten deutschen Maler Anton von Werner zum 75. Geburtstag.

10 Sa Der Deutsche Weltsprachebund bedauert auf seinem Kongress in Dessau, dass sich die von ihm entwickelte Kunstsprache Esperanto nicht durchgesetzt hat.

11 So Vor 5 000 Zuschauern wird der VfB Leipzig in München durch einen 3:1 Sieg über den Duisburger SV deutscher Fußballmeister.

12 Mo Die 33. Hauptversammlung des Deutschen Schulvereins in Wien will die »Macht des deutschen Volkstums« stärker zur Geltung bringen.

13 Di Der preußische Militärattachée Oskar von Lewinski wird in München von dem arbeitslosen Zinngießer Johann Strasser bei einem Attentat getötet.

14 Mi Der deutsche Erziehungstag in Weimar spricht sich für die Durchsetzung des Machtanspruchs germanischer Kultur in Europa aus.

15 Do Bei einem Unfall auf dem an einem Hochseemanöver teilnehmenden deutschen Torpedoboot »S 148« sterben zwei Menschen.

16 Fr Der Durchstich des Panama-Kanals muss auf unbestimmte Zeit verschoben werden, da bei einem Erdrutsch in Cucaracha das Kanalbett verschüttet wird.

17 Sa Der zehnte deutsche Bibliothekarstag in Mainz endet nach viertägiger Dauer. +++ Österreich-Ungarn entlässt 50 000 Reservisten.

18 So Im Firth of Forth (Schottland) ertrinken bei stürmischer See sieben Matrosen des Zerstörers »Fichen« bei dem Versuch, an Land zu gehen. → Wehrdienst

19 Mo Die von Toulon ausgehenden Soldatenunruhen setzen sich in den Städten Paris, Orléans, Narbonne, Nancy, Belfort und Charleville fort.

20 Di Mario García Menocal wird neuer Präsident der Republik Kuba und löst damit seinen Amtsvorgänger José Miguel Gómez ab. → Kaisertochter

21 Mi Nach siebenjähriger Abwesenheit wird der Startenor Enrico Caruso bei einem erneuten Auftritt in der Londoner Covent-Garden-Opera stürmisch gefeiert.

22 Do Der schwedische Reichstag billigt den Regierungsentwurf über eine allgemeine Altersversicherung. +++ Der Italiener Carlo Oriani gewinnt den Giro d'Ialia.

23 Fr Der »Vorwärts«-Redakteur Albert Wachs wird zu sechs Wochen Haft verurteilt, weil er den preußischen Reichstag als »Geldsackparlament« bezeichnet hat.

24 Sa In Anwesenheit des europäischen Hochadels wird in Berlin Kaisertochter Viktoria Luise mit Ernst August, Herzog von Braunschweig-Lüneburg vermählt.

25 So Beim Auslaufen aus dem Hafen von Smyrna (heute Izmir) fährt der US-Dampfer »Nevada« auf eine Mine und explodiert. → Redl

26 Mo Die mexikanische Regierung verhängt einen Boykott über US-Waren, da die USA die Präsidentschaft Victoriano Huertas nicht anerkennen.

27 Di Der britische Außenminister Edward Grey warnt die Beteiligten des Balkankrieges vor einer Nichtunterzeichnung des ausgehandelten Friedensvertrags.

28 Mi Drei in Lamotte-Breuil in Nordfrankreich gestartete französische Ballonfahrer stellen mit 10 081 Metern einen neuen Höhenweltrekord für Ballons auf.

29 Do In der Walhalla bei Regensburg, wird anlässlich des 100. Geburtstags Richard Wagners eine Büste des Komponisten aufgestellt. → »Frühlingsopfer«

30 Fr Mit ihrer Unterschrift unter den vorläufigen Friedensvertrag beenden die teilnehmenden Staaten offiziell den ersten Balkankrieg.

31 Sa Ein Verfassungszusatz bestimmt in den USA, dass zukünftig nicht mehr die Parlamente, sondern die Bürger die Senatoren der Bundesstaaten wählen.

Oben: Verlassene bulgarische Kanonen
Links: Die Verhandlungen im rumänischen Bukarest führen zum Erfolg. Im Friedensvertrag muss Bulgarien erhebliche Gebietsabtretungen zugunsten Griechenlands und Serbiens akzeptieren. So tritt es u.a. mit Saloniki, der Insel Thasos und dem südlichen Makedonien seine Eroberungen aus dem ersten Balkankrieg an Griechenland ab, ferner die südliche Dobrudscha.

29. Mai 1913

Skandal um »Frühlingsopfer«

Im Pariser Théatre des Champs-Elysees sorgt die Uraufführung des Balletts »Le sacre du printemps« (»Das Frühlingsopfer«) mit der Musik des russischen Komponisten Igor F. Strawinsky und dem russischen Tänzer Waslaw Nijinski in der Hauptrolle für einen der großen Skandale in der Theatergeschichte des 20. Jahrhunderts.
Das Pariser Publikum lehnt die vom französischen Dirigenten Pierre Monteux geleitete Uraufführung vehement ab, weil es den Rhythmus des Stückes und die an verschiedenen Stellen bewusst eingestreuten Dissonanzen des großen Orchesterwerks als Zumutung empfindet. Strawinsky arbeitet in seinen 1911 bis 1913 entstandenen »Bildern aus dem heidnischen Russland in zwei Teilen« (Untertitel) mit einem bewusst ungewöhnlichen, »barbarisch« gestalteten Stil: Sehr einfache und kurze, daher signalartig wirkenden Motive, die durch ständigen Taktwechsel eine magische Ausstrahlungskraft gewinnen sollen. Strawinsky beschreibt das Thema des Werkes in seinen Erinnerungen: »Alte weise Männer sitzen im Kreis und schauen dem Todestanz eines jungen Mädchens zu, das geopfert werden soll, um den Gott des Frühlings günstig zu stimmen.« Erst ein Jahr nach der Uraufführung kann der Dirigent Pierre Monteux mit einer Konzertfassung von »Le sacre du printemps« einen Publikumserfolg erzielen.

6. Mai 1913

IOC disqualifiziert Profi

Das Internationale Olympische Komitee (IOC) disqualifiziert nachträglich den US-Leichtathleten James Thorpe (s. Abb.), der bei den Olympischen Spielen in Stockholm Goldmedaillen im Fünf- und Zehnkampf gewonnen hat. Thorpe hat früher als Baseballspieler Prämien erhalten und nach IOC-Ansicht damit gegen die olympischen Amateurbestimmungen verstoßen.

James Thorpe

US-Leichtathlet, * 28.5.1888 bei Prague (US-Bundesstaat Oklahoma); † 28.3.1953 Lomita bei Los Angeles

Thorpe, der indianischer Abstammung ist, gilt als größtes Naturtalent aller Zeiten. Vor den Olympischen Spielen in Stockholm hat er allerdings kaum auf sich aufmerksam gemacht. Die nachträgliche Disqualifikation ist einer der größten Sportskandale der Zeit. Seine Geburtsstadt gibt sich den Namen Jim-Thorpe-Town.

- 1979: Rehabilitierung durch den US-Verband
- 1982: Rehabilitierung durch das IOC

29. Juni 1913

Zweiter Balkankrieg

Mit dem Angriff der ersten und dritten bulgarischen Armee auf die serbischen Städte Pirot und Zajecar beginnt der zweite Balkankrieg, der sich am Streit um Makedonien entzündet. Nach Kämpfen in Makedonien erklären am 3. Juli die serbische und die griechische Regierung Bulgarien offiziell den Krieg.
Sowohl Serbien als auch Bulgarien haben die Auseinandersetzung bereits seit dem Streit um die Aufteilung Makedoniens während der Londoner Friedensverhandlungen zur Beendigung des ersten Balkankriegs vorbereitet. Das militärisch unterlegene Bulgarien bemüht sich um eine Vermittlung Russlands. Der Beginn des zweiten Balkankriegs bedeutet die Auflösung des Balkanbunds. Dessen alleiniger Gegner, das Osmanische Reich, tritt – ebenso wie das bisher neutrale Rumänien – an der Seite Serbiens und Griechenlands in den Krieg gegen Bulgarien ein. Am 29. Juli nehmen Griechenland, Rumänien, Serbien und Bulgarien Verhandlungen zur Beilegung des militärischen Konflikts auf, die in den Frieden von Bukarest münden. Bulgarien und das Osmanische Reich schließen einen separaten Friedensvertrag.

25. Mai 1913

Redl begeht Selbstmord

Einer der spektakulärsten Spionagefälle im 20. Jahrhundert endet mit dem erzwungenen Selbstmord des Generalstabschefs des Prager Korps in der österreichisch-ungarischen Armee, Oberst Alfred Redl (s. Abb.).
Der Offizier hat seit 1901 u.a. wichtige Aufmarschpläne an Russland, Frankreich und Italien weitergegeben. Der russische Geheimdienst hatte eine homosexuelle Beziehung und daraus resultierende finanzielle Probleme Redls ausgenutzt, um ihn zur Spionage zu erpressen. Redl erhielt für seine Dienste jährlich umgerechnet 42 000 bis 84 000 Mark. Die Überführung Redls erfolgt am 24. Mai aufgrund von Briefkontakten. Da der österreichisch-ungarische Geheimdienst den befürchteten Skandal eines Spionageprozesses vermeiden will, überlässt man dem Oberst in dessen Hotelzimmer eine Waffe mit dem Hinweis, dass sein Selbstmord erwartet werde. Redl erschießt sich um 1.45 Uhr. Nach einer offiziellen Verlautbarung habe er sich »in einem Anfall von Sinnesverwirrung das Leben genommen«.

30. Juni 1913

Neues Atommodell

Der dänische Physiker Niels Bohr beendet in Kopenhagen die Arbeiten an dem nach ihm benannten Atommodell. Nach der Theorie, die die Quantenhypothese auf das Atommodell von Rutherford anwendet, kreisen Elektronen auf festen Bahnen um einen Kern. Verlassen sie ihre Bahnen, werden Energiequanten aufgenommen bzw. abgegeben.

Niels Bohr

dänischer Physiker, * 7.10.1885 Kopenhagen; † 18.1.1962 Kopenhagen

Bohrs Forschungen und Erkenntnisse sind wegweisend für die Atomphysik. Der in seiner Jugend als guter Fußballer bekannte Wissenschaftler studierte Naturwissenschaften in Kopenhagen. Nach der Promotion wechselte er in die Zentren der Atomforschung: nach Oxford und – ein Jahr später – nach Manchester zu dem Experimentalphysiker Ernest Rutherford. Später lehrte er in Kopenhagen und Manchester. Mit seinen Forschungen erklärt Bohr u.a. das Periodensystem.

- 1927 (gem. mit Werner Heisenberg): »Kopenhagener Deutung«, worin er davon ausgeht, dass Elektronen sowohl einen Teilchen- als auch einen Wellenaspekt haben
- 1955: Organisation der 1. »Atoms for Peace Conference«

18. Mai 1913

Protest gegen Wehrdienst

In mehreren französischen Garnisonsstädten kommt es zwischen dem 18. und 25. Mai wegen der von der Regierung geplanten Einführung der dreijährigen Militärdienstzeit zu Protestkundgebungen unter den Soldaten. Auch linke Politiker stellen sich gegen das Wehrdienstgesetz (Abb.: der pazifistische Politiker Jean Jaurès).
Ungeachtet der Proteste billigt der Senat am 7. August die Einführung der dreijährigen Wehrdienstzeit mit 244 gegen 36 Stimmen. Das Gesetz verpflichtet die vom 21. Lebensjahr an wehrpflichtigen Franzosen daneben zu einer elfjährigen Reserve.

20. Mai 1913

Kaisertochter heiratet Welfen

Die Reichshauptstadt Berlin legt ihr Festtagskleid an. Monarchen aus aller Welt treffen in der Spreemetropole ein, um die Hochzeit von Prinzessin Viktoria Luise, der einzigen Tochter von Kaiser Wilhelm II., mit Herzog Ernst August zu Braunschweig und Lüneburg aus dem Welfenhaus zu feiern.
Es ist das letzte große Monarchentreffen in Europa vor dem Ausbruch des Ersten Weltkriegs. Zu den 1110 geladenen Gästen zählen u.a. der britische König Georg V. und der russische Zar Nikolaus II. Bei frühlingshaftem Wetter findet die Vermählung am 24. Mai in der Kapelle des königlichen Schlosses statt. Schaulustige säumen die Straßen der Berliner Prachtalleen.

Juni 1913

1 So Der Reichsverband der deutschen Presse lehnt die Forderung aus Militärkreisen ab, in Zeitungen keine Nachrichten über militärische Ereignisse zu melden.

2 Mo Während eines Diplomatendiners in New York stellt ein Arzt die Pockeninfektion eines Dieners fest. Die Dinergesellschaft wird an Ort und Stelle geimpft.

3 Di Die preußischen Landtagswahlen ergeben keine Verschiebung des Machtgefüges. +++ Berlin schmückt sich für das 25-jährige Regierungsjubiläum des Kaisers.

4 Mi Die Deutsche Kolonialgesellschaft fordert auf ihrer Hauptversammlung in Breslau hartes Durchgreifen in den besetzten Gebieten Ostafrikas.

5 Do Bei einer Motorexplosion in einer chemischen Fabrik nahe der Schweizer Stadt Wallenstein sterben drei Arbeiter, zwei werden schwer verletzt.

6 Fr Der Künstlerbund Berliner Sezession zerbricht, als Mitglieder dem Präsidenten Paul Cassirer vorwerfen, das Amt mit seinem Kunsthandel zu verquicken.

7 Sa Franz Joseph I., Kaiser von Österreich und König von Ungarn, beauftragt István Graf Tisza mit der Bildung eines neuen ungarischen Kabinetts.

8 So Kaiser Wilhelm II. gehört zu den 35 000 Zuschauern bei der Einweihung des Berliner Olympiastadions mit einer Massenvorführung von 30 000 Turnern.

9 Mo Der Berliner Karl Weitling läuft in seiner Heimatstadt mit 1:00,4 min neuen deutschen Rekord über 400-m-Hürden .

10 Di In der Quarantänestation des Adria-Kriegshafens Triest treten 32 Fälle von Flecktyphus auf. +++ In Budapest wird das neugebildete Kabinett vorgestellt.

11 Mi In der türkischen Hauptstadt Konstantinopel wird Großwesir Mahmud Sefket Pascha ermordet. Zwölf Oppositionelle werden als Täter hingerichtet.

12 Do Der preußische Ministerpräsident und Reichskanzler Theobald von Bethmann Hollweg eröffnet den am 3. Juni neugewählten preußischen Landtag.

13 Fr Nach einem missglückten Selbstmordversuch wird August Birkhoffer als Helfer des als Spion enttarnten österreichischen Obersten Alfred Redl verhaftet.

14 Sa Fürst Heinrich XXVII. von Reuß verfügt anlässlich des 25-jährigen Regierungsjubiläums des deutschen Kaisers eine Amnestie für kleinere Vergehen.

15 So Der deutsche Kaiser Wilhelm II. feiert in der für diesen Zweck festlich geschmückten Hauptstadt Berlin sein 25-jähriges Regierungsjubiläum.

16 Mo Unter den 2000 Teilnehmerinnen des siebten internationalen Frauenstimmrechtskongresses in Budapest kommt es zum Streit über Aktionsformen.

17 Di Die Ministerpräsidenten der am Balkankrieg beteiligten Länder suchen in der russischen Hauptstadt St. Petersburg die Vermittlung des Zaren Nikolaus II.

18 Mi Der französische Kriegsminister Eugène Etienne weist auf die Gefahr eines Angriffs nach der geplanten deutschen Truppenverstärkung um 500 000 hin.

19 Do Auf dem Berliner Flugplatz Johannisthal sterben ein Pilot und ein Mechaniker beim Absturz aus 50 m Höhe während eines Probeflugs.

20 Fr Mit einer Ansprache von Kaiser Wilhelm II. beginnen in Hannover die dreitägigen Feiern zur Einweihung des Neuen Rathauses.

21 Sa Der zur radikalen Linken zählende Carl Theodor Zahle wird mit Unterstützung der Sozialdemokraten neuer Ministerpräsident des Königreichs Dänemark.

22 So Der Berliner Georg Mickler läuft in Hannover mit 2:32,3 min neuen Weltrekord über 1000 m. +++ Paul Thiel gewinnt die Radfernfahrt Wien-Berlin.

23 Mo Der serbische Ministerpräsident Nikola Pašić tritt zurück, nachdem er in seinem Kabinett keine Mehrheit für Verhandlungen mit Bulgarien findet.

24 Di Wegen Grenzstreitigkeiten zerbricht mit dem Austritt Serbiens und Griechenlands das Bündnis mit Bulgarien und damit der Balkanbund.

25 Mi Nach einer Entscheidung des deutschen Kriegsministeriums wird das Gelände »Der Forst« bei Kassel als neuer militärischer Flugstützpunkt hergerichtet.

26 Do Die Hamburger Bürgerschaft billigt einen Antrag des Senats auf Errichtung einer Schiffbau-Versuchsanstalt in Hamburg.

27 Fr Die im Ersten Balkankrieg neutrale rumänische Regierung trifft Vorkehrungen, bei einem neuen Krieg ihre Interessen wahren zu können.

28 Sa Mit einem Volksfest werden im Schweizer Brig in den Berner Alpen die Lötschbergbahn und der Lötschbergtunnel eingeweiht.

29 So Durch einen einstimmigen Beschluss des norwegischen Parlaments erhalten Frauen das volle Wahlrecht. → Zweiter Balkankrieg

30 Mo Der Deutsche Reichstag beschließt in dritter Lesung die Wehrvorlage der Regierung und damit eine massive Aufrüstung. → Atommodell

Juli 1913

1 Di Griechenland tritt mit militärischen Aktionen gegen Bulgarien in den zweiten Balkankrieg ein. +++ Die Berliner U-Bahn erweitert ihr Netz.

2 Mi Der Generalgouverneur Herbert Viscount Gladstone spricht in Pretoria mit dem Ministerpräsidenten Südafrikas, Louis Botha, über Streiks in den Goldgruben.

3 Do Die britischen Frauenwahlrechtlerinnen Klara Giveen und Kitty Marion werden zu drei Jahren Haft verurteilt, weil sie eine Rennbahntribüne anzündeten.

4 Fr Major Erich von Falkenhayn wird als Nachfolger von Josias von Heeringen neuer königlich-preußischer Kriegsminister.

5 Sa Mit Dorothea Lambert-Chambers und Anthony F. Wilding gewinnen zwei Tennis-Idole die offenen englischen Tennismeisterschaften in Wimbledon.

6 So Die Gründung eines deutschen Bundes der Gartenarchitekten in Breslau trägt der wachsenden Bedeutung künstlerischer Gartengestaltung Rechnung.

7 Mo Das britische Unterhaus nimmt die Vorlage zur irischen Selbstverwaltung (Homerule) an. +++ Griechische Truppen erobern das makedonische Doiran.

8 Di Das Deutsche Reich, Österreich-Ungarn und Rumänien erneuern ihren Defensivpakt. Damit setzt Rumänien seine Anlehnung an den Dreibund fort.

9 Mi Nach einer Revolte in einer Stettiner Fürsorgeanstalt fliehen 70 der 110 dort lebenden Jungen, werden aber bis zum nächsten Tag von der Polizei gefasst.

10 Do Die Kieler Flugwoche unterstreicht mit Dauer- und Höhenflugwettbewerben die gewachsene Motorflugbegeisterung im Deutschen Reich.

11 Fr Die rumänische Gesandtschaft in Sofia (Bulgarien) wird aufgelöst. Noch im Land befindliche rumänische Staatsbürger stehen unter italienischem Schutz.

12 Sa In Paris hat »Pisanelle oder der duftende Tod«, ein Stück des italienischen Dichters Gabriele D'Annunzio, Uraufführung. → Möhnetalsperre

13 So Auf einem Flug von Bern nach Mailand überquert der Schweizer Oskar Bider mit einem Blériot-Eindecker als erster Pilot das zentrale Alpenmassiv.

14 Mo Kronprinz Friedrich Wilhelm von Preußen wünscht dem Deutschen Kriegerbund, dass er immer ein starkes Bollwerk gegen den sozialen Umsturz sein möge.

15 Di Das britische Oberhaus lehnt die vom Unterhaus beschlossene Homerule, die Selbstverwaltung für Irland, ab.

16 Mi Im westfälischen Gronau erkranken 13 Arbeiter und 3 Kinder an Typhus, nachdem sie durch Dungabfluss verunreinigtes Wasser getrunken hatten.

17 Do Griechische Truppen entdecken im makedonischen Zlatko 50 z. T. hochrangige Opfer eines bulgarischen Massakers.

18 Fr Über 1000 Menschen begleiten in Wilhelmshaven den Trauerzug für die Toten des Torpedoboot-Unglücks am 5. März vor Helgoland.

19 Sa In Bochum beschlagnahmt die Polizei auf einer polnischen Gewerbeausstellung zahlreiche Objekte mit polnischen Schriftzügen und Insignien.

20 So US-Außenminister William Jennings Bryan schlägt dem Senat vor, den mittelamerikanischen Staat Nicaragua unter das Protektorat der USA zu stellen.

21 Mo Der Internationale Bergarbeiterkongress in Karlsbad befasst sich mit der Kriegsgefahr, der Sicherheit in Bergwerken und dem Achtstundentag.

22 Di Die bulgarische Regierung beschließt aufgrund ihrer militärischen Unterlegenheit die sofortige Demobilisierung sowie Waffenstillstandsverhandlungen.

23 Mi In Brüssel treffen sich Delegierte aus 35 Staaten zum ersten internationalen Kinderschutzkongress. Angeregt wird eine Zentralstelle für den Schutz von Kindern.

24 Do Fünf britische Frauenwahlrechtlerinnen werden verhaftet, als sie zur Übergabe einer Petition ins Londoner Unterhaus eindringen.

25 Fr Bei politischen Unruhen in Peru wird auf das Haus des ehemaligen peruanischen Präsidenten Augusto Bernardino Leguia ein Bombenanschlag verübt.

26 Sa Deutschland und Frankreich tauschen Bestimmungen über den Verkehr von Luftfahrzeugen im jeweiligen Nachbarland aus.

27 So Der belgische Radrennfahrer Philippe Thys gewinnt die 15. Tour de France. Er bewältigt die 5387 km lange Frankreich-Rundfahrt in 197:54,00 h.

28 Mo Der Kaiser von Österreich, Franz Joseph I., löst den böhmischen Landtag auf, der mangels Kooperation der deutschen Vertreter nie arbeitsfähig war.

29 Di Die Botschafterkonferenz der europäischen Großmächte in London regelt den Status des autonomen Albanien, das als Pufferstaat im Balkan dienen soll.

30 Mi Im Südtiroler Sarcetal zerstört ein 25-minütiger Hagelschauer die gesamte Weinernte und richtet einen Schaden von einer Mio. Mark an.

31 Do Bei der Einweihung eines Denkmals in Vangsnäs in Norwegen betont Kaiser Wilhelm II. die gemeinsame Herkunft von Deutschen und Skandinaviern.

Die erstmals von Ford eingesetzten Fließbänder sind rationell, führen aber zu monotoner Arbeit.

Revolution in der Fertigung

Das Fließband revolutioniert die Arbeitswelt wie kaum eine andere Neuerung. Für den Firmengründer Henry Ford ist die neuartige Fertigungsmethode Teil einer speziellen Betriebsorganisation. Das als »Fordismus« bezeichnete Prinzip ermöglicht günstige Arbeitsbedingungen sowie Absatzsteigerungen und ständige Verbilligung des Produkts. Kritik an den negativen Folgen von Rationalisierungsmaßnahmen bezeichnet Ford in seinen Erinnerungen als unberechtigt. Er vertritt den Standpunkt: »Wir erwarten von den Leuten, dass sie tun, was ihnen gesagt wird. Unsere Organisation ist so bis ins Einzelne durchstrukturiert und die verschiedenen Abteilungen greifen so ineinander, dass es völlig ausgeschlossen ist, den Leuten auch nur vorübergehend ihren Willen zu lassen.«

22. August 1913

»Der Student von Prag«

In Berlin wird der Film »Der Student von Prag« uraufgeführt. Es ist der erste deutsche Film von Weltgeltung, maßgeblich geprägt vom Berliner Schauspieler Paul Wegener (s. Abb.). Regie führt Stellan Rye. Wegener spielt nicht nur die Titelrolle, er hat auch die Grundidee von der Persönlichkeitsspaltung der Hauptfigur Balduin entwickelt. Er nimmt entscheidenden Einfluss auf das Drehbuch und die Inszenierung. In dem Film überlässt der Student Balduin einem Zauberer sein Spiegelbild. Als das Spiegelbild einen Mord begeht und Balduin als Täter verdächtigt wird, bringt er sich um. Durch die Verwendung romantischer Märchenmotive im Medium Film und dem in späteren deutschen Filmen häufig wiederkehrenden Thema der Identitätsspaltung ist der Streifen ein Vorläufer expressionistischer Filme.

10. August 1913

Frieden auf dem Balkan

Mit erheblichen Gebietsabtretungen Bulgariens endet der zweite Balkankrieg. Damit verändert sich das politische Gewicht der beteiligten Balkan-Mächte Bulgarien, Rumänien, Serbien und Griechenland.

Nach wie vor ist Rumänien das größte und bevölkerungsreichste Land der Region – doch gleich daran anschließend hat Serbien nun die gleiche politische Bedeutung wie Bulgarien erlangt. Der bulgarische Ministerpräsident Wasil Radoslawow beginnt eine vorsichtige politische Annäherung an den Dreibund Italien, Österreich-Ungarn und Deutschland. Darüber hinaus verschärfen sich die Konflikte zwischen Rumänien und dem Dreibund trotz des am 8. Juli 1913 erneuerten, geheimen Bündnisvertrags, weil Österreich-Ungarn die territorialen Forderungen der rumänischen Regierung gegenüber Bulgarien missbilligt. Zusätzlich verschlechtern sich mit der von Serbien und Griechenland abgelehnten Schaffung eines albanischen Staates die Beziehungen zwischen Serbien und Montenegro sowie das Verhältnis Griechenlands zu Italien und Österreich-Ungarn.

16. August 1913

Autos vom Fließband

In Detroit, US-Bundesstaat Michigan, experimentiert die Ford Motor Company für die Fertigung ihres Autotyps »Model T« mit einer Montagebahn, die eine um 400% gesteigerte Produktivität der Arbeiten ermöglicht.
Die heute als Fließband bekannten »conveyors« bewirken im Rahmen des innerbetrieblichen Transportsystems eine stetige Bewegung und lassen das zu bearbeitende und montierende Teil an den Arbeitern vorbeigleiten. Dieser Betrieb

führt zu einer rationelleren Gestaltung der Arbeitsvorgänge und damit zu einer höheren Arbeitsleistung. Henry Fords Mitarbeiter Charles E. Sorensen ist der Initiator dieses Verfahrens. Noch im Jahre 1913 ist die Fließbandproduktion voll funktionsfähig. Täglich verlassen 650 Autos die Fertigungshallen (Abb.: Endmontage bei Ford).

14. August 1913

Bernadette selig gesprochen

Die katholische Ritenkongregation in Rom spricht die Ordensschwester Bernadette Soubirous (1844-1879) selig. Die Französin (s. Abb.) begründete mit ihren viel beachteten Marienvisionen den Ruhm von Lourdes als Wallfahrtsort.

Am 17. Februar 1844 in Lourdes geboren, erlebte Bernadette Soubirous als 14-Jährige mehrere Marienerscheinungen in der Grotte von Massabielle in der Nähe ihres Heimatortes. Nach ihren Angaben befahl ihr die Jungfrau Maria die Errichtung einer Kirche und regte sie zu Gebeten, Bußübungen und Prozessionen »zur Bekehrung der Sünder« an. Eine vom Bischof von Tarbes eingesetzte Untersuchungskommission erklärte im Jahre 1862 die Visionen für glaubwürdig. Bald entstand oberhalb der Grotte eine Basilika und später die Rosenkranzkirche. Lourdes wurde zum bedeutendsten Marienwallfahrtsort der Welt.

12. August 1913

Kämpfe in Londonderry

Im nordirischen Londonderry brechen dreitägige Straßenkämpfe zwischen irischen Unabhängigkeitskämpfern und den sogenannten Ulster-Unionisten, die eine britische Herrschaft in Irland befürworten, aus.
In Dublin wird am 31. August ein Mann getötet. 230 Menschen werden verletzt, als die Polizei mit ungewöhnlicher Brutalität gegen streikende Straßenbahner, aber auch Passanten vorgeht. In dem von Großbritannien beherrschten Irland spitzen sich die sozialen Konflikte zu. Neben dem Kampf um die irische Unabhängigkeit führt die wachsende Armut zu neuen Problemen. Am 30. Januar lehnte das britische Oberhaus zum Abschluss einer viertägigen Debatte den Regierungsentwurf zum sog. Homerule-Gesetz mit 326 gegen 69 Stimmen ab und verzögerte damit dessen Inkrafttreten. Das Unterhaus hatte am 16. Januar den Entwurf gebilligt, der die Schaffung eines von Großbritannien kontrollierten Zwei-Kammer-Parlaments in Irland vorsieht. Dieses soll in rein irischen Fragen Gesetzgebungbefugnisse erhalten. Das Schlagwort Homerule (Selbstregierung) bezeichnet das Streben nach irischer Unabhängigkeit durch parlamentarische Regelungen mit der britischen Regierung. Dieser Weg wird von der Irischen Nationalpartei Charles Stewart Parnells verfochten. Im Gegensatz dazu stehen Bewegungen wie die Sinn Fein, die Vereinbarungen mit London misstrauen und notfalls mit Gewalt die Unabhängigkeit Irlands erreichen wollen.

12. Juli 1913

Möhnetalsperre eingeweiht

Die Möhnetalsperre (s. Abb.), zwischen Soest und Arnsberg gelegen, wird eingeweiht. Das größte Bauwerk seiner Art im gesamten europäischen Raum staut 134 Mio m^3 Wasser.
Die Oberkante der Sperrmauer hat über der Fundamentsohle eine Höhe von 40,3 m. In der Breite erstreckt sich das Bauwerk am Fuß der Sperre über 34,2 m und erreicht in der sog. Krone eine Länge von 650 m. Zum Abführen des aufgestauten Wassers bei gefülltem Staubecken dient ein

Überlauf mit 105 Öffnungen von je 2,5 m Weite, so dass das überschüssige Wasser in Kaskaden einen gut 300 m breiten und 32 m hohen Wasserfall bildet. Der aufgestaute Möhnesee hat eine Fläche von 1040 ha. Das 25 Mio. Mark teure Bauwerk bildet aufgrund seiner Größe das Rückgrat der Wasserversorgung des Ruhrgebiets. Der Talsperre fielen mit Kettlersteich, Delecke und Drüggelte drei Dörfer sowie Teile der Ortschaften Körbecke, Stockum und Wamel zum Opfer. Die Einwohner wurden zur Umsiedlung gezwungen.

August 1913

1 Fr Das deutsche Reichseisenbahnamt genehmigt den monumentalen Hallenbau für den Berliner Bahnhof Friedrichstraße, der 12 Mio. Mark kosten soll.

2 Sa Der US-Senat lehnt das vom US-Außenminister vorgeschlagene Protektorat über Nicaragua zugunsten zwischenstaatlicher Verträge ab.

3 So Auf einem Berliner Schaubudenplatz erstickt ein Artist unter einem Sandhaufen, weil er statt nach geplanten fünf Minuten erst nach zehn ausgegraben wird.

4 Mo In London stellt der französische Ministerpräsident Louis Barthou den Briten Pläne zum Bau eines Tunnels unter dem Ärmelkanal vor.

5 Di Wegen der Weitergabe militärischer Geheimnisse verurteilt ein deutsches Kriegsgericht im »Krupp-Prozess« sieben Offiziere zu Haftstrafen.

6 Mi In Bolivien übernimmt General Ismael Montes die Präsidentschaft. +++ Kaiser Wilhelm II. kehrt von seiner am 9. Juli begonnenen Nordlandreise zurück.

7 Do Ein mit Urlaubern besetztes Motorsegelboot kentert auf der Ostsee vor Swinemünde in einer Sturmböe. Nur fünf der 20 Passagiere können gerettet werden.

8 Fr Das britische Unterhaus billigt einen Vertrag mit der Marconi-Gesellschaft zur Errichtung eines Netzes für drahtlose Telegraphie auf der Insel.

9 Sa Eine außerordentliche Generalversammlung des Deutschen Metallarbeiterverbandes verurteilt den spontanen Streik der Werftarbeiter.

10 So In Kassel werden die deutschen Schwimmmeisterschaften ausgetragen. Magdeburger Vereine erringen die meisten Siege. → Balkan

11 Mo Die europäischen Großmächte einigen sich grundsätzlich über die Südgrenze Albaniens. Deren genauen Verlauf soll eine Sonderkommission festlegen.

12 Di Das preußische Kriegsministerium schreibt einen Wettbewerb für zusammenbaubare, mit Automobilen transportierbare Flugzeuge aus. → Londonderry

13 Mi Bei Chur in der Schweiz stirbt August Bebel, Mitbegründer und Vorsitzender der SPD. +++ Der Orient-Express feiert sein 25-jähriges Jubiläum.

14 Do Der nach Japan geflüchtete chinesische Revolutionär und Politiker Sun Yat-sen fordert den Rücktritt des Diktators Yüan Shih-k'ai. → Bernadette

15 Fr Der französische Ministerpräsident Raymond Poincaré weigert sich, Mexikos Regierung unter Präsident Victoriano Huerta anzuerkennen.

16 Sa Eine staatliche Untersuchungskommission stellt eklatante technische Mängel im dänischen Eisenbahnbetrieb fest. → Fließband

17 So Der Deutsche Katholikentag befasst sich im lothringischen Metz vor allem mit dem drohenden Verlust der Kirche an gesellschaftlichem Einfluss.

18 Mo Im Berliner Zoologischen Garten wird das 850 000 Mark teure neue Aquarium eingeweiht, das auch Amphibien und Reptilien beherbergt.

19 Di Nach dem Auftreten von Cholera in Krakau stellt das österreichisch-ungarische Heer seine dortigen Manöver-Übungen ein.

20 Mi Der ungarische Ministerpräsident István Graf Tisza und Georg Markgraf Pallavicini erleiden bei einem Säbelduell leichte Kopfverletzungen.

21 Do Im Orientalischen Seminar in Berlin werden Kurse für Lehrer angeboten, die sich für den Schuldienst in China zur Verfügung stellen möchten.

22 Fr Der Verband sozialdemokratischer Wahlvereine Groß-Berlins diskutiert über den Gebärstreik als politisches Kampfmittel. → »Der Student von Prag «

23 Sa Die britische Regierung beschleunigt ihr Flottenbauprogramm und vergibt Aufträge für fünf Schlachtschiffe und sechs Torpedobootzerstörer.

24 So Vor 9000 Zuschauern enden in Berlin die Weltmeisterschaften der Amateur-Radfahrer mit dem Sieg des Briten Leonard Meredith auf der 100 km-Strecke.

25 Mo US-Präsident Thomas Woodrow Wilson erklärt einen Wirtschaftsboykott der USA gegen Mexiko, um Präsident Victoriano Huerta zum Rücktritt zu bewegen.

26 Di Der Stadtrat des französischen Limoges beschließt, eine Straße der Stadt nach dem verstorbenen deutschen Sozialdemokraten August Bebel zu benennen.

27 Mi Das sächsische Kriegsministerium ordnet an, dass zur Unterstützung der heimischen Industrie Armeeausrüstung nur von deutschen Fabriken bezogen wird.

28 Do Die Münchener Polizei ordnet wegen einer Karikierung des bayerischen Regenten Ludwig ein Auslageverbot für das Satireblatt »Simplicissimus« an.

29 Fr Nachdem private Händler der Berliner Armenpflege verdorbene Milch lieferten, deckt die Stadt diesen Bedarf nun aus ihren eigenen Landwirtschaftsgütern.

30 Sa Bei Londonderry in Nordirland beschlagnahmt die Polizei mehrere hundert moderne Repetiergewehre, die sie bei pro-britischen Unionisten entdeckt hat.

31 So Die Badische Anilin- und Sodafabrik (BASF) weiht eine Fabrik zur Massenproduktion von Ammoniak ein, das die Landwirtschaft als Dünger benötigt.

September 1913

1 Mo Mit der Eroberung der Stadt Nanking durch chinesische Regierungstruppen scheitert die Kuomintang-Rebellion gegen die Militärdiktatur Yüan Shih-k'ais.

2 Di Bei einem Zusammenstoß zweier Schnellzüge nahe der britischen Stadt Carlisle werden neun Personen getötet und zehn verletzt.

3 Mi König Wilhelm II. von Württemberg hebt durch eine Verordnung den persönlichen, d. h. nicht vererbbaren Adel in seinem Land auf.

4 Do In Sigmaringen wird die Hohenzollernprinzessin Auguste Viktoria mit dem im britischen Exil lebenden König Emanuel II. von Portugal vermählt.

5 Fr In Degerloch und Mühlhausen an der Enz ermordet der 37-jährige Lehrer Ernst Wagner in einem Amoklauf 15 Menschen, darunter seine Frau und Kinder.

6 Sa Ein Großbrand zerstört 30 Straßenzüge der Stadt Hot Springs (USA). +++ In Breslau beginnt die Konferenz der Delegierten des Alldeutschen Verbandes.

7 So Die Universität Berlin belegt in Tierexperimenten die Gefährdung der menschlichen Gesundheit durch die Auspuffabgase von Autos.

8 Mo In Schlesien beginnt in Anwesenheit von Kaiser Wilhelm II. die als »Kaisermanöver« bezeichnete dreitägige militärische Übung der deutschen Armee.

9 Di Der am 14. Juli begonnene Streik von 35 000 Werftarbeitern in Hamburg, Bremen und Stettin endet erfolglos.

10 Mi Die Unterstützung staatlicher Ankäufe des Antikrebsmittels Radium setzt sich ein in Berlin gegründetes Komitee zum Ziel.

11 Do Im Verlauf einer in Ländern des Balkans ausbrechenden Epidemie sterben in Rumänien 661 und in Serbien 277 Menschen an asiatischer Cholera.

12 Fr Der Internationale Kongress für Rettungswesen beschließt in Wien, dort eine ständige internationale Kommission für das Rettungswesen zu installieren.

13 Sa Die Medizin-Fakultäten der deutschen Universitäten sprechen sich in Berlin für Sozialmedizin und Gesundheitsfürsorge als Teil des Medizinstudiums aus.

14 So Die Generalversammlung des Bundes der Industriellen in Leipzig gründet einen deutsch-österreichischen Wirtschaftsverband. → SPD

15 Mo Argentinien, Brasilien und Uruguay vereinbaren ein Projekt zur teilweisen Schiffbarmachung des Flusses Uruguay und zur künstlichen Bewässerung.

16 Di Schwere Unwetter vernichten im Deutschen Reich nahezu die gesamte Obsternte und das noch auf den Feldern stehende Getreide.

17 Mi In der südfranzösischen Hafenstadt Marseille kommen zwölf Menschen ums Leben, als drei Wagen eines Straßenbahnzuges in eine Schlucht stürzen.

18 Do Das Katholische Aktionskomitee in München verurteilt die Einführung eines freireligiösen Moralunterrichts an den Schulen.

19 Fr Die Desinfektion und die städtische Abwasserbeseitigung bilden die Hauptthemen der Versammlung des Vereins für öffentliche Gesundheitspflege in Aachen.

20 Sa Am letzten Tag des am 14. September begonnenen SPD-Parteitags in Jena werden Friedrich Ebert und Hugo Haase zu Parteivorsitzenden gewählt.

21 So Im irischen Dublin kommt es zu Auseinandersetzungen zwischen streikenden Straßenbahnarbeitern und der Polizei.

22 Mo Die deutsche Regierung bewilligt 300 000 Mark, um die Vorbereitungen der deutschen Athleten auf die Olympischen Spiele im Jahr 1916 zu fördern.

23 Di Ein Erlass des französischen Marineministers Pierre Baudin, auf Kriegsschiffen den Karfreitag zu heiligen, empört in Paris antiklerikale Kreise.

24 Mi Mit der Gründung einer provisorischen Regierung protestieren in der irischen Provinz Ulster probritische Unionisten gegen eine irische Selbstverwaltung.

25 Do In Großbritannien gründet sich unter dem Namen »Arbeitgeber-Schutzverband« und mit einem Vermögen von einer Mio. Mark ein Unternehmerverband.

26 Fr Im Schacht »Rudolf« der Rheinisch-Westfälischen Schachtbaugesellschaft im Elsass werden vier Bergleute durch einen abstürzenden Förderkorb getötet.

27 Sa Mit einer Verfolgung von Ballonfliegern in Automobilen will der Norddeutsche Automobilklub in Hamburg die Kriegstauglichkeit seiner Mitglieder beweisen.

28 So In Berlin wird nach sechsjähriger Bauzeit der 17 Mio. Mark teure Osthafen eingeweiht. Er erweitert die Möglichkeiten zum Güterumschlag erheblich.

29 Mo Rudolf Diesel, der berühmte Ingenieur und Erfinder des nach ihm benannten Motors ,ertrinkt unter ungeklärten Umständen im Ärmelkanal.

30 Di Die in Stuttgart erscheinende Zeitung »Deutsche Reichspost« wird eingestellt. +++ In Casablanca findet eine siebentägige Marokkorundfahrt statt.

14. September 1913

SPD sucht Bebel-Nachfolger

Die Massenstreikdebatte und die Wahl eines neuen Parteivorstands stehen im Mittelpunkt des Parteitags der deutschen Sozialdemokratie, der bis zum 20. September in Jena stattfindet.

Nach dem Tod August Bebels am 13. August müssen die Delegierten einen neuen Parteivorstand wählen. Nach dem Willen des Parteitags teilen sich Hugo Haase und Friedrich Ebert (s. Abb., 1. v.l., daneben Philipp Scheidemann) den Vorsitz. Als Parteisekretäre werden u.a. Philipp Scheidemann und Luise Zietz gewählt.

In einer Resolution befürwortet die Theoretikerin des linken Flügels, Rosa Luxemburg, den Massenstreik als politische Waffe. Bei 142 Ja- und 333 Nein-Stimmen scheitert ihr Antrag. Angenommen wird hingegen die Resolution, nach der ein Massenstreik unter den derzeitigen Umständen nicht opportun ist.

15. Oktober 1913

Britische Unglückswoche

Als »schwarze Woche« gehen die sieben Tage vom 9. bis 15. Oktober in die Chronik Großbritanniens ein.

Nachdem am 10. Oktober 136 Menschen beim Untergang des britischen Dampfers »Volturno« ums Leben gekommen sind, fordert ein Grubenunglück im walisischen Cardiff am 14. Oktober 418 Menschenleben (Abb.: Angehörige warten auf Nachricht der Rettungsmannschaften).

Am folgenden Tag fallen in Liverpool zehn Fahrgäste einem schweren Eisenbahnunglück zum Opfer.

16. Oktober 1913

»Pygmalion«-Premiere in Wien

Mit George Bernard Shaw überlässt erstmals ein irischer Dramatiker eines seiner Stücke einer deutschsprachigen Bühne zur Uraufführung.

Das Publikum am Wiener Burgtheater quittiert die Erstaufführung der Komödie »Pygmalion« mit langanhaltendem Beifall. Das ungewöhnliche Ereignis ist der Freundschaft des Iren Shaw mit seinem deutschen Übersetzer Siegfried Trebitsch zu verdanken, der die Premiere an das Burgtheater vermittelte. Nach der Londoner Erstaufführung 1914 entwickelt sich »Pygmalion« zu einem der erfolgreichsten Stücke Shaws. Es bildet die Grundlage für den Musical-Welterfolg »My fair Lady«.

25. Oktober 1913

Kunstflug lässt Atem stocken

Mit den Fortschritten in der Luftfahrttechnik und dem Wagemut der Piloten entwickelt sich auch eine sportliche Variante: der Kunstflug. Auf dem Berliner Flugplatz Johannisthal zeigt der 24-jährige französische Flieger Adolphe Pégoud mit einem Blériot-Eindecker vor mehreren tausend Zuschauern seine flugtechnischen Darbietungen. Die Schau gilt als Beginn des Kunstflugs. Pégoud beeindruckt die Schaulustigen vor allem durch die erstmals in der Geschichte des Fliegens ausgeführten Loopings (s. Abb.).

10. Oktober 1913

Panamakana vollendet

Durch die von US-Präsident Thomas Woodrow Wilson in Washington ausgelöste Sprengung des Gamboa-Staudamms – der letzten Sperre des im Bau befindlichen Panamakanals – werden der Atlantische und der Pazifische Ozean durch einen künstlichen Wasserweg verbunden.

Wilson bewirkt die Sprengung, die von zahlreichen Schaulustigen als gewaltig beschrieben wird, von seinem Amtssitz aus über eine mehr als 6500 km lange elektrische Leitung. Der ferngesteuerte Zündfunke bringt 20 000 kg Dynamit zur Explosion. Dennoch bedarf es noch erheblicher Bauarbeiten, bis der Kanal am 15. August 1914 schiffbar ist. Der Bau der künstlichen Wasserstraße ist ein gigantisches technisches und logistisches Meisterwerk. Gewaltige Schleusen mussten errichtet und ein tiefes Kanalbett ausgeschachtet werden. Die drei Kammerschleusen bei Gatun überwinden mit ihrer Hubhöhe von jeweils 8,65 m den Höhenunterschied zwischen dem Atlantischen Ozean und dem Gatunsee, einem künstlichen, im Verlauf der Kanalarbeiten geschaffenen Gewässer. Der zwischen den Einfahrten 81,6 km, von Küste zu Küste 57,4 km lange Wasserweg teilt die Republik Panama an ihrer schmalsten Stelle. Auf nahezu der gesamten Strecke können die Schiffe Höchstgeschwindigkeit fahren und einander passieren. Die Mindesttiefe des Fahrwassers beträgt 12,5 m. Lediglich in der Ausfahrt zum Golf von Panama kann die Wassertiefe bei Ebbe auf etwa 10,5 m absinken. Vor allem US-Schifffahrtsgesellschaften profitieren von dem Kanal. Die künstliche Wasserstraße verkürzt den Seeweg zwischen New York an der Ostküste und dem Westküstenhafen San Francisco um 14 581 km. Das entspricht – je nach der durchschnittlichen Fahrgeschwindigkeit eines Fracht-, Post- oder Passagierdampfers – einer

18. Oktober 1913

Das Völkerschlachtdenkmal

Auf dem Blachfeld bei Leipzig wird in Anwesenheit Kaiser Wilhelms II. sowie von Landesfürsten und Heeresvertretern das von dem deutschen Architekten Bruno Schmitz zur Erinnerung an die Völkerschlacht von 1813 geschaffene monumentale Denkmal (s. Abb.) eingeweiht.
Als Höhepunkt der zahlreichen, meist von chauvinistischen Parolen getragenen Gedenkfeiern in diesem Jahr erinnert die Veranstaltung an den 100. Jahrestag der sog. Befreiungskriege gegen die napoleonische Fremdherrschaft in Deutschland. In einer »Weiherede« weist der Vorsitzende des Deutschen Patriotenbundes, Klemens Thieme, auf die Bedeutung des Sieges über Napoleons Armee hin. Zum Abschluss besichtigen die Gäste den Innenraum des Gebäudes.

Viel Verkehr auf dem Panamakanal; Schleusen (l.) helfen, Höhenunterschiede zu überwinden.

Zeitersparnis von zwei bis viereinhalb Wochen. Damit werden die Frachtkosten für Transporte zwischen den US-Küsten stark abgesenkt – trotz des 1912 festgelegten Kanalzolls von umgerechnet 5,04 Mark pro Nettotonne für das Passieren des Wasserweges. Neben der immensen wirtschaftlichen Vorteile hat der Panamakanal weitreichende strategische Bedeutung, vor allem für die machtpolitischen Interessen der USA auf dem amerikanischen Kontinent. Seit 1903 haben sich die Vereinigten Staaten die Souveränität in der Kanalzone, die offiziell panamaisches Hoheitsgebiet bleibt, in einem Abkommen gesichert. Die Regierung Panamas verpachtete demzufolge die Kanalzone auf unbestimmte Zeit. Washington übt die Herrschaft durch einen vom Kongress bestimmten Präsidenten sowie durch mehrere von ihm ernannte Gouverneure aus. Seit 1904 behält sich die US-Regierung das Recht auf Interventionen vor. 1908 und 1912 machte sie davon Gebrauch, um Aufstände, die den eigenen Interessen zuwiderliefen, gewaltsam zu unterdrücken. 1912 bestimmte der damalige US-Präsident William H. Taft günstige Sonderzölle für US-Schiffe. Die weitreichenden Befugnisse der USA bedeuten letztlich die militärische und wirtschaftliche Kontrolle der gesamten Region.

Oktober 1913

1 Mi Mit dem US-Trainer Alvin Kraenzlein wird erstmals ein Ausländer mit der Vorbereitung der deutschen Athleten auf die Olympischen Spiele 1916 betraut.

2 Do Die österreichisch-ungarische Regierung protestiert in Belgrad scharf gegen die teilweise Besetzung Albaniens durch serbische Truppen.

3 Fr Die begehrten Karten für das Berliner Gastspiel des italienischen Tenors Enrico Caruso erzielen auf dem Schwarzmarkt Preise bis zu 100 Mark.

4 Sa Im Berliner Theater kommt die Operette »Wie einst im Mai« des deutschen Komponisten Walter Kollo zur Uraufführung und wird ein großer Erfolg.

5 So Berittene Polizei löst im mährischen Brünn mit Säbeln eine Protestkundgebung der tschechischen Bevölkerung gegen die dortigen deutschen Vereine auf.

6 Mo Mit Hilfe militärischer Gewalt und Bestechung der Parlamentarier lässt sich Yüan Shih-k'ai zum Präsidenten der Republik China wählen

7 Di Bergarbeiter aus dem britischen Küstenort Scarborough beschließen, den streikenden irischen Arbeitern in Dublin wöchentlich 20000 Mark zu spenden.

8 Mi Der Generalgouverneur Dalmatiens äußert den Wunsch nach engen Beziehungen zwischen Österreich-Ungarn und dem neuen Staat Albanien.

9 Do In Kopenhagen bilden die Verkehrsvereine norddeutscher, schwedischer, dänischer und norwegischer Städte den deutsch-nordischen Verkehrsverband.

10 Fr Der Untergang des britischen Passagierdampfers »Volturno« auf der Fahrt von Rotterdam nach New York fordert 136 Menschenleben. → Panamakanal

11 Sa Auf Befehl des Präsidenten Victoriano Huerta werden in Mexiko 110 Senatoren und Abgeordnete von Truppen festgenommen.

12 So Auf dem Hohen Meißner im hessischen Bergland endet der dreitägige Freideutsche Jugendtag, ein zentrales Ereignis der bürgerlichen Jugendbewegung.

13 Mo Nachdem König Otto von Bayern als unheilbar geisteskrank gilt, will die bayerische Staatsregierung die Verfassung ändern, um ihn ablösen zu können.

14 Di Ein preußischer Ministerialerlass warnt Schulkinder davor, mit Sand oder Steinen nach Automobilen zu werfen.

15 Mi Die deutsch-tschechischen Ausgleichskonferenzen, die die erfolgte Auflösung des böhmischen Landtags diskutieren, scheitern. → Unglückswoche

16 Do Der neue Bischof des Bistums Münster, Johannes Poggenburg, wird durch den Kölner Erzbischof Felix von Hartmann inthronisiert. → »Pygmalion«

17 Fr 29 Menschen kommen um, als bei Berlin das deutsche Marine-Luftschiff »L II« bei einer Abnahmefahrt in geringer Flughöhe explodiert.

18 Sa Die Regierung Österreich-Ungarns fordert Serbien ultimativ auf, das besetzte albanische Gebiet innerhalb von acht Tagen zu räumen. → Völkerschlachtdenkmal

19 So In Leipzig wird die Deutsche Lebensrettungs-Gesellschaft (DLRG) gegründet. +++ Die Staatliche Kunstgewerbeschule in Hamburg wird eingeweiht.

20 Mo In Leipzig kommt es zu einer Panik, als ein Zirkuswagen mit einer Straßenbahn zusammenstößt und fünf Löwen entkommen können.

21 Di Bei den Landtagswahlen in Baden behält der Block aus Sozialdemokraten, Fortschrittlichen und Nationalliberalen trotz Verlusten die absolute Mehrheit.

22 Mi Frankreich entsendet ein Kriegsschiff in mexikanische Gewässer. +++ In Berlin beginnt die Konferenz der Internationalen Vereinigung gegen Tuberkulose.

23 Do Kaiser Wilhelm II. spricht mit Österreichs Thronfolger Franz Ferdinand über eine gemeinsame Strategie gegenüber den slawischen Staaten.

24 Fr Der Untergang des finnischen Dampfers »Vestkusten« in den finnischen Schären nach einem Lotsenfehler fordert 45 Menschenleben.

25 Sa Die Eröffnung des Kölner Museums für Ostasiatische Kunst macht die Kunst Chinas, Japans und Koreas der deutschen Öffentlichkeit zugänglich. → Kunstflug

26 So In Berlin findet der erste internationale Marathonlauf in Deutschland statt. Hans Lüdecke aus Mittweida wird mit 2:34,12 h Deutscher Meister.

27 Mo Eduardo Dato Iradier löst als neuer spanischer Ministerpräsident seinen Vorgänger Álvaro Figueroa y Torres, Graf de Romanones, ab.

28 Di Kaiser Wilhelm II. weiht in Dahlem (heute Berlin) das Institut für experimentelle Therapie ein. Die Leitung hat der Serologe August von Wassermann.

29 Mi Die Hamburger Bürgerschaft lehnt mit knapper Mehrheit die Gründung einer Universität ab, genehmigt hingegen den Ausbau des Kolonialinstituts.

30 Do Nach der verfassungsmäßigen Aufhebung der Regentschaft für den kranken König Otto von Bayern wird Prinzregent Ludwig sein Nachfolger.

31 Fr In Darmstadt wird das Justus-von-Liebig-Denkmal enthüllt, das an den am 12. Mai 1803 dort geborenen Chemiker erinnert.

November 1913

1 Sa Laut offizieller Statistik ist die Zahl der Arbeitslosen seit Juli um 30 000 auf 443 000 gestiegen. Die Zahl der offenen Stellen beträgt 276 000.

2 So In Verniers kann die Fußballnationalmannschaft Belgiens in einem Länderspiel einen 2:0 Sieg über die Schweiz erringen.

3 Mo Die US-Regierung fordert den mexikanischen Präsidenten Victoriano Huerta ultimativ auf, seine Präsidentschaft niederzulegen.

4 Di Geschäftsleute im nordirischen Belfast drohen mit einem Steuerboykott für den Fall, dass das britische Gesetz zur irischen Selbstverwaltung in Kraft tritt.

5 Mi Prinzregent Ludwig wird in München zum König von Bayern gekrönt. +++ Die »Vossische Zeitung« in Berlin veröffentlicht nützliche Tips für Überseereisen.

6 Do In Potsdam trifft bei einem offiziellen Besuch der belgische König Albert I. zu Gesprächen mit Kaiser Wilhelm II. zusammen. → Willkürakte → Gandhi

7 Fr In Prag boykottieren die Studenten der tschechischen Technischen Hochschule aus Protest gegen den maroden Bauzustand der Universität die Vorlesungen.

8 Sa Der neue bayerische König Ludwig III. leistet als Nachfolger des geisteskranken Königs Otto seinen Eid auf die bayerische Landesverfassung. → »Woyzeck«

9 So Der Verband deutscher Juden weist auf seiner Versammlung in Hamburg auf den wachsenden Rassismus im Deutschen Reich hin.

10 Mo Da Deutschland den britischen Vorschlag eines Flotten-Moratoriums nicht erwidert, kündigt Marineminister Winston Churchill den Ausbau der Marine an.

11 Di In einer amtlichen Feststellung spielen die deutschen Behörden in Straßburg die Vorfälle in Zabern (Elsass) vom 6. November herunter.

12 Mi Eine Gruppe von polnischen Wehrpflichtigen in Lodz (Russisch-Polen) macht sich durch Verstümmelung der rechten Hand wehruntauglich.

13 Do Nach den guten Erfahrungen mit dem Hamburger Elbtunnel plant die Stadt Düsseldorf eine Untertunnelung des Rheins anstelle einer neuen Brücke.

14 Fr Vor dem Leipziger Reichsgericht wird der Mechaniker Leo Erny wegen Verrats militärischer Geheimnisse an Frankreich zu fünf Jahren Zuchthaus verurteilt.

15 Sa In Anwesenheit des französischen Präsidenten Raymond Poincaré feiert das Chemieinstitut Pasteur in Paris sein 25-jähriges Jubiläum.

16 So Nach Angaben der Berliner Gewerkschaftskommission gibt es in der Reichshauptstadt 25 038 arbeitslose Gewerkschaftsmitglieder. → Sexualforschung

17 Mo Vertreter von 16 Staaten beteiligen sich im schweizerischen Bern an der viertägigen Internationalen Konferenz für Weltnaturschutz.

18 Di Das griechische Marineministerium legt ein umfangreiches Flottenbauprogramm vor, das auch Wasserflugzeuge einschließt.

19 Mi Wegen der Weigerung der Arbeitgeber, über einen neuen Lohntarif zu verhandeln, kommt es in der Solinger Messerindustrie zu Streiks.

20 Do Kaiser Wilhelm II. verbietet deutschen Offizieren aus Gründen der Sittlichkeit, in Uniform den südamerikanischen Tango zu tanzen.

21 Fr Die Londoner Operndirektion kündigt für Februar und März 1914 ein Festival mit deutschen Opern in der Covent-Garden-Oper an.

22 Sa Zehn an der »Zabern-Affäre« vom 6. November beteiligte deutsche Soldaten werden verhaftet, weil sie Informationen an die Presse gegeben haben sollen.

23 So In einem Fußball-Länderspiel vor 7000 Zuschauern in Antwerpen gelingt der belgischen Mannschaft mit 6:2 der dritte Sieg gegen Deutschland.

24 Mo Im seit 1890 von der British South East Africa Company besetzten Rhodesien kommt es zu Protesten gegen den Anschluss an die Südafrikanische Union.

25 Di Bei einer Rekrutierungsaktion melden sich in Irland 10 000 Freiwillige, die für eine irische Autonomie eintreten wollen.

26 Mi In St. Petersburg verbietet der russische Reichsrat Stadtverwaltungen in Russisch-Polen, den Gebrauch der polnischen Sprache.

27 Do An der Universität Graz in Österreich beendet die Polizei gewaltsame Zusammenstöße zwischen deutschen und italienischen Studenten.

28 Fr Der Gemeinderat von Zabern im Elsass protestiert in einem Telegramm an Kaiser Wilhelm II. gegen die Willkürmaßnahmen des örtlichen Militärs.

29 Sa In einem Experiment versucht die britische Tageszeitung »Daily Mail«, ihr Berliner Redaktionsbüro über direkte Telefon-Sprechkontakte zu erreichen.

30 So Mit den Arbeiten an dem US-Stummfilm »Making A Living« beginnt der britische Schauspieler Charles Spencer Chaplin seine Filmkarriere.

6. November 1913

Gandhi agitiert in Südafrika

Der indische Freiheitskämpfer Mohandas Karamchand Gandhi (s. Abb. M.) überschreitet mit 2000 Anhängern demonstrativ die für Inder verbotene Grenze zwischen Natal und Transvaal (Provinzen der Südafrikanischen Union). Sie protestieren damit gegen die Rassendiskriminierungspolitik der Regierung Südafrikas. Diese hatte beschlossen, den in Natal lebenden, einst von europäischen Unternehmen angeworbenen indischen Einwanderern die Passage der Grenze durch Einführung von Passierscheinen zu erschweren. Zudem erklären die Behörden die traditionelle Eheschließung der Hindus für ungültig. Gandhis ergebnislos bleibende Aktion des bürgerlichen Ungehorsams soll dazu dienen, die Obrigkeit zur Einsicht in ihr Fehlverhalten zu veranlassen.

13. Dezember 1913

Dreibund diskutiert den Krieg

In einem in Wien stattfindenden Gespräch vertreten der deutsche Botschafter in Österreich-Ungarn, Heinrich Leonhard von Tschirschky und Bögendorff, und der österreich-ungarische Generalstabschef Franz Graf Conrad von Hötzendorf die Ansicht, dass sich die politische und militärische Situation in Europa zuungunsten des Dreibundes verschlechtere. Das Treffen steht im Zusammenhang mit den Vorbereitungen für einen Krieg gegen Frankreich und Russland.

Österreich-Ungarn fürchtet an seiner Südgrenze einen neuen, von Russland unterstützten Balkanbund unter serbischer Führung und kämpft im eigenen Land gegen Autonomiebewegungen. Das Deutsche Reich sieht sich in seiner militärischen Strategie durch die zunehmende Verringerung des russischen Rüstungsrückstands sowie die französische Politik gefährdet. Die vor diesem Hintergrund im Dezember 1912 begonnenen Planungen für eine intensivere militärische Zusammenarbeit zwischen den Dreibundstaaten Deutschland, Österreich-Ungarn und Italien fanden am 23. Juni 1913 ihren vorläufigen Abschluss. Die Vertreter der verbündeten Mächte verständigten sich dabei auf die teilweise Zusammenlegung der drei Flotten im Falle des Krieges gegen die Tripelentente – das militärische Bündnis der Staaten Frankreich, Russland und Großbritannien.

Die politische Situation am Vorabend des Ersten Weltkriegs ist vom Gegensatz der beiden Bündnisse geprägt. Die deutsche und österreich-ungarische Politik trägt einen zunehmend aggressiven Charakter. Demgegenüber sorgt bei den Staaten der Tripelentete vor allem die russische Einflussnahme im Balkangebiet für Konflikte (Abb. v.l.: Deutschlands Kaiser Wilhelm II. und der britische König Georg V.).

6. November 1913

Willkürakte im Elsass

Nach Bekanntwerden von Diskriminierungen und willkürlichen Verhaftungen einheimischer Bürger durch Offiziere des im elsässischen Zabern stationierten deutschen Infanterieregiments Nr. 99 kommt es in der Stadt zu Demonstrationen. Die als »Zabern-Affäre« bekannten Vorfälle lösen eine der bislang schwersten verfassungspolitischen Krisen des Deutschen Reiches aus.

Die elsässische Bevölkerung hatte sich über die menschenverachtende Äußerung des deutschen Leutnants Günter Freiherr von Forstner empört, der die Tötung Einheimischer durch deutsche Soldaten mit einer Belohnung von zehn Mark unterstützen wollte. Trotz fehlender rechtlicher Kompetenz demonstriert das deutsche Militär seinen Anspruch auf die exekutive Gewalt, die eigentlich den Zivilbehörden zusteht. Deutsche Offiziere verhaften willkürlich Zivilpersonen und patrouillieren bewaffnet durch die Straßen der Stadt. Sowohl Kaiser Wilhelm II. als auch die Reichsregierung billigen das Verhalten der deutschen Offiziere in Zabern. Erst ein Misstrauensvotum des Reichstags gegen Reichskanzler Theobald von Bethmann Hollweg am 4. Dezember und die allgemeine öffentliche Erregung veranlasst die Verlegung des Zaberner Infanterieregiments. Das gegen Forstner eingeleitete Disziplinarverfahren endet im Januar mit einem Freispruch.

8. November 1913

»Woyzeck« uraufgeführt

Im Münchner Residenztheater wird das Dramenfragment »Woyzeck«, ein Werk des deutschen Dichters Georg Büchner, in der Regie von Eugen Kilian uraufgeführt.

In der Hauptrolle ist der bekannte Schauspieler Albert Steinrück zu sehen. Die Theaterkritiken sprechen von einer eindrucksvollen Premiere. Besondere Probleme bei der Aufführung des bereits 1836/37 entstandenen »Woyzeck«-Fragmentes bereitet die erst seit 1879 zugängliche Textfassung. Deren Herausgeber Karl Emil Franzos ordnete die im Nachlass von Büchner gefundenen Textblätter nach subjektiven Kriterien an, ohne eine verbürgte Fassung zu erstellen.

10. Dezember 1913

Ehrung für Tagore

Tagores Dichtungen sind von ihm selbst vertont.

Die schwedische Königliche Akademie in Stockholm verleiht den Literaturnobelpreis an den 52-jährigen indischen Dichter und Philosophen Rabindranath Tagore. Damit wird erstmals ein Nicht-Europäer mit dem Nobelpreis ausgezeichnet. Den mit 143000 schwedischen Kronen (umgerechnet 160875 Mark) dotierten Preis erhält Tagore für seine 1910 entstandene Gedichtesammlung »Gitanjali«. Das Nobel-Institut begründet seine Entscheidung als »Anerkennung seiner in englische Sprache gekleideten, von einem tiefen Gemüt erfüllten, schönen und frischen Dichtung, durch die er mit vollendetem Können seine dichterischen Gedanken in die Literaturwelt des Abendlandes eingeführt hat«.

Der indische Dichter versteht sich als Mittler zwischen indischer Tradition und europäischer Kultur. Er entwickelt in seiner Lyrik das Ideal des »Weltbürgers«, eines Menschen, der die kulturellen Barrieren zwischen Ost und West überwindet und in Bindungen umwandeln will. Zur Schaffung dieses Menschentyps gründete er im bengalischen Santiniketan eine Schule, in der indische und europäische Erziehungsmethoden miteinander verbunden werden. Die Nobelpreisverleihung bringt Tagore vor allem internationalen Ruhm ein. Zahlreiche Vortragsreisen ins westliche Ausland dokumentieren seine wachsende Popularität. Als er im Rahmen einer Europareise am 2. Juni 1921 an der Berliner Universität eine Lesung über die »Botschaft der Wälder und die Seele Indiens« hält, drängen sich Scharen von Menschen in den Vorlesungssaal.

Rabindranath Tagore

eigtl. Ravindranáth Thakur, indischer Dichter, Philosoph und Maler, * 7.5.1861 Kalkutta; † 7.8.1941 Santiniketan (Bengalen)

Tagore, dessen Name sich aus der anglisierten Form des bengalischen Thakur ableitet, begründete die moderne bengalische Literatur. Der Dichter, dessen Vater als Heiliger verehrt wurde, studierte in London und widmete sich danach auf dem Familiensitz Santiniketan der Schriftstellerei. Er verfasst 100 Bücher, vor allem Lyrik und vom Expressionismus beeinflusste Dramen und Erzählungen, von denen er viele ins Englische übersetzt. Zum Nationalhelden wird er, als er sich führend im Widerstand gegen die Teilung Bengalens einsetzt. Tagore unternimmt Vortragsreisen durch Europa, die USA und Ostasien. Die letzten Jahre verbringt er in einer von den Schülern seiner Hochschule gestifteten Lehmhütte.

- 1878-83: Studium der englischen Literatur
- 1881-97: Verwalter auf dem Familiengut
- 1902: »Sandkörnchen im Auge« (Roman, dt. 1923)
- 1912, 1921, 1927, 1930: Europareisen
- 1916:»Das Heim und die Welt« (Roman, dt. 1920)
- 1929: USA-Reise
- 1938: »Candalika« (Drama)

16. November 1913

Gesellschaft für Sexualforschung in Berlin gegründet

In Berlin konstituiert sich die internationale Gesellschaft für Sexualforschung, die fächerübergreifend soziale Aspekte der Sexualität untersuchen will.

Damit erweitert sie das Forschungsfeld der menschlichen Sexualität um einen gesellschaftswissenschaftlichen Ansatz, der theoretische Erkenntnisse über die soziale Bedeutung der Sexualität in den Vordergrund stellt. Bisher war die über verschiedene wissenschaftliche Disziplinen verteilte Forschung lediglich an praktischen Problemlösungen interessiert. In der »Taufrede« kritisiert der Vorsitzende, der Volkswirtschaftler Julius Wolf, die negativen Auswirkungen moralischer Tabus auf eine systematische Forschungsarbeit. Dennoch sieht er im zurückgehenden Einfluss der Kirchen und rigider bürgerlicher Moralvorstellungen die Chance zu einer offeneren Beschäftigung mit dem Thema Sexualität. Medizinische Fortschritte in der Bekämpfung von Geschlechtskrankheiten förderten dabei liberalere Sexualvorstellungen. Abzulesen sei dies bereits an der wachsenden Bedeutung bewusster Empfängnisverhütung. Einer der einflussreichsten Wegbereiter der Sexualforschung in Deutschland ist der Mannheimer Neurologe und Psychiater Richard Freiherr von Krafft-Ebing.

Dezember 1913

1 Mo In der Domstadt Köln wird eine Frau festgenommen, die eine große Zahl von Abtreibungen vorgenommen haben soll.

2 Di Die sechs europäischen Großmächte einigen sich auf den deutschen Fürsten Wilhelm zu Wied als künftigen Fürsten von Albanien.

3 Mi Bei schweren Überschwemmungen im US-Staat Texas kommen 20 Menschen um. Es entsteht Sachschaden in Millionenhöhe.

4 Do Ein Sturm beschädigt den Funkturm bei Rilvese (Provinz Hannover) Die Versuche mit drahtlosen Ferngesprächen nach USA werden ausgesetzt.

5 Fr Der deutsche Kaiser Wilhelm II. ordnet die vorübergehende Verlegung der im elsässischen Zabern in einen Militärskandal verwickelten Bataillone an.

6 Sa Die britische Regierung verbietet angesichts der Aufrüstung der protestantischen Selbstverwaltungs-Gegner die Einfuhr von Waffen nach Irland.

7 So Der Hamburger Senat wählt Max Bredöhl zum Ersten Bürgermeister des Stadtstaates und Werner von Melle zum Zweiten Bürgermeister.

8 Mo Der neue französische Ministerpräsident Gaston Doumergue stellt in Paris sein Kabinett vor, das vor allem aus Anhängern der Radikalen besteht.

9 Di Der mexikanische Kongress erklärt die Präsidentschaft Victoriano Huertas für ungültig und setzt für den 6. Juli 1914 Präsidentschaftswahlen an.

10 Mi Die Erstaufführung der Oper »Der Rosenkavalier« von Richard Strauss in New York wird von Publikum und Kritikern zurückhaltend beurteilt. → Tagore

11 Do Die Reichstagsfraktion der SPD wählt in Berlin Philipp Scheidemann zum Vorsitzenden. +++ Arthur Hoffmann wird neuer Bundespräsident der Schweiz.

12 Fr In Florenz wird Leonardos 1911 aus dem Louvre gestohlene »Mona Lisa« gefunden. +++ In Addis Abeba stirbt Äthiopiens Kaiser Menilek II.

13 Sa In Frankfurt am Main weiht die Freie literarische Gesellschaft ein Denkmal für den Dichter Heinrich Heine ein. → Dreibund

14 So Das Eintreffen einer zehnköpfigen deutschen Militärmission in Konstantinopel löst Spannungen mit den anderen Großmächten, insbesondere Russland, aus.

15 Mo Kaiser Wilhelm II. ernennt General Paul von Lettow-Vorbeck zum Kommandeur der sogenannten Schutztruppe in der deutschen Kolonie Kamerun.

16 Di Nach der Vertagung des mexikanischen Kongresses bis zum April 1914 regiert der diktatorische Präsident Victoriano Huerta mit Sondervollmachten.

17 Mi Bei einer Kohlenstaub-Explosion werden in der »Vulcan«-Grube in Newcastle im US-Staat Colorado 40 Bergarbeiter verschüttet, 38 von ihnen sterben.

18 Do Am mesopotamischen Fluss Euphrat, der zum Osmanischen Reich gehört, wird ein neuer Staudamm zur Verbesserung der Landwirtschaft eingeweiht.

19 Fr Der italienische Ingenieur Guglielmo Marconi findet eine Möglichkeit, die Richtung von Funkwellen zu bestimmen.

20 Sa Deutsche Gewerkschaften boykottieren die Deutsche Bank, da das Institut seinen Mitarbeitern das Recht auf gewerkschaftliche Organisation verweigert.

21 So Die europäischen Großmächte erkennen die Annexion der vormals zum Osmanischen Reich gehörenden Insel Kreta durch Griechenland im Balkankrieg an.

22 Mo Ein am 13. Dezember in Bitterfeld aufgestiegener Freiballon geht im russischen Perm nieder und stellt mit 2800 km Flug einen Rekord auf.

23 Di Die Berliner Fachzeitschrift »Illustrierter Sport« beklagt die ungünstigen Bedingungen für den Breitensport in Deutschland im Vergleich zu den USA.

24 Mi Nach einer statistischen Untersuchung hat sich die Zahl der Elektrizitätswerke in Deutschland seit 1909 mehr als verdoppelt.

25 Do Weil er beim Abspielen der Kaiserhymne sitzen blieb, erhält der russische Journalist Brasul Bruschkowski in Kiew eine einjährige Haftstrafe.

26 Fr In der Nähe der Faröer-Inseln nördlich von Großbritannien ertrinken 19 Fischer, als sie in ihren Booten von einem Sturm überrascht werden.

27 Sa Der deutsche Turbinenkreuzer »Dresden« läuft von Kiel nach Mexiko aus, um angesichts der dortigen Unruhen deutsche Interessen zu wahren.

28 So Eine neue deutsche Luftverkehrsordnung schreibt die Kennzeichnung aller Fluggeräte vor und regelt auch die Führerscheinbestimmungen für Piloten.

29 Mo In Paraguay wird für zunächst drei Jahre eine aus acht Offizieren bestehende deutsche Militärmission gebildet.

30 Di Der Slowenische Klub in Laibach (heute Ljubljana) wird von der österreichisch-ungarischen Regierung wegen nationalistischer Tendenzen aufgelöst.

31 Mi Wegen des anhaltenden Unwetters im Ostseeraum ist die gesamte Schifffahrt und ein großer Teil des Eisenbahnverkehrs gestört.

Januar 1914

1 Do Richard Wagners Oper »Parsifal« wird in mehreren europäischen Städten gespielt, nachdem das Bayreuther Aufführungsprivileg ablief. → Ullstein

2 Fr Als Nachfolger von Ahmed Izzet Pascha wird der Führer der jungtürkischen Bewegung, Enwer Pascha, zum Kriegsminister des Osmanischen Reiches ernannt.

3 Sa Der spanische König Alfons XIII. löst in Madrid per Dekret das Abgeordnetenhaus auf. Dadurch werden Neuwahlen notwendig. → Asta Nielsen

4 So Die Internationale Kriminalistische Vereinigung, zu deren Begründern der deutsche Jurist Franz von Liszt gehörte, feiert in Berlin ihr 25-jähriges Bestehen.

5 Mo Der russische Außenminister Sergej D. Sasonow spricht sich dafür aus, deutschen Einfluss im Osmanischen Reich notfalls militärisch zu verhindern.

6 Di Wirtschaftsvertreter aus Deutschland, Österreich-Ungarn und Belgien erörtern auf einer Konferenz in Budapest eine Zollunion ihrer Ländern.

7 Mi In der Südafrikanischen Union beginnt ein Streik gegen die diktatorischen Verhältnisse im Lande, der sich binnen einer Woche zum Generalstreik ausweitet.

8 Do Im preußischen Landtag in Berlin stellt Finanzminister August Lentze den Haushaltsentwurf für 1914 vor, der ein Volumen von 4,84 Mrd. Mark hat.

9 Fr Die Stadt Berlin übernimmt die Kosten von Gratis-Klassikervorstellungen für Volksschüler im Deutschen Theater.

10 Sa Den Freispruch für Oberst Adolf von Reuter in der sog. Zabern-Affäre nimmt die liberale Öffentlichkeit mit Empörung auf.

11 So Einen Ländervergleich im Skispringen auf der Semmeringschanze in Niederösterreich gewinnt Norwegen vor Österreich, der Schweiz und Deutschland.

12 Mo Der seit 1912 diktatorisch regierende chinesische Präsident Yüan Shih-k'ai löst das Parlament in Peking auf, um eine Verfassungsänderung vorzunehmen.

13 Di Hamburger Arbeiter fordern die Verbesserung ihrer gesetzlichen Möglichkeiten zur gewerkschaftlichen Organisation. → Bosporus

14 Mi Der Deutsche Reichstag beschließt, die Befugnisse des Militärs gegenüber der Zivilbevölkerung gesetzlich zu regeln.

15 Do Während Frankreich seine Olympia-Mannschaft für 1916 mit 122 100 Mark unterstützt, verweigert der Reichstag den deutschen Sportlern einen Zuschuss.

16 Fr Nach acht Jahren Verbannung wegen seiner Beteiligung an der Revolution 1905 kann der russische Autor Maxim Gorki in seine Heimat zurückkehren.

17 Sa Gerhart Hauptmanns Stück »Der Bogen des Odysseus« wird im Deutschen Künstlertheater von Berlin uraufgeführt.

18 So Der reaktionäre »Preußenbund«, dessen offizielles Ziel die Stärkung der preußischen Rolle in Deutschland ist, hält in Berlin seine erste Sitzung ab.

19 Mo Der ungarische Ministerpräsident István Graf Tisza demonstriert mit einem Besuch in Kroatien den dortigen Machtanspruch seines Landes.

20 Di US-Präsident Woodrow Wilson verkündet vor dem Kongress in Washington die Grundsätze seiner Anti-Trust-Politik.

21 Mi Der britische Handelsminister Sydney Viscount Baxton fordert in Bermondsey eine Verstärkung der britischen Flotte zum Schutz der Küsten.

22 Do Erstmals wird ein Postdienst nach Helgoland mit einem Zeppelin, dem Luftschiff »Sachsen«, betrieben. +++ Die deutsche Reichsbank senkt den Diskontsatz.

23 Fr In Albanien übernimmt die internationale Kontrollkommission der europäischen Großmächte die Regierungsgewalt.

24 Sa Der US-Senat billigt das Alaska-Eisenbahn-Gesetz, das den Bau einer 1600 km langen, 184 Mio. Mark teuren Bahnstrecke durch Alaska ermöglicht.

25 So Bei den Eiskunstlauf-Weltmeisterschaften im Schweizer St. Moritz siegen im Paarlaufen die Finnen Ludowika Eilers-Jakobson und Walter Jakobson.

26 Mo In der Führung der deutschen Katholiken weitet sich der Streit um die Mitgliedschaft katholischer Arbeiter in interkonfessionellen Gewerkschaften aus.

27 Di US-Präsident Woodrow Wilson ordnet die Einsetzung einer Regierungsbehörde für die Panamakanalzone an.

28 Mi Die Falschmeldung, dass die deutsche Krupp AG die russische Rüstungsfirma Putilow kaufen wolle, sorgt international für Aufsehen.

29 Do Der Frankfurter Architekt Franz Röckle gewinnt den gartenarchitektonischen Wettbewerb zur Errichtung des neuen Kölner Friedhofs.

30 Fr Eine schwere Schlagwetterexplosion auf der Schachtanlage »Minister Achenbach« in Dortmund fordert 24 Menschenleben.

31 Sa In der Landesregierung Elsass-Lothringens kommt es infolge der sog. Zabern-Affäre zu mehreren personellen Wechseln.

Die Eisenbahn ist ein wichtiger Teil kolonialer Infrastruktur.

2. Februar 1914

Bahn stärkt Herrschaft

Der Bau der Tanganjika-Eisenbahnlinie in Deutsch-Ostafrika wird mit dem Erreichen des Tanganjikasees bei Kigoma abgeschlossen. Der Transportweg ist ein wichtiges Mittel deutscher Kolonialherrschaft in Afrika.
Die über Morogoro und Tabora führende Bahnlinie verbindet auf einer Strecke von 1270 km Daressalam – wichtige Hafenstadt am Indischen Ozean und Sitz der deutschen Kolonialverwaltung – mit dem Landesinneren von Tanganjika sowie dem Tanganjikasee. Damit erschließt sie diese Regionen für die wirtschaftliche Ausbeutung. Der Verkehr mit dem Katanga-Gebiet und seinen reichen Erzvorkommen wird ebenso verbessert wie die Überlandverbindung mit Kamerun. Gleichzeitig mit dem Bahnbau werden bedeutende Hafenanlagen für den Ort Kigoma in Angriff genommen. Beim Bau der Tanganjika-Bahn wurde die einheimische Bevölkerung zu harten körperlichen Arbeiten gezwungen. Weitere Verkehrsverbindungen sind in Planung.

Deutsche Afrikakolonien

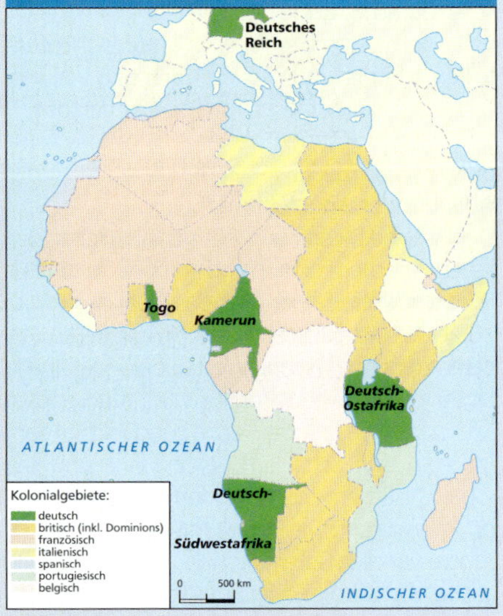

13. Januar 1914

Europäische Großmächte ringen um Einfluss am Bosporus

Auf einer Sonderkonferenz in St. Petersburg entscheidet sich die politische und die militärische Führung Russlands gegen militärische Aktionen zur Lösung der sog. Liman-Sanders-Krise.
Im Dezember 1913 war eine von Generalleutnant Otto Liman von Sanders geleitete, zehnköpfige deutsche Militärmission in der türkischen Hauptstadt Konstantinopel eingetroffen. Ihre Aufgabe war es, die Armee des Osmanischen Reiches zu reorganisieren. In einer Abschiedsaudienz hatte Kaiser Wilhelm II. die Ziele der Mission mit Einflussnahme auf Armee und Kriegsministerium sowie Kontrolle der Politik anderer Großmächte im Osmanischen Reich umrissen. Den Zielen der deutschen Regierung steht das Interesse Russland an einem freien Zugang zum Mittelmeer über Bosporus und Dardanellen entgegen. Auf diesem südlichen Seeweg wurden bislang rd. 37% der russischen Exporte abgewickelt. Die deutsche Einflussnahme im strategisch und wirtschaftlich bedeutsamen Bosporus-Gebiet führt zu politischen Spannungen der Großmächte, die sich in dieser Region engagieren – Europa droht Krieg. Die Liman-Sanders-Krise wird u.a. dadurch entschärft, dass das deutsche Kommando über das osmanische I. Armeekorps zurückgegeben wird. General von Sanders wird zum Generalinspekteur des osmanischen Heeres zurückgestuft.

11. Februar 1914

Der Krieg rückt näher

In Europa formieren sich die Bündnissysteme Dreibund (Deutschland, Österreich-Ungarn, Italien) und Tripelentente (Großbritannien, Frankreich, Russland) zum Krieg: Die deutsche Regierung erhält von Italien eine diplomatische Zusicherung über die Entsendung von Infanterie- und Kavalleriedivisionen an die deutsche Westgrenze im Kriegsfall. Zusammen mit der französisch-russischen Rüstungsanleihe vom 9. Februar dokumentiert dies die Intensivierung der Kriegsvorbereitungen der Bündnisse.

Die auf einer Italienreise des deutschen Oberquartiermeisters Georg Graf von Waldersee im Dezember 1913 mit dem italienischen Generalstabschef Alberto Pollio vorbereitete Absprache sieht vor, dass Italien im Kriegsfall drei Armeekorps und zwei Kavalleriedivisionen zum Einsatz gegen Frankreich an den Oberrhein sendet. Die Vereinbarung ist innerhalb des Dreibunds von besonderer politischer Brisanz, da Italien damit die aufgekommenen Zweifel an seiner Bündnistreue zu zerstreuen sucht. Innerhalb des Dreibunds drängen der deutsche Generalstabschef Helmuth Graf von Moltke wie auch sein österreichisches Pendant Franz Freiherr Conrad von Hötzendorf auf einen Krieg gegen Russland und Frankreich. Conrad fordert in einem Brief an Moltke konkrete militärische Absprachen für den Kriegsfall, da die Lage des Dreibunds angesichts russischer Aufrüstung immer bedrohlicher werde.

3. Januar 1914

Erfolg für Stummfilm-Diva

Der unter der Regie von Urban Gad gedrehte Film »Engelein« hat in Berlin Premiere. Die Stummfilmkomödie bezieht ihre Wirkung aus dem umwerfenden Spiel der in Deutschland lebenden Dänin Asta Nielsen. Die ungekünstelte und wie selbstverständlich wirkende Regiearbeit Urban Gads trägt ebenso dazu bei, dass der Streifen als bester Film des Jahres gilt. »Engelein« steht damit – als Prototyp der sog. Screwball-Comedy – im Gegensatz zu anderen zeitgenössischen deutschen Filmen, die sich stärker den künstlerischen Maßstäben eines elitär eingestellten Theaterpublikums unterwerfen.

Asta Nielsen

dänische Schauspielerin, * 11.9.1881 Kopenhagen; † 25.5.1972 Frederiksberg

Nielsen ist eine der ersten Schauspielerinnen, die ihr Spiel ganz dem neuen Medium des Stummfilms anpasst. Mit zwölf Jahren wurde das aus ärmlichen Verhältnissen stammende Mädchen an der Schauspielschule in Kopenhagen aufgenommen. Mit 18 hatte sie ihr Bühnendebüt. Mit Urban Gad, dem ersten ihrer vier Ehemänner, ging sie nach Deutschland, wo sie in insgesamt 78 Filmen mitwirkt. Sie spielt stets Rollen, in denen sie von einer Aura aus Unheil umgeben ist. Der Durchbruch des Tonfilms setzt ihrer Karriere – u.a. wegen ihres dänischen Akzents – ein Ende.

- 1918: Erfolg mit dem Film »Abgründe«
- 1927: »Dirnentragödie« (Film)
- 1932: »Unmögliche Liebe«, ihr einziger Tonfilm

20. Februar 1914

Gefängnis für Luxemburg

Wegen Widerstands gegen die Staatsgewalt wird die sozialdemokratische Politikerin Rosa Luxemburg (s. Abb.) in Frankfurt am Main zu einer Gefängnisstrafe von einem Jahr verurteilt.

Nach der Anklageschrift soll die Sozialistin u.a. Soldaten zur Befehlsverweigerung aufgerufen haben. Die Staatsanwaltschaft begründet ihre Anklage mit zwei Reden, die Rosa Luxemburg am 25. September 1913 im Frankfurter Vorort Fechenheim und am 26. September 1913 in Frankfurt gehalten hat. Dabei berichtete sie über Fälle von Soldatenmisshandlungen und sprach sich für eine allgemeine Volksbewaffnung aus. Außerdem erklärte sie: »Wenn uns zugemutet werden sollte, die Mordwaffe gegen unsere französischen oder anderen ausländischen Brüder zu erheben, dann rufen wir: Wir tun das nicht!« Die Politikerin und Frauenrechtlerin bekräftigt nach Ende des Prozesses auf mehreren Protestversammlungen gegen das »Terrorurteil« ihren antimilitaristischen Standpunkt. Ein weiterer, am 29. Juni beginnender Prozess gegen Rosa Luxemburg wird wegen der von ihr zu erwartenden öffentlichen Kritik an den Zuständen in der deutschen Armee wieder eingestellt. Am 22. Oktober 1914 bestätigt ein Berufungsgericht das im Frankfurter Verfahren gefällte Urteil. Am 18. Februar 1915 wird Rosa Luxemburg festgenommen.

1. Januar 1914

Ullstein übernimmt »Vossische«

In der Reichshauptstadt nimmt die Pressekonzentration zu. Der Ullstein-Verlag übernimmt mit der »Vossischen Zeitung« die älteste Tageszeitung Berlins. Gleichzeitig geht der Scherl-Pressekonzern in die Hände der deutschen Großbank Disconto-Gesellschaft über.

Sowohl der Ullstein-Verlag als auch der Scherl-Konzern zeichnen sich durch bemerkenswerte In-

novationen im Pressewesen aus. Die Neuerungen betreffen vor allem Druck und Vertrieb. Großverleger August Scherl nutzt u.a. die rationellen Doppelrotationsmaschinen in der Produktion und macht Reklame für seine Produkte. Der Ullstein-Verlag modernisiert den Vertrieb und lässt seine Zeitungen u.a. von fliegenden Händlern verkaufen (Abb.: Mit dem Seebäder-Dienst von Ullstein wird auch die Küste versorgt).

Februar 1914

1	So	Nach französischen Presseberichten spricht sich das britische Militär für die volle Unterstützung Frankreichs in einem Krieg gegen Deutschland aus.
2	Mo	Die Komödie »Der Snob« von Carl Sternheim wird in den Kammerspielen des Deutschen Theaters in Berlin uraufgeführt. → Bahn
3	Di	Der deutsche Pilot Bruno Langer verbessert in Berlin den Dauerflug-Weltrekord in einem Stahl-Pfeildoppeldecker um 44 Minuten auf 14:07 h.
4	Mi	Im Deutschen Reichstag weist Außenminister Gottlieb von Jagow auf die gemeinsamen politischen Interessen mit Großbritannien hin.
5	Do	In Glasgow erläutert der britische Schatzkanzler David Lloyd George Einzelheiten der geplanten Landreform, die Landarbeitern den Grunderwerb erleichtert.
6	Fr	Der russische Reichsrat in St. Petersburg nimmt einen Gesetzentwurf zur Bekämpfung der Trunksucht einstimmig an.
7	Sa	In Bukarest loten die Ministerpräsidenten Griechenlands und Rumäniens, Eleftherios Weniselos und Nikola Pašić, einen möglichen neuen Balkanbund aus.
8	So	Das erste deutsche Arbeiterjugendheim wird in Steglitz durch den Sekretär des SPD-Bildungsausschusses, Wilhelm Pieck, eingeweiht.
9	Mo	Russland erhält von Frankreich eine Anleihe in Höhe von umgerechnet 541,3 Mio. Mark für Rüstung und den militärisch wichtigen Eisenbahnbau.
10	Di	Nach einem Verfassungsstreit mit König Gustav V. über politische Äußerungen der Krone tritt Schwedens Ministerpräsident Karl Albert Staaff zurück.
11	Mi	In St. Petersburg erklärt der als gemäßigt geltende russische Ministerpräsident Wladimir N. Kokowzew seinen Rücktritt. → Krieg
12	Do	In Wien, der Hauptstadt Österreichs, demonstrieren Arbeitslose gegen die Untätigkeit der Regierung angesichts der hohen Arbeitslosigkeit.
13	Fr	Die Allgemeine Deutsche Kunstgenossenschaft protestiert in Berlin gegen die Beschlagnahme angeblich unzüchtiger Künstlerpostkarten.
14	Sa	Britische Frauenwahlrechtlerinnen zertrümmern in London die Fenster des Innenministeriums und legen im Pavillon eines vornehmen Tennisclubs Feuer.
15	So	Der Norweger Oscar Mathisen wird in seiner Heimatstadt Kristiania (Oslo) Weltmeister im Eisschnelllaufen der Herren.
16	Mo	Auf seiner nach Berlin einberufenen 21. Generalversammlung unterstützt der deutsche Bund der Landwirte die monarchistische Verfassung.
17	Di	In Konstantinopel erscheint die erste Übersetzung des Korans ins Türkische. Erstmals wird damit breiteren Kreisen die Lektüre ermöglicht.
18	Mi	Die belgische Abgeordnetenkammer beschließt das neue Schulgesetz, das besonders den Wünschen der katholischen Kirche Rechnung trägt.
19	Do	In München erklärt der bayerische Innenminister Max Freiherr von Soden-Frauenhofen, weiterhin keine sozialdemokratischen Bürgermeister zu ernennen.
20	Fr	In Kiel wird das Institut für Weltwirtschaft und Seeverkehr gegründet, das an die Universität angeschlossen ist. → Luxemburg
21	Sa	Als »Weißer Wolf« bekannte chinesische Rebellen plündern die Stadt Linautschau und töten dabei 1300 Menschen.
22	So	Der Reichsverband deutscher Ärzte löst sich auf, da er nach Regelung des Verhältnisses der Ärzte zu den Krankenkassen seine Aufgabe erfüllt sieht.
23	Mo	Anlässlich der diesjährigen Faschingsfeiern stellt die Münchener Polizei bedauernd die Beliebtheit »unsittlicher« Tänze wie des Tangos fest.
24	Di	Südafrikanische Gewerkschaftsführer, die wegen des Generalstreiks im Januar aus dem Land deportiert wurden, klagen in Großbritannien ihr Recht ein.
25	Mi	Großbritannien will seinen Bestand an Militärflugzeugen von 161 auf 250 erhöhen, Russland bestellt 353 Maschinen zusätzlich zu den vorhandenen 300.
26	Do	Bei Berlin explodiert eine Nitrobenzolfabrik. +++ Die Liga zur Verteidigung Elsass-Lothringens wird in Straßburg gegründet.
27	Fr	In London lehnt der britische Premierminister Herbert Henry Asquith die Einführung einer allgemeinen Wehrpflicht ab.
28	Sa	Die britische Labour Party will die am 24. Februar in Großbritannien angekommenen deportierten Arbeiterführer aus Südafrika juristisch unterstützen.

März 1914

1 So Im böhmischen Landtag in Prag scheitern die deutsch-tschechischen Verhandlungen zur Nationalitätenfrage an den deutschen Abgeordneten.

2 Mo Der Soziologe Georg Simmel hält vor seinem Wechsel nach Straßburg an der Berliner Universität eine Abschiedsvorlesung. → Kampagne

3 Di Anhänger der nordirischen Unionisten versuchen das Homerule-Gesetz für die britische Provinz zu verhindern, das eine begrenzte Selbstverwaltung vorsieht.

4 Mi Die Medizinische Gesellschaft in Berlin diskutiert über Todesfälle, die in Zusammenhang mit dem Anti-Syphilis-Mittel Salvarsan der Hoechst AG stehen sollen.

5 Do Das russische Finanzministerium dementiert den Bericht der »Kölnischen Zeitung« vom 2. März über angebliche russische Kriegsvorbereitungen.

6 Fr Das württembergische Parlament billigt ein neues Kinogesetz zum »Schutz der Jugend und der öffentlichen Sittlichkeit vor Verrohung«.

7 Sa Das erste Prosawerk des irischen Dichters James Joyce, das aus 15 Erzählungen besteht, erscheint unter dem Titel »Dubliners«. → Wilhelm

8 So Am internationalen Frauentag fordern in Berlin sozialdemokratische Frauenrechtlerinnen die Einführung des Frauenwahlrechts.

9 Mo Die britische Frauenrechtlerin Emmeline Pankhurst wird wegen »Agitation« in Glasgow verhaftet. +++ In Rom kommt es zu einem Generalstreik.

10 Di Die italienische Regierung unter Ministerpräsident Giovanni Giolitti tritt zurück, nachdem die Radikale Partei ihre Minister zurückgezogen hat.

11 Mi Der russische Außenminister Sergej D. Sasonow rechtfertigt die russische Aufrüstung mit entsprechenden Maßnahmen im Deutschen Reich.

12 Do Im Reichstag wird ein neues Postscheckgesetz verabschiedet, das zur Erleichterungen im bargeldlosen und halbbaren Zahlungsverkehr führt.

13 Fr Erstmals wird ein in Nauen bei Berlin abgesandter Funkspruch von der Station Windhuk in Deutsch-Südwestafrika empfangen.

14 Sa Konstantinopel (heute Istanbul): Das Osmanische Reich und Serbien unterzeichnen nach Ende der Balkankriege 1912/13 einen bilateralen Friedensvertrag.

15 So In einer katholischen Kirche im Berliner Stadtteil Moabit fordern polnische Bürger die Abhaltung der Kommunion für ihre Kinder in polnischer Sprache.

16 Mo Die Frau von Finanzminister Joseph Caillaux erschießt in Paris nach einer Pressekampagne den Chefredakteur der Tageszeitung »Figaro«. → Kaiser

17 Di Der britische Marineminister Winston Churchill bringt im Unterhaus den Flottenetat 1914/15 ein, der den Vorjahreswert um rd. 2,4 Mio. Pfund übersteigt.

18 Mi Der diktatorisch regierende chinesische Präsident Yüan Shih-k'ai leitet die Ausarbeitung eines neuen Verfassungsentwurfs ein. → Stimmrecht

19 Do Kaiser Wilhelm II. erlässt eine Dienstvorschrift, die dem preußischen Militär eigenmächtiges Einschreiten in die Kompetenz ziviler Behörden untersagt.

20 Fr Der sog. Rochette-Ausschuss des französischen Parlaments untersucht, inwieweit Minister widerrechtlich in einen Finanzschwindlerprozess eingegriffen haben.

21 Sa Nach dem Rücktritt des italienischen Ministerpräsidenten Giovanni Giolitti am 10. März bildet der rechtsliberale Antonio Salandra ein neues Kabinett.

22 So In Berlin wird in Gegenwart von Kaiser Wilhelm II. der Neubau der Königlichen Akademie der Wissenschaften und die Königliche Bibliothek eingeweiht.

23 Mo Die osmanische und die russische Regierung gründen ein gemeinsames Komitee zur Verbesserung der gegenseitigen Handelsbeziehungen.

24 Di Im französischen Senat verteidigt Unterrichtsminister René Viviani das Gesetz zum Schutz der Laienschule gegen Angriffe des französischen Klerus.

25 Mi Kaiser Wilhelm II. und der italienische König Viktor Emanuel III. bekräftigen in Venedig ihr Festhalten am Dreibund mit Österreich.

26 Do Mit 164 gegen 39 Stimmen billigt das Parlament des US-Bundesstaates Massachusetts eine Änderung des Wahlrechts zugunsten von Frauen.

27 Fr Das britische Pferd Sunlock unter Jockey W. E. Smith siegt im Grand National Steeplechase, dem berühmtesten Hindernisrennen der Welt.

28 Sa Im traditionellen Ruderwettkampf der Universitäten Cambridge und Oxford siegt Cambridge. +++ Howard Drew (USA) läuft Weltrekord über 100 yards.

29 So Auf Initiative des türkischen Kriegsministers werden die Befugnisse der deutschen Militärmission im Osmanischen Reich eingeschränkt.

30 Mo Der Streit über die Disziplin in der britischen Armee während eines Einsatzes gegen Ulster-Unionisten führt zum Rücktritt des britischen Kriegsministers.

31 Di Das US-Repräsentantenhaus in Washington billigt die geforderte Annullierung der Gebührenbefreiung für US-Schiffe im Panamakanal.

16. März 1914

Kaiser löst Parlament auf

In Wien beschließt Kaiser Franz Joseph I. (s. Abb. l., mit Kaiser Wilhelm II.) die Auflösung des österreichischen Reichsrats. Österreich wird künftig per kaiserlicher Notverordnung regiert.
Hintergrund des kaiserlichen Eingriffs ist der deutsch-tschechische Nationalitätenstreit in Böhmen. Der Konflikt hatte aufgrund der Verzögerungstaktik der deutschen Abgeordneten im böhmischen Landtag zu dessen Auflösung am 28. Juli 1913 geführt. Aus Protest verweigerten tschechische Parlamentarier die Mitarbeit im österreichischen Reichsrat, der Volksvertretung mit Herren- und Abgeordnetenhaus. Das endgültige Scheitern aller Verständigungsversuche führt zur Auflösung des Parlaments. Der Notverordnungsparagraph gestattet die Abwicklung der Regierungsgeschäfte auch ohne Zustimmung des Parlaments. Der österreichische Ministerpräsident Karl Graf Stürgkh nutzt die Parlamentsauflösung auch zur ungehinderten Durchsetzung umstrittener Gesetzesvorhaben.

18. März 1914

Kein Stimmrecht für US-Frauen

Im US-Senat in Washington scheitert ein Antrag auf Einführung des Frauenstimmrechts, obwohl sich die Senatoren mit knapper Mehrheit dafür aussprechen. Für eine entsprechende Verfassungsänderung ist jedoch eine Zweidrittelmehrheit notwendig.
Während sich in den USA die Republikaner für das Frauenstimmrecht aussprechen, verhindert die Demokratische Partei von US-Präsident Woodrow Wilson mit ihrer ablehnenden Haltung dessen Einführung. Auf bundesstaatlicher Ebene existiert das Wahlrecht für Frauen bereits in zehn Staaten der USA. So dürfen Frauen in Wyoming bereits seit dem Jahre 1869 wählen. Auch in Großbritannien bleibt das Frauenwahlrecht heftig umstritten. In Glasgow verhaftete die Polizei einige Tage zuvor Emmeline Pankhurst, Führerin der britischen Suffragetten. Bei ihrer Verhaftung in einem Veranstaltungssaal greift die Polizei zu brutalen Mitteln, da die versammelten Zuhörer die Frauenrechtlerin zu schützen versuchen. Nach einem Schlagstockeinsatz kommt es zu tumultartigen Szenen.

7. März 1914

Wilhelm wird albanischer Fürst

Mit seinem feierlichen Einzug in die albanische Hauptstadt Durazzo tritt der deutsche Prinz Wilhelm zu Wied als Wilhelm I. offiziell sein Amt als Fürst von Albanien an.
Seit der Unabhängigkeit 1913 durchlief Albanien als jüngster Balkanstaat eine stürmische Entwicklung: Zum einen beanspruchten Nachbarstaaten Teile des albanischen Territoriums, andererseits wurde der Staat zur politischen Marionette der europäischen Großmächte. Vor allem Italien und Österreich-Ungarn sehen Albanien als Pufferstaat gegen Serbien. 1913 einigten sich die Großmächte auf den deutschen Prinzen als Fürst von Albanien. Der neue albanische Herrscher wird bei seiner Ankunft auf einem österreichischen Kriegsschiff u.a. von Delegierten einer internationalen Kontrollkommission empfangen. Vor seiner Inthronisierung hatte Wilhelm zwischen dem 10. und dem 19. Februar die Regierungen der europäischen Großmächte konsultiert. Mit dem Einzug des Fürsten erwarten die Großmächte, zu deren Spielball der Balkanstaat geworden ist, eine Stabilisierung der innenpolitischen Situation des Landes. Wilhelm I. setzt am 17. März Turkhan Pascha als Ministerpräsident und Essad Pascha Toptani als Innen- und Kriegsminister ein. Nach kurzer Zeit kommt es jedoch zu Machtkämpfen zwischen Wilhelm und dem Premier.

Die US-Flagge weht über der Hafenstadt Veracruz L

2. März 1914

Kampagne gegen Russland

Der Ton zwischen Deutschland und Russland verschärft sich: In einem aufsehenerregenden Artikel mit dem Titel »Russland und Deutschland« wirft die »Kölnische Zeitung« der russischen Regierung gezielte Kriegsvorbereitungen gegen Deutschland vor. Der als Teil einer antirussischen Pressekampagne konzipierte Beitrag ruft internationale Besorgnis über Ziele und Politik der deutschen Regierung hervor.
Die polemische Aussage des Artikels wird in diplomatischen Kreisen als regierungsoffizielle Meinung interpretiert. Die »Kölnische Zeitung« verfügt über enge Beziehungen zum Auswärtigen Amt und war schon in der Vergangenheit häufig Sprachrohr der Regierung. Die russische Presse reagiert zwiespältig. Ein mäßigender Artikel gibt die Meinung von Außenminister Sergej D. Sasonow, seit dem Jahre 1910 im Amt, wieder, eine scharfe Antwort dagegen verdeutlicht den Standpunkt des seit 1909 amtierenden russischen Kriegsministers Wladimir A. Suchomlinow. Nach Angaben des deutschen Botschafters in Paris, Wilhelm Freiherr von Schoen, führt die französische Regierung den Propaganda-Artikel auf den wachsenden Einfluss des Militärs in Deutschland zurück. In London äußert der britische Außenminister Sir Edward Grey ebenfalls wachsende Besorgnis über die deutsche Politik.

16. April 1914

Behring-Werke gegründet

In Bremen werden die Behring-Werke gegründet, die pharmazeutische Präparate herstellen. Insbesondere sollen die Entdeckungen des deutschen Bakteriologen Emil von Behring vermarktet werden. Das Unternehmen erhält das Recht, ab 1. Juli 1914 den von Behring entdeckten Diphterie-Schutzimpfstoff zu vertreiben.

Emil von Behring

deutscher Bakteriologe, * 15.3.1854 Hansdorf (Westpreußen); † 31.3.1917 Marburg an der Lahn

Der führende Bakteriologe und Begründer der Serumheilkunde erhielt den ersten Nobelpreis für Medizin. 1890 entdeckte er mit dem Japaner Shibasaburo Kitasato, dass tierische und menschliche Organismen gegen eindringende Krankheitserreger Antikörper bilden und sie damit abwehren. Behring stellte als erster Seren gegen die für Kinder tödliche Diphterie und den Wundstarrkrampf (Tetanus) her. Mit Paul Ehrlich entwickelte der auch als Professor tätige Mediziner Methoden zur Herstellung von Impfstoffen.

- 1889-93: Assistent Robert Kochs in Berlin
- 1893-95: Professor in Halle an der Saale
- ab 1895: Professor in Marburg
- 1901: Nobelpreis für Physiologie oder Medizin.

21. April 1914

US-Invasion in Mexiko soll Ölquellen sichern

Die Spannungen zwischen Mexiko und den USA erreichen einen Höhepunkt: US-Marineeinheiten besetzen auf Anweisung von Präsident Woodrow Wilson die mexikanische Hafenstadt Veracruz Llave.
Nach heftigen Gefechten nehmen die Invasoren zunächst das Zollhaus ein. Später erobern sie das gesamte, strategisch wichtige Hafenviertel. Einen Tag nach dem Angriff kontrollieren die US-Truppen die gesamte Stadt. Nach offiziellen Angaben kommen 200 mexikanische und vier US-Soldaten ums Leben. Der mit diktatorischen Vollmachten regierende mexikanische Präsident Victoriano Huerta fordert unter Androhung von Vergeltungsschlägen den Abzug der US-Truppen. Nach weiteren militärischen Zusammenstößen beginnen am 20. Mai Friedensverhandlungen.
Vorwand für die Besetzung der mexikanischen Hafenstadt war ein Zwischenfall in der mexikanischen Stadt Tampico: Ein mexikanischer Offizier hatte acht US-Soldaten verhaften lassen, als sie mit gehisster Flagge per Boot in den Hafen einliefen. Trotz formeller mexikanischer Entschuldigung und Bestrafung der Verantwortlichen forderte die US-Regierung Genugtuung. Tatsächlicher Hintergrund der Militäraktion ist aber das Interesse Washingtons an mexikanischen Ölfeldern. US-Unternehmen sind – in scharfer Konkurrenz zu britischen Firmen – an der Ausbeutung der ertragreichen Ölquellen interessiert.
In einer Grundsatzerklärung vor dem Kongress hatte US-Präsident Wilson 1913 die politische Legitimität der Regierung Huerta, die durch einen Militärputsch an die Macht gekommen war, bestritten. Die US-Regierung nutzte in der Folgezeit die brutalen Herrschaftsmethoden des mexikanischen Regimes als Vorwand für ständig wachsenden politischen und militärischen Druck. Dabei kam Wilson insbesondere die desolate Finanzlage des mittelamerikanischen Landes zustatten. Per Dekret musste der mexikanische Präsident am 12. Januar 1914 die staatliche Tilgung der Schuldzinsen auf sechs Monate suspendieren. Finanzminister Adolfo de la Lama trat wegen akuter Deckungslücken zurück. Am 3. Februar hob Wilson ein Waffenembargo gegen Mexiko auf und ermöglichte eine Unterstützung der verschiedenen mexikanischen Rebellengruppen. Nach der US-Invasion fordert der mexikanische General Venustiano Carranza, Führer einer Aufstandsbewegung, den Abzug der US-Truppen.

April 1914

1 Mi Der 35-jährige Physiker Albert Einstein wird zum Direktor des Kaiser-Wilhelm-Instituts für Physik in Berlin berufen.

2 Do Nach elftägigen blutigen Kämpfen erobern Aufständische unter Rebellenführer Francisco »Pancho« Villa die nordmexikanische Stadt Torreón.

3 Fr Die albanische Regierung ordnet in Durazzo eine allgemeine Mobilmachung an, um einen von Griechenland unterstützten Aufstand zu bekämpfen.

4 Sa Der sog. Rochette-Ausschuss des französischen Parlaments tadelt einstimmig die Einmischung der Politik in die Arbeit der Justiz und fordert Konsequenzen.

5 So Das deutsch-holländische Fußballländerspiel endet 4:4. +++ In Dublin wird die irische Frauenorganisation »Cumann na Bann« gegründet.

6 Mo Die US-Regierung erklärt sich in einem Vertrag bereit, 25 Mio. US-Dollar Entschädigung an Kolumbien wegen des Verlustes von Panama zu zahlen.

7 Di Elsass-Lothringen verurteilt den Sprachenerlass der Regierung für höhere Schulen, der Französisch und Dialekte auf dem Schulgelände verbietet.

8 Mi In Warschau wird ein deutscher Pilot, der über russisches Hohheitsgebiet geflogen war, zu drei Monaten Haft verurteilt.

9 Do Die vorübergehende Festnahme von US-Matrosen während eines Landganges in der mexikanischen Stadt Tampico führt zu einer diplomatischen Krise.

10 Fr Der russische Reichstag bewilligt Kredite in Höhe von rd. 88 Mio. Rubel (190 Mio. Mark) zum Ausbau und der Modernisierung der russischen Flotte.

11 Sa In der Berliner Ausstellung der »Freien Sezession« wird erstmals das Werk »Spazierritt« des französischen Impressionisten Auguste Renoir gezeigt.

12 So Die Angestellten im Bankwesen fordern einen Ausbau des Koalitionsrechts und die Einführung einer Reichsarbeitslosenversicherung.

13 Mo Die dem »Wandervogel« angeschlossenen Gruppen der Jugendbewegung billigen eine Resolution, die den Ausschluss jüdischer Mitglieder ermöglicht.

14 Di Der Hamburger Reeder Albert Ballin fordert eine stärkere Unterstützung der wirtschaftlichen Expansion deutscher Unternehmen durch die Reichsregierung.

15 Mi In Venedig beginnt die elfte Internationale Kunstausstellung. +++ In Japan bildet Schigenobu Okuma ein neues Kabinett.

16 Do Londoner Zeitungen machen darauf aufmerksam, dass die britische Öffentlichkeit militärische Aktionen in Europa ablehnt. → Emil von Behring

17 Fr Die Konferenz für Trinkerfürsorge in Berlin erörtert schwerpunktmäßig die Frage einer Entmündigung von Alkoholikern.

18 Sa Die »Zabern-Affäre« (schwerste verfassungspolitische Krise im Deutschen Reich seit 1908) führt zum Rücktritt des deutschen Statthalters in Elsass-Lothringen.

19 So Das Mailänder Opernhaus Scala wird zum Abschluss der Spielzeit 1913/14 wegen häufiger Wiederholungen einzelner Stücke zum Ziel heftiger Kritik.

20 Mo Der Verein zur Abwehr des Antisemitismus weist auf seiner Jahresversammlung in Posen auf die wachsende antijüdische Propaganda konservativer Kreise hin.

21 Di Im Berliner Versammlungslokal »Neue Welt« findet eine zentrale Frauenkundgebung statt, die vor der drohenden Kriegsgefahr warnt. → Mexiko

22 Mi Der britische Außenminister Sir Edward Grey und Frankreichs Staatschef Gaston Doumergue begehen die Zehnjahrfeier des anglofranzösischen Bundes.

23 Do In den russischen Städten St. Petersburg, Riga und Moskau streiken 100 000 Arbeiter, nachdem das Parlament sozialistische Abgeordnete ausschloss.

24 Fr Die preußische Gesellschaft für innere Kolonisation kritisiert den mittelalterlichen »Fideikommiss«, der die erbrechtliche Zersplitterung eines Besitzes verbietet.

25 Sa In einer Rede vor Essener Arbeitern bezeichnet der Industrielle Alfred Hugenberg den drohenden Krieg als »eine befreiende Kraftprobe« für Deutschland.

26 So Der finnische Landtag in Helsinki fordert von der russischen Regierung die Wahrung der finnischen Amtssprache und die Versammlungsfreiheit.

27 Mo Die Wissenschaftliche Gesellschaft für Luftfahrt teilt in Dresden mit, dass sie im vergangenen Jahr 1500 flugtechnische Erfindungen überprüft hat.

28 Di Der französische Generalstab besichtigt die Grenzbefestigungen im Westen des Landes, an der im Kriegsfall der Angriff der deutschen Truppen erwartet wird.

29 Mi Die bayerische Landesregierung will gegen »Unsittlichkeit« in Gestalt von Reklame für Empfängnisverhütung und anstößiger Schaufensterdekoration vorgehen.

30 Do Die neue chinesische Verfassung sieht unbegrenzte Vollmachten für den diktatorisch regierenden Präsidenten Präsidenten Yüan Shih-k´ai vor.

Mai 1914

1 Fr In Russland treten rd. 150 000 Arbeiter in den Streik, um damit gegen die Unterdrückung sozialistischer Abgeordneter zu protestieren.

2 Sa Im kalifornischen Berkeley erzielt der US-Amerikaner Edward Beeson mit 2,02 Metern einen neuen Weltrekord im Hochsprung.

3 So Unter Ausschluss aller sozialistischen Abgeordneten beschließt das russische Parlament in St. Petersburg eine Erhöhung des Militärbudgets um fünf Prozent.

4 Mo Die Studenten der Berliner Handelshochschule boykottieren aus Protest gegen die Entlassung des liberalen Dozenten Ignaz Jastrow die Vorlesungen.

5 Di Der deutsche Kriegsminister Erich von Falkenhayn betont im Reichstag, dass die militärische Aufrüstung im Haushaltsplan Vorrang haben müsse.

6 Mi In Leipzig wird die Weltausstellung für Buchgewerbe und Graphik eröffnet. +++ Das britische Oberhaus lehnt das Frauenwahlrecht ab.

7 Do In Venedig fordern Anhänger der italienischen Unabhängigkeitsbewegung die Einverleibung der zu Österreich gehörenden Stadt Triest durch Italien.

8 Fr Die belgische Abgeordnetenkammer in Brüssel beschließt ein Gesetz über Altersrenten und Invaliditätssicherung.

9 Sa Der dänische König Christian X. trifft zu einem einwöchigen Staatsbesuch in der britischen Hauptstadt London ein.

10 So In dem traditionellen Henckel-Rennen auf der Galopprennbahn in Berlin-Hoppegarten siegt das Pferd Terminus unter Jockey George Archibald. → Sozialisten

11 Mo Der sozialdemokratische Abgeordnete Karl Liebknecht kritisiert im Reichstag in Berlin die Kriegsvorbereitungen der Regierung.

12 Di Nach Demonstrationen in Triest und Venedig finden auch in Rom studentische Kundgebungen gegen Italiens Bündnispartner Österreich-Ungarn statt.

13 Mi Der russische Reichsrat bewilligt umgerechnet 21,6 Mio. Mark zur Bekämpfung der Trunksucht und verbietet den Ausschank alkoholischer Getränke.

14 Do Als letztes großes Ballettereignis vor dem Ersten Weltkrieg wird die »Josephslegende« des deutschen Komponisten Richard Strauss in Paris uraufgeführt.

15 Fr An der im schwedischen Malmö eröffneten Baltischen Ausstellung beteiligen sich u.a. das Deutsche Reich, Russland und Dänemark. → Werkbund

16 Sa Nach einer einwöchigen Visite in Großbritannien reist König Christian X. von Dänemark weiter nach Frankreich, wo ihn Präsident Raymond Poincaré empfängt.

17 So In Norwegen feiert die Bevölkerung mit zahlreichen Veranstaltungen den 100. Jahrestag der nationalen Selbstständigkeit.

18 Mo Auf der griechischen Insel Korfu unterzeichnen die albanische Regierung und die Aufständischen von Epirus ein Friedensabkommen.

19 Di Großbritannien und Italien vereinbaren in London ein gemeinsames Eisenbahnprojekt im Osmanischen Reich, das Kleinasien erschließen soll.

20 Mi Im kanadischen Niagara Falls beginnt die Vermittlungskonferenz zwischen den USA und Mexiko. +++ In Stuttgart tagt erstmals der Jungdeutschlandbund.

21 Do Nach dem Ausscheiden des sächsischen Ministerpräsidenten Max Clemens Lothar Freiherr von Hausen wird Heinrich Beck sein Nachfolger.

22 Fr Emanuel Lasker, deutscher Schachgroßmeister und amtierender Weltmeister, gewinnt das internationale Schachturnier in St. Petersburg.

23 Sa Vor dem russischen Reichstag fordert Außenminister Sergej D. Sasonow, die gestörten russisch-deutschen Beziehungen zu beruhigen.

24 So Im Mittelpunkt des 49. Tonkünstlerfestes in Essen steht die Aufführung der »Natur-Symphonie« des Österreichers Siegmund von Hausegger.

25 Mo Das britische Unterhaus billigt in dritter Lesung endgültig das Homerule-Gesetz über eine begrenzte irische Selbstverwaltung.

26 Di Die Abgeordneten des preußischen Herrenhauses fordern die rigorose Unterdrückung der dänischen Sprach- und Kulturtradition in Nordschleswig.

27 Mi Als Nachfolger des verstorbenen Georg von Kopp wird der 55-jährige Adolf Johannes Bertram zum neuen Fürstbischof von Breslau gewählt.

28 Do In Budapest wird Mihály Graf Károlyi von Nagykárolyi zum Vorsitzenden der oppositionellen ungarischen Unabhängigkeitspartei wiedergewählt.

29 Fr Beim einem Schiffszusammenstoß im Nebel kommen auf dem Sankt-Lorenz-Strom im Osten Kanadas über 700 Menschen ums Leben.

30 Sa Im schweizerischen Basel treffen sich deutsche und französische Parlamentarier, vor allem Sozialisten, zu Gesprächen über eine Friedenssicherung.

31 So Aufgrund des verstärkten Einsatzes der deutschen Industrie stehen der deutschen Armee bisher 12 500 Maschinengewehre zur Verfügung. → Titelverteidiger

28. Juni 1914

Attentat von Sarajevo ist Fanal für den Weltkrieg

In Sarajevo werden der österreichisch-ungarische Thronfolger Erzherzog Franz Ferdinand und seine Ehefrau, Herzogin Sophie von Hohenberg, von dem bosnischen Nationalisten Gawrilo Princip ermordet. In der u.a. seit den Balkankriegen spannungsgeladenen Atmosphäre zwischen den europäischen Bündnisblöcken wird das Attentat letztlich zum Auslöser für den Ersten Weltkrieg.

Franz Ferdinand hielt sich zusammen mit seiner Frau zu einem eintägigen Besuch in der Hauptstadt des im Jahre 1908 von Österreich-Ungarn annektierten Bosnien auf. Bereits auf der Fahrt zum Rathaus von Sarajevo war er das Ziel eines Anschlags. Der 19-jährige bosnische Nationalist Nedeljko Cabrinović schleuderte eine Bombe gegen das Auto des Thronfolgers. Franz Ferdinand überstand den Anschlag unversehrt, zwei Begleiter sowie sechs Schaulustige erlitten jedoch Verletzungen. Trotz des Zwischenfalls brach der Thronfolger seine Stippvisite nicht ab. Nach dem feierlichen Empfang im Rathaus entschloss sich Franz Ferdinand trotz der bedrohlichen Vorkommnisse zu einer Stadtrundfahrt, die einen für ihn tragischen und für Europa verheerenden Verlauf nehmen sollte. Auf einer Brücke unweit des Regierungsgebäudes löste sich der 19-jährige Gymnasiast Gawrilo Princip aus der Zuschauermenge. Aus kürzester Entfernung feuert er zwei Schüsse auf das Thronfolgerpaar ab. In einem nahen Krankenhaus kann nur noch der Tod der beiden festgestellt werden.

Ebenso wie Cabrinović gehört Princip, der unmittelbar nach dem Anschlag festgenommen wird, der nationalistischen u.a. von Schülern gebildeten Bewegung Mlada Bosna (Junges Bosnien) an.

Der Augenblick des Attentats

Bereits vor dem Anschlag war es in Sarajevo immer wieder zu Protestkundgebungen gekommen. Schon 1912 hatten bosnische Schüler gegen die repressive Politik des österreichischen Statthalters Slavko von Cuvaj von Ivanski demonstriert. Nach weiteren Protestaktionen, an denen auch der spätere Attentäter Princip an führender Stelle beteiligt war, war es zu Massenverhaftungen bosnischer Nationalisten gekommen. Ohne eine eigentlich festgefügte Organisation zu sein, repräsentiert die Bewegung Mlada Bosna ein breites Spektrum politischer Vorstellungen vom

10. Mai 1914

Sieg für Frankreichs Sozialisten

Die Sozialisten stehen – nach Abschluss des zweiten Wahlgangs – als Sieger der Parlamentswahlen fest.

Die sozialistische Section Française de l'Internationale Ouvrière (SFIO) kann die Anzahl ihrer Mandate von 29 auf 102 steigern. Stärkste Gruppierung bleiben trotz eines Rückgangs um 13 Mandate die antiklerikal-republikanisch ausgerichteten Radikalen mit 136 Abgeordneten. Damit erhält Frankreich ein mehrheitlich linksorientiertes Parlament. Verlierer sind die konservativen und nationalistischen Kräfte. Wichtigstes Thema des Wahlkampfs waren die Einführung der dreijährigen Wehrdienstzeit, deren Abschaffung Radikale und Sozialisten fordern, und die Einkommensteuer. Radikale und Sozialisten plädieren für eine progressive Einkommenssteuer.

31. Mai 1914

Titelverteidiger geschlagen

Vor 4000 Zuschauern gewinnt in Magdeburg der süddeutsche Meister SpVgg Fürth durch ein 3:2 nach zweimaliger Verlängerung gegen Titelverteidiger VfB Leipzig zum ersten Mal das Endspiel um die deutsche Fußballmeisterschaft (Abb.: Spielszene vor dem Fürther Tor).

Es ist das längste Finale des seit elf Jahren ausgetragenen Wettbewerbs. Die Fürther Elf fiel in der ersten Halbzeit durch ruppige Spielweise auf. Ein Leipziger musste verletzt das Feld verlassen. Kurz vor Schluss wurde ein Fürther des Feldes verwiesen.

Der Attentäter von Sarajevo wird unmittelbar nach seiner Tat in Gewahrsam genommen.

Monarchismus bis zum Republikanismus. In ihrem gemeinsamen Ziel, dem Sturz der österreichisch-ungarischen Herrschaft in Bosnien, werden ihre Vertreter von serbischen Gesinnungsgenossen unterstützt. Durch die Verbindungen zur panslawistischen Bewegung Serbiens, u.a. zu der im Jahre 1911 gegründeten Organisation Crna ruka (Schwarze Hand) erhält der Mord am Thronfolgerpaar eine besondere Brisanz. Während sich politische Attentate auf Staatsmänner oder gekrönte Häupter in diesen Jahren häuften und allenfalls begrenzte Auswirkungen hatten, bringt der Mord von Sarajevo die Spannungen zwischen der Donaumonarchie und Serbien als dem Förderer der südslawischen Freiheitsbewegung zur Entladung. Mit Franz Ferdinand wird zudem ein Förderer der Gleichberechtigung aller slawischen Völker im Habsburgerreich nach dem Vorbild des Ausgleichs mit Ungarn getötet. Hätte der Erzherzog seine föderalistischen Pläne nach einer Thronbesteigung in die Tat umgesetzt, wäre den panslawistischen Freiheitsbewegungen die Basis ihres Kampfes entzogen worden. Darüber hinaus birgt der Anschlag ein gewaltiges gesamteuropäisches Konfliktpotential in sich. Teile der Machteliten in Deutschland, das mit Österreich-Ungarn verbündet ist, bereiten seit langem eine Ausweitung der deutschen Position in Europa vor. Für eine Expansion würden sie nach Ansicht von Beobachtern auch einen Krieg riskieren. Auf der anderen Seite unterstützt das mit Großbritannien und Frankreich verbündete Russland die serbische Politik in Südosteuropa.

Franz Ferdinand

Erzherzog von Österreich und Thronfolger der Donaumonarchie, * 18.12.1863 Graz; † 28.6.1914 Sarajevo

Franz Ferdinand war ein Neffe Kaiser Franz Josephs I. und nach dem Selbstmord des Kronprinzen Rudolf Thronfolger in der Donaumonarchie. Aufgrund seiner Ehe mit der als nicht standesgemäß geltenden Gräfin Clotek waren seine Kinder nicht thronerbeberechtigt. Als Militär widmete er sich den seiner Ansicht nach vordringlichen Aufgaben Ausbau und Modernisierung der Land- und Seestreitkräfte. Als Thronfolger entwickelte er zudem Konzepte einer liberaldemokratischen Staatsreform, vor allem hinsichtlich der Nationalitätenfrage.

- 1889: Ernennung zum künftigen Thronfolger
- 1899: General der Kavallerie
- 1913: Generalinspekteur der k.u.k.-Armee

15. Mai 1914

Meilenstein für den Werkbund

In der Domstadt Köln wird eine Werkbund-Ausstellung eröffnet. Die Schau zählt zu den wichtigsten Ereignissen in der Geschichte der im Jahre 1907 in München u.a. von Architekten, Designern und Vertretern aus Industrie und Handwerk gegründeten Vereinigung.

Die Ausstellungsbauten stammen u.a. von den Architekten Walter Gropius und Bruno Taut. Auf der Eröffnungsfeier weisen die Redner vor allem auf die Bedeutung der künstlerischen Tätigkeit für die Gestaltung gewerblicher Gegenstände hin. Architektonisch ragt das »Gläserne Haus« des 34-jährigen Taut heraus (s. Abb.). Es wird als Musterbeispiel für expressionistische Glasarchitektur bewertet. Viel Lob erhält auch ein von dem späteren »Bauhaus«-Gründer Gropius errichtetes Fabrik- und Bürohaus.

Juni 1914

1 Mo Infolge der unsicheren politischen Lage in Europa kommt es an der Börse von St. Petersburg zu einem Kurssturz.

2 Di In Mexiko-Stadt kündigt der mexikanische Präsident Victoriano Huerta gemäß den Vereinbarungen mit den USA seinen Rücktritt an.

3 Mi Die russische Tänzerin Anna Pawlowa beginnt ein achttägiges Gastspiel in Berlin, das starke Beachtung in der Öffentlichkeit findet.

4 Do Die britischen Transport-, Bergarbeiter- und Eisenbahnergewerkschaften schließen sich zur Interessenvertretung für zwei Mio. Beschäftigte zusammen.

5 Fr Prinz Friedrich Karl von Preußen, Sohn von Wilhelm II., siegt bei einem Vorbereitungswettbewerb für die Olympischen Spiele 1916 im Degenfechten.

6 Sa Die »Windsbraut«, ein Bild des österreichischen Malers Oskar Kokoschka, ist die Attraktion einer Ausstellung der Neuen Münchener Sezession.

7 So Die Erschießung zweier Teilnehmer einer antimilitaristischen Demonstration im italienischen Ancona durch die Polizei führt zu einem Generalstreik.

8 Mo Der erste Dampfer durchquert den Panamakanal. +++ Der französische Senator Alexandre Ribot wird in Paris mit der Kabinettsbildung beauftragt.

9 Di In Bremen endet der 55. deutsche Ingenieurstag. Im Mittelpunkt stand die Vereinheitlichung von Normen in der Maschinenindustrie.

10 Mi Die Schweiz und Großbritannien unterzeichnen ein Schiedsgerichtsabkommen. +++ In Hannover wird die neue Stadthalle eingeweiht.

11 Do Der britische Außenminister Sir Edward Grey leugnet vor dem Unterhaus die Aufnahme von Verhandlungen mit Russland über ein Flottenabkommen.

12 Fr Die Spannungen zwischen Griechenland und dem Osmanischen Reich verschärfen sich, als Griechenland die ägäischen Inseln Chios und Lesbos besetzt.

13 Sa Das preußische Unterhaus lehnt die Forderung der Sozialdemokraten ab, die laufenden Strafverfahren gegen ihre Abgeordneten auszusetzen.

14 So Auf der 16. Session des Internationalen Olympischen Komitees (IOC) in Paris wird erstmals die offizielle Olympiaflagge mit den fünf Ringen gehisst.

15 Mo Großbritannien und das Deutsche Reich einigen sich in einem Abkommen über den Bau der Bagdadbahn, die auch durch britische Herrschaftsbereiche verläuft.

16 Di Die Delegierten der sog. Spitzbergen-Konferenz in der norwegischen Hauptstadt Kristiania (Oslo) diskutieren über die nationale Zugehörigkeit der Insel.

17 Mi Mit der Einweihung des Hohenzollern-Kanals besteht ein durchgehender Großschifffahrtsweg zwischen Berlin und der Ostsee.

18 Do Die Funkverbindung zwischen der deutschen Kolonie Südwestafrika und Nauen bei Berlin – über eine Strecke von 8200 km – wird eingerichtet.

19 Fr In Paris bewilligt die französische Abgeordnetenkammer eine Rüstungsanleihe über umgerechnet 640 Mio. Mark, die vor allem Heer und Flotte dienen soll.

20 Sa In Wien stößt das Militärluftschiff »Körting« in 400 m Höhe mit einem Flugzeug zusammen und explodiert. Neun Menschen sterben bei dem Unglück.

21 So Der Reichsverband der deutschen Presse fordert auf seiner Versammlung in Leipzig die Einrichtung einer nationalen Agentur für Auslandsnachrichten.

22 Mo In München beginnt der neunte Kongress der freien deutschen Gewerkschaften. Er prangert den Stillstand in der Sozialpolitik an.

23 Di Ein Geschwader der britischen Flotte trifft anlässlich der Kieler Woche zu einem Besuch auf dem deutschen Marinestützpunkt Kiel ein.

24 Mi In der serbischen Hauptstadt Belgrad wird der Abschluss eines Konkordats mit der römischen Kurie bekanntgegeben.

25 Do Auf der dritten internationalen Opiumkonferenz in Den Haag ratifizieren die beteiligten Staaten das Verbot des Opiumanbaus und -handels.

26 Fr Im Mittelpunkt der 40. Tagung des Deutschen Ärztebundes in München stehen die Abrechnungs-Vereinbarungen mit den Krankenkassen.

27 Sa Der farbige US-Boxer Jack Johnson verteidigt seinen Titel als Boxweltmeister aller Klassen in Paris gegen Frank Moran durch Punktsieg über 20 Runden.

28 So Im Deutschen Derby auf der Galopprennbahn in Hamburg-Horn siegt Ariel aus dem Gestüt Oppenheim in der Rekordzeit von 2:33,6 min. → Sarajevo

29 Mo Griechenland und das Osmanische Reich vereinbaren die Überwachung der Auswanderung griechischer Staatsbürger aus den türkischen Gebieten.

30 Di Der Leichnam des am 28. Juni erschossenen Thronfolgers von Österreich-Ungarn, Franz Ferdinand, wird über Triest nach Wien überführt.

Juli 1914

1 Mi Erste Ergebnisse der Golfstrom-Expedition des norwegischen Forschers Fridtjof Nansen werden bekannt. +++ Die Konferenz von Niagara Falls wird beendet.

2 Do Das französische Abgeordnetenhaus nimmt mit 544 gegen 16 Stimmen einen Antrag der Sozialisten zur Einführung des Verhältniswahlrechts an.

3 Fr Zwischen New York und San Francisco wird eine öffentliche Fernsprechleitung in Betrieb genommen. Sie überbrückt eine Entfernung von 4500 km.

4 Sa In Lyon gewinnt der deutsche Automobilrennfahrer Christian Lautenschlager auf Mercedes-Benz den großen Preis von Frankreich.

5 So Bulgarien verpflichtet sich im Rahmen einer Anleihe von 500 Mio. Francs (400 Mio. Mark), deutschen Unternehmen Vorrechte einzuräumen.

6 Mo Auf der sog. Tibetkonferenz in Simla (heute zu Indien) werden Teile des östlichen Tibet China zugesprochen. Der Rest des Landes bleibt unabhängig.

7 Di Im französischen Abgeordnetenhaus verweigern sozialistische Abgeordnete ihre Zustimmung zu einem Kredit für eine Reise des Präsidenten nach Russland.

8 Mi Die deutsche Regierung drängt beim österreichisch-ungarischen Außenminister Leopold Graf von Berchtold zu einer Aktion gegen Serbien.

9 Do Auf dem Rhein-Herne-Kanal findet die erste Fahrt statt. Der neue Wasserweg verbindet über den Dortmund-Ems Kanal den Rhein mit der Nordsee.

10 Fr In Rom wird Generalleutnant Luigi Cadorna als Nachfolger des am 1. Juli verstorbenen Alberto Pollio zum Chef des italienischen Generalstabes ernannt.

11 Sa Frankreich, Österreich-Ungarn und Deutschland unterzeichnen ein Abkommen über den Telefonverkehr zwischen Paris und Wien.

12 So Der italienische König Viktor Emanuel III. verfügt die Einberufung des Reservistenjahrgangs 1891. Zugleich konzentriert Italien seine Kriegsflotte in der Adria.

13 Mo In Belfast agitieren Anhänger der protestantischen Ulster-Unionisten gegen die geplante Teilautonomie Irlands (Homerule).

14 Di Die politische Führung von Österreich-Ungarn legt in Wien fest, Serbien mit einem grundsätzlich unannehmbaren Ultimatum zu konfrontieren.

15 Mi Der im Februar 1913 durch einen Putsch an die Macht gekommene mexikanische Präsident General Victoriano Huerta tritt zurück.

16 Do Der Franzose Georges Carpentier wird in London »weißer Boxweltmeister aller Klassen«. Offizieller Champion ist der Farbige Jack Johnson.

17 Fr Bei einer Nachwahl zum Deutschen Reichstag im Wahlkreis Coburg (Bayern) siegt die Fortschrittliche Volkspartei vor den Sozialdemokraten.

18 Sa Die Unternehmen der Niederlausitzer Tuchindustrie sperren 30 000 Arbeiter aus. Seit Ende Mai wird für eine Erhöhung der Mindestwochenlöhne gestreikt.

19 So Die Übergabe des österreichisch-ungarischen Ultimatums an Serbien wird vom Gemeinsamen Ministerrat in Wien auf den 23. Juli festgelegt.

20 Mo Der französische Staatspräsident Raymond Poincaré reist zu einem viertägigen Staatsbesuch in die russische Hauptstadt St. Petersburg.

21 Di Wegen der anhaltenden Unruhen in der britischen Provinz Ulster im Norden Irlands beruft König Georg V. in London eine Konferenz ein.

22 Mi In Bayreuth beginnen die Richard-Wagner-Festspiele mit einer Aufführung der Oper »Der fliegende Holländer«. Das Echo der Kritiker ist geteilt.

23 Do Nach dem Neubau des Hamburger Institutes für Schiffs- und Tropenkrankheiten stehen erweiterte Kapazitäten für Forschung und Lehre zur Verfügung.

24 Fr Das österreichisch-ungarische Ultimatum an Serbien vom Vortag stößt in den Hauptstädten der europäischen Großmächte größtenteils auf Unverständnis.

25 Sa Russland beschließt als Schutzmacht Serbiens, die sog. Kriegsvorbereitungsperiode einzuleiten. +++ Wien bricht die Beziehungen zu Serbien ab.

26 So In Paris gewinnt der Belgier Philippe Thys die vierwöchige, über 15 Etappen führende Tour de France. Von 146 Teilnehmern erreichen 54 das Ziel.

27 Mo In Mülheim an der Ruhr wird in Anwesenheit zahlreicher Vertreter der deutschen Industrie das Kaiser-Wilhelm-Institut für Kohleforschung eingeweiht.

28 Di Die Gattin des französischen Finanzministers Joseph Caillaux wird in Paris von dem Vorwurf des Mordes freigesprochen. → Krieg

29 Mi Die Führung der SPD erklärt sich in Gesprächen mit Reichskanzler Theobald v. Bethmann Hollweg zu politischem Wohlverhalten im Fall eines Krieges bereit.

30 Do Die deutsche Regierung wird aus London informiert, dass Großbritannien für den Fall eines Krieges zu keiner Neutralitätszusage bereit ist.

31 Fr Der französische Sozialistenführer und bekannte Pazifist Jean Jaurès wird in Paris von dem Rechtsradikalen Raoul Villain ermordet.

28. Juli 1914

Diplomatie am Ende – die Welt taumelt in den Krieg

Österreich-Ungarn erklärt Serbien den Krieg. In den ersten Augusttagen weiten sich die dramatischen Ereignisse der sog. Julikrise (s. Tabelle) zum Weltkrieg aus. Die Kriegserklärungen Deutschlands, das die österreichische Politik unterstützt, an Russland und Frankreich bewirken in einer Kettenreaktion weitere gegenseitige Kriegserklärungen.

Am 1. August um 19 Uhr übergibt Botschafter Friedrich Graf von Pourtalès im russischen Außenministerium in St. Petersburg die deutsche Kriegserklärung an Russland. Bereits zwei Stunden zuvor war im Deutschen Reich der Befehl zur Generalmobilmachung der Truppen ergangen. In ihrer offiziellen Sprachregelung stellt die deutsche Regierung unter geschickter Ausnutzung der russischen Mobilmachung vom 30. Juli Russland als Auslöser des Weltkriegs dar. Die deutsche Kriegserklärung macht außerdem den letzten Vermittlungsversuch des britischen Außenministers Sir Edward Grey vom Nachmittag des 1. August zunichte. Gleichzeitig mit der deutschen Generalmobilmachung verkündet Frankreich – Bündnispartner von Russland – die Mobilisierung seiner Truppen. Am 3. August erklärt Deutschland auch dem westlichen Nachbarn den Krieg. Zuvor hatte die Regierung in Paris erwartungsgemäß ein deutsches Ultimatum abgelehnt. Am 4. August billigt der Reichstag in Berlin einstimmig 17 Kriegskredite. Sie bilden im wesentlichen die Basis für die Sozial- und Wirtschaftsgesetzgebung während des Krieges. Innerhalb der SPD ist die Zustimmung umstritten.

Julikrise 1914

23. Juli:	Wien stellt Serbien ein Ultimatum, das dessen Souveränität antasten würde.
24. Juli:	Empörung in Russland und Großbritannien über österreichisch-ungarisches Ultimatum
25. Juli:	Wien bricht diplomatische Beziehungen zu Serbien ab.
25. Juli:	Russland beschließt die sog. Vormobilmachung.
26. Juli:	London schlägt Viermächte-Konferenz vor.
27. Juli:	Demonstranten in Berlin fordern Unterstützung Österreich-Ungarns und Krieg gegen Serbien und Russland.
28. Juli:	Wien erklärt Serbien den Krieg.
29. Juli:	Österreichische Kriegsschiffe beschießen Belgrad.
30. Juli:	Zar Nikolaus II. billigt Generalmobilmachung.
30. Juli:	Großbritannien lehnt Neutralitätsgarantie ab.
31. Juli:	Berlin stellt Frankreich und Russland unerfüllbare Ultimaten
31. Juli:	Deutschland fordert Österreich-Ungarn zur Unterstützung i einem Krieg gegen Russland auf.

Jubelnd ziehen deutsche Soldaten in den Krieg.

Verlesung der Mobilmachung

»Ich kenne keine Parteien mehr«

Generalmobilmachung und Kriegserklärungen lösen im Deutschen Reich eine von der politischen Führung geschürte nationalistische Hysterie aus. Nachdem Russland aufgrund seiner Mobilmachung in der regierungsoffiziellen Propaganda als Angreifer dargestellt wird, versammeln sich in den Straßen Berlins Tausende von Kriegsbegeisterten. Gleichzeitig setzt eine Hetzjagd auf alle Menschen ein, die der Zugehörigkeit zu einer verfeindeten Nation auch nur verdächtigt werden. Vor dem Hintergrund dieser chauvinistischen Stimmung erklärt Kaiser Wilhelm II. (s. Abb.) der vor dem Schloss in Berlin wartenden Menge: »Aus tiefem Herzen danke ich Euch für den Ausdruck Eurer Liebe, Eurer Treue. In dem jetzt bevorstehenden Kampfe kenne ich in meinem Volke keine Parteien mehr. Es gibt unter uns nur noch Deutsche. Und welche von den Parteien auch im Laufe des Meinungskampfes sich gegen mich gewandt haben sollten: Ich verzeihe ihnen allen. Es handelt sich jetzt nur darum, dass alle wie Brüder zusammenstehen, und dann wird dem deutschen Volke Gott zum Siege verhelfen.« Wilhelm II. greift den Ausspruch, er kenne keine Parteien mehr, sondern nur noch Deutsche, auch in einer Reichstagssitzung auf und mahnt zur Einheit.

Deutsche Infanterie auf dem Vormarsch

4. August 1914

Der Westfeldzug beginnt

In den Morgenstunden marschieren deutsche Truppen in Belgien ein. Der Einmarsch verletzt die belgische Neutralität und markiert den Beginn der deutschen Westoffensive. Am 25. August wird Belgien deutsches Generalgouvernement unter Leitung von Generalfeldmarschall Colmar Freiherr von der Goltz. Die belgische Bevölkerung leistet jedoch starken Widerstand, der von den deutschen Besatzern mit Gewalt unterdrückt wird. Am 25. August beginnt in der belgischen Stadt Löwen eine viertägige Terrorherrschaft der deutschen Besatzer. 209 Menschen werden ermordet und 1100 Häuser im historischen Stadtkern sowie zahlreiche Kunst- und Baudenkmäler zerstört. Die Ereignisse gehen als »Fall Löwen« in die Geschichte ein.

Deutsche Truppen in Belgien

In Lothringen drängt die deutsche Armee die französischen Streitkräfte zurück. Einen entscheidenden Sieg über Frankreich erreichen die deutschen Truppen jedoch nicht. Damit wird frühzeitig ein militärischer Erfolg der Westoffensive, den man aufgrund des Überraschungseffektes erzielen wollte, verhindert.

31. August 1914

Der Sieger von Tannenberg

Die sechstägige sog. Schlacht von Tannenberg in Ostpreußen zwischen der 8. deutschen und der 2. russischen Armee (sog. Narewarmee) endet mit einer Niederlage der russischen Truppen. Der Ausgang der Schlacht begründet den historischen Ruhm des deutschen Oberbefehlshabers Paul von Beneckendorff und Hindenburg (s. Abb.) sowie seines Generalstabschefs Erich Ludendorff. Bei zahlenmäßiger Unterlegenheit – 153 000 deutschen stehen 191 000 russische Soldaten gegenüber – nutzt die deutsche Armeeführung die Überlegenheit ihrer schweren Artillerie und reibt die Narewarmee mit einem taktischen Umfassungsmanöver auf. Die deutschen Truppen nehmen 92 000 russische Soldaten und Offiziere gefangen und erbeuten 350 Geschütze. Die deutsche Kriegspropaganda verschafft Hindenburg einen legendären, auch nach dem Weltkrieg noch wirksamen Ruf.

Paul von Hindenburg

eigtl. Paul von Beneckendorff und Hindenburg, deutscher Militär und Politiker, * 2.10.1847 Posen; † 2.8.1934 Neudeck (Ostpreußen)

Der Kriegsteilnehmer von 1866 und 1870/71 und Sieger von Tannenberg wird nach dem Thronverzicht Kaiser Wilhelms II. zur populären Leitfigur der Rechten in der Weimarer Republik. Nach seinem Rücktritt als Chef der Obersten Heeresleitung betätigt er sich jedoch zunächst kaum in der Politik. Im Jahre 1925 erlangt der aus einer preußischen Offiziers- und Gutsbesitzersfamilie stammende Hindenburg mit Unterstützung der verbündeten Rechtsparteien das Amt des Reichspräsidenten (bis 1934). Trotz seiner monarchistischen Grundhaltung hält er sich an die Verfassung der Weimarer Republik. Der konservativ-preußische Politiker vollzieht unter dem Einfluss radikaler Nationalisten und der Reichswehrführung die Wende hin zu einem Präsidialsystem. Nachdem er im Januar 1933 Adolf Hitler zum Reichskanzler ernannt hat, sinkt sein Einfluss stetig.

- 1911: Pensionierung nach Generalstabslaufbahn
- 1914: reaktiviert; Generalfeldmarschall
- 1916: Übernahme der Obersten Heeresleitung (gemeinsam mit Erich Ludendorff)
- 1918: Hindenburg überredet Wilhelm II. zum Thronverzicht.
- 1932: Wiederwahl als Reichspräsident
- 1933: Ernennung Adolf Hitlers zum Reichskanzler

August 1914

1 Sa Um 17 Uhr verfügt Kaiser Wilhelm II. die Generalmobilmachung im Deutschen Reich. Zwei Stunden später erklärt Deutschland Russland den Krieg.

2 So Deutsche Truppen besetzen das seit 1867 neutrale Großherzogtum Luxemburg. Damit wird die deutsche Westoffensive vorbereitet.

3 Mo Belgien lehnt die Erlaubnis zum Durchmarsch deutscher Truppen ab. +++ Die deutsche Regierung erklärt Frankreich den Krieg.

4 Di US-Präsident Woodrow Wilson erklärt, dass die USA neutral bleiben werden, und bietet seine Dienste für eine Friedensvermittlung an. → Westfeldzug

5 Mi Der 24-jährige britische Sprinter William Applegarth stellt in Kopenhagen mit 10,6 sec einen Weltrekord über 100 m auf.

6 Do Die österreich-ungarische Regierung erklärt Russland den Krieg. Gleichzeitig erfolgt die Kriegserklärung Serbiens an das Deutsche Reich.

7 Fr Im Deutschen Reich werden die Vorbereitungen für die Olympischen Spiele 1916 eingestellt. Als Austragungsort war Berlin vorgesehen.

8 Sa Im russischen Reichstag in St. Petersburg billigt die Mehrheit die russische Kriegspolitik einschließlich der Preis- und Steuererhöhungen.

9 So Der Wirtschaftsverband bildender Künstler ruft in Berlin die deutschen Künstler und Künstlerinnen zur Teilnahme an der Erntearbeit auf.

10 Mo Deutsche Truppen besiegen nahe Mühlhausen ein französisches Korps, das die zu den sog. Reichslanden zählende Stadt zuvor besetzt hatte.

11 Di Die Regierung von Frankreich erklärt Österreich-Ungarn den Krieg. Großbritannien folgt mit einer Kriegserklärung am nächsten Tag.

12 Mi Serbische Truppen wehren eine erste Offensive der österreichisch-ungarischen Armee an der Drina, einem Nebenfluss der Save, ab.

13 Do Der Vorabdruck des gesellschaftskritischen Romans »Der Untertan« von Heinrich Mann in der Münchner Zeitschrift »Zeit im Bild« wird eingestellt.

14 Fr Aufgrund einer Anordnung des Berliner Polizeipräsidenten Traugott von Jagow werden alle Rummelplätze der Stadt geschlossen.

15 Sa In Zentralamerika wird nach jahrelangen technischen und politischen Problemen der 81,6 km lange Panamakanal offiziell eröffnet.

16 So Die deutsche Führung errichtet ihr sog. Großes Hauptquartier in Koblenz nahe der Westfront. +++ In Mexiko gelangt Venustiano Carranza an die Macht.

17 Mo In allen Berliner Schulen findet wieder regulärer Unterricht statt. Nach Kriegsausbruch hatten die Behörden den Schulunterricht zunächst unterbrochen.

18 Di Die italienische Regierung in Rom trifft Maßnahmen, um die Heimkehr der im Ausland befindlichen Italiener zu beschleunigen.

19 Mi In Jena veröffentlichen die deutschen Philosophen Ernst Haeckel und Rudolph Eucken eine Erklärung gegen den Kriegseintritt Großbritanniens.

20 Do Papst Pius X. stirbt im Alter von 79 Jahren in Rom. Er hatte das Papstamt seit 1903 inne und galt als autoritärer Gegner reformerischer Strömungen.

21 Fr In weiten Teilen Europas ist eine totale Sonnenfinsternis zu beobachten. In Berlin kann sie am Nachmittag als Teilfinsternis verfolgt werden.

22 Sa In Berlin treffen die ersten Transporte mit an der Front verwundeten deutschen Soldaten ein. Es sind inzwischen zahlreiche Lazarette eingerichtet worden.

23 So Japan erklärt dem Deutschen Reich den Krieg. Die deutsche Regierung hatte ein Ultimatum Japans vom 17. August unbeantwortet gelassen.

24 Mo Trotz einzelner Siege gelingt den deutschen Truppen an der Westfront kein entscheidender Durchbruch. Die Westoffensive droht zu scheitern.

25 Di Das rücksichtslose Vorgehen deutscher Truppen gegen die Zivilbevölkerung der belgischen Stadt Löwen löst weltweit Empörung aus.

26 Mi Die 1. deutsche Armee unter Generaloberst Alexander von Kluck besiegt bei Le Cateau (Belgien) sechs Divisionen des britischen Expeditionskorps.

27 Do Die sog. Schützen-Verbände einer polnischen Befreiungsorganisation werden dem österreichisch-ungarischen Heer eingegliedert.

28 Fr Auf seiner ersten Kriegstagung fordert der Geschäftsführende Ausschuss des Alldeutschen Verbandes in Berlin eine expansionsorientierte Kriegspolitik.

29 Sa Wegen der positiven Haltung der Sozialdemokraten zum Krieg will der »Reichsverband gegen die Sozialdemokratie« seine agitatorische Tätigkeit einstellen.

30 So Nur mit Mühe wehrt die vorrückende 2. deutsche Armee bei Saint-Quentin in Nordfrankreich eine Gegenoffensive der Franzosen ab.

31 Mo Die deutsche 5. Armee erreicht das Maasufer. Französische Truppen ziehen sich ohne große Verluste zurück. → Tannenberg

September 1914

1 Di Auf Anordnung von Zar Nikolaus II. wird die russische Hauptstadt St. Petersburg in Petrograd umbenannt, um die Ablehnung alles Deutschen zu demonstrieren.

2 Mi Angesichts vorrückender deutscher Truppen verlegt die französische Regierung ihren Sitz von Paris vorübergehend nach Bordeaux im Südwesten.

3 Do Im Vatikan wird der 63-jährige Kardinal Giacomo della Chiesa als Benedikt XV. zum Papst ernannt. +++ Der albanische Fürst Wilhelm I. verlässt sein Land.

4 Fr Die britische Regierung in London kündigt an, nur noch unbewaffnete Handelsschiffe die neutralen US-Häfen anlaufen zu lassen.

5 Sa In London unterzeichnen Großbritannien, Frankreich und Russland einen Vertrag, in dem die Mächte sich verpflichten, keinen Sonderfrieden abzuschließen.

6 So In New York besiegt Australien im Endspiel des Tennis-Daviscups den Titelverteidiger USA 3:2. Australien war schon von 1907 bis 1911 Sieger gewesen.

7 Mo Die russische Regierung in Petrograd untersagt den Verkauf von Spirituosen im gesamten Land für die Dauer des Krieges.

8 Di Der französische Staatschef René Viviani erklärt in Bordeaux das französische Abgeordnetenhaus wegen der angespannten Kriegslage für geschlossen.

9 Mi Der Vorstand der SPD protestiert in Berlin gegen die ausländische Kritik an Greueltaten deutscher Soldaten. → Marne → Strategie

10 Do In Pretoria billigt das Parlament der Südafrikanischen Union eine militärische Offensive gegen das deutsche Kolonialgebiet in Südwestafrika.

11 Fr In London wendet sich der Trade Union Congress als britischer Gewerkschaftsverband gegen eine Einführung der allgemeinen Wehrpflicht in Großbritannien.

12 Sa In Baltimore im US-Bundesstaat Maryland wird der 26-jährige Leichtathlet Avery Brundage aus Chicago US-Mehrkampfmeister.

13 So Die evangelische Landeskirche Preußens verkündet in Berlin, dass künftig feierliches Glockengeläute jede deutsche Siegesmeldung begleiten werde.

14 Mo Von 705 000 Verletztenmeldungen der deutschen Unfallversicherung entfallen rd. 123 000 auf die Berufsgenossenschaft der Bergleute. → Falkenhayn

15 Di Die Offensive russischer Truppen in Ostpreußen scheitert nach einer Niederlage der 1. Armee gegen die 8. deutsche Armee.

16 Mi Namhafte deutsche Künstler beteiligen sich an einem großen Wohltätigkeitskonzert im Kleinen Theater Berlin zugunsten von Kriegsopfern.

17 Do In Washington empfängt US-Präsident Woodrow Wilson eine belgische Gesandtschaft, die gegen Greueltaten deutscher Besatzer in Belgien protestiert.

18 Fr Japanische Truppen beginnen mit der Belagerung von Tsingtau. Die chinesische Hafenstadt ist seit 1898 offiziell deutscher Kolonialbesitz.

19 Sa Reichskanzler Theobald von Bethmann Hollweg erläutert in einem Brief seine Konzeption zur Integration der SPD in das monarchistische System.

20 So Die weitgehende Zerstörung der Kathedrale von Reims durch deutsche Artillerie während der Belagerung der Stadt führt zu internationalen Protesten.

21 Mo Vier österreichisch-ungarische Armeen beenden ihren Rückzug in Galizien. Er war am 11. September befohlen worden.

22 Di Das deutsche Unterseeboot U 9 unter Kapitänleutnant Otto Weddigen versenkt in der Nordsee vor Hoek van Holland drei britische Panzerkreuzer.

23 Mi Nach dem Eindringen deutscher Truppen in den Argonnerwald im östlichen Pariser Becken beginnt dort ein langwieriger Stellungskrieg.

24 Do Die römische Accademia di San Luca, die italienische Akademie der Künste, äußert Betroffenheit über die Zerstörung der Kathedrale von Reims.

25 Fr Rumänien entscheidet sich für die Aufrechterhaltung der Neutralität. Deutschland und Österreich-Ungarn hatten um Unterstützung geworben.

26 Sa Der US-Kongress verabschiedet den Federal Trade Commission Act zur Bekämpfung unfairer Praktiken im Binnenhandel. → August Macke

27 So Ein britisch-französischer Flottenverband stößt in die Dardanellen vor, die daraufhin vom Osmanischen Reich vollständig für die Schiffahrt gesperrt werden.

28 Mo Bei einer Kundgebung in Berlin erklären sich Delegierte deutscher Wirtschaftsverbände zu »jedem weiteren Opfer« für einen deutschen Sieg bereit.

29 Di Der französische Langstreckenläufer Jean Bouin fällt im Alter von 25 Jahren an der Marne. +++ In Berlin tagt der Zentralausschuss der Reichsbank.

30 Mi Der deutsche Bundesrat erlässt in Berlin eine Verordnung, nach der deutsche Schuldner künftig keine Zahlungen mehr an britische Gläubiger leisten dürfen.

14. September 1914

Moltke muss gehen

Generalstabschef Helmuth von Moltke wird nach der Niederlage an der Marne entlassen. Zu seinem Nachfolger beruft Wilhelm II. den preußischen Kriegsminister Erich von Falkenhayn. Der Wechsel in der militärischen Führungsspitze wird von offizieller Seite bis Anfang November geheim gehalten, um das Eingeständnis der deutschen Niederlage an der Westfront zu vermeiden. Der körperlich und psychisch labile Moltke, der bereits zuvor im Generalstab umstritten war, geriet aufgrund seines Rückzugsbefehls an der Marne, der in der Obersten Heeresleitung (OHL) umstritten war, in die Kritik.

Erich von Falkenhayn

deutscher Militär, * 11.11.1861 Burg Belchau bei Thorn; † 8.4.1922 Schloss Lindstedt bei Potsdam

Erich von Falkenhayn, der mit 19 Jahren in die Armee eingetreten war, hat dank der Protektion durch Kaiser Wilhelm II. eine steile Offizierskarriere hinter sich. Der 53-jährige General gilt innerhalb des Generalstabs jedoch als Emporkömmling ohne praktische Erfahrung. Die militärischen Misserfolge im Westen führen dazu, dass auch Falkenhayn seinen Posten verliert. Nach dem Ersten Weltkrieg verfasst er Erinnerungsberichte über seine Kriegserlebnisse.

- 1896-1902: Instruktionslehrer, Mitglied des deutschen Expeditionskorps in China
- 1913-15: Preußischer Kriegsminister
- 1914-16: Chef des Generalstabs des Feldheeres
- 1916: Rücktritt, Oberbefehlshaber der 9. Armee gegen Rumänien
- 1917/18: Oberbefehlshaber der Heeresgruppe F in Palästina

9. September 1914

Niederlage an der Marne

Die auf dem Schlieffenplan basierende Westoffensive der deutschen Truppen kommt an der Marne zum Stehen. Die viertägige Schlacht an dem französischen Fluss endet mit dem in der Obersten Heeresleitung (OHL) umstrittenen Rückzug der 1. und 2. deutschen Armee zur Aisne. Sie gilt als entscheidende militärische Wende im Krieg an der Westfront.

Dem von Graf Schlieffen aufgestellten Kriegsplan folgend, wandten sich die deutschen Einheiten nach der Unterwerfung Belgiens nach Süden. Um einem Zweifrontenkrieg zu entgehen, sieht der Schlieffenplan einen raschen Sieg über Frankreich vor. Die Missachtung der belgischen Neutralität löste jedoch die britische Kriegserklärung an Berlin aus. An der Marne trat den deutschen Truppen eine neuformierte, zahlenmäßig überlegene französisch-britische Streitmacht zur Verteidigung von Paris entgegen. In der Schlacht am Ourcq vom 5. bis 9. September kann die 1. deutsche Armee nur mit Mühe den Angriff der 6. französischen Armee abwehren. Eine dabei entstehende rd. 50 km breite Lücke in der deutschen Front nutzen starke britische und französische Verbände zu einem Vorstoß in den Rücken der 1. und die Flanke der 2. deutschen Armee. Nach dem Übergang der alliierten Truppen über die Marne müssen die 1. und 2. Armee die Schlacht

9. September 1914

Strategie vor dem Scheitern

Der Truppenrückzug an der Marne ist ein untrügliches Zeichen dafür, dass die deutsche Offensive im Westen ins Stocken gerät.

Nach einem Befehl der Obersten Heeresleitung (OHL), Paris militärisch zu umfassen, war es Anfang September an der gesamten Front zu schweren Kämpfen gekommen. Die 1. deutsche Armee hatte als Marschziel die untere Seine nordwestlich von Paris erhalten, die 2. Armee die französische Hauptstadt selbst. Dem zunächst erfolgreichen Vormarsch dieser beiden Heere stand die ungünstigere Lage der 3., 4. und 5. Armee gegenüber, die den geplanten Maas-Übergang zwischen Sedan und Verdun aufgrund starker französischer Gegenwehr nur zögernd umsetzen konnten. Andererseit scheiterte aber auch der Versuch französischer und britischer Truppen, die deutsche Offensive Anfang September generell zu stoppen. Durch den Rückzug deutscher Einheiten in südliche und südöstliche Richtung konnten sie aber zumindest eine Umfassung verhindern. Am 2. September befahl die OHL, die französischen Hauptstreitkräfte von Paris zur schweizerischen Grenze abzudrängen. Dazu wurden die 1. und die 2. Armee östlich an Paris vorbeigeführt.

1. Oktober 1914

Chauvinismus auf der Bühne

Die Theatersaison in Berlin ist von zahlreichen chauvinistischen Stücken geprägt. Allein der Spielplan für den ersten Oktobertag weist an sechs Theatern »patriotische« Bühnenwerke auf.

Vor allem die Komödien- und Volkstheater in der Reichshauptstadt hoffen auf finanzielle Erfolge durch Kriegs- und Soldatenstücke. Das Walhalla-Theater stellt mit »Berlin im Felde« ein »Großes Vaterländisches Volksstück« des Operetten- und Revue-Autors Hermann Frey und des Schriftstellers Sigmund Pordes-Milo vor. Im Reichhallen-Theater führen die Stettiner Sänger ein militärisches Genrebild mit dem Titel »Nun woll'n wir sie verdreschen« auf. Ein sog. historisch-dokumentarisches Kriegsstück ist im Berliner Prater-Theater in der Kastanienallee zu sehen. Neben den Volkstheatern unterwerfen sich auch renommierte Bühnen wie das von Max Reinhardt geleitete Deutsche Theater der Kriegsbegeisterung und stellen sich in den Dienst deutscher Propaganda. Darüber hinaus leidet das Theaterleben in Deutschland unter dem Ausbruch des Weltkriegs. Zahlreiche Schauspieler werden zum Militär eingezogen und Theatergebäude für verschiedene Kriegszwecke verwendet. So wird im Theater im westfälischen Münster ein Lazarett eingerichtet.

Tote deutsche Soldaten in einem Schützengraben bei Soizy-aux-Bois

am 9. September abbrechen und den Rückzug antreten. Erst nach dem 15. September entsteht auf der Linie Compiègne-Verdun wieder eine durchgehende deutsche Abwehrfront. Die Niederlage an der Marne lässt den deutschen Blitzkriegplan scheitern und löst eine schwere Führungskrise in der Heeresführung aus. Die Kämpfe in Frankreich und Belgien werden aber mit unverminderter Härte weitergeführt. Am 20. September wird dabei die Kathedrale von Reims schwer beschädigt. Die Beschießung des berühmten gotischen Baudenkmals löst heftige internationale Proteste aus. Am 9. Oktober marschieren deutsche Truppen in Antwerpen ein, dem bisherigen provisorischen Sitz der belgischen Regierung. Belgiens König Albert I. war mit seinem Kabinett am 7. Oktober nach Ostende übersiedelt. Dem belgischen Heer gelingt es, Anschluss an die britischen Truppen zu finden. Die erste Flandernschlacht in Westbelgien beginnt.

26. September 1914

Aderlass der Künste

Bei Perthes-les-Hurlus in der Champagne fällt der 27-jährige deutsche Maler August Macke, am gleichen Tag in Reims der deutsche Heimatdichter Hermann Löns. Während des Weltkriegs sterben an allen Fronten viele bedeutende Künstler.

August Macke

deutscher Maler, * 3.2.1887; † 26.9.1914 bei Perthes-les Hurlus (Champagne)

Im Unterschied zu anderen Malern in der Frühphase des Expressionismus zeigen Mackes Arbeiten oft eine heitere Leichtigkeit des Ausdrucks. Farben und vor allem das Licht machte der Künstler zum eigenwertigen Medium seiner Bilder. Nach Studium in Düsseldorf und Berlin freundete sich Macke mit dem Maler Franz Marc an. Mit ihm reiste er u.a. nach Paris, wo er Robert Delaunay kennenlernte. Delaunays Orphismus beeinflusste die Malerei Mackes nachhaltig. Er schloss sich der Münchener Künstlervereinigung »Der Blaue Reiter« an.

- 1904-08: Kunststudium
- 1909: Umzug an den Tegernsee
- 1914: Tunisreise mit Franz Marc

29. Oktober 1914

Angriff auf Russland

Das Osmanische Reich tritt mit einer Offensive gegen die russischen Schwarzmeerhäfen in den Weltkrieg ein.

Die unter deutschem Oberbefehl stehende osmanische Flotte wird dabei von den ehemals deutschen Kreuzern »Goeben« und »Breslau« unterstützt.

Gegen den Widerstand einer Kabinettsminderheit hatte der türkische Kriegsminister Enwer Pascha am 22. Oktober in Konstantinopel einen Entscheidung für den Kriegseintritt auf deutscher Seite durchgesetzt. Den notwendigen Vorwand lieferte ihm ein russischer Minenleger in türkischen Gewässern. Am 2. November erklärt Russland der türkischen Regierung den Krieg. Noch vor dem Ausbruch des Kriegs hatte sich – trotz des starken deutschen Einflusses in Konstantinopel – eine diplomatische Annäherung zwischen Russland und dem Osmanischen Reich angedeutet (Abb.: Türkische Kavallerie-Einheit).

Oktober 1914

1 Do Der deutsche Außenminister Gottlieb von Jagow macht die britische Regierung für den Ausbruch des Krieges verantwortlich. → Bühne

2 Fr Die österreichisch-ungarische Regierung widerspricht Berichten über eine angebliche Verwendung von Explosivgeschossen (Dumdum-Munition) im Krieg.

3 Sa Der deutsche Kinotechniker Oskar Meßter erhält von der Stadt Berlin die Genehmigung zur Aufführung von Kriegswochenschauen.

4 So In den USA ordnet Präsident Woodrow Wilson die Abhaltung von Gebetsstunden für den Frieden in den Kirchen aller Konfessionen an.

5 Mo Als Reaktion auf Verminungsaktionen der deutschen Flotte beginnt Großbritannien ebenfalls mit der Verminung bestimmter Gebiete der Nordsee.

6 Di Trotz der unbefriedigenden Situation an der Marne hält die deutsche Regierung am Ziel einer völligen Unterwerfung der Kriegsgegner fest.

7 Mi Wegen der Bedrohung durch deutsche Truppen verlegt die belgische Regierung ihren Sitz nach Ostende. In Leipzig findet eine Kriegsausstellung statt.

8 Do In Rom tritt der italienische Kriegsminister Grandi nach öffentlicher Kritik an seiner unzulänglichen Rüstungspolitik zurück.

9 Fr Nach zwölftägiger Belagerung marschieren deutsche Truppen in Antwerpen ein, das bisher provisorischer Sitz der belgischen Regierung war.

10 Sa Der rumänische König Karl I. stirbt 75-jährig in seiner Sommerresidenz in den Südkarpaten. Nachfolger des Monarchen wird sein Adoptivsohn Ferdinand I.

11 So Vor der Küste Russlands wird der russische Panzerkreuzer »Pallada« von einem deutschen Unterseeboot versenkt.

12 Mo Deutsche Truppen marschieren in der flandrischen Hafen- und Industriestadt Gent ein. +++ Essad Pascha Toptani wird Staatspräsident von Albanien.

13 Di Die russische Flotte führt nahe der rumänischen und bulgarischen Schwarzmeerküste eine Flottendemonstration vor.

14 Mi Die österreichisch-ungarische Regierung gibt die Sperrung aller Hochschulen des Landes für Studenten und andere Angehörige feindlicher Staaten bekannt.

15 Do Der US-Kongress in Washington verabschiedet das sog. Clayton-Antitrust-Gesetz. Es erweitert die Befugnisse der Regierung gegenüber den Konzernen.

16 Fr Erstmals wird ein drahtloser Nachrichtendienst zwischen der bulgarischen Hauptstadt Sofia und der ungarischen Hauptstadt Budapest eröffnet.

17 Sa Unter Vorsitz des neuen Königs Ferdinand I. beschließt der rumänische Ministerrat die Aufrechterhaltung der Neutralität des Landes.

18 So Reichskanzler Theobald von Bethmann Hollweg vergibt den Auftrag, den künftigen staatsrechtlichen Status des besetzten Belgiens auszuarbeiten.

19 Mo Die osmanische Regierung in Konstantinopel erklärt den Einsatz deutscher Mannschaften auf ihren Kriegsschiffen zur inneren Angelegenheit des Landes.

20 Di Die erste Flandernschlacht an der Westfront beginnt unter Einsatz tausender nur unzureichend ausgebildeter Kinder und Jugendlicher.

21 Mi Der deutsche Innenminister Clemens Delbrück weist im preußischen Landtag auf eine bevorstehende Umorientierung der deutschen Innenpolitik hin.

22 Do Bei der ersten Kriegssitzung des preußischen Landtages fordert die SPD in Berlin die Aufhebung des Dreiklassenwahlrechts.

23 Fr Frankreich schließt im Rahmen des Wirtschaftskrieges alle Firmen, die sich im Besitz deutscher oder österreichisch-ungarischer Staatsbürger befinden.

24 Sa Die britische Admiralität in London erklärt die Vernichtung des deutschen Kreuzergeschwaders zu einem ihrer wichtigsten Ziele.

25 So Die Frankfurter Universität wird eingeweiht. Sie ist aus einer Umwandlung der Akademie für Sozial- und Handelswissenschaften entstanden.

26 Mo In Berlin wird die Kriegschemikalien AG gegründet. Sie übernimmt unter dem Chemiker Fritz Haber die Bewirtschaftung chemischer Rohstoffe.

27 Di Die deutschen und die österreichisch-ungarischen Truppen beenden nach mehreren Niederlagen ihren Rückzug in Polen.

28 Mi Das Kreisgericht von Sarajevo verkündet die Urteile im Prozess wegen des Attentats auf den österreichisch-ungarischen Thronfolger Franz Ferdinand.

29 Do Als Reaktion auf den Untergang der »Titanic« 1912 regelt ein Vertrag zwischen den Seemächten die Zahl der Rettungsboote. → Russland

30 Fr Oppositionelle deutsche Sozialdemokraten, u.a. Karl Liebknecht und Rosa Luxemburg, protestieren gegen die kriegsfreundliche Politik der SPD-Führung.

31 Sa Das von deutschen Truppen besetzte lothringische Erzbecken von Longwy-Brie wird unter deutsche Verwaltung gestellt.

November 1914

1 So Das deutsche Kreuzergeschwader versenkt südlich von Coronel vor der chilenischen Küste zwei britische Panzerkreuzer.

2 Mo Die vereinigten preußisch-hessischen Eisenbahnen nehmen erstmals seit Kriegsausbruch wieder den fahrplanmäßigen Eisenbahnverkehr auf.

3 Di Der österreichische Dichter Georg Trakl begeht in einem Krakauer Militärhospital Selbstmord. Während des Krieges war er im Sanitätsdienst tätig.

4 Mi Bei den 64. Wahlen zum US-Kongress muss die Demokratische Partei von Präsident Woodrow Wilson erhebliche Verluste hinnehmen.

5 Do In Madrid billigt das spanische Abgeordnetenhaus die Neutralitätspolitik von Ministerpräsident Eduardo Dato Iradier.

6 Fr Die deutsche Regierung beschließt die Internierung sämtlicher britischer Männer im Deutschen Reich im Alter zwischen 17 und 55 Jahren.

7 Sa Die sog. Burgfriedenspolitik zwischen Sozialdemokraten und Reichsregierung wird auch von den Gewerkschaften größtenteils akzeptiert. → Kiautschau

8 So In Tokio stellt die japanische Regierung die am Vortag besetzte ehemals deutsche Kolonie Kiautschou in China unter japanische Verwaltung.

9 Mo Im Indischen Ozean wird der deutsche Kreuzer »Emden« von dem australischen Kreuzer »Sydney« versenkt.

10 Di Österreich-Ungarn informiert das Deutsche Reich über einen Vermittlungsvorschlag des US-Präsidenten zur Beendigung des Krieges. → Flandernoffensive

11 Mi Der osmanische Sultan Muhammad V. erklärt den Staaten der Tripelentente, Frankreich, Russland und Großbritannien, offiziell den Krieg.

12 Do Die Führung der britischen Labour-Party erklärt sich im Unterhaus zur Unterstützung der Regierungspolitik für die Zeit des Krieges bereit.

13 Fr Die Regierung des Deutschen Reiches fordert die Bevölkerung auf, bei den Banken Goldmünzen gegen Papiergeld einzutauschen.

14 Sa In Konstantinopel wird von der Führung des Osmanischen Reiches der »Heilige Islamische Krieg« an der Seite des Deutschen Reiches proklamiert.

15 So Der italienische Ministerrat bewilligt in Rom außerordentliche Rüstungsausgaben in Höhe von 400 Mio. Lire (320 Mio. Mark).

16 Mo In Mailand erscheint erstmals die sozialistische Zeitschrift »Popolo d'Italia«. Herausgeber ist das Mitglied der sozialistischen Partei Benito Mussolini.

17 Di Der deutsche Innenminister Clemens Delbrück erhält den Auftrag zur vorläufigen Ausarbeitung von Friedensbedingungen für Frankreich.

18 Mi Die erfolglose zweite Flandernoffensive wird auf Befehl des deutschen Generalstabschefs Erich von Falkenhayn abgebrochen.

19 Do Um Spionageaktivitäten entgegenzuwirken, hat die britische Regierung die Kontrolle des Briefverkehrs mit fast allen europäischen Ländern angeordnet.

20 Fr Zwischen dem Deutschen Reich und Österreich-Ungarn wird der nach Beginn des Krieges unterbrochene Postgiroverkehr wieder aufgenommen.

21 Sa Die in Berlin erscheinende sozialdemokratische Tageszeitung »Vorwärts« kritisiert die mangelnde Unterstützung für Arbeitslose im Deutschen Reich.

22 So Großadmiral Alfred von Tirpitz, der Leiter des Reichsmarineamtes, fordert in Berlin, deutsche U-Boote zur Zerstörung ausländischer Handelsschiffe einzusetzen.

23 Mo Die US-Besatzungstruppen ziehen sich aus der mexikanischen Stadt Veracruz Llave zurück, wo sie am 20. April gelandet waren.

24 Di Die Reichsregierung verbietet allen deutschen Schuldnern russischer Gläubiger, deren Forderungen nachzukommen.

25 Mi Die Berliner »Vossische Zeitung« berichtet über die Einrichtung einer zentralen Büchersammelstelle für Soldaten in der Reichshauptstadt.

26 Do In Westgalizien und in den Karpaten scheitert eine russische Offensive gegen Österreich-Ungarn. Österreichisch-ungarische Truppen besetzen Czernowitz.

27 Fr Der populäre 67-jährige Paul von Hindenburg wird vom deutschen Kaiser Wilhelm II. zum Generalfeldmarschall ernannt.

28 Sa Der deutsche Kaiser Wilhelm II. ernennt General Moritz Ferdinand Freiherr von Bissing zum neuen Generalgouverneur von Belgien.

29 So König Ludwig III. von Bayern drängt trotz der ungünstigen militärischen Lage auf maximale Kriegsziele, u.a. die Eingliederung von Belgien.

30 Mo Der britische König Georg V. reist zu einem fünftägigen Besuch der britischen Truppen auf den europäischen Kontinent.

Reichstagssitzung zum zweiten Kriegskredit; am Rednerpult Reichskanzler Theobald von Bethmann Hollweg (M., stehend), der die Forderung nach weiteren finanziellen Mitteln begründet.

2. Dezember 1914

Liebknecht steht allein

Der Reichstag in Berlin bewilligt den zweiten von der Regierung geforderten Kriegskredit in Höhe von 5 Mrd. Mark. Bis auf den Sozialdemokraten Karl Liebknecht stimmen alle Abgeordneten der Vorlage zu.
Liebknecht hält den militärischen Konflikt der Großmächte für einen imperialistischen Krieg um die kapitalistische Beherrschung des Weltmarkts. Der Krieg sei nicht für die »Wohlfahrt des deutschen oder eines anderen Volkes entbrannt.« Sein Abstimmungsverhalten verschärft den innerparteilichen Streit unter den Sozialdemokraten über die Haltung zur deutschen Kriegspolitik. In einer fraktionsinternen Abstimmung hatten sich schon vor der Entscheidung 17 Abgeordnete gegen den Kredit ausgesprochen. Bis auf Liebknecht fügen sich aber alle bei der Plenarabstimmung der Fraktionsdisziplin. Am 3. Dezember wird Liebknecht vom Fraktionsvorstand offiziell für sein Verhalten gerügt. Trotz der Maßregelung wächst die Zahl der Kriegsgegner in der SPD.

Karl Liebknecht

deutscher Politiker, * 13.8.1871 Leipzig; † 15.1.1919 Berlin (ermordet)

Liebknecht ist glühender Pazifist und Führer des linken Flügels der SPD. Der Rechtsanwalt verficht den Massenstreik als Mittel zur Kriegsbekämpfung. Nach seinem Parteiausschluss wird er wegen Hochverrats zu Zuchthaus verurteilt und zwei Jahre später begnadigt. Gemeinsam mit Rosa Luxemburg, mit der er die KPD gründet, wird Liebknecht von Freikorpssoldaten ermordet.

- 1900: Mitglied der SPD
- 1907: Mitbegründer der Sozialistischen Jugendinternationale
- 1908: Mitglied des preußischen Abgeordnetenhauses
- 1912-17: Mitglied des Reichstags
- 1916: Prozess wegen Hochverrats
- 1918: Führer des Spartakusbundes, Mitbegründer der KPD

4. Dezember 1914

Revolutionäre um »Pancho« Villa ziehen in Mexiko-Stadt ein

Der mexikanische Rebellenführer Francisco »Pancho« Villa erobert mit seinen Truppen die Hauptstadt. Damit tritt der nach dem Sturz des Regimes von Victoriano Huerta ausgebrochene innenpolitische Machtkampf in eine neue Phase.
Im Herbst waren innerhalb der Huerta-Gegner die Widersprüche zwischen dem Konstitutionalistenführer Venustiano Carranza und sozialrevolutionären Rebellengruppen offen ausgebrochen. Carranza hatte mit dem Einzug seiner Truppen in Mexiko-Stadt am 16. August vorübergehend die Regierungsgewalt in Mexiko übernommen. Der durch einen Militärputsch 1913 an die Macht gekommende Präsident Huerta war am 15. Juli zurückgetreten. Ein in Aguascalientes tagender »Souveräner Konvent« vereinigte alle Carranza-Gegner, darunter als stärkste Fraktionen die Anhänger »Pancho« Villas und Emiliano Zapatas. Sie erlangten vorübergehend ein militärisches Übergewicht. Carranza wich vor ihnen in das seit dem 23. November von den USA geräumte Veracruz Llave zurück. Unter dem Druck der ungünstigen militärischen Lage verspricht der bisher nur wenig reformfreundliche Carranza soziale Verbesserungen und gewinnt dadurch die Unterstützung gewerkschaftlicher Gruppen. Im August 1915 besetzt er erneut die Hauptstadt des Landes.

10. November 1914

Flandernoffensive scheitert

Die 4. und die 6. deutsche Armee beginnen an der Westfront ihre zweite Flandernoffensive. Nach dem Scheitern aller Durchbruchsversuche bis zum 18. November entwickelt sich ein langwieriger Stellungskrieg (Abb.: Französische Soldaten im Schützengraben bei Pas-de-Calais).

Schon in der ersten Flandernschlacht in Westbelgien im Oktober waren die deutschen Angriffe unter verheerenden Verlusten gescheitert. Als sog. Kinderkreuzzug ging die Offensive bei Langemarck mit zahlreichen, nur unzureichend ausgebildeten blutjungen Kriegsfreiwilligen in die Geschichte ein. Sie gilt als Beispiel für die Folgen des deutschen Militarismus. Ungeachtet der Misserfolge hielt die Oberste Heeresleitung (OHL) weiterhin an dem Plan eines Durchbruchs zwischen Calais und Dünkirchen fest.

Dazu verstärkte der deutsche Generalstabschef Erich von Falkenhayn die 4. und die 6. Armee und befahl die Einnahme des flandrischen Ortes Ypern. Erschwert werden die deutschen Operationen durch Nachschubprobleme, die sowohl Verpflegung als auch Munition für die Artillerie betreffen. Ruhr- und Typhusepidemien bei den Truppen schaffen zusätzliche Probleme. Am 18. November muss die OHL die Schlacht abbrechen. Ypern kann nicht besetzt werden. Im Verlauf der Kämpfe sterben 100 000 deutsche Soldaten.

24. Dezember 1914

Erste Kriegsweihnacht

Das Weihnachtsfest steht ganz im Zeichen des Weltkriegs (Abb.: Berliner Zeitschrift »Die Woche«). Viele Truppenangehörige müssen das Fest in Kriegsgefangenschaft verbringen. In deutschen Lagern leben insgesamt rd. 578 000 alliierte Soldaten, während sich rd. 135 000 deutsche Soldaten allein in russischer Kriegsgefangenschaft befinden. In Genf sorgt die durch das Internationale Komitee vom Roten Kreuz eingerichtete Zentralauskunftsstelle für Kriegsgefangene für eine möglichst reibungslose Versendung der Weihnachtspost in die Gefangenenlager. Im Weihnachtsgeschäft bieten zahlreiche deutsche Kaufhäuser militaristische Geschenkartikel an. In den Schaufenstern Berliner Geschäfte preisen feldgraue Weihnachtsmänner Kriegsspielzeug an. In der Bevölkerung herrscht jedoch im Gegensatz zur Begeisterung bei Kriegsbeginn eher eine resignative Stimmung.

8. Dezember 1914

Ende des Kreuzergeschwaders

Das sog. deutsche Kreuzergeschwader – oft auch als Ostasien-Geschwader bezeichnet – wird bei den Falklandinseln vor der argentinischen Küste von zwei britischen Schlachtkreuzern versenkt. Der Kommandant, Vizeadmiral Maximilian Reichsgraf von Spee, kommt bei der Seeschlacht, in der die Panzerkreuzer »Scharnhorst« (s. Abb.,o.), und »Gneisenau« (s. Abb., u.) sowie die Kreuzer »Leipzig (s. Abb., M. l.) und »Nürnberg« (s. Abb. M. r.) versenkt werden, ums Leben. Die »Dresden« kann zunächst entkommen, wird jedoch am 14. März 1915 westlich von Chile versenkt. Gegenüber geringen Verlusten auf britischer Seite überleben von der insgesamt rd. 2100 Mann starken deutschen Besatzung nur 215. Das deutsche Kreuzergeschwader war im Jahre 1895 als Instrument des deutschen Imperialismus gebildet worden und wurde in Ostasien eingesetzt.

7. November 1914

Japan erobert Kiautschau

Japan, das dem Deutschen Reich am 23. August den Krieg erklärt hat und seinen kolonialen Besitz erweitern will, besetzt nach achttägiger Belagerung die zum deutschen Kolonialbesitz Kiautschau zählende westchinesische Hafenstadt Tsingtau in der Provinz Schantung.

Die japanischen Truppen nehmen 2300 der 4000 dort stationierten deutschen Marinesoldaten gefangen. Am 31. Oktober hatten die Japaner mit der Beschießung von Tsingtau von der Land- und Seeseite begonnen. Noch am 16. Oktober war ihr Angebot einer sog. ehrenvollen Kapitulation abgelehnt worden, das u.a. den freien Abzug für die deutschen Besatzungstruppen unter Befehl von Kapitän zur See Alfred Meyer-Waldeck vorsah. Nach der Eroberung übernimmt Japan die Kontrolle über das gesamte, strategisch und ökonomisch bedeutsame Eisenbahnnetz von Schantung. In den ultimativen »21 Forderungen« an den chinesischen Diktator Yüan Shih-k'ai zur Übergabe von Kiautschau besteht Japan auf einer protektoratsähnlichen Herrschaft über das Gebiet. Die Annahme der meisten Forderungen am 24. Mai 1915 durch China dehnt Japans Machtposition in Ostasien erheblich aus.

Dezember 1914

1 Di Das letzte Teilstück des Rhein-Herne-Kanals wird übergeben. Er verbindet über den Dortmund-Ems-Kanal das Ruhrgebiet mit der Nordsee.

2 Mi In Österreich finden zahlreiche Feiern anlässlich des 66. Jahrestages der Thronbesteigung von Kaiser Franz Joseph I. statt. → Liebknecht

3 Do Die SPD Reichstagsfraktion erteilt Karl Liebknecht eine Rüge. Als einziger Abgeordneter hat er gegen die Bewilligung der Kriegskredite gestimmt.

4 Fr Nach einer Verordnung des deutschen Kaisers Wilhelm II. wird der sog. Landsturm zweiten Aufgebots zur Meldung aufgerufen. → Mexiko

5 Sa Die serbische Regierung in Üsküp (Skopje) wird unter Beteiligung aller Parteien zu einer Koalitionsregierung der nationalen Einheit umgebildet.

6 So In Posen treffen sich Generalfeldmarschall von Hindenburg und der deutsche Reichskanzler von Bethmann Hollweg zu Besprechungen.

7 Mo Die portugiesische Regierung in Lissabon tritt wegen des bevorstehenden Kriegseintritts zurück. Vitor Hugo de Azevedo Coutinho wird Ministerpräsident.

8 Di Die französische Regierung verlegt ihren Regierungssitz nach Paris zurück. Sie war am 2. September nach Bordeaux umgesiedelt. → Kreuzergeschwader

9 Mi In Berlin richtet das preußische Kriegsministerium ein sog. Bekleidungsbeschaffungsamt als zentrale Ankaufstelle für Kriegskleidung und -ausrüstung ein.

10 Do In Stockholm werden die Nobelpreise verliehen, angesichts des Kriegsausbruches aber kein Friedens- und kein Literaturnobelpreis.

11 Fr Die US-Regierung in Washington veröffentlicht eine Anordnung, die US-Firmen den Verkauf von Unterseebooten in Kriegsländer untersagt.

12 Sa Deutsche Wissenschaftler polemisieren in einer Erklärung gegen den Vorwurf britischer Historiker, das Deutsche Reich habe den Krieg angefangen.

13 So Das französische Kriegsministerium in Paris ordnet die Einberufung des für 1915 vorgesehenen Wehrpflichtigenjahrganges und der Reservisten von 1913/14 an.

14 Mo Im italienischen Senat in Rom beginnt eine Debatte über die Neutralitätserklärung der Regierung von Ministerpräsident Antonio Salandra.

15 Di In einem von der Berliner »Vossischen Zeitung« veröffentlichten Pamphlet trägt der deutsche Maler Franz Marc zur Verherrlichung des Krieges bei.

16 Mi Nach den neuen Richtsätzen für die deutsche Politik in Belgien sollen dort vor allem die Beziehungen zur flämischen Bevölkerung vertieft werden.

17 Do Ein Explosionsunglück im Kaiser-Wilhelm-Institut für physikalische Chemie und Elektrochemie in Dahlem (heute zu Berlin) fordert ein Todesopfer.

18 Fr Im schwedischen Malmö beginnen Besprechungen der Könige Håkon VII. von Norwegen, Christian X. von Dänemark und Gustav V. von Schweden.

19 Sa Ägypten wird zum britischen Protektorat erklärt. Obwohl es zum Osmanischen Reich gehört, ist das Land seit 1883 de facto unter britischer Herrschaft.

20 So In Italien kommt es zu Kundgebungen mit der Forderung nach Angliederung von italienischsprachigen ausländischen Regionen (wie Teile Südtirols) an Italien.

21 Mo Der deutsche Großadmiral Alfred von Tirpitz droht mit einem Unterseebootkrieg gegen die internationale Handelsschiffahrt.

22 Di In Paris beginnt eine Sitzung des französischen Parlaments, in der Ministerpräsident René Viviani die Befreiung Europas von der deutschen Besatzung fordert.

23 Mi Die Deutsche Reichsbank in Berlin senkt den Diskontsatz um 1 % auf 5 % und den Lombardsatz ebenfalls um 1 % auf 6 %, um das Kreditwesen zu fördern.

24 Do Viele deutsche Zeitschriften zeigen auf den Titelseiten ihrer Weihnachtsausgaben ordensgeschmückte Tannenbäume. → Kriegsweihnacht

25 Fr Italienische Marineeinheiten besetzen die albanische Stadt Valona wegen ihrer strategischen Bedeutung für den Adriaraum.

26 Sa In Tokio ordnet der japanische Kaiser Joschihito die Auflösung des japanischen Abgeordnetenhauses an, das eine Vergrößerung des Heeres abgelehnt hat.

27 So Die russische Regierung widerspricht Gerüchten als Ausgleich für Rüstungslieferungen einen Teil der Insel Sachalin an Japan abgetreten zu haben.

28 Mo Die USA überreichen der britischen Regierung eine Protestnote wegen Behinderung der Handelsschiffahrt neutraler Staaten durch die britische Flotte.

29 Di Aus Protest gegen die deutsche Pressezensur stellen die belgischen Zeitungen ihr Erscheinen ein. Der Bischof von Brüssel ruft zum passiven Widerstand auf.

30 Mi Die Präsidentschaft von Yüan Shih-k'ai in China wird auf Lebenszeit verlängert. +++ In Berlin wird das Theater der Neuen Freien Volksbühne eröffnet.

31 Do In Berlin beschließt die preußische Regierung, Sozialdemokraten im Fall ihrer Wahl in öffentliche Ämter die staatliche Bestätigung nicht mehr vorzuenthalten.

Januar 1915

1 Fr In Island tritt ein im Jahre 1912 beschlossenes Gesetz in Kraft, das den Verkauf von alkoholischen Getränken auf der Insel verbietet.

2 Sa Eine Militärrevolte im südamerikanischen Paraguay wird von regierungstreuen Truppenteilen niedergeschlagen.

3 So Der US-Senat in Washington nimmt einen Gesetzesentwurf an, der Analphabeten die Einwanderung in die USA verbietet.

4 Mo Der Vatikan gibt bekannt, dass die kriegführenden Staaten einem Austausch schwerverwundeter Gefangener zustimmen.

5 Di Der Bundesrat verschärft die Bestimmungen über die Streckung der Getreidevorräte; u.a. müssen bei der Roggenbrot-Herstellung Kartoffeln zugesetzt werden.

6 Mi Laut einem Armeebefehl wird jede freundschaftliche Annäherung deutscher Soldaten an den Feind im Schützengraben als Landesverrat bestraft.

7 Do Der französische Ministerrat in Paris verbietet den Verkauf von geistigen Getränken mit mehr als 23% Alkoholanteil.

8 Fr Im Deutschen Reich wird damit begonnen, russische Kriegsgefangene bei der Urbarmachung von Moorgebieten einzusetzen.

9 Sa Die französische Regierung berichtet von Menschenrechtsverletzungen durch deutsche Truppen in den besetzten Gebieten Frankreichs und Belgiens.

10 So Ein deutsches Flugzeuggeschwader wirft mehrere Bomben auf Dover, Dünkirchen und Ostende, ein Luftangriff auf London scheitert am dichten Nebel.

11 Mo In Berlin und Brandenburg wird der Verkauf von Wolldecken verboten, die vorhandenen Bestände werden für das Heer beschlagnahmt.

12 Di An der Westfront erzielen deutsche Truppen in dreitägigen Kämpfen bei Soissons Geländegewinne und erobern mehrere Ortschaften.

13 Mi Ein Spendenaufruf für das Ostheer brachte die Summe von zwei Mio. Mark ein. Das Geld ermöglicht die Anschaffung von 50 000 Pelzjacken. → Abruzzen

14 Do Südafrikanische Truppen unter Führung von General Louis Botha erobern Swakopmund in Deutsch-Südwestafrika.

15 Fr Im Deutschen Reich tritt ein Nachtbackverbot für Bäckereien in Kraft, das zum Einsparen von Mehl beitragen soll. → »Der Golem«

16 Sa Eine Zählung ergibt, dass an diesem Tag 7 989 940 Feldpostbriefsendungen aus dem Deutschen Reich ins Feld abgesandt wurden.

17 So In Kopenhagen beginnt eine zweitägige Friedenskonferenz von Vertretern der sozialdemokratischen Parteien aus neutralen Staaten.

18 Mo Die vom Kriegsausschuss für warme Unterkleidung veranstaltete Reichswollwoche dient der besseren Ausstattung der deutschen Truppen.

19 Di Wie aus London verlautet sind die Nahrungsmittelpreise in Großbritannien seit Kriegsbeginn um durchschnittlich 19% gestiegen. → Zeppeline

20 Mi Erich von Falkenhayn wird in seinem Amt als preußischer Kriegsminister von Generalleutnant Wild von Hohenborn abgelöst.

21 Do Das russische Unterrichtsministerium legt dem Ministerrat einen Gesetzentwurf über die Einführung der allgemeinen Schulpflicht vor.

22 Fr Der Schweizer Bundesrat erlässt ein Ausfuhrverbot für verschiedene Produkte, darunter Schokolade, Essig, Weißblech, Kupferkabel und Kalk.

23 Sa Der australische Regierungssitz wird vorübergehend von Melbourne nach Sydney verlegt, um die Regierung mit anderen Landesteilen vertraut zu machen.

24 So Bei einem Seegefecht zwischen deutschen und britischen Schlachtkreuzern an der Doggerbank sinkt der deutsche Panzerkreuzer »Blücher«.

25 Mo Nach dem Ende des Burenaufstands in Südafrika verstärken die südafrikanischen Truppen ihre Angriffe auf Deutsch-Südwestafrika. → Telefon

26 Di Österreichisch-ungarische Truppen erobern den Uzsoker Pass in den Karpaten. +++ Das US-Repräsentantenhaus beschließt den Ausbau der Flotte.

27 Mi Das Versdrama »Preußengeist« von Paul Ernst wird am Weimarer Hoftheater uraufgeführt. Es behandelt eine Episode aus der Jugend Friedrichs des Großen.

28 Do In Portugal tritt General Joaquim Pereira Pimenta de Castro die Nachfolge des zurückgetretenen Ministerpräsidenten Vitor Hugo de Azevedo Coutinho an.

29 Fr Der Kriegsausschuss für Volksernährung beschließt eine Aufklärungskampagne für Hausfrauen über preiswerte und gehaltvolle Ernährung im Krieg.

30 Sa In der Irischen See und im Ärmelkanal versenken zwei deutsche U-Boote vier britische Frachtschiffe. +++ In St. Moritz beginnen zweitägige Skiwettkämpfe.

31 So In einem Fußball-Länderspiel in Turin besiegt die italienische Nationalmannschaft das Auswahlteam der Schweiz 3:1.

15. Januar 1915

»Der Golem« ist Erfolgsfilm

Im Berliner Union-Theater läuft der Stummfilm »Der Golem« an (Abb.: Plakat). Regie führten Heinrich Galeen und Paul Wegener, der auch die Hauptrolle übernahm. Die Leinwand-Adaption der alten jüdischen Legende wird zu einem der erfolgreichsten Filme des Jahres.
Der »Golem« ist ein aus einem Lehmkloß zum Leben erwecktes Geschöpf, das in seiner Einsamkeit destruktiv wird. Wegener und Galeen schaffen mit neuartigen Filmtricks eine Atmosphäre, die den psychologisch interessanten Aspekten von der Erweckung des Golems Rechnung trägt. 1917 und 1920 drehte Paul Wegener weitere Filme, die auf der Golem-Legende basieren.

13. Januar 1915

In den Abruzzen bebt die Erde

Epizentrum eines schweren Erdbebens, das morgens um 7. 53 Uhr einsetzt und ganz Mittel- und Süditalien erschüttert, ist der Monte Velino. Die Gebirgsregion der Abruzzen ist am schwersten betroffen, 17 Orte liegen dort vollständig in Trümmern. In dem Ort Avezzano überleben nur etwa 10% der Einwohner, 11 000 Bewohner werden unter ihren Häusern begraben. Die Naturkatastrophe fordert etwa 30 000 Menschenleben. Bei bitterer Kälte harren zahllose Verschüttete und obdachlos gewordene Einwohner auf Hilfe. Die ersten Rettungstrupps des Militärs treffen jedoch erst 24 Stunden nach dem Beben ein.

19. Januar 1915

Zeppeline attackieren England

Zum ersten Angriff auf Großbritannien steigen in der Nacht drei deutsche Marineluftschiffe auf. Ihr Ziel ist die englische Ostküste. Schäden durch Bombenabwürfe entstehen in den Orten Yarmouth, wo mehrere Personen getötet werden, sowie in Cromer, Sheringham und Sandringham. Zwar werden die Zeppeline von britischen Geschützen beschossen, sie kehren jedoch weitgehend unbeschädigt zurück. Militärisch bleiben die Angriffe ohne entscheidende Wirkung. Die Luftschiffe sind zu unbeweglich und bilden ein leichtes Ziel.

(Abb. in der Londoner Illustrierten »The Sphere«: Der 1917 über dem französischen Bourbonne-les-Baines abgeschossene Zeppelin »L 49«).

4. Februar 1915

U-Boot-Krieg trifft Handel

Die deutsche Marineleitung erklärt die Gewässer um Großbritannien und Irland zum Kriegsgebiet. Offiziell wird diese Verordnung als Vergeltung für die britische Seeblockade gerechtfertigt. Im Kriegsgebiet sollen feindliche Handelsschiffe vom 18. Februar an versenkt werden. Auch für die neutrale Schifffahrt bestehe Gefahr, da Verwechslungen nicht vermieden werden könnten. U-Boote werden in der amtlichen Ankündigung nicht ausdrücklich erwähnt, wegen der britischen Dominanz zur See ist der Handelskrieg jedoch nur mit Unterseebooten durchführbar.
Die Aufnahme des U-Boot-Krieges ist auf Betreiben von Admiralstabsschef Hugo von Pohl und dem Staatssekretär im Reichsmarineamt, Alfred von Tirpitz, erfolgt. Reichskanzler Theobald von Bethmann Hollweg, der als Konsequenz einer solchen Entscheidung den Kriegseintritt neutraler Staaten fürchtete, hatte sich mit seiner ablehnenden Haltung nicht durchsetzen können. Genauso verlockend wie unrealistisch war die Zusicherung der Reichsmarine, Großbritannien durch den U-Boot-Krieg entscheidend schwächen zu können. Die Reichsmarine verfügt Anfang 1915 über 27 U-Boote, davon 21 in der Nordsee. Wegen der langen Werftliegezeiten sind durchschnittlich nur etwa ein Drittel davon auf See. Die langen Anfahrtszeiten zu den wichtigen britischen Westhäfen führen dazu, dass sich wiederum nur ein Teil davon im eigentlichen Kriegsgebiet aufhalten kann – viel zu wenig, um die britische Handelsflotte wirksam zu treffen.
Der Tatsache, dass die deutsches Seekriegsleitung nunmehr mit der neuartigen U-Boot-Waffe den Handelskrieg aufnimmt, liegt ein strategisches Dilemma zu Grunde. Die deutsche Kriegsflotte, »des Kaisers liebstes Kind« und mit riesi-

20. Februar 1915

Motto: »Panama-Pazifik«

Die 25. Weltausstellung, die erste an der US-Westküste, öffnet in San Francisco unter dem Motto »Panama-Pazifik« ihre Tore. Damit wollen die Veranstalter darauf hinweisen, dass der pazifische Raum durch die Eröffnung des Panamakanals im August 1914 näher an die westliche Hemisphäre gerückt ist. Insgesamt 18 Mio. Menschen besuchen das Ausstellungsgelände.
Die auf dem 254 ha großen Areal errichteten Prachtbauten stellen einen Querschnitt europäischer und asiatischer Baustile dar. Trotz des Weltkrieges nehmen 41 Staaten an der Leistungsschau teil. Allerdings stößt die Weltausstellung in den kriegführenden europäischen Staaten auf wenig Interesse. Für San Francisco, die 1906 von einem Erdbeben zerstörte Stadt, bietet die Weltausstellung Gelegenheit zur Selbstdarstellung.

gem finanziellem Aufwand zur zweitgrößten Schlachtflotte der Welt aufgerüstet, hat sich als gigantische Fehlinvestition erwiesen. Seit Kriegsbeginn liegen die schweren Kreuzer untätig in den Häfen. Die Seekriegsleitung wagte nicht, sie in die Entscheidungsschlacht mit dem noch immer überlegenen britischen Gegner zu schicken. Dadurch kann die britische Seite die Blockade der Nordseeausgänge aufrechterhalten, die Deutschland von Nachschublieferungen an Lebensmitteln und Rohstoffen aus Skandinavien abschneidet. Lediglich einige wenige deutsche Kreuzer, die sich bei Kriegsausbruch in offenen – allerdings überseeischen – Gewässern aufhielten, sind in Kampfhandlungen verwickelt. Sie werden nach und nach aufgebracht und versenkt.

Die Anordnung des Seekrieges gegen Handelsschiffe bringt die U-Boot-Kommandanten mit dem geltenden Völker- und Seekriegsrecht in Konflikt. Nach den auf den Haager Friedenskonferenzen festgelegten Bestimmungen darf die Versenkung eines aufgebrachten Handelsschiffes erst dann erfolgen, wenn die Besatzung das Schiff in Rettungsbooten verlassen hat. Dies setzt jedoch eine Vorwarnung durch das angreifende U-Boot voraus. Aufgetauchte U-Boote stellen allerdings wegen ihrer geringen Panzerung selbst ein ideales Ziel dar, zumal viele Handelsschiffe mit getarnten Schiffsgeschützen ausgerüstet sind.

Am 8. Februar rechtfertigt eine Erklärung des britischen Außenministeriums einen Geheimbefehl der Admiralität, der die eigenen Handelsschiffe zum Hissen neutraler Flaggen auffordert. Diese Maßnahme sei eine legitime Kriegslist. Nach scharfen Protesten der USA und anderer neutraler Staaten werden die deutschen U-Boot-Kommandanten Mitte Februar angewiesen, US- und italienische Schiffe unbedingt zu verschonen.

Deutsches U-Boot auf der Fahrt in den Atlantik

7. Februar 1915

Winterschlacht in Masuren

Die deutschen Truppen beginnen in Ostpreußen eine groß angelegte Offensive (Abb.: Strenges Winterwetter erschwert den Vormarsch). Ohne dass es zu der vom Oberkommando angestrebten Entscheidungsschlacht an der Ostfront kommt, gelingt es, die russischen Truppen zurückzuschlagen und ganz Ostpreußen zurückzuerobern. Der deutsche Großangriff ist Teil der vom Oberkommando Ost unter Generalfeldmarschall Paul von Hindenburg durchgesetzten Schwerpunktverlagerung auf die Ostfront.

25. Januar 1915

Telefon verbindet Kontinent

Die erste transkontinentale Telefonleitung der Welt verbindet die Ost- und die Westküste der USA. Als einer der ersten Benutzer führt US-Präsident Woodrow Wilson ein Gespräch von New York nach San Francisco. Die Gesprächsgebühren sind beträchtlich: Die ersten drei Minuten kosten umgerechnet rd. 100 Mark. Fernsprechverbindungen über größere Entfernungen waren seit einer Erfindung des Elektroingenieurs Michael Pupin im Jahre 1899 in greifbare Nähe gerückt. Die nach ihm benannten Pupinspulen kompensieren die bei größeren Entfernungen auftretenden Spannungsverluste in den parallel verlaufenden Wechselstromleitungen. Die Pupinspule wird in regelmäßigen Abständen in die Leitung eingeführt und ermöglicht dadurch erheblich größere Reichweiten im Telefonverkehr.

Februar 1915

1 Mo Die Finanzminister Großbritanniens, Frankreichs und Russlands beschließen auf einer Konferenz in Paris gemeinsame Maßnahmen zur Kriegsfinanzierung.

2 Di Zwei von den Franzosen wegen Hochverrats zum Tode verurteilte deutsche Geschäftsleute werden in Casablanca (Marokko) hingerichtet.

3 Mi In Sarajevo werden drei Beteiligte am Attentat auf den österreich-ungarischen Thronfolger Erzherzog Franz Ferdinand hingerichtet.

4 Do Als Auszeichnung für Soldaten, die im Tagesbefehl des Heeres namentlich aufgeführt werden, führt Frankreich das sog. Kriegskreuz ein. → U-Boot-Krieg

5 Fr In den USA scheitert der Gesetzentwurf, der allen Analphabeten die Einwanderung verbieten sollte, am Veto von Präsident Woodrow Wilson.

6 Sa Die 23-jährige Australierin Fanny Durack schwimmt in Sydney mit 1:16,2 min einen Weltrekord über 100-m-Freistil.

7 So Im italienischen Erdbebengebiet in den Abruzzen kann ein seit 25 Tagen verschütteter Mann lebend geborgen werden. → Winterschlacht

8 Mo Das britische Außenministerium rechtfertigt die Anweisung, auf landeseigenen Handelsschiffen neutrale Flaggen zu hissen, als legitime Kriegslist.

9 Di Die erste Nummer einer Zeitung für Kriegsgefangene in französischer Sprache erscheint in Stuttgart. +++ In Berlin findet eine Kriegskuchen-Ausstellung statt.

10 Mi Der Kriegsausschuss für Volksernährung beginnt eine Veranstaltungsreihe über billiges und nahrhaftes Kochen in der Kriegszeit.

11 Do Die Ladung des Lebensmittel transportierenden und unter US-Flagge fahrenden Dampfers »Wilhelmina« wird von den britischen Behörden beschlagnahmt.

12 Fr Premierminister Herbert Henry Asquith kündigt vor dem britischen Unterhaus eine Verschärfung der Maßnahmen gegen den deutschen Handel an.

13 Sa Als Ersatz für Fleisch wird in Berlin Klippfisch (nach dem Fang gesalzener und anschließend getrockneter Kabeljau) aus städtischen Beständen verkauft.

14 So Ein Bombenanschlag auf einen Maskenball in Sofia, der vermutlich dem bulgarischen König Ferdinand I. galt, tötet Familienangehörige zweier Minister.

15 Mo Zwischen Großbritannien und dem Deutschen Reich werden mit Unterstützung des Roten Kreuzes schwerverletzte Gefangene ausgetauscht.

16 Di Mit einem erfolglosen Durchbruchversuch der französischen Truppen beginnt die bis Ende März dauernde sog. Winterschlacht in der Champagne.

17 Mi An der Ostfront erobern deutsche und österreichisch-ungarische Truppen die Stadt Czernowitz (heute: Tschernowzy) in der Bukowina.

18 Do Die SPD-Politikerin Rosa Luxemburg tritt eine einjährige Haftstrafe an, zu der sie wegen Aufforderung zur Befehlsverweigerung verurteilt worden war.

19 Fr Die »Variationen über ein Thema von Mozart op. 132« von Max Reger werden in Berlin durch das Königliche Orchester uraufgeführt.

20 Sa Laut US-Vorschlag soll London Lebensmitteltransporte nach Deutschland erlauben, wenn dieses den U-Boot-Krieg stoppt. → »Panama-Pazifik«

21 So In allen großen italienischen Städten finden unter dem Motto »Nieder mit dem Krieg« sozialistische Kundgebungen für die Neutralität statt.

22 Mo Die französische Stadt Calais wird in der Nacht von einem deutschen Luftschiff bombardiert; dabei wird ein Teilstück der Eisenbahnlinie nach Paris zerstört.

23 Di Eine Meuterei eines indischen Infanterieregiments in Singapur wird von britischen Truppen mit Hilfe von japanischen und französischen Soldaten beendet.

24 Mi Die Gesamtzahl der Kriegsgefangenen im Deutschen Reich und in Österreich ist nach der Winterschlacht in Masuren auf über 1 Mio. angestiegen.

25 Do Der Bundesrat verordnet eine Einschränkung des Autoverkehrs. Eine Fahrerlaubnis wird nur noch dann erteilt, wenn daran ein öffentliches Interesse besteht.

26 Fr Der italienische Ministerrat verbietet wegen zunehmender Gewalttaten alle Versammlungen für oder gegen den Kriegseintritt Italiens.

27 Sa Eine Modenschau in Berlin scheitert, weil die Behörden mutmaßen, dass auch französische Modelle gezeigt werden sollen.

28 So Der Norweger Amble Ommundsen stellt mit einer Weite von 54 m einen Weltrekord im Skispringen auf. Die alte Rekordweite betrug 48,5 m.

März 1915

1 Mo Frankreich und Großbritannien verschärfen die Außenhandelsblockade gegen die Mittelmächte. +++ Carlos Meléndez wird Präsident in El Salvador.

2 Di Zwischen Frankreich und dem Deutschen Reich beginnt über die Schweiz der erste Austausch schwerverwundeter Kriegsgefangener.

3 Mi Die Reichsverteilungsstelle für Getreide ordnet eine Ende März wirksam werdende Herabsetzung der täglichen Mehlration an. → Bürgerkrieg

4 Do Max Reinhardt, der Direktor des Deutschen Theaters in Berlin, übernimmt ab September zusätzlich die Leitung der Berliner Volksbühne.

5 Fr Der Verkauf von Weizen- und Roggenmehl wird in Berlin jeweils für die Wochentage Freitag, Samstag und Sonntag untersagt.

6 Sa Der ententefreundliche griechische Ministerpräsident Eleftherios Weniselos tritt zurück, weil er, anders als König Konstantin I., für einen Kriegseintritt votiert.

7 So Der Parteiausschuss der SPD beschließt mit 35 gegen 5 Stimmen, im Reichstag für die Annahme des neuen Kriegskredits zu stimmen. → Schwimm-Auto

8 Mo Die österreich-ungarische Regierung erklärt sich dazu bereit, Italien die Abtretung des Trentino anzubieten, wenn Rom im Weltkrieg weiter neutral bleibe.

9 Di Angesichts anhaltender bürgerkriegsähnlicher Unruhen in Mexiko droht die US-Regierung entgegen früheren Äußerungen mit erneuten Interventionen.

10 Mi Die französische Winterschlacht-Offensive in der Champagne ist nach Angaben der deutschen Heeresleitung endgültig gescheitert.

11 Do Der deutsche Hilfskreuzer »Prinz Eitel-Friedrich« läuft wegen zur Neige gehender Kohle- und Lebensmittelvorräte in den US-Hafen Newport-News ein.

12 Fr Großbritannien erkennt die russischen Forderungen nach Gebietserweiterungen am Bosporus, an den Dardanellen und in Kleinasien an.

13 Sa Im Alter von 65 Jahren stirbt in Petrograd der frühere russische Ministerpräsident und Finanzminister Sergej Juljewitsch Graf Witte.

14 So Einer offiziellen britischen Statistik zufolge wurden seit Kriegsbeginn 88 britische Handelsschiffe von der deutschen Flotte versenkt. → Hochseekreuzer

15 Mo In Wien wird der Film »Der Traum eines österreichischen Reservisten« von Louise Kolm und Jakob Fleck uraufgeführt.

16 Di Die bislang in Russland geltende Befreiung der Studenten vom Kriegsdienst wird aufgehoben. Sie sind nun zu einem Offizierskurs verpflichtet.

17 Mi Auf Seiten der Alliierten kämpfende kälteempfindliche Senegalesen, Australier und Inder warten an der französischen Mittelmeerküste auf wärmeres Wetter.

18 Do Russische Truppen besetzen die Stadt Memel. +++ In Großbritannien können Frauen Arbeiten der zum Kriegsdienst eingezogenen Männer übernehmen.

19 Fr Die niederländische Regierung protestiert bei Großbritannien und Frankreich gegen die Behinderung des Handels neutraler Staaten.

20 Sa In den Münchener Kammerspielen wird das Schauspiel »Die Flucht aus Amerika« von Paul Lewin erstmals in Deutschland gezeigt.

21 So In Indien tritt ein Gesetz in Kraft, das dem britischen Generalgouverneur erweiterte Rechte bei der Bekämpfung von Aufständen zugesteht.

22 Mo Nach viereinhalbmonatiger Belagerung wird die galizische Festung Przemyśl von österreich-ungarischen Truppen an die Russen übergeben.

23 Di Ein seit zwei Tagen andauernder Sturm an der spanischen Küste bei Algeciras fordert das Leben von etwa 300 Menschen.

24 Mi Die USA geben an, den Entente-Armeen in den ersten sieben Kriegsmonaten Material und Proviant im Wert von 297 Mio. Dollar geliefert zu haben.

25 Do Das von deutschen und österreich-ungarischen Truppen besetzte russische Gebiet umfasst derzeit eine Fläche von 53 010 km² mit 5,49 Mio. Einwohnern.

26 Fr Eine internationale sozialistische Frauenkonferenz ruft die Arbeiterfrauen in allen kriegsführenden Staaten zum Massenprotest gegen den Krieg auf.

27 Sa Eine französische Zeitschrift setzt eine Belohnung von 25 000 Francs (20 000 Mark) für den ersten Flieger aus, der ein deutsches Luftschiff über Paris vernichtet.

28 So Der britische Passagierdampfer »Falaba« wird auf der Höhe von Milford von einem deutschen U-Boot versenkt. 123 Personen kommen ums Leben.

29 Mo Auf einer Konferenz in Chantilly beschließen das britische und französische Oberkommando neue Großoffensiven.

30 Di Der Bundesrat in der Schweiz lehnt die Einberufung einer Friedenskonferenz der neutralen Staaten ab, da er keine Erfolgsaussichten erkennt.

31 Mi Die Heeresleitungen an der Ostfront geben bekannt, dass im März 96 000 russische Soldaten in Gefangenschaft der Mittelmächte geraten sind.

Gasmasken sollen ausreichenden Schutz vor den neuartigen Kampfstoffen bieten.

22. April 1915

Deutsche setzen erstmals Giftgas ein

Die deutsche Armee schlägt ein neues unrühmliches Kapitel der Kriegsgeschichte auf: Erstmals werden in größerem Rahmen chemische Kampfstoffe eingesetzt. Mit Giftgas greifen deutsche Truppen in der Nähe der belgischen Stadt Ypern an. Deutsche Wissenschaftler, u.a. unter der Leitung von Fritz Haber, sind bei der Entwicklung der Giftgase führend. Haber beaufsichtigt persönlich den ersten Großeinsatz der Kampfstoffe in Ypern.

Bei einem Gasangriff erblindete britische Soldaten

Aus 5000 Stahlflaschen werden fünf Minuten lang 168 t giftiges Chlorgas in die Luft geblasen, die vom Wind auf die Stellungen der Alliierten getrieben werden. Die gelblich undurchsichtigen, nur 1,5 m hoch steigenden Rauchschwaden legen sich wie ein Teppich auf den Boden. Die britischen und französischen Truppen verfügen noch nicht über Schutzmasken, so dass innerhalb weniger Minuten 5000 Soldaten sterben, 10 000 erleiden schwere Vergiftungen. Bei den Alliierten löst der Giftgasangriff Entrüstung aus. Nach der sog. Haager Landkriegsordnung, die 1899 und 1907 auf zwei internationalen Konferenzen beschlossen wurde, ist die Benutzung von Geschossen verboten, deren einziger Zweck die Verbreitung von erstickenden, giftigen Gasen ist. Der offenkundige Bruch des Völkerrechts wird von deutscher Seite mit dem Hinweis gerechtfertigt, die Alliierten setzten vergleichbare Mittel ein – gemeint sind offensichtlich Gewehrgranaten mit Tränengas. Auch die Alliierten setzen ab Ende 1915 Giftgas ein.

Fritz Haber

deutscher Chemiker, * 9.12.1868 Breslau; † 29.1.1934 Basel

Haber leitet seit 1911 das neugegründete Kaiser-Wilhelm-Institut für physikalische Chemie und Elektrochemie in Berlin-Dahlem. Er ist führend an der Entwicklung chemischer Kampfstoffe für die Armee beteiligt. Seine größte wissenschaftliche Leistung ist die Herstellung von Ammoniak aus Stickstoff und Wasserstoff unter hohem Druck (Haber-Bosch-Verfahren 1908) zur Kunstdüngerproduktion.

- 1906-11: Professor in Karlsruhe
- 1918: Chemie-Nobelpreis
- 1933: Emigration nach Großbritannien

3. März 1915

Bürgerkrieg als Filmepos

In New York hat der Film »The Birth of a Nation« (»Die Geburt einer Nation«) von David Wark Griffith Premiere.

Der dreieinhalbstündige Film über das Schicksal zweier Familien im amerikanischen Bürgerkrieg, der als der bisher aufwendigste in der Filmgeschichte gilt, wird zu einem großen Publikumserfolg. Obendrein sichert das auch finanziell erfolgreiche Epos (Abb.: Filmszene) die weltweite Vormachtstellung der US-Filmbranche. In dem Film vertritt Griffith eindeutig die Position der Südstaatler und löst damit heftige Kontroversen im eigenen Land aus. Künstlerisch wird das Werk einhellig positiv beurteilt, weil es dem Regisseur gelingt, eine dem Medium Film angemessene Ausdrucksform zu finden. Die vielschichtige Handlung wird durch kluge Schnitte und eine ausgefeilte Montagetechnik in eine suggestive, dem Inhalt angepasste rhythmische Form gebracht. Typisch für die aufwendigen Kriegsszenen sind Einstellungswechsel, Schwenks sowie Wechsel von Totalen zu extremen Nah-, Groß- und Detailaufnahmen.

14. März 1915

Hochseekreuzer versenkt

Drei britische Schiffe greifen den manövrierunfähigen deutschen Kreuzer »Dresden« vor der chilenischen Juan-Fernández-Insel an. Daraufhin lässt der Kommandant die Geschütze unbrauchbar machen und sprengt das Schiff in die Luft. Drei Besatzungsmitglieder kommen ums Leben, die übrige Besatzung wird in Chile interniert.

Mit der »Dresden« und den Hilfskreuzern »Prinz Eitel Friedrich« und »Kronprinz Wilhelm«, die am 11. März und am 11. April wegen ihrer zur Neige gehenden Kohle- und Lebensmittelvorräte in den US-Hafen Newport News einlaufen und dort aufgebracht werden, verschwinden die letzten deutschen Hochseekreuzer von den Meeren.

7. März 1915

Schwimm-Auto vorgestellt

In Wien wird der staunenden Öffentlichkeit ein sog. Hydro-Automobil vorgestellt.

Das Fahrzeug ist eine Kombination aus einem Auto und einem Motorboot. Es kann übergangslos von der Straße ins Wasser und wieder zurück wechseln, ohne seine Fahrt unterbrechen zu müssen. Das Gefährt wird von einem Vierzylindermotor angetrieben. Auf dem Land erreicht es eine Geschwindigkeit von 75 km/h, im Wasser 20 km/h. Die Karosserie des Hydromobils ähnelt der eines Rennautos (Abb.: Das Hydromobil kurz vor dem Wassern).

25. April 1915

Türken halten Dardanellen

Britische, französische und australische Einheiten landen auf der zum Osmanischen Reich gehörenden Halbinsel Gallipoli, um die Meerenge der Dardanellen zu erobern. Mit der Kontrolle über die Wasserstraße will die Entente die Verbindung zu dem verbündeten Russland herstellen. Der Vormarsch ins Landesinnere scheitert jedoch am hartnäckigen Widerstand der 5. osmanischen Armee, die unter dem Kommando des deutschen Generals Otto Liman von Sanders steht.

Nach dem fehlgeschlagenen Versuch der Entente, die Sperrung der Meerenge mit Flottenverbänden zu durchbrechen, misslingt es somit auch, von Land aus die Kontrolle über die Dardanellen zu erringen. Zwar erhöhen die Alliierten ihre Truppenstärke bis August von 81 000 auf 200 000 Mann, aber die daraufhin noch massiver werdenden Angriffe bringen keinen Durchbruch (Abb.: Sturmangriff einer Abteilung des britischen Lan-

dungskorps). Allerdings können die alliierten Einheiten ihre Stellungen in Küstennähe behaupten, so dass sich auf dem kahlen und felsigen Terrain ein verlustreicher Stellungskrieg entwickelt. Zum Jahresende brechen die Alliierten das gegen den Rat führender britischer Militärs durchgeführte Dardanellen-Unternehmen ab. Der Fehlschlag führt in Großbritannien zu heftiger Kritik an der Regierung. U.a. wird Winston Churchill als Marineminister abgelöst.

5. April 1915

Schmutziger Lorbeer für Willard

In einer der dubiosesten Entscheidungen der Boxgeschichte verliert der farbige Schwergewichtsweltmeister Jack Johnson in Havanna den Titel an seinen weißen Herausforderer Jess Willard. Der Titelfight muss auf Kuba stattfinden, da der mit einer Weißen verheiratete Johnson wegen Verstoßes gegen die Rassengesetze in den USA Einreiseverbot hat.

Seine boxerische Brillanz und seine Selbstsicherheit im Umgang mit Behörden und Rassen-Ideologen machten Johnson zum »bestgehassten« Sportler für das weiße Amerika. Der Kampf der beiden US-Amerikaner wird zum Prestige-Duell zwischen Schwarz und Weiß hochstilisiert. Johnson, Weltmeister seit 1908, lässt sich in der 26. Runde ohne sichtliche Schlageinwirkung auszählen. Wie er später bestätigt, ist ihm als Gegenleistung die unbehelligte Rückkehr in seine Heimat zugesichert worden. Allerdings können die Vorwürfe nie endgültig geklärt werden. Johnson wird vor und während des Kampfes von den weißen Zuschauern massiv bedroht. In Bezug auf Willard, dessen boxerische Qualitäten nur mittelmäßig sind, macht das Wort vom »schmutzigen Lorbeer« die Runde.

April 1915

1 Do Walther Rathenau tritt als Leiter der Kriegsrohstoffabteilung des Kriegsministeriums zurück. Sein Nachfolger wird Joseph Koeth.

2 Fr Bei schweren Ausschreitungen von mehreren tausend australischen und neuseeländischen Soldaten in Kairo gibt es zahlreiche Tote und Verwundete.

3 Sa Das französische Parlament billigt die Einberufung der im laufenden Jahr 18 Jahre alt werdenden Männer, die erst 1917 wehrpflichtig geworden wären.

4 So Die Deutsche Reichsregierung protestiert bei der US-Regierung gegen die Waffenlieferungen an die Alliierten, die der Neutralität des Landes widersprächen.

5 Mo Im Gebiet zwischen Maas und Mosel beginnen französische Truppen eine Großoffensive auf deutsche Stellungen. → Willard

6 Di Das Drama »Der Weibsteufel« von Karl Schönherr wird gleichzeitig an den Berliner Kammerspielen und am Wiener Strauß-Theater uraufgeführt.

7 Mi In Den Haag beginnt eine bis zum 10. April dauernde internationale Friedenskonferenz, an der u.a. deutsche pazifistische Organisationen teilnehmen.

8 Do Ein Attentat auf den ägyptischen Sultan Husain Kamal schlägt fehl. +++ Der deutsche Hilfskreuzer »Prinz Eitel-Friedrich« wird in den USA festgehalten.

9 Fr Eine von 200 Intellektuellen unterzeichnete Petition verlangt die politische und wirtschaftliche Gleichberechtigung von Juden in Russland.

10 Sa Der Sitz des Internationalen Olympischen Komitees wird wegen des Krieges von Paris nach Lausanne in der neutralen Schweiz verlegt.

11 So Wegen Kohlenmangels ist der deutsche Hilfskreuzer »Kronprinz Wilhelm« gezwungen, den US-Hafen Newport-News anzulaufen.

12 Mo Der Deutsche Bundesrat beschließt die Gründung einer Reichsstelle für Kartoffelversorgung, um eine gleichmäßige Verteilung sicherzustellen.

13 Di Die seit dem 20. März andauernde russische Karpaten-Offensive ist weitgehend zum Stillstand gekommen.

14 Mi Die erste Nummer der von Rosa Luxemburg und Franz Mehring herausgegebenen Zeitschrift »Die Internationale« wird in Berlin verteilt.

15 Do Die Elektrifizierung der nördlichsten Eisenbahnlinie der Welt, die zwischen Kiruna (Schweden) und dem norwegischen Narvik verläuft, ist abgeschlossen.

16 Fr Die Landung von 4000 japanischen Soldaten in der Turtlebay in Niederkalifornien auf mexikanischem Boden beunruhigt die USA.

17 Sa In Österreich-Ungarn wird die Erweiterung der Landsturmpflicht bis zum 50. Lebensjahr (bisher: 42) bekanntgegeben.

18 So In Großbritannien ist die Zahl der Schwangerschaften von unverheirateten Frauen in Gegenden mit Einquartierung von Soldaten stark gestiegen.

19 Mo Der preußische Innenminister Friedrich Wilhelm von Loebell plädiert für die Sicherstellung »einer nachhaltigen politischen Beeinflussung« der Presse.

20 Di Die britischen Arbeiter im Kohlebergbau drohen mit Streik, falls ihre Forderung nach einer Lohnerhöhung um 20% nicht erfüllt wird.

21 Mi Der britische Fußballverband teilt der Presse mit, dass während des Krieges keine Fußballspiele mehr stattfinden sollen.

22 Do Zwischen Großbritannien und den Niederlanden wird wegen der kriegsbedingten Gefahren der Schiffsverkehr vorläufig eingestellt. → Giftgas

23 Fr Eine Verfassungsreform, die im dänischen Parlament verabschiedet wird, sieht unter anderem die Einführung des Frauenwahlrechts vor.

24 Sa Kaiser Wilhelm II. ordnet die Einstellung gerichtlicher Verfahren gegen Kriegsteilnehmer an. +++ In Konstantinopel werden armenische Intellektuelle verhaftet.

25 So Im Deutschen Reich wird eine Reichsentschädigungs-Kommission gegründet, die Entschädigungsansprüche ausländischer Güter regelt. → Dardanellen

26 Mo Italien verpflichtet sich zum Kriegseintritt gegen Deutschland innerhalb eines Monats. Dafür sichern ihm die Alliierten Gebietsgewinne zu.

27 Di In Den Haag beginnt ein Internationaler Frauenkongress, der sich gegen den Krieg und für die volle politische Gleichberechtigung der Frauen einsetzt.

28 Mi Die vom linken SPD-Flügel herausgegebene Zeitschrift »Die Internationale« fällt unter die Vorzensur. Die erste Ausgabe wird beschlagnahmt.

29 Do Benito Mussolini, der Führer der interventionistischen italienischen Sozialisten kündigt in der Zeitung »Popolo d'Italia« den baldigen Kriegseintritt Italiens an.

30 Fr In Preußen wird des 500. Jahrestages der Regentschaft des Hauses der Hohenzollern in der Mark Brandenburg gedacht.

Mai 1915

1 Sa Ein deutsches U-Boot versenkt das US-Schiff »Gulflight«, wobei zwei Bürger der USA ums Leben kommen.

2 So Der Berliner Berufsfahrer Fritz Bauer gewinnt die Radfernfahrt von Berlin nach Hamburg (261,4 km) in der Zeit von 10:31,45 h.

3 Mo Die italienische Regierung kündigt den Dreibund, das seit 1882 bestehende Geheimbündnis zwischen Österreich-Ungarn und dem Deutschen Reich.

4 Di Nach Angaben aus Großbritannien lassen sich dort wöchentlich etwa 25 000 bis 30 000 Mann in die Rekrutierungslisten der Armee eintragen.

5 Mi Der griechische König Konstantin I. löst die Deputiertenkammer auf. Neuwahlen werden auf den 13. Juni angesetzt. → Frottee

6 Do Die Raucher in Breslau führen einen Nichtrauchertag durch, um das ersparte Geld für Gaben an die Frontsoldaten zu verwenden.

7 Fr Deutsche Truppen erobern die lettische Hafenstadt Libau. Die Einnahme erfolgt im Rahmen des Vorstoßes nach Litauen. → »Lusitania«.

8 Sa Die chinesische Regierung erklärt sich zur Erfüllung des Forderungskatalogs bereit, der Japan einen weitgehenden Einfluss in China sichern soll.

9 So An der Westfront in Flandern und im Artois beginnt mit konzentrierten Angriffen britischer und französischer Truppen ein Durchbruchversuch der Alliierten.

10 Mo Bei seinem Versuch, den Kriegseintritt Italiens zu verhindern, akzeptiert der österreich-ungarische Außenminister italienische Gebietsforderungen.

11 Di Die deutsche Regierung weist die Verantwortung für den Tod von US-Bürgern bei der Versenkung der »Lusitania« zurück.

12 Mi Truppen der südafrikanischen Union besetzen Windhuk in Deutsch-Südwestafrika und zwingen die deutschen Schutztruppen zum Rückzug nach Norden.

13 Do In London erscheint der Bericht einer Regierungskommission über angebliche Verbrechen und Menschenrechtsverletzungen der deutschen Truppen.

14 Fr Der Aufstand der Radikalen gegen die konservativen Republikaner in Portugal führt zum Rücktritt von Ministerpräsident Joaquim Pereira Pimenta de Castro.

15 Sa Nach Angaben der Deutschen Zentrale für Jugendfürsorge ist als Folge des Krieges die Jugendkriminalität deutlich gestiegen.

16 So Calais und Dover werden von deutschen Luftschiffen angegriffen. +++ Das Rücktrittsgesuch des italienischen Ministerpräsidenten wird abgelehnt.

17 Mo Der Erste Seelord der britischen Admiralität, John Fisher, tritt wegen eines Konflikts mit Winston Churchill, dem Ersten Lord der Admiralität, zurück.

18 Di Reichskanzler Theobald von Bethmann Hollweg informiert den Deutschen Reichstag über die österreich-ungarischen Gebietsangebote an Italien.

19 Mi Der erst seit drei Tagen amtierende portugiesische Ministerpräsident João Pinheiro Chagas erliegt den Folgen eines Attentats vom 17. Mai.

20 Do Die italienische Regierung veröffentlicht Dokumente zu den Verhandlungen mit Österreich-Ungarn über die Aufrechterhaltung der Neutralität.

21 Fr Die Eisenbahnlinie zwischen dem Hafen Dschibuti in der französischen Kolonie Somaliland und Addis Abeba, der Hauptstadt Äthiopiens, wird fertiggestellt.

22 Sa Der Zusammenstoss eines Truppentransportzuges mit einem Nahverkehrszug bei Carlisle in Großbritannien fordert 158 Tote und etwa 300 Verletzte.

23 So Der Pferderennsport im Deutschen Reich wird mit den Hoppegartener Pfingstrennen in Berlin wieder aufgenommen. → Italien

24 Mo Die Kampfhandlungen zwischen Österreich-Ungarn und Italien beginnen mit der Bombardierung der italienischen Adriaküste und Kämpfen in Tirol.

25 Di In Peking wird der chinesisch-japanische Vertrag unterzeichnet, der Japan eine weitgehende Kontrolle über China einräumt.

26 Mi Die vergoldete Madonna auf dem Mailänder Dom wird zum Schutz vor Fliegerangriffen mit einem feldgrauen Sack verkleidet.

27 Do Das Osmanische Reich erlässt ein »Provisorisches Gesetz über die Verschickung verdächtiger Personen«, das die Armenierdeportationen einleitet.

28 Fr Während einer Reichstagssitzung demonstrieren etwa 1500 Frauen gegen den Krieg. +++ Die deutsche Regierung erklärt die Fortführung des U-Boot-Kriegs.

29 Sa Die vom SPD-Reichstagsabgeordneten Eduard David verfasste Schrift »Die Sozialdemokratie im Weltkrieg« wird veröffentlicht.

30 So Der Hilfsverein deutscher Juden betont auf seiner Generalversammlung in Berlin die Dringlichkeit der Unterstützung der jüdischen Bevölkerung in Polen.

31 Mo Deutsche Luftschiffe bombardieren bei einem ersten Zeppelin-Angriff auf London in der Nacht die Werft- und Hafenanlagen.

23. Mai 1915

Italien tritt in den Krieg ein

Der italienische Botschafter in Wien übergibt eine Note von König Viktor Emanuel III., in der dieser »sich von morgen ab als im Kriegszustande mit Österreich-Ungarn befindlich betrachtet«.

Mit der italienischen Kriegserklärung (Abb.: nationale Propagandaveranstaltung) werden zwei ehemalige Verbündete zu Gegnern. 1882 hatten sich die beiden Länder zusammen mit dem Deutschen Reich zum Dreibund zusammengeschlossen. Das Bündnis ist vor dem Krieg letztmals im Dezember 1912 erneuert worden. Am 26. April 1915 hatte sich Rom in einem Geheimvertrag dazu verpflichtet, innerhalb eines Monats an der Seite der Alliierten in den Krieg einzutreten. Die italienische Regierung unter Ministerpräsident Antonio Salandra versuchte gemäß dem Prinzip des »sacro egoismo« (»heiliger Egoismus«) einen möglichst hohen Preis als Gegenleistung für diese Entscheidung zu erzielen. Im sog. Londoner Vertrag sicherten die Alliierten schließlich den Erwerb von ganz Südtirol bis zum Brenner, von Görz und Triest, von Istrien und Teilen der dalmatinischen und der albanischen Küste zu.

Unmittelbar nach Abgabe der italienischen Kriegserklärung beginnen die Kampfhandlungen. Die österrreichisch-ungarische Flotte greift in den ersten Kriegstagen die italienische Nordostküste an. Marineflieger bombardieren am 24. und 28. Mai Venedig. Da der größte Teil der Landstreitkräfte an der Ostfront im Einsatz ist, beschränkt sich die österreichisch-ungarische Führung notgedrungen auf die Defensive. Vor allem in den Dolomiten und am Isonzo bauen die k.u.k.-Gebirgstruppen ihre Verteidigungsstellungen aus.

10. Juni 1915

Völkermord an Armeniern

In der Kemach-Schlucht töten türkische Truppen rd. 25 000 Armenier. Das Massaker ist der vorläufige Höhepunkt eines systematischen Völkermordes gegen die armenische Bevölkerung im Osmanischen Reich. Den Morden und Deportationen fallen 1915/16 mehr als eine Mio. Armenier zum Opfer.

Ziel des Genozids an den christlichen Armeniern ist die Verwirklichung eines von den herrschenden Jungtürken angestrebten Reiches auf rein islamischer Grundlage. Unter dem Vorwand, die Armenier unterstützten den Kriegsgegner Russland und bereiteten einen Aufstand vor, beschlossen die Jungtürken am 27. Mai die Deportation der armenischen Bevölkerung in die mesopotamische Wüste. Zuvor waren in Konstantinopel 600 führende armenische Intellektuelle verhaftet und

zum größten Teil ermordet worden. Während der Deportationen werden Männer, Frauen und Kinder – sofern sie nicht an Entkräftung und Seuchen sterben – verschleppt, verkauft, vergewaltigt oder ermordet. Von den 1,845 Mio. Armeniern im Osmanischen Reich werden ca, 1,4 Mio. deportiert. 250 000 gelingt die Flucht (Abb.: von einem französischen Schiff aufgenommene armenische Flüchtlinge), 200 000 retten sich, indem sie zum Islam übertreten. 200 000 Überlebende werden in Konzentrationslagern interniert.

22. Juni 1915

Galizien zurückerobert

Nach fünftägigen Kämpfen erobert die zweite österreichisch-ungarische Armee die galizische Stadt Lemberg zurück.

Damit ist die Eroberung Galiziens und der Bukowina durch die Mittelmächte weitgehend abgeschlossen. Anfang Juni war es den deutschen und österreichisch-ungarischen Verbänden unter dem Oberkommando von August von Mackensen zunächst gelungen, die bereits im Mai auf breiter Front zurückgeschlagenen russischen Einheiten auch in den östlichen Karpaten zum Rückzug zu zwingen. Die im März nach mehrmonatiger Belagerung von den Russen eingenommene Festung Przemyśl wurde am 3. Juni von der Heeresgruppe Mackensen zurückerobert. Damit war die seit Ende 1914 drohende Gefahr eines Vorstoßes russischer Truppen nach Ungarn endgültig beseitigt. Nach dem in diesem Ausmaß nicht erwarteten militärischen Erfolg an der Südwestfront beschließt die Heeresführung der Mittelmächte, die Offensive im Osten fortzusetzen.

August von Mackensen

deutscher Militär, * 6.12.1849 Haus Peipnitz bei Bad Schmiedeberg; † 8.11.1945 Burghorn bei Celle

Als Armeeführer im Ersten Weltkrieg war Mackensen entscheidend am Sieg der Schlachten bei Gornice und Tarnow beteiligt und wurde dafür zum Generalfeldmarschall befördert. In dieser Funktion nahm er auf dem Balkan 1915 Belgrad und 1916 Bukarest ein. Zwar war Mackensen als Freiwilliger in den Deutsch-Französischen Krieg 1870/71 gezogen, doch unterbrach er seine militärische Laufbahn danach, um Landwirtschaft zu studieren. Erst 1873 trat er wieder in die Armee ein. Die Nationalsozialisten versuchten ihn 1933 durch die Ernennung zum preußischen Staatsrat für sich zu gewinnen, er bewahrte sich jedoch seine Unabhängigkeit.

- ab 1880: Mitglied des Generalstabs
- 1895: Flügeladjutant des Kaisers
- 1899: Erhebung in den Adelsstand
- 1900: Generalmajor
- 1916: Oberbefehlshaber in Serbien und Rumänien
- 1918/19: Gefangenschaft in Saloniki/Griechenland
- ab 1919: Rückzug auf Gut Falkenwalde in Pommern

Mit Schlagseite nach Steuerbord und mit dem Bug voraus sinkt die »Lusitania«.

7. Mai 1915

»Lusitania« torpediert – Empörung in den USA

Vor der Südostküste Irlands torpediert das deutsche U-Boot »U 20« den britischen Passagierdampfer »Lusitania«. Das 31 500 Bruttoregistertonnen große Schiff sinkt in 18 Minuten. 1198 Menschen, unter ihnen 120 US-Bürger, sterben. In den USA und anderen neutralen Ländern löst die Torpedierung große Empörung aus. Der U-Boot-Krieg trägt zur deutschfeindlichen Stimmung vor allem in den USA bei und fördert die Bereitschaft zum Kriegseintritt. Gleichwohl bietet US-Präsident Woodrow Wilson auch nach dem »Lusitania«-Zwischenfall den kriegführenden Staaten seine Vermittlungsdienste an. Die deutsche Regierung rechtfertigt die Versenkung damit, dass der Dampfer 5500 Kisten für Großbritannien bestimmte Munition und andere Kriegsmaterialien an Bord hatte. London wird vorgeworfen, die Passagiere zum Schutz ihrer Munitionstransporte missbraucht zu haben. Obwohl von Großbritannien nie offiziell bestätigt, gilt es als erwiesen, dass die »Lusitania« Munition an Bord hatte. Da aber weder die Ladung kontrolliert noch die Passagiere evakuiert wurden, verstieß die Versenkung gegen geltendes Seekriegsrecht.

5. Juni 1915

Frauenwahlrecht in Dänemark

Dänemark erhält eine der liberalsten Verfassungen in Europa: König Christian X. unterzeichnet in Kopenhagen ein Reformgesetz, das als wichtigste Neuerung die Einführung des allgemeinen und gleichen Wahlrechts enthält.

Dänemark ist damit nach Norwegen und Finnland das dritte europäische Land, in dem auch Frauen das volle aktive und passive Wahlrecht erhalten. Auch die bislang noch bestehenden Elemente des Klassenwahlrechts – u.a. Begünstigungen nach der Größe des Vermögens – werden abgeschafft. Die Altersgrenze für das Wahlrecht soll schrittweise von 30 auf 25 Jahre gesenkt werden.

5. Mai 1915

Kräuselstoff statt Frottee

Der Allgemeine Deutsche Sprachverein lädt in Berlin zu einer Versammlung »gegen den Gebrauch überflüssiger Fremdwörter im öffentlichen Leben«. Treffen dieser Art finden im Krieg großen Zulauf.

Die Veranstaltung ist Teil einer Kampagne, die gegen die Verwendung von Fremdwörtern in der deutschen Sprache, die dem britischen oder französischen entlehnt sind, zu Felde zieht. Verbände schlagen vor, dass die Worte Gulasch durch Pfefferfleisch, Kotelett durch Rippenschnitte, Toupet durch Halbperücke, Frottee durch Kräuselstoff und Filiale durch Zweiggeschäft ersetzt werden sollen.

Juni 1915

1 Di Das Rote Kreuz ruft in Washington zu einer Hilfsaktion gegen die drohende Hungersnot in Mexiko auf. +++ Spanien betont die Beibehaltung der Neutralität.

2 Mi Die italienische Regierung veröffentlicht ein Kommuniqué, wonach Italien sich nicht im Kriegszustand mit dem Deutschen Reich betrachtet.

3 Do Deutsche und österreich-ungarische Truppen erobern die am 22. März von den Russen besetzte Festung Przemyśl zurück.

4 Fr Die türkische Regierung dementiert Berichte über Massenmorde an der armenischen Bevölkerung im Osmanischen Reich.

5 Sa Kaiser Wilhelm II. verbietet in einem Geheimbefehl die Versenkung sowohl neutraler als auch feindlicher Passagierdampfer durch U-Boote. → Frauenwahlrecht

6 So In Bukarest demonstrieren 50 000 Menschen für den Kriegseintritt Rumäniens an der Seite der Alliierten. +++ Die Schweiz führt eine Kriegssteuer ein.

7 Mo König Ludwig III. von Bayern fordert in Fürth, Ziel des Krieges sei »eine Stärkung des Deutschen Reiches und eine Ausdehnung über seine Grenzen hinaus«.

8 Di Das britische Unterhaus stimmt der Errichtung eines Ministeriums für Kriegsmunition unter der Führung von Schatzkanzler David Lloyd George zu.

9 Mi Der US-Außenminister und Pazifist William Jennings Bryan erklärt wegen Meinungsverschiedenheiten mit Präsident Woodrow Wilson seinen Rücktritt.

10 Do Die spanische Regierung verschärft die Maßnahmen, mit denen die Aufrechterhaltung der Neutralität gesichert werden soll. → Völkermord

11 Fr In Schweden wird eine Steuer für den Einkommenszuwachs eingeführt, der auf den Krieg zurückzuführen ist.

12 Sa In Königsberg wird eine amtliche Übersicht über die Kriegsschäden in Ostpreußen während der Besetzung durch russische Truppen veröffentlicht.

13 So Im Deutschen Reich beginnt eine vom »Gesamtausschuss zur Verteilung von Lesestoff im Felde und in den Lazaretten« organisierte Kriegsbuchwoche.

14 Mo Der Führer der gegen Staatspräsident Essad Pascha Toptani kämpfenden Aufständigen, Mussa Effendi, lässt sich zum Präsidenten Albaniens ausrufen.

15 Di Das preußische Kriegsministerium erläßt Richtlinien für die Kriegsindustrie, die einen erweiterten sozialpolitischen Schutz der Arbeitnehmer vorsehen.

16 Mi Deutsche Marineluftschiffe bombardieren befestigte Plätze und Industrieanlagen an der Nordostküste Großbritanniens.

17 Do Im Folketing, dem dänischen Parlament, wird die Beibehaltung der unbedingten Neutralität des Landes einstimmig beschlossen.

18 Fr Das französische Parlament nimmt einen Gesetzesentwurf an, wonach alle nicht identifizierten Gefallenen verbrannt werden sollen.

19 Sa In der »Leipziger Volkszeitung« erscheint ein Aufruf von SPD-Politikern, wonach die Sozialdemokraten ihre Unterstützung des Krieges aufgeben sollten.

20 So Die von 1347 Professoren, Künstlern und Schriftstellern unterzeichnete »Intellektuelleneingabe« über die deutschen Kriegsziele wird verabschiedet.

21 Mo In Deutsch-Südwestafrika beginnen die Truppen der Südafrikanischen Union einen Angriff gegen die deutschen Schutztruppen am Waterberg.

22 Di Generaloberst August von Mackensen wird von Kaiser Wilhelm II. wegen seiner Erfolge an der Westfront zum Generalfeldmarschall befördert. → Galizien

23 Mi Für die eroberten Gebiete im Osten wird die deutsche Militärverwaltung Kurland, Litauen und Bialystock-Grodno gebildet.

24 Do Seit Beginn des U-Boot-Krieges in der Nordsee im Februar sind 194 britische Schiffe von deutschen U-Booten versenkt worden.

25 Fr Der zurückgetretene US-Außenminister William Jennings Bryan verurteilt öffentlich die Lieferung von Waffen und anderem Kriegsmaterial an die Alliierten.

26 Sa Im Parteiorgan »Vorwärts« spricht sich die SPD deutlich gegen die zunehmenden Forderungen nach Annexionen und für Friedensverhandlungen aus.

27 So Truppen Montenegros erobern den Nordteil Albaniens und nehmen die wichtige albanische Stadt Skutari (heute: Shkoder) ein.

28 Mo Der Bundesrat beschließt die Gründung einer Reichsgetreidestelle, in der verschiedene Institutionen der Getreideversorgung zusammengelegt werden.

29 Di In New York findet eine Demonstration für die Neutralität der USA statt, an der sich etwa 80 000 Menschen beteiligen.

30 Mi Am Isonzo beginnen zehn italienische Divisionen zwischen Monfalcone und Görz mit heftigen Angriffen gegen die österreichisch-ungarische Truppen.

Juli 1915

1 Do Der Badebetrieb in den Nordseebädern St. Peter-Ording und Büsum wird vom Kriegsministerium wieder freigegeben.

2 Fr In der Schweiz wird eine Verordnung genehmigt, die Beschimpfungen fremder Völker, Staatsoberhäupter oder Regierungen unter Strafe stellt.

3 Sa Die japanische Regierung lehnt die von der Tripelentente gewünschte Beteiligung japanischer Truppen an den Kämpfen in Europa ab.

4 So In Ungarn wird durch eine Regierungsverordnung der Kauf und Verkauf von Fleisch an Dienstagen und Freitagen verboten. Dies gilt auch in Gaststätten.

5 Mo Bei Görz erleiden die italienischen Truppen eine Niederlage. Angriffe auf österreichisch-ungarische Stellungen am Isonzo werden zurückgeschlagen.

6 Di Schweden protestiert gegen die Verletzung seiner Neutralität durch ein russisches Kriegsschiff, das sich in schwedischen Gewässern befand.

7 Mi Unter Androhung von Gefängnisstrafen erlässt das Generalkommando in München eine Verordnung gegen den Preiswucher bei Lebensmitteln. → Kriegsrat

8 Do In Ägypten schlägt ein Attentat auf den Sultan Husain Kamal fehl. +++ Deutsche Soldaten bekommen für den Fronturlaub Freikarten für die Eisenbahn.

9 Fr In Großbritannien wird das Registrierungsgesetz verabschiedet, das für die gesamte Bevölkerung zwischen 15 und 65 Jahren gilt. → Schutztruppen

10 Sa Die deutschen Finanzminister und der Leiter des Reichsschatzamtes, Karl Helfferich, planen die Erhebung einer Sondersteuer auf Kriegsgewinne.

11 So Der dänische Geschäftsmann Hans Niels Andersen scheitert mit dem Versuch, einen deutsch-russischen Sonderfrieden zu vermitteln. → Ostafrika

12 Mo Im Deutschen Reich wird der Zusammenschluss von Stein- und Braunkohlebergwerken zu Zwangssyndikaten ermöglicht. → Gefangene

13 Di An der Ostfront beginnt mit dem Durchbruch am Narew eine großangelegte Offensive deutscher und österreichisch-ungarischer Truppen.

14 Mi Auf Anordnung der französischen Regierung fällt am Nationalfeiertag die ansonsten übliche Truppenparade wegen des Krieges aus.

15 Do Beim Sportfest des Hamburger Leichtathletik-Verbandes gehört u.a. Weit- und Zielwurf mit Handgranaten zum Programm.

16 Fr In Südwales streiken etwa 200 000 Bergleute aus Protest gegen die im neuen Munitionsgesetz festgelegten Einschränkungen gewerkschaftlicher Rechte.

17 Sa Der britische Handelsgerichtshof verurteilt die Versenkung der »Lusitania« durch ein deutsches U-Boot als einen »Mordanschlag auf die Passagiere«.

18 So Mit italienischen Angriffen gegen den Brückenkopf bei Görz (heute: Gorizia) und die Hochfläche von Doberdo beginnt die zweite Isonzoschlacht.

19 Mo Der zurückgetretene US-Außenminister William Bryan, fordert Arbeiter in den US-Waffenfabriken auf, durch Streiks das Kriegsende zu erzwingen.

20 Di Der bulgarische Ministerpräsident Wasil Radoslawow erklärt, sein Land wolle erst in den Krieg eingreifen, wenn sicher sei, dass es Vorteile davon hätte.

21 Mi Die streikenden Bergarbeiter in Südwales billigen ein Verhandlungsergebnis, das u.a. eine deutliche Anhebung der Grundlöhne vorsieht.

22 Do Drei SPD-Abgeordnete des württembergischen Landtags treten aus ihrer Fraktion aus und bilden eine neue sozialistische Fraktion.

23 Fr Der Bundesrat erlässt eine Verordnung, die Preiswucher unter Strafe stellt und die Möglichkeit von Enteignungen vorsieht.

24 Sa In der Nähe von Chicago kentert der Ausflugsdampfer »Eastland«, wobei 1400 Menschen ertrinken. +++ Die deutschen Truppen überschreiten den Narew.

25 So In Hamburg sind erstmals in diesem Jahr bei einem Galopprennen wieder offiziell Wetten zugelassen. Der Große Preis von Hamburg setzt 300 000 Mark um.

26 Mo Das britische Unterhaus in London billigt den sechsten Kriegskredit – in Höhe von umgerechnet 3,15 Mrd. Mark.

27 Di Der Schweizer Bundesrat beschließt die Einführung der Pressezensur zur Unterbindung von Veröffentlichungen, die die Neutralität des Landes belasten.

28 Mi Anlässlich des ersten Jahrestages der österreichisch-ungarischen Kriegserklärung an Serbien ruft Papst Benedikt XV. zum Frieden auf.

29 Do US-Marineeinheiten landen auf Haiti, um die Unruhen zu unterdrücken. Sie besetzen die strategisch wichtigen Stellen der Insel.

30 Fr An der Ostfront räumen die Russen ihre Stellungen zwischen Bug und Weichsel, worauf Lublin von den Truppen der Mittelmächte besetzt wird.

31 Sa Die australische Regierung beschließt, zur Deckung der steigenden Kriegskosten eine Einkommensteuer einzuführen.

7. Juli 1915

Alliierter Kriegsrat in Calais

Die Alliierten koordinieren ihr militärisches Vorgehen. Auf einem sog. Kriegsrat im französischen Calais beraten sie über militärische Aktionen auf den verschiedenen Kriegsschauplätzen.

Unter dem Vorsitz des französischen Oberbefehlshabers General Joseph Joffre beschließen die Verbündeten, die stark bedrohte russische Front durch verstärkte britisch-französische Angriffe in Belgien und Frankreich sowie italienische Offensiven an der Front zu Österreich-Ungarn zu entlasten. Am 13. Juli greift die 12. deutsche Armee russische Stellungen westlich des Flusses Narew an. Bei Przanysz schaffen die Deutschen auf einer Breite von 120 km einen Einbruch in die russische Front. Damit setzt die zweite Phase der im Mai in Galizien begonnenen Ostoffensive der Mittelmächte ein. Der Versuch der Alliierten, ihre Aktionen zu einer gleichzeitig an allen Fronten einsetzenden großangelegten Herbstoffensive zu bündeln, gelingt nicht. Besonders zwischen den militärischen Führungen Frankreichs und Großbritanniens war es nach dem Scheitern der Durchbruchversuche an der Westfront im Frühjahr zu Differenzen über die weitere Strategie gekommen. Nur widerwillig stimmte der britische Oberbefehlshaber in Frankreich, Sir John French, auf Drängen Joffres einer neuen Großoffensive in der Champagne und im Artois zu.

5. August 1915

Mittelmächte in Warschau

Im Rahmen der im Juli begonnenen Großoffensive der Mittelmächte an der Ostfront ziehen Einheiten der Heeresgruppe von Prinz Leopold von Bayern in die von russischen Truppen geräumte polnische Hauptstadt ein (Abb.: der Prinz, vorne rechts, mit seinem Stab).

Bis Ende August erobern die Mittelmächte ganz Polen. Für die Verwaltung der besetzten Gebiete wird am 24. August in Warschau ein deutsches Generalgouvernement gebildet. Zwar bedeutet diese Ostoffensive den bisher größten militäri-

schen Erfolg der Mittelmächte, doch kommt es nicht zu der vom Oberbefehlshaber an der Ostfront, Generalfeldmarschall Paul von Hindenburg, angestrebten vernichtenden Niederlage Russlands.

Unter dem deutschen Vormarsch und dem russischen Rückzug leidet besonders die Zivilbevölkerung. Weite Teile des Landes werden bei den Kämpfen verwüstet, Städte und Dörfer brennen nieder. Viele Fabrikanlagen und Maschinen werden von den abrückenden Russen demontiert oder zerstört.

Louis Botha (r.) begrüßt Theodor Seitz, der die Kapitulation Südwestafrikas erklärt.

11. Juli 1915

Widerstand in Ostafrika

Der deutsche Hochseekreuzer »Königsberg« wird in der Mündung des Rufidji-Flusses in der deutschen Kolonie Ostafrika von zwei britischen Schiffen versenkt. Die »Königsberg« hatte sich Ende Oktober 1914 vor der Verfolgung durch feindliche Schiffe in den Fluss geflüchtet.

Während in Südwestafrika die deutschen Truppen die Waffen strecken, leisten sie in Ostafrika unter dem Kommando von Oberstleutnant Paul von Lettow-Vorbeck erbitterten Widerstand. Lettow-Vorbeck verfügt über seine 3500 weißen Soldaten hinaus noch über etwa 12 000 militärisch gut ausgebildete Eingeborene. Im November 1914 bereits war ein britischer Landungsversuch bei Tanga vereitelt worden. Als die Briten ab Ende 1915 ihre Angriffe intensivieren, gerieten die Deutschen auch in Ostafrika in die Defensive. Mit seinen verbliebenen Truppen führte Lettow-Vorbeck schließlich eine Art Guerillakrieg und kann auf diese Weise bis Kriegsende die Kapitulation hinauszögern.

23. August 1915

USA kontrollieren Haiti

Die US-Regierung übermittelt der Regierung Haitis ein Ultimatum, in dem sie verlangt, Verwaltung und Finanzen des Karibikstaates für zehn Jahre unter US-Kontrolle zu stellen. Ein entsprechender Vertrag wird am 16. September unterzeichnet.

Damit beugt sich Haiti dem militärischen Druck. Marineinfanteristen der USA kontrollieren nach einer am 29. Juli erfolgten Intervention die strategisch wichtigsten Stellen des Inselstaates. Seit dem 6. August halten sie auch das die Hauptstadt Port-au-Prince beherrschende Fort besetzt. Anlass für das Eingreifen der USA sind die anhaltenden Unruhen in Haiti. Dabei wird der erst im März gewaltsam an die Macht gekommene Präsident Jean Velbrun-Guillaume am 26. Juli von rebellierenden Regierungstruppen aus der französischen Gesandtschaft, in der er Schutz zu finden hoffte, herausgeholt und erschossen. Die USA begründen ihre Intervention mit dem Schutz ihrer Interessen. Seit Anfang des Jahrhunderts sind die USA aus politischen und wirtschaftlichen Gründen an dem Inselstaat interessiert.

9. Juli 1915

Schutztruppen strecken die Waffen

Die deutschen Truppen in der Kolonie Deutsch-Südwestafrika erklären ihre Kapitulation.

Eine Fortsetzung des Kampfes der im Norden des Landes noch 3497 Mann starken Schutztruppe gegen die Übermacht der Einheiten aus der Südafrikanischen Union ist aussichtslos geworden. Der deutsche Generalgouverneur Theodor Seitz übergibt die Kolonie an den südafrikanischen General Louis Botha. Da Deutsch-Südwestafrika wie der größte Teil des deutsche Kolonialgebiets – mit Ausnahme Ostafrikas – wegen der britischen Seehoheit vom Nachschub abgeschnitten ist, hatte die Verteidigung der Kolonie von vorneherein wenig Aussicht auf Erfolg. Der Angriff auf das Schutzgebiet begann im September 1914, als britische Einheiten in der Lüderitzbucht landeten und ins Landesinnere mit Zielrichtung Windhuk vorstießen. Anfang des Jahres setzte außerdem ein Großangriff von Truppen der zum britischen Kolonialreich gehörenden Südafrikanischen Union unter der Führung von Ministerpräsident Botha ein, der nach der Niederschlagung eines Aufstands der Buren im eigenen Land aus der Kap-Kolonie nach Norden vorstieß. Den insgesamt 60 000 Mann zählenden britisch-südafrikanischen Einheiten standen nur knapp 5000 Mann der um deutsche Siedler und Eingeborene aufgestockten deutschen Schutztruppe unter dem Kommando von Major Konrad Franke gegenüber. Der entscheidende Angriff begann Ende März. Die Deutschen zogen sich in den Norden des Landes zurück. Da es ihnen jedoch nicht gelang, auf portugiesisches Gebiet im nördlich angrenzenden Angola zu flüchten, mussten die deutschen Einheiten kapitulieren. In den Kämpfen verloren sie etwa 1300 Mann, die Verluste der britisch-südafrikanischen Union betrugen knapp 600 Mann.

Der Weltkrieg beendet die nur gut drei Jahrzehnte während deutsche Kolonialgeschichte auch außerhalb des afrikanischen Kontinents. Mit Ausnahme der selbstständigen Länder Liberia und Äthiopien ist ganz Afrika unter den europäischen Mächten aufgeteilt. In Nordwest- und Zentralafrika überwiegt der französische Einfluss, im Süden und Osten der britische. Deutschland verlor bereits in den ersten Kriegsmonaten seine Besitzungen in der Südsee (Kaiser-Wilhelm-Land, Bismarck-Archipel, Salomoninseln, Karolinen, Marianen, Palauinseln und Samoa), die von japanischen, britischen, australischen und neuseeländischen Truppen eingenommen wurden. Im November 1914 kapitulierte die Kolonie Kiautschou auf der chinesischen Halbinsel Schantung vor den Japanern. Im Rahmen der unter Kaiser Wilhelm II. propagierten »Weltpolitik« diente der Kolonialbesitz vor allem dem Prestige – als Kolonialmacht hätte Deutschland zu keiner Zeit mit Großbritannien oder Frankreich konkurrieren können. So scheiterte in den sog. Marokkokrisen von 1905 und 1911 der Versuch, Frankreich seine Besitzstände in dem nordafrikanischen Land streitig zu machen. Die sieben deutschen Kolonien umfassten vor dem Krieg ein Gebiet von rd. 2,7 Mio km^2, mehr als das Fünffache der Fläche des Deutschen Reiches.

15. August 1915

Hohe Zahl von Kriegsinvaliden

Der Verband Deutscher Diplom-Ingenieure ruft seine Mitglieder auf, sich verstärkt um die Entwicklung künstlicher Gliedmaßen für Kriegsinvalide zu bemühen.

Da sich aufgrund der medizinischen Fortschritte die Überlebenschancen vieler Schwerverwundeter erhöht haben, gibt es bereits nach dem ersten Kriegsjahr etwa 160 000 Kriegsinvalide, darunter viele Arm- oder Beinamputierte (s. Abb.).

12. Juli 1915

Gefangene ausgetauscht

Deutschland und Frankreich tauschen schwer verwundete Soldaten aus. Auf dem Bahnhof in Konstanz treffen 249 deutsche Soldaten ein. Zwei Züge mit jeweils 300 verwundeten französischen Gefangenen fahren von Konstanz nach Lyon.

Nach viermonatiger Pause wird damit der auf Initiative von Papst Benedikt XV. zustande gekommene Gefangenenaustausch wieder aufgenommen. Im März konnten zum ersten Mal 800 schwer verwundete Deutsche sowie 1800 Franzosen in ihre Heimat zurückkehren. Zwischen Deutschland und Großbritannien fand der erste Austausch von Verwundeten und Invaliden im Februar statt. Die neutralen Niederlande stellten dafür ihr Rot-Kreuz-Personal sowie ihre Lazarettzüge zur Verfügung. Am 21. Juli verständigen sich auf Vermittlung des Roten Kreuzes auch Deutschland und Russland auf einen Austausch. Ab August sollen dreimal pro Woche Züge zwischen den schwedischen Städten Trelleborg und Haparanda verkehren, die jeweils 250 Verwundete aufnehmen können.

August 1915

1 So Die Anhänger von General Venustiano Carranza erobern die Stadt Mexiko zurück. Die Straßenkämpfe fordern 200 Tote und Verletzte.

2 Mo Ein Erlass des österreichischen Eisenbahnministeriums bestimmt, dass künftig nur Deutsch als alleinige Dienstsprache zugelassen ist.

3 Di Die russische Regierung in Moskau teilt der Reichsregierung mit, dass sie keine Verhandlungen über einen Sonderfrieden eingehen werde.

4 Mi Die Festung Iwangorod in Polen wird von den Mittelmächten erobert. +++ Kaiser Wilhelm II. dringt auf eine einheitliche Handhabung der Pressezensur.

5 Do Das preußische Handelsministerium appelliert an den Handel, auf hohe Zwischengewinne zu verzichten, um Preissteigerungen zu vermeiden. → Warschau

6 Fr Britische und französische Truppen beginnen einen neuen Landungsversuch auf der Halbinsel Gallipoli an den Dardanellen.

7 Sa Die Zahl der männlichen Studenten an den deutschen Universitäten ist gegenüber dem Winterhalbjahr von 18 900 auf 12 500 gesunken.

8 So Der Ausschuss für chemische Studien im französischen Kriegsministerium veröffentlicht Verhaltensregeln bei Luftangriffen mit Giftgas.

9 Mo Fünf deutsche Marineluftschiffe bombardieren in der Nacht die britische Ostküste, u.a. Kriegsschiffe auf der Themse und die Londoner Docks.

10 Di Auf mehreren Wochenmärkten in Thüringen kommt es wegen der Preissteigerungen für Lebensmittel zu Handgreiflichkeiten zwischen Händlern und Kunden.

11 Mi In Österreich-Ungarn tritt eine Versorgungsverordnung in Kraft, die den Behörden erweiterte Befugnisse zur Enteignung von Lebensmittelvorräten gibt.

12 Do Die Reichsregierung lässt durch die »Norddeutsche Allgemeine Zeitung« Berichte dementieren, sie habe Friedensverhandlungen mit Russland aufgenommen.

13 Fr Die Zahl der belgischen Flüchtlinge in den Niederlanden ist seit Jahresbeginn von 500 000 auf 92 000 zurückgegangen.

14 Sa Das norwegische Parlament beschließt eine Begrenzung der Arbeitszeit auf maximal 10 Stunden pro Tag und 54 Stunden wöchentlich.

15 So In Großbritannien sind für die Registrierung aller arbeitsfähigen Personen bislang etwa 25 Mio. Formulare verteilt worden. → Kriegsinvaliden

16 Mo Der Parteiausschuss und die Reichstagsfraktion der SPD wenden sich in Leitsätzen zur Friedensfrage gegen die Annexion »volksfremder« Gebiete.

17 Di Der griechische Ministerpräsident Dimitrios Gunaris tritt zurück, da ein Anhänger des früheren Regierungschefs zum Parlamentspräsidenten gewählt wurde.

18 Mi Bei ihrer Offensive in Polen erobern Truppen der Mittelmächte die Festung Kowno. +++ Ein Wirbelsturm in Texas fordert 100 Todesopfer.

19 Do Der britische Passagierdampfer »Arabic« wird auf der Fahrt nach Nordamerika von einem deutschen U-Boot versenkt. Dabei sterben auch drei Amerikaner.

20 Fr Die italienische Regierung erklärt dem Osmanischen Reich, u.a. wegen der Unterstützung Aufständischer in der italienischen Kolonie Libyen, den Krieg.

21 Sa Die französische und die britische Regierung beschließen, Baumwolle auf die Liste der absoluten Konterbande zu setzten.

22 So Die bürgerlichen Parteien der Duma, der russischen Volksvertretung, schließen sich zu einem sog. Progressiven Block zusammen.

23 Mo Der im März als Regierungschef abgelöste Eleftherios Weniselos übernimmt erneut das Amt des griechischen Ministerpräsidenten. → Haiti

24 Di Für die Verwaltung der von deutschen Truppen besetzten Gebiete in Polen wird ein Generalgouvernement in Warschau gegründet.

25 Mi Die serbische Regierung erklärt sich zu Gebietsabtretungen an Bulgarien bereit, wenn dieses in den Krieg gegen das Osmanische Reich eintrete.

26 Do Der Bundesrat beschließt, Fünf-Pfennig-Stücke aus Eisen prägen zu lassen. +++ Reichstagsabgeordnete diskutieren über das Reichsvereinsgesetz.

27 Fr Die Mode der weiten Röcke wird von dem halbamtlichen »Wolffschen Telegraphen-Büro« wegen des damit verbundenen größeren Stoffverbrauchs kritisiert.

28 Sa In Großbritannien wird ein Antideutscher Bund gegründet, der u.a. Deutschen die Einwanderung gesetzlich erschweren will.

29 So Die japanische Regierung beschließt verstärkte Anstrengungen, um die Munitionsproduktion für die Alliierten, bes. für Russland, zu erhöhen.

30 Mo In deutschen Bahnhöfen warnen Aushänge Soldaten vor feindlichen Spionen und dem unbedachten Ausplaudern militärischer Geheimnisse auf Reisen.

31 Di Das preußische Kriegsministerium erteilt Richtlinien für die Behandlung des radikalen SPD-Flügels, um durch zu hartes Vorgehen keine Märtyrer zu schaffen.

September 1915

1 Mi In Berlin wird der Deutsche Künstlerhilfsbund gegründet, dessen Ziel es ist, von der Front heimkehrende Künstler zu unterstützen. → Liebesgaben

2 Do Das preußische Kultusministerium ordnet an, im Geschichtsunterricht stärkeres Gewicht auf die Behandlung der jüngeren deutschen Geschichte zu legen.

3 Fr Die Vorsitzende des Verbandes deutscher Hausfrauenvereine, Martha Voß-Zietz, erklärt die Kontrolle der Lebensmittelpreise zu einer ihrer Hauptaufgaben.

4 Sa In einem Kondor-Flugzeug stellen fünf deutsche Flieger bei Berlin mit einer Höhe von 3280 m einen Höhenweltrekord für Passagierflugzeuge auf.

5 So Zar Nikolaus II. übernimmt an Stelle des bisherigen Oberbefehlshabers Nikolaj Nikolajewitsch das Oberkommando über die russischen Streitkräfte.

6 Mo Zur Verhinderung der Flucht französischer Deserteure in die Schweiz werden Schweizer Presseberichten zufolge die Grenzkontrollen verstärkt. → Bulgarien

7 Di Berlin rechtfertigt die Versenkung des britischen Passagierdampfers »Arabic« mit dem Eindruck des U-Boot-Kapitäns, angegriffen worden zu sein.

8 Mi Mit 6600 m Flughöhe stellt ein Schweizer Flieger einen Höhenweltrekord für einsitzige Flugzeuge auf und übertrifft die alte Bestmarke um 390 m.

9 Do Deutsche Marineluftschiffe greifen die Londoner City, Fabrikanlagen bei Norwich sowie Hafenanlagen in Middlesborough an.

10 Fr Ein vom preußischen Innenministerium ausgearbeiteter Gesetzentwurf über das Verbot der Nachtarbeit in Bäckereien wird veröffentlicht.

11 Sa Ansichtskarten mit Abbildungen von deutschen Städten, Landschaften, Bauwerken und Denkmälern dürfen nicht mehr ins Ausland versandt werden.

12 So Das österreichische Galopp-Derby in der Wiener Freudenau gewinnt Tovabb mit drei Längen Vorsprung vor Fallachy und dem Favoriten Sobri.

13 Mo Im Südabschnitt der Ostfront werden russische Gegenangriffe auf die Mittelmächte am Styr und an der Strypa zurückgeschlagen.

14 Di Drei Krankenschwestern des Deutschen Roten Kreuzes treffen in Russland ein, um sich ein Bild vom Zustand der Kriegsgefangenenlager zu machen.

15 Mi Die italienische Regierung in Rom beschließt die militärische Blockade der Mittelmeerküste des Osmanischen Reiches.

16 Do Die USA und Haiti unterzeichnen einen Vertrag, der den USA für zehn Jahre die Kontrolle über die Innenpolitik Karibikstaates einräumt.

17 Fr Die Führer der bulgarischen Opposition fordern wegen der bevorstehenden Entscheidung über den Kriegseintritt die Umbildung der Regierung.

18 Sa Das Deutsche Reich stellt den U-Boot-Krieg gegen die Handelsschiffahrt in der Nordsee ein. +++ Die Deutschen erobern Wilna (Russisch-Litauen).

19 So In Berlin finden die Deutschen Athletik-Kriegsmeisterschaften statt, die größte Leichtathletik-Veranstaltung des Jahres im Deutschen Reich.

20 Mo Der in Moskau tagende allgemeine russische Städtetag fordert die sofortige Wiedereinberufung der Duma sowie liberale Reformen.

21 Di Der bulgarische König Ferdinand I. ordnet die allgemeine Mobilmachung in seinem Land an, unter dem Vorwand, zur bewaffneten Neutralität überzugehen.

22 Mi An der Westfront beginnt eine großangelegte Offensive der Alliierten. +++ Auf die dritte deutsche Kriegsanleihe wurden 12,1 Mrd. Mark gezeichnet.

23 Do Eine Verordnung des Bundesrats ermöglicht es, Personen den Handel mit Lebensmitteln zu untersagen, wenn diese des Preiswuchers verdächtig sind.

24 Fr Wie in einem Vertrag mit Bulgarien vom 3. September vorgesehen, tritt das Osmanische Reich das Gebiet an der thrakischen Grenze an Bulgarien ab.

25 Sa Der alliierte Durchbruchversuch an der Westfront in der Herbstschlacht im Artois und in der Champagne bleibt erfolglos.

26 So Der bulgarische König Ferdinand beteuert, dass mit der Mobilmachung vom 21. September keine Angriffsabsichten gegen Griechenland verbunden seien.

27 Mo In Leipzig findet die Generalversammlung des allgemeinen Deutschen Frauenvereins statt, der ältesten Organisation der deutschen Frauenbewegung.

28 Di Auf einer Konferenz in Düsseldorf über die Kartoffelversorgung im Industrierevier wird vor Hamsterkäufen gewarnt, da eine gute Ernte zu erwarten sei.

29 Mi Auf Drängen der US-Regierung wird der österreichisch-ungarische Botschafter in den USA, Constantin Dumba, von seiner Regierung abberufen.

30 Do Neue Gerüchte, Reichskanzler Theobald von Bethmann Hollweg erwäge einen Sonderfrieden mit Großbritannien, werden dementiert.

6. September 1915

Bulgarien tritt in den Krieg ein

Die bulgarische Regierung schließt in Sofia für die Dauer von fünf Jahren einen zunächst geheim gehaltenen Bündnisvertrag mit Deutschland und Österreich-Ungarn.

In einer gleichzeitig unterzeichneten Militärkonvention verpflichtet sich Bulgarien, an dem Feldzug gegen Serbien teilzunehmen. Mit dem Abschluss des Bündnisvertrags, dem sich später das Osmanische Reich anschließt, ist das seit dem Frühjahr anhaltende Bemühen der Alliierten und der Mittelmächte, Bulgarien auf ihre Seite zu ziehen, entschieden. Der bulgarische Ministerpräsident Wasil Radoslawow hatte stets betont, dass es seiner Regierung bei den parallel mit beiden Seiten geführten Verhandlungen darauf ankomme, möglichst große und sichere Vorteile zu erzielen. Bulgarien strebt vor allem die Rückgewinnung der Gebiete an, die es nach dem Zweiten Balkankrieg von 1913 abtreten musste. In dem neuen Abkommen wird Bulgarien erheblicher Landgewinn auf Kosten Serbiens zugesagt.

8. Oktober 1915

Sorge um Geburtenrückgang

Im Deutschen Reich herrscht Sorge über den Geburtenrückgang. Die neugegründete Gesellschaft für Bevölkerungspolitik hält ihre erste Versammlung im Berliner Reichstag ab. Ziel der Gesellschaft ist es, familienfreundliche Maßnahmen in Gesetzgebung und Verwaltung zu unterstützen, mit dem Ziel, die Zahl der Geburten zu steigern. Im Oktober beschäftigt sich auch eine Konferenz der Zentralstelle für Volkswohlfahrt mit dem bereits vor dem Krieg zu verzeichnenden Geburtenrückgang. Auf beiden Tagungen wird kritisiert, dass sich besonders in den Großstädten immer mehr Ehepaare bewusst nur für ein oder zwei Kinder entschieden. Daher sollen vor allem kinderreiche Familien steuerlich und sozialpolitisch unterstützt werden (Abb.: Säuglingsbetten in einem städtischen Kinderasyl in Berlin).

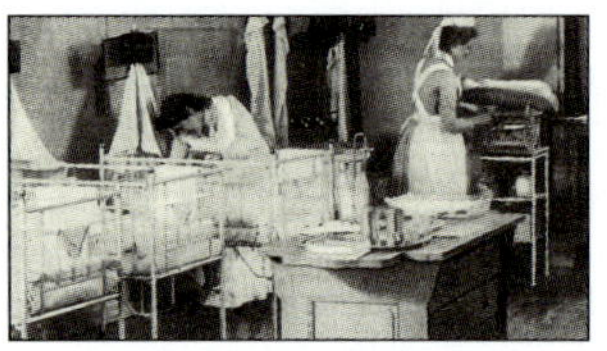

12. Oktober 1915

Krankenschwester hingerichtet

In Belgien werden die Todesurteile gegen die Britin Edith Cavell sowie gegen einen mitangeklagten Belgier vollstreckt. Die deutschen Militärbehörden haben beide wegen sog. Kriegsverrats verurteilt. Vor allem die Hinrichtung der britischen Krankenschwester Cavell, die alliierten Kriegsgefangenen zur Flucht verholfen hatte, löst große Empörung bei den Alliierten aus. In Großbritannien wird die standrechtliche Erschießung Cavells zum Inbegriff für die grausame Kriegführung der deutschen Armee. Angesichts der Empörung verweist der deutsche Generalgouverneur in Belgien in einer Erklärung vom 23. Oktober darauf, dass auch in Frankreich während des Krieges mehrfach Todesurteile gegen deutsche Frauen vollstreckt worden seien.

22. Oktober 1915

Armee braucht Freiwillige

Die britische Armee wirbt um Rekruten (s. Abb.). König Georg V. ruft alle wehrfähigen Männer zum Kriegsdienst auf.

Der König unterstützt mit seinem Appell eine im Oktober begonnene Werbekampagne für die Armee, mit der die Regierung den letzten Versuch unternimmt, ohne Einführung der Wehrpflicht eine ausreichende Anzahl Rekruten zu gewinnen. Großbritannien ist das einzige Land unter den kriegführenden Großmächten mit einer Freiwilligenarmee. Gegen die Einführung der allgemeinen Wehrpflicht bestehen vor allem auf Seiten der Gewerkschaften Vorbehalte. Da sich im Laufe des Jahres pro Woche im Durchschnitt nur etwa 20000 Freiwillige zu den Streitkräften melden – die Armeeführung jedoch mindestens 30000 Mann für notwendig hält – werden Forderungen nach Einführung der Wehrpflicht laut. Aufgrund des Appells melden sich bis Mitte Dezember insgesamt über 2 Mio. Männer. Von den 2,2 Mio Unverheirateten, die zuerst ihren Dienst antreten sollen, schreiben sich letztlich jedoch nur 1,2 Mio. ein. Ende Dezember beschließt die Regierung daher, die Wehrpflicht für ledige Männer einzuführen. Ein entsprechendes Gesetz wird im Januar 1916 verabschiedet und tritt im März 1916 in Kraft. Bereits im Mai 1916 wird die Wehrpflicht auf Verheiratete ausgedehnt.

1. September 1915

Liebesgaben für die Truppe

Das Rote Kreuz in Berlin veröffentlicht eine Bilanz über die bislang verteilten sog. Liebesgaben für die Truppe. Seit Kriegsbeginn sind Sach- und Geldspenden im Wert von 4,77 Mio. Mark eingegangen, die als Geschenke an die im Feld stehenden deutschen Soldaten verteilt werden (Abb.: Mit diesem Plakat ruft das Berliner Zentraldepot für Liebesgaben zu Spenden auf). Beliebte Geschenke sind vor allem Tabak und alkoholische Getränke, aber auch Kleidung, Taschenlampen, Taschenmesser und Bücher. Die Feldpost unterstützt den Versand von Liebesgaben, indem sie für Briefe ins Feld bis zu einem Gewicht von 500 g kein Porto verlangt.

6. Oktober 1915

Ringen um den Balkan

Der Balkan rückt erneut in den Blickpunkt des Geschehens. Deutsche und österreichisch-ungarische Truppen beginnen eine Offensive gegen Serbien. Am 14. Oktober erklärt auch Bulgarien Serbien den Krieg und beteiligt sich mit seinen Truppen am Feldzug.

Hauptziel des seit November 1914 geplanten Serbien-Feldzugs der Mittelmächte ist es, die Landverbindung mit dem verbündeten Osmanischen Reich wiederherzustellen. Bulgarien stellt insgesamt sechs Divisionen zur Verfügung, Österreich-Ungarn zwei und Deutschland zehn. Die Serben verfügen über sechs Divisionen im Norden und vier Divisionen an der Ostgrenze. Entscheidend für den militärischen Erfolg der Offensive ist es, dass es den Mittelmächten mit starker Artillerieunterstützung bereits am 7. Oktober gelingt, trotz des Hochwassers den Übergang über Donau und Save zu erkämpfen und am 9. Oktober Belgrad zu erobern. Von dort setzen die deutschen und österreichisch-ungarischen Truppen ihren Vormarsch in südliche Richtung fort. Das Ziel, gemeinsam mit der aus Osten vorrückenden ersten bulgarischen Armee den Großteil des serbischen Heeres einzuschließen, scheitert jedoch. Am 24. November wird das serbische Heer im Südwesten des Landes auf dem Amselfeld vernichtend geschlagen. Das Hauptziel des Balkanfeldzugs der Mittelmächte ist damit erreicht. Die Reste der in Auflösung befindlichen serbischen Armee flüchten nach Albanien. Nach der Niederlage seines Heeres verlässt der serbische König Peter I. Karadordević sein Land und flieht über Albanien nach Italien. Auch ein Großteil der Zivilbevölkerung flieht.

Am 5. Oktober waren britische und französische Einheiten unter Verletzung der griechischen Neutralität im Hafen von Saloniki gelandet. Zunächst wurden 18 000 Mann ausgeschifft, die vom Expeditionskorps der Alliierten an den Dardanellen abgezogen wurden. Mit der Truppenverlegung reagierten die Alliierten auf die militärischen Bewegungen der Mittelmächte auf dem Balkan.

Die in Saloniki landende sog. Orientarmee unter dem Kommando des französischen Generals Maurice Sarrail wird ab Mitte Oktober auf 150 000 Mann aufgestockt. Sie soll Serbien unterstützen und verhindern, dass die gesamte Balkanhalbinsel in die Hände der Mittelmächte fällt. Zunächst sind die alliierten Truppen jedoch zu schwach, um Serbien entscheidend zu unterstützen. Sie richten jedoch Dauerstellungen ein, so dass im Südosten Europas eine neue Frontlinie entsteht.

Oben: Landung der alliierten Truppen im Hafen der nordgriechischen Stadt Saloniki (Zeichnung von Willy Stöwer)
Links: Einheiten der Orientarmee gehen an Land

Der Balkanfeldzug 1914-1918

Datum	Ereignis
18.8.1914	Österreichisch-ungarische Offensive gegen Serbien scheitert.
5.10.1915	Alliierte Truppen landen in Saloniki.
6.10.1915	Mittelmächte greifen Serbien an.
9.10.1915	Mittelmächte besetzen Belgrad.
25.1.1916	Österreich-Ungarn erobert Montenegro.
6.12.1916	Mittelmächte erobern Bukarest.
7.5.1918	Friedensvertrag von Bukarest
3.11.1918	Waffenstillstand zwischen Österreich-Ungarn und den Alliierten
11.11.1918	Der Waffenstillstand von Compiègne verlangt den Verzicht Deutschlands auf Bestimmungen des Friedensvertrags von Bukarest.

Oktober 1915

1 Fr Die Verschuldung des Deutschen Reiches hat sich seit dem 1. Oktober 1914 von 4,98 Mrd. Mark auf 25,7 Mrd. Mark erhöht.

2 Sa Eine kaiserliche Kabinettsorder bestimmt, dass Feldgrau künftig auch in Friedenszeiten einheitliche Uniformfarbe im Deutschen Reich ist.

3 So Der Konflikt zwischen der deutschen und der US-Regierung wegen der Versenkung des Passagierdampfers »Arabic« wird beigelegt.

4 Mo In Konstantinopel (heute: Istanbul) wird unter Vorsitz von Kriegsminister Enwer Pascha eine deutsch-osmanische Vereinigung gegründet.

5 Di Die bulgarische Regierung lehnt ein Ultimatum Russlands ab, das den Abbruch der Beziehungen zu den Mittelmächten innerhalb 24 Stunden fordert.

6 Mi Ein Preis von 10 000 Mark für die Konstruktion der besten Armprothese wird vom Verein deutscher Ingenieure ausgesetzt. → Balkan

7 Do Alexander Zaimis wird als Nachfolger des ententefreundlichen Eleftherios Weniselos zum griechischen Ministerpräsidenten ernannt.

8 Fr Die Verluste der britischen Armee betragen nach Angaben von Premierminister Herbert Henry Asquith bisher 493 249 Mann. → Geburtenrückgang

9 Sa Serbiens Hauptstadt Belgrad wird von den Truppen der Mittelmächte erobert, die ihren Vormarsch in südlicher Richtung fortsetzen.

10 So Die serbische Regierung fordert Griechenland auf, im Falle eines bulgarischen Angriffs Serbien gemäß dem griechisch-serbischen Vertrag zu Hilfe zu kommen.

11 Mo Bei den Stortingwahlen in Norwegen, wo erstmals alle Frauen stimmberechtigt sind, siegen die fortschrittliche Regierungspartei und die Sozialisten.

12 Di Im Wiener Burgtheater werden unter dem Sammeltitel »Komödie der Worte« drei Einakter von Arthur Schnitzler uraufgeführt. → Krankenschwester

13 Mi In Dessau findet die Verlobung von Prinz Joachim Franz Humbert von Preußen, Sohn Kaiser Wilhelms II., mit Prinzessin Marie Auguste von Anhalt statt.

14 Do Mit einer Offensive gegen die serbische Ostgrenze tritt Bulgarien an der Seite Österreich-Ungarns und Deutschlands in den Krieg ein.

15 Fr Großbritannien erklärt Bulgarien den Krieg. +++ Der serbische Regierungssitz wird wegen des Vormarschs der Mittelmächte von Niš nach Mitrowika verlegt.

16 Sa Im Deutschen Reich wird die Errichtung eines Kriegspresseamts bekanntgegeben, das der Obersten Heeresleitung direkt unterstellt ist.

17 So In Wien erringt die Fußball-Auswahlmannschaft der österreichischen Hauptstadt in einem Städtevergleich mit einem Berliner Team einen 7:0-Sieg.

18 Mo In Großbritannien stehen dem Landesregister zufolge 1,25 Mio. Männer zwischen 19 und 41 Jahren für den Einsatz in der Armee zur Verfügung.

19 Di Die USA, Guatemala, Argentinien, Uruguay, Bolivien und Chile beschließen, General Venustiano Carranza als Staatspräsident von Mexiko anzuerkennen.

20 Mi Die britische Regierung bietet Griechenland die Insel Zypern an, wenn die griechische Armee Serbien im Kampf gegen die Mittelmächte zur Hilfe komme.

21 Do Die US-Regierung beschließt ein Ausfuhrverbot für Waffen nach Mexiko, von dem nur Lieferungen für die Anhänger des Präsidenten ausgenommen sind.

22 Fr Der deutsche Bundesrat beschließt die Einführung von Höchstpreisen für Butter, um dem Preiswucher entgegenzuwirken. → Freiwillige

23 Sa Die griechische Regierung bekräftigt, dass sie sich nicht zur Unterstützung Serbiens durch den griechisch-serbischen Bündnisvertrag verpflichtet fühle.

24 So In Bukarest findet eine große Demonstration der Opposition für den sofortigen Kriegseintritt Rumäniens an der Seite der Alliierten statt.

25 Mo Aus den Parlamentswahlen in Südafrika geht die Regierungspartei von Ministerpräsident Louis Botha als Sieger hervor.

26 Di Bei einem Wirbelsturm auf den Philippinen kommen 200 Menschen ums Leben. Große Teile der Reisernte werden vernichtet.

27 Mi Die Ausgabe neuer 100-Mark-Scheine für Deutschland wird angekündigt. Die alten, erst 1911 eingeführt, wurden wegen ihrer Größe oft beanstandet.

28 Do In der Berliner Philharmonie findet unter Leitung des Komponisten die Uraufführung der Tondichtung »Eine Alpensinfonie« von Richard Strauss statt.

29 Fr Der französische Ministerpräsident René Viviani tritt zurück. Sein Nachfolger wird Aristide Briand, der gleichzeitig auch das Außenministerium leitet.

30 Sa Die kanadische Regierung beschließt, das am Krieg teilnehmende Expeditionskorps um 100 000 Soldaten annähernd zu verdoppeln.

31 So Auf der Trabrennbahn in Berlin-Mariendorf wird das Deutsche Traber-Derby ausgefahren, das Pech mit fünf Längen vor Brabant gewinnt.

November 1915

1 **Mo** Zur Verhinderung des Zusammenschlusses der britisch-französischen Orientarmee mit den Serben dringen bulgarische Truppen nach Makedonien vor.

2 **Di** Im Deutschen Reich ist nach einer Bundesratsverordnung erstmals der Verkauf von Fleisch und Wurst an jedem Dienstag und jedem Freitag verboten.

3 **Mi** Der neue französische Ministerpräsident Aristide Briand betont in seiner Regierungserklärung die Entschlossenheit Frankreichs, bis zum Sieg zu kämpfen.

4 **Do** Der erst seit einem Monat amtierende griechische Ministerpräsident Alexander Zaimis tritt nach einem Misstrauensvotum zurück. → Preiswucher

5 **Fr** Die Mehrheit der chinesischen Provinzen stimmt für die Wiedereinführung der Monarchie mit dem derzeitigen Präsidenten Yüan Shih-k'ai als Kaiser.

6 **Sa** Die nationalliberale Reichstagsfraktion fordert auf ihrer Tagung im thüringischen Eisenach u.a. die Einführung von Bezugberechtigungskarten für Fleisch.

7 **So** In Charlottenburg bei Berlin findet ein Wettbewerb im Armeegepäckmarsch über 30 km mit Teilnehmern aus dem ganzen Reichsgebiet statt. → Pazifisten

8 **Mo** In der dritten Isonzo-Schlacht scheitern die italienischen Truppen endgültig. +++ Der italienische Dampfer »Ancona« wird im Mittelmeer versenkt.

9 **Di** Die Friedrich Krupp AG in Essen gründet die Kruppstiftung, die kinderreiche Familien von gefallenen oder schwerbeschädigten Soldaten unterstützen soll.

10 **Mi** Italienische Truppen erleiden in Libyen eine Niederlage gegen aufständische Araber, die mehrere Ortschaften erobern.

11 **Do** Der britische Ministerrat beschließt, weitere 100 000 Mann in das von osmanischen Truppen angegriffene Ägypten zu entsenden.

12 **Fr** Die schwedische Akademie der Wissenschaften in Stockholm vergibt den Physik-Nobelpreis für 1914 an den deutschen Physiker Max von Laue.

13 **Sa** Der frühere Erste Lord der Admiralität, Winston Churchill, verlässt das britische Kabinett und tritt in den Kriegsdienst ein. → »Die Csárdásfürstin«

14 **So** Tomáš Masaryk bildet in Paris ein Aktionskommitee für die Gründung eines unabhängigen tschechoslowakischen Staates.

15 **Mo** In Warschau werden Universität und technische Hochschule wiedereröffnet, deren Unterrichtssprache nun nicht mehr Russisch, sondern Polnisch ist.

16 **Di** Persiens Schah Ahmed Mirza verlässt mit dem größten Teil der Regierung die Hauptstadt Teheran, nachdem Russland mit deren Besetzung gedroht hatte.

17 **Mi** Ein österreichisch-ungarisches Flugzeuggeschwader bombardiert militärische Anlagen und den Bahnhof in Venedig.

18 **Do** In Petrograd wird der Verkauf von Kölnisch Wasser untersagt, da viele es wegen seines Alkoholgehalts als Ersatz für den verbotenen Branntwein nutzen.

19 **Fr** Japan tritt dem sog. Londoner Vertrag bei, in dem sich die Alliierten verpflichten, keinen Separatfrieden mit den Mittelmächten zu schließen.

20 **Sa** Nach Angaben des Roten Kreuzes werden die Kriegsgefangenen aus den Staaten der Mittelmächte in Russland nach Ostsibirien verlegt.

21 **So** Die Festung Nowo-Georgiewsk erhält auf Anweisung des deutschen Generalgouvernements wieder ihren alten polnischen Namen Modlin zurück.

22 **Mo** In Stockholm wird eine Konferenz des Roten Kreuzes eröffnet, um über die Möglichkeiten einer Verbesserung der Lage der Gefangenen zu beraten. → Bagdad

23 **Di** Der Bundesrat setzt für Wild Höchstpreise im Deutschen Reich fest. +++ Ein Wirbelsturm auf Sizilien fordert etwa 100 Todesopfer.

24 **Mi** Auf dem Amselfeld westlich des Ortes Priština werden die serbischen Einheiten von den Truppen der Mittelmächte vernichtend geschlagen.

25 **Do** Der Bundesrat stimmt Gesetzentwürfen über vorbereitende Maßnahmen zur Einführung einer Kriegsgewinnsteuer im Deutschen Reich zu.

26 **Fr** Der Ausschuss für die Beschaffung von Bade- und Desinfektionswagen für die Ostarmeen hat bereits 1 Mio. Mark gesammelt und 105 Badewagen gekauft.

27 **Sa** Dänemark garantiert in einem Handelsabkommen mit der britischen Regierung, eingeführte Waren nicht ins Deutsche Reich weiterzuleiten.

28 **So** Der serbische König Peter I. Karadordević flieht angesichts des anhaltenden Vormarsches der Mittelmächte nach Albanien.

29 **Mo** Der Deutsch-Österreich-Ungarische Wirtschaftsverband spricht sich auf einer Tagung in Dresden für einheitliche Zolltarife der beiden Staaten aus.

30 **Di** Italien tritt dem Abkommen der Alliierten bei, in dem diese sich dazu verpflichten, keinen Sonderfrieden mit den Mittelmächten zu schließen.

21. Dezember 1915

Kriegskredit spaltet SPD

Im Reichstag stimmen zum ersten Mal 20 Sozialdemokraten gegen die Bewilligung neuer Gelder für den Krieg. Die Mehrheit der SPD-Fraktion votiert jedoch für den fünften Kriegskredit.
In einer von Friedrich Geyer im Parlament verlesenen Erklärung begründen die SPD-Politiker, die gegen den Kredit stimmen, ihre Ablehnung u.a. damit, dass eine Fortsetzung des Krieges nicht mehr mit dem Argument zu rechtfertigen sei, es gelte, feindliche Angriffe abzuwehren. Die Kriegsgegner berufen sich vor allem auf die in der Reichstagssitzung vom 9. Dezember von sämtlichen bürgerlichen Parteien erhobenen Forderungen nach Annexionen, die vom Reichskanzler nicht zurückgewiesen worden seien. Mit der zwiespältigen Haltung innerhalb der Fraktion spitzt sich die Auseinandersetzung in der SPD über die Haltung der Partei zum Krieg weiter zu. In der ersten Kriegsphase waren viele Sozialdemokraten der Überzeugung, das Deutsche Reich führe einen Verteidigungskrieg. Die seit Mitte des Jahres immer lauter werdenden Annexionsforderungen führten jedoch dazu, dass der Widerstand in der SPD gegen den Krieg wuchs.

22. November 1915

Briten scheitern vor Bagdad

Das britische Expeditionskorps in Mesopotamien wird von den Truppen des Osmanischen Reiches unter dem Oberbefehl des deutschen Generalfeldmarschalls Colmar Freiherr von der Goltz entscheidend geschlagen.

Die Briten ziehen sich nach Kut-el-Amara zurück und werden eingeschlossen. Am 29. April müssen die noch 13 000 Mann starken Truppen unter dem Kommando von Generalmajor Charles Vere Ferrers Townshend kapitulieren (Abb.: Arabische Führer, die das Osmanische Reich unterstützen).

4. November 1915

Regierung zieht Notbrems gegen Preiswucher

Auf Beschluss des Bundesrats werden in Deutschland Preisgrenzen für Milch und Schweinefleisch eingeführt. Damit versucht die Regierung, die hohen Preissteigerungen für Nahrungsmittel zu bremsen.
Neben den Höchstpreisen soll vor allem die Verordnung gegen Wucherer und Spekulanten ungerechtfertigt hohe Preissteigerungen unterbinden. Zur Durchsetzung dieser am 23. Juli erlassenen Verordnung, die Preiswucher mit Gefängnis bis zu einem Jahr oder Geldstrafen bis zu 10 000 Mark ahndet, hatte der Bundesrat im September die Einrichtung kommunaler Preisprüfungsstellen angeordnet. Vertreter der Nahrungsmittelerzeuger und des Handels sowie Sachverständige und Vertreter der Verbraucher sollen den Markt kontrollieren und die Behörden beraten. Die Sicherung der Lebensmittelversorgung und der Kampf gegen drastische Preissteigerungen führen in der Folgezeit in Deutschland zu innenpolitischen Spannungen. Die Sozialdemokraten bezeichnen am 5. November die Politik der Regierung in einem Aufruf als unzureichend. Sie fordern für alle Grundnahrungsmittel Höchstpreis-Festlegungen. Die nationalliberale Reichstagsfraktion betont am 6. November, dass die Bekämpfung der Preissteigerungen die gegenwärtig wichtigste innenpolitische Aufgabe sei. Noch im Sommer hatte sich die Lage auf dem Lebensmittelmarkt kurzzeitig entspannt. Seitdem kommt es aber immer wieder zu Versorgungsengpässen, die vor allem auf die alliierte Handelsblockade zurückzuführen sind. Besonders negativ wirkt sich die Ver-

Käuferschlange vor einer Bäckerei; die Bevölkerung leidet vor allem unter den hohen Preisen für Grundnahrungsmittel.

10. Dezember 1915

Kein Nobelpreis für Frieden

Angesichts des Krieges wird – wie im Jahre 1914 – kein Friedensnobelpreis vergeben. Die Auszeichnungen für wissenschaftliche und kulturelle Leistungen werden jedoch in Stockholm verliehen. Der Berliner Professor Richard Willstätter wird mit dem Chemienobelpreis ausgezeichnet – »für seine Untersuchungen der Farbstoffe im Pflanzenbereich, vor allem des Chlorophylls«. In seinen bahnbrechenden Forschungen ermittelte er u.a. die Struktur des grünen Pflanzenfarbstoffs Chlorophyll sowie des roten Blutfarbstoffs Hämoglobin. Die Briten William Henry Bragg und sein Sohn William Lawrence erhalten den Physik-Nobelpreis »für ihre Verdienste um die Erforschung der Kristallstrukturen mittels Röntgenstrahlen«. Sie entwickelten die sog. Drehkristall-Methode. Ein Medizinnobelpreis wird in diesem Jahr nicht vergeben. Die Auszeichnung im Bereich Literatur geht an den französischen Schriftsteller Romain Rolland. Er erhält den Preis 1916 nachträglich für das Jahr 1915 zugesprochen. Rolland bekämpft in seinen Schriften den Krieg und setzt sich für Versöhnung und Verständigung zwischen den Völkern ein.

knappung der Futtermittel aus, die drastische Preissteigerungen vor allem für Fleisch, Fett, Milch, Butter und Käse zur Folge hat. Die Reichsregierung verharmlost jedoch die Versorgungslage. So kritisiert Reichskanzler Theobald von Bethmann Hollweg Mitte Oktober zwar ebenfalls überzogene Preissteigerungen und »spekulative Preistreiberei«, hebt jedoch zugleich hervor, dass »wir im Besitze völlig ausreichender Vorräte von notwendigen Nahrungsmitteln sind. Diese Vorräte auf die zweckmäßigste Weise und zu angemessenen, auch für die minderbemittelte Bevölkerung erschwinglichen Preisen dem Verbrauch zuzuführen, ist die zu lösende Aufgabe.« In einer Denkschrift der Regierung über die wirtschaftlichen Maßnahmen wird gar behauptet, dass der »Aushungerungsplan« der Alliierten nicht nur gescheitert sei, sondern im Gegenteil »den Anstoß zu einer stetig verbesserten Organisation aller Zweige unserer Volkswirtschaft« gegeben habe.

Preisanstieg im 1. Kriegsjahr
(Durchschnittliche Lebensmittelpreise in Berlin, angegeben in Reichsmark pro halbes Kilo)

Produkt	21.11.1914	20.11.1915
Geräucherter Schinken	1,72	3,00
Geräucherter Speck	1,10	2,64
Schwein, Schulterblatt	0,82	1,40
Hammelkeule	0,98	1,53
Kalbsbrust	0,93	1,40
Rinderkeule	1,03	1,47
Rinderbrust	1,29	0,87
Butter	1,52	2,54
Schweineschmalz	0,99	2,74
Kartoffeln	0,04	0,04
Eier (Stück)	0,13	0,21

13. November 1915

Erfolg für »Csárdásfürstin«

Im Wiener Johann-Strauß-Theater wird die Operette »Die Csárdásfürstin« von Emmerich Kálmán uraufgeführt.
Der Reichtum an zündenden, mitreißenden Melodien und der rhythmische Elan machen das Werk zu einem der bis heute größten Dauererfolge auf der Operettenbühne. Kálmáns Stück – mit einem Libretto von Leo Stein und Béla Jenbach – spielt in Wien und Budapest. Zu den bekanntesten Stücken gehören: »Machen wir´s den Schwalben nach«, »Tausend kleine Engel singen: hab mich lieb!«, »Weißt du es noch?« sowie »Ganz ohne Weiber geht die Chose nicht«. Zum Erfolg trägt auch bei, dass die Operette ein liebevolles Spiegelbild der adligen Gesellschaft Wiens bietet.

Emmerich Kálmán

ungarischer Komponist, * 24.10.1882 Siófok; † 30.10.1953 Paris

Kálmán, einer der bedeutendsten Operettenkomponisten überhaupt, gelang es, die Ungarn-Operette neben der Wiener und Berliner zu etablieren. Eine Laufbahn als Pianist musste er wegen einer Schwäche seiner linken Hand aufgeben. Sein erster Bühnenerfolg war 1908 die Operette »Herbstmanöver« in Wien, wo alle seine Operetten zur Uraufführung kamen. Seine Werke waren nicht nur beim Publikum beliebt, sondern wurden auch von der Kritik geschätzt. Nachdem die Nationalsozialisten ihn zur unerwünschten Person erklärt hatten, emigrierte Kálmán nach New York. Mitte 1949 hielt er sich erstmals wieder in Österreich auf, seinen Lebensabend verbrachte er in Paris.

- 1904-08: Musikkritiker in Budapest
- 1908: Übersiedlung nach Wien
- 1912: »Der Zigeunerprimas«
- 1924: »Gräfin Mariza«
- 1926: »Die Zirkusprinzessin«

7. November 1915

Vorgehen gegen Pazifisten

Das preußische Kriegsministerium fordert die örtlichen Militärbefehlshaber zu einem schärferen Vorgehen gegen die pazifistische Bewegung auf. Der Erlass leitet eine systematische Unterdrückung der in der Deutschen Friedensgesellschaft (DFG) und dem Bund Neues Vaterland (BNV) vereinigten bürgerlichen Pazifisten ein. Bis Mitte des Jahres war ihre Tätigkeit weitgehend geduldet worden. Das Kriegsministerium hält die Arbeit der pazifistischen Organisationen vor allem wegen ihrer Auswirkungen auf das Ausland für bedenklich. Politisch gefährlich erscheint es dem Ministerium zudem, dass die Pazifisten verstärkt Kontakte zu sozialistischen Kriegsgegnern knüpfen würden. Von einem gerichtlichen Vorgehen soll allerdings wegen des damit verbundenen Aufsehens abgesehen werden. Das Ministerium empfiehlt statt dessen, den Pazifisten jede öffentliche Betätigung zu verbieten, die Veröffentlichung von Schriften zu unterbinden und u.a. ihren Briefverkehr stärker zu kontrollieren.

Dezember 1915

1 Mi In Rummelsburg bei Berlin nimmt die erste deutsche Aluminiumhütte den Betrieb auf. Zwei weitere Fabriken sind in Bitterfeld und bei Köln im Bau.

2 Do Die serbischen Truppen ziehen sich aus der makedonischen Stadt Monastir zurück, die kurz danach von deutschen und bulgarischen Truppen besetzt wird.

3 Fr Der bisherige Oberbefehlshaber der französischen Nordostarmeen, General Joseph Joffre, übernimmt den Oberbefehl über sämtliche französische Truppen.

4 Sa Der rassistische Geheimbund Ku-Klux-Klan, der seit den 70er Jahren des 19. Jahrhunderts verfolgt wurde, wird im US-Bundesstaat Georgia zugelassen.

5 So Der US-Autofabrikant Henry Ford startet zu einer Friedensmission nach Europa, wo er zwischen den kriegführenden Staaten vermitteln will.

6 Mo Papst Benedikt XV. beklagt in einer Rede vor der Kardinalsversammlung, dass seine Handlungsmöglichkeiten durch den Krieg erheblich beeinträchtigt seien.

7 Di Bei der Kongresseröffnung kritisiert der US-Präsident Woodrow Wilson die Propagandatätigkeit der deutschstämmigen Amerikaner in den USA.

8 Mi Eine vom Verband deutscher Ingenieure gegründete Prüfstelle für künstliche Gliedmaßen nimmt in Berlin ihre Arbeit auf.

9 Do Die deutsche Regierung bringt im Reichstag einen zweiten Nachtragsetat für 1915 mit einem neuen Kriegskredit von 10 Mrd. Mark ein.

10 Fr Nachfolger des zurückgetretenen spanischen Ministerpräsidenten Eduardo Dato Iradier wird Alvaro Figueroa y Torres Graf Romanones. → Nobelpreis

11 Sa Der chinesische Staatspräsident Yüan Shih k'ai wird neuer Kaiser von China. +++ In Berlin wird über die Errichtung eines deutschen Modemuseums beraten.

12 So Das von dem Deutschen Hugo Junkers entwickelte erste freitragende Ganzmetallflugzeug der Welt, »Junkers J 1«, absolviert seinen Jungfernflug.

13 Mo Die vom Deutschen Bundesrat verabschiedete Bestimmung über Höchstpreise für Gemüse und Speisefisch tritt in Kraft.

14 Di Auf Schloss Schönbrunn bei Wien wird eine Schallplattenaufnahme mit der Stimme des österreichischen Kaisers Franz Joseph I. eingespielt.

15 Mi Der Berliner Polizeipräsident ordnet an, dass am Heiligabend und an Silvester der Verkauf von Fleisch nicht wie an anderen Freitagen untersagt ist.

16 Do Die Schweizer Bundesversammlung wählt Camille Decoppet zum Bundespräsidenten für 1916. +++ Schweden liefert Rentierfleisch nach Deutschland.

17 Fr Etwa 2500 spanische Intellektuelle veröffentlichen eine Erklärung, in der sie ihre Bewunderung und Sympathie für das deutsche Volk bekunden.

18 Sa In Berlin wird die Gründung der »Gesellschaft zur Verwertung musikalischer Aufführungsrechte« (GEMA) bekanntgegeben.

19 So Die Alliierten geben ihren Versuch auf, die Dardanellen zu erobern, und beginnen mit dem Abzug ihrer Truppen von der Halbinsel Gallipoli.

20 Mo Hugo Haase legt sein Amt als Vorsitzender der SPD-Reichstagsfraktion nieder, da er die Bewilligung des neuen Kriegskredits ablehnt.

21 Di Der König von Montenegro, Nikolaus I., richtet ein Friedengesuch an den österreichischen Kaiser und König von Ungarn, Franz Joseph I. → Kriegskredit

22 Mi Der Deutsche Bundesrat beschließt, Zehnpfennigstücke aus Eisen prägen zu lassen. Eiserne Fünfpfennigstücke werden bereits seit Oktober ausgegeben.

23 Do Auf einem Gelände am Berliner Zoo ist ein Schlachtfeld zu besichtigen, das die Bevölkerung Einblick in den Frontalltag der Soldaten nehmen lässt.

24 Fr Der US-Autofabrikant Henry Ford bricht seine gescheiterte Friedensmission in Europa ab und kehrt in die USA zurück.

25 Sa Papst Benedikt XV. beklagt in der Weihnachtsansprache die »Menschenschlächterei« und bezeichnet den Krieg als »größte Erschütterung der Weltgeschichte«.

26 So Wegen der Proklamation von Präsident Yüan Shih-k'ai zum Kaiser von China erklärt der Militärgouverneur von Yünnan die Unabhängigkeit seiner Provinz.

27 Mo In Sofia wird das bulgarische Parlament mit einer Thronrede von König Ferdinand I. eröffnet. Am 28. Dezember wird der beantragte Kriegskredit bewilligt.

28 Di In den Münchner Kammerspielen wird das Schauspiel »Advent«, ein Werk des schwedischen Dramatikers August Strindberg, uraufgeführt.

29 Mi Die österreich-ungarische Regierung bietet den USA Schadenersatz für die bei der Versenkung des Schiffes »Ancona« erlittenen Verluste an.

30 Do Die Konsuln des Deutschen Reiches, Österreich-Ungarns und Bulgariens in Saloniki werden von den dort gelandeten Truppen der Alliierten verhaftet.

31 Fr In einem Erlass an die deutschen Truppen zum Jahreswechsel bekundet Kaiser Wilhelm II. Siegeszuversicht und appelliert an den Durchhaltewillen der Armee.

Januar 1916

1 Sa Die Stadt Jaunde in der deutschen Kolonie Kamerun wird von britischen und französischen Truppen besetzt. Die deutschen Verbände ziehen sich zurück.

2 So Nach einer Mitteilung des Deutschen Fußballbundes wurden von den 200 000 Mitgliedern bisher rd. 170 000 als Soldaten eingezogen.

3 Mo Die Reichspost gibt bekannt, dass der Briefverkehr im Vergleich zu den Friedensjahren erheblich zugenommen habe.

4 Di Der Nachrichtendienst für Ernährung fordert die Tötung der Luxushunde im Deutschen Reich, da sie die Lebensmittelversorgung belasten würden.

5 Mi Der britische Premierminister Herbert Asquith bringt ein Gesetz ein, das die Einberufung Lediger und kinderlos gebliebener Witwer von 18-41 Jahren vorsieht.

6 Do Die städtischen Körperschaften von Schöneberg bei Berlin beschließen die Stiftung von Sparbüchern für Kriegswaisen.

7 Fr In der Reichshauptstadt Berlin eröffnet die »Deutsche Kriegs-Ausstellung«. Gezeigt werden vor allem Beutestücke von allen Fronten.

8 Sa In Berlin wird eine Ausstellung von Wiener Künstlern eröffnet, die u.a. Werke von Gustav Klimt und Oskar Kokoschka vorstellt.

9 So An der Dardanellenfront räumen die letzten britischen Verbände ihre Stellungen in Sedd-ul-Bahr auf der türkischen Halbinsel Gallipoli.

10 Mo Im schlesischen Hirschberg wird ein 17-jähriges Mädchen in Männerkleidung aufgegriffen, das sich als Kriegsfreiwillige melden wollte.

11 Di Die SPD-Reichstagsfraktion wählt Friedrich Ebert zum Nachfolger des zurückgetretenen Fraktionsvorsitzenden Hugo Haase in den Fraktionsvorstand.

12 Mi Kaiser Wilhelm II. ordnet an, auf Feierlichkeiten anlässlich seines Geburtstages zu verzichten und statt dessen Liebesgaben für die Soldaten zu sammeln.

13 Do Karl Liebknecht erklärt seinen Austritt aus der SPD-Reichstagsfraktion. Der Abgeordnete Otto Rühle schließt sich aus Solidarität an.

14 Fr Die Abstimmung unter den Mitgliedern des britischen Bergarbeiterverbandes ergibt eine große Mehrheit gegen die Einführung der allgemeinen Wehrpflicht.

15 Sa Zahlreiche Beamte aus den ehemaligen deutschen Schutzgebieten in der Südsee treffen mit ihren Angehörigen im Deutschen Reich ein. → Balkan-Express

16 So Die Truppen Montenegros stellen den Kampf ein. +++ Ein Großfeuer vernichtet Teile der norwegischen Hafenstadt Bergen. 2000 Menschen werden obdachlos.

17 Mo Im Sitzungssaal des Preußischen Herrenhauses in Berlin wird der zweite Kriegslehrgang für Landfrauen eröffnet. → Holland

18 Di Bei einer Zusammenkunft mit dem bulgarischen König Ferdinand I. im serbischen Niš verleiht Kaiser Wilhelm II. dem Monarchen den Feldmarschallstab.

19 Mi Zur Verteidigung Ägyptens gegen Angriffe osmanischer Truppen treffen südafrikanische Einheiten in Kairo ein.

20 Do Der schweizerische Bundesrat beschließt in Bern eine vierte Mobilisationsanleihe in Höhe von 100 Mio. Schweizer Franken.

21 Fr In Berlin findet die Uraufführung des Films »Lohengrin« nach dem gleichnamigen Bühnenwerk von Richard Wagner statt.

22 Sa Der deutsche Heeresbericht meldet einen erfolgreichen Minenangriff auf gegnerische Stellungen bei Ypern in Flandern.

23 So Österreichisch-ungarische Truppen besetzen Skutari und marschieren in Albanien ein. +++ Deutsche Marine-Flugzeuge bombardieren das englische Dover.

24 Mo Bei Kut-el Amara im Irak werden die britischen Verbände von Truppen des Osmanischen Reiches eingeschlossen.

25 Di Die kriegsgeschichtliche Sammelstelle des 9. Armeekorps in Hamburg ruft zur Einsendung von Briefen und Tagebüchern aus dem Felde auf. → Montenegro

26 Mi Die Deutsche Reichsbank gibt wegen des akuten Kleingeldmangels anstelle der bisherigen Kupfer-Münzen eiserne Zehnpfennig-Stücke heraus.

27 Do Vor dem deutschen Konsulat in Lausanne wird die aus Anlass des 57. Kaisergeburtstags gehisste deutsche Flagge niedergerissen.

28 Fr An der Berliner Börse werden die Kurse für Auslandswährungen durch eine Kommission erstmals amtlich festgelegt.

29 Sa Oberst Edward House, der Sonderbotschafter des US-Präsidenten, verlässt Berlin, wo er u.a. Gespräche über eventuelle Friedensbedingungen geführt hat.

30 So Der britische Dampfer »Appam«, der von einem deutschen Hilfskreuzer gekapert wurde, läuft unter deutschem Kommando im US-Hafen Newport-News ein.

31 Mo Deutsche Zeppeline werfen Bomben über den englischen Städten Liverpool, Manchester, Nottingham, Sheffield und der Humber-Mündung ab.

17. Januar 1916

Sturmflut: Holland in Not

Königin Wilhelmina der Niederlande stattet dem Überschwemmungsgebiet an der Zuidersee (Abb.: vom Wasser eingeschlossene Häuser) einen Besuch ab. Bei der schwersten Sturmflut seit 1825 ist der Zuidersee-Damm bei der Insel Marken gebrochen. Die Insel selbst war mehrere Tage gänzlich überschwemmt, zahlreiche Häuser wurden fortgerissen, einige Menschen verloren ihr Leben. Annähernd die gesamte Fischereiflotte der Insel wurde zerstört.

Auch die hinter dem Zuidersee-Damm auf dem Festland liegenden Gemeinden Volendam, Monnikendam, Broek-in-Waterland und die Stadt Edam sind vom Hochwasser betroffen. Überschwemmungen werden darüber hinaus aus Gebieten gemeldet, die direkt an der Nordseeküste liegen. Der Anna-Paulowna-Polder südlich von Den Helder, erst 1847 trockengelegt, ist ebenso vom Hochwasser bedroht wie weite Teile der nordfriesischen Küste bei Groningen und

Leeuwarden. Auch an der deutschen Nordseeküste richtet der Orkan schwere Schäden an. Das Wasser erreicht in Hamburg einen Stand von bis zu 5,40 m über Normalnull.

15. Januar 1916

Freie Fahrt für Balkan-Express

Die deutschen Eisenbahnen richten eine regelmäßige Zugverbindung zwischen Berlin und Konstantinopel ein. Der »Balkan-Express« (s. Abb.) verlässt morgens um 7.20 Uhr den Anhalter Bahnhof. Die Route führt über Dresden und Prag nach Wien. Pünktlich um 9.37 Uhr erreicht der Zug am 16. Januar Sofia, zehn Stunden später trifft er in Konstantinopel ein.

Die Bahnverbindung zwischen Deutschland und dem Osmanischen Reich hat sowohl wirtschaftliche als auch politische Bedeutung. Möglich geworden ist sie erst nach der Eroberung Serbiens durch die Mittelmächte im Herbst 1915. Seither besteht eine durchgehende Landverbindung zwischen der Türkei und ihren Verbündeten in Mitteleuropa. Für die erste Fahrt stehen den Reisenden im Balkan-Express insgesamt 74 Plätze zur Verfügung, davon 36 in den Schlafwagen und 38 in den Personenabteilen. Die fünf dunkelgrün gestrichenen Waggons – darunter ein luxuriös eingerichteter Speisewagen – sind für die Fahrt in den Vorderen Orient mit allen Bequemlichkeiten der modernen Eisenbahntechnik ausgestattet.

25. Januar 1916

Blitzfeldzug gegen Montenegro

Ein Waffenstillstand zwischen Österreich-Ungarn und Montenegro ist das Ergebnis eines dreiwöchigen Feldzuges, der mit der Kapitulation des kleinen Königreiches auf dem Balkan endet. Die montenegrinische Armee war für den Waffengang mit der europäischen Großmacht nicht gerüstet. Die Offensive der Doppelmonarchie auf dem Balkan war lange erwartet worden.

Die von Österreich-Ungarn diktierten Bedingungen sehen eine vollständige Entwaffnung der montenegrinischen Truppen vor. Die wehrfähigen Männer dürfen anschließend in ihre Dörfer zurückkehren, sofern sie jeder weiteren militärischen Aktion entsagen. Ferner werden sämtliche Städte und Ortschaften der Kontrolle der Besatzungsmacht unterstellt. Die Eisenbahn wird beschlagnahmt. Noch vor der Unterzeichnung des Waffenstillstandes dehnen die österreichisch-ungarischen Truppen ihre Offensive auch auf Albanien aus. Am 23. Januar besetzen sie Skutari. Die dort stationierten italienischen Truppen weichen nach Süden aus. Bis zum Herbst war die Lage auf dem Balkan relativ ruhig geblieben. Die österreichisch-ungarische Armee hatte sich an der Ostfront der vordringenden russischen Verbände zu erwehren. Nach dem Kriegseintritt Italiens am 23. Mai 1915 waren weitere Kräfte in Südtirol und an der Isonzo-Front gebunden. Serbien, dem die Donaumonarchie am 28. Juli 1914 den Krieg erklärt hatte, war erst im Herbst 1915 erobert worden.

5. Februar 1916

»Dada« im »Cabaret Voltaire«

Das Züricher Künstlerlokal »Cabaret Voltaire« öffnet seine Pforten. Es wird zum Zentrum des Dadaismus, einer Kunstrichtung, die in ganz Europa Aufsehen erregt. Der deutsche Literat Hugo Ball, Initiator des Unternehmens, hatte alle interessierten Künstler zur Mitwirkung aufgerufen: »Das Prinzip des Kabaretts soll sein, dass bei den täglichen Zusammenkünften musikalische und rezitatorische Vorträge der als Gäste verkehrenden Künstler stattfinden. Und es ergeht an die junge Künstlerschaft Zürichs die Einladung, sich ohne Rücksicht auf eine besondere Richtung mit Vorschlägen und Beiträgen einzufinden.« Anwesend sind am Eröffnungsabend u.a. der Rumäne Tristan Tzara und der Elsässer Hans Arp. Die Situation Zürichs – die Stadt ist von Intellektuellen aus allen Ländern überflutet – führt zum Zusammentreffen verschiedenster Künstlernaturen, denen eines gemeinsam ist: Die Ablehnung des Krieges und der bürgerlichen Ordnung. Gemeinsam ist den Dadaisten außerdem die radikale Ablehnung der bislang gültigen ästhetischen Wertmaßstäbe und der Wunsch nach unbeschränkter Freiheit der Kunst (Abb.: Objekt des Franzosen Marcel Duchamps). Das Zufallsprinzip bestimmt auch die Namensgebung. Der Begriff Dada wurde beim Blättern in einem Wörterbuch gefunden.

21. Februar 1916

Die Hölle von Verdun

Nachmittags um 17 Uhr beginnt die 5. deutsche Armee mit der Beschießung der französischen Stellungen vor Verdun. Der Chef der Obersten Heeresleitung (OHL), Erich von Falkenhayn, hat Mannschaften und Kriegsmaterial in bisher nicht gekanntem Ausmaß vor dem französischen Festungszentrum an der Maas zusammengezogen. Die Schlacht um Verdun, die sich ohne nennenswerte Geländegewinne bis in den Dezember 1916 hinzieht, wird zum Symbol für die sinnlosen Materialschlachten und das massenhafte Sterben im Ersten Weltkrieg.
Die OHL drängt auf eine Vorentscheidung für das Jahr 1916. Die Kriegsgüter, die seit 1915 aus den USA an die Alliierten fließen, lassen auf Dauer eine Materialüberlegenheit Großbritanniens und Frankreichs erwarten. Die Eroberung des stark befestigten Verdun soll den Weg nach Paris öffnen oder mindestens so viele Truppen binden, dass deutsche Angriffe an anderen Frontabschnitten erfolgversprechend sind. Für die Franzosen ist die Front von Verdun außerdem als Bahnknotenpunkt und als Ausfallstellung gegen die deutschen Nachschublinien in Nordfrankreich von Bedeutung. Gerade deshalb erscheint Verdun für Falkenhayn als geeignet für seine »Ermattungsstrategie«, die auf ein »Ausbluten« des Gegners abzielt. Der Angriff auf die Außenforts von Verdun beginnt entsprechend dieser Strategie nach dem immer gleichen Muster: Die Stellungen des Gegners werden unter Trommelfeuer genommen. Dann beginnt ein Vorstoß. Gelingt dieser nicht, wiederholen sich Trommelfeuer und Gaseinsatz, bis die Kräfte des Gegners aufgerieben scheinen. In einem monatelangen erbitterten Ringen wird um jeden Meter Boden, um jede Anhöhe gekämpft. Nach ersten Erfolgen der Angreifer münden die Kämpfe in eine verlustreiche Abnutzungsschlacht mit Trommelfeuer, Giftgasangriffen und Grabenkämpfen. Das verbissen und unter wechselseitig großen Opfern verteidigte Außenfort Douaumont wechselt mehrfach den Besitzer. Nach einer französischen Großoffensive sind die Deutschen im Dezember annähernd auf ihre Ausgangsstellungen vom Februar zurückgeworfen.
Aus deutscher Sicht war die Schlacht um Verdun ein Fehlschlag. Es ist weder gelungen, die Stadt Verdun zu nehmen, noch, die Franzosen entscheidend zu »ermatten«. Hingegen ist der Blutzoll auf beiden Seiten gewaltig. Die deutschen Verluste im Trommelfeuer betrugen 338 000, die französische Seite verlor 364 000 Soldaten.

Französische Nachschubwege aus Holzbohlen durchziehen das zerpflügte Schlachtfeld.

Die Schlacht um Verdun

Datum	Ereignis
21.2.	Artillerievorbereitung und Angriffe deutscher Stoßtrupps
22.2.	Beginn der großen Offensive mit Sturmtruppen
25.2.	Eroberung des französischen Forts Douaumont
6.3.	Beginn der deutschen Offensive auf dem Westufer der Maas
20.5.	Deutsche Truppen erobern den Hügel »Toter Mann«
7.6.	Fort Vaux kapituliert nach fünftägigem Kampf
23.6.	Deutsche Truppen erstürmen Fort Thiaumont und Fleury
12.7.	Einstellung des dt. Angriffs auf Verdun
24.10..	Franzosen erobern Thiaumont und Douaumont
16.12.	Französische Großoffensive; Rückzug der Deutschen

6. Februar 1916

Deutsche Kolonialtruppen müssen Kamerun verlassen

Militärisch geschlagen tritt die Hauptmacht der deutschen Kolonialtruppen von Kamerun auf spanisches Kolonialgebiet über und wird dort interniert. Eine britisch-französische Großoffensive vom Herbst 1915 hatte die Niederlage der Deutschen besiegelt und diese nach Süden abgedrängt. Mit dem Fall Kameruns ist nach Togo und Deutsch-Südwestafrika die dritte der vier deutschen Afrika-Kolonien verlorengegangen. Lediglich in Deutsch-Ostafrika behauptet sich die deutsche Kolonialtruppe unter dem Befehl von Oberstleutnant Paul von Lettow-Vorbeck gegen die britische und südafrikanische Übermacht. Die geschlagenen deutschen Kolonialeinheiten aus Kamerun werden zunächst auf die Insel Fernando Poo vor der Küste Kameruns überführt. Während die farbigen Kolonialsoldaten dort verbleiben, werden die Deutschen – unter ihnen Kameruns Gouverneur Karl Ebermaier – in Spanien interniert.

Februar 1916

1 Di Der Berliner Polizeipräsident veröffentlicht Leitsätze zur Förderung der deutschen Sprache, nach denen der Gebrauch von Fremdwörtern zu verbieten sei.

2 Mi Das deutsche Luftschiff »L 19« wird nach einem Angriff auf Großbritannien von der niederländischen Küstenwacht in der Nordsee versenkt.

3 Do Das britische Handelsministerium schlägt vor, Waren aus Deutschland nach Kriegsende mit dem Vermerk »made in Germany« zu diskriminieren.

4 Fr Die stellvertretenden Generalkommandos der drei bayerischen Armeekorps erlassen ein Verbot zur Herstellung von Starkbier jeder Art.

5 Sa Bei der Essener Firma Krupp werden 663 Arbeiter und Angestellte für ihre 25-jährige Betriebszugehörigkeit geehrt. → »Cabaret Voltaire«

6 So Das in Berlin neugegründete Deutsche Modeamt soll die deutsche Herrenmode von ausländischen Einflüssen befreien. → Kamerun

7 Mo Die Deutsche Vereinigung für Krüppelfürsorge tagt in Berlin. Sie fördert u.a. die Entwicklung künstlicher Gelenke und Gliedmaßen.

8 Di Der im Schweizer Exil lebende Wladimir I. Lenin äußert in Bern die Hoffnung, dass nach dem Krieg die proletarische Revolution kommen werde.

9 Mi Deutsche Flieger bombardieren die englische Südküste bei Ramsgate. +++ Österreichisch-ungarische Truppen besetzen Tirana in Albanien.

10 Do Zur Verbesserung der Volksernährung richtet das Reichsamt des Innern in Berlin eine Zentralstelle für den Gemüseanbau in Kleingärten ein.

11 Fr In Berlin hat der Film »Die ewige Nacht« von Urban Gad Premiere. In der Hauptrolle ist die dänische Filmschauspielerin Asta Nielsen zu sehen.

12 Sa Der Vorsitzende des Internationalen Olympischen Komitees (IOC), Pierre Baron de Coubertin, legt sein Amt nieder und tritt in die französische Armee ein.

13 So Der deutsche Heeresbericht meldet Einbrüche in französische Stellungen in der Champagne auf einer Breite von 700 m.

14 Mo Ein Gericht in Kassel verurteilt einen Mühlenbesitzer, der Brotmehl mit Kalk vermengt hatte, wegen Nahrungsmittelverfälschung zu einem Jahr Gefängnis.

15 Di An der Front bei Ypern in Flandern erzielen die deutschen Truppen im Stellungskrieg einen Geländegewinn von etwa 800 m.

16 Mi Ein Sturm mit Windstärke neun und ein Wasserstand von 7,07 m über Normalnull führen in Hamburg zu großen Überschwemmungen.

17 Do In der Berliner Akademie der Künste wird eine Ausstellung mit Kriegsbildern, u.a. von Ludwig Dettmann und Fritz Erler, eröffnet.

18 Fr Im Bryan-Chamorro-Vertrag mit Nicaragua sichern sich die USA das alleinige Recht, einen Kanal zwischen Atlantik und Pazifik in Nicaragua zu bauen.

19 Sa Bei einem Lawinenunglück am Hochkönig in den Salzburger Alpen werden über 100 österreichische Soldaten während eines Skilehrgangs getötet.

20 So Deutsche Truppen stürmen die britische Stellung am Yser-Kanal bei Ypern. +++ Deutsche Marineflieger bombardieren die britische Südküste.

21 Mo Im Berliner Theater am Bülowplatz hat eine Neuinszenierung von Gerhart Hauptmanns »Fuhrmann Henschel« Premiere. → Verdun

22 Di Das französische Parlament billigt die Einführung einer Kriegsgewinnsteuer, die bis zwölf Monate nach Kriegsende in Kraft bleiben soll.

23 Mi 35 in portugiesischen Häfen liegende deutsche Handelsschiffe werden durch die Regierung Portugals beschlagnahmt.

24 Do Essad Pascha Toptani, seit 1914 Staatspräsident von Albanien, legt sein Amt nieder und flieht vor den Besatzungstruppen Österreich-Ungarns ins Exil.

25 Fr Deutsche Einheiten besetzen Fort Douaumont bei Verdun. General Henri Philippe Pétain übernimmt den Oberbefehl über die dortigen französischen Truppen.

26 Sa Der Truppentransporter »Provence« der französischen Marine wird mit 1800 Mann an Bord im Mittelmeer versenkt.

27 So Die deutsche Regierung richtet wegen der Beschlagnahme deutscher Handelsschiffe eine scharfe Protestnote an Portugal.

28 Mo Starke Schneefälle in den Alpen bringen den Verkehr auf den großen Schweizer Passstraßen bei Schneehöhen bis zu fünf Metern zum Erliegen.

29 Di Im Deutschen Theater in Berlin hat Max Reinhardts Neuinszenierung von William Shakespeares »Macbeth« Premiere.

März 1916

1 Mi In dem von deutschen Truppen besetzten Teil Belgiens wird der Paketpostverkehr aufgenommen. Pakete können an 58 belgische Städte geschickt werden.

2 Do Die Großhandelspreise für Kartoffeln werden in ganz Deutschland erhöht. Eine Tonne (20 Zentner) kostet jetzt bis zu 96 Mark.

3 Fr Der schweizerische Bundesrat bekräftigt in einer Erklärung in Bern die unbedingte Beibehaltung der Neutralität des Landes.

4 Sa Der deutsche Hilfskreuzer »Möwe« kehrt nach der Versenkung von 14 alliierten Schiffen im Atlantik ins Deutsche Reich zurück. → Franz Marc

5 So In der Dresdener Hofoper wird »Die toten Augen«, eine Oper des in Glasgow geborenen deutschen Komponisten Eugen d'Albert, uraufgeführt.

6 Mo Die Frühjahrs-Mustermesse beginnt in Leipzig. Ausgestellt werden u.a. Spielwaren, Glas-, Metall- und Holzerzeugnisse.

7 Di In Bayern untersagen neue Bestimmungen zum Jugendschutz Personen unter 17 Jahren das Rauchen in der Öffentlichkeit und Lokalbesuche nach 21 Uhr.

8 Mi In einem Nachtangriff erreichen deutsche Truppen das Fort Vaux vor Verdun, können es aber nicht einnehmen.

9 Do Auf Einladung des dänischen Königs treffen die Ministerpräsidenten von Dänemark, Schweden und Norwegen in Kopenhagen zusammen. → Portugal

10 Fr In einer Note an die USA äußert die deutsche Regierung den Wunsch, trotz des deutschen U-Boot-Krieges ein freundschaftliches Verhältnis zu pflegen.

11 Sa Im Madison Square Garden in New York veranstalten Deutsch-Amerikaner einen Wohltätigkeitsverkauf zugunsten der deutschen Zivilbevölkerung.

12 So In Groß-Berlin wird die Bezugskarte für Butter eingeführt. Erwachsene erhalten pro Woche 125 g, Kinder bis 14 Jahre die Hälfte.

13 Mo In Berlin verbieten die Behörden wegen der gespannten Versorgungslage den Bäckereien für eine Woche die Herstellung von Kuchen.

14 Di Der Benzinpreis hat in vielen Teilen Deutschlands die Schwelle von zwei Mark überschritten. Im Inland erzeugtes Benzol wird zur Alternative für Autofahrer.

15 Mi Britische und südafrikanische Truppen beginnen eine Offensive gegen die deutschen Verbände in Deutsch-Ostafrika. → Tirpitz

16 Do Der SPD-Abgeordnete Karl Liebknecht fordert im preußischen Landtag deutsche, britische und französische Soldaten zur Verbrüderung auf.

17 Fr Der deutsche Heeresbericht meldet verstärkte Angriffe französischer Truppen auf die Höhe »Toter Mann« bei Verdun.

18 Sa Ein Erlass des Zaren Nikolaus II. ordnet in Russland die Ausgabe einer neuen Kriegsanleihe in Höhe von zwei Mrd. Rubeln an. Die Verzinsung beträgt 5,5%.

19 So Russische Truppen besetzen im Kampf gegen die osmanische Armee Isfahan in Persien. +++ In Berlin veranstaltet die Spartakusgruppe eine Reichskonferenz.

20 Mo Das Heer Österreich-Ungarns weicht vor den am Brückenkopf Uscieczko am Djnstr seit Wochen angreifenden russischen Truppen zurück.

21 Di Ferdinand Graf von Zeppelin hält im preußischen Abgeordnetenhaus in Berlin einen Vortrag über den Luftschiffkrieg.

22 Mi Der vaterländische Frauenverein verkauft am »Kornblumentag« in mehreren deutschen Städten Blumen zugunsten der Kriegsfürsorge.

23 Do Das Berliner Kammergericht weist die Klage eines Angestellten zurück, der nach seiner Einberufung eine sechswöchige Lohnfortzahlung gefordert hatte.

24 Fr Im Ärmelkanal torpediert ein deutsches U-Boot einen französischen Postdampfer, von dessen 25 US-Passagieren drei ums Leben kommen.

25 Sa Der Titelkampf um die Box-Weltmeisterschaft im Schwergewicht zwischen Jess Willard und Frank Moran in New York endet unentschieden. → Anleihe

26 So Auf dem Programm des Sportfestes im Deutschen Stadion in Berlin stehen u.a. Hochsprung mit Sturmgepäck und Handgranatenweitwurf.

27 Mo Vor Verdun fallen die Festungsbauten bei Thiaumont und südlich von Haudromont in deutsche Hand. +++ In Berlin wird eine Reichsstelle für Vieh gegründet.

28 Di Unter der Leitung von Bruno Walter gelangt in München die einaktige Oper »Violanta« von Erich Wolfgang Korngold und Hans Müller zur Uraufführung.

29 Mi In der irischen Hauptstadt Dublin herrscht nach Gefechten zwischen irischen Unabhängigkeitskämpfern und britischer Polizei der Ausnahmezustand.

30 Do Der deutsche Heeresbericht meldet das Abflauen der russischen Großoffensive am Naroczsee östlich von Wilna.

31 Fr Bei einem Angriff auf London wird das deutsche Luftschiff »L 15« abgeschossen und seine Besatzung gefangengenommen.

15. März 1916

Tirpitz' enttäuschter Abgang

Der Staatssekretär im Reichsmarineamt, Alfred von Tirpitz, Schöpfer und unermüdlicher Propagandist der deutschen Hochseeflotte, erhält von Kaiser Wilhelm II. seinen Abschied. Hintergrund für den Amtsverzicht auf Wunsch des Großadmirals ist die Ablehnung des von Tirpitz geforderten uneingeschränkten U-Boot-Kriegs (Abb.: U-Boot-Werft bei Nacht; Gemälde von Richard Schmidt) durch den Kaiser und den Reichskanzler .
Am 6. März hatte sich der Kaiser von Reichskanzler Theobald von Bethmann Hollweg überzeugen lassen, dass ein uneingeschränkter U-Boot-Krieg, der sich auch gegen unbewaffnete neutrale Schiffe richtet, unweigerlich zum Kriegseintritt der USA führen würde. Die Zusammenkunft endete mit einem Kompromiss: Künftig sollen bewaffnete Handelsschiffe zwar ohne Warnung versenkt, die

Entscheidung über den uneingeschränkten U-Boot-Krieg jedoch um einen Monat aufgeschoben werden. Daraufhin meldet sich Tirpitz am 12. März krank und reicht seinen Abschied ein. Offiziell wird das Aussscheiden des 67-Jährigen mit dessen Gesundheitszustand begründet.

25. März 1916

Anleihe finanziert Krieg

Die 4. deutsche Kriegsanleihe erbringt einen Betrag von 10,71 Mrd. Mark. Zur Feier dieses erneuten »Milliardensieges« erhalten die Kinder einen Tag schulfrei. Insgesamt haben die vier Kriegsanleihen (s. Abb.) 36,5 Mrd. Mark erbracht. Kriegsanleihen sind eine langfristige Form der Finanzierung von Kriegskosten, die durch Steuermittel nicht gedeckt werden. Man erwartet jedoch allgemein, dass die geschlagenen Gegner die Kriegskosten bezahlen werden.

9. März 1916

Kriegserklärung an Portugal

Das Deutsche Reich erklärt Portugal den Krieg. Damit befindet sich Deutschland mit acht Ländern im Kriegszustand. Hintergrund ist die Beschlagnahme von 35 deutschen Frachtdampfern durch die portugiesischen Behörden. Die Schiffe hatten sich nach Ausbruch des Krieges im August 1914 in portugiesische Häfen geflüchtet, da die britischen Seestreitkräfte die Schifffahrtswege kontrollierten und so der Weg in die Heimathäfen abgeschnitten war. Die Reichsregierung bezeichnete das portugiesische Vorgehen als eklatanten Rechtsbruch und Verletzung des Völkerrechts.

24. April 1916

Osteraufstan in Irland

Mit der Besetzung der wichtigsten Gebäude und Plätze in der irischen Hauptstadt Dublin durch Mitglieder der Untergrundarmee Irish Volunteers beginnt am Ostermontag ein Aufstand gegen die britische Herrschaft. Die Kämpfer unter Führung des Arbeiterführers James Connolly sehen jetzt ihre Chance, die britische Fremdherrschaft abzuschütteln, weil Großbritanniens Kräfte an den Fronten des Weltkriegs gebunden sind.
Schnell besetzen die Rebellen strategisch wichtige Punkte der Stadt und proklamieren die Irische Republik. »Iren und Irinnen: Im Namen Gottes und unserer Ahnen, von denen Irland den Auftrag erhalten hat, eine ungeteilte Nation zu sein, ruft Irland – durch uns – seine Kinder unter seine Flagge zusammen, um für die Freiheit zu kämpfen«, heißt es in dem Gründungsaufruf der Republik. Die Aufständischen können sich jedoch nur sechs Tage lang halten, ehe britische Einheiten wieder die Oberhand gewinnen. Der Osteraufstand, der zum Symbol des irischen Widerstands gegen die britische Regierung wird, kostet etwa 450 Menschen das Leben, darunter 260 Zivilisten und 130 britische Soldaten. 160 Rebellen werden verurteilt, darunter 97 zum Tode. Vorbereitungen für den Kampf gegen London wurden bereits seit dem Jahre 1914 von Sir Roger Casement, einem ehemaligen Diplomaten in britischen Diensten, betrieben, der sich Unterstützung von den ausgewanderten Iren in den USA

22. April 1916

»Die Troerinnen« provozieren

Im Berliner Lessing-Theater werden »Die Troerinnen«, eine Tragödie des griechischen Dichters Euripides, in einer freien Bearbeitung von Franz Werfel uraufgeführt. Mitten im Ersten Weltkrieg erntet die Inszenierung wegen ihrer pazifistischen Tendenzen große Aufmerksamkeit und fast einhellige Empörung.
Das Stück schildert das Schicksal der trojanischen Frauen nach der Eroberung der Stadt durch die Griechen. In seiner 1913 entstandenen Bearbeitung rückt Werfel Hekabe, die Königin Trojas, in den Mittelpunkt der Handlung. Ihre Trauer über den Niedergang der Stadt wird zur Warnung vor den Folgen jeder kriegerischen Auseinandersetzung. Für die erkrankte Sibylle Binder spielt Else Bassermann die Rolle der Kassandra. In weiteren Rollen sind Anna Feldhammer, Lina Lossen und Theodor Loos zu sehen. Franz Werfel, Abkömmling einer großbürgerlichen Kaufmannsfamilie, gehört wie Franz Kafka und Max Brod zum illustren Kreis der jüdisch-deutschen Schriftsteller Prags. Während der Bearbeitung des Euripides-Dramas (1913) arbeitete der expressionistische Lyriker als Lektor im Leipziger Kurt-Wolff-Verlag.

Freiwillige der irischen Unabhängigkeitsbewegung

erhoffte. Außerdem wurden Kontakte zu Deutschland geknüpft, um Waffenhilfe gegen den gemeinsamen Gegner zu erhalten. Nach Kriegsausbruch hatte Casement den Plan einer deutschen Landung in Irland entworfen, um gemeinsam mit irischer Hilfe eine weitere Front gegen England zu errichten. Im November 1914 unterbreitete er seinen Plan in Berlin. Zunächst sind die Deutschen gegenüber dem Vorhaben noch aufgeschlossen. Im Jahre 1916 ist das Interesse der Heeresführung jedoch ausschließlich auf die Westfront in Frankreich gerichtet, so dass die Unterstützung ausbleibt.. Casement wusste, dass ein Aufstand ohne deutsche Unterstützung scheitern muss. Er wollte seine Landsleute noch warnen, wurde jedoch am 12. April kurz nach seiner Landung von den Briten inhaftiert. Trotz dieser ungünstigen Ausgangslage rief Connolly zum Kampf auf. Nach dem Scheitern des Aufstands werden er und weitere 15 Führer des Aufstands standrechtlich erschossen.

4. März 1916

Vor Verdun gefallen

Der Schöpfer der »blauen Pferde«, der deutsche Maler und Grafiker Franz Marc, gerät als Leutnant eines bayerischen Artillerie-Regiments auf Erkundungsritt in einen französischen Feuerüberfall. Ein Granatsplitter in der Schläfe beendet das Leben des 36-jährigen Müncheners. Der Avantgardist hatte mit dem Gemälde »Im Turm der blauen Pferde« (1913, s. Abb.) eines der wohl aussagekräftigsten Werke des Expressionismus geschaffen.

Franz Marc

deutscher Maler und Grafiker, * 8.2.1880 München; † 4.3.1916 bei Verdun

Marc wurde nach dem Studium an der Kunstakademie in München auf Auslandsreisen von den französischen Künstlern des Impressionismus und Kubismus beeinflusst. Im Jahre 1910 folgte er der Einladung August Mackes, Alexej von Jawlenskys und Wassily Kandinskys, in die »Neue Künstlervereinigung« einzutreten. Der Expressionist gehörte im Jahre 1911 zu den Mitbegründern der Münchener Künstlervereinigung »Der Blaue Reiter«, deren Programm er in einer gleichnamigen Schrift niederlegte. Seine Bilder zeugen von tiefster Naturverbundenheit. In der verfremdenden Gestaltung von Tieren fand Marc die beste Möglichkeit, seine Vorstellungen expressiv auszudrücken. Wesentlichen Anteil an der Entwicklung freier Formen hatte Marcs Arbeit als Bildhauer. Unter dem Einfluss von Kandinsky schuf er im Jahre 1914 mehrere gegenstandslose Kompositionen.

- 1900: Beginn eines Kunststudiums in München
- 1909: Übersiedlung ins oberbayerische Sindelsdorf
- 1914: Kriegsdienst

April 1916

1 Sa Bulgarien schafft den Julianischen Kalender, der sonst nur noch in Russland gilt, zugunsten des in Westeuropa gültigen Gregorianischen Kalenders ab.

2 So In Paris werden die bisherigen Hornsignale der Feuerwehr zur Warnung vor einem Luftangriff durch Sirenen ersetzt.

3 Mo Die Berliner Straßenbahn-Betriebe geben bekannt, dass bei ihnen über 100 Frauen als Straßenbahnfahrerinnen beschäftigt sind.

4 Di König Ludwig III. ordnet die Neu-Uniformierung des bayerischen Heeres an. Die bisherigen blauen Uniformen werden durch feldgraue ersetzt.

5 Mi Vor dem Reichstag erklärt Reichskanzler Theobald von Bethmann Hollweg, Deutschland müsse so stark werden, dass niemand wage, es anzugreifen.

6 Do In der Berliner Sezession wird eine Schwarz-Weiß-Ausstellung u.a. mit Werken von Max Slevogt, Max Beckmann, Georg Kolbe und Ernst Barlach eröffnet.

7 Fr Generalfeldmarschall Paul von Hindenburg, der deutsche Oberbefehlshaber an der Ostfront, begeht sein 50-jähriges Dienstjubiläum.

8 Sa Der Reichstag entscheidet, Kleinwohnungen für Kriegsbeschädigte, Arbeiter und Angehörige des öffentlichen Dienstes finanziell zu fördern.

9 So Eine Kundgebung der britischen Frauenwahlrechtlerinnen auf dem Londoner Trafalgar Square wird von aufgebrachten Passanten gesprengt.

10 Mo Die Mehrheit der französischen Sozialisten lehnt auf einem Kongress in Paris die Wiederaufnahme von Kontakten zu deutschen Sozialdemokraten ab.

11 Di Das »Börsenblatt für den deutschen Buchhandel« meldet für das Jahr 1915 insgesamt 23 558 literarische Neuerscheinungen.

12 Mi Der Kriegsausschuss für Öle und Fette warnt vor dem Kauf von Ersatzmitteln für Fett und Speiseöl, da diese minderwertige Zusatzstoffe enthielten.

13 Do Die mexikanische Regierung fordert die USA auf, ihre Truppen zurückzuziehen, die in Mexiko den Rebellenführer Pancho Villa verfolgen.

14 Fr Der Deutsche Klub in Wien legt ein Programm für die österreichische Politik vor, das eine Zollgemeinschaft Österreich-Ungarns mit dem Deutschen Reich plant.

15 Sa Der Panamakanal wird sieben Monate nach seiner Verschüttung durch einen Erdrutsch wieder für die Schifffahrt freigegeben.

16 So Auf der Rennbahn in Berlin-Karlshorst wird die Galopp-Rennsaison eröffnet. +++ In München hat das Drama »Alkestis« von Euripides Premiere.

17 Mo Auf der Ostseeinsel Rügen treffen 58 deutsche und 150 österreichische Soldaten ein, die gegen russische Kriegsgefangene ausgetauscht wurden.

18 Di Von der Front bei Verdun meldet der deutsche Heeresbericht örtliche Erfolge bei Haudromont und Thiaumont.

19 Mi Auf der Tagesordnung der Versammlung der Genossenschaft deutscher Bühnenangehöriger stehen u.a. die Erfahrungen mit dem Frontheater für Soldaten.

20 Do Die USA drohen dem Deutschen Reich mit dem Abbruch der diplomatischen Beziehungen, falls es den verschärften U-Boot-Krieg fortsetze.

21 Fr Sir Roger Casement, ein Führer der irischen Unabhängigkeitsbewegung, wird in Irland verhaftet, nachdem ein deutsches U-Boot ihn an der Küste absetzte.

22 Sa In Berlin haben die meisten Schlachterläden geschlossen, überall hängt das Schild »Fleisch ausverkauft« im Schaufenster. → »Die Troerinnen«

23 So Anlässlich des 300. Todestages von William Shakespeare veranstaltet die Deutsche Shakespeare-Gesellschaft in Weimar eine Gedächtnistagung.

24 Mo Der Chef des deutschen Admiralstabs, Großadmiral Henning von Holtzendorff, befiehlt eine humanere Führung des U-Boot-Krieges. → Osteraufstand

25 Di Der Jahreskongress der Independent Labour-Party in Newcastle (England) fordert ein Ende des Krieges und die Aufnahme von Friedensverhandlungen.

26 Mi Der 2. Kriegschirurgentag in Berlin meldet, dass rd. 90% der in deutschen Lazaretten und Krankenhäusern Behandelten danach wieder dienstfähig waren.

27 Do Das Berliner Polizeipräsidium teilt mit, in Berlin würden täglich 50 Personen wegen Verstoßes gegen die Höchstpreisverordnungen festgenommen.

28 Fr Die britische Admiralität gibt bekannt, dass im Mittelmeer das britische Schlachtschiff »Russel« auf eine Mine gelaufen und gesunken sei.

29 Sa 13 000 Mann geraten in Gefangenschaft, als das britische Expeditionskorps in Kut-el-Amara im heutigen Irak vor den osmanischen Truppen kapituliert.

30 So In Kienthal in der Schweiz endet die von Wladimir I. Lenin initiierte Konferenz oppositioneller europäischer Sozialdemokraten über deren Kampf um die Macht.

Mai 1916

1 Mo Bei einer Antikriegsdemonstration auf dem Potsdamer Platz in Berlin wird der SPD-Reichstagsabgeordnete Karl Liebknecht verhaftet.

2 Di Der preußische Kultusminister August von Trott zu Solz weist die Volksbibliotheken an, mehr Literatur anzubieten, die das Verständnis für den Krieg fördere.

3 Mi Mit Genehmigung der deutschen Besatzungsmacht feiert Polen mit einer Kundgebung in Warschau die Verabschiedung seiner Verfassung vor 125 Jahren.

4 Do Die Stadtverwaltung in Berlin-Neukölln beschließt die Anschaffung von Gulaschkanonen für die Verpflegung der Bevölkerung.

5 Fr Im Luftkrieg an der Westfront meldet der deutsche Heeresbericht für April den Abschuss von 45 gegnerischen Maschinen bei 22 eigenen Verlusten.

6 Sa Bei einem Luftangriff auf die britischen und französischen Stellungen nahe Saloniki wird ein deutsches Luftschiff abgeschossen.

7 So Wegen des irischen Osteraufstandes tritt der britische Staatssekretär für Irlandfragen, Augustin Birrell, zurück. Sein Nachfolger wird Lewis Harcourt.

8 Mo Laut deutschem Heeresbericht haben die Franzosen bisher 51 neue Divisionen an die Front bei Verdun beordert.

9 Di Angesichts der verringerten Importe ruft der Kriegsausschuss für Kaffee und Tee dazu auf, als Ersatz eine »Morgensuppe« aus Mehl einzunehmen.

10 Mi Die Krise im Verhältnis zwischen Deutschland und den USA wegen der Torpedierung der »Sussex« wird durch eine diplomatische Note vorerst entschärft.

11 Do Im Deutschen Reich beginnt die Herstellung von jeweils fünf Mio. eisernen Fünf- und Zehnpfennig-Münzen, welche die bisherigen Kupfermünzen ablösen.

12 Fr Das preußische Landwirtschaftsministerium ruft zum Abschuss von Saatkrähen auf, um diese für die Volksernährung nutzbar zu machen.

13 Sa In Hamburg wird die Gründung einer sozialen Frauenschule unter der Leitung der Frauenrechtlerin Gertrud Bäumer beschlossen.

14 So Die deutsche Marineleitung gibt bekannt, dass im April 96 feindliche Handelsschiffe mit rd. 225 000 Bruttoregistertonnen versenkt wurden.

15 Mo In der Dominikanischen Republik landen US-Truppen. +++ Österreichische Einheiten beginnen in Südtirol eine Offensive gegen Italien.

16 Di Der Bundesrat der Schweiz beschließt die Bildung eines Ausschusses zur Aufnahme erholungsbedürftiger Krankenschwestern. → Naher Osten

17 Mi Nach der Annahme des Wehrpflichtgesetzes im Unterhaus werden in Großbritannien nun auch Verheiratete bis zum Alter von 41 Jahren eingezogen.

18 Do Das preußische Statistische Landesamt veröffentlicht Zahlen über die unterschiedlichen Fleischpreise in verschiedenen Städten des Landes.

19 Fr Deutsche Marineflugzeuge greifen die englische Südküste an und bombardieren die Hafenanlagen von Dover, Ramsgate und Margate.

20 Sa Eine Kriegsausstellung in Hamburg zeigt u.a. Beutestücke von allen Fronten, wie Flugzeuge, Geschütze, Munition und Uniformen.

21 So In Leipzig lehnt die Hauptversammlung des Börsenvereins des deutschen Buchhandels den Antrag auf einen Kriegszuschlag von 10% auf Bücher ab.

22 Mo Der deutsche Bundesrat ermächtigt die Reichsregierung zu umfassenden Maßnahmen, um die Lebensmittelversorgung sicherzustellen.

23 Di Nach Auskunft des britischen Premierministers Herbert Henry Asquith haben die täglichen Kriegskosten für sein Land eine Höhe von 4,8 Mio. Pfund erreicht.

24 Mi Deutsche Kaffeehausbesitzer beklagen auf ihrem Verbandstag in Berlin Einbußen durch die mangelnde Versorgung und die frühe Polizeistunde.

25 Do Auch nach der Zensurdebatte im Deutschen Reichstag bleibt der 1914 ausgerufene Belagerungszustand – Grundlage der Kriegszensur – aufrechterhalten.

26 Fr Nach einer neuen Verordnung für die Zubereitung von Backwaren muss Roggenbrot mindestens 10% Kartoffelstärke enthalten.

27 Sa US-Präsident Woodrow Wilson erläutert in Washington seine Vorstellungen von einer Weltfriedensordnung und regt einen »Bund der Nationen« an.

28 So Die evangelischen Kirchen Deutschlands halten Bittgottesdienste für eine gute Ernte ab. +++ Traugott von Jagow wird Regierungspräsident von Breslau.

29 Mo Zur besseren Versorgung der Frontsoldaten mit Lesestoff beginnt im Deutschen Reich unter Beteiligung des Buchhandels eine »Reichs-Bücherwoche«.

30 Di Das preußische Abgeordnetenhaus billigt die von der Reichsregierung angeregten Zuschläge zur Einkommensteuer für das Jahr 1916.

31 Mi Das stellvertretende Generalkommando des IX. Armeekorps in Altona bei Hamburg erlässt ein Verbot von Schundliteratur. → Skagerrak

31. Mai 1916

Gefecht im Skagerrak

Im Seegebiet vor dem Skagerrak in der Nordsee beginnt die erste Seeschlacht zwischen der britischen Grand Fleet und der deutschen Hochseeflotte.

Die deutschen Schiffe verlassen um 2 Uhr ihren Stützpunkt Wilhelmshaven. Ihr Ziel ist es, das im schottischen Firth of Forth stationierte britische Kreuzergeschwader, das auf Patrouillenfahrt in der Nordsee vermutet wird, zum Kampf zu stellen. Dabei soll die Vorhut – der 2. Kreuzerverband unter Führung von Vizeadmiral Franz von Hipper – die Briten vor der norwegischen Küste zum Kampf zwingen und so lange aufhalten, bis Vizeadmiral Reinhard Scheer mit dem Gros der Hochseeflotte zur Stelle ist. Der britischen Admiralität ist jedoch durch ihre Luftaufklärung bekanntgeworden, dass in Wilhelmshaven Vorbereitungen zum Auslaufen der Flotte getroffen wurden. Unbemerkt von den vor der Flottenbasis Scapa Flow patrouillierenden deutschen U-Booten läuft die Grand Fleet unter dem Befehl von Admiral John Rushworth Jellicoe aus, um sich in der Höhe Dänemarks mit dem britischen Kreuzergeschwader von Admiral David Beatty zu treffen. Die wahre Stärke ihrer Gegner bleibt jedoch Briten und Deutschen verborgen. Auf britischer Seite stehen 150, auf deutscher Seite 112 Schiffe zum Kampf bereit. Die Seeschlacht vor dem Skagerrak – der Meeresarm erstreckt sich auf einer Länge von 225 km von der Nordsee bis zur skandinavischen Halbinsel und Jütland – beginnt durch einen Zufall. Gegen 15 Uhr sichtet das Flügelschiff der Vorhut des britischen Kreuzergeschwaders, die »Galatea«, den dänischen Dampfer »Ufjord«. Um dessen Neutralität zu klären, nähert sich die »Galatea«, stößt jedoch gleichzeitig auf den Kreuzer »Elbing«, das linke Flügelschiff des deutschen Flottenverbandes. Zwischen beiden Kreuzern und den sie begleitenden Torpedobooten beginnt ein Feuergefecht. Um 17.38 Uhr sichtet Admiral Beatty die von Süden nahenden Schlachtschiffe und dreht nach Norden ab, dem Gros der britischen Flotte entgegen. 37 britischen stehen nun 21 deutsche Großkampfschiffe gegenüber. Die Briten versuchen sofort, die Deutschen einzukreisen. Scheer befiehlt eine Gefechtskehrtwendung nach Steuerbord und weist zugleich seine Torpedoboote und Schlachtkreuzer an, zum Angriff überzugehen. Am nächsten Morgen endet die Schlacht mit einem Patt – die Deutschen haben mehr Schiffe (117 000 BRT) versenken können als die Briten (60 730 BRT). 6094 britische und 2563 deutsche Seeleute finden den Tod.

Britisches Schlachtschiff beim Abfeuern einer Breitseite

16. Mai 1916

Paris und London teilen Nahen Osten unter sich auf

In einem Geheimabkommen regeln Frankreich und Großbritannien ihre Interessen im Nahen Osten. Der Vertrag – nach den beiden Unterhändlern Sykes-Picot-Abkommen genannt – sieht faktisch eine Aufteilung der bislang vom Osmanischen Reich beanspruchten Region vor.

Nach der Vereinbarung wird der Nahe Osten in ein britisches (Mesopotamien) und ein französisches (Syrien) Interessengebiet aufgeteilt. Für das von Frankreich beanspruchte Palästina wird eine Sonderregelung abgesprochen. Das Gebiet soll unter internationale Verwaltung gestellt werden. Die genauen Modalitäten sollen aber noch mit Russland und den übrigen Entente-Mächten verhandelt werden. Der Hafen von Haifa wird London zugesprochen, gleichzeitig erhalten die Briten das Recht zum Bau einer Bahnlinie zwischen Haifa und Bagdad. Das Sykes-Picot-Abkommen bedeutet für Großbritannien einen Machtverlust im Nahen Osten. Angesichts militärischer Misserfolge war London aber zu Zugeständnissen gezwungen.

5. Juni 1916

Aufstand in Arabien

Unter dem maßgeblichen Einfluss des britischen Agenten Thomas Edward Lawrence (Lawrence von Arabien, Abb. l. vor seinem Zelt) beginnt der Aufstand der Araber gegen das Osmanische Reich. Husain Ibn Ali, der Scherif von Mekka, stellt sich offen auf die Seite Großbritanniens, sein Sohn Feisal proklamiert die Unabhängigkeit. Seit geraumer Zeit hatten die Briten versucht, Husain zu einer offenen Kriegserklärung an das Osmanische Reich zu bewegen. Vergeblich hatte sich die türkische Regierung bemüht, Husain zur Ausrufung des »Heiligen Kriegs« aller Mohammedaner gegen London zu überreden. Husain erhofft sich die Schaffung eines unabhängigen Araberstaats – nicht wissend, dass sich Großbritannien und Frankreich bereits auf eine Aufteilung des Nahen Ostens geeinigt haben.

Thomas Edward Lawrence

britischer Archäologe, Geheimagent und Schriftsteller,
* 15.8.1888 Tremadoc (Wales); † 19.5.1935 Moreton (Dorset)

Als Lawrence von Arabien geht der geheimnisumwitterte Abenteurer in die Geschichte ein. Der Organisator des arabischen Aufstands gegen das Osmanische Reich, der 22 arabische Dialekte beherrscht, arbeitete nach Ausbruch des Weltkriegs für den britischen Geheimdienst in Kairo. Er gewann die Freundschaft einflussreicher Haschemiten-Familien, aus der die späteren Könige von Jordanien (Abdullah) und Irak (Faisal) hervorgingen. Mit ihrer Hilfe organisiert er im Auftrag der britischen Regierung den Partisanenkrieg gegen die Türken, der von den Briten unterstützt wird. In seinem Bericht »Die sieben Säulen der Weisheit« (1926, dt. 1936) beschreibt Lawrence seine Agententätigkeit und den Feldzug. Er stirbt unter ungeklärten Umständen an den Folgen eines Motorradunfalls.

- 1909: Erste Orientreise
- 1910-14: Orient-Expedition als Sekretär eines Professors, Erarbeitung präziser Karten des Gebiets
- 1917: Einnahme der Stadt Akaba
- 1918: Einnahme von Damaskus, Rückkehr nach England
- ab 1923: Dienst in der Royal Air Force

4. Juni 1916

Brussilow-Offensive erfolgreich

Unter Führung von General Alexej A. Brussilow beginnt an der Ostfront in Wolhynien und der Bukowina eine russische Offensive.
Bereits in den ersten Tagen erzielen die Truppen tiefe Einbrüche in die österreichisch-ungarische

Front (Abb.: Eine Einheit der russischen Kavallerie reitet eine Attacke). Die Brussilow-Offensive ist Teil eines gemeinsamen Plans der Entente-Mächte. Die britisch-französische Generaloffensive an der Somme soll im Osten durch einen russischen Großangriff unterstützt werden. Zugleich wird eine Entlastung der Italiener angestrebt, die seit dem 15. Mai in Südtirol in schweren Abwehrkämpfen gegen österreichische Einheiten stehen. Der Anfangserfolg der Brussilow-Offensive ist überraschend, denn an der rumänischen Grenze und dem Styr stehen lediglich 38 russische Divisionen den dort liegenden 35 österreichisch-ungarischen und zwei deutschen gegenüber. Die Truppen der Mittelmächte sind jedoch nicht in der Lage, den Ansturm aufzuhalten. Lediglich am Mittelabschnitt bei Tarnapol halten sie unter dem Kommando des bayerischen Generalobersten Felix Graf von Bothmer und des österreichisch-ungarischen Feldzeugmeisters Eduard Freiherr von Böhm-Ermolli ihre Stellungen. Die Mittelmächte müssen Einheiten von der Westfront abziehen, die österreichische Offensive in Südtirol wird abgebrochen.

14. Juni 1916

Arbeitsämter in Deutschland

Im Deutschen Reich tritt eine Verordnung in Kraft, mit der die Gemeinden verpflichtet werden können, öffentliche und unparteiische sog. Arbeitsnachweise einzurichten.
Bislang gibt es keine öffentliche Arbeitsvermittlung. Der Arbeitsnachweis liegt in der Hand privater Stellen. Darüber hinaus haben verschiedene Wirtschaftsvereinigungen eigene Vermittlungsstellen eingerichtet. Die Gründung von öffentlichen Arbeitsnachweisen entspricht einer Forderung der Gewerkschaften.

22. Juni 1916

Bomben auf Karlsruhe

Beim bislang schwersten Luftangriff auf eine deutsche Stadt kommen in Karlsruhe nach offiziellen Angaben 117 Menschen ums Leben, unter ihnen 82 Kinder. 140 Menschen werden zum Teil schwer verletzt.
Die meisten Bomben werden über dem Festplatz im Zentrum der badischen Stadt abgeworfen.

Dort befindet sich eine große Menschenmenge, um Hagenbecks Tierschau zu besichtigen. Der deutsche Heeresbericht schweigt sich zunächst über die Schwere des Angriffs aus, erst am 7. Juli wird das ganze Ausmaß bekannt gegeben (Abb.: Auch das großherzogliche Schloss ist Ziel der alliierten Bomberpiloten).

Juni 1916

1 Do »Der Zug nach dem Balkan«, die neue Revue von Paul Lincke, wird im Berliner Palast-Theater am Zoo uraufgeführt.

2 Fr Der Suezkanal wird wegen einer drohenden Offensive türkischer Truppen für einen unbestimmten Zeitraum gesperrt.

3 Sa Die deutschen Zeitungen dürfen wegen der Papierknappheit keine Extrablätter mehr herausgeben, die die Heeresleitung nicht ausdrücklich wünscht.

4 So Auf einer Tagung der 1898 gegründeten Künstlervereinigung Berliner Sezession wird Lovis Corinth als erster Vorsitzender bestätigt. → Brussilow-Offensive

5 Mo Der britische Kriegsminister Horatio Herbert Kitchener kommt beim Untergang des britischen Panzerkreuzers »Hampshire« um. → Thomas Edward Lawrence

6 Di Der Tod des Generals Yüan Shih-k'ai, der im Dezember 1915 zum Kaiser von China proklamiert worden war, verschärft den chinesischen Bürgerkrieg.

7 Mi Auf einer Kundgebung der Deutschen Kolonialgesellschaft in Berlin betonen auch Reichstagsabgeordnete der SPD die Notwendigkeit deutscher Kolonien.

8 Do Ein österreichisches U-Boot versenkt im Mittelmeer den italienischen Hilfskreuzer und Truppentransporter »Principe Umberto«.

9 Fr In Berlin hat der Film »Schuhpalast Pinkus« Premiere. Regisseur Ernst Lubitsch spielt neben Else Kentner und Ossi Oswalda eine der Hauptrollen.

10 Sa Der Deutsche Fußball-Bund beschließt in Hannover die Wiederaufnahme der Spiele um den Kronprinzen-Pokal für regionale Auswahlmannschaften.

11 So Italiens Ministerpräsident Antonio Salandra erklärt nach einem verlorenen Vertrauensvotum seinen Rücktritt. Sein Nachfolger wird Paolo Boselli.

12 Mo Kaiser Wilhelm II. unterzeichnet das Gesetz zur Rentenreform, das die Grenze zum Bezug von Altersrente von 70 auf 65 Jahre herabsetzt.

13 Di Nachdem die deutschen Truppen die russische Offensive bei Baranowitschi gestoppt haben, stabilisiert sich die militärische Lage an der Ostfront.

14 Mi Die Leipziger Evangelische Heidenmission teilt in ihrem Bericht für 1915 mit, dass sie keine Missionare mehr in die Kolonien sende. → Arbeitsämter

15 Do Der russische Heeresbericht beziffert die Zahl der seit Beginn der Brussilow-Offensive am 4. Juni gefangengenommenen deutschen Soldaten auf 150 000.

16 Fr US-Präsident Woodrow Wilson will unter dem Slogan »Er hat uns aus dem Krieg herausgehalten« erneut für das Präsidentenamt kandidieren.

17 Sa Großbritannien, Frankreich, Italien und Russland vereinbaren in Paris Maßnahmen zur Sicherung ihres Handels nach dem Ende des Krieges.

18 So 2000 Schauspieler und Sänger lassen eine Aufführung von Richard Wagners »Meistersingern« im Deutschen Stadion in Berlin zum Ereignis werden.

19 Mo Der preußische Kultusminister August von Trott zu Solz weist darauf hin, dass für die Revision von Geschichtsbüchern sein Ministerium zuständig sei.

20 Di In einer Note an die mexikanische Regierung weist US-Außenminister Robert Lansing deren Forderung nach einem Abzug der US-Truppen zurück.

21 Mi Die Kriegsfahrten-Gesellschaft in Stuttgart veranstaltet für 260 Mark zehntägige Reisen zu den Hauptkampfstätten in Masuren und bei Tannenberg.

22 Do In Bremen läuft das Handels-U-Boot »Deutschland« mit einer Ladung von Chemikalien zu seiner ersten Fahrt in die USA aus. → Karlsruhe

23 Fr Zur Verbesserung der Versorgung von Industriearbeitern ordnet das preußische Innenministerium tägliche Mittagessen in den Fabriken an.

24 Sa An der Somme-Front beginnt ein siebentägiges Trommelfeuer der britischen und französischen Armee auf die deutschen Stellungen.

25 So Auf der Jahreshauptversammlung der Berliner SPD werden linke Sozialdemokraten, unter ihnen Rosa Luxemburg, in den Parteivorstand gewählt.

26 Mo In München wird ein Zweigwerk des Essener Krupp-Konzerns gegründet. +++ An der Front in Tirol ziehen sich die österreichisch-ungarischen Truppen zurück.

27 Di Am Vorabend des Prozesses gegen den Sozialisten Karl Liebknecht demonstrieren mehrere hundert Menschen auf dem Potsdamer Platz in Berlin.

28 Mi Die Gefahr eines Krieges zwischen Mexiko und den USA ist vorerst gebannt, nachdem die mexikanischen Behörden inhaftierte US-Bürger freigelassen haben.

29 Do Der US-Kongress billigt einen Gesetzentwurf, der die geordnete Übernahme von Milizangehörigen in die reguläre Armee regelt.

30 Fr Russische Truppen beginnen in Persien eine neue Offensive gegen die osmanische Armee. +++ Im Berliner Zoo findet eine vaterländische Feier statt.

Juli 1916

1 Sa Im Deutschen Reich tritt eine Tabaksteuererhöhung in Kraft. Zigarren und Zigaretten verteuern sich um bis zu 100%. → Großoffensive

2 So Von der Westfront wird der Abschuss von 15 feindlichen Maschinen gemeldet. +++ An der Somme bleibt der von den Alliierten erhoffte Durchbruch aus.

3 Mo Russland und Japan vereinbaren in einem Geheimabkommen ihr gemeinsames Vorgehen in China und die Wahrung der beiderseitigen Interessen.

4 Di Der Chef der deutschen Hochseeflotte, Vizeadmiral Reinhard Scheer, befürwortet die Wiederaufnahme des verschärften U-Boot-Krieges.

5 Mi Auf dem Schiff »Ran« verlässt eine schwedische Expedition den Stockholmer Hafen, um ein bei Spitzbergen vermutetes Kohlerevier zu lokalisieren.

6 Do Auf seiner 8. Kriegstagung in München betont der Christliche Bauernverein Bayerns, seinen Teil zur Volksernährung beigetragen zu haben.

7 Fr Als Nachfolger des am 5. Juni mit der »Hampshire« untergegangenen Lord Horatio Herbert Kitchener wird David Lloyd George britischer Kriegsminister.

8 Sa In München erhält der Kunstmaler Wilhelm Lehmann für die Fälschung von über 200 Bildern deutscher Maler des 19. Jahrhunderts vier Jahre Haft.

9 So In dem mit 100 000 Mark dotierten Galopprennen um den »Großen Preis von Berlin« siegt das Pferd »Anschluss« aus dem Gestüt Graditz.

10 Mo Die erste Großküche für Bedürftige wird in Berlin eröffnet. Sie bietet bis zu 30 000 Menschen täglich eine warme Mahlzeit. → Seeblockade

11 Di Die Universität Cambridge verweist den britischen Mathematiker Sir Bertrand Russell wegen pazifistischer Ansichten von seinem Lehrstuhl.

12 Mi Im Deutschen Reich treten Einschränkungen des Fahrradverkehrs in Kraft. Für den Kauf von Zubehör ist eine polizeiliche Genehmigung erforderlich.

13 Do Deutsche Gastwirtschaften dürfen nach einer Verordnung des Bundesrates rohe und gekochte Eier nur noch wahlweise mittags oder abends servieren.

14 Fr Am französischen Nationalfeiertag nennt Staatspräsident Raymond Poincaré die Rückgabe Elsass-Lothringens eine Voraussetzung für Friedensgespräche.

15 Sa Trotz erbitterter deutscher Gegenwehr erzielen britische Truppen an der Somme-Front Geländegewinne bei Pozières und Longueval.

16 So Die militärische Jugendvorbereitung Groß-Berlins eröffnet auf dem Sportplatz Niederschönhausen die erste militärische Hindernisbahn für Jugendliche.

17 Mo Bei einem Bombenangriff französischer Flugzeuge auf die Stadt Kandern im Schwarzwald kommen mehrere Einwohner ums Leben.

18 Di Ein Kongress der britischen Gewerkschaften in London beschließt, auch an Feiertagen zu arbeiten, um den Nachschub für die Front sicherzustellen.

19 Mi Ein russisches U-Boot schießt auf den deutschen Dampfer »Elbe« in schwedischen Hoheitsgewässern einen Torpedo ab, der sein Ziel jedoch verfehlt.

20 Do Auf einer Tagung des SPD-Parteiausschusses in Berlin werden durchgreifende Maßnahmen zur Sicherstellung der Volksernährung gefordert.

21 Fr Die Prohibition Party, eine Partei, die ein Alkoholverbot für die gesamte USA befürwortet, hält in St. Paul (US-Bundesstaat Minnesota) ihren Wahlkonvent ab.

22 Sa Die schwedische Regierung protestiert in Petrograd (früher St. Petersburg) gegen die Verletzung ihrer Hoheitsrechte durch russische Kriegsschiffe.

23 So Der Zusammenstoß eines Ausflugsdampfers mit einem Fährboot auf der Spree bei Grünau fordert 21 Menschenleben.

24 Mo Das Handels-U-Boot »Deutschland« läuft in den US-Hafen Long Island ein. +++ In Deutschland wird alles Brotgetreide beschlagnahmt.

25 Di Der deutsche Heeresbericht meldet erneute britisch-französische Angriffe an der Somme-Front, die jedoch zurückgeschlagen werden konnten.

26 Mi In einem gemeinsamen Aufruf wenden sich die Vorstände von SPD und den freien Gewerkschaften gegen Arbeitsniederlegungen.

27 Do Der britische Kapitän Charles Fryatt wird wegen des versuchten Angriffs auf ein deutsches U-Boot von einem deutschen Kriegsgericht zum Tode verurteilt.

28 Fr Das Berliner Reichstagsgebäude erhält die Inschrift »Dem Deutschen Volke«. +++ Deutsche Luftschiffe bombardieren die britische Ostküste.

29 Sa Die Freiberger Bergakademie in Sachsen, die älteste Hochschule ihrer Art in der Welt, feiert ihr 150-jähriges Bestehen.

30 So Das preußische Kriegsministerium ordnet eine verschärfte Zensur der Feldpostbriefe an, um Hinweise auf militärische Unternehmungen zu verhindern.

31 Mo Eine Verordnung von Kaiser Wilhelm II. ermächtigt den Reichskanzler zur Enteignung britischer Unternehmen in Deutschland.

29. August 1916

Falkenhayn muss gehen

Generalfeldmarschall Paul von Hindenburg wird als Nachfolger von General Erich von Falkenhayn Chef des Generalstabs. Das neugeschaffene Amt des Generalquartiermeisters übernimmt General Erich Ludendorff.

Der Misserfolg bei Verdun und der von Falkenhayn nicht vorhergesehene Kriegseintritt Rumäniens am 27. August führen zu dessen Ausscheiden. Er wird als Chef der 9. Armee an die rumänische Front geschickt. Von der neuen Führung erhofft sich Kaiser Wilhelm II. die Kriegswende (Abb.: Hindenburg, M., rechts daneben Generaloberst

Eduard Freiherr von Böhm-Ermolli und Ludendorff). Mit dem Wechsel in der Militärführung amtiert bereits die dritte Oberste Heeresleitung (OHL) seit dem Beginn des Weltkriegs. Zwar liegt nominell die Gesamtverantwortung für die Kriegsführung beim Kaiser, praktisch entscheidet jedoch der jeweilige Generalstabschef.

27. August 1916

Rumänien nun Kriegsgegner

Die rumänische Regierung erklärt Österreich-Ungarn den Krieg. Insgesamt sind jetzt 14 Staaten am Weltkrieg beteiligt. Davon sind drei – Österreich-Ungarn, Bulgarien und das Osmanische Reich – mit Deutschland verbündet.

Rumänien hatte sich bislang nach außen hin neutral verhalten. Insgeheim verhandelte die Regierung seit längerem mit Russland, Großbritannien und Frankreich, um den Preis für einen Kriegseintritt zu erkunden. Die Entente-Mächte versprachen – zu Lasten von Österreich-Ungarn – den Besitz von Siebenbürgen, der Bukowina und des Banat. Rumänien kann gegen die Mittelmächte rd. 600 000 Mann mobilisieren. Ein erster Angriff beginnt mit einem Vorstoß nach Siebenbürgen.

28. August 1916

Schlechte Ernte in Deutschland

Das Präsidium der Reichsgetreidestelle gibt das vorläufige Ergebnis der Ernteschätzung für Brotgetreide bekannt. Die Behörde spricht von einer »mittleren Ernte«, die nur unwesentlich über die Missernte des Vorjahres hinausgehe. Zur Ernte werden alle zur Verfügung stehenden Arbeitskräfte eingesetzt. Neben Frauen und Kindern, die dienstverpflichtet werden, müssen auch Kriegsgefangene und Bausoldaten mithelfen (Abb.: Soldaten im Ernteeinsatz). Vor allem die Kartoffelernte ist dürftig.

1. Juli 1916

Großoffensive an der Somme

An der Somme in Nordfrankreich beginnt die von den Deutschen bereits erwartete britisch-französische Großoffensive. Trotz des vorangegangenen einwöchigen Trommelfeuers auf die deutschen Linien gelingt den Angreifern nicht der erhoffte Durchbruch. Vor allem die Briten erleiden hohe Verluste.

Ebenso wie die Brussilow-Offensive an der Ostfront ist der Großangriff an der Somme Teil des Operationsplans der Entente-Mächte für 1916. Allerdings ist die Zahl der Soldaten, die dafür zur Verfügung stehen, aufgrund der starken Verluste der Franzosen bei Verdun zusammengeschmolzen. Statt – wie geplant – 39 französischer und 25 britischer Divisionen können insgesamt nur 31 Divisionen eingesetzt werden. Diese erhebliche Schwächung soll nach den Vorstellungen der britischen und französischen Befehlshaber – General Sir Douglas Haig und General Georges Foch – durch die Überlegenheit der Artillerie ausgeglichen werden. Mit ihrer Offensive verfolgen die Entente-Mächte zwei Ziele: Operative Absicht ist die Eroberung des Eisenbahnknotenpunkts Cambrai-Maubauge, wichtige Etappen auf dem Weg dorthin sind die Orte Bapaume und Péronne. Bedeutsamer noch ist jedoch die angestrebte Zermürbung des deutschen Heeres durch eine lang anhaltende Materialschlacht. Der Krieg an der Westfront ist zum Rechenexempel geworden. Entscheidend ist weniger der Stratege, der seine Truppen aufgrund eines kalkulierten Operati-

10. Juli 1916

Seeblockade durchbrochen

Das Handels-U-Boot »Deutschland« trifft von Bremen kommend mit einer Ladung Chemikalien und Farbstoffen an Bord im US-Hafen Baltimore ein. Die deutsche Öffentlichkeit feiert die Ankunft des Schiffes als ersten Schritt auf dem Weg, die britische Seeblockade zu durchbrechen.

Die »Deutschland«, ein U-Boot mit einer Wasserverdrängung von rd. 2000 t und einer Nutzlast von bis zu 750 t, gehört zur Deutschen Ozean-Reederei in Bremen. Bei Überwasserfahrt erreicht das Schiff eine Geschwindigkeit von 14 Seemeilen (25 km/h). Die Reederei will im Austausch gegen hochwertige Farbstoffe und Chemikalien knappe Rohstoffe wie Nickel und Kupfer erwerben. In den USA erregt die Ankunft der »Deutschland« großes Aufsehen, zumal Kapitän Paul König im Gespräch mit US-Pressevertretern ankündigt, bald werde eine ganze Flotte von Unterwasserschiffen einen regelmäßigen Handelsverkehr zwischen Deutschland und den USA aufnehmen. Großbritannien versucht vergeblich auf die US-Regierung einzuwirken, das Unterseeboot als Kriegsschiff in den USA festhalten zu lassen.

Unterstände und Schützengräben an der Westfront in Frankreich

onsplans mit möglichst wenig Verlusten zum Ziel führt, sondern vielmehr die Menge der Soldaten und des Materials. Ähnlich wie der deutsche Generalstabschef Erich von Falkenhayn bei der Vorbereitung der Verdun-Offensive gehen auch Haig und Foch davon aus, dass der Krieg nicht mehr durch gewagte Offensiven gewonnen werden kann. Ihr Ziel ist es vielmehr, den Gegner durch massiven Artillerieeinsatz zu binden und damit die feindliche Front aufzubrechen. Als der britisch-französische Infanterieangriff am Morgen beginnt, haben sich die deutschen Soldaten in die Dörfer und Gehöfte des Kampfgebiets zurückgezogen. Hier beginnt ein erbitterter Nahkampf mit Handgranaten, Spaten und Messern. Der erste Ansturm britischer Truppen beiderseits des Ancre-Baches nördlich der Somme bricht im deutschen Abwehrfeuer zusammen. Mit 57400 Gefallenen haben die Briten den bislang höchsten Tagesverlust des Weltkriegs zu beklagen. Der erste Ansturm der Entente-Mächte kommt am 5. Juli auf der Linie Contalmaison-Hardecourt-Estrées zum Stehen. Nach einer zweiten Offensive, die einen weiteren Geländegewinn bringt, bleiben die Angriffe stecken.

30. August 1916

Glückliche Rettung aus dem Eis

Der chilenische Fischkutter »Yelcho« rettet die noch auf der Elefanten-Insel am Rande der Antarktis verbliebenen Mitglieder der Südpolarexpedition des Briten Sir Ernest Henry Shackleton.

Im Jahre 1914 war Shackleton mit seinem Schiff »Endurance« von Großbritannien aufgebrochen, um durch das Weddell-Meer südlich von Feuerland ins Ross-Meer vor Neuseeland zu gelangen. Nachdem die Abenteurer im Eismeer eingeschlossen worden waren und inmitten einer Eisscholle Richtung Nordwesten abtrieben, mussten sie ihr Schiff aufgeben. Als die Scholle schmolz, retteten sich die Männer auf die Elefanten-Insel (s. Abb.). Am 24. April verließen Shackleton und fünf seiner Männer das Eiland per Boot, um Hilfe zu holen.

4. August 1916

Dänemark verkauft Inseln

US-Außenminister Robert Lansing und der dänische Botschafter in den USA, Constantin Brun, unterzeichnen den Vertrag über die Abtretung von Dänisch-Westindien an die USA.

Für umgerechnet 130 Mio. Mark erwerben die USA die als Jungferninseln bezeichneten Inseln St. Croix, St. Thomas und St. John. 38000 Menschen wohnen hier auf einer Fläche von rd. 359 km². Die Inselgruppe ist seit dem Jahre 1671 in dänischem Besitz. Sie erhielt im Jahre 1775 den Status einer Kolonie. Mit Sklaven aus Afrika legten die Dänen Zuckerrohrplantagen an. Später ließen sich auch britische Siedler nieder und bewirtschafteten Zuckerrohr- und Baumwollpflanzungen. Die USA haben schon mehrfach – zuerst im Jahre 1876 – Versuche unternommen, die Inseln zu kaufen. Für die Vereinigten Staaten sind die Jungferninseln vor allem als Flottenbasis von strategischer Bedeutung. Seit Ausbruch des Weltkriegs wurden die Kaufverhandlungen mit besonderem Nachdruck betrieben, da man in Washington befürchtete, das Deutsche Reich könne die Inseln als Marinestützpunkte übernehmen.

August 1916

1 Di Im Deutschen Reich wird eine Reichsseifenkarte eingeführt, die zum Bezug von jeweils 50 g Feinseife und 250 g Waschpulver pro Monat berechtigt.

2 Mi Generalfeldmarschall Paul von Hindenburg, deutscher Oberkommandierender Ost, kommandiert an der nördlichen Ostfront nunmehr auch k.u.k.-Truppen.

3 Do Osmanische Truppen beginnen einen Großangriff auf die britischen Stellungen bei Port Said am Suezkanal, ohne jedoch einen Durchbruch zu erringen.

4 Fr Auf einer Großkundgebung in der britischen Hauptstadt London bekräftigt Premierminister Herbert Asquith Englands Siegeswillen. → Dänemark

5 Sa Kaiser Wilhelm II. verleiht dem Oberbefehlshaber der Ostseestreitkräfte, Prinz Heinrich von Preußen, den Orden »Pour le mérite«.

6 So In den evangelischen Kirchen des Deutschen Reiches finden Gottesdienste zum Gedenken an den Ausbruch des Krieges 1914 statt.

7 Mo Der deutsche Heeresbericht meldet von der Somme-Front erfolgreiche Gegenangriffe der deutschen Truppen bei Poziéres.

8 Di Russische Truppen unter dem Befehl von Alexej A. Brussilow beginnen einen erneuten Großangriff in Wolhynien und Galizien.

9 Mi Italienische Truppen erobern die seit Monaten umkämpfte Stadt Görz am Isonzo und zwingen die österreichisch-ungarische Armee zum Rückzug.

10 Do Ein russischer Durchbruchsversuch an der deutschen Front bei Kowel wird abgewehrt, im südlichen Frontabschnitt gewinnen die Russen jedoch Terrain.

11 Fr In Berlin hat der Film »Prinz im Exil« Premiere. Er erzählt von einem Prinzen, der sich nach der Vertreibung aus der Heimat als Cowboy durchschlagen muss.

12 Sa Die deutsche und die österreich-ungarische Regierung beschließen in Wien die Gründung eines polnischen Staates.

13 So Auf einer Veranstaltung in Dresden erklärt der SPD-Reichstagsabgeordnete Philipp Scheidemann, die SPD wolle den Frieden, aber nicht um jeden Preis.

14 Mo Premierminister Herbert Asquith bringt im britischen Unterhaus eine Vorlage ein, die die Legislaturperiode des Parlaments bis Ende Mai 1917 verlängert.

15 Di Bulgarien startet eine Offensive gegen die bei Saloniki stationierte britisch-französische Orientarmee. +++ Manuel Franco wird neuer Präsident von Paraguay.

16 Mi Die USA planen die Aufrüstung ihrer Marine. +++ Kanada und die USA billigen ein Abkommen zum Schutz der Zugvögel in Nordamerika.

17 Do Rumänien und die Entente unterzeichnen eine Militärkonvention, die das Eingreifen der rumänischen Streitkräfte auf Seiten der Entente-Mächte vorsieht.

18 Fr Kaiser Wilhelm II. verleiht dem Kommandanten von »U 12«, Kapitänleutnant Walter Forstmann, den Orden »Pour le mérite«.

19 Sa Unter dem Motto »Das einfache Kleid« stellt in Frankfurt am Main eine vom Deutschen Modebund veranstaltete Modewoche schlichte Damenmode vor.

20 So In Berlin werden die ersten Deutschen Schwimm-Meisterschaften seit Beginn des Weltkrieges ausgetragen.

21 Mo In Köln beginnt der 4. Kongress für Krüppelfürsorge. Er beschäftigt sich mit der Wiedereingliederung der Kriegsbeschädigten in Beruf und Alltag.

22 Di Das preußische Kriegsministerium teilt mit, dass seit Kriegsbeginn rd. 10000 Soldaten mit dem Eisernen Kreuz I. Klasse ausgezeichnet worden sind.

23 Mi Für seinen Roman »Die drei Sprünge des Wang Lung« wird der Schriftsteller Alfred Döblin mit dem Preis der Fontane-Stiftung ausgezeichnet.

24 Do In einem »Aufruf an das Deutsche Volk« mahnt der konservativ gesinnte Unabhängige Ausschuss für einen Deutschen Frieden zum Durchhalten.

25 Fr In Hildesheim wird der Verband zur Förderung der Theaterkultur unter Mitwirkung mehrerer Theater-Berufsverbände gegründet.

26 Sa Ein Arbeitsausschuss der schwedischen Frauenvereine fordert in einer Denkschrift an den schwedischen Reichstag eine Reform der Ehegesetze.

27 So Unter Beteiligung von 182 Athleten werden in Leipzig die Deutschen Leichtathletik-Meisterschaften durchgeführt. → Rumänien

28 Mo Italien erklärt Deutschland den Krieg. Tatsächlich herrscht jedoch bereits seit der Kriegserklärung an Österreich-Ungarn Kriegszustand. → Schlechte Ernte

29 Di Die USA bildet den Council of National Defense. Er hat die Aufgabe, zur Erhöhung der Sicherheit die Rüstungsindustrie zu koordinieren. → Falkenhayn

30 Mi Das Osmanische Reich erklärt Rumänien den Krieg. Rumänien bricht die diplomatischen Beziehungen zu Bulgarien ab. → Rettung

31 Do Nach einer Mitteilung des preußischen Kriegsministeriums ist der von Kaiser Wilhelm II. gestiftete Ehrenbecher bisher über 500-mal verliehen worden.

September 1916

1 Fr Bulgarien erklärt Rumänien den Krieg. +++ Der Film »Das wandernde Licht« mit Henny Porten in der Hauptrolle hat in Berlin Premiere.

2 Sa In Anwesenheit des sächsischen Königs Friedrich August III. wird in Leipzig der Neubau der Deutschen Bibliothek eingeweiht.

3 So Die USA verkürzt auf Initiative von Präsident Woodrow Wilson die Arbeitszeit für Eisenbahnangestellte auf acht Stunden bei vollem Lohnausgleich.

4 Mo Britische Truppen erobern die Stadt Daressalam, die Hauptstadt der deutschen Kolonie Ostafrika. +++ In Budapest eröffnet die internationale Donaukonferenz.

5 Di Im Sitzungssaal des Preußischen Herrenhauses in Berlin wird die Ausstellung »Mutter und Säugling« eröffnet, die über die Pflege von Kleinkindern informiert.

6 Mi Deutsche und bulgarische Truppen erobern die festungsartig ausgebaute Stadt Tutrakan an der Donau und nehmen rd. 20 000 Rumänen gefangen.

7 Do Der preußische Kronprinz Wilhelm, Oberkommandierender der vor Verdun stehenden Truppen, wird mit dem Eichenlaub zum Orden »Pour le mérite« geehrt.

8 Fr Der preußische Innenminister Friedrich Wilhelm von Loebell und die Oberpräsidenten der preußischen Provinzen beraten über die kritische Ernährungslage.

9 Sa In Anwesenheit von Gerhart Hauptmann wird im deutschen Theater in Berlin dessen Schauspiel »Rose Bernd« in einer Neuinszenierung gezeigt.

10 So Der deutsche Heeresbericht meldet die Einnahme der rumänischen Donaufestung Silistria durch Generalfeldmarschall August von Mackensen.

11 Mo Der türkische Kriegsminister Enwer Pascha trifft in Deutschland ein und besucht Kaiser Wilhelm II. im Großen Hauptquartier in Pleß bei Kattowitz.

12 Di Der schweizerische Bundesrat veröffentlicht einen Bericht, der ein Handelsabkommen mit dem Deutschen Reich in Aussicht stellt.

13 Mi Das bei Kawala stehende, von seinen Rückzugslinien abgeschnittene 4. griechische Armeekorps stellt sich unter den Schutz der deutschen Truppen.

14 Do Die Münchner Sezession eröffnet zu Ehren des am 4. März gefallenen Malers Franz Marc eine Ausstellung mit Werken des Künstlers.

15 Fr In der Adria wird das französische U-Boot »Foucoult« von einem österreichisch-ungarischen Flugboot beschossen und versenkt. → Tanks

16 Sa Ein kaiserlicher Erlass ruft alle im Ausland lebenden deutschen Wehrpflichtigen zur Meldung bei den deutschen Behörden auf. → Tomáš Masaryk

17 So Der Vorsitzende der Nationalliberalen Partei, Ernst Bassermann, erklärt auf einer Versammlung in Saarbrücken Großbritannien zum Hauptfeind. → Zirkus

18 Mo Beim Bruch der Talsperre der Weißen Desse im Isergebirge in der Nähe von Gablonz werden über 250 Menschen getötet.

19 Di Der französische Ministerpräsident Aristide Briand erklärt sich nur zu einem Frieden bereit, der die im Krieg 1870/71 verlorenen Gebiete zurückbringe.

20 Mi Die gegen den Krieg agitierende Gruppe »Internationale« veröffentlicht die erste Ausgabe der »Spartacus-Briefe«, die illegal in Berlin gedruckt werden.

21 Do Der Berliner Architekt Hermann Jansen erhält den Hauptpreis des Architektenwettbewerbs für den Bau einer neuen Wohnsiedlung in Emden.

22 Fr Unter der Regie von Richard Ohnsorg hat in Hamburg das Stück »Die Königin von Honolulu« des gefallenen Dichters Gorch Fock Premiere.

23 Sa Die Stadt Köln beschließt, an der Hochschule für kommunale und soziale Verwaltung einen Studiengang für Frauen in sozialen Berufen einzurichten.

24 So Der in Berlin tagende Reichsverband der deutschen Presse fordert die Aufhebung der Zensur, damit das Vertrauensverhältnis zum Leser nicht gefährdet werde.

25 Mo Unter dem Vorsitz des Berliner Oberbürgermeisters Adolf Wermuth tagt in der Reichshauptstadt der Hauptausschuss des deutschen Städtetages.

26 Di Der polnische Politiker und Militärführer Józef Pilsudski erklärt seinen Austritt aus der von den Österreichern aufgestellten Polnischen Legion.

27 Mi In Addis Abeba wird Woisero Zäuditu, die Tochter des verstorbenen Kaisers Menilek II., zum neuen Staatsoberhaupt Äthiopiens erhoben.

28 Do Der britische Kriegsminister David Lloyd George betont in einem Interview seinen Willen, den Krieg mit Deutschland fortzusetzen. → Griechen

29 Fr In Berlin hat der Film »Engeleins Hochzeit«, die Fortsetzung des erfolgreichen Films »Engelein« von 1914, mit Asta Nielsen in der Hauptrolle Premiere.

30 Sa Im Deutschen Landestheater in Prag wird das Drama »Der Sohn« des deutschen Lyrikers und Dramatikers Walter Hasenclever uraufgeführt.

21. Oktober 1916

Polit-Attentat in Wien

Karl Reichsgraf von Stürgkh, seit 1911 Ministerpräsident von Österreich, fällt in Wien einem Mordanschlag zum Opfer.

Friedrich Adler, Chefredakteur der sozialistischen Monatszeitschrift »Der Kampf« und Sohn des Führers der österreichischen Sozialdemokratischen Partei, Viktor Adler, erschießt den Politiker im Speisesaal des Hotels Meißl und Schadn. Nach der Tat lässt er sich widerstandslos festnehmen. Der 37-jährige Adler, seit 1911 Führer des linken Flügels der Sozialdemokraten im Reichstag, ist ein entschiedener Gegner der Kriegspolitik seiner Partei. Er erklärt, er habe in dem Attentat das letzte Mittel gesehen, um gegen die nahezu völlige Ausschaltung des Parlaments Widerstand zu leisten. Stürgkh hatte zuletzt ohne Legitimation durch das Parlament regiert.

17. September 1916

Zirkus glänzt mit Tierdressuren

In der Reichshauptstadt Berlin eröffnet der Zirkus Busch seine Wintersaison. Vor allem die Tierdressuren der Althoffs genießen in der Zirkuswelt hohe Wertschätzung. Zu den Attraktionen des bunten Programms zählen neben den Tierdressuren von Adele und Corty Althoff die fliegenden Hunde von Maud Wulff und die Luftfee Zve (Abb.: Werbeplakat des Zirkus Busch für die waghalsigen Pferdedarbietungen des amerikanischen Cowboydarstellers Jack Joyce). Aufsehen erregt auch ein Dressurakt von August Mölker, der in der Manege Eisbären und Tigerdoggen präsentiert. Auch der US-Zirkus Barnum & Bailey findet in Deutschland ein begeistertes Publikum. Hauptattraktion ist ein sibirischer Tiger.

28. September 1916

Griechen suchen Schutz

Unter den Klängen der griechischen Nationalhymne wird in Görlitz an der Neiße der erste Transport königstreuer griechischer Truppen begrüßt. Die Soldaten und Offiziere gehören zum 4. Armeekorps, das sich am 13. September bei Kawala unter deutschen Schutz gestellt hat.

Nach der Begrüßung durch die Spitzen der Görlitzer Zivil- und Militärbehörden marschieren die Griechen – 49 Offiziere und 940 Soldaten – durch die Straßen der Stadt (s. Abb.). Der kommandierende General des 4. griechischen Armeekorps hatte am 12. September die Oberste Heeresleitung um Unterstützung ersucht. Durch den deutsch-bulgarischen Vorstoß in Mazedonien und die Vorgänge in Saloniki am 1. September – Anhänger des mit der Entente sympathisierenden früheren griechischen Ministerpräsidenten Eleftherios Weniselos hatten mit Unterstützung der Franzosen die königstreuen griechischen Truppen entwaffnet – war das Armeekorps von seinen Rückzugslinien abgeschnitten worden. König Konstantin I. will unter allen Umständen die Neutralität Griechenlands wahren. Um seinen Fahneneid auf den Monarchen nicht zu verletzen, sah sich der griechische General genötigt, um deutsche Hilfe zu bitten. Weniselos, der am 16. Oktober in Saloniki eine Regierung gegen König Konstantin bildet, erklärt am 25. November Bulgarien und Deutschland den Krieg. Die Entente-Mächte erkennen die Regierung zunächst nicht an.

16. September 1916

Exilregierung anerkannt

Frankreich und Großbritannien erkennen den von Tomáš Masaryk am 14. November 1915 in Paris gegründeten tschechoslowakischen Nationalrat als provisorische Regierung an.

Masaryk hat mit der von Frankreichs Regierung unterstützten Gründung des Nationalrats auch ein Manifest zur Errichtung eines selbstständigen tschechoslowakischen Staates verkündet. Für sein Ziel, die Auflösung des Habsburger-Vielvölkerstaats, hat er bei den Alliierten geworben und bei Briten und Franzosen Unterstützung gefunden.

Am 26. September 1918 verkündet Masaryk in Paris die Errichtung eines autonomen Staates der Tschechen und Slowaken. Als Ministerpräsident ist Karel Kramár vorgesehen. Der Zeitpunkt der Proklamation ist günstig, da u.a. der Zusammenbruch der Balkanfront ein mögliches Kriegsende andeutet.

Tomáš Garrigue Masaryk

tschechoslowakischer Politiker und Philosoph, * 7.3.1850 Göding; † 14.9.1937 Schloss Lány bei Prag

Der erste Präsident der Republik Tschechoslowakei war der unermüdliche Motor der tschechoslowakischen Unabhängigkeitsbewegung. Nach dem Studium in Wien und Leipzig wurde er Philosophieprofessor in Prag. Der Sohn eines noch als Leibeigener aufgewachsenen Kutschers gab die Literaturzeitschrift »Athenaum« heraus. Als unbequemer Einzelgänger bekämpfte er leidenschaftlich Panslawismus und Nationalismus. Der mit einer US-Amerikanerin verheiratete Masaryk vertrat eine maßvolle Öffnung zum Westen.

- 1882-1914: Professor in Prag
- 1891-93, 1907-14: Mitglied des Reichsrats in Wien
- 1907-14: Führer der tschechoslowakischen Volkspartei
- 1913: »Russland und Europa« (Schrift)
- 1914-18: Exil
- »Die Weltrevolution« (Schrift)
- 1918-35: Erster tschechoslowakischer Staatspräsident

15. September 1916

Panik vor den stählernen Tanks

Zum ersten Mal werden in einem Krieg Panzer eingesetzt. Im Raum Flers-Courcelette an der Somme greifen britische Einheiten mit der neuen Waffe an. Zwar gelingt den Panzerkampfwagen (s. Abb.) ein örtlicher Durchbruch auf einer Frontbreite von rd. 6 km, der Erfolg bleibt jedoch ohne strategische Bedeutung.

Seit Sommer 1915 werden in Großbritannien Panzerkampfwagen erprobt. Die »tanks« sind so konstruiert, dass sie mit ihren breiten Kettenlaufwerken Granattrichter und Schützengräben überwinden können. Die britische Heeresführung erwartet durch diese neue Waffe einen entscheidenden Vorteil, der zu geringeren Verlusten führt als Infanterieangriffe. Bis Anfang September 1916 sind 49 Panzer in Frankreich eingetroffen. 17 fallen bereits beim Transport an die Front aus, durch weitere Ausfälle wird die Zahl der einsatzbereiten Tanks auf neun verringert. Jeder Panzer hat eine Besatzung von acht Mann. Vier sind für die Steuerung und Bedienung des Motors erforderlich, jeweils zwei Besatzungsmitglieder bedienen die beiden seitlich angebrachten 57-mm-Kanonen.

Die erste Panzerschlacht der Kriegsgeschichte findet am 20. November 1916 in Cambrai statt. Durch den massiven Einsatz von 400 Panzern gelingt den Briten ein überraschender Durchbruch in die deutschen Linien. Die deutschen Infanteristen fliehen in Panik vor den anrückenden Stahlkolossen.

Kriegstechnische Neuerungen

Jahr	Neuerung
1908	In Großbritannien läuft das Kriegsschiff »Dreadnought« vom Stapel; Ära der Großkampfschiffe beginnt.
1914	Handgranaten kommen zum Einsatz.
1914	Halbautomatische Pistolen werden erstmals benutzt.
1915	Deutsche Fokker F-7 startet.
1915	Erstmals wird Giftgas eingesetzt.
1915	U-Boot-Krieg wird forciert.
1916	Die ersten Panzer revolutionieren die Kriegführung.
1917	Neuartige Langstreckenbomber werden eingesetzt.
1918	Erstmals setzen deutsche Truppen Maschinenpistolen ein.

6. Oktober 1916

Reichsbank-Aktion »Gold gab ich für Eisen« finanziert Krieg

Unter Vorsitz des Berliner Oberbürgermeisters Adolf Wermuth tritt im Rathaus ein Ehrenausschuss zusammen, der es sich zur Aufgabe macht, den Goldschatz der Reichsbank durch Ankauf goldenen Schmucks zu vermehren.

Das Vorhaben steht unter dem Motto: »Gold gab ist zur Wehr, Eisen nahm ich zur Ehr.« Gedacht ist sowohl an den Ankauf von Wertsachen als auch an den Umtausch von goldenen in metallene Wertgegenstände. Kaiserin Auguste Viktoria hat bereits mehrere wertvolle Ketten, Armbänder, Broschen und Ringe an die Reichsbank übergeben. Zwar verfügt diese über einen großen Goldbestand im Wert von rd. 2,5 Mrd. Mark, doch erscheint es vielen aufgrund der Kriegslage notwendig, den Vorrat aufzustocken.

Der Krieg führt in der Folgezeit zu weiteren Sondermaßnahmen und Einschränkungen. Am 20. Februar 1917 werden auf Befehl der Reichsregierung alle Fünf-Pfennig-Stücke aus Kupfer eingezogen und durch Aluminium ersetzt. Als Begründung wird angeführt, an der Front werde dringend Edelmetall benötigt.

Der allgemeine Mangel an Münzgeld führt auch immer wieder dazu, dass z.B. bei Rentenauszahlungen die Kleingeldbeträge nicht mehr ausbezahlt werden können. Amtliche Kassen, Bahn und Post verlangen bereits abgezählte Beträge von ihren Kunden. Der »Düsseldorfer Generalanzeiger« schreibt zu diesem Thema: »Der Bedarf (an Kleingeld) ist durch den Krieg ungeheuer gestiegen, schon die Löhnung der Soldaten erfordert ganz bedeutende Summen, zudem versorgt Deutschland auch die von ihm besetzten Gebiete mit Kleingeld. Letzteres flüssig und in Umlauf zu erhalten, ist eine vaterländische Pflicht.«

Oktober 1916

1 So Belisario Porras, seit 1. Oktober 1912 Präsident von Panama, wird nach Ablauf seiner Amtszeit von Ramón Valdés abgelöst.

2 Mo Bei Rahovo südlich von Bukarest vereiteln österreichisch-ungarische Kanonenboote einen Versuch der Rumänen, die Donau zu überschreiten.

3 Di Für die Einrichtung von Volksküchen in Bayern stellt König Ludwig III. von Bayern die Summe von 200000 Mark aus seinem Privatfonds zur Verfügung.

4 Mi »Ariadne auf Naxos«, die neue Oper von Richard Strauss mit einem Vorspiel von Hugo von Hofmannsthal, wird in Wien uraufgeführt.

5 Do Großbritannien eröffnet mit der »Aircraft Transport and Travel Ltd.« die erste Fluglinie des Landes. +++ Das britische Schiff »Franconia« sinkt im Mittelmeer.

6 Fr In Stuttgart feiert der 68-jährige König Wilhelm II. von Württemberg das 25-jährige Jubiläum seiner Thronbesteigung. → Reichsbank-Aktion

7 Sa Die Zentrumsfraktion im Reichstag gibt eine zustimmende Erklärung zum U-Boot-Krieg ab und bestätigt damit die Vorstellungen der Rechtsparteien.

8 So Nach dem Rücktritt von Nikolaus Kalojeropulos, der nur drei Wochen im Amt war, wird Spyridon Lambrós neuer griechischer Ministerpräsident.

9 Mo Deutsche und österreichisch-ungarische Truppen erobern Kronstadt in Siebenbürgen und zwingen die rumänischen Truppen zum Rückzug.

10 Di In den Verhandlungen über die Zukunft Polens fordert der deutsche Reichskanzler die Schaffung einer gemeinsamen Verwaltung.

11 Mi Nach einem Ultimatum des Oberkommandos der französischen Flotte übergibt die griechische Regierung der Entente den größten Teil der Kriegsflotte.

12 Do Hipólito Irigoyen, der aus den ersten freien Präsidentschaftswahlen in der Geschichte Argentiniens als Sieger hervorgegangen war, tritt sein Amt an.

13 Fr Das Königliche Schauspielhaus in Dresden zeigt in Uraufführung »Struensee«, ein Drama des deutschen Bühnendichters Otto Erler.

14 Sa In Wolhynien und den Karpaten beginnt eine russische Entlastungsoffensive für Rumänien, die im November scheitert.

15 So Britische und französische Truppenverbände besetzen die Festungsanlagen der griechischen Hauptstadt Athen.

16 Mo Der frühere griechische Ministerpräsident Eleftherios Weniselos proklamiert in Saloniki eine revolutionäre Regierung gegen König Konstantin I.

17 Di Auf einer Versteigerung in Berlin erreicht das teuerste Gemälde, das »Matteo-Stilleben« von Carl Schuch, einen Kaufpreis von 40000 Mark.

18 Mi Kaiser Wilhelm II. verleiht dem Kommandanten von »U-53«, Kapitänleutnant Lothar von Arnauld de la Piére, den Orden »Pour le mérite«.

19 Do Kaiser Wilhelm II. besucht für einen Tag die Somme-Front, besichtigt mehrere Truppenteile und spricht den Soldaten den Dank des deutschen Volkes aus.

20 Fr Das Kriegsernährungsamt gibt Probleme bei der Nahrungsmittelversorgung zu und erklärt, einige Maßnahmen hätten ihren Zweck verfehlt.

21 Sa Unter dem Einsatz neuentwickelter 400-mm-Steilfeuergeschütze beginnen die Franzosen ihre Gegenoffensive vor Verdun. → Polit-Attentat

22 So Kaiser Wilhelm II. übergibt der Nationalstiftung der Hinterbliebenenhilfe aus seinem Privatfonds 100000 Mark und für die Säuglingsfürsorge 50000 Mark.

23 Mo Der Gesamtvorstand des Alldeutschen Verbandes betont auf einer Versammlung, das deutsche Volk blicke voller Vertrauen auf die Oberste Heeresleitung.

24 Di Die noch im Fort Douaumont verbliebenen deutschen Truppen ergeben sich den Franzosen. +++ In Berlin tagt der Bund der Industriellen (BdI).

25 Mi In Schweden wird nach siebenjähriger Bauzeit der Trollhätte-Kanal eingeweiht, der den Vänersee in Mittelschweden und die Nordsee verbindet.

26 Do Das deutsche Kriegsernährungsamt legt Erzeuger-Höchstpreise für Rüben und Möhren fest, da die Preise in den letzten Tagen sprunghaft gestiegen sind.

27 Fr Gegen die Stimmen der sozialdemokratischen Arbeitsgemeinschaft billigt der Deutsche Reichstag neue Kriegskredite in Höhe von 12 Mrd. Mark.

28 Sa Der Sozialdemokrat Wilhelm Dittmann kritisiert im Reichstag willkürliche Maßnahmen der Militärbehörden, die der gesetzlichen Grundlage entbehrten.

29 So In einem Interview mit der Wiener Zeitung »Neue Freie Presse« erklärt Generalfeldmarschall Paul von Hindenburg: »Es steht so günstig wie nur möglich.«

30 Mo In der russischen Hauptstadt Petrograd (bis 1914 St. Petersburg) finden erstmals während des Krieges politische Streiks statt.

31 Di Italien eröffnet die 9. Isonzo-Schlacht gegen Österreich-Ungarn. Sie endet nach fünf Tagen, am 4. November, ergebnislos.

November 1916

1 Mi Im Deutschen Reich treten Einschränkungen im Reiseverkehr in Kraft, die vor allem die Nebenstrecken der Eisenbahn betreffen.

2 Do Das am 7. Juni eroberte Fort Vaux vor Verdun wird von den letzten deutschen Truppen geräumt und anschließend gesprengt.

3 Fr Zur Beseitigung von Rechtsunsicherheit beschließt der Deutsche Reichstag die Einrichtung von Auskunftsstellen für Kriegsverordnungen.

4 Sa Der Erste Senat des Reichsmilitärgerichts in Charlottenburg verwirft die Revision von Karl Liebknecht gegen seine Verurteilung als Kriegsgegner.

5 So Kaiser Wilhelm II. verleiht Oberstleutnant Paul von Lettow-Vorbeck, dem Kommandeur in Deutsch-Ostafrika, den Orden »Pour le mérite«. → Polen

6 Mo Deutsche Flugzeuge bombardieren den Bahnhof von Cerisy, der für die Versorgung der Somme-Front wichtig ist. Dabei wird ein großes Munitionslager zerstört.

7 Di Mit knapper Mehrheit wird US-Präsident Woodrow Wilson von den amerikanischen Wählern in seinem Amt bestätigt.

8 Mi Bei einem Referendum in Australien entscheidet sich eine Mehrheit gegen die Einführung einer Kriegsdienstverpflichtung.

9 Do Friedrich Stampfer wird neuer leitender Redakteur des SPD-Parteiorgans »Vorwärts«. Er redigiert das Blatt im Sinne des Parteivorstandes.

10 Fr Die britische Regierung erklärt, sie bringe Eleftherios Weniselos, der in Saloniki eine griechische Gegenregierung proklamiert hat, Sympathien entgegen.

11 Sa Bei Köpenick fährt der Balkan-Express in eine Gruppe von Eisenbahnarbeiterinnen. Dabei kommen 18 Frauen ums Leben.

12 So In Berlin findet eine Versammlung des Zentralausschusses der Fortschrittlichen Volkspartei statt, um über die Frage der Kriegsziele zu debattieren.

13 Mo Die auf Anregung des Berliner Magistrats von den Schlachtermeistern entwickelte Einheitswurst wird in den Handel gebracht.

14 Di Der deutsche Heeresbericht meldet für Oktober den Abschuss von 104 Flugzeugen. +++ An der Somme-Front beginnt ein neuer britischer Großangriff.

15 Mi Wegen der wachsenden Bedeutung des Luftkrieges wird in der Obersten Heeresleitung eine neue Dienststelle für die Luftstreitkräfte eingerichtet.

16 Do Der russische Premierminister Boris W. Stürmer weist alle Gerüchte über einen bevorstehenden Sonderfrieden mit dem Deutschen Reich zurück.

17 Fr Im Rahmen des von Max Reinhardt konzipierten »Deutschen Zyklus« wird im Deutschen Theater in Berlin Friedrich Schillers »Kabale und Liebe« gegeben.

18 Sa Das preußische Kriegsministerium verfügt, dass beim Einsatz der Soldaten an der Front auf die Familienverhältnisse Rücksicht zu nehmen sei.

19 So Aufgrund eines französischen Ultimatums werden die Botschafter der Mittelmächte von der griechischen Regierung aus Athen ausgewiesen.

20 Mo Das preußische Abgeordnetenhaus stimmt mehrheitlich für die Gründung des Königreichs Polen, u.a. die SPD und das Zentrum stimmen dagegen.

21 Di Das am 1. November in den US-Hafen New London eingelaufene Handels-U-Boot »Deutschland« tritt die Rückfahrt nach Bremen an. → Franz Joseph I.

22 Mi Gottlieb von Jagow, Staatssekretär im Auswärtigen Amt, tritt aus Altersgründen zurück. Sein Nachfolger wird Arthur Zimmermann. → Selbstmord

23 Do Der russische Ministerpräsident Boris W. Stürmer erklärt seinen Rücktritt. Zum Nachfolger wird der bisherige Verkehrsminister Alexander F. Trepow ernannt.

24 Fr Auf Anordnung des stellvertretenden Generalkommandos des 9. Armeekorps in Hamburg wird die Polizeistunde bis auf weiteres auf 23.30 Uhr festgesetzt.

25 Sa Die von Eleftherios Weniselos in Saloniki geführte revolutionäre griechische Regierung erklärt dem Deutschen Reich und seinen Verbündeten den Krieg.

26 So In Berlin debattiert der Verein deutscher Ingenieure (VdI) auf seiner Jahreshauptversammlung über die Rolle des Ingenieurwesens an der Front.

27 Mo Der Zweckverband Groß-Berlin, ein Zusammenschluss von Berlin und den umliegenden Gemeinden, lehnt jede Tariferhöhung bei der Straßenbahn ab.

28 Di Die Reichsgetreidestelle gibt bekannt, dass in ihrer Versuchsbäckerei die Herstellung von Weizenmehlgebäck ohne Hefe gelungen sei.

29 Mi Die deutschen Länderbahnen gründen eine eigene Schlafwagengesellschaft, die MITROPA. +++ Deutsche Truppen erobern die rumänische Stadt Pitesti.

30 Do Der deutsche Hilfskreuzer »Wolf«, der erstmals ein kleines Aufklärungsflugzeug mit sich führt, läuft zu seiner ersten Kaperfahrt aus.

21. November 1916

Franz Joseph I. stirbt – Ende einer Ära

Im Alter von 86 Jahren stirbt Franz Joseph I., Kaiser von Österreich und König von Ungarn, im Schloss Schönbrunn in Wien. Nachfolger wird Erzherzog Karl, der Großneffe des Monarchen.

Mit dem Tod von Kaiser Franz Joseph I., der die Donaumonarchie 68 Jahre lang regiert hat, geht eine Epoche zu Ende. Zudem zerreißt das Band, das den Vielvölkerstaat Österreich-Ungarn trotz aller Widrigkeiten zusammengehalten hat. Nach außen hatte es Franz Joseph, der sich selbst als Herrscher von Gottes Gnaden ansah, verstanden, 48 Jahre den Bestand des Reiches in Frieden zu sichern. 1859 hatte er auf die österreichischen Besitzungen in Italien verzichtet und 1866 – nach der Niederlage gegen die Preußen – auch die Hoffnung auf eine Erneuerung des alten deutschen Reiches, wie es unter Einschluss der deutschen Staaten und Österreichs bis 1806 bestanden hatte, aufgeben müssen. Für die Gebietsverluste von 1866 konnte sich Österreich, das ein Jahr später durch den »Ausgleich« mit Ungarn in der »k.u.k«-Doppelmonarchie aufgegangen war, 1908 mit der Annexion von Bosnien und der Herzegowina eine gewisse Kompensation schaffen. Der einstige Gegner Preußen war als Kraftzentrum des neuen deutschen Kaiserreichs zu diesem Zeitpunkt längst zum engsten Verbündeten geworden. Für Franz Joseph und seine Ratgeber verblieb die schwierige Aufgabe, den Zusammenhalt der Donaumonarchie trotz aller auseinanderstrebenden Tendenzen zu wahren. Am 25. Juli 1914 hatte Franz Joseph schweren Herzens den Mobilmachungsbefehl gegen Serbien unterzeichnet. Als Kriegsminister Alexander von Krobatin zögerte, die Order telefonisch weiterzugeben, erklärte der greise Monarch: »Gehen Sie, ich kann nicht anders!« In seinem Testament, das am 23. November in der »Wiener Zeitung« veröffentlicht wird, richtet der Kaiser einen Abschiedsgruß an die Völker der Donaumonarchie. Darin heißt es: »Meinen geliebten Völkern sage ich vollen Dank für die treue Liebe, welche sie mir und meinem Hause in glücklichen Tagen wie in bedrängten Zeiten bestätigten.« Nachfolger Karl I. ist von frühester Jugend an zum Soldaten erzogen worden. Zu Beginn des Jahres 1916 war der zum Feldmarschallleutnant aufgestiegene Thronfolger maßgeblich an der zunächst erfolgreichen Offensive gegen die Italiener in Südtirol beteiligt gewesen.

Kaiserin Elisabeth (»Sissi«) von Österreich

Am 30. November wird der verstorbene Franz Joseph I. in Wien feierlich beigesetzt. Neben den Angehörigen des österreichischen Kaiserhauses sind zahlreiche gekrönte Häupter aus den mit Österreich-Ungarn verbündeten und den neu-

30. Dezember 1916

Mord an Wunderheiler

In der russischen Hauptstadt Petrograd wird der Mönch und Wunderheiler Rasputin Opfer eines Attentats. Seine Mörder – Fürst Felix F. Jussupow und der rechtsgerichtete Duma-Abgeordnete Wladimir M. Purischkjewitsch – gehen straffrei aus. Jussupow wird lediglich auf sein in der Nähe von Moskau gelegenes Gut verbannt. Als der am Zarenhof einflussreiche Rasputin in den Verdacht geraten war, ein deutscher Agent zu sein, sahen führende Kreise des Adels die Stunde gekommen, um durch seine Beseitigung den reaktionären Kurs der Regierung zu brechen und zugleich die Monarchie zu retten (Abb.: Rasputin, M., am Zarenhof).

Grigori Jefimowitsch Rasputin

eigtl. G. J. Nowych, russischer Mönch, * 1864 oder 1865 Pokrowskoje bei Tjumen; † 30.12.1916 Petrograd (ermordet)

Über seine angeblichen Fähigkeiten als Mystiker und Wunderheiler erschlich sich Rasputin großen innenpolitischen Einfluss in Russland. Der Bauernsohn kam an den Zarenhof, weil das Herrscherpaar, Zarin Alexandra Fjodorowna und Zar Nikolaus II., darauf baute, dass er die Bluterkrankheit des einzigen Sohnes heilen könne. Als dieser tatsächlich vorübergehend genas, erhielt Rasputin zahlreiche Privilegien. Während der Abwesenheit des Zaren im Ersten Weltkrieg bestimmte er gemeinsam mit der Zarin die russische Innenpolitik. Er entschied über die Vergabe von politischen Ämtern, was ihm Missgunst beim Adel und unter Politikern eintrug. Rasputin wusste seinen Einfluss durch geschicktes Taktieren jedoch stetig auszubauen. Gleichzeitig pflegte er einen ausschweifenden Lebensstil, der seinem religiösen Auftrag als Mönch widersprach und ihm schließlich zum Verhängnis wurde. Politische Gegner arrangierten ein angebliches Rendezvous und nutzten die Gelegenheit zum Mord.

- 1904: Ordensbruder
- ab 1907: Günstling am Zarenhof

Franz Joseph I.

Kaiser von Österreich und König von Ungarn, * 18.8.1830 Schönbrunn/Wien; † 21.11.1916 Schönbrunn/Wien

Der Herrscher der Donaumonarchie sah sich selbst als »letzten Monarchen alter Schule«. Zu den Fundamenten seiner Regentschaft zählte äußerstes Pflichtgefühl und das Bewusstsein göttlicher Herrschaftslegitimation. Bereits als 18-Jähriger bestieg Franz Joseph den Thron. Nach dem erfolgreichen Ausgleich mit Ungarn wurde er auch zum König von Ungarn gekrönt. Aus seiner Ehe mit der bayerischen Prinzessin Elisabeth (»Sissi«) gingen vier Kinder hervor, darunter ein Sohn, Erzherzog Rudolf. Der Monarch musste während seiner Regierungszeit viele Schicksalsschläge hinnehmen. Nach dem Selbstmord des Thronfolgers (1889) und der Ermordung seiner Frau durch einen Anarchisten (1898) vereinsamte Kaiser Franz Joseph immer mehr. Der zum Thronfolger ausersehene Erzherzog Franz Ferdinand – ältester Sohn von Erzherzog Karl Ludwig, einem jüngeren Bruder des Kaisers – wurde 1914 in Sarajevo ermordet.

- 1848: Nach Abdankung seines Onkels Kaiser Ferdinand I. wird Franz Joseph zum Kaiser gekrönt.
- 1854: Heirat mit Prinzessin Elisabeth (»Sissi«), Tochter des bayerischen Herzogs Maximilian
- 1867: Franz Joseph wird zum König von Ungarn gekrönt.

tralen Staaten bei den prunkvollen Trauerfeierlichkeiten anwesend, unter ihnen Kronprinz Gustav Adolf von Schweden und Wahd ed-Din, Thronfolger des Osmanischen Reichs. Kaiser Wilhelm II. kann aufgrund seines angegriffenen Gesundheitszustands nicht an der Beisetzung teilnehmen. Für ihn repräsentiert Kronprinz Wilhelm das Haus Hohenzollern. Auf ausdrücklichen Wunsch des Kaisers soll sein Sarg zwischen den Sarkophagen seiner Frau und ihres gemeinsamen Sohnes stehen.

6. Dezember 1916

Deutsche Truppen in Bukarest

Generalfeldmarschall August von Mackensen zieht an der Spitze deutscher und verbündeter Truppen in die rumänische Hauptstadt ein.
Der größte Teil des Landes mit den wichtigen Erdölfeldern bei Ploesti ist damit in einem nur wenig mehr als drei Monate dauernden Feldzug erobert worden. Der rasche Erfolg ist Ergebnis des zangenförmigen deutschen Aufmarsches in Nord und Süd und der Versäumnisse der rumänischen Kriegsführung. Nach der Kriegserklärung an Österreich-Ungarn am 27. August erfolgte unmittelbar der rumänische Einmarsch ins ungarische Siebenbürgen. Dieser entwickelte sich jedoch so langsam, dass sich die deutschen und österreichisch-ungarischen Truppen unter dem Befehl des ehemaligen Generalstabschefs Erich von Falkenhayn sammeln und die Rumänen bei Hermannstadt sowie Kronstadt besiegen konnten. Parallel dazu begann im Süden der Vorstoß Mackensens, der am 6. September die Rumänen bei Tutrakan schlagen und am 23. November den Übergang über die Donau erzwingen konnte.

12. Dezember 1916

Mittelmächte wollen Frieden

»Seine Majestät ist der Überzeugung, dass jetzt der geeignete Zeitpunkt für eine offizielle Friedensaktion gekommen ist.« Mit diesen Worten begründet Kanzler Theobald von Bethmann Hollweg vor dem Reichstag das Friedensangebot, das von der deutschen Regierung im Namen der Mittelmächte an die Entente-Staaten gerichtet worden ist.
Deutschland und seine Verbündeten schlagen darin die Einleitung von Friedensverhandlungen vor, nennen jedoch keine konkreten Kriegsziele und sonstigen Forderungen. Die Alliierten lehnen die deutsche Friedensnote durchweg ab.

22. November 1916

Selbstmord eines Abenteurers

Körperlich zerrüttet und alkoholkrank, begeht der 40-jährige Jack London (s. Abb.), Autor vieler Abenteuerromane, auf seiner Ranch Glen Ellen im US-Bundesstaat Kalifornien Selbstmord. London führte, u.a. als Tramp, Goldsucher und Kriegsberichterstatter, ein abenteuerliches Leben. Sein Aufstieg zum hochbezahlten Schriftsteller, der sich in der Sozialistischen Arbeiterpartei engagierte, begann um 1900. In seinen Erzählungen, die vielfach in Alaska und der Südsee spielen, u.a. »Der Seewolf«, »Wolfsblut«, »Die Meuterei auf der Elsinore«, schilderte London den heldenhaften Existenzkampf des Einzelnen. In sozialkritischen Romanen beschrieb er u.a. Konflikte zwischen Unternehmern und Arbeitern.

5. November 1916

Polen als neuer Pufferstaat

Deutschland und Österreich-Ungarn proklamieren die Wiedererrichtung Polens als Königreich (Abb.: Menschenmenge vor dem Warschauer Stadtschloss, während drinnen das Königreich Polen ausgerufen wird).

Der neue Staat soll eine Verfassung und eine eigene Armee erhalten. Die tatsächliche Gewalt im Land bleibt jedoch vorerst in den Händen zweier Generalgouverneure, eines deutschen in Warschau und eines österreichischen in Lublin. Damit sind die langwierigen Verhandlungen zwischen Reichskanzler Theobald von Bethmann Hollweg und dem österreichisch-ungarischen Außenminister Stephan Freiherr Burián von Rajecz zum Abschluss gekommen. Bethmann Hollweg hatte sich vor allem für den Gedanken eines selbstständigen Polen als Pufferstaat gegenüber Russland stark gemacht.

Dezember 1916

1 Fr In Warschau rückt die 2. Brigade der auf Initiative von Deutschen und Österreichern gebildeten Polnischen Legion ein.

2 Sa Der Reichstag billigt das Gesetz über den vaterländischen Hilfsdienst. Damit ist jeder deutsche Mann zwischen 17 und 60 Jahren zum Hilfsdienst verpflichtet.

3 So In der Schlacht am Argesch werden die Rumänen durch deutsche Verbände unter Führung des früheren Generalstabschefs Erich von Falkenhayn geschlagen.

4 Mo Zur Sicherstellung der Volksernährung werden alle im Deutschen Reich vorhandenen Kohlrüben beschlagnahmt.

5 Di Aufgrund von Auseinandersetzungen über die weitere Kriegsführung reicht Großbritanniens Premierminister Herbert Asquith seinen Rücktritt ein.

6 Mi Der Vorsitzende des Deutschen Arbeiterkongresses, Peter Behrens, fordert in Berlin die Erhaltung christlicher Arbeiterorganisationen. → Bukarest

7 Do Die am 29. Oktober begonnene dritte russische Brussilow-Offensive in den Karpaten muss ohne nennenswerte Erfolge abgebrochen werden.

8 Fr Der deutsche Heeresbericht meldet für den Monat November den Abschuss von 71 feindlichen Flugzeugen bei 31 eigenen Verlusten.

9 Sa Für den Sieg im Rumänien-Feldzug verleiht Kaiser Wilhelm II. Generalfeldmarschall Paul von Hindenburg das Großkreuz des Eisernen Kreuzes.

10 So Der Schachwettkampf zwischen Weltmeister Emanuel Lasker und dem deutschen Großmeister Siegbert Tarrasch endet in Berlin mit einem Sieg Laskers.

11 Mo In Budapest geht eine Konferenz der Wirtschaftsverbände aus dem Deutschen Reich und aus Österreich-Ungarn zu Ende.

12 Di Ein Kongress der deutschen Gewerkschaften und Angestelltenverbände beschließt in Berlin die Mitwirkung am Kriegshilfsdienstgesetz. → Mittelmächte

13 Mi In der Technischen Hochschule Berlin wird anlässlich des 100. Geburtstags von Werner von Siemens die Werner-von-Siemens-Ring-Stiftung gegründet.

14 Do Die dänische Bevölkerung billigt in einer Volksabstimmung, an der sich erstmals Frauen beteiligen dürfen, den Verkauf von Dänisch-Westindien an die USA.

15 Fr Auf einer Tagung von Hotelbesitzern in Erfurt wird beschlossen, künftig die Kellner durch Festgehälter statt durch Trinkgelder zu entlohnen.

16 Sa Eine erfolgreiche französische Offensive auf dem Ostufer der Maas bei Verdun drängt die deutschen Truppenverbände zurück.

17 So Die Jahreshauptversammlung deutscher Bühnenschriftsteller in Berlin wählt u.a. Gerhart Hauptmann und Arthur Schnitzler in den Aufsichtsrat.

18 Mo In Essen beschließen die im Rheinisch-Westfälischen Kohlensyndikat zusammengeschlossenen Zechenbesitzer eine Erhöhung der Kohle-und Brikettpreise.

19 Di Großbritannien lehnt das deutsche Friedensangebot vom 12. Dezember ab. +++ In Berlin stirbt der Industrielle Fürst Guido Henckel von Donnersmarck.

20 Mi Heinrich Graf von Clam-Martinic wird als Nachfolger des am 13. Dezember zurückgetretenen Ernest von Koerber neuer österreichischer Ministerpräsident.

21 Do US-Präsident Woodrow Wilson fordert die kriegsführenden Länder auf, die konkreten Bedingungen für Friedensverhandlungen bekanntzugeben.

22 Fr Stefan Freiherr Burián von Rajecz, der seit dem 13. Januar das Amt des österreichisch-ungarischen Außenministers innehat, erklärt seinen Rücktritt.

23 Sa Der deutsche Heeresbericht meldet aus Rumänien die weitgehende Besetzung der Dobrudscha durch deutsche und verbündete Truppen.

24 So Franz Mehring, Mitglied der Gruppe Internationale, wird aus der »Schutzhaft« entlassen. +++ An West- und Ostfront wird ein ruhiger Tag gemeldet.

25 Mo Ein heftiger Sturm richtet in Berlin große Schäden an. Auch in Hamburg und an der Unterelbe werden schwere Sturmschäden verzeichnet.

26 Di Die deutsche Regierung regt anlässlich der US-Friedensnote ein Treffen von Delegationen der kriegführenden Staaten an einem neutralen Ort an.

27 Mi In der Schlacht bei Rumnicul Sarat in Nordrumänien behauptet sich die 9. deutsche Armee gegen die Entlastungsoffensive der russischen Truppen.

28 Do Der Stuttgarter Großindustrielle Robert Bosch stiftet dem Verein zur Förderung der Neckar-Kanalisierung 13 Mio. Mark.

29 Fr Die Regierungen Norwegens, Dänemarks und Schwedens begrüßen in einer gemeinsamen Erklärung die Friedensinitiative des US-Präsidenten.

30 Sa Der österreichische Kaiser Karl I. wird als Karl IV. in Budapest zum König von Ungarn gekrönt und erhält die Insignien seiner Macht. → Grigori J. Rasputin

31 So Adolfo Diaz legt sein Amt als Präsident von Nicaragua nieder. Als Nachfolger wird Emiliano Chamorro Vargas ernannt.

Januar 1917

1 Mo Der Vorsitzende des britischen Luftrates tritt zurück. Die Regierung hatte dem Luftrat die uneingeschränkte Kontrolle über den Luftverkehr verweigert.

2 Di Das Polizeipräsidium von Berlin ordnet an, dass alle Theateraufführungen in der Hauptstadt um 22 Uhr beendet sein müssen.

3 Mi Der deutsche Reichskanzler Theobald von Bethmann Hollweg bekräftigt die Bündnistreue der Mittelmächte Deutschland und Österreich-Ungarn.

4 Do Die Handelsschifffahrt der Niederlande liegt vorübergehend still, weil die Kampftätigkeit in der Nordsee zu heftig geworden ist.

5 Fr Die rumänische Handelsstadt Braila an der Donau wird von deutschen und bulgarischen Truppen unter August von Mackensen eingenommen.

6 Sa In Zürich erregt der deutsche Regisseur Max Reinhardt mit seiner Inszenierung von Shakespeares »Sommernachtstraum« großes Aufsehen.

7 So Sozialdemokraten treffen sich in Berlin, um über die parteiintern strittige Haltung zu den Kriegszielen zu beraten.

8 Mo Der schweizerische Bundesrat ordnet die sofortige Einschränkung des Eisenbahn- und Dampfschiffverkehrs wegen des Kohlemangels an.

9 Di Der US-Senat in Washington nimmt ein Gesetz über das Verbot von Herstellung, Import oder Verkauf alkoholischer Getränke im Bundesstaat Columbia an.

10 Mi Die kriegführenden Entente-Mächte geben ihre Kriegsziele bekannt. +++ In Denver im US-Staat Colorado stirbt der Bisonjäger Buffalo Bill.

11 Do In französischen Munitionsfabriken beschäftigte Arbeiter wenden sich in großen Streikaktionen gegen eine Fortsetzung des Krieges.

12 Fr In London werden die Zuteilung und der Verbrauch von Lebensmitteln durch Bestimmungen der britischen Regierung stark eingeschränkt.

13 Sa An der Westfront in Frankreich stoßen die britischen Truppen nördlich der Ancre erfolgreich gegen deutsche Stellungen vor.

14 So Im Warschauer Schloss findet die Eröffnungssitzung des Polnischen Staatsrates statt. An der Spitze des provisorischen Parlaments steht der Kron-Marschall.

15 Mo Die 700 Angehörigen der britischen Kolonie von Athen, die ihre Habe in Griechenland lassen mussten, treffen nach beschwerlicher Reise in London ein.

16 Di Die portugiesische Regierung in Lissabon verweist alle Deutschen des Landes. +++ Die Schweiz verstärkt den Schutz ihrer Landesgrenzen.

17 Mi Die USA übernehmen offiziell die von Dänemark für 25 Mio. Dollar gekauften, strategisch wichtigen Jungferninseln in der Karibik. → »Zimmermann-Note«

18 Do In ganz Großbritannien kommt es zu Unruhen unter der Zivilbevölkerung, vor allem wegen des Mangels an Kartoffeln, Zucker und Zündhölzern.

19 Fr Im preußischen Abgeordnetenhaus formiert sich eine neue Fraktion, die »Sozialdemokratische Fraktion (Alte Richtung)«. → »Roter Baron«

20 Sa Das preußische Abgeordnetenhaus in Berlin befasst sich mit frauenpolitischen Themen, besonders mit der Frage einer politischen Betätigung von Frauen.

21 So Im Einzugsgebiet der britischen Truppen wird der Verkauf und Versand von Alkohol verboten, da die Trunksucht unter den Soldaten zugenommen habe.

22 Mo Ein deutsches U-Boot versenkt einen schwedischen Kohletransporter auf der Fahrt von Großbritannien nach Schweden.

23 Di Ein Eisenbahnunglück in der Nähe des südfranzösischen Ortes Livurea fordert 374 Todesopfer und 750 zum Teil lebensgefährlich Verletzte.

24 Mi Der Magistrat von Berlin beschließt die Reglementierung der Wurstherstellung. Es soll nur noch Blut- und Leberwurst mit Semmelzusatz geben.

25 Do In Berlin endet der Prozess gegen die 35-jährige Margarethe Kupfer, die im Laufe von fünf Jahren mehrere Mio. Mark von Banken erschlichen hatte.

26 Fr In der Mönchsrepublik Athos in Griechenland kommt es zu bewaffneten Auseinandersetzungen zwischen den Mönchen um den Kriegskurs Griechenlands.

27 Sa Die Gemeindeverwaltung von Garmisch-Partenkirchen erlässt ein Hosenverbot für Frauen. Ausnahmen soll es nur bei sportlicher Betätigung geben.

28 So Die Direktion der Frankfurter Straßenbahnbetriebe sucht weibliches Personal, vor allem als Schaffnerinnen, Rangiererinnen und Weichenstellerinnen.

29 Mo In Berlin wird eine Sammlung von Gegenständen aus dem persönlichen Besitz Johann Wolfgang von Goethes versteigert.

30 Di Die »Städtische Hausfrauenstelle Frankfurt« veröffentlicht einen Kriegsspeisezettel. Trotz Nahrungsmittelnot seien schmackhafte Speisen herstellbar.

31 Mi In ganz Russland, besonders in der Hauptstadt Petrograd, kommt es zu Unruhen und Streiks unter den Industriearbeitern.

1. Februar 1917

U-Boot-Krieg jetzt auch gegen Neutrale

Unter dem Druck der Obersten Heeresleitung (OHL) ruft Kaiser Wilhelm II. den unbeschränkten U-Boot-Krieg aus. Er richtet sich nunmehr auch gegen neutrale Schiffe, wenn sie sich in einer bestimmten Sperrzone rund um Großbritannien und Irland aufhalten. Damit steigt die Gefahr des Kriegseintritts der bis dahin sich weitgehend neutral gebenden USA.
Bereits ein Jahr zuvor, im Februar 1915, hatte die deutsche Marineleitung zum verschärften, d.h. sich auch gegen Handelsschiffe richtenden U-Boot-Krieg aufgerufen. Neutrale Schiffe waren damals noch offiziell ausgeschlossen. Die Auseinandersetzung über den stark umstrittenen U-Boot-Einsatz hatte bereits im ersten Kriegsjahr begonnen. Reichskanzler Theobald von Bethmann Hollweg steht vor allem dem unbeschränkten U-Boot-Krieg auch gegen neutrale Schiffe ablehnend gegenüber, hatte sich aber mit seiner Ansicht gegenüber der militärischen Führung nicht durchsetzen können. Die Befürworter der Ausdehnung des U-Boot-Krieges hoffen, mit diesem Schritt die britischen Inseln von der Lebensmittel- und Rohstoffversorgung abzuschneiden. Die Blockade soll nach Ansicht der U-Boot-Strategen dazu führen, dass Großbritannien innerhalb von sechs Monaten bezwungen ist. Die Gefahr der Einmischung der USA in den Krieg auf Seiten der Entente-Staaten wird im Vergleich dazu als gering eingeschätzt.
Ein verhängnisvoller Irrtum: Der unbeschränkte U-Boot-Krieg führt zu einer irreparablen Belastung der Beziehungen zu den USA. Die US-Reeder sehen ihre Flotte im deutschen Sperrgebiet bedroht und halten ihre für Europa bestimmten Schiffe in den Häfen zurück. Dort staut sich die Exportware. Der verschärfte U-Boot-Krieg, der den Handel mit Europa zum Erliegen zu bringen droht, verändert die politische Stimmung in den USA. Sowohl das Parlament als auch die Öffentlichkeit neigen zu einem sofortigen Kriegseintritt. Präsident Woodrow Wilson, der zunächst eine Politik der Nichteinmischung verfolgte, erklärt, dass er entschlossen sei, den Schutz der US-Handelsschifffahrt sicherzustellen. Den Zeitpunkt einer Kriegserklärung behält er sich vor.

V.l.: Torpedo eines U-Bootes kurz vor dem Einschlag; U-Boot-Angriff auf ein Handelsschiff (Gemälde)

17. Januar 1917

»Zimmermann-Note« sorgt in den USA für Empörung

Der deutsche Staatssekretär im Auswärtigen Amt, Arthur Zimmermann, sendet über die deutsche Botschaft in Mexiko ein verschlüsseltes Telegramm an die mexikanische Regierung. Als der britische Geheimdienst den Inhalt des Kabels bekannt gibt, ist der diplomatische Schaden nicht mehr abzuwenden. Bereits seit dem Jahre 1915 war London in der Lage, den deutschen Marine-Code zu entschlüsseln.
Zimmermann schlägt Mexiko ein Militärbündnis für den Fall des US-Kriegseintritts vor. Ziel des deutschen Staatssekretärs ist es, die Vereinigten Staaten in einen Krieg an der eigenen Grenze zu verwickeln. Der brisante Text lautet (Auszug): »Gemeinsam Krieg führen. Gemeinsam Friedensschluss. Reichlich finanzielle Unterstützung und Einverständnis unsererseits, dass Mexiko in Texas, New-Mexiko, Arizona früher verlorenes Gebiet zurückerobert.« Zimmermann regt außerdem an, Japan zum Kriegseintritt gegen die USA zu veranlassen. Als die Briten den Text an die US-Regierung weitergeben, wird die antideutsche Stimmung in den USA weiter angeheizt. US-Präsident Woodrow Wilson lässt den Text am 1. April, einen Tag vor der Entscheidung über den Kriegseintritt der USA, in der Presse veröffentlichen. Das Bündnis zwischen Mexiko und dem Deutschen Reich kommt nicht zustande.

19. Januar 1917

Ehrung für »Roten Baron«

Der deutsche Fliegerleutnant Manfred von Richthofen erhält von Kaiser Wilhelm II. den Orden »Pour le mérite«. Der »Rote Baron« hat bisher 16 feindliche Flugzeuge abgeschossen (Abb.: Luftkampf). Mit größter Risikobereitschaft und flugtaktischem Geschick gelingen ihm noch zahlreiche weitere Luftsiege. 1917 erscheint auch von Richthofens Biografie »Der rote Kampfflieger«.

Manfred von Richthofen

deutscher Militär, * 2.5.1892 Breslau; † 21.4.1918 bei Vaux-sur-Somme/Frankreich

Die militärische Laufbahn des mit 80 Abschüssen erfolgreichsten Jagdfliegers im Ersten Weltkrieg begann mit dem Eintritt in die Kavallerie. Erst vier Jahre später wurde Richthofen Jagdflieger. Die Kriegsgegner der Deutschen nennen ihn wegen seines rot lackierten Fokker-Dreideckers respektvoll den »Roten Baron«. Als sein Erfolgsgeheimnis gilt, dass er im Luftkampf nichts dem Zufall überlässt, d.h. seine Aktionen und die möglichen Reaktionen des Gegners bis ins Detail vorausplant. Das kurze »Heldenleben« Manfred von Richthofens, der 1918 abgeschossen wird, dient als Vorlage für zahlreiche verklärende Filme.

- 1912: Eintritt in die Armee, Soldat der Kavallerie
- 1915: Schlussexamen als Pilot
- ab 1917: Kommandeur des I. Jagdgeschwaders

5. Februar 1917

Neue Verfassung für Mexiko

Der mexikanische Präsident Venustiano Carranza proklamiert eine neue Landesverfassung, die dem seit 1910 tobenden Bürgerkrieg in dem mittelamerikanischen Land formal ein Ende bereitet. Sie sieht vor, die Enteignung des bäuerlichen Gemeindebesitzes rückgängig zu machen, nationalisiert aber alle Bodenschätze, also auch die reichen Erdölvorkommen des Landes. Staat und Kirche sollen künftig getrennt sein.
Die USA kritisieren die neue Verfassung, da die Verstaatlichung der nationalen Rohstoffe die Ausbeutung durch US-Firmen erschwert. US-Präsident Woodrow Wilson hatte Carranza selbst den Weg an die Macht geebnet, indem er den Sturz seines Vorgängers, des reaktionären Diktators Victoriano Huerta, durch Waffenlieferungen beschleunigt hatte. Nach der Machtergreifung Carranzas im Oktober 1915 war es jedoch rasch zu internen Konflikten gekommen. Anführer der Aufständischen war der US-feindliche Revolutionär Francisco »Pancho« Villa.

8. Februar 1917

Not im »Steckrübenwinter«

Der Präsident des Kriegsernährungsamtes in Berlin, Wilhelm von Waldow, gibt bekannt, dass ab sofort bei der Herstellung von Brotteig auch Futterrüben zur Verwendung kommen dürfen. Kartoffelflocken, die vor Jahresfrist noch das Hauptstreckungsmittel für Mehl darstellten, können angesichts der gegenüber dem Vorjahr halbierten Kartoffelernte des Jahres 1916 nicht mehr in ausreichender Menge hergestellt werden.
Der Kriegswinter 1916/17, der erste »Steckrübenwinter«, trifft vor allem die bereits zuvor darbende Bevölkerung in den Städten. Anstelle der fehlenden Kartoffeln werden, ebenfalls rationiert, Steckrüben ausgegeben. Als Folge der britischen Handelsblockade ist Deutschland nahezu von allen Einfuhrmöglichkeiten abgeschnitten. Die Folge sind strengste Rationierungen und Verordnungen über Abgabemengen und Höchstpreise. Die Preise für Grundnahrungsmittel haben sich gegenüber 1900 verdreifacht. 1917 sterben 250 000, in den Kriegsjahren über 750 000 Menschen an Hunger und Entbehrungen.

28. Februar 1917

Rückzug an der Westfront

Auf Anordnung der Obersten Heeresleitung (OHL) zieht sich die an der Westfront kämpfende Heeresgruppe »Kronprinz Rupprecht« auf die sog. Siegfriedstellung zurück, eine Frontlinie, die von Arras über St. Quentin-la-Fére bis nach Vailly verläuft. Durch diesen strategischen Rückzug soll der vorspringende Frontbogen in Nordfrankreich begradigt werden. Die Verkürzung der Frontlinie führt zur Einsparung von 13 Divisionen und zahlreicher Artillerieeinheiten (Abb.: Frontstellung).
Die Aktion wird eingeleitet, weil die OHL mit einem Großangriff der britischen und französischen

Truppen rechnet. Die »Siegfriedstellung« trägt ihren Namen, weil man sich von ihr aus noch einen Sieg-Frieden erhofft. Sie wurde Ende 1916 ausgebaut. Die britisch-französische Somme-Offensive war zwar im November 1916 zum Stillstand gekommen, hatte aber auf beiden Seiten zu ungeheuren Verlusten an Menschenleben und Material geführt. Für die deutsche wie die britische Seite wird die Zahl der Toten auf jeweils 500 000 geschätzt, die Franzosen verloren rd. 200 000 Mann. Der neue Oberbefehlshaber der französischen Truppen, General Robert Georges Nivelle, plant eine Abkehr von der Ausblutungsstrategie seines Vorgängers Joseph Joffre. Mit seiner »Faustschlag-Methode« wollte er in einem 48 Stunden dauernden Überraschungsangriff den vorspringenden Keil der deutschen Front zwischen Arras und der Aisne abschneiden. Zu diesem Zwecke ließ er eine 600 000 Mann starke Reservearmee bilden. Am 1. April sollte der Angriff beginnen. Nivelles Pläne werden jedoch den Deutschen bekannt, da entsprechende Informationen von einer deutschen Patrouille bei einem toten französischen Offizier gefunden werden. Daraufhin beginnt der Rückzug der Deutschen.

Februar 1917

1 Do In Petrograd findet eine Konferenz der Entente-Mächte statt. Thema ist das weitere Vorgehen im Krieg gegen die Mittelmächte. → U-Boot-Krieg

2 Fr Die niederländische Regierung in Den Haag untersagt allen männlichen Bürgern des Landes im Alter von 19 bis 48 Jahren das Verlassen des Landes.

3 Sa Der amerikanische Präsident Woodrow Wilson gibt den Abbruch der diplomatischen Beziehungen zum Deutschen Reich bekannt.

4 So Frankfurt am Main trauert um die 35-jährige Elefantenkuh Fanny, die besonders durch das »Orgelspiel« mit ihrem Rüssel bekannt war.

5 Mo Das neue Einwanderungsgesetz der USA verlangt von Immigranten die Kenntnis von mindestens 30 Wörtern der englischen Sprache. → Mexiko

6 Di Die mexikanische Regierung erklärt, im Falle eines Kriegseintritts der USA neutral zu bleiben. +++ An der Beresina-Front erringen deutsche Truppen Erfolge.

7 Mi In London beginnen Verhandlungen zwischen der jüdischen zionistischen Bewegung und der britischen Regierung über die Besiedlung Palästinas.

8 Do Im Deutschen Reich werden Patente nicht mehr öffentlich bekanntgegeben, wenn die Erfindung im Interesse der Kriegsführung liegt. → »Steckrübenwinter«

9 Fr Eine Pockenepidemie löst Unruhe in der Bevölkerung Berlins aus. In Rathenow sind mehrere Erkrankungen festgestellt worden.

10 Sa Die Schauspielerin Mary Pickford beginnt ihre Karriere in Hollywood. Die Gage für ihren ersten Film beträgt 20 000 Dollar (ca. 110 000 Mark).

11 So Der russische Maler Wassily Kandinsky heiratet in Moskau Nina von Andrejewsky. Trotz Krieg und Unruhen wird ein aufwändiges Fest gegeben.

12 Mo Kaiser Wilhelm II. trifft in Wien zu einem Besuch bei Kaiser Karl I. ein. Der österreichische Herrscher wird zum preußischen Generalfeldmarschall ernannt.

13 Di Eine Gasexplosion löst in Ehmen bei Fallersleben ein schweres Grubenunglück aus. Insgesamt 35 Bergleute kommen dabei ums Leben.

14 Mi Auf Kuba findet eine Revolte gegen Präsident Mario García Menocal statt. Die Regierung der USA sagt Menocal ihre Unterstützung zu.

15 Do Der Bundesrat des Deutschen Reiches gibt bekannt, dass die Sommerzeit auch 1917 vom 16. April bis zum 17. September gelten soll.

16 Fr In einem Geheimvertrag sichert Großbritannien Japan für die Zeit nach dem Krieg die Kontrolle über die deutschen Kolonien Schantung und Tsingtau zu.

17 Sa Die Schifffahrtslinie Schweden-USA wird mit zwei regelmäßig verkehrenden Dampfern von Göteborg aus wieder aufgenommen.

18 So Der Militärbezirk Petrograd wird aus der russischen Nordfront ausgegliedert und von der Regierung unter eine Militärverwaltung gestellt.

19 Mo Der Verband der Wiener Theaterdirektoren stellt eine Fronttruppe zusammen, die bei den einzelnen Armeeabteilungen Vorstellungen geben soll.

20 Di Im Deutschen Reich werden die Kupfermünzen zu fünf Pfennig zu Kriegszwecken eingezogen. Die neuen Münzen bestehen aus Aluminium.

21 Mi Im Deutschen Reich tritt die Verordnung über den Kuchenverkauf in Kraft: nur noch einfache Kuchen dürfen hergestellt werden.

22 Do Im Deutschen Reichstag in Berlin fordern Sozialdemokraten, Liberale und Nationalliberale den Übergang zu einem parlamentarischen Regierungssystem.

23 Fr Der Schweizer Bundesrat in Bern beschließt die Einführung von fleischlosen Tagen. Vorgesehen sind der Dienstag und der Donnerstag.

24 Sa An der Ostfront toben Schneestürme. Die Temperatur fällt auf bis zu -38 °C. +++ In Berlin schließen wegen des Kohle-und Holzmangels die Schulen.

25 So Im Deutschen Reich tritt die neue Verkehrssteuer in Kraft. Die neue Besteuerung betrifft sowohl den Personen- als auch den Gütertransport.

26 Mo Auf der Fahrt von den USA nach Großbritannien wird der britische Passagierdampfer »Laconia« von einem deutschen U-Boot versenkt.

27 Di Die ungarischen Zeitungen in Budapest protestieren gegen eine weitere Einschränkung des Zeitungsumfangs wegen Papiermangels.

28 Mi Die deutsche Reichsbekleidungsstelle in Berlin erlässt den Befehl zur Erfassung aller Schuhbestände, die nicht unmittelbar gebraucht werden. → Westfront

März 1917

1 Do Im Deutschen Reich werden alle Gegenstände aus Aluminium und alle Bronzeglocken beschlagnahmt. Die Kirchen dürfen nur noch je eine Glocke nutzen.

2 Fr Der US-Kongress in Washington verabschiedet den sog. Jones Act für Puerto Rico, mit dem die Insel zum US-Territorium wird.

3 Sa In Großbritannien werden alle Männer unter 31 Jahren, die bisher vom Militärdienst befreit waren, einberufen. Dies betrifft vor allem Geistliche.

4 So Im US-Senat in Washington sprechen sich zahlreiche Abgeordnete für eine Bewaffnung der US-Handelsschiffe aus.

5 Mo Mit der Vereidigung vor dem Senat in Washington beginnt die zweite Amtsperiode des US-Präsidenten Woodrow Wilson.

6 Di Da die Börsenmakler in New York einen Krieg mit dem Deutschen Reich für unvermeidlich halten, legen die Banken große Geldreserven an. → Mangel

7 Mi Beim Brand eines Palastes in der spanischen Hauptstadt Madrid wird das Gemälde »Dreifaltigkeit« von El Greco vernichtet.

8 Do Unter dem Stichwort »Freiwillige Liebestätigkeit« veröffentlicht die deutsche Presse Spenden von Institutionen und Privatpersonen.

9 Fr Nach einem Aufruf der deutschen Reichsregierung sollen Weißblechdosen gesammelt werden, um das in der Legierung enthaltene Zinn zurückzugewinnen.

10 Sa Die Grenze zwischen dem von deutschen Truppen besetzten Belgien und den neutralen Niederlanden wird für jeden Verkehr gesperrt.

11 So Britische Truppenverbände erobern das bislang vom Osmanischen Reich besetzte Bagdad. +++ In Russland löst eine Meuterei die »Februar-Revolution« aus.

12 Mo Der amerikanische Präsident Woodrow Wilson befiehlt die Bewaffnung aller Schiffe, die in vom Krieg betroffene Gebiete auslaufen.

13 Di Dänische Handelsschiffe, die nach Großbritannien auslaufen, werden rot-weiß gestreift angestrichen, um auf die Neutralität des Landes hinzuweisen.

14 Mi Die Sozialdemokratische Arbeitsgemeinschaft (SAG) fordert baldigen Friedensschluss, das Stimmrecht für Frauen und die Aufhebung der Ausnahmegesetze.

15 Do Der sozialdemokratische Abgeordnete Adolf Hoffmann erklärt, seiner Ansicht nach sei der Krieg für die Mittelmächte bereits verloren. → Zarenherrschaft

16 Fr Bei einer Versteigerung in Berlin werden für elf Werke des Malers Lovis Corinth 24 860 Mark erzielt. Trotz des Krieges blüht der Kunsthandel.

17 Sa Der französische Ministerpräsident Aristide Briand tritt zurück. Zu seinem Nachfolger wird Alexandre Ribot bestimmt.

18 So Die deutschen Truppen an der Westfront räumen ihre Stellungen beiderseits der Ancre. Das aufgegebene Gebiet wird anschließend verwüstet.

19 Mo Im Mittelmeer wird das französische Linienschiff »Danton« von einem deutschen U-Boot versenkt. +++ In Petrograd wird der Generalstreik beendet.

20 Di Die russische provisorische Regierung widerruft die gegen Finnland erlassenen Sondergesetze des Zaren und stellt die Autonomie Finnlands in Aussicht.

21 Mi Der russische Zar Nikolaus II. wird verhaftet und mit seiner Familie in Zarskoje Selo interniert. +++ Der US-Senat debattiert über einen Kriegseintritt.

22 Do Wegen des Protestes von Berliner Frauen öffnet der Magistrat der Stadt die Aufbewahrungsstelle für Gemüse und verkauft Weißkohl.

23 Fr Im Rhein-Ruhrgebiet erwägt die Kommunalverwaltung die Einführung von Notgeld aus Papier, da das Metall knapp geworden ist.

24 Sa Die Regierungen von Großbritannien, Frankreich und Italien erkennen die provisorische Regierung von Russland diplomatisch an. → Sixtus-Affäre

25 So Die französische Militärverwaltung untersagt den zivilen Verkehr zwischen Ortschaften, die im Bereich der Front liegen.

26 Mo Im Deutschen Reich dürfen ab sofort schmerzstillende und Mittel mit betäubender Wirkung nur noch in Apotheken verkauft werden.

27 Di In Monte Carlo findet die Uraufführung der musikalisch-lyrischen Komödie »Die Schwalbe« von Giacomo Puccini statt.

28 Mi Die Regierung Argentiniens verbietet die Ausfuhr von Weizen und Mehl, um die Versorgung der Bevölkerung gewährleisten zu können.

29 Do Der Sohn des deutschen Großindustriellen August Thyssen, August jun., verliert vor dem Reichsgericht in Leipzig einen Prozess um seine Erbschaftsanteile.

30 Fr Die provisorische Regierung Russlands erkennt in einem Manifest die zukünftige nationalstaatliche Unabhängigkeit Polens an.

31 Sa Die US-Regierung verbietet politische Versammlungen für die kommende Woche. Sie will Unruhen wegen der Debatte über den Kriegseintritt vermeiden.

15. März 1917

Zarenherrschaft beendet

In Russland zwingt eine bürgerliche Revolution (Abb.: Straßenkämpfe) Zar Nikolaus II. zur Abdankung. Damit ist die monarchistische Herrschaft der seit 1613 regierenden Dynastie

Romanow beendet. Unter der Führung des noch vom Zaren ernannten Ministerpräsidenten Georgi J. Lwow konstituiert sich die neue provisorische Regierung. Wichtigster Mann ist Justizminister Alexander F. Kerenski.

Alexander Fjodorowitsch Kerenski

russischer Politiker, * 4.5.1881 Simbirsk (heute Uljanowsk); † 11.6.1970 New York

Kerenski wird nach dem Juli-Aufstand 1917 kurzzeitig russischer Ministerpräsident. Der Sohn eines Gymnasialdirektors war schon früh sozialrevolutionär und antizaristisch eingestellt. Nach dem Studium machte Kerenski sich als Wortführer der sozialistischen Gruppe Trudowiki und als rhetorisch brillanter Verteidiger in politischen Prozessen einen Namen. Die Februarrevolution 1917 ermöglicht ihm den Einzug ins liberalkonservative Kabinett Lwow. Als Kriegs- und Marineminister leitet er die letzte große, erfolglose Offensive Russlands im Weltkrieg ein. Die Oktoberrevolution bedeutet das Ende der Regierung Kerenski, der 1918 nach Westeuropa geht.

- 1906: Verhaftung wegen Besitzes revolutionärer Schriften
- ab Februar 1917: Justizminister, ab Mai zusätzlich Kriegs- und Marineminister, ab Juli zusätzlich Ministerpräsident
- 1940: Übersiedlung von Westeuropa in die USA

8. April 1917

USPD spaltet Sozialdemokratie

Die Reichskonferenz der innerparteilichen Opposition in der SPD geht in Gotha zu Ende. Eine Arbeitsgemeinschaft beschließt die Gründung einer neuen Partei, der Unabhängigen Sozialdemokratischen Partei Deutschlands (USPD).
Die USPD steht sowohl im Widerspruch zur Reichsregierung als auch zur kriegsunterstützenden Mehrheit der SPD. Der Kongress will die Sozialdemokraten auch wieder auf einen revolutionären Kurs führen. Die Führung der USPD übernehmen Hugo Haase und Wilhelm Dittmann.

24. März 1917

Sixtus-Affäre schlägt Wellen

Der österreichische Kaiser Karl I. richtet in einem Brief an seinen Schwager Sixtus Prinz von Bourbon-Parma, der im belgischen Militärdienst steht, ein geheimes Friedensangebot an Frankreichs Staatspräsidenten Raymond Poincaré. Dieser wertet die Note als Zeichen des Bündniszerfalls der Mittelmächte und bietet einen Sonderfrieden an.

6. März 1917

Regierung bekämpft Mangel

Das Unterrichtsministerium in Berlin verfügt, dass Schulkinder in Zukunft Kerne von Zitrusfrüchten sammeln und in den Schulen abliefern sollen.
Die Kerne, aus denen Öl gewonnen werden soll, werden den Schülern mit 10 Pfennigen pro Kilo vergütet. 30 Pfennig erhalten die Schulen bei Ablieferung an den Kriegsausschuss für Öle und Fette in Berlin. Kernsammelstellen für einheimische Steinobstarten sind bereits vor einigen Monaten eingerichtet worden (Abb.: Aufruf zur Sammelaktion für Ölgewinnung

aus Obstkernen). Die aufwändige Aktion aufgrund des extremen Ölmangels in Deutschlands hat nur wenig Erfolg. Apfelsinen und Zitronen gehören schon seit längerem zu den Luxusgütern, die knapp und teuer sind.

Entente begrüßt US-Politik

Noch am Tag der Kriegserklärung begrüßt der französische Parlamentspräsident Paul Deschanel den Kriegseintritt der USA als »größte Tat seit Abschaffung der Sklaverei«. Der britische Ministerpräsident betont, die USA seien mit einem Schlage auch moralisch zur Weltmacht geworden, die den Kampf selbstlos führen werde gegen den »blutigsten Feind, der die Freiheit je bedroht hat.«

23. April 1917

Keatons erste Filmkomödie

In US-Kinos läuft der erste abendfüllende Film des ehemaligen Zirkusartisten Buster Keaton – »The Butcher Boy« (»Der Fleischerjunge«) an. In deutschen Lichtspielhäusern wird er nicht aufgeführt, u.a. weil Keaton in Deutschland kaum bekannt ist. Der erst 20-jährige Schauspieler unterstreicht die Komik seiner Slapstick-Streifen durch eine permanent todernste Miene (Abb.: Filmszene mit dem US-Komiker).

Buster Keaton

eigtl. Joseph Frances Keaton, US-Schauspieler und Regisseur, * 4.10.1895 Pickway (US-Bundesstaat Kansas); † 1.2.1966 Los Angeles (US-Bundesstaat Kalifornien)

Der neben Charlie Chaplin und Harold Lloyd dritte große Stummfilmstar dieser Zeit begann seine Karriere schon als Dreijähriger mit Varieteeauftritten. Sein Markenzeichen ist die versteinerte, ernste Miene. Den Spitznamen Buster (»Mordskerl«) erhielt er allerdings schon als Baby, als er eine Treppe hinunterfiel und nicht weinte. Der Sohn fahrender Zirkusleute spielt 1917 seine erste Filmrolle. Doch erst ab 1923 wird »der Mann, der niemals lachte« mit seiner stoischen Gelassenheit zum Star. Er ist Regisseur, Hauptdarsteller und Autor seiner Filme, in denen er mit Witz und Phantasie die Tücken des Lebens meistert. Selbst für die akrobatischsten Einlagen benutzt er kein Double. Der Tonfilm setzt seiner Karriere ein Ende. Er tingelt durch die Welt und dreht zahlreiche Kurzfilme. 1957 erhält er für die Verfilmung seines Lebens 50 000 Dollar. Er macht allerdings zur Bedingung, daß er das Drehbuch niemals lesen müsse.

- 1917-23: Rollen in etwa 50 Kurz-Stummfilmen
- 1926: »Der General« (Film)
- 1928: »Steamboat Bill jr.«, »Der Kameramann«
- 1966: letzte Rolle in »Toll trieben es die alten Römer«

6. April 1917

Kriegseintritt der USA

Die USA erklären Deutschland den Krieg. Zuvor hatten beide Häuser des Kongresses auf Ersuchen von US-Präsident Woodrow Wilson den Kriegseintritt an der Seite der Entente-Mächte beschlossen. Damit weitet sich der in Europa ausgebrochene Krieg endgültig zum Weltkrieg aus. Die USA werfen nicht nur Truppenkontingente, sondern auch ihre gesamte Wirtschaftskraft in die Waagschale, wodurch sich die militärische Lage der Entente-Mächte entscheidend verbessert. Ein Ende des Krieges und die Niederlage der Mittelmächte sind nunmehr absehbar.

Die USA haben bislang seit Kriegsausbruch offiziell ihre Neutralität gewahrt. Allerdings wurden die Entente-Mächte, vor allem Großbritannien und Frankreich, mit der Gewährung von Kriegsanleihen – bis April 1917 insgesamt 2,3 Mrd. Dollar – und Waffenlieferungen unterstützt. Die Aufgabe der Neutralitätspolitik und das offene Eingreifen in den Krieg war durch den unbeschränkten U-Boot-Krieg des Deutschen Reiches beschleunigt worden, der sich auch gegen US-Handelsschiffe richtete. Wiederholt kamen dabei US-Bürger ums Leben, außerdem waren Handelsinteressen berührt. Die Stimmung in den USA wurde zunehmend deutschfeindlicher, die Öffentlichkeit forderte den Kriegseintritt an der Seite Großbritanniens und Frankreichs. Hinzu kam das Bekanntwerden des gegen die USA gerichteten Bündnisvorschlags, den das Deutsche Reich in der sog. Zimmermann-Note an Mexiko gerichtet hatte. In rascher Folge beschließt der US-Kongress ein Gesetz nach dem andern zur Finanzierung des Krieges. 50 Mio. Dollar stehen zu Bau und Kauf von Schiffsraum zur Verfügung. Entgegen der Ansicht der deutschen Marineleitung, die Amerikaner würden wegen fehlender Transportkapazität nicht in der Lage sein, nennenswerte Truppenkontingente nach Europa zu bringen, verschiffen die USA bis zum Sommer 1918 rd. eine Mio. Soldaten ins Kriegsgebiet. Bis zum Ende des Krieges geben die Amerikaner rd. 33,5 Mrd. Dollar für Kriegszwecke aus. Präsident Wilson bildet ein Komitee aus mehreren tausend Schriftstellern, Schauspielern und

Der Hollywood-Star Douglas Fairbanks verkauft vor dem Unterschatzamt Kriegsanleihen.

anderen Künstlern, die im Regierungsauftrag für den Krieg werben. Ein Propagandafeldzug überzieht das Land, der die US-Soldaten als »Kreuzritter der Demokratie« preist, die Deutschen als »Hunnen« und »Barbaren« verdammt. Auch die Sprache entgeht der Kampagne gegen alles Deutsche nicht. Hamburger und Sauerkraut werden zu »liberty sausage« und »liberty cabbage«.

April 1917

1 So Im Deutschen Reich werden die Brotrationen auf 170 g pro Tag und die Kartoffelrationen auf 2500 g pro Woche gekürzt.

2 Mo Streiks von Hunderttausenden Hafenarbeitern in der südrussischen Stadt Odessa richten sich gegen die bürgerliche provisorische Regierung.

3 Di Die Reichsbekleidungsstelle in Berlin beschließt neue Richtlinien zur Vergabe von Bezugsscheinen für Kleidung.

4 Mi In Wien wird das Urteil im Bierwucher-Prozess gesprochen, der die österreichische Hauptstadt seit mehreren Wochen erregt.

5 Do Im Deutschen Reich werden Dachpappen beschlagnahmt. Schon das unerlaubte Zuschneiden des Materials ist unter Strafe gestellt.

6 Fr Bei den beginnenden Schlachten an der Westfront setzen die Alliierten erstmals größere Tankeinheiten (Panzer) ein. → Kriegseintritt der USA

7 Sa Die deutschen Handelsschiffe in den US-Häfen New York, Baltimore und New London werden von den dortigen Behörden beschlagnahmt.

8 So In einer offiziellen Note begrüßen die Regierungen von Frankreich und Großbritannien den Kriegseintritt der USA. → USPD

9 Mo Wladimir I. Lenin durchquert auf seiner Rückreise aus dem Schweizer Exil nach Russland mit Einverständnis der deutschen Regierung das Deutsche Reich.

10 Di Mit der Entlassung des polnischen Hilfskorps aus der österreichischen Befehlsgewalt beginnt der Aufbau des polnischen Heeres unter deutschem Befehl.

11 Mi Bei Trier werden mehrere Steinsärge aus dem 5. Jahrhundert entdeckt. Sie enthalten Schmuck und Tongefäße aus der Völkerwanderungszeit.

12 Do Die belgische Regierung enthebt den Rat von Flandern seiner Ämter und droht den Mitgliedern Zwangsarbeit an.

13 Fr Eine Sammlung des Schweizer Roten Kreuzes zugunsten der Kriegsverletzten ergibt 3 377 000 Schweizer Franken (ca. 1 624 860 Mark).

14 Sa Die Regierung der USA bildet das »Committee on Public Information«, eine zentrale Informations- und Propagandabehörde.

15 So Wegen Kohlemangels werden die Wäschereien der Pariser Vorstadt Auteuil geschlossen. 25 000 Arbeiterinnen werden arbeitslos.

16 Mo Wladimir I. Lenin und 30 weitere bolschewistische Revolutionäre treffen nach ihrer Rückkehr aus dem Exil in der Schweiz in Petrograd ein.

17 Di Der Kongress der USA bewilligt in Washington einstimmig einen Kriegskredit von sieben Mio. US-Dollar (umgerechnet etwa 39 Mio. Mark).

18 Mi Ein Streik der Berliner Arbeiter für die Sicherung der Ernährungslage und die Einführung eines freien und gleichen Wahlrechts wird ergebnislos abgebrochen.

19 Do Bei einem Eisenbahnunglück im dichten Schneetreiben auf der Strecke Augsburg-München kommen 21 Reisende ums Leben.

20 Fr Ein dänischer Arzt spendet eine Mio. Mark und ermöglicht die Unterbringung von 15 000 Berliner Schulkindern während des Krieges bei Kopenhagen.

21 Sa In Berlin findet eine Konferenz des preußischen Staatsministeriums über die zukünftige Entwicklung Polens und des Baltikums statt.

22 So Ein Luftangriff auf die süddeutsche Stadt Freiburg fordert zahlreiche Opfer. +++ Deutsche Truppen beschießen den französischen Hafen Dünkirchen.

23 Mo Auf einer Konferenz in Kreuznach legt die deutsche Führung die Kriegsziele fest, die umfangreiche Gebietsansprüche umfassen. → Buster Keaton

24 Di Im britischen Ypswich wird ein Brotsparer-Bund gegründet, dessen Mitglieder geloben, pro Woche nicht mehr als 2 kg Brot und 1,5 kg Mehl zu verbrauchen.

25 Mi In den USA wird per Gesetz der Acht-Stunden-Tag für Eisenbahnarbeiter eingeführt. +++ An der deutschen Westfront finden sportliche Wettkämpfe statt.

26 Do Die Oberste Heeresleitung des Deutschen Reiches meldet, deutsche Seestreitkräfte seien in die Themsemündung vorgestoßen.

27 Fr Im neuerbauten Leunawerk bei Merseburg wird nach elfmonatiger Bauzeit die Produktion von flüssigem Ammoniak aufgenommen.

28 Sa Ein schweres Grubenunglück ereignet sich in Bochum. Beim 400 m tiefen Absturz eines Förderkorbes kommen alle 46 Insassen ums Leben.

29 So Der Senat und das Repräsentantenhaus der USA nehmen die Gesetzesvorlage zur allgemeinen Wehrpflicht an.

30 Mo General Henri Philippe Pétain wird als Nachfolger von General Robert Georges Nivelle zum neuen Chef des französischen Generalstabs ernannt.

Mai 1917

1 Di Wegen der angespannten Kriegslage und des allgemeinen Mangels an Rohstoffen wird in Spanien die Metallausfuhr verboten.

2 Mi Nach schlecht vorbereiteten Angriffen meutern französische Truppen. General Pétain schlägt den Aufstand der eigenen Soldaten nieder.

3 Do Im Deutschen Reich wird das Pflücken von Obstblütenzweigen mit Gefängnis bis zu einem Jahr bestraft. Der Schutz der Blüte dient einer besseren Ernte.

4 Fr Die russische provisorische Regierung gewährt der Bevölkerung das demokratische Recht der Vereins- und Versammlungsfreiheit.

5 Sa Die Reichsregierung in Berlin verlautbart, die Briten hätten gegen den deutschen Flieger Manfred von Richthofen ein eigenes Geschwader gebildet.

6 So Auf breiter Front versucht die britische Armee, die deutsche Siegfriedlinie bei Wytschaete-Messines zu durchbrechen. → Nivelle-Offensive

7 Mo Laut päpstlicher Anordnung sollen Friedensgebete in allen Kirchen verlesen werden. +++ In Russland protestieren Soldaten gegen die Kriegspolitik des Landes.

8 Di In einem Berliner Labor gelingt es erstmals, aus Getreidekeimen Fett und Eiweiß zu gewinnen. Beides dient der Speiseöl- und Margarineherstellung.

9 Mi Der französische Präsident Raymond Poincaré verfügt, dass alle Mehlsorten und -ersatzstoffe der Brotzubereitung zur Verfügung stehen müssen.

10 Do Der Arbeiter- und Soldatenrat von Petrograd spricht sich gegen Nationalregimenter der Minderheiten aus der Ukraine, Estland und Litauen aus.

11 Fr Der Schweizer Bundesrat in Bern erklärt alle wehrtauglichen Männer im Alter von 16 bis 60 Jahren für kriegsdienstpflichtig.

12 Sa In der deutschen Presse kursieren Gerüchte über den in Kürze zu erwartenden Rücktritt des Reichskanzlers Theobald von Bethmann Hollweg.

13 So In westfälischen Städten erzielt eine Gruppe von Betrügerinnen große Gewinne. Sie geben sich als sammelnde Rot-Kreuz-Schwestern aus.

14 Mo Die italienische Armee überschreitet in einer Offensive den Isonzo. +++ Der russische Kriegs-und Marineminister Alexander I. Gutschkow tritt zurück.

15 Di Henri Philippe Pétain wird als Nachfolger von Georges Robert Nivelle zum Oberbefehlshaber der französischen Armee ernannt.

16 Mi Die neue Höchstpreisverordnung für Seife im Deutschen Reich gestattet Arbeitern, die mit Schmieröl in Berührung kommen, zwei Zusatzkarten für Seifen.

17 Do Der russische Revolutionär Leo D. Trotzki kehrt aus dem Exil, das er zuletzt in den Vereinigten Staaten verbracht hat, nach Russland zurück.

18 Fr In den USA beginnt die Wehrerfassung für Männer im Alter von 21 bis 30 Jahren. Drei Mio. wehrpflichtige junge Männer werden einberufen.

19 Sa Das Gebot, ausschließlich das schwarze sog. Kriegsbrot herzustellen, besteht jetzt fast im gesamten Gebiet des Deutschen Reiches.

20 So Der deutsche Maler George Grosz wird nach einem Nervenzusammenbruch und Aufenthalt in einer Heilanstalt als dienstuntauglich aus der Armee entlassen.

21 Mo Wegen der Metallknappheit werden im Deutschen Reich jetzt auch Kessel und Kochtöpfe aus Kupfer, Messing und Reinnickel enteignet.

22 Di In Buenos Aires finden Solidaritätskundgebungen für die Neutralitätspolitik der argentinischen Regierung statt. Bis zu 60 000 Menschen sind beteiligt.

23 Mi Wegen einer umstrittenen Wahlrechtsreform muss der ungarische Ministerpräsident István Graf Tisza auf Druck des österreichischen Kaisers zurücktreten.

24 Do Im Norden der Niederlande fordert ein ausgedehnter Moorbrand über 20 Todesopfer. Über 100 Häuser und vier Schiffe werden zerstört.

25 Fr Ein Explosionsunglück in der Munitionsfabrik der österreichischen Stadt Olepex fordert über 300 Todesopfer und 625 Verletzte.

26 Sa Wegen des allgemeinen Milchmangels im Deutschen Reich wird der Milchverkauf nach Ladenschluss erlaubt und sogar empfohlen.

27 So In Flandern beginnen heftige Stellungskämpfe zwischen deutschen Einheiten und den Truppen der Entente-Mächte.

28 Mo In Rom werden 150 Carabinieri zusammengezogen, um einer Revolte wegen der schlechten Kriegs- und Ernährungslage entgegenzutreten.

29 Di Die USA bewilligen Russland einen Kredit in Höhe von drei Mrd. US-Dollar (16,5 Mrd. Mark), um die Transsibirische Eisenbahn zweigleisig auszubauen.

30 Mi Reichskanzler Theobald von Bethmann Hollweg verbietet die Ausfuhr von Papierwaren, da die Papierknappheit noch größer geworden ist.

31 Do In Russland wird Trunkenheit in der Öffentlichkeit mit eineinhalb Jahren Gefängnis bestraft, um den Missbrauch von Alkohol einzuschränken. → Benzin

6. Mai 1917

Nivelle-Offensive scheitert

Die französische Großoffensive im Norden Frankreichs wird nach gewaltigen Verlusten auf beiden Seiten abgebrochen. 187 000 Franzosen und 163 000 Deutsche finden während der Kampfhandlungen den Tod.

Bereits in der Planungsphase hatten hohe Militärs Zweifel an den Erfolgsaussichten des Unternehmens unter Führung des französischen Oberbefehlshabers Robert Georges Nivelle. Schon wenige Tage nach dem Beginn am 10. April war das Scheitern des Unternehmens offenbar geworden. Die Erwartung Nivelles, die Deutschen innerhalb von 48 Stunden vernichtend schlagen zu können, erfüllte sich vor allem deshalb nicht, weil die deutsche Oberste Heeresleitung schon im Februar mit

dem taktischen Rückzug der Truppenverbände auf die für die Alliierten ungünstige sog. Siegfriedlinie begonnen hatte. (Abb.: Kaiser Wilhelm II. an der Front). Bereits am 30. April führten die Misserfolge dazu, dass Paul Painlevé, der französische Kriegsminister, Nivelle in seiner Funktion als Generalstabschef und militärischer Berater der Regierung durch Henri Philippe Pétain ablösen ließ. Die Erfolglosigkeit der Nivelle-Offensive führt zu wachsender Unzufriedenheit im französischen Heer. In 45 Divisionen herrscht eine Atmosphäre des Aufruhrs. Insgesamt werden 119 Fälle »kollektiver Indisziplin« aktenkundig.

31. Mai 1917

Benzin aus Steinkohle

Dem Chemiker Franz Fischer gelingt am Kaiser-Wilhelm-Institut für Kohleforschung in Mülheim an der Ruhr die Herstellung von Paraffin und Benzin aus Steinkohle.

Da das von ihm genutzte technische Verfahren, die Tieftemperaturverkokung, langwierig und teuer ist, kann die Methode aber noch nicht in großem Maßstab zur Benzingewinnung genutzt werden. Trotzdem ist es ein wichtiger Schritt bei den Bemühungen Deutschlands, sich so weit wie möglich von Rohstoffimporten zu emanzipieren. Erdöl gehört wie Salpeter und verschiedene Nichteisenmetalle zu den kriegswichtigen Rohstoffen. Bereits im Jahre 1911 war von dem Chemiker Friedrich Bergius, Professor an der Technischen Hochschule in Hannover, eine andere Methode zur Benzingewinnung aus Steinkohle entwickelt worden – das sog. Hochdruck-Hydrierverfahren.

12. Juni 1917

König Konstantin dankt ab

Auf Druck der Alliierten unterzeichnet Konstantin I., König von Griechenland (s. Abb.), seine Abdankungsurkunde. Zum Nachfolger wird sein 23-jähriger Sohn Alexander bestimmt, nachdem Truppen der Entente dessen älteren Bruder, Kronprinz Georg, zum Thronverzicht gezwungen hatten.

Schon seit längerem drängen die alliierten Mächte, Griechenland möge in den Krieg gegen die Mittelmächte eintreten. Konstantin bestand jedoch auf der Neutralität seines Landes. Unter Führung des ehemaligen Ministerpräsidenten Eleftherios Weniselos bekannten sich andererseits immer mehr Politiker und Militärs dazu, den Forderungen der Franzosen und Briten nachzugeben. Weniselos war im Oktober 1915 wegen seiner ententefreundlichen Politik von Konstantin I. zum Rücktritt gezwungen worden. Am 16. Oktober 1916 hatte der Gestürzte in dem von Alliierten besetzten Saloniki eine provisorische Regierung ausgerufen, die sich bedingungslos auf die Seite des französischen Oberbefehlshabers der alliierten Saloniki-Armee stellte. Die königstreuen griechischen Truppenteile waren schon im September von Weniselos-Anhängern entwaffnet worden. Kurze Zeit später landeten französische und britische Truppen in Piräus. Am 11. Oktober wurde die griechische Flotte auf ultimativen Druck dem Entente-Befehl unterstellt.

16. Juni 1917

Lenin beansprucht die Macht

In Petrograd beginnt der erste offizielle Allrussische Kongress der Räte der Arbeiter- und Soldatendeputierten, an dem 1090 Delegierte aus allen Teilen Russlands teilnehmen.

Der Kongress wird von einer überwältigenden Mehrheit bürgerlicher Demokraten beherrscht. Unter ihnen bilden die kleinbürgerlich strukturierten Sozialrevolutionäre als derzeit stärkste russische Partei die absolute Mehrheit. Gemeinsam mit dem rechten Flügel der Menschewiken stellen sie etwa 80% aller Kongressteilnehmer. Zum ersten Mal tritt Wladimir I. Lenin (Abb.: als Arbeiter verkleidet in Finnland) vor dem Plenum aller sowjetischen Richtungen auf. Seine Rede erregt wegen ihres radikalen Inhalts großes Aufsehen. Lenin sagt u.a., seine Partei sei jede Minute bereit, die Macht zu übernehmen. Damit betont er zum ersten Mal öffentlich den Machtanspruch der Partei. Angesichts der Tatsache, dass die Bolschewiken nur eine kleine Minderheit aller russischer Revolutionäre stellen, ruft seine Aussage bei den Kongressdelegierten Überraschung hervor.

13. Juni 1917

Luftkrieg gewinnt an Bedeutung

Kampfflugzeuge eines neuen Typs, die von den Deutschen entwickelten Langstreckenbomber, fliegen einen Angriff auf die britische Hauptstadt. Im vierten Kriegsjahr hat sich die Erkenntnis durchgesetzt, dass Kampfflugzeuge einen wichtigen Beitrag zum Erfolg der Kriegsführung leisten können. Überall wird fieberhaft an der Weiterentwicklung militärischer Flugzeugtechnik gearbeitet.
Die Bomber vom Typ »Gotha« sind eine Waffe von strategischer Bedeutung, über die bislang nur Deutschland verfügt. Die mit zwei Mercedes-Motoren ausgerüsteten Doppeldecker erreichen eine Geschwindigkeit von etwa 140 km/h und können bei einer Traglast von 400 bis 600 kg ca. 60 Bomben erstmals über längere Strecken transportieren. Alle bisher verfügbaren Kampfflugzeuge erreichten kaum 100 km/h und waren ständig vom Abschuss durch die schnelleren Jagdflieger bedroht. Zudem waren ihre Motoren zu schwach, als dass sie mehr als zehn oder 20 Bomben mit sich führen konnten. Weil diese Bomber Geleitschutz brauchten, beschränkten sich beide kriegführenden Parteien darauf, nur Kurzstreckenangriffe auf das Hinterland des Gegners zu fliegen. Zu Kriegsbeginn waren Flugzeuge nur zu Aufklärungszwecken benutzt worden. Wenige Militärs glaubten, dass es zu nennenswerten Luftkämpfen kommen würde. Doch bereits im Oktober 1914 wurde das erste deutsche Flugzeug, eine »Aviatik«, abgeschossen. Seitdem kommt es zu immer mehr Luftkämpfen. Die Kampfflieger Manfred von Richthofen aus Deutschland, Edward Marnock aus Großbritannien und Georges Guynemer aus Frankreich gelten als »Helden der Lüfte«.

Spektakulärer Luftkampf

Langstrecken-Bomber »Gotha« Go G VIII

19. Juni 1917

Erfolg für Suffragetten

Das britische Unterhaus stimmt mit 385 gegen 55 Stimmen für das Wahlrecht von Frauen. In Zukunft sind danach Frauen ab dem 30. Lebensjahr bei den Parlamentswahlen stimmberechtigt.
Dieses Zugeständnis kommt maßgeblich unter dem Druck der Suffragetten zustande. Die Frauenrechtlerinnen unter Führung von Emmeline Pankhurst kämpfen seit Jahren – zunehmend mit gewalttätigen Aktionen – für das Frauenstimmrecht. Mehrfach wurden Pankhurst und ihre Mitstreiterinnen wegen Brandstiftung oder sogar Bombenanschlägen zu Gefängnisstrafen verurteilt. Auch in Deutschland wächst die Zahl der Frauen, die für die Durchsetzung ihrer politischen Rechte eintreten. Zu den wichtigsten Vorkämpferinnen für das Wahlrecht zählen u.a. Minna Cauer, Rosa Luxemburg und Clara Zetkin. Die Sozialdemokraten treten seit dem Jahre 1891 für das Frauenwahlrecht ein (Abb.: Vor allem die Frauen organisieren während des Krieges den Alltag).

Juni 1917

1 Fr — In den USA beginnt die Herstellung von Helium aus Erdgas, das anstelle des hochbrennbaren Wasserstoffs in Luftschiffen verwendet werden soll.

2 Sa — Zur Erhaltung der neutralen Position untersagt die spanische Regierung jede öffentliche Kundgebung zur internationalen Lage.

3 So — Im Albert-Theater in Dresden wird »Mörder, Hoffnung der Frauen«, ein Drama des Malers und Dichters Oskar Kokoschka, uraufgeführt.

4 Mo — Neuer Oberbefehlshaber der russischen Armee wird General Alexej A. Brussilow. Sein Vorgänger hatte sich für einen annexionslosen Frieden ausgesprochen.

5 Di — Der König von Italien lässt das besetzte Albanien unter dem »freundschaftlichen Schutz« Italiens für unabhängig erklären.

6 Mi — Aus Protest gegen Preissteigerungen werden in Norwegen alle Geschäfte und Restaurants für einen Tag geschlossen. Viele Fabriken werden bestreikt.

7 Do — Erstmals seit dem Kriegseintritt der USA am 6. April erreichen größere US-Kriegsflottenkontingente die südfranzösische Küste.

8 Fr — Einziger Programmpunkt auf der Stockholmer Friedenskonferenz ist die gewerkschaftliche Forderung nach einem Friedensvertrag.

9 Sa — Durch ein Erdbeben wird die mittelamerikanische Stadt San Salvador vollständig zerstört. Alle Ortschaften in 50 km Umkreis sind ebenfalls betroffen.

10 So — Im nördlichen Finnland bricht eine Hungersnot aus. +++ Die Dominikanische Republik bricht die diplomatischen Beziehungen zum Deutschen Reich ab.

11 Mo — 2000 Kinder aus den westfälischen Großstädten werden zur Erholung und Entlastung ihrer Mütter für zunächst unbegrenzte Zeit nach Polen verschickt.

12 Di — Unter der Regie von Bruno Walter wird in München die musikalische Legende »Palestrina« von Hans Pfitzner uraufgeführt. → König Konstantin

13 Mi — Die deutsche Reichsregierung beschlagnahmt zur Kriegsverwertung sämtliche Felle und Häute von Wild, Hunden, Schweinen etc. → Luftkrieg

14 Do — Das deutsche Kriegsernährungsministerium in Berlin teilt mit, dass die Kartoffelvorräte im Deutschen Reich vollständig erschöpft seien.

15 Fr — Die Regierung der USA droht mit dem Gesetz »Espionage Act« schwere Strafen für die Behinderung der Kriegsanstrengungen an.

16 Sa — In Norddeutschland treten mehr als 2000 Fälle von Pockenerkrankungen auf. Über 200 Menschen sterben an der Infektion. → Lenin

17 So — Im Deutschen Reich herrscht extremer Arbeitskräftemangel. Im Durchschnitt kommen sechs offene Stellen auf einen Arbeitslosen.

18 Mo — Die Reichsbekleidungsstelle in Berlin richtet eine Wiederherstellungsstelle ein, um von der Bevölkerung abgelieferte Altkleidung zu verwerten.

19 Di — Der österreichische Ministerpräsident Heinrich Graf von Clam-Martinic tritt zurück. Sein Nachfolger wird Ernst Ritter Seidler von Feuchtenegg. → Suffragetten

20 Mi — Die Kaiserglocke des Kölner Doms, mit 543 Zentnern eine der schwersten Glocken der Welt, wird zur Metallverwertung eingeschmolzen.

21 Do — Wegen der beginnenden Malariazeit werden die deutschen Truppen an der Makedonienfront vom östlichen Struma-Ufer zurückgezogen.

22 Fr — Deutsche Beamte, die an der Kriegsfürsorge beteiligt sind, werden von der Regierung zu äußerster Höflichkeit gegenüber Trauernden aufgefordert.

23 Sa — In Berlin wird die Kunstsammlung Aumüller versteigert. Verschiedene Werke, unter anderem von Rembrandt und Dürer, erzielen Rekordpreise.

24 So — In Hamburg findet das traditionelle Derby auf der Galopprennbahn Horn statt. Sieger wird der Hengst Landgraf unter Jockey Wilhelm Kasper.

25 Mo — Der in Zürich lehrende deutsche Medizinalprofessor Ferdinand Sauerbruch stellt ein neues Operationsverfahren und bewegliche Prothesen für Amputierte vor.

26 Di — Papst Benedikt XV. bietet sich dem deutschen Reichskanzler als Friedensvermittler an, unter der Bedingung, dass das Deutsche Reich Belgien freigibt.

27 Mi — Die deutsche Kriegsgesellschaft für Obstkonserven untersagt die Herstellung von Pflaumenmus. Frischobst soll die Vitaminversorgung sichern.

28 Do — In Düsseldorf kommt es zu Protestkundgebungen und Plünderungen wegen Lebensmittelknappheit. +++ In Petrograd tagt der Allgemeine Kosakentag.

29 Fr — Unter Ministerpräsident Eleftherios Weniselos erklärt Griechenland dem Deutschen Reich, Österreich-Ungarn, Bulgarien und der Türkei den Krieg.

30 Sa — Der bisherige russische Marineminister Alexander F. Kerenski legt sein Amt nieder. Er behält jedoch das Amt des Kriegsministers.

Juli 1917

1 So In Peking proklamiert der chinesische Militärgouverneur Chang Hsün den elfjährigen Pu Yi zum Kaiser von China.

2 Mo Kaiser Karl I. von Österreich erlässt eine Amnestie für politische Gefangene. Die Aktion wird als Zeichen der politischen Schwäche des Kaisers ausgelegt.

3 Di In Amsterdam tobt der »Kartoffelkrieg« wegen niederländischer Kartoffellieferungen an Großbritannien. Militäreinheiten schlagen den Aufstand blutig nieder.

4 Mi In Rantoul im Bundesstaat Illinois wird das erste Ausbildungslager für Militärpiloten in den USA eingerichtet.

5 Do Die deutsche Reichsregierung ruft alle Haushalte mit Personal dazu auf, Dienstmädchen vom Lande für den Ernteeinsatz nach Hause zu schicken.

6 Fr Die Legislaturperiode des Deutschen Reichstags wird um ein weiteres Jahr verlängert. +++ Im chinesischen Nanking wird eine provisorische Regierung gebildet.

7 Sa Im Rahmen der Metallsammel- und Enteignungsaktion fallen auch die vier Glocken der Düsseldorfer St. Peterskirche der Kriegsverwertung anheim.

8 So Der Versuch, die chinesische Ch'ing-Dynastie der Mandschu wiederherzustellen, scheitert mit dem Rücktritt des am 1. Juli inthronisierten Kaisers Pu Yi.

9 Mo Reichskanzler Theobald von Bethmann Hollweg erklärt nach Kritik an seiner Kriegspolitik, er wolle sein Amt niederlegen, wenn es von ihm verlangt werde.

10 Di Die deutsche Reichsregierung ruft die Besitzer reinrassiger Hunde auf, u.a. Schäferhunde für den Kriegsdienst zur Verfügung zu stellen.

11 Mi Kaiser Wilhelm II. fordert, der Gesetzentwurf zur Änderung des preußischen Wahlrechts müsse das allgemeine und gleiche Wahlrecht vorsehen.

12 Do Im Deutschen Reich werden erstmals 10-Pfennig-Münzen aus reinem Zink geprägt, da wegen des Kriegsbedarfs andere Metalle fehlen.

13 Fr Die italienische Kammer spricht Ministerpräsident Paolo Boselli das Vertrauen aus und unterstützt die Fortsetzung des Krieges.

14 Sa Der Kongress der USA bewilligt 640 Mio. Dollar (umgerechnet rd. 3,5 Mrd. Mark) für den Aufbau von Luftstreitkräften. → Bethmann Hollweg

15 So In Marseille treffen mehrere Schiffe mit chinesischen Arbeitern ein, die in Frankreich und Großbritannien Kriegsdienst leisten sollen. → Petrograd

16 Mo Die deutschen Kolonialtruppen in Ostafrika dringen auf der Flucht vor alliierten Verbänden in die portugiesische Kolonie Angola ein.

17 Di Der britische König Georg V. ändert den Namen seines Hauses wegen des Krieges mit dem Deutschen Reich von Sachsen-Coburg-Gotha in Windsor.

18 Mi Die russische provisorische Regierung verbietet Zeitungen der Bolschewiken. +++ Winston Churchill wird britischer Munitionsminister.

19 Do In Petrograd fordert der Arbeiter- und Soldatenrat von der russischen Regierung ultimativ die Auflösung des Parlaments, der Duma.

20 Fr Die Reichsbekleidungsstelle in Berlin verbietet die Verwendung von Stoffservietten. Hotels dürfen nur noch alle sieben Tage die Bettwäsche wechseln.

21 Sa Nach dem Rücktritt des Ministerpräsidenten der provisorischen russischen Regierung, Georgi Fürst Lwow, wird Alexander F. Kerenski neuer Regierungschef.

22 So Der von der deutschen Verwaltung verhaftete polnische General Józef Pilsudski wird nach Magdeburg gebracht.

23 Mo Der Frauenarzt Max Nassauer veröffentlicht einen Aufsatz über das Phänomen der nur zwei bis vier Stunden dauernden »Kriegsschnellgeburt«.

24 Di Nach der Niederschlagung eines Putschversuches der Bolschewiken durch die russische Regierung flieht Wladimir I. Lenin nach Finnland.

25 Mi Die russische provisorische Regierung erlässt eine Resolution zur Wiedereinführung der seit der Februarrevolution abgeschafften Todesstrafe an der Front.

26 Do Wegen Gasmangels ist die Straßenbeleuchtung in zahlreichen deutschen Städten eingestellt. Gas wird nur noch nach Stundenplan abgegeben.

27 Fr Das Finanzministerium der USA gibt bekannt, das erste Jahr der Kriegsführung werde etwa 11 Mrd. Dollar kosten, das sind rd. 61 Mrd. Mark.

28 Sa In Berlin werden mehrere Weinrestaurants wegen überhöhter Preise geschlossen. Zudem stammte ein Teil der Nahrungsmittel vom Schwarzmarkt.

29 So Wegen verbotenen Malzhandels wird ein bayerischer Landtagsabgeordneter aus Kulmbach zu einer Geldstrafe von 260 000 Mark verurteilt.

30 Mo Auf der Düsseldorfer Kunstausstellung werden Gemälde im Wert von 300 000 Mark verkauft. 6000 Besucher besitzen eine Dauerkarte. → Flandern

31 Di Die russische Regierung ordnet die Auflösung des finnischen Landtages an, der zuvor die Unabhängigkeit Finnlands proklamiert hatte.

14. Juli 1917

Bethmann Hollweg gibt au

Reichskanzler Theobald von Bethmann Hollweg (s. Abb.) reicht seinen Rücktritt ein. Kaiser Wilhelm II., der unter dem politischen Druck seiner Militärführung steht, nimmt das Gesuch sofort an. Nachfolger wird der bisherige Staatssekretär für Volksernährung, der politisch unerfahrene Georg Michaelis.

Die seit langem schwelende Krise um den Reichskanzler verschärfte sich am 6. Juli, als der Zentrumsabgeordnete Matthias Erzberger eine alarmierende Rede vor dem Hauptausschuss des Reichstags hielt. Erzberger, Leiter der deutschen Auslandspropaganda, schilderte erstmals die militärische und wirtschaftliche Situation Deutschlands ohne die beschönigende Propaganda, die von der Obersten Heeresleitung verbreitet wird. Dabei ging der Politiker besonders auf den Fehlschlag des deutschen U-Boot-Kriegs und die Hungersnot sowie den Friedenswillen des verbündeten Österreich-Ungarn ein. Erzberger betonte, nur der sofortige Vorschlag eines bedingungslosen Friedens ohne Annexionen könne Deutschland retten. Besonderen Eindruck machte, dass diese Rede nicht von einem Sozialdemokraten, sondern vom Führer der konservativen Zentrumspartei gehalten wurde, der selbst eine Zeitlang Vertreter einer annexionistischen Kriegspolitik war. Unmittelbare Folge der Rede waren interfraktionelle Gespräche zwischen Sozialdemokraten, Fortschrittspartei, Zentrum und Nationalliberalen. Die Mehrheit dieser Parteien entschloss sich zur Unterstützung des Vorschlags von Erzberger. Reichskanzler von Bethmann Hollweg, der selbst auf einen Verständigungsfrieden drängt, lehnt die Friedensresolution der Reichstagsmehrheit ab, weil er ein bedingungsloses Angebot an die Kriegsgegner nicht akzeptieren könne. Gleichzeitig will der Reichskanzler gegenüber dem Kaiser nicht als Führer einer linken Mehrheit des Reichstags erscheinen und statt dessen zwischen den Fraktionen und der Obersten Heeresleitung vermitteln. Seit einiger Zeit schon hat Bethmann Hollweg versucht, im Sinne der Burgfriedenspolitik die Forderungen der verschiedenen Parteien in Einklang zu bringen. So lehnte er ebenso wie die Oberste Heeresleitung den bedingungslosen Frieden ab, unterstützte aber gleichzeitig die einen annexionslosen Frieden fordernden Sozialdemokraten bei der Abschaffung des Dreiklassenwahlrechts.

Kanzler des Kaiserreichs 1871-1918

Name	Amtszeit
Otto Fürst von Bismarck	1871-1890
Georg Leo Graf von Caprivi	1890-1894
Chlodwig Fürst zu Hohenlohe-Schillingsfürst	1894-1900
Bernhard Fürst von Bülow	1900-1909
Theobald von Bethmann Hollweg	1909-1917
Georg Michaelis	1917
Georg Friedrich Graf von Hertling	1917-1918
Max Prinz von Baden	1918

30. Juli 1917

Alliierter Erfolg in Flandern

Mit dem zweiten Vorstoß britischer Einheiten in der Nähe von Ypern verbuchen die Alliierten an der Flandernfront einen wichtigen Erfolg. Auf einer Kampflinie von 12 km Breite gelingt den 40 britischen Divisionen trotz ungewöhnlich schlechter Witterungsbedingungen ein Anfangserfolg gegen die 17 deutschen Divisionen. Bereits die Voroffensive am 6. Juni war ein Erfolg. Damit erreichen die Briten das Ziel, den Weg nach Ypern zunächst von Süden her frei zu kämpfen, um bis an die Kanalküste vorzurücken und die Deutschen aus der für die Alliierten gefährlichen Position an der belgischen Küste zu vertreiben (Abb.: Britischer Sturmangriff).

15. August 1917

Papst fordert Frieden

Papst Benedikt XV. ruft die kriegführenden Staaten zum Frieden auf. Er plädiert für einen Friedensschluss ohne Annexionen und für eine internationale Schiedsgerichtsbarkeit.

Benedikt XV.

eigtl. Giacomo della Chiesa, Papst, * 21.11.1851 Genua; † 22.1.1922 Rom

Benedikt XV. wahrt trotz persönlicher Neigung zu Frankreich im Weltkrieg strikte Neutralität. Von der Pariser Friedenskonferenz im Jahre 1919 ausgeschlossen, wendet er sich gegen die harten Bedingungen des Versailler Friedensvertrags. Während seines Pontifikats tritt das neue Kirchenrecht in Kraft.

- 1907: Erzbischof von Bologna
- 1914: Ernennung zum Kardinal und Wahl zum Papst
- 1917: Friedensnote an die »kriegführenden Völker«

Der Erlass des Kaisers vom 11. Juli, der in diesem Sinne die Einführung des gleichen Wahlrechts vorsah, traf allerdings auf den entschiedenen Widerstand der Nationalliberalen. Insbesondere der Vorsitzende der Nationalliberalen, Gustav Stresemann, vertritt im Reichstag die Interessen der Militärführung. Bethmann Hollweg hat somit jegliche Unterstützung verloren. Die Oberste Heeresleitung unter Erich Ludendorff und Paul von Hindenburg, die weiterhin auf einen Sieg Deutschlands setzt, sieht die Chance, den ihr nicht genehmen Reichskanzler zu stürzen, um selbst stärkeren Einfluss auf die politische Führung zu erhalten. Konflikte zwischen Heeresleitung und Reichskanzler hatte es schon in der Frage des uneingeschränkten U-Boot-Kriegs gegeben. Am 11. Juli teilen Ludendorff und Hindenburg Kaiser und Parteien mit, dass sie die Ablösung des Reichskanzlers fordern oder selbst zurücktreten werden. Am 12. Juli plädieren alle vier Parteien für den Rücktritt Bethmann Hollwegs. Der Kaiser, der seinen Reichskanzler weiterhin hoch schätzt, beugt sich den Generälen. Die Heeresleitung bestimmt damit die Richtung der deutschen Politik. Der neue Kanzler Georg Michaelis ist ein Kompromisskandidat. Seine Wahl beruht vor allem auf der Unfähigkeit der politischen Fraktionen und der Militärführung, sich auf einen profilierten Kandidaten zu einigen. Im Verlauf der hitzigen Diskussionen um einen Kandidaten hatte ein Mitarbeiter des Generalstabs »einen Mann namens Michel oder ähnlich« vorgeschlagen. Dieser sei mit Brotlieferungen beschäftigt und habe kürzlich in einer Rede erklärt, er renne jedem den Degen in den Leib, der ihm in den Weg trete. Wilhelm II. kannte den Beamten nicht, war jedoch mit dem Vorschlag einverstanden. Das erste Zusammentreffen der Parteiführer mit dem Reichskanzler kommentiert der Abgeordnete Friedrich von Payer mit den Worten: »Wir gingen so bedrückt auseinander, dass bei den Freunden Bethmanns nicht einmal das menschlich zunächstliegende Gefühl der Schadenfreude aufkam.«

15. Juli 1917

Blutiger Aufstand in Petrograd

Die innenpolitische Lage in Russland eskaliert. In Petrograd beginnt ein Aufstand gegen die provisorische Regierung unter Ministerpräsident Georgi J. Fürst Lwow. Aufständische Arbeiter und Soldaten gehen auf die Straße.

Heereskadetten, Kosaken und regierungstreue Soldaten, die von Frontverbänden unterstützt werden, schlagen die unter dem Motto »Frieden, Land und Brot« stehenden Protestkundgebungen innerhalb von zwei Tagen blutig nieder. Die militärischen Auseinandersetzungen in der russischen Hauptstadt fordern etwa 400 Tote und viele Hundert Verletzte. Die krawallartigen Kundgebungen schienen zunächst ohne politische Führung zu sein. Mit der Ankunft von etwa 20 000 Kronstädter Matrosen, Arbeitern und Soldaten am 17. Juli, die sich zu den revolutionären Bolschewiken bekennen, ist jedoch die politische Richtung des Massenaufstands offensichtlich geworden. Sogar die offizielle Leitung der Bolschewiken zeigt sich überrascht.

25. August 1917

Aufruhr in der Hochseeflotte

Im Prozess gegen aufrührerische Matrosen der deutschen Hochseeflotte werden in Wilhelmshaven fünf Todesurteile und zahlreiche langjährige Freiheitsstrafen verhängt.

Das Kriegsgerichtsurteil gilt Matrosen eines Linienschiffs, die am 2. August für einen sofortigen Frieden demonstriert hatten. Der Oberbefehlshaber der deutschen Flotte, Admiral Reinhard Scheer, wandelt drei Todesurteile in Haftstrafen

um, besteht jedoch auf der Erschießung der Heizer Max Reichpietsch und Albin Köbis. Beide Matrosen waren Hauptredner bei Protestversammlungen der Hochseeflotte gewesen.

Nach der Schlacht am Skagerrak 1916 hatten die Schiffe in den Häfen festgelegen. Eintöniger Dienst und Verpflegungsmangel führten zu heftigen Protesten. Die revolutionär gesinnten Seeleute unterstützten die Forderungen von SPD und USPD nach einem annexionslosen Frieden (Abb.: Rebellierende Soldaten und Matrosen des Linienschiffs »Prinzregent Luitpold« bilden einen Rat und fordern den Frieden).

25. August 1917

»Mädle« startet durch

In der Komischen Oper zu Berlin findet die Premierenvorstellung der volkstümlichen Operette »Schwarzwaldmädel« statt.

Durch die zündenden Melodien von Leon Jessel wird das musikalische Werk zum bislang größten Erfolg für den 1871 in Stettin geborenen Kompo-

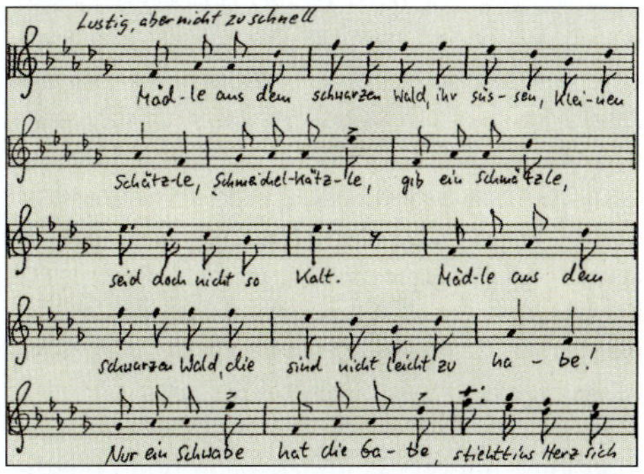

nisten, der seit 1900 in Lübeck lebt und arbeitet (Abb.: Partitur aus »Schwarzwaldmädel«). In den Berliner Straßen werden die beliebten Melodien aus seinem neuesten Werk bald überall gesungen, so z.B. »Mädle aus dem schwarzen Wald« und der Walzer »Erklingen zum Tanze der Geigen«. Ebenso eingängig wie die Musik ist das Libretto des Wieners August Neidhardt.

August 1917

1 Mi Mit 65 gegen 20 Stimmen verabschiedet der Senat der USA eine Verfassungsänderung im Sinne eines Gesetzes gegen den Alkoholkonsum.

2 Do Etwa 400 Matrosen des Panzerschiffs »Prinzregent Luitpold« verlassen in Kiel trotz Verbots ihr Schiff und halten eine politische Versammlung ab.

3 Fr Auf Veranlassung des russischen Justizministeriums werden die Wohnung des Dichters Maxim Gorki und die Druckerei seiner Zeitschrift durchsucht.

4 Sa Der deutsche Kriegsausschuss für Öle und Fette fordert die Bevölkerung zum Sammeln von Akaziensamen auf, der als Viehfutter verwendet werden soll.

5 So In Berlin finden die deutschen Leichtathletik-Kriegsmeisterschaften statt. Es werden keine neuen Rekorde aufgestellt.

6 Mo Im US-Bundesstaat Texas wird die Ehefrau des amtsenthobenen Gouverneurs Ferguson dessen Nachfolgerin und damit die erste Frau im Gouverneursamt.

7 Di Der russische Ministerpräsident Alexander F. Kerenski zieht die Kosakenregimenter von der Front ab, damit sie gegen Aufstände eingesetzt werden können.

8 Mi Bei einem Zugunglück auf der Stecke Genua-Mailand sterben 34 Menschen. +++ In Petrograd beginnt der VI. Parteitag der bolschewistischen SDAPR.

9 Do Studentinnen der Universität Münster melden sich freiwillig zum Dienst in Munitionsfabriken, um ein Zeichen der Solidarität mit den Frontsoldaten zu setzen.

10 Fr In Niederlahnstein werden Kriegsgeldscheine mit der Abbildung eines Schinkens ausgegeben. Die Bildunterschrift lautet: »Zarte Sehnsucht, süßes Hoffen«.

11 Sa In Düsseldorf findet das Radrennen um das »Goldene Rad vom Rhein« statt. Auch Fritz Bauer, der Gewinner des »Goldenen Rads von Berlin«, nimmt teil.

12 So In Petrograd tritt die sog. Großmutter der russischen Revolution, Katherina Brestkowskaja, als Ministerin in die provisorische Regierung ein.

13 Mo Die Reichsregierung ruft Hinterbliebene dazu auf, auf Trauerkleidung zu verzichten, da sie negativ auf die Volksstimmung wirken könnte.

14 Di Die norwegischen Brauereien streiken. Grund ist der Beschluss der Regierung, alkoholhaltige Biere grundsätzlich zu verbieten.

15 Mi Erstmals gelingt in den USA die Herstellung eines drahtlosen Funkverkehrs zwischen einem Flugzeug und einer Bodenstation. → Benedikt XV.

16 Do In der spanischen Provinz Katalonien streiken etwa 80 % aller Arbeiter. In Barcelona herrschen bürgerkriegsähnliche Zustände.

17 Fr Reichskanzler Georg Michaelis reist zur Kontrolle der deutschen Verwaltung nach Belgien. +++ Deutsche Truppen räumen den Ort Langemarck in Flandern.

18 Sa Das Reichspostamt will nach dem Krieg die verheirateten Frauen »ihren hausfraulichen Pflichten zurückgeben«, aber nicht alle Frauen wieder entlassen.

19 So Die Altstadt von Saloniki wird durch einen Großbrand vollständig zerstört. Etwa 70 000 Menschen werden obdachlos, mehrere hundert verletzt.

20 Mo Der britische Staatssekretär für Indien, Edwin Samuel Montagu, unterstützt in der Indien-Erklärung vehement die Unabhängigkeitsbestrebungen der Inder.

21 Di Großbritannien und Frankreich verlangen als Vorbedingung von Friedensverhandlungen eine deutsche Erklärung zur Wiederherstellung Belgiens.

22 Mi In Düsseldorf wird der Schneider Heinrich Bolten wegen betrugswürdiger Wahrsagerei zu einem Monat Gefängnis verurteilt.

23 Do Das Stadttheater Düsseldorf gibt bekannt, dass in der vergangenen Saison trotz der schwierigen Lage 307 Vorstellungen gegeben wurden.

24 Fr Die Reichsbekleidungsstelle in Berlin beschlagnahmt Bett-, Haus- und Tischwäsche von gewerbetreibenden Betrieben, auch von privaten Krankenhäusern.

25 Sa In der deutschen Bevölkerung werden Klagen über die mindere Qualität von Einmachringen aus Altgummi laut. → »Mädle« → Hochseeflotte

26 So In Leipzig öffnet die Herbstmesse. Sie dauert bis zum 10. September. Gemeldet sind 2600 Aussteller und 18 000 Einkäufer.

27 Mo Das russische Kriegsministerium in Petrograd erlässt den Befehl, alle bolschewistischen Offiziere umgehend zu entlassen.

28 Di Zehn Suffragetten, die für das Wahlrecht der Frauen demonstrieren, werden vor dem Weißen Haus in Washington festgenommen.

29 Mi Der russische Ministerpräsident Alexander F. Kerenski weigert sich, vor Kriegsende eine konstituierende Versammlung einzuberufen.

30 Do In Österreich wird die endgültige Kabinettsliste unter Ministerpräsident Ernst Ritter Seidler von Feuchtenegg bekanntgegeben.

31 Fr Wegen der Lebensmittelnot kommt es in Berlin zu Unruhen. Auf den Märkten werden zahlreiche Stände geplündert.

September 1917

1 Sa Im Baltikum beginnt die Schlacht zwischen deutschen und russischen Truppenverbänden in der Bucht von Riga.

2 So In der Schweiz kommt es zu großen Kundgebungen für Frieden und Brot. Bei Auseinandersetzungen mit der Polizei werden mehrere Demonstranten verletzt.

3 Mo Der »Deutsche Verein gegen den Missbrauch geistiger Getränke« ruft zu Sammlungen für die Versorgung der Soldaten mit Mineralwasser auf. → Riga

4 Di In Moskau plündert eine Menschenmenge einen Laden mit Methylalkohol. Nach dessen Genuss sterben 100 Menschen an Alkoholvergiftung.

5 Mi In Italien wird die katholische Zeitung »Corriere del Friaul« verboten, weil sie zur Verbrüderung mit den gegnerischen Soldaten aufgerufen hatte.

6 Do In Kanton gründet Sun Yat-sen eine neue provisorische Regierung für China, die in Opposition zur Regierung von Li Yüan-hung in Peking steht.

7 Fr Die russische Regierung beschließt die Entfernung aller »überflüssigen Elemente« aus Petrograd. 100 000 Menschen müssen die Stadt verlassen.

8 Sa Frankreichs Ministerpräsident Alexandre Ribot erhält von Staatspräsident Raymond Poincaré den Auftrag zur Bildung einer neuen Regierung.

9 So In Frankfurt hat das Drama »Perleberg« von Carl Sternheim Premiere. +++ Eine Schlagwetterexplosion in der Bochumer Zeche »Mansfeld« fordert 13 Verletzte.

10 Mo Mit der Eroberung des Dorfes Selo durch italienische Truppen endet die elfte Isonzo-Schlacht mit einem Sieg für die italienische Armee.

11 Di Die Truppen des russischen Generals L. G. Kornilow marschieren auf Petrograd. Dort herrscht Panik, da mit dem Ausbruch des Bürgerkriegs zu rechnen ist.

12 Mi Die Mitgliederzahlen der SPD sind nach einem Bericht des »Vorwärts« seit Kriegsausbruch dramatisch zurückgegangen.

13 Do Im Deutschen Reich erhalten Luxuspferde, die nur dem Vergnügen dienen, keinen Hafer mehr. +++ Die Reichsbank gibt neue Banknoten zu 20 Mark heraus.

14 Fr Nach dem Ausbruch eines Generalstreiks in Portugal verhängt die Regierung in Lissabon den Ausnahmezustand für die Dauer des Streiks.

15 Sa Das Deutsche Reich und Österreich-Ungarn übertragen Gesetzgebung und Verwaltung im besetzten Polen einer noch zu gründenden polnischen Regierung.

16 So In Parma (Italien) führen Kämpfe zwischen Arbeitern und Soldaten wegen der schlechten Ernährungslage zur Ausrufung des Kriegsrechts.

17 Mo In der Nacht vom 16. auf den 17. September tritt im Deutschen Reich die Winterzeit in Kraft. Die Uhren werden um 3 Uhr nachts auf 2 Uhr zurückgestellt.

18 Di Wegen der ständigen Gefahr von Luftangriffen ordnen die Behörden die völlige Verdunklung aller deutschen Städte an.

19 Mi Die deutsche Regierung lehnt den Friedensvorschlag von Papst Benedikt XV. ab, dessen Grundlage die Freigabe von Belgien gewesen wäre.

20 Do Die nationalliberale Fraktion des Deutschen Reichstags wählt den Abgeordneten Gustav Stresemann zu ihrem Vorsitzenden.

21 Fr An den deutschen Hochschulen sind im Sommersemester 34,8 % weibliche Studierende eingetragen. Im letzten Vorkriegsjahr waren es nur 6,7 %.

22 Sa Aus Kreisen der Reichsregierung wird bekannt, dass im nächsten Winter nur noch Säuglinge, Schwangere und stillende Mütter Milchrationen erhalten werden.

23 So In fast allen niederländischen Großstädten brechen erneut Hungerunruhen aus. Es kommt zu zahlreichen Plünderungen.

24 Mo Die deutsche Reichsregierung ruft dazu auf, alle entbehrlichen Metallgegenstände abzugeben, da man sonst zu Enteignungen gezwungen sei.

25 Di Die katholische Frauenliga in Paris bereitet eine internationale Frauenkonferenz vor, um die Friedensbemühungen des Papstes zu unterstützen.

26 Mi Das argentinische Parlament in Buenos Aires spricht sich mehrheitlich für einen Abbruch der Beziehungen zum Deutschen Reich aus.

27 Do Der aufständische russische General Kornilow stellt seine Truppen unter den Oberbefehl von Ministerpräsident Kerenski, der ihnen Straffreiheit zusichert.

28 Fr In der Schlacht bei Ramadiji auf dem nahöstlichen Kriegsschauplatz siegen britische Truppen über osmanische Verbände. → Konrad Adenauer

29 Sa Im königlichen Schauspielhaus Dresden werden »Die Troerinnen « von Euripides in einer Neudichtung von Franz Werfel aufgeführt.

30 So Der elsässische Arzt Albert Schweitzer muss seinen Afrikaaufenthalt beenden. Er wird von französischen Truppen verhaftet und in Südfrankreich interniert.

1. Oktober 1917

Mondrian gründet »De Stijl«

Der niederländische Maler Piet Mondrian gründet die Künstlervereinigung »De Stijl«. Die neue Gruppierung gibt auch die erste Nummer der gleichnamigen Zeitschrift heraus (Abb.: Titelblatt der ersten Ausgabe).
Neben Mondrian zählen der Maler Theo van Doesburg und der Architekt Jacobus Johannes Pieter Oud zu den »Stijl«-Gründern. Dem Selbstverständnis nach sieht man sich als Bewegung innerhalb des Konstruktivismus, der mit seiner geometrischen, der Technik entlehnten Bildsprache die äußere Wirklichkeit nicht nachahmt, sondern selbst eine abstrakte Wirklichkeit der Farben und Formen herstellt. Als erster Künstler hatte der russische Maler Wladimir I. Tatlin im Jahre 1915 seine Werke als konstruktivistisch bezeichnet. Die von den »Stijl«-Gründern vertretene Variante wird Neoplastizismus genannt.

21. Oktober 1917

US-Amerikaner an der Front

Erstmals werden US-Soldaten zum Fronteinsatz herangezogen. Die Soldaten, die französischen Verbänden zugeordnet sind, kämpfen an der lothringischen Front an der Mosel.
Der Großteil der US-Einheiten war am 7. Juni in Europa gelandet (s. Abb.) und zunächst in Boulogne stationiert. Sie sind nur unzureichend auf den Kriegsalltag vorbereitet worden. Es fehlt an Werkzeug, Marschverpflegung und Küchengerät. Auch über einen eigenen Sanitätsdienst verfügen die ersten Verbände nicht. Die Soldaten wurden nach einer kurzen Ausbildungszeit mit französischen

und britischen Truppen zu Einheiten zusammengeschlossen. Vor dem ersten größeren Einsatz waren sie nur an kleinen Militäraktionen beteiligt. Oberbefehlshaber der US-Truppen ist General John J. Pershing. Der Absolvent der Militärakademie von West Point bringt u.a. Erfahrungen aus dem US-Krieg gegen Spanien von 1899 und dem Kampf gegen den mexikanischen Revolutionär Francisco »Pancho« Villa mit. Erst nach dem Kriegseintritt der USA am 6. April hatten in größerem Umfang Werbeaktionen für die freiwillige Rekrutierung begonnen. General Pershing und sein Adjutant George S. Patton sahen die Eingliederung ihrer Truppen in französische und britische Verbände ungern und hätten lieber eine rein amerikanische Armee aufgestellt. Pershing ist jedoch der Meinung, dass seine Armee erst im Sommer 1918 selbstständig einsatzbereit sein würde. So werden die Soldaten aus den USA zunächst verschiedenen Truppenteilen zugeordnet, da die französische Generalität einen unverzüglichen Einsatz befürwortet.

3. September 1917

Deutsche stürmen Riga

Nach zweitägigem Kampf gegen russische Truppenverbände erobert die 8. deutsche Armee die baltische Stadt Riga.
Bereits Anfang August wurden die Städte Czernowitz und Tarnopol von deutschen Truppen eingenommen. Zudem trugen die Unruhen in Russland dazu bei, dass die deutsche Heeresleitung den Zeitpunkt für gekommen sah, der russischen Armee den »Todesstoß« zu versetzen. Dazu schien Generalissimus Erich Ludendorff die Eroberung Rigas als erster Schritt besonders geeignet, da von hier aus leicht die russische Hauptstadt Petrograd unter militärischen Druck gesetzt werden konnte. Trotz ihrer allgemeinen Schwächung hatte die russische Heeresleitung Riga gut geschützt. Die über 200 000 Mann starke 12. russische Armee bildete nördlich und südlich der Stadt einen dreifach gesicherten Ring, der nur schwer zu überwinden war. Hinzu kam für die deutschen Truppen die Schwierigkeit, die bei Riga rd. 300 m breite Düna überschreiten zu müssen. Erst wenige Stunden vor dem Beginn des Angriffs in der Nacht zum 1. September rückten die deutschen Soldaten in ihre Stellungen ein. Kurze Zeit später begann der Angriff. Am dritten Tag wurde Riga genommen.

24. Oktober 1917

Kanzler Michaelis tritt zurück

Wegen fehlender parlamentarischer Mehrheit reicht der deutsche Reichskanzler Georg Michaelis sein Rücktrittsgesuch ein, dem Kaiser Wilhelm II. nach erstem Zögern zustimmt.
Als Nachfolger ist seit längerem der bayerische Ministerpräsident Georg Graf von Hertling im Gespräch, der am 1. November sein Amt antritt. Michaelis, der erst seit dem 14. Juli regierte, scheitert an der Auseinandersetzung zwischen der rechten neugegründeten Vaterlandspartei einerseits und der SPD und USPD andererseits. Auslösend für den Rücktritt ist der Antrag der SPD, den »vaterländischen Unterricht« im Heer, der u.a. von der Vaterlandspartei organisiert wird, zu unterbinden.

28. September 1917

Konrad Adenauer wird Oberbürgermeister von Köln

In der Stadtverordnetenversammlung von Köln wird der 1. Beigeordnete Konrad Adenauer (s. Abb.) als zukünftiger Oberbürgermeister feierlich begrüßt.

Der Zentrumspolitiker wird am 18. Oktober von Regierungspräsident Karl von Starck in sein Amt eingeführt. Der bisherige Oberbürgermeister Max Wallraf war als Unterstaatssekretär ins Reichsministerium des Innern berufen worden. Adenauer hatte sich als Beigeordneter der Stadt Köln Verdienste insbesondere um die Lebensmittelversorgung in den Kriegsjahren erworben. Seine Kandidatur war unumstritten. Bei der Oberbürgermeisterwahl erhält Adenauer auch die Zustimmung der Liberalen Partei. Außer zwei ungültigen Stimmen entfallen auf ihn alle 54 abgegebenen Voten. Selbst Wilhelm Sollmann, einer der Führer der bis dahin noch nicht im Stadtrat vertretenen Kölner SPD, bescheinigt dem neuen Oberbürgermeister eine gute Politik: »Eines glauben wir von Herrn Adenauer zu wissen: Er hat soziales Gefühl und soziales Verständnis.« Adenauer, der aus bescheidenen Verhältnissen stammt, hat Jura und Volkswirtschaft studiert. Im Jahre 1906 war er dem Zentrum beigetreten.

15. Oktober 1917

Die schöne Spionin

Die niederländische Tänzerin Mata Hari, die für den deutschen Nachrichtendienst tätig war, wird im Alter von 41 Jahren in einem Wald bei Vincennes von einem französischen Exekutionskommando erschossen.

Mit ihren erotischen Tempeltänzen verzauberte Mata Hari die Männerwelt.

Vor dem Ersten Weltkrieg faszinierte die Niederländerin das Publikum der Salons und Bühnen in ganz Europa. Um ihre Herkunft wurden Legenden gesponnen. Die Tänzerin selbst nährte die Gerüchte, indem sie verbreitete, in den buddhistischen Tempeln des Fernen Ostens in heilige Tänze eingeweiht worden zu sein. Doch einem Freund vertraute sie an: »Ich habe nie gut getanzt. Dass die Menschen kamen, um mich zu sehen, verdanke ich nur der Tatsache, dass ich es als erste wagte, mich unbekleidet der Öffentlichkeit zu präsentieren.« Bei Ausbruch des Krieges, als die exotische Tänzerin nicht mehr die Pariser Tanzszene beherrschte, ließ sie sich für 20000 Mark als Agentin mit dem deutschen Geheimdienst ein – nicht aus politischen Gründen, sondern aus dem Bedürfnis heraus, auch in Kriegszeiten den gewohnten luxuriösen Lebensstil nicht aufgeben zu müssen. Sie unterhielt regen Kontakt zu französischen und britischen Offizieren und arbeitete bei ihren zahlreichen Reisen als Kurier für den deutschen Geheimdienst. Informationen über militärische Geheimnisse erhielt Mata Hari von den Entente-Offizieren, die u.a. in ihrem Haus am Pariser Stadtwald Bois de Boulogne verkehrten. Selbst höchste Agenten des französischen Geheimdienstes besuchten die Spionin und versuchten, die in ihren Augen neutrale Niederländerin für sich zu gewinnen. Im Jahre 1916 erhielt sie ein Spionageangebot des französischen Geheimdienstes. Die wahre Identität der Tänzerin als deutsche Agentin mit der Dienstnummer »H 21« wurde offenbar, als sie im Juli 1917 von französischen Spionen in Köln und in der spanischen Metropole Madrid zusammen mit deutschen Geheimdienstoffizieren fotografiert wurde. Nach dem Todesurteil gegen sie wurde die Tänzerin im Pariser Gefängnis von St. Lazare inhaftiert. Zwölf Wochen lang musste sie auf die Vollstreckung des Urteils warten.

Oktober 1917

1 Mo Im schweizerischen Bern tagt eine internationale Gewerkschaftskonferenz, die Forderungen für einen Friedensschluss aufstellt. → »De Stijl«

2 Di Anlässlich seines 70. Geburtstages richtet Generalfeldmarschall Paul von Hindenburg eine Botschaft an das deutsche Volk: »Durchhalten bis zum Ende.«

3 Mi Nach deutschen Luftangriffen steht der französische Hafen Dünkirchen, der Hauptumschlagplatz der britischen Armee auf dem Kontinent, in Flammen.

4 Do Die deutschen Städte Dortmund, Frankfurt am Main und Baden-Baden werden von alliierten Flugzeugen bombardiert.

5 Fr Die japanische Regierung lässt alle im Bau befindlichen Handelsschiffe beschlagnahmen. Es sind u.a. 20 große britische Bauaufträge betroffen.

6 Sa Der sozialdemokratische »Konsum, Bau- und Sparverein« erzielt einen Gewinn von 2,3 Mio. Mark und schüttet 1,3 Mio. Mark an die Mitglieder aus.

7 So Die Transportarbeiter der Pariser Metro treten wegen Lohnstreitigkeiten in den Streik. +++ Peru bricht die diplomatischen Beziehungen zu Deutschland ab.

8 Mo Leo D. Trotzki wird zum Vorsitzenden des Petrograder Sowjet gewählt. Der Rat lehnt die neue russische Koalitionsregierung ab.

9 Di In Nordchina ist nach Überschwemmungen ein Gebiet von 30000 Quadratkilometern überflutet. Peking ist nahezu von der Außenwelt abgeschnitten.

10 Mi Die USA drohen, ihre Rohstofflieferungen an neutrale Länder, die weiterhin Handelsverträge mit dem Deutschen Reich eingehen, ganz einzustellen.

11 Do Die revolutionäre irische Armee, die unter Führung der Partei Sinn Féin für die Republik kämpft, besteht, wie sie selbst mitteilt, aus 20000 Kämpfern.

12 Fr Deutsche Marine- und Landstreitkräfte erobern die Inseln Ösel, Dago und Moon in der Rigaer Bucht, die wegen ihrer Lage von strategischer Bedeutung sind.

13 Sa Die britische Schiffsversicherung Lloyds bemüht sich um das Auffinden verschwundener Schiffe. Täglich werden bis zu sechs Schiffsverluste gemeldet.

14 So In Montevideo belegt die heimische Fußballmannschaft aus Uruguay mit 4:0 Punkten (6:0 Tore) Platz eins der Südamerika-Meisterschaften.

15 Mo In Stockholm findet eine internationale Konferenz für Kriegsgefangenenfürsorge der Rot-Kreuz-Vereinigungen statt. → Spionin

16 Di Ein Feriensonderzug mit 600 Kindern aus dem Westen des Deutschen Reiches verunglückt auf der Strecke Berlin-Stendal. 26 Menschen sterben.

17 Mi In Berlin hat Gerhart Hauptmanns Trauerspiel »Winterballade« Premiere. +++ Der deutsche Propagandafilm »U 35 bei der Arbeit« wird herausgebracht.

18 Do Wegen der Besetzung der Inseln der Rigaer Bucht durch deutsche Truppen werden die Einwohner der baltischen Stadt Reval evakuiert.

19 Fr An der Westfront nehmen die Artilleriegefechte an Heftigkeit zu. Deutsche Torpedo-Boote beschießen den französischen Kriegshafen Dünkirchen.

20 Sa Die russische provisorische Regierung beschließt die Räumung der Stadt Petrograd. Neue Hauptstadt soll Moskau sein.

21 So Vier deutsche Luftschiffe kehren von einem Einsatz über Großbritannien nicht mehr auf deutsches Gebiet zurück. → US-Amerikaner

22 Mo In Wien endet der Parteitag der Deutsch-Sozialdemokratischen Partei. Wichtigstes Ergebnis: Man will nicht in die österreichische Regierung eintreten.

23 Di In Camp Mills, dem Ausbildungslager der US-Armee, werden zwei Deserteure zu zehn Jahren Zwangsarbeit verurteilt.

24 Mi Der Marineausschuss der russischen Ostsee-Flotte hat unter Absetzung des Kommandanten die strategische Leitung der Schiffe übernommen. → Michaelis

25 Do In einer Grußadresse an die New Yorker Suffragetten begrüßt US-Präsident Woodrow Wilson die Bestrebungen für das gleiche Wahlrecht.

26 Fr In Petrograd findet die erste vollständige Aufführung der Oper »Der Jahrmarkt von Sorotschinzy« von Modest P. Mussorgski statt.

27 Sa Die deutschen Frontsoldaten erhalten ein Urlaubsverbot, auch für Sonntage und die Weihnachtstage. Es wird mit Transportschwierigkeiten begründet.

28 So Wegen der katastrophalen Versorgungslage kommt es in den italienischen Städten Venedig und Mailand zu Hungerdemonstrationen.

29 Mo In Paris wird die Redaktion der royalistisch-reaktionären Zeitung »Action Française« durchsucht. Mehrere Personen werden verhaftet.

30 Di Die österreichisch-ungarische Armee erobert Udine. Die italienische Militärverwaltung ordnet die Räumung von Treviso, Vicenza und Venedig an.

31 Mi Bertolt Brecht immatrikuliert sich an der Universität München. +++ In Norwegen erscheint der Roman »Segen der Erde« von Knut Hamsun.

November 1917

1 Do Deutsche und österreichische Truppen erringen an der italienischen Front in der Ebene von Friaul einen Sieg, bei dem sie etwa 300 Geschütze erbeuten.

2 Fr In Wales streiken Bergarbeiter, um gegen die Hungersnot und die Ausweitung der Wehrpflicht in Großbritannien zu protestieren. → Balfour-Deklaration

3 Sa Die Parteileitung der USPD verwirft die Aufforderung des Würzburger Parteitages der SPD zur Wiedervereinigung mit der Schwesterpartei.

4 So In der brasilianischen Stadt Rio de Janeiro kommt es zu Überfällen auf deutsche Handelsniederlassungen, wobei großer Sachschaden entsteht.

5 Mo Auf der Kriegszielkonferenz in Berlin wird die Eingliederung Rumäniens ins Deutsche Reich und die Annexion Polens durch Österreich-Ungarn beschlossen.

6 Di Der russische Schriftsteller Maxim Gorki verlangt in seiner Zeitschrift »Neue Zeit« einen schnellen Friedensschluss.

7 Mi Das preußische Kulturministerium in Berlin ordnet die Anlage von Ehrenfriedhöfen an, auch für gefallene feindliche Soldaten. → Bolschewiken

8 Do Die britische Heeresleitung verlegt Kriegsgefangenenlager in die Nähe von Munitionsfabriken, um die Produktionsstätten vor Luftangriffen zu schützen.

9 Fr Die Reichsgetreidestelle in Berlin beschließt die Einlagerung großer Mengen von Teigerzeugnissen, um der Lebensmittelknappheit vorzubeugen.

10 Sa Beim Besuch der Isonzo-Front entkommt der österreichische Kaiser Karl I. nur knapp dem Tod durch Ertrinken. Er wird aus dem Isonzo gerettet.

11 So Die italienische Regierung in Rom fordert die Bewohner Venedigs zum Verlassen der Stadt auf. Die Region wird von österreichischen Truppen bedroht.

12 Mo Der Schulunterricht im Deutschen Reich wird am Vormittag ab sofort ohne Pausen durchgeführt, um so Heizmaterial einzusparen.

13 Di Der französische Ministerpräsident Paul Painlevé tritt mit seinen Ministern wegen der Kritik an der Untersuchung gegen die »Action Française« zurück.

14 Mi Der italienische Ministerpräsident Vittorio Emanuele Orlando gibt vor der Kammer in Rom die erheblichen Verluste der italienischen Armee bekannt.

15 Do Die Fraktion der USPD verlangt die Einberufung des deutschen Reichstages, um über das Friedensangebot aus Moskau zu beraten.

16 Fr Der deutsche Kaiser Wilhelm II. besucht die deutschen und österreichisch-ungarischen Truppen an der italienischen Front.

17 Sa Wegen der Bedrohung durch deutsche und österreichische Truppen sind alle bedeutenden beweglichen Kunstwerke aus Venedig entfernt worden.

18 So Der russische Revolutionär Wladimir I. Lenin beruft für den 25. November die erste gesetzgebende Versammlung ein.

19 Mo Die italienische Regierung verbietet Uniformierten das Betreten Venedigs, damit die Stadt nicht als Militärstützpunkt angesehen werden kann.

20 Di In der beginnenden Schlacht von Cambrai setzen die Briten erstmals und sehr erfolgreich größere Tankverbände (Panzer) ein.

21 Mi Die US-Regierung in Washington fordert die in der Stadt lebenden Deutschen auf, den Regierungssitz bis zum 15. Dezember zu verlassen.

22 Do Deutsche Gewerkschaften fordern u.a. die Einführung des Acht-Stunden-Tags. +++ Das britische Unterhaus entzieht Kriegsdienstverweigerern das Wahlrecht.

23 Fr Die Petrograder Regierung der russischen Arbeiter- und Soldatenräte gibt die Entlassung der 40- bis 42- und der 17- bis 18-jährigen Soldaten bekannt.

24 Sa Die britische Regierung in London verbietet die Einfuhr von Holz aus Schweden, weil das neutrale Land Handel mit dem Deutschen Reich betreibe.

25 So Auf dem Parteitag der Nationalliberalen Partei in Köln erklärt der Fraktionsführer Gustav Stresemann, der preußische Geist verbürge den Sieg.

26 Mo In ganz Finnland tobt der Bürgerkrieg. Die schwedische Regierung erwägt ein Eingreifen im Nachbarland, um gegen die Lebensmittelnot vorzugehen.

27 Di Die russische Regierung erlässt den Befehl an die Fronttruppen, jede Offensivtätigkeit einzustellen und Befehle aus Petrograd abzuwarten.

28 Mi In Kiew wird die Ukrainische Republik ausgerufen. +++ Im Süden Russlands erobern die Bolschewiken die Stadt Taschkent.

29 Do Bei der Explosion einer Benzol-Lokomotive bei Aachen sterben 58 Menschen. +++ In Paris tagt die Entente-Konferenz über Friedensangebote Russlands.

30 Fr In Berlin findet erstmals eine Gesamtausstellung mit Werken des Bildhauers, Graphikers und Dichters Ernst Barlach statt.

Wladimir Iljitsch Lenin

eigtl. Wladimir Iljitsch Uljanow, russischer Politiker, * 22.4.1870 Simbirsk (heute Uljanowsk); † 21.1.1924 Gorki

Lenin geht als Führer der Oktoberrevolution und Gründer der Sowjetunion in die Geschichtsbücher ein. Als bedeutender politischer Visionär und Theoretiker und taktisch genialer und auch skrupelloser Machtpolitiker leitet er Prozesse ein, die entscheidend die gesellschaftliche und politische Dynamik des 20. Jahrhunderts prägten. Lenin kommt aus bürgerlichen Verhältnissen. Der revolutionären Bewegung schloss er sich schon in jungen Jahren an. Er studierte Rechtswissenschaft und eröffnet 1893 eine Kanzlei, die er zum Zentrum propagandistischer Aktivitäten machte. Er durchlitt Haft, Verbannung und Exil. Nach Oktoberrevolution und Bürgerkrieg leitet er 1921 mit der Neuen Ökonomischen Politik eine wirtschaftliche Stabilisierung ein. Die von Lenin betriebene Zentralisierung der Macht bereitete den Boden für seinen Nachfolger Josef W. Stalin.

- 1903: Spaltung der russischen Sozialdemokraten in Bolschewiken unter Lenin und Menschewiken
- 1907-17: erneute Emigration
- 1909: »Materialismus und Empiriokritizismus« (Weiterentwicklung der marxistischen Theorie)
- 1912: Herausgeber der Parteizeitung »Prawda«
- 1919: Lenin gründet Komintern, mit der er die »Weltrevolution« vorantreiben will

Die Partei im Zentrum

Karl Marx entwickelte die Theorie des historischen Materialismus, der die Entwicklung der menschlichen Gesellschaft auf die Produktionsverhältnisse zurückführt. Die massenhafte Verarmung des Proletariats müsse zwangsläufig zur revolutionären Aufhebung der gesellschaftlichen Klassen und zu einer sozialistischen Gesellschaft führen. Angesichts der kleinen Zahl von Arbeitern in Russland hatte Lenin eingesehen, dass eine Machtübernahme zunächst nicht möglich sei. In seinen Schriften ergänzte er die Theorie von Marx um den Aufbau einer revolutionären Partei, die im Zentrum steht. Eine kleine Gruppe geschulter Revolutionäre solle als »Avantgarde der Arbeiterklasse« den letzten aller Klassenkämpfe einleiten. Nach einer bürgerlichen Revolution – die in Russland im Februar stattgefunden hatte – solle die Partei die Erfahrungen dieser Revolution übernehmen und die Macht erringen. Entscheidend für den Sieg sei die straffe Parteiorganisation.

7. November 1917

Bolschewiker

Die Oktoberrevolution in Russland verändert die Welt: In der Nacht vom 6. auf den 7. November – 24. und 25. Oktober nach russischer Zeitrechnung – übernehmen die Bolschewiken durch die Besetzung zentraler Positionen in Petrograd die politische Macht. Die Revolution führt zur Gründung des weltweit ersten kommunistischen Staates.

Nach dem Sturz des Zaren im Februar war zunächst eine bürgerliche Regierung gegründet worden, die jedoch keinen ausreichenden Rückhalt besaß. Die straff organisierte Partei der Bolschewiken unter Führung von Wladimir I. Lenin sah ihre Stunde gekommen, um gewaltsam an die Macht zu gelangen. Alle militärischen Operationen des Aufstands lagen in den Händen des Revolutionskomitees, das vom Petrograder Sowjet und seinem Präsidenten Leo D. Trotzki gegründet worden war.

Die militärischen Auseinandersetzungen der bolschewistischen Roten Garden, die sich vorwiegend aus Arbeitern rekrutieren, und der revolutionären Soldaten und Matrosen gegen die provisorische Regierung beginnen bereits in der Nacht zum 6. November. Der Panzerkreuzer »Aurora«, der am 7. November um 3.30 Uhr in der Newa vor Anker geht, gibt mit einem Blindschuss das Zeichen zur Beschießung und zum Sturm des Winterpalais in Petrograd, dem Sitz der russischen Provisorischen Regierung. Die Erstürmung des Regierungssitzes wird zum Symbol für den Sieg der Oktoberrevolution.

Mit der Oktoberrevolution geht ein sozialer Prozess zu Ende, der im ausgehenden 19. Jahrhundert in Russland begonnen und sich gegen die Zarenherrschaft gerichtet hatte. Erstmals übernimmt die Partei einer bäuerlich-proletarischen Bewegung, die sich auf die Schriften von Karl Marx und Friedrich Engels beruft, die Macht in einem Staat. Mehrere politische Gruppierungen hatten sich an den Schriften des »wissenschaftlichen Sozialismus« von Marx und Engels orientiert – das Ziel einer klassenlosen Gesellschaft vor Augen. 1898 bildete sich die »Sozialdemokratische Arbeiterpartei Russlands«, die aus dem u.a. unter Beteiligung Lenins gegründeten »Kampfbund zur Befreiung der Arbeiter« hervorgegangen war. Die Nöte der russischen Bevölkerung, der Arbeiter und Soldaten bilden den Hintergrund für die Arbeit der Bolschewiken. Mit den Forderungen »Friede, Land und Brot« erreicht Lenin die Not leidenden

2. November 1917

Balfour-Deklaration sichert Juden »Heimstätte« in Palästina zu

Der britische Außenminister Arthur James Earl of Balfour (s. Abb.) befürwortet die Bildung eines jüdischen Staates im britischen Protektorat Palästina. Die politischen und religiösen Rechte der ansässigen Bevölkerung sollen dabei gewahrt bleiben. In einem Brief an den Zionistenführer Lord Walther Rothschild spricht sich Balfour für eine »nationale Heimstätte« der Juden aus. Er betont in seinem Schreiben, dass die Ansiedlung von Menschen jüdischen Glaubens nur unter der strikten Anerkennung des Wohnrechts der nichtjüdi-

schen Bevölkerung Palästinas sowie der Respektierung ihres Glaubens und ihrer Lebensgewohnheiten möglich sei. Die »Balfour-Deklaration« wird zum Hauptargument für die jüdischen Forderungen nach einem eigenen Staat. Die erbitterte Feindschaft zwischen Juden und Palästinensern im Nahen Osten erhält neue Nahrung.

bernehmen die Macht

Links: Revolutionsführer Lenin. Rechts v. o.: Zum Schutz des Moskauer Sowjet wird auf dem Skobelew-Platz eine Feldartillerie in Stellung gebracht; Sturm auf das Winterpalais in Petrograd

Chronik der russischen Revolution 1917

Datum	Ereignis
15.3.	Februarrevolution, Ende der Romanow-Dynastie, Bildung einer bürgerlichen Regierung
16.4.	Lenin trifft – nach seinem Exil in der Schweiz – in Petrograd ein
17.4.	Aprilthesen: Lenin erklärt bürgerlichen Demokraten den Krieg
18.5	Umbildung der Regierung
15.7.	Blutiger Aufstand in Petrograd gegen provisorische Regierung
24.7.	Lenin flieht ins finnische Exil
21.7.	Kerenski wird neuer Ministerpräsident
16.8.	Gruppe um Trotzki schließt sich Bolschewiken an
9.9.	Militär putscht erfolglos gegen Kerenski-Regierung
14.9.	Ministerpräsident Kerenski ruft die Republik aus
23.10.	Lenin spricht sich für bewaffneten Aufstand aus
6./7.11.	Bolschewiken übernehmen die Macht in Russland

Massen. Am 9. November bilden die siegreichen Revolutionäre eine Regierung der Volkskommissare unter dem Vorsitz von Lenin. Neben ihm gehören dem Rat 13 Kommissare zur Leitung des staatlichen Lebens an. Sie erlassen ein Dekret zum Waffenstillstand und Friedensschluss mit Deutschland und Österreich-Ungarn. Revolutionäre Soldaten und Rote Garden rücken am 16. November in den Moskauer Kreml ein und entwaffnen die dort stationierten Offiziersschüler, die bis zuletzt Widerstand leisten. Mit der Eroberung des Palastes siegt die Sowjetmacht auch in der Metropole. Lenin hatte schon früh die besondere Rolle Moskaus für den Sieg der Revolution erkannt.

2. Dezember 1917

Sieg am Isonzo

Die letzte der großen Isonzo-Schlachten im Nordosten Italiens (s. Abb.) endet mit einer verheerenden Niederlage der italienischen Einheiten gegen die von deutschen Truppen unterstützten österreichisch-ungarischen Verbände. Innerhalb von 18 Tagen haben die Italiener etwa 120 km^2 ihres Gebiets verloren. Trotz dieser für die Mittelmächte nach zwölf Isonzo-Schlachten günstigen Bilanz zögert die Oberste Heeresleitung mit der Fortsetzung der Offensive, weil auch ihre Truppen geschwächt sind.

Dezember 1917

1 Sa Zum Abschluss einer gemeinsamen Konferenz bekräftigen die Monarchen von Dänemark, Norwegen und Schweden ihre Neutralität und Zusammenarbeit.

2 So Die Sinn Féin in Irland ruft zur Fahnenflucht auf. Da die Bevölkerung die Flüchtigen deckt, kann Großbritannien kaum Soldaten in Irland rekrutieren. → Isonzo

3 Mo Die rumänische Gesandtschaft in London erklärt, wegen der bevorstehenden Friedensverhandlungen sei es unmöglich, den Krieg fortzusetzen.

4 Di Der finnische Regierungschef Pehr Evind Svinhufvud verliest im Landtag in Helsinki die finnische Unabhängigkeitserklärung.

5 Mi In Brest-Litowsk wird ein zunächst zehntägiger Waffenstillstand zwischen Russland und dem Deutschen Reich vereinbart.

6 Do Im Hafen Halifax explodiert ein Munitionstransporter. Zwei Quadratmeilen der Stadt werden zerstört, mehr als 2000 Menschen sterben.

7 Fr Das britische Unterhaus verabschiedet die Wahlrechtsreform, nach der Männer mit 20, Soldaten mit 18 und Frauen mit 30 Jahren wahlberechtigt sind.

8 Sa Die Zentralregierung der Ukrainischen Republik verstaatlicht den Besitz der Kirchen, führt den Acht-Stunden-Tag ein und schafft die Todesstrafe ab.

9 So Nach der Eroberung von ganz Palästina rücken britische Soldaten in Jerusalem ein. Nach 673 Jahren endet die osmanische Herrschaft über die Stadt.

10 Mo In Stockholm werden die diesjährigen Nobelpreise vergeben. Der Friedensnobelpreis geht an das Internationale Komitee des Roten Kreuzes.

11 Di In Wilna wird der selbstständige Staat Litauen ausgerufen. Der Landesrat unterstellt sich deutschem Schutz. Litauen ist von deutschen Truppen besetzt.

12 Mi Der Normenausschuss der deutschen Industrie wird in Berlin gegründet. Er setzt die Deutsche Industrie Norm (DIN) fest.

13 Do Die Zeitung der SPD, der »Vorwärts«, veröffentlicht einen Aufruf zur Wahlrechtsreform, der vor allem das Fehlen des Frauenwahlrechts kritisiert.

14 Fr Versuchsweise werden von der Obersten Heeresleitung in dringenden Fällen Privatferngespräche von Soldaten in die Heimat gestattet.

15 Sa Die deutsche Presse ruft die Bevölkerung auf, Milch sofort nach dem Kauf abzukochen, da Hygienemaßnahmen nicht mehr wie in Friedenszeiten bestehen.

16 So Das revolutionäre Komitee in Petrograd beschließt, alle Weinvorräte wegen der häufigen Plünderungen von Wein- und Alkoholdepots zu vernichten.

17 Mo Die deutsche Reichsregierung appelliert an die Bevölkerung, zu Weihnachten keine unnötigen Reisen zu unternehmen, da keine Sonderzüge verfügbar sind.

18 Di In Russland werden Decken und warme Kleidung wohlhabender Familien beschlagnahmt. +++ In Berlin wird die »Universum Film AG« (UFA) gegründet.

19 Mi Das deutsche Kriegsministerium verbietet Soldaten in Uniform die Teilnahme an Veranstaltungen der Deutschen Vaterlandspartei.

20 Do Die russischen Bolschewiken beschließen in Petrograd die Einrichtung einer eigenen Geheimpolizei, der Tscheka, unter der Leitung von Felix E. Dserschinski.

21 Fr Die Besoldung der Unteroffiziere und Mannschaften wird vom deutschen Kriegsministerium neu geregelt. Generell werden die Bezüge erhöht.

22 Sa Deutsch-französische Verhandlungen in Bern über den Austausch von Kriegsgefangenen scheitern in wichtigen Punkten.

23 So Deutsche Stadt- und Gemeindeverwaltungen weisen auf die möglichst pflegliche Behandlung der Kartoffelvorräte hin.

24 Mo In Bayreuth finden die Geburtstagsfeierlichkeiten für Cosima Wagner statt. Die Witwe des Komponisten Richard Wagner wird 80 Jahre alt.

25 Di Kaiser Wilhelm II. lässt sich während seines Weihnachtsbesuchs an der Westfront erbeutete britische Panzer vorführen.

26 Mi Die Bevölkerung Großbritanniens beklagt sich während der Weihnachtszeit über die immer schlechtere Qualität des Brotes.

27 Do In den Großstädten der USA kommt es zu Demonstrationen gegen die Inflation. Ausschreitungen werden von der Polizei blutig niedergeschlagen.

28 Fr Die griechische Regierung in Athen ruft alle Deserteure, die sich im Ausland aufhalten, zur Rückkehr auf; ihnen werde Straffreiheit zugesichert.

29 Sa Die portugiesische Regierung in Lissabon gibt die Entlassung derjenigen Soldaten bekannt, die nicht unmittelbar an der Front stehen.

30 So Eine Abordnung führender Politiker Finnlands trifft in Berlin zu Gesprächen mit dem deutschen Reichskanzler Georg Graf von Hertling ein.

31 Mo Die US-Energiebehörde beschließt sechs lichtlose Nächte pro Woche. +++ Der Rat der Volkskommissare in Petrograd erkennt den Status Finnlands an.

Januar 1918

1 Di Als vorbereitende Maßnahme zur Verstaatlichung der Geldinstitute werden in Moskau und Petrograd alle Banken bis auf weiteres geschlossen.

2 Mi Die neue russische Regierung unter Wladimir I. Lenin macht den Mittelmächten den Vorschlag, die Friedensverhandlungen nach Stockholm zu verlegen.

3 Do Infolge der Intensität von Fliegerangriffen auf deutsche Städte veröffentlicht die Presse detaillierte Verhaltensmaßregeln für den Fall eines Luftangriffs.

4 Fr Die Sowjetunion erkennt die Unabhängigkeit Finnlands an. +++ Der spanische König Alfons XIII. unterzeichnet einen Erlass zur Auflösung des Kabinetts.

5 Sa Die Zahl der in der preußisch-hessischen Staatseisenbahnverwaltung tätigen Frauen ist auf 100 000 angestiegen, während es vor dem Krieg 10 000 waren.

6 So Der tschechische Generallandtag in Prag erklärt, dass die Tschechen bei Friedensverhandlungen ihre Unabhängigkeit erkämpfen würden.

7 Mo Der deutsche Verein »Landaufenthalt für Stadtkinder« veröffentlicht seinen Jahresbericht über die Kinderlandverschickung im Jahr 1917.

8 Di Im gesamten Deutschen Reich finden Sammlungen von Möbeln für die von der Front zurückkehrenden Soldaten statt. → 14 Punkte

9 Mi In Brest-Litowsk werden die Friedensverhandlungen zwischen der russischen Regierung und den Mittelmächten wieder aufgenommen.

10 Do Das Schöffengericht in Krefeld befasst sich aufgrund einer Anklage wegen Bierpanscherei mit der Frage, welche Zusammensetzung Bier haben müsse.

11 Fr Zur »Demokratisierung der Kultur« führt Sowjetrussland die Rechte am Abdruck der Klassiker russischer Dichtung in den Staatsbesitz über.

12 Sa Beim finnischen Senat geht eine Massenpetition der Einwohner der Ålandinseln ein, die auf der Vereinigung mit Schweden bestehen.

13 So Zur weiteren Einsparung von Bahnstrecken für den Güterverkehr werden ab sofort in der Rheinprovinz mehrere Personenzüge gestrichen.

14 Mo Joseph Caillaux, radikaler französischer Politiker, wird auf Bestreben des Staatspräsidenten Georges Clemenceau verhaftet.

15 Di In Wiener Neustadt bricht ein wilder Streik unter Fabrikarbeitern aus, in dem nach russischem Rätevorbild ein Frieden ohne Annexionen gefordert wird.

16 Mi Durch plötzlich einsetzendes Tauwetter kommt es besonders an Main und Nahe zu schweren Überschwemmungen.

17 Do In Köln wird ein weiblicher Kaufmannslehrling von einer stellenlosen Kontoristin mit dem Revolver bedroht und um 2300 Mark beraubt.

18 Fr In Bochum steht eine Bande von Taschendieben vor Gericht, deren jüngstes Mitglied ein gerade zwölfjähriges Mädchen ist. → Drama

19 Sa Die Konstituierende Versammlung Russlands wird durch die bolschewistische Regierung mit Gewalt aufgelöst.

20 So In Berlin findet eine nationale Mitgliederversammlung der Deutschen Vaterlandspartei unter dem Vorsitz von Großadmiral Alfred von Tirpitz statt.

21 Mo Der jüngst in Düsseldorf gegründete Verein zur Förderung sparsamer Bauweise tritt mit einer programmatischen Erklärung an die Öffentlichkeit.

22 Di Zum neuen Chef des britischen Generalstabs wird Divisionsgeneral Herbert F. Lawrence als Nachfolger von General William Robertson ernannt.

23 Mi Im Hauptausschuss des Deutschen Reichstags wird über weitere Zensurmaßnahmen – u.a. mit Blick auf das SPD-Organ »Vorwärts« – diskutiert.

24 Do In Kiew wird durch die antibolschewistische »Zentralrada« die »Volksrepublik Ukraine« ausgerufen und für unabhängig erklärt.

25 Fr Ein Zugunglück in Oberbayern fordert sechs Tote und 68 Verletzte. +++ In Petrograd wird ein Dekret über die Demokratisierung der Flotte veröffentlicht.

26 Sa In der deutschen Presse erscheint erneut der Aufruf an Hundebesitzer, ihre Tiere kostenlos für den Kriegseinsatz zur Verfügung zu stellen.

27 So In Finnland, das vor wenigen Tagen seine Unabhängigkeit erlangt hatte, findet ein bolschewistischer Putschversuch statt, der den Bürgerkrieg einleitet.

28 Mo In Berlin und danach in allen Industrieregionen Deutschlands bricht ein Massenstreik aus, an dem sich insgesamt rd. eine Mio. Arbeiter beteiligen.

29 Di Der deutsche Wissenschaftler Gustav Howe zieht eine negative Bilanz der staatlichen Bemühungen, eine öffentliche höhere Mädchenschule zu etablieren.

30 Mi Generäle und Staatsoberhäupter der Entente treffen in Versailles bei Paris ein, um über gemeinsame Kriegsziele zu beraten.

31 Do Der französische Kanalhafen Calais wird auf 99 Jahre an Großbritannien verpachtet. +++ Deutsche Bomber werfen 14 000 Bomben auf Paris.

Leo D. Trotzki

eigtl. Leib Bronštejn, russischer Revolutionär und Politiker, * 7.11.1879 Janowka (Cherson); † 21.8.1940 Coyoacán (bei Mexiko-Stadt)

Trotzki ist einer der führenden Köpfe der russischen Oktoberrevolution. Er vertritt die These von der permanenten Revolution, die ins Ausland exportiert werden soll. Er gilt als glänzender Organisator, unterliegt jedoch nach Lenins Tod im Machtkampf gegen Stalin. Trotzki verliert seine Parteiämter, wird verbannt und 1929 des Landes verwiesen. Im französischen und mexikanischen Exil arbeitet er als Journalist und agitiert gegen den Stalinismus. Für seine Ermordung im Jahre 1940 wird der sowjetische Geheimdienst verantwortlich gemacht.

- 1897: Trotzki gründet den Südrussischen Arbeiterbund
- 1899: Verbannung nach Sibirien
- 1902: Flucht ins Ausland
- 1917: Rückkehr nach Russland, Mitglied des Politbüros
- 1918-25: Volkskommissar der Verteidigung

23. Februar 1918

Rote Armee gegründet

Als Militärmacht der bolschewistischen Sowjetrepubliken wird in Russland die Rote Armee gegründet. Oberbefehlshaber und Organisator der Truppen ist Leo D. Trotzki. Die Rote Armee, die aus den Arbeitermilizen hervorgeht, soll in erster Linie zur Verteidigung der noch instabilen Sowjetmacht gegen innere wie äußere Feinde eingesetzt werden. Die Struktur ist jedoch anders angelegt als »bürgerliche« Militärhierarchien. Die Soldaten sollen sich in Räten organisieren und ihre Führer aus den eigenen Reihen wählen (Abb.: Rote Armee wirbt um Freiwillige).

5. Februar 1918

Weltgrößte Funkstation

Mit einer feierlichen Zeremonie wird in Nauen die bislang größte Station für drahtlose Telegrafie eingeweiht.

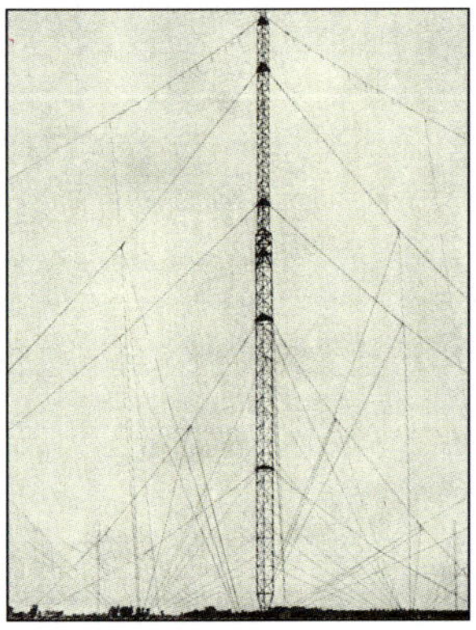

Die Antennenmasten haben eine Höhe von bis zu 260 m (s. Abb.), die Reichweite der Funksignale liegt bei rd. 10 000 km. Vor allem für die militärische Kommunikation ist die neue Station von Bedeutung. Die drahtlose Übermittlung von Nachrichten ist bereits eine verlässliche Technologie. Bereits um die Jahrhundertwende begannen Forscher mit der Entwicklung drahtloser Nachrichtenübermittlung mittels elektrischer Funksignale. 1901 wurde erstmals der Atlantik per Funk überwunden.

6. Februar 1918

Meister des Jugendstils stirbt

Der Maler Gustav Klimt, einer der originellsten Vertreter des Wiener Jugendstils, erliegt in Wien im Alter von 56 Jahren den Folgen eines Schlaganfalls.

Klimt machte schon früh als Meister der Porträt- und Historienmalerei von sich reden, fand aber erst Anfang des 20. Jahrhunderts zu seinem eigenen, unverwechselbaren Stil. Seine Art zu malen zeichnet sich vor allem durch ihren stark ornamentalen Charakter und eine Neigung zu symbolistischer Überhöhung der Motive aus (Klimt-»Portrait der Fritza Riedler«).

9. Februar 1918

Brotfrieden mit der Ukraine

Der erste Friedensvertrag des Weltkriegs wird geschlossen: In Brest-Litowsk vereinbaren Vertreter der Mittelmächte Deutschland, Österreich-Ungarn, Osmanisches Reich und Bulgarien einen Separatfrieden mit den Vertretern der antibolschewistischen ukrainischen Zentralrada, die das Land für unabhängig von Russland erklärt hat.

Der Vertrag billigt der Ukraine das bislang zu Polen gehörende Cholmer Land und das ehemals österreichisch-ungarische Ostgalizien zu. Als Gegenleistung werden umfangreiche Nahrungsmittellieferungen an die Mittelmächte verabredet. So sollen bis zum 1. August mindestens eine Mio. t Getreide an die ehemaligen Kriegsgegner geliefert werden. Daher geht der Friedensschluss auch als sog. Brotfrieden in die Geschichte ein. Am Tag nach dem Friedensschluss lässt Kaiser Wilhelm II. eine Erklärung in der Presse veröffentlichen, in der es u.a. heißt: »Wir wollen der Welt den Frieden bringen ... Der Feind, der einsieht, dass es nichts mehr nützt zu fechten, und der uns die Hand entgegenhält, der erhält auch unsere Hand ... Mit den Nachbarvölkern wollen wir in Freundschaft leben, aber vorher muss der Sieg der deutschen Waffen anerkannt werden.«

18. Januar 1918

Drama will die Welt verändern

Großes Aufsehen erregt die Premiere des Theaterstücks »Der Sohn« von Walter Hasenclever. Das Drama in fünf Akten wird am Mannheimer Hof- und Nationaltheater uraufgeführt.

In typisch expressionistischer Manier wird der Generationenkonflikt zwischen revoltierender Jugend und tyrannischem Alter auf die Bühne gebracht. Das Stück endet damit, dass der Sohn den Vater töten will – dieser stirbt jedoch bereits beim Anblick der Mordwaffe an einem Herzanfall. Nach Hasenclevers Aussage hat das Drama »die Absicht, die Welt zu verändern.« Es ist ein engagiertes Plädoyer gegen die allem Neuen verständnislos gegenüberstehende ältere Generation.

8. Januar 1918

14 Punkte für Frieden

US-Präsident Woodrow Wilson verliest vor dem Kongress ein 14-Punkte-Programm über Kriegsziele und Friedensbedingungen der Entente. Er reagiert damit auf die anhaltende Uneinigkeit der Alliierten über ihr gemeinsames Vorgehen.
Die 14 Punkte, die auf der Grundlage eines Gutachtens des Peace Inquiry Bureaus von Wilson erarbeitet wurden, gehen von allgemeinen Grundsätzen aus: Öffentlichkeit der Verträge sowie Freiheit der Meere und des Handels. Abrüstung und das Selbstbestimmungsrecht der Völker sind angestrebt, die Gründung eines Völkerbundes wird gefördert. Als Hauptfriedensbedingungen nennt das Dokument die Räumung aller von deutschen Truppen besetzten russischen, belgischen und französischen Gebiete, insbesondere auch die Übergabe Elsass-Lothringens an Frankreich. Von Österreich-Ungarn fordert der US-Präsident die Räumung der besetzten Balkan-Gebiete sowie die Übergabe der italienischsprachigen Gebiete Südtirols an Italien. Darüber hinaus sollen die Völker Österreich-Ungarns frei entscheiden können, ob sie weiter zur Donaumonarchie gehören oder eine autonome Regierung errichten wollen. Polen soll staatliche Autonomie erhalten. Der österreichisch-ungarische Ministerpräsident Ottokar Graf Czernin von und zu Chudenitz reagiert schon am 12. Januar positiv auf das Friedensprogramm. Besonders die Hungersnot in Österreich und die zunehmenden Autonomiebestrebungen einzelner Völker setzen Kaiser und Regierung in Wien unter Druck. Kaiser Karl I. entsendet in der Folge Diplomaten zu Geheimverhandlungen über einen Friedensplan. Die deutsche Regierung hingegen ist zum Weiterkämpfen entschlossen. Vor allem die Oberste Heeresleitung unter Erich Ludendorff und Paul von Hindenburg hofft, nach einem schnellen Frieden mit Russland ihre Truppen in eine siegreiche Schlacht an der Westfront führen zu können. Am 30. Januar treffen sich Generäle und Staatsoberhäupter der Entente in Versailles, um die Kriegslage zu erörtern. Es geht in den Verhandlungen, die keine Ergebnisse bringen, darum, ob und in welcher Form die Verbündeten ihre Kriegsziele und Friedensbedingungen als gemeinsames Programm veröffentlichen wollen.

US-Präsident Woodrow Wilson

Demonstration für Wilsons Friedensplan

1. Februar 1918

Meuterei in der k.u.k. Flotte wird blutig niedergeschlagen

In der süddalmatinischen Stadt Cattaro bricht eine Meuterei der österreichisch-ungarischen Kriegsmarine aus, an der weit über 1000 Matrosen beteiligt sind. Kaisertreue Soldaten schlagen den Aufstand blutig nieder.
Über 800 Meuterer werden verhaftet. Zwei als Rädelsführer bezeichnete Matrosen werden wegen Hochverrats zum Tode verurteilt und erschossen. Die Meuterei bricht zum einen deshalb aus, weil die kaiserlich-königlichen Marinesoldaten während des Kriegs kaum zum Einsatz kommen und vielfach am Sinn ihrer Stationierung zu zweifeln beginnen. Zum anderen sind sie auch zunehmend von den umfassenden Versorgungsschwierigkeiten betroffen, die vor allem im österreichischen Teil der Doppelmonarchie vorherrschen. In dieser Situation fielen Nachrichten über die Streikbewegung, die Ende Januar ganz Österreich-Ungarn erfasst, bei den Matrosen auf fruchtbaren Boden. Die Flottenleitung der k.u.k.Marine hatte schon seit längerer Zeit einen Aufstand befürchtet.

Februar 1918

1 Fr Leo D. Trotzki, der Außenminister Russlands, beginnt mit dem Aufbau der Roten Armee als Streitmacht der Sowjetregierung. → Meuterei

2 Sa Gute Erfolge werden von der in Hamburg eingerichteten »Arbeitsgemeinschaft für Berufsberatung« mit Anbindung an ein psychologisches Institut gemeldet.

3 So Deutschfreundliche Flamen demonstrieren in vielen Teilen des von Deutschland besetzten Flandern für eine Loslösung von Belgien.

4 Mo Aufgrund der Verhängung des militärischen Ausnahmezustands über sieben Berliner Großbetriebe bricht die Streikleitung den Ausstand ab.

5 Di Im Justizministerium ergeht ein Erlass zum Einsparen von Papier. Im internen Verkehr soll ganz auf Briefumschläge verzichtet werden. → Funkstation

6 Mi Durch die Bildung von Ärztekollegien vollzieht Russland den ersten Schritt zur Errichtung einer zentralen Behörde im Gesundheitsbereich . → Jugendstil

7 Do Das Reichsversorgungsamt in Berlin empfiehlt die Verwendung von Holzaschenlauge zum Waschen als vollwertigen Ersatzstoff für Seife.

8 Fr Britische Suffragetten erklären ihre uneingeschränkte Solidarität mit den Siegesbestrebungen der offiziellen britischen Regierung.

9 Sa Der britische Mathematiker und Philosoph Bertrand Russell wird wegen landesverräterischer Äußerungen zu sechs Monaten Gefängnis verurteilt. → Brotfrieden

10 So In Dresden hat Reinhard Goerings Drama »Seeschlacht« Premiere. +++ Das rumänische Kabinett unter Ministerpräsident Ion C. Brătianu tritt zurück.

11 Mo Volkskommissar Leo D. Trotzki erklärt den Krieg als beendet und erteilt den Truppeneinheiten den Befehl zur sofortigen Demobilisierung an allen Frontlinien.

12 Di Deutsche Truppen rücken auf russischem Gebiet vor, nachdem der russische Außenminister die Verhandlungen in Brest-Litowsk abgebrochen hatte.

13 Mi Die sozialdemokratische Zeitschrift »Internationale Korrespondenz« spricht vom Bankrott der bolschewistischen Politik.

14 Do Die deutschen Behörden warnen die Bevölkerung vor bettelnden ehemaligen Soldaten, die ihre leichten Verletzungen ausnutzen, um Mitleid zu erregen.

15 Fr Das »Dekret Nr. 2« der russischen Sowjetregierung verfügt die Einrichtung einer »Obersten Gerichtskontrolle« in Petrograd.

16 Sa Der litauische Landesrat proklamiert einen selbstständigen, demokratisch organisierten Staat Litauen mit Wilna als Hauptstadt.

17 So Russland verpflichtet sich in einem russisch-schwedischen Abkommen zum schnellstmöglichen Rückzug seiner Truppen von den Ålandinseln.

18 Mo Die »Zentrale für freiwillige Liebestätigkeit« bietet Lehrgänge im Kunststopfen an, damit Frauen sich ihren Lebensunterhalt selbst verdienen können.

19 Di Die französische Luftwaffe fliegt einen Angriff auf Pirmasens und Mannheim, bei dem mehrere Menschen ums Leben kommen.

20 Mi Vier italienische Flugzeuge bombardieren den Bahnhof von Innsbruck. +++ König Ludwig III. von Bayern feiert seine goldene Hochzeit.

21 Do Die britische Palästina-Armee unter dem Oberbefehl von General Edmund Henry Hynmann Allenby erobert die Stadt Jericho.

22 Fr Die Oberste Heeresleitung betont entgegen anderslautenden Meldungen, dass sie für geisteskrank gewordene Soldaten ausreichend Fürsorge trage.

23 Sa Der deutsche Hilfskreuzer »Wolf« kehrt nach seinen Kaperfahrten in den Atlantischen und Pazifischen Ozean nach Deutschland zurück. → Rote Armee

24 So Großherzog Adolf Friedrich VI., Regent des Großherzogtums Mecklenburg-Strelitz, wird in Neustrelitz vermutlich Opfer eines Mordes.

25 Mo Deutsche und österreichisch-ungarische Truppenverbände nehmen in einer Großoffensive gegen Russland die Stadt Reval ein.

26 Di In Hongkong kommen bei einer Veranstaltung des britischen Jockey-Clubs durch den Einsturz der vollbesetzten Tribüne mindestens 600 Menschen um.

27 Mi Viele deutsche Stadtverwaltungen setzen auf den Abschuss von Spatzen ein Kopfgeld aus, um ihre Zahl zu dezimieren.

28 Do Österreichisch-ungarische Truppen rücken gemäß Friedensvertrag zur Unterstützung der Ukrainischen Republik gegen die Bolschewiken in der Ukraine ein.

März 1918

1	Fr	Ein rechtsnationalistischer Militärputsch stürzt die sowjetische Volksregierung in Kiew. Die antibolschewistische »Zentralrada« wird wieder eingerichtet.
2	Sa	Das Berliner Kaiser-Friedrich-Museum erwirbt das Tizian-Gemälde »Venus mit dem Orgelspieler« für eine Summe von 800 000 Mark.
3	So	In Leipzig eröffnet die Frühjahrsmesse mit etwa 3200 Ausstellern zum 650. Mal ihre Tore. Die Messeleitung rechnet mit ca. 50 000 Besuchern. → Brest-Litowsk
4	Mo	Der Ministerpräsident der ukrainischen Republik, Michail Holubowitsch, richtet eine Dankesnote an Reichskanzler Georg Graf von Hertling.
5	Di	In dem sog. Vorfrieden der Mittelmächte mit Rumänien wird ein vierzehntägiger Waffenstillstand beschlossen.
6	Mi	In Petrograd wird die Umbenennung der »Sozialdemokratischen Arbeiterpartei Russlands« in »Kommunistische Partei Russlands« beschlossen.
7	Do	Zwischen dem Deutschen Reich und der finnischen Republik wird ein Friedens- und Freundschaftsvertrag geschlossen.
8	Fr	In Belgien wird der von Deutschen dominierte »Rat von Flandern« neu gewählt. +++ Ein deutscher Fliegerangriff auf Nancy fordert 20 Todesopfer.
9	Sa	Britische Flottenverbände landen mit Zustimmung der bolschewistischen Sowjetregierung in Murmansk, um gegen die vordringenden Deutschen vorzugehen.
10	So	Im Historischen Museum in Düsseldorf findet eine Ausstellung mit Kriegsgegenständen und Beutestücken statt. → Moskau
11	Mo	Der finnische Präsident Pehr Evind Svinhufvud, der angeblich aus der Gefangenschaft der Roten Garden geflohen ist, trifft in Berlin ein.
12	Di	Als Auswirkung des gestrigen Luftangriffs auf Paris stehen mehrere Stadtteile in Flammen. 150 Menschen fanden den Tod.
13	Mi	Die Reichsstelle für Gemüse und Obst verbietet das Dörren von Gemüse, um einem Vitaminmangel der Bevölkerung vorzubeugen.
14	Do	Angeblich aus innenpolitischen Gründen tritt das rumänische Parlament unter Alexandru Avărescu zurück.
15	Fr	Die Regierung des Deutschen Reiches erkennt die Selbstständigkeit Kurlands als unabhängiges Staatswesen an.
16	Sa	Nach deutschen Angaben sind im Monat Februar 26 feindliche Luftangriffe auf das Deutsche Reich erfolgt, bei denen insgesamt 23 Menschen umkamen.
17	So	In Berlin findet eine große Faserstoff-Ausstellung statt, die der Demonstration der Leistungsfähigkeit der deutschen Textilindustrie dienen soll.
18	Mo	Reichskanzler Georg Graf von Hertling hält vor dem Reichstag eine Rede, in der er die deutschen Friedensbedingungen für Russland als zu hart darstellt.
19	Di	Der Düsseldorfer Tierschutzverein wendet sich gegen die amtlich angeordnete Tötung von Spatzen, weil so der Rohheit der Jugend Vorschub geleistet würde.
20	Mi	Das gegen die Daimler-AG Stuttgart eingeleitete Verfahren wegen Kriegswuchers wird vor dem Reichstag in Berlin diskutiert.
21	Do	Im Auktionshaus Paul Cassirer in Berlin wird die Sammlung Wilhelm Gumprecht versteigert, die u.a. auch Werke von Frans Hals enthält. → Großoffensive
22	Fr	Bei der Schlacht von Cambrai und La Fère erringen die deutschen Truppenverbände einen bedeutenden Durchbruch.
23	Sa	Die Weigerung Österreichs, Südtirol und das Trentino an Italien abzutreten, vereitelt die Friedensgespräche Wiens mit den USA. → Paris
24	So	Die Bewohner Verduns werden wegen des deutschen Vormarsches evakuiert. +++ Deutsche Lehrerverbände fordern eine achtjährige Schulpflicht für alle.
25	Mo	Nach deutschen Angaben wird das britische Spionagenetz immer dichter. Die Behörden rufen die Bevölkerung auf, wachsam zu sein. → Claude Debussy
26	Di	Der französische Marschall Ferdinand Foch wird neuer Oberbefehlshaber der alliierten Streitkräfte an der Westfront.
27	Mi	Kaiser Wilhelm II. sendet ein Telegramm an den Essener Krupp-Konzern, in dem er für die Entwicklung des neuen Ferngeschützes dankt.
28	Do	Die US-Kriegsbehörde wirbt in Bern mit der Aussicht auf die amerikanische Staatsbürgerschaft junge Schweizer für den Dienst auf US-Kriegsschiffen an.
29	Fr	Die Deutsche Vaterlandspartei verwahrt sich dagegen, antisemitische Äußerungen einiger Parteimitglieder der gesamten Partei zuzuschreiben.
30	Sa	Ein plötzlicher Kälteeinbruch und schlechtes Wetter werden in der deutschen Presse für den Stillstand der deutschen Westoffensive verantwortlich gemacht.
31	So	Die deutschen Behörden weisen darauf hin, dass anonyme Anzeigen in Bezug auf Kriegswucherfälle zwecklos seien.

21. März 1918

Letzte deutsche Großoffensive

Unter dem Decknamen »Michael« beginnt an der Westfront zwischen Croiselles bei Arras und La Fère auf einer Frontbreite von etwa 70 km die letzte große Offensive der deutschen Armee im Ersten Weltkrieg.

Divisionen der 2., 7., 17. und 18. deutschen Armee stoßen vor. Die Überlegenheit an schweren Geschützen beträgt zu diesem Zeitpunkt 2508 gegenüber 976. Entsprechend schnell kommt die deutsche Offensive zunächst voran. Nur der Vormarsch der im nördlichen Teil der Front stehenden 17. Armee verläuft von Beginn an zögerlich. Sie muss hohe Verluste hinnehmen. Nach heftigen Kämpfen ist sie am 28. März entscheidend geschwächt und kann die 2. Armee nicht entlasten, die gemeinsam mit der 18. Armee das Ziel hat, Amiens einzunehmen. Am 30. März kommt die Großoffensive vor Amiens zum Stehen. Die Entscheidung zur letzten Offensive an der Westfront war am 11. November 1917 auf einer Konferenz der Obersten Heeresleitung, vertreten durch Erich Ludendorff, mit den Generalstäben der Heeresgruppen Deutscher Kronprinz und Kronprinz Rupprecht in der belgischen, von deutschen Truppen besetzten Stadt Mons gefallen. Die Strategie bestand darin, die britischen von den französischen Verbänden in der Nähe von St. Quentin zu trennen, um sie einzeln stellen und bezwingen zu können. Die militärische Situation Deutschlands Ende 1917 ließ einen Großangriff im Westen vor dem massiven Eingreifen von US-Verbänden als unabdingbar erscheinen, um überhaupt noch eine Chance zu haben, den Krieg zu gewinnen. Doch herrschten selbst in militärischen Kreisen Zweifel am Erfolg der Ludendorff-Offensive.

25. März 1918

Impressionist der Töne

Der Komponist Claude Debussy stirbt im Alter von 55 Jahren in Paris. Der Schöpfer des musikalischen Impressionismus ist auch als Verfasser hervorragender Aufsätze und Rezensionen in Erscheinung getreten, in denen er eine Verbindung zwischen der musikalischen Romantik des 19. Jahrhunderts und der Moderne herzustellen trachtete.

Claude Debussy

französischer Komponist, * 22.8.1862 Saint-Germain-en Laye; † 25.3.1918 Paris

Debussy prägte die Musikgeschichte, indem er die Musik des 19. und des frühen 20. Jahrhunderts zu einem eigenen, impressionistischen Stil verband. Als Hauspianist und Musiklehrer arbeitete er während seiner Ausbildung bei der Baronin von Meck. Der von Richard Wagner beeinflusste Musiker hinterlässt neben Opern viele Orchesterwerke, Sonaten, ein Streichquartett sowie zahlreiche Lieder und Klavierkompositionen.

- 1902: Uraufführung der Oper »Pelléas et Mélisande«
- 1908: Heirat mit Claude Emma
- 1913: Ballett »Jeux«

3. März 1918

Friede von Brest-Litows

Russland muss sich dem »Diktat-Frieden« der Mittelmächte beugen. Die Verhandlungen enden nach zehnwöchiger Dauer in Brest-Litowsk mit erheblichen Territorialverlusten für das bolschewistische Russland und hohen wirtschaftlichen Auflagen.

In Deutschland wird das Verhandlungsergebnis von Kaiser Wilhelm II. als »einer der größten Erfolge der Weltgeschichte« gefeiert. Das durch Krieg und die Folgen der Oktoberrevolution geschwächte Russland verpflichtet sich in dem Abkommen zur Abtretung von Polen, Litauen und Kurland, die weiterhin von deutschen Truppen besetzt bleiben. Livland und Estland bleiben formell dem russischen Staatenverbund angegliedert. Russland muss jedoch eine deutsche Besetzung akzeptieren, »bis dort die Sicherheit durch eigene Landeseinrichtungen gewährleistet und die staatliche Ordnung hergestellt ist.« Deutschland will die Unabhängigkeitsbewegungen in Livland und Estland so weit unterstützen, dass sie sich nach gegebener Zeit von Russland lösen können. Darüber hinaus wird Russland gezwungen, den sog. Brotfrieden und damit die Selbstständigkeit der Ukraine anzuerkennen. Obendrein kommen die armenischen Gebiete Russlands – Ardhan, Kars und Batum – unter osmanische Verwaltung. Die Friedensverhandlungen zwischen Russland einerseits und Deutschland, Österreich-Ungarn, Bulgarien und dem Osmanischen Reich hatten am 22. Dezember 1917 nach einem Waffenstillstand begonnen.

13. April 1918

Deutsche besetzen Helsinki

Gemeinsam mit Truppen des finnischen Schutzkorps erobern deutsche Einheiten Helsinki. Die aufständischen Roten Garden werden aus der Stadt vertrieben.

Geführt von General Rüdiger Graf von der Goltz war am 3. April ein deutsches Hilfskorps in Stärke einer Division unter dem Schutz der Seestreitkräfte in Hanko im finnischen Meerbusen gelandet. Gemeinsam mit antibolschewistischen Truppen des finnischen Generals Carl Gustav Emil Freiherr von Mannerheim griffen die Deutschen die Industriestadt Tampere an. Die 25 000 Aufständischen ergaben sich am 6. April. Der Fall von Tampere war für die Roten Garden militärisch ein vernichtender Schlag. Seine Folge ist der Zusammenbruch der aufständischen Fronten im gesamten Land. Zum gleichen Zeitpunkt beginnt der Vormarsch der Deutschen auf Helsinki. Zusätzlich landete ein weiteres deutsches Hilfskorps, das in Reval eingeschifft worden war, am 7. April in der Nähe der finnischen Hauptstadt. Nach sechs Tagen ist die militärische Eroberung Helsinkis vollzogen.

Ankunft der russischen Verhandlungsführer, die das Abkommen nur unter Protest unterzeichnen.

Bolschewiken lenken ein

Die Friedensverhandlungen verliefen zunächst äußerst schleppend und wurden von russischer Seite mehrfach abgebrochen. Hintergrund waren Streitigkeiten der Bolschewiken, bis zu welchem Maß die Friedensbedingungen der Mittelmächte akzeptiert werden sollten. Der Delegationsleiter Leo D. Trotzki hatte noch am 10. Februar die Verhandlungen ausgesetzt. Revolutionsführer Wladimir I. Lenin war dagegen der Ansicht, es müsse so schnell wie möglich Frieden geschlossen werden, um das Hauptversprechen der Revolution, »Frieden und Brot«, in die Tat umsetzen zu können. Am 17. Februar lief der befristete Waffenstillstand zwischen Russland und den Mittelmächten aus. Nachdem die Kampfhandlungen wieder aufgenommen und die Deutschen auf der gesamten Ostfront vorgerückt waren, lenkte die russische Regierung ein. Das Eingeständnis nutzte die deutsche Regierung zu einer weiteren Verschärfung der Bedingungen. In der Nacht vom 23. auf den 24. Februar fiel im Zentralkomitee des Sowjetkongresses die knappe Entscheidung für die Friedensbedingungen.

23. März 1918

Ferngeschütze vor Paris

Um 8 Uhr morgens wird die französische Hauptstadt durch zahlreiche Detonationen erschüttert. Die einschlagenden Granaten werden von einem deutschen Ferngeschütz aus 120 km Entfernung abgefeuert (Abb.: 42-cm-Mörser der Krupp-Werke, die »Dicke Berta«, nach der auch die Ferngeschütze benannt werden, die Paris beschießen).

In der Seine-Stadt wird zunächst Fliegeralarm ausgelöst. Als jedoch keine Bomber entdeckt werden, erkennen Experten, dass es sich bei den Geschossen um Geschützgranaten handelt. Am Ende des Tages, nachdem regelmäßig jede Viertelstunde ein Einschlag stattfand, wird bekannt, dass die französische Hauptstadt unter dem Beschuss eines neuartigen 21-cm-Ferngeschützes liegt.

10. März 1918

Moskau wieder Hauptstadt

Mit der Übersiedlung der sowjetischen Regierung von Petrograd nach Moskau wird die ehemalige Metropole wieder zur Hauptstadt des russischen Reichs. Moskau (Abb: der Kreml, das Zentrum der

russischen Hauptstadt) war bereits Hauptstadt des russischen Zarenreichs, bis Peter I., der Große, 1703 St. Petersburg errichten ließ und die Stadt im Jahre 1712 zu seiner Hauptresidenz machte. Nach Ansicht von Revolutionsführer Wladimir I. Lenin spielt das zentraler gelegene Moskau eine entscheidende Rolle bei der Festigung der bolschewistischen Macht im ganzen Land.

April 1918

- **1 Mo** Die erste internationale Luftpostlinie der Welt wird auf der Strecke Wien-Aspern-Olmütz-Krakau-Lemberg-Kiew aufgenommen.
- **2 Di** Gebrauchte Schuhe und Lederwaren dürfen im Deutschen Reich wegen der Lederknappheit nur noch an Kommunalbehörden abgegeben werden.
- **3 Mi** In Amsterdam kommt es zu gewalttätigen »Brotkrawallen«, als Frauen nach der Plünderung von Bäckerläden randalierend durch die Stadt ziehen.
- **4 Do** Eine billige, neunbändige Volksausgabe der Romane von E. Marlitt wird für den sensationell niedrigen Preis von 20 Mark angeboten.
- **5 Fr** Entsprechend deutsch-französischer Vereinbarungen werden deutsche Offiziere als Kriegsgefangene in der Schweiz interniert.
- **6 Sa** Teile der deutschen Ostseedivision erobern die finnische Stadt Tampere aus den Händen der finnischen und russischen Roten Garden zurück.
- **7 So** Im Rahmen der Faserstoff-Ausstellung in Berlin zeigt die deutsche Textilindustrie neue Verfahren und Produkte im Bereich des Flachs- und Hanfanbaus.
- **8 Mo** Vertreter der zionistischen und nationaljüdischen Bewegung in Österreich fordern von der Wiener Regierung eine neue Verfassung.
- **9 Di** Das Getreidelieferungsabkommen zwischen dem Deutschen Reich und Österreich einerseits und der Ukraine andererseits tritt in Kraft.
- **10 Mi** Kaiser Wilhelm II. spricht der Besatzung des U-Boots »U-35« für die Versenkung von 196 Schiffen seine Anerkennung aus.
- **11 Do** Der Kriegsausschuss für Ernährung in Berlin fordert die Bevölkerung zur Selbstversorgung durch Aufzucht eigenen Saatguts auf.
- **12 Fr** Die Sowjetregierung Russlands beschließt die Beseitigung aller Denkmäler des Zaren, seiner Familie und seiner politischen Anhänger.
- **13 Sa** Der argentinische Leutnant Luis C. Candelaria überfliegt erstmals in der Richtung von Ost nach West die Anden in Südamerika. → Helsinki
- **14 So** Ottokar Graf Czernin, österreichisch-ungarischer Außenminister, tritt wegen schwerer Meinungsverschiedenheiten mit Kaiser Karl I. zurück.
- **15 Mo** Die deutschen Unternehmerverbände erklären, dass die jetzt in den Büros beschäftigten Frauen nach Kriegsende wieder durch Männer ersetzt würden.
- **16 Di** Der »Auslandsbund Deutscher Frauen« spricht sich in Düsseldorf für die verstärkte Ausbreitung des Deutschtums im Ausland aus.
- **17 Mi** Das Volkskommissariat für Auswärtige Angelegenheiten in Moskau erwartet das Eintreffen der deutschen diplomatischen Abordnung.
- **18 Do** Das preußische Innenministerium lässt Fußball als Disziplin des Schulsports für Knaben zu. +++ Deutsche Truppen erobern die russische Stadt Perekop.
- **19 Fr** Wegen der unsicheren militärischen Lage in Frankreich kommt es an der New Yorker Börse zu einem Kurseinbruch.
- **20 Sa** In Mainz wird die Betrügerin Anna Marta Wyler, die sich als Millionenerbin ausgegeben hatte, um Geld zu erschwindeln, zu 18 Monaten Haft verurteilt.
- **21 So** In Vaux-sur Somme in Frankreich fällt der erfolgreichste deutsche Jagdflieger, Manfred Freiherr von Richthofen (der »Rote Baron«).
- **22 Mo** In Russland wird von der sowjetischen Führung die allgemeine Wehrpflicht für Arbeiter und Bauern zwischen 18 und 40 Jahren eingeführt.
- **23 Di** Der Chirurg Ferdinand Sauerbruch, dessen Forschungen erstmals Eingriffe am offenen Brustkorb erlauben, wird Dozent an der Münchener Universität.
- **24 Mi** Der deutsche Deserteur Willi Münzenberg wird wegen revolutionärer und antimilitaristischer Tätigkeit aus der Schweiz ausgewiesen.
- **25 Do** Die deutsche Bischofskonferenz weist darauf hin, dass die katholischen Geistlichen Eltern bestärken sollten, ihre Kinder auf deutsche Namen zu taufen.
- **26 Fr** Deutschland nimmt offiziell diplomatische Beziehungen zur Sowjetregierung auf. +++ Ab Mai darf in deutschen Großstädten nicht mehr geheizt werden.
- **27 Sa** Per Dekret wird in Russland die gesetzliche und testamentarische Erbfolge abgeschafft und das hinterlassene Vermögen in Staatsbesitz überführt.
- **28 So** Die sowjetischen Parteizeitungen »Prawda« und »Iswestija« veröffentlichen Lenins programmatischen Aufsatz »Die nächsten Aufgaben der Sowjetmacht«.
- **29 Mo** Kaiser Wilhelm II. erklärt sich bereit, eine Mio. Mark zum Aufbau einer zentralen Ausbildungsstätte für Krankenpflegerinnen zu spenden.
- **30 Di** Als erster Sowjetstaat in Mittelasien wird die »Autonome Sowjetrepublik Turkestan« in Taschkent proklamiert.

Mai 1918

1 Mi In Wien findet eine Versammlung der Deutsch-Österreicher statt. Die Anwesenden schwören, am Bündnis mit dem Deutschen Reich festzuhalten.

2 Do Deutsche Truppen dringen in das Donez-Gebiet nahe der ukrainischen Grenze vor. +++ Das Londoner Unterhaus bewilligt einen Etat von 842 Mio. Pfund.

3 Fr Im indischen Delhi findet eine britisch-indische Konferenz über die weitere Entwicklung der britischen Kolonie statt.

4 Sa Die tschechisch-slowakischen Gefangenen in Russland werden von den Bolschewiken bewaffnet und sollen an der Seite der Entente in Frankreich kämpfen.

5 So Die deutsche Reichsstelle für Schuhversorgung in Berlin übernimmt die Produktion und den Vertrieb von Holzschuhen.

6 Mo Die Truppen der chinesischen Zentralregierung sind nicht in der Lage, sich gegen die Privatarmeen einzelner Provinzführer durchzusetzen.

7 Di Kaiser Wilhelm II.verleiht dem deutschen Reichskanzler Georg Graf von Hertling das Eiserne Kreuz 1. Klasse. → Frieden von Bukarest

8 Mi Der mittelamerikanische Staat Nicaragua erklärt dem Deutschen Reich und Österreich-Ungarn offiziell den Krieg.

9 Do Die deutschen Zeitschriften weisen darauf hin, dass die Reichsregierung nicht an eine Beschlagnahme von Schultornistern denke.

10 Fr Das erste finnische Handelsschiff läuft in den Lübecker Hafen ein. Seit Beginn des Bürgerkrieges steht Finnland weitgehend unter deutscher Militärkontrolle.

11 Sa Der neue Führer der Donkosaken, Pjotr N. Krasnow, schneidet gemeinsam mit dem »Konterrevolutionär« Denikin Moskau von der Getreideversorgung ab.

12 So Die USA richten auf den Azoren einen Flottenstützpunkt ein, der als Zwischenstation für U-Boote und Flugzeuge dienen soll.

13 Mo Die »Agenten der Schuhwarenbranche« erwägen auf einer Tagung in Berlin wegen der Zentralisierung des Lederhandels die Einstellung ihres Gewerbes.

14 Di Wie im »Frieden von Bukarest« vorgesehen, liefert Rumänien 150 000 Schafe und 50 000 Schweine nach Deutschland. → Dreiklassenwahlrecht

15 Mi Die japanische Regierung in Tokio kündigt zur Kontrolle der chinesischen Finanzen die Entsendung von Truppen nach China an.

16 Do Die Verhandlungen über ein Handelsabkommen zwischen dem Deutschen Reich und der Schweiz sind vorläufig gescheitert. → Brotration

17 Fr In einem Wirtschaftsabkommen zwischen Rumänien und den Mittelmächten verpflichtet sich der Balkanstaat, Getreide an die Vertragspartner abzutreten.

18 Sa Zur Bekämpfung der Arbeitslosigkeit beschließt der II. Allrussische Kongress der Arbeitskommissare in Moskau die Verstaatlichung aller Arbeitsbörsen.

19 So Wegen der Gefahr von Fliegerangriffen wird in Köln die Fronleichnamsprozession abgesagt. +++ Der Schweizer Maler Ferdinand Hodler stirbt in Zürich.

20 Mo Die britische Regierung in Irland lässt sämtliche Parlamentsabgeordnete der irischen nationalistischen Partei Sinn Féin in Dublin verhaften.

21 Di Das sowjetische Volkskommissariat für Justizangelegenheiten beschließt, das Gerichtsverfahren gegen den ehemaligen Zaren Nikolaus II. einzustellen.

22 Mi Das Deutsche Reich und die Schweiz schließen ein Abkommen über die Lieferung von Kohle gegen Lebensmittel.

23 Do Der zentralamerikanische Staat Costa Rica erklärt Deutschland und seinem Bündnispartner Österreich-Ungarn den Krieg.

24 Fr In Murmansk trifft der Oberbefehlshaber der alliierten Truppen in Nordrussland, Generalmajor Frederic C. Poole, ein.

25 Sa Deutsche Truppenverbände landen in Georgien und unterstützen den dort kämpfenden antibolschewistischen »weißen« Kräfte. → »Weiße«

26 So Die transkaukasische Demokratische Föderative Republik löst sich zugunsten der Schaffung nationaler Einzelstaaten auf.

27 Mo Zwischen Soissons und Reims beginnt eine Großoffensive deutscher Truppenverbände, bei der Anfangserfolge zu verzeichnen sind.

28 Di Portugiesische und britische Truppen haben in Portugiesisch-Ostafrika die Reste der deutschen Schutztruppe unter General von Lettow-Vorbeck umzingelt.

29 Mi Die französische Stadt Soissons wird im Zuge der Westoffensive, die zwei Tage zuvor begonnen hat, von deutschen Truppen eingenommen.

30 Do Die russische Regierung erkennt die Genfer Konventionen und andere internationale Konventionen, die das Rote Kreuz betreffen, an.

31 Fr In Russland werden alle Zensuren zur Beurteilung von Kenntnissen und Verhalten von Schülern abgeschafft und der Gemeinschaftsunterricht eingeführt.

25. Mai 1918

»Weiße« gegen »Rote«

Die sowjetische Regierung in Russland verliert die Kontrolle über weite Teile des Landes. Antibolschewistische »weiße« Armeen, unterstützt von alliierten Truppen, organisieren den bewaffneten Widerstand.

Rote Garde in Moskau

Im südlichen Ural kommt es zu einem Aufstand der »Tschechischen Legion«, einem Heer von 50 000 gutbewaffneten ehemaligen österreichischen Kriegsgefangenen. Aufgrund des Versprechens, nach dem Zusammenbruch der Donaumonarchie einen eigenen tschechischen Staat bilden zu können, kämpfte die Legion ursprünglich auf Seiten der Sowjets. Die Aufständischen verbünden sich mit der antibolschewistischen »weißen« Gegenregierung in Samara. Bei der Machtübernahme in Samara fällt den »Konterrevolutionären« der gesamte Goldschatz der russischen Reichsbank in die Hände. In den nordrussischen Häfen Murmansk und Archangelesk sind seit April 15 000 britische Soldaten gelandet, die ursprünglich die russischen Einheiten gegen die deutsche Armee unterstützen sollten. Die Briten wenden sich jedoch wegen des Aufstands der tschechischen Legion von den Russen ab und verbünden sich mit den »weißen« Truppen des Generals Jewgeni Miller auf der Halbinsel Kola. Auch 150 US-Marinesoldaten landen auf russischem Gebiet. Die Entsendung von Entente-Truppen nach Russland verstehen die Alliierten als Teil ihrer Kriegsführung gegen Deutschland. Hintergrund ist der Versuch der Entente, neben dem Kampf gegen die Bolschewiken auch Truppen der Mittelmächte in Osteuropa zu binden.

Alexander W. Koltschak (M.), einer der Führer der »Weißen«, bei einer Besichtigung seinerTruppen

Im Süden Russlands beherrscht der neue Führer der Donkosaken, Pjotr N. Krasnow, gemeinsam mit dem konterrevolutionären General Anton I. Denikin das Gebiet zwischen der deutschen Frontlinie und der Wolga. Damit ist Moskau von der Getreideversorgung abgeschnitten. Ein weiterer General der »Weißen«, Alexander Koltschak, bildet in Omsk eine konterrevolutionäre Regierung. Am 30. Juni erleiden Einheiten der antibolschewistischen Kosakenarmee im Süden eine vernichtende Niederlage gegen die Rote Armee. Unter Führung von Josef W. Stalin erobert die Rote Armee die Eisenbahnlinie Zaryzin und die Hauptstadt Moskau wieder zurück. Während in allen Teilen Russlands Bürgerkrieg herrscht und die im Land stehenden alliierten Truppen sich mit den konterrevolutionären »Weißen« verbünden, versucht die deutsche Reichsregierung, ein taktisches Arrangement zwischen der sowjetischen Führung und den alliierten Oberkommandierenden zu verhindern. Der deutsche Botschafter in Moskau, Wilhelm Graf von Mirbach-Harff, zahlt insgesamt drei Mio. Mark an die sowjetische Regierung, um sie davon abzuhalten, zu den alliierten Mächten überzulaufen.

14. Mai 1918

Dreiklassenwahlrecht in Preußen wird beibehalten

Das preußische Abgeordnetenhaus lehnt die Vorlage zur Abschaffung des Dreiklassenwahlrechts, die bereits im November 1917 von der Regierung eingereicht worden war, mit klarer Mehrheit ab. Zwei Wochen später, am 30. Mai, stimmt auch das Herrenhaus in diesem Sinne ab. Nach fünfmonatiger Debatte endet damit die Diskussion um die Reform des Wahlrechts. Auch Kompromissvorschläge finden keine Mehrheit.

Das in Preußen bestehende Wahlrecht ist das im Jahre 1849 eingeführte indirekte Dreiklassenwahlrecht. Die Regelung ist eine nach Einkommen und Steuerleistung abgestufte Sonderform des allgemeinen Wahlrechts. Im Dreiklassenwahlrecht werden die Wähler eines Wahlkreises in drei Gruppen aufgeteilt, die jeweils ein Drittel des gesamten Steueraufkommens zahlen. Danach gibt es eine kleine Gruppe von Spitzenverdienern, eine mittlere Gruppe mit höheren Bezügen und eine sehr große Gruppe – ca. 80% der Wahlberechtigten – mit niedrigen Einkommen. Jede Gruppe wählt die gleiche Anzahl von Wahlmännern, die wiederum die Abgeordneten des preußischen Landtags wählen.

Die preußische Staatsregierung kündigt wegen der Ablehnung ihrer Vorlage und der daraus entstandenen unklaren Lage die Auflösung des Abgeordnetenhauses und Neuwahlen an.

16. Mai 1918

Tägliche Brotration gekürzt

Das Kriegsernährungsamt in Berlin gibt die Kürzung der täglichen Brotration auf 130 g, etwa 1,5 Scheiben, bekannt.

Die Kürzung ist notwendig geworden, weil die geplanten Getreidelieferungen aus der Ukraine nicht eingetroffen sind. Vorgesehen war die Lieferung von etwa 100 000 t Getreide im April. In Deutschland sind jedoch nur 1852 t angekommen. Die größte Menge des teuren Weizens ist in Österreich-Ungarn verblieben. Die Kürzung der Brotration kann nur begrenzt durch andere Lebensmittel ausgeglichen werden. Das Amt kündigt jedoch an, dass zumindest größere Mengen Zucker, Einmachzucker und Kartoffeln zur Verfügung gestellt werden. Ersatzstoffe bestimmen in vielen Haushalten die alltägliche Versorgung. Als Fettersatz wird vielfach »Kriegs-Brotaufstrich« angepriesen (s. Abb.).

30. Juni 1918

Vaterländische Kampfspiele

Der deutsche »Verband der Vereine für Leibesübungen« veranstaltet zum vierten Mal die Vaterländischen Kampfspiele. Der sportliche Wettkampf, der neben den klassischen Disziplinen auch Handgranaten-Weitwurf und Militärschwimmen in voller Montur umfasst, findet in Düsseldorf statt. Die Veranstaltung, die unter dem Motto »Unser Spiel ist Dienst fürs Vaterland« steht, wird von Militärsportfunktionären eröffnet. Von besonderem Interesse ist das Fußballspiel Düsseldorf-Süd gegen Düsseldorf-Nord, das 3:1 endet (Abb.: Wasserballturnier). Fußball wird erstmals im Rahmen der Kampfspiele ausgetragen.

25. Juni 1918

Österreich-Ungarn am Ende

Die österreichisch-ungarische Armee muss über den Fluss Piave bei Venedig zurückweichen. Mit dem Rückzug in die Ausgangsstellungen scheitert die letzte Großoffensive gegen Italien.

Die k.u.k.-Monarchie verliert in ihrer letzten Schlacht 30 000 Mann. Da Österreich keine Angriffe im Süden mehr unternehmen will, fordert die deutsche Heeresleitung die Verlegung der Truppen an die Westfront. Der Angriff der Österreicher begann am 15. Juni. Die schlecht ausgerüsteten Soldaten leiden vor allem unter Proviantmangel. Feldmarschall Franz Freiherr Conrad von Hötzendorf, der die Südtiroler Front befehligt, hat 47 Divisionen zur Verfügung. Ihnen stehen auf italienischer Seite 56 Divisionen unter Oberbefehlshaber General Armando Diaz (s. Abb.) gegenüber.

7. Mai 1918

Frieden von Bukarest

Die Mittelmächte schließen einen Friedensvertrag mit Rumänien (Abb.: Unterzeichnung des Abkommens in Bukarest). Seit dem »Diktatfrieden« von Brest-Litowsk zwischen Russland und den Mittelmächten hatte Rumänien seinen russischen Verbündeten verloren.

Der Frieden mit Rumänien, das seit dem Jahre 1916 von deutschen und österreichisch-ungarischen Truppen besetzt ist, kommt auf Betreiben von General Erich Ludendorff zustande, der die im Osten stehenden Truppen für seine am 21. März begonnene Westoffensive benötigt. Ludendorff kann im Rahmen mehrere Offensiven an der Westfront zunächst Anfangserfolge verbuchen. Bis zum 8. April werden zwar große Geländegewinne gemacht, jedoch gelingt es nicht, den Weg

nach Paris zu öffnen. Die Deutschen scheitern am Widerstand der französischen Einheiten. Deutschland braucht den Frieden mit Rumänien aber auch, weil die Lebensmittellieferungen aus der Ukraine, die im sog. Brotfrieden vereinbart wurden, nur über die Donau transportiert werden können. Der Frieden von Bukarest ist, im Gegensatz zum Vertrag von Brest-Litowsk, ein Verständigungsfrieden. Die Monarchie bleibt erhalten. Wirtschaftliche Zusatzabkommen sichern den Mittelmächten Lebensmittel- und vor allem Erdöllieferungen.

Juni 1918

1 Sa Die Regierungen Großbritanniens und Deutschlands einigen sich über Verhandlungen bezüglich des Austauschs von Kriegsgefangenen.

2 So Bei einem Brand in Konstantinopel (heute: Istanbul), der Hauptstadt des Osmanischen Reiches, wird ein ganzes Stadtviertel in Asche gelegt.

3 Mo Der finnische Reichstag stimmt dem deutsch-finnischen Friedensvertrag zu, der Finnland politisch und wirtschaftlich an Deutschland bindet.

4 Di Der I. Allrussische Kongress der Volkswirtschaftsräte endet nach zehntägiger Dauer in Moskau mit der Beibehaltung des Leistungslohnsystems.

5 Mi Der deutsche Botschafter in Moskau besticht Vertreter der Regierung, um ein Überlaufen der Bolschewiken auf die alliierte Seite zu verhindern.

6 Do Die deutschen katholischen Frauenorganisationen schließen sich zusammen, um die Geldmittel für den Bau einer Frauen-Friedenskirche aufzubringen.

7 Fr Die chinesische Zentralregierung in Peking weist alle im Land lebenden Deutschen aus. +++ In Ostpreußen fällt die Temperatur auf 0 °C.

8 Sa In russischen Samara wird als Regierung ein Komitee aus Menschewiken und Sozialrevolutionären gegründet.

9 So Europameister Arthur Stellbrink gewinnt den Großen Preis von Düsseldorf, ein Radrennen mit Motorschrittmacher über 75 km.

10 Mo Nach Ablauf der Feldzeichnungsfrist, einer Verlängerung der Frist für die achte Kriegsanleihe, beläuft sich deren Endergebnis auf rd. 15 Mrd. Mark.

11 Di Die Kunstausstellung des Vereins Berliner Künstler findet dieses Jahre in Düsseldorf statt, da die Berliner Ausstellungshallen als Lazarett benutzt werden.

12 Mi Generalfeldmarschall Erich Ludendorff gibt den Befehl zur Einstellung der Westoffensive, die am 27. Mai begonnen hatte.

13 Do Die antibolschewistische Regierung der Ukraine und Russland schließen einen Waffenstillstand. +++ Wegen der U-Boot-Gefahr schließen die Häfen Ägyptens.

14 Fr Am Tonalpass beginnt die letzte erfolglose Offensive der österreich-ungarischen Armee im Bereich der italienischen Region.

15 Sa Trotz Hochwassers gelingt den österreichisch-ungarischen Truppen an der unteren Piave die Überschreitung des Flusses von Montello bis zur Adria.

16 So Die Kriegstragödie »Ein Geschlecht« von Fritz von Unruh wird im Schauspielhaus von Frankfurt am Main uraufgeführt.

17 Mo In Wien muss nach völliger Erschöpfung der Vorräte die Brotration auf die Hälfte reduziert werden, das entspricht 90 g pro Tag.

18 Di Die deutschen Forstverwaltungen sperren ihre Wälder, da die Bevölkerung wegen des Mangels an Gartenbeeren Waldbeeren sucht, die noch unreif sind.

19 Mi Die Universität Erlangen erhält von einer privaten Firma eine Stiftung in Höhe von 400 000 Mark, die für die Röntgenforschung eingesetzt werden sollen.

20 Do Wegen des steigenden Hochwassers der Piave und der starken Artillerie-und Fliegertätigkeit der Italiener treten die Österreicher den Rückzug an.

21 Fr Eine Explosion zerstört die Räumlichkeiten der nationalen Filmgesellschaft in der deutschen Reichshauptstadt Berlin.

22 Sa In allen spanischen Städten finden Versammlungen statt, auf denen die Rückgabe von Gibraltar gefordert wird, das unter britischer Verwaltung steht.

23 So Erstmals seit Menschengedenken fällt im argentinischen Buenos Aires und anderen Orten des Landes Schnee.

24 Mo Der deutsche Außenminister hält vor dem Reichstag eine Rede, in der er feststellt, dass die Westoffensive die Gegner nicht friedensbereit gemacht habe.

25 Di In Moskau legt der Rat der Volkskommissare die Bestimmungen über die zukünftigen Betriebskollektivverträge vor. → Österreich-Ungarn

26 Mi König Ferdinand I. von Rumänien begnadigt deutsche Staatsbürger, die infolge des deutsch-rumänischen Kriegszustands verurteilt worden waren.

27 Do Die älteste deutschsprachige Zeitung in den USA, die New Yorker »Staatszeitung«, wird wegen finanzieller Schwierigkeiten eingestellt.

28 Fr Die sowjetische Rote Armee eröffnet die Kämpfe gegen alliierte Truppen, die nahe Murmansk gelandet waren.

29 Sa Die französische Regierung erklärt in Paris den tschechoslowakischen Nationalrat als erste Stufe zur tschechoslowakischen Selbstständigkeit.

30 So Die aufständischen Kosaken im Süden Russlands werden unter Mitwirkung des Sowjetkommissars Josef W. Stalin geschlagen. → Kampfspiele

Juli 1918

1 Mo Der brasilianische Ackerbauminister Pereira Lima setzt sich für den Aufbau einer Jute-Industrie zur Herstellung von Kaffeesäcken ein. → »Spanische Grippe«

2 Di Der Postverkehr zwischen Deutschland und den Vereinigten Staaten wird bis auf den Kriegsgefangenenpostverkehr eingestellt.

3 Mi Per Regierungsdekret wird die Trejakow-Gemäldegalerie in Moskau in Staatsbesitz überführt. +++ Der osmanische Sultan Muhammad V. stirbt.

4 Do In Berlin findet der Austausch der Ratifikationsurkunden zum Friedensvertrag zwischen Österreich-Ungarn und der russischen Sowjetrepublik statt.

5 Fr In London wird der Bau eines Kanaltunnels zwischen der britischen und der französischen Küste für die Zeit nach dem Krieg diskutiert.

6 Sa Im Verlauf eines Aufstands der linken Sozialrevolutionäre in Moskau wird der deutsche Botschafter Wilhelm Graf von Mirbach-Harff ermordet.

7 So Auf dem I. Kongress der Sowjets des Nordkaukasus wird eine »Nordkaukasische Sowjetrepublik« proklamiert.

8 Mo Gemeinsam mit französischen Truppenverbänden greifen die Italiener österreichisch-ungarische Truppen an der albanischen Front an.

9 Di Der deutsche Außenminister Richard von Kühlmann tritt zurück. Nachfolger im Amt wird Konteradmiral Paul von Hintze.

10 Mi Der V. Allrussische Sowjetkongress billigt den Text der Verfassung der »Russischen Föderativen Sowjetrepublik (RSFSR)«.

11 Do Der Reichskanzler betont vor dem Hauptausschuss des Reichstags, der Wechsel des Außenministers ändere nichts am Gesamtkurs der deutschen Politik.

12 Fr Das Gemüseangebot auf den deutschen Wochenmärkten ist im Vergleich zum Vormonat größer, reicht jedoch bei weitem nicht aus.

13 Sa Die russische Sowjetregierung beschließt die Enteignung des Vermögens des Zaren und der Familie Romanow.

14 So Der Reichstag lehnt die Beseitigung der Postgebührenfreiheit für Fürsten ab. +++ Britische und US-Truppen besetzen die Eisenbahnlinie in Murmansk.

15 Mo Karl I., Kaiser von Österreich und König von Ungarn, entlässt den Militärführer der Juni-Offensive, Feldmarschall Franz Graf Conrad von Hötzendorf.

16 Di Im Kölner Kunstverein lockt eine umfangreiche Ausstellung österreichisch-ungarischer Kriegsmalerei und -grafik das Publikum. → Jekaterinburg

17 Mi Der italienische Wissenschaftler und Arzt Lo Monaco legt Untersuchungen vor, nach denen Tuberkulose durch Injektion von Saccharose heilbar sei.

18 Do Bei der an Aisne und Marne beginnenden Gegenoffensive der Alliierten werden die Deutschen auf einer Frontbreite von 45 km zurückgeschlagen.

19 Fr Im Münchener Glaspalast findet die Ausstellung der Münchener Künstlergruppe Sezession statt, die am 17. Juli eröffnet wurde. → Lettow-Vorbeck

20 Sa Beim Lufteinsatz über der Marne wird der viel gerühmte US-Flieger Quentin Roosevelt von einem deutschen Flieger abgeschossen.

21 So Der Wirtschaftswissenschaftler Johannes Dück veröffentlicht einen psychologischen Eignungstest für den Beruf des Bürobeamten.

22 Mo In Berlin tagen erstmals gemeinsam Großmeister und Abgeordnete der Freimaurerlogen des Deutschen Reiches, Ungarns, der Türkei und Bulgariens.

23 Di An den Schulen des Deutschen Reiches werden Laubheusammlungen veranstaltet, um die Versorgung der Militärpferde zu gewährleisten.

24 Mi Der Verlag Gustav Langenscheidt, Berlin, wirbt in Zeitungsinseraten für die Erlernung von Fremdsprachen nach einer neu erfundenen Methode.

25 Do Der Rat der oberbayerischen Gemeinde Oberammergau gibt bekannt, dass die nächsten Passionsspiele frühestens 1920 stattfinden werden.

26 Fr Die Stadt Augsburg veröffentlicht eine Erhebung, derzufolge im Augenblick nur drei Wohnungen im Stadtgebiet zu vermieten sind.

27 Sa Zu einem Monat Haft wird eine Düsseldorferin verurteilt, weil sie den Behörden den Aufenthaltsort ihres fahnenflüchtigen Sohnes nicht mitgeteilt hat.

28 So In einer Bittschrift an den US-Präsidenten fordern 600 000 Amerikaner irischer Abstammung, die Unabhängigkeit Irlands von Großbritannien anzuerkennen.

29 Mo Der Oberbefehlshaber der deutschen Truppen in der Ukraine, Generaloberst Hermann von Eichhorn, wird von einem Sozialrevolutionär ermordet.

30 Di In Leipzig zeigt eine Ausstellung aus Kaninchenwolle hergestellte Textilien, die als Ersatz für Produkte aus Kaschmir- oder Angorawolle dienen sollen.

31 Mi Die Jahreshauptversammlung der Friseur-Innung in Gotha warnt vor den Gefahren der Bartflechte, einer kriegstypischen Hauterkrankung. → Kriegsgefangene

8. August 1918

Westfront bricht zusammen

In einem Sturmangriff gelingt es alliierten Soldaten, einen tiefen Keil in die deutsche Westfront zwischen Albert und Montdidier zu schlagen. Die nur vier Stunden dauernde Aktion trifft die deutschen Verbände unter General Hermann von Kuhl völlig überraschend und zwingt sie auf der ganzen Frontbreite zum schnellen Rückzug.
Der Angriff ist so erfolgreich, dass Tausende von deutschen Soldaten sich sofort ergeben. Die Disziplin der Truppen ist endgültig gebrochen (Abb.: Ein britischer Soldat, r., nimmt einen deutschen Soldaten gefangen). Dieser »schwarze Tag der deutschen Armee«, wie Generalfeldmarschall Erich Ludendorff das Datum später in seinen Memoiren bezeichnet, ist die endgültige Wende des Weltkriegs zugunsten der Alliierten. Die vernichtende Niederlage der deutschen Truppen überzeugt die Oberste Heeresleitung davon, dass der Krieg mit militärischen Mitteln nicht mehr zu gewinnen ist. Allein über den diplomatischen Weg sieht Ludendorff noch eine Chance, wenigstens die Kriegsgewinne im Osten zu retten. Begonnen hatte das militärische Debakel bereits Mitte Juli, als die Gegenoffensive der alliierten Verbände unter dem Oberbefehl von General Ferdinand Foch die deutschen Truppen auf einer Breite von 45 km südwestlich von Soissons zurückdrängte. Der sog. Marnebogen westlich von Reims, der durch die deutsche Offensive im Mai gewonnen wurde, musste bereits im Juli fast vollständig geräumt werden. Ludendorff hoffte noch auf eine Wende. Die alliierten Heeresleitungen hatten von der Offensive eigentlich noch nicht den endgültigen Sieg erwartet. Zunächst sollte nur eine Eisenbahnlinie erobert werden, bestenfalls die Kohlereviere im Norden zurückgewonnen werden. Aus Protokollen geht hervor, dass die Alliierten nicht davon ausgingen, den Sieg über Deutschland vor dem Jahre 1919 erringen zu können.

16. Juli 1918

Die Tragödie von Jekaterinburg

Der ehemalige Zar von Russland, Nikolaus II., wird zusammen mit seiner Frau und seinen fünf Kindern in Jekaterinburg erschossen. Angesichts der Bedrohung der Stadt durch aufständische »weiße« Armeen beschlossen Mitglieder der Geheimpolizei »Tscheka« die Hinrichtung der letzten Romanows.
Nikolaus II. war unmittelbar nach der bürgerlichen Februarrevolution am 21. März gefangengenommen und nahe Petrograd interniert worden. Nach einem kurzen Aufenthalt in der Stadt Tobolsk wurde die gesamte Zarenfamilie in Jekaterinburg im mittleren Ural festgehalten. Ihre Ermordung war von den Bolschewiken nicht geplant worden. Der Volkskommissar für Verteidigung, Leo D. Trotzki, hatte jedoch den Bewachern der Zarenfamilie die Entscheidungsbefugnis überlassen, falls sie von konterrevolutionären Truppen angegriffen würden. Die russische Herrscherdynastie der Romanows, deren Mitglieder als Kaiser oder Zaren das Reich seit dem Jahre 1613 in ununterbrochener Linie autokratisch regierten, erlischt mit der Erschießung der Zarenfamilie. Der Aufstieg der Romanows begann mit der Heirat des »Ersten Zaren von ganz Russland«, Iwan IV. Wassiljewitsch, des Schrecklichen. Im Jahre 1574 ehelichte er Anastasia Romanowna. Aus der

Zar Nikolaus II., neben ihm Zarin Alexandra, vorn Zarewitsch Alexej, die Töchter (v.l.) Maria, Tatjana, Olga und Anastasia

1. Juli 1918

»Spanische Grippe« wütet

Die »Spanische Grippe«, die sich seit Anfang des Jahres weltweit auszubreiten beginnt, erreicht Deutschland. Zwar geht die akute Phase der Seuche wegen der Kurzlebigkeit des Erregers bereits nach wenigen Wochen vorüber, doch sterben weltweit rd. 20 Mio. Menschen. Die Zahl ist höher als die der im Weltkrieg Gefallenen.

In einigen Ländern sind 15 bis 20% der Bevölkerung erkrankt. Da die Krankheitserreger auf zumeist schlecht ernährte und daher geschwächte Opfer treffen, ist der Verlauf der Spanischen Grippe oft sehr ernst und führt besonders bei Kindern und alten Menschen zum Tod. Die Gesundheitsämter versuchen durch Aufklärung, eine weitere Ausbreitung der Krankheit zu verhindern. Um einer Panik vorzubeugen, wird die zweifelhafte Nachricht verbreitet, dass auf 500 Grippe-Kranke nur ein Todesfall komme. Die Ärzte sind weitgehend hilflos. Wie in früheren Jahrhunderten versuchen die Menschen, sich durch das Tragen von Masken zu schützen. Öffentliche Einrichtungen wie Kirchen, Schulen und Theater werden vielerorts geschlossen. Sogar die Kampfhandlungen an der Front geraten durch die Spanische Grippe ins Stocken. Gesteigert werden die Schrecken der Bevölkerung dadurch, dass zur gleichen Zeit Epidemien von Kinderlähmung und australischer Enzephalitis (infektiöse Gehirnhautentzündung) ausbrechen.

Nikolaus II.

russischer Zar, * 18.5.1868 Zarskoje Selo/Puschkin; † 16.7.1918 Jekaterinburg

Der letzte russische Zar bestieg als Nachfolger seines Vaters Alexander III. den Thron. Er regierte zunächst ganz im Stil seiner autokratischen Vorgänger. Erst nach dem verlorenen Krieg gegen Japan 1904/05 und nach revolutionären Unruhen im russischen Reich ließ er sich zu Zugeständnissen bewegen, u.a. zur Einrichtung eines Parlaments. Nach kurzer Zeit nahm Nikolaus II. seine Reformen jedoch wieder zurück. Unter dem Eindruck der drohenden Revolution dankte er im März 1917 ab, wurde verbannt und inhaftiert.

- 1894: Thronbesteigung
- 1905: Proklamation einer Verfassung
- 1917/18: Verbannung nach Sibirien

vierten Generation dieser Verbindung stammt der 1613 zum Zaren gewählte Michail Fjodorowitsch, der als eigentlicher Begründer der Dynastie gilt.

Erst der fünfte Herrscher aus dem Haus Romanow, Peter I., der Große, machte das Russische Reich – zwischen 1682 und 1721 – zur europäischen Großmacht. Die 1672 zur Kaiserin gekrönte gebürtige Deutsche Katharina II. die Große war neben Peter I. die wohl bedeutendste Herrscherpersönlichkeit der Dynastie.

31. Juli 1918

Millionen Kriegsgefangene

Zum Ende des Monats befinden sich rd. 3,5 Mio. Kriegsgefangene aus den Entente-Staaten – vorwiegend Briten und Franzosen – auf deutschem Boden. Noch mehr Gefangene aus Deutschland und den verbündeten Staaten leben in Gefangenenlagern der Alliierten (Abb.: Deutsche Soldaten in britischer Gefangenschaft).

Viele Kriegsgefangene werden zu landwirtschaftlicher Arbeit auf Bauernhöfe abkommandiert. Die

in der Nähe von Industriebezirken internierten Gefangenen zieht man zur Arbeit in der Rüstungsindustrie heran, um den eklatanten Mangel an männlichen Arbeitskräften auszugleichen. Ein kleiner Teil der Kriegsgefangenen, zumeist höhere militärische Dienstgrade, erhält durch Absprache und Verträge zwischen den Kriegsgegnern das Privileg, die Gefangenschaft in Lagern auf neutralem Gebiet, vor allem in der Schweiz und in den Niederlanden, verbringen zu können. Am 15. Juli wurden zwischen Frankreich und Deutschland mehrere hundert Zivilpersonen ausgetauscht. Im Rahmen dieser Aktion durften etwa 600 Männer aus Elsass-Lothringen nach Konstanz ausreisen, während zur gleichen Zeit etwa 1000

französische Gefangene in ihre Heimat zurückkehren konnten (Abb. unten: Erschöpfte deutsche Soldaten in einem französischen Gefangenenlager).

19. Juli 1918

Lettow-Vorbeck ungeschlagen

Der deutsche General Paul von Lettow-Vorbeck, seit dem Jahre 1913 Kommandeur der Schutztruppe der deutschen Kolonie Kamerun und seit Kriegsbeginn Oberbefehlshaber der deutschen Truppen in Afrika, gibt trotz gegnerischer Übermacht nicht auf.

Über das wirkliche Ausmaß der noch verbliebenen Kampfkraft des Generals, der bereits zwischen 1904 und 1907 Hauptmann in Deutsch-Südwestafrika gewesen war und über ausgezeichnete Landeskenntnisse verfügt, ist jedoch in der deutschen Öffentlichkeit ebenso wenig bekannt wie im feindlichen Ausland. Erst am 25. November, zwölf Tage, nachdem Lettow-Vorbeck und seine Truppen von der deutschen Kapitulation erfahren, strecken auch die deutschen Einheiten in Afrika ihre Waffen. Den rd. 1200 Deutschen standen rd. 120 000 Briten gegenüber.

August 1918

1 Do Zum fünften Jahrestag des Kriegsbeginns erscheinen in allen Zeitungen in Deutschland Reden, Rückblicke und Durchhalteparolen.

2 Fr Der deutsche Metallarbeiterverband veröffentlicht eine Statistik, wonach die Löhne der männlichen Arbeiter um das Doppelte höher lägen als die der Frauen.

3 Sa Meldungen über die in weiten Teilen Sowjetrusslands herrschende grauenhafte Hungersnot häufen sich in der gesamten europäischen Presse.

4 So Tausende von Menschen sind in China einer Lungenpestepidemie zum Opfer gefallen. +++ Die Sowjetregierung verbietet alle »bürgerlichen Zeitungen«.

5 Mo Die Reichsregierung ruft die Bevölkerung dazu auf, in der Ferienzeit barfuß zu gehen, um das immer knapper werdende Leder einzusparen.

6 Di Der neue Oberbefehlshaber der deutschen Streitkräfte der Ukraine, Generaloberst Günther Graf von Kirbach, trifft in Kiew ein.

7 Mi Die Verschickung von Ansichtskarten vom Deutschen Reich ins Ausland ist aus Gründen der Spionageabwehr ab sofort verboten.

8 Do Die von Leo D. Trotzki aufgebaute sowjetische Rote Armee erobert Kazan aus den Händen der Weißgardisten zurück. → Westfront

9 Fr Der italienische Dichter Gabriele D'Annunzio wirft aus einem von ihm selbst gesteuerten Flugzeug Flugblätter über Wien ab.

10 Sa Das Reichsernährungsamt in Berlin ruft die Bevölkerung dazu auf, jetzt vorwiegend Weißkohl und Mohrrüben als Frischgemüse zu verwenden.

11 So Die Solinger Arbeitgeberschaft beschließt auf Drängen der Industriearbeiter eine Senkung der Arbeitszeit um 3,5 Stunden bei vollem Lohnausgleich.

12 Mo Zehn Tote und elf Verletzte kostet ein Angriff feindlicher Flugzeuge auf Frankfurt am Main. Zwei der Flugzeuge werden abgeschossen.

13 Di In Deutschland werden die Schwarzbrotpreise von 20 auf 25 Pfennig pro Pfund erhöht, das entspricht einer Steigerung um 25%.

14 Mi Bei einem Zusammentreffen der deutschen und österreichisch-ungarischen Regierungen in Spa wird betont, an den Kriegszielen festhalten zu wollen.

15 Do Mit mehr als 5000 angemeldeten Firmen zur Leipziger Herbstmesse liegt die Zahl der Aussteller um rd. 1300 höher als bei der Frühjahrsmesse.

16 Fr Zu je 10 000 Mark Geldstrafe werden die drei Direktoren einer Wolldeckenfabrik in Brückmühl wegen illegalem Verkauf von Kunstwolle verurteilt.

17 Sa Der Vormarsch türkischer Truppenverbände im Kaukasus beginnt. Ein erster militärischer Erfolg ist die Besetzung Armeniens.

18 So In Berlin werden die deutschen Kriegs-Schwimm-Meisterschaften ausgetragen. +++ Der spanische Ministerrat betont die Neutralität des Landes.

19 Mo Zum Führer der tschechoslowakischen Legion in Sibirien wird der frühere Direktor des Observatoriums auf dem Mont Blanc, Anatoli Stafanowitsch, benannt.

20 Di Die russische Sowjetregierung in Moskau beschließt die Abschaffung privater Eigentumsrechte an Immobilien.

21 Mi Immer häufiger werden im westdeutschen Raum rumänische Büffel als Zugtiere für Militärfahrzeuge verwendet.

22 Do In der schweizerischen Gemeinde Zernez im Unterengadin wird ein neuer Nationalpark gegründet, der auch Forschungszwecken dienen soll.

23 Fr Die deutsche Kaiserin Auguste Viktoria ist laut Zeitungsmeldungen aufgrund »ihres unermüdlichen Liebesdienstes in der Kriegsfürsorge« schwer erkrankt.

24 Sa Der Oberbefehlshaber der deutschen Streitkräfte, Paul von Hindenburg, nimmt die Ehrenbürgerschaft der Stadt Lüneburg an.

25 So Aus Schlesien wird eine Massenflucht bisher noch nicht zum Kriegsdienst einberufener junger Männer gemeldet.

26 Mo Im Rahmen der »fleischlosen Wochen« ist die Fleischausgabe – einschließlich Wild und Geflügel – auch in Gastwirtschaften verboten.

27 Di Durch einen Zusatzvertrag zum Friedensabkommen von Brest-Litowsk verzichtet die sowjetische Regierung endgültig auf Estland und Livland.

28 Mi Das Kartell westdeutscher Pferderennvereine protestiert gegen das Ansinnen einiger Abgeordneter, alle Pferderennen bis zum Kriegsende zu untersagen.

29 Do Aufgrund der zunehmenden Zahl von Ruhrerkrankungen im Deutschen Reich warnen die Behörden vor unvorsichtigem Kontakt mit infizierten Personen.

30 Fr In Moskau wird der Führer der Bolschewiken, Wladimir I. Lenin, durch ein Attentat der sozialrevolutionären Agentin Fanija Kaplan schwer verletzt.

31 Sa In Forest Hills finden die diesjährigen US-Tennismeisterschaften statt, die seit 1881 jährlich ausgetragen werden.

September 1918

1 So Die deutschen Zeitschriften veröffentlichen Statistiken über die zunehmende Kriminalität. Vor allem Schwarzmarktdelikte treten häufiger auf.

2 Mo Nach ihrer erfolglosen Frühjahrsoffensive befinden sich jetzt alle deutschen Truppenverbände an der Westfront auf dem Rückzug.

3 Di Als geheimes Zusatzabkommen zum Vertrag vom 9. August wird der tschechoslowakische Nationalrat als kriegführende Macht von den USA anerkannt.

4 Mi Die Postüberwachungsstelle der 6. deutschen Armee unterrichtet militärische Kreise in einem Bericht über die Kriegsmüdigkeit im Heer.

5 Do Wegen der mageren Ernte ist die gewerbsmäßige Herstellung von Pflaumenmus laut Erlass des deutschen Reichsernährungsamtes ab sofort verboten.

6 Fr In Moskau konstituiert sich unter dem Vorsitz von Leo D. Trotzki das Führungsorgan der Streitkräfte, der »Revolutionäre Kriegsrat der Republik«.

7 Sa Das Berliner Reichswirtschaftsamt gibt bekannt, dass in diesem Herbst kaum mit Frischobst auf den Märkten zu rechnen sei.

8 So Die britische Standard Bank of South Africa Ltd. gründet eine Filiale in Rotterdam. +++ Im Deutschen Reich beginnt eine Kriegsspendenaktion.

9 Mo Auf Beschluss der zuständigen Regierungspräsidenten werden französische Ortsnamen im Deutschen Reich durch deutsche Namen ersetzt.

10 Di In Norditalien um den Monte Asolone halten die österreichisch-ungarischen Verbände gegen eine überwältigende Übermacht der Italiener stand.

11 Mi Die weltberühmte französische Schauspielerin Sarah Bernhardt macht – bereits 74-jährig – eine Gastspielreise durch die USA.

12 Do Auf der Eisenbahnstrecke Bromberg-Schneidemühl kommen bei der Entgleisung eines Personenzuges 40 Kinder ums Leben. Hunderte werden verletzt.

13 Fr Prinz Friedrich Karl von Hessen erklärt seine Bereitschaft, König von Finnland zu werden. +++ In Posen sterben 26 Kinder an den Folgen einer Pilzvergiftung.

14 Sa Den Vorschlag des österreichischen Kaisers Karl I., einen Verständigungsfrieden unter den Kriegsparteien herbeizuführen, weisen die Alliierten scharf zurück.

15 So Die Orientarmee der alliierten Streitkräfte beginnt in Makedonien eine erfolgreiche Durchbruchsoffensive gegen Bulgarien.

16 Mo Als erste sowjetische Auszeichnung für besondere militärische Verdienste wird der »Orden der Roten Fahne« eingeführt.

17 Di Unter deutschen Soldaten an der Westfront kursieren Hefte, die Propagandamaterial über den verzweifelten Stand der deutschen Kriegsfront enthalten.

18 Mi Der russische Dichter Maxim Gorki vereinbart mit dem Kommissar für Volksaufklärung die Gründung eines Verlags mit Namen »Die Weltliteratur«.

19 Do Britische Einheiten durchbrechen unter Führung von General Edmund Henry Hynmann Allenby bei Jaffa die osmanische Front.

20 Fr Die Leiche des Ex-Zaren Nikolaus II., die an der Erschießungsstelle verscharrt wurde, wird exhumiert und zur feierlichen Beisetzung nach Omsk überführt.

21 Sa Aus dem Prado in Madrid werden von Unbekannten zwei wertvolle goldene Abendmahlkelche entwendet. Die Täter bleiben unentdeckt.

22 So Deutsche Soldaten finden in einer verlassenen französischen Stellung das bislang unbekannte Grab des Schriftstellers Hermann Löns.

23 Mo Der deutsche Fürst Wilhelm Prinz zu Wied betont seinen Anspruch auf den Thron Albaniens, das trotz italienischer Besetzung ein neutraler Staat sei.

24 Di Der rumänische König Ferdinand I. lässt seinen Sohn und Thronfolger Prinz Karl wegen der heimlichen Heirat einer Bürgerlichen mit strengem Arrest belegen.

25 Mi Wegen des Kohlemangels werden in Deutschland die Züge und Triebwagen nicht mehr geheizt. Reisende sollen sich mit Mänteln und Decken versorgen.

26 Do Unter der Führung von Tomáš Garrigue Masaryk wird in Paris durch den tschechoslowakischen Nationalrat eine provisorische Regierung gebildet.

27 Fr Die Berliner Universum-Film-Gesellschaft führt mit der bolschewistischen Regierung in Moskau Verhandlungen über die Lieferung von deutschen Filmen.

28 Sa Der Staatssekretär des Äußeren spricht sich für eine Demokratisierung des Deutschen Reichs aus, um der Gefahr einer Revolution zu begegnen.

29 So Die Vertreter von Vereinen und Verbänden der deutschen Wirtschaft fordern in Berlin den Abbau der Zwangsbewirtschaftung. → Kriegsende

30 Mo In einem Erlass verfügt Kaiser Wilhelm II. die Einführung des parlamentarischen Systems im Deutschen Reich. → Regierungswechsel

26. Oktober 1918

Ludendorff tritt zurück

Nach einer heftigen Auseinandersetzung mit Kaiser Wilhelm II. nimmt Generalquartiermeister Erich Ludendorff (s. Abb.) seinen Abschied. Ludendorff scheitert an seinen Differenzen mit der neuen Reichsregierung, deren Einsetzung er selbst betrieben hatte.
Nachdem er zunächst die Bemühungen um einen schnellen Waffenstillstand vorangetrieben hatte, änderte er seine Meinung nach dem Eintreffen der zweiten Note von US-Präsident Woodrow Wilson, in der die Einstellung des U-Boot-Kriegs und der Sturz der Monarchie gefordert wird. Ludendorff verlangte daraufhin den Abbruch der Gespräche und die bedingungslose Fortsetzung des Krieges, während die Regierung die Bedingungen anerkennen wollte. Eigenmächtig schickte er einen Heeresbefehl an alle Truppen, der zum weiteren Kampf aufforderte und die »Kapitulation« vor Wilson entschieden zurückwies. Damit hatte sich die Oberste Heeresleitung offen gegen die Regierung gestellt (Abb.: Paul von Hindenburg, Kaiser Wilhelm II., Ludendorff).

30. September 1918

Regierungswechsel

Reichskanzler Georg Graf von Hertling bittet Kaiser Wilhelm II. um seine Entlassung. Nachfolger wird Prinz Max von Baden. Die militärische Führung verspricht sich vom neuen Kanzler die sofortige Einleitung von Waffenstillstandsverhandlungen bei einer noch nicht völlig hoffnungslosen Lage an den Fronten. Prinz Max tritt im Gegensatz zu seinem Vorgänger für einen Verständigungsfrieden ein und gilt als Befürworter einer gemäßigten Demokratisierung.

Prinz Max von Baden

eigtl. Maximilian Alexander Friedrich Wilhelm, deutscher Reichskanzler, * 10.7.1867 Baden-Baden; † 6.11.1929 Konstanz

Der als liberal geltende Prinz Max von Baden ist der letzte Reichskanzler im wilhelminischen Kaiserreich. Der Politiker, der ein Kabinett der linken Mitte bildete, regierte in den entscheidenden Wochen vor der Novemberrevolution und der Unterzeichnung eines Waffenstillstands zur Beendigung des Ersten Weltkriegs. Am 9. November verkündet er die Abdankung von Kaiser Wilhelm II. und ernennt Friedrich Ebert zum Kanzler.

- 1889: Kavallerieoffizier
- 1907: Thronfolger des Großherzogtums Baden
- 1911: Generalmajor, Abschied aus der Armee

29. September 1918

Kriegsende in Sicht

Angesichts des militärischen Desasters an der Westfront – alle deutschen Truppenverbände befinden sich auf dem Rückzug – und des bulgarischen Friedens mit den Alliierten überschlagen sich die politischen Ereignisse in Deutschland: Die Oberste Heeresleitung (OHL), Generalfeldmarschall Paul von Hindenburg und Generalquartiermeister Erich Ludendorff, teilt Kaiser Wilhelm II. mit, ein sofortiges Bemühen um einen Waffenstillstand auf der Grundlage der 14 Friedenspunkte von US-Präsident Woodrow Wilson sei unabdingbar. Zudem fordern die Generäle die Entlassung der Regierung. In Frankreich befinden sich die deutschen Truppen weiter auf dem Rückzug und müssen hinter die Linie Oise-Aisne-Kanal weichen. Reichskanzler Georg Graf

Opfer des Weltkriegs
(ohne Zivilisten)

Land	Tote
Deutschland	1773 700
Russland	1700 000
Frankreich	1375 800
Österr.-Ungarn	1200 000
Großbritannien	908 400
Italien	650 000
Rumänien	335 700
Türkei	325 000
USA	126 000
Bulgarien	87 500
Serbien	45 000
Belgien	13 700
Portugal	7 200
Griechenland	5 000
Montenegro	3 000
Japan	300

29. Oktober 1918

Deutsche Matrosen meutern

Matrosen und Heizer der deutschen Linienschiffe »Thüringen« und »Helgoland« – und bald auch vieler anderer deutscher Kriegsschiffe – verweigern den Gehorsam.
Die in Wilhelmshaven und Kiel liegende Hochseeflotte hatte den Befehl erhalten, zu einem letzten Kampf gegen die britische Flotte auszulaufen. Wegen der Weigerung der Mannschaften muss das Unternehmen abgebrochen werden. 600 Matrosen werden verhaftet. Die Führung der deutschen Kriegsflotte, mit den Admirälen Reinhard Scheer, Adolf von Trotha und Magnus von Levetzow an der Spitze, plante eine groß angelegte militärische Aktion der Flotte, die seit der Skagerrak-Schlacht 1916 kaum noch zum Einsatz gekommen war. Nachdem die Reichsregierung einen Waffenstillstand angeboten hatte, der uneingeschränkte U-Boot-Krieg am 20. Oktober beendet worden und Generalquartiermeister Erich Ludendorff zurückgetreten war, wollte die Admiralität einen letzten Beweis für die militärische Kraft der deutschen Kriegsflotte erbringen.

Siegreiche britische Truppen ziehen unter dem Jubel der Bevölkerung im französischen Lille ein.

von Hertling, der gegen die Waffenstillstandsforderung der OHL votiert, tritt am 30. September zurück. Sein Nachfolger, Prinz Max von Baden, übernimmt am 3. Oktober die Regierungsgeschäfte. Mit ihm hat der Reichstag erstmals selbst einen Kandidaten vorgeschlagen und ihm das Vertrauen ausgesprochen. Prinz Max unterschreibt als erste Amtshandlung eine Note an den US-Präsidenten, die um die Einberufung einer Friedenskonferenz ersucht. Damit wird zum ersten Mal von offizieller Seite die Niederlage Deutschlands im Weltkrieg eingeräumt. Am 27. Oktober akzeptiert die deutsche Regierung in ihrer vierten Note an Wilson alle Vorbedingungen für einen Waffenstillstand, die der US-Präsident seit dem Januar 1918 gestellt hatte. Vorausgegangen war ein umfangreicher Notenwechsel, in dessen Verlauf Wilson vor allem eine demokratische Regierungsform und die Abschaffung der Monarchie gefordert hatte.

Am 28. Oktober treten neue Verfassungsbestimmungen in Kraft, durch die das Deutsche Reich zu einer parlamentarischen Monarchie wird. Die Macht liegt mit Billigung des Kaisers ausschließlich beim Deutschen Reichstag – ebenso wie die oberste Befehlsgewalt über die Armee, die bislang beim Kaiser, de facto bei der OHL lag. Die Stellung des Kaisers wandelt sich zu der eines Staatsrepräsentanten ohne nennenswerte politische Rechte. Neben dem Reichstag existiert der Bundesrat als Länderkammer.

28. Oktober 1918

Tschechoslowakei gegründet

In Prag wird die Tschechoslowakische Republik gegründet. An ihrer Spitze stehen die Tschechen Tomáš Garrigue Masaryk als Staatspräsident, Karel Kramár als Ministerpräsident und Eduard Beneš im Amt des Außenministers. Einziger Slowake in der Regierung ist Milan R. Stefánik, der den Posten des Kriegsministers bekleiden soll.

Die Errichtung eines unabhängigen tschechoslowakischen Staates war bereits einen Monat zuvor vom tschechoslowakischen Nationalrat in Paris proklamiert worden. Eine Loslösung der Tschechen und Slowaken aus dem Staatenverband der Donaumonarchie betrieb Masaryk bereits seit dem Jahre 1914, nachdem er ins Exil in die Vereinigten Staaten gegangen war. Besonders US-Präsident Woodrow Wilson konnte er mit seiner Forderung nach Autonomie schnell auf seine Seite bringen. Wilson legte in seinem 14-Punkte-Friedensprogramm vom 8. Januar besonderen Wert darauf, dass alle Völker der Welt die Möglichkeit erhalten sollten, ihre politischen Geschicke selbst zu bestimmen.

31. Oktober 1918

Egon Schiele stirbt

Der österreichische Maler und Zeichner Egon Schiele stirbt im Alter von 28 Jahren in Wien. Der neben Oskar Kokoschka bedeutendste Vertreter des Expressionismus in der österreichischen Malerei erliegt der in ganz Europa grassierenden Spanischen Grippe.

Schiele, der 1890 in Tulln geboren wurde, verließ im Jahre 1909 die Wiener Akademie der Künste und gründete gemeinsam mit anderen avantgardistischen Künstlern die Gruppe »Neukunst«. Beeinflusst und gefördert durch seinen Freund Gustav Klimt, schuf er am Jugendstil orientierte Werke, wandte sich dann jedoch expressiven Formen zu. Die bekanntesten Werke Schieles zeigen u.a. stark verzerrte, deformiert wirkende Aktdarstellungen (Abb.: »Sitzende Frau«, 1917).

Oktober 1918

1 Di Die deutsche Oberste Heeresleitung bittet die Regierung um die Übermittlung eines Friedensangebotes an die Entente.

2 Mi Auf der Eisenbahnlinie Malmö-Stockholm kommt es infolge der Unterspülung eines Schienenstranges zu einem schweren Zugunglück, das 300 Tote fordert.

3 Do Prinz Max von Baden wird von Kaiser Wilhelm II. zum neuen Reichskanzler ernannt. Er richtet sogleich ein Waffenstillstandsangebot an die US-Regierung.

4 Fr Nach der Ernennung des neuen Reichskanzlers wird in Deutschland erstmals eine Regierung, die dem Parlament verantwortlich ist, gebildet.

5 Sa Im Deutschen Reich wird zur Zeichnung der neunten Kriegsanleihe aufgerufen, die bis zum 23. Oktober dieses Jahres laufen soll.

6 So Aus den USA kommt die Nachricht, dass die Goldreserven so gut wie aufgebraucht seien und die Regierung sich in Zahlungsschwierigkeiten befinde.

7 Mo Erstmals im Kriege – so die deutsche Presse – wird ein schweizerischer Fesselballon versehentlich von deutschen Kampfflugzeugen abgeschossen.

8 Di Der US-Präsident Woodrow Wilson reagiert zurückhaltend auf das Waffenstillstandsangebot der Mittelmächte.

9 Mi Die Christlich-Soziale Partei Österreichs bekennt sich zu den wesentlichen Programmpunkten der Sozialistischen Partei.

10 Do Rosa Luxemburg, führendes Mitglied der 1917 als linke Abspaltung der SPD gegründeten USPD, wird aus der politischen »Schutzhaft« entlassen.

11 Fr In Berlin warnen etwa 1000 Anhänger der Alldeutschen vor der »Verstümmelung Deutschlands« durch einen ungerechten Friedensvertrag.

12 Sa Die Regierung des Deutschen Reiches erklärt sich bereit, zur Herbeiführung des Waffenstillstands die besetzten Gebiete an der Westfront zu räumen.

13 So Im Zusammenhang mit der Zeichnung der 9. deutschen Kriegsanleihe wird geraten, Erspartes nicht zu Hause, sondern auf der Bank aufzubewahren.

14 Mo Der US-Präsident betont, Vorbedingung für einen Friedensschluss sei die Umwandlung der deutschen Regierungsform in eine Demokratie.

15 Di Die osmanische Regierung sendet eine Waffenstillstandsnote an den US-Präsidenten Woodrow Wilson.

16 Mi Kaiser Karl I. von Österreich erklärt, Österreich in einen Bundesstaat umwandeln zu wollen, in dem jede ethische Gruppe staatliche Autonomie erlangen soll.

17 Do In einer nächtlichen Aktion räumen die deutschen Truppen die französische Stadt Lille. +++ In Budapest eröffnet die Effektenbörse nach zweijähriger Pause.

18 Fr Die SPD fordert das deutsche Volk zum Durchhalten bis zum Friedensschluss auf, um danach auf friedlichem Wege eine Demokratie zu schaffen.

19 Sa Angesichts der hoffnungslosen militärischen Lage zweifelt die deutsche Bevölkerung am Sinn der 9. Kriegsanleihe, für die in Zeitungen geworben wird.

20 So Die Oberste Heeresleitung stellt den unbeschränkten U-Boot-Krieg, der zum Kriegseintritt der USA geführt hatte, ein.

21 Mo Bei einer Explosion in der Berlin-Dessauischen Maschinenfabrik in Dessau werden mehr als 70 Menschen getötet und etwa 50 schwer verletzt.

22 Di Der österreichische Ministerpräsident Max Freiherr Hussarek von Heinlein tritt mit seiner gesamten Regierung zurück.

23 Mi Der ehemalige Reichstagsabgeordnete Karl Liebknecht wird nach fast zweieinhalb Jahren aus der Haft entlassen.

24 Do Das preußische Herrenhaus billigt in erster Lesung die Wahlrechtsvorlage, die das allgemeine, gleiche und direkte Wahlrecht für Preußen vorsieht.

25 Fr Das britische Unterhaus in London beschließt mit 274 gegen 25 Stimmen die Wählbarkeit von Frauen als Parlamentsabgeordnete.

26 Sa Der Kaiser von Österreich, Karl I., teilt Kaiser Wilhelm II. die Auflösung des Bündnisses mit dem Deutschen Reich mit. → Ludendorff

27 So Österreich-Ungarn und die Türkei ersuchen den Präsidenten der Vereinigten Staaten, Woodrow Wilson, um einen Sonderfrieden.

28 Mo Der Reichstag beschließt das Gesetz zur Parlamentarisierung, das die Regierung an das Vertrauen des Reichstags bindet. → Tschechoslowakei

29 Di Im Rahmen der italienischen Offensive an der Piave müssen die k.u.k. Truppen den Ort Vittorio Veneto räumen. → Matrosen

30 Mi Zwischen den Staaten der Entente und dem Osmanischen Reich wird der Waffenstillstand von Mudros geschlossen.

31 Do Revolutionäre Soldaten erschießen den ehemaligen ungarischen Ministerpräsidenten István Graf Tisza in seiner Wohnung in Budapest. → Egon Schiele

November 1918

1 Fr Karl I., Kaiser von Österreich und König von Ungarn, entbindet die ungarische Regierung ihres Treueeids. Damit wird der Weg frei zur Gründung einer Republik.

2 Sa Der linke Flügel der unabhängigen Sozialdemokraten, die »Revolutionären Obleute«, beschließt in Berlin die Vorbereitung eines Generalstreiks.

3 So Österreich-Ungarn und die Entente unterzeichnen den Waffenstillstand in der Villa Giusti bei Padua. +++ Die unabhängige Republik Polen wird ausgerufen.

4 Mo Der Vorstand der SPD fordert die Arbeiter auf, keinesfalls den anonymen Streikaufrufen Folge zu leisten. → Novemberrevolution

5 Di Wegen des Fundes von antideutschem Propagandamaterial in Berlin bricht das Deutsche Reich die diplomatischen Beziehungen zu Sowjetrussland ab.

6 Mi Rumänische Truppen rücken in die Bukowina ein, die bislang von russischen Verbänden besetzt gehalten wurde.

7 Do In München wird die Wittelsbachermonarchie gestürzt. Kurt Eisner (USPD) ruft den »Freien Volksstaat Bayern« aus.

8 Fr Rumänien erklärt dem Deutschen Reich den Krieg. +++ Die Regierung der Schweiz bricht die diplomatischen Beziehungen zur Sowjetrepublik ab.

9 Sa Das 450 000. Exemplar des Kinderbuches »Heidis Lehr- und Wanderjahre« von Johanna Spyri wird ausgeliefert. → Republik

10 So Kaiser Wilhelm II. geht nach seiner Abdankung ins Exil nach Holland. Der »Rat der Volksbeauftragten« ist die neue provisorische Regierung.

11 Mo Kaiser Karl I. von Österreich verzichtet offiziell auf die Regierungsgewalt. Die letzte kaiserliche Regierung tritt zurück. → Waffenstillstand

12 Di In Wien wird die Errichtung der Republik »Deutsch-Österreich« durch den Präsidenten des österreichischen Staatsrates, Franz Dinghofer, verkündet.

13 Mi In Magdeburg entwirft der Fabrikant Franz Seldte den Organisationsplan des reaktionären Frontkämpferbundes »Der Stahlhelm«.

14 Do Der Anfang November aus deutscher Festungshaft entlassene Józef Klemens Pilsudski übernimmt in Warschau die politische Macht.

15 Fr Britisch-französische Truppenverbände laufen im Schwarzen Meer ein, um die weißrussischen Garden gegen die Bolschewiken zu unterstützen.

16 Sa Der neue ungarische Ministerpräsident Mihály Graf Károlyi von Nagykárolyi ruft in Budapest die ungarische Republik aus.

17 So Der selbsternannte »Oberdada« Johannes Baader löst während eines Gottesdienstes in Berlin einen Skandal aus, als er »Christus ist Euch wurscht« ruft.

18 Mo Die deutsche Regierung richtet an die US-Regierung einen Appell, die Behinderung der Transportwege nach Deutschland zu beenden.

19 Di Im Berliner Lessing-Theater findet die deutsche Erstaufführung des Schauspiels »Der Schöpfer« von Albert Bassermann statt.

20 Mi In Berlin und anderen deutschen Großstädten finden unter großer Volksbeteiligung Beisetzungsfeiern für die Opfer der Revolution statt.

21 Do In Berlin wird der Film »Der gelbe Schein« mit Pola Negri und Harry Liedtke in den Hauptrollen und unter der Regie von Viktor Janson uraufgeführt.

22 Fr Neue Karten der deutschen Kolonien erscheinen im Dietrich-Reimer-Verlag in Berlin. +++ Französische Truppenverbände besetzen Straßburg.

23 Sa Die hessischen Arbeiter- und Soldatenräte bestehen auf einer möglichst umgehenden Einberufung eines deutschen Nationalrates.

24 So Kroaten, Slowenen und Serben erklären in Agram (Zagreb) ihre Unabhängigkeit. Der Habsburger Vielvölkerstaat bricht endgültig zusammen.

25 Mo Die deutschen Truppen in Ostafrika unter Oberstleutnant Paul von Lettow-Vorbeck strecken südlich des Tanganjika-Sees die Waffen.

26 Di Der bayerische Ministerpräsident Kurt Eisner wirft dem Auswärtigem Amt in Berlin vor, es betrüge das deutsche Volk.

27 Mi In Deutsch-Österreich wird das Gesetz über die neue Wahlordnung verabschiedet, das Männern und Frauen ab dem 20. Lebensjahr das Wahlrecht gewährt.

28 Do In einem Auktionshaus in Berlin werden 70 bisher unveröffentlichte Werke des Malers Max Liebermann zu einem Stückpreis von 1000 Mark angeboten.

29 Fr Laut Erlass des neuen deutschen Kultusministers Adolf Hoffmann (USPD) soll die Teilnahme am Religionsunterricht in Schulen von nun an freiwillig sein.

30 Sa Beim Verlag Kurt Wolff in Darmstadt erscheint der in wilhelminischer Zeit zensierte gesellschaftskritische Roman »Der Untertan« von Heinrich Mann.

4. November 1918

Novemberrevolution im Deutschen Reich

Die Novemberrevolution fegt in Deutschland die wilhelminische Ordnung hinweg. Arbeiter- und Soldatenräte gehen für die Republik auf die Straßen.

Aufständische Matrosen des 3. Geschwaders wählen in Kiel einen Soldatenrat, der die Macht in der Stadt übernimmt. Die Aufständischen verfügen über 40 000 bewaffnete Soldaten, mit denen sie die Inhaftierten des Matrosenaufstands befreien. Die Forderungen des Soldatenrats, die von der SPD und der USPD unterstützt werden, leiten die Revolution im Deutschen Reich ein. Mit der Entsendung des »rechten« Sozialdemokraten Gustav Noske ins aufständische Kiel versucht die Mehrheits-(M)SPD, die Kontrolle über die beginnende Revolution zu gewinnen und sich zum Verhandlungsführer der Aufständischen zu machen. Die Forderungen der meuternden Soldaten beziehen sich zunächst ausschließlich auf eine Milderung der Militärdisziplin und auf die Rücknahme von Befehlen. Von einem revolutionären politischen Ziel, wie der Umwandlung des Deutschen Reichs in eine demokratische Republik, ist noch nicht die Rede.

Auf einer Versammlung in Hamburg solidarisieren sich am 5. November Soldaten und Arbeiter und rufen den Generalstreik aus. Von hier greift die Bewegung auf Lübeck und Bremen über. Einen Tag später kontrollieren Arbeiter- und Soldatenräte die Städte Wilhelmshaven, Bremerhaven, Oldenburg, Schleswig, Lüneburg, Hannover sowie die gesamte mecklenburgische Küste. Trotz des Versuchs der MSPD, die Kieler Matrosenerhebung auf ihre im wesentlichen unpolitischen Forderungen zu reduzieren, lässt sich der Aufstand nicht mehr unter Kontrolle halten. Die Kieler Ereignisse wirken wie ein Fanal, das unmittelbar revolutionäre Aktionen auslöst. Hatte die Erhebung zunächst den Charakter einer Militärrevolte, so wird sie mit ihrer Ausbreitung von Norden nach Süden zu einer revolutionären Bewegung, die weite Teile der Bevölkerung erfasst.

Am 7. November greift die Revolution auf die Städte des Ruhrgebiets, die sächsisch-thüringische Industrieregion und den Großteil Süddeutschlands über. Der Zusammenbruch der militärischen Ordnung führt zur Bildung von Soldatenräten, die von den Garnisonssoldaten unterstützt werden. Die Arbeiterschaft der Industriebetriebe orientiert sich an diesem Beispiel und gründet Arbeiterräte, die sich mit den Soldaten verbünden. Arbeiter- und Soldatenräte übernehmen die Exekutivgewalt, d.h. sie treten an die Stelle der örtlichen militärischen Generalkommandos. Die kommunalen und zivilen Behörden bleiben in der Regel unangetastet. Die Räte verstehen sich als eigenständige Organisationen unabhängig von Parteien und Gewerkschaften. Sie besitzen kein einheitliches Konzept für die Umgestaltung des Staates, befürworten jedoch die Zusammenarbeit mit MSPD und USPD. Die politische Führung in den von den Räten beherrschten Orten liegt bei den Parteiorganisationen beider sozialdemokratischer Parteien. Am 7. November ruft Kurt Eisner, Vorsitzender der Münchener USPD, im bayerischen Landtagsgebäude den republikanischen »Freien Volksstaat Bayern« aus. Zur gleichen Zeit verlässt König Ludwig III. mit seiner Familie überstürzt die bisherige Residenzstadt. Die Revolution findet ohne jedes Blutvergießen statt. Im Saal der Gaststätte »Mathäserbräu« wird am späten Abend der Arbeiter- und Soldatenrat gewählt.

Die Reichshauptstadt wird am 9. November von der Revolution erfasst. Mit einem spontanen Streik der Arbeiterschaft bricht der bewaffnete Aufstand in Berlin aus. Die Arbeiter- und Soldatenräte stellen ihre bewaffnete Macht den Mehrheits-Sozialdemokraten zur Verfügung. Damit ist der Machtkampf zwischen diesen und dem äußersten linken Flügel, der USPD, über die Führung der revolutionären Erhebung und die zukünftige Gestaltung des Staates entschieden. Nur vereinzelt kommt es zu Gefechten mit kaisertreuen Offizieren. Während in anderen deutschen Städten die Macht bereits in den Händen der Arbeiter- und Soldatenräte liegt, bleibt es in der Hauptstadt wegen der Zersplitterung der politischen Linken zunächst ruhig.

Die Soldaten der Berliner Garde-Ulanen-Kaserne übergeben ihr Gebäude und ihre Waffen den Mitgliedern des Arbeiter- und Soldatenrates.

9. November 1918

Ausrufung der Republik

Im Reichstag geht um 14 Uhr die Nachricht ein, Wilhelm II. sei bereit, als deutscher Kaiser abzudanken, nicht aber als König von Preußen. Um einen u.a. von der SPD geforderten, in seinen Augen schmachvollen Sturz des Kaisers zu verhindern, hatte Reichskanzler Prinz Max von Baden dem Wolffschen Telegrafenbureau gegen 12 Uhr eigenmächtig die Nachricht zugehen lassen, der Kaiser habe sich entschlossen, »dem Throne zu entsagen.« Prinz Max selbst ernennt den Sozialdemokraten Friedrich Ebert zum Kanzler und tritt zurück.

Von einem Balkon des Reichstags ruft Philipp Scheidemann um 14 Uhr die Republik aus. Scheidemann ist Abgeordneter der Mehrheits-SPD, die ebenso wie alle anderen Parteien von den Ereignissen überrascht wird. Die Partei ist jedoch u.a. wegen Eberts Amtsübernahme besser auf die Volkserhebung vorbereitet als andere Gruppierungen. Scheidemann nutzt die revolutionäre Bewegung, um der Bevölkerung die Regierungsübernahme durch die SPD zu verkünden. Um 16 Uhr proklamiert Karl Liebknecht vor dem Berliner Schloss die freie sozialistische Republik. Liebknecht gehört der Spartakusgruppe an, die den linken Flügel der unabhängigen Sozialdemokraten vertritt. Die Spartakusgruppe und die von ihr gestützten »Revolutionären Obleute« hatten den Aufstand der Berliner Arbeiter erst für den 11. November geplant und werden von der spontanen Erhebung überrascht. Liebknecht versucht, die revolutionären Arbeiter und Soldaten für seine sozialistische Rätedemokratie nach sowjetischem Vorbild zu gewinnen. Doch dieser Plan geht nicht auf: Am 10. November bildet Friedrich Ebert den »Rat der Volksbeauftragten« als provisorische Reichsregierung. Zur Wahrnehmung der laufenden Regierungsgeschäfte setzt er dabei auf den kaiserlichen Beamtenapparat und arbeitet sogar mit der Heeresleitung zusammen.

Oben: Philipp Scheidemann ruft die Republik aus; links: Karl Liebknecht will die sozialistische Revolution und Räterepublik.

11. November 1918

Waffenstillstand unterzeichnet

In einem Eisenbahnwaggon im Wald von Compiègne unterzeichnet der Reichstagsabgeordnete Matthias Erzberger (Zentrum) die Waffenstillstandsbedingungen, die der französische General und Oberbefehlshaber der Alliierten, Ferdinand Foch, ultimativ vorgelegt hatte (s. Abb.).

Die Oberste Heeresleitung hatte sich mit einer zivilen Waffenstillstandsdelegation einverstanden erklärt, da ihr so die Möglichkeit blieb, die Verantwortung für den verlorenen Krieg und den Diktatfrieden zurückzuweisen. Die Verhandlungen beginnen am 8. November. Die deutsche Delegation wird aufgefordert, die Bedingungen, die es dem Deutschen Reich unmöglich machen sollten, die Kampfhandlungen wieder aufzunehmen, ohne Verhandlungen zu akzeptieren. Die Deutschen müssen u.a. alle während des Krieges besetzten Gebiete räumen.

Dezember 1918

1 So Serbien und Montenegro vereinigen sich mit den südslawischen Gebieten zum Königreich der Serben, Kroaten und Slowenen.

2 Mo Der Bergarbeiterführer Otto Hue lehnt Ausnahmezustände mit diktatorischer Regierungsform ab. Er fordert die Einberufung einer Nationalversammlung.

3 Di In Berlin wird auf Anregung der Architekten Bruno Taut und Walter Gropius der »Arbeitsrat für Kunst« gegründet.

4 Mi Die Zentrumspartei in Köln fordert auf einer Kundgebung die Gründung einer autonomen rheinisch-westfälischen Republik.

5 Do Die Verbände der deutschen Beamten-und Lehrerschaft schließen sich mit etwa 1,5 Mio. Mitgliedern zum Deutschen Beamtenbund zusammen.

6 Fr Der Landtag von Elsass-Lothringen spricht sich für den Anschluss an Frankreich aus. +++ Die Stadt Bonn wird von Truppen der Entente besetzt.

7 Sa In der österreichischen Südsteiermark kommt es, wie zuvor schon in Kärnten, zu bewaffnetem Widerstand gegen die eingedrungenen südslawischen Truppen.

8 So Generalfeldmarschall Paul von Hindenburg fordert von Friedrich Ebert die Wiederherstellung der militärischen Kommandogewalt.

9 Mo Die deutsche Universität in Straßburg wird von den französischen Behörden geschlossen, alle deutschen Professoren werden ohne Entschädigung entlassen.

10 Di Der Nobelpreis für Physik wird an Max Planck, der für Chemie an Fritz Haber verliehen. Die Nobelpreise für Frieden, Medizin und Literatur werden nicht vergeben.

11 Mi Die deutsch-böhmische Regierung flüchtet nach Sachsen, da sie von der neuen tschechischen Regierung verfolgt wird.

12 Do Um die öffentliche Sicherheit zu garantieren, soll laut Beschluss der Volksbeauftragten eine freiwillige Volkswehr gebildet werden.

13 Fr Die deutsche Erstaufführung des Dramas »Und das Licht scheinet in der Finsternis« von Leo N. Tolstoi findet im Deutschen Theater in Berlin statt.

14 Sa Der Spartakusbund unter Führung Karl Liebknechts fordert in seinem politischen Programm die Errichtung einer sozialistischen Räterepublik.

15 So Im Ruhrgebiet befinden sich derzeit rd. 20 000 Bergarbeiter im Streik für Lohnerhöhungen und Reformen. Der Streik kann am 19. Dezember beendet werden.

16 Mo 514 Delegierte nehmen am ersten Rätekongress der Arbeiter- und Soldatenräte Deutschlands in der Reichshauptstadt teil.

17 Di In Berlin wird der unter der Regie von Ernst Lubitsch entstandene Spielfilm »Carmen« mit Pola Negri und Harry Liedtke uraufgeführt.

18 Mi Die in Essen erscheinende »Bergwerks-Zeitung« verurteilt alle Bestrebungen der Sozialisierungskommission, den Bergbau sofort zu verstaatlichen.

19 Do Paul von Hindenburg protestiert gegen den Beschluss des Zentralrates der Arbeiter-und Soldatenräte, die Kommandogewalt über das Heer zu übernehmen.

20 Fr Im Nationaltheater in München findet die Uraufführung der Tragödie »Hannibal« von Christian Dietrich Grabbe statt.

21 Sa 21 im Ruhrgebiet ansässige Bergwerks-und Industrieunternehmen gründen in Bochum die Gesellschaft für Kohlentechnik.

22 So Der tschechoslowakische Staatspräsident Tomáš Garrigue Masaryk erklärt Deutschböhmen zum Bestandteil der Tschechoslowakei.

23 Mo Wegen ausstehender Lohnzahlungen besetzen Matrosen der Volksmarinedivision die Reichskanzlei und nehmen den Stadtkommandanten Otto Wels fest.

24 Di Auf Befehl des Reichskanzlers Friedrich Ebert gehen Truppenverbände gegen die Matrosen vor, die seit dem Vortag u.a. das Berliner Schloss besetzt halten.

25 Mi Franz Seldte gründet in Magdeburg den rechtsradikalen Soldatenbund »Stahlhelm«. +++ Revolutionäre besetzen in Berlin die Redaktion des »Vorwärts«.

26 Do Im Deutschen Schauspielhaus in Hamburg wird das Stück »Legende eines Lebens« von Stefan Zweig uraufgeführt.

27 Fr Die Stadt Posen, die durch den Wiener Kongress 1815 an Preußen gefallen war, wird nun offiziell unter polnische Verwaltung gestellt.

28 Sa Der preußische Kultusminister Konrad Haenisch nimmt den Erlass über den Religionsunterricht vom 29. November auf Druck der Kirchen zurück.

29 So Vor dem Berliner Reichstag demonstrieren Sozialdemokraten und Linksliberale gegen die »Blutdiktatur das Spartakusbundes«.

30 Mo 85 Delegierte deutscher Spartakusgruppen treffen zur ersten nationalen Konferenz des Bundes unter dem Vorsitz von Wilhelm Pieck in Berlin zusammen.

31 Di Auf Anordnung der Reichsregierung in Berlin beginnt die allgemeine Demobilmachung von Heer und Marine.

Januar 1919

1 Mi In Berlin wird die Kommunistische Partei Deutschlands (KPD) gegründet. +++ In Deutschland tritt der Achtstundentag in Kraft.

2 Do Die Vertreter der preußischen Städte Posen, Gnesen, Hohensalza und Bromberg einigen sich mit den Vertretern Polens auf die Beendigung aller Feindlichkeiten.

3 Fr In Paris wird zwischen Arabern und Juden das Faisal-Weizmann-Abkommen unterzeichnet, das eine Zusammenarbeit gewährleisten soll.

4 Sa Die preußische Regierung und der Zentralrat als oberstes deutsches Staatsorgan beschließen die Verstärkung des Grenzschutzes gegenüber Polen.

5 So Der Kaiser-Wilhelm-Kanal (Nord-Ostsee-Kanal) wird als internationaler Schifffahrtsweg für den Friedensbetrieb neueröffnet. → Spartakusaufstand

6 Mo Der frühere US-Präsident Theodore Roosevelt stirbt. +++ Sowjettruppen ziehen in die litauische Hauptstadt Wilna ein.

7 Di Während des Spartakusaufstands in Berlin werden u.a. die Eisenbahndirektion, das Haupttelegrafenamt sowie das Brandenburger Tor besetzt.

8 Mi Regierungstruppen und Freikorps beginnen mit der Rückeroberung der von Spartakisten besetzten öffentlichen Gebäude in Berlin.

9 Do Der Polnische Oberste Volksrat proklamiert die Übernahme der Regierungsgewalt in der preußischen Provinz Posen.

10 Fr Auf einer Massenversammlung in Bremen wird der Senat abgesetzt und die Unabhängige sozialistisch-kommunistische Republik Bremen ausgerufen.

11 Sa Die Alliierten verlegen das Oberkommando ihrer Ostarmee von Belgrad nach Konstantinopel (Istanbul), der Hauptstadt des Osmanischen Reiches.

12 So Stärkste politische Kraft bei den Landtagswahlen im rechtsrheinischen Bayern wird die bayerische Volkspartei vor der MSPD.

13 Mo Die deutsche Regierung protestiert bei den Siegermächten gegen die unwürdige Behandlung Deutscher im ehemaligen Reichsgebiet Elsass-Lothringen.

14 Di Die letzten alliierten Kriegsgefangenen – mit Ausnahme der Kranken und Verwundeten – verlassen das Deutsche Reich.

15 Mi In der »Roten Fahne«, dem Zentralorgan der KPD, erscheint der Artikel »Trotz alledem!« von Karl Liebknecht. → KPD-Führer

16 Do Der russische Admiral Alexander W. Koltschak erhält das Oberkommando über die antisowjetischen Truppen in Sibirien.

17 Fr In gleichlautenden Proklamationen fordert die gesamte deutsche Presse das »Selbstbestimmungsrecht der deutschen Nation«.

18 Sa In Paris tritt die Vorkonferenz der Siegermächte zusammen, die über die Neuordnung der Welt einschließlich der Kolonien beraten will.

19 So Die Wahlen zur Verfassungsgebenden Deutschen Nationalversammlung in Weimar enden mit Erfolgen der bürgerlichen Parteien.

20 Mo Im »Reichsanzeiger« erscheint der Entwurf der künftigen Verfassung des Deutschen Reiches, erstellt von dem Staatssekretär des Innern Hugo Preuß (DDP).

21 Di Die Reichsregierung beruft die Verfassungsgebende Deutsche Nationalversammlung für den 6. Februar nach Weimar ein.

22 Mi Die spanische Arbeiterschaft fordert von der Regierung den Achtstundentag, einen Mindestlohn und die Abschaffung der Akkordarbeit.

23 Do Im Schauspielhaus in Frankfurt am Main wird das Schauspiel »1913« von Carl Sternheim uraufgeführt. Während des Krieges durfte es nicht gespielt werden.

24 Fr Nach der Neuregelung des Gemeindewahlrechts durch die preußische Regierung erfolgen künftig die Wahlen nach dem Verhältniswahlrecht.

25 Sa Die alliierten Siegermächte des Weltkrieges stimmen in Paris auf Wunsch des US-Präsidenten Woodrow Wilson der Gründung des Völkerbundes zu.

26 So Bei den Wahlen zu den Landtagen setzt sich der Trend zu den bürgerlichen Parteien fort. Die MSPD stellt in allen Landesparlamenten die Mehrheit.

27 Mo Der frühere deutsche Kaiser und König von Preußen, Wilhelm II., feiert im Exil in den Niederlanden seinen 60. Geburtstag.

28 Di Die britischen Behörden übernehmen die Teilkontrolle über die Bagdadbahn, eine wichtige Verkehrsverbindung im Nahen Osten.

29 Mi Die deutsche Reichsregierung gibt die Gründung einer Reichsfunkverwaltung bekannt. In ihr wird das gesamte deutsche Funkwesen vereinigt.

30 Do Der deutschösterreichische Staatsrat in Wien nimmt den Gesetzantrag an, der Deutschösterreich zum Glied des Deutschen Reiches erklärt.

31 Fr Die Verfassungsgebende Landesversammlung von Württemberg beginnt in Stuttgart mit der ersten Lesung des Verfassungsentwurfs.

5. Januar 1919

Spartakusaufstand gescheitert

Am Abend besetzen bewaffnete Anhänger des Spartakusbundes, aus dem am 1. Januar die KPD hervorgegangen ist, im Berliner Zeitungsviertel die Druckerei des SPD-Parteiorgans »Vorwärts« und das Verlagshaus Mosse (Abb.: Maschinengewehrfeuer aus dem Verlagshaus lässt Passanten Schutz suchen), die Druckerei des Verlags Ullstein, die Druckerei Büxenstein sowie Wolffs Telegraphen-Bureau. Auslöser des Spartakusaufstandes ist die von der preußischen Regierung befohlene Entlassung des Berliner Polizeipräsidenten Emil Eichhorn (USPD).
Die Aufständischen wollen die Regierung unter Friedrich Ebert (MSPD) und Philipp Scheidemann (MSPD) stürzen. Am 12. Januar erstürmen Regierungstruppen und besonders brutal agierende Freikorps das von den Spartakisten zur Festung ausgebaute Polizeipräsidium am Alexanderplatz. Der Aufstand ist damit niedergeschlagen.

15. Januar 1919

Feiger Mord an KPD-Führern

Die nach dem gescheiterten Spartakusaufstand untergetauchten KPD-Führer Rosa Luxemburg und Karl Liebknecht werden nach ihrer Verhaftung bei der Überführung in das Untersuchungsgefängnis Moabit von Angehörigen der Gardekavallerie-Schützendivision ermordet. Liebknecht wird angeblich »bei einem Fluchtversuch von hinten« erschossen, was spätere Untersuchungen widerlegen. Rosa Luxemburg erliegt den Misshandlungen ihrer Bewacher, ihre Leiche wird erst Ende Mai aus dem Landwehrkanal geborgen.

Rosa Luxemburg

deutsche Politikerin polnischer Herkunft; * 5.3.1870 (1871?) Zamość, † 15.1.1919 Berlin (ermordet)

Rosa Luxemburg führte neben Karl Liebknecht den linken Flügel der SPD und später die KPD. Die einer wohlhabenden jüdischen Kaufmannsfamilie entstammende Sozialistin siedelte 1899 nach Deutschland über und trat in die SPD ein. Luxemburg, die seit 1907 an der SPD-Parteihochschule marxistische Nationalökonomie lehrte, war eine glänzende Vordenkerin der sozialistischen Linken.

- 1889: Emigration aus Russland in die Schweiz, Studium der Nationalökonomie
- 1915-18: (mit Unterbrechung) inhaftiert
- 1917: Gründung des Spartakusbundes mit Karl Liebknecht
- 1918/19: Mitbegründerin der KPD

Friedrich Ebert

deutscher Politiker, * 4.2.1871 Heidelberg; † 28.2.1925 Berlin

Ebert führte die SPD erstmals in die Regierungsverantwortung und war erster Reichspräsident der Weimarer Republik. Als Sattlergeselle in Mannheim lernte er das Elend des Proletariats kennen. Mit 18 Jahren wurde er SPD-Mitglied. Im Ersten Weltkrieg trat er für die Burgfriedenspolitik ein und befürwortete einen Verständigungsfrieden. In der Novemberrevolution, am 9. November 1918, übertrug ihm der letzte kaiserliche Reichskanzler Max von Baden die Regierungsgeschäfte. Ebert betrieb als einer der beiden Vorsitzenden im Rat der Volksbeauftragten eine antirevolutionäre Politik. Als Reichspräsident setzt er seinen Stabilitätskurs fort. Eberts Regierungszeit ist begleitet von gegen seine Person gerichteten Hetzkampagnen der politischen Rechten.

- Ab 1889: Mitglied der SPD
- ab 1893: Redakteur in Bremen
- ab 1912: Mitglied des Reichstags
- 1913-19: Parteivorsitzender

18. Februar 1919

Erneut Schwarz-Rot-Gold

Der Staatenausschuss in Weimar, die Vertretung der deutschen Länder, beschließt, die Farben Schwarz-Rot-Gold als deutsche Nationalfarben einzuführen. Die Farbenkombination hat in der deutschen Geschichte Tradition.
Der Staatenausschuss knüpft damit an die Uniformen des Lützowschen Freikorps (1813) während der Befreiungskriege gegen Napoleon an. Auf dem Wartburgfest (1817) der deutschen Burschenschaften wurde die Farbenkombination allgemein zum Symbol der nationalstaatlichen Bewegung. Der Deutsche Bund verbot die Farben 1832, die Frankfurter Nationalversammlung erklärte sie 1848 zu den Bundesfarben. Die politische Rechte hatte vergeblich für die Beibehaltung der 1871 eingeführten Farben Schwarz-Weiß-Rot des Kaiserreiches plädiert. Die Kommunisten können sich mit ihrer Forderung nach einer roten Fahne ebenfalls nicht durchsetzen.

16. Februar 1919

Wahlen in Deutschösterreich

Erstmals werden in Deutschösterreich freie und gleiche Wahlen abgehalten. Die erste Wahl nach der Auflösung der Doppelmonarchie Österreich-Ungarn wird als historisches Ereignis gefeiert. Stärkste Fraktion werden die Sozialdemokraten mit 69 Mandaten vor den Christlichsozialen (63) und den Deutschnationalen (24).
Die Wahl ist zur vollen Zufriedenheit derjenigen ausgefallen, die sich zur Revolution von 1918 und zum Anschluss Deutschösterreichs an das Deutsche Reich bekennen. Vor der Wahl war es kaum für möglich gehalten worden, dass sich die Wähler so eindeutig zum Wechsel in eine republikanische Staatsform bekennen. Die Christlichsozialen haben für ihre monarchiefreundliche Haltung einen Denkzettel bekommen. Die alliierten Siegermächte stehen einem Anschluss an das Deutsche Reich jedoch ablehnend gegenüber.

Februar 1919

ie Verfassung von Weimar

Die Weimarer Nationalversammlung wählt den Vorsitzenden des Rates der Volksbeauftragten, Friedrich Ebert (SPD), mit über 70% der Stimmen zum ersten deutschen Reichspräsidenten. In seiner Antrittsrede betont Ebert, der zugleich MSPD-Vorsitzender ist, dass er »als Beauftragter des ganzen deutschen Volkes handeln« werde, »nicht als Vormann einer einzigen Partei«. Er verweist aber auch darauf, dass er ein »Sohn des Arbeiterstandes« ist, »aufgewachsen in der Gedankenwelt des Sozialismus«.

Die großen Parteien in der Nationalversammlung

Sitze	Prozent	Partei
163	37,9%	MSPD (Mehrheits-Sozialdemokraten)
91	19,7%	Zentrum (Deutsche Zentrumspartei)
75	18,5%	DDP (Deutsche Demokr. Partei)
44	10,3%	DNVP (Deutschnationale Volkspartei
22	7,6%	USPD (Unabh. Sozialdemokraten)
19	4,4%	DVP (Deutsche Volkspartei)

Zwei Tage später kann auch der Reichskanzler gewählt werden. An der Spitze des Kabinetts aus MSPD, Zentrum und DDP steht Philipp Scheidemann (MSPD). Die drei Parteien bilden die sog. Weimarer Koalition. Die Wahlen zur Verfassunggebenden Deutschen Nationalversammlung fanden am 19. Januar statt (Abb.: Wahlplakate). Erstmals hatten Frauen das volle aktive und passive Wahlrecht. Die Wahlen endeten mit einem Sieg von SPD, Zentrum, Deutscher Demokratischer Partei und Deutschnationaler Volkspartei. Die Nationalversammlung tagt seit dem 6. Februar in der Goethe- und Schillerstadt Weimar. Nicht nur die Unruhen in Berlin lassen ein Ausweichen nach Thüringen ratsam erscheinen. Vielmehr sollte nicht der Geist Potsdams, mithin des preußischen Militarismus, die neue Republik erfüllen, sondern der Geist der deutschen Klassik. Als erste Frau spricht Marie Juchacz (MSPD) am 19. Februar vor der Nationalversammlung. Wichtigste Aufgabe der Abgeordneten ist die Ausarbeitung einer demokratischen Verfassung. Am 24. Februar begründet der linksliberale Reichsminister des Innern, Hugo Preuß (DDP), den unter seiner Leitung erarbeiteten Entwurf für eine neue Reichsverfassung. Vor allem Ländervertreter widersprechen ihm.

Eröffnungsrede Friedrich Eberts vor der Nationalversammlung in Weimar

Kurt Eisner

deutscher Politiker und Publizist, * 14.5.1867 Berlin; † 21.2.1919 München (ermordet)

Eisner initiierte die Revolution in München, die zum Sturz des Hauses Wittelsbach führte. Als Führer des Münchener Arbeiter-, Bauern- und Soldatenrates wurde er am 8. November 1918 Ministerpräsident und Minister des Äußeren. Das Ziel des Pazifisten war eine republikanische Erneuerung auf der Basis eines humanitären Sozialismus über alle Parteigrenzen hinweg. Von den Gegnern der Revolution wurde er als Symbolfigur des Judentums und des Bolschewismus angefeindet. Eisners Ermordung wird im In- und Ausland als Ausdruck des Erstarkens nationalistischer Kreise gedeutet.

- 1889-1905: Redakteur bei dem SPD-Organ »Vorwärts«
- 1905: Als »Revisionist« aus der SPD ausgeschlossen
- 1917: Mitglied der USPD
- 1918: Proklamation des republikan. Freistaats Bayern

21. Februar 1919

Die Bluttat von München

Auf dem Weg zur Landtagseröffnung fällt der bayerische Ministerpräsident Kurt Eisner (USPD) einem Attentat zum Opfer. Der nationalistische Student Anton Graf von Arco auf Valley streckt ihn mit zwei Revolverschüssen nieder. Als die Bluttat bekannt wird, kommt es im Landtag zu Schießereien. Innenminister Erhard Auer (MSPD) wird schwer verletzt, zwei Abgeordnete sterben. Im weiteren Verlauf des Tages besetzen Kommunisten und Anhänger der Linken Zeitungshäuser, die sog. zweite Revolution in München beginnt. Ein Aktionsausschuss aus MSPD, USPD, KPD und den Arbeiter-, Soldaten und Bauernräten übernimmt die Führung. Die Ermordung Eisners führt zur Ausrufung der Münchener Räterepublik.

Februar 1919

1 Sa Der 32-jährige Ernst Rowohlt gründet in Berlin zum zweiten Mal einen Verlag, der finanziell von dem Leipziger Verlegerssohn Hans Thieme unterstützt wird.

2 So Die MSPD geht klar als stärkste Fraktion aus den Wahlen zur sächsischen Volkskammer und zum bayerischen Landtag hervor.

3 Mo Auf der ersten Internationalen Sozialistenkonferenz nach Ende des Krieges ringen Europas Sozialdemokraten in Bern um einen Neuanfang.

4 Di Der Zentralrat der Sozialistischen Republik, das provisorische höchste Staatsorgan, überträgt seine Macht der Weimarer Nationalversammlung.

5 Mi Einheiten der Roten Armee erobern die ukrainische Hauptstadt Kiew und bilden eine »Ukrainische Provisorische Regierung«.

6 Do Die Verfassunggebende Nationalversammlung in Weimar wird eröffnet. +++ Zwischen Berlin und Weimar beginnt der erste staatliche Luftpostdienst.

7 Fr Eduard Heinrich Rudolph David (MSPD) wird zum Präsidenten der Weimarer Nationalversammlung gewählt.

8 Sa Im belgischen Spa wird ein Abkommen Deutschlands mit den Alliierten über Lebensmittellieferungen an das Deutsche Reich ratifiziert.

9 So Bei den Bürgerschaftswahlen in Lübeck erringen die Sozialdemokraten mit 42 Mandaten die absolute Mehrheit. Zweitstärkste Partei wird die DDP (29).

10 Mo Die Weimarer Nationalversammlung nimmt gegen die Stimmen der USPD den Gesetzentwurf über die vorläufige Verfassung an.

11 Di Der Volksrat der Republik Hessen in Darmstadt löst sich auf und überträgt der Volkskammer die gesetzgebende Gewalt. → Weimar

12 Mi Der sowjetische Politiker Karl Radek wird in Charlottenburg bei Berlin wegen kommunistischer Agitation verhaftet.

13 Do Der frühere Volksbeauftragte Philipp Scheidemann (MSPD) wird in Weimar zum deutschen Reichsministerpräsidenten gewählt.

14 Fr Generalfeldmarschall Paul von Hindenburg trifft zur Verlegung des Großen Hauptquartiers mit der Obersten Heeresleitung in Kolberg ein.

15 Sa Das neueröffentlichte ungarische Bodenreformgesetz geht davon aus, dass die Bevölkerung auf den Boden, den sie bearbeitet, Eigentumsrecht besitzt.

16 So Der Waffenstillstand zwischen den alliierten Siegermächten und dem Deutschen Reich wird auf unbestimmte Zeit verlängert. → Deutschösterreich

17 Mo Aufgrund des am Vortag unterzeichneten Waffenstillstandsvertrags stellen deutsche Truppen die militärischen Aktionen gegen Polen ein.

18 Di In Zürich beginnt die Jüdisch-orthodoxe Weltkonferenz. Vertreter von 14 Ländern diskutieren über die Zukunft eines Staates Israel. → Schwarz-Rot-Gold

19 Mi In Paris wird ein Revolverattentat auf den französischen Ministerpräsidenten Georges Clemenceau verübt, der aber nur leicht verletzt wird.

20 Do Habib Ullah Khan, seit 1901 Emir von Afghanistan, wird in Kallagusch im Laghmantal von dem Obersten Ali Raza ermordet.

21 Fr Die Weimarer Nationalversammlung nimmt das Diätengesetz an, das die wirtschaftliche Unabhängigkeit der Abgeordneten sichern soll. → Kurt Eisner

22 Sa Eine Versammlung von Vertretern der Arbeiter-, Soldaten- und Bauernräte in München beschließt die Bewaffnung des Proletariats.

23 So In Preußen finden nach allgemeinem, gleichem und direktem Wahlrecht Stadtverordnetenwahlen, in Oldenburg und Gotha Landtagswahlen statt.

24 Mo Der deutsche Reichsminister des Innern, Hugo Preuß (DDP), begründet vor der Weimarer Nationalversammlung den Entwurf der Reichsverfassung.

25 Di In Weimar beginnen Vorverhandlungen über den Anschluss der Republik Deutschösterreich an das Deutsche Reich.

26 Mi Die ukrainische Sowjetregierung in Kiew proklamiert durch ihren Leiter Christian C. Rakowski die Föderation der Ukraine mit Sowjetrussland.

27 Do Der österreichische Schauspieler und Regisseur Max Reinhardt inszeniert am Deutschen Theater in Berlin Shakespeares Komödie »Wie es euch gefällt«.

28 Fr Der Emir von Afghanistan, Aman Ullah, verkündet die staatliche Unabhängigkeit seines Landes. +++ In Braunschweig wird die Räterepublik ausgerufen.

März 1919

1 Sa In Korea beginnen die Proteste der Unabhängigkeits-»Bewegung des 1. März« gegen die japanische Kolonialherrschaft.

2 So Der deutsche General Paul von Lettow-Vorbeck zieht mit seiner Truppe nach der Rückkehr aus Ostafrika triumphal in Berlin ein. → Komintern

3 Mo Der Groß-Berliner Arbeiterrat proklamiert den Generalstreik. +++ Die provisorische Regierung Deutschösterreichs unter Karl Renner (SPÖ) tritt zurück.

4 Di Die deutschösterreichische Konstituierende Nationalversammlung tritt in Wien zu ihrer Eröffnungssitzung zusammen.

5 Mi Der sozialdemokratische Abgeordnete Karl Seitz wird zum ersten Präsidenten und vorläufigen Staatsoberhaupt Deutschösterreichs gewählt.

6 Do In Bern beginnt eine internationale Vorbereitungskonferenz zur Gründung des Völkerbundes, die bis zum 14. März dauert.

7 Fr In Posen beginnen die Verhandlungen der deutschen und interalliierten Kommission über den Verlauf der deutsch-polnischen Demarkationslinie.

8 Sa Der ungarische Ministerrat unter Desiderius Berinkey genehmigt das Volksgesetz über die Autonomie der Slowakei.

9 So Bei den Landtagswahlen in Sachsen-Weimar und Sachsen-Meiningen erhält jeweils die MSPD die Mehrheit der Stimmen.

10 Mo Papst Benedikt XV. appelliert an die Pariser Friedenskonferenz, die heiligen Stätten in Palästina den Christen zu übergeben.

11 Di Die gesetzgebende Gewalt im deutschen Freistaat Coburg geht vom Vollzugsausschuss der Arbeiter- und Soldatenräte auf die Landesversammlung über.

12 Mi Die deutschösterreichische Konstituierende Nationalversammlung in Wien erklärt: Deutschösterreich ist eine demokratische Republik.

13 Do Die Verfassunggebende Deutsche Nationalversammlung in Weimar nimmt das Sozialisierungsgesetz und das Gesetz über die Kohlenwirtschaft an.

14 Fr Nach einem Abkommen der Alliierten und des Deutschen Reiches in Brüssel kann die deutsche Handelsschifffahrt wieder aufgenommen werden.

15 Sa Die deutschösterreichische Konstituierende Nationalversammlung in Wien wählt die Staatsregierung. Karl Renner (SPÖ) erhält das Amt des Staatskanzlers.

16 So Bei den Wahlen zur Verfassunggebenden Versammlung (Bürgerschaft) in Hamburg erringt die MSPD mit 81 Mandaten die absolute Mehrheit.

17 Mo Der bayerische Landtag in München wählt Johannes Hoffmann (MSPD) zum Nachfolger des ermordeten Ministerpräsidenten Kurt Eisner.

18 Di Auf dem III. Kongress der Kommunistischen Partei Russlands wendet sich Lenin gegen die Formel von der »Selbstbestimmung der arbeitenden Klassen«.

19 Mi Die italienische Sozialistische Partei beschließt in Mailand den Austritt aus der Zweiten Internationalen und den Anschluss an die Dritte Internationale.

20 Do Der Vorschlag des US-Regierung zur Entsendung einer alliierten Kommission nach Syrien stößt auf Kritik der Kolonialmächte Frankreich und Großbritannien.

21 Fr Die badische Nationalversammlung in Karlsruhe verabschiedet für Baden als erstem Staat der Weimarer Republik eine Verfassung. → Bauhaus

22 Sa In Ungarn wird die Räterepublik proklamiert und die Sozialistenpartei zur Einheitspartei erklärt. Volkskommissar des Äußeren wird Béla Kun.

23 So Der ehemalige österreichische Kaiser Karl I. geht ins Schweizer Exil. +++ In Berlin demonstrieren Tausende gegen die »Zerstückelung Deutschlands«.

24 Mo Die Künstler Käthe Kollwitz, Lovis Corinth, Theodor Fischer u.a. werden an die Berliner Akademie der Künste berufen.

25 Di In Paris tritt erstmals der Rat der Vier (USA, Großbritannien, Frankreich und Italien), der den alliierten Rat der Zehn ersetzen soll, zusammen.

26 Mi In den USA wird das bis dahin größte Schlachtschiff der Welt, die »Idaho«, mit 1407 Mann Besatzung in Dienst gestellt.

27 Do Sowjetrussland erkennt als erster Staat die im Februar von dem antibritischen Emir Aman Ullah proklamierte Unabhängigkeit Afghanistans an.

28 Fr Die Hamburger Bürgerschaft nimmt die Vorlage über die sofortige Errichtung einer Universität und einer Volkshochschule an.

29 Sa Das Schwurgericht des Seine-Departements in Paris spricht den Mörder des französischen Sozialistenführers Jean Jaurès, Villain, frei.

30 So Die italienische Regierung im Rom hebt die Blockade des Adriatischen Meeres auf, die zum Schutz des eigenen Hoheitsgebiets errichtet wurde.

31 Mo Wegen des für den 1. April ausgerufenen Generalstreiks verhängt die deutsche Reichsregierung den Belagerungszustand über das Ruhrrevier.

17. April 1919

Stars vermarkten sich selbst

Vier der bekanntesten US-Filmstars, Charlie Chaplin, Douglas Fairbanks, Mary Pickford (Abb.: bei der Unterschrift) und der Regisseur David Wark Griffith gründen eine Produktions- und Verleihgesellschaft. Die »United Artists Corporation« verfolgt das Ziel, Qualitätsfilme unabhängiger Filmemacher zu finanzieren und für deren Verleih zu sorgen. Durch die Unabhängigkeit von anderen Produktions- und Verleihfirmen wollen sich die Gründer vor allem aber die Kontrolle über ihre eigenen Profite sichern. Die Gründung erfolgt als Reaktion auf ein unmittelbar bevorstehendes Übereinkommen der mächtigen Filmgesellschaften »First National« und »Famous Players«, die ausufernden Gagen drastisch zu beschneiden. Die beiden Großunternehmen wollen durch ihre Vereinbarung die übliche Praxis der Stars unterbinden, bei Gagenverhandlungen die Studios gegeneinander auszuspielen. Dank der großen Namen ihrer Mitglieder gelingt es der »United Artists« tatsächlich, die bestehende enge Verflechtung von Produktion, Verleih und Spielstätten aufzubrechen. Die Gesellschaft verfügt über keine eigenen Ateliers, sondern nutzt die Studios ihrer Mitglieder. Sie verzichtet außerdem auf ein aufwendiges Vertragssystem mit Stars, Regisseuren und Technikern und besitzt keine eigene Kinoketten. Wegen des vorauszusehenden Kassenerfolges zeigen die Kinobesitzer bereitwillig die »United-Artists«-Filme.

2. März 1919

Komintern-Gründungskongress

In Moskau beginnt der Gründungskongress der Dritten bzw. Kommunistischen Internationale. Die sog. Komintern legt nach eigener Vorgabe den Grundstein für den ideologischen und organisatorischen Zusammenschluss der »Proletarier aller

Länder« auf der Grundlage der marxistischen Lehre. Der Zusammenschluss richtet sich u.a. gegen die »opportunistische Sozialdemokratie«. Entsprechend bezeichnet der Vorsitzende des Rates der Volkskommissare, Wladimir I. Lenin (s. Abb. M.), in seiner Eröffnungsrede die Teilnehmer an der Sozialistenkonferenz, die vom 3. bis zum 10. Februar in Bern stattfand, als »Leichen«. Die wirkliche Vertretung des Proletariats sei die Kommunistische Internationale. Anwesend sind 52 Delegierte von 35 kommunistischen und linkssozialistischen Parteien aus Amerika, Asien und Europa.

7. April 1919

Freikorps vertreiben Räte

München ist Schauplatz der sog. Dritten und Vierten Revolution nach der Novemberrevolution von 1918 und der Revolution vom Februar 1919. Der Zentralrat der bayerischen Republik und der revolutionäre Arbeiterrat proklamieren die Räterepublik. Die Regierung unter Johannes Hoffmann (MSPD) flieht nach Bamberg. In der Nacht auf den 13. April putschen Teile der Münchener Garnison gegen die Räteregierung. Die eintägige »Diktatur der Garnison« wird jedoch von den Kommunisten

niedergeschlagen. Am 13. April erklären die kommunistischen Arbeiter- und Soldatenräte in der sog. Vierten Revolution den Zentralrat für abgesetzt. Am 2. Mai wird München nach blutigen Kämpfen von Regierungstruppen und Freikorps (Abb.: Freikorps Werdenfels) erobert.

21. März 1919

Avantgarde Bauhaus

Im Nationaltheater in Weimar findet die Eröffnung des Bauhauses statt. Das neue Kunstinstitut für architektonisches und gestalterisches Schaffen, das unter der Leitung von Walter Gropius steht, ist durch den Zusammenschluss der Weimarer Hochschule für Bildende Kunst mit den Resten der 1915 aufgelösten Weimarer Kunstgewerbeschule des Belgiers Henry van der Velde entstanden. Der Begriff »Bauhaus«, der an die universal-handwerklichen Bauhütten des Mittelalters erinnern soll, wird schnell zum Synonym für moderne Architektur und Formgebung.
In dem mit der Gründung veröffentlichten Manifest fordert Gropius die Zusammenführung aller bildenden Künste unter Führung der Architektur und erklärt das handwerklich-technische Können zur unerlässlichen Voraussetzung für künstlerisches Arbeiten. Die Absicht von Gropius ist es weiter, die Kunst aus ihrer handwerklichen Tradition zu lösen und sie in die industrielle Bauproduktion zu integrieren. Der Zusammenklang von Handwerklichem und Künstlerischem wird um die Technik erweitert. Damit ist der Weg zur industriellen Formgebung vorgezeichnet. Die Architekten-Avantgarde der Jahrhundertwende

28. April 1919

Hoffnung auf Frieden – Völkerbund wird in Paris gegründet

Die Vertreter von 32 alliierten Kriegsgegnern der Mittelmächte und 13 neutralen Staaten nehmen auf der fünften Vollsitzung der Pariser Friedenskonferenz den Entwurf für die Verfassung des Völkerbundes einstimmig an. Ziel der Organisation ist die Wahrung des internationalen Rechts und des Weltfriedens.
Damit ist ein Plan des US-Präsidenten Woodrow Wilson (Abb.: Mitte stehend, auf der Friedenskonferenz) in die Tat umgesetzt worden. Die Satzung des Völkerbundes wird als Teil I den Friedensverträgen von Versailles beigefügt. Da die USA, Ecuador und Hedschas (Saudi-Arabien) die Verträge aber nicht ratifizieren, reduziert sich die Zahl der Mitglieder um drei. Die neutralen Staaten Mexiko und Costa Rica waren zur Gründung nicht eingeladen. Ebenfalls Nichtmitglieder sind vorläufig die ehemaligen Mittelmächte und ihre Nachfolgestaaten: Deutschland, Deutschösterreich, Ungarn, Türkei sowie das revolutionäre Sowjetrussland. Der Völkerbund übt seine Tätigkeit durch eine Bundesversammlung und durch einen Rat aus, denen ein ständiges Sekretariat beigegeben ist. Jeder Mitgliedstaat darf höchstens drei Delegierte in die Bundesversammlung entsenden und verfügt über nur eine Stimme. Bundessitz ist Genf. Auf humanitärem Gebiet kann der Völkerbund zukünftig viel erreichen.

Sitz des Staatlichen Bauhauses in Weimar

Walter Gropius

deutsch-US-amerikanischer Architekt, * 18.5.1883 Berlin; † 5.7.1969 Boston (Massachusetts)

Der Gründer des Bauhauses bezieht in seine funktionalistische Architektur alle Materialien und Möglichkeiten des Bauens ein, orientiert sich aber vorwiegend an den Bedürfnissen des Menschen. Ab 1910 arbeitete Gropius als freier Architekt. 1925 siedelt er mit dem Bauhaus nach Dessau über. Die Gebäude dort gelten als Höhepunkt seines architektonischen Werkes in Deutschland. 1928 gibt Gropius die Leitung des Bauhauses ab. Die Schule wird 1933 von den Nationalsozialisten geschlossen. Gropius, der 1934 emigriert, zählt bis zu seinem Tod zu den international richtungsweisenden Architekten.

- 1911-18: Faguswerk in Alfeld a.d.Leine
- 1963-67: Rosenthal-Porzellanfabrik in Selb
- 1964-68: heutige Gropiusstadt in Berlin

hatte keine eigenständige Formensprache hinterlassen. Erst Gropius gelingt es mit seiner Bauhaus-Konzeption, das Werkbund-Erbe der »de Stijl«-Gruppe und der russischen Konstruktivisten sowie die Lehre des jungen französisch-schweizerischen Architekten Le Corbusier miteinander zu verschmelzen. Durch die Zusammenarbeit der eigenwilligsten Künstler der Zeit (u.a. Lyonel Feininger, Oskar Schlemmer, László Moholy-Nagy, Wassily Kandinsky) bildet sich allmählich die Formensprache des »neuen Bauens« heraus. Das Ergebnis ist die Reduktion aller Bauteile auf ihre geometrischen Grundformen, z.B. Quader, Kubus, Zylinder. Das bietet zwei große Vorteile. Zum einen sind diese Formen ästhetisch unbelastet, zum andern können sie als industriell vorgefertigte Bauteile verfügbar gemacht werden. Die Entwürfe der Bauhaus-Architekten orientieren sich in der Hauptsache an Funktionalität und Variabilität. Das Ziel ist bestmögliche Benutzbarkeit. Schönheit entsteht durch die Harmonisierung von Gebäudezweck, Baukörper, Material und Konstruktionsprinzip.
Im Lehrbetrieb am Bauhaus werden die Akademieklassen in Werkstätten umgewandelt, an deren Spitze jeweils ein Handwerksmeister und ein Formmeister stehen. Produktion und Lehre sind eng verbunden. Ausgangspunkt der gestalterischen Tätigkeit ist das Material.

April 1919

1 Di Gemäß dem Beschluss der Delegiertenkonferenz der revolutionären Bergarbeiter in Essen beginnt im Ruhrgebiet erneut ein Generalstreik.

2 Mi Die britische Admiralität gibt in London die Auflösung der Großen Flotte bekannt, in der im Krieg fast alle modernen Kriegsschiffe vereinigt waren.

3 Do Die deutschösterreichische Regierung in Wien nimmt das Gesetz über die Landesverweisung des Hauses Habsburg-Lothringen an.

4 Fr Das britische Unterhaus in London billigt die von der Labour Party eingebrachte Gesetzesvorlage zur rechtlichen Gleichstellung der Frau.

5 Sa Der polnische Landtag in Warschau stimmt dem Antrag auf Eingliederung der Stadt Danzig, des Ermlands und des ostpreußischen Masuren zu.

6 So Truppen der sowjetischen Regierung besetzen die Stadt Odessa an der Nordwestküste des Schwarzen Meeres.

7 Mo Der am 31. März von den Spartakisten ausgerufene Generalstreik in Württemberg bricht zusammen. Die Arbeit wird wieder aufgenommen. → Freikorps

8 Di Der Bühnenvolksbund, eine christlich und national orientierte Vereinigung, wird mit Sitz in Frankfurt am Main gegründet.

9 Mi In Braunschweig übernimmt der spartakistische Revolutionäre Aktionsausschuss die Gewalt und verhängt den Belagerungszustand.

10 Do Der mexikanische Revolutionär Emiliano Zapata, Führer im Kampf gegen die Großgrundbesitzer, wird in Süd-Mexiko von Regierungssoldaten getötet.

11 Fr Reichsfinanzminister Eugen Schiffer (DDP), der zugleich Stellvertreter des Reichsministerpräsidenten Philipp Scheidemann ist, erklärt seinen Rücktritt.

12 Sa Kriegsbeschädigte und Spartakisten lynchen in Dresden den sächsischen Kriegsminister Gustav Neuring (MSPD).

13 So Bei einer erstmals im Deutschen Reich stattfindenden Volksabstimmung wird in Baden die demokratische Verfassung mit großer Mehrheit angenommen.

14 Mo Der Münchener Stadtkommandant, der Matrose Rudolf Eglhofer, ordnet die Entwaffnung des Bürgertums an. Zugleich wird das Proletariat bewaffnet.

15 Di In Bochum hat Franz Grillparzers Trauerspiel »Des Meeres und der Liebe Wellen« in der Inszenierung von Saladin Schmitt Premiere.

16 Mi Der Dichter Ernst Toller, einer der Kommandeure der Roten Armee in München, durchbricht bei Dachau den Ring der Weißen Garde.

17 Do Ein kommunistischer Putschversuch in Wien scheitert. Kommunisten wollten auch in Deutschösterreich eine Räterepublik errichten. → Stars

18 Fr Der Oberste Rat der alliierten und assoziierten Mächte lädt die deutsche Delegation zur Entgegennahme der Friedensbedingungen nach Versailles ein.

19 Sa Die polnische Kavallerie erobert die von Sowjets besetzte litauische Hauptstadt Wilna zurück. Sowjetrussland wertet dies als Kriegsakt.

20 So Die Räterepublik Ungarn beschließt zur Verteidigung ihrer Errungenschaften den Verteidigungskrieg gegen ausländische Interventionstruppen.

21 Mo In Berlin-Karlshorst startet die Pferderennsaison. +++ Wegen des Streiks im Ruhrgebiet stehen über die Ostertage vielerorts die Räder still.

22 Di Die Regierung der USA erkennt das Protektorat Großbritanniens über Ägypten an. +++ Französische Sozialisten fordern eine neue Verfassung.

23 Mi Nach blutigen Unruhen während der Ostertage wird in Hamburg, Altona und Wandsbek der Belagerungszustand verhängt.

24 Do Die italienische Delegation verlässt wegen des Konflikts in der Fiume-Frage die Pariser Friedenskonferenz und wird daraufhin in ganz Italien gefeiert.

25 Fr Die provisorische Landesversammlung von Vorarlberg beschließt die Durchführung einer Volksabstimmung über den Anschluss an die Schweiz.

26 Sa Die württembergische Landesversammlung in Stuttgart nimmt die Verfassung des Freistaats Württemberg an.

27 So Das Schauspiel »Die Wupper« von Else Lasker-Schüler wird am Deutschen Theater in Berlin unter der Regie von Max Reinhardt uraufgeführt.

28 Mo In Deutschland wird die Sommerzeit eingeführt. Am 15. September sollen die Uhren wieder um eine Stunde zurückgestellt werden. → Völkerbund

29 Di In München wird die Diktatur der Roten Garde unter der Führung des 21-jährigen desertierten Matrosen Rudolf Eglhofer errichtet.

30 Mi Die Ballets Russes des Impresarios Sergej Diaghilew werden bei einem Gastspiel in London vom Publikum begeistert aufgenommen.

Mai 1919

1 **Do** Die Kommunistin Clara Zetkin beginnt mit der Herausgabe des KPD-Organs »Die Sozialistin«, das später unter dem Titel »Die Spartakistin« erscheint.

2 **Fr** Reichs- und bayerische Regierungstruppen sowie Freikorps erobern die Landeshauptstadt München und zerschlagen die Herrschaft der Roten Armee.

3 **Sa** In Berlin kommt es zu bewaffneten Auseinandersetzungen, als die Polizei am Andreasplatz gegen den illegalen Straßenhandel vorgeht.

4 **So** Die Gemeinderatswahlen in Wien bringen mit einem Sieg der SPÖ das Ende der 20-jährigen Herrschaft der Christlichsozialen.

5 **Mo** In der von den Franzosen besetzten ungarischen Stadt Arad wird eine Gegenregierung zur Budapester Räteregierung gebildet.

6 **Di** Konterrevolutionäre Soldaten ermorden in München 21 katholische Gesellen, die fälschlicherweise als Spartakisten denunziert worden waren.

7 **Mi** Der deutschen Friedensdelegation werden in Versailles die Friedensbedingungen übergeben. +++ Die polnische Universität in Posen wird eröffnet.

8 **Do** Der deutsche Reichspräsident Friedrich Ebert und die Reichsregierung erlassen Aufrufe gegen den »Gewaltfrieden von Versailles«.

9 **Fr** Die MSPD erlässt einen Aufruf an die Sozialisten aller Länder, in dem die Friedensbedingungen der Alliierten als unerträglich bezeichnet werden.

10 **Sa** In Hamburg wird nach jahrzehntelanger Planung die Universität offiziell eröffnet. Der Lehrbetrieb ist bereits im Januar aufgenommen worden.

11 **So** Regierungstruppen besetzen Leipzig, um einen angekündigten Generalstreik zu verhindern, und setzen das Standrecht gegen Spartakisten ein.

12 **Mo** Die Weimarer Nationalversammlung tritt in der Aula der Berliner Universität zu einer Protestkundgebung gegen den Versailler Vertrag zusammen.

13 **Di** Eugen Leviné, einer der Führer der nach heftigen Kämpfen gestürzten Münchener Räterepublik, wird in München verhaftet.

14 **Mi** Im Prozess gegen die mutmaßlichen Mörder der Spartakistenführer Karl Liebknecht und Rosa Luxemburg werden in Berlin milde Urteile verkündet.

15 **Do** Der dänische Arbeitgeberverband und die dänischen Gewerkschaftsverbände schließen ein Übereinkommen über die Einführung des Achtstundentages.

16 **Fr** Die Berliner Nachrichtenagentur WTB veröffentlicht die deutschen Kriegsverluste: 1,7 Mio. Tote, 0,37 Mio. Vermisste und 4,2 Mio. Verwundete.

17 **Sa** Ex-Generalstaatsanwalt William Christian Bullitt, Berater des US-Präsidenten in Versailles, tritt nach seiner Kritik am Vertrag zurück.

18 **So** In der von Frankreich besetzten Stadt Speyer findet eine Massenkundgebung für den Verbleib der Pfalz beim Deutschen Reich statt.

19 **Mo** Die estländische Nationalversammlung in Reval proklamiert die Unabhängigkeit von Estland und Nordlivland als gemeinsame, demokratische Republik.

20 **Di** Die französische Abgeordnetenkammer in Paris beschließt die Erteilung des aktiven und passiven Wahlrechts für Frauen bei Kommunalwahlen.

21 **Mi** Der nach der Revolution im April von München nach Bamberg übergesiedelte bayerische Landtag tritt zur ersten ordnungsmäßigen Sitzung zusammen.

22 **Do** Deutsche und verbündete Truppen erobern die seit Januar von Truppen der Moskauer Sowjetregierung besetzte lettische Hauptstadt Riga zurück.

23 **Fr** Die Frühjahrsausstellung der Berliner Akademie der Künste wird eröffnet – mit Werken u.a. von Lovis Corinth, Käthe Kollwitz und Wilhelm Lehmbruck.

24 **Sa** Der Anfang Mai ausgebrochene Aufstand gegen die italienische Besatzung in Albanien fordert zahlreiche Menschenleben.

25 **So** Die Münchnerin Marie Kießling stellt bei einem Leichtathletik-Turnier in ihrer Heimatstadt mit 13,5 sec einen deutschen Rekord im 100-m-Lauf auf.

26 **Mo** Der Oberste Rat der Alliierten in Paris beschließt die Unterstützung der antisowjetischen russischen Gegenregierung des Admirals Alexander W. Koltschak.

27 **Di** Der Nationalausschuss der französischen Gewerkschaft C.G.T. lehnt in Paris mit überwältigender Mehrheit den Versailler Friedensvertrag ab.

28 **Mi** Ein von der deutschen Regierung in Auftrag gegebenes Gutachten einer Expertenkommission verneint die alleinige Kriegsschuld Deutschlands.

29 **Do** Der zweite Teil der deutschen Gegenvorschläge zum Entwurf eines Friedensvertrags wird in Paris den Vertretern der Alliierten überreicht.

30 **Fr** Die sächsische Regierung in Dresden berät über eine Abfindung des früheren Königshauses. +++ In Goslar wird der Reichs-Bauern- und Landarbeitertag eröffnet.

31 **Sa** Die Leiche der am 15. Januar ermordeten kommunistischen Politikerin Rosa Luxemburg wird aus dem Landwehrkanal in Berlin geborgen.

28. Juni 1919

Harte Bedingungen für Deutschland

Im Spiegelsaal des Schlosses von Versailles unterzeichnen die Vertreter des Deutschen Reiches und der alliierten Siegermächte den sog. Versailler Vertrag. An historischer Stelle – hier wurde am 18. Januar 1871 das Deutsche Kaiserreich proklamiert – endet mit einem Diktatfrieden offiziell der Erste Weltkrieg.

V.l.: Der britische Premierminister David Lloyd George, die Ministerpräsidenten Italiens und Frankreichs, Giorgio Sidney Baron Sonnino und Georges Benjamin Clemenceau sowie US-Präsident Woodrow Wilson während einer Verhandlungspause

Die Pariser Friedenskonferenz tagte seit dem 18. Januar 1919 unter Beteiligung von Delegierten aus 32 Staaten. Vertreter der im Weltkrieg unterlegenen Mittelmächte waren nicht zugelassen. Die Entscheidungen fielen im Wesentlichen im

Deutsche Gebietsabtretungen

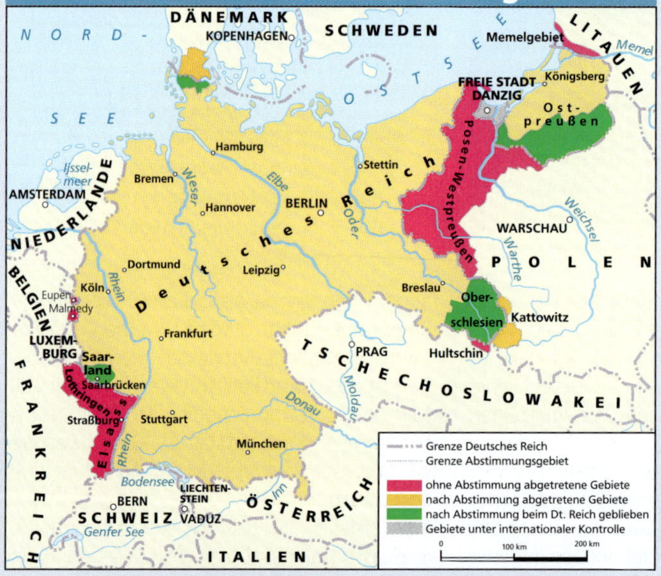

»Rat der Vier« (s. Abb.). Bis zum Schluss hatte die deutsche Regierung vergeblich versucht, mit Gegenvorschlägen die harten Friedensbedingungen zu mildern. U.a. wies sie die alleinige Schuld am Ausbruch des Ersten Weltkriegs zurück. Um 15.12 Uhr unterzeichnen die deutschen Delegationsleiter, Außenminister Hermann Müller (MSPD) und Kolonialminister Johannes Bell (Zentrum), als erste den Friedensvertrag, das Protokoll und die Vereinbarung über die Besetzung des Rheinlands durch die Alliierten. Anschließend unterschreiben die Delegierten der Alliierten. Südafrika unterzeichnet nur unter Protest, da es die Friedensbedingungen für zu hart hält. Als um kurz nach 16 Uhr die Unterzeichnungszeremonie beendet ist, hebt der Vorsitzende der Friedenskonferenz, der französische Ministerpräsident Georges Benjamin Clemenceau, die Sitzung mit den Worten auf: »Der Friede ist geschlossen«.

Nach den Bestimmungen des Friedensvertrages verliert das Deutsche Reich 70579 km², das entspricht 13,05% seines Staatsgebietes. Außerdem muss es sämtliche Kolonien abgeben. Ohne Volksabstimmungen fallen Moresnet und Eupen-Malmedy an Belgien, Elsass-Lothringen an Frankreich. Das Saargebiet wird für 15 Jahre der Souveränität des Völkerbundes unterstellt. An Polen fällt der Hauptteil der Provinz Posen sowie Westpreußen. Damit Polen einen Zugang zur Ostsee erhält, wird der sog. Polnische Korridor geschaffen, der Danzig und Ostpreußen vom Deutschen Reich abtrennt.

Volksabstimmungen sind für Oberschlesien und die west- bzw. ostpreußischen Bezirke Allenstein und Marienwerder geplant. Danzig wird vom Deutschen Reich abgetrennt und als Freie Stadt unter den Schutz des Völkerbundes gestellt. Das Hultschiner Ländchen fällt ohne Volksabstimmung an die Tschechoslowakei, während für Nordschleswig ein Votum der Bürger vorgesehen ist. Das Memelgebiet muss an die Alliierten abgetreten werden. Luxemburg scheidet aus dem deutschen Zollgebiet aus. Der Anschluss Österreichs an das Deutsche Reich wird verboten. Die deutsche Souveränität innerhalb des Staatsgebietes wird durch die Entmilitarisierung des Rheinlandes sowie die Internationalisierung der großen Flüsse eingeschränkt. Zudem sichern sich die Siegermächte Ausgleichsansprüche für Kriegsschäden. Deutschland muss das Abkommen unterzeichnen, ohne dass die exakte Höhe der Reparationen festgelegt worden ist. Außerdem hat es 28% der Steinkohleförderung auszuliefern.

Im Spiegelsaal des Versailler Schlosses wird der Friedensvertrag unterzeichnet.

Empörung über das Diktat

Die Bekanntgabe der Ausführungsbestimmungen des Versailler Vertrages lösen in Deutschland über alle Parteien hinweg einen Sturm der Entrüstung aus (Abb. unten: Der DDP-Vorsitzende Friedrich Naumann bei einer Protestrede; Abb. rechts: Plakataufschrift: »Zum Henker mit dem Höllenfrieden«). Neben der demütigenden Behandlung der deutschen Delegation – bei eingeschränkter Bewegungsfreiheit durfte sie lediglich den Vertragstext entgegennehmen – sind es vor allem die Entwaffnungsbestimmungen und die Forderung nach alleiniger Anerkennung der Kriegsschuld, die helle Empörung hervorrufen. Am 20. Juni tritt die Regierung unter Philipp Scheidemann (MSPD) zurück. Scheidemann, der den Vertragstext »als ein befristetes Todesurteil für Deutschland« bezeichnet, zieht die Konsequenz aus der Tatsache, dass es in der Nationalversammlung keine Mehrheit für seine den Vertrag ablehnende Politik gibt. Unter dem Druck eines alliierten Ultimatums, den Krieg wieder aufzunehmen und Deutschland militärisch zu besetzen, wenn der Vertrag nicht binnen einer gesetzten Frist unterschrieben werde, streiten die Abgeordneten heftig um die Unterzeichnung. Schließlich setzt sich die Auffassung durch, dass dem entwaffneten Land keine andere Möglichkeit mehr bleibe, als den Vertrag zu akzeptieren. Vor allem die Parteien der politischen Rechten instrumentalisieren diese Entscheidung bald schon als Agitationsgrundlage. Sie stellen die Akzeptanz des Versailler Vertrages als Kapitulation und Verrat an der Nation dar. Am 23. Juni ermächtigt die Nationalversammlung schließlich die neue Regierung unter Gustav Bauer (MSPD), den Versailler Friedensvertrag zu unterzeichnen. Aus Protest gegen die bedingungslose Unterzeichnung stürmen Soldaten der Berliner Freikorps das Zeughaus und verbrennen französische Fahnen, die im Krieg 1870/71 erbeutet worden waren. Der Vertrag stößt auch in Großbritannien und den USA, die ihn nie ratifiziert haben, auf Kritik. So schreibt der Londoner »Daily Herald« am 8. Mai: »Die Bedingungen der Entente sind schamlos und abgeschmackt, sie sind Vorspiel neuen Rassenhasses und eines neuen Krieges«. In ganz Europa finden Protestveranstaltungen statt.

Juni 1919

1 So In Mainz und Wiesbaden wird die Rheinische Republik im Verband des Deutschen Reiches proklamiert. Die Bevölkerung ist mehrheitlich dagegen.

2 Mo In Berlin erscheint ein »Dadaistisches Manifest«. +++ Der österreichische Maler Raoul Hausmann gründet in Berlin die Zeitschrift »Der Dada«.

3 Di Eugen Leviné, eine der führenden Persönlichkeiten der Münchener Räterepublik, wird vom Standgericht in München wegen Hochverrats zum Tode verurteilt.

4 Mi Das Unterhaus in London setzt einen parlamentarischen Ausschuss ein, der einen Entwurf für einen großbritischen Bundesstaat ausarbeiten soll.

5 Do Die skandinavischen Staaten lehnen die Beteiligung an der von den Alliierten geplanten Verschärfung der Wirtschaftsblockade Deutschlands ab.

6 Fr In Berlin beginnt ein 24-stündiger Generalstreik aus Protest gegen die Hinrichtung des Münchener Räteführers Eugen Leviné.

7 Sa Die deutschösterreichische Konstituierende Nationalversammlung in Wien protestiert gegen die Friedensbedingungen der Alliierten.

8 So Mit einem 1:0-Sieg gegen Süddeutschland gewinnt in Berlin die Mannschaft Norddeutschlands den Länderpokal des Deutschen Fußball-Bundes.

9 Mo Die Sowjettruppen erobern Riga zurück. Die Reste der Armeen des antibolschewistischen Admirals Alexander W. Koltschak ziehen fluchtartig ab.

10 Di In Weimar beginnt der 26. Parteitag der MSPD, der bis zum 14. Juni andauern wird. Es wird vor allem über die Zukunft des Rätesystems debattiert.

11 Mi John Maynard Keynes, Delegationsführer des britischen Schatzamts in Versailles, tritt aus Protest gegen die harten Friedensbedingungen zurück.

12 Do Das Standgericht in Würzburg verurteilt die Würzburger Räteführer zu zehn bis fünfzehn Jahren Haft. +++ Die Universität von Köln wird eröffnet.

13 Fr Deutschland und die Schweiz ratifizieren das deutsch-schweizerische Ausfuhrabkommen. +++ Rosa Luxemburg wird in Berlin beigesetzt.

14 Sa Hermann Müller und Otto Wels werden auf dem Parteitag der MSPD in Berlin zu Parteivorsitzenden gewählt.

15 So Sieger bei den Wahlen zum Nordtiroler Landtag wird die Tiroler Volkspartei mit 18 Mandaten. Sechs Mandate gehen an die Sozialdemokraten.

16 Mo Die deutsche Friedensdelegation in Versailles erhält eine abschlägige Antwort der Alliierten auf ihre Gegenvorschläge zu einem Friedensvertrag.

17 Di Die Parteileitung der USPD tritt in einem Aufruf »An das Proletariat« für die Unterzeichnung des Versailler Friedensvertrags ein.

18 Mi Die von der deutschen Reichsregierung ernannten Sachverständigen lehnen die Unterzeichnung des Versailler Friedensvertrags ab.

19 Do Der italienische Ministerpräsident Vittorio Emanuele Orlando tritt zurück, nachdem ihm das Parlament das Misstrauen ausgesprochen hatte.

20 Fr Die deutsche Regierung unter Ministerpräsident Philipp Scheidemann tritt wegen Unstimmigkeiten über die Annahme des Versailler Vertrags zurück.

21 Sa Im britischen Hafen Scapa Flow versenken deutsche Matrosen ihre Schiffe, um sie nicht in die Hände der Alliierten fallen zu lassen.

22 So Die Weimarer Nationalversammlung billigt nach heftigen Debatten unter Vorbehalt die Unterzeichnung des Versailler Friedensvertrags.

23 Mo Das Internationale Olympische Komitee beschließt, dass die Gastgeberländer Olympischer Spiele über eine Teilnahme deutscher Sportler entscheiden sollen.

24 Di Der Danziger Oberbürgermeister bedauert in einer Erklärung die Errichtung der Freien Stadt Danzig und die Ablösung vom Deutschen Reich.

25 Mi Generalfeldmarschall Paul von Hindenburg legt den militärischen Oberbefehl über die deutschen Streitkräfte nieder.

26 Do In Berlin kommt es wegen steigender Lebensmittelpreise zu einem Eisenbahnerstreik. +++ Eduard Schmidt (MSPD) wird Münchener Bürgermeister.

27 Fr Offiziere der ehemaligen königlich-preußischen Armee richten Bitten an die Niederlande, den früheren deutschen Kaiser nicht an die Alliierten auszuliefern.

28 Sa 94,4% der Bevölkerung der zu Finnland gehörenden Ålandinseln votieren in einer Volksabstimmung für den Anschluss an Schweden. → Deutschland

29 So Bei einer Volksabstimmung im schweizerischen Kanton Neuenburg lehnen die stimmberechtigten Männer die politische Gleichberechtigung der Frauen ab.

30 Mo Die ungarische Rote Armee beginnt mit dem Rückzug auf die Grenzen, die Ungarn von den alliierten Siegermächten aufgezwungen wurden.

Juli 1919

1 Di Die Angestellten der Berliner Verkehrsbetriebe treten in einen Lohnstreik. +++ Reichstruppen besetzen das von Unruhen erschütterte Hamburg.

2 Mi Das britische Luftschiff »R 34« mit 25 Mann Besatzung überquert als erstes Luftschiff den Atlantischen Ozean. Es benötigte 108 Stunden und zwölf Minuten.

3 Do Der als militärischer Oberbefehlshaber der deutschen Truppen zurückgetretene Paul von Hindenburg verlässt sein Hauptquartier in Kolberg.

4 Fr Bei einem Militärputsch in Peru wird der Präsident José Pardo y Barreda abgesetzt. Augusto Bernardino Leguía übernimmt sein Amt. → Jack Dempsey

5 Sa In den italienischen Provinzen Romagna, Emilia und Toskana kommt es nach Teuerungen bei Lebensmitteln zu Unruhen. → Gewerkschaften

6 So Kurt Freiherr von Lersner wird als Nachfolger von Ulrich Graf von Brockdorff-Rantzau zum Vorsitzenden der deutschen Delegation in Versailles gewählt.

7 Mo Die Firma Siemens in Berlin-Lichtenberg stellt wegen Kohlemangels den Betrieb ein und kündigt 1500 Arbeitern.

8 Di Reichsfinanzminister Matthias Erzberger (Zentrum) gibt vor der Weimarer Nationalversammlung einen Überblick über die angestrebte Finanzreform.

9 Mi Die Weimarer Nationalversammlung ratifiziert den Versailler Vertrag und die Vereinbarung über die militärische Besetzung des Rheinlands.

10 Do Der neue tschechoslowakische Ministerpräsident betont vor der Nationalversammlung, dass die Tschechoslowakei mit allen Nachbarn in Frieden leben will.

11 Fr Die niederländische Abgeordnetenkammer in Den Haag nimmt den Gesetzentwurf über die Einführung der 45-Stunden-Woche an.

12 Sa Bei einem Zusammenstoß zwischen deutschen Zivilisten und französischen Soldaten in Berlin wird ein französischer Sergeant erstochen. → Hungerblockade

13 So In Berlin geht der erste Parteitag der rechtskonservativen Deutschnationalen Volkspartei (DNVP) nach zweitägigen Debatten zu Ende.

14 Mo Die erstmals seit dem Kriegsausbruch 1914 wieder durchgeführte Tour de France gewinnt der Belgier Firmin Lambot. → Feiern

15 Di Die ungarische gegenrevolutionäre Regierung im französisch besetzten Szeged wählt Desiderius Abraham zum Ministerpräsidenten.

16 Mi Das Münchener Standgericht verurteilt den Dramatiker und Rätepolitiker Ernst Toller wegen Hochverrats zu fünf Jahren Festungshaft.

17 Do Erfolgreichste Teilnehmerin am Tennisturnier in Wimbledon ist bereits zum zweiten Mal die Französin Suzanne Lenglen.

18 Fr Der Landtag der Republik Braunschweig beschließt die völlige Trennung von Kirche und Schule und die Abschaffung des Religionsunterrichts.

19 Sa In Berlin beginnt der erste Parteitag der linksliberalen Deutschen Demokratischen Partei (DDP). Vorsitzender wird Friedrich Naumann. → Feiern

20 So Die Rote Armee Ungarns startet eine Offensive gegen Rumänien, um die Ungarn zugesprochenen, aber von Rumänien noch besetzten Gebiete zu erobern.

21 Mo Im Deutschen Reich, in Deutschösterreich und in Italien finden Demonstrationen und Streiks gegen den Versailler Vertrag statt.

22 Di Zwischen den USA und dem Deutschen Reich wird der Postverkehr wieder aufgenommen. +++ Die Flugzeugmeisterei Adlershof in Berlin schließt.

23 Mi Der von der osmanischen Regierung wegen separatistischer Aufrufe für vogelfrei erklärte General Mustafa Kemal Pascha eröffnet den Nationalkongress.

24 Do Der Landtag der Republik Braunschweig verabschiedet nach mehrstündigen Debatten das Betriebsrätegesetz.

25 Fr Die sowjetische Regierung verzichtet in einem Manifest auf alle aus der Zarenzeit stammenden Gebietsansprüche gegenüber China.

26 Sa Der Oberste Rat der Alliierten in Paris fordert in einem Funkspruch das ungarische Volk zum Sturz der Räteregierung auf.

27 So In Berlin wird der Schwimm-Wettkampf »Quer durch Berlin« als erster Wettbewerb dieser Art auf der Spree veranstaltet.

28 Mo Eine italienische Nachrichtenagentur meldet die Wiederaufnahme der Handelsbeziehungen Italiens mit dem vormals feindlichen Ausland.

29 Di Die Vertreter des Freistaats Coburg einigen sich bei Beratungen mit dem bayerischen Gesamtministerium in Bamberg über den Anschluss an Bayern.

30 Mi Eine Kommission deutscher Arbeitgeber reist nach Versailles, um über den Einsatz von deutschen Zivilarbeitern beim Wiederaufbau Frankreichs zu beraten.

31 Do Frankreich nimmt den Postverkehr mit dem Deutschen Reich für Handelsbriefe, Kataloge, Warenproben u.a. wieder auf. → Weimarer Verfassung

31. Juli 1919

Weimarer Verfassung steht

Rechte und linke Parteien kritisieren die Weimarer Verfassung, die von der Nationalversammlung in dritter Lesung mit 262 gegen 75 Stimmen bei einer Enthaltung angenommen wird. MSPD, Zentrum und DDP votieren für, DNVP, DVP und USPD gegen die neue Verfassung. Reichspräsident Friedrich Ebert (MSPD) unterzeichnet die Grundsätze der Republik am 11. August. Hugo Preuß (DDP), der u.a. auf die Machtverteilung zwischen Bund und Ländern verweist, war maßgeblich an der Ausarbeitung der Verfassung beteiligt. Die DNVP begründet ihre Ablehnung damit, dass ihr die neue Verfassung nicht konservativ genug sei. Sie wendet sich gegen die »extreme Demokratie« und den umfassenden Parlamentarismus, der in der Weimarer Verfassung verankert ist. Die USPD hingegen meint, dass der Zeitpunkt für die Verfassung verfrüht sei. Deutschland bräuchte eine Abkehr von dem engen Nationalismus und einen Aufstieg zum Internationalismus.

12. Juli 1919

Hungerblockade aufgehoben

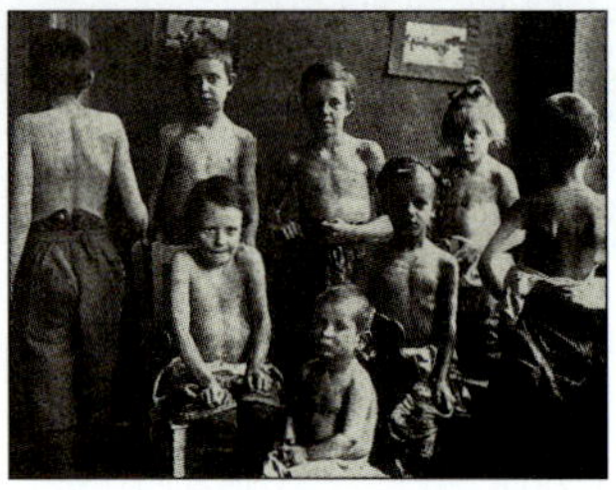

Zur Freude der Bevölkerung heben die alliierten Siegermächte die seit Ende 1914 bestehende Wirtschaftsblockade gegen Deutschland auf. Ab sofort können wieder normale Handelsbeziehungen gepflegt werden. Die Ostseeblockade bleibt allerdings bestehen, da noch immer deutsche Truppen im Baltikum kämpfen. Die Sanktion wird oft als Hungerblockade bezeichnet. Nach deutschen Angaben sind ihr über 700 000 Menschen zum Opfer gefallen. Besonders in den Städten treten Mangelkrankheiten auf. Vor allem Kinder litten unter dem Boykott (Abb.: Unterernährte Kinder vor der ärztlichen Untersuchung).

Oben: Interalliierte Truppen paradieren durch den Pariser Arc de Triomphe, das nationale Symbol Frankreichs. Am Vorabend der Siegesfeier wurden die von den feindlichen Mittelmächten erbeuteten Kanonen auf dem Rond-Point der Champs-Elysées zu einem Turm aufgeschichtet und mit Girlanden geschmückt. Auf dem Haufen thront der »coq vainqueur«, der siegreiche gallische Hahn. Links: Die Siegesfeier der Alliierten in London findet am 19. Juli statt. Truppenteile ziehen Richtung Buckingham-Palast.

4. Juli 1919

Dempsey besteigt Box-Thron

Der US-Boxer Jack Dempsey wird Weltmeister im Schwergewicht. Er schlägt in Toledo (US-Bundesstaat Ohio) seinen Landsmann Jess Willard, einen fast 2 m großen Weizenfarmer aus Kansas, durch k.o. in der vierten Runde. Bereits in den ersten 120 Sekunden schickt Dempsey den amtierenden Champion siebenmal auf die Bretter. Doch erst nach der vierten Runde zählt der Ringrichter Willard aus, der apathisch in der Ecke sitzen bleibt. Um den Kampf um den Weltmeistertitel zu ermöglichen, hatte Dempseys Manager Jack Kearns eine Pressekampagne entfacht. Er konnte damit die Widerstände der führenden US-Boxpromoter brechen, die in Dempsey, der 17 seiner 27 Kämpfe vorzeitig beendet hatte, keinen adäquaten Gegner für Willard sehen wollten. Willard hatte den Titel im Jahre 1915 in einem umstrittenen Kampf gegen den Schwarzen Jack Johnson gewonnen.

Jack Dempsey

eigtl. William Harrison, US-Boxer, * 24.6.1895 Manassa (US-Bundesstaat Colorado); † 31.5.1983 New York

Jack Dempsey, der als einer der besten Schwergewichtler des Jahrhunderts gilt, dominiert den Boxsport in den 20er Jahren. Als 15-Jähriger verließ er sein Elternhaus und lebte von Gelegenheitsarbeiten. Gleichzeitig begann er zu boxen. In einer Kneipe verteidigte er Boxmanager Jack Kearns, als ihn zwei Jugendliche berauben wollten. Kearns nahm Dempsey umgehend unter Vertrag. Als Weltmeister steigt er viermal in den Ring, um den Titel zu verteidigen. Er versucht sich als Schauspieler und bestreitet Schaukämpfe, u.a. gegen den Deutschen Max Schmeling, mit dem ihn eine enge Freundschaft verbindet. Nach dreijähriger Pause unterliegt er im Kampf um die Weltmeisterschaft Gene Tunney nach Punkten. Seine einzige k.o.-Niederlage mußte Dempsey 1917 gegen Jim Flynn einstecken.

- 1919-26: Schwergewichts-Weltmeister
- 1950: Sportjournalisten küren ihn zum größten Boxer der ersten Jahrhunderthälfte

14./19.Juli 1919

Die Feiern der Sieger

Mit Paraden, Festumzügen und Gedenkfesten feiern die alliierten Truppen ihren Sieg im Ersten Weltkrieg. In Paris findet die offizielle Siegesfeier am Nationalfeiertag statt.

Vor der offiziellen Siegesfeier im Herzen von Paris notieren die Chronisten einen Eklat: Neben dem Triumphbogen, durch den die Truppen ziehen sollen, wurde außer dem Podest des Präsidenten eine große Tribüne für 20000 Freunde, Bekannte und Verwandte der Minister, Generäle und anderer einflussreicher Personen errichtet. Als daraufhin Proteste der Bevölkerung laut wurden, die einen Teil der Sitze für die Kriegsbeschädigten sowie für Eltern und Kinder der Gefallenen verlangte, wurde das Gerüst rasch wieder abgebaut. Die Spitze der Truppen, die durch den Triumphbogen zur Place de la République marschieren, wird von 1000 Kriegsversehrten gebildet. Dahinter reiten die beiden Marschälle Ferdinand Foch und Joseph Jacques Césaire Joffre. Die Sozialisten, die an den Siegesfeiern nicht teilnehmen, veranstalten auf dem Friedhof Père-Lachaise eine Gedenkfeier zu Ehren der 12 Mio. Kriegsopfer. Fünf Tage nach der Feier in Paris wird auch in London mit großem Pomp die Siegesfeier der Alliierten des Weltkriegs begangen. Den Höhepunkt bildet der Marsch der alliierten Truppen durch die Stadt unter der Führung des britischen Generals Douglas Haig, des britischen Admirals David Beatty, des US-Generals John Joseph Pershing und des französischen Marschalls Foch. In London soll auch Kaiser Wilhelm II. vor Gericht gestellt werden.

1. August 1919

Räterepublik zerschlagen

133 Tage nach ihrer Proklamation bricht die Räterepublik in Ungarn zusammen. Der Revolutionäre Regierende Rat gibt seine Demission bekannt. Die Regierungsgewalt übernimmt ein von Vertretern der Gewerkschaften gebildetes sozialistisches Kabinett unter Ministerpräsident Gyula Peidl. Der Revolutionäre Regierende Rat hatte den alten Staatsapparat zerschlagen und Maßnahmen zur Beseitigung der kapitalistischen Wirtschaftsordnung eingeleitet. Gegenrevolution im Innern und

militärischer Vormarsch der Alliierten – unter Beteiligung rumänischer und tschechischer Truppen – führten zum Zusammenbruch (Abb.: Rumänische Militärpatrouille im eroberten Budapest).

5. Juli 1919

Gewerkschaften formieren sich

Die deutschen Arbeitnehmervertretungen schließen sich zusammen: Der zehnte Gewerkschaftskongress in Nürnberg endet mit der Gründung des Allgemeinen Deutschen Gewerkschaftsbundes (ADGB). Zum ersten Vorsitzenden wird Karl Legien gewählt. Der ADGB ist die Spitzenorganisation der inzwischen 52 Arbeitnehmerorganisationen, die zu den Freien Gewerkschaften gehören. Er vertritt rd. 5 Mio. Menschen. Um Unterschied zu den Christlichen Gewerkschaften und den Hirsch-Duncker'schen Gewerkvereinen sehen die Freien Gewerkschaften im wirtschaftlichen Sozialismus ihr Ziel.

August 1919

1 Fr Die italienische Abgeordnetenkammer in Rom billigt die Wahlreformvorlage über die Einführung des Verhältniswahlrechts. → Räterepublik

2 Sa Die »Hamburger Nachrichten« veröffentlichen einen offenen Brief Prinz Heinrichs von Preußen über die Auslieferung des deutschen Ex-Kaisers Wilhelm II..

3 So Die Universität in Bonn feiert – wegen des Krieges mit fast einem Jahr Verspätung – den 100. Jahrestag ihrer (Neu-)Gründung am 18. Oktober 1818.

4 Mo Rumänische Truppen besetzen Budapest (Ungarn). +++ Im Kronprinzen-Palais in Berlin wird die staatliche Galerie moderner Kunst eröffnet.

5 Di Nach einem Erlass des deutschen Reichspräsidenten Friedrich Ebert erhält das Reichsmarineamt die Bezeichnung Admiralität.

6 Mi Der deutschösterreichische Kanzler Karl Renner überreicht der Friedenskonferenz in Saint-Germain-en-Laye seine Antwort auf den Friedensvertragsentwurf.

7 Do Der französische Pilot Charles Godefroy fliegt in Paris mit einem Doppeldecker vom Typ »Nieuport-Bébé« unter dem Arc de Triomphe hindurch.

8 Fr In der britisch-indischen Stadt Rawalpindi im Pandschab wird der Friedensvertrag zwischen Großbritannien und Afghanistan unterzeichnet.

9 Sa Regierungsvertreter von Persien und Großbritannien unterzeichnen in Teheran ein Protektoratsabkommen, das Persien zum Vasallenstaat macht.

10 So Die Vorarlberger Bevölkerung protestiert gegen die Wiener Regierung, die das Selbstbestimmungsrecht Vorarlbergs nicht anerkennen will.

11 Mo In Berlin beginnen deutsch-polnische Verhandlungen über die Räumung der deutschen Ostgebiete, die im Versailler Vertrag Polen zugesprochen wurden.

12 Di Der Oberbefehlshaber der österreich-ungarischen Flotte im Ersten Weltkrieg, Miklós Horthy, wird Oberbefehlshaber der ungarischen Wehrmacht.

13 Mi Die deutsche Regierung weist den Vorwurf der alliierten Siegermächte zurück, die Räumung Lettlands durch deutsche Truppen werde absichtlich verzögert.

14 Do Nach der Unterzeichnung am 11. August durch Friedrich Ebert tritt die neue Verfassung des Deutschen Reiches, die sog. Weimarer Verfassung, in Kraft.

15 Fr Der deutsche Reichspräsident Friedrich Ebert bedankt sich beim Schweizer Bundespräsidenten für die »liebevolle« Behandlung deutscher Gefangener.

16 Sa Der spanische König Alfons XIII. unterzeichnet den vom Parlament angenommenen Gesetzentwurf über den Eintritt Spaniens in den Völkerbund.

17 So Der bayerische Landtag und die bayerische Staatsregierung übersiedeln von Bamberg wieder in die Landeshauptstadt München.

18 Mo Über Oberschlesien wird der verschärfte Belagerungszustand verhängt, nachdem sich die Streiks zu einem bewaffneten Aufstand ausgeweitet haben.

19 Di Japan erlässt ein Autonomiedekret für Korea, das seit 1910 als Generalgouvernement Chosen unter japanischer Herrschaft steht.

20 Mi Wegen der Unruhen in Oberschlesien bricht die polnische Regierung die deutsch-polnischen Verhandlungen über die Übergabe deutscher Gebiete ab.

21 Do Der deutsche Reichspräsident Friedrich Ebert wird von der Weimarer Nationalversammlung auf die neue deutsche Verfassung vereidigt.

22 Fr Beim Reichskongress der Erwerbslosen in Hamburg diskutieren Abgesandte der Städte über die soziale und wirtschaftliche Lage der Arbeitslosen im Reich.

23 Sa Der Zentralrat der deutschen sozialistischen Republik in Berlin erlässt eine Wahlordnung zur Neuwahl der Arbeiterräte.

24 So Die deutschen Truppen im Baltikum verweigern der deutschen Reichsregierung den Gehorsam und bleiben trotz Rückzugsbefehls in ihren Stellungen.

25 Mo In München wird in Gegenwart von Reichspräsident Friedrich Ebert die Übergabe des bayerischen Heeres und der Heeresverwaltung an das Reich vollzogen.

26 Di Der sowjetische Regierungschef Wladimir I. Lenin unterzeichnet in Moskau das Dekret des Rates der Volkskommissare über die Vereinigung des Theaterwesens.

27 Mi Im Rusthof (Pretoria) stirbt der südafrikanische General Louis Botha im Alter von 56 Jahren. Seit 1910 war er Premierminister der Südafrikanischen Union.

28 Do Das australische Unterhaus nimmt das Einwanderungsgesetz an, das ein befristetes Einwanderungsverbot für »Anarchisten« und »Staatsfeinde« vorsieht.

29 Fr In Lyngby, nordwestlich von Kopenhagen, wird die erste dänische Radiotelegrafenanlage in Betrieb genommen.

30 Sa Der französische Kommandant in Birkenfeld löst den Landesausschuss auf und setzt die Mitglieder der rechtmäßigen Regierung ab.

31 So Die britische Regierung befiehlt, alle deutschen Gefangenen, die in britisch verwalteten Lagern in Frankreich interniert sind, unverzüglich zu entlassen.

September 1919

1 Mo Der Gründungskongress der Kommunistischen Partei in den USA tagt in Chicago. +++ In Leipzig findet die erste Friedensmesse statt. → Soldaten

2 Di Sowjetrussland macht nach dem siegreichen Vordringen der Roten Armee Estland ein Friedensangebot. Weitere Friedensangebote an andere Staaten folgen.

3 Mi Die italienische Abgeordnetenkammer in Rom billigt die Gesetzesvorlage über die Einführung des aktiven und passiven Frauenwahlrechts.

4 Do In Paris konstituiert sich auf Initiative des französischen Schriftstellers Henri Barbusse die Gruppe »Clarté«, die für die Erhaltung des Weltfriedens kämpft.

5 Fr Der Landtag der Republik Braunschweig stimmt einem Antrag zu, die Mitgliederzahl des Rats der Volksbeauftragten auf sechs zu erhöhen. → Adolf Hitler

6 Sa Die deutschösterreichische Konstituierende Nationalversammlung in Wien nimmt den Friedensvertrag von Saint-Germain-en-Laye an.

7 So Die deutsche Reichsregierung protestiert in einer Note an die Alliierten gegen die antideutsche Hetze Polens wegen der Unruhen in Oberschlesien.

8 Mo Ab heute wird München durch das Luftschiff »Bodensee« in den Zeppelin-Flugverkehr Friedrichshafen-Berlin einbezogen.

9 Di In der Stadt Weimar wird der Zentralverband der Angestellten als freigewerkschaftliche Einheitsorganisation gegründet.

10 Mi Der am 23. April über das gesamte Stadt- und Landgebiet von Bremen verhängte Belagerungszustand wird aufgehoben. → St. Germain

11 Do Die türkische Unabhängigkeitsbewegung unter der Führung von General Mustafa Kemal Pascha verabschiedet im anatolischen Sivas den sog. Nationalpakt.

12 Fr Der italienische Dichter Gabriele D'Annunzio besetzt mit einer Schar von Freiwilligen im Handstreich die Stadt Fiume (heute Rijeka) an der Adriaküste.

13 Sa Der Rücktransport deutscher Gefangener aus Lagern der USA in Frankreich beginnt. Derzeit befinden sich 48 000 deutsche Soldaten in US-Gefangenschaft.

14 So Der Dampfer »Weimar« läuft als erstes Schiff nach Beendigung des Ersten Weltkriegs mit Stückgut aus London im Hamburger Hafen ein.

15 Mo Eine alliierte Offizierskommission trifft in Berlin ein; sie soll kontrollieren, ob die Bestimmungen des Versailler Vertrags eingehalten werden.

16 Di Bei der Eröffnung des niederländischen Parlaments in Den Haag kündigt Königin Wilhelmina die Einführung einer Luxus- sowie einer Tabaksteuer an.

17 Mi In deutschen Städten häufen sich Schülerdemonstrationen gegen die Entfernung von Bildern des früheren Kaisers Wilhelm II. aus den Klassenzimmern.

18 Do Das Münchener Volksgericht erlässt das Urteil im sog. Geiselmörderprozess. Sechs ehemalige Rotgardisten erhalten die Todesstrafe. → Ufa-Palast

19 Fr Der Provinzialrat der Juden von Palästina spricht sich in Jerusalem gegen die Bildung einer Jüdischen Gesetzgebenden Versammlung aus.

20 Sa Der Danziger Oberbürgermeister Heinrich Sahm legt den Verfassungsentwurf für die künftig vom Deutschen Reich unabhängige Freie Stadt Danzig vor.

21 So In Paris beginnt der Kongress der Radikalen und der Radikalsozialistischen Partei, der den Bürgermeister von Lyon, Edouard Herriot, zum Vorsitzenden wählt.

22 Mo Der belgische König Albert I. tritt die Reise zu einem offiziellen Staatsbesuch in die Vereinigten Staaten von Amerika an.

23 Di Der Tiroler Landtag in Innsbruck erklärt in einer Stellungnahme, er sehe im Friedensvertrag eine unerhörte Vergewaltigung des Landes Tirol.

24 Mi Die bisherigen Regierungen von Deutschböhmen, des Sudetenlandes und Südmährens treten vor ihrer Auflösung in Wien zusammen.

25 Do US-Präsident Woodrow Wilson erleidet in Wichita (US-Bundesstaat Kansas) einen Nervenzusammenbruch, der ihn für Monate arbeitsunfähig macht.

26 Fr Die wegen der Unruhen in Oberschlesien abgebrochenen deutsch-polnischen Verhandlungen über die Übergabe deutscher Gebiete werden fortgesetzt.

27 Sa Ein Transport deutscher Gefangener, der unter US-Bewachung von Marseille nach Deutschland fährt, wird im Bahnhof von Pompey bei Nancy beschossen.

28 So Bei der Volksabstimmung im Großherzogtum Luxemburg votiert die Mehrheit der Stimmberechtigten für die Beibehaltung der monarchischen Staatsform.

29 Mo Das schwedische Abgeordnetenhaus in Stockholm nimmt den Gesetzentwurf über die Einführung des Achtstundentags an.

30 Di Die preußische Armee wird aufgelöst und in die deutsche Reichswehr überführt. +++ Die Deutsche Nationalversammlung tagt erstmals wieder in Berlin.

10. September 1919

Friede von St. Germain

Nachdem die Nationalversammlung den alliierten Friedensvertrag »unter feierlichem Protest vor aller Welt« angenommen hat, unterzeichnet der deutschösterreichische Staatskanzler Karl Renner (SPÖ) in Saint-Germain-en-Laye das Staatsvertrag genannte Dokument.

Der Vertrag behandelt Deutschösterreich als Nachfolgestaat der österreichisch-ungarischen Doppelmonarchie. Das Land muss größere Gebietsabtretungen akzeptieren. Südtirol und das Kärntner Kanaltal fallen an Italien, die Südsteiermark und das Kärntner Mießtal an das Königreich der Serben, Kroaten und Slowenen. Den niederösterreichischen Streifen um Feldsberg erhält die Tschechoslowakei. Das deutschsprachige Gebiet Westungarns (Burgenland) bleibt bei Deutschösterreich. Im gemischtsprachigen Gebiet Kärntens ist eine Volksabstimmung über die zukünftige Staatszugehörigkeit vorgesehen. Nach dem Vertrag soll der Staatsname »Deutschösterreich« in »Österreich« geändert werden, der Anschluss an das Deutsche Reich wird verboten. Österreich muss die Territorien der unabhängigen Staaten Polen, Tschechoslowakei, Ungarn und des Königreichs der Serben, Kroaten und Slowenen anerkennen und Wiedergutmachungszahlungen leisten. Die allgemeine Wehrpflicht wird verboten, gestattet ist lediglich ein 30 000 Mann starkes Söldnerheer. Die deutschösterreichische Konstituierende Nationalversammlung in Wien verabschiedet am 21. Oktober das Gesetz über die Staatsform. Danach ist Deutschösterreich in seinen durch den Staatsvertrag von Saint-Germain-en-Laye bestimmten Abgrenzungen eine demokratische Republik mit dem Namen »Republik Österreich«. Wo in den geltenden Gesetzen von der Republik »Deutschösterreich« oder ihren Hoheitsrechten die Rede ist, wird diese Bezeichnung durch »Österreich« ersetzt. Staatskanzler Karl Renner hätte den Namen »Deutsche Alpenlande« vorgezogen, Universitätsprofessor Heinrich Kammasch hatte »Norische Republik« vorgeschlagen. Gemäß des Staatsvertrags wird die bisherige gesetzliche Bestimmung »Deutschösterreich ist ein Teil des Deutschen Reiches« ab sofort außer Kraft gesetzt. Nach dem Gesetz über die Staatsform übernimmt die Republik Österreich – »unbeschadet der im Staatsvertrag von St. Germain auferlegten Verpflichtungen« – nicht die Rechtsnachfolge der k.u.k. Monarchie Österreich-Ungarn. Am 1. Oktober 1920 nimmt die Nationalversammlung die Verfassung der Republik Österreich an, die am 10. November in Kraft tritt. Die Verfassung ist ein Kompromiss zwischen zentralistischen und förderalistischen Ideen und sieht ein Zweikammersystem vor: den Nationalrat als Parlament und den Bundesrat als Länderkammer. Beide zusammen bilden die Bundesversammlung, die den Präsidenten wählt.

Renner unterzeichnet für Österreich den Friedensvertrag im Schloss von Saint-Germain-en-Laye.

5. September 1919

Adolf Hitler tritt in antisemitische Deutsche Arbeiterpartei ein

Der Österreicher Adolf Hitler besucht in München eine Versammlung der Deutschen Arbeiterpartei (DAP), der er einen Monat später beitritt.

Nach dem Beitritt des fanatischen Antisemiten und Antimarxisten wird die Splitterpartei zur Keimzelle des Nationalsozialismus. Die DAP wurde am 5. Januar von dem Maschinenschlosser Anton Drexler und dem Sportjournalisten Karl Harrer – zusammen mit 25 Arbeitern der Münchener Reichsbahnwerkstätten – im »Fürstenfelder Hof« gegründet. Die DAP steht der logenartigen antisemitischen »Thule-Gesellschaft« nahe, zu der u.a. Rudolf Heß, Alfred Rosenberg und Hans Frank gehören.

1. September 1919

Soldaten kehren heim

In Köln treffen die ersten von den Siegermächten entlassenen deutschen Kriegsgefangenen ein. 1000 Männer, die zu Aufräumungsarbeiten eingesetzt waren und die letzten acht Wochen in dem britischen Sammellager Andronik bei Calais auf ihre Freilassung warteten, kommen nach Hause. Bei einem Halt werden die Soldaten im Bahnhof Deutz unter Jubel begrüßt und bewirtet. Schon seit Monaten werden in Köln Geld, Geschenke, Stärkungs- und Genussmittel für den Empfang der Heimkehrer gesammelt, besonders von der »Arbeitsgemeinschaft für Kriegsgefangenenheimkehrer«. Etwa 800 000 Deutsche sind noch in Gefangenschaft. Am 6. September verpflichtet sich Großbritannien auf einer deutsch-britischen Konferenz in Köln, täglich bis zu 3000 deutsche Gefangene zu übergeben (Abb.: Kriegsheimkehrer in den Straßen von Stuttgart).

4. Oktober 1919

Elsass-Lothringen französisch

Die französische Abgeordnetenkammer in Paris nimmt die provisorische Verfassung für das Elsass und Lothringen an. Danach bleibt im Wesentlichen die gegenwärtige, von Deutschland geschaffene Verwaltungsorganisation und Gesetzgebung bestehen. Nach dem Deutsch-Französischen Krieg von 1870/71 hatte das besiegte Frankreich das Elsass und Lothringen an Deutschland abtreten müssen. Gemäß den Bestimmungen des Versailler Friedensvertrages ist das deutsche »Reichsland Elsass-Lothringen« ohne Volksabstimmung wieder an Frankreich gefallen. Georges Benjamin Clemenceau (»Der Tiger«) als französischer Ministerpräsident ist im Besitz der Regierungsgewalt, die er durch einen Generalkommissar ausüben lässt und die er vor dem Parlament verantworten muss. Die endgültige Verfassung für das Gebiet soll vom neuen Parlament verabschiedet werden, das am 16. November gewählt wird. Die Wahlen zum Abgeordnetenhaus bringen einen Rechtsruck. Der sog. Nationale Block verfügt über die absolute Mehrheit von 409 Sitzen, die Opposition kommt auf 204 Mandate. Der Wahlausgang bedeutet eine Bestätigung für den harten Kurs der Clemenceau-Regierung. Sie war zur Wahl angetreten unter der Parole: Zusammenschluss der »guten« Franzosen zur Abwehr des von den Sozialisten gewollten »Bolschewismus«. Clemenceau muss Anfang 1920 eine schwere persönliche Niederlage einstecken, als er bei der Wahl zum Präsidenten Paul Deschanel unterliegt. Nach der Schlappe zieht sich Clemenceau aus der Politik zurück. Neuer Ministerpräsident wird Alexandre Millerand.
Elsass-Lothringen ist seit Jahrzehnten ein Zankapfel zwischen Deutschland und Frankreich. Die ostfranzösische Region wurde von den Deutschen nach dem Krieg gegen Frankreich 1870/71 annektiert. Im Jahre 1911 erhielt Elsass-Lothringen einen Landtag und war mit drei Stimmen im Bundesrat vertreten. Die sich abzeichnende Integration in das Deutsche Reich erlitt 1913 durch die Zabern-Affäre und den folgenden Ausschreitungen einen schweren Rückschlag.

18. September 1919

Großkino Ufa-Palast eröffnet

In Berlin wird der Ufa-Palast am Zoo eröffnet – mit über 1000 Sitzplätzen das größte Kino der Reichshauptstadt.
Nach der Festansprache des Schriftstellers Herbert Eulenberg wird der historische Film »Madame Dubarry« von Ernst Lubitsch uraufgeführt (Abb.: Filmszene mit Emil Jannings und Pola Negri). Der Stummfilm über den Aufstieg und Fall von Marie Jeanne Gräfin Dubarry, der Mätresse des französischen Königs Ludwigs XV., wird ein Welterfolg. Die im Jahre 1917 gegründete Ufa-Lichtspielgesellschaft, die Filme produziert, aber auch Licht-

spielhausbesitzerin ist, sieht in den neu aufkommenden Großkinos die Zukunft. Nicht nur die große Zahl an Sitzplätzen, sondern auch die elegante Ausstattung des Lichtspieltheaters sollen das bürgerliche Publikum stärker als bisher anziehen und den wirtschaftlichen Erfolg sichern. Die Aufmachung der Großkinos kommt der eines Theaters nahe. Wirkungsvolle Innenbeleuchtung, sorgfältige architektonische Einrichtung, bequeme Sessel und ein reiches Angebot an Erfrischungen sollen das Publikum in Scharen anlocken. Die deutsche Filmindustrie, die während des Krieges keine ausländischen Filme beziehen konnte, expandierte in dieser Zeit.

Oktober 1919

1 Mi Die Kriegsministerien der deutschen Länder hören zu bestehen auf und werden im Reichswehrministerium in Berlin zu einer Befehlsstelle zusammengefasst.

2 Do Die französische Abgeordnetenkammer ratifiziert den Versailler Friedensvertrag nach einer einmonatigen Aussprache.

3 Fr Die deutsche Reichsregierung fordert die noch im Baltikum stehenden deutschen Truppenverbände auf, das Baltikum sofort zu räumen.

4 Sa In Frankfurt am Main findet seit dem 1. Oktober die Internationale Einfuhrmesse mit 3000 Ausstellern aus dem In-und Ausland statt. → Elsass-Lothringen

5 So Bei einer Volksabstimmung in Norwegen über die Aufrechterhaltung des Verbots stark alkoholischer Getränke stimmen die meisten Menschen mit Ja.

6 Mo Der italienische König Viktor Emanuel III. ratifiziert per Dekret die Friedensverträge von Versailles und Saint-Germain-en-Laye.

7 Di Die deutsche Reichsregierung bittet die Schweiz um Vermittlung bei Gesprächen über die Verbesserung der Situation deutscher Kriegsgefangener.

8 Mi Der USPD-Vorsitzende Hugo Haase wird vor dem Gebäude des Deutschen Reichstags in Berlin bei einem Attentat eines Geistesgestörten schwer verletzt.

9 Do In Dresden wird mit »Das bist Du« das erste Stück des kommunistischen Dramatikers Friedrich Wolf uraufgeführt.

10 Fr Die Oper »Die Frau ohne Schatten« von Richard Strauss, für die Hugo von Hofmannsthal das Libretto schrieb, wird in Wien uraufgeführt.

11 Sa Der sowjetische Vorstoß gegen die Truppen des weißrussischen Generals Anton I. Denikin, der die Rückeroberung Südrusslands einleitet, beginnt.

12 So Der Parteivorstand der MSPD fordert die Parteigenossen auf, alle Vorbereitungen zu treffen, den 9. November als Jahrestag der Republik zu feiern.

13 Mo Danzig, das im Versailler Vertrag von Deutschland abgetrennt wurde, übernimmt treuhänderisch die deutschen Betriebe auf seinem Territorium.

14 Di Die preußische Regierung beschließt, in Oberschlesien im kommenden Jahr eine Volksbefragung über die künftige Staatszugehörigkeit durchzuführen.

15 Mi Frankreichs Staatspräsident Raymond Poincaré hebt per Dekret die allgemeine Mobilmachung der französischen Armee auf.

16 Do Die österreichische Regierung legitimiert die Staatsregierung zur Verpfändung, Veräußerung und Ausfuhr von Kulturgütern aus staatlichem Besitz.

17 Fr Der österreichische Kanzler Karl Renner (SPÖ) bildet sein drittes Kabinett. +++ Die Untergrundbahn in Madrid wird in Betrieb genommen.

18 Sa Der Landtag von Braunschweig beschließt die Umbenennung der Regierung des Freistaats von »Rat der Volksbeauftragten« in »Ministerium«.

19 So Auf dem Parteitag der Deutschen Volkspartei (DVP) in Leipzig wird das Grundsatzprogramm der rechtsliberalen Partei verabschiedet.

20 Mo Feldmarschall Edmund Henry Hynmann Allenby wird Britischer Oberkommissar in Ägypten. +++ Das große Hauptquartier der Alliierten wird aufgelöst.

21 Di Die deutschösterreichische Konstituierende Nationalversammlung beschließt die Gründung der Republik Österreich.

22 Mi In Berlin wird ein provisorisches deutsch-polnisches Wirtschaftsabkommen über die Lieferung von Kohle und Lebensmitteln unterzeichnet.

23 Do Bei der Beratung des Haushalts des Auswärtigen Amts fordert Hermann Müller (MSPD), Reichsminister des Auswärtigen, mehr Geld für sein Ressort.

24 Fr In Berlin wird das deutsch-polnische Abkommen über die militärische Räumung der an Polen abzutretenden Gebiete unterzeichnet.

25 Sa In Essen wird nach 15-tägigen Verhandlungen der erste Manteltarifvertrag im Steinkohlenbergbau unterzeichnet. Er enthält u.a. Urlaubsregelungen.

26 So Die Wahlen zum schweizerischen Nationalrat werden erstmals nach dem Verhältnis- bzw Proporzwahlrecht durchgeführt.

27 Mo In der Deutschen Nationalversammlung in Berlin bezeichnet Reichswirtschaftsminister Robert Schmidt (MSPD) die Lebensmittelversorgung als gesichert.

28 Di Der US-Senat in Washington verabschiedet das Antialkoholgesetz, das den Beginn der sog. Prohibition darstellt.

29 Mi Der deutsche Reichswehrminister Gustav Noske (MSPD) kündigt ein scharfes Vorgehen der Regierung gegen jeden Putschversuch an.

30 Do Der Reichsfinanzminister gibt die Verschuldung des Deutschen Reichs vor der Deutschen Nationalversammlung mit 204 Mrd. Mark an.

31 Fr Auf Druck der alliierten Siegermächte werden die deutschen Schutztruppen in Deutsch-Südwestafrika und Deutsch-Ostafrika aufgelöst.

November 1919

1 Sa In Berlin wird auf Initiative des Architekten Bruno Taut die Gläserne Kette gebildet, ein Rundbriefwechsel moderner Architekten.

2 So Die Volkshochschule in Darmstadt wird offiziell eröffnet. +++ In der spanischen Stadt Barcelona streiken Arbeiter.

3 Mo Die Alliierten fordern in einer Note an das Deutsche Reich, den Verpflichtungen des Versailler Friedensvertrags nachzukommen.

4 Di In Dortmund fordern die Belegschaften mehrerer Ruhrgebietszechen von der Reichsregierung Maßnahmen gegen Wucherer.

5 Mi Die kommunistische Zeitung »Freiheit« in Berlin druckt einen Aufruf zum Generalstreik, der von der Bevölkerung aber nicht befolgt wird.

6 Do In der Kathedrale von Luxemburg wird die Vermählung der Großherzogin Charlotte mit Prinz Felix von Bourbon-Parma vollzogen.

7 Fr Das Reichskolonialministerium wird aufgelöst, da das Deutsche Reich seinen Kolonialbesitz durch den Versailler Vertrag abgeben musste.

8 Sa Der britische Premierminister David Lloyd George betont, dass kein Friede mit Sowjetrussland möglich sei, solange in Russland nicht Friede herrsche.

9 So Im Deutschen Reich finden Feiern zum ersten Jahrestag der Gründung der Republik statt. +++ In Oberschlesien finden Gemeinderatswahlen statt.

10 Mo Victor Berger, der einzige Sozialist im US-Repräsentantenhaus, wird aus der Volksvertretung der Vereinigten Staaten ausgeschlossen.

11 Di Mit einer Schweigeminute wird im britischen Empire der Unterzeichnung des Waffenstillstandes vor einem Jahr und der Beendigung des Krieges gedacht.

12 Mi Das seit dem Jahre 1868 bestehende päpstliche Verbot für die Bewohner des Kirchenstaats, an politischen Wahlen teilzunehmen, wird aufgehoben.

13 Do Der Reichsverband für deutsche Jugendherbergen wird gegründet: Rd. 1000 Jugendherbergen schließen sich zusammen.

14 Fr Die Eroberung von Kingisepp durch Sowjettruppen markiert den Zusammenbruch der antibolschewistischen Armee unter Nikolai N. Judenitsch.

15 Sa In Stockholm werden die Nobelpreise für das Jahr 1918 verliehen. Die Preise für Physik und Chemie gehen an deutsche Wissenschaftler. → Sowjet-Sieg

16 So In Frankreich gewinnt der Nationale Block die Wahlen zur Abgeordnetenkammer, während die Linksparteien erhebliche Stimmverluste zu beklagen haben.

17 Mo Aus Protest gegen die britische Einflussnahme auf die neue Verfassung Ägyptens erklärt Ministerpräsident Muhammad Said Pascha seinen Rücktritt.

18 Di Der US-Senat in Washington ratifiziert den Versailler Vertrag nicht. Die USA werden damit auch dem Völkerbund nicht beitreten. → Dolchstoß

19 Mi Der schweizerische Nationalrat in Bern beschließt in namentlicher Abstimmung mit 128 zu 43 Stimmen den Beitritt der Schweiz zum Völkerbund.

20 Do Der deutsche Reichsrat in Berlin erhält eine Geschäftsordnung. Er vertritt u.a. die Länder in der Reichsgesetzgebung.

21 Fr Die Weigerung des Innenministeriums, den Belagerungszustand in Oberschlesien aufzuheben, führt zum Rücktritt des Reichskommissars Otto Hörsing (MSPD).

22 Sa Das Drama »Der tote Tag« von dem Grafiker und Bildhauer Ernst Barlach wird im Leipziger Schauspielhaus uraufgeführt.

23 So Der Totensonntag wird in Deutschland als Trauertag im Gedenken an die Gefallenen des Ersten Weltkriegs begangen.

24 Mo Der auf Druck der Alliierten zurückgetretene ungarische Ministerpräsident Stephan Friedrich übergibt sein Amt dem neuen Staatschef Karl Huszár.

25 Di Die Fraktion der USPD in der Deutschen Nationalversammlung in Berlin wählt Alfred Henke und Friedrich Geyer zu Vorsitzenden.

26 Mi Die Fraktion des Zentrums in der Deutschen Nationalversammlung in Berlin wählt Karl Trimborn zum Vorsitzenden als Nachfolger von Adolf Gröber.

27 Do In Neuilly-sur-Seine bei Paris wird der Friedensvertrag zwischen Bulgarien und den Siegermächten des Ersten Weltkrieges unterzeichnet.

28 Fr Das Große Schauspielhaus in Berlin wird mit der »Orestie« von Aischylos in der Inszenierung von Max Reinhardt eröffnet.

29 Sa Der Vorstand der Mehrheitssozialdemokratischen Partei (MSPD) fordert die deutschen Arbeiter auf, in die Einwohnerwehren einzutreten.

30 So Die Einwohner des Freistaats Coburg sprechen sich mit der Mehrheit von 26 102 zu 3466 Stimmen für den Anschluss an Bayern aus.

1. Dezember 1919

Eklat bei Parlamentseröffnung

Bei der Eröffnung der neugewählten italienischen Abgeordnetenkammer in Rom durch König Viktor Emanuel III. (s. Abb.) kommt es zu einer antimonarchistischen Demonstration.

Nach dem Erscheinen des Königs und seines Gefolges verlassen die sozialistischen Abgeordneten, die mit 156 Delegierten die stärkste Fraktion bilden, mit dem Ruf »Es lebe der Sozialismus!« und unter dem Absingen der »Internationale« geschlossen den Saal. Die bürgerlichen Parlamentarier versuchen, den Gesang der Sozialisten mit Ovationen für den König und für die Monarchie zu übertönen. Im Anschluss an den Auszug der PSI kommt es auf den Straßen Roms zu sozialistischen Demonstrationen. Dabei werden einige sozialistische Abgeordnete von radikalen Nationalisten und Faschisten misshandelt. Die Sozialisten reagieren daraufhin mit einem Aufruf zum Generalstreik in Rom. Der Ausstand, der u.a. auch die

Städte Florenz und Bologna erfasst, wird am 5. Dezember beendet. Die Thronrede, mit der Viktor Emanuel III. schließlich die 25. Legislaturperiode eröffnet, ist ein Bekenntnis zum Frieden.

6. Dezember 1919

Krupp stellt auf Frieden um

Der zwölfjährige Alfried, Sohn des Firmenchefs Gustav Krupp von Bohlen und Halbach, gibt mit einem Pfeifsignal das Startzeichen für die Jungfernfahrt der ersten Lokomotive, die nach Kriegsende in den Essener Krupp-Werken gebaut wurde (s. Abb.).

Die Firma Krupp, früher »Waffenschmiede des Reiches« genannt, hat den Übergang von der Kriegs- zur Friedenswirtschaft erfolgreich bewältigt. Im Januar, zwei Monate nach der Unterzeichnung des Waffenstillstands, haben die Essener Stahlwerke die Friedensproduktion aufgenommen. Waren in einem Großteil der mechanischen Werkstätten, Stahlherstel-

lungs- und Bearbeitungsbetrieben in den vergangenen Jahren Geschütze und andere Waffen hergestellt worden, so wird nun die Produktion auf Güter wie Landwirtschafts- und Textilmaschinen, Bagger, Motorräder, Registrierkassen, optische und chirurgische Instrumente usw. umgestellt. Um die Produktionsumstellungen schnell bewerkstelligen zu können, fordert die Firmenleitung die Beschäftigten ständig auf, Vorschläge zu machen.

28. Dezember 1919

Rekordtiefstand der Mark

Die deutsche Währung befindet sich im freien Fall. Die Entwertung der Mark erreicht auf den internationalen Devisenmärkten den diesjährigen Rekordtiefstand. 48,50 Mark müssen in Berlin für einen US-Dollar gezahlt werden. Das entspricht

einer Entwertung von 1050% gegenüber dem Vorkriegsstand. Vor dem Ersten Weltkrieg wurde ein US-Dollar mit 4,208 Mark gehandelt. Die Reichsregierung versucht mit Gesetzen, den Währungsverfall zu stoppen. So ist es trotz der Papiermarkentwertung in Deutschland bis Dezember gesetzlich verboten, für eine Goldmark mehr als eine Papiermark zu verlangen. Die Folge dieser Vorschrift ist, dass kein Gold mehr in Umlauf gelangt und fast nur noch Papiergeld kursiert. Jeder Goldbesitzer ist darauf bedacht, seine wertvolle Habe nicht gegen Papiergeld zu tauschen, das täglich an Wert verliert. Gleichzeitig entwickelt sich ein blühender Schwarzmarkt. Schieber verlangen Anfang Dezember 110 Papiermark für zehn Goldmark. Gleichzeitig ist das Reich selbst genötigt, die eigenen Vorschriften zu durchbrechen. So wird an den Grenzen die Zollzahlung in Gold verlangt. Neben der Versorgung mit Lebensmitteln ist der Brennstoffmangel eines der größten Probleme für die Bevölkerung. Selbst wenn Geld vorhanden ist, kann auf dem freien Markt kaum Brennmaterial beschafft werden (Abb.: Frierende gehen Holz sammeln).

15. November 1919

Sowjet-Sieg gegen »Weiße«

Sowjetische Truppen erobern Omsk, die Hauptstadt Westsibiriens. Die antibolschewistischen Truppen des Admirals Alexander W. Koltschak fliehen in Panik vor den heranrückenden Sowjetsoldaten.

Am Tag zuvor ist den sowjetischen Truppen auch an der Nordwestfront der entscheidende Sieg gelungen. Die Erfolge wiegen umso mehr, als die alliierten Sieger des Ersten Weltkriegs am 10. Oktober eine Wirtschaftsblockade über das bolschewistische Russland verhängt haben. Die Bemühungen der Alliierten, eine Machtübernahme der Bolschewisten zu verhindern, erweisen sich als erfolglos (Abb.: Leo D. Trotzki, der sowjetrussische Volkskommissar für Verteidigung, spricht zu Soldaten der Roten Armee, die seit über zwei Jahren gegen die »Weißen« kämpft).

18. November 1919

Die Mär vom Dolchstoß

Die sog. Dolchstoßlegende von der im Felde unbesiegten deutschen Armee, der die Heimat in den Rücken gefallen sei, erfährt – obwohl sachlich völlig unhaltbar – eine weite Verbreitung in der Bevölkerung. Die Rechte nutzt sie als Waffe gegen die unliebsame Weimarer Republik.

Generalfeldmarschall Paul von Hindenburg vertritt die Dolchstoßlegende vor einem parlamentarischen Untersuchungsausschuss, der die Friedensmöglichkeiten während des Weltkriegs ausloten soll. Mit ihm muss General Erich Ludendorff im Berliner Reichstag Rede und Antwort stehen. Die beiden einflussreichsten kaiserlichen Offiziere erkennen die Verfassungsmäßigkeit des Untersuchungsausschusses nicht an. Sie wollen jedoch trotzdem aussagen »aus der Erwägung, dass nach einem vierjährigen Krieg ein so starkes Volk wie das deutsche ein Recht darauf hat zu sehen, wie sich die Tatsachen unverzerrt und ohne Parteileidenschaft an der Front und in der Heimat abgespielt haben.«

Die gigantische Hindenburg-Holzstatue, die während des Weltkriegs zu Ehren des Siegers der Schlacht von Tannenberg und an den Masurischen Seen im Berliner Tiergarten errichtet worden war, wird 1919 entfernt.

Hindenburg, der noch immer großes Ansehen in der Bevölkerung genießt, greift die bereits in der rechten Presse auftauchende Legende auf, die Heimat sei der kämpfenden Front in den Rücken gefallen. Die Revolution in Deutschland habe ein übriges zur Niederlage beigetragen. Vor dem Ausschuss sagt er: »Die Heimat hat uns von diesem Augenblick an (1916) nicht mehr unterstützt. Wir erhoben oft unsere warnende Stimme. Seit dieser Zeit setzte auch die heimliche Zersetzung von Heer und Flotte ein. Die Wirkung dieser Bestrebungen war der Obersten Heeresleitung während des letzten Kriegsjahres nicht verborgen geblieben. Die braven Truppen, die sich von der revolutionären Einwirkung frei hielten, hatten unter der Einwirkung der revolutionären Kameraden schwer zu leiden. Unsere Forderung, strenge Zucht und strenge Handhabung der Gesetze durchzuführen, wurde nicht erfüllt. So mussten unsere Operationen misslingen, so musste der Zusammenbruch kommen, die Revolution bildete nur den Schlussstein. Ein englischer General sagte mit Recht: Die deutsche Armee ist von hinten erdolcht worden. Wo die Schuld liegt, bedarf keines Beweises. Das ist in großen Linien die tragische Entwicklung des Krieges für Deutschland.«

10. Dezember 1919

Drei Nobelpreise für deutsche Wissenschaftler

In Stockholm findet die Verleihung der Nobelpreise für 1918 und 1919 statt. Die einzigen Nobelpreise für 1918 gehen an deutsche Wissenschaftler. Max Planck erhält den Physiknobelpreis wegen seiner Verdienste um die Quantentheorie. Fritz Haber ist Nobelpreisträger für Chemie. Er wird für die bahnbrechende Entwicklung des zusammen mit Carl Bosch erarbeiteten Verfahrens zur Ammoniaksynthese, das sog. Haber-Bosch-Verfahren, geehrt.

Den Physiknobelpreis für 1919 erhält der Deutsche Johannes Stark für die Entdeckung des Dopplereffekts bei Kanalstrahlen und die Aufspaltung von Spektrallinien im starken elektrischen Feld. Die Verleihung der Auszeichnungen in den Sparten Literatur, Frieden, Medizin und Chemie erfolgt entweder nicht oder wird auf das Jahr 1920 verschoben. Aussichtsreichster Kandidat für den Friedensnobelpreis ist US-Präsident Woodrow Wilson. Für den Literaturnobelpreis werden dem Schweizer Carl Spitteler die größten Chancen eingeräumt. Spitteler erhält den Preis 1920 nachträglich für 1919 »im besonderen Hinweis auf sein mächtiges Epos 'Olympischer Frühling'«.

Dezember 1919

1 Mo Richard Strauss übernimmt die Leitung der Wiener Staatsoper. +++ In Elsass-Lothringen gilt künftig das französische Strafrecht. → Eklat

2 Di Die alliierten und assoziierten Siegermächte des Ersten Weltkrieges laden Ungarn zur Friedenskonferenz nach Neuilly-sur-Seine bei Paris ein.

3 Mi In Cagnes-sur-Mer stirbt der französische impressionistische Maler, Grafiker und Bildhauer Auguste Renoir im Alter von 78 Jahren.

4 Do Der sowjetische Politiker Karl Radek wird nach einem Dreivierteljahr Schutzhaft in Berlin nach Sowjetrussland abgeschoben.

5 Fr Der VII. Allrussische Sowjetkongress beschließt, den in den russischen Bürgerkrieg verwickelten alliierten Mächten Friedensgespräche anzubieten.

6 Sa Der britische Premierminister David Lloyd George appelliert in Manchester an alle Parteien, den politischen Burgfrieden aufrechtzuerhalten. → Krupp

7 So Die Alliierten fordern die deutsche chemische Industrie unter Berufung auf den Versailler Vertrag auf, Auskunft über Fabrikationsgeheimnisse zu geben.

8 Mo Der Regisseur und Theaterleiter Max Reinhardt eröffnet im Untergeschoss des Berliner Großen Schauspielhauses sein Kabarett »Schall und Rauch«.

9 Di Die hessische Volkskammer in Darmstadt nimmt den Entwurf einer endgültigen Verfassung für den neuen »Volksstaat Hessen-Darmstadt« an.

10 Mi Der erste Flug von Großbritannien nach Australien nimmt einen planmäßigen Verlauf. Flugkapitän ist Ross Smith. → Nobelpreise

11 Do Der Volksrat des neuen »Volksstaates« Reuß in Gera nimmt den Vertrag über die Abfindung des ehemaligen Fürstenhauses an.

12 Fr Im Budapester Terroristenprozess werden 14 Männer wegen mehrerer Morde während der Zeit der Räterepublik zum Tod durch den Strang verurteilt.

13 Sa Der Oberste Rat der Alliierten beschließt in London, die Unterstützung der »weißen«, antisowjetischen Truppen in Russland einzustellen.

14 So Das Schloss von Compiègne (Frankreich), das 1917/18 das große Hauptquartier der Alliierten beherbergte, wird durch einen Brand stark beschädigt.

15 Mo Das Volksgericht am Landgericht München I verurteilt die »Landtagsmörder« vom 21. Februar zu hohen Freiheitsstrafen.

16 Di Der US-Bundesgerichtshof weist Klagen gegen das Gesetz über das Alkoholverbot ab und erklärt es für verfassungsmäßig.

17 Mi Die österreichische Konstituierende Nationalversammlung beschließt die Einführung des Achtstundentags in allen gewerblichen Betrieben des Landes.

18 Do Bei den Wahlen zur türkischen Nationalversammlung siegen die nationalistischen Parteien. +++ Das finnische Parlament begnadigt ehemalige Rotgardisten.

19 Fr Der frühere Volksbeauftragte und erste Reichsministerpräsident, Philipp Scheidemann (MSPD), wird zum Oberbürgermeister von Kassel gewählt.

20 Sa Die badische Regierung in Karlsruhe wendet sich gegen die von den preußischen Mehrheitsparteien gewünschte Schaffung eines deutschen Einheitsstaats.

21 So Das britische Unterhaus beschließt ein neues Fremdengesetz, das ein begründetes Einreiseverbot für alle Ausländer, auch aus verbündeten Staaten, vorsieht.

22 Mo Der britische Premierminister David Lloyd George spricht sich in der Irland-Frage für ein süd- und ein nordirisches Parlament aus.

23 Di Das Kopenhagener Pressebüro des neuen Staates Lettland veröffentlicht Berichte über den Abschluss eines lettisch-litauischen Militärpakts.

24 Mi Die Reichsregierung übermittelt den deutschen Kriegsgefangenen im Ausland die Weihnachtsgrüße des »deutschen Vaterlandes«.

25 Do Von Rhein, Mosel, Saar und Main wird Hochwasser gemeldet, das in den folgenden Tagen noch ansteigen wird.

26 Fr In Genf tagt der Internationale Kongress der sozialistischen Studenten. +++ Die sowjetische Regierung beschließt die Bekämpfung des Analphabetentums.

27 Sa In Berlin beginnt der zwölfte Kongress der Freien Vereinigung deutscher Gewerkschaften. Er erklärt sich solidarisch mit der russischen Sowjetrepublik.

28 So Berlin leidet unter strengem Frost. Temperaturen bis zu -14°C werden gemessen. Die Brennstoffversorgung ist nicht mehr gewährleistet. → Mark

29 Mo Im Reichsministerium des Innern wird das Amt für künstlerische Beratung des Reiches geschaffen, das von dem Kunsthistoriker Edwin Redslob geleitet wird.

30 Di Das rumänische Parlament in Bukarest ratifiziert die Verordnungen König Ferdinands I. über die Eingliederung aller »befreiten« Gebiete.

31 Mi Sowjetrussland und Estland schließen in Dorpat einen Waffenstillstand. Auch die anderen Baltenstaaten verhandeln mit Moskau.

1920-1929

1

2

3

4

5

1 – »Roaring Twenties«: Großstadtverkehr in der Berliner Friedrichstraße. 2 – US-Stummfilmstar Buster Keaton in »Der Cowboy«. 3– Das Opel-Raketenauto rast über die Berliner Avus. Die Techniker ersinnen immer neue Antriebsmöglichkeiten. 4 – Erwerbslosen-Demonstration zum Volksbegehren für die Fürstenenteignung: ein innenpolitisch brisantes Thema. 5 – Brigitte Helm und Heinrich George in dem Fritz-Lang-Film »Metropolis«, einem Meisterwerk expres-

6

7

8

9

10

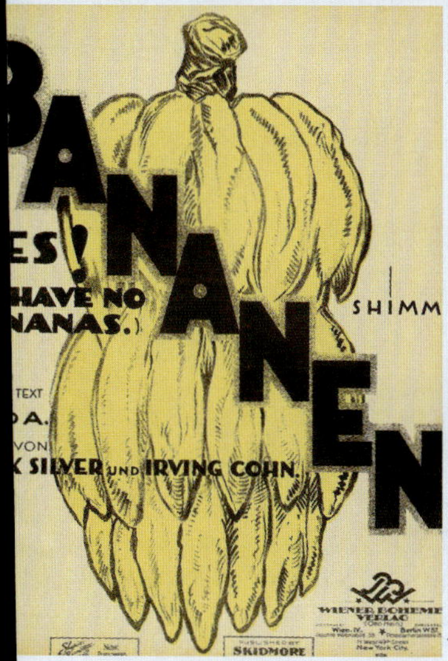
11

12

13

sionistischer Filmkunst. 6 – Der Tänzer Zeretelli, porträtiert von Max Beckmann. 7 – Typisch für New York ist die Hochbahn, unter der normaler Straßenverkehr rollt. 8 – Tempo Tempo: Sechstagerennen in Berlin. 9 – Bauhaus-Plakat. 10 – Der letzte Schrei in den Wiener Jazzcafés: Verruchte Damen, die Saxophon spielen. 11 – »Ausgerechnet Bananen«, ein Hit des Jahrzehnts. 12 – Nationalsozialisten in Landsberger Haft, l. Adolf Hitler. 13 – Damenmode im Frühjahr 1928.

Die zwanziger Jahre – Der Tanz auf dem Vulkan

Nach dem Ende des Ersten Weltkriegs ist in Europa fast nichts mehr so, wie es vorher war. Althergebrachte Ordnungen sind zusammengebrochen, am Horizont zieht das »amerikanische Zeitalter« herauf. Deutschland, der Hauptverlierer des Weltkriegs, übt sich in Demokratie. Die Weimarer Republik, die aus der Revolution 1918/19 hervorgegangen ist, steht von Beginn an auf allzu instabilem Grund. Ruhrkampf, Inflation, Reparationszahlungen, Straßenterror, Massenarbeitslosigkeit und Weltwirtschaftskrise, so lauten die Koordinaten des permanenten Überlebenskampfes des neuen Staates.

Befreit von den Fesseln des Kaiserreichs – und womöglich befruchtet durch eine riskante Überhitzung des sozialen und politischen Klimas – entwickeln sich die Künste und die Unterhaltungsindustrie explosionsartig: Brecht, Bauhaus und Schönberg, mondänes Nachtvergnügen und Großstadtleben, Jazz, Charleston und sexuelle Befreiung, Tanzwut und Sportbesessenheit – die neue Sucht nach Leben, nach Dynamik, die neue Kultur der Freizügigkeit, des Massenvergnügens und des Experimentellen verklären sich in der Erinnerung, verdichten sich zur Auffassung, die Zwanziger seien »golden« gewesen.

Reichspräsident Friedrich Ebert an der Seite von Offizieren: Das Bündnis von Staat und Militär ist brüchig.

Krise als Normalfall

Ein tiefer Stachel im Fleisch des neuen Staates, der – wie manche Historiker meinen – »Geburtsfehler der Republik«, ist der Versailler Friede. Die Deutschen empfinden ihn als Diktat, als tiefes Unrecht, das sie der Republik anlasten. Der linke und rechte politische Extremismus, der die republikanische Staatsform denunziert, stößt auf ein agitatorisch leicht zu beackerndes Feld. Kommunistische Aufstände und der konservativ-völkische Kapp-Putsch bedrohen die staatliche Ordnung, können aber niedergeschlagen werden. Die Reichstagswahl vom 6. Juni 1920 bedeutet dennoch eine Katastrophe für die Republik: SPD, Zentrum und DDP, die einzigen zweifelsfrei demokratischen Parteien, verlieren unwiderruflich ihre Zweidrittelmehrheit und stellen nur noch 43% der Reichstagssitze. Von nun an sind Regierungsbildungen nur unter dem belastenden Vorzeichen einer Minderheitsregierung oder in einer Koalition mit antidemokratischen Parteien möglich. Eine langfristig angelegte Politik ist in dieser Konstellation undenkbar, obwohl es auch, etwa zwischen 1924 und 1928, Phasen relativer innenpolitischer Stabilität mit einer wirtschaftlichen Scheinblüte gibt. Die Weimarer Republik erlebt 16 Regierungen, im Schnitt alle achteinhalb Monate eine. Unter diesen Vorzeichen ist es weniger verwunderlich, dass sie politisch nicht überlebensfähig war, als vielmehr, dass sie sich 14 Jahre lang hat behaupten können.

Rheinlandbesetzung: Britische Tanks 1921 vor dem Kölner Dom

Ein Staat ohne Rückhalt

Keine der wichtigen gesellschaftlichen Gruppen sieht die Weimarer Republik als »ihren« Staat an. Der Mittelstand fühlt sich durch die rapide Veränderung der wirtschaftlichen und sozialen Umwelt bedroht. Die Inflation von 1923 zehrt sein Erspartes innerhalb weniger Wochen auf. Schuld an den vielfach auch als traumatisch empfundenen Ereignissen ist nach Auffassung weiter Teile des Bürgertums die Demokratie. Eine rückwärtsgewandte Sehnsucht nach der relativen Sicherheit des Wilhelminismus lässt sich u.a. an der Wahl des Monarchisten Paul von Hindenburg zum Reichspräsidenten und »Ersatzkaiser« ablesen. Skepsis gegenüber dem Weimarer Staat pflegen auch die Unternehmer, die Bauern und Grundbesitzer, nicht zuletzt deshalb, weil Berlin den Ausbau der Sozialgesetzgebung und eine – wenn auch sehr vorsichtige – Umverteilungspolitik zugunsten der sozial Schwachen betreibt. Die Arbeiterschaft, die zunächst durchaus für die Republik zu mobilisieren ist, wird sich in Zeiten sinkender Reallöhne und hoher Arbeitslosigkeit zunehmend von ihr abwenden. In der Endphase Weimars neigen die Arbeiter verstärkt dazu, den Heilsversprechen der Nationalsozialisten oder Kommunisten zu glauben. Hitler und seine Gefolgsleute sprechen neben den Arbeitern aber auch Landwirte und das Kleinbürgertum an.

Inflation: Sturz ins Bodenlose

Die Reparationsleistungen an die Kriegsgegner, deren Wert 1921 auf 132 Mrd. Goldmark festgesetzt wird, stellen die Republik auf die erste harte Probe. Jährlich sind 3,5 Mrd. Goldmark abzutragen. Alle Verhandlungen über Zahlungsaufschübe scheitern an der Unnachgiebigkeit Frankreichs. Der Kampf gegen die Rheinland- und Ruhrbesetzung verschlingt weitere Mittel. Dem Haushaltsdefizit begegnet die Regierung mit dem Rückgriff auf die Notenpresse. Die Inflation galoppiert, am Ende kostet ein Dollar 4,2 Billionen Mark. Für Millionen von Deutschen verschieben sich die altvertrauten Maßstäbe. Eine Briefmarke ist mit einem Mal so teuer wie vor 30 Jahren eine Villa in der besten Gegend Berlins. Ein Kohlrabi kostet plötzlich 50 Mio.

Im Zeichen der Teuerung: Ausgabestelle einer städtischen Volksspeiseanstalt

Mark, und am Nachmittag, wenn der nächste Dollarkurs herauskommt, vielleicht das Doppelte. Millionen Mittelständler und Kleinbürger verarmen, Ende 1923 gibt es dreimal so viele Fürsorgeempfänger wie 1913. Der Schock darüber, dass trotz des getreuen Festhaltens an den althergebrachten Tugenden der Sparsamkeit und Zukunftsvorsorge ganzen Familien die Existenzgrundlage entzogen wird, entwickelt sich zu einem kollektiven Trauma. Auch nach der Stabilisierung der Währung durch die Einführung der Rentenmark am 16. November 1923 bleibt der Vertrauensverlust in den Staat bestehen. Der

Haarmode für Frühling, Sommer, Herbst und Winter: Die moderne Frau schwört auf den Bubikopf

»Schwarze Freitag«, der große Börsenkrach von 1929, deutet an, dass Wirtschaftsprozesse sich mittlerweile global auswirken. Am Ende des Jahrzehnts schnellen nicht nur in Deutschland die Arbeitslosenzahlen in die Höhe.

Rein ins Vergnügen

Getreu dem Motto »Man lebt ja nur so kurze Zeit und ist so lange tot«, stürzen sich viele Menschen in eine hektische Amüsierlaune. Zu amerikanischer Jazzmusik oder Saisonschlagern wie »Ausgerechnet Bananen« füllen sich die Ballsäle und Nachtclubs mit eleganten Herren und selbstbewusstmondänen Damen, die stolz ihre Bubikopf-Frisur präsentieren. Hier erhält der Mythos der »Goldenen Zwanziger« Form und Farbe. Die neuen Rhythmen entsprechen ganz der Hektik und der Lebendigkeit der aus den Nähten platzenden Großstädte. Vor allem Berlin wird zum Zentrum der Vergnügungsbranche. Ständig werden neue Tänze kreiert, – vom Shimmy über den Black Bottom bis zum Charleston. Die große Ausstattungsrevue mit ihrer lockeren Abfolge von Szenen, Bildern, Sketchen, Tänzen und Solonummern verdrängt vorübergehend die Operette als populärstes Unterhaltungsgenre. Unverzichtbarer Bestandteil jeder Revue ist der Auftritt der »Girls«, der Tänzerinnentruppe. Die lange Zeit erzwungene Prüderie macht einer noch nie gekannten sexuellen Freizügigkeit Platz, die sich in frivolen Schlagertexten, schrillen Kleinkunst-Darbietungen oder großen Nacktrevuen Bahn bricht.

Sportlich und selbstbewusst erobern Frauen Männerdomänen: Start zum 60-m-Lauf in Monte Carlo (1921)

Sport begeistert die Massen

Publikumssportarten, vor dem Ersten Weltkrieg noch ohne massenhafte Resonanz, gewinnen an Anziehungskraft. Sportler wie der Boxer Max Schmeling, die Eiskunstläuferin Sonja Henie oder der Läufer Paavo Nurmi füllen die Sportarenen. Fußball erlebt seinen Durchbruch als Massenphänomen. Auf der neuerbauten Berliner Avus drehen Rennsport-Asse wie Rudolf Caracciola ihre Runden. Der verräucherte Berliner Sportpalast, in dem die Sechstagerennen ausgetragen werden, wird zum Treffpunkt aller Gesellschaftsschichten und zu einem Tempel der volkstümlichen Unterhaltung. An den faszinierenden Leistungen der Weltumfliegerin Elly Beinhorn und der Kanalschwimmerin Gertrude Caroline Ederle nehmen die Menschen per Wochenschau oder Radio teil.

Blütezeit der Künste

Experimentierfreude und Zeitbezogenheit kennzeichnen die klassischen Gattungen der Kunst. Maler aus dem Kreis der Dadaisten entdecken den sozialkritischen Verismus und die Neue Sachlichkeit. Das Bauhaus in Weimar und später Dessau versucht eine Synthese aller Künste unter Führung der Architektur. Seine Ideen einer funktionalen Formgebung prägen bis heute weltweit die gestalterische Ausbildung. Nicht zuletzt der moderne Städtebau verdankt dem Bauhaus entscheidende Impulse. Auf den Theaterbühnen löst der ungetrübte Blick auf die Wirklichkeit das Pathos des Expressionismus ab. Regisseure wie Max Reinhardt und Erwin Piscator erproben neue Formen, Bertolt Brechts politische Lehrstücke werden uraufgeführt. Auch in der Erzählkunst ist die Hinwendung zum »Zeitgeist« unübersehbar: von Thomas Manns »Zauberberg« bis hin zu Erich Maria Remarques »Im Westen nichts Neues«.

Die zwanziger Jahre gelten zudem als das goldene Zeitalter des deutschen Films. Geniale Regisseure wie Friedrich Wilhelm Murnau (»Nosferatu«, 1922), Fritz Lang (»Dr. Mabuse, der Spieler«, 1921/22) und G.W. Pabst (»Geheimnisse einer Seele«, 1926) erregen weltweit Aufsehen. Herausragende deutsche Darsteller wie Emil Jannings oder Marlene Dietrich kommen sogar in der Filmmetropole Hollywoods an – ohne an den Ruhm absoluter Weltstars wie Charlie Chaplin, Rudolph Valentino oder Gloria Swanson heranreichen zu können. Immerhin erhält Jannings 1929 in Hollywood – bei der ersten Preisverleihung überhaupt – für seine Rollen in »Sein letzter Befehl« und »Der Weg allen Fleisches« einen »Oscar«.

+++ Zitate +++ Zitate +++ Zitate +++

Der Feuilletonist Arthur Eloesser schreibt zum Weihnachtsfest in der »Frankfurter Rundschau« (1920):
»Die Eltern fürchten sich vor ihren Kindern; sie haben ihnen nichts oder fast nichts mehr zu geben. Selten habe ich ängstlichere, verlegenere Gesichter gesehen, als in dem Kaufhause hinter dem kleinen Weihnachtsmarkt ... Diese verhärmten Frauen ... sie rechnen alle unaufhörlich, rechnen an demselben grausamen Exempel, das nicht aufgehen will ... Wie lassen sich zehn- und zwanzigfach gesteigerte Ausgaben mit höchstens drei- oder vierfach gesteigerten Einnahmen bestreiten?«

René Viviani, Frankreichs Vertreter beim Völkerbund, über die Rolle Deutschlands (1920):
»Wenn Deutschland in den Bund aufgenommen werden soll, so muss es greifbare Garantien seines guten Willens geben, die Friedensbedingungen zu erfüllen, und bevor das nicht geschehen ist, darf es hier nicht eintreten.«

Vom Krankenlager aus diktiert der russische Revolutionsführer Lenin einen Brief, in dem er vor dem Charakter Stalins, des Generalsekretärs der Kommunistischen Partei Russlands, warnt (1922):
»Stalin ist zu grob, und dieser Mangel, der in unserer Mitte und im Verkehr zwischen uns Kommunisten durchaus erträglich ist, kann in der Funktion des Generalsekretärs nicht geduldet werden. Deshalb schlage ich den Genossen vor, sich zu überlegen, wie man Stalin ablösen könnte, und jemand anderen an diese Stelle zu setzen, der sich ... von Gen. Stalin nur durch *einen* Vorzug unterscheidet, nämlich dadurch, dass er toleranter, loyaler, höflicher und den Genossen gegenüber aufmerksamer, weniger launenhaft usw. ist«.

Reichsaußenminister Friedrich von Rosenberg vor dem Reichstag zur Reparationsfrage (1923):
»Deutschland bleibt bereit und gewillt, zur Erfüllung seiner Reparationspflicht zu arbeiten, zu opfern und zu zahlen, was immer in seiner Kraft steht. Dies ist der Inhalt, aber auch die Grenze seiner Verpflichtungen. Sie wird erfüllt werden.«

Adolf Hitler in seiner programmatischen Schrift »Mein Kampf« (1925):
»...Staatsgrenzen werden durch Menschen geschaffen und durch Menschen geändert... Deutschland wird entweder Weltmacht oder überhaupt nicht sein.«

Der Kritiker Herbert Ihering zur Uraufführung von Bertolt Brechts »Dreigroschenoper« (1928):
Was Brecht als Bearbeiter, was Weill als Komponist...geleistet haben, das ist zugleich die Überwindung der Revue zu einer neuen Gattung und die Verschmelzung von Elementen des Varietees ... zu einem lebendigen theatralischen Ausdruck«.

Wörter des Jahrzehnts

Achtstundentag • Atlantikflug • Börsenkrach • Bubikopf • Charleston • Feldherrnhalle • Inflation • Kapp-Putsch • Locarno • Prohibition • Rapallo • Rentenmark • Reparationen • Ruhrbesetzung • Rundfunk • Schwarzer Freitag • Tonfilm • Zwölftonmusik

Januar 1920

1 Do Einer statistischen Erhebung zufolge gibt es im Deutschen Reich 10 010 Turnvereine mit 1 008 375 Mitgliedern (über 14 Jahre).

2 Fr In den USA werden bei politischen Razzien, die von Justizminister A. Mitchell Palmer initiiert wurden, rd. 2700 linksstehende Personen verhaftet.

3 Sa Die sechste Ausgabe der von dem deutschen Schriftsteller Wieland Herzfelde herausgegebenen dadaistischen Zeitschrift »Die Pleite« wird verboten.

4 So Das USPD-Organ »Freiheit« in Berlin beschreibt Richtlinien für eine Neugestaltung des Wirtschaftsraumes Groß-Berlin nach dem Räte-Prinzip.

5 Mo Der US-Baseballspieler George Herman »Babe« Ruth wechselt den Verein für die Rekordablösesumme von 125 000 US-Dollar (7,2 Mio. Mark).

6 Di Auf einer Versammlung der hohenzollern-württembergischen DDP wendet sich der Politiker Conrad Haußmann gegen jede Form der Monarchie.

7 Mi Der USPD-Politiker Curt Geyer spricht sich auf einer Konferenz der Betriebsrätezentrale in Halle gegen das Betriebsrätegesetz aus.

8 Do Der deutsche Roheisenverband beschließt eine Anhebung der Roheisenpreise um durchschnittlich 50%. Die Maschinenbauindustrie wendet sich dagegen.

9 Fr Im Reichswirtschaftsministerium nehmen führende Konzerne der Stahlindustrie Verhandlungen über die vorgesehene Selbstverwaltung auf.

10 Sa Um 4.15 Uhr tritt der Vertrag von Versailles in Kraft. Danzig und das Memelgebiet werden vom Deutschen Reich abgetrennt.

11 So Gemäß dem Versailler Vertrag werden 14 Staaten eingeladen, ihren Beitritt zum Völkerbund zu erklären, u.a. Argentinien, Chile und Dänemark.

12 Mo Reichswirtschaftsminister Robert Schmidt (MSPD) kritisiert die Landwirte und Gutsbesitzer wegen »Verschiebung von Brotgetreide in das Ausland«.

13 Di Das Stück »Pfarrhauskomödie« von Heinrich Lautensack wird in Berlin wegen anhaltender Proteste von katholischer Seite abgesetzt. → Blutbad

14 Mi Der seit dem 3. Januar andauernde Eisenbahnerstreik im Deutschen Reich endet. Die Lohnforderungen der Arbeiter werden weitgehend erfüllt.

15 Do In Berlin wird das Reichsamt für Arbeitsvermittlung eingerichtet. +++ Der Paderborner Bischof Karl Joseph Schulte wird zum Erzbischof gewählt.

16 Fr Das Rheinhochwasser erreicht in Köln mit 9,56 m seinen Rekordstand. Die »Jahrhundertflut« verursacht Schäden in Millionenhöhe. → Prohibition

17 Sa Am Großen Schauspielhaus in Berlin inszeniert Max Reinhardt Shakespeares »Hamlet«. +++ Die Sowjetregierung schafft die Todesstrafe ab. → Clemenceau

18 So Die Weimarer Nationalversammlung billigt das Betriebsrätegesetz. Es schränkt die Rechte der Betriebsräte erheblich ein.

19 Mo In Berlin beginnt der erste Reichsparteitag des Zentrums. Im Mittelpunkt der Diskussionen steht die Koalitionsfrage mit der MSPD.

20 Di Der Schauspieler und Intendant Victor Barnowsky inszeniert am Berliner Lessing-Theater das Schauspiel »Hölle, Weg, Erde« von Georg Kaiser.

21 Mi Nach Störungen durch antisemitische Studenten muss der Soziologe Max Weber in Berlin seine Vorlesungen abbrechen.

22 Do Die Transportschifffahrt auf den deutschen Wasserstraßen kann nach dem Rückgang des Rheinhochwassers wieder aufgenommen werden.

23 Fr In Paris löst eine Dada-Manifestation unter dem Titel »Premier Vendredi de Littérature – matinée poétique« einen Skandal aus.

24 Sa Bei der Generalversammlung der Bergarbeitergewerkschaft Alter Verband in Bochum sprechen sich die Delegierten für die Sechsstundenschicht aus.

25 So In Berlin wird Friedrich Wilhelm Murnaus Film »Satanas« uraufgeführt. Die Hauptrollen spielen Conrad Veidt und Fritz Kortner. → Ungarn

26 Mo Der ehemalige Fähnrich Oltwig von Hirschfeld verübt in Berlin ein Attentat auf Reichsfinanzminister Matthias Erzberger (Zentrum) und verletzt ihn dabei.

27 Di Die dramatische Dichtung »Scapa Flow« des expressionistischen Dramatikers Reinhard Goering wird im Frankfurter Neuen Theater uraufgeführt.

28 Mi Wladimir I. Lenin schlägt der polnischen Regierung die Aufnahme von Verhandlungen über den Grenzverlauf zwischen Polen und Russland vor.

29 Do Der linksorientierte britische Minister George Barnes tritt aus Protest gegen die arbeiterfeindliche Politik des britischen Kabinetts zurück.

30 Fr In den USA scheitern die Verhandlungen zwischen Demokraten und Republikanern über die Ratifizierung des Friedensvertrages von Versailles.

31 Sa In einem Rugby-Länderspiel besiegt England in Twickenham nahe der Landeshauptstadt London Frankreich mit 8:3.

27. Februar 1920

Erfolg für Kino-Expressionismus

Mit dem in Berlin uraufgeführten Film »Das Kabinett des Dr. Caligari« von Robert Wiene setzt sich der Expressionismus auch im Kino durch. Die Hauptrollen spielen Werner Krauss, Conrad Veidt und Lil Dagover. Kurt Tucholsky schwärmt in der »Weltbühne«: »Dieser Film ... ist etwas ganz Neues. Der Film spielt – endlich! – in einer völlig unwirklichen Traumwelt ... fast jedes Bild ist gelungen ... Verzwackt die Gebärden, verzwickt Licht und Schattenspiel an den Wänden.« Die Wirkung des Films beruht großteils auf den gemalten Kulissen (s. Abb.) der Expressionisten Hermann Warm, Walter Reimann und Walter Röhrig, die u.a. mit verzerrten Perspektiven, spitzen Winkeln und skurrilen Schatten arbeiten.

17. Januar 1920

Schmerzliche Niederlage

Die französische Nationalversammlung wählt den rechten Republikaner Paul Deschanel zum Staatspräsidenten. Ministerpräsident Georges Benjamin Clemenceau, der sich ebenfalls um das höchste Staatsamt beworben hatte, erleidet eine schwere Niederlage und tritt tags darauf zurück. Die politische Rechte lehnt sein innenpolitisches Programm, etwa die progressive Einkommenssteuer oder die Trennung von Staat und Kirche ab. Vor allem letzteren Punkt nutzt Gegenspieler Aristide Briand, um Clemenceau die katholischen Abgeordneten abspenstig zu machen.

Georges Benjamin Clemenceau

französischer Politiker, * 28.9.1841 Mouilleron/Vendée; † 24.11.1929 Paris

Der Führer der Linken, der sich gegen ein starkes Deutschland und für harte Friedensbedingungen in Versailles einsetzte, war die wohl stärkste politische Persönlichkeit der 3. Republik. Im Weltkrieg mobilisierte er alle nationalen Kräfte und trat gegen jede Form von Kriegsmüdigkeit auf. 1917 wurde »le Tigre« erneut Premier.

- 1865-69: Als Lehrer und Korrespondent in den USA
- 1876-93: Führer der Radikalen
- 1906-09, 1917-20: Ministerpräsident

16. Januar 1920

Prohibition als Kreuzzug

In den USA tritt der 18. Verfassungszusatz über die Prohibition in Kraft: Alkoholherstellung, -handel und -konsum sind fortan verboten (Abb.: Wein wird aus Fässern in die Kanalisation geschüttet). Das Verbot bezieht sich auf Getränke mit mehr als 0,5% Alkoholgehalt. Sofort nach dem Inkrafttreten der Prohibition übernehmen Schmuggler und kriminelle Banden den lukrativen Alkoholhandel.
Treibende Kraft für die Prohibition sind puritanisch-protestantische Kreise im Süden der USA, dem sog. Bibel-Distrikt (»bible belt«). Vor allem für die Farmer stellen Fleiß, Sparsamkeit, Gehorsam und moralischer Lebenswandel noch immer die höchsten Werte dar. Diese Hauptträger des moralischen »Kreuzzuges« wollen mit ihrem Eintreten gegen den Alkohol dem »unmoralischen, modernen Lebenswandel« in den Großstädten Einhalt gebieten. Die Kneipe wird als Zuflucht von Faulenzern und Gotteslästerern verteufelt. Dabei spielen auch Ressentiments gegen die als trinkfest verrufenen irischen Einwanderer eine Rolle. Die Abstinenzlerbewegung (seit 1808) wird auch von Frauengruppen unterstützt. In den großen Städten entstehen vor dem Hintergrund der Prohibition

13. Januar 1920

Polizei richtet Blutbad an

Bei einer Kundgebung von USPD und KPD gegen das geplante Betriebsrätegesetz (s. Abb.) fordert ein brutaler Polizeieinsatz vor dem Reichstag in

Berlin 42 Todesopfer. 105 Menschen werden verletzt. Die preußische Sicherheitspolizei schießt wahllos in die Menge, als Demonstranten versuchen, in das Reichstagsgebäude einzudringen. Innerhalb von Minuten ist der Platz wie leergefegt.

Beamte der US-Prohibitionsbehörde gießen beschlagnahmten Whisky in einen Gully.

Gangsterimperien wie das von Al Capone in Chicago. Sie werden zu einer Bedrohung der öffentlichen Ordnung. Durch Einschüchterung und Bestechung von Polizei und Behörden kontrollieren sie ganze Städte.
Trotz des Verbots steigt der Konsum von Spirituosen drastisch an. Gerade die Illegalität macht das Trinken zum reizvollen Abenteuer. In getarnten Kneipen (»Speakeasies«) wird der Cocktail erfunden, um den schlechten Geschmack des schwarzgebrannten Alkohols zu überdecken. Da die Bundesbehörden zur strafrechtlichen Verfolgung befugt sind, werden viele Menschen zu Gesetzesbrechern. Die Achtung vor dem Recht nimmt schweren Schaden. Wie der Korrespondent der »Frankfurter Zeitung« berichtet, kann ein Hotelgast allenfalls »in der Verschwiegenheit seines Zimmers« noch einen annehmbaren Drink erhalten – vorausgesetzt, er ist bereit, für 0,47 l Whisky umgerechnet 500 Mark zu berappen. Zu beobachten sei außerdem ein schwunghafter Handel mit scheinheiligen Rezepten zum Hausgebrauch. Folgende Anzeige ist nach Angaben des Korrespondenten typisch für den Umgang mit der Prohibition: »Aus einem von mir gegen 1 $ überall hin versandten Einpfundpaket kann eine Gallone eines vorzüglichen, keinen Alkohol enthaltenden Getränkes hergestellt werden. Warnung: jeder Käufer wird davor gewarnt, dem Getränk Hefe zuzufügen, da es sonst in alkoholische Gärung gerät und alkoholhaltig wird.«

25. Januar 1920

Freie Wahlen in Ungarn

Die Wahlen zur ungarischen Nationalversammlung sind die ersten allgemeinen und geheimen Wahlen in der Geschichte des Landes. Stärkste Partei wird die Christlichnationale Vereinigung mit 69 Sitzen. Seit Kriegsende ist die politische Lage in Ungarn, das zu den Verlieren des Weltkriegs zählt, instabil. Aufgabe der Nationalversammlung ist der Abschluss eines Friedensvertrages mit den Alliierten sowie die Erarbeitung einer Verfassung.

2. Februar 1920

Moskaus Ausgleich mit Estland

Sowjetrussland und Estland unterzeichnen in Dorpat einen Friedensvertrag. Moskau erkennt die am 24. Februar proklamierte Unabhängigkeit Estlands, früher ein Teil des Zarenreiches, an und verzichtet auf alle Souveränitätsrechte. Im Gegenzug sichert Estland zu, auf seinem Boden keine antibolschewistischen Aktionen mehr zu dulden. Dem Vertrag mit Estland folgen ähnliche Vereinbarungen mit Litauen, Lettland und Finnland.

24. Februar 1920

NSDAP-Programm vorgestellt

Nationalsozialistische
Deutsche Arbeiter-Partei.
Anmeldeschein.

Im Münchener Hofbräuhaus hält die rechtsgerichtete Deutsche Arbeiterpartei (DAP) ihre erste große Versammlung ab. Sitzungsleiter Adolf Hitler stellt ein 25-Punkte-Programm vor. Seit 5. Januar ist Hitler Propagandaleiter der Partei, die sich ab März Nationalsozialistische Deutsche Arbeiterpartei (NSDAP) nennt (Abb.: Anmeldeschein).

10. Februar 1920

Plebiszit teilt Nordschleswig

Bei der Volksabstimmung in der nördlichen Zone Nordschleswigs sprechen sich 74,2% der Befragten für den Anschluss an Dänemark aus. Beim Plebiszit in der südlichen Zone am 14. März votieren rd. 80% der Wähler zugunsten des Deutschen Reiches. Die Volksabstimmungen in Nordschleswig sind im Versailler Vertrag festgeschrieben.

Februar 1920

1 So In Mainz erscheint die erste Ausgabe der Musikzeitschrift »Melos«. Herausgeber ist der Dirigent Hermann Scherchen, ein Wegbereiter der Neuen Musik.

2 Mo Nach Angaben des britischen Kriegsministeriums haben alle deutschen Kriegsgefangenen Großbritannien inzwischen verlassen. → Estland

3 Di Die Alliierten fordern von der deutschen Regierung die Auslieferung von 895 ranghohen Politikern und Militärs als Kriegsverbrecher.

4 Mi Der deutsche Physiker Albert Einstein beginnt an der Volkshochschule Berlin eine Vortragsreihe über Bewegungslehre und das Gleichgewicht der Körper.

5 Do In der Kunsthalle Basel werden erstmals Aquarelle und Landschaftsbilder des deutschen Schriftstellers Hermann Hesse ausgestellt.

6 Fr Das Wehrkreiskommando Münster ordnet Überstundenverträge zwischen Zechenleitungen und Betriebsräten an, um die Kohleförderung zu steigern.

7 Sa Im russischen Bürgerkrieg erobert die Rote Armee Odessa. In Sibirien wird der Admiral Koltschak von einem revolutionären Kriegskomitee hingerichtet.

8 So Bei der Meisterschaft des deutschen Ski-Verbandes (Kombination aus Sprung und Langlauf) gewinnt Hans Edler von der Planitz aus Chemnitz den Titel.

9 Mo Nach einer Entscheidung des Völkerbundrates wird die Inselgruppe Spitzbergen Norwegen und nicht Sowjetrussland zugesprochen.

10 Di Auf der am 8. Februar eröffneten Ausstellung der hannoverschen Sezession werden Werke des Dada-Künstlers Kurt Schwitters gezeigt. → Nordschleswig

11 Mi In Frankfurt am Main und in anderen Städten werden Karnevalsumzüge wegen der katastrophalen wirtschaftlichen Lage im Deutschen Reich verboten.

12 Do Auf einer in London beginnenden Konferenz einigt sich der alliierte Oberste Rat auf eine Verlängerung der Fristen für die deutsche Heeresverminderung.

13 Fr Der Außenminister der USA, Robert Lansing, erklärt wegen Differenzen mit Präsident Woodrow Wilson über den Versailler Vertrag seinen Rücktritt.

14 Sa In Berlin feiert das Drama »Danton« von Romain Rolland Premiere. +++ Auf Grundlage eines entsprechenden Staatsvertrags fällt Coburg an Bayern.

15 So Auf einer Konferenz der österreichischen Länder in Salzburg werden grundlegende Fragen der künftigen Verfassung der Republik Österreich besprochen.

16 Mo Reichskanzler Gustav Bauer reist ins Ruhrgebiet, um mit Zechenverbänden und Gewerkschaften über eine Steigerung der Kohleförderung zu beraten.

17 Di Der Prozess gegen den früheren Ministerpräsidenten Joseph Caillaux beginnt in Paris. Ihm wird Defätismus während des Krieges vorgeworfen.

18 Mi In Danzig wird erstmals eine Messe veranstaltet, die wirtschaftliche Kontakte zwischen Deutschland und Osteuropa herstellen soll.

19 Do In einem bayerischen Landtagsausschuss wenden sich mehrere bayerische Parteien gegen eine Aufhebung des Eheverbots für Lehrerinnen.

20 Fr Nach einem Transportarbeiterstreik und der Verhaftung führender Kommunisten wird in Sofia das bulgarische Parlament aufgelöst.

21 Sa In der Pariser Comédie des Champs-Elysées wird das Ballett »Der Ochse auf dem Dach« von Darius Milhaud (Vorlage von Jean Cocteau) uraufgeführt.

22 So Bei einer Veranstaltung der Deutschen Friedensgesellschaft in Stuttgart kommt es zu handgreiflichen Auseinandersetzungen mit nationalistischen Störern.

23 Mo Die bayerischen Staatsbahnen gehen im Zuge der Übernahme aller deutschen Staatsbahnen durch das Deutsche Reich in Reichsbesitz über.

24 Di Der in Bonn lehrende namhafte deutsche Romanist Ernst Robert Curtius wird an die Universität Marburg berufen. → NSDAP-Programm

25 Mi Mit der Uraufführung des Dramas »Freiheit« von Herbert Kranz wird in München das Arbeitertheater »Neue Bühne« eröffnet.

26 Do Im badischen Durlach löst die Polizei eine Reichskonferenz der KPD auf und verhaftet zahlreiche Politiker, u.a. Clara Zetkin und Ernst Reuter.

27 Fr Aufgrund der Wirtschaftskrise in Italien werden Brot, Fett, Öl und Fleisch rationiert sowie fleischlose Tage eingeführt. → Kino-Expressionismus

28 Sa In Wien beginnt der Parteitag der österreichischen Christlichsozialen Partei. Zum Präsidenten der Parteileitung wird Leopold Kunschak gewählt.

29 So Im Februar erreicht der Wechselkurs des US-Dollar im Deutschen Reich mit 99,11 Mark seinen Jahreshöchststand.

März 1920

1 Mo Miklós Horthy, Oberbefehlshaber der ungarischen »Nationalarmee«, wird Reichsverweser von Ungarn »mit beschränkten königlichen Rechten«.

2 Di Zur Erfüllung des Versailler Friedensvertrages ordnet die Reichsregierung die Einziehung aller deutschen Handelsschiffe über 1600 BRT an.

3 Mi Nach einem Entwurf der Reichsregierung zur Neuregelung der Kriegsopferversorgung wird die Rente künftig nach dem Grad der Invalidität bemessen.

4 Do In Berlin wird die Kleist-Gesellschaft gegründet. Zum Vorstand gehören die Dichter Gerhart Hauptmann und Ricarda Huch sowie der Maler Max Liebermann.

5 Fr Gegen die Stimmen der Deutschnationalen Volkspartei beschließt die Nationalversammlung ein Gesetz zur Verfolgung von Kriegsverbrechern.

6 Sa In Stockholm tritt die Regierung von Ministerpräsident Nils Eden zurück. Nachfolger wird Hjalmar Branting. +++ In Leipzig endet die Frühjahrsmesse.

7 So Vor der Abstimmung im Grenzgebiet Nordschleswig kommt es in Flensburg zu Kundgebungen sowohl der deutschen als auch der dänischen Bevölkerung.

8 Mo In Paris wird das Werk »Musique d'ameublement« (Musik für Einrichtungsgegenstände) des französischen Komponisten Erik Satie uraufgeführt.

9 Di Im Berliner UFA-Palast findet die Uraufführung des Ernst-Lubitsch-Films »Kohlhiesels Töchter« mit Emil Jannings und Henny Porten statt.

10 Mi Im Reichswirtschaftsrat in Berlin wird ein im Wirtschaftsministerium ausgearbeiteter Plan zum Ausbau der Produktion in Deutschland vorgestellt.

11 Do Auf einem Kongress britischer Gewerkschaften in London wird der Generalstreik als Waffe zur Durchsetzung der Sozialisierung im Bergbau abgelehnt.

12 Fr Im Berliner Staatlichen Schauspielhaus wird Frank Wedekinds Drama »Der Marquis von Keith«, inszeniert von Leopold Jessner, uraufgeführt.

13 Sa Auf der dritten Tagung des Völkerbundrates in Paris wird eine Kommission zur Untersuchung der Lage in Sowjetrussland gebildet. → Kapp-Putsch

14 So Im südlichen Bezirk Nordschleswigs stimmen bei einem Plebiszit 81% der stimmberechtigten Bürger für den Verbleib im Deutschen Reich.

15 Mo Nach Aufrufen von Gewerkschaften und Parteien bricht ein gegen die Kapp-Putschisten gerichteter Generalstreik im Deutschen Reich aus.

16 Di Alliierte Truppen besetzen in Konstantinopel die Regierungsgebäude, um das Osmanische Reich zum Abschluss eines Friedensvertrages zu zwingen.

17 Mi Trotz des Kapp-Putsches findet in Leipzig seit dem 14. März die Technische Messe statt. Sie dauert bis zum 20. März. → Ruhrgebiet

18 Do Die Nationalversammlung debattiert in Stuttgart über die politische Lage nach dem Kapp-Putsch. Die rechten Parteien DVP und DNVP beteiligen sich kaum.

19 Fr In Washington lehnt der Senat der USA die Ratifikation des Vertrages von Versailles und damit den Beitritt der USA zum Völkerbund ab.

20 Sa Die Ermordung des republikanischen Bürgermeisters von Cork, Tomás MacCurtain, verschlechtert weiter die britisch-irischen Beziehungen.

21 So Durch eine Reichsverordnung gibt Ungarn den Fortbestand der Monarchie als Staatsform bekannt und stellt gleichzeitig die Thronvakanz fest.

22 Mo Der wegen seiner militärfreundlichen Politik in seiner eigenen Partei, der MSPD, umstrittene Reichswehrminister Gustav Noske tritt zurück.

23 Di In Bukarest löst General Alexandru Avărescu den bisherigen rumänischen Ministerpräsidenten Alexandru Vajda-Voevod ab.

24 Mi Im sog. Bielefelder Abkommen vereinbaren Reichsregierung und Aufständische im Ruhrgebiet einen Waffenstillstand.

25 Do In Budapest bildet Alexander Simonyi-Semedan als Nachfolger von Ministerpräsident Karl Huszár, der am 1. März zurückgetreten war, eine neue Regierung.

26 Fr Der MSPD-Politiker Hermann Müller wird im Anschluss an den Kapp-Putsch mit der Bildung einer neuen Reichsregierung beauftragt.

27 Sa Der neugewählte albanische Nationalrat tritt in Tirana zusammen. Er bestätigt die Gegenregierung unter Ministerpräsident Suleyman Bey Delvino.

28 So Im Berliner Großen Schauspielhaus wird das Drama »Der weiße Heiland« von Gerhart Hauptmann uraufgeführt.

29 Mo In Wien wird die Graphische Sammlung Albertina neu eröffnet. +++ Im Londoner Unterhaus findet die zweite Lesung des »Government of Ireland Act« statt.

30 Di Mit der Verabschiedung des Reichslandessteuergesetzes wird die Steuerhoheit der Länder im Deutschen Reich weitgehend beseitigt.

31 Mi Auf einer Konferenz in Münster bestätigen Vertreter der Parteien und Vollzugsräte im Ruhrgebiet das Bielefelder Abkommen vom 24. März.

13. März 1920

Kapp-Putsch: Anschlag auf die Republik

Mit dem Einmarsch der Marinebrigade Ehrhardt in das Berliner Regierungsviertel beginnt ein Putsch rechtsradikaler Politiker und Militärs gegen die Reichsregierung und die Republik.
Der Politiker Wolfgang Kapp ruft sich zum Reichskanzler und preußischen Ministerpräsidenten aus. Die Regierung wird für abgesetzt, die Nationalversammlung für aufgelöst erklärt. Zum Reichswehrminister und Oberbefehlshaber der Reichswehr wird General Walther Freiherr von Lüttwitz ernannt. Die verfassungsmäßige Regierung unter Reichspräsident Friedrich Ebert (MSPD) weicht zunächst nach Dresden, später nach Stuttgart aus. Sie ruft die Bevölkerung zum Widerstand auf. Der Staatsstreich von rechts kommt für viele Beobachter nicht unerwartet. Die Unzufriedenheit mit den neuen republikanischen Verhältnissen ist im konservativen Bürgertum und vor allem in der überwiegend monarchistisch gesinnten Reichswehr sehr groß. Offiziere und Soldaten sehen sich durch die im Versailler Friedensvertrag festgelegte Reduzierung der Heeresstärke in ihrer Existenz gefährdet. Gleiches gilt für die Freikorps, die aufgelöst werden sollen. Eine Bedrohung für die junge Republik stellen auch die konservativ-reaktionären Kräfte dar, die sich allmählich vom Schock der Novemberrevolution von 1918 zu erholen beginnen. Nach wie vor stehen große Teile der Verwaltung, der Justiz und der Polizei der Republik ablehnend gegenüber. Der Widerstand gegen die rechten Putschisten formiert sich jedoch rasch. Am 15. März wird das gesamte Deutsche Reich von einem Generalstreik erfasst. 12 Mio. Beschäftigte, die verschiedenen Aufrufen des Allgemeinen Deutschen Gewerkschaftsbundes, der Arbeiterparteien sowie von Beamten- und Angestelltenorganisationen folgen, legen die Arbeit nieder. Zu einer einheitlichen Organisation kommt es in den meisten Fällen nicht, da zwischen MSPD, USPD, KPD und Gewerkschaften Uneinigkeit über die Streikziele besteht. Einklang herrscht lediglich in dem zentralen Vorhaben, die Putschisten zu bekämpfen. Ungeachtet der politischen Differenzen entfaltet der Streik rasch seine Wirkung und macht den Putschisten deutlich, wie gering ihr Rückhalt in weiten Teilen der Bevölkerung ist. In zahlreichen Orten kommt es zu blutigen Auseinandersetzungen zwischen Arbeitern auf der einen und Polizei, Reichswehr und Freikorps auf der anderen Seite. Mit dem Rücktritt von Kapp und Lüttwitz bricht der Putsch am 17. März zusammen, die Truppen ziehen sich zurück.

Protestkundgebung gegen den Kapp-Putsch

Chronologie des Widerstands

Datum	Ereignis
13.3.	Aufruf zum Generalstreik u.a mit der Unterschrift des Reichspräsidenten
14.3.	Der Beamtenbund beschließt, seine Mitglieder zum Streik aufzurufen.
15.3.	Beginn des Generalstreiks
16.3.	Die Kapp-Regierung droht mit der Todesstrafe für Streikposten und Streikführe
17.3.	Rücktritt von Kapp
18.3.	Die Gewerkschaften stellen Bedingungen für die Wiederaufnahme der Arbeit
20.3.	Regierung und Gewerkscha ten verständigen sich.
21.3.	Der Streik wird fortgesetzt, da nicht alle Forderungen erfüllt sind.
22.3.	MSPD und USPD rufen zur Beendigung des Streiks auf

17. März 1920

Ruhrgebiet in Arbeiterhand

In Dortmund schlägt die aus Arbeitern gebildete Rote Armee das bei der Bevölkerung verhasste Freikorps Lichtschlag. Zuvor hatten sich einige der im Ruhrgebiet liegenden Freikorps auf die Seite der rechtsgerichteten Regierung Kapp geschlagen. Der Berliner Kapp-Putsch wirkt im Ruhrgebiet als Signal für einen Arbeiteraufstand. Es entlädt sich die Enttäuschung über nicht eingelöste Versprechen der Novemberrevolution von 1918 und über die MSPD-geführte Reichsregierung. In zahlreichen Städten bilden sich lokale »Vollzugsräte«. Am 2. April erobert die Reichswehr das Ruhrgebiet zurück (Abb.: Reichswehr in Bottrop).

Von Putschisten besetzter Bahnhof in Berlin

Anführer sind frei

Das Reichsgericht Leipzig erlässt am 26. März Haftbefehl gegen die Führer des Kapp-Putsches. Daraufhin werden u.a. Wolfgang Kapp, Traugott von Jagow und Waldemar Pabst steckbrieflich verfolgt. Gegen Walther Freiherr von Lüttwitz ergeht am 29. März, gegen den Freikorpsführer Hermann Ehrhardt erst am 13. April Haftbefehl. Es werden allerdings kaum ernsthafte Anstrengungen zur Verhaftung der Hauptbeteiligten unternommen. Vielen gelingt die Flucht. Kapp entkommt nach Schweden. Auch der militärische Anführer von Lüttwitz muss sich nicht vor Gericht verantworten. Die meisten der am Putsch beteiligten Politiker und Militärs bleiben durch ein Amnestiegesetz vom 4. August 1920 von einer Strafverfolgung ausgenommen. Von den steckbrieflich gesuchten Verschwörern erhält nur Traugott von Jagow eine Haftstrafe.

19. April 1920

Nahost wird Mandatsgebiet

Auf der Konferenz des Obersten Rates der Alliierten in San Remo wird der Nahe Osten in britische und französische Mandatsgebiete »mit treuhänderischer Verwaltung« aufgeteilt. Großbritannien erhält die Mandate Irak, Transjordanien und Palästina, Frankreich, Syrien und den Libanon. Das »Mandat« ist eine neuartige Rechtsform, die u.a. eine offene Annexion durch Kolonialmächte zu vermeiden sucht. Mandatsgebiete müssen uneigennützig verwaltet werden und unterstehen der Regelungsgewalt des Völkerbundes. Gegen die neuen Machtverhältnisse treten arabische Unabhängigkeitsbewegungen auf den Plan.

6. April 1920

Frankreich besetzt Frankfurt

Truppen der französischen Rheinarmee besetzen Frankfurt am Main (Abb.: Französische Kettenfahrzeuge auf dem Bahnhofsplatz), Dieburg, Darmstadt, Hanau und Homburg. Frankreich begründet diesen Akt mit der Verletzung des Versailler Vertrages durch den Einsatz der Reichswehr zur Niederschlagung des Ruhraufstandes.
Artikel 42 und 43 des Versailler Vertrages verlangen die Entmilitarisierung einer 50-km-Zone auf dem rechten Rheinufer. Lediglich die Stationierung kleinerer Polizeieinheiten zur Wahrung hoheitlicher Aufgaben sind den deutschen Behörden gestattet. Bei der Rückeroberung des rheinisch-westfälischen Industriereviers aus der Hand der syndikalistisch-kommunistischen Arbeiterwehren ist die 50-km-Zone verletzt worden. Lediglich die Städte Dortmund und Hagen liegen außerhalb dieses Bereichs. Mehrfach hatte die deutsche Regierung versucht, bei den Alliierten die Erlaubnis für einen vorübergehenden Einmarsch der Reichswehr zu erhalten. Am 28. März erklärte Frankreich, eine Genehmigung sei nur möglich, wenn als Sicherheit für den Wiederabzug der Reichswehr fünf deutsche Städte in der neutralen Zone als Pfand übergeben würden. Der französische Ministerpräsident Alexandre Millerand erklärt am 31. März , er sehe keine Notwendigkeit eines deutschen Eingreifens im Ruhrgebiet. Am 6. April erklärt Paris, dass der Armee der

Befehl zur Besetzung der fünf Städte im Rhein-Main-Gebiet erteilt worden ist. Das Vorgehen der Franzosen stößt bei den anderen Alliierten auf Kritik. Auf der Konferenz von San Remo erhält das Deutsche Reich Fristen zum Abzug der Reichswehr. Nachdem diese erfüllt worden sind, beendet Frankreich am 17. Mai die Besetzung der fünf Städte.

4. April 1920

Araber kämpfen gegen Juden

In Jerusalem kommt es zu schweren Zusammenstößen zwischen Juden und Arabern. Hintergrund ist die zunehmende jüdische Einwanderung, die von der arabischen Bevölkerung abgelehnt wird. Wegen der andauernden Spannungen verhängen die britischen Behörden am folgenden Tag den Ausnahmezustand. Großbritannien hatte 1917 mit der sog. Balfour-Deklaration den Grundstein für einen Staat Israel gelegt. Die Briten erklärten sich darin verantwortlich, in Palästina »solche politischen, verwaltungsmäßigen und wirtschaftlichen Bedingungen zu schaffen, die die Errichtung der jüdischen nationalen Heimstätte und die Errichtung von Selbstverwaltungsinstitutionen sicherstellen« würden. Hebräisch wird neben Arabisch Amtssprache. Die Rechte der einheimischen arabischen Bevölkerung sollen dabei unangetastet bleiben. Die Balfour-Deklaration bleibt für Palästina auch nach seiner Übertragung als Völkerbundsmandat an die Briten verbindlich.

April 1920

1	Do	Die sieben Staatseisenbahnen der deutschen Länder werden aufgelöst und in ein reichseinheitliches Bahnsystem überführt.
2	Fr	Der Bund entschiedener Schulreformer kritisiert auf seiner Ostertagung in Berlin die bestehenden Schulen als »Hort der Gegenrevolution«.
3	Sa	In Berlin wird die Kommunistische Arbeiterpartei Deutschlands (KAPD) gegründet. Sie verfolgt rätekommunistische Ziele.
4	So	Der Franzose Jules Rimet wird in Antwerpen zum Präsidenten der Fédération Internationale de Football Association (FIFA) gewählt. → Araber
5	Mo	In Moskau endet der neunte Kongress der Kommunistischen Partei Sowjetrusslands. Leo D. Trotzki trat für ein Milizsystem bei der Armee ein.
6	Di	Der österreichische Außenminister Karl Renner befindet sich seit dem 5. April zur Aufnahme von Friedensbeziehungen auf einer Italienreise. → Frankreich
7	Mi	Die Alliierten fordern die Reichsregierung auf, die deutschen Einwohnerwehren wegen deren antidemokratischen Charakters aufzulösen.
8	Do	Reichskanzler Hermann Müller verhandelt im Ruhrgebiet mit Abgesandten politischer Parteien über die Besetzung durch Reichswehrtruppen.
9	Fr	Das Repräsentantenhaus in Washington nimmt eine Entschließung an, in der der Kriegszustand mit dem Deutschen Reich für beendet erklärt wird.
10	Sa	Auf einer Tagung des Gesamtverbandes der Christlichen Gewerkschaften in Köln wird eine Erklärung zugunsten der Weimarer Verfassung abgegeben.
11	So	In Berlin hält die vor wenigen Tagen gegründete Kommunistische Arbeiterpartei Deutschlands (KAPD) ihre erste Versammlung ab.
12	Mo	In der französischen Abgeordnetenkammer in Paris beginnt eine Debatte über neue Steuergesetze. +++ Adolf Köster (MSPD) wird Reichsaußenminister.
13	Di	Der Jurist Otto Meißner, später ein enger Hitler-Mitarbeiter, übernimmt in Berlin die Leitung des Büros beim Reichspräsidenten Friedrich Ebert.
14	Mi	In Berlin wird die erste Jahresversammlung des Reichsverbandes der Industrie von dessen Präsidenten Kurt Sorge eröffnet.
15	Do	Der Mord an zwei Männern während eines Lohngeldraubes im US-Bundesstaat Massachusetts wird Anlass zum sog. Sacco-Vanzetti-Fall.
16	Fr	Der rechtsradikale Politiker Wolfgang Kapp, Mitinitiator des nach ihm benannten Putsches, wird in Schweden festgenommen, aber nicht ausgeliefert.
17	Sa	Die französische Regierung in Paris stellt mit einem Dekret die Handelsfreiheit mit den Ländern Mitteleuropas wieder her.
18	So	Das Endspiel um die deutsche Rugbymeisterschaft in Hannover gewinnt Odin Hannover gegen Sportclub Frankfurt am Main 1880 mit 8:0 Punkten.
19	Mo	Die Regierungen des Deutschen Reiches und Sowjetrusslands unterzeichnen ein Abkommen über die Rückführung von Kriegsgefangenen. → Nahost
20	Di	Im Verlauf der Ausstellung »Dada-Vorfrühling« findet in Köln eine dadaistische Veranstaltung statt. U.a. stellen Max Ernst und Hans Arp aus.
21	Mi	An der Matinee-Bühne Junges Deutschland im Deutschen Theater Berlin wird »Himmel und Hölle« von Paul Kornfeld uraufgeführt.
22	Do	Der sächsische Ministerpräsident Georg Gradnauer (MSPD) tritt nach Meinungsverschiedenheiten innerhalb seiner Partei zurück.
23	Fr	In Ankara wählt die Große Nationalversammlung des Osmanischen Reiches Mustafa Kemal Pascha zu ihrem Präsidenten und bildet eine Gegenregierung.
24	Sa	Das preußische Kabinett in Berlin billigt einen Gesetzentwurf über die Aufhebung der Standesvorrechte, der den Wegfall der Adelsprivilegien vorsieht.
25	So	Der deutsche Flugzeugkonstrukteur Claude Dornier muss auf Forderung der Alliierten das von ihm konstruierte Verkehrsflugboot GS 1 vernichten.
26	Mo	Unter Führung von Marschall Jósef Klemens Pilsudski beginnt die polnische Armee mit dem Einmarsch in die Ukraine.
27	Di	Der preußische Landtag billigt das Groß-Berlin-Gesetz. Nach den Eingemeindungen verzeichnet die Reichshauptstadt rd. 3,8 Mio. Einwohner.
28	Mi	Ein Streik der Binnenschiffer auf Elbe und Oder beeinträchtigt die Lebensmittelversorgung von Hamburg, Berlin und Dresden erheblich.
29	Do	Nach einem bolschewistischen Aufstand in der Hauptstadt Baku wird in Aserbeidschan eine Sowjetverfassung eingeführt.
30	Fr	In der Pariser Galerie »Au Sans Pareil« endet eine zweiwöchige Ausstellung von Werken des französischen Malers, Grafikers und Dichters Francis Picabia.

Mai 1920

1 Sa Der Maifeiertag der Arbeiterbewegung wird in mehreren deutschen Ländern gesetzlicher Feiertag. +++ In Frankreich beginnt ein Eisenbahnerstreik.

2 So Die Wirtschaftskrise und die französische Besatzung wirken sich negativ auf den Verlauf der zweiten internationalen Frühjahrsmesse in Frankfurt am Main aus.

3 Mo Der Mehlpreis im Deutschen Reich steigt von 102 auf 204 Mark je Doppelzentner. In Berlin kostet ein Laib Brot jetzt 3,85 Mark statt 2,65 Mark.

4 Di Der bisherige Kulturminister Johannes Wilhelm Buck (MSPD) wird von der sächsischen Volkskammer zum neuen Ministerpräsidenten gewählt.

5 Mi Niels Thomas Neergaard bildet in Kopenhagen eine neue Regierung; es handelt sich bereits um den dritten Regierungswechsel im Verlauf des Jahres.

6 Do Eine zweitägige Reichskonferenz der MSPD endet in Berlin. Sie beschäftigte sich mit den bevorstehenden Reichstagswahlen.

7 Fr In Magdeburg findet die Reichstagung der Deutschen Kolonialgesellschaft statt, das Sprachrohr einer kolonialen Expansion des Deutschen Reiches.

8 Sa Mit dem Gesetz über die Befriedung der Gebäude des Reichstags und der Landtage werden in Deutschland Bannmeilen festgelegt.

9 So In Deutschland wird ein sog. Spielplatz-Werbetag durchgeführt, um die Errichtung von Kinderspielplätzen zu fördern. → Republikfeinde

10 Mo In Wien demonstrieren mehrere tausend Sozialdemokraten für eine radikale Vermögensabgabe und rufen zum Kampf gegen reaktionäre Kräfte auf.

11 Di Die Freie Hansestadt Bremen erhält eine parlamentarisch-demokratische Verfassung. +++ Die USPD und die KPD fordern enge Beziehungen zu Sowjetrussland.

12 Mi Die Nationalversammlung verabschiedet das sog. Lichtspielgesetz, das die Zulassung jeden Films durch einen Prüfungsrat vorschreibt. → Thüringen

13 Do In Wien wird »Dorfschule«, eine Oper des österreichischen Dirigenten und Komponisten Felix von Weingartner, uraufgeführt.

14 Fr Die Rote Armee beginnt unter dem sowjetischen Marschall Michail N. Tuchatschewski mit ihrer Offensive gegen die polnischen Invasionstruppen.

15 Sa In der Pariser Oper wird »Pulcinella«, das Ballett des russischen Komponisten Igor Strawinski, von Sergej Diaghilews »Ballets Russes« uraufgeführt.

16 So Bei einer Volksabstimmung spricht sich die Bevölkerung der Schweiz für einen Beitritt zum Völkerbund aus. → Jeanne d'Arc

17 Mo Zwischen Großbritannien und den Niederlanden wird erstmals ein regelmäßig verkehrender Flugdienst eingerichtet.

18 Di Der frühere französische Staatspräsident Raymond Poincaré tritt von seinem Amt als Vorsitzender des sog. Wiedergutmachungsausschusses zurück.

19 Mi In Rom endet die fünfte Tagung des Völkerbundrates. Genf wird dabei endgültig zum Sitz des Völkerbundes bestimmt.

20 Do Mit den Stimmen der MSPD fordert der Reichstag von der Reichsregierung die Aufhebung des Ausnahmezustandes in allen Teilen des Reiches.

21 Fr Der langjährige mexikanische Staatspräsident Venustiano Carranza wird von Regierungstruppen in Tlaxcalatango ermordet.

22 Sa In Berlin wird das Stück »Die Gewaltlosen«, ein Ideendrama des pazifistischen deutschen Schriftstellers Ludwig Rubiner, uraufgeführt.

23 So Aufgrund einer Nervenkrankheit stürzt der französische Staatspräsident Paul Deschanel nachts aus einem Zug. Er wird nur leicht verletzt.

24 Mo Bei einem Treffen der christlichen Jugendbewegung wird auf Initiative des religiösen Sozialisten Eberhard Arnold die Neuwerk-Bewegung gegründet.

25 Di In München einigen sich die bayerischen bürgerlichen Parteien auf Grundzüge einer gemeinsamen programmatischen Plattform.

26 Mi Die französische Abgeordnetenkammer in Paris ratifiziert den Vertrag von St. Germain-en-Laye, den Friedensvertrag mit Österreich.

27 Do Die tschechoslowakische Nationalversammlung wählt den Führer der nationalen Unabhängigkeitsbewegung, Tomáš G. Masaryk, zum Staatspräsidenten.

28 Fr In Berlin beginnt ein zweitägiger Kongress der Erwerbslosenräte. Er fordert von der Reichsregierung Maßnahmen zur Beseitigung der Arbeitslosigkeit.

29 Sa In einer in Berlin veröffentlichten Erklärung bekennen sich rd. 400 deutsche Hochschullehrer zur demokratischen Weimarer Verfassung.

30 So Präsident Woodrow Wilson ernennt William Pierson zum neuen Generalstaatsanwalt der USA. Stellvertreterin wird Annette Adams.

31 Mo Vertreter Großbritanniens und Russlands beraten in London über die Wiederaufnahme von Handelsbeziehungen.

Moderne Kindererziehung in der Waldschule Charlottenburg (nachkolorierte Zeichnung)

11. Juni 1920

Streit um die Bekenntnisschule

Im Sitzungssaal des Berliner Reichstags beginnt die erste Reichsschulkonferenz. Sie wird auf Initiative von Innenminister Erich Koch-Weser (DDP) gemeinsam von Reich und Ländern einberufen, um sich über ein Reichsschulgesetz zu verständigen. 700 Sachverständige debattieren bis zum 19. Juni über das künftige Erziehungssystem der Weimarer Republik.

Der zentrale Streitpunkt – die Konfessionsschule – wird während der Tagung jedoch ausgeklammert. Damit bleibt der umstrittene Status quo zunächst erhalten. Etwa vier Fünftel der deutschen Volksschulen haben danach einen konfessionellen Charakter. Nur Baden und Hessen sind sog. Simultanschulgebiete. Seit der Novemberrevolution ist das Schulwesen ein heiß umkämpftes Thema der staatlichen und politischen Neugestaltung in Deutschland. In den Kämpfen um ein neues Schulsystem stehen sich Kulturrevolutionäre und Kulturkonservative unversöhnlich gegenüber. Hauptstreitpunkt ist der Erhalt bzw. die Abschaffung der Konfessionsschule. Die gesetzlichen Voraussetzungen für eine klare und eindeutige Entscheidung sind vage. Nach der Weimarer Verfassung vom 11. August 1919 wurde dem Reich die Gesetzgebungskompetenz für die Grundsätze des deutschen Schulwesens übertragen – mit dem Ziel, dieses mit einem Reichsschulgesetz einheitlich zu gestalten. Zur Frage der Konfessionsschule liefert die Verfassung allerdings keine klare Vorgabe. Artikel 146 lässt als Regelschule die Gemeinschaftsschule mit getrenntem Religionsunterricht sowie drei sog. Antragsschulen – Bekenntnisschulen, Weltanschauungsschulen und freie weltliche Schulen – zu. Die politischen Parteien sind uneins: Während die katholische Zentrumspartei die Konfessionsschule erhalten will, befürworten die linksliberalen Demokraten (DDP) die Simultanschule. Die Sozialdemokraten plädieren für die weltliche Schule ohne Religionsunterricht. Der Konflikt blockiert das Reichsschulgesetz.

23. Juni 1920

Adel verliert Vorrechte

Die preußische Landesversammlung verabschiedet gegen die Stimmen der Deutschnationalen Volkspartei ein Gesetz über die Aufhebung der Standesvorrechte des Adels und die Auflösung der Hausvermögen (Fideikommisse). Danach werden adlige Familien künftig dem allgemeinen öffentlichen und bürgerlichen Recht unterstellt. Gleichzeitig wird auch die Neuverleihung von Adelstiteln gesetzlich verboten. Die im November 1918 entthronten deutschen Fürsten versuchen, die Rückgabe ihrer beschlagnahmten Vermögen oder wenigstens eine Entschädigung zu erreichen. Linke Parteien fordern hingegen die entschädigungslose Enteignung.

26. Juni 1920

Erfolg für erstes Springderby

Höhepunkt der dreitägigen Reitsportveranstaltung des Norddeutschen Vereins für Zucht und Prüfung deutschen Halbbluts ist das erstmals ausgetragene Deutsche Springderby. Überragender Reiter auf dem Parcours in Hamburg-Kleinflottbek ist Paul Heil aus Frankfurt am Main. In einer auch später nie wieder erreichten Leistung belegt der Turnierreiter mit seinen Pferden Cyrano, Hexe und Grey Lad die ersten drei Plätze. Insgesamt kann er fünf Pferde in der Endwertung platzieren. Das Springderby ist das erste bedeutende Springsport-Turnier in Deutschland seit dem Weltkrieg. Hohe Eintrittspreise verhindern jedoch einen Massenansturm des Publikums.

6. Juni 1920

Verluste für Koalition

Noch unter dem Eindruck des Kapp-Putsches und der Arbeiteraufstände wird der erste Reichstag der Weimarer Republik gewählt. Das Ergebnis ist eine vernichtende Niederlage für die republikanisch-demokratischen Kräfte. Linke und rechte Parteien verbuchen Erfolge.

Größte Verlierer sind die linksliberale Deutsche Demokratische Partei (DDP) und die Mehrheitssozialisten (MSPD). Die DDP erhält mit 8,2% weniger als die Hälfte ihres bisherigen Stimmenanteils von 18,5%. Für die MSPD votieren nur noch 21,5% der Wähler (1919: 37,7%). Den größten Zugewinn verbuchen die Deutsche Volkspartei (DVP), die 14% der Stimmen erhält (1919: 4,4%). Daneben kann die rechtsgerichtete Deutschnationale Volkspartei (DNVP) ihr Stimmergebnis von bisher 10,2% auf 15% verbessern. Auch die linke USPD steigert ihren Stimmenanteil von 7,5% auf 17,8%. Nachfolger von Reichskanzler Hermann Müller (MSPD) wird Zentrumspolitiker Konstantin Fehrenbach.

Konstantin Fehrenbach

deutscher Politiker, * 11.1.1852 Wellendingen/Schwarzwald; † 26.3.1926 Freiburg im Breisgau

Fehrenbach – aus kleinbürgerlichen Verhältnisse stammend – war der letzte Reichstagspräsident des wilhelminischen Kaiserreichs. Der erfahrene Zentrumspolitiker und Jurist steht als Reichskanzler einer Minderheitsregierung des Zentrums, der DDP und der DVP vor. Er führt, gemeinsam mit Reichsaußenminister Walter Simons, die deutschen Delegationen bei den Reparationskonferenzen in Spa im Juli 1920 und London im März 1921. Nach der ultimativen Festsetzung der Reparationen auf 132 Mrd. Goldmark tritt Fehrenbach im Jahre 1921 von seinem Amt als Reichskanzler zurück. Im März 1924 übernimmt er den Vorsitz seiner Reichstagsfraktion.

- 1885-87, 1901-13: Abgeordneter in der badischen Zweiten Kammer
- 1903-26: Mitglied des Reichstags
- 1907-09: Präsident der badischen Zweiten Kammer
- 1919: Präsident der Weimarer Nationalversammlung

9. Mai 1920

Bund der Republikfeinde

In München wird die Organisation Escherich (Orgesch) gegründet. Sie versteht sich als eine reichsweite Dachorganisation der Selbstschutzorganisationen. Tatsächlich dient sie als Sammelbecken rechtsradikaler und republikfeindlicher Kräfte. Organisator ist der Forstrat Georg Escherich (s. Abb., M., mit Gesinnungsfreunden), der seit 1919 die bayerischen Einwohnerwehren führt. Von Bayern aus, wo Escherich von der Landesregierung geduldet wird, gelingt es ihm, eine Vielzahl von Gruppen und Bünden zusammenzufassen. Zulauf erhält die Orgesch u.a. durch Freikorps.

4. Juni 1920

Ungarn wird zerschlagen

Im Frieden von Trianon verliert das Königreich Ungarn, bis zum Jahre 1918 Teil der österreichisch-ungarischen Doppelmonarchie, zwei Drittel seines Vorkriegsterritoriums. Das Abkommen unterzeichnen die Alliierten des Weltkriegs und Vertreter Ungarns im Grand Trianon, einem Lustschloss im Park von Versailles. Ungarn muss frühere Gebiete an seine Nachbarn Rumänien, Tschechoslowakei sowie das Königreich der Serben, Kroaten und Slowenen abtreten. Die Zahl der Bevölkerung sinkt danach von 20,9 auf 7,6 Mio.

12. Mai 1920

Verfassung für Thüringen

Der neu entstandene Freistaat Thüringen erhält eine vorläufige Verfassung, die am 11. März 1921 nahezu unverändert verabschiedet wird. Bereits 1919 beschlossen sieben von den acht thüringischen Einzelstaaten – Sachsen-Weimar-Eisenach, Sachsen-Gotha, Reuß, Sachsen-Meiningen, Sachsen-Altenburg, Rudolstadt, Schwarzburg-Sondershausen –, sich zu einem Land zu vereinigen. Nur Coburg wandte sich Bayern zu.

16. Mai 1920

Feiern für Jeanne d'Arc

Ganz Frankreich feiert die Heiligsprechung von Jeanne d'Arc, der Jungfrau von Orleans (s. Abb.). Papst Benedikt XV. verkündet die sog. Kanonisation in Rom. Zum Tag der Heiligen wird der 30. Mai erklärt. Jeanne d'Arc gilt als Befreierin Frankreichs von englischen Truppen im 15. Jahrhundert.

Juni 1920

1 Di – Eine Volkszählung in den USA ergibt eine Bevölkerungszahl von 105,7 Mio. Im Jahre 1900 waren 76 Mio. Menschen gezählt worden.

2 Mi – Mit einer Inszenierung des mittelalterlichen Mysterienspiels »Die Passion« eröffnet Hermine Körner in München das Künstlertheater.

3 Do – Das Repräsentantenhaus der USA beschließt in Washington eine Aufhebung fast aller noch bestehender Kriegsgesetze.

4 Fr – Der Kongress der USA berät das Handelsgesetz, das u.a. einen Ausbau des Schifffahrtsamtes (United States Shipping Board) vorsieht. → Ungarn

5 Sa – Die erste internationale Dada-Messe wird in Berlin eröffnet. Sie wurde von George Grosz, Raoul Hausmann und John Heartfield organisiert.

6 So – Der achte Kongress des Internationalen Verbandes für Frauenstimmrecht beginnt im schweizerischen Genf. → Koalition

7 Mo – Bei Demonstrationen im österreichischen Graz gegen Wucherpreise für Obst und Gemüse werden 15 Menschen getötet und zahlreiche weitere verletzt.

8 Di – Das britische Unterhaus in London lehnt einen Antrag auf Besteuerung der im Krieg erworbenen Vermögen mit 244 gegen 81 Stimmen ab.

9 Mi – Die italienische Regierung unter Francesco Saverio Nitti wird im Zusammenhang mit der Abschaffung des subventionierten Brotpreises gestürzt.

10 Do – Die Ausstellung »Deutscher Expressionismus« wird in Darmstadt eröffnet. Sie zeigt u.a. Werke von Paul Klee, Emil Nolde, Ernst Barlach und Pablo Picasso.

11 Fr – Der österreichische Ministerpräsident Karl Renner (SPÖ) tritt nach Differenzen mit dem christlichsozialen Koalitionpartner zurück. → Bekenntnisschule

12 Sa – Der Wahlparteitag der Republikanischen Partei der USA endet in Chicago. Warren G. Harding wird zum Präsidentschaftskandidaten gewählt.

13 So – Der 1. FC Nürnberg wird mit einem 2:0-Sieg über die SpVgg Fürth in Frankfurt erster deutscher Fußballmeister nach dem Weltkrieg.

14 Mo – Max Weber, der bedeutende Sozialökonom, Wirtschaftshistoriker und Soziologe, stirbt im Alter von 56 Jahren in München.

15 Di – Im italienischen Genua beginnt eine internationale Seemannskonferenz. Sie soll sich mit der internationalen Regelung der Schifffahrt beschäftigen.

16 Mi – Die sechste Tagung des Völkerbundrats endet in London. Thema war der Konflikt zwischen Persien und Russland, die inzwischen in Verhandlungen stehen.

17 Do – In Anwesenheit des preußischen Ministers Carl Severing ziehen deutsche Truppen in Flensburg ein. +++ In Berlin findet eine Tagung der KPD-Führung statt.

18 Fr – Der Zentralausschuss der Unternehmer wird in Berlin gegründet. Er soll gemeinsame wirtschaftliche Interessen wahrnehmen.

19 Sa – In Marburg werden 14 rechtsgerichtete studentische Zeitfreiwillige von der Anklage des Mordes an 15 Arbeitern freigesprochen.

20 So – Der rechtsorientierte Otto Bahr Halvorsen bildet in Norwegen ein neues Kabinett. +++ In Wien wird die sog. Deutsche Arbeitsgemeinschaft gegründet.

21 Mo – Der Oberste Rat der Alliierten kommt in Boulogne zu einem zweitägigen Treffen zusammen. Thema sind die Reparationszahlungen Deutschlands.

22 Di – In Krefeld und anderen deutschen Städten kommt es aus Protest gegen die Verteuerung der Lebensmittel zu Hungerunruhen unter der Bevölkerung.

23 Mi – Die USA, Großbritannien, Frankreich, Italien und Belgien beschließen in Paris die Gründung einer internationalen Handelskammer. → Adel

24 Do – Die französische Regierung ernennt den Finanzbeamten Charles Laurent zu ihrem Botschafter in der Reichshauptstadt Berlin.

25 Fr – Die Jahresversammlung der britischen Labour Party endet mit einer Entschließung zugunsten des Selbstbestimmungsrechts für Indien, Ägypten und Irland.

26 Sa – Der US-Sportler John Norton läuft in Pasadena in 54,2 sec einen Weltrekord über 440-yards-Hürden (402,34 m). → Springderby

27 So – In ihrem ersten Länderspiel nach Ende des Krieges unterliegt die deutsche Fußballnationalmannschaft in Zürich der Schweiz mit 1:4.

28 Mo – Das Reichskabinett legt in Berlin den Entwurf eines Not-Etats vor, der die Regierung ermächtigt, bis zum 31. 10. 1920 alle notwendigen Zahlungen zu leisten.

29 Di – Die britische Regierung ernennt das Mitglied des Oberhauses Edgar Vincent Viscount D'Abernon zu ihrem Botschafter in Berlin.

30 Mi – Erzbischof Eugenio Pacelli (der spätere Papst Pius XII.) wird erster Apostolischer Nuntius bei der deutschen Reichsregierung in Berlin.

Juli 1920

1 Do In Deutschland finden Demonstrationen gegen die Wohnungsnot statt. +++ Im mitteldeutschen Braunkohlerevier beginnen Streiks.

2 Fr Die Reichsregierung kommt in Berlin mit Vertretern der Einzelstaaten zu einer Besprechung zur Vorbereitung auf die Konferenz von Spa zusammen.

3 Sa Estland und Lettland unterzeichnen ein Abkommen über den Grenzverlauf zwischen beiden Staaten. Das umstrittene Valga wird Estland zugesprochen.

4 So Im Finale der offenen englischen Tennismeisterschaften in Wimbledon besiegt William T. Tilden (USA) den australischen Titelverteidiger Gerald Patterson.

5 Mo Eine internationale Konferenz zur Ausführung des Versailler Vertrages beginnt in Spa. +++ Der deutsche Maler und Bildhauer Max Klinger stirbt in Großjena.

6 Di Im schweizerischen Basel tritt die achte Delegiertenversammlung der Internationalen Vereinigung für gesetzlichen Arbeiterschutz zusammen.

7 Mi Nach zwei Wochen im Amt tritt in Portugal das Kabinett von Ministerpräsident António Maria da Silva zurück. Nachfolger wird der Liberale Antonio Granjo.

8 Do Die Reichspost gibt die Wiederaufnahme des Flugpostdienstes bekannt. Zunächst wird die Strecke Hamburg - Westerland (Sylt) bedient.

9 Fr Auf der Konferenz von Spa unterzeichnen Vertreter des Deutschen Reiches und der Alliierten ein Entwaffnungsabkommen.

10 Sa Die Wiedervereinigung der ersten Zone des Abstimmungsgebiets Nordschleswig mit Dänemark wird mit großen Feierlichkeiten begangen.

11 So In Madrid stirbt Eugénie, die frühere Kaiserin der Franzosen und Gattin Napoleons III., im Alter von 94 Jahren. → Votum

12 Mo Zwischen Sowjetrussland und Litauen wird ein Friedensvertrag geschlossen. Die Sowjetregierung erkennt das Gebiet um Wilna als Teil Litauens an.

13 Di Ein Gewerkschaftskongress in London diskutiert die irische Home-Rule-Frage und fordert den Rückzug der britischen Truppen aus Irland.

14 Mi Deutsche Demonstranten reißen in Berlin eine zu Frankreichs Nationalfeiertag vor der französischen Botschaft gehisste Trikolore herunter.

15 Do Auf der Wasserkuppe beginnen die ersten Rhön-Wettbewerbe für Segelflug. Sie dauern bis zum 31. August.

16 Fr Der Friedensvertrag zwischen Österreich und den Siegermächten tritt mit dem Austausch der Ratifikationsurkunden in Paris in Kraft.

17 Sa Beim Reichsinnenministerium in Berlin wird eine Historische Kommission für das 1919 begründete Potsdamer Reichsarchiv eingerichtet.

18 So Prinz Joachim von Preußen, jüngster Sohn des früheren deutschen Kaisers Wilhelm II., begeht in Berlin Selbstmord.

19 Mo In Petrograd beginnt der zweite Kongress der Kommunistischen Internationale. Wichtigstes Ergebnis sind die »21 Bedingungen« für die Aufnahme.

20 Di Auf Vorschlag der Regierung wird im Königreich der Serben, Kroaten und Slowenen ein neues Wahlgesetz beschlossen. Es sieht das Verhältniswahlrecht vor.

21 Mi In Berlin fordern 15 000 Menschen bei einer Kundgebung die sofortige Einberufung einer Konferenz sämtlicher Betriebsräte im Deutschen Reich.

22 Do Beim zweiten deutschen Studententag in Göttingen kommt es zu Auseinandersetzungen zwischen völkisch-nationalen und liberalen Studentengruppen.

23 Fr Im ehemaligen deutschen Kolonialgebiet in Ostafrika tritt ein britischer Regierungserlass in Kraft, der die Errichtung eines britischen Protektorats vorsieht.

24 Sa Im chinesischen Bürgerkrieg wird ein Waffenstillstand vereinbart, nachdem die Kämpfe seit dem 12. Juni angedauert haben.

25 So Der Belgier Philippe Thys gewinnt die Tour de France. +++ Französische Kolonialtruppen vertreiben den großsyrischen König Faisal I. aus seinem Amt.

26 Mo 10 000 Arbeiter der Leuna-Werke in Leuna an der Saale streiken für eine Lohnerhöhung und für Urlaubsverlängerung.

27 Di In Essen wird zum Abschluss einer dreitägigen Konferenz der Arbeitsinvaliden ein Zentralverband der Invaliden und Witwen Deutschlands gegründet.

28 Mi Der mexikanische Rebellenführer Francisco »Pancho« Villa erklärt in einem Abkommen mit der Regierung seinen Rückzug vom politischen Kampf.

29 Do In Berlin wird bekannt, dass Reichswehrangehörige, die nach dem Ausscheiden aus dem Dienst keine Arbeit finden, für weitere zwei Monate Sold erhalten.

30 Fr Die erste internationale Konferenz kommunistischer Frauen beginnt in Moskau. Die Teilnehmerinnen beschließen die Einrichtung eines Frauensekretariats.

31 Sa In Genf wird der Kongress der sozialistischen Zweiten Internationale mit 120 Delegierten aus 17 Ländern eröffnet.

16. August 1920

»Wunder an der Weichsel«

Im Rahmen des polnisch-russischen Kriegs werden die sowjetischen Truppen durch einen polnischen Vorstoß im Raum zwischen Weichsel und Bug entscheidend zurückgedrängt. Der von Staatspräsident Józef Klemens Pilsudski und Generalstabschef Tadeusz Rozwadowski geführte Angriff geht als »Wunder an der Weichsel« in die polnische Geschichte ein (Abb.: Bolschewistische Soldaten in Polen).

Der Vorstoß erfolgt zunächst mit Hilfe einer polnischen Stoßgruppe aus dem Flussgebiet des Wieprz heraus und zielt auf die Flanke der Roten Armee zwischen Weichsel und Bug. In der sog. Schlacht um Warschau werden die sowjetrussischen Truppen nach Osten zurückgedrängt oder zum Übertritt auf ostpreußisches Gebiet gezwungen.

Der polnisch-russische Krieg begann, nachdem Pilsudskis Truppen im April eine Offensive gegen die Ukraine gestartet hatten. Ziel Pilsudskis ist die Wiedererlangung der historischen Grenzen Polens, wie sie vor der sog. Ersten polnischen Teilung von 1772 bestanden hatten. Damals verlor Polen nach inneren Kämpfen rd. 30% seines Gebiets an Russland, Preußen und Österreich. Bei zwei weiteren Teilungen wurde der Staat vollständig zerschlagen.

Józef Klemens Pilsudski

polnischer Militär und Politiker, * 5.12.1867 Zulowo bei Wilna; † 12.5.1935 Warschau

Pilsudski geht als Begründer der Republik nach dem Ersten Weltkrieg und legendärer Heerführer in die Geschichtsbücher ein. Der aus dem polnisch-litauischen Adel stammende Kämpfer für die Unabhängigkeit Polens versuchte in wechselnden internationalen Bündnissen ein »Groß-Polen« zu verwirklichen. Er beteiligte sich führend am Aufbau der Sozialistischen Partei und organisierte Kampftruppen gegen die russische Herrschaft. Als Staatschef des unabhängigen Polen erkannte er die von der Versailler Friedenskonferenz festgelegte Curzon-Linie als Demarkationsgrenze zu Sowjetrussland nicht an. 1922 zieht er sich vorübergehend aus der Politik zurück, errichtet jedoch vier Jahre später mit einem Staatsstreich gegen die schwache parlamentarische Regierung ein autoritäres Regime, dem er 1935 die Verfassung einer Präsidialdiktatur gibt. Nachdem er 1932 einen Nichtangriffspakt mit der UdSSR schließt, Frankreich aber im Folgejahr nicht zu einem Präventivkrieg gegen das nationalsozialistische Deutschland bewegen kann, versucht er vergeblich, sein Land durch einen Nichtangriffspakt mit Deutschland zu schützen.

- 1916: Mitglied des Staatsrats des Königreichs Polen
- 1918-22: Staatschef der Republik Polen
- 1926-28, 1930: Premierminister
- 1926-35: Kriegsminister und Generalstabschef

11. Juli 1920

Votum für Deutschland

In den Abstimmungsgebieten südliches Ostpreußen und Westpreußen östlich der Weichsel votiert eine überwältigende Mehrheit der Bevölkerung für den Verbleib der Gebiete beim Deutschen Reich.

Beide Volksabstimmungen (Abb.: Demonstration in Berlin für den Verbleib Ost- und Westpreußens bei Deutschland) finden gemäß dem Versailler Vertrag statt. Im südlichen Ostpreußen stimmen 97,8% der Berechtigten für Deutschland, im westpreußischen Abstimmungsgebiet sind es 92,3%. Der größte Teil Westpreußens wurde ohne Abstimmung als »polnischer Korridor« Polen zugesprochen. Belgien erhält die seit 1815 zu Preußen gehörenden Kreise Eupen und Malmedy nach einer Volksabstimmung. Nur 270 Wähler stimmen für Deutschland.

10. August 1920

Der Friede von Sèvres

Im Pariser Vorort Sèvres unterzeichnen die osmanische Regierung unter Sultan Muhammad VI. und die Alliierten einen Friedensvertrag. Danach verliert das Land fast alle Gebiete außerhalb Kleinasiens und schrumpft auf ein Zehntel seiner bisherigen Größe.

Nach Abschluss des Friedensvertrags muss das Osmanische Reich Thrakien mit Gallipoli, die Ägäischen Inseln und Smyrna (Izmir) an Griechenland abtreten. Syrien und Kilikien fallen an Frankreich. Großbritannien erhält Irak und Palästina sowie die Schutzherrschaft über das Königreich Hedschas. Der Dodekanes und Rhodos werden Italien zugesprochen. Die Gebiete an den Meerengen Bosporus und Dardanellen kommen unter internationale Kontrolle. Neben den Gebietsverlusten muss das Osmanische Reich auch Einschränkungen seiner nationalen Souveränität akzeptieren. Es verliert seine Finanzhoheit an die Alliierten und muss das Heer auf eine Stärke von 50 000 Mann reduzieren. Das Land wird zudem in alliierte Interessensphären aufgeteilt. Das Osmanische Reich, das im Jahre 1914 auf Seiten der Mittelmächte in den Weltkrieg eingetreten war, unterzeichnete am 30. Oktober 1918 in Mudros auf der Insel Limnos einen Waffenstillstand. Die Meerengen und Konstantinopel stehen bereits seit 1918 unter alliierter Kontrolle. Im selben Jahr erklärte Armenien seine Unabhängigkeit, die aber durch den Einmarsch sowjetischer und türkischer Truppen bereits 1920 auf-

22. August 1920

»Jedermann« in Salzburg

Zum ersten Mal finden mit einer Aufführung des religiösen Mysterienspiels »Jedermann« von Hugo von Hofmannsthal die Salzburger Festspiele statt (Abb.: Plakat).

Unter der Regie von Max Reinhardt spielen auf dem Salzburger Domplatz neben Alexander Moissi in der Rolle des Jedermann u.a. Werner Krauss, Heinrich George, Hedwig Bleibtreu-Paulsen und Helene Thimig. Die musikalische Leitung hat der österreichische Dirigent Bernhard Paumgartner. Neben den vier offiziellen Vorstellungen gibt es am 27. und 29. August zwei Zusatzaufführungen. Initiatoren der Festspiele sind u.a. der österreichische Theaterkritiker Hermann Bahr, der Komponist Richard Strauss sowie Hugo von Hofmannsthal und Max Reinhardt. Im Juni 1917 wurde in Wien die sog. Salzburger Festspielhaus-Gemeinde gegründet. Eine Generalversammlung beauftragte am 15. April 1918 Reinhardt, Strauss und den Dirigenten Franz Schalk mit der Vorbereitung der Festspiele in Salzburg (Abb.: Szene aus dem »Jedermann«: Eindrucksvolle Aufführung von hohem künstlerischem Rang).

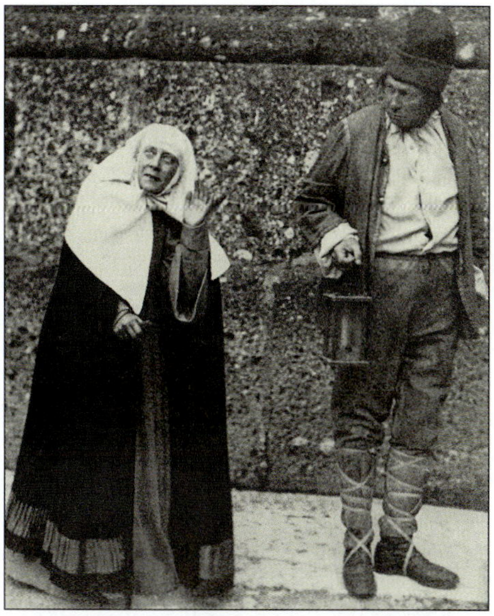

Muhammad VI., der letzte Sultan des Osmanischen Reichs, auf dem Weg in die Moschee

Niedergang des Osmanischen Reiches

Jahr	Ereignis
1821	Griechischer Aufstand
1828/29	Russisch-türkischer Krieg
1854-56	Krimkrieg (Europäische Mächte retten – im Konflikt mit Russland – den Bestand des Osmanischen Reiches)
1875	Staatsbankrott
1909	Jungtürkische Revolution
1911/12	Italienisch-türkischer Krieg endet mit Niederlage
1912/13	Balkankriege: Europ. Gebiete gehen fast vollständig verloren
1922	Abschaffung des Sultanats
1923	Atatürk ruft die Republik aus; Ende des Reiches

gehoben wird. Der alliierte Einfluss auf die Regierung des Sultans, insbesondere aber die griechische Besatzungspolitik führen innerhalb des Osmanischen Reiches zu einer Stärkung der Opposition. Mit Mustafa Kemal Pascha an der Spitze verhindert diese die von den Alliierten geforderte vollständige Demobilisierung. Darüber hinaus bilden die nationalen Kräfte in Angora (Ankara) eine Gegenregierung zum Sultanat von Muhammad VI., der als alliiertenhörig gilt.

August 1920

1 So In London endet der Gründungskongress der britischen Kommunistischen Partei. Sie bekennt sich zum Rätesystem und zur Diktatur des Proletariats.

2 Mo Die italienische Regierung erkennt in einem in Tirana geschlossenen Abkommen die nationale Integrität und Unabhängigkeit Albaniens an.

3 Di Die deutsche Regierung erhält durch ein Reichsgesetz über die vereinfachte Form der Gesetzgebung Sondervollmachten für die Wirtschaftspolitik.

4 Mi Mit der Verkündung des Amnestiegesetzes sichert die Reichsregierung den am Kapp-Putsch und an den Märzaufständen Beteiligten Straffreiheit zu.

5 Do Im Volkswirtschaftsausschuss des deutschen Reichstags wird auf Initiative der Reichsregierung eine Herabsetzung der Vieh- und Fleischpreise beschlossen.

6 Fr In Stettin wird die sog. Seeschifffahrtsgruppe Ostsee gegründet. Sie vereinigt sämtliche Arbeiter- und Unternehmerorganisationen der Ostseehäfen.

7 Sa Die ungarische Nationalversammlung billigt in Budapest in dritter Lesung eine Ausdehnung der Rechte des Reichsverwesers.

8 So In Wien wird die Großdeutsche Volkspartei gegründet. Ihr wichtigstes Ziel ist der Anschluss der Republik Österreich an das Deutsche Reich.

9 Mo Der am 27. November 1919 in Neuilly-sur-Seine geschlossene Friedensvertrag zwischen Bulgarien und den Alliierten tritt in Kraft.

10 Di Das von Deutschland an Frankreich abzuliefernde Luftschiff »L 72« startet zu seinem neuen Heimatstützpunkt in Südfrankreich. → Friede von Sèvres

11 Mi Anhänger der ökumenischen Bewegung kommen in Genf zusammen, um über die Einberufung einer Weltkirchenkonferenz zu beraten.

12 Do Der griechische Ministerpräsidenten Eleftherios Wenizelos wird im französischen Lyon durch fünf Schüsse eines Attentäters leicht verletzt.

13 Fr Eine Konferenz von Arbeiterorganisationen in London spricht sich in scharfer Form gegen eine Intervention Großbritanniens im polnisch-russischen Krieg aus.

14 Sa In Antwerpen werden die VII. Olympischen Spiele offiziell eröffnet. +++ Der deutsch-niederländische drahtlose Fernsprechverkehr wird aufgenommen.

15 So Bei den deutschen Leichtathletikmeisterschaften in Dresden gibt es erstmals Wettbewerbe für Frauen. Die Münchnerin Marie Kießling gewinnt alle Titel.

16 Mo Der US-Sprinter Frank Loomis verbessert bei den Olympischen Spielen in Antwerpen den Weltrekord über 400-m-Hürden auf 54,0 sec. → Weichsel

17 Di In Kattowitz in Oberschlesien kommen bei Zusammenstößen zwischen Streikenden und französischen Besatzungstruppen neun Menschen ums Leben.

18 Mi Im Rahmen der Olympischen Spiele in Antwerpen erzielt der Kanadier Earl Thomson in 14,8 sec einen Weltrekord über 110-m-Hürden.

19 Do In London enden die seit dem 6. Juni andauernden britisch-ägyptischen Gespräche über die britische Protektoratsherrschaft in Ägypten.

20 Fr Frank Foss aus den USA stellt bei den Olympischen Spielen in Antwerpen mit 4,09 m einen Weltrekord im Stabhochsprung auf.

21 Sa Die »Socialist Party of America« spricht sich grundsätzlich für die kommunistische Dritte Internationale aus, lehnt jedoch die Diktatur des Proletariats ab.

22 So Die 4 x 100-m-Staffel der USA verbessert bei den Olympischen Spielen in Antwerpen den Weltrekord auf 42,2 sec und gewinnt damit Gold. → Salzburg

23 Mo Der Hamburger Bankier und Senator John von Berenberg-Goßler wird als Botschafter des Deutschen Reiches in Italien nach Rom gesandt.

24 Di In London findet eine britisch-deutsche Ernährungskonferenz statt, an der auch Vertreter Frankreichs, Italiens und Belgiens informell teilnehmen.

25 Mi In der ungarischen Nationalversammlung in Budapest wird ein Gesetzentwurf zum Strafrecht eingebracht, der die Einführung der Prügelstrafe vorsieht.

26 Do Mit der Ratifikation des 19. Verfassungszusatzes wird in den USA das allgemeine Frauenwahlrecht eingeführt.

27 Fr Die Rheinische Metall- und Maschinenfabrik in Düsseldorf muss wegen Kohlemangels ihre Betriebe teilweise für acht Tage stillegen.

28 Sa In verschiedenen württembergischen Städten beginnt ein Generalstreik. +++ In Belfast kommt es zu Zusammenstößen zwischen der IRA und der Polizei.

29 So Auf Initiative der Deutschen Demokratischen Partei (DDP) wird in Friedrichshafen ein sog. demokratischer Bodenseetag abgehalten.

30 Mo Die schweizerische Regierung in Bern lehnt eine schärfere Überwachung internationaler Transporte auf Waffenschmuggel hin ab.

31 Di Der deutsche Psychologe und Philosoph Wilhelm Wundt, der Begründer der experimentellen Psychologie, stirbt in Großbothen bei Leipzig.

September 1920

1 Mi Die Mandatsmacht Frankreich proklamiert den Staat Libanon mit der Hauptstadt Beirut unter Einbeziehung von Sur, Saida, Tripoli und der Al Bika-Senke.

2 Do Im russischen Baku beginnt der sog. Kongress der Völker des Ostens mit 1800 Delegierten aus verschiedenen asiatischen Ländern.

3 Fr Italien und das Königreich der Serben, Kroaten und Slowenen fordern von Österreich die Auslieferung zahlreicher mutmaßlicher Kriegsverbrecher.

4 Sa Ein Volkskommissariat für den Außenhandel wird in Moskau gegründet. Es ist u.a. für Im-und Export sowie für die Güterdistribution zuständig.

5 So In Mexiko wird der General und Politiker Alvaro Obregón zum neuen Staatspräsidenten gewählt. Er ist Nachfolger von Adolfo de la Huerta.

6 Mo Der US-Boxer Jack Dempsey verteidigt in Benta Harbor (Michigan) seinen Weltmeistertitel im Schwergewicht gegen seinen Landsmann Billy Miske.

7 Di Bei einem Erdbeben in der nördlichen Toskana (Italien) entstehen schwere Schäden. Es kommen zahlreiche Menschen ums Leben.

8 Mi Das Komitee des indischen Nationalkongresses beschließt die Unterstützung der von Mohandas K. Gandhi propagierten Satjagraha-Bewegung.

9 Do In Stockholm wird ein vom Völkerbundrat in Auftrag gegebenes Gutachten zur sog. Ålandfrage zwischen Schweden und Finnland bekannt.

10 Fr Die deutsche Reichsregierung bewilligt angesichts drastisch ansteigender Arbeitslosenzahlen 10 Mio. Mark für die Arbeitslosenfürsorge.

11 Sa Der Reichsausschuss der Freien Sozialistischen Jugend (FSJ) beschließt in Berlin, sich in Kommunistische Jugend Deutschlands (KJD) umzubenennen.

12 So In Berlin wird die Wirtschaftspartei des deutschen Mittelstandes gegründet. Vorsitzender wird der Bäckermeister Hermann Drewitz. → Spiele

13 Mo In Deutschland wird ein Kooperationsvertrag der Bremer Reederei Norddeutscher Lloyd mit der US-Mail Steamship Company bekannt.

14 Di Die Schweiz und Deutschland einigen sich in Bern auf ein provisorisches Luftfahrtabkommen, das vor allem den Verkehr von Privatmaschinen regelt.

15 Mi Johann Cerny wird neuer Ministerpräsident der Tschechoslowakei. Er tritt die Nachfolge des Sozialdemokraten Wlastimil Tusar an.

16 Do Der französische Staatspräsident Paul Deschanel tritt aus Gesundheitsgründen zurück. +++ Eine Explosion im New Yorker Börsenviertel fordert 30 Todesopfer.

17 Fr In Würzburg endet eine dreitägige Versammlung der katholischen Jünglingsvereine. Dabei wird der Sportverband Deutsche Jugendkraft (DJK) gegründet.

18 Sa Die Verordnung über die Bildung von Studentenschaften an den preußischen Hochschulen wird in Berlin erlassen.

19 So In Nürnberg hält der Verein zur Abwehr des Antisemitismus seine Jahresversammlung ab. Teilnehmer ist u.a. der frühere Reichsschatzminister Georg Gothein.

20 Mo Die KPD legt ihren Beinamen »Spartakusbund« ab. Sie heißt künftig: »Kommunistische Partei Deutschlands (Sektion der Kommunistischen Internationalen)«.

21 Di Gegen die Stimmen der USPD nimmt die preußische Landesversammlung in Berlin einen Gesetzentwurf zum Not-Etat an.

22 Mi Die Berliner Stadtverordnetenversammlung bestätigt den parteilosen Oberbürgermeister Adolf Wermuth mit 107 gegen 50 Stimmen in seinem Amt.

23 Do Der Bürgermeister von Saarlouis, Jakob Hector, wird als Nachfolger von Alfred von Boch Mitglied der fünfköpfigen Regierungskommission für das Saarland.

24 Fr Die deutsche Regierung erhält vom Völkerbund eine Einladung zur Teilnahme an der Tagung des Ausschusses für Verkehrs- und Transitfragen.

25 Sa Auf einer Tagung der Hafenbautechnischen Gesellschaft in Hamburg werden Pläne für den Hafen der Rheinmetropole Köln diskutiert.

26 So In Athen wird das griechische Parlament aufgelöst. Neuwahlen finden am 1. November statt. +++ Robert Wienes Film »Genuine« hat in Berlin Premiere.

27 Mo Unter Beteiligung von 800 Delegierten findet in Orléans der 14. Nationalkongress der sozialistischen französischen Gewerkschaftsorganisation CGT statt.

28 Di Der neue spanische Botschafter in Berlin, Pablo Soler y Guardiolo, überreicht Reichspräsident Friedrich Ebert sein Beglaubigungsschreiben.

29 Mi In Wien kommt die österreichische Nationalversammlung zur Beratung der neuen Verfassung der Republik Österreich zusammen.

30 Do Die Alliierten fordern von Bulgarien in einer Note die Auslieferung von 507 Personen, die in Bulgariens Kriegsengagement verstrickt waren.

1. Oktober 1920

Stinnes baut Macht aus

Der deutsche Industrielle Hugo Stinnes erwirbt über den Berliner Bankier und Großspekulanten Hugo Herzfeld die Aktienmehrheit an dem Bochumer Verein für Bergbau und Gussstahlfabrikation AG. Gleichzeitig bildet er die Siemens-Rheinelbe-Schuckert-Union (SRSU). Damit beginnt Stinnes den Ausbau seines Konzerns, der sich in den 20er Jahren zu einer der größten deutschen Unternehmensgruppen entwickelt.

Bereits in den vorangegangenen Monaten fiel Stinnes durch spektakuläre Unternehmensfusionen auf. Mit den Zusammenschlüssen verbunden ist eine enorme Konzentration politischer und ökonomischer Macht. Mit seinen rd. 30 000 Arbeitern ist Stinnes für den Lebensunterhalt von etwa 1 Mio. Menschen verantwortlich. Außerdem liefert er annähernd 20% der Kohleförderung in Deutschland und verfügt über einen fast ebenso großen Anteil an der Eisenproduktion. So wirft die bürgerlich-liberale »Frankfurter Zeitung« am 2. Oktober besorgt die Frage nach den »Gefahren, insbesondere sozialer Art, die sich aus der Entstehung neuer Montanriesen von unerhörtem Ausmaß ergeben können.« Der 1870 in Mülheim an der Ruhr geborene Stinnes – er zählte bereits vor dem Weltkrieg zu den bedeutendsten deutschen Montanindustriellen – nutzt seine Macht auch politisch. So war er einer der Hauptfinanziers der rechtsextremen Nationalen Vereinigung, die ideologisch den Kapp-Putschisten nahesteht. Bereits im Jahre 1919 war er in die rechtsliberale DVP eingetreten. Obwohl dort in seiner Rolle als machtpolitisch agierender Großindustrieller umstritten, erhält er bei den Reichstagswahlen im Jahre 1920 ein Mandat als Abgeordneter. Über die Partei setzte er seinen Einfluss für eine wirtschaftsfreundliche Regierungspolitik ein.

12. September 1920

Spiele in Antwerpen

Im belgischen Antwerpen gehen die VII. Olympischen Spiele zu Ende. Unerwartet erfolgreich schneiden die finnischen Athleten mit insgesamt 15 Goldmedaillen ab. Deutschland war von dem internationalen Kräftemessen ausgeschlossen worden.

Internationales Aufsehen erregte der finnische Leichtathlet Paavo Nurmi, der dreimal als Erster die Ziellinie passierte. Der 23-jährige wortkarge Sportler gewann den 10 000-m-Lauf, den Querfeldeinlauf sowie in der Mannschaftswertung. Im Marathonlauf siegte sein Landsmann Johan Petteri »Hannes« Kolehmainen, dreifacher Olympiasieger von 1912, nach einem harten Rennen in der Zeit von 2:32:36,8 h. Im Schwimmen unterstrichen US-Sportler ihre dominierende Stellung. Beim 300-m-Freistil-Schwimmen gehen die ersten drei Plätze an die USA. Die Konkurrenz im Einer-Rudern entscheidet der US-Sportler John B. Kelly für sich. Der Goldmedaillengewinner ist der Vater der Schauspielerin Grace Kelly. Zum Star unter den Sportlerinnen wurde die französische Tennisspielerin und Wimbledonsiegerin Suzanne Lenglen, die das Damen-Einzel und mit ihrem Landsmann Max Décugis das gemischte Doppel gewann. Die zahlreichen Schießwettbewerbe führten angesichts des erst vor knapp zwei Jahren beendeten Ersten Weltkriegs zu umfassender Kritik in der internationalen Presse. Zum letzten Mal war das Tauziehen bei den Olympischen Spielen vertre-

Medaillenspiegel

Land	Gold	Silber	Bron
USA	41	27	28
Schweden	19	20	24
Großbritannien	15	15	13
Finnland	15	10	9
Belgien	14	11	10

14. Oktober 1920

Piscators Agitationstheater gastiert in Berliner Kneipen

In Berlin eröffnet der deutsche Regisseur und Theaterleiter Erwin Piscator (s. Abb.) das von ihm zusammen mit Hermann Schüller begründete »Proletarische Theater, Bühne der revolutionären Arbeiter Groß-Berlins«. Zur Premiere wird der Einakter »Der Krüppel« von Karl August Wittfogel aufgeführt.

Spielstätten des neuartigen Theaterprojekts sind Kneipensäle in Berliner Arbeitervierteln. Alle Rollen werden von Laiendarstellern übernommen. Die Stücke sollen keinen »Kunstgenuss« vermitteln, sondern wollen »Aufrufe« in unmittelbarem tagespolitischen Zusammenhang sein und den Zuschauer agitieren. Für das KPD-Mitglied Piscator ist das »Proletarische Theater« Mittel der Propaganda. Die Dramaturgie ist bewusst einfach gehalten. Wichtigstes Anliegen ist die Politisierung des Publikums. Zur Aufführung kommen Stücke von Maxim Gorki, Franz Jung und Upton Sinclair. An der Gestaltung der Bühnenbilder wirkt der später durch seine politischen Fotomontagen bekannte Dadaist John Heartfield (eigtl. Helmut Herzfeld) mit. Bereits 1921 muss das »Proletarische Theater« wieder aufgegeben werden – vor allem wegen wirtschaftlicher Probleme, Konflikten mit Behörden und nicht zuletzt fehlender Unterstützung der KPD.

Tauziehen als Olympiadisziplin: Voll ins Zeug legen sich hier Engländer und US-Boys.

Teilnehmer bei der Olympischen Eröffnungsfeier

ten. Das Kräftemessen entschied die Mannschaft aus Großbritannien gegen die USA für sich. Zum olympischen Wettbewerbsprogramm zählten auch die bereits im April absolvierten Eiskunstlaufkonkurrenzen sowie ein Eishockeyturnier, das die kanadische Mannschaft für sich entscheidet. In Antwerpen weht zum ersten Mal die von IOC-Präsident Pierre Baron de Coubertin entworfene und bereits im Jahre 1914 vorgestellte Olympische Fahne mit den fünf ineinander verschlungenen Ringen. Sie stellen die fünf Erdteile dar und werden in den folgenden Jahrzehnten zum weltweiten Symbol für die olympische Bewegung. Die Eröffnung am 14. August hatte noch weitere Premieren zu bieten. Zum ersten Mal sprach ein Athlet – der 34-jährige Belgier Victor Boin – im Namen aller 2607 Teilnehmer den olympischen Eid. Erstmals stiegen Tauben als Symbol des Friedens in den Himmel. Bevor die Mannschaften das Olympiastadion von Antwerpen betraten, führte ihr Weg an einem Denkmal vorbei, das an die Schrecken des Krieges erinnerte. Danach eröffnete König Albert I. von Belgien die Wettkämpfe. Die anfängliche Euphorie der Bevölkerung ebbte rasch ab. Beobachter machten u.a. die hohen Eintrittspreise dafür verantwortlich. Auch das Wetter war den Organisatoren nur selten gewogen.

10. Oktober 1920

Volksabstimmung in Kärnten

Im südlichen Teil von Kärnten findet gemäß Artikel 50 des Friedensvertrags von Saint-Germain-en-Laye eine Volksabstimmung über die Zugehörigkeit des Gebiets statt.
Die Bevölkerung hat zu entscheiden, zu welchem Staat sie gehören möchte. Das Abstimmungsgebiet ist in eine überwiegend von Slowenen und eine mehrheitlich von Österreichern bewohnte Zone geteilt. Da nach dreimonatiger Propaganda beider Seiten 59,04% der Einwohner in der slowenischen Zone für Österreich votieren, entfällt die Abstimmung in der zweiten Zone. Das Ergebnis wird als Entscheidung gegen das serbisch beherrschte Königreich der Serben, Kroaten und Slowenen gewertet.

16. Oktober 1920

Spaltung der USPD

Die Unabhängige Sozialdemokratische Partei (USPD) trifft sich in Halle an der Saale zu einem außerordentlichen Parteitag.
Die Delegierten müssen entscheiden, ob die Partei der kommunistischen Internationale (Komintern) beitreten und damit die sog. 21 Punkte als Beitritts-Bedingung akzeptieren will. Am 16. Oktober kommt es zur erwarteten Spaltung, nachdem die 21 Punkte mit 236 gegen 156 Stimmen akzeptiert wurden. Die unterlegenen Delegierten stellen fest, dass sich die Parteitagsmehrheit mit dem Beschluss, der gegen das Parteiprogramm verstoße, selbst aus der USPD ausgeschlossen habe. Die komintern-freundliche Mehrheit nimmt tags darauf Kontakt zur KPD auf.

Oktober 1920

1 Fr Der impressionistische Maler Max Liebermann wird zum Präsidenten der preußischen Akademie der Künste gewählt. → Stinnes

2 Sa Die 16 000 Arbeiter der Zeitungsbetriebe in der Reichshauptstadt Berlin beginnen einen Streik für höhere Löhne und Gehälter.

3 So In Braunschweig enden der neunte deutsche Pazifistenkongress und die Generalversammlung der Deutschen Friedensgesellschaft.

4 Mo Ein Vortrag des Sexualforschers Magnus Hirschfeld in München wird durch gewalttätige Störaktionen Rechtsextremer unterbrochen.

5 Di In Berlin beginnt der erste Kongress gewerkschaftlicher Betriebsräte im Deutschen Reich. 953 Delegierte vertreten rd. 15 Mio. Arbeiter.

6 Mi Der Vorstand des Reichsverbandes der deutschen Industrie lehnt die Vorschläge einer Kommission zur Sozialisierung des Bergbaus ab.

7 Do Das belgische Parlament verabschiedet ein neues Wahlgesetz. Danach erhalten Frauen nur kommunales Stimmrecht.

8 Fr Die sowjetische Regierung unterstellt die kulturrevolutionäre Organisation Proletkult dem Kommissariat für Volksaufklärung.

9 Sa In Berlin erklärt Max Reinhardt seinen Rücktritt von der Leitung des Deutschen Theaters und zweier weiterer Bühnen.

10 So Der Verband deutscher Diplomkaufleute fordert das Promotionsrecht für Handelshochschulen und beschließt die Herausgabe einer Zeitschrift. → Kärnten

11 Mo In Washington beschließen Vertreter von Banken verschiedener Länder die Neubildung des internationalen Bankenkonsortiums für China-Kredite.

12 Di Neuer Boxweltmeister im Halbschwergewicht wird der Franzose Georges Carpentier in Jersey City (USA). +++ Der polnisch-russische Krieg endet offiziell.

13 Mi Italiens König Viktor Emanuel III. unterzeichnet eine Amnestie für Personen, die sich vor dem 2. September 1919 dem Militärdienst entzogen haben.

14 Do Im Friedensvertrag von Dorpat erkennt Sowjetrussland die Selbstständigkeit Finnlands an. Zugleich werden die beiderseitigen Grenzen festgelegt. → Piscator

15 Fr Ein Kongress des schweizerischen Gewerkschaftsbundes in Neuenburg verhandelt u.a. über eine mögliche Verschmelzung mit der Sozialdemokratie.

16 Sa In Großbritannien beginnt ein bis zum 3. November dauernder Bergarbeiterstreik, an dem sich rd. eine Mio. Arbeiter beteiligen. → USPD

17 So Der tschechoslowakische Politiker und frühere Ministerpräsident Wlastimil Tusar wird zum Gesandten seines Landes in Berlin ernannt.

18 Mo Ahmad Taufik Pascha wird vom osmanischen Sultan Muhammad VI. mit der Bildung einer neuen Regierung beauftragt.

19 Di Die preußische Landesversammlung billigt einen Gesetzentwurf, der Verfügungsrechte über Bodenschätze an den Staat überträgt.

20 Mi In einem Londoner Gefängnis stirbt der IRA-Führer und Bürgermeister von Cork, Terence Ma Swiney, nach einem 74-tägigen Hungerstreik.

21 Do Die Reichsregierung weist zwei Vertreter der Kommunistischen Internationalen aus, darunter der sowjetische Politiker Grigorij J. Sinowjew.

22 Fr In Schweden tritt die sozialdemokratische Regierung unter Hjalmar Branting nach nur siebeneinhalbmonatiger Amtszeit zurück.

23 Sa In der Uraufführung von Hans Müller-Einingens Stück »Flamme« in Berlin feiert die Schauspielerin Käthe Dorsch den ersten großen Erfolg.

24 So In Berlin wird die Deutsche Hochschule für Politik eröffnet. +++ Das Fußballländerspiel Deutschland-Ungarn endet in Berlin mit einem deutschen 1:0-Sieg.

25 Mo Der griechische König Alexander I. stirbt im Alter von 27 Jahren in Athen. Er bestieg 1917 den Thron, nachdem sein Vater Konstantin I. abdanken musste.

26 Di In Hannover endet der zweite Parteitag der Deutschnationalen Volkspartei (DNVP). Sie gilt als Sammelbecken der nationalistischen Rechten.

27 Mi Die bayerische Landesregierung in München erlässt eine einstweilige Anordnung gegen das Wucher- und Schiebertum zur Eindämmung des Schwarzhandels.

28 Do Am Schauspielhaus Dresden wird das Drama »Jenseits« des 30-jährigen Lyrikers und Dramatikers Walter Hasenclever uraufgeführt.

29 Fr In Berlin tritt die in Göttingen gegründete Notgemeinschaft der deutschen Wissenschaft zu ihrer ersten Sitzung zusammen.

30 Sa Das bislang in London ansässige Generalsekretariat des Völkerbundes siedelt nach Genf über, wo es ab 1. November seine offizielle Tätigkeit aufnimmt.

31 So Die belgischen Sozialisten lehnen den Beitritt zur Kommunistischen Internationale ab. +++ Die Labour Party verbucht Gewinne bei der Kommunalwahl.

November 1920

1 Mo Im Playwright's Theatre in New York wird das expressionistische Drama »Kaiser Jones« des US-Dramatikers Eugene O'Neill uraufgeführt.

2 Di In Berlin tagt seit dem 1. November der fünfte Parteitag der KPD. Er berät über die bevorstehende Vereinigung mit der USPD. → Harding → Rundfunk

3 Mi Alfredo Zayas y Alonso wird als Nachfolger des seit 1913 amtierenden Mario García Menocal zum Präsidenten von Kuba gewählt.

4 Do Frankreich und die Tschechoslowakei schließen in Paris ein Handels- und Transportabkommen ab, das u.a. die Freigabe der Einfuhren vorsieht.

5 Fr Mit der Titelrolle in Leopold Jessners Shakespeare-Inszenierung »Richard III.« begründet der österreichische Schauspieler Fritz Kortner seinen Ruhm.

6 Sa In Berlin beginnt ein Streik der Elektrizitätsarbeiter für höhere Löhne, dem sich die Beschäftigten von Gaswerken und Transportunternehmen anschließen.

7 So Am dritten Jahrestag der sowjetischen Oktoberrevolution demonstrieren in Berlin mehrere zehntausend Menschen für das Sowjetsystem.

8 Mo Der preußische Kultusminister Konrad Haenisch untersagt das Tragen von Hakenkreuzen – Kennzeichen völkischer Gesinnung – in den Schulen des Landes.

9 Di Zwischen der freien Stadt Danzig und Polen wird in Paris ein Abkommen u.a. über die außenpolitische Vertretung und die Hafennutzung abgeschlossen.

10 Mi Im Proletarischen Theater in Berlin wird Maxim Gorkis Stück »Die Feinde« aufgeführt. +++ Arnold Paulssen wird Ministerpräsident des Freistaates Thüringen.

11 Do Großbritannien und Frankreich verständigen sich auf ein Verfahren zur Festlegung der deutschen Reparationsschuld. → Bürgerkrieg

12 Fr Im Vertrag von Rapallo einigen sich Italien und das Königreich der Serben, Kroaten und Slowenen auf einen Gebietsausgleich.

13 Sa Im Neuen Theater Frankfurt hat das Drama »Gas II« von Georg Kaiser, einem der bekanntesten Vertreter des Expressionismus, Premiere.

14 So Nach einer Wahlniederlage scheidet Griechenlands Ministerpräsident Eleftherios Weniselos aus dem Amt. Nachfolger wird Demetrios Rallis.

15 Mo In Nürnberg wird Ernst Tollers Revolutionsdrama »Masse Mensch« in einer Vorstellung vor Gewerkschaftlern uraufgeführt. → Danzig → Völkerbund

16 Di Bei Protestausschreitungen in Prag kommt es auch zu Beschädigungen deutscher Einrichtungen. Betroffen ist u.a. das Deutsche Landestheater.

17 Mi Mit der Besetzung von Jalta fällt die Krim in die Hände der sowjetischen Roten Armee. Die russischen Weißgardisten sind damit endgültig besiegt.

18 Do In Brüssel wird der Katholikenführer Henri Graf Carton de Wiart neuer belgischer Ministerpräsident und Nachfolger von Léon Delacroix.

19 Fr Das britische Kabinett billigt den Entwurf eines Handelsgesetzes mit Sowjetrussland unter dem Vorbehalt, dass russische Schulden beglichen werden.

20 Sa Unter Leitung des Zentrumspolitikers Heinrich Imbusch beginnt in Essen der zehnte Kongress Christlicher Gewerkschaften Deutschlands.

21 So In Bologna kommt es zu schweren Zusammenstößen zwischen faschistischen Terrorgruppen und Anhängern linker Parteien und Gewerkschaftsgruppen.

22 Mo Ein vom finnischen Reichstag in Helsinki verabschiedetes Sprachengesetz soll der Dominanz des Schwedischen in Finnland entgegenwirken.

23 Di Der deutsche Kultur-und Geschichtsphilosoph Hermann Graf von Keyserling eröffnet in Darmstadt die »Schule der Weisheit«.

24 Mi KPD und USPD fordern die Mitglieder der neu gegründeten linksradikalen KAPD auf, Vertreter zu ihrem Vereinigungsparteitag zu entsenden.

25 Do Der Maler Paul Klee, wird an das Weimarer Bauhaus berufen. +++ Der Berliner Oberbürgermeister Adolf Wermuth tritt zurück.

26 Fr Die USA fordern von Großbritannien ihre Beteiligung an der Ausbeutung von Erdölvorkommen in Mesopotamien durch die Mandatsmächte.

27 Sa In Niederschlesien endet ein fünftägiger Ausstand von 40 000 Metallarbeitern. Die Streikenden können dabei einen Teil ihrer Lohnforderungen durchsetzen.

28 So Das Exekutivkomitee der Kommunistischen Internationale beschließt die Aufnahme der KAPD als sog. sympathisierende Partei.

29 Mo Ein Aufstand der Bolschewiken gegen die bürgerliche armenische Regierung ist erfolgreich. Die Bolschewiken rufen die Sowjetrepublik Armenien aus.

30 Di Das französische Parlament in Paris beschließt die Wiederaufnahme der 1914 abgebrochenen diplomatischen Beziehungen mit dem Vatikan. → Preußen

Feierliche Eröffnungssitzung der Völkerbundversammlung im Reformationssaal in Genf

Wichtige Staaten fehlen

Von vorneherein sind einige politisch wichtige Staaten nicht in der neuen Friedensorganisation vertreten. Die Bedeutung des Bundes leidet vor allem darunter, dass sich die USA nicht zu einer Mitgliedschaft durchringen konnten. US-Präsident Woodrow Wilson hatte sein Land nicht zum Beitritt der von ihm ins Leben gerufenen Friedensorganisation zu bewegen vermocht. Am 19. März hatte der US-Senat nach erbitterten Auseinandersetzungen die Ratifizierung des Versailler Friedensvertrags endgültig abgelehnt. Damit entschieden sich die USA auch gegen den Völkerbund, dessen Satzung zum Versailler Vertrag gehört. Die Entscheidung war eine klare Niederlage für Präsident Wilson. Statt eine deutliche Führungsrolle in der Welt zu übernehmen, fallen die USA in eine isolationistische Politik zurück.

Auch das bolschewistische Russland ist bei der Gründung kein Mitglied des Völkerbundes. Seit der Oktoberrevolution und der alliierten Interventionspolitik herrschte eine ideologisch-politische Feindschaft zwischen Sowjetrussland und dem nicht-kommunistischen Europa. Die diplomatischen Beziehungen sind abgebrochen. Für die Sowjetregierung kommt schon aus ideologischen Gründen eine Teilnahme am Völkerbund nicht in Frage, ist doch in ihren Augen mit den kapitalistisch-imperialistischen Staaten eine dauerhafte Friedensordnung prinzipiell nicht zu erreichen. Deutschland ist als Kriegsverlierer, mehr noch als »Kriegsschuldland« außenpolitisch isoliert. Besonders Frankreich, das durch das Fernbleiben der USA noch zusätzlich an Gewicht gewonnen hat, steht einer Mitgliedschaft Deutschlands im Völkerbund ablehnend gegenüber.

2. November 1920

Siegeszug des Rundfunks

Ein Rundfunksender in Pittsburgh (USA) beginnt mit der Ausstrahlung des ersten regelmäßigen Rundfunkprogramms der Welt. Der vom Vizepräsidenten des Elektrokonzerns Westinghouse, Harry P. Davis, geleitete Sender KDKA nimmt mit Übertragungen von den am gleichen Tag stattfindenden Präsidentschaftswahlen den Betrieb auf. Die technischen Voraussetzungen für die Entwicklung des Rundfunks in Form der Funktelegrafie bestehen schon seit dem Ende des 19. Jahrhunderts. Erst die günstige Wirtschaftslage in den USA nach dem Weltkrieg aber gab auch den Anstoß zur kommerziellen Verwendung. Schon kurz nach dem Start des KDKA-Programms werden in den USA Lizenzen für private Radiostationen vergeben – im Jahre 1922 gibt es bereits rd. 200. Der Einfluss des neuen Mediums ist bald aus dem öffentlichen Leben nicht mehr wegzudenken. Radios werden in großer Stückzahl hergestellt. Die Werbung macht sich die neuen Möglichkeiten ebenso zunutze wie die Politik.

10. Dezember 1920

Nobelpreisverleihung

In Stockholm und Oslo werden die Nobelpreise verliehen. Preisträger sind u.a. der Göttinger Physiker Walther Nernst (Chemie), Knut Hamsun (Literatur) und Léon Bourgeois (Frieden).

Knut Hamsun

eigtl. Knut Pedersen, norwegischer Schriftsteller, * 4.8.1859 Lom/Oppland; † 19.2.1952 Nörholm bei Grimstad

Der in Armut aufgewachsene Hamsun führte ein unstetes Wanderleben und trat gegen die »Amerikanisierung« der Welt ein, ehe er sich in Norwegen niederließ. In seinen Werken spiegelt sich die Spannung zwischen einer fast mystischen Rastlosigkeit, Zivilisationskritik und stiller Erfüllung im bäuerlich-sesshaften Leben. Der von Nietzsche beeinflusste Schriftsteller begrüßt 1941 den Einmarsch deutscher Truppen in Norwegen.

- 1890: »Hunger« (Roman)
- 1917: »Segen der Erde« (Roman)
- 1947: Verurteilt wegen Landesverrat

15. November 1920

Völkerbund tagt in Genf

In Genf tritt die Bundesversammlung des Völkerbundes zu ihrer ersten Sitzung zusammen. Der belgische Außenminister Paul Hymans wird zum Präsidenten der Versammlung gewählt. Zur »Förderung der Zusammenarbeit unter den Nationen« und zur »Gewährleistung des internationalen Friedens« haben sich bislang 42 Staaten der Weltorganisation angeschlossen. Neben einigen neutralen Staaten sind es die alliierten Kriegsgegner der Mittelmächte. Bereits auf der ersten Sitzung kommt es zu heftigen Kontroversen. Einige Staaten fordern Satzungsänderungen, die sich u.a. gegen die Zusammensetzung des Völkerbundrates richten. Umstritten ist auch die Frage einer möglichen Mitgliedschaft Deutschlands. Zudem wird kritisiert, dass der Bund ein Werk der Siegermächte des Weltkriegs sei.

Staaten im Völkerbund (Auswahl)

Land	Eintritt	Austritt
Argentinien	1920	1920
Brasilien	1920	1926
Bulgarien	1920	-
Chile	1920	1938
China	1920	-
Deutschland	1926	1933
Frankreich	1920	-
Griechenland	1920	-
Großbritannien	1920	-
Italien	1920	1937
Japan	1920	1933
Österreich	1920	1938
Spanien	1920	1926
UdSSR	1934	1939[1]

[1] ausgeschlossen

30. November 1920

Verfassung für Preußen

Die preußische verfassunggebende Landesversammlung beschließt in Berlin eine neue Verfassung. Das einstige Königreich Preußen wird danach – wie auch andere deutsche Länder – zu einem parlamentarischen Freistaat.
Oberste Behörde ist das Staatsministerium mit dem vom Landtag gewählten Ministerpräsidenten an der Spitze. Die Abgeordneten des Landtags werden alle vier Jahre gewählt. Sie beschließen die Gesetze, genehmigen die Staatsverträge, den jährlichen Haushaltsplan und die Ermächtigungen für die Regierung zur Kreditaufnahme. Der als Vertretung der preußischen Provinzen gebildete Staatsrat ist nur mit geringen Einflussmöglichkeiten ausgestattet. Er kann Gesetzesvorlagen einbringen und hat das Recht, gegen Gesetzesvorlagen Einspruch zu erheben. In bestimmten Fragen, z.B. einer Verfassungsänderung und der Landtagsauflösung, ist die direkte Beteiligung der Bevölkerung durch Volksentscheid und Volksbegehren möglich.

2. November 1920

Rückkehr zur Normalität

Der Republikaner Warren G. Harding gewinnt die Präsidentschaftswahlen in den USA. 390 Wahlmänner stimmen für ihn, nur 140 für den demokratischen Gegenkandidaten James M. Cox. Harding hat die Mehrheit mit dem Ideal des nationalen Egoismus überzeugt. »Zurück zur Normalität« hieß sein Motto. Der Bevölkerungsmehrheit erscheint die Verwicklung der USA in internationale Angelegenheiten während des Weltkriegs als Ursache vieler innenpolitischer Probleme. Sie wünscht sich Verhältnisse, wie sie vor dem Krieg herrschten.

Warren Gamaliel Harding

US-Präsident, * 2.11.1865 Blooming Grove (US-Bundesstaat Ohio); † 2.8.1923 San Francisco

Harding, der sich zunächst als Zeitungsverleger einen Namen machte, steht für eine isolationistische US-Politik. Er lehnt den Eintritt in den Völkerbund und die Aufnahme von Handelsbeziehungen zu Sowjetrussland kategorisch ab. Innenpolitisch schafft er die Voraussetzungen für die wirtschaftliche Blüte des Landes in den 20er Jahren.

- 1899: Republikanischer Senator in Ohio
- 1915: Republikanischer Senator in Washington
- 1920/21: Einberufung einer Abrüstungskonferenz

11. November 1920

»Weiße« verlieren Bürgerkrieg

Um einer drohenden Niederlage gegen die sowjetische Rote Armee zuvorzukommen, ordnet der Führer der am Asowschen Meer operierenden Weißgardisten, General Pjotr N. Baron von Wrangel (s. Abb.) die Evakuierung seiner Truppen an. Damit ist der seit 1918 anhaltende Bürgerkrieg beendet. Wrangel hatte im Sommer durch einen von der Krim aus gestarteten Angriff einen erneuten Versuch unternommen, die von Leo D. Trotzki geführte Rote Armee zu besiegen. Dabei verzeichnete er zunächst Erfolge, weil russische Truppen im Krieg mit Polen gebunden waren. Nach einem Waffenstillstand mit Polen wendete sich das Blatt im Bürgerkrieg zugunsten der Roten Armee.

15. November 1920

Freie Stadt Danzig proklamiert

In einer Sitzung der Verfassunggebenden Versammlung in Danzig erfolgt die feierliche Proklamation der Freien Stadt Danzig. Grundlage ist der Versailler Vertrag, der in den Artikeln 100 bis 108 die näheren Bedingungen zur Schaffung der Freien Stadt festlegt. Danach bleibt die frühere preußische Provinzhauptstadt unter der Oberhoheit des Völkerbundes, der einen Kommissar entsendet. Die außenpolitische Vertretung übernimmt Polen, mit dem Danzig in einer Zollunion verbunden ist.

Dezember 1920

1 Mi Der 19-jährige Erich Ollenhauer wird zweiter Sekretär des Hauptvorstandes des Verbandes der Arbeiterjugendvereine Deutschlands.

2 Do Das italienische Parlament in Rom nimmt ein neues Kommunal- und Provinzwahlrecht an. Es sieht u.a. die Einführung des Frauenstimmrechts vor.

3 Fr In Weimar beginnt eine Konferenz der deutschen Ernährungsminister über Fragen der Fleisch- und Getreideversorgung im Deutschen Reich.

4 Sa Der Komponist Erich Wolfgang Korngold feiert mit der Uraufführung seiner Oper »Die tote Stadt« in Hamburg und Köln seinen ersten großen Erfolg.

5 So Bei einer Volksabstimmung entscheidet sich die griechische Bevölkerung mehrheitlich für eine Rückkehr des früheren Königs Konstantin I.

6 Mo Die Verfassunggebende Versammlung in der Freien Stadt Danzig erklärt sich zum »Volkstag« und wählt Heinrich Sahm zum Senatspräsidenten.

7 Di Wegen eines Parteienstreits über die Auflösung der Bremer Stadtwehr tritt der Senat der Freien Hansestadt Bremen zurück.

8 Mi Nach Ansicht des SPD-Parteiausschusses gilt der Beschluss des Kasseler SPD-Parteitages zum Verbleib in der Opposition nur auf Reichsebene.

9 Do In Wien wird der parteilose Nationalökonom Michael Hainisch von der österreichischen Bundesversammlung zum Bundespräsidenten gewählt.

10 Fr Im Berliner Schauspielhaus wird mit dem »Kreuzweg« erstmals ein Stück des 23-jährigen Carl Zuckmayer aufgeführt. → Knut Hamsun

11 Sa In Nürnberg beginnt der zweite Parteitag der Deutschen Demokratischen Partei (DDP). Carl Petersen wird als Vorsitzender im Amt bestätigt.

12 So Bei einem Volksbegehren in München über die Neuwahl des Stadtrates wird das erforderliche 50%-Quorum nicht erreicht.

13 Mo Großbritannien und Frankreich schließen ein Abkommen, das privaten und kommerziell eingesetzten Flugzeugen freien Verkehr in beiden Ländern zusichert.

14 Di Das Repräsentantenhaus der USA in Washington stimmt einem Gesetzentwurf über die Beschränkung der Einwanderung zu.

15 Mi Der ADGB beschließt, dass Streiks in lebenswichtigen Betrieben mit der übrigen betroffenen Arbeiterschaft abgestimmt werden sollen.

16 Do Bei einem schweren Erdbeben sterben in der chinesischen Provinz Kansu rd. 200 000 Menschen. +++ Die NSDAP erwirbt den »Völkischen Beobachter«.

17 Fr Albanien wird in den Völkerbund aufgenommen. Die Organisation gibt damit einem albanischen Antrag vom 12. Oktober statt.

18 Sa Das tschechoslowakische Parlament in Prag nimmt ein Gesetz über die Verstaatlichung der Privatbahnen an.

19 So Nach den Kammerwahlen in Spanien ist Ministerpräsident Eduardo Dato Iradier auf die Unterstützung der Rechtskonservativen angewiesen.

20 Mo Bei der Urwahl im Groß-Berliner Metallarbeiterverband verlieren die kommunistischen Gewerkschafter ihre führende Position.

21 Di Im Landtag von Braunschweig kommt es zu einem heftigen Streit über Abfindungsforderungen des ehemaligen Herzogshauses in Höhe von 250 Mio. Mark.

22 Mi Erstmals in Deutschland wird ein Rundfunk-Instrumentalkonzert ausgestrahlt. Die Sendung erfolgt über den Langwellensender Königs Wusterhausen.

23 Do Arthur Schnitzlers Schauspiel »Reigen«, das erstmals in voller Länge im Berliner Kleinen Schauspielhaus aufgeführt wird, löst einen Skandal aus.

24 Fr Das Weihnachtsfest in Deutschland steht im Zeichen materieller Not. Kostspielige Geschenke und aufwändige Feiern sind in weiten Kreisen nicht möglich.

25 Sa In Tours beginnt ein Parteitag der französischen Sozialisten, in dessen Verlauf sich die Kommunistische Partei Frankreichs gründet.

26 So In Berlin stirbt der 59-jährige Gewerkschaftsführer Karl Legien, eine der wichtigsten Persönlichkeiten der deutschen Gewerkschaftsbewegung.

27 Mo Das französische Parlament in Paris beschließt eine Verlängerung des staatlichen Petroleummonopols um zwei Jahre.

28 Di Die hamburgische Bürgerschaft verabschiedet mit 95 gegen 40 Stimmen die neue Verfassung der Freien und Hansestadt Hamburg.

29 Mi Auf einem in Berlin beginnenden Kongress der Kommunistischen Jugend wird die Gründung einer kommunistischen Kinderorganisation bekanntgegeben.

30 Do Die deutsche Reederei Hamburg-Südamerika-Dampfschifffahrtsgesellschaft stellt ihren ersten Nachkriegsneubau in Dienst.

31 Fr Der italienische Dichter und Politiker Gabriele D'Annunzio gibt mit seinen Legionären die Besetzung von Fiume (Rijeka) auf.

Januar 1921

1 Sa Der liberale frühere Marineminister Winston Churchill wird als Nachfolger von Alfred Viscount Milner britischer Kolonialminister.

2 So Theobald von Bethmann Hollweg, der frühere deutsche Reichskanzler, stirbt im Alter von 64 Jahren auf seinem Gut Hohenfinow.

3 Mo In Berlin wird das Aufführungsverbot für Arthur Schnitzlers Drama »Reigen«, das wegen angeblicher Unsittlichkeit beanstandet worden war, aufgehoben.

4 Di Die Deutsche Luft-Reederei eröffnet die Fluglinie Berlin-München. +++ Das Direktionskomitee der KP Frankreichs tritt erstmals zusammen.

5 Mi Die Oper »Walküre« wird als erste Wagner-Inszenierung seit dem Kriegsbeginn 1914 an der Pariser Oper aufgeführt.

6 Do In Hamburg wird das Rembrandt-Gemälde »Abziehendes Gewitter in Herbstlandschaft« (entstanden um 1639) aus der Privatbank Heckscher entwendet.

7 Fr Der Kriminalfilm »Der Mord ohne Täter«, der unter der Regie von Ewald André Dupont entstand, wird in der Reichshauptstadt Berlin uraufgeführt.

8 Sa Unter dem Vorsitz des ehemaligen russischen Ministerpräsidenten Alexander F. Kerenski findet in Paris ein Exilrussentreffen statt.

9 So Auf dem Parteitag der rheinischen Zentrumspartei in Köln wird u.a. die Revision des Versailler Friedensvertrags gefordert.

10 Mo Die ersten Urteile gegen Kriegsverbrecher, die vom Reichsgericht in Leipzig ausgesprochen werden, sehen Zuchthausstrafen für Plünderer vor.

11 Di In Moskau wird das Karl-Marx-Friedrich-Engels-Institut, eine wissenschaftliche Forschungseinrichtung, gegründet.

12 Mi Der preußische Kultusminister verfügt, dass Examensprüflinge wegen der schlechten wirtschaftlichen Lage nicht mehr im Frack erscheinen müssen.

13 Do Die US-Militärbehörde im Deutschen Reich vermindert die Stärke der Besatzungstruppen im Rheinland von 15 000 auf 8000 Mann.

14 Fr Die 1919 in Hamburg gegründete Universität bekommt eine Verfassung, in der ihre Selbstverwaltung geregelt ist. → Briten

15 Sa US-Archäologen entdecken in der Nähe von Theben durch Zufall den ca. 4000 Jahre alten Grabschatz des ägyptischen Prinzen Mehenkwetre.

16 So In Dresden tagt seit dem 15. Januar eine Konferenz der Ernährungsminister. Ein Thema ist die Festsetzung von Mindestpreisen für Getreide. → Briand

17 Mo Der sozialdemokratisch ausgerichtete Allgemeine Deutsche Gewerkschaftsbund in Berlin meldet seine bisherige höchste Mitgliederzahl von acht Mio.

18 Di Die junge Weimarer Republik begeht den Tag der Gründung des Deutschen Reiches vor 50 Jahren mit zahlreichen Festakten.

19 Mi Theodor Leipart (SPD) wird in Berlin als Nachfolger des verstorbenen Karl Legien neuer Vorsitzender des Allgemeinen Deutschen Gewerkschaftsbundes.

20 Do Der »Dada«-Künstler Johannes Baader lädt den Reichspräsidenten Friedrich Ebert zum ersten Dada-Faschingsball ein.

21 Fr In München tagt eine Generalmitgliederversammlung der NSDAP. +++ Ministerpräsident Aristide Briand stellt im französischen Parlament die Vertrauensfrage.

22 Sa Aufgrund der allgemeinen wirtschaftlichen Not wird in Sowjetrussland die Brotzuteilung in den Großstädten um ein Drittel gekürzt. → Antonio Gramsci

23 So In Berlin veranstaltet der Klub der Filmindustrie einen Wohltätigkeitsball, zu dessen prominenten Gästen u.a. Pola Negri, Lil Dagover und Ernst Lubitsch zählen.

24 Mo Die deutschen Benediktiner beziehen wieder den Zionsberg in Jerusalem, den sie 1918 nach der britischen Besetzung verlassen mussten. → Reparationen

25 Di Bei Beratungen des Justiz-Etats im Reichstag kritisiert ein Abgeordneter der SPD die deutsche Justiz, die rechte und linke politische Straftaten ungleich werte.

26 Mi Der Oberste Rat der Alliierten in Paris erkennt die baltischen Staaten Estland und Lettland offiziell als unabhängige Republiken an.

27 Do Adolf Hitler, Propagandaleiter der NSDAP, veröffentlicht seinen ersten Leitartikel im Parteiorgan »Völkischer Beobachter«.

28 Fr Die Einwohnerwehren Bayerns streichen auf alliierten Beschluss die Satzungspunkte, die ihnen den freien Kontakt zur Reichswehr erlaubten.

29 Sa In der Schweiz findet eine Volksabstimmung statt, in der u.a. die sozialistische Initiative auf Abschaffung des Militärstrafrechts abgelehnt wird.

30 So Die von dem Düsseldorfer Galeristen Alfred Flechtheim gegründete Kulturzeitschrift »Der Querschnitt« erscheint erstmals.

31 Mo In München verbietet der Staatskommissar der Polizei die Kampforganisation Republikanischer Schutzbund, da sie ein militärischer Verband sei.

24. Januar 1921

Reparationen wiegen schwer

Vertreter der Alliierten legen in Paris die ungefähre Höhe der deutschen Reparationszahlungen nach dem Ersten Weltkrieg fest. Der Versailler Vertrag von 1919 enthielt noch keine genauen Angaben über die zu zahlende Wiedergutmachung.

Im französischen Außenministerium debattieren Regierungsvertreter aus Frankreich, Großbritannien, Belgien, Italien und Japan (s. Abb.) über die Reparationsfrage. Während die Franzosen 200 Mrd. Goldmark innerhalb von 30 Jahren fordern, schlagen die übrigen Delegierten eine moderatere Gangart vor. Schließlich einigen sich die Teilnehmer der Reparationskonferenz darauf, dass das Deutsche Reich 226 Mrd. innerhalb von 42 Jahren an die Alliierten zu zahlen habe. Diese Zahlen sollen als Richtwert gelten und sich an der Entwicklung der deutschen Wirtschaft orientieren. Ferner sollen 12% des Wertes deutschen Exportgutes an die Siegermächte gehen.

14. Januar 1921

Zahllose Briten ohne Jobs

Die Arbeitslosenzahl in Großbritannien erreicht mit 927 000 eine neue Rekordhöhe. Damit sind 14,8% der Briten erwerbslos. Im Vorjahr waren es nur 2,4%. Dieser sprunghafte Anstieg erklärt sich mit dem Wegbrechen von Außenhandelsmärkten, die mehr und mehr von den USA und Japan beherrscht werden. Fehlende Investitionen in neue Techniken sorgen ebenfalls dafür, dass der englische Markt den Anschluss verliert. Die britische Regierung reagiert auf diese Entwicklung mit der Ausweitung der Arbeitslosenversicherung für Niedrigverdiener und verstärktem sozialen Wohnungsbau. Damit soll sozialen Unruhen vorgebeugt werden.

6. Februar 1921

Welterfolg für »The Kid«

Charlie Chaplins erster abendfüllender Film erlebt bei seiner Uraufführung in den USA großen Zuschauerandrang. In »The Kid« (»Der Vagabund und das Kind«) ergänzt Regisseur und Hauptdarsteller Chaplin die populäre Slapstickkomödie erstmals mit gesellschaftskritischen und tragikomischen Elementen.

Die Filmstory spielt in den Londoner Elendsvierteln, in denen Chaplin selbst aufgewachsen ist. Hier stößt der von Charlie selbst verkörperte Held, ein Glaser, auf ein Findelkind, das von seiner mittellosen Mutter ausgesetzt worden ist. Nach mehreren erfolglosen Abschüttelungsversuchen nimmt der Glaser sich des Kindes an. Fünf Jahre später ziehen beide gemeinsam durch die Londoner Straßen. Das Kind, gespielt von Jackie Coogan, wirft mit Steinen Fensterscheiben ein, die sein Ziehvater anschließend wieder repariert. Beide stehen in einer harmonischen Beziehung zueinander. Das Glück währt jedoch nicht lange. Die Mutter (Edna Purviance) ist inzwischen zu einer gefeierten Opernsängerin avanciert. Sie bereut, ihren Sohn verlassen zu haben, und setzt alles daran, ihn wiederzufinden. Als sie eine Belohnung aussetzt, wird ein Mann auf das Kind aufmerksam, entführt es und bringt es seiner Mutter zurück. Der Glaser ist ratlos und sucht tagelang verzweifelt nach seinem Schützling. Am Schluss kommt es indessen doch noch zu einem Happy-End.

Der Film erzählt seine Geschichte in einer Mixtur aus Slapstick und Melodram. Die Figuren sind nicht länger nur Karikaturen ihrer selbst, sondern erhalten durch den gesellschaftskritischen Anstrich eine ernste Dimension. Statt der stereotypen Missgeschicke üblicher Filmkomödien müs-

22. Januar 1921

Kommunisten spalten Linke

Auf einem Parteikongress der italienischen Sozialisten gründen Antonio Gramsci, Palmiro Togliatti und Amadeo Bordiga die Kommunistische Partei Italiens. Damit ist die italienische Linke in zwei Lager gespalten. Von 173 000 sozialistischen Parteimitgliedern schließen sich 58 000 den Kommunisten an. Die Sozialisten können außerdem 70% der Gewerkschaftsmitglieder in ihren Reihen halten. Das Parteiprogramm der Kommunisten sieht u.a. vor, die Revolution in Italien auch mit militanten Mitteln durchzusetzen. Damit reagiert die neue Partei auf den schwindenden Einfluss der Linken innerhalb der Arbeiterschaft. 1920 waren mehrere Streiks fehlgeschlagen, zudem verzeichnen die Faschisten wachsenden Einfluss.

Antonio Gramsci

italienischer Politiker, * 23.1.1891 Ales, Sardinien; † 27.4.1937 Rom

Antonio Gramsci gilt als führender Kopf der Kommunistischen Partei Italiens (KPI), die er 1921 mitbegründete. Von Karl Marx beeinflusst, weitete der Theoretiker dessen Ideen in seinen zahlreichen Schriften beträchtlich aus. Dadurch beeinflusste Gramsci nicht nur die italienischen Intellektuellen, sondern auch Marxisten im Ausland. Nach der Machtübernahme Benito Mussolinis übt Gramsci Kritik an dessen autoritärer Herrschaft und wird daraufhin verhaftet. 1926 wird er zu 20 Jahren Zwangsarbeit verurteilt. Elf Jahre später stirbt Gramsci im Alter von 46 Jahren im Zuchthaus.

- 1913: Mitglied der sozialistischen Partei
- 1919-22: Herausgeber von »L'Ordine nuovo«
- 1924: Gründer der Zeitung »Unità«
- 1924-27: Generalsekretär der KPI

Charlie Chaplin und Jackie Coogan auf der Flucht vor der Polizei.

Charlie Chaplin

eigtl. Charles Spencer Chaplin, britischer Filmschauspieler, Regisseur und Produzent, * 16.4.1889 London; † 25.12.1977 Vevey/Schweiz

Charlie Chaplin ist einer der herausragenden Komödianten des Jahrhunderts. Er bereicherte die Slapstickkomödie um die tragikomische Figur des »Tramps« und des kleinen Mannes. Mit Pantomime und ausdrucksvoller Mimik spielte er vielschichtige Figuren mit differenzierter Psychologie. Das Schaustellerkind, das seine Eltern früh verlor, trat als Fünfjähriger erstmals in einer Music Hall auf. Ab 1914 blieb er als Filmkomiker in Hollywood. Gemeinsam mit Schauspielerkollegen gründete er die Filmgesellschaft United Artists, für die er ab 1923 alle seine Filme dreht. In Chaplins späteren Werken wird der sozialkritische Akzent deutlicher: »Moderne Zeiten« (1936) bemängelt die menschliche Entfremdung in der Industriegesellschaft, in »Der große Diktator« (1940) stellt Chaplin Adolf Hitler bloß. Nach einem Europaaufenthalt wird ihm die Wiedereinreise in die USA wegen angeblicher unamerikanischer Einstellung verweigert.

- 1915: »Der Tramp«
- 1919: Gründung der United-Artists-Filmgesellschaft
- 1953: Übersiedlung in die Schweiz
- 1971: Ehren-»Oscar« für sein Lebenswerk

sen die Menschen in »The Kid« die Widrigkeiten des Alltags erdulden. Dieses Konzept stößt auch beim internationalen Publikum auf großen Zuspruch. Der vorher nur aus Kurzfilmen bekannte Charlie Chaplin drehte ein Jahr an seinem ersten abendfüllenden Werk, das 1920 abgeschlossen wurde. In der Endfassung lief »The Kid« über 51 Minuten. Neben Chaplin selbst rangierte vor allem Kinderstar Jackie Coogan hoch in der Publikumsgunst. Coogan stand bereits als Dreijähriger vor der Kamera. Von Chaplin erlernte das junge Talent mühelos das Pantomimespiel. Im Film zeichnet sich Coogan durch ausgefeiltes Spiel, hervorragende Mimik und Ausdruckskraft aus, die der seines Mentors in nichts nachsteht. »The Kid« wird für ihn zum Sprungbrett für eine Karriere als Kinderstar. Chaplin selbst setzt in seinen Folgewerken »Goldrausch« (1925) und »Circus« (1927) wieder auf die bekannte Figur des Tramps. Beide Streifen werden ebenfalls große Erfolge, beinhalten aber kaum sozialkritische Elemente. Erst in »Lichter der Großstadt« (1931) bezieht der Regisseur, Schauspieler und Drehbuchautor wieder die rauhe gesellschaftliche Wirklichkeit in seine Filme ein.

24. Februar 1921

Unruhen in Sowjetrussland

Wegen schwerer Arbeiterunruhen verhängen die Behörden über Petrograd (St. Petersburg) den Ausnahmezustand. Die Proteste richten sich gegen Schikanen durch die Bürokratie und die Auswirkungen des »Kriegskommunismus«, die in ganz Russland für schwere Hungersnöte sorgen. Bisher sind rd. 5 Mio. Menschen an den Folgen von Seuchen und Unterernährung gestorben. Tausende Landbewohner befinden sich auf der Flucht in die Städte (Abb.: Flüchtlingslager an der Wolga).

16. Januar 1921

Kurswechsel durch Briand

Aristide Briand wird neuer Ministerpräsident in Frankreich. Er übernimmt das Amt von Georges Leygues, der vier Tage zuvor an einem Misstrauensvotum des Parlaments gescheitert war. Wegen seiner Zurückhaltung bei den Reparationsforderungen gegenüber dem Deutschen Reich war er stark kritisiert worden. Briand dagegen zeigt in der Reparationsfrage eine klarere Haltung. In seiner Regierungserklärung gibt der neue Ministerpräsident den Wiederaufbau Frankreichs als wichtigste Aufgabe nach dem Weltkrieg an. Um die Sicherheit des Landes zu gewährleisten, müsse das Deutsche Reich endlich gemäß dem Versailler Vertrag entwaffnet werden, so Briand. Der Politiker, ein Exponent der linken Mitte, hat zum vierten Mal das Amt des französischen Ministerpräsidenten inne. Seine letzte Amtsperiode dauerte von 1915 bis 1917.

Februar 1921

1 Di Reichsaußenminister Walter Simons bezeichnet die auf der Pariser Konferenz beschlossenen Reparationsforderungen der Entente als unerfüllbar.

2 Mi In ganz Deutschland finden Protestkundgebungen gegen die Reparationsbeschlüsse der Pariser Konferenz statt.

3 Do Der Reichstag in Berlin nimmt ein neues Reichsmietgesetz an, in dem besonders die Förderung des öffentlichen Wohnungsbaus vorgesehen ist.

4 Fr In der irischen Grafschaft Cork attackieren 500 Angehörige der nationalistischen Partei Sinn Féin die Autos von britischen Regierungsmitgliedern.

5 Sa Im Münchener Zirkus Krone findet als erste Massenveranstaltung der NSDAP eine Protestkundgebung gegen die Pariser Beschlüsse vom 24. Januar statt.

6 So Gegen das Veto von Präsident Woodrow Wilson beschließt das US-Repräsentantenhaus die Reduzierung der Heeresstärke. → »The Kid«

7 Mo Der US-Frachter »West Arrow« läuft mit 742 Milchkühen, die als Beitrag zur Unterstützung der deutschen Landwirtschaft gedacht sind, in Bremerhaven ein.

8 Di Der auf der Werft von Hugo Stinnes gebaute Dampfer »Hindenburg« läuft nach der Taufe durch seinen Namensgeber in Bremen vom Stapel.

9 Mi Der deutsche Spielfilm »Hamlet« mit Asta Nielsen in der Titelrolle wird in der Reichshauptstadt Berlin uraufgeführt.

10 Do Die Alliierten lehnen in Paris das vom Deutschen Reich am 3. Februar überreichte Memorandum zur Verminderung der jährlichen Kohlelieferungen ab.

11 Fr Der Bremer Senat beschließt im Einverständnis mit Reichsinnenminister Erich Koch (DDP) die Auflösung der Bremer Stadtwehren bis zum Ende des Monats.

12 Sa Aus Riga wird gemeldet, dass infolge des völligen Mangels an Brennmaterial 31 Eisenbahnlinien in Sowjetrussland eingestellt worden sind.

13 So Auf der 2700 m langen Baudenbahn in Schlesien finden die Entscheidungsrennen der fünften Deutschen Rodelmeisterschaft statt.

14 Mo Im thüringischen Oberhof findet die Deutsche Bob-Meisterschaft statt, bei der der Fünferbob »Bobby« in zwei Fahrten die schnellste Gesamtzeit erzielt.

15 Di Der expressionistische Dramatiker Georg Kaiser wird in München wegen wiederholter Eigentumsdelikte zu einer zwölfmonatigen Gefängnisstrafe verurteilt.

16 Mi Im irischen Dublin befreien Angehörige der Sinn Féin ein Mitglied der Partei, das wegen Mordes an einem Offizier zum Tode verurteilt worden war.

17 Do Nach den Tumulten während einer Aufführung des Schauspiels »Reigen« von Arthur Schnitzler in Wien werden alle weiteren Aufführungen verboten.

18 Fr Der Pilot Etienne Oehmichen stellt der französischen Akademie der Wissenschaften eine neuartige Ballonhubschrauber-Konstruktion vor.

19 Sa Polen und Frankreich schließen ein Defensiv- und Wirtschaftsbündnis. +++ In Belgien wird das kommunale Wahlrecht für Frauen eingeführt.

20 So Bei den Landtagswahlen in Preußen findet eine Verlagerung der Stimmenmehrheit zur bürgerlichen Mitte statt, die die Regierung zum Rücktritt zwingt.

21 Mo Unter der Führung von General Resa Khan findet in Teheran ein Militärputsch statt, bei dem die persische Regierung gestürzt wird.

22 Di Der Völkerbund beschließt die Einsetzung einer internationalen Blockadekommission, die Sanktionen gegen ein kriegsverursachendes Mitglied kontrolliert.

23 Mi In Berlin protestieren Pädagogen gegen »literarischen Schund«. +++ Ein US-Flugzeug fliegt in der Rekordzeit von 33:20 h von New York nach San Francisco.

24 Do Ein in Warschau ausgebrochener Eisenbahnerstreik wird beendet, indem die Regierung alle Bahnlinien unter Kriegsrecht stellt. → Sowjetrussland

25 Fr Nach dem Sturz der menschewikischen Regierung in Georgien wird die bisher unabhängige Republik zur autonomen Sowjetrepublik erklärt.

26 Sa Am letzten Tag des Pariser Sechstagerennens kommt es zu einem Skandal: Die Radfahrer »streiken« wegen der zu großen Anstrengung.

27 So In Wien wird auf einer bis zum 27. Februar tagenden Sozialistenkonferenz die Internationale Arbeitsgemeinschaft sozialistischer Parteien (IASP) gegründet.

28 Mo Die Russische Sozialistische Föderative Sowjetrepublik (RSFSR) und Afghanistan schließen einen Freundschaftsvertrag.

März 1921

1 Di Auf der seit dem 21. Februar andauernden Konferenz der Alliierten in London findet die erste Vollsitzung u.a. zur Reparationsfrage statt. → »Schwejk«

2 Mi Der Vorstand des Deutschen Roten Kreuzes fordert in einem Schreiben an Reichspräsident Friedrich Ebert die »Eindämmung der Genusssucht«. → Kronstadt

3 Do Die US-Rockefeller-Stiftung schenkt den medizinischen Fakultäten der österreichischen Universitäten Wien, Graz und Innsbruck 60 000 Dollar.

4 Fr Der Republikaner Warren G. Harding wird als neuer Präsident der USA vereidigt. +++ In Dublin wird die Sperrstunde von 22 auf 21 Uhr herabgesetzt.

5 Sa Die Kommunistische Partei der Schweiz (KPS) wird von ehemaligen Mitgliedern der Sozialdemokratischen Partei der Schweiz (SPS) in Zürich gegründet.

6 So Der Turbinendampfer »Kaiser« der Hamburg-Amerika-Linie, der von Großbritannien als Reparationsleistung angefordert wurde, verlässt Hamburg.

7 Mo Auf der Londoner Konferenz scheitern die Verhandlungen der Alliierten mit den Deutschen an der umstrittenen Reparationsfrage. → Rheinland

8 Di Der spanische Ministerpräsident Eduardo Dato Iradier wird in Madrid von einem Anarchisten in seinem Auto erschossen. → Lenin

9 Mi Die Stadt Berlin bewilligt wegen der Versorgungsschwierigkeiten einen Betrag von 10 Mio. Mark zur Unterbringung von Kindern auf dem Lande.

10 Do In Athen heiraten der rumänische Thronfolger Karl und Prinzessin Helene von Griechenland, die Tochter König Konstantins I.

11 Fr Das erste Schiff mit Lebensmitteln zur Versorgung der antibolschewikischen Aufständischen in Sowjetrussland trifft aus den USA in Kronstadt ein.

12 Sa Am Lago Maggiore wird das »größte Flugzeug der Welt«, ein Wasserflugzeug mit acht Motoren, der Öffentlichkeit präsentiert. → Palästina

13 So Der österreichische Bundeskanzler Michael Mayr bittet die alliierte Konferenz in London um Hilfe für sein notleidendes Land.

14 Mo Im Dubliner Mountjoy-Gefängnis werden sechs irische Widerstandskämpfer wegen Mordes und Hochverrats hingerichtet.

15 Di Deutschland protestiert beim Völkerbund gegen die nach dem Scheitern der Londoner Konferenz erfolgte Besetzung von Ruhrgebietsstädten.

16 Mi Großbritannien und Sowjetrussland schließen ein befristetes Handelsabkommen, womit Großbritannien die bolschewikische Regierung de facto anerkennt.

17 Do Der Senat der Universität Wien richtet einen Aufruf an die österreichische und die deutsche Bevölkerung, die Hochschule finanziell zu unterstützen. → Polen

18 Fr Zwischen Polen und Sowjetrussland wird in Riga ein Friedensvertrag geschlossen, der den Krieg von 1920 formal beendet.

19 Sa Der Berliner Magistrat beschließt, erstmals Frauen an drei Gymnasien der Reichshauptstadt als Direktorinnen einzusetzen.

20 So Eine Abstimmung in Oberschlesien über die Staatszugehörigkeit der dort ansässigen Bevölkerung bringt keine Klarheit.

21 Mo Die Betriebskrankenkasse der Krupp-AG in Essen finanziert dank der günstigen Bilanz Erholungsurlaube von Arbeiterkindern. → Arbeiterrevolution

22 Di Das belgische Parlament beschließt, ebenso wie Großbritannien und Frankreich, einen 50%igen Zoll auf die Einfuhr von deutschen Waren zu erheben.

23 Mi Der Amerikaner Charles Paddock legt in Berkeley 220 yards (200 m) in 20,8 sec zurück und stellt damit einen Weltrekord auf.

24 Do In Monte Carlo findet die aus Protest gegen die Nichtzulassung von Frauen zu den Olympischen Spielen organisierte erste Frauen-Olympiade statt.

25 Fr Die Polizei von Buer (Gelsenkirchen) verhaftet eine Schieberbande, die drei Eisenbahnwaggons mit Rohtabak einem Großschieber zukommen lassen wollte.

26 Sa Irlands Parlament bestätigt den Handelskrieg gegen britische Waren. +++ Aus China wird der Tod von 50 000 an Hungertyphus Erkrankten gemeldet.

27 So Der Kölner Erzbischof Karl Joseph Kardinal Schulte gibt bekannt, dass Papst Benedikt XV. ihm 1 Mio. Lire für notleidende deutsche Kinder überwiesen habe.

28 Mo Ein Feuersturm legt einen besonders stark bevölkerten Stadtteil Tokios in Schutt und Asche. 5000 Menschen werden obdachlos.

29 Di Als Reaktion auf die kommunistischen Unruhen in Mitteldeutschland werden außerordentliche Gerichte zur Verurteilung der Aufständischen eingerichtet.

30 Mi Zum 100. Mal findet das traditionsreiche Achter-Ruderrennen zwischen den britischen Universitäten Cambridge und Oxford statt. Es siegt Cambridge.

31 Do Die in den Pariser Beschlüssen vom 24. Januar festgelegte Frist für die Entwaffnung der Einwohnerwehren im Deutschen Reich läuft ab.

Britische Panzerfahrzeuge rollen – kritisch gemustert von einer großen Menschenmenge – durch die Straßen Düsseldorfs. Die klare Machtdemonstration der alliierten Sieger hat vor allem strategische Hintergründe. Insbesondere die Besetzung der Flusshäfen birgt weit reichende Kontrollmöglichkeiten für die Siegermächte.

Ein bald alltägliches Bild in den besetzten Städten an Rhein und Ruhr: Vor dem Duisburger Rathaus versammeln sich französische Truppen. Das wirtschaftliche, politische und öffentliche Leben der Ruhrgebietsstadt wird in vielen Bereichen von den alliierten Siegermächten kontrolliert.

21. März 1921

Arbeiterrevolution scheitert

Die Kommunistische Partei Deutschlands ruft im Mansfelder Industriegebiet (Preußen) zum Generalstreik auf. Mehrere tausend Arbeiter legen daraufhin die Arbeit nieder. Der Protest richtet sich gegen die Weimarer Regierung. Die Arbeiterschaft fordert eine Demokratisierung der Betriebe, die KPD agitiert für den Sturz der Regierung und die proletarische Revolution. Es kommt zu schweren Auseinandersetzungen mit der Polizei, bei denen bis zum 2. April 200 Menschen getötet werden (Abb.: Polizei und Reichswehr in Eisleben). Die geplante Revolution scheitert schließlich an mangelhafter Organisation. Auch lassen sich die Arbeiter nicht wie erhofft auf die Protestaktionen ein. Statt auf das gesamte Land überzugreifen, finden nur in kommunistischen Hochburgen wie einigen Ruhrgebietsstädten Aufstände statt.

2. März 1921

Matrosen besetzen Kronstadt

Sowjetische Matrosen zetteln in Kronstadt einen Aufstand an, dem sich 16 000 Marineangehörige anschließen. Die Petrograd (St. Petersburg) vorgelagerte Seefestung wird ab sofort von den Aufständischen kontrolliert. Sie fordern die Abschaffung der Lebensmittelrationierung seitens des Staates, da in ganz Sowjetrussland Hungersnöte herrschen. Lenin versucht zunächst einzulenken, bleibt jedoch erfolglos. Schließlich greifen Truppen der Roten Armee Kronstadt an. Am 18. März wird der Aufstand nach erbitterten Kämpfen um die Stadt niedergeschlagen (Abb.: Rotarmisten auf dem Weg zum Einsatz nach Petrograd).

7. März 1921

Ruhrgebiet besetzt

In der Nacht zum 8. März marschieren Truppen der Alliierten in Düsseldorf, Duisburg und Ruhrort ein. Sie besetzen die Ruhrgebietsstädte, um vom Deutschen Reich mehr Zugeständnisse bei ihren Reparationsforderungen zu erzwingen.
Das Rheinland ist bereits seit 1920 gemäß dem Versailler Vertrag durch die Alliierten besetzt. Diese Maßnahme sollte den Siegermächten des Ersten Weltkriegs als Faustpfand für die Ausführung der Versailler Bestimmungen dienen. Die Ausdehnung der Besetzung auf das Ruhrgebiet findet im direkten Anschluss an die Londoner Konferenz vom 7. März statt, auf der das Deutsche Reich die Zahlung der geforderten Reparationen ablehnte. Die Alliierten greifen in Verwaltung und Wirtschaft der drei besetzten Städte ein: Sie verhängen den Belagerungszustand, unterstellen die deutschen Behörden ihrer Kontrolle und errichten eine Zollschranke. Die besetzte Region wird durch diese Reglements zu einem eigenständigen Wirtschaftsgebiet der alliierten Mächte. Auch die Menschen in den betroffenen Städten leiden unter der Besetzung: Die fremden Truppen müssen in Privatwohnungen untergebracht werden. Jeder Bürger muß sich jederzeit ausweisen können. Die Ein- und Ausreise aus der besetzten Zone wird nur berufstätigen Pendlern erlaubt. Zeitungen und Flugblätter dürfen nur mit Genehmigung der Besatzungsbehörden ausgegeben werden.

17. März 1921

Polen konsolidiert sich

In Warschau wird der polnische Staat formell gegründet. Der polnische Reichstag, der Sejm, nimmt die neue Staatsverfassung an und erklärt das Land damit zur demokratisch-nationalen Republik. Staatspräsident wird Jósef Klemens Pilsudski, der im Ersten Weltkrieg die Unabhängigkeit Polens vom Deutschen Reich und Österreich-Ungarn durchsetzte. Nach dem Zusammenbruch der Mittelmächte im Jahre 1918 war von den Alliierten eine provisorische Regierung für die Republik Polen eingerichtet worden.

12. März 1921

Palästina wird geteilt

Eine internationale Konferenz in Kairo beschließt die Teilung Palästinas in ein jüdisches und ein arabisches Gebiet. Demnach dürfen Juden im britischen Mandatsgebiet Palästina nur noch westlich des Jordan siedeln, während das übrige Gebiet als Transjordanien seine Eigenständigkeit behält. Vorausgegeangen waren blutige Auseinandersetzungen zwischen Arabern und Juden.

8. März 1921

Lenins neuer Kurs

Eine neue Wirtschaftspolitik soll die Versorgungskrise in Sowjetrussland beseitigen. Auf dem kommunistischen Parteikongress in Moskau wird die Neue Ökonomische Politik (NEP) von Wladimir I. Lenin vorgestellt.
Mit dem neuen Wirtschaftskonzept soll u.a. die Privatwirtschaft für kleine und mittlere Industrieunternehmen eingeführt werden. Große Firmen, Verkehrseinrichtungen, Großbanken und der Außenhandel unterstehen weiterhin der Kontrolle des Staates. Damit erhalten u.a. Bauern die Erlaubnis, die Überschüsse der von ihnen produzierten Lebensmittel frei auf dem Markt verkaufen zu dürfen (Abb.: Verkauf von Brot auf einem

Markt in Moskau). Lenin hofft, mit der NEP die schwere Hungersnot im Land lindern zu können. Seine Maßnahmen greifen aber zu spät. Im Sommer werden internationale Hilfsaktionen zur Bekämpfung des Hungers organisiert. Die Lage verbessert sich zusehends. Lenins Wirtschaftsmaßnahmen tragen noch im Laufe des Jahres Früchte: Die Produktion in Industrie und Landwirtschaft steigert sich, und die erstarkten oppositionellen Kräfte verlieren wieder an Gewicht.

1. März 1921

»Schwejk«-Roman erscheint

Der Roman »Die Abenteuer des braven Soldaten Schwejk während des Weltkriegs« erscheint in Prag. Autor Jaroslav Hašek erfindet mit dem einfachen Soldaten Schwejk eine Figur, die dem Kriegsalltag mit berechnender Naivität und der Schläue des kleinen Mannes trotzt. Militärische Befehle werden von Schwejk wörtlich ausgeführt und damit oft der Lächerlichkeit preisgegeben.

Jaroslav Hašek

tschechischer Schriftsteller * 30.4.1883 Prag; † 3.1.1923 Lipnice (Böhmen)

Jaroslav Hašek führte ein Leben als Bohemien und Vagabund. Im Ersten Weltkrieg desertierte er von der österreichischen Landwehr zur tschechischen Legion und landete schließlich bei den Bolschewiken. Neben »Schwejk« schreibt Hašek zahlreiche humoristisch-satirische Erzählungen. Er stirbt an den Folgen seiner Trunksucht.

- 1899-1903: Studium an der Prager Handelsakademie, anschließend freier Schriftsteller.
- 1920: Rückkehr aus Russland nach Prag als Politkommissar

April 1921

1 Fr In Ungarn scheitert ein Restaurationsversuch Karls I., des letzten Kaisers von Österreich, der bis 1918 als Karl IV. auch König von Ungarn war.

2 Sa Die Reparationskommission in Paris bewilligt die Errichtung einer Zollgrenze im Rheinland, da seit März mehrere Städte von den Alliierten besetzt sind.

3 So Die Reichsregierung beschließt in Berlin, rückwirkend zum 1. April die Rationierung von Zeitungspapier aufzuheben.

4 Mo Emir Abdallah, der künftige König Transjordaniens, äußert gegenüber einem Journalisten der »Times«, dass der Zionismus keine Gefahr für Palästina sei.

5 Di Die »Chicago Tribune« meldet, dass die USA von ihren Verbündeten jede Woche eine Goldlieferung zur Tilgung von deren Kriegsschulden erhielten.

6 Mi Aufgrund betriebsinterner Auseinandersetzungen sperrt der italienische Automobilhersteller Fiat in Turin alle 13 000 Arbeiter aus.

7 Do Der chinesische Revolutionsführer Sun Yat-sen, der 1913 nach Japan verbannt wurde, wird wieder an die Spitze der chinesischen Regierung gewählt.

8 Fr Eine Teilsonnenfinsternis verdunkelt Europa. +++ Tizians Gemälde »Der Mann mit dem Falken« wird von einem New Yorker Auktionshaus gekauft.

9 Sa Der preußische Landtag wählt den bisherigen Wohlfahrtsminister Adam Stegerwald zum neuen Ministerpräsidenten.

10 So In Erwin Piscators Proletarischem Theater in Berlin wird Franz Jungs politisches Drama »Die Kanaker« uraufgeführt.

11 Mo Die letzte deutsche Kaiserin, Auguste Viktoria, Frau Wilhelms II., stirbt im Alter von 63 Jahren im niederländischen Exil.

12 Di Die sowjetische Regierung fordert Rumänien auf, die sofortige Entfernung der rumänischen Kriegsschiffe aus der Dnjestr-Mündung zu veranlassen.

13 Mi Der US-Senator Chase Knox legt dem Senat eine Entschließung vor, die den Abschluss eines Friedensvertrags mit Deutschland vorsieht.

14 Do Das US-amerikanische Hilfswerk für Not leidende europäische Kinder stellt seine Lebensmittellieferungen an Deutschland ein.

15 Fr Die britische Bergarbeitergewerkschaft scheitert mit ihrer Absicht, zusammen mit anderen Arbeitnehmervertretungen den Generalstreik auszurufen.

16 Sa Der kommunistische Revolutionär Max Hölz, der maßgeblich an den Märzunruhen in Mitteldeutschland beteiligt war, wird in Berlin verhaftet.

17 So Auf dem Wiener Rathausplatz finden Kundgebungen statt, die den Anschluss Österreichs an das Deutsche Reich fordern.

18 Mo Zur finanziellen Förderung von Akademikern wird in Leipzig eine gemeinnützige Wirtschaftsgemeinschaft der Universität ins Leben gerufen.

19 Di Laut des veröffentlichten Überblicks über den Reichsetat, muss das Deutsche Reich noch Anleihen in Höhe von 33 Mrd. Mark aufbringen.

20 Mi Der amtierende KPD-Vorsitzende Heinrich Brandler und neun seiner Parteigenossen werden wegen Beteiligung an den Märzaufständen verhaftet.

21 Do Zwischen Polen, Danzig und dem Deutschen Reich wird das sog. Korridorabkommen abgeschlossen, das den Durchgangsverkehr regelt.

22 Fr Die US-Regierung lehnt den Vorschlag Deutschlands ab, in der Reparationsfrage eine Vermittlerrolle zwischen dem Reich und der Entente einzunehmen.

23 Sa Charles Paddock (USA) stellt mit 10,4 sec über 100 m einen Weltrekord auf. +++ Die Tschechoslowakei und Rumänien schließen ein Defensivabkommen.

24 So Bei einer Volksabstimmung in Tirol entscheiden sich 98,8% der Wahlbeteiligten für den Anschluss an das Deutsche Reich.

25 Mo In Moskau erklärt die sowjetische Regierung, dass alle Ausländer mit Ausnahme von Diplomaten zum Arbeitsdienst herangezogen werden dürfen.

26 Di Der ägyptische Widerstandskämpfer Sad Saghlul prophezeit der Regierung seines Landes, die er als »Marionette der Briten« betitelt, den baldigen Umsturz.

27 Mi Die Reparationskommission in Paris legt ihre Zahlungsforderung an das Deutsche Reich verbindlich auf eine Höhe von 132 Mrd. Goldmark fest.

28 Do Bei der Schachweltmeisterschaft in Havanna (Kuba) schlägt der Kubaner José Raúl Capablanca y Graupera den deutschen Titelverteidiger Emanuel Lasker.

29 Fr Reichspräsident Friedrich Ebert dankt dem US-Wirtschaftsminister Herbert C. Hoover, Vorsitzender der US-Hilfsfonds, für die bisherigen Spenden.

30 Sa Die dem Verleger Alfred Northcliffe gehörende britische Tageszeitung »Daily Mail« begeht feierlich ihr 25-jähriges Bestehen.

Mai 1921

1 So Der US-Senat nimmt mit 49 gegen 23 Stimmen die Resolution Knox an, die den Krieg mit dem Deutschen Reich offiziell für beendet erklärt.

2 Mo In Rom wird die Oper »Der kleine Marat« von Pietro Mascagni (berühmt durch »Cavalleria rusticana«) uraufgeführt. → Oberschlesien

3 Di Der Streik der Bergarbeiter in Großbritannien, der bereits seit dem 1. April andauert, kann immer noch nicht beigelegt werden. → »Dadamax«

4 Mi Die Reichsregierung unter Konstantin Fehrenbach tritt zurück, da sie nicht die Verantwortung für die Einwilligung in die Reparationsforderungen tragen will.

5 Do Das 34. Fußballländerspiel zwischen dem Deutschen Reich und Österreich endet in Dresden unentschieden mit 3:3. → Londoner Ultimatum

6 Fr Die Unterzeichnung eines deutsch-sowjetrussischen Handelsabkommens in Berlin soll den Ausbau der Wirtschaftsbeziehungen beschleunigen.

7 Sa Der von Dimitri Buchowetzki frei nach Georg Büchners Schauspiel »Dantons Tod« gedrehte Ufa-Film »Danton« hat in Berlin Premiere.

8 So Im Verlauf des Parteitags der Sozialistischen Partei Rumäniens spaltet sich der linke Flügel ab und gründet die Kommunistische Partei.

9 Mo Den in Großbritannien streikenden Bergarbeitern schließen sich angesichts angekündigter Lohnkürzungen u.a. auch Elektrizitätsarbeiter an.

10 Di Der bisherige Finanzminister Joseph Wirth (Zentrum) wird von Reichspräsident Friedrich Ebert zum neuen Reichskanzler ernannt.

11 Mi Die neue Reichsregierung unter Joseph Wirth akzeptiert ohne Bedingungen die von den Alliierten festgelegte Reparationsschuld von 132 Mrd. Goldmark.

12 Do Der indische Unabhängigkeitskämpfer »Mahatma« Gandhi trifft sich in Simla zu Konsultationen mit dem britischen Vizekönig Rufus D. Reading.

13 Fr Das Berliner Komitee zur Bekämpfung des »literarischen Schunds« veröffentlicht eine Liste anstößiger Romane und Kinofilme.

14 Sa Im Moabiter Ausstellungspalast wird von Reichspräsident Friedrich Ebert die »Große Berliner Kunstausstellung« mit Werken der Moderne eröffnet.

15 So Bei den Wahlen zum italienischen Abgeordnetenhaus erringen die Faschisten 35 von 535 Sitzen, während die Sozialisten hohe Stimmverluste verzeichnen.

16 Mo Reichskanzler Joseph Wirth rechtfertigt die Annahme des Londoner Ultimatums mit der Absicht, endlich den Wiederaufbau des Landes beginnen zu wollen.

17 Di Im Théâtre de la Gaité-Lyrique in Paris wird Sergej S. Prokofjews Ballett »Der Narr« von den »Ballets Russes« unter Leitung von Sergej Diaghilew uraufgeführt.

18 Mi Der Deutsche Lehrerverband beschließt auf seiner Tagung in Stuttgart, sich in Form einer Lehrergewerkschaft zu organisieren.

19 Do Der US-Kongress verabschiedet ein Gesetz, das die Einwandererzahlen beschränkt. +++ In Berlin sollen zukünftig keine Massenrazzien mehr stattfinden.

20 Fr In Peking unterzeichnen der deutsche Bevollmächtigte Ludwig von Borch und der chinesische Außenminister Chin Jün-p'öng einen Friedensvertrag.

21 Sa Der deutsche Selbstschutz, der gegen die polnischen Aufständischen in Oberschlesien kämpft, erstürmt den Annaberg, die stärkste Befestigung der Polen.

22 So In Rüsselsheim findet auf der Opel-Bahn zum ersten Mal seit dem Weltkrieg das erste Automobil-Bahnrennen für Wagenklassen bis zu 40 PS statt.

23 Mo Der bisherige deutsche Gesandte in den Niederlanden, Friedrich Rosen (parteilos), wird neuer Reichsaußenminister.

24 Di In Nordirland, das seit dem Jahre 1920 per Gesetz von Südirland getrennt ist, finden Wahlen zum ersten Parlament statt.

25 Mi In Dublin setzen Anhänger der irischen Untergrundorganisation IRA ein Verwaltungsgebäude der britischen Regierung in Brand.

26 Do Der Magistrat von Berlin gestattet die Beschäftigung von sog. Tauschhändlern für Küchenabfälle. Hausfrauen können Abfälle künftig an diese verkaufen.

27 Fr Der Spielfilm »Scherben« von Lupu Pick wird im Berliner Mozartsaal uraufgeführt. +++ Der US-Kongress nimmt ein neues Steuergesetz an.

28 Sa Aus Texas wird berichtet, dass der Ku-Klux-Klan schon öfter Weiße, die Kontakt zur farbigen Bevölkerung gepflegt hatten, ermordet habe.

29 So In Düsseldorf hat die Operette »Die spanische Nachtigall« von Leo Fall mit Fritzi Massary in der Hauptrolle Premiere. → Salzburger

30 Mo Der Direktor der AEG, Walther Rathenau (DDP), wird Wiederaufbauminister in der neuen Regierung unter Joseph Wirth (Zentrum).

31 Di Erstmals seit dem Weltkrieg erhalten Bürger des Deutschen Reiches und Österreichs die Erlaubnis, in die USA einzuwandern.

3. Mai 1921

»Dadamax« provoziert in Paris

Der Dadaismus hält Einzug in Paris. In der Galerie »Au Sans Pareil« wird das Publikum mit Bildern von Max Ernst konfrontiert. Der Kölner Künstler, auch »Dadamax« genannt, kommt auf Einladung des Schriftstellers André Breton und seiner Gruppe »Littérature« in die französische Hauptstadt (Abb.: Französische Dadaisten mit André Breton, ganz links). Ernst legt in seinen jüngsten Arbeiten den Schwerpunkt auf die Collagetechnik. Mit verschiedenen Mitteln setzt er Abbilder unterschiedlicher Wirklichkeiten zu einem neuen Ganzen zusammen, das den Betrachter »aufheulen« lassen soll. Dabei versteht er sein Werk als Angriff auf »gefällige« Kunst. Als Ausdruck einer »Anti-Ästhetik« sollen Ernsts Bilder das Publikum provozieren. Der Dadaismus entwickelte sich unter dem Einfluss des Ersten Weltkriegs. In mehreren europäischen Städten traten Künstler zusammen, die künstlerische Formen für wertlos erklärten und scheinbar sinnentleerte Gegenprogramme schufen. Max Ernst gründete zusammen mit Hans Arp den Kölner Dadaismus. 1922 siedelt Ernst nach Paris über. In den Folgejahren entwickelt sich die französische Dadabewegung. Aus ihr geht schließlich der Surrealismus hervor.

2. Mai 1921

Kampf um Oberschlesien

Der Streit um die Zugehörigkeit Oberschlesiens löst einen polnischen Aufstand aus. In der Frage, ob das Gebiet zum Deutschen Reich oder zu Polen gehören soll, hatten am 20. März 59,6% der Bevölkerung für die deutsche Anbindung gestimmt. Der Aufstand wird daraufhin von dem polnischen Politker Wojciech Korfanty angezettelt, der die Vereinigung mit Polen durchsetzen will. Schon nach wenigen Tagen haben die polnischen Freischärler große Gebiete erobert. Die Lage der deutschen Bevölkerung scheint aussichtslos, denn gemäß Versailler Vertrag darf im alliiert verwalteten Oberschlesien kein deutscher Reichswehreinsatz erfolgen.

In Eigeninitiative sammeln sich Bürgerwehren und Selbstschutztruppen, um gegen die polnischen Aufständischen vorzugehen. Es kommt zu erbitterten Kämpfen (Abb.: polnische Freischärler halten eine Wegkreuzung besetzt). Schließlich interveniert die Interalliierte Kommission. Polen und Deutsche müssen im Juni die Waffen niederlegen. Die Frage nach der Zugehörigkeit Oberschlesiens wird in die Zuständigkeit des Völkerbundes gelegt.

7. Juni 1921

Erstes nordirisches Parlament

Das erste nordirische Parlament erlebt in Belfast seine Geburtsstunde. Aus den vorausgegangenen Wahlen sind die Ulster Unionists mit 40 Mandaten als stärkste Fraktion hervorgegangen. Unter Premierminister James Craig steht die Regierungspartei für die Einheit des Landes mit Großbritannien ein. Weitere Parlamentarier stammen aus den Reihen der radikalen Sinn-Féin-Partei, die mit der Irisch-Republikanischen-Armee (IRA) für die Unabhängigkeit ganz Irlands von Großbritannien kämpft. In Irland herrscht seit 1919 blutiger Bürgerkrieg. Die Situation hatte sich 1920 durch den Government of Ireland Act zugespitzt, der die Insel in zwei Regionen teilte.

Traktoren für Frankreich: Maschinen sind willkommene Reparationsleistungen.

5. Mai 1921

Londoner Ultimatu

Der britische Premierminister David Lloyd George überreicht dem deutschen Botschafter Friedrich Sthamer in London ein Schreiben, in dem die Reichsregierung ultimativ aufgefordert wird, innerhalb von sechs Tagen den alliierten Reparationsforderungen in Höhe von 132 Mrd. Goldmark zuzustimmen. Im Weigerungsfall wird mit der Besetzung des Ruhrgebiets gedroht.

Unter dem Druck dieser Ankündigung war einen Tag zuvor die Reichsregierung unter Konstantin Fehrenbach (Zentrum) zurückgetreten. Nach dem Scheitern der Londoner Konferenz im März waren die Vertreter der Entente am 27. April übereingekommen, die endgültige Reparationssumme auf den Betrag von 132 Mrd. Goldmark festzulegen. Die deutsche Seite hoffte hingegen immer noch, die Schulden durch eine einmalige Zahlung von 50 Mrd. Goldmark begleichen zu können. Für den Fall, dass die Alliierten auch diesem Vorschlag nicht zustimmen würden, schlug sie einen Betrag von 200 Mrd. Goldmark vor, definierte dabei aber die Zahlungsweise nicht näher – was die sofortige Ablehnung der Siegermächte zur Folge hatte.

29. Mai 1921

Salzburger fordern Anschluss

Bei einer nicht genehmigten Volksbefragung in Salzburg fordern 99,5% der Beteiligten, dass Österreich dem Deutschen Reich angegliedert werden soll.
Die österreichische Regierung versuchte vergebens, die Befragung zu verhindern. Sie befürchtete Sanktionen der Alliierten, die mit der Streichung von Hilfsgütern gedroht hatten, falls die Anschlussdebatten nicht beendet würden. Gemäß dem Friedensvertrag von Saint-Germain-en-Laye ist der Zusammenschluss Österreichs mit Deutschland verboten. Die Bevölkerung hält das Alpenland aber wegen der desolaten Wirtschaft allein für nicht überlebensfähig.

1. Juni 1921

»Erfüllungspolitik« wird Regierungsmaxime

Die Regierungserklärung des neuen deutschen Reichskanzlers Joseph Wirth (s. Abb.) markiert einen Wandel in der deutschen Außenpolitik. Vor dem Reichstag rechtfertigt Wirth sein Vorhaben, den alliierten Siegermächten bei ihren Reparationsforderungen nachzugeben. Der Konfrontationskurs des Deutschen Reiches soll der Vergangenheit angehören. Von dieser »Erfüllungspolitik« verspricht sich Wirth Sympathien bei den Siegermächten. Die Bereitschaft zur Wiedergutmachung soll nach Wirths Ansicht die Basis für neue Verhandlungen schaffen. Die Regierung Wirth akzeptiert die bisher abgelehnten Londoner Verträge. Damit wird das Deutsche Reich zu einer Reparationszahlung von 132 Mrd. Goldmark innerhalb von 66 Jahren verpflichtet. 26% der Erträge des deutschen Exports sind an die Entente abzutreten. Ferner müssen die Einwohnerwehren aufgelöst und Kriegsverbrecher vor Gericht gestellt werden. Ein Großteil der Waffen einschließlich Ersatzteile müssen bis zum 10. Juni an die Alliierten abgeliefert werden, übriges Kriegsgerät bis zum 30. Juni. Veraltete Geschütze, Kampfschiffe und Kriegsflugzeuge werden auf deutschem Boden verschrottet.
Der Begriff Erfüllungspolitik ist kein neues Schlagwort. Er wurde schon auf der Reparationskonferenz von Spa im Juli 1920 geprägt. Damals hatte die deutsche Regierung als Zugeständnis die Kohleforderungen der Alliierten akzeptiert.

Joseph Wirth

deutscher Politiker, * 6.9.1879 Freiburg; † 3.1.1956 Freiburg

Unter Wirth als Reichskanzler erfolgte die Abtrennung Oberschlesiens und der Abschluss des Rapallo-Vertrags. Der Sohn eines Maschinenmeisters trat zunächst den Schuldienst an, bevor er Mitglied der badischen Kammer und ein Jahr später des Reichstags wurde. Der dem linken Flügel des Zentrums zugehörige Politiker war Reichsfinanzminister und wurde 1921 Regierungschef. 1922 legt er das Amt nieder. Als Hitler die Macht ergreift, geht er ins Schweizer Exil.

- 1918: badischer Finanzminister
- 1930/31: Reichsinnenminister
- 1948: Rückkehr nach Deutschland

Demontierte Geschütze werden zum Stapelplatz gebracht und verschrottet.

Juni 1921

1 Mi Der französische Minister Louis Loucheur spricht sich gegen die Heranziehung deutscher Arbeiter für den Wiederaufbau in Frankreich aus. → »Erfüllungspolitik«

2 Do Mehrere tausend Menschen drängen sich in die Berliner Universität, um eine Vorlesung des indischen Philosophen Rabindranath Tagore zu hören.

3 Fr Der Generalrat des Völkerbunds in Genf spricht sich mit großer Mehrheit für die Zulassung des Deutschen Reichs als Mitglied aus.

4 Sa Bei einem Überfall von Angehörigen der Unabhängigkeitsbewegung Sinn Féin bei Carrow-Kennedy (Irland) werden elf britische Polizisten getötet.

5 So In Paris tritt ein Kongress von russischen Emigranten zusammen, der über die Bekämpfung der Bolschewiken in Sowjetrussland berät.

6 Mo Wegen Mordes an einem US-Soldaten wird in Koblenz das Todesurteil gegen zwei Deutsche durch Enthauptung vollstreckt.

7 Di Der sächsische Landtag in Dresden beschließt die Einführung der kostenlosen Geburtshilfe und die Anstellung von Hebammen als Beamtinnen. → Parlament

8 Mi Der Reichskanzler erklärt vor dem Reichswirtschaftsrat, dass zur Erfüllung der Reparationsleistungen die Goldreserven angegriffen werden müssen.

9 Do Der Fraktionsvorsitzende der USPD im bayerischen Landtag, Karl Gareis, wird in München vor seiner Wohnung durch Kopfschüsse ermordet.

10 Fr In Ostpreußen werden die sog. Orts- und Grenzwehren gemäß der Forderung der alliierten Reparationskonferenz entwaffnet.

11 Sa In Pueblo (Colorado) wird die Prohibition für einen Monat außer Kraft gesetzt, um einer Typhusepidemie mit alkoholhaltigen Medikamenten Herr zu werden.

12 So Der Italiener Giovanni Brunero gewinnt in Mailand nach 3107 km den neunten Giro d'Italia. +++ Der 1. FC Nürnberg wird Deutscher Fußball-Meister.

13 Mo Im Vorraum des italienischen Parlaments zwingen bewaffnete Faschisten den kommunistischen Abgeordneten Misiano, das Gebäude zu verlassen.

14 Di Britische Truppen, die in Oberschlesien Zusammenstöße zwischen deutschen und polnischen Militärverbänden verhindern sollen, beenden ihre Tätigkeit.

15 Mi Die Alliierte Konferenz in Paris stellt fest, das Deutsche Reich habe die Bestimmung des Versailler Vertrags bezüglich der Flugzeugproduktion missachtet.

16 Do Vor dem Reichswirtschaftsrat erläutert der Wiederaufbauminister Walther Rathenau, es sei ihm nicht gelungen, die Reparationsforderungen abzumildern.

17 Fr Die deutschen Gewerkschaften und Parteien in Oberschlesien richten an die Alliierten die Bitte, die deutsche Bevölkerung zu schützen.

18 Sa Der alliierte Stadtkommandant von Gleiwitz in Oberschlesien verbietet die Tageszeitung »Oberschlesische Volksstimme«.

19 So Zur Durchführung einer Volkszählung werden in Großbritannien in 12 Mio. Haushalten Fragebögen ausgegeben.

20 Mo In einem Erlass des Reichsministeriums des Inneren werden Kommunisten von der Bekleidung öffentlicher Ämter ausgeschlossen.

21 Di Nach dem Rücktritt der Regierung Michael Mayrs am 1. Juni bildet der Polizeipräsident von Wien, Johannes Schober, eine neue österreichische Regierung.

22 Mi In Stockholm stellt der finnische Läufer Paavo Nurmi mit 30:40,2 min im 10000-m-Lauf einen neuen Weltrekord auf.

23 Do Der Landtag der Steiermark widerruft in Graz seinen Beschluss, am 3. Juli eine Volksabstimmung über den Anschluss an das Deutsche Reich durchzuführen.

24 Fr Zwischen der Reichsregierung und dem Kommandeur der alliierten Truppen in Oberschlesien wird eine Einigung über die Räumung Oberschlesiens erzielt.

25 Sa Der französische Ministerpräsident Aristide Briand spricht sich in Paris für die Aufteilung Oberschlesiens zwischen Deutschland und Polen aus.

26 So Die Reichsregierung verfügt die Auflösung der Einwohnerwehren in Bayern und der Orts- und Grenzwehren in Ostpreußen.

27 Mo Der Reichstag beschließt die Einführung einer neuen Handelsflagge, in deren rechte obere Ecke künftig die Reichsfarben Schwarz-Rot-Gold eingesetzt werden.

28 Di Der italienische Ministerpräsident Giovanni Giolitti tritt nach einer Abstimmungsniederlage im Parlament über seine Außenpolitik zurück.

29 Mi Der Bayerische Christliche Bauernverband fordert seine Mitglieder auf, möglichst viele Studenten ab Juli bei den Erntearbeiten zu beschäftigen.

30 Do Außenminister Friedrich Rosen fordert von den Alliierten die Aufhebung ihrer gegen drei Städte an Rhein und Ruhr verhängten Sanktionen.

Juli 1921

1 Fr Der Bildungsausschuss des Berliner Reichstags spricht sich dafür aus, Studenten für den Weg zur Hochschule eine Fahrpreisermäßigung zu gewähren. → China

2 Sa Im Dresdener Staatstheater wird »Der Schwan«, ein Schauspiel des ungarischen Schriftstellers Franz Molnar, uraufgeführt. → Live-Reportage

3 So In Moskau wird auf dem ersten internationalen Kongress der Fach- und Industrieverbände die Rote Gewerkschaftsinternationale (RGI) gegründet.

4 Mo Der Reformsozialist Ivanoe Bonomi, ein entschiedener Gegner der Faschisten unter Mussolini, wird zum neuen Ministerpräsident Italiens gewählt.

5 Di Die sowjetische Regierung in Moskau erlässt ein Dekret, in dem öffentlichen Institutionen und Privatpersonen gestattet wird, staatliche Betriebe zu pachten.

6 Mi Die 21-jährige Sarah Johnson wird in Zion City im US-Bundesstaat Illinois wegen »unanständiger« Kleidung verhaftet, die u.a. das Schlüsselbein unbedeckt ließ.

7 Do Im Auftrag der Vereinigung deutscher Wohnungsämter erscheint aufgrund des extremen Wohnungsmangels erstmals die Zeitung »Der Wohnungstausch«.

8 Fr Die irische Unabhängigkeitsbewegung Sinn Féin und die britische Regierung einigen sich in London auf einen Waffenstillstand im irischen Bürgerkrieg.

9 Sa Die sowjetische Zeitung »Prawda« berichtet von der letzten Volkszählung, wonach 1920 in Sowjetrussland 12 Mio. weniger Menschen lebten als 1914.

10 So In der österreichischen Hauptstadt Wien beginnt eine sechstägige Konferenz der Internationalen Frauenliga für Frieden und Freiheit (IFFF).

11 Mo US-Präsident Warren G. Harding richtet an Großbritannien, Frankreich, Italien und Japan eine Anfrage, ob diese zu Rüstungsbeschränkungen bereit seien.

12 Di Der III. Weltkongress der Kommunistischen Internationale plädiert wegen innenpolitischer Probleme der Sowjetregierung für einen gemäßigten Kurs.

13 Mi Auf Einladung der dänischen Hilfsorganisation »Komitee für die deutschen Kinder« treffen 300 Kinder in Kopenhagen ein.

14 Do Der französische Kriegsminister Louis Barthou gibt bekannt, dass bei Unfällen in den ersten fünf Monaten dieses Jahres 35 Piloten getötet worden seien.

15 Fr Der Abschluss eines Staatsvertrags des Reiches mit Preußen veranlasst den Ausbau der Schifffahrtsstraßen zwischen Aschaffenburg und Passau.

16 Sa Der Reichsverband der Industrie bezeichnet beim Empfang einer Delegation von US-Unternehmern die Erfüllung der Reparationsforderungen als unmöglich.

17 So Hunderte von Sportbegeisterten aus verschiedenen Teilen Deutschlands nehmen an dem Wettbewerb »Schwimmen durch Berlin« teil.

18 Mo Der französische Ministerpräsident Aristide Briand lehnt auf Anfrage Großbritanniens eine baldige Entscheidung über die Zukunft Oberschlesiens ab.

19 Di In Moskau wird die Rote Sportinternationale gegründet. +++ In den USA stehen einer Meldung zufolge 8 Mio. Frauen in einem festen Arbeitsverhältnis.

20 Mi Die Schifffahrt auf dem Rhein kommt zum Erliegen, nachdem die niederländischen Maschinisten und Heizer für höhere Löhne streiken.

21 Do In Frankfurt am Main wird ein Waffenlager des rechtsgerichteten Wehrverbandes »Organisation Escherich« ausgehoben. → Marokko

22 Fr In den italienischen Städten Sfarzana und Triest kommt es zu blutigen Auseinandersetzungen zwischen Faschisten, Kommunisten und der Polizei.

23 Sa Laut der französischen Zeitung »Petit Parisien« bereitet sich die französische Rüstungsindustrie darauf vor, Polen und Rumänien mit Waffen zu versorgen.

24 So Erstmals seit 1914 wird in Le Mans der Große Preis des französischen Automobilclubs ausgetragen. +++ Der Belgier Léon Scieur gewinnt die Tour de France.

25 Mo Der Vorsitzende der Zentrumspartei und Chef der Reichstagsfraktion, Karl Trimborn, stirbt im Alter von 66 Jahren in Bonn.

26 Di Nach Inkrafttreten des Friedensvertrags von Trianon zwischen Ungarn und den Alliierten muss Ungarn das Burgenland an Österreich abtreten.

27 Mi Das britische Kolonialministerium erlaubt die Tätigkeit deutscher Missionare in Afrika, wenn sie sich den britischen Behörden unterordnen. → Insulin

28 Do Die erste in Deutschland hergestellte elektrische Schreibmaschine kommt auf den Markt. Sie wird von den Berliner Mercedes-Werken produziert. → Belgien

29 Fr Seit Wochen herrscht in Europa extreme Hitze. Aus Breslau werden Temperaturen bis zu 37°C, aus Prag bis zu 36°C gemeldet. → Adolf Hitler

30 Sa Der Schweizer Henri Durafour landet mit einem Flugzeug ohne Kufen in einer Höhe von 4500 m auf dem Mont Blanc.

31 So Am Vorabend des siebenten Jahrestages des deutschen Eintritts in den Weltkrieg finden im Deutschen Reich Demonstrationen für den Weltfrieden statt.

27. Juli 1921

Wirkstoff Insulin gefunden

Zuckerkranke können hoffen: Dem kanadischen Mediziner Frederick Grant Banting und seinem Assistenten Charles Herbert Best (s. Abb. v.l.) von der Universität Toronto ist es gelungen, das Bauspeicheldrüsenhormon Insulin zu isolieren. Am 30. Juli wird es erstmals zur Behandlung eines Menschen angewendet. Mit der Entdeckung dieses Hormons wird die Suche nach den Ursachen der Zuckerkrankheit (Diabetes) abgeschlossen, die bereits in der Antike begann. 1889 hatten die Straßburger Wissenschaftler Joseph Freiherr von Mering und Oskar Minkowski Hunden die Bauspeicheldrüse entfernt und festgestellt, dass die Tiere anschließend die typischen Symptome der Zuckerkrankheit entwickelten. Der US-Pathologe Eugene L. Opie untersuchte im Jahre 1901 den Verfall von Zellverbindungen in den Langerhans-Inseln, einem Teil der Bauspeicheldrüse. Er stellte einen Zusammenhang zwischen der Funktion dieser Zellen und Diabetes her.

21. Juli 1921

Sieg der Kabylen in Marokko

Die seit Wochen eskalierenden Kämpfe zwischen den spanischen Truppen in Marokko und den Kabylen – Stämmen des Rifgebiets, die Unabhängigkeit von der Protektoratsmacht anstreben – enden bei Annual mit einer Niederlage der Spanier. Nach der viertägigen Schlacht, die den bisherigen Höhepunkt in den kriegerischen Auseinandersetzungen darstellt, haben die Spanier die Kontrolle über 5000 km^2 ihres Herrschaftsgebiets verloren. Die Marokkaner verlieren 800 Mann, auf spanischer Seite sterben 13 190 Soldaten. Zahlreiche Waffen fallen den Kabylen in die Hände.

28. Juli 1921

Belgien erhält Sprachgrenze

Das belgische Parlament in Brüssel nimmt ein Gesetz an, in dem das Land in Provinzen mit verschiedenen Amtssprachen eingeteilt wird.
In Flandern wird Niederländisch Amtssprache, in Wallonien Französisch. In Brüssel und Brabant sollen Abstimmungen stattfinden, öffentliche Verlautbarungen müssen in beiden Sprachen verfasst werden. König Albert I. (s. Abb.), der seit seinem Amtsantritt im Jahre 1909 um eine Schlichtung im langjährigen Konflikt zwischen Flamen und Wallonen bemüht ist, unterzeichnet das von der Regierung unter Henri Carton de Wiart eingebrachte Sprachengesetz.

26. August 1921

Fememord an Erzberger

Während eines Urlaubs in Bad Griesbach im Schwarzwald fällt der Zentrumsabgeordnete und frühere Reichsfinanzminister Matthias Erzberger einem politischen Attentat zum Opfer. Der Mord, dem eine lange Hetzkampagne vorausgegangen war, führt zu heftigen innenpolitischen Auseinandersetzungen.
Erzberger und der Reichstagsabgeordnete Wilhelm Diez waren auf einem Spaziergang, als sie bemerkten, dass sie von zwei Männern verfolgt wurden. Sie wollten umkehren, doch einer der Verfolger zog eine Pistole und streckte Diez mit einem Schuss in die Schulter nieder. Erzberger versuchte noch zu fliehen, wurde jedoch von den Attentätern eingeholt und mit zwölf Schüssen getötet. Der badischen Staatsanwaltschaft gelingt es bald, die Mörder zu identifizieren. Die Täter, Heinrich Schulz und Heinrich Tillessen, sind Mitglieder der Organisation Consul, eines rechtsradikalen Geheimbundes. Die Behörden verfolgen die Spur nach München. Obwohl es nicht gelingt, die beiden Täter zu fassen, stoßen die badischen Beamten in München zumindest auf das Büro der »Organisation Consul«, die sich als »Bayerische Holzverwertungsgesellschaft« getarnt hat. Einige Mitglieder werden verhaftet, kurz darauf jedoch wieder (ausgenommen Manfred von Killinger, der Auftraggeber von Tillessen und Schulz) auf freien Fuß gesetzt. Auch Killinger wird im Juni 1922 – angeblich aus Mangel an Beweisen – freigesprochen. Während die Reichsregierung Maßnahmen zur Eindämmung der antirepublikanischen Kräfte ergreift, macht die

29. Juli 1921

Adolf Hitler wird Parteichef

Nach heftigen Auseinandersetzungen in der Parteiführung der NSDAP wird Propagandaleiter Adolf Hitler auf einer außerordentlichen Mitgliederversammlung der Partei in München zum Vorsitzenden gewählt.
In der neuen Satzung erhält er das Recht, die Partei unabhängig von Mehrheitsbeschlüssen des Vorstandes mit uneingeschränkten Vollmachten zu leiten. Der bisherige Vorsitzende Anton Drexler wird Ehrenvorsitzender, Oskar Körner bleibt zweiter Vorsitzender. Der Wechsel in der Parteiführung wurde durch innerparteiliche Differenzen zwischen Hitler und Drexler ausgelöst. Während Hitler die Parteiziele auf revolutionärem Wege auch unter Anwendung von Gewalt anstrebt, will Drexler den legalen parlamentarischen Weg nicht verlassen. Außerdem lehnt Hitler den von Drexler befürworteten Zusammenschluss der nationalsozialistischen Parteien Deutschlands, Österreichs und der Tschechoslowakei ab.

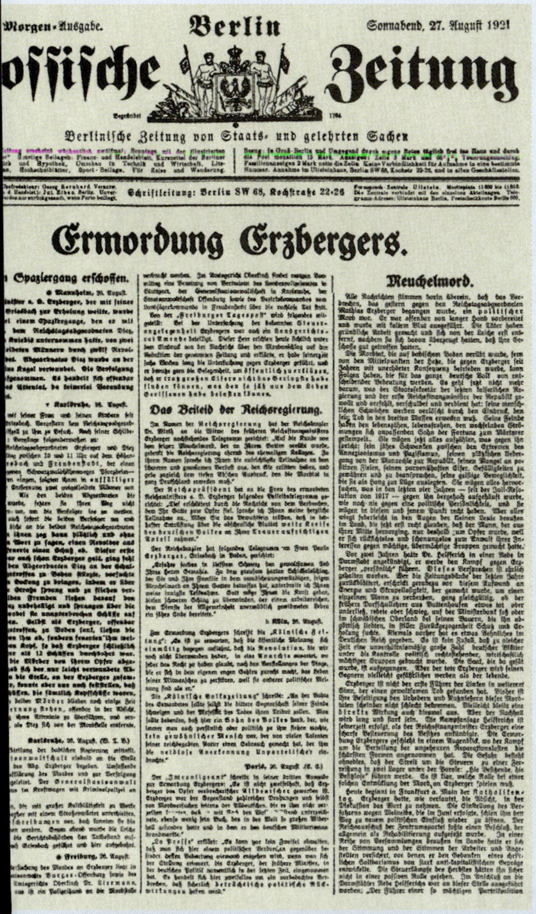
Morgen-Ausgabe. Berlin Sonnabend, 27. August 1921

Vossische Zeitung

Berlinische Zeitung von Staats- und gelehrten Sachen

Ermordung Erzbergers.

Der Spaziergang erschossen.

Meuchelmord.

Das Beileid der Reichsregierung.

Bericht über den Mord an Erzberger

Die KPD-Reichstagsabgeordnete Clara Zetkin (l.) auf einer Protestkundgebung gegen den Erzberger-Mord

Matthias Erzberger

deutscher Politiker, * 20.9.1875 Buttenhausen; † 26.8.1921 Bad Griesbach (ermordet)

Für die politische Rechte verkörperte Erzberger wie kein anderer Politiker die Erfüllungspolitik gegenüber den Alliierten. Während des Weltkriegs wandelte sich der Volksschullehrer vom Verfechter deutscher Kriegsziele zum Kriegsgegner. Er war am Sturz von Kanzler Bethmann Hollweg beteiligt und suchte einen Verständigungsfrieden. 1918 unterzeichnete Erzberger den Waffenstillstand von Compiègne.

- 1896: Redakteur des katholischen Dt. Volksblatts
- ab 1903: Mitglied des Reichstags für das Zentrum
- 1919/20: Reichsfinanzminister und Vizekanzler

politische Rechte kein Hehl aus ihrer Genugtuung über das Attentat. Erzberger galt für sie seit Jahren als Verkörperung aller Übel der verhassten Republik. Die Hetze gegen den ehemaligen Minister wurde dabei vor allem von dem DNVP-Abgeordneten Karl Helfferich betrieben, der ihn als »Vaterlandsverräter« denunzierte, weil er die Annahme des Versailler Vertrages befürwortete. Zudem wendet er sich gegen die Erzbergersche Finanzreform, durch die das Reich die Finanzhoheit gegenüber den Ländern erhielt und neue Steuern eingeführt wurden. Einen Beleidigungsprozess gegen Helfferich gewann Erzberger. Den letzten Anlass für den Fememord gab schließlich Erzbergers Ankündigung, im Herbst 1921 in die Politik zurückkehren zu wollen. Bereits kurz nach Antritt der neuen Regierung unter Joseph Wirth war sein Einfluss auf dessen sog. Erfüllungspolitik, die den scharfen Widerstand der politischen Rechten hervorrief, offensichtlich geworden.

2. Juli 1921

Live-Reportage aus dem Ring

Durch k.o. in der vierten Runde verteidigt der US-Boxer Jack Dempsey in Jersey City seinen WM-Titel im Schwergewicht gegen den Franzosen Georges Carpentier. Die Live-Übertragung im Radio ist die erste Sportreportage im Rundfunk überhaupt.

80 000 Zuschauer kamen in die extra für diese Begegnung erbaute achteckige Freiluftarena. Seit einem Jahr hatte man den Kampf der Superlative vorbereitet. Weltmeister Dempsey war haushoher Favorit, nur französische Wettbüros spekulierten auf eine Außenseiterchance Carpentiers. Beide Boxer haben sich optimal vorbereitet, die körperlichen Voraussetzungen sind jedoch ungleich: Mit seinen 78 kg wiegt der Franzose fast 20 Pfund weniger als Dempsey, der bereits in der ersten Runde punkten kann. Der US-Boxer, der als guter Techniker mit hartem Punch gilt, stellt mit dem Sieg seine Ausnahmestellung unter Beweis. Seit 1919 ist er Champion im Schwergewicht.

1. Juli 1921

KP Chinas gegründet

In Schanghai gründen zwölf Mitglieder der sozialistischen Jugendliga die Kommunistische Partei Chinas.

Die Liga arbeitet seit mehr als einem Jahr systematisch am Aufbau kommunistischer Gruppen in den großen Städten des Landes. Zu den Gründungsmitgliedern gehört auch der 28-jährige Lehrer Mao Tse-tung (s. Abb., 3.v.l., auf einer propagandistischen Zeichnung aus späteren Jahren). Die Vorbereitung der Parteigründung war von der Kommunistischen Internationale (Komintern) in Moskau unterstützt worden. Die KP Chinas, der insgesamt 50 Mitglieder angehören, rekrutiert sich in ihrer Anfangsphase ausschließlich aus jungen Intellektuellen.

August 1921

1 Mo Max Amann, ein Gefolgsmann Adolf Hitlers, übernimmt die Geschäftsführung der NSDAP. Er ist u.a. für den Presse- und Verlagsbereich zuständig.

2 Di In Neapel stirbt der Opernstenor Enrico Caruso.+++ Russland bittet die Industrienationen um finanzielle und materielle Hilfe für das notleidende Volk.

3 Mi Auf Initiative des Parteivorsitzenden Adolf Hitler wird der NSDAP-»Versammlungsschutz« in eine paramilitärische Kampforganisation umgewandelt.

4 Do Die alliierte Reparationskommission in Paris fordert vom Deutschen Reich trotz seiner wirtschaftlichen Probleme die Einhaltung der Zahlungen.

5 Fr In Dayton im US-Bundesstaat Ohio wird das erste Auto, das nur mit Funkfernsteuerung gelenkt wird, erfolgreich getestet.

6 Sa Bei einer Leichtathletikveranstaltung in Berlin stellt Frieda Grasse mit 9,30 m einen deutschen Rekord im Kugelstoßen der Frauen auf.

7 So Mit dem Streikziel der Sicherung fester Löhne treten in allen größeren Städten der Niederlande die Kellner in den Ausstand.

8 Mo Papst Benedikt XV. fordert »alle Christen und zivilisierten Völker der Welt« auf, der hungernden russischen Bevölkerung zu helfen.

9 Di Ein Schöffengericht in Frankfurt am Main entscheidet, dass Arbeitgeber sich strafbar machen, wenn sie ihre Angestellten länger als acht Stunden beschäftigen.

10 Mi Der Oberste Rat der Alliierten in Paris beschließt seine Neutralität im 1919 begonnenen Krieg zwischen Griechenland und der Türkei.

11 Do Der antisemitische und antirepublikanische Journalist Dietrich Eckart wird Schriftleiter des NSDAP-Organs »Völkischer Beobachter«.

12 Fr In seiner Schlusssitzung beschließt der Oberste Rat der Alliierten in Paris die Aufhebung der Zölle im besetzten Rheinland.

13 Sa Der konservative spanische Ministerpräsident Manuel Allende Salazar wird durch den Liberalen Antonio Maura y Montaner abgelöst.

14 So Die vorläufige irische Regierung unter Eamon de Valera weist den Vorschlag der britischen Regierung zurück, Irland den Status eines Kronlandes zu geben.

15 Mo An der Frankfurter Devisenbörse kommt es zu einem dramatischen Kursverfall der Mark. Der Wert des US-Dollars steigt auf 88 Mark an.

16 Di Nach dem Tod von König Peter I. tritt Alexander I. dessen Nachfolge im Königreich der Serben, Kroaten und Slowenen (Jugoslawien) an.

17 Mi Die medizinische Fakultät der Universität Königsberg verleiht dem früheren General Erich Ludendorff die Ehrendoktorwürde.

18 Do Der italienische Faschistenführer Benito Mussolini tritt als Parteivorsitzender zurück. +++ In Berlin hat das Drama »Notruf« von Hermann Sudermann Premiere.

19 Fr Der Spielfilm »Nacht ohne Morgen« von Karl Grune wird mit Eugen Klöpfer und Albert Steinrück in den Hauptrollen in Berlin uraufgeführt.

20 Sa Die am 14. August ausgerufene »Serbisch-ungarische Republik von Baranya« wird von der serbischen Bevölkerung geräumt.

21 So Wegen der steigenden Geldentwertung kommt es nach Protestkundgebungen in Posen zu blutigen Kämpfen zwischen Demonstranten und der Polizei.

22 Mo In Jena wird der Parteitag der KPD eröffnet, der den Ausschluss des früheren Vorsitzenden Paul Levi aus der Partei beschließt.

23 Di Faisal I., der von der britischen Regierung Unterstützung erfährt, wird in Bagdad zum König des Irak ausgerufen.

24 Mi Im Rahmen des deutschen Astronomentags wird in Potsdam der Einstein-Turm eingeweiht, in dem ein astrophysikalisches Labor eingerichtet ist.

25 Do Reichsaußenminister Friedrich Rosen und der US-Geschäftsträger in Berlin, Ellis L. Dresel, unterzeichnen den deutsch-amerikanischen Friedensvertrag.

26 Fr In Chemnitz werden sämtliche Polizisten der Landespolizei entlassen, weil sie sich geweigert hatten, im Stahlhelm zu einer Übung auszurücken. → Erzberger

27 Sa In Anwesenheit des päpstlichen Nuntius Eugenio Pacelli, des späteren Papstes Pius XII., wird in Frankfurt am Main der 61. deutsche Katholikentag eröffnet.

28 So Der erste internationale anthroposophische Kongress findet in Stuttgart statt. Hauptreferent ist der Begründer der Bewegung Rudolf Steiner.

29 Mo Reichspräsident Friedrich Ebert (SPD) verhängt nach dem Mord an Matthias Erzberger vor drei Tagen den Ausnahmezustand über das Reich.

30 Di Das vom Obersten Rat der Alliierten eingesetzte Komitee zur Bekämpfung des Hungers in Sowjetrussland wird von der Sowjetregierung aufgelöst.

31 Mi Ungeachtet der von der Reichsregierung in Berlin erlassenen Ausnahmegesetze können in Bayern weiterhin rechtsradikale Zeitungen erscheinen.

September 1921

1 Do In Berlin tritt eine Polizeiverordnung in Kraft, nach der die Öffnung von Theatern, Kinos und Kabaretts bis 1 Uhr erlaubt ist – statt wie bisher bis Mitternacht.

2 Fr Das Radrennen Paris-Brest-Paris endet mit dem Sieg des Belgiers Mottiat, der die 1198 km lange Strecke in 55:07,8 h bewältigt.

3 Sa In Coburg kommt es bei Kundgebungen anlässlich der Ermordung Matthias Erzbergers zu Zusammenstößen zwischen Demonstranten und der Polizei.

4 So Auf der Nordischen Woche in Lübeck hält der Schriftsteller Thomas Mann einen viel beachteten Vortrag über »Geothe und Tolstoi«.

5 Mo Reichspräsident Friedrich Ebert erlässt eine Verordnung »zum Schutz der Uniform«, die die Bevölkerung zum Respekt vor der Reichswehr auffordert.

6 Di Die alliierten Mächte fordern die ungarische Regierung auf, sofort mit der Räumung des Burgenlandes zu beginnen, das laut Vertrag an Österreich fiel.

7 Mi In ganz Oberschlesien wird der Ausnahmezustand aufgehoben, der vor der Abstimmung über die Staatszugehörigkeit der Bevölkerung verhängt wurde.

8 Do An der Berliner Börse wird der US-Dollar erstmals in diesem Jahr mit mehr als 100 Mark notiert. Zu Jahresbeginn hatte er einen Gegenwert von 64 Mark.

9 Fr Der Organisator des Hilfsprogramms für Sowjetrussland, Fridtjof Nansen, berichtet von 1 Mio. Hungertoten unter der russischen Bevölkerung.

10 Sa Bejubelt von Tausenden von Menschen, besucht der britische Schauspieler Charlie Chaplin seine Heimatstadt London.

11 So Trude Hesterberg eröffnet im Berliner Theater des Westens das Kabarett »Wilde Bühne«. +++ Im Wiener Praterglände wird die erste Messe eröffnet.

12 Mo Die städtischen Arbeiter der Reichshauptstadt Berlin treten für einen Tag in den Streik, weil ihr Tarifvertrag von 1919 gekündigt wurde.

13 Di In Peking wird eine medizinische Hochschule, deren Errichtung von der US-Rockefeller-Stiftung mit 1,5 Mio. Dollar unterstützt wurde, eingeweiht.

14 Mi Die »New Yorker Times« berichtet, dass es Ingenieuren in Pittsfield (Massachusetts) gelungen sei, eine Stromspannung von 1 Mio. Volt zu erzeugen.

15 Do Bei Ausgrabungen in der ägyptischen Wüste wird der mumifizierte Körper eines vor 8000 Jahren verstorbenen Mädchens gefunden.

16 Fr Angesichts der großen Menge von Medizinstudenten fordert der Wirtschaftsverband der deutschen Ärzte die planmäßige Verteilung von Arztpraxen.

17 Sa In München wird zum ersten Mal seit dem Weltkrieg wieder das traditionelle Oktoberfest gefeiert, das im Prinzip seit 1811 jährlich stattfindet.

18 So Die Wiener Nationalorganisation veranlasst auf dem Rathausplatz eine Massenveranstaltung gegen die »Unterdrückung des Deutschtums«.

19 Mo Im Ufa-Palast am Zoo in Berlin wird der Film die »Geier-Wally« uraufgeführt. Die Regie führte Ewald André Dupont.

20 Di Der Rektor des Warschauer Polytechnikums, Anton Ponikowski, löst den bisherigen polnischen Ministerpräsidenten Wincenty Witos in seinem Amt ab.

21 Mi Bei einem Explosionsunglück im BASF-Stickstoffwerk Oppau bei Ludwigshafen sterben fast 600 Menschen, Tausende werden verletzt.

22 Do Die baltischen Staaten Lettland, Estland und Litauen, die bis zum Weltkrieg dem Russischen Reich angehört hatten, treten dem Völkerbund bei.

23 Fr Auf der Deutschen Automobilausstellung in Berlin wird das sog. Rumpler-Tropfen-Auto vorgestellt, das durch seine aerodynamische Form auffällt.

24 Sa Drei französische Tageszeitungen senden ihre Auslandsredakteure zur Beurteilung der politischen Lage ins Deutsche Reich. → Avus → Eduard Beneš

25 So Im Pariser Kaufhaus »Printemps« bricht ein Brand aus. +++ In New York hat der Charlie-Chaplin-Film »The Idle Class« (Die feinen Leute) Premiere.

26 Mo Der Regisseur des Großen Schauspielhauses in Berlin, Karl Heinz Martin, macht mit seiner Neuinszenierung von Friedrich Schillers »Räuber« Furore.

27 Di Bei Zusammenstößen mit der Polizei im italienischen Modena werden fünf Faschisten getötet. In Ottonuova gibt es zwei Tote und 18 Verletzte.

28 Mi Der Landesverteidigungsrat von Westungarn unter István Graf Bethlen von Bethlen erklärt, dass er das Land in selbstständiger Regierung verwalten werde.

29 Do An der Berliner Volksbühne wird Ernst Tollers sozialkritisches Stück »Masse Mensch« in einer Inszenierung von Jürgen Fehling uraufgeführt.

30 Fr Die Franzosen veranlassen, dass die Sanktionen in den seit dem 8. März besetzten Städten im Rheinland aufgehoben werden.

21. Oktober 1921

Staatsstreich Karls IV. scheitert

Ex-Kaiser Karl I. von Österreich, als Karl IV. auch König von Ungarn, versucht zum zweiten Mal innerhalb eines Jahres vergeblich die Rückkehr auf den ungarischen Thron. Sein erster Restaurationsversuch war im April gescheitert.

Karl trifft in Begleitung seiner Frau Zita (s. Abb.) mit dem Flugzeug in der westungarischen Stadt Ödenburg ein, wo er von königstreuen Truppen erwartet wird. Er verkündet die Übernahme der Regierungsgewalt und bildet ein provisorisches Kabinett aus ehemaligen Ministern der k.u.k. Monarchie. Der Vormarsch seiner drei Divisionen wird 18 km vor Budapest von Regierungstruppen gestoppt. Der Ex-König, seine Frau sowie die militärischen Berater werden gefangen genommen und nach Madeira in die Verbannung geschickt.

13. Oktober 1921

Burgenland abgetreten

Durch Vermittlung des italienischen Außenministers Pietro Paolo Tomaso della Torretta einigen sich der österreichische Bundeskanzler Johannes Schober und der ungarische Ministerpräsident István Graf Bethlen von Bethlen im sog. Protokoll von Venedig über die Abtretung des Burgenlandes an Österreich.

Ungarn verpflichtet sich, den größten Teil des umstrittenen Gebietes zu räumen. Der gesamte staatliche Besitz an Industrieanlagen und Eisenbahnen wird ohne Entschädigung an Österreich übergeben. In der Stadt Ödenburg (Sopron) und neun dazugehörigen Gemeinden soll frühestens eine Woche nach der Räumung eine Volksabstimmung über die nationale Zugehörigkeit dieser Region stattfinden. Die Abtretung des Burgenlandes, das im Jahre 1920 aus den sog. Komitaten Wieselburg, Ödenburg und Eisenburg gebildet wurde, war bereits im Frieden von Saint-Germain-en-Laye im September 1919 von den Siegermächten des Weltkriegs vertraglich festgelegt worden. Die ungarische Regierung verzögerte jedoch die Umsetzung.

20. Oktober 1921

Oberschlesien fällt großteils an Polen

Nach langwierigen Verhandlungen beschließt der Völkerbund in Genf die Teilung des umstrittenen Abstimmungsgebiets Oberschlesien.

Die Teilung ist für Deutschland vor allem aus wirtschaftlichen Gründen schmerzlich. Die neue Grenzziehung hat zur Folge, dass rd. drei Viertel

Verschiedene Hilfsorganisationen rufen zu Geldspenden für Oberschlesier auf, die ihr Land nach der Teilung verlassen haben.

des Industriegebiets im Südosten des Landes Polen zugesprochen wird. Die Völkerbundkommission folgt in ihrer Entscheidung einer Empfehlung des Völkerbundrates vom 12. Oktober. Mit der Teilung Oberschlesiens soll der seit dem Jahre 1919 anhaltende Konflikt zwischen der deutschen und der polnischen Bevölkerung endgültig gelöst werden. Nach der Volksabstimmung über die nationale Zugehörigkeit, bei der fast 60% der Stimmberechtigten für Deutschland votiert hatten, waren die Auseinandersetzungen noch schärfer geworden. Das Resultat wurde von radikalen polnischen Gruppen unter Führung des früheren Reichstagsabgeordneten Wojciech Korfanty nicht akzeptiert. Im sog. Korfanty-Aufstand kam es zu blutigen Gefechten zwischen den polnischen Freischärlern und deutschen »Selbstschutzorganisationen«. Die Frage der Zukunft Oberschlesiens führte zudem zu politischen Auseinandersetzungen zwischen Großbritannien und Frankreich. Während die Franzosen die polnische Forderung nach einem Anschluss Oberschlesiens unterstützten, bestand die britische Regierung auf der gleichrangigen Berücksichtigung deutscher Interessen. Viel schwerer als die territorialen Verluste wiegt für Deutschland der Verzicht auf

24. September 1921

Erstes Rennen auf der Avus

Auf der am 19. September 1921 eröffneten Berliner Automobil-, Verkehrs- und Übungsstraße (Avus) wird das erste Rennen gefahren.
Sieger wird Fritz von Opel mit einer Durchschnittsgeschwindigkeit von 130,4 km/h. Das Rennen ist nicht nur ein Ereignis für Sport- und Autofans – es hat den Charakter eines großen Volksfestes. Vor dem Start spielt eine Blaskapelle, Würstchenbuden und Getränkestände machen gute Umsätze. Polizisten und Sanitäter sind entlang der Strecke postiert, um einen reibungslosen Ablauf zu gewährleisten. Die fast 20 km lange Avus ist nicht nur Rennstrecke: In Teilen wird sie auch als normaler Verkehrsweg benutzt (Abb.: Blick von der Tribüne A an der Nordschleife).

Im Berliner Lustgarten demonstrieren über 100 000 Menschen aller politischen Richtungen für Oberschlesien.

das oberschlesische Industrierevier. Dieses 3200 km² große Gebiet ist reich an Zink-, Bleierz- und Steinkohlevorkommen. Von 16 in Betrieb befindlichen Zink- und Bleierzgruben bleiben nur vier in deutscher Hand. Der Teilungsbeschluss aus Genf wird in Deutschland mit Bestürzung und Protest aufgenommen. Nach Auffassung der Reichsregierung verstoße die Teilung gegen die Bestimmungen des Versailler Vertrages und sei nur darauf ausgerichtet, das Deutsche Reich zu demütigen und politisch wie wirtschaftlich zu schwächen. Als Folge dieser wirtschaftlichen Verluste sieht die Regierung in Berlin die Einhaltung der Reparationsverpflichtungen an die Alliierten in Frage gestellt, denn die Wirtschaftskraft werde durch den Verlust an Bodenschätzen und Industrieanlagen erheblich beeinträchtigt. Aus Protest gegen die Teilung Oberschlesiens tritt die seit Mai amtierende Reichsregierung unter Joseph Wirth zurück.

24. September 1921

Außenpolitiker wird Premier

Der tschechoslowakische Staatspräsident Tomáš Garrigue Masaryk ernennt den bisherigen Außenminister Eduard Beneš zum Ministerpräsidenten. Er hofft, dass Beneš die innenpolitischen Probleme – vor allem den Konflikt zwischen Deutschen und Tschechen – lösen kann. Darüber hinaus belasten Unruhen in der Arbeiterschaft die Innenpolitik.

Eduard Beneš

tschechoslowakischer Politiker, * 28.5.1884 Kozlany/Böhmen; † 3.9.1948 Sezimovo Usti/Böhmen

Neben Masaryk ist Beneš der führende tschechoslowakische Politiker zwischen den Weltkriegen. In Verträgen mit Jugoslawien, Frankreich, Rumänien und der UdSSR versucht er, die internationale Position der jungen Republik zu stärken. Nach dem Münchener Abkommen muss er zurücktreten. Im Zweiten Weltkrieg ist er Präsident der Exilregierung. Nach Kriegsende wird er erneut Staatspräsident, kann jedoch nicht die kommunistische Machtübernahme verhindern.

- 1918-35: Außenminister
- 1935-38: Staatspräsident
- 1938: Exil in Großbritannien

1. Oktober 1921

Stadtmüll wird entsorgt

Im Berliner Stadtteil Schöneberg wird das erste deutsche Müllkraftwerk in Betrieb genommen. Der Müll wird in 110 l großen Behältern gesammelt und gelangt – ohne Sortierung – in den Verbrennungsofen. Er verbrennt unter Zuführung von komprimierter Luft zu einer festen, harten Schlacke, die von dem Ofen automatisch ausgestoßen und zu Kunststeinen verarbeitet wird. Der zusätzliche Nutzwerk des Müllkraftwerks liegt in der Erzeugung von Energie. Der Umgang mit den natürlichen Ressourcen gewinnt auch in anderen Bereichen an Bedeutung. So wird die Erhaltung der Natur u.a. an Schulwandertagen betont (Abb.: Ein Plakat mahnt zum Umweltschutz).

5. Oktober 1921

PEN-Club gegründet

In London ruft die britische Romanschriftstellerin Catherine Amy Dawson-Scott bei einem Dinner für Literaten den PEN-Club ins Leben. Ihr Landsmann John Galsworthy, Autor der »Forsyte Saga«, wird zum ersten Präsidenten gewählt. PEN steht für »Poets, Essayists, Novelists« (Dichter, Essayisten, Romanschriftsteller). Die Vereinigung soll den Austausch von Literaten fördern. Die Initiatorin sieht in ihrem Versuch, die Kommunikation zwischen Intellektuellen verschiedener Nationen zu fördern, auch einen wichtigen Beitrag zur Bewahrung des weltweiten Friedens.

Oktober 1921

1 Sa Der Regisseur Erwin Piscator und der Maler Otto Nagel werden Sekretäre der Künstlerhilfe für die Hungersnot in Sowjetrussland. → Stadtmüll

2 So In Düsseldorf wird der erste Kongress des sozialdemokratisch orientierten Allgemeinen freien Angestelltenbundes (AfA) abgehalten.

3 Mo Der russische Schriftsteller Maxim Gorki wirft den Alliierten vor, ihre unzureichende Hilfe für das hungernde russische Volk sei ideologisch begründet.

4 Di Kapitän a.D. Hermann Erhardt, der 1920 am Kapp-Putsch gegen die Reichsregierung beteiligt war, dementiert neue Putschpläne.

5 Mi Nach einer Entscheidung des Vatikan fallen die früheren deutschen Gebiete Eupen und Malmedy kirchenpolitisch an das Bistum Lüttich. → PEN-Club

6 Do Der Oberreichsanwalt in Leipzig erlässt einen Steckbrief wegen Hochverrats gegen die Anführer des Kapp-Putsches vom März 1920.

7 Fr Der von Fritz Lang gedrehte Spielfilm »Der müde Tod« mit Lil Dagover in der Hauptrolle wird in Berlin uraufgeführt.

8 Sa Mit der Uraufführung des Lustspiels »Ingeborg« von Curt Goetz wird in Berlin das Theater am Kurfürstendamm eröffnet.

9 So Der 1. Internationale Soziologenkongress tritt in Turin zusammen. Die Versöhnung der Völker Europas steht im Mittelpunkt der Diskussion.

10 Mo Mehrere tausend Menschen demonstrieren in Innsbruck mit schwarzen Fahnen und Trauerfloren gegen die Abtretung Südtirols an Italien vor einem Jahr.

11 Di In der sächsischen Stadt Zwickau wird die erste Ortsgruppe der völkisch-antisemitischen NSDAP außerhalb Bayerns gegründet.

12 Mi Der Völkerbundrat empfiehlt den alliierten Siegermächten des Weltkriegs, den mehrheitlich polnisch besiedelten Teil Oberschlesiens Polen anzugliedern.

13 Do Nach dem Wahlsieg der Sozialdemokraten in Schweden stellt Ministerpräsident Hjalmar Branting in Stockholm sein neues Kabinett vor. → Burgenland

14 Fr Laut einer Mitteilung des US-Bundesamtes für Erziehung liegt der Frauenanteil bei den amerikanischen Studierenden bei 36,9 %.

15 Sa In Berlin wird das Stück »Manon Lescaut« von Carl Sternheim uraufgeführt. +++ Franz Werfels Bühnenwerk »Der Spiegelmensch« hat in Leipzig Premiere.

16 So Bei einer Volksabstimmung im Schweizer Kanton Genf wird eine Gesetzesvorlage über die Einführung der Frauenrechte abgelehnt.

17 Mo Mitglieder des rassistischen Ku-Klux-Klan ermorden in der Nacht in Jackson (US-Bundesstaat Mississippi) fünf Schwarze durch Teeren und Federn.

18 Di Ludwig III., von 1913 bis 1918 letzter König von Bayern, stirbt im ungarischen Exil. +++ In Wien hat Robert Stolz' Operette »Tanz ins Glück« Premiere.

19 Mi Bei einem Militärputsch in Lissabon werden Ministerpräsident Antonio Granjo und drei Mitglieder seiner Regierung ermordet.

20 Do In Angora (Ankara) unterzeichnen Vertreter Frankreichs und der Türkei ein Friedensabkommen zwischen beiden Ländern. → Oberschlesien

21 Fr Eine Friedenskonferenz zur Beilegung des Konflikts zwischen Irland und Großbritannien wird in London eröffnet. → Staatsstreich

22 Sa Das Kabinett von Reichskanzler Joseph Wirth (Zentrum) tritt aus Protest gegen die Teilung Oberschlesiens am 20. Oktober zurück.

23 So Die seit Monaten anhaltende Hitzewelle findet mit plötzlichen Stürmen und Gewittern ein Ende, in Norddeutschland tobt ein Orkan.

24 Mo Der US-Kriegsminister John W. Weeks gibt Anweisung, 50% der im Rheinland stationierten US-Truppen in den nächsten Monaten abzuziehen.

25 Di In Warschau wird ein Wirtschaftsabkommen Polens mit der freien Stadt Danzig abgeschlossen, das Danzig in das polnische Zollgebiet eingliedert.

26 Mi Im Gegensatz zu den Kommilitoninnen in Oxford gelingt es den Studentinnen an der Universität Cambridge nicht, die Gleichberechtigung durchzusetzen.

27 Do Im Theater an der Wien wird »Der letzte Walzer«, eine Operette des österreichischen Komponisten Oscar Straus, uraufgeführt.

28 Fr In den Decla-Lichtspielen Unter den Linden in Berlin wird der Film »Haschisch, das Paradies der Hölle – Ein orientalisches Abenteuer« uraufgeführt.

29 Sa Die Botschafterkonferenz in Paris weist den deutschen Protest gegen die Teilung Oberschlesiens zurück.

30 So Im Königlichen Schauspielhaus in Stockholm wird August Strindbergs Drama »Traumspiel« in einer Inszenierung von Max Reinhardt uraufgeführt.

31 Mo Die Botschafterkonferenz der Alliierten in Paris fordert die ungarische Regierung auf, die Entthronung der Habsburger gesetzlich festzuschreiben.

November 1921

1 Di Im Berliner Lustspielhaus wird das Drama »Peter Brauer« von Gerhart Hauptmann, dem Literatur-Nobelpreisträger des Jahres 1912, uraufgeführt.

2 Mi Die Kartoffelknappheit im Deutschen Reich treibt die Preise weiter in die Höhe. Ein Zentner Kartoffeln kostet inzwischen 120 Mark. → Geburtenkontrolle

3 Do Der Dollar wird an der New Yorker Börse mit 209 Mark (gegenüber 191 Mark am Vortag) gehandelt. Damit setzt sich die Entwertung der Mark fort.

4 Fr Der japanische Ministerpräsident Takaschi Hara wird im Bahnhof von Tokio von einem Koreaner durch Messerstiche ermordet. → SA

5 Sa Im preußischen Landtag kommt es zur Bildung einer großen Koalition von SPD, Zentrum, Deutscher Demokratischer Partei und Deutscher Volkspartei.

6 So Polen und die Tschechoslowakei unterzeichnen in Prag ein Neutralitätsabkommen, in dem beide Staaten ihre Staatsgrenzen gegenseitig anerkennen.

7 Mo Auf Veranlassung von Benito Mussolini wandelt sich der faschistische »movimento« in Rom in eine Partei, die Partito Nazionale Facista (PNF).

8 Di Wie der »Daily Telegraph« meldet, haben indische Freiheitskämpfer um Mahatma Gandhi den Ungehorsam gegen die Briten beschlossen.

9 Mi Die ungarische Regierung versichert der alliierten Botschafterkonferenz in Paris, dass sie die Habsburger von der Thronfolge gesetzlich ausschließen werde.

10 Do Das in der Reichshauptstadt Berlin gastierende Moskauer Künstlertheater zeigt u.a. das Stück »Drei Schwestern« von Anton P. Tschechow.

11 Fr Die deutsche Aero-Union und die sowjetische Handelsvertretung gründen die Deutsch-Russische Luftverkehrsgesellschaft (Deruluft).

12 Sa Die Washingtoner Abrüstungskonferenz zur Begrenzung des Wettrüstens zur See beginnt. +++ Der belgische Maler Fernand Khnopff stirbt in Brüssel.

13 So Das Burgenland in Westungarn wird gemäß dem Protokoll von Venedig von österreichischen Truppen besetzt.

14 Mo Aufgrund innenpolitischer Kontroversen über die Hintergründe des Restaurationsversuchs von Ex-König Karl IV. tritt der ungarische Ministerpräsident zurück.

15 Di Vertreter von Londoner Banken erklären, dem Deutschen Reich aufgrund des labilen Wechselkurses der Mark keinen Reparationskredit gewähren zu wollen.

16 Mi Zum wiederholten Mal wird in Berlin-Neukölln ein Lebensmittelgroßhandel von rd. 200 arbeitslosen Männern geplündert.

17 Do Bei der Ankunft des britischen Thronfolgers Prinz Edward in Bombay kommt es zu Kämpfen zwischen der indischen Bevölkerung und britischen Truppen.

18 Fr Die Beteiligten an der Berliner Aufführung des Schnitzlerstücks »Reigen« werden vom Vorwurf der Erregung öffentlichen Ärgernisses freigesprochen.

19 Sa Der zweite Teil von Joe Mays exotischem Spielfilm »Das indische Grabmal – Der Tiger von Eschnapur« hat in Berlin Premiere.

20 So Mitglieder des Deutsch-evangelischen Lehrerinnenbundes protestieren in Berlin gegen die immer häufiger stattfindenden Damenboxkämpfe.

21 Mo Die Interalliierte Rheinlandkommission in Koblenz verbietet die Regimentsvereine, weil sie eine Bedrohung des Friedens darstellen würden.

22 Di Bei Schießereien zwischen Angehörigen der irischen Unabhängigkeitsbewegung Sinn Féin und britischen Soldaten werden in Belfast zehn Menschen getötet.

23 Mi In einer Sitzung des preußischen Landtags in Berlin wirft ein KPD-Abgeordneter eine Stinkbombe unter die Fraktionsbänke der Deutschnationalen.

24 Do Ministerpräsident Aristide Briand erklärt auf der Washingtoner Abrüstungskonferenz, Frankreich werde sich nicht an einer Abrüstung beteiligen.

25 Fr Der Reichsminister für Ernährung und Landwirtschaft, Andreas Hermes, erlässt eine Verordnung zur »Bekämpfung des wilden Ankaufs von Kartoffeln«.

26 Sa Der bayerische Landtag beschließt, sich am Aktienkapital der Rhein-Main-Donau AG zu beteiligen, die einen Kanal zwischen diesen Flüssen bauen will.

27 So Bei den Landtagswahlen in Hessen-Darmstadt muss die SPD erhebliche Stimmeinbußen hinnehmen, bleibt jedoch stärkste Partei.

28 Mo Die Preußische Staatsbibliothek in Berlin beginnt mit dem Aufbau einer »Lautabteilung«, in der Schallplattenaufnahmen gesammelt werden. → Mark

29 Di Die Rote Armee schlägt in der Ukraine einen Aufstand des antibolschewikischen Kosakenführers Simon W. Petljura nieder.

30 Mi In Arolsen wird der Staatsvertrag zwischen Preußen und dem Fürstentum Waldeck-Pyrmont unterzeichnet, der Pyrmont in die Provinz Hannover eingliedert.

4. November 1921

Schlägertrupps bilden SA

Auf einer Parteiversammlung der NSDAP im Münchener Hofbräuhaus kommt es während einer Rede des Vorsitzenden Adolf Hitler zu einer Saalschlacht zwischen NS-Schlägertruppen und Sozialdemokraten. Die von Hitler seit 1920 als »Ordnungsdienst« eingesetzten Schlägertrupps werden seitdem Sturmabteilung (SA) genannt.
Auslöser der blutigen Auseinandersetzung ist der Zwischenruf eines Sozialdemokraten, der gegen Hitlers Darstellung des von Nationalsozialisten verübten Mordanschlags auf den SPD-Landtagsabgeordneten Erhard Auer protestiert. Sofort entwickelt sich eine brutale Massenschlägerei. Schon vor der Versammlung hatte Hitler eine Ansprache

an die SA gehalten, in der er betonte, dass diese nun »zum ersten Mal auf Biegen und Brechen der Bewegung Treue halten« müsste (Abb.: Mit Stöcken bewaffnete und noch ohne einheitliche Uniform bekleidete SA-Männer).

2. November 1921

Liga für Geburtenkontrolle

Die Feministin Margaret Sanger gründet in New York die Amerikanische Liga für Geburtenkontrolle. Sanger kämpft bereits seit 1912 für die Entkriminalisierung der Aufklärung über Verhütungsmethoden und gilt als Gründerin der Geburten-Kontrollbewegung in den USA.
Die Liga tritt vor allem für die Aufhebung des immer noch bestehenden Gesetzes von 1873 ein, das Aufklärungsschriften und Verhütungsmittel als Obszönitäten deklariert. Sanger und ihre Mitarbeiterinnen kämpfen dafür, dass Ärzte Verhütungsmittel verschreiben können. In ihrer regelmäßig erscheinenden Zeitschrift »Family Limitation« erläutern sie immer wieder, dass eine bewusste Familienplanung der Armut unterprivilegierter Schichten ein Ende setzen könne.

30. Dezember 1921

Vom Main zur Donau

Das Deutsche Reich und der Freistaat Bayern gründen in München die Rhein-Main-Donau AG. In Bayern, wo seit fast 100 Jahren Pläne zum Bau einer Kanalverbindung zwischen dem Main und der Donau bestehen, erhofft man sich vor allem große wirtschaftliche Vorteile von dem gewaltigen Projekt. Die geplante Großschifffahrtsstrecke, die erst im Jahre 1992 endgültig fertig gestellt wird, soll vom Main bei Aschaffenburg bis Bamberg und weiter über die Regnitz nach Nürnberg führen. Ein Durchstich zur Altmühl, die bei Kelheim die Donau erreicht, öffnet dann den Weg nach Regensburg und Passau.

6. Dezember 1921

Südirland wird Freistaa

Die Teilung Irlands wird besiegelt: In London verständigen sich nach langen, harten Verhandlungen in den frühen Morgenstunden Mitglieder der britischen Regierung und Vertreter der irischen Unabhängigkeitsbewegung Sinn Féin auf einen Kompromiss im Irland-Konflikt. Während Nordirland unmittelbar bei Großbritannien bleibt, erhält Südirland als »Irish Free State« den Status eines Dominions im britischen Königreich.
Der neue Staat im Süden des Landes wird aus 26 Grafschaften gebildet und erhält die gleiche Rechtstellung wie die Dominions Kanada, Australien, Neuseeland und Südafrika. Das Parlament in Dublin übt die legislative Gewalt aus und kontrolliert die Regierung. Irland erhält das Recht auf eigene Streitkräfte. Der Küstenschutz liegt weiterhin in der Zuständigkeit der britischen Marine, die ihre vier Stützpunkte auf der Insel behält. Als Vertreter der britischen Krone wird ein Generalgouverneur nach Dublin entsandt, der im Gegensatz zu dem bisher amtierenden Lord Lieutenant nur über repräsentative Funktionen verfügt. Bestandteil der Vereinbarungen ist außerdem die Einsetzung einer Kommission zur Festlegung der Grenze zwischen Nordirland und Südirland. Nach dem »Government of Ireland Act« von 1920 ist Irland in zwei halbautonome Teile mit eigenen Parlamenten und eigener Verwaltung in Belfast (Nordirland) und Dublin (Südirland) getrennt. Dem nordirischen Parlament unterstehen insgesamt sechs Grafschaften: Entrim, Londonderry, Fermanagh, Tyrone, Armagh

5. Dezember 1921

Mörder »Blaubart« verurteilt

Vor einem großen Aufgebot an Presse und Schaulustigen wird der 53-jährige Franzose Henri Désiré Landru wegen zehnfachen Frauenmordes von einem Pariser Geschworenengericht zum Tode verurteilt (Abb.: Landru, l., verfolgt den Prozess).

Der »Blaubart von Gambais« hatte über Heiratsannoncen die Bekanntschaft von Witwen und geschiedenen Frauen gesucht. Seine Opfer tötete er in seinem Landhaus in Gambais, wo er sie anschließend auch verbrannte.

Die Führer der irischen Unabhängigkeitsbewegung Sinn Féin während einer Verhandlungspause bei der britisch-irischen Friedenskonferenz in London

Irland im 20. Jahrhundert

Jahr	Ereignis
1916	Osteraufstand
1921	Südirland wird Freistaat
1922/23	Bürgerkrieg
1937	Republikanische Verfassung
1945	London erkennt Souveränität an
1949	Austritt aus dem Commonwealth
1955	Mitglied der UNO
1972	Nordirland: »Blutsonntag« von Londonderry
1973	Mitglied der EG
1998	Nordirland: Verständigung zwischen Katholiken und Protestanten; Nordirland: 28 Tote beim Bombenanschlag in Omagh

und Down. Die katholische Separatistenbewegung Sinn Féin lehnt das Gesetz zur Teilung prinzipiell ab. Im Gegensatz zu den protestantischen Ulster Unionists in Nordirland, die für den Verbleib bei Großbritannien eintreten, kämpft Sinn Féin für die vollständige Abtrennung der mehrheitlich katholischen Insel von der britischen Krone. Der militärische Arm der Sinn Féin, die Irisch-Republikanische Armee (IRA), setzt dabei Gewalt als Mittel gegen die als Besatzer empfundenen britischen Soldaten ein. Die Unterzeichnung des »Government of Ireland Act« beendet nicht die blutigen Auseinandersetzungen in Irland. Sprengstoffanschläge und Morde an britischen Soldaten, die in Südirland stationiert sind, und brutale Übergriffe der Truppen auf die irische Zivilbevölkerung führen zu einer Eskalation der Gewalt.

10. Dezember 1921

Nobelpreis für Einstein

In der schwedischen Hauptstadt Stockholm wird dem Deutschen Albert Einstein der Nobelpreis für Physik verliehen. Das Jahrhundertgenie, das mit seiner Relativitätstheorie die Grundlagen der Physik revolutionierte, erhält die renommierte Auszeichnung »besonders für seine Entdeckung des Gesetzes des fotoelektrischen Effekts«.
Der Brite Frederick Soddy wird für seine Forschungen auf dem Gebiet der Nuklearchemie geehrt. Der Nobelpreis für Medizin wird in diesem Jahr nicht verliehen. Zwei Politiker teilen sich in diesem Jahr den Nobelpreis für Frieden, der im norwegischen Kristiania (Oslo) vergeben wird. Der schwedische Ministerpräsident Karl Hjalmar Branting wird für sein Engagement im Völkerbund ausgezeichnet. Der Norweger Christian Lous Lange erhält den Preis in Anerkennung seiner Arbeit in der Interparlamentarischen Union. Der französische Schriftsteller und Literaturkritiker Anatole France wird im Alter von 78 Jahren für sein Lebenswerk geehrt, das geprägt sei »von edler Stilkunst ... und französischem Gemüt.«

28. November 1921

Mark auf neuem Tiefstwert

An der Frankfurter Börse wird der US-Dollar mit 294,75 Mark notiert. Der Kurs der deutschen Währung hat damit einen erneuten Tiefststand erreicht. Zu Jahresbeginn hatte der US-Dollar einen Gegenwert von 64 Mark.
Die Geldentwertung steht u.a. im Zusammenhang mit der Annahme der Reparationsverpflichtungen. Um die Schulden in Devisen oder Edelmetallen begleichen zu können, lässt die Reichsregierung immer mehr Geldnoten drucken. Die Papiergeldmengen, die dabei dem Geldmarkt zugeführt werden, sind zu einem großen Teil nicht durch Goldreserven gedeckt. Die Erhöhung der Geldumlaufmenge trägt wesentlich zum Anstieg der Inflation bei, ist jedoch nicht der alleinige Grund für den Tiefststand der Mark. Auch der hohe Importüberschuss des Deutschen Reiches, der allein zwischen Mai und Juni bei 3,2 Mrd. Mark liegt, trägt zum Tiefststand der Mark bei. Die marode Finanzlage wird jedoch hingenommen, da eine finanzielle Bankrotterklärung auch das Ende der jungen Republik bedeuten könnte.

Dezember 1921

1 Do In Wien endet eine Demonstration gegen die galoppierende Inflation mit Plünderungen und Ausschreitungen der über 30 000 Teilnehmer.

2 Fr Das preußische Kultusministerium weist alle Schuldirektoren an, für den deutschen allgemeinen Schülertag in Hannover keine Schüler zu beurlauben.

3 Sa Der wegen innenpolitischer Auseinandersetzungen zurückgetretene ungarische Ministerpräsident István Graf Bethlen von Bethlen bildet ein neues Kabinett.

4 So Der indische Unabhängigkeitskämpfer Lala Laipat Rai und drei seiner Mitarbeiter werden in Lahore von der britischen Kolonialpolizei verhaftet.

5 Mo Nach ersten Erfolgen im Oktober gelingt den spanischen Kolonialtruppen in Marokko die Wiedereroberung weiterer Gebiete. → »Blaubart«

6 Di In verschiedenen D-Zügen auf der Strecke Hamburg-Berlin werden Versuche mit drahtlosem Fernsprechverkehr vorgenommen. → Südirland

7 Mi Durch Fehlspekulationen entstandene Devisenverluste in Höhe von 340 Mio. Mark führen zum Zusammenbruch der Pfälzischen Bank in Ludwigshafen.

8 Do Der Reichsrat in Berlin beschließt angesichts von Lohnerhöhungen und der Verteuerung der Materialien die Erhöhung der Post- und Telegrafengebühren.

9 Fr In Jerusalem wird das erste palästinensische Landesmuseum eröffnet. Neben jüdischen besitzt es auch moslemische Abteilungen.

10 Sa In Sowjetrussland werden im Rahmen der Neuen Ökonomischen Politik (NEP) alle Unternehmen mit bis zu zehn Beschäftigten privatisiert. → Nobelpreis

11 So Die Internationale Liga für Menschenrechte fordert in Reims, deutsche Arbeiter zum Wiederaufbau der im Krieg zerstörten Gebiete heranzuziehen.

12 Mo In Leipzig wird das Schauspiel »Friedrich und Anna« von Georg Kaiser uraufgeführt. +++ In Frankreich treten die Belegschaften aller Bergwerke in den Streik.

13 Di Auf der Washingtoner Abrüstungskonferenz erkennen Großbritannien, Frankreich, die USA und Japan die jetzigen Besitzverhältnisse im Stillen Ozean an.

14 Mi Im Raum Ödenburg (Sopron) in Ungarn votieren bei einer Volksabstimmung die meisten Einwohner für den Verbleib bei Ungarn.

15 Do Der Polizeipräsident von Berlin erlässt eine neue Dienstmannsordnung, mit der das gute Ansehen dieses Gewerbes gewährleistet bleiben soll.

16 Fr Die Mark ist weiter gefallen. Ein US-Dollar entspricht 196,50 Mark. +++ Der französische Komponist Camille Saint-Saëns stirbt 86-jährig in Algier.

17 Sa Der konservative Politiker Clemens von Delbrück, ein Mitbegründer der Deutschnationalen Volkspartei (DNVP), stirbt im Alter von 65 Jahren in Jena.

18 So In Belgrad wird die Sozialistische Partei Jugoslawiens (SJP) gegründet. Dragisa Lapcevic wird zum Vorsitzenden gewählt.

19 Mo Infolge des Friedensvertrages zwischen den USA und dem Deutschen Reich werden in New York, Chicago und San Francisco deutsche Konsulate eingerichtet.

20 Di Ministerpräsident Aristide Briand äußert gegenüber US-Journalisten, dass Frankreichs Flottenbauprogramm sich nicht gegen Großbritannien richte.

21 Mi Das Reichsgericht in Leipzig verurteilt Traugott von Jagow als einzigen der Hauptbeteiligten am Kapp-Putsch von 1920 zu fünf Jahren Festungshaft.

22 Do Der US-Kongress in Washington bewilligt 20 Mio. Dollar als Hilfe für die hungernde Bevölkerung Sowjetrusslands.

23 Fr Reichspräsident Friedrich Ebert hebt die Verordnung zum Schutze der Republik und damit den Ausnahmezustand auf.

24 Sa Die offiziellen Feierlichkeiten bei der Ankunft des britischen Thronfolgers Prinz Edward in Kalkutta werden von der indischen Bevölkerung boykottiert.

25 So Aus Protest gegen die Erhöhung der Kraftfahrzeugsteuer in Berlin treten die Kraftdroschkenfahrer während der Feiertage in den Streik.

26 Mo Durch Brandstiftung wird der Hauptbahnhof von Rumäniens Hauptstadt Bukarest völlig zerstört. +++ In Danzig treten die Hafenarbeiter in den Streik.

27 Di Die deutsche Luftverkehrs-Gesellschaft gibt ihre Verkehrsstatistik für dieses Jahr heraus und hebt den Aufschwung des deutschen Zivilflugwesens hervor.

28 Mi Reichsjustizminister Gustav Radbruch gibt bekannt, dass aufgrund der Weihnachtsamnestie in Deutschland insgesamt 268 Gefangene freigelassen wurden.

29 Do In Österreich wird das sog. Trennungsgesetz erlassen: Die Stadt Wien wird von Niederösterreich getrennt und zum selbstständigen Bundesland erklärt.

30 Fr Im Auditorium von Chicago wird die Märchenoper »Die Liebe zu den drei Orangen« von Sergej S. Prokofjew uraufgeführt. → Main

31 Sa In der ungarischen Nationalversammlung in Budapest kommt es zu Tumulten und Prügeleien, so dass die Sitzung vertagt werden muss.

Januar 1922

1 So Wien wird von Oberösterreich getrennt und selbstständiges Bundesland. +++ Ungarn übernimmt die Verwaltung Ödenburgs. → Sowjetrussland

2 Mo Die Verwaltung der Halbinsel Krim am Schwarzen Meer erklärt mit der Einwilligung Moskaus ihre Unabhängigkeit von Sowjetrussland.

3 Di Die Quäker beenden ihre Hilfsaktion in Deutschland. Ihr Kinderhilfswerk wird der Deutsche Zentralausschuss für Auslandshilfe weiterführen.

4 Mi In New York stellt der US-Pilot Edwin Vinson einen Dauerflug-Weltrekord auf. Er bleibt mit seinem Eindecker 26:19,35 h in der Luft.

5 Do Das Reichsjustizministerium legt der Öffentlichkeit den Gesetzentwurf über die Anpassung des Strafgesetzbuches an das neue Verfassungsrecht vor.

6 Fr Auf ihrer Konferenz in Cannes beraten die Alliierten über die Bitte der deutschen Regierung um Aufschub der fälligen Reparationszahlungen.

7 Sa Der Kongressabgeordnete Alanson B. Houghton wird in Washington zum neuen Botschafter der USA in Deutschland ernannt.

8 So In Dublin tritt Eamon de Valera aus Protest gegen den Friedensvertrag mit Großbritannien von seinem Amt als »vorläufiger Präsident« Irlands zurück.

9 Mo Die »Dresdner Nachrichten« veröffentlichen einen Bericht, wonach immer häufiger Telefonleitungen aus Kupfer von Dieben entwendet würden.

10 Di Das Reichswirtschaftsministerium in Berlin verfügt eine Ausfuhrsperre für Zellstoffprodukte, um die Papierversorgung in Deutschland zu sichern.

11 Mi Der Völkerbundrat in Genf verlängert die Regierungszeit der französischen Verwaltung an der Saar um ein weiteres Jahr. → Insulin

12 Do Der spanische Ministerpräsident Antonio Maura y Montaner gibt wegen Differenzen mit den Militärs den Rücktritt seines Kabinetts bekannt. → Frankreich

13 Fr Die französischen Behörden veröffentlichen den Entwurf für einen britisch-französischen Garantie- und Unterstützungsvertrag.

14 Sa Infolge eines Generalstreiks für höhere Löhne ist das öffentliche Leben in der thüringischen Stadt Weimar so gut wie lahmgelegt.

15 So In Paris findet eine von der französischen Regierung veranstaltete Feier anlässlich des 300. Geburtstages des Dramatikers Molière statt.

16 Mo Der Mannheimer Stadtrat beschäftigt sich mit der Frage, ob das Nationaltheater angesichts der hohen Kosten überhaupt weitergeführt werden solle.

17 Di Die Eisenbahnverwaltung in Berlin erteilt der privaten Gesellschaft Siesta die Genehmigung zur Vermietung von Sitzkissen an Reisende.

18 Mi In New York wird bekannt, dass in den USA im vergangenen Jahr 63 schwarze Bürger von weißen Rassisten gelyncht worden sind.

19 Do Die diplomatische Vertretung des Deutschen Reiches in Washington erhält das während des Weltkrieges beschlagnahmte Botschaftsgebäude zurück.

20 Fr Die litauische Nationalversammlung beschließt die Abschaffung der Adelstitel und die Aufhebung der Todesstrafe.

21 Sa In Moskau treffen Vertreter kommunistischer und anderer revolutionärer Organisationen des Fernen Ostens zu einem Kongress zusammen.

22 So In den frühen Morgenstunden stirbt Papst Benedikt XV. in Rom. +++ Werner Rittberger wird zum sechsten Mal Deutscher Meister im Eiskunstlauf.

23 Mo Im Deutschen Reichstag findet die erste Lesung des Entwurfs eines neuen Reichsschulgesetzes statt. Eine Einigung scheiterte bisher an den Ländern.

24 Di Die 31 Parteimitglieder, die die Unabhängigkeit der KPD von der Kommunistischen Internationale in Moskau fordern, werden aus der KPD ausgeschlossen.

25 Mi Das Friedrich-Theater in Dessau wird bei einem Brand völlig zerstört. Eine Opernsängerin kommt bei dem Unglück ums Leben.

26 Do In Budapest einigen sich die ungarische Regierung und Vertreter der Parteien auf die Einführung des geheimen Wahlrechts in Ungarn.

27 Fr Das Drama »Gobseck« von Walter Hasenclever wird im Neuen Theater in Frankfurt am Main uraufgeführt und gleichzeitig in Köln, Meiningen und Prag gespielt.

28 Sa Vor einem kleinen Kreis geladener Gäste führt der Maler Walter Ruttmann in Frankfurt am Main den Experimentalfilm »Opus II« vor.

29 So Im schweizerischen Davos erringen Helene Engelmann und Alfred Berger aus Österreich den Weltmeistertitel im Eiskunstlauf der Paare.

30 Mo In Brüssel lehnt das belgische Parlament mit 82 gegen 64 Stimmen die Herabsetzung der Militärdienstzeit von zehn auf sechs Monate ab.

31 Di Reichspräsident Friedrich Ebert ernennt Walther Rathenau zum neuen Außenminister des Deutschen Reiches. → Preußenfilm

+++ Russland hungert +++ Flottenstärken der Gr

12. Januar 1922

Politikwende in Frankreich

Aristide Briand, der französische Ministerpräsident, erklärt vor dem Parlament in Paris seinen Rücktritt. Hintergrund ist die Kritik des französischen Senats an seiner Verhandlungsführung auf der Tagung des Obersten Rates der Alliierten in Cannes. Briand (s. Abb.) wollte auf dem ergebnislos verlaufenden Treffen u.a. dem Deutschen Reich einen Zahlungsaufschub bei den Kriegsreparationen einräumen. Mit der Bildung einer neuen Regierung beauftragt Staatspräsident Alexandre Millerand Briands Gegenspieler Raymond Poincaré, der am 15. Januar das neue französische Kabinett vorstellt. Poincaré übernimmt auch das Amt des Außenministers.

Der Regierungswechsel führt zu einer außenpolitischen Wende. Briand hatte versucht, durch eine Politik der Abrüstung und der Aussöhnung mit Deutschland ein kollektives Sicherheitssystem zu schaffen, in dem Frankreich eine dominante Stellung einnehmen sollte. Poincaré hingegen verfolgt den Kurs einer bedingungslosen Durchführung des Versailler Vertrages.

6. Februar 1922

Neues Kirchenoberhaupt

Als Nachfolger des am 22. Januar verstorbenen Papstes Benedikt XV. einigt sich das Konklave nach 14 Wahlgängen auf den bisherigen Erzbischof von Mailand, Achille Ratti. Als katholischer Oberhirte und 258. Nachfolger Petri nimmt der Geistliche den Namen Pius XI. (s. Abb.) an. Die Wahl des Gelehrten, dessen vorrangiges Interesse bislang der Wissenschaft galt, stößt auf Skepsis. Bald schon aber erringt er die Sympathien der Gläubigen.

Pius XI.

eigtl. Ambrogio Damiano Achille Ratti, Papst, * 31.5.1857 Desio; † 10.2.1939 Rom

Der als »Papst der Konkordate« bezeichnete Pius XI. konsolidierte durch insgesamt 18 Verträge die Position der katholischen Kirche in der weltpolitischen Ordnung nach dem Ersten Weltkrieg. Bedeutsam waren u.a. die Lateranverträge (1929) mit dem Mussolini-Staat, die den Bestand und die Souveränität des Kirchenstaates in internationalen Fragen garantierten. In der Enzyklika »Mit brennender Sorge« (1937) wandte sich Pius XI. gegen die Kirchenfeindlichkeit des Nazi-Regimes.

- 1919/20: Nuntius in Polen
- 1921: Erzbischof von Mailand
- 1933: Reichskonkordat mit dem nationalsoz. Deutschland

31. Januar 1922

Geteiltes Echo auf Preußenfilm

Die Uraufführung der ersten beiden Teile des Films »Fridericus Rex« im Berliner Ufa-Palast löst im Deutschen Reich heftige Kontroversen aus. Sobald in dem Streifen über das Leben des Preußenkönigs Friedrich II. (1712-1786) Paraden und Aufmärsche zu sehen sind, brandet beim Premierenpublikum heftiger Applaus auf. Die linke und liberale Presse wirft dem ungarischen Regisseur Arzen von Cserépy hingegen Militarismus und Revanchismus vor und fordert zum Boykott des Films auf. In einigen Kinosälen kommt es sogar zu Prügeleien. Die Titelrolle Friedrichs des Großen spielt Otto Gebühr (Abb.: vorn r.).

Einen besonderen Akzent legt Cserépy in seinem vierteiligen Werk auf die Leistungen des Preußenkönigs als Feldherr. Nationalistische und konservative Kreise sehen in diesen Szenen einen Protest gegen die von den Siegermächten des Ersten Weltkriegs erzwungene Demilitarisierung Deutschlands. Demokratisch gesinnte Kritiker – wie etwa Siegfried Jacobsohn von der »Weltbühne« – sehen in diesem nationalistisch ausgerichteten Film in erster Linie eine »antirepublikanische Provokation«. Sie geißeln den für ein reaktionäres Deutschland charakteristischen Militarismus und erinnern an die Schrecken des Weltkrieges. Die beiden ersten Teile führen den Titel »Sturm und Drang« sowie »Vater und Sohn«. Teil drei und vier, »Sanssouci« und »Schicksalswende«, kommen im März 1923 ins Kino. 1942 spielt Otto Gebühr in dem Historienfilm »Der große König« erneut Friedrich II. Der Streifen von Veit Harlan wird einer der größten Kassenerfolge der Hitlerzeit.

11. Januar 1922

Erste Erfolge mit Insulin

Diabetiker können endlich auf eine Linderung ihres Leidens hoffen: Der kanadische Arzt Frederick Grant Banting und sein Assistent, der Physiologe Charles Herbert Best, die im Juli 1921 erstmals das Bauchspeicheldrüsenhormon Insulin isoliert hatten, krönen ihre Arbeit durch den ersten Versuch an einem Patienten. Nachdem die Forscher die Verträglichkeit des Wirkstoffs Insulin im Selbstversuch getestet haben, behandeln sie in Toronto erfolgreich einen 14-Jährigen, der in hoffnungslosem Zustand ins Krankenhaus eingeliefert wurde. Zuckerkrankheit (Diabetes) wird durch Insulinmangel hervorgerufen. Die Behandlung, die dem Patienten nach regelmäßiger Injektion die Führung eines fast normalen Lebens erlaubt, leitet die Herstellung von Insulin in größeren Mengen und in klinisch verwendbarer Form ein.

1. Januar 1922

Millionen verhungern in Sowjetrussland

Der Völkerbund veröffentlicht alarmierende Zahlen über die seit einem Jahr in Sowjetrussland herrschende Hungersnot. Insgesamt seien 19 Mio. Menschen bedroht. Nur knapp neun Mio. erhielten jedoch durch nationale und internationale Hilfsorganisationen Unterstützung. Wenn sich an der gegenwärtigen Situation nichts ändere, so der Bericht, seien 10. Mio. Sowjetbürger unausweichlich dem Hungertod ausgeliefert. Bereits jetzt sterben, wie Augenzeugen bestätigen, täglich Tausende an Hunger und Seuchen. Ausgelöst wurde die Katastrophe durch eine Dürreperiode, die im Jahre 1921 eine Missernte nach sich zog. Der Ernteeinbruch traf ein von Weltkrieg, Revolution und Bürgerkrieg bereits geschwächtes Land ins Mark. Weite Gebiete an der Wolga und im Süden Russlands – eine Fläche etwa eineinhalbmal so groß wie das Deutsche Reich – war von der Missernte betroffen. Die wenigen Lebensmittel der zumeist armen Bauern waren schnell aufgebraucht, und bis zur nächsten Ernte dauerte es noch Monate. Hinzu kommt ein akuter Wassermangel, da viele Brunnen aufgrund der Dürre versiegt sind. So sind der Ausbreitung von Seuchen wie Cholera, Typhus und andere Infektionskrankheiten kaum Grenzen gesetzt. In Massen verlassen die Menschen ihre Dörfer und ihren Boden, um in den Städten Hilfe zu suchen. Die »Frankfurter Zeitung« veröffentlicht einen Bericht von Mitgliedern einer Station des Deutschen Roten Kreuzes in Kasan: »Berge von Leichen türmen sich stellenweise auf. Protokollarisch steht fest, dass Leichenteile zur Stillung des Hungers benutzt worden sind, nachdem man sich lange Zeit mit einem `Brot´ begnügen musste, das aus gemahlenen Baumrinden, Steppengras, Eicheln (mit Schalen) oder dergl. hergestellt war.« In einem Teil des von der Hungersnot betroffenen Gebietes, im Raum der unteren Wolga bis zum Schwarzen Meer, leben etwa 500000 Wolgadeutsche. Viele von ihnen verlassen ihre Höfe und kehren zurück ins Deutsche Reich, woher ihre Vorfahren im 18. Jahrhundert gekommen waren. In Aufnahmelagern, u.a. in Frankfurt an der Oder, werden die Wolgadeutschen notdürftig versorgt. Die in Sowjetrussland verbliebenen Siedler richten einen verzweifelten Hilferuf an das Deutsche Reich.

»Hilf« steht auf diesem im Frühjahr 1922 entstandenen Plakat des sowjetischen Künstlers Dmitri Stachjewitsch.

6. Februar 1922

Abrüstung zur See im Washingtoner Flottenabkommen

Vertreter der USA, Großbritanniens, Japans, Frankreichs und Italiens unterzeichnen das sog. Washingtoner Flottenabkommen. Die Abrüstungsvereinbarung bindet die maximale Flottenstärke der Unterzeichnerländer an ein festes gegenseitiges Kräfteverhältnis. Die Kapazitäten werden wie folgt festgelegt: Die USA und Großbritannien dürfen bis zu einer Gesamt-Tonnage von je 525000 t, Japan bis zu 315000 t, Frankreich und Italien bis zu je 175000 t Schlachtschiffe besitzen. Keines dieser Schiffe darf größer als 35000 t sein und ein größeres Geschützkaliber als 40,6 cm besitzen. Jedes Fahrzeug muss mindestens 20 Jahre alt sein, bevor es durch einen Neubau ersetzt werden darf. Wichtiges Ziel der Konferenz war die Einbindung der aufstrebenden Seemacht Japan in ein internationales Abrüstungsabkommen. Im gleichzeitig unterzeichneten Pazifikabkommen erklären die Kolonialmächte die gegenseitige Akzeptanz ihrer Besitzungen in der Südsee.

Februar 1922

1 Mi Die Aero-Union Berlin und die Regierung Sowjetrusslands gründen unter dem Namen Deutsch-Russische Luftverkehrsgesellschaft eine Fluggesellschaft.

2 Do Da die italienische Regierung unter Ivanoe Bonomi nicht mehr über eine Mehrheit im Parlament verfügt, tritt sie zurück.

3 Fr Die Kulturzeitschrift »Das Tagebuch« veröffentlicht den Aufruf zu einem mit 200000 Mark dotierten Wettbewerb um das beste Filmdrehbuch.

4 Sa Im Schauspielhaus in Köln wird das Bühnenstück »Herzog Heinrichs Heimkehr« von Hans Franck zur Uraufführung gebracht.

5 So In Berlin treten die Arbeiter der städtischen Gas-, Wasser- und Elektrizitätswerke in einen dreitägigen Ausstand, der erfolglos endet.

6 Mo Die 1917 in Russland für den Kampf gegen die Konterrevolution gegründete Geheimpolizei Tscheka wird in Moskau aufgelöst. → Flottenabkommen → Pius XI.

7 Di Die ungarische Regierung in Budapest genehmigt ein neues Militärgesetz, das die Stärke der Armee des Landes auf 36000 Mann festlegt.

8 Mi Der neugewählte Sowjet in Moskau nimmt die Einladung zur internationalen Wirtschafts- und Finanzkonferenz in Genua an.

9 Do In Stockholm schließen Vertreter der Regierungen von Schweden und Sowjetrussland einen vorläufigen Wirtschaftsvertrag.

10 Fr Das Graphische Kabinett Neumann in Berlin eröffnet eine Ausstellung mit Werken des expressionistischen Malers und Zeichners Max Beckmann.

11 Sa Im spanischen Granada kommt es wegen der Unzufriedenheit der Bevölkerung über die schlechte Wirtschaftslage zu einem Generalstreik.

12 So Im Eishockey-Endspiel der nordischen Spiele besiegt Finnland Schweden mit 6:4. +++ Im Petersdom in Rom wird Papst Pius XI. feierlich gekrönt.

13 Mo Der thüringische Landtag genehmigt eine Gesetzesvorlage, derzufolge die Auflösung der thüringischen Einzelstaaten verschoben wird.

14 Di In Darmstadt findet die deutsche Erstaufführung von »Spiel des Lebens«, einem Stück des norwegischen Schriftstellers Knut Hamsun, statt.

15 Mi Kanzler Joseph Wirth stellt im Parlament vor dem Hintergrund des Eisenbahnerstreiks die Vertrauensfrage und wird mit 220 gegen 185 Stimmen bestätigt.

16 Do Der Landtag von Polen genehmigt den Gesetzentwurf über den Zehnstundentag im Handelsgewerbe mit 148 gegen 69 Stimmen.

17 Fr Im Schauspielhaus Dresden findet unter der Regie des Autors die Uraufführung des Stückes »Indipohdi« von Gerhart Hauptmann statt.

18 Sa Auf einer Massenkundgebung des Reichslandbundes in Hannover fordern etwa 12000 Landwirte aus allen Teilen Deutschlands eine freie Wirtschaft.

19 So Bei den Weltmeisterschaften im Eisschnelllauf in Oslo gewinnt der Norweger Harald Ström mit seinen Siegen über 5000 m und 10000 m den Titel.

20 Mo Die Abgeordneten des preußischen Landtages beraten über das Weiterbestehen von Konfessionsschulen in Preußen.

21 Di Das US-Militärluftschiff »Roma« explodiert bei Norfolk (US-Bundesstaat Virginia) während des Fluges. 40 Menschen kommen dabei ums Leben.

22 Mi Der Hamburger Senat veröffentlicht eine Denkschrift zur Vergrößerung der Hansestadt unter Einbeziehung von Altona, Wandsbek, Harburg und Wilhelmsburg.

23 Do Zur einheitlichen Regelung des Automobilsports in Deutschland wird eine Arbeitsgemeinschaft gegründet, in der die Automobilclubs vertreten sind.

24 Fr Die Abgeordneten des französischen Parlaments fordern die Einsetzung einer Untersuchungskommission in der Affäre um die Banque Industrielle de Chine.

25 Sa In Boulogne treffen der britische Premierminister David Lloyd George und sein französischer Amtskollege Raymond Poincaré zu einer Unterredung zusammen.

26 So Die Fußballer der Berliner Stadtauswahl besiegen die Münchener Elf mit 2:1. +++ In Berlin hat das Schauspiel »Die Fälscher« von Max Brod Premiere.

27 Mo In Anwesenheit des Reichspräsidenten Friedrich Ebert wird auf einer Festveranstaltung in Frankfurt am Main eine Goethe-Ausstellung eröffnet.

28 Di Prinzessin Mary, die Tochter des britischen Königspaares, heiratet in London den Viscount Henry Lascelles, Sohn des fünften Earl of Harewood.

März 1922

1 Mi Infolge starken Eisgangs bricht in der Nähe von Breslau der Oderdamm. Mehrere Orte sind komplett von der Außenwelt abgeschnitten.

2 Do Die Vertreter aller politischen Parteien im Saarland protestieren gegen die Einführung des fakultativen Französischunterrichts in saarländischen Schulen.

3 Fr Der Deutsche Reichstag in Berlin verabschiedet die Vorlage zum Reichsmietengesetz. Mit Hilfe des Gesetzes soll Mietwucher ausgeschlossen werden.

4 Sa In Berlin fordern bildende Künstler und Schriftsteller die Abschaffung der Luxussteuer auf Kunstwerke, da »die Kunst ... dem Volke gehört«.

5 So Der von Friedrich Wilhelm Murnau gedrehte Film »Nosferatu – Eine Symphonie des Grauens« wird in Berlin uraufgeführt.

6 Mo In Angora (Ankara) wählt die türkische Nationalversammlung Mustafa Kemal Pascha erneut zum Präsidenten des Landes.

7 Di Der irische Schriftsteller George Bernard Shaw lehnt die Bitte der britischen Labour-Party ab, sich für die Partei als Kandidat aufstellen zu lassen.

8 Mi In Leipzig finden Frühjahrsmesse und die Verbandstagung der Waren- und Kaufhäuser statt. Die Teilnehmer sind gegen die geplante Steuergesetzgebung.

9 Do Ungarische Wirtschaftskreise äußern sich bestürzt über die vom Wiedergutmachungsausschuss geforderten Reparationsleistungen.

10 Fr Der indische Freiheitskämpfer Mohandas Karamchand Gandhi wird von der britischen Kolonialregierung verhaftet und zu sechs Jahren Haft verurteilt.

11 Sa Das New Yorker Reisebüro Cook and Son verzeichnet bereits 300 000 Buchungen von US-Bürgern für eine Sommerreise in das Deutsche Reich.

12 So Die österreichische Großdeutsche Partei fordert den Rücktritt von Bundeskanzler Johannes Schober. Am 16. März wird die Forderung wieder zurückgezogen.

13 Mo Der Verein deutscher Zeitungsverleger protestiert gegen die Verteuerung des Papiers und gegen die Preisdiktatur der Syndikate. → Furtwängler

14 Di Das französische Parlament schließt sich dem Vorschlag der Regierung an, vom kommenden Jahr an die Sommerzeit abzuschaffen.

15 Mi Bei einem Großbrand in Chicago wird ein ganzes Häuserviertel zerstört. Es entsteht ein Sachschaden von etwa 50 Mio. Dollar. → Fuad

16 Do Vertreter der sowjetischen Regierung und des französischen Roten Kreuzes unterzeichnen einen Vertrag über Maßnahmen gegen die Hungersnot in Russland.

17 Fr Die Polizei in Berlin entdeckt eine von Kommunisten installierte Funkanlage, mit der illegal Nachrichten verbreitet werden.

18 Sa Der Abgeordnete Boisneuf legt dem Pariser Parlament Beweise über die schlechte Behandlung der Einheimischen in Frankreichs Mandatsgebiet Togo vor.

19 So In Wien wird die diesjährige Frühjahrsmesse eröffnet, die bis zum 25. März dauert. Gleichzeitig beginnt auch die Breslauer Frühjahrsmesse. → Wasa-Lauf

20 Mo Zum ersten Mal landet auf der Zugspitze ein deutsches Flugzeug. +++ In Rom wird der zweite Parteitag der Kommunisten Italiens eröffnet.

21 Di Die Stadt Essen erwirbt das sich bisher in Privatbesitz befindende Folkwang-Museum in Hagen. Der Kauf ist aufgrund von Spenden Essener Bürger möglich.

22 Mi In Paris beginnt eine Konferenz über die Orientfrage, an der Vertreter Großbritanniens, Frankreichs und Italiens teilnehmen.

23 Do Über das von Belgien besetzte rheinische Gebiet wird wegen des Mordes an einem belgischen Oberleutnant der verschärfte Belagerungszustand verhängt.

24 Fr Im Deutschen Reichstag endet die am 20. März begonnene zweite Lesung der Steuervorlage mit der Verabschiedung mehrerer neuer Steuergesetze.

25 Sa Der Maler Hans Thoma erklärt seine in Berlin gezeigten Bilder zu unpolitischer Kunst. +++ In Rio de Janeiro wird die Kommunistische Partei Brasiliens gegründet.

26 So Das 37. Länderspiel einer deutschen Fußballnationalmannschaft endet im Eintracht-Stadion von Frankfurt am Main 2:2 gegen die Schweiz.

27 Mo In der badischen Regierung kommt es zum Streit über das Entfernen schwarz-weiß-roter Kranzschleifen an einem Denkmal Kaiser Wilhelms I.

28 Di Das bisher größte Schiff einer deutschen Reederei und derzeit größte Passagierschiff der Welt, die »Bismarck«, wird an Großbritannien übergeben.

29 Mi In dem baltischen Staat Litauen wird eine Bodenreform durchgeführt, die vor allem polnische Großgrundbesitzer trifft.

30 Do Regierungsvertreter des irischen Freistaates und Ulsters treffen in London zusammen, um über die Zukunft Irlands zu beraten.

31 Fr Die Kurzschriftschulen Gabelsberger und Stolze-Schrey einigen sich in Berlin auf eine einheitliche Kurzschrift.

10. April 1922

Wirtschaftskonferenz scheitert

Mit großen Hoffnungen beginnt in Genua eine internationale Wirtschaftskonferenz. Im Zusammenhang mit der Reparationsfrage soll über die wirtschaftlichen Probleme Europas beraten werden. Erstmals werden die deutschen Vertreter als gleichberechtigte Verhandlungspartner akzeptiert. Da es – trotz der deutschen »Erfüllungspolitik« – nicht zu der auch von den USA geforderten »realistischen« Regelung der Reparationsfrage kommt, endet das Treffen am 19. Mai ergebnislos.

27. April 1922

»Dr. Mabuse« hat Premiere

In Berlin feiert der erste Teil von Fritz Langs expressionistischem Filmwerk »Dr. Mabuse, der Spieler« unter dem Titel »Der große Spieler – ein Bild der Zeit« Premiere. Der zweite Teil »Inferno – Ein Spiel um Menschen unserer Zeit« kommt am 26. Mai in die Kinos. Dr. Mabuse, dargestellt von Rudolf Klein-Rogge (s. Abb.), ist ein machtversessener Psychiater, der mit Hilfe seiner hypnotischen Fähigkeiten die Menschen zum Werkzeug seiner Verbrechen macht. Verfolgt von einem aufwändigen Militäraufgebot und den Geistern seiner Opfer endet der Verbrecher im Wahnsinn. Grundthema des Films ist die Furcht und die schicksalhafte Gewalt als Ausdruck eines sich unabdingbar vollziehenden Schicksals. Die Parallele zur deutschen Nachkriegswirklichkeit ist beabsichtigt.

13. März 1922

Der Star am Pult

Der Dirigent Wilhelm Furtwängler, zuvor Hofkapellmeister in Mannheim, folgt dem Ruf des Leipziger Gewandhausorchesters. Gleichzeitig übernimmt er die Leitung der Berliner Philharmonischen Konzerte. Er tritt in beiden Institutionen die Nachfolge des am 23. Januar verstorbenen Arthur Nikisch an.

Wilhelm Furtwängler

deutscher Dirigent und Komponist, * 25.1.1886 Berlin; † 30.11.1954 Ebersteinburg (heute Baden-Baden)

Furtwängler war als Chef der Orchester in Leipzig, Wien und Berlin einer der bedeutendsten Interpreten der Musik des 19. Jahrhunderts und der Moderne. Während der NS-Zeit engagiert er sich für verfolgte Kollegen. Nach dem Zweiten Weltkrieg wird er mit Berufsverbot belegt, weil er u.a. Vizepräsident der Reichsmusikkammer war. 1947 wird er rehabilitiert.

- 1922-45, 1947-54: Leiter der Berliner Philharmoniker
- 1928: Leiter der Wiener Philharmoniker
- ab 1937: Dirigent der Salzburger Festspiele

3. April 1922

Stalin steigt auf

Das Zentralkomitee der Kommunistischen Partei Russlands wählt den Georgier Josef W. Stalin zum Generalsekretär. Mit dem neugeschaffenen Amt verbindet sich die Aufgabe einer Straffung der Parteidisziplin sowie der »Säuberung« der mittleren und unteren Parteiorgane von allen oppositionellen Kräften. Außerdem soll Stalin, dessen Machtbereich sich durch die Wahl außerordentlich erweitert, zuverlässige hauptamtliche Sekretäre einsetzen. Lenin selbst hatte Stalin (s. Abb.: v.l.) für das einflussreiche Amt des Generalsekretärs vorgeschlagen. Im Dezember des Jahres sieht der todkranke, von Schlaganfällen gezeichnete Lenin in der Machtfülle Stalins bereits eine Gefahr. Angesichts des rücksichtslosen Vorgehens des Georgiers und der sich ausbreitenden Korruption äußert er in einem Brief an den Parteikongress seine Bedenken.

4. April 1922

Einsteins Theorien überzeugen

Der deutsche Physiker Albert Einstein hält am Pariser Collège de France eine viel beachtete Vorlesung über seine Erkenntnisse. Die bereits im Jahre 1905 erarbeitete und 1914-16 verallgemeinerte Relativitätstheorie wird einem immer breiteren Publikum bekannt.
Den Durchbruch für Einsteins die Grundlagen der Physik revolutionierenden Theorien brachte eine britische Sonnenfinsternisexpedition im Jahre 1919. Sie wies die von der allgemeinen Relativitätstheorie vorhergesagte Lichtablenkung im Gravitationsfeld nach. Damit setzt eine weltweite Begeisterung für das Werk Einsteins ein. Wissenschaftler versuchten parallele Beweisführungen, populärwissenschaftliche Vorträge sind selbst in den kleinsten Städten hoffnungslos überfüllt. Die Vorträge und Gespräche Einsteins, der seit 1914 das Kaiser-Wilhelm-Institut in Berlin leitet, erscheinen innerhalb kürzester Zeit in Buchform. Im Sommer 1922 tritt Einstein eine Fahrt nach Japan an.

19. März 1922

Redakteur erfindet Wasa-Lauf

In Schweden findet erstmals der inzwischen traditionelle Wasa-Lauf statt, ein 87 km langer Skilanglauf zwischen Mora und Sälen. Dazu aufgerufen hatte der Journalist und Politiker Anders Pers »zur Erinnerung an die Flucht Gustav Wasas von Mora nach Sälen im Jahre 1521«. Der Lauf wird in Erinnerung an zwei Bauern aus Mora ausgetragen, die auf Schneeschuhen diese Strecke durchliefen, um die Hilfe von Gustav Erikson, später »Wasa« genannt, gegen die dänischen Eroberer zu erbitten. In der Neujahrsnacht eilten die beiden mit ihm auf Skiern nach Mora zurück, wo Wasa zu den Waffen rief und schließlich triumphierte. Im Jahre 1523 wurde er König von Schweden.

16. April 1922

Der Coup von Rapallo

In Rapallo, dem zur Provinz Genua gehörenden Seebad, unterzeichnen Sowjetrussland und Deutschland einen Vertrag auf der Grundlage gegenseitiger Anerkennung und Gleichberechtigung. Beide Seiten verzichten auf Reparationen und sichern sich wirtschaftliche Meistbegünstigung zu. Das Abkommen schlägt laut Beobachtern auf der zeitgleich tagenden Wirtschaftskonferenz von Genua »wie eine Bombe ein«. Die Westmächte fühlen sich durch das Bündnis der auf der Konferenz und international als Außenseiter behandelten Staaten überrumpelt.

Wie deutsche Zeitungen berichten, soll der britische Premierminister David Lloyd George, nachdem er von dem Abschluss in Rapallo erfuhr, regelrecht getobt haben. Die Fortsetzung der Konferenz ist ernsthaft in Frage gestellt. Erst als offenbar wird, dass der Vertrag keine geheimen Zusatzklauseln enthält, etwa ein Militärabkommen, glätten sich die Wogen wieder. Viele deutsche Politiker sehen in einer Zusammenarbeit mit Russland eine Stärkung der deutschen Position gegenüber den alliierten Westmächten. Deren Unnachgiebigkeit in der Frage der Reparationen ließen den sog. Erfüllungspolitikern um Reichskanzler Joseph Wirth (Zentrum) und Reichsaußenminister Walther Rathenau (DDP) die eigentlich bevorzugte Anbindung Deutschlands an die Westmächte unmöglich erscheinen. Gleichzeitig hatten die Alliierten mit Russland Verhandlungen über dessen Vorkriegsschulden aufgenommen und Moskau aufgefordert, seinerseits Reparationsansprüche gegenüber Deutschland geltend zu machen. So in Bedrängnis gebracht, sieht Rathenau nur den Ausweg eines Bündnisses mit Russland.

Der deutsche Reichskanzler Joseph Wirth (2.v.l.) im Gespräch mit der russischen Delegation, unter ihnen Georgi Wassiljewitsch Tschitscherin (2.v.r.), sowjetischer Volkskommissar des Äußeren

15. März 1922

Fuads Regentschaft umstritten

Der ägyptische Sultan Ahmad Fuad erhebt sich in Kairo als Fuad I. zum König (Abb.: Fuad, I. beim Spaziergang in den Palastgärten von Kairo). Ägypten erklärt er zur unabhängigen parlamentarischen Demokratie. Die probritische Haltung des Königs provoziert den Widerstand der oppositionellen Wafd-Partei.

Großbritannien hatte mit Ausbruch des Ersten Weltkriegs Ägypten aus der osmanischen Oberhoheit gelöst und sich das Land der Pharaonen als Protektorat unterstellt. Auf den wachsenden Druck der ägyptischen Unabhängigkeitsbewegung hin musste London sein Engagement am Nil beenden. Am 28. Februar 1922 wurde Ägypten formell unabhängig. Großbritannien sicherte sich allerdings die Kontrolle über die ägyptische Außenpolitik sowie über den strategisch und wirtschaftlich bedeutsamen Suezkanal. Als Fuad sich am 18. März zum König krönen lässt, kommt es in Kairo zu Protestdemonstrationen und Streiks. Die Anhänger der Wafd-Partei fordern die Freilassung ihres seit 1921 inhaftierten Führers Sad Saghlul und die vollständige Selbstbestimmung Ägyptens. Der ehemalige Minister Sad Saghlul war im Jahre 1918 Gründer der Wafd-Partei.

THE ILLUSTRATED LONDON NEWS

SATURDAY, MARCH 25, 1922.

THE FIRST KING OF EGYPT SINCE CLEOPATRA'S REIGN: SULTAN (NOW KING) FUAD (ON THE LEFT) WITH HIS CHAMBERLAIN AND AN OFFICER IN THE PALACE GARDEN AT CAIRO.

April 1922

1 Sa – Karl I., der ehemalige Kaiser von Österreich und König von Ungarn, stirbt auf der Insel Madeira, wo er mit Frau und Kindern in der Verbannung lebte.

2 So – In Argentinien wird der bisherige Botschafter des Landes in Paris, Marcelo Torcuato de Alvear, zum neuen Staatspräsidenten gewählt.

3 Mo – Eine sowjetische Regierungskommission befürwortet die Wiederzulassung von privaten Kraftfahrzeugen in Sowjetrussland. → Stalin

4 Di – Bei einem Bombenattentat auf einen angesehenen Bürgerklub in der ungarischen Hauptstadt Budapest kommen sechs Menschen ums Leben. → Einstein

5 Mi – Das tschechoslowakische Abgeordnetenhaus genehmigt auf einer Sitzung in Prag einen 1920 mit dem Deutschen Reich geschlossenen Wirtschaftsvertrag.

6 Do – Der Reichstag billigt einen Gesetzentwurf, wonach künftig in Deutschland auch Frauen als Schöffen oder Geschworene zugelassen sind.

7 Fr – In Essen und Duisburg geht ein Binnenschifffahrtskongress zu Ende. U.a. wurde die Internationalisierung der Wasserwege diskutiert.

8 Sa – Die Badische Anilin- und Sodafabrik (BASF) spendet der städtischen Straßenbahn von Mannheim 100 000 Mark für die Aufrechterhaltung des Nahverkehrs.

9 So – 15 französische Soldaten kommen in Gleiwitz (Oberschlesien) bei einer Explosion ums Leben, als sie in einem Gebäude nach versteckten Waffen suchen.

10 Mo – Bei den Landtagswahlen in Salzburg siegt die Wählergemeinschaft aus Christlichsozialen, Nationalsozialisten und Bauernbund. → Wirtschaftskonferenz

11 Di – Das in den USA verabschiedete Zollgesetz erteilt dem Präsidenten weitreichende Befugnisse, z.B. Zollraten zu verändern sowie Einfuhrverbote auszusprechen.

12 Mi – In Kopenhagen enden die deutsch-dänischen Verhandlungen, bei denen wirtschaftliche und territoriale Fragen geklärt wurden.

13 Do – In der Mannheimer Kunsthalle wird die von Gustav Friedrich Hartlaub organisierte graphische Ausstellung »Das Gesicht der Zeit« eröffnet.

14 Fr – Für eine Ohrfeige, die ein französischer Konsulatsangestellter nachts auf einer Straße in Dresden erhielt, fordert Paris von Sachsen eine Entschädigung.

15 Sa – Ein plötzlicher Wetterumschwung, der Temperaturen bis zu 25 °C in Südwestdeutschland bringt, lädt zu Ausflügen am Osterwochenende ein.

16 So – Die »Frankfurter Zeitung« beginnt mit dem Abdruck bisher unveröffentlichter Texte des russischen Schriftstellers Fjodor M. Dostojewski. → Rapallo

17 Mo – In Dublin scheitert ein Attentat auf den irischen Politiker Michael Collins. +++ Wolfgang Kapp, Führer des Kapp-Putsches, stellt sich den deutschen Behörden.

18 Di – Vertreter aus 28 Ländern nehmen am Esperanto-Kongress in Genf teil. Die internationale Sprache wird in Deutschland in 128 Städten unterrichtet.

19 Mi – Delegierte der Deutschnationalen Volkspartei bemängeln den angeblich hohen Anteil von Juden in der deutschen Delegation auf der Konferenz von Genua.

20 Do – In Rom beginnt der zweite Kongress des internationalen Gewerkschaftsbundes. 101 Delegierte vertreten Gewerkschaftsorganisationen aus 19 Ländern.

21 Fr – Das Deutsche Reich und Finnland schließen in Helsingfors (Helsinki) ein vorläufiges Handelsabkommen. +++ In Berlin setzt heftiges Schneetreiben ein.

22 Sa – Im Rahmen des vom Frankfurter Schauspielhaus veranstalteten »Zyklus moderner Dramen« wird Arnolt Bronnens »Vatermord« uraufgeführt.

23 So – In ihrem sechsten Fußballländerspiel gegen Österreich kann die deutsche Nationalmannschaft in Wien mit 2:0 erstmals den Nachbarn schlagen.

24 Mo – Auf einer Tagung in Weimar schließen die Intendanten der Staats- und städtischen Theater sich zur »Vereinigung deutscher Theaterintendanten« zusammen.

25 Di – Bei einer Rede in Köln wendet sich Reichspräsident Friedrich Ebert gegen separatistische Strömungen im Rheinland.

26 Mi – Weite Teile des Münchener Tierparks Hellabrunn müssen wegen finanzieller Engpässe geschlossen werden.

27 Do – Das unabhängige Ägypten führt eine neue Nationalflagge ein: Weißer Halbmond und weiße Sterne auf grünem Grund. → »Dr. Mabuse«

28 Fr – In Würzburg treffen die Finanzminister aller deutschen Länder zu einer zweitägigen Konferenz über den Finanzausgleich zusammen.

29 Sa – Auf der Tagung des deutsch-osteuropäischen Wirtschaftsverbandes in Elberfeld (Wuppertal) begrüßen die Teilnehmer den Abschluss des Rapallo-Vertrages.

30 So – Der Aufstand der Bondelswarts, einer Bevölkerungsgruppe in Südwestafrika, wird von südafrikanischen Truppen niedergeschlagen.

Mai 1922

1 Mo In Weimar wird das von Walter Gropius, dem Leiter des Bauhauses, entworfene Denkmal für die Opfer des Kapp-Putsches enthüllt.

2 Di In einer Wahlrede wendet sich der ungarische Ministerpräsident István Graf Bethlen von Bethlen gegen die Pläne einer Donaukonföderation.

3 Mi Das preußische Innenministerium kündigt die Beschlagnahme von antisemitischen Flugblättern an, die immer häufiger verbreitet werden.

4 Do Nach Aufdeckung von Missständen in der Verwaltung muss die sozialdemokratische Regierung von Braunschweig zurücktreten.

5 Fr Die deutsche Regierung erlässt ein Gesetz mit Richtlinien für den Bau von Luftfahrzeugen, die den im Versailler Vertrag festgelegten Vorschriften entsprechen.

6 Sa In der Londoner »Times« erscheint ein Artikel mit der Behauptung, Deutschland entziehe sich böswillig seiner finanziellen Verpflichtungen.

7 So Die französische Bergwerksdirektion im Saargebiet teilt mit, dass sie 3000 deutsche Arbeiter aus wirtschaftlichen Gründen entlassen müsse.

8 Mo Die niederländische Zeitung »Het Vaterland « berichtet in einem Artikel über mangelhafte Zustände an den ehemals deutschen Schulen in Elsass-Lothringen.

9 Di In Oberammergau findet die Hauptprobe und zugleich erste Vorstellung der Passionsspiele statt. Das Theater mit seinen 4000 Plätzen ist ausverkauft.

10 Mi Ein Moskauer Gericht verurteilt zwölf Menschen zum Tode, weil sie gegen die Enteignung der Kirchenschätze durch den Staat protestiert hatten.

11 Do Bei Erdölbohrungen in Baku am Kaspischen Meer stoßen die Techniker auf eine überaus reiche Ölquelle. Die Fontäne ist bis zu 60 m hoch.

12 Fr Der österreichische Nationalrat in Wien verabschiedet ein Gesetz, das den Ausschank alkoholischer Getränke an Unmündige unter Strafe stellt.

13 Sa In der Oper von Frankfurt am Main findet die deutsche Erstaufführung von Béla Bartóks »Herzog Blaubarts Burg« und »Der holzgeschnitzte Prinz« statt.

14 So Die mexikanische Regierung gibt die Enteignung von insgesamt 1,9 Mio. Morgen Land im Rahmen einer Bodenreform bekannt.

15 Mo Das polnische Parlament in Warschau ratifiziert das Handelsabkommen und ein politisch-militärisches Geheimabkommen mit Frankreich.

16 Di Im deutschen Buchhandel erscheinen die von Karl Rosner herausgegebenen Memoiren des preußischen Kronprinzen Wilhelm.

17 Mi In Brooklands erreicht der britische Autorennfahrer Kenelm Lee Guinness mit 215,244 km/h einen Geschwindigkeitsweltrekord.

18 Do Auf deutschen Rennplätzen werden künftig auch Wettbüros zugelassen. +++ In Köln schließt das »Theater des werktätigen Volkes« aus Geldnot.

19 Fr Die Mitglieder des britischen Oberhauses in London lehnen den Anspruch von weiblichen Inhabern der Peerswürde auf einen Sitz im »House of Lords« ab.

20 Sa Als feierlicher Auftakt der Maifestspiele findet im Züricher Opernhaus die Uraufführung der Oper »Venus« von Othmar Schoeck statt.

21 So In der sowjetrussischen Hauptstadt Moskau erscheint die erste Ausgabe der von Dsiga Wertow herausgegebenen Filmzeitschrift »Kinoprawda«.

22 Mo Während der Debatte über den Justiz-Etat kommt es im Deutschen Reichstag wiederholt zu heftiger Kritik an der Regierung durch Linke.

23 Di In Hamburg endet die Tagung des Reichsverbandes der deutschen Industrie, die u.a. die internationale Finanz- und die deutsche Währungslage diskutierte.

24 Mi Der preußische Landtag lehnt einen Antrag der regierenden Sozialdemokraten auf Abschaffung der Todesstrafe mehrheitlich ab.

25 Do In Wittenberg findet im feierlichen Rahmen die Gründung des Evangelischen Kirchenbundes statt, eines Zusammenschlusses aller deutschen Landeskirchen.

26 Fr Der zweite Teil des Films »Dr. Mabuse, der Spieler« von Regisseur Fritz Lang wird in Berlin uraufgeführt. Hauptdarsteller ist Rudolf Klein-Rogge.

27 Sa Nach 13 Wochen endet der Streik der süddeutschen Metallarbeiter. Sie erreichten Lohnangleichungen und eine gesetzliche Fixierung der 48-Stunden-Woche.

28 So In Ungarn beginnen Wahlen zur Nationalversammlung. +++ Die italienische Universität von Padua feiert ihr 700-jähriges Bestehen.

29 Mo In Düsseldorf tagt die Künstlerkonferenz mit der »Konstruktivistischen Fraktion«. Zu ihr gehört der russische Künstler El Lissitzky. → Jahrhundertprojekt

30 Di Bei der Annahme des deutsch-polnischen Abkommens zu Oberschlesien werden die Fahnen auf dem Reichstagsgebäude auf Halbmast geflaggt.

31 Mi Die Reparationskommission akzeptiert die Bitte der deutschen Regierung um Aufschub der Reparationszahlungen.

16. Juni 1922

Krieg der Brüder in Irland

Bei Wahlen im Freistaat Irland erringen gemäßigte Politiker der Sinn Féin mit 92 Mandaten die Mehrheit gegenüber den radikalen Sinn-Féin-Anhängern von Eamon de Valera. Damit spricht sich in einer aufgeheizten Atmosphäre die Mehrheit für den 1921 geschlossenen Vertrag mit Großbritannien aus. Er sichert Südirland den Status eines Freistaats mit eigener Regierung, führt aber zur endgültigen Abtrennung Nordirlands.

Als der Vertrag am 8. Januar vom Parlament in Dublin genehmigt wurde, trat de Valera aus Protest von seinem Präsidentenamt zurück. Er sieht die Interessen der irischen Republik verraten, denn Ziel des irischen Freiheitskampfes war die vollständige Unabhängigkeit der ganzen Insel. Anfang Juni brach ein verzweifelter Bürgerkrieg zwischen Befürwortern und Gegnern des Vertrages aus. Bei Gefechten der ehemaligen Waffenbrüder in Dublin (Abb.: Blick von der Nelson-Säule auf die O'Connell Street) gibt es unzählige Tote.

18. Juni 1922

Mit 18 auf Rekordkurs

In Honolulu auf Hawaii erreicht der 18-jährige US-Schwimmer Johnny Weissmuller mehrere Bestleistungen. Er unterbietet den Weltrekord über 100 yards um 2,4 sec und über 400 m Kraul um 9,6 sec. Bereits am 26. Mai verbesserte er den Weltrekord über 200 m um 6 sec. Am 9. Juli schwimmt er als erster Mensch die 100 m unter einer Minute.

Johnny Weissmuller

US-Schwimmer und Schauspieler, * 2.6.1904 Windber (US-Bundesstaat Pennsylvania); † 20.1.1984 Acapulco de Juárez

Der Modellathlet stellte 67 Weltrekorde auf (1922-28) und erschwimmt sich bei den Olympischen Spielen 1924 und 1928 fünf Goldmedaillen. Seine Popularität und Beliebtheit als Sportler nutzt Weissmuller 1932 als Sprungbrett für eine Karriere als Filmschauspieler. Riesenerfolge feiert er in rd. 30 Filmen als Urwaldmensch Tarzan.

- 1924: Dreimal Gold bei den Olympischen Spielen in Paris
- 1928: Zweimal Gold bei Olympischen Spielen in Amsterdam
- 1932: Film »Tarzan, der Affenmensch«

24. Juni 1922

Rathenau ermordet

Der Außenminister des Deutschen Reiches, Walther Rathenau (DDP), fällt in Berlin einem politisch motivierten Attentat zum Opfer. Auf der Fahrt zum Auswärtigen Amt treffen den liberalen Politiker aus einem überholenden Wagen die Maschinenpistolenkugeln der Mörder. Eine anschließend geworfene Handgranate zerfetzt den Körper des 54-Jährigen.

Die Attentäter können zunächst unerkannt entkommen. Allerdings bereitet die Eingrenzung des Täterkreises keine großen Schwierigkeiten. Rathenau wurde seit der Übernahme des Auswärtigen Amtes von der antidemokratisch-nationalistischen Rechten vielfach als »jüdischer Erfüllungspolitiker« diffamiert und massiv bedroht. Er erhielt Drohbriefe, hasserfüllte Hetzkampagnen füllten die rechtsextreme Presse. So bezeichnet der »Völkische Beobachter« in Anspielung auf den von Rathenau mit Sowjetrussland geschlossenen Rapallo-Vertrag den Außenminister als »Börsen- und Sowjetjuden«. Die »Konservative Monatsschrift« schreibt: »Kaum hat der internationale Jude die deutsche Ehre in seinen Fingern, so ist davon nicht mehr die Rede ... Die deutsche Ehre ist keine Schacherware für internationale Judenhände! ... Die deutsche Ehre wird gesühnt werden. Sie aber, Herr Rathenau ... werden vom deutschen Volk zur Rechenschaft gezogen werden«. Die nach zwei Wochen identifizierten Mordschützen, der 24-jährige Jurastudent Erwin Kern und der 26-jährige Ingenieur Hermann Fischer, sind ehemalige Offiziere und gehören wie ihre Helfershelfer, der 21-jährige Ernst Werner

6. Juni 1922

Grenzvertrag im hohen Norden

In der finnischen Hauptstadt Helsinki unterzeichnen Vertreter der sowjetrussischen und der finnischen Regierung einen Vertrag, der die gegenseitige Unverletzbarkeit der Grenzen festschreibt. Außerdem beschließen die Delegationen die Errichtung einer neutralen Zone zwischen den Staaten. Mit der Unterzeichnung des Abkommens hoffen die Vertragspartner, die fortdauernden Unstimmigkeiten aufgrund wechselseitiger Grenzverletzungen beseitigt zu haben. In den vergangenen Monaten hatte vor allem Finnland immer wieder russische Truppen beschuldigt, in sein Territorium eingedrungen zu sein. Hintergrund ist der Aufstand in Ostkarelien gegen Moskau. Nach finnischer Darstellung verfolgen Einheiten der Roten Armee häufig nach Finnland flüchtende Aufständische über die Grenze hinweg. Die Bevölkerung in Ostkarelien kämpft für die ihr nach dem finnischen Bürgerkrieg 1920 zugesicherte Autonomie, die ihr die sowjetrussische Regierung bislang jedoch verweigerte.

Tatort Königsalle/Ecke Wallotstraße, an der sich Mörder (Pfeil) und Opfer (Kreuz) begegnen.

Walther Rathenau

deutscher Politiker und Industrieller, * 29.9.1867 Berlin; † 24.6.1922 Berlin (ermordet)

Der Industrielle zog als Symbolfigur mit seiner sog. Erfüllungspolitik in Bezug auf den Versailler Vertrag den Hass rechtsnationalistisch-antisemitischer Gruppen auf sich. Rathenau diente der Republik als Wirtschaftsexperte, u.a. bei den Friedensverhandlungen in Versailles 1919 sowie bei Konferenzen in Spa und London. Daneben war Rathenau Autor sozial- und kulturphilosophischer Schriften.

- 1893-99: Direktor der Elektrotechnischen Werke Bitterfeld
- ab 1915: Aufsichtsratsvorsitzender der AEG
- 1918: Beitritt zur DDP
- 1921: Reichsminister für Wiederaufbau
- 1922: Reichsaußenminister, Vertrag von Rapallo

Techow und dessen 16-jähriger Bruder Hans-Gerd, zur rechtsradikalen »Organisation Consul«. Ziel dieser Kaderorganisation ist der Sturz der Republik, den sie u.a. mit dem Mittel des politischen Mordes erreichen will. Die Rathenau-Mörder können am 17. Juli auf der Burg Saaleck gestellt werden, wobei Kern von der Polizei erschossen wird und Fischer sich das Leben nimmt.

Rathenau, der von seinen Freunden mehrfach darauf hingewiesen worden war, dass sein Leben bedroht sei, hatte dennoch auf jeden persönlichen Schutz verzichtet: »Ich weiß, dass mein Leben ständig bedroht ist. Aber ... dagegen kann man sich nicht schützen, wenn man nicht selbst ein Gefangener werden ... will. Als ich mein Amt übernahm, wusste ich, was ich riskiere. Jetzt heisst es abwarten, wie lange die Sache läuft«.

Am 25. Juni hält Reichskanzler Joseph Wirth als Reaktion auf das Attentat eine aufrüttelnde Rede im Reichstag: »Da steht der Feind {nach rechts gewendet}, der sein Gift in die Wunden des Volkes träufelt. – Da steht der Feind – und darüber ist kein Zweifel: Dieser Feind steht rechts.«

29. Mai 1922

Jahrhundertprojekt in Bayern

Die bayerische Landesregierung gibt in einem Bericht den Baubeginn des Rhein-Main-Donau-Kanals bekannt. Mit der Realisierung des Großprojektes war 1921 von der eigens dafür gegründeten Rhein-Main-Donau AG begonnen worden. Die Großschifffahrtsstraße ermöglicht nach ihrer Fertigstellung eine durchgehende Verbindung von der Nordsee bis zum Schwarzen Meer. Diese entsteht durch den Ausbau des Mains von Aschaffenburg bis Bamberg, den sich anschließenden Main-Donau-Kanal, der in seinen Endabschnitten dem kanalisierten Bett von unterer Regnitz und Altmühl folgt, sowie der Donaukanalisierung zwischen Kelheim und Passau. Die Inbetriebnahme ist für das Jahr 1945 vorgesehen. Technische Probleme und der Zweite Weltkrieg verzögern jedoch die Arbeiten. Erst 1992 wird das von Umweltschützern wegen seiner ökologischen Folgeschäden kritisierte Projekt fertiggestellt. Bereits Karl der Große hatte eine Verbindung zwischen Main und Donau erwogen.

11. Juni 1922

Publikumserfolg für »Nanuk«

In New York wird, von der Kritik und vom Publikum gleichermaßen begeistert aufgenommen, der Film »Nanuk, der Eskimo« gezeigt (Abb.: Plakat). Das Genre des Dokumentarfilms erlebt mit dem Streifen seinen Durchbruch. Regie führt der in Kanada aufgewachsene US-Amerikaner Robert J. Flaherty, der für die Realisierung seines Films zwei Jahre bei den »Inuit« lebte, wie sich die Ureinwohner in der kanadischen Subarktis selbst bezeichnen. In teilweise romantisierenden Bildern zeigt der Film ihre Lebensgewohnheiten und ihren Kampf mit der Natur.

Juni 1922

1 Do Im Dresdener Ausstellungspalast wird unter dem Titel »Deutsche Erde« eine Ausstellung der Glas- und der Keramikindustrie eröffnet.

2 Fr 50 000 faschistische »Schwarzhemden« erzwingen in Bologna (Italien) unter Benito Mussolinis Führung den Rücktritt des linksorientierten Präfekten.

3 Sa Das mit der 52. Jahresversammlung des Allgemeinen Deutschen Musikvereins verbundene zweiwöchige Tonkünstlerfest beginnt in Düsseldorf.

4 So Ein Angehöriger der rechtsextremen »Organisation Consul« verübt ein Säureattentat auf den SPD-Politiker Philipp Scheidemann.

5 Mo In Moskau wird ein Bulletin veröffentlicht, aus dem hervorgeht, dass Revolutionsführer Wladimir I. Lenin schwer erkrankt sei und völlige Ruhe brauche.

6 Di Polens Ministerpräsident Anton Ponikowski tritt nach heftigen Angriffen der Oppositionellen wegen des deutsch-russischen Vertrages zurück. → Grenzvertrag

7 Mi Im US-Staat Ohio werden erstmals Schädlinge vom Flugzeug aus bekämpft. +++ Von Berlin werden erstmals drahtlos Bilder in die USA telegraphiert.

8 Do In Belgrad heiraten Alexander I., König der Serben, Kroaten und Slowenen, und die bulgarische Prinzessin Marjola.

9 Fr Vor dem Moskauer Revolutionsgericht beginnt der schon seit einigen Monaten aufgeschobene Prozess gegen rechtsgerichtete Sozialrevolutionäre.

10 Sa Die am 24. Mai begonnene Tagung des internationalen Anleiheausschusses endet in Paris ergebnislos. Die deutschen Verpflichtungen bleiben ungeregelt.

11 So Auf der Automobilrennstrecke Avus in Berlin finden die ersten offiziellen Rennen dieses Jahres, u.a. für Fahrräder mit Hilfsmotoren, statt. → »Nanuk«

12 Mo Bei den Wahlen zur ungarischen Nationalversammlung siegen die bürgerlichen Parteien. +++ Wolfgang Kapp, Initiator des Kapp-Putsches, stirbt in der Haft.

13 Di Anlässlich der Gewährung eines Kredites an Österreich spricht sich Frankreich gegen eine Vereinigung des Alpenlandes mit dem Deutschen Reich aus.

14 Mi Der Reichstag genehmigt das Reichsjugendwohlfahrtsgesetz, wodurch u.a. die Rechte der staatlichen Jugendhilfe gegenüber den Eltern festgelegt sind.

15 Do In Innsbruck beginnt die erste Tagung der christlichen Bergarbeiter-Internationale. Thema der Konferenz ist u.a. der Achtstundentag.

16 Fr Beim Ausdocken im Hamburger Hafen kentert der brasilianische Dampfer »Avaré«. 37 Menschen ertrinken im überfluteten Teil des Schiffes. → Irland

17 Sa Den Wettbewerb um das schönste Automobil gewinnt im Rahmen des Automobil- und Motorradturniers von Bad Homburg ein Opel-Sportwagen.

18 So Das Endspiel um die Deutsche Fußballmeisterschaft zwischen dem HSV und dem 1. FC Nürnberg in Berlin endet mit 2:2 unentschieden. → Johnny Weissmuller

19 Mo Die »Berliner Illustrirte Zeitung« berichtet über das Vorhaben des norwegischen Polarforschers Roald Amundsen, den Nordpol zu überfliegen.

20 Di Polnische Truppen besetzen die oberschlesische Stadt Kattowitz, die im Oberschlesienabkommen Polen zugesprochen worden war.

21 Mi Auf dem Flugplatz in Staaken bei Berlin landet eine Maschine der deutsch-russischen Luftfahrtgesellschaft nach einem Nonstop-Flug aus Moskau.

22 Do Der britische Feldmarschall Sir Henry Wilson wird auf seinem Landsitz bei London von irischen Extremisten ermordet.

23 Fr Ein Ausschuss des Deutschen Reichstages lehnt den Antrag auf Getreideumlage ab, da eine Erhöhung der Preise die unausweichliche Folge wäre.

24 Sa In Österreich beginnt ein Streik im staatlichen Verkehrswesen für eine Änderung der Finanzpolitik und ein Ende der Inflation. → Walther Rathenau

25 So Beim 54. Deutschen Galopp-Derby in Hamburg-Horn gewinnt überraschend das Pferd Hausfreund unter Jockey W. Tarras.

26 Mo In Den Haag beginnt die Sachverständigenkonferenz zur Regelung der Schuldenzahlungen Sowjetrusslands an die Alliierten.

27 Di Der US-Verleger Randolph Hearst schreibt im »Evening Standard«, Grundgedanken und Ziele des Vertrages von Versailles müssten geändert werden.

28 Mi Auf der Jahrestagung der Labour-Party in London wenden sich die Delegierten dagegen, Deutschland als allein Schuldigen am Krieg zu sehen.

29 Do Bei Zusammenstößen mit französischen Besatzungstruppen werden in der oberschlesischen Stadt Hindenburg (Zabrze) 20 Menschen getötet.

30 Fr Im Großen Schauspielhaus in Berlin wird »Maschinenstürmer«, ein Stück des expressionistischen Dichters Ernst Toller, uraufgeführt.

Juli 1922

1 Sa Die technischen Mitarbeiter der Hamburger Reedereien treten in den Ausstand. Sie fordern Garantien für die 48-Stunden-Woche.

2 So Das Fußballländerspiel der deutschen Nationalmannschaft gegen Ungarn endet in Bochum 0:0. +++ In Finnland gewinnt die Koalitionspartei die Wahlen.

3 Mo Der Publizist Maximilian Harden wird in Berlin von Rechtsradikalen überfallen und mit Eisenstangen schwer verletzt.

4 Di In München endet ein Hochverratsprozess gegen Freiherr Hubert von Leoprechting. Der Angeklagte wird zu lebenslanger Zuchthausstrafe verurteilt.

5 Mi Die Konferenz der internationalen Arbeiterhilfe beginnt in Berlin ihre Beratungen über Hilfsmaßnahmen für die Hungernden in Sowjetrussland.

6 Do Die höchsten Temperaturen dieses Sommers messen die Meteorologen in Frankfurt am Main mit 37 °C und in Berlin mit 36 °C.

7 Fr Die Presse der USA berichtet über erfolgreiche Tests der US-Marine mit Torpedos, die von Flugzeugen aus abgeschossen werden können.

8 Sa In Madrid schließen Vertreter der französischen und der spanischen Regierung einen Handelsvertrag, der den Zollkrieg zwischen beiden Ländern beendet.

9 So Der französische Ministerpräsident Raymond Poincaré und der italienische Außenminister Carlo Schanzer treffen in Paris zu Gesprächen zusammen.

10 Mo Angehörige des islamischen Glaubens protestieren in Hedschas und Mekka gegen die Begünstigung des Zionismus in Palästina.

11 Di Eine Explosion im Marinedepot Groden bei Cuxhaven fordert sieben Todesopfer und mehrere Verletzte. Etliche Siedlungshäuser werden zerstört.

12 Mi Das italienische Parlament berät über die schlechte Finanzlage Italiens. Das Haushaltsdefizit für 1922/23 wird auf 4 Mrd. Lire geschätzt.

13 Do Infolge der Belastungen, die der Druckerstreik für die Verlage mit sich brachte, werden die Preise für Zeitungen in Deutschland heraufgesetzt.

14 Fr Ein Abkommen zwischen den USA und Japan erklärt die Gruppe der Yapinseln im Pazifik zum Treuhandgebiet der USA.

15 Sa Die 10 000. Lokomotive verlässt die Hanomag-Werke in Linden bei Hannover. +++ Den Großen Preis des französischen Automobilklubs gewinnt Fiat.

16 So Nach Meldungen aus der indischen Stadt Simla musste eine britische Bergsteigermannschaft ihren Versuch, den Mount Everest zu besteigen, abbrechen.

17 Mo Durch den Zusammenschluss von Nationalbank und Bank für Handel und Industrie entsteht die Danatbank – die viertgrößte Bank Deutschlands.

18 Di In der St.-Margarets-Kirche in London heiraten Edwina Ashley, eines der reichsten Mädchen Englands, und Lord Louis Mountbatten. → Gesetz

19 Mi In Bad Nauheim enden die deutschen Fechtmeisterschaften. Erwin Casmir gewinnt das Florett- und Säbelturnier und wird Zweiter im Degenfechten.

20 Do Vertreter des Deutschen Reiches und Polens einigen sich über ein Programm für künftige wirtschaftliche Verhandlungen zwischen beiden Ländern.

21 Fr Die mit Sowjetrussland verbundenen Gebiete Grusinien, Armenien und Aserbaidschan schließen sich zu der Gemeinschaft Transkaukasien zusammen.

22 Sa Die Leitung des Berliner Zoos beschließt, die Einrichtung vom 1. Oktober bis zum 1. April aus finanziellen Gründen zu schließen. → Arbeitersportfest

23 So In Paris endet die am 25. Juni gestartete Tour de France. Gesamtsieger des strapaziösen Radrennens wird der Belgier Firmin Lambot.

24 Mo Die bayerische Regierung erlässt anstelle des gültigen Reichsgesetzes zum Schutz der Republik eine entsprechende eigene Verordnung. → Kandinsky

25 Di In Heidelberg wird in Anwesenheit des badischen Staatspräsidenten Hermann Hummel die neue medizinische Klinik eingeweiht. → Aalwanderung

26 Mi Auf der Tagung des Internationalen Friedenskongresses in London fordern die Delegierten die Einstellung der militärischen Rüstung.

27 Do Die Ergebnisse der Ausgrabungen deutscher Archäologen in Mesopotamien werden in einer Ausstellung des Berliner Kaiser-Friedrich-Museums gezeigt.

28 Fr Vor dem britischen Oberhaus werden Zahlen über die Luftverschmutzung bekannt. Allein über London gehen monatlich 25 t Ruß pro Quadratmeter nieder.

29 Sa Der preußische Landtag erlässt das Gesetz zur Erhaltung des Baumbestandes und das Gesetz zur Erhaltung und Freigabe von Uferwegen.

30 So Auf den heute und morgen stattfindenden Donaueschinger Musiktagen wird Paul Hindemiths »Kammermusik Nr. 1« uraufgeführt.

31 Mo Ein Moskauer Gericht verurteilt mehrere orthodoxe Geistliche zu Haftstrafen. Anlass ist ihre Weigerung, Kirchenschätze an die Regierung anzuliefern.

22. August 1922

Irlands Präsident erschossen

In Macron in der irischen Grafschaft Cork wird der Präsident des irischen Freistaats und Oberbefehlshaber der Regierungstruppen, Michael Collins, nach einem Überfall von Mitgliedern der radikalen Sinn Féin erschossen.
Der Tod von Collins, einer Symbolfigur des irischen Freiheitskampfes, wird in ganz Irland mit großer Trauer aufgenommen. Als Vertreter der gemäßigten irischen Unabhängigkeitsbewegung gehörte er zusammen mit Arthur Griffith, dem ersten Präsidenten des Freistaats, zu den Unterzeichnern des irisch-britischen Friedensvertrags von 1921. Das Abkommen war auf den radikalen Widerstand vieler Extremisten gestoßen, die keinen Ausgleich mit Großbritannien wollen und jeden Versuch einer Einigung bekämpften. Nachfolger von Collins wird William T. Cosgrave.

18. Juli 1922

Gesetz zum Schutz der Republik

In dritter Lesung verabschiedet der deutsche Reichstag das Republikschutzgesetz. Für seine Annahme sprechen sich in namentlicher Abstimmung 303 Abgeordnete aus, dagegen stimmen 102 Parlamentarier.

Mit dem Gesetz erhält die Regierung die Möglichkeit, gegen republikfeindliche Gruppen vorzugehen und u.a. Zuchthausstrafen zu verhängen. Anlass ist u.a. der Mord an Außenminister Walther Rathenau am 24. Juni. Über Inhalt und Reichweite des Gesetzes hatte es in den vergangenen Wochen heftige Diskussionen im Parlament und in Parteien und Verbänden gegeben (Abb.: Arbeiter demonstrieren für ein radikales Vorgehen gegen den wachsenden Rechtsextremismus).

25. Juli 1922

Geheimnis der Aalwanderung

Die »Vossische Zeitung« veröffentlicht einen Bericht über die neuesten Ergebnisse bei der Erforschung der Lebensgewohnheiten der Aale durch den dänischen Zoologen Johannes Schmidt.
In verschiedenen Forschungsreisen konnte der Wissenschaftler seine aufsehenerregende These bestätigen, dass sich die Laichplätze der europäischen Flussaale im westlichen Teil des Atlantischen Ozeans, vor dem Golf von Mexiko, befinden. Mit der Geschlechtsreife wandern die Flussaale ins Meer und ziehen in die 3000 bis 5000 km entfernte Saragossasee, die als Laichplatz dient. Die Larven werden vom Golfstrom wieder an die europäischen Küsten getragen.

Endspiel, Teil 1: Das Zugreifen des Nürnberger Keepers Heiner Stuhlfauth verhindert ein Tor.

Heiner Stuhlfauth

deutscher Fußballtorwart, * 11.1.1896 Nürnberg, † 12.9.1966 Nürnberg

Eigentlich wollte Stuhlfauth Radrennfahrer werden, bevor er seine Fußballerkarriere begann. Zunächst wirbelte er als Stürmer Abwehrreihen durcheinander, ehe er ins Tor wechselte. Er stieg beim 1. FC Nürnberg, für den er 606-mal auflief, zum Klassetorwart auf und absolvierte 21 Länderspiele. Mit dem von seinen Gegnern gefürchteten »langen Heiner« beginnt die Ära des modernen Torwartspiels.

22. Juli 1922

Arbeitersportfest in Leipzig

In Leipzig beginnt das erste Deutsche Arbeiter-Turn- und Sportfest. Bis zum 27. Juli kommen in der Messestadt 100 000 Sportler zusammen – unter ihnen Athleten aus 15 Nationen.
Neben offiziellen Reden, Aufmärschen und Umzügen durch die Leipziger Innenstadt finden Vergleichskämpfe statt, die nicht mehr nur den »Charakter von volkstümlichen Übungen, sondern im Ansatz Leichtathletik-Wettkämpfe, Meisterschaften im Schwimmen und Kunstspringen, im Ringen und Radball sind« (Abb.: Einmarsch der französischen und belgischen Teilnehmer ins Stadion).

6. August 1922

Fußball-Thron bleibt diesmal leer

Fußball kurios: Auch das Wiederholungsspiel um die deutsche Fußballmeisterschaft zwischen dem Hamburger SV (HSV) und dem 1. FC Nürnberg endet ohne einen Sieger. Als nach dem 1:1 der Deutsche Fußball-Bund den HSV zum Titelträger erklärt, verzichtet die Hamburger Elf auf dieses »Geschenk«, so dass es in diesem Jahr keinen Meister gibt.

Bereits das erste Endspiel am 18. Juni endete in Berlin vor 25000 Zuschauern ohne Sieger. Am Ende der offiziellen Spielzeit stand es 2:2, die Begegnung musste verlängert werden. Als nach 189 Minuten immer noch kein Sieger feststand und die Akteure beider Mannschaften mit ihren Kräften sichtlich am Ende waren, brach der Kölner Schiedsrichter Peco Bauwens das Match ab. Über diese Phase des Spiels berichtete der Reporter des »Berliner Tageblatts«: »... Und weiter ging der Kampf, bis nach wieder 53 Minuten der Schiedsrichter Dr. Bauwens ebenso wie die erschöpften Spieler zusammenbrachen. Doch erst nach weiteren 18 Minuten entschloss sich dann der wieder tätige Spielleiter, dem inzwischen zur Farce gewordenen Kampfe ein vom Publikum stürmisch verlangtes Ende zu bereiten.« Der Kampf um den Titel fand in Leipzig seine Fortsetzung. Zugleich begrenzte der DFB die gesamte Spielzeit für eine Begegnung auf 150 min. Nach dem Ende der regulären Spielzeit stand jedoch auch im Wiederholungsspiel kein Sieger fest. 1:1 hieß das Ergebnis. Die 50000 Zuschauer sahen in der anschließenden Verlängerung einen verbissenen Kampf zwischen den beiden Mannschaften. Nürnberg, 1920 und 1921 Deutscher Meister, setzte alles auf eine Karte und wollte seiner Favoritenrolle gerecht werden – allerdings nicht immer mit der gebotenen Fairness. Zwei Spieler wurden vom Platz gestellt, darunter Stürmer Heinrich Träg. Zwei weitere Spieler schieden nach Verletzungen aus. Sieben Nürnberger standen zuletzt elf Akteuren aus der Hansestadt Hamburg gegenüber. Auf Grund dieses Ungleichgewichts auf dem Rasen brach der Unparteiische die Partie schließlich in der 110. Minute ab. Im Vorjahr hatten die Nürnberger Vorwärts Berlin im Endspiel noch mit 5:0 deklassiert.

Dt. Meister 1923-39

Jahr	Meister
1923	Hamburger SV
1924	1. FC Nürnberg
1925	1. FC Nürnberg
1926	SpVgg. Fürth
1927	1. FC Nürnberg
1928	Hamburger SV
1929	SpVgg. Fürth
1930	Hertha BSC Berlin
1931	Hertha BSC Berlin
1932	FC Bayern München
1933	Fortuna Düsseldorf
1934	FC Schalke 04
1935	FC Schalke 04
1936	1. FC Nürnberg
1937	FC Schalke 04
1938	Hannover 96
1939	FC Schalke 04

24. Juli 1922

Lehrer am Bauhaus

Der russische Maler und Graphiker Wassily Kandinsky (s. Abb.) und die thüringische Landesregierung schließen einen Vertrag. Danach wird der renommierte Künstler Lehrer am Bauhaus in Weimar. Er wird vorrangig die Werkstatt der Wandmalerei übernehmen.

Wassily Kandinsky

russischer Maler und Grafiker, * 4.12.1866 Moskau; † 13.12.1944 Neuilly-sur-Seine

Kandinskys erstes abstraktes Aquarell (1910) begründet die gegenstandslose Malerei mit. Seine Schrift »Punkt und Linie zur Fläche: Beitrag zur Analyse der malerischen Elemente« (1926) gilt als grundlegendes Werk zum Schaffensprozess abstrakter Kunst. Nach dem Jurastudium in Moskau lehnte Kandinsky einen Ruf an die Universität Dorpat ab und studierte Kunst in München. Während sein Frühwerk von russisch-folkloristischen Elementen und dem Jugendstil geprägt war, ging der Maler ab 1910 zur freieren Behandlung der Wirklichkeit über, die Farbe erhielt eine eigene Aussagekraft. Er wurde Mitbegründer der »Neuen Künstlervereinigung« und des »Blauen Reiters«. Nach sieben Jahren Russlandaufenthalt kehrt Kandinsky nach Deutschland zurück und wird Meister am Bauhaus von Walter Gropius. Hier zeigt sich in seinen Werken immer mehr eine strenge Geometrisierung. Inzwischen deutscher Staatsbürger, emigriert er nach Hitlers Machtergreifung nach Paris. 1939 wird Kandinsky Franzose. Er verbringt den Rest seines Lebens in Frankreich.

- Ab 1886: Jurastudium in Moskau
- ab1896: Kunststudium in München
- 1914: Rückkehr nach Russland
- 1918: Tätigkeit im Volkskommissariat für Aufklärung und Erziehung
- 1921: Übersiedlung nach Berlin
- 1924: Gründung der »Blauen Vier« mit Paul Klee, Lyonel Feininger und Alexej von Jawlensky

August 1922

1 Di In Kanada stirbt Alexander Bell, der Erfinder des modernen Telefons. +++ Italiens ehemaliger Regierungschef Luigi Facta bildet ein neues Kabinett.

2 Mi An den deutschen Börsen herrscht Panikstimmung, da der Dollarkurs inzwischen auf eine Höhe von 860 Mark gestiegen ist.

3 Do In Berlin stirbt im Alter von 80 Jahren Minna Cauer, eine der ersten deutschen Kämpferinnen für die Gleichberechtigung der Frau.

4 Fr Die Reichspostverwaltung gibt bekannt, dass sie die Zahl der öffentlichen Fernsprechstellen bedeutend vergrößern will.

5 Sa In Los Angeles findet die Uraufführung des Films »Blood and Sand« mit dem Schauspieler und Tänzer Rudolph Valentino in der Hauptrolle statt.

6 So In einem Aufruf bittet der Direktor des Berliner Zoos, Franz Hermann Meißner, den Staat und die Öffentlichkeit um Unterstützung für den Tiergarten. → Fußball

7 Mo Die italienische Regierung verhängt wegen der durch die Faschisten verursachten Unruhen den Ausnahmezustand über Ober- und Mittelitalien.

8 Di Infolge eines Diebstahls von Leitungsdraht aus Kupfer ist die Telefonleitung zwischen Wien und Budapest für mehrere Tage unterbrochen.

9 Mi Das Rauchen in den Straßenbahnwaggons wird in Berlin zunächst versuchsweise zugelassen. Man erhofft sich so mehr Fahrgäste.

10 Do In Kopenhagen beginnt der zweitägige protestantische Kirchenkongress. Hauptthema der Veranstaltung ist das Problem der deutschen Minderheiten.

11 Fr Neues Kleingeld gelangt im Deutschen Reich in Umlauf, als erstes der Taler (3 Mark). Es sollen 200 Mio. Stück davon geprägt werden.

12 Sa In Breslau beginnen die Festspiele zum 60. Geburtstag Gerhart Hauptmanns. +++ Arthur Griffith, Regierungschef der irischen Republik, stirbt in Dublin.

13 So Anlässlich der Salzburger Festspiele findet die Uraufführung des »Salzburger Großen Welttheaters« von Hugo von Hofmannsthal statt.

14 Mo Auf einer Sitzung des Zentralvorstandes der Faschistenpartei in Mailand fordert Benito Mussolini die Auflösung des italienischen Parlaments.

15 Di Die deutsche Regierung erklärt ihre Unfähigkeit zur Zahlung der fälligen Reparationsrate von zwei Mio. Pfund (etwa 9,2 Mrd. Mark).

16 Mi Bei einer Flugschau auf dem Flugplatz bei Putzig in Polen sterben mehr als 50 Menschen durch einen versehentlichen Bombenabwurf.

17 Do In Berlin beginnt ein internationaler Telegrafistenwettbewerb. 144 Telegrafenbeamte aus 143 Ländern nehmen daran teil.

18 Fr Ein sog. Bergungsleichter läuft in Boizenburg an der Elbe vom Stapel. Das Schiff wurde speziell für die Bergung versunkener Schiffe konstruiert.

19 Sa Bei einem Brand in den Werkstätten der ungarischen Staatsbahn in Budapest werden u.a. 32 Personenwaggons vernichtet.

20 So Vor etwa 20000 Zuschauern werden in Paris die ersten Frauen-Weltspiele in den leichtathletischen Disziplinen ausgetragen.

21 Mo Die litauische Regierung in Kowno (Kaunas) fordert von der Botschafterkonferenz die Übergabe des Memelgebietes an Litauen.

22 Di Die finnische Regierung teilt den baltischen Staaten und Polen mit, dass Finnland künftig die Neutralität anstreben werde. → Irland

23 Mi Bei einer Demonstration gegen die Arbeitslosigkeit kommt es in Wien zu gewalttätigen Auseinandersetzungen mit der Polizei.

24 Do Der Hannoveraner Hermann Hentzen stellt über der Rhön mit 3:10 h einen Weltrekord im Dauerflug ohne Motor auf.

25 Fr In München erscheint das 20000. Exemplar der expressionistischen Lyrikanthologie »Menschheitsdämmerung«, herausgegeben von Kurt Pinthus.

26 Sa Türkische Regierungstruppen beginnen mit massiven Angriffen gegen die griechische Armee bei Afyonkarahisar.

27 So In München wird der 62. deutsche Katholikentag eröffnet. Einer seiner Vorsitzenden ist der Kölner Oberbürgermeister Konrad Adenauer.

28 Mo Erstmals wird eine Werbesendung über Rundfunk ausgestrahlt. Die New Yorker hören an fünf Tagen hintereinander Reklame für ein Apartmenthaus.

29 Di Bei den wiederaufgenommenen Kämpfen gegen die Rifkabylen in Spanisch-Marokko erringt die spanische Armee bei Arimidar einen Sieg.

30 Mi Die durch die Inflation entstandene Geldscheinknappheit zwingt die Deutsche Reichsbank zu einer vorübergehenden Rationierung der Geldmittel.

31 Do Bei Ausgrabungen in der Stiftskirche von Bad Hersfeld stoßen die Archäologen auf bedeutende Funde aus der Karolingerzeit.

September 1922

1 Fr Der Großindustrielle Hugo Stinnes schließt mit der französischen Regierung einen Vertrag über Sachlieferungen im Rahmen der Reparationen. → »Ulysses«

2 Sa Das Reichswirtschaftsministerium erklärt, dass eine Rückkehr zur Zwangswirtschaft bei der Zuckerversorgung unvermeidlich sei. → »Über alles in der Welt«

3 So Die deutschen Leichtathleten gewinnen in Frankfurt am Main einen Länderkampf gegen die Schweiz. Sie siegen in 14 der 15 Wettbewerbe. → Votum

4 Mo Der in Leipzig geplante Deutsche Anwaltstag wird abgesagt, da viele Juristen die Kosten für eine Teilnahme nicht aufbringen können.

5 Di Das preußische Innenministerium veröffentlicht eine Verordnung zur Bekämpfung des Schlemmens in Gasthäusern, Bars etc.

6 Mi Auf Initiative Fridtjof Nansens erscheint ein Buch mit Beiträgen von Künstlern. Die Verkaufserlöse sollen hungernden Kindern in Russland zugute kommen.

7 Do Im Berliner Grunewald geht eine 300-Stunden-Autofahrt ohne Schaden zu Ende. +++ Brasilien feiert den 100. Jahrestag der Unabhängigkeit von Portugal.

8 Fr In einem öffentlichen Aufruf wendet sich das Berliner Philharmonische Orchester an die Presse und fordert staatliche Unterstützung.

9 Sa Die Premiere der Leo-Fall-Operette »Madame Pompadour« mit Fritzi Massary im »Berliner Theater« wird ein großer Erfolg. → Türken

10 So Mit dem Grand Prix von Italien wird die Autorennbahn von Monza eingeweiht. Sieger des 800-km-Rennens wird Pietro Bordino.

11 Mo Im Regierungspalast von Jerusalem findet die Proklamation der Verfassung eines künftigen Staates Palästina statt.

12 Di Der Finne Paavo Nurmi verbessert in Stockholm auf der 5000-m-Strecke mit 14:35,4 min den seit zehn Jahren bestehenden Weltrekord.

13 Mi Die Stadtverordnetenversammlung von Königsberg genehmigt eine Stiftung zur Errichtung einer Gedenkstätte für den Philosophen Immanuel Kant.

14 Do Mit einer durch die bürgerlichen Parteien und die Kommunisten erreichten Mehrheit beschließt der sächsische Landtag in Dresden seine Auflösung.

15 Fr Vor dem Industrie- und Handelstag in Berlin wiederholt Reichskanzler Joseph Wirth die Maxime seiner Regierung »Erst Brot, dann Reparationen«.

16 Sa In der Reichshauptstadt Berlin beginnt die erste internationale Konferenz der kommunistischen Kindergruppenbewegung.

17 So Die Berliner »Vossische Zeitung« veröffentlicht eine Kostenberechnung für das Zusammenleben in ehelicher Zweisamkeit. → Tontechnik

18 Mo Der verwitwete ehemalige deutsche Kaiser Wilhelm II. verlobt sich in seinem niederländischen Exil mit Prinzessin Hermine von Schönaich-Carolath.

19 Di Nach heftigen Regenfällen kommt es in den Tälern der Sulz und der Schwarzach in der Oberpfalz zu erheblichen Überschwemmungen.

20 Mi Das »Triadische Ballett« des bisher als Maler und Bildhauer bekannten Bauhaus-Lehrers Oskar Schlemmer wird am Stuttgarter Landestheater uraufgeführt.

21 Do Über den Weihnachtsinseln findet eine totale Sonnenfinsternis statt. Wissenschaftliche Beobachtungen verlaufen wegen starker Bewölkung enttäuschend.

22 Fr In der Tschechoslowakei werden Zeitungsredaktionen aufgefordert, kritische Artikel gegenüber der Großen und Kleinen Entente zu unterlassen.

23 Sa In München wird mit »Trommeln in der Nacht« erstmals ein Stück des jungen Autors Bertolt Brecht auf der Bühne gezeigt.

24 So Auf ihrem Parteitag in Nürnberg beschließen die Unabhängigen (USPD) und die Mehrheitssozialisten (MSPD) die Wiedervereinigung ihrer Parteien.

25 Mo Der bis 27. September dauernde VII. psychoanalytische Kongress wird in Berlin eröffnet. Den Vorsitz der Tagung hat Sigmund Freud.

26 Di In Berlin beginnen die Verhandlungen des Internationalen Kongresses der Verbände zur Verwertung musikalischer Aufführungsrechte.

27 Mi Konstantin I., König von Griechenland, wird nach der Niederlage der Griechen im griechisch-türkischen Krieg zum Rücktritt gezwungen.

28 Do Bei den Wahlen zum Parlament im zu Polen gehörenden Gebiet Oberschlesiens erhalten die Deutschen 14 und die Polen 34 Sitze.

29 Fr Ulrich Graf von Brockdorff-Rantzau wird zum ersten Botschafter des Deutschen Reiches in Sowjetrussland ernannt.

30 Sa In Budapest wird Otto, Sohn des letzten österreichischen Kaisers und ungarischen Königs Karl I., zum rechtmäßigen Thronerben proklamiert.

9. September 1922

Türken vertreiben Griechen

Der Sieg der türkischen Streitkräfte bei Smyrna (Izmir) beendet den Krieg zwischen Griechenland und der Türkei. Die Kämpfe hatten am 26. August auf Befehl von Mustafa Kemal Pascha (ab 1934 »Atatürk« genannt) begonnen. Die Türkei hatte

nach Ende des Ersten Weltkriegs als Verbündeter der Mittelmächte Gebiete an die Griechen abtreten müssen, die sich den siegreichen Entente-Mächten angeschlossen hatten. 1921 weitete Griechenland seinen Einfluss in Kleinasien weiter aus und drang nach Anatolien vor. Mustafa Kemal Pascha entschied daraufhin, mit dem von ihm organisierten Widerstand eine Gegenoffensive zu starten. Der gesamte rechte Flügel der griechischen Armee wird von den Türken in nur sechs Tagen zerschlagen. Obwohl die Griechen Smyrna kampflos aufgeben, zerstört ein Brand im Armenierviertel einen Großteil der Stadt (s. Abb.).

17. September 1922

Tontechnik revolutioniert Film

In Berlin wird der erste Spielfilm mit integrierter Lichttonspur aufgeführt. Im »Alhambra«-Lichtspieltheater erleben die Zuschauer einer dem »sprechenden Film« gewidmeten Matinee den Film »Der Brandstifter« in Bild und Ton. Die Filmwirtschaft zeigt jedoch – noch – wenig Interesse. Die Synchronisationstechnik von Film und Sprache gelingt den deutschen Ingenieuren Hans Vogt, Jo Benedict Engl und Joseph Massolle. Das Prinzip der als »Tri-Ergon« bezeichneten Erfindung ist die Umwandlung von Schallwellen in elektrische Impulse. Diese werden wiederum in Licht umgesetzt, das die Silberbeschichtung des Filmtonnegativs schwärzt und somit Informationen übertragbar macht. Das durch den Positivstreifen hindurchscheinende Licht der Projektionslampe wird wieder in elektrische Impulse verwandelt, die zuletzt eine schallerzeugende Membran zum Schwingen bringen. Damit ist der lange unbefriedigend verlaufende Versuch, Bild und Ton zusammenzubringen, geglückt. Publikum und Presse zeigen sich begeistert. Die integrierte Tonspur revolutioniert den Unterhaltungsfilm, ermöglicht zugleich den Einsatz des Mediums Film zu Zwecken der Volksbildung und macht Filme zum verbreiteten Propagandainstrument.

Auf dem Parteitag der Faschisten in Neapel schreitet der »Duce« Benito Mussolini (M.) die Reihen seiner Männer ab. Die »Schwarzhemden« bereiten sich auf die Machtübernahme in Italien vor.

28. Oktober 1922

Der »Marsch auf Rom«

Unter Androhung von Gewalt erzwingen die Faschisten die Machtübernahme in Italien. Unter der Leitung von Benito Mussolini marschieren etwa 40 000 Parteianhänger von den Sammelpunkten Civitavecchia, Monterotondo und Tivoli aus auf Rom zu.

Der »Marsch auf Rom« veranlasst Ministerpräsident Luigi Facta zum sofortigen Rücktritt. Sein Nachfolger, Antonio Salandra, schlägt König Viktor Emanuel III. die Ausrufung des Belagerungszustandes und eine Verteidigung der Stadt mit militärischen Mitteln vor, aber der König lehnt ab. Er verspricht sich von einem Bündnis mit den Faschisten ein Fortbestehen der bedrohten Monarchie. Salandra bietet Mussolini daraufhin beschwichtigend einen Ministerposten an. Als dieser das Angebot ausschlägt und die Regierungsgewalt fordert, überträgt König Viktor Emanuel III. ihm die Kabinettsbildung. Die Faschisten marschieren am 30. Oktober ungehindert in Rom ein. Mussolini schließt sich ihnen, mit dem Zug aus Mailand kommend, an. Am Abend erhält er die Regierungsvollmachten vom König. Der Machtergreifung Mussolinis waren zahlreiche Terrorakte vorausgegangen, bei denen Sozialis-

2. September 1922

»Über alles in der Welt«

Reichspräsident Friedrich Ebert erklärt das »Lied der Deutschen« zur Nationalhymne. Der Lyriker August Heinrich Hoffmann von Fallersleben schrieb die drei Strophen 1841 auf der Insel Helgoland unter dem Eindruck der Einigungsbewegung in den deutschen Staaten. Verleger Julius

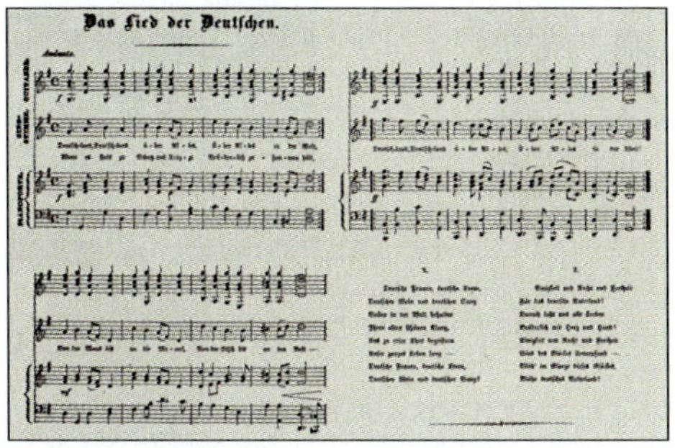

Campe veröffentlichte das Gedicht zusammen mit der Melodie, die Joseph Haydn 1796/97 komponierte und als »Gott erhalte, Gott beschütze« lange Jahre als österreichische Kaiserhymne diente. Der in den ersten zwei Strophen des Hoffmann-Textes besungene Nationalismus (»Deutschland, Deutschland über alles«) trifft 1922 auf ein empfängliches Publikum (Abb.: Notenblatt).

ten und Kommunisten von faschistischen Schlägertrupps misshandelt worden waren. Ein Generalstreik der Gewerkschaften scheitert, die Sympathie der Bevölkerung für Mussolinis Bewegung wächst. Viele erhoffen sich von der neuen Regierung einen Ausweg aus der seit Kriegsende herrschenden Wirtschaftskrise. Außerdem erhält Mussolini Unterstützung von führenden Kräften in Wirtschaft und Industrie, die sich von dem Faschistenführer eine Durchsetzung ihrer Interessen erhoffen. Dies gipfelt in der Duldung des faschistischen Terrors gegenüber den Linken. Als sich am 24. Oktober die Faschisten zum Parteitag in Neapel versammeln, schickt ihnen der Parlamentspräsident ein Begrüßungstelegramm. Mussolini beschließt daraufhin den Marsch auf Rom.

Benito Mussolini

italienischer Politiker, * 29.7.1883 Predappio; † 28.4.1945 Giulino di Mezzegra (ermordet)

Der »Duce« (Führer) der Faschisten errichtete in Italien eine faschistische Diktatur und um sich selbst einen cäsarenhaft anmutenden Personenkult. Der redegewandte ehemalige Volksschullehrer gründete nach dem Ersten Weltkrieg eine Vereinigung, aus der die Faschistische Partei hervorging. Durch ehrgeizige Kolonialpläne will Mussolini Italien mit den europäischen Großmächten gleichstellen. 1940 tritt er an der Seite Hitlers in den Zweiten Weltkrieg ein. Niederlagen in Afrika und die alliierte Landung in Sizilien führen zu seinem Sturz. 1945 wird er auf der Flucht von Partisanen erschossen.

- 1915: Ausschluss aus der Sozialistischen Partei
- 1915-17: Soldat
- 1923-43: Ministerpräsident
- 1943-45: Staatschef

1. September 1922

Joyce veröffentlicht »Ulysses«

In Paris erscheint in zensierter Fassung die erste vollständige Ausgabe des Romans »Ulysses«. Der irische Schriftsteller James Joyce (s. Abb.) schafft mit diesem Werk den Prototyp des modernen Romans. »Ulysses« ist in 18 Episoden unterteilt, die sich an einem einzigen Tag in der irischen Hauptstadt Dublin abspielen. In seinen Exkursen in Mythos und Geschichte bedient sich Joyce u.a. bei der »Illias« von Homer. Er schafft mit den Hauptpersonen, dem Anzeigenakquisiteur Leopold Bloom, seiner Ehefrau Molly und dem Schriftsteller Stephen Dedalus moderne Äquivalente des Odysseus, seiner Frau Penelope und seines Sohnes Telemachos. Diese Figuren verdichten sich zu exemplarischen Vertretern der Menschheit in der modernen Zivilisation. Geburt, Leben und Tod spiegeln sich symbolhaft im Verlauf eines Tages wider. Die Handlung des Romans wird häufig durch Gedankenströme unterbrochen, die Joyce in sog. Assoziativtechnik immer wieder einbringt. Der irische Schriftsteller hatte das Werk bereits 1921 abgeschlossen, nachdem er sieben Jahre daran gearbeitet hatte.

Ein Vorabdruck war 1918 in Auszügen in der Zeitschrift »The Little Review« erschienen und hatte bei Literaturkritikern ein zwar starkes, aber gespaltenes Echo hervorgerufen. Während seine Gegner dem Autor Pornographie und unverständliche Schreibweise vorwerfen, feiern ihn seine Bewunderer als Erneuerer der literarischen Technik und bald auch schon als »Klassiker der Moderne«. Joyce findet bis heute zahlreiche Nachahmer.

3. September 1922

Oberschlesisches Votum

Die Menschen im zum Deutschen Reich gehörenden Teil Oberschlesiens wollen weiterhin Deutsche bleiben. Dies ist das Ergebnis einer Volksabstimmung, bei der sich 650 000 Wahlberechtigte für Deutschland und 50 000 für Polen entschieden haben. Dieses Ergebnis bedeutet eine ein-

deutige Absage an die polnischen Autonomiebestrebungen in Oberschlesien. Das Votum macht den Weg für Wahlen zum Provinziallandtag frei. Dessen Etablierung ist Voraussetzung für den Wiederaufbau des von Krieg und Teilung geprägten Landes. (Abb.: Einweihung eines Denkmals, das an die Teilung Oberschlesiens in ein polnisches und ein deutsches Gebiet erinnern soll).

Oktober 1922

1 So Bei der Reichsbahn treten neue Tarife in Kraft. Die Kosten im Güterverkehr betragen das 370-fache, im Personenverkehr das 45-fache der Vorkriegspreise.

2 Mo Die sowjetrussische Regierung erlässt ein neues Wehrpflichtgesetz. Wehrpflichtig sind alle männlichen Bürger, die das 20. Lebensjahr erreicht haben.

3 Di Aufgrund der schlechten Getreideernte in Deutschland beschließt das Kabinett in Berlin die Erhöhung der Getreideumlage um das Dreifache.

4 Mi Mehr als 100 Firmen nehmen an der diesjährigen Automobilausstellung teil, die in Paris beginnt und bis zum 15. Oktober dauert.

5 Do Die Gesellschaft für Sexualreform beginnt in Berlin einen Kurs über die Psychoanalyse, der 14-tägig bis zum Dezember stattfinden wird.

6 Fr In Berlin wird der Film »Vanina« (Die Galgenhochzeit) uraufgeführt. Unter der Regie von Arthur von Gerlach spielen u.a. Paul Wegener und Asta Nielsen.

7 Sa Nach dem Rücktritt des tschechoslowakischen Kabinetts unter Eduard Beneš bildet Anton Schwehla eine neue Koalitionsregierung aus fünf Parteien.

8 So Bei den Landtagswahlen in Lettland erringen die Rechtsparteien 40 und die Linksparteien 38 Sitze. Das Zentrum erhält 22 Mandate.

9 Mo In Berlin gibt der Dirigent Wilhelm Furtwängler sein erstes Konzert als neuer Leiter des Berliner Philharmonischen Orchesters.

10 Di Gegen den Schriftsteller Carl Einstein und seinen Verleger Ernst Rowohlt beginnt vor dem Berliner Landgericht Moabit ein Prozess wegen Gotteslästerung.

11 Mi Das britische Außenministerium veröffentlicht einen Vertrag, der die Beziehungen zwischen Großbritannien und Mesopotamien regelt.

12 Do Die Deutsche Reichsregierung veröffentlicht eine neue Devisenordnung, die ausländische Währungen als inländisches Zahlungsmittel verbietet.

13 Fr Aufgrund eines Erlasses von Staatschef Alexandre Millerand werden in Frankreich die letzten deutschen Kriegsgefangenen in ihre Heimat entlassen.

14 Sa Mit einer Festansprache eröffnet der Maler Hermann Sandkuhl die diesjährige juryfreie Kunstausstellung in Berlin im Glaspalast am Lehrter Bahnhof.

15 So In der Schweiz unterstellt ein Gesetz den Telegrafen- und Telefonverkehr dem Bundesmonopol. +++ Die Erste Russische Kunstausstellung findet in Berlin statt.

16 Mo Nach einer Reise durch Russland spricht sich der französische Politiker Édouard Herriot für engere Beziehungen zwischen Frankreich und Sowjetrussland aus.

17 Di In Essen kommen die Mitglieder der Gesellschaft für Deutsche Metallkunde zusammen, um über künftige Ziele in der deutschen Metallforschung zu beraten.

18 Mi Die Krankenkassen geben bekannt, dass sie einen Großteil der am 15. Oktober fälligen Honorare an die Ärzte nicht auszahlen können.

19 Do Die Uraufführung des Klavierstücks »Bilder einer Ausstellung« von Modest Mussorgski in der Orchesterfassung von Maurice Ravel findet in Paris statt.

20 Fr In der Reparationskommission kommt es zu Meinungsverschiedenheiten zwischen französischen und britischen Verantwortlichen.

21 Sa Es wird öffentlich bekannt, dass es der Kriminalpolizei gelungen ist, zwei Attentate auf den deutschen Reichskanzler Joseph Wirth zu verhindern.

22 So In Berlin wird das 40-jährige Bestehen der Schrippenkirche gefeiert, die jeden Sonntag Obdachlose zum Frühstück einlädt.

23 Mo Der Film »Lucrezia Borgia«, nach dem gleichnamigen Roman von Harry Scheff, wird im Berliner Ufa-Palast am Zoo uraufgeführt.

24 Di Mit einem Sonderkonzert will das Berliner Philharmonische Orchester auf seine schlechte finanzielle Lage aufmerksam machen und zu Spenden aufrufen.

25 Mi Infolge einer Regierungskrise in Großbritannien und der Umbildung des Kabinetts werden das Parlament in London aufgelöst und Neuwahlen angesetzt.

26 Do Eine Kommission des deutschen Justizministeriums beginnt mit den Vorbereitungsarbeiten für eine neue Zivilprozessordnung des Deutschen Reiches.

27 Fr An der Berliner Universität hält die italienische Pädagogin Maria Montessori einen Vortrag. +++ In München findet der Parteitag der DNVP statt.

28 Sa Nach einer in Paris veröffentlichten Statistik gab es im Monat September weltweit 10 922 278 Automobile, die meisten in den USA. → »Marsch auf Rom«

29 So In der Schweiz finden Nationalratswahlen statt. Die Zahl der Mandate im Parlament hat sich gegenüber 1919 von 189 auf 198 Sitze erhöht.

30 Mo Eine deutsche Notgemeinschaft zur Unterstützung von Erwerbsunfähigen gründet sich in Berlin. Vorsitzender ist Reichsarbeitsminister Heinrich Brauns.

31 Di Die sowjetrussische Staatssicherheitsorganisation, ehemals Tscheka, erhält wieder das Recht, Todesstrafen und Deportationen zu verhängen.

November 1922

1 Mi Die türkische Nationalversammlung unter Mustafa Kemal Pascha beschließt in Angora (Ankara) die Abschaffung des monarchistischen Systems.

2 Do In Berlin findet eine internationale Währungskonferenz statt. Die Teilnehmer sollen Konzepte für eine Stabilisierung der Mark erarbeiten.

3 Fr Die »Vossische Zeitung« berichtet über die Erfindung eines radlosen Lastkraftwagens. +++ In München heiraten Bertolt Brecht und Marianne Zoff.

4 Sa Im Tal der Könige in Ägypten entdeckt der britische Archäologe Howard Carter den Eingang zum Grab des altägyptischen Pharaos Tutanchamun.

5 So Im niederländischen Ort Doorn heiratet der ehemalige deutsche Kaiser Wilhelm II. in zweiter Ehe Hermine von Schönaich-Carolath.

6 Mo Aus den USA wird ein Weltrekord im Weitflug gemeldet. Die bewältigte Strecke von San Diego nach Indianapolis beträgt 3250 km.

7 Di Bei den Kongresswahlen in den Vereinigten Staaten erringen die Republikaner 225 und die Demokraten 207 Sitze im Repräsentantenhaus.

8 Mi Der bayerische Landtag in München wählt Eugen Ritter von Knilling zum neuen Ministerpräsidenten und Nachfolger von Hugo Max Graf von Lerchenfeld.

9 Do Der Industrielle Hugo Stinnes wendet sich im Reichswirtschaftsrat gegen die Aufnahme von Anleihen zum Zweck der Marktstabilisierung.

10 Fr Im Staatlichen Schauspielhaus in Berlin hat die Aufführung von Shakespeares »Macbeth« unter der Regie von Leopold Jessner Premiere.

11 Sa Die schwedische Akademie der Wissenschaften hat beschlossen, Albert Einstein den Nobelpreis des Jahres 1921 für Physik zu verleihen.

12 So Der deutsche Schwimmer Erich Rademacher vom Schwimmclub Hellas Magdeburg erreicht in Amsterdam einen Weltrekord über 200-m-Brust.

13 Mo Der Oberste Gerichtshof der Vereinigten Staaten verbietet die Einbürgerung von in die USA eingewanderten Japanern.

14 Di Zum neuen österreichischen Finanzminister wird Viktor Kienböck ernannt. Er löst seinen christlichsozialen Parteifreund August Graf Ségur ab. → Cuno → BBC

15 Mi Anlässlich des 60. Geburtstages von Gerhart Hauptmann überreicht Reichspräsident Friedrich Ebert dem Dichter eine Ehrenmedaille.

16 Do Der neue italienische Ministerpräsident Benito Mussolini erhält von der Mehrheit des italienischen Parlaments diktatorische Vollmachten.

17 Fr Unter der Regie von Erwin Piscator wird in Berlin erstmals in deutscher Sprache Romain Rollands dramatische Predigt »Die Zeit wird kommen« aufgeführt.

18 Sa Im Alter von 51 Jahren stirbt in Paris der französische Schriftsteller Marcel Proust, international bekannt durch »Auf der Suche nach der verlorenen Zeit«.

19 So Das traditionelle Autorennen um die Coppa Florio auf der sizilianischen Madonia-Rundstrecke gewinnt der Franzose Georges Boillot auf Peugeot.

20 Mo Die bolivianische Heeresführung stellt mehrere ehemalige deutsche Offiziere in die Armee ein. Ein Einspruch Frankreichs wird abgewiesen.

21 Di Der französische Senat lehnt das Frauenwahlrecht ab. +++ Der Schriftsteller Bertolt Brecht erhält den Kleist-Preis für sein bisheriges dramatisches Werk.

22 Mi Der parteilose deutsche Industrielle Wilhelm Cuno bildet das siebte Kabinett der Weimarer Republik, eine »Regierung der Wirtschaft«.

23 Do Bei Bessemer im US-Bundesstaat Ohio ereignet sich ein schweres Grubenunglück. Über 100 Menschen kommen dabei ums Leben.

24 Fr Der österreichische Nationalrat genehmigt die Genfer Protokolle über eine Völkerbundanleihe für das Alpenland in Höhe von 650 Mio. Goldkronen.

25 Sa Drei Tage nach seinem Amtsantritt erklärt der deutsche Reichsernährungsminister Karl Müller (Zentrum) nach Kritik seitens der SPD seinen Rücktritt.

26 So Auf der Orientkonferenz in Lausanne streiten die türkische und die britische Delegation um die Rechte im Erdölgebiet von Mosul.

27 Mo Frankreichs Ministerpräsident Raymond Poincaré droht bei Nichterfüllung der Reparationsforderungen mit der Besetzung des Ruhrgebiets.

28 Di In Athen werden sechs ehemalige Minister und Generäle wegen Hochverrats zum Tode verurteilt und noch am gleichen Tag erschossen.

29 Mi Der preußische Innenminister Carl Severing (SPD) nimmt vor dem Landtag Stellung zum Problem der großen Zahl von Einwanderern aus dem Osten.

30 Do An einer Massenkundgebung der Nationalsozialisten in München nehmen etwa 50 000 Menschen teil. Hauptredner der Veranstaltung ist Adolf Hitler.

+++ Louis Armstrong begeistert das Publikum +++

9. Dezember 1922

Reparationsfrage bleibt offen

In London treffen die Ministerpräsidenten Frankreichs, Großbritanniens, Belgiens und Italiens zu einer Konferenz zusammen, die die Reparationszahlungen Deutschlands regeln soll. Vorausgegangen war am 14. November eine Note der deutschen Regierung, in der sie sich erneut zahlungsunfähig erklärte. Der deutsche Reichskanzler Wilhelm Cuno übermittelt den Konferenzteilnehmern am 10. Dezember einen Vorschlag zur Lösung des Problems: Er bittet um eine Goldanleihe, um die Stabilisierung der Mark und damit die Genesung der deutschen Wirtschaft in Angriff nehmen zu können. Der Vorschlag wird bereits einen Tag darauf zurückgewiesen. Insbesondere die unnachgiebige Haltung des französischen Ministerpräsidenten Raymond Poincaré führt dazu, dass die Konferenz ohne Ergebnis bleibt und für den 2. Januar 1923 nach Paris vertagt wird.

10. Dezember 1922

Nobelpreis für Philantropen

In Stockholm findet die Verleihung der Nobelpreise statt. Der diesjährige Friedensnobelpreis wird Fridtjof Nansen verliehen, der die Ehrung für sein Engagement in Flüchtlingsfragen sowie bei der Hilfe für die Hungernden in Russland erhält. Albert Einstein, der Schöpfer der Relativitätstheorie, nimmt den Physik-Nobelpreis für das Jahr 1921 entgegen.

Fridtjof Nansen

norwegischer Nordpolforscher, Zoologe, Ozeanograph und Diplomat; * 10.10.1861 Gut Store Frøn (bei Kristiania/Oslo); † 13.5.1930 Lysaker bei Oslo

Nansen erforschte in gewagten Expeditionen den Nordpol. Er überquerte als erster das Binneneis in Grönland von Ost nach West und versuchte 1893 erfolglos mit Schlitten den Pol zu erreichen. Ab 1906 startete Nansen eine diplomatische Karriere.

- 1896: Professor für Ozeanographie in London
- 1900, 1910-14: weitere Forschungsreisen im Nordatlantik
- 1906-08: norwegischer Gesandter in London
- 1919-29: norwegischer Delegierter beim Völkerbund

14. November 1922

BBC geht auf Sendung

Sechs große Radiofirmen rufen in Großbritannien die British Broadcasting Corporation (BBC) ins Leben. Mit dem Zusammenschluss nimmt der dritte kommerzielle Rundfunksender in Europa seinen Betrieb auf. Vorausgegangen war am 1. September die Inbetriebnahme des russischen Senders Komintern in Moskau und kurz darauf des französischen Senders Radiola. In den USA sind bereits rd. 600 Stationen und etwa eine Mio. Empfangsgeräte in Betrieb. Gesendet werden Opern, Konzerte, Nachrichten oder Reden von Staatsoberhäuptern. Die Übertragungen können entweder in privaten Haushalten oder über öffentliche Radios empfangen werden, die z.B. in Eisenbahnwaggons aufgestellt sind. Der BBC waren kleinere Sendestationen vorausgegangen.

14. November 1922

Kanzler Cuno löst Wirth ab

Der deutsche Reichskanzler Joseph Wirth (Zentrum) tritt mit seinem Kabinett zurück. Grund für das Scheitern der Wirth-Regierung ist die von ihm angestrebte »Erfüllungspolitik«. Die Nachgiebigkeit gegenüber den Reparationsforderungen der Alliierten erwies sich als Fehler, da die Siegermächte weiterhin nicht zu den erhofften Zugeständnissen gegenüber Deutschland bereit sind. Am 22. November beauftragt Reichspräsident Friedrich Ebert (SPD) den parteilosen Industriellen Wilhelm Cuno mit der Regierungsneubildung (Abb.: Kanzler Cuno, l. und Außenminister von Rosenberg vor dem Reichstag). Der Industriemanager Cuno ruft insbesondere bei den linken Parteien Misstrauen hervor. Sie sehen in dem neuen Kanzler die personifizierte Gegenrevolution. Cuno hält zwar weiterhin an einer Zustimmung zu den Reparationsforderungen fest, will aber zunächst den Eigenbedarf Deutschlands gedeckt wissen. In seiner Antrittsrede fordert er von den Alliierten »Erst Brot, dann Reparation«.

30. Dezember 1922

UdSSR gegründet

In Moskau wird die Union der Sozialistischen Sowjetrepubliken (UdSSR) gegründet. Der junge Staat setzt sich aus den Republiken Russland, Ukraine, Weissrussland und Transkaukasien zusammen. Der Zusammenschluss wird durch die Stimmen von 2215 Delegierten getragen. Damit sind jetzt rd. 134 Mio. Menschen Bürger der Sowjetunion.

Das politische Schicksal der UdSSR liegt in den Händen eines Zentralexekutivkomitees. Dieses ist entsprechend der Einwohnerzahl der vier Republiken besetzt: 270 Delegierte stammen aus Russland, 68 aus der Ukraine, 26 aus Transkaukasien und 7 aus Weissrussland. Alle Sowjetrepubliken haben das Recht, sich aus dem Verbund wieder auszugliedern. Dem 25-köpfigen Präsidium steht als Ehrenpräsident Wladimir I. Lenin vor, der wegen eines zuvor erlittenen Schlaganfalls nicht an der Gründungsversammlung teilnehmen kann. Generalsekretär der Partei und damit neben Lenin einflussreichster Politiker des Landes wird Josef W. Stalin. Leo D. Trotzki, der Organisator der Roten Armee, übernimmt das Amt des Volkskommissars für Kriegswesen in der UdSSR. Gemäß Verfassung erhalten alle Sowjetbürger mit dem 18. Lebensjahr das Wahlrecht. Davon

1. Dezember 1922

Chicago feiert »Satchmo«

In Chicago strömen Jazzbegeisterte allabendlich in den Lincolns Garden, wo seit Beginn des Monats »King« Oliver's Jazz Band das Publikum mit ihrer Musik in Atem hält (s. Abb.). Aufsehen erregt insbesondere der Neuzugang der Band, der Trompeter Louis Daniel Armstrong. Er war bisher in New Orleans zu Hause, wo er bereits in mehreren kleinen Bands spielte. Seine Auftritte auf Mississippi-Dampfern machten ihn schnell über die Stadtgrenzen hinaus bekannt. Die Musiker der berühmten »King« Oliver's Jazz Band wurden auf Armstrong aufmerksam und luden ihn ein, sie auf Tournee zu begleiten. Für »Satchmo«, wie Armstrong bald genannt wird, ist Chicago eine entscheidende Station auf dem Weg zur Weltkarriere.

Louis Armstrong

US-Jazzmusiker, * 4.7.1900 New Orleans; † 6.7.1971 New York

Louis Armstrong war einer der stilbildenden Jazzmusiker des Jahrhunderts. Der respektvoll »Mr. Jazz« genannte Trompeter wurde durch seine Kunst des »timings« und sein musikalisches Feingefühl zum Vorbild einer ganzen Musikergeneration. Als 12-Jähriger brachte er sich in einem Erziehungsheim als Autodidakt Klarinette, Trompete und Waldhorn bei. Seine musikalische Karriere begann 1917 bei Kid Orys Band. Plattenaufnahmen machen ihn schnell bekannt und beliebt. 1947 gründet er die »Louis Armstrongs All Stars«. Als er bei Studioaufnahmen plötzlich den Text vergisst, erfindet er frei improvisierend den Scat-Gesang, der schnell Verbreitung in der Unterhaltungsmusik findet. Mit Liedern wie »High Society«, »Mack The Knife« oder »What A Wonderful World«, die Satchmo mit seiner einzigartigen heiseren Stimme interpretiert, wird er auch über die Grenzen des Jazzspektrums hinaus geschätzt. Auf seiner letzten Platte singt Armstrong die Hymne der schwarzen Bürgerrechtsbewegung, »We shall overcome«.

- 1925: erste Plattenaufnahme mit seiner Band »Hot Five«
- 1929: erste Solokonzerte
- 1932: erste Europatournee
- 1956: Dokumentarfilm »The Satchmo Story«
- 1965: Konzertreise durch mehrere Ostblockländer

Oben: Arbeiter besuchen ein Theater in Moskau. Unten: Plakate verbreiten die Sowjet-Ideologie.

ausgenommen sind Personen des Besitzbürgertums und des Klerus. Direkt gewählt werden darf allerdings nur auf Dorf- und Stadtebene. Der Generalsekretär der Bolschewiken, Josef W. Stalin, macht in seiner Grundsatzrede zur Vereinigung deutlich, dass die russische Republik eindeutige Dominanz gegenüber den anderen Teilnehmern beansprucht. Diese Tatsache birgt politischen Sprengstoff, da nahezu die Hälfte der Einwohner der UdSSR nicht-russischer Nationalität sind. Lenin erkennt dieses Problem und äußert sich deshalb besorgt über die chauvinistische Haltung Stalins in der Nationalitätenfrage. Fünf Jahre nach dem bolschewikischen Umsturz der Oktoberrevolution ist die frisch gegründete UdSSR weit davon entfernt, die Ziele des Sozialismus verwirklicht zu haben. Die Auswirkungen des Bürgerkriegs kennzeichnen die innere Situation des Staates ebenso wie die aus Missernten resultierende Hungersnot und die ungenügende Produktivität der Wirtschaft. Sowjetrussland unterlag bis 1921 dem Wirtschaftsboykott der ehemals mit dem zaristischen Russland verbündeten Staaten Großbritannien, Frankreich und den USA, da der Sowjetstaat sämtliche Auslandsschulden seines Vorgängers annulliert hatte. Der von März bis Oktober 1920 andauernde russisch-polnische Krieg verschärfte die kritische Situation noch. Im März 1921 proklamierte Lenin seine Neue Ökonomische Politik. Er erhoffte sich durch die Wiedereinführung der Privatwirtschaft neue Märkte und wirtschaftlichen Aufschwung. Die Maßnahmen kamen allerdings zu spät und griffen zu langsam. Europäische Hilfsorganisationen mussten dem angeschlagenen Sowjetstaat bei der Bekämpfung der landesweiten Hungersnot zur Seite stehen. Eine Folge der Versorgungskrise und der Misswirtschaft war u.a. der Matrosenaufstand von Kronstadt, bei dem 16 000 streikende Arbeiter Neuwahlen des Sowjets forderten. Bis zu ihrer Auflösung am 21. Dezember 1992 muss die Sowjetunion mit Problemen kämpfen, die insbesondere aus dem russischen Chauvinismus Stalins resultieren.

Dezember 1922

1 Fr Der parteilose Hans Luther, bisher Oberbürgermeister von Essen, wird zum neuen Ernährungsminister des Deutschen Reiches ernannt. → Louis Armstrong

2 Sa In Berlin beginnt der Prozess gegen den Hochstapler und Wettunternehmer Max Klante, der als Prototyp des kleinen Inflationsgewinners gilt.

3 So In der Schweiz wird ein von den Sozialisten initiiertes Volksbegehren auf Erhebung einer einmaligen Vermögensabgabe verworfen.

4 Mo Das Uraufführungstheater am Berliner Kurfürstendamm zeigt den Dokumentarfilm »Das neue jüdische Palästina«.

5 Di In einem Schreiben an die Orientkonferenz in Lausanne protestiert Papst Pius XI. gegen die Gefährdung der Christen in Konstantinopel (Istanbul).

6 Mi Auf dem Kongress der internationalen Frauenliga für Frieden und Freiheit verurteilen die Teilnehmerinnen in scharfer Form den Vertrag von Versailles.

7 Do Aus Marokko verlautet, der Rebellenführer Caid Raysuli habe sich den spanischen Truppen unterworfen und kämpfe an deren Seite gegen die Rifkabylen.

8 Fr Der Moskauer Sender »Komintern« strahlt erstmals drei auf Grammophonplatten aufgenommene Reden von Wladimir I. Lenin aus.

9 Sa »Der Firmling«, ein Stück von Karl Valentin, wird mit dem Autor und Liesl Karlstadt in den Hauptrollen in München uraufgeführt. → Reparationsfrage

10 So In Bukarest und anderen rumänischen Universitäten kommt es zu Krawallen unter Studenten, die sich gegen Juden richten. → Nobelpreis

11 Mo Nach einer Auseinandersetzung mit faschistischem Publikum reicht Arturo Toscanini, Chefdirigent der Mailänder Scala, seine Demission ein.

12 Di Der französische Ministerpräsident Raymond Poincaré erklärt, Frankreich wolle in der Reparationsfrage bis 15. Januar nichts gegen Deutschland unternehmen.

13 Mi In Moskau endet die am 3. Dezember begonnene Abrüstungskonferenz, an der Sowjetrussland und seine Randstaaten teilgenommen haben.

14 Do Die Aufführung des Dramas »Königin Christine« von August Strindberg in Berlin wird ein triumphaler Erfolg für die Hauptdarstellerin Elisabeth Bergner.

15 Fr Das tschechoslowakische Abgeordnetenhaus genehmigt eine Regierungsvorlage über den Abbau von Staatsbeamtengehältern.

16 Sa In Warschau wird der polnische Staatspräsident Gabriel Narutowicz ermordet. +++ Der deutsche Reichstag billigt eine Zwangsanleihe für Besserverdienende.

17 So Auf der Strecke Fürth-Nürnberg, wo am 7. Dezember 1835 die erste deutsche Eisenbahn fuhr, stellt die Ludwigsbahn den Betrieb ein.

18 Mo Die Direktion der Morgan-Bank (USA) lehnt eine Anleihe für das Deutsche Reich ab, da keine Sicherheiten vorhanden seien.

19 Di Im thüringischen Landtag in Weimar kommt es aufgrund eines Antrages auf Erhöhung der Erwerbslosenunterstützung zu Ausschreitungen.

20 Mi Auf der Fahrt von Mürwik nach Kiel verunglückt das Hilfsschiff »Antrax«. Zwölf Menschen sterben. +++ In Paris hat »Antigone« von Jean Cocteau Premiere.

21 Do In Salah (Algerien) endet die erste Etappe einer französischen Automobilexpedition, bei der erstmals Raupenfahrzeuge die Wüste Sahara durchqueren.

22 Fr Das belgische Parlament bestimmt mit 89 gegen 85 Stimmen, dass an der Universität Gent künftig die Vorlesungen in flämischer Sprache gehalten werden.

23 Sa Die Regierung des irischen Freistaates beschließt gegen das Versprechen von Gewaltverzicht eine Amnestie der politischen Gefangenen.

24 So Bei einem Zugunglück in der Nähe des Hauptbahnhofes von Köln kommen zwei Menschen ums Leben, 14 Personen werden schwer verletzt.

25 Mo Das spanische Kabinett beschließt die vorläufige Einstellung der Kämpfe gegen die aufständischen Rifkabylen in Marokko.

26 Di Die Reparationskommission der Alliierten stellt die »vorsätzliche Nichterfüllung« der deutschen Lieferungsverpflichtungen fest.

27 Mi Wegen Stürmen über dem Atlantik und an der englischen Küste sinkt vor der Waliser Küste die »Maid of Delos« mit 28 Mann Besatzung.

28 Do In Wien werden die Tänzerin Anita Berber und ihr Partner Sebastian Droste verhaftet, da sie sich von zwei Theatern gleichzeitig engagieren ließen.

29 Fr Schneestürme behindern den Verkehr in New York. Die Stadtverwaltung York ordnet konsequente Sparmaßnahmen für den Kohleverbrauch an.

30 Sa Mehrere Fraktionen des saarländischen Landtages protestieren beim Völkerbund gegen die Anwesenheit französischer Truppen im Saarland. → UdSSR

31 So Der deutsche Einzelhandel beschließt nach anfänglichen Bedenken, am 2. Januar mit den Inventur-Ausverkäufen zu beginnen.

Januar 1923

1 Mo Bei einem Fußballländerspiel in Mailand verliert die deutsche Nationalmannschaft mit 1:3 gegen die italienische Elf.

2 Di In Paris beginnt eine Konferenz der Alliierten über die deutschen Reparationszahlungen, die aber wegen Uneinigkeit wieder abgebrochen wird.

3 Mi US-Innenminister Albert Fall tritt zurück, nachdem seine dubiosen Geschäfte mit Ölgesellschaften publik geworden sind.

4 Do Der Abbruch der Pariser Konferenz über die deutschen Reparationszahlungen führt zu einem weiteren Anstieg des Dollarkurses. → Lenin

5 Fr In Frankreich billigt die bürgerliche Presse die Haltung der Regierung auf der Pariser Reparationskonferenz und hält den Einmarsch in das Ruhrgebiet für sicher.

6 Sa Die Tragikomödie »Cagliostro« von Heinrich Lilienfein wird in Erfurt uraufgeführt. +++ In Prag hat Franz Werfels »Schweiger« Premiere.

7 So Der US-Senat in Washington verlangt mit großer Mehrheit (57 gegen 6 Stimmen) die Rückkehr der am Rhein stationierten US-Truppen.

8 Mo Reichskanzler Wilhelm Cuno spricht sich vor US-Pressevertretern gegen eine gewaltsame Durchsetzung der Reparationsforderungen aus.

9 Di Wegen der drohenden Ruhrbesetzung verlegt das Rheinisch-Westfälische Kohlensyndikat seinen Sitz von Essen nach Hamburg.

10 Mi Litauische Truppen, die sich als Freischärler ausgeben, besetzen das seit 1919 unter alliierter Verwaltung stehende Memelgebiet.

11 Do In Leipzig veröffentlicht der jüdische Religionsphilosoph Martin Buber sein Werk »Ich und Du«, ein »Beitrag zum dialogischen Denken«. → Ruhrgebiet

12 Fr Die Reichsregierung teilt der französischen und belgischen Regierung die Einstellung weiterer Reparationszahlungen und Sachlieferungen mit.

13 Sa Reichskanzler Wilhelm Cuno verkündet im Reichstag den »passiven Widerstand« gegen die französische Besetzung des Ruhrgebiets.

14 So In Riessersee wird Werner Rittberger zum siebten Mal Deutscher Meister im Eiskunstlauf. Den Titel bei den Damen gewinnt Ellen Brockhöfft.

15 Mo Die Franzosen besetzen mit Bochum, Witten und Recklinghausen weitere Städte des Ruhrgebiets und beschießen in Bochum Demonstranten.

16 Di Reichskanzler Wilhelm Cuno richtet ein Rundschreiben zur Bekämpfung des Alkoholmissbrauchs an die Landesregierungen.

17 Mi Im Hamburger Thalia-Theater hat das humoristische Bühnenstück »Seitensprünge« von Curt Goetz Premiere.

18 Do Im besetzten Ruhrgebiet lässt die französische Besatzungsbehörde die Reichsbankstellen besetzen und Lohngelder privater Betriebe beschlagnahmen.

19 Fr An die Beamten der besetzten Gebiete an Rhein und Ruhr ergeht von der Reichsregierung die Weisung, den Anordnungen der Besatzer nicht zu folgen.

20 Sa Wegen der Weigerung, Kohle an die Franzosen zu liefern, werden Zechenbesitzer und Zechengeneraldirektoren in Essen verhaftet.

21 So Das Fußballländerspiel Schweiz gegen Österreich endet in Genf mit einem 2:0-Erfolg für die schweizerischen Gastgeber.

22 Mo Vertreter der deutschen Gewerkschaften sprechen sich für den passiven Widerstand im besetzten Ruhrgebiet aus.

23 Di Im Ufa-Theater am Kurfürstendamm in Berlin wird die nach einer Idee von Thea von Harbou entstandene Filmballade »Der steinerne Reiter« uraufgeführt.

24 Mi Der verhaftete Zechenbesitzer Fritz Thyssen und weitere Industrieführer werden in Mainz von einem französischen Kriegsgericht zu Geldstrafen verurteilt.

25 Do Der sowjetische Regierungschef Wladimir I. Lenin veröffentlicht in der »Prawda« einen Artikel, worin er eine Reform der sowjetischen Bürokratie vorschlägt.

26 Fr Der chinesische Kuomintangführer Sun Yat-sen vereinbart mit dem sowjetischen Diplomaten Adolf A. Ioffe eine Kooperation seiner Partei mit der UdSSR.

27 Sa Die Uraufführung von Hans Gustav Wagners Kriegsdrama »Trotzdem« am Staatstheater in Kassel gerät zu einer patriotischen Kundgebung. → NSDAP

28 So In Wien wird Fritz Kachler zum dritten Mal Weltmeister im Eiskunstlauf der Herren, Herma Planck-Szabo gewinnt in der Konkurrenz der Damen den Titel.

29 Mo Um den Widerstand der Beamten zu brechen, verhängt Frankreich über das Ruhrgebiet den verschärften Belagerungszustand.

30 Di Die sächsische Regierung unter Ministerpräsident Johannes Wilhelm Buck (SPD) tritt nach einem kommunistischen Misstrauensantrag zurück.

31 Mi Der Dollar hat den Stand von 41 000 Mark erreicht. +++ Frankreich untersagt Kohletransporte aus dem besetzten Ruhrgebiet ins Deutsche Reich.

27. Januar 1923

Erster NSDAP-Reichsparteitag

Die Nationalsozialistische Deutsche Arbeiterpartei (NSDAP) hält in München ihren ersten Reichsparteitag ab. Ziel der Nationalsozialisten ist ein werbewirksamer Auftritt in der Öffentlichkeit. Adolf Hitler zelebriert dazu auf dem Münchener Marsfeld die erste Fahnen- und Standartenweihe (s. Abb.) der Sturmabteilung (SA). In einer Rede polemisiert er gegen das parlamentarische System der Weimarer Republik und bezeichnet sozialdemokratische Politiker in Anspielung auf die Revolution von 1918/19 als »Novemberverbrecher«.

Die NSDAP war 1919 gegründet worden. Ihre Ziele konkretisierte die Partei ein Jahr später. Dazu gehören der Anschluss Österreichs, die Großmachtstellung Deutschlands, die Verstaatlichung von Großunternehmen und die Ausbürgerung der Juden. Hitler übernahm 1921 den Parteivorsitz und gründete die Sturmabteilung, mit der er seinen Führungsanspruch festigen konnte. Allein aus den Reihen der SA nehmen insgesamt 5000 Mann am NSDAP-Reichsparteitag in München teil. Reguläre Parteimitglieder rekrutieren sich vornehmlich aus berufslosen Soldaten, Freikorpsleuten und sozial Entwurzelten. Während die Nationalsozialisten 1920 nur 64 Mitglieder zählten, waren es 1922 rd. 6000. Bis November 1923 wächst ihre Zahl auf 55 000 Parteiangehörige.

23. Februar 1923

Notgesetz gegen Wucherer

Als drastische Maßnahme gegen die andauernde Wirtschaftskrise wird das deutsche »Notgesetz« erlassen. Mit der Verordnung wird der Reichsregierung umfassende Vollmacht zum Eingreifen in das Wirtschaftsleben erteilt. Der Reichstag nimmt die Verordnung in dritter Lesung gegen die Stimmen der Kommunisten an.

Das »Notgesetz« zielt in erster Linie gegen das übermäßige Treiben von Spekulanten, die die Wirtschaftskrise mitverursachen. Dazu sollen insbesondere Schleichhandel, Verletzungen von Ein- und Ausfuhrverboten, Verstöße gegen die Preisbestimmungen und andere Handels- und Gewerbebeschränkungen intensiv bekämpft werden. Zudem wird Wucher erheblich strenger verurteilt: Ahndete vorher eine Mindeststrafe von 20 000 Mark die Preistreiberei, so wird das Wirtschaftsdelikt fortan mit 100 000 Mark Strafgeld belegt. Dem Reichstag obliegt die Kontrolle der Regierungsmaßnahmen. Die deutsche Wirtschaft leidet seit Kriegsende unter einer schweren Krise, die nicht nur durch Spekulanten, sondern auch durch die drückenden Reparationsforderungen, die Ruhrbesetzung hervorgerufen worden ist.

11. Januar 1923

Kampf ums Ruhrgebiet

Französische und belgische Truppen marschieren in das Ruhrgebiet ein und besetzen die Städte Gelsenkirchen und Essen. Insgesamt sind 60 000 Soldaten beteiligt. In den Folgetagen wird die Besetzung auf einen Großteil des Industriereviers an der Ruhr sowie auf Gebiete am Rhein ausgeweitet.

Die besetzte Zone reicht im Norden bis zur Lippe, im Osten bis Dortmund und Lünen; im Süden endet sie zwischen Ruhr und Wupper. Der Einmarsch ist eine Sanktionsmaßnahme gegen das Ausbleiben deutscher Reparationsleistungen. Frankreichs Ministerpräsident Raymond Poincaré legte sein Augenmerk bereits seit geraumer Zeit auf den Verlauf der Reparationserfüllung. Als am 9. Januar die fälligen Sachleistungen von Holz und Kohle nicht in der geforderten Höhe eingingen, griff Frankreich zu Gegenmaßnahmen und leitete die Besetzung des Reviers ein. Dabei wird Poincaré von Italien und Belgien unterstützt, die auf unbedingter Erfüllung des Versailler Vertrags bestehen. Großbritannien spricht sich gegen den Einmarsch von Truppen aus. Auch die USA kritisieren das Vorhaben scharf. Poincaré sieht hingegen die Chance, Deutschland nachhaltig zu schwächen. Er plant zudem, die politischen Voraussetzungen für das Zurückdrängen der deutschen Grenze an den Rhein zu schaffen. Deshalb unterstützt Frankreich auch die Bestrebungen von Separatisten, die am Rhein selbstständige Republiken ausrufen wollen. An der Besetzung nehmen französische Truppen aller Waffengattungen teil. Neben Kanonen und Panzerfahrzeugen führen sie wie im Krieg Feldküchen, Munitions- und Lazarettwagen mit sich. Die Truppen werden in Gasthäusern und Schulen einquartiert, die mit

4. Januar 1923

Lenin: Stalin ist ungeeignet

Der sowjetische Staats- und Parteichef Wladimir I. Lenin fordert die Abberufung Josef W. Stalins vom Amt

des Generalsekretärs der Kommunistischen Partei Russlands. Stalin mangele es an charakterlichen Eigenschaften wie Toleranz, Loyalität und Höflichkeit, die die Machtfülle seines Postens erfordere, so Lenin. Die Forderung des an rasch fortschreitender Gehirnsklerose leidenden Lenins wird jedoch nicht erfüllt (Abb.: Wladimir I. Lenin ist nach zwei Schlaganfällen an den Rollstuhl gefesselt).

Französische Soldaten marschieren vor den entrüsteten Bürgern Essens in die Stadt ein.

Stacheldrahtzäunen gegen Angriffe gesichert werden. Noch am gleichen Tag wird über das besetzte Gebiet der Belagerungszustand verhängt, Bergwerke und Hüttenbetriebe werden besetzt. Plakate in deutscher und französischer Sprache verkünden der Bevölkerung eine Ausgangssperre zwischen 7 Uhr abends und 7 Uhr morgens. Für die Besatzungszone werden besondere Pass- und Einreisebestimmungen erlassen. Personen, deren Anwesenheit »die Sicherheit der Truppen zu gefährden« droht, müssen auf Anordnung der französischen Generalität das Ruhrgebiet verlassen. Reichsregierung und Bevölkerung reagieren mit Empörung auf die Besetzung. Reichskanzler Wilhelm Cuno ruft zum passiven Widerstand der Bevölkerung auf. Daraufhin verweigern die Bürger der betroffenen Städte jegliche Zusammenarbeit mit den Besatzern. Bei tätlichen Auseinandersetzungen kommen 123 Menschen ums Leben. Insgesamt 150 000 Personen werden ausgebürgert. Die deutsche Regierung unterstützt den Widerstand im Ruhrgebiet mit Sachleistungen in Milliardenhöhe. Zudem werden sämtliche Reparationsleistungen eingestellt. Aber Poincaré hält die Besetzung aufrecht, selbst als sich das Unternehmen als wirtschaftlicher Fehlschlag entpuppt.

Stationen der Ruhrbesetzung

Datum	Ereignis
11.01.1923	Französische und belgische Truppen besetzen das Ruhrgebiet.
16.08.1924	Das Londoner Abkommen legt u.a. die sog. wirtschaftliche Räumung des Ruhrgebiets fest.
03.09.1924	Alliierte geben wirtschaftliche Kontrolle des Ruhrgebiets auf.
14.07.1925	Besatzungstruppen räumen das Ruhrgebiet.

3. Februar 1923

USA unnachgiebig: Briten müssen Kriegsschulden zahlen

Die Regierungsvertreter Großbritanniens und der USA unterzeichnen in der US-Hauptstadt Washington den Kriegsschuldenvertrag. Er setzt die Höhe der von den Briten zurückzuzahlenden Kriegsschulden fest.

Die Verhandlungen gestalten sich zäh. Großbritannien versucht, einen allgemeinen Erlass der Kriegsschulden durchzusetzen. Aber die US-Regierung bleibt unnachgiebig. Schließlich muss die britische Kommission unter dem Vorsitz von Schatzkanzler Stanley Baldwin eine Gesamtschuld in Höhe von rund vier Mrd. Dollar akzeptieren. Diese ist zudem mit einem Zinssatz von 3,3% belegt. Großbritannien ist nicht das einzige Land, von dem die USA die Rückzahlung von Schulden aus dem Ersten Weltkrieg fordert. Insgesamt stehen seitens der ehemaligen europäischen Alliierten noch 11,5 Mrd. Dollar aus. Das entspricht umgerechnet rd. 40 Mrd. Goldmark. Auch von weiteren europäischen Schuldnern fordern die Vereinigten Staaten die Zahlung der ausstehenden Beträge in gesamter Höhe. Diese Politik wirkt sich indirekt auf die Reparationsfrage und die wirtschaftliche Situation Deutschlands aus: Da die Siegerstaaten, allen voran Frankreich, nicht in der Lage sind, den Forderungen der US-Regierung nachzukommen, versuchen sie, die notwendigen Gelder aus Deutschland zu bekommen. Die deutsche Regierung kann jedoch ihrerseits den Reparationsforderungen der Alliierten kaum nachkommen und sieht sich so verstärktem internationalem Druck ausgesetzt. Mit ihrer unnachgiebigen Haltung verhindern die USA eine realistische Lösung des Reparationsproblems.

Februar 1923

1 Do In Berlin wird der Film »Ein Glas Wasser« von Regisseur Ludwig Berger uraufgeführt. +++ Das abgebrannte Friedrich-Theater in Dessau wird wiedereröffnet.

2 Fr Der norwegische Maler und Graphiker Edvard Munch, dessen Werk bisher äußerst umstritten war, wird Mitglied der Akademie der Künste in Berlin.

3 Sa Der österreichische Nationalrat billigt die Erhöhung der Arbeitslosenunterstützung, die von Kommunen und Unternehmern getragen wird. → Kriegsschulden

4 So Da keine Einigung zwischen den Alliierten und der Türkei erzielt werden kann, wird die Friedenskonferenz von Lausanne abgebrochen.

5 Mo Zur Machtkonsolidierung der Faschisten werden in Italien zahlreiche Kommunisten verhaftet. +++ Wegen Lohnkürzungen beginnt im Saarland ein Generalstreik.

6 Di Der anlässlich des nationalsozialistischen Parteitags (27.1.-29.1.) in München erklärte Ausnahmezustand wird aufgehoben.

7 Mi Der französische Kammerausschuss für auswärtige Angelegenheiten fordert Ministerpräsident Poincaré auf, über die Außenpolitik Bericht zu erstatten.

8 Do Der nationalsozialistische »Völkische Beobachter« wird unter der Hauptschriftleitung von Dietrich Eckart zur Tageszeitung umgewandelt.

9 Fr Das Oberhaupt der orthodoxen Kirche in Polen, Metropolit Georg, wird von einem exkommunizierten orthodoxen Geistlichen in Warschau erschossen.

10 Sa Ein Universitätsgesetz, das eine stärkere Finnisierung der Universität Helsinki bewirken soll, wird vom finnischen Reichstag mit großer Mehrheit verabschiedet.

11 So Der Export von Metallprodukten aus dem besetzten Ruhrgebiet in das Reich wird von den Besatzungsbehörden verboten.

12 Mo Reichspräsident Friedrich Ebert warnt in Karlsruhe vor dem Gedanken an ein militärisches Eingreifen gegen die Franzosen im Ruhrgebiet.

13 Di Belgische Truppen besetzen die niederrheinischen Städte Emmerich und Wesel, französische Einheiten marschieren in Gelsenkirchen ein.

14 Mi In Essen wird der Direktor des Rheinisch-Westfälischen Elektrizitätswerks, Karl Buchmann, verhaftet, weil das Hotel der Besatzer ohne Strom blieb.

15 Do Polen und Litauen werden vom Botschafterrat der Alliierten ermächtigt, die bisher »neutrale Zone« an der Grenze beider Staaten (Wilnagebiet) zu besetzen.

16 Fr Die alliierte Botschafterkonferenz stimmt der Übergabe des Memelgebiets an Litauen zu, womit sie die litauische Besetzung anerkennt.

17 Sa Zu einem blutigen Zusammenstoss zwischen Monarchisten und sozialdemokratischen Arbeitern kommt es im 14. Wiener Gemeindebezirk.

18 So In der Schweiz wird in einer Volksabstimmung die Übernahme des Genfer Hinterlands durch die französische Zollverwaltung abgelehnt.

19 Mo Die irische Regierung ruft die radikalen Republikaner zur Beendigung des Bürgerkriegs auf. Diese kämpfen gegen den anglo-irischen Vertrag von 1922.

20 Di General Jean Marie Degoutte, Oberbefehlshaber der französischen Besatzungstruppen, verbietet deutschen Ministern den Aufenthalt im Ruhrgebiet.

21 Mi Durch Zusammenschluss zweier Polizeibeamtenverbände wird in Berlin der Verband Preußischer Polizeibeamter gegründet.

22 Do Die Sowjetunion protestiert in einer Note an die Alliierten gegen die von der Botschafterkonferenz anerkannte litauische Einverleibung des Memelgebiets.

23 Fr In Bochum verhaften die französischen Besatzer zahlreiche Stadtverordnete und verhängen den Ausnahmezustand über die Stadt. → Notgesetz

24 Sa Das US-Repräsentantenhaus stimmt der Rückzahlung der kleineren ausländischen Vermögen zu, die während des Krieges beschlagnahmt wurden.

25 So Der Wert des Dollars ist gefallen. Für einen Dollar müssen derzeit 22 750 Mark gezahlt werden, am 8. Februar wurde er mit 33 500 Mark notiert.

26 Mo Um den Kohlenabtransport aus dem besetzten Ruhrgebiet gegen jede Form von Sabotage zu sichern, erlassen die Franzosen drakonische Strafmaßnahmen.

27 Di In Frankreich wird die Verlängerung der Wehrdienstzeit debattiert. Hauptargument der Befürworter ist die angebliche Feindschaft Deutschlands.

28 Mi Im bayerischen Landtag kommt es zu einer Schlägerei, als ein kommunistischer Abgeordneter die Bayerische Volkspartei des Hochverrats bezichtigt.

März 1923

1 Do Innerhalb von Ortschaften ist Kraftfahrzeugen in Deutschland künftig eine Geschwindigkeit von bis zu 30 km/h erlaubt. Zuvor waren 15 km/h gestattet.

2 Fr Die »Berliner Illustrierte Zeitung« stellt »Tutanchamun-Tänze« vor, die der Begeisterung über die Entdeckung des Pharaonengrabes Ausdruck verleihen.

3 Sa Der Deutsche Eisenbahnerverband ruft die Eisenbahner im besetzten Ruhrgebiet auf, trotz angedrohter Todesstrafe den Dienst zu verweigern.

4 So Bei einem nächtlichen Einbruch in die deutsche Botschaft in Rom wird ein Attaché im Kampf mit den Einbrechern verletzt. → Weinimport

5 Mo Um Sabotageakte gegen den Eisenbahnbetrieb im besetzten Ruhrgebiet zu verhindern, werden in den Lokomotiven deutsche Geiseln mitgeführt.

6 Di Der Schwimmer Johnny Weissmuller (USA) stellt in Newhaven mit 4:57,0 min einen Weltrekord über 400-m-Freistil auf. → Sahara

7 Mi Mit einer Verordnung zur Regelung des Pressewesens in den besetzten Gebieten verschärft die französische Regierung die Zensur deutscher Zeitungen.

8 Do Die französische Kammer in Paris debattiert über die Marinevorlage, die einen erheblichen Ausbau der Seestreitkräfte vorsieht.

9 Fr Der bayerische Landtag stimmt einer Abfindung des bayerischen Königshauses der Wittelsbacher zu. +++ Wladimir I. Lenin erleidet seinen dritten Schlaganfall.

10 Sa Alfred Rosenberg, nationalsozialistischer Publizist und Politiker, wird Hauptschriftleiter des NSDAP-Organs »Völkischer Beobachter«.

11 So In Buer (Gelsenkirchen) werden zwei französische Offiziere erschossen. Die französischen Behörden verhängen sofort den Ausnahmezustand.

12 Mo Ein Zyklon von ungewöhnlicher Heftigkeit sucht die USA heim und zerstört im US-Bundesstaat Tennessee 50 Häuser, wobei 20 Personen getötet werden.

13 Di In Marburg diskutiert der Religionsphilosoph Martin Buber mit dem Philosophen Paul Natorp über sein gerade erschienenes Buch »Ich und Du«.

14 Mi Der Staatsgerichtshof in Leipzig bestätigt die in den meisten norddeutschen Ländern verfügte Auflösung der verfassungsfeindlichen NSDAP.

15 Do Die Souveränität Polens über das Wilna-Gebiet, auf das auch Litauen Anspruch erhebt, wird vom alliierten Botschafterrat anerkannt.

16 Fr Der französische Senat in Paris stimmt mit 268 gegen 4 Stimmen für das Militärgesetz, das die 18-monatige Militärdienstzeit einführt.

17 Sa Auf den Führer der rheinischen Separatisten, Joseph Smeets, wird in Köln ein Attentat verübt, bei dem der Politiker lebensgefährlich verletzt wird.

18 So In Frankfurt am Main beginnt der Kongress der Kommunistischen Internationale. +++ Das Wiesbadener Staatstheater brennt völlig aus.

19 Mo Im New Yorker Garrick Theatre wird das von dem US-Schriftsteller Elmer Rice verfasste Drama »Die Rechenmaschine« (The Adding Machine) uraufgeführt.

20 Di Der bayerische Innenminister Franz Schweyer lehnt den Antrag von SPD und DDP ab, die nationalsozialistischen Sturmtrupps aufzulösen.

21 Mi Mit 49 gegen 46 Stimmen wählt der sächsische Landtag den bisherigen Justizminister Erich Zeigner (SPD) zum Ministerpräsidenten.

22 Do Wegen Zweifel an ihrer Effizienz tritt der Physiker Albert Einstein aus der Völkerbundkommission für intellektuelle Zusammenarbeit aus.

23 Fr Herbert Heinrich aus Leipzig stellt in Magdeburg mit 5:26,6 min einen deutschen Rekord über 400-m-Freistil auf.

24 Sa Fritz Kortner spielt am Berliner Staatlichen Schauspielhaus die Titelrolle in Henrik Ibsens Drama »John Gabriel Borkmann«.

25 So In Santiago de Chile beginnt der Panamerikanische Kongress, an dem alle amerikanischen Staaten außer Mexiko, Bolivien und Peru teilnehmen.

26 Mo Die Schauspielerin Sarah Bernhardt stirbt in Paris. +++ Katholische Geistliche werden in Moskau wegen der Weigerung, Kirchengut abzutreten, zum Tod verurteilt.

27 Di Raymond Poincaré, der Ministerpräsident Frankreichs, gesteht parlamentsintern ein, dass die ökonomischen Ergebnisse der Ruhrbesetzung unbedeutend seien.

28 Mi Im britischen Unterhaus fordert der Labour-Abgeordnete James Ramsey MacDonald die britische Regierung auf, gegen die Ruhrbesetzung vorzugehen.

29 Do Das amerikanisch-japanische Lansing-Ishii-Abkommen von 1917, das Japans Sonderinteressen in China anerkennt, wird aufgehoben.

30 Fr Ludwig Wolffs Film »Der Absturz – Ein Drama aus dem Künstlerleben« mit Asta Nielsen in der Hauptrolle wird in Düsseldorf uraufgeführt.

31 Sa In Berlin werden der dritte und vierte Teil des Films »Fridericus Rex« mit den Titeln »Sanssouci« und »Schicksalswende« uraufgeführt. → Krupp-Werk

31. März 1923

Blutbad im Krupp-Werk

Französische Besatzungstruppen gehen bei der Beschlagnahme von werkseigenen Personenkraftwagen mit Gewalt gegen Arbeiter der Essener Krupp-Werke vor, die passiven Widerstand geleistet hatten. Im Maschinengewehrfeuer sterben 13 Arbeiter, 30 werden verletzt.

In der französischen Version des Vorfalls wird das Vorgehen der Truppen als legitime Notwehr gegen die Provokationen, Drohungen und Angriffe seitens der Deutschen gerechtfertigt. In einer am 4. April in Paris überreichten Protestnote der Reichsregierung gegen diese Aktion wird betont, dass die Franzosen das »Blutbad« angerichtet hätten, »ohne jede Herausforderung durch die Arbeiter«, die sich »trotz ihrer begreiflichen Erregung zu keiner Tätlichkeit oder Drohung« hätten hinreißen lassen. Wegen angeblicher Aufhetzung der Arbeiter gegen das französische Kommando stellen die Besatzungsbehörden den Aufsichtsratsvorsitzenden der Krupp-Werke, Gustav Krupp von Bohlen und Halbach, sowie einige Krupp-Direktoren und Werksleiter unter Anklage. Bei der Beerdigung der Opfer kommt es zu heftigen antifranzösischen Protesten (Abb.: Die Zeitschrift »Simplicissimus« karikiert die Situation der Bevölkerung an der Ruhr unter dem Besatzungsregime).

26. April 1923

»Arbeiterprinz« im Ehehafen

In königlichem Glanz findet die Trauung von Prinz Albert, Herzog von York und zweiter Sohn des britischen Königs Georg V., und Lady Elizabeth Bowes-Lyon in der Londoner Krönungskirche Westminster Abbey statt.

Die Briten nehmen begeisterten Anteil an der Hochzeit des populären Herzogs von York, des späteren Königs Georg VI., der wegen seines sozialen Engagements »Arbeiterprinz« genannt wird (Abb.: Hochzeitspaar mit Eltern).

25. April 1923

Skandal um »Ecce Homo«

Mit der Begründung, es handele sich um ein »pornografisches Machwerk«, wird in Berlin »Ecce Homo«, ein satirisches Mappenwerk von George Grosz aus dem Jahre 1922, beschlagnahmt. Grosz wollte die Auswüchse der Inflationszeit zeigen (Abb.: »Schönheit, dich will ich preisen« aus »Ecce Homo«).

George Grosz

deutscher Maler und Grafiker, * 26.7.1893 Berlin; † 6.7.1959 Berlin

Der Mitbegründer der Dada-Bewegung hält mit scharfem Strich die Sinnlosigkeit des Weltkriegs und die Zustände der Weimarer Republik fest. In den 20er Jahren weichen dadaistische und futuristische Übertreibungen einer sachlich-scharfen Darstellung sozialer Themen. Das NS-Regime erklärt Grosz' Werke für »entartet«.

- 1918: Eintritt in die KPD
- 1932: Gastdozent in New York; Emigration

6. März 1923

Sieg über die Sahara

Mit der Rückkehr nach Tuggurt im heutigen Algerien endet die fast drei Monate dauernde spektakuläre Sahara-Durchquerung einer französischen Expedition mit fünf Raupenfahrzeugen. Die Fahrt wird als Sieg der Technik über die Wüste gefeiert, denn weite Teile des höchst unwegsamen Gebiets sind bislang noch nie von einem Fahrzeug durchquert worden. Am 17. Dezember 1922 machte sich die Expedition unter der Leitung von Georges-Marie Haardt und Louis Audouin-Dubreuil von Tuggurt aus auf den Weg. Nach dreiwöchiger, äußerst mühseliger Fahrt in südwestlicher Richtung erreichte sie am 7. Januar 1923 die am Nigerbogen liegende Oasenstadt Timbuktu. Am 1. Februar trat man die Rückfahrt an. Gespannt verfolgte die französische Öffentlichkeit den Kampf der Fahrer gegen die Wüste. Zeitungen dokumentierten – gestützt auf Funkberichte und beeindruckendes Fotomaterial – die Reise. Vielen Experten war die motorisierte Durchquerung dieses schwierigen Geländes zunächst unmöglich erschienen. In der Tat stellte die rd. 3200 km lange Distanz von Tuggurt nach Timbuktu höchste Anforderungen an Fahrzeuge und Fahrer. Besonders die 450 km lange Strecke durch die ausgedehnte Sandwüste Tanezrouft (Land des Durstes) bewältigte die Expedition wegen eines starken Sandsturms nur unter größter Anstrengung. Da die von der französischen Au-

6. April 1923

Der »Fluch des Pharao«

Der seit einigen Wochen an einer schweren Infektionskrankheit leidende britische Ägyptologe George Edward Stanhope Molyneux Herbert Earl of Carnarvon (s. Abb.) stirbt im Alter von 56 Jahren in Kairo.

Gerüchte über merkwürdige Begleitumstände seines Todes werden mit einem angeblich vom Grab des Tutanchamun ausgehenden Fluch in Verbindung gebracht. Carnarvon hat durch Finanzierung der Ausgrabungen im Tal der Könige bei Luxor maßgeblich zur aufsehenerregenden Entdeckung des Tutanchamun-Grabs 1922 beigetragen. In der Sensationspresse kursieren Gerüchte über den »Fluch des Pharao«, der den Tod Carnarvons verursacht habe. Schuld an den Spekulationen ist eine Grabinschrift: »Ich verhindere, dass Sand die geheime Kammer füllt. Ich bin zum Schutz der Toten da.«

4. März 1923

Weinimport stürzt Regierung

In Norwegen kommt es wegen des umstrittenen Imports portugiesischen Weins zum Rücktritt der Linksregierung unter Ministerpräsident Otto Albert Blehr. Am 5. März bildet Otto B. Halvorsen eine neue Regierung der Rechten.

Seit sich die norwegische Bevölkerung im Oktober 1919 für ein Alkoholverbot aussprach, steht das Thema in der Diskussion. Wegen seiner außenpolitischen Konsequenzen spielt das Verbot eine wichtige Rolle in der norwegischen Politik. Da Frankreich, Spanien und Portugal Maßnahmen gegen den norwegischen Klippfischhan- del androhten, sah sich Ministerpräsident Blehr gezwungen, trotz des Verbots den Alkoholimport aus diesen Ländern zu genehmigen. Am 2. März lehnte jedoch das norwegische Parlament, das Storting, den von der Regierung vorbereiteten Handelsvertrag mit Portugal mit 119 gegen 28 Stimmen ab, wonach Norwegen 850 000 l Wein hätte importieren müssen. Daraufhin tritt die Regierung zurück. Dem neuen Kabinett unter Halvosen gelingt es am 19. März, eine Abschwächung des Alkoholverbots durchzusetzen – Weine mit maximal 24% Alkoholgehalt sind demnach zugelassen.

tomobilfirma Citroën hergestellten Wagen an den Hinterachsen mit Raupenketten versehen waren, verringerte sich die Gefahr, im Wüstensand zu versinken. Der neuartige Fahrzeugtyp bestand auch bei der schwierigen Passage der felsigen Berglandschaft um In-Salah, den Ausläufern des Gebirgsmassivs Ahaggar, seine Bewährungsprobe. Die Karawane der Raupenfahrzeuge führte ausschließlich durch französisches Kolonialgebiet. Algerien ist seit dem Transportmittel, da sie die Strecke Tuggurt-Timbuktu 30-mal schneller als die Kamel-Karawanen bewältigen konnten. Auch für die Kolonialmacht Frankreich ist der erfolgreiche Verlauf der Expedition außerordentlich bedeutsam, weil er zeigt, dass durch den Einsatz von wüstentauglichen Fahrzeugen die Versorgung und Verbindung der abgeschiedenen Militärposten effektiv verbessert und ausgebaut werden kann.

Die neu entwickelten Kettenfahrzeuge garantierten der Expediton den Erfolg.

Jahre 1830 französische Kolonie – Mali (Französischer Sudan) seit 1883. Von den in den Siedlungen lebenden wenigen Europäern wurde die Expedition enthusiastisch empfangen. Die erfolgreiche motorisierte Durchquerung der Sahara weckte bei den bislang in großer Isolation lebenden Europäern die Hoffnung auf eine schnellere Verbindung ins Heimatland. Tatsächlich erwiesen sich die Raupenfahrzeuge als ein dem Kamel weitaus überlegenes Die europäische Erforschung der Sahara begann erst im 19. Jahrhundert. Als erster Europäer erreichte der Brite Alexander Gordon Laing im Jahre 1826 das sagenumwobene Timbuktu, wo er von Einheimischen ermordet wurde. Im folgenden Jahr brach der französische Afrikaforscher René Auguste Caillié als Ägypter verkleidet nach Timbuktu auf, wo er 1828 eintraf. Durch die westliche Sahara gelang ihm die Rückkehr.

April 1923

1 So In Warschau kommt es zu antirussischen Demonstrationen, die sich gegen die Verurteilung hoher katholischer Geistlicher in Moskau richten.

2 Mo Auf dem Wiener Exelberg werden 90 Mitglieder des Republikanischen Schutzbundes von 300 Nationalsozialisten angegriffen.

3 Di In Königsberg wird »Die Verfolgung«, ein Stück von Anton Dietzenschmidt, dem Träger des Kleistpreises von 1919, uraufgeführt.

4 Mi Im New Yorker Stadtteil Brooklyn stellt die US-Schwimmerin Gertrude Caroline Ederle in 2:45,2 min einen Weltrekord über 200-m-Freistil auf.

5 Do Der erste Vertretertag des Evangelischen Reichselternbunds in Braunschweig fordert ein Reichsschulgesetz, das eine christliche Erziehung garantieren soll.

6 Fr Die erste Vereinigung der Rundfunkamateure, der Deutsche Radio-Club, wird gegründet. Das Interesse am neuen Medium steigt. → »Fluch des Pharao«

7 Sa In Essen verhaftet die französische Militärpolizei den ehemaligen Freikorpsoffizier Albert Leo Schlageter wegen Beteiligung an einem Sprengstoffanschlag.

8 So Reichspräsident Friedrich Ebert und der Reichsverkehrsminister appellieren an die Eisenbahner im besetzten Gebiet, ihren »Heldenkampf« fortzuführen.

9 Mo Die türkische Regierung gewährt der US-Firma Ottoman-American Development Company eine Konzession zum Eisenbahnbau in Anatolien und Armenien.

10 Di Der polnische Ministerpräsident Władysław Eugenius Sikorski proklamiert in Posen den Kampf gegen die im westlichen Teil Polens lebenden Deutschen.

11 Mi Nach der Niederlage der radikalen Verfechter der irischen Unabhängigkeit unter Eamon de Valera bei Tipperary bahnt sich das Ende des Bürgerkriegs an.

12 Do Im Dubliner Abbey Theatre wird die Tragikomödie »Der Schatten eines Rebellen« (The Shadow of a Gunman) von Sean O'Casey uraufgeführt.

13 Fr Im Anschluss an das Verbot der Deutschvölkischen Freiheitspartei in Preußen wird die Berliner Parteizentrale polizeilich durchsucht und geschlossen.

14 Sa Bei der Eröffnung des provisorischen Berliner Flughafens auf dem Tempelhofer Feld kommt es zu einem Flugzeugabsturz, der drei Stadtverordnete tötet.

15 So Der Italiener Ugo Sivocci gewinnt auf Alfa Romeo das sizilianische Autorennen Targa Florio, das weltweit schwerste Langstreckenrennen des Autosports.

16 Mo Reichsaußenminister Friedrich von Rosenberg signalisiert die deutsche Bereitschaft zur Wiederaufnahme der eingestellten Reparationszahlungen.

17 Di In Moskau beginnt der XII. Parteitag der Kommunistischen Partei Russlands, an dem Regierungschef Wladimir I. Lenin aus Krankheitsgründen nicht teilnimmt.

18 Mi Zu schweren Ausschreitungen und Plünderungen unter kommunistischer Führung kommt es in Mülheim a.d. Ruhr.

19 Do Vertreter der Reichsregierung und der Reichsbank beschließen nach einem plötzlichen Kurssturz der Mark währungsstabilisierende Maßnahmen.

20 Fr Mit »König Lear« von Shakespeare läuft im Großen Schauspielhaus Berlin die letzte Theaterinszenierung. Künftig werden Operetten und Revuen gespielt.

21 Sa Das britische Unterhaus lehnt die Einführung eines Alkoholverbotes ab. +++ In Italien wird der Gründungstag Roms als nationaler Tag der Arbeit gefeiert.

22 So Die Reichsregierung begrüßt die Kritik des britischen Außenministers Lord Curzon an der französischen Ruhrpolitik.

23 Mo Die am 4. Februar abgebrochene Friedenskonferenz der Alliierten und der Türkei wird im schweizerischen Lausanne wieder aufgenommen.

24 Di In Rom platzt die Koalition von Benito Mussolinis Faschisten und der »Popolari«-Partei wegen deren faschismuskritischer Haltung.

25 Mi Im Stadttheater Hildesheim wird »Der Franzosen-Narr«, ein Stück des dänischen Schriftstellers Ludwig Holberg, uraufgeführt. → »Ecce Homo«

26 Do Zwischen Anhängern von SPD, KPD und NSDAP kommt es in München zu handgreiflichen Auseinandersetzungen. → »Arbeiterprinz«

27 Fr Im Internationalen Psychoanalytischen Verlag erscheint das Buch »Das Ich und das Es« des österreichischen Nervenarztes Sigmund Freud.

28 Sa Fußballfans stürmen das bereits überfüllte Londoner Wembley-Stadion, wo das Pokalendspiel der Bolton Wanderers gegen Westham United stattfindet.

29 So In Hessen wird die NSDAP verboten. +++ Der Landesrat des Saargebietes lehnt die Einführung der französischen Währung einstimmig ab.

30 Mo Der Oberbefehlshaber der französischen Besatzungstruppen, Jean Marie Degoutte, rechtfertigt das »Essener Blutbad« seiner Soldaten mit Notwehr.

Mai 1923

1 Di Nur die Präsenz von Reichswehreinheiten hindert die Nationalsozialisten daran, die große Mai-Demonstration der Linken in München gewaltsam zu stören.

2 Mi Die Reichsregierung übermittelt den Signatarstaaten des Versailler Vertrags den Vorschlag, insgesamt 30 Mrd. Goldmark Reparationen zu zahlen.

3 Do Die direkte Flugverbindung Berlin-London wird aufgenommen. +++ Der erste Nonstopflug über den amerikanischen Kontinent ist gelungen.

4 Fr Die Mehrheit des preußischen Landtags lehnt den Misstrauensantrag der Deutschnationalen gegen Innenminister Carl Severing (SPD) ab.

5 Sa Reichsfinanzminister Andreas Hermes erklärt das wachsende Haushaltsdefizit mit der durch den Ruhrkampf verursachten »ungeheuren Geldentwertung«.

6 So Die französische und die belgische Regierung weisen das deutsche Angebot vom 2. Mai, 30 Mrd. Goldmark Reparationen zu zahlen, schroff zurück.

7 Mo Der Reichstag stellt fest, dass die Deutschvölkische Freiheitspartei durch die polizeiliche Schließung ihrer Büros nicht beeinträchtigt sei.

8 Di Das französische Kriegsgericht in Werden verurteilt Gustav Krupp von Bohlen und Halbach, Chef des Krupp-Unternehmens, zu 15 Jahren Haft.

9 Mi Der Reichstag protestiert gegen das Urteil im Krupp-Prozess, das den Hass zwischen dem deutschen und dem französischen Volk vertiefen werde. → Brecht

10 Do In Lausanne wird Vaclav V. Worovski, Leiter der sowjetischen Delegation bei der Konferenz in Lausanne, von einem Russlandschweizer ermordet.

11 Fr Die bayerische Regierung erlässt eine Verordnung, die eine scharfe Kontrolle von Aufmärschen und Versammlungen unter freiem Himmel vorsieht.

12 Sa Die preußischen Behörden verbieten die »Proletarischen Hundertschaften«, militärähnliche Kampfverbände unter kommunistischer Führung.

13 So Erstmals wird auch in Deutschland der in anderen Ländern schon seit Jahren eingebürgerte Muttertag allgemein gefeiert.

14 Mo Die Fluglinie München-Wien wird eröffnet, nachdem am 3. Mai die Österreichische Luftverkehrs-AG (ÖLAG) gegründet worden ist.

15 Di Die Franzosen besetzen die Badische Anilin-und Sodafabrik (BASF) in Ludwigshafen und die Farbwerke in Höchst, um Farbstoffe zu beschlagnahmen.

16 Mi Zur Förderung republikanischen Bewusstseins gründen Politiker von SPD, DDP und Zentrum die gemeinnützige Aktiengesellschaft für Buch und Presse.

17 Do Auf der 400 km langen Telefonversuchsleitung zwischen Berlin und Stolp (Pommern) wird eine neue Technik mit Hochfrequenzgeräten erfolgreich erprobt.

18 Fr In der Frankfurter Paulskirche findet die Gedenkfeier zur Eröffnung des ersten deutschen Parlaments vor 75 Jahren statt.

19 Sa »Julius Cäsar und seine Mörder«, ein Trauerspiel von Martin Langen, wird im Berliner Theater in der Kommandantenstraße uraufgeführt. → Rheinland

20 So Der bisherige Schatzkanzler Stanley Baldwin wird Nachfolger des zurückgetretenen britischen Premierministers Andrew Bonar Law (Konservative Partei).

21 Mo In Hamburg wird der Internationale Sozialistenkongress eröffnet. Über 400 Delegierten aus 30 Ländern nehmen daran teil.

22 Di David Lloyd George, ehemaliger britischer Premierminister, greift seinen Vorgänger Andrew Bonar Law wegen »schwacher Behandlung der Ruhrfrage« an.

23 Mi »Der arme Vetter« von Ernst Barlach hat in Berlin Premiere. +++ Die Tagung des Evangelisch-Sozialen Kongresses wird in Iserlohn eröffnet.

24 Do Großen Beifall, der vor allem den Schauspielern gilt, erntet die Premiere des Dramas »Der tote Tag« von Ernst Barlach an der Berliner Volksbühne.

25 Fr Der Reichsverband der deutschen Industrie bietet Reichskanzler Wilhelm Cuno eine Garantie für die Reparationszahlungen des Deutschen Reiches an.

26 Sa Die polnische Regierung unter Ministerpräsident Wladyslaw Eugeniusz Sikorski wird zum Rücktritt gezwungen. → Le Mans → Märtyrer

27 So In Bochum kommt es zu schweren Kämpfen zwischen Kommunisten und Einheiten der Feuerwehr sowie des Selbstschutzes der Gewerkschaften.

28 Mo Wincenty Witos, der Nachfolger des am 26. Mai gestürzten polnischen Ministerpräsidenten Wladyslaw Sikorski, bildet eine neue Regierung.

29 Di Die streikenden Arbeiter im Ruhrgebiet akzeptieren die angebotene Lohnerhöhung von 50 %, der auch die Kommunisten zustimmen.

30 Mi Marschall Józef Klemens Pilsudski, der Chef des Generalstabs in Polen, legt aus Protest gegen die Regierungspolitik sein Amt nieder.

31 Do Die britische Presse betont, dass die gründliche Abschätzung der deutschen Leistungsfähigkeit die Vorbedingung jeder künftigen Reparationsleistung sei.

19. Mai 1923

Das Rheinland bleibt beim Deutschen Reich

Durch die belgisch-französische Besetzung des Ruhrgebiets hat der rheinische Separatismus neuen Auftrieb erhalten: In Trier besetzen mehrere Abteilungen bewaffneter Separatisten – Anhänger des Separatistenführers Joseph Smeets – das örtliche Elektrizitätswerk. Ihr Versuch, radikale Teile der Arbeiterschaft zu mobilisieren, um mit deren Hilfe öffentliche Gebäude zu erobern und eine Rheinische Republik auszurufen, scheitert an der rasch anrückenden Polizei.

Der Journalist Joseph Smeets ist einer der Separatistenführer.

Nachdem seitens der französischen Behörden die Behauptung der Separatisten, im Auftrag der Franzosen zu handeln, bestritten wird, verlassen die Aufrührer das Elektrizitätswerk. Obgleich diese erste Aktion der Smeets-Gruppe erfolglos verläuft, sind die Nachrichten aus Trier für die deutsche Öffentlichkeit beunruhigend. Die an der Errichtung eines autonomen rheinischen Pufferstaats interessierte französische Besatzungsmacht fördert materiell und propagandistisch die »Los-von-Berlin-Bewegungen« im besetzten Ruhr- und Rheingebiet. Aufgrund der internationalen Lage verhindern die einflussreichen Förderer der Separatisten – der Vorsitzende der Rheinland-Kommission, Paul Tirard, und der Oberbefehlshaber der Besatzungstruppen im Ruhrgebiet, Jean Marie Degoutte – zunächst deren offene Machtergreifung in den besetzten Gebieten. Die Separatistenbewegung findet zwar bei der Mehrheit der deutschen Bevölkerung keinen Rückhalt, angesichts der Wirtschaftskrise kann sie jedoch wachsenden Zulauf verbuchen. Die von dem ehemaligen Kölner Sozialdemokraten Smeets geführte separatistische Rheinisch-Republikanische Volkspartei umfasst derzeit ungefähr 9000 Mitglieder. Die Smeets-

Separatistische Bewegungen im Deutschen Reich

Datum	Ereignis
19.12.1918	Die Reichsregierung fordert die Bevölkerung zur Abwehr separatistischer Bewegungen auf, die das Land in vier Republiken teilen wollen.
17.05.1919	In Speyer fordern Separatisten, die von der französischen Regierung unterstützt werden, die Proklamation der Pfalz als selbstständiger neutraler Staat.
01.06.1919	In Mainz und Wiesbaden wird die Rheinische Republik, in Speyer die Pfälzische Republik proklamiert.
14.07.1919	In Birkenfeld wird die Loslösung vom Freistaat Oldenburg und die »Republik Birkenfeld mit eigener Verwaltung im Verbande des Deutschen Reiches« proklamiert.
21.10.1923	In Aachen rufen die Rheinland-Separatisten die Rheinische Republik aus.
12.11.1923	In Speyer wird erneut die Pfälzische Republik ausgerufen.
16.11.1923	In der »Schlacht am Ägidienberg« erleiden die rheinischen Separatisten die entscheidende Niederlage.

9. Mai 1923

Prügelei um Brecht-Drama

Im Münchener Residenztheater wird Bertolt Brechts Drama »Im Dickicht« (späterer Titel »Im Dickicht der Städte«) uraufgeführt.

Das Stück verursacht einen Theaterskandal, der zur raschen Absetzung des Werks nach nur sechs Spieltagen und zur Entlassung des Dramaturgen Jakob Geis führt. Das unkonventionelle und unbequeme Brecht-Drama löst bei Zuschauern und Kritikern Verwirrung, teils heftige Empörung aus. Bereits während der zweiten Aufführung eskaliert die Situation. Pfiffe ertönen aus dem Zuschauerraum, Tränengasbomben werden ins Parkett geworfen. Die Vorstellung kann nur nach einer längeren Unterbrechung – es kommt zu Tätlichkeiten zwischen den Störern und dem übrigen Publikum – zu Ende gespielt werden. Gerade in München, der Hochburg des deutschen Rechtsradikalismus, bedeutet die Aufführung des experimentellen Stücks, mit dem Brecht das absurde Theater vorwegnimmt, ein Wagnis.

26. Mai 1923

Märtyrer der Rechten

Auf der Golzheimer Heide bei Düsseldorf wird Albert Leo Schlageter von einer französischen Einheit durch Erschießen hingerichtet (Abb.: Zeichnung, veröffentlicht in der »Leipziger Illustrirten Zeitung«).

Am 8. Mai war der ehemalige Freicorps-Kämpfer von den Franzosen wegen Sabotage, Geheimbündelei und Kundschafterdienst für deutsche Behörden zum Tode verurteilt worden. Das Urteil, besonders aber seine Vollstreckung löst in ganz Deutschland empörte Reaktionen aus. Schlageter wird von der politischen Rechten zum Märtyrer stilisiert.

Rekruten für Separatistengruppen

Anhänger sind bewaffnet: Mit der rot-weiß-grünen Parteimitgliedskarte werden auch Waffenschein, Revolver und Munition ausgehändigt. Joseph Friedrich Matthes, Redakteur beim von den Besatzungsbehörden herausgegebenen »Nachrichtenblatt«, ist der Führer der Rheinischen Unabhängigkeitspartei, die im Raum Düsseldorf agitiert. Die dritte separatistische Bewegung im Rheinland, die Rheinische Volksvereinigung, wird von Hans Adam Dorten geleitet. Seinen Höhepunkt erreicht der Separatismus mit der Ausrufung der Rheinischen Republik am 21. Oktober, die eine schwere Belastung für das krisengeschüttelte Deutschland zu werden droht. Am 23. Oktober bilden die Separatisten eine provisorische Regierung ihrer Rheinischen Republik. Das neue Staatswesen scheitert letztendlich jedoch am Widerstand der Bevölkerung.

9. Juni 1923

Bauern-Premier gestürzt

Durch einen unblutig verlaufenden Staatsstreich des Militärs wird die bulgarische Regierung unter Alexandar Stamboliski (s. Abb.) gestürzt. Gestützt auf die Agarpartei, hat Stamboliski eine agrarsozialistische, scharf gegen die städtischen und besitzenden Schichten gerichtete Politik betrieben.Während die meisten Minister verhaftet werden, flieht der Premier in seinen Heimatort Slawowiza, wo er am 14. Juni »auf der Flucht erschossen«, d.h. ermordet wird. Der parteilose Universitätsprofessor Alexandar Zankow bildet aus allen bisherigen Oppositionsparteien mit Ausnahme der Kommunisten eine neue Regierung. Sie verspricht in einer Proklamation Frieden und Demokratie.

17. Juni 1923

Ätna meldet sich zurück

Nach dem plötzlichen Ausbruch des im Nordosten Siziliens gelegenen Vulkans Ätna (s. Abb.) muss die Ortschaft Linguaglossa nordöstlich des brodelnden Berges geräumt werden. Der Ätnaausbruch übertrifft die letzten Eruptionen im Jahre 1919 bei weitem und versetzt die Bevölkerung in Panik. Während des Naturereignisses bilden sich auf der nördlichen Seite des 3340 m hohen Vulkans fünf neue Krater, aus denen sich ein 300 m breiter Lavastrom mit einer Geschwindigkeit von 250 m/h auf die umliegenden Pinienwälder ergießt. Der mehrere Tage dauernde Ausbruch ist von heftigen Erdbeben begleitet. Der Lava speiende Berg bietet einen furchteinflößenden und zugleich fantastischen Anblick. In der Nacht spiegelt sich der Feuerschein weithin sichtbar auf der Wasserfläche des Golfes von Catania. Am 19. Juni begibt sich der italienische König Viktor Emanuel III. auf einem Kriegsschiff nach Catania, um die Unglücksstätte zu besichtigen. Die Katastrophe hat immensen Schaden angerichtet. Pinienwälder, Weinberge, Orangengärten und Olivenhaine werden unter den glühenden Lavamassen begraben. Die gewaltige Hitze schädigt auch weiter entfernt liegende Pflanzungen.

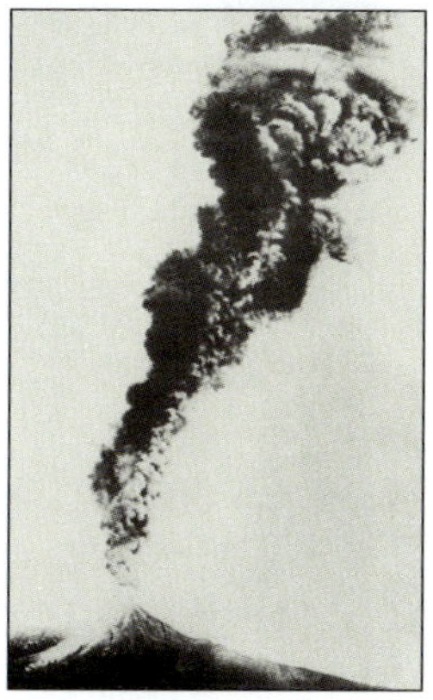

26. Mai 1923

Erstes Rennen in Le Mans

Zum ersten Mal findet auf dem Circuit de la Sarthe südlich von Le Mans das 24-Stunden-Rennen statt, das sich in den folgenden Jahren zu einem der weltweit bekanntesten Autorennen entwickeln soll.

Insgesamt 33 Fahrzeuge starten zu diesem Langstreckenrennen. Pro Team fahren mindestens zwei Fahrer. Auch in der Nacht wird das Rennen nonstop fortgesetzt. Bereits nach der ersten Hälfte der Fahrzeit liegen zwei Chenar & Walcker-Fahrzeuge (s. Abb.) an der Spitze. Ihren Vorsprung

können sie bis ins Ziel halten. Die beiden Piloten des Sieger-Autos, André Lagache und Albert Leonard aus Frankreich, gewinnen das Rennen mit einer Durchschnittsgeschwindigkeit von 92,064 km/h. Das zweitplatzierte Fahrzeug erreicht mit einer durchschnittlichen Geschwindigkeit von 84,913 km/h das Ziel. In der französischen Presse wird der Rennausgang als Triumph der heimischen Technik gefeiert.

Juni 1923

1 Fr – Durch das wegen der großen Wohnungsnot erlassene Reichsmieterschutzgesetz wird das Kündigungsrecht des Vermieters stark eingeschränkt.

2 Sa – Wegen Sabotageakten an Eisenbahn-und Telegrafenlinien fordert die französische Besatzungsbehörde eine Buße von 100 Mio. Mark von der Stadt Duisburg.

3 So – Fast täglich treffen in Köln Transporte mit aus dem französisch besetzten Ruhrgebiet ausgewiesenen Eisenbahnern ein.

4 Mo – In München wird gegen den Theaterdirektor Georg Fuchs wegen Hochverrats verhandelt. Er soll Kontakte zu französischen Agenten gehabt haben.

5 Di – In den USA wird laut Beschluss des Obersten Gerichtshofs die deutsche Sprache in den öffentlichen Schulen als Unterrichtsfach zugelassen.

6 Mi – In Leipzig kommt es zu Teuerungsunruhen. Da die Preise den Löhnen davonlaufen, wächst unter den Arbeitern die Bereitschaft zur Radikalisierung.

7 Do – Die Reichsregierung macht den Alliierten über die Note vom 2.Mai hinausgehende Zugeständnisse bezüglich der Reparationsfrage.

8 Fr – Die Lehrerin und Frauenrechtlerin Helene Lange erhält die Ehrendoktorwürde der Staatswissenschaften der Universität Tübingen.

9 Sa – US-Präsident Warren G. Harding lehnt es ab, die Abschaffung von Giftgasen und U-Booten politisch voranzutreiben. → Bauern-Premier

10 So – Unter patriotischen Kundgebungen wird die Leiche des am 26. Mai hingerichteten Leo Schlageter in seinen Geburtsort Schönau (Baden) überführt.

11 Mo – Der deutsche Reichskanzler Wilhelm Cuno besucht die Länder Hessen und Baden. +++ Ein US-Dollar ist derzeit 83 000 Mark wert.

12 Di – Der oberschlesische Bergarbeiterstreik (seit dem 6. Juni) hat sich derartig ausgeweitet und verschärft, dass die Presse von einem Generalstreik spricht.

13 Mi – Im Zusammenhang mit der Verhaftung von 30 Deutschvölkischen wird in Magdeburg ein rechtsradikaler Geheimbund aufgedeckt.

14 Do – Unter Führung des Generals Ts'ao K'un kommt es in China zu einem Staatsstreich, der Präsident Li Yüanhung zur Flucht aus Peking zwingt.

15 Fr – Ministerpräsident Raymond Poincaré zufolge ermutige die deutsche Regierung Mord- und Sabotageakte an der Ruhr und provoziere damit Frankreich.

16 Sa – Der sächsische Ministerpräsident Erich Zeigner kritisiert die Reichsregierung und wirft der Reichswehr Unzuverlässigkeit, der Großindustrie Korruption vor.

17 So – Danzigs Senatspräsident Heinrich Sahm weiht den Danziger Flughafen als wichtigen Verkehrsknotenpunkt für den Osten feierlich ein. → Ätna

18 Mo – Die Berliner Staatsoper zeigt in deutscher Erstaufführung die Märchenoper »Der goldene Hahn« von Nikolaj A. Rimski-Korsakow.

19 Di – Für die Beamten des Deutschen Reiches wird der allgemeine Teuerungszuschlag von bislang 2900% auf 6000% erhöht.

20 Mi – Vor der Kommunistischen Internationalen hält Karl Radek, sowjetisches Präsidiumsmitglied, in Moskau eine Rede zum Tod von Leo Schlageter.

21 Do – Der Dollar ist derzeit 131 000 Mark wert. +++ 2:2 endet das Fussballländerspiel Norwegen-Schweiz in Kristiania (Oslo).

22 Fr – Siegmund Fränkel, Vizepräsident der Handelskammer in München, wird von Nationalsozialisten überfallen und als »Saujud« beschimpft.

23 Sa – In Bielefeld erklären Gewerkschaftsvertreter aus dem besetzten Ruhrgebiet die Weiterführung des passiven Widerstandes.

24 So – Laut einem britischen Pressebericht betreibt Frankreich insgeheim eine auf das Rheinland gerichtete Annexionspolitik.

25 Mo – Der preußische Innenminister Carl Severing erklärt, die von den Franzosen angestrebte Loslösung des Rheinlands vom Reich sei absolut indiskutabel.

26 Di – Der britische Premierminister Stanley Baldwin teilt dem Unterhaus mit, die Regierung beabsichtige, die Luftwaffe für defensive Zwecke stark zu vergrößern.

27 Mi – Papst Pius XI. appelliert an die Gläubiger des Deutschen Reiches, die Reparationsfrage im Geist des Christentums noch einmal zu prüfen.

28 Do – Im Frankfurter Schauspielhaus wird »Die große Landstraße«, ein Drama des schwedischen Schriftstellers August Strindberg, uraufgeführt.

29 Fr – Der Auftritt der deutschen Fußballnationalmannschaft in Stockholm endet mit einem 2:1-Erfolg der schwedischen Gastgeber.

30 Sa – Auf einen belgischen Soldatenzug wird bei der Hochfelder Rheinbrücke ein Bombenattentat verübt, das zehn Personen das Leben kostet.

Juli 1923

1 So Reichsbahn und Reichspost erhöhen ihre Tarife und Gebühren. +++ In Kassel wird das erste Tapetenmuseum der Welt eröffnet.

2 Mo In Tours gewinnt der Brite Henry O'Neal de Hane Segrave auf Sunbeam das französische Grand-Prix-Rennen für Automobile.

3 Di Der italienische Ministerpräsident und »Duce« Benito Mussolini plädiert für die beschleunigte Lösung der Reparationsfrage.

4 Mi In Shelby (Montana) verteidigt der Schwergewichts-Boxweltmeister Jack Dempsey erfolgreich seinen Titel gegen Tom Gibbons (beide USA).

5 Do Wegen Beziehungen zu den Faschisten wird der Verband der italienischen Seeleute aus dem internationalen Transportarbeiterverband ausgeschlossen.

6 Fr Nach der Billigung durch das Zentralexekutivkomitee tritt die erste Verfassung der UdSSR (Union der Sozialistischen Sowjetrepubliken) in Kraft.

7 Sa Der Deutsche Reichstag verabschiedet mehrere Gesetze u.a. zur Vermögenssicherung und vertagt sich anschließend auf unbestimmte Zeit.

8 So Bei den Schwedischen Kampfspielen in Göteborg schwimmt der Schwede Arne Borg im 1500-m-Freistil mit 21:35,3 min einen Weltrekord.

9 Mo In Lausanne einigen sich die Alliierten und die Türkei auf die Räumung Konstantinopels (Istanbul), das zur Zeit noch von britischen Truppen besetzt ist.

10 Di Während eines sechsstündigen Gewitters in der letzten Nacht wurden in London 14 Häuser durch Blitzschlag zerstört und die Telefonzentrale lahmgelegt.

11 Mi Gegen die bürgerlichen Stimmen nimmt der sächsische Landtag die neue Gemeindeordnung an. Die Verwaltungsordnung wird radikal verändert.

12 Do Im britischen Unterhaus fordert Premierminister Stanley Baldwin die Beendigung der Ruhrbesetzung, da sie die Aussicht auf Reparationszahlungen verringere.

13 Fr Eine Überschwemmung in Nordspanien verwandelt die Umgebung Saragossas in einen See. Die Bahnverbindung nach Barcelona ist unterbrochen.

14 Sa Charles Evans Hughes, Außenminister der USA, gibt die französische Ratifizierung der Washingtoner Flottenabrüstungsverträge bekannt.

15 So Als erste Türkin wird die Frau von Mustafa Kemal Pascha Latife, dem Vorsitzenden der Nationalversammlung, in die Nationalversammlung gewählt.

16 Mo Der Flugverkehr München-Budapest wird eröffnet. In Wien müssen die Passagiere umsteigen. +++ Der Dollarkurs hat inzwischen 195 000 Mark erreicht.

17 Di Wegen nicht bezahlter Kohlensteuer besetzen die Franzosen die Hamborner Thyssenwerke und beschlagnahmen die Kohlevorräte. → Zellforschung

18 Mi Italien gibt das Programm der Italienisierung Südtirols bekannt; deutsche Traditionen in diesem Gebiet sollen zurückgedrängt werden.

19 Do In London befinden sich seit dem 4. Juli mehr als 6000 Dockarbeiter in einem wilden Streik gegen Lohnkürzungen.

20 Fr Der posteigene Sender Königs Wusterhausen bei Berlin beginnt mit der regelmäßigen Sendung eines ersten eigenen Rundfunkprogramms.

21 Sa Anlässlich des 65. Geburtstags des Malers Lovis Corinth veranstaltet die Berliner Nationalgalerie eine Corinth-Ausstellung.

22 So Der Franzose Henri Pélissier wird Sieger der am 24.6. gestarteten Tour de France. Pélissier wird in Frankreich enthusiastisch gefeiert.

23 Mo Da es wiederholt zu Teuerungsunruhen gekommen ist, erlässt die preußische Regierung ein Verbot von Versammlungen unter freiem Himmel.

24 Di Prinzessin Margarethe von Hohenlohe-Öhringen wird in Leipzig wegen Hochverratsbegünstigung zu sechs Monaten Gefängnis verurteilt. → Lausanne

25 Mi In London liefern sich die streikenden Dockarbeiter und die Polizei heftige Kämpfe um den Einsatz von unorganisierten Arbeitern.

26 Do Durch das Reichswohnungsmangelgesetz werden Neubauten von der öffentlichen Bewirtschaftung ausgenommen.

27 Fr Mit 87 gegen 75 Stimmen bei acht Enthaltungen verabschiedet die belgische Kammer das umstrittene Gesetz über die Flamisierung der Genter Universität.

28 Sa Reichspräsident Friedrich Ebert und die Regierung richten einen Aufruf zur Ruhe und Ordnung an die wegen der Wirtschaftslage beunruhigte Bevölkerung.

29 So In Berlin findet eine Aufsehen erregende Pazifistenkundgebung statt. Einer der Redner ist der Physiker und Nobelpreisträger Albert Einstein.

30 Mo Erstmals überschreitet die amtliche Notierung des Dollar die Millionengrenze. Ein Dollar hat einen derzeitigen Stand von 1,1 Mio. Mark.

31 Di In Kreiensen bei Hildesheim kommen 52 Menschen bei einem schweren Eisenbahnzusammenstoß ums Leben.

Leichenwagen mit dem Sarg des verstorbenen US-Präsidenten Warren G. Harding

3. August 1923

Coolidge wird Präsident

Nach dem überraschenden Tod von US-Präsident Warren G. Harding, der am 2. August in San Francisco einem Schlaganfall erlegen ist, übernimmt Vizepräsident Calvin Coolidge – wie Harding Republikaner – das Amt des Präsidenten. Die streng isolationistische Außenpolitik seines Vorgängers schwächt Coolidge in pragmatischem Sinne etwas ab. Der Grund hierfür ist die in den USA immer mehr Raum greifende Auffassung, dass die »bolschewistische Umsturzgefahr in Mitteleuropa« wachse, wenn der Reparationskonflikt mit seinen besonders für Deutschland verheerenden Folgen nicht gelöst werde. Zudem ist Amerika in das Reparationsproblem verwickelt, denn die europäischen Alliierten haben rd. 11,5 Mrd. Dollar Kriegsschulden an die USA zurückzuzahlen, die wiederum das Deutsche Reich als Reparationszahlungen aufbringen soll. Dem britischen Drängen nachgebend, lässt Washington sich Ende des Jahres zur Mitwirkung an der Lösung des Problems bewegen. Seine politische Philosophie bringt Coolidge später wie folgt auf den Punkt: »The business of America is business« (»Amerikas Aufgabe ist das Geschäftemachen«). Harding und Coolidge unterscheiden sich weniger in ihrer Politik als charakterlich. Harding pflegte mit seinen Freunden trotz Alkoholverbots nächtelang zu trinken und Karten zu spielen. Coolidge in seiner streng nüchternen Art hingegen gilt in Washington als »Puritaner in Babylon«.

Calvin Coolidge

US-Politiker, * 4.7.1872 Plymouth (US-Staat Vermont)
† 5.1.1933 Northampton (Massachusetts)

Der Sohn eines Dorfladenbesitzers und 30. Präsident der USA steht für eine gemäßigte Politik des Isolationismus. Durch die Unterzeichnung des Young-Plans und des Briand-Kellogg-Paktes bindet er sein Land in außenpolitische Bündnisse und Verantwortungen ein. Die Wirtschaftspolitik des Republikaners leitet in den 20er Jahren eine Phase der Prosperität ein. Wie sein Vorgänger sperrt er sich gegen einen Beitritt der USA zum Völkerbund.

- 1912-15: Senator
- 1919/20: Gouverneur von Massachusetts
- 1921-23: US-Vizepräsident
- 1923-29: US-Präsident

17. Juli 1923

Institut für experimentelle Zellforschung gegründet

Am Institut für Krebsforschung in der Berliner Charité wird die neue Abteilung für experimentelle Zellforschung eröffnet, die erste Einrichtung dieser Art in Deutschland.
Von der Forschung an lebenden Zellen, die in dieser Abteilung vorangetrieben wird, versprechen sich die Experten Fortschritte in der Krebsbehandlung. Seit Jahren nimmt die Zahl der Krebstoten zu. Die Einrichtung des neuen Forschungszentrums ist wesentlich Rhoda Erdmann zu verdanken, einer auf experimentelle Zellforschung spezialisierten Zoologin und Leiterin des neuen Instituts. Die Forscherin arbeitete im Institut für Infektionskrankheiten und war 1913 einem Ruf an die renommierte Yale University (USA) gefolgt. Seit 1919 hat sie einen Lehrauftrag in Berlin.

13. August 1923

Stresemann läutet Wechsel ein

Nachdem die Regierung Wilhelm Cuno am Vortag zurückgetreten ist, wird das neue Kabinett unter Gustav Stresemann (DVP), das sich auf eine breite parlamentarische Mehrheit stützen kann, vereidigt.
Während der Reichstagsverhandlungen vom 8. bis zum 10. August hatten die Sprecher der bürgerlichen Mitte, vor allem Stresemann, eine neue Regierung gefordert. Ein Kurswechsel schien angesichts des durch den Ruhrkampf verursachten wirtschaftlichen Niedergangs Deutschlands dringend geboten. Die Spannweite der Großen Koalition reicht von der Deutschen Volkspartei (DVP), die Industrieinteressen vertritt, über das katholische Zentrum und die liberal-soziale Deutsche Demokratische Partei (DDP) bis zur Sozialdemokratischen Partei Deutschlands (SPD). Der neue Reichskanzler Stresemann übernimmt zugleich das Außenministerium. Der Regierungswechsel bedeutet eine Kurskorrektur in der deutschen Ruhrpolitik. Um die Voraussetzung für eine Verständigung mit Frankreich zu schaffen, beabsichtigt Stresemann – wenn auch zunächst nicht öffentlich –, die von der Minderheits-Regierung Cuno verfolgte Politik des passiven Widerstands aufzugeben. Am 13. Januar hatte Cuno den passiven Widerstand – die Einstellung der Reparationszahlungen und -leistungen an die Besatzungsmächte und die Verweigerung jeder Zusammenarbeit – als Reaktion auf den Einmarsch der Franzosen und Belgier in das Ruhrgebiet verkündet. Außenpolitisch blieb die Regierung Cuno erfolglos.

23. August 1923

Nurmi bricht alle Rekorde

In Stockholm verbessert der 26-jährige Paavo Nurmi (s. Abb.) aus Finnland in einem Rennen gleich zwei Mittelstreckenweltrekorde: Er läuft die britische Meile (rd. 1609 m) in der Weltrekordzeit von 4:10,4 min. Die 1500-m-Marke passiert er mit 3:53,0 min ebenfalls in Bestzeit. Der Asket gilt als einer der größten Läufer in der Leichtathletikgeschichte. Seit Beginn seiner einzigartigen Sportkarriere setzt Nurmi auf den Mittel- und Langstrecken neue Bestmarken. Ende 1923 hält der Läufer alle Weltbestleistungen zwischen einer Meile und den 10 000 m. Während der folgenden Jahre kann sich Nurmi an der Spitze des internationalen Mittel- und Langstreckenlaufs halten. Der finnische Läufer wird wegen seiner Scheu vor Publicity der »große Schweiger« genannt. Sein gleichmäßiger, entspannter Laufstil wird einer ganzen Generation von Leichtathleten zum Vorbild. Scheinbar ohne jede Anstrengung dreht der Finne seine Runden.

24. Juli 1923

Lausanne stärkt Türkei

Nach zähen Verhandlungen wird die Konferenz von Lausanne, die seit dem 20. November 1922 tagt, mit der Unterzeichnung des sog. Orientfriedens abgeschlossen (Abb.: Verhandlungsführer). In dem Vertrag, der zwischen Großbritannien, Frankreich, Italien, Japan, Griechenland, Rumänien und dem Königreich der Serben, Kroaten und Slowenen einerseits sowie der Türkei andererseits abgeschlossen wird, wird die Unabhängigkeit der Türkei anerkannt. Durch eine geschickte Verhandlungsführung ist es der türkischen Delegation gelungen, Teile Ostthrakiens und die uneingeschränkte Kontrolle über Anatolien zurückzugewinnen. Ferner hebt der Vertrag die alliierte Militär- und Finanzkontrolle auf und sieht den Rückzug der alliierten Truppen aus Konstantinopel vor. Damit ist der Friedensvertrag von Sèvres, den die Alliierten der auf der Verliererseite des Weltkriegs stehenden Türkei diktierten, revidiert. Die Forderungen der nationalen Bewegung in der Türkei unter Mustafa Kemal Pascha sind weitgehend verwirklicht. Die Türkei war nach dem Sieg im griechisch-türkischen Krieg gestärkt in die Verhandlungen gegangen.

15. August 1923

Bauhaus macht Furore

Nach einjähriger Vorbereitungszeit präsentiert sich das im Jahre 1919 gegründete Staatliche Bauhaus in Weimar erstmals mit einer großen Ausstellung der Öffentlichkeit.
Zur Eröffnung der Ausstellung, mit der das Bauhaus international bekannt wird, findet die sog. Bauhauswoche mit einem umfangreichen avantgardistischen Kulturprogramm statt. Einer der Höhepunkte ist Oskar Schlemmers »Triadisches Ballet«, eine weitere Attraktion das nach Bauhausprinzipien gebaute und eingerichtete Versuchshaus nach einem Entwurf von Georg Muche. Innenausstattung und Baustoffe sind unter dem Gesichtspunkt der Zweckmäßigkeit gestaltet und ausgewählt worden. Aufsehen erregt auch die Ausstellung moderner internationaler Architekturentwürfe (Abb.: Ausstellungs-Karte 3, gestaltet von dem russischen Maler und Grafiker Wassily Kandinsky).

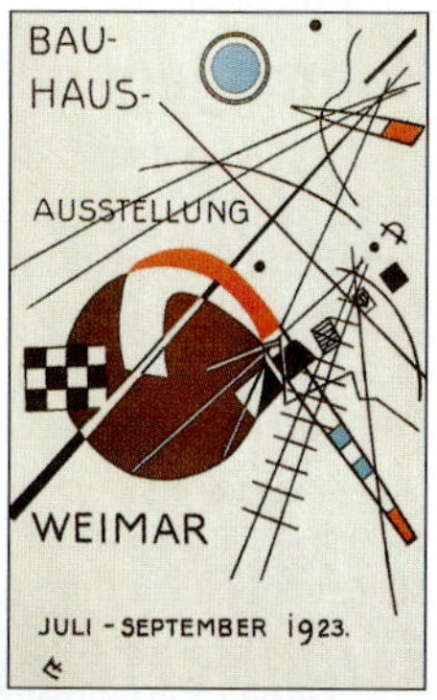

August 1923

- **1 Mi** In Ungarn streiken die Lokomotivführer und Heizer. Dadurch entstehen erhebliche Störungen und Einbußen im Bereich der Wirtschaft.
- **2 Do** Die Sowjetregierung bestätigt einen Vertrag mit ausländischen Schifffahrtslinien, der den sowjetischen Ein- und Auswanderungsverkehr regeln soll.
- **3 Fr** Wegen angeblichen Hochverrats werden in Finnland über 100 Kommunisten verhaftet, darunter auch Mitglieder der Parlamentsfraktion. → Coolidge
- **4 Sa** Die Internationalen Flugwettbewerbe, an denen sich erstmals seit dem Weltkrieg auch deutsche Flieger beteiligen, beginnen im schwedischen Göteborg.
- **5 So** Insgesamt 200 Personen werden in Dresden festgenommen, nachdem die Polizei eine Erwerbslosendemonstration gewaltsam aufgelöst hat.
- **6 Mo** In Freiburg im Breisgau beginnt der Internationale demokratische Friedenskongress. +++ In Berlin wird der Grundstein einer Moschee gelegt.
- **7 Di** Auf dem Leipziger Gewerkschaftsfest wird Ernst Tollers Stück »Krieg und Frieden« aufgeführt. +++ Die deutschen Hochseefischer beenden ihren Streik.
- **8 Mi** Im besetzten Ruhrgebiet herrscht katastrophale Lebensmittelnot. Butter und Eier gibt es gar nicht, die übrigen Nahrungsmittel sind fast unerschwinglich.
- **9 Do** Auf den Hamburger Werften streiken die Arbeiter. Im Verlauf des Streiks kommt es zu Krawallen. Auch die Unterelbelotsen treten in den Ausstand.
- **10 Fr** Die KPD stellt einen Misstrauensantrag gegen die Reichsregierung, über den nicht mehr abgestimmt wird, weil der Rücktritt der Regierung als sicher gilt.
- **11 Sa** Erstmals wird der mit drei Mio. Mark dotierte Hessische Staats- oder Georg-Büchner-Preis verliehen. Einer der Preisträger ist u.a. der Arzt Adam Carrillon.
- **12 So** In Frankreich wird eine britische Note vom Vortag heftig kritisiert, die die Besetzung des Ruhrgebiets als rechtswidrig bezeichnet.
- **13 Mo** Da in den deutschen Städten dringend Kartoffeln benötigt werden, erhalten die Schüler für den Ernteeinsatz Unterrichtsbefreiung. → Stresemann
- **14 Di** Der am Vortag ernannte Reichskanzler Gustav Stresemann (DVP) stellt im Reichstag das neue Kabinett und das Regierungsprogramm vor.
- **15 Mi** Der Führer der republikanischen Sinn-Féin-Bewegung in Irland, Eamon de Valera, wird in Ennis wegen seiner Rolle im Bürgerkrieg verhaftet. → Bauhaus
- **16 Do** Der Wert einer Goldmark ist auf eine Mio. Papiermark gestiegen. Ende 1922 hatte eine Goldmark den Gegenwert von 1000 Papiermark.
- **17 Fr** In Frankfurt am Main beginnen die Deutschen Leichtathletik-Meisterschaften mit einem Rekord über 5000 m in 15:14,2 min durch Emil Bedarff.
- **18 Sa** Das rechte »Deutsche Tageblatt« wird wegen Verunglimpfung der republikanischen Staatsform für die Dauer von zwei Wochen verboten.
- **19 So** Der seit zwei Tagen in Karlsbad tagende Zionistenkongress wählt Chaim Weizmann erneut zum Präsidenten der Zionistischen Weltorganisation.
- **20 Mo** Die Reichsbahn geht dazu über, ihre Tarife der Inflation anzupassen, da sie den größten Teil ihres Haushalts durch Eigeneinnahmen decken soll.
- **21 Di** Spanien entsendet militärische Verstärkung nach Marokko. Dort sind die gegen die Kolonialherrschaft kämpfenden Berberstämme auf dem Vormarsch.
- **22 Mi** In Berlin tagen die Vereinigten Vaterländischen Verbände Deutschlands. Die Reichsregierung wird dabei z.T. heftig kritisiert.
- **23 Do** Die Türkei ratifiziert den Friedensvertrag von Lausanne. Die Alliierten beginnen daraufhin mit der Räumung Konstantinopels. → Nurmi
- **24 Fr** In der Inszenierung von Arnolt Bronnen und Bertolt Brecht wird Hans Henny Jahnns Drama »Pastor Ephraim Magnus« in Berlin uraufgeführt.
- **25 Sa** Bei einem Treffen mit dem bayerischen Ministerpräsidenten Eugen Ritter von Knilling wirbt Reichskanzler Gustav Stresemann um das Vertrauen der Bayern.
- **26 So** Der österreichische Dirigent Erich Kleiber wird Generalmusikdirektor der Berliner Staatsoper, nachdem Leo Blech von diesem Amt zurückgetreten war.
- **27 Mo** Bei Janina (Ioannina) wird die italienische Grenzkommission zur Festlegung der griechisch-albanischen Grenze ermordet.
- **28 Di** Der inhaftierte Führer der republikanischen Sinn-Féin-Bewegung, Eamon de Valera, wird in der Grafschaft Clare ins irische Parlament gewählt.
- **29 Mi** Die sächsische Regierung verbietet Veranstaltungen zur Feier des Sedantags, um Zusammenstöße rechter und linker Gruppierungen zu verhindern.
- **30 Do** Die USA sehen die Kooperation mit Europa trotz des Festhaltens an der Monroe-Doktrin (Nichteinmischung in die inneren Verhältnisse Europas) nicht gefährdet.
- **31 Fr** In der Rhön endet der diesjährige Segelflugwettbewerb. Das schlechte Wetter und ein tödlicher Unfall trüben das Bild der Veranstaltung.

September 1923

1 Sa Großbritannien annektiert Südrhodesien formell als Kronkolonie. Die Britisch-Afrikanische Gesellschaft wird entschädigt. → Erdbeben

2 So Die sowjetische Regierung beschließt, die 1922 ausgeschriebene Goldanleihe wegen ungenügender Zeichnung in eine Zwangsanleihe umzuwandeln.

3 Mo Der Dollarkurs steht bei 9,7 Mio. Mark. Die Preise im Deutschen Reich steigen fortwährend an. Ein Brot kostet derzeit 900 000 Mark.

4 Di »Die Rote Fahne«, Zentralorgan der Kommunistischen Partei Deutschlands, wird aufgrund des Republikschutzgesetzes für acht Tage verboten.

5 Mi Das 25-jährige Regierungsjubiläum der niederländischen Königin Wilhelmina wird in Amsterdam unter Beteiligung der Bevölkerung großartig gefeiert.

6 Do Auf der Strecke Hannover-Wunstorf kommt es zu einem Eisenbahnunglück mit 18 Todesopfern. +++ Der Dollar ist derzeit 33,2 Mio. Mark wert.

7 Fr Um die galoppierende Inflation zu bekämpfen, beginnt die Reichsregierung mit einer totalen Devisenbewirtschaftung.

8 Sa Ein Schnellzug entgleist in der Nähe der sowjetischen Stadt Omsk. Bei dem Unglück kommen 82 Menschen ums Leben, 150 werden schwer verletzt.

9 So Den Großen Preis von Italien gewinnt der Italiener Carlo Salamano auf Fiat. Das Rennen wird seit 1922 in Monza ausgetragen.

10 Mo Sieben Zerstörer der US-Marine erleiden vor der kalifornischen Küste bei Santa Barbara infolge dichten Nebels Schiffbruch.

11 Di Die sozialdemokratische Landesregierung Thüringens wird durch ein Misstrauensvotum von Kommunisten und bürgerlichen Parteien gestürzt.

12 Mi Reichskanzler Gustav Stresemann fordert in Berlin Eingriffe in »Besitz und Wirtschaft« sowie ein Ende des Ruhrkonflikts.

13 Do General Miguel Primo de Rivera y Orbaneja putscht gegen die parlamentarische Regierung Spaniens, die erst am 4. September neu gebildet worden war.

14 Fr Boxweltmeister Jack Dempsey (USA) besiegt den Argentinier Luis Angel Firpo in einem äußerst dramatischen Kampf durch k.o. in der zweiten Runde.

15 Sa Hugo Stinnes, DVP-Abgeordneter und Großindustrieller, informiert die USA über Pläne für eine Rechtsdiktatur im Deutschen Reich. → Ku-Klux-Klan

16 So Das größte Stadion Europas wird in Köln-Müngersdorf mit einer Eröffnungsansprache von Oberbürgermeister Konrad Adenauer feierlich eingeweiht.

17 Mo Beim Besuch des österreichischen Bundeskanzlers in Warschau wird der Entwurf eines österreichisch-polnischen Schiedsgerichtsvertrags vereinbart.

18 Di Das Reichsfinanzministerium veröffentlicht einen Entwurf für die geplante Währungsreform zur Schaffung eines wertbeständigen Zahlungsmittels.

19 Mi Ernst Tollers Stück »Der deutsche Hinkemann«, eine Tragödie in drei Akten, wird im Alten Theater in Leipzig uraufgeführt.

20 Do Der Dollarkurs hat zur Zeit eine fallende Tendenz, die sich aber nur als vorübergehend erweist. Der Dollar steht bei 182 Mio. Mark.

21 Fr Innerhalb der nächsten fünf Jahre will der Wiener Stadtsenat Gemeindebauten mit insgesamt 25 000 Wohnungen errichten lassen.

22 Sa In Dresden brechen Unruhen aus, in deren Verlauf es zu Schusswechseln zwischen bewaffneten Kommunisten und der Polizei kommt.

23 So Demonstrationen der Rheinland-Separatisten in Köln, Aachen, Trier und Wiesbaden sorgen für erhebliche Unruhe in der Bevölkerung.

24 Mo Im Berliner Alhambra-Kino wird der Tonfilm »Das Leben auf dem Lande« uraufgeführt. Wochenlang läuft der Streifen vor ausverkauftem Haus.

25 Di Die preußische Regierung stellt Mittel in Höhe von drei Billionen Mark für Volksspeisungen bereit. Der Brotpreis liegt inzwischen bei 10,37 Mio. Mark.

26 Mi In einem Aufruf an das deutsche Volk teilen Reichspräsident Friedrich Ebert und die Reichsregierung den Abbruch des passiven Widerstands mit.

27 Do Der Film »Mutter, Dein Kind ruft« wird in Berlin uraufgeführt. Den Stoff lieferte die Novelle »Brennendes Geheimnis« von Stefan Zweig.

28 Fr Die diesjährige Automobilausstellung, die bis zum 7. Oktober dauert, wird in Berlin eröffnet. Zu ihren Attraktionen gehört ein Stromlinienauto.

29 Sa In Hannover wird die letzte Postkutsche aus dem Verkehr gezogen, was dem allgemeinen Trend zur Motorisierung des Straßenverkehrs entspricht.

30 So Die deutschen Bischöfe verurteilen in einem in allen katholischen Kirchen verlesenen Hirtenbrief den Nationalismus und rufen zur Völkerverständigung auf.

29. Oktober 1923

In Deutschland beginnt die Ära des Hörfunks

»Achtung, Achtung! Hier ist das Voxhaus Berlin auf Welle 400.« Um 20 Uhr meldet sich die Radiostunde AG (ab 1924 Funkstunde AG) mit ihrer ersten Unterhaltungssendung. Damit beginnt in Deutschland die Ära des Rundfunks.

In rascher Folge beginnen auch andere Rundfunkgesellschaften mit regelmäßigen Sendungen. Begeistert wird das neue Medium aufgenommen. Die Radiostunde AG, deren Hauptaktionär die Vox-Schallplattengesellschaft ist, sendet aus dem provisorischen Studio im Dachgeschoss des Voxhauses ein aus Plattenaufnahmen und einem Konzert vor dem Mikrophon gemischtes Musikprogramm. Klassische Werke stehen bei der Eröffnung auf dem Programm – vom Cellosolo mit Klavierbegleitung bis zur Vox-Platte »Dass nur für dich mein Herz erbebt«. Übertragen wird mit einem einfachen Fernsprechermikrofon und einem nur 0,25 kW starken Mittelwellensender. Rasch wächst die Zahl der Gebühren zahlenden Rundfunkteilnehmer, die über einen posteigenen Empfangsapparat (Kristalldetektorgerät mit Kopfhörer und Hochantenne) die Unterhaltungssendungen aus dem Voxhaus gebannt verfolgen. Zunächst sind lediglich 1580 Radiofreunde registriert. Verglichen mit den USA, wo bereits im Jahre 1922 knapp eine Mio. Hörer die aus Nachrichten, Wetterbericht, Tanzmusik, Sonntagspredigten, Märchen für Kinder und Preisinformationen bestehenden Programme von rd. 200 privaten Sendegesellschaften empfingen, schafft das neue Medium in Deutschland erst relativ

Hans Bredow

deutscher Rundfunkpionier, * 26.11.1879 Schlawe/Pommern; † 9.1.1959 Wiesbaden

Bredow gilt als »Vater des deutschen Rundfunks«. Nach dem Ingenieurstudium arbeitete er bei der AEG und baute ab 1908 als technischer Direktor der Telefunken GmbH den deutschen Schiffs- und Überseefunkdienst auf. Als Ministerialdirektor richtete er das Reichsfunknetz zur Entlastung der drahtgebundenen Telegrafie ein. In weiteren verantwortlichen Funktionen förderte er den technischen und organisatorischen Aufbau des Rundfunks.

- 1919: Ministerialdirektor im Reichspostministerium
- 1926: Rundfunk-Kommissar des Reichspostministers, Vorstandsvorsitzender der Reichsrundfunkgesellschaft
- 1949-51: Verwaltungsratsvorsitzender des Hessischen Rundfunks

Chronik des Hörfunks

Jahr	Technische Entwicklung
1887	Heinrich Hertz weist die Existenz elektromagnetischer Wellen n
1894	Guglielmo Marconi sendet erste Funksignale.
1898	Karl Ferdinand Braun führt in der drahtlosen Telegrafie den geschlossenen Schwingkreis ein.
1904	Arthur Rudolph Wehnelt meldet die Gleichrichterröhre zum Pa
1906	Lee De Forest entwickelt die elektronische Verstärkerröhre.
1913	Alexander Meißner erfindet Röhrensender mit Rückkopplung.
1917	Marconi experimentiert mit Ultrakurzwellen.
1948	John Bardeen, Walter Houser Brattain und William Shockley entwickeln den Transistor.

15. September 1923

Kampf gegen Ku-Klux-Klan

Im US-Bundesstaat Oklahoma geht die Regierung gegen den terroristischen und rassistischen Geheimbund Ku-Klux-Klan vor.

Ende September werden Bundestruppen gegen die Organisation aufgeboten, die politisch gegen Oklahomas Gouverneur Thomas Walton vorgehen will. Walton, ein offener Gegner des Ku-Klux-Klan, legt dagegen dem Parlament Anti-Klan-Gesetze vor. Seit Wiedergründung des Ku-Klux-Klans durch William Joseph Simmons im Jahre 1915 hat die Geheimorganisation vehementen Zulauf (Abb.: Aufnahmeritual des Geheimbundes). Opfer der meist nächtlichen Überfälle und Terrorakte sind Angehöriger religiöser, rassischer und ethnischer Minderheiten. Zudem läuft jeder, der in den Augen des Klans unmoralisch lebt – z.B. Prohibitionsgegner – Gefahr, vom Geheimbund terrorisiert zu werden. Im Jahre 1923 wurden im Bundesstaat Oklahoma insgesamt 76 Fälle von Auspeitschungen bekannt.

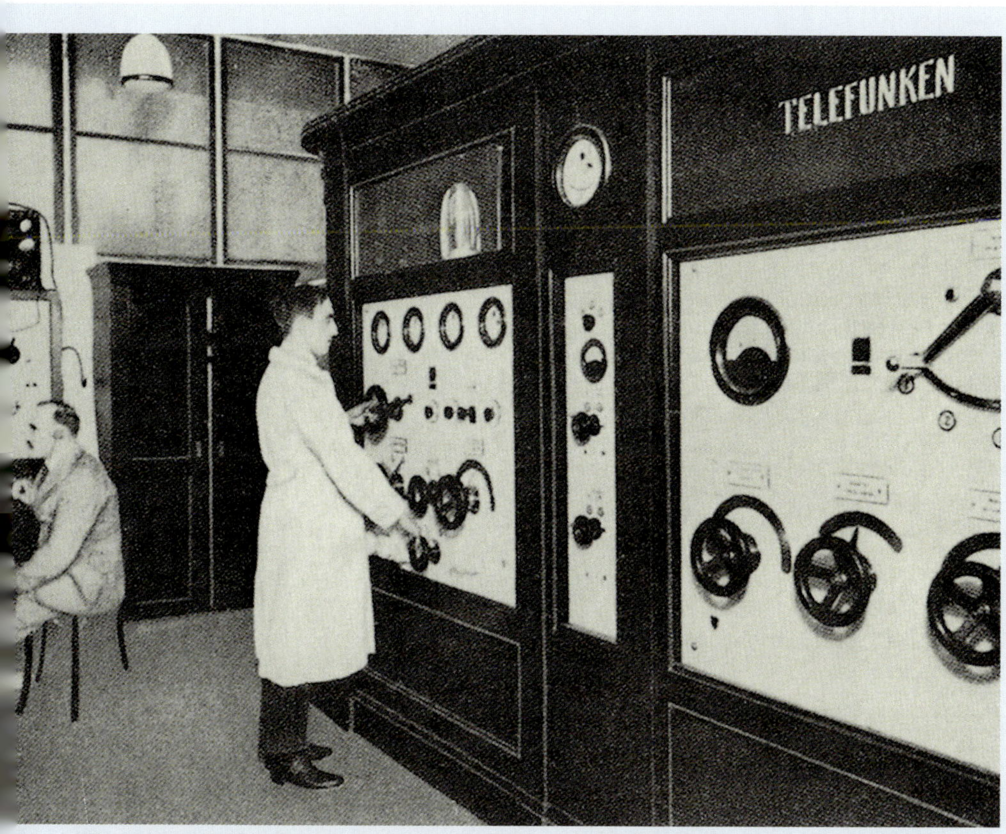

Mit modernster Technik ausgestattet: Rundfunksender Berlin-Witzleben

spät den Durchbruch. Zwar beantragten die führenden Funkunternehmen Lorenz und Telefunken bereits im Mai 1922 eine Konzession für die Einrichtung und den Betrieb mehrerer Sender. Diese und eine weitere Initiative stießen jedoch auf Zurückhaltung bei den für die Genehmigung zuständigen Behörden. Besonders das Innenministerium war darauf bedacht, dem Staat eine weitgehende Kontrolle über das neue Medium zu sichern. Auch das Reichspostministerium äußert sich in offiziellen Stellungnahmen skeptisch, meint aber, dass eine »völlige Ablehnung der ganzen Idee« kaum möglich sein werde. »Man wird sich vielmehr darauf beschränken müssen, die Sache in Deutschland von vornherein so aufzuziehen, dass die Interessen des Reiches gewahrt bleiben.« Allerdings hat das Projekt des öffentlichen deutschen Rundfunks in Hans Bredow, Ministerialdirektor im Reichspostministerium, einen engagierten Fürsprecher, der dem Radio schließlich zum Durchbruch verhilft. Erst nachdem sich die staatlichen Stellen einen gewichtigen Einfluss auf die Programmgesellschaften gesichert haben, kann der öffentliche Unterhaltungsrundfunk in Deutschland gestartet werden: An der Radiostunde AG ist die Post mit Geschäftsanteilen beteiligt. Gleiches gilt für die in den folgenden Monaten gegründeten acht regionalen Rundfunkgesellschaften.

25. Oktober 1923

Hamburger Aufstand erfolglos

In den frühen Morgenstunden beginnt in Hamburg unter Führung von Ernst Thälmann ein Aufstand der Kommunisten. Da es dem späteren KPD-Vorsitzenden jedoch nicht gelingt, die Arbeiter – besonders die streikenden Dockarbeiter – für die Erhebung zu gewinnen, wird der Aufstand binnen drei Tagen niedergeschlagen. Die rd. 300 bewaffneten Rebellen können zunächst einige Erfolge erzielen, werden aber durch den massiven Polizei- und Reichswehreinsatz (s. Abb.) rasch in die Defensive gedrängt. Der Hamburger Aufstand zieht nicht nur das KPD-Verbot bis 1. März 1924 nach sich; er löst auch eine heftige Kontroverse über den Kurs der Partei aus.

1. September 1923

Erdbeben fordert 143 000 Tote

Ein gewaltiges Erdbeben erschüttert Japan. 143 000 Menschen kommen ums Leben. Erdstöße, teils so heftig, dass die seismographischen Geräte versagen, richten ungeheure Zerstörungen an. Zahlreiche in dem Katastrophengebiet liegende Städte, darunter Tokio und Yokohama, sind nahezu vollständig zerstört. Der Sachschaden beläuft sich auf umgerechnet 20 Mrd. Goldmark. In ganz Japan wird das Kriegsrecht ausgerufen. Die Hauptstadt Tokio (s. Abb.) gleicht nach dem Beben und einer Feuersbrunst einem Trümmerhaufen. Zwei Drittel der Häuser sind zerstört oder beschädigt. Am schwersten ist Yokohama betroffen, das auch noch Opfer einer Flutwelle wird.

Oktober 1923

1 Mo Reichskanzler Gustav Stresemann fordert ein Ermächtigungsgesetz, damit die Regierung wirtschaftlich und sozial notwendige Maßnahmen treffen kann.

2 Di Nachdem die letzten britischen Truppen Konstantinopel (Istanbul) verlassen haben, wird dort feierlich die türkische Flagge gehisst.

3 Mi Da die SPD dem von Reichskanzler Gustav Stresemann geforderten Ermächtigungsgesetz nicht zustimmt, tritt die Reichsregierung zurück.

4 Do Die Reichstagsfraktion der Deutschnationalen Volkspartei erklärt, sie werde auch einer neuen Regierung unter Stresemann kein Vertrauen entgegenbringen.

5 Fr Der chinesische General Ts'ao K'un, der am Sturz von Präsident Li Yüan-hung maßgeblich beteiligt war, wird zum Präsidenten Chinas gewählt.

6 Sa Im Berliner Lustspielhaus hat Knut Hamsuns Drama »Vom Teufel geholt« Premiere. Das Bühnenbild der Inszenierung gestaltete George Grosz.

7 So Ein Kongress der Betriebsräte Thüringens beschließt die Mobilisierung von Arbeitern und Angestellten zur Abwehr der »faschistischen Reaktion« Bayerns.

8 Mo Der neue Berliner Flughafen Tempelhofer Feld wird eröffnet und den Fluggesellschaften Junkers und Aero Lloyd AG übergeben.

9 Di Die Preußische Hütten- und Bergwerks-AG (Preussag AG) wird gegründet. Das Unternehmen vereinigt und betreibt bisherige preußische Staatsbetriebe.

10 Mi Im Deutschen Theater in Berlin findet die deutsche Erstaufführung des Schauspiels »Anna Christie« von Eugene O'Neill statt.

11 Do Das kommunistische Zentralorgan »Die Rote Fahne« wird wegen ihres Aufrufs zum politischen Generalstreik bis auf weiteres verboten.

12 Fr Im unter britischer Mandatsherrschaft stehenden Palästina kommt es aufgrund massiver Einwanderung von Juden zu jüdisch-arabischen Spannungen.

13 Sa In der Warschauer Zitadelle explodiert ein Pulvermagazin. Bei dem Unglück kommen mehr als 10 Menschen ums Leben.

14 So Der russische Bildhauer Alexander Archipenko verlässt Berlin, um in die USA auszuwandern. +++ In Basel tagt der Internationale Kongress für Arbeiterschutz.

15 Mo Die türkische Nationalversammlung ernennt Angora (Ankara) zur Hauptstadt der Türkei, da die bisherige Hauptstadt Konstantinopel nicht zentral genug liege.

16 Di Der expressionistische Film »Schatten – Eine nächtliche Halluzination« von Arthur Robinson wird im Berliner Theater am Nollendorfplatz uraufgeführt.

17 Mi In Berlin werden von der städtischen Volksspeisung zur Zeit täglich 20 000 Portionen Mittagessen ausgegeben.

18 Do Die rechtsgerichtete Regierung in Bayern bricht die diplomatischen Beziehungen zur KPD/SPD-Regierung in Sachsen ab.

19 Fr Seine erste Hauptrolle spielt Willy Fritsch in dem Film »Seine Frau, die Unbekannte«, der im Tauentzienpalast in Berlin uraufgeführt wird.

20 Sa In Berlin brechen Lebensmittelunruhen aus. Wegen des Brotmangels werden besonders die Bäckerläden von erregten Menschen umlagert.

21 So Die Nationalratswahlen in Österreich bestätigen die Regierung unter Ignaz Seipel. +++ In Aachen rufen Separatisten eine autonome Rheinische Republik aus.

22 Mo Der Devisenhandel ist gemäß einer Verordnung des Reichspräsidenten Friedrich Ebert von nun an nur noch zum amtlichen Kurs zulässig.

23 Di »Die Austreibung«, ein Film von Friedrich Wilhelm Murnau, wird im Berliner Ufa-Theater am Kurfürstendamm uraufgeführt. → Hamburger Aufstand

24 Mi Die Ministerpräsidenten und Gesandten der Länder stellen sich im Konflikt mit Bayern einstimmig auf die Seite des Reiches.

25 Do Der britische Premierminister Stanley Baldwin erklärt, dass er eine baldige Wiederaufnahme der Reparationsverhandlungen erwarte. → Hamburg

26 Fr Die Reichsregierung ersucht die bayerische Regierung, die verfassungsmäßige Befehlsgewalt im bayerischen Teil der Reichswehr wiederherzustellen.

27 Sa Die neu erlassene Personal-Abbau-Verordnung sieht die Einsparung von 20% aller Beamten und Angestellten in der deutschen Reichsverwaltung vor.

28 So Erstmals wird in Spanien ein Grand-Prix-Rennen für Automobile veranstaltet. Sieger ist in Sitges der Franzose Albert Divo auf Sunbeam.

29 Mo Die sächsische Regierung wird abgesetzt und der frühere Reichsjustizminister Rudolf Heinze zum Reichskommissar für Sachsen ernannt. → Hörfunk

30 Di Die türkische Nationalversammlung wählt Mustafa Kemal Pascha zum Präsidenten der Republik. Tags zuvor wurde die Türkei zur Republik erklärt.

31 Mi Der sächsische Landtag wählt den Sozialdemokraten Karl Fellisch zum Ministerpräsidenten. Ein kommunistischer Aufruf zum Generalstreik wird kaum beachtet.

November 1923

1 Do Der französische Ministerpräsident Raymond Poincaré beschuldigt Deutschland, die eigene Zahlungsunfähigkeit absichtlich herbeigeführt zu haben.

2 Fr Die städtische Polizei und die Bevölkerung Aachens vertreiben in schweren Kämpfen die Separatisten, die die Rheinische Republik proklamiert hatten.

3 Sa Unter dem Jubel der Bevölkerung wird in London die Hochzeit des schwedischen Kronprinzen Gustav Adolf mit Lady Louise Mountbatten gefeiert.

4 So In Ungarn werden Mitglieder rechtsradikaler Organisationen wegen Putschgefahr verhaftet. +++ In Hamburg endet ein deutsch-norwegisches Fußball-Duell 1:0.

5 Mo Wegen der enormen Brotpreiserhöhungen kommt es in Berlin zu mehrtägigen Hungerkrawallen und Plünderungen von Bäckerläden.

6 Di In Joe Mays Film »Tragödie der Liebe«, der in Berlin uraufgeführt wird, ist Marlene Dietrich in einer ihrer ersten Filmrollen zu sehen.

7 Mi Anlässlich des Jahrestages der Revolution wird in der Sowjetunion eine neue Flagge gehisst: weiße Sonne auf rotem Feld, Sowjetstern mit Hammer und Sichel.

8 Do Die Preise in Deutschland steigen in astronomische Höhen. Ein Brot kostet in Berlin 105 Mrd. Mark und ein Liter Vollmilch 26 Mrd. Mark. → Hitler-Putsch

9 Fr Erstmals seit der Inbetriebnahme des ersten öffentlichen Senders am 29. Oktober sendet der deutsche Rundfunk politische Nachrichten.

10 Sa Der Zollkonflikt zwischen Frankreich und der Schweiz um die Freihandelszone in der Region Genf spitzt sich zu.

11 So Der frühere deutsche Kronprinz Wilhelm, ältester Sohn von Ex-Kaiser Wilhelm II., kehrt aus dem niederländischen Exil nach Deutschland zurück.

12 Mo Reichspräsident Friedrich Ebert ernennt den Bankier Hjalmar Schacht zum Reichswährungskommissar, um die Währung zu konsolidieren.

13 Di Frankreich stimmt zu, die Leistungsfähigkeit Deutschlands hinsichtlich der Reparationen durch Sachverständige überprüfen zu lassen.

14 Mi Der französische Ministerpräsident Raymond Poincaré verteidigt das Verhalten der französischen Besatzungsbehörden gegen Kritik aus Großbritannien.

15 Do Vor dem britischen Unterhaus scheitert ein Misstrauensvotum der oppositionellen Labour-Party, die Großbritanniens Außenpolitik für verfehlt hält.

16 Fr In Berlin wird »The Kid«, der erste abendfüllende Film von und mit Charlie Chaplin, gezeigt. Kritiker und Publikum sind gleichermaßen begeistert. → Rentenmark

17 Sa Die Reichsregierung in Berlin protestiert gegen die Unterstützung der Separatisten an Rhein und Ruhr durch die französische Regierung.

18 So Bei den Bremer Bürgerschafts- und den Danziger Volkstagswahlen gewinnen jeweils die Kommunisten und die Deutschnationalen an Stimmen.

19 Mo In Budapest werden Béla Bartóks »Tanzsuite« und Zoltán Kodálys »Psalmus hungaricus« mit großem Erfolg uraufgeführt.

20 Di Der Einheitskurs 4,2 Billionen Papiermark = 4,2 Goldmark = 4,2 Rentenmark = 1 Dollar wird von der Reichsbank verbindlich festgelegt.

21 Mi Die Botschafterkonferenz teilt der Reichsregierung mit, dass sie die im Versailler Vertrag vorgesehene Militärkontrolle unverzüglich wieder aufnehmen will.

22 Do Reichskanzler Gustav Stresemann und Reichsfinanzminister Hans Luther werden im Parlament mit Misstrauensanträgen der Opposition konfrontiert.

23 Fr Die KPD, die NSDAP und die Deutschvölkische Freiheitspartei (DVFP) sowie alle ihre Unterorganisationen werden reichsweit verboten.

24 Sa Auf allen Kraftpostlinien im Deutschen Reich beträgt der Fahrpreis pro Kilometer inzwischen 40 Mrd. Papiermark.

25 So In Amsterdam wird ein Fußballländerspiel Niederlande gegen die Schweiz ausgetragen, das die Gastgeber mit 4:1 gewinnen.

26 Mo Der Zentrumsabgeordnete Adam Stegerwald führt Gespräche über die Regierungsneubildung. Koalitionsgespräche mit der DNVP haben keinen Erfolg.

27 Di Der Parteiausschuss der SPD lehnt jede Vereinbarung mit der KPD ab, da diese den gewaltsamen Umsturz der republikanischen Verfassung betreibe.

28 Mi Aus verschiedenen europäischen Ländern treffen Lebensmittelspenden für die hungernde deutsche Bevölkerung insbesondere in den Städten ein.

29 Do Im Ufa-Theater in Berlin wird der Karl-Grune-Film »Die Straße« uraufgeführt – einer der ersten Filme, der ohne Pausenunterbrechung gezeigt werden kann.

30 Fr Leo Weismantels »Der Totentanz 1921«, ein »Spiel vom Leben und Sterben unserer Tage«, feiert in Karlsruhe Premiere. → Marx

8. November 1923

Hitler-Putsch scheitert

Die Atmosphäre ist zum Zerreißen gespannt, als der bayerische Generalstaatskommissar Gustav Ritter von Kahr vor Mitgliedern des bayerischen Kabinetts, hohen Regierungsbeamten und Führern der Vaterländischen Verbände im Münchener Bürgerbräukeller zu einer Rede gegen den Marxismus anhebt. Beunruhigt sind die Anwesenden durch die seit Wochen umlaufenden Gerüchte über einen bevorstehenden Putsch monarchistischer Kräfte um Kahr und nationalsozialistischer Kampfbünde unter NSDAP-Führer Adolf Hitler. Kurz vor 21 Uhr eskaliert die Situation: Während draußen ein SA-Stoßtrupp den Saal abriegelt, stürmt Hitler mit einigen seiner Anhänger die Versammlung, bahnt sich mit erhobener Pistole den Weg zum Podium und verkündet den Ausbruch der »Nationalen Revolution«. Die Regierungen in Bayern und Berlin werden für abgesetzt erklärt (s. Abb. l.), eine provisorische Regierung wird ausgerufen. Unter dem Druck der SA-Truppen sagen Kahr, der bayerische Reichswehrkommandeur Otto von Lossow sowie Hans Ritter von Seisser, der Landespolizeichef, Hitler ihre Unterstützung zu. Alle drei rücken jedoch noch in der Nacht von den »abgepressten Erklärungen« ab. Hintergrund ist die Enttäuschung über das eigenmächtige Vorpreschen Hitlers, das die eigenen Pläne zur Restauration der Monarchie in Bayern zunichte macht. Nach Hitlers Plan soll die Machtergreifung im Reich durch einen Marsch nationalsozialistischer Kampfverbände auf Berlin unter Führung von General Erich Ludendorff erfolgen. Am folgenden Tag endet ein Demonstrationszug von etwa 2000 bewaffneten Nationalsozialisten und Mitgliedern des Kampfbundes vor der Münchener Feldherrnhalle im Kugelhagel der Polizei. Vierzehn Aufrührer und drei Polizisten kommen um, die übrigen Hitler-Anhänger fliehen. Hitler selbst wird im Tumult zu Boden gerissen. An der Schulter leicht verletzt, gelingt ihm in einem SA-Sanitätsauto die Flucht. Er findet Unterschlupf in der Villa eines seiner früheren Gönner, des Kunstkritikers Ernst Franz Hanfstaengl in Uffing am Staffelsee. Ludendorff wird verhaftet, im Laufe des Nachmittags kapitulieren auch die NS-Kampfverbände (s. Abb.) unter Führung des Ex-Hauptmanns Ernst Röhm, die seit Mitternacht das Wehrkreiskommando München besetzt gehalten hatten. Mit dem Schusswechsel vor der Feldherrnhalle findet der proklamierte nationale Umsturz ein blutiges Ende. Hitler wird am 11. November verhaftet.

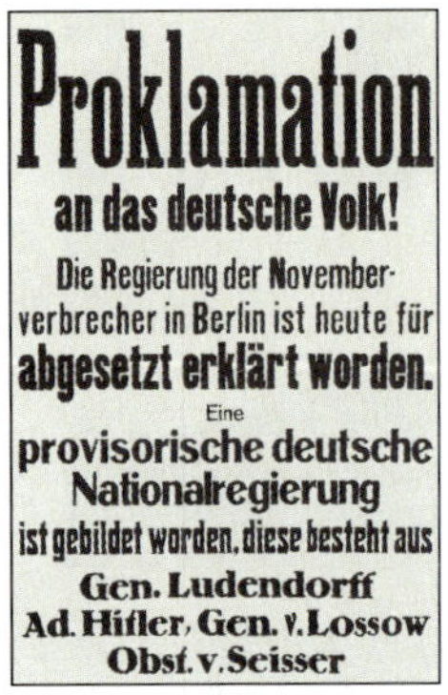
Proklamation
an das deutsche Volk!
Die Regierung der November-
verbrecher in Berlin ist heute für
abgesetzt erklärt worden.
Eine
provisorische deutsche
Nationalregierung
ist gebildet worden, diese besteht aus
Gen. Ludendorff
Ad. Hitler, Gen. v. Lossow
Obst. v. Seisser

16. November 1923

»Wunder der Rentenmark«

Mit Ausgabe der neuen Rentenbanknoten wird die Währungsreform zur Überwindung der Inflation in Deutschland umgesetzt. Damit haben die Verantwortlichen eine Rückkehr zu stabilen Währungsverhältnissen eingeleitet.

Auf dem Höhepunkt der Inflation zirkuliert in Deutschland eine wahre Flut an Papiergeld. In den Monaten August, September und Oktober wurde die Ausgabe von Banknoten jeweils verzehnfacht. Hinter den auf ihnen vermerkten astronomischen Beträgen stehen jedoch keine Werte. An Lohnzahltagen müssen die Papiergeldmassen gleich körbeweise von den Banken abtransportiert werden. Die immer stärkere Aufblähung der Geldmenge hatte dazu geführt, dass Länder, Kommunen, die Reichsbahn und große Privatunternehmen eigenes »Notgeld« ausgaben. Reichsfinanzminister Hans Luther macht angesichts dieser Lage in einer Rede vor dem Reichstag deutlich, dass es währungspolitisch »nur eine wirklich gute Lösung« gebe, nämlich zu einer Währung, die durch die Goldreserven gedeckt ist, zurückzukehren. Die neue Währung wird zum festgelegten Kurs von einer Rentenmark gleich eine Billion Papiermark ausgegeben: 4,2 Billionen Papiermark = 4,2 Goldmark = 4,2 Rentenmark = 1 Dollar. Da die Rentenmark auf Goldbasis gedeckt ist, wird seit der Reform die Währungsbezeichnung Goldmark verwendet. Hauptverantwortlich für die Reform ist neben Luther der Bankier Hjalmar Schacht als Reichskommissar für Währungsangelegenheiten und Reichsbankpräsident. Luther ist es in kurzer Zeit gelungen, das Sanierungswerk zum Abschluss zu bringen. Trotz großer Schwierigkeiten durch die Geldverknappung, die unmittelbar

10. Dezember 1923

Zank um Medizin-Nobelpreis

Auf Unverständnis, sogar auf heftige Kritik der Preisträger stößt die Entscheidung des Nobelpreiskomitees für die Vergabe in der Sparte Medizin. Den Medizin-Nobelpreis erhalten die kanadischen Wissenschaftler Frederick Grant Banting und John Macleod für die Entdeckung des Insulins. Banting hatte 1921 zusammen mit dem Studenten Charles Herbert Best das Insulin entdeckt. Macleod hatte – so Banting – lediglich sein Labor zur Verfügung gestellt und war an den entscheidenden Experimenten persönlich nicht beteiligt. Auf die Erklärung Bantings, er werde seinen Preis mit Best teilen, reagiert Macleod demonstrativ mit der Ankündigung, die Hälfte seines Preises erhalte ein Labormitarbeiter. Die weiteren Nobelpreise gehen an den Österreicher Fritz Pregl (Chemie), an den US-Forscher Robert A. Millikan (Physik) und den Iren William Butler Yeats (Literatur).

Oben: Wie die Länder und Kommunen gibt auch die Reichsbahn Notgeld aus.
Links: Wenn die fast wertlosen Geldbündel den Kindern nicht als Spielzeug dienen, werden sie zum Anzünden des Herdfeuers benutzt.

nach Einführung der Rentenmark einsetzt, hält Schacht daran fest, den Geldumlauf nicht weiter zu vermehren. Gleichzeitig mit der Ausgabe der Rentenmark wird die Notenpresse für die Papiermark stillgelegt. Entscheidend für das »Wunder der Rentenmark« ist jedoch das Verhalten der Bevölkerung und der Regierung. Die Deutschen, des Zahlenzaubers der Inflation überdrüssig, erkennen die neue Währung an. Ebenso wichtig für die Stabilisierung der deutschen Währung ist die Beendigung der öffentlichen Schuldenwirtschaft. Luther formuliert treffend, die öffentliche Hand und die Wirtschaft müssten mit einem Schlag von »der süßen Gewohnheit der Inflation« ablassen und die Vorstellung aufgeben, der Staat könne jederzeit mit der Notenpresse Geldmittel bereitstellen.

30. November 1923

Marx löst Stresemann ab

Die Reichstagsmehrheit lehnt den Vertrauensantrag der Regierungsparteien ab. Das Kabinett Gustav Stresemann ist damit gestürzt.
Am 30. November bildet Wilhelm Marx eine neue Minderheitsregierung der bürgerlichen Mitte. Mit dem Sturz des Kabinetts Stresemann war zu rechnen gewesen, seit die SPD am 3. November unter dem Druck ihres linken Flügels die große Koalition verlassen hatte. Durch den Vertrauensantrag kam Stresemann der Abstimmung über drei Misstrauensanträge der KPD, der SPD und der Deutschnationalen Volkspartei (DNVP) zuvor. Stresemann kann nach 100-tägiger Regierungsarbeit Erfolge bei der Währungsstabilisierung und in der seit Jahren umstrittenen Reparationsfrage vorweisen.

Wilhelm Marx

deutscher Politiker, * 15.1.1863 Köln; † 5.8.1946 Bonn

Marx ist der führende Zentrumspolitiker der Weimarer Republik. Er wird zweimal Reichskanzler sowie preußischer Ministerpräsident und Justizminister. Er unterstützt die Versöhnungspolitik von Reichsaußenminister Gustav Stresemann und nimmt an der Londoner Konferenz über den Dawes-Plan teil. Im Jahre 1925 wird er als Kandidat der drei Parteien der sog. Weimarer Koalition für die Reichspräsidentenwahl aufgestellt, unterliegt jedoch Paul von Hindenburg.

- 1899: Mitglied des preußischen Abgeordnetenhauses
- 1910-18, 1920-33: Mitglied des Reichstags
- 1923-24, 1926-28: Reichskanzler
- 1925: Preußischer Ministerpräsident
- 1926: Reichsjustizminister

Dezember 1923

1 Sa Infolge starker Regenfälle bricht ein Staudamm in der norditalienischen Provinz Bergamo. Etwa 600 Menschen sterben, der Sachschaden ist erheblich.

2 So Die Auswanderung Deutscher in die USA wird bis zum Juni 1924 unterbunden, weil die Einwanderungsquote für das nächste Jahr bereits erschöpft ist.

3 Mo Nach der Verhaftung dreier Parlamentsabgeordneter aus ihren Reihen suchen Polens Sozialisten die Zusammenarbeit mit den nationalen Minderheiten.

4 Di Die Komödie »Vinzenz oder die Freundin bedeuten der Männer« von Robert Musil wird im Lustspielhaus in Berlin uraufgeführt.

5 Mi Der Bund der Reichsdeutschen in Österreich organisiert eine Hilfsaktion für die hungernde Bevölkerung in Deutschland.

6 Do Bei den britischen Parlamentswahlen verzeichnen die Labour-Party und die Liberale Partei, beides Oppositionsparteien, erhebliche Stimmengewinne.

7 Fr Das internationale Komitee des Roten Kreuzes in Genf ruft weltweit zu Hilfsmaßnahmen für die notleidende Bevölkerung des Deutschen Reiches auf.

8 Sa Wegen negativer Publikumsreaktionen wird das Stück »Baal« von Bertolt Brecht, das in Leipzig uraufgeführt wurde, vom Oberbürgermeister abgesetzt.

9 So Die alliierte Rheinlandkommission hebt die meisten der von ihr verfügten Beschränkungen des Eisenbahn-, Auto- und Straßenbahnverkehrs auf.

10 Mo Nach dem Scheitern der Tarifverhandlungen stellen die österreichischen Post- und Telegrafenangestellten ihren Dienst ein. → Medizin-Nobelpreis

11 Di Die Säkularisierungsbestrebungen des türkischen Präsidenten Mustafa Kemal Pascha führen auch im Ausland zu Unruhe unter der islamischen Geistlichkeit.

12 Mi Nach einer Stellungnahme zugunsten der Juden ist Münchens Erzbischof Michael Kardinal von Faulhaber einer Hetzkampagne der Rechten ausgesetzt.

13 Do Ernest Louis Chuard wird zum Bundespräsident der Schweiz gewählt. +++ Mary Wigman führt in Berlin eine neue Version ihres »Tanzdramas« auf.

14 Fr Zur »Erziehung« der Autofahrer werden in den USA an unfallträchtigen Kreuzungen Tafeln mit den täglichen Unfallstatistiken aufgestellt.

15 Sa Die satirische Komödie »Dr. Knock oder der Triumph der Medizin« von Jules Romains wird in der Comédie des Champs Elysées in Paris uraufgeführt.

16 So Reichsverkehrsminister Rudolf Oeser schließt in Mainz mit den Besatzungsmächten ein Abkommen zur Normalisierung des Eisenbahnverkehrs.

17 Mo Wegen der finanziellen Notlage des Reiches wird den deutschen Reichsbeamten vorerst nur die Hälfte ihrer Gehälter ausgezahlt.

18 Di Mit Unterzeichnung eines Abkommens enden Verhandlungen zwischen Frankreich, Großbritannien und Spanien über die nordmarokkanische Stadt Tanger.

19 Mi Wladimir Kosma Zworykin, US-Physiker russischer Herkunft, meldet in den USA die erste vollelektronische Bildröhre (»Kineskop«) zum Patent an.

20 Do Die Rheinhausener Krupp-Werke entlassen die Arbeiter, die sich weigern, in Zehn-Stunden-Schicht zu arbeiten. Daraufhin müssen die Betriebe schließen.

21 Fr Mehrere Bundesstaaten Mexikos erklären ihre Autonomie. Der Aufstand wird jedoch von Bundestruppen erfolgreich bekämpft.

22 Sa Als Nachfolger des verstorbenen Rudolf Havenstein wird Reichswährungskommissar Hjalmar Schacht nun auch Präsident der Deutschen Reichsbank.

23 So Die französische Kammer billigt eine von Ministerpräsident Raymond Poincaré durchgesetzte Teuerungszulage für Beamte.

24 Mo Im Neuen Schauspielhaus der ostpreußischen Hauptstadt Königsberg wird das Stück »Utopia« von Hanna Rademacher feierlich uraufgeführt.

25 Di Reichskanzler Wilhelm Marx richtet in der Radiostunde, dem ersten offiziellen Sender in Berlin, einen Weihnachtsgruß an das deutsche Volk.

26 Mi In Berlin herrscht nach Schneefällen klares, aber kaltes Wetter. Allgemein kann man sich erstmals seit Jahren wieder über eine weiße Weihnacht freuen.

27 Do Ein für den 28. Dezember geplanter kommunistischer Aufstand in Spanien wird durch die Verhaftung der Anführer in Madrid und einigen Provinzen vereitelt.

28 Fr Im Alter von 91 Jahren stirbt in Paris der Ingenieur Gustave Eiffel, der durch die Konstruktion des nach ihm benannten Turms weltberühmt geworden ist.

29 Sa Die Bayerische Volkspartei beschließt, ein Volksbegehren zur Einführung des Amtes eines Staatspräsidenten in Bayern einzuleiten.

30 So In Aachen werden mehrere Deutsche vom belgischen Kriegsgericht wegen Sabotage zu lebenslänglichem Zuchthaus bzw. hohen Haftstrafen verurteilt.

31 Mo Im Deutschen Reich sind in diesem Jahr 100 neue Briefmarken herausgegeben worden. +++ Kanada schließt Häfen für Fischerboote aus den USA.

Januar 1924

1 Di In Berlin wird die Krolloper als Dependance der Berliner Staatsoper eröffnet. Sie ist für die Aufführung moderner Werke bestimmt.

2 Mi In Nord- und Mittelfrankreich kommt es infolge der Schneeschmelze und starker Regenfälle zu einer Überschwemmungskatastrophe.

3 Do Großes Aufsehen erregt in der italienischen Öffentlichkeit ein Fall von grausamer Lynchjustiz an einem Kirchendieb in dem Abruzzenstädtchen Celano.

4 Fr Mit einer Verordnung über die Gerichtsverfassung und die Strafrechtspflege wird eine Justizreform im Deutschen Reich eingeleitet.

5 Sa Im französischen Finanzministerium findet eine Konferenz über eine Währungsstabilisierung statt. Vorausgegangen war ein Kurssturz des Franc.

6 So Bei einem Volksentscheid in Lübeck stimmt die Bevölkerung gegen den von der linken Bürgerschaftsmehrheit geforderten Rücktritt des Senats.

7 Mo Mit Marie Munk legt erstmals eine Frau in Preußen die große juristische Staatsprüfung ab. Sie wird zur Assessorin ernannt.

8 Di Großbritannien wird von schweren Schneestürmen heimgesucht. Auch in Deutschland fällt ungewöhnlich viel Schnee.

9 Mi Arbeitgeber und Arbeitnehmer der deutschen Kaliindustrie akzeptieren den Spruch des Schlichtungsausschusses über eine Verlängerung der Arbeitszeit.

10 Do Die alliierte Militärkommission nimmt ihre Tätigkeit im Deutschen Reich wieder auf. Kontrolliert wird die Einhaltung der Versailler Abrüstungsbestimmungen.

11 Fr Das Kraftwerk am Walchensee in Oberbayern, eines der ersten Großwasserkraftwerke, speist erstmals Strom in das Netz ein.

12 Sa Aus den ersten Parlamentswahlen in Ägypten geht die nationalistische Wafd-Partei als eindeutige Siegerin hervor.

13 So Bei den Gemeinderatswahlen in Sachsen können die bürgerlichen Parteien ihren Stimmenanteil steigern, was zu einer SPD/DVP/DDP-Regierung führt.

14 Mo In Paris tritt das Dawes-Komitee zusammen, um die deutsche Währungssituation zu begutachten und eine Neuregelung der Reparationen zu erarbeiten.

15 Di Ein Brand zerstört das Landestheater Neustrelitz bis auf die Grundmauern. +++ Max Reinhardt inszeniert in New York »Das Mirakel« von Karl G. Vollmoeller.

16 Mi Die unfreiwillige Sturmfahrt des US-Luftschiffs »Shenandoah« stellt die geplante Nordpolfahrt des Luftfahrzeugs in Frage.

17 Do Anlässlich der Aufführung von Ernst Tollers pazifistischem Stück »Hinkemann« kommt es in Dresden zu Störungen durch Nationalsozialisten.

18 Fr Der Film »Die große Unbekannte« von Willi Wolff mit Ellen Richter wird in Berlin uraufgeführt. +++ In Finnland tritt Ministerpräsident Kyösti Kallio zurück.

19 Sa Die Milchversorgung des rheinisch-westfälischen Industriegebiets wird durch einen deutsch-niederländischen Lieferungsvertrag sichergestellt.

20 So Zu schweren Störungen des Verkehrs führt der Streik der britischen Lokomotivführer. Bis zum 29. Januar wird lediglich ein Notfahrplan aufrechterhalten.

21 Mo Der Film »Der Raub der Helena« von Manfred Noa mit Adele Sandrock und Albert Bassermann wird in Berlin uraufgeführt. → Machtkampf

22 Di In einer Eingabe an Reichskanzler Wilhelm Marx protestieren sämtliche Beamtenverbände gegen die Personalabbauverordnung vom 27. Oktober 1923.

23 Mi Großbritannien und die USA unterzeichnen in Washington einen Vertrag zur Unterdrückung des Alkoholschmuggels. → Labour

24 Do Mit 51 gegen 37 Stimmen lehnt der sächsische Landtag den Antrag des linken Flügels der SPD-Fraktion auf Auflösung des Parlaments ab.

25 Fr Frankreich und die Tschechoslowakei schließen in Paris einen Bündnisvertrag, der die »Kleine Entente«, das Vertragssystem Osteuropas, ergänzt. → Olympia

26 Sa Die Vermählung des Prinzregenten und Kronprinzen Hirohito mit Prinzessin Nagako wird in ganz Japan mit spontaner Begeisterung gefeiert.

27 So In einem Mausoleum auf dem Roten Platz in Moskau wird der verstorbene sowjetische Regierungschef Wladimir I. Lenin feierlich beigesetzt.

28 Mo Österreich und die Türkei unterzeichnen in Konstantinopel (Istanbul) einen Freundschaftsvertrag und einen Handelsvertrag.

29 Di Um auf dem internationalen Markt die Konkurrenzfähigkeit herzustellen, werden in Deutschland die Roheisenpreise gesenkt.

30 Mi Dänemark und Norwegen schließen das Grönlandabkommen, nach dem die Ostküste Grönlands Händlern und Walfängern beider Länder offen steht.

31 Do Vom II. Allunions-Sowjetkongress wird die neue Verfassung der UdSSR endgültig bestätigt, durch die ein zentralistisch regierter Einheitsstaat geschaffen wird.

25. Januar 1924

Olympia im Winter

Im französischen Chamonix beginnt die »Internationale Wintersportwoche«. Wegen des großen Erfolgs verleiht das Internationale Olympische Komitee (IOC) der Veranstaltung, die am 4. Februar zu Ende geht, im nachhinein olympische Weihen. Die Wettkämpfe am Fuße des Mont Blanc gehen daraufhin als erste Olympische Winterspiele in die Sportgeschichte ein.
Die verspätete Aufnahme des Wintersports ins olympische Programm war die Folge seiner relativen internationalen Bedeutungslosigkeit bis zum Ersten Weltkrieg. Den alpinen Skisport gab es noch nicht. Außerdem hatte sich Schweden lange gegen die Einführung von Olympischen Winterspielen gesperrt, da es um das Fortbestehen der seit 1901 hier ausgetragenen Nordischen Spiele fürchtete.

Gold im Paarlauf: Helene Engelmann und Alfred Berger aus Österreich

294 Teilnehmer, darunter 13 Frauen, aus 16 Ländern bestreiten die Wettkämpfe. Deutschland ist wegen der ihm zugeschriebenen Rolle als Kriegsurheber noch ausgeschlossen. Die großen Gewinner der 14 Wettbewerbe in fünf Sportarten sind Norweger und Finnen. Enttäuscht zeigen sich die Schweden, für die der Eiskunstläufer Gillis Grafström die einzige Goldmedaille holt. Erfolgreichster Olympionike ist der Finne Clas Thunberg. Der »Nurmi auf dem Eis« gewinnt in den Eisschnelllaufkonkurrenzen dreimal Gold (1500 m, 5000 m, Vierkampf) sowie eine Silber- (10000 m) und eine Bronzemedaille (500 m). In den Skiwettbewerben erringt der Norweger Thorleif Haug drei Goldmedaillen (18 km, 50 km, Nordische Kombination) und eine Bronzemedaille im Spezialsprunglauf. Österreich dominiert den Eiskunstlauf.

Olympia-Urkunde, die den Siegern von Chamonix nachträglich verliehen wurde

Medaillenspiegel

Land	G	S	B
Norwegen	4	7	6
Finnland	4	3	3
Österreich	2	1	-
USA	1	2	1
Schweiz	1	-	1
Kanada	1	-	-
Schweden	1	-	-
Großbritannien	-	1	2
Belgien	-	-	1
Frankreich	-	-	1

8. Februar 1924

Hinrichtung in der Gaskammer

Im Staatsgefängnis von Carson City im US-Bundesstaat Nevada wird erstmals ein zum Tode Verurteilter in einer Gaskammer hingerichtet. Es handelt sich um den chinesischen Immigranten Gee Jon, der des Mordes an einem Mitglied einer rivalisierenden Bande angeklagt war.
Einem Bericht der Nachrichtenagentur Reuter zufolge wurde der Todeskandidat zuerst an einen Stuhl gefesselt. Dann leitete man Giftgas in den hermetisch verschlossenen Raum ein. Zwar verlor der Delinquent bereits nach 30 Sekunden das Bewusstsein, der Tod trat jedoch erst nach sechs Minuten ein. Der Initiator der Giftgas-Hinrichtung, Major D. A. Turner vom Sanitätskorps der Armee, hält sie für die »schnellste und humanste Methode, einen Menschen zu töten.« Zuvor wurden in den USA Hinrichtungen meist auf dem elektrischen Stuhl oder durch Hängen durchgeführt.

22. Februar 1924

Kampfbund für die Republik

In Magdeburg konstituiert sich das »Reichsbanner Schwarz-Rot-Gold«. Es versteht sich als überparteiliche Abwehrfront der republikanischen ehemaligen Frontkämpfer gegen die vaterländischen Verbände der politischen Rechten.
An der Gründung sind neben sechs Magdeburger Sozialdemokraten auch je ein Mitglied des Zentrums und der linksliberalen DDP beteiligt. Bundesvorsitzender wird Friedrich Otto Hörsing. Die Mitglieder des Reichsbanners, dessen Losung »Kampf für Demokratie und Republik« lautet, rekrutieren sich weitgehend aus Kreisen der Sozialdemokratie und der Gewerkschaft. Wie andere Kampfbünde der Weimarer Republik, z.B. der »Stahlhelm«, ist das Reichsbanner militärisch organisiert, seine Mitglieder tragen einheitliche Uniformen. Der neue republikanische Kampfverband verzeichnet im Reichsgebiet erheblichen Zulauf.

21. Januar 1924

Machtkampf nach Lenins Tod

In einem Sanatorium in Gorki bei Moskau stirbt 53-Jährig der Revolutionsführer und Gründer Sowjetrusslands, Wladimir I. Lenin (s. Abb.). Ein ärztliches Gutachten nennt als Todesursache hochgradige Gehirnsklerose infolge übermäßiger geistiger Tätigkeit. Seit er im März 1923 seinen dritten Schlaganfall erlitt, war Lenin wegen einer halbseitigen Lähmung und Beeinträchtigung der Sprechfähigkeit politisch handlungsunfähig.

In seinem Testament hatte Lenin noch die Absetzung Josef W. Stalins verfügt, konnte dies aber nicht mehr durchsetzen. Unmittelbar nach Bekanntwerden seines Todes setzt ein von Stalin gesteuerter Personenkult um die Person Lenins ein. Geschickt versteht es der Generalsekretär, damit seine eigene Machtposition auszubauen. Die Parteigeschäfte werden zunächst von der Troika Stalin, Lew B. Kamenew und Grigori Sinowjew weitergeführt. Den Vorsitz im Rat der Volkskommissare übernimmt Alexej J. Rykow. Aber noch im Januar entbrennt der Machtkampf zwischen Stalin und Leo D. Trotzki, dem Kriegskommissar und Organisator der Roten Armee. Auf einer Parteikonferenz setzt Stalin die öffentliche Verurteilung Trotzkis durch, der sich gegen die Bürokratisierung des Parteiapparats gewandt hatte.

23. Januar 1924

Labour jetzt in Downing Street

In Großbritannien verschieben sich in dem bislang von Konservativen (Tories) und Liberalen (Whigs) beherrschten Parteiensystem die Kräfteverhältnisse. Das gute Ergebnis der Labour-Party bei den Unterhauswahlen im Dezember 1923 ermöglicht James Ramsey MacDonald (Abb. oben: mit Zylinder und unten) die Bildung der ersten Arbeiterregierung in der Geschichte Großbritanniens. Der neue Premierminister nimmt vorwiegend Vertreter des rechten Parteiflügels in sein Kabinett auf. Zu den ersten Maßnahmen der Regierung gehört die Aufhebung der Schutzzölle für Automobile sowie die Abschaffung der Tee-, Kaffee- und Kakaosteuern (»free breakfast table«). Auch nimmt Großbritannien unter MacDonald am 2. Februar als erster westlicher Staat diplomatische Beziehungen zur Sowjetunion auf. Bis dahin war der revolutionäre Sowjetstaat international isoliert. MacDonald, ein aus einfachen Verhältnissen stammender »Selfmademan«, ist ein zu Kompromissen neigender Praktiker. Der Pazifist und Mitbegründer der Labour Party vertritt eine Politik des sozialen Ausgleichs.

George Gershwin

eigtl. Jacob Gershwin, US-Komponist, Pianist und Dirigent
* 26.9.1898 Brooklyn; † 11.7.1937 Beverly Hills

Mit seinen populären Songs, Filmschlagern, Musicals, Opern und Konzerten wurde Gershwin zum »Mann, der Amerika komponierte«. Der Mitbegründer des sog. sinfonischen Jazz verbindet darin europäische Kunst- und Konzertmusik mit eingängigen afro-amerikanischen Elementen. Zu einem akustischen Symbol dieser Stilrichtung wird das Klarinettensolo zu Beginn von »Rhapsody in Blue«. Zuvor war der aus dem russisch-jüdischen Einwanderermilieu stammende Musiker mit Songs und Revuen im Unterhaltungsbereich erfolgreich. Die Texte zu seinen Bühnenwerken stammen überwiegend von seinem Bruder Ira. Mit der großen Volksoper »Porgy and Bess« setzt Gershwin einen Markstein in der amerikanischen Operngeschichte. Neben Leonard Bernstein, Irving Berlin, Cole Porter und John Cage zählt Gershwin zur Garde der wichtigsten Musikerpersönlichkeiten der USA im 20. Jahrhundert.

- ab 1914: Gutachter für Unterhaltungsmusik (»Songplugger«) in einem New Yorker Musikverlag
- 1919-33: Komponist von Broadway-Revuen
- 1925: »Klavierkonzert f-Moll«
- 1928: Europa-Aufenthalt; Orchesterwerk »Ein Amerikaner in Paris«
- ab 1931: Komponist von Musikfilmen in Hollywood
- 1935: Uraufführung der Oper »Porgy and Bess«

12. Februar 1924

Beginn einer Weltkarriere

Ein Triumph wird in der New Yorker Aeolian Hall die Uraufführung von »Rhapsody in Blue«, einem Klavierkonzert mit Orchester von und mit George Gershwin (s. Abb.). Der Erfolg bedeutet für Gershwin den Durchbruch als Komponist.

Februar 1924

1 Fr Der Architekt Oswald Eduard Bicker und der Zeichner Heinrich Zille werden Mitglieder der Preußischen Akademie der Künste.

2 Sa Die britische Labour-Regierung erkennt die Sowjetunion diplomatisch an. Damit ist die bisherige außenpolitische Isolation der UdSSR überwunden.

3 So Aus Bridgeport/Connecticut wird ein Großfeuer im weltberühmten Zirkus Barnum und Bailey gemeldet. Fast alle Tiere können gerettet werden.

4 Mo »Mahatma« Gandhi wird aus Gesundheitsgründen aus britischer Haft entlassen. +++ In Chamonix-Mont Blanc enden die I. Olympischen Winterspiele.

5 Di Eine Währungs- bzw. Geldreform in der Sowjetunion vereinheitlicht das im Umlauf befindliche Geld und schafft eine stabile Währung.

6 Mi Der Industrielle Fritz Thyssen erklärt, eine Entspannung der deutsch-französischen Beziehungen sei vor der Räumung des Ruhrgebiets nicht zu erwarten.

7 Do In Paris unterzeichnet Spanien das mit Großbritannien und Frankreich am 18. Dezember 1923 abgeschlossene Tanger-Abkommen.

8 Fr Das polnische Parlament in Warschau debattiert über ein Gesetz zur Einführung einer zweijährigen Militärdienstpflicht. → Gaskammer

9 Sa An ihrem 100. Todestag wird Anna Katharina Emmerick in Rom seliggesprochen. Die Nonne aus Dülmen bei Münster hatte religiöse Visionen.

10 So Die mexikanischen Bundestruppen erringen den entscheidenden Sieg über die aufständischen Truppen unter General Adolfo de la Huerta.

11 Mo Stanley Baldwin, bis Januar britischer Premierminister, wird von der Konservativen Partei einstimmig in seinem Amt als Parteivorsitzender bestätigt.

12 Di Nach 15-monatigen Ausgrabungen wird im Beisein von 16 Archäologen der Sarkophag des ägyptischen Pharaos Tutanchamun geöffnet. → George Gershwin

13 Mi In Kaiserslautern kommt es zu gewaltsamen Auseinandersetzungen zwischen pfälzischen Separatisten und einer erregten Menschenmenge.

14 Do Der Film »Siegfried«, der erste Teil von Fritz Langs Filmepos »Die Nibelungen«, wird im Ufa-Palast am Zoo in Berlin uraufgeführt.

15 Fr Ein deutsch-tschechoslowakisches Wirtschaftsabkommen stellt die gegenseitige Meistbegünstigung beider Vertragspartner sicher.

16 Sa In Warschau beginnt die zweitägige Randstaatenkonferenz, an der Estland, Finnland, Lettland und Polen teilnehmen. Es geht vor allem um die Wirtschaft.

17 So Bei einer Volksabstimmung in der Schweiz wird die Verlängerung der wöchentlichen Arbeitszeit von 48 auf 54 Stunden mehrheitlich abgelehnt.

18 Mo Der Marineminister der USA, Edwin N. Denby, muss wegen seiner Verwicklung in den sog. Teapot-Dome-Bestechungsskandal zurücktreten.

19 Di Der Neue Bau in Ulm, eines der bedeutendsten historischen Gebäude der Donaustadt, wird durch ein Großfeuer fast völlig zerstört.

20 Mi In der Türkei wird die Luftlinie zwischen Konstantinopel (Istanbul) und Angora (Ankara) für den Flugbetrieb eröffnet.

21 Do Nachdem die bisher regierende SPD bei den Landtagswahlen Verluste hinnehmen musste, wählt der thüringische Landtag eine bürgerliche Regierung.

22 Fr Die französische Abgeordnetenkammer debattiert die Finanzreformvorlage der Regierung zum Schutz des rapide sinkenden Franc-Kurses. → Kampfbund

23 Sa Die Tragikomödie »Wer weint um Juckenack« von Hans José Rehfisch wird im Schauspielhaus in Leipzig uraufgeführt.

24 So Im Reichstag findet eine Kundgebung für den »gefährdeten deutschen geistigen Mittelstand« und gegen die Notlage an den Universitäten statt.

25 Mo Der österreichische Bundeskanzler Ignaz Seipel unternimmt einen Vorstoss zur Beilegung eines Streiks der Wiener Bankbeamten und -angestellten.

26 Di Vor dem Münchener Volksgericht beginnt der Hochverratsprozess gegen Adolf Hitler, Erich Ludendorff und andere am Hitler-Putsch von 1923 Beteiligte.

27 Mi Helene Engelmann und Alfred Berger aus Österreich gewinnen in Manchester die Weltmeisterschaft im Eiskunstlauf der Paare.

28 Do In Wien hat Emmerich Kálmáns Operette »Gräfin Mariza« Premiere. +++ Reichspräsident Friedrich Ebert hebt den Ausnahmezustand (seit 23.9.1923) auf.

29 Fr Durch einen k.o.-Sieg über Hans Breitensträter wird Paul Samson-Körner im Berliner Sportpalast deutscher Boxmeister im Schwergewicht.

März 1924

1 Sa Durch starken Eisgang auf der Elbe kommt es zu schweren Behinderungen für den Schiffsverkehr. Kleinere Schiffe müssen von Eisbrechern befreit werden.

2 So Bei den chilenischen Parlamentswahlen gewinnen die liberalen Parteien, die Präsident Arturo Alessandri y Palma unterstützen, die Mehrheit der Mandate.

3 Mo Die türkische Nationalversammlung in Angora (Ankara) beschließt die Abschaffung des Kalifats und verweist den Kalifen Abd Al Madschid II. des Landes.

4 Di Das preußische Staatsministerium erkennt den Orden »Pour le mérite« für Wissenschaft und Künste als eine Gemeinschaft bedeutender Künstler und Gelehrter an.

5 Mi Zwischen Alliierten und Reichsregierung herrscht Uneinigkeit über die Kontrolle der Abrüstungsbestimmungen nach dem Versailler Vertrag.

6 Do Nach längeren Verhandlungen wird zwischen Deutschland und dem mittelamerikanischen Staat Nicaragua ein Handelsvertrag abgeschlossen.

7 Fr König Ibn Ali Husain der Hedschas (später ein Teil des Königreichs Saudi-Arabien) nimmt den Titel eines Kalifen an.

8 Sa Griechenland erkennt die UdSSR diplomatisch an. +++ In Leipzig geht die Frühjahrsmesse, die am 2. März begonnen hat, mit guten Ergebnissen zu Ende.

9 So Französische Regierungsmitglieder treffen zu Beratungen mit Bankfachleuten über Maßnahmen gegen einen erneuten Sturz des Franc zusammen.

10 Mo Norwegen erkennt die Sowjetunion diplomatisch an. Schweden bereitet denselben Schritt und ein Handelsabkommen mit der UdSSR vor.

11 Di Bei einem Explosionsunglück in einem Bergwerk in der Nähe von Salt Lake City (US-Bundesstaat Utah) werden 175 Bergarbeiter verschüttet. → Botschafterin

12 Mi In den Berliner Kammerspielen wird die Charakterkomödie »Palme oder der Gekränkte« von Paul Kornfeld mit großem Erfolg uraufgeführt.

13 Do Auf Antrag von Reichskanzler Wilhelm Marx (Zentrum) löst Reichspräsident Friedrich Ebert den Reichstag vorzeitig auf.

14 Fr Der Völkerbundrat billigt das Memelabkommen, das dem Memelgebiet weitgehende innenpolitische Autonomie garantiert.

15 Sa Bei einem Springreitturnier in Aborfield Cross stürzt der britische Thronfolger Edward, Prinz von Wales, schon beim ersten Hindernis. → Ägypten

16 So In München wird Ludwig Quidde, Historiker und Präsident der Deutschen Friedensgesellschaft, wegen Landesverrats verhaftet. → Rijeka

17 Mo Nach der Ablehnung eines Volksbegehrens zur Verfassungsänderung löst sich der bayerische Landtag in München auf.

18 Di Reichskanzler Wilhelm Marx (Zentrum) und Außenminister Gustav Stresemann (DVP) reisen zu einem dreitägigen Staatsbesuch nach Wien ab.

19 Mi In den Münchener Kammerspielen wird Bertolt Brechts Stück »Leben Eduards des Zweiten von England« uraufgeführt. Brecht führt selbst Regie.

20 Do Der sächsische Landtag lehnt einen Antrag auf Auflösung ab. Er wurde von der Deutschnationalen Volkspartei (DNVP) eingebracht.

21 Fr Der Beamtenbund kritisiert die für April geplante Erhöhung der Beamtengehälter um 13% als zu gering, um die Notlage der Beamten zu beheben.

22 Sa Erich Rademacher schwimmt in München mit 1:15,0 min einen Weltrekord über 100-m-Brust. +++ In London treten 40 000 Verkehrsangestellte in den Streik.

23 So In Genf findet ein Fußballländerspiel zwischen den Mannschaften der Schweiz und Frankreichs statt. Die Gastgeber siegen mit 3:0.

24 Mo Das US-Repräsentantenhaus bewilligt eine Summe von 10 Mio. Dollar für den Ankauf von Lebensmitteln für Notleidende in Deutschland.

25 Di In Hamburg endet der zweiwöchige Streik der Hafenarbeiter. U.a. wurde ein Mitbestimmungsrecht bei der Arbeitsvermittlung im Hafen erreicht. → Republik

26 Mi Nach anhaltenden Regenfällen und Wolkenbrüchen sind in Süditalien schwere Schäden entstanden. 50 Menschen kamen bei den Unwettern um.

27 Do Außer dem Volksgerichtshof I in München, der mit dem Hitlerprozess befasst ist, werden in Bayern alle Volksgerichte aufgehoben.

28 Fr US-Generalbundesanwalt und Justizminister Harry M. Daugherty tritt zurück. Er soll in verschiedene Korruptionsfälle verwickelt sein.

29 Sa Die römische Kurie und der Staat Bayern unterzeichnen ein Konkordat, das die Beziehungen zwischen Bayern und der katholischen Kirche regelt.

30 So Auf dem Parteitag der Deutschen Volkspartei in Hannover hält der Parteivorsitzende und Reichsaußenminister Gustav Stresemann eine vielbeachtete Rede.

31 Mo Im ersten Quartal des Jahres 1924 ist der deutsche Importüberschuss von 136 auf 235 Mio. Goldmark gestiegen.

11. März 1924

Erste Botschafterin im Amt

Alexandra M. Kollontai tritt ihr Amt als Botschafterin der Sowjetunion im norwegischen Kristiania (Oslo) an (Abb.: Kollontai mit Beglaubigungsschreiben). Die erste »Frau Botschafter«, die in ihrer neuen Funktion international für Aufsehen sorgt, schleift die Bastion der Diplomatie als reine Männerdomäne. In der Vergangenheit war die Kommunistin u.a. schriftstellerisch tätig. Ihre Schriften, z.B. »Die neue Moral und die Arbeiterklasse«, befassen sich u.a. mit der Frauenfrage aus marxistischer Sicht.

6. April 1924

Weltrundflug in Etappen

Zu einem Etappen-Weltrundflug starten vier Douglas-World-Cruiser-Maschinen der US-Armee in Seattle (US-Bundesstaat Washington). Erstmals in der Geschichte der noch jungen Luftfahrt wird ein derartiger Versuch unternommen. Die gesamte Weltöffentlichkeit verfolgt den Rekordversuch mit gespannter Aufmerksamkeit.

In westlicher Richtung fliegen die Armee-Piloten zunächst über Alaska, die Aleuten und die Kurilen nach Tokio. Nach ihrer Ankunft am 22. Mai werden dort die 400 PS starken Motoren erneuert. Über die Stationen Delhi, Athen, Paris und Island treffen zwei der vier Maschinen am 28. September wieder in Seattle ein. Insgesamt haben sie in 57 Etappen 42 398 km zurückgelegt.

25. März 1924

Republik ausgerufen

Die griechische Nationalversammlung proklamiert die Republik und erklärt die Dynastie Glücksburg für abgesetzt. König Georg II. verlässt das Land und geht ins rumänische Exil. Erster Staatspräsident wird Pavlos Konduriotis.

Seit dem Vorjahr hatte sich der Meinungskampf von Liberalen und Republikanern, die beide eine Republik befürworten, und den Monarchisten auf der anderen Seite zunehmend verschärft. Meinungsverschiedenheiten bestanden aber auch zwischen den Liberalen unter dem ehemaligen Ministerpräsidenten Eleftherios Weniselos und den Republikanern. Die Liberalen verlangten eine Volksabstimmung über die künftige Staatsform, während die Republikaner auf eine sofortige Ausrufung der Republik drängten. Der sich seit 1920 im Exil aufhaltende Weniselos, der zur Rückkehr nach Griechenland gedrängt worden war, hatte am 11. Januar eine Regierung gebildet. Er wollte die Republik durch eine Volksabstimmung herbeiführen. Die immer heftiger geführten Debatten veranlassten Weniselos, Anfang Februar aus Krankheitsgründen zurückzutreten und das Land am 10. März wieder zu verlassen. Jetzt schlug die Stunde der Republikaner. Alexandros Papanastasiu, Führer der sozialdemokratischen Republikanischen Union und Ministerpräsident

Erich Ludendorff

deutscher Militär und Politiker, * 9.4.1865 Kruszewnia (Posen); † 20.12.1937 Tutzing (Oberbayern)

Als Erster Generalquartiermeister (1916) hatte der vormalige Leiter der deutschen Kriegsführung im Osten in der Obersten Heeresleitung (OHL) neben Paul von Hindenburg faktisch die militärische Gesamtleitung der Kriegführung Deutschlands und seiner Verbündeten im Ersten Weltkrieg inne. Er ergriff die Initiative für die volle wirtschaftliche Mobilmachung und erzwang den uneingeschränkten U-Boot-Krieg. 1917 trug er maßgeblich zum Sturz von Reichskanzler Bethmann Hollweg bei und bestimmte die Richtlinien der Politik. Im Frieden von Brest-Litowsk mit Russland (1917) setzte er die Kriegszielforderungen des Militärs durch. Ludendorff gilt als einer der geistigen Väter der sog. Dolchstoßlegende nach dem verlorenen Krieg. In den 20er Jahren wandte sich der Teilnehmer am Hitler-Putsch (1923) unter dem Einfluss seiner Frau Mathilde verstärkt obskuren völkischen und antichristlichen Ideen zu.

- 1908-12: Leiter der Aufmarschabteilung im Generalstab
- 1914: Generalstabschef unter Paul von Hindenburg, Sieg bei Tannenberg
- 1918: Entlassung aus dem Militärdienst
- 1926: Gründung des »Tannenbergbundes«

1. April 1924

Milde Strafe für Putschisten

Im Hochverratsprozess gegen Adolf Hitler, Erich Ludendorff und andere am November (Hitler)-Putsch von 1923 Beteiligte werden die Urteile gesprochen. Das Volksgericht in München, dem vielfach Parteilichkeit vorgeworfen wird, lässt äußerste Milde walten. Hitler und einige Mitangeklagte werden zur Mindeststrafe von je fünf Jahren Festungshaft und einer Geldstrafe verurteilt. Ludendorff wird trotz schwerem Belastungsmaterial unter Anerkennung seiner Feldherrnverdienste freigesprochen. Die Zeitungen räumen der Berichterstattung breiten Raum ein. Hitler nutzt den Gerichtssaal als Bühne und steigert seinen Bekanntheitsgrad beachtlich. Seine Strafe verbüßt der NSDAP-Chef in Landsberg (s. Abb.). Nach Verbüßung von sechs Monaten Haft wird ihm Bewährung in Aussicht gestellt.

Republikaner ziehen mit den Porträts ihrer Parteiführer durch die Straßen Athens.

seit 11. März, arbeitete zielstrebig auf die Ausrufung der Republik hin, die am 25. März erfolgt und am 13. April nachträglich durch eine Volksabstimmung bestätigt wird. 758 742 Griechen stimmen für die Republik, 325 322 für die Beibehaltung der Monarchie. Die Hellenische Republik wird vom Ausland anerkannt. Die Spannungen zwischen Monarchisten und Republikanern bleiben eine schwere Hypothek für die junge Republik. Entlassungen im Offizierskorps und Repressionen gegen Monarchisten sind an der Tagesordnung.
Aus dem Exil richtet der abgesetzte König Georg II. am 7. April eine Botschaft an das griechische Volk, in der er die Ausrufung der Republik als »anarchistischen Akt irregeleiteter Offiziere« verurteilt. Zugleich beansprucht er die Rechte und Pflichten des Königtums auch weiterhin. Georg II. war erst am 27. September 1922 König von Griechenland geworden. Damals musste sein Vater Konstantin I. nach der Niederlage der griechischen Truppen im Krieg gegen die Türkei (1919-22) endgültig abdanken. Die Dynastie Glücksburg, ein Zweig der Linie Sonderburg des Hauses Oldenburg, ist eine weitverzweigte europäische Dynastie. Stammvater war Herzog August Philipp von Schleswig-Holstein-Sonderburg-Beck (1612-75). Mit Herzog Christian als König Christian IX. kam das Haus Glücksburg 1863 auf den dänischen Thron. Dessen Sohn (Georg I.) wurde 1863 von der griechischen Nationalversammlung zum Monarchen gewählt. Der Enkel Christians IX., Prinz Carl, bestieg als Håkon VII. 1905 Norwegens Thron.

16. März 1924

Rijeka wird italienisch

König Viktor Emanuel III. erhebt den Dichter Gabriele D'Annunzio in den Fürstenstand. Anlass ist die Feier zur Eingliederung der Hafenstadt Fiume (Rijeka) in den italienischen Staat. D'Annunzio hatte die an der östlichen Adriaküste gelegene Stadt im Jahre 1919 als Anführer einer Freischärlertruppe besetzt.
D'Annunzio, der den erblichen Titel eines »Fürsten von Nevoso« erhält, hatte Fiume zwei Jahre lang regiert. Der Dichter, der bei seinen Auftritten in der Öffentlichkeit Pathos und Pomp liebt, wird als Eroberer der Stadt wie ein Nationalheld verehrt. Nach jahrelangem Streit erkennt das an Fiume angrenzende Königreich der Serben, Kroaten und Slowenen die faktische italienische Souveränität über die Hafenstadt an. Im Fiume-Abkommen, das am 27. Januar in Rom unterzeichnet worden war, erhielt das spätere Jugoslawien im Gegenzug jedoch fast das gesamte Hinterland. Ferner verpflichtete sich Italien, einen Teil des Fiumer Hafens an das benachbarte Königreich zu verpachten. Der Bahnhof wird unter internationale Verwaltung gestellt. Mit dem diplomatischen Erfolg der italienischen Regierung endet der seit dem Ersten Weltkrieg schwelende Konflikt um die strategisch und wirtschaftlich bedeutsame Stadt.

15. März 1924

Parlament in Ägypten eröffnet

Im Rahmen einer prunkvollen Feier eröffnet König Fuad I. in Kairo das erste ägyptische Parlament (s. Abb.).
Ministerpräsident Sad Saghlul hält die Thronrede. Nach dem Wahlsieg seiner nationalistischen Wafd-Partei hatte er im Januar die Regierung übernommen. Wafd war seit langem für die Unabhängigkeit Ägyptens und des Sudans von Großbritannien eingetreten. Die frühere Protektoratsmacht verfügt immer noch über einen erheblichen Einfluss in Ägypten – vor allem auf militärischem Gebiet. Zudem weiß die Regierung in London den König auf ihrer Seite. Großbritanniens Premierminister James Ramsey MacDonald schickt zur Parlamentseröffnung ein Telegramm, in dem die Bereitschaft zur Kooperation betont wird. Saghlul hatte bereits nach dem Ende des Weltkriegs die Unabhängigkeit seines Landes gefordert, das seit 1882 faktisch unter britischer Herrschaft gestanden hatte. Offiziell endete das Protektorat im Jahre 1922.

April 1924

1	Di	Das Theater in der Josefstadt in Wien eröffnet unter Max Reinhardt mit dem Goldoni-Stück »Diener zweier Herren« neu. → Ludendorff
2	Mi	In Mexiko wird der britische Geheimagent Eugen Bailey verhaftet. Er soll an einem Komplott gegen die Regierung Alvaro Obregón beteiligt gewesen sein.
3	Do	Mit einer Verordnung des Reichspräsidenten wird für die Deutschen das Reisen ins Ausland aus währungspolitischen Gründen erschwert.
4	Fr	Karl Valentins Stegreifkomödie »Die Raubritter von München« wird in den Münchener Kammerspielen mit großem Erfolg uraufgeführt.
5	Sa	Bis zum 15. Mai will die New Yorker Stadtverwaltung in allen größeren öffentlichen Parks Radio-Anlagen mit Lautsprechern installieren.
6	So	Die Uraufführung von Arnolt Bronnens Stück »Anarchie in Sillian« am Deutschen Theater in Berlin wird ein sensationeller Erfolg. → Weltrundflug
7	Mo	Im Rahmen ihrer Politik der Anleihenbegrenzung verfügt die Reichsbank, die Gesamtsumme der laufenden Kredite dürfe nicht überschritten werden.
8	Di	In Genf tagt das Internationale Arbeitsamt. Dabei geht es vor allem um die allgemeine Durchsetzung des Achtstundentages.
9	Mi	Ein spanisches Wahlgesetz führt das Frauenstimmrecht für unverheiratete, verwitwete oder geschiedene Frauen ein, nicht aber für verheiratete.
10	Do	Der Industrielle Hugo Stinnes, der während der Inflationsjahre ein Industrie-Imperium aufgebaut hatte, stirbt im Alter von 54 Jahren in Berlin.
11	Fr	Generalleutnant Freiherr Kress von Kressenstein wird Landeskommandant von Bayern und Kommandeur der in Bayern stationierten 7. Reichswehrdivision.
12	Sa	Durch ein sowjetisches Pressegesetz soll die Zensur verschärft werden. Die Überwachung der Presse wird einer »Zensurkommission« übertragen.
13	So	In Griechenland bestätigt eine Volksabstimmung die Ausrufung der Republik. Das bisherige Königreich heißt ab sofort Hellenische Republik.
14	Mo	Erstmals gelingt ein Horizontalflug über 350 m mit einem Hubschrauber. +++ In Chicago stirbt im Alter von 67 Jahren der US-Architekt Louis Henry Sullivan.
15	Di	Bei einem Studentenkongress im belgischen Löwen kommt es zu Zusammenstößen flämischer und holländischer Studenten mit Wallonen.
16	Mi	Papst Pius XI. spendet eine halbe Mio. Lire zur Wiederherstellung zerstörter Wahllokale. Die Spendenaktion richtet sich demonstrativ gegen die Faschisten.
17	Do	Reichsbankpräsident Hjalmar Schacht übernimmt die Leitung der Deutschen Golddiskontbank, die Kredite in ausländischer Währung aufnehmen soll.
18	Fr	Das Komitee für die deutsche Kinderhilfe in New York gibt das bisherige Spendenaufkommen in Höhe von drei Mio. US-Dollar bekannt.
19	Sa	Der im schweizerischen Exil lebende türkische Ex-Kalif Abd Al Madschid II. soll sich nach Pressemeldungen in erheblichen finanziellen Schwierigkeiten befinden.
20	So	Die türkische Nationalversammlung in Angora (Ankara) verabschiedet die Verfassung der Republik Türkei, die 1923 ausgerufen worden war.
21	Mo	Die italienische Schauspielerin Eleonora Duse stirbt 65-jährig während einer Gastspielreise in Pittsburgh im US-Staat Pennsylvania.
22	Di	Mit zahlreichen Feiern zu seinem 200. Geburtstag gedenkt Deutschland des Königsberger Philosophen Immanuel Kant.
23	Mi	Nach dem Wahlsieg seiner Partei bildet in Dänemark mit Thorwald Stauning erstmals ein sozialistischer Ministerpräsident eine Regierung.
24	Do	In Warschau unterzeichnen polnische und sowjetische Regierungsvertreter eine Konvention über den Eisenbahntransitverkehr.
25	Fr	Nach gescheiterten Direktverhandlungen muss die britische Regierung gemäß dem Irlandvertrag von 1922 eine Grenzkommission für Nordirland einsetzen.
26	Sa	Der französische Flieger Pelletiers d'Oisy trifft auf seinem Flug von Paris nach Tokio mit seinem Bréquet-Flugzeug in Bagdad ein.
27	So	Die 53. Plenarversammlung des Deutschen Landwirtschaftsrats fordert in Bremen die endgültige Lösung des Reparationsproblems.
28	Mo	In einem eigenen Verfahren werden 40 Mitglieder des »Stoßtrupp Hitler« wegen Beteiligung am Hitler-Putsch zu Festungshaft verurteilt.
29	Di	»Um Ausschreitungen vorzubeugen« verbietet das spanische Militärdirektorium die 1.-Mai-Feiern – ohne Erfolg.
30	Mi	Im Ruhrbergbau läuft eine Ende 1923 vereinbarte Lohnordnung und das Abkommen über die Mehrarbeit, d.h. Acht-Stunden-Schichten, ab.

Mai 1924

1 Do Erstmals erscheint die Monatsschrift »Gewerkschafts-Archiv«. +++ In Berlin hat der Film »Za la Mort – Erlebnisse einer schönen Frau« Premiere.

2 Fr Im Ruhrbergbau verschärft sich der Tarifkonflikt um die Verlängerung der Arbeitszeiten. 400 000 Bergleute werden ausgesperrt.

3 Sa Wegen einer polizeilichen Durchsuchung der sowjetischen Handelsvertretung in Berlin kommt es zu schweren deutsch-sowjetischen Spannungen.

4 So In Paris beginnen die Vorspiele der VIII. Olympischen Sommerspiele mit dem Rugby-Turnier. Die Hauptspiele beginnen am 5. Juli. → Republikgegner

5 Mo Die bei den Landtagswahlen in Bayern am 6. April abgewählte Regierung Knilling tritt zurück, bleibt aber vorläufig geschäftsführend im Amt.

6 Di Ein Misstrauensvotum der Deutschvölkischen Freiheitspartei gegen die Regierung Joachim von Brandenstein in Mecklenburg-Schwerin ist erfolgreich.

7 Mi Wegen der steigenden Zahl der Verkehrsunfälle ist die »Autoraserei« ein derzeit in der Öffentlichkeit heftig diskutiertes Thema.

8 Do Im Memelabkommen werden die aus dem Versailler Vertrag von 1919 stammenden Rechte der Alliierten im Memelland an Litauen übertragen.

9 Fr An der Wiener Staatsoper wird das heitere Wiener Ballett »Schlagobers« von Richard Strauss erfolgreich uraufgeführt.

10 Sa Mit »Kriemhilds Rache« wird in Berlin der zweite Teil von Fritz Langs Filmepos »Die Nibelungen« uraufgeführt. Der Film erregt international Aufsehen.

11 So Der Segelflieger Ferdinand Schulz stellt in Rossitten in Ostpreußen mit 8:42,9 h einen Weltrekord im Dauerflug ohne Motor auf. → Köln

12 Mo Reichspräsident Friedrich Ebert löst das Reichsministerium für Wiederaufbau auf. Dessen Aufgaben werden vom Finanzministerium übernommen.

13 Di Die Reichsregierung beschließt eine Geschäftsordnung, die u.a. festlegt, dass der Kanzler die Richtlinien der Reichspolitik bestimmt.

14 Mi Deutsche Industriekreise beurteilen den Dawes-Plan unterschiedlich. Rechtsgerichtete Gegner des Reparationsplans rufen zu Gegenaktionen auf.

15 Do Im New Yorker Princeton Playhouse wird das Stück »Alle Kinder Gottes haben Flügel« des US-Dramatikers Eugene O'Neill uraufgeführt.

16 Fr Nach einem Rückgang der Arbeitslosenzahlen im April sind in der Schweiz laut offizieller Statistik nur noch 23 159 Arbeitssuchende ohne Beschäftigung.

17 Sa Im Bahnhof von Prestranck-Mattegna (Norditalien) rast der Orientexpress Konstantinopel-Paris in einen stehenden Güterzug.

18 So Bei der Vorabstimmung in Hannover über die Abtrennung der Provinz von Preußen erleiden die Deutsch-Hannoveraner eine Niederlage.

19 Mo In Washington wird ein Alkoholvertrag zwischen den USA und Deutschland unterzeichnet, um den Alkoholschmuggel einzudämmen.

20 Di Erst nach stundenlangen Verhandlungen einigen sich die im neuen Reichstag vertretenen Parteien auf eine Sitzordnung im Plenarsaal.

21 Mi Der österreichische Nationalrat nimmt den Haushalt 1924 an, der ein Defizit von 1 166 104,9 Kronen aufweist. Die Sparpolitik wird fortgesetzt.

22 Do Großbritannien und Österreich unterzeichnen einen Handelsvertrag auf der Grundlage der Meistbegünstigung.

23 Fr In Berlin erreichen die Beamtenverbände bei Tarifverhandlungen mit dem Reichsfinanzministerium eine weitere Erhöhung der Beamtenbezüge.

24 Sa Das italienische Parlament wird von König Viktor Emanuel III. mit einer Thronrede eröffnet, die von Ministerpräsident Benito Mussolini verfasst wurde.

25 So Reichsbankpräsident Hjalmar Schacht begründet in Hamburg seine Befürwortung des Dawes-Plans. +++ In München werden 62 Kommunisten verhaftet.

26 Mo Täglich nehmen derzeit eine Mio. deutsche Kinder an den Speisungen teil, die die US-Hilfsorganisation »Comitee for relief of German children« finanziert.

27 Di Während der ersten Sitzung des Reichstags kommt es zu Tumulten, die von kommunistischen Abgeordneten provoziert wurden.

28 Mi Zum neuen Reichstagspräsidenten wird der deutschnationale Max Wallraf gewählt. Er gewinnt gegen den bisherigen Präsidenten Paul Löbe (SPD).

29 Do Im Petersdom in Rom wird die päpstliche Bulle über die Verkündigung des Jubeljahres 1925 verlesen, die alle Katholiken nach Rom einlädt.

30 Fr Als Sozialistenführer Giacomo Matteotti im italienischen Parlament den Wahlterror der Faschisten anprangert, kommt es zu einem Handgemenge.

31 Sa Nach einer chinesisch-sowjetischen Einigung über die sog. Ost-China-Bahn (Tschangtschun-Eisenbahn) erkennt China die Sowjetunion an. → Stalin

4. Mai 1924

Sieg für Republikgegner

Die Wahl zum zweiten Reichstag endet mit einer herben Niederlage für die bürgerliche Reichsregierung unter Wilhelm Marx (Zentrum). Der Stimmenanteil rechter und linker Republikgegner wächst (Abb.: Völkische Wahlpropaganda vor dem Brandenburger Tor). Die Regierung verfügt nur noch über knapp 30% der Mandate. Verhandlungen mit der DNVP scheitern an der Opposition der Deutschnationalen gegenüber dem Dawes-Plan. Am 26. Mai tritt Marx zurück, bildet jedoch am 3. Juni eine neue Regierung in gleicher Besetzung. Neuwahlen sind vorprogrammiert.

3. Juni 1924

Zu Lebzeiten fast unbekannt

Weitgehend unbeachtet stirbt im Sanatorium Kierling bei Wien der Dichter Franz Kafka (s. Abb.). Nur wenigen Eingeweihten, Verlegern und Schriftstellern ist der Prager ein Begriff. Seine Romane »Der Prozeß«, »Der Verschollene« (»Amerika«) und »Das Schloß« werden erst posthum gegen den erklärten Willen des Autors von seinem Freund Max Brod veröffentlicht. Weder inhaltlich noch formal lassen sich die Erzählungen und Romane des Pragers einer der gängigen literarischen Strömungen zuordnen. Erst lange nach seinem Tod wird die Bedeutung Kafkas für die Literatur allgemein anerkannt. Mit dem Schriftsteller Max Brod verband ihn eine lebenslange Freundschaft. Brod sagte über Kafka: »Es ging etwas ungewöhnlich Starkes von ihm aus, was ich nie wieder angetroffen habe, auch bei Begegnungen mit sehr bedeutenden und berühmten Männern nicht.« Nach dem Ausbruch einer Lungentuberkulose und seiner Pensionierung im Juni 1922 verwirklichte Kafka einen langgehegten Traum und zog nach Berlin. Im März 1924 brachte Brod den Todkranken zurück nach Prag.

Franz Kafka

österreichischer Schriftsteller, * 3.7.1883 Prag; † 3.6.1924 Sanatorium Kierling bei Wien

Kafkas beklemmend-faszinierende Prosa erzählt vom Absurden und Bedrohlichen. Das Thema des Versicherungsangestellten, der die Abende herbeisehnte, um schreiben zu können, ist der aussichtslose Kampf des Individuums gegen verborgene, aber allmächtige anonyme Kräfte. Einsamkeit und Angst vor seelenloser, autoritärer Macht – Gefühle, die Kafka zeitlebens quälten – ziehen sich durch seine Erzählungen. Er versuchte, sich von der ihn einengenden Familie und dem dominanten Vater zu lösen. Auch seine unglücklichen Beziehungen zu Frauen prägen seine Prosa.

- 1901-06: Jurastudium in Prag
- 1914: »Der Prozeß«
- 1917: Kafka erkrankt an Lungentuberkulose

11. Mai 1924

Köln wird Messestadt

Die einwöchige erste Kölner Messe wird mit einem Festakt eröffnet. Reichspräsident Friedrich Ebert, Reichskanzler Wilhelm Marx, Reichsaußenminister Gustav Stresemann und weitere Prominente aus Politik und Wirtschaft geben sich in der Domstadt die Ehre.

Initiator der Kölner Messe ist Oberbürgermeister Konrad Adenauer (s. Abb. r. mit Reichspräsident Ebert). Seit dem Jahre 1922 sind auf einem Gelände zwischen dem Rhein und dem Deutzer Bahnhof großzügig gestaltete Messehallen entstanden. Derzeit stehen 35 000 m^2 Ausstellungsfläche zur Verfügung. Fast 3000 Aussteller aus dem In- und Ausland, vor allem aus der technischen Industrie und der Textilbranche, drängen sich auf dem Messegelände. Die Zahl der Aussteller und der Besucherandrang erfüllen die Erwartungen der Kölner Organisatoren, die die zweimal im Jahr stattfindende Messe zum Zentrum des rheinischen Wirtschaftsraumes machen wollen.

10. Juni 1924

Sozialistenführer ermordet

In Rom wird Giacomo Matteotti (s. Abb.), Italiens Sozialistenführer und erbitterter Gegner der Faschisten, von einem faschistischen Schlägerkommando entführt und ermordet.

Die allgemeine Empörung stürzt das faschistische Regime von Benito Mussolini kurz nach einem sensationellen Wahlsieg in eine dramatische Krise. Matteotti hatte am 30. Mai in einer flammenden Rede vor dem Parlament den Wahlterror der Faschisten angegriffen und die Annullierung der Wahl gefordert. In ganz Italien kommt es zu faschistenfeindlichen Demonstrationen. Mussolini gerät unter Mordverdacht. Nach einer Kabinettsumbildung und aufgrund der zerstrittenen Opposition gelingt es Mussolini, die »Matteotti-Krise« zu überstehen.

Erste Aufnahme des Massenmörders Fritz Haarmann (M.) nach seiner Verhaftung in Hannover

23. Juni 1924

Massenmörder gefasst

Der Altkleiderhändler und Polizeispitzel Friedrich (genannt Fritz) Haarmann wird in Hannover verhaftet. Er legt das Geständnis ab, 27 junge Männer ermordet zu haben.
Seit Februar war die Bevölkerung nach immer neuen Funden von Leichenteilen in der durch die Stadt fließenden Leine von einer Welle der Angst erfasst worden. Zugleich häuften sich Meldungen über vermisste männliche Jugendliche. Der homosexuell veranlagte Haarmann knüpfte vorwiegend zu Obdachlosen »vom Schwulenstrich hinterm Café Kröpcke« (Gutachten) Kontakte, die er mit den Worten »bei mir kannste schlafen, und zu essen kriegste auch« in seine Wohnung lockte und ermordete. Haarmann gibt Kannibalismus zu, und dass er während der Hungermonate der vergangenen Jahre Ahnungslose daran beteiligt hatte. Da er über gute Kenntnisse des Ganoven- und Zuhältermilieus in der verslumten Altstadt Hannovers verfügte, arbeitete er seit dem Jahre 1918 für die Polizei als Spitzel. Mit dem Polizeiausweis konnte der bieder wirkende Triebtäter gegenüber den ahnungslosen Opfern als Amtsperson auftreten. Die Mitschuld der hannoverschen Polizei, die ersten Hinweisen nicht nachgegangen war, wird – nach Ansicht von Experten – verschleiert. Am 15. April 1925 wird Haarmann mit dem Fallbeil hingerichtet.

31. Mai 1924

Parteitag auf Stalins Linie

Der XIII. Parteitag der Kommunistischen Partei Russlands, der seit dem 23. Mai in Moskau tagt, bringt weitere Entscheidungen in der innerparteilichen Kampagne gegen Leo D. Trotzki.
Generalsekretär Josef W. Stalin (s. Abb., Propagandabild) führt während des Parteitags scharfe Angriffe gegen seine parteiinternen Gegner, deren Wortführer Trotzki ist. Die Opposition, so Stalin, sei ein »Sprachrohr der neuen Bourgeoisie ...« Wie schon beim II. Allunionskongress am 26. Januar kann sich die Opposition mit der Forderung nach Demokratisierung in der Partei nicht durchsetzen. Der Kongress verurteilt in einer Erklärung am 27. Mai die »kleinbürgerlichen Verirrungen« der Opposition. Stalin wird auf dem Parteitag als Generalsekretär bestätigt und kann – trotz aller Kritik – seine unumschränkte Machtposition weiter festigen.

Juni 1924

1 So Der österreichische Bundeskanzler Ignaz Seipel wird bei einem Revolverattentat im Wiener Südbahnhof schwer, aber nicht lebensgefährlich verletzt.

2 Mo Den Indianern in den Vereinigten Staaten werden die vollen Bürgerrechte zugesprochen. +++ NSDAP und KPD provozieren Tumulte im Reichstag.

3 Di Wilhelm Marx bildet nach gescheiterten Koalitionsverhandlungen mit den Deutschnationalen die neue Reichsregierung in der alten Besetzung. → Kafka

4 Mi In Stuttgart verleiht die Technische Hochschule dem Autokonstrukteur Ferdinand Porsche die Ehrendoktorwürde.

5 Do Im sächsischen Landtag kommt es zu Tumulten, die von kommunistischen Abgeordneten ausgelöst wurden. Erst die Polizei kann die Ruhe wieder herstellen.

6 Fr In Prag wird Arnold Schönbergs »Erwartung«, Monodrama in vier Szenen, uraufgeführt. Der österreichische Komponist hatte das Werk 1909 geschrieben.

7 Sa Wegen eines anhaltenden Streiks der Londoner Elektrizitätsarbeiter sind derzeit 60 Untergrund-Bahnhöfe der britischen Hauptstadt geschlossen.

8 So Ein Orkan richtet in Düsseldorf Verwüstungen an. Der Turm der St.-Martins-Kirche stürzt auf ein nahe liegendes Haus. Ein Mann wird erschlagen.

9 Mo Vor 50 000 Zuschauern gewinnt der 1. FC Nürnberg in Berlin das Endspiel gegen den Hamburger SV mit 2:0 und wird zum dritten Mal Fußballmeister.

10 Di Albaniens Hauptstadt Tirana wird von Aufständischen eingenommen. Regierungschef Achmed Zogu flieht ins Ausland. → Sozialistenführer

11 Mi Zu seinem 60. Geburtstag wird der Komponist Richard Strauss zum Ehrenbürger seiner Geburtsstadt München ernannt.

12 Do US-Präsident Calvin Coolidge wird vom Parteitag der Republikaner mit großer Mehrheit zum Kandidaten für die Präsidentschaftswahlen nominiert.

13 Fr Gaston Doumergue wird zum neuen französischen Staatspräsidenten und Nachfolger des zurückgetretenen Alexandre Millerand gewählt.

14 Sa Mit Otfried von Hausteins »Der Telefunkenteufel« erscheint erstmals ein Roman über die Wirkung des neuen Massenmediums Radio.

15 So Édouard Marie Herriot, Radikalsozialist und langjähriger Bürgermeister von Lyon, wird neuer französischer Ministerpräsident.

16 Mo In Magdeburg stürzt ein Flugzeug der Magdeburger Luftreederei brennend ab. +++ Im Deutschen Reich findet eine Volks-, Berufs- und Betriebszählung statt.

17 Di Bei einem schweren Straßenbahnunglück in Iserlohn sterben 21 Fahrgäste, 48 weitere werden z.T. schwer verletzt geborgen.

18 Mi Erik Saties Ballett »Mercure« wird in Paris uraufgeführt. Bühnenbild und Kostüme stammen von Pablo Picasso, die Choreographie von Léonide Massine.

19 Do Der Finne Paavo Nurmi läuft in Helsinki innerhalb einer halben Stunde Weltrekorde über 1500 m mit 3:52,6 min und über 5000 m mit 14:28,2 min.

20 Fr In Finnland werden die im Vorjahr verhafteten 108 Kommunisten zu Zuchthausstrafen verurteilt; gleichzeitig wird die Kommunistische Partei aufgelöst.

21 Sa Durch ein Urteil des Reichsgerichts wird der Herrschaftsbesitz Platow-Krojanke als Privateigentum von Prinz Friedrich Leopold von Preußen anerkannt.

22 So An der Frage des Dawes-Plans spaltet sich die Deutsche Volkspartei (DVP). Ihr rechter Flügel etabliert sich als Nationalliberale Reichspartei.

23 Mo Nach einer Wahlniederlage seiner Regierung tritt der langjährige südafrikanische Premierminister Jan Christiaan Smuts zurück. → Massenmörder

24 Di Zu Ehren des früheren Reichsaußenministers Walther Rathenau, der vor zwei Jahren ermordet wurde, finden in Berlin offizielle Gedenkfeiern statt.

25 Mi Im Prager Prozess gegen Angehörige des Kriegsministeriums, die an Benzinschiebereien beteiligt waren, werden Kerkerstrafen verhängt.

26 Do Auf dem Parteitag der Demokraten in New York demonstrieren Delegierte für Alfred E. Smith, den Gouverneur von New York, als Präsidentschaftskandidat.

27 Fr Eine von den italienischen Sozialisten proklamierte Gedenkfeier für den ermordeten Giacomo Matteotti vollzieht sich ohne besondere Störungen.

28 Sa In Portugal kommt es zu einem Kabinettswechsel. Alfredo Rodrigues Gaspar bildet als Nachfolger von António Maria da Silva die neue Regierung.

29 So An einer Kundgebung gegen den Versailler Vertrag nehmen Reichskanzler Wilhelm Marx und weitere Kabinettsmitglieder teil.

30 Mo In London findet die erste »Weltkraft-Konferenz« zur Energieerzeugung und -verwertung statt. Mehr als 40 Länder haben Vertreter entsandt.

Juli 1924

1 Di Der Franzose General Camille Walch wird Vorsitzender der Interalliierten Militärkontrollkommission. +++ In Japan wird das metrische System eingeführt.

2 Mi Der in Berlin tagende Hauptausschuss des Reichsverbands der Deutschen Industrie (RDI) stimmt dem Dawes-Plan mehrheitlich zu.

3 Do In Athen wird ein deutsch-griechisches Wirtschaftsabkommen unterzeichnet, das dem Export beider Länder Meistbegünstigung garantiert.

4 Fr Das norwegische Parlament beschließt die Umbenennung der Hauptstadt Kristiania. Ab 1. Januar 1925 soll sie wieder Oslo heißen.

5 Sa Jean Borotra besiegt im Wimbledon-Finale seinen französischen Landsmann René Lacoste. Im Dameneinzel siegt die Britin Kitty McKane. → Sommerspiele

6 So Während eines Arbeitersportfestes in der Nähe von Wien kommt es zu einem Zusammenstoß von Besuchern und bewaffneten Nationalsozialisten.

7 Mo In einer Pressemitteilung gibt Adolf Hitler bekannt, dass er die Führung der nationalsozialistischen Bewegung für die Dauer seiner Haft niederlege.

8 Di Die Premierminister Englands und Frankreichs, James Ramsey McDonald und Édouard Marie Herriot, treffen sich in Paris zu einem Meinungsaustausch.

9 Mi Der Konvent der Demokratischen Partei in New York nominiert nach dem 103. Wahlgang John W. Davis durch Akklamation zum Präsidentschaftskandidaten.

10 Do Vor seiner Abreise nach London äußert sich der US-Botschafter in Berlin, Alanson B. Houghton, positiv über die Aussichten für den Dawes-Plan.

11 Fr Der Dichter Ernst Toller, der sich wegen Beteiligung an der Münchener Räterepublik in Festungshaft befindet, wird nach fünf Jahren aus der Haft entlassen.

12 Sa Auf den ägyptischen Ministerpräsidenten Sad Saghlul wird von nationalistischen Extremisten ein erfolgloses Attentat verübt.

13 So Pressemeldungen über einen Militäraufstand in São Paulo werden von der brasilianischen Botschaft in Paris als bedeutend übertrieben bezeichnet.

14 Mo Im indischen Delhi ist laut Agenturmeldungen nach blutigen Zusammenstößen zwischen Moslems und Hindus die Ruhe wiederhergestellt.

15 Di Nach Berichten aus Peking haben schwere Wolkenbrüche in mehreren chinesischen Provinzen eine Überschwemmungskatastrophe verursacht.

16 Mi Eamon de Valera, der Führer der irischen Sinn-Féin-Bewegung, wird aufgrund einer Amnestie nach einem Jahr aus der Haft entlassen.

17 Do Gewerkschaften und Beamtenverbände beraten in Berlin, ob die gesetzliche Einführung des Achtstundentages über eine Volksabstimmung erreichbar sei.

18 Fr Nach Zusammenstößen mit Polizei und rechtsradikalen Gruppen beschließt die KPD die Gründung eines eigenen Kampfverbandes (»Rotfrontkämpferbund«).

19 Sa Als Trost für die von den Spielen in Paris ausgeschlossenen deutschen Athleten findet in Deutschland die »Frankfurter Olympiade« statt.

20 So In London sorgt der Stand der Dawes-Konferenz für Zuversicht. +++ Die Tagung des Österreichischen und Deutschen Alpenvereins findet in Rosenheim statt.

21 Mo Über die Landesgrenzen hinaus erregt der Plan von Dänemarks Verteidigungsminister Gustav Rasmussen zur völligen Abrüstung seines Landes Aufsehen.

22 Di Die neue transkontinentale Luftpostverbindung zwischen New York und San Francisco stellt eine erhebliche Verkürzung des Postweges dar. → Bayreuth

23 Mi Der baltische Baron Skott von Pistolotows wird wegen Beleidigung des Reichspräsidenten Friedrich Ebert zu einer Haftstrafe verurteilt.

24 Do Nach dem Rücktritt der griechischen Regierung unter Alexandros Papanastasiu stellt Themistokles Sofulis ein neues Regierungskabinett vor.

25 Fr In Norwegen kommt es zum Regierungswechsel, nachdem die Gesetzesvorlage zur Aufhebung des Branntweinverbots vom Parlament abgelehnt wurde.

26 Sa Der Reichstag verabschiedet ein drittes Notetatgesetz, das der Reichsregierung eine unbefristete Ermächtigung zur Haushaltsführung erteilt.

27 So In Berlin stirbt der italienisch-deutsche Komponist und Pianist Ferruccio Busoni, Dozent an der Akademie der Künste, im Alter von 58 Jahren. → Paris

28 Mo Auf Schacht IV der Zeche Friedrich Thyssen in Duisburg-Hamborn ereignet sich ein schweres Grubenunglück, dem sechs Bergleute zum Opfer fallen.

29 Di Der Reformpädagoge Georg Kerschensteiner, ehemaliger Stadtschulrat in München, wo er u.a. die Berufsschule einführte, wird 70 Jahre alt.

30 Mi Der pazifistische Heidelberger Privatdozent Emil Julius Gumbel wird nach seiner Kritik an rechten Kreisen von seinem Amt suspendiert.

31 Do In Berlin wird ein deutsch-tschechoslowakisches Handelsabkommen unterzeichnet, das gegenseitige Importerleichterungen vorsieht.

16. August 1924

Dawesplan legt Reparatio

Mit einem gemeinsamen Schlussprotokoll, dem sog. Londoner Abkommen, endet die seit 16. Juli tagende Londoner Konferenz. Alliierte und Deutsche einigen sich auf die Neuregelung der Reparationszahlungen nach dem Dawesplan. Damit beginnt eine Zeit der Entspannung in den internationalen Beziehungen.

Zum Londoner Abkommen gehört zunächst der Dawesplan selbst, der Höhe, Zusammensetzung und Sicherung der jährlichen Reparationszahlungen Deutschlands an die Alliierten festlegt. Nach dem unter Leitung des US-Finanzexperten Charles Gates Dawes erarbeiteten Plan wird Deutschland und seiner Wirtschaft zunächst eine finanzielle Erholungspause eingeräumt. In den ersten vier Jahren müssen »nur« 1 Mrd. bis 1,75 Mrd. Goldmark bezahlt werden. Danach beginnen die regulären Zahlungen in Höhe von rd. 2,5 Mrd. Goldmark. Der Dawesplan basiert auf einem internationalen Kreislauf der Schuldenzahlungen: Die Reichsregierung zahlt Reparationen in Reichsmark an einen Reparationsagenten, der den Transfer nach Frankreich, Großbritannien und in die übrigen Gläubigerländer organisiert. Die europäischen Alliierten begleichen damit ihre Kriegsschulden in den USA. Aus den USA wiederum fließen private Kredite nach Deutschland, das mit Hilfe seiner Finanzspritzen seiner Zahlungen nachkommen kann. Als vorläufige Regelung lässt der Dawesplan die endgültige Gesamtsumme und Dauer der von Deutschland zu zahlenden Reparationen offen. Neben dem Dawesplan und seinen Einzelgesetzen wird in London u.a. die internationale Kontrolle der deutschen Finanzen und der Wirtschaft festgelegt. Reichskanzler Wilhelm Marx, Reichsaußenminister Gustav Stresemann und Reichsfinanzminister Hans Luther haben sich vor allem für die baldige Räumung des besetzten Ruhrgebiets eingesetzt. Mit dem Beschluss einer sog. wirtschaftlichen Räumung – damit ist u.a. die Rückgabe beschlagnahmter Bergwerke gemeint – verbucht die deutsche Delegation einen Verhandlungserfolg. Wesentlichen Anteil am Gelingen der Konferenz und einer Einigung in der Reparationsfrage haben die USA, die mit Aufgabe ihrer isolationistischen Politik und Teilnahme an verschiedenen europäischen Konferenzen der Entwicklung ihren Stempel aufdrücken. In Deutschland wird der Dawesplan vor allem von der politischen Rechten mit allen Mitteln bekämpft und als »neues Versailles« gebrandmarkt. Eine Annahme im Reichstag scheint fraglich, weil die Regierung für die erforderliche Zweidrittelmehrheit die Stimmen der Deutschnationalen (DNVP) benötigt. Die DNVP hat den Plan als neues Kapitel der verhassten Erfüllungspolitik heftig bekämpft. Unter massivem Druck industrieller und agrarischer Interessenverbände, die sich Vorteile vom Dawesplan versprechen, hebt DNVP-Vorsitzender Oskar Hergt schließlich den Fraktionszwang auf. In der entscheidenden Abstimmung über eines der insgesamt

Die Reparationsfrage

Jahr	Ereignis	Folgen für Deutschland
1919	Versailler Vertrag	Höhe der Reparationen wird offen gelassen.
1921	Pariser Konferenz	Zahlung von 269 Mrd. Goldmark Reparationen in 42 Jahresraten
1921	Londoner Ultimatum	Zahlung von 132 Mrd. Goldmark in 66 Jahresraten; Alliierte drohen mit Ruhrgebietsbesetzung.
1924	Dawesplan	Übereinkunft über gesenkte Reparationszahlungen; keine Festlegung der Laufzeit und der Gesamthöhe
1929/30	Youngplan	Festlegung der Reparationszahlungen bis 1988

22. Juli 1924

Bayreuth im Zeichen der Politik

In Bayreuth werden die ersten Richard-Wagner-Festspiele nach dem Weltkrieg eröffnet. Auf dem Programm stehen Inszenierungen der »Meistersinger von Nürnberg«, des »Ring des Nibelungen« und des »Parsifal«.

Mehr als die künstlerischen Ereignisse erregt die »Politisierung Bayreuths« Aufsehen. Im offiziellen Festspielführer dieses Jahres wird Wagner als ein Wegbereiter des »nationalen Sozialismus« gefeiert. Festspielleiter Siegfried Wagner (s. Abb. mit seiner Familie im Garten der Villa Wahnfried), Sohn Richard Wagners, hatte schon in der Vergangenheit keinen Hehl aus seinen Sympathien für die völkische Rechte gemacht. Auf dem Bayreuther Festspielgebäude sind die wilhelminischen Reichsfarben Schwarz-Weiß-Rot geflaggt.

n fest

Schlusssitzung der Konferenz in der britischen Hauptstadt: Marx (2.v.r.) kann Verhandlungserfolge für Deutschland verbuchen.

neun Dawesgesetze stimmt fast die Hälfte der DNVP-Abgeordneten am 29. August für die Annahme. Die mit dem Dawesplan verbundene »Internationalisierung« deutscher öffentlicher Einrichtungen wie der Reichsbank und der Reichsbahn bedeuten eine massive Einschränkung deutscher Finanz- und Wirtschaftshoheit. Sie wird zum Gegenstand rechtsradikaler Agitation gegen die Weimarer Republik.

30. August 1924

Reichsmark statt Rentenmark

Als neue Währungseinheit wird im Deutschen Reich die Reichsmark (s. Abb.) eingeführt. Dies sieht eines der Dawes-Gesetze vor, die am 29. August vom Deutschen Reichstag verabschiedet wurden.
Die Rentenmark wird damit von der Reichsmark abgelöst, die künftig einziges gesetzliches Zahlungsmittel ist. Die Reichsbank ist verpflichtet, die Banknoten umzutauschen. Zugleich wird die Rentenmark eingezogen, die im November 1923 eingeführt worden war, um die Inflation in Deutschland zu stoppen.

5. Juli 1924

Sommerspiele in Paris

In Paris werden die VIII. Olympischen Sommerspiele offiziell eröffnet. Auf Wunsch des seit 1896 amtierenden Präsidenten des Internationalen Olympischen Komitees (IOC) und Begründers der modernen Olympischen Spiele, Pierre Baron de Coubertin, ist Frankreichs Hauptstadt nach 1900 zum zweiten Mal Austragungsort des Weltsportfestes.
44 Nationen haben 2956 Teilnehmer gemeldet, davon 136 Frauen. Für alle Wettbewerbe bietet die Seine-Metropole hervorragende Sportanlagen: In Colombes ist ein großes Stadion entstanden, das über eine 500-m-Bahn verfügt. Ferner gibt es ein Fecht-, ein Tennis- und ein vielbestauntes Schwimmstadion in Tourelles am westlichen Stadtrand von Paris.

Paavo Nurmi

finnischer Leichtathlet, * 13.6.1897 Turku; † 2.10.1973 Helsinki

Der »große Schweiger« ist einer der besten und erfolgreichsten Leichtathleten des Jahrhunderts. Bei drei Olympischen Spielen gewinnt der elegante Läufer insgesamt neun Gold- und drei Silbermedaillen in Mittel- und Langstreckenrennen. Nurmi, der zwischen 1922 und 1931 insgesamt 22 Weltrekorde aufstellt, wird im Jahre 1932 kurz vor den Olympischen Spielen in Los Angeles vom Internationalen Olympischen Komitee (IOC) lebenslang gesperrt, weil er gegen die Amateurbestimmungen verstoßen haben soll.

- 1920: Olympiasieger über 10 000 und im Querfeldeinlauf (8000 m und Staffel)
- 1924: Olympiasieger über 1500 m, 5000 m, 3000 m Bahn (Mannschaft) und im Querfeldeinlauf (10 000 m und Mannschaft)
- 1928: Olympiasieger über 10 000 m

Erstmals wurde ein Olympisches Dorf zur Unterbringung der Athleten gebaut. Ihrem absoluten Star zu Ehren gehen die Wettkämpfe als »Nurmi-Spiele« in die Sportgeschichte ein. Einige Wettbewerbe haben bereits vor der offiziellen Eröffnung begonnen. So startet das Fußballturnier (s. Abb.), das die Elf aus Uruguay gewinnt, bereits am 25. Juni, das Schießen sogar noch zwei Tage früher und das Fechten am 27. Juni. Wie schon bei den Spielen in Antwerpen im Jahre 1920 wurde die deutsche Mannschaft nicht eingeladen.

August 1924

1 Fr Österreichs Bundeskanzler Ignaz Seipel ist nach dem Attentat vom 1. Juni gesundet und will die Regierungsgeschäfte nun bald wieder aufnehmen.

2 Sa Erstmals wird ein Konzert der Berliner Philharmonie mit einem technisch guten Ergebnis im Rundfunk übertragen.

3 So Joseph Conrad, britischer Schriftsteller polnischer Herkunft, stirbt im Alter von 66 Jahren in Bishopsbourne in der englischen Grafschaft Kent.

4 Mo John Heartfield schafft in Berlin seine erste Fotomontage mit zeitgeschichtlichem Thema: »Nach zehn Jahren – Väter und Söhne 1924«.

5 Di Deutschland nimmt nun auch an der Londoner Reparationskonferenz der Alliierten teil. Die deutsche Delegation wird u.a. von Wilhelm Marx geleitet.

6 Mi Mit seinem Sieg in 10,8 sec über den Weltrekordinhaber Charles Paddock (USA) im 100-m-Lauf in Berlin erlangt der Krefelder Hubert Houben Weltruhm.

7 Do In London treffen erstmals seit der Besetzung des Ruhrgebiets deutsche und französische Spitzenpolitiker zu Verhandlungen zusammen.

8 Fr Die Vorortstrecke Berlin-Bernau wird als erste Strecke des Berliner Eisenbahnnetzes elektrisch betrieben. Geplant ist die Elektrifizierung des S-Bahn-Netzes.

9 Sa In London wird das Abkommen über den neuen Zahlungsplan für die deutschen Reparationen, der Dawes-Plan, unterzeichnet.

10 So Zur Erinnerung an die Verabschiedung der Weimarer Verfassung im Jahr 1919 finden in allen größeren Städten des Deutschen Reiches Feiern statt.

11 Mo Nach längeren Verhandlungen wird ein Handelsvertrag zwischen Frankreich und Österreich abgeschlossen, um den Warenaustausch zu intensivieren.

12 Di Nach Meldungen aus Kairo ist es im Sudan zu Zusammenstößen zwischen ägyptischen und britischen Soldaten gekommen.

13 Mi Die Junkers-Luftverkehr AG wird in Konkurrenz zur Deutschen Aero Lloyd AG, dem anderen deutschen Luftverkehrskartell, gegründet.

14 Do An der starren Haltung Frankreichs drohen die Verhandlungen mit Deutschland über die Räumung des Ruhrgebiets zu scheitern.

15 Fr US-Präsident Calvin Coolidge nimmt die Nominierung zum Präsidentschaftskandidaten der Republikanischen Partei an.

16 Sa Zehn Wochen nach seiner Ermordung wird die Leiche des italienischen Sozialistenführers Giacomo Matteotti in der Nähe von Rom gefunden. → Dawes-Plan

17 So Auf dem Parteitag der Nationalsozialistischen Freiheitsbewegung in Weimar geht es hauptsächlich um die Beilegung der Gegensätze im rechten Lager.

18 Mo Frankreich räumt die Amtsbezirke Offenburg und Appenweier. +++ Die Presse der USA äußert sich optimistisch über die Ergebnisse der Londoner Konferenz.

19 Di Großbritanniens Premierminister James Ramsey MacDonald plädiert für eine sofortige Räumung des französisch besetzten Ruhrgebiets.

20 Mi Die bayerischen Behörden werden zur Bekämpfung der »Auswüchse im Auto- und Motorradwesen« und der entstehenden Belästigungen aufgefordert.

21 Do Die Reichsregierung legt dem Reichstag die neun notwendigen Gesetze über die Durchführung des Dawes-Plans vor. Die DNVP lehnt den Plan ab.

22 Fr Reichspräsident Friedrich Ebert empfängt in Berlin den mexikanischen Präsidenten General Plutarco Elías Calles zu Gesprächen.

23 Sa Zum 9. Sängerbundesfest versammeln sich für zwei Tage 40 000 Sänger aus dem ganzen Reichsgebiet im festlich geschmückten Hannover.

24 So Mit einem Vertrauensvotum für die Regierung unter Édouard Marie Herriot befürwortet die französische Kammer die Ergebnisse der Reparationskonferenz.

25 Mo Infolge einer Gewitterböe stürzt ein Flugzeug der Deutschen Aero Lloyd AG auf dem Flug Berlin-Hof in der Nähe von Wittenberg ab.

26 Di Im Renaissance-Theater in der Reichshauptstadt Berlin wird das Drama »Tanja« von Ernst Weiss uraufgeführt.

27 Mi Zwischen Heino und Raalte in den Niederlanden ereignet sich ein schweres Autobusunglück. Der Bus brennt aus, nur wenige Fahrgäste können sich retten.

28 Do Der Stummfilm »The Iron Horse« (Das Feuerross) des US-Regisseurs John Ford wird uraufgeführt. +++ In München tagt der Pädagogische Kongress.

29 Fr Auf Initiative des gewerkschaftlichen Bildungsverbandes der deutschen Buchdrucker wird in Leipzig die Büchergilde Gutenberg gegründet.

30 Sa In Wien wird ein deutsch-polnischer Vertrag über die Frage der Optanten und der Staatsangehörigkeit in Oberschlesien unterzeichnet. → Reichsmark

31 So Der 63. Deutsche Katholikentag beginnt in Hannover. Reichskanzler Wilhelm Marx (Zentrum) hält zur Eröffnung eine Ansprache.

September 1924

1 Mo Das deutsch-französische Amnestieabkommen sieht die Freilassung der rd. 500 Deutschen in französischer und belgischer Strafhaft vor.

2 Di Der französische Ministerpräsident Édouard Marie Herriot trifft zur am Vortag eröffneten fünften Völkerbundversammlung in Genf ein.

3 Mi Erstmals erscheint »Das Dreieck«, eine Monatszeitschrift für Wissenschaft, Kunst und Kritik von Walter Gutkelch und Boris Wassermann. → Zollgrenze

4 Do Zur Feier des 100. Geburtstags von Anton Bruckner eröffnet das Landestheater Darmstadt die Wintersaison mit Werken des Komponisten.

5 Fr Der Wiener Fußballverband führt den Profi-Fußball ein. Österreich ist das erste Land auf dem Kontinent mit professionellen Fußballspielern.

6 Sa Der US-Sprinter Charles Paddock stellt die Weltrekorde über 100 yards und über 220 yards auf gerader Bahn ein. Seine Zeiten: 9,6 sec und 20,8 sec.

7 So Bei einem Treffen des rechten Kampfbundes »Stahlhelm« in Braunschweig kommt es zu Zusammenstößen mit kommunistischen Gegendemonstranten.

8 Mo Erfolgreich verläuft bisher der Probebetrieb des Nachtflugpostverkehrs auf der Strecke Berlin-Warnemünde-Karlskrona-Stockholm.

9 Di Eine europäische Arbeitsministerkonferenz in Bern erklärt die internationale Einführung des achtstündigen Arbeitstags für wünschenswert.

10 Mi Überraschend endet der spektakuläre Mordprozess gegen zwei Millionärssöhne in den USA nicht mit einem doppelten Todesurteil. → Georgien

11 Do In Heidelberg wird der 33. Deutsche Juristentag eröffnet. Etwa 700 Juristen aus dem gesamten Reichsgebiet nehmen daran teil.

12 Fr General John J. Pershing tritt als Generalstabsschef der US-Armee nach Erreichen der Altersgrenze zurück. +++ In Lissabon scheitert ein Militärputsch.

13 Sa Der Kunstkritiker Gustav Friedrich Hartlaub veröffentlicht in der »Frankfurter Zeitung« Gedanken über die Entwicklung der deutschen Gegenwartskunst.

14 So Mit 47,61 m stellt der US-Diskuswerfer Thomas Lieb in Chicago einen Weltrekord auf. +++ Das zweite internationale Musik- und Theaterfest beginnt in Wien.

15 Mo Das Schiff »Mauretania« stellt auf der Strecke New York-Plymouth mit vier Tagen, 21 Stunden und 57 Minuten einen transatlantischen Rekord auf.

16 Di Wie von Frankreich angekündigt, räumen die französischen Besatzungstruppen Oberhausen und mehrere kleine Ruhrgebietsortschaften. → Rasmussen

17 Mi Der norwegische Völkerbunddelegierte Fridtjof Nansen erklärt in einem Interview, der Völkerbund warte auf Deutschlands Eintritt.

18 Do Der schwedische Film »Gösta Berling« von Mauritz Stiller mit Greta Garbo in ihrer ersten Filmrolle kommt in die deutschen Kinos.

19 Fr Nach Meldungen der »Times« hat in der japanischen Hauptstadt Tokio ein Taifun etwa 3500 Häuser zerstört. 300 Vermisste gelten als tot.

20 Sa Italien und die Schweiz unterzeichnen in Rom einen Schiedsgerichtsvertrag. Künftige Streitigkeiten soll der Internationale Gerichtshof in Den Haag klären.

21 So In einem Fußballländerspiel besiegt die ungarische die deutsche Nationalmannschaft in Budapest mit 4:1 Toren.

22 Mo Die Regierung Thüringens beschließt die Entlassung des Präsidenten der Thüringischen Staatsbank, Walter Loeb. Ihm werden Amtsvergehen vorgeworfen.

23 Di Um die außenpolitische Isolierung zu überwinden, beschließt die Reichsregierung, sich um eine Aufnahme in den Völkerbund zu bemühen.

24 Mi Nach Agenturmeldungen aus Leningrad (St. Petersburg) ist die Stadt durch eine Flut unter Wasser gesetzt worden. Die Deiche der Newa sind gebrochen.

25 Do In Pendine stellt der Rennfahrer Malcolm Campbell mit 235,215 km/h auf Sunbeam einen Geschwindigkeitsweltrekord auf.

26 Fr Wegen Geheimbündelei, Waffenbesitzes und Umsturzbestrebungen wird in Deutschland der rechtsgerichtete Bund Oberland verboten.

27 Sa Die schweizerischen Behörden genehmigen die Neubaupläne des Anthroposophen Rudolf Steiner für das neue Goetheanum in Dornach bei Basel.

28 So Zwei US-Flugzeugen ist erstmals ein Weltrundflug gelungen. Nach 42 398 Flugkilometern in 57 Etappen landen sie in Seattle, ihrem Startpunkt.

29 Mo Die Reichsregierung übermittelt den Mitgliedsmächten des Völkerbunds ein Memorandum über den Eintritt Deutschlands in die Weltorganisation.

30 Di Der Kinderstar Jackie Coogan, weltbekannt durch den Charlie-Chaplin-Film »The Kid«, wird in Rom von Papst Pius XI. empfangen.

Luftaufnahme des gewaltigen deutschen Luftschiffs LZ 126, das in ruhiger Fahrt und niedriger Flughöhe über New York und den Hudson River gleitet.

Knud Rasmussen

dänischer Forscher, * 7.6.1879 Jakobshavn/Grönland; † 21.12.1933 Kopenhagen

Rasmussen ist ein Pionier der Grönland-Forschung. Sein Interesse gilt vor allem den Eskimos und ihren Lebensgewohnheiten. Er nahm an der Grönlandexpedition unter Ludwig Mylius-Erichsen teil und überwintert bei den Polareskimos. Die von ihm an der Nordwestküste der Insel gegründete Handelsstation Thule sollte den Austausch von Naturerzeugnissen der Eskimos und von westlichen Industriewaren fördern. Von Thule aus unternahm Rasmussen weitere Expeditionen, u.a. in die Arktis bis zur Beringstraße – die längste Fahrt, die bis dahin mit Schlittenhunden unternommen worden war. Neben seinen Reisen verfasst er Reiseberichte, Übersetzungen von Eskimosagen und -liedern und wissenschaftliche Arbeiten über Ethnologie und Geografie.

- 1902-04: Grönlandexpedition unter Mylius-Erichsen
- 1910: Gründung von Thule
- 1932: »Die große Schlittenreise« (Reisebericht)

16. September 1924

Rückkehr von den Eskimos

Der berühmte dänische Wissenschaftler und Forschungsreisende Knud Rasmussen (s. Abb.) kehrt von seiner bislang längsten Expedition nach Kopenhagen zurück. Diese fünfte sog. Thule-Expedition führte ihn in drei Jahren zu den Eskimos in Kanada und Alaska. Neben den geografischen sind besonders seine ethnografischen Studien und Erkenntnisse von Bedeutung. Rasmussen übergibt 15 000 völkerkundliche Gegenstände dem Kopenhagener Museum.

12. Oktober 1924

LZ 126 über New York

In Friedrichshafen am Bodensee startet Kommandant Hugo Eckener mit dem Zeppelin LZ 126 zur kühnsten Fahrt, die bislang mit einem Luftschiff unternommen wurde: Sein Weg soll ihn über den Atlantik bis nach New York führen.
Seit Tagen hat die Bevölkerung im In- und Ausland auf den Start gewartet. Um genau 6.45 Uhr ist es dann soweit. Das riesige Luftschiff erhebt sich majestätisch in die Lüfte. Die riskante Atlantiküberquerung dauert 81 Stunden und 17 Minuten. Nach 8150 Flugkilometern landet LZ 126 wohlbehalten in Lakehurst. Scharen von Schaulustigen bereiten der »fliegenden Zigarre« aus Deutschland einen begeisterten Empfang. US-Präsident Calvin Coolidge sagt zur Begrüßung: »Mir und dem amerikanischem Volk ist es eine große Genugtuung, dass friedliche Beziehungen zwischen Deutschland und Amerika wieder voll hergestellt sind und dass dieses große Luftschiff den ersten direkten Flug zwischen Deutschland und Amerika glücklich vollendet hat.« In Deutschland wird Eckeners Leistung als technische Pioniertat gefeiert, die dem Ansehen des Landes genutzt habe. Den Rückflug tritt LZ 126 jedoch nicht an, denn der Zeppelin wird im Rahmen von Reparationszahlungen an die USA überführt.
In Deutschland fand sich keine Versicherung für das riskante Unternehmen. Erst als Eckener mit dem Firmenvermögen des Friedrichshafener Luftschiffbau-Unternehmens haftet, kann LZ 126 gebaut und in die USA geflogen werden. Der Zeppelin ist 200 m lang. Der größte Durchmesser beträgt 27,6 m. Die fünf Maybach-Motoren treiben das Luftschiff mit einer Leistung von je 400 PS an. Der Traggasinhalt des Luftschiffs beträgt 70 000 m³. LZ 126 hat eine Reichweite von rd. 8500 km. Die Jungfernfahrt des Zeppelins fand am 24. August statt.

13. Oktober 1924

Ibn Saud erobert Mekka

Saudische Truppen besetzen Mekka im Hedschas (Abb.: Die Kaaba in Mekka). Bereits am 3. Oktober hatte Ibn Ali Husain, Scherif von Mekka und selbsternannter »König der Araber«, abgedankt, nachdem die britische Schutzmacht ihm die Unterstützung entzogen hatte. Vier Jahre lang hatte der Waffenstillstand zwischen dem Hedschas am östlichen Rand des Roten Meeres und dem Nadschd, dem zentralarabischen Reich unter Sultan Abd Al Asis Ibn Saud, gehalten.

2. Oktober 1924

Schiedsverfahren statt Krieg

Die fünfte Völkerbundversammlung in Genf billigt einstimmig das Protokoll über die friedliche Regelung internationaler Streitigkeiten.
Geplant ist ein lückenlos abgestuftes System friedlicher Streitschlichtung unter Einschaltung des internationalen Gerichtshofs in Den Haag. Kriegstreibern drohen umfassende Sanktionen. Frankreichs Ministerpräsident Édouard Marie Herriot gehört zu den engagiertesten Befürwortern des Genfer Protokolls. Er sieht sich durch das internationale Votum in seiner Position vor allem gegenüber der französischen Rechten bestätigt, die ihn wegen seiner Zugeständnisse bei der Reparationsfrage heftig unter Druck gesetzt hat. Das Protokoll entspricht nach Auffassung der Regierung den französischen Interessen an der Sicherung des Status quo in Europa. Gemeinsam mit neun anderen Staaten unterzeichnet Frankreich das Protokoll noch am 2. Oktober. Die neue konservative Regierung Großbritanniens ist jedoch nicht zur Unterzeichnung bereit.

3. September 1924

Aufhebung der Zollgrenze

Die Interalliierte Rheinlandkommission in Koblenz erlässt erste Verordnungen zur Wiederherstellung der wirtschaftlichen und fiskalischen Einheit des Deutschen Reiches.
Diese sog. wirtschaftliche Räumung der besetzten Gebiete an Rhein und Ruhr ist Teil des Londoner Abkommens, zu dem auch der Dawes-Plan gehört. Die Verordnungen der Rheinlandkommission, die auch für das Ruhrgebiet gelten, betreffen die Aufhebung der Zollgrenze zwischen besetztem und unbesetztem deutschen Gebiet, die Abschaffung der Visumspflicht und die Aufhebung der Verkehrssperre. Per Verfügung hebt der Oberkommandierende der französischen Besatzungsarmee, General Jean Marie Degoutte, am 20. September auch die Kohlensteuer auf, die von den Zechen des Ruhrgebiets an die Besatzungsmacht gezahlt werden musste. Auch werden französische Truppen aus dem besetzten Gebiet abgezogen (s. Abb.).

10. September 1924

Revolte in Georgien

Nachdem Ende August in Georgien und Teilen Aserbeidschans ein antibolschewistischer Aufstand ausgebrochen ist, bietet der Präsident der ehemaligen Georgischen Volksrepublik, Noah Jordanija, der sowjetischen Regierung Verhandlungen zur Beilegung des Konflikts an.
Jordanija will eine Garantie für die Selbstständigkeit Georgiens aushandeln. Der Aufstand wird jedoch bis Mitte September von der Roten Armee blutig niedergeschlagen. 1921 hatte Moskau das Land am Schwarzen Meer besetzen lassen und eine bolschewistische Regierung etabliert.

Oktober 1924

1 Mi Beim Ullstein-Verlag in Berlin erscheint die erste Nummer des Monatsmagazins »Uhu«. +++ In Paris beginnen deutsch-französische Wirtschaftsverhandlungen.

2 Do Die Reichsregierung entschließt sich zu Koalitionsverhandlungen mit der Deutschnationalen Volkspartei und den Sozialdemokraten. → Schiedsverfahren

3 Fr In London scheitern Verhandlungen zwischen Ägyptens Ministerpräsident Sad Saghlul und dem britischen Premierminister James Ramsey MacDonald.

4 Sa Die Interalliierte Rheinlandkommission hebt das im Besatzungsgebiet geltende Verbot der satirischen Zeitschrift »Simplicissimus« auf.

5 So Die Münchener Telefon-Oper nimmt ihren Betrieb auf. Zunächst nehmen etwa 250 Hörer an den Aufführungen des Nationaltheaters per Telefon teil.

6 Mo Vom Obersten Landesgericht in München wird die vorzeitige Haftentlassung Adolf Hitlers abgelehnt, der wegen Putschversuchs in Festungshaft sitzt.

7 Di In Lakehurst im US-Bundesstaat New York startet das Luftschiff »Shenandoah« (ZR 1) zu einem Transkontinentalflug nach Kalifornien.

8 Mi In der Nähe von Genua entgleist infolge zu schnellen Überfahrens einer Weiche der Expresszug Paris-Rom. Fünf Personen sterben, 40 werden verletzt.

9 Do Reichskanzler Wilhelm Marx scheitert mit seinen Bemühungen, die Regierung zu stärken und eine »ganz große Koalition« zu schaffen.

10 Fr Regisseur Leopold Jessner überzeugt Publikum wie Kritiker mit seiner Inszenierung von Schillers »Wallenstein« am Schauspielhaus in Berlin.

11 Sa Reichsverkehrsminister Rudolf Oeser (DDP) scheidet aus dem Kabinett aus und übernimmt die Leitung der neuen Reichsbahngesellschaft.

12 So Der französische Erzähler, Essayist und Literaturkritiker Anatole France stirbt 80-jährig auf Gut La Béchellerie im Département Indre-et-Loire. → LZ 126

13 Mo Die australische Operndiva Nellie Melba steht zu einem festlichen Abschiedskonzert in ihrer Heimatstadt Melbourne ein letztes Mal auf der Bühne. → Mekka

14 Di In der Wiener Volksoper wird »Die glückliche Hand« von Arnold Schönberg uraufgeführt. +++ Buster Keatons Film »The Navigator« hat in den USA Premiere.

15 Mi Im seit mehr als sieben Wochen andauernden Bergarbeiterstreik in Belgien zeichnet sich eine Niederlage für die Arbeitnehmer ab.

16 Do Der spanische Regierungschef General Miguel Primo de Rivera y Orbaneja wird auch Oberkommandant im spanisch-marokkanischen Kolonialkrieg.

17 Fr Nach Meldungen der »Times« ist der britische Teil der Dawes-Anleihe 13-mal überzeichnet, was für ein neues Vertrauen in die deutsche Wirtschaft spricht.

18 Sa In Anwesenheit von Reichspräsident Friedrich Ebert eröffnet der Maler Max Liebermann die Herbstausstellung der Berliner Akademie der Künste.

19 So Ein Abkommen mit der Interalliierten Rheinlandkommission gibt die Zoll-, Forst- und Domänenverwaltung im Rheinland wieder in deutsche Hände.

20 Mo Bei den Wahlen zum Storting, dem norwegischen Parlament, erhalten die Rechtsparteien eine knappe Mehrheit.

21 Di Zur wissenschaftlichen und technischen Förderung des Straßenbaus wird in Berlin die Studiengesellschaft für Automobilstraßenbau (StUFA) gegründet.

22 Mi Im ehemaligen Großen Schauspielhaus in Berlin startet Eric Charell seine erste große Ausstattungsrevue mit dem Titel »An Alle«.

23 Do Am Stadttheater Duisburg wird die Tanz-Pantomime »Der Dämon« uraufgeführt. Die Musik stammt von Paul Hindemith.

24 Fr In Großbritannien wird ein (gefälschter) Brief des Sowjetpolitikers Grigori J. Sinowjew bekannt, der die Kommunisten zur bewaffneten Revolution aufruft.

25 Sa Reichspräsident Friedrich Ebert hebt den seit dem 28. Februar in Deutschland geltenden zivilen Ausnahmezustand wieder auf.

26 So Bei den Hamburger Bürgerschaftswahlen verbuchen die Sozialdemokraten Verluste, die Rechtsparteien dagegen Gewinne.

27 Mo Das Zentralexekutivkomitee der Sowjetrepubliken billigt eine umfassende territoriale und administrative Neuordnung der mittelasiatischen Sowjetrepubliken.

28 Di Reichskanzler Wilhelm Marx erhält vom Reichsparteitag der Zentrumspartei umfassende Rückendeckung für seine bisherige Politik.

29 Mi Großbritannien und die Türkei einigen sich auf einer Tagung des Völkerbundrates in Brüssel auf ein Ende des Konflikts um das Erdölgebiet Mossul am Tigris.

30 Do Frankreich und die Schweiz unterzeichnen eine Vereinbarung über die Lösung des Streits um die Genfer Freihandelszone mit Hilfe des Völkerbunds.

31 Fr Die Aufführung von Eugene O'Neills Stück »Der haarige Affe« im Schauspielhaus Köln erregt allgemeines Aufsehen.

November 1924

1 Sa Nach dem Wahlsieg der bürgerlichen Parteien verliert der SPD-Politiker Philipp Scheidemann sein Amt als Oberbürgermeister von Kassel.

2 So Ein neuartiger Schiffsantrieb, der sog. Flettner-Rotor, stößt nach Abschluss mehrerer Versuchsfahrten auf großes Interesse in der Fachpresse.

3 Mo Anhaltende Niederschläge führen zu einer Hochwasserkatastrophe vor allem im Rhein-Main-Gebiet. In der Kölner Altstadt werden Straßen überflutet.

4 Di Der Komponist Gabriel Fauré stirbt 79-jährig in Paris. Sein Werk ist von Elementen des Klassizismus und des Impressionismus geprägt. → Coolidge

5 Mi In Italien werden führende Oppositionszeitungen beschlagnahmt. Die Turiner »Stampa« erscheint als Reaktion darauf mit leeren Seiten.

6 Do Im Zusammenhang mit separatistischen Unruhen in der Provinz Katalonien werden in Spanien zahlreiche Personen verhaftet.

7 Fr Der Maler Hans Thoma stirbt im Alter von 85 Jahren in Karlsruhe. +++ Der Film »Gräfin Donelli« von Georg Wilhelm Pabst wird in Berlin uraufgeführt.

8 Sa Der österreichische Bundeskanzler Ignaz Seipel tritt mit seinem Kabinett zurück. Wegen seiner Sparpolitik kam es zu Differenzen mit den Bundesländern.

9 So In der Türkei wird die oppositionelle Fortschrittspartei gegründet, die sich u.a. gegen die Religionspolitik von Präsident Mustafa Kemal Pascha richtet.

10 Mo Die große Volksoper in Berlin befindet sich in einer schweren Finanzkrise. Derzeit weist die Bilanz ein Minus von 460 000 Goldmark auf.

11 Di Nach schweren Rassenunruhen in Danville im US-Bundesstaat Kentucky übernehmen Regierungstruppen den Polizeidienst in der Stadt.

12 Mi Der Streik der österreichischen Eisenbahner wird nach fünf Tagen beendet, da die Forderung nach einer neuen Besoldungsordnung bewilligt wurde.

13 Do In Berlin wird der Stummfilm »Das Wachsfigurenkabinett« von Paul Leni uraufgeführt. Hauptdarsteller sind Emil Jannings und Werner Krauss.

14 Fr Der Parteitag der rechtsliberalen Deutschen Volkspartei in Dortmund verabschiedet einen Aufruf zu den bevorstehenden Reichstagswahlen.

15 Sa Zwischen dem bayerischen Staat und drei evangelischen Landeskirchen werden Verträge abgeschlossen, die sich sinngemäß an das Konkordat anlehnen.

16 So Die Deutsch-Russische Luftverkehrsgesellschaft richtet gemeinsam mit der niederländischen Gesellschaft KLM eine neue Verbindung Paris-Moskau ein.

17 Mo In Berlin wird ein deutsch-schweizerisches Einfuhrabkommen unterzeichnet, das den Abbau komplizierter Einfuhrgenehmigungen vorsieht.

18 Di Im Rahmen des in London vereinbarten Rückzugs räumen die französischen Truppen das Gebiet zwischen Königswinter und Honnef.

19 Mi In Kairo wird auf den britischen Oberbefehlshaber der ägyptischen Armee und Generalgouverneur des Sudan, Sir Lee Stack, ein Attentat verübt.

20 Do Der christlichsoziale Politiker Rudolf Ramek bildet eine neue österreichische Regierung, die sich vor allem auf Politiker aus den Ländern stützt.

21 Fr In Berlin wird der Film »Nju – eine unverstandene Frau« uraufgeführt. +++ Der Bildhauer und Dichter Ernst Barlach wird mit dem Kleist-Preis ausgezeichnet.

22 Sa Die britische Regierung fordert Ägypten wegen der Ermordung des Generalgouverneurs u.a. zur Zahlung einer Buße von 500 000 Pfund auf.

23 So Reichskanzler Wilhelm Marx (Zentrum) betont in einer Wahlkampfrede die Vorzüge der Vereinbarungen von London vor allem für das Ruhrgebiet.

24 Mo Der Zentralverein deutscher Staatsbürger jüdischen Glaubens in Berlin protestiert gegen die antisemitische Wahlpropaganda der Deutschnationalen.

25 Di Mit gezielten Werbekampagnen versucht die Sowjetregierung, die Bauern für eine regere Teilnahme am politischen Leben zu gewinnen.

26 Mi Die Mongolische Volksrepublik wird proklamiert. Der zentralasiatische Staat steht unter starkem Einfluss der benachbarten UdSSR.

27 Do In einem Prozess gegen 149 Kommunisten vor dem Militärgericht im estländischen Reval werden langjährige Haftstrafen verhängt.

28 Fr In Frankfurt am Main wird »Die Katalaunische Schlacht« des expressionistischen Avantgardisten Arnolt Bronnen uraufgeführt. → Thomas Mann

29 Sa Giacomo Puccini, weltberühmter italienischer Komponist, stirbt im Alter von 65 Jahren in einer Brüsseler Klinik an Kehlkopfkrebs.

30 So 2000 Industrielle aus dem ganzen Reichsgebiet kommen zum Eisenhüttentag nach Düsseldorf, u.a. Peter Klöckner und Gustav Krupp von Bohlen und Halbach.

4. November 1924

Coolidge erneut Sieger

Mit großer Mehrheit wird der republikanische US-Präsident Calvin Coolidge in seinem Amt bestätigt.

Coolidge (Abb.: nach seiner Wiederwahl mit seiner Frau auf dem Balkon des Weißen Hauses in Washington), der das Amt seit dem Tod seines Vorgängers Warren Gamaliel Harding innehat, profitiert von der Uneinigkeit der Opposition. Als Gegenkandidaten unterliegen der Demokrat John W. Davis, der als politisch wenig profilierter Kompromisskandidat seiner Partei gilt, und Robert Marion La Follette als Vertreter der neuen Progressiven Partei. Der nüchterne Geschäftsgeist von Coolidge korrespondiert offenbar mit einer auf Geschäft und Erfolg eingestellten Gesellschaft und der tonangebenden, erfolgreichen Wirtschaftswelt. Seit 1922 erlebt die Wirtschaft eine Phase der Prosperität, die im Wesentlichen auf den enormen Produktivitätssteigerungen in der Industrie beruht. Ihren politischen Erfolg erringen die Republikaner als Partei des Big Business. Den triumphalen Sieg erringt Coolidge, der mit dem Slogan »Coolidge oder das Chaos« in den Wahlkampf gezogen war, weil die Konkurrenz gespalten ist. Der Reformpolitiker La Follette, Ex-Gouverneur und Senator für Wisconsin, schneidet überraschend gut ab und kann den Demokraten beinahe vier Mio. Wählerstimmen abjagen. Auf dem demokratischen Nominierungskonvent hatte sich der parteiinterne Konflikt zwischen den demokratischen Politikern aus den Großstädten und den Farmern im Westen und Süden deutlich gezeigt. Prohibition und Ku-Klux-Klan waren nur einige der umstrittenen Themen. Gleichzeitig mit dem US-Präsidenten werden das Repräsentantenhaus und ein Drittel des Senats gewählt. Nach den Wahlen haben beide Häuser eine republikanische Mehrheit.

4. Dezember 1924

Radio ist Zuschauermagnet

In einer neuen, zwecks störungsfreien Empfangs aus Holz gebauten Halle am Kaiserdamm wird in Berlin die erste deutsche Funkausstellung eröffnet. 268 Aussteller zeigen bis zum 13. Dezember ihre Produkte. Die knapp 115 000 Besucher bestaunen vor allem den hinter einer Glaswand aufgestellten 1,5-kW-Sender, der eine Reichweite von über 200 km hat. Wichtigste technische Neuerung ist der erste brauchbare Trichterlautsprecher als Alternative zu den bisher benötigten Kopfhörern. Auch eine Radio-Truhe stößt auf der Funkausstellung auf reges Interesse. Die Messe wirkt umsatzfördernd auf die junge Branche. Trotz des weiterhin hohen Preises der Radios und der monatlichen Gebühr von zwei Reichsmark gibt es bereits rd. eine Mio. Rundfunkteilnehmer.

10. Dezember 1924

»Kommissbrot« kommt an

Der kleine Hanomag, im Volksmund »Kommissbrot« genannt (s. Abb.), ist einer der Stars auf der Automobilausstellung, die in Berlin ihre Tore öffnet. Er hat einen Einzylinder-Viertaktmotor (499 ccm) mit Hinterradantrieb, 10 PS, drei Vorwärtsgänge und einen Rückwärtsgang. Seine Maximalgeschwindigkeit liegt bei 60 km/h. Der mit

zwei bequemen Sitzen ausgestattete Wagen findet auch wegen seines niedrigen Preises viel Beifall. Wie der »Laubfrosch«, der neue Kleinwagen von Opel, wird auch das »Kommissbrot« in Serie am Fließband produziert. Beide Autos werden zu Verkaufsschlagern.

19. Dezember 1924

Räte-Revolutionär wieder frei

Der Schriftsteller Erich Mühsam wird auf Bewährung aus der Haft entlassen. Er war wegen seiner führenden Rolle an der Münchener Räterepublik im Jahre 1919 zu 15 Jahren Festungshaft verurteilt worden. Vor seinem Eintreten für die Räterepublik hatte Mühsam an linksgerichteten Kabaretts und satirischen Zeitschriften mitgearbeitet. Bei den revolutionären Ereignissen in München gehörte er – wie seine Schriftstellerkollegen Ernst Toller und Gustav Landauer – zu den herausragenden Persönlichkeiten. Mühsam wurde Mitglied des Räte-Zentralrats, Toller dessen Vorsitzender, Landauer Volksbeauftragter für Volksaufklärung.

Erich Mühsam

deutscher Schriftsteller, * 6.4.1878 Berlin; † 10. oder 11.7.1934 im KZ Oranienburg an den Folgen von Misshandlungen

Der überzeugte Pazifist, Sozialrevolutionär und Anarchist wurde mit expressionistischen Gedichten (»Das Lied vom Revoluzzer«) und Dramen bekannt. Er war zunächst Redakteur bei verschiedenen Zeitschriften, ehe er die Monatszeitschrift »Kain« herausgab. 1933, nach dem Reichstagsbrand, wird Mühsam während der ersten nationalsozialistischen Verhaftungswelle festgenommen und im Konzentrationslager Oranienburg interniert.

- bis 1901: Apotheker
- 1921: »Judas« (Arbeiterdrama)
- 1911-14, 1918/19: Herausgeber von »Kain. Zeitschrift für Menschlichkeit«

7. Dezember 1924

Neuer Reichstag

Zum zweiten Mal in diesem Jahr werden die Deutschen an die Wahlurnen gerufen. Bei den neuerlichen Reichstagswahlen können vor allem die SPD, aber auch die bürgerlichen Parteien Gewinne verbuchen. Die anhaltende Regierungskrise kann jedoch aufgrund der nach wie vor unklaren Mehrheitsverhältnisse nicht behoben werden.

Im Gegensatz zu den turnusgemäßen Wahlen am 4. Mai kehren die radikalen Parteien geschwächt in das Parlament zurück. Die in der Nationalsozialistischen Freiheitspartei (NSFP) vereinigten Deutschvölkischen und Nationalsozialisten verfügen künftig nur noch über 14 Mandate (- 18), die KPD über 45 Sitze (-17). Die Sozialdemokraten gewinnen 31 Mandate hinzu und stellen mit 131 Abgeordneten die stärkste Fraktion. Die Wahlbeteiligung war mit 78,8% höher als bei der vorangegangenen Abstimmung. Der Zweck der Reichstagsauflösung, klare Mehrheiten zur Überwindung der Regierungskrise zu erhalten, wird jedoch nicht erreicht. Seit die von Gustav Stresemann geführte Mehrheitskoalition im November 1923 scheiterte, regiert Wilhelm Marx mit Minderheitskabinetten der bürgerlichen Mitte. Die Regierungsparteien – die linksliberale Deutsche Demokratische Partei (DDP), das katholische Zentrum und die rechtsliberale Deutsche Volkspartei (DVP) – bleiben auch im neuen Reichstag mit insgesamt 152 Mandaten (rd. 30% der Sitze) in der Minderheit. Erst am 15. Januar 1925 bildet der parteilose Hans Luther mit den Deutschnationalen eine neue Regierung.

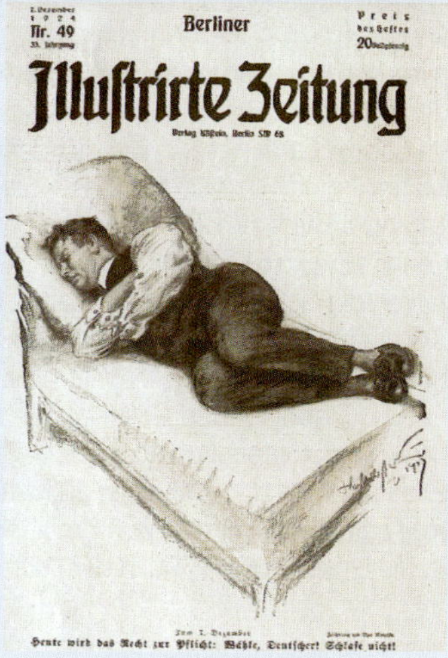

Oben: Verkündung der Wahlergebnisse mittels Scheinwerfer und Abwerfen von Extrablättern aus einem Flugzeug in der Reichshauptstadt (Zeichnung: M. Frost).
Rechts: Aufruf zur Teilnahme an der Reichstagswahl auf dem Titel der Berliner »Illustrirten Zeitung« vom 7. Dezember 1924

28. November 1924

Thomas Manns Epochenroman findet ungeteilten Beifall

Im S. Fischer Verlag in Berlin erscheint Thomas Manns mit Spannung erwarteter Roman »Der Zauberberg«. Das zweibändige Werk – ganz im Stil der großen europäischen Erziehungs- und Bildungsromane geschrieben – ist in zwölfjähriger Arbeit entstanden.

Ursprünglich hatte Mann, der zu den größten Erzählern des 20. Jahrhunderts zählt, nur ein kürzeres »humoristisches Gegenstück« zum »Tod in Venedig« (1912) geplant. Aus der Novelle wurde dann jedoch ein monumentales Werk. Im Rahmen der Geschichte seines Helden Hans Castorp behandelt Mann, der sich in den ersten Jahren der Weimarer Republik zu einem Demokraten entwickelt hat, den Kampf der Demokratie mit der Reaktion in einer philosophisch reflektierenden Erzählhaltung als Auseinandersetzung zwischen Tag/Nacht, Gesundheit/Krankheit, Leben/Tod. Der Gegensatz wird von den Figuren Settembrini und Naphta verkörpert. Der Roman spielt in der Vorkriegszeit in einem Sanatorium in Davos und veranschaulicht die Dekadenz der adlig-bürgerlichen Gesellschaft. Hinter Zeit- und Sozialkritik macht der Autor die »reine Zeit«, ihre Dauer und Vergänglichkeit zu einem zentralen Thema des Romans, das auch die Erzählstruktur bestimmt. Bei allem Ernst ist dieses Meisterwerk der Erzählkunst mit zahlreichen komischen Szenen und Figuren zugleich ein hintergründig-humoristischer Roman. Während Carl Sternheim und Bertolt Brecht den Roman ablehnen, erhält Thomas Mann von anderen, darunter Arthur Schnitzler, André Gide und Georg Lukács, ein überaus positives Echo. Vom »Zauberberg« werden bis zum Jahresende, obwohl das Buch mit 21 Reichsmark nicht billig ist, fast 30 000 Exemplare verkauft.

Dezember 1924

1 Mo Das Musical »Lady be good« des US-Komponisten George Gershwin wird in New York mit großem Erfolg uraufgeführt.

2 Di Vom Bibliographischen Institut in Leipzig wird »Meyers Lexikon« in siebter Auflage herausgebracht. Der erste der zwölf Bände kostet 30 Reichsmark.

3 Mi Die Internationale Luftfahrtkonferenz berät in Kopenhagen die Festlegung der Verbindungen zwischen Skandinavien und den mitteleuropäischen Staaten.

4 Do Nach der Überquerung der Anden landen zwei von Buenos Aires kommende Junkers-Verkehrsflugzeuge in Santiago de Chile. → Radio

5 Fr In Paris trifft der britische Außenminister Sir Joseph Austen Chamberlain mit dem französischen Ministerpräsidenten Édouard Marie Herriot zusammen.

6 Sa Das US-Bankhaus Morgan verschifft im Rahmen einer US-Anleihe die erste Goldsendung für die Reichsbank nach Hamburg.

7 So Die Firma Adolf Bleichert & Co. in Leipzig ist mit der Konstruktion und baulichen Ausführung der Zugspitzbahn beauftragt worden. → Reichstag

8 Mo Der Komponist Igor Strawinski tritt in Berlin als Solist bei der deutschen Erstaufführung seines »Concerto für Klavier und Blasinstrumente« auf.

9 Di In Österreich wird der Christlichsoziale Michael Hainisch zum zweiten Mal zum Bundespräsidenten gewählt. Er hat das Amt seit 1920 inne.

10 Mi In Stockholm werden die Nobelpreise verliehen. Wie im Vorjahr findet das Nobelkomitee keine geeignete Person für den Friedensnobelpreis. → »Kommissbrot«

11 Do Vom Reichsrat wird der Reichshaushaltsplan für 1925 genehmigt. Er ist erstmals wieder auf Grundlage der Goldwährung erstellt worden.

12 Fr Von 150 am vergangenen Freitag aus dem dänischen Hafen Esbjerg ausgelaufenen Fischkuttern sind nach orkanartigen Stürmen 70 verschollen.

13 Sa Gegen den verantwortlichen Redakteur des »Simplicissimus« ist von der Evangelischen Kirche in Bayern Anzeige wegen Gotteslästerung erstattet worden.

14 So Ottorino Respighis sinfonische Tondichtung »Pini di Roma« (»Die Pinien von Rom«) wird in Rom uraufgeführt.

15 Mo Traugott von Jagow, wegen Beteiligung am Kapp-Putsch 1920 in Festungshaft, wird begnadigt. Er war Innenminister der Kapp-Regierung gewesen.

16 Di In Wien demonstrieren Arbeitslose gegen die Einschränkung der Arbeitslosenunterstützung, die der Nationalrat am 5. Dezember beschlossen hatte.

17 Mi Die neue Frankfurter Funkhochschule eröffnet ihre Kurse mit einem Vortrag Paul Bekkers über »Voraussetzungen der Musikbetrachtung«.

18 Do In einer Ansprache an die Kardinäle des Geheimen Konsistoriums schildert Papst Pius XI. ausführlich die Lage der Kirche in der Sowjetunion.

19 Fr Der neugewählte Münchener Stadtrat wählt den Bäckermeister Karl Scharnagl von der BVP zum ehrenamtlichen Ersten Bürgermeister. → Erich Mühsam

20 Sa In Fortführung der Stabilisierungspolitik wird in Österreich die Schillingswährung eingeführt. +++ Adolf G. O. Maltzahn wird deutscher Botschafter in Washington.

21 So Die Volksbühne Berlin bringt Eugene O'Neills Drama »Unter karibischem Mond« in einer Inszenierung von Erwin Piscator zur Aufführung.

22 Mo Der Maler Christian Rohlfs wird zu seinem 75. Geburtstag Ehrenbürger der Stadt Hagen und zum Mitglied der preußischen Akademie der Künste ernannt.

23 Di Reichspräsident Friedrich Ebert muss vor dem Schöffengericht Magdeburg einen Beleidigungsprozess führen, weil ihm Landesverrat vorgeworfen wird.

24 Mi Achmed Zogu, Führer moslemisch-konservativer Kreise in Albanien, vertreibt die revolutionäre Regierung unter Bischof Fan S. Noli aus Tirana.

25 Do Bei einer Weihnachtsfeier mit 300 Kindern in Hobart im US-Bundesstaat Oklahoma kommt es zu einem Brandunglück mit mehr als 40 Toten.

26 Fr Angriffe von konservativer und nationalistischer Seite führen zur Schließung des Bauhauses in Weimar und seiner Umsiedlung nach Dessau.

27 Sa Während der Weihnachtsfeiern wurden nach polizeilichen Angaben in Berlin 50 Selbstmorde und Selbstmordversuche begangen.

28 So Wegen parteiinterner Differenzen werden der sächsische Ministerpräsident Max Heldt und Innenminister Max Müller aus der SPD ausgeschlossen.

29 Mo Der schweizerische Erzähler und Lyriker Carl Spitteler, Literaturnobelpreisträger von 1919, stirbt im Alter von 79 Jahren in Luzern.

30 Di An der Komödie Berlin hat Luigi Pirandellos Stück »Sechs Personen suchen einen Autor« deutsche Premiere. Es löst eine »Pirandello-Mode« aus.

31 Mi Reichspostminister Anton Höfle tritt wegen eines Korruptionsskandals zurück. +++ Deutschland lieferte 1924 rd. 11,4 Mio. t Steinkohle an die Alliierten.

Januar 1925

1 **Do** Die norwegische Hauptstadt Kristiania erhält ihren früheren Namen Oslo zurück. Die ganze Stadt wird feierlich mit Blumen geschmückt.

2 **Fr** In Wien dürfen Häftlinge erstmals Radiosendungen hören. Die Gefängnisleitungen erwägen, das Radio als Erziehungsmittel einzusetzen.

3 **Sa** Die Uraufführung des Stückes »Der Kreidekreis« von Klabund findet im Schauspielhaus in Frankfurt am Main statt. → Mussolini

4 **So** Wegen der ungewöhnlich milden Witterung in Europa müssen die meisten der geplanten Wintersportwettkämpfe verschoben werden.

5 **Mo** Auf seiner ersten Sitzung berät der am 7. Dezember 1924 neu gewählte Reichstag in Berlin den Haushaltsplan für 1925.

6 **Di** Das in Paris tagende internationale Komitee der Metallarbeiter nimmt eine Resolution an, die die internationale Einführung des Achtstundentages fordert.

7 **Mi** Die »Emden«, der erste seit der Unterzeichnung des Versailler Vertrages in Deutschland gebaute Kreuzer, läuft in Wilhelmshaven vom Stapel.

8 **Do** Nur zwei Wochen nach der Erstausgabe erscheint beim Rowohlt-Verlag in Berlin der Roman »Napoleon« von Emil Ludwig in der zweiten Auflage.

9 **Fr** In einer Auflage von 50 000 Exemplaren erscheint das »Radiobastelbuch« mit detaillierten Anleitungen zum Selbstbauen von Rundfunkempfängern.

10 **Sa** Die Nationalsozialistische Freiheitspartei bringt im Reichstag einen Antrag ein, worin sie die Absetzung von Reichspräsident Friedrich Ebert (SPD) fordert.

11 **So** Der ungarische Meister MTK Budapest schlägt in Nürnberg vor 12 000 Zuschauern den mehrfachen deutschen Fußballmeister 1. FC Nürnberg 4:2.

12 **Mo** Auf einer Sitzung stimmen die Stadtverordneten Leipzigs für die Schließung aller »Freudenhäuser«. Zur Zeit gibt es in der sächsischen Stadt 31 Bordelle.

13 **Di** Bei Herne verunglückt der D-Zug Berlin-Köln. Die Katastrophe fordert 23 Menschenleben, viele Reisende werden verletzt.

14 **Mi** In Paris endet die Konferenz der interalliierten Finanzminister mit der Unterzeichnung eines Abkommens, das u.a. die deutschen Reparationen neu regelt.

15 **Do** Im Frankfurter Neuen Theater werden die Stücke »Wollust der Ehrlichkeit« und »Der Musikant« des Italieners Luigi Pirandello uraufgeführt. → Hans Luther

16 **Fr** Die Aufführung des Films »Wilhelm Tell« wird von den alliierten Besatzungstruppen für alle Kinos der Stadt Duisburg verboten.

17 **Sa** In Madrid beginnt eine Bau- und Wohnungsausstellung, an der sich auch Deutschland beteiligt. Sie dauert bis zum 2. Februar. → Trotzki

18 **So** Bei einem Städtevergleichskampf der Turner aus Nürnberg, Hannover, Frankfurt am Main und Essen in Hannover siegt die Mannschaft aus Nürnberg.

19 **Mo** Die US-Marine präsentiert Pressevertretern den Katapultstart für Militärflugzeuge von Schlachtschiffen aus – eine technische Neuheit.

20 **Di** Im US-Senat wird über die Schuldenrückzahlung Frankreichs diskutiert. Paris wird vorgeworfen, die USA übervorteilen zu wollen.

21 **Mi** Die Nationalversammlung von Albanien proklamiert feierlich die Republik. +++ Das Berliner Sechstagerennen gewinnt die Mannschaft Walter Rütt/Jean Aerts.

22 **Do** Sowjetische Zeitungen veröffentlichen Berichte über sensationelle Goldfunde in Sibirien, wo inzwischen ein wahrer Goldrausch ausgebrochen ist.

23 **Fr** Der Reichstag verabschiedet in Berlin das Abkommen zwischen Polen und dem Deutschen Reich über die Staatsangehörigkeiten.

24 **Sa** In New York und weiten Teilen der USA ist eine totale Sonnenfinsternis zu beobachten. Millionen Menschen betrachten fasziniert das Naturereignis.

25 **So** Vertreter von US-Organisationen versammeln sich in New York zu einer Friedenstagung, auf der US-Präsident Coolidge eine Rede hält. → Pharaonengrab

26 **Mo** Der geadelte britische Politiker Herbert Henry Asquith wird Mitglied im Oberhaus. +++ Der Siemenskonzern erhält von einer New Yorker Bank 10 Mio. Dollar Kredit.

27 **Di** Die Rallye Monte Carlo, zu der Teilnehmer aus 15 europäischen Städten gestartet waren, endet mit dem Sieg des Franzosen François Repusseau auf Renault.

28 **Mi** In Mainz bilden deutsche und französische Lehrer eine Arbeitsgemeinschaft zum Ausbau einer republikanischen und pazifistischen Schule.

29 **Do** Die »Frankfurter Zeitung« berichtet vom Flug des britischen Piloten Alan Cobham in das Himalaja-Gebirge. Cobham war von Indien aus gestartet.

30 **Fr** Die Abgeordneten des preußischen Landtages in Berlin wählen den am 23. Januar zurückgetretenen Otto Braun (SPD) erneut zum Ministerpräsidenten.

31 **Sa** Nach mehreren vom Publikum begeistert aufgenommenen Konzerten verlässt der deutsche Dirigent Wilhelm Furtwängler New York.

25. Januar 1925

Schätze im Pharaonengrab

Im Beisein von ägyptischen Regierungsvertretern öffnet der britische Archäologe Howard Carter im Tal der Könige nahe Luxor das während der Ausgrabungsarbeiten vor elf Monaten verschlossene Grab des ägyptischen Königs Tutanchamun (um 1346-1337 v. Chr.). Die Schließung war aufgrund eines Streits Carters mit den ägyptischen Behörden um Grabungskonzessionen erfolgt. Erst jetzt kann Carter seine Arbeiten auf dem Terrain der ehemaligen pharaonischen Hauptstadt Theben fortsetzen. Das Interesse der gesamten Weltöffentlichkeit richtet sich nun gespannt auf die sensationellen Funde in der Grabkammer.

Carter hatte das Grab des Herrschers aus der Zeit der 18. Dynastie des altägyptischen Reiches bereits am 4. November 1922 entdeckt. Als er auf eine in die Tiefe führende Treppe stößt, die an einer Mauer endet, unterbricht er die Arbeiten und informiert seinen Auftraggeber, den britischen Kunstsammler Lord Carnarvon, der die Suche seit sechs Jahren finanziert. Im Beisein Carnarvons durchbricht er die Mauer und entdeckt das Siegel Tutanchamuns. Am 26. November betritt Carter als erster Mensch seit über 3000 Jahren die Grabkammer des Pharao. Die 3,66 m breite, 7,92 m lange und 2,60 m hohe Vorkammer der Totenstätte enthält neben Grabbeigaben auch den Thron des Königs. Carters Auftraggeber, der sich ebenfalls in der Grabkammer aufhielt, stirbt wenig später unter mysteriösen Umständen. Damit ist die Legende vom »Fluch der Pharaonen« geboren. In Großbritannien entledigen sich Hunderte von Sammlern in von den Zeitungen geschürter Panik ihrer ägyptischen Antiquitäten.

Maske aus dem Grab von Tutanchamun, eine Arbeit aus purem, mit Halbedelsteinen besetztem Gold.

27. Februar 1925

Hitler reorganisiert NSDAP

Im Münchener Bürgerbräukeller gründet der im Dezember 1924 aus der Haft entlassene Adolf Hitler (Abb.: Mitte) die Nationalsozialistische Deutsche Arbeiterpartei (NSDAP) neu. Die NSDAP war nach dem Hitler-Putsch vom 8./9. November 1923 verboten worden. Hitler legt die Partei auf das Legalitätsprinzip fest, d.h. auf die Erlangung der Macht auf verfassungsgemäßem Weg.

17. Januar 1925

Stalin stellt Trotzki kalt

Das Zentralkomitee der Kommunistischen Partei der Sowjetunion suspendiert Leo D. Trotzki vom Amt des Volkskommissars für Verteidigung. Von Trotzki, der aus Krankheitsgründen nicht anwesend ist, wird ein Schreiben verlesen, in dem er sich gegen die Vorwürfe des Revisionismus und Pessimismus zur Wehr setzt. Die Absetzung ist ein Indiz dafür, dass es Stalin im Kampf um die Nachfolge Lenins gelungen ist, Trotzki in der Parteiführung zu isolieren. Trotzki war nicht nur ein entscheidender Führer und kraftvoller Agitator während der Oktoberrevolution 1917, er sicherte den Bolschewiken durch die Organisation der Roten Armee auch den Sieg über die »Weißen« im russischen Bürgerkrieg. Er spricht sich allerdings entschieden gegen Stalins Theorie vom »Sozialismus in einem Land« aus. Stattdessen hält er unter Berufung auf die Schriften Lenins an der Weltrevolution fest. Außerdem prangert er die ausufernde Bürokratie des Parteiapparates an.

Nicht zuletzt aufgrund dieser Vorgeschichte stößt die Wiederaufnahme der Ausgrabungsarbeiten auf große Resonanz bei der Presse. Nach gründlichen Vorarbeiten öffnen Carter und sein Team am 10. Oktober 1925 den ersten Sarg, der in Mumienform auf einem Quarzitsarkophag ruht. Dieser wiederum ist von vier Schreinen aus vergoldetem Holz umgeben. Im ersten Sarg befinden sich zwei weitere Särge. Der letzte Sarg besteht aus purem Gold. Seine stilisierte Pharaomaske (s. Abb.) zeigt den Herrscher mit den überkreuz gehaltenen Königsinsignien Zepter und Geißel. Über dem Kopf sitzt das von den beiden Wappentieren des ober- und unterägyptischen Königtums – Ursäus und Nechbet – bekrönte Nemes-Kopftuch. Die Uräusschlange ist Symbol der Göttin Uta, der Geier Symbol der Göttin Nechbet. Dieser letzte Sarg enthält die reichlich mit Schmuck ausgestattete Mumie. Im Oktober 1926 dringt Carter in die sog. Schatzkammer vor. In dem Raum von 4,70 m Länge und 3,75 m Breite stößt er auf Kunstgegenstände von einmaliger Pracht. Zwar sind einige Schatztruhen bereits im Altertum von Grabräubern aufgebrochen worden – diese haben aber nur wenige Schmuckstücke mitnehmen können. Am Eingang hält eine Holzfigur in Gestalt eines Schakals Wache. Sie stellt den Gott Anubis dar. In der Kammer steht der Schrein mit den vier Särgen für die Eingeweide Tutanchamuns, die nach ägyptischem Brauch getrennt von der mumifizierten Leiche bestattet worden sind. Auf einer Reihe von Kästen, die Goldstatuetten und andere Figuren enthalten, stehen Bootsmodelle, die den Verstorbenen nach altägyptischer Vorstellung im Jenseits als Transportmittel dienen sollen. Der ägyptische Totenkult, von dem Pyramiden- und Sargtexte sowie eine umfangreiche Totenliteratur Zeugnis ablegen, geht von der Vorstellung aus, dass es möglich wäre, einem Verstorbenen durch magische Mittel ein glückliches Fortleben zu sichern. Die spektakulären Funde in der Grabstätte Tutanchamuns locken in der Folge eine Vielzahl von Touristen in das Tal der Könige.

3. Januar 1925

Mussolini errichtet Diktatur

Der italienische Ministerpräsident Benito Mussolini (s. Abb.) kündigt vor dem Parlament in Rom eine härtere Gangart gegenüber oppositionellen Kräften an. Innerhalb weniger Tage vollziehen seine Handlanger den endgültigen Übergang zur faschistischen Diktatur.

Bereits am 31. Dezember 1924 waren linke und liberale Zeitungen beschlagnahmt und bei bekannten Antifaschisten Hausdurchsuchungen durchgeführt worden. Nach der Rede des »Duce« kommt es im ganzen Land zu Massenverhaftungen, Verboten von Vereinen und brutalen Übergriffen auf Regimegegner. Am 5. Januar werden die verbliebenen rechtsliberalen Minister zum Rücktritt gezwungen. Ein neues Gesetz ermächtigt Mussolini schließlich, unter offener Umgehung des Parlaments auf der Grundlage von selbst erlassenen Dekreten zu regieren. Damit hat der »Duce« die volle Verfügungsgewalt über die Exekutive.

28. Februar 1925

Ebert wird Opfer des Hasses

Friedrich Ebert, eine Schlüsselfigur der frühen Weimarer Republik und ihr erster Präsident, stirbt im Alter von 54 Jahren in einem Berliner Krankenhaus. Der seit Jahren den Hasskampagnen reaktionärer Kreise ausgesetzte Sozialdemokrat hatte eine Blinddarmentzündung verschleppt, um sich einem Untersuchungsausschuss zu stellen. Nicht weniger als 173 Prozesse hatte Ebert um seine persönliche Ehre führen müssen. Besonders tief traf ihn der Vorwurf des Landesverrats, der gegen ihn erhoben worden war, da er Führer eines Berliner Metallarbeiterstreiks im Kriegsjahr 1918 war.

Hans Luther

deutscher Politiker; * 10.3.1879 Berlin; † 11.5.1962 Düsseldorf

Der parteilose Verwaltungsjurist stand der bürgerlich-liberalen DVP seines Außenministers Gustav Stresemann nahe. Innenpolitisch bemühte sich Luther, den Einfluss der Parteien auf die Regierung zurückzudrängen. Zusammen mit Stresemann drängte er auf einen Ausgleich mit den Westmächten und schloss 1925 die Locarno-Verträge. In seiner Funktion als Reichsfinanzminister (1923-25) hatte er maßgeblichen Anteil an der Überwindung der Inflation sowie am Abschluss des Dawes-Plans. Als Präsident der Reichsbank (1930-33) beeinflusste Luther die deflatorische Finanzpolitik der Regierung Brüning. Nach der nationalsozialistischen Machtübernahme wurde er von Adolf Hitler zum Rücktritt gezwungen.

- 1918-22: Oberbürgermeister von Essen
- 1922/23: Reichsernährungsminister
- 1933-37: Botschafter in den USA
- 1953: Vorsitzender eines Ausschusses zur Neugliederung des Bundesgebietes

15. Januar 1925

Erste Mitte-Rechts-Regierung

Reichskanzler Hans Luther (parteilos) gibt vier Wochen nach dem Rücktritt der bürgerlichen Regierung unter Wilhelm Marx (Zentrum) die Bildung seines Kabinetts bekannt. Luther ist innerhalb von sechs Jahren Weimarer Republik der neunte Reichskanzler. Er steht der zwölften Regierung vor, einem Kabinett des »Bürgerblocks«. Zum ersten Mal sind neben DVP, DDP, Zentrum und BVP die Deutschnationalen (DNVP), die bei den Wahlen am 7. Dezember Zugewinne verbuchten, an der Regierung beteiligt. Weitere Gewinner der Wahlen waren die Sozialdemokraten, die DDP, die DVP und das Zentrum. Die radikalen Flügelparteien KPD und NSDAP mussten Verluste hinnehmen. Die Tatsache, dass mit der DNVP erstmals »Völkische« an der Regierung beteiligt sind, stößt auf Protest bei den Oppositionsparteien SPD und KPD.

Februar 1925

1 So Im schweizerischen Davos erkämpft sich die Österreicherin Herma Jaross-Szábo zum vierten Mal den Weltmeistertitel im Eiskunstlauf der Damen.

2 Mo In Schreiberhau im Riesengebirge veranstaltet der Deutsche Arbeiter-Turn-und Sportbund »Wintersportliche Wettkämpfe der 1. Arbeiter-Olympia«.

3 Di Auf der Tagung des internationalen Bergarbeiter-Komitees in Hannover wenden sich die Teilnehmer gegen den Konkurrenzkampf in der Kohle-Industrie.

4 Mi Der Theaterregisseur Max Reinhardt schließt mit der Wiener Hochschule für Musik einen Vertrag über eine Dozententätigkeit.

5 Do In Brüssel kündigt die liberale Fraktion die Regierungskoalition auf. Grund ist eine Parlamentsvorlage zum Frauenwahlrecht.

6 Fr Die Tagespresse veröffentlicht beunruhigende Meldungen über stark ansteigende Getreidepreise auf dem internationalen Markt.

7 Sa In Moskau geht eine in Deutschland entwickelte und gebaute Diesellokomotive auf Probefahrt. Sie eignet sich für vor allem für lange Strecken.

8 So Das statistische Amt gibt bekannt, dass zur Zeit in Deutschland 200 000 Personenkraftwagen sowie 100 000 Motorräder zugelassen sind.

9 Mo In Köln begrüßt Oberbürgermeister Konrad Adenauer den neuen Reichskanzler Hans Luther, der der Domstadt einen Besuch abstattet.

10 Di In den tschechoslowakischen Städten Brünn und Prag treiben Polizeitruppen Demonstranten gegen Lebensmittel-Preiserhöhungen brutal auseinander.

11 Mi Mit 73 Jahren stirbt in Paris der französische Dichter Aristide Bruant. +++ Die »Frankfurter Zeitung« berichtet von Funden aus der Römerzeit in Trier.

12 Do Nach Auflösung der französischen Botschaft im Vatikan kommt es in Marseille zu blutigen Zusammenstößen zwischen klerikalen und antiklerikalen Kräften.

13 Fr Neue deutsche Meister im Eiskunstlauf werden auf dem Titisee bei den Damen Ellen Brockhöfft, bei den Herren Werner Rittberger (beide Berlin).

14 Sa Im mittelasiatischen Teil der Sowjetunion wird eine neue autonome Sowjetrepublik, die Tadschikische ASSR, gegründet.

15 So Der schwedische Meisterschwimmer Arne Borg verbessert den Weltrekord über 500 yards von Johnny Weiss-muller (USA, 5:50,4 min) um 1,4 sec.

16 Mo Das Telefunkenwerk stellt einen kleinen Röhrensender für die drahtlose Telegrafie- und Telefonübertragung vor, der für die Feuerwehr entwickelt wurde.

17 Di Die 136 Opfer einer Bergwerkskatastrophe auf der Zeche Minister Stein in Dortmund werden auf dem städtischen Zentralfriedhof beigesetzt.

18 Mi »Ein Spiel von Tod und Liebe« von Romain Rolland hat in Hamburg Premiere. +++ Die Regierung Polens genehmigt das Konkordat mit der katholischen Kirche.

19 Do In Genf geht die internationale Opiumkonferenz zu Ende. Die Delegierten verständigen sich auf eine verschärfte Überwachung des Opiumhandels.

20 Fr Zwischen New York und den Bermuda-Inseln wird ein Flugpostdienst eingerichtet. +++ In Estland verbietet ein Gesetz alle kommunistischen Verbände.

21 Sa Vor der britischen Küste bei Dover werden umfangreiche Verschmutzungen des Wassers durch Öl festgestellt, die zur Bedrohung für die Fischerei werden.

22 So Das Endspiel um den deutschen Bundespokal der Fußballlandesverbände gewinnt in Hamburg Norddeutschland gegen Süddeutschland 2:1.

23 Mo Deutsche Frauenverbände schließen sich in Berlin zu einer Arbeitsgemeinschaft zusammen, die ihre gemeinsamen Interessen vertreten soll.

24 Di Der Ex-Kaiser von China, Hsüan t'ung, flieht aus der japanischen Botschaft in Peking und siedelt mit seiner Familie nach Tientsin über.

25 Mi Die Komödie »Der Nobelpreis« des schwedischen Autors Hjalmar Bergman wird zeitgleich in Stockholm und in Göteborg uraufgeführt.

26 Do Der bekannte Pariser Tanzmeister und Erfinder des Gesellschaftstangos, Professor Robert, stellt seine neueste Tanzschöpfung, den »Raquette«, vor.

27 Fr Große Aufmerksamkeit erfährt die Inszenierung des »Coriolan« von William Shakespeare durch Erich Engel im Lessing-Theater in Berlin. → Hitler

28 Sa Einen Weltrekord im Dauerschwimmen stellt der Argentinier Pedro Cantiati in Buenos Aires auf. Er hält sich 35 Stunden über Wasser. → Friedrich Ebert

März 1925

1 So Die sowjetische Regierung erlässt eine Verordnung, nach der Frauen künftig bei einer Eheschließung selbst über ihren Familiennamen entscheiden.

2 Mo In Japan wird das allgemeine Wahlrecht eingeführt. Bislang war es an die Steuerzahlungen gekoppelt. Frauen sind weiterhin nicht wahlberechtigt.

3 Di Mit einer Galavorstellung gedenkt man in der Pariser Opéra Comique der Uraufführung von Georges Bizets Oper »Carmen« vor genau 50 Jahren.

4 Mi Die SPD gibt die Gründung einer Stiftung zu Ehren von Friedrich Ebert bekannt. Sie soll jungen befähigten Menschen Studienbeihilfen gewähren.

5 Do In seinem Geburtsort Heidelberg findet die feierliche Beisetzung des am 28. Februar verstorbenen Reichspräsidenten Friedrich Ebert statt.

6 Fr In den Münchener Großbrauereien kommt es zu Massenentlassungen, weil die Arbeitnehmer die neun- bis zehnstündige Arbeitszeit ablehnen.

7 Sa Nach mehrmonatigen Versuchen auf der Bahnstrecke Hamburg-Berlin beginnt die Zugtelefon AG mit der Errichtung eines eigenen Telefonnetzes.

8 So Zu einer totalen Arbeitseinstellung in den Kohlenminen von Neuschottland (Kanada) führt der Streik von 12 000 kanadischen Bergleuten um höhere Löhne.

9 Mo Die bayerische Regierung erteilt Adolf Hitler Redeverbot in der Öffentlichkeit. +++ In Genf beginnt die 23. Tagung des Völkerbundes.

10 Di Zum neuen Botschafter in Deutschland bestimmt die US-Regierung in Washington ihren bisherigen Gesandten in Peking, Jacob Gould Schurman.

11 Mi Aufgrund gesetzlicher Regelungen wird der Präsident des Reichsgerichts, Walter Simons, als stellvertretender Reichspräsident vereidigt.

12 Do Mit 68 Jahren stirbt der Gründer der Republik China, Sun Yat-sen, in Peking. +++ Wegen des Eisenbahnerstreiks setzt die Bahn die Technische Nothilfe ein.

13 Fr Das Unterhaus in London genehmigt einen Gesetzesvorschlag über die Annahme der ständigen Sommerzeit noch in diesem Jahr.

14 Sa Erfolgreich für die deutschen Fahrer endet in Köln die am 1. März gestartete »Internationale Deutschlandfahrt 1925«, ein Motorrad-Vergleichskampf.

15 So Anlässlich der in Schlesiens Hauptstadt stattfindenden Frühjahrsmesse wird der regelmäßige Flugverkehr zwischen Berlin und Breslau eröffnet.

16 Mo In Elsass-Lothringen werden 90% der Schulen wegen der Einführung von interkonfessionellen Schulen in Colmar bestreikt. → »Wege zur Kraft und Schönheit«

17 Di Mehrere Fraktionen des Reichstags reichen einen Antrag ein, worin sie die Erhaltung der gefährdeten Waldbestände im Ruhrkohlenbezirk fordern.

18 Mi Durch einen Großbrand wird ein erheblicher Teil des weltberühmten Wachsfigurenkabinetts der Madame Tussaud in London zerstört.

19 Do Ein Wirbelsturm im Mittelwesten der USA fordert mehr als 1700 Todesopfer. Besonders betroffen sind die Bundesstaaten Mississippi, Indiana und Illinois.

20 Fr Der aus dem Exil nach Chile zurückgekehrte Arturo Alessandri y Palma übernimmt in Santiago de Chile wieder die Regierung.

21 Sa Die spanische Regierung gibt den Erlass eines neuen Statuts für die Provinzialverwaltungen heraus, der die Verwaltungsautonomie Katalaniens aufhebt.

22 So Die Delegierten des Alldeutschen Verbandes beenden ihr Treffen in Dresden mit einer Resolution gegen die Politik von Außenminister Gustav Stresemann.

23 Mo In Kairo löst König Fuad I. das Parlament unter Sad Saghlul auf, da dessen Unabhängigkeitsbestrebungen den Vorstellungen des Königs widersprechen.

24 Di Der hessische Landtag wählt Karl Ulrich (SPD) wieder zum Staatspräsidenten von Hessen. Ulrich bildet eine Regierung mit Zentrum, DDP und SPD.

25 Mi Im Drei-Masken-Verlag in München erscheint der historische Roman »Jud Süß«, ein Werk des Münchener Schriftstellers Lion Feuchtwanger.

26 Do Der sowjetische Autor Wladimir W. Majakowski schließt mit dem sowjetrussischen Verlag »Gosidat« einen Vertrag über eine Ausgabe seiner Werke.

27 Fr In Jerusalem kommt es anlässlich des Besuchs des ehemaligen britischen Außenministers Arthur James Earl of Balfour zu Protestdemonstrationen.

28 Sa Der alljährliche Ruderwettkampf zwischen den Achterbooten der britischen Universitäten Oxford und Cambridge gewinnt die Mannschaft aus Cambridge.

29 So Der erste Wahlgang der Reichspräsidentenwahl bringt keine Entscheidung, da keiner der sieben Kandidaten die notwendige absolute Mehrheit erreicht.

30 Mo In Dornach bei Basel stirbt Rudolf Steiner, Schöpfer der Anthroposophie und Gründer der Anthroposophischen Gesellschaft.

31 Di Bei einer Felddienstübung der Reichswehr ertrinken 81 Soldaten, als eine Pontonfähre auf der Weser verunglückt.

26. April 1925

Ein alter Feldherr als Staat

Die Deutschen sehnen sich offensichtlich nach der »guten alten Zeit« zurück und wählen sich einen Ersatzkaiser: Sein Ruhm als Feldherr und deutscher Patriot trägt den 77-jährigen Generalfeldmarschall a. D. Paul von Hindenburg ins Amt des Reichspräsidenten. Im zweiten Wahlgang entscheiden sich 48,3% der Wähler für den erklärten Monarchisten.

Hindenburgs Gegenkandidat, der Zentrumspolitiker und ehemalige Reichskanzler Wilhelm Marx, der vom »Volksblock« aus SPD, DDP und Zentrum aufgestellt wurde, erhält 45,3% der Stimmen. Ernst Thälmann, Kandidat der KPD, verbucht 6,4%. Der Oberbefehlshaber im Ersten Weltkrieg und »Sieger von Tannenberg« ist von den rechtsgerichteten Parteien NSDAP, DNVP, DVP, BVP und bayerischer Bauernbund zu einer Kandidatur überredet worden. Da im zweiten Wahlgang die einfache Majorität genügt, setzt sich der kaisertreue General gegen den auf Reichsebene kaum populären bürgerlichen Rheinländer Marx durch, der in Frack und Zylinder farblos von den Wahlplakaten blickt. Die knappe Million Stimmen, die den Ausschlag gibt, entspricht rechnerisch der Stärke der BVP, die auf der Ebene der Reichspolitik sonst oft mit dem Zentrum stimmt, sich diesmal aber dem rechten »Reichsblock« angeschlossen hat. Hindenburg hatte sich erst nach einigem Zögern zur Annahme der Wahl entschlossen. Der Antidemokrat hatte Bedenken, sich als Repräsentant einer von ihm eigentlich verachteten Republik zur Verfügung zu stellen – Bedenken, die demokratisch gesinnte Menschen mit ihm teilen. Der Schriftsteller Thomas Mann äußert sich am 25. April auf Anfrage in der Wiener »Neuen Freien Presse« (Auszug): »Ich mische mich sehr ungern in die politischen Tageskämpfe, aber zur Äußerung aufgerufen, muss ich bekennen, dass ich den Missbrauch des Pflichtgefühls eines alten Soldaten durch die Parteien, die sich die nationalen nennen, die berechnungsvolle Ausnutzung der romantischen Liebe des deutschen Volkes als eine wirkliche, menschliche und politische Schlechtigkeit empfinde. Unheilvolle Folgen dieser Kandidatur sind leider in jedem Falle sicher ... Lassen Sie mich aber Ihnen auf Ihre Frage erklären, dass ich stolz sein würde auf die politische Zucht und den Lebens- und Zukunftsinstinkt unseres Volkes, wenn es am 26. April darauf verzichtet, einen Recken der Vorzeit zu seinem Oberhaupt zu wählen.« Am

Feldherr in Zivil: Hindenburg vor dem Wahllokal

Paul von Hindenburg, Symbol für Preußens Gloria

16. März 1925

»Wege zur Kraft und Schönheit« huldigt dem Körperkult

Mit großem Erfolg wird im Berliner Ufa-Palast der sog. Kulturfilm »Wege zur Kraft und Schönheit« von Regisseur Wilhelm Prager uraufgeführt.

Der FKK-Streifen ästhetisiert in Nachbildungen berühmter Gemälde sowie antiker historischer Dastellungen den sportlichen Körper. Er setzt in Gymnastik, Tanz und Athletik zudem die Körperkultur der Antike, etwa in römischen Thermalbädern oder in griechischen Stadien, in Szene. Die paradiesisch anmutenden Bilder suggerieren – wenig wirklichkeitsnah – die Harmonie vollkommener Körper und Seelen. In teils künstlichen Posen (s. Abb.) huldigt der Film dem gesunden Körper – angeblich Voraussetzung für den innewohnenden gesunden Geist. Der Kassenschlager erhält das Prädikat »volksbildend« und wird als erzieherische Großtat gewertet. Viele zeitgenössische Kritiker lehnen den Streifen aber bereits als politisch gefährlichen Kitsch ab.

berhaupt

Tag nach der Wahl, die viele Demokraten als Niederlage für die Weimarer Republik empfinden, erscheint im »Berliner Tagblatt« folgender Leitartikel von Theodor Wolff, einem der einflussreichsten Publizisten der Zwanzigerjahre (Auszug): »Die Republikaner haben eine Schlacht verloren, der bisher monarchistische Feldmarschall von Hindenburg wird Präsident der deutschen Republik. Landbündler und Offiziersbündler lassen heute die Sektpfropfen knallen – wir empfinden Scham über die politische Unreife so vieler Millionen, die nun wieder den Augen der achselzuckenden Welt sich zeigt. Die gestrige Wahl war eine Intelligenzprüfung, und vor der zuschauenden Weltgalerie, vor mitleidig entsetzten Freunden und höhnenden Feinden ist ungefähr die Hälfte des deutschen Volkes durchgefallen.« Die Rechtsparteien hingegen feiern den Wahlausgang überschwänglich als »Heimkehr des alten Preußen in das neue Deutschland«. Auch im Ausland wird die Wahl Hindenburgs mit Skepsis und großer Distanz registriert. Teilweise interpretiert man sie als Herausforderung der Alliierten, aber auch als Ausgeburt des deutschen Revisionismus. Das französische Blatt »Temps« wertet die Wahl als Zeichen, dass »das deutsche Volk damit seine Niederlage im Weltkrieg leugnen will«.
Nach Berichten aus eingeweihten Kreisen soll Reichspräsident Paul von Hindenburg nach der Vereidigung auf die Verfassung der Weimarer Republik am 12. Mai geäußert haben, er hätte diese erst jetzt gelesen und er fände sie gar nicht so schlecht. Damit ist angedeutet, was zur Überraschung sowohl linker als auch rechter Kräfte eintreten sollte. Hindenburg verhält sich zunächst loyal zur Republik, jedenfalls loyaler, als es seine Anhänger und Gegner von ihm erwartet hatten. Auch Außenminister Gustav Stresemann äußert sich in seinen Tagebuchaufzeichnungen positiv über die Ansichten des greisen Präsidenten: »Alles in allem hatte ich den Eindruck eines Mannes, der in konservativen Traditionen aufgewachsen ist und daraus auch keinen Hehl macht, der aber konstitutionell denkt«.

16. April 1925

Attentat fordert hohen Blutzoll

Ein ungewöhnlich folgenschweres Bomben-Attentat fordert in der bulgarischen Hauptstadt Sofia 207 Menschenleben und zerstört die Sophienkathedrale. 525 Gäste des Trauergottesdienstes zu Ehren eines ermordeten Regierungsmitglieds werden zum Teil schwer verletzt. Als die auf dem äußeren Gesimse aufgestellte Bombe explodiert, befinden sich rd. 2000 Menschen in der Kirche. Zwei Kuppeln des Gotteshauses stürzen ein und begraben die Menschen, darunter viele Regierungsmitglieder, unter sich. Die Attentäter, deren Mitgliedschaft in der Kommunistischen Partei vermutet wird, werden am 27. Mai öffentlich hingerichtet.

6. April 1925

Hauptstadt oder Krähwinkel?

Eine Konferenz über die Verlängerung der Polizeistunde in Groß-Berlin geht ohne Ergebnis zu Ende. Berliner Gastronomen hatten darum ersucht, zumindest größere Lokale auch über die Sperrstunde von 1.00 Uhr hinaus offenhalten zu dürfen. Vertreter der Fremdenverkehrsorganisationen hatten berichtet, dass die in die Reichshauptstadt kommenden erlebnishungrigen deutschen und ausländischen Touristen immer wieder über die »Krähwinkelei« in Berlin klagen. Zwar

locken Nachtclubs und Bars die Kundschaft mit teilweise exotischen Attraktionen an (s. Abb.), doch werden die Besucher durch die zeitige Polizeistunde zur – für ausländische Verhältnisse – relativ frühen Bettruhe gezwungen.

29. April 1925

Der Trend heißt »Art deco«

Auf der Pariser Esplanade des Invalides eröffnet die »Exposition Internationale des Arts Décoratifs et Industriels Modernes«. Diese Weltausstellung des Kunsthandwerks verleiht einer Stilrichtung den Namen, die in den 20er und 30er Jahren viele künstlerische Bereiche dominiert: »Art deco«.
In selbst gestalteten Pavillons zeigen Innenarchitekten, Modeschöpfer und Designer einem begeisterten Publikum ihre Werke. Die Erzeugnisse bilden dekorative Ensembles von zumeist exklusiver Ausstattung (s. Abb.) mit üppiger Ornamentik und teilweise stereometrischen Formen. »Art deco« verschmelzt Elemente des Jugendstils, des Futurismus und des Funktionalismus mit ostasiatischen Einflüssen. Die Künstler bevorzugen kostbare Materialien wie glänzende Metalle und Kristall, die eine glatte Formgebung ermöglichen.

Sogar die Architektur spiegelt den »Art deco«-Stil wider – etwa beim Empire State Building in New York. Eine »Art deco«-Inneneinrichtung ziert auch die erste Klasse des französischen Luxusliners »Normandie«. Unter dem Einfluss der Weltwirtschaftskrise verliert der Kunststil seinen exklusiven Charakter, auch einfache Haushaltsgegenstände sind nun »Art deco«.

1 Mi Die Hebräische Universität in Jerusalem wird feierlich eingeweiht. +++ Das Bauhaus in Weimar siedelt nach Dessau über.

2 Do In Rom versammeln sich katholische Würdenträger aus aller Welt zur Heiligsprechung von Petrus Canisius und Theresia von Lisieux durch Papst Pius XI.

3 Fr Die »Frankfurter Zeitung« berichtet von Differenzen zwischen den neuseeländischen Ureinwohnern, den Maori, und Großbritannien.

4 Sa Unter der Regie von Jürgen Fehling hat im Staatlichen Schauspielhaus Berlin das Drama »Die Sündflut« von Ernst Barlach Premiere.

5 So Bei den Wahlen in Belgien sind erstmals auch Frauen stimmberechtigt. Einen überragenden Wahlsieg können die Sozialisten feiern.

6 Mo Im Zuge der vor einer Woche begonnenen Metallerstreiks entlassen die AEG, die Lokomotivfabrik Henningsdorf und Borsig rd. 4000 Arbeiter. → Hauptstadt

7 Di In Paris akzeptiert das französische Abgeordnetenhaus mit 390 gegen 183 Stimmen das Frauenstimmrecht für Gemeinde- und Bezirkswahlen.

8 Mi Das britische Unterhaus genehmigt eine Vorlage, nach der Angehörige ehemals feindlicher Staaten den anderen Ausländern gleichgestellt werden.

9 Do Der Verein Deutscher Chemiker warnt vor der Aufnahme eines Chemiestudiums, da der Bedarf an ausgebildeten Chemikern in Deutschland gedeckt sei.

10 Fr Das in Frankfurt am Main ausgetragene Fußballspiel des Schweizer Fußballclubs Blue Star Zürich gegen Eintracht Frankfurt gewinnen die Gäste 3:2.

11 Sa Auf dem Messegelände der spanischen Hauptstadt Madrid beginnt eine internationale Ausstellung der Lebensmittelbranche und verwandter Gewerbe.

12 So Ein Gesetz im US-Bundesstaat Tennessee verbietet das Lehren der Evolutionstheorie, um keine Zweifel an der biblischen Schöpfungsgeschichte zuzulassen.

13 Mo Durch das schöne Osterwetter verzeichnet Berlin den stärksten Ausflugsverkehr seit zehn Jahren. Es wurden allein 4 Mio. Straßenbahn-Fahrgäste gezählt.

14 Di Ein vom Observatorium in Lindenberg bei Berlin gestarteter Ballon erreicht mit 32 000 m eine Rekordhöhe für einen unbemannten Ballonaufstieg.

15 Mi Der zum Tode verurteilte Massenmörder Fritz Haarmann wird im Hof des hannoverschen Gerichtsgefängnisses hingerichtet.

16 Do Dem französischen Senat liegt ein Gesetzesvorschlag vor, der den Roquefort-Käse vor Fälschern schützen soll. → Attentat

17 Fr Das durch einen Sturm in Not geratene britische Luftschiff »R III« landet nach 29-stündiger Irrfahrt durch die Lüfte wieder an seinem Start Pulham.

18 Sa Eine Rundfunkübertragung verbindet kurzzeitig über eine Rekorddistanz hinweg das australische Melbourne mit Long Island bei New York (USA).

19 So Vor etwa 18 000 Zuschauern endet in Berlin der Städtekampf im Fußball zwischen München und der Reichshauptstadt unentschieden 1:1.

20 Mo Das norwegische Schiff »Floreana« startet zu einer Expedition zu den Galapagos-Inseln+++ »Juarez und Maximilian« von Franz Werfel hat in Magdeburg Premiere.

21 Di In Honduras landen US-Truppen zur Bekämpfung von einheimischen Aufständischen, die US-Fruchtkonzerne im Lande bedrohen.

22 Mi Vom Reichsrat in Berlin wird u.a. ein Gesetz über die Erhöhung der Bier- und Tabaksteuer und ein Gesetz über den Finanzausgleich verabschiedet.

23 Do In Paris kommt es zu heftigen Auseinandersetzungen zwischen nationalistischen und kommunistisch gesinnten Demonstranten.

24 Fr In Lakehurst (USA) landet das Luftschiff »Los Angeles« nach seinem erfolgreichen Bermudaflug, der 20 Stunden und 45 Minuten dauerte.

25 Sa Der Schriftsteller Thomas Mann spricht sich in der Wiener Zeitung »Neue Freie Presse« gegen die Wahl Paul von Hindenburgs zum Reichspräsidenten aus.

26 So In Berlin, im Verlag »Die Schmiede«, erscheint postum der Roman »Der Prozeß« von Franz Kafka, herausgegeben von Max Brod. → Feldherr

27 Mo Mit den Bauarbeiten für eine Automobilrennstrecke, den Nürburgring, wird in der Eifel begonnen. Er soll 1927 fertiggestellt sein.

28 Di Unter dem Eindruck des Attentats von Sofia vom 16. April gibt der bulgarische Bauernbund seine oppositionelle Haltung gegenüber der Regierung auf.

29 Mi In Anwesenheit des Reichskanzlers Hans Luther tritt in Berlin der Deutsche Industrie- und Handelstag zur 45. Vollversammlung zusammen. → »Art deco«

30 Do In New York sind die Verhandlungen über deutsche Kredite infolge der Wahl Paul von Hindenburgs zum Reichspräsidenten ins Stocken geraten.

Mai 1925

1 Fr Die britisch verwaltete Insel Zypern wird zur britischen Kronkolonie erklärt. +++ Die Deutsche Reichsbahn erhöht ihre Tarife um 10%.

2 Sa Die Abtretung des Juba-Landes im Sudan an Italien wird von der britischen und der italienischen Regierung vertraglich geregelt.

3 So Das Langstreckenrennen um die Targa Florio auf Sizilien gewinnt der Bugatti-Fahrer Bartolomeo Constantini vor André Boillot auf Peugeot.

4 Mo In einer Ansprache in Washington fordert US-Präsident Calvin Coolidge zum Abbau von Vorurteilen gegen Menschen jüdischen Glaubens auf.

5 Di Frauen aus 42 Staaten der Erde nehmen an der Internationalen Frauentagung teil, die in der US-Hauptstadt Washington stattfindet.

6 Mi Der Württembergische Ärzteverband warnt vor der Aufnahme eines Medizinstudiums, da der Bedarf an Ärzten gedeckt sei. → Verbot

7 Do Im Berliner Gefängnis Moabit endet ein Hungerstreik von 20 inhaftierten Kommunisten, die bessere Kost verlangen, erfolgreich. → Deutsches Museum

8 Fr Ein Misstrauensantrag der Deutschnationalen Volkspartei (DNVP) gegen die preußische Regierung wird mit 222 zu 214 Stimmen abgelehnt.

9 Sa Der Maler und Präsident der Preußischen Akademie der Künste, Max Liebermann, eröffnet in Berlin die Frühjahrsausstellung der Akademie.

10 So Der Börsenverein des Deutschen Buchhandels begeht in Leipzig sein 100-jähriges Bestehen. +++ Deutschland schlägt Österreich im Feldhockey mit 2:0.

11 Mo Unter großem Jubel, zumeist von Angehörigen rechtsgerichteter Organisationen, zieht der neue Reichspräsident Paul von Hindenburg in Berlin ein.

12 Di In Berlin wird der 1923 von Paul Wegener gedrehte Film »Götter von Tibet« uraufgeführt. Die Hauptrollen spielen Asta Nielsen und der Regisseur.

13 Mi In Moskau wird ein Revolutions-Museum gegründet. Es widmet sich ausschließlich der Geschichte revolutionärer Bewegungen.

14 Do Das Endspiel um die spanische Fußballmeisterschaft gewinnt in Sevilla der FC Barcelona mit 2:0 Toren gegen Arenas Bilbao.

15 Fr Die Chemiker Franz Fischer und Hans Tropsch stellen ein Verfahren zur Produktion von Kraftstoffen und Ölen auf synthetischem Wege vor.

16 Sa Der Oberbürgermeister der Stadt Köln, Konrad Adenauer, eröffnet die dreimonatige Jahrtausendausstellung der Rheinlande.

17 So In der Reichshauptstadt Berlin wird der Film »Das goldene Kalb« mit Henny Porten und Albert Steinrück uraufgeführt. → Spanien

18 Mo Der am 8. Mai veranstaltete Boxkampf zwischen Piet van der Veer und Hans Breitensträter wird wegen vermuteter Absprache für ungültig erklärt.

19 Di Im Genfer Völkerbundgebäude treffen Teilnehmer aus 57 Staaten zur siebenten Internationalen Arbeiterkonferenz zusammen.

20 Mi In Genf tritt erstmals die dem Völkerbund angehörende Kommission gegen Frauenhandel und für internationalen Kinderschutz zusammen.

21 Do In Berlin findet mit 30 000 Teilnehmern das erste Reichstreffen des kommunistischen Rotfrontkämpferbundes statt.

22 Fr Die aus Katholiken gebildete belgische Minderheitsregierung tritt zurück, da die Liberalen und die Sozialisten ihr die Unterstützung verweigern.

23 Sa In Berlin findet die Uraufführung des Georg-Wilhelm-Pabst-Films »Die freudlose Gasse« statt, der die Hinwendung des Films zum Realismus markiert.

24 So Bei einer Volksabstimmung in der Schweiz wird die sofortige Einführung einer Alters-, Hinterbliebenen- und Invalidenversicherung befürwortet.

25 Mo In Berlin gastiert die Sam-Wooding-Jazz-Band (USA). Es ist der erste Auftritt einer »schwarzen« Band in Deutschland.

26 Di Der schwedische Reichstag in Stockholm verabschiedet eine Abrüstungsvorlage, die u.a. die Zahl der Heeresdivisionen von sechs auf vier herabsetzt.

27 Mi Die Attentäter des Bombenanschlags von Sofia vom 26. April werden in der bulgarischen Hauptstadt vor 50 000 Menschen hingerichtet.

28 Do Der 49 Jahre alte belgische Graf Henri de Baillet-Latour wird in Prag zum Präsidenten des Internationalen Olympischen Komitees (IOC) gewählt.

29 Fr Auf der Tagung des Internationalen Schwimmverbands (FINA) in Prag wird die Wiederaufnahme Deutschlands bestätigt.

30 Sa In Schanghai kommt es im Rahmen eines Generalstreiks, der sich gegen »ausländische Unterdrücker« in China richtet, zu Krawallen.

31 So Frankreichs Präsident Gaston Doumergue und Ministerpräsident Paul Painlevé treffen zu einem Besuch in Elsass-Lothringen ein. → Petersdom

17. Mai 1925

Hoffnung für Spanien

In Spanien wird der 1923 verhängte Ausnahmezustand aufgehoben. Ein entsprechendes Dekret veröffentlicht die Regierung unter Ministerpräsident Miguel Primo de Rivera y Orbaneja. Gleichzeitig entsteht ein Militärdirektorium, das später in ein ziviles Kabinett umgewandelt wird.

Fortschrittliche Kräfte hoffen, dass auch die geforderte Pressefreiheit sowie Verfassungsgarantien zugestanden werden. Seit dem Ende des Weltkriegs, in dem sich Spanien neutral verhielt, gibt es zwar eine Art konstitutionelle Monarchie mit einem Parlament, der »Cortes«, doch in der Praxis wird das Land von einem äußerst konservativen, autoritären Kreis weniger einflussreicher Familien beherrscht. Eine eigene Macht bildet das Militär, große Teile der Bevölkerung verfügen hingegen über keinerlei Mitspracherecht. Die UGT, eine starke sozialistische Gewerkschaft, versucht, die Rechte der Arbeiterschaft durchzusetzen. Daneben existieren einflussreiche anarchistische Gruppen, die eine Abschaffung jedweder staatlichen Autorität anstreben. Die Probleme hatten im September 1923 dazu geführt, dass Primo de Rivera (s. Abb. l. mit König Alfons XIII.) eine Militärdiktatur errichtete.

7. Juni 1925

Hitzewelle in New York

New York kann aufatmen: Infolge einsetzender nordatlantischer Winde sinken die Temperaturen innerhalb einer Nacht um etwa 25 °C. Dieser plötzliche Temperatursturz beendet die seit einigen Wochen anhaltende Hitzewelle im Osten der USA. 350 Menschen starben in den 16 betroffenen Bundesstaaten an Hitzschlag. In den Städten

wurden zeitweise über 50 °C gemessen. Es gab aber auch angenehme Seiten der Hitzewelle: In New York verlegten Revuegirls ihren Auftritt aus dem stickigen Theater auf die Straße – zur Freude der begeisterten Bevölkerung (s. Abb.).

6. Mai 1925

Verbot chemischer Waffen

In Genf beginnt die internationale Waffenhandelskonferenz, die am 17. Juni mit der Unterzeichnung eines Protokolls gegen den Krieg mit chemischen Waffen endet.
Von den insgesamt 40 Teilnehmerstaaten unterzeichnen 27 Delegationen – unter ihnen die Vertreter Deutschlands – ein Verbot chemischer und bakteriologischer Waffen. Eineinhalb Monate lang beraten die Konferenzteilnehmer vor allem die Möglichkeit eines generellen Verbots chemischer Waffen. Juristische und handelspolitische Fragen stehen im Mittelpunkt der Diskussion. Als problematisch stufen die Experten vor allem die mangelnden Kontrollmöglichkeiten ein. Viele chemische Grundstoffe, die für die Waffenherstellung benutzt werden, sind auch Bestandteile vieler pharmazeutischer Produkte. Ein generelles Verbot chemischer und bakteriologischer Waffen ist auf der Konferenz nicht durchzusetzen. Die Unterzeichner hoffen jedoch, durch das verabschiedete Protokoll die Grundlage für ein solches Verbot geschaffen zu haben.

31. Mai 1925

Petersdom im Kerzenschein

Rom, die ewige Stadt, strahlt in ungewöhnlichem Glanz: Zum Höhepunkt des Heiligen Jahres taucht festliche Beleuchtung den Petersdom in ein faszinierendes Licht (s. Abb.). In Erwartung der Illumination sind tausende Katholiken nach Rom gekommen, um das beeindruckende Lichtspektakel mitzuerleben. Auch das Innere des Petersdoms erstrahlt im Schein tausender Kerzen und Fackeln. Bei der gewaltigen Beleuchtungsaktion haben die Kirchenherren auf die technische Errungenschaft der Elektrizität verzichtet und auf Kerzen und Fackeln zurückgegriffen. Sie wurden von den »Sampietrini«, den angestellten Dienern und Handwerkern des Vatikan, einzeln entzündet.

7. Mai 1925

Deutsches Museum eröffnet

Reichskanzler Hans Luther ist zur feierlichen Eröffnung des Deutschen Museums nach München gekommen. Der Tag der Einweihung ist zugleich der 70. Geburtstag seines Schöpfers, des Elektro-Industriellen Oskar von Miller. Auf seine Initiative hin wurde bereits im Jahre 1906 der Grundstein für das Gebäude auf der Isarinsel gelegt, das »Meisterwerke der Naturwissenschaften und Technik« beherbergt. Ziel der Einrichtung ist die Vermittlung naturwissenschaftlicher Kenntnisse an breite Bevölkerungsschichten. So werden an Original-Exponaten, Nachbildungen, Modellen und Schautafeln Naturgesetze und Funktionsweisen von Maschinen erläutert.

14. Juni 1925

»Neue Sachlichkeit« stellt aus

In der Kunsthalle Mannheim wird die bis zum 13. September dauernde Ausstellung »Neue Sachlichkeit« eröffnet. Der Titel der Schau kennzeichnet zugleich eine Stilrichtung in der deutschen Kunst, die vom Bemühen um eine objektive Darstellung der Wirklichkeit geprägt ist. Dies geschieht in einer bewussten Abgrenzung zu dem vom Gefühl bestimmten Expressionismus, wie es auch im Untertitel der Ausstellung »Seit dem Expressionismus« zum Ausdruck kommt. Der Kunsthistoriker Gustav F. Hartlaub hatte als Leiter der Mannheimer Kunsthalle Kontakte zu jenen Künstlern in Deutschland geknüpft, die zumindest in Ansätzen im Stil der Neuen Sachlichkeit arbeiten. Mit 124 Bildern von 32 Malern bietet die Schau eine erste Bestandsaufnahme der neuen Stilrichtung, die sich in unterschiedlichen Formen präsentiert. Facetten des neuen Stils sind z.B. die »neusachlichen«, übergenau scheinenden Stillleben des Müncheners Alexander Kanoldt und die figürlichen Darstellungen von Georg Schrimpf. Dem Karlsruher Karl Hubbuch stehen hingegen Max Beckmann, George Grosz und Otto Dix nahe, deren nüchtern-distanzierte, oft ins Groteske reichenden Darstellungen der Wirklichkeit von eminenter Ausdruckskraft sind.

»Drei Dirnen auf der Straße« von Otto Dix, der zeitweise auch im Stil der Neuen Sachlichkeit malte.

Im weiteren Sinn erfasst die Bezeichnung »Neue Sachlichkeit« auch Architektur und Design, die nach dem Krieg nach Zweckmäßigkeit strebten. In Italien nennt sich die der Neuen Sachlichkeit entsprechende Richtung nach der Zeitschrift »Valori Plastici«, die im Jahre 1918 von Mario Broglio gegründet wurde. Von ihr gehen auch Anregungen für den Surrealismus aus. Auch im Film bemühten sich die Vertreter der Neuen Sachlichkeit seit Mitte der 20er Jahre um eine möglichst genaue Abbildung der Wirklichkeit.

Otto Dix

deutscher Maler und Grafiker, * 2.12.1891 Untermhaus bei Gera; † 25.7.1969 Singen am Hohentwiel

Dix zählt zu den bedeutendsten Malern des 20. Jahrhunderts. Nach seinen expressionistischen Anfängen versteht er sich mehr und mehr als Chronist politischer und sozialer Zeitumstände. Seine veristischen Darstellungen des Ersten Weltkriegs zählen zu den erschütterndsten Kriegsbildern. Im Stil der »Neuen Sachlichkeit« bannt er die sozialen Missstände der 20er Jahre auf die Leinwand. Nach dem Zweiten Weltkrieg findet die deutsche Wirtschaftswundergesellschaft in Dix einen ihrer schärfsten Kritiker.

- 1905-09: Lehre als Dekorationsmaler in Gera
- 1909-14, 1919-22: Kunststudium Dresden/Düsseldorf
- 1919: Mitbegründer der Dresdener Secession
- 1920: Beteiligung an der 1. Dada-Messe in Berlin
- 1934: Mal- und Ausstellungsverbot; viele Bilder werden in der Folgezeit als »entartet« vernichtet.
- 1950: Professor an der Kunstakademie Karlsruhe

Juni 1925

1 Mo In Prag beraten die Mitglieder des Internationalen Olympischen Komitees über verbindliche Kriterien des Amateurstatus im Sport.

2 Di Kanadas Regierung erklärt vor dem Parlament, dass sie das Oberhoheitsrecht über alle eventuell am Nordpol neu entdeckten Gebiete übernehme.

3 Mi In Berlin wird der Bau eines Kraftwerks in Rummelsburg an der Oberspree beschlossen. Es soll über eine Leistung von 240 000 kW verfügen.

4 Do In Wien gründen einige hundert Bürger den »Österreichisch-Deutschen Volksbund Wien«, dessen Ziel der Anschluss Österreichs an Deutschland ist.

5 Fr Jean Cocteaus »Orphée« wird im Théâtre des Arts in Paris uraufgeführt. +++ In Eisenach beginnt die Tagung des Allgemeinen Deutschen Frauenvereins.

6 Sa Der in München lebende Schriftsteller Thomas Mann begeht seinen 50. Geburtstag. Aus diesem Anlass finden in München und Berlin offizielle Feiern statt.

7 So Der 1. FC Nürnberg gewinnt das Endspiel um die Deutsche Fußballmeisterschaft gegen den FSV Frankfurt mit 1:0. → Hitzewelle

8 Mo Auf der Sitzung des Völkerbundrates in Genf wird über die Militärkontrolle in der entmilitarisierten Rheinzone beraten.

9 Di Die bulgarische Regierung beschließt die Einführung des obligatorischen Deutschunterrichtes an allen Schulen des Landes.

10 Mi Das britische Unterhaus genehmigt einen Zoll von 33 1/3 % zum Schutz der Industrie. +++ Der Reichstag debattiert über die alliierte »Entwaffnungsnote«.

11 Do Das Berliner Polizeipräsidium erlässt eine Ergänzungsverordnung über die Regelung des Fußgängerverkehrs in der Reichshauptstadt.

12 Fr In Thüringen tritt ein neues Schulgesetz in Kraft, das die Elternrechte erweitert und jede körperliche Züchtigung in den Schulen verbietet.

13 Sa Mit einer Weite von 7,89 m erreicht der US-Leichtathlet William De Hart Hubbard in Chicago einen Weltrekord im Weitsprung.

14 So Bei den deutschen Fechtmeisterschaften in Köln erzielen die Fechter aus Frankfurt/Main und Offenbach hervorragende Ergebnisse. → »Neue Sachlichkeit«

15 Mo Im Deutschen Reichstag scheitert ein Misstrauensvotum der linken Parteien gegen Innenminister Martin Schiele (DNVP).

16 Di Im Deutschen Reich wird eine Volks-, Berufs- und Betriebszählung durchgeführt. Seit der letzten Zählung 1919 nahm die Bevölkerung um ca. 5,6 % zu.

17 Mi Auf der Schlusssitzung der internationalen Waffenhandelskonferenz in Genf unterzeichnen die Delegierten ein Protokoll gegen chemische Waffen.

18 Do Nach seinem gescheiterten Versuch, den Nordpol zu überfliegen, landet der norwegische Forscher Roald Amundsen auf dem Rückweg auf Spitzbergen.

19 Fr Der finnische Staatspräsident Lauri Relander trifft zu einem zweitägigen Staatsbesuch in Stockholm bei König Gustav V. von Schweden ein.

20 Sa In Moskau wird die Gründung einer zentralen sowjetischen Nachrichtenagentur beschlossen, der TASS (Telegrafnoje Agentstwo Sowetskowo Sojusa).

21 So Im schweizerischen Kanton Graubünden wird der bisher verbotene Autoverkehr zugelassen. +++ In Berlin beginnt die dritte Turn- und Sportwoche.

22 Mo Im Rahmen der Feiern anlässlich der 1000-jährigen Zugehörigkeit des Rheinlandes zum Deutschen Reich wird in Saarbrücken das neue Rathaus eingeweiht.

23 Di Der tschechoslowakische Außenminister Eduard Beneš spricht sich in Paris gegen einen Anschluss Österreichs an Deutschland aus.

24 Mi Der Steuerausschuss des Reichstages lehnt mit 15 gegen 13 Stimmen die Bier- und Tabaksteuervorlage der Reichsregierung ab.

25 Do Die Internationale Chemikerkonferenz in Bukarest will Deutschland erst dann aufnehmen, wenn es Mitglied im Völkerbund geworden ist.

26 Fr Ein Gesetzentwurf für die Sanierung der Staatsfinanzen wird vom französischen Parlament in Paris nach langen Debatten angenommen.

27 Sa Nach den neuesten Statistiken der Stadt Los Angeles gibt es in der Westküstenmetropole mehr Ehescheidungen als in jeder anderen Stadt der USA.

28 So Den großen Automobilpreis von Europa gewinnt im belgischen Spa-Francorchamps der Italiener Antonio Ascari auf Alfa Romeo.

29 Mo Ein Misstrauensantrag der Labour-Party gegen die britische Regierung scheitert. Der Vorstoß der Opposition erfolgte wegen des Arbeitslosenproblems.

30 Di In Oberfimten bei Mannheim werden zwei Bürger, die die französische Flagge nicht grüßten, von einem Offizier der Besatzungsmacht zusammengeschlagen.

Juli 1925

1 **Mi** Die polnische Regierung und der Jüdische Klub in Warschau schließen ein Abkommen, worin die gegenseitige Anerkennung erklärt wird.

2 **Do** Nach andauernden heftigen Regengüssen kommt es im polnischen Karpatengebiet zu folgenschweren Überschwemmungen.

3 **Fr** Während der Arbeiten zur geplanten Rampenstraße in Trier werden die Reste eines römischen Tempelbereichs gefunden.

4 **Sa** In Wimbledon enden die diesjährigen Tennismeisterschaften. Bei den Herren siegt René Lacoste, bei den Damen gewinnt Suzanne Lenglen alle Titel.

5 **So** Hans Moldenhauer gewinnt das Frankfurter allgemeine Tennisturnier und damit den Preis der Stadt Frankfurt am Main.

6 **Mo** Anlässlich des 510. Todestags des tschechischen Reformators Jan Hus erhebt die Regierung in Prag den 6. Juli zum Staatsfeiertag.

7 **Di** Nach sechsmonatiger Umbauzeit wird das Salzburger Mozartmuseum wieder für die Besucher aus aller Welt geöffnet.

8 **Mi** Der Techniker Francis Houndis stellt in den USA seine Erfindung, die drahtlose Fernsteuerung für Automobile, erfolgreich der Öffentlichkeit vor.

9 **Do** Die spanische Regierung in Madrid lehnt in einer Note an Großbritannien die Beteiligung an einer Blockademaßnahme gegen Marokko ab.

10 **Fr** In Dayton im US-Bundesstaat Tennessee beginnt ein Prozess gegen Professor John T. Scopes, einen Verbreiter der Darwinschen Entwicklungslehre.

11 **Sa** Das französische Parlament genehmigt das Saarabkommen zwischen Deutschland und Frankreich, das den Handel mit dem Saargebiet erleichtert.

12 **So** Erwin Piscator führt anlässlich des KPD-Parteitages in Berlin das Stück »Trotz alledem« auf – mit authentischen Filmszenen.

13 **Mo** Während der Tagung der Internationalen Frauenliga in Innsbruck kommt es zu Störungen durch nationalistisch gesinnte Kreise.

14 **Di** Das Schwurgericht in Schwerin spricht in einem Fememordprozess nach zehntägiger Verhandlung vier Todesurteile aus. → Ruhrgebiet

15 **Mi** Auf dem im Hafen von Kapstadt liegenden deutschen Forschungsschiff »Meteor« bereiten Wissenschaftler eine zweijährige Tiefseeforschungsfahrt vor.

16 **Do** In Göttingen wird das Kaiser-Wilhelm-Institut für Strömungsforschung, das der Erforschung der Aerodynamik dienen soll, eingeweiht.

17 **Fr** In einem Brief teilt »Mahatma« Gandhi der indischen Unabhängigkeitspartei mit, dass er gedenkt, sich in Zukunft aus der aktiven Politik zurückzuziehen.

18 **Sa** Bei einer Sturmflutkatastrophe vor der koreanischen Küste wird die Insel Toboto überschwemmt. Tausende kommen dabei ums Leben. → »Mein Kampf«

19 **So** In Paris geht die diesjährige Tour de France zu Ende. Sieger des 5430 km langen Rennens ist der Italiener Ottavio Bottecchia.

20 **Mo** Ab sofort wird der sogenannte Sandwichman auf Londons Straßen als Reklameträger vom britischen Verkehrsministerium verboten.

21 **Di** Ein Streik der Druckerei- und Transportarbeiter in Semarang (Java) wird von den niederländischen Kolonialbehörden militärisch niedergeschlagen.

22 **Mi** In Tokio wird ein öffentliches Tanzverbot nach 22.00 Uhr verhängt. +++ Spitzenverbände der deutschen Industrie treten der Internationalen Handelskammer bei.

23 **Do** Im Anschluss an eine außenpolitische Aussprache billigt der Deutsche Reichstag die Politik von Außenminister Gustav Stresemann.

24 **Fr** Eine Regierungsvorlage zum Ausbau der Bleilochtalsperre an der oberen Saale wird vom thüringischen Landtag angenommen. → Polen → Arbeiterolympiade

25 **Sa** Das historische Schauspiel »Anno 1634« wird in Nördlingen aufgeführt. Die Bürger spielen eine historische Schlacht des Dreißigjährigen Krieges nach.

26 **So** Bei Wismar stirbt 76-jährig der deutsche Mathematiker und Philosoph Gottlob Frege, der Begründer der modernen mathematischen bzw. formalen Logik.

27 **Mo** Der sowjetische Schriftsteller Wladimir Majakowski trifft zu einem Besuch der Vereinigten Staaten in New York ein.

28 **Di** In einer Eingabe an den Reichstag fordert die Deutsche Friedensgesellschaft zur Gründung eines Europäischen Zollvereins auf.

29 **Mi** Im Zuge der Bergbaukrise trifft in Berlin Reichskanzler Hans Luther Vertreter der Berg- und der Metallarbeitergewerkschaft aus dem Ruhrgebiet. → Heisenberg

30 **Do** Während einer Grenzpatrouille wird ein sowjetischer Kommandant von einem polnischen Grenzsoldaten, der die Grenzlinie überschritten hatte, erschossen.

31 **Fr** Nach Solidaritätsaktionen der Arbeiter entschließen sich die britischen Kohleindustriellen zur Zurücknahme von angekündigten Lohnkürzungen.

14. Juli 1925

Ruhrgebiet geräumt

Die alliierten Besatzungstruppen beginnen mit ihrem Abzug aus dem Ruhrgebiet. Zu diesem Schritt hatten sich Frankreich und Belgien während der Verhandlungen über den Dawes-Plan vor Jahresfrist in London bereit erklärt. 1923 waren Truppen der beiden Nachbarländer und Kriegsgegner in das Industrierevier einmarschiert, um sich überfällige deutsche Reparationszahlungen zu sichern.

Die Räumung geht in zwei Abschnitten vor sich: bis zum 20. Juli abends ziehen die Soldaten aus der belgischen sowie aus dem östlichen Abschnitt der französischen Zone ab. Das restliche von Frankreich besetzte Gebiet mit der Stadt Essen ist bis zum 31. Juli abends wieder frei – 15 Tage vor dem vereinbarten Termin. Auf der Londoner Konferenz von 1924, die in ihrer Schlussphase unter deutscher Beteiligung stattfand, hatten Reichskanzler Wilhelm Marx und Außenminister Gustav Stresemann die Zusicherung Frankreichs erreicht, nach Inkrafttreten der Vereinbarung mit der Räumung der besetzten Gebiete zu beginnen. Innerhalb eines Jahres sollte die Aktion abgeschlossen werden. Frankreich versprach weiterhin, ehemalige Widerständler gegen die Besatzungsmacht freizulassen. Deutschland sicherte im Gegenzug Separatisten und sog. Kollaborateuren Straffreiheit zu. Am 22. Oktober 1924 wurde bereits mit einem Teilabzug im

Von einer jubelnden Menschenmenge werden die in Essen einmarschierenden Truppen der deutschen Schutzpolizei begrüßt. Nach der Besetzung hatten sie das Ruhrgebiet verlassen müssen.

27. August 1925

Höhlenzeichnungen entdeckt

Die »Frankfurter Zeitung« berichtet von der Entdeckung prähistorischer Malereien in einer Höhle nahe der französischen Stadt Tarascon de l'Ariège. Die Höhle Bédeilhac wurde bereits im Jahre 1907 entdeckt, doch erst jetzt stießen Forscher in einem schmalen Gang auf die ausgezeichnet erhaltenen Malereien (s. Abb.). Die Bilder sind im typischen Stil der Kunst des mittleren Magdalénien – Kulturstufe der letzten Eiszeit, etwa 15000-9000 v. Chr.) gemalt. Die lebendig wirkenden Zeichnungen, die in erster Linie Tiere wie Bison, Ren oder Pferd zeigen und von überragender künstlerischer Fertigkeit zeugen, werden in der Zukunft zu einem wahren Besuchermagnet.

3. August 1925

Bernadette erneut beigesetzt

Die heilige Bernadette von Lourdes wird in der Klosterkapelle des französischen Ortes Nevers ein zweites Mal beigesetzt. Am 16. April war der Sarg der vor 46 Jahren im Novizinnen-Kloster von Saint-Gildard verstorbenen Bernadette aus Anlass ihrer Heiligsprechung geöffnet worden. Der Leichnam wies keinerlei Spuren von Verwesung auf. So wie sie 1879 begraben wurde, wird Bernadette Soubirous zu ihrer neuen Ruhestätte in Nevers gebracht. Der Tochter armer Tagelöhner war 1858 in der Grotte von Massabielle bei Lourdes mehrmals die Jungfrau Maria erschienen.

24. Juli 1925

Erste Arbeiterolympiade

Mit dem Einmarsch von Sportlern aus elf europäischen Ländern in das Waldstadion beginnt in Frankfurt am Main die erste Internationale Arbeiterolympiade. 150000 Zuschauer besuchen die Wettkämpfe, an denen sich 1100 Sportler beteiligen. In der Länderwertung siegt die finnische vor der deutschen Mannschaft. Organisator der Veranstaltung ist die Luzerner Sport-Internationale (LSI). Höhenpunkte sind außerdem Festumzüge, Massenfreiübungen und ein Weihespiel.

Besatzungsalltag: Ein französischer Soldat bewacht einen Zug, der Reparationszahlungen transportiert.

Stadt- und Landkreis Dortmund begonnen. Der Abzug vollzieht sich zumeist in kleinen Gruppen, die von der Bevölkerung kaum beachtet werden. Landesregierung und städtische Behörden hatten zuvor alle Kundgebungen verboten, um Zwischenfälle zu vermeiden. Befreiungsfeiern finden erst im September statt, nachdem am 25. August auch die bereits 1921 besetzten Städte Düsseldorf, Duisburg und Ruhrort geräumt sind. In allen betroffenen Städten feiert die Bevölkerung die wiedergewonnene Freiheit. Spontan werden Kirchenglocken geläutet, die Häuser mit der schwarz-weiß-roten Fahne des Kaiserreichs geschmückt. Auch im übrigen Deutschland wird die Räumung des Ruhrgebiets mit großer Erleichterung aufgenommen. Die Presse berichtet ausführlich über die Geschehnisse in der Industrieregion. Vor dem Stadttheater in Duisburg findet am 30. August eine Befreiungsfeier statt.

24. Juli 1925

Polen weist Deutsche aus

In Warschau teilt die polnische Regierung mit, dass sie bis zum 1. August alle deutschen Staatsangehörigen (Optanten) ohne Landbesitz ausweisen werde.

Polen, dessen Verhältnis zu Deutschland seit dem Versailler Vertrag 1919 gespannt ist, beruft sich auf einen Schiedsspruch von 1924. Danach wurde Warschau das Recht zugestanden, diejenigen Einwohner Polens, die sich für die Beibehaltung der deutschen Staatsangehörigkeit ausgesprochen hatten, des Landes zu verweisen. 30000 Deutsche müssen ihre Heimatorte, die in ehemals deutschen Gebieten liegen, verlassen. Grenzübergang ist für die meisten Schneidemühl, wo die Behörden ein Lager einrichten (s. Abb.).

18. Juli 1925

»Mein Kampf« erscheint

Im Münchener Verlag von Max Amann erscheint der erste Band von »Mein Kampf« (s. Abb.). Der NSDAP-Führer Adolf Hitler entwickelt darin sein radikales politisches Programm. Hitler schrieb das Buch während seiner Festungshaft in Landsberg. Im April 1924 war Hitler wegen des gescheiterten nationalsozialistischen Putsches vom November 1923 in München zu fünf Jahren Haft verurteilt worden. Bereits acht Monate später wurde er vorzeitig entlassen. Nach Fertigstellung des Manuskripts korrigierte in der Hauptsache der ehemalige Ordenspater und antisemitische Publizist Bernhard Stempfle die Niederschrift unter dem ursprünglichen Titel »Viereinhalb Jahre Kampf gegen Lüge, Dummheit und Feigheit«. Der Verleger Amann gibt dem Werk seinen kurzen und prägnanten Titel. Er zeigt sich allerdings enttäuscht von dem langweiligen Manuskript. Erwartet hatte er einen spannenden Erlebnisbericht über den Münchener Putsch. Bis Jahresende werden 9374 Exemplare des Buchs verkauft, das alle Elemente der nationalsozialistischen Ideologie und des Rassenwahns enthält.

29. Juli 1925

Physik in neuem Licht

Die Redaktion der Zeitschrift für Physik erhält zur Veröffentlichung das Manuskript »Über quantentheoretische Umdeutung kinematischer und mechanischer Beziehung«. Autor ist Werner Heisenberg (s. Abb.). Zusammen mit Max Born und Pascual Jordan begründet er mit dieser Arbeit die Quantenmechanik – Basis für ein neues physikalisches Weltbild. Als Theorie zur widerspruchsfreien Beschreibung der Physik der Elementarteilchen gewinnt sie rasch weltweite Bedeutung.

Werner Heisenberg

deutscher Physiker, * 5.12.1901 Würzburg; † 1.2.1976 München

Heisenberg, einer der wichtigsten Physiker des Jahrhunderts, knüpft an die Plancksche Quantentheorie an. Neben der Quantenmechanik formuliert er die Heisenbergsche Unschärferelation, die ihm den Nobelpreis einbringt. Im Zweiten Weltkrieg leitet der Physiker das deutsche Atombombenprogramm und beginnt mit der Konstruktion von Reaktoren.

- 1927-41: Professor an der Universität Leipzig
- 1932: Nobelpreis für Physik
- 1958-70: Professur für Physik in München

August 1925

1 Sa In der Schweiz tritt das Bundesgesetz über Betäubungsmittel in Kraft. Bisher waren Ein- und Ausfuhr aller Betäubungsmittel freigegeben.

2 So Bei den ersten nationalen Tennismeisterschaften in Deutschland nach dem Krieg siegt in Braunschweig Hans Moldenhauer aus Berlin.

3 Mo Der thüringische Landtag beschließt die Auflösung der Thüringer Volkswirtschaftsschule, die vorrangig junge Gewerkschafter ausbildete. → Bernadette

4 Di Während der US-Schwimmmeisterschaften in Seattle schwimmt Johnny Weissmuller mit 50,4 sec über 100-yards-Freistil einen Weltrekord.

5 Mi Am Badischen Bahnhof in Basel können Reisende Schweizer Visa künftig ohne Konsulatsbeanspruchung erwerben.

6 Do Nach Messungen steht fest, dass sich der Meeresboden im Golf von Biscaya in den letzten Jahren z.T. beträchtlich angehoben hat.

7 Fr Versuche einer direkten Telefonschaltung zwischen Frankfurt und London glücken. Die Übertragungsqualität erweist sich als hervorragend.

8 Sa In Washington versammeln sich etwa 200000 Teilnehmer zur ersten nationalen Tagung der rassistischen Geheimorganisation Ku-Klux-Klan.

9 So Zwei französische Piloten stellen einen neuen Weltrekord im Dauerfliegen auf. In 45:11,59 h legten sie 4400 km ohne Zwischenlandung zurück.

10 Mo Die Außenminister Großbritanniens, Joseph Austen Chamberlain, und Frankreichs, Aristide Briand, treffen in London zu einer Sicherheitskonferenz zusammen.

11 Di Anlässlich des sechsten Jahrestages der Weimarer Verfassung finden überall im Deutschen Reich Verfassungsfeiern statt.

12 Mi Reichspräsident Paul von Hindenburg beginnt seine Reise durch die deutschen Staaten mit einem Aufenthalt im Land Bayern.

13 Do Norwegen übernimmt Spitzbergen und die Bäreninsel in sein Hoheitsgebiet. +++ Mit einer Rede eröffnet Hugo von Hofmannsthal die Salzburger Festspiele.

14 Fr Das deutsche Reichsministerium für Ernährung und Landwirtschaft gibt die Aufhebung des Ausfuhrverbots für Getreide und Mehl bekannt.

15 Sa Die polnische Presse veröffentlicht Anweisungen, wonach die Ausweisung deutscher Optanten vorläufig nicht zwangsweise vollstreckt werden soll.

16 So Charlie Chaplins neuester Film »The Gold Rush« (»Goldrausch«) feiert in den USA bei seiner Uraufführung einen großen Erfolg.

17 Mo Auf dem internationalen Studentenkongress in Kopenhagen wird erstmals die deutsche Sprache neben der englischen und der französischen zugelassen.

18 Di Die Bewohner der Insel Wight beklagen sich bei der britischen Regierung in London über die zunehmende Verschmutzung der Küstengewässer.

19 Mi Zur zehntägigen ersten Weltkirchenkonferenz treffen Christen aus der ganzen Welt in Schwedens Hauptstadt Stockholm ein.

20 Do Auf der griechischen Kykladen-Insel Santorin kommt es zu einem Vulkanausbruch. +++ In Bayreuth gehen die Richard-Wagner-Festspiele zu Ende.

21 Fr Ein Bericht der Völkerbundskommission über die Abgrenzung des Danziger Hafengebietes räumt Polen eine Linie für den Postdienst ein.

22 Sa Die »Deutsche Allgemeine Zeitung« geht mit der dazugehörigen Druckerei in den Besitz eines Konsortiums der preußischen Regierung über.

23 So Aus einer Veröffentlichung statistischer Erhebungen in den USA geht hervor, dass etwa 1% der US-Bevölkerung vorbestraft ist.

24 Mo Joseph Wirth, der ehemalige Reichstagsabgeordnete (Zentrum), verlässt seine Fraktion, da er mit der Koalitionspolitik nicht einverstanden ist.

25 Di Die sogenannten Sanktionsstädte Düsseldorf und Duisburg werden von den französischen Besatzungstruppen geräumt.

26 Mi Mit sofortiger Wirkung hebt Reichspräsident Paul von Hindenburg das von seinem Vorgänger Friedrich Ebert (SPD) 1921 erlassene Uniformverbot auf.

27 Do Eine Verkehrszählung in Berlin stellt fest, dass in beiden Richtungen der Straße »Unter den Linden« in einer Minute 123 Autos fahren. → Höhlenzeichnungen

28 Fr Der US-Industrielle Henry Ford empfiehlt seinen Kunden auf dem Lande die Anschaffung seiner Maschine zur Herstellung künstlicher Butter.

29 Sa Das preußische Kultusministerium untersagt das Tragen von Abzeichen, Bändern und politischen Symbolen jeder Art in den Schulen.

30 So Auf einer Kundgebung des österreichisch-deutschen Volksbundes in Wien plädiert Reichstagspräsident Paul Löbe für den Anschluss an Deutschland.

31 Mo In London beginnt die Konferenz der Rechtssachverständigen aus Deutschland und der Entente zur Frage eines internationalen Sicherheitspaktes.

September 1925

1 Di In Marokko übernimmt Marschall Philippe Pétain das Kommando über die französischen Truppen. +++ Ernst Thälmann wird Vorsitzender der KPD.

2 Mi Das türkische Kabinett beschließt, alle islamischen Klöster in der Türkei zu schließen und eine europäische Kleiderordnung für Zivilbeamte einzuführen.

3 Do Zum neuen Kommandeur der französischen Truppen in Syrien wird General Gamelin ernannt. +++ Der Rhön-Segelflugwettbewerb geht zu Ende.

4 Fr Im Haus der Funkindustrie am Berliner Kaiserdamm beginnt die bis zum 13. September geöffnete Große Deutsche Funkausstellung.

5 Sa »Besser als früher«, ein Schauspiel des italienischen Autors Luigi Pirandello, wird im Kleinen Theater von Berlin uraufgeführt.

6 So Bei den internationalen Leichtathletikwettkämpfen in Düsseldorf läuft Otto Peltzer aus Stettin die 500 m in der neuen Weltbestzeit von 1:05,3 min.

7 Mo Zur sechsten Völkerbundversammlung in Genf, die bis zum 26. September dauern wird, treffen Vertreter aus 50 Staaten in der Schweiz ein.

8 Di Der preußische Landtag berät über den Bericht einer Kommission, die sich mit den Problemen stillzulegender Zechen im Ruhrgebiet beschäftigt.

9 Mi Der Berliner Polizei gelingt die Aufdeckung einer über ganz Deutschland verbreiteten, weit verzweigten rechtsradikalen Feme-Organisation.

10 Do Der Bischof von Fulda erlässt eine Kleiderordnung mit Richtlinien für die Bekleidung von Frauen beim Besuch von Gottesdiensten. → Rockefeller

11 Fr Vor 16 000 Zuschauern gewinnt in Berlin der Schwergewichtsboxer Hans Breitensträter den deutschen Meistertitel von Paul Samson-Körner zurück.

12 Sa In der österreichischen Hauptstadt Wien findet bis zum 14. September der achte Parteitag der Kommunistischen Partei Österreichs statt.

13 So Den in Köln ausgetragenen Tennis-Länderkampf zwischen Deutschland und den Niederlanden gewinnt die deutsche Mannschaft mit 10:7.

14 Mo Zu Verhandlungen mit dem preußischen Kultusminister Carl Heinrich Becker trifft der französische Unterrichtsminister Anatole de Monzie in Berlin ein.

15 Di Die französische Botschaft in Berlin lädt den deutschen Außenminister zu einer Ministerkonferenz der alliierten Staaten über den Sicherheitspakt ein.

16 Mi Der bekannte Operettenkomponist Leo Fall stirbt in Wien im Alter von 52 Jahren. Er wurde u.a. durch das Werk »Der fidele Bauer« berühmt.

17 Do Der norwegische Polarforscher Roald Amundsen hält im Berliner Großen Schauspielhaus einen Vortrag über seine diesjährige Flugexpedition Richtung Nordpol.

18 Fr Der Schriftsteller Hans Fallada (eigentlich Rudolf Ditzen) stellt sich in Berlin wegen begangener Unterschlagung freiwillig der Polizei.

19 Sa Unter der Regie des Autors wird im Deutschen Schauspielhaus in Hamburg das Drama »Veland« von Gerhart Hauptmann uraufgeführt.

20 So Nach Berichten der britischen Zeitung »Evening Standard« erwarb der US-Millionär William Hearst eine der ältesten Normannenburgen Großbritanniens.

21 Mo Das preußisch-patriotische Drama »Gneisenau« von Wolfgang Goetz gelangt im Württembergischen Landestheater in Stuttgart zur Uraufführung.

22 Di Auf der Insel Grönland nimmt die Radiostation Julianehaab ihren Betrieb auf. Sie verbessert die Arbeit des internationalen Wetterdienstes.

23 Mi Die sowjetische Regierung erlässt ein neues Wehrpflichtgesetz, das eine fünfjährige Dienstzeit für jeden Mann zwischen 19 und 40 Jahren vorsieht.

24 Do Die Reichsregierung beschließt, die Einladung nach Locarno (Schweiz) zur internationalen Ministerkonferenz zum Thema Sicherheitspakt anzunehmen.

25 Fr In Berlin beginnt die bis zum 4. Oktober geöffnete Kino- und Fotomesse, die u.a. die Neuentwicklung der Kleinbildkamera »Leica« zeigt.

26 Sa Auf der Versammlung des Völkerbundes beschließen die Teilnehmer, gemeinsame Anstrengungen für die Abschaffung der Sklaverei zu unternehmen.

27 So In Turku überspringt der norwegische Leichtathlet Charles Hoff mit dem Stab eine Höhe von 4,25 m und erzielt damit einen Weltrekord.

28 Mo Wegen gewalttätiger Auseinandersetzungen verhaftet die New Yorker Polizei nach umfangreichen Razzien im Chinesenviertel 1200 Chinesen.

29 Di Die Restaurationsarbeiten am Freiburger Münster sowie »Farbe im Stadtbild« sind Themen auf dem »Tag der Denkmalpflege« in Freiburg.

30 Mi Nachdem am Vortag die Verfassung außer Kraft gesetzt worden ist, löst die griechische Regierung in Athen das Parlament auf.

31. Oktober 1925

Neuer Schah für Persien

In der persischen Hauptstadt Teheran beschließt das Parlament die Absetzung von Staatsoberhaupt Ahmed Schah und überträgt Resa Khan vorläufig dessen Befugnisse. Damit endet die Dynastie der Kadscharen, die seit dem Jahre 1794 die Geschicke Persiens bestimmt hat. Es beginnt die Herrschaft der Pahlawis.

Diesen Namen einer mittelpersischen Dynastie nimmt Resa Khan anlässlich seiner Krönung zum Schah am 12. Dezember an. An diesem Tag überträgt ihm eine neugewählte Nationalversammlung die erbliche Königswürde. Entscheidend für die Wahl Resa Khans zum Monarchen sind dessen Führungsqualitäten, die ihn in den Augen der Politiker zum »Farmandeh«, Befehlshaber des Volkes, befähigen. Ziel des einstigen Kosakenoffiziers und Kriegsministers von 1921, dem auch durch die Unterstützung der Briten die Machtübernahme gelang, ist die Umwandlung Persiens in einen modernen Staat. Sein Sohn übernimmt im Jahre 1941 die Macht.

10. September 1925

Rockefeller ist Dollarkrösus

Die Presse berichtet in großer Aufmachung (s. Abb.) über von den US-Behörden veröffentlichte Steuerlisten. Daraus geht hervor, wieviel Steuern die reichsten Amerikaner zahlen müssen. Die höchste Summe musste »Ölkönig« John D. Rockefeller jr. mit 6,278 Mio. Dollar entrichten – rd. die Hälfte seines Jahreseinkommens. »Autokönig« Henry Ford, der als reichster Mann der Welt gilt, muss »nur« 3,29 Mio. Dollar zahlen.

Nr. 38
Berliner
Illustrirte Zeitung
20 Pfennig

16. Oktober 1925

Vertrag von Locarno

Die Hoffnung der Demokraten auf einen dauerhaften Frieden in Europa wird in ein internationales Abkommen umgesetzt. Im schweizerischen Locarno einigen sich Regierungsdelegationen aus Belgien, Deutschland, Frankreich, Großbritannien, Italien, Polen und der Tschechoslowakei auf ein Vertragswerk, das die seit dem Ende des Weltkriegs bestehenden Auseinandersetzungen zwischen Deutschland und den übrigen Völkern Europas nachhaltig beseitigen soll. Der Locarno-Pakt umfasst ein Sicherheitsabkommen, in dem Deutschland seine neue Westgrenze anerkennt. Frankreich sichert die baldige Räumung der Kölner Zone zu. Darüber hinaus verpflichtet sich Deutschland, das 1926 dem Völkerbund beitreten soll, keine gewaltsame Änderung der deutsch-polnischen Grenze zu betreiben.

Der Abschluss der Locarno-Verträge, deren Unterzeichnung am 1. Dezember in London stattfindet, löst unter den Demokraten in Deutschland breite Zustimmung aus, stößt jedoch auf den Widerstand nationalistisch gesinnter Kreise. Dies führt im Dezember zu einer Regierungkrise.

Die Konferenz am Lago Maggiore bildet den Abschluss umfangreicher diplomatischer Verhandlungen. Ihr Initiator war der deutsche Außenminister Gustav Stresemann (DVP), der am 9. Februar der französischen Regierung den Vorschlag eines Sicherheitspaktes überreicht hatte. Durch ihn sollten die Grenzen Deutschlands zu Frankreich und Belgien festgeschrieben werden. Großbritannien und Italien sollten als Garantiemächte über die Einhaltung des Pakts wachen. Die Sicherung der Westgrenzen bildet einen we-

Arnold Schönberg

US-Komponist österreichischer Herkunft, * 13.9.1874 Wien; † 13.7.1951 Los Angeles

Schönberg hat als Schöpfer der sog. Zwölftonmusik der Musik des 20. Jahrhunderts entscheidende Impulse gegeben. 1909 vollzog der Komponist in seinen Werken den Schritt zur Atonalität. Schon früh fand er – u.a. in London – internationale Beachtung. Seinen Ruf als Avantgardist der Neuen Musik festigte Schönberg zu Beginn der 20er Jahre durch die Entwicklung der Zwölftontechnik, die – nach der Auflösung der tonalen Harmonik – eine strukturierte Organisation des musikalischen Materials ermöglicht. Bei der Zwölftontechnik wird jedem Musikstück eine zwölftönige Reihe vorangestellt, die der Grundstock für die Komposition ist. Ein Ton darf sich erst wiederholen, wenn alle zwölf Töne erklungen sind.

- ab 1903: Komponist und Kompositionslehrer in Wien
- 1933: Emigration in die USA
- 1936-44: Professor in Los Angeles

1. Oktober 1925

Schöpfer der Zwölftonmusik

Als neuer Leiter der Meisterklasse für Komposition an der Preußischen Akademie der Künste kommt der Wiener Musiker Arnold Schönberg (s. Abb.), Schöpfer der Zwölftonmusik, nach Berlin. Er tritt die Nachfolge des am 27. Juli 1924 verstorbenen Komponisten und Pianisten Ferruccio Busoni an. Berlin ist zur Zeit ein Zentrum für neue Musik in Europa.

Unterzeichnung des Locarno-Paktes in London

sentlichen Punkt im außenpolitischen Konzept Stresemanns. Er sieht darin die Voraussetzung für die Wiedererlangung der seiner Meinung nach Deutschland zustehenden Machtposition. In Notenwechseln zwischen Paris und Berlin werden umfangreiche Detailfragen erörtert. In einem Schreiben vom 24. August formuliert der französische Außenminister Aristide Briand konkrete Forderungen, die in Locarno den Ausgangspunkt der Verhandlungen bilden – die Unverletzlichkeit bestehender Grenzen, den Eintritt Deutschlands in den Völkerbund ohne Vorbehalte, den Abschluss eines Paktes ohne Preisgabe französischer Rechte bei der Besetzung des linken Rheinufers und den Abschluss eines deutsch-polnischen Schiedsvertrages. Vor allem die letzte Forderung war in Locarno Gegenstand längerer Gespräche. Eine Einigung mit Polen, verbunden mit dem Artikel 16 des Völkerbundvertrags (Sanktionsparagraphen), widerspricht nämlich der in Rapallo eingegangenen deutschen Verpflichtung, gute Beziehungen zur Sowjetunion zu pflegen. Denn z.B. im Falle eines russisch-polnischen Krieges müßte Berlin Polen unterstützen. Eine Modifizierung des Artikels 16 erreichte der deutsche Außenminister am 10. Oktober. Stresemann hatte die Delegationen zu einem Ausflug mit dem Schiff »Orangenblüte« eingeladen. Dem Schiffsführer soll er die Weisung gegeben haben, so lange auf dem Lago Maggiore zu kreuzen, bis alle von deutscher Seite gewünschten Themen zufriedenstellend verhandelt seien. Stresemann hat Erfolg. Die alliierten Delegationen gestehen eine eingeschränkte Anerkennung des Sanktionsparagraphen zu. Danach übernimmt Deutschland keine Verpflichtung, Polen gegen die Sowjetunion zu unterstützen. Nach Vertragsabschluss gibt es vor allem für Briand, Stresemann und den britischen Außenminister Joseph Austen Chamberlain Beifall. Bei der Vertragsunterzeichnung in London betont Chamberlain in seiner Begrüßungsansprache den epochalen Charakter des Vertragswerks, das sich vor allem auf die Versöhnung mit Deutschland gründe. Das Originaldokument wird dem Völkerbund übergeben.

7. Oktober 1925

»Schwarze Perle« in Paris

Josephine Baker (s. Abb.), umschwärmter Tanzstar aus den USA, ist die Attraktion der »Revue Nègre«, die im Pariser Musiktheater an den Champs-Elysées uraufgeführt wird. Das Spektakel begründet den Weltruhm der »schwarzen Perle«, die mit ihren freizügigen Auftritten und ihrem Song »I'm wild about Harry« die Phantasien der Männerwelt beflügelt. Ihre Auftritte treffen den internationalen Geschmack der Zeit.

Josephine Baker

US-Tänzerin, * 3.6.1906 Saint Louis (Missouri); † 12.4.1975 Paris

Josephine Baker ist als umjubelter Tanz- und Revuestar, der barbusig und nur mit einem Bananenröckchen bekleidet auftritt, Sinnbild der wilden 20er Jahre. Zusammen mit ihr tritt der Charleston seinen Siegeszug durch Europa an. Die farbige Schönheit spielt auch in Filmen und feiert als Chansonsängerin Erfolge. Während des Zweiten Weltkriegs gehört sie der französischen Widerstandsbewegung Résistance an. Nach dem Krieg engagiert sich Josephine Baker für Waisenkinder.

Oktober 1925

1 Do Unter der Schriftleitung von Joseph Goebbels wird die erste Nummer der »Nationalsozialistischen Briefe« herausgegeben. → Arnold Schönberg

2 Fr In einer Rede vor der Berliner Presse warnt der sowjetische Außenminister Georgi W. Tschitscherin Deutschland vor dem Eintritt in den Völkerbund.

3 Sa Eine Geldstrafe von 500 Reichsmark wegen Beleidigung spricht das Nürnberger Schöffengericht gegen den NSDAP-Abgeordneten Julius Streicher aus.

4 So Erna Huneus aus Mönchengladbach schwimmt in Aachen mit 1:29,0 min einen Weltrekord über 100-m-Brust.

5 Mo In dem Schweizer Ort Locarno am Lago Maggiore beginnt die Außenministerkonferenz über den Sicherheitspakt.

6 Di Die Mitglieder des Ostausschusses im preußischen Landtag beginnen eine einwöchige Besichtigungsreise durch Schlesiens Notstandsgebiete.

7 Mi 400 Delegierte aus 38 Staaten nahmen an der in Washington zu Ende gehenden Interparlamentarischen Konferenz teil. → Josephine Baker

8 Do Der im britischen Seebad Brighton beginnende Parteitag der Konservativen behandelt u.a. das Vorgehen gegen den Kommunismus.

9 Fr Die erste Nummer der von Willy Haas herausgegebenen Zeitschrift »Literarische Welt« erscheint im Berliner Ernst Rowohlt Verlag.

10 Sa Die Teilnehmer der zwölften internationalen Konferenz des Roten Kreuzes in Genf fordern die Verurteilung chemischer Waffen.

11 So Während einer Veranstaltung im Berliner Theater am Nollendorfplatz plädieren Künstler, Wissenschaftler und Politiker »Für die Freiheit der Kunst«.

12 Mo In Moskau wird der deutsch-sowjetische Handelsvertrag unterzeichnet. +++ Der italienische Autor Luigi Pirandello gastiert mit seinem Theater in Berlin.

13 Di Auf Spitzbergen beginnt der Bau an einer Luftschiffhalle, worin die Vorbereitungen für Roald Amundsens Polarflug getroffen werden sollen.

14 Mi Das Bauhaus nimmt nach seinem Umzug in Dessau den Lehrbetrieb wieder auf. Bis zum 1. April war die Kunstschule in Weimar ansässig gewesen.

15 Do Meinungsverschiedenheiten über die Verhandlungsführung der deutschen Delegation auf der Konferenz in Locarno führen zu einer Regierungskrise in Berlin.

16 Fr Die am 12. Oktober in Panama einmarschierten US-Truppen ziehen nach der Übernahme der Polizeigewalt durch die USA wieder ab. → Locarno

17 Sa In der sächsischen Stadt Leipzig findet erstmals in diesem Jahr der vom Kyffhäuserbund organisierte deutsche Reichskriegertag statt.

18 So Wegen der einsetzenden Regenzeit kommt es in Marokko zwischen den französischen Truppen und den Rifkabylen zu einer relativen Waffenruhe.

19 Mo Das Drama »Anja und Esther« von Klaus Mann wird in den Hamburger Kammerspielen uraufgeführt. Die Hauptrollen spielen Klaus und Erika Mann.

20 Di Zu einer Besichtigungsreise deutscher kultureller Einrichtungen trifft der ungarische Kultusminister Graf Kuno Klebelsberg in Berlin ein.

21 Mi Die Muldentalsperre im Vogtland wird eingeweiht. +++ In Paris wird eine Ausstellung mit Arbeiten des Malers und Grafikers Paul Klee eröffnet.

22 Do Der Völkerbund trifft eine Entscheidung im Danziger Postkastenstreit, in der Gebiete für die Aufstellung polnischer Briefkästen festgelegt werden.

23 Fr Die polnische Regierung verzichtet mit Rücksicht auf die Verträge von Locarno auf die weitere Ausweisung deutscher Optanten.

24 Sa Am Vorabend des 100. Geburtstages von Johann Strauß wird im Wiener Rathaus eine Gedenkausstellung eröffnet.

25 So In ihrem 56. Länderspiel gewinnt die deutsche Fußballnationalmannschaft in Basel gegen das Team der Schweiz mit 4:0.

26 Mo Eine außerordentliche Sitzung des Völkerbundrates zum bulgarisch-griechischen Grenzkonflikt beginnt in Paris.

27 Di Der türkische Ministerrat lehnt den bevorstehenden Schiedsspruch des Völkerbundes in der Mosul-Frage entschieden ab.

28 Mi Die deutsche Reichsregierung teilt den Alliierten mit, dass sie trotz des Ausstiegs der DNVP-Minister die Locarno-Politik fortsetzen werde.

29 Do In Karlsruhe beginnen die Feierlichkeiten zum 100-jährigen Bestehen der dortigen Technischen Hochschule.

30 Fr In einem privaten Zimmer in London gelingt dem Briten John Logie Baird die erste Fernsehübertragung eines bewegten Objektes.

31 Sa Die »London News« berichten auf ihrer ersten Seite über den Fund eines 20 000 Jahre alten menschlichen Skeletts in Mähren. → Persien

November 1925

1 So Auf der Schachtanlage I/II der Zeche »Holland« in Essen kommt es zu einer Schlagwetterexplosion, bei der 17 Bergleute getötet werden.

2 Mo Der Nationalrat der sozialistischen Partei Frankreichs spricht sich mit einer großen Mehrheit gegen die Politik des Ministerpräsidenten Paul Painlevé aus.

3 Di Die Stadt Berlin erhält eine neue Bauordnung, die u.a. die Errichtung von sogenannten Mietskasernen für die Zukunft untersagt.

4 Mi Bei der Verteidigung der Stadt Damaskus gegen die aufständischen Drusen kommen auch französische Bombenflugzeuge zum Einsatz.

5 Do Wegen des Attentatsversuch auf den Staatschef Benito Mussolini werden in Italien die sozialistischen Parteien aufgelöst. → Wisente

6 Fr Im Berliner Kino »Alhambra« wird der Spielfilm »Der Trödler von Amsterdam« mit Werner Krauss in der Hauptrolle uraufgeführt.

7 Sa Der italienische Pilot de Pinedo landet nach seinem 55 000 km langen und sechseinhalb Monate dauernden Flug um die Welt wieder in Rom.

8 So Anlässlich des Jahrestages der deutschen Revolution vom 9. November 1918 spricht der Dramatiker Ernst Toller in Berlin über die »Deutsche Revolution«.

9 Mo Nach dem Rücktritt mehrerer Minister wird in Athen ein neues Kabinett gebildet. Regierungschef Theodoros Pangalos übernimmt auch das Finanzressort.

10 Di Nach Ablehnung eines sozialistischen Steuervorschlages durch den Finanzausschuss kommt es in Paris zum Bruch zwischen den Sozialisten und der Regierung.

11 Mi Die Stadt Frankfurt am Main erhält die staatliche Genehmigung, bei US-Banken eine Anleihe von vier Mio. US-Dollar aufzunehmen.

12 Do Wegen eines Attentatsversuchs auf seine Person sagt Italiens »Duce« Mussolini die Reise nach London zur Unterzeichnung des Locarno-Paktes ab.

13 Fr Polens Ministerpräsident Wladyslaw Grabski tritt wegen der mangelnden Zustimmung an seinem Finanzprogramm zurück. → Surrealisten

14 Sa Der mexikanische Kongress beschließt ein Gesetz, das Ausländern Grundbesitz in Grenz-und Küstengebieten des Landes verweigert.

15 So Bei den Parlamentswahlen in Australien erringt die Nationale Partei die Stimmenmehrheit. Premierminister Stanley M. Bruce wird wiedergewählt.

16 Mo Großen Applaus erhält der im Berliner Ufa-Palast am Zoo uraufgeführte Spielfilm »Varieté« mit Emil Jannings in der Hauptrolle.

17 Di Die Morgan-Bank (USA) und der italienische Staat schließen in Washington ein Abkommen über eine Anleihe für Italien in Höhe von 100 Mio. Dollar.

18 Mi In Madrid unterzeichnen Deutschland und Spanien einen provisorischen Handelsvertrag, der den deutsch-spanischen Zollkrieg beendet.

19 Do Der österreichische Nationalrat in Wien billigt das Gesetz über die Kranken-, Unfall-, Invaliden-und Arbeitslosenversicherung für österreichische Arbeitnehmer.

20 Fr Auf Schloss Sandringham in Norfolk stirbt die außerordentlich beliebte britische Königinmutter Alexandra kurz vor ihrem 81. Geburtstag.

21 Sa Eine Umfrage unter US-Kinobesuchern ergibt, dass die Mehrheit nur in eine Vorführung geht, um ihren Lieblingsstar auf der Leinwand zu sehen.

22 So Die erste Rolltreppe in Deutschland geht im Kölner Kaufhaus Tietz in Betrieb. +++ Das französische Kabinett in Paris tritt zurück.

23 Mo Der Buster-Keaton-Film »Go West«, der in Deutschland den Titel »Buster Keaton, der Cowboy« trägt, wird in den USA uraufgeführt.

24 Di Sigmund Freuds »Kleine Beiträge zur Traumlehre« erscheinen. +++ Die KPD-Politikerin Clara Zetkin beendet ihren zweijährigen UdSSR-Aufenthalt.

25 Mi Die kommunistische Fraktion im Deutschen Reichstag bringt im Parlament einen heftig umstrittenen Antrag auf Fürstenenteignung ein.

26 Do Ein von der spanischen Regierung genehmigter Gesetzentwurf verbietet jede Tätigkeit von Arbeiterorganisationen sowie Streiks im Land.

27 Fr Nach langer Debatte billigt der Deutsche Reichstag die Verträge von Locarno und ermächtigt die Regierung zum Eintritt in den Völkerbund.

28 Sa Mit einer großen Festveranstaltung wird die neu gebaute Dortmunder Westfalenhalle mit einer Kapazität von 10 000 Sitz- und 6000 Stehplätzen eingeweiht.

29 So Ein großer Erfolg wird der Auftritt des Tenors Richard Tauber in der Essener Oper mit »Hoffmanns Erzählungen« von Jacques Offenbach.

30 Mo Infolge der Einigung zwischen Deutschland und der Botschafterkonferenz in Paris beginnen die alliierten Truppen mit der Räumung der Kölner Zone.

9. Dezember 1925

Prozess um Dolchstoßlegende

Im sog. Münchener Dolchstoß-Prozess verurteilt das Gericht den Angeklagten Martin Gruber wegen Beleidigung und übler Nachrede zu einer Geldstrafe in Höhe von 3000 Mark.
Gruber, Redakteur bei der »Münchener Post«, war von Paul N. Coßmann, Herausgeber der Süddeutschen Monatshefte, wegen Geschichtsfälschung verklagt worden. Die Monatshefte hatten Artikel zur sog. Dolchstoßlegende veröffentlicht, in dem neu behauptet wurde, dass vor allem Sozialdemokraten und linke politische Kräfte die Schuld für die Niederlage im Ersten Weltkrieg trügen. In dem mehrere Wochen dauernden Gerichtsverfahren unternahm die Verteidigung den Versuch, die Dolchstoßlegende zu widerlegen. Historiker, Kriegsteilnehmer und Politiker sagten als Zeugen aus. In ganz Deutschland erregte der Prozess wegen seiner politischen Brisanz große Aufmerksamkeit.

2. Dezember 1925

Chemie-Gigant entsteht

Führende deutsche Unternehmen der Chemie-Industrie gründen die Interessengemeinschaft Farbenindustrie AG, den Chemiekonzern I.G. Farben. Die Gründung der I.G. Farben mit über

83 000 Beschäftigten bildet den Schlusspunkt eines Konzentrationsprozesses in der deutschen Chemie-Industrie (Abb.: I.G. Farben-Zentrale).

13. November 1925

Surrealisten stellen aus

In der Pariser Galerie Pierre wird die erste große Ausstellung der Surrealisten eröffnet. Künstler wie Hans Arp, Max Ernst, Man Ray, Joan Miró, André Masson, Pierre Roy, Pablo Picasso, Giorgio de Chirico und auch Paul Klee geben mit ihren Werken einen umfassenden Eindruck von der neuen Richtung in der Malerei.
Die wesentlichen Anregungen für den Surrealismus kamen vor allem vom Dadaismus. Anfang der 20er Jahre sammelten sich in Paris zahlreiche Dada-Künstler, die führende Vertreter des Surrealismus wurden. Mit ihren Bildern, in denen sie auf die Traum-, Symbol- und Märchenwelt zurückgreifen, erschüttern sie die herkömmlichen Denk- und Sehgewohnheiten. Beeinflusst von der Psychoanalyse Sigmund Freuds wollen sie durch eine visionäre Bildsprache unbewusste Wahrheiten offenlegen. Die Programmatik ihrer Kunstauffassung veröffentlichte der französische Kunsttheoretiker, Dichter und Nervenarzt André Breton im Jahre 1924 im »Surrealistischen Mani-

Wichtige Maler des Surrealismus
(Auswahl)

Künstler	Bedeutende Werke
Giorgio de Chirico	»Die beunruhigenden Musen« (1916)
Salvador Dalí	»Brennende Giraffe« (1936)
Max Ernst	»Die Versuchung des Heiligen Antonius« (
René Magritte	»Die schwarze Magie« (1933)
Joan Miró	»Harlekinade« (1925)

21. Dezember 1925

Meisterwerk »Potemkin«

Unter großem Beifall findet im Moskauer Bolschoi-Theater die Uraufführung des Films »Panzerkreuzer Potemkin« statt. Die Arbeit des sowjetischen Regisseurs Sergej M. Eisenstein über den Matrosenaufstand im Jahre 1905 gilt vielen als der beste Film der Geschichte. Der Magie des Werks, das einfach und wirkungsvoll komponiert ist, können sich auch die Zuschauer in vielen westlichen Ländern nicht entziehen (Abb.: Filmplakat).

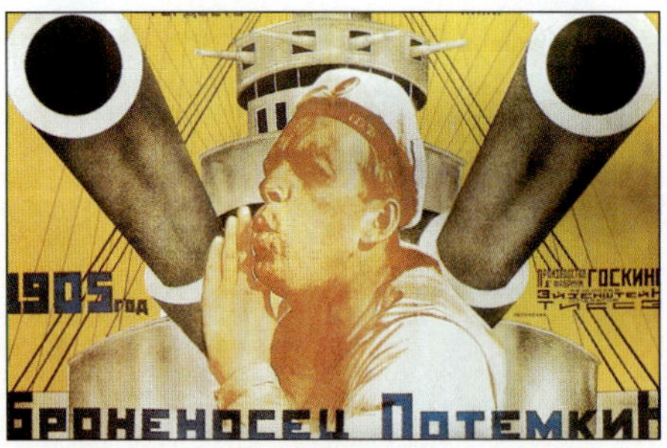

Sergej M. Eisenstein

russischer Regisseur, * 23.1.1898 Riga, † 11.2.1948 Moskau

Eisenstein ist einer der experimentierfreudigsten Regisseure und einflussreichsten Theoretiker des Films. Durch ihre eindringliche Bildsprache, den krassen Realismus und spannungserzeugende, neue Schnitt- und Montagetechniken werden seine Arbeiten wegweisend für den modernen internationalen Film. In zahlreichen Streifen befasst sich der Regisseur mit Verlauf und Errungenschaften der sozialistischen Oktoberrevolution. Besonders interessiert ihn das Spannungsverhältnis zwischen Kollektiv und Individuum. Später wendet sich Eisenstein vorrangig nationalen, geschichtlichen Themen zu. Sein erster Tonfilm, »Die Beshin-Wiese« (1937) wird von den Parteifunktionären u.a. als zu formalistisch abgelehnt und nicht zu Ende gedreht.

- 1915-19: Bauingenieurstudium in St. Petersburg
- 1920: Bühnenbildner am Proletkulttheater in Moskau
- 1923: Regieassistent von Wsewolod E. Meyerhold
- 1924: »Streik«
- 1929-32: Mehrere Auslandsreisen
- 1938: »Alexander Newski«

Max Ernst porträtiert in seinem »Rendezvous der Freunde« (1922, Museum Ludwig, Köln) die Protagonisten des Surrealismus. Er hat sie nummeriert und ihre Namen auf Schriftrollen (l. und r. unten) festgehalten. Voll Ironie ist die Einbeziehung Raffaels (7) und Dostojewskis (6), auf dessen Schoß »Dadamax« (4), wie Max Ernst genannt wird, sitzt. Die übrigen: René Crevel (1), Philippe Soupault (2), Hans Arp (3), Max Morise (5), Théodore Fraenkel (8), Paul Eluard (9), Jean Paulhan (10), Benjamin Péret (11), Louis Aragon (12), André Breton (13), Baargeld (14), Giorgio de Chirico (15), Gala Eluard (16), Robert Desnos (17)

fest«. Zu wichtigen Exponenten des Surrealismus entwickeln sich die Maler René Magritte, ein Belgier, und Salvador Dalí aus Spanien. In den 30er Jahren werden innerhalb der Bewegung erste Auflösungstendenzen deutlich. Der Surrealismus beeinflusst auch Film und Literatur. Auf der Leinwand können die Surrealisten den ausgefallensten Phantasien den Anschein des Wahrscheinlichen geben. Bedeutendster Film des Surrealismus ist Luis Buñuels »Der andalusische Hund« (1928). Surrealistische Schriftsteller wie Louis Aragon, Antonin Artaud, Georges Bataille, Paul Éluard und Jacques Prévert verzichten in ihren Werken auf Logik, Syntax und ästhetische Gestaltung. Sie wollen einzig die von psychischen Mechanismen gesteuerten Bildsequenzen aus den Schichten des Unterbewussten festhalten. Die Grenze zwischen Traum und Realität wird in Frage gestellt.

5. November 1925

Sorge um letzte Wisente

Nach dem Ende ihrer Hauptversammlung im Berliner Zoologischen Garten veröffentlicht die »Internationale Gesellschaft zur Erhaltung des Wisents« einen Bericht über ihre bisherige Arbeit. Von dem größten in Europa lebenden Landsäugetier (s. Abb.), dessen Bestand vor dem Ersten Weltkrieg noch auf etwa 1000 Stück geschätzt wurde, waren 1923 nicht einmal 100 Tiere übriggeblieben. In mühevoller Arbeit gelang es den Mitgliedern der Organisation, von jedem einzelnen noch lebenden Wisent genaue Abstammungsnachweise zu erstellen. Der Zuchtkatalog ermöglicht die planmäßige Weiterzüchtung der mächtigen Rinderart. Die Experten hoffen, dass in einigen Jahrzehnten der Wisent-Bestand so groß ist, dass die Tiere auch in anderen Ländern wieder angesiedelt werden können.

10. Dezember 1925

Ehrung für Dramatiker

Am traditionellen Tag der Nobelpreisverleihung werden ausnahmsweise keine Ehrungen vergeben. Erst 1926 erhalten der britische Außenminister Joseph Austen Chamberlain und US-Vizepräsident Charles G. Dawes den Friedensnobelpreis für 1925, George Bernard Shaw (s. Abb.) den Preis für Literatur.

George Bernard Shaw

irischer Schriftsteller, * 26.7.1856 Dublin; † 2.11.1950 Ayot St. Lawrence/Hartford

Shaw ist einer der bedeutendsten Vertreter des modernen englischsprachigen Dramas. Er verfasst mehr als 70 Bühnenstücke sowie kunst- und sozialkritische Schriften. In seinen Stücken und Essays verbindet er Sozialkritik mit spitzzüngigem Witz.

- ab 1884: Mitglied der sozialistischen »Fabian Society«
- 1901: »Cäsar und Kleopatra« (Drama)
- 1928: Reise durch die USA

Dezember 1925

1 Di Die am 16. Oktober in Locarno vorbereiteten Verträge werden von den Vertretern der Teilnehmerstaaten in London unterzeichnet.

2 Mi Der Polarforscher Knud Rasmussen berichtet, er habe Überreste der 1845 in Nord-Kanada verschollenen Franklin-Expedition gefunden. → Chemie-Gigant

3 Do In der New Yorker Carnegie Hall führt der US-Komponist George Gershwin mit den New Yorker Philharmonikern erstmals sein Concerto in f-Moll auf.

4 Fr Der Völkerbund publiziert den Bericht über einen bulgarisch-griechischen Grenzkonflikt, der durch die Tötung eines griechischen Grenzsoldaten ausbrach.

5 Sa Die durch die Unterzeichnung der Verträge von Locarno ausgelöste Krise in der deutschen Regierung führt zum Rücktritt des Kabinetts.

6 So Den Gesamtsieg im Moskauer Schachturnier sichert sich der Russe Jewfim Bogoljubow durch ein Remis in der 20. Runde gegen Emanuel Lasker.

7 Mo In einer Petition an die Regierung in London fordern britische Geistliche, Wissenschaftler und Künstler die Abänderung der Schuldfrage im Versailler Vertrag.

8 Di Das britische Unterhaus nimmt das Grenzabkommen zwischen Ulster und Südirland an, das den Irland-Konflikt beenden soll.

9 Mi Olympiasieger Johnny Weissmuller (USA) schwimmt über 200-m-Freistil mit 2:15,2 min einen neuen Weltrekord. → Dolchstoßlegende

10 Do Ohne die Beteiligung deutscher Firmen, die nicht zugelassen sind, beginnt in Brüssel der 19. Automobilsalon. → George Bernard Shaw

11 Fr Der US-Kongress berät einen Regierungsentwurf zur Frage der Rückgabe deutschen und österreichischen Eigentums, das im Krieg eingezogen wurde.

12 Sa Bei der Neubildung der tschechoslowakischen Regierung durch Anton Švehla kommt es zu keinen wesentlichen Veränderungen.

13 So Die New Yorker Polizei setzt seit neuestem mit Waffen ausgerüstete Automobile zu Patrouillenfahrten gegen Verbrecherbanden in der Stadt ein.

14 Mo In der Deutschen Staatsoper Berlin wird die Oper »Wozzeck« von Alban Berg nach der Vorlage von Georg Büchners Drama »Woyzeck« uraufgeführt.

15 Di In Griechenland tritt ein Erlass in Kraft, der den Frauen die Kleiderlänge vorschreibt. Von der Ferse aufwärts dürfen nur 30 cm des Beines zu sehen sein.

16 Mi Die Berliner Polizei verhaftet zwei Männer, denen die Vorbereitung eines Attentats auf Außenminister Gustav Stresemann vorgeworfen wird.

17 Do In Paris schließen die Türkei und die UdSSR einen zehnjährigen Nichtangriffspakt und einen Neutralitätsvertrag.

18 Fr Ludwig Bergers Film »Ein Walzertraum«, gedreht nach der gleichnamigen Operette von Oscar Straus, wird im Berliner Ufa-Palast uraufgeführt.

19 Sa Die deutsche Filmgesellschaft Ufa schließt mit einer US-Schiffsgesellschaft einen Darlehensvertag über 16,8 Mio. Reichsmark ab.

20 So Die Generalversammlung des Norddeutschen Lloyd, der Roland-Linie, der Hamburg-Bremer-Afrika-Linie und der Reederei Nord beschließen, zu fusionieren.

21 Mo Die im britischen Unterhaus für den heutigen Tag vorgesehene Debatte über die Mosul-Frage wird bis Februar vertagt. → Sergej M. Eisenstein

22 Di Im Berliner Theater am Schiffbauerdamm wird Carl Zuckmayers Lustspiel »Der fröhliche Weinberg« unter der Regie von Reinhard Bruck uraufgeführt.

23 Mi Aufgrund einer Verfügung des Reichsverkehrsministeriums wird der deutsche Luftverkehr wegen des Neuaufbaus des Luftwesens vorübergehend eingestellt.

24 Do Die Republik der Wolgadeutschen erhält von der Sowjetregierung die Genehmigung, einen ständigen Vertreter nach Deutschland zu entsenden.

25 Fr Unter der Schirmherrschaft des Reichspräsidenten Paul von Hindenburg findet im Berliner Primus-Palast die Uraufführung des Films »Bismarck I« statt.

26 Sa Auf der ersten Konferenz indischer Kommunisten in Kanpur vereinigen sich Gruppen aus verschiedenen Provinzen zur Kommunistischen Partei Indiens.

27 So Die Türkei beschließt die Einführung des Gregorianischen Kalenders. +++ An Rhein, Main, Neckar, Mosel und Lahn steigt das Hochwasser stetig weiter.

28 Mo In Leningrad scheidet der sowjetische Lyriker Sergej A. Jessenin im Alter von 30 Jahren freiwillig aus dem Leben.

29 Di Italiens Ministerpräsident und »Duce« Benito Mussolini und der britische Außenminister Joseph A. Chamberlain treffen sich in Rapallo zu Gesprächen.

30 Mi Das französische Parlament genehmigt gegen die Stimmen der sozialistischen Abgeordneten einen »Marokkokredit« in Höhe von 450 Mio. Francs.

31 Do In einer offiziellen Erklärung verzichtet der rumänische Kronprinz Karl endgültig auf seinen Thronanspruch.

Januar 1926

1 Fr Der deutsche Reichspräsident Paul von Hindenburg gibt in Berlin dem diplomatischen Korps einen Neujahrsempfang. → Deutschland

2 Sa Der rumänische König Ferdinand I. nimmt den Thronverzicht seines Sohnes, des Kronprinzen Karl, an. Der Verzicht hat persönliche Motive.

3 So Die KPD-Politikerin Clara Zetkin wird zur ersten Vorsitzenden des Roten Frauen- und Mädchenbundes gewählt. → Charleston

4 Mo Drei deutsche Schiffe sind an der estnischen Küste im Eis steckengeblieben. Die Besatzung hat keine Lebensmittel und keine Kohlen. → »Simplicissimus«

5 Di Der preußische Minister des Innern, Carl Severing, ordnet an, dass auch 1926 alle Karnevalsveranstaltungen unter freiem Himmel verboten sind.

6 Mi Aus dem Vesuv in Italien strömt Lava aus. Die vulkanische Tätigkeit im Innern des Berges hat am 4. Januar begonnen. → Die Deutschen

7 Do Der Rechtsausschuss des Deutschen Reichstags beginnt mit seinen Beratungen über die Abfindungen der ehemals regierenden Fürstenhäuser.

8 Fr Die Deutsche Nothilfe vertreibt Wohlfahrtsbriefmarken, um mit dem Erlös die finanzielle Notlage der Arbeitslosen zu lindern. → Abd Al Asis Ibn Saud

9 Sa Der »Pressezar« und Reichstagsabgeordnete Alfred Hugenberg (DNVP) äußert sich in der Zeitschrift »Der Tag« abfällig über den Parlamentarismus.

10 So In Dresden findet die Uraufführung des Stummfilms »Der Rosenkavalier« nach der Oper von Richard Strauss und Hugo von Hofmannsthal statt.

11 Mo Auf Plakatanschlägen verspricht die Berliner politische Polizei eine Belohnung von 6000 Reichsmark für die Aufklärung von Fememorden.

12 Di Hernando Siles löst José Cabino Villanueva als Präsident von Bolivien ab. Villanueva wurde zwar gewählt, aber vom Kongress nicht bestätigt.

13 Mi Die Zentrumsfraktion bringt im preußischen Landtag eine Anfrage über die Gefährdung des Kölner Doms ein. Das Mauerwerk sei von Abgasen angegriffen.

14 Do Der erste deutsche Einheitspreisladen nach US-Vorbild wird in Köln eröffnet. Alle Artikel kosten 25 oder 50 Pfennig.

15 Fr In Österreich tritt die zweite Regierung Rudolf Ramek ihr Amt an. Der Bundeskanzler war am Vortag zurückgetreten, um das Kabinett umbilden zu können.

16 Sa Die deutsche Erstaufführung des Schauspiels »Alle Kinder Gottes haben Flügel« des US-Dramatikers Eugene O'Neill findet in Hamburg statt.

17 So In der Westfalenhalle in Dortmund veranstaltet die SPD eine Kundgebung mit dem Ziel, eine Fürstenabfindung durch einen Volksentscheid zu verhindern.

18 Mo Durch ihre Botschafter in London, Paris und Brüssel erhebt die deutsche Regierung Einspruch gegen die hohe Zahl der Besatzungssoldaten im Rheinland.

19 Di Die KPD erneuert ihr Angebot an die SPD, eine Einheitsfront zu bilden. Die Sozialdemokraten lehnen diesen Vorschlag jedoch ab.

20 Mi Der parteilose Politiker Hans Luther bildet ein Minderheitskabinett aus den bürgerlichen Parteien DDP, Zentrum, DVP und BVP.

21 Do Beim 15. Berliner Sechstagerennen siegt das US-Team MacNamara/Horan mit 569 Punkten; mit 60 Punkten folgen die Zweitplatzierten.

22 Fr Die US-Polizei beschlagnahmt ein Schmugglerschiff, das Alkohol im Wert von einer Mio. Dollar geladen hat. +++ In Paris streiken die Börsenmakler.

23 Sa In der Berliner Secession findet eine Gedenkausstellung für den am 17. Juli 1925 gestorbenen deutschen Maler Lovis Corinth statt.

24 So Im Stadttheater von Heilbronn kommt es zur Uraufführung der Tragödie »Die Schwester« von Hermann Kasach.

25 Mo Albert Einstein spricht im Auditorium Maximum der Friedrich-Wilhelm-Universität in Berlin über seine noch umstrittene Relativitätstheorie.

26 Di Reichskanzler Hans Luther bekennt sich in seiner Regierungserklärung zu einer Außenpolitik auf der Grundlage des Vertrags von Locarno.

27 Mi Der US-Senat beschließt den Beitritt der USA zum Weltgerichtshof. Eine Anlehnung an den Völkerbund soll jedoch vermieden werden.

28 Do Die Oberharzer Bergwerke erschließen in Clausthal und Lautenthal vier neue Schachtanlagen zur Förderung von Blei, Zink und Kupfer.

29 Fr Mehrere deutsche Automobilfirmen planen, sich zur Herstellung eines Einheits-Gebrauchswagens zusammenzuschließen.

30 Sa In Berlin findet die Erstaufführung der Operette »Paganini« von Franz Lehár statt. +++ Auf Madagaskar fordert ein Wirbelsturm 50 Todesopfer.

31 So Um Mitternacht haben die letzten belgischen und britischen Truppen die Kölner Zone geräumt. Die Besetzung ist damit beendet.

1. Februar 1926

Köln von Besatzung befreit

Die ersten alliierten Besatzungstruppen verlassen die Rheinlandzone. In Köln feiert die Bevölkerung die Befreiung. Um Mitternacht läuten die Domglocken das Ende der Besatzungszeit ein. Oberbürgermeister Konrad Adenauer und Preußens Ministerpräsident Otto Braun würdigen das Ereignis in Ansprachen, die über Rundfunk übertragen werden. Die Besetzung des Rheinlands durch britische, französische und belgische Truppen war 1920 erfolgt. 75 000 Soldaten marschierten in die rheinischen Gebiete ein. Die Region diente den Alliierten als Pfand, um die Bedingungen des Versailler Vertrages durchzusetzen. Erst nach 15 Jahren sollte das Rheinland wieder geräumt werden. Der vorverlegte Abzug eines Teils der Truppen weckt nun Hoffnung auf die komplette Befreiung der besetzten Gebiete.

6. Januar 1926

Die Deutschen heben ab

Die deutsche Luftfahrtgesellschaft Lufthansa entsteht durch Zusammenschluss der Gesellschaften Junkers Luftverkehr und der Aero Lloyd AG (Abb.: Werbeplakat). Seit Beginn der 20er Jahre fördert die deutsche Regierung den Luftverkehr. So entstanden zahlreiche kleine Firmen, die jedoch wegen starken Konkurrenzdrucks oft in wirtschaftliche Schwierigkeiten gelangten. Die Vereinigung zweier großer Unternehmen zur Lufthansa ist eine Reaktion auf diese Entwicklung.

3. Januar 1926

Charleston ist »in«

Der Charleston ist nach einer Meldung der »Berliner Illustrirten« der beliebteste Modetanz in Deutschland. Bereits im Spätsommer des vergangenen Jahres waren die ersten Auswirkungen des Charleston-Fiebers in deutschen Tanzlokalen auszumachen. Seinen Ursprung hat der neue Partyrenner jedoch in den USA. Dort wurde er nach einer Stadt im Bundesstaat South Carolina getauft und eroberte in Windeseile die Parkette in Europa. Von London und Paris aus erreichte der Charleston im vergangenen Jahr Berlin.
Zu stark rhythmischer Musik im 2/2-Takt bewegen sich Charleston-Tänzer in ausladenden Bewegungen. Rasche Wechselschritte werden mit schlenkernden Beinbewegungen kombiniert. Diese Charakteristik hat dem Tanzstil den Beinamen »Grotesk-Tanz« eingebracht. Vergleiche mit dem Shimmy, der schon 1920 für Furore sorgte, werden häufig angestellt. Direkt vorausgegangen war allerdings der Blues, dessen langsame Rhythmik vorerst ausgedient hat. Musiker verwenden zur Erzeugung des typischen Charleston-Sounds die sog. Charleston-Maschine. Dabei handelt es sich um ein Perkussionsinstrument, das aus zwei waagerecht auf einen Ständer montierten Becken besteht. Durch Pedaltritt werden beide gegeneinandergeschlagen und erzeugen einen blechern scheppernden Klang. Die Charleston-Maschine ist der Vorläufer des Hi-Hat an modernen Schlagzeugen. In der Gesellschaft

8. Januar 1926

König der Araber

Der arabische Herrscher Abd Al Asis Ibn Saud lässt sich zum König der Hedschas und Nadschd ausrufen. Aus diesem Herrschaftsgebiet entsteht 1932 das Königreich Saudi-Arabien. Ibn Saud konnte von 1902 an die Osmanen von der arabischen Halbinsel vertreiben. Bis 1925 hatte er alle Gebiete erobern können, die nicht von den Briten kontrolliert werden (Abb. v.l.: Ibn Saud und US-Präsident Roosevelt).

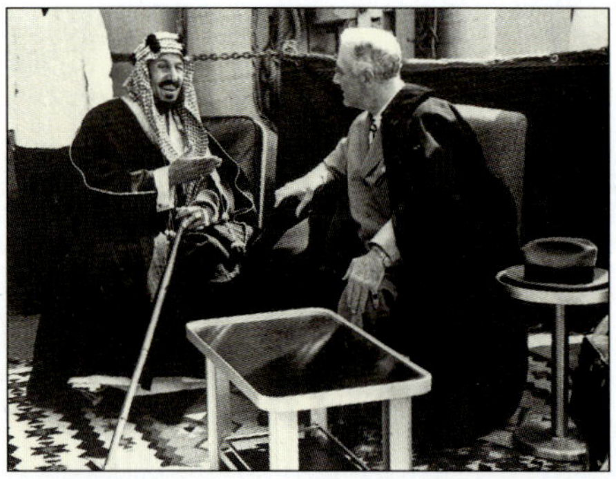

Abd Al Asis Ibn Saud

König von Saudi-Arabien, * 24.11.1880 Riad; † 9.11.1953 Taif

Ibn Saud vereinte die arabische Halbinsel zum Königreich Saudi-Arabien. Auf der Flucht vor den Osmanen lebte der Wahhabitenführer von 1892 an in Kuwait, bis er 1902 zum Kampf gegen das Osmanische Reich aufrief. Seine Erfolge im Befreiungskampf ließen ihn unter den Arabern schon zu Lebzeiten zur Legende werden. Im Ersten Weltkrieg unterhielt Ibn Saud gute Beziehungen zu Großbritannien. Der britische Abenteurer T. E. Lawrence (»Lawrence von Arabien«) unterstützte den Herrscher im Kampf gegen die türkischen Machthaber. Zuletzt eroberte Ibn Saud 1925 die heilige Stadt Mekka. 1938 fällt dem König sagenhafter Reichtum und außenpolitischer Einfluss zu, als in Saudi-Arabien erstmals Ölquellen entdeckt werden. Im Zuge der Ölexporte gelangt Ibn Saud mehr und mehr unter prowestlichen Einfluss.

- 1902: Emir von Nadschd
- 1923: zusätzlich Emir von Asir
- 1926: König von Hedschas
- 1932: König von Saudi-Arabien

Beinfreiheit ist zwingende Voraussetzung zum Charlestontanzen – und Kritikpunkt von Moralisten.

ruft der Charleston geteilte Meinungen hervor. Moralisten verurteilen seine Freizügigkeit insbesondere bei Frauen, die in knielangen Röcken tanzend viel Bein zeigen. Doch können die Kritiker die Modewelle nicht aufhalten. Vielmehr wird eine langanhaltende Charleston-Periode vorausgesagt, da der Tanz u.a. schon jetzt zum Pflichtprogramm bei Turnieren gehört und somit gesellschaftsfähig geworden ist. Der Charleston gilt als Sinnbild der Wilden Zwanziger. Nicht zuletzt durch ihn erfreut sich auch der Jazz wachsender Beliebtheit in der Bevölkerung. Die schwarze Tänzerin Josephine Baker aus den USA gilt als die populärste Figur der Charlestonzeit. Sie war es, die den Modetanz durch ihre Auftritte im legendären Pariser Musiktheater »Revue Nègre« an den Champs-Elysées dem europäischen Publikum vorstellte – nur mit einem Röckchen aus Bananen bekleidet.

4. Januar 1926

»Simplicissimus« zu unsittlich

Die satirische Wochenzeitschrift »Simplicissimus« wird auf Anordnung der Stuttgarter Staatsanwaltschaft beschlagnahmt. Stein des Anstoßes war eine Karikatur Heinrich Zilles in der Ausgabe vom 14. Dezember 1925, die nackte Frauen zeigte. Als die Auflage beschlagnahmt wird, reagiert die Zeitschrift mit dem Abdruck von Nacktfotos in der Folgeausgabe vom 4. Januar (s. Abb.). Die darüber liegende Zeile »Unsers lieben Herrn Staatsanwalts braver Normalmensch« sorgt wiederum für Beanstandung. Das Blatt wird erneut beschlagnahmt. Die Satirezeitschrift ist seit ihrer Gründung im Jahr 1896 bereits des öfteren verboten worden. Sie gilt als »unsittlich, revolutionär und sozialistisch«.

1. Januar 1926

Deutschland läuft über

In Deutschland kommt es zu einer der bisher schwersten Hochwasserkatastrophen. Im Rheinland, in Hessen-Nassau, in Thüringen, Sachsen und Schlesien treten zahlreiche Flüsse über die Ufer und überschwemmen die umliegende Städte. Dabei werden Wasserhöchststände erreicht, wie sie schon seit Jahrzehnten nicht mehr gemeldet worden sind. Auf den Straßen der Rheinstädte steht das Wasser an der Zwei-Meter-Marke. Nachdem zunächst nur Keller unter Wasser standen, steigen die Fluten nach und nach bis in die Wohnungen. Unzählige Häuser müssen geräumt werden, viele Inneneinrichtungen werden zerstört. Die Anleger der Rhein-Dampfschifffahrtsgesellschaften werden durch die Fluten zum Teil schwer beschädigt. Grund für die Hochwasserkatastrophe sind die für die Jahreszeit ungewöhnlich milden Temperaturen im Gebirge. Dort hat in den vergangenen Wochen eine starke Schneeschmelze eingesetzt, die zur Überflutung der Flüsse im gesamten Reichsgebiet führt. Der Wasserpegel sinkt erst nach Tagen. Zurück bleibt eine Spur der Verwüstung.

Februar 1926

1 Mo Deutschland und die Niederlande heben den Sichtvermerkzwang (Visum) bei Grenzübertritten auf. Künftig genügt ein einfacher Reisepass. → Köln

2 Di Vier Angehörige der illegalen Schwarzen Reichswehr werden in Berlin zum Tode verurteilt, weil sie 1923 ein Mitglied ihrer Organisation ermordet haben.

3 Mi Der Deutsche Reichstag nimmt ein Gesetz an, das Duelle unter Militärpersonen mit einer Freiheitsstrafe von einem halben bis zu zwei Jahren bedroht.

4 Do Die Berliner Stadtverordnetenversammlung beschließt auf Antrag von SPD und KPD, den »Königsplatz« in »Platz der Republik« umzubenennen.

5 Fr Im Berliner Ufa-Palast findet die Premiere des Harry-Hoyt-Films »Die vergessene Welt« statt, der nach einem Roman von Arthur Conan Doyle entstanden ist.

6 Sa Der Schriftsteller Bertolt Brecht ruft die Theater dazu auf, in ihren Inszenierungen den Sport mehr zu berücksichtigen.

7 So Auf einem Arthur-Schnitzler-Abend in Berlin liest Elisabeth Bergner in Anwesenheit des österreichischen Autors die Novelle »Fräulein Else«.

8 Mo Die Reichsregierung beschließt einstimmig, einen Antrag auf Aufnahme Deutschlands in den Völkerbund zu stellen.

9 Di In mehreren sowjetischen Städten werden Oppositionelle aus den Stadtkomitees ausgeschlossen. +++ Ein Grubenunglück in Ungarn fordert fünf Todesopfer.

10 Mi Ramon Franco, der im südspanischen Palos gestartet war, landet in Buenos Aires. Er fliegt als Erster die Strecke Spanien-Südamerika in nur einem Flugzeug.

11 Do In Belgisch-Kongo werden alle afrikanischen Organisationen, auch die religiösen, aus Angst vor Aufständen verboten.

12 Fr Anlässlich des 100. Geburtstags des Dichters Victor von Scheffel am 16. Februar wird in Karlsruhe das Deutsche Scheffel-Museum eröffnet.

13 Sa Erstmals gelingt es, zwischen den Radiostationen Rugby in Großbritannien und Long Island bei New York einen drahtlosen Telefondienst herzustellen.

14 So Das Kunstgewerbehaus in Kairo, eine Nachbildung des berühmten Tempels von Luxor, brennt nieder. Am nächsten Tag sollte hier eine Ausstellung beginnen.

15 Mo Die Zahl der Arbeitslosen in Deutschland beträgt etwa 2,4 Mio. Damit ist nach einem Rückgang seit März 1924 ein neuer Höchststand erreicht.

16 Di Zwei Tennisprimadonnen tragen in Cannes ein Match aus: Die Französin Suzanne Lenglen besiegt dabei die US-Tennismeisterin Helen Wills.

17 Mi Der britische Flieger Alan Cobham beendet in Kapstadt seinen Flug von London über Westeuropa und den ganzen afrikanischen Kontinent.

18 Do Die türkische Nationalversammlung beschließt die Abschaffung der Vielweiberei und die Einführung des Schweizer Bürgerlichen Gesetzbuches.

19 Fr Die österreichischen Bischöfe wenden sich gegen das gemeinsame Turnen von Jungen und Mädchen. +++ In Berlin hat die Revue »Laterna magica« Premiere.

20 Sa Bei der Uraufführung des Schauspiels »Duell am Lido« von Hans José Rehfisch in Berlin findet die Schauspielerin Marlene Dietrich erstmals Beachtung.

21 So An der Tagung des Reichsbanners Schwarz-Rot-Gold, dem politischen Kampfverband von SPD und Gewerkschaften, nehmen in Hamburg 130 000 Personen teil.

22 Mo Die Münchener Polizei untersagt eine Aufführung des Lustspiels »Der fröhliche Weinberg« von Carl Zuckmayer, um rechtsradikalen Störungen vorzubeugen.

23 Di In Berlin hat der 1925 uraufgeführte Stummfilm »Goldrausch« von und mit Charlie Chaplin vor einem begeisterten Publikum Premiere.

24 Mi Bei dem Versuch, unter dem Stützbogen des Eiffelturms in Paris durchzufliegen, verunglückt der französische Flieger Léon Callot tödlich.

25 Do Die belgische Liga für Menschenrechte führt in Brüssel eine Protestversammlung gegen die anwachsende internationale faschistische Bewegung durch.

26 Fr Die Abgeordneten der Deutschen Vereinigung bringen im polnischen Parlament in Warschau eine Interpellation wegen der »Deutschenhetze« ein.

27 Sa Der französische Ministerpräsident Aristide Briand betont in einer Rede, er habe sich seit Verdun geschworen, dem Frieden zu dienen.

28 So Auf Sizilien werden 400 Briganten und Anhänger der Mafia verhaftet. Es gelingt der Polizei, Zeugenaussagen gegen die Beschuldigten zu sammeln.

1 Mo Ein österreichisches Gericht beschließt zum ersten Mal, zur Beweisführung in einem Vaterschaftsprozess Blutproben heranzuziehen.

2 Di Zum neuen Präsidenten von Brasilien wird Washington Luiz Pereira de Souza gewählt. Er ist Nachfolger von Arturo da Silva Bernardes.

3 Mi Im Freistaat Danzig tritt der neue Hohe Kommissar des Völkerbundes, Joost Adriaan van Hamel, sein Amt als Vermittler zwischen Danzig und Polen an.

4 Do Angesichts der schwierigen Wirtschaftslage verzichtet die Stadt Hamm auf eine Feier zu ihrem 700-jährigen Bestehen.

5 Fr In der belebten Prager Tischlergasse explodiert die Bombenladung eines von zwei Pferden gezogenen Militärlastwagens. Die Kutscher werden zerfetzt.

6 Sa Eine Pestepidemie breitet sich am oberen Stromgebiet in Indien aus. Im Verlauf einer Woche sind bereits 1143 Personen an der Seuche gestorben.

7 So Mit einer Feier im Festsaal der Neuen Hofburg zu Wien wird die Zehnte Wiener Internationale Messe eröffnet. Sie dauert bis zum 13.März.

8 Mo Alle Abgeordneten der indischen Svaraj-Partei verlassen vor der Abstimmung über das Budget aus Protest gegen Großbritannien das Parlament in Delhi.

9 Di Im Staatlichen Schiller-Theater in Berlin findet die deutsche Erstaufführung des Dramas »Spiel des Lebens« des Norwegers Knut Hamsun statt.

10 Mi An der Nordsee und der Elbemündung herrscht ein Sturm mit Windstärke 10 bis 11. +++ Ministerpräsident Aristide Briand stellt in Paris sein neues Kabinett vor.

11 Do Drei Tage nach der Umbildung des niederländischen Kabinetts gibt der neue Ministerpräsident Dirk Jan de Geer seine Regierungserklärung ab.

12 Fr Der Verband der Berliner Bühnenleiter fordert die Abschaffung oder Herabsetzung der Vergnügungssteuer, weil die Theater vor dem Ruin stehen.

13 Sa Auf einer Fahrt von Triest nach Buenos Aires sind auf dem Dampfer »Belvedere« 30 Menschen an Masern oder Lungenentzündung gestorben.

14 So In Costa Rica ereignet sich auf der Eisenbahnbrücke über den Virilafluss ein schweres Eisenbahnunglück. 193 Menschen sterben, 72 werden schwer verletzt.

15 Mo Das diplomatische Korps in Peking versichert, dass die Westmächte nicht im chinesischen Bürgerkrieg intervenieren wollen.

16 Di Die Deutschnationalen (DNVP) und die Deutsche Volkspartei (DVP) verlangen die Aufrechterhaltung des Redeverbots für Adolf Hitler. → Raketenstart

17 Mi In Genf scheitern die Verhandlungen über die Aufnahme Deutschlands in den Völkerbund an Streitigkeiten über die Verteilung der Ratssitze.

18 Do Im Berliner Tauentzien-Palast findet die Uraufführung des Films »Die letzte Droschke von Berlin« statt, bei dem Carl Boese Regie geführt hat.

19 Fr In Tokio bricht nach einer Explosion in einer Feuerwerksfabrik ein Großfeuer aus. 800 Häuser werden zerstört, 7000 Menschen obdachlos.

20 Sa Deutschland schließt mit Dänemark und Portugal Handelsverträge. Beide Abkommen sehen Zollbegünstigungen vor.

21 So Die Berliner Nationalgalerie feiert ihr 50-jähriges Bestehen. +++ Reichspräsident Paul von Hindenburg besucht den befreiten Teil des Rheinlandes.

22 Mo Der Deutsche Reichstag will zur Förderung des Kleinwohnungsbaus 200 Mio. Reichsmark für Kredite bereitstellen.

23 Di Der Präsident der Reichsbank, Hjalmar Schacht, spricht sich in einer Rede in Berlin für eine neue deutsche Kolonialpolitik aus.

24 Mi Im Berliner Gloria-Palast findet die Uraufführung des psychoanalytischen Georg-Wilhelm-Pabst-Films »Geheimnisse einer Seele« statt.

25 Do Die Stadt London verleiht dem britischen Außenminister Joseph Austen Chamberlain in der Guildhall das Ehrenbürgerrecht.

26 Fr Der Schriftsteller Hans Fallada (eigentlich Rudolf Ditzen) wird wegen Unterschlagung in Kiel zu zweieinhalb Jahren Gefängnis verurteilt.

27 Sa Der Deutsche Reichstag nimmt den Etat für 1926 an und beschließt das Steuermilderungsgesetz, das u.a. die Luxussteuer und die Weinsteuer aufhebt.

28 So Zu Ehren des in Berlin weilenden österreichischen Bundeskanzlers Rudolf Ramek gibt der deutsche Reichskanzler Hans Luther ein Essen.

29 Mo In Freiburg im Breisgau findet die Beisetzung des am 26. März verstorbenen ehemaligen deutschen Reichskanzlers Konstantin Fehrenbach statt.

30 Di Mit dem Beginn der warmen Witterung strömen erneut Goldsucher zu den Goldfeldern im kanadischen Red-Lake-Distrikt. → Erich Rademacher

31 Mi Im Deutschen Reich wird der Staatsgerichtshof aufgehoben. Er hat über Verstöße gegen das Gesetz zum Schutz der Republik verhandelt.

16. März 1926

Raketenstart geglückt

Die erste mit flüssigem Treibstoff angetriebene Rakete startet erfolgreich in den USA. In einem Experiment gelingt es dem Physikprofessor Robert Hutchinson Goddard in Auburn/Massachusetts, den Flugkörper für eine Dauer von zweieinhalb Minuten in der Luft zu halten. Dabei erreicht die Rakete eine Geschwindigkeit von 90 km/h und legt 600 m zurück.

Goddard hatte bereits mit verschiedenen Brennmitteln für seinen Raketenantrieb experimentiert. Der sensationelle Start gelingt ihm schließlich mit einem Gemisch aus Benzin als Treibmittel und Sauerstoff als Brennmittel. Damit erreicht er den Durchbruch in seinen Forschungen, die er bereits seit 1920 mit Flüssigkeitsraketen betreibt. Vorausgehende Experimente mit Feststoffraketen, die z.B. durch Schießpulver angetrieben wurden, erbrachten nicht die gewünschten Ergebnisse, da keine ausreichende Schubkraft hergestellt werden konnte. Der erste Start der Goddardrakete sorgt für viel Aufsehen in der Öffentlichkeit. Durch Goddards Experiment rückt die bisher für utopisch gehaltene Erforschung des Weltraums in greifbare Nähe. Auch der sowjetische Mathematiker Konstantin E. Ziolkowski suchte nach Möglichkeiten, einen festen Körper ins Weltall zu schießen. Er veröffentlichte seine Ergebnisse 1924 in einer Studie. Darin beschreibt er flüssigen Wasserstoff und flüssigen Sauerstoff als bestmögliche Antriebsmittel. Ziolkowski schlug auch als Erster den später üblichen zigarrenförmigen Zylinder als geeignete Raketenform vor. Auch dachte er schon an die stufenweise Zündung des Antriebs, um auf diese Weise die Schubkraft der Rakete zu steigern. Als Pionier der Raketentechnik und Weltraumfahrt in Deutschland gilt der Mathematiker Hermann Oberth, der bereits 1917 das Modell einer Flüssigkeitsrakete entworfen hat. Aber trotz erfolgreicher Experimente und intensiver Forschung wird das Vordringen ins Weltall von militärischen Interessen überlagert. Im Zweiten Weltkrieg versucht Adolf Hitler, die Ergebnisse der Raketenentwicklung für seine Ziele zu nutzen. Die von ihm in Auftrag gegebene Rakete »V 1« wird als fliegende Bombe gegen Großbritannien eingesetzt, erzielt jedoch nicht den gewünschten Erfolg.

Der US-Raketenpionier Robert Hutchins Goddard hält am Prinzip der Flüssigkeitsrakete fest.

3. April 1926

Strümpfe ohne Laufmaschen entzücken die Damenwelt

In Großbritannien werden erstmals laufmaschensichere Strümpfe hergestellt. Die bahnbrechende Erfindung stammt aus den Strickereifabriken in Leicester und Nottingham. Hier werden die neuartigen Strümpfe in 40 eigens dafür eingerichteten Strickstühlen produziert. Für die Herstellung können mehrere Materialien benutzt werden. Seide, Kunstseide und Baumwolle sind gleichermaßen geeignet. Hinzu kommt, dass die Produktion der laufmaschensicheren Ware nicht mehr kostet als die von herkömmlichen Strümpfen. Das Verfahren geht auf eine französische Erfindung zurück, die in der Schweiz weiter verfeinert worden ist. Deutsche Fabrikate sind noch nicht laufmaschensicher. Weitere Novitäten der Bekleidungsindustrie geben der Modebranche einen neuen Schub. Röcke schrumpfen auf Knielänge. Bei der Oberbekleidung setzt sich die knabenhafte Linie oder, bei der Smokingjacke, der Herrenschnitt durch. Dazu kommen einteilige Kleider oder Rock mit Pullover, sog. Jumper. An das gerade, lose fallende Oberteil der Kleider wird in Hüfthöhe ein glockiger oder plissierter Rock angesetzt. Die Mäntel sind in Herrenfasson gearbeitet. Die lose geschnittenen Jacken reichen bis über die Hüften und werden in der Taille mit einem Gürtel geschlossen. Die Abendkleider zeigen dieselbe Linie wie die Tagesmode. Der Bekleidungstrend entspricht dem neuen Selbstverständnis der Frauen, die einem Beruf nachgehen und Sport treiben.

25. April 1926

»Turandot« uraufgeführt

In der Mailänder Scala wird eineinhalb Jahre nach dem Tod des Komponisten Giacomo Puccini dessen unvollendete Oper »Turandot« aufgeführt. Der Erfolg ist überwältigend.

Giacomo Puccini

italienischer Komponist, * 22.12.1858 Lucca; † 29.11.1924 Brüssel

Der neben Verdi bedeutendste Vertreter der neueren italienischen Oper bringt mit sicherem dramatischem Instinkt zeitgenössische Stoffe auf die Bühne. Seine von einer spätromantischen, bürgerlichen Haltung getragenen Werke sind durch szenografisch genaue Musik und lyrisch-poetische Atmosphäre gekennzeichnet. Sie zählen zu den am meisten aufgeführten Opern weltweit.

- 1880-83: Studium am Konservatorium in Mailand
- 1896: Oper »La Bohème«
- 1904: Oper »Madame Butterfly«

28. April 1926

Domschatz wieder ausgestellt

Im Kölner Dom werden die Kostbarkeiten des Domschatzes wieder der Öffentlichkeit zugänglich gemacht. Die Prunkgegenstände waren im Jahre 1918 in ein Verlies eingemauert worden, um sie vor dem Zugriff der Siegermächte zu verbergen. Die Schatzkammer zählt zu den bedeutendsten in Europa. Sie enthält als wichtigste Stücke den Dreikönigsschrein (s. Abb.) und den Petrusstab, der aus dem 4. Jahrhundert stammt. Ferner können Besucher jetzt auch wieder die reichgeschmückten Evangeliare und Monstranzen bewundern.

30. März 1926

Rekordserie verblüfft USA

Mit einer unvergleichlichen Erfolgsserie in den USA macht der deutsche Schwimmer Erich »Ete« Rademacher Schlagzeilen: Innerhalb weniger Wochen stellt Rademacher drei Weltrekorde über 500-m-Brust, 200-m-Brust und 400-m-Brust auf. Er wird als »Nurmi des deutschen Schwimmsports« gefeiert.

Erich Rademacher

deutscher Schwimmer und Wasserballspieler, * 9.6.1901 Magdeburg; † 1.4.1979 Stuttgart

Rademacher ist ein Pionier des Hochleistungssports. Er gewinnt 35 Deutsche Meisterschaften, stellt 19 deutsche Rekorde auf und sorgt mit neun Weltrekorden für Aufsehen. In insgesamt 998 Wettkämpfen tritt er siegreich für Hellas Magdeburg und die deutsche Nationalmannschaft an.

- 1926: Weltrekord über 500-m-Brust in 7:35,4 min
- 1928: Olympiasieger im Wasserball
- 1932: Olympiazweiter im Wasserball

24. April 1926

UdSSR kämpft gegen Isolation

Deutschland und die Sowjetunion schließen in Berlin einen Freundschafts- und Neutralitätspakt. Unterzeichner des Paktes sind der deutsche Außenminister Gustav Stresemann (Abb. 3.v.r.) und der sowjetische Botschafter Nikolaj N. Krestinski (Abb. 2.v.r.). In dem Vertrag sichern sich beide Staaten gegenseitige Neutralität im Kriegsfall zu, wenn der Angriff nicht von einem der Vertragspartner geführt wird. Mit dem Berliner Vertrag wird die deutsch-sowjetische Annähe-

rungspolitik weiter ausgebaut. 1922 hatten die Staaten durch den Vertrag von Rapallo wieder diplomatische Beziehungen aufgenommen. 1925 wurde ein Handelsvertrag zwischen Berlin und Moskau unterzeichnet. Der politische Hintergrund für das Zustandekommen des Berliner Neutralitätspaktes ist der Antrag Deutschlands auf Aufnahme in den Völkerbund sowie das Vertragswerk von Locarno, in dem die deutsche Regierung Frankreich und Belgien die Unverletzbarkeit der deutschen Westgrenzen zugesichert hat. Die Sowjetunion befürchtet eine weltpolitische Isolation durch eine zu starke Anbindung Deutschlands an den Westen. Stresemann ist jedoch nicht an einem westlichen Militärbündnis interessiert. Ihm liegt vielmehr an einer Erleichterung der Bestimmungen des Versailler Vertrags, insbesondere bezüglich der Reparationslasten. Außerdem hofft der deutsche Außenminister auf eine Revision der deutschen Ostgrenze auf Kosten Polens; eine solche Lösung wäre nur gemeinsam mit der Sowjetunion zu erreichen. Diese argwöhnt jedoch, Deutschland könne gemeinsam mit den Westmächten Polen in einen Krieg gegen die UdSSR verwickeln.

April 1926

1 Do Nach Senkung der Fusionssteuer gründen sieben führende deutsche Montanunternehmen den Stahltrust der Vereinigten Stahlwerke AG (Vestag).

2 Fr Der neue Ministerpräsident Alexandru Avărescu stellt nach der Umbildung des rumänischen Kabinetts sein Regierungsprogramm vor.

3 Sa Italien erhält eine neue Arbeitsgesetzgebung. Die Tarifautonomie wird beseitigt, Streik und Aussperrung werden verboten. → Laufmaschen

4 So Der Weltkongress der russischen Flüchtlinge wird in Paris eröffnet. +++ Der deutsche Industrielle August Thyssen stirbt im Alter von 84 Jahren.

5 Mo Den Behörden ist es gelungen, die Unruhen und blutigen Auseinandersetzungen zwischen indischen Hindus und Moslems in Kalkutta zu beenden.

6 Di Die Deutsche Lufthansa AG nimmt mit sieben Linien den innerdeutschen Flugverkehr auf. Mit 110 Maschinen fliegt sie 57 Städte an.

7 Mi In der Zellulosefabrik Hoesch & Co. bei Pirna explodiert ein Kochkessel. Die Detonation zerstört das ganze Gebäude und fordert acht Todesopfer.

8 Do Der Film »Die Biene Maja und ihre Abenteuer« wird im Berliner Capitol uraufgeführt. +++ Das Wiener Burgtheater feiert sein 150-jähriges Bestehen.

9 Fr Auf dem Mississippi kollidieren ein holländisches und ein US-Tankschiff. Das holländische Schiff explodiert, alle 36 Besatzungsmitglieder kommen ums Leben.

10 Sa Das Haus Hohenzollern, das ehemalige deutsche Kaiserhaus, ist mit der Zahlung von Steuern in Höhe von sieben Mio. Mark im Rückstand.

11 So Mit überwältigender Mehrheit gewinnt Ministerpräsident Theodoros Pangalos die Präsidentschaftswahlen in Griechenland.

12 Mo Nach einem Deichbruch am Tigris (Irak) sind die Umgebung von Bagdad und der Königspalast außerhalb der Stadt überschwemmt.

13 Di Vor dem Arbeitsministerium in Warschau finden Kundgebungen von Arbeitslosen statt. Die Polizei zerstreut die Demonstranten und verhaftet etliche.

14 Mi Ein weißer Elefant aus Birma, der in den Sommermonaten in Großbritannien zur Schau gestellt werden soll, trifft im Hafen von Tilbury ein.

15 Do In Berlin wird eine internationale Schifffahrtskonferenz eröffnet. +++ Die Dortmunder Zeche »Kaiserstuhl« kündigt 600 Bergleuten.

16 Fr Der populäre rumänische Bandit Tomescu, der »König der Wälder und Berge«, ist von einem Mitglied seiner Bande verraten und ermordet worden.

17 Sa Die Kämpfe der rivalisierenden chinesischen Truppen um Peking sind beendet. In Peking selbst herrscht inzwischen eine Hungersnot.

18 So In Marokko beginnen Friedensverhandlungen zwischen den Vertretern des Emirs Abd El Krim und den Delegierten Frankreichs und Spaniens.

19 Mo Die französischen Truppen in Syrien starten eine Offensive gegen die Drusen, die sich seit 1925 im Aufstand gegen die Franzosen befinden.

20 Di Ein heftiger und langanhaltender Vulkanausbruch auf der Insel Hawaii versetzt die verschreckte Bevölkerung in Panik.

21 Mi Im Schauspielhaus Frankfurt am Main wird das Schauspiel »Brennende Erde« des Dichters Klabund (eigentlich Alfred Henschke) uraufgeführt.

22 Do Die erste Nummer der »Pressemitteilungen« des Allgemeinen Deutschen Gewerkschaftsbundes erscheint.

23 Fr Die südafrikanische Regierung erklärt ihr Einverständnis, mit Indien über das Problem der indischen Einwanderer in Südafrika zu verhandeln.

24 Sa Der Berliner Ullstein-Verlag setzt seit neuestem Flugzeuge für die Auslieferung von Zeitungen ein und erkämpft sich so einen Marktvorteil. → UdSSR

25 So Resa Pahlawi wird in der persischen Hauptstadt Teheran in einer prunkvollen Zeremonie zum Schah von Persien gekrönt. → Giacomo Puccini

26 Mo In Wien und in Niederösterreich beginnt ein Bierboykott. Die Gastwirte protestieren gegen die Erhöhung der Preise durch das Brauereikartell.

27 Di 80% der Arbeiter im Salgo-Tarjaner Kohlebecken in Ungarn beginnen ohne Vorankündigung einen Streik, um so gegen ihre soziale Not zu protestieren.

28 Mi Der britische Automobilrennfahrer J.G. Parry Thomas stellt in Pendine (Großbritannien) mit 275,222 km/h einen Geschwindigkeitsweltrekord auf. → Domschatz

29 Do Paris und Washington schließen ein Abkommen über die Rückzahlung der US-Kredite, die Frankreich während des Krieges erhalten hat.

30 Fr Die Verhandlungen im Tarifkonflikt der britischen Kohle-Industrie werden ergebnislos abgebrochen. Um Mitternacht treten die Bergarbeiter in den Streik.

Mai 1926

1 Sa – Die Deutsche Lufthansa-AG nimmt die erste Nachtfluglinie auf. Sie führt von Berlin nach Königsberg mit einem Anschluss nach Moskau.

2 So – Die Staatsoper »Unter den Linden« in Berlin wird wegen Baufälligkeit des Bühnenhauses geschlossen; geplant sind Anbauten an beiden Seiten.

3 Mo – In Großbritannien beginnt ein Generalstreik, an dem sich u.a. Bergarbeiter, Drucker, Eisenbahner, Transport-, Eisen- und Stahlarbeiter beteiligen.

4 Di – Die Uraufführung der Tragödie »Medea« von Hans Henny Jahnn findet am Staatlichen Schauspielhaus in Berlin statt.

5 Mi – Im Rotterdamer Hafen bricht ein Großfeuer aus. Es verbrennen u.a. 4000 t Chilesalpeter. Der Schaden beläuft sich auf etwa eine Mio. Gulden.

6 Do – Der österreichische Arzt und Psychoanalytiker Sigmund Freud wird vom Wiener Gemeinderat zum Ehrenbürger der Stadt Wien ernannt.

7 Fr – Der preußische Kultusminister Carl Becker beruft die ersten Mitglieder an die neu zu gründende Sektion Dichtkunst der Preußischen Akademie der Künste.

8 Sa – Die »Große Ausstellung für Gesundheitspflege, soziale Fürsorge und Leibesübungen« wird in Düsseldorf eröffnet. Sie verzeichnet hohen Besucherandrang.

9 So – Die nordfranzösischen Kohlengrubenbesitzer und die Arbeitervertreter beschließen ein neues Lohnabkommen, womit ein drohender Streik abgewendet wird.

10 Mo – In Berlin wird der Deutsche Akademikerinnen-Bund gegründet, ein Zusammenschluss von Studentinnen und Wissenschaftlerinnen aller Fakultäten.

11 Di – Die Berliner Polizei deckt einen rechtsgerichteten Zirkel auf, der einen Putsch zur Errichtung der Diktatur vorbereitet hat.

12 Mi – Der Norweger Roald Amundsen und der Italiener Umberto Nobile überfliegen in dem Luftschiff »Norge« den Nordpol. → Pilsudski

13 Do – Obwohl der Generalrat des Britischen Gewerkschaftsausschusses den Generalstreik am Vortag abgebrochen hat, dauert der Bergarbeiterstreik an.

14 Fr – Der Deutsche Reichstag beschließt eine Reform des Abtreibungsparagraphen 218. +++ Deutschland und Schweden schließen einen Handelsvertrag ab.

15 Sa – Reichspräsident Paul von Hindenburg beauftragt Reichsjustizminister Wilhelm Marx (Zentrum) mit der Führung der Geschäfte des Reichskanzlers.

16 So – In Freudenstadt tagt der deutsche Schriftstellerverband. +++ Im Hessischen Landesmuseum in Kassel wird eine Luftfahrtausstellung eröffnet.

17 Mo – Oberitalien wird von einer Hochwasserkatastrophe heimgesucht. Der Po, die Etsch und der Comer See sind über die Ufer getreten. → Flaggenstreit

18 Di – Das deutsche Reichsgericht hat erstmals entschieden, dass literarische Werke, die vom Rundfunk übertragen werden, urheberrechtlich geschützt sind.

19 Mi – Die Verhandlungen zwischen Großbritannien und Frankreich über die Rückzahlung der Schulden aus dem Weltkrieg sind gescheitert.

20 Do – Eine Explosion in einer Pulverfabrik in Haßloch (Pfalz) zerstört den größten Teil des Gebäudes. Das Unglück fordert elf Todesopfer.

21 Fr – Die große Berliner Kunstausstellung wird eröffnet. Sie zeigt u.a. Werke der Bauhaus-Künstler Wassily Kandinsky und Paul Klee. → US-Kinder

22 Sa – Der Wiener Hungerkünstler Fred Ellern stellt einen Weltrekord auf: Er hat 46 Tage und sechs Stunden in einem Glaskasten gehungert.

23 So – In Clermont-Ferrand beginnt der Parteitag der französischen Sozialisten. Die Delegierten lehnen eine Beteiligung an einer bürgerlichen Regierung ab.

24 Mo – Der finnische Läufer Paavo Nurmi stellt in Berlin mit 8:25,4 min einen Weltrekord über die 3000-m-Strecke auf.

25 Di – Ein Eisenbahnunglück auf dem Münchener Ostbahnhof fordert 28 Todesopfer und 167 Verletzte. Ein Personenzug ist auf einen stehenden Zug aufgefahren.

26 Mi – Der mexikanische Präsident Plutarco Elías Calles billigt ein Gesetz, das sämtliche Bodenschätze des Landes zum Staatseigentum erklärt. → Berber

27 Do – In Großbritannien wird der Kohleverbrauch eingeschränkt, weil noch kein Ende des seit dem 1. Mai andauernden Bergarbeiterstreiks abzusehen ist.

28 Fr – Durch einen erfolgreichen Staatsstreich unter der Führung von General Manuel de Oliveira Gomes da Costa übernimmt das Militär die Macht in Portugal.

29 Sa – Der Dritte Internationale Sozialistische Jugendkongress geht in Amsterdam zu Ende. Die Delegierten forderten u.a. ein Arbeitsverbot für Schulpflichtige.

30 So – Wegen der hohen Schuldenlast entlassen die Junkersflugwerke in Dessau 700 Arbeiter, weiteren 800 Beschäftigten soll ebenfalls gekündigt werden.

31 Mo – Józef Klemens Pilsudski wird zum Präsidenten von Polen gewählt. Er nimmt die Wahl jedoch nicht an, weil die Befugnisse des Amtes stark beschränkt sind.

+++ Machtwechsel in Polen +++ Marx erneut Re

17. Mai 1926

Flaggenstreit: Marx ist Kanzler

Reichspräsident Paul von Hindenburg ernennt den Zentrumspolitiker Wilhelm Marx zum neuen Reichskanzler. Marx übernimmt das Amt von Hans Luther, der am 12. Mai zurückgetreten war. Der parteilose Luther hatte der umstrittenen Flaggenverordnung des Reichspräsidenten zugestimmt und sich damit die Missbilligung des Parlaments zugezogen. Nach dieser Verordnung sollen die deutschen diplomatischen Vertretungen in Übersee und den europäischen Seehäfen verpflichtet werden, neben der schwarz-rot-goldenen Flagge auch das schwarz-weiß-rote Handelsbanner in den Farben des Kaiserreichs zu hissen. Dieses Gesetz entspricht vor allem den Wünschen der Deutschnationalen (DNVP) und vieler nationalistisch gesinnter Auslandsdeutscher. Nach einer zweitägigen heftigen Debatte beantragen die Linksparteien die Missbilligung Luthers. Kommunisten und Sozialdemokraten setzen den Antrag mit 177 gegen 146 Stimmen durch. Luther muß gehen. Der ehemalige Reichsjustizminister Wilhelm Marx übernimmt wie schon 1923-25 die Regierungsgeschäfte, die Zusammensetzung der Regierung bleibt unverändert. Eine Ausweitung der Regierungskoalition nach links ist nicht möglich, da die Frage der Fürstenenteignung die Parteien spaltet.

21. Mai 1926

US-Kinder arbeiten schwer

In den USA sorgt ein Bericht des Arbeitsministeriums für Aufsehen, nach dem Kinderarbeit in vielen Wirtschaftsbereichen noch immer an der Tagesordnung ist. Unter Tausenden von Kindern in Arbeitsverhältnissen sind nach Angaben des Ministeriums ein Drittel jünger als zwölf Jahre, ein Fünftel sogar jünger als zehn Jahre (Abb.: Junge beim Eisausliefern). Die meisten Kinder arbeiten täglich zehn Stunden. Vereinzelt kommen auch Arbeitszeiten von 12 und 13 Stunden vor. Grund ist die zunehmende Verarmung der ländlichen Bevölkerung, die im Gegensatz zum florierenden Wirtschaftsleben in den Städten steht.

Der polnische Patriot Marschall Pilsudski

Polen zwischen 1916 und 1939

Jahr	Ereignis
1916	Mittelmächte proklamieren das Königreich Polen
1918	Ausrufung der Republik
1920	»Wunder an der Weichsel« unter Marschall Pilsuc bringt Wende im Krieg gegen Russland
1921	Russisch-polnischer Krieg endet mit Frieden von F
1930	Pilsudski tritt zurück
1934	Nichtangriffspakt mit Deutschland
1939	Mit deutschem Überfall beginnt der Zweite Weltk

26. Mai 1926

Berber strecken die Waffen

Die aufständischen Berberstämme in Marokko müssen vor den europäischen Kolonialmächten bedingungslos kapitulieren. Die Stämme der Rifkabylen kämpfen seit dem Jahre 1920 für die Unabhängigkeit ihres Landes von Frankreich und Spanien.

Nach anfänglichen, überraschenden Erfolgen gegen die spanischen Kolonialherren wendete sich das Blatt, als Frankreich 1925 in den militärischen Konflikt eingriff. Friedensverhandlungen zwischen Emir Abd El Krim, dem Führer der Rifkabylen, und den Kolonialmächten blieben im April ohne Ergebnis. Daraufhin brachen die Kämpfe am 6. Mai erneut aus. Zwanzig Tage später strecken die Rifkabylen endgültig die Waffen. Jetzt diktieren Frankreich und Spanien die Friedensbedingungen. Die Aufständischen werden unterworfen, Abd El Krim wird aus dem Kampfgebiet entfernt. Alle Berberstämme müssen ihre Waffen abliefern.

12. Mai 1926

Nationalheld Pilsudski putscht in Polen

Mit lediglich 15 ihm ergebenen Regimentern marschiert der polnische Marschall Jósef Klemens Pilsudski in Warschau ein und übernimmt nach dreitägigen heftigen Kämpfen die Macht.
Ausschlaggebend für den Erfolg des Staatsstreichs ist die Ausrufung des Generalstreiks, die einen Transport regierungsfreundlicher Truppen nach Warschau unmöglich macht. Das Mitte-Links-Kabinett von Ministerpräsident Alexander Graf Skrzyński war nach einem Streit über die Beilegung der Wirtschaftskrise am 5. Mai zurückgetreten. An seine Stelle rückte am 10. Mai eine Mitte-Rechts-Regierung mit Bauernführer Wincenty Witos an der Spitze, die von den Linksparteien ebenso wie von Pilsudski abgelehnt wurde. Aktueller Auslöser der Regierungskrise, die Pilsudski mit seinem Staatsstreich beendet, ist die katastrophale Wirtschaftslage in Polen. Die Zahl der Arbeitslosen ist auf 400 000 gestiegen, fast täglich werden aus den polnischen Städten Demonstrationen gemeldet. Eine wichtige Ursache für die ökonomischen Probleme ist der Zollkrieg, den Deutschland seit Sommer 1925 gegen Polen führt.
Am 14. Mai treten Staatspräsident Stanislaw Wojciechowski und Ministerpräsident Witos zurück. Auf Wunsch Pilsudskis wird am Folgetag ein »Kabinett der Fachleute« unter Kazimierz Bartel gebildet, dem der Marschall als Kriegsminister angehört. Das Parlament wählt in einer geheimen Abstimmung Pilsudski am 31. Mai mit 274 von 546 Stimmen zum Staatspräsidenten. Dieser nimmt die Wahl jedoch nicht an, da die Befugnisse des Präsidentenamtes in der polnischen Verfassung stark eingeschränkt sind. Stattdessen zieht er es vor, als »starker Mann« im Hintergrund die Fäden zu ziehen. Auf seine Empfehlung wird am 1. Juni der politisch bislang wenig profilierte Ignacy Mościcki zum Staatschef gewählt. Am 2. August verabschiedet der Sejm, das polnische Parlament, eine Änderung der Verfassung, mit der die Rechte des Präsidenten gegenüber der Volksvertretung gestärkt werden. So besitzt künftig der Präsident und nicht mehr der Sejm selbst das Recht der Parlamentsauflösung. Die Sitzungsperioden werden zudem zeitlich eingeschränkt. Damit setzt sich Pilsudski durch, der die Umwandlung des parlamentarischen Systems in ein autokratisches Regime mit Scheinparlament vorantreibt. Während die politische Linke Pilsudski mittlerweile die Unterstützung entzogen hat, sind nun die Rechtsparteien auf Seiten des Marschalls.

Pilsudskis Regimenter übernehmen nach schweren Kämpfen in der Hauptstadt die Macht im Lande.

28. Juni 1926

Fusion zu Daimler-Benz

Die ältesten Kraftwagenwerke der Welt fusionieren zur Daimler-Benz AG. Die Firmen hatten bereits 1924 eine Interessengemeinschaft gegründet. Die neue AG ist auf die Herstellung von Nutzfahrzeugen spezialisiert.

Carl Friedrich Benz

deutscher Ingenieur und Automobilpionier, * 25.11.1844 Karlsruhe; † 4.4.1929 Ladenburg

Benz ist der Erfinder des Automobils. 1878 konstruierte er den Zweitaktmotor. Sein Viertaktmotor war Herzstück des ersten benzingetriebenen Fahrzeugs, das der badische Tüftler im Jahre 1886 der Öffentlichkeit vorstellte. Bereits 1901 konnte Benz seiner Kundschaft zehn verschiedene Automobilmodelle anbieten.

20. Juni 1926

Fürsten nicht enteignet

Der Volksentscheid für die entschädigungslose Enteignung der ehemals im Deutschen Reich regierenden Fürstenhäuser ist aufgrund zu geringer Beteiligung trotz der knapp 14,5 Mio. Ja-Stimmen – gegenüber nur 586 Nein-Stimmen – gescheitert. Nachdem die Gesetzesvorlage der SPD und KPD zur entschädigungslosen Enteignung am 5. Mai im Reichstag keine Mehrheit gefunden hatte, konnte sie nur noch über einen Volksentscheid Gesetzeskraft erlangen. Bislang entscheiden die Gerichte in Vermögensfragen überwiegend zugunsten der Fürsten, deren Vermögen nach dem Ende des Weltkriegs zunächst nur beschlagnahmt worden war. Es blieb in der Folgezeit den Ländern überlassen, mit den insgesamt 22 Fürstenhäusern über deren Vermögen im Wert von rd. 2,6 Mrd. Goldmark, zu dem Schlösser, Landbesitz, Kronjuwelen und Kunstsammlungen gehören, Vergleiche zu erzielen.

Juni 1926

1 Di In Königsberg und in München werden die gemäß dem Versailler Vertrag eingesetzten Abteilungen der Interalliierten Militärkontrollkommission aufgelöst.

2 Mi Die sozialdemokratische Regierung von Schweden tritt nach einer Abstimmungsniederlage zur Frage der Arbeitslosenunterstützung zurück.

3 Do In Düsseldorf findet die deutsche Erstaufführung von »König David« statt, einem Chorwerk des französisch-schweizerischen Komponisten Arthur Honegger.

4 Fr Auf die Gesandtschaft der Vereinigten Staaten in Montevideo, der Hauptstadt Uruguays, wird ein Bombenanschlag verübt.

5 Sa Der österreichische Bundespräsident Michael Hainisch eröffnet im Museum für Kunst und Industrie in Wien eine Ausstellung zum Thema Verkehrsschutz.

6 So Den Giro d'Italia, das nach der Tour de France bedeutendste internationale Etappenrennen im Radsport, gewinnt der Italiener Giovanni Brunero.

7 Mo In Lübeck beginnt eine Tagung von Journalisten aus Deutschland, Skandinavien und dem Baltikum über internationale Pressebeziehungen.

8 Di Eine trendgetreue Modefrisur findet staatliche Anerkennung: El Salvador hat eine Briefmarke herausgebracht, die eine Frau mit Bubikopf zeigt.

9 Mi Die Seilschwebebahn für den Personenverkehr auf die Rax in Niederösterreich wird als erste ihrer Art in Österreich in Betrieb genommen.

10 Do Der Jugendstil-Architekt Antonio Gaudí y Cornet stirbt im Alter von 73 Jahren in Barcelona an den Folgen eines Straßenbahnunfalls.

11 Fr Die deutsche Rheinschifffahrt feiert mit einer Festveranstaltung im Beisein von Prominenz aus Kultur, Wirtschaft und Politik ihr 100-jähriges Bestehen.

12 Sa Großbritanniens Regierung protestiert dagegen, dass die sowjetische Gewerkschaft die streikenden britischen Bergarbeiter mit Geld unterstützt.

13 So Die Spielvereinigung (SpVgg) Fürth wird deutscher Fußballmeister; im Endspiel in Frankfurt am Main besiegt sie Hertha BSC Berlin mit 4:1.

14 Mo In Paris beginnt die französisch-spanische Marokkokonferenz über die Grenzziehung zwischen Hoheitsgebieten beider Mächte in Marokko.

15 Di Das Drama »Orpheus« von Jean Cocteau hat in Paris Premiere. +++ Die Zahl der Arbeitslosen in Deutschland beträgt rd. 1,75 Mio.

16 Mi Der österreichische Unterrichtsminister Emil Schneider tritt nach einem Streit um die Wiedereinführung des Pflicht-Religionsunterrichts zurück.

17 Do Die alliierten Besatzungsmächte im Rheinland gestatten es den Mitgliedern der Freiwilligen Sanitätskolonnen wieder, Uniform zu tragen.

18 Fr Der Philosophieprofessor Theodor Lessing verzichtet unter dem Druck rechtsgerichteter und antisemitischer Kreise auf seine Professur in Hannover.

19 Sa Etwa 8000 Frauen aus allen Teilen Großbritanniens versammeln sich im Londoner Hydepark zu einer Kundgebung für Frieden und Abrüstung.

20 So Das torreiche Fußballländerspiel Deutschland gegen Schweden endet in Nürnberg mit einem 3:3 Unentschieden. → Fürsten

21 Mo Im Berliner Capitol-Filmpalast wird der französische Afrika-Dokumentarfilm »Das schwarze Geschlecht« in einer deutschen Fassung uraufgeführt.

22 Di Die britische Regierung veröffentlicht einen Gesetzentwurf zur Regelung der noch immer andauernden Krise in der Bergwerksindustrie.

23 Mi Der britische Nationalökonom John Maynard Keynes hält in Berlin einen Vortrag mit dem Titel »Das Ende des laissez faire – Privat- oder Gemeinwirtschaft?«.

24 Do Die Konservative Volkspartei in Österreich fordert die Aufhebung des Gesetzes, das 1919 die Einziehung des Vermögens der Habsburger verfügte.

25 Fr Die Stadt Leon in Mexiko wird zum zweiten Mal in ihrer Geschichte durch einen Dammbruch zerstört. 20 000 Familien sind obdachlos.

26 Sa Deutschland und Finnland schließen einen Handelsvertrag. +++ Das umgebaute Staatliche Museum für Völkerkunde in Berlin wird wiedereröffnet.

27 So Das neue griechische Strafgesetzbuch sieht strenge Strafen für Duelle und Ehebruch vor. Auf Ehebruch steht z.B. zwei Jahre Kerker.

28 Mo Bei Ausgrabungen an einer Pyramide im ägyptischen Sakkara ist erstmals die vollständig erhaltene Mumie eines Pferdes gefunden worden. → Daimler-Benz

29 Di In Berlin haben sich mehrere linkskommunistische Organisationen zu einem neuen Spartakusbund zusammengeschlossen.

30 Mi Während einer Militärübung bei Kowel in Polen explodiert eine Granate. Bei dem Unfall werden 37 Soldaten getötet und 30 schwer verletzt.

Juli 1926

1 Do Die US-Einwanderungsbehörden richten in den deutschen Seehäfen Einwanderungsinspektionen zur Überprüfung der Auswanderer nach den USA ein.

2 Fr Die Reichsregierung zieht den Gesetzentwurf zur Fürstenabfindung zurück, weil Deutschnationale und Sozialdemokraten das Gesetz ablehnen.

3 Sa Das Riesengebirge ist von wolkenbruchartigen Regenfällen heimgesucht worden. +++ In Weimar findet der Reichsparteitag der NSDAP statt.

4 So Mit Feuerwerk, Konfettiparaden und zahlreichen Gedenkveranstaltungen feiern die USA die 150. Wiederkehr der Unabhängigkeitserklärung.

5 Mo Mit einem Festakt wird die österreichische Seilbahn auf den Gipfel der Zugspitze eingeweiht. Sie überwindet in 16 Minuten eine Strecke von 3500 m.

6 Di 700 Fahrer und Weichensteller der New Yorker Untergrundbahn treten in den Streik, weil Verhandlungen über eine Lohnerhöhung gescheitert sind.

7 Mi Der »Bund deutscher Arbeiterjugend«, die spätere Hitlerjugend, wird als Jugendorganisation der Nationalsozialistischen Kampfverbände gegründet.

8 Do Der Sturz des französischen Franc ist nicht mehr aufzuhalten. Der Dollar liegt bei 40, das britische Pfund bei 194,5 Francs.

9 Fr In Portugal putscht das Militär unter General António Oscar Fragoso Carmona und zwingt Präsident Manuel de Oliveira Gomes da Costa zum Rücktritt.

10 Sa Ein Blitzschlag löst in einem US-Munitionsdepot in New Jersey eine Explosion aus, bei der 17 Menschen sterben und 300 Gebäude zerstört werden.

11 So An der Kieler Förde wird in Anwesenheit ehemaliger Offiziere und Mannschaften der Marine der Grundstein zu einem U-Boot-Ehrenmal gelegt. → Avus

12 Mo Der französische Finanzminister Joseph Caillaux erzielt in London eine Einigung über die Rückzahlung französischer Kriegsschulden an Großbritannien.

13 Di Die Schriftsteller Oskar Maria Graf und Thomas Mann lehnen das Gesetz zum Schutz der Jugend vor Schmutz- und Schundliteratur als Zensur ab.

14 Mi Zum ersten Mal in der Geschichte der römisch-katholischen Kirche hat eine Frau eine Beamtenstelle beim Vatikan erhalten.

15 Do Die Göttinger Universitätsbibliothek erwirbt für 500 Reichsmark die Handschrift des Gedichtes »Lenore« von Gottfried August Bürger.

16 Fr Die Oberprüfstelle in Berlin verbietet die Vorführung des sowjetischen Revolutionsfilms »Panzerkreuzer Potemkin« von Sergej M. Eisenstein.

17 Sa Vom 17. bis zum 20. Juli findet in Wien ein Wehrwettturnen mit Teilnehmern aus Österreich, Deutschland und dem Sudetenland statt.

18 So Eine Heuschreckenplage in der Sowjetunion, die den Ernteertrag gefährdet, wird mit Giftgas und Feuer bekämpft.

19 Mo Truppen der chinesischen Kanton-Regierung unter Chiang Kai-shek beginnen einen Feldzug nach Norden, um China zu einigen.

20 Di Nach offiziellen Angaben fliegen die 120 Flugzeuge der Deutschen Lufthansa AG täglich 75 Flughäfen an, 15 davon liegen im Ausland.

21 Mi Der erst seit dem 19. Juli amtierende französische Ministerpräsident Édouard Herriot tritt zurück. Nachfolger wird Raymond Poincaré.

22 Do Das britische Unterhaus in London nimmt das Budget für 1926/27 an. U.a. ist die Einführung von Wettsteuern vorgesehen.

23 Fr Das Arbeitsbeschaffungsprogramm der deutschen Reichsregierung findet die Zustimmung der Länder. Es sieht z.B. den Ausbau der Verkehrswege vor.

24 Sa Eine Hitzewelle in den USA fordert mehrere hundert Todesopfer. +++ Ein Gewitter zwingt ein Flugzeug der Lufthansa zur Notlandung vor der Insel Juist.

25 So Auf dem 6. Donaueschinger Kammermusikfest werden Kompositionen von Paul Hindemith für mechanische Instrumente uraufgeführt.

26 Mo Zum 70. Geburtstag des Dramatikers George Bernard Shaw veranstaltet die britische Labour Party in London ein Festessen.

27 Di Die Regierungserklärung des neuen französischen Ministerpräsidenten Raymond Poincaré wird von Tumulten linker Parteien unterbrochen.

28 Mi In Berlin wird der Film »Das deutsche Mutterherz« von Géza von Bolváry uraufgeführt. Es ist das Filmdebüt des Schauspielers Heinz Rühmann.

29 Do Die »Berliner Illustrirte« stellt ein Siedlungsprojekt des Architekten Bruno Taut vor, eine hufeisenförmige Anlage mit über 2800 Wohnungen in Berlin-Britz.

30 Fr Der britische Geistliche Stanley Russel veranstaltet in einer Londoner Kirche eine Kinderkundgebung für den Frieden.

31 Sa In Mexiko tritt ein neues Kirchengesetz in Kraft, das u.a. die Umwandlung der Kirchengüter in Staatseigentum vorsieht.

11. Juli 1926

Erfolg auf der Avus

Sieger des Avus-Automobilrennens in Berlin und damit Gewinner des Großen Preises von Deutschland ist der deutsche Fahrer Rudolf Caracciola (s. Abb.). Er gewinnt in seinem Achtzylinder-Mercedes-Rennwagen vom Typ »Monza« mit einer 2-l-Maschine. Trotz starker Regenfälle erreicht er eine Durchschnittsgeschwindigkeit von 135,1 km/h. Überschattet wird das Rennen von schweren Unglücksfällen, die zwei Zuschauern das Leben kosten.

Das Avus-Rennen ist die erste Autombilsport-Großveranstaltung mit internationaler Beteiligung in Deutschland. Neben den deutschen Fabrikaten – außer Mercedes starten u.a. NSU und NAG – sind aus Frankreich u.a. die Marken Talbot und Bignan, aus Italien Bugatti und Alfa Romeo sowie aus Österreich Austro-Daimler vertreten. Von den 38 Fahrern starten 22 mit deutschen, 16 mit ausländischen Wagen. Sowohl im Gesamtklassement als auch in den einzelnen Wagenklassen beweisen die deutsche Fabrikate ihre Überlegenheit. Die Unfälle führen zu scharfer Kritik – besonders aus dem Ausland – an der Organisation des Rennens. Bereits während des Trainings war ein italienischer Beifahrer bei einem Zusammenstoß umgekommen. Während des Rennens ereignen sich insgesamt vier schwere Unfälle.

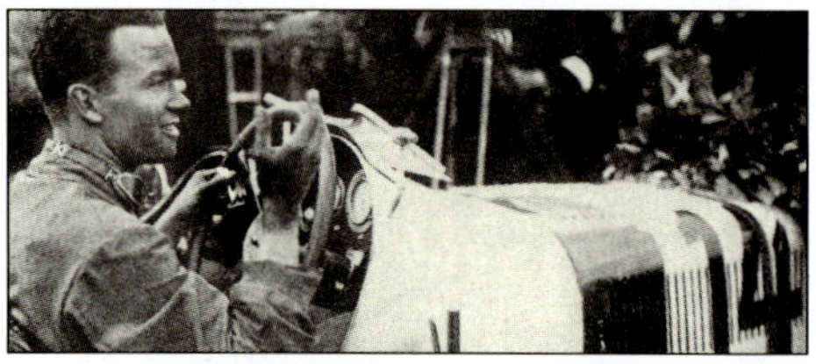

22. August 1926

Rückkehr zur Demokratie

In einem unblutigen Putsch stürzt in Griechenland General Georgios Kondylis mit Unterstützung von Heer und Flotte Theodoros Pangalos, der sich am 3. Januar selbst zum Diktator ausgerufen hatte. Seit den Scheinwahlen im April amtierte er als griechischer Staatspräsident.

In einer Proklamation kündigt Kondylis, der zunächst das Amt des Regierungschefs übernimmt, eine baldige Rückkehr zu normalen Verhältnissen an: Freiheit für die Presse, eine gerechte Justizverwaltung und eine loyale Regierung. Der am 18. März zurückgetretene Staatspräsident Pavlos Konduriotis wird erneut in das höchste Amt eingesetzt. Pangalos, der nach dem Staatsstreich mit eine Torpedoboot zu fliehen versucht, wird nach einem Seegefecht gestellt und den Behörden der neuen Machthaber übergeben. Am 7. November werden erstmals wieder freie Wahlen abgehalten. Dem republikanischen Block gelingt es, 65% der Mandate in der Abgeordentenkammer zu erringen. Die neue Regierung wird am 4. Dezember gebildet. Der neue Ministerpräsident Alexander Zaimis steht einer Großen Koalition vor, an der die liberalen Parteien, die Republikanische Union, die Volkspartei und der Freisinn beteiligt sind. Nach dem Sturz der Diktatur schließen sich die demokratischen Parteien über alle Parteigrenzen hinweg enger zusammen.

23. August 1926

Valentino stirbt jung

Im Alter von nur 31 Jahren stirbt in einem New Yorker Krankenhaus Rudolph Valentino (eigtl. Rodolfo Alfonso Raffaelo Pierre Filibert Guglielmi Di Valentino D'Artonguolla), der in der Rolle des südländischen Liebhabers mit seinen Filmen die Herzen unzähliger Frauen in aller Welt erobert hat. Nach dem Ableben von Hollywoods erstem Superstar nehmen sich zahllose seiner Verehrerinnen aus Verzweiflung das Leben.

Valentinos letzte Krankheitstage – er litt an einer Lungenentzündung – waren von hysterischen Reaktionen seiner weiblichen Fans begleitet. Berittene Polizisten mussten gegen Valentino-Fans vorgehen, die sich vor dem Krankenhaus versammelt hatten. Bei der Beerdigung kommt es zu schweren Ausschreitungen mit Verletzten. Valentino war einer der großen Stummfilmstars in Hollywood und umschwärmtester Mime der 20er Jahre. Mit seiner männlichen Ausstrahlung beeindruckte der Darsteller vor allem die Frauenwelt.. Er blieb weitgehend auf Rollen des temperamentvollen Liebhabers festgelegt.

Berühmte Valentino-Filme

Jahr	Film
1921	»Die vier apokalyptischen Reiter«
1921	»Camille«
1921	»Der Scheich«
1922	»Blut und Sand«
1924	»Monsieur Beaucaire«
1925	»Cobra«
1925	»Der Adler«
1926	»Der Sohn des Scheichs«

24. August 1926

Schmeling zeigt Blitz-k.o.

Max Schmeling (s. Abb. l. mit seinem Entdecker Alexander Bülow) ist neuer Chef im Boxring. Als 20-Jähriger wird der Athlet in Berlin gegen Max Dieckmann Deutscher Meister im Halbschwergewicht.

Unter freiem Himmel findet die Begegnung in einer Arena im Lunapark statt. 4000 Besucher verfolgen den Kampf, der allerdings bereits nach 30 sec zu Ende ist. Schon in der ersten Runde schlägt Schmeling seinen Gegner mit einer vollen Rechten auf die Kinnspitze nieder, ohne dass der zu einem Treffer gekommen wäre.

Rudolph Valentino und Vilma Banky in dem Film »Der Sohn des Scheichs«

Rudolph Valentino

eigtl. Rodolfo Alfonso Raffaelo Pierre Filibert Guglielmi Di Valentino D'Antonguolla, ital.-amerikanischer Schauspieler, * 6.5.1895 Castellaneta/Italien; † 23.8.1926 New York

Der unverhohlen erotische Ausdruck seiner filmischen Darstellungen machte Valentino zum ersten männlichen Sex-Symbol der Filmgeschichte. Neben seinen Rollen als unwiderstehlicher Verführer trugen anhaltende Gerüchte über sein ausschweifendes Privatleben zur Legendenbildung bei. Als 17-Jähriger war der gutaussehende Italiener nach New York gekommen. Vor seiner Entdeckung für den Film hielt sich Valentino mit Gelegenheitsjobs über Wasser. Er schlug sich u.a. als Gärtner, Eintänzer in »Maxims Restaurant« und gelegentlich auch als Tanzkomparse durch. Als romantischer Filmheld eroberte er schließlich die Leinwand und das Kinopublikum – obwohl nach dem Urteil der Fachwelt seine schauspielerischen Leistungen ebenso schlecht waren wie die Streifen, in denen er spielte. In seinen späteren eigenen Filmproduktionen (»Der Adler«, 1926) versuchte Valentino, sein Rollenklischee abzulegen, und stellte humorvolle und ironische Helden dar.

7. August 1926

Rekorde der Kanalschwimmer

Die US-Schwimmerin Gertrude Ederle (s. Abb. r. mit Schwimmerin Lilian Carson und Trainer William Burgess) durchquert als erste Frau den Ärmelkanal und das in der neuen Rekordzeit von 14:32 h. An der schmalsten Stelle ist der Kanal 33 km breit. Einen ersten Versuch hatte die Topschwimmerin im Jahre 1925 wegen Erschöpfung abbrechen müssen. Sie wurde – noch 15 km von der englischen Küste entfernt – fast bewusstlos ins Begleitboot gezogen.

1926 geht als »Kanaljahr« in die Sportgeschichte ein. Schon am 30. August unterbietet der deutsche Meisterschwimmer Ernst Vierkötter mit 12:42 h Ederles Rekord. Aber auch Vierkötter findet noch in diesem Jahr seinen Meister. Am 11. September übertrifft ihn der Franzose Georges Michel mit einer Zeit von 11:06 h.

August 1926

1 So In Barcelona scheitert ein Attentatsversuch des Anarchisten Domingo Masacho Torrente auf den spanischen Ministerpräsidenten Miguel Primo de Rivera.

2 Mo Das polnische Parlament beschließt eine Verfassungsänderung der Republik, die die Stellung des Staatsoberhauptes wesentlich stärkt.

3 Di Der französische Tennisstar Suzanne Lenglen wechselt ins Profilager. Für 100 000 Dollar wird sie ab September eine vierwöchige USA-Tournee antreten.

4 Mi Der Landtag von Braunschweig beschließt, den Bau des Mittellandkanals von Peine bis Watenbüttel fortzusetzen.

5 Do Deutschland und Frankreich schließen ein vorläufiges Wirtschaftsabkommen und eine Vereinbarung über den Warenaustausch mit dem Saargebiet.

6 Fr Die polnische Regierung erweitert die Funktionen des Generalinspekteurs der Armee. Dieses Amt übt zur Zeit Marschall Józef Klemens Pilsudski aus.

7 Sa Die bürgerlichen Parteien Sachsens lehnen die Aufforderung der rechtsgerichteten Wehrverbände ab, sich ihrem Wahlbündnis anzuschließen. → Kanalschwimmer

8 So Der Berliner Magistrat will den »Totentanz« in der Marienkirche, eines der bedeutendsten mittelalterlichen Kunstwerke der Stadt, restaurieren lassen.

9 Mo In der Südafrikanischen Union wird darüber diskutiert, ob die künftige Flagge die Hoheitszeichen Großbritanniens enthalten soll.

10 Di Mit einer Niederlage endet in Kapstadt der Prozess des ehemaligen deutschen Kaisers Wilhelm II. auf Rückgabe seiner Farmen in Südafrika.

11 Mi Innenminister Wilhelm Külz (DDP) bekennt sich in einer Rede zum Jahrestag der Weimarer Verfassung zur republikanischen Staatsform.

12 Do Im Hamburger Stadtpark wird das Heinrich-Heine-Denkmal des Bildhauers Hugo Lederer enthüllt. Die Festrede hält der Kritiker Alfred Kerr.

13 Fr Die Stadt Bayreuth lässt zum 50. Jahrestag der Eröffnung der Festspiele Kränze an den Gräbern von Franz Liszt, Richard Wagner und Hans Richter niederlegen.

14 Sa In Frankfurt am Main wird die erste Deutsche Photographie-Ausstellung nach dem Ende des Weltkrieges eröffnet.

15 So Die ersten Berliner Selbstwähltelefone werden in Betrieb genommen. Lichterfelde und Wannsee benötigen nicht mehr die Vermittlung durch ein Amt.

16 Mo Der sowjetische Politiker Lew Kamenew wird als Volkskommissar für Innen- und Außenhandel abgesetzt. Er opponierte gegen Josef Stalin.

17 Di Deutschland und Polen unterzeichnen in Oppeln ein Abkommen, das den bis dahin unklaren Grenzverlauf der Oder regelt.

18 Mi Zwischen Meinersen und Leiferde entgleist – verursacht durch einen Anschlag – ein D-Zug Berlin-Hannover. 21 Menschen kommen ums Leben.

19 Do Der deutsche Außenminister Gustav Stresemann hält vor der Heidelberger Goethegesellschaft einen Vortrag über »Goethe und die Freiheitskriege«.

20 Fr Bei den Salzburger Festspielen wird erstmals eine Vorstellung in der Felsenreitschule gegeben: Max Reinhardt inszeniert ein Stück von Carlo Goldoni.

21 Sa Die Gespräche zwischen Belgien und Deutschland über eine Rückgabe von Eupen-Malmedy an Deutschland sind vorläufig gescheitert.

22 So Bei Johannesburg in Südafrika sind riesige Diamantenfelder entdeckt worden. Mehr als 50 000 Menschen strömen zu den neuen Funden. → Demokratie

23 Mo Die US-Regierung will zwölf Mio. Dollar für den Kauf neuer Marineflugzeuge ausgeben; die Luftrüstung soll um 282 Flugzeuge vermehrt werden. → Valentino

24 Di Als erstes südamerikanisches Land hat Uruguay beschlossen, die Sowjetunion diplomatisch anzuerkennen. → Schmeling

25 Mi Durch Übernahme der Aktienmehrheit der Berliner Hotelbetriebsgesellschaft durch das Bankhaus Gebrüder Arnhold entsteht Europas größter Hoteltrust.

26 Do Die Verhandlungen zwischen Rom und Kairo über die ägyptische Oase Dscharabub, die Italien im Februar besetzt hat, sind gescheitert.

27 Fr In Berlin wird der Film »Im weißen Rössl« mit Liane Haid uraufgeführt. +++ Die Leichtathletik-Weltfestspiele der Frauen werden in Göteborg eröffnet.

28 Sa Ein Wirbelsturm hat in Oberschlesien schwere Verwüstungen angerichtet. Dächer sind abgedeckt, Bäume geknickt und viele Telefonleitungen zerstört.

29 So Die Leipziger Herbstmesse wird eröffnet. Gegenüber der Frühjahrsmesse ist die Zahl der Aussteller nochmals gesunken, von 11 000 auf 8000 Teilnehmer.

30 Mo Der deutsche Meisterschwimmer Ernst Vierkötter durchschwimmt den Ärmelkanal in der Rekordzeit von 12:42 h.

31 Di Das Repräsentantenhaus der Philippinen hat einen Gesetzentwurf für eine Volksabstimmung über die Unabhängigkeit von den USA angenommen.

September 1926

1 Mi Die Frankfurter IG Farben übernimmt die Erdöl- und Kohleverwertung AG und wird damit zur größten deutschen Aktiengesellschaft.

2 Do Im Ufa-Palast am Zoo in Berlin findet die Uraufführung des Films »Die Boxerbraut« statt. Es ist einer der ersten Erfolge des Schauspielers Willy Fritsch.

3 Fr In Berlin wird die Deutsche Funkausstellung eröffnet. Gleichzeitig findet die offizielle Einweihung des 138 m hohen Funkturms statt.

4 Sa Das Drama »Cromwell« des deutschen Dichters Klabund (eigentlich Alfred Henschke) wird im Berliner Lessing-Theater uraufgeführt.

5 So Britische Kanonenboote und chinesische Truppen liefern sich am Oberlauf des Jangtsekiang ein Gefecht. Die Briten werden zum Rückzug gezwungen.

6 Mo Im Londoner Hyde-Park ist eine Verkehrsregelung für Reiter eingeführt worden. Es dürfen nur noch vier Personen nebeneinander reiten.

7 Di Die europäische Uraufführung des Monumentalfilms »Ben Hur« von Fred Niblo findet im Ufa-Pavillon am Nollendorfplatz in Berlin statt.

8 Mi Die Truppen der Nationalchinesischen Regierung unter Chiang Kai-shek sind bis zum Jangtsekiang vorgedrungen.

9 Do Die Gemeinde Feldafing am Starnberger See stellt in den Parkanlagen ein Denkmal für Kaiserin Elisabeth von Österreich auf.

10 Fr Der Franzose Georges Michel stellt einen neuen Rekord im Durchschwimmen des Ärmelkanals auf. Er benötigt 11:06 h. → Völkerbund

11 Sa Der deutsche Läufer Otto Peltzer schlägt den Finnen Paavo Nurmi in Berlin über 1500 m in der Weltrekordzeit von 3:51,0 min. → Mussolini

12 So In seinen Memoiren berichtet der Führer des marokkanischen Aufstands, Abd el Krim, dass er nur über 3800 reguläre Soldaten verfügt habe.

13 Mo Bei einer nicht geheim durchgeführten Volksabstimmung in Spanien sprechen sich sechs Mio. der 22,1 Mio. Einwohner für die Diktatur aus.

14 Di Ein internationaler Freimaurerkongress tagt in Belgrad. Die Freimaurer bekennen sich zum Frieden und zur Wiederherstellung der internationalen Eintracht.

15 Mi Klaus Mann, der älteste Sohn Thomas Manns, liest in Berlin aus seinen neuesten Prosawerken »Tanzpantomime« und »Kindernovelle«.

16 Do Im Metropol-Theater in Berlin findet die Uraufführung der Revue »Wieder Metropol« von Hugo Hirsch statt, in der u.a. Hans Albers mitwirkt.

17 Fr In Stettin tagt der Deutsche Städtetag. Die Städte beklagen, dass sich ihre Finanzlage verschlechtert habe und fordern eine Neuregelung des Finanzausgleichs.

18 Sa Ein Tornado richtet im US-Bundesstaat Florida schwere Verwüstungen an. 1500 Menschen kommen dabei ums Leben.

19 So In Leipzig wird die Arbeiter-Turn und Sportschule eröffnet. +++ Das Lustspiel »Der gläserne Pantoffel« von Franz Molnár hat in Wien Premiere.

20 Mo Eine Gussbeton-Brücke über die Oder in Garz, Pommern, die am kommenden Sonntag eingeweiht werden sollte, stürzt ein. Vier Arbeiter sterben.

21 Di In Breslau kommt es zu blutigen Zusammenstößen zwischen der Polizei und Demonstranten, die sich vor dem Rathaus versammeln wollten.

22 Mi Der Präsident der Deutschen Reichsbank, Hjalmar Schacht, gibt die Höhe der deutschen Auslandsverschuldung mit 5 Mrd. Reichsmark an.

23 Do Die deutsche Delegation wird bei ihrer Rückkehr von der Völkerbundtagung in Genf in Berlin begeistert gefeiert. → Boxweltmeister

24 Fr Das Reichskabinett billigt die Verhandlungen von Außenminister Gustav Stresemann in Genf und Thoiry über die deutsch-französischen Beziehungen.

25 Sa Der US-Automobilproduzent Henry Ford führt in seinen Fabriken den Achtstundentag ein. +++ In Berlin wird die Internationale Polizeiausstellung eröffnet.

26 So Das neue Bühnenhaus der Hamburger Staatsoper wird mit der Oper »Die Meistersinger von Nürnberg« von Richard Wagner eingeweiht.

27 Mo In der Nacht zum 27. September schießt in Germersheim ein französischer Unterleutnant auf vier deutsche Passanten und verletzt einen tödlich.

28 Di Die Sowjetunion und Litauen unterzeichnen einen Neutralitätspakt. Sie sichern sich darin gegenseitige Unterstützung bei Angriffen von dritter Seite zu.

29 Mi Die Berliner Presse deckt auf, der älteste Sohn des ehemaligen Kronprinzen, Prinz Wilhelm von Preußen, habe illegal an Reichswehrmanövern teilgenommen.

30 Do Die sowjetische Politikerin und Schriftstellerin Alexandra M. Kollontai wird zur Gesandten ihres Landes in Mexiko ernannt.

Reichsaußenminister Gustav Stresemann (am Rednerpult) hält vor den Delegierten der Vollversammlung des Völkerbundes in Genf seine viel beachtete Rede.

10. September 1926

Deutschland ist Mitglied im Völkerbund

In einer feierlichen Sitzung vollzieht die Völkerbundsversammlung in Genf die Aufnahme Deutschlands in die Weltorganisation. Das Reich erhält einen ständigen Sitz im Völkerbundsrat.
Die Nachricht, dass der Völkerbund die Aufnahme Deutschlands beschlossen hat, erreichte die Reichsregierung am 8. September durch ein Telegramm von Generalsekretär Eric Drummond. Am 9. September traf die deutsche Delegation in Genf ein. Tags darauf bereitet ihr die Vollversammlung einen grandiosen Empfang. Ovationen folgen auf die Rede des deutschen Außenministers Gustav Stresemann, der sich zu einer Politik der Verständigung, des Ausgleichs und Friedens bekennt. Nach Stresemann betritt der französische Außenminister Aristide Briand die Rednertribüne. Er hebt hervor, dass der Eintritt Deutschlands in den Völkerbund ein Zeichen der Versöhnung zwischen Deutschen und Franzosen sei. Die Aufnahme Deutschlands in den Völkerbund ist durch das Vertragswerk von Locarno aus dem Jahre 1925 ermöglicht worden. In dem Vertrag war eine Garantie der bestehenden Westgrenzen Deutschlands gegeben und damit dem Sicherheitsbedürfnis Frankreichs entsprochen worden. Die Aufnahme Deutschlands wird überwiegend positiv und als Erfolg für den Völkerbund gewertet. Die Ansprüche vieler Staaten können jedoch nicht erfüllt werden. So teilt die spanische Regierung dem Völkerbund am 11. September mit, die internationale Organisation zu verlassen. Spanien hat sich mit der Forderung, ebenso wie Deutschland einen Sitz im Völkerbundsrat zu erhalten, nicht durchsetzen können.

Gustav Stresemann

deutscher Reichskanzler und Außenminister, * 10.5.1878 Berlin; † 3.10.1929 Berlin

Stresemann gehört zu den international anerkanntesten Politikern der Weimarer Republik, der er selbst zunächst skeptisch gegenüberstand. Seit 1903 Mitglied der Nationalliberalen Partei, machte der Monarchist als Reichstagsmitglied im Weltkrieg durch seine annexionistischen Forderungen sowie die strikte Ablehnung der Friedensresolution des Reichstags auf sich aufmerksam. Im Jahre 1917 war er am Sturz Theobald von Bethmann Hollwegs beteiligt und forderte innere Reformen als Voraussetzung für einen Sieg. Als sich 1918 die linksliberale Deutsche Demokratische Partei (DDP) wegen seiner Vergangenheit gegen eine Aufnahme aussprach, wurde Stresemann Mitbegründer der nationalliberalen Deutschen Volkspartei (DVP), für die er in der Nationalversammlung und im Reichstag saß. In seine kurze Amtszeit als Reichskanzler fielen Aufstände, Inflation und Ruhrkrise. Als Außenminister steht er für eine Politik der Konsolidierung und Verständigung, die eine Aufnahme Deutschlands in den Völkerbund ermöglicht. Stresemann strebt eine Wiederherstellung der deutschen Großmachtposition durch wirtschaftlichen Aufstieg und einen Ausgleich mit dem Nachbarn Frankreich an. Eine Revision der Ostgrenzen behält er sich vor.

- 1923: Reichskanzler
- 1923-29: Reichsaußenminister
- 1926: Friedensnobelpreis

3. Oktober 1926

Vereinigtes Europa im Visier

Vertreter von 28 europäischen Staaten treffen im Wiener Konzerthaus zum ersten »Paneuropa-Kongress« zusammen. Der Schriftsteller Richard Nicolas Graf von Coudenhove-Kalergi stellt sein politisches Programm vor, das den Abbau der Grenzen zwischen den europäischen Staaten und die Schaffung eines europäischen Staatenbundes vorsieht. Der Kongress, der von dem deutschen Reichstagspräsidenten Paul Löbe (SPD) geleitet wird, geht am 6. Oktober mit der Annahme eines Manifestes zu Ende. Darin wird eine paneuropäische Konferenz zur Vorbereitung eines europäischen Staatenbundes gefordert.

Richard Nicolas Graf Coudenhove-Kalergi

österreichischer Politiker, * 16.11.1893 Tokio; † 27.7.1972 Schruns, Vorarlberg

Der Schriftsteller aus altem flämischem Adel ist ein Vordenker des vereinten Europas und gilt als »Vater des Europagedankens«. Seine Paneuropa-Union soll Motor für den Zusammenschluss der europäischen Staaten sein, den er sich (ohne die Sowjetunion und Großbritannien) zunächst nur als Zoll- und Wirtschaftsunion vorstellt. Nach dem Zweiten Weltkrieg fördert er die europäische Integration.

- 1923: Gründung der Paneuropa-Union
- 1924: Herausgabe der Zeitschrift »Paneuropa«
- 1938: Exil in der Schweiz

11. September 1926

Mussolini entgeht Attentat

Der italienische Ministerpräsident und »Duce« Benito Mussolini (s. Abb.) entgeht in Rom einem Attentatsversuch. Bereits am 7. April war auf Mussolini ein Anschlag verübt worden, bei dem er leichte Verletzungen davontrug. Als Tatverdächtige wurde die irische Adlige Violet Albina Gibson festgenommen. Sie soll den Revolverschuss abgegeben haben, der den Regierungschef an der Nase getroffen hatte. Nach dem neuerlichen Attentat wird als Tatverdächtiger der 18-jährige Anarchist Ermete Giovannini festgenommen. Weil er erst kürzlich aus Frankreich eingereist sein soll, erheben die Italiener schwere Vorwürfe gegen den Nachbarstaat. Sie fordern die französische Regierung auf, alle italienischen Emigranten nach Italien auszuweisen. Nach heftigen Angriffen auf seine Konsulate in Italien zieht Frankreich Truppen an der Grenze zusammen. Der Konflikt kann jedoch friedlich beigelegt werden. Einen neuerlichen Attentatsversuch im Oktober nimmt Italiens Regierung zum Anlass, die politische Opposition auszuschalten.

1. Oktober 1926

Fiasko durch Verkehrsampeln

In Berlin werden, ein Jahr nach Einführung der Mittelstreifen zur Fahrbahnbegrenzung, die ersten Verkehrsampeln in Betrieb genommen.
Ein Netz von Straßen in der City ist an allen Kreuzungen mit Signalampeln ausgestattet worden, die an Drähten befestigt über den Fahrbahnen hängen. Ihre Signalfolge rot-gelb-grün wird von einem sog. Verkehrsturm auf dem Potsdamer Platz gesteuert. Diese einheitliche Verkehrsregelung mit Ampeln führt am Tag der Einführung zu einem Verkehrschaos. Von entnervten Benutzern der Autobusse wird berichtet, sie hätten wegen der Verkehrsstockung den Bus verlassen und ihren Weg zu Fuß fortgesetzt. Um trotz der neuen Ampeln den Verkehrsfluss nicht zu beeinträchtigen, wird vorgeschlagen:

- Bedienung der Ampeln nur von einer Stelle aus, wo die Kreuzung einsehbar ist
- Individueller Takt beim Umschalten der Ampeln: Hauptverkehrsstraßen sollten längere Grünphasen erhalten als kleine Querstraßen
- Verlegung der Haltestellen von Straßenbahn und Bus – weg von den Straßenecken.

Das Berliner Polizeipräsidium gibt zu, dass es bei der Einführung der Ampeln Probleme, insbesondere beim Linksabbiegen, gegeben habe. Es sei zu überlegen, das Linksabbiegen an bestimmten Kreuzungen zu verbieten.

20. Oktober 1926

Seipel erneut Regierungschef

Fünf Tage nach dem Rücktritt der österreichischen Regierung unter Bundeskanzler Rudolf Ramek wird der Parteiobmann der Christlichsozialen, Prälat Ignaz Seipel, erneut Regierungschef. Der katholische Priester hatte dieses Amt bereits von 1922-24 innegehabt. In seiner ersten Regierungszeit war es ihm mit Hilfe des Völkerbundes gelungen, die österreichische Währung zu stabilisieren. Seine Spar- und Deflationspolitik, die durch Drosselung der Staatsausgaben und Abbau der Beamtenschaft gekennzeichnet war, belastete jedoch – so die Kritik der Sozialdemokraten – einseitig die sozial Schwächeren, führte zu einer hohen Arbeitslosigkeit und verhinderte die Sanierung der Wirtschaft. Nach einem Attentat hatte Seipel 1924 auf eine Wiederwahl verzichtet.

23. September 1926

Tunney wird Boxweltmeister

Sensationell besiegt Herausforderer Gene Tunney (s. Abb., l.) (USA) im Kampf um die Boxweltmeisterschaft im Schwergewicht den seit 1919 amtierenden Jack Dempsey (USA, s. Abb., M.).
Dempseys letzte Titelverteidigung liegt bereits drei Jahre zurück. Seitdem hat das Box-Idol vor allem als Schauspieler und Weltreisender von sich reden gemacht – was seine Popularität erhöhte, seiner Kondition aber offenbar geschadet hat. Der neue Weltmeister (»Fighting Marine«) erreicht nie die Ausstrahlung seines Vorgängers.

Oktober 1926

1 Fr Die deutsche Ausdruckstänzerin Mary Wigman begeistert das Berliner Publikum mit der Uraufführung ihrer neuesten Choreographien. → Verkehrsampeln

2 Sa Liberia vergibt eine Konzession für den Anbau von Kautschuk an die Firestone-Company und wird damit ökonomisch von den USA abhängig.

3 So Die Schauspielerin Marlene Dietrich wird für die Charell-Revue »Von Mund zu Mund« engagiert, die im Oktober ihre 50. Aufführung erlebt. → Europa

4 Mo Der deutsche Schauspieler Emil Jannings fährt in die USA, wo er ein Engagement bei der Paramount-Filmgesellschaft antritt.

5 Di Im Lessing-Theater in Berlin findet die deutsche Erstaufführung des Dramas »Mensch und Übermensch« von George Bernard Shaw statt.

6 Mi Die preußische Regierung und das Haus Hohenzollern schließen einen Vergleich und regeln die Fürstenabfindung einvernehmlich.

7 Do Ein neues Parteistatut der faschistischen Partei Italiens setzt Partei und Staat gleich; alle anderen Gruppen werden von der Macht im Staat ausgeschlossen.

8 Fr In Essen findet eine Feier zum 100. Todestag von Friedrich Krupp, dem Gründer der Kruppschen Gussstahlfabrik, statt.

9 Sa Die Oper »Die Liebe zu den drei Orangen« des russischen Komponisten Sergej Prokofjew hat an der Berliner Krolloper Premiere.

10 So Ein Absturzunglück während einer Flugzeugparade in Pardubitz in der Tschechoslowakei fordert zwei Todesopfer und zwölf Verletzte.

11 Mo Verhandlungen zwischen deutschen und britischen Industriellen über eine Zusammenarbeit gehen in Ramsay in Großbritannien ergebnislos zu Ende.

12 Di Eine Sturmflut hat an der Nordsee schwere Schäden angerichtet. Auf Norderney ist ein Deich gebrochen, die Düne auf Helgoland wurde stark beschädigt.

13 Mi Im Stuttgarter Landestheater findet die Uraufführung des Schauspiels »Der blaue Boll« des Dichters und Bildhauers Ernst Barlach statt.

14 Do Der Stummfilm »Faust« von Friedrich Wilhelm Murnau mit Emil Jannings, Gösta Ekman und Camilla Horn hat im Berliner Ufa-Palast Premiere.

15 Fr Das Arbeitsbeschaffungsprogramm der deutschen Reichsregierung hat die Zahl der Arbeitslosen bislang von 2,4 Mio. im Februar auf 1,24 Mio. gesenkt.

16 Sa Mit einer Eingabe an den Verfassungsgerichtshof Österreichs erreicht die Wienerin Felicia Fischer, als erste Frau in Wien Taxi fahren zu dürfen.

17 So Die französische Chansonsängerin Yvette Guilbert tritt bei ihrem zweiten Gastspiel in Berlin im Theater am Kurfürstendamm auf.

18 Mo In Norwegen findet eine Volksabstimmung über die Aufhebung des Alkoholverbots statt. 421 202 Wahlberechtigte stimmen für, 531 426 gegen das Verbot.

19 Di Die Empire-Konferenz beginnt in Großbritannien. In ihrem Verlauf wird das britische Weltreich in den »Commonwealth of Nations« umgewandelt.

20 Mi Der Ozeandampfer »New York« der Hamburg-Amerika-Linie, gebaut von der Werft Blohm und Voss, läuft im Hamburger Hafen vom Stapel. → Seipel

21 Do Ein Wirbelsturm auf Kuba fordert 30 Todesopfer und richtet Verwüstungen an. +++ Die Münchener Trambahn feiert ihr 50-jähriges Bestehen.

22 Fr Das Ensemble des Frankfurter Schauspielhauses erklärt, nicht aufzutreten, wenn der Theaterkritiker Ludwig Marcuse anwesend ist.

23 Sa Der sowjetische Revolutionär Leo D. Trotzki wird während einer Plenarsitzung der Kommunistischen Partei aus dem Politbüro ausgeschlossen.

24 So Papst Pius XI.weiht in Rom sechs chinesische Priester zu Bischöfen. +++ In Wien wird der Eberthof, ein Gemeindebau mit 197 Wohnungen, übergeben.

25 Mo Der polnische Adel sichert Ministerpräsident Józef Klemens Pilsudski die Unterstützung der monarchistischen und konservativen Organisationen zu.

26 Di Das Drama »Gneisenau« von Wolfgang Goetz wird im Deutschen Theater Berlin uraufgeführt. Die Titelrolle spielt Werner Krauss.

27 Mi Der Abdruck des Gedichts »Wenn der Wind im Frühling bläst« von Carl Zuckmayer führt zur Verurteilung eines Münchener Redakteurs wegen Gotteslästerung.

28 Do Der Sozialdemokrat Ernst Reuter übernimmt das vom Berliner Magistrat geschaffene Dezernat für Betrieb und Ausbau der städtischen Verkehrsmittel.

29 Fr In Berlin wird die Deutsche Automobilausstellung eröffnet. 30 Hersteller führen bis zum 7. November 43 verschiedene Fahrzeugtypen vor.

30 Sa »Paulus unter den Juden«, ein Stück des österreichischen Schriftstellers Franz Werfel, wird gleichzeitig in München, Köln, Breslau und Wien uraufgeführt.

31 So Die deutsche Mannschaft gewinnt das Fußballländerspiel gegen die Niederlande in Amsterdam mit 3:2 Toren.

November 1926

1 Mo Joseph Goebbels wird Gauleiter der Nationalsozialistischen Deutschen Arbeiterpartei (NSDAP) in Berlin-Brandenburg.

2 Di Im Berliner Capitol wird der deutsch-sowjetische Film »Überflüssige Menschen« von Alexander Rasumni uraufgeführt.

3 Mi Auf ihrem Linzer Parteitag verabschieden die österreichischen Sozialdemokraten ein neues Parteiprogramm; es zielt auf eine sozialistische Gesellschaft ab.

4 Do In Stockholm findet die standesamtliche Trauung des belgischen Kronprinzen Leopold mit Prinzessin Astrid von Schweden statt.

5 Fr Der deutsche Reichspräsident Paul von Hindenburg, bereits seit eineinhalb Jahren im Amt, stattet dem Rathaus von Berlin den ersten offiziellen Besuch ab.

6 Sa Die expressionistische Satire »Kilian oder Die gelbe Rose« von Paul Kornfeld wird am Frankfurter Schauspielhaus uraufgeführt.

7 So Bei den griechischen Wahlen, den ersten seit dem Sturz des Diktators Theodoros Pangalos, gewinnen die Republikaner die meisten Stimmen.

8 Mo Die slowakische Volkspartei beschließt, in die Regierung der Tschechoslowakei einzutreten, nachdem ihr zwei Ministersitze angeboten wurden.

9 Di Die indische Presse hat eine Kampagne gegen die auf dem Subkontinent weit verbreitete Praxis des Mädchenhandels eingeleitet.

10 Mi In der Nacht zum 10. November hat die italienische Polizei alle Parteizentralen der oppositionellen, also verbotenen Parteien besetzt.

11 Do Der polnische Sänger Jan Kiepura gibt ein Konzert in Berlin. Er singt Arien von Giuseppe Verdi, Giacomo Puccini und Charles Gounod.

12 Fr Adolfo Diaz wird zum neuen Präsidenten von Nicaragua gewählt. Sein Vorgänger, Emiliano Chamorro Vargas, ist zurückgetreten.

13 Sa Auf Java (Indonesien), einer Kolonie der Niederlande, bricht ein Bauernaufstand aus, zu dem die Kommunistische Partei aufgerufen hat.

14 So Während der Amerikareise Königin Marias von Rumänien findet in Chicago eine Kundgebung gegen die rumänische Innenpolitik statt.

15 Mo In Österreich soll eine Kommission untersuchen, wie die Bundesbahnen den Verlusten durch die wachsende Konkurrenz des Autos begegnen können.

16 Di In Warschau wird ein Denkmal für den Komponisten Frédéric Chopin enthüllt. Es stammt von dem polnischen Bildhauer Waclav Szymanowski.

17 Mi Gegen die Aufführung des Stückes »Baal« von Bertolt Brecht wird im nordhessischen Kassel ein Ermittlungsverfahren eingeleitet.

18 Do Der deutsche Reichspräsident Paul von Hindenburg nimmt an der Eröffnung der Infanterie-Schule in Dresden teil. → Empire

19 Fr Der spanische Staatsrat beschließt, eine Zeppelinlinie für Passagiere und Transportgüter von Sevilla nach Buenos Aires einzurichten. → Kumpel

20 Sa Das Drama »Dorothea Angermann« von Gerhart Hauptmann wird gleichzeitig in Wien, München, Düsseldorf und Leipzig uraufgeführt.

21 So In Deutschland tritt das Gesetz über die Krisenfürsorge für Arbeitslose in Kraft. Arbeitslose, die kein Arbeitslosengeld mehr erhalten, werden unterstützt.

22 Mo In Nordalbanien ist ein bewaffneter Aufstand unter Führung des katholischen Priesters Don Loro Zaka gegen die Regierung ausgebrochen.

23 Di Im Reichstag verteidigt Außenminister Gustav Stresemann seine Aussöhnungspolitik mit Frankreich gegen Angriffe der Opposition.

24 Mi Das Haus der amerikanischen Ausdruckstänzerin Isadora Duncan in Neuilly bei Paris wird wegen ihrer Schulden in Höhe von 4000 Francs versteigert.

25 Do In Italien wird die Todesstrafe wiedereingeführt. +++ Die Kohleförderung im Ruhrgebiet erreicht mit 418 308 t pro Tag einen neuen Höchststand.

26 Fr Die NSDAP-Fraktion im Bayerischen Landtag stellt den Antrag, das Redeverbot für Adolf Hitler aufzuheben. Der Antrag wird abgelehnt.

27 Sa Die Ballettpantomime »Der wunderbare Mandarin« des ungarischen Komponisten Béla Bartók wird in Köln uraufgeführt.

28 So Während eines Aufmarsches des sozialistischen Reichsbanners Schwarz-Rot-Gold in Berlin kommt es zu Zusammenstößen mit Nationalsozialisten.

29 Mo Der Sarg mit der Leiche des italienischen Komponisten Giacomo Puccini wird von Mailand nach Torre del Lago überführt, wo Puccini längere Zeit lebte.

30 Di Die Phöbus Film AG führt den ersten Tonfilmversuch in Deutschland vor. +++ Die Zollbehörden Chinas und die Polizei in Hankau treten in Streik.

25. Dezember 1926

Neuer Tenno in Tokio

Nach dem Tod seines Vaters Joschihito wird der 25-jährige Kronprinz Hirohito (s. Abb. l.) neuer Kaiser von Japan.
Er ist der 124. Tenno (»Himmlischer Kaiser«) und genießt, weil er als direkter Nachfahre der Sonnengöttin Amaterasu gilt, religiöse Verehrung. Seit 1921 hat Hirohito bereits für seinen erkrankten Vater die Amtsgeschäfte geführt. Der neue Tenno erlebte seit früher Jugend die Entwicklung Japans zur Großmacht im Osten. Seit dem Ende des letzten Jahrhunderts betreibt Japan eine imperialistische Politik. Auch nach dem Weltkrieg wird die Politik der Expansion fortgesetzt.

Hirohito

Kaiser von Japan, * 29.4.1901 Tokio; † 7.1.1989 Tokio

In die Amtszeit Hirohitos fällt der fundamentale Wandel Japans von einer imperialistischen Großmacht zu einer westlich orientierten Industrienation, deren Produkte die internationalen Märkte beherrschen. Unter dem Druck der USA verzichtet Hirohito nach der Niederlage im Zweiten Weltkrieg 1946 auf seinen Göttlichkeitsanspruch und wandelt damit das Bild des Kaisers, dessen Aufgaben künftig nur mehr repräsentativer Natur sind. Die Verfassung von 1947 nimmt Hirohito alle politischen Rechte.

- 1916: Ernennung zum Kronprinzen
- 1921: übernahme der Regentschaft
- 1945: Rede zur Kapitulation im Zweiten Weltkrieg

19. November 1926

Kumpel sehen schwarz

Der Streik der britischen Bergarbeiter, der seit mehr als sechs Monaten anhält, endet mit einer Niederlage für die Arbeiter: Sie können ihre Forderung nach einem allgemeinen, für ganz Großbritannien gültigen Tarifvertrag nicht durchsetzen und müssen in den einzelnen Distrikten direkt mit den Zechenbesitzern den Lohn aushandeln.
An dem Streik der Kohlenarbeiter, der zunächst durch einen Generalstreik unterstützt worden war, haben sich bis zu 1,1 Mio. Kumpel beteiligt. Ein Drittel von ihnen ist mittlerweile an die Arbeitsplätze zurückgekehrt. Obwohl sich eine knappe Mehrheit der noch streikenden Bergleute dagegen ausspricht, beschließen die Delegierten der Bergarbeitergewerkschaft am 19. November, einen Kompromissvorschlag der Regierung zu akzeptieren. Er sieht die Beibehaltung einer durchschnittlichen täglichen Arbeitszeit von 7,5 Stunden, Lohnsenkungen von durchschnittlich 10% und Einzelverhandlungen in den Distrikten vor. Bei diesen Verhandlungen erzielen die Bergleute teils noch schlechtere Ergebnisse.

18. November 1926

Empire neu geordne

Die britischen Dominions – Kolonien mit Selbstverwaltung – erhalten den Status autonomer Gemeinschaften. Damit ist das britische Weltreich in den »Commonwealth of Nations« umgewandelt. Diese Neustrukturierung wird auf der Reichskonferenz des Britischen Empire in London beschlossen, die seit dem 19. Oktober tagt.
Die Formel, die der ehemalige britische Außenminister Arthur James Earl of Balfour ausgearbeitet hat, bezeichnet die Dominions als »autonome Gemeinschaften innerhalb des Britischen Empire, gleich im Status, in keiner Weise einander in inneren und äußeren Angelegenheiten untergeordnet, obwohl durch eine gemeinsame Bindung an die Krone vereinigt und als Mitglieder des Britischen Commonwealth of Nations frei assoziiert. Das Ideal der freien Kooperation und des allgemeinen Fortschritts wird als Leitidee gesehen, wobei in der Verteidigung die Hauptverantwortung weiterhin beim Mutterland bleiben soll. Zu den Dominions gehören Irland, Kanada, Neufundland, Australien, die Südafrikanische Union und Neuseeland. Das gesamte britische Weltreich umfasst nahezu ein Viertel der Erde und ein Viertel der Menschheit. Davon leben 46 Mio. im Mutterland Großbritannien, 25 Mio. in den Dominions, 62 Mio. in den Kronkolonien und 390 Mio. in Indien. 1931 wird die Gleichberechtigung

10. Dezember 1926

Nobelpreise für Staatsmänner

Die beiden Außenminister Gustav Stresemann (Deutschland) und Aristide Briand (Frankreich) werden für ihre Bemühungen um die internationale Verständigung mit dem Friedensnobelpreis ausgezeichnet. Da im Vorjahr keine Nobelpreise verliehen worden sind, hat das Komitee in Oslo die Möglichkeit, auch den Anteil des britischen Außenministers Joseph Austen Chamberlain am Vertragswerk von Locarno, mit dem die Aufnahme Deutschlands in die internationale Gemeinschaft besiegelt wurde, zu würdigen. Chamberlain erhält den Friedensnobelpreis für 1925 zusammen mit dem US-Vizepräsidenten und Finanzexperten Charles Gates Dawes, der an der Neuregelung der deutschen Reparationszahlungen an die Siegermächte des Weltkriegs maßgeblich beteiligt war. Die Festrede in Oslo hält der norwegische Polarforscher und Diplomat Fridtjof Nansen, der im Jahre 1922 aufgrund seiner Hilfsaktionen für das hungernde Sowjetrussland mit dem Friedensnobelpreis bedacht worden war. Die weiteren Nobelpreise für 1926 gehen an Grazia Deledda (Literatur, verliehen 1927), Johannes Fibiger (Medizin, verliehen 1927), Theodor Svedberg (Chemie) und Jean-Baptiste Perrin (Physik).

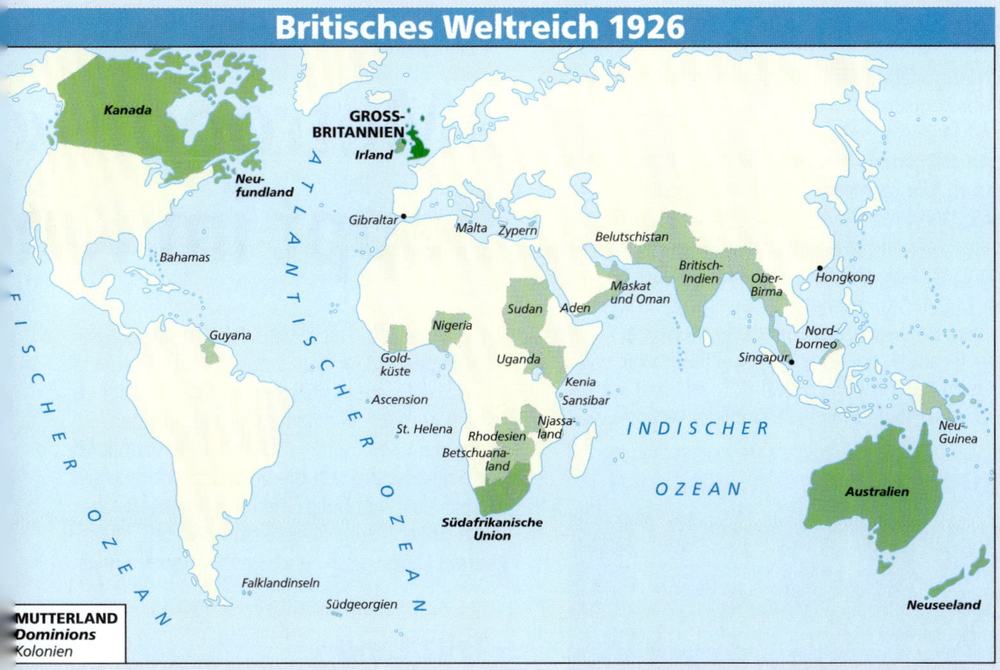

der Parlamente in den Dominions mit dem Ober- oder Unterhaus in London durch das vom britischen Parlament gebilligte Statut von Westminster auch offiziell anerkannt. Formal sind die Dominions mit Großbritannien nur noch über das gemeinsame Staatsoberhaupt, den britischen Monarchen, verbunden. Das Parlament in London darf in Zukunft für die Dominions weder Gesetze erlassen noch Gesetze der Dominionparlamente abändern. Jedes Dominion hat damit das Recht zur Regelung seiner inneren und äußeren Angelegenheiten. Eine weitere Reform erfährt die weltweite Gemeinschaft im Jahre 1948. Nach Beschlüssen der Empire-Konferenz wird in Zukunft auch selbstständigen Staaten die Vollmitgliedschaft gewährt. Jederzeit können die Mitglieder die Gemeinschaft verlassen. Die Vorteile für die Mitglieder liegen neben der engen Verflechtung der Wirtschaft und einer gemeinsamen Devisenverwaltung in der Institution der Commonwealth-Staatsbürgerschaft, die innerhalb der Gemeinschaft bevorzugt behandelt wird. Mit dem Commonwealth und seinen Reformen wird eine Entkolonialisierung des britischen Weltreichs gefördert. Dabei will sich London nicht überstürzt aus den Kolonien zurückziehen, sondern die Beziehungen in einer neuen Staatengemeinschaft zu gemeinsamem Nutzen weiterentwickeln. Das Weltreich war seit dem 18. Jahrhundert aufgebaut worden und erreichte unter Königin Viktoria (1837-1901) seine Blütezeit.

3. Dezember 1926

Streit um Schund und Schmutz

Nach stürmisch geführter Debatte nimmt der Deutsche Reichstag mit 248 gegen 158 Stimmen bei drei Enthaltungen das Gesetz zur Bewahrung der Jugend vor Schund- und Schmutzschriften in dritter Lesung an.

Während die Befürworter in dem Gesetz ein wirksames Mittel sehen, um Jugendliche vor minderwertigen und pornographischen Schriften zu schützen, bezeichnen Gegner die verabschiedeten Jugendschutzbestimmungen als Zensurgesetz, die sie als Eingriff in die Freiheit des Geistes und der Kunst ablehnen. Besonders scharf kritisiert wird, dass eine genaue Definition dessen, was »Schund und Schmutz« sei, unterblieben ist. Damit wird der Auslegung dieses Begriffs in den Prüfstellen, die über die Aufnahme von Titeln in die Liste jugendgefährdender Schriften zu entscheiden haben, keinerlei Grenzen auferlegt. Die Diskussion um das »Schund- und Schmutz«-Gesetz führt zu einer Krise in der Regierungskoalition der bürgerlichen Mitte aus Zentrum, DDP, DVP unter Reichskanzler Wilhelm Marx. Die Mehrheit der linksliberalen Deutschen Demokratischen Partei (DDP) lehnt die Jugendschutzbestimmungen in der vorliegenden Form ab.

29. Dezember 1926

Lyriker stirbt an Leukämie

In Valmont bei Montreux in der Schweiz stirbt im Alter von 51 Jahren der Dichter Rainer Maria Rilke. Sein Poem »Weise von Liebe und Tod des Cornetts Christoph Rilke« aus dem Jahre 1906 machte ihn schlagartig berühmt.

Rainer Maria Rilke

österreichischer Dichter, * 4.12.1875 Prag; † 29.12.1926 Valmont bei Montreux

Rilke ist der einflussreichste deutschsprachige Lyriker in der ersten Jahrhunderthälfte. Er gelangt über lyrische Prosadichtung und impressionistische Stimmungslyrik sowie der Beschäftigung mit »realen Dingen« zu einem neuen mystischen Weltbild. Rilke wuchs in kleinbürgerlichen Verhältnissen auf und verbrachte fünf unglückliche Jahre in einer Militärerziehungsanstalt, ehe er aus gesundheitlichen Gründen entlassen wurde. Nach dem Studium entschied er sich für ein Leben als Dichter. »Die Aufzeichnungen des Malte Laurids Brigge« (1910) gilt als Vorläufer des modernen Romans.

- 1859/96: Kunstgeschichtsstudium in Prag und München
- 1902: »Das Buch der Bilder«
- 1905: »Das Stundenbuch«

Dezember 1926

1 Mi Die russische Tänzerin Anna Pawlowa beginnt im Berliner Theater des Westens mit ihrem eigenen Ensemble ein Gastspiel.

2 Do Eine Denkschrift enthüllt, dass in Deutschland ehemalige kaiserliche Generäle z. T. generöse Pensionszahlungen erhalten.

3 Fr Am Berliner Schauspielhaus hat Shakespeares »Hamlet« – Titelrolle Fritz Kortner – in der Inszenierung von Leopold Jessner Premiere. → Schund und Schmutz

4 Sa Das neue, von Walter Gropius gestaltete Bauhaus in Dessau wird im Beisein von zahlreichen in- und ausländischen Gästen eingeweiht.

5 So Auf der Brüsseler Automobilausstellung sind zum ersten Mal seit dem Weltkrieg wieder deutsche Firmen zugelassen.

6 Mo Im Alter von 86 Jahren stirbt in Giverny in Frankreich Claude Monet, einer der bedeutendsten Maler des Impressionismus.

7 Di Der schweizerische Flieger Walter Mittelholzer startet von Zürich aus zu einem 20 000 km langen Trans-Afrika-Flug, der ihn bis nach Kapstadt führen soll.

8 Mi In der Nacht zum 8. Dezember ist im Bukarester Königspalast ein Feuer ausgebrochen. Das Hauptgebäude mit dem Thronsaal wird zerstört.

9 Do Ein deutsch-polnisches Abkommen, das in Berlin unterzeichnet wird, regelt u.a. die Rückwanderungsbestimmungen für polnische Arbeiter.

10 Fr Ungewöhnlich dichter Nebel über Paris lässt das Sonnenlicht nicht durchdringen. Es herrscht tiefste Dunkelheit, der Stromverbrauch ist enorm. → Nobelpreise

11 Sa »Jugend im Mai«, eine Operette aus dem Nachlass des österreichischen Komponisten Leo Fall, wird in der Berliner Städtischen Oper uraufgeführt.

12 So Eine Botschafterkonferenz in Genf beschließt, dass die Interalliierte Kontrollkommission am 31. Januar 1927 ihre Tätigkeit im Deutschen Reich beendet.

13 Mo Der Führer der finnischen Sozialdemokratie, Väinö Alfred Tanner, bildet in Helsinki die erste rein sozialistische Regierung Finnlands.

14 Di Ein Student, der bei einem Duell seinen Gegner tödlich verletzt hat, wird in Berlin zu fünf Monaten Festungshaft verurteilt.

15 Mi Der Deutsche Reichstag beschließt ein Arbeitsgerichtsgesetz, das Streitfragen um Arbeitsverhältnisse besonderen Gerichten überweist.

16 Do Der Norddeutsche Lloyd gibt den Bau zweier großer Luxus-Passagierschiffe für die Linie Bremen-New York in Auftrag.

17 Fr Die Reichsregierung unter Wilhelm Marx wird durch einen Misstrauensantrag der SPD wegen der Reichswehr-Affäre gestürzt.

18 Sa Das US-Repräsentantenhaus nimmt eine Vorlage zur Rückgabe des beschlagnahmten deutschen Eigentums in den Vereinigten Staaten an.

19 So Die Wirtschaftspresse in Deutschland beurteilt die Entwicklung der deutschen Industrie positiver als zu Beginn des Jahres.

20 Mo Im Laboratorium der Seifenfabrik Aben in Berlin explodieren ätherische Öle und setzen die Produktionsstätte in Brand. Der Inhaber wird schwer verletzt.

21 Di Der Parteivorstand der polnischen sozialistischen Partei beschließt, gegen das Regime von Józef Klemens Pilsudski in die Opposition zu gehen.

22 Mi In den USA wird der Stummfilmklassiker »The General« mit Buster Keaton als Regisseur und Hauptdarsteller uraufgeführt.

23 Do US-Kriegsschiffe landen zum Schutz der amerikanischen Bürger in Nicaragua. +++ In Berlin hat die Operette »Nur Du« von Walter Kollo Premiere.

24 Fr In seiner Weihnachtsansprache erklärt der geschäftsführende Reichskanzler Wilhelm Marx die Arbeitslosigkeit zum drängendsten Problem in Deutschland.

25 Sa Nikola Uzunović bildet zum fünften Mal in diesem Jahr eine Regierung für das Königreich der Kroaten, Serben und Slowenen. → Hirohito

26 So In ganz Deutschland herrscht klares Frostwetter. Im Schwarzwald und in der Rheinebene schneit es. In den Wintersportgebieten herrscht Hochbetrieb.

27 Mo Die französische Liga für Menschenrechte fordert auf ihrer Tagung in Metz die Beibehaltung des Zweisprachensystems in Elsass-Lothringen.

28 Di In der brasilianischen Provinz Rio Grande sind erneut Unruhen ausgebrochen. Die Rebellen haben die Regierungstruppen zum Rückzug gezwungen.

29 Mi Spanien ist einer ungewöhnlichen Kältewelle ausgesetzt. Züge zwischen Alicante und Albacete sind im Schnee steckengeblieben. → Rainer Maria Rilke

30 Do Ein Erdbeben zerstört die Städte Gauchucal und Aldana in Ecuador. Das Beben steht mit einem Vulkanausbruch in Verbindung.

31 Fr Der Dialog »Silvesternacht« des Österreichers Arthur Schnitzler wird in einer einmaligen Vorstellung im Wiener Theater an der Josefstadt uraufgeführt.

Januar 1927

1 Sa In Ungarn wird eine neue Währung eingeführt: 12 500 Papierkronen werden zu einem Pengö zusammengefasst.

2 So Nach einer aktuellen US-Statistik sind weltweit 27,6 Mio. Kraftfahrzeuge registriert, davon 23,5 Mio. Personenwagen. → UdSSR

3 Mo Der Inventur-Ausverkauf in Deutschland läuft an. Der Handel wirbt bis zum 15. Januar mit Preisnachlässen bis zu 80 %.

4 Di Das Fernkabel Berlin-Wien wird feierlich eingeweiht. Die ersten offiziellen Gespräche führen die Präsidenten und Kanzler von Deutschland und Österreich.

5 Mi In Berlin und Paris findet gleichzeitig die Uraufführung des US-Films »Hotel Imperial« (dt. »Hotel Stadt Lemberg«) mit Pola Negri in der Hauptrolle statt.

6 Do Der 23-jährige Harry Domela, der sich als Hohenzollernprinz ausgegeben und damit Geld erschwindelt hatte, wird in Euskirchen festgenommen.

7 Fr In Kowno in Litauen wird die gesamte kommunistische Stadtverordnetenfraktion wegen einer Protestaktion festgenommen.

8 Sa »Penthesilea«, die Oper des schweizerischen Komponisten Othmar Schoeck, nach dem Drama Heinrich von Kleists, wird in Dresden uraufgeführt.

9 So 77 Kinder fallen in Montreal (Kanada) in einem Kino einem Brand zum Opfer. +++ Die linken Parteien gewinnen die Senatswahlen in Frankreich.

10 Mo Reichspräsident Paul von Hindenburg spricht mit den Fraktionschefs der Reichstagsparteien über die Bildung einer neuen Regierung. → »Metropolis«

11 Di In einer Kampfabstimmung wird der Altsozialist Max Heldt erneut zum Ministerpräsidenten von Sachsen gewählt.

12 Mi Die Gaunerkomödie »Ein besserer Herr« von Walter Hasenclever wird in Frankfurt am Main uraufgeführt. Es geht um einen Heiratsschwindler.

13 Do Die Verhandlungen zwischen Deutschland und Italien über den Bau einer Auto-Fernstraße Hamburg-Mailand werden erfolgreich abgeschlossen.

14 Fr Reichsinnenminister Wilhelm Külz (DDP) spricht sich dagegen aus, den politischen Kampfverbänden die militärische Betätigung zu gestatten.

15 Sa Der 17-jährige Kanadier George Young gewinnt beim kalifornischen Marathonschwimmen die 25 000-Dollar-Prämie des Kaugummikonzerns Wrigley's.

16 So Die niederländische Regierung gibt bekannt, dass sie die Forderungen Chinas zur Erlangung der vollen staatlichen Souveränität unterstütze.

17 Mo Die Hromada, die Organisation der Weißrussen in Polen, wird im Zusammenhang mit der Verhaftung dreier weißrussischer Abgeordneter verboten.

18 Di Die sozialdemokratische Reichstagsfraktion erklärt ihre Bereitschaft, eine Regierung der Mitte zu unterstützen, lehnt eine Beteiligung daran aber ab.

19 Mi Sieger des 18. Berliner Sechstagerennens, das am Kaiserdamm ausgetragen wird, ist das französische Team Georges Wambst/Charles Lacquehaye.

20 Do In Mexiko werden die von der katholischen Kirche unterstützten Aufstände gegen den sozialistischen Präsidenten Plutarco Elías Calles niedergeschlagen.

21 Fr Im Münchener Schauspielhaus wird die satirische Komödie »Das gastliche Haus« von Heinrich Mann uraufgeführt.

22 Sa Die Ballsaison in Berlin erreicht ihren Höhepunkt. Allein in der Nacht vom 22. auf den 23. Januar finden drei große Kostümbälle statt.

23 So Die US-Schwimmerin Martha Norelius stellt mit 5:51,4 min in Coral Gables (USA) einen neuen Weltrekord über 400-m-Freistil auf.

24 Mo Im Ufa-Palast am Zoo in Berlin hat der Alexander-Korda-Film »Eine Dubarry von heute« mit Hans Albers und Marlene Dietrich Premiere.

25 Di Bei einem Schiffsunglück in der Nähe der spanischen Stadt Esteban de Pavia kommen 14 Personen ums Leben.

26 Mi Der Reichstag verabschiedet das Gesetz zur Bekämpfung der Geschlechtskrankheiten. Betroffene müssen künftig einen approbierten Arzt konsultieren.

27 Do Die Reichstagsfraktion der Deutschen Demokratischen Partei (DDP) erklärt, dass sie zu einer Beteiligung an der Reichsregierung nicht bereit sei.

28 Fr Bei Hausdurchsuchungen der politischen Polizei in Berlin werden zehn Angehörige der rechtsradikalen Organisation »Werwolf« festgenommen.

29 Sa In Breslau wird das Drama »Bonaparte« von Fritz von Unruh aufgeführt, eine Woche vor der offiziellen Uraufführung in Frankfurt. → Wende nach rechts

30 So Österreich gewinnt in Wien das Endspiel um die Eishockey-Europameisterschaft gegen die Tschechoslowakei mit 1 : 0.

31 Mo Die Tätigkeit der Interalliierten Militärkontrollkommission im Deutschen Reich, die nach den Bestimmungen von Versailles eingerichtet wurde, ist beendet.

29. Januar 1927

Weimarer Wende nach rechts

Nach langwierigen Koalitionsverhandlungen meldet der Zentrums-Politiker und Reichskanzler Wilhelm Marx (Abb.: sitzend, 3.v.l.) die Bildung einer neuen Regierung. Ihr gehören das katholische Zentrum, die rechtsliberale DVP, die völkisch-nationale DNVP und die Bayerische Volkspartei an. Mit der Teilnahme an der sog. Bürgerblock-Regierung sind die Deutschnationalen endgültig als regierungsfähig anerkannt. Insgesamt verschiebt sich das politische Koordinatensystem der Weimarer Republik nach rechts. Die DNVP war zwar schon im Kabinett Hans Luther (parteilos) vertreten, das am 15. Januar 1925 gebildet worden war,

sie schied jedoch aus Protest gegen die Locarno-Verträge wieder aus. Im Ausland löst der Rechtsruck Besorgnis über die Fortführung der Verständigungspolitik mit den Alliierten aus.

15. Februar 1927

Kolonien organisieren sich

Unter Beteiligung zahlreicher Vertreter von Kolonien aus allen Teilen der Erde geht in Brüssel der erste »Kongress gegen koloniale Unterdrückung und Imperialismus« zu Ende. Im Mittelpunkt der Beratungen stehen die Möglichkeiten des koordinierten Vorgehens gegen das mächtige britische Kolonialsystem. In dessen Einflussbereich leben 523 Mio. Menschen, etwa 25% der gesamten Erdbevölkerung. Die indische Befreiungsbewegung Swaradsch will z.B. durch aktive Propaganda den Einsatz indischer Soldaten gegen die aufständische Kuomintang in China verhindern.

28. Februar 1927

Erstmals wieder »Kölle Alaaf«

Zum ersten Mal seit 1914 wird in Köln wieder ein Rosenmontagsumzug veranstaltet. Die Kriegsjahre und die bis 1926 währende Besatzung durch die Alliierten hatten das traditionelle Karnevalsvergnügen im Rheinland verhindert. Bejubelt werden die Umzugswagen (Abb.: Motivwagen mit Drache), die vielfach Zeitereignisse karikieren. Einige Anspielungen gelten auch den Auswüchsen der hohen Politik.

10. Januar 1927

»Metropolis« floppt im Kin

Im Berliner Ufa-Palast wird Fritz Langs gigantisches Epos »Metropolis« uraufgeführt. Der erste deutsche Science-fiction-Streifen wird später zu einem Klassiker der Filmgeschichte erhoben.
Nach der Uraufführung stößt der Film zunächst auf Kritik, wobei sich die Vorwürfe vornehmlich gegen das Drehbuch Thea von Harbous, aber auch gegen Langs Regieleistung richten. Kritiker werfen Lang vor, die eher banale Handlung sei-

Fritz Lang

österr.-amerikanischer Filmregisseur, * 5.12.1890 Wien; † 2.8.1976 Beverly Hills (US-Bundesstaat Kalifornien)

Der Meister des expressionistischen Films und Regisseur von Weltgeltung prägte das Bild des deutschen Filmschaffens in den 20er Jahren. Licht- und Schattenspiele sowie die oftmals beklemmend wirkende Architektur der Filmkulissen kennzeichnen seine Regiearbeit. Nachdem er das Angebot von Joseph Goebbels ausgeschlagen hatte, als Reichs-Filmintendant tätig zu werden, emigrierte Lang 1933 über England und Frankreich nach Amerika und drehte fortan in Hollywood.

- 1921/22: »Dr. Mabuse, der Spieler«
- 1931: »M – eine Stadt sucht einen Mörder«
- 1944: »Die Frau am Fenster«

2. Januar 1927

Randstaaten gegen UdSSR

Vertreter Finnlands, Lettlands und Estlands beraten in der lettischen Hauptstadt Reval über eine gemeinsame Politik gegenüber der Sowjetunion. Alle drei Staaten hatten vor Erlangung ihrer staatlichen Unabhängigkeit zum russischen Zarenreich gehört und fürchten nun in besonderem Maße eine russische Einflussnahme.
Der 1922 geschlossene Vertrag von Rapallo zwischen Deutschland und Russland hat außerdem Umklammerungsängste ausgelöst. Estnische Befürchtungen, die sozialistischen Regierungen in Finnland und Lettland könnten eine separate Verständigung mit der Sowjetregierung suchen, erweisen sich auf der Konferenz als gegenstandslos. Sowjetrussland hatte sowohl die finnische als auch die estländische Selbstständigkeit im Jahre 1920 anerkannt. In Lettland konnte eine von den Deutschen unterstützte Nationalregierung erst 1919 die Kontrolle über den Großteil des Landes gewinnen. Der Oberste Rat der Alliierten erkannte Lettland am 26.1.1921 als unabhängig an.

In Fritz Langs Zukunftsvision erscheint die Maschine in der Unterstadt als Moloch.

nes monumentalen Stummfilms mit expressionistisch durchkomponierten Bildarrangements zu überhöhen. Langs mythisch-romantische Utopie spielt in der Zukunftsstadt »Metropolis«, die in zwei Bezirke eingeteilt ist. In den Hochhäusern über der Stadt wohnen die »Herrenmenschen«, während die Arbeitermassen unter der Erde für den Reichtum ihrer Herren arbeiten müssen. Der Herrscher der Oberstadt, Fredersen, kontrolliert Metropolis mit allgegenwärtigen Maschinen. Er lässt einen Roboter, die »falsche Maria« konstruieren, der die Arbeiter zum Maschinensturm aufwiegelt. Die Rebellion soll zum Anlass ihrer endgültigen Niederwerfung genommen werden. Die »echte Maria«, eine Freiheitskämpferin aus der Unterstadt, kann zusammen mit ihrem Geliebten, Fredersens Sohn, das Komplott verhindern. Durch ihre Liebe versöhnen sich Oberschicht und Arbeiterschaft. Die gleichförmigen Bewegungen riesiger Menschenmassen und betriebsamer Maschinen werden eindrucksvoll in Szene gesetzt. Viele Aufnahmen stellen tricktechnisch alles bisher Dagewesene in den Schatten. Der 7 Mio. Mark teure Streifen stürzt die Filmgesellschaft Ufa nach dem schlechten Start in eine ernste Krise. Nur ein Siebtel der Produktionskosten können eingespielt werden. Der Fall löst Diskussionen über die Verhältnismäßigkeit von hohen Produktionskosten aus.

20. Februar 1927

»Eissternchen« Henie gewinnt

Mit ihrem Sieg bei den Eiskunstlaufweltmeisterschaften in Oslo gelingt der 15-jährigen Norwegerin Sonja Henie (s. Abb.) völlig überraschend der Sprung an die Weltspitze. Es ist der Beginn einer großartigen Karriere. Sie verweist die Österreicherin Herma Jaros-Szábo, die sechsmal in Folge diesen Titel gewonnen hat, auf Platz zwei. Getrübt wird der Erfolg Henies durch Vorwürfe, ihr sei der Heimvorteil zugute gekommen.

16. Februar 1927

»Zarewitsch« uraufgeführt

Berlin feiert Franz Lehárs Operette »Der Zarewitsch«. Ein Garant des Erfolgs ist der lyrische Tenor Richard Tauber, der u.a. mit »Es steht ein Soldat am Wolgastrand« brilliert.

Franz Lehár

österr.-ungar. Operettenkomponist, * 30.4.1870 Komorn (Ungarn); † 24.10.1948 Bad Ischl

Der Mitschöpfer und Meister der reformierten Wiener Operette wird mit schwingenden Walzern und eingängig-gefühlvollen Melodien populär. U.a. durch Einbeziehung slawischer Folklore verleiht Lehár seinen Operetten ein gediegen spätromantisches Kolorit. Den Durchbruch erzielte der Komponist 1905 mit »Die lustige Witwe«.

- 1882-88: Musikstudium am Konservatorium in Prag
- 1899-1902: Militärkapellmeister in Wien
- 1929: »Das Land des Lächelns«

Februar 1927

1 Di Im Beisein von Reichstagspräsident Paul Löbe wird in München die erste deutsche Buchdrucker-Meisterschule eröffnet.

2 Mi Im Rahmen der »Grünen Woche« in Berlin demonstrieren 8000 Landwirte für eine Verbesserung des Zollschutzes für landwirtschaftliche Produkte.

3 Do In der portugiesischen Stadt Oporto erhebt sich ein Teil der dort stationierten Regimenter gegen die Militärdiktatur von António Óscar Fragoso Carmona.

4 Fr An der Wiener Universität kommt es wie am Vortag zu Übergriffen von völkischen auf sozialistische und jüdische Studenten.

5 Sa Bei der Funkstunde in Berlin konstituiert sich ein kultureller Beirat. Die anderen deutschen Rundfunkanstalten ziehen in den nächsten Wochen nach.

6 So Der SC Riessersee wird durch einen 2:1-Erfolg gegen den SC Charlottenburg in Füssen Deutscher Meister im Eishockey.

7 Mo In London wird das neue Gebetbuch der Anglikanischen Kirche vorgelegt, an dem 70 Jahre lang gearbeitet worden ist.

8 Di Der Film »Unter Ausschluss der Öffentlichkeit« mit Werner Krauss, Mary Delschaft und Ida Wüst wird in Berlin uraufgeführt.

9 Mi In der belgischen Hauptstadt Brüssel wird ein Schiedsvertrag zwischen Belgien und der Schweiz unterzeichnet.

10 Do US-Präsident Calvin Coolidge ruft zu einer Seeabrüstungskonferenz auf. +++ Harburg und Wilhelmsburg bei Hamburg schließen sich zusammen.

11 Fr Bei einer Versammlung der NSDAP im Berliner Arbeiterviertel Wedding kommt es zu Zusammenstößen von Nationalsozialisten und Kommunisten.

12 Sa Der Rundfunksender in Klagenfurt nimmt den Betrieb auf. +++ In Berlin wird »Die treue Nymphe« von Margaret Kennedy erstmals in Deutschland aufgeführt.

13 So König Gustav V. von Schweden trifft in Berlin ein. Er empfängt Reichspräsident Paul von Hindenburg zu einem Essen in der schwedischen Gesandtschaft.

14 Mo Bei einem Eisenbahnunglück in der Nähe der britischen Stadt Hull kommen zwölf Menschen ums Leben, 40 werden verletzt.

15 Di In Wien wird der bekannte rumänische Tenor Trajan Grosavescu vor der Abreise zu einem Gastspiel von seiner Frau Nelly erschossen. → Kolonien

16 Mi Der provisorische deutsch-französische Handelsvertrag, der am 21. Februar ausläuft, wird bis zum 21. Mai 1927 verlängert. → »Zarewitsch«

17 Do An den Schulen in Deutschland finden Gedenkveranstaltungen zum 100. Todestag des schweizerischen Pädagogen Johann Heinrich Pestalozzi statt.

18 Fr Zu Ehren der Unterhaltungsschriftstellerin Hedwig Courths-Mahler, die ihren 60. Geburtstag feiert, erscheinen Sondernummern in der Illustriertenpresse.

19 Sa Aus Protest gegen die neu eingetroffenen britischen Truppen treten die Arbeiter in der chinesischen Stadt Schanghai in den Generalstreik.

20 So Den Fußball-Städtekampf Berlin-Paris gewinnen die Berliner Gastgeber vor 35 000 Zuschauern im Poststadion mit 5:1. → Henie

21 Mo Der Schweizer Walter Mittelholzer, der am 7. Dezember 1926 von Zürich aus zu einem Afrikaflug gestartet ist, landet in Kapstadt, dem Ziel seiner Reise.

22 Di In Lübeck wird das Drama »Die Ersten und die Letzten« von John Galsworthy in deutscher Erstaufführung gezeigt.

23 Mi Der Physiker Albert Einstein hält in Berlin einen Vortrag unter dem Titel »Theoretisches und Experimentelles zur Frage der Entstehung des Lichts«.

24 Do In den Wiener Kammerspielen wird das Stück »Venus im Völkerbund. Ein Lustspiel aus der Romantik der Gegenwart« von Rolf Lauckner uraufgeführt.

25 Fr Die Freie Stadt Danzig und Polen einigen sich auf ein Verkehrsabkommen, das den internationalen Personenverkehr und Gütertransport erleichtern soll.

26 Sa Die britische Regierung teilt US-Präsident Calvin Coolidge mit, dass sie zur Teilnahme an der von ihm vorgeschlagenen Seeabrüstungskonferenz bereit sei.

27 So Die Deutsche Lufthansa AG gibt bekannt, dass Kinder unter drei Jahren umsonst, Kinder von drei bis sieben Jahren zum halben Preis fliegen können.

28 Mo Im Hochverratsprozess gegen den Kommunisten Fritz Schälicke wird das Urteil gefällt: Ein Jahr Festungshaft und 100 RM Geldstrafe. → »Kölle Alaaf«

März 1927

1 Di Bei einem Bergwerksunglück nahe Monmouth in Wales werden 62 Bergleute verschüttet. 51 Kumpel sterben, die anderen können gerettet werden.

2 Mi US-Präsident Calvin Coolidge unterzeichnet in Washington eine Marinevorlage und bewilligt damit 450 000 Dollar für den Bau von drei Kreuzern.

3 Do Der britische Automobilrennfahrer J. G. Thomas Parry verunglückt tödlich bei dem Versuch, den Geschwindigkeits-Weltrekord zu brechen.

4 Fr Die Kabelverbindung zwischen Emden und New York wird eingeweiht. Es ist das erste deutsch-amerikanische Überseekabel nach dem Weltkrieg.

5 Sa Der britische Außenminister Joseph Austen Chamberlain trifft zu Gesprächen mit seinem französischen Amtskollegen Aristide Briand in Paris ein.

6 So Erstmals seit seiner Entlassung aus der Festungshaft spricht der NSDAP-Vorsitzende Adolf Hitler wieder auf öffentlichen Versammlungen in Bayern.

7 Mo Bei einem Erdbeben auf der japanischen Insel Tango kommen rd. 3500 Menschen ums Leben. Drei Städte werden vollständig zerstört.

8 Di Die italienische Zeitung »Tribuna« gibt die zehn Gebote für den faschistischen Milizsoldaten bekannt; das achte lautet: »Mussolini hat immer recht«.

9 Mi Der »Berliner Börsen-Courier« veröffentlicht einen Aufruf des Schriftstellers Béla Balázs: »Bitte, Mr. Chaplin, kommen Sie nach Europa!«

10 Do Wegen eines angeblich geplanten Einmarsches von Truppen des Königreichs der Serben, Kroaten und Slowenen macht Albanien mobil.

11 Fr Der deutsche Schwimmer Erich »Ete« Rademacher stellt in Brüssel mit 2:48,0 min einen Weltrekord über 200-m-Brust auf.

12 Sa Die 44. Völkerbundtagung, die erstmals unter deutscher Leitung stand, geht zu Ende. +++ Die Leipziger Frühjahrsmesse endet mit positivem Ergebnis.

13 So Den Wasalauf in Schweden gewinnt der Schwede Konrad Petterson. Insgesamt sind 88 Skilangläufer gestartet, 60 erreichen nach 90 km das Ziel.

14 Mo Der Generaldirektor der Hamburg-Amerika-Linie, Ex-Reichskanzler Wilhelm Cuno, gibt in Berlin die deutsche Handelsflottenstärke mit 3,2 Mio. BRT an.

15 Di Im Ufa-Palast am Zoo in Berlin hat der Film »Die Csárdásfürstin« nach der Operette von Emmerich Kálmán Premiere.

16 Mi Im Berliner Reichsverkehrsministerium wird ein Ausschuss für die Normung und Prüfung von Straßenbaustoffen gebildet.

17 Do Die US-Regierung spricht sich in einer Note an den Völkerbund gegen eine internationale Kontrolle von Abrüstungsbemühungen einzelner Staaten aus.

18 Fr Der DDP-Abgeordnete Theodor Heuss beklagt in einer Rede vor dem Reichstag das Fehlen eines allgemeinverbindlichen Bildungsideals.

19 Sa Die Deutsche Volkspartei (DVP) veranstaltet in Hannover eine Gedenkfeier zum 60-jährigen Bestehen einer nationalliberalen Partei in Deutschland.

20 So Im Bahnhof von Berlin-Lichterfelde kommt es zu Zusammenstößen von Nationalsozialisten und Kommunisten mit mindestens 15 Verletzten.

21 Mo Die Vorbereitende Abrüstungskonferenz des Völkerbundes tritt in Genf zusammen. +++ Die Lufthansa AG nimmt den Flugverkehr Berlin-Wien auf.

22 Di Das Reichsgericht in Leipzig verurteilt den kommunistischen Redakteur Georg Schwarz wegen Vorbereitung zum Hochverrat zu sechs Monaten Festungshaft.

23 Mi An der Berliner Volksbühne sorgt Erwin Piscators Inszenierung von Ehm Welks Stück »Gewitter über Gotland« für einen politischen Eklat.

24 Do Die Länder Preußen, Braunschweig, Sachsen und Anhalt protestieren gegen die Streichung von 20 Mio. Reichsmark für den Weiterbau des Mittellandkanals.

25 Fr Gewinner des anspruchsvollen Grand-National-Hindernisrennens im englischen Aintree ist Sprig unter Jockey Ted Leader.

26 Sa In Deutschland und in Österreich finden Gedenkveranstaltungen zum 100. Todestag des Komponisten Ludwig van Beethoven statt. → Hugenberg

27 So Die Frankfurter Frühjahrsmesse öffnet ihre Tore, u.a. mit der Sonderausstellung »Die neue Wohnung und ihr Innenausbau«.

28 Mo Die Hamburg-Amerika-Linie beschließt erstmals seit dem Weltkrieg wieder die Zahlung einer Dividende. Sie beträgt 6%.

29 Di Der Schriftsteller Walter von Molo, ein Gegner des neuen Zensurgesetzes, wird als Zensor in die Oberprüfstelle berufen. → 300 km/h-Schallmauer

30 Mi Im Weimarer Nationaltheater findet die Uraufführung von »Thomas Paine«, einem Drama des völkischen Schriftstellers Hanns Johst, statt.

31 Do Im Fememordprozess in Gießen wird das Urteil gegen drei wegen Mordversuchs Angeklagte verkündet. Es werden mehrjährige Haftstrafen verhängt.

26. April 1927

Plan wird zum Diktat

Der IV. Sowjetkongress der UdSSR beschließt in Moskau die Ausarbeitung eines Fünfjahresplans – des ersten in der Geschichte der Sowjetunion. Durch dieses neue wirtschaftspolitische Instrument soll die Entwicklung in allen Bereichen der Ökonomie aufeinander abgestimmt, die Industrialisierung forciert und der Marktmechanismus durch zentrale staatliche Lenkung ersetzt werden. Der erste Fünfjahresplan, dessen Laufzeit am 1. Oktober 1928 beginnt, setzt den Aufbau der Schwerindustrie und die Technisierung der Landwirtschaft als wichtigste Ziele. Er sieht vor, dass die Industrieproduktion Zuwachsraten von 21,4% im ersten Jahr bis 23,8% im letzten Jahr vorweisen solle. Wichtige Bestandteile des Plans sind der Bau eines Wasserkraftwerkes über den Dnjepr und die Errichtung von Fabriken. Ein Siebtel der Investitionen ist für die Stahl- und Eisenindustrie bestimmt. Die Gewinnung von Eisen, Kohle und Erdöl soll mindestens verdoppelt werden.

Einen regionalen Schwerpunkt setzt der Plan in der Erschließung des rohstoffreichen Sibirien. In der Landwirtschaft soll die Getreideproduktion um 35% erhöht werden. Moderne Maschinen, vor allem Traktoren, sollen die veralteten Anbaumethoden revolutionieren. Der Fünfjahresplan hat eine verstärkte Kollektivierung und den Kampf gegen die Großbauern (Kulaken) zur Folge. Er bedeutet außerdem das Ende der noch von Lenin initiierten Neuen Ökonomischen Politik, die privatwirtschaftliche Komponenten enthielt. Der Anteil der Privatunternehmen in der Sowjetunion liegt 1927 noch bei rd. 27%.

Erntearbeiter auf einer russischen Kolchose. Der Fünfjahresplan will die Maschinisierung vorantreiben.

5. April 1927

Das »Menjou-Bärtchen« lässt Frauenherzen höher schlagen

In Berlin feiert der Film »Der Spielerkönig« Premiere. Die männliche Hauptrolle verkörpert der US-Filmstar Adolphe Menjou, Träger jenes unverwechselbaren Schnurrbärtchens, dem er seinen Namen verleiht. Menjou ist auf die Rolle des aalglatten, eleganten Lebemannes festgelegt. Nicht nur die weiblichen Zuschauer bewundern seine lässigen Körperbewegungen und sein Mienenspiel. Filmstars bestimmen auch bei den Männern das gängige Schönheitsideal. Die »Berliner Illustrirte« stellt fest, dass der Mann durch die Konkurrenz mit den Filmstars zum Umdenken aufgefordert sei. Er könne sich nicht mehr wie früher darauf verlassen, allein durch seine Charaktereigenschaften beim weiblichen Geschlecht einen nachhaltigen Eindruck zu hinterlassen. Stattdessen müsse er sich in seiner äußeren Erscheinung verstärkt an den Helden der Leinwand orientieren. Als Vorbild nennt das Blatt etwa den Schauspieler Willy Fritsch, dessen Erscheinung es folgendermaßen charakterisiert: »Grenze zwischen Jüngling und Mann, Glanz eines Jungen und beginnende Männlichkeit, naiv und schalkhaft, mit einem Stich ins Besinnliche, Anlage zum Schwerenöter, kokett«. Einen anderen Vorbild-Typ beschreibt das Blatt in dem Schauspieler Paul Richter (»Die Nibelungen«): »Siegfriedsgestalt, hohe Stirn, helle Adleraugen, verträumter Mund, leichte Melancholie, die zum mütterlichen Trösten auffordert, kraftstrotzend und ein wenig täppisch«.

+++ Sowjetunion legt erstmals Planziele fest +++

18. April 1927

Drei Regierungen in China

Chiang Kai-shek, Führer der nationalrevolutionären Truppen, verkündet die Bildung einer nationalrevolutionären Regierung in Nanking. Nunmehr beanspruchen drei Regierungen in dem vom Bürgerkrieg zerrissenen China die oberste Autorität im Land. Nanking wird in den nächsten Jahren zur Hauptstadt des Reiches der Mitte.
Die Regierung in Peking unter dem Militärmachthaber Chang Tso-Lin verfolgt währenddessen eine eher fremdenfreundliche Politik. Chang Tso-Lin hatte am 6. April die sowjetische Botschaft stürmen und einige führende chinesische Kommunisten hinrichten lassen.
Eine Koalition aus dem linken Flügel der Kuomintang und den Kommunisten dominiert die Regierung in Wuhan. Sie hatte Chiang Kai-shek, dem sie allzu große Kompromissbereitschaft gegenüber den ausländischen Mächten vorwarf, aus ihren Reihen ausgeschlossen. Daraufhin wendet der sich mit der Ausrufung seiner reinen Kuomintang-Regierung vor allem gegen die Kommunisten. Allen Ausländern verspricht er die Lösung bestehender Konflikte »im Geiste der Versöhnung«.

29. März 1927

300 km/h-Schallmauer gefallen

In seinem 1000-PS-Rennwagen (s. Abb.) revolutioniert der Brite Major Henry O'Neal de Hane Segrave den Geschwindigkeitsweltrekord. In Daytona Beach (Florida) übertrifft er mit 327,959 km/h die alte Marke von Malcolm Campbell um mehr als 40 km/h. Der Rekordversuch findet auf dem feinkörnigen, äußerst festen Sandstrand des Badeortes statt, der bei Ebbe bis zu 150 m breit ist. Die Geschwindigkeit wird als Durchschnitt über

5 km berechnet, wobei die Strecke, um den Einfluss des Windes auszuschalten, in beide Richtungen zu befahren ist. Als absolute Spitzengeschwindigkeit erreicht der Wagen 333,077 km/h.

12. April 1927

Hochhaus als lodernde Fackel

Die Millionenstadt New York schlittert knapp an einer Katastrophe vorbei. Im Dachstuhl des 38-stöckigen Netherland-Hotels bricht ein Feuer aus, das sich in Windeseile bis zur 20. Etage nach unten ausbreitet. Menschen kommen nur deshalb nicht zu Schaden, weil der Hotelbetrieb noch nicht aufgenommen wurde. Die Fackel des brennenden Hotels ist in einem Umkreis von 50 km zu sehen. Die Feuerwehr wird auf den Umstand aufmerksam, dass ihre Spritzen für große Höhen keinen genügend starken Wasserstrahl erzeugen.

24. April 1927

Knappes Ergebnis in Österreich

Die Nationalratswahlen in Österreich lassen den Vorsprung der Christlichsozialen gegenüber den oppositionellen Sozialdemokraten von 14 auf zwei Mandate schrumpfen. Der christlichsoziale Bundeskanzler Ignaz Seipel kann nur unter Einbeziehung des nationalliberalen Landbundes ein regierungsfähiges Kabinett bilden.

Die Christlichsozialen, die zusammen mit den Großdeutschen auf einer Einheitsliste kandidierten, erreichen 49% der Stimmen, die Sozialdemokraten 42%. Die Ursachen für die Wahlniederlage der Regierung liegen u.a. in Finanzskandalen, in die auch Regierungsmitglieder verwickelt waren, ferner in der umstrittenen Novellierung des Mieterschutzgesetzes zu Lasten der Armen und in der ungeklärten Frage der Altersversorgung für Arbeiter. Die Sozialdemokraten (Abb.: Wahlplakat) hatten gemäß ihrem Parteiprogramm von 1926 auf die Propagierung eines revolutionären Umsturzes verzichtet. Stattdessen wollten sie auf parlamentarischem Wege an die Macht gelangen. Umso enttäuschter sind sie nun, dass Seipel mit der Aufnahme des Landbundes die Regierungskoalition nach rechts erweitert.

26. März 1927

Hugenberg übernimmt die Ufa

Der »Pressezar« Alfred Hugenberg (s. Abb.) kauft für seinen Konzern Ufa-Aktien in Höhe von 15 Mio. Mark, darunter sämtliche Aktien mit zwölffachem Stimmrecht. Damit sichert sich der rechtsgerichtete DNVP-Politiker die Kontrolle über die führende, aber hochverschuldete Filmgesellschaft, bei der vorher die Deutsche Bank die Majorität der Stimmen besaß.

Hugenberg stellt die Filmproduktion eingestandenermaßen in den Dienst seiner nationalistischen und antidemokratischen Gesinnung. Er funktioniert die Ufa – insbesondere durch die Wochenschauen – zur Waffe gegen die Weimarer Republik um. Die Verluste der Gesellschaft hatten sich 1925/26 – u.a. wegen der starken US-Konkurrenz – auf 50 Mio. Reichsmark summiert. Mit dem Kauf rundet der ehemalige Direktor der Firma Krupp sein Presseimperium ab. Hugenberg hat mit dem Aufbau seines Medienkonzerns 1914 begonnen. 1916 übernahm er den Scherl-Verlag, 1919 die Aktienmehrheit bei der Nachrichtenagentur »Telegraphen-Union«. Außerdem beeinflusst er die Provinzpresse entscheidend.

April 1927

1 Fr Am Stadttheater Essen wird »Der Mann im Dunkel«, ein Stück des linken Dramatikers Friedrich Wolf, unter der Regie von Otto Baumgard uraufgeführt.

2 Sa Der Reichstag nimmt das vorläufige Finanzausgleichsgesetz an, das die Verteilung der Steuereinnahmen auf Reich, Länder und Gemeinden festlegt.

3 So In der chinesischen Stadt Hankau kommt es zu Zusammenstößen zwischen chinesischen Demonstranten und Japanern.

4 Mo Die konservative britische Regierung veröffentlicht den Entwurf zu einem neuen Gewerkschaftsgesetz, das Sympathie- und Generalstreiks verbietet.

5 Di In Rom unterzeichnen Benito Mussolini und István Graf Bethlen von Bethlen einen italienisch-ungarischen Freundschaftsvertrag. → Menjou

6 Mi Der Reichstag billigt in dritter Lesung den von Reichsfinanzminister Heinrich Franz Köhler (Zentrum) vorgelegten Etat für das Haushaltsjahr 1927.

7 Do Bei einem Überfall auf den Postzug St. Louis-Chicago erbeuten zwei Räuber 20 000 Dollar. +++ Aus Kapstadt werden neue Diamantenfunde gemeldet.

8 Fr Gustav Zemgals, Kandidat der linksbürgerlichen Fraktion, wird vom lettischen Parlament zum Staatspräsidenten gewählt.

9 Sa In Dedham (US-Staat Massachusetts) werden die italo-amerikanischen Anarchisten Nicola Sacco und Bartolomeo Vanzetti zum Tode verurteilt.

10 So Die erste Nummer der Sonntagszeitung »Die Grüne Post«, die von Ullstein in Berlin herausgegeben wird, erscheint.

11 Mo Schatzkanzler Winston Churchill legt dem britischen Unterhaus in London ein Budget in der Rekordhöhe von 834 Mio. Pfund Sterling vor.

12 Di Die zehntägige Schweizer Mustermesse, die größte Industrieschau der Eidgenossenschaft, geht in Basel zu Ende. → Hochhaus

13 Mi In der indischen Stadt Hardwar am Ganges kommen beim hinduistischen Badefest im Gedränge am Flussufer 35 Menschen ums Leben.

14 Do Asta Nielsen spielt die Hauptrolle in Bruno Rahns Film »Dirnentragödie«, der in Berlin uraufgeführt wird. Kritiker loben die realistische Darstellung.

15 Fr Ein Turner-Städtekampf, der im Großen Schauspielhaus Berlin stattfinden sollte, wird wegen »Heilighaltung des Karfreitags« von den Behörden verboten.

16 Sa In Berlin wird die Ausstellung »Das Wochenende« eröffnet, die einen Überblick über Angebote aus den Bereichen Freizeit, Sport und Urlaub gibt.

17 So Zum Osterfest werden Vorschläge der Völkerbundkommission zur Kalenderreform diskutiert, z.B., Ostern stets am 2. Sonntag im April stattfinden zu lassen.

18 Mo Der österreichische Arbeitersportverband veranstaltet auf der Hohen Warte eine Kundgebung für den Anschluss Österreichs an Deutschland. → China

19 Di Bei einem Überfall auf einen Eisenbahnzug im mexikanischen Guadalajara kommen 150 Personen ums Leben, darunter viele Kinder.

20 Mi In Moskau wird der Abschluss eines Freundschaftsvertrages zwischen der Sowjetunion und Afghanistan bekanntgegeben.

21 Do Die Komödie »Revue zu Vieren« wird in Leipzig uraufgeführt. Zwei der Rollen spielen der Autor Klaus Mann und seine Schwester Erika Mann.

22 Fr Das Land Baden hebt das Redeverbot für Adolf Hitler auf. +++ Nach Kurseinbrüchen auf dem Aktienmarkt schliesst die japanische Regierung die Banken.

23 Sa Reichsinnenminister Walter von Keudell spricht sich für eine Förderung der Autonomie der Länder im Deutschen Reich aus.

24 So Auf einer »republikanischen Morgenfeier« in Hamburg hält der Schriftsteller Heinrich Mann eine Rede »Über den tieferen Sinn der Republik«. → Österreich

25 Mo In Frankfurt am Main wird eine Gemäldesammlung eröffnet, die der 1922 ermordete deutsche Außenminister Walther Rathenau gestiftet hatte.

26 Di Aus Algerien wird bekannt, dass die französische Regierung ein Verbot politischer Propaganda in der Kolonie ausgesprochen hat. → Plan

27 Mi In Prag wird die Volksoper »Schwanda, der Dudelsackpfeifer« uraufgeführt, ein Werk des tschechischen Komponisten Jaromir Weinberger.

28 Do Aus dem Moskauer Museum für die Schönen Künste werden fünf äußerst wertvolle Gemälde gestohlen, u.a. Werke von Rembrandt und Tizian.

29 Fr An der Internationalen Konferenz für Zivilluftfahrt in London nehmen in diesem Jahr erstmals auch deutsche Delegierte teil.

30 Sa Die Stadt Bremerhaven feiert ihr 100-jähriges Bestehen. +++ Mit Vollendung ihres 18. Lebensjahres wird Prinzessin Juliana Kronprinzessin der Niederlande.

Mai 1927

1 So Die deutschen Gewerkschaften führen Maidemonstrationen und -kundgebungen für Frieden und Völkerverständigung durch.

2 Mo Der Volksschullehrer Ferdinand Schulz stellt in Rossitten (Ostpreußen) mit 14:08 h einen neuen Weltrekord im Dauersegelflug auf.

3 Di Mit dem Stapellauf eines 10 000-Tonnen-Kreuzers in Brest ist das französische Marinebauprogramm abgeschlossen.

4 Mi Das republikanische Witzblatt »Lachen Links« stellt das Erscheinen ein. Die erste Nummer war am 1. November 1924 herausgegeben worden.

5 Do Eine katastrophale Überschwemmung hat im Mississippigebiet im Südosten der USA mehr als 75 000 km² Land überflutet.

6 Fr Im Berliner Schauspielhaus wird das Stück »Florian Geyer« von Gerhart Hauptmann in der Inszenierung von Leopold Jessner aufgeführt.

7 Sa Unter massivem Druck von Seiten der USA einigen sich die Bürgerkriegsparteien in Nicaragua auf ein Waffenstillstandsabkommen.

8 So Zum »Reichsfrontsoldatentag« des nationalkonservativen Wehrverbands »Stahlhelm« kommen über 100 000 Teilnehmer nach Berlin.

9 Mo In der antiken griechischen Stadt Delphi werden die ersten Festspiele der Neuzeit in dem wegen seiner Akustik berühmten Amphitheater eröffnet.

10 Di Die Regierung Chiang Kai-sheks in Nanking kündigt eine gewaltlose Abänderung der ungleichen Verträge Chinas mit dem Ausland an.

11 Mi In Los Angeles findet das Gründungsbankett der Academy of Motion Picture Arts and Sciences statt, die 1929 die ersten Filmpreise (»Oscar«) verleiht.

12 Do Der Film »Sein größter Bluff« mit Harry Piel, Lotte Lorring und Marlene Dietrich hat im Emelka-Palast in Berlin Premiere.

13 Fr An der Berliner Börse kommt es zu Kursstürzen von bis zu 80%. +++ Ein Bahnhofsbrand in Warschau vernichtet 27 Luxus-Eisenbahnwaggons.

14 Sa In Hamburg läuft die »Cap Arcona« vom Stapel, der erste deutsche Schnelldampfer, der auf der Südamerika-Linie eingesetzt wird.

15 So Ein Rugby-Länderspiel gegen Frankreich gewinnt Gastgeber Deutschland in Frankfurt am Main mit 17:16.

16 Mo Der französische Staatspräsident Gaston Doumergue trifft in Begleitung von Außenminister Aristide Briand zu einem Staatsbesuch in Moskau ein.

17 Di Der deutsche Reichstag verabschiedet ein Gesetz zum »Schutz der Jugend bei Lustbarkeiten«. Der Einspruch des Reichsrates verhindert sein Inkrafttreten.

18 Mi Der christlichsoziale Abgeordnete Wilhelm Miklas wird als Präsident des Nationalrats, des österreichischen Parlaments, bestätigt.

19 Do Nach tumultartigen Szenen ratifiziert das ungarische Abgeordnetenhaus in Budapest den italienisch-ungarischen Freundschafts- und Schiedsvertrag.

20 Fr Bei den Box-Europameisterschaften der Amateure in Berlin gewinnen deutsche Boxer vier der acht Titel. Deutschland ist damit die erfolgreichste Nation.

21 Sa In Köln findet, als erste Messe ihrer Art, die Internationale Automobilausstellung für Lastwagen und Spezialfahrzeuge statt. → Charles Lindbergh

22 So Die deutsche Erstaufführung des tragischen Melodrams »Scaramouche«, eines Orchesterwerks des Finnen Jean Sibelius, findet in Dessau statt.

23 Mo Ein Erdbeben und eine Hochwasserkatastrophe in den chinesischen Provinzen Kausu und Fukien fordert 20 000 Menschenleben. → Weltwirtschaft

24 Di Der sowjetische Volkskommissar des Äußeren, Georgij W. Tschitscherin, trifft in Paris mit dem französischen Außenminister Aristide Briand zusammen.

25 Mi In Genf wird die Internationale Arbeitskonferenz mit 323 Delegierten aus 42 Ländern eröffnet. Thema ist u.a. die Festsetzung von Mindestlöhnen.

26 Do Der italienische Ministerpräsident und »Duce« Benito Mussolini zieht in einer Rede die Einführung einer Steuer für unfruchtbare Ehen in Erwägung.

27 Fr Großbritannien bricht die diplomatischen Beziehungen zur Sowjetunion ab. London wirft Moskau Spionagetätigkeit und antibritische Propaganda vor.

28 Sa Die 380 km lange Strecke Ankara-Kaissari wird eröffnet. Es ist die erste Bahnlinie, die von der Türkei aus eigener Kraft und mit eigenem Geld gebaut wurde.

29 So Die Fußball-Auswahl der Schweiz unterliegt der österreichischen Nationalmannschaft bei einem Länderspiel in Zürich mit 1:4.

30 Mo In Paris wird »Oedipus Rex«, eine oratorische Oper, des russischen Komponisten Igor Strawinsky (Libretto: Jean Cocteau) uraufgeführt.

31 Di In Berlin geht der vor fünf Tagen eröffnete Jahreskongress des Weltverbandes der Völkerbundsligen zu Ende.

Charles Lindbergh mit der »Spirit of St. Louis« über den Dächern von Paris

Jahrhundert-Flug mit Hindernissen

Am 20. Mai um 7.52 Uhr New Yorker Sommerzeit startet Charles Lindbergh, das gute Wetter ausnutzend, zu seinem Pionierflug über 5808 km. Über seinen Straßenanzug hat er einen leichten Overall gezogen, einige Sandwiches und Schokolade dienen ihm als Wegzehrung. Auf die Mitnahme eines Funkgerätes hat der Postflieger aus Gewichtsgründen verzichtet, so dass er zur Navigation auf Kompass, Seekarten und die Sterne angewiesen ist. Mehr als die Hälfte des Fluggewichts, 25 von 48 Zentnern, entfallen auf Treibstoff. Da Lindbergh die Nacht zuvor vor Aufregung nicht geschlafen hatte, muss er permanent gegen seine Müdigkeit ankämpfen. Nachdem er Neufundland passiert hat, gerät er über der offenen See in einen schweren Schneesturm, der ihn an Umkehr denken lässt. Weder durch Aufsteigen noch durch Sinkflug bis 3 m über die Wellen, kann er dem Schneetreiben entgehen. Nach 27 Stunden Erschöpfung und Kälte entdeckt Lindbergh Fischerboote. Er geht in den Tiefflug über und ruft die Fischer an, ob dies der richtige Weg nach Irland sei. Verdutzt deuten diese ihm die Richtung. Eine Stunde später hat Lindbergh Land erreicht.

18. Juni 1927

Der Nürburgring – die neue Motorsport-Attraktion

In der Eifel wird dem Motorsport nach 24 Monaten Bauzeit feierlich ein einzigartiger Rennkurs übergeben. Experten schätzen sie als schwierigste, aber auch schönste Gebirgsrennstrecke in ganz Europa ein.

Der Rundkurs von 28,29 km Länge besteht aus einer Nordschleife von 22,84 km und einer für Motorradrennen vorgesehenen Südschleife von 7,74 km Länge (Abb.: Blick auf die Südschleife mit dem Fahrerlager). Die Straßenbreite reicht von acht bis 20 m. Die Fahrer haben rund um die alte Nürburgruine 89 Links- und 85 Rechtskurven, Steigungen bis zu 27% und Abfahrten bis zu 11% zu bewältigen. Das Projekt entstand auf Initiative des Landrats des Kreises Adenau, um in der abgelegenen und wirtschaftlich unterentwickelten Region Arbeitsplätze und Verdienstmöglichkeiten zu schaffen. Die kreuzungsfreie »Prüfungsstraße« gilt auch als Versuchsobjekt für neue Methoden im Straßenbau. Sie steht gegen Entgelt jedermann zur freien Verfügung. Am 19. Juni werden die ersten Automobilwettbewerbe gestartet. Das Rennen der Sportwagen in der Klasse bis 5000 m³ gewinnt der deutsche Rennfahrer Rudolf Caracciola auf einem Mercedes 680 S.

21. Mai 1927

Lindbergh überfliegt den großen Teich

Der US-Postflieger Charles Lindbergh landet – von einer jubelnden Menschenmenge empfangen – auf dem Flughafen Le Bourget bei Paris. 33 Stunden und 29 Minuten vorher war er mit seiner »Spirit of St. Louis« von Roosevelt Field/Long Island (New York) aufgestiegen. Zwar haben vor Lindbergh bereits 69 Menschen den Atlantik in der Luft überquert, keiner von ihnen jedoch bis zum europäischen Festland, nonstop und im Alleinflug.
Durch diese Pionierleistung sind die Alte und die Neue Welt ein Stück mehr zusammengerückt. Die Aufnahme eines regelmäßigen Flugdienstes zwischen den Kontinenten ist nur noch eine Frage der Zeit. Lindbergh wird der Mann des Jahres. Bei seiner Ankunft in Paris erwarten ihn hunderttausend Menschen auf dem Rollfeld. Sie waren aufgrund der Funkmeldung eines Fischkutters vor der irischen Küste, der den Überflug der Maschine meldete, enthusiastisch auf die Straßen geströmt. Nach einer Ehrenrunde über der Seine-Metropole landet die Maschine mit nur noch geringen Treibstoffreserven in Le Bourget. Sofort umringen begeisterte Souvenirjäger die einmotorige Maschine und zerlegen sie fast in ihre Einzelteile. Amerika hat einen neuen Volkshelden. Aus dem »Flying Fool«, wie ihn die Presse nannte, wird »Lucky Lindbergh«. Seinen Erfolg auskostend – u.a. erhält der Flugpionier 25000 Dollar Prämie, die ein New Yorker Hotelier ausgesetzt hat – geht Lindbergh erst einmal auf Triumphtournee. New York ehrt ihn mit einer Konfettiparade, die »New York Times« widmet ihm am 22. Mai die ersten fünf Seiten.

Charles August Lindbergh

US-Pilot, * 4.2.1902 Detroit ; † 26.8.1974 Manui/Hawaii

Als erster Non-Stop-Atlantiküberflieger im Alleinflug wird der ehemalige Postflieger auf der Route St. Louis-Chicago weltberühmt und zum US-Nationalhelden. Große öffentliche Anteilnahme löst 1932 die Entführung und Ermordung seines 20 Monate alten Sohnes aus, eines der spektakulärsten Verbrechen des Jahrhunderts. 1941 tritt Lindbergh aus Protest gegen den Eintritt der USA in den Zweiten Weltkrieg als Offizier zurück.

- 1927: Reisebericht»Wir zwei. Im Flugzeug über den Atlantik«
- 1940: Gründung der Partei der Amerikaner
- 1954: Pulitzer-Preis für »Mein Flug über den Ozean«

23. Mai 1927

Weltwirtschaft an einem Tisch

Nach 20 Tagen Dauer endet in Genf die erste Weltwirtschaftskonferenz der Geschichte. Konkrete Beschlüsse haben die Delegierten nicht gefasst, jedoch eine Reihe von Resolutionen verabschiedet. Darin erklären die 47 Teilnehmerstaaten die Bereitschaft zur Senkung der Zölle und zum Abbau der Handelsschranken als Maßnahmen zur Belebung des internationalen Handels.
Zwar weist die konjunkturelle Lage in den meisten europäischen Staaten positive Tendenzen auf, dennoch hat sich das internationale Wirtschaftssystem immer noch nicht gänzlich von den Folgen des Weltkriegs erholt. Der Welthandel leidet zum einen unter der Zersplitterung der Großwirtschaftsräume infolge der Entstehung neuer kleinerer Staaten in Südost- und Osteuropa, zum andern unter den protektionistischen Maßnahmen, mit denen fast alle Staaten das Eindringen von fremden Waren auf ihre Märkte verhindern.

19. Juni 1927

Schmeling holt Europatitel

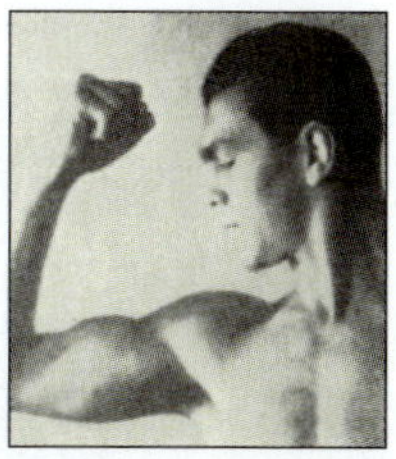

Als erster deutscher Berufsboxer wird Max Schmeling Europameister. In einem spannenden Titelkampf in der Dortmunder Westfalenhalle schlägt die 21-jährige deutsche Nachwuchshoffnung (s. Abb.) den Titelträger im Halbschwergewicht, Fernand Delarge aus Belgien. Max Schmeling, deutscher Meister in dieser Gewichtsklasse, wird den hohen Erwartungen gerecht. Achtmal stand er in diesem Jahr bereits im Ring. Siebenmal verließ er ihn als k.o.-Sieger, einmal als Punktsieger. Beim Titelfight um die europäische Boxkrone braucht Schmeling bis zur zehnten Runde, ehe er seinen Gegner klar dominiert, der bis dahin im Nahkampf Vorteile hatte. Zur 15. Runde tritt Delarge nicht mehr an.

Juni 1927

1 Mi Der Hindenburgdamm, der die nordfriesische Insel Sylt mit dem Festland verbindet, wird von Reichspräsident Paul von Hindenburg feierlich eingeweiht.

2 Do Das Paula-Modersohn-Becker-Haus in der Boettcherstraße in Bremen, ein Werk des Architekten Bernhard Hoetger, wird eröffnet.

3 Fr In Berlin wird der Film »Primanerliebe« des Regisseurs Robert Land uraufgeführt. Es spielen Fritz Kortner, Agnes Straub und Hans Albers.

4 Sa Die Indonesische Nationalpartei wird in Indonesien gegründet. Sie wird zur führenden Kraft der Unabhängigkeitsbewegung gegen die Niederlande.

5 So Anlässlich des 1000-jährigen Bestehens der Stadt Nordhausen in Thüringen wird im Stadtpark ein Gedenkstein für Friedrich Ebert feierlich enthüllt.

6 Mo Die US-Flieger Clarence Chamberlin und Charles Levine landen nach ihrer Atlantiküberquerung in Eisleben (preuß. Provinz Sachsen).

7 Di Der sowjetische Gesandte in Polen, Peter L. Wojkow, wird in Warschau von einem russischen Emigranten ermordet.

8 Mi Der Brite Ernest Wilton wird vom Völkerbundssekretariat zum Präsidenten des Saargebiets, das unter der Verwaltung des Völkerbunds steht, ernannt.

9 Do In Halle an der Saale geht der Kongress für Ästhetik zu Ende, auf dem Wissenschaftler aus verschiedenen Bereichen den Symbolbegriff diskutierten.

10 Fr Der US-Reparationsagent bestätigt in seinem Halbjahresbericht die volle Einhaltung des Reparationsplans seitens der deutschen Regierung.

11 Sa Die sowjetische Regierung gibt die Hinrichtung von 20 zaristischen Weißgardisten bekannt. +++ In Weimar tagt die Goethe-Gesellschaft.

12 So Die Tennismannschaft von Südafrika gewinnt in Berlin im Viertelfinale um den Davis-Cup gegen Deutschland 4:1. Die Deutschen sind damit ausgeschieden.

13 Mo Léon Daudet, einer der Führer der in der »Action française« zusammengeschlossenen Monarchisten, wird in Paris verhaftet.

14 Di Reichspräsident Paul von Hindenburg stattet Dessau einen Besuch ab. +++ In Bremen läuft das Schulschiff »Deutschland« vom Stapel.

15 Mi Boris Kowerda, der Mörder des sowjetischen Gesandten in Polen, Peter L. Wojkow, wird in Warschau zu lebenslänglicher Haft verurteilt.

16 Do Der Film »Frühere Verhältnisse«, mit Adele Sandrock und Ossi Oswalda unter der Regie von Arthur Bergen gedreht, wird in Berlin uraufgeführt.

17 Fr Die deutsche Reichsregierung kündigt eine Erhöhung der Beamtenbesoldung zum 1. Oktober 1927 und eine Reform der Besoldungsstruktur an.

18 Sa Die Büglerin Elisabeth Kolomak wird in Bremen wegen Kuppelei zu einer Gefängnisstrafe von acht Monaten verurteilt. → Nürburgring

19 So Der finnische Läufer Paavo Nurmi stellt in Kuopio (Finnland) mit einer Zeit von 5:24,6 min einen Weltrekord über 2000 m auf. → Schmeling

20 Mo In Genf wird die Drei-Mächte-Seeabrüstungskonferenz eröffnet, an der die USA, Japan und Großbritannien teilnehmen.

21 Di Reichs-und Länderregierungen in Deutschland rufen die Bevölkerung zu einer Hindenburg-Spende zugunsten der Kriegsopfer auf.

22 Mi Der Liberale Ion Brătianu wird anstelle von Prinz Barbu Stirbei Ministerpräsident von Rumänien. Er wird Anfang Juli durch Parlamentswahlen bestätigt.

23 Do Aus Berlin verlautet, die Kontakte zur Sowjetunion seien durch den Abbruch der Beziehungen zwischen London und Moskau nicht berührt.

24 Fr Das Stück »Mariana Pineda« von Federico García Lorca wird in Barcelona uraufgeführt. Es ist eines der ersten Werke des spanischen Dichters.

25 Sa In Wien wird die 31-jährige Nelly Grosavescu freigesprochen. Sie ist wegen der Ermordung ihres Ehemanns, des Tenors Trajan Grosavescu, angeklagt.

26 So Die »Berliner Illustrirte« veröffentlicht den Aufsatz »Die Magie der männlichen Schönheit«, in dem der aktuelle männliche Schönheitstyp vorgestellt wird.

27 Mo Bei Beratungen über die Verwaltungsreform in der Tschechoslowakei kommt es im Abgeordnetenhaus in Prag zu Prügeleien.

28 Di 80 Schüler aus Deutschland starten zu einem fünfwöchigen Ferienaufenthalt in die französische Hauptstadt Paris.

29 Mi Der deutsche Außenminister Gustav Stresemann hält in Oslo eine Rede aus Anlass der Verleihung des Friedensnobelpreises an ihn und Aristide Briand.

30 Do Mickey Walker (USA) verteidigt durch ein k.o. in der 10. Runde seinen Titel als Boxweltmeister im Mittelgewicht gegen den Schotten Tommy Milligan.

Juli 1927

1 Fr Der Flugzeugkonstrukteur Edmund Rumpler stellt in einem Artikel in der Zeitschrift »Nord und Süd« sein Modell eines Transozean-Flugzeuges vor.

2 Sa Die Tschechoslowakei wird in die vier Verwaltungseinheiten Böhmen, Mähren-Schlesien, Slowakei und Karpatho-Russland eingeteilt.

3 So Vor 100 000 Zuschauern wird in Prag im Beisein des tschechoslowakischen Staatspräsidenten Tomáš Garrigue Masaryk die Arbeiter-Olympiade eröffnet.

4 Mo In Wimbledon gehen die All-England-Tennismeisterschaften zu Ende. Die französischen und die US-Spieler bestätigen ihre Führungsposition.

5 Di Der belgische Kriegsminister äußert Zweifel an der Entwaffnung Deutschlands gemäß den Bestimmungen des Versailler Vertrags.

6 Mi Die japanische Regierung beschließt die Entsendung von weiteren 2000 Soldaten nach China. Sie sollen den Schutz der japanischen Bürger gewährleisten.

7 Do Der Echo-Saal des Bremer Ratskellers, der von Max Slevogt mit Fresken geschmückt worden ist, wird der Öffentlichkeit übergeben. → Sozialbereich

8 Fr Bei einer Unwetterkatastrophe im Erzgebirge sterben 145 Menschen. +++ Die Grafikerin Käthe Kollwitz wird anlässlich ihres 60. Geburtstags geehrt.

9 Sa Die Gothaer Lebensversicherungsbank, die älteste deutsche Lebensversicherungsanstalt, feiert ihr 100-jähriges Bestehen.

10 So Kevin O'Higgins, der Vizepräsident und Justizminister der Republik Irland, wird in Dublin von politischen Gegnern auf offener Straße erschossen.

11 Mo Harry Domela, der sich als Hohenzollernprinz ausgegeben und auf diese Weise Geld erschwindelt hatte, wird in Köln zu sieben Monaten Gefängnis verurteilt.

12 Di In Lichtenfeld bei Baden-Baden findet die Reichsführerwoche der Musikantengilde statt, die sich um die Förderung der Laienmusik bemüht.

13 Mi Der Industrielle Iwan Kutisker, gegen den in Berlin wegen betrügerischen Konkurses verhandelt wird, stirbt einen Tag vor der Urteilsverkündung.

14 Do Zum französischen Nationalfeiertag werden 491 Häftlinge, in der Mehrheit von Kriegsgerichten Verurteilte, freigelassen. → Konfessionsschulen

15 Fr Sieger der offenen englischen Golfmeisterschaften wird – wie im Vorjahr – der US-Sportler Bobby Jones. Er benötigt 285 Schläge. → Proteste

16 Sa In Berlin werden die deutschen Leichtathletikmeisterschaften eröffnet, die bis zum 17. Juli andauern. Bis dahin werden sieben deutsche Rekorde aufgestellt.

17 So Nahe der nicaraguanischen Stadt Ocotal kommt es zu schweren Zusammenstößen zwischen Freischärlern und US-Marinesoldaten. → »Mahagonny«

18 Mo Der Internationale Städtetag in Bern geht zu Ende. Finanzpolitische Beschlüsse werden auf die nächste Zusammenkunft im Jahre 1928 vertagt.

19 Di Die Sozialistische Arbeiterpartei Österreichs bricht den Verkehrsstreik ab. +++ In Bayreuth werden die Richard-Wagner-Festspiele eröffnet.

20 Mi Der Maler Max Liebermann wird 80 Jahre alt. Ihm zu Ehren veranstaltet die Akademie der Künste in Berlin eine große Jubiläumsausstellung. → König

21 Do In Österreich wird der Diskontsatz von 6% auf 7% erhöht und damit dem in Deutschland geltenden Satz angeglichen. → Rad-Weltmeister

22 Fr Die französische Regierung teilt dem Völkerbund mit, dass die Tätigkeit der Interalliierten Militärkommission im Deutschen Reich beendet ist.

23 Sa In Stuttgart-Weißenhof wird die Werkbundausstellung »Die Wohnung« eröffnet. Sie stellt Pläne und Modelle der neugebauten Weißenhofsiedlung vor.

24 So Erstmals seit dem Weltkrieg werden in Deutschland wieder Rad-Weltmeisterschaften ausgetragen. Die Wettbewerbe finden in Köln und Elberfeld statt.

25 Mo Im Gloria-Palast in Berlin wird der Film »Der Himmel auf Erden« uraufgeführt. Unter der Regie von Alfred Schirokauer spielt u.a. Adele Sandrock.

26 Di Die britische Bergarbeiterföderation erörtert auf ihrer Jahreskonferenz eine neue Kampagne zur Verstaatlichung der Bergwerke und Mineralschätze.

27 Mi Die französische Regierung protestiert in Moskau gegen »fortgesetzte, von der Sowjetunion unterstützte kommunistische Propaganda« in Frankreich.

28 Do Die Himmelsbach AG Freiburg, die größte deutsche Holzfirma, meldet Konkurs an. Deutsche Kunden boykottierten sie, weil sie Holz an Frankreich lieferte.

29 Fr Im Ufa-Palast am Zoo in Berlin hat der Film »Regine – Die Tragödie einer Frau« nach Motiven von Gottfried Keller Premiere.

30 Sa Auf der Generalversammlung der Nationalsozialistischen Deutschen Arbeiterpartei (NSDAP) in München wird Adolf Hitler als Vorsitzender bestätigt.

31 So In Hamburg wird die Ausstellung »Europäische Kunst der Gegenwart« eröffnet. Die Schau gibt einen Überblick über die nachimpressionistische Kunst Europas.

7. Juli 1927

Fortschritte im Sozialbereich

Der Reichstag beschließt die Einführung einer Pflichtversicherung für Arbeitslose. Am 16. Juli folgt ein Mutterschutzgesetz, das am 1. August in Kraft tritt. Es ist eines der wenigen Gesetze zum Schutz der Frauen, das in der Weimarer Republik erlassen wird. Nach Zahlung von Beiträgen, die nicht mehr als 3% des Arbeitslohnes betragen dürfen und die zur Hälfte vom Arbeitgeber aufgebracht werden müssen, hat künftig jeder Arbeitslose Anspruch auf Unterstützung. Sie liegt zwischen 35% und 75% des zuletzt gezahlten Grundlohns. Der neue Mutterschutz stellt es den Frauen frei, ob sie in den letzten Wochen der Schwangerschaft ihre Tätigkeit weiter ausüben wollen (Abb.: Künftige Mütter erhalten nach dem neuen Gesetz Unterricht in Säuglingspflege).

20. Juli 1927

Mit fünf Jahren neuer König

Nach dem Tod des rumänischen Monarchen Ferdinand I. wird dessen fünfjähriger Enkel Michael zum König proklamiert. Im Jahr zuvor war Ferdinands Sohn Karl zum Thronverzicht genötigt worden, da er in zweiter Ehe eine Ausländerin geheiratet hatte. Michael entstammt der ersten Ehe Karls. Bis zu seiner Volljährigkeit wird die Regierung von einem Regentschaftsrat geführt. Der verstorbene Ferdinand, ein geborener Prinz von Hohenzollern-Sigmaringen, hatte 1914 den Thron bestiegen. Er war von seinem kinderlosen Onkel, König Karl I., adoptiert worden.

15. Juli 1927

Wiener Polizei erstickt Proteste

Bei Auseinandersetzungen zwischen demonstrierenden Arbeitern und der Polizei (s. Abb.) kommen in Wien 84 Demonstranten und Unbeteiligte sowie fünf Polizisten ums Leben. Rd. 1000 Menschen werden bei den bis in die Nacht dauernden Straßenkämpfen zum Teil schwer verletzt. Auslöser der spontanen Unruhen ist Empörung

über ein Fehlurteil. Das Wiener Geschworenengericht hatte am 14. Juli drei Mitglieder der rechtsgerichteten Frontkämpfervereinigung freigesprochen, die zwei Angehörige des republikanischen Schutzbundes überfallen und getötet hatten.

23. August 1927

Sacco und Vanzetti

Kurz nach Mitternacht werden in Boston (Massachusetts) die beiden italienischstämmigen US-Bürger Nicola Sacco und Bartolomeo Vanzetti trotz weltweiter Proteste auf dem elektrischen Stuhl hingerichtet. In einem zweifelhaften Indizienprozess waren die Angeklagten, die der anarchistischen Bewegung nahestehen, 1921 wegen Raubmordes zum Tode verurteilt worden. Alle Versuche, eine Revision zu erreichen, waren ebenso wie alle Gnadengesuche vergeblich. Der Schuster Sacco und der Fischhändler Vanzetti werden zu Märtyrern der Arbeiterklasse.

Einer der größten Justizskandale der US-Geschichte begann, als am 15. April 1920 in Braintree bei einem Lohnraub auf eine Schuhfabrik zwei Männer getötet wurden. Eher zufällig und weil sie sich auffällig verhielten, wurden einige Wochen später Sacco und Vanzetti festgenommen. Ihr verdächtiges Verhalten erklärten Sacco und Vanzetti später mit dem Mitführen von anarchistischen Schriften. Der Richter machte aus seiner Abscheu über die in schlechtem Englisch vorgetragenen politischen Ansichten der beiden Einwanderer keinen Hehl und führte die Verhandlung unfair und parteiisch. Auch verweigerte die Justiz ein Wiederaufnahmeverfahren, als Kriminelle 1925 wegen des Lohnraubs ein Geständnis ablegten. Vergebens setzen sich Menschenrechtskomitees und Intellektuelle wie

21. Juli 1927

Binda wird Rad-Weltmeister

Überlegener Sieger der ersten Straßenweltmeisterschaften der Radprofis wird der 24-jährige Italiener Alfredo Binda (s. Abb. l.). Bei strömendem Regen erreicht er sieben Minuten vor seinem Landsmann und großen Kontrahenten Costante Girardengo das Ziel.

Der Schauplatz der ersten WM für Berufsradfahrer ist ungewöhnlich. Auf dem Nürburgring in der Eifel, wo sonst nur Rennwagen ihre Runden drehen, kämpfen die Radfahrer um den Sieg. Die erst einen Monat zuvor eingeweihte Strecke, die schon für Autos aufgrund der Steigungen und Kurven anspruchsvoll ist, stellt an die Radler hohe Anforderungen. Allerdings gibt es aufgrund der guten Fahrbahndecke kaum Reifendefekte. 1927 ist ein gutes Jahr für Binda. Er gewinnt nicht nur zum dritten Mal die Lombardei-Rundfahrt, sondern auch zum zweiten Mal den Giro d'Italia.

Oben: Proteste gegen das Todesurteil in London
Links: Sacco (l.) und Vanzetti vor Gericht

Upton Sinclair, George Bernard Shaw und Anatole France für Sacco und Vanzetti ein. Hintergrund für das »politische« Todesurteil ist die in den USA seit der Russischen Revolution grassierende »Red Scare«(Rote Panik). Es herrscht die irrationale Furcht, auch hier könnten sozialistische Gruppen eine Revolution planen. Dazu kommen rassistische Ressentiments der einflussreichen protestantischen Angloamerikaner gegenüber den armen katholischen Einwanderern.

17. Juli 1927

»Mahagonny« gefällt

Im Rahmen des Deutschen Kammermusikfestes in Baden-Baden wird das Songspiel »Mahagonny« uraufgeführt. Dieses erste größere Werk, das aus der Kooperation des Komponisten Kurt Weill mit dem Schriftsteller Bertolt Brecht hervorgeht, kommt gut beim Premierenpublikum an. Mit dem Songspiel, bei dem eine exzentrische Musik die sozialkritischen Texte unterstreichen soll, vollziehen Brecht und Weill die Abkehr von der großen Oper. Sie wollen unterhalten und zugleich unmittelbar gesellschaftsverändernd wirken.

14. Juli 1927

Erfolg für Konfessionsschulen

Nach mehrtägigen Beratungen legt die Reichsregierung einen Gesetzentwurf für ein neues Schulgesetz vor, das die Gemeinschaftsschule, die Konfessionsschule und die weltliche Schule ausdrücklich als gleichberechtigt anerkennt. Mit dem neuen Schulgesetz sollen die Bestimmungen von § 146 der Reichsverfassung ausgefüllt werden, in dem die bekenntnisungebundene Simultanschule zur Regelschule erklärt, die Einrichtung von Konfessionsschulen jedoch ermöglicht wird.

28. August 1927

Neuer Kulturpreis

Frankfurt am Main verleiht den ersten Goethepreis dem Dichter Stefan George. Künftig soll die mit 10 000 Reichsmark dotierte Auszeichnung alljährlich am Geburtstag Johann Wolfgang von Goethes an »eine in ihrem Schaffen bereits zur Geltung gekommene Persönlichkeit« verliehen werden.

Stefan George

deutscher Lyriker, * 12.7.1868 Büdesheim/Bingen; † 4.12.1933 Minusio bei Locarno

George hat durch eine auf Form bedachte Lyrik, die eine sakrale Bedeutung der Dichtkunst beschwört, in einem exklusiven Kreis bereits um 1900 Aufmerksamkeit erregt. In der Gedichtsammlung »Das neue Reich« (1928) gibt er Kommentare zur Zeit ab: Das industrielle Zeitalter mit seinen sozialen Problemen wird abgelehnt, gefordert dagegen ein feudalaristokratisches Heldenethos in Verbindung mit einer Mythologie von Volk und Heimat.

- 1890: »Hymnen« (Gedichte)
- 1900: »Der Teppich des Lebens und die Lieder von Traum und Tod« (Gedichtzyklus)
- 1933: Exil in der Schweiz

August 1927

1 Mo In China scheitert ein kommunistischer Aufstand in der Stadt Nanchang. Dieser Tag geht als »Geburtstag der Roten Armee« in die Geschichtsschreibung ein.

2 Di Otto Myrbach, Observator an der Zentralanstalt für Meteorologie in Wien, schlägt die Einrichtung einer Welt-Wetterversicherung mit Sitz in Genf vor.

3 Mi Zwischen der schweizerischen Stadt Lausanne und der argentinischen Hauptstadt Buenos Aires wird eine drahtlose Fernsprechverbindung errichtet.

4 Do 14 000 ungarische Eisenbahnarbeiter sind im Streik, um Lohnerhöhungen ohne eine Verlängerung der Arbeitszeit durchzusetzen.

5 Fr Nach einem Protest der Interalliierten Militärkommission in Österreich löst der Wiener Bürgermeister die Gemeindeschutzwache (städtische Polizei) auf.

6 Sa Aus Angst vor Anschlägen wegen der Hinrichtung der Anarchisten Bartolomeo Vanzetti und Nicola Sacco mobilisiert New York rd. 14 000 Polizisten.

7 So Die Friedensbrücke über den Niagara, die das amerikanische mit dem kanadischen Ufer verbindet, wird feierlich eingeweiht.

8 Mo Wegen der Zurückhaltung des Völkerbundes bei internationalen Streitigkeiten tritt der Vertreter Frankreichs beim Völkerbund, Henri de Jouvenel, zurück.

9 Di Nach einer Unterwerfungserklärung der parteiinternen Opposition sieht die KPdSU von einem Ausschluss Grigori I. Sinowjews und Leo D. Trotzkis ab.

10 Mi In London kommt es zu Kämpfen zwischen der Polizei und Demonstranten, die gegen die Hinrichtung von Sacco und Vanzetti in New York protestieren.

11 Do Erstmals seit Abschluss des anglo-irischen Vertrags 1921, der die irische Teilung besiegelt, leisten republikanische Abgeordnete den Treueeid auf die Krone.

12 Fr Die höchste Spitze des Mont Blanc wird auf den Namen Benito Mussolini getauft. +++ Ein Erdbeben im sowjetischen Turkistan fordert 35 Menschenleben.

13 Sa In Bolivien befinden sich rd. 200 000 Indianer im Aufstand. Farmen von Weißen werden geplündert und in Brand gesteckt.

14 So Die Kölnerin Cilly Aussem gewinnt die Internationalen Deutschen Tennismeisterschaften in Hamburg. Bei den Herren siegt Hans Moldenhauer.

15 Mo In Locarno geht die seit dem 3. August stattfindende Tagung des »Internationalen Arbeitskreises für Erneuerung und Erziehung« zu Ende.

16 Di Acht Flugzeuge starten von der Pazifikküste bei San Francisco zu einem Wettflug nach Hawaii, der mit 100 000 Dollar (420 000 Mark) dotiert ist.

17 Mi Nach dreijährigen Verhandlungen wird in Paris der deutsch-französische Handelsvertrag mit einer Laufzeit von eineinhalb Jahren unterzeichnet.

18 Do Das Reichspatentamt teilt mit, dass es – mit der Patentierung eines Krawattenspanners – zum millionsten Mal ein Gebrauchsmuster geschützt habe.

19 Fr Der dritte Reichsparteitag der NSDAP in Nürnberg wird von der Presse so bewertet, dass die Bewegung offensichtlich ihren Höhepunkt überschritten habe.

20 Sa In Kiel läuft der Kreuzer »Karlsruhe« vom Stapel. +++ Der Film »Die Hose« nach dem gleichnamigen Drama von Carl Sternheim wird in Berlin uraufgeführt.

21 So Die dänische Filmzensur verbietet die Aufführung des deutschen Films »Unser Emden«. Die Regierung hatte ein Verbot aller Kriegsfilme erlassen.

22 Mo Die Berliner Polizei nimmt 450 Angehörige der NSDAP fest, da sie vom Fortbestehen der am 6. Mai verbotenen Partei ausgeht.

23 Di Der Schriftsteller Arnold Zweig veröffentlicht einen Aufsatz über die künstlerischen Möglichkeiten des Rundfunks. → Sacco und Vanzetti

24 Mi Der Oberbürgermeister von New York, James J. Walker, trifft zu einem Besuch in der deutschen Hauptstadt Berlin ein.

25 Do Bei einem Eisenbahnunglück der Zahnradbahn Chamonix-Montanvers in der Schweiz sterben 20 Menschen, 28 werden z.T. schwer verletzt.

26 Fr Die Wiener Polizei wird mit Gummiknüppeln ausgestattet, die bereits in Deutschland, in Großbritannien und Frankreich gebräuchlich sind.

27 Sa Großbritannien und Frankreich einigen sich auf eine Reduzierung ihrer Besatzungstruppen im Rheinland um 10 000 Mann bis zum Jahresende.

28 So Die Aussteller auf der Leipziger Herbstmesse, die bis zum 3. September dauert, äußern sich zufrieden über das Messegeschäft. → Stefan George

29 Mo Viscount Edgar Algernon Robert Cecil, der Vertreter Großbritanniens beim Völkerbund, tritt wegen Meinungsverschiedenheiten in Abrüstungsfragen zurück.

30 Di In Berlin finden die Premieren der Revuen »Wann und wo« von Hermann Haller und »Der Mikado« von Eric Charell statt.

31 Mi Japan beschließt, seine Truppen aus der chinesischen Provinz Schantung, wo sich die Situation beruhigt hat, vorläufig zurückzuziehen.

September 1927

1 Do An den Hamburger Kammerspielen wird das Stück »Hoppla, wir leben!« von dem radikalsozialistischen Autor Ernst Toller uraufgeführt. → Verkehrszeichen

2 Fr In Berlin wird die Internationale Funkausstellung eröffnet. Bis zum 11. September zeigen rd. 300 Aussteller aus dem In- und Ausland ihre Produkte.

3 Sa 13 Angehörige der innerparteilichen Opposition der KPdSU in der Sowjetunion werfen der Partei Bürokratismus und Machtmissbrauch vor. → Agitprop-Bühne

4 So Den Großen Preis von Italien beim Automobilrennen in Monza gewinnt der Franzose Robert Benoist auf Delage mit durchschnittlich 144,93 km/h.

5 Mo In Berlin wird der Film »Der Meister von Nürnberg« nach der Richard-Wagner-Oper »Die Meistersinger von Nürnberg« uraufgeführt.

6 Di In Dortmund geht der Katholikentag zu Ende. Nuntius Eugenio Pacelli erklärt, dass auch für die Wirtschaft unverrückbare sittliche Normen gelten müssten.

7 Mi Der Soziologe Arthur Mayer warnt vor den Folgen des gesteigerten Arbeitstempos. Von Invalidität bedrohte Arbeiter seien besser abzusichern.

8 Do Die britischen Gewerkschaften brechen auf ihrem Hauptkongress in Edinburgh die Beziehungen zu den sowjetischen Gewerkschaften ab.

9 Fr Auf der Vollversammlung des Völkerbundes in Genf trägt die polnische Delegation erstmals den Vorschlag eines Allgemeinen Nichtangriffspaktes vor.

10 Sa Die Freisinger katholische Bischofskonferenz mahnt die Gläubigen, nicht die stigmatisierte Therese Neumann in Konnersreuth aufzusuchen. → Davis-Cup

11 So In Berlin beginnt der Internationale Kongress für Vererbungswissenschaft. Auf dem Programm der Tagung stehen u.a. Fragen der »Erbhygiene«.

12 Mo Der italienische Vizekonsul Carlo Nardini, ein enger Vertrauter des italienischen »Duce« Benito Mussolini, wird in Paris durch ein Attentat schwer verletzt.

13 Di In der österreichischen Hauptstadt Wien findet die feierliche Uraufführung der Operette »Die goldne Meisterin« von Edmund Eysler statt.

14 Mi Die berühmte US-Tänzerin Isadora Duncan stirbt bei einer Autofahrt in Nizza, als sich ihr Schal in den Radspeichen verfängt und sie erdrosselt.

15 Do Die Parlamentswahlen in Irland bestätigen die Regierung von Ministerpräsident William Cosgrave. +++ In Wien wird die Kleinkunstbühne »Faun« eröffnet.

16 Fr Im Ufa-Palast am Zoo in Berlin wird der Film »Die selige Exzellenz« uraufgeführt, bei dem Wilhelm Thiele Regie führte. Eine der Hauptrollen spielt Willy Fritsch.

17 Sa Karl Kraus, Herausgeber der »Fackel«, lässt in Wien Plakate anbringen, auf denen er den Rücktritt des Wiener Polizeipräsidenten Johannes Schober fordert.

18 So Der von dem kommunistischen Funktionär Mao Tsetung geleitete Bauernaufstand in der chinesischen Provinz Hunan scheitert. → Denkmal

19 Mo Der Anti-Kriegsfilm »Am Rande der Welt« von Karl Grune hat im Gloria-Palast in Berlin Premiere. Es spielen u.a. Albert Steinrück und Brigitte Helm.

20 Di Auf dem Berliner Messegelände wird die Ausstellung »Die Mode der Dame« eröffnet. +++ In Österreich wird das Achensee-Kraftwerk eingeweiht.

21 Mi Fritzi Massary ist der Star der Operette »Eine Frau von Format« von Rudolph Schanzer und Michael Kraus, die im Berliner Theater des Westens Premiere hat.

22 Do Im Kampf der beiden US-Schwergewichtsboxer Gene Tunney und Jack Dempsey in Chicago verteidigt Tunney seinen Weltmeistertitel.

23 Fr Der deutsche Botschafter in den USA stirbt bei einem Flugzeugunglück. +++ Deutschland tritt dem ständigen Internationalen Gerichtshof in Den Haag bei.

24 Sa Das Reichswirtschaftsministerium lehnt eine Erhöhung der Kohlepreise wegen der inflationsfördernden Wirkung erneut ab.

25 So In Elsass-Lothringen wird eine Autonomistenpartei gegründet. Sie fordert Selbstständigkeit und eine Mittlerrolle zwischen Deutschland und Frankreich.

26 Mo Die Reichspost beginnt mit dem Verkauf von Wohlfahrtsmarken für die Deutsche Nothilfe. Die Marken zeigen das Bildnis von Reichspräsident Hindenburg.

27 Di In Genf schließt die Vollversammlung des Völkerbundes. Konkrete Beschlüsse werden nicht gefasst, die Teilnehmer bekräftigen nur den Willen zur Abrüstung.

28 Mi Der als gemäßigt geltende Ben Turner wird zum Generalrat der britischen Gewerkschaften gewählt. Damit bestätigt sich der Kurswechsel zur linken Mitte.

29 Do Zur Einweihung des neuen Schauspielhauses in Königsberg in Ostpreußen wird »Der Sturm« von William Shakespeare aufgeführt.

30 Fr Die Friedrich Krupp AG in Essen gibt bekannt, dass im abgelaufenen Geschäftsjahr ein Reingewinn von über 13 Mio. Reichsmark erzielt werden konnte.

3. September 1927

Agitprop-Bühne eröffnet

Erwin Piscator, der im Streit bei der Berliner Volksbühne ausgeschieden war, eröffnet in der Reichshauptstadt ein eigenes Theater, die Piscator-Bühne (Abb.: Fotomontage von Sascha Stone mit dem Schattenriss des Regisseurs). Piscator lehnt die Aufführung bürgerlicher Stücke ab. Er will mit dem Theater eine politische Wirkung erzielen.

Erwin Piscator

deutscher Regisseur, * 17.12.1893 Ulm bei Wetzlar; † 30.3.1966 Starnberg

Angeregt durch Kriegserlebnisse, engagiert sich Piscator in den 20er Jahren für neue Formen und Ziele des Theaters. Er verbindet in seinen Inszenierungen linke politische Demonstration und Agitation mit dem Dokumentartheater. Piscator arbeitet in der UdSSR (1931-36) und seit 1939 in den USA. Nach dem Krieg kehrt er nach Deutschland zurück.

- 1920: Gründung des Proletarischen Theaters in Berlin
- 1924-27: Oberregisseur der Berliner Volksbühne
- 1962-66: Leitung der Freien Volksbühne Berlin

1. September 1927

Verkehrszeichen überall gleich

Nachdem im Jahre 1926 bereits die verkehrspolizeilichen Bestimmungen der Länder angeglichen wurden, werden jetzt auch die Verkehrszeichen in Deutschland vereinheitlicht. Ein Grund ist u.a. der zunehmende Verkehr, der eine klare Regelung erforderlich macht. Für die Zeichen, die in drei Signalgruppen (Gefahrentafeln, Sperrschilder, Geschwindigkeitstafeln) gruppiert sind, wurden die Farben Weiß und Rot gewählt. Für Orientierungsschilder ist eine reichseinheitliche Lösung noch nicht gefunden worden. In Preußen haben sich Verkehrsexperten bei Ortstafeln und Richtungshinweisen für die Farben Gelb und Schwarz entschieden.

26. Oktober 1927

»Quelle« schickt alles

In Fürth wird das Versandhaus »Quelle« ins Vereinsregister eingetragen. Gustav Schickedanz, der vor dem Krieg eine Lehre als Exportkaufmann absolviert hat und seit 1923 eine Großhandelsfirma für Kurz-, Weiß- und Wollwaren in Fürth betreibt, ist der Gründer des Versandgeschäftes. Die Firma wendet sich in Anzeigen an die ländliche und kleinstädtische Bevölkerung in Ost- und Westpreußen, Schlesien und Pommern. Das erste Angebot ist eine Ware mit Handelsmarke: »Dukatenwolle«, eine »strapazierfähige, für Socken und Jacken geeignete Qualität« (Abb.: Schickedanz-Katalog).

10. September 1927

Frankreich siegt im Davis-Cup

Die französische Mannschaft schlägt in Philadelphia (USA) das Team aus den USA im Finale um den Davis-Cup mit 3:2 (Abb.: William Tilden, l., gratuliert Henri Cochet zum Gewinn des Cups). Damit geht zum ersten Mal der Pokal in ein Land, das

nicht zum angelsächsischen Sprachraum gehört. Bisher haben fünfmal Großbritannien, sechsmal Australien und zehnmal die USA diese inoffizielle Tennis-Mannschaftsweltmeisterschaft gewonnen. Seit 1920 befindet sich der Pokal in den USA.

23. Oktober 1927

Start der Tonfilm-Ära

»Say, Ma, listen to this ...« sind die ersten Worte, die von der Kinoleinwand kommen. Die Uraufführung des US-Films »The Jazz Singer« ist der Beginn des Tonfilmzeitalters. Bereits am 6. August 1926 fand die Premiere von »Don Juan« statt, dessen Musik von einem »Vitaphon« genannten Plattenabspielgerät kam.

»Der Jazzsänger« bietet nun mit einem 250 Worte umfassenden Monolog des beliebten Broadway-Stars Al Jolson den ersten Sprechbeitrag der Filmgeschichte. Das Publikum ist begeistert. Dennoch dauert es – wegen hoher Investitionskosten für Studios und Kinos – etwa fünf Jahre, bis der Tonfilm sich endgültig durchsetzt. Die neue Technik beeinträchtigt jedoch die Filmkunst. Tonaufnahmen werden mittels versteckter Mikrofone auf Schallplatten festgehalten und synchron mit dem Film abgespielt. Bei den Dreharbeiten sind die Schauspieler gezwungen, immer in die Richtung des Mikrofons zu agieren – etwa mit dem Gesicht zu einem Blumentopf. Neben dieser dramaturgischen Einschränkung können Szenen auch nicht mehr geschnitten werden, weil der Ton auf der Schallplatte nachträglich nicht mehr bearbeitet werden kann. Um die Synchronität mit dem Bild zu wahren, muss auch die Bildaufnahme unverändert bleiben. Damit findet die anspruchsvolle Montagetechnik der Stummfilmzeit ihr Ende. Ebenso entfallen für lange Zeit Außenaufnahmen, weil Umweltgeräusche, z. B. von Insekten, katastrophale Auswirkungen auf den Ton

13. Oktober 1927

»Schinderhannes«-Premiere

Carl Zuckmayers Volksstück »Schinderhannes«, eine Räuberballade aus der Zeit der napoleonischen Besetzung, wird im Lessing-Theater in Berlin uraufgeführt (Abb.: Szene mit Ruth Albu und Eugen Klöpfer). In lockerer Szenenfolge bringt Zuckmayer die Geschichte des 1803 hingerichteten deutschen Räuberhauptmanns Johann Bückler auf die Bühne, der als Volksheld galt. Die Regie führt, wie bei der Uraufführung von Zuckmayers »Fröhlichem Weinberg« im Jahre 1925, wieder Reinhard Bruck. Diesmal ist der Autor jedoch an der Inszenierung persönlich beteiligt. Die Bühnenbilder stammen von Max Liebermann. Zuckmayer kann mit dem »Schinderhannes« den Erfolg seines ersten Volksstücks zwar beim Publikum, nicht jedoch bei den Kritikern wiederholen.

18. September 1927

Demonstration am Denkmal

Mit Empörung und Besorgnis reagiert das Ausland auf die Feier zur Einweihung des Tannenberg-Denkmals im ostpreußischen Hohenstein (Abb.: Anlage mit einem Ring von Bogenhallen und acht Wehrtürmen). Reichspräsident Paul von

Hindenburg weist in einer Rede jede Mitverantwortung des Kaiserreichs am Ausbruch des Weltkriegs zurück. Seine Äußerungen, die mit Reichskanzler Wilhelm Marx (Zentrum) und Außenminister Gustav Stresemann (DVP) abgesprochen sind, werden als unverhüllte Drohung Deutschlands gedeutet, eine Revision des Versailler Friedensvertrages anzustreben.

May McAvoy als Mary Dale und Al Jolson als schwarz geschminkter Jazzsänger Jackie Rabinowitz

haben. Als Notlösung entsteht das sog. Rückprojektionsverfahren: Vorher abgedrehte Außenaufnahmen werden im Studio auf eine Spezialleinwand projiziert, vor der dann die Schauspieler agieren und gefilmt werden. Viele Schauspieler erweisen sich als nicht für den Tonfilm geeignet, da Sprach- und Modulationsfehler – oder etwa Piepsstimmen – gnadenlos zur Geltung kommen. Auch werden sich ausländische Hollywood-Schauspieler erstmals der Sprachbarriere bewusst. So können z.B. Emil Jannings und Pola Negri nicht mehr in den USA arbeiten, weil ihr Englisch nicht ausreichend ist. Darüber hinaus verlieren auch die Orchestermusiker und Kino-Pianisten, die für die musikalische Begleitung der Stummfilme zuständig waren, ihren Job. Der Tonfilm rettet jedoch den Filmkonzern Warner Bros., der 1925 in seine dritte Finanzkrise geschlittert war.

Oktober 1927

1 Sa Der ADAC richtet den ersten motorisierten Straßenhilfsdienst ein. +++ Die Sowjetunion und der Iran schließen einen Nichtangriffspakt.

2 So In Mexiko wird ein Putschversuch hoher Militärs gegen den sozialistischen Präsidenten Plutarco Elias Calles von regierungstreuen Truppen niedergeschlagen.

3 Mo Die spinale Kinderlähmung in Sachsen greift trotz aller medizinischen Abwehrmaßnahmen weiter um sich. Bisher sind 221 Erkrankungen gemeldet worden.

4 Di Der Reichstag in Finnland beschließt, zur Verteidigung der Küsten des Landes den Bau einer eigenen Flotte in Auftrag zu geben.

5 Mi Das sowjetische Agitprop-Theater »Blaue Blusen«, das auf Einladung der Internationalen Arbeiterhilfe nach Deutschland gekommen ist, startet seine Tournee.

6 Do Im Auswärtigen Amt in Berlin wird ein Handels- und Schifffahrtsvertrag mit dem Königreich der Serben, Kroaten und Slowenen unterzeichnet.

7 Fr René Lacoste (Frankreich) und Helen Wills (USA) führen die erstmals in der Presse veröffentlichte Tennis-Weltrangliste an.

8 Sa Der Italiener Umberto Nobile, der mit dem Norweger Roald Amundsen den Nordpol überflogen hat, hält den Aufbau einer Fluglinie über die Arktis für möglich.

9 So Bei den Bürgerschaftswahlen in Hamburg erreichen SPD und KPD zusammen die absolute Mehrheit. Eine Koalition kommt jedoch nicht zustande.

10 Mo Das diktatorisch regierte Spanien erhält wieder ein Parlament, das allerdings lediglich beratende, nicht gesetzgeberische Funktion hat.

11 Di Der Monumentalfilm »Napoleon«, eine Arbeit des französischen Regisseurs Abel Gance, gelangt in Berlin zur deutschen Erstaufführung.

12 Mi In Leipzig wird ein Hochverratsprozess gegen den kommunistischen Schriftsteller Johannes R. Becher eröffnet, der zum Umsturz aufgerufen haben soll.

13 Do Die Pilotin Ruth Elders, die von den USA zu einem Transatlantikflug gestartet ist, muss auf dem Ozean notlanden und wird gerettet. → »Schinderhannes«

14 Fr Der Reichsrat, die Vertretung der Länder Deutschlands, lehnt die Vorlage zur Neuordnung der Beamtenbesoldung aus finanziellen Gründen ab.

15 Sa Zur Eröffnung der Tagung »Nietzsche und das 20. Jh.« in Weimar spricht Oswald Spengler. Er sieht in Nietzsche einen »Propheten des Übermenschen Mussolini«.

16 So Die »Berliner Funkstunde« unternimmt einen Versuch zur Gedankenübertragung per Rundfunk. Das Experiment endet ohne überzeugende Ergebnisse.

17 Mo Nach dem Scheitern von Tarifverhandlungen treten die Grubenarbeiter im mitteldeutschen Braunkohlebergbau in den Streik.

18 Di Im Berliner Reichstag werden Büsten der ersten deutschen Reichspräsidenten Friedrich Ebert und Paul von Hindenburg aufgestellt.

19 Mi Nach einer Presseveröffentlichung liegt Deutschland im Pro-Kopf-Weinverbrauch an siebenter Stelle in Europa. Die größten Weintrinker sind die Franzosen.

20 Do Der irakische König Faisal I. trifft in London ein, um Verhandlungen über ein neues Statut für den Irak, der unter britischer Verwaltung steht, zu erreichen.

21 Fr Zur Kostensenkung beschließt das Reichskabinett, die Teilnahme von Regierungsmitgliedern an gesellschaftlichen Veranstaltungen in Berlin einzuschränken.

22 Sa Im Kurt Wolff Verlag in München erscheint der Roman »Amerika« von Franz Kafka. +++ Am Kaiserdamm in Berlin wird eine Werkstoffschau eröffnet.

23 So Leo D. Trotzki und Grigori J. Sinowjew werden von der Kommunistischen Partei der Sowjetunion aus dem Zentralkomitee ausgeschlossen. → Tonfilm

24 Mo Mihail Manoilescu, ein Parteigänger des im Pariser Exil lebenden rumänischen Ex-Kronprinzen Karl, wird von den rumänischen Behörden verhaftet.

25 Di In Moskau werden drei Personen wegen Spionage für die britische Vertretung zum Tode verurteilt, gegen zwei weitere werden Haftstrafen ausgesprochen.

26 Mi Vor der brasilianischen Küste gerät der italienische Dampfer »Principessa Mafalda« mit Auswanderern an Bord in Seenot und sinkt. → »Quelle«

27 Do Im Frankfurter Vorort Bockenheim wird ein jüdischer Friedhof geschändet. Dabei werden Grabsteine umgestürzt und andere mit Hakenkreuzen beschmiert.

28 Fr In Berlin wird der Christus-Film »König der Könige« von US-Regisseur Cecil B. De Mille in deutscher Erstaufführung gezeigt.

29 Sa Der Parteitag der österreichischen Sozialdemokraten wird in Wien eröffnet. In einer einstimmigen Resolution spricht man sich gegen einen Bürgerkrieg aus.

30 So Ein Attentat auf den griechischen Präsidenten Pavlos Konduriotis scheitert. Die griechische Regierung schreibt den Anschlag kommunistischen Kreisen zu.

31 Mo Auf dem Jahresfestessen der Dresdener Kaufmannschaft zum Reformationsfest äußert sich Gustav Stresemann besorgt über die Verschwendungssucht.

November 1927

1 Di Die auf vier Jahre gewählte türkische Nationalversammlung in Ankara bestätigt Mustafa Kemal Pascha durch einstimmiges Votum als Präsident.

2 Mi Der Reichstagsausschuss für die Strafrechtsreform lehnt den sozialdemokratischen Antrag auf Abschaffung der Todesstrafe ab.

3 Do In Berlin wird die Kammermusik Nr. 5, op. 36 Nr. 4, ein Bratschenkonzert von Paul Hindemith, uraufgeführt. Der Komponist selbst spielt den Solopart.

4 Fr Der Abzug von 10 000 Besatzungssoldaten aus dem Rheinland ist abgeschlossen. +++ Der Roman »Daphne Herbst« von Annette Kolb wird veröffentlicht.

5 Sa Regisseur Max Reinhardt startet in Begleitung einer Schauspieltruppe mit dem Dampfer »Deutschland« zu einem dreimonatigen Gastspiel in die USA.

6 So Im Leipziger »Achilleion« verteidigt Max Schmeling den Titel des Deutschen Meisters im Halbschwergewichtsboxen gegen Hein Domgörgen durch k.o.

7 Mo In der Sowjetunion wird der zehnte Jahrestag der Oktoberrevolution gefeiert. Die innerparteiliche Opposition der KPdSU kommt nicht zu Wort.

8 Di Eine Diplomatenkonferenz des Völkerbundes in Genf geht zu Ende. 18 Staaten stimmen der Abschaffung von Ein- und Ausfuhrverboten zu.

9 Mi Das Reichskabinett verabschiedet den Entwurf zu einem neuen Kraftfahrzeugsteuergesetz. +++ Der Film »Wochenendzauber« hat in Berlin Premiere.

10 Do Der Schillerpreis, der erstmals seit 12 Jahren wieder verliehen wird, geht an die Schriftsteller Hermann Burte, Fritz von Unruh und Franz Werfel.

11 Fr In Italien soll das parlamentarische System samt allgemeinem Stimmrecht nach einem Parteibeschluss der regierenden Faschisten abgeschafft werden.

12 Sa Der Autotunnel unter dem Hudson River, der New York und New Jersey miteinander verbindet, wird feierlich eröffnet.

13 So Bei den Landtagswahlen in Hessen wird die Regierungskoalition der Parteien SPD, DDP und Zentrum bestätigt.

14 Mo Der deutsche Außenminister Gustav Stresemann und Reichskanzler Wilhelm Marx treffen zu einem Besuch in Wien ein. → Stalin

15 Di Im S. Fischer Verlag in Frankfurt am Main erscheint zum 65. Geburtstag Gerhart Hauptmanns neuer Roman »Till Eulenspiegel«.

16 Mi Berlin verliert in Hamburg den Fußball-Städtevergleich gegen die Gastgeber aus der Hansestadt knapp mit 3:4.

17 Do »Sonnenaufgang«, der erste in Hollywood gedrehte Film von Friedrich Wilhelm Murnau, wird in Berlin in deutscher Erstaufführung gezeigt.

18 Fr In einer Rede in Bochum greift Reichsbankpräsident Hjalmar Schacht die Anleihepolitik der deutschen Städte scharf an.

19 Sa Die Oper »Die versunkene Glocke« von Ottorino Respighi nach einem Drama von Gerhart Hauptmann wird in Hamburg uraufgeführt.

20 So Die Fußballnationalmannschaften Deutschlands und der Niederlande treffen in Köln zu einem Länderspiel aufeinander. Die Partie endet 2:2.

21 Mo Der vorübergehend entmachtete Chiang Kai-shek übernimmt wieder das Oberkommando über die Südarmee im chinesischen Bürgerkrieg.

22 Di In der albanischen Hauptstadt Tirana unterzeichnen Italien und Albanien einen Defensiv-Vertrag. Das Balkanland wird damit faktisch italienisches Protektorat.

23 Mi Reichsaußenminister Gustav Stresemann vereinbart mit polnischen Regierungsvertretern die Wiederaufnahme der Verhandlungen über den Handelsvertrag.

24 Do Nach dem Tod des rumänischen Ministerpräsidenten Ion I. C. Brătianu übernimmt der Bruder des Verstorbenen, Vintila Brătianu, die Regierungsgeschäfte.

25 Fr In Litauen werden Flugblätter mit dem Aufruf zum Aufstand gegen die Regierung verteilt. Litauen macht Polen dafür verantwortlich. → Menuhin

26 Sa Ein Attentat auf den Wiener Bürgermeister Karl Seitz misslingt. +++ Das Stück »Broadway« von Abbott und Dunning hat in Hamburg deutsche Premiere.

27 So Bei den Landtagswahlen in Braunschweig erreicht die SPD die absolute Mehrheit der Mandate, die DNVP muss schwere Verluste hinnehmen.

28 Mo Im Alter von 77 Jahren stirbt in Berlin Zirkusdirektor Paul Vincenz Busch, dessen Unternehmen auf ein 43-jähriges Bestehen zurückblicken kann.

29 Di Der Sowjetrusse Alexander A. Aljochin siegt bei den Schachweltmeisterschaften in Buenos Aires über den Kubaner José Raúl Capablanca y Graupera.

30 Mi Im Theater in der Josefstadt in Wien hat das Lustspiel »Die Schule von Uznach oder Neue Sachlichkeit« von Carl Sternheim Premiere.

27. Dezember 1927

Musical wird Kassenschlager

Im Ziegfeld Theatre in New York (s. Abb.) wird »Show Boat« von Jerome Kern (Text: Oscar Hammerstein) uraufgeführt, eines der ersten großen Musicals.

Das Stück schildert 50 Jahre – von 1877 bis 1927 – aus der wechselvollen Geschichte einer Künstlertruppe, die auf einem Boot durch die USA tingelt und das Publikum mit Gesangsnummern unterhält. Die Musik ist mit der volkstümlichen Oper durchaus vergleichbar. Blues- und Jazzrhythmen sind – ebenso wie Revue-Elemente – geschickt eingearbeitet. Wie in der Opera buffa oder der klassischen Operette ist den beiden Hauptpersonen, Magnolia und Gaylord Ravenal, die eine tragische Liebesgeschichte erleben, das komische Schaustellerpaar Frank und Ellie als Kontrast gegenübergestellt. Der stimmungsvoll-sentimentale Musical-Song »Ol' Man River« geht quasi als Volkslied ins Bewusstsein vieler Menschen in den Vereinigten Staaten ein.

25. November 1927

»Wunderkind« Menuhin

In der New Yorker Carnegie Hall gibt der erst elfjährige Geiger Yehudi Menuhin (s. Abb.) ein Konzert. Das musikalische »Wunderkind« wird in der Presse enthusiastisch gefeiert. Der Auftritt ist der Beginn einer herausragenden und langjährigen Karriere. Der glänzende Interpret klassischer und moderner Violinwerke gründet die Festspiele in Gstaad (1956) und Windsor (1969). In den 70er Jahren ist Menuhin zunehmend als Dirigent tätig. 1982 wird er Chefdirigent des Londoner Royal Philharmonic Orchestra.

14. November 1927

Stalin kontra Trotzki

Josef W. Stalin, Parteichef der KPdSU, entmachtet seine politischen Gegner und baut seine eigene Machtposition aus. Das gemeinsame Plenum des Zentralkomitees und der Zentralen Kontrollkommission beschließt auf einer Tagung, die nach dreitägiger Dauer in Moskau zu Ende geht, die gegen Stalin opponierenden Parteiprominenten Leo D. Trotzki, Lew B. Kamenew und Grigori J. Sinowjew sowie weitere führende Funktionäre aus der KPdSU auszuschließen.

Der Konflikt zwischen Stalin und Trotzki war während der schweren Krankheit von Revolutionsführer Wladimir I. Lenin im Jahre 1922 ausgebrochen und hatte sich nach dessen Tod am 21. Januar 1924 noch weiter verschärft. Kamenew und Sinowjew arbeiteten zunächst in der »Troika«, der kollektiven Parteiführung, mit Stalin eng zusammen. Sie machten gemeinsam Front gegen Trotzki, der am 8. Oktober 1923 erstmals in dem Artikel »Neuer Kurs« die nach Lenins Tod einsetzende Bürokratisierung in der Partei angegriffen hatte. Stalin leitete daraufhin, gemeinsam mit Kamenew und Sinowjew, eine Kampagne gegen den Trotzkismus ein, der als »kleinbürger-

10. Dezember 1927

Nobelpreisverleihung

Bei der Verleihung der Nobelpreise in Stockholm und Oslo wird zum zweiten Mal in Folge ein Deutscher mit dem Friedensnobelpreis geehrt: Ludwig Quidde, Präsident der Deutschen Friedensgesellschaft, teilt sich die Auszeichnung mit dem Franzosen Ferdinand Buisson. Die weiteren Preise gehen an Arthur Holly Compton und Charles Thomson Rees Wilson (Physik), Heinrich Otto Wieland (Chemie, 1928 verliehen), Julius Wagner-Jauregg (Medizin) und Henri Bergson (Literatur). Zwei Nobelpreise für 1926 werden nachträglich verliehen.

Ludwig Quidde

deutscher Historiker und Politiker, * 23.3.1858 Bremen; † 5.3.1941 Genf

Quidde, seit dem Ende des 19. Jahrhunderts einer der Führer der deutschen Friedensbewegung, sorgte mit der Schrift »Caligula. Studie über römischen Cäsarenwahnsinn«, worin er, historisch verbrämt, Kritik an Kaiser Wilhelm II. übte, für einen Skandal. Wegen Majestätsbeleidigung wurde er 1896 zu drei Monaten Gefängnis verurteilt. Er war Mitglied im bayerischen Landtag und der Weimarer Nationalversammlung.

- 1914-29: Präsident der Deutschen Friedensgesellschaft
- 1921-29: Vorsitzender des Deutschen Friedenskartells
- 1933: Emigration in die Schweiz

Stalin (Mitte, mit Pfeife) triumphiert im Kreise seiner Anhänger.

liche Abweichung« diffamiert wurde. Am 17. Januar 1925 trat Trotzki als Kriegskommissar zurück. Nachdem Stalin damit seinen wichtigsten Gegenspieler ausgeschaltet hatte, wandte er sich in einem geschickten Intrigenspiel gegen seine bisherigen Mitstreiter. Auf dem Parteikongress im Dezember 1925 konnte er sich gegen Kamenew und Sinowjew in der Frage der forcierten Industrialisierungspolitik durchsetzen, danach wurden die beiden Politiker, die sich mit Trotzki zusammenschlossen, schrittweise entmachtet. Dem Machtkampf innerhalb der KPdSU liegen neben persönlichen Rivalitäten politische Gegensätze zugrunde. Trotzki hält an der Theorie der permanenten Revolution fest. Danach ist ohne eine revolutionäre Veränderung im Westen, die mit allen Mitteln zu fördern ist, der Sozialismus auch in der Sowjetunion nicht zu verwirklichen. Stalin dagegen geht mit seiner erstmals im Dezember 1924 in der Schrift »Die Oktoberrevolution und die Taktik der Kommunisten« entwickelten Doktrin vom »Aufbau des Sozialismus in einem Lande« davon aus, dass angesichts der internationalen Lage die Weltrevolution zunächst in den Hintergrund zu treten habe. Alle Kräfte der kommunistischen Partei sollen sich auf den wirtschaftlichen Aufbau der UdSSR konzentrieren.

17. Dezember 1927

Parteienzersplitterung bleibt

Der Staatsgerichtshof in Leipzig fällt in der Frage der Parteienzersplitterung eine Grundsatzentscheidung: Die u.a. von Mecklenburg-Strelitz, Hamburg und Hessen verhängten Wahlbeschränkungen für Splitterparteien werden als verfassungswidrige Eingriffe verboten. Die betreffenden Länder hatten, um der Parteienzersplitterung entgegenzuwirken, die Wahlzulassung einer bislang nicht im Landtag vertretenen Partei davon abhängig gemacht, dass sie eine Liste mit mehr als 1000 Unterschriften für die Landtagskandidatur vorlegen und eine Kaution hinterlegen muss. Rechtsgerichtete Parteien hatten gegen diese Einschränkung Verfassungsklage erhoben.

28. Dezember 1927

Ölkrieg friedlich beigelegt

Ein Kompromiss beendet den Ölkrieg zwischen Mexiko und den USA. Die im Jahre 1926 beschlossene Verstaatlichung der mexikanischen Ölfelder wird aufgehoben. Den US-Ölgesellschaften werden, sofern sie vor 1917 Land in Mexiko erworben und mit der Erschließung der Ölfelder noch nicht begonnen haben, die Konzessionen für die Ölförderung nicht – wie ursprünglich vorgesehen – entzogen. Wer nach 1917 Land erworben hat, erhält ebenfalls Möglichkeiten zur Förderung. Daraufhin gibt die US-Regierung die gewünschten Waffenlieferungen frei.

3. Dezember 1927

Starchirurg geht nach Berlin

Der Arzt Ferdinand Sauerbruch tritt sein Lehramt als ordentlicher Professor für Chirurgie an der Universität in Berlin an. Der Chirurg hat in der Prothesentechnik und der Lungenchirurgie bahnbrechende Leistungen vollbracht. Sauerbruch, der bisher in München gelehrt hat, bittet sich eine halbjährige Probezeit aus. Erst im Frühjahr 1928 entschließt er sich zum endgültigen Wechsel.

Ferdinand Sauerbruch

deutscher Chirurg, * 3.7.1875 Barmen/Wuppertal; † 2.7.1951 Berlin

Sauerbruch ist der führende deutsche Chirurg in der ersten Hälfte des Jahrhunderts. Er entwickelte eine Unterdruckkammer, mit der er erstmals Operationen am offenen Thorax durchführen konnte. Sauerbruch entwickelte bewegliche Prothesen. Später beschäftigt er sich mit Diätmaßnahmen für Tuberkulosekranke.

- 1908: Professor in Marburg
- 1911: Lehrstuhl in Zürich
- 1951: »Das war mein Leben« (Autobiographie)

Dezember 1927

1 Do Die erste regelmäßige telegrafische Bildübermittlung zwischen den Städten Berlin und Wien wird in Betrieb genommen.

2 Fr In Berlin wird der Film »Das Mädchen mit den fünf Nullen« mit Heinz Rühmann und Adele Sandrock in den Hauptrollen uraufgeführt.

3 Sa Frankreich und Italien schließen ein Niederlassungsabkommen. Es erlaubt den Bürgern die Ansiedlung im jeweils anderen Staat. → Ferdinand Sauerbruch

4 So In Leipzig hat die Oper »Atuala« von Emil Nikolaus Freiherr von Reznicek Premiere. +++ Das Hockey-Turnier Deutschland-England endet in Folkstone 2:2.

5 Mo Der deutsche Schriftsteller Otto Flake, dessen in Südtirol spielender Roman »Sommerroman« in Italien verboten wurde, wird aus Südtirol ausgewiesen.

6 Di Ein Misstrauensantrag der kommunistischen und der sozialdemokratischen Fraktion im Berliner Reichstag gegen die Regierung findet keine Mehrheit.

7 Mi Sachsen und Thüringen unterzeichnen einen Staatsvertrag zum Grenzausgleich, mit dem Enklaven und Doppelstaatlichkeit mehrerer Orte beseitigt werden.

8 Do Der britische Premier Stanley Baldwin erhält eine Liste mit 120000 Unterschriften. Die Unterzeichner wollen im Kriegsfall den Wehrdienst verweigern.

9 Fr Der Antrag auf Wiedereinführung der Todesstrafe in Österreich wird im zuständigen Ausschuss des österreichischen Nationalrats abgelehnt.

10 Sa Die norwegische Kongsberg-Sportvereinigung eröffnet eine künstliche Skisprunganlage – die erste mit elektrischer Beleuchtung. → Nobelpreisverleihung

11 So Bei einem Wasserballländerspiel der Mannschaften aus den Niederlanden und aus Deutschland in Magdeburg siegt das deutsche Team 4:6.

12 Mo In London findet die europäische Erstaufführung des US-Films »Onkel Toms Hütte« nach dem gleichnamigen Roman von Harriet Beecher-Stowe statt.

13 Di Zum neuen Generalgouverneur der US-Kolonie Philippinen wird der ehemalige Kriegsminister Henry Lewis Stimson ernannt.

14 Mi Die nationalchinesische Kuomintang-Partei erobert die Stadt Kanton, in der Kommunisten eine Kommune nach Pariser Vorbild errichtet hatten.

15 Do Das britische Unterhaus lehnt das neue Gebetbuch ab, mit dem die anglikanische Kirche ihre Liturgie dem katholischen Ritus annähern wollte.

16 Fr Außenminister Gustav Stresemann spricht sich bei einem Königsberg-Besuch gegen eine Anerkennung der derzeitigen Ostgrenzen Deutschlands aus.

17 Sa Der Staatsgerichtshof erklärt die Wahlordnungen der Länder Hamburg, Mecklenburg-Strelitz und Hessen für verfassungswidrig. → Parteienzersplitterung

18 So In München geht der Parteitag der Bayerischen Volkspartei zu Ende. Die Delegierten sprechen sich für eine enge Zusammenarbeit mit dem Zentrum aus.

19 Mo Die Hauptverantwortlichen der Ausschreitungen rechtsradikaler »Stahlhelm«-Mitglieder in Arensdorf (bei Frankfurt an der Oder) werden zu Haft verurteilt.

20 Di Europa wird von einer Kältewelle heimgesucht. In Nürnberg werden -25 °C gemessen. +++ In Zeesen nimmt ein Großfunksender den Betrieb auf.

21 Mi Der Reichsrat billigt die vom Reichstag beschlossene Senkung der Lohnsteuer um bis zu zwei Reichsmark pro Monat.

22 Do Den Auftrag zum Bau des Genfer Völkerbundpalastes erhält der französische Architekt Henri Paul Nénot und sein Schweizer Kollege Julien Felgenheimer.

23 Fr Der sowjetische Volkskommissar des Äußeren droht der chinesischen Kantonregierung wegen der Ermordung sowjetischer Beamter Sanktionen an.

24 Sa Papst Pius XI. äußert sich in seiner Weihnachtsansprache in Rom zufrieden über die weltpolitische Entwicklung.

25 So Die »Berliner Illustrirte« stellt einen Entwurf des Bauhaus-Architekten Walter Gropius für ein »Totaltheater« mit drehbarem Zuschauerraum vor.

26 Mo Die Verhandlungen zwischen Rumänien und Frankreich über die Gewährung einer Anleihe für Rumänien sind nach einer Meldung aus Bukarest gescheitert.

27 Di In Mailand wird die tragische Oper »Sly«, ein Werk des deutsch-italienischen Komponisten Ermanno Wolf-Ferrari, uraufgeführt. → Musical

28 Mi Die USA schlägt Frankreich einen Kriegsächtungspakt vor, der auch unter Beteiligung anderer europäischer Staaten geschlossen werden solle. → Ölkrieg

29 Do Starke Südostwinde führen in Venedig zu einer Überschwemmung des Markusplatzes, des Hafendamms und anderer Stadtteile.

30 Fr Ein Vertrag der Regierungen der Sowjetunion und Polens über den Austausch politischer Gefangener wird ratifiziert.

31 Sa Der Sekretär des Reichsausschusses für Leibesübungen, Carl Diem, fordert die Einführung der täglichen Turnstunde an den deutschen Schulen.

Januar 1928

1 So An Österreichs Grenze zu Ungarn werden fünf Eisenbahnwaggons mit nicht-deklarierten Maschinengewehrteilen beschlagnahmt. → Sklaverei

2 Mo Die britische Sportlerin Mercedes Gleitze bricht ihren Versuch, die Meerenge von Gibraltar zu durchschwimmen, wegen zu hohen Wellengangs ab.

3 Di Im Ufa-Palast am Zoo in Berlin wird der erste Teil des Films »Der alte Fritz« von Gerhard Lamprecht mit Otto Gebühr in der Hauptrolle uraufgeführt.

4 Mi Parker Gilbert, der als Reparationsagent von Berlin aus die Erfüllung der deutschen Verpflichtungen überwacht, reist zur Berichterstattung in die USA.

5 Do Der argentinische Außenminister Angel Gallardo trifft zu einem Besuch in Berlin ein. +++ Bei einer Einsturzkatastrophe in Berlin sterben 17 Menschen.

6 Fr Max Schmeling verteidigt durch k.o.-Sieg über den Italiener Michele Bonaglia seinen Titel als Box-Europameister im Halbschwergewicht. → Pius XI.

7 Sa Durch den Bruch der Kaimauern an der Themse kommt es in London zur größten Überschwemmungskatastrophe seit Menschengedenken.

8 So Der Regisseur Erwin Piscator eröffnet die Studiobühne seines Theaters in Berlin mit einer Inszenierung des Stücks »Heimweh« von Franz Jung.

9 Mo Der schweizerische Nahrungsmittelkonzern Nestlé fusioniert mit den renommierten Schokoladenfabriken Peter Kohler und Cailler.

10 Di In den USA werden mehr als 1000 Soldaten zur Verstärkung der Interventionstruppen der Vereinigten Staaten nach Nicaragua eingeschifft.

11 Mi In Essen wird die musikalische Tragödie »Antigone«, ein Werk des schweizerischen Komponisten Arthur Honegger, in deutscher Erstaufführung gezeigt.

12 Do Die wegen des oberschlesischen Schulstreits unterbrochenen Handelsvertragsverhandlungen zwischen Polen und Deutschland werden fortgesetzt.

13 Fr Die Nationalsozialisten protestieren in Wien gegen die Jazzoper »Jonny spielt auf« von Ernst Křenek, die auf dem Spielplan der Staatsoper steht.

14 Sa Die Münchener Komiker Karl Valentin und Liesl Karlstadt gastieren in Berlin. +++ Reichswehrminister Otto Geßler tritt zurück. → »Die Göttliche«

15 So Der ehemalige Hofprediger Bruno Doehring gründet die Deutsche Reformationspartei, die ein protestantisches Pendant zum katholischen Zentrum sein will.

16 Mo In Havanna (Kuba) wird die sechste Panamerikanische Konferenz eröffnet. Die USA werden wegen ihrer Interventionspolitik in Mittelamerika angegriffen.

17 Di In Oslo wird ein Abkommen zwischen Deutschland und Norwegen zur Aufhebung des Visumzwangs unterzeichnet. → Trotzki

18 Mi Der deutsche Student Georg Hansen wird in London zusammen mit einem britischen Komplizen wegen Spionage zu zehn Jahren Zuchthaus verurteilt.

19 Do Generalleutnant a. D. Wilhelm Groener (parteilos) wird als neuer Reichswehrminister vereidigt. Er gilt als loyal gegenüber der republikanischen Verfassung.

20 Fr Der zweite Teil des Preußen-Films »Der alte Fritz« von Gerhard Lamprecht mit Otto Gebühr in der Titelrolle wird in Berlin uraufgeführt.

21 Sa Frankreich und die USA verständigen sich darauf, statt eines bilateralen Abkommens einen internationalen Kriegsächtungspakt auszuarbeiten.

22 So Der Evangelische Bund veröffentlicht eine ablehnende Stellungnahme zur Papstenzyklika vom 6. Januar, die der ökumenischen Bewegung eine Absage erteilt.

23 Mo Auf der Piscator-Bühne in Berlin wird die dramatische Fassung des Romans »Die Abenteuer des braven Soldaten Schwejk« von Jaroslav Hašek uraufgeführt.

24 Di Zum Auftakt eines Rundfunkprogramm-Austausches zwischen Warschau, Wien und Berlin strahlt der Berliner Sender ein Warschauer Musikprogramm aus.

25 Mi In Berlin wird der Film »Alraune« von Henrik Galeen uraufgeführt. Im Mittelpunkt steht ein Mädchen, das durch künstliche Befruchtung gezeugt worden ist.

26 Do Dem Malik-Verlag wird untersagt, auf dem Umschlag des Buches »Harry Domela, der falsche Prinz« ein Bild von Prinz Wilhelm von Preußen abzudrucken.

27 Fr In der sowjetischen Zeitung »Prawda« erscheint ein Artikel, in dem die Oppositionellen Grigori J. Sinowjew und Lew B. Kamenew ihre Ansichten widerrufen.

28 Sa 140 000 Bauern demonstrieren in mehreren Städten Schleswig-Holsteins gegen die Agrarpolitik der Reichsregierung, die bäuerliche Verschuldung zulasse.

29 So Im Rahmen eines Aufenthaltes des litauischen Ministerpräsidenten Augustin Voldemaras in Berlin wird ein deutsch-litauischer Schiedsvertrag unterzeichnet.

30 Mo 45 000 Arbeiter in der spanischen Stadt Barcelona treten in den Streik, um gegen eine neue Besteuerung zu protestieren. → Hedin

31 Di Die Erweiterungsbauten der Königsberger Universität werden vom preußischen Kultusminister Carl Heinrich Becker feierlich eingeweiht.

14. Januar 1928

»Die Göttliche« erobert die Leinwand

In den USA wird der Stummfilm »The Divine Woman« (»Das göttliche Weib«) mit Greta Garbo in der Hauptrolle uraufgeführt. Der Streifen wird zum Markenzeichen für die Schauspielerin, die aufgrund ihrer melancholischen und unnahbaren Schönheit den Beinamen »die Göttliche« erhält.
Der Schwede Victor Sjöström stellt seine Regie ganz in den Dienst seiner weiblichen Hauptdarstellerin. Die Garbo steht als »Das göttliche Weib« Marianne im Mittelpunkt: Die Tochter einer alternden Lebedame verliebt sich in einen Soldaten, der ihretwegen zum Deserteur wird und ins Gefängnis kommt. Ein Gönner macht sie währenddessen zu einer gefeierten Schauspielerin, so dass ihr Geliebter meint , sie habe sich von ihm abgewendet. Als sie krank wird und schließlich völlig verarmt einen Selbstmordversuch unternimmt, hält nur der aus der Haft entlassene Ex-Soldat zu ihr.
Greta Garbo nahm nach kurzer Tätigkeit als Verkäuferin Schauspielunterricht an der Königlich Dramatischen Theaterschule in Stockholm. Entdeckt wurde sie von dem Regisseur Mauritz Stiller. Nach ihrer Rolle in dem deutschen Film »Die freudlose Gasse« erhielt sie von der Metro-Goldwyn-Mayer ein Engagement in Hollywood. Die MGM legt die Garbo auf ein bestimmtes Rollenschema fest: das einer Frau, die in eine unglückliche Liebesbeziehung mit tragischem Ausgang verstrickt ist. Zusammen mit ihrer Öffentlichkeitsscheu trägt diese Rolle zum Kult um die geheimnisvolle, unterkühlte Schönheit bei. Die Wirkung der Garbo-Filme, die zumeist inhaltlich unbedeutend sind, beruht in erster Linie auf der Ausstrahlungskraft des Stars.

Filmszene mit Greta Garbo und Lars Hanson. Die »Göttliche« erscheint, wie Kritiker meinen, überraschend menschlich.

Wichtige Garbo-Filme

Jahr	Titel	Regisseur
1924	»Gösta Berling«	Mauritz Stiller
1925	»Die freudlose Gasse«	Georg Wilhelm Pabst
1929	»Der Kuss«	Jacques Feyder
1930	»Anna Christie«	Clarence Brown
1931	»Mata Hari«	George Fitzmaurice
1932	»Menschen im Hotel«	Edmund Goulding
1933	»Königin Christine«	Rouben Mamoulian
1935	»Anna Karenina«	Clarence Brown
1936	»Die Kameliendame«	George Cukor
1938	»Maria Walewska«	Clarence Brown
1939	»Ninotschka«	Ernst Lubitsch
1941	»Die Frau mit den zwei Gesichtern«	George Cukor

11. Februar 1928

Tauwetter trübt Bilanz der Olympischen Winterspiele

In St. Moritz beginnen die zweiten Olympischen Winterspiele. Die Zahl der teilnehmenden Sportler und das Interesse der Zuschauer sind ungleich größer als bei den ersten Winterspielen. Allerdings stehen die Wettkämpfe unter dem Vorzeichen eines Tauwettereinbruchs. Die Chancen der Ski- und Eisschnellläufer, rekordverdächtige Zeiten zu erreichen, schmilzen auf nassem Schnee und weichem Eis dahin.
Erstmals nach dem Weltkrieg nehmen wieder deutsche Sportler an Olympischen Spielen teil. Das deutsche Team holt nur eine Bronzemedaille (Fünfer-Bob). Während 1924 in Chamonix 293 Athleten aus 16 Nationen antraten, sind es in St. Moritz 494 aus 25 Nationen. Auf dem Programm stehen 14 Wettbewerbe, von denen der 10 000-m-Eisschnelllauf wegen Tauwetters abgebrochen werden muss. Neu aufgenommen wurde das Skeleton, ein beim Publikum überaus beliebtes Rennen mit einem niedrigen, schweren Schlitten ohne Steuer, der bäuchlings gefahren wird. Die Spiele stehen im Zeichen der Skandinavier, die vor allem die nordischen Skiwettbewerbe fast unter sich ausmachen. Einer der Stars in St. Moritz ist die 15-jährige Norwegerin Sonja Henie, die überlegen im Eiskunstlauf siegt.

1. Januar 1928

Protest gegen Sklaverei

Im britischen Protektorat Sierra Leone in Westafrika werden 215 000 Sklaven freigelassen.
Sierra Leone folgt damit einem Gesetz, das auf Anweisung des britischen Kolonialamtes im September 1927 vom gesetzgebenden Rat des Protektorats verabschiedet wurde und die vollständige Abschaffung der Sklaverei vorsieht. Hintergrund des Eingreifens der Regierung in London war eine Entscheidung, die der Oberste Gerichtshof von Sierra Leone in Freetown, der größten Stadt des Landes, gefällt hatte: Zwei entlaufene Sklaven wurden per Gerichtsentscheidung in die Zwangsarbeit zurückgeführt. Das Gericht stellte dabei ausdrücklich fest, dass Sklavenhalter zur Wiederergreifung entlaufender Sklaven berechtigt seien. Der Gerichtspruch war nicht nur im britischen Mutterland mit Empörung aufgenommen worden – auch der Völkerbund forderte London zum Handeln auf. In Großbritannien wurde die Sklaverei bereits 1807, in seinen Kolonien 1833 offiziell verboten.

6. Januar 1928

Pius XI. verwirft Ökumene

Papst Pius XI. (s. Abb.) erlässt in Rom die Enzyklika »Mortalium animos«. Darin erteilt er den Bemühungen um eine Überwindung der Konfessionsgrenzen eine scharfe Absage.

Die Einigkeit der Christen sei nur zu erreichen, wenn Angehörige anderer Konfessionen von ihrem Irrtum abließen und sich dem Papst unterwürfen. Pius XI. reagiert mit der Enzyklika auf ökumenische Bestrebungen, die seit Anfang des Jahrhunderts an Bedeutung gewonnen haben. 1910 fand die erste Weltmissionskonferenz statt.

30. Januar 1928

Hedin und die Wüste Gobi

Der schwedische Asienforscher Sven Hedin sendet von einer Expedition durch die Wüste Gobi ein Telegramm an das Stockholmer Blatt »Dagens Nyheter«, in dem er den Reiseverlauf skizziert.
Die Deutsche Lufthansa finanziert die Expedition mit 1,5 Mio. Reichsmark und stellt drei Flugzeuge und eine meteorologische Ausrüstung zur Verfügung. Ziel der Mission ist es u.a., Möglichkeiten zur Einrichtung einer Fluglinie von Berlin nach Peking zu erkunden. In Begleitung Hedins befinden sich schwedische, dänische, deutsche und chinesische Wissenschaftler, die u.a. ethnologische, astronomische und meteorologische Studien betreiben. Die Errichtung einer Fluglinie lässt sich jedoch aus politischen Gründen nicht verwirklichen.

17. Januar 1928

Trotzki in der Verbannung

KPdSU-Chef Josef Stalin, der bereits den Parteiausschluss seiner innerparteilichen Gegner Leo D. Trotzki (s. Abb.), Grigori Sinowjew und Lew B. Kamenew durchgesetzt hat, schickt Trotzki nach Alma Ata in Kasachstan, nahe der chinesischen Grenze, in die Verbannung.

Neben persönlichen Rivalitäten liegt die Ursache des Machtkampfs zwischen Stalin und Trotzki in politischen Gegensätzen begründet. Während Stalin mit seiner Doktrin vom »Aufbau des Sozialismus in einem Lande« davon ausgeht, dass ein sozialistisches Gesellschaftssystem in der Sowjetunion auch ohne eine Revolution in anderen Staaten zu verwirklichen sei, hält Trotzki daran fest, dass eine revolutionäre Veränderung im Westen die Voraussetzung für die Schaffung des Sozialismus in der Sowjetunion sei. Daher müsse die Weltrevolution mit allen Kräften gefördert werden. Von seinen Mitstreitern Kamenew und Sinowjew veröffentlicht die sowjetische Zeitung »Prawda« am 27. Januar eine Unterwerfungserklärung, in der diese die Beschlüsse der Partei billigen. Sie werden dennoch nicht wieder in die KPdSU aufgenommen. Trotzki hingegen zeigt keine Bereitschaft, von seinen Vorstellungen abzugehen.

8. Februar 1928

Fernsehbild über den Atlantik

Der im Jahre 1927 gegründeten Baird Television Development Company des schottischen Technikers John Logie Baird (s. Abb., sitzend, mit einem Assistenten) gelingt erstmals in der Geschichte die Übertragung bewegter Bilder über den Atlantischen Ozean.
Zwei Personen bewegen sich im Aufnahmestudio in London vor einem sog. Televisor-Apparat. Mittels Kurzwelle werden die von diesem aufgenommenen Bilder über den Ozean gesendet und von einem Aufnahmegerät in New York empfangen. Die Bewegungen sind nach Aussage von Beobachtern deutlich zu erkennen. Baird ist ein Pionier auf dem Gebiet der Bildübertragung.

Februar 1928

- **1 Mi** Im Berliner Tauentzienpalast wird der Film »Schinderhannes – Der Rebell vom Rhein« nach dem Drama von Carl Zuckmayer uraufgeführt.
- **2 Do** Der französische Außenminister Aristide Briand bekennt sich in einer Rede vor dem Senat zur Politik einer Verständigung mit Deutschland.
- **3 Fr** Bei der Hamburger Werft Blohm und Voss läuft der Dampfer »Watussi«, der auf der Afrikalinie eingesetzt werden soll, vom Stapel.
- **4 Sa** Am Staatlichen Schauspielhaus in Berlin hat das Drama »Die Weber« von Gerhart Hauptmann in der Inszenierung von Leopold Jessner Premiere.
- **5 So** In Österreich wird bei Mariazell in der Steiermark die Seilschwebebahn auf die Bürgeralpe ihrer Bestimmung übergeben.
- **6 Mo** Die USA und Frankreich unterzeichnen in Washington einen Schiedsvertrag, mit dem mögliche Streitigkeiten geregelt werden sollen.
- **7 Di** Der Film »Circus« mit Charlie Chaplin als Hauptdarsteller, Regisseur und Produzent wird in Berlin in deutscher Erstaufführung gezeigt.
- **8 Mi** Der Faschistische Großrat Italiens bekräftigt seine Absicht, den Status eines verfassungsmäßigen Staatsorgans zu erlangen. → Fernsehbild
- **9 Do** Der Reichstag in Berlin verabschiedet in dritter Lesung eine Novelle des Mieterschutzgesetzes, die den Kündigungsschutz einschränkt.
- **10 Fr** Zwischen Deutschland und den USA wird der drahtlose Fernsprechverkehr eröffnet. +++ Der Physiker Franz Hoefft spricht in Wien über Raumfahrt.
- **11 Sa** In Berlin werden Gespräche über erweiterte Wirtschaftsbeziehungen zwischen Deutschland und der UdSSR aufgenommen. → Olympische Winterspiele
- **12 So** Der Centralverband deutscher Staatsbürger jüdischen Glaubens veranstaltet eine Kundgebung in Berlin. Thema ist u.a. der Wiederaufbau in Deutschland.
- **13 Mo** An den ungarischen Hochschulen finden Studentenstreiks statt, die sich gegen die geplante Lockerung des Numerus clausus für Juden richten.
- **14 Di** Der Schriftsteller und Arzt Alfred Döblin spricht sich vor der Gesellschaft für Sexualreform in Berlin gegen den Abtreibungsparagraphen 218 aus.
- **15 Mi** Die Verhandlungen innerhalb der Mitte-Rechts-Regierungskoalition über einen Gesetzentwurf zur Reichsschulreform werden ergebnislos abgebrochen.
- **16 Do** Die Uraufführung des Films »Luther« von Hans Kyser im Berliner Ufa-Palast am Zoo löst besonders in katholischen Kreisen heftige Kritik aus.
- **17 Fr** Der österreichische Bundeskanzler Ignaz Seipel wirft Italien vor, die Verpflichtung zu einer liberalen Politik gegenüber den Südtiroler Deutschen zu verletzen.
- **18 Sa** Das indische Parlament in Delhi nimmt mit 68 gegen 62 Stimmen den Antrag der Opposition an, die britische Verfassungskommission zu boykottieren.
- **19 So** Der britische Automobilrennfahrer Malcolm Campbell erzielt in Daytona Beach in Florida mit 333,061 km/h einen Geschwindigkeitsweltrekord.
- **20 Mo** Erstmals in der Geschichte Japans werden Parlamentswahlen nach dem allgemeinen Wahlrecht abgehalten. Die Regierungspartei bleibt stärkste Fraktion.
- **21 Di** Reichsaußenminister Gustav Stresemann konferiert an seinem französischen Urlaubsort Cap Martin mit seinem rumänischen Amtskollegen Nikolaus Titulescu.
- **22 Mi** Der niederländische Frauenarzt und Sexualforscher Theodor Hendrik van de Velde hält in Berlin einen Vortrag zu seinem Buch »Die Abneigung in der Ehe«.
- **23 Do** Der Kunstflieger Ernst Udet landet mit einem 20-PS-Fugzeug auf der Zugspitze. +++ Die Sowjetunion feiert das 10-jährige Bestehen der Roten Armee.
- **24 Fr** Die Arbeiter der mitteldeutschen Metallindustrie, die sich seit dem 17. Januar im Streik befinden, nehmen in allen Betrieben die Arbeit wieder auf.
- **25 Sa** In Berlin wird die oratorische Oper »König Ödipus« von Igor Strawinski unter der Leitung von Otto Klemperer in einer szenischen Fassung uraufgeführt.
- **26 So** Das ehemals deutsche Luftschiff »Los Angeles« (bis 1924 »LZ 126«) startet zu einem Nonstop-Flug von New York zum Panama-Kanal.
- **27 Mo** Die Reichsregierung beschließt ihr Arbeitsprogramm bis zum Ende der Legislaturperiode. Kernpunkt ist ein Notprogramm für die Landwirtschaft.
- **28 Di** Der US-Senat in Washington verabschiedet den Gesetzentwurf über die Freigabe des nach Kriegsende beschlagnahmten deutschen Eigentums.
- **29 Mi** Reichsernährungsminister Martin Schiele (DNVP) erläutert in der Reichstagsdebatte in Berlin das Notprogramm für die Landwirtschaft.

März 1928

1 Do Die erste Fluglinie mit regelmäßigem Personenverkehr über den Atlantik wird eröffnet. Für die Strecke Paris-Buenos Aires werden zehn Tage benötigt.

2 Fr Ein ehemaliger deutscher Farmer aus Ostafrika überfällt das Reichsentschädigungsamt in Berlin und nimmt für mehrere Stunden eine Geisel.

3 Sa In Berlin wird ein deutsch-finnisches Unfallversicherungsabkommen ratifiziert. +++ Frankreich und Spanien schließen ein Abkommen über Tanger.

4 So Die ägyptische Regierung lehnt einen britischen Vertragsentwurf ab, mit dem die Briten ihre Militärpräsenz in Ägypten sichern wollen. → Kandahar

5 Mo In Nassau konstitutioniert sich eine Christlichnationale Bauernpartei. +++ Auf Sizilien wird 68 Angehörigen der Mafia der Prozess gemacht.

6 Di Die Weltmeisterschaften im Eiskunstlauf der Damen und der Paare gewinnen in London Sonja Henie (Norwegen) und Andreé Joly/Pierre Brunet (Frankreich).

7 Mi Der österreichische Anatom Julius Tandler erteilt bei einem Vortrag in Wien sogenannten Verjüngungsoperationen eine scharfe Absage.

8 Do In Moskau werden vier Brandstifter, die im Juli 1926 eine Papierfabrik angezündet hatten, vom Obersten Kriegsgericht zum Tode verurteilt.

9 Fr Der französische Senat nimmt das Rekrutierungsgesetz der Regierung an. Es sieht die Einführung der einjährigen Dienstpflicht ab 1. November 1930 vor.

10 Sa Der Wasa-Skilanglauf in Schweden endet überraschend mit zwei Siegern: Per Erik Hedlund und Sven Utterström überqueren Hand in Hand die Ziellinie.

11 So Die Deutsche Bank kündigt aus Anlass der Veröffentlichung ihres Geschäftsberichts für 1927 die Zahlung einer Dividende von 10% an.

12 Mo Die Mittelmeerinsel Malta wird zum britischen Dominion erklärt, d.h. sie erhält den Status eines Kronlandes innerhalb des Commonwealth of Nations.

13 Di Bei einer Überschwemmung durch den Bruch eines Staudamms in San Francisqito Valley bei Los Angeles sterben rund 700 Menschen.

14 Mi Die Leipziger Messe, die am 4. März eröffnet wurde, geht zu Ende. Die Messeleitung meldet gute Geschäfte und einen Rekordbesuch. → »Oktober«

15 Do Die USA entsenden weitere 2000 Marines in das Bürgerkriegsland Nicaragua. +++ In Japan finden Massenverhaftungen von Kommunisten statt.

16 Fr Die Abgeordnetenkammer in Rom verabschiedet eine Wahlreform. Italienische Wähler können der Liste der Faschisten nur noch zustimmen oder sie ablehnen.

17 Sa Am Kristallpalast in London findet ein Seitenwagenrennen statt. Dieser Motorradsport erfreut sich in Großbritannien immer größerer Beliebtheit.

18 So In Berlin versammeln sich DNVP-Anhänger, um für den Schulgesetzentwurf von Innenminister Walter von Keudell (DNVP) zu demonstrieren.

19 Mo Reichsernährungsminister Martin Schiele (DNVP) legt dem Reichstag in Berlin eine Denkschrift über die kritische Lage der Landwirtschaft vor.

20 Di In Paris wird die Tangerkonferenz eröffnet. Teilnehmer sind außer Frankreich und Spanien auch Großbritannien und Italien.

21 Mi Die Schweiz und Frankreich vereinbaren in Paris ein Schiedsverfahren im Konflikt um die zollrechtliche Zugehörigkeit der Freizonen um Genf.

22 Do Der internationale Tennisverband lehnt in Paris die Ersuchen von Suzanne Lenglen und Paul Ferets auf Wiedererlangung des Amateurstatus' ab.

23 Fr Die Freistaaten Waldeck und Preußen schließen einen Staatsvertrag, mit dem Waldeck seine Souveränität verliert und Preußen angegliedert wird.

24 Sa Deutschland und Griechenland schließen einen Handelsvertrag, in dem sie sich die gegenseitige Meistbegünstigung einräumen.

25 So Papst Pius XI. verurteilt in einer Sonntagsansprache in Rom in scharfer Form die Schulpolitik der faschistischen Regierung in Italien.

26 Mo Die Komponisten Heinrich Kaminski und Arnold Mendelssohn erhalten den staatlichen Beethovenpreis der Akademie der Künste in Berlin. → Atlantikflug

27 Di Mexiko verpflichtet sich, ausländische Konzessionäre von der Verstaatlichung seiner Ölindustrie auszunehmen.

28 Mi Anlässlich seines 60. Geburtstags wird der sowjetische Schriftsteller Maxim Gorki in Zeitungsartikeln und Vorträgen international gewürdigt.

29 Do Die Preußische Akademie der Künste in Berlin ruft zu einer Spende auf, die zur Erhaltung des Goethe-Hauses in Frankfurt am Main verwendet werden soll.

30 Fr Der Reichstag in Berlin verabschiedet den Reichshaushalt 1928 und billigt unter Vorbehalt den Bau des Panzerschiffs A.

31 Sa Das Verbot der Ortsgruppe Berlin-Brandenburg der NSDAP, das am 6. Mai 1927 ausgesprochen worden war, wird aufgehoben.

4. März 1928

Erstes Kandahar-Rennen

Auf dem Arlberg in Österreich wird das erste Kandahar-Rennen ausgetragen. Es gilt als Geburtsstunde der klassischen alpinen Skirennen. Der alpine Skisport steht jedoch nach wie vor im Schatten der nordischen Disziplinen.

Der erste internationale Wettbewerb im Abfahrtslauf und Slalom findet auf Betreiben des Briten Arnold Lunn und des Österreichers Hannes Schneider bei Sankt Anton statt. Der Name des Rennens, Kandahar, geht auf den Stifter des Pokals, den Briten Frederick Sleigh Earl Roberts of Kandahar, zurück. Am Arlberg werden je ein Torlauf und ein Abfahrtslauf für Damen und Herren ausgetragen. Aus der Addition beider Ergebnisse ergibt sich die Platzierung in der alpinen Kombination. Die Österreicher stellen in allen Wettbewerben die Sieger, lediglich beim Torlauf der Damen gewinnt eine Britin, Doreen Elliott. Kombinationssieger bei den Herren wird Benno Leubner, der seine Qualitäten als Rennläufer bereits in einem der ersten Skifilme, Arnold Francks »Der große Sprung«, unter Beweis stellen konnte.

8. April 1928

Türkei trennt Staat und Kirche

Die türkische Nationalversammlung in Ankara nimmt mit 269 von 316 Stimmen den von Ministerpräsident Mustafa Ismet Pascha eingebrachten Antrag auf Änderung der Verfassung an. Damit wird die Trennung von Staat und Religion festgeschrieben. Der Satz »Die Staatsreligion ist der Islam« wird, wie alle übrigen religiösen Bestimmungen, aus der Verfassung gestrichen. Der Beschluss ist ein weiterer Schritt der Europäisierung und Verweltlichung der Türkei. Diese Entwicklung hat Staatspräsident Mustafa Kemal Pascha (s. Abb. r.) 1923, trotz Widerstände in der islamischen Geistlichkeit und der Bevölkerung eingeleitet. Kemal Pascha will den Vorsprung europäischer Staaten in Wissenschaft und Technik aufholen.

Testfahrt des Raketenwagens auf der Rennstrecke der Opel-Werke in Rüsselsheim: Der Pulverraketenantrieb des Autos erzeugt einen gewaltigen Rauchschweif.

Fritz von Opel

deutscher Industrieller und Raketenpionier, * 4.5.1899 Rüsselsheim; † 8.4.1971 St. Moritz

Der Enkel des Autopioniers Adam Opel tritt vor allem als Motorsportler und Raketenfachmann hervor. Nach dem Verkauf der Firma Opel an General Motors legte er einen großen Teil seines Vermögens in den USA an, wo es während des Zweiten Weltkriegs beschlagnahmt wird. Er feiert als Automobilrennfahrer, aber auch als Motorbootsportler glänzende Erfolge. Im Mai 1928 fliegt Opel das erste Raketenflugzeug. Bei einer Radioansprache prophezeit er dem Rückstoßmotor die Zukunft in der Fliegerei. Während des Zweiten Weltkriegs ist er in Miami interniert.

- 1921: Sieg auf der neueröffneten Avus in Berlin
- 1929: Experimente mit Raketenflugzeug
- 1962: Ehrensenator der TH Darmstadt

Geschoss auf Rädern

Die »Vossische Zeitung« beschreibt die Vorführung des Raktenautos »RAK II« durch den Piloten Fritz von Opel auf der Berliner Avus in bewegten Worten und apokalyptischen Bildern: »In wenigen Augenblicken waren die Raketen entzündet und das Raketenauto sauste los. Man kann sich von dieser Fahrt nur einen Begriff machen, wenn man längere Zeit innerhalb einer Trommelfeuer schießenden Batterie gestanden hat. Einen solchen Höllenlärm vollführen die Raketen. Sie schaffen das Gasgemisch, das das Auto mit riesiger Geschwindigkeit vorantreibt. Man sieht einen kurzen Augenblick große Flammen aus dem Ende des Rumpfes entlangschießen, dann ist alles durch Rauch verdeckt. Als der Wagen auf der anderen Seite der Avus zurückkam, konnte man ihn schon längere Zeit beobachten. Man hatte das Gefühl, dass er tanzt oder schwimmt, und dass Fritz von Opel nur das Höhenruder anziehen müsste, um in die Lüfte zu steigen.«

22. April 1928

Beben verwüstet Korinth

Die griechische Stadt Korinth wird von einem gewaltigen Erdbeben erschüttert. Alle älteren Häuser stürzen ein. Insgesamt werden 80% der Gebäude in der Stadt von der Naturkatastrophe zerstört, viele der übrigen Häuser stark beschädigt. Insgesamt verlieren mehr als 10000 Menschen ihre Wohnungen.

Die Schäden im antiken Teil der Stadt Korinth hingegen sind geringer. Unter der Bevölkerung bricht nach Einsetzen der ersten Erdstöße am Abend eine Panik aus. Die meisten Einwohner verlassen fluchtartig ihre Häuser und verbringen die Nacht im Freien. Dennoch kommen bei dem Beben 20 Menschen ums Leben, 70 werden – zum Teil schwer – verletzt. Die Stromversorgung in dem betroffenen Gebiet bricht völlig zusammen, alle Kabel- und Telefonverbindungen fallen aus. Um einer Lebensmittelknappheit vorzubeugen, werden umgehend Nahrungsmittel aus Athen herangeflogen. Mit schwerem Räumgerät geht man daran, Trümmer zu beseitigen und den raschen Wiederaufbau in Angriff zu nehmen.

13. April 1928

Atlantikflug in Westrichtung

Die »Bremen«, eine Junkersmaschine vom Typ W 33 (s. Abb.), die am 12. April vom Flughafen Baldonnell bei Dublin gestartet ist, landet nach einem Flug von 36:30 h auf der Insel Greenly Island (Neufundland).

An Bord befinden sich zwei Deutsche: Hauptmann a.D. Hermann Köhl als Flugkapitän und Ehrenfried Günther Freiherr von Hünefeld als Navigator. Kopilot ist der Ire James C. Fitzmaurice. Die drei haben zuvor bereits – ein Jahr nach Charles

A. Lindberghs spektakulärem erstem Nonstop-Alleinflug über den Atlantik von New York nach Paris – erstmals den Atlantik in Ost-West-Richtung überquert. Der Flug von Europa nach Amerika ist wegen der normalerweise herrschenden Westwinde erheblich schwieriger als der Gegenkurs. Tatsächlich waren die drei Flieger schweren Stürmen und Regenfällen ausgesetzt. Ohne Funkverbindung und bei Nebel gelingt es ihnen nicht, wie geplant in New York zu landen: In der Nähe eines zufällig gesichteten Leuchtturms auf Greenly Island gehen sie nieder – mit einer Bruchlandung.

11. April 1928

Raketenauto von Opel

Der deutsche Ingenieur Fritz von Opel, ein Enkel des Automobilindustriellen Adam Opel, überrascht die deutsche Öffentlichkeit mit Raketenautos. Auf der Rennstrecke der Opel-Werke in Rüsselsheim erprobt Testfahrer Kurt Volkhart das erste von Pulverraketen angetriebene Automobil. Der Rennwagen beschleunigt in acht Sekunden von 0 km/h auf 100 km/h – eine Leistung, die bislang von keinem Auto mit Benzinmotor erreicht worden ist.

Am 23. Mai erleben 3000 geladene Gäste auf der Berliner Avus ein weiteres Opel-Versuchsauto: »RAK II« erreicht mit dem Konstrukteur am Steuer in einer zweiminütigen Fahrt eine Geschwindigkeit von 195 km/h. Nach diesem Spektakel sind die Feststoffraketen leer. 120 kg Brennstoff sind verbraucht. Das Raketenauto »RAK II« hat kleine Seitenflügel, die zur Stabilisierung der Straßenlage beitragen sollen. Das Fahrzeug wird von 24 Feststoffraketen angetrieben, die wie kleine Kanonenrohre, dicht an dicht konzentrisch angeordnet, aus dem Heck des Wagens herausragen. Der Raketenantrieb wandelt die bei der chemischen Umsetzung des Treibstoffs frei werdende Energie in gerichtete Strömungsenergie um. Als noch im selben Jahr »RAK III« erprobt werden soll, verzichten die Konstrukteure auf einen Fahrer. Unbemannt schießt das Raketenauto auf Schienen dahin und erreicht 281 km/h. Fritz von Opel verfolgt das Konzept mit Blick auf einen Flugzeugantrieb weiter.

14. März 1928

»Oktober« von Eisenstein

»Oktober«, ein Film des Regisseurs Sergej M. Eisenstein über die Oktoberrevolution, wird in der Sowjetunion uraufgeführt (Abb.: Filmszene).

Eisenstein konnte seine Auftragsarbeit für die Feiern zum zehnten Jahrestag der Oktoberrevolution am 7. November 1927 aufgrund der Fülle des Materials nicht pünktlich fertigstellen. Im Ausland läuft der Streifen auch unter dem Titel »Zehn Tage, die die Welt erschütterten«. Die deutsche Erstaufführung findet am 2. April statt. Wie schon in »Panzerkreuzer Potemkin« arbeitet Eisenstein mit Montagen und Gegenschnitten, die das Geschehen kommentieren und die weltgeschichtliche Bedeutung der Revolution herausstellen. Die Experimentierlust Eisensteins und die intellektuelle Ausrichtung des Films stoßen vielfach auf Unverständnis. Der sowjetische Regisseur Boris V. Barnet beklagt das »Fehlen einer allgemeinen Emotionalität«.

April 1928

1 So Der schweizerische Architekt Hannes Meyer wird als Nachfolger des zurückgetretenen Walter Gropius neuer Leiter des Bauhauses in Dessau.

2 Mo Die griechische Regierung beschließt den Kauf des Schlosses »Achilleion« auf Korfu, das 1890 für Kaiserin Elisabeth von Österreich (»Sissi«) erbaut wurde.

3 Di Im Ruhrbergbau beginnen die Tarifverhandlungen. Die Gewerkschaften fordern eine Lohnerhöhung von 1,50 Reichsmark pro Schicht.

4 Mi Max Schmeling wird durch einen Punktsieg über Titelverteidiger Franz Diener im Berliner Sportpalast Deutscher Meister im Schwergewichtsboxen.

5 Do Der erste deutsch-dänische Friedenstag geht in Kiel zu Ende. +++ In Hamburg wird der neue Senat gewählt.

6 Fr In Nürnberg wird der 400. Todestag von Albrecht Dürer festlich begangen. +++ Die Britin Mercedes Gleitze durchschwimmt die Meerenge von Gibraltar.

7 Sa Eine von Studenten angeführte Revolte in Caracas, der Hauptstadt von Venezuela, wird von regierungstreuen Truppen blutig niedergeschlagen.

8 So Die in Berlin erscheinende »Vossische Zeitung« präsentiert die Ergebnisse ihrer Umfrage: »Was die deutsche Wirtschaft von Amerika lernen kann.« → Türkei

9 Mo Helene Langes 80. Geburtstag ist Anlass für die Presse, das Lebenswerk der Frauenrechtlerin und Pädagogin zu würdigen.

10 Di Der deutsche Dauerschwimmer Otto Kemmerich stellt in einem Hamburger Zirkus einen Weltrekord auf: er bleibt 46 Stunden im Wasser.

11 Mi Die Wahlen zur Verfassungsgebenden Versammlung im französisch verwalteten Syrien gewinnen die gemäßigten Nationalisten. → Raketenauto

12 Do König Viktor Emanuel III. von Italien entgeht in Mailand unverletzt einem Bombenanschlag. Bei der Explosion werden 20 Menschen getötet.

13 Fr Die US-Regierung informiert Großbritannien, Japan, Italien und Deutschland über den Plan, einen Kriegsächtungspakt zu schließen. → Atlantikflug

14 Sa Am Theater am Nollendorfplatz in Berlin wird das Stück »Der letzte Kaiser« von Jean Richard Bloch uraufgeführt.

15 So Die Hildesheimerin Lotte Mühe stellt bei einem Sportfest in Magdeburg mit 3:15,8 min einen Weltrekord im 200-m-Brustschwimmen auf.

16 Mo Vier Nationalsozialisten werden in Berlin wegen eines Überfalls auf Kommunisten zu Haftstrafen von bis zu zweieinhalb Jahren verurteilt.

17 Di Der Gedichtband »Herz auf Taille« von Erich Kästner mit Zeichnungen von Erich Ohser erscheint im C. Weller-Verlag in Leipzig.

18 Mi In Berlin wird die Filmkomödie »Lotte« uraufgeführt. Die Hauptrolle spielt Henny Porten unter der Regie von Carl Froelich.

19 Do In Berlin fällt die Entscheidung über die Einführung eines einheitlichen Autokennzeichens in Deutschland, das die Kennzeichen der einzelnen Länder ersetzt.

20 Fr In Paris wird der Stummfilm »La Passion de Jeanne D'Arc«, eine Arbeit des dänischen Regisseurs Carl Theodor Dreyer, uraufgeführt.

21 Sa 81 Jahre nach der Uraufführung in Florenz wird die Oper »Macbeth« von Giuseppe Verdi in Dresden in deutscher Erstaufführung gezeigt.

22 So Der Automobilrennfahrer Ronny Keech stellt in Daytona Beach (Florida) mit 334,010 km/h einen neuen Geschwindigkeitsweltrekord auf. → Korinth

23 Mo Der französisch-schweizerische Architekt Le Corbusier hält in Frankfurt am Main einen Vortrag über das Thema »Zur Ästhetik des flachen Daches«.

24 Di Von Heidelberg aus richtet die deutsche Abteilung des Weltkirchenbundes einen Appell zur allseitigen Abrüstung an die Großmächte.

25 Mi Eine Wahlveranstaltung von Reichsaußenminister Gustav Stresemann (DVP) im Münchener Bürgerbräukeller wird von Nationalsozialisten gestört.

26 Do Die ersten Pullmanwagen für die Reichsbahn, die auf der Strecke Niederlande-Schweiz eingesetzt werden sollen, absolvieren eine Probefahrt.

27 Fr Im Rahmen einer Umbildung des Kabinetts in Portugal wird António de Oliveira Salazar zum Finanzminister ernannt.

28 Sa Das Wachsfigurenkabinett von Madame Tussaud in London, das 1925 durch einen Brand zerstört worden war, wird nach der Renovierung wiedereröffnet.

29 So Die Wahlen zur Deputiertenkammer, der ersten Kammer der französischen Nationalversammlung, ergeben eine Mehrheit für die Parteien der Mitte.

30 Mo In Hannover wird das Anzeiger-Hochhaus, das neue Gebäude des »Hannoverschen Anzeigers«, eingeweiht. Entworfen hat es der Architekt Fritz Höger.

Mai 1928

1 Di Die Lufthansa nimmt den Flugverkehr von Berlin nach Moskau auf. Der Flug über Königsberg, Riga und Smolensk dauert 15 Stunden.

2 Mi Papst Pius XI. spricht in einem Schreiben an die Stadtverwaltung von Rom seine Missbilligung von Sportwettkämpfen für Frauen in der Heiligen Stadt aus.

3 Do In der nordostchinesischen Stadt Tsinan kommt es zu bewaffneten Auseinandersetzungen zwischen chinesischen und japanischen Soldaten.

4 Fr Ein Attentat auf einen sowjetischen Diplomaten in Warschau ruft bei der Sowjetregierung in Moskau scharfe Reaktionen hervor.

5 Sa Der deutsche Reichsaußenminister Gustav Stresemann wird mit dem Ehrendoktortitel der Universität Heidelberg ausgezeichnet.

6 So Das 540 km-Langstreckenrennen für Automobile um die Targa Florio gewinnt der Franzose Albert Divo auf Bugatti.

7 Mo Die britischen Frauen erhalten nach Vollendung des 21. Lebensjahres das aktive und passive Wahlrecht und werden damit den Männern gleichgestellt.

8 Di Die brasilianische Regierung lehnt ein Angebot des Völkerbundrates auf Wiedereintritt ab. Das Land war 1926 ausgetreten.

9 Mi José Particio Guggiari, der Kandidat der Liberalen, wird zum Staatspräsidenten von Paraguay gewählt. Er tritt sein Amt am 15. August an.

10 Do Der Kapitän der niederländischen Fußball-Nationalmannschaft, Harry Denis, wird zum Sprecher des Eids bei den Olympischen Spielen in Amsterdam gewählt.

11 Fr Das erste regelmäßige Fernsehprogramm wird in New York ausgestrahlt – jeweils dienstags, donnerstags und freitags eine halbe Stunde lang.

12 Sa In Köln wird die internationale Presseausstellung, die »Pressa«, eröffnet. Die größte Schau ihrer Art wird bis zum 14. Oktober dauern.

13 So Der deutsche Botschafter in Moskau, Ulrich Carl Christian Graf von Brockdorff-Rantzau, besucht unter Spionageverdacht inhaftierte deutsche Ingenieure.

14 Mo Der schweizerische Völkerrechtslehrer Max Huber wird als Nachfolger des verstorbenen Gustave Ador zum Präsidenten des Roten Kreuzes ernannt.

15 Di Der Luxuszug »Rheingold« startet zu seiner ersten regulären Fahrt. +++ In Wien wird die Operette »Prinzessin Ti-Ti-Pa« von Robert Stolz uraufgeführt.

16 Mi In Berlin wird die Dachorganisation der filmschaffenden Künstler des Reiches gegründet. Sie soll eine Interessenvertretung gegenüber der Filmindustrie sein.

17 Do In Eisenach wird das 25-jährige Bestehen des ADAC gefeiert. +++ Die Vorwettkämpfe zu den Olympischen Spielen in Amsterdam beginnen.

18 Fr Der deutsche Meister im Halbschwergewicht, Max Schmeling, reist in die USA, um dort an Profi-Boxwettkämpfen teilzunehmen.

19 Sa Die britische Regierung erklärt sich gegenüber den USA grundsätzlich bereit, an der Initiative zum Abschluss eines Kriegsächtungsvertrags mitzuwirken.

20 So Neun Menschen werden Opfer eines Giftgasskandals in der Hamburger Firma Stoltzenberg. 150 weitere werden verletzt. → Wahlen

21 Mo In London wird bekannt, dass Mahatma Gandhi, der sich aus der aktiven Politik zurückgezogen hatte, wieder politisch tätig zu werden beabsichtigt.

22 Di Der Reichsverband der deutschen Automobilindustrie fordert die Bevölkerung auf, deutsche Fabrikate zu kaufen. 19,8% der PKW liefern ausländische Firmen.

23 Mi Bei einem Anschlag auf das italienische Konsulat in der argentinischen Hauptstadt Buenos Aires sterben 22 Menschen, 41 werden verletzt.

24 Do In Colmar werden vier Autonomisten wegen Bestrebungen zum Sturz der elsässischen Regierung zu je einem Jahr Haft verurteilt.

25 Fr Der erste Probeflug mit einem raketengetriebenen Gleitflugzeug gelingt in Wien. +++ Die Junkerswerke in Dessau feiern den Bau des 1000. Flugzeugs.

26 Sa In Ankara wird der türkisch-afghanische Freundschaftsvertrag unterzeichnet. Die beiden Staaten sichern sich Unterstützung im Verteidigungsfall zu.

27 So Die »Vossische Zeitung« veröffentlicht eine Umfrage: »Die moderne Frau im Urteil des Mannes«. Die Mehrheit spricht sich für eine Berufstätigkeit der Frau aus.

28 Mo Der russische Schriftsteller Maxim Gorki kehrt nach Jahren im Ausland nach Moskau zurück und wird dort begeistert gefeiert.

29 Di Im Rahmen der »Pressa«, der internationalen Presse-Ausstellung in Köln, wird mit Niederländisch-Indien ein erstes Funkferngespräch geführt.

30 Mi Das Automobil-Langstreckenrennen in Indianapolis (USA) gewinnt Louis Meyer (USA) auf Miller mit einer Durchschnittsgeschwindigkeit von 160,1 km/h.

31 Do Reichspräsident Paul von Hindenburg empfängt den Reichstagspräsidenten Paul Löbe zu ersten Gesprächen über eine mögliche Regierungsbildung.

20. Mai 1928

SPD gewinnt Wahlen

Klarer Gewinner der Wahlen zum Reichstag sind die Sozialdemokraten, die das beste Ergebnis seit 1919 erzielen. Im Vergleich zur letzten Abstimmung im Dezember 1924 können sie ihren Stimmenanteil um 3% steigern. Die SPD, die seit Gründung der Weimarer Republik stets unangefochten die stärkste Fraktion im Reichstag stellt, verfügt nun über fast ein Drittel der Mandate. Die Kommunisten (KPD) verzeichnen einen Zuwachs von 2%.
Die Stimmengewinne linker Parteien gehen auf Kosten der Parteien der bürgerlichen Mitte, vor allem jedoch der rechtsgerichteten Deutschnationalen Volkspartei (DNVP). Sie büßt etwa 6% der Stimmen im Vergleich zu letzten Reichstagswahl ein, bleibt aber zweitstärkste Kraft. Von den Verlusten der Mittelparteien profitieren jedoch nicht nur die SPD und KPD, sondern auch eine Reihe von interessengebundenen, rechtsgerichteten Parteien mit agrarischem oder am Mittelstand orientiertem Programm. Die Nationalsozialisten (NSDAP) verlieren zwei Mandate und sind im 491 Delegierte umfassenden Reichstag nur noch mit zwölf Abgeordneten vertreten. Es beginnen schwierige und langwierige Koalitionsverhandlungen. Hermann Müller, Fraktions- und Parteivorsitzender der SPD, wird am 11. Juni von seiner Partei ermächtigt, Gespräche über die Bildung einer großen Koalition zu führen. Er muss seinen Auftrag am 22. Juni jedoch wegen Streitigkeiten zwischen SPD und DVP zunächst an Reichspräsident Paul von Hindenburg zurückgeben, nimmt jedoch die Sondierungen wieder auf. Wichtige innenpolitische Fragen, bei denen Differenzen bestehen, werden in den Koalitionsverhandlungen offen gelassen. Strittig ist vor allem der Bau des

8. Juni 1928

Kuomintang erobert Peking

Am Ende des seit Juli 1926 andauernden Nordfeldzugs marschiert General Chiang Kai-shek mit der nationalrevolutionären Parteiarmee der Kuomintang in die alte chinesische Hauptstadt ein (Abb.: Flucht der Bevölkerung).

Die Einnahme von Peking ist für das Ziel Chiang Kai-sheks, ganz China zu einigen, von hoher Bedeutung. Ob sich seine Erfolge allerdings als dauerhaft erweisen, ist fraglich. Viele der regionalen Militärherrscher, der »Warlords«, haben sich nur aus taktischen Gründen auf die Seite der Kuomintang gestellt, deren eigene Machtbasis schmal ist.

Chiang Kai-shek

chinesischer Politiker, * 31.10.1887 Fenghua; † 5.4.1975 Taipeh (Taiwan)

Chiang Kai-shek übernahm nach dem Tod Sun Yat-sens die Führung der nationalchinesischen Partei, der Kuomintang, deren Ziel die Einigung Chinas unter Ausschluss der Kommunisten ist. Nach dem Abschluss des Nordfeldzugs führt er ab 1930 einen Vernichtungskrieg gegen die Kommunisten, schließt jedoch während des chinesisch-japanischen Krieges (1937-45) auf Drängen der UdSSR und der eigenen Partei ein Bündnis mit ihnen. Im erneut aufflammenden Bürgerkrieg ab 1946 siegen die Kommunisten. Chiang Kai-shek flieht 1949 nach Taiwan. Bis zu seinem Tod bleibt er dessen Präsident.

- 1908-11: Militärische Ausbildung in Japan
- 1911: Beteiligung an der Revolution in China
- 1943, 1948: Staatspräsident Chinas

4. Juni 1928

»Eiserner Justav« demonstriert für Erhalt der Pferdedroschken

Paris feiert den Droschkenkutscher Gustav Hartmann, in Berlin als »eiserner Justav« bekannt, der das Ziel seiner spektakulären Protestfahrt erreicht hat (s. Abb.). Um auf den Niedergang seines Berufsstandes aufmerksam zu machen, hat »Justav« seine letzte Fahrt zu einer eigenwilligen Demonstrationstour umfunktioniert. In deutschen Städten werden mehr und mehr Pferdedroschken von Benzindroschken (Taxis) verdrängt. Der Weg des eigenwilligen Kauzes mit dem wallenden Rotbart führt von seinem Haus in der Alsenstadt 11 über Magdeburg, Hannover, Köln und Trier. Überall machte er Schlagzeilen, empfingen ihn Kollegen und standen zuweilen Hunderttausende am Straßenrand, so in Dortmund, wo er auf seinen Beitrag zur Völkerverständigung hinwies: »Wat Stresemann nich jeschafft hat, det werde ick machen.« Am Zielort Paris muss der »Eiserne« Empfänge durchstehen und wird von Kollegen der französischen Hauptstadt im Anschluss an eine nächtliche Wettfahrt zum »Ehrenkutscher« ernannt. Nach seiner Rückkehr nach Berlin am 12. September gründet die Droschkeninnung die »Hartmann-Stiftung« für notleidende Fuhrleute.

Links: Innerer und äußerer Friede, Wohlstand und Zufriedenheit – damit wirbt die Bayerische Volkspartei (BVP). Rechts: Die NSDAP beschuldigt die Weimarer Republik der »Volksberaubung« durch Inflation und Korruption.

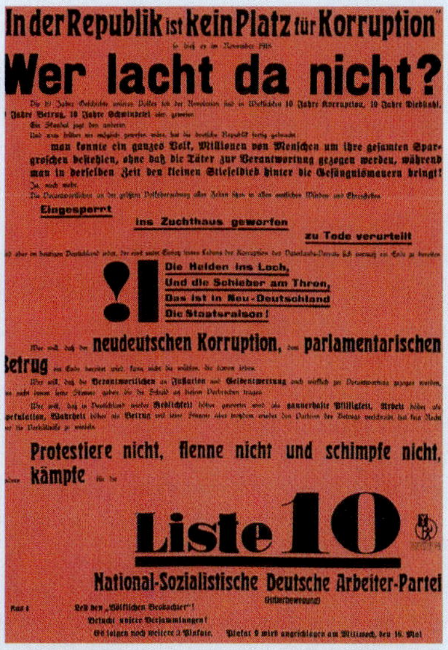

Hermann Müller

deutscher Politiker, * 18.5.1876 Mannheim; † 20.3.1931 Berlin

Der Sohn eines Fabrikdirektors trat 1893 der SPD bei. Als Außenminister (1919/20) unterzeichnete er den Versailler Vertrag. Nach dem Kapp-Putsch war er von März bis Juni 1920 Reichskanzler der letzten Regierung der sog. Weimarer Koalition (SPD, Zentrum, Deutsche Demokratische Partei). In seiner zweiten Amtszeit als Kanzler, die am 29. März 1930 endet und in die Annahme der Reparationen durch den Youngplan und die Räumung des Rheinlands fallen, bemüht sich Müller mit schwindendem Erfolg, die auseinanderstrebenden politischen Kräfte zu einen.

- ab 1906: Mitglied des SPD-Parteivorstandes
- ab 1916: Mitglied des Reichstags/der Nationalversammlung
- 1920-28: Vorsitzender der SPD-Fraktion

Die linksliberale DDP erkennt mit diesem Plakat die im Versailler Vertrag gesetzten Grenzen an.

Panzerschiffs A. Während die DVP deutlich macht, dass eine Nichtgenehmigung der ersten Rate für das geplante Kriegsschiff im Herbst die Regierung zum Scheitern bringen würde, lehnt die Mehrheit der SPD-Fraktion das Projekt ab. Am 28. Juni wird schließlich eine neue Regierung gebildet. Hermann Müller (SPD) steht als Reichskanzler einer großen Koalition vor. Neben den Sozialdemokraten sind die linksliberale Deutsche Demokratische Partei (DDP), die rechtsliberale Deutsche Volkspartei (DVP), das katholische Zentrum und die Bayerische Volkspartei (BVP) im Kabinett vertreten. Die fünf Regierungsparteien verfügen über 301 von 491 Reichstagsmandaten. Müller erklärt am 5. Juli, dass sich die Reichsregierung an den Beschluss des Reichsrats zum Bau des umstrittenen Panzerkreuzers gebunden fühle.

23. Juni 1928

Drama am Nordpol: Nobile-Team gerettet – Amundsen vermisst

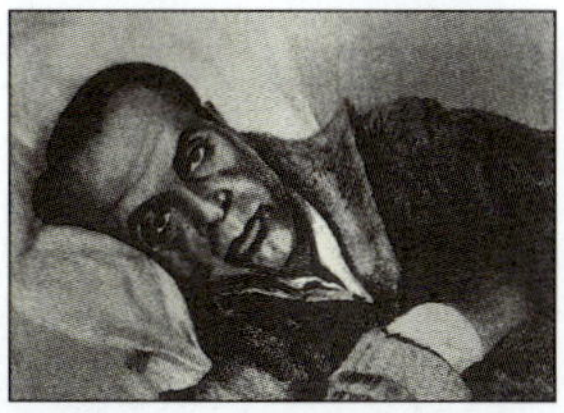

Als erster Überlebender einer spektakulär gescheiterten Polarexpedition wird der italienische Luftschiffkonstrukteur Umberto Nobile (s. Abb.) durch den schwedischen Flieger Einar Lundborg gerettet.

Seit dem Absturz des Luftschiffs »Italia« am 25. Mai warten die Überlebenden inmitten der arktischen Eiswüste verzweifelt auf Rettung. Der Erfolg Lundborgs wird von der wachsenden Sorge über den Verbleib des Polarforschers Roald Amundsen überschattet, der am 18. Juni zu einem Rettungsflug startete und seitdem vermisst wird. Suchaktionen verlaufen erfolglos, Amundsen bleibt – für immer – verschollen. Erst knapp drei Wochen nach der Rettung General Nobiles werden am 12. Juli die übrigen fünf Überlebenden von dem sowjetischen Eisbrecher »Krassin« geborgen, der sich unter der Leitung des sowjetischen Polarforschers Rudolf L. Samoilowitsch an der spektakulären Rettungsaktion beteiligt. Für Kommandant Nobile beginnt ein unrühmliches Nachspiel der »Italia«-Tragödie, die insgesamt 17 Todesopfer unter der Besatzung und den Rettungsmannschaften gefordert hat. Dem Leiter der Expedition wird mit der Begründung, er habe voraussehbare Gefahren missachtet, die Schuld an der Katastrophe gegeben. Gleichzeitig trifft ihn der Vorwurf des Egoismus und der Feigheit, weil er sich als erster ausfliegen ließ. Als er 1929 auch offiziell für den Absturz verantwortlich gemacht wird, verlässt Nobile die Armee und emigriert in die UdSSR.

Juni 1928

1 Fr Die Zusammenlegung von 887 Arbeitsnachweisstellen zu 363 Arbeitsämtern soll die Voraussetzung für eine bessere Vermittlung Arbeitsloser schaffen.

2 Sa Die italienischen Piloten Arturo Ferrarin und Majar del Prete stellen in Rom mit 58:30 h einen Weltrekord im Dauerflug auf.

3 So Nach 15 Jahren findet in Deutschland wieder ein Bergmannstag statt. Reichspräsident Paul von Hindenburg schickt ein Grußtelegramm nach Berlin.

4 Mo Zypriotische Politiker fordern am 50. Jahrestag der Übergabe der Insel an Großbritannien Zyperns Vereinigung mit Griechenland. → »Eiserner Justav«

5 Di Die Australier Charles Ulm und Kingsford Smith sowie die Amerikaner Harry Lyons und James Warner überfliegen erstmals den Stillen Ozean.

6 Mi Im Dresdener Opernhaus wird die Oper »Die ägyptische Helena« von Richard Strauss (Libretto: Hugo von Hofmannsthal) mit großem Erfolg uraufgeführt.

7 Do Der Reparationsagent Parker Gilbert legt einen positiven Zwischenbericht über die Erfüllung der Verpflichtungen durch Deutschland vor.

8 Fr Nach Ablehnung eines kommunistischen Antrags kommt es bei der Eröffnung des preußischen Landtags in Berlin zu einer Prügelei. → Chiang Kai-shek

9 Sa Die deutsche Schwimmerin Lotte Mühe stellt mit 1:26,3 min in Magdeburg einen Weltrekord über 100-m-Brust auf.

10 So Ludwig Haymann schlägt in Dortmund Franz Diener, der in der siebten Runde aufgibt, und wird damit Deutscher Meister im Schwergewichtsboxen.

11 Mo Hermann Müller (SPD) erhält von seiner Partei den Auftrag, ein Angebot des Reichspräsidenten Paul von Hindenburg zur Regierungsbildung anzunehmen.

12 Di Der Reichsverband deutscher Buch-und Zeitschriftenhändler fordert die Aufhebung des Gesetzes zur Bewahrung der Jugend vor Schmutz und Schund.

13 Mi Der am 20. Mai neugewählte Reichstag, in dem die SPD die stärkste Fraktion stellt, kommt in Berlin zu seiner ersten Sitzung zusammen.

14 Do Paul Löbe (SPD) wird erneut zum Reichstagspräsidenten gewählt. +++ Die britische Frauenrechtlerin Emmeline Pankhurst stirbt 69-jährig in London.

15 Fr Der Regisseur Erwin Piscator muss wegen finanzieller Schwierigkeiten die Konzession für seine Bühne am Nollendorfplatz zurückgeben.

16 Sa Der schwedische König Gustav V. wird 70 Jahre alt. Das Geldgeschenk der Bevölkerung von 4,7 Mio. Kronen stellt er einem Krebsfonds zur Verfügung.

17 So Das 24-Stunden-Rennen von Le Mans gewinnen Wolf Barnato (GB) und Bernard Rubin (AUS) auf Bentley (Durchschnittsgeschwindigkeit 111,2 km/h).

18 Mo Amelia Earhart überfliegt als erste Frau den Atlantik. +++ Deutschland und Österreich konferieren in Wien über einen Handelsvertrag.

19 Di Der Redakteur Bruno Wolf wird in einem Wiener Gerichtssaal von seinem Kollegen und Widersacher Oskar Pöffel mit drei Revolverschüssen getötet.

20 Mi Im Parlament des Königreichs der Serben, Kroaten und Slowenen fallen drei Abgeordnete einem Revolverattentat zum Opfer, zwei weitere werden verletzt.

21 Do Die erste Abendrealschule beginnt in Berlin den Unterricht. +++ Der neugewählte bayerische Landtag tritt in München zur ersten Sitzung zusammen.

22 Fr Die Ozeanflieger Hermann Köhl, James C. Fitzmaurice und Ehrenfried Günther Freiherr von Hünefeld werden von der Reichsregierung feierlich empfangen.

23 Sa Bei einer Explosionskatastrophe in der belgischen Stadt Brügge kommen acht Menschen ums Leben, 30 werden z.T. schwer verletzt. → Nordpol

24 So Der totgeglaubte deutsche Asienforscher Wilhelm Filchner kehrt von seiner zweieinhalbjährigen Tibet-, China- und Nordindien-Expeditionsreise zurück.

25 Mo Der 26. internationale Friedenskongress der pazifistischen Internationale wird in Warschau eröffnet. Er dauert bis zum 29. Juni.

26 Di Der österreichische Justizminister Franz Dinghofer tritt wegen des Streits um die Auslieferung des ungarischen Revolutionärs Béla Kun an Ungarn zurück.

27 Mi Muhammad Mahmud Pascha wird Nachfolger des zurückgetretenen ägyptischen Ministerpräsidenten Mustafa Nahhas Pascha.

28 Do Die Genfer Opiumkonvention von 1925 zur Bekämpfung des Rauschgiftschmuggels tritt nach der Ratifikation durch Kanada in Kraft.

29 Fr In La Sarraz (Schweiz) wird von funktionalistischen Architekten der Congrès Internationaux d'Architecture Moderne (CIAM) gegründet.

30 Sa Der XII. Kongress des Weltverbands der Völkerbundgesellschaften wird in Den Haag eröffnet. Hauptthema ist das Problem nationaler Minderheiten.

Juli 1928

1 So Die Diskussion auf dem deutschen Seeschifffahrtstag in Hamburg dreht sich um die Konkurrenz zwischen Seefahrt und Transozeanflügen.

2 Mo In Brüssel gründen religiös und parteipolitisch neutrale Gewerkschaften mehrerer europäischer Länder einen internationalen Bund mit Sitz in Utrecht.

3 Di Dem schottischen Techniker John Logie Baird gelingt in seinem Studio in London erstmals eine Fernsehübertragung in Farbe.

4 Mi Die langwierige griechische Regierungskrise endet mit der Vorstellung eines neuen Kabinetts unter Ministerpräsident Eleftherios Weniselos.

5 Do In Kopenhagen geht der zweite internationale Kongress für Sexualreform zu Ende, zu dessen Präsidenten der deutsche Forscher Magnus Hirschfeld gehört.

6 Fr Der chilenische Marinetransportdampfer »Angamos« sinkt vor der Küste Chiles. Dem Unglück fallen 295 Menschen zum Opfer.

7 Sa In Griechenland wird das Wahlrecht geändert. An die Stelle des bisher geltenden Verhältniswahlrechts tritt das Mehrheitswahlrecht.

8 So Der Westfälische Rundfunk sendet erstmals in einer Konferenzschaltung Sportreportagen aus verschiedenen Städten (Köln, Hamburg und Aachen).

9 Mo Die Luftschiffbau Zeppelin GmbH in Friedrichshafen tauft ihr neues Luftschiff LZ 127 auf den Namen »Graf Zeppelin«.

10 Di Von elf Todesurteilen im Moskauer Sabotage-Prozess werden fünf vollstreckt, die anderen in Gefängnisstrafen von je zehn Jahren Dauer umgewandelt.

11 Mi In Spanien wird von der Polizei eine Gruppe von Verschwörern verhaftet, die ein Attentat auf König Alfons XIII. geplant hatten.

12 Do Der sowjetische Eisbrecher »Krassin« rettet die Überlebenden der Mannschaft des Luftschiffes »Italia«, das über dem Nordpol abgestürzt ist.

13 Fr Der Deutsche Reichstag nimmt in dritter Lesung ein Amnestiegesetz für politische Straftaten an. Auch der Reichsrat erteilt seine Zustimmung.

14 Sa Ein Explosionsunglück in der Pulverfabrik von Hassloch fordert drei Todesopfer. Es ist bereits die fünfte Explosion, die sich seit 1903 in der Fabrik ereignet hat.

15 So Rudolf Caracciola und Christian Werner gewinnen auf Mercedes Benz den Großen Preis von Deutschland auf dem Nürburgring.

16 Mo Während eines Besuchs des belgischen Kronprinzen Leopold und seiner Frau, Kronprinzessin Astrid, in Brügge kommt es zu Kundgebungen von Flamen.

17 Di Alvaro Obregón, der Wahlsieger der mexikanischen Präsidentschaftswahlen vom 1. Juli, wird in St. Angel von einem religiösen Fanatiker ermordet.

18 Mi Die erste direkte Eisenbahnverbindung durch die Pyrenäen vom französischen Pau nach Saragossa in Spanien wird eingeweiht.

19 Do In Wien beginnt das 10. Deutsche Sängerbundfest. Zahlreiche Kundgebungen fordern den Anschluss Österreichs an das Deutsche Reich.

20 Fr Eine zweiwöchige Konferenz für Geisteswissenschaftler, die sich mit der von Rudolf Steiner begründeten Anthroposophie befasst, wird in London eröffnet.

21 Sa In Lissabon bricht eine Militärrevolte gegen das diktatorische Regime von Präsident António Oscar Fragoso Carmona aus.

22 So Auf der Jahnwiese in Köln wird ein Denkmal für den »Turnvater« Friedrich Ludwig Jahn eingeweiht, der am 11. August vor 150 Jahren geboren wurde.

23 Mo Rumäniens Parlament beschließt eine Auslandsanleihe zur Währungsstabilisierung. +++ Ein sowjetisches Regierungsdekret gibt neue Feiertage bekannt.

24 Di Das britische Unterhaus lehnt einen Misstrauensantrag der Labour Party gegen die Regierung ab, deren Arbeitslosenpolitik Anlass der Kritik war.

25 Mi In Krakau werden Handschriften des französischen Kaisers Napoleon I. entdeckt, darunter Skizzen für den Feldzug nach Italien.

26 Do Boxschwergewichtsweltmeister Gene Tunney aus den USA besiegt den Neuseeländer Tom Heeney in einem Titelkampf in New York.

27 Fr Das Zentralkomitee der Kommunistischen Partei in der Sowjetunion ruft dazu auf, gegen das Anwachsen von religiösen Strömungen aufzutreten.

28 Sa Das deutsche und das österreichische Verkehrsrecht werden angeglichen. +++ In Amsterdam beginnen die IX. Olympischen Sommerspiele.

29 So Der Hamburger Sportverein wird durch einen 5:2-Sieg über Hertha BSC Berlin im Altonaer Stadion Deutscher Fußballmeister.

30 Mo Im Berliner Ufa-Theater am Kurfürstendamm findet die Uraufführung des Films »Tanzstudent« von Johannes Guter mit Willy Fritsch statt.

31 Di Ein schweres Zugunglück in Dinkelscherben bei Augsburg mit 16 Toten löst eine Diskussion über die Sicherheit der Reichsbahn aus.

27. August 1928

Pakt für den Frieden

In einer feierlichen Zeremonie unterzeichnen 15 Nationen im Uhrensaal des französischen Außenministeriums in Paris den Briand-Kellogg-Pakt, ein Abkommen zur Ächtung des Krieges. Zum ersten Mal wird mit diesem Vertrag der Krieg für völkerrechtswidrig erklärt. Bislang galt es juristisch und moralisch als legitim, zu den Waffen zu greifen. Der Kriegsächtungspakt stellt zudem den Versuch dar, aus den Erfahrungen des Weltkriegs und der Nachkriegszeit zu lernen und Kriege künftig zu vermeiden.

Der Vertrag für den Frieden geht auf die Initiative des französischen Außenministers Aristide Briand und seines US-Amtskollegen Frank Billings Kellogg zurück. Briand hatte im Juni 1927 den USA vorgeschlagen, einen zweiseitigen Pakt zu schließen, der den Krieg zwischen den beiden Staaten ausschließe. Briand wollte vor allem die USA in das französische Sicherheitssystem einbeziehen. In seiner Antwortnote hatte Kellogg, der einen bilateralen Vertrag für wenig effektiv hielt, die Idee ausgeweitet und angeregt, dass alle Großmächte sich dazu verpflichten sollten, auf den Krieg als Mittel der Politik zu verzichten. In den folgenden Monaten treten zahlreiche weitere Staaten dem Briand-Kellogg-Pakt bei. Das Abkommen ist jedoch mit einigen Nachteilen behaftet, die Zweifel an seiner Wirksamkeit aufkommen lassen. Er ächtet nur den Angriffskrieg. Wie aus den Notenwechseln zwischen den Unterzeichnerstaaten hervorgeht, bleibt das Recht auf Selbstverteidigung von dem Pakt unangetastet. Im Falle eines Vertragsbruchs erlöschen für den angegriffenen Staat alle sich aus dem Pakt ergebenden Verpflichtungen. Ebenfalls davon ausgenommen ist die Teilnahme an Sanktionen des Völkerbunds. Großbritannien behält sich ferner die Handlungsfreiheit am strategisch wichtigen Suezkanal vor. Des weiteren sieht der Pakt keine Sanktionen für den Fall vor, dass ein Unterzeichnerstaat einen Krieg beginnt. Er macht auch keine Aussage darüber, wie eine friedliche Regelung von internationalen Konflikten bewerkstelligt werden kann. Anfang August, wenige Tage vor Unterzeichnung des Vertrags, erklärte US-Präsident Calvin Coolidge, dass er von dem Pakt keine Einschränkung für das Rüstungsprogramm der USA erwarte. Die Streitkräfte dienen seiner Auffassung nach ausschließlich der Verteidigung des Landes und der Abschreckung potentieller Gegner und werden deshalb nicht von den Bestimmungen des Briand-Kellogg-Paktes berührt. Coolidges Auffassung ist symptomatisch für die Einstellung von

Heeres- und Flottenstärke 1928

Land	Heeresstärke (Mann)	Flottenstärke (Tonnen)
Deutschland	99 191	155 500
Frankreich	633 171	504 000
Großbritannien	512 801	1 162 200
Italien	550 470	298 700
Polen	284 000	4 184
Sowjetunion	775 000	127 600
USA	303 869	1 252 500

Aristide Briand

französischer Politiker, * 28.3.1862 Nantes; † 7.3.1932 Paris

Der nichtmarxistische Sozialist, Mitbegründer der Parti Socialiste Français, dominierte als zehnmaliger Ministerpräsident und 17-maliger Außenminister die französische Politik in der Zeit während des Ersten Weltkriegs und danach. Oft gegen die Stimmung im eigenen Land arbeitet der gelernte Advokat und Journalist auf eine Verständigung mit Deutschland hin. Er kooperiert mit Gustav Stresemann bei der Errichtung eines europäischen Sicherheitssystems. Sein Vorhaben einer europäischen Union scheitert am Egoismus der Einzelstaaten.

- 1902: Deputierter der Sozialisten
- 1909-29: Ministerpräsident (mit Unterbrechung)
- 1925-31: Außenminister (mit Unterbrechung)
- 1926: Friedensnobelpreis

12. August 1928

Spartakiade für Arbeiter

In Moskau beginnt die erste Spartakiade: ein großes internationales Arbeitersportfest, an dem Athleten aus 15 Ländern teilnehmen. Die überwiegende Mehrheit der Sportler kommt jedoch aus der Sowjetunion. Aus Deutschland ist eine Mannschaft mit 200 Aktiven angereist. Die Spartakiade, die bis zum 24. August dauert, wird mit einem eindrucksvollen Aufmarsch der Teilnehmer auf dem Roten Platz eröffnet. Ziel der Sportveranstaltung, die eine dauerhafte Einrichtung werden soll, ist es, den Sport in der UdSSR zu fördern. Die meisten sowjetischen Sieger in den Leichtathletikwettbewerben stellen Landesrekorde auf. Erfolgreichster Teilnehmer ist jedoch der Este Eric Rähn, der die 110-m-Hürden, die 400-m-Hürden, den Weitsprung und den Dreisprung gewinnt.

12. August 1928

Durchbruch für Frauensport

In Amsterdam gehen die IX. Olympischen Sommerspiele zu Ende (Abb.: Plakat). Die Frauen trugen erstmals bei Olympischen Spielen Leichtathletik-Wettbewerbe aus. Die USA gewinnen mit 22 Gold-, 18 Silber- und 16 Bronze-Medaillen die Nationenwertung, obwohl sie in ihrer Domäne, den Laufwettbewerben, nur drei der zwölf Goldmedaillen erringen konnten. Überraschend gewann der Kolonialfranzose Mohammed El Quafi den Marathonlauf. Er war zunächst so weit abgeschlagen, dass vermutet wurde, er habe sich verlaufen.

Oben: Start einer »Blackburn Dart« vom britischen Flugzeugträger »Furious«.
Unten: Britische Seemanöver mit dem Kriegsschiff »Nelson« vor der afrikanischen Küste

Politikern und Militärs überall in der Welt. Fast alle Staaten sind stärker gerüstet als vor Ausbruch des Weltkriegs und betreiben energisch die Modernisierung, die Um- und Aufrüstung ihrer Streitkräfte. Von der nach dem Ersten Weltkrieg geäußerten Bekundung, die den besiegten Staaten auferlegten Rüstungsbegrenzungen sollten eine allgemeine Abrüstung einleiten, ist nicht mehr die Rede. Die seit mehreren Jahren in Genf stattfindenden Abrüstungsverhandlungen kommen nicht über Absichtserklärungen hinaus.

15. August 1928

Neue Giganten der Meere

In Hamburg läuft die »Europa« vom Stapel, am Tag darauf hält Reichspräsident Paul von Hindenburg die Taufrede für die »Bremen«. Die beiden Ozeanriesen, deren Bau der Norddeutsche Lloyd in Auftrag gegeben hatte, sind die modernsten Dampfschiffe in der Geschichte der deutschen Flotte. Sie stellen schiffsbautechnisch alles Bisherige in den Schatten. Mit einem neuartigen Wulstbug, der den Reibungswiderstand mindert, der Stromlinienform und einer Höchstleistung von je 135 000 Wellen-PS gelten sie als heiße Anwärter auf das begehrte Blaue Band für die schnellste Atlantiküberquerung. Beide Schiffe können jeweils rd. 2100 Fahrgäste, für die Kabinen in drei Preisklassen zur Verfügung stehen, und 900 Mann Schiffspersonal unterbringen.

31. August 1928

Die »Dreigroschenoper«

Die Uraufführung der »Dreigroschenoper« von Bertolt Brecht und Kurt Weill im Theater am Schiffbauerdamm in Berlin leitet einen der größten Theatererfolge der 20er Jahre ein. Brechts witzig-freche, satirische Bearbeitung der »Beggar's Opera« von John Gay aus dem Jahre 1728, die bereits damals die vorherrschende höfische Oper parodierte, wird durch die mitreißende, jazzige Musik von Weill eigentlich erst zur Wirkung gebracht. Nicht zuletzt die Leistungen des Regisseurs Erich Engel sowie des Bühnenbildners Caspar Neher und der Darsteller machen die »Dreigroschenoper« zum »stürmisch beklatschten Ereignis« (»BZ am Mittag«). Die eingestreuten Balladen – wie der »Kanonen-Song«, das »Lied der Seeräuber-Jenny« und die »Moritat von Mackie Messer« – entscheiden nicht nur über »den Triumph des Abends« (»Vossische Zeitung«), sondern entwickeln sich zu regelrechten Schlagern. Brecht bringt die Kehrseite der Großstadt auf die Bühne, zeigt die Welt der Räuber, Bettler und Huren, deren Verhalten

dazu dient, bürgerlich-kapitalistische Vorstellungen zu entlarven. Es geht ihm um die Gleichung »Räuber sind Bürger – Bürger sind Räuber«. Brecht entwickelt mit dem Stück ein neues Darstellungsprinzip, das den Zuschauer nicht suggestiv beeinflussen, sondern zum Nachdenken anregen will (Abb. Spielszene).

Bertolt Brecht

eigtl. Eugen Berthold Friedrich Brecht, deutscher Schriftsteller, * 10.2.1898 Augsburg; † 14.8.1956 Ost-Berlin

Als einer der wichtigsten Dramatiker des 20. Jahrhunderts beeinflusst Brecht weltweit Literatur und Theater. Ursprünglich wollte er Medizin studieren, ehe er nach dem Ersten Weltkrieg mit »Baal« sein erstes Theaterstück verfasste. Der auch als Lyriker bedeutende Autor arbeitet von 1924 bis 1926 als Dramaturg bei Max Reinhardt in Berlin und beschäftigt sich intensiv mit dem Marxismus. In der Zeit seiner ersten großen Erfolge mit »Hauspostille« und »Dreigroschenoper« formuliert Brecht seine Theorie vom epischen Theater. Während seiner Exilzeit (ab 1933) entstehen u.a. die Meisterwerke »Mutter Courage und ihre Kinder« (1939) und »Der kaukasische Kreidekreis« (1944/45). 1949 kehrt er nach Ost-Berlin zurück, wo er mit seiner Frau Helene Weigel das Berliner Ensemble gründet.

- 1923: »Im Dickicht der Städte« (Drama)
- 1930: »Aufstieg und Fall der Stadt Mahagonny« (Oper)
- 1943: »Das Leben des Galilei« (Drama)
- 1948: »Herr Puntila und sein Knecht Matti« (Drama)

August 1928

1 Mi Der Tenor Richard Tauber tritt als Orchesterleiter auf: Im Lessingtheater in Berlin dirigiert er die Aufführung der Operette »Der Zarewitsch« von Franz Lehár.

2 Do In Köln plädieren Oberbürgermeister Konrad Adenauer und der französische Kultusminister Édouard Herriot für die deutsch-französische Verständigung.

3 Fr Maßgebliche indische Politiker fordern im sog. Nehru-Bericht eine neue Verfassung, die der britischen Kolonie den Dominion-Status gewähren soll.

4 Sa Ein Vulkanausbruch auf der Insel Paleowek (Niederländisch-Indien) fordert mehr als 100 Menschenleben und zerstört sechs Dörfer.

5 So Kommunisten führen trotz eines Verbots in Paris eine Antikriegsdemonstration durch, in deren Verlauf die Polizei zahlreiche Teilnehmer verhaftet.

6 Mo Außenminister Gustav Stresemann erleidet einen leichten Schlaganfall. Sein schlechter Gesundheitszustand überschattet seine politischen Tätigkeiten.

7 Di An dem vor zwei Jahren begonnenen deutsch-französischen Schüleraustausch haben bereits mehr als 250 Mädchen und Jungen teilgenommen.

8 Mi In Konstantinopel (Istanbul) wird ein Denkmal für den türkischen Staatspräsidenten Mustafa Kemal Pascha (später Atatürk) eingeweiht.

9 Do Der britische Ministerpräsident Stanley Baldwin appelliert an 10 000 Unternehmen, den Arbeitslosen Stellen in ihren Betrieben zu verschaffen.

10 Fr Zwischen Deutschland und Spanien sowie Portugal wird der direkte Fernsprechverkehr eröffnet. Ein Drei-Minuten-Gespräch kostet 14,10 Reichsmark.

11 Sa In Berlin und anderen Städten Deutschlands finden Feiern anlässlich des Jahrestages der Weimarer Verfassung statt.

12 So Die internationalen deutschen Tennismeisterschaften in Hamburg enden mit Erfolgen für die australischen Spieler. → Frauensport → Spartakiade

13 Mo In Berlin wird die Tobis (Tonbildsyndikat AG) gegründet. Sie spielt in Deutschland eine entscheidende Rolle bei der Einführung des Tonfilms.

14 Di Der erst 37-jährige deutsche Schriftsteller Klabund (eigentlich Alfred Henschke) stirbt in einem Sanatorium in Davos an Tuberkulose.

15 Mi Der schwedische Leichtathlet Erik Lundkvist stellt in Stockholm mit 71,01 m einen Weltrekord im Speerwurf auf. → Giganten der Meere

16 Do In Washington unterzeichnen die USA Schiedsverträge zur friedlichen Beilegung von Konflikten mit Österreich, Polen und der Tschechoslowakei.

17 Fr Der Weltkongress der Jugend für den Frieden wird in Ommen in den Niederlanden eröffnet. Delegierte aus 31 Nationen fordern die vollständige Abrüstung.

18 Sa In Berlin beginnt ein Kongress des Weltverbandes für religiös-liberales Judentum, der die völkerversöhnende Rolle des jüdischen Liberalismus betont.

19 So Eine Sitzung des Jugendverbandes der verbotenen kommunistischen Partei wird in Warschau von der Polizei aufgelöst. Zehn Personen werden verhaftet.

20 Mo Der schwedische Reiter Ernst Hallberg wird auf »Loko« Sieger des Turniers um den Großen Preis von Aachen, an dem neun Nationen teilnehmen.

21 Di Die saarländische Stadt St. Ingbert steht vor dem Bankrott, weil die Sparkasse Millionenkredite an nicht zahlungsfähige Betriebe vergeben hat.

22 Mi Die thüringische Landesregierung tritt zurück, nachdem die Minister der Deutschen Demokratischen Partei bereits demissioniert haben.

23 Do In Berlin beginnt die XXV. Konferenz der Interparlamentarischen Union. Die Politiker befassen sich mit dem Schutz und den Rechten von Minderheiten.

24 Fr Ein Zug der New Yorker U-Bahn entgleist in der Nähe des Bahnhofs Times Square. Das Unglück fordert 17 Todesopfer und über 100 Verletzte.

25 Sa Das Reichsgericht stellt das Hochverratsverfahren gegen den Schriftsteller Johannes R. Becher wegen dessen Antikriegsromans »Levisite« ein.

26 So Die Leipziger Herbstmesse wird eröffnet. Im Mittelpunkt des Besucherinteresses stehen u.a. neue Baustoffe wie Plexiglas und PVC.

27 Mo Ein Urteil des Reichsbahngerichts erlaubt der Reichsbahn die schon seit einiger Zeit angestrebte Erhöhung der Tarife. → Pakt

28 Di Die Stadt Frankfurt am Main verleiht den Goethepreis für 1928 an den elsässischen Urwaldarzt, Theologen, Organisten und Schriftsteller Albert Schweitzer.

29 Mi US-Außenminister Frank Billings Kellogg verzichtet auf der Rückreise von Paris wegen amerikanisch-britischer Spannungen auf einen Londonbesuch.

30 Do Die am 26. Juli eröffneten Salzburger Festspiele gehen zu Ende. Im Mittelpunkt des traditionsreichen Musikfestspiele standen Mozart-Opern.

31 Fr Die umgebauten Kammerspiele am Potsdamer Platz in Berlin werden mit dem Henny-Porten-Film »Zuflucht« eröffnet. → »Dreigroschenoper«

September 1928

1	Sa	Die Komintern in Moskau erklärt die Sozialdemokratie zu ihrem Hauptgegner. +++ Albanien wird mit der Krönung von Achmed Zogu zur Monarchie.
2	So	Auf dem Brandenburger Gautag inszeniert der rechtsgerichtete Soldatenbund »Stahlhelm« eine Hasskampagne auf die Republik.
3	Mo	Der Allgemeine Deutsche Gewerkschaftsbund setzt sich auf seinem Kongress in Hamburg für das Konzept der Demokratisierung der Wirtschaft ein.
4	Di	In München findet die Grundsteinlegung für den Bibliotheks- und Studienbau des Deutschen Museums statt.
5	Mi	In Magdeburg wird der 67. deutsche Katholikentag eröffnet (bis 9.9.). Die Delegierten fordern die Katholiken zur Mitarbeit im Staat auf. → Penizillin
6	Do	Im Berliner Capitol wird der Stummfilm »Marquis d'Eon. Der Spion der Pompadour« mit Fritz Kortner uraufgeführt. Regisseur ist Karl Grune.
7	Fr	Die 6. Internationale Büroausstellung wird in Berlin eröffnet. Auf der Messe erregt eine Fernschreibmaschine großes Aufsehen.
8	Sa	Die tschechoslowakische Regierung legt eine Gesetzesnovelle vor, die den zweiten Feiertag an Weihnachten, Ostern und Pfingsten wieder einführen soll.
9	So	Attraktion der fünften Deutschen Funkausstellung, die in Berlin endet, war die erste öffentliche Vorführung von Fernsehbildern.
10	Mo	Im Ufa-Pavillon am Berliner Nollendorfplatz findet die Uraufführung des Stummfilms »Alt-Heidelberg« von Ernst Lubitsch statt.
11	Di	Schwefelhaltige Abgase aus einer Anlage in Bruckdorf verunreinigen die Luft so stark, dass zahlreiche Kinder in Halle-Süd erkranken.
12	Mi	In Spanien werden 3000 Oppositionelle festgenommen. Ihnen werden Umsturzpläne gegen die Regierung in Madrid vorgeworfen.
13	Do	Wirbelstürme und Unwetter richten in mehreren Bundesstaaten der USA und auf den Inseln der Karibik schwere Verwüstungen an.
14	Fr	Auf ihrem Parteitag in Wien befassen sich die österreichischen Sozialdemokraten vor allem mit Fragen des Mieterschutzes.
15	Sa	Ein künstlicher Mensch, der sprechen und sich bewegen kann, eröffnet in London eine Modellausstellung für Maschinenbau.
16	So	In Nürnberg gewinnt die deutsche Fußball-Nationalmannschaft ein Länderspiel gegen die Elf aus Dänemark mit 2:1.
17	Mo	Das Reichsinnenministerium lässt ein von den Kommunisten gefordertes Volksbegehren zu, das den Bau von Panzerschiffen und -kreuzern verbieten soll.
18	Di	Auf dem Flugplatz Böblingen bei Stuttgart wird die Möglichkeit getestet, Gebäude durch künstlichen Nebel vor Fliegerangriffen zu schützen. → Tragschrauber
19	Mi	Eine Statutenänderung weist dem Großen Rat der faschistischen Partei Italiens weitgehende Regierungsbefugnisse zu.
20	Do	An der seit Wochen in Griechenland grassierenden und langsam abflauenden Dengue-Fieber-Epidemie sind 1040 Personen gestorben.
21	Fr	Hugo Stinnes jr. wird gegen 1 Mio. Mark Kaution aus der Haft entlassen. Gegen den Industriellen besteht der Verdacht betrügerischer Geschäfte.
22	Sa	Nachwuchs im Berliner Zoo: Die in Gefangenschaft überaus seltene Geburt eines indischen Elefanten begeistert die Öffentlichkeit.
23	So	Der rechtsgerichtete Soldatenbund »Stahlhelm« beschließt, ein Volksbegehren einzuleiten, das die Macht des Reichspräsidenten erweitern soll.
24	Mo	Die katholische Kirche Polens hat aus der seit 1614 gültigen Eheschließungsformel das Gehorsamsgelöbnis der Braut entfernt.
25	Di	In München beginnt – eine Premiere in Deutschland – die Tagung des Internationalen Bundes der Christlichen Gewerkschaften.
26	Mi	Der Parteitag der britischen Konservativen wird in Yarmouth eröffnet. Das zentrale Thema der Tagung bildet die Frage der Schutzzölle.
27	Do	Nach dem Erfolg der ersten Sexual-und Eheberatungsstelle in Neukölln haben Berliner Krankenkassen zwei weitere Beratungsstellen für Frauen eingerichtet.
28	Fr	Preußen hebt das Redeverbot für Adolf Hitler auf. +++ Privatbanken, die zweitgrößte Bank Kopenhagens, stellt ihre Zahlungen ein.
29	Sa	Das »Hamburger Fremdenblatt« feiert sein 100-jähriges Bestehen. Das Blatt ist zur verbreitetsten Tageszeitung in Nordwestdeutschland geworden.
30	So	Die NSDAP führt eine Massenkundgebung im Berliner Sportpalast durch. Zuvor kommt es zu Zusammenstößen mit Kommunisten.

5. September 1928

Fleming entdeckt Penizillin

Der Zufall steht Pate bei einer der bedeutendsten medizinischen Entdeckungen des Jahrhunderts: In seinem Laboratorium bemerkt der britische Bakteriologe Alexander Fleming, dass ein Schimmelpilz eine von ihm angelegte Bakterienkultur zerstört hat. Seine Beobachtung und die nachfolgenden Forschungen führen zur Entdeckung des Penizillins.

Fleming, Militärarzt im Ersten Weltkrieg, arbeitet in der Forschungsabteilung des St. Mary's Hospital in London an Untersuchungen zur Bekämpfung von Bakterien. Er experimentiert mit Staphylokokken – Bakterien, die Infektionen und eitrige Abszesse verursachen. Eine seiner Nährlösungen ist zufällig von Schimmel befallen worden. Derartige Verunreinigungen kommen gelegentlich vor, werden jedoch umgehend entsorgt. Fleming entdeckt jedoch, dass in unmittelbarer Nähe des grünlichen Schimmelpilzes die Staphylokokken zerstört worden sind. In weiteren Untersuchungen kommt der Wissenschaftler zu dem Schluss, dass der Schimmelpilz eine antibakterielle Substanz bildet.

Die ersten Veröffentlichungen seiner bahnbrechenden Entdeckung stoßen zunächst auf Gleichgültigkeit. Kaum jemand ahnt, dass Flemings Forschungsergebnis Grundlage eines bahnbrechenden Heilmittels werden wird. Es vergehen noch Jahre, bis Penizillin synthetisiert und

Alexander Fleming in seinem Labor

11. Oktober 1928

Per Zigarre nach New York

Das Luftschiff LZ 127 »Graf Zeppelin« startet in Friedrichshafen zu seinem ersten Transatlantikflug nach Lakehurst/USA. Hugo Eckener, Leiter der Zeppelin-Werke, will mit dem Flug die Eignung der »fliegenden Zigarren« für den Transozeanflug

demonstrieren und beweisen, dass Zeppeline Passagiere sicher, schnell und bequem in die USA bringen können. Nach über 100 Stunden kreist der Zeppelin über New York (s. Abb.).

18. September 1928

Tragschrauber-Flug über See

Der spanische Flugzeugkonstrukteur Juan de la Cierva überfliegt als erster mit einem sog. Drehflügelflugzeug den Ärmelkanal (Abb.: Landung). Cierva suchte seit Jahren ein Konstruktionsprinzip, das es ermöglicht, langsam zu fliegen, ohne abzusacken. Als Lösung kam er auf das Tragschrauberprinzip, das Elemente des Flugzeug- und des Hubschrauberbaus verbindet. Bei Hubschraubern treibt das Triebwerk die Rotoren direkt an, bei Ciervas Erfindung erfolgt der Antrieb wie bei Starrflugzeugen.

7. Oktober 1928

Nurmi lässt Rekorde purzeln

Paavo Nurmi, der für seinen gleichmäßigen Laufstil bekannte Wunderläufer aus Finnland, stellt in einem Stundenlauf beim Sportfest des Berliner Sportclubs Charlottenburg vor 15 000 Zuschauern drei Weltrekorde auf. Für 15 000 m benötigt der 31-Jährige 46:49,5 min – Weltrekord. Mit 50:15 min verbessert er den Weltrekord über zehn englische Meilen, und in einer Stunde legt er 19 210 m zurück – ebenfalls Weltrekord.

per Zufall

in großen Mengen hergestellt werden kann. Zunächst steht Fleming vor der Aufgabe, den Schimmelpilz, der die Bakterien vernichtet, zu identifizieren – immerhin gibt es Tausende von Schimmelsorten, für die sich bislang kaum ein Forscher interessiert hat. Es stellt sich heraus, dass es sich um Penicillium notatum handelt, woraufhin Fleming im Jahre 1929 die bakterientötende Substanz Penizillin nennt. In weiteren Forschungen erweist sich Penizillin als wirksam gegenüber einer Reihe von Infektionen und Entzündungen – gegenüber Wundstarrkrampf, Sepsis und Kindbettfieber. Die Forscher klären, in welcher Konzentration der neue Wirkstoff verabreicht werden darf und ob neben den Bakterien auch gesunde Zellen angegriffen werden. Die ersten Ergebnisse sind so positiv, dass Penizillin als Wundermittel gilt. Seine häufige Begleiterscheinung, eine allergische Reaktion, ist noch nicht bekannt. Erst 1939 wird die Entdeckung Flemings aufgegriffen. Dem Briten Ernst Chain und dem Australier Howard Florey gelingt es, aus dem gewonnenen Extrakt Penizillin herzustellen und das Antibiotikum zur Therapiereife zu entwickeln. Anfang der 40er Jahre wird Penizillin erfolgreich am Menschen erprobt. Fleming, Chain und Florey erhalten für ihre Arbeiten 1945 den Nobelpreis.

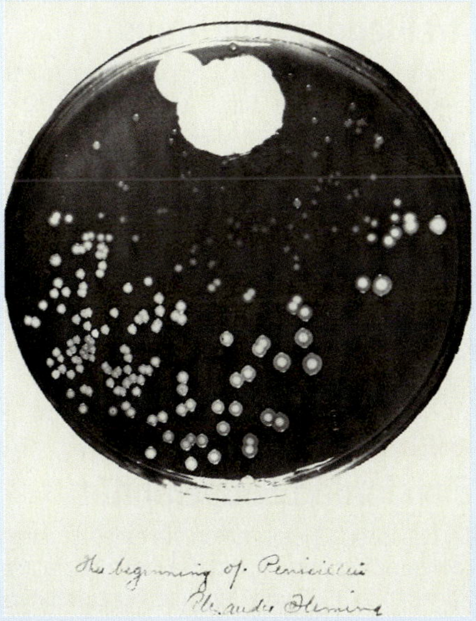

Flemings Entdeckung (Foto einer Pilzkultur) ist ein Meilenstein in der Geschichte der Medizin und ermöglicht neue Therapieformen.

Erfolge im Kampf gegen Krankheitserreger

Jahr	Ereignis
1847	Ignaz Philipp Semmelweis erkennt die Ursache des Kindbettfiebers und überwindet es durch Desinfektion mit Chlorwasser.
1854	Louis Pasteur schafft die Grundlage für Asepsis und Antisepsis.
1867	Joseph Lister versucht, Mikroben durch chem. Stoffe zu bekämpfen.
1882	Robert Koch entdeckt den Tuberkelbazillus.
1883	Robert Koch entdeckt den Erreger der Cholera.
1890	Emil von Behring entwickelt das Diphterieserum und begründet die Serumtherapie.

20. Oktober 1928

Völkischer führt DNVP

Der Zeitungsmagnat Alfred Hugenberg wird zum Vorsitzenden der Deutschnationalen Volkspartei (DNVP) gewählt. Damit setzt sich der extreme Flügel der DNVP durch, der die Republik ablehnt und Opposition um jeden Preis betreibt. Hugenbergs Wahl markiert das Scheitern der Bemühungen, die Deutschnationalen in die Republik zu integrieren. Hugenberg tritt für die Wiederherstellung der Monarchie und den Austritt Deutschlands aus dem Völkerbund ein.

Alfred Hugenberg

deutscher Wirtschaftsführer und Politiker,
* 19.6.1865 Hannover; † 12.3.1951 Kükenbruch bei Rinteln

Hugenberg zählte 1891 zu den Mitbegründern des völkisch-imperialistischen Alldeutschen Verbands. Den größten Einfluss übt er durch den Medienkonzern aus, den er seit 1914 aufbaut. 1919 wird er als Deutschnationaler in die Nationalversammlung gewählt. Seine Zusammenarbeit mit Adolf Hitler bei der Kampagne gegen den Youngplan trägt dazu bei, die NSDAP gesellschaftsfähig zu machen.

- 1909-18: Vorsitzender des Krupp-Direktoriums
- 1933: Reichsminister für Landwirtschaft und Ernährung
- 1949: Einstufung als »Mitläufer« bei der Entnazifizierung

1. Oktober 1928

Ein Film ohne Handlung

In Paris findet die Uraufführung des surrealistischen Stummfilms »Der andalusische Hund« statt. Die Spanier Luis Buñuel und Salvador Dalí, die das Drehbuch geschrieben und Regie geführt haben,

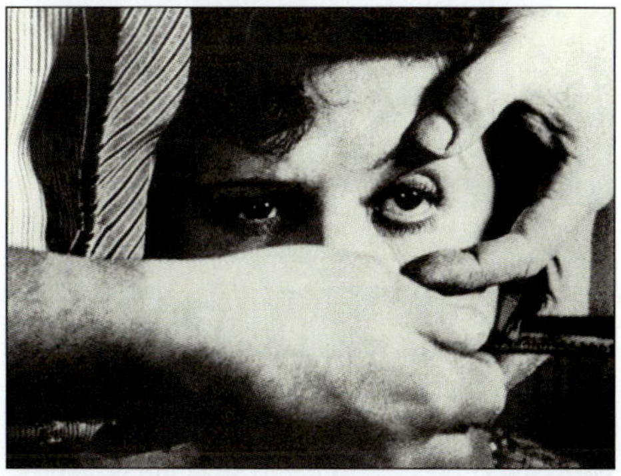

spielen selbst mit. Der Film hat keine Handlung, die Bilderfolgen weisen keinen rationalen Zusammenhang auf, sind allenfalls von der Logik des Traums und des Unbewussten bestimmt. Entscheidender ist jedoch die Absicht der Surrealisten, die Zuschauer zu schockieren, ihr Vertrauen in hergebrachte Ordnungen und Sehweisen zu erschüttern. Besonders schockierend ist die Sequenz, in der ein Auge mit dem Rasiermesser durchschnitten wird (s. Abb.).

Oktober 1928

1 Mo In der Sowjetunion beginnt die Laufzeit des ersten Fünfjahresplans. Sein Ziel ist es, das Wirtschaftswachstum zu fördern. → Film

2 Di Die DVP erklärt, dass ihre Mitglieder nach den antirepublikanischen Äußerungen des Frontkämpferbunds »Stahlhelm« diesem nicht mehr angehören könnten.

3 Mi Die Einschreibung für das Volksbegehren gegen den Bau von Panzerkreuzern beginnt. Der Versuch erreicht nicht die erforderlichen 10% Einschreibungen.

4 Do »Friederike«, die neue Operette des österreichisch-ungarischen Komponisten Franz Lehár, wird im Berliner Metropol-Theater uraufgeführt.

5 Fr Auf ihrem Parteitag in Birmingham beschließt die britische Labour Party ein Wahlprogramm mit Maßnahmen zur Nivellierung sozialer Ungleichheiten.

6 Sa Das Verbot für Reichswehrangehörige, eine Käthe-Kollwitz-Ausstellung in Frankfurt am Main zu besuchen, wird zurückgezogen.

7 So Die Reichsbahn schafft die vierte Klasse ab und erhöht die Preise. +++ Täfari Mäkwännen (Haile Selassie) wird König von Abessinien (Äthiopien). → Nurmi

8 Mo Siemens, AEG und Telefunken gründen die Deutsche Klangfilm-Gesellschaft, die zur Entwicklung des deutschen Tonfilms beitragen soll.

9 Di Der französische Chansonnier Maurice Chevalier verlässt Paris, um in Hollywood mit dem deutschen Regisseur Ernst Lubitsch einen Film zu drehen.

10 Mi Auf ihrem Parteitag in Yarmouth beschließen die britischen Liberalen ein Wahlprogramm, in dem sie u.a. eine Industriereform fordern.

11 Do Die Uraufführung des sowjetischen Stummfilms »Sturm über Asien« von Wsewolod I. Pudowkin findet in der Sowjetunion statt. → Zigarre

12 Fr In der Bostoner Kinderklinik wird erstmals eine Eiserne Lunge verwendet. +++ Der argentinische Präsident Hipólito Irigoyen tritt sein Amt an.

13 Sa Wegen des milderen Klimas reist der lungenkranke sowjetische Schriftsteller Maxim Gorki erneut nach Sorrent (Italien).

14 So Reichspräsident Paul von Hindenburg empfängt die deutschen Olympiasieger dieses Jahres im Präsidentenpalais in Berlin.

15 Mo Zwischen Deutschland und Spanien entfällt der Visumzwang. Für Reisen genügt in Zukunft ein einfacher Pass.

16 Di In der Volksbühne am Berliner Bülowplatz findet die Uraufführung des Dramas »U-Boot S 4« von Günther Weisenborn statt.

17 Mi Nach dreijähriger Restaurierung und zwischenzeitlicher Schließung wird der Mainzer Dom neu eingeweiht.

18 Do In Italien findet die erste Hinrichtung seit Kriegsende statt. +++ George Bernard Shaw veröffentlicht im »Daily Express« einen Artikel über den Völkerbund.

19 Fr Der Bund proletarisch-revolutionärer Schriftsteller (BPRS) wird in Berlin gegründet. Er will die Arbeiterschriftsteller und die proletarische Literatur fördern.

20 Sa Wegen wiederholter Angriffe von völkischen Studenten auf Juden wird die technische Hochschule in Budapest ab Montag geschlossen. → Hugenberg

21 So In Sisak fordern die bäuerlich-demokratischen Oppositionsparteien des Königreichs der Serben, Kroaten und Slowenen eine Föderation und gleiche Rechte.

22 Mo Das Berliner Theater am Palmenhaus wird mit der Uraufführung der Komödie »Bibi, Jugend 1928« von Heinrich Mann eröffnet.

23 Di Die Reichsregierung fordert für die geplante Reichsreform: Stärkung der Reichsgewalt, Aufhebung des Dualismus von Reich und Preußen.

24 Mi Belgien teilt dem US-Reparationsagenten mit, es könne auf die im Dawesplan vorgesehenen Zahlungen Deutschlands nicht verzichten.

25 Do Der Luxuszug »Simplon-Express« und ein Schnellzug stoßen in Rumänien in der Nähe von Slatina zusammen. Das Unglück fordert 31 Todesopfer.

26 Fr Die Deutsche Nationalsozialistische Arbeiterpartei der Tschechoslowakei fordert auf einem Kongress in Teplitz-Schönau kulturelle Autonomie.

27 Sa Das Hultschiner Ländchen, das nach dem Weltkrieg von Deutschland an die Tschechoslowakei fiel, wird neu aufgeteilt.

28 So Aus den Nationalratswahlen in der Schweiz geht die Freisinnig-Demokratische Partei trotz Stimmenverlusten als stärkste Fraktion hervor.

29 Mo Auf dem Luftschiff »Graf Zeppelin« wird auf der Heimreise aus den USA nach Friedrichshafen ein blinder Passagier, ein 19-jähriger Botenjunge, entdeckt.

30 Di Die deutschen Botschafter in Paris, Brüssel, Rom und London beschließen die Einsetzung einer Expertenkommission zur Neuregelung der Reparationsfrage.

31 Mi Der Reichstagsausschuss für Strafrechtsreform erzielt in der Debatte über den Antrag, Gewohnheitsverbrecher zu sterilisieren, keine Einigung.

November 1928

1 Do Obwohl der vorausgegangene Tarifkonflikt schon per Schiedsspruch geklärt ist, sperrt die nordwestdeutsche Stahlindustrie 230 000 Arbeiter aus.

2 Fr Nach fünfjähriger Ruhe bricht der Vulkan Ätna auf Sizilien wieder aus. Zahlreiche Ortschaften werden verschüttet.

3 Sa Reichsaußenminister Gustav Stresemann kehrt nach einem Kur- und Erholungsurlaub nach Berlin zurück und nimmt die Geschäfte wieder auf. → Autoboom

4 So Der liberale Politiker General José Moncada wird zum Präsidenten von Nicaragua gewählt. +++ In Frankfurt/Main wird der neue Sportpalast eröffnet.

5 Mo Die Bevölkerung bereitet dem Piloten des Luftschiffs »Graf Zeppelin«, Hugo Eckener, bei seiner Ankunft in Berlin einen begeisterten Empfang.

6 Di Die Bergwerke der Krupp AG fördern weniger Kohle, weil die Eisenindustrie aufgrund des Arbeitskampfes weniger Rohstoffe benötigt. → Hoover

7 Mi Die polnisch-litauische Konferenz in Königsberg, die Grenzstreitigkeiten beilegen sollte, geht ohne Ergebnis zu Ende.

8 Do In der Pariser Oper wird der Kriegsfilm »Verdun« von Léon Poirier im Beisein hoher französischer Armeeoffiziere uraufgeführt.

9 Fr Der zehnte Jahrestag der Ausrufung der Republik wird in Deutschland gefeiert. Reichsinnenminister Carl Severing hält eine Rundfunkansprache.

10 Sa Der seit Ende 1926 amtierende japanische Kaiser Hirohito wird in der Kaiserstadt Kyoto zusammen mit seiner Frau inthronisiert. → »Im Westen nichts Neues«

11 So Der französische Ministerpräsident Raymond Poincaré, der nach einem koalitionsinternen Streit zurückgetreten war, präsentiert sein neues Kabinett.

12 Mo Beim Untergang des britischen Dampfers »Vestris« vor Norfolk (US-Bundesstaat Virginia) kommen 115 Menschen ums Leben.

13 Di Der Regisseur Max Reinhardt eröffnet in der österreichischen Hauptstadt Wien eine Schauspiel- und Regieschule, das sog. Reinhardt-Seminar.

14 Mi Die Reichsregierung beschließt die Aufstockung ihres Aktienanteils an der Emelka-Filmgesellschaft, um eine Monopolstellung des Ufa-Konzerns zu verhindern.

15 Do Der italienische Senat in Rom genehmigt das Gesetz über die Erhebung des Großen Faschistenrats zum verfassungsmäßigen Organ.

16 Fr Erstmals nach Aufhebung seines Redeverbots in Preußen spricht der NSDAP-Vorsitzende Adolf Hitler in Berlin. 16 000 Anhänger finden sich dazu ein.

17 Sa Die Opelwerke weisen Gerüchte zurück, dass ein Verkauf an den US-Automobilkonzern General Motors unmittelbar bevorstehe.

18 So Der Vorsitzende der rechtsgerichteten DNVP, Alfred Hugenberg, fordert zu einem Zusammengehen mit dem rechtsextremen »Stahlhelm« auf. → Walt Disney

19 Mo Reichsaußenminister Gustav Stresemann bekennt sich in einer Rede vor dem Reichstag zur Politik der Aussöhnung mit den westlichen Nachbarn.

20 Di Der Sender Königs Wusterhausen bei Berlin strahlt probeweise die ersten Bildfunk-Sendungen aus und läutet damit die Ära des Fernsehens in Deutschland ein.

21 Mi In einem Fußball-Freundschaftsspiel unterliegt die Berliner Städtemannschaft einer Wiener Auswahl vor heimischem Publikum 1:4.

22 Do Im Petersdom in Rom wird ein Denkmal für die Opfer des Weltkrieges, geschaffen von dem italienischen Bildhauer Pietro Canonica, enthüllt. → Rhythmus

23 Fr Der britische König Georg V. ist ernstlich an einer Lungenentzündung erkrankt. +++ Trotz Verbotes findet in Berlin ein Umzug der NSDAP statt.

24 Sa Im Neuen Theater in Frankfurt am Main wird »Die Lederknöpfe«, ein Stück des expressionistischen Dramatikers Georg Kaiser, uraufgeführt.

25 So In Salzburg wird die katholische Universität vom österreichischen Bundeskanzler Ignaz Seipel, der selbst von 1909-17 dort tätig war, wieder eröffnet.

26 Mo Von einer Sturmkatastrophe an der Nordseeküste ist die nordfriesische Insel Sylt am schwersten betroffen. Auch der neue Hindenburgdamm wird beschädigt.

27 Di Herbert Hoover, dessen erste Auslandsreise nach der Wahl zum US-Präsidenten nach Lateinamerika führt, trifft in Honduras ein.

28 Mi Der Landtag von Mecklenburg-Schwerin lehnt mit einer Mehrheit von 26 zu 24 Stimmen einen Antrag der Deutschnationalen auf Auflösung ab.

29 Do Der Reichsrat in Berlin, die Vertretung der deutschen Länder, nimmt den Handels- und Schifffahrtsvertrag mit der Südafrikanischen Union an.

30 Fr Nach den Wahlen zum australischen Repräsentantenhaus verfügt die Regierung nur noch über eine Mehrheit von neun Mandaten (vorher 29).

22. November 1928

Mitreißender Rhythmus

Am Théâtre National de l'Opéra wird das Ballett »Boléro« von Maurice Ravel uraufgeführt. Die Choreografie stammt von Ida Rubinstein, der das Werk gewidmet ist. Das 17-minütige Stück, dessen Wirkung aus der rituellen Wiederholung eines einfachen Themas bei gleichzeitigem Orchestercrescendo besteht, reißt das Publikum zu Begeisterungsstürmen hin. »Keine wirkliche Form, keine Entwicklung, keine oder fast keine Modulation; ... nichts als Rhythmus und Orchester«, kommentiert der Komponist bescheiden sein Werk.

29. Dezember 1928

Indien fordert Souveränität

In der britischen Kolonie Indien tritt eine Allparteienkonferenz zusammen, um darüber zu beraten, wie der bereits 1927 von den Briten eingesetzten Verfassungskommission zu begegnen sei. Ein unter Federführung von Motilal Nehru ausgearbeiteter Verfassungsentwurf fordert, Indien den Dominionstatus zu verleihen. Den radikalen Politikern – darunter der Sohn Motilal Nehrus, Jawaharlal Nehru, und der bengalische Fraktionsführer im Kongress, Subhas Chandra Bose, – erscheint der Dominionstatus nicht ausreichend. Sie fordern die Unabhängigkeit. Als Kompromiss werden der Dominionstatus bereits zum 31. Dezember und Verhandlungen über die Unabhängigkeit vereinbart.

6. November 1928

Hoover gewinnt Wahlen

Herbert C. Hoover (s. Abb.), Kandidat der Republikaner, geht als Sieger aus den Präsidentschaftswahlen in den USA hervor. Er erhält 21,4 Mio. Wähler- und damit 444 Wahlmännerstimmen, sein Gegenkandidat von den Demokraten, Alfred E. Smith, kann nur 15 Mio. Wähler- und 87 Wahlmännerstimmen auf sich vereinigen.

Hoover, der die Nachfolge seines Parteifreundes Calvin Coolidge antritt, hat von den Erfolgen der Wirtschaftspolitik, die mit ihm als Handelsminister verknüpft sind, profitieren können. Die programmatischen Gegensätze der Kandidaten waren nur gering, als entscheidend wirkten sich ihre charakterlichen Unterschiede aus.
Bei den gleichzeitig stattfindenden Kongresswahlen bestätigt sich der Erfolg der Republikaner. Sie gewinnen im Senat sieben, im Repräsentantenhaus 30 Sitze hinzu. Hoover, von Beruf Bergbauingenieur, wird am 12. Januar 1929 vom Wahlmännergremium gewählt.

18. November 1928

Maus erober

Micky Maus (r.) – hier mit Partnerin Minnie – wird zum Star.

3. November 1928

Autoboom ohne Ende

Die Bayerischen Motorenwerke (BMW) übernehmen für einen Kaufpreis von 10 Mio. Reichsmark die angeschlagene Automobilfirma Dixi-Werke in Eisenach. BMW, bisher Hersteller von Motorrädern, steigt damit in die Produktion eigener Automobile ein.
Die Automobilbranche im In- und Ausland boomt. Immer mehr und immer luxuriösere Karossen kommen auf den Markt. Ende des Jahres wird das Modell J von Duesenberg (s. Abb.) in Indianapolis (USA) vorgestellt. Der Achtzylinder ist der leistungsstärkste, schnellste und zugleich der teuerste amerikanische Personenwagen seiner Zeit. Die Brüder Fred und August Duesenberg liefern mit dem Typ J ihr Meisterstück ab. Der 6,8 l-Motor mit einer Leistung von 265 PS beschleunigt den Wagen auf maximal 185 km/h. Zusätzlich zu dem riesigen Motor und der luxuriösen Karosserie bietet das Duesenberg-Modell eine aufwändige Ausstattung mit Ledersitzen.

ollywood

Im Colony-Theater in Manhattan hat mit »Steamboat Willie« (»Dampfschiff Willie«) jener Film Premiere, der dem Zeichner und Filmproduzenten Walt Disney zum endgültigen Durchbruch verhilft. Es ist Disneys dritter Film mit der Micky-Maus-Figur und sein erster vertonter Trickfilm. Sein Mitarbeiter Ub Iwerks erfand die Micky Maus, die mit dem Enterich Donald, dem Hund Pluto und dem fliegenden Elefanten Dumbo zu den Stars der Disney-Studios zählt.
Seit 1922 arbeitet Disney in Hollywood, ohne aber feste Verträge zu haben. Seine Serie »Alice in Cartoonland« bringt ihm erste kommerzielle Erfolge. Nach dem Durchbruch des Tonfilms beschließt Disney, das neue Verfahren für den Trickfilm zu verwenden. »Dampfschiff Willie« ist das wegweisende Resultat. Disneys Trickfilme beruhen auf visuellen Gags. Der Ton wird weniger für Dialoge als vielmehr für eine perfekt auf die Handlung zugeschnittene musikalische Unterlegung genutzt. Die berühmteste Szene aus »Dampfschiff Willie« zeigt Micky und Minnie, wie sie Tiere als Musikinstrumente benutzen. Musik, Geräusche und Handlung verschmelzen zu einem harmonischem Ganzen. Ab 1937 wendet sich Disney verstärkt abendfüllenden Farbfilmen zu. Nach dem Märchen der Gebrüder Grimm entsteht »Schneewittchen und die sieben Zwerge«. Der Aufwand übersteigt alles auf dem Sektor des Animationsfilms bislang Dagewesene. Die Produktionszeit beträgt drei Jahre statt veranschlagter 18 Monate.

Walt Disney

US-Trickfilmzeichner und Filmproduzent,
* 5.12.1901 Chicago; † 15.12.1966 Burbank (Kalifornien)

Disneys Leinwandhelden begeistern auch heute noch die Kinder in aller Welt. Neben Micky Maus verhilft er Donald Duck, Mary Poppins, Pinocchio und Bambi zu Weltruhm und sich selbst zu einem gewaltigen Filmimperium. Mit der Vermarktung seiner Figuren geht Disney neue Wege.

- 1919: Reklamezeichner
- 1923: Gründung der Disney Company
- 1950: Erster Spielfilm »Die Schatzinsel« (dt. 1952)

Die Kosten wachsen um das Sechsfache von 250 000 auf 1,5 Mio. Dollar. 570 Zeichner fertigen über 1 Mio. Einzelbilder an. Disney ist nach 1945 auch mit Spiel- und Naturfilmen erfolgreich.

10. November 1928

»Im Westen nichts Neues« zeigt das Grauen des Krieges

In der »Vossischen Zeitung« beginnt der Vorabdruck des Antikriegsromans »Im Westen nichts Neues« von Erich Maria Remarque. Das Buch, das im Januar 1929 in Ullsteins Propyläen-Verlag herauskommt und 1930 vom US-Regisseur Lewis Milestone verfilmt wird, entwickelt sich zu einem der größten Publikumserfolge und zu einem der meistgelesenen Werke der ersten Jahrhunderthälfte.
Die erste Auflage ist bereits vor dem Erscheinungstermin vergriffen, die Weltauflage des Romans wird auf 8 Mio. Exemplare geschätzt. »Im Westen nichts Neues« löst einen regelrechten Boom von Kriegsbüchern aus und ruft heftige literarische und politische Diskussionen hervor. Der Erfolg des Romans kommt völlig überraschend. Der S. Fischer Verlag und wahrscheinlich noch andere Verlage hatten das Buch mit der Begründung abgelehnt, vom Krieg wolle niemand etwas wissen. Die Leser jedoch fühlen sich von dem Inhalt, dem lange verdrängten oder in chauvinistischer Weise dargestellten Thema Krieg und von der Behandlung des Stoffes angesprochen. Remarque schildert den Krieg aus der Perspektive des einfachen Soldaten, des von der Schulbank weg eingezogenen Paul Bäumer. Er will zeigen, wie der Krieg wirklich war. In kurzen, aneinandergereihten Szenen, die dem Roman den Charakter

eines Lesefilms geben, führt der 1898 als E. Paul Remark in Osnabrück geborene Journalist die Schikanen der Militärausbildung, das Grauen des Trommelfeuers und der Gasangriffe, die Ängste und Leiden der einfachen Soldaten vor (Abb.: Filmszene). Remarque schildert die Auswirkungen des Krieges, er liefert keine Analyse der Kriegsursachen. Sein Ansatz löst bei Konservativen und Nationalisten vehemente Kritik aus, Linke und Linksliberale loben hingegen das Werk.

Dezember 1928

1 Sa Neuer Präsident von Mexiko wird Emilio Portes Gil. +++ Die Oper »Die schwarze Orchidee« von Eugen d'Albert hat in Leipzig Premiere.

2 So Wegen eines Bummelstreiks der Postbeamten lagern 700 000 Postsendungen auf dem Wiener Postamt. Die Streikenden erkämpfen eine Prämienerhöhung.

3 Mo In Afghanistan kommt es wegen der Europäisierungsanstrengungen von König Aman Ullah zu schweren Unruhen islamischer Fundamentalisten.

4 Di Die französische Zeitungsverlegerin Marthe Hanau wird in Paris verhaftet. Ihr werden betrügerische Börsengeschäfte vorgeworfen.

5 Mi Die Berliner Ärztekammer spricht sich für ein Gesetz aus, das die »Sterilisierung fortpflanzungsunwürdiger Menschen« regeln soll.

6 Do Schleswig-holsteinische Amts- und Gemeindevorsteher verurteilen die Übergriffe von Landwirten, die ihre Steuern nicht zahlen können, auf Steuerbeamte.

7 Fr »Der Lügner und die Nonne«, ein Schauspiel von Curt Goetz, gelangt an den Hamburger Kammerspielen zur Uraufführung.

8 Sa Regierungstruppen gehen mit Gewalt gegen streikende Arbeiter auf den Bananenplantagen von Kolumbien vor. 15 Streikende werden erschossen.

9 So Am Vorabend der Eröffnung der Sitzung des Völkerbundrats in Lugano finden die ersten Gespräche über die Neuregelung der Reparationszahlungen statt.

10 Mo In Stockholm werden die Nobelpreise verliehen. Einziger deutscher Preisträger ist der Chemiker Adolf Windaus. Der Friedensnobelpreis wird nicht verliehen.

11 Di Ein Verkehrsflugzeug stürzt bei Letzlingen in der Altmark ab. Alle drei Besatzungsmitglieder sterben, der einzige Passagier überlebt schwerverletzt.

12 Mi Reichskanzler Hermann Müller erklärt in einer politischen Rede, dass ein Anschluss Österreichs durch den Versailler Vertrag möglich sei.

13 Do »Ein Amerikaner in Paris« von George Gershwin hat in New York Premiere. +++ Der freisinnige Politiker Robert Haab wird Bundespräsident der Schweiz.

14 Fr Norwegen gedenkt mit einem Trauertag des Polarforschers Roald Amundsen, der seit dem Absturz seines Luftschiffs am 25. Mai verschollen ist.

15 Sa In der Sowjetunion wird ein neues Landgesetz verabschiedet, dass die Zupachtung von Land durch die Großbauern erheblich einschränkt.

16 So Die deutsche Erstaufführung von »Schwanda, der Dudelsackpfeifer«, einer Oper von Jaromir Weinberger, findet in Breslau statt.

17 Mo Der US-Botschafter in Berlin, Jacob Schurman, wird zum Ehrenbürger der Stadt Heidelberg ernannt. Er hatte Geldsammlungen für die Universität veranlasst.

18 Di Bolivien akzeptiert, dass die panamerikanische Schiedsgerichtskonferenz im Grenzkonflikt mit Paraguay vermittelt.

19 Mi Carl Petersen (DDP) wird vom Hamburger Senat erneut zum Bürgermeister der Freien und Hansestadt Hamburg gewählt.

20 Do Der britische Gesandte in Peking, Sir Miles Lampson, erkennt im Auftrage seines Landes die Kuomintang-Regierung offiziell an.

21 Fr Das Zentralkomitee der Kommunistischen Partei der Sowjetunion fasst einen Beschluss über die »Buchversorgung des Massenlesers«.

22 Sa Die britische Illustrierte »Illustrated London News« veröffentlicht erstmals ein Foto des als Gottheit verehrten zweijährigen Dalai Lama.

23 So In der »Berliner Illustrirten« wird ein Aufsatz des Schriftstellers Thomas Mann veröffentlicht, der sich mit der Frage beschäftigt, ob Fotografie Kunst sei.

24 Mo »Victor oder Die Kinder an der Macht« von Roger Vitrac wird in der Regie von Antonin Artaud in Paris uraufgeführt.

25 Di Die »Vossische Zeitung« veröffentlicht eine Umfrage über den »Mann von Heute«, an der sich u.a. Frauenrechtlerinnen beteiligen.

26 Mi Der Polizeiagent von Agram (Zagreb), Alfred Grauner, wird im größten Kaffeehaus der kroatischen Stadt niedergeschossen und schwerverletzt.

27 Do Der US-Reparationsagent in Berlin, Parker Gilbert, schlägt den Wirtschaftsexperten Owen D. Young als Sachverständigen für die Reparationskonferenz vor.

28 Fr Eine Kommission legt den Entwurf für ein sozialdemokratisches Wehrprogramm der SPD vor. Es enthält die Forderung nach allgemeiner Abrüstung.

29 Sa Die Sowjetunion fordert Polen und Litauen, zwischen denen es Grenzstreitigkeiten gibt, auf, den Briand-Kellogg-Pakt zu ratifizieren. → Indien

30 So Die aus der KPD ausgeschlossene Rechtsopposition um Heinrich Brandler, August Thalheimer u.a. gründet eine eigene kommunistische Partei.

31 Mo Am letztmöglichen Termin wird in beiden Kammern des französischen Parlaments das Staatsbudget für 1929 verabschiedet.

Januar 1929

1 Di José María Moncada, dessen Wahl von den USA unterstützt worden war, wird als Präsident Nicaraguas vereidigt.

2 Mi Der preußische Landtag in Berlin lehnt ein von den Kommunisten eingebrachtes Misstrauensvotum gegen die Regierung von Otto Braun (SPD) ab.

3 Do Der Streik in der norddeutschen Werftindustrie geht nach fast 14 Wochen durch einen Schiedsspruch zu Ende. Er sieht u.a. leichte Lohnerhöhungen vor.

4 Fr Der deutsche Schwergewichtsboxer Max Schmeling gewinnt im Rahmen seiner USA-Tournee in New York gegen Joe Sekyra (USA) nach Punkten.

5 Sa Bei der deutschen Erstaufführung des Stücks »Orpheus« von Jean Cocteau in Berlin führt Gustaf Gründgens Regie. → Jugoslawien

6 So Heinrich Himmler wird zum Reichsführer SS (Schutzstaffel) ernannt. Er baut die Organisation zu einer Elitetruppe für den NSDAP-Chef Adolf Hitler aus.

7 Mo Das US-Armeeflugzeug »Question Mark«, das in der Luft aufgetankt werden kann, stellt mit 150:46 h einen Dauerflug-Weltrekord auf. → Tarzan

8 Di Der experimentelle Film »Der Mann vor der Kamera«, eine Arbeit des sowjetischen Regisseurs Dsiga Wertow, wird in Kiew uraufgeführt.

9 Mi Die Reichsregierung ernennt Reichsbankpräsident Hjalmar Schacht und den Industriellen Albert Vögler zu Sachverständigen der Reparationskonferenz.

10 Do In Ankara beschließt das türkische Parlament, europäische Maße und Gewichte einzuführen sowie den wöchentlichen Ruhetag auf Sonntag zu verlegen.

11 Fr Julius Klepper, Redakteur der kommunistisch orientierten Kölner Zeitung »Sozialistische Republik«, wird wegen Beleidigung verurteilt. → Siebenstundentag

12 Sa In der Berliner Philharmonie wird »Fünf Wünsche«, ein Ballett des österreichischen Operettenkomponisten Ralph Benatzky, uraufgeführt.

13 So Die Zahl der Arbeitslosen in Deutschland steigt stetig an. Knapp 2 Mio. sind erwerbslos. Ende Februar steigt die Zahl bereits auf über 3 Mio. → Afghanistan

14 Mo Die schwedische Prinzessin Märtha, Tochter des Herzogs von Westgotland, verlobt sich mit dem norwegischen Kronprinzen Olaf.

15 Di Das Tanger-Statut, das die Verwaltungsrichtlinien für die internationale Zone an der Straße von Gibraltar festlegt, tritt in Kraft.

16 Mi Das Heimkehrerdrama »Karl und Anna« von Leonhard Frank wird an mehreren deutschen Bühnen zugleich uraufgeführt.

17 Do Der Film »Ich küsse Ihre Hand, Madame« von Robert Land hat in Berlin Premiere. +++ US-Präsident Calvin Coolidge unterzeichnet den Briand-Kellogg-Pakt.

18 Fr Unter Androhung eines Streiks fordert die bayerische Landesbauernkammer die Reichsregierung ultimativ auf, die Steuern für Landwirte zu senken.

19 Sa Der Journalist Oskar Pöffel, der einen Kollegen bei einer Gerichtsverhandlung niedergeschossen hatte, wird vom Wiener Schwurgericht freigesprochen.

20 So Der NSDAP-Vorsitzende Adolf Hitler stellt auf einer Führertagung den Grundsatz auf, dass Jugendorganisationen von Jugendlichen geleitet werden sollen.

21 Mo Litauen ratifiziert den Briand-Kellogg-Pakt zur Ächtung eines Angriffskriegs. +++ Die Sowjetunion begeht den fünften Todestag von Wladimir I. Lenin.

22 Di Der Konstrukteur Max Valier führt in Schleißheim bei München einen Bob vor, der mit acht beim Start gezündeten Raketen angetrieben wird.

23 Mi Die Reichstagsfraktion der Bayerischen Volkspartei spricht sich aus »sozialen Gründen« gegen eine Erhöhung der Biersteuer aus.

24 Do Der konservative britische Politiker Stanley Baldwin eröffnet in einer Massenversammlung in Newcastle den Wahlkampf für die Parlamentswahlen.

25 Fr Die Stadt Kaiserslautern streicht aus Ersparnisgründen den Posten des Theaterintendanten und verkürzt die jährliche Spielzeit auf acht Monate.

26 Sa Der Aufsatz »Zur einheitlichen Feldtheorie« von Albert Einstein, eine Erweiterung von dessen Relativitätstheorie, wird veröffentlicht.

27 So Der Freundschaftsvertrag zwischen Italien und dem Königreich der Serben, Kroaten und Slowenen läuft aus, ohne dass er verlängert wird.

28 Mo Nach der Tschechoslowakei ratifiziert auch das Königreich der Serben, Kroaten und Slowenen den Briand-Kellogg-Pakt zur Ächtung des Angriffskriegs.

29 Di Der von der sowjetischen Parteiführung ausgewiesene Oppositionelle Leo D. Trotzki verlässt sein Heimatland in Richtung Türkei.

30 Mi In Berlin wird ein spektakulärer Bankraub aufgedeckt. Die Täter sind durch einen eigenhändig gegrabenen Tunnel in den Tresorraum eingedrungen.

31 Do Der Roman »Im Westen nichts Neues« von Erich Maria Remarque erscheint im Ullstein-Propyläen-Verlag. Zuvor wurde er bereits in einer Zeitung veröffentlicht.

5. Januar 1929

Königsdiktatur in Jugoslawien

Die anhaltende Regierungskrise im Königreich der Serben, Kroaten und Slowenen (künftig: Jugoslawien) löst König Alexander I. Karadordevič gewaltsam, indem er die Verfassung außer Kraft setzt, die Nationalversammlung auflöst und die Königsdiktatur ausruft. Weitere Schritte zur Einschränkung der demokratischen Rechte sind die Aufhebung der Pressefreiheit und das Verbot der politischen Parteien mit regionalem und konfessionellem Charakter. Insbesondere die kroatische Bauernpartei hatte die Verfassung von 1921, die einen antiföderalistischen Einheitsstaat ohne kroatische Autonomie vorsah, bekämpft und eine Staatskrise heraufbeschworen. 1928 war die Krise offen ausgebrochen, als die Kroaten ein separatistisches Parlament konstituierten. König Alexander, der seit 1914 für seinen kranken Vater Alexander I. Obrenović die Staatsgeschäfte führt, macht den Parlamentarismus für die Gefährdung der Einheit des Landes verantwortlich. Weder als Regent noch als König (seit 1921) des 1918 gegründeten Königreichs der Serben, Kroaten und Slowenen gelang es ihm, die ethnischen und religiösen Gegensätze zu überwinden.

14. Februar 1929

Blutbad am Valentinstag

Zu einem blutigen Höhepunkt der Chicagoer Bandenkriege in den zwanziger Jahren kommt es am Valentinstag. Der Mafiaboss Al Capone entledigt sich seiner letzten Rivalen um die Kontrolle des städtischen Glücksspiel- und Alkoholgeschäfts durch einen raffiniert ausgeheckten Anschlag (s. Abb.). Fünf seiner Männer, davon drei in Polizistenuniformen, stellen sieben Mitglieder von George »Bugs« Morans Gang in einer Garage. Als diese sich mit erhobenen Händen aufstellen, werden sie erschossen. Die Verkleidung als Polizisten sollte bewirken, dass Anwohner keinen Verdacht schöpften.

Al Capone

ital.-amerikanischer Mafiaboss, * 17.1.1899 Neapel; † 25.1.1947 Miami

Während der Prohibition steigt »Scarface« (»Narbengesicht«) mit Alkoholschmuggel, Schutzgelderpressung, Prostitution und Glücksspiel zum meistgefürchteten Bandenchef der Chicagoer Unterwelt auf. Dem Herrscher über ein 100 Mio.-Dollar-Imperium konnte sein schwerkriminelles Tun niemals nachgewiesen werden. Verurteilt wurde er lediglich wegen Steuerhinterziehung und illegalem Waffenbesitz.

- 1914: Einwanderung der Familie in die USA
- 1920: Übernahme der Bande von John Torrio
- 1931: Verurteilung zu elf Jahren (1939 vorzeitig entlassen)

7. Januar 1929

Tarzan startet durch

Zwei Comicfiguren neuen Typs, »Tarzan« und »Buck Rogers«, die später zu Klassikern werden, erscheinen erstmals in US-Groschenheftchen bzw. Zeitungen. Comics – mit Texten kombinierte Bildergeschichten, die sich beim Publikum als visualisierte Form der Unterhaltungsliteratur immer größerer Beliebtheit erfreuen, gibt es seit

Comicfiguren und ihre Schöpfer

Jahr	Name	Erfinder (Land)
1896	Yellow Kid	Richard Outcault (USA)
1897	Katzenjammer Kids	Rudolph Dirks (USA)
1905	Little Nemo	Winsor McCay (USA)
1913	Crazy Kat	George Herriman (USA)
1921	Felix the Cat	Pat Sullivan (USA)
1928	Micky Maus	Walt Disney/Ub Iwerks (USA)
1929	Tarzan Tim und Struppi Popeye Buck Rogers	Hal Forster (USA) Hergé (Belgien) Elsie C. Segar (USA) Hugo Gernsback (USA)
1930	Blondie Tobias Seicherl	»Chic« Young (USA) Ladislaus Kmoch (Ö)

dem Ende des 19. Jahrhunderts. Sie erscheinen zunächst in regelmäßigen Fortsetzungen in Zeitungen und Zeitschriften, später auch als selbstständige Hefte und Bücher.

Buck Rogers, so der Ausgangspunkt aller späteren Folgen, wacht nach einem Flugzeugunglück

11. Januar 1929

ZK beschließt 7-Stunden-Tag

Um zu verdeutlichen, dass die Verbesserung der Arbeitsbedingungen der Arbeiterschaft (Abb.: sowjetische Bergarbeiter) Priorität hat, beschließt das ZK der KPdSU die Einführung des Siebenstundentags. In neu zu gründenden Betrieben soll die Neuregelung ab sofort gelten, ältere Betriebe sollen bis zum Stichtag am 1. Oktober 1930 ihre Arbeitszeit umstellen. Zugleich wird im ZK diskutiert, mit welchen Mitteln die Industrialisierung des Landes erreicht werden könne. Hatten zunächst die Vorstellungen des Parteitheoretikers Nikolaj I. Bucharin im Vordergrund gestanden, wonach die einzelnen Wirtschaftszweige gleichmäßig zu entwickeln seien, setzt sich nun bei KPdSU-Generalsekretär Stalin die Vorstellung einer forcierten Industrialisierung bei gleichzeitiger beschleunigter Kollektivierung der Landwirtschaft durch.

Oben: Mit dem Comic »Tim und Struppi« bricht der Belgier Hergé in die Phalanx der US-Comiczeichner ein. Links: Tarzan-Comic nach der Vorlage von Edgar Rice Burroughs

mit anschließender Gasvergiftung aus tiefer Bewusstlosigkeit im Jahre 2419 auf. Er sieht die Vereinigten Staaten von grausamen, schlitzäugigen Menschen erobert, gegen die er sich immer wieder erfolgreich zur Wehr setzt. Der Schöpfer der Figur, Hugo Gernsback, bringt damit erstmals Elemente des Science-Fiction in das Genre ein. Tarzan hingegen, »Affenmensch« und Sohn eines englischen Lords, stiftet im afrikanischen Urwald Frieden zwischen Eingeborenen und weißen Eindringlingen. Einen Schritt weiter von der Harmlosigkeit hin zur gesellschaftskritischen Unterhaltung geht der belgische Zeichner Hergé (eigentl.: Georges Rémi), der etwa in der Bildergeschichte »Tim in der Sowjetunion« die Abenteuer eines Reporters im Sozialismus beschreibt.

13. Januar 1929

Afghanistans König dankt ab

Zugunsten seines Bruders Inajat Ullah entsagt der afghanische König Aman Ullah in innenpolitisch verworrener Lage dem Thron. Aman Ullah war mit einem gegen die islamische Geistlichkeit gerichteten Europäisierungsprogramm nach türkischem Muster gescheitert. Dieses hatte den Zorn verschiedener Volksgruppen geweckt und zu Aufständen geführt.
Der neue Herrscher Inajat Ullah soll zwar über das Vertrauen der Geistlichkeit verfügen, wird aber schon nach wenigen Tagen von Rebellen aus der Hauptstadt Kabul vertrieben. Der Führer der aufständischen Gebirgsstämme der Khughianis und Schinwaris, Bacha Sakao, ruft sich am 17. Januar als Habib Ullah Ghasi zum König aus. Daraufhin zieht Aman Ullah seine Abdankung zurück. Am gleichen Tag lässt sich ein weiterer Rebell, Ali Achmed Khan, zum Herrscher ausrufen. Tatsächlich beherrscht jedoch in den folgenden Monaten keiner dieser vier Personen ganz Afghanistan. Die Kämpfe zwischen den verfeindeten Fraktionen gehen weiter, so dass die europäischen Gesandtschaften wegen der unübersichtlichen Lage das Land verlassen und in die Heimat zurückkehren.

11. Februar 1929

Vatikan wird souverän

Der italienische Ministerpräsident und »Duce« Benito Mussolini (Abb.: sitzend rechts) und Kardinalstaatssekretär Pietro Gasparri (Abb.: Mitte) unterzeichnen in Rom die Lateranverträge. Mit ihnen

wird der souveräne Vatikanstaat neu geschaffen, der 1870 unter dem Protest des Heiligen Stuhls in das Königreich Italien eingegliedert worden war. Die nun vollzogene Aussöhnung stärkt das Ansehen Mussolinis im Ausland, sichert ihm das Wohlwollen der katholischen Kirche und trägt zur Festigung der faschistischen Macht in Italien bei.

Februar 1929

1 Fr Der neue Tarifvertrag in der deutschen Kali-Industrie tritt in Kraft. Die tägliche Schichtzeit unter Tage wird auf acht Stunden begrenzt.

2 Sa Im Rahmen seiner USA-Reise besiegt der deutsche Schwergewichtsboxer Max Schmeling in New York Johnny Risco vor 15 000 Zuschauern.

3 So Die Norwegerin Sonja Henie gewinnt die Weltmeisterschaft im Eiskunstlauf der Damen in Budapest. Die Österreicher Lilly Scholz/Otto Kaiser siegen im Paarlauf.

4 Mo Der britische Schatzkanzler Winston Churchill betont vor dem Unterhaus, die Regierung strebe eine baldige Regelung der Reparationsfrage an.

5 Di Der südirische Nationalistenführer Eamon de Valera wird bei der Einreise in die zu Großbritannien gehörende nordirische Provinz Ulster verhaftet.

6 Mi Mit 288 gegen 127 Stimmen ratifiziert der Reichstag in Berlin den Briand-Kellogg-Pakt zur Ächtung eines Angriffskrieges als Mittel der Politik.

7 Do Der Handelsvertrag zwischen Deutschland und Litauen wird vom Reichstag in zweiter und dritter Lesung beraten und angenommen.

8 Fr Als Reaktion auf eine faschistische Großkundgebung in Turin führen unbekannte Täter einen Bombenanschlag auf die Turiner Zeitung »Unione« durch.

9 Sa In Moskau wird das Litwinow-Protokoll, ein Nichtangriffs-Abkommen zwischen Estland, Lettland, Rumänien, der Sowjetunion und Polen, unterzeichnet.

10 So Nach internen Auseinandersetzungen tritt der Friedensnobelpreisträger Ludwig Quidde vom Vorsitz der Deutschen Friedensgesellschaft zurück.

11 Mo Leo D. Trotzki trifft in Konstantinopel (Istanbul) ein. +++ In den Karnevalshochburgen Köln, Mainz und Düsseldorf finden Rosenmontagszüge statt. → Vatikan

12 Di Reichsbankpräsident Hjalmar Schacht macht in Paris den deutschen Standpunkt deutlich, dass die Reparationszahlungen gesenkt werden müssten.

13 Mi Das Zentralkomitee der Kommunistischen Partei in der Sowjetunion beschließt ein Gesetz zur Herabsetzung von Steuern in der Landwirtschaft.

14 Do Wegen »Verletzung des öffentlichen Anstands« erteilen die Münchener Behörden der US-Tänzerin Josephine Baker Auftrittsverbot. → Valentinstag

15 Fr Erwin Bumke wird auf Vorschlag des Reichsrats, der Vertretung der deutschen Länder, zum Präsidenten des Reichsgerichts ernannt.

16 Sa Der Stummfilm »Das brennende Herz« von Ludwig Berger wird im Ufa-Palast am Zoo in Berlin uraufgeführt.

17 So Auf ihrer Tagung in Leipzig wählt die Deutsche Liga für Menschenrechte u.a. Albert Einstein, Ernst Toller, Thomas Mann und Arnold Zweig in den Vorstand.

18 Mo Der aus der Sowjetunion ausgewiesene Oppositionelle Leo D. Trotzki richtet ein Asylgesuch an Deutschland, das abschlägig beschieden wird.

19 Di Reichstagspräsident Paul Löbe ersucht den Ältestenausschuss des Parlaments um mehr Vollmachten zur Sicherung der Ordnung bei Plenarsitzungen.

20 Mi Ein königliches Dekret verfügt als Reaktion auf die Militärrevolte vom 30. Januar in Spanien die vorübergehende Auflösung der Artilleriekorps.

21 Do In der Carnegie Hall in New York wird unter der musikalischen Leitung von Arturo Toscanini die Oper »Feste Romane« von Ottorino Respighi uraufgeführt.

22 Fr In der spanischen Stadt Segovia kommt es zu schweren Unruhen, als die angeordnete Auflösung des Artilleriekorps vollzogen wird.

23 Sa Wegen des Bürgerkriegs in Afghanistan verlassen die europäischen Gesandtschaften mit britischen Flugzeugen die Hauptstadt Kabul.

24 So Die Oper »Der Tenor« von Ernst von Dohnányi wird in Nürnberg uraufgeführt. +++ Mit einer Plakataktion wird die Reichsunfallwoche in Berlin eröffnet.

25 Mo Die Pariser Zeitung »Quotidien« berichtet, dass beim Bau einer Eisenbahn im Kongogebiet wegen mangelhafter Organisation 25 000 Schwarze gestorben seien.

26 Di Reichspräsident Paul von Hindenburg bekräftigt seine Ehrenmitgliedschaft in der rechtsgerichteten paramilitärischen Organisation »Stahlhelm«.

27 Mi Der Atlantikflieger Charles Lindbergh erlebt in Mexiko-Stadt nach einem Vergnügungsflug mit seiner Verlobten Anne Morrow eine Bruchlandung.

28 Do Der Zentrumsabgeordnete Clemens Lammers legt unter Hinweis auf die »Gesamtentwicklung des Parlamentarismus« sein Reichstagsmandat nieder.

März 1929

1 Fr Der Versuch, die Regierungskrise in Deutschland durch eine Neuauflage der großen Koalition beizulegen, scheitert am Widerstand der rechtsliberalen DVP.

2 Sa Papst Pius XI. ernennt ein Interimskabinett zur Verwaltung der Vatikanstadt, das bis zur Ratifizierung der Lateranverträge im Amt bleiben soll.

3 So Ein Putschversuch in Mexiko von General Jesus M. Aguirre gegen Präsident Emilio Portes Gil, den die Aufständischen der Korruption bezichtigen, misslingt.

4 Mo In der US-Hauptstadt Washington wird der Republikaner Herbert Clark Hoover als Nachfolger von Calvin Coolidge in sein Amt als US-Präsident eingeführt.

5 Di Von der deutschen Insel Helgoland wird gemeldet, dass infolge des schweren Eisgangs der letzten Woche 700 m^3 Felsgestein ins Meer gestürzt seien.

6 Mi Außenminister Gustav Stresemann greift vor dem Völkerbundrat in Genf die polnische Politik gegenüber der deutschen Minderheit in Oberschlesien an.

7 Do Das am 5. März uraufgeführte Stück »Giftgas über Berlin« von Peter Martin Lampel wird wegen »Gefährdung der öffentlichen Ordnung« verboten.

8 Fr Der Sender Berlin-Witzleben strahlt erstmals eine drahtlose Fernsehübertragung – Bilder von Frauen in Badeanzügen – aus.

9 Sa Mit einer Weite von 49,90 m erreicht der US-Athlet Eric Krenz in Palo Alto (US-Bundesstaat Kalifornien) einen Weltrekord im Diskuswurf.

10 So Unter dem Vorsitz des französischen Dichters Henri Barbusse findet in Berlin ein internationaler antifaschistischer Kongress statt.

11 Mo In Daytona Beach (Florida) stellt Major Henry O'Neal de Hane Segrave aus Großbritannien mit 372,456 km/h einen Automobil-Geschwindigkeitsrekord auf.

12 Di Mit »Melodie der Welt« kommt in Berlin unter der Regie von Walter Ruttmann der erste abendfüllende deutsche Tonfilm zur Uraufführung. → Ossietzky

13 Mi General Umberto Nobile verlässt nach Vorwürfen im Zusammenhang mit dem Absturz seines Luftschiffs über dem Nordpol die italienische Armee.

14 Do Die Länder Hamburg und Preußen schließen einen Staatsvertrag, in dem sie sich zum gemeinschaftlichen Ausbau des Hamburger Hafens verpflichten.

15 Fr In einer programmatischen Rede fordert der NSDAP-Vorsitzende Adolf Hitler die Nationalsozialisten zur Unterwanderung der Reichswehr auf.

16 Sa Die beiden Kammern des schwedischen Reichstages ratifizieren den Briand-Kellogg-Pakt zur Ächtung eines Angriffskrieges.

17 So Die Universität Madrid wird nach Studentenunruhen von der spanischen Regierung für eineinhalb Jahre geschlossen. → Opel

18 Mo Bei einem Flugzeugabsturz auf dem Flugplatz Newark in der Nähe von New York werden alle 13 Passagiere getötet, die beiden Piloten schwer verletzt.

19 Di Auf dem sechsten internationalen Automobilsalon in Genf sind 75 Hersteller vertreten, darunter 28 aus den USA und acht aus Deutschland .

20 Mi Das Stück »Rivalen« von Max Anderson wird nach einer freien Bearbeitung von Carl Zuckmayer in der Inszenierung von Erwin Piscator in Berlin uraufgeführt.

21 Do Der norwegische Kronprinz Olaf und die schwedische Prinzessin Märtha, eine Nichte von König Gustav V. von Schweden, werden in Oslo getraut.

22 Fr Erstmals veranstaltet der Börsenverein des Deutschen Buchhandels einen »Tag des Buches«, um die Lesekultur zu fördern.

23 Sa Der kroatische Zeitungsverleger Anton Schlegel fällt in Agram (Zagreb) einem Attentat – vermutlich von Nationalisten – zum Opfer.

24 So Bei einem Aufmarsch der rechtsgerichteten österreichischen Heimwehr bei Graz kommt es zu Zusammenstößen mit Sozialdemokraten. → Faschismus

25 Mo Die sozialdemokratische Fraktion im Reichstag erklärt sich mit einer vorübergehenden Erhöhung der Beiträge der Arbeitslosenversicherung einverstanden.

26 Di Der Ozeanriese »Europa« brennt noch vor der Fertigstellung in der Werft Blohm & Voss im Hamburger Hafen vollständig aus.

27 Mi In Belgrad wird ein Freundschafts- und Schiedsvertrag Griechenlands mit dem Königreich der Serben, Kroaten und Slowenen unterzeichnet.

28 Do Das Luftschiff »Graf Zeppelin« kehrt nach einem längeren Orientflug wieder nach Friedrichshafen am Bodensee zurück.

29 Fr Die belgische Abgeordnetenkammer lehnt eine Vorlage ab, Frauen bei den bevorstehenden Provinzialrätewahlen das Wahlrecht einzuräumen.

30 Sa Die Berliner Aufführung des Stücks »Pioniere in Ingolstadt« von Marieluise Fleißer führt wegen sexuell freizügiger Szenen zu einem Skandal.

31 So Der Schriftsteller Lion Feuchtwanger beklagt in der Antwort auf eine Umfrage, dass Drehbuchautoren zu vielen Eingriffen in ihre Arbeit ausgesetzt seien.

17. März 1929

Opel unter US-Flagge

Der US-Automobilkonzern General Motors erwirbt in einem Aufsehen erregenden Coup für 120 Mio. Reichsmark die Aktienmehrheit an der deutschen Adam Opel AG. Die Rüsselsheimer Traditionsfirma erreichte 1928 einen Anteil von 45% an der deutschen Automobilproduktion. Über die Höhe des von General Motors erworbenen Anteils wird Stillschweigen bewahrt. Wie aus Pressekreisen verlautet, werden Wilhelm von Opel sowie sein Sohn Fritz im Aufsichtsrat verbleiben, dem künftig auch der Präsident von General Motors, Alfred P. Sloan jr., und weitere vier Amerikaner angehören werden (Abb.: Karikatur im »Simplicissimus« zur Firmenübernahme). Das Engagement von General Motors in Deutschland ist eine Folge der Übersättigung des US-Marktes. Mittlerweile besitzen 20% der US-Bürger ein Automobil. Der Export von in den USA gefertigten Autos nach Europa rentiert sich wegen hoher Transportkosten und Zölle nicht. Bereits 1928 zog als erste US-Autofirma die Ford Company die Konsequenzen und gründete im November die Europäische Ford AG, die in Großbritannien und Irland jährlich 200000 Wagen produzieren will. Während Ford dort Wagen nach amerikanischem Vorbild baut, passt sich General Motors durch Beibehaltung der Opel-Modelle dem europäischen Käufergeschmack an. Europas Automobilhersteller haben sich auf den Kampf der US-Giganten um den europäischen Markt durch Fusionen und Firmenübernahmen ebenfalls vorbereitet. 1928 hatte der italienische Fiat-Konzern die vom Konkurs bedrohte Neckarsulmer Fahrzeugwerke AG (NSU) übernommen, im gleichen Monat kauften die Bayerischen Motorenwerke (BMW) die Dixi-Werke in Eisenach auf.

4. April 1929

»Menschen im Hotel«

Ein überragender Erfolg wird der neue Roman der Bestseller-Autorin Vicki Baum, mit dessen Vorabdruck die »Berliner Illustrirte« beginnt. Hauptfigur ist der Buchhalter Kringelein, der in wenigen Wochen sterben muss und seine letzten Ersparnisse zusammenkratzt, um in einem Berliner Grandhotel durch hemmungslosen Genuss das wirkliche Leben kennenzulernen. Der Anzeigentext für den Titel gibt einen möglichen Hinweis für das Erfolgsgeheimnis der Werkes: »Wunschtraum der meisten Menschen ist es, aus dem eigenen Leben in das eines Reicheren, Höhergestellten zu fliehen. Diesen Wunschtraum bringt ... Vicki Baum in ihrem neuen Werk zur dichterischen Erfüllung«. Darüber hinaus beschreibt der Roman treffsicher die Atmosphäre Berlins in den zwanziger Jahren.

Vicki Baum

US-Schriftstellerin österr. Herkunft, * 24.1.1888 Wien; † 29.8.1960 Los Angeles-Hollywood

Vicki Baums Unterhaltungsromane, die Kritiker häufig mit dem Etikett »Trivialliteratur« versehen, sind in alle Weltsprachen übersetzt und gehören zu den meistaufgelegten Büchern des 20. Jahrhunderts. Den Massengeschmack trifft die ehemalige Harfenistin u.a. mit in der Regel klischeehafter Figurenzeichnung und dem auf einfache Effekte zielenden Handlungsablauf. Zum Erfolg trägt aber auch bei, dass sie ihre spannenden Bestseller auf der Grundlage exakter Milieu- und Zeitstudien verfasst. 1931 kehrt Vicki Baum anlässlich der Verfilmung ihres größten Roman-Erfolges, »Menschen im Hotel«, Europa den Rücken und lässt sich in Hollywood nieder.

- 1916: Harfenistin in Darmstadt
- 1919: »Frühe Schatten« (Roman)
- 1926: Zeitschriftenredakteurin im Berliner Ullstein-Verlag
- 1939: »Hotel Shanghai« (Roman)
- 1952: »Vor Rehen wird gewarnt« (Roman)

14. April 1929

Bugatti siegt in Monaco

In Monaco findet erstmals der Große Preis für Automobile statt. Das Rennen, das in den sandsackbewehrten Straßen des kleinen Fürstentums (s. Abb.) ausgetragen wird, gewinnt der Brite William C. F. Grover-Williams auf einem Bugatti. Allein fünf Wagen dieser Marke finden sich unter den sechs Erstplatzierten. Nur dem Deutschen Rudolf Caracciola gelingt es auf seinem Mercedes, in die Bugatti-Phalanx einzubrechen. Trotz Defekten an beiden Hinterrädern geht er als Dritter durchs Ziel.

24. März 1929

Triumph des Faschismus

Mit überwältigender Mehrheit bestätigt die italienische Bevölkerung am sog. »Si«-Sonntag (Abb.: Alle öffentlichen Gebäude sind mit Mussolini-Porträts und »Si«-Parolen versehen) die vom faschistischen Großrat aufgestellte Einheitsliste. Von 8 650 740 Wählern stimmen nur 136 198 mit »Nein«. Zu den Vorbereitungen auf das Plebiszit gehörten u.a. Massenveranstaltungen der Faschisten, auf denen der italienische Ministerpräsident und »Duce« Benito Mussolini spricht.
Die 400 Abgeordneten der Einheitsliste bilden das neue italienische Parlament. Ausländische Be-

obachter heben hervor, dass es sich bei dem Plebiszit nicht um freie und geheime Wahlen gehandelt habe, da die Stimmzettel für »ja« und »nein« farblich unterschieden waren und Personen, die der Abstimmung ferngeblieben waren, mit Repressionen zu rechnen gehabt hätten. Die politische Opposition agiert zudem nach dem Verbot sämtlicher politischer Parteien (mit Ausnahme der faschistischen) und der damit verbundenen Verfolgung ihrer Anhänger seit 1928 vorwiegend vom Ausland aus. In der ausländischen Presse wird besonders die Teilnahme hoher Geistlicher an der Abstimmung hervorgehoben. Offensichtlich hat die Versöhnung des faschistischen Italien mit der katholischen Kirche in den Lateranverträgen die kirchlichen Würdenträger dazu bewogen, ihre Vorbehalte gegenüber dem System aufzugeben. Aus Süditalien und Sizilien wird gemeldet, dass die Wählerschaft mancher Gemeinden unter Führung des Bischofs mit Musikkapellen zu den Wahllokalen gezogen sei. Die Abschaffung der freien Wahl des Parlaments ist, wie die Gleichschaltung der Justiz und die Abschaffung des Streikrechts, Teil der Umwandlung Italiens in einen totalitären Einparteienstaat.

12. März 1929

Ossietzky angeklagt

In der linksgerichteten pazifistischen Zeitschrift »Weltbühne« erscheint unter dem Pseudonym Heinz Jäger der Artikel »Windiges aus der Luftfahrt« von Walter Kreiser, der die geheime Aufrüstung bei der Lufthansa beim Namen nennt. Carl von Ossietzky, Herausgeber der »Weltbühne«, wird daraufhin ebenso wie Kreiser »wegen Verrats militärischer Geheimnisse« unter Anklage gestellt und am 23. November 1931 vom Reichsgericht in Leipzig zu einem Jahr und sechs Monaten Haft verurteilt. Ossietzky tritt seine Haft an, wird aber aufgrund der Intervention von Freunden am 22. Dezember 1932 vorzeitig entlassen. Tatsächlich sind die in dem Artikel aufgestellten Behauptungen über die geheime, den Bestimmungen des Versailler Vertrages zuwiderlaufende Aufrüstung der deutschen Luftfahrt nicht nur wahr, sondern zum Zeitpunkt der Veröffentlichung auch bekannt. So wurden u.a. Lehrgänge für Seeoffiziere durchgeführt und Marineflugzeuge zur Serienreife entwickelt.

Carl von Ossietzky

deutscher Journalist, * 3.10.1889 Hamburg, † 4.5.1938 Berlin

Ossietzky, einer der bedeutenden pazifistischen Publizisten der Weimarer Republik, wird nach der Machtergreifung Hitlers zur Symbolfigur des Widerstandes gegen die Nazidiktatur. Ursprünglich linksliberal orientiert, wurde der Journalist unter dem Eindruck des Ersten Weltkriegs zum Pazifisten. Als Chefredakteur der Zeitschrift »Die Weltbühne« (1927-33) geht er wegen der Veröffentlichung geheimer Aufrüstungsanstrengungen ins Gefängnis (1931/32) und wird 1933 in der Nacht des Reichstagsbrandes erneut verhaftet. Als Häftling der Konzentrationslager Sonnenburg und Papenburg-Esterwegen (1933-36) lehnt er ein Angebot Hermann Görings zur Begnadigung bei Widerruf ab. Den ihm verliehenen Friedensnobelpreis darf der inhaftierte Publizist nicht entgegennehmen. Als Folge des KZ-Aufenthalts erkrankt der vielfach misshandelte Ossietzky an Tuberkulose und Hirnhautentzündung. Auf internationalen Druck wird er aus dem KZ entlassen. Er stirbt in einem Sanatorium unter Gestapo-Bewachung.

- 1916-19: Kriegsdienst als Infanterist
- 1919/20: Tätigkeit in der »Deutschen Friedensgesellschaft«
- 1920-22: Redakteur bei der »Berliner Volkszeitung«
- 1936: Verleihung des Friedensnobelpreises für 1935
- 1936-38: Aufenthalt im Berliner Sanatorium Nordend

April 1929

1	Mo	Der Freistaat Waldeck gibt freiwillig seine Selbstständigkeit auf und gliedert sich dem Land Preußen an. Der Anschluss wird in Arolsen feierlich vollzogen.
2	Di	Papst Pius XI. ordnet an, dass in der Kirche der heiligen Theresa in Lisieux täglich ein Gebet für Russland gesprochen werden soll.
3	Mi	Der österreichische Bundeskanzler Ignaz Seipel tritt nach Auseinandersetzungen innerhalb der Regierungskoalition überraschend zurück.
4	Do	Der Landtag von Schaumburg-Lippe beschließt die Wiederaufnahme der Verhandlungen über einen Anschluss des Freistaats an Preußen. → Vicki Baum
5	Fr	Deutschland ratifiziert das Genfer Protokoll von 1925, mit dem der Einsatz von Giftgas und bakteriologischen Waffen im Krieg geächtet wird.
6	Sa	Der zwölfjährige Geiger Yehudi Menuhin gastiert zum zweiten Mal in Berlin. +++ Das Drama »Die Trojaner« von Curt Corinth hat in Berlin Premiere.
7	So	Der sozialdemokratische Verkehrsstadtrat im Berliner Senat, Ernst Reuter, legt ein Konzept zum Ausbau des U-Bahn-Netzes der Stadt vor.
8	Mo	Bei einem aus Protest gegen die britische Kolonialpolitik verübten Anschlag auf das indische Parlament in Delhi werden mehrere Personen verletzt.
9	Di	Die sozialdemokratische Fraktion im Reichstag will auch dann gegen den Bau eines neuen Panzerkreuzers stimmen, wenn die SPD-Minister ihn billigen.
10	Mi	Der 31-jährige Dramatiker Bertolt Brecht heiratet in Berlin die 29-jährige Schauspielerin Helene Weigel. Es ist Brechts zweite Ehe.
11	Do	In Berlin-Neukölln kommt es nach Schweißarbeiten zu einem Kaufhausbrand. Es kommen jedoch keine Menschen zu Schaden.
12	Fr	Großbritannien hebt das Recht des indischen Parlamentspräsidenten auf, Gesetzentwürfe von der Tagesordnung abzusetzen.
13	Sa	Mit einer Kabinettsumbildung und der Aufnahme von drei Zentrumsministern in die Reichsregierung ist die Regierungskrise vorerst beendet.
14	So	In Polen wird der bisherige Kulturminister Kasimir Switalski Nachfolger von Ministerpräsident Kazimierz Bartel. → Monaco
15	Mo	Der britische Schriftsteller H.G. Wells hält im Deutschen Reichstag in Berlin eine Rede über den möglichen Weg zum Weltfrieden.
16	Di	Ein Gesetz über finanzielle Hilfen für die ostpreußische Landwirtschaft wird vom Deutschen Reichstag mit großer Mehrheit verabschiedet.
17	Mi	Die vorerst letzte Frühjahrsmesse endet in Frankfurt am Main. In den kommenden Jahren sollen dort nur noch Spezialmessen stattfinden.
18	Do	Die in Paris tagende Sachverständigenkonferenz zur Reparationsfrage wird wegen Differenzen mit dem deutschen Vertreter Hjalmar Schacht abgebrochen.
19	Fr	In Berlin wird die Ausstellung »Gas und Wasser« eröffnet, die einen Überblick über die Nutzung dieser Energieformen gibt.
20	Sa	Der türkische Außenminister Tewfik Ruschdi Bey trifft zu Verhandlungen über einen deutsch-türkischen Freundschaftsvertrag in Berlin ein.
21	So	Das justizkritische Stück »Staatsräson. Ein Denkmal für Sacco und Vanzetti« von Erich Mühsam wird in Berlin uraufgeführt.
22	Mo	Während eines Orkans über Japan werden acht Menschen getötet und 26 verletzt, etwa 3000 Häuser sind zerstört oder beschädigt.
23	Di	Das Zentralkomitee der Kommunistischen Partei der Sowjetunion diskutiert in Moskau über die Kollektivierung der Landwirtschaft.
24	Mi	Das Deutsche Reich erhält von einem deutschen Großbanken-Konsortium einen Dreimonatskredit in Höhe von 70 Mio. Reichsmark.
25	Do	Bei einer Explosion in der Bleistiftfabrik Staedtler in Nürnberg sterben sieben Arbeiterinnen. +++ Der Vatikan beschließt, eigene Geldstücke zu prägen.
26	Fr	Vertreter des Deutschen Reiches und des Königreichs Saudi-Arabien unterzeichnen in Kairo einen Freundschaftsvertrag.
27	Sa	In Dresden wird das Drama »Jürg Jenatsch« von Heinrich Keminski nach der gleichnamigen Erzählung von Conrad Ferdinand Meyer uraufgeführt.
28	So	Die deutsche Fußball-Nationalmannschaft schlägt Italien in Turin 2:1. Das Spiel wird im Rundfunk direkt übertragen. Reporter ist Paul Laven.
29	Mo	In Brüssel wird die Oper »Der Spieler« von Sergej S. Prokofjew nach dem gleichnamigen Roman von Fjodor M. Dostojewski uraufgeführt.
30	Di	Die »Rote Fahne«, das Organ der KPD, ruft trotz eines behördlichen Verbots zur unbewaffneten Teilnahme an der Maidemonstration in Berlin auf.

Mai 1929

1 Mi Aufmärsche und Tänze bestimmen das Bild der Maifeiern in Wien. +++ Die Lufthansa führt einen Rückflugschein mit 10% Ermäßigung ein. → Tag der Arbeit

2 Do Bei einem Tornado, der über den mittleren Westen der USA hinwegfegt, werden etwa 100 Menschen getötet.

3 Fr Die Berliner Inszenierung des Shakespeare-Dramas »König Johann« von Leopold Jessner beeindruckt die Kritik durch ihre Schlichtheit.

4 Sa Die deutsche Delegation auf der Pariser Sachverständigenkonferenz billigt unter Vorbehalt die Reparationsvorschläge des Vorsitzenden Owen D. Young (USA).

5 So »Die Unüberwindlichen«, ein Stück des österreichischen Schriftstellers Karl Kraus, kommt wegen eines Verbots in Österreich in Dresden zur Uraufführung.

6 Mo Ein britisch-ägyptisches Abkommen wird unterzeichnet. Es überträgt Großbritannien den Aus- und Neubau einiger Staudämme am Nil.

7 Di Das von der Kaiser-Wilhelm-Gesellschaft zur Förderung der Wissenschaften in Berlin errichtete Harnack-Haus öffnet seine Pforten.

8 Mi Der Kuomintang-Führer Chiang Kai-shek wird zum Präsidenten des Obersten Zentralrats von China gewählt.

9 Do Bischara Bey al-Churi übernimmt als Nachfolger von Habib Pascha as-Sad das Amt des libanesischen Ministerpräsidenten.

10 Fr Mit der Thronrede des britischen Königs Georg V. wird das Unterhaus in London aufgelöst. Neuwahlen sind für den 30. Mai angesetzt.

11 Sa Ein 17-jähriger Gymnasiast wird in Wien des Meuchelmordes an seinen Eltern für schuldig befunden und zu zehn Jahren Kerker verurteilt.

12 So Der ungarische Boxer Hudra Wasser stirbt während eines Kampfes gegen Mirko Anderschitz in Wien an einer Herzlähmung.

13 Mo Das italienische Protektorat Albanien und das Königreich der Serben, Kroaten und Slowenen schließen einen Handelsvertrag und ein Rechtshilfeabkommen.

14 Di Wegen vorausgegangener peinlicher Pannen verzichtet der Physiker Albert Einstein auf eine ihm zugedachte Ehrengabe der Stadt Berlin.

15 Mi Bei einer Explosionskatastrophe in einem Krankenhaus in Cleveland (US-Bundesstaat Ohio) sterben 93 Menschen, 200 werden verletzt.

16 Do In Ankara wird ein deutsch-türkischer Schiedsvertrag unterzeichnet, der beide Staaten verpflichtet, Konflikte friedlich zu lösen. → »Oscars« → Ostpreußen

17 Fr Der kommunistisch orientierte Rotfrontkämpferbund legt beim Reichsgericht erfolglos Beschwerde gegen das Verbot der Organisation ein.

18 Sa In Stuttgart findet der Europäische Landstreicherkongress statt, zu dem die deutsche Bruderschaft der Vagabunden geladen hat.

19 So Der US-Großindustrielle William Crapo Durant rät den deutschen Unternehmen, zur Stärkung der Kaufkraft die Löhne und Gehälter anzuheben. → Barcelona

20 Mo Die Fédération Internationale de Football Association (FIFA) vergibt auf einem Kongress in Barcelona die erste Fußball-Weltmeisterschaft an Uruguay.

21 Di Die japanischen Besatzungstruppen räumen die chinesische Stadt Tsingtau und ziehen sich aus der Provinz Schantung zurück.

22 Mi Im Mittelpunkt der Tagung der Kleinen Entente, die nach drei Tagen in Belgrad zu Ende geht, standen Probleme der nationalen Minderheiten. → Toscanini

23 Do Bei den Parlamentswahlen in Nordirland siegen die Unionisten. +++ Der afghanische König Aman Ullah Khan begibt sich ins Exil nach Indien.

24 Fr Ein sechsjähriges Kind, das im Streit einen Spielkameraden mit dem Revolver des Vaters erschossen hatte, wird in den USA zu 15 Jahren Gefängnis verurteilt.

25 Sa Die Reichskolonialtagung in Hannover bekräftigt den Anspruch Deutschlands auf eine »Rohstoffbasis in Übersee«.

26 So Der deutsche Pilot Willi Neunhofer stellt in seiner Junkers W 33 mit 12 739 Metern einen Höhenflugweltrekord auf.

27 Mo Die Übernahme von 40 % der Aktien der deutschen Ford Motor Company AG Berlin durch die I.G. Farben wird in Berlin offiziell bekanntgegeben.

28 Di Clärenore Stinnes, Tochter des verstorbenen Industriellen Hugo Stinnes, beendet nach zwei Jahren als erste Frau eine Autofahrt rund um die Welt.

29 Mi Die alliierten Gläubiger des Deutschen Reichs ziehen in Paris ihren Vorschlag zu den deutschen Reparationszahlungen offiziell zurück.

30 Do Bei den britischen Unterhauswahlen erleiden die regierenden Konservativen eine schwere Niederlage. Sieger ist die Labour-Party.

31 Fr Auf dem sechstägigen SPD-Parteitag in Magdeburg legt die Parteispitze ein Bekenntnis zum Parlamentarismus ab.

7. Juni 1929

Reparationsfrage geklärt

Der Sachverständigenausschuss zur Neuregelung der deutschen Reparationszahlungen unterzeichnet in Paris den von dem US-Finanzmanager Owen D. Young vorgelegten und nach ihm benannten Bericht. Er legt erstmals die endgültige Höhe der in Jahresraten von rd. 2 Mrd. Goldmark

zu begleichenden Reparationssumme (auf 112 Mrd. Goldmark) und die Dauer der Reparationszahlungen (bis 1987) fest. Die Verhandlungen waren nötig geworden, da sich herausgestellt hatte, dass die im sog. Dawesplan festgelegten Zahlungen von der deutschen Wirtschaft nicht aufgebracht werden könnten. Mit dem Youngplan verzichten die Gläubigermächte auch auf die wirtschaftlichen und finanziellen Kontrollmöglichkeiten, die ihnen der Dawesplan eingeräumt hatte. Rechtsparteien wie DNVP und NSDAP (Abb.: Protestveranstaltung des »Stahlhelm«) agitieren v.a. gegen die lange Dauer der Ratenzahlungen.

22. Mai 1929

Toscanini verlässt Europa

Im Rahmen der Berliner Festwochen dirigiert Arturo Toscanini (s. Abb.) die Oper »Falstaff« von Giuseppe Verdi. Es ist sein letzter Auftritt mit dem Ensemble der Mailänder Scala. Toscanini will sich künftig auf die Leitung des New York Philharmonic Orchestra konzentrieren. Bekannt ist jedoch auch, dass Toscanini vor dem italienischen Faschismus flieht.

Arturo Toscanini

italienischer Dirigent; * 25.3.1867 Parma; † 16.1.1957 New York

Toscanini gehört zu den überragenden Musikerpersönlichkeiten des 20. Jahrhunderts. Seine Wirkungszeit reicht von der Ära Giuseppe Verdis bis weit in die Moderne hinein. Ein außergewöhnliches musikalisches Gedächtnis sowie die stets kompromisslose Auffassung von der werkgetreuen Auslegung des Notentextes sind das Fundament seiner musikalischen Autorität.

- 1896: Operndirigent in Rio de Janeiro
- 1920-29: Künstlerischer Leiter der Mailänder Scala
- 1928-36: Leiter der New York Philharmonic Society

16. Mai 1929

»Oscars« verliehen

Im Roosevelt-Hotel in Hollywood findet die erste, noch wenig beachtete Verleihung des »Academy Award of Merit« statt. Die 35 cm hohe und 4 kg schwere Statue etabliert sich schon in den nächsten Jahren unter der Bezeichnung »Oscar« als begehrteste Filmtrophäe der Welt.

Den Preis als bester Darsteller erhält der seit 1926 in Hollywood lebende Deutsche Emil Jannings für seine Rollen in »Sein letzter Befehl« und »Der Weg des Fleisches«. Als beste Darstellerin wird die US-Schauspielerin Janet Gaynor (s. Abb.) für ihre Leistung in den Filmen »Sonnenaufgang«, »Der siebte Himmel« und »Strassenengel« ausgezeichnet. Die Jury erklärt den Streifen »Flügel« von William A. Wellman zum besten Film. Die

meisten Auszeichnungen erhalten »Der siebte Himmel« (für das beste Drehbuch und die beste Regie) und »Sonnenaufgang« (für die beste Kameraführung und »den künstlerischen Wert der Produktion«). Der »Oscar« wird alljährlich von der im Jahre 1927 gegründeten »Academy of Motion Picture Arts and Sciences« (AMPAS) für be-

19. Mai 1929

Weltausstellung in Barcelona

Attraktion der Internationalen Weltausstellung in Barcelona, die vom spanischen König Alfons XIII. feierlich eröffnet wird, ist der nach Entwürfen des Architekten Ludwig Mies van der Rohe erbaute deutsche Pavillon.

Der repräsentativen Zwecken dienende Flachdachbau beeindruckt durch die dazu verwendeten originellen Baustoffe – Stahl, grünliches Glas, gelbes Onyx –, vor allem jedoch durch die Harmonie seiner einfachen und klaren Formen und Farben. Auf dem 1,2 km^2 großen Ausstellungsgelände wurden 40 Paläste, Pavillons und andere

Häuser errichtet. Das größte Gebäude ist der Nationalpalast mit 32 000 m^2 Fläche. Die Kosten der Schau, deren Schwerpunkte Industrieprodukte aus aller Welt sowie Kultur und Sport sind, belaufen sich auf umgerechnet 107 Mio. Reichsmark. (Abb.: Ansichtskarte zur Weltausstellung).

»Oscar«-Statuen in Los Angeles

Emil Jannings

deutscher Schauspieler, * 23.7.1884 Rorschach/Schweiz; † 2.1.1950 Strobl am Wolfgangsee/Österreich

Jannings, der seine Karriere als Bühnenschauspieler bei Max Reinhardt begann, zählt zu den bedeutendsten Charakterdarstellern des deutschen Stummfilms. Meist verkörpert er große Persönlichkeiten aus der Geschichte. Sein unzureichendes Englisch führt Jannings nach dem Durchbruch des Tonfilms von Hollywood zurück nach Berlin, wo er – neben Marlene Dietrich – einen Erfolg in »Der blaue Engel« feiert. In der Zeit des Nationalsozialismus spielt Jannings in Propagandafilmen. 1940 übernimmt er die Leitung der Ufa.

- ab 1900: Theaterschauspieler
- 1924: »Der letzte Mann« (Film)
- 1941: »Ohm Krüger« (Film)
- 1943: »Altes Herz wird wieder jung« (Film)

sondere Leistungen in verschiedenen Kategorien verliehen. Als ständige Kategorien etablieren sich im Laufe der ersten Jahre »Regie«, »weibliche und männliche Hauptrolle«, »weibliche und männliche Nebenrolle«, »Drehbuch«, »Ausstattung«, »Musik«, »Kamera« und »Schnitt«. Da sich die Preisvergabe vor allem nach dem Zweiten Weltkrieg stark an US-Filmen orientiert, wird 1956 die Kategorie »bester ausländischer Film« eingeführt. Die Juroren für die Nominierung sind Spezialisten der AMPAS. Bereits die Nominierung zur Preisverleihung bedeutet eine hohe Anerkennung innerhalb der Filmbranche. Ein »Oscar« trägt zudem maßgeblich zum kommerziellen Erfolg eines Films bei.

16. Mai 1929

Hilfe für Ostpreußen drängt

Der Reichstag verabschiedet mit einer breiten, von den rechtsextremistischen Parteien bis zur SPD reichenden Mehrheit das Gesetz über die wirtschaftliche Hilfe für Ostpreußen.

Das Gesetz sieht Hilfen für die ostpreußische Landwirtschaft in einer Gesamthöhe von 95 Mio. Reichsmark vor. Mit dem Geld sollen u.a. Grundschuldzinsen getilgt und finanzielle Belastungen für Kommunen gesenkt werden. Zudem werden Mittel zur Förderung der bäuerlichen Siedlung in Ostpreußen zur Verfügung gestellt. Außerdem ermächtigt das Gesetz die Reichsregierung, umfangreiche Kredite, insbesondere für die Umschuldung der Landwirte, zu gewähren. Ziel der Maßnahmen ist es, die ostpreußische Landwirtschaft, die nicht nur unter dem Standortnachteil durch den »polnischen Korridor« leidet, sondern auch im Vergleich zu den übrigen Agrarregionen Deutschlands extrem hoch verschuldet ist, wettbewerbsfähig zu erhalten. Die Anfänge der Ostpreußenhilfe gehen bis ins Jahr 1922 zurück, als die preußische Regierung ein Ostpreußenprogramm aufstellte, mit dem diese Provinz den übrigen Teilen Deutschlands gleichgestellt werden sollte. Auch Reichspräsident Paul von Hindenburg fördert die Hilfen für Ostpreußen.

1. Mai 1929

Schüsse am Tag der Arbeit

Anlässlich einer verbotenen Demonstration zum Tag der Arbeit geht die Polizei in Berlin unter Einsatz von Schusswaffen gegen Demonstranten und Bewohner einiger Arbeiterviertel vor (s. Abb.). Nach offiziellen Angaben sterben neun Menschen. 63 Demonstranten und Unbeteiligte sowie rd. 30 Polizisten werden schwer verletzt, 860 Personen kommen in Haft. Die Auseinandersetzungen gehen in den folgenden Tagen weiter. Dem Aufruf der KPD, an der verbotenen Demonstration teilzunehmen, folgen nach Polizei-Schätzungen rd. 8000 Menschen. Schreckliche Bilanz der Rebellion in den Berliner Bezirken Mitte, Neukölln und Wedding: 33 Tote und zahllose Verletzte.

Juni 1929

1 Sa Der 1925 verstorbene erste Präsident der Republik China, Sun Yat-sen, wird nach Überführung in ein Mausoleum bei Nanking feierlich beigesetzt.

2 So Ein erneuter Ausbruch des Vesuvs am Golf von Neapel zerstört Teile des Dorfes Terzigno an der Ostseite des Vulkans.

3 Mo Der Tonfilm »Der singende Narr« mit Al Jolson läuft in Berlin im Gloria-Palast an. +++ Im Vertrag von Lima gibt Chile das Grenzgebiet von Tacna an Peru zurück.

4 Di In einer Rede in München verheißt Reichslandwirtschaftsminister Hermann Robert Dietrich (DDP) den Bauern eine schwere Zukunft.

5 Mi Vor dem Deutschen Reichstag stellt Wirtschaftsminister Julius Curtius (DVP) eine Erhöhung der Beiträge zur Arbeitslosenversicherung in Aussicht.

6 Do Arbeitsminister Rudolf Wissell (SPD) erklärt den im Lohnkonflikt bei der Reichsbahn gefällten Schiedsspruch für verbindlich.

7 Fr In Bukarest beginnt der 14. Internationale Landwirtschaftskongress. +++ Eine Film und Foto-Ausstellung wird in Stuttgart eröffnet. → Reparationsfrage

8 Sa Nach dem Wahlsieg der Labour-Party bei den britischen Unterhauswahlen wird der Sozialist James Ramsey MacDonald Premierminister.

9 So Der Italiener Alfredo Binda siegt in einer Gesamtzeit von 107:18,24 h beim Giro d'Italia. Das Radrennen wurde am 19. Mai gestartet.

10 Mo König Fuad I. von Ägypten beginnt seine Deutschlandreise mit einem Besuch bei Reichspräsident Paul von Hindenburg in Berlin.

11 Di Die zweite Kammer des norwegischen Parlaments in Oslo setzt sich über Proteste der Bevölkerung hinweg und benennt die Hafenstadt Trondheim in Nidaros um.

12 Mi Bei den Parlamentswahlen in Südafrika erringt die Nationalistische Partei von Premierminister James Barry Munnick Hertzog 78 der 148 Mandate.

13 Do Die bürgerlichen Parteien im Rheinland lehnen gemeinsam den Versuch Frankreichs ab, im Rheinland ständige Kontrollkommissionen zu errichten.

14 Fr »Der Kaiser von Amerika«, eine politische Komödie in drei Akten von George Bernard Shaw, wird im Warschauer Teatr Polski uraufgeführt.

15 Sa US-Präsident Herbert Clark Hoover unterzeichnet die Farmer-Relief-Bill zur finanziellen Unterstützung in Not geratener Landwirte.

16 So Die Briten Wolf Barnato und Henry Birkin gewinnen auf Bentley das 24-Stunden-Rennen von Le Mans in Frankreich.

17 Mo Der Völkerbund in Genf veröffentlicht einen Bericht über angebliche geheime Aufrüstungsaktivitäten in Österreich.

18 Di Der französische Ministerrat billigt einstimmig den Youngplan und beschließt, auf seine Ratifizierung durch die beteiligten Regierungen zu drängen.

19 Mi Ein Anwalt fordert den US-Bundesstaat Wisconsin (USA) auf, von Staats wegen Herstellung und Vertrieb von alkoholischen Getränken zu regeln.

20 Do Der Reichsverband der Deutschen Industrie erklärt, die im Youngplan vereinbarten Reparationszahlungen überstiegen die Leistungsfähigkeit Deutschlands.

21 Fr Das neue Karstadt-Gebäude am Hermannsplatz in Berlin wird feierlich eröffnet. Es ist das größte Warenhaus Deutschlands.

22 Sa Auf der Hauptversammlung der I.G. Farben in Frankfurt/Main wird die künftige Kooperation mit der Standard Oil Company of New Jersey verkündet.

23 So Die deutsche Fußball-Nationalelf besiegt Schweden in Köln 3:0. +++ In Ankara wird ein türkisch-französisches Grenzabkommen über Syrien unterzeichnet.

24 Mo Im Berliner Reichstag verteidigt Außenminister Gustav Stresemann das deutsche Ja zum Youngplan mit den Verbesserungen gegenüber früheren Entwürfen.

25 Di Die französische Regierung beschließt ein Amnestiegesetz für die aufgrund politischer Betätigung verfolgten Autonomisten aus Elsass-Lothringen.

26 Mi Deutschland kündigt wegen der geltenden, aber nicht mehr der wirtschaftlichen Situation entsprechenden Zollsätze den Handelsvertrag mit Schweden.

27 Do In New York besiegt der deutsche Schwergewichtsboxer Max Schmeling den Spanier Paolino Uzcudun über 15 Runden nach Punkten.

28 Fr Die Deutsche Physikalische Gesellschaft vergibt in Berlin die ersten Max-Planck-Medaillen. Die Auszeichnungen gehen an Max Planck und Albert Einstein.

29 Sa In Essen wird die Große Ruhrländische Gartenbauausstellung (Gruga) eröffnet. Sie dauert bis zum 13. Oktober und zieht zwei Mio. Besucher an.

30 So Gegen die Anerkennung der »Lüge von der deutschen Kriegsschuld« demonstrieren in der Reichshauptstadt Berlin zahlreiche Studenten.

Juli 1929

1 Mo Neue US-Bestimmungen senken die Quoten der Zuwanderer in die USA aus den skandinavischen Staaten sowie Irland und Deutschland.

2 Di In London wird das britische Unterhaus mit der königlichen Thronrede eröffnet. König Georg V. kündigt darin u.a. die Räumung der Rheinlande an.

3 Mi Im Berliner Marmorhaus stellt der sowjetische Filmregisseur Dsiga Wertow seinen Dokumentarfilm »Der Mann mit der Kamera« vor.

4 Do Bei den Feiern am US-Unabhängigkeitstag kommen 159 Menschen ums Leben. 70 davon sterben allein bei Autounfällen.

5 Fr In Berlin beginnen die Beratungen der Unterausschüsse der Länderkonferenz zur Neuordnung der Beziehungen zwischen den Ländern und dem Reich.

6 Sa Bei den Offenen Tennismeisterschaften von England in Wimbledon siegen Henri Cochet (Frankreich) und Helen Wills (USA) in den Einzelfinalen.

7 So Während eines Sportfestes in Berlin stößt Emil Hirschfeld (Allenstein) die Kugel auf die bis dahin weltweit unerreichte Weite von 16,11 m.

8 Mo In Simmering heiraten Alma Maria Mahler-Gropius und der Dichter Franz Werfel. +++ Arturo Ivens Ferraz wird Ministerpräsident von Portugal.

9 Di Mit 243 gegen 172 Stimmen billigt der preußische Landtag in Berlin den Kirchenvertrag mit dem Heiligen Stuhl vom 14. Juni.

10 Mi Der am 9. Juli neukonstituierte Landtag von Mecklenburg-Schwerin wählt den Gutsbesitzer Karl Eschenburg (DNVP) zum Ministerpräsidenten.

11 Do Der preußische Landtag lehnt die Misstrauensanträge der Rechtsparteien sowie der KPD-Fraktion gegen die sozialdemokratische Regierung ab.

12 Fr In Deutschland tritt die Erhöhung der Invalidenrente um 15 %, mindestens jedoch um zwölf Reichsmark, in Kraft. → Schwangerschaft

13 Sa Ein in Brüssel ratifiziertes deutsch-belgisches Liquiditätsabkommen regelt den finanziellen Ausgleich für die Kriegsschäden während der deutschen Besetzung.

14 So Beim Großen Preis für Automobile auf dem Nürburgring siegt der Franzose Louis Chiron (Bugatti) mit einer Durchschnittsgeschwindigkeit von 106,693 km/h.

15 Mo In den USA gibt es mittlerweile 5251 Tonfilmkinos. Ihr Anteil an der Gesamtzahl aller Lichtspielhäuser beträgt 25,5%. → Hofmannsthal

16 Di Die »Bremen«, der neue Turbinendampfer des Norddeutschen Lloyd, verlässt Bremerhaven zu seiner Jungfernreise nach New York.

17 Mi Das Bundesfest des Arbeiter-Turn- und Sportbundes beginnt in Nürnberg. +++ Franz Schalk nimmt seinen Abschied als Direktor der Wiener Staatsoper. → China

18 Do Die Komische Oper in Berlin wird versteigert. Für 1,2 Mio. Reichsmark fällt das Gebäude an die Berliner Terrain- und Bau AG.

19 Fr Frankreich und die USA versuchen unter Hinweis auf den Briand-Kellogg-Pakt, den Konflikt zwischen China und der UdSSR zu entschärfen.

20 Sa In Frankfurt am Main findet als Auftaktveranstaltung zum zweiten Weltkongress gegen den Imperialismus eine Großkundgebung statt.

21 So Bei den Deutschen Leichtathletik-Meisterschaften der Frauen in Frankfurt am Main bricht Grete Heublein mit 12,85 m den Weltrekord im Kugelstoßen.

22 Mo Das Plenum des Exekutivkomitees der Komintern enthebt Nikolaj I. Bucharin in Moskau wegen »Rechtsabweichungen« seines Präsidiumspostens. → Technik

23 Di Nach viertägiger Dauer endet in Hannover der zwölfte Deutsche Studententag. Die Veranstaltung wurde fast nur von rechtsgerichteten Delegierten besucht.

24 Mi Der Briand-Kellogg-Pakt, der den Angriffskrieg ächtet, tritt mit der Ratifizierung durch Japan als letzte der 15 Signatarmächte in Kraft.

25 Do Papst Pius XI. hält als erstes Kirchenoberhaupt seit dem Jahre 1870 auf dem Petersplatz in Rom eine öffentliche Prozession ab.

26 Fr Frankreichs Ministerpräsident Raymond Poincaré tritt zurück. Als offizieller Grund wird seine gesundheitliche Verfassung angegeben.

27 Sa Der Industrielle Hugo Stinnes jun. wird in Berlin von dem Vorwurf des Betrugs mit Kriegsanleihen freigesprochen.

28 So Vor 50 000 Zuschauern wird in Nürnberg die SpVgg. Fürth durch einen 3:2-Sieg über Hertha BSC Berlin zum dritten Mal Deutscher Fußballmeister.

29 Mo Nach dem Rücktritt von Raymond Poincaré wird Aristide Briand (Republikanische Sozialistische Partei) französischer Ministerpräsident. → Gefängnisrevolte

30 Di In Waldenburg in Schlesien werden 23 Bergleute bei einer Schlagwetterexplosion getötet. Weitere sieben können schwer verletzt geborgen werden.

31 Mi Vor der französischen Abgeordnetenkammer in Paris gibt der neue Ministerpräsident Aristide Briand seine Regierungserklärung ab.

12. Juli 1929

Schutz vor Schwangerschaft

Der österreichische Gynäkologe Hermann Knaus (s. Abb.) veröffentlicht in der »Münchner Medizinischen Wochenschrift« seine Erkenntnisse über die fruchtbaren und unfruchtbaren Tage der Frau. Zu den gleichen Ergebnissen kommt der Japaner Kiusako Ogino. Die nach beiden Medizinern benannte Methode zur Ermittlung der empfängnisfreien Tage der Frau basiert auf der Tatsache, dass normalerweise pro Zyklus eine Eizelle heranreift, die nicht länger als 24 bis 36 Stunden befruchtungsfähig ist. Spermatozoen leben nur vier bis fünf Tage, im Extremfall sechs Tage. Ein Geschlechtsverkehr kann demnach während jedes Zyklus an sechs bis sieben Tagen zu einer Befruchtung führen – fünf bis sechs Tage vor und einen halben Tag nach dem Eisprung. Zur Ermittlung der fruchtbaren Tage erfordert die Knaus-Ogino-Methode, gewissenhaft einen »Menstruationskalender« zu führen.

22. Juli 1929

»Triumph deutscher Technik«

Nach vier Tagen, 18 Stunden und 17 Minuten passiert die »Bremen« (s. Abb.), der neue Turbinendampfer des Norddeutschen Lloyd, auf ihrer Jungfernfahrt von Cherbourg/Frankreich kommend um 20.02 Uhr MEZ das Ambrose-Feuerschiff vor New York – und holt sich damit das begehrte »Blaue Band« für die schnellste Atlantiküberquerung.

Unter dem ohrenbetäubenden Sirenengeheul der im Hafen liegenden Schiffe macht die »Bremen« an der Brooklyn Pier fest. Die US-Presse feiert den Dampfer, der den Rekord der »Mauretania« von 1909 um acht Stunden und 17 Minuten unterbietet, als Zeichen der »Wiedergeburt Deutschlands«. Reichspräsident Paul von Hindenburg würdigt den Rekord als »besonderen Schritt vorwärts« zur »Wiedererlangung der Gleichberechtigung in Weltwirtschaft und Seeverkehr.« Die erfolgreiche Ozeanfahrt der »Bremen« gilt ebenso wie die ersten Probeflüge des Riesenflugbootes Dornier Do X (s. Abb.) am 12. Juli in Altenrhein am Bodensee als Triumph deutscher Technik. Die auf der Rorschacher Flugzeugwerft der Dornier-Werke gebaute Do X wird von zwölf Motoren von je 520 PS angetrieben.

17. Juli 1929

Konflikt um China-Ostbahn

Als China auf ein Ultimatum der sowjetischen Regierung vom 14. Juli wegen der Vorfälle an der chinesischen Ostbahn nicht reagiert, bricht die UdSSR die diplomatischen Beziehungen ab und stellt den Bahnverkehr in das Nachbarland ein.

Aufgrund eines 1896 geschlossenen Vertrages zwischen der chinesischen Regierung und russischen Banken war die 1903 fertiggestellte, durch die Mandschurei über Harbin nach Wladiwostok bzw. über Harbin-Tschangtschun nach Dairen und Port Arthur führende Ostchinabahn gebaut worden. Im Mai 1924 hatten beide Staaten diplomatische Beziehungen aufgenommen und vereinbart, die Bahn gemeinsam zu verwalten.

Wegen der Ausübung dieser Rechte durch die Sowjetunion gab es jedoch schon seit längerem Streit. Schlichtungsverhandlungen in der Stadt Mukden zwischen Mai und August 1926 blieben ohne Erfolg. Der Konflikt entzündete sich schließlich erneut an der Besetzung der Telegrafenstation der Ostbahn in Harbin durch die Chinesen und der Absetzung des sowjetischen Generaldirektors der Bahn am 10. Juli. Im Zuge der Ereignisse verlangt die UdSSR am 14. Juli die Freilassung verhafteter Sowjetbürger, darunter ein Generalkonsul in Harbin, sowie die Einberufung einer Konferenz. Die chinesische Regierung in Nanking reagiert mit dem Vorwurf, die Sowjets hätten in China einen kommunistischen Putsch geplant. In Moskau und Leningrad kommt es zu antichinesischen Demonstrationen (s. Abb.).

V.l.: Arabische Moslems in Jerusalem; Demonstration jüdischer Schüler in Tel Aviv

23. August 1929

Araber gegen Juden

In Jerusalem stürmen Hunderte bewaffneter arabischer Freischärler das jüdische Viertel. Die britische Mandatsmacht verhängt den Ausnahmezustand und beordert Kriegsschiffe und zusätzliche Truppen nach Palästina.
Tel Aviv, der ehemalige Vorort der Stadt Jaffa (Yafo) hat sich zum Zentrum der jüdischen Siedler in Palästina entwickelt. Obwohl 200 britische Soldaten in dem Ort stationiert sind, kommt es wiederholt zu gewaltsamen Zusammenstößen zwischen Moslems und Juden. Am 25. August wird über Tel Aviv der Ausnahmezustand verhängt. Tags darauf teilen die Briten mit, dass in Jerusalem 14 Juden, zehn Moslems und drei Christen, in Hebron 45 Juden und acht Moslems getötet wurden. Anlass für die Zuspitzung der Lage sind die Beschlüsse des 16. Zionistischen Weltkongresses in Zürich, die eine Erhöhung der jüdischen Einwandererzahlen zum Ziel haben. Seit der Jahrhundertwende sind rd. 1000 km² Boden in Palästina durch die zionistische Bewegung erworben worden. Etwa 100 000 Juden sind ins »gelobte Land« ausgewandert. Ihnen stehen 75 000 Christen und 675 000 Araber gegenüber. Das am 24. Juli 1922 vom Völkerbund verabschiedete Mandat für Palästina verpflichtet Großbritannien, die 1917 vom damaligen britischen Außenminister Arthur J. Balfour versprochene Schaffung einer nationalen Heimstätte für das jüdische Volk zu fördern, zugleich aber nichts zu tun, was die »bürgerlichen und religiösen Rechte bestehender nichtjüdischer Gemeinschaften in Palästina beeinträchtigen könnte.« Die Aufgabenstellung erschwert das Mandat der Briten: Nach Ansicht der Zionisten hat London die Balfour-Deklaration bisher unzureichend erfüllt und sogar die jüdische Einwanderung massiv behindert. Auf der anderen Seite verlangen die Araber – zuletzt in einem Brief an den Völkerbund –, auf einen jüdischen Staat gänzlich zu verzichten.

29. Juli 1929

Gefängnisrevolte in USA

Sechs Menschen kommen bei einer Gefängnisrevolte in Auburn (US-Bundesstaat New York) ums Leben. Ein Bild der Zerstörung bietet das Gelände des Zuchthauses nach dem Aufstand von rd. 1700 Gefangenen (s. Abb.). Den Hofgang hatten einige Gefangene genutzt, um die Wärter zu überfallen und sich Zugang zur Waffenkammer zu verschaffen. Der Ausbruchsversuch endet im Kugelhagel von Wachpersonal und Nationalgarde.

15. Juli 1929

Hofmannsthals tragischer Tod

In Rodaun bei Wien erliegt der österreichische Dichter Hugo von Hofmannsthal vor Aufregung über den Selbstmord seines Sohnes Franz einem Herzschlag. Hofmannsthal hatte am Vortag nach Erhalt der Nachricht einen Nervenzusammenbruch erlitten. Beim Ankleiden zum Gang auf den Friedhof folgt der Herzanfall. Zur Beisetzung des Dichters, der 1917 Mitgründer der Salzburger Festspiele war, kommen u.a. der Komponist Richard Strauss, für den Hofmannsthal das Libretto zur Oper »Der Rosenkavalier« verfasst hatte, und der Regisseur Max Reinhardt. Hofmannsthals Bühnenwerke – wie »Elektra«, das Mysterienspiel »Jedermann« und das Lustspiel »Der Schwierige« – finden sich auf den Spielplänen vieler deutschsprachiger Theater.

August 1929

1 Do Der Bund proletarisch-revolutionärer Schriftsteller Deutschlands (BPRS) bringt in Berlin die erste Ausgabe der Zeitschrift »Die Linkskurve« heraus.

2 Fr Der US-Konzern General Electric erwirbt größere Aktienanteile bei der Allgemeinen Elektricitäts-Gesellschaft (AEG).

3 Sa In Mekka wird ein Freundschaftsvertrag zwischen der Türkei und den arabischen Staaten Hedschas und Nedschd unterzeichnet.

4 So An der sowjetisch-chinesischen Grenze werden die abgebrochenen Verhandlungen über die Beilegung des Konflikts wieder aufgenommen.

5 Mo Am Vortag der Haager Konferenz finden im niederländischen Den Haag inoffizielle Vorbesprechungen der sechs Hauptkonferenzmitglieder statt.

6 Di In der ganzen Sowjetunion wird eine Feierschicht eingeführt, deren Ertrag dem sog. Industrialisierungsfonds gutgeschrieben wird.

7 Mi Die dritte nationale Heeres-Abbau-Konferenz endet in Nanking. Es wird beschlossen, das chinesische Heer von 200 000 auf 80 000 Mann zu reduzieren.

8 Do Aus London verlautet aus offizieller Quelle, dass Sir Percy Loraine neuer britischer Oberkommissar in Ägypten wird.

9 Fr Die New Yorker Federal Reserve Bank erhöht den Diskontsatz von 5 auf 6 %, was Panikverkäufe und Kursverluste an der Börse zur Folge hat.

10 Sa Wegen der Auflösung des Bauernumzuges am 1. August in Neumünster erklärt der Schleswig-Holsteinische Bauernbund den Boykott der Stadt.

11 So In Berlin beginnt ein internationaler Reklamekongress. An der Veranstaltung, die bis zum 18. August dauert, nehmen 5000 Delegierte teil.

12 Mo Die sowjetischen Truppen im Fernen Osten werden wegen des Konflikts mit China mobilisiert. Es wird eine Sonderarmee des Fernen Ostens gebildet.

13 Di In Berlin tauschen der päpstliche Nuntius Eugenio Pacelli und der preußische Ministerpräsident Otto Braun die Ratifikationsurkunden des Kirchenvertrags aus.

14 Mi Reichsaußenminister Gustav Stresemann erklärt zu dem Volksbegehren gegen den Youngplan, den Initiatoren gehe es nur um den Kampf gegen den Staat.

15 Do In Jerusalem kommt es zu Zusammenstößen zwischen Juden und Arabern. +++ In Friedrichshafen startet das Luftschiff »Graf Zeppelin« zu einem Weltflug.

16 Fr Aufgrund des Ergebnisses der Reichstagswahlen tritt der finnische Regierungschef Oskar Mantere zurück. Seine Nachfolge übernimmt Kyösti Kallio.

17 Sa Der deutsche Automobilrennfahrer Rudolf Caracciola gewinnt die Tourist Trophy über 660 km auf einer 22 km langen Rundstrecke nahe Belfast in Nordirland.

18 So In St. Lorenzen bei Graz (Österreich) kommt es zu Kämpfen zwischen der rechtsgerichteten Heimwehr und dem Republikanischen Schutzbund.

19 Mo Die Allianz Versicherung übernimmt die Frankfurter Allgemeine Versicherungs AG. +++ Der russische Choreograph Sergej Diaghilew stirbt in Venedig.

20 Di Der Zentralrat der Gewerkschaften der UdSSR ruft dazu auf, bei der »Säuberung« des Staatsapparates von »Schädlingen« Vorsicht walten zu lassen.

21 Mi Der US-Senat billigt eine Zollvorlage, die eine Erhöhung der Zölle bei landwirtschaftlichen Erzeugnissen und Produkten der Schwerindustrie vorsieht.

22 Do Bei dem europäischen Wettbewerb für Sportflugzeuge in Paris siegt der Deutsche Fritz Morzik auf einer BFW M 23b.

23 Fr In der »Literarischen Welt« erklärt Heinrich Mann den Erfolg der Detektivromane mit dem »Bedürfnis nach Außerordentlichem«. → Araber

24 Sa Beim Absturz einer Fokker D 757 im Linienverkehr zwischen Frankfurt am Main und Erfurt kommen bei Fulda vier Menschen ums Leben.

25 So Im »Neuen Wiener Tagblatt« setzt sich der österreichische Vizekanzler Vinzenz Schumy mit der Politik der rechtsgerichteten Heimwehren auseinander.

26 Mo Der Sprinter Helmut Körnig läuft in Bochum in 21,0 sec Weltrekord über 200 m. Die Bestmarke wird allerdings offiziell nicht anerkannt.

27 Di Per Dekret des Rates der Volkskommissare wird in der Sowjetunion zum 1. Oktober die fünftägige ununterbrochene Arbeitswoche eingeführt.

28 Mi Der über 100 000 Mitglieder zählende christlichsoziale Niederösterreichische Bauernbund tritt geschlossen in die rechtsgerichteten Heimwehren ein.

29 Do Im Berliner Künstlertheater hat das Antikriegsstück »Die andere Seite« (Journey's End) von Robert Cedric Sheriff Premiere.

30 Fr Auf der Haager Konferenz wird das Abkommen über die Räumung des Rheinlands durch die Entente-Truppen unterzeichnet.

31 Sa Am Theater am Schiffbauerdamm in Berlin wird das Musical »Happy End« von Elisabeth Hauptmann, Bertolt Brecht und Kurt Weill uraufgeführt.

September 1929

1 So Der Deutsche Katholikentag, der unter dem Motto »Rettung der christlichen Familie« stand, geht in Freiburg im Breisgau zu Ende. → Bauern-Bombe

2 Mo In Genf wird die zehnte Bundesversammlung des Völkerbundes eröffnet. Die Konferenz endet am 25. September mit der Annahme des Budgets für 1930.

3 Di Der Film »Ich lebe für Dich« wird im Ufa-Pavillon am Nollendorfplatz in Berlin uraufgeführt. Regisseur William Dieterle spielt auch die männliche Hauptrolle.

4 Mi Hugo Eckener kehrt mit dem Luftschiff LZ 127 »Graf Zeppelin« von einem Weltflug nach Friedrichshafen am Bodensee zurück.

5 Do Der französische Ministerpräsident Aristide Briand spricht sich vor der Völkerbundversammlung für ein einiges Europa nach einem föderativem Modell aus.

6 Fr Auf das Regierungsgebäude in Lüneburg wird ein Bombenanschlag verübt, bei dem allerdings nur Sachschaden entsteht.

7 Sa Der Generalsekretär des Völkerbundes, Sir Eric Drummond, legt den Grundstein für den Völkerbundpalast in Genf, ein Monumentalgebäude im Renaissance-Stil.

8 So Box-Europameister im Schwergewicht bleibt Pierre Charles aus Belgien. Er schlägt in Berlin Herausforderer Franz Diener (Deutschland) im Titelkampf.

9 Mo Das Premierenpublikum des Alfred-Hitchcock-Films »Erpressung« kann darüber entscheiden, ob der Film künftig in stummer oder tönender Fassung erscheint.

10 Di In mehreren Städten werden Angehörige der Bauernbewegung »Landvolk« festgenommen, die dringend verdächtig sind, Bombenanschläge verübt zu haben.

11 Mi Der deutsche Außenminister Gustav Stresemann erklärt zum Ergebnis der Haager Konferenz in einem Interview: »...Wir sind wieder Herr im eigenen Haus«.

12 Do Anlässlich der Kabinettsumbildung verzichtet der italienische Ministerpräsident Benito Mussolini auf sechs der sieben Ministerämter, die er bisher bekleidete.

13 Fr Luis Trenker spielt die Hauptrolle in dem Film »Ruf des Nordens«, der im Berliner Universum-Filmtheater uraufgeführt wird.

14 Sa Die britischen Truppen beginnen mit der Räumung der Koblenzer Rheinlandzone. +++ Die USA werden in den Internationalen Gerichtshof aufgenommen.

15 So Die »Vossische Zeitung« veröffentlicht einen Aufsatz, in dem Kettenläden und Selbstbedienungsgeschäfte nach US-Vorbild vorgestellt werden.

16 Mo In einer Kampfabstimmung billigt der Reichsrat den ausgehandelten Kompromiss zur Reform der Arbeitslosenversicherung.

17 Di Die Hauptgemeinschaft des Deutschen Einzelhandels tagt in Hamburg. +++ Der sozialkritische Film »Blutschande« von James Bauer hat in Berlin Premiere.

18 Mi Die sozialistische britische Regierung in London erklärt ihre Bereitschaft, bis zum Jahr 1932 ihr Völkerbundsmandat über den Irak niederzulegen.

19 Do Das litauische Kabinett muss auf Wunsch des diktatorisch regierenden Staatspräsidenten Antanas Smetona zurücktreten.

20 Fr Carl Duisberg, der Direktor der I.G. Farben, spricht sich auf einer Tagung in Düsseldorf für eine stärkere Eigenkapitalbildung in Deutschland aus.

21 Sa Die Regierung Österreichs erwägt die Änderung der Verfassung, um die Rechte des Bundespräsidenten gegenüber dem Parlament zu stärken.

22 So An einem Manöver des rechtsgerichteten paramilitärischen Verbandes »Stahlhelm« in Langenberg nimmt auch Prinz August Wilhelm von Preußen teil.

23 Mo In Berlin werden die Vereinigten Kugellager Fabriken AG gegründet. +++ Der Film »Die stärkere Nacht« mit Fritz Kortner wird in Berlin uraufgeführt.

24 Di Um Frauen vor Zudringlichkeiten auf der Straße zu bewahren, werden in Spanien die polizeilichen Schutzmaßnahmen verstärkt.

25 Mi Der österreichische Bundeskanzler Ernst Streer Ritter von Streeruwitz gibt nach kaum halbjähriger Amtszeit auf. Sein Nachfolger wird Johannes Schober.

26 Do Die Fusion der Deutschen Bank und der Disconto-Gesellschaft ist der bislang größte Bankenzusammenschluss in der deutschen Geschichte.

27 Fr Der Gauleiter der NSDAP für Berlin-Brandenburg, Joseph Goebbels, bezeichnet das Volksbegehren gegen den Youngplan als Anfang einer »Volksrevolution«.

28 Sa Der Ministerpräsident Griechenlands, Eleftherios Weniselos, trifft zu einem offiziellen Besuch in der Reichshauptstadt Berlin ein.

29 So Der ökumenische Patriarch Konstantinopels, Basil III. Georgiades, stirbt. Seine Leiche wird bis zur Beerdigung im vollen Ornat sitzend ausgestellt.

30 Mo In der Nähe von Frankfurt am Main führt Fritz von Opel einen Flugversuch mit einem raketengetriebenen Flugzeug durch.

25. Oktober 1929

»Schwarzer Freitag« an der Wall Street

Nervös und aufgeschreckt reagieren die europäischen und fernöstlichen Aktienmärkte auf den rapiden Kursverfall an der New Yorker Börse vom Vortag. Der Börsenkrach geht als »Schwarzer Freitag« in die Geschichte ein. Er markiert den Beginn der jahrelangen weltweiten Rezession mit Massenarbeitslosigkeit und Produktionsrückgang, die als Weltwirtschaftskrise viele Staaten an den Rand der Handlungsunfähigkeit treibt.

Blick in die New Yorker Börse: Die Stimmung unter den Aktienmaklern ist hektisch und niedergeschlagen zugleich.

Tatsächlich verläuft das Geschäft in New York an diesem Freitag nach den beiden hektischen Vortagen eher ruhig. Am 23. Oktober wird in New York die Rekordzahl von 6,5 Mio. Aktien verkauft. Am folgenden Tag kommt es zu Panikverkäufen. Gerüchte laufen um, die Börse werde geschlossen und mehrere bekannte Financiers hätten sich aus dem Fenster gestürzt. 12,9 Mio. Aktien werden verkauft. Die Papiere der großen US-Gesellschaften verlieren bis zu 40% ihres Wertes. Vor Börsenschluss gibt es eine leichte Kurserholung. Die sofort eingeleiteten Stützungskäufe – u.a. kaufen die wichtigsten Banken und Finanzinstitute in einer gemeinsamen Aktion am Nachmittag für 240 Mio. Dollar Wertpapiere – führen jedoch nicht zu einer langfristigen Beruhigung. Bereits am späten Nachmittag des 28. Oktobers entsteht eine neue Panik. 9 Mio. Aktien werden verkauft, am 29. Oktober sind es 16,5 Mio.

Dem Börsenkrach ist eine langanhaltende Hausse, ein allgemeiner Aufschwung der Wirtschaft, vorausgegangen. Nach dem Tiefststand von 191 zu Beginn des Jahres 1928 erreichte der Dow-Jones-Index im Dezember 1928 einen ersten Höhepunkt mit 300 und stieg nach zwei scharfen Einbrüchen im September 1929 auf 381. Auch nach dem Börsenkrach Ende Oktober liegt der Aktienkurs weiterhin über dem Stand zu Jahresbeginn 1928. Als Erklärung für den Crash wird daher zunächst auf die ungesunde Spekulation hingewiesen. Die Ursachen liegen jedoch tiefer, u.a. in einer unausgewogenen Weltwirtschaft in Folge des Weltkriegs. Darüber hinaus steckt die US-Landwirtschaft in einer schweren Krise. Zudem ist in den USA zuviel investiert bzw. spekuliert und zuwenig konsumiert worden, so dass im Sommer 1929 die Konjunktur einbrach. Die Löhne sind in den USA, wo die Gewerkschaften traditionell eine schwache Position haben, hinter den Unternehmergewinnen weit zurückgeblieben. Zwar investierten die Unterneh-

11. Oktober 1929

Roman der Großstadt

Die »Frankfurter Zeitung« veröffentlicht die 28. und letzte Folge des Großstadtromans »Berlin Alexanderplatz« von Alfred Döblin. Zeitgleich mit dem Zeitungsabdruck erscheint die Buchausgabe im S. Fischer Verlag in Berlin (s. Abb). Im Mittelpunkt der Handlung steht der ehemalige Transportarbeiter und Häftling Franz Biberkopf. Sein eigentlicher Widersacher ist die Großstadt Berlin, die ihm undurchschaubar erscheint. Der Roman beeindruckt durch die expressive Sprachgestaltung.

Alfred Döblin

deutscher Schriftsteller, * 10.8.1878 Stettin; † 26.6.1957 Emmendingen

Döblin hat den Expressionismus in Deutschland beeinflusst und mit »Berlin Alexanderplatz« einen der wichtigsten Romane des Jahrhunderts verfasst. Als Jude und Antifaschist flieht der schriftstellernde Arzt nach der Machtübernahme der Nationalsozialisten über Frankreich in die USA. 1945 kehrt er nach Deutschland zurück und arbeitet im Auftrag der französischen Militärverwaltung als Literaturinspekteur in Baden-Baden. Enttäuscht über die restaurative Entwicklung in der Bundesrepublik und die ausbleibende Anerkennung als Autor siedelt er 1951 nach Paris über. Seine Romantrilogie »November 1918« (1948-50) setzt sich kritisch mit der Haltung der Sozialdemokraten während der Novemberrevolution auseinander.

- 1905-30: Tätigkeit als Nervenarzt
- 1910: Mitbegründer der expressionistischen Zeitschrift »Der Sturm«
- 1918: USPD-Mitglied
- 1940: Flucht in die USA

Vor dem Gebäude der Börse in der Wall Street versammelt sich eine aufgeregte Menschenmenge.

men ihre Gewinne, aber es fehlte an Kaufkraft bei potentiellen Kunden. Mit Spekulation an der Börse ließ sich deshalb mehr Geld als mit der Produktion verdienen. Auch die Ökonomen in Europa registrierten schon seit einiger Zeit Zeichen einer bevorstehenden Krise, die vor allem in den Ländern der Alten Welt zu finden sind: Der Notverkauf der Österreichischen Bodencreditanstalt, der durch Übernahme verhinderte Zusammenbruch der Frankfurter Versicherungs AG und der Bankrott der Londoner Firmengruppe Clarence Hatry waren deutliche Signale.

Kettenreaktion in Europa

Die Reaktionen in Europa auf den Kursverfall an der New Yorker Börse sind zunächst gedämpft. Zwar geben auch an den hiesigen Aktienmärkten die Kurse leicht nach, doch erreicht der Wertverfall bei weitem nicht das Ausmaß wie in New York. Die Folgen für Industrie, Handel und öffentliche Finanzpolitik in Europa schlagen erst 1930 voll durch. Die direkten Folgen für Deutschland sind Massenentlassungen, Konkurse, öffentliche und private Finanznot sowie eine zunehmende Krise der Landwirtschaft. Nach Gesamtverlusten von rd. 50 Mrd. Dollar durch den Börsenkrach ziehen die US-Geldgeber ihre

Kredite aus Europa ab. In einer Kettenreaktion müssen daraufhin zahlreiche Unternehmen mit geringem Eigenkapital, die mit Geldern aus den USA gearbeitet haben, verkauft werden. Mit den zahlungsunfähigen Firmen brechen zugleich mehrere beteiligte Banken zusammen. Gleichzeitig verschärft US-Präsident Herbert Clark Hoover durch ein neues Zollgesetz den Protektionismus. Deutschland ist von der weltweiten Finanzkrise besonders stark betroffen. Mit bereits 1,6 Mio. Arbeitslosen im Oktober 1929 und Fehlbeträgen in den öffentlichen Haushalten fast in Milliardenhöhe ist kaum Spielraum vorhanden, einen Konjunktureinbruch unbeschadet zu überstehen. So übersteigt die Arbeitslosigkeit bereits im Januar 1930 die Grenze von 3 Mio. Besonders hart sind die Landwirte betroffen. Durch das Überangebot von Agrarprodukten auf dem Weltmarkt fallen die Preise. Vielen Landwirten droht unweigerlich der finanzielle Ruin (Abb.: Autoverkauf aus Geldmangel).

3. Oktober 1929

Sorge nach Stresemanns Tod

Reichsaußenminister Gustav Stresemann stirbt 51-jährig in Berlin an den Folgen eines Schlaganfalls (Abb.: Staatsbegräbnis am 6. Oktober). Nicht nur in Deutschland, sondern auch im Ausland verbindet sich die Trauer über den

Tod des international bekanntesten deutschen Politikers mit der Sorge um den weiteren politischen Kurs Deutschlands. Mit dem Namen Stresemann verbinden sich vor allem seine außenpolitischen Leistungen. Obwohl er den Versailler Vertrag eigentlich ablehnte, akzeptierte er zunächst die Vereinbarungen, um über eine Politik der Verständigung Änderungen zu erreichen.

1. September 1929

Bauern-Bombe im Reichstag

Auf das Reichstagsgebäude in Berlin wird ein Bombenattentat verübt. Obwohl nur geringer Sachschaden entsteht, setzen die preußischen Behörden eine Belohnung von 10 000 Reichsmark für Hinweise aus, die zur Ergreifung der Täter führen.

Ein in der Nähe des Reichstags befestigter Zettel mit einem Hakenkreuz und der Konstruktion der Bombe deutet darauf hin, dass ein Zusammenhang mit Anschlägen in Norddeutschland besteht, deren Täter in den Reihen des »Landvolks« vermutet werden. Diese bäuerliche Protestbewegung gegen die allgemein als zu hoch empfundene Zins- und Steuerbelastung hatte sich Anfang 1928 mit Großdemonstrationen in schleswig-holsteinischen Städten konstituiert. Zu ihrem Programm gehört ein Steuerboykott und die Verhinderung von Zwangsvollstreckungen. Ein radikaler Flügel soll mit rechtsgerichteten Freikorps-Leuten zusammenarbeiten.

Oktober 1929

1 Di In dem Schauspiel »Stempelbrüder« von Richard Duschinsky, das am Renaissancetheater in Berlin Premiere hat, spielt Heinrich George die Hauptrolle.

2 Mi Das Volksbegehren in Lippe-Detmold auf vorzeitige Auflösung des Landtags scheitert knapp. Mehrheitlich wurde es von den bürgerlichen Parteien unterstützt.

3 Do Großbritannien und die Sowjetunion beschließen, die wegen Spionage 1927 beendeten diplomatischen Beziehungen wieder aufzunehmen. → Stresemann

4 Fr »Die Frau im Mond« heißt der Science-Fiction-Stummfilm von Regisseur Fritz Lang, der in Berlin zur Uraufführung gelangt.

5 Sa Nach Friedrich Wolfs »Cyankali« (1. September, Berlin) wird in Leipzig ein weiteres Stück zum Thema Abtreibung uraufgeführt: Carl Credés »§ 218«.

6 So Der Winterfahrplan der Reichsbahn tritt in Kraft. Die allgemein erwarteten Tariferhöhungen sind aber nicht vorgenommen worden.

7 Mo Die Londoner Regierung richtet eine Einladung zu einer Seeabrüstungskonferenz an die anderen Hauptseemächte USA, Japan, Frankreich und Italien.

8 Di Der rechtsgerichtete Wehrverband »Stahlhelm« wird in der Rheinprovinz mit der Begründung verboten, er bilde seine Mitglieder militärisch aus.

9 Mi Nach einem Aufsehen erregenden Nachrichtendienstbericht soll es einem Münchener Untersuchungshäftling gelungen sein, aus Blei Gold zu erzeugen.

10 Do In Berlin wird die Operette »Land des Lächelns« von Franz Lehár uraufgeführt. Es spielen und singen Richard Tauber und Vera Schwarz.

11 Fr Neuer Ministerpräsident des unter französischem Mandat stehenden Libanon wird – als Nachfolger Bischara Bey al Churis – Emile Eddé. → Döblin

12 Sa Im britischen Dominion Australien gewinnt die bisher in der Opposition stehende Arbeiterpartei die Wahlen zum Bundesparlament.

13 So Die neue Rheinbrücke, die Köln mit dem Vorort Mülheim verbindet, wird feierlich dem Verkehr übergeben. Es ist die längste Hängebrücke in Europa.

14 Mo Der Erfurter Karl Hähnel gewinnt die deutsche Meisterschaft im 50-km-Gehen in 4:54:26,5 h. Im Mannschaftswettbewerb gewinnt der SW Erfurt.

15 Di Führende Wissenschaftler, u.a. Albert Einstein und Friedrich Meinecke, veröffentlichen einen Aufruf gegen das Volksbegehren zum Youngplan.

16 Mi Im Keller des Vereinslokals Berliner Künstler findet die Eröffnungsvorstellung des politischen Kabaretts »Katakombe« mit Werner Finck als Conferencier statt.

17 Do Nadir Khan lässt sich zum König von Afghanistan ausrufen. Er hat zwei Tage zuvor mit seinen Truppen die Hauptstadt Kabul besetzt.

18 Fr Die Operetten- und Revuesängerin Fritzi Massary glänzt in ihrer ersten Sprechrolle als »Erste Mrs. Selby« im gleichnamigen Stück von St. John Greer Ervine.

19 Sa Zum 50. Jahrestag der Erfindung der elektrischen Glühbirne gratuliert der Physiker Albert Einstein dem Erfinder Thomas Alva Edison über Radio.

20 So Das Fußballländerspiel Deutschland gegen Finnland, das in Altona bei Hamburg stattfindet, entscheiden die Gastgeber mit 4:0 für sich.

21 Mo Das Flugschiff »DO X« startet in Friedrichshafen zu einem 40-minütigen Flug: 158 Passagiere und elf Besatzungsmitglieder sind an Bord.

22 Di Der französische Ministerpräsident Aristide Briand erhält bei einer Vertrauensfrage in der Pariser Abgeordnetenkammer keine Mehrheit und tritt zurück.

23 Mi Das von Berlin nach Dortmund verlegte Institut für Arbeitsphysiologie der Kaiser-Wilhelm-Gesellschaft zur Förderung der Wissenschaften wird eröffnet.

24 Do Bei einer Explosion im Filmzentrum von Hollywood entsteht ein Sachschaden in Höhe von 50 Mio. Dollar (200 Mio. Reichsmark).

25 Fr Polens Außenminister August Zaleski befindet sich zur Unterzeichnung eines Schiedsvertrages mit Rumänien in Bukarest. → »Schwarzer Freitag«

26 Sa Gegen eine 500-Mio.-RM-Anleihe an die Reichsregierung erhält der schwedische »Zündholzkönig« Ivar Kreuger das Zündwaren-Monopol für Deutschland.

27 So Bei einer Großkundgebung versammeln sich etwa 12 000 Angehörige der rechtsgerichteten österreichischen Heimwehren auf dem Heldenplatz in Wien.

28 Mo Der Tonfilm »Atlantic«, der in einer deutschen und einer englischen Version gedreht worden ist, wird in Berlin uraufgeführt.

29 Di Die Kaffeebörse in Rio de Janeiro schließt wegen Preisverfalls. +++ Die Einschreibungsfrist für das Volksbegehren gegen den Youngplan läuft ab.

30 Mi Bei Kundgebungen von Erwerbslosen im Freistaat Danzig kommt es zu Zusammenstößen zwischen den Demonstranten und der Polizei.

31 Do Deutschland und Polen schließen ein Liquidationsabkommen, in dem beide Seiten auf gegenseitige Entschädigungsansprüche verzichten.

November 1929

1 Fr Drei Ulmer Offiziere suchen Kontakt mit den Nationalsozialisten und führen in der NSDAP-Zentrale Gespräche über eine Unterwanderung der Reichswehr.

2 Sa André Tardieu wird französischer Ministerpräsident. Er tritt die Nachfolge von Aristide Briand an, der am 22. Oktober zurückgetreten war.

3 So Der Reichsverband der Deutschen Industrie und der Deutsche Industrie- und Handelstag veröffentlichen gemeinsame Leitsätze zur Haushaltsgesetzgebung.

4 Mo »Seltsames Zwischenspiel«, ein Stück des US-Dramatikers Eugene O'Neill, wird in Berlin in deutscher Erstaufführung gezeigt.

5 Di Der Chirurg Werner Forßmann veröffentlicht in der Fachzeitschrift »Klinische Wochenschau« einen Artikel über Selbstversuche mit einem Herzkatheter.

6 Mi Beim Absturz eines Verkehrsflugzeuges der Deutschen Lufthansa in der Nähe des Ortes Marden in der britischen Grafschaft Kent sterben sechs Menschen.

7 Do Der Berliner Oberbürgermeister Gustav Böß (DDP) zieht die Konsequenz aus Korruptionsvorwürfen und tritt von seinem Amt zurück.

8 Fr Albert Einstein erhält die Ehrendoktorwürde der Sorbonne in Paris. +++ Ebenfalls in Paris wird »Amphytrion 38« von Jean Giraudoux uraufgeführt.

9 Sa Eine Reihe von Morden und Mordversuchen beunruhigt Behörden und Öffentlichkeit in Düsseldorf. Mehr als ein Dutzend Überfälle haben stattgefunden.

10 So Das Plenum des Zentralkomitees der Kommunistischen Partei der Sowjetunion in Moskau kritisiert Missstände in der Agrarpolitik.

11 Mo In einer Rede in Washington fordert US-Präsident Herbert Clark Hoover, Lebensmittelschiffe im Kriegsfall als unverletzlich anzusehen.

12 Di In Österreich wird der Staatsfeiertag zum Gedenken an die Gründung der Republik Deutschösterreich im Jahre 1918 festlich begangen.

13 Mi Sir Esmond Ovey wird britischer Botschafter in Moskau. Am 3. Oktober waren die diplomatischen Beziehungen wieder aufgenommen worden.

14 Do In Wien findet unter großem Andrang von Aktionären und Zuhörern die letzte Generalversammlung der österreichischen Bodencreditanstalt statt.

15 Fr Das ungarische Abgeordnetenhaus in Budapest verabschiedet gegen die Stimmen der Sozialisten ein neues Militärstrafgesetzbuch. → »Piz Palü«

16 Sa Die belgische Regierung unterzeichnet in Brüssel das Statut für die Bank für Internationalen Zahlungsausgleich, die Reparationszahlungen abwickeln soll.

17 So Die NSDAP gewinnt bei der Wahl der Berliner Stadtverordneten 13 von 225 Mandaten und zieht damit erstmals in das Stadtparlament ein.

18 Mo In Prag kommt es an der deutschen Universität und an der deutschen Technischen Hochschule zu schweren antisemitischen Ausschreitungen.

19 Di In Düsseldorf wird »Die Brücke«, ein Stück des völkischen Schriftstellers Erwin Guido Kolbenheyer, uraufgeführt.

20 Mi Der neuernannte Bischof von Berlin und Brandenburg, Christian Schreiber, bekennt sich in einer Rede zur republikanischen Staatsform.

21 Do Die deutsch-französischen Saarverhandlungen werden in Paris eröffnet. +++ Das Londoner Privatbankhaus Ironmonger & Co stellt die Zahlungen ein.

22 Fr US-Gewerkschaften und Unternehmerverbände verpflichten sich gegenüber dem Präsidenten zu einem Arbeitsfrieden ohne Lohnkämpfe.

23 Sa Die deutsche I.G. Farben und die US-Firma Standard Oil gründen eine gemeinsame Gesellschaft zur Nutzung ihrer Patente auf chemische Verfahren.

24 So Im Magdeburger Dom wird ein eichengeschnitztes Denkmal von Ernst Barlach öffentlich ausgestellt. Es stellt Krieger dar, die sich um ein Kreuz gruppieren.

25 Mo Die KPdSU-Dissidenten Nikolaj I. Bucharin, Alexej I. Rykow und Michail P. Tomski veröffentlichen in Moskau eine »Unterwerfungserklärung«.

26 Di In Freiweinheim bei Bingen werden die Leichen von drei Zahnärzten geborgen, die bei einem Ausflug mit dem Auto in den Rhein gestürzt waren.

27 Mi Die niederländische Schwimmerin Marie Braun stellt in Den Haag mit einer Zeit von 1:21,0 min einen Weltrekord über 100-m-Rücken auf.

28 Do In Gera findet die Uraufführung des Dramas »Die Gute Zeit« von dem expressionistischen Schriftsteller und Bildhauer Ernst Barlach statt.

29 Fr Der Reichstag berät in erster Lesung über ein von den rechten Parteien eingebrachtes Gesetz, das sich gegen den Youngplan richtet. → Südpol

30 Sa Die Dresdener Privatbank Albert Kuntze & Co. meldet Konkurs an – eine Folge des Börsencrashs am »Schwarzen Freitag«. → Koblenzer Zone

30. November 1929

Koblenzer Zone geräumt

Mit dem Abzug der letzten belgischen Soldaten aus Aachen und der letzten französischen Truppen aus Koblenz ist die Räumung der zweiten, der Koblenzer Rheinlandzone beendet (Abb.: Besatzungssoldaten in Bingen am Rhein).

Die drei Rheinlandzonen – die Kölner, die Koblenzer und Mainzer Zone – waren nach den Bestimmungen des Versailler Friedensvertrags von 1919 von britischen, französischen und belgischen Soldaten besetzt worden. In Koblenz nahm die Interalliierte Rheinlandkommission ihren Sitz, die in dem besetzten Gebiet Hoheitsbefugnisse ausübte. Die Zonen sollten 1925 (Köln), 1930 (Koblenz) und 1935 (Mainz) geräumt werden. Für den Fall, dass die Deutschen ihren Reparationsverpflichtungen nicht nachkommen würden, war eine Verzögerung des Abzugs oder eine erneute Besetzung bereits geräumter Gebiete eingeplant.

Der Abzug aus der letzten noch besetzten Rheinlandzone, der Mainzer Zone, soll nach dem Haager Abkommen bis zum 30. Juni 1930 abgeschlossen sein. Tatsächlich ziehen die dort stationierten britischen Soldaten bereits bis zum 12. Dezember 1929 ab, so dass lediglich französische Soldaten in Deutschland verbleiben.

29. November 1929

Byrd überfliegt den Südpol

Im Rahmen einer schon im Jahre 1928 begonnenen Antarktis-Expedition überfliegt der US-Pilot Richard Evelyn Byrd (s. Abb.) erstmals den Südpol.

Byrd ist mit einer dreimotorigen Maschine und drei weiteren Personen an Bord von dem Expeditionslager »Little America« in der Antarktis aus gestartet. Er legt den Flug zum Pol und zurück mit einer Gesamtstrecke von rd. 2500 km in 18:55 h zurück. Besondere Probleme bereitet die Überwindung einer 4000 m hohen Bergkette, hinter der das Polplateau beginnt. Um die Höhe zu erreichen, muss Byrd einige Pakete mit Proviant – es befindet sich eine für drei Monate ausreichende Notration an Bord – abwerfen.

Richard Evelyn Byrd ist der erste Mensch, der beide Pole von der Luft aus gesehen hat. Am 9. Mai 1926 hatte er von Spitzbergen kommend den Nordpol überflogen.

20. Dezember 1929

Risse in Regierungskoalition

Der Reichsrat billigt das vom Reichstag am Vortag angenommene Sofortprogramm der Regierung zur Beilegung der akuten Finanzkrise, das u.a. eine Erhöhung der Tabaksteuer, höhere Beiträge zur Arbeitslosenversicherung und die Einrichtung eines Tilgungsfonds vorsieht.

Das deutsche Finanzsystem befindet sich zum Ende des Jahres in einer Krise – verursacht durch die wirtschaftliche Talfahrt, die zu Steuerausfällen und höheren Ausgaben u.a. für Arbeitslose geführt hat. Die Situation wird – vor dem Hintergrund des Börsencrashs in den USA – durch das unerwartete Ausbleiben von Auslandsanleihen zusätzlich erschwert. Der Streit um Maßnahmen zur Eindämmung des Kassendefizits von 1,7 Mrd. Reichsmark hat Risse innerhalb der großen Koalition und eine schwere Beeinträchtigung des Verhältnisses von Reichsregierung zu Reichsbankpräsident Hjalmar Schacht hervorgerufen. Reichsfinanzminister Rudolf Hilferding (SPD) muss am 20. Dezember auf Druck von Schacht seinen Hut nehmen. Nachfolger wird Paul Moldenhauer (DVP), für den Robert Schmidt (SPD) das Amt des Wirtschaftsministers übernimmt.

15. November 1929

»Weiße Hölle vom Piz Palü«

Im Ufa-Palast am Berliner Zoo wird der Film »Die weiße Hölle vom Piz Palü« uraufgeführt (Abb.: Filmszene). Regie führen Arnold Fanck, der Meister des deutschen Bergfilms, und G.W. Pabst, der bedeutende, durch seinen kritischen Realismus bekannte Regisseur. Der Film ist ein Meisterwerk, der dem Genre des Bergfilms zu internationaler Anerkennung verhilft. Mittels faszinierender, unter schwierigsten Umständen gedrehter Aufnahmen verleihen die Regisseure den Bergen mystische Macht. Wie in zahlreichen Fanck-Filmen spielt Leni Riefenstahl, später regimenahe Regisseurin des nationalsozialistischen Deutschlands, die Hauptrolle. Der bekannte Pilot Ernst Udet ist ebenfalls in einer Rolle zu sehen.

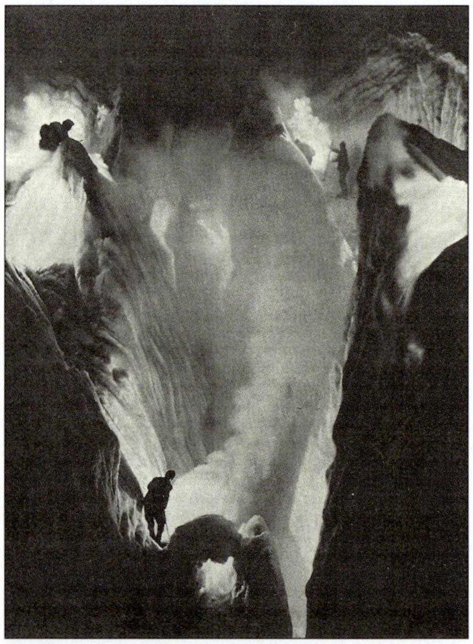

7. Dezember 1929

Neue Verfassung: Österreich stärkt Macht des Präsidenten

Die österreichische Verfassungsreform erhält im Nationalrat, dem Bundesparlament in Wien, die erforderliche Zweidrittelmehrheit. Nicht nur die konservativen Regierungsparteien, sondern auch die oppositionellen Sozialdemokraten stimmen für den Reformentwurf.

Mit der neuen Verfassung verzichtet das Parlament auf wesentliche Rechte und stärkt die Position des künftig vom Volk zu wählenden Bundespräsidenten. Er ernennt und entlässt die Bundesregierung – bisher konnte dies nur mit der Mehrheit des Nationalrats geschehen. Dem Bundespräsidenten – der gegenwärtige Amtsinhaber ist Wilhelm Miklas – wird ein »Notverordnungsrecht« zuerkannt, mit dem er den Nationalrat auflösen kann. Ferner wird er Oberbefehlshaber des Heeres. Weitergehende Pläne zur Verfassungsreform, die u.a. auf die Einrichtung eines Ständerats abzielten, haben die Regierungsparteien fallen lassen. Am 25. September hatte der als »Mann der Rechten« geltende Johannes Schober als Nachfolger von Ernst Streer Ritter von Streeruwitz sein Amt als neuer Bundeskanzler angetreten. Dem Rücktritt Streeruwitz' war ein Koalitionsstreit vorausgegangen. Während dessen Regierungszeit hatten sich die innerösterreichischen Konflikte beträchtlich verschärft. Die rechtsgerichteten Heimwehren konnten ihren Einfluss auf Regierungsgegner beträchtlich ausweiten.

10. Dezember 1929

Höchste Ehrung für Thomas Mann

Dem Schriftsteller Thomas Mann wird der Nobelpreis für Literatur verliehen. Er erhält die Auszeichnung für seinen ersten Roman, »Buddenbrooks« (1901). Das Buch, ein weltweiter Bestseller, schildert den Niedergang einer Lübecker Kaufmannsfamilie, die sich den veränderten gesellschaftlichen Verhältnissen nicht anpassen kann. Der Verfall zeigt sich schließlich am jüngsten Nachkommen, dem lebensuntüchtigen, künstlerisch veranlagten Hanno Buddenbrook. Bereits in diesem frühen Roman ist die Gegenüberstellung von »Kunst« und »Leben«, um die viele Erzählungen von Thomas Mann kreisen, angelegt. Friedrich Sternthal schreibt in der »Literarischen Welt« vom 22. November: »Thomas Mann gehört zu den wenigen Deutschen, die ein Stück unserer deutschen Tradition verkörpern. Er ist unter den Heutigen der Einzige, der in seiner Person die Überlieferung der Klassik und der Romantik vereinigt. Er ist auch der Einzige, der Konservatismus und Aufklärung zugleich darstellt.« Mann hat seit dem Erscheinen der »Buddenbrooks« viele Werke veröffentlicht, darunter den Roman »Königliche Hoheit« (1909) sowie die Novellen »Tristan« (1903) und »Tonio Kröger« (1914). Die weiteren Nobelpreise gehen an den Franzosen Louis Victor Prinz de Broglie (Physik), den Briten Arthur Harden sowie den Schweden Hans Karl von Euler-Chelpin (Chemie), den Niederländer Christiaan Eijkman, den Briten Frederick Gowland Hopkins (Medizin) und den US-Politiker Frank Billings Kellogg (Frieden).

Nobelpreisverleihung in Stockholm mit Thomas Mann (vorn r.)

Thomas Mann

deutscher Schriftsteller, * 6.6.1875 Lübeck; † 12.8.1955 Zürich

Als brillanter Analytiker des dekadenten Großbürgertums entwickelt sich Mann zu einem der wichtigsten Erzähler im 20. Jahrhundert. In »Der Zauberberg« (1924) liefert er eine kritisch-ironische Bestandsaufnahme der Verfallserscheinungen des Bürgertums vor dem Ersten Weltkrieg. Als Gegenbild zum Nationalsozialismus verkündet Mann, der der Weimarer Republik zunächst kritisch gegenübersteht, in der Tetralogie »Joseph und seine Brüder« (1933-42) seine Vorstellungen von einer humanen, gerechten Gesellschaftsordnung. In der Zeit seines Exils gewinnt er als Mahner für Demokratie und Humanität großen Einfluss.

- 1899: Redakteur des Satireblattes »Simplicissimus«
- 1933: Emigration in die Schweiz (1939 in die USA)
- 1947: »Dr. Faustus« (Roman)

Dezember 1929

1 So Charles Bathurst Bledisloe wird als Nachfolger von Charles Fergusson Generalgouverneur des britischen Commonwealth-Dominions Neuseeland.

2 Mo Der bayerische Ministerpräsident Heinrich Held (BVP) distanziert sich in einer Rede entschieden vom politischen Terror der Nationalsozialisten.

3 Di Drei Reichstagsabgeordnete der rechtsgerichteten DNVP verlassen nach einem Konflikt mit dem Vorsitzenden Alfred Hugenberg die Partei.

4 Mi Eine dramatisierte Fassung des Jugendromans »Winnetou« von Karl May wird mit großem Erfolg als Weihnachtsmärchen in Berlin uraufgeführt.

5 Do Die Reichstagsfraktion der Zentrumspartei wählt Heinrich Brüning zu ihrem Vorsitzenden. +++ König Viktor Emanuel III. von Italien besucht den Vatikan.

6 Fr Das »Capriccio für Klavier und Orchester« von Igor Strawinsky wird im Pariser Salle Pleyel uraufgeführt. Der Komponist spielt selbst den Solopart.

7 Sa Sultan Sir Mohammed Shah, der dritte Aga Khan, heiratet in Aix-Les-Bains in Frankreich die junge Französin Andrée Carron. → Österreich

8 So Bei den Gemeindewahlen in Bayern erzielen die Nationalsozialisten starke Gewinne, meist auf Kosten der liberalen Parteien.

9 Mo Der päpstliche Nuntius in Berlin, Eugenio Pacelli, stattet Reichspräsident Paul von Hindenburg vor seiner Rückkehr nach Rom einen Abschiedsbesuch ab.

10 Di Bei einem Eisenbahnunglück in der Nähe der belgischen Stadt Namur kommen 17 Menschen ums Leben, 60 Personen werden verletzt. → Thomas Mann

11 Mi Der Reichstag in Berlin nimmt einen Gesetzentwurf an, der die Ladenschlusszeit für den Heiligen Abend auf 17 Uhr festlegt.

12 Do Die letzten britischen Truppen ziehen aus Wiesbaden ab. Damit sind nur noch französische Truppen (in der Mainzer Rheinlandzone) in Deutschland stationiert.

13 Fr Die kommunistische Fraktion wird von der Sitzung der tschechoslowakischen Abgeordnetenkammer in Prag wegen Störungsaktionen ausgeschlossen.

14 Sa Der neue US-Botschafter in Paris, Walter Edge, überreicht dem französischen Außenminister Aristide Briand sein Beglaubigungsschreiben.

15 So Alexander Zaimis wird als Nachfolger von Pavlos Konduriotis Präsident von Griechenland. Konduriotis war aus gesundheitlichen Gründen zurückgetreten.

16 Mo Willy Fritsch und Dita Parlo spielen die Hauptrollen in dem Tonfilm »Melodie des Herzens«, der im Ufa-Palast am Zoo in Berlin uraufgeführt wird.

17 Di Konrad Adenauer (Zentrum) wird mit 48 gegen 47 Stimmen von der Stadtverordnetenversammlung als Kölner Oberbürgermeister bestätigt.

18 Mi Der französische Ministerpräsident André Tardieu nimmt vor der Abgeordnetenkammer in Paris Stellung zur geplanten Seeabrüstungskonferenz.

19 Do Der britische Premierminister James Ramsey MacDonald und Schatzkanzler Philip Snowden werden zu Ehrenbürgern der Stadt London ernannt.

20 Fr Belgiens Parlament nimmt mit 91 gegen 5 Stimmen bei 69 Enthaltungen das Gesetz zur Flamisierung der Universität Gent an. → Regierungskoalition

21 Sa Der Reichstag in Berlin verabschiedet das von der Regierung ausgearbeitete Sofortprogramm zur Beilegung der akuten Finanzkrise.

22 So Die Auseinandersetzung zwischen China und der Sowjetunion um die Ostbahn wird mit der Unterzeichnung des Protokolls von Chabrowsk beigelegt.

23 Mo Beim Untergang eines chinesischen Dampfers in der südchinesischen Provinz Kwangtung kommen etwa 300 Menschen ums Leben.

24 Di Am Heiligen Abend bricht im Weißen Haus in Washington ein Feuer aus, das erst nach vier Stunden gelöscht werden kann.

25 Mi Das Weihnachtsprogramm des Senders Königs Wusterhausen wird für die Deutschamerikaner über eine US-Radiokette in den USA ausgestrahlt.

26 Do Der frühere österreichische Bundeskanzler Ignaz Seipel kehrt ein halbes Jahr nach seinem Rücktritt wieder in die aktive Politik zurück.

27 Fr Im Verlauf einer hitzigen politischen Auseinandersetzung im brasilianischen Parlament in Rio de Janeiro wird ein Abgeordneter erschossen.

28 Sa Die Vertreter des Christlichen Volksdienstes und der Christlichsozialen Vereinigung im Reichstag schließen sich zum »Christlichsozialen Volksdienst« zusammen.

29 So Der indische Nationalkongress beschließt eine Kampagne des zivilen Ungehorsams gegenüber den britischen Kolonialbehörden.

30 Mo Der proletarische Film »Mutter Krausens Fahrt ins Glück« von Piel Jutzi wird in Berlin uraufgeführt. Die Titelrolle spielt Alexandra Schmidt.

31 Di Deutschland schließt in Ausführung des Youngplans ein Liquidationsabkommen mit Frankreich – wie schon zuvor mit Großbritannien und den USA.

1930-1939

1

2

3

1 – Kurz vor dem Ziel: Adolf Hitler und Joseph Goebbels 1932 auf Wahlkampfreise. Der NSDAP-Führer beseitigt nach seiner Machtergreifung im Januar 1933 in wenigen Monaten die Ergebnisse von 14 Jahren Demokratie in Deutschland. 2 – Im Dienste des NS-Schönheitsideals: Gymnastik-Riege im Mädcheninternat. 3 – Postkarte zur Ausstellung »Entartete Kunst«. International anerkannte moderne Künstler werden vom Regime verunglimpft.

4

5

6

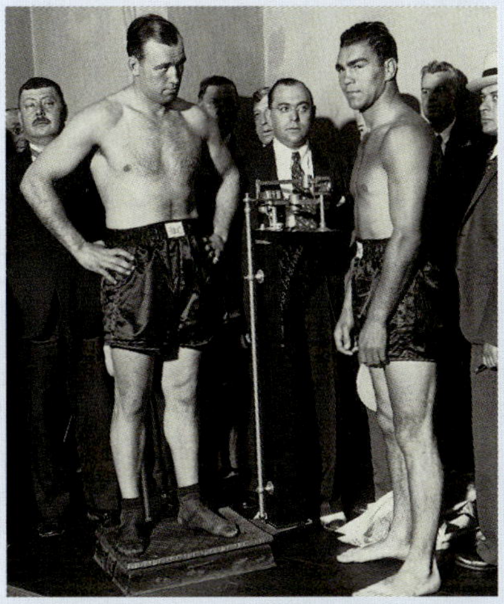

7

8

9

10

4 – Der Zeppelin »Hindenburg« über New York. Bei der Landung 1937 in Lakehurst geht das Luftschiff in Flammen auf. 5 – Militärparade zu Hitlers 50. Geburtstag 1939. 6 – Die Organisation »Kraft durch Freude« lädt zu Ferienfahrten ein. 7 – Die Boxer Jack Sharkey und Max Schmeling (v.l.) beim Wiegen. 8 – Der berühmte Duesenberg SJ, das teuerste US-Auto seiner Zeit. 9 – Das Filmplakat zum Gruselstreifen. 10 – Arbeiterwohnung in Wien.

Die dreißiger Jahre – Abschied von der Demokratie

Zwei Katastrophen rahmen die dreißiger Jahre ein: Die erste ist die Weltwirtschaftkrise von 1929, die nach dem Zusammenbruch des Bankensystems und des internationalen Handels fast überall auf der Welt zu Arbeitslosigkeit, Mangelversorgung und Armut führt. Die weltweite Krise erschüttert nicht nur die mühsam zusammengekittete Versailler Friedensordnung, sie verschärft auch die sozialen Gegensätze zwischen Arm und Reich. Während jedoch etwa die Regierung der USA mit Franklin D. Roosevelts »New Deal« das Vertrauen in Staat und Demokratie erneuern kann, schieben die Nationalsozialisten in Deutschland die Massenarbeitslosigkeit dem parlamentarischen System in die Kinderschuhe. Hitlers Überfall auf Polen im Jahre 1939 markiert die zweite Katastrophe: Er ist der verbrecherische Auftakt zum Zweiten Weltkrieg, der hinsichtlich Zerstörungskraft, Zahl der Opfer und nachhaltigen Folgen alle Maßstäbe sprengen wird.

Arbeitsdienst-Einsätze wie hier in Stolzenhagen (Mark Brandenburg) bringen Erwerbslose von der Straße – und den neuen Machthabern zunächst zusätzliche Popularität.

Zwischen diesen beiden Eckpunkten bietet das Europa dieser Jahre ein uneinheitliches Bild. Den freiheitlichen Demokratien des Westens erwachsen mit autoritär-faschistischen Regimen in vielen Staaten gefährliche Gegner. Herausragendes Beispiel dafür ist Hitlers Gewaltregime, das sich nacheinander Österreich, das Sudetenland und die »Resttschechei« einverleibt.

Am Anfang steht die Krise

Die Weltwirtschaftskrise weckt hunderttausende Amerikaner unsanft aus dem amerikanischen Traum. Auf dem Höhepunkt der Turbulenzen ergreift 1933 Präsident Franklin D. Roosevelt die Initiative und verkündet sein Wohlfahrts- und Arbeitsbeschaffungsprogramm, den »New Deal«. Gigantische staatliche Beschäftigungsmaßnahmen, flankiert von Subventionen für die Landwirtschaft und einer Gesetzgebung, die dem modernen Sozialstaat evolutionär den Weg ebnet, mildern die Folgen der Depression zumindest ab.

In Frankreich und Großbritannien verschärfen sich unter dem Eindruck der Weltwirtschaftskrise die sozialen Gegensätze dagegen mehr denn je. Dennoch halten die demokratischen Systeme beider Länder dem wirtschaftlichen Druck und der Agitation der radikalen Parteien stand. Das ist nicht überall in Europa so. Bereits bevor sich Deutschland im Jahre 1933 mit der Machtergreifung Hitlers endgültig von der demokratischen Staatsform verabschiedet, verwalten in Italien, Portugal, Polen, Ungarn und Jugoslawien autoritäre bzw. faschistische Regierungen die Macht. Zu ihnen gesellen sich im Verlauf der dreißiger Jahre Rumänien, Bulgarien, Österreich, Estland, Lettland, Griechenland und Spanien. In der Sowjetunion stellen sog. Säuberungen und Schauprozesse, die vielfach bis zur physischen Vernichtung der innerparteilichen Opposition führen, einen Höhepunkt der Terrorpolitik des Diktators Stalin dar.

Hitler zerschlägt die Republik

Reichspräsident Paul von Hindenburg ernennt am 30. Januar 1933 Adolf Hitler zum Reichskanzler. Hitler ist am Ziel. Monarchistische und völkische Kräfte haben dem Putschisten von 1923 den Weg geebnet. Viele Menschen halten den Abenteurer aus Österreich für ein vorübergehendes politisches Phänomen. Die Nationalsozialisten übernehmen jedoch zielstrebig die Macht und schalten systematisch die demokratischen Institutionen aus. Innerhalb eines Jahres zerstören Hitler und seine Helfer den deutschen Rechts- und Verfassungsstaat. Neben der »Demütigung« durch den Versailler Vertrag und der wirtschaftlichen Unsicherheit liegt das Scheitern der Weimarer Republik vor allem darin begründet, dass deren eigene liberal-demokratischen Verfassungsbestimmungen von ihren Feinden ausgenutzt werden. Die Schwäche des parlamentarischen Systems ist dabei vor allem der nationalsozialistischen Bewegung von Vorteil. Bereits in den zwanziger Jahren hatte Hitler dies erkannt und seine Partei auf das Legalitätsprinzip, d.h. auf das Erlangen der Macht auf legalem Weg, festgelegt. Die Weimarer Republik ist von Anfang an ein in weiten Kreisen der Bevölkerung ungeliebter Staat. Der einzelne Bürger vermag die oft chaotisch wirkenden Vorgänge der »großen Politik« vor dem Hintergrund von Wirtschaftskrise und sozialer Not nicht zu überschauen oder zu verstehen. Das ebnet radikalen Republikgegnern aller Schattierungen den Weg.

Blick auf die Brooklyn Bridge und Lower Manhattan. New York, die pulsierende Metropole am Hudson River, ist in den 30er Jahren das Ziel vieler Emigranten aus Europa.

Der Weg in den »Führerstaat«

Mit seiner Machtübernahme nimmt Hitler die stufenweise Umwandlung des politischen und gesellschaftlichen Systems in eine Einparteien-Führerdiktatur in Angriff. Sofort nach dem Reichstagsbrand setzt er die Meinungs-, Presse- und Versammlungsfreiheit »bis auf weiteres« außer Kraft. Das »Ermächtigungsgesetz« vom 23. März 1933 verändert die Verfassung entscheidend. Die gesetzgebende Gewalt geht auf die Exekutive über, der Rechtsstaat ist praktisch aufgehoben. Schwerer als das bürgerliche Recht wiegt künftig das »gesunde Volksempfinden«. Als nächstes schafft Hitler mit dem Reichsrat eine im

Über den Volksempfänger erreicht die Botschaft von Reichspropagandaminister Joseph Goebbels den größten Teil der deutschen Haushalte.

plötzlich zu gefährlichen Feinden abgestempelt werden. 1935 legitimieren die »Nürnberger Gesetze« die Ausgrenzung der sich selber mehrheitlich als gute Deutsche begreifenden Juden, 1938 bricht der landesweit koordinierte Pogrom gegen sie aus. Ein in der Geschichte beispielloser Exodus Entrechteter wird durch den gnadenlosen Terror des NS-Regimes und seiner Schergen ausgelöst.

besten Sinne traditionelle Institution des deutschen Verfassungslebens ab. Im Reichsrat wirkten die Länder bei der Gesetzgebung und Verwaltung des Gesamtstaates mit. Ab sofort untersteht all dies der Reichsregierung. Die Zerschlagung des traditionellen Parteiensystems schließt sich an. Seit dem 14. Juli 1933 ist die NSDAP die einzige legale Partei. Als Hindenburg im August 1934 stirbt, übernimmt Hitler auch das Amt des Reichspräsidenten. Er verzichtet jedoch auf den Titel und lässt sich stattdessen nur noch als »der Führer« anreden. Der Reichstag wird von nun an lediglich bei besonderen Gelegenheiten einberufen. Das gesamte demokratische Spektrum ist mundtot gemacht, viele Demokraten fliehen ins Ausland oder werden in die entstehenden Konzentrationslager verschleppt. Die letzte Kabinettssitzung, in der Gesetze beraten werden, findet Ende 1937 statt. Es ist ein einzigartiges Merkmal des völkisch-organisierten Führerstaates, dass es keinerlei Beschlussorgane mehr gibt. Keine Entscheidung von Tragweite fällt ohne Hitlers Billigung.

Gleichschaltung und Terror

Dem jungen NS-Regime gilt jede Form der Freiheit als Opposition. Es beginnt der Terror gegen Andersdenkende. Die »Gleichschaltung aller Bereiche des öffentlichen Lebens« wird immer mehr perfektioniert – schließlich geht es ja um den Aufbau eines Systems, das absolute Kontrolle über jeden Einzelnen erlangt. Jungvolk, Hitlerjugend, Organisation Kraft durch Freude, NSDAP, Arbeitsfront, SA, SS und Wehrmacht: »Von der Wiege bis zur Bahre« sorgen Parteiorganisationen für die kontrollierte ideologische Beeinflussung der Bevölkerung. Mittels staatlich subventionierter Volksempfänger-Radiogeräte erreicht die Propaganda eines Joseph Goebbels die Deutschen in ihrem Wohnzimmer. Geschickt nutzen die Nationalsozialisten im Jahre 1936 auch die erstmals in Deutschland ausgetragenen Olympischen Sommerspiele zur Sympathiewerbung. Das Denunziantentum in Beruf, Nachbarschaft und Familie wird gezielt gefördert. Die »Rasse der Herrenmenschen« bereitet unter dem verharmlosenden Begriff »Euthanasie« die Tötung geistig Behinderter und Erbkranker vor, verfolgt Homosexuelle, religiöse Minderheiten und die Volksgruppe der Sinti und Roma. Vor allem aber gilt Hitlers Hass den deutschen Juden, die aufgrund einer aberwitzigen Rassenideologie ur-

Angriff auf die Kunst

Intellektuelle und Künstler, die in politischer Opposition stehen, die nicht »arisch« sind oder deren Werke als »entartet« diffamiert werden, schließen sich dem Exodus an. Schriftsteller wie Stefan Zweig, Bertolt Brecht oder Anna Seghers werden verjagt, weil ihre Arbeiten ein Gegenbild der NS-Ideologie darstellen. Thomas Mann, in aller Welt anerkannter Repräsentant der eigentlichen deutschen Kultur, findet vom Exil aus immer klarere Worte gegen die Hitlerbarbarei. Berühmte bildende Künstler der Moderne – wie Paul Klee, Lyonel Feininger, Max Ernst, Emil Nolde oder Ernst Barlach – werden als »entartet« diffamiert, behindert oder verfolgt, weil ihre Bildsprache so gar nichts mit dem idealisierenden Pseudorealismus der NS-Kunstauffassung zu tun hat. Unübersehbar ist, dass die Emigration der künstlerischen Elite die faschistischen Staaten geistig und kulturell verarmt zurücklässt. Treffpunkte der Emigranten werden neben den US-Großstädten die europäische Kunstmetropole Paris sowie Zürich, das sich zu einem Zentrum der internationalen Kabarett- und Theaterszene entwickelt. Nie zuvor waren die geistigen und künstlerischen Strömungen so international durchmischt. Musiker wie der österreichische Komponist Arnold Schönberg oder der italienische Star-Dirigent Arturo Toscanini gehen in die USA, Hollywood profitiert von den Leistungen emigrierter Schauspieler und Regisseure, europäische Architekten drücken US-Städten ihren Stempel auf.

Bahnbrechende Forschungen

Ungeachtet der Tatsache, dass Jahrhundertgenies wie Albert Einstein oder Sigmund Freud in die Emigration gezwungen werden, stehen Forschung und Wissenschaften auch in Deutschland vor bahnbrechenden Entdeckungen. In der Atom- und Kernforschung gelingt dem Chemiker Otto Hahn die Spaltung von Urankernen bei Neutronenbestrahlung – Voraussetzung für die Gewinnung von Atomenergie und den Bau der Atombombe. Die chemische Industrie entwickelt neue, synthetische Stoffe wie PVC und Nylon: Das Plastikzeitalter bricht an. Mit den Strukturen lebender Zellen befasst sich die biologische Wissenschaft, der Bereich Genetik wird immer bedeutender. Dazu gesellt sich die Verhaltensforschung, die die Grenze zwischen Vererbung und Erziehung unter die Lupe nimmt.

+++ Zitate +++ Zitate +++ Zitate +++

Mahatma Gandhi über seinen gewaltfreien Kampf für ein freies Indien (1930):
»Der wahre Weg höchster Seligkeit liegt darin, ins Gefängnis zu gehen und die Leiden und Entbehrungen dort im Interesse seines Landes und seiner Religion zu ertragen.«

Der Schriftsteller Oskar Maria Graf zur Bücherverbrennung der Nazis (1933):
»Nach meinem ganzen Leben und nach meinem ganzen Schreiben habe ich das Recht zu verlangen, dass meine Bücher der reinen Flamme des Scheiterhaufens überantwortet werden und nicht in die blutigen Hände der braunen Mordbanden gelangen! Verbrennt die Werke des deutschen Geistes! Er selber wird unauslöschlich sein, wie eure Schmach!«

Augenzeuge des Luftschiffunglücks von Lakehurst (1937):
»Alles ereignete sich binnen weniger Sekunden. Mit so rasender Geschwindigkeit breiteten sich die Flammen aus, dass man kaum glauben konnte, irgend jemand von den Fahrgästen oder der Mannschaft könnte entrinnen. Die Hitze in der Nähe des Luftschiffes war schrecklich. Ich rannte so schnell ich konnte....«

Adolf Hitler bei der Eröffnung des »Hauses der Deutschen Kunst« in München (1937):
»So wenig, wie sich das Wesen und das Blut unseres Volkes ändern, muss auch die Kunst den Charakter des Vergänglichen verlieren... Kubismus, Dadaismus, Futurismus, Impressionismus usw. haben mit unserem deutschen Volke nichts zu tun.«

Pablo Picasso über sein Gemälde »Guernica« (1937):
»Auf dem Wandgemälde, an dem ich arbeite und das ich ›Guernica‹ nennen werde, und in allen meinen letzten Werken bringe ich deutlich meine Abscheu vor der militärischen Kaste zum Ausdruck, die Spanien in einen Ozean von Leid und Tod versenkt hat...«

Presse-Instruktion des Reichspropagandaministeriums zum Kriegsausbruch (1939):
»Keine Überschriften, in denen das Wort Krieg vorkommt. Der Rede des Führers zufolge schlagen wir nur zurück.«

Adolf Hitlers Rundfunkansprache zum Überfall auf Polen (1939):
»Polen hat nun heute nacht zum ersten Mal auf unserem eigenen Territorium auch durch reguläre Soldaten geschossen. Seit 5.45 Uhr wird jetzt zurückgeschossen. Und von jetzt ab wird Bombe mit Bombe vergolten. Wer mit Gift kämpft, wird mit Giftgas bekämpft...«

Wörter des Jahrzehnts

Anschluss • Arbeitsdienst • Arier • Autobahn • Entartete Kunst • Euthanasie • Führer • Gleichschaltung • Hitlerjugend • Hitler-Stalin-Pakt • Kernspaltung • Komintern • KdF-Wagen • KZ • Lebensborn • Machtergreifung • New Deal • Pimpf • Rassenschande • Reichsparteitag • SA • Schauprozess • SS • Swing • Volksempfänger

Januar 1930

1 Mi Mahatma Gandhi ruft den Allindischen Kongress in Lahore erfolgreich zum gewaltlosen Kampf gegen die britische Kolonialmacht auf.

2 Do Chiang Kai-shek, Führer der chinesischen Volkspartei Kuomintang und Präsident der Nanking-Regierung, gibt den militärischen Oberbefehl an Yen Hsi-schan ab.

3 Fr Auf der Zweiten Haager Konferenz verhandeln die Weltkrieg-Siegermächte mit Deutschland über Reparationszahlungen auf der Grundlage des Youngplans.

4 Sa Reichswehrminister Wilhelm Groener teilt in einem Privatbrief mit, General Kurt von Schleicher erarbeite ein Konzept für eine autoritäre Präsidialregierung.

5 So Das Zentralkomitee der KPdSU beschließt in Moskau, den Aufbau von Kolchosen in der Landwirtschaft durch zusätzliche Hilfsmaßnahmen voranzutreiben.

6 Mo In Berlin beginnt der Prozess gegen zwei georgische Nationalisten, die durch die Verbreitung von Falschgeld die sowjetische Währung unterhöhlen wollten.

7 Di Frankfurter Juweliere kaufen den »Welfenschatz« des Hauses Braunschweig-Lüneburg. +++ Die II. Akademischen Winterspiele beginnen in Davos. → Mapai

8 Mi Der Schweizer Walter Mittelholzer überfliegt als erster den zum Kilimandscharo-Massiv gehörenden Kibo, der mit 5895 m der höchste Berg Afrikas ist.

9 Do »Das Spielzeug ihrer Majestät«, eine Operette von Josef Königsberger, wird unter der Leitung des Komponisten im Kölner Opernhaus uraufgeführt.

10 Fr Der polnische Ministerpräsident Kazimierz Bartel kündigt vor dem Parlament die Rückkehr zu einer verfassungsmäßigen Zusammenarbeit an.

11 Sa Portugals Regierung unter Arturo Ivens Ferraz tritt nach einem Streit zwischen Ferraz und Wirtschaftsminister António de Oliveira Salazar zurück.

12 So Die Uraufführung der Oper »Die Nase« von Dmitrij D. Schostakowitsch im Kleinen Theater in Leningrad wird vom Publikum stürmisch gefeiert.

13 Mo Bei einem schweren Wintersturm auf den Britischen Inseln kommen 36 Menschen ums Leben. +++ In Deutschland beginnt der Winterschlussverkauf.

14 Di SA-Sturmführer Horst Wessel wird in seiner Berliner Wohnung von Kommunisten niedergeschossen und schwer verletzt. Er stirbt wenige Wochen später.

15 Mi 380 deutsch-russische Bauernfamilien, die aus Angst vor der Kollektivierung die Sowjetunion verlassen hatten, schiffen sich in Hamburg nach Brasilien ein.

16 Do Nach Kämpfen zwischen rechten und linken Demonstranten verbietet der preußische Innenminister Albert Grzesinski Versammlungen unter freiem Himmel.

17 Fr Der badische Innenminister Josef Wittemann befürwortet vor dem Landtag eine Zusammenlegung Badens mit Württemberg zu einem Staat.

18 Sa Anlässlich des Kongresses der kommunistischen Gewerkschaftsopposition in Essen kommt es zu Demonstrationen gegen die wachsende Armut.

19 So Die deutsche Presse berichtet von einer verheerenden Hungersnot in China. +++ Italienische Truppen schlagen einen Nomadenaufstand in Libyen nieder.

20 Mo Eine Kältewelle im Mittelwesten der USA fordert über 100 Todesopfer. In Montana fällt das Thermometer auf -55 °C. → Reparationszahlungen

21 Di Der japanische Kaiser Hirohito löst in Tokio das Parlament auf, weil die Regierung unter Juko Hamaguchi über keine ausreichende Mehrheit mehr verfügt.

22 Mi Das Reichskabinett billigt die Den Haager Beschlüsse. +++ Richard Evelyn Byrd beendet seine erste Antarktisexpedition zur Kartografierung des Kontinents.

23 Do Mit Wilhelm Frick tritt erstmals ein Nationalsozialist in eine Regierung in Deutschland ein. Er wird Minister für Inneres und Volksbildung in Thüringen.

24 Fr Nach gegenseitigen öffentlichen Angriffen werden Adolf Hitler und die »Münchner Telegrammzeitung« zu je 400 Reichsmark Geldstrafe verurteilt.

25 Sa Der Völkerbund drängt nach einem blutigen Feuergefecht zwischen Bolivien und Paraguay zu Verhandlungen im Streit um die Grenzregion Gran Chaco.

26 So In Indien wird symbolisch der Unabhängigkeitstag gefeiert. Damit beginnt eine neue Kampagne zivilen Ungehorsams gegen die britische Kolonialmacht.

27 Mo Statistiken zeigen, dass die Zahl der Alkoholtoten in den USA seit der Einführung der Prohibition vor zehn Jahren um 600 % gestiegen ist.

28 Di Der Reichstag verabschiedet ein Zündwaren-Monopolgesetz. +++ In Berlin wird die Partei »Volkskonservative Vereinigung« gegründet. → Spanien

29 Mi Der Vierakter »Der Verräter Gottes« von Franz Dietzenschmidt wird am Stadttheater von Ulm an der Donau uraufgeführt.

30 Do Adolf Grimme (SPD) wird neuer preußischer Kulturminister. +++ Die KPdSU beschließt die Liquidierung der Großbauernwirtschaft.

31 Fr Thüringens Ministerpräsident Erwin Baum kritisiert die Höhe der von der Zweiten Haager Konferenz festgelegten deutschen Reparationszahlungen.

18. Februar 1930

Kommunen vor dem Ruin

Die preußische Regierung ergreift Maßnahmen gegen die unkontrollierte Verschuldung deutscher Städte und Gemeinden. Um die Ausgaben zu beschränken, müssen Kreditaufnahmen künftig von staatlichen Ausschüssen genehmigt werden. Die preußischen Kommunen leiden im Zuge der weltweiten Wirtschaftskrise unter großer Finanznot. Vielfach verschulden sich die Städte weiter, in dem Glauben, die Rezession sei nur von kurzer Dauer. So ist der Haushalt der Stadt Berlin durch Fürsorgezahlungen an 450 000 Arbeitslose stark belastet. Die Aufnahme eines weiteren US-Kredits in Höhe von 300 Mio. Reichsmark wurde von der preußischen Regierung verhindert, um Berlin nicht völlig zahlungsunfähig werden zu lassen (Abb.: Preußens Eingriff in die Berliner Schuldenpolitik; aus »Kladderadatsch«).

28. Januar 1930

Spaniens Diktator gibt auf

Der spanische Diktator Miguel Primo de Rivera y Orbaneja tritt zurück. Primo de Rivera war in den vergangenen Wochen vermehrt ins Kreuzfeuer der öffentlichen Kritik geraten. Als sich ihm auch das Militär widersetzt, tritt er von seinem Amt als Ministerpräsident zurück. Primo de Rivera hatte 1923 im Einvernehmen mit Spaniens König Alfons XIII. gegen die parlamentarische Regierung geputscht, die Verfassung aufgehoben und ein Militärdirektorium gebildet (Abb.: König Alfons XIII., M., und General Primo de Rivera, l.).

Während seiner Regierungszeit orientierte sich der Diktator am italienischen Faschismus. Sein Nachfolger wird Dámaso Berenguer y Fusté, der ebenfalls ein Militär ist. Berenguer will die Verfassung teilweise wieder in Kraft setzen.

20. Januar 1930

Reparationszahlungen bis

Reichskanzler Hermann Müller (4.v.l.) leitet die Kabinettsberatungen über die Haager Beschlüsse, gegen die sich heftiger Widerstand regt.

In Den Haag endet die Zweite Haager Konferenz mit der Unterzeichnung der Haager Schlussakte durch die Vertreter Deutschlands und der Siegermächte des Ersten Weltkriegs. Damit ist nach Ansicht aller Beteiligten die Abwicklung der deutschen Reparationszahlungen abschließend geregelt.

Die Haager Schlussakte, die sich an den 1929 ausgearbeiteten Youngplan anlehnt, legt die Gesamtsumme der Reparationsschuld auf 34,5 Mrd. Reichsmark fest. Deutschland verpflichtet sich, diese Summe in jährlichen Raten bis 1988 abzuzahlen. Die Abwicklung der Reparationszahlungen wird von der in Basel neu zu gründenden Bank für Internationalen Zahlungsausgleich (BIZ) überwacht, bei der Deutschland seine Schuldverschreibungen hinterlegen muss. Neben diesen finanz- und wirtschaftspolitischen Fragen regelt die Haager Schlussakte auch die Rheinlandräumung und legt fest, dass die französischen Besatzungstruppen am 30. Juni 1930 den letzten noch besetzt gehaltenen Teil, die Mainzer Zone, verlassen müssen. Außerdem werden weitere Beschränkungen der deutschen Souveränität aufgehoben. Dazu gehört u.a. ein Ausscheiden der Alliiertenvertreter aus den Führungsgremien der Reichsbank und der Reichsbahn. Die Aufgabe dieser Kontrolleure war es bis dahin, die regelmäßigen Zahlungen der Reparationen sicherzustellen. Während der Verhandlungen kommt es mehrmals zu Differenzen zwischen den Konferenzteilnehmern. So wehrt sich z.B. die deutsche Delegation erfolgreich gegen britische und französische

1. Februar 1930

Sowjet-Terror gegen Kulaken

In der Sowjetunion müssen die Großbauern Haus und Hof verlassen. Die sog. Kulaken fallen den Kollektivierungsplänen der Regierung zum Opfer. Diese sieht in der Zusammenlegung von landwirtschaftlichen Betrieben zu großen Kolchosen die einzige Möglichkeit, die brachliegende Wirtschaft der UdSSR wieder auf Kurs zu bringen. Um dieses Ziel durchzusetzen, denunziert Staatschef Josef W. Stalin die Kulaken als Feinde der Revolution. Die Bauern müssen ihr Hab und Gut zurücklassen und werden deportiert (Abb.: Bauernfamilien auf der Flucht). In den folgenden Monaten beginnt eine gnadenlose Jagd auf die Kulaken, mehrere Mio. Menschen werden ermordet. Der Kollektivierungsterror der Sowjetregierung trägt jedoch keine Früchte. Durch Mangel an sachverständigem Personal bleiben die landwirtschaftlichen Erträge aus. Es kommt zu einer Hungersnot.

s Jahr 1988

Bestrebungen, die deutschen Reparationszahlungen zu erhöhen. Kontrovers diskutiert wird auch, ob in die Haager Schlussakte eine Klausel aufgenommen werden soll, die es Frankreich erlaubt, bei Nichteinhaltung des Abkommens wieder in das Rheinland einzumarschieren. In Geheimverhandlungen kann die deutsche Delegation die Durchsetzung dieser französischen Forderung verhindern. Die Verhandlungspartner legen fest, dass bei auftretenden Meinungsverschiedenheiten nach Vertragsabschluss nicht über den Kopf des besiegten Deutschland hinweg entschieden wird, sondern ein genau geregeltes Schiedsverfahren unter Einschluss Deutschlands in Kraft tritt.

Die Ergebnisse der Zweiten Haager Konferenz werden in Deutschland keinesfalls einhellig begrüßt. Die KPD wertet die Deutschland bis in das Jahr 1988 auferlegten Reparationszahlungen als Ausdruck des »Bestrebens der Großindustrie, das deutsche Proletariat auszubeuten.« Rechtsgerichtete Gruppierungen protestieren dagegen, dass die Erfüllung der Reparationszahlungen von den Alliierten zur Bedingung für einen Truppenabzug aus dem Rheinland gemacht wurde. Der NSDAP-Vorsitzende Adolf Hitler bezeichnet die Haager Beschlüsse abfällig als »Versklavungsedikt«. Die Angriffe der Rechtsparteien richten sich dabei nicht nur gegen die Politik der deutschen Regierung, sondern das parlamentarische System der Weimarer Republik überhaupt.

3. Februar 1930

KP kämpft für Vietnam

Die Kommunistische Partei Vietnams wird in Hongkong gegründet. Der Parteivorsitzende Ho Chi Minh sieht in der Befreiung Indochinas von der französischen Kolonialherrschaft das oberste Ziel der Kommunisten. Dabei setzt er insbesondere auf die Hilfe der unzufriedenen Kleinbauern Vietnams, die rd. 90% der Gesamtbevölkerung ausmachen. Die Kleinbauern litten schon vor Beginn der französischen Herrschaft unter der Macht von Großgrundbesitzern. Durch die Franzosen verschärfte sich dieser Zustand: 40% der Ernte müssen die Pächter an die Großgrundherren abgeben. Von dieser Situation profitieren die Kommunisten. Bereits im Jahre 1929 wurden in den Provinzen Tonkin, Annam und Kotschinchina kommunistische Organisationen gegründet, die den Kampf gegen die Franzosen aufnehmen wollten. Über einen genauen Zeitplan und die Art der Vorgehensweise konnten sich die Kleingruppen nicht einig werden. Der heutige Zusammenschluss zur Kommunistischen Partei erfolgt auf Anordnung der Komintern in Moskau.

Ho Chi Minh

vietnamesischer Politiker, * 19.5.1890 Kim Liên, Nordvietnam; † 3.9.1969 Hanoi

Ho Chi Minh gilt als Gründer der vietnamesischen Republik. Er gelangte als Schiffsjunge nach Europa, arbeitete als Journalist in Paris und studierte in Moskau. In Vietnam führte »Onkel Ho« zunächst den Widerstand gegen die Franzosen. Nach der Staatsgründung leitet er die sozialistische Planwirtschaft ein.

- 1925-39: Im Auftrag der Komintern in Asien und Europa
- 1945: Ausrufung der Republik Vietnam
- ab 1954: Staatspräsident von Nord-Vietnam

7. Januar 1930

Ben Gurion gründet Mapai

Im britischen Mandatsgebiet Palästina gründen David Ben Gurion und Isaac Ben Zwi die israelische Arbeiterpartei Mapai. Oberstes Parteiziel ist die rasche Gründung eines jüdischen Staates in Palästina. Dazu sollen die verschiedenen sozialistischen Richtungen des Zionismus in der Mapai konzentriert werden. Großbritannien hatte den Juden 1917 das Recht eingeräumt, auf palästinensischem Boden zu siedeln. Daraufhin kamen Juden aus vielen Teilen Europas nach Palästina, um eine »nationale Heimstätte« zu schaffen. Sozialistisches Gedankengut wurde dabei insbesondere von Einwanderern aus der Sowjetunion eingebracht. Diese Ideen bilden die Grundlage für die neugegründete sozialistische Mapai. Parteimitbegründer Ben Gurion war 1906 aus Polen nach Palästina ausgewandert, wo er zunächst als Landarbeiter seinen Lebensunterhalt verdiente. Der ebenfalls von ihm mitgegründeten Gewerkschaft Histadrut steht er als Generalsekretär seit 1921 vor. 1948 wird Ben Gurion erster Ministerpräsident des Staates Israel.

Februar 1930

1	Sa	In Berlin beginnt die 5. Grüne Woche. Die internationale Ausstellung für landwirtschaftliche Produkte zeigt Verfahren zur Bodenverbesserung. → Kulaken
2	So	Das Forschungsinstitut für Erziehungswissenschaften wird in Braunschweig eröffnet. +++ In Wengen in der Schweiz geht das erste Lauberhorn-Skirennen zu Ende.
3	Mo	Erstmals werden in Indien Angehörige der Paria-Kaste in ein Lokalparlament gewählt. +++ Ein Erdbeben in Neuseeland fordert 800 Tote. → Ho Chi Minh
4	Di	In Preußen dürfen Mitglieder verfassungsfeindlicher Parteien nicht mehr leitende Positionen in Kommunalverwaltungen einnehmen.
5	Mi	Der Reichsrat, die Vertretung der deutschen Länder, genehmigt das auf der Zweiten Haager Konferenz erzielte Reparationsabkommen (Youngplan).
6	Do	Der österreichische Bundeskanzler Johannes Schober und der italienische Ministerpräsident Benito Mussolini unterzeichnen in Rom einen Freundschaftsvertrag.
7	Fr	Nach einem Beschluss der Opiumkommission des Völkerbundes soll nur noch soviel Rauschgift hergestellt werden, wie für medizinische Zwecke nötig ist.
8	Sa	In Frankreich billigt die Nationalversammlung nach einer Vorlage der Regierung die Einführung der allgemeinen Sozialversicherungspflicht.
9	So	Die deutsche Eishockey-Nationalmannschaft siegt im Berliner Sportpalast im Endspiel um die Europameisterschaft mit 2:1 über die Schweiz.
10	Mo	An der Kölner Universität wird eine nationalsozialistische Hochschulgruppe nach Übergriffen auf jüdische Professoren und Studenten vorläufig verboten.
11	Di	Im Reichstag beginnt die Debatte um den Youngplan. Außenminister Julius Curtius betont die Verbesserungen gegenüber früheren Abkommen.
12	Mi	Nach der Entlassung von Betriebsratsmitgliedern im Rüsselsheimer Opel-Werk kommt es auf dem Werksgelände zu Krawallen von Belegschaftsmitgliedern.
13	Do	Als Hilfe für die notleidenden Bauern wird in Berlin der »Reichsverband der Deutschen Landwirtschaftlichen Genossenschaften – Raiffeisen e.V.« gegründet.
14	Fr	In einem in Kalkutta vorgelegten Aktionsplan schlägt Mahatma Gandhi die Steuerverweigerung der Inder gegenüber den Briten vor.
15	Sa	Die Regierung der Sowjetunion schafft Warenbörsen und Fondsabteilungen ab. Devisen- und Wertpapierkurse werden von der Staatsbank festgelegt.
16	So	»Die Südpolexpedition des Kapitäns Scott«, ein Stück von Reinhard Goering, wird im Staatlichen Berliner Schauspielhaus uraufgeführt.
17	Mo	Aufgrund einer Abstimmungsniederlage tritt die sozialistische Regierung Frankreichs unter Ministerpräsidenten André Tardieu zurück.
18	Di	Die Regierung Sachsens, die den Youngplan unterstützt, wird von KPD und NSDAP durch ein Misstrauensvotum gestürzt. → Kommunen
19	Mi	Die Londoner Flottenkonferenz pausiert bis zum 26. Februar: Frankreichs Außenminister Aristide Briand muss wegen der Regierungskrise in Paris abreisen.
20	Do	Reichsfinanzminister Paul Moldenhauer wird vom Kabinett ermächtigt, ab dem 5. März die Zölle für Kaffee und Tee zu erhöhen.
21	Fr	Der italienische Ministerpräsident Benito Mussolini amnestiert deutschsprachige Südtiroler, eine Geste angesichts des Freundschaftsvertrags mit Österreich.
22	Sa	Bei einem Staatsbesuch in Berlin einigen sich Österreichs Bundeskanzler Johannes Schober und Reichskanzler Hermann Müller auf einen Handelsvertrag.
23	So	Die Schülerzahl pro Volksschulklasse wird vom Berliner Magistrat von 34 auf 36 erhöht. Daraufhin können 387 Lehrkräfte in Berlin eingespart werden.
24	Mo	Der irakische König Faisal I. und der Hedschas-König Abd Al Asis Ibn Saud beenden in Basra die lange Feindschaft beider Reiche mit einem Friedensvertrag.
25	Di	Die französische Regierung unter dem radikalsozialistischen Ministerpräsidenten Camille Chautemps tritt mangels Mehrheit im Parlament zurück.
26	Mi	In Oslo beschließt der Ski-Weltverband die Einführung internationaler Wettbewerbe in den alpinen Disziplinen Abfahrts- und Slalomlauf.
27	Do	Weil die Kommunistische Partei in dem von Miklós Horthy autoritär regierten Ungarn verboten ist, findet der II. Parteitag der KPU in Moskau statt.
28	Fr	Der preußische Innenminister Albert Grzesinski tritt nach Angriffen der rechten Presse auf sein Privatleben »aus gesundheitlichen Gründen« zurück.

März 1930

1 Sa Reichspräsident Paul von Hindenburg drängt das Zentrum und die Deutsche Volkspartei zur Zustimmung zum Arbeitslosenversicherungs-Notopfer.

2 So Der sowjetische Staats- und Parteichef Josef W. Stalin wendet sich gegen Übereifer und Ausschreitungen bei der Kollektivierung der Landwirtschaft.

3 Mo Bei Überschwemmungen in Südfrankreich sterben über 2000 Menschen. +++ In den rheinischen Karnevalshochburgen finden die Rosenmontagszüge statt.

4 Di Nach einem von blutigen Unruhen geprägten Wahlkampf geht Júlio Prestes als Sieger aus den brasilianischen Präsidentschaftswahlen hervor.

5 Mi Das Kabinett unter Reichskanzler Hermann Müller einigt sich, die Lücke in der Arbeitslosenversicherung durch Anhebung des Beitragssatzes zu schließen.

6 Do Am Weltkampftag der Kommunisten gegen Hunger und Arbeitslosigkeit kommt es bei Kundgebungen in Berlin zu blutigen Kämpfen mit der Polizei.

7 Fr Reichsbankpräsident Hjalmar Schacht tritt wegen Differenzen mit der Regierung über die Reparationszahlungen zurück. Sein Nachfolger wird Hans Luther.

8 Sa Nach sieben Tagen geht die Leipziger Frühjahrsmesse zu Ende. Die Aussteller spüren die Folgen der weltweiten Wirtschaftskrise auf die Auftragslage deutlich.

9 So Die irakische Regierung tritt zurück, weil die britische Kolonialmacht die Entfernung britischer Beamter aus der irakischen Verwaltung ablehnt. → Brecht-Oper

10 Mo In Charkow beginnt gegen 55 Intellektuelle ein Prozess wegen antisowjetischer Propaganda. Sie sollen außerdem eine Revolte vorbereitet haben.

11 Di Infolge einer Kampagne des New Yorker Polizeichefs Grover Whalen entlassen mehrere Industriebetriebe rd. 300 mutmaßliche Kommunisten.

12 Mi Der Reichstag und Reichspräsident Paul von Hindenburg billigen in Berlin den Youngplan, der deutsche Reparationszahlungen bis ins Jahr 1988 vorsieht.

13 Do In Berlin wird der Operettenfilm »Zwei Herzen im Dreivierteltakt« uraufgeführt. Die Musik schrieb der Österreicher Robert Stolz. → Pluto

14 Fr Der erste Tonfilm der schwedischen Schauspielerin Greta Garbo hat in den USA Premiere. +++ In London stellt die Regierung einen Kanaltunnelplan vor.

15 Sa Die Regierung Polens unter Kazimierz Bartel tritt zurück, nachdem ihr der Kriegsminister Józef Klemens Pilsudski die Unterstützung versagt hatte.

16 So Als Reaktion auf die Annahme des Youngplans durch die Reichsregierung zerreissen in Berlin rechte Demonstranten die Gesetzestexte.

17 Mo Der Potsdamer Regierungspräsident Momm tritt nach Bekanntwerden einer Serie von Einbrüchen und Diebstählen seiner Frau zurück.

18 Di Ein in Berlin verabschiedetes »Republikschutzgesetz« soll ein wirksameres Vorgehen von Polizei und Justiz gegen Staatsfeinde ermöglichen.

19 Mi Der US-Senat billigt einen Gesetzentwurf, der den Import »unmoralischer Literatur« stoppen soll. Auf der Liste stehen auch Werke von Shakespeare.

20 Do Für ein umfangreiches Ausbauprogramm nimmt das Rheinisch-Westfälische Elektrizitätswerk bei einem US-Unternehmen einen 20-Mio.-Dollar-Kredit auf.

21 Fr Die Reichspost eröffnet in Berlin die drahtlose transatlantische Telefonverbindung zwischen Deutschland und Brasilien.

22 Sa Der Italiener Mario Borzacchini gewinnt den erstmals ausgetragenen Grand Prix von Tripolis auf einem Vier-Liter-Maserati mit 16 Zylindern.

23 So Als Konsequenz aus der Zweiten Haager Konferenz kündigt Frankreich den Rückzug seiner Truppen aus dem Rheinland bis zum 30. Juni an.

24 Mo Mit der Unterzeichnung einer Zollkonvention geht in Genf die europäische Zollfriedenskonferenz zu Ende, die am 17. Februar begonnen hatte.

25 Di Auf ihrer Jungfernfahrt von Bremerhaven nach New York gewinnt die »Europa« das »Blaue Band« für die schnellste Überquerung des Nordatlantiks.

26 Mi Auf einer Elektrotechnik-Ausstellung in Sydney schaltet Funkgerät-Erfinder Guglielmo Marconi die Beleuchtung des Rathauses per Funk aus Genua ein.

27 Do Die NSDAP bereitet einen Gesetzentwurf vor, der die »Hemmung der natürlichen Fruchtbarkeit des deutschen Volkes« unter Strafe stellt. → Regierung Müller

28 Fr Die Berliner Morgenpost widerruft die Behauptung, Kaiser Wilhelm II. habe wegen persönlicher Beziehungen Wehraufträge an die Firma Krupp erteilt.

29 Sa Im thüringischen Landtag wird das von der NSDAP eingebrachte Ermächtigungsgesetz verabschiedet, das der Regierung mehr Vollmachten erteilt.

30 So Reichskanzler Heinrich Brüning stellt in Berlin sein neues Kabinett vor. +++ Die US-Automobilfirma Ford verzeichnet starke Absatzeinbrüche in Deutschland.

31 Mo In London beginnt eine britisch-ägyptische Konferenz, in deren Mittelpunkt die Räumung des Niltales durch die Briten steht.

6. April 1930

Gandhis »Salzmarsch« provoziert Kolonialmacht

Im Dorf Dandi am Golf von Cambay nimmt der Führer der indischen Unabhängigkeitsbewegung, Mohandas Karamchand »Mahatma« Gandhi, um 6.30 Uhr morgens einen symbolischen Akt der Salzgewinnung vor. Durch diesen bewussten Verstoß gegen das von der britischen Kolonialmacht in Anspruch genommene Salzmonopol eröffnet Gandhi eine neue Kampagne des gewaltlosen Widerstandes gegen die Kolonialmacht zur Erlangung der nationalen Souveränität Indiens.

Mahatma Gandhi fordert die britische Kolonialmacht heraus.

Der indische Nationalkongress hatte am 31. Dezember 1929 beschlossen, für die vollständige Unabhängigkeit Indiens und den Austritt aus dem britischen Empire zu kämpfen. Dazu wurde die Bevölkerung aufgefordert, sich an Aktionen des zivilen Ungehorsams zu beteiligen. Stellvertretend für andere Ungerechtigkeiten prangerte daraufhin Gandhi in einem Brief an den britischen Vizekönig in Indien, Edward Frederick Lindley Wood Halifax, die Salzsteuer an. Gandhi rechnete vor , dass die Ärmsten seiner Landsleute aufgrund der erhobenen Salzsteuer im Jahr drei Tageseinkommen allein für Salz aufzuwenden hätten. »Auf den Knien« bat Gandhi, die Salzsteuer abzuschaffen, da er sich sonst gezwungen sähe, die Vorschriften des Salzgesetzes zu übertreten. Da eine Reaktion ausblieb, brach Gandhi am 12. März von Ahmedabad, rd. 450 km nördlich von Bombay, auf und setzte sich mit 78 Begleitern südwärts in Marsch. Für den Fall seiner Verhaftung ordnet er absolute Gewaltlosigkeit an.

Marlene Dietrich

eigtl. Maria Magdalena von Losch, deutsch-amerikanische Schauspielerin, * 27.12.1901 Berlin; † 6.5.1992 Paris

Schon in Ufa-Filmen spielt die Offizierstochter den Vamp in Perfektion. Als Diva im Hosenanzug provoziert sie via Hollywood ab 1930 die Welt und setzt ihre Popularität im Kampf gegen Hitler ein. Bis 1975 feiert sie als Sängerin Triumphe.

- ab 1922: Schauspielausbildung in Berlin
- 1932: »Blonde Venus«
- 1957: »Zeugin der Anklage«

1. April 1930

Marlene als fesche Lola – Geburt eines Mythos

Der Film »Der blaue Engel« feiert in den deutschen Kinos eine vielumjubelte Premiere. Hauptdarstellerin Marlene Dietrich wird als »femme fatale« mit rauchiger Stimme über Nacht zum Weltstar. Die Lieder Friedrich Hollaenders »Ich bin von Kopf bis Fuß auf Liebe eingestellt« oder »Ich bin die fesche Lola« werden zu Gassenhauern. Als Vorlage für den von Josef von Sternberg inszenierten Film dient der Roman »Professor Unrat« von Heinrich Mann. Dessen Hauptfigur, dargestellt von Emil Jannings, erhält jedoch nicht den ursprünglichen Charakter eines machtbesessenen Spießbürgers, sondern wird zum sympathischen Sonderling.

Mahatma Gandhi

eigtl. Mohandas Karamchand Gandhi, indischer Freiheitskämpfer, * 2.10.1869 Porbandar; † 30.1.1948 Delhi

Seine Lehre des gewaltfreien und passiven Widerstandes sowie des zivilen Ungehorsams, mit der er die Unabhängigkeit Indiens von Großbritannien durchsetzte, strahlte in die ganze Welt aus. Das politische Handeln Gandhis, der seit 1915 den Beinamen »Mahatma« (»dessen Seele groß ist«) trägt, und seine asketische Lebensweise waren tief in der hinduistischen Religion verwurzelt. Der Rechtsanwalt setzte sich stets für die Aufwertung der »Parias« (Unberührbaren) und den Ausgleich zwischen Hindus und Moslems ein. 1948 wurde Gandhi von einem Hindu-Fanatiker erschossen.

- 1888: Jurastudium in London
- 1893-1914: Rechtsanwalt in Südafrika
- 1920-34: Präsident der indischen Kongresspartei
- 1942-44: von den Briten inhaftiert

Während des 24-tägigen sog. Salzmarsches legen die Wanderer rd. 300 km zurück. Überall werden sie begeistert empfangen. Der Protestzug wächst auf mehrere tausend Gandhi-Anhänger an. Mit Spannung verfolgt die internationale Presse den Marsch zum Meer. Das Geschehen am Strand von Dandi bildet den Höhepunkt des Salzmarsches. Gandhi taucht ins Meer und hebt eine winzige Menge Salz auf. Dies ist die symbolische Aufforderung zum Boykott des monopolisierten Handels und zur Salzgewinnung in eigener Regie. Am 4. Mai wird Gandhi verhaftet. Seine Botschaft lautet: »Eine Handvoll Salz in der Faust eines Mannes der Gewaltlosigkeit ist zum Symbol der Ehre Indiens geworden.«

9. März 1930

Brecht-Oper löst Tumulte aus

Die Oper »Aufstieg und Fall der Stadt Mahagonny« sorgt in Leipzig für einen Skandal. Nach der Premiere des Werkes von Kurt Weill (Musik) und Bertolt Brecht (Text) kommt es im Zuschauerraum zu Tumulten. Gemäß ihrem Konzept bre-

chen die Autoren mit der bisherigen Opernform vom schönen Schein und konfrontieren das Publikum stattdessen mit sozialen Missständen (Abb.: Bühnenbild mit Demonstrationszug »für die Freiheit der reichen Leute«).

13. März 1930

Pluto kommt ins Blickfeld

Von einer Station im US-Bundesstaat Arizona aus entdecken Forscher den neunten Planeten des Sonnensystems (Abb.: Pluto l., im Hintergrund die Sonne). Der Himmelskörper wird auf den Namen Pluto getauft. Mit einem Abstand von 5900 Mio. km ist er 40-mal so weit von der Sonne entfernt wie die Erde und strahlt nur eine geringe Helligkeit ab. Die Entdeckung konnte dank neuer Teleskoptechnologien ermöglicht werden. Der achte Planet des Sonnensystems, Uranus, wurde auf den Tag genau 149 Jahre früher ausgemacht. Bereits zu Beginn des 20. Jh. war die Existenz eines weiteren Himmelskörpers vermutet worden, was jedoch wegen unzureichender Ausrüstung nicht nachgewiesen werden konnte.

27. März 1930

Regierung Müller scheitert

Die letzte Weimarer Regierung, die auf eine parlamentarische Mehrheit gegründet ist, tritt zurück. Die große Koalition unter Reichskanzler Hermann Müller (SPD) löst sich auf, weil sich die Fraktionen von SPD, Zentrum, DVP, DDP und BVP nicht über Haushaltsfragen einigen können. Am 30. März tritt der Zentrumspolitiker Heinrich Brüning als Reichskanzler die Nachfolge von Müller an. Brüning (Abb.: Mitte, sitzend, und sein Kabinett) kann sich jedoch nicht auf eine Mehrheit im Reichstag stützen. Er wird von Reichspräsident von Hindenburg ins Amt gehoben und ist direkt von diesem abhängig. Unter der Regierung Brüning entwickelt sich die Weimarer Demokratie zu einem bürokratischen Obrigkeitsstaat mit einem starken Reichspräsidenten und einem geschwächten Parlament. Die neue Regierung will eine politische und militärische Erstarkung Deutschlands sowie die Wiedereinführung der Monarchie durchsetzen. Der Volkswirtschaftler Brüning plant als Nahziel zudem die Sanierung des maroden Staatshaushalts.

April 1930

1 Di – In Kopenhagen bricht der deutsche Forscher Alfred Wegener zu einer Grönlandexpedition auf, u.a., um Klimaforschungen anzustellen. → Marlene Dietrich

2 Mi – Die äthiopische Kaiserin Zäuditu stirbt in Addis Abeba. Sie regierte seit 1916 gemeinsam mit dem Regenten Täfäri Mäkwännen, der ihr Nachfolger wird.

3 Do – Im Reichstag scheitert ein Misstrauensantrag von SPD und KPD, weil die DNVP überraschend die Regierung von Reichskanzler Heinrich Brüning unterstützt.

4 Fr – Yen Hsi-schan, der Chef der chinesischen Nordtruppen, erklärt in Peking der chinesischen Nationalregierung unter Chiang Kai-shek den Krieg.

5 Sa – Der belgische König Albert I. erlässt ein Gesetz zur Flamisierung der Universität Gent. +++ In Berlin wird der Fernsprechverkehr nach Moskau eröffnet.

6 So – Ein Plebiszit in der Schweiz billigt die Einführung eines staatlichen Alkoholmonopols und Steuern auf Kartoffel- und Obstschnaps. → »Salzmarsch«

7 Mo – Am Steuer eines Bugatti gewinnt in Monte Carlo der französische Rennfahrer René Dreyfus den Großen Preis von Monaco.

8 Di – Im Auftrag des Völkerbundes beraten in Berlin Experten über den Schutz der Wale. Durch den Einsatz von Harpunierkanonen nimmt ihre Zahl stark ab.

9 Mi – Auf der 50. Vollversammlung des Deutschen Industrie- und Handelstages in Berlin werden die Probleme der Wirtschaft in der weltweiten Krise erörtert.

10 Do – Im Reichstag beginnt die Lesung zur Finanzierung der Arbeitslosenversicherung. Der Plan, die Industrie steuerlich zu entlasten, wird von der SPD kritisiert.

11 Fr – In London veröffentlicht die Zeitung »Daily Express« als erste Tageszeitung täglich einen Überblick über das Fernsehprogramm.

12 Sa – Der thüringische Innen- und Volksbildungsminister Wilhelm Frick (NSDAP) erlässt eine Verfügung gegen die Einflüsse der »Negerkultur«.

13 So – Mit einer Steigerung des Streckenrekords von 90 auf 100,45 km/h gewinnt der Italiener Tazio Nuvolari die »1000 Meilen von Brescia« auf Alfa Romeo.

14 Mo – Der Präsident des Allindischen Kongresses, Jawaharlal Nehru, wird von den Briten verhaftet, weil er den »Salzmarsch« unterstützt hat.

15 Di – 2 937 000 Arbeitslose sind bei der Reichsanstalt für Arbeitslosenversicherung gemeldet. Sie erhalten durchschnittlich je 81 Reichsmark im Monat.

16 Mi – Regierungsvertreter Großbritanniens und der Sowjetunion unterzeichnen in London einen Vertrag zur Normalisierung der Handelsbeziehungen.

17 Do – Der Ministerpräsident des Landes Anhalt, Heinrich Deist (SPD), kann für das letzte Haushaltsjahr einen Überschuss von einer Mio. Reichsmark ausweisen.

18 Fr – In Chicago beschließen die rivalisierenden Bandenchefs Alphonse Capone und »Bugs« Moran die Aufteilung der Stadt in zwei Interessensphären.

19 Sa – Der Film »Das lockende Ziel« mit dem österreichischen Tenor Richard Tauber wird in Berlin uraufgeführt. +++ Deutschland erhöht die Getreidezölle.

20 So – Bei Krawallen während des kommunistischen Reichsjugendtags in Leipzig kommen mehrere Demonstranten und Polizisten ums Leben.

21 Mo – Charles Lindbergh, erster Alleinüberflieger des Atlantiks, fliegt mit 14:45 h einen neuen Rekord auf der 4000 km-Strecke New York-Los Angeles.

22 Di – Die USA, Japan, Großbritannien, Frankreich und Italien vereinbaren zum Ende der dreimonatigen Londoner Flottenkonferenz eine Begrenzung ihrer Flotten.

23 Mi – Am »Tag der Kindersouveränität« übernehmen für einen Tag Kinder in der Türkei die politischen Geschäfte – als Stadtpräfekte, Polizeidirektoren etc.

24 Do – Mit großer Mehrheit verabschiedet das französische Parlament die Einführung der Alters-, Kranken- und Invalidenversicherung von Arbeitnehmern.

25 Fr – In Konstantinopel (Istanbul) landet das erste deutsche Postflugzeug. +++ Das Land Preußen erlässt strengere Bestimmungen zum Tierschutz.

26 Sa – Das deutsche Luftschiff »Graf Zeppelin« startet mit 13 Gästen an Bord zum ersten friedlichen Überflug Londons mit einem Zeppelin.

27 So – Um Unruhen zu vermeiden, verbietet das preußische Landwirtschaftsministerium das Tragen politischer Schülerabzeichen in den Landwirtschaftsschulen.

28 Mo – Über dem US-Bundesstaat Kalifornien ist eine Sonnenfinsternis zu beobachten. Ein Astronomen-Team hat eigens Spezialkameras aufgebaut.

29 Di – Die niederländische Königin Wilhelmina eröffnet in der Hafenstadt Ijmuiden an der Mündung des Nordseekanals die größte Schleuse der Welt.

30 Mi – Nachdem der Youngplan keine ausländische Kontrolle der Reichsbank mehr vorsieht, verlassen sieben ausländische Mitglieder das Direktorium der Bank.

Mai 1930

1 Do Der Kriegsfilm »Im Westen nichts Neues« nach dem Roman des deutschen Schriftstellers Erich Maria Remarque wird in New York uraufgeführt.

2 Fr In einer Rede zur ersten Lesung des Haushalts fordert Reichsfinanzminister Paul Moldenhauer drastische Maßnahmen zur Senkung des Defizites.

3 Sa Bei einem Wirbelsturm über dem zu Japan gehörenden südlichen Teil der Insel Sachalin und der Insel Hokkaido kommen hunderte Menschen ums Leben.

4 So Vor 25 000 Zuschauern besiegt die deutsche Fußball-Nationalmannschaft in Zürich die Elf aus der Schweiz mit 5:0.

5 Mo Auf dem Weg nach Bombay wird der Führer der indischen Unabhängigkeitsbewegung, Mahatma Gandhi, verhaftet.

6 Di Der sächsische Landtag wählt in Dresden den bisherigen Präsidenten des Staatsrechnungshofes, den parteilosen Walter Schieck, zum Ministerpräsidenten.

7 Mi Im belgischen Parlament kommt es zum Streit darüber, ob Soldaten der Armee sich weigern dürfen, Befehle in französischer Sprache entgegenzunehmen.

8 Do Erdsenkungen bringen in Vienenburg im Nordharz über einem Kalibergwerk mehrere Häuser zum Einsturz. Die Polizei muss ganze Stadtviertel absperren.

9 Fr In Sherman (Texas/USA) stecken Weiße das Gerichtsgebäude in Brand, um die Auslieferung eines Farbigen zu erreichen, der eine Frau angegriffen haben soll.

10 Sa Ein Fußballländerspiel der deutschen Nationalmannschaft gegen die Auswahl aus England endet im Berliner Grunewaldstadion mit 3:3.

11 So Das Fest der Jungfrau von Orléans wird in Frankreich gefeiert. Unter ihrer Führung befreite das französische Heer 1429 die Stadt Orléans von den Engländern.

12 Mo In der Sowjetunion werden Konsumgüter rationiert. Durch einseitige Förderung der Schwerindustrie sind Produkte wie Nähgarn und Seife knapp geworden.

13 Di Die britische Regierung lehnt in London die Forderung palästinensischer Araber ab, den Zustrom von Juden in das von ihr verwaltete Palästina zu stoppen.

14 Mi Einem Bericht der »Frankfurter Zeitung« zufolge legt der deutsche Dirigent Wilhelm Furtwängler die Leitung der Wiener Philharmonischen Konzerte nieder.

15 Do Nach dem Abbruch der Koalitionsgespräche in Bulgarien setzt König Boris III. eine Regierung mit dem bisherigen Ministerpräsidenten Andreas Ljapcev ein.

16 Fr In Dresden wird das Deutsche Hygiene-Institut eröffnet. +++ Ein Großbrand im norwegischen Bergen zerstört die Häuser von über 150 Familien.

17 Sa Die US-Behörden starten wegen der zunehmenden tödlichen Unfälle im Straßenverkehr eine Erziehungskampagne für Autofahrer. → Briand

18 So Rund 800 Delegierte der »Heimwehr Österreichs« leisten in Korneuburg einen Eid auf ein faschistisches Programm zum Sturz der Demokratie.

19 Mo In Südafrika dürfen weiße Frauen erstmals an Wahlen teilnehmen. +++ Dem Vulkan Telemojo auf Java fallen bei einem Ausbruch 45 Menschen zum Opfer.

20 Di Der erst am 12. Mai gewählte sächsische Landtag wird mit den Stimmen von KPD, SPD und NSDAP aufgelöst. Neuwahlen sind für den 22. Juni geplant.

21 Mi Weil sich die Stadt Danzig in ihrer wirtschaftlichen Existenz durch den polnischen Hafen Gdingen bedroht sieht, bittet sie den Völkerbund um Vermittlung.

22 Do Henri Ponsot, der französische Oberkommissar von Syrien, löst das syrische Parlament wegen dessen Forderung nach mehr Selbstbestimmung auf.

23 Fr Die Eislebener Mansfeld AG kündigt der gesamten Belegschaft im Kupferbergbau zum 31. Mai. Nur wer 15% weniger Lohn in Kauf nimmt, darf bleiben.

24 Sa Bei einem Zwischenfall an der deutsch-polnischen Grenze bei Marienwerder wird ein polnischer Grenzbeamter getötet. → »Werwolf von Düsseldorf«

25 So Das deutsche Luftschiff »Graf Zeppelin« überquert den Südatlantik und erreicht Rio de Janeiro. Zuvor überflog es als erstes Luftschiff den Äquator.

26 Mo Reichsinnenminister Joseph Wirth klagt vor dem Staatsgerichtshof gegen die Schulpolitik des thüringischen Bildungsministers Wilhelm Frick (NSDAP).

27 Di Zur Entlastung des Haushaltes billigt die Reichsregierung den »Notopferplan«: Personen, deren Arbeitsplätze nicht gefährdet sind, zahlen 10% mehr Steuern.

28 Mi Auf dem in Wien beginnenden Internationalen Frauenkongress werden Themen wie das Frauenwahlrecht und internationale Friedenspolitik beraten.

29 Do In Hangelar bei Bonn findet die erste Damen-Kunstflugmeisterschaft statt. Am Start ist auch die bekannte Sportfliegerin Elly Beinhorn.

30 Fr Die 28. Session des Internationalen Olympischen Komitees beginnt in Berlin. Die deutschen Mitglieder legen die Bewerbung Berlins für die Spiele 1936 vor.

31 Sa Wegen wachsender Absatzprobleme senkt der Automobilhersteller Ford die Preise. Das billigste Modell, »Tudor«, ist jetzt ab 3850 Reichsmark zu haben.

12. Juni 1930

Sensations-Sieg für Schmeling

Max Schmeling gewinnt durch Disqualifikation seines Gegners Jack Sharkey die Boxweltmeisterschaft im Schwergewicht. Mit dem deutschen Meister erkämpft sich erstmals in der Geschichte des Boxsports ein Europäer die Weltmeisterschaft. Auch der Sieg durch Disqualifikation ist bisher einmalig. Beim Spitzenkampf im New Yorker Yankee-Stadion landet der US-Boxer einen regelwidrigen Tiefschlag. Schmeling geht zu Boden, wird angezählt, aber durch den Pausengong gerettet

(Abb.: Schmeling krümmt sich nach dem Tiefschlag am Boden). Ringrichter James Crowley hat den Regelverstoß zunächst nicht bemerkt. Nach Protesten von Schmelings Manager Joe Jacobs hält er jedoch Rücksprache mit dem Punktrichter. Als dieser den Tiefschlag bestätigt, erklärt Crowley den Kampf für beendet. Jack Sharkey wird disqualifiziert, Schmeling bekommt den Weltmeistertitel zugesprochen. Die 80 000 Zuschauer im Yankee-Stadion quittieren die Entscheidung mit einem gellenden Pfeifkonzert. Der Ausgang des Kampfes bleibt in der Boxwelt lange Zeit umstritten. Die Presse kritisiert die Entscheidung mit bissigen Kommentaren. Die New Yorker Boxkommission weigert sich zunächst, Schmeling anzuerkennen. Auch soll sein Name nicht auf der sog. Muldoon-Säule im Madison Square Garden eingraviert werden. Auch Schmeling selbst zweifelt, ob er den Weltmeistertitel annehmen soll. Letztlich setzt sich jedoch die Einsicht durch, dass sich Schmeling in späteren Kämpfen rehabilitieren könne.

6. Juni 1930

Tiefkühlkost kommt in Mode

In den USA verändert die Erfindung der Tiefkühlkost die Essgewohnheiten der Menschen. Im US-Bundesstaat Massachusetts bieten die ersten Einzelhändler tiefgefrorene Lebensmittel an. Nach anfänglicher Skepsis der Kunden findet die Ware schon nach wenigen Wochen reißenden Absatz. Die Erfindung der Tiefkühlkost basiert auf einer Beobachtung des ehemaligen Pelzhändlers Clarence Birdseye. Auf seinen Reisen in Labrador entdeckte Birdseye, dass Einheimische ihre Lebensmittel länger haltbar machten, indem sie sie im Winter einfroren. Nach seiner Rückkehr in die USA entwickelte der Erfinder ein Verfahren, das diesen Prozess auf maschineller Basis möglich machte. Die Nahrungsmittel sollten dabei weder an Geschmack verlieren, noch sollten ihre Nährstoffe zerstört werden. Mit Hilfe der richtigen Verpackung und Gefriergeschwindigkeit gelang Birdseye schließlich das angestrebte Ergebnis.

30. Juni 1930

Rheinland geräumt

Als Ergebnis der Zweiten Haager Konferenz räumen die letzten französischen Truppen die Mainzer Zone im Rheinland, fünf Jahre früher als im Versailler Vertrag eigentlich vorgesehen. Die vorzeitige Räumung ist die Gegenleistung der Alliierten für die hohen Reparationszahlungen nach dem sog. Youngplan. Das Ende der Rheinlandbesetzung löst in ganz Deutschland eine Welle der nationalen Begeisterung aus.

Neben der Frage der Reparationen hat kein anderes Thema die deutsche Öffentlichkeit so permanent beschäftigt wie die als äußerst schmerzlich empfundene Besetzung des Rheinlands. Mit Inkrafttreten des Versailler Vertrages am 10. Januar 1920 waren die linksrheinischen Gebiete des Deutschen Reiches mit den »Brückenköpfen« Köln, Koblenz, Mainz und Kehl von französischen, belgischen und britischen Truppen besetzt worden. Die besetzten Gebiete dienten als Pfand für die Erfüllung der Reparationszahlungen und aus der Sicht Frankreichs als Sicherheitszone gegen immer noch befürchtete deutsche Angriffe. Die Alliierten teilten die besetzten Gebiete in drei Zonen auf: Die Kölner Zone, die Koblenzer und die Mainzer Zone. Die Räumung der Zonen sollte stufenweise in Schritten von fünf, zehn und fünfzehn Jahren erfolgen. Die endgültige Dauer der Besatzungszeit konnte allerdings von den Siegermächten beliebig gekürzt, aber auch verlän-

24. Mai 1930

Der »Werwolf von Düsseldorf«

Wegen Mordes an neun Menschen wird in Düsseldorf der 47-jährige Peter Kürten festgenommen. Kürten (s. Abb.) legt noch am selben Tag ein umfassendes Geständnis ab. Der Arbeitslose hatte bereits 1913 den ersten Mord begangen. In den letzten Monaten sorgten die wiederholten Untaten, allesamt mit sexuellem Motiv, für Unruhe in der Düsseldorfer Bevölkerung. Zwei Frauen, die Kürten vergewaltigte, jedoch später entkommen ließ, geben der Polizei die entscheidenden Hinweise zum Fahndungserfolg. Der Massenmörder wurde mit 16 Jahren erstmals straffällig. 1905 wurde er wegen schweren Diebstahls in 34 Fällen zu drei Jahren Zuchthaus verurteilt. 1913 folgte eine erneute Verurteilung wegen Betrugs. Peter Kürten wird 1931 zum Tode verurteilt und hingerichtet. Er geht als »Werwolf von Düsseldorf« in die Geschichte ein.

gert werden. Die Kölner Zone wurde tatsächlich zum Jahreswechsel 1925/26 geräumt, zu weiteren Zugeständnissen fand sich Frankreich jedoch vorerst nicht bereit. Erst am 30.11.1929 gaben schließlich französische Truppen Koblenz sowie belgische Soldaten Aachen frei und räumten damit die zweite besetzte Zone.
Die Räumung der dritten Rheinlandzone und damit der endgültige Abzug aller Besatzungssoldaten wird in ganz Deutschland – ungeachtet der politischen Ausrichtung – enthusiastisch begrüßt. Vor dem Parlament in Berlin sagt Reichtagspräsident Paul Löbe (SPD): »Wie die Augen des ganzen deutschen Volkes, so sind auch unsere Gedanken am heutigen Tage auf das Rheinland gerichtet, über dessen grünen Bergen und alten Burgen, auf dessen Türmen und Zinnen in dieser Nacht zum ersten Male die Fahne der deutschen Republik emporsteigt...«. Auf zahlreichen sog. Befreiungsfeiern in rheinischen Städten wie Mainz, Kreuznach und Ludwigshafen würdigen Politiker das Ereignis als entscheidenden Einschnitt in der deutschen Geschichte. Die Festivitäten finden unter großer äußerer und innerer Anteilnahme der Bevölkerung statt. Ein Korrespondent berichtet über die Befreiungsfeier aus Trier: »Die ganze Stadt glüht im Licht. Auch die entlegenste und ärmste Straße feiert mit Fahnen und Lampen. Auf dem riesigen Platz vor der Palastkaserne – zwölf Jahre lang Kaserne der französischen Besatzung – Zehntausende. Die Glocken vom Petersdom läuten über der alten deutschen Stadt die Freiheit ein.« Die »Frankfurter Zeitung« bezeichnet den vorzeitigen Abzug der Besatzungsmacht als die »Frucht der deutschen Friedenspolitik« und erinnert damit an den 1929 verstorbenen Reichsaußenminister Gustav Stresemann. Dieser hatte im Herbst 1923 – noch als Reichskanzler – den Kampf gegen die Ruhrbesetzung abgebrochen und den Weg zu einer friedlichen Revisionspolitik eingeschlagen. Er hatte die Siegermächte des Ersten Weltkrieges davon überzeugen können, dass von Deutschland kein neuer Krieg ausgehen werde. Außerdem trug die gute Zusammenarbeit mit seinem französischen Amtskollegen Aristide Briand zusätzlich dazu bei, Frankreichs starre Haltung zu überwinden.
Als erstes deutsches Staatsoberhaupt seit Bestehen der Weimarer Republik besucht Reichspräsident Paul von Hindenburg am 18. Juli das Rheinland. Er nimmt dort als Ehrengast an zahlreichen »Befreiungsfeiern« teil.

Auch die SPD-nahe »Illustrierte Republikanische Zeitung« feiert die »Rheinlandbefreiung«.

17. Mai 1930

Briand will Europa-Union

Der französische Außenminister Aristide Briand übermittelt den europäischen Mitgliedstaaten des Völkerbundes ein Memorandum, das er mit »Organisation eines Systems eines europäischen Staatenbundes« überschreibt. Es handelt sich um eines der ersten politischen Konzepte zur Bildung eines europäischen Staatenbundes.
Als Ziele seiner europäischen Union nennt Briand eine wirkungsvolle Konfliktregelung bei Meinungsverschiedenheiten. Ferner geht es ihm um die Begründung einer europäischen Solidarität, die u.a. die gegenseitige Unterstützung in Krisenfällen mit einschließt. In ökonomischer Hinsicht strebt Briand die Schaffung eines einheitlichen Wirtschaftsraumes an, u.a. durch die Aufhebung der innereuropäischen Zollschranken. Dieser Plan, den Briand bereits am 5. September auf der zehnten Völkerbundsversammlung in Genf vorgestellt hat, soll jetzt von den europäischen Staaten geprüft und diskutiert werden. Viele Regierungen befürchten, bei einer Einigung nationale Interessen aufgeben zu müssen. Großbritannien etwa sieht durch einen europäischen Zusammenschluss die exklusiven Handelsbeziehungen zu seinen überseeischen Kolonien gefährdet.

27. Juni 1930

Ältestes Parlament der Welt

Auf der Thingvellier-Ebene, 50 km von der Hauptstadt Reykjavík entfernt, gedenken die Isländer der Gründung des ältesten Parlaments der Welt vor 1000 Jahren. Auf der Tribüne vor dem Logberg hält Premierminister Trygvi Thorhallson eine feierliche Ansprache (s. Abb.) und erinnert an die Geschichte des isländischen Parlaments. Das

Althing, die Zusammenkunft der gesetzgebenden und gerichthaltenden Körperschaften, war rd. 60 Jahre nach der Besiedelung der Insel durch Einwanderer norwegischer und keltischer Abstammung im Jahre 930 entstanden. Im Jahre 1000 führte das Althing das Christentum ein.

Juni 1930

1 So Im Kupferbergbau von Mansfeld (preuß. Provinz Sachsen) beginnt ein Arbeiterstreik gegen Kündigungen und einen angekündigten Lohnabbau um 15%.

2 Mo Die schwedische Regierung tritt zurück, nachdem die erste Kammer des Stockholmer Reichstages eine Erhöhung der Getreidezölle abgelehnt hat.

3 Di In Berlin werden sieben NSDAP-Mitglieder, die ein kommunistisches Lokal überfallen und einen Menschen getötet haben, zu Freiheitsstrafen verurteilt.

4 Mi Der Nationalrat der neutralen Schweiz beschließt mit 117 zu 47 Stimmen die Erweiterung der schweizerischen Luftwaffe.

5 Do Das bayerische Innenministerium verbietet das Tragen von Uniformen bei öffentlichen Kundgebungen von politischen Organisationen.

6 Fr Tageszeitungen kommentieren die tags zuvor aus Kostengründen erfolgte Ablehnung eines Kanaltunnelbaus durch die britische Regierung. → Tiefkühlkost

7 Sa Der deutsche Geologe Günter O. Dyhrenfurth besteigt auf seiner Himalaya-Expedition erstmals den 7459 m hohen Jongsang Peak.

8 So Die rumänische Nationalversammlung wählt den ehemaligen Kronprinzen Karl nach seiner Rückkehr aus dem Exil zum König Karl II.

9 Mo Otto Hörsing, der Bundesführer des SPD-nahen Reichsbanners Schwarz-Rot-Gold, fordert in Magdeburg die Schaffung eines deutschen Einheitsstaats.

10 Di In Oberstdorf wird die 4900 m lange Nebelhornbahn eingeweiht. +++ Die 14. Internationale Arbeitskonferenz beginnt in Genf.

11 Mi Der preußische Innenminister Heinrich Waentig verbietet dem politischen Kampfverband der NSDAP, der Sturmabteilung (SA), das Tragen der Uniform.

12 Do Die Forscher William Charles Beebe und Otis Barton erreichen vor den Bermudainseln mit einer Tauchkugel die Rekordtauchtiefe von 434 m. → Schmeling

13 Fr Das Reichskabinett stimmt den Vorschlägen von Finanzminister Paul Moldenhauer zu, u.a. Arbeitsbeschaffungsmaßnahmen einzuführen.

14 Sa In Wien wird der Bundesstabschef der österreichischen Heimwehr, der Deutsche Waldemar Pabst, wegen unzulässiger politischer Betätigung ausgewiesen.

15 So Im Rahmen des Welttheaterkongresses in Hamburg beginnt die Ausstellung »Das moderne Bühnenbild in Deutschland«, die bis zum 15. Juli geöffnet bleibt.

16 Mo Die Preußische Akademie der Künste wählt erneut den Maler Max Liebermann zu ihrem Präsidenten. Er ist bereits seit 1920 in diesem Amt.

17 Di In Washington unterzeichnet US-Präsident Herbert Clark Hoover den »Smoot-Hawley-Tariff«, ein Gesetz über die Erhöhung der Einfuhrzölle.

18 Mi Wegen Kritik aus den Reihen seiner eigenen Partei stellt Reichsfinanzminister Paul Moldenhauer (DVP) sein Amt zur Verfügung.

19 Do Ägyptens Ministerpräsident Mustafa Nahhas Pascha tritt mit seinem Kabinett zurück. Der Grund ist vor allem die Finanzkrise des Landes.

20 Fr Reichsaußenminister Julius Curtius (DVP) dankt den USA in einer Rundfunkansprache für die Wiederaufbauhilfe für Deutschland nach dem Weltkrieg.

21 Sa Das preußische Kulturministerium entscheidet, dass die Büste der Königin Nofretete in Berlin bleiben soll und nicht an Ägypten zurückgegeben wird.

22 So Bei den Landtagswahlen in Sachsen gewinnt die NSDAP Stimmen. +++ Hertha BSC Berlin schlägt Holstein Kiel und wird Deutscher Fußballmeister.

23 Mo Die Uraufführung der Schuloper »Der Jasager« von Kurt Weill und Bertolt Brecht findet in Berlin statt. Die Darsteller sind ausschließlich Jugendliche.

24 Di Ein Kongress von Choreographen und Tanzlehrern aus dem In- und Ausland geht in München nach sechs Tagen zu Ende.

25 Mi Die Evangelische Kirche feiert in Augsburg den 400. Jahrestag der »Confessio Augustana«, des »Augsburger Bekenntnisses« der Protestanten.

26 Do Der XVI. Parteitag der KPdSU, der bis zum 13. Juli tagt, wird in Moskau eröffnet. Er bestätigt die Politik des Parteivorsitzenden Josef W. Stalin.

27 Fr Nach Straßenkämpfen in La Paz wird die bolivianische Regierung von rebellierenden Arbeitern und Armeeeinheiten gestürzt. → Ältestes Parlament

28 Sa Eine Tagung des Deutschen Werkbundes, einer Architekten-, Designer-, Handwerker- und Industriellenvereinigung, endet nach einer Woche in Wien.

29 So Anlässlich des Deutschen Volksliedertages veranstaltet der Deutsche Sängerbund in ganz Deutschland Konzerte.

30 Mo Durch das anglo-irakische Abkommen wird der Irak formell unabhängig, bleibt aber militärisch und politisch an Großbritannien gebunden. → Rheinland

Juli 1930

1 Di Das US-Busunternehmen Northland Transportation Co. für nationale Überlandreisen wird in »Greyhound Company« umbenannt.

2 Mi Die Polizei nimmt in Auckland (USA) den niederländischen Flugzeugkonstrukteur Anthony Fokker wegen Fliegens ohne Fluglizenz fest.

3 Do In Mainz kommt es zu Ausschreitungen Rechtsradikaler gegen ehemalige Separatisten, die 1923 die Rheinische Republik gründen wollten. → NSDAP

4 Fr Nach einem 554-stündigen Rekord-Dauerflug landen Kenneth und Albert Hunter mit ihrem Flugzeug »City of Chicago« auf dem Chicagoer Flughafen.

5 Sa William Tilden gewinnt das Tennisturnier in Wimbledon. +++ Ein US-Flottenverband läuft zu einem Freundschaftsbesuch den Kieler Hafen an.

6 So In Köln wird der Fluglehrer Gerhard Fieseler Deutscher Kunstflugmeister. Er erringt den Titel bereits zum dritten Mal.

7 Mo Etwa 11 000 finnische Bauern demonstrieren mit einem Marsch durch Helsinki gegen die Kommunistische Partei Finnlands. → Arthur Conan Doyle

8 Di Wegen der Umstellung der Kinos von Stumm- auf Tonfilm ist seit Anfang des Jahres etwa die Hälfte der Berliner Berufsmusiker arbeitslos. → Zugspitz

9 Mi Im Waldenburger Kohlerevier in Schlesien ersticken bei einem Grubenunglück in Hausdorf/Neurode 151 Bergleute nach einer Kohlenmonoxidexplosion.

10 Do Der Internationale Gewerkschaftskongress beschließt in Stockholm, den Sitz des Gewerkschaftsbundes IGB von Amsterdam nach Berlin zu verlegen.

11 Fr Die »Frankfurter Zeitung« berichtet über einen Erlass der katholischen Kirche in Bayern, der sich gegen die Errichtung von Familienbädern richtet.

12 Sa In den Schweizer Bergen fällt bis auf 1000 m hinunter Neuschnee. Am Jungfraujoch beträgt die Neuschneedecke – bei Temperaturen von -10 °C – 30 cm.

13 So Bei einem Straßenbahnunglück in der Nähe der argentinischen Hauptstadt Buenos Aires kommen 66 Menschen ums Leben. → Uruguay

14 Mo Im Mittleren Westen der USA fordert eine Hitzewelle über 200 Todesopfer. In Sikeston im Staat Missouri herrscht eine Temperatur von 48 °C im Schatten.

15 Di In der ägyptischen Hafenstadt Alexandria sterben 18 Menschen bei Auseinandersetzungen zwischen nationalistischen Demonstranten und der Polizei.

16 Mi Der Rheinische Verkehrsverband protestiert gegen die Zerstörung der Landschaft in rheinischen Erholungsgebieten durch Industrieanlagen.

17 Do Nach ergebnislosen Verhandlungen mit der Reichsregierung über eine Regierungsbeteiligung bricht die Deutschnationale Volkspartei (DNVP) auseinander.

18 Fr Der Physiker Max Planck wird in Berlin zum Präsidenten der Kaiser-Wilhelm-Gesellschaft zur Förderung der Wissenschaften gewählt. → Präsidialregime

19 Sa In den Schaufenstern Berliner Geschäfte wird mit Wachsfiguren, die den Boxweltmeister Max Schmeling darstellen, für Herrenkonfektion geworben.

20 So Das Galopprennen um den Großen Preis von Berlin gewinnt der Hengst »Alba«. Der Favorit des Rennens, »Graf Isolani«, kann sich nicht platzieren.

21 Mo In Breslau tritt der Deutsche Bergarbeiterkongress, ein Interessenverband der Bergarbeiter, zu einer viertägigen Sitzung zusammen.

22 Di Die Wagner-Festspiele unter der Gesamtleitung von Siegfried Wagner werden in Bayreuth eröffnet. Erstmals dirigiert der Italiener Arturo Toscanini.

23 Mi In Berlin beginnt das II. Welttreffen der Arbeiter- und Bauernkinder. Bis zum 27. Juli beraten die Teilnehmer u.a. über Maßnahmen gegen die Kinderarbeit.

24 Do Der indische Literaturnobelpreisträger Rabindranath Tagore trägt in Frankfurt im Rahmen einer Vortragsreise seine Gedichte in Bengali und auf Englisch vor.

25 Fr Eine Notverordnung verbietet den militanten Organisationen der rechts- und linksradikalen Parteien in Deutschland das Tragen von Waffen.

26 Sa Das Polizeiinstitut für Technik und Verkehr hat eine neue Polizeiwaffe entwickelt: eine Pistole, mit der Gaspatronen abgeschossen werden können.

27 So Der Franzose André Leducq gewinnt die Tour de France. Das längste Etappenrennen für Berufsradfahrer begann am 2. Juli. → Davis-Cup

28 Mo Der Konservative Richard Bedford Bennett gewinnt die Parlamentswahlen in Kanada. Er wird Nachfolger von Ministerpräsident William Lyon Mackenzie King.

29 Di Die Deutsche Reichsbahn veröffentlicht ein Arbeitsbeschaffungsprogramm zur Linderung der Arbeitslosigkeit für das Jahr 1930.

30 Mi Der Privatdozent Max Horkheimer wird als Professor für Sozialphilosophie an die Universität Frankfurt am Main berufen.

31 Do Das Reichswirtschaftsministerium verzeichnet für Juli einen Ausfuhrüberschuss im deutschen Außenhandel im Wert von 45 Mio. Reichsmark.

7. Juli 1930

Holmes-Erfinder stirbt

Der Schöpfer der weltberühmten Sherlock Holmes-Figur, der britische Schriftsteller Sir Arthur Conan Doyle, stirbt 71-jährig in seinem Haus in Crowborough (Sussex). Wie kaum einer hat er dem Genre Detektivroman seinen Stempel aufgedrückt. Kriminalstories finden aufgrund ihrer Ablenkungsfunktion von den realen Problemen immer mehr Leser.

Arthur Conan Doyle

Sir (seit 1902), englischer Schriftsteller, * 22.5.1859 Edinburgh; † 7.7.1930 Crowborough

Doyle ist der Vater des modernen Kriminalromans. Seine Detektivgeschichten, in deren Mittelpunkt der exzentrische Logiker und Kriminalist Sherlock Holmes und sein Gehilfe Dr. Watson stehen, erlangten Weltruhm. Doyle stattet seinen Meisterdetektiv mit einer phänomenalen Beobachtungs- und Kombinationsgabe aus.

- bis 1891: Tätigkeit als praktizierender Arzt
- 1891/92: »Sherlock Holmes' Abenteuer« (Roman)
- 1901/02: »Der Hund von Baskerville« (Roman)

18. Juli 1930

Hindenburgs Präsidialregime

Reichspräsident Paul von Hindenburg löst den Reichstag auf, nachdem das Parlament einem Antrag der SPD auf Aufhebung der von Hindenburg am 16. Juli erlassenen Notverordnung zur Durchführung der Finanzpläne der Regierung zugestimmt hat. Neuwahlen werden auf den 14. September terminiert. Bis dahin hat Reichskanzler Heinrich Brüning (Zentrum) nun Zeit, das von ihm verfolgte Sparprogramm, das u.a. eine Kürzung der Staatsausgaben vorsieht, ohne den Reichstag zu verwirklichen. Hindenburgs Vorgehen markiert einen wichtigen Einschnitt in der Geschichte der Weimarer Republik. Am 29. März 1930 hatte der Präsident den Finanzexperten Brüning zum Reichskanzler ernannt, ohne den Reichstag einzuschalten, und ihn beauftragt, ein Kabinett von Fachministern ohne Bindung an das »störanfällige« Parlament aufzustellen. Damit war der Weg zu einem Präsidialregime vorgezeichnet. Hindenburg nutzt die verfassungsgemäße Möglichkeit, in Ausnahmesituationen gesetzesvertretende Notverordnungen nach Art. 48 zu erlassen. Der Reichskanzler benötigt nur noch das Vertrauen des Staatsoberhauptes, das Parlament ist entmachtet.

Die Gastgeber aus Uruguay werden die ersten Weltmeister der Fußballgeschichte.

Die Weltmeister des Jahrhunderts

Jahr	Weltmeister	Gastgeber
1930	Uruguay	Uruguay
1934	Italien	Italien
1938	Italien	Frankreich
1950	Uruguay	Brasilien
1954	Deutschland	Schweiz
1958	Brasilien	Schweden
1962	Brasilien	Chile
1966	England	England
1970	Brasilien	Mexiko
1974	Deutschland	Deutschland
1978	Argentinien	Argentinien
1982	Italien	Spanien
1986	Argentinien	Mexiko
1990	Deutschland	Italien
1994	Brasilien	USA
1998	Frankreich	Frankreich

Das Traumfinale

Das Endspiel Uruguay-Argentinien am 30. Juli war für die Veranstalter und für den gesamten fußballverrückten Halbkontinent das Wunschfinale. Das Duell der alten Rivalen schürt diesseits und jenseits des Rio de la Plata leidenschaftliche Emotionen. Von Buenos Aires aus stechen ganze Dampferflottillen mit Schlachtenbummlern in See. Das Spiel nimmt einen ungeahnten Verlauf: Zur Pause führen die Argentinier überraschend mit 2:1. Schließlich weisen die Gastgeber die Argentinier doch noch mit 4:2 in die Schranken. FIFA-Präsident Jules Rimet berichtet: »Nie zuvor habe ich solche Beispiele von emotionaler Leidenschaft, Enthusiasmus und Begeisterung erlebt, wie sie dieser Sieg freisetzte. Als die Fahne Uruguays am Siegesmast hochstieg, die Spieler des Weltmeisters weinend dem Fahnentuch nachschauten, schien sich das ganze Volk des Weltmeisters im Stolz auf diesen Erfolg zu verbinden«.

3. Juli 1930

NSDAP stutzt linken Flügel

Otto Strasser, Exponent des linken Flügels der NSDAP, gründet in Berlin die »Kampfgemeinschaft revolutionärer Nationalsozialisten«. Rd. 200 Anhänger folgen seinem programmatischen Aufruf »Die Sozialisten verlassen die NSDAP«. Die Abspaltung ist eine Folge der von Parteichef Adolf Hitler mit Nachdruck betriebenen Säuberung der NSDAP von innerparteilicher Opposition. Parteimitglieder, die sich Hitlers autoritärem Führungsstil nicht unterordnen wollen, werden isoliert und ausgeschlossen.

Strasser hatte seit 1926 versucht, die NSDAP für ein linkes wirtschafts- und sozialpolitisches Reformprogramm zu öffnen. Es sah u.a. die Verstaatlichung der Schwerindustrie und des landwirtschaftlichen Grundbesitzes vor. Damit geriet der Leiter des Berliner »Kampf-Verlages« in einen pragmatisch-ideologischen Gegensatz zu Hitler, der auf die Unterstützung führender Kreise der Industrie und der Landwirtschaft hofft. Außerdem will Hitler den politischen Kurs seiner Partei flexibel halten und sich nicht auf ein radikalsozialistisches Programm festlegen lassen. Er rechnet sich aus, auf diese Weise möglichst viele Anhänger auch aus unterschiedlichen Lagern anzuziehen.

. Juli 1930

ruguay im ußballrausch

Die ersten Weltmeisterschaften in der Geschichte des Fußballsports finden im südamerikanischen Uruguay statt. Erster Fußballweltmeister wird Gastgeber Uruguay nach einem 4:2-Erfolg gegen das Nachbarland Argentinien.

Dreizehn Mannschaften nehmen an den ersten Weltmeisterschaften teil, darunter nur vier europäische Teams: Belgien, Frankreich, Jugoslawien und Rumänien. Die anderen Fußballteams scheuen – teilweise aus finanziellen Gründen, die mit der Weltwirtschaftskrise in Zusammenhang stehen – die weite Reise und das ungewohnte Klima. Eine haarsträubende Panne passierte bei der Festsetzung des Turnier-Termins (13.-30. Juli). Die Verantwortlichen der FIFA hatten schlichtweg übersehen, dass während des europäischen Sommers auf der Südhalbkugel Winter herrscht. Tatsächlich konnte das Eröffnungsspiel wegen einer 13-wöchigen Regenperiode nicht in dem noch im Bau befindlichen Stadion »Centenario«, dem größten Stadion der Welt, stattfinden. Die Witterung hatte alle Terminpläne über den Haufen geworfen. Das erste Tor der WM-Geschichte erzielt der Franzose Lucien Laurent in der 19. Minute des Spiels Frankreich-Mexiko am Eröffnungstag (Endstand 4:1). Star der uruguayischen Elf, des unbestritten besten Teams dieser Jahre, ist ihr einziger dunkelhäutiger Spieler, der Außenläufer José Leandro Andrade.

1. August 1930

Bauhaus-Chef entlassen

Das Bauhaus, die Hochschule für Gestaltung in Weimar, erlebt erneut einen Führungswechsel. Leiter Hannes Meyer wird von Oberbürgermeister Fritz Hesse fristlos entlassen. Das Stadtoberhaupt beugte sich bei seiner Entscheidung dem Druck rechtsgerichteter Kreise. Der Sozialist Meyer führte das Bauhaus nach seiner Überzeugung, für jedermann erschwingliche Wohnungen und Gebrauchsgegenstände zu schaffen. Dabei stellte er Funktionalität und Zweckmäßigkeit in den Vordergrund und das Ästhetische hinten an. Meyer hatte 1928 die Leitung des Bauhauses von Walter Gropius übernommen. Zu seinem Nachfolger wird Ludwig Mies van der Rohe ernannt. Der international renommierte Architekt bleibt bis zu der von den Nationalsozialisten erzwungenen Auflösung des Bauhauses 1933 Direktor der Hochschule.

Ludwig Mies van der Rohe

deutsch-amerikanischer Architekt, * 27.3.1886 Aachen; † 17.8.1969 Chicago

Ludwig Mies van der Rohe errichtete in Deutschland und den USA weltberühmte Bauwerke wie den Deutschen Pavillon für die Weltausstellung in Barcelona 1929. Bei seinen Entwürfen orientiert sich Mies van der Rohe an den Architekturauffassungen des Expressionismus. 1937 emigriert er in die USA.

- 1930-33: Direktor des Bauhauses
- 1952-56: Bau der Crown Hall, Chicago
- 1962-68: Bau der Neuen Nationalgalerie in Berlin

8. Juli 1930

Zahnradbahn zur Zugspitze

Der Münchener Erzbischof Michael Kardinal von Faulhaber weiht die bayerische Zugspitzbahn ein, die Zahnradbahn vom Eibsee bis zum Schneefernerhaus (Abb.: Wagen der Zugspitzbahn vor der Tunneleinfahrt). Die Bahn überwindet auf einer

Strecke von 11,2 km Länge einen Höhenunterschied von 1950 m. Dabei passiert sie einen 4,5 km langen Tunnel, den Fachleute als »imposante Leistung deutscher Technik« bezeichnen. Mit dem nun fertig gestellten Teilstück können die Passagiere zum Ski-Gebiet auf dem Zugspitzplatt fahren. Im Januar 1931 wird die letzte Teilstrecke, eine Seilbahn zum Gipfel, freigegeben. Die Bayerische Zugspitzbahn AG ließ die Strecke in Rekordzeit bauen. Dabei wurde sie vom Erfolg der österreichischen Zugspitzbahn angespornt, die am 5. Juli 1926 dem Verkehr übergeben wurde. Größtes technisches Problem war die Anlage des hangnahen Hochgebirgstunnels. Mit der neuartigen »Fenstertechnik« wurde der Tunnel von fünf Punkten aus gleichzeitig gebohrt.

August 1930

1 Fr In Berlin wird die »Deutsche Gesellschaft für öffentliche Arbeit« gegründet. +++ Die zehnten Theater- und Opernfestspiele beginnen in Salzburg. → Bauhaus

2 Sa Die 17. Konferenz des Komitees für internationales Seerecht wird in Antwerpen in Belgien eröffnet. Thema ist u.a. die Versicherung von Schiffspassagieren.

3 So Die »Frankfurter Zeitung« wirbt für ein sog. Wahlabonnement, das für die Zeit vor Wahlen gilt. Damit soll eine bessere Aufklärung der Leser erreicht werden.

4 Mo Bei einem Streik in der sowjetischen Stadt Odessa eröffnen Regierungstruppen das Feuer auf die Streikenden. 200 Menschen werden getötet.

5 Di Ein Wirbelsturm auf der größten japanischen Insel Hondo fordert 50 Menschenleben. In Tokio zerstört der Sturm 4000, in Osaka 5000 Häuser.

6 Mi Der Begründer der Psychoanalyse, Sigmund Freud, erhält den mit 10 000 Reichsmark dotierten Goethepreis der Stadt Frankfurt am Main.

7 Do Ein Bombayer Gericht verurteilt den indischen Nationalistenführer Vallabhbhai Jhaverabhai Patel, einen Mitarbeiter Gandhis, zu drei Monaten Gefängnis.

8 Fr Das badische Unterrichtsministerium in Karlsruhe gibt Disziplinarmaßnahmen gegen Lehrer bekannt, die der Nationalsozialistischen Partei angehören.

9 Sa US-Präsident Herbert Clark Hoover kündigt wegen der in weiten Teilen des Landes anhaltenden Dürre ein Notprogramm für die Landwirtschaft an.

10 So Der ADAC richtet auf den Strecken München-Garmisch-Partenkirchen und Murnau-Oberammergau-Oberau versuchsweise die ersten Pannentelefone ein.

11 Mo In Darmstadt gehen die Akademischen Weltspiele zu Ende. 600 Studenten aus 33 Ländern haben seit dem 1. August daran teilgenommen.

12 Di Türkische Truppen eröffnen eine Offensive gegen kurdische Rebellen, die von persischem Gebiet aus Überfälle auf türkisches Territorium verübt haben.

13 Mi Nach dem Aufenthalt einer sowjetischen Kommission in den USA bestellt die UdSSR für umgerechnet 200 Mio. Reichsmark Landmaschinen.

14 Do Die kanadische Regierung stoppt wegen der hohen Arbeitslosenzahl im eigenen Land vorläufig die Einwanderung aus Europa.

15 Fr Der hessische Innenminister erlässt ein Umzugsverbot für radikale Parteien, um Straßenschlachten zwischen Kommunisten und Nationalsozialisten zu verhindern.

16 Sa In Berlin wird der Film »Dreyfus« uraufgeführt. Fritz Kortner spielt den 1894 wegen Verrats zu Unrecht verurteilten jüdischen Hauptmann.

17 So Ein Moskauer Gericht prüft Todesurteile gegen vier Männer, denen der als »konterrevolutionär« bewerte Aufkauf von Silbermünzen zum Verhängnis wurde.

18 Mo Die Jahreslose der Preußisch-Süddeutschen Klassenlotterie kosten wegen der steigenden Nachfrage statt 120 ab sofort 200 Reichsmark. → Hindenburg

19 Di Vor einem New Yorker Arbeitsamt kommt es zu Prügeleien. Über 10 000 Arbeitslose hatten sich die ganze Nacht für 125 offene Stellen angestellt.

20 Mi Durch einen Behördenfehler ist Berlin ohne Polizeistundenverordnung. Einige Gastwirte lassen daraufhin ihre Lokale bis drei Uhr morgens geöffnet.

21 Do Wegen der Finanzmisere der öffentlichen Haushalte wird die für Preußen geplante Volkszählung auf Vorschlag der Regierung um zwei Jahre verschoben.

22 Fr In einer Eröffnungsrede zur Funk- und Phonoschau in Berlin betont der Physiker Albert Einstein die Bedeutung des Rundfunks für die Völkerverständigung.

23 Sa Im schlesischen Bunzlau kommt es auf einer Wahlversammlung der Nationalsozialisten zu Auseinandersetzungen zwischen der Polizei und KPD-Anhängern.

24 So Mit der Veröffentlichung der Programmerklärung der KPD beginnt die heiße Phase des Reichswahlkampfes in Deutschland.

25 Mo Der Westdeutsche Fußballverband belegt den FC Schalke 04 wegen eines Verstoßes gegen die Amateurstatuten mit einer Strafe von 1000 Reichsmark.

26 Di Der deutsche Pilot Wolfgang von Gronau benötigt für seinen Flug von Europa nach Amerika 44 Stunden. Er nahm eine Route über den Nordatlantik.

27 Mi In Peru stürzt General Luis Sánchez Cerro mit anderen hohen Offizieren Präsident Augusto Bernadino Leguía und übernimmt die Macht im Land.

28 Do 24 Menschen sterben während einer Hitzewelle in London. Mit bis zu 35 °C werden die seit 1911 höchsten Temperaturen gemessen.

29 Fr Im staatlichen Schauspielhaus in Dresden wird der »Sturm im Wasserglas«, eine Komödie des deutschen Schriftstellers Bruno Frank, uraufgeführt.

30 Sa Unter der Führung von Otto Strasser demolieren in Berlin nachts Anhänger der »Revolutionären Nationalsozialisten« eine Geschäftsstelle der NSDAP.

31 So Im Atlantischen Ozean wird das 1922 gesunkene britische Frachtschiff »Egypt« mitsamt eines Schatzes von umgerechnet 21 Mio. Reichsmark entdeckt.

September 1930

1 Mo Bei seiner Einreise nach Deutschland wird der Chicagoer Unterweltkönig Jack Diamond verhaftet. Die US-Botschaft in Berlin leistete dabei wichtige Hilfe.

2 Di Die Franzosen Dieudonné Coste und Maurice Bellonte bewältigen den ersten Flug von Europa nach New York ohne Zwischenlandung.

3 Mi Das Zentralkomitee der KPdSU beklagt in einem öffentlichen Aufruf das langsame Produktionstempo und sieht die Erfüllung des Fünfjahresplans gefährdet.

4 Do Der mit 100 000 Reichsmark verschuldete Stettiner Sportverein Titania SC geht in Konkurs. Bedingt durch die Wirtschaftskrise geraten viele Vereine in Not.

5 Fr Das Land Sachsen und die Stadt Leipzig wollen die finanziellen Defizite bei der Internationalen Pelzfachmesse und Jagdausstellung übernehmen.

6 Sa In Prag werden die bis zum 8. September dauernden Frauen-Weltspiele eröffnet. +++ Ein Militärputsch in Argentinien stürzt Präsident Hipólito Irigoyen.

7 So Die deutsche Fußball-Nationalmannschaft unterliegt Dänemark 3:6. +++ Den »Großen Preis von Monza« gewinnt der Italiener Achille Varzi auf Maserati.

8 Mo In Genf beginnt eine Konferenz von 27 Staaten. Diskutiert wird u.a. ein Entwurf des französischen Außenministers Aristide Briand zur Einigung Europas.

9 Di Das britische Arbeitsministerium beziffert die Zahl der Arbeitslosen auf über zwei Mio. Das bedeutet gegenüber dem Vorjahr einen Anstieg um 44%.

10 Mi Auf der Tagung der Gesellschaft Deutscher Naturforscher und Ärzte in Königsberg diskutieren die Delegierten u.a. über »Krebs als Volkskrankheit«.

11 Do Nach fast sechs Wochen endet in Nordfrankreich ein Streik in der Textilindustrie, an dem sich 130 000 Arbeiter beteiligt hatten.

12 Fr Die Filmgesellschaft »Fox« strahlt in Berlin die erste vertonte Wochenschau mit Berichten aus Politik, Wirtschaft, Sport und Kultur aus.

13 Sa Der finnische Ausnahmeläufer Paavo Nurmi verbessert in Stockholm mit 1:04:38,4 h über 20 000 m den Weltrekord seines Landsmannes Väinö Sipilä.

14 So Bei Augsburg scheitert der Versuch des schweizerischen Physikers Auguste Piccard, mit einem Ballon in eine Höhe von 16 000 m aufzusteigen. → Brüning

15 Mo In Oberfranken und Thüringen beginnt die alljährliche Rahmenübung der Reichswehr unter Generaloberst Wilhelm Heye. → »Die Drei von der Tankstelle«

16 Di Die Sowjetregierung beruft den Kölner Stadtbaumeister Kurt Weber nach Moskau, weil es im eigenen Land an Fachkräften zum Aufbau der Industrie fehlt.

17 Mi Mehrere hundert Tote forderte eine Beulenpestepidemie in der Nordmandschurei. In Europa gab es seit über 200 Jahren keine Pestepidemie mehr.

18 Do Nicht die favorisierte »Shamrock V«, sondern die Segeljacht »Enterprise« (beide USA) gewinnt der America's Cup vor Rhode Island in den USA.

19 Fr In Prag tagt ein internationaler Kongress von Musik- und Theaterkritikern. Ein Thema ist das Berufsbild des Kritikers.

20 Sa Georg Kaisers Stück »Mississippi« wird an 14 deutschen Bühnen uraufgeführt. Kaiser gehört zu den meistgespielten Dramatikern des Expressionismus.

21 So Eine Reederei bietet der Stadt New York an, angesichts des Platzmangels Schrottautos für je zwei Dollar (rd. 8,36 Reichsmark) im Meer zu versenken.

22 Mo Dank der Militärhilfe des mandschurischen Generals Tschang Hsüeh-liang kann die Nanking-Regierung (China) die rebellische Nordkoalition niederschlagen.

23 Di Die Reichsbahn beschließt in Berlin, 300 neue Lokomotiven anzuschaffen, um das Angebot der Bahn gegenüber dem Inidividualverkehr zu verbessern.

24 Mi Die US-Armee hat zwei Reichswehroffiziere zu einem Gaststudium eingeladen. Bereits in den vergangenen Jahren fand ein Austausch statt.

25 Do Das österreichische Kabinett unter Kanzler Johannes Schober tritt zurück, nachdem ihm die Opposition Verzögerungen in Personalfragen vorgeworfen hatte.

26 Fr Wegen Totschlags an dem SA-Führer Horst Wessel werden in Berlin Ali Höhler und fünf andere KPD-Mitglieder zu sechs bzw. fünf Jahren Gefängnis verurteilt.

27 Sa Laut einer Meldung wurde in Nienhagen bei Celle die mit einer Kapazität von 300 t täglich bislang ergiebigste Ölquelle Deutschlands erschlossen.

28 So Deutschland gewinnt in Dresden ein Fußballländerspiel gegen Ungarn. Den Treffer zum 5:3-Endstand schießt Ludwig Hofmann.

29 Mo In Berlin erzielt die Auktion der Kunstsammlung des Bankiers Albert Figdor, u.a. mit einem Gemälde von Hieronymus Bosch, 3 Mio. Reichsmark Einnahmen.

30 Di Die SPD-Regierung in Braunschweig tritt zurück, nachdem der Nationalsozialist Ernst Zörner zum Landtagspräsidenten gewählt worden war.

15. September 1930

»Die Drei von der Tankstelle«

Der Kinohit des Jahres läuft im Berliner Ufa-Palast an. In »Die Drei von der Tankstelle« spielen Oskar Karlweis, Willy Fritsch und Heinz Rühmann (s. Abb. v.l.) ein Männertrio mit Unternehmerambitionen. Nach einer gemeinsamen Reise stellen die Freunde fest, dass sie durch den Bankrott eines Bankiers mittellos geworden sind. Als letzte Möglichkeit steigen sie durch den Verkauf ihres Wagens ins Tankstellengeschäft ein. Bald kommt es zu einem Zerwürfnis, als die junge Lilian Cossmann (Lilian Harvey) auftaucht und allen dreien den Kopf verdreht. Doch rückt der Vater Lilians alles wieder ins rechte Licht. Er gründet eine Tankstellengesellschaft und stellt die sich versöhnenden Freunde als Direktoren ein. Der durchschlagende Erfolg des Films wird unter anderem durch die eingängigen Lieder mitgetragen. Titel wie »Ein Freund, ein guter Freund« und »Liebling, mein Herz lässt dich grüßen« werden insbesondere durch die Interpretationen der »Comedian Harmonists« (s. Abb.)

zu erfolgreichen Schlagern. Durch den gezielten Einsatz von populärer Musik nähert sich der Film »Die Drei von der Tankstelle« dem Musical an.

13. Oktober 1930

Jungfernflug der »Tante Ju

Mit dem Jungfernflug der »Ju 52/1 m« wird eine Legende geboren. Das Transportflugzeug des Konstrukteurs Hugo Junkers erhält als dreimotorige, leistungsstärkere Version (ab 1932) den Spitznamen »Tante Ju« und erlangt durch seine ungewöhnliche Robustheit Weltruhm. Weitere Neuentwicklungen in der Flugzeugbranche und im Schienenverkehr läuten eine neue Ära der Verkehrstechnik ein.

Do-X, ein »Flugschiff« für den Transatlantikverkehr

»Tante Ju« wird in einer Stückzahl von 5000 Exemplaren gebaut und im zivilen wie im militärischen Luftverkehr eingesetzt. Sie erwirbt sich durch zahlreiche spektakuläre Einsätze einen legendären Ruf als robuste Allwettermaschine: Mit ihr gelingt z.B. die erste Überfliegung des Pamirgebirges. Bei einem Flug mit zerstörter Tragfläche landen die Passagiere unverletzt. Auch Übergewicht stört »Tante Ju« wenig: Obwohl nur für 20 Personen zugelassen, startet das Junkers-Flugzeug auch mit mehr als der doppelten Anzahl Passagiere ohne Probleme. Zudem gilt es als das am wenigsten störanfällige Flugzeug. Die Wellblechverkleidung an Rumpf und Tragflächen wird zum Erkennungszeichen der Maschine. Zudem fällt das Flugzeug durch gewaltige Abmessun-

14. September 1930

6,4 Mio. wählen NSDAP

Die Nationalsozialisten erleben bei den Reichstagswahlen den politischen Durchbruch. 6,4 Mio. Wähler geben ihre Stimme der Hitler-Partei. Damit stellt die NSDAP die zweitstärkste Fraktion nach der SPD (Abb.: Hitler mit den 107 Fraktionsmitgliedern). Reichskanzler Heinrich Brüning zeigt sich von der Wahl enttäuscht.

Heinrich Brüning

deutscher Politiker, * 26.11.1885 Münster; † 30.3.1970 Norwich, Vermont (US-Bundesstaat Vermont)

Der Finanzexperte und Zentrumspolitiker gilt als glückloser Reichskanzler (seit März 1930). Seine Politik zur Sanierung der Reichsfinanzen führt zu weiterhin steigender Arbeitslosigkeit sowie zu Lohn- und Gehaltskürzungen. Im September 1930 geht Brüning zur Präsidialregierung über und setzt – allein Hindenburg verantwortlich – seine Politik mit Notverordnungen durch. Trotz außenpolitischer Erfolge wie Beendigung der Reparationsdebatte muss er auf Betreiben politisch rechter Kräfte im Mai 1932 zurücktreten.

- 1920-30: Geschäftsf. d. (christl.) dt. Gewerkschaftsbundes
- 1934: Emigration in die USA
- 1951-55: Professur in Köln
- 1968: »Reden und Aufsätze«

Oben: Die »Ju 52/1 m« wird wegen ihrer Größe als »fliegender Möbelwagen« bezeichnet.

Links: Die Presse vergleicht den »Schienen-Zeppelin« mit einem »umgekehrt auf die Räder gestellten Ozeandampfer«.

gen auf. Sie ist 18,5 m lang und hat eine Spannweite von 29 m. Mit 48 m stößt allerdings die Dornier Do-X in dieser Hinsicht in noch größere Dimensionen vor. Am 5. November hebt das größte Flugboot der Welt bei Altenrhein am Bodensee (Schweiz) zu einem Probeflug nach Amsterdam ab. Von dort aus soll ein Flug über Lissabon und Rio de Janeiro nach New York unternommen werden. Die Do-X, für die der deutsche Flugzeugkonstrukteur Claude Dornier bereits 1926 erste Pläne entworfen hat (Jungfernflug 1929), soll den Transatlantikflug sicherer, bequemer und wirtschaftlich günstiger machen. Eine ebenfalls revolutionäre Erfindung ist der von den Flugzeugkonstrukteuren Franz Kruckenberg und Kurt Stedefeld entwickelte »Schienen-Zeppelin«, der am 18. Oktober bei Hannover vorgeführt wird. Der Zug wird von einem 500-PS-Flugzeugmotor mit Heckpropeller angetrieben. Die Spitzengeschwindigkeit liegt bei 150 km/h.

23. Oktober 1930

Ägypten unter Diktatur

In einem Akt von Willkür schwingt sich der ägyptische König Fuad I. zum Diktator seines Landes auf. Durch das Einsetzen einer neuen Verfassung entmachtet Fuad I. die oppositionelle Wafd-Partei. Bei Protesten ihrer Parteianhänger kommt es zu schweren Auseinandersetzungen.

21. Oktober 1930

Grubenunglück bei Aachen

Eine Explosion auf der Zeche Wilhelmsschacht in Alsdorf bei Aachen verschüttet 250 Bergleute. Sämtliche Rettungsversuche scheitern. Die in 450 m Tiefe Eingeschlossenen finden durch Grubengas, eindringendes Wasser und einen anschließenden Großbrand den Tod. Vier Tage später sterben 98 Bergleute bei einer Explosion auf einer saarländischen Zeche.

3. Oktober 1930

Vargas übernimmt die Macht

In Brasilien bricht ein Aufstand gegen die Regierung von Präsident Washington Luiz Pereira de Souza aus. Die Putschisten kommen aus den Reihen der herrschenden Macht-Elite. Mehrheitlich handelt es sich vor allem um unzufriedene Großgrundbesitzer. Sie erhalten Unterstützung von jungen reformwilligen Offizieren und Bundestruppen. Gemeinsam erkämpft sich diese Koalition die Kontrolle über das gesamte Land. Am 24. Oktober verlässt der Präsident sein Amt. Neuer Regierungschef wird Getúlio Dornelles Vargas, der die Regierungsgeschäfte am 3. November übernimmt.

Im Nachbarland Argentinien kam es bereits im Sommer zu einem Putsch. General José Felix Uriburu setzte mit Hilfe einer Militärjunta am 6. September Präsident Hipólito Irigoyen ab. Sein Ziel ist die Errichtung eines autoritären Staates.

Oktober 1930

1 Mi Der Nationalsozialist Anton Franzen zieht in Braunschweig als Innenminister in die Landesregierung ein. +++ Die Empire-Konferenz wird in London eröffnet.

2 Do In Anwesenheit des US-Firmengründers Henry Ford wird in Köln der Grundstein für eine Zweigniederlassung der Ford-Werke gelegt.

3 Fr Mit dem Gewinn des Klausenburg-Rennens in Rumänien sichert sich Hans Stuck die Europa-Bergmeisterschaft in der Rennwagenklasse. → Vargas

4 Sa Die elfte Völkerbundtagung endet in Genf. Auf der Veranstaltung wurden die 15 Richter des Internationalen Gerichtshofes in Den Haag gewählt.

5 So In Koblenz fordern 100 000 Mitglieder des »Stahlhelm« anlässlich der Feier des Reichsfrontsoldatentages die deutsche Wiederaufrüstung.

6 Mo Der Prozess gegen den Maler George Grosz und den Verleger Wieland Herzfelde wegen Verunglimpfung der christlichen Kirche beginnt in Berlin.

7 Di In Berlin kommt es wegen unterschiedlicher Weltanschauungen zur Spaltung der erst im Juli gegründeten Deutschen Staatspartei.

8 Mi Die Gemeinschaft deutscher und österreichischer Künstlerinnen (Gedök) veranstaltet in Frankfurt die Ausstellung »Frauen von Frauen dargestellt«.

9 Do Mehrere hessische Bürgermeister beschließen in Hanau, zugunsten der Wohlfahrtsfürsorge vorläufig auf einen Teil ihres Einkommens zu verzichten.

10 Fr Aus politischen Gründen lässt die österreichische Regierung in Wien drei Tageszeitungen beschlagnahmen, darunter die »Neue Freie Presse«.

11 Sa Deutschland beschließt, einen Kredit in Höhe von 125 Mio. Dollar aufzunehmen, um die für den Winter zu erwartenden Ausgaben zu decken.

12 So Über Minigolf als eine der neuen »Verrücktheiten« der US-Amerikaner berichtet der USA-Korrespondent der »Frankfurter Zeitung«.

13 Mo Der Allgemeine Deutsche Gewerkschaftsbund ruft zur Kundgebung gegen den Finanzierungsplan der Reichsregierung auf. → »Tante Ju«

14 Di Gegen die Herabsetzung der Mindestlöhne um 8% streiken in Berlin 126 000 Beschäftigte der Metallindustrie. Am Ende beträgt der Lohnabzug 3%.

15 Mi Der Deutsche Reichstag wählt den Sozialdemokraten Paul Löbe erneut zum Reichstagspräsidenten. Löbe nimmt dieses Amt damit zum vierten Mal ein.

16 Do Reichskanzler Heinrich Brüning gibt in Berlin eine Regierungserklärung ab, in der er umfangreiche Sparmaßnahmen zur Sanierung des Haushaltes fordert.

17 Fr In einer Rede in Berlin wendet sich der Schriftsteller Thomas Mann angesichts des Wahlerfolgs der Nationalsozialisten gegen politischen Fanatismus.

18 Sa Den Kleist-Preis erhält in Berlin der Schriftsteller Reinhard Goering für sein Drama »Die Südpolexpedition des Kapitäns Scott«. → Schienen-Zeppelin

19 So Zu einem mehrtägigen Deutschlandbesuch treffen der Bruder des japanischen Kaisers Hirohito, Prinz Takamatsu, und seine Frau in Frankfurt am Main ein.

20 Mo In Brüssel findet das sechste Treffen der bedeutendsten Physiker der Welt statt, u.a. mit Auguste Piccard, Albert Einstein, Werner Heisenberg und Marie Curie.

21 Di Carl Severing (SPD) wird neuer preußischer Innenminister. +++ An der Universität in Gent finden erstmals Vorlesungen in flämischer Sprache statt. → Aachen

22 Mi In der Frankfurter Festlandhalle findet eine antifaschistische Massenkundgebung statt. Etwa 10 000 Teilnehmer ziehen danach Richtung Innenstadt.

23 Do Der Präsident der chinesischen Republik, Chiang Kai-shek, tritt zum Christentum über. Er wird in die Methodistengemeinde aufgenommen. → Ägypten

24 Fr John Wayne spielt in dem Western »The Big Trail« (»Der große Treck«) unter der Regie von Raoul Walsh seine erste große Rolle als Westernheld.

25 Sa Der bulgarische König Boris III. heiratet in der Basilika des heiligen Franziskus in Assisi Prinzessin Giovanna von Italien.

26 So Entgegen seiner früheren Politik kündigt der Deutsche Fußballbund (DFB) an, dass er zukünftig sowohl Amateure als auch Berufsspieler vertreten will.

27 Mo Der italienische Ministerpräsident und »Duce« Benito Mussolini spricht sich in einer aggressiven Rede in Florenz für ein faschistisches Europa aus.

28 Di Der englische König Georg V. eröffnet in London mit der Thronrede die neue Sitzungsperiode des britischen Unterhauses.

29 Mi Der französische Schnellzug Genf-Bordeaux entgleist bei Périgueux. Dabei kommen 16 Menschen ums Leben, 31 werden verletzt.

30 Do In Angora (Ankara) unterzeichnen Griechenland und die Türkei einen Vertrag, der auch eine Kontrolle der Flottenrüstung beider Länder vorsieht.

31 Fr Ein Hamburger Gericht verhängt in einem Prozess um eine Serie von Bombenattentaten Haftstrafen in Höhe von bis zu 7 Jahren.

November 1930

1 Sa »Der Angriff«, die Berliner Halbwochenzeitung der NSDAP, erscheint ab heute als Tageszeitung. Herausgeber ist Reichspropagandaleiter Joseph Goebbels.

2 So Bei einem Fußballländerspiel trennen sich die Mannschaften von Deutschland und Norwegen in Breslau mit einem 1:1-Unentschieden. → Haile Selassie

3 Mo Ein Unwetter in Schlesien löst eine Hochwasserkatastrophe aus. Weite Landstriche sind überflutet. Zahlreiche Dämme brechen.

4 Di In Österreich findet unter der Leitung von Innenminister Starhemberg, dem Bundesführer der Heimwehr, eine Razzia gegen zahlreiche Sozialdemokraten statt.

5 Mi Die zwölfmotorige Do-X, das größte Flugboot der Welt, startet vom Bodensee in der Schweiz zu einem Probeflug nach Amsterdam.

6 Do Im irischen Cork bricht der Brite J.S. Wright den Geschwindigkeitsweltrekord für Motorräder. Seine 1000-ccm-Maschine erreicht im Schnitt 242,6 km/h.

7 Fr Der zum Stalin-Regime in Opposition stehende Vorsitzende des Rates der Volkskommissare, Alexej Rykow, muss einen »Krankheitsurlaub« antreten.

8 Sa In Berlin wird die Ralph-Benatzky-Operette »Im weißen Rössl« uraufgeführt. Das Stück enthält zahlreiche bekannte Schlagermelodien.

9 So Bei den Gemeindewahlen in Oldenburg wird die NSDAP zur stärksten Partei gewählt. Sie kann die Zahl ihrer Mandate von einem auf 18 erhöhen.

10 Mo Bei der Amtseinführung des Londoner Bürgermeisters Phené Neal werden 30 Menschen verletzt, als vier mitgeführte Elefanten außer Kontrolle geraten.

11 Di Der FC Schalke 04 wird zwischenzeitlich aus dem Westdeutschen Spielerverband ausgeschlossen, weil er eine Geldstrafe nicht zahlen will.

12 Mi Der britische Premierminister James Ramsey MacDonald eröffnet in London die Indien-Konferenz. Ziel ist die Findung eines neuen Regierungssystems für Indien.

13 Do Durch einen Erdrutsch werden in Lyon in Frankreich mehr als 20 mehrstöckige Mietshäuser verschüttet. Dabei kommen 30 Menschen ums Leben.

14 Fr Eine deutsch-amerikanische Kommission stellt klar, dass Deutschland für zwei Sabotageakte im Krieg keine Entschädigung leisten müsse. → Attentat

15 Sa Bei der Beerdigung von fünf verunglückten Bauarbeitern kommt es in Madrid zu Auseinandersetzungen zwischen Bauarbeitern und der Polizei.

16 So Der Bildtelegraphendienst zwischen Deutschland und den USA beginnt mit der Arbeit. Ein Bildetelegramm kostet mindestens 247,50 Reichsmark. → Polen

17 Mo In Berlin wird die Verfilmung der Operette »Land des Lächelns« uraufgeführt. Richard Tauber spielt die Hauptrolle des Prinzen Sou-Chong.

18 Di Die Adam Opel AG gibt den Namen des neuen Opel-LKW bekannt, der »Blitz« heißen soll. +++ Der Vorsitzende der DVP, Ernst Scholz, tritt zurück.

19 Mi Die US-Firma »International Telephone and Telegraph Corporation« übergibt in Rom Papst Pius XI. die zentrale Telefonanlage für die Vatikanstadt.

20 Do In Washington richtet die US-Regierung einen Extrafonds von umgerechnet 20 Mio. Reichsmark zur Bekämpfung der organisierten Gangsterbanden ein.

21 Fr Die erste deutsche Rundfunk-Großsendeanlage wird von der Reichspost in Mühlacker bei Stuttgart in Betrieb genommen.

22 Sa Der sowjetische Staats- und Parteichef Josef W. Stalin gibt in Moskau erstmals einer westlichen Nachrichtenagentur, der United Press, ein Interview.

23 So Ein orkanartiger Sturm richtet in Deutschland große Verwüstungen an. In Karlsruhe wurden in ganzen Straßenzügen die Dächer abgedeckt.

24 Mo Im Berliner Reichstag konstituiert sich die Deutsch-Spanische Gesellschaft, die den Kulturaustausch zwischen beiden Ländern fördern soll.

25 Di Gegen Persönlichkeiten aus Wissenschaft und Wirtschaft beginnt in Moskau der öffentliche Prozess wegen Gründung einer konterrevolutionären Partei.

26 Mi Die Berliner Stadtverordneten können sich nicht über den Haushalt einigen. Das Land Preußen erwägt die Einführung von Zwangssteuern. → Forscher

27 Do Wegen Übergriffen auf die deutsche Minderheit durch Polen während der Wahlen in Oberschlesien protestiert Berlin vor dem Völkerbund.

28 Fr Die Wirtschaftskonferenz des Völkerbundes in Genf geht ohne verbindliche Regelungen für den Welthandel zu Ende.

29 Sa Österreichs Bundeskanzler Karl Vaugoin tritt mit seiner Regierung zurück. Die Christlichsozialen hatten bei den Wahlen eine deutliche Niederlage erlitten.

30 So Im ersten offiziellen Damen-Länderspiel des Deutschen Hockey-Bundes (DHB) schlägt das DHB-Team in Köln die Mannschaft Australiens mit 3:2.

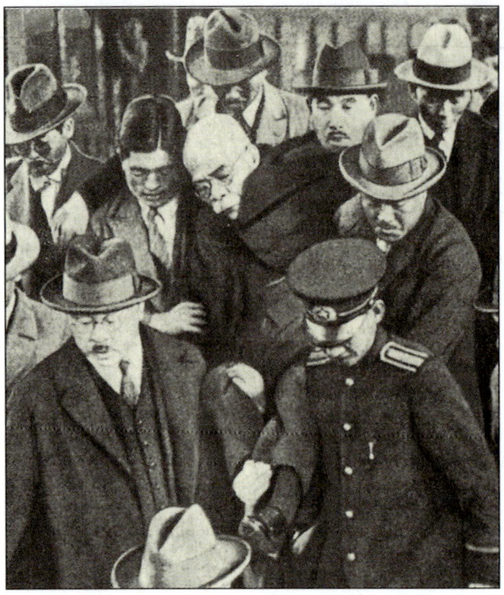

14. November 1930

Attentat auf Japans Premier

Ein Anschlag auf den japanischen Ministerpräsidenten Juko Hamaguchi entsetzt die Öffentlichkeit. Hamaguchi wird auf dem Bahnhof von Tokio von dem 23-jährigen Attentäter Tomeo Sagoya schwer verletzt (Abb.: Helfer tragen den bewusstlosen Premier vom Bahnsteig).

Sagoya gehört rechtsradikalen Kreisen an, die massiv gegen die Wirtschafts- und Außenpolitik des Regierungschefs protestieren. Durch zunehmende Verarmung der japanischen Bevölkerung erhalten die rechtsextremen Parteien immer mehr Zulauf. Hamaguchi versucht seit Monaten vergebens, das Übergreifen der Weltwirtschaftskrise auf das Land zu verhindern. Zudem stoßen auch seine Abrüstungsbemühungen bei vielen Japanern auf Unverständnis.

2. November 1930

Haile Selassie gekrönt

Mit großem Prunk wird in der äthiopischen Hauptstadt Addis Abeba Kaiser Haile Selassie I. (s. Abb.) gekrönt. Haile Selassie (»Macht der Dreifaltigkeit«) führte bereits seit 1916 als König Täfäri Mäkwännen die Staatsgeschäfte an der Seite von Kaiserin Zäuditu. Dabei setzte er u.a. den Beitritt Äthiopiens in den Völkerbund durch. Durch den Tod der Kaiserin im April rückt Täfäri Mäkwännen auf den Kaiserthron nach. An der Krönungszeremonie nehmen zahlreiche Vertreter europäischer Regierungen teil. Der Monarch fährt in einem Wagen, der ehemals Eigentum des deutschen Kaisers Wilhelm II. war, in die für die Feierlichkeit geschmückte Kirche. Die auf dem Wagen befestigten Reichsadler wurden durch vergoldete Löwen ersetzt. Nachdem die Gesellschaft in die Kirche eingezogen ist, wird eine kurze Zeremonie abgehalten. Ein Priester setzt dem Regenten die reich verzierte Krone auf das Haupt. Haile Selassie erhält den Titel »Negusä nägäst« (König der Könige). Ziel seiner Regierung ist die Modernisierung des Reiches, das als einziges afrikanisches Land nie eine Kolonie gewesen ist. Die in Äthiopien herrschende feudale Struktur soll aufgebrochen und durch ein zentralistisches System ersetzt werden. Die Regentschaft Haile Selassie endet zunächst 1936, als faschistische italienische Truppen das Land erobern und auf Addis Abeba marschieren. Der Kaiser flieht nach London ins Exil. Erst 1941 kehrt er in sein mittlerweile befreites Land zurück. Als einziger afrikanischer Staatschef engagiert er sich in Krisenherden außerhalb seines Kontinents. Zwischen 1950 und 1953 entsendet er Truppen in den Koreakrieg. Den USA gewährt er militärische Stützpunkte in seinem Land. Gleichzeitig spielt sein Land eine führende Rolle unter den blockfreien Staaten. Nach 1960 behindert der Kaiser durch die Aufrechterhaltung seiner Regierungsform die dringend notwendigen Modernisierungsmaßnahmen für Äthiopien.

Haile Selassie I.

äthiopischer Kaiser, * 23.7.1892 Edjesso, Provinz Harar; † 27.8.1975 Addis Abeba

Haile Selassie herrschte als letzter Kaiser von Äthiopien mit unumschränkter Macht. Der von französischen Jesuiten erzogene Monarch lässt während seiner Amtszeit zahlreiche Schulen errichten. Bereits im Jahre 1924 verbietet er die Sklaverei in seinem Land. In den 70er Jahren kommt es unter seinem autokratischen Regime zu einer Hungerkatastrophe. Haile Selassie wird im Jahre 1974 entmachtet. Er stirbt unter Hausarrest.

- 1910: Gouverneur von Harar
- 1931: Haile Selassie erlässt erste Verfassung
- 1936-41: Exil in Großbritannien

26. November 1930

Forscher im Eis verschollen

Die Grönlandexpedition des deutschen Geophysikers Alfred Wegener wird als vermisst gemeldet. Wegener war am 1. April zusammen mit 14 Expeditionsteilnehmern von Kopenhagen aufgebrochen, um in Nordwestgrönland Vermessungen vorzunehmen. Er hoffte, seine Theorie von der Kontinentalverschiebung belegen zu können. Nach Wegener liegen die Landmassen der Erde frei beweglich auf einer Flüssigkeit, dem sog. Sima. Deshalb geht der Wissenschaftler davon aus, dass sich die Kontinente im Laufe der Erdgeschichte mehrfach horizontal verschoben haben. Durch diese Plattentektonik sei unter anderem

der Atlantik entstanden, vermutet Wegener. Die Expedition geriet gleich zu Beginn der Reise in Schwierigkeiten, als das Expeditionsschiff »Gustav Holm« im Eis steckenblieb. Unter großen Strapazen mussten die Teilnehmer das umfangreiche Gepäck auf Hundeschlitten zu ihrem Ziel, dem Kamarujuk-Gletscher, ziehen (Abb.: Wegeners Lager am Gletscher). Die letzte Spur der Expedition verliert sich bei einer Wetterstation, etwa 400 km vom Landeplatz entfernt. Seither fehlt von Wegener und seinen Begleitern jede Spur.

16. November 1930

Polen leidet unter Terror

Durch Wahlterror beeinflusst in Polen das diktatorische Regime von Marschall Jósef Klemens Pilsudski die Parlamentswahlen. Der Wahlausgang beschert Pilsudskis Regierungsblock mit 247 der insgesamt 444 Sitze die absolute Mehrheit im Parlament (Sejm).

Im Vorfeld der Wahlen hatte der Regierungschef zahlreiche Oppositionspolitiker verhaften lassen. Auch die Abstimmung im polnischen Teil Oberschlesiens wurde durch Pilsudski beeinflusst. Ein Wahlsieg der Deutschen Wahlgemeinschaft hätte schwerwiegende Folgen für das polnische Regime nach sich ziehen können. Oberschlesien wird erst seit 1921 von Polen regiert. In der deutschstämmigen Bevölkerung besteht seither die Hoffnung auf einen Wiederanschluss an das Deutsche Reich. Die Verfolgung von deutschen Wählern ruft Proteste in deutschen Städten hervor. In Berlin demonstrieren Studenten gegen die Machenschaften der Polen. Am 5. Dezember wird Valerius Slawek, ein Vertrauter Pilsudskis, zum Ministerpräsidenten gewählt. Pilsudski selbst, der dieses Amt seit Ende August bekleidete, zieht sich als »graue Eminenz« auf den Posten den Kriegsministers zurück. In dieser Stellung hält er weiterhin die Macht in Händen.

10. Dezember 1930

Nobelpreis für Blutforscher

Der deutsche Chemiker Hans Fischer wird bei der 30. Verleihung der Nobelpreise in Stockholm geehrt. Fischer war es gelungen, die Struktur von Blut- und Blattfarbstoffen zu analysieren. In der Laudatio werden seine Arbeiten als »chemische Großtat« bezeichnet. Die Verleihung des Literaturpreises an den US-Schriftsteller Sinclair Lewis gerät hingegen in die Kritik. Autorenkollege Ernest Hemingway bezeichnet die Wahl der Jury als »dreckige Angelegenheit«.

Hans Fischer

deutscher Chemiker, * 27.7.1881 Höchst am Main; † 31.3.1945 München

Hans Fischer entdeckte die Bedeutung der Blutfarbstoffe im Stoffwechsel. Er studierte Chemie in Marburg, Lausanne und München. Als Ordinarius begann er dort im Jahre 1921 mit seinen Untersuchungen des Hämins, einer Farbkomponente des Hämoglobins, das für den Sauerstofftransport im Blut zuständig ist. Acht Jahre später kann Fischer die Zusammensetzung des Stoffes analysieren. Seine Entdeckung gilt in Fachkreisen als wegweisend für die Analyse der Pyrrolfarbstoffe.

- ab 1921: Professor an der TH in München
- 1935: Strukturaufklärung des Chlorophylls
- 1945: Selbstmord

7. Dezember 1930

Todesurteil im Schauprozess

Ein Moskauer Gericht verurteilt fünf von acht Regimekritikern in einem Schauprozess zum Tode (s. Abb.). Ihnen wird vorgeworfen, als Anhänger der sog. Industriepartei die »Vernichtung der Sowjetunion« vorbereitet zu haben. Das Urteil wird von

1000 Zuschauern mit Beifallsrufen begrüßt. Der Prozess dient dem Ziel von Staats- und Parteichef Josef W. Stalin, jegliche Opposionsbewegungen im Lande zu unterdrücken. Proteste richten sich insbesondere gegen die von der Sowjetregierung vorangetriebene Planwirtschaft, die die UdSSR innerhalb kürzester Zeit von einem unterentwickelten Agrarstaat in eine hoch industrialisierte Weltmacht verwandeln soll. Die Angeklagten sollen sich als Anhänger der Rechtsopposition gegen den forcierten Aufbau der sowjetischen Schwerindustrie gewandt und mit den vertriebenen Großbauern (Kulaken) sympathisiert haben. Stalin hatte im Februar die Enteignung und Deportation der Kulaken angeordnet. Daraufhin waren mehrere Millionen Großbauern von der sowjetischen Bevölkerung ermordet worden. Die Todesurteile gegen die Regimegegner werden am 8. Dezember in Gefängnisstrafen umgewandelt.

Dezember 1930

1 Mo Zum Ausgleich des Jahreshaushalts erlässt Reichskanzler Heinrich Brüning eine Notverordnung zur »Sicherung der Wirtschafts- und Finanzlage«.

2 Di US-Präsident Herbert Clark Hoover fordert zur Bekämpfung der Arbeitslosigkeit umgerechnet 600 Mio. Reichsmark für die Finanzierung öffentlicher Arbeiten.

3 Mi Beim Box-Europameisterschaftskampf im Weltergewicht unterliegt Gustav Eder im Frankfurter Sportpalast dem belgischen Titelverteidiger Gustave Roth.

4 Do Nach dem Skandal um die Verwicklung von Ministern in den Bankrott der Oustric-Bank tritt das französische Kabinett unter André Tardieu zurück.

5 Fr Bei der deutschen Erstaufführung des Anti-Kriegsfilms »Im Westen nichts Neues« kommt es im Berliner Mozartsaal zu Störungen durch Nationalsozialisten.

6 Sa Beim 48. New Yorker Sechstagerennen siegt das italienische Mannschaftspaar Giorgetti/Broccardo mit 274 Punkten vor 14 weiteren Teams.

7 So Zur Belebung der Konjunktur fordern britische Labour-Politiker die Bildung einer Regierung mit protektionistischem Wirtschaftskurs. → Schauprozess

8 Mo In Kalkutta wird der britische Offizier Norman Simpson gegen den Willen der gewaltlosen indischen Freiheitsbewegung von Extremisten getötet.

9 Di Die »Vossische Zeitung« berichtet über Berliner Taschendiebe, die plötzlich aus haltenden Autos herausspringen und Frauen die Handtaschen entreißen.

10 Mi In Berlin wird Bertolt Brechts Lehrstück »Die Maßnahme« uraufgeführt. Kritiker heben dessen unverblümte Sprache hervor. → Nobelpreis

11 Do Als Folge des Börsenkrachs von 1929 schliesst in New York die »Bank of the United States«. Bisher mussten in den USA 1300 Banken schliessen.

12 Fr Frankreichs Zensurbehörde verbietet den surrealistischen Film »Das Goldene Zeitalter« wegen der darin geübten Kritik an Familie, Kirche und Militär.

13 Sa In Frankreich bildet die radikale Linke unter Théodore Steeg das neue Kabinett. Insgesamt 11 von 29 Mitgliedern gehören der Radikalsozialistischen Partei an.

14 So Die internationale Presse berichtet, dass der Wert der US-Exporte gegenüber dem Vorjahr um umgerechnet 20 Mio. Reichsmark zurückgegangen sei.

15 Mo Spanische Regierungstruppen beenden auf dem Flughafen Cuatro Vientos bei Madrid eine Revolte republikanisch gesinnter Militärs.

16 Di Im Berliner Ufa-Palast wird der Film »Einbrecher« von Hanns Schwarz – mit Lilian Harvey, Heinz Rühmann und Willy Fritsch in den Hauptrollen – uraufgeführt.

17 Mi In Ortabello bei Rom starten unter der Führung von Hauptmann Italo Balbo 14 Seeflugzeuge zum ersten Geschwaderflug über den Atlantik.

18 Do In der britischen Kolonie Njassaland (Malawi) in Südostafrika kommen nach Überschwemmungen 34 Menschen durch verirrte Löwen ums Leben.

19 Fr In der Preußischen Bibliothek in Berlin werden die ersten beiden Fotokopiergeräte aufgestellt. Eine Kopie dauert bei Eilbestellungen 30 Minuten.

20 Sa Zwei ehemalige japanische Minister werden in Tokio wegen der Annahme von Schmiergeldern zu mehrmonatigen Haftstrafen verurteilt.

21 So Das bischöfliche Ordinariat Augsburg verbietet dem Pfarrer der Gemeinde Straßburg die Verbreitung nationalsozialistischen Gedankenguts.

22 Mo Zwischen Bertolt Brecht und der Nero-Filmgesellschaft, die Brechts »Dreigroschenoper« ohne Genehmigung verfilmt hatte, kommt es zum Vergleich.

23 Di Im Frankfurter Kokain-Prozess wird der Hauptangeklagte Robert Pache wegen Rauschgifthandels und Kuppelei zu 16 Monaten Gefängnis verurteilt.

24 Mi Der Physiker Manfred von Ardenne führt in Berlin das erste elektronische Fernsehbild vor: Es wird mittels elektronischer Leuchtschirmtaster aufgebaut.

25 Do Bei einer Kältewelle in Teilen Spaniens sterben vier Menschen. +++ In Dresden hat der Film »Stürme über dem Montblanc« Premiere.

26 Fr Durch seine Wahl in den Rat für Arbeit und Verteidigung in Moskau hat der KPdSU-Vorsitzende Josef W. Stalin erstmals ein außerparteiliches Amt inne.

27 Sa Der Vorsitzende des deutschen Reichsausschusses für Leibesübungen (DRA), Carl Diem, appelliert an die Vereine, mittellose Mitglieder nicht auszuschließen.

28 So Bei ihrem ersten US-Gastspiel wird die deutsche Ausdruckstänzerin Mary Wigman vom New Yorker Publikum begeistert gefeiert.

29 Mo Die geplante Entlassung von 295 000 Bergarbeitern wird verhindert, indem die Reichsregierung eine 6%ige Lohnkürzung für den Ruhrbergbau festsetzt.

30 Di Wie gemeldet wird, sollen in der sumerischen Stadt Ur (heute Tall Al Mukaijar) über 4000 Jahre alte mesopotamische Königsgräber gefunden worden sein.

31 Mi Die Zahl der Veranstaltungen im deutschen Reitsport hat 1930 mit 391 Wettkämpfen an 599 Turniertagen gegenüber dem Vorjahr leicht zugenommen.

Januar 1931

1 Do Die NSDAP bezieht als Hauptquartier das »Braune Haus« in München. +++ Die Schweizerische Luftverkehrs-A.G. Swissair wird gegründet. → Streiks

2 Fr Der Wiener Chemiker Ferdinand Ringer meldet einen zündholzgroßen Feuerstift zum Patent an, der rd. 600-mal gezündet werden kann.

3 Sa In Paris stirbt 78-jährig Marschall Joseph Jacques Césaire Joffre. Der Tod des »Siegers der Marneschlacht« löst in ganz Frankreich Trauer aus.

4 So Die deutsche Sportfliegerin Elly Beinhorn startet in Berlin mit ihrer 40-PS-Klemm-Maschine zu ihrem ersten Flug in Richtung Afrika.

5 Mo NSDAP-Führer Adolf Hitler ernennt den ehemaligen Reichswehr-Hauptmann Ernst Röhm zum Stabschef der paramilitärischen Sturmabteilung (SA).

6 Di In Washington stimmt der Senat einem Notprogramm für die Landwirtschaft zu. Seit der Dürreperiode 1930 befinden sich die Farmer in einer schwierigen Lage.

7 Mi Wie auch Tage zuvor kommt es in Wien zu Demonstrationen gegen den Antikriegsfilm »Im Westen nichts Neues« nach dem Roman von Erich M. Remarque.

8 Do Der litauische Gouverneur des Memelgebiets beauftragt den Genossenschaftsdirektor Otto Böttcher mit der Bildung eines neuen Direktoriums. → Hirtenwort

9 Fr Eine Notverordnung des Reichspräsidenten Paul von Hindenburg erleichtert die Zwangsschlichtung von Arbeitskonflikten »im öffentlichen Interesse«.

10 Sa An der Berliner Universität hält die italienische Pädagogin Maria Montessori einen Vortrag über Bildung und Eigenaktivität von Kindern.

11 So Auf den Philippinen kommt es zu einem Aufstand gegen die US-Verwaltung, der erst durch den massiven Einsatz von Militär niedergeschlagen wird.

12 Mo Spitzenverbände von Arbeitgebern und Gewerkschaften lehnen eine Arbeitsdienstpflicht ab; sie sei teurer als die Arbeitslosenunterstützung.

13 Di In Preußen wird auf Erlass des Handelsministeriums ein besonderer Schulunterricht für Arbeitslose zwischen 14 und 18 Jahren eingeführt.

14 Mi Der Haushaltsausschuss des Reichstages beginnt in Berlin mit den zweitägigen Beratungen für den Reichsetat 1931.

15 Do Eine Fliegerstaffel unter der Leitung des italienischen Luftfahrtministers Italo Balbo erreicht nach Überquerung des Südatlantiks Rio de Janeiro in Brasilien.

16 Fr Der britische Thronfolger Prinz Edward tritt eine mehrmonatige Südamerikareise an. +++ Die Seilschwebebahn zur Zugspitze wird kirchlich eingeweiht.

17 Sa Der KPD-Vorsitzende Ernst Thälmann erklärt, man habe in Deutschland den Zustand einer »noch nicht ausgereiften faschistischen Diktatur«.

18 So Die Reichsregierung veranstaltet im Berliner Reichstagsgebäude eine Feier anlässlich der Gründung des Deutschen Reiches 1871 in Versailles.

19 Mo Nach einem Gespräch mit der Heeresleitung am Vortag äußert sich Adolf Hitler positiv über die Verständigung mit der Reichswehrführung. → Indien

20 Di Anlässlich eines Berichts über die Auswirkungen des Alkoholverbots bekräftigt US-Präsident Herbert C. Hoover sein Festhalten an der Prohibition.

21 Mi In der UdSSR wird wegen der häufigen Störungen im Transportwesen die Todesstrafe für die »böswillige Desorganisation des Transportwesens« eingeführt.

22 Do Winifred Wagner betraut in Bayreuth Heinz Tietjen mit der künstlerischen und Wilhelm Furtwängler mit der musikalischen Leitung der Festspiele. → Rundfunk

23 Fr Auf einer Tagung berät der Völkerbundrat in Genf über die deutschen Vorwürfe gegen die polnische Minderheitenpolitik in Oberschlesien. → Legende

24 Sa Die spanischen Behörden heben den Ende 1930 verhängten Ausnahmezustand in Spanien auf. Ausgenommen bleiben die Städte Huesca und Madrid.

25 So Der indische Freiheitskämpfer Mahatma Gandhi, der seit Mai 1930 in Poona inhaftiert war, wird aus dem Gefängnis entlassen.

26 Mo Ein Überfall von Kommunisten auf eine nationalsozialistische Versammlung fordert in Hamburg zwei Tote und sechs Schwerverletzte.

27 Di In Berlin wählt die Hauptversammlung der Preußischen Akademie der Künste Heinrich Mann und Ricarda Huch zu Vorsitzenden der Sektion Dichtkunst.

28 Mi Die Landwirtschaftskammer Ostpreußens in Königsberg fordert von der Reichsregierung eine generelle Senkung von Zinsen und Abgaben.

29 Do Die Reichspost beschließt, Personen mit einer mindestens halbjährigen Arbeitslosigkeit die Zahlung der Rundfunkgebühren zu erlassen.

30 Fr Der Regisseur Erwin Piscator wird aufgrund eines von der Stadt Berlin erwirkten Haftbefehls wegen Steuerschulden festgenommen.

31 Sa Sieger der Abfahrt bei dem zum zweiten Mal ausgetragenen Lauberhorn-Skirennen in Wengen wird der Schweizer Fritz Steuri aus Grindelwald.

1. Januar 1931

Streiks an der Ruhr

Um nach gescheiterten Tarifverhandlungen Lohnsenkungen durchzusetzen, kündigt der Zechenverband zum 15. Januar sämtlichen Belegschaften im Ruhrgebiet. Daraufhin kommt es am 2. Januar zu wilden Streiks. Unter Führung von KPD-Funktionären und Mitgliedern der kommunistischen Revolutionären Gewerkschaftsopposition (RGO) besetzen Erwerbslose die Tore der Schachtanlagen (Abb.: Versammlung von Bergarbeitern vor einer Zeche). Zwischen Streikenden auf der einen und Streikbrechern sowie Sicherheitskräften auf der anderen Seite kommt es zu Zusammenstößen. Ein Schiedsspruch über eine Lohnsenkung von 6% bei Rücknahme aller Kündigungen beendet den Streik am 12. Januar.

23. Januar 1931

Legende der Tanzkunst

In Den Haag stirbt 49-jährig die russische Tänzerin Anna Pawlowa (s. Abb.) an einer Lungenentzündung. Die aus ärmlichen Verhältnissen stammende Künstlerin wurde als Zehnjährige in die Kaiserliche Ballettschule aufgenommen. Nach ihrem Engagement im Ballett von Sergej Diaghilew machte sie sich selbstständig und zog mit einem eigenen Ensemble um die Welt. In 3650 Vorstellungen zog sie das Publikum in ihren Bann. Die Kritik rühmte neben ihrer eisernen Disziplin vor allem ihre brillante Technik, die lyrische Ausstrahlung ihrer Posen und die Faszination ihres tänzerischen Spiels.

Anna Pawlowa

russische Tänzerin, * 12.2.1881 St. Petersburg; † 23.1.1931 Den Haag

Anna Pawlowa galt als bedeutendste Vertreterin russischer Tanzkunst. Weltberühmt wurde sie durch den für sie im Jahre 1905 von Michail Fokin choreographierten »Sterbenden Schwan«. Ab 1907 faszinierte sie auch das Publikum im westlichen Ausland, u.a. als Mitglied der »Ballets Russes« von Sergej Diaghilew.

- 1899: Debüt als Tänzerin im Marientheater St. Petersburg
- 1906: Primaballerina des Marientheaters
- 1914: Letzter Auftritt in Russland

6. Februar 1931

Komik zum Lachen und Weinen

Im George M. Cohan Theatre in New York hat der neue Stummfilm des britischen Schauspielers und Regisseurs Charlie Chaplin Premiere. »City Lights – A Comedy Romance in Pantomine« (»Lichter der Großstadt – eine Komödien-Romanze als

Pantomime«) ist eine tragikomische Attacke auf die bürgerliche Gesellschaft. Als der Landstreicher Charlie (Charlie Chaplin) einen betrunkenen Millionär (Harry Myers) vor dem Selbstmord bewahrt, wird er von ihm zunächst reichlich beschenkt, am nächsten Morgen aber vor die Tür gesetzt. Später begegnet Charlie einer blinden Blumenverkäuferin (Virginia Cherrill), deren Schicksal ihn so rührt, dass er dem Mädchen zu einer Operation verhelfen will. Um Geld zu verdienen, versucht er sich sogar als Preisboxer (s. Abb.). Dabei trifft er erneut auf den Millionär, der ihm 1000 Dollar gibt. Charlie steckt sie dem Mädchen zu, bevor er – unter dem Verdacht, das Geld gestohlen zu haben – verhaftet wird. Nach Strafverbüßung trifft er das genesene Mädchen wieder. Obwohl sie ihren Gönner erkennt, bleibt ein Happy End aus.

19. Januar 1931

Konferenz über Indiens Zukunft

Mit einer Erklärung des britischen Premierministers James Ramsey MacDonald über die Zukunft der Kolonie Indien endet die am 12. November begonnene Londoner Round-Table-Konferenz zu diesem Thema. Indien soll den Dominion-Status erhalten und damit innenpolitisch weitgehend eigenverantwortlich agieren können.

MacDonald appelliert eindringlich an die auf der Konferenz nicht vertretenen indischen Gruppierungen, vor allem an die für die Unabhängigkeit eintretende Kongresspartei, an der Umgestaltung mitzuwirken. Allerdings gehen die von den Briten in Aussicht gestellten Reformen den indischen Nationalisten nicht weit genug, während die indischen Fürsten einen Verlust ihres Einflusses befürchten. Rd. zwei Fünftel der Gesamtfläche Indiens unterstehen der Herrschaft alteingesessener Dynastien, die zwar die Autorität der britischen Krone anerkennen, aber auf völliger Autonomie gegenüber dem übrigen Indien bestehen. Neben dem britischen Verwaltungsgebiet gibt es in Indien insgesamt 136 Fürstentümer verschiedener Größe. Diese Fürsten sehen ebenso wie die britische Besatzungsmacht ihre Herrschaft durch die wachsende Nationalbewegung gefährdet, die energisch ein selbstständiges Indien fordert.

18. Februar 1931

Druck auf Spaniens Monarchie

In Madrid betraut König Alfons XIII. Admiral Juan Bautista Aznar-Cabañas mit der Bildung eines monarchistischen Minderheitskabinetts. Ihm gehört als Kriegsminister auch der am 14. Februar als Regierungschef zurückgetretene Dámaso Berenguer y Fusté an.

Die wachsenden politischen und sozialen Spannungen hatten am 28. Januar 1930 zum Rücktritt von Miguel Primo de Rivera y Orbaneja geführt, der ab 1923 mit Billigung des Königs diktatorisch regiert hatte. Unter seinem Nachfolger Berenguer gewannen die Parteien wieder an Einfluss. Im Pakt von San Sebastián schlossen Bürgerliche und Sozialisten ein Bündnis zum Sturz der Monarchie. Am 8. Februar setzte der König die Rede- und Versammlungsfreiheit wieder in Kraft und kündigte Parlamentswahlen an. Zum Sturz Berenguers führte die am 13. Februar erhobene Forderung der Liberalen nach Einberufung einer verfassunggebenden Versammlung.

22. Januar 1931

Neues Haus des Rundfunks

In der Berliner Masurenallee wird das von Hans Poelzig entworfene Haus des Rundfunks (s. Abb.) eingeweiht. Der Neubau gegenüber dem Funkturm und dem weitläufigen Messegelände bietet weitaus bessere technische Möglichkeiten als sein

Vorgänger, das Vox-Haus, wo seit 1923 die Berliner Funkstunde ausgestrahlt wurde. Mit seinen räumlichen und technischen Kapazitäten genügt es modernsten technischen Ansprüchen. Der Klinkerbau gliedert sich in vier- bis fünfgeschossige, dreieckig zusammenlaufende Gebäude.

8. Januar 1931

Hirtenwort zur Ehe

In einer Enzyklika kritisiert Papst Pius XI. (s. Abb.) Geburtenkontrolle, Frauenemanzipation und die »moderne« Ehe.

Der »L'Osservatore Romano« veröffentlicht den bereits in der Weihnachtsbotschaft angekündigte Hirtenbrief »über die christliche Ehe in Hinsicht auf die gegenwärtigen Verhältnisse, Bedrängnisse, Irrtümer und Verfehlungen in Familie und Gesellschaft«. Die Enzyklika ist mit rd. 16000 Wörtern das umfangreichste Dokument, das in den letzten Jahren vom Vatikan veröffentlicht wurde. Sie erinnert zunächst an den göttlichen Charakter der Ehe, der von den Menschen oft geleugnet werde. Die ehelichen Verpflichtungen seien in Vergessenheit geraten. Den besonderen Unmut erregt dabei, so heißt es aus dem Vatikan, das Buch des Niederländers Theodor Hendrik van de Velde über »Die vollkommene Ehe«. Mit diesem und zwei weiteren Büchern – »Die Abneigung in der Ehe« (1928) und »Die Fruchtbarkeit in der Ehe« (1929) – wird van de Velde zum wichtigsten Sexualaufklärer der 20er Jahre. Seine auf langjähriger ärztlicher Erfahrung beruhenden Werke fassen die medizinisch-psychologischen Erkenntnisse über die Geschlechtsphysiologie, die Bedeutung des Geschlechtsverkehrs und die Störungen im Zusammenleben von Mann und Frau zusammen. Der Vatikan betont in der Enzyklika die Segnungen und die Bedeutung der Ehe. Die Unauflöslichkeit der Ehe verteidigt der Papst u.a. mit dem Hinweis auf die »Ruhe des sicheren Besitzes, die an die Stelle der ängstlichen Besorgnis tritt, ob der Gatte vielleicht doch beim Hereinbrechen von Unglück oder im Alter gehen werde«.

Der Papst wendet sich auch gegen die gesetzlich erlaubten Geburtenunterbindungen, gegen die »eugenische Indikation«, gegen die sog. Kameradschaftsehe und andere »Verirrungen«, die unter dem Begriff »Zeitmaterialismus« zusammengefasst werden. Ein Appell ergeht an Ärzte, Seelsorger und Behörden, den Kampf gegen diese Verirrungen anzuführen. Unter diesem Gesichtspunkt wird auch die dreifache Emanzipation der Frau verurteilt: Die physiologische, die sie von ehelichen und mütterlichen Pflichten befreien soll, die wirtschaftliche, die ihr in Alltag und Beruf Freiräume schaffen will, und die soziale Emanzipation, die Frauen in die Politik ziehen will.

Februar 1931

1 So Hein Müller aus Köln wird in Dortmund durch einen Punktsieg nach zwölf Runden über Hans Schönrath Deutscher Meister im Schwergewichtsboxen.

2 Mo Der außenpolitische Ausschuss des Reichstages lehnt den Antrag der NSDAP-Fraktion ab, Deutschland solle aus dem Völkerbund austreten.

3 Di Im Gebiet von Napier im nördlichen Teil Neuseelands fordern ein über zweistündiges Erdbeben und taifunartige Stürme mehrere hundert Tote.

4 Mi Wegen der Rechtfertigung von Gewalttaten im NSDAP-Organ »Der Angriff« verbietet der Berliner Polizeipräsident das Erscheinen dieser Tageszeitung.

5 Do Luxemburg beschließt die Errichtung eines Rundfunksenders. +++ Malcolm Campbell fährt in Florida mit 395,489 km/h einen Geschwindigkeitsweltrekord.

6 Fr Im Staatlichen Schauspielhaus Berlin inszeniert Bertolt Brecht sein Stück »Mann ist Mann«. Das Bühnenbild schuf Caspar Neher. → Komik

7 Sa Die »Vossische Zeitung« beginnt mit dem Abdruck der Lebenserinnerungen des 81-jährigen Berliner Bankiers Carl Fürstenberg.

8 So In Mürzzuschlag (Österreich) endet die am 5. Februar begonnene Arbeiter-Winterolympiade, an der mehr als 1000 Sportler aus sieben Ländern teilnahmen.

9 Mo Mit der Unterzeichnung eines Friedensabkommens zwischen Grubenbesitzern und Gewerkschaften endet der seit Januar geführte Arbeitskampf in Südwales.

10 Di Im Deutschen Reichstag erklären 151 Abgeordnete der rechtsgerichteten Parteien einen Boykott der weiteren Gesetzgebungsarbeit.

11 Mi In Oberhof in Thüringen wird der von dem Reichswehr-Hauptmann Werner Zahn gesteuerte deutsche Viererbob Weltmeister.

12 Do Das Parlament in Reval wählt Konstantin Päts erneut zum Staatsältesten (Ministerpräsident und zugleich Staatsoberhaupt) von Estland.

13 Fr Die liberalen Gruppierungen im spanischen Parlament fordern von der Regierung baldige Wahlen zu einer verfassunggebenden Nationalversammlung.

14 Sa In der »Vossischen Zeitung« nimmt der Komponist Kurt Weill zum Einsatz der Musik im Tonfilm Stellung. Er verlangt ihre Aufwertung.

15 So Das »Zentralblatt der christlichen Gewerkschaften Deutschlands« wendet sich gegen die Tätigkeit der NSDAP und deren Förderer aus der Industrie.

16 Mo In der Berliner Metallindustrie tritt ein Abkommen in Kraft, das zur Vermeidung weiterer Entlassungen die 40-Stunden-Woche einführt.

17 Di Auf dem Berliner Verkehrsflughafen Tempelhof führen die Junkers-Werke Dessau die »Ju 52« vor, ein Frachtflugzeug für den Fernverkehr.

18 Mi In New York bezwingt der US-Tennisstar William T. Tilden in seinem ersten Spiel als Profi den Tschechoslowaken Karel Kozeluh. → Spanien

19 Do Mit der Eröffnung in den Hallen am Kaiserdamm beginnt in Berlin die Internationale Automobil-Ausstellung. Sie dauert bis zum 1. März.

20 Fr Als Antwort auf eine SPD-Frauenkundgebung am Vortag hält die Hamburger NSDAP gleichfalls eine Massenveranstaltung ab. Mit dabei: Joseph Goebbels.

21 Sa Eine Schlagwetterexplosion auf der Grube »Reserve« in Rothberg im Eschweiler Revier bei Aachen kostet 31 Bergleute das Leben.

22 So In Mürren (Schweiz) gehen die ersten alpinen Ski-Europameisterschaften zu Ende. +++ Bei einem Fußballturnier besiegt Italien in Mailand Österreich mit 2:1.

23 Mo Nach 48-stündigen sintflutartigen Regenfällen steht das Wasser in den Straßen der sizilianischen Metropole Palermo bis zu zwei Meter hoch.

24 Di In Davos in der Schweiz erzielt Sigmund Ruud, ein Norweger, der in Zürich lebt, mit 81 m einen neuen Weltrekord im Skisprung.

25 Mi Die KPD veranstaltet in mehreren größeren Städten Deutschlands einen Weltarbeitslosentag mit »Hungermärschen« von Arbeitslosen.

26 Do In der Schweiz erhält die neu konstituierte Schweizerische Rundspruchgesellschaft (SRG) die ausschließliche Konzession für Rundfunksendungen.

27 Fr Die Söhne des 1911 verstorbenen US-Journalisten und Zeitungsverlegers Joseph Pulitzer verkaufen in New York ihre drei Zeitungen für fünf Mio. Dollar.

28 Sa Der Senat der Vereinigten Staaten billigt abschließend das Marinebudget mit einem Gesamtvolumen von 150 Mio. Dollar.

März 1931

1 So Beim Wasalauf in Schweden siegt der Schwede Anders Ström. +++ Im Berliner Varieté-Theater Scala tritt die ungarische Sängerin Marika Rökk auf. → Eis

2 Mo Die Verwaltung der Gutehoffnungshütte gibt die Schließung von zwei Zechen in Oberhausen mit 2321 Arbeitern und 140 Angestellten bekannt.

3 Di Der US-Kongress erhebt das Gedicht »The Star-Spangled Banner« von Francis Scott Key aus dem Jahre 1814 zum Text der Nationalhymne der USA.

4 Mi Ein Vertrag zwischen der britischen Kolonialverwaltung und dem indischen Freiheitskämpfer Mahatma Gandhi soll die Lage in Indien entspannen.

5 Do Die SPD beschließt, die Billigung des Wehr-Etats von der Haltung der Regierung zu ihren Finanzierungsvorschlägen abhängig machen. → »Köpenickiade«

6 Fr Der Reichstag lehnt einen Misstrauensantrag gegen den u.a. wegen seiner Kulturpolitik umstrittenen Reichsinnenminister Joseph Wirth (Zentrum) ab.

7 Sa In einer öffentlichen Erklärung warnen die katholischen Bischöfe der Kölner Kirchenprovinz vor dem Nationalsozialismus.

8 So Der Maler Max Liebermann eröffnet in der Berliner Akademie mit einer Rede die Ausstellung über das Werk des Architekten Hans Poelzig.

9 Mo Der britische Schauspieler und Regisseur Charlie Chaplin trifft im Rahmen seiner Europareise in Berlin ein und wird begeistert gefeiert.

10 Di Die britische Labour-Party schließt Sir Oswald Ernald Mosley aus, nachdem dieser ein Programm für eine rechtsextreme Partei vorgelegt hat.

11 Mi In London geben die Regierungen Großbritanniens, Frankreichs und Italiens »Verständigungsgrundlagen« über eine Begrenzung der Flottenrüstung bekannt.

12 Do Der Bezirk Hamburg des Norddeutschen Fußballverbandes legt im Regelwerk fest, dass ein Spieler nach zwei Feldverweisen für vier Wochen gesperrt ist.

13 Fr In der Nähe von Berlin gelingt dem deutschen Erfinder Karl Poggensee der erste erfolgreiche Abschuss einer Feststoffrakete in Europa.

14 Sa Im Berliner Rowohlt-Verlag veröffentlicht das frühere NSDAP-Mitglied Weigand von Miltenberg die polemische Biographie »Adolf Hitler. Wilhelm III.«.

15 So Der Kommunist Ernst Henning wird in Hamburg von SA-Leuten ermordet. +++ In Paris unterliegt die deutsche Fußballnationalelf gegen Frankreich 0:1.

16 Mo Otto Furrer aus der Schweiz gewinnt die Kombination beim Arlberg-Kandahar-Skirennnen in Mürren im Berner Oberland.

17 Di Der Deutsche Reichstag nimmt eine Entschließung an, in der die Verankerung der 40-Stunden-Woche durch ein Reichsgesetz verlangt wird.

18 Mi In der Festungshaft erklärt der frühere Reichswehrleutnant und Hitleranhänger Richard Scheringer seinen Übertritt zur kommunistischen Bewegung.

19 Do Die mitteleuropäische Wirtschaftskonferenz, an der u.a. Österreich, Deutschland, Jugoslawien und Rumänien teilnahmen, endet in Wien. → Zollunion

20 Fr Im Berliner Theater am Schiffbauerdamm hat das Schauspiel »Italienische Nacht« von Ödön von Horváth Premiere.

21 Sa Die US-Regierung veröffentlicht eine Befragung über die Höhe der Arbeitslosigkeit, die auf etwa 6 Mio. Erwerbslose in den USA schließen lässt.

22 So Im Berliner Ullstein-Verlag erscheint als erstes Rundfunkprogrammheft in Europa das Wochenblatt »Sieben Tage, Funkblätter mit Programm«.

23 Mo Der Reichstag billigt die Erhöhung der Steuern. Die SPD-Fraktion hatte dies als Vorbedingung für die Tolerierung des Panzerschiffbaus gefordert.

24 Di In seiner Zeitschrift »Die Weltbühne« ruft der Publizist Carl von Ossietzky dazu auf, den NSDAP-Führern die »Phrase von der Legalität« nicht länger zu glauben.

25 Mi Die Hinrichtung von drei Hindus im indischen Lahore führt zu Unruhen in der Stadt Cawnpore. Dabei werden 89 Moslems und 35 Hindus getötet.

26 Do Über Kurzwelle empfangen deutsche Hörer erstmals eine für sie gestaltete Rundfunksendung aus New York.

27 Fr Mit einer Feierstunde in der Preußischen Akademie der Künste in Berlin begeht der Schriftsteller Heinrich Mann seinen 60. Geburtstag.

28 Sa Vor der Rekordkulisse von 129810 Besuchern schlägt die Fußball-Nationalmannschaft von Schottland das englische Team in Glasgow mit 2:0.

29 So In Deutschland tritt das am Vortag verabschiedete Gesetz gegen den Waffenmissbrauch in Kraft, das Gefängnisstrafen bis zu einem Jahr vorsieht.

30 Mo Der Hauptausschuss des Allindischen Nationalkongresses in Karatschi billigt mit 300 gegen zwei Stimmen den Gandhi-Irwin-Pakt vom 4. März.

31 Di Ein Erdbeben zerstört große Teile der nicaraguanischen Hauptstadt Managua. Es kommen etwa 2500 Menschen ums Leben.

30. April 1931

Portugal fürchtet um Einheit

Die Regierung in Lissabon erklärt offiziell den Aufstand auf Madeira und den Azoren für beendet. Die Unruhen waren zu einer ernsten Bedrohung der Stabilität Portugals geworden. Die Auseinandersetzungen hatten zu Jahresbeginn in Madeira begonnen: Nachdem bereits das Eintreffen von 300 aus Lissabon deportierten politischen Gefangenen, darunter zahlreiche Offiziere, für Unruhe gesorgt hatte, führte die Erhöhung des Brotpreises am 6. Februar zum Streik. Statt für Ordnung zu sorgen, verbündete sich eine nach Madeira entsandte Einheit mit den Aufständischen. Der Versuch, eine eigenständige Republik zu gründen, scheiterte an militärischen Maßnahmen der portugiesischen Regierung.

20. April 1931

Kino auch am Sonntag

Das britische Unterhaus beschließt eine Lockerung der strikten Sonntagsruhe. Falls der Reingewinn wohltätigen Zwecken zugeführt wird, dürfen Kinos und Konzertsäle öffnen. Im Parlament ist der in der Öffentlichkeit lebhaft diskutierte Gesetzentwurf heftig umstritten. Die Fronten gingen quer durch alle Fraktionen.

5. März 1931

Erfolg für »Köpenickiade«

Bühnenpremiere für den »Hauptmann von Köpenick«: Das Deutsche Theater in Berlin zeigt unter der Regie von Heinz Hilpert das Stück von Carl Zuckmayer mit Werner Krauss (s. Abb.) in der Rolle des Schusters Wilhelm Voigt. Zuckmayer entwirft in seiner Bearbeitung der historischen Verwechslungsposse von 1906 ein weitgefächertes Panorama des wilhelminischen Deutschland. Schuster Voigt bleibt der Ruhm, die Uniformgläubigkeit seiner Zeit ad absurdum geführt zu haben. Während die liberale Presse Stück und Autor feiert, urteilen rechte Blätter weniger positiv.

Carl Zuckmayer

deutscher Schriftsteller, * 27.12.1896 Nackenheim; † 18.1.1977 Visp/Kanton Wallis (Schweiz)

Zuckmayers erster großer Erfolg war die Komödie »Der fröhliche Weinberg« (1925), mit der er sich vom Expressionismus abwandte. In der Folgezeit schrieb er zum Teil sozialkritische Volksstücke. In dem viel diskutierten Drama »Des Teufels General« (1946) behandelt er die Frage von politischer Verstrickung und Widerstand im Zweiten Weltkrieg.

- ab 1920: Regieassistent und Dramaturg
- 1929: »Katharina Knie« (Stück); Georg-Büchner-Preis
- 1939-45: Exil in den USA

19. März 1931

Zollunion sorgt für Wirbel

Die Regierungen Deutschlands und Österreichs billigen die von ihren Beauftragten ausgehandelten Richtlinien für eine Zollunion. In den westlichen Hauptstädten stößt die geplante Kooperation auf Misstrauen und Widerspruch.

Treibende Kraft der Zollunion sind Reichsaußenminister Julius Curtius sowie Österreichs Außenminister und Vizekanzler Johannes Schober. Bei einem Besuch von Curtius in Wien vom 3. bis 5. März hatten sich beide Seiten grundsätzlich auf eine gemeinsame Zollunion geeinigt. Die europäischen Nachbarn vermuten hinter der Kooperation auch politische Motive – den möglichen Anschluss Österreichs an Deutschland, der nach den Friedensverträgen von 1919 untersagt ist. Am Misstrauen der Nachbarn ist die deutsche Regierung nicht ganz unschuldig, weil sie versäumte, frühzeitig über ihr Vorhaben zu informieren. Im September scheitert das Vorhaben, das als unvereinbar mit bestehenden Verträgen gilt.

14. April 1931

Spanien wird Republik

In Spanien überschlagen sich die Ereignisse: Gegen 18 Uhr erklärt König Alfons XIII. im Madrider Schloss den Verzicht auf die Regierungsgewalt. Er legt sie zunächst in die Hände von Ministerpräsident Juan Bautista Aznar-Cabañas, der gegen 19 Uhr die bereits illegal gebildete provisorische Regierung von Niceto Alcalá Zamora y Torres mit der Macht betraut. Spanien ist damit de facto zu einer Republik geworden.

Bereits um 18.30 Uhr wird offiziell die republikanische Flagge auf dem Innenministerium gehisst, um 20.30 Uhr erscheint das republikanische Kabinett auf dem großen Balkon des Ministeriums. Um 21.30 Uhr hält Alcalá Zamora eine Ansprache an die wartende Menge. In der Nacht wendet sich der neue Machthaber, der vorläufig auch das Amt des Staatspräsidenten bekleidet, im Rundfunk an die Bevölkerung. Er ruft sie auf, Ruhe zu bewahren und sich der großen Stunde würdig zu erweisen. Die Regierung erlässt eine Amnestie, die alle politischen Vergehen sowie Verstöße gegen das Pressegesetz umfasst. Grundlage der Regierungsbildung ist die im Pakt von San Sebastián vom August 1930 erreichte Verständigung zwischen

Ein Propaganda-Lastwagen der Republikaner in Madrid

1. März 1931

Die Weltbesten auf dem Eis

Im Berliner Sportpalast enden die am 28. Februar eröffneten Eiskunstlauf-Weltmeisterschaften. In den Einzelkonkurrenzen siegen die Titelverteidiger Karl Schäfer aus Österreich und Sonja Henie aus Norwegen (s. Abb., mit Schäfer, l., und dem dreimaligen Weltmeister Gillis Grafström aus Schweden). Im Paarlaufen siegen trotz eines Sturzes Emilie Rotter und László Szollás aus Ungarn vor ihren Landsleuten Olga Organista und Sándor Szalay.

Sonja Henie

norwegische Eiskunstläuferin, * 8.4.1912 Kristiania; † 12.10.1969 bei Oslo

Mehr als zehn Jahre lang dominiert das »Mädchen mit den goldenen Schlittschuhen« die Konkurrenz. Bereits als Vierjährige stand Sonja Henie, vom Berliner Eislaufpublikum liebevoll »Häseken« genannt, auf den Kufen, die für sie die Welt bedeuteten. Nach ihrem letzten Olympiasieg 1936, der nicht mehr so glanzvoll ausfällt wie die vorherigen, beendet sie im Januar 1937 ihre sportliche Karriere. Aus der Eis-Diva wird jetzt ein Hollywoodstar. Filmmogul Darryl F. Zanuck macht aus der weltbekannten Sportlerin ein Glamourgirl. Sonja Henie bekommt einen Fünfjahresvertrag und dreht Revuefilme wie »Die Eiskönigin«, »One in a million« und »My Lucky Star«. Sie gründet die erste Eisrevue der Welt und wird zur vielfachen Dollar-Millionärin.

- 1927-36: Weltmeisterin im Eiskunstlauf
- 1928, 1932, 1936: Goldmedaillengewinnerin bei den Olympischen Spielen
- 1931-36: Europameisterin im Eiskunstlauf

Republikanern verschiedener Richtungen und den Sozialisten.
Auch in Barcelona und anderen Provinzhauptstädten mit republikanischer Mehrheit wird die republikanische Flagge gehisst. Die überschwänglichen Jubelfeiern verlaufen im Gegensatz zu den Auseinandersetzungen der vergangenen Tage weitgehend ruhig. In den frühen Morgenstunden des 15. April besteigt Alfons XIII. in Cartagena den Kreuzer »Principe Alfonso«. Der König verlässt Spanien, ohne förmlich seinen Thronrechten zu entsagen.
Auslöser für den Wandel in Spanien ist das Ergebnis der Gemeindewahlen vom 12. April. In den Städten haben die Republikaner, auf dem Land die Monarchisten gesiegt. Trotz des keineswegs eindeutigen Resultats werteten der König und seine Berater den Wahlausgang als Volksvotum gegen die Monarchie. Obwohl 22 150 Sitze in den Gemeindeparlamenten den Monarchisten und nur 5875 den Republikanern zugefallen sind, herrscht im Kronrat am 13. April tiefe Resignation. Aznar-Cabañas erklärt öffentlich, dass Spanien über Nacht republikanisch geworden sei. Auch die Mehrheit der Offiziere und breite Teile des Bürgertums geben die Monarchie verloren. Dem Königtum ist es ganz offenkundig nicht gelungen, dem wirtschaftlich und sozial rückständigen Land Anschluss an das übrige Europa zu verschaffen.

Ex-König Alfons XIII. (r.) trifft am 21. April zu einem Kurzurlaub in Dover ein.

Ein Offizier mit der Fahne des republikanischen Spanien und andere begeisterte Madrilenen bejubeln die Proklamation der Republik.

April 1931

1 Mi Nach der Absetzung des SA-Führers Walther Stennes durch Adolf Hitler besetzen revoltierende SA-Leute die Räume der Berliner NSDAP.

2 Do In Rom endet nach einwöchiger Dauer die von 27 europäischen und 21 außereuropäischen Ländern besuchte Weltgetreidekonferenz.

3 Fr Die geplanten Ostertreffen der Jugendverbände der KPD können aufgrund der Notverordnung des Reichspräsidenten zum inneren Frieden nicht stattfinden.

4 Sa Unter Beteiligung der Tobis-Filmgesellschaft wird in Berlin ein Tonfilmstudio zur Ausbildung von Schauspielern, Regisseuren und Technikern eröffnet.

5 So Die »Vossische Zeitung« veröffentlicht die – meist optimistischen – Aussagen von sieben Primanerinnen und Primanern über ihre Berufswünsche.

6 Mo Die portugiesische Regierung verhängt den Kriegszustand über Madeira und die Azoren. Anlass ist ein Putsch der Garnison von Funchal.

7 Di Bei den Oberbürgermeisterwahlen in Chicago wird der Amtsinhaber William Hale Thompson, der angeblich mit Gangsterbanden kooperiert, abgewählt.

8 Mi Reichskanzler Heinrich Brüning und Außenminister Julius Curtius nehmen eine Einladung für einen Besuch nach Großbritannien an.

9 Do Das deutsche Luftschiff »Graf Zeppelin« startet mit 25 Passagieren an Bord unter der Leitung von Hugo Eckener zu einer Fahrt nach Ägypten und Palästina.

10 Fr Wegen Beschimpfung der preußischen Regierung wird »Der Stahlhelm«, das Wochenblatt des gleichnamigen Kampfbundes, für drei Monate verboten.

11 Sa Bei der I.G. Farben sind, wie bekannt wird, offenbar Fälle von Betriebsspionage für die sowjetische Handelsvertretung in Berlin vorgekommen.

12 So Die deutschen Rennfahrer Rudolf Caracciola und Wilhelm Sebastian gewinnen das fünfte Auto-Langstreckenrennen »Mille Miglia« in Italien.

13 Mo Papst Pius XI. empfängt in Rom Reichsinnenminister Joseph Wirth. +++ Die sowjetische Handelsvertretung in Berlin weist Vorwürfe von Werksspionage zurück.

14 Di In Berlin verurteilt ein Schöffengericht den NSDAP-Gauleiter Joseph Goebbels wegen Beleidigung des Polizeivizepräsidenten zu einer Geldstrafe. → Spanien

15 Mi Im Ochsenmoor südlich vom Dümmersee bei Osnabrück führt der Ingenieur Reinhold Tiling erfolgreich seine Feststoffraketen vor.

16 Do Im Berliner Mozartsaal hat Eugen Thieles »Gefahren der Liebe«, ein Aufklärungsfilm über das Schicksal einer an Syphilis erkrankten Frau, Premiere.

17 Fr In Paris gibt die französische Regierung offiziell eine Initiative von Außenminister Aristide Briand zu einer mitteleuropäischen Wirtschaftskooperation bekannt.

18 Sa Die Gutachterkommission der Reichsregierung zur Arbeitslosenfrage regt die Einführung eines freiwilligen Arbeitsdienstes (»Freikorps der Arbeit«) an.

19 So Im Endspiel um den Bundespokal des DFB siegt vor 30 000 Zuschauern in Dresden die Auswahl Süddeutschlands mit 4:3 über Mitteldeutschland.

20 Mo In Harburg endet die Einschreibungsfrist für 128 Grundstücke, auf denen Arbeitslose kostengünstig ihre eigenen Häuser bauen können. → Kino

21 Di Eine Volkszählung in Italien ergibt eine Wohnbevölkerung von 41 230 047 Personen. Die Hauptstadt Rom hat 1,008 Mio. Einwohner.

22 Mi In Düsseldorf wird der Massenmörder Peter Kürten zum Tode verurteilt. +++ Deutschland erkennt Spaniens republikanische Regierung an.

23 Do Reichskanzler Heinrich Brüning wirbt beim US-Botschafter für eine Umwandlung von 10 Mrd. Reichsmark Schulden in langfristige Anleihen.

24 Fr Der XI. Kongress der Komintern-Exekutive in Moskau endet mit Aufrufen vor allem zum Kampf gegen die Sozialdemokratie.

25 Sa Im Londoner Wembley-Stadion wird West Bromwich Albion vor 90 000 Zuschauern durch ein 2:1 gegen den FC Birmingham Fußball-Pokalsieger.

26 So In Lippe-Detmold scheitert ein Volksentscheid der NSDAP zur Auflösung des Landtags. Es werden nur 35 713 von 54 000 nötigen Ja-Stimmen abgegeben.

27 Mo Das am 24. April in Barcelona zusammengetretene Internationale Olympische Komitee vertagt die Vergabe der Olympischen Sommerspiele 1936.

28 Di Der frühere spanische Regierungschef General Dámaso Berenguer y Fusté wird in Madrid wegen Todesurteilen unter seiner Regierung verhaftet.

29 Mi Die Magdeburger Stadtverordnetenversammlung wählt mit 38 von 66 Stimmen den Berliner Stadtrat Ernst Reuter (SPD) zum Oberbürgermeister.

30 Do Elly Beinhorn, 23-jährige deutsche Sportfliegerin, wird bei ihrer Rückkehr von ihrem abenteuerlichen Afrikaflug in Berlin begeistert gefeiert. → Portugal

Mai 1931

1 Fr Die Deutsche Lufthansa A.G. nimmt den regelmäßigen Flugbetrieb zwischen den Städten München und Venedig auf. → »Empire State«

2 Sa In Kattowitz wird im Beisein von Staatspräsident Ignacy Mościcki der 10. Jahrestag des dritten polnischen Aufstands in Oberschlesien begangen.

3 So Deutschland unterliegt in der ersten Runde des Davis-Pokals in Düsseldorf Südafrika mit 0:5. Der deutsche Spitzenspieler Daniel Prenn ist gesperrt.

4 Mo Die Große Türkische Nationalversammlung in Ankara wählt Mustafa Kemal Pascha, der seit 1923 amtiert, erneut für vier Jahre zum Staatspräsidenten.

5 Di Um einer Anhebung der Brotpreise entgegenzuwirken, senkt die deutsche Reichsregierung die Einfuhrzölle für Weizen und Dinkelweizen.

6 Mi Im Bois de Vincennes in Paris beginnt die Internationale Kolonialausstellung. Großbritannien verzichtet wegen der Wirtschaftslage auf die Teilnahme.

7 Do Der US-Botschafter in Berlin, Frederic M. Sackett, informiert US-Präsident Herbert Hoover über die deutschen Wünsche nach Senkung der Reparationen.

8 Fr In Fresno/USA unterbietet die Staffel der Universität Stanford den Weltrekord der US-Nationalstaffel über 4 x 440 yards mit 3:12,6 min um 0,8 sec.

9 Sa Im Berliner Westend öffnet die Deutsche Bauausstellung 1931 ihre Tore. Sie zeigt bis zum 2. August das Neueste im Bauwesen.

10 So Zwischen Hannover und Lehrte erreicht der »Schienenzeppelin« des Ingenieurs Franz Kruckenberg bei einer Probefahrt ein Tempo von 205 km/h.

11 Mo Die Wiener Regierung beschließt ein Stützungsprogramm für die vom Konkurs bedrohte Österreichische Creditanstalt. → Krimi

12 Di Ein Berliner Gericht verurteilt den NSDAP-Gauleiter Joseph Goebbels wegen Beleidigung eines jüdischen Hochschullehrers zu einer Geldstrafe. → Spanien

13 Mi Das Internationale Olympische Komitee (IOC) vergibt die Olympischen Sommerspiele 1936 an Berlin. Mitbewerber war u.a. Barcelona. → Frankreich

14 Do Der italienische Dirigent Arturo Toscanini wird in Bologna wegen seiner Weigerung, die Faschistenhymne zu spielen, von Faschisten öffentlich geohrfeigt.

15 Fr Papst Pius XI. warnt in der Enzyklika »Quadragesimo anno« vor dem Sozialismus und bekräftigt die Vorstellungen der katholischen Soziallehre.

16 Sa In Bremen endet das Deutsche Tonkünstlerfest, in dessen Verlauf mehrere Orchester- und Chorwerke sowie zwei Opern uraufgeführt worden waren.

17 So Ein von Marshall Chiang Kai-shek einberufener chinesischer Nationalkongress, auf dem eine provisorische Verfassung gebilligt wurde, endet in Nanking.

18 Mo Das irakische Parlament ratifiziert das von der Regierung mit der Irak Petroleum Company abgeschlossene Förderabkommen. Es regelt Ölbohrungen bis 1995.

19 Di Reichspräsident Paul von Hindenburg und Reichskanzler Heinrich Brüning nehmen in Kiel am Stapellauf des Panzerschiffs »Deutschland« teil.

20 Mi Der Oberste Volkswirtschaftsrat der UdSSR bildet eine Kommission für Industrialisierung und Elektrifizierung im Blick auf den zweiten Fünfjahresplan.

21 Do In Berlin beginnt ein Kongress des Fußball-Weltverbandes FIFA. +++ Die 3. Tagung des Europa-Ausschusses des Völkerbundes endet in Genf.

22 Fr Mit Empörung kommentiert die liberale Presse den Freispruch eines Gleiwitzer NSDAP-Funktionärs. Er war der Beleidigung demokratischer Politiker angeklagt.

23 Sa Auf der Golzheimer Heide bei Düsseldorf wird ein Nationaldenkmal für die 142 deutschen Opfer des »Ruhrkampfes« von 1923 eingeweiht.

24 So Die »Vossische Zeitung« veröffentlicht einen Artikel des SPD- Politikers Wolfgang Heine, der ein Ende der Filmzensur in Deutschland fordert.

25 Mo Der Jahresumsatz der illegalen Alkoholhändler in den USA ist mit 2,848 Mrd. Dollar fast so hoch wie der Umsatz der US-Öl- und Stahlindustrie.

26 Di Der russische Dirigent Sergej A. Kussewizki lehnt aus Solidarität mit seinem italienischen Kollegen Arturo Toscanini ein Auftreten an der Mailänder Scala ab.

27 Mi In Polen löst Alexander Prystor den seit 1930 amtierenden Valerius Slawek als Regierungschef ab. Slawek war am Vortag zurückgetreten. → Ballon

28 Do Bei Auseinandersetzungen zwischen Kommunisten und Nationalsozialisten werden in Hagen drei Menschen getötet und mehrere verletzt.

29 Fr Der Aufsichtsrat der Rudolf Karstadt AG in Hamburg veröffentlicht den Geschäftsbericht für 1930, der einen Verlust von 23,19 Mio. Reichsmark aufweist.

30 Sa Der 21-jährige Bernd Rosemeyer, dem 1930 der Führerschein entzogen wurde, bestreitet in Oldenburg sein erstes Grasbahn-Motorradrennen und gewinnt.

31 So Wegen der am Vortag verfügten Auflösung der Laienbewegung »Katholische Aktion« protestiert Papst Pius XI. bei der italienischen Regierung.

1. Mai 1931

»Empire State« kratzt den Himmel über Manhattan

An der Fifth Avenue in New York eröffnet um 11.30 Uhr US-Präsident Herbert C. Hoover das Empire State Building, mit 381 m das höchste Gebäude der Welt. Der Architekt William F. Lamb baute das neue Wahrzeichen Manhattans.

Der 102 Stockwerke zählende Gigant ist nach einer Bauzeit von 13 Monaten vollendet worden – sieben Monate früher als ursprünglich geplant. Die Baukosten von 40 Mio. Dollar unterschreiten die vorgesehenen Ausgaben um 20%. Rd. 10 Mio. Ziegelsteine sind vermauert. Der gesamte Bau wiegt 365 000 t, davon allein das Stahlgerippe 60 000 t. Das Empire State Building umfasst ein Volumen von 12 Mio m^3 und steht auf einer Grundfläche von 650 000 m^2. Zum obersten Stockwerk führen 1860 Stufen. Schneller als mit Muskelkraft erreichen Besucher die Aussichtsräume im 86. und 102. Stock oder die 16 000 Angestellten ihre Büros mit einem der 72 Aufzüge, die mit bis zu 450 m/min in die Höhe schweben. Neben den gigantischen Ausmaßen beeindruckt das Hochhaus mit seiner prunkvollen Innenausstattung. Einer der wichtigsten Gründe für den Bau des Empire State Buildings und anderer Hochhäuser ist der gestiegene Preis für Baugrundstücke – gerade in Manhattan, dem Finanzzentrum der USA.

Ein Stahlarbeiter während einer Pause auf dem Empire State Building. Im Hintergrund das Chrysler Building, das 1930 fertig gestellt wurde.

Die höchsten Gebäude der Welt

Name	Ort	Fertigstellung	Höhe (in m
Petronas Tower	Kuala Lumpur	1996	452
Sears Tower	Chicago	1973	443
World Trade Center	New York	1972/73*	417/415*
Empire State Building	New York	1931	381
Bank of China	Hongkong	1989	368
Standard Oil Building	Chicago	1971	346
John Hancock Center	Chicago	1967	344

* bezogen auf die beiden »Twin Towers«

20. Juni 1931

Schuldenzahlungen ausgesetzt

US-Präsident Herbert C. Hoover schlägt ein einjähriges Moratorium für die Rückzahlung interalliierter Kriegsschulden und Reparationen vor. Er reagiert damit auf die sich rapide verschlechternde deutsche Finanzlage. Die USA sind auf indirektem Wege der größte Empfänger der im Youngplan von 1929 vereinbarten Reparationen. Für sie bedeutet das Hoover-Moratorium für die Zeit bis zum 30. Juni 1932 den Verzicht auf 1,06 Mrd. Reichsmark, davon 974 Mio. Reichsmark allein von den interalliierten Schuldnern Großbritannien, Frankreich, Belgien und Italien. Für Deutschland ergibt sich bei einer Annahme des Hoover-Moratoriums durch alle beteiligten Mächte gegenüber der Zahlung von 1,697 Mrd. Reichsmark abzüglich der Zinsen und Amortisation für die Anleihen der nach dem Dawes- und Youngplan nötigen Summe eine tatsächliche Erleichterung von rd. 1,52 Mrd. Reichsmark. Hoovers Vorschlag ist ein großer Erfolg für die deutsche Politik. Nachdem die Reichsregierung beklagt hatte, dass die im Youngplan übernommenen Verpflichtungen unerfüllbar seien, hatte die US-Regierung bei ihren Verbündeten Verständnis für die deutsche Notlage wecken können.

12. Mai 1931

Klöster in Spanien gestürmt

Die kirchenfeindlichen Ausschreitungen des Vortages in Madrid (Abb.: Brennendes Kloster der Karmeliterinnen) greifen auch auf die spanische Provinz über. Gestürmt werden u.a. ein Jesuitenkloster in Sevilla, ein Dominikanerkloster in Cadiz und der Bischofspalast in Saragossa. Auch in Málaga werden der Palast des Bischofs und ein Kloster in Brand gesteckt. In Madrid beruhigt sich die Lage erst, als der Ausnahmezustand verhängt wird. Die Gewaltausbrüche sind Indiz für langaufgestauten Hass in der Bevölkerung gegen den Einfluss der katholischen Kirche in Spanien. Ziel der Anfeindungen ist vor allem Kardinal Pedro Segura y Sáenz, der Erzbischof von Toledo, dessen Jahreseinkommen umgerechnet 264 000 Reichsmark beträgt und der zu den erbitterten Feinden der Republik gehört. Die Brandstiftungen stoßen aber auch in Spanien vielfach auf Kritik.

Das Empire State Building dient auch als Ankerplatz für Luftschiffe – seine Spitze bildet ein 30 m hoher Landeturm mit rotierender Kuppel.

13. Mai 1931

Neuer Staatschef in Frankreich

Paul Doumer wird neuer französischer Staatspräsident. Die in Versailles zusammengetretene Nationalversammlung wählt den 74-Jährigen im zweiten Wahlgang mit 504 Stimmen. Der von den Rechtsparteien unterstützte Senatspräsident ist das 13. Staatsoberhaupt der Dritten Republik. Er tritt sein neues Amt am 13. Juni an.

Auf Doumers Gegenkandidaten, Senator Alexandre Marraud, der im zweiten Wahlgang von den Linksparteien aufgestellt wurde, entfallen 334 Stimmen. Im ersten Wahlgang hatte Doumer, langjähriger Generalgouverneur von Indochina und ehemaliger Finanzminister, 442 der 897 abgegebenen gültigen Stimmen erhalten. 401 Stimmen entfielen auf Außenminister Aristide Briand, 15 auf Senator Jean Hennessy und 39 auf andere Kandidaten. Briand, der zuvor als Favorit für das höchste Amt im Staat gegolten hatte, erklärte nach diesem enttäuschenden Ergebnis, dass er zu einem zweiten Wahlgang nicht mehr antreten wolle und von seinem Amt als Außenminister zurücktrete. Nach seiner Rückkehr von der 63. Tagung des Völkerbundrates in Genf (18. bis 23. Mai) erklärt der Friedensnobelpreisträger von 1925 am 27. Mai jedoch sein Verbleiben im Amt.

27. Mai 1931

Per Ballon in die Stratosphäre

In immer größere Höhen zieht es die Ballonfahrer: Um 3.57 Uhr starten der Schweizer Physiker Auguste Piccard und sein Assistent Manfred Kipfer vom Gelände der Augsburger Ballonfirma Riedinger mit ihrem 16 000 m³ großen Freiballon in die Stratosphäre (Abb.: Der Stratosphärenballon vor dem Start und erst halb gefüllt). Sie erreichen die Weltrekordhöhe für bemannte Ballone von 15 781 m. Der Flug führt sie von Augsburg zunächst in südwestliche Richtung. Der Ballon wird gegen 8 Uhr über Kaufbeuren gesichtet, verschwindet dann über den Wolken und taucht am Nachmittag wieder über Garmisch-Partenkirchen auf. Gegen 22 Uhr landet er in Österreich unweit des Großen Gurgler Ferner. Piccard und Kipfer verbringen die Nacht in der Gondel und werden am nächsten Morgen von einer Rettungsmannschaft gefunden. Von Obergurgl aus informieren sie zunächst ihre Angehörigen und dann die internationale Presse über ihren Erfolgsflug.

11. Mai 1931

Krimi regt Diskussionen an

Der erste Tonfilm von Fritz Lang, »M – eine Stadt sucht einen Mörder«, wird in den Ufa-Lichtspielen am Zoo in Berlin uraufgeführt. Der Streifen schildert die dramatische Jagd von Polizei, Bevölkerung und Unterwelt nach einem Kindermörder. Die teilweise expressionistische Beschreibung der Großstadtatmosphäre und eine wirkungsvolle Tongestaltung (die »Melodie des Mörders«) tragen zum Erfolg des Films bei: Die Melodie des Verbrechers führt die Verfolger auf seine Spur, der gellende Pfiff aus einer Polizeipfeife zerreißt jäh die nächtliche Stille. Lang, der mit seiner Frau Thea von Harbou auch für das Drehbuch verantwortlich ist, ließ sich von einer Reihe spektakulärer Kriminalfälle inspirieren. Schauplatz des Films ist das Berlin des Jahres 1930. Kriminalkommissar Lohmann (Otto Wernicke) sucht den Mörder einer Schülerin. Die Ganoven der Stadt begeben sich ebenfalls auch die Suche. Sie finden ihn und machen ihm unter Führung des Schränkers (Gustaf Gründgens) den Prozess. Das Erscheinen der Polizei bewahrt ihn vor der Lynchjustiz. Der 26-jährige Peter Lorre (s. Abb.) stellt den gehetzten Triebtäter in seiner ersten großen Filmrolle mit beeindruckener Intensität dar. Unabhängig von seinem kommerziellen Erfolg führt »M« zu einer grundsätzlichen Diskussion über die Fragwürdigkeit der Begriffe Recht und Gerechtigkeit.

Juni 1931

1 Mo Im ersten Fußballmatch nach einem vorübergehenden Entzug der Spielberechtigung besiegt der FC Schalke 04 die Düsseldorfer Fortuna mit 1:0.

2 Di Das britische Unterhaus billigt einstimmig ein Gesetz, das die Todesstrafe für schwangere Frauen abschafft und durch lebenslange Zuchthausstrafe ersetzt.

3 Mi In Leipzig verurteilt der SPD-Parteitag das Verhalten der Reichstagsabgeordneten, die im März mit der KPD gegen den Panzerkreuzerbau gestimmt hatten.

4 Do Die Berliner Behörden verbieten das Berliner NSDAP-Organ »Der Angriff« wegen »Gefährdung der öffentlichen Sicherheit und Ordnung« bis zum 4. Juli.

5 Fr Um das Haushaltsdefizit Deutschlands zu decken, sieht die Notverordnung »Zur Sicherung von Wirtschaft und Finanzen« neue Sparmaßnahmen vor.

6 Sa Der Glaspalast am Alten Botanischen Garten in München fällt einem Brand zum Opfer. Dabei werden rd. 3000 Bilder und Skulpturen vernichtet.

7 So Rudolf Caracciola (Deutschland) gewinnt auf der Südschleife des Nürburgrings das über 40 Runden führende ADAC-Eifelrennen in 2:50,47 h auf Mercedes.

8 Mo Der Ende 1930 verbotene Antikriegsfilm »Im Westen nichts Neues« darf vor geschlossenen Gesellschaften und Vereinen wieder gezeigt werden.

9 Di In Paris lehnt Außenminister Aristide Briand jede Änderung des Youngplans von 1929 über die deutschen Reparationen ab.

10 Mi Der Dirigent Arturo Toscanini verlässt mit seiner Familie das faschistische Italien, um sich zunächst in die Schweiz und dann nach Bayreuth zu begeben.

11 Do Auf Einladung des Republikanischen Studentenbundes spricht der Schriftsteller Thomas Mann in Erlangen über »Europa als Kulturgemeinschaft«.

12 Fr In Köln-Niehl wird ein Zweigwerk der Ford Motor Company eingeweiht. Ähnlich wie in den USA zahlt Ford den Arbeitern feste Mindestlöhne.

13 Sa Der preußische Landtag billigt den Vertrag mit den evangelischen Kirchen. +++ Die Deutsche Reichsbank erhöht die Leitzinsen um 2%.

14 So Beim Untergang des vollbesetzten Ausflugsdampfers »Saint Philibert« in der Loire-Mündung kommen mehrere hundert Menschen ums Leben.

15 Mo Der antirepublikanische Kardinal von Toledo wird von der spanischen Regierung ausgewiesen. +++ Die USA teilt dem Völkerbund ihre Rüstungsstärke mit.

16 Di Im Freistaat Oldenburg tritt die Regierung Friedrich Cassebohm zurück, nachdem der Landtag den Misstrauensantrag der NSDAP-Fraktion gebilligt hat.

17 Mi In der Akademie der Künste am Pariser Platz in Berlin beginnt eine Ausstellung über das Werk des US-Architekten Frank Lloyd Wright.

18 Do Die 15. Internationale Arbeitskonferenz in Genf genehmigt eine Konvention über die Begrenzung der Arbeitszeit im Kohlebergbau auf sieben Stunden.

19 Fr Der Hauptausschuss des Reichsverbandes der Industrie spricht in Berlin der Politik von Reichskanzler Heinrich Brüning das Vertrauen aus.

20 Sa In Berlin verbietet Polizeipräsident Albert Grzesinski (SPD) das von der NSDAP geplante Sportfest im Deutschen Stadion in Berlin. → Schuldenzahlungen

21 So Auf der Reichsbahnstrecke Hamburg-Berlin stellt der »Schienenzeppelin« mit 230 km/h einen neuen Geschwindigkeitsweltrekord auf Schienen auf.

22 Mo Die SPD-Zeitung »Münchener Post« veröffentlicht Dokumente über angebliche homosexuelle Neigungen von SA-Stabschef Ernst Röhm.

23 Di Der russische Bassist Fjodor Schaljapin wird bei einer Galaveranstaltung in London, wo er Jules Massenets »Don Quichotte« singt, begeistert gefeiert.

24 Mi Deutschland und die UdSSR verlängern den Berliner Vertrag von 1926 über gegenseitige Neutralität im Falle eines Angriffs durch eine dritte Macht.

25 Do In Berlin wird der vom Staatsbürgerinnenverband gestiftete Preis für bis zu 35 Jahre alte Autorinnen an Elisabeth Langgässer und Käthe Biehl vergeben.

26 Fr Die deutschen Rundfunksender übertragen eine Rede Gerhart Hauptmanns an das deutsche Volk, worin der Schriftsteller zur Zuversicht aufruft.

27 Sa Staatssekretär Otto Meißner berichtet Reichspräsident Paul von Hindenburg über Unregelmäßigkeiten bei der Verteilung der Osthilfegelder.

28 So Zum Abschluss der am 31. Juni eröffneten Derby-Woche in Hamburg siegt im Galoppderby auf der Rennbahn in Horn »Dionys« vom Gestüt Graditz.

29 Mo In Bulgarien bildet der Führer des Nationalen Blocks und Gewinner der Parlamentswahlen, Alexander Malinow, die neue Regierung.

30 Di Die sowjetische Parteizeitung »Prawda« startet eine Kampagne gegen Fehler bei der Kollektivierung der Landwirtschaft.

Juli 1931

1 Mi In Berlin wird gegen den Landschaftsmaler Franz Heckendorf und dessen Bruder Walter Haftbefehl wegen zweifachen Kunstdiebstahls erlassen.

2 Do Mit einer Konfettiparade ehrt New York die Flieger Wiley Post und Paul Gatty, die in acht Tagen, 15 Stunden und 51 Minuten die Erde umflogen haben.

3 Fr Max Schmeling verteidigt in Cleveland/Ohio seinen Weltmeistertitel im Schwergewichtsboxen gegen William Young Stribling (USA). → Wimbledon

4 Sa Mit einer Aufführung der Oper »Figaros Hochzeit« von Wolfgang Amadeus Mozart schließt die Krolloper am Platz der Republik in Berlin.

5 So In einer Volksabstimmung im Schweizer Kanton Zürich wird die Vergrößerung der Stadt Zürich durch Eingemeindung von acht Vorortgemeinden genehmigt.

6 Mo 20 europäische Künstler, darunter der Schriftsteller Thomas Mann, nehmen in Genf an der Tagung des Völkerbundkomitees für Kunst und Literatur teil.

7 Di In einem Aufruf würdigt die deutsche Reichsregierung die am Vortag in Paris erzielte Einigung über die Durchführung eines Schulden-Moratoriums.

8 Mi Das KPD-Parteiorgan »Die Rote Fahne« wird wegen Beschimpfung der Berliner Polizei verboten. Das Verbot gilt bis zum 21. Juli.

9 Do Der preußische Unterrichtsausschuss billigt die Entfernung des Antikriegsromans »Im Westen nichts Neues« von Erich Maria Remarque aus den Schulen.

10 Fr Mit seinem Rennboot »Miss England II« fährt der Brite Kaye Don mit 177,494 km/h auf dem Gardasee einen Weltrekord für Wasserfahrzeuge.

11 Sa Der Architekt Werner March legt die Baupläne für die Olympischen Sommerspiele 1936 in Berlin vor. +++ In Wien wird das Praterstadion eröffnet.

12 So Die deutsche Reichsregierung übernimmt eine Ausfallbürgschaft für die zahlungsunfähig gewordene Darmstädter und Nationalbank (Danatbank).

13 Mo In Genf unterzeichnen die 28 Delegierten der Opiumkonferenz eine Konvention zur schärferen Kontrolle von Betäubungsmitteln und Rauschgiften.

14 Di Aufgrund einer Verordnung des Reichspräsidenten über Bankfeiertage bleiben die deutschen Banken und Börsen für zwei Tage geschlossen.

15 Mi Die Schwimmerin Helen Madison hält sämtliche Freistil-Weltrekorde, nachdem sie in New York die 1500 m in 23:17,2 min zurückgelegt hat.

16 Do In Addis Abeba ratifiziert Kaiser Haile Selassie I. eine Verfassung für Abessinien. Alle Gesetze bedürfen danach der Bestätigung durch den Kaiser.

17 Fr Eine Bombenexplosion im Vatikan richtet Sachschaden an. +++ In Moskau endet die II. Weltspartakiade der Roten Sportinternationale. → Pressefreiheit

18 Sa Unter Führung der Deutschen Golddiskontbank gründen 43 Kreditinstitute in Berlin eine Haftungsgemeinschaft, den Überweisungsverband.

19 So Auf dem Nürburgring gewinnt Rudolf Caracciola auf Mercedes-Benz den Großen Preis von Deutschland vor Louis Chiron (Frankreich) auf Bugatti. → Brüning

20 Mo In Krefeld werden zwei Nationalsozialisten wegen Verleumdung des früheren Außenministers Gustav Stresemann zu je vier Monaten Gefängnis verurteilt.

21 Di Die Columbia Broadcasting Company zeigt in New York ein Fernsehgerät mit postkartengroßem Bildschirm, das 150 Dollar (650 Reichsmark) kostet.

22 Mi Nach einer Notverordnung muss jeder in Deutschland wohnende Reichsangehörige vor einer Reise ins Ausland eine Gebühr von 100 Reichsmark entrichten.

23 Do NSDAP-Führer Adolf Hitler erklärt in einer italienischen Zeitung, seine Partei sehe die Südtirolgrenze als unabänderlich an. → Finanzlage

24 Fr »Die Blume von Hawaii«, eine Operette des ungarischen Komponisten Paul Abraham, wird im Neuen Theater von Leipzig mit großem Erfolg uraufgeführt.

25 Sa Mit einer Aufführung von Gioacchino Rossinis Oper »Der Barbier von Sevilla« beginnen die Salzburger Festspiele. Sie dauern bis zum 31. August.

26 So Bei der Tour de France siegt der Franzose Antonin Magne. +++ Frankreich verteidigt in Paris erfolgreich den Tennis-Davis-Cup.

27 Mo Nach der Absetzung des Präsidenten Oberst Carlos Ibáñez del Campo bildet José Estéban Montero in Chile eine Übergangsregierung.

28 Di In New York kommt es zu einer Schießerei zwischen Bierschmugglern. Dabei werden fünf Kinder verletzt, von denen eines stirbt.

29 Mi Landwirtschaftsminister Martin Schiele informiert Reichspräsident Paul von Hindenburg über die finanziellen Schwierigkeiten bei der Osthilfe.

30 Do Gegen die vor dem Konkurs stehende Deutsch-Evangelische Heimstättengesellschaft werden Ermittlungen wegen Betrugsverdachts eingeleitet.

31 Fr Nach einer fast siebentägigen großen Arktisfahrt landet um 5 Uhr das Luftschiff »Graf Zeppelin« wieder in Friedrichshafen am Bodensee.

19. Juli 1931

Kanzler Brüning besucht Paris

Spät in der Nacht enden in Paris die deutsch-französischen Ministergespräche. Erstmals seit der Gründung des Deutschen Reiches im Jahre 1871 war mit Heinrich Brüning ein deutscher Reichskanzler in der französischen Hauptstadt.

Am Vortag um 14.05 Uhr waren Brüning und Reichsaußenminister Julius Curtius mit dem Nordexpress auf dem Bahnhof Gare du Nord eingetroffen. Frankreichs Ministerpräsident Pierre Laval und Außenminister Aristide Briand waren zur Begrüßung erschienen. Nach einem kurzen Gespräch zwischen Laval und Brüning unter vier Augen begannen um 17 Uhr die Ministergespräch über das Hoover-Moratorium und die Lösung der deutschen Finanzkrise. Nach Abschluss der Unterredungen wird ein gemeinsames Kommunikee herausgegeben, das nur wenig von den tiefgreifenden Meinungsverschiedenheiten erkennen lässt, die über die Frage der politischen Bedingungen für die notwendige Sanierung der deutschen Finanzen zwischen beiden Ländern bestehen. In der gemeinsamen Erklärung wird zunächst festgestellt, dass die Regierungen der Zusammenkunft »beiderseitig große Wichtigkeit« beimessen, weil »sie den Beginn einer vertrauensvollen Zusammenarbeit« bezeichnen soll (Abb.: Gruppenbild der deutsch-französischen Gesprächspartner).

Glamour-Duo: Cilly Aussem mit Max Schmeling

Cilly Aussem

deutsche Tennisspielerin, * 4.4.1909 Köln; † 22.3.1963 Portofino Mare (Italien)

Erst mit 14 Jahren entdeckte Cilly Aussem ihre Tennisleidenschaft. Sehr rasch schaffte sie den Sprung an die nationale und internationale Spitze. Die Presse lobt u.a. ihre Beinarbeit, ihr »Timing« und die »Körperschulung«.

- 1927: Internationale Deutsche Meisterin
- 1930-31: Internationale Deutsche Meisterin
- 1931: Turniersieg in Paris

23. Juli 1931

Konferenz über Finanzlage

In London endet die am 20. Juli eröffnete Sieben-Mächte-Konferenz über die bedrohliche Finanzlage Deutschlands. Die Verhandlungsführer billigen ein Kommunikee, das finanzielle Hilfen für Deutschland für wünschenswert erklärt. Die Initiative für die Einberufung der Konferenz war am 16. Juli von US-Präsident Herbert C. Hoover ausgegangen. Auf seine Anregung lud der britische Premierminister James Ramsey MacDonald die wichtigsten der am Hoover-Moratorium beteiligten Regierungen nach London ein. Auf französischen Wunsch sollte sich die Konferenz ausschließlich mit der Finanzlage Deutschlands befassen. Dazu erklärte MacDonald in seiner Eröffnungsrede, die Beratungen seien nach Möglichkeit mit einer Übereinkunft abzuschließen, die den gegenwärtigen Notstand überwinden und eine neue Phase der Befriedung Europas einleiten könne. Einen Tag vor Beginn der Sieben-Mächte-Konferenz hatte Hoover seiner Delegation den Vorschlag eines »Stillhalteabkommens« bei der Rückzahlung deutscher Kredite übermittelt.

17. Juli 1931

Pressefreiheit unter Druck

Reichspräsident Paul von Hindenburg erlässt eine Notverordnung zur Bekämpfung politischer Ausschreitungen. Sie greift noch stärker als der Erlass vom 28. März in die Pressefreiheit ein.

Durch § 1 der Notverordnung wird der verantwortliche Schriftleiter einer periodisch erscheinenden Druckschrift verpflichtet, auf Verlangen der obersten Reichs- und Landesbehörden oder anderer Stellen unentgeltlich Verlautbarungen und Gegendarstellungen zu früheren Artikeln zu veröffentlichen. Gemäß § 2 können Druckschriften, »deren Inhalt die öffentliche Sicherheit und Ordnung gefährden«, polizeilich beschlagnahmt und eingezogen bzw. verboten werden. Damit werden auch den unteren Polizeibehörden weit reichende Befugnisse eingeräumt. Die Reichsregierung teilt ergänzend mit, dass damit in erster Linie Sensationsnachrichten unterbunden werden sollen, die eine Panik unter der Bevölkerung hervorrufen können. Eine sachliche Kritik soll weiterhin möglich sein. Dies wird jedoch vor allem von linksorientierten Publizisten bezweifelt.

3. Juli 1931

Erster deutscher Sieg in Wimbledon

1931 ist das Jahr der Cilly Aussem. Das »deutsche Tenniswunder« wird durch ein 6:2 und ein 7:5 über Hilde Krahwinkel im rein deutschen Damenfinale die erste Wimbledonsiegerin des deutschen Tennissports.
Einen Monat zuvor hatte sie gegen die Britin Betty Nuthall das Finale der Internationalen französischen Meisterschaften in Paris gewonnen. Nach einem hartumkämpften ersten Satz, den sie schließlich mit 8:6 für sich entscheiden konnte, war der Widerstand ihrer Gegnerin gebrochen. Der zweite Satz war mit 6:1 nur noch Formsache.
In Wimbledon zeigt Cilly Aussem – allerdings in Abwesenheit der viermaligen Siegerin Helen Wills-Moody (USA) – ebenfalls ihre Klasse. Im ersten Satz geht die 22-jährige Kölnerin schnell 3:1 und 5:2 in Führung. Hilde Krahwinkel, die im Halbfinale in drei Sätzen Helen Jacobs (USA) ausgeschaltet hatte, kann ihr nichts entgegensetzen. Im zweiten Satz hält sie bis zum 5:5 jedoch gut mit. Die aus Essen stammende Krahwinkel begeistert die Zuschauer vor allem durch ihren Mut zu Netzattacken. Sie muss sich allerdings in der entscheidenden Phase des zweiten Satzes der größeren körperlichen Gewandheit Cilly Aussems beugen. Die britische Presse überschüttet die Siegerin, die 1930 im Halbfinale nur durch eine Verletzung gestoppt worden war, mit Lobeshymnen. Die »Daily Mail« bezeichnet sie als die würdige Nachfolgerin der legendären Französin Suzanne Lenglen. Wallis Myers schreibt im »Daily Telegraph«, Cilly Aussem sei ein Verteidigungsphänomen und eine Spielerin mit idealer Beinarbeit. Ein »großer Bahnhof« erwartet Cilly Aussem bei ihrer Ankunft in Köln.
Ihren Durchbruch feierte die Aussem mit ihrem Sieg bei den Deutschen Tennismeisterschaften 1927 in Hamburg. Mehrmals kann sie diesen Triumph wiederholen. Das mit Spannung erwartete, für den 4. Juli angesetzte Herrenfinale der am 22. Juni eröffneten Internationalen Meisterschaften in Wimbledon muss ausfallen: Durch eine Fußverletzung von Frank Shields (USA) wird sein Landsmann Sidney Wood kampflos Sieger.

Konzentration und Fitness zeichnen die Tennisspielerin Cilly Aussem aus.

1. August 1931

Zwei Brüder bezwingen berüchtigte Matterhorn-Nordwand

Der Berg ruft und viele kommen: Die Matterhorn-Nordwand (s. Abb. mit der Aufstiegsroute), deren Besteigung seit 30 Jahren immer wieder vergeblich versucht wurde, ist für Alpinisten eine der größten Herausforderungen. Als ersten Bergsteigern gelingt den Münchener Studenten Franz und Toni Schmid die Besteigung der Wand. Die beiden jungen Alpinisten waren am 31. Juli in die Nordwand eingestiegen und hatten die Nacht in einem Biwak in 4150 m Höhe verbracht. Am nächsten Morgen begann der Aufstieg zum 4478 m hohen Gipfel, den sie gegen 14 Uhr erreichten.

Der Abstieg gelang ihnen erst nach zwei Tagen, da heftige Gewitter die beiden Bergsteiger zum Aufenthalt in der Wand zwingen. Am Vormittag des 3. August erreichen die Brüder die Staffelalp. Die Leistung erregt internationales Aufsehen. Die Bezwinger der Nordwand werden für den Bergsteiger-Preis der Olympischen Sommerspiele 1932 nominiert. Eine solche Auszeichnung war bislang erst einmal, im Jahre 1924, vergeben worden. Das Matterhorn in den Walliser Alpen ist der vierthöchste Berggipfel der Schweiz. Die Nordwand gilt nach der Eiger-Nordwand als die schwierigste Aufgabe für Alpinisten in Europa.

August 1931

1 Sa Reichspräsident Paul von Hindenburg rügt den Vorsitzenden der DNVP, Alfred Hugenberg, für dessen Bündnis mit der NSDAP. → Matterhorn

2 So Die deutschen Leichtathletik-Meisterschaften der Männer und der Frauen enden nach zweitägiger Dauer in Berlin und Magdeburg.

3 Mo Der freiwillige Arbeitsdienst für Erwerbslose wird in Deutschland zu einer öffentlichen Einrichtung. Arbeitslose sollen gemeinnützige Arbeit leisten.

4 Di Reichskanzler Heinrich Brüning spricht im Rundfunk zur deutschen Bevölkerung und beschreibt die Ursachen der Finanzkrise.

5 Mi Die Kreditinstitute in Deutschland nehmen den normalen Zahlungsverkehr wieder auf. Die Kreditvergabe bleibt aber eingeschränkt.

6 Do Die »Vossische Zeitung« veröffentlicht Auszüge aus einer Rede des NSDAP-Gauleiters im Rheinland, Robert Ley, über angebliche Ritualmorde von Juden.

7 Fr Litauen dementiert Gerüchte über einen wachsenden Einfluss von Nationalsozialisten im von Deutschen bewohnten Memelland.

8 Sa Bei einem Sprengstoffanschlag auf den Zug Basel-Berlin werden zwischen Grüna und Luckenwalde vier Reisende schwer und elf weitere leicht verletzt.

9 So Am Deutschen Eck in Koblenz veranstaltet das zum Schutz der Republik gegründete Reichsbanner Schwarz-Rot-Gold eine Verfassungsfeier.

10 Mo Durch Änderung der Pressenotverordnung vom 17. Juli dürfen nur noch oberste Reichs- und Landesbehörden eine Gegendarstellung erzwingen.

11 Di Der Kultusminister Preußens billigt eine neue Satzung der Akademie der Künste in Berlin, der damit neue Aufgaben in der staatlichen Kunstverwaltung zufallen.

12 Mi James J. Walker, der populäre Bürgermeister von New York, wird in Berlin bei einem Freundschaftsbesuch herzlich empfangen.

13 Do Der Vorstand des Deutschen Städtetags befasst sich mit der Behebung der Finanznot der Gemeinden. Diese leiden unter den Ausgaben für Erwerbslose.

14 Fr Bei Kämpfen zwischen Reichsbanner und NSDAP werden in Itzehoe ein Nationalsozialist und drei Reichsbannerleute schwer verletzt.

15 Sa In der UdSSR tritt ein Gesetz gegen den Analphabetismus in Kraft. Es verordnet eine Unterrichtspflicht für alle Analphabeten zwischen 16 und 50 Jahren.

16 So Die deutsche Sportlerin Grete Heublein aus Barmen verbessert in Bielefeld ihren eigenen Kugelstoß-Weltrekord auf 13,70 m.

17 Mo Im Ostteil des US-Bundesstaats Texas werden aufgrund des Preisverfalls für Öl die neu erschlossenen Fördergebiete zwangsweise geschlossen.

18 Di Die nord- und mitteldeutschen Länder beschließen in Oldenburg, angesichts der bedrohlichen Entwicklung der Kassenlage das Reich um Hilfe zu bitten.

19 Mi Nachdem am Vortag erstmals eine Aufführung im Radio übertragen wurde, enden in Bayreuth die diesjährigen Wagner-Festspiele.

20 Do Die spanische Regierung sperrt per Dekret das Verfügungsrecht der Kirchen über ihre Güter, um den Verkauf von Kircheneigentum zu verhindern.

21 Fr In Berlin beginnt die achte Große Deutsche Funkausstellung. Zu den Attraktionen gehört der erste elektronische Fernsehempfänger.

22 Sa Im dritten Prozess gegen Angehörige des SA-Sturms seit Beginn des Jahres werden in Berlin vier Nationalsozialisten zu Gefängnisstrafen verurteilt.

23 So Die polnische Regierung schlägt der UdSSR einen Nichtangriffspakt vor. Die Sowjetregierung erklärt dazu, der Vorschlag sei nicht annehmbar.

24 Mo Auf Kuba wird der am 9. August begonnene Aufstand gegen die Herrschaft des liberalen Präsidenten General Gerardo Machado Morales niedergeschlagen.

25 Di Die deutschen Börsenvorstände geben die Wiedereröffnung der seit dem 14. Juli geschlossenen Börsen zum 3. September bekannt.

26 Mi Ein zweitägiger Taifun richtet im Überschwemmungsgebiet des Jangtsekiang in der chinesischen Provinz Hupeh schwere Schäden an.

27 Do Bei den Rad-Weltmeisterschaften in Kopenhagen wird der deutsche Fahrer Walter Sawall Steher-Weltmeister der Berufsfahrer.

28 Fr Ricarda Huch erhält den Goethepreis der Stadt Frankfurt am Main. +++ Karl Ritter von Halt wird Leiter der deutschen Sportbehörde für Leichtathletik.

29 Sa Der indische Freiheitskämpfer Mohandas Karamchand (Mahatma) Gandhi reist von Bombay zur Indienkonferenz nach London ab.

30 So Bei den Schwimm-Europameisterschaften in Paris gewinnen deutsche Athleten die Titel im Rückenschwimmen und im Kunstspringen.

31 Mo In Berlin hat der Film »Bomben auf Monte Carlo« von Hanns Schwarz mit Hans Albers und Heinz Rühmann in den Hauptrollen Premiere.

September 1931

1 Di In Berlin wird das Schauspiel »Kat« von Carl Zuckmayer und Heinz Hilpert nach Ernest Hemingways Roman »In einem anderen Land« uraufgeführt.

2 Mi Ein Gericht in Rom verurteilt den belgischen Gymnasiallehrer Jean Moulin wegen verbotener antifaschistischer Arbeit zu zwei Jahren Gefängnis.

3 Do Der jugoslawische König Alexander I. Karadordević verkündet die Rückkehr seines Landes zur Demokratie und gibt eine neue Verfassung bekannt.

4 Fr In Frankfurt endet der 14. Kongress des Allgemeinen Deutschen Gewerkschaftsbundes (ADGB) u.a. mit Forderungen nach der 40-Stunden-Woche.

5 Sa Das Zentralkomitee der KPdSU regelt den Unterricht an den Grund- und Mittelschulen der UdSSR nach dem Leistungsprinzip neu. → Gandhi

6 So Beim Automobilrennen in Monza siegt der Italiener Luigi Fagioli auf Maserati. Ein Unfall des Franzosen Philippe Etancelin fordert vier Tote und 15 Verletzte.

7 Mo Die am 1. September aus Protest gegen Gehaltskürzungen ausgebrochene Meuterei in der chilenischen Marine wird gewaltsam niedergeschlagen.

8 Di Das britische Unterhaus spricht der nationalen Regierung von James Ramsey MacDonald mit 309 gegen 250 Stimmen das Vertrauen aus.

9 Mi Die Regierung von Mexiko erklärt ihren Beitritt zum Völkerbund. +++ In Lübeck beginnt der 36. Deutsche Juristentag, der bis zum 13. September dauert.

10 Do In Stuttgart tagt eine Konferenz der süddeutschen Länder. Thema ist u.a. die umstrittene Politik der Notverordnungen in Deutschland.

11 Fr NSDAP-Führer Adolf Hitler empfängt im Berliner Hotel Kaiserhof mehrere Industrielle und stellt ihnen seine wirtschaftspolitischen Ziele vor.

12 Sa Am jüdischen Neujahrstag werden von SA-Männern in Berlin Geschäfte demoliert und Passanten, die für Juden gehalten werden, tätlich angegriffen.

13 So Das Herrenfinale der am 5. September eröffneten Internationalen Tennismeisterschaften der USA gewinnt Ellsworth Vines (USA).

14 Mo Im Berliner Sportpalast führen SPD und KPD eine Veranstaltung zur Frage der Einheitsfront durch. +++ Die 64. Tagung des Völkerbundrates endet in Genf.

15 Di Die Stadt Hamburg reduziert aus Geldmangel die Zahl der Senatoren um vier. Auch Bayern und andere Länder ergreifen Sparmaßnahmen.

16 Mi In einem Artikel für die Zeitschrift »Heimatdienst« warnt Reichsbankpräsident Hans Luther vor neuer Inflation durch Ausweitung des Kreditvolumens.

17 Do Die Berliner Universum Film AG (Ufa) zahlt nach fünf ertraglosen Jahren eine Dividende von 6% auf das Aktienkapital von 45 Mio. Reichsmark.

18 Fr In der gemeinsam mit ihrem Onkel Adolf Hitler genutzten Wohnung in München stirbt Angela Maria Raubal – vermutlich durch Selbstmord. → Japan

19 Sa Als erster Schritt zur Bankenaufsicht werden in Deutschland ein Kuratorium und ein Reichskommissar für das Bankwesen eingeführt.

20 So Der australische Forscher George Hubert Wilkins scheitert bei dem Versuch, mit seinem Tauchboot »Nautilus« den Nordpol zu unterfahren. → Goldstandard

21 Mo Nach 6 Tagen rettet ein norwegischer Frachter die vor der Küste Neufundlands notgelandete dreiköpfige Besatzung einer deutschen Junkers-Maschine.

22 Di Der französische Diplomat André François-Poncet wird als neuer Botschafter seines Landes in Berlin akkreditiert.

23 Mi Fünf große US-Industriekonzerne senken ihre Löhne und verstoßen damit gegen die Vereinbarung mit Präsident Herbert Hoover zur Kaufkraftstabilisierung.

24 Do Japan weist den Vorschlag des Völkerbundes zur Entsendung einer unabhängigen Kommission in die Mandschurei zurück.

25 Fr Das Präsidium des Reichsverbandes der Deutschen Industrie wählt Gustav Krupp von Bohlen und Halbach zu seinem Präsidenten.

26 Sa Der Wiener Tierschutzverein lässt 2000 vom plötzlichen Kälteeinbruch überraschte Schwalben mit einem Flugzeug nach Venedig bringen.

27 So Im letzten von sieben Länderspielen des Jahres 1931 kommt die deutsche Elf mit dem 4:2 über Dänemark in Hannover zu ihrem einzigen Sieg.

28 Mo Der Ingenieur Ferdinand Porsche und Fritz Neumeyer, der Chef der Nürnberger Zündapp-Werke, vereinbaren die Konstruktion eines »Volkswagens«.

29 Di Die lettische Regierung enteignet durch eine Notverordnung den Dom von Riga, der bisher im Besitz der deutschen Minderheit in Lettland war.

30 Mi Nach Aufgabe des Goldstandards hat das britische Pfund an den internationalen Devisenbörsen innerhalb von zehn Tagen 20% an Wert verloren.

18. September 1931

Japan auf Eroberungskurs

Japanische Truppen eröffnen das Feuer auf die Stadt Mukden in der Mandschurei. Am nächsten Tag ist der Ort besetzt, nachdem die rd. 5000 Mann starke chinesische Garnison (Abb.: Chinesen in einer Feuerstellung) geflohen ist. Die Eroberung von Mukden bildet den Auftakt für den offenen Krieg um die Mandschurei. Nach Darstellung Japans hätten die Chinesen zuvor japanische Eisenbahnwachtruppen überfallen und eine Brücke der Südmandschurischen Bahn gesprengt. Vermutlich jedoch hat die japanische Armee den Vorfall inszeniert, der ihr als Vorwand für die Eroberung der Mandschurei dient. China ruft am 21. September den Völkerbund um Hilfe an.

5. September 1931

Gandhi fordert Unabhängigkeit

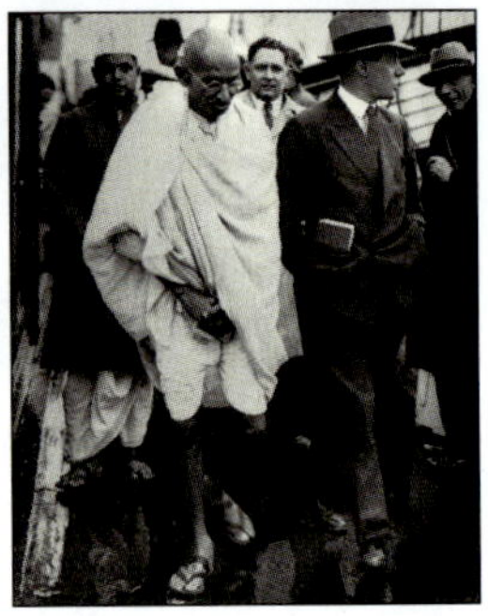

In London beginnt eine Round-Table-Konferenz zur Indienfrage. Der prominenteste Teilnehmer aus Indien trifft erst eine Woche später in Großbritannien ein: Mahatma Gandhi (s. Abb.), Symbolfigur des gewaltlosen Widerstands der Inder gegen die britische Kolonialherrschaft. Schon seine Ankunft ist ein Medienereignis. In seiner traditionellen Kleidung – einem Leinentuch und Sandalen – betritt er bei strömendem Regen britischen Boden. Am 15. September hält Gandhi vor dem Verfassungsausschuss eine mit Spannung erwartete Rede. Er betont, er wolle kein Untertan der britischen Krone, sondern unabhängiger Partner Londons sein.

9. Oktober 1931

Neues Kabinett ohne Rückhalt

Reichspräsident Paul von Hindenburg ernennt Heinrich Brüning erneut zum Reichskanzler. Stärker noch als bisher ist der Zentrumspolitiker vom Vertrauen Hindenburgs abhängig, da auch sein neues Kabinett über keine Mehrheit im Reichstag verfügt. Brüning kann nur mit Hilfe von Notverordnungen des Reichspräsidenten regieren. Den Anlass für die Kabinettsneubildung bot am 3. Oktober der Rücktritt von Außenminister Julius Curtius (DVP), dessen Position vor allem durch das Scheitern der geplanten Zollunion mit Österreich erschüttert worden war.

24. Oktober 1931

Al Capone hinter Gittern

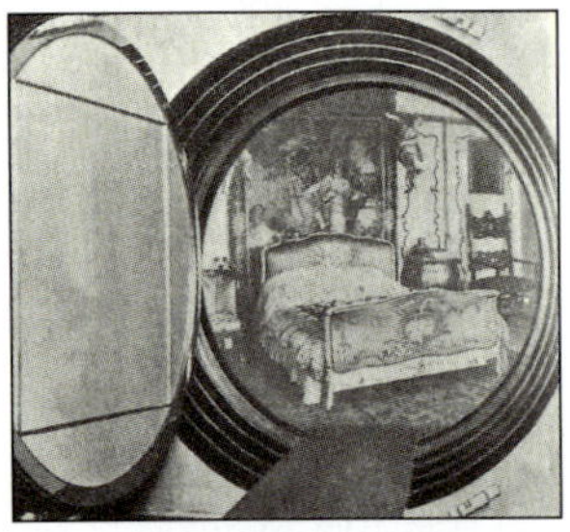

Bislang war es nicht gelungen, Gangsterboss Al Capone – der immer wieder diverser Gewaltverbrechen beschuldigt wurde – hinter Gitter zu bringen. Ein Gericht in Chicago verurteilt den Gangster nun wegen Steuerhinterziehung in fünf Fällen zu elf Jahren Gefängnis und einer Geldstrafe von umgerechnet 210 000 Reichsmark. Die Anwälte Capones legen vergeblich Berufung ein. Gegen Capone und 68 Mitglieder seines illegalen Alkoholhändlerrings war am 12. Juni Anklage erhoben worden. Eine Verurteilung von »Scarface« (Narbengesicht) wegen Verstoßes gegen das Alkoholverbot, wegen Glücksspiels, Schutzgelderpressung oder seiner Beteiligung am berühmt-berüchtigten Valentinstag-Massaker war nicht gelungen (Abb.: Capones Sicherheitsschlafzimmer in einer riesigen Stahlkammer).

11. Oktober 1931

Heerschau in Bad Harzburg

In Bad Harzburg hält die »Nationale Opposition« ein Treffen ab, mit dem die Deutschnationale Volkspartei (DNVP), der »Stahlhelm«, die Vereinigung vaterländischer Verbände und die NSDAP ihre Einheit demonstrieren wollen.

Die verschiedenen Gruppierungen der politischen Rechten sind sich einig in ihrer strikten Ablehnung der deutschen Regierungspolitik. Der Ablauf der Tagung macht aber auch deutlich, dass von einer inhaltlich festgefügten »Front«, wie sie in einer Resolution feierlich beschworen wird, keine Rede sein kann. Dennoch werden die beteiligten Organisationen bald unter dem Begriff »Harzburger Front« zusammengefasst.

Rd. 10 000 Teilnehmer sind zu der Veranstaltung erschienen. Die Nationalsozialisten werden u.a. durch Adolf Hitler, Hermann Göring, Wilhelm Frick und Gregor Strasser repräsentiert. Für die DNVP sind u.a. Alfred Hugenberg und Ernst Oberfohren angereist. Zu den Teilnehmer zählen ferner Ex-Heereschef General a.D. Hans von Seeckt, der frühere Reichsbankpräsident Hjalmar Schacht und zahlreiche Angehörige der ehemals regierenden Fürstenhäuser.

Großes Interesse erregt vor allem die Rede Hjalmar Schachts. Der namhafte Finanzexperte kritisiert heftig die Wirtschafts- und Finanzpolitik der Reichsregierung und erklärt u.a., die Berichte der Deutschen Reichsbank ließen nicht die wahre Lage erkennen. Ein erheblicher Betrag zur Währungsdeckung sei geborgt, die kurzfristigen Auslandsschulden der deutschen Wirtschaft weit

20. September 1931

Goldstandard hat ausgedient

Die Bank von England teilt, für die Öffentlichkeit völlig überraschend, die Abkehr vom Goldstandard des Pfundes mit und erhöht den Diskontsatz von 4,5% auf 6%. Am 21. September wird ein entsprechendes Gesetz vom Unterhaus gebilligt. Damit ist der Teil des Goldstandardgesetzes von 1925 aufgehoben, der die britische Zentralnotenbank zwingt, die Unze Feingold für 3 Pfund, 17 Schilling und 10 Pence (rd. 64 Reichsmark) zu verkaufen. Begründet wird die zunächst auf sechs Monate befristete Maßnahme damit, dass seit Mitte Juli über 200 Mio. Pfund (4,1 Mio. Reichsmark) vom britischen Kapitalmarkt abgezogen worden seien. Die Abkehr vom Goldstandard führt zu einem rapiden Kursverlust des Pfund Sterling: Lag der Wechselkurs am 18. September noch bei 20,458 Reichsmark, so kostet am 30. September ein Pfund nur noch 16,38 Reichsmark. Nach dem Willen der Bank soll das Pfund sein Kursniveau fortan selbst finden. Der Politik der schwankenden Wechselkurse folgen viele Länder.

23. Oktober 1931

Neues Traumpaar des Films

Lieder, die zu Ohrwürmern werden, und ein Traumpaar, das vom Publikum geliebt wird – mit diesem Rezept feiert der Operettenfilm »Der Kongress tanzt«, der im Ufa-Palast in Berlin Premiere hat, nationale und internationale Erfolge. Unter der Regie

von Erik Charell spielt Willy Fritsch den Zaren Alexander und Lilian Harvey die Handschuhmacherin Christel Winzinger (s. Abb.). Die Lieder des Films (»Das gibt's nur einmal, das kommt nicht wieder«) werden weltberühmt.

NSDAP-Führer Adolf Hitler (vor der linken Hakenkreuzfahne) mit Funktionären und Politikern

höher als bisher bekanntgegeben. Wegen der befürchteten Wirkung der Ausführungen Schachts im Ausland reagiert die Reichsregierung sofort. Finanzminister Hermann Robert Dietrich weist die Vorwürfe energisch zurück. Mit Ausnahme des öffentlichen Echos auf die Schacht-Rede erfüllt die Harzburger Tagung aber die Erwartungen ihrer Initiatoren, vor allem Hugenbergs, nicht. Die propagierte rechte Einheitsfront verfügt nicht – abgesehen von einem gemeinsamen Misstrauensantrag gegen die Reichsregierung – über ein verbindendes politisches Konzept. Dies zeigt sich in den getrennten öffentlichen Aufmärschen der einzelnen Gruppierungen, aber auch in der Geringschätzung, mit der Hitler seinen bürgerlichen Partnern gegenübertritt. Der Führer der NSDAP kann nach seiner Audienz bei der Reichsregierung vom 10. Oktober hoffen, auch ohne die übrige Rechte an die Macht zu gelangen. Hitler trifft erst gegen Mitternacht aus Berlin in Bad Harzburg ein, verweigert die Teilnahme am gemeinsamen Essen und brüskiert den »Stahlhelm«, indem er die zum Vorbeimarsch angetretenen Formationen erst warten lässt und dann vor ihrem Anmarsch den Paradeplatz demonstrativ wieder verlässt.

Wie die NSDAP-Führung über ihre Bundesgenossen denkt, verdeutlicht ein Artikel des Berliner Gauleiters Joseph Goebbels im »Angriff« vom 19. Dezember: »Die große Kundgebung der nationalen Oppostion in Harzburg war ein Bekenntnis zu gemeinsamem Vorgehen zum Zwecke der Erreichung eines Teilziels. In dieser Beziehung ging ihr Sinn nicht über taktische Bedeutung hinaus. Da die nationalsozialistische Bewegung auf dem Legalitätsprinzip steht und keinerlei Veranlassung ist, davon abzuweichen, kann es keinem Zweifel unterliegen, dass die Eroberung der Macht vorerst nur in einer Koalition möglich ist.«

Oktober 1931

1 Do Die Deutsche Reichspost nimmt in mehreren Ortsnetzen den Fernsprech-Kundendienst auf, der Serviceleistungen für Fernsprechteilnehmer erbringt.

2 Fr Durch Übernahme der Bank of America wird die National City Bank in New York mit 2,31 Mrd. Dollar Kapital und Reserven zur zweitgrößten Bank der Welt.

3 Sa Papst Pius XI. spricht sich in seiner Enzyklika »Nova impellent« für Maßnahmen gegen die Arbeitslosigkeit und für Abrüstung aus.

4 So Nach dem 2:2 im Fußballländerspiel Ungarn gegen Österreich in Budapest kommt es zu Ausschreitungen, die die Polizei mit Waffengewalt beendet.

5 Mo Auf Burg Lauenstein bei Hannover endet eine Tagung der »Schwarzen Front« um den aus der NSDAP ausgeschiedenen Otto Strasser.

6 Di Die US-Flieger Clyde Pangborn und Hugh Herndon fliegen als erste nonstop über den Stillen Ozean von Japan nach Wenatchee (US-Staat Washington).

7 Mi Nach dem Rücktritt seines Kabinetts wird Heinrich Brüning von Reichspräsident Paul von Hindenburg erneut mit der Regierungsbildung beauftragt.

8 Do In Berlin hat der Film »Berlin Alexanderplatz« von Piel Jutzi mit Heinrich George und Bernhard Minetti in den Hauptrollen Premiere.

9 Fr Die österreichische Bundesversammlung bestätigt den christlichsozialen Politiker Wilhelm Miklas im Amt des Bundespräsidenten. → Kabinett

10 Sa Reichspräsident Paul von Hindenburg empfängt in Berlin erstmals den NSDAP-Führer Adolf Hitler. Auch Reichskanzler Heinrich Brüning ist anwesend.

11 So Der für Deutschland ringende gebürtige Ungar Jean Földeak gewinnt in Budapest den Titel des Freistil-Europameisters im Weltergewicht. → Bad Harzburg

12 Mo Auf dem Gipfel des 704 m hohen Corcovado in Rio de Janeiro wird mit einem großen Festakt die 30 m hohe Christusstatue eingeweiht.

13 Di Die Belegschaft der stillgelegten Wenzeslaus-Grube im schlesischen Neurode bittet den Staat um finanzielle Hilfe für die Wiedereröffnung.

14 Mi Spaniens Ministerpräsident Niceto Alcalá Zamora y Torres tritt zurück. Nachfolger wird der Linksliberale Manuel Azaña y Díaz.

15 Do In London beginnt eine internationale Automobilausstellung, die bis zum 24. Oktober dauert. 26 britische und 36 ausländische Aussteller sind vertreten.

16 Fr Der Reichstag stimmt Entschließungen der SPD-Fraktion zur Verschärfung der Kartellgesetzgebung und zur Verbesserung der Winterhilfe für Arbeitslose zu.

17 Sa Ein Seemannsstreik auf mehreren deutschen Schiffen im Hafen von Leningrad gegen die Senkung der Heuer wird ergebnislos abgebrochen.

18 So In Berlin gewinnt Otto Schmidt auf Fathia aus dem Stall Halma das mit 60 000 Reichsmark dotierte Galopprennen um den Großen Preis der Republik.

19 Mo Nach Angaben eines Bevölkerungsexperten ist New York mit 10 901 424 Einwohnern vor London mit 8 202 818 Bürgern die größte Stadt der Welt.

20 Di Die Regierung des Freistaates Irland erklärt neben anderen politischen Gruppen auch die Irisch Republikanische Armee (IRA) für illegal.

21 Mi Anlässlich der Beerdigung des Erfinders Thomas Alva Edison erlöschen in den Städten der USA um 22 Uhr für eine Minute alle Glühbirnen.

22 Do Die Bank von Frankreich gewährt Österreich eine Anleihe in Höhe von 60 Mio. Schilling (ca. 41 Mio. Reichsmark) zur Stärkung der Nationalbank.

23 Fr In der Berliner Philharmonie dirigiert der Komponist Igor Strawinsky die Uraufführung seines Konzertes in D-Dur für Violine und Orchester. → Traumpaar

24 Sa Franklin D. Roosevelt, Gouverneur des US-Staates New York, weiht die George Washington Bridge zwischen Manhattan und New Jersey ein. → Al Capone

25 So Mit Otto Wels als Hauptredner veranstalten SPD und Gewerkschaften in Braunschweig eine Gegenkundgebung zum SA-Aufmarsch in der Vorwoche.

26 Mo Frankreichs Ministerpräsident Pierre Laval beendet seinen viertägigen Besuch in den USA. Gespräche über die Schuldenfrage blieben ergebnislos.

27 Di In Tokio verbessern die Japaner Chuhei Nambu und Mikio Oda die Weltrekorde im Weitsprung und im Dreisprung auf 7,98 m bzw. 15,58 m.

28 Mi Im vollbesetzten Berliner Sportpalast findet das 11. Sportpressefest statt. Zahlreiche prominente Sportler sind bei der Veranstaltung anwesend.

29 Do Per Dekret reduziert die spanische Regierung den Beamtenapparat in den Ministerien und den davon abhängigen Behörden um die Hälfte.

30 Fr NSDAP-Führer Adolf Hitler ernennt seinen Gefolgsmann Baldur von Schirach zum Reichsjugendführer der NSDAP.

31 Sa Reichsfinanzminister Hermann Robert Dietrich verordnet, dass Herstellung und Herausgabe von Notgeld mit Strafen bis zu 10 000 Reichsmark zu ahnden sei.

November 1931

1 So Der Dirigent Wilhelm Furtwängler äußert sich in der »Vossischen Zeitung« zur Bedrohung des Konzertlebens durch Schallplatte und Rundfunk.

2 Mo Am Deutschen Theater in Berlin findet die Uraufführung des Volksstücks »Geschichten aus dem Wienerwald« des Österreichers Ödön von Horváth statt.

3 Di Das US-Luftschiff »Akron« befördert 206 Menschen von New York nach Philadelphia – ein Weltrekord in der Luftbeförderung von Passagieren.

4 Mi Britische Truppen rücken in Kaschmir ein. Sie sollen Aufstände von Moslems – mit 80% die Bevölkerungsmehrheit – gegen die Hindufürsten bekämpfen.

5 Do In Großbritannien bildet James Ramsey MacDonald (National Labour Party) ein neues Kabinett, dem mehrheitlich Konservative und Liberale angehören.

6 Fr Wegen befürchteter kommunistischer Gewaltaktionen zum Jahrestag der Oktoberrevolution werden in Sachsen öffentliche Umzüge verboten.

7 Sa Ein nationaler Sowjetkongress ruft in Juichin im kommunistisch beherrschten Teil der Provinz Kiangsi die erste Räterepublik in China aus.

8 So Bei den Parlamentswahlen in Jugoslawien gewinnt die Einheitsliste der Regierung von Petar Zivković alle 305 Sitze in der Skupština. → Korsika

9 Mo Der Parteitag der französischen Nationalsozialisten in Paris fordert in einer Erklärung eine gleichzeitige internationale Abrüstung.

10 Di Reichsarbeitsminister Adam Stegerwald bestätigt den Schiedsspruch zur Senkung der Gemeindearbeitslöhne um 4,5 %. → China → »Oscar«

11 Mi Der Autohersteller Stoewer Werke in Stettin stellt seine Zahlungen ein, will aber mit den Gläubigern über eine Fortführung des Betriebes verhandeln.

12 Do Aus Belgien wird gemeldet, dass Atemwegserkrankungen, die im Maastal bereits mehrere Opfer gefordert haben, Folge der Luftverschmutzung seien.

13 Fr Unter Hinweis auf die häufigen Morde und Überfälle durch Rechtsextremisten lehnt Reichspräsident Paul von Hindenburg einen Empfang von SA-Leuten ab.

14 Sa An der Universität Lyon führt die Einweihung des ersten europäischen Lehrstuhls für Friedenskunde zu heftigen Protesten nationalistischer Studenten.

15 So Bei den Landtagswahlen in Hessen wird die NSDAP stärkste Partei. +++ Aus Berlin wird »1001 Nacht« von Johann Strauß als Funkoper übertragen.

16 Mo In Berlin wird der Generaldirektor des Schultheiß-Patzenhofer-Brauereikonzerns, wegen Verdachts auf Bilanzverschleierung verhaftet.

17 Di Eine neue Osthilfeverordnung von Reichspräsident Paul von Hindenburg erklärt Zwangsvollstreckungen gegen zahlungsunfähige Landwirte für unzulässig.

18 Mi Das Zentralorgan der SPD, die Zeitung »Vorwärts«, wendet sich gegen die Einheitsfront-Propaganda der KPD, die dem Faschismus nutze.

19 Do In Frankreich läuft der Film »Die Hündin« (Le chien) von Regisseur Jean Renoir an. Die Hauptrolle darin spielt Michel Simon.

20 Fr Die deutsche Reichsregierung stellt entsprechend dem Youngplan von 1929 den Antrag auf Überprüfung der deutschen Zahlungsfähigkeit.

21 Sa »Das Unaufhörliche«, ein Oratorium des Komponisten Paul Hindemith und des Dichters Gottfried Benn, wird in Berlin uraufgeführt.

22 So Paul Whiteman dirigiert in Chicago (US-Staat Illinois) die Premiere des Orchesterwerkes »Grand Canyon Suite« von Ferdinand Grofé.

23 Mo Der britische Diplomat Alfred Frederick Yenken empfängt in Berlin den NSDAP-Funktionär Hermann Göring zu einem Informationsgespräch. → Ossietzky

24 Di Das Reichsbanner Schwarz-Rot-Gold erklärt die Mitgliedschaft in der Sozialistischen Arbeiterpartei Deutschlands (SAP) und im Banner für unvereinbar.

25 Mi Der frühere hessische NSDAP-Abgeordnete Wilhelm Schäfer übergibt der Polizei Umsturzpläne aus dem Führungskreis seiner ehemaligen Partei.

26 Do Wegen der Gefahr eines NSDAP-Verbots beauftragt Adolf Hitler Hermann Göring, bei Innenminister Wilhelm Groener eine Legalitätserklärung abzugeben.

27 Fr In Paris endet ein zweitägiger internationaler Abrüstungskongress. Die öffentliche Schlusssitzung im Trocadéro wird von Rechtsextremisten gestört.

28 Sa Im Großen Schauspielhaus in Berlin hat Max Reinhardts Neuinszenierung der Oper »Hoffmanns Erzählungen« von Jacques Offenbach Premiere.

29 So Das Reichsbanner Schwarz-Rot-Gold fordert auf Massenkundgebungen in Berlin ein energisches Durchgreifen des Staates gegen die NSDAP.

30 Mo Das britische Pfund erlebt an den Devisenbörsen einen Kurssturz. Der Kurs erreicht mit 3,41 US-Dollar bzw. 14,73 Reichsmark den tiefsten Stand seit 1918.

23. November 1931

Brisantes Wissen bringt Ossietzky hinter Gitter

Der Publizist Carl von Ossietzky (s. Abb. mit seiner Frau Maud) und der Schriftsteller Walter Kreiser werden wegen Geheimnisverrats zu je 18 Monaten Gefängnis verurteilt. Anlass für das Urteil des vierten Strafsenats des Reichsgerichts in Leipzig ist ein Artikel von Kreiser in Ossietzkys »Weltbühne« am 12. März 1929 über »Windiges aus der deutschen Luftfahrt«. Unter dem Pseudonym Heinz Jäger hatte Kreiser darin die Verwendung von Geldern des Reichsverkehrsministeriums für – verbotene – Militärfahrzeuge kritisiert und war in diesem Zusammenhang auf eine »Abteilung M« eingegangen. Nach dieser hatte sich ein Jahr zuvor bereits ein SPD-Reichstagsabgeordneter im Haushaltsausschuss erkundigt, ohne aber eine Antwort zu erhalten, denn sonst, so heißt es in dem Aufsatz weiter, »hätten die Behörden darauf aufmerksam machen müssen, dass M auch der Anfangsbuchstabe des Wortes Militär ist. So schwieg man lieber.« Tatsächlich sind die in dem Artikel aufgestellten Behauptungen über geheime, den Bestimmungen des Versailler Friedensvertrags zuwiderlaufende Luftrüstung nicht nur wahr, sondern – laut Protokoll der 312. Sitzung des Ausschusses für den Reichshaushalt vom 3. Februar 1928 – der Regierung auch bekannt. Peinlich für die auf Geheimhaltung bedachten Militärs ist der letzte Satz des Artikels: »Aber nicht alle Flugzeuge sind immer in Deutschland ...«. Dies deutet die geheime militärische Zusammenarbeit zwischen Reichswehr und der UdSSR an und führt schließlich zur Anklageerhebung. Während Ossietzky die Haft antritt, flieht Kreiser nach Paris.

10. Dezember 1931

Deutschlands Forscher vorn dabei

Die Leistungen von drei deutschen Wissenschaftlern werden in diesem Jahr mit dem begehrten Nobelpreis gewürdigt. Die Verleihung der Auszeichnungen findet in Stockholm und Oslo statt – aufgrund der hohen Zinserträge der Nobelpreisstiftung sind sie in diesem Jahr mit der Rekordsumme von umgerechnet 135000 Reichsmark dotiert.
Der Friedensnobelpreis wird in Oslo je zur Hälfte an die Mitgründerin der Internationalen Frauenliga für Frieden und Freiheit, die 72-jährige US-Sozialpolitikerin Jane Addams, und an den 69-jährigen Präsidenten der New Yorker Columbia-Universität, Nicholas Murray Butler, vergeben. Butler ist u.a. Präsident der Carnegie Foundation für Friedensforschung. Ein Nobelpreis für Physik wird in diesem Jahr nicht verliehen. Die Auszeichnung in der Sparte Literatur ehrt postum den am 8. April verstorbenen schwedischen Dichter Erik Axel Karlfeldt. Er zählt zu den Hauptvertretern der skandinavischen Lyrik-Renaissance der 90er Jahre, die als Reaktion auf den Symbolismus in Kontinentaleuropa entstanden war. Den Literaturnobelpreis für 1918 hatte er abgelehnt. Im Stockholmer Konzerthaus übergibt Schwedens König Gustav V. den Preis für Medizin an Otto Warburg, den Direktor des Kaiser-Wilhelm-Instituts in Berlin-Dahlem. Der 48 Jahre alte deutsche Biochemiker wird für »die Entdeckung der Natur und der Funktion des Atmungsferments« geehrt, das die Zellatmung steuert. Den Nobelpreis für Chemie erhalten zu gleichen Teilen die deutschen Forscher Carl Bosch und Friedrich Bergius »für ihre Verdienste um die Entdeckung und Entwicklung der chemischen Hochdruckverfahren«. Bosch ermöglichte durch die Konstruktion geeigneter Hochdruckreaktionsgefäße die Weiterentwicklung der von Fritz Haber erfundenen Ammoniaksynthese zu einem industriell nutzbaren Verfahren. Zum ersten Mal wird damit von der Nobelstiftung eine Ingenieurleistung ausgezeichnet. Der 47-jährige Bergius entwickelte u.a. ein Verfahren zur Kohleverflüssigung.

Carl Bosch

deutscher Chemiker, * 27.8.1874 Köln; † 26.4.1940 Heidelberg

Bosch, langjähriger Vorstandsvorsitzender der BASF, verbesserte das von Fritz Haber entdeckte Verfahren zur Ammoniaksynthese bis zur großindustriellen Anwendung. Er schafft mit seinen Forschungen die Grundlage für die Produktion von Stickstoffmineraldünger und damit für eine weltweite landwirtschaftliche Revolution.

- 1899: Chemiker bei BASF
- 1935-40: Aufsichtsratsvorsitzender der I.G. Farben
- 1937: Präsident der Kaiser-Wilhelm-Gesellschaft

8. November 1931

Gendarmen für Korsika

Mit Polizeikräften in bisher nicht gekanntem Umfang will die französische Regierung kriminelle Banden auf Korsika bekämpfen. Nachdem die auf der Mittelmeerinsel stationierten 300 Gendarmen weder die organisierte Kriminalität noch die schon jahrhundertealte Vendetta – die Blutrache – eindämmen konnten, werden insgesamt 1400 Polizisten (s. Abb.) mit Panzern, Maschinengewehren und Spürhunden in Ajaccio ausgeschifft. Am 10. November starten in Paris zwei Kriegsflugzeuge ebenfalls mit dem Ziel Korsika. Drei kleine Kreuzer der französischen Kriegsmarine werden eingesetzt, um die gefürchteten Gangster an der Flucht über das Meer zu hindern. Über die Insel wird der Belagerungszustand verhängt, die Presse wird zensiert. Gemessen am Aufwand ist das Ergebnis der Mobilmachung überaus mager. In den ersten drei Wochen nach der Landung können die Ordnungskräfte lediglich 150 Verdächtige verhaften. Drei langgesuchte Banditen werden erschossen. Neben dem Polizeieinsatz ergreifen die Pariser Behörden weitere Maßnahmen. Sie hoffen allerdings vergeblich, die im Volk populären Banditen mit Hilfe der ausgesetzten beträchtlichen Belohnungen ergreifen zu können.

10. November 1931

Chinas Kaiser setzt auf Japan

Während der Krieg um die Mandschurei zwischen China und Japan andauert, verlässt Pu Yi, Ex-Kaiser von China (1908-12), mit japanischer Hilfe sein Exil in Tientsin und lässt sich in der japanischen Garnison Port Arthur nieder.

Seit dem Jahre 1929 hat Pu Yi, der seine Hoffnung auf eine erneute Inthronisation nie aufgeben wollte, Kontakte zur japanischen Armee. Nach dem Kampf um die Stadt Mukden in der Mandschurei verlässt Pu Yi die Stadt Tientsin mit der Zusage, die Führung einer selbstständigen Mandschurei übernehmen zu können. Allerdings wird die schon für den 15. November in Mukden geplante Proklamation eines formal unabhängigen Staates Mandschurei verschoben. Die liberale japanische Regierung scheut vor einem so weitreichenden Schritt zurück und bremst zunächst die ehrgeizigen Militärs, zumal die Regierungsform des neuen Staates noch nicht feststeht. Pu Yi bleibt fortan in strenger Abgeschiedenheit unter Aufsicht der Japaner. Bei den heftigen Kämpfen um die Mandschurei können die japanischen Truppen weitere Geländegewinne verbuchen. Der Völkerbund bemüht sich vergeblich um eine Lösung des Konflikts. Die Regierung in Tokio lehnt jedoch jeden Rückzug ihrer Truppen ab.

16. Dezember 1931

»Eiserne Front« gegen rechts

Im Plenarsaal des Reichswirtschaftsrats in Berlin proklamieren Vertreter der Bundesvorstände und -ausschüsse der freigewerkschaftlichen Spitzenverbände, des Arbeitersports und des Reichsbanners Schwarz-Rot-Gold sowie Repräsentanten der SPD die »Eiserne Front« zur »Abwendung der faschistischen Gefahr«. Sie will alle gegen die NSDAP gerichteten Aktivitäten der Mitgliedsverbände koordinieren. Ihre Gründung erfolgt auf Initiative des Reichsbanners, vor allem von Karl Höltermann, der am selben Tag in Magdeburg als Nachfolger von Otto Hörsing vom Vorstand zum geschäftsführenden Vorsitzenden ernannt wird. Allerdings bleibt die politische Linke isoliert: Die christlichen Gewerkschaften, die Zentrumspartei und der Deutsche Beamtenbund bleiben dem Zusammenschluss fern, zumal die politische Leitung in der Hand der SPD liegt. Für die technische Organisation sind das Reichsbanner und seine Schutzformationen verantwortlich, die freien Gewerkschaften sollen durch die Bildung von »Hammerschaften« in den Betrieben die Schlagkraft der Arbeitnehmer stärken. Symbole der »Eisernen Front« werden die von dem SPD-Politiker Carlo Mierendorff und von Sergej Tschachotin, einem Exilrussen, entwickelten drei Pfeile auf rotem Grund. Sie symbolisieren SPD, Gewerkschaften und Reichsbanner. Mit Aufmärschen soll die NSDAP in die Defensive gedrängt werden.

10. November 1931

»Oscar« für Western-Epos

Erstmals wird ein Western mit dem begehrten »Oscar« ausgezeichnet. »Cimarron« von Wesley Ruggles erhält in Hollywood den Preis der Academy of Motion Picture Arts. Den »Oscar« für die beste darstellerische Leistung dürfen Lionel Barrymore für seine Rolle in »A free soul« und Marie Dressler (»Min and Bill«) mit nach Hause nehmen. Der preisgekrönte Western nach dem gleichnamigen Roman von Edna Ferber erzählt die Geschichte eines jungen Paares – gespielt von Richard Dix und Irene Dunne – vor dem dramatischen Hintergrund der Besiedlung Oklahomas gegen Ende des 19. Jahrhunderts. Während der Mann ein Abenteurer bleibt und seine Familie verlässt, führt seine Frau die gemeinsam gegründete Zeitung weiter, geht in die Politik und bringt es zur Kongressabgeordneten. Der Film kostete die RKO-Pictures umgerechnet rd. 6 Mio. Reichsmark. Allein die von 35 Kameras gefilmte Monumentalszene der großen Landnahme (s. Abb.) erforderte den Einsatz von 1050 Fahrzeugen, 3500 Pferden und 5000 Statisten.

Dezember 1931

1	Di	Die seit dem 5. September in London tagende Konferenz über Indien endet ohne Ergebnis, weil das Minoritätenproblem nicht gelöst werden konnte.
2	Mi	Im Ufa-Theater am Kurfürstendamm hat der Film »Emil und die Detektive« von Gerhard Lamprecht nach dem Roman von Erich Kästner Premiere.
3	Do	Die Kasseler Automobilfirma Henschel & Sohn beantragt beim preußischen Regierungspräsidenten die Erlaubnis zur Stilllegung des Betriebes.
4	Fr	Im Hotel »Kaiserhof« in Berlin informiert NSDAP-Führer Adolf Hitler ausländische Journalisten über seine politischen Ziele.
5	Sa	In Moskau wird die größte Kirche der Stadt, die Erlöserkathedrale, gesprengt. An ihrer Stelle soll ein Sowjetpalast entstehen.
6	So	Die Bevölkerung der Schweiz lehnt bei einer Volksabstimmung zwei Gesetzesvorlagen ab. Eine betraf die Altersversorgung, die andere die Tabakbesteuerung.
7	Mo	Italiens »Duce« und Ministerpräsident Benito Mussolini beruft Achille Starace zum Generalsekretär der Faschistischen Partei.
8	Di	US-Präsident Herbert C. Hoover lehnt in einer Botschaft an den Kongress jede direkte oder indirekte staatliche Arbeitslosenunterstützung ab.
9	Mi	Die verfassungsgebenden spanischen Cortes billigen in Abwesenheit der linksradikalen und der rechtskonservativen Abgeordneten die neue Verfassung.
10	Do	Die Londoner Cunard-Linie stoppt aus Geldmangel den Bau eines Riesendampfers. Der Baustopp macht 10 000 Arbeiter erwerbslos. → Forscher
11	Fr	Das britische Parlament genehmigt das Statut von Westminster und erklärt damit die Dominions zu gleichberechtigten Mitgliedern des Commonwealth.
12	Sa	In Paris findet die Uraufführung des Films »Es lebe die Freiheit« (A nous la liberté) von René Clair statt, einer Satire auf das Maschinenzeitalter.
13	So	Josef W. Stalin weist in einem Gespräch mit dem deutschen Schriftsteller Emil Ludwig in Moskau den Vorwurf der Alleinherrschaft zurück.
14	Mo	Der chinesische Militärführer Chiang Kai-shek tritt in Nanking vom Vorsitz des Vollzugsrates der Regierung und der Nationalpartei Kuomintang zurück.
15	Di	Gegen fünf Direktoren des Bierkonzerns Schultheiß-Patzenhofer AG wird in Berlin Anklage wegen Bilanzverschleierung erhoben.
16	Mi	Der Vorstand des Reichsbanners wählt in Magdeburg Karl Höltermann zum Nachfolger des geschäftsführenden Vorsitzenden Otto Hörsing. → »Eiserne Front«
17	Do	In Bern wählt die Schweizer Bundesversammlung Giuseppe Motta zum Bundespräsidenten für 1932. Motta wird damit zum vierten Mal Staatsoberhaupt.
18	Fr	Das britische Handelsministerium erlässt die dritte Verordnung über Einfuhrzölle und belegt weitere Waren mit einem Wertzoll von 50 %.
19	Sa	Die Regierung in Dresden teilt mit, dass in Sachsen seit Jahresbeginn bei politischen Gewalttaten 14 Menschen getötet und 683 verletzt worden seien.
20	So	Im französischen Völkerbundsmandat Syrien demonstrieren Nationalisten wegen Wahlfälschungen. Die Wahlen werden zum Teil annulliert.
21	Mo	Ein Großbrand vernichtet Teile des historischen Stuttgarter Schlosses. Drei Feuerwehrleute kommen ums Leben, mehr als 40 werden verletzt.
22	Di	Bei einem Deckeneinsturz in der Vatikanischen Bibliothek werden fünf Menschen getötet und rd. 15 000 Bücher und Handschriften beschädigt.
23	Mi	US-Präsident Herbert C. Hoover unterzeichnet das Gesetz über das einjährige Schuldenfeierjahr (Hoover-Moratorium), das damit in Kraft tritt.
24	Do	Der Heilige Abend beschert den Menschen in Deutschland leichten Frost von bis zu -7°C. Das Demonstrationsverbot sorgt für ruhige Feiertage.
25	Fr	Der tschechoslowakische Diplomat Karel Vaněk wird aus Moskau ausgewiesen. Er soll ein Attentat auf den japanischen Botschafter angestiftet haben.
26	Sa	Im Music Box Theatre in New York findet die Uraufführung des Musicals »Of Thee I sing« von George Gershwin statt.
27	So	Auf einer Propagandareise durch Indien wird der Führer des indischen Nationalkongresses, Jawaharlal Nehru, von der britischen Polizei verhaftet.
28	Mo	Pius XI. veröffentlicht die Enzyklika »Lux veritatis« über die päpstliche Autorität. +++ Mahatma Gandhi kehrt aus London nach Indien zurück.
29	Di	Mehrere katholische Bischöfe mahnen in einem Hirtenbrief die Beachtung des Gebots der Nächstenliebe auch gegenüber dem politischen Gegner an.
30	Mi	Bei einer Volksabstimmung in Finnland sprechen sich 82 % der Wahlberechtigten für die Beibehaltung des seit zwölf Jahren bestehenden Alkoholverbots aus.
31	Do	Die Arbeitslosenzahl in Deutschland klettert auf die Rekordhöhe von 5 668 187. Das sind 1,284 Mio. mehr als Ende 1930.

Januar 1932

1 Fr Sieger des Neujahrs-Skispringens auf der Kochelbergschanze bei Garmisch Partenkirchen wird der Einheimische Hans Kemser mit einer Weite von 58 m.

2 Sa Ein Eisenbahnunglück in der Nähe der sowjetischen Stadt Kazan fordert 65 Menschenleben. 131 weitere Personen werden verletzt. → Mandschurei

3 So Die faschistische Regierung unter Benito Mussolini führt in Italien wieder die Todesstrafe ein. Sie war 1870 abgeschafft worden. → Gandhi

4 Mo In Berlin hat der Spielfilm »Der Stolz der 3. Kompanie« mit Heinz Rühmann und Rudolf Platte in den Hauptrollen Premiere.

5 Di Als erste deutsche Städte sind Dresden und Dortmund nicht mehr in der Lage, den Zinsen- und Tilgungsdienst für ihre Schulden zu leisten.

6 Mi Nach schweren Wolkenbrüchen in Norddeutschland tritt die Elbe über ihre Ufer. An der Nordseeküste sind weite Landstriche von den Wassermassen überflutet.

7 Do Die USA versuchen, im Streit zwischen China und Japan zu vermitteln. In einer Note rufen sie zur Einstellung der Feindseligkeiten in der Mandschurei auf.

8 Fr Der japanische Kaiser Hirohito überlebt in Tokio einen Bombenanschlag. Ein koreanischer Kommunist wollte gegen die japanische Besetzung Koreas protestieren.

9 Sa Der Österreicher Gustav Tauschek stellt in Wien einen Magnettrommelspeicher vor, auf dem Informationen gespeichert und wieder abgerufen werden können.

10 So Der Berliner Schlittschuhklub erringt in Berlin die deutsche Eishockeymeisterschaft. +++ In Santiago de Chile beginnt ein 48-stündiger Generalstreik.

11 Mo Von 14 Bergleuten, die bei einem Erdrutsch in einem Kohlebergwerk in Beuthen (Oberschlesien) verschüttet worden waren, können sieben gerettet werden.

12 Di Bei den Deutschen Meisterschaften der Bobfahrer in Schreiberhau in Oberschlesien rast ein Viererbob in die Zuschauermenge. Drei Zuschauer sterben.

13 Mi In Berlin wird ein neuer Schnelltriebwagen der Reichsbahn für die Strecke Berlin-Hamburg vorgestellt. Er erreicht eine Höchstgeschwindigkeit von 160 km/h.

14 Do Das 7. Dortmunder Sechstagerennen gewinnen die niederländischen Radrennfahrer van Kempen/Pijnenberg vor den Deutschen Rauch/Hürtgen.

15 Fr Wegen zu geringer Nachfrage beschließt die Stadt Santos (Brasilien), eine Mio. Säcke Kaffee als Brennmaterial für ihre Gaswerke zu verwenden.

16 Sa Die Norwegerin Sonja Henie gewinnt die Europameisterschaft im Eiskunstlauf in Paris. +++ In Berlin hat das Drama »Die Mutter« von Bertolt Brecht Premiere.

17 So Ein Schiffsunglück vor der chinesischen Küste fordert 180 Menschenleben. Die überladene Fähre war in einen Sturm geraten und gesunken.

18 Mo Das offene Tragen von Parteiabzeichen ist nach der Aufhebung einer Verordnung durch Reichsinnenminister Wilhelm Groener wieder erlaubt. → Spanien

19 Di Nach Übergriffen nationalsozialistischer Studenten auf jüdische Kommilitonen schließt die Berliner Friedrich-Wilhelm-Universität für zwei Tage.

20 Mi Die britische Fluggesellschaft Imperial Airways startet ihren Flugdienst von London nach Kapstadt. Die Flugzeit für die 12 000 km lange Stecke beträgt elf Tage.

21 Do In Helsinki unterzeichnen die Vertreter der Sowjetunion und Finnlands einen Nichtangriffspakt. Die UdSSR erkennt darin die Landesgrenzen Finnlands an.

22 Fr Das Berliner Unternehmen Siemens & Halske stellt ein Verfahren zur automatischen Einschaltung der elektrischen Beleuchtung bei einsetzender Dunkelheit vor.

23 Sa In einem Abkommen gewähren ausländische Gläubigerbanken der Deutschen Reichsbank einen Zahlungsaufschub ihrer kurzfristigen Verbindlichkeiten.

24 So Oskar Homolka und Brigitte Horney spielen die Hauptrollen in dem Drama »Timon« von Ferdinand Bruckner, das in Berlin Premiere feiert.

25 Mo Bei einer Gefängnismeuterei in der britischen Stadt Dartmoor werden 84 Insassen, die humanere Haftbedingungen erreichen wollten, verletzt.

26 Di Aus ungeklärter Ursache sinkt in der Nordsee das britische Unterseeboot »M 2«. Bei dem Unglück kommen 55 Seeleute ums Leben. → Hitler

27 Mi In Berlin wird ein aus Stahlteilen gefertigtes Einfamilienhaus vorgestellt, das kostengünstig innerhalb von zehn Tagen errichtet werden kann.

28 Do Durch eine Schlagwetterexplosion werden in Wales zehn Bergleute verschüttet. Sie können erst nach mehreren Tagen tot geborgen werden.

29 Fr Reichswehrminister Wilhelm Groener gibt einen Erlass heraus, der Mitgliedern der NSDAP, nicht aber Kommunisten den Eintritt in die Reichswehr erlaubt.

30 Sa Die 7. »Grüne Woche« beginnt in Berlin. Die deutsche Landwirtschaft zeigt auf einer Ausstellungsfläche von ca. 60 000 m² eine Auswahl ihrer Produkte.

31 So Nach einer Veröffentlichung des Reichsrundfunkdirektors Kurt Magnus besitzen rd. 3,98 Mio. Deutsche (ca. 6% der Bevölkerung) einen Radioempfänger.

26. Januar 1932

Hitler umwirbt die Industrie

Vor dem Düsseldorfer Industrieclub äußert sich der Vorsitzende der NSDAP, Adolf Hitler (s. Abb., Mitte), zu den wirtschaftspolitischen Grundsätzen seiner Partei. Vor rd. 650 geladenen Vertretern der deutschen Wirtschaft und der Großindustrie, darunter Fritz Thyssen und der Leiter der Gutehoffnungshütte, Karl Haniel, bekennt sich Hitler ausdrücklich zum Privateigentum und zum Führerprinzip in der Wirtschaft. Seine rd. zweieinhalbstündige Rede wird von der Mehrheit der Anwesenden mit großem Beifall quittiert.
Hitler nutzt die Gelegenheit, den gegenüber der NSDAP bestehenden Vorbehalten, die sich vor allem auf die sozialistischen Parolen des linken Parteiflügels um Gregor Strasser beziehen, mit einem Bekenntnis zur kapitalistischen Wirtschaftsform entgegenzutreten. Dabei vermeidet er es jedoch, sich auf klar definierte wirtschaftspolitische Maßnahmen für den Fall einer Regierungsübernahme durch die Nationalsozialisten festzulegen. Stattdessen erklärt Hitler, die wirtschaftliche Notlage Deutschlands sei vor allem in dessen derzeitiger politischer Schwäche begründet. Die Beseitigung des parlamentarischen Systems im Innern und die Wiedererlangung der deutschen Machtposition in der Welt seien darum die wichtigsten Voraussetzungen zur Überwindung der wirtschaftlichen Krise. Der Aufsehen erregende, von Protestdemonstrationen begleitete Auftritt Hitlers vor dem Industrieclub ist auf Vermittlung des Großindustriellen Fritz Thyssen zustande gekommen.

3. Januar 1932

Briten nehmen Gandhi fest

Für die indische Nationalbewegung beginnt das neue Jahr mit einem Rückschlag. In Bombay wird ihr Führer Mahatma Gandhi von den Kolonialbehörden verhaftet. Nach dem Scheitern der Londoner Indienkonferenz am 1. Dezember 1931 hatten Gandhi und der Allindische Nationalkongress

mehrfach zum Boykott britischer Waren und zum gewaltlosen Widerstand aufgerufen. Als Folge der Festsetzung Gandhis kommt es in indischen Städten zu Tumulten, die von der Polizei mit äußerster Härte niedergeschlagen werden (s. Abb). Am 5. Januar verhängen die Kolonialbehörden den Ausnahmezustand über das Land.

15. Februar 1932

Millionen ste

2. Januar 1932

Japaner erobern Mandschurei

Die japanischen Invasionstruppen in der Mandschurei erzielen in ihrem im August 1931 begonnenen Feldzug einen militärischen Durchbruch. Nach tagelangen Artillerie- und Bombenangriffen erobern sie die Stadt Chinchow. Die chinesischen Verteidiger ziehen sich entlang der Eisenbahnlinie zur Chinesischen Mauer zurück.
Damit stehen den japanischen Invasoren nur noch schwache reguläre chinesische Einheiten im Verbund mit Freiwilligenkorps gegenüber. Die weiteren Kämpfe konzentrieren sich auf die Gebiete längs der in der Mandschurei verlaufenden strategisch wichtigen Eisenbahnen. Die Mandschurei ist seit Jahrzehnten bevorzugtes Objekt der japanischen Expansionsbemühungen auf dem asiatischen Festland. Die japanische Begehrlichkeit richtet sich in erster Linie auf die reichen Bodenschätze Eisen, Steinkohle und Kupfer und auf die Schwerindustrie, die der Mandschurei auch zum Beinamen »Ruhrgebiet Chinas« verholfen hat. Bei ihrem systematischen Vordringen kommt den Japanern die innere Zerrissenheit des ehemals mächtigen chinesischen Reiches zugute.

n auf der Straße

Das Reichsarbeitsministerium gibt bekannt, dass die Zahl der Arbeitslosen in Deutschland mit derzeit 6,127 Mio. erstmals die 6-Mio.-Grenze überschritten hat. Damit sind rd. 18% der 34 Mio. Erwerbsfähigen ohne Arbeit. Zusammen mit den rd. drei Mio. Kurzarbeitern sind in Deutschland ca. neun Mio. Männer und Frauen unmittelbar von den Folgen der Wirtschaftskrise betroffen. Weltweit sind im Jahre 1932 – auf dem Höhepunkt der Weltwirtschaftskrise – rd. 30 Mio. Menschen erwerbslos.

Die erneute Zunahme der Massenarbeitslosigkeit in Deutschland ist Ausdruck der katastrophalen wirtschaftlichen Situation. Die deflationistische Politik des Reichskanzlers Heinrich Brüning, der mit rigoroser Sparpolitik keine Maßnahmen zur Stärkung der Nachfrage zulässt und die öffentlichen Ausgaben stark einschränkt, scheint weitgehend gescheitert. Die Erhöhung der Sozialausgaben infolge der hohen Arbeitslosigkeit belastet die öffentliche Hand schwer. So müssen 1932 bereits 11,5 Mrd. Reichsmark für soziale Zwecke aufgewendet werden, das entspricht 65% der gesamten öffentlichen Ausgaben. Nicht nur die Finanzen sind zerrüttet, auch die Industrie scheint am Ende. Die industrielle Produktion ist 1932 auf 57,2% des Standes von 1928 abgesackt, die Kapazität der Betriebe ist lediglich zu 45% ausgelastet. Die Ausfuhren gehen mit 5,7 Mrd. Reichsmark gegenüber dem Vorjahr um 3,9 Mrd. Reichsmark zurück.

Die sozialen Folgen der durch die wirtschaftliche Depression verursachten Massenarbeitslosigkeit sind erschreckend. Vor allem in den industriellen Zentren wie dem Ruhrgebiet und in Berlin breitet sich Elend aus. Die finanzielle Hilfe des Staates, die mit der Dauer der Erwerbslosigkeit abnimmt, reicht kaum zur Deckung des Lebensunterhaltes. Ein Arbeitsloser erhält im Durchschnitt rd. 54 Reichsmark im Monat. Für den Erhalt einer vierköpfigen Familie sind aber selbst bei bescheidener Lebensführung 66 Reichsmark monatlich nötig. Die Massenarbeitslosigkeit hat auch in der Politik einschneidende Folgen. Die Enttäuschung der Betroffenen über die Hilflosigkeit, mit der die bisherigen Regierungen der Wirtschaftskrise begegneten, führt bei vielen zur Verdrossenheit gegenüber der Republik. Der Ruf nach einer radikalen Lösung wird immer lauter, die Polarisierung der politischen Kräfte immer deutlicher. Davon profitiert vor allem die NSDAP, die während der Wirtschaftskrise zur stärksten politischen Kraft aufsteigt.

Arbeitslosigkeit in Deutschland
(im Jahresmittel)

Jahr	Zahl
1919	773 000
1920	363 000
1921	346 000
1922	215 000
1923	818 000
1924	927 000
1925	682 000
1926	2 025 000
1927	1 312 000
1928	1 391 000
1929	1 899 000
1930	3 076 000
1931	4 520 000
1932	5 603 000

Links: Die Massenarbeitslosigkeit führt zu verzweifelt anmutenden Aktionen von Arbeitssuchenden. Viele Familien kämpfen ums nackte Überleben.

18. Januar 1932

Spanien droht der Bürgerkrieg

In der nordspanischen Hafenstadt Bilbao kommt es zu Straßenschlachten zwischen baskischen Separatisten und Polizeikräften. 32 Personen erleiden teilweise schwere Verletzungen. Auch andere Landesteile (Abb.: Unruhen in Valencia) fordern mehr Autonomie von der sozialistischen Zentralregierung in Madrid. In Katalonien herrschen seit Wochen bürgerkriegsähnliche Zustände. Kräfte der extremen Linken versuchen in blutigen Straßenkämpfen, ihre Autonomieforderungen durchzusetzen. Allein im Januar fordern die gewalttätigen Auseinandersetzungen in Spanien sieben Todesopfer. Um einen Bürgerkrieg zu vermeiden, geht Madrid am 15. September auf die Forderung der katalanischen Separatisten ein. Katalonien erhält ein Autonomiestatut, das der Region eine gewisse Unabhängigkeit zugesteht.

4. Februar 1932

USA dominieren Winterspiele

Der US-Eisschnellläufer John Shea leistet in Lake Placid (US-Bundesstaat New York) zur Eröffnung der III. Olympischen Winterspiele den Olympischen Eid (s. Abb.). Erstmals finden die Winterspiele in Übersee statt. Die Gastgeber stellen die erfolgreichste Mannschaft, die in den vierzehn ausgetragenen Wettbewerben sechs Gold-, vier Silber- und zwei Bronzemedaillen holt. Die deutsche Mannschaft muss sich mit zwei Bronzemedaillen – im Viererbob und im Eishockey – begnügen. Publikumsliebling in Lake Placid ist die norwegische Eiskunstläuferin Sonja Henie, die den Wettbewerb souverän für sich entscheidet.

Februar 1932

1 Mo Der 17-jährige Stanley Matthews erhält vom englischen Erstdivisionär Stoke City einen Profivertrag. Er ist damit der jüngste Berufsfußballer des Landes.

2 Di In der schweizerischen Stadt Genf beraten 64 Staaten bei einer Abrüstungskonferenz des Völkerbundes u.a. über die Verringerung der Waffenarsenale.

3 Mi Bei einem schweren Erdbeben auf Kuba kommen mehrere hundert Menschen ums Leben. Besonders betroffen ist die Stadt Santiago de Cuba.

4 Do In den USA wird ein Sicherheitssystem für Eisenbahnen vorgestellt, bei dem Züge durch Fotozellen-Signaltechnik gestoppt werden. → Winterspiele

5 Fr Die österreichische Eishockey-Nationalmannschaft besiegt in Wien die Auswahl der Tschechoslowakei mit 3:1 Toren.

6 Sa Die Reichsregierung in Berlin erlässt eine Verordnung, nach der in diesem Jahr in deutschen Unternehmen keine Betriebsratswahlen abgehalten werden dürfen.

7 So Kombinationssieger beim FIS-Wettkampf der alpinen Skisportler im italienischen Cortina d'Ampezzo werden die Schweizer Otto Furrer und Rösli Streiff.

8 Mo Auf Kundgebungen in mehreren Städten des Ruhrgebiets fordern zehntausende Bergleute die Überführung der Steinkohlezechen in Gemeineigentum.

9 Di Die spanische Regierung lässt rd. 200 linksradikale katalanische Separatisten per Schiff in die ostafrikanischen Kolonien Spaniens deportieren.

10 Mi Wegen finanzieller Schwierigkeiten ordnet das Kultusministerium in Preußen die Schließung der Stadttheater in Kassel und Wiesbaden an.

11 Do Aus Protest gegen die hohen Biersteuern von 20 Reichsmark pro Hektoliter treten in Hamburg Gastwirte in einen dreiwöchigen »Bierstreik«.

12 Fr In Paris findet die Wahl zur »Miss Europa« statt. Siegerin des Schönheitswettbewerbs wird die 18-jährige Italienerin Rosetta Montali.

13 Sa Die Berliner Großbank »Reichs-Kredit-Gesellschaft« veröffentlicht ihre Jahresbilanz. Sie verzeichnet einen Umsatzrückgang von 73 auf 48 Mrd. Reichsmark.

14 So Innerhalb von sechs Monaten ist nach einer Meldung der US-Filmindustrie die Zahl der Kinos in den USA von 20 000 auf knapp 14 000 zurückgegangen.

15 Mo Mehrere Kohlezechen im Ruhrgebiet müssen aufgrund der schlechten Ertragslage insgesamt rd. 4900 Bergleute entlassen. → Millionen

16 Di »Vor Sonnenuntergang«, ein Schauspiel von Gerhart Hauptmann, hat in Berlin Premiere. +++ Der französische Premierminister Pierre Laval tritt zurück.

17 Mi Als Sieger aus den irischen Parlamentswahlen geht die radikale Fianna-Fáil-Partei unter Führung von Eamon de Valera hervor.

18 Do In der Stadt Mukden wird die von Japan beherrschte Mandschurei als Staat »Mandschukuo« proklamiert. Staatsoberhaupt ist der Ex-Kaiser von China, Pu Yi.

19 Fr Das 27. Berliner Sechstagerennen gewinnen der französische Radrennfahrer Broccarda und sein deutscher Teamgefährte Tietz.

20 Sa Bei den Parlamentswahlen in Japan erringt die regierende konservative Partei Seyukai (Gesellschaft der Freunde der Politik) die absolute Mehrheit.

21 So Zur Eindämmung des Schilling-Schmuggels ins Ausland beschließt die österreichische Nationalbank in Wien, weniger 1000-Schilling-Noten auszugeben.

22 Mo Joseph Goebbels gibt in Berlin die Kandidatur des NSDAP-Führers Adolf Hitler für die bevorstehende Wahl zum Reichspräsidenten bekannt.

23 Di Während eines Bergarbeiterstreiks kommt es in Südpolen zu blutigen Ausschreitungen zwischen der Polizei und Streikenden. Zwei Menschen werden getötet.

24 Mi Im US-Bundesstaat Florida steigert der Brite Sir Malcolm Campbell seinen Geschwindigkeitsweltrekord für Automobile um 12 km/h auf 408,714 km/h.

25 Do Der Österreicher Adolf Hitler erhält mit seiner Wahl zum Regierungsrat der braunschweigischen Gesandtschaft in Berlin die deutsche Staatsbürgerschaft.

26 Fr Das spanische Parlament billigt ein Gesetz, das Ehescheidungen ermöglicht. +++ Im Reichstag scheitert ein Misstrauensvotum gegen die Regierung Brüning.

27 Sa In der Sowjetunion verfügt die Regierung die strenge Bewachung des Getreidesaatgutes, um es vor Plünderungen hungernder Bauern zu schützen.

28 So Der deutsche Autorennfahrer Hans Stuck gewinnt bei Rio de Janeiro auf Mercedes vor 80 000 Zuschauern den großen Bergpreis von Brasilien.

29 Mo In Boston findet die Uraufführung des Stückes »Too true to be good« (Zu wahr um schön zu sein) von George Bernard Shaw statt.

März 1932

1 Di Als erster Deutscher wird der Dramatiker Gerhart Hauptmann zum Mitglied der US-Akademie für Bildung und Kunst ernannt.

2 Mi Der verstorbene letzte sächsische König, Friedrich August III., wird in Dresden unter großer Anteilnahme der Bevölkerung beigesetzt. → Lindbergh-Baby

3 Do Zu einer außerordentlichen Sitzung tritt in Genf der Völkerbund zusammen. Er beschäftigt sich mit dem bewaffneten Konflikt zwischen China und Japan.

4 Fr In Warschau gibt die polnische Regierung die Beschlagnahme von ca. fünf Mio. gefälschten Briefmarken bekannt.

5 Sa Der deutsche Botschaftsrat Fritz Ernst Albert von Twardowski wird in Moskau bei einem Attentat eines vermutlich Geistesgestörten durch Schüsse verletzt.

6 So In Leipzig öffnet die Frühjahrsmesse ihre Pforten. Auf der einwöchigen Ausstellung zeigen 7622 internationale Aussteller ihre Erzeugnisse.

7 Mo Der deutsche Passagierdampfer »Bremen« bewältigt die Atlantikroute von Bremerhaven nach New York in der Rekordzeit von vier Tagen und 17 Stunden.

8 Di In Japan wird der Direktor des Industriekonzerns Mitsui, Baron Takuma Dan, ermordet. Die Polizei vermutet illegale Devisenspekulationen als Ursache.

9 Mi Bei schweren Schneestürmen im Kaukasus sterben 60 Menschen. +++ Eamon de Valera, neuer irischer Ministerpräsident, stellt in Dublin sein Kabinett vor.

10 Do »Die Bürgschaft«, eine Oper von Kurt Weill, feiert im Deutschen Opernhaus in Berlin Premiere. Die Regie führt Carl Ebert.

11 Fr Der ehemalige litauische Ministerpräsident Augustin Voldemaras wird trotz des Freispruchs vom Landesverrat aus der Hauptstadt Kowno ausgewiesen.

12 Sa Ein Flugzeugabsturz nahe der schottischen Stadt Edinburgh fordert sechs Menschenleben. Der Pilot hatte im dichten Nebel die Landebahn verfehlt.

13 So Bei der Wahl zum Reichspräsidenten erhält keiner der Kandidaten die für den ersten Wahlgang erforderliche absolute Mehrheit.

14 Mo Die Reichsregierung lehnt den Vorschlag ab, Paul von Hindenburg ohne zweiten Wahlgang zum Sieger der Reichspräsidentenwahl zu erklären.

15 Di Nach Angaben des Eher-Verlags in München beträgt die bisherige Gesamtauflage von Adolf Hitlers Buch »Mein Kampf« 147 000 Exemplare.

16 Mi In der Berliner Staatsoper hat die Oper »Andromache« von Herbert Windt Premiere. +++ Der Internationale Automobilsalon in Genf wird eröffnet.

17 Do Die US-Regierung lehnt die diplomatische Anerkennung der »unabhängigen Republik« Mandschukuo, Japans Satellitenstaat in China, ab.

18 Fr In Sydney wird die längste aus Fertigteilen gebaute Brücke der Welt eingeweiht. Der Stahlgitterbogen, an dem die Fahrbahn hängt, umspannt 503 m.

19 Sa Die 84. Ruderregatta zwischen den englischen Universitäten aus Cambridge und Oxford gewinnt das Boot aus Cambridge mit fünf Längen Vorsprung.

20 So Vor 5000 Zuschauern wird in Berlin das Finale der Eishockey-Europameisterschaft ausgetragen. Die deutsche Mannschaft unterliegt Schweden mit 0:1.

21 Mo Die Junkers-Flugzeugwerke in Dessau müssen wegen Zahlungsunfähigkeit die Lohnzahlungen einstellen und ein Vergleichsverfahren beantragen.

22 Di Anlässlich des 100. Todestages von Johann Wolfgang von Goethe finden im In- und Ausland zahlreiche Gedenkfeiern zu Ehren des deutschen Dichters statt.

23 Mi Bei blutigen Krawallen zwischen linksgerichteten Demonstranten und der Polizei kommt es im spanischen Sevilla zu mehreren Toten und Verletzten.

24 Do In Berlin findet die Premiere des Spielfilms »Das blaue Licht« von Leni Riefenstahl statt. Der Film erzählt eine Berglegende aus den Dolomiten.

25 Fr Die US-Regierung veröffentlicht eine Analyse, wonach das Verbrechersyndikat von Al Capone die meisten Gewerkschaften in Chicago kontrolliert.

26 Sa Der Gewichtheber Rudolf Ismayr aus München stellt mit 106,5 kg einen neuen Weltrekord im beidarmigen Drücken im Mittelgewicht auf.

27 So In Berlin hält die neugegründete Arbeiterpartei SAP ihren ersten Parteitag ab. Die SAP setzt sich u.a. aus ehemaligen KPD- und SPD-Mitgliedern zusammen.

28 Mo Vier Tage und 17 Stunden benötigt der britische Flieger James A. Mollison von London nach Kapstadt. Damit verbessert er den Rekord um 15 Stunden.

29 Di In Warschau beschließt die Internationale Lufttransportvereinigung für die schnelle Beförderung von Postsendungen die Einrichtung von Nachtfluglinien.

30 Mi Der Österreicher Stephan Jellinek führt in Wien das »Kulissenfilmverfahren« vor. Es ermöglicht bei Dreharbeiten die Projektion eines Hintergrundes.

31 Do Wegen angeblicher kommunistischer Agitation verbietet die Filmprüfstelle in Berlin den Film »Kuhle Wampe« von Slatan Dudow und Bertolt Brecht.

2. März 1932

Abscheu über Entführung des Lindbergh-Babys

In den Abendstunden dringen Einbrecher in das Haus des ersten Atlantiküberfliegers Charles Lindbergh in Hopewell (US-Bundesstaat New Jersey) ein und entführen dessen 20 Monate alten Sohn. Ein im Haus zurückgelassener Brief enthält eine Lösegeldforderung von 50000 Dollar. Die Entführung des Kindes, das aus einer amerikanischen Vorzeigefamilie stammt und dessen Vater ein Nationalheld ist, löst in der weltweiten Öffentlichkeit eine ungewöhnlich große Anteilnahme aus.

In einer Zeitungsanzeige erklärt die Familie auf Anraten der Polizei ihr Einverständnis mit den Forderungen. Nach der Übergabe des Lösegeldes meldet sich der Entführer jedoch nicht mehr. US-Präsident Herbert C. Hoover schaltet sich persönlich in die Ermittlungen ein und weist die Polizei aller Bundesstaaten an, die Suche aufzunehmen. Allein in der direkten Umgebung des Tatorts sind 15000 Polizisten und Detektive im Einsatz, insgesamt beteiligen sich 100000 Menschen an der Verbrecherjagd. Auch die Medien, die das Familienleben des Flugpioniers ohnehin auf Schritt und Tritt verfolgt hatten, werden eingeschaltet. Über Rundfunk wendet sich die Mutter des Kindes, Anne Morrow Lindbergh, eine Tochter des populären Senators Dwight Morrow, an die Hörer. Mit Kleinanzeigen in Tageszeitungen versuchen die Behörden, Kontakt mit dem Entführer aufzunehmen, in ganzseitigen Aufrufen wird die Bevölkerung zur Mithilfe aufgerufen. Dennoch bleibt die mit einem beispiellosen Aufwand betriebene Großfahndung zunächst vergebens. Am 12. Mai findet ein Lkw-Fahrer in einem Wald bei Hopewell den Leichnam des Babys. Eine Autopsie ergibt, dass der Entführer das Kind bereits im März, kurz nach der Entführung, ermordet haben muss. Von dem Täter fehlt weiterhin jede Spur. Die Polizei hofft nun, den Mörder anhand der registrierten Banknotennummern des Lösegeldes ermitteln zu können. Erst am 19. September 1934 verhaftet die Bundespolizei den deutschstämmigen Bruno Richard Hauptmann. Am 13. Februar 1935 wird Hauptmann, der die Tat bis zum Schluss leugnet, in einem reinen Indizienprozess zum Tode verurteilt und 1936 hingerichtet. Trotz vielfältiger Kritik an dem Verfahren und juristischer Zweifel an der

Charles Lindbergh jr. mit Mutter (r.), Oma (l.) und Ur-Oma

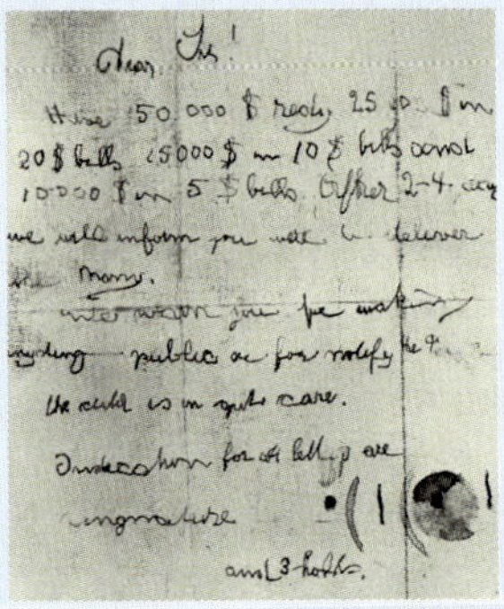

Eine Notiz des Entführers enthält die Lösegeld-Forderung.

Spektakuläre Entführungsfälle im 20.

Datum	Opfer	Land
1932	Lindbergh-Baby	USA
1960	Eric Peugeot	Frankreich
1971	Theo Albrecht	Deutschland
1976	Richard Oetker	Deutschland
1977	Hanns Martin Schleyer	Deutschland
1978	Aldo Moro	Italien
1983	Alfred Heineken	Niederlande
1996	Jan Philipp Reemtsma	Deutschland

24. April 1932

Klare Stimmengewinne für die NSDAP bei Landtagswahlen

Die Landtagswahlen in Preußen, Berlin, Württemberg, Hamburg und Anhalt bringen der NSDAP einen erheblichen Machtzuwachs. Großes Aufsehen erregen vor allem die erdrutschartigen Stimmengewinne in Preußen. Die Hitler-Partei erreicht 36,3 % der Stimmen gegenüber 2,9 % bei den letzten Wahlen von 1930. Sie stellt im neuen Landtag 162 (vorher neun) der 422 Abgeordneten und wird stärkste Fraktion.

In Preußen, wo fünf Achtel der deutschen Bevölkerung leben, verliert die Regierungskoalition aus Sozialdemokraten, Staatspartei und Zentrum unter Ministerpräsident Otto Braun (SPD) ihre Mehrheit. Die Sozialdemokraten verfügen nur noch über 93 statt bisher 137 Sitze. Auch in Hamburg, Württemberg und Anhalt stellt die NSDAP jeweils die stärkste Fraktion. Lediglich in Bayern kann sich die Bayerische Volkspartei mit 45 Sitzen noch knapp vor der NSDAP (43 Sitze) behaupten. Die Landtagswahlen ergeben jedoch trotz der Stimmengewinne der NSDAP keine stabilen Mehrheiten, so dass in mehreren Ländern Minderheitenkabinette regieren können. Das Ausland reagiert besorgt auf die Entwicklung. Die französische Zeitung »Temps« schreibt: »Augenscheinlich hat das deutsche Volk jede Selbstkontrolle verloren«.

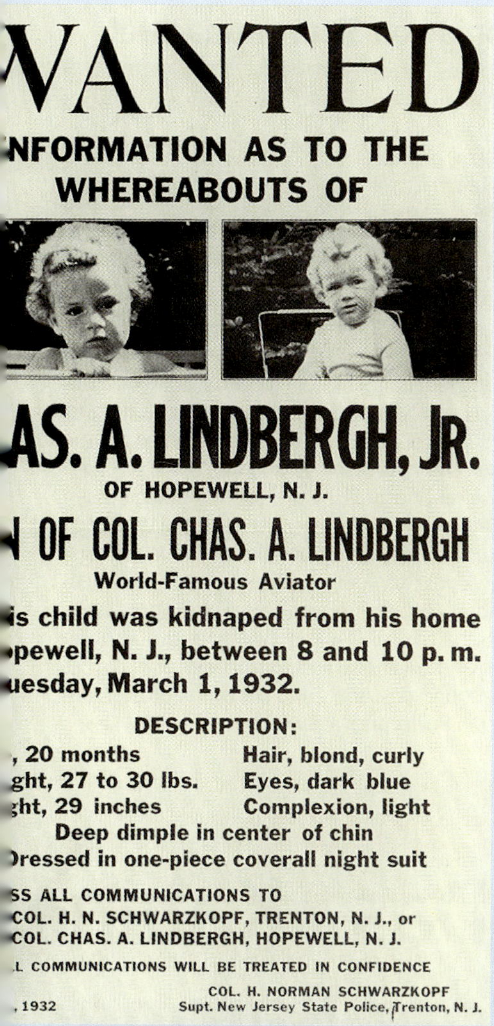

Bei der Fahndung nach dem Lindbergh-Baby wird die Öffentlichkeit u.a. mit Hilfe von Plakaten um Mithilfe gebeten.

Richtigkeit des Urteils wird ein Gesuch um Wiederaufnahme des Verfahrens vom Obersten Gericht in Washington abschlägig beschieden. Stattdessen zollt die Justiz dem Ruf der Öffentlichkeit nach einer Verschärfung des Gesetzes Tribut. Drei Monate nach der Tat beschließt der US-Kongress das »Lindbergh-Kidnap-Gesetz«, mit dem in den USA für Menschenraub die Todesstrafe eingeführt wird. Darüber hinaus darf die Bundespolizei künftig bei Kindesentführungen nicht nur Hilfe anbieten, sondern auch selbstständig agieren.

3. April 1932

Nurmi – Opfer der Heuchelei?

Der Internationale Leichtathletikverband erkennt dem finnischen Ausnahmeläufer Paavo Nurmi den Amateurstatus ab. Das Sportidol seiner Zeit, Gewinner von neun Gold- und drei Silbermedaillen bei Olympischen Spielen, darf an keinen internationalen Wettkämpfen mehr teilnehmen und bleibt somit von den Olympischen Spielen in Los Angeles ausgeschlossen. Dem 35-Jährigen wird vorgeworfen, Startgelder angenommen und damit gegen das Amateurstatut verstoßen zu haben. Diese Tatsache war allerdings seit langem bekannt – viele Kommentatoren sprechen daher von Heuchelei und Neid der Funktionäre.

10. April 1932

Hindenburg im Amt bestätigt

Aus dem zweiten Wahlgang zur Reichspräsidentenwahl geht Reichspräsident Paul von Hindenburg mit 53,0 % der Stimmen als Sieger hervor (Abb.: Wahlkampf in Berlin). Im ersten Urnengang am 13. März hatte der Amtsinhaber 49,6% der Stimmen auf sich vereinigt. Die beiden aus dem ersten Wahlgang verbliebenen Kandidaten, NSDAP-Chef Adolf Hitler und Ernst Thälmann (KPD), erreichen 36,8% (1. Wahlgang: 30,1%) und 10,2% (13,2%). Mehr als die Hälfte der Wahlberechtigten entscheidet sich mit dem Votum für Hindenburg, der von SPD, DDP, Zentrum und DVP unterstützt wird, für die parlamentarische Demokratie. Hitler wird von knapp zwei Dritteln der Deutschen abgelehnt. Das Abschneiden Hitlers bleibt weit hinter den Erwartungen seiner Anhänger zurück.

13. April 1932

Regierung verbietet SA und SS

Um einen befürchteten Putschversuch zu verhindern, verbietet die Reichsregierung die nationalsozialistischen Kampfverbände SA (»Sturmabteilung«) und SS (»Schutzstaffel«). Rechtsgrundlage ist eine von Reichspräsident Paul von Hindenburg erlassene Notverordnung »zur Sicherung der Staatsautorität« gemäß Artikel 48 der Weimarer Verfassung. Die Staatsmacht unternimmt mit dieser Anordnung einen Versuch, sich gegen den überhand nehmenden Straßenterror der Nationalsozialisten zur Wehr zu setzen. Nachdem es Anfang des Monats mehrfach zu Übergriffen von nationalsozialistischen Rollkommandos gekommen ist – prominentestes Opfer ist der Reichsbankpräsident Hans Luther, der am 9. April leicht verletzt wird –, setzt Reichsinnenminister Wilhelm Groener das Verbot durch.

Die SS (s. Abb. oben) wurde 1925 gegründet. Zu ihren Aufgaben zählen der persönliche Schutz Adolf Hitlers sowie Polizeifunktionen innerhalb des NSDAP-Parteiapparates. Ihr Leiter ist seit 1929 Heinrich Himmler. Die SA (s. Abb. rechts) wurde 1920 von der NSDAP als uniformierte Kampftruppe zum Schutz von Versammlungen aufgestellt. Ernst Röhm, seit 1931 Stabschef der SA, leitet die Organisation, deren Aufgabe vor allem die Bekämpfung der politischen Gegner mit terroristischen Mitteln ist. Die SA hat 1932 rd. 400 000, die SS rd. 100 000 Mitglieder.

April 1932

1 Fr Reichspräsident Hindenburg lehnt ein Gnadengesuch des Publizisten Carl von Ossietzky ab, der wegen Landesverrats verurteilt worden war.

2 Sa In Rom hält der italienische Ministerpräsident Benito Mussolini im Goethe-Haus die Eröffnungsrede zur Einweihung des deutschen Kulturinstituts.

3 So Zur Eröffnung des Wahlkampfes zur Reichspräsidentenwahl kommt es zu Krawallen zwischen Anhängern des rechten und des linken Lagers. → Nurmi

4 Mo Die US-Firma Eastman Kodak stellt in Washington der Presse ein Verfahren vor, das mit Hilfe von Infrarotstrahlen das Fotografieren im Dunkeln ermöglicht.

5 Di Als Priester verkleidet flüchtet Neufundlands Premierminister Sir Richard Squires vor wütenden Arbeitslosen aus dem Parlamentsgebäude in St. John.

6 Mi Nachdem Personal und Fahrgäste zum wiederholten Mal ausgeraubt wurden, rüstet die Hamburger U-Bahn ihre Angestellten mit Revolvern aus.

7 Do Bei den Landtagswahlen von Mecklenburg-Strelitz wird die Koalition von DNVP und NSDAP unter Führung von Heinrich von Michael (DNVP) bestätigt.

8 Fr Japan gewährt der neuen mandschurischen Marionetten-Regierung unter Regent Pu Yi einen Kredit in Höhe von 20 Mio. Yen.

9 Sa Der Brite George Eyston bricht mit seinem Panhard-Wagen auf einer Rennstrecke bei Paris vier Automobil-Geschwindigkeitsweltrekorde.

10 So Bei dem 1639 km langen Straßenrennen »Coppa Mille Miglia« in Italien siegt der Einheimische Mario Umberto Borzacchini. → Hindenburg

11 Mo In den argentinischen Kordilleren brechen mehrere Vulkane aus. Hunderttausende Menschen flüchten vor der Lava und dem Ascheregen.

12 Di Der frühere Reichswehrleutnant Richard Scheringer wird in Berlin wegen Landesverrats zu zweieinhalb Jahren Haft verurteilt.

13 Mi Der Allgemeine Deutsche Gewerkschaftsbund (ADGB) fordert in Berlin von der Regierung ein Konzept gegen die Massenarbeitslosigkeit. → SA

14 Do In Auckland (Neuseeland) stürmen Tausende von Arbeitslosen die Geschäfte der Stadt. Erst das Militär kann die öffentliche Ordnung wiederherstellen.

15 Fr Dem Kongress in Washington wird eine Petition mit fünf Mio. Unterschriften für die Legalisierung des Alkoholausschanks übergeben.

16 Sa Die US-Filmstudios »Universal Pictures« zahlen für das Verfilmungsrecht des Theaterstückes »Counsel at Law« den Rekordpreis von 650 000 Dollar.

17 So In Monte Carlo gewinnt der Italiener Tazio Nuvolari auf Alfa Romeo den Großen Preis von Monaco. +++ In Abessinien wird die Sklaverei abgeschafft.

18 Mo Wegen des Aufmarschs japanischer Invasionstruppen verstärkt die Sowjetunion ihre Truppen an der Grenze zur Mandschurei (Mandschukuo).

19 Di In Berlin wird der Kunsthändler Otto Wacker wegen Fälschung zu einem Jahr Gefängnis verurteilt. +++ Die deutsche Lufthansa kündigt Preissenkungen an.

20 Mi Die Glasgow Rangers gewinnen im heimischen Hampden-Park das zweite Endspiel um den schottischen Fußball-Pokal gegen Kilmarnock mit 3:0 Toren.

21 Do Bei einem Schwimmvergleichskampf zwischen Ungarn und Deutschland bricht Lisa Rocke in Leipzig mit 3:08,2 min den Weltrekord über 200-m-Brust.

22 Fr In Berlin findet die Premiere des deutschen Spielfilms »Die Gräfin von Monte Christo« mit Rudolf Forster und Brigitte Helm statt. Die Regie führte Karl Hartl.

23 Sa Die deutsche Schwerindustrie erhält von der Sowjetunion einen Auftrag zur Lieferung von 150 000 t Walzmaterial.

24 So Bei den Landtagswahlen in mehreren Bundesländern Österreichs erzielt die Partei der Nationalsozialisten große Stimmengewinne. → NSDAP

25 Mo Infolge von Wirbelstürmen über weiten Teilen der US-Bundesstaaten Tennessee und Arkansas kommen acht Menschen ums Leben.

26 Di Eine Gasexplosion im Geschäftsviertel von Detroit im US-Bundesstaat Michigan führt zum Einsturz von drei Hochhäusern.

27 Mi Die Zahl der Arbeitslosen in den Vereinigten Staaten ist gestiegen. Nach Angaben der Regierung sind über acht Mio. Menschen ohne Arbeit.

28 Do In South Bend im US-Bundesstaat Indiana stürzt ein Schnellzug von einer Eisenbahnbrücke auf ein Wohnhaus. Dabei sterben drei Menschen.

29 Fr Vor der japanischen Stadt Hiroschima fordert der Zusammenstoß eines Küstendampfers mit einem Motorschiff 100 Todesopfer.

30 Sa In Basel hat das Stück »Menschen ohne Gott« von Hans Mühlestein Premiere. Es handelt von dem sowjetischen Regierungschef Josef W. Stalin.

Mai 1932

1 So Bei einem Leichtathletik-Sportfest in Lincoln (US-Bundesstaat Nebraska) bricht der US-Läufer Roland Locke in 20,6 sec. den Weltrekord über 200 m.

2 Mo Am Nationaltheater in Belgrad findet die Uraufführung von »Morana«, einer Oper des jugoslawischen Komponisten Jakob Gotewatz, statt.

3 Di Der Oberste Gerichtshof der USA lehnt den Einspruch des Gangsterbosses Al Capone gegen dessen Verurteilung wegen Steuerhinterziehung ab.

4 Mi »Zur Sicherung der Staatsautorität« müssen politische Parteien mit militärähnlicher Struktur ihre Satzungen dem Reichsinnenministerium vorlegen. → Memelland

5 Do Die japanischen Truppen ziehen sich nach der Unterzeichnung eines Waffenstillstands aus der ostchinesischen Hafenstadt Schanghai zurück.

6 Fr In Berlin findet unter der Regie von Carl Theodor Dreyer die Premiere des deutschen Horrorfilms »Vampyr – Der Traum des Allan Gray« statt.

7 Sa Auf zwei Kreuzern der peruanischen Kriegsmarine, die im Hafen von Lima ankern, meutern die Besatzungen. → Paris

8 So Bei den französischen Parlamentswahlen siegen die Radikalsozialisten über die regierenden Linksrepublikaner unter Ministerpräsident André Tardieu.

9 Mo Eine Heuschreckenplage sucht die Südafrikanische Union heim und richtet in der Landwirtschaft Schäden in Millionenhöhe an.

10 Di Als Nachfolger des ermordeten französischen Staatspräsidenten Paul Doumer wird in Paris der bisherige Senatspräsident Albert Lebrun gewählt.

11 Mi Nach einer Veröffentlichung des Reichsamtes für Statistik ist die industrielle Weltproduktion auf den Stand von 1913 zurückgegangen.

12 Do Nahe Hopewell im US-Bundesstaat New Jersey wird das am 2. März entführte Baby des Ozeanfliegers Charles Lindbergh tot aufgefunden.

13 Fr Bei Kämpfen zwischen verfeindeten Moslems und Hindus kommt es in Bombay und Kalkutta zu mehreren 100 Toten und über 1000 Verletzten.

14 Sa Erstmals nach dem Weltkrieg findet in Straßburg wieder das »Elsässer Musikfest« statt, an dem auch das Berliner Philharmonische Orchester teilnimmt.

15 So In Tokio stirbt der japanische Ministerpräsident Ki Tsujoschi Inukai bei einem Anschlag rechtsradikaler Armeeangehöriger.

16 Mo Nach einem schweren Wolkenbruch kommt es in der Umgebung von Koblenz zu Überschwemmungen und Erdrutschen, bei denen sechs Menschen sterben.

17 Di Das Schauspiel »Haifische« von Theodor Plievier feiert in Berlin Premiere. +++ Die belgische Regierung tritt wegen des Sprachenkonflikts zurück.

18 Mi In Großbritannien erregt ein neuer Projektionsapparat für Lichtreklame Aufsehen. Mit 300 Scheinwerfern können Bilder auf Wolken projiziert werden.

19 Do Der Irak tritt als souveräner Staat in den Völkerbund ein. Großbritannien hatte die Aufnahme des arabischen Staates vorgeschlagen.

20 Fr Die Japanerin Kinue Hitomi stellt in Osaka mit 5,96 m einen Weltrekord im Weitsprung auf. +++ In Hamburg hat der Film »Razzia in St. Pauli« Premiere. → Dollfuß

21 Sa Auf einem Versuchsgelände auf der Nordseeinsel Wangerooge testet der Konstrukteur Reinhold Tiling Raketen, die Post befördern sollen.

22 So Manfred von Brauchitsch gewinnt auf Mercedes vor 300 000 Zuschauern das Avus-Rennen in Berlin. Zweiter wird Rudolf Caracciola auf Alfa Romeo.

23 Mo Um die japanhörige Regierung in ihrem Kampf gegen Aufständische zu unterstützen, lässt Japan Invasionstruppen nach Mandschukuo transportieren.

24 Di Nachdem Nazisympathisanten versucht hatten, in Wien jüdische Geschäfte zu plündern, werden sie von den Inhabern verprügelt und angezeigt.

25 Mi Bei der Wahl von Hanns Kerrl (NSDAP) zum preußischen Landtagspräsidenten kommt es zu Schlägereien zwischen NSDAP- und KPD-Abgeordneten.

26 Do Nach dem Rücktritt der griechischen Regierung unter Eleftherios Weniselos übernimmt der Republikaner Alexandros Papanastasiou die Amtsgeschäfte.

27 Fr Auf Schloss Hambach (Pfalz) wird der 100. Jahrestag des Hambacher Festes gefeiert, eines Meilensteins der deutschen Demokratiebewegung.

28 Sa Der Deutsche Hein Müller unterliegt bei der Box-Europameisterschaft im Schwergewicht in Brüssel dem Belgier Pierre Charles nach Punkten. → Holland

29 So Bei den Landtagswahlen in Oldenburg erringt die Nationalsozialistische Deutsche Arbeiterpartei (NSDAP) erstmals eine absolute Mehrheit.

30 Mo Reichskanzler Heinrich Brüning tritt mit seinem Kabinett zurück, nachdem ihm Reichspräsident Paul von Hindenburg das Vertrauen entzogen hat.

31 Di In der Südafrikanischen Union sind nach Regierungsangaben bisher rd. 400 Eingeborene des Ovambo-Stammes in Südwestafrika an der Pest gestorben.

4. Mai 1932

Streit um das Memelland

Bei den Wahlen zum Landesparlament im autonomen Memelgebiet erringen die deutschen Parteien die Mehrheit der Mandate. Von den rd. 65 700 abgegebenen Stimmen erhalten die litauischen Parteien nur 12 000. Das an Ostpreußen angrenzende Memelland, bis zum Versailler Vertrag von 1919 Teil des Deutschen Reiches, war im Jahre 1924 unter ein vom Völkerbund garantiertes Autonomiestatut gestellt worden.
Stärkste Fraktion wird die Memelländische Landwirtschaftspartei, die künftig 11 der insgesamt 29 Sitze stellt. In seiner konstituierenden Sitzung vom 9. Mai wählt das Parlament Franz Schreiber zum Landespräsidenten. In den vergangenen Monaten war es im Memelland wiederholt zu Unruhen gekommen. Obgleich die litauische Regierung

dem Autonomiestatut auf internationalen Druck hin zugestimmt hatte, versuchte sie ihren Einfluss auf das Memelland zu stärken. Als symbolischen Akt hatte sie u.a. ein Denkmal des deutschen Kaisers Wilhelm I. entfernen und im Hof einer Feuerwache abstellen lassen (s. Abb.). Am 6. Februar war Otto Böttcher, der gewählter Landespräsident, von den litauischen Behörden verhaftet worden, weil er sich geweigert hatte, die Amtsgeschäfte an einen litauischen Gouverneur zu übergeben. Auf Druck des Völkerbunds musste Litauen daraufhin Neuwahlen ausschreiben.

20. Juni 1932

Benelux wirbt für freien Handel

In der schweizerischen Stadt Lausanne vereinbaren Vertreter Belgiens, der Niederlande und Luxemburgs den gegenseitigen Abbau von Handelsbeschränkungen. Dem Abkommen, dem die Vertragspartner Modellcharakter beimessen, sollen nach dem Willen der Benelux-Staaten weitere europäische Länder beitreten.
Die Unterzeichner verpflichten sich, keine neuen Zölle einzuführen und die derzeit gültigen Zollsätze um jährlich 10% herabzusetzen. Der Abbau der Handelsbeschränkungen soll der Überwindung der Wirtschaftskrise dienen. Nach Ansicht der Vertragspartner sind Zollschranken, die den freien Austausch von Waren erschweren, kein geeignetes Mittel zur Gesundung der Weltwirtschaft. Belgien, die Niederlande und Luxemburg hatten sich bereits 1927 auf der Weltwirtschaftskonferenz in Genf auf eine gemeinsame Wirtschaftspolitik verständigt. 1930 regten die Benelux-Staaten die Konvention von Oslo an, die von Dänemark, Schweden und Norwegen mitgetragen wurde. Sie verpflichtet dazu, Zölle nicht ohne vorherige Beratung mit den Partnern zu erhöhen.

29. Juni 1932

König von Siam entmachtet

In Siam (Thailand), dem »Land der tausend Elefanten«, beendet ein unblutig verlaufender Militärputsch die seit dem 16. Jahrhundert bestehende absolute Monarchie. Das Militär nutzt eine mehrtägige Abwesenheit von König Prajadhipok (Abb.: mit Ehefrau) von der Hauptstadt Bangkok zur Proklamation der konstitutionellen Monarchie als Staatsform. Künftig ist der König bei den Regierungsgeschäften auf die Zustimmung des Senats und der Volkspartei angewiesen. Ausgelöst wurde der Umsturz, dessen Initiatoren westlich geschulte Offiziere und Intellektuelle sind, durch anhaltende Versorgungsschwierigkeiten der Bevölkerung und der wachsenden Arbeitslosigkeit als Folge der Weltwirtschaftskrise. Darüber hinaus zeigte sich die bürgerliche Mittelschicht unzufrieden über die Bevorzugung des Adels und der ausländischen Berater in Politik und Verwaltung.

1. Juni 1932

Das »Kabinet der Barone«

Reichskanzler Franz von Papen, Vertreter des rechten Flügels der Zentrumspartei, stellt in Berlin sein neues Kabinett vor. Er hat auf Wunsch des Reichspräsidenten Paul von Hindenburg ein Kabinett aus von Parteien unabhängigen Fachleuten gebildet, die überwiegend aus den Kreisen des konservativen Adels stammen. Die neue Regierung geht als »Kabinett der Barone« in die deutsche Geschichte ein.
Am 30. Mai war Reichskanzler Heinrich Brüning (Zentrum) von seinem Amt zurückgetreten,

Franz von Papen

deutscher Politiker, * 29.10.1879 Werl bei Dortmund; † 2.5.1969 Obersasbach bei Achern (Baden)

Der ultrakonservative Monarchist ebnete der Machtergreifung Hitlers den Weg. In seine kurze Amtszeit als Reichskanzler (Juni bis November 1932) fällt u.a. der verfassungswidrige Putsch gegen die preußische SPD-Regierung. Am 30. Januar 1933 wurde er unter Hitler Vizekanzler, schied aber 1934 wegen des Alleinherrschaftsanspruchs der NSDAP aus der Regierung aus.

- 1918: Mitglied des Zentrums
- 1934-44: Botschafter in Wien (bis 1938) und Ankara
- 1946: Freispruch vor dem Nürnberger Militärtribunal

20. Mai 1932

Erstes Kabinett Dollfuß im Amt

Auch Österreich erlebt in diesen Tagen eine Regierungskrise. Nachdem Bundeskanzler Karl Buresch (Christlichsoziale Partei) aufgrund eines Misstrauensvotums gescheitert ist und zurücktreten musste, bildet der bisherige Landwirtschaftsminister Engelbert Dollfuß (CP) ein Drei-Parteien-Kabinett. Dem Bündnis gehören neben der konservativen CP der bürgerliche Landbund und der rechtsgerichtete »Heimatblock« an.

7. Mai 1932

Tödliche Schüsse in Paris

Am Tag nach einem auf ihn verübten Revolverattentat erliegt Frankreichs Staatspräsident Paul Doumer seinen Kopfverletzungen. Ein Rechtsextremist hatte dem radikalsozialistischen Politiker in einem Haus in der Pariser Rue Berryer aufgelauert und mehrere Schüsse auf ihn abgegeben. Der sofort nach dem Anschlag festgenommene Täter muss vor einer lynchbereiten Menge geschützt werden. Doumer hatte in den zwanziger Jahren als Finanzminister mehreren Regierungen angehört, ehe er 1931 Präsident wurde.

28. Mai 1932

Holland trotzt Nordsee Land ab

In den Niederlanden gewinnt das weltweit größte und ehrgeizigste Projekt zu Landgewinnung Konturen: Der 30 km lange Zuider-Damm, der die Nordsee von der Zuidersee-Bucht trennt, wird fertig gestellt. Das durch die Eindeichung entstandene, rd. 3700 km^2 große Binnengewässer wird nach seinem Hauptzufluss, der Ijssel, in Zukunft »Ijsselmeer« genannt. In den kommenden Jahren soll das Ijsselmeer weitgehend trocken gelegt und landwirtschaftlich genutzt werden. Dazu müssen noch zahlreiche Entwässerungsgräben ausgehoben und kilometerlange Dämme aufgeschüttet werden. Die Bauarbeiten (s. Abb.) waren 1920 begonnen worden. Das gewaltige Bauwerk – am Meeresboden etwa 150 m, am Kamm rd. 39 m breit – war mit einem Kostenaufwand von umgerechnet 80 Mio. Reichsmark erstellt worden.

Die neue Regierung unter Franz von Papen (sitzend, 3.v.l.) ist ein anachronistisches »Herrenkabinett«. Mächtigster Mann im Hintergrund ist Reichswehrminister Kurt von Schleicher (stehend, 3.v.l.).

nachdem ihm Hindenburg das Vertrauen entzogen hatte. Vordergründiger Anlass war die politische Auseinandersetzung über ein von Brüning vorgelegtes Ostsiedlungsprogramm. In Wirklichkeit war der Kanzlersturz ebenso wie die Ernennung Franz von Papens das Ergebnis eines Intrigenspiels in der Umgebung des Präsidenten. Drahtzieher dieses für das autoritäre Präsidialsystem typischen Vorgangs war Reichswehrgeneral Kurt von Schleicher. Er spielt im neuen »Kabinett der Barone« als Reichswehrminister eine Schlüsselrolle. Der greise Reichspräsident, dem die Weimarer Verfassung eine überragende Position einräumt, steht zunehmend unter dem Einfluss einer Gruppe von reaktionären Vertrauten. Das kurzlebige »Kabinett der Barone« ist ohne substantiellen parlamentarischen Rückhalt, lediglich die rechtskonservative DNVP sagt ihre Unterstützung zu. Als eine ihrer ersten Maßnahmen hebt die Regierung am 16. Juni das Verbot von SA und SS auf. Das Zentrum lehnt die neue Regierung unter Papen ab. Er selbst tritt am 3. Juli aus der Partei aus und kommt damit seinem Ausschluss zuvor. SPD und KPD kündigen an, das »Kabinett der Barone « zu bekämpfen. Am 4. Juni löst Hindenburg den Reichstag auf und schreibt für den 31. Juli Neuwahlen aus.

Juni 1932

1 Mi In Washington und anderen Städten der USA kommt es zu Auseinandersetzungen zwischen Kriegsveteranen und der Polizei. → »Kabinett der Barone«

2 Do Am Hamburger Thalia-Theater hat die Komödie »Engel« von Melchior Lengyels Premiere. +++ Die USA beschließen, die Einkommensteuer zu erhöhen.

3 Fr Ein schweres Erdbeben zerstört in Mexiko 20 Ortschaften. Von den rd. 500 Toten entfallen allein 300 auf die Stadt Guadalajara.

4 Sa In Chemnitz schließen sich die Automobilfirmen DKW, Horch, Audi und Wanderer unter dem Symbol von vier Ringen zur Auto-Union GmbH zusammen.

5 So Der Italiener Tazio Nuvolari gewinnt auf der Strecke von Monza bei Mailand auf Alfa Romeo den Großen Preis von Italien für Rennwagen.

6 Mo Sintflutartige Regenfälle führen in Mittel- und Südengland zu Überschwemmungen. Die Stadt Bentley muss vollständig evakuiert werden.

7 Di In der Nähe von Marseille in Frankreich wird die Brücke über den Fluss Durance eingeweiht. Sie ist mit 308 m die längste Hängebrücke Europas.

8 Mi Nach einer Veröffentlichung des Statistischen Reichsamtes ist die Zahl der Arbeitslosen in Deutschland mit derzeit 5,58 Mio. rückläufig.

9 Do Um bessere Absatzmöglichkeiten für ihr Produkt zu schaffen, beschließen die portugiesischen Winzer die Vernichtung von 45 Mio. l Wein.

10 Fr Zum Schutz der heimischen Industrie vor ausländischer Konkurrenz beschließt Japans Parlament in Tokio die Anhebung der Einfuhrzölle um 35%.

11 Sa Das französische Traber-Derby auf der Rennbahn in Chantilly gewinnt der britische Hengst »Strip the Villow« mit Jean Herve im Sulky.

12 So Der FC Bayern München wird in Nürnberg vor 55 000 Zuschauern durch einen 2:0-Sieg über Eintracht Frankfurt erstmals deutscher Fußballmeister.

13 Mo Zwischen Unna und Hamm entgleist ein Personenzug. Bei dem Unglück stirbt einer der Fahrgäste, 44 werden z.T. schwer verletzt.

14 Di Als erster Vertreter der NSDAP erhält Reichsorganisationsleiter Gregor Strasser die Erlaubnis, im Rundfunk die politischen Ziele seiner Partei zu erläutern.

15 Mi Der ägyptische Archäologe Selim Hassan legt im Tal der Könige bei Gizeh eine Pyramide frei. Das Pharaonengrabmal ist 60 m lang und 20 m hoch.

16 Do Vor der französischen Atlantikküste bergen italienische Taucher aus einem Schiffswrack Goldbarren und Banknoten im Wert von mehreren Mio. Reichsmark.

17 Fr Die nationalsozialistischen Abgeordneten im bayerischen Landtag werden wegen Verstoßes gegen das Uniformverbot für 20 Sitzungstage ausgeschlossen.

18 Sa Ein Gericht in Rom verurteilt zwei der Attentäter, die 1931 einen Anschlag auf Benito Mussolini verübt hatten, zum Tode.

19 So In Laucha/Thüringen wird das erste Glockenmuseum der Welt eröffnet. Es zeigt u.a. die Technik des Glockengießens seit dem frühen Mittelalter.

20 Mo Die 52. Internationalen Tennismeisterschaften von England beginnen in Wimbledon bei London. Sie dauern bis zum 2. Juli. → Benelux

21 Di Durch eine umstrittene Punktniederlage verliert der deutsche Schwergewichts-Boxweltmeister Max Schmeling seinen Titel an Jack Sharkey (USA).

22 Mi In Paris wird eine dreiwöchige Ausstellung mit Gemälden, Zeichnungen und Skulpturen des spanischen Künstlers Pablo Picasso eröffnet.

23 Do Eine Springflut richtet große Verwüstungen in den Küstendörfern an der Westküste Mexikos an. Mehr als 30 Menschen ertrinken.

24 Fr In Stockholm verlobt sich Gustav Adolf, der älteste Sohn des Kronprinzen Gustav Adolf von Schweden, mit Prinzessin Sibylle von Sachsen-Coburg-Gotha.

25 Sa Die erste Zürcher Autoschau beginnt. Zwei Wochen lang werden auf dem Ausstellungsgelände mehr als 500 Fahrzeuge aus 15 Ländern gezeigt.

26 So Beim Großen Preis von Lothringen für Automobile rast bei Nancy ein Rennwagen in die Zuschauermenge. Das Unglück fordert drei Menschenleben.

27 Mo Mit englischer Unterstützung gelingt es den Truppen des Irak, die aufständischen Kurden zu schlagen und sie zurück über die türkische Grenze zu drängen.

28 Di Am Landestheater Braunschweig findet die Uraufführung der Oper »Kammersänger« von Rudolf Hartung statt.

29 Mi Ein internationaler Minderheitenkongress tagt in Wien. Vertreter fast aller nationalen Minderheiten Europas nehmen daran teil. → Siam

30 Do Der Reichshaushaltsplan 1931/32 mit einem Umfang von 8,173 Mrd. Reichsmark wird von der Reichsregierung per Notverordnung in Kraft gesetzt.

Juli 1932

1 Fr »Mensch ohne Namen«, ein Spielfilm von Gustav Ucicky mit Werner Krauss und Helene Thimig, wird in Berlin uraufgeführt.

2 Sa 62 Menschen sterben bei einem U-Boot-Unglück in der französischen Hafenstadt Cherbourg. Die »Prométhée« befand sich auf einer Versuchsfahrt.

3 So Bei schweren Zusammenstößen zwischen Hindus und Moslems im indischen Bombay kommen 215 Menschen ums Leben, 2600 werden verletzt.

4 Mo In Großbritannien führen die Verkehrsbetriebe neuartige Autobusse ein, die sowohl auf der Straße als auch auf Schienen fahren können.

5 Di Das SPD-Organ »Vorwärts« darf wegen angeblicher »Verächtlichmachung des Reichspräsidenten« für die Dauer von fünf Tagen nicht erscheinen. → Salazar

6 Mi Das US-Schatzamt in Washington gewährt der griechischen Regierung einen zweieinhalbjährigen Aufschub für die noch offenen Kriegsschulden.

7 Do In der österreichischen Hauptstadt Wien beschließt der Ministerrat die Einsetzung eines Komitees zur Lösung des Arbeitslosenproblems.

8 Fr Der französische Senat lehnt in Paris einen Antrag zur Gewährung des aktiven und passiven Wahlrechts für Frauen mit 253 gegen 40 Stimmen ab.

9 Sa In Lausanne endet die internationale Reparationskonferenz mit dem Beschluss, die deutschen Reparationszahlungen auf noch 3,1 Mrd. Goldmark zu begrenzen.

10 So Im Ausscheidungskampf um den Davis-Pokal in Berlin schlägt die Mannschaft des deutschen Tennisbundes das englische Team mit 3:2.

11 Mo Der Schweizerische Bundesrat erlässt in Bern eine Verfügung, die das Tragen von nationalsozialistischen »Braunhemden« unter Strafe stellt.

12 Di Beim Absturz eines Verkehrsflugzeuges bei Otrokovice (Tschechoslowakei) sterben vier Menschen, darunter der Schuhfabrikant Tomáš Bat'a.

13 Mi Die Türkei erklärt ihre Absicht, dem Völkerbund beizutreten. +++ Eine Cholera-Epidemie in mehreren chinesischen Städten fordert rd. 500 Todesopfer.

14 Do Nach einer Veröffentlichung der »American Telephone Company« ist New York mit rd. 10,9 Mio. Einwohnern die derzeit größte Stadt der Welt.

15 Fr Das Wiener Landgericht verurteilt Sylvester Matuschka wegen vier Bombenattentaten auf Eisenbahnzüge zu sechs Jahren Kerker.

16 Sa Eine Verordnung der Reichsregierung regelt den freiwilligen Arbeitsdienst neu. Die Freiwilligen werden nun sozialversichert und genießen Arbeitsschutz.

17 So Der Automobil-Rennfahrer Rudolf Caracciola gewinnt auf dem Nürburgring am Steuer eines Alfa Romeo den großen Preis von Deutschland. → »Blutsonntag«

18 Mo In Genf beschließt die Vollversammlung des Völkerbundes, den Aufnahmeantrag der Türkei in die Weltorganisation anzunehmen.

19 Di Das belgische Parlament billigt einen Gesetzentwurf über die Unterrichtssprachen. Künftig werden Flamen auf flämisch, Wallonen auf französisch unterrichtet.

20 Mi Nach einer Kabinettsumbildung in Italien ist Faschistenführer Benito Mussolini sowohl Ministerpräsident, als auch Innen- und Außenminister. → Preußen

21 Do Kanada und die USA unterzeichnen in Washington ein Abkommen über den Bau von Kanälen zwischen dem St.-Lorenz-Strom und den kanadischen Seen.

22 Fr In den Vereinigten Staaten schließen sich aufgrund sinkender Erträge im Frachtverkehr die vier größten Bahngesellschaften des Landes zusammen.

23 Sa Höhepunkt des Internationalen Musikfestes, das bis zum 25. Juli in Wien stattfindet, ist ein Musikwettbewerb mit 700 Künstlern aus 40 Nationen.

24 So In Dortmund beginnt das Reichstreffen der katholischen Sport-Jugend-Organisation »Deutsche Jugendkraft«. Etwa 30 000 Jugendliche nehmen daran teil.

25 Mo Ein bewaffneter Zusammenstoß von Soldaten im Grenzgebiet zwischen Bolivien und Paraguay führt zur Mobilmachung in beiden Ländern. → Osteuropa

26 Di Vor der Ostseeinsel Fehmarn wird das Segelschulschiff »Niobe« von einer Gewitterbö überrascht und kentert. 69 Seeleute kommen ums Leben.

27 Mi Die Berliner Pilotin Elly Beinhorn beendet einen Flug um die Welt. +++ In Dresden wird Karl Hasses Oratorium »Das deutsche Sanktus« uraufgeführt.

28 Do Um Ausschreitungen während der Reichstagswahlen zu vermeiden, werden alle politischen Versammlungen zwischen 31. Juli und 10. August verboten.

29 Fr Der Mörder des französischen Staatspräsidenten Paul Doumer wird in Paris zum Tode verurteilt und einen Tag später hingerichtet.

30 Sa Im belgischen Spa beginnen die Vorbereitungen zur Wahl der »Miss Universum« 1932. Siegerin wird am Sonntag »Miss Türkei«, Keriman Halis. → Spiele

31 So Der französische Radrennfahrer André Leducq gewinnt vor dem deutschen Teilnehmer Kurt Stöpel die Tour de France. → Republik

30. Juli 1932

Olympische Spiele in der Traumfabrik

Im Olympiastadion von Los Angeles findet die Eröffnungsfeier der X. Olympischen Sommerspiele statt. Noch nie sind Olympische Spiele mit einem derartigen Werbeaufwand populär gemacht und durchgeführt worden.
Die Titelseiten der Illustrierten stimmen auf das Ereignis ein, am Strand von Long Beach posieren Cover Girls mit den Riesenbuchstaben OLYMPIC GAMES. Die Spiele glänzen aber nicht nur durch ihren Showcharakter, sie gehen auch als Spiele der Rekorde und Neuerungen in die Geschichte des Sports ein. Die Sensation von Los Angeles ist die Schwimmmannschaft der Japaner, die bei den Herren fünf von sechs Wettbewerben gewinnt. Erfolgreichste Teilnehmernation nach Medaillenzahl sind jedoch die Gastgeber. Die deutsche Mannschaft stellt mit dem Gewichtheber Rudolf Ismayr, dem Ringer Jakob Brendel und dem Ruder-Vierer mit Steuermann drei Olympiasieger. Aufgrund der hohen Anreisekosten sind nur 83 Aktive aus Deutschland nach Los Angeles gereist. Zum ersten Mal bei Olympischen Spielen werden den Sportlern ihre Medaillen auf einem abgestuften Podest, dem sog. Treppchen, überreicht. Die männlichen Teilnehmer sind erstmals in einem eigens errichteten Olympischen Dorf untergebracht. Es gibt täglich frische Wäsche, Seife und Handtücher. Bäder, Sauna und Mas-

Medaillenspiegel

Land	G	S	B
USA	44	35	31
Italien	12	12	12
Frankreich	11	6	4
Schweden	10	5	9
Japan	7	7	4
Ungarn	6	5	5
Deutschland	3	12	5

Beflaggung und Umzüge sorgen in Los Angeles für eine typisch amerikanische Atmosphäre im Stil der Nachbarstadt Hollywood.

6. August 1932

Erste Filmfestspiele in Venedig

Premiere für die Filmfestspiele in Venedig, die sich zu einer der führenden Veranstaltungen für Cineasten entwickeln: In der italienischen Lagunenstadt beginnt die bis zum 21. August dauernde Leistungsschau des internationalen Kinos. Gezeigt werden u.a. aktuelle Produktionen aus Italien, Frankreich, Großbritannien, der Sowjetunion, den USA und Deutschland. Ein Publikumserfolg wird u.a. der deutsche Beitrag »Das blaue Licht« von und mit Leni Riefenstahl. Bei den Kritikern stößt der Streifen jedoch auf Ablehnung.

22. August 1932

Fernsehen in Postkartengröße

Mit einem Kabarettprogramm beliebter britischer Künstler startet die im Jahre 1922 gegründete Rundfunkgesellschaft British Broadcasting Corporation (BBC) offiziell ihr Fernsehprogramm. Die Bildqualität der von John Logie Baird entwickelten Empfänger lässt zwar wegen der niedrigen Auflösung von 48 Zeilen noch zu wünschen übrig, bietet aber den Zuschauern ein etwa postkartengroßes Bild im Hochformat. Die BBC plant, künftig regelmäßig Fernsehspiele, Gesangsdarbietungen und Informationen zu senden.

5. Juli 1932

Salazar an der Macht

Eine Sanierung der Wirtschaft und die außenpolitische Stärkung des Landes sind die Ziele des neuen portugiesischen Ministerpräsidenten. Der bisherige Finanzminister António de Oliveira Salazar (s. Abb., vorne l.) wird von Präsident António Os-

car de Fragoso Carmona zum Regierungschef ernannt. Salazar ist Vorsitzender der 1930 gegründeten Uniao Nacional, deren Programm die Errichtung eines autoritär-korporativen Einparteienstaats vorsieht. 1933 bildete Salazar den »Estado Novo« (Neuen Staat), in dem jeder Klasse und Gruppe eine festgelegte Stellung in der Gesellschaft zugewiesen wird. Mehr als 40 Jahre wird Salazars Einparteiendiktatur Bestand haben.

Olympiasieger Rudolf Ismayr aus München stemmt 345 kg in der Mittelgewichtsklasse.

sagen sorgen für Hygiene und Entspannung. Die Vertreter der Weltpresse werden im Olympiastadion auf einer eigenen Tribüne mit allen nötigen Kommunikationstechniken versorgt. Auf der Schlussfeier am 14. August wird die Jugend der Welt zu den XI. Olympischen Sommerspielen nach Berlin geladen.

17. Juli 1932

»Blutsonntag« in Altona

Bei Straßenkämpfen zwischen Kommunisten und Nationalsozialisten in Altona kommen 18 Menschen ums Leben. Der »Altonaer Blutsonntag« wird ausgelöst, als ein Demonstrationszug der NSDAP in den als »rote Hochburg« geltenden Ort einmarschiert. Anhänger der KPD, die den Aufmarsch als Provokation empfinden, schießen aus den Fenstern der Häuser auf die Nationalsozialisten. Diese errichten Barrikaden und versuchen, in die Häuser einzudringen. Auch in anderen deutschen Städten sterben mehrere Menschen bei Straßenkämpfen zwischen Linken und Rechten.

25. Juli 1932

Verständigung in Osteuropa

Die UdSSR und Polen unterzeichnen in Moskau einen Nichtangriffspakt. Beide Seiten verpflichten sich, bei der Verfolgung ihrer Ziele – insbesondere bei Grenzstreitigkeiten – auf die Drohung mit und die Anwendung von Gewalt zu verzichten. Dem Vertrag kommt eine wichtige Bedeutung für die Friedenssicherung in Osteuropa zu. Bislang bestanden zwischen beiden Staaten erhebliche Spannungen. Zudem ist der Pakt für die UdSSR ein Schritt aus ihrer außenpolitischen Isolation.

31. Juli 1932

Mehrheit gegen die Republik

Der mit modernen Propagandamethoden geführte Wahlkampf (Abb.: Plakat) der Nationalsozialisten hat Erfolg. Die NSDAP geht als Sieger aus den Wahlen zum 6. Deutschen Reichstag hervor. Sie wird mit 37,4% der abgegebenen Stimmen die stärkste politische Kraft. Während KPD und Zentrum leichte Stimmengewinne erzielen, müssen sowohl die Sozialdemokraten als auch bürgerliche Splitterparteien deutliche Verluste hinnehmen. Das Wählervotum bringt jedoch keine regierungsfähigen Mehrheiten. Trotz ihres Erfolgs können die Nationalsozialisten noch nicht allein die Regierung stellen. Allerdings zeigt das Ergebnis, dass die Mehrheit der Wähler der Weimarer Republik das Vertrauen entzogen hat. Auf die radikalen Parteien des linken und rechten Flügels – NSDAP und KPD – entfallen mehr als 50% der Sitze im neuen Reichstag. Beobachter erwarten nun Verhandlungen zwischen Reichskanzler Franz von Papen und dem NSDAP-Führer Adolf Hitler. Dieser hat bereits deutlich gemacht, dass seine Partei eine Führungsrolle beansprucht.

20. Juli 1932

Schlag gegen Preußen

In einem verfassungswidrigen Akt setzt Reichskanzler Franz von Papen die geschäftsführende Regierung von Preußen ab. Er wird von Reichspräsident Paul von Hindenburg zum Reichskommissar für das Land Preußen ernannt. Berlin beschuldigt die preußische Regierung unter Otto Braun (SPD), angesichts der blutigen Straßenschlachten die »kommunistische Gefahr« nur unzureichend bekämpft zu haben (Abb.: die Reichswehr patrouilliert). Bei Liberalen und Linken löst der Staatsstreich Empörung aus.

Otto Braun

deutscher Politiker, * 28.1.1872 Königsberg; † 15.12.1955 Ascona (Schweiz)

Der gelernte Steindrucker engagierte sich früh in der Landarbeiterbewegung Ostpreußens. Als Mitglied des Reichstags (1920-33), preußischer Landwirtschaftsminister (1918-21) und Ministerpräsident (1920-32) war der »rote Zar« einer der Stützen und markantesten Politiker der Weimarer Republik.

- 1911-21: Vorstandsmitglied der SPD
- 1933: Emigration in die Schweiz

August 1932

1 Mo Bei Straßenkämpfen zwischen Nationalsozialisten und Anhängern der Linksparteien sterben in mehreren deutschen Großstädten 20 Menschen.

2 Di In Brüssel kündigt der belgische Verteidigungsminister Bernhard Crokaert an, die Grenze zu Deutschland werde mit Sperranlagen befestigt.

3 Mi Die österreichische Regierung bringt im Nationalrat einen Gesetzentwurf ein, der die Verächtlichmachung der Landeswährung Schilling mit Gefängnis bedroht.

4 Do In Paris ratifizieren die deutsche und die französische Regierung ein Abkommen, das die Sozialversicherung in beiden Staaten einheitlich regelt.

5 Fr Nach Schätzungen der Gewerkschaften gibt es in den USA 11,6 Mio. Arbeitslose. +++ In Belgien treten die Grubenarbeiter in einen Lohnstreik.

6 Sa Mit einem Festakt wird die Autobahn Köln-Bonn eröffnet. Es ist die erste kreuzungsfreie Straße nur für den Kraftfahrzeugverkehr. → Filmfestspiele

7 So Die belgische sozialistische Bergarbeitergewerkschaft beschließt in einer außerordentlichen Vertreterversammlung in Brüssel den Generalstreik im Bergbau.

8 Mo In Berlin wird der Spielfilm »Quick« von Robert Siodmak mit Lilian Harvey und Hans Albers in den Hauptrollen uraufgeführt.

9 Di Die deutsche Reichsregierung erlässt eine Notverordnung, durch die politischer Mord mit der Todesstrafe geahndet werden soll.

10 Mi In den spanischen Städten Madrid und Sevilla schlagen regierungstreue Truppen einen Putschversuch monarchistischer Offiziere nieder.

11 Do Mitglieder der Führungsspitze der Zentrums-Partei fordern in Berlin eine Beteiligung der NSDAP an der Regierungsverantwortung.

12 Fr Präsident Herbert C. Hoover gibt in der US-Hauptstadt Washington seine erneute Kandidatur für die Präsidentschaftswahlen im November bekannt.

13 Sa Die offene deutsche Golfmeisterschaft für Amateure und Berufsspieler in Bad Ems gewinnt der Franzose Auguste Boyer mit 282 Schlägen für 72 Löcher.

14 So Der italienische Konstrukteur und Erfinder Guglielmo Marchese Marconi stellt im Vatikan Papst Pius XI. einen Ultrakurzwellen-Sender vor.

15 Mo Die US-Fernsehgesellschaft Columbia Broadcasting Systems beginnt mit der Ausstrahlung der weltweit ersten Fernsehserie »The Wide World Review«.

16 Di Ein schwerer Wirbelsturm im US-Bundesstaat Texas fordert 33 Menschenleben. +++ In Split (Jugoslawien) wird eine antike Sphinx-Statue entdeckt.

17 Mi In Madrid brechen sechs Kampfstiere aus ihren Verschlägen aus. Sie verursachen eine Panik; zwei Menschen sterben, 48 werden verletzt.

18 Do Der schweizerische Physiker Auguste Piccard steigt in Zürich mit einer an einem Ballon befestigten Druckkapsel in eine Höhe von 16 201 m auf.

19 Fr Die seit 14 Tagen über Südengland andauernde Hitzewelle erreicht mit 37,2 °C, die in London gemessen werden, ihren Höhepunkt.

20 Sa In der Nähe von Nischni-Nowgorod in der UdSSR stürzt eine im Bau befindliche Brücke ein. Bei dem Unglück werden 13 Arbeiter getötet.

21 So Anlässlich des 100. Todesjahres Johann Wolfgang von Goethes beginnt in Frankfurt eine Festwoche mit Goethe-Aufführungen und -Lesungen.

22 Mo In der belgischen Stadt Dixmuiden findet eine Massenkundgebung statt, auf der 200 000 Flamen die »Befreiung Flanderns« fordern. → Fernsehen

23 Di Bei einem Sportfest in Freeport stellt der US-Athlet Leo Sexton mit einer Weite von 16,14 m einen Weltrekord im Kugelstoßen auf.

24 Mi Reichsbankpräsident Hans Luther vertritt in Dortmund die Auffassung, die Talsohle der Wirtschaftskrise sei überwunden, eine Besserung langsam spürbar.

25 Do Ein Taifun verwüstet den nördlichen Teil der Insel Formosa (Taiwan). Der Sturm bringt u.a. einen Zug zum Entgleisen; dabei sterben zwölf Menschen.

26 Fr In der polnischen Hauptstadt Warschau treten die Beamten in einen Streik, da sie seit drei Monaten keine regelmäßigen Bezüge erhalten haben.

27 Sa Reichsinnenminister Wilhelm Freiherr von Gayl erlässt eine Verordnung, die Beamten das Tragen von Uniformen bei politischen Veranstaltungen verbietet.

28 So In Leipzig wird die diesjährige Herbstmesse eröffnet. Die Zahl der Aussteller hat sich gegenüber dem Vorjahr um 18 % verringert.

29 Mo Die Regierung der UdSSR beschließt, für einfache Diebstähle die Todesstrafe zu verhängen, um den Anstieg der Kriminalität zu bekämpfen.

30 Di Reichswehrminister Kurt von Schleicher fordert in einer Rede die Bewaffnung der Reichswehr mit U-Booten, Flugzeugträgern, Kriegsflugzeugen und Panzern.

31 Mi In der Zeitschrift »Saarfreund« spricht sich Reichskanzler Franz von Papen für eine baldige Rückgliederung des Saargebietes an das Deutsche Reich aus.

September 1932

1 Do Etwa 250 000 Menschen nehmen in Essen am 71. deutschen Katholikentag teil. Das Laientreffen steht unter dem Motto »Christus in der Großstadt«.

2 Fr Der Spielfilm »Drei von der Kavallerie« von Carl Boese – mit Paul Hörbiger, Fritz Kampers und Paul Heidemann – hat in Berlin Premiere.

3 Sa In den niederländischen Hafenstädten treten die Seeleute in einen Streik. Sie protestieren gegen den Verkauf von Handelsschiffen an britische Reeder.

4 So Der mexikanische Kongress wählt in Mexiko-City Abelardo L. Rodríguez als Nachfolger von Pascual Ortiz Rubio zum Staatspräsidenten.

5 Mo In Rom enden die Weltmeisterschaften der Amateur- und Berufsradrennfahrer. Der deutsche Amateur Albert Richter siegt auf der Bahn im Sprint.

6 Di Die spanische Regierung verkündet in Madrid eine Strafrechtsreform; u.a. werden die Todesstrafe und lebenslange Freiheitsstrafen abgeschafft.

7 Mi Nach einer Veröffentlichung des US-Bundesarbeitsamtes in Washington ist der Durchschnittslohn für Arbeitnehmer gegenüber 1926 um 63,8% gesunken.

8 Do In Stuttgart findet die Uraufführung des Films »Die Tänzerin von Sanssouci« mit Otto Gebühr und Lil Dagover in den Hauptrollen statt.

9 Fr Nach einer Explosion im Maschinenraum sinkt die Fähre »Observation« im Hafen von New York. Bei dem Unglück kommen 47 Passagiere ums Leben.

10 Sa In Luxemburg wird der »Internationale Radiodienst« gegründet. Der als Privatunternehmen geführte Sender finanziert sich aus Werbeeinnahmen.

11 So Der deutsche Automobilrennfahrer Rudolf Caracciola gewinnt auf Alfa Romeo den Großen Preis von Monza in Italien.

12 Mo In Den Haag findet anlässlich des 300. Geburtstages des Philosophen Baruch de Spinoza ein internationaler Philosophenkongress statt. → Reichstag

13 Di Der DNVP-Vorsitzende Alfred Hugenberg ruft zum Kampf gegen die Republik auf. +++ Franz Ritter von Epp leitet das neue Wehrpolitische Amt der NSDAP.

14 Mi Im französischen Generalgouvernement Algerien verunglückt ein Militärzug der Fremdenlegion. 55 Tote und mehr als 300 Verletzte werden geborgen.

15 Do Die »London-Midland and Scottish Railway« und die »Great Western Railway« in Großbritannien beschließen, gegenseitigen Wettbewerb einzustellen.

16 Fr Als Bedingung für die Teilnahme an der Genfer Abrüstungskonferenz fordert das Reichsaußenministerium die Gleichberechtigung in Rüstungsfragen.

17 Sa Der britische Flieger William F. Huins stellt bei Bristol in einem einmotorigen Jagdflugzeug mit 13 700 m einen Höhenweltrekord für Flugzeuge auf.

18 So Bei einem Leichtathletik-Länderkampf der Männer gegen die Schweiz in Weimar gewinnt die deutsche Mannschaft in allen 15 Wettbewerben.

19 Mo In Großbritannien wird eine Tennis-Weltrangliste herausgegeben. Ellsworth Vines und Helen Wills-Moody (beide USA) nehmen die ersten Plätze ein.

20 Di Die deutsche Fallschirmspringerin Lola Schröter springt bei Kiel aus einer Höhe von 7390 m ab und stellt damit einen Weltrekord auf.

21 Mi Das ungarische Kabinett unter Ministerpräsident Julian von Károlyi tritt nach einer Parlamentsdebatte über die Wirtschaftspolitik zurück.

22 Do Die deutsche Reichsbank senkt den Diskont- und Lombardsatz. +++ Der Film »Blonde Venus« mit Marlene Dietrich kommt in New York zur Uraufführung.

23 Fr Wegen der im Wirtschaftsprogramm der Reichsregierung vorgesehenen Lohnkürzungen kommt es in einigen Betrieben zu wilden Streiks. → Arabien

24 Sa Das Akademietheater in Wien zeigt als Uraufführung die Komödie »Professor Unrat« von Erich Ebermayer nach dem gleichnamigen Roman von Heinrich Mann.

25 So Die US-Eisenbahngesellschaften geben in Washington bekannt, dass sie unrentable Strecken stillgelegt hätten und weitere Stilllegungen planten.

26 Mo Der Deutsche Max Schmeling gewinnt in New York einen Schwergewichtskampf gegen Mickey Walker (USA) durch technischen k.o. in der achten Runde.

27 Di In Kuba wird der Präsident des Senats und Führer der liberalen Partei, Vazques Bello, bei einem Attentat linksradikaler Kräfte getötet.

28 Mi Ein Erdbeben in Griechenland fordert über 500 Todesopfer. +++ Die Vollversammlung des Völkerbundes in Genf beschließt die Aufnahme Argentiniens.

29 Do Die aufständischen Truppen im brasilianischen Bundesstaat São Paulo unter General Augusto Klinger bereiten sich auf eine Kapitulation vor. → Gran Chaco

30 Fr Auf Beschluss des Stadtrates von Dessau muss das Bauhaus, das führende Institut für Gestaltungskunst, seinen Forschungs- und Lehrbetrieb einstellen.

12. September 1932

Papen scheitert im Reichstag

In einer dramatischen Sitzung lässt Reichskanzler Franz von Papen den Deutschen Reichstag auflösen. Nach einem von der KPD eingebrachten und mit 512:42 Stimmen verabschiedeten Misstrauensvotum gegen die Regierung legt der Reichskanzler eine bereits von Reichspräsident Paul von Hindenburg unterzeichnete Auflösungsurkunde vor. Damit scheitert der Plan der Regierung, mit Unterstützung der Konservativen, aber unter Ausschluss der Nationalsozialisten ein Wirtschaftsprogramm durchzusetzen. In allen politischen Lagern war das am 4. September auf dem Wege der Notverordnung verabschiedete Wirtschaftsprogramm auf scharfe Kritik gestoßen. Es stellt eine radikale Abkehr von der bisher verfolgten strikten Sparpolitik dar. Mit umfangreichen, staatlich geförderten Beschäftigungsprogrammen sowie steuerlichen Anreizen für unternehmerische Investitionen soll die deutsche Wirtschaft aus der Krise geführt werden. Nach der Auflösung des Reichstags müssen innerhalb von 60 Tagen Neuwahlen ausgeschrieben werden.

23. September 1932

Neuer Staat in Arabien

Saudi-Arabien wird als neuer islamischer Staat proklamiert. Abd Al Asis Ibn Saud benennt sein Herrschaftsgebiet, das die Arabische Halbinsel zwischen Rotem Meer und Persischem Golf umfasst, in »Königreich Saudi-Arabien« um. Der neue Staat besteht aus den von Ibn Saud seit dem Jahre 1926 regierten Königreichen Hedschas und Nadschd. Der überwiegende Teil des größten arabischen Staates ist unfruchtbare Wüste. König Ibn Saud, der Staatschef und geistlicher Führer seines Landes zugleich ist, konnte im Jahre 1902 im Kampf gegen die Familiendynastie der Haschemiten seinen Führungsanspruch durchsetzen. Deren Führer, Husain Ibn Ali, hatte 1916 als »König der arabischen Länder« das Erbe des zusammenbrechenden Osmanischen Reiches in Arabien übernehmen wollen. Mit massiver Unterstützung Großbritanniens war es Ibn Saud gelungen, seine Gegner zu bezwingen.

19. Oktober 1932

Jubel um blaublütige Hochzeit

Unter großer Anteilnahme der Bevölkerung heiratet in der Coburger St.-Moritz-Pfarrkirche Prinz Gustav Adolf von Schweden Prinzessin Sibylle von Sachsen-Coburg Gotha. Beim Verlassen der Kirche (s. Abb.) säumen hunderte Schaulustige die Straßen. Die Hochzeit stößt auch auf weltweites Interesse, weil sich zwei der traditionsreichsten europäischen Adelshäuser verbinden. Prinz Gustav Adolf ist der älteste Sohn des gleichnamigen Thronfolgers und Enkel des seit 1907 regierenden Gustav V. aus dem Hause Bernadotte. Das ursprünglich aus Frankreich stammende Geschlecht Bernadotte hat seit 1818 den schwedischen Thron inne. Prinzessin Sibylle ist die Tochter von Karl Eduard, dem letzten Herzog von Sachsen-Coburg- Gotha. Im Revolutionsjahr 1918 hatte er abdanken müssen.

1. Oktober 1932

Dollfuß regiert ohne Parlament

Der seit Mai amtierende österreichische Bundeskanzler Engelbert Dollfuß (Christlichsoziale Partei, s. Abb.) wendet zum ersten Mal das »Kriegswirtschaftliche Ermächtigungsgesetz« an und setzt zwei Notverordnungen in Kraft. Das Ermächtigungsgesetz aus dem Jahre 1917 ermöglicht es der österreichischen Regierung, Verordnungen ohne Zustimmung des Parlaments zu erlassen. Dollfuß setzt auf diesem Weg Maßnahmen des Justizministeriums im Zusammenhang mit der Affäre um die »Österreichische Creditanstalt« durch, die im Mai 1931 nur durch umfassende staatliche Hilfen vor dem Bankrott bewahrt werden konnte. Die Regierung hat nun ohne vorherige Abstimmung mit dem Parlament eine Gesetzesänderung verfügt und die Staatsanwaltschaft ermächtigt, Schadenersatz von den Gesellschaftern der Bank zu fordern und die ausstehenden Beträge unverzüglich einzutreiben. Die Linksparteien bezeichnen die Notverordnungen als verfassungswidrig. Sie beschuldigen Dollfuß, ohne parlamentarische Rückendeckung regieren zu wollen. Dies sei ein Schlag gegen die Demokratie. Der Bundeskanzler rechtfertigt sein Vorgehen mit »höheren Staatsinteressen«. Ziel seiner Regierung sei eine umfassende Neuordnung von Staat und Wirtschaft. Dollfuß hatte nach dem Rücktritt der Regierung Karl Buresch am 20. Mai eine Koalitionsregierung aus den Christlichsozialen, dem Landbund und Angehörigen des austrofaschistischen »Heimatblocks« gebildet. Die Oppositionsparteien weisen darauf hin, dass der 40-jährige Dollfuß, der neben dem Amt des Bundeskanzlers auch das des Außen- und Landwirtschaftsministers innehat, durch die Anwendung des »Kriegswirtschaftlichen Ermächtigungsgesetzes« nahezu diktatorische Vollmachten besitze.

13. Oktober 1932

Deutschland forciert kriegstechnische Entwicklungen

In Deutschland floriert die militärische Aus- und Aufrüstung. Die Reichswehr stellt in Berlin im Rahmen einer Wehrübung neuartige Gasmasken vor. Sie sind ab sofort auch für Tiere erhältlich und sollen vor Gas, Rauch und Qualm schützen (s. Abb.). Die Masken für Hunde und Pferde unterscheiden sich gegenüber denen für Menschen lediglich in der Größe und sollen den Vierbeinern im Falle eines Luftangriffs oder beim Einsatz in der Kavallerie optimalen Schutz bieten. Nach Angaben der Reichswehr werden sie von den Tieren nach einer gewissen Gewöhnungsphase sogar bereitwillig getragen.

Die Entwicklung technischen Geräts für eine kriegerische Auseinandersetzung wird in den Folgejahren noch verstärkt voranschreiten: 1934 wird mit dem »Panzer I« ein erstes schnelles und mit 5,5 t ausgesprochen leichtes, geländegängiges Kettenfahrzeug mit Maschinengewehrbewaffnung vorgestellt. Ein Jahr später folgt der 10 t schwere »Panzer II« mit einem 20-mm-Geschütz und einer Straßengeschwindigkeit von fast 50 km/h. Auch für Piloten gibt es wichtige Neuerungen. Das System »Knickebein«, eine Erfindung des Ingenieurs Hans Plendl, dient der exakten Flugnavigation in der Nacht. Ein Doppelantennensender peilt mit Funkstrahlen das Ziel an. Diese leiten den Piloten durch morsezeichenartige akustische Signale.

Soldaten Paraguays auf dem Rückzug im Dschungelkrieg

29. September 1932

Krieg um Gran Chaco

Ringen um Rohstoffe in Südamerika: Mit dem Einmarsch bolivianischer Truppen in das unwegsame Grenzgebiet zu Paraguay beginnt der Dschungelkrieg um das Gran-Chaco-Gebiet. Bereits seit Anfang des Jahres war es zu zahlreichen bewaffneten Zwischenfällen im Grenzbereich gekommen. Das nur dünn besiedelte Gebiet verfügt über umfangreiche Ölvorkommen und für die Wirtschaft wichtige Wasserstraßen.

Paraguayanischen Truppen gelingt mit der Einnahme des Forts Boqueron der bislang bedeutendste militärische Erfolg. Die Anrainerstaaten Paraguays und Boliviens haben sich in dem Konflikt auf eine Politik der strikten Neutralität geeinigt. Ihren Appell an die kriegführenden Parteien, die Feindseligkeiten einzustellen und die strittigen Fragen am Verhandlungstisch zu klären, lehnen jedoch sowohl Paraguay als auch Bolivien ab. Der Konflikt verschärft sich in den folgenden Jahren. Im Mai 1933 erklärt Paraguays Präsident Eusebio Ayala dem Nachbarland den Krieg. Ein im Dezember vereinbarter Waffenstillstand hat nicht lange Bestand. Der Völkerbund schaltet sich ein und entsendet eine Kommission in das Krisengebiet. Mit dem Frieden von Buenos Aires im Jahre 1938 geht der Krieg, der mehr als 500 000 Tote fordert, zu Ende. Der größte Teil des Grenzgebiets wird Paraguay zugesprochen.

Oktober 1932

1 Sa In Potsdam veranstalten die Nationalsozialisten ihren ersten »Reichsjugendtag«. An dem Treffen nehmen rd. 110 000 Jugendliche teil. → Dollfuß

2 So Der 85. Geburtstag von Reichspräsident Paul von Hindenburg wird in mehreren Städten des Reiches mit Feiern und Kundgebungen begangen.

3 Mo Papst Pius XI. erlässt eine Enzyklika, die sich gegen die antiklerikale Politik der mexikanischen Regierung richtet. Diese droht mit der Schließung der Kirchen.

4 Di Ein Großbrand in den Hafenanlagen der britischen Stadt Liverpool fordert acht Todesopfer und richtet Sachschäden in Millionenhöhe an.

5 Mi Die britische Regierung lädt die deutsche Reichsregierung zu einer Schlichtungskonferenz über den Abrüstungskonflikt mit Frankreich ein.

6 Do Nach Angaben der Kirchenleitung in Berlin treten immer mehr Menschen aus der evangelischen Kirche aus; allein in Berlin waren es 71 000 in einem Jahr.

7 Fr In Paris beginnen Verhandlungen der Regierungen Frankreichs und Spaniens über die Abtretung der spanischen Kolonie Rio de Oro in Nordafrika.

8 Sa Die Kommunistische Internationale in Moskau fordert u.a. die Zerschlagung der freien Gewerkschaften in Deutschland als Maßnahme gegen den Faschismus.

9 So Der Parteichef der KPdSU, Josef Stalin, lässt 20 oppositionelle Funktionäre aus der Partei ausschließen und festigt damit seine Machtposition.

10 Mo In einer Kohlegrube in der englischen Grafschaft Lancashire sterben beim Absturz eines vollbesetzten Förderkorbes 19 Bergleute.

11 Di Die japanische Regierung in Tokio beschließt ein umfangreiches Programm zum Ausbau und zur Modernisierung der Flotte.

12 Mi In Basel beschließt die »Paneuropäische Tagung« nach zweiwöchiger Konferenzdauer die Gründung einer »Europäischen Partei«.

13 Do Litauen setzt einen »Beirat für memelländische Angelegenheiten« ein. Er soll die Durchführung der Autonomie beobachten. → Deutschland

14 Fr Etwa 150 Menschen plündern in Wattenscheid einen Wochenmarkt, weil die Stadt die Wohlfahrtssätze für Arbeitslose nicht mehr ausbezahlen konnte.

15 Sa Bei einem Freundschaftsspiel in München trennen sich die Hockey-Nationalmannschaften Deutschlands und Österreichs 3:3 unentschieden.

16 So In Wien fordern schwere Zusammenstöße zwischen österreichischen Nationalsozialisten und Sozialdemokraten drei Todesopfer und 48 Schwerverletzte.

17 Mo Das Generalsekretariat des Völkerbundes wählt in Genf den Franzosen Joseph Avenol zum Generalsekretär der Weltorganisation.

18 Di Bei Straßenkämpfen zwischen der Polizei und baskischen Nationalisten in der spanischen Stadt Bilbao kommen drei Menschen ums Leben.

19 Mi Die Reichsregierung erlässt eine Notverordnung, die die monatliche Arbeitslosenunterstützung von Oktober 1932 bis April 1933 erhöht. → Hochzeit

20 Do Das deutsche Luftschiff LZ 127 »Graf Zeppelin« legt auf einer Südamerikareise den 500 000. Kilometer seit seiner Indienststellung im Jahre 1927 zurück.

21 Fr In einer Fachzeitschrift berichtet der österreichische Mediziner Wilhelm Porges von der ersten erfolgreichen Erprobung einer Magensonde mit Kamera.

22 Sa Delegationen aus sechs Balkanstaaten treffen sich in der rumänischen Hauptstadt Bukarest zu einer fünftägigen sog. Balkankonferenz.

23 So In einer Strafanstalt in Kingston (Ontario, Kanada) bricht eine Gefangenenrevolte aus. Die Niederschlagung des Aufstandes fordert 14 Menschenleben.

24 Mo Heinz Rühmann spielt die Hauptrolle in dem in Berlin uraufgeführten Spielfilm »Strich durch die Rechnung«. Die Regie führte Alfred Zeisler.

25 Di In Berlin schließen sich die Maler Paul Klee, Lyonel Feininger, Oskar Schlemmer, Wassily Kandinsky und Oskar Moll zur Gruppe »Selektion« zusammen.

26 Mi Nach Auseinandersetzungen zwischen nationalsozialistischen Studenten und politischen Gegnern wird die Wiener Universität für zwei Wochen geschlossen.

27 Do In Anwesenheit des italienischen Ministerpräsidenten Benito Mussolini wird die Autobahnstrecke Turin – Mailand dem Verkehr übergeben.

28 Fr In mehreren Städten Italiens beginnen die Feierlichkeiten zum zehnten Jahrestag des faschistischen »Marsches auf Rom«.

29 Sa In der französischen Hafenstadt St. Nazaire läuft der größte Passagierdampfer der Welt vom Stapel. Die »Normandie« kann 2500 Passagiere befördern.

30 So Die deutsche Fußballnationalmannschaft unterliegt Ungarn mit 1:2. +++ Jackie Brown (GB) gewinnt in Paris den Boxweltmeistertitel im Fliegengewicht.

31 Mo Die Berliner Philharmoniker unter Wilhelm Furtwängler bringen in Berlin das 5. Klavierkonzert von Sergej S. Prokofjew zur Uraufführung.

November 1932

1 Di Der Rundfunk in der deutschsprachigen Schweiz beginnt mit der Ausstrahlung eines regelmäßigen Schulfunkprogramms.

2 Mi In Stuttgart deckt die Polizei einen Fälscherring auf, der Banknoten-Blüten verbreitet hatte. Der Schaden liegt bei mehreren hunderttausend Reichsmark.

3 Do Im US-Bundesstaat Arizona wird ein Wasserversorgungswerk fertiggestellt. Über eine 800 km lange Pipeline werden acht kalifornische Städte versorgt.

4 Fr Durch eine Notverordnung, die hohe Strafandrohungen enthält, soll der stark gestiegene Autodiebstahl in Deutschland eingedämmt werden.

5 Sa Deutschland und die Schweiz beschließen in Berlin ein Wirtschaftsabkommen, das eine Senkung der zwischen beiden Ländern geltenden Zölle vorsieht.

6 So Der deutsche Motorradrennfahrer Ernst Henne bricht in Ungarn auf seiner BMW mit 244,39 km/h den Geschwindigkeitsweltrekord. → NSDAP

7 Mo In Baden werden mehrere jüdische Friedhöfe verwüstet. Die Polizei vermutet Angehörige der nationalsozialistischen SA hinter der Tat. → Roosevelt

8 Di Die schweizerische Polizei beschlagnahmt in Genf ca. 320 000 l unversteuerten Alkohol. Ein französischer Schmugglerring hatte versucht, die Ware einzuführen.

9 Mi Bei einer Versammlung der rechtsextremen »Union Nationale« in Genf kommt es zu einer Straßenschlacht, bei der zwölf Menschen umkommen.

10 Do In Berlin landet der deutsche Flugzeugpilot Wolfgang von Gronau nach einem 60 000-km-Flug um die Welt. Er war drei Wochen zuvor gestartet.

11 Fr Ein Tornado auf der Karibikinsel Kuba fordert über 2000 Menschenleben. Allein in der Stadt Santa Cruz del Sur sterben 300 Personen.

12 Sa Die Schriftsteller Richard Billinger und Else Lasker-Schüler erhalten in Berlin den Kleist-Preis. Der Förderpreis wird seit 1912 verliehen.

13 So Aus den Bürgerschaftswahlen in Lübeck geht die SPD als Siegerin hervor. +++ Im Saargebiet gewinnt bei den Gemeindewahlen die Zentrumspartei.

14 Mo Bei Ausgrabungen in Ostpreußen wird ein Wikingerfriedhof entdeckt. In rd. 200 Gräbern befinden sich Waffen und Schmuck aus dem 9. Jahrhundert.

15 Di An der japanischen Pazifikküste fordert ein Taifun etwa 1000 Todesopfer. Bei der Naturkatastrophe verlieren rd. 10 000 Menschen ihr Heim.

16 Mi Ein Putschversuch linksgerichteter Militärs fordert in Honduras mindestens 300 Menschenleben. Regierungstreue Truppen schlagen den Aufstand nieder.

17 Do Reichskanzler von Papen tritt in Berlin zurück, weil ihm außer der DNVP alle im Reichstag vertretenen Parteien die Unterstützung versagt hatten.

18 Fr Reichspräsident Paul von Hindenburgs Versuch einer Regierungsbildung scheitert an Adolf Hitlers Kanzlerambitionen.

19 Sa In der Rekordzeit von vier Tagen und sechs Stunden bewältigt die britische Pilotin Amy Mollisson die Flugstrecke von London nach Kapstadt (Südafrika).

20 So Die Premiere des deutschen Spielfilms »Grün ist die Heide« von Hans Behrendt findet in Hannover statt. Die Hauptrollen spielen Camilla Spira und Peter Voss.

21 Mo Der französische Ministerpräsident Édouard Herriot entgeht bei Nantes einem Bombenattentat. Als Täter vermutet die Polizei bretonische Nationalisten.

22 Di In Berlin hat der deutsche Spielfilm »Marschall vorwärts« Premiere. +++ Die Reichsregierung erklärt den 22. November zum »Tag der Hausmusik«.

23 Mi US-Präsident Herbert C. Hoover erklärt, die USA erwarten bis 15. Dezember von den europäischen Staaten die Zahlung der fälligen Kriegsschulden.

24 Do Im Golf von Spezia nahe der italienischen Hafenstadt Porto Benere stürzt die weltbekannte Byron-Grotte ein. Menschen kommen dabei nicht zu Schaden.

25 Fr Das Institut für Konjunkturforschung in Berlin teilt mit, dass das Lohnniveau im Deutschland seit 1929 um rd. 20% gesunken ist.

26 Sa In Johannisthal bei Berlin wird das erste Deutsche Luftfahrtmuseum – mit Originalflugzeugen und Modellen aus der Pionierzeit – eröffnet.

27 So Repräsentanten Polens und Danzigs unterzeichnen in Danzig ein Abkommen zur Beseitigung wirtschafts- und währungspolitischer Differenzen.

28 Mo Die US-Regierung verordnet eine Genehmigungspflicht für Transatlantikflüge. Sie will dadurch verhindern, dass unqualifizierte Piloten ihr Leben riskieren.

29 Di In Paris ratifizieren Regierungsvertreter Frankreichs und der UdSSR einen Nichtangriffspakt zwischen den beiden Ländern.

30 Mi Die US-Regierung gibt in Washington den vollständigen Abzug der Besatzungstruppen aus Nicaragua innerhalb von drei Monaten bekannt.

6. November 1932

Stimmenverluste für NSDAP

Bei den zweiten Reichstagswahlen innerhalb von sechs Monaten – die Auflösung des Parlaments hatte sie erforderlich gemacht – müssen die Nationalsozialisten überraschend Stimmenverluste hinnehmen. Gegenüber der Wahl vom 31. Juli sinkt der Stimmenanteil der NSDAP von 37,4% auf 33,1%. Die Partei von Adolf Hitler verliert 34 ihrer bisher 230 Mandate. Auf die SPD entfallen 20,4% der Stimmen (31. Juli: 21,6%). Die KPD kann sich von 14,3% auf 16,9% der Stimmen verbessern. Die Wahlbeteiligung liegt mit 80,6% um 3,5% niedriger als bei der Juli-Wahl (Abb.: Karikatur von Karl Arnold, der die Gründe für die Niederlage der NSDAP in der Zerrissenheit der Partei sieht: Die Arbeiter schrecken vor den nationalistischen, die bürgerlichen Kräfte vor den sozialistischen Parolen zurück).

Trotz leichter Stimmengewinne für die DNVP und die DVP verfügt die seit Juni 1932 amtierende Regierung Franz von Papen weiterhin über keine tragfähige Mehrheit im Reichstag. Die Parteien, die Papen unterstützen (DNVP, DVP und Bayerische Volkspartei) repräsentieren insgesamt nur rd. 15% der Wähler in Deutschland. Da die republikfeindlichen Parteien (NSDAP auf der rechten, KPD auf der linken Seite) rechnerisch in der Mehrheit sind, bleibt die Bildung einer Regierung, die sich auf eine Parlamentsmajorität stützen kann, blockiert. Dies bedeutet, dass bis auf weiteres das seit März 1930 praktizierte System der sog. Präsidialkabinette, die mit Hilfe von Notverordnungen regieren, beibehalten werden muss. Reichspräsident Paul von Hindenburg, der diese Notverordnungen durch seine Unterschrift in Kraft setzt, behält somit seine Schlüsselrolle für die politische Entwicklung Deutschlands. Der Wahlkampf war überschattet von gewalttätigen Auseinandersetzungen zwischen den politischen Gegnern. Vor allem Anhänger der NSDAP und der Kommunisten lieferten sich blutige Straßenschlachten, bei denen zahlreiche Menschen ums Leben kamen. Die empfindlichen Stimmeneinbußen stürzen die NSDAP in eine Krise. Nach dem sensationellen Wahlsieg vom 31. Juli waren die Erwartungen hoch geschraubt worden. Viele Parteiangehörige rechneten damit, dass Adolf Hitler nach einem erwarteten Wahlsieg das Amt des Reichskanzlers übernehmen würde. Reichskanzler Franz von Papen tritt am 17. November von seinem Amt zurück, nachdem er zuvor vergeblich um Unterstützung für seine Politik geworben hatte. Weder die Nationalsozialisten noch das Zentrum sind bereit, Papens Konzept eines von ihm geführten, autoritären »Neuen Staats« zu billigen. Die Sozialdemokraten lehnen Gespräche ab.

7. November 1932

Amerika: En

Roosevelt (r.), mit der Eisenbahn auf Wahlkampftour durch die USA, versucht bei jedem Halt, neue Wähler für sich zu gewinnen.

3. Dezember 1932

Regierung in der Krise

Reichspräsident Paul von Hindenburg ernennt den bisherigen Reichswehrminister, General Kurt von Schleicher (s. Abb.), als Nachfolger Franz von Papens zum Reichskanzler. Hindenburg versagte Papen die Unterstützung für dessen politische Pläne, die nach dem Scheitern der Koalitionsgespräche auf ein diktatorisches Regime und damit einen offenen Verfassungsbruch hinausgelaufen wären. Mit Ausnahme des Innenministers Wilhelm Freiherr von Gayl und des Arbeitsministers Hugo Schäffer übernimmt Schleicher sämtliche Minister aus dem Kabinett seines Vorgängers. Kernpunkte des politischen Programms, das Schleicher am 15. Dezember in seiner über den Rundfunk ausgestrahlten Regierungserklärung darlegt, sind die Erweiterung der politischen Basis zur Überwindung der innenpolitischen Krise. Auf wirtschaftlichem Gebiet setzt er vor allem auf staatlich geförderte Arbeitsbeschaffungsmaßnahmen. Es gelingt Schleicher allerdings nicht, einen politischen Konsens herzustellen. Der parteiübergreifende Widerstand gegen die Regierung Schleicher wächst zunehmend.

neidung für Roosevelt

Franklin D. Roosevelt gewinnt die US-Präsidentschaftswahlen. Er kann 472 Wahlmänner für sich gewinnen, sein Kontrahent, der amtierende Präsident Herbert C. Hoover, lediglich 59. In 42 von 50 Bundesstaaten erlangt Roosevelt die Mehrheit. Auch bei den Kongress- und Senatswahlen erringen die Demokraten einen erdrutschartigen Sieg. Das Regierungsprogramm des neuen Präsidenten, das die Wähler überzeugt hatte, sieht in der Außenpolitik eine Öffnung des Landes nach Lateinamerika vor. Bislang hatten die USA zu vielen Staaten südlich der Karibik ein gespanntes Verhältnis. Innenpolitisch verspricht Roosevelt unter dem Motto »A new deal for the American people« (Eine neue Politik für das amerikanische Volk) die Einführung sozialer Verbesserungen für die Bevölkerung sowie staatlich geförderte Wirtschaftsprogramme zur Überwindung der Krise. Eine wichtige Rolle hat während des Wahlkampfes auch das Versprechen Roosevelts gespielt, im Falle seiner Wahl zum Präsidenten das seit dem Jahre 1920 bestehende Alkoholverbot (Prohibiton) aufzuheben. Am 4. März 1933 legt Roosevelt vor dem Obersten Bundesrichter seinen Amtseid ab. In der Zeit zwischen seiner Wahl und seinem Amtsantritt verschlechtert sich die Wirtschaftslage in den USA dramatisch. Der Index der Industrieproduktion ohne Bergbau sinkt von 63 auf 56 Punkte. Weil die Bevölkerung ihre Konten auflöst und Bargeld hortet, sind in 24 Bundesstaaten die Kreditinstitute geschlossen. Mit einem Banken-Notgesetz und einem drastischen Wirtschaftsprogramm beginnt der neue US-Präsident mit der Sanierung der maroden Finanz- und Wirtschaftspolitik.

Franklin D. Roosevelt

US-Politiker, * 30.1.1882 Hyde Park (New York); † 12.4.1945 Warm Springs (Georgia)

Roosevelt, der einzige US-Präsident, der (wegen des Zweiten Weltkriegs) viermal in sein Amt gewählt wird, ist verantwortlich für zwei bedeutende Veränderungen in der US-Politik: Außenpolitisch erkennt er die UdSSR an (1933), innenpolitisch vollzieht er durch sein wirtschafts- und gesellschaftspolitisches Programm des »New Deal« die Abkehr vom reinen Wirtschaftsliberalismus und die Hinwendung zum Sozialstaat. Während des Zweiten Weltkriegs verkündet er 1941 mit Englands Premier Winston Churchill die Atlantikcharta, die zu einem Fundament der Vereinten Nationen wird.

- 1910: Senator für die Demokratische Partei
- 1928-32: Gouverneur von New York
- 1933-45: 32. US-Präsident

7. Dezember 1932

»Wunderteam« gestoppt

Die österreichische Fußball-Nationalmannschaft unterliegt in London vor rd. 70 000 Zuschauern der englischen Auswahl mit 3:4. Damit endet die beeindruckende Erfolgsserie des österreichischen »Wunderteams«, das seit 13 Länderspielen ungeschlagen war. Die knappe Niederlage ist für Österreichs Fußball dennoch als Erfolg zu werten. Bisher traten erst zwei Mannschaften aus Kontinental-Europa im »Mutterland des Fußballs« an – und kassierten deutliche Niederlagen: Belgien 1:6 und Spanien 1:5. Die Zuschauer im Wembley-Stadion – unter ihnen 5000 Schlachtenbummler vom Kontinent – erlebten das erwartet hochklassige und spannende Spiel (Abb.: Österreichs Schlussmann Rudolf Hiden in Aktion).

10. Dezember 1932

Autor der Forsyte-Saga geehrt

Das Nobelpreiskomitee verleiht in diesem Jahr keine Auszeichnung für die Erhaltung des Friedens. Auch der Nobelpreis für Physik wird für das Jahr 1932 zunächst nicht verliehen. Erst 1933 erkennt die Schwedische Akademie der Wissenschaften die bahnbrechenden Forschungen des deutschen Wissenschaftlers Werner Heisenberg an und verleiht ihm rückwirkend für 1932 den Nobelpreis. Der Literaturpreis geht an den britischen Schriftsteller John Galsworthy. Der vor allem durch seine sozialkritischen Dramen bekannt gewordene Autor hatte mit seinem 1906 bis 1921 erschienenen Romanzyklus »Die Forsyte-Saga« Weltruhm erlangt. In dem fünfbändigen Werk zeichnet Galsworthy ein gesellschaftskritisches Bild der ausgehenden viktorianischen Epoche. Dem US-Wissenschaftler Irving Langmuir wird der Chemie-Nobelpreis »für seine Entdeckungen und Forschungen im Bereich der Oberflächenchemie« verliehen. Den Nobelpreis für Physiologie/Medizin erhalten zu gleichen Teilen die britischen Forscher Edgar Douglas Adrian und Charles Sherrington für die Entdeckung der Neuronen. Durch ihre am Forschungsinstitut der Royal Society in London, deren Präsident Sherrington ist, geleisteten Arbeiten sind die Kenntnisse der Wissenschaft über den Aufbau und die Funktion von Nervenzellen wesentlich erweitert worden.

Dezember 1932

1	Do	Der Allgemeine Deutsche Gewerkschaftsbund fordert in Berlin die 40-Stunden-Woche und die sofortige Rücknahme geplanter Lohnkürzungen.
2	Fr	In Sarisa Norte (Kolumbien) werden mehrere Personen wegen »Hexerei« von einer aufgebrachten Menschenmenge auf dem Scheiterhaufen verbrannt.
3	Sa	Bei einer Demonstration von Arbeitslosen, die höhere Wohlfahrtssätze gefordert hatten, kommt es in Washington zu Ausschreitungen. → Regierung
4	So	Vor der Insel Formosa (Taiwan) im ostchinesischen Meer sinkt der japanische Zerstörer »Sawarabi«. Nur sechs von 126 Personen überleben das Unglück.
5	Mo	Jugoslawien protestiert in einer Note bei der bulgarischen Regierung gegen die militanten Grenzverletzungen linksgerichteter bulgarischer Partisanen.
6	Di	Auf der konstituierenden Sitzung des neugewählten Reichstages in Berlin wird Hermann Göring (NSDAP) zum Reichstagspräsidenten wiedergewählt.
7	Mi	In der Wandelhalle des Reichstages kommt es zwischen Abgeordneten der NSDAP, der KPD und der SPD zu einer Schlägerei. → »Wunderteam«
8	Do	Vertreter der Automobilindustrie fordern die Regierung auf, die Kfz- und Mineralölsteuer um 50% zu senken, um die Automobilproduktion neu zu beleben.
9	Fr	In Stuttgart hat das Drama »Mensch aus Erde gemacht« Premiere. +++ Portugal erlässt eine Generalamnestie für politische Gefangene.
10	Sa	Der Führer der NSDAP, Adolf Hitler, übernimmt auch das Amt des zurückgetretenen Reichsorganisationsleiters der Partei, Gregor Strasser. → Forsyte-Saga
11	So	Das traditionelle Kölner Sechstagerennen endet mit einem Erfolg des schweizerisch-französischen Radfahrerduos Richli/Broccardo.
12	Mo	Durch eine Hochschulreform möchte die sowjetische Regierung die praktische Lehre gegenüber einer »lebensfremden« theoretischen Ausbildung fördern.
13	Di	In Madrid endet nach etwa sechswöchiger Dauer die internationale Telegraphen-Konferenz. Sie verhandelte die Vergabe von Rundfunkfrequenzen.
14	Mi	Der bisherige französische Kriegsminister Paul-Boncour tritt die Nachfolge des zurückgetretenen Ministerpräsidenten Édouard Herriot an.
15	Do	In einer Ansprache verkündet Reichskanzler Kurt von Schleicher sein Regierungsprogramm. Darin sieht er die Schaffung von Arbeitsplätzen als vordringlich.
16	Fr	Die Kommunistische Partei der Sowjetunion (KPdSU) kündigt eine »Säuberungsaktion« mit Aufnahmesperre und »Gesinnungsprüfung« für Parteimitglieder an.
17	Sa	In der ehemaligen deutschen Kolonie Südwestafrika wird Deutsch neben Englisch und Africaans als weitere Amtssprache zugelassen.
18	So	Der italienische Ministerpräsident Benito Mussolini weiht in den früheren Pontinischen Sümpfen bei Rom die neu errichtete Stadt Littoria ein.
19	Mo	Auf der Eisenbahnstrecke Berlin-Hamburg nimmt der neuentwickelte Schnelltriebwagen »Fliegender Hamburger« seinen Betrieb auf.
20	Di	In Berlin hat der deutsche Spielfilm »Kampf« von Erich Schönfelder Premiere. Die Hauptrolle spielt der Autorennfahrer Manfred von Brauchitsch.
21	Mi	Die deutsche Reichsregierung beschließt, zur »Winterhilfe« Sozialhilfeempfängern und Arbeitslosen Brennmaterial und Nahrung verbilligt zu überlassen.
22	Do	Anlässlich des 100. Todesjahres von Johann Wolfgang von Goethe findet in New York die feierliche Enthüllung eines Denkmals statt.
23	Fr	Zwischen der USA und der Insel Hawaii beginnt der regelmäßige Telefonverkehr. +++ In Berlin hat die Operette »Ball im Savoy« von Paul Abraham Premiere.
24	Sa	Papst Pius XI. verbreitet erstmals die Weihnachtsbotschaft über Rundfunk. Darin verurteilt das Kirchenoberhaupt u.a. die Verfolgung Geistlicher in Mexiko.
25	So	In Berlin hat der deutsche Spielfilm »Schiff ohne Hafen« von Harry Piel Premiere. Der Regisseur wirkt darin als Schauspieler mit.
26	Mo	Der italienische Pilot Renato Donati stellt über Sizilien einen Höhenrekord für Flugzeuge auf. Mit seiner einmotorigen Sportmaschine erreicht er 9700 m.
27	Di	Bei einer Schlagwetterexplosion in einem Bergwerk in Moweaqua im US-Bundesstaat Illinois kommen 39 Menschen ums Leben.
28	Mi	Die polnische Regierung gibt bekannt, dass seit der Einrichtung von Standgerichten gegen politische Täter (1931) 200 Todesurteile vollstreckt wurden.
29	Do	Französische und österreichische Regierungsvertreter unterzeichnen in Paris ein Abkommen, das Vorzugszölle im gegenseitigen Warenverkehr vorsieht.
30	Fr	Im Berliner Metropoltheater findet vor vollem Haus die Uraufführung der Revue »100 Meter Glück« von Martin Spoliansky statt.
31	Sa	0:0 endete das Finale um den Spengler-Cup in Davos (Schweiz) zwischen den Eishockey-Klubs aus Oxford und Prag. Beide Teams erhalten einen Pokal.

Januar 1933

1 So In Bologna unterliegt die Deutsche Fußballnationalmannschaft vor 35 000 Zuschauern im Stadion Littoriale dem Gastgeber Italien mit 1:3 Toren.

2 Mo Nach 20-jähriger Besetzung verlassen die letzten US-Truppen Nicaragua. Die Nationalgarde des Landes führt den Kampf gegen die Rebellen fort.

3 Di Japanische Truppen erobern die Stadt Shanhaikwan an der Grenze zur Mandschurei. Die Japaner kämpfen seit 1931 um weite Teile Chinas.

4 Mi Ein Brand auf dem französischen Passagierdampfer »L´Atlantique« im Ärmelkanal fordert 20 Tote. Als Brandursache wird ein Kurzschluss vermutet.

5 Do Die Reichsregierung bestätigt, dass sie bei den USA einen Stundungsantrag für fällige Kriegsentschädigungen in Höhe von 33 Mio. Reichsmark gestellt hat.

6 Fr Der deutsche Filmregisseur Ernst Lubitsch und die britische Schauspielerin Lilian Harvey reisen gemeinsam zu Dreharbeiten von Berlin nach Hollywood.

7 Sa Josef Stalin, der Generalsekretär der KPdSU, berichtet in Moskau, dass der erste Fünfjahresplan in vier Jahren und drei Monaten erfüllt worden sei.

8 So In Barcelona und anderen spanischen Städten werden anarchistische Putschversuche niedergeschlagen. 28 Menschen sterben, viele werden verletzt.

9 Mo Kolumbien verlangt vom Völkerbund eine Lösung der Leticia-Frage. Die an Brasilien und Peru grenzende Stadt ist seit Mitte 1932 von Peru besetzt.

10 Di Auf dem Danziger Langen Markt demonstriert die deutsche Jugend Danzigs für die Wiedervereinigung der Freien Stadt mit dem Deutschen Reich.

11 Mi Das Präsidium des Reichslandbundes kritisiert die Agrarpolitik der von Kurt von Schleicher geführten Reichsregierung.

12 Do In Spanien gründet Antonio Goicoechea die Partei »Spanische Erneuerung«, die eine Wiedereinsetzung der 1931 gestürzten Monarchie zum Ziel hat.

13 Fr US-Präsident Herbert C. Hoover legt gegen das Gesetz über die Unabhängigkeit der Philippinen sein Veto ein. Er wird jedoch vom Kongress überstimmt.

14 Sa Die Reichsregierung warnt den Pommerschen Landbund davor, seine Mitglieder mit aufreizender Agitation zum Widerstand aufzurufen.

15 So In Berlin führt die KPD eine Kundgebung zu Ehren der 1919 ermordeten KPD-Führer Karl Liebknecht und Rosa Luxemburg durch.

16 Mo Auf einer Versammlung in Weimar geloben die NSDAP-Gauleiter ihrem Parteiführer Adolf Hitler unbedingte Gefolgschaft.

17 Di Der sozialpolitische Ausschuss des Reichstages lehnt die von der NSDAP geforderte Arbeitsdienstpflicht ab. Es gilt weiterhin der freiwillige Arbeitsdienst.

18 Mi Reichswirtschaftsminister Hermann Warmbold (parteilos) beziffert die Verschuldung der deutschen Landwirtschaft auf rd. 11,4 Mrd. Reichsmark.

19 Do Im Reichstag verlangt Joseph Ersing (Zentrum) eine Untersuchung über die Verwendung der Osthilfegelder durch die Großgrundbesitzer.

20 Fr Der Ältestenrat des Reichstages vertagt die Eröffnung des Parlaments vom 24. auf den 31. Januar, um Gespräche zur Regierungsbildung zu ermöglichen.

21 Sa Die Reichstagsfraktion der DNVP kündigt dem Kabinett von Kurt von Schleicher offene Opposition an und fordert eine »starke Staatsführung«.

22 So Eine nationalsozialistische Großdemonstration (unter Polizeischutz) vor dem Berliner Karl-Liebknecht-Haus, dem Sitz der KPD, verläuft ohne Zwischenfälle.

23 Mo Reichspräsident Paul von Hindenburg empfängt Reichskanzler Kurt von Schleicher und lehnt dessen Wunsch nach Ausrufung des Staatsnotstandes ab.

24 Di Unter der Führung von Theodor Lewald wird in Berlin das Organisationskomitee für die Olympischen Sommerspiele 1936 gegründet.

25 Mi Sieger der am 21. Januar gestarteten Rallye Monte Carlo wird der Vorjahressieger Maurice Vasselle aus Frankreich auf Hotchkiss.

26 Do In ganz Deutschland hält seit Tagen eine Kältewelle an. Am kältesten ist es im Osten: In Breslau werden -32 °C gemessen.

27 Fr Die Wiener Taxifahrer streiken gegen die hohen Benzinsteuern und blockieren mit rd. 850 Taxis die gesamte Innenstadt.

28 Sa Unter Mitwirkung des Komponisten wird in Frankfurt am Main das 2. Klavierkonzert von Béla Bártok uraufgeführt. Es dirigiert Hans Rosbaud.

29 So Durch ein 6:1, 7:9, 6:1 und 6:2 über den Franzosen Pierre Landry wird Gottfried von Cramm in Bremen Internationaler deutscher Hallentennismeister.

30 Mo In vielen deutschen Städten kommt es zu Auseinandersetzungen zwischen Nationalsozialisten und ihren politischen Gegnern. → Machtergreifung

31 Di Als Nachfolger des zurückgetretenen Joseph Paul-Boncour bildet der Radikalsozialist Edouard Daladier in Frankreich eine neue Regierung.

30. Januar 1933

Machtergreifung – Adolf Hitler wird Reichskanzler

Auf dem Weg ins »Dritte Reich«: Hitler (M.) und Hindenburg

Adolf Hitler ist am Ziel: Um 12.40 Uhr wird in Berlin offiziell seine Ernennung zum Reichskanzler und die Vereidigung des Kabinetts bekannt gegeben. Drei NSDAP-Mitglieder und acht konservative Politiker gehören der Regierung Hitler an. In Berlin und vielen anderen deutschen Städten finden Jubelfeiern statt. Mit brennenden Fackeln marschieren SA, SS und Stahlhelm durch das Brandenburger Tor. Joseph Goebbels schreibt in sein Tagebuch: »Das ist der Aufbruch der Nation! Deutschland erwacht!« Der französische Botschafter André François-Poncet notiert: »Die Zuschauer, die Spalier bilden, werden von dieser Begeisterung ergriffen. Sie brechen ihrerseits in lang anhaltende Rufe aus, von denen sich der unerbittliche Gleichklang der marschierenden Stiefel und der Rhythmus des Gesangs abheben.« Die Ernennung Hitlers zum Reichskanzler wäre ohne die Unterstützung der nationalkonservativen Rechten, vor allem des ehemaligen Reichskanzlers Franz von Papen unmöglich gewesen. Wegen der zahlenmäßigen Unterlegenheit der Nationalsozialisten im Kabinett gegenüber der bürgerlichen Rechten glaubt jedoch nicht nur Papen, den NSDAP-Führer »eingerahmt« und damit unschädlich gemacht zu haben. Papen erklärt am 30. Januar dem pommerschen Rittergutsbesitzer Ewald von Kleist-Schmenzin: »Was wollen Sie denn? Ich habe das Vertrauen Hindenburgs. In zwei Monaten haben wir Hitler in die Ecke gequetscht, dass er quietscht.« Damit täuscht sich Papen freilich über die wahren Machtverhältnisse. Durch die Besetzung des Reichs- und preußischen Innenministeriums mit den NSDAP-Vertretern Wilhelm Frick und Hermann Göring haben die Nationalsozialisten Schlüsselpositionen erobert. Demgegenüber bleibt Papens Hoffnung unerfüllt, durch die Beibehaltung des Postens eines Reichskommissars für Preußen die Tätigkeit Görings einschränken zu können. Auch Hitlers zweiter wichtiger Bündnispartner, der zum Reichswirtschafts- und Ernährungsminister ernannte Alfred Hugenberg (DNVP), macht sich über seine künftigen Einflussmöglichkeiten Illusionen.

Adolf Hitler

deutscher Politiker, * 20.4.1889 Braunau am Inn/Österreich; † 30.4.1945 Berlin (Selbstmord)

Als treibende Kraft ist Hitler für den Ausbruch des Zweiten Weltkriegs und für den Mord an 6 Mio. Juden verantwortlich. Der Diktator baut einen alle Ebenen umfassenden Personenkult auf und errichtet mit Terror und Unterdrückung ein faschistisches Regime in Deutschland. Der Sohn eines österreichischen Zollbeamten scheiterte mit der Bewerbung um Aufnahme zum Studium an der Wiener Kunstakademie. Nach dem Kriegsdienst im Ersten Weltkrieg trat der fanatische Antisemit und Antimarxist im Jahre 1919 der Deutschen Arbeiterpartei (ab 1920 NSDAP) bei, deren Vorsitz er 1921 übernahm. Vor allem seine Begabung als Redner faszinierte die Massen. Sein politisches Hauptziel ist eine Revision des Versailler Vertrags. Nachdem er die NSDAP zu einer »Führerpartei« und – auf dem Höhepunkt der Weltwirtschaftskrise – von einer Splitterpartei zu einer Massenpartei gemacht hat, ergreift er 1933 die Macht in Deutschland. Die Opposition wird unterdrückt bzw. eliminiert, alle Organisationen gleichgeschaltet. Nach Paul von Hindenburgs Tod übernimmt Hitler auch die Befugnisse des Staatsoberhaupts. Er richtet Militär und Rüstungswirtschaft auf den Krieg aus, den er mit dem Überfall auf Polen im Jahre 1939 beginnt. 1941 übernimmt Hitler den Oberbefehl über das Heer. Seiner Verantwortung für den Zweiten Weltkrieg und der seit 1942 systematisch betriebenen Ermordung der europäischen Juden, Roma, Sinti und anderer Volksgruppen entzieht sich Hitler durch Selbstmord.

- 1913: Übersiedlung von Wien nach München
- 1914-18: Soldat in der bayerischen Armee, zuletzt als Gefreiter
- 1924: Haft nach »Hitlerputsch« (1923)
- 1925: »Mein Kampf« erscheint
- 1944: Stauffenberg-Attentat scheitert

27. Februar 1933

Reichstag in Flammen

Flammen zerstören das Reichstagsgebäude

In der Nacht zum 28. Februar wird das Reichstagsgebäude in Berlin durch Brandstiftung zu einem großen Teil zerstört. Am Tatort wird der Niederländer Marinus van der Lubbe verhaftet, der sich als Kommunist bezeichnet. Etwaige Motive, Komplizen und Hintermänner der Aktion bleiben jedoch im Dunkeln.
Durch das Großfeuer wird der Mittelbau des zwischen 1884 und 1894 erbauten Gebäudes zerstört, der Sitzungssaal mit Tribünen und Fluren ist vollständig vernichtet. Das nationalsozialistische Regime nutzt den Reichstagsbrand für eine Verschärfung seiner repressiven Politik. Im Amtlichen Preußischen Pressedienst heißt es anderntags: »Die polizeiliche Untersuchung hat ergeben, dass im gesamten Reichstagsgebäude vom Erdgeschoss bis zur Kuppe Brandherde angelegt waren. Sie bestanden aus Teerpräparaten und Brandfackeln, die man in Ledersessel, unter Reichstagsdrucksachen, an Türen, Vorhänge, Holzverkleidungen und andere leicht brennbare Stellen gelegt hatte. Ein Polizeibeamter hat in dem dunklen Gebäude Personen mit brennenden Fackeln beobachtet. Er hat sofort geschossen. Es ist gelungen, einen der Täter zu fassen.« 15 Feuerlöschzüge eilen zum Reichstag. Tausende von Schaulustigen versammeln sich vor dem hell lodernden Gebäude. Als erster Regierungsvertreter trifft Hermann Göring, Reichsminister und kommissarischer preußischer Innenminister, ein und verbreitet die Version, die KPD habe den Reichstag in Brand gesetzt. Dies konnte ebensowenig je bewiesen werden wie die naheliegende umgekehrte Darstellung, die NSDAP selber sei dafür verantwortlich gewesen.

28. Februar 1933

Verordnung schränkt Rechte ein

Unmittelbar nach dem Reichstagsbrand bietet die Regierung die gesamte Kriminal-, Schutz- und Hilfspolizei auf. Bis zum Morgen werden allein in Berlin über 130 Personen verhaftet. Am Folgetag unterzeichnet Reichspräsident Paul von Hindenburg die Notverordnung »zum Schutz von Volk und Staat«, die sofort in Kraft tritt. Begründet mit der »Abwehr kommunistischer staatsgefährdender Gewaltakte« setzt sie wesentliche Grundrechte außer Kraft. Danach ist es den Staatsorganen möglich, die persönlichen Freiheitsrechte einschließlich des Rechts auf freie Meinungsäußerung und der Pressefreiheit zu beschränken, die Vereins- und Versammlungsfreiheit außer Kraft zu setzen, das Brief-, Post- und Fernmeldegeheimnis zu verletzen sowie Hausdurchsuchungen und die Beschlagnahme von Eigentum auch außerhalb der gesetzlichen Grenzen zu veranlassen. Die Reichsregierung verfügt auch gegenüber den Ländern über zusätzliche Macht. Kommt ein Land den Weisungen Berlins nicht nach, kann die Reichsregierung zeitweise die Befugnisse der Landesregierung übernehmen. Wer zum Widerspruch gegen die Notverordnung aufruft, wird mit bis zu 15000 Reichsmark Geldstrafe und in schweren Fällen mit Zuchthaus nicht unter zwei Jahren bestraft. Für Hochverrat, Brandstiftung und Sprengstoffvergehen wird die Todesstrafe eingeführt.

Hitler (Mitte, sitzend) mit führenden Kabinettsmitgliedern

Februar 1933

1 Mi Am Abend spricht Adolf Hitler von Berlin aus erstmals im Rundfunk und verliest einen Aufruf der Reichsregierung an das Volk.

2 Do In Berlin findet die Uraufführung des Films »Morgenröte« von Gustav Ucicky mit Rudolf Forster und Adele Sandrock in den Hauptrollen statt.

3 Fr Die am 24. Januar eröffnete 70. Tagung des Völkerbundrates endet in Genf. Diskussionen über die Lage der Oberschlesiendeutschen blieben ergebnislos.

4 Sa In Chamonix (Frankreich) verbietet der internationale Bob-Verband das Bobfahren für Frauen sowie das Anwärmen der Kufen.

5 So Einheimische Matrosen kapern in Niederländisch-Indien (ab 1949 Indonesien) den niederländischen Panzerkreuzer »Zeven Provincien«.

6 Mo Eine Notverordnung überträgt die Rechte der Preußischen Regierung auf den Reichskommissar für Preußen, Franz von Papen.

7 Di Der hessische Landtag lehnt gegen die Stimmen der Rechtsparteien eine Auflösung des Landesparlamentes und der Kommunalvertretungen ab.

8 Mi Als erste außenwirtschaftliche Maßnahme der neuen Reichsregierung werden die Einfuhrzölle für Lebendvieh, Frischfleisch und Schmalz erhöht.

9 Do Die deutsche Volkspartei, der Christlich-Soziale Volksdienst und die Deutsche Bauernpartei vereinbaren eine gemeinsame Reichstagswahlliste.

10 Fr Durch die Explosion eines Gasometers werden große Teile der Stadt Neunkirchen im Saargebiet zerstört. 62 Menschen sterben bei dem Unglück.

11 Sa Die »Illustrated London News« berichtet über die Ergebnisse der Ausgrabungsarbeiten in der altpersischen Metropole Persepolis.

12 So Mit der Aufführung von Richard Wagners »Tannhäuser« dirigiert Otto Klemperer zum letzten Mal das Orchester der Berliner Staatsoper Unter den Linden.

13 Mo Der kommissarische preußische Innenminister Hermann Göring (NSDAP) beurlaubt eine Reihe von Regierungspräsidenten und Polizeipräsidenten.

14 Di Vier Tage nach seiner k.o.-Niederlage gegen den Italiener Primo Carnera in New York stirbt der US-Boxer Ernie Schaaf an Gehirnblutung.

15 Mi Wegen eines durchgeschnittenen Übertragungskabels muss die Rundfunkübertragung einer Wahlrede Adolf Hitlers aus Stuttgart unterbrochen werden.

16 Do In Genf erneuern die Tschechoslowakei, Jugoslawien und Rumänien ihr außenpolitisches Abkommen, die sogenannte Kleine Entente.

17 Fr Der deutsche Schriftsteller Oskar Maria Graf fährt zu einer Vortragstournee nach Wien und kehrt anschließend nicht mehr nach Deutschland zurück.

18 Sa In Königsberg erwirken die SPD-Politiker Otto Braun und Carl Severing eine einstweilige Verfügung gegen ein NSDAP-Plakat, das sie verleumdet.

19 So Nach einer überstürzten Abreise aus Deutschland kommt der Schriftsteller Heinrich Mann ohne Gepäck in Paris an und trifft dort seinen Bruder Thomas.

20 Mo Auf einer Veranstaltung der Bayerischen Volkspartei in Kaiserslautern kommt es zu Zusammenstößen zwischen der SA und Zentrums-Anhängern.

21 Di Die NS-Presse kritisiert den Kölner Oberbürgermeister Konrad Adenauer, der am Tag des Besuchs von Adolf Hitler die Rheinbeleuchtung nicht einschalten ließ.

22 Mi In Daytona Beach fährt der britische Rennfahrer Sir Malcolm Campbell mit seinem »Blue Bird II« mit 435,517 km/h Weltrekord für Landfahrzeuge.

23 Do Vor Beginn einer SPD-Veranstaltung mit dem Reichstagsabgeordneten Philipp Scheidemann kommt es in Essen zu schweren Ausschreitungen von SA und SS.

24 Fr Mit Hinweis auf gewaltsame Störungen durch die SA lehnt Albert Grzesinski, früher Polizeipräsident von Berlin, Auftritte bei einigen SPD-Kundgebungen ab.

25 Sa In Newport News im US-Bundesstaat Virginia läuft der erste Flugzeugträger der US-Marine, die U.S.S. »Ranger«, vom Stapel.

26 So Sieger der am 20. Februar begonnenen Eishockey-Weltmeisterschaft in Prag werden erstmals die USA, die Kanada in der Verlängerung 2:1 bezwingen.

27 Mo In den deutschen Karnevalshochburgen am Rhein bejubeln Zehntausende Narren und Närrinnen die traditionellen Rosenmontagszüge. → Reichstag

28 Di KPD-Funktionär Willi Münzenberg emigriert nach Paris. Bertolt Brecht flieht mit Ehefrau Helene Weigel und seinem Sohn Stefan nach Prag. → Verordnung

März 1933

1 Mi Das Deutsche Theater in Berlin zeigt Hugo von Hofmannsthals »Das große Welttheater«. Es ist die letzte Inszenierung Max Reinhardts in Deutschland.

2 Do Ein Berliner Landgericht untersagt NSDAP-Propagandaleiter Joseph Goebbels, falsche Behauptungen über zwei SPD-Politiker zu verbreiten. → King Kong

3 Fr Aus Protest gegen Zeitungsverbote verlassen die SPD-Vertreter den Hamburger Senat. +++ Ein Erdbeben bei Yokohama in Japan fordert über 2000 Tote.

4 Sa Bei der Debatte über einen Bundesbahnerstreik vom 1. März treten alle drei Präsidenten des österreichischen Nationalrates zurück.

5 So SA und SS besetzen das Hamburger Rathaus. +++ In Berlin erscheint die letzte Ausgabe der »Arbeiter-Illustrierten Zeitung«. → NSDAP

6 Mo In Bremen und Lübeck treten die Senatoren zurück, die der SPD angehören, ebenso der Bürgermeister von Lübeck, Paul Löwigt.

7 Di Österreichs Bundeskanzler Engelbert Dollfuß erklärt sich trotz der Regierungskrise für weiterhin im Amt befindlich und regiert ab sofort ohne Parlament.

8 Mi Die Hamburger Bürgerschaft wählt einen neuen Senat aus sechs Nationalsozialisten und je zwei Angehörigen der DNVP und des Stahlhelm.

9 Do Reichsinnenminister Wilhelm Frick (NSDAP) erklärt, dass die KPD-Abgeordneten künftig nicht mehr im Reichstag vertreten sein würden.

10 Fr Die Westküste der USA südlich von Los Angeles wird von einem schweren Erdbeben heimgesucht. 123 Menschen kommen ums Leben.

11 Sa Die Verwaltung des Verbandes der Bergbau-Industriearbeiter Deutschlands in Bochum wird von SA und Hilfspolizei verwüstet.

12 So In Dresden halten 60 Delegierte der Sozialistischen Arbeiterpartei Deutschlands (SAP) eine Konferenz ab und beschließen, die SAP illegal weiterzuführen.

13 Mo NSDAP-Reichspropagandaleiter Joseph Goebbels wird Leiter des neugeschaffenen Reichsministeriums für Volksaufklärung und Propaganda.

14 Di Das auslaufende Verbot der SPD-Presse in Preußen wird zunächst um weitere 14 Tage verlängert und anschließend auf unbestimmte Zeit ausgedehnt.

15 Mi Der Landtag von Württemberg wählt mit 36 von 68 Stimmen bei 19 ungültigen Wahlzetteln den NSDAP-Gauleiter Wilhelm Murr zum Staatspräsidenten.

16 Do In Bayern legt Ministerpräsident Heinrich Held (BVP) sein Amt nieder. Reichskommissar Franz Ritter von Epp (NSDAP) führt künftig die Regierung.

17 Fr Der am 15. März zum Staatskommissar in Berlin ernannte Julius Lippert (NSDAP) entlässt die jüdischen Ärzte aus den Krankenhäusern.

18 Sa In Genf endet die 71. außerordentliche Tagung des Völkerbundrates. Sie empfiehlt die Räumung der 1932 von Peru besetzten Stadt Leticia in Kolumbien.

19 So Per Referendum erhält Portugal eine von Ministerpräsident António de Oliveira Salazar ausgearbeitete autoritäre Verfassung.

20 Mo Der britische Premierminister James Ramsey MacDonald und Außenminister John Allsebrook Simon beenden einen dreitägigen Besuch in Rom.

21 Di In der Berliner Krolloper tagt der Reichstag. +++ Die KPD-nahe Kampfgemeinschaft für Rote Sporteinheit wird verboten. → Thälmann

22 Mi Der am 5. März neugewählte preußische Landtag tritt zu seiner konstituierenden Sitzung zusammen und vertagt sich dann auf unbestimmte Zeit.

23 Do In Berlin wird Günther Gereke, Reichskommissar für Arbeitsbeschaffung, wegen angeblicher Unterschlagungen verhaftet. → Parlament

24 Fr In einem Wald bei Berlin wird der Hellseher Jan Erik Hanussen (eigtl. Herschmann Steinschneider) von einem Rollkommando der SA erschossen.

25 Sa Vor den Intendanten der Rundfunksender kündigt Reichspropagandaminister Joseph Goebbels in Berlin eine »Säuberung« des Rundfunks an.

26 So Der italienische Rennfahrer Tazio Nuvolari (Alfa Romeo) gewinnt in 3:29,15 h den Großen Preis von Tunis für Automobile.

27 Mo Die 1932 abgesetzte preußische Regierung legt ihre Ämter endgültig nieder. +++ Die japanische Regierung erklärt ihren Austritt aus dem Völkerbund.

28 Di Der deutsche Physiker Albert Einstein kehrt aus den USA nach Europa zurück und bleibt zunächst in der Nähe von Ostende in Belgien.

29 Mi Der Hamburger Senat untersagt Beamten und Angestellten des Hamburger Staates die Zugehörigkeit zu »marxistischen« Parteien, einschließlich der SPD.

30 Do In Preußen sind bisher rd. 10 000 Sozialdemokraten, Gewerkschafter und andere Oppositionelle in »Schutzhaft« genommen worden.

31 Fr Die österreichische Regierung löst den am 25. März verbotenen sozialdemokratischen Republikanischen Schutzbund endgültig auf.

Aufruf zum Boykott jüdischer Geschäfte in Berlin

1. April 1933

Boykott gegen Juden

Kurz nach der Machtübernahme organisieren die Nationalsozialisten die Ausgrenzung der jüdischen Mitbürger in Deutschland. Um 10 Uhr beginnt eine Boykottaktion gegen Ärzte und Rechtsanwälte sowie gegen Geschäfte mit jüdischen Besitzern. Die Parteileitung hatte am 28. März aus Protest gegen eine angebliche antideutsche »Greuelhetze« von Juden im Ausland dazu aufgerufen.

Für die Aktion haben die NSDAP und das von dem fränkischen Nazi-Gauleiter und »Stürmer«-Herausgeber Julius Streicher geführte »Zentralkomitee zur Abwehr der jüdischen Greuel- und Boykotthetze« Regeln erlassen. So müssten Gewaltanwendungen gegen Ladenbesitzer oder Passanten unterbleiben. Vor allem in der Provinz kommt es trotz des Verbots zu Gewalttätigkeiten gegen jüdische Geschäftsinhaber. Die Zerstörung von Schaufensterscheiben oder die zwangsweise Schließung von Geschäften ist nicht gestattet. Die aufgestellten SA- und SS-Wachen haben lediglich die Aufgabe, das Publikum darauf aufmerksam zu machen, dass der Inhaber des Geschäftes Jude sei, und vor dem Einkauf in diesem Laden zu warnen. Jüdische Geschäfte sind an den Eingangstüren durch Plakate oder Tafeln mit gelbem Fleck auf schwarzem Grund zu kennzeichnen. Am Abend vor dem Beginn des Boykotts haben die NSDAP und ihre Organisationen in vielen Orten Demonstrationen organisiert. Am Tag der Aktion werden in den Städten und Dörfern Plakate mit dem Boykottaufruf angeschlagen. Zudem fahren Wagen der NSDAP durch die Straßen – mit Plakaten wie: »Kauft nicht in jüdischen Warenhäusern«, »Meidet jüdische Ärzte« und »Die Juden sind unser Unglück«.

16. April 1933

»Simplicissimus« passt sich dem neuen Regime an

Die in München erscheinende Satirezeitschrift »Simplicissimus«, die in der Vergangenheit immer wieder Politik und Gesellschaft mit bissigen Karikaturen und Texten begleitet hat, passt sich den neuen Machthabern in Berlin an. Vor die Wahl gestellt, ihr Erscheinen einzustellen oder auf Regierungskurs umzuschwenken, entscheidet sie sich für eine Politik der Anpassung. In einer Erklärung der Redaktion an die Leser heißt es: »Schon einmal, beim Beginn und im Verlauf des Weltkriegs, hat der 'Simplicissimus', der als Kampfblatt gegründet wurde, bewiesen, dass er nicht bloß kritisch und negativ, sondern sehr nachdrücklich positiv sein kann: Wenn es sich nämlich um Deutschland handelt. So sind denn auch die Ereignisse der letzten Monate nicht spurlos an ihm vorübergegangen. Wieder einmal handelt es sich

um Deutschland, aber diesmal nicht um das im Kampf mit einer ganzen Welt stehende alte, sondern um das nach langen Wehen und Wirrnissen jetzt zu sich selbst erwachte neue Deutschland. Ihm und seinen großen Zielen im Innern wie nach außen auf seine Art zu dienen, sieht der 'Simplicissimus', nach einer grundlegenden Umbesetzung der Redaktion, als seine vaterländische Pflicht an.« (Abb.: Der gezähmte »Simplicissimus« nach seiner Gleichschaltung: Tag der deutschen Kunst in München).

23. März 1933

Parlament entmachtet sich

Gegen die Stimmen der SPD unter Otto Wels billigt der Deutsche Reichstag (Abb.: Erste Sitzung am 21. März) das »Gesetz zur Behebung der Not von Volk und Reich« – und entmachtet sich damit selbst. Das sog. Ermächtigungsgesetz gibt der Regierung das Recht, eigenständig Verträge mit fremden Staaten abzuschließen, Gesetze zu erlassen und sie ohne Gegenzeichnung des Reichspräsidenten in Kraft zu setzen. Von den 120 SPD-Abgeordneten können nur 94 an der Abstimmung teilnehmen – die übrigen befinden sich in Haft oder sind emigriert.

Otto Wels

deutscher Politiker, * 15.9.1873 Berlin; † 16.9.1939 Paris

Auf Wunsch August Bebels rückte der ehemalige Tapezierer 1913 in den SPD-Parteivorstand auf. 1918 wandte er sich gegen die Spartakisten. Durch seine Beteiligung am Aufruf zum Generalstreik konnte 1920 der Kapp-Putsch beendet werden. Als SPD-Vorsitzender begründet er vor dem Reichstag für seine Fraktion das Nein zum Ermächtigungsgesetz. Wels flieht schließlich in die Schweiz und nach Paris. Dort leitet er den SPD-Exilvorstand.

- 1912-33: Mitglied des Reichstags
- seit 1931: Einer der drei SPD-Vorsitzenden
- 1933: Exil in Paris

5. März 1933

NSDAP erpresst Wahlsieg

Nach einem von den Regierungsparteien mit ungeheurem materiellen Aufwand geführten Wahlkampf (Abb.: Propagandaplakat der NSDAP), bei dem die NSDAP ihre Gegner unter dem Einsatz von Schlägertrupps der SA und unter Anwendung polizeilicher Machtmittel systematisch eingeschüchtert hat, erreichen NSDAP und Kampffront Schwarz-Weiß-Rot (Deutschnationale und Stahlhelm) zusammen die absolute Mehrheit im Reichstag und im Landtag von Preußen. Die Wählerbeteiligung liegt bei der Rekordmarke von 88,8%. Von den 15 Parteien, die sich zur Wahl stellen, ziehen elf ins Parlament ein. Die NSDAP wird mit 43,9% der abgegebenen Stimmen und 288 der 647 Mandate stärkste Fraktion. Aufgrund der Notverordnung vom 28. Februar werden am 8. März der KPD ihre Sitze im Reichstag und im preußischen Landtag aberkannt. In der Potsdamer Garnisonskirche wird am 21. März der neugewählte Reichstag eröffnet (»Tag von Potsdam«).

2. März 1933

King Kong – Monster mit Herz

In passendem Ambiente findet die Uraufführung des Films »King Kong und die weiße Frau« von Merian C. Cooper und Ernest B. Schoedsack statt. In der New Yorker Radio Music Hall, dem mit 6200 Plätzen größten Kino der Welt, hat der Horror-, Abenteuer- und Katastrophenfilm Premiere. Der Streifen um das riesige Affenmonster, das Häuser niedertrampelt, Flugzeuge vom Himmel pflückt und einer blonden Schönheit (Fay Wray) verfallen ist (s. Abb.), wird zu einem Klassiker. Seit dem Publikumserfolg von exotischen Filmen wie »Tarzan, der Affenmensch« von Woodbridge

Strong Van Dyke und Horrorstreifen wie »Frankenstein« von James Whale erlebt Hollywood einen Wettlauf um den effektvollsten, sensationellsten und übernatürlichsten Film. »King Kong« gilt wegen seiner ausgefeilten Animationsaufnahmen als ein Meisterwerk der Spezialeffekte.

21. März 1933

Erste Konzentrationslager

In einer ehemaligen Fabrik in Oranienburg bei Berlin errichtet die SA-Standarte 208 das erste Konzentrationslager (Abb.: Inhaftierte führende Sozialdemokraten und Rundfunkleute beim Appell). Am folgenden Tag werden die ersten 200 politischen sog. Schutzhäftlinge in das KZ Dachau bei München gebracht. Immer mehr Gegner des NS-Regimes werden in sog. Schutzhaft genommen. KPD-Chef Ernst Thälmann wurde am 3. März verhaftet.

Ernst Thälmann

deutscher Politiker, * 16.4.1886 Hamburg; † 18.8.1944 Buchenwald bei Weimar

Thälmann war 1919 Vorsitzender der USPD in Hamburg und ab 1920 Mitglied der KPD, deren Führung er 1925 übernahm. Von Josef W. Stalin gefördert, ordnete Thälmann die KPD der sowjetischen Politik unter. Nach der »Machtergreifung« wird der KPD-Führer festgenommen.

- 1924-33: Reichstagsmitglied
- 1933: Verhaftung
- 1944: Ermordung im Konzentrationslager Buchenwald

April 1933

1 Sa In Wilhelmshaven läuft das Panzerschiff »Admiral Scheer« vom Stapel. Gleichzeitig wird das Panzerschiff »Deutschland« in Dienst gestellt. → Boykott

2 So In Zürich endet der erste schweizerische Kongress für Touristik und Verkehr. Thema war die Belebung des zurückgegangenen Tourismus.

3 Mo Den britischen Piloten Marques of Clydesdale und D.F. McIntyre gelingen die ersten Flüge über den 8848 m hohen Mount Everest.

4 Di Vor der Küste von New Jersey stürzt das US-Marine-Luftschiff »Akron« ab. Nur drei der 77 Besatzungsmitglieder überleben.

5 Mi In Vaduz (Liechtenstein) erschießen sechs angereiste deutsche NSDAP-Sympathisanten den früheren Berliner Theaterleiter Alfred Rotter.

6 Do Wegen angeblicher Unterschlagung von 1,5 Mio. Reichsmark wird der Reichstagsvizepräsident Thomas Esser (Zentrum) verhaftet.

7 Fr Am Tag nach der Aufhebung des 14-jährigen Bierverbots konsumieren die US-Bürger über eine Mio. Barrel (1 Barrel = 159 l) des Getränks.

8 Sa Die deutsche Turnerschaft beschließt in Stuttgart den Ausschluss nichtarischer Mitglieder sowie KPD- und SPD-Angehöriger aus den Turnvereinen.

9 So Vor 60 000 Zuschauern endet in Wien die Erfolgsserie des österreichischen »Wunderteams«, das gegen die Tschechoslowakei mit 1:2 (0:0) verliert.

10 Mo Die Reichsregierung hebt die Kraftfahrzeugsteuer für Lkw, Pkw und Krafträder auf, die nach dem 31. März 1933 zugelassen worden sind.

11 Di Reichskanzler Adolf Hitler ernennt den bisherigen kommissarischen Innenminister Hermann Göring (NSDAP) zum preußischen Ministerpräsidenten.

12 Mi In Düsseldorf wird der Oberbürgermeister Robert Lehr (DNVP) wegen Beamtenbestechung und Veruntreuung öffentlicher Gelder verhaftet.

13 Do Die von der Deutschen Studentenschaft initiierte Aktion »Wider den undeutschen Geist« beginnt in Berlin. Sie richtet sich u.a. gegen jüdische Kultur.

14 Fr Auf Beschluss der kommissarischen bayerischen Staatsregierung ist der Karfreitag erstmals Feiertag in ganz Bayern.

15 Sa Bei den Betriebsratswahlen auf 141 Zechen im Ruhrgebiet verbuchen die Betriebszellenorganisationen der NSDAP mit 30,7% den größten Sitzanteil.

16 So Die NSDAP beschließt die gewaltsame Übernahme der freien Gewerkschaften. Die Aktion ist auf den 2. Mai angesetzt. → »Simplicissimus«

17 Mo Der Nobelpreisträger für Physik von 1925, James Franck, legt wegen des anti-jüdischen Berufsbeamtengesetzes seine Professur in Göttingen nieder.

18 Di Nach seinem Rom-Besuch äußert sich Österreichs Bundeskanzler Engelbert Dollfuß optimistisch über das Verhältnis seines Landes zu Italien.

19 Mi Die USA erklären ein Ausfuhrverbot für Gold. Damit soll, wie US-Präsident Franklin D. Roosevelt erklärt, der Preisauftrieb im Inland gestoppt werden.

20 Do Beim großen Preis von Monaco verunglückt der deutsche Rennfahrer Rudolf Caracciola (Alfa Romeo) schwer und fährt 1933 keine Rennen mehr.

21 Fr NSDAP-Führer Adolf Hitler ernennt Rudolf Heß zu seinem Stellvertreter in Parteiangelegenheiten. Heß wirkte u.a. am Buch »Mein Kampf« mit.

22 Sa Zum Abschluss einer zweitägigen Führertagung der NSDAP in München erklärt Adolf Hitler, seine Partei arbeite »für das Urteil der Jahrtausende«.

23 So Süddeutschland gewinnt vor 20 000 Zuschauern in Mannheim mit 6:1 gegen Südostdeutschland zum achten Mal den Fußball-Bundespokal.

24 Mo Im Berliner Rundfunk erteilt der Dichter Gottfried Benn in seinem Vortrag »Der neue Staat und die Intellektuellen« dem Liberalismus eine Absage.

25 Di Eine Straße verbindet seit heute die Lagunenstadt Venedig mit Mestre auf dem Festland und ergänzt damit die vorhandene Eisenbahnbrücke.

26 Mi In Berlin entsteht das »Geheime Staatspolizeiamt für Preußen«. Aufgabe des »Gestapa« ist u.a. das Sammeln von Meldungen über oppositionelle Gruppen.

27 Do Franz Seldte, Bundesführer des Stahlhelm, erklärt in einer Rundfunkansprache seinen Rücktritt und unterstellt seine Organisation der Führung Hitlers.

28 Fr In Recklinghausen zwingt die Polizei den Leiter des Einheitsverbandes der Bergarbeiter Deutschlands, den Dortmunder Albert Funk (KPD), zum Selbstmord.

29 Sa Der FC Everton gewinnt im ausverkauften Londoner Wembley-Stadion durch einen 3:1-Sieg gegen Manchester City den englischen Fußballpokal.

30 So Der Reichsverband der Presse wählt NSDAP-Reichspressechef Otto Dietrich zum Präsidenten und billigt den Ausschluss von Juden und Marxisten.

Mai 1933

1 Mo In Paris erscheint erstmals die von Willi Münzenberg herausgegebene Zeitung »Der Gegenangriff«. Sie ist eine Antwort auf das NS-Organ »Der Angriff«.

2 Di Wegen Geldmangels wird das Berliner Schillertheater geschlossen. Direktor Heinrich Gilardone legt seinen Posten nieder. → Gewerkschaften

3 Mi In Hamburg läuft die »Gorch Fock« vom Stapel. Der Dreimaster ist in nur fünf Monaten für die deutsche Reichsmarine gebaut worden.

4 Do In Wien verbietet der Ministerrat das öffentliche Tragen politischer Uniformen. Davon ausgenommen sind die Selbstschutzverbände der Heimwehren.

5 Fr Die deutsche Reiter-Equipe gewinnt in Rom erneut den Nationenpreis »Coppa Mussolini«. Richard Salah auf »Wotan« bleibt zweimal fehlerlos.

6 Sa Die Preußische Akademie der Künste schliesst 13 Autoren aus. Darunter befinden sich u.a. Thomas Mann, Alfred Döblin und Jakob Wassermann.

7 So In Kiel begeht der frühere Vorsitzende der DNVP, Ernst Oberfohren, Selbstmord. Der deutsch-nationale Politiker galt als ausgesprochener Hitler-Gegner.

8 Mo Im Konzentrationslager Breslau-Dürrgoy wird Ernst Eckstein ermordet. Er war 1931 Mitbegründer der Sozialistischen Arbeiterpartei.

9 Di Der Reichsverband Deutscher Zeitschriftenverleger unterwirft sich in Berlin durch neue Vorstandswahlen dem propagandistischen Apparat der NSDAP.

10 Mi Paraguay erklärt Bolivien den Krieg. Seit 1932 tobt ein Kampf um das Chacogebiet. Bolivien ist u.a. an Häfen interessiert. → Bücher brennen

11 Do Das preußische Justizministerium spricht gegen 923 jüdische Rechtsanwälte und 118 kommunistische Rechtsanwälte Berufsverbote aus.

12 Fr Die Reichsregierung erlässt ein Gesetz zum Schutz des Einzelhandels vor übermäßiger Konkurrenz. Der Einzelhandel zählt zum Wählerstamm der NSDAP.

13 Sa Beim Treffen des Soldatenbundes Stahlhelm fordert Vizekanzler Franz von Papen, sich »in der Hingabe an Volk und Vaterland gegenseitig zu übertreffen«.

14 So Das Thüringische Landvolk fordert in Meiningen Richard Walter Darré (NSDAP) als Reichsminister für Landwirtschaft anstelle Alfred Hugenbergs (DNVP).

15 Mo Auf Wunsch der Wiener Regierung muss Reichsjustizkommissar Hans Frank (NSDAP) Österreich nach nur zwei Tagen verlassen. → Rekordzeit

16 Di US-Präsident Franklin D. Roosevelt appelliert auf der Weltwirtschaftskonferenz an die anwesenden Staaten, sich auf eine baldige Abrüstung zu einigen.

17 Mi Nach Angaben des Deutschen Städtetages sind bisher in 56 Städten die Oberbürgermeister beurlaubt und in weiteren 14 ihrer Ämter enthoben worden.

18 Do Gegen die Stimmen der SPD billigt der preußische Landtag ein Ermächtigungsgesetz. Es orientiert sich am Reichstagsgesetz vom 23. März.

19 Fr Das Reichspropagandaministerium ordnet für die Presse ein vorläufiges Berichterstattungsverbot über die Internationale Arbeitskonferenz in Genf an.

20 Sa Österreichs Bundeskanzler Engelbert Dollfuß gründet die Vaterländische Front. Sie soll u.a. eine Gegenbewegung zum Nationalsozialismus darstellen.

21 So Mit einer Durchschnittsgeschwindigkeit von 206,9 km/h gewinnt der Italiener Achille Varzi auf Bugatti das Avus-Autorennen in Berlin.

22 Mo Der Deutsche Städtetag und die übrigen kommunalen Spitzenverbände vereinigen sich zum Deutschen Gemeindetag.

23 Di Der US-Senat beginnt mit dem Verhör des New Yorker Bankiers John Pierpont Morgan, d. J. Ihm wird u.a. Bestechung von Politikern vorgeworfen.

24 Mi Im Deutschen Volkstheater in Wien findet die Uraufführung der Operette »Bezauberndes Fräulein« von Ralph Benatzky statt.

25 Do Pius XI. spendet den Himmelfahrtssegen erstmals vom Balkon der Lateranbasilika. Das exterritoriale Gebäude hatte der Papst vorher nur privat betreten.

26 Fr Wegen ihrer »Verfolgung staatsgefährlicher Ziele« lässt Bundeskanzler Engelbert Dollfuß die Kommunistische Partei Österreichs auflösen.

27 Sa Unter dem Motto »Jahrhundert des Fortschritts« beginnt in Chicago die Weltausstellung. Aussteller aus 18 Nationen sind daran beteiligt.

28 So Antonio Brivio-Sforza (Italien) gewinnt am Steuer eines Alfa Romeo das Automobil-Langstreckenrennen Targa Florio auf Sizilien.

29 Mo Die Reichsregierung verfügt, dass jeder Deutsche für einen Besuch in Österreich ab 1. Juni eine Zwangsabgabe von 1000 Reichsmark zu entrichten habe.

30 Di Wegen der Veröffentlichung eines Artikels über das gespannte deutsch-österreichische Verhältnis wird die »Deutsche Allgemeine Zeitung« eingestellt.

31 Mi In Tangku bei Tientsin unterzeichnen China und Japan einen Waffenstillstand. Er sieht die Entmilitarisierung großer Teile Nordchinas vor.

Bücherverbrennung auf dem Opernplatz in Berlin

»Wider den undeutschen Geist«

Die Bücherverbrennungen in Deutschland sind Höhepunkt einer Aktion gegen »undeutsche« Werke, die bereits am 13. April ihren Anfang nahm. In vielen Universitätsstädten verbreiteten Studenten einen Aufruf »Wider den undeutschen Geist«. Er verurteilt den Einfluss »volksfremder« Ideen auf deutsche Kultur und Wissenschaft. Büchereien und Bibliotheken sollen von Schrifttum, das nicht dem nationalsozialistischen Gedankengut enspreche, »gesäubert« werden. Ergänzend war die Aufstellung von »Schandpfählen« an den Hochschulen angeordnet worden, an denen missliebige Bücher anzunageln seien. Dazu kommt es jedoch nur an wenigen Universitäten. Die zwölf Thesen »Wider den undeutschen Geist« erklären »den Juden und den, der ihm hörig ist«, zu Feinden, die es zu bekämpfen gelte. Eine Sonderaktion gilt dem von Magnus Hirschfeld gegründeten Berliner Institut für Sexualwissenschaft, das am 6. Mai geplündert wird. Rd. 10 000 Bücher und andere Unterlagen werden entfernt. Die Aktionen finden mit Billigung und zumeist auch Unterstützung der örtlichen Polizeibehörden statt.

15. Mai 1933

In Rekordzeit an die Elbe

Neue Entwicklungen in der Verkehrstechnik revolutionieren den Schienenverkehr. Mit dem »Fliegenden Hamburger« (s. Abb.), der mit einer Durchschnittsgeschwindigkeit von 125 km/h zwischen Berlin und Hamburg verkehrt, rücken die Großstädte näher zusammen. Nach seiner ersten

planmäßigen Fahrt läuft der »Fliegende Hamburger« ohne Zwischenfälle im Hauptbahnhof der Hansestadt ein. Die zwei Maybach-Dieselmotoren, die je 410 PS leisten, erlauben eine Höchstgeschwindigkeit von 160 km/h. Der 42 m lange Express, der seine Form im Windkanal gewonnenen Erkenntnissen verdankt, ist damit der schnellste regelmäßig verkehrende Eisenbahnzug der Welt. Er bietet den Passagieren 102 Sitzplätze.

2. Mai 1933

Gewerkschaften aufgelöst

Die Repression der nationalsozialistischen Machthaber gegen die Gewerkschaften nimmt dramatisch zu. Einen Tag nach dem Maifeiertag (Abb.: Karte zum »Tag der nationalen Arbeit«) werden die freien Gewerkschaften aufgelöst. Polizei, SA und SS besetzen die Büros der Gewerkschaften sowie die gewerkschaftseigenen Redaktionen. Viele Gewerkschaftsführer hatten noch gehofft, auch im NS-Staat ihre Aufgaben wahrnehmen zu können. Für dieses Ziel waren u.a. Vertreter des Allgemeinen Deutschen Gewerkschaftsbundes (ADGB) zu weitgehenden Zugeständnissen an die Reichsregierung bereit. Aus Protest gegen diese Haltung verlegte der Internationale Gewerkschaftsbund (IGB) seinen Sitz von Berlin nach Paris.

10. Mai 1933

Bücher brennen im »Land der Dichter und Denker«

Im Geiste der nationalsozialistischen Ideologie organisiert die Deutsche Studentenschaft in Berlin und anderen deutschen Hochschulorten die öffentliche Verbrennung missliebiger Schriften von Autoren, die als »undeutsch« gelten.
Die mittelalterlich anmutenden Szenen u.a. auf dem Opernplatz in Berlin finden nicht nur großen Zulauf – sie werden auch noch vom Rundfunk übertragen. Anders als der Fackelzug vom 30. Januar soll dieses Ereignis der Nachwelt durch Filmaufnahmen erhalten werden. 40 000 Menschen haben sich allein in Berlin versammelt. Kurz nach 23 Uhr beginnt die Verbrennung eines Teils der Bücher, die mehrere tausend Studenten aus dem Studentenhaus in der Oranienburger Straße abgeholt haben. Feierlich vorgetragene Losungen – »Gegen Klassenkampf und Materialismus, für Volksgemeinschaft und idealistische Lebenshaltung! Ich übergebe der Flamme die Schriften von Marx und Kautsky« – begleiten das bizarre Schauspiel. Allein in Berlin werden nach einem am 21. Mai veröffentlichten Polizeibericht rd. 10 000 Zentner Bücher und Zeitschriften beschlagnahmt. Nach amtlichen Angaben sollen von jedem Buch 25 Exemplare für wissenschaftliche Zwecke aufbewahrt, der Rest vernichtet werden. Nach der Bücherverbrennung spricht Reichspropagandaminister Joseph Goebbels über den Sinn der Aktion und erklärt, der »jüdische Intellektualismus« sei tot. Die deutsche Seele könne sich endlich wieder äußern. Die schon Wochen zuvor bekannt gewordene Aktion erregt international großes Aufsehen. Vor allem die linke und liberale Presse in Österreich berichtet kritisch.

Studenten und Soldaten verbrennen Kulturgut.

Verbotene Schriftsteller (Auswahl)

Name
Sigmund Freud
Erich Kästner
Karl Kautsky
Heinrich Mann
Karl Marx
Carl von Ossietzky
Erich Maria Remarque
Kurt Tucholsky

16. Juni 1933

Roosevelt nimmt Reform der US-Wirtschaft in Angriff

In den USA wird das Wirtschafts- und Arbeitsbeschaffungsprogramm des neu gewählten US-Präsidenten Franklin D. Roosevelt, der den Wählern einen »New Deal« versprochen hatte, zielstrebig in die Tat umgesetzt. Hilfsprogramme für Arbeitslose und Landwirte haben bereits kurz nach seinem Amtsantritt die parlamentarischen Hürden genommen. Neben dem Bankennotgesetz sind die Grundlagen für ein umfangreiches Programm für Aufforstung, Straßen- und Landbau geschaffen worden. Innerhalb der ersten 100 Tage seiner Regierungszeit bringt Roosevelt 15 zentrale Gesetzesvorhaben durch den Kongress, der sich zunächst bis Anfang 1934 vertagt. Zu dem staatlichen Hilfsprogramm gehört u.a. die Schaffung eines zivilen Arbeitskorps, das 250 000 jüngeren Erwerbslosen Arbeit in den Bereichen Aufforstung, Bekämpfung der Bodenerosion und Anlage von Nationalparks vermittelt. Mit einem Fürsorgegesetz will Roosevelt der notleidenden Agrarwirtschaft (s. Abb.) wieder auf die Beine helfen. Das Farmhypothekennotfallgesetz stellt Landwirten Finanzmittel zur Verfügung. Das Agraranpassungsgesetz soll Motivation sein, um landwirtschaftliche Flächen stillzulegen und dadurch die Preise für Agrarprodukte zu erhöhen. Roosevelts »New Deal« trifft in der Bevölkerung auf breite Akzeptanz, zumal es der US-Präsident versteht, nachhaltig für seine Politik zu werben.

Juni 1933

1 Do Der Dirigent Otto Klemperer verliert aufgrund seiner jüdischen Abstammung die Leitung der Staatskapelle in Berlin und emigriert daraufhin in die USA.

2 Fr Das Reichsministerium des Innern beruft einen Rat für Rassenpolitik. Ziel sind Hebung der Geburtenzahl und Maßnahmen gegen die »Rassenmischung«.

3 Sa Die Tagung des »Vereins für das Deutschtum im Ausland« beginnt – wegen der Spannungen mit Österreich – in Passau statt in Klagenfurt.

4 So Johannes (»Hänschen«) Frömming gewinnt mit dem Hengst »Xifra« das mit 30 000 Reichsmark dotierte Deutsche Traber-Derby über 3200 m in Berlin.

5 Mo In Paris enden die Internationalen Tennismeisterschaften von Frankreich. Einzelsieger sind Jack Crawford aus Australien und die Britin Margaret Scriven.

6 Di Der afghanische Gesandte in Berlin, Muhammad Aziz Khan, wird auf offener Straße von einem Landsmann erschossen. Die Tat ist politisch motiviert.

7 Mi Mit der Landung des Dornier-Flugbootes »Monsun« vor Natal (Brasilien) beginnt die Lufthansa ihre Trans-Ozean-Postbeförderung.

8 Do Ex-Weltmeister Max Schmeling verliert in New York einen Ausscheidungskampf um die Schwergewichts-Weltmeisterschaft gegen Max Baer (USA).

9 Fr Gegen die Stimmen der SPD-Fraktion billigt der badische Landtag ein Ermächtigungsgesetz nach dem Vorbild des entsprechenden Reichsgesetzes.

10 Sa Magdeburgs Oberbürgermeister Ernst Reuter (SPD) wird wegen seiner Vergangenheit als Sowjetkommissar im Wolgagebiet in »Schutzhaft« genommen.

11 So Fortuna Düsseldorf gewinnt mit 3:0 gegen den FC Schalke 04 vor 53 000 Zuschauern in Köln das Endspiel um die deutsche Fußballmeisterschaft.

12 Mo In London wird eine Weltwirtschaftskonferenz eröffnet. Sie endet ohne Einigung am 27. Juli, da die USA eine Stützung des Dollar ablehnen.

13 Di Nach dem Abbruch eines durch SA-Krawalle gestörten Gesellentages in München am 11. Juni gilt in Bayern ein unbefristetes Demonstrationsverbot.

14 Mi Der Passagierdampfer »Bremen«, vor vier Tagen, 17 Stunden und 43 Minuten in New York gestartet, erreicht Cherbourg (Frankreich): ein neuer Rekord.

15 Do In Wien endet ein am 26. Mai begonnener Pianistenwettbewerb mit 252 Künstlern. Sieger wird der erst 17-jährige Karlrobert Kreiten aus Bonn.

16 Fr Gegenüber der Reichsregierung erklärt der jüdische Regisseur Max Reinhardt, dass er sich nur schwer vom Deutschen Theater trenne. → Roosevelt

17 Sa In Luzern endet die fünfwöchige »Wellenkonferenz« von 35 europäischen Staaten mit der Abschluss-Konvention zur Festlegung von Rundfunkfrequenzen.

18 So Das Team Tazio Nuvolari/Raymond Sommer (Italien/Frankreich) gewinnt auf Alfa Romeo das 24-Stunden-Rennen von Le Mans.

19 Mo Unter Hinweis auf die politische Lage sagt der österreichische Fußballverband das für den 25. Juni in Frankfurt geplante Spiel gegen Deutschland ab.

20 Di Der Danziger Volkstag wählt Hermann Rauschning (NSDAP) zum Senatspräsidenten. Er bildet einen Senat aus NSDAP und Zentrum.

21 Mi Mit einer Großrazzia von SA-Leuten beginnt die »Köpenicker Blutwoche«. Bis zum 26.6. werden 91 Nazigegner ermordet.

22 Do Robert Ley, Führer der Deutschen Arbeitsfront (DAF), fordert die »Säuberung« der Betriebsräte. Außer der DAF dürfe es keine Berufsvertretungen geben. → SPD

23 Fr In Berlin nimmt die Polizei den früheren Reichstagspräsidenten Paul Löbe (SPD) fest, in anderen Städten werden weitere Politiker verhaftet.

24 Sa Der Gesamtverband der Christlichen Gewerkschaften wird von der Nationalsozialistischen Betriebszellenorganisation übernommen.

25 So Sieger beim 65.Deutschen Galopp-Derby in Hamburg-Horn wird »Alchimist« aus dem Gestüt Graditz. Der Toto zahlt 14:10 für den Sieg.

26 Mo Im Rahmen einer »Säuberung« der preußischen Kirchenverwaltung werden evangelische Geistliche beurlaubt, u.a. Generalsuperintendent Otto Dibelius.

27 Di Die Deutschnationale Front (vormals Deutschnationale Volkspartei) unterzeichnet mit Reichskanzler Adolf Hitler ein Abkommen zu ihrer Selbstauflösung.

28 Mi Die Reichsführung der linksliberalen Deutschen Staatspartei – vormals Deutsche Demokratische Partei (DDP) – erklärt ihre Auflösung.

29 Do Durch einen k.o.-Sieg über Titelverteidiger Jack Sharkey wird der 26-jährige Italiener Primo Carnera in New York Boxweltmeister aller Klassen.

30 Fr Ein Reichsgesetz zur Änderung des Beamtenrechts ermöglicht u.a. die Entlassung von Beamtinnen, sofern deren Ehegatten Beamte auf Lebenszeit sind.

Juli 1933

1 Sa Das Geheime Staatspolizeiamt (Gestapo) für Preußen untersagt die Arbeit der zentrumsnahen Verbände wegen »staatsfeindlicher Betätigung«. → »Arabella«

2 So Die nach Prag emigrierten Mitglieder des Vorstands der in Deutschland inzwischen verbotenen SPD erklären sich zur legitimen Parteiführung.

3 Mo Joseph Avenol wird in Genf als Nachfolger des seit 15 Jahren amtierenden Sir James Eric Drummond als Generalsekretär des Völkerbundes eingeführt.

4 Di Die rechtsliberale Deutsche Volkspartei löst sich auf. Die 1918 gegründete Bayerische Volkspartei erklärt ebenfalls ihre Auflösung.

5 Mi Im Münchener Rundfunk hält Theo Habicht, Landesinspektor der verbotenen NSDAP Österreichs, eine Propagandarede gegen die Regierung in Wien.

6 Do Im Standesamt von Berlin-Charlottenburg heiraten der deutsche Berufsboxer Max Schmeling und die tschechoslowakische Schauspielerin Anny Ondra.

7 Fr Wehrkreispfarrer Ludwig Müller wird Leiter der Evangelischen Kirche der Altpreußischen Union, der reformierten und lutherischen Kirchen in Preußen.

8 Sa Die NSDAP schaltet den Rundfunk gleich. Sendeleiter Eugen Hadamovsky (NSDAP) wird nun auch Geschäftsführer der Reichsrundfunkgesellschaft.

9 So Den Großen Automobil-Preis von Spa-Francorchamps gewinnt der italienische Fahrer Tazio Nuvolari auf Maserati.

10 Mo In Dresden werden 65 Personen verhaftet, die der KPD angehören oder ihr nahestehen. Sie hatten Flugblätter gegen die Reichsregierung verteilt.

11 Di Der außerordentliche Volksbühnentag beschließt in Berlin die Überführung des Bühnenvolksbundes in den (NSDAP-) Reichsverband Deutsche Bühne.

12 Mi Reichsinnenminister Wilhelm Frick veröffentlicht Richtlinien über die Einbeziehung von Rassegedanken und Führertum in den Geschichtsunterricht.

13 Do In einem Akt von Sippenhaft werden fünf in Deutschland lebende Verwandte des früheren Reichskanzlers Philipp Scheidemann (SPD) verhaftet.

14 Fr Die deutsche Reichsregierung erläßt 30 neue Gesetze, u.a. »gegen die Neubildung von Parteien« und »zur Verhütung erbkranken Nachwuchses«.

15 Sa Mit einem Geschwader von 24 Flugbooten landet Italiens Luftfahrtminister Italo Balbo nach Überquerung des Atlantiks in Chicago. → Viermächte-Pakt

16 So Angeführt von Sir Oswald Ernald Mosley, dem Führer der Faschistischen Union, marschieren erstmals rd. 1000 britische Faschisten durch London.

17 Mo Der frühere NSDAP-Abgeordnete Wilhelm Schäfer wird bei Frankfurt am Main ermordet aufgefunden. Er hatte 1931 Umsturzpläne der NSDAP aufgedeckt.

18 Di Der Unternehmer Fritz Thyssen wird von den NSDAP-Gauleitern in Essen, Düsseldorf und Westfalen als oberste Wirtschaftsautorität anerkannt.

19 Mi Das Amt für Arbeitsdienst der Deutschen Studentenschaft gibt die Einführung eines dreimonatigen Erntehilfsdienstes im Herbst 1933 bekannt.

20 Do In München beginnen die Wagner- und Mozartfestspiele. Als Gastdirigent ist u.a. Richard Strauss verpflichtet worden. → Konkordat

21 Fr In Chicago und Kansas City werden die Getreidebörsen geschlossen. Anlass sind Kursstürze an den US-Börsen am Vortag.

22 Sa Nach einem Rekordflug um die Erde in sieben Tagen, 18 Stunden und 49 Minuten landet der US-Pilot Wiley Post in New York.

23 So Mit einem Pontifikalamt wird in Trier der Heilige Rock enthüllt. +++ In Hamburg wird Hans-Heinrich Sievert mit 8467,62 Punkten Zehnkampf-Weltrekordler.

24 Mo Leo D. Trotzki trifft in Marseille ein. Die französische Regierung gewährt dem 1929 aus der UdSSR ausgewiesenen Revolutionär Asyl.

25 Di Deutschlandweit wird mit allen zur Verfügung stehenden Kräften eine Razzia auf Fernstraßen und in Zügen durchgeführt. Die Fahndung gilt Oppositionellen.

26 Mi In München empfängt Reichskanzler Adolf Hitler 470 italienische Jungfaschisten (Avantguardisti), die eine Fahrt durch das Reichsgebiet beginnen.

27 Do Aufgrund des Gesetzes über das Berufsbeamtentum wird der bereits am 13. März beurlaubte Konrad Adenauer als Oberbürgermeister von Köln entlassen.

28 Fr Wegen häufiger Klagen der Wirtschaft zieht die NS-Betriebszellenorganisation alle mit Kontrollaufgaben betrauten Beauftragten zurück.

29 Sa Die Hamburger Polizei gibt die Festnahme von 93 Führern der illegal arbeitenden KPD im Bezirk Wasserkante bekannt.

30 So Das britische Tennisteam schlägt Frankreich in Paris 3:2. Damit geht erstmals seit 1912 der Davis-Cup wieder nach Großbritannien.

31 Mo Stahlhelm-Führer Franz Seldte wird zum SA-Obergruppenführer ernannt und dem Stab des Obersten SA-Führers Adolf Hitler zugeordnet.

23. August 1933

Ausbürgerung von NS-Gegnern

Die Reichsregierung grenzt Gegner des NS-Staats aus, die Deutschland bereits verlassen haben. 33 emigrierte Politiker und Kulturschaffende, die dem Reich aus unterschiedlichen Motiven den Rücken gekehrt haben, verlieren ihre deutsche Staatsangehörigkeit. Zu ihnen gehören Kommunisten, Sozialdemokraten und Anhänger bürgerlicher Parteien. Das NSDAP-Organ »Illustrierter Beobachter« veröffentlicht am 9. September Porträts einiger Ausgebürgerter. Von der Ausbürgerung, die aufgrund des Reichsgesetzes vom 14. Juli erfolgt, sind u.a. hochrangige Politiker betroffen (Abb.: o.v.l. Philipp Scheidemann, Otto Wels, Wilhelm Pieck, u.v.l. Albert Grzesinski, Bernhard Weiß, Johann Werthauer). Eine Ausbürgerung aus Deutschland kann aus unterschiedlichen Gründen erfolgen. »Staatsfeindliches« Verhalten, aber auch die Weigerung, einer amtlichen Aufforderung zur Rückkehr zu folgen, dienen oftmals zur Begründung. Reichsinnenminister Wilhelm Frick entscheidet über jeden einzelnen Fall im Einvernehmen mit Reichsaußenminister Konstantin Freiherr von Neurath und nach Anhörung der politischen Vertreter des Landes, in denen der Betroffene seinen letzten Wohnsitz hatte. Den NS-Gegnern droht darüber hinaus der Einzug des Vermögens. Zudem können auch weitere Familienangehörige ausgebürgert werden.

15. Juli 1933

Viermächte-Pakt ohne Chance

Als Reaktion auf den unbefriedigenden Verlauf der Abrüstungskonferenz in Genf unterzeichnen Deutschland, Italien, Frankreich und Großbritannien in Rom einen Viermächtepakt. Das Abkommen, das der italienische Ministerpräsident Benito Mussolini angeregt hatte, soll der Friedenssicherung in Europa dienen. Der Pakt nimmt ausdrücklich Bezug auf die Satzung des Völkerbundes, die Verträge von Locarno und den Briand-Kellogg-Pakt zur Ächtung des Krieges sowie auf die Erklärung der Nichtanwendung von Gewalt, die 1932 in Genf von den Vertragspartnern unterzeichnet worden war. Die Reichsregierung sieht in dem Abkommen, das nach seinem Inkrafttreten zehn Jahre lang gültig sein soll, u.a. einen weiteren Schritt zur internationalen Gleichberechtigung. Darüber hinaus sieht Berlin langfristig auch die Chance, den Versailler Friedensvertrag revidieren zu können. Der Viermächtepakt soll jedoch erst dann in Kraft treten, wenn alle Unterzeichnerstaaten das Abkommen ratifiziert und die Urkunden in Rom hinterlegt haben. Dazu kommt es jedoch nicht, so dass die Vereinbarung lediglich eine Absichtserklärung bleibt.

20. Juli 1933

Konkordat unterzeichne

Prestigegewinn für Adolf Hitler: Kardinalstaatssekretär Eugenio Pacelli und Vizekanzler Franz von Papen unterzeichnen in Rom das Reichskonkordat. Die NS-Regierung sichert dem Vatikan gewisse Rechte und Freiheiten zu, u.a. die öffentliche Ausübung des katholischen Bekenntnisses, den Fortbestand der Konfessionsschulen und die Fortführung des Religionsunterrichts an öffentlichen Schulen im Deutschen Reich. Rom versichert im Gegenzug, dass Geistliche und Ordensmitglieder nicht politischen Parteien angehören dürfen. Darüber hinaus wird vereinbart, dass katholische Verbände mit sozialer Ausrichtung nur dann ihre Selbstständigkeit behalten können, wenn sie auf parteipolitische Arbeit verzichten.
Das Reichskonkordat bedeutet das faktische Ende des politischen Katholizismus und der katholischen Arbeiterbewegung in Deutschland. Um den Preis einer Aufwertung der nationalsozialistischen Regierung vermeidet der Vatikan damit einen neuen »Kulturkampf« zwischen Staat und Kirche, wie er zwischen 1871 und 1887 in Preußen stattgefunden hatte. Der Vertrag ist auch Ausdruck eines gewandelten Verhältnisses der Nationalsozialisten zum Vatikan. Vor der Machtübernahme Hitlers hatten noch viele Bischöfe die Gläubigen vor der Gefahr, die von der NSDAP

1. Juli 1933

Publikum liebt »Arabella«

An der Dresdener Staatsoper findet unter der musikalischen Leitung von Clemens Krauss die Uraufführung der lyrischen Komödie »Arabella« von Richard Strauss statt (s. Abb.). Sie findet bei Kritik und Publikum großen Anklang. Librettist Hugo

von Hofmannsthal entnahm die Motive und Gestalten seiner Novelle »Lucidor: Figuren zu einer ungeschriebenen Komödie« aus dem Jahre 1910. »Arabella« ist das letzte Stück, das Strauss zusammen mit Hofmannsthal, der 1929 verstarb, geschaffen hat. Vor allem der erste Akt besticht durch kompositorische Feinheiten. Einen Höhepunkt erreicht die Oper in dem knappen symphonischen Einschub kurz vor dem Ende.

Eugenio Pacelli (3.v.l.) und Franz von Papen (5.v.l.) unterzeichnen das Reichskonkordat.

ausgehe, eindringlich gewarnt. Nach seinem Amtsantritt als Reichskanzler bezeichnete Hitler das Christentum als »Basis unserer gesamten Moral«. Die christlichen Konfessionen wurden in einer weiteren Stellungnahme als »die wichtigsten Faktoren zur Erhaltung unseres Volkstums« bezeichnet. Aufgrund dieser Äußerungen sowie der Tatsache, dass die katholische Kirche im Kommunismus im Vergleich zum Nationalsozialismus die größere Gefahr sah, distanzierten sich viele Geistliche von ihren Warnungen.

In einem geheimen Zusatzprotokoll zum Konkordat wird für den Fall der Wiedereinführung der allgemeinen Wehrpflicht die Stellung der Geistlichen geregelt. Für Hitler sind die Verhandlungen und der Abschluss des Abkommens ein wichtiger Prestigegewinn. Darüber hinaus betont er in einer Kabinettssitzung am 14. Juli die innenpolitisch wichtigen Konsequenzen. Bedeutend sei u.a. die Tatsache, dass die Kirche sich nunmehr »aus dem Vereins- und Parteileben herauszöge«.

18. August 1933

Volksempfänger vorgestellt

In Berlin wird die Große Deutsche Funk-Ausstellung eröffnet. Im Mittelpunkt der Leistungsschau steht der neue Volksempfänger, den die Nationalsozialisten gezielt für ihre Zwecke nutzen wollen. Seit dem Amtsantritt der nationalsozialistischen Regierung wird der Rundfunk zu einem Instrument der Propaganda ausgebaut. In seiner Eröffnungsrede zur Funkausstellung betont Reichspropagandaminister Joseph Goebbels die Bedeutung des Massenmediums für die Politik. Der von 28 Firmen gemeinsam entwickelte Volksempfänger ist ein notwendiges Mittel zum Zweck. Der »VE 301« – die Ziffern verweisen auf den Tag der nationalsozialistischen Machtübernahme am 30.1. – ist schon für 76 Reichsmark zu haben. Nach massiver Werbung (s. Abb.) werden bis zum Jahresende 680 000 Geräte verkauft.

10. August 1933

Bauhaus wird liquidiert

Das Bauhaus, die im Jahre 1919 von Walter Gropius in Weimar gegründete innovative Hochschule für Gestaltung, ist endgültig am Ende. Direktor Ludwig Mies van der Rohe erklärt in einem Brief an die Studierenden das Institut für aufgelöst. Seit Jahren sah sich das international anerkannte Zentrum für Kunst, Gestaltung und Architektur wachsenden Repressalien ausgesetzt. »Baubolschewismus« warfen die Nationalsozialisten den Arbeiten des auf schlichte Funktionalität ausgerichteten Instituts vor, das namhafte Künstler wie Wassily Kandinsky oder Paul Klee als Dozenten verpflichtet hatte. Auf staatliche Anordnung musste das Bauhaus bereits am 11. April 1933 geschlossen werden, mehrere Personen wurden festgenommen. Eine Wiedereröffnung wurde von einem neuen Lehrplan und dem Ausscheiden mehrerer Dozenten abhängig gemacht. Das Bauhaus war 1925 nach Dessau verlegt worden. Ende 1932 wurde auf zunehmenden Druck der NSDAP hin eine Verlegung nach Berlin-Steglitz notwendig. Neben dem Bauhaus gerät auch die übrige moderne Kunst ins Fadenkreuz des NS-Regimes. Avantgardistische Künstler werden in die Emigration getrieben, ihre Werke als »Zeugnisse des Verfalls« aus den Museen verbannt.

August 1933

1 Di Bei dem Versuch, anlässlich des heutigen Antikriegstages Flugblätter zu verteilen, werden in Berlin 36 Kommunisten von der Polizei verhaftet.

2 Mi Der sowjetische Weißmeer-Ostsee-Kanal ist nach 20-monatiger Bauzeit fertig gestellt. 227 km lang, verbindet er den Onega-See mit dem Weißen Meer.

3 Do In Wien verhaftet die Polizei 25 Personen, die die in Österreich verbotene NSDAP unter einem Tarnnamen weiterführen wollten.

4 Fr Einen Weltrekord im Segelfliegen stellt der Student Kurt Schmidt am Frischen Haff in Ostpreußen auf. Er bleibt 36,5 Stunden in der Luft.

5 Sa Nach einer Statistik des französischen Innenministeriums befinden sich 40 000 deutsche Emigranten in Frankreich.

6 So In München gewinnt die Auswahl Bayerns den erstmals ausgespielten Hitlerpokal gegen die Berliner Fußballauswahl 6:1.

7 Mo Die Kreisleitung Breslau der NSDAP verbietet geschminkten Frauen grundsätzlich den Zutritt zu ihren Parteiveranstaltungen.

8 Di Vier prominente frühere Rundfunkangestellte und drei führende SPD-Funktionäre werden ins Konzentrationslager Oranienburg gebracht.

9 Mi Bertolt Brecht kauft ein Haus auf der dänischen Insel Fünen. Der erklärte NS-Gegner lebt dort bis April 1939 als Emigrant.

10 Do Bei einer Großrazzia in München verhaftet die Polizei 68 Funktionäre der illegalen KPD und lässt sie ins KZ Dachau bringen. → Bauhaus

11 Fr Die Regierung Mecklenburg-Schwerins zwingt den ihr politisch missliebigen Landesbischof Heinrich Rendtorff, seine Beurlaubung einzureichen.

12 Sa Nach einer spektakulären Atlantiküberquerung kehren der italienische Luftfahrtminister Italo Balbo und sein Geschwader nach Rom zurück.

13 So In New York findet ein »Deutscher Tag« statt, an dem sich rd. 300 000 deutschstämmige US-Bürger beteiligen. Die Hakenkreuzflagge wird nicht gezeigt.

14 Mo Bei den Weltmeisterschaften der Radsportler in Frankreich gewinnt der Franzose Georges Speicher das Straßenrennen der Berufsfahrer.

15 Di Im Zuge einer großangelegten Luftschutzkampagne beginnt in Berlin eine Entrümpelungsaktion von Dachböden.

16 Mi Der italienische Dampfer »Rex« erhält für die schnellste Atlantiküberquerung das »Blaue Band«. Das Schiff benötigte vier Tage, 13 Stunden und 58 Minuten.

17 Do Reichspropagandaminister Joseph Goebbels beruft Rainer Schloesser zum Reichsdramaturgen. Schloesser war Schriftleiter des »Völkischen Beobachters«.

18 Fr Im Bezirk Tempelhof findet die erste öffentliche Luftschutzübung Berlins statt. Erprobt wird die Bekämpfung von Giftgasbomben. → Volksempfänger

19 Sa Frauen dürfen in den Erfurter Gaststätten nicht mehr rauchen. Eine entsprechende Weisung gibt der Polizeipräsident heraus.

20 So Bei den ersten Kanu-Europameisterschaften in Prag gewinnen die deutschen Teilnehmer vier Gold-, zwei Silber- und sechs Bronzemedaillen.

21 Mo Die Regierung des Freistaats Irland erklärt die rechtsextreme Nationalgarde für illegal. Die Organisation erstrebt u.a. die Wiedervereinigung Irlands.

22 Di In preußischen Gaststätten wird das Absingen des Deutschland- und Horst-Wessel-Liedes verboten, da es, wie es heißt, dort häufig missbraucht werde.

23 Mi Wegen seines Gesundheitszustandes entlässt die britisch-indische Regierung den Freiheitskämpfer Mahatma Gandhi aus der Haft. → Ausbürgerung

24 Do Die Polizei im Regierungsbezirk Arnsberg beschlagnahmt die Radiogeräte von KPD-Sympathisanten, mit denen Radio Moskau empfangen werden kann.

25 Fr Nach Angaben der Exil-SPD existieren auf deutschem Reichsgebiet 65 Konzentrationslager mit rd. 45 000 Häftlingen.

26 Sa Bei Eragny (Frankreich) endet eine Blockade der Oise, die aus Protest gegen die verkehrsrechtliche Bevorzugung der Motorkähne erfolgt war.

27 So Im Endspiel der Internationalen Tennis-Meisterschaften der USA muss Favoritin Helen Wills-Moody wegen einer Zerrung gegen Helen Jacobs aufgeben.

28 Mo In Paris endet die Konferenz unabhängiger sozialistischer Parteien. Die Delegierten können sich nicht auf die Gründung einer neuen Internationale einigen.

29 Di Die Polizei in Essen geht gegen die verbotene Kommunistische Rote Hilfe für das Ruhrgebiet vor. Herta Geffke und Bernhard Saritzki leiten die Organisation.

30 Mi Gesinnungsgenossen befreien den NSDAP-Gauleiter für Tirol und Vorarlberg, Franz Hofer, aus dem Innsbrucker Gefängnis und fliehen mit ihm nach Italien.

31 Do Zum Ende einer Konferenz der deutschen katholischen Bischöfe bringen die Oberhirten ihre Sorge um den Erhalt der katholischen Vereine zum Ausdruck.

September 1933

1 Fr Mit 8000 Wehrfreiwilligen beginnt in Österreich die Aufstellung des »Freiwilligen Assistenzkörpers«, der den Stand des Heeres auf 30 000 Mann erhöht.

2 Sa Max Bulla aus Österreich gewinnt die erste Tour de Suisse der Radprofis. Anlass der Fahrt ist das 50-jährige Bestehen des Schweizer Radsportverbandes.

3 So Die Delegierten des Zionistenkongresses in Prag bestätigen Nahum Sokolow als Präsident der Zionistischen Weltorganisation. → Reichsparteitag

4 Mo Die preußischen Verwaltungsgerichte führen den Hitlergruß ein. Er muss zu Beginn und Ende jeder Verhandlung gezeigt werden.

5 Di Die Ford Motor Company erhöht die Mindestlöhne ihrer Arbeiter um 20%, lässt das Preis- und Lohnstatut der Regierung aber weiterhin unbeachtet.

6 Mi In Danzig löst sich die Deutschnationale Volkspartei auf. Die Krise der Partei begann mit dem Rücktritt ihres Vorsitzenden Alfred Hugenberg am 26. Juni.

7 Do Ein Düsseldorfer Gericht verurteilt neun Anhänger der KPD wegen Erschießung eines SA-Mannes in Erkrath zum Tode.

8 Fr In Wien gewinnt Austria Wien durch ein 3:1 über Ambrosiana Mailand den Mitropa-Cup der mittel- und osteuropäischen Fußballvereine.

9 Sa Der Deutschlandsender kritisiert den in Belgien lebenden Albert Einstein. Der Physiker hatte erklärt, er würde auch belgischer Soldat werden.

10 So Beim Automobilrennen im italienischen Monza sterben drei Fahrer, die auf einem Ölfleck die Kontrolle über ihre Fahrzeuge verlieren.

11 Mo In München kommt der Film »Hitlerjunge Quex« von Hans Steinhoff zur Uraufführung. Adolf Hitler ist bei der Premiere anwesend. → Ständestaat

12 Di Pfarrer Clemens August Graf von Galen erhält seine Ernennung zum Bischof der westfälischen Diözese Münster.

13 Mi Das Reichsgesetz über den Reichsnährstand ermächtigt die deutsche Regierung, Preise und Absatzmengen festzusetzen.

14 Do In Friedrichstadt an der Eider beginnt ein Dammbau-Projekt. Ein 35 000 ha großes Gebiet soll dadurch vor Sturmfluten geschützt werden.

15 Fr Bei einer Aktion gegen NS-Kitsch beschlagnahmen Kulturverwalter der NSDAP alle noch zum Kauf angebotenen Gebrauchsgegenstände mit NS-Symbolen.

16 Sa Der Kohlebergbau der USA stimmt einem Branchencode zu, der die Beschäftigung von Kindern unter 16 Jahren verbietet und die Löhne erhöht.

17 So In Mailand verbessert der italienische Läufer Luigi Beccali seinen eigenen Weltrekord über 1500 m um 0,2 sec auf 3:49:0 min.

18 Mo Das Innenministerium der Tschechoslowakei verbietet den Verkauf von Adolf Hitlers Programmschrift »Mein Kampf«.

19 Di Bei einer deutschlandweiten Großaktion gegen das »Bettlerunwesen« greift die Polizei 1350 Bettler auf und überstellt sie in den Arbeitsdienst.

20 Mi Österreichische Sozialdemokraten übergeben der Regierung eine Petition, in der 1,2 Mio. Menschen die Wiedereinsetzung des Nationalrats fordern.

21 Do In Leipzig beginnt der Reichstagsbrandprozess. Den fünf Angeklagten soll Zugehörigkeit zu einer kommunistischen Organisation nachgewiesen werden.

22 Fr Die jährliche Tennis-Weltrangliste führen Jack Crawford aus Australien und Helen Wills-Moody aus den USA an.

23 Sa Wegen angeblicher kommunistischer Unterwanderung verbietet die deutsche Regierung den völkischen Tannenbergbund. → Autobahn

24 So Den Großen Preis von Spanien für Automobile gewinnt in Lasarte-St. Sebastián der Franzose Louis Chiron auf Alfa Romeo.

25 Mo Ein Wirbelsturm wütet über der mexikanischen Hafenstadt Tampico. Der Hurrikan fordert 52 Tote und 263 Verletzte.

26 Di In Memphis (US-Bundesstaat Tennessee) verhaften Beamte des FBI den Gangster George »machinegun« Kelly. Er hatte einen Ölkaufmann entführt.

27 Mi Der Schriftsteller Thomas Mann, der am 11. Februar Deutschland verlassen hatte, lässt sich in Küsnacht bei Zürich nieder.

28 Do Die Staatspolizeistelle in Dortmund droht in einem Aufruf jedem, der gesellschaftlich mit Juden verkehrt, »Schutzhaft« an.

29 Fr Durch das Reichserbhofgesetz erklärt die deutsche Regierung alle Bauernhöfe zwischen 7,5 und 125 ha Fläche zu unverkäuflichen Erbhöfen.

30 Sa Mit einer Flughöhe von 19 000 m bricht der sowjetische Stratosphären-Ballon »Stratosat SSSR« den Höhenrekord des Schweizers Auguste Piccard von 1932.

3. September 1933

NSDAP feiert Reichsparteitag

Pompös – narzisstisch – chauvinistisch: In Nürnberg endet der Reichsparteitag der NSDAP mit einem gewaltigen Feuerwerk. Er ist – aufgrund von Geldmangel – der erste seiner Art seit 1929 und steht ganz im Zeichen des Triumphs über die politischen Gegner. Die Teilnehmer debattierten weniger über inhaltliche Aspekte, als dass sie sich in Geschlossenheit, Ritualen und »Führerkult« übten (Abb.: NSDAP-Führer Adolf Hitler und SA-Stabs-

chef Ernst Röhm bei der Ehrung der Toten der Partei im Luitpoldhain). Allein der Umfang der technischen Vorbereitungen zeigt die Gigantomanie der Massenveranstaltung. Zum Schmuck der Festhalle werden 20 000 m Dekorationsstoff, 1,5 km Girlanden und 15 Wagenladungen Blumen benötigt. 340 Sonderzüge bringen die Teilnehmer nach Nürnberg. Jeder der 150 000 Amtswalter der Partei erhält u.a. einen Trinkbecher.

23. September 1933

Spatenstich für Autobahn

In der Nähe von Frankfurt am Main macht Reichskanzler Adolf Hitler symbolisch den ersten Spatenstich für den Bau der Reichsautobahn nach Heidelberg (s. Abb.). Hitler nutzt den Baubeginn für eine effektvolle Inszenierung, die den Erfolg der nationalsozialistischen Politik vermitteln soll. Vor dem Ereignis marschieren 700 neu eingestellte Arbeiter – angeführt von einem Trommler- und Pfeiferkorps der SA – zum Börsenplatz. Reichsstatthalter Jakob Sprenger und Fritz Todt, Generalinspekteur für das Straßenwesen, heben in ihren Reden die Bedeutung des Tages im Kampf gegen die Arbeitslosigkeit hervor.

Beim Autobahnbau können die Nationalsozialisten auf Pläne und Initiativen zurückgreifen, die bereits in der Weimarer Republik geschaffen worden sind. Schon 1924 war eine Studiengesellschaft für Automobilstraßenbau entstanden. 1926 wurde der Verein zur Vorbereitung der Autostraße Hansestädte-Frankfurt-Basel (HaFrBa) in Frankfurt am Main gegründet. Als erste autobahnähnliche Fernstraße entstand zwischen 1929 und 1932 im Auftrag der preußischen Rheinprovinz die Kraftwagenstraße Köln-Bonn. Die Ausweitung des deutschen Autobahnnetzes erfüllt zwei Ziele: Zum einen ist sie Reaktion auf den stetig steigenden Autoverkehr. Zum zweiten dient sie den Nationalsozialisten als willkommene Arbeitsbeschaffungsmaßnahme.

11. September 1933

Ständestaat als Nahziel

Anlässlich des ersten Generalappells der »Vaterländischen Front« auf dem Wiener Trabrennplatz hält der österreichische Bundeskanzler Engelbert Dollfuß (s. Abb.) eine programmatische Rede, in der er vor 60 000 An-

hängern für die Errichtung eines Ständestaats ohne Parlament eintritt. Dollfuß bekräftigt seine Haltung sowohl gegen das Klassendenken der Sozialdemokratie als auch gegen den Anspruch der Nationalsozialisten auf »Wiedervereinigung« mit Deutschland.

Engelbert Dollfuß

österreichischer Politiker, * 4.10.1892 Texing/Niederösterreich; † 25.7.1934 Wien (ermordet)

Der christlichsoziale Politiker verfolgt das Ziel, in Österreich einen autoritären Staat nach katholisch-ständischen Prinzipien zu errichten. 1932 wird der gelernte Verwaltungsjurist Kanzler einer Koalitionsregierung aus Christlichsozialen, Landbund und Heimatblock. Schon kurz nach Amtsantritt erteilt er dem parlamentarischen System eine deutliche Absage. Er schaltet das Parlament und die Sozialdemokratie aus. Was Dollfuß unter einem Ständestaat versteht, erklärt er 1933: »Die Zeit der Parteienherrschaft ist vorbei! Wir lehnen Gleichschalterei und Terror ab, wir wollen den sozialen, christlichen, deutschen Staat Österreich auf ständischer Grundlage, unter starker, autoritärer Führung! ... Autorität heißt geordnete Macht, heißt Führung durch verantwortungsbewusste Männer ...« Außenpolitisch lehnt er sich an Ungarn und Italien an. 1934 wird Dollfuß Opfer eines gescheiterten nationalsozialistischen Umsturzversuchs.

- 1927: Direktor der Niederösterreichischen Landwirtschaftskammer
- 1930: Verwaltungschef der Österr. Bundesbahnen
- 1931: Landwirtschaftsminister
- 1932-34: Bundeskanzler und Außenminister

14. Oktober 1933

Abwendung von der Welt

Deutschland zieht sich aus internationalen Organisationen zurück. Reichspropagandaminister Joseph Goebbels kündigt vor der deutschen Presse den Austritt aus dem Völkerbund und der Genfer Abrüstungskonferenz an. Gleichzeitig löst Reichspräsident Paul von Hindenburg den Reichstag auf und schreibt Neuwahlen für den 12. November aus. Reichsaußenminister Konstantin Freiherr von Neurath teilt dem Präsidenten der Abrüstungskonferenz, dem Briten Arthur Henderson, den Austritt Deutschlands mit. Dieser erfolge, weil die Abrüstungskonferenz »am mangelnden Willen der hochgerüsteten Staaten« gescheitert sei.
Die Nachricht des deutschen Rückzugs aus Genf löst in Paris und London Bestürzung aus. Internationale Beobachter erwarten nun eine beschleunigte deutsche Aufrüstung. Der schon seit längerem geplante Schritt der deutschen Regierung, die sich in ihrem Wunsch nach militärischer Gleichberechtigung enttäuscht sieht, bedeutet die endgültige Abkehr von der berechenbaren Politk, die der damalige Außenminister Gustav Stresemann in den 20er Jahren geprägt hatte. Am 19. Oktober erklärt Deutschland auch formell den Austritt aus dem Völkerbund und aus der Internationalen Arbeitsorganisation. In einem persönlichen Appell des Reichskanzlers Adolf Hitler und in einem Aufruf der Reichsregierung wird die deutsche Bevölkerung um Verständnis für den Schritt Berlins gebeten. Bei den Reichstagswahlen am 12. November sind die Deutschen dazu aufgerufen, den Austritt aus dem Völkerbund zu billigen. Mit einer Rede im Berliner Sportpalast eröffnet Hitler am 24. Oktober den Wahlkampf und gleichzeitig die Kampagne für das Referendum über den Rückzug aus dem Völkerbund. Im Vertrauen auf einen gerechten Frieden habe das Kaiserreich 1918 die Waffen gestreckt. Die Hoffnung auf Lebensrecht und Gleichberechtigung seien jedoch nicht erfüllt worden, erklärt Hitler.

Hitler-Helfer Neurath (l.) und Goebbels (r.) in Genf

Hindenburg und Hitler

1. Oktober 1933

Exilkabarett »Pfeffermühle« kämpft gegen braunen Ungeist

Viele in die Emigration getriebene deutsche Künstler beleben auf unterschiedliche Weise die internationale Kulturszene. In Zürich feiert »Die Pfeffermühle« als erstes deutsches Exilkabarett Premiere. Erika Mann, Tochter des Schriftstellers Thomas Mann, ist Gründerin und Chefin der Bühne, die bereits am 1. Januar – in München – zu ihrer ersten Vorstellung geladen hatte. Zum Ensemble gehören Therese Giehse (s. Abb.), Sybille Schloß, die Tanzparodistin Lotte Goslar und der Pianist Magnus Henning. Sie werden durch schweizerische Kabarettisten wie Valeska Hirsch, Robert Trösch und Fritz Pfister ergänzt, die für die Auftrittsgenehmigung sorgen.
Auch in Wien gedeiht die Kabarettszene. Bereits im Sommer gründen Hans Weigel, Kurt Horwitz und Rudolf Spitz das Freilichtkabarett »Stachelbeere«. Das Kabarett »Literatur am Naschmarkt« wird am 3. November im Keller des Café Dobner aus der Taufe gehoben.

Oktober 1933

1 So Der Turnlehrer Konrad Henlein ruft in Eger (Tschechoslowakei) zum Eintritt in die neugegründete Sudetendeutsche Heimatfront auf. → »Pfeffermühle«

2 Mo Im Guild Theatre in New York wird »Ah, Wilderness!« (»O Wildnis!«), eine Komödie des US-Dramatikers Eugene O'Neill, uraufgeführt.

3 Di Ein Attentäter verletzt den österreichischen Bundeskanzler Engelbert Dollfuß. Der Anschlag wird auf nationalsozialistische Kreise zurückgeführt.

4 Mi Durch das Schriftleitergesetz, das die Reichsregierung erlässt, verlieren deutsche Journalisten ihre Unabhängigkeit. Die Presse ist damit gleichgeschaltet.

5 Do Adolf Hitler befiehlt den Bau großzügiger Wettkampfstätten für die Olympischen Spiele 1936 in Berlin. Das Stadion soll 100 000 Menschen fassen.

6 Fr Das Buch »Mit Hitler an die Macht« von NSDAP-Pressechef Otto Dietrich erscheint im Handel. Die erste Auflage ist bereits durch Vorbestellungen vergriffen.

7 Sa Die Landesstelle Sachsen des Reichsministeriums für Propaganda verbietet das Tanzen nach Marschliedern der NSDAP.

8 So Konrad Henlein, Gründer der Sudetendeutschen Heimatfront, erklärt, er wolle auch in der tschechoslowakischen Regierung mitarbeiten.

9 Mo Propagandaminister Joseph Goebbels verbietet die Aufführung des Films »Horst Wessel«. Der Film werde dem Andenken des SA-Mannes nicht gerecht.

10 Di Der Raketenkonstrukteur Reinhold Tiling und seine Assistentin sterben bei einer Explosion in Tilings Labor in Arenshorst (Kreis Wittlage).

11 Mi In Genf endet die 14. Versammlung des Völkerbundes. Der Versuch, Juden als nationale Minderheit anzuerkennen, scheitert am deutschen Einspruch.

12 Do Zu einem zweistündigen Empfang bei ihrer ehemaligen Kaiserin Zita sind 75 Angehörige des früheren österreichischen Adels nach Rom gereist.

13 Fr Ein Reichsgesetz bedroht jeden Mordversuch an einem mit der Strafverfolgung betrauten Beamten oder einem Angehörigen der NSDAP mit dem Tode.

14 Sa Die Schweizer Bundesversammlung verbietet die Eröffnung weiterer Warenhäuser innerhalb der nächsten zwei Jahre. → Abwendung

15 So In München legt Adolf Hitler den Grundstein für das Haus der Deutschen Kunst. Nach Hitlers Plänen soll München die »Hauptstadt deutscher Kunst« werden.

16 Mo Die Bevölkerung Estlands billigt mit großer Mehrheit eine Präsidialverfassung autoritärer Prägung, die am 1. Januar 1934 in Kraft tritt.

17 Di Versehentlich bezeichnet die »Essener Allgemeine Tageszeitung« eine SS-Fahnenweihe als »lustiges Komödienspiel« – und wird für vier Tage verboten.

18 Mi In Düsseldorf erringt Vinzenz Hower durch einen Punktsieg über Hans Schönrath den Titel des Deutschen Meisters aller Klassen der Berufsboxer.

19 Do Vor dem NS-Lehrerbund erklärt Reichsinnenminister Wilhelm Frick, Kunst sei der Ausdruck der Volkssehnsucht nach »höchster rassischer Gestalt«.

20 Fr Nach der Demission von Hans Tonisson bildet in Estland Konstantin Päts seine vierte Regierung. Sie soll den Übergang zur neuen Verfassung vorbereiten.

21 Sa Die Universität Berlin verweigert »nichtarischen« Medizinstudenten die Approbation, die Zulassung zum Doktordiplom.

22 So Vor 50 000 Zuschauern bleibt der Italiener Primo Carnera in Rom durch einen Punktsieg über den Spanier Paolino Uzcudun Boxweltmeister aller Klassen.

23 Mo Im US-Bundesstaat Iowa ruft die Farmervereinigung ihre Mitglieder zum Streik auf. Gegenstand des Protestes sind agrarpolitische Maßnahmen der Regierung.

24 Di Bei Evreux (Frankreich) entgleist der D-Zug Cherbourg-Paris. Das schwere Eisenbahnunglück fordert 35 Menschenleben.

25 Mi Die Berliner Polizei verhaftet den früheren Reichsrundfunkkommissar Hans Bredow wegen angeblicher Veruntreuung öffentlicher Gelder.

26 Do 88 deutsche Schriftsteller unterzeichnen ein Treuegelöbnis für Adolf Hitler, das die »Vossische Zeitung« veröffentlicht.

27 Fr In Jaffa wendet sich die arabische Bevölkerung mit gewaltsamen Protesten gegen die zunehmende jüdische Einwanderung nach Palästina.

28 Sa Die Reichsregierung beschließt die Erweiterung des Dortmund-Ems-Kanals. Etwa 20 000 Arbeitslose sollen dabei rd. vier Jahre beschäftigt werden.

29 So In der Türkei beginnen Feierlichkeiten zum zehnjährigen Bestehen der Republik. Um 20.30 Uhr feuern Kanonen 101 Salutschüsse ab.

30 Mo Ein Attentat auf Reichsstatthalter Karl Kaufmann scheitert in Hamburg. Der Täter kann unerkannt entkommen.

31 Di Wegen der anhaltenden Unruhen in Palästina verhängt der britische Oberkommissar eine Presse- und Postzensur.

November 1933

1 Mi Die »Vossische Zeitung« stellt ihre Abendausgabe ein. +++ Die Bauarbeiten für die Reichsautobahnstrecke Köln-Dortmund beginnen.

2 Do Wegen des Streits um die Benutzung der italienischen Sprache erklärt der britische Gouverneur die Verwaltung der Kronkolonie Malta für abgesetzt.

3 Fr Im Berliner Komödienhaus kommt die Operette »Lieber reich, aber glücklich« von Walter Kollo zur Uraufführung.

4 Sa Der Führer der deutschen Studentenschaft, Oskar Stäbel, untersagt jede Belästigung ausländischer Studierender wegen Nichterweisung des Hitler-Grußes.

5 So Die Fußballnationalmannschaften Deutschlands und Norwegens trennen sich in Magdeburg vor 35 000 Zuschauern mit einem 2:2-Unentschieden.

6 Mo In Genf findet das Richtfest für den Neubau des Völkerbundpalastes statt. Zweieinhalb Jahre waren rd. 500 Arbeiter mit dem Rohbau beschäftigt.

7 Di Der republikanische Bewerber Fiorello Henry La Guardia wird zum Bürgermeister der Stadt New York gewählt.

8 Mi Beim Verlassen seines Harems ermorden Diener den britenfreundlichen König von Afghanistan, Nadir Schah, durch Schüsse und Messerstiche.

9 Do Wegen wiederholter Tränengasanschläge an den Wiener Hochschulen nimmt die Polizei 38 nationalsozialistische Studenten fest.

10 Fr Der Wiener Ministerrat führt in ganz Österreich die Todesstrafe für schwere Delikte wieder ein. Sie kann standrechtlich vollzogen werden.

11 Sa In Saloniki endet die 4. Balkankonferenz. Die sechs beteiligten Staaten billigen u.a. den Plan einer gemeinsamen Zollpolitik gegenüber Drittstaaten.

12 So Österreichs Sozialdemokraten rufen angesichts des Kundgebungsverbots zu einer als »Spazierbummel« getarnten Demonstration auf. → NSDAP

13 Mo Das britische Unterhaus lehnt einen Misstrauensantrag der Labour-Partei ab, der sich gegen die Abrüstungspolitik der konservativen Regierung richtet.

14 Di Drei Berliner Pfarrer, darunter Martin Niemöller, müssen ihre Ämter niederlegen. Wegen kirchlicher Proteste wird die Maßnahme wieder rückgängig gemacht.

15 Mi Adolf Hitler versichert dem polnischen Botschafter, er verzichte auf gewaltsame Wiedererlangung der 1920 an Polen gefallenen Gebiete. → Kultur

16 Do Die französische Tageszeitung »Petit Parisien« veröffentlicht geheime Weisungen der NSDAP für die Agitation in Nord- und Südamerika.

17 Fr In Berlin übernimmt Eberhard Hanfstaengl die Leitung der Nationalgalerie. Auch andere Museen werden von Vertrauensleuten der NSDAP geleitet. → USA

18 Sa Das Wiener Landgericht verurteilt den Nationalsozialisten Rudolf Dertil, der ein Attentat auf Bundeskanzler Engelbert Dollfuß verübt hatte, zu fünf Jahren Haft.

19 So In Zürich schlägt die deutsche Fußball-Nationalelf die Schweizer Auswahl 2:0. 25 000 Zuschauer wohnen dem Sportereignis bei.

20 Mo Die preußische Geheime Staatspolizei zieht das Eigentum des Physikers Albert Einstein und seiner Frau Else zugunsten des Staates ein.

21 Di Mit 14 Menschen an Bord stürzt das Ganzmetall-Flugzeug K7 in der Nähe von Charkow (UdSSR) bei einem Probeflug ab.

22 Mi Das Olympische Komitee der USA erklärt, es werde keine Sportler zu den Sommerspielen 1936 in Berlin schicken, wenn keine Juden teilnehmen dürften.

23 Do Bei einem Überfall von Polen auf eine Tagung von Volksdeutschen in Graudenz kommen drei Deutsche ums Leben, mehrere Personen erleiden Verletzungen.

24 Fr Verschärfte Strafen für Mehrfachtäter sieht ein Gesetz gegen »gefährliche Gewohnheitsverbrecher« vor, das von der Reichsregierung erlassen wird.

25 Sa Die Reichssportkammer erlaubt den Eintritt ehemaliger »Marxisten« in die Sportvereine. Ihr Anteil an der Mitgliedschaft dürfe ein Drittel nicht überschreiten.

26 So Die evangelischen Landesbischöfe unterstützen öffentlich die Opposition des Pfarrernotbundes gegen die NSDAP-nahen Deutschen Christen.

27 Mo Camille Chautemps bildet in Frankreich eine radikalsozialistische Regierung. Chautemps tritt die Nachfolge von Ministerpräsident Albert Sarraut an. → KdF

28 Di Ein Gericht in Dessau verurteilt zehn KPD-Mitglieder zum Tode. Sie sollen am 11. Februar 1933 einen SA-Mann getötet haben.

29 Mi Vor 62 000 Zuschauern endet in Glasgow ein Fußballländerspiel der gastgebenden Schotten gegen das Team Österreichs unentschieden 2:2.

30 Do In München entsteht der Deutsche Automobilclub, in den die Automobilvereine (u.a. der ADAC und der AvD) überführt werden.

5. Dezember 1933

Ende der Prohibition

Das Alkoholverbot in den USA ist aufgehoben. Überall im Land strömt die jubelnde Bevölkerung in Restaurants und Bars. Obwohl die Inhaber sich im Vorfeld mit Alkoholvorräten eingedeckt haben, treten Versorgungsengpässe auf. Tausende von Lastwagen fahren alkoholische Getränke in die Städte, die zum Großteil aus Kanada ins Land gebracht werden. Flugzeuge importieren kanadischen Whisky, der in Erwartung des Prohibitionsendes in großen Mengen bereitgestellt worden war. Mit Tausenden Weingallonen beladen rollen auch Transporter über die mexikanische Grenze. In New York verbrennt die jubelnde Menge auf dem Broadway eine Puppe, die die Prohibition symbolisieren soll. 13 Jahre lang galt das Prohibitionsgesetz in den USA, das Herstellung, Verkauf, Transport und Import alkoholischer Getränke unter Strafe stellte. Erst die Stimme des Staates Utah verleiht den Prohibitionsgegnern die verfassungsändernde Mehrheit, die dem Alkohol aus der Illegalität verhilft. Auch Präsident Franklin D. Roosevelt feiert. Er setzte sich maßgeblich für die Aufhebung des Alkoholverbots ein und wirkte dementsprechend hinter den Kulissen (Abb.: Freibierspende des Präsidenten). Seiner Meinung nach führte die Prohibition lediglich zur Ausweitung des organisierten Verbrechens, statt Moral und Volksgesundheit zu stärken, wie es sein Vorgänger Thomas Woodrow Wilson erhofft hatte. In den zwanziger Jahren gaben Alkoholschieberbanden in den großen US-Städten den Ton an. Bei Bandenaktivitäten starben zur Zeit der Prohibition 45549 Menschen. In Hinterzimmerkneipen, sog. »Speakeasies«, sorgten Mafia-Organisationen wie die »Cosa Nostra« für illegalen Alkoholausschank. Als einer der bekanntesten Vertreter der Alkoholmafia gilt Alphonse (Al) Capone, Gangsterboss aus Chicago. Das Ende der Prohibition kann nicht in den gesamten USA gefeiert werden. Einige Bundesstaaten erklären das Alkoholverbot erst 1966 für aufgehoben. In einigen Regionen ist das Ausschenken von geistigen Getränken bis heute strengen Reglementierungen unterworfen.

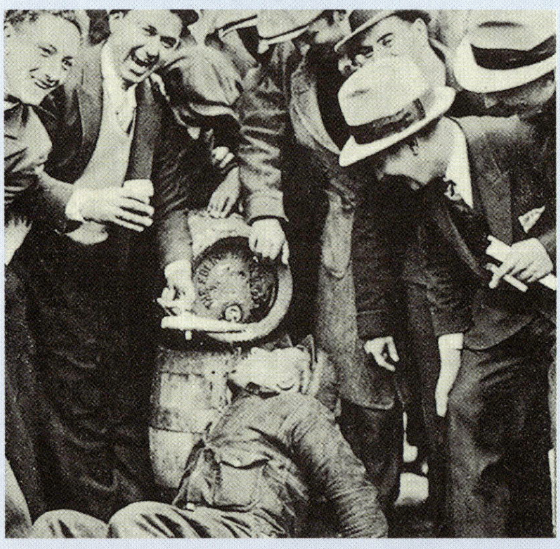

17. November 1933

USA erkennen UdSSR an

Nach 15 Jahren diplomatischer Funkstille nehmen die USA und das sowjetisch regierte Russland wieder politische Beziehungen zueinander auf. Die US-Regierung unter Präsident Franklin D. Roosevelt erkennt die UdSSR als eigenständigen Staat an. Das Verhältnis zwischen den Ländern war im Revolutionsjahr 1918 getrübt worden, als US-Truppen an der Seite der »Weißen« gegen die Rote Armee gekämpft hatten. Die Weigerung der Sowjetregierung, die Schulden des Zarenreichs zu übernehmen, sorgte seither für das Scheitern diplomatischer Kontakte. Bei der Wiederaufnahme der Beziehungen vereinbaren der sowjetische Volkskommissar des Äußeren, Maxim M. Litwinow, und US-Außenminister Cordell Hull ein umfangreiches Programm. Dieses sieht u.a. vor, US-Bürgern in der UdSSR Religionsfreiheit zu gewähren. Ein gegenseitiges Abkommen soll die Schuldentilgung seitens der Sowjetunion klären. Die US-Regierung erhofft sich von dem neuen diplomatischen Partner insbesondere einen Aufschwung des Außenhandels. Strategisch dient das Bündnis der Schwächung Japans, da die UdSSR im Konfliktfall nicht mehr isoliert dasteht.

27. November 1933

KdF organisiert Freizeit

In Berlin findet die Gründungsversammlung der Organisation »Kraft durch Freude« (KdF) statt. Die NS-Gemeinschaft soll deutschen Arbeitern ein umfangreiches Freizeitangebot bereitstellen. In sieben Ämtern sind die Aufgabenbereiche der KdF aufgeteilt: Kultur, Ertüchtigung des Volkes, Reisen und Wandern, Gegenseitige Unterstützung, Schönheit der Arbeit, Urlaub und Unterbringung sowie Unterrichtung und Ausbildung. Gründer Robert Ley verspricht den Mitgliedern preiswerte Ferienfahrten sowie den Bau von Erholungslagern. Die KdF ist der Deutschen Arbeitsfront angegliedert, die sich als Gewerkschaft versteht (Abb.: Werbeplakat).

12. November 1933

Alle Mandate für die NSDAP

Bei den Reichstagswahlen stimmen über 90% der wahlberechtigten deutschen Bevölkerung für die Regierung Adolf Hitlers. Damit erhält die NSDAP alle 661 Sitze im Parlament, jede Opposition ist ausgeschaltet. Um das Wahlergebnis zu erreichen, bedrängten Parteihelfer vor den Wahlen massiv die Bevölkerung, an der Wahl teilzunehmen. Eine Alternative zu Hitler und der NSDAP konnte auch gar nicht gewählt werden. Nur Stimmverweigerung war möglich. Durch den Einsatz von Blockwarten in Wohngebieten überwachte das Regime den Wahlgang der Bewohner. SA-Männer brachten Wahlunwillige mit Gewalt in die Lokale. Gerüchte verbreiteten sich, dass die Wahlzettel mit unsichtbarer Tinte markiert seien, um festzustellen, wer wie gewählt hat. Unter großem Propagandaaufwand warb die NSDAP zudem auf Plakaten (s. Abb.) und ließ Hitlerjungen Parolen durch die Straßen rufen. Aber trotz massiven Drucks bleiben 2,125 Mio. Menschen der Wahl fern. 3,398 Mio. geben ungültige Wahlzettel ab und verweigern damit dem Hitler-Regime ihre Zustimmung. Insgesamt ist die Wahlbeteiligung um 6,5% auf 95,3% gestiegen. Damit werden 43,053 Mio. Stimmen abgegeben. Sogar die Insassen der Konzentrationslager müssen an der Reichstagswahl teilnehmen. Im KZ Oranienburg bei Berlin stimmen von 517 Häftlingen 301 für Hitler.

29. Dezember 1933

Eiserne Garde ermordet Duca

Auf den rumänischen Ministerpräsidenten Ion G. Duca wird ein Attentat verübt. Der Schüler Nicolai Constantinescu lauert dem Politiker auf dem Bahnhof von Sinaia auf und erschießt ihn.

Wie sich herausstellt, ist der Täter Mitglied der sog. Eisernen Garde, eines faschistischen Männergeheimbunds, der im Jahre 1930 aus der von Corneliu Codreanu gegründeten Legion Erzengel Michael hervorging. Die Eiserne Garde vertritt eine Ideologie, die sich aus mystischen, antibolschewistischen, antisemitischen und nationalistischen Elementen zusammensetzt. Mit einer Mischung aus Totenkult und Bodenverbundenheit findet die Vereinigung sowohl bei der Stadt- als auch bei der Landbevölkerung zahlreiche Anhänger.

Ministerpräsident Duca hatte die Vereinigung am 9. Dezember auflösen lassen. Sie setzte aber ihre Aktivitäten unter dem Namen »Gruppe C. Z. Codreanu« fort. Nach dem Mord an dem Premier wird sie erneut verboten. Im Jahre 1940 gelingt es der faschistischen Gruppierung, sich an der rumänischen Regierung zu beteiligen. Nach einem erfolglosen Putschversuch im Jahre 1941 erfolgt ihre endgültige Zerschlagung.

15. November 1933

Kultur im Gleichschritt

Die Gleichschaltung in Deutschland erfasst auch die Kulturschaffenden. Mit Einrichtung der Reichskulturkammer kontrollieren die Nationalsozialisten das künstlerische Leben in Deutschland. Die straffe Organisation soll nur Kunst und Kultur im Sinne der NS-Ideologie zulassen.

Alle deutschen Sender übertragen die Eröffnung der Reichskulturkammer aus dem Großen Saal der Berliner Philharmonie. Reichspropagandaminister Joseph Goebbels ernennt die Leiter und Präsidialräte der Reichskammern für die verschiedenen kulturellen Zweige – unter ihnen Generalmusikdirektor Richard Strauss (Reichsmusikkammer), Eugen Hönig (Reichskammer der bildenden Künste) und Max Amann (Reichspressekammer). Goebbels erklärt, man wolle einen »deutschen Künstlertyp züchten, der bewusst und offen« den Aufgaben der Gegenwart dient. Die Kontrollfunktion der Kammer, deren Arbeit auf dem Boden neu geschaffener Gesetze und Verordnungen steht, ist umfassend. Jeder Künstler, der seinen Aufgaben auch weiterhin ungehindert nachgehen will, muss einem der Fachverbände beitreten. Ohne eine Mitgliedschaft ist eine künstlerische Tätigkeit nicht möglich. Im Alltag gelingt es aber doch u.a. einigen Musikern, ihrer von den Nationalsozialisten verbotenen Profession nachzugehen. So schaffen es z.B. Jazzmusiker auch während der NS-Herrschaft immer wieder, Konzerte zu geben.

23. Dezember 1933

Van der Lubbe verurteilt

Ob der arbeitslose Maurer Marinus van der Lubbe (s. Abb., stehend) tatsächlich als Alleintäter den Deutschen Reichstag angezündet hat, wird wohl nie völlig zu klären sein – Experten gehen heute mangels schlüssigerer Versionen des Tathergangs allerdings davon aus. Der IV. Strafsenat des Leipziger Reichsgerichts verurteilt den geständigen Niederländer zum Tode – 1934 wird er hingerichtet. Nahe liegend war der Verdacht, die regierenden Nationalsozialisten selber wären an der Brandstiftung beteiligt gewesen, die sie als Fanal zur Unterdrückung der KPD und Ausschaltung der Opposition benutzten. Neben van der Lubbe sind der KPD-Funktionär Ernst Torgler sowie die Bulgaren Georgi Dimitrow, Blagoi Popow und Wassil Tanew angeklagt. Trotz Freispruchs kommen sie alle in sog. Schutzhaft. Die drei Bulgaren werden 1934 in die Sowjetunion abgeschoben, Torgler bleibt im KZ. Die Freisprüche werden in der Öffentlichkeit als moralische Niederlage der Anklagevertretung bewertet. Das NS-Regime installiert daraufhin mit dem Volksgerichtshof eine Sondergericht-Institution.

Dezember 1933

1 Fr In Berlin kommt der Film »Der Sieg des Glaubens« zur Uraufführung, den Leni Riefenstahl über den Nürnberger NSDAP-Parteitag 1933 gedreht hat.

2 Sa Adolf Hitler erklärt, nicht in den Streit in der evangelischen Kirche eingreifen zu wollen, der zwischen Pfarrernotbund und Deutschen Christen entbrannt ist.

3 So Die deutsche Fußball-Nationalelf gewinnt ihr erstes Länderspiel gegen Polen 1:0. 32 000 Zuschauer sind ins Berliner Poststadion gekommen.

4 Mo Den Marsch zur Zwangsarbeit in einem Sumpfgebiet nutzt der frühere SPD-Reichstagsabgeordnete Gerhart Seger zur Flucht aus dem KZ Oranienburg.

5 Di In Lausanne beziffert das Hilfswerk für deutsche Flüchtlinge die Zahl der Emigranten aus Deutschland auf 60 000. → Prohibition

6 Mi Nach dem Tod des Dichters Stefan George am 4. Dezember stiftet das deutsche Propagandaministerium einen Stefan-George-Preis für das »Buch des Jahres«.

7 Do SS-Reichsführer Heinrich Himmler entlässt 400 Häftlinge aus dem Konzentrationslager Dachau. Die Amnestie wird mit dem Wahlausgang begründet.

8 Fr Im Beisein von 20 000 Pilgern aus Frankreich wird die »Seherin von Lourdes«, die Ordensschwester Bernadette Soubirous, in Rom heilig gesprochen.

9 Sa Robert Ley, Führer der Deutschen Arbeitsfront (DAF), unterstellt die DAF-Jugend der Weisungsbefugnis des Sozialen Amtes der Hitlerjugend (HJ).

10 So In den spanischen Provinzen Barcelona und Saragossa sorgen anarchistische Aufstände seit Tagen für politische Instabilität. → Nobelpreise

11 Mo Die NSDAP-Abgeordneten im Deutschen Reichstag legen in Berlin vor Parteiführer Adolf Hitler einen Treueeid ab.

12 Di Bei seiner XIII. Tagung erklärt das Exekutivkomitee der Kommunistischen Internationale in Moskau den Hitler-Faschismus zum Haupt-Kriegsbrandstifter.

13 Mi Der preußische Kultusminister Bernhard Rust befiehlt, das »Führerprinzip« an den höheren Schulen zu beachten.

14 Do Die Bundesversammlung der Schweiz wählt in Bern Bundesrat Marcel Pilet-Golaz zum Bundespräsidenten für das Jahr 1934.

15 Fr In Wien endet eine zweitägige Führertagung der rechsextremen Heimwehrverbände. Sie fordern von der Regierung das Verbot der SPÖ.

16 Sa Alejandro Lerroux y García bildet in Spanien ein Kabinett. Die Rechtsparteien sind aus den Parlamentswahlen am 3. Dezember gestärkt hervorgegangen.

17 So Die tschechoslowakische Regierung begrüßt die französische Idee einer Wirtschaftsunion der Donaustaaten zur wirtschaftlichen Gesundung Österreichs.

18 Mo Im Memelgebiet lässt der litauische Gouverneur 101 deutsche Beamte und Lehrer ausweisen. Die Reichsregierung protestiert gegen diese Maßnahme.

19 Di Der Schweizer Nationalrat billigt Wehrausgaben in der Rekordhöhe von 82 Mio. Franken (rd. 65 Mio. Reichsmark).

20 Mi Im Chaco-Krieg zwischen Bolivien und Paraguay willigt die bolivianische Regierung nach schweren militärischen Niederlagen in einen Waffenstillstand ein.

21 Do Um das Sechstagerennen aufzuwerten, verfügt der Deutsche Radfahrer-Verband eine Regeländerung. U.a. werden Preise für Tagesetappen eingeführt.

22 Fr In einem Hirtenbrief wenden sich die katholischen Bischöfe Österreichs gegen den Nationalsozialismus und seine Rassenlehre.

23 Sa Der Zusammenstoß zweier Fernzüge in der Nähe von Paris fordert 203 Tote. Ursache der Katastrophe ist eine falsche Signalstellung. → Van der Lubbe

24 So In einer Rede an die Auslandsdeutschen erklärt Reichsminister Rudolf Heß, Ziel der deutschen Regierung sei die Wahrung des Friedens in Europa.

25 Mo Im Theater des Westens in Berlin wird die Operette »Lockende Flamme« von Eduard Künneke uraufgeführt.

26 Di Die Luftwaffe der nationalchinesischen Regierung bombardiert die Stadt Futschou, die von Einheiten der oppositionellen Regierung gehalten wird.

27 Mi Der Reichsführer SS, Heinrich Himmler, stiftet für verdiente SS-Führer und -Mannschaftsdienstgrade den »Totenkopfring der SS«.

28 Do Reichsinnenminister Wilhelm Frick begrenzt die Zahl der Abiturienten, denen 1934 die Hochschulreife zuerkannt werden soll, auf 15 000.

29 Fr Ein Bremer Gericht verurteilt Carl und Heinz Lahusen wegen Konkursvergehens. Ihr Nordwolle-Konzern war 1931 zusammengebrochen. → Eiserne Garde

30 Sa Staatskommissar Hans Hinkel weist darauf hin, dass der Theaterbesuch schon aus wirtschaftlichen Gründen Pflicht jedes national denkenden Deutschen sei.

31 So Der Berliner »Börsen-Courier« fusioniert wegen erheblichen Auflagenrückgangs mit der »Berliner Börsen-Zeitung«.

Januar 1934

1 Mo Deutsche Zeitungen müssen ab heute täglich die Auflagenzahl für den Vormonat veröffentlichen. Damit soll Auflagenschwindel verhindert werden.

2 Di Nach 24-stündigen Wolkenbrüchen sind weite Gebiete in Kalifornien überschwemmt. Mehr als 50 Menschen kommen in den Fluten ums Leben.

3 Mi Bei einer Explosion im Schacht eines Kohlebergwerks bei Ossegg in der Tschechoslowakei sterben 146 Menschen.

4 Do Der NS-nahe Reichsbischof Ludwig Müller verbietet den evangelischen Pfarrern, öffentlich Kritik am Nationalsozialismus zu üben.

5 Fr Die Strafkammer Görlitz verfügt erstmals in Deutschland die Entmannung eines Angeklagten, der Unzucht mit Minderjährigen begangen haben soll.

6 Sa Dank nationalsozialistischer Politik sei die Arbeitslosigkeit zurückgegangen, zieht Reichsfinanzminister Johann Ludwig Graf Schwerin von Krosigk Bilanz.

7 So Französische Truppen beginnen eine Offensive gegen die aufständischen Berberstämme im südlichen Atlasgebirge (Nordwestafrika).

8 Mo Bolivien und Paraguay nehmen die Kampfhandlungen im Krieg um das Chacogebiet wieder auf, nachdem der Waffenstillstand ausgelaufen ist.

9 Di Dichter Nebel führt in London zu zahlreichen Verkehrsunfällen. Die Polizei muss wegen schlechter Sichtverhältnisse den Verkehr mit Pechfackeln regeln.

10 Mi Der Niederländer Marinus van der Lubbe wird als verurteilter »Reichstagsbrandstifter« in Leipzig durch das Fallbeil hingerichtet.

11 Do Das preußische Kultusministerium schränkt Studienmöglichkeiten von »Nichtariern« ein. Promovieren können nur Kinder ehemaliger Frontkämpfer.

12 Fr Die Verfilmung der Theodor-Storm-Novelle »Der Schimmelreiter« erlebt in Hamburg ihre Premiere. Mathias Wieman spielt den Deichgrafen.

13 Sa In einer Rede betont Italiens Ministerpräsident Benito Mussolini die Überlegenheit des ständischen Staatsaufbaus gegenüber anderen Staatsformen.

14 So Die deutsche Fußball-Nationalmannschaft schlägt in Frankfurt am Main die ungarische Elf 3:1. Trotz Regenwetters strömen 40 000 Zuschauer ins Stadion.

15 Mo In Österreich verlängert die Regierung den sog. Weihnachtsfrieden bis zum 31. Januar. Dabei handelt es sich um ein Versammlungs- und Aufmarschverbot.

16 Di Gemäß neuer Richtlinien sind nach Preußen zurückkehrende Emigranten in Konzentrationslager zu überführen und anschließend abzuschieben.

17 Mi Wegen Ermordung eines SA-Mannes werden im Dessauer Gefängnis zwei Verurteilte mit dem Beil hingerichtet. Es ist die erste Hinrichtung in Anhalt seit 1886.

18 Do Ein Generalstreik gegen die faschistische Regierung von Portugals Diktator António de Oliveira Salazar wird blutig niedergeschlagen.

19 Fr Der preußische Staatsrat Josef Grohé (NSDAP) bezeichnet nach einem Vorstoß von Monarchisten die Frage »Republik oder Monarchie« als indiskutabel.

20 Sa Die musikalische Komödie »Giuditta«, das erste Werk des Operettenkönigs Franz Lehár, feiert in der Wiener Staatsoper ihre Uraufführung.

21 So Eine Erdbebenkatastrophe fordert in den chinesischen Provinzen Schansi und Kansu sowie in der inneren Mongolei mehrere tausend Menschenleben.

22 Mo In Deutschland tritt ein neues Jagdgesetz in Kraft. U.a. werden Schonzeiten verlängert und Naturschutzgebiete eingerichtet.

23 Di Reichssportführer Hans von Tschammer und Osten wohnt in Berlin der Eröffnung einer Werbeveranstaltung für die Olympischen Spiele 1936 bei.

24 Mi Adolf Hitler beauftragt den NS-Ideologen Alfred Rosenberg mit der Schulung aller nationalsozialistischen Verbände und Organisationen.

25 Do Die Medien berichten über die neue Verfassung Estlands, die tags zuvor in Kraft getreten ist und u.a. die Befugnisse des Parlaments beschneidet.

26 Fr Der evangelische Pfarrer Martin Niemöller, Führer der kirchenpolitischen Opposition gegen das NS-Regime, wird vom Amt beurlaubt. → Warschau

27 Sa Wilhelm II., der letzte deutsche Kaiser, feiert im niederländischen Exil in Schloss Doorn seinen 75. Geburtstag.

28 So In Aussig findet die erste Reichstagung der Sudetendeutschen Heimatfront unter der Führung von Konrad Henlein statt.

29 Mo Die deutsche Tänzerin und Choreographin Mary Wigman gastiert mit ihrem »Opfer«-Zyklus im Stadttheater Zürich.

30 Di US-Präsident Franklin D. Roosevelt unterzeichnet ein Währungsgesetz, das der Regierung Kontrolle über die Dollarabwertung einräumt. → Föderalismus

31 Mi In Moskau beraten Mitglieder der kommunistischen Partei auf dem XVII. Parteitag (26.1. bis 8.2.) über Verwaltungsreformen. → Höhenrekord

+++ Straßenschlachten in Frankreich +++ Unruh

30. Januar 1934

Schluss mit dem Föderalismus

Die Nationalsozialisten schreiten bei der Umgestaltung des Reiches nach ihren Vorstellungen zielstrebig voran. Zum ersten Jahrestag der »nationalsozialistischen Revolution« hebt das »Gesetz zum Neuaufbau des Reiches« die Länderparlamente auf und unterstellt die Länderregierungen der Reichsregierung. Damit sind die Länder endgültig gleichgeschaltet. An die Stelle des bundesstaatlichen Charakters des Deutschen Reiches tritt ein durch die Partei kontrollierter staatlicher Zentralismus.

Durch das Ermächtigungsgesetz vom 24. März 1933 konnte die Reichsregierung zwar verfassungsändernde Gesetze beschließen, war aber in Bezug auf die Länder und den Reichsrat nicht uneingeschränkt handlungsfähig. Dieser Vorbehalt ist mit dem neuen Gesetz nun gefallen. Der Reichsminister des Innern, Wilhelm Frick (NSDAP), bemerkt dazu, dass nunmehr allen separatistischen und föderalistischen Bestrebungen ein Riegel vorgeschoben sei. Deutschland sei nun ein Einheitsstaat. Auch wäre es künftig unmöglich, dass das Deutsche Reich gegenüber dem Ausland nicht als geschlossene Einheit auftrete.

26. Januar 1934

Berlin bindet Warschau ein

Der Reichsminister des Auswärtigen, Konstantin Freiherr von Neurath, und der polnische Botschafter Jozef Lipski unterzeichnen im Berliner Auswärtigen Amt ein Verständigungsabkommen, das eine Gewaltverzichtserklärung enthält. Mit dem Nichtangriffspakt durchbricht Deutschland seine außenpolitische Isolation. Er ist außerdem der Auftakt einer erfolgreichen diplomatischen Strategie, die auf das Knüpfen eines Netzes von zweiseitigen Allianzen zielt.

Das auf Initiative von Adolf Hitler zustande gekommene Abkommen legt die Partner für einen Zeitraum von zehn Jahren auf den friedlichen Ausgleich aller deutsch-polnischen Differenzen fest. In dem Vertrag heißt es: »Beide Regierungen erklären ihre Absicht, sich in den ihre gegenseitigen Beziehungen betreffenden Fragen, welcher Art sie auch sein mögen, unmittelbar zu verständigen... Unter keinen Umständen werden sie jedoch zum Zweck der Austragung solcher Streitfragen zur Anwendung von Gewalt schreiten. Zu den kritischen Punkten im deutsch-polnischen Verhältnis zählen u.a. Minderheitenprobleme, die Danzigfrage und Streitigkeiten über Grenzverläufe.

12. Februar 1934

Schlag gegen Arbeiter

Eine als Provokation gedachte Durchsuchung des Linzer Arbeiterheims Hotel Schiff durch die Polizei löst den bewaffneten Widerstand des sozialdemokratischen Republikanischen Schutzbundes aus und führt zu viertägigen bürgerkiegsähnlichen Kämpfen in ganz Österreich. Die Durchsuchungsaktion fällt in eine Atmosphäre äußerster Spannung im Verhältnis der autoritären Regierung von Bundeskanzler Engelbert Dollfuß, die den rechtsradikalen Heimwehren nahesteht, zu den Sozialdemokraten.

Panzerauto der österreichischen Polizei

Die innenpolitische Situation ist seit Jahresbeginn durch die Heimwehraktivitäten und nationalsozialistischen Terroranschläge vergiftet. Die Sozialdemokraten, die den diktatorischen Regierungsstil der Dollfuß-Regierung bekämpfen, rufen nach den Schüssen von Linz am Mittag den Generalstreik aus. Die Kämpfe greifen auf andere Industriestädte über. Daraufhin verhängt die Regierung über Wien, Nieder- und Oberösterreich, die Steiermark und Kärnten das Standrecht. Gleichzeitig gehen Polizei und Heimwehr gegen die Gemeindebauten in den Wiener Vororten vor, die von bewaffneten Schutzbündlern besetzt sind. Allerdings ist die Arbeiterschaft auf die Auseinandersetzung völlig unvorbereitet. Ihre Kampfkraft ist durch die anhaltende Massenarbeitslosigkeit geschwächt, ihr Organisationsgrad ungenügend (Abb. unten: Der Sozialdemokrat Koloman Wallisch). Als der Generalstreik nicht greift und die Bundesregierung dem Einsatz von Haubitzen zustimmt, wird deutlich, dass der Widerstand zusammenbrechen muss. Als die sog. Februarunruhen am 15. des Monats endgültig niedergeschlagen sind, haben sie vermutlich weit über 1000 Todesopfer gefordert.

22. Februar 1934

Sandino wird zum Märtyrer der nicaraguanischen Rebellen

Der nicaraguanische Freiheitskämpfer General Augusto César Sandino wird in Managua ermordet. Auftraggeber des Anschlags ist der US-freundliche Kommandeur der Nationalgarde, Anastasio Somoza García.
Sandino (s. Abb.), dessen Anhänger mit der Nationalgarde in blutige Kämpfe verwickelt sind, war in die nicaraguanische Hauptstadt gekommen, um über die endgültige Niederlegung der Waffen zu verhandeln. Erst ein Jahr zuvor war nach dem Abzug der US-Truppen aus dem mittelamerikanischen Land ein Friedensvertrag zwischen der von der USA abhängigen Regierung unter Juan Bautista Sacasa und dem Rebellengeneral geschlossen worden. Nach dem Bekanntwerden des Todes von Sandino verhängt Präsident Sacasa den Ausnahmezustand.

Augusto César Sandino

nicaraguanischer Freiheitskämpfer, * 18.5.1895 Niquinohomo; † 22.2.1934 Managua (ermordet)

General Sandino ist als Patriot und Vorkämpfer gegen den Ausverkauf der eigenen Interessen an die USA ein Held der lateinamerikanischen Freiheitsbewegungen. Der Sozialrevolutionär führte den bewaffneten Kampf gegen die Konservativen und die Nicaragua bis 1933 besetzt haltenden USA. Zuvor war sein Versuch gescheitert, sich mit den Amerikanern auf dem Verhandlungswege zu einigen. Nach Sandino benannte sich die Sandinistische Befreiungsfront, die 1979 den Diktator Anastasio Somoza stürzt und in Nicaragua die Macht ergreift.

- 1926: Aufnahme des bewaffneten Kampfes
- 1928: Ausrufung d. Republik in d. Provinz Nuevo Regovia
- 1933: Friedensvertrag mit der nicaraguan Regierung

31. Januar 1934

Höhenrekord mit Todesfolge

Südöstlich von Moskau stoßen Suchtrupps auf die Gondel von drei sowjetischen Ballonfahrern. Die Insassen des Stratosphärenballons »Stratosat« können nach einem harten Aufprall und zwei nachfolgenden Explosionen nur noch tot geborgen werden. Mit diesem Unglück verzeichnet der Stratosphärenflug seine ersten Todesopfer.

Tags zuvor erreichten die Ballonfahrer (Abb.: Der Stratosphärenballon vor dem Start) die Weltrekordhöhe von 20 600 m. In Funksprüchen meldeten sie zuletzt eine Temperatur von -77 Grad Celcius. Dann brach jede weitere Kommunikation ab. Die Ursache des Unglücks ist nicht bekannt, zu rekonstruieren ist lediglich, dass sich die Hülle von der Gondel gelöst hatte und davonflog. Die Bergungstrupps stoßen auf bis zur Unkenntlichkeit verstümmelte Leichen. Apparate und Messinstrumente der Gondel sind zerstört.
Den ersten Rekordflug unternahmen im Jahre 1901 die deutschen Meteorologen Arthur Berson und Reinhard Süring in einem Freiballon. Sie erreichten eine Höhe von 10 800 m. Der Schweizer Physiker Auguste Piccard stieß 1931/32 auf 16 203 Höhenmeter vor. Zwei sowjetische Ballons verbesserten diesen Stratosphären-Höhenweltrekord: Im September 1933 stieg die »USSR« auf 18 900 m auf. Der nun verunglückte »Stratosat« übertraf diese Leistung noch um 1,7 km.

6. Februar 1934

Paris erlebt Bürgerkriegsnacht

Ein Aufstand der französischen Rechten gegen die radikalsozialistische Regierung unter Edouard Daladier führt zu den blutigsten Unruhen seit Jahrzehnten. Die Aufständischen sehen angesichts der instabilen innenpolitischen Lage die Chance, das parlamentarische System zu Fall zu bringen. Bei nächtlichen Straßenschlachten, an denen sich rechte und linke Gruppen beteiligen, werden hunderte Menschen verletzt, Schätzungen sprechen von bis zu 50 Todesopfern.
Rd. 50 000 Teilnehmer französischer Rechtsverbände – Royalisten, Kriegsteilnehmer, die rechtsradikale Action française und die patriotische Jugend – demonstrieren u.a. auf den Champs-Elysées (Abb.: Barrikadenkämpfe) und vor dem Parlamentsgebäude.

Die Abgeordneten können das Parlament aus Furcht vor Lynchaktionen des Mobs nicht mehr verlassen. Die Regierungskrise hatte sich im Januar durch die sog. Stavisky-Affäre zugespitzt. Serge Alexandre Stavisky, ein jüdischer Bankier russischer Herkunft, hatte als Direktor der Bank Crédit municipal de Bayonne meh- rere Mio. Francs unterschlagen. Nach Aufdeckung des Skandals sah sich die Regierung unter dem Radikalsozialisten Camille Chautemps genötigt, die Verwicklung von Ministern zu dementieren. Am 8. Januar wurde Stavisky als mutmaßlicher Selbstmörder tot aufgefunden, die Regierung Chautemps erklärte am 27. Januar ihren Rücktritt.

Februar 1934

1 Do In der Tschechoslowakei tritt die Anordnung der Prager Landesbehörde über den Linksverkehr auf inländischen Straßen in Kraft.

2 Fr Über 10 000 niederösterreichische Bauern demonstrieren in Wien gegen die Terroranschläge der Nationalsozialisten in Österreich.

3 Sa Das Alpenkasino am Semmering in Österreich wird eröffnet. In diesem Spielkasino dürfen nur Ausländer spielen.

4 So Der Bob »Rumänien II« sichert sich bei den Weltmeisterschaften im schweizerischen Engelberg den Titel im Zweierbob vor »Deutschland II«.

5 Mo Bei einer Probefahrt auf der Autostrada von Mailand erreicht der neue Rennwagen der deutschen Auto-Union, ein Porsche, 252 km/h.

6 Di In Rom unterzeichnen Regierungsvertreter Ungarns und der UdSSR ein Abkommen über die Aufnahme diplomatischer Beziehungen. → Paris

7 Mi König Christian X. von Dänemark trifft in Berlin ein und wird vom deutschen Reichspräsidenten Paul von Hindenburg empfangen.

8 Do In Litauen erlässt Präsident Antanas Smetona das »Gesetz zum Schutz von Volk und Staat«, das besonders die Autonomierechte im Memelgebiet regelt.

9 Fr Zum Abschluss des XVII. Parteitages der KPdSU fahren 500 Panzer und andere Waffengattungen vor dem Grab Wladimir I. Lenins auf.

10 Sa Joseph Goebbels, Reichsminister für Propaganda, verlangt, dass »die deutsche Filmwelt denselben Gesetzen gehorcht, denen ganz Deutschland gehorcht«.

11 So Durch einen 2:1-Sieg über die Schweiz gewinnt die deutsche Eishockey-Mannschaft in Mailand die Europameisterschaft.

12 Mo In vielen Städten Deutschlands finden Rosenmontagszüge statt. Viele Wagen sind mit nationalsozialistischen Themen ausgestattet. → Arbeiter

13 Di Mit der Kleinstadtschulkomödie »So ein Flegel« hat die erste Verfilmung von Heinrich Spoerls Roman »Die Feuerzangenbowle« Premiere.

14 Mi Jüdischen Kaufhäusern und Firmen in Deutschland wird der Verkauf von Symbolen der »nationalen Bewegung« verboten.

15 Do Der deutsche Reichsinnenminister Wilhelm Frick (NSDAP) hält in Berlin eine Rede über die »Rassengesetzgebung des Dritten Reiches«.

16 Fr Die Deutsche Arbeitsfront weist darauf hin, dass die Schönheitspflege der Frau nicht »undeutsch« sei, aber nur deutsche Produkte benutzt werden sollen.

17 Sa Bei einer Bergtour nahe Namur (Belgien) stürzt der belgische König Albert I. tödlich ab. Er hatte einen 200 m hohen Felsen allein besteigen wollen.

18 So Beim Eisrennen auf dem Schwarzwälder Titisee siegt in einem Wettkampf zwischen Flugzeug, Rennwagen und Kraftrad Ernst Udet im Flugzeug.

19 Mo Die deutsche Wehrmacht übernimmt auf Mützen bzw. Stahlhelmen das »Hoheitszeichen« der NSDAP, das Hakenkreuz.

20 Di Nach einer in Berlin erscheinenden Statistik sind im vergangenen Jahr 412 überwiegend jüdische Ärzte aus Deutschland ausgewiesen worden.

21 Mi Heinrich Böttcher, Inhaber einer Kaffeegroßhandlung in Rostock, wird festgenommen. Er hatte sich geweigert, die Gründung einer NS-Betriebszelle zuzulassen.

22 Do In Venedig führen viele Kanäle kein Wasser mehr. Der Grund für das Phänomen ist der Nordwind, der das Wasser nach Süden herausdrückt. → Sandino

23 Fr Der vierte Todestag des nationalsozialistischen Kampflieddichters Horst Wessel wird in ganz Deutschland aufwändig gefeiert.

24 Sa Im großen Festsaal des Münchener Hofbräuhauses findet die Parteigründungsfeier der Nationalsozialistischen Deutschen Arbeiterpartei (NSDAP) statt.

25 So In London veranstalten mehrere tausend Arbeitslose einen Hungermarsch, der auf ihre Lage aufmerksam machen soll.

26 Mo Schwere Schneestürme suchen die USA heim. 60 Menschen sterben. In New York kommen Auto- und Flugverkehr zum Erliegen.

27 Di Die britische Regierung gibt einen Rückgang der Arbeitslosenzahlen bekannt. Mit 2,3 Mio. gibt es 500 000 weniger Erwerbslose als im Januar 1933.

28 Mi Reichsbischof Ludwig Müller verkündet in Berlin, er werde nicht eher ruhen, bis von deutschen Kanzeln nur noch Nationalsozialisten predigten.

März 1934

1 Do Pu Yi, der letzte Kaiser von China, wird zum Kaiser des japanischen Satellitenstaates Mandschukuo gekrönt.

2 Fr In Düsseldorf beschlagnahmt die Polizei Flugblätter der Katholischen Jugend. Die Behörden verhängen konfessionelle Betätigungsverbote.

3 Sa John Dillinger bricht aus dem Crownpoint-Gefängnis im US-Bundesstaat Indiana aus. Der berüchtigte Bankräuber gilt als Staatsfeind Nr. 1.

4 So In Leipzig eröffnet der deutsche Reichsminister für Volksaufklärung und Propaganda, Joseph Goebbels, die Frühjahrsmesse.

5 Mo In Indien wütet die Pest. Wie bekannt gegeben wird, sind in der vorletzten Woche 918 und in der vergangenen Woche 1210 Menschen gestorben.

6 Di Die nicht autorisierte französische Ausgabe von Adolf Hitlers Buch »Mein Kampf« wird auf deutschen Antrag hin beschlagnahmt.

7 Mi Nachdem es in Spanien zu mehreren Streiks gegen die konservative Koalitionsregierung gekommen ist, wird der verschärfte Alarmzustand verhängt.

8 Do Bei der Internationalen Automobil- und Motorradausstellung in Berlin betont die NS-Regierung die Bedeutung des Kraftfahrzeugs für den deutschen Staat.

9 Fr Ein Sondergericht in Sachsen verurteilt neun Angeklagte zu Zuchthausstrafen, weil sie angeblich die verbotene SPD fortgeführt hätten.

10 Sa Preußens Ministerpräsident Hermann Göring (NSDAP) fordert eine Verschärfung des Kampfes gegen Schwarzarbeit.

11 So Bei einem Ausscheidungsspiel für die Fußballweltmeisterschaft in Italien besiegt die deutsche Mannschaft die Elf aus Luxemburg 9:1.

12 Mo Juden werden aus der deutschen Wehrmacht ausgeschlossen. Jüdische Soldaten aller Dienstgrade müssen den Dienst sofort quittieren. → Kontroverse

13 Di Wegen »kommunistischer Terrorakte« wird der 23-jährige Richard Bahr in Berlin hingerichtet. Er hatte gestanden, Scheunen in Brand gesteckt zu haben.

14 Mi Etwa 100 Lehrer müssen in Österreich den Schuldienst verlassen, weil sie der verbotenen Sozialdemokratischen Arbeiterpartei angehört haben.

15 Do Die in Deutschland und Polen bestehenden gegenseitigen Zeitungsverbote werden im Rahmen des deutsch-polnischen Nichtangriffspaktes aufgehoben.

16 Fr Der Führer des lettischen Bauernbundes, Karlis Ulmanis, übernimmt zum fünften Mal das Amt des Ministerpräsidenten in Lettland.

17 Sa Die »Deutsche Kinderschar« wird aufgelöst. Kinder unter zehn Jahren sollen vor Eintritt in die Hitlerjugend keiner Organisation mehr angehören. → Italien

18 So In Rom bezeichnet Ministerpräsident Benito Mussolini Demokratie, Sozialismus und Liberalismus als überholte Erscheinungsformen des 19. Jahrhunderts.

19 Mo Das US-Repräsentantenhaus in Washington genehmigt die Gesetzesvorlage über die Unabhängigkeit der Philippinen.

20 Di Konrad Henlein gründet in der Tschechoslowakei die Sudetendeutsche Partei (SdP). Die Partei wird von der nationalsozialistischen deutschen Führung finanziert.

21 Mi Im Rahmen von Arbeitsbeschaffungsmaßnahmen eröffnet Adolf Hitler an der Autobahnbaustelle Unterhaching den »Arbeitsfrühling«. → Schiffshebewerk

22 Do Das deutsche Reichskabinett beschließt das Gesetz zur Hebung der nationalen Kaufkraft. Es sieht u.a. eine Ermäßigung der Arbeitslosenabgabe vor.

23 Fr In Bukarest erklärt der bulgarische Ministerpräsident Nikolaus Muschánow, er denke nicht daran, diplomatische Beziehungen zur UdSSR aufzunehmen.

24 Sa Zwischen dem Jemen und Saudi-Arabien kommt es zu einem Grenzkrieg. Streitobjekt ist das Gebiet Nadschran.

25 So Bei Parlamentswahlen in Rom stimmen über zehn Mio. Einwohner für die faschistische Einheitsliste. Nur 25% der Bevölkerung sind wahlberechtigt.

26 Mo In der Schweiz wird die Beschimpfung ausländischer Staatsmänner verboten. Betroffen ist vor allem die sozialistische Presse, die sich gegen Hitler wendet.

27 Di US-Präsident Franklin D. Roosevelt erleidet bei Abstimmungen über Entschädigungszahlungen an Kriegsteilnehmer erstmals eine Kongress-Niederlage.

28 Mi Preußische Jugendliche müssen gemäß einer neuen Verordnung nach Abschluss der Schulzeit ein Jahr in Heimen auf dem Land verbringen.

29 Do Der Physiknobelpreisträger und Jude Albert Einstein wird von Deutschland ausgebürgert. Die NS-Presse bezeichnet Einstein als »König der Emigranten«.

30 Fr Italiens Ministerpräsident Benito Mussolini erklärt der französischen Presse, er glaube nicht an den Ausbruch eines Krieges in Europa.

31 Sa Eine Tourismusstatistik belegt, dass 1933 die Zahl der Übernachtungen von Ausländern in Deutschland zurückgegangen ist. → »Vossische«

24. April 1934

Justiz im Dienst der Politik

Im nationalsozialistischen Deutschland wird per Gesetz der Volksgerichtshof geschaffen, der als Instrument zur Unterdrückung politischer Gegner dient. Er ist Erst- und Letztinstanz bei politischen Delikten wie z.B. Hoch- und Landesverrat. Gegen seine Urteile ist kein Rechtsmittel zulässig.

Nach Aussage Roland Freislers, des Staatssekretärs im Reichsjustizministerium und späteren Vorsitzenden des Volksgerichtshofs, soll im deutschen Strafrecht die Abgrenzung zwischen Versuch und vollendeter Tat weitgehend entfallen. Bei einer Strafrechtsverletzung müsse durch die Strafe nicht nur der Täter, sondern gleichzeitig auch alle zu ähnlichen Taten bereite Personen, getroffen werden. In den Verhandlungen brauchen künftig jeweils nur der Vorsitzende und einer von vier Beisitzern Berufsrichter zu sein. Die Laienrichter, zumeist aus Armee, Polizei und NSDAP abgeordnet, werden von Adolf Hitler ernannt. Bis zum Ende des Weltkriegs spricht der Volksgerichtshof insgesamt über 5000 Todesurteile aus.

12. März 1934

Kontroverse um Hindemith

»Mathis der Maler«, eine Sinfonie von Paul Hindemith, wird in Berlin unter Leitung von Wilhelm Furtwängler uraufgeführt (Abb.: Ankündigung).

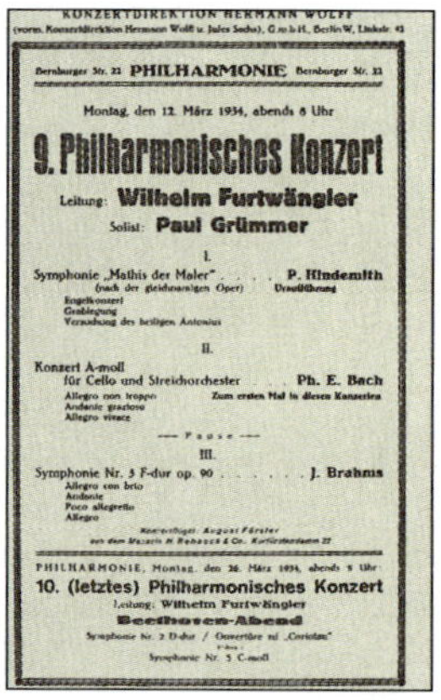
KONZERTDIREKTION HERMANN WOLFF

Bernburger Str. 22 PHILHARMONIE Bernburger Str. 22

Montag, den 12. März 1934, abends 8 Uhr

9. Philharmonisches Konzert

Leitung: Wilhelm Furtwängler

Solist: Paul Grümmer

I.

Symphonie „Mathis der Maler" . . . . P. Hindemith

Engelkonzert

Grablegung

Versuchung des heiligen Antonius

II.

Konzert A-moll für Cello und Streichorchester . . . Ph. E. Bach

Allegro non troppo

Andante grazioso

Allegro vivace

— Pause —

III.

Symphonie Nr. 3 F-dur op. 90 . . . . . . J. Brahms

Allegro con brio

Andante

Poco allegretto

Allegro

PHILHARMONIE, Montag, den 26. März 1934, abends 8 Uhr

10. (letztes) Philharmonisches Konzert

Leitung: Wilhelm Furtwängler

Beethoven-Abend

Symphonie Nr. 5 C-moll

Die Aufführung löst eine kulturpolitische Kontroverse aus, in der nationalsozialistische Kulturfunktionäre Hindemith als »jüdisch versippt« und sein Werk als »musikalischen Bolschewismus« bezeichnen. Der Streit gipfelt Ende des Jahres mit dem Rücktritt Furtwänglers u.a. als Leiter des Berliner Philharmonischen Orchesters.

Paul Hindemith

deutscher Komponist, * 16.11.1895 Hanau; † 28.12.1963 Frankfurt am Main

Seine radikalen kompositorischen Frühwerke, z.B. der Operneinakter »Mörder, Hoffnung der Frauen« (1921), verschaffen Hindemith den Ruf eines Bahnbrechers der Moderne. Mit seiner Abkehr von der Dur-Moll-Harmonik entwickelt der Komponist und Musiktheoretiker unter Wahrung des Tonalitätsprinzips eine eigene Tonsprache. Hindemith war u.a. Initiator der Donaueschinger Musiktage (1921-26) und komponierte Gebrauchsmusiken für die Jugendmusikbewegung. In der Zeit des Nationalsozialismus wird er als »entartet« verfemt.

- 1915-23: Konzertmeister am Frankfurter Opernhaus
- 1938: Emigration in die Schweiz
- 1940-53: Professur an der Yale-Universität (USA)

23. April 1934

Frauen in die »Gebärschlacht«

In Düsseldorf meldet das Standesamt einen Anstieg der Eheschließungen um 67% gegenüber dem Vorjahr. Diese Zahl ist ein Indiz dafür, dass die nationalsozialistische Forderung, Frauen aus dem Berufsleben und in die Mutterrolle zu drängen, erste Früchte trägt.

Reichskanzler Adolf Hitler bringt die NS-Politik auf folgende Formel: »Wenn früher die liberalen und intellektualistischen Frauenbewegungen in ihren Programmen viele Punkte enthielten, die ihren Ausgang vom sog. Geiste nahmen, dann enthält das Programm unserer nationalsozialistischen Frauenbewegung nur einen einzigen Punkt, und dieser Punkt heißt das Kind...Jedes Kind, das sie (die Frau) zur Welt bringt, ist eine Schlacht, die sie besteht für das Sein oder Nichtsein ihres Volkes«.

Die entsprechende ideologische Schulung zielt darauf ab, Soldaten für einen künftigen Krieg heranzuziehen. Unter dem Schlagwort »Gesunde Frauen – gesunde Mütter« wirbt die gleichgeschaltete Presse u.a. für mehr sportliche Betätigung junger Frauen (s. Abb.). Die gesetzliche Bestimmung, die seit 1933 die Entlassung verheirateter Beamtinnen verfügt, wird am 31. Mai auch auf alle unverheirateten Beamtinnen ausgedehnt.

17. März 1934

Italien sichert sich Dominanz

Mit der Unterzeichnung der »Römischen Protokolle« im Palazzo Venezia schreibt Italien seine Vorherrschaft im Donauraum gegenüber deutscher und französischer Einflussnahme fest. Vertragspartner sind neben dem italienischen »Duce« und Ministerpräsidenten Benito Mussolini der österreichische Bundeskanzler Engelbert Dollfuß und der ungarische Ministerpräsident Gyula Gömbös von Jákfa.

Im ersten der drei unterzeichneten Protokolle verpflichten sich die Regierungschefs auf gegenseitige Konsultationen über alle Fragen und Probleme, um künftig eine Politik der Eintracht zu verfolgen. Das zweite Protokoll betrifft die wirtschaftliche Zusammenarbeit der Staaten, Protokoll Nr. 3 den Ausbau speziell des italienisch-österreichischen Wirtschaftsverkehrs. Die Protokolle sind so formuliert, dass weder Frankreich noch Deutschland oder die Staaten der Kleinen Entente (Jugoslawien, Rumänien, Tschechoslowakei) Einwände erheben können. Dennoch geht das Protokoll über einen reinen Konsultivpakt hinaus, da die Vertragspartner ihre auswärtige Politik abstimmen wollen. Dollfuß, der sich von dem Pakt mit dem Faschistenführer innenpolitische Entlastung in seinem Kampf gegen die Nationalsozialisten erhofft, spricht vom »Anfang einer neuen Epoche unter der genialen Führung Mussolinis«.

31. März 1934

»Vossische« muss ihr Erscheinen einstellen

Vossische Zeitung

Berlin

SONNABEND, 31. MÄRZ 1934

Kommende Verfassung

Abschied vom Leser

Unter dem Vorzeichen der Gleichschaltung durch die braunen Machthaber verliert die unabhängige Presse ihr Flaggschiff. Die traditionsreiche »Vossische Zeitung« (Abb.: Letzte Ausgabe), die älteste Berliner Tageszeitung, stellt ihr Erscheinen ein. Das linksliberale Blatt des Ullstein-Verlages wird es aufgrund der Zensur- und Kontrollmaßnahmen sowie der Berufsverbote für viele seiner Redakteure künftig nicht mehr geben.
Die »Vossische Zeitung« erschien seit 1617 mit wechselnden Titeln, ab 1914 im Ullstein-Verlag. Zu ihren Mitabeitern zählten u.a. Gotthold Ephraim Lessing und Theodor Fontane. Die Gebrüder Franz, Rudolf und Hermann Ullstein sehen sich außerstande, die »Voss« zu erhalten. Durch die Einstellung des Blattes wollen sie u.a. verhindern, dass die Zeitung für Propagandazwecke missbraucht wird. Das Reichsschriftleitergesetz vom 4. Oktober 1933 unterstellte alle Journalisten direkt dem Propagandaministerium und beschränkte den Status der Verleger auf betriebswirtschaftliche Funktionen. Die Geschäftslage des Verlages, der eine der letzten unabhängigen Zeitungshochburgen Berlins darstellte, verschlechtert sich zusehends. Die Menschen wagen es nicht mehr, ein Ullstein-Blatt zu kaufen, wenn gleichzeitig NS-Parteipresse angeboten wird. 1934 erschienen im Ullstein-Verlag neben der »Vossischen Zeitung« noch die »Berliner Morgenpost«, das »Berliner Tageblatt«, die »Berliner Allgemeine Zeitung« und die »B.Z. am Mittag«. Daneben gehören acht Wochenzeitungen zum Ullstein-Imperium, u.a. die »Berliner Illustrirte«, »Die Dame«, »Die Koralle« und » Das »Blatt der Hausfrau«. Am 10. Juni kauft die anonyme »Cautio GmbH«, hinter der Reichspropagandaminister Joseph Goebbels steht, den Ullstein-Verlag für sechs Mio. Reichsmark.

21. März 1934

Weltgrößtes Schiffshebewerk überwindet Kirchturmhöhe

In Brandenburg weiht Reichsverkehrsminister Paul Freiherr von Eltz-Rübenach (parteilos) ein Meisterwerk der Ingenieurskunst ein. Am Hohenzollernkanal in Niederfinow nimmt das mit 36 m Höhendifferenz größte Schiffshebewerk der Welt den Betrieb auf. Kernstück der Anlage ist ein 84000 Zentner schwerer Schiffs- »Fahrstuhl« mit einer Länge von 88 und einer Breite von 16 m für Hebe- und Senkvorgänge. Er ersetzt die vierfache Schleusentreppe, mit der die von Berlin kommenden Schiffe bis dahin um 36 m in die Niederungen der Alten Oder abgesenkt wurden. Nachdem das Schiff in das »Fahrstuhlbecken« des neuen Hebewerks eingefahren ist (Abb.: Dampfer bei der Einweihung), beginnt der fünfminütige Hebe- bzw. Senkvorgang. Das Becken ist an Zugseilen aufgehängt, die über riesige Seilscheiben laufen. Insgesamt – mit Ein- und Ausfahrt – dauert die Prozedur nur noch 20 Minuten. Zu Zeiten der Schleusentreppe mussten dafür rd. zwei Stunden veranschlagt werden. Mit dem Bau des riesigen Hebewerks wurde 1926 begonnen. In Braunschweig steht ein anderes Großprojekt der deutschen Binnenschifffahrt kurz vor der Fertigstellung. Am 13. Mai weiht von Eltz-Rübenach den dortigen Hafen ein. Er ist vorläufiger Endpunkt des im Bau befindlichen Mittellandkanals.

April 1934

1 So In Deutschland sollen einheitliche Sorten von Käse und Butter für mehr Verbraucherfreundlichkeit in den Geschäften sorgen.

2 Mo Papst Pius XI. beendet in Rom feierlich das Heilige Jahr. Seit dem 15. Jahrhundert finden die sog. Jubeljahre alle 25 Jahre statt.

3 Di Adolf Hitler fordert in einem Interview eine Verdreifachung der deutschen Truppenstärke. Diese würde die Vorgaben des Versailler Vertrages überschreiten.

4 Mi In Moskau verlängern Regierungsvertreter von Litauen, Lettland und Estland ihre Nichtangriffspakte mit der Sowjetunion.

5 Do Tauwetter und starke Regenfälle verursachen im Norden und Südwesten der USA schwere Überschwemmungen. Etwa 50 Menschen ertrinken.

6 Fr Fünf Sozialisten, ein Kommunist und zwölf Nationalsozialisten müssen Österreich wegen regierungsfeindlicher Tätigkeit verlassen.

7 Sa In Rumänien tritt ein Staatsschutzgesetz in Kraft, das jede Propaganda gegen die Monarchie und den Parlamentarismus unter Strafe stellt.

8 So Mahatma Gandhi, der Führer der indischen Unabhängigkeitsbewegung, bricht die Kampagne des bürgerlichen Ungehorsams wegen Misserfolgs ab.

9 Mo In der Nacht entgleist der D-Zug Salzburg-Frankfurt am Main hinter Linz. Unbekannte hatten auf einer Strecke von 15 m die Schienen gelöst.

10 Di Jean Cocteaus Drama »Die Höllenmaschine« kommt in Paris zur Uraufführung. Der Autor verarbeitet den antiken Ödipus-Stoff in freier Form.

11 Mi Im polnischen Lublin kommt es zu blutigen Auseinandersetzungen, als 3000 Arbeitslose ihre Beschäftigung erzwingen wollen.

12 Do Die deutsche Gesandtschaft in Prag protestiert gegen eine Karikaturenausstellung, in der NS-Führer verhöhnt werden. Die Bilder werden entfernt.

13 Fr Weil sie Beschuldigungen gegen NS-Politiker veröffentlicht hat, wird das sowjetische Zentralorgan »Prawda« in Deutschland vorübergehend verboten.

14 Sa Mit 14500 m stellt der italienische Sportflieger Renato Donati einen neuen Höhenweltrekord auf. Zwei 500 PS-Motoren treiben seinen Doppeldecker an.

15 So In Hagen kommt es bei Kundgebungen des oppositionellen Pfarrernotbundes zu Auseinandersetzungen mit den regierungsfreundlichen Deutschen Christen.

16 Mo Die italienische Regierung verbietet den Handel mit Margarine. Diese Maßnahme soll der Förderung der Milchwirtschaft dienen.

17 Di Das japanische Außenministerium erklärt, Japan sei allein für die Aufrechterhaltung des Friedens im Fernen Osten zuständig.

18 Mi Frankreich weist den sowjetischen Exilpolitiker Leo D. Trotzki aus. Als Grund gelten die Pläne Trotzkis zur Gründung einer Vierten Internationale.

19 Do Aus Protest gegen die von der Regierung verfügten Gehaltskürzungen legt die französische Beamtenschaft für eine Stunde die Arbeit nieder.

20 Fr Die Deutsche Reichspost lässt die Farbe ihrer Fahrzeuge ändern. Zukünftig zeigen sich Postfahrzeuge in rotem Lack.

21 Sa Die konservative Regierung im schweizerischen Kanton Wallis verbietet dem sozialdemokratischen Regierungschef des Kanton Genf, Léon Nicole, die Einreise.

22 So Der deutsche Reichsminister für Ernährung und Landwirtschaft Richard Walther Darré (NSDAP) betont in München die Bedeutung des Reichserbhofgesetzes.

23 Mo Die Berliner Polizei verbietet Wahrsagerei. Astrologie stamme aus dem Orient und sei kein germanisches Gedankengut, so die Begründung. → Frauen

24 Di Die laufende Ausstellung »Deutsches Volk – deutsche Arbeit« über die »Leistungen des deutschen Genius« zieht Tausende nach Berlin. → Justiz

25 Mi Wegen anhaltender Unruhen verhängt der spanische Staatspräsident Niceto Alcalá Zamora y Torres den Belagerungszustand über das Land.

26 Do Fanatische Hindus aus höheren Kasten überfallen den Freiheitskämpfer Mahatma Gandhi aus Protest gegen sein Eintreten für die unteren Kasten.

27 Fr In Berlin beginnt die sog. Transferkonferenz über die deutschen Kriegsschulden. Die Gläubigerländer erklären sich zu Konzessionen bereit.

28 Sa Die deutsche Polizei will verstärkt gegen Denunziantentum vorgehen. Oft seien Hausstreitigkeiten der Grund für Anzeigen staatsfeindlicher Äußerungen.

29 So Oswald Mosley, Führer der britischen Faschisten, erklärt, seine Partei ahme weder den deutschen noch den italienischen Faschismus nach.

30 Mo Der österreichische Nationalrat beschließt bei seiner letzten Sitzung die Umwandlung Österreichs von der Republik zum ständisch geordneten Bundesstaat.

Mai 1934

1 Di Zwei Mio. Menschen nehmen auf dem Tempelhofer Feld in Berlin am Festakt der nationalsozialistischen Regierung zum Feiertag der nationalen Arbeit teil.

2 Mi Ein Sondergericht in Hamburg fällt die Urteile gegen die sog. Rote Marine. Acht Kommunisten werden wegen Terroranschlägen zum Tode verurteilt.

3 Do Die nationalsozialistische Gemeinschaft »Kraft durch Freude« stellt die ersten Dampfer zur Verfügung, mit denen Arbeiter in die Ferien fahren sollen.

4 Fr Aus der UdSSR wird gemeldet, dass die Bauarbeiten einer 1000 km langen Ölpipeline vom Kaspischen Meer zum Südfuß des Ural begonnen hätten.

5 Sa Im Beisein Adolf Hitlers findet in Berlin die Grundsteinlegung zum Neubau der Reichsbank statt. Das Projekt soll 40 Mio. Reichsmark kosten.

6 So Beim Grenzübertritt nach Österreich verhaftet die Polizei einen 17-jährigen Deutschen, der ein Attentat auf Bundeskanzler Engelbert Dollfuß verüben will.

7 Mo Reichsbischof Ludwig Müller übernimmt durch Kirchengesetz die Leitung der Landeskirchen in Sachsen und Hessen-Nassau.

8 Di Die rumänische Regierung verbietet mit sofortiger Wirkung die Ausfuhr von Getreide. Eine langanhaltende Dürre sorgte für schlechte Ernten im Land.

9 Mi In Berlin erklärt die Deutsche Arbeitsfront, dass an eine Uniformierung von nationalsozialistischen Frauen nicht gedacht werde. → Arbeiterstreik

10 Do Am ersten Jahrestag der Bücherverbrennung in Berlin gründen deutsche Emigranten in Paris die Deutsche Freiheitsbibliothek mit verfemten Büchern.

11 Fr SA-Stabschef Ernst Röhm untersagt jede Teilnahme von SA-Mannschaften an kirchenpolitischen Veranstaltungen.

12 Sa Nach tätlichen Auseinandersetzungen zwischen Studenten unterschiedlicher Richtungen lässt das spanische Parlament die Universität in Madrid schließen.

13 So Der deutsche Reichsverkehrsminister Paul Freiherr von Eltz-Rübenach weiht den Braunschweiger Hafen am Mittellandkanal ein.

14 Mo Im Konflikt zwischen dem Imamat Jemen und dem Königreich Nedschd (Saudi-Arabien) unterzeichnen die Kriegsgegner einen Waffenstillstand.

15 Di Das Reichskabinett in Berlin verabschiedet das Theatergesetz. Danach unterstehen alle Theater dem Reichspropagandaministerium.

16 Mi In Lettland ruft die Regierung unter Ministerpräsident Karlis Ulmanis den Ausnahmezustand aus. Der Regierungschef herrscht von nun an diktatorisch.

17 Do Das 300-Jahres-Jubiläum des Oberammergauer Passionsspiels beginnt. Der historisch überlieferte Text wurde dafür eigens überarbeitet.

18 Fr Als Arbeitsbeschaffungsprogramm beschließt die niederländische Regierung u.a. den Bau eines Kanals von Amsterdam bis zum Rhein.

19 Sa Das norwegische Parlament lehnt den Antrag der oppositionellen Arbeiterpartei auf Austritt aus dem Völkerbund ab.

20 So Deutsche Zeitungen weisen darauf hin, dass Pfingsten »durchaus nicht artfremd« und mit dem Germanengeist vereinbar sei.

21 Mo Ein Großfeuer vernichtet das Viehhofviertel von Chicago. Das Feuer wird in einer Scheune, vermutlich durch eine brennende Zigarette, entfacht.

22 Di Spanische Royalisten dementieren Meldungen, nach denen König Alfons XIII. auf den Thron verzichtet habe. Der Monarch verließ das Land bereits 1931.

23 Mi Der aufwändige Bau des Dammes zur deutschen Ostseeinsel Rügen beginnt. Das Projekt wird 1936 fertiggestellt. → Japan

24 Do Nach 15-jährigem Exil darf der österreichische Erzherzog Eugen wegen seiner außerordentlichen Beliebtheit in seine Heimat zurückkehren.

25 Fr In Österreich erweitert die Regierung die Standrechtbestimmungen, um gegen den politischen Terror der Nationalsozialisten vorgehen zu können.

26 Sa Das deutsche Luftschiff »Graf Zeppelin« startet in Friedrichshafen zu seiner ersten Fahrt nach Südamerika. Am 29. Mai landet die »Graf Zeppelin« in Rio.

27 So Beim Avus-Rennen in Berlin siegt der Franzose Guy Moll. Der deutsche Rennfahrer Rudolf Caracciola kann wegen technischer Probleme nicht starten.

28 Mo In Kanada bringt die 26-jährige Farmersfrau Olivia Djonne Fünflinge zur Welt. Trotz Untergewichts können alle Kinder am Leben erhalten werden.

29 Di Die USA verzichten auf Eingriffsrechte in Kuba. Die Insel ist seit dem Spanisch-Amerikanischen Krieg 1898 von den USA abhängig. → Widerstand

30 Mi Die deutsche Regierung hebt die diplomatischen Vertretungen Preußens und Bayerns im Vatikan sowie die Münchener apostolische Nuntiatur auf.

31 Do In Budapest beginnt die Turn-Weltmeisterschaft, an der zum ersten Mal seit 1914 wieder deutsche Athleten teilnehmen. Sie erringen den dritten Platz.

9. Mai 1934

Arbeiterstreik an US-Westküste

In der kalifornischen Metropole San Francisco treten die Hafenarbeiter in den Ausstand. Bis zum Ende des Sommers erfasst der Streik fast die ganze Westküste der USA bis nach Seattle im Bundestaat Washington. Schlagzeilen macht das brutale Vorgehen der Ordnungskräfte gegen die Streikenden, die in erster Linie die Anerkennung der Rechte der Gewerkschaften fordern. Systematische Tränengaseinsätze (s. Abb.) von Polizei und Militär begleiten die blutigen Straßenkämpfe.

29. Mai 1934

Kirchlicher Widerstand

Auf der Barmer Bekenntnissynode stimmen 138 Theologen aus 19 Landeskirchen für das theologisch bedeutsamste Dokument des Kirchenkampfs im nationalsozialistischen Deutschland, die sog. Barmer Erklärung. Darin wenden sie sich gegen eine Verfälschung der christlichen Lehre durch die Deutschen Christen, dem mit dem Nationalsozialismus sympathisierenden Teil der evangelischen Kirche. In dem Papier, an dem der Theologe Karl Barth maßgeblich mitgewirkt hat, werden die Gemeinden u.a. dazu aufgerufen, die Treue gegenüber der Bibel zu wahren. Außerdem wendet sich die Erklärung gegen die Herrschaft des totalen Staates über die Kirche. In ganz Deutschland werden Abdrucke der »Barmer Erklärung« von der Gestapo beschlagnahmt, während die Flugblätter der NS-treuen Christen mit Angriffen gegen die bekenntnistreuen Kreise nicht beanstandet werden.

Martin Niemöller

deutscher evangelischer Theologe, * 14.1.1892 Lippstadt; † 6.3.1984 Wiesbaden

Der überzeugte Pazifist ist im »Dritten Reich« ein führendes Mitglied der in Opposition zum Nationalsozialismus stehenden Bekennenden Kirche. Diese ging aus dem 1933 von Niemöller begründeten Pfarrernotbund hervor, der vom NS-Regime verfolgte Pfarrer unterstützte. Nach Jahren als »persönlicher Gefangener« Hitlers in verschiedenen KZ wird Niemöller in der Nachkriegszeit Präsident der Evangelischen Kirche in Hessen und Nassau (1947-64) und einer der Wortführer der deutschen Friedensbewegung.

- 1918: Kommandant eines U-Bootes
- 1945: Mitwirkung an der Abfassung des »Stuttgarter Schuldbekenntnisses« der Evangelischen Kirche
- 1961-68: Präsident des Weltkirchenrates

30. Juni 1934

Röhms SA entmachtet

Die Auseinandersetzungen zwischen NSDAP- und SA-Führung um die Macht im Reich erreichen einen blutigen Höhepunkt. In einer Nacht- und Nebelaktion lässt Adolf Hitler den SA-Chef Ernst Röhm und andere Funktionäre auf einer Führertagung der Organisation im oberbayerischen Bad Wiessee verhaften und ermorden. Hitler beschuldigt Röhm und die SA eines Umsturzversuches.

Parallelaktionen finden im gesamten Reich statt, rd. 200 der Opposition und der Komplottbeteiligung verdächtigten Menschen werden ermordet, darunter auch der im Ruhestand lebende frühere Reichskanzler Kurt von Schleicher und der Exponent des linken NSDAP-Flügels, Gregor Strasser. Hitler war Anfang des Monats aus Kreisen der Reichswehr darauf aufmerksam gemacht worden, dass Röhm plane, die SA unter Einschluss der Reichswehr als bewaffnete Streitmacht zu etablieren. Der SA-Chef sprach gleichzeitig öffentlich von einer notwendigen »zweiten Revolution«. Am 5. Juni versucht Hitler vergeblich, den alten Mitkämpfer des »Hitlerputsches« von 1923 zum Einlenken zu bewegen. Stattdessen wendet sich dieser am 10. Juni mit einer klaren Kampfansage gegenüber der NSDAP-Führung an die SA. Jetzt wächst der Druck auf Hitler auch seitens der Reichswehr.

Anlässlich eines Krankenbesuchs bei Paul von Hindenburg auf dessen Gut Neudeck stellt Reichswehrminister Werner von Blomberg am 21. Juni Hitler ein Ultimatum, das mit der Übernahme der vollziehenden Gewalt durch die Reichswehr droht. Hitler sieht sich zum Handeln gezwungen.

30. Juni 1934

Stapellauf der »Graf Spee«

Das neue Panzerschiff »C« der deutschen Reichsmarine (s. Abb.) läuft in Wilhelmshaven vom Stapel. Es ist nach den modernsten Erkenntnissen der Rüstungstechnik erbaut. Der Panzerkreuzer wird nach dem Sieger der Seeschlacht bei Coronel (1914) in Chile auf den Namen »Admiral Graf Spee« getauft. Die »Admiral Graf Spee« ist nach der »Deutschland« und der »Admiral Scheer« das dritte deutsche Panzerschiff. Es ist über 180 m lang und 21 m breit. Wie seine Schwesterschiffe erhält es eine Artillerieausrüstung von sechs 28-cm-Geschützen und zwei Drillingstürmen sowie Torpedos.

Extra-Blatt

Oberbayer. Gebirgsbote, Holzkirchen · Miesbacher Anz., Miesbach · Tegernseer Ztg., Tegernsee · Aiblinger Ztg., Bad Aibling · Rosenheimer Tagbl., Rosenheim · Kolbermoorer Volksblatt, Kolbermoor · Chiemgau-Ztg., Prien · Tölzer Ztg., Bad Tölz · Wolfratshauser Tagbl., Wolfratshausen · Wasserburger Anzeiger, Wasserburg a. I. · Grafinger Zeitung, Grafing.

Samstag, 30. Juni 34

Röhm verhaftet und abgesetzt

Röhm aus Partei und S.A. ausgeschlossen

München, 30. Juni

Die Reichspressestelle der N.S.D.A.P. teilt folgende Verfügung des Führers mit:

Ich habe mit dem heutigen Tage den Stabschef Röhm seiner Stellung enthoben und aus Partei und S.A. ausgestoßen. Ich ernenne zum Chef des Stabes Obergruppenführer Lutze.

S.A.-Führer und S.A.-Männer, die seinen Befehlen nicht nachkommen oder zuwiderhandeln, werden aus S.A. und Partei entfernt bzw. verhaftet und abgeurteilt.

gez. Adolf Hitler
Oberster Partei- und S.A.-Führer

Der Führer an den neuen Stabschef

München, 30. Juni

Der Führer hat folgendes Schreiben an den Obergruppenführer der S.A. Lutze gerichtet:

An Obergruppenführer Lutze.

Mein lieber S.A.-Führer Lutze!

Schwerste Verfehlungen meines bisherigen Stabschefs zwangen mich, ihn seiner Stellung zu entheben. Sie, mein lieber Obergruppenführer Lutze, sind seit vielen Jahren in guten und schlechten Tagen ein immer gleich treuer und vorbildlicher S.A.-Führer gewesen. Wenn ich Sie mit dem heutigen Tage zum Chef des Stabes ernenne, dann geschieht dies in der festen Ueberzeugung, daß es Ihrer treuen und gehorsamen Arbeit gelingen wird, aus meiner S.A. das Instrument zu schaffen, das die Nation braucht und ich mir vorstelle.

Es ist mein Wunsch, daß die S.A. zu einem treuen und starken Glied der Nationalsozialistischen Bewegung ausgestaltet wird. Erfüllt von Gehorsam und blinder Disziplin, muß sie mithelfen, den neuen deutschen Menschen zu bilden und zu formen.

gez. Adolf Hitler

Aufruf des neuen Stabschefs

Unbedingte Treue!
Schärfste Disziplin!
Hingebender Opferwille!

Es lebe der Führer! Es lebe unser Volk!

Der Chef des Stabes:
gez. Lutze.

Befehl des Obersten S.A.-Führers Adolf Hitler

Folgende sieben Verräter wurden bereits erschossen:

Obergruppenführer A. Schneidhuber;
Obergruppenführer Edmund Heines;
Gruppenführer Ernst, Berlin;
Gruppenführer Schmidt, München;
Gruppenführer Hans Hayn;
Gruppenführer Heydebreck;

Links: Hermann Göring, SA-Chef Ernst Röhm und Adolf Hitler (v.l.) kennen sich aus der »Kampfzeit der Bewegung« in den zwanziger Jahren; rechts: Bericht der gleichgeschalteten Presse über die Aktion

Die »Nacht der langen Messer«

Um die in Bad Wiessee am Tegernsee tagende SA-Führung in Sicherheit zu wiegen, hält sich Hitler unmittelbar vor der Mordaktion im Ruhrgebiet und im Rheinland auf und nimmt dort in einer Art Ablenkungsmanöver mehrere öffentliche Termine wahr. Die Planung für die Zerschlagung der SA-Führung läuft derweil bereits auf Hochtouren. Hitler und der preußische Ministerpräsident Hermann Göring nutzen die Aktion, sich in Berlin und München weiterer politisch missliebiger Personen zu entledigen, die mit Röhms Putschplänen nichts zu tun haben.

Am 28. Juni ist Hitler in Essen bei der Trauung des dortigen Gauleiters Josef Terboven anwesend. Tags darauf besucht er das Arbeitsdienstlager Buddenberg bei Dortmund und wohnt am Abend einem Großen Zapfenstreich von Arbeitsdienstgruppen in Bad Godesberg bei. Augenzeugen beschreiben seine äußere Erscheinung als »wirr« und »unordentlich«.

Am 30. Juni, nachts um 2 Uhr, fliegt Hitler vom Flughafen Hangelar bei Bonn nach München und fährt von dort mit einigen SS-Leuten weiter an den Tegernsee, wo Ernst Röhm mit seinen Leuten feiert. Der vollkommen überraschte Röhm wird gegen Morgen von Hitler persönlich verhaftet, ohne dass er Widerstand leisten könnte. Die gleichgeschaltete Presse schlachtet dabei propagandistisch aus, dass die SA-Spitze teilweise in homosexuell verfänglichen Situationen angetroffen worden sei. Als der in München-Stadelheim inhaftierte Röhm sich weigert, mit einem Revolver Selbstmord zu begehen, werden er und andere SA-Führer am 1. Juli von SS-Leuten hingerichtet. Zuvor hatte Hitler Viktor Lutze zum neuen Stabschef der SA ernannt. Die nationalsozialistische Schlägertruppe spielt fortan keine bedeutende Rolle mehr innerhalb der NSDAP.

23. Mai 1934

Japan reklamiert China für sich

Die japanische Regierung fordert alle Staaten in einer »Hände weg von China«-Erklärung auf, sich nicht in die inneren Angelegenheiten Chinas einzumischen. Allein Japan sei für die Gestaltung der Politik in Ostasien verantwortlich.

Nach Auffassung der japanischen Regierung ist die chinesische Regierung unfähig, das riesige Land zu regieren. Tokio erklärt sich bereit, China größtmögliche finanzielle Unterstützung zu gewähren, stellt jedoch die Bedingung, dass China keine dritte Partei anruft oder versucht, eine fremde Macht gegen die andere auszuspielen. Bereits am 24. April hatte Japans Botschafter in Washington erklärt, Japan werde jedes Abkommen, das eine dritte Macht mit China gegen Japans Einspruch tätige, als unfreundlichen Akt betrachten. Japan hält seit 1931 drei mandschurische Provinzen besetzt und hat 1932 den mandschurischen Satellitenstaat Mandschukuo proklamiert.

10. Juni 1934

Mussolini bestellt WM-Titel

In Rom gewinnt Gastgeber Italien (s. Abb.) durch ein 2:1 gegen die Tschechoslowakei das zweite

Turnier zur Fußballweltmeisterschaft. Für den faschistischen Ministerpräsidenten, »Duce« Benito Mussolini, der den Titel ultimativ forderte, war der Triumph eine nationale sportpolitische Pflicht.

Juni 1934

1 Fr Frankreich und Deutschland einigen sich auf den 13. Januar 1935 als Tag der Volksabstimmung über die Staatszugehörigkeit des Saargebietes.

2 Sa Die französischen internationalen Tennismeisterschaften in Paris gewinnt der Deutsche Gottfried von Cramm gegen den Australier Jack Crawford.

3 So Im Halbfinalspiel der Fußballweltmeisterschaft unterliegt die deutsche Mannschaft der Tschechoslowakei in Rom 1:3.

4 Mo In Kassel findet eine Demonstration vor der Woolworth-Filiale statt. Das Unternehmen beteiligt sich Gerüchten zufolge am Boykott deutscher Waren.

5 Di Maßnahme gegen Doppelverdiener: Alle verheirateten Beamtinnen in Preußen sollen aus dem Amt scheiden, um Arbeitsplätze für Männer zu schaffen.

6 Mi Nationalsozialistische Studenten fordern in Berlin die Absetzung des Films »Die blonde Kathrein«, einer trinkseligen Komödie über das Studentenleben.

7 Do Ein Redakteur der »Deutschen Wochenschau« muss eine Geldstrafe zahlen, weil er über angetrunkene SA-Männer an Silvester berichtet hat.

8 Fr Bei einer Versammlung von 150 000 britischen faschistischen Schwarzhemden kommt es in London zu Schlägereien mit Kommunisten und Sozialisten.

9 Sa Die Deutsche Regierung erklärt den Samstag zum Staatsjugendtag. Dieser Wochentag soll ausschließlich Aktivitäten der Hitlerjugend vorbehalten sein.

10 So Auf massiven Druck des NS-Regimes verkauft die Familie Ullstein den Rest ihrer Anteile am Berliner Ullstein-Verlag. → WM-Titel

11 Mo Fritz Reinhardt, Initiator des Reinhardt-Programms zur Arbeitsbeschaffung, prophezeit die Beseitigung der Arbeitslosigkeit innerhalb von zwei Jahren.

12 Di Der autoritär regierende König Boris III. lässt alle Parteien in Bulgarien auflösen sowie politisch tendenzielle Zeitschriften einstellen.

13 Mi Nach mehreren Anschlägen von Nationalsozialisten formiert sich in Österreich der Ortsschutz zur Bewachung öffentlicher Anlagen.

14 Do Der US-Boxer Max Baer gewinnt in New York die Weltmeisterschaft im Schwergewicht durch einen Sieg über den Italiener Primo Carnera.

15 Fr Nach einer Pressemeldung hat das Erbgesundheitsgericht in Baden bis heute von 3025 Anträgen 997-mal die Sterilisierung angeordnet.

16 Sa Der Schah von Persien, Resa Pahlawi, trifft in der türkischen Hauptstadt Ankara zu einem Staatsbesuch ein. Diskutiert wird die Gründung eines sog. Ostpakts.

17 So London meldet mit 30,5 °C den bisher heißesten Tag des Jahres. In Frankreich führt die Trockenheit zu Engpässen in der Wasserversorgung.

18 Mo Bei blutigen Auseinandersetzungen zwischen Rechten und Kommunisten gehen in Toulouse mehrere Tankstellen in Flammen auf.

19 Di Ein Gericht in Berlin verurteilt drei Angeklagte zum Tode und neun zu Haftstrafen, weil sie zwei Polizisten ermordet haben sollen.

20 Mi Der deutsche Reichsarbeitsminister Franz Seldte hebt die 40-Stunden-Woche für die an Arbeitsbeschaffungsmaßnahmen beteiligten Betriebe auf.

21 Do In Düsseldorf richtet die Deutsche Gesellschaft für Rassenhygiene eine Eheberatungsstelle ein, die kostenlos in Anspruch genommen werden kann.

22 Fr Weiße Bürger lynchen in Texas einen Farbigen, weil er in Gesellschaft eines 17-jährigen weißen Mädchens gesehen worden war.

23 Sa Fünf Mio. Jungen und Mädchen nehmen nach offiziellen Angaben am zweiten Deutschen Jugendfest, einer landesweiten Sportveranstaltung, teil.

24 So Der FC Schalke 04 besiegt im Endspiel um die Deutsche Fußballmeisterschaft den 1. FC Nürnberg mit 2:1 und erringt damit erstmals die Fußballkrone.

25 Mo Edgar Julius Jung, Verfasser einer NS-kritischen Rede, die Vizekanzler Franz von Papen in Marburg gehalten hatte, wird verhaftet.

26 Di Bei blutigen Zusammenstößen zwischen rd. 200 Faschisten und Sozialisten in London tragen zwölf Personen Verletzungen davon.

27 Mi Der saudische König Abd Al Asis Ibn Saud und der König von Jemen, Hamid Ad Din Jahja, beenden den Grenzkrieg beider Länder.

28 Do Am 15. Jahrestag der Unterzeichnung des Versailler Vertrages lässt die deutsche Regierung auf allen öffentlichen Gebäuden Halbmast flaggen.

29 Fr In München findet der Deutsche Bauerntag statt. Das Regime schenkt den Bauern als Träger der Nahrungsmittelversorgung besondere Aufmerksamkeit.

30 Sa Ein am Vortag veröffentlichter Bericht über den Sklavenhandel in Liberia sorgt in der britischen Öffentlichkeit für Aufsehen. → Röhm → »Graf Spee«

Juli 1934

1 So Im Saarland trifft die Abstimmungskommission des Völkerbunds ein. Sie soll die freie, geheime und unbeeinflusste Volksabstimmung sicherstellen.

2 Mo Die »Düsseldorfer Nachrichten« berichten über die Betroffenheit in der Bevölkerung nach der Ermordung führender SA-Leute während des »Röhm-Putsches«.

3 Di Der preußische Ministerpräsident und Reichsminister der Luftfahrt, Hermann Göring, wird zum Reichsforstmeister ernannt.

4 Mi In London unterzeichnen Vertreter Deutschlands und Großbritanniens ein Transferabkommen. Es regelt die deutschen Zinszahlungen für die Reparationsschuld.

5 Do In Rumänien werden die deutschen NS-Organisationen aufgelöst, die sich im Banat und in Siebenbürgen gebildet haben.

6 Fr An der Ostküste der USA herrscht bereits seit einem Monat eine Hitzewelle. In New York wird eine Rekordtemperatur von 55 °C gemessen.

7 Sa Bei den Leichtathletikmeisterschaften in Hamburg stellt Hans-Heinrich Sievert mit 8790,46 Punkten einen neuen Weltrekord im Zehnkampf auf.

8 So Der österreichische Bundeskanzler Engelbert Dollfuß erklärt, dass jeden tiefes Grauen erfülle müsse, der die politische Entwicklung in Deutschland verfolge.

9 Mo Sämtliche Konzentrationslager in Deutschland werden der Befehlsgewalt von SS-Reichsführer Heinrich Himmler unterstellt.

10 Di In der Universität von Freiburg im Breisgau bricht ein Feuer aus, das sich aufgrund der Trockenheit rasch ausbreitet und großen Sachschaden anrichtet.

11 Mi Genrich G. Jagoda, seit 1924 stellvertretender Vorsitzender der politischen Staatspolizei, übernimmt das Amt des Innenministers der Sowjetunion.

12 Do Das Reichsgericht in Leizig fällt eine Grundsatzentscheidung über die Anfechtbarkeit »arisch-nichtarischer Mischehen«.

13 Fr Adolf Hitler rechtfertigt in einer Rede vor dem Reichstag in Berlin die Niederschlagung des sog. Röhm-putsches.

14 Sa Erstmals tritt in Berlin der neu eingerichtete Volksgerichtshof zusammen. +++ Paul von Hindenburg stiftet ein Ehrenkreuz für alle deutschen Kriegsteilnehmer.

15 So Die Münchnerin Gisela Mauermayer stellt in Warschau mit 16,48 m einen neuen Weltrekord im Kugelstoßen auf. → Hans Stuck

16 Mo Im Gebiet von San Francisco findet erstmals in der Geschichte der USA ein Generalstreik statt. Er wird als Solidar-Aktion für die Hafenarbeiter durchgeführt.

17 Di Das ungarische Innenministerium in Budapest verfügt die Auflösung der nationalsozialistischen Kampforganisationen.

18 Mi In Italien beschließt die Regierung, die vormilitärische Ausbildung von zwei auf drei Jahre zu verlängern. Sie dauert künftig vom 18. bis zum 21. Lebensjahr.

19 Do Das Deutsche Nachrichtenbüro in Berlin meldet, dass von den 28 Landeskirchen bereits 22 in der Evangelischen Reichskirche aufgegangen seien.

20 Fr Tagelanger wolkenbruchartiger Regen verursacht in Polen eine Überschwemmungskatastrophe, die etwa 150 Menschenleben fordert. → SS

21 Sa In Baden-Baden starten 1700 Fahrzeuge zur zweitägigen Rundfahrt »2000 Kilometer durch Deutschland«.

22 So In Bayreuth beginnen die traditionellen Wagner-Festspiele. Der Komponist Richard Strauss dirigiert das Bühnenweihfestspiel »Parsifal«.

23 Mo Aus Madrid wird gemeldet, ein aus Wien stammender Abenteurer habe sich unter dem Namen Boris I. zum Herrscher von Andorra ausrufen lassen.

24 Di Die Regierungen Bulgariens und der Sowjetunion nehmen durch einen Notenaustausch in Ankara diplomatische Beziehungen zueinander auf.

25 Mi In Ungarn wird das vom Reichstagsabgeordneten Nikolaus Lazar veröffentlichte Blatt »A Reggel« wegen Hitler-Beleidigung für 30 Tage verboten. → Dollfuß

26 Do Italiens »Duce« und Ministerpräsident Benito Mussolini entsendet wegen des Putsches in Österreich Truppen an die italienisch-österreichische Grenze.

27 Fr Die Reichspressestelle der NSDAP meldet, dass der Stellvertreter des Führers, Rudolf Heß, künftig an den Gesetzentwürfen sämtlicher Ressorts beteiligt werde.

28 Sa In den USA stürzt ein Stratosphärenballon aus der Rekordhöhe von 17 000 m ab. Die Besatzung kann sich mit dem Fallschirm retten.

29 So Der Franzose Antonin Magne gewinnt die Tour de France. +++ Frankreich und Deutschland schließen einen neuen Handelsvertrag.

30 Mo Kurt Schuschnigg (CP) wird neuer österreichischer Bundeskanzler. Er tritt die Nachfolge des am 25. Juli ermordeten Engelbert Dollfuß an.

31 Di In Wien findet die Hinrichtung der Putschisten Otto Planetta und Friedrich Holzweber statt, die Österreichs Bundeskanzler Dollfuß ermordet hatten.

15. Juli 1934

Triumph für Hans Stuck

Als großer Erfolg der deutschen Automobilindustrie wird das Ergebnis des Rennens auf dem Nürburgring gewertet. Hans Stuck (s. Abb., Stopp in der elften Runde beim Reifenwechsel und Tanken) gewinnt den Großen Preis von Deutschland mit einem von Ferdinand Porsche konstruierten Wagen der Auto-Union. Für die insgesamt 570,3 km lange Strecke benötigt er bei einer Durchschnittsgeschwindigkeit von 122,933 km/h die Zeit von 4:38:19,1 h. Sein Sieg gilt als bedeutendster deutscher Erfolg im Automobilsport dieses Jahres. Gefeiert wird auch der zweitplatzierte Fahrer, der Italiener Luigi Fagioli, der ebenfalls in einem deutschen Wagen (Mercedes-Benz) durchs Ziel geht.

20. Juli 1934

SS wird selbstständige Einheit

Die SS (Schutzstaffel) wird zu einer selbstständigen Organisation ernannt und Reichskanzler Adolf Hitler persönlich unterstellt. Damit ist die Kampfgruppe der NSDAP, die von Reichsführer SS Heinrich Himmler (s. Abb.) geführt wird, nicht mehr der SA unterstellt. Hitler begründet die neue Position der SS mit den »großen Verdiensten«, besonders im Zusammenhang mit der Niederschlagung des »Röhm-Putsches«. Die SS wurde im Jahre 1925 von Hitler aus den Reihen der SA gegründet. Die sog. Eliteeinheit ist dem »Führer« zu besonderer Treue verpflichtet. Hauptaufgabe der SS ist der Schutz Hitlers und anderer hoher Parteifunktionäre. Seit der Machtergreifung besitzt die SS weitere Aufgaben. Am 9. Juli 1934 werden die Konzentrationslager dem Reichsführer SS unterstellt. 1939 erfolgt die Eingliederung der Kriminal- und Sicherheitspolizei. Wichtige Untergliederungen der SS sind die Totenkopfverbände, die das Wachpersonal der Konzentrationslager stellen, und die Waffen-SS, die im Zweiten Weltkrieg militärische Kampfverbände bildet. Himmler baut die SS zu einer gewaltigen Organisation aus, die durch Terror und Unterdrückung zu einer wichtigen Stütze des NS-Regimes wird. Im Jahre 1929 hatte die SS lediglich 280 Mitglieder, Anfang 1933 bereits rd. 50 000, die sich als Elite und Führungskader begreifen. Das Symbol der SS ist eine weiße Rune in Doppelform auf schwarzem Grund.

25. Juli 1934

Dollfuß bei Putsch ermordet

In Österreich scheitert ein nationalsozialistischer Putsch. Bundeskanzler Engelbert Dollfuß, der einen Ständestaat errichten will, wird ermordet. Gegen 13 Uhr überfallen bewaffnete Aufständische, nachdem sie sich in einer Wiener Turnhalle

versammelt und mit Uniformen des Bundesheeres und der Polizei ausgestattet haben, die Rundfunkgesellschaft RAVAG (Abb.: Ein Toter wird aus dem RAVAG-Gebäude abtransportiert). Dort erzwingen sie, dass die Nachricht, Dollfuß sei zurückgetreten, gesendet wird. Zeitgleich greift eine zweite Gruppe das Kanzleramt an. Ein Schuss aus der Pistole eines der Aufständischen sowie ein weiterer, der von einem Polizeibeamten abgegeben wird, treffen Dollfuß, der wenig später seinen Verletzungen erliegt. Polizeieinheiten gelingt es schließlich, die Putschisten zu überwältigen und sie als Gefangene in die Kaserne in der Marokkanergasse zu bringen.

1. August 1934

Jugend im Griff des Staates

Für die im Jahre 1926 als Bund deutscher Arbeiterjugend gegründete Hitlerjugend (HJ) werden neue Richtlinien erlassen. Danach ist der Sonntag grundsätzlich dem Elternhaus und der Familie vorbehalten, so dass Veranstaltungen der HJ zu unterbleiben haben. Der Jugendorganisation der NSDAP wird der gesamte Samstag (Staatsjugendtag) sowie der Mittwochabend für ihre Veranstaltungen zur Verfügung gestellt (Abb.: Parade der HJ). Alle Kinder, die nicht in der HJ organisiert sind, müssen am Samstag Vormittag die Schulbank drücken. Diese Vereinbarungen gelten zunächst nur für die 10-14-Jährigen. Es ist das Ziel der NSDAP, die gesamte deutsche Jugend in der HJ zu organisieren. Die Kirchen wenden sich gegen den Anspruch des NS-Staates, alleiniger Träger der Jugenderziehung zu sein.

2. August 1934

Hindenburg stirbt – alle Macht für Hitler

Nach dem Tod von Reichspräsident Paul von Hindenburg, der im Alter von 86 Jahren auf seinem Gut Neudeck bei Freystadt in Westpreußen stirbt, vereinigt Reichskanzler Adolf Hitler die vollständige Staatsmacht in seiner Person. Noch am Todestag Hindenburgs übernimmt Hitler das Amt des Präsidenten. Ein Gesetz, das die Reichsregierung am Vortag beschlossen hatte, vereinigte das Amt des Reichspräsidenten und -kanzlers in einer Person.

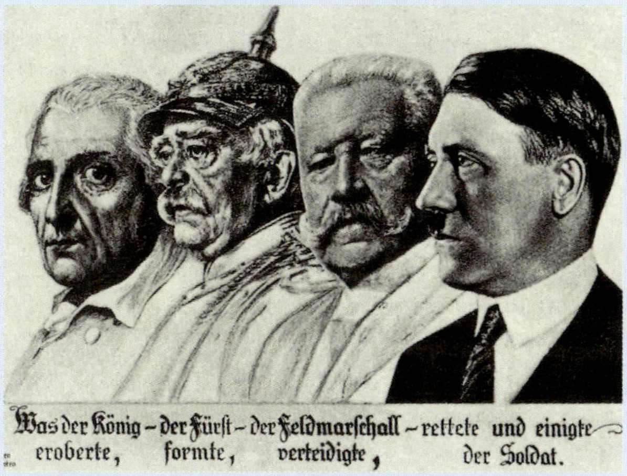

Hitler (r.) sieht sich in einer Reihe historischer Vorbilder, v.l.: Preußenkönig Friedrich II., Otto von Bismarck, Paul von Hindenburg

In einem Brief an den Reichsminister des Innern, Wilhelm Frick, erklärt Hitler, dass er aber auch weiterhin als »Führer und Reichskanzler« zu titulieren sei. »Die Größe des Dahingeschiedenen« habe dem Titel Reichspräsident eine einmalige Bedeutung gegeben. Dadurch kann jedoch nur unzureichend verschleiert werden, dass Hitler mit diesem Schritt die absolute Macht im Staat besitzt. Nach der Übernahme auch des höchsten Staatsamtes lässt er auf Befehl von Reichswehrminister Werner von Blomberg die Armee auf seine Person vereidigen. Bislang schworen die Soldaten auf die Verfassung. Die Eidesformel lautet: »Ich schwöre bei Gott diesen heiligen Eid, dass ich dem Führer des Deutschen Reiches und Volkes, Adolf Hitler, dem Oberbefehlshaber der Wehrmacht, unbedingten Gehorsam leisten und als tapferer Soldat bereit sein will, jederzeit für diesen Eid mein Leben einzusetzen.« Neben den Soldaten müssen künftig auch Minister und Beamte ihren Eid auf Hitler leisten. Seine unumschränkte Macht im Staat lässt Hitler ausdrücklich auch in einem Referendum absegnen. In einer Volksabstimmung am 19. August stimmen knapp 90% der Wähler für eine Zusammenlegung der Ämter des Reichspräsidenten und des Reichskanzlers. Vielfach wird bezweifelt, ob diese Volksbefragung frei und geheim war. Die Wahl wird im Vorfeld zu einer nationalen Frage stilisiert, die zeigen soll, ob das deutsche Volk geschlossen Hitler unterstütze. Hindenburgs Beisetzung erfolgt nach einem Trauerakt in Berlin am 7. August im Nationaldenkmal von Tannenberg. Für Wehrmacht, Behörden und Partei wird eine 14-tägige Staatstrauer angeordnet. Hindenburg, der wegen seines Sieges über die russische Armee 1914 als »Held von Tannenberg« gefeiert wurde, war die Symbolfigur monarchistisch-konservativer Kreise in Deutschland.

Hindenburg war als Präsident auch Oberbefehlshaber der deutschen Reichswehr.

22. August 1934

Jüdische Weltkonferenz beschließt Fortführung des Boykott

Die Delegierten der Dritten Jüdischen Weltkonferenz, die in Genf tagt, beschließen, den Boykott von Waren aus dem nationalsozialistischen Deutschland mit aller Kraft fortzusetzen. Bereits Anfang des Jahres hatten Juden dazu aufgerufen, angesichts der Unterdrückung und Diskriminierungen in Deutschland weltweit deutsche Produkte zu boykottieren. Nach Angaben eines diesem Thema gewidmeten US-Komitees zeige die Protestbewegung in den USA größte Erfolge, während etwa in Großbritannien und Schweden keine nennenswerte Resonanz erfolge. Die Weltkonferenz bedauert, dass der Export deutscher Waren nach China gestiegen sei. Neben dem Boykottaufruf ist es das Hauptziel der Konferenz, einen Jüdischen Weltkongress als Dachorganisation der Juden zu schaffen. An der Tagung in Genf nehmen Delegierte von 40 jüdischen Organisationen aus 26 Ländern teil. Nahum Goldmann, der 1933 aus Deutschland geflohen war, analysiert in einem vielbeachteten Referat antisemitische Tendenzen in zahlreichen Ländern.

August 1934

1 Mi Der indische Freiheitskämpfer Mahatma Gandhi beendet eine neunmonatige Propagandakampagne gegen die Unterdrückung der Parias. → Jugend

2 Do Nach einer amtlichen Meldung beschließen die USA, das besetzte Haiti zu räumen. Damit erhält der Karibikstaat wieder die Souveränität. → Hindenburg

3 Fr Der österreichische Bundeskanzler Kurt Schuschnigg (Christlichsoziale Partei) berichtet vor der Presse in Wien über Hintergründe des Putschversuchs vom Juli.

4 Sa Etwa 1500 Teilnehmerinnen aus 24 Ländern treffen sich in Paris zum Internationalen Frauenkongress gegen Krieg und Faschismus.

5 So Reichskanzler Adolf Hitler weist gegenüber der britischen Zeitung »Daily Mail« Gerüchte über angebliche Kriegspläne zurück.

6 Mo Der Platz »Vor dem Brandenburger Tor« in Berlin wird zum Gedenken an den verstorbenen Reichspräsidenten in »Hindenburgplatz« umbenannt.

7 Di Die Reichsregierung beschließt eine Amnestie für geringfügige Straftaten, die hauptsächlich nationalsozialistischen Straftätern zugute kommt.

8 Mi In Costa Rica beginnt ein Streik der Plantagenarbeiter der US-Gesellschaft »United Fruit Company«. Die Arbeiter wenden sich u.a. gegen Lohnsenkungen.

9 Do Bei den Leichtathletik-Europameisterschaften in Turin erringen sechs deutsche Sportler Siege. +++ In London beginnen die IV. Internationalen Frauenweltspiele.

10 Fr In einem Heeresbefehl teilt Reichswehrminister Werner von Blomberg mit, Adolf Hitler befehle allen Soldaten die Anrede »Mein Führer!«.

11 Sa Der US-Tiefseeforscher William Charles Beebe taucht in einer selbstkonstruierten Taucherkugel bei den Bermudainseln 830 m tief.

12 So Gottfried von Cramm gewinnt das Herreneinzel der Deutschen Tennismeisterschaften. Siegerin bei den Damen wird Hilde Krahwinkel-Sperling.

13 Mo Joseph Goebbels, Reichsminister für Volksaufklärung und Propaganda, spricht auf einer Veranstaltung in Berlin über die Autorität der Regierung.

14 Di Frankreich und Rumänien schließen ein Defensivabkommen. +++ Paraguay beginnt im Chacogebiet eine neue Offensive gegen Bolivien.

15 Mi Franz von Papen, ehemaliger deutscher Vizekanzler, überbringt Adolf Hitler das politische Testament des verstorbenen Reichspräsidenten Paul von Hindenburg.

16 Do In Wien überreicht Franz von Papen dem österreichischen Bundespräsidenten Wilhelm Miklas sein Beglaubigungsschreiben als deutscher Gesandter.

17 Fr Reichskanzler Adolf Hitler hält während eines Besuchs in Hamburg eine Rundfunkrede. +++ In Berlin beginnt die elfte Funkausstellung.

18 Sa Nach Pressemeldungen aus Polen sind in den letzten Wochen 4500 polnische Arbeiter aus Frankreich in ihre Heimat zurückgekehrt.

19 So 89,93 % der deutschen Wähler votieren für die Zusammenlegung der Ämter des Reichspräsidenten und des Reichskanzlers in der Person Adolf Hitlers.

20 Mo Das Standgericht in Wien verurteilt zwei Männer wegen Aufbewahrung von Sprengstoff zum Tode. Das Urteil wird noch am selben Tag vollstreckt.

21 Di Paula Wessely gibt in »Maskerade« ihr Filmdebüt. Der in Berlin uraufgeführte Film macht die Wienerin über Nacht zum gefeierten Star in Deutschland.

22 Mi Der erste Jahreskongress der konservativen Blue Shirts (Blauhemden) in Dublin fordert alle irischen Bauern zur Steuerverweigerung auf. → Weltkonferenz

23 Do Die Landessynode der Evangelisch-Lutherischen Landeskirche in Bayern lehnt ihre Eingliederung in die nationalsozialistisch orientierte Reichskirche ab.

24 Fr In Griechenland wird eine Verschwörung aufgedeckt, die den Sturz der Republik und die Errichtung einer Militärdiktatur zum Ziel hatte.

25 Sa Die mandschurischen Polizeibehörden geben bekannt, dass 70 sowjetische Beamte der Ostchinesischen Eisenbahn wegen Sabotage verhaftet wurden.

26 So Der deutsche Schwergewichtsboxer Max Schmeling besiegt in einem Kampf Walter Neusel. Dieser Sieg ist der Beginn von Schmelings Comeback im Boxsport.

27 Mo Benito Mussolini, der italienische »Duce« und Ministerpräsident, fordert in Rom die Militarisierung des gesamten Lebens in Italien.

28 Di Die belgische Nationalbank senkt den Diskontsatz von 3 auf 2,5%, um die Kreditvergabe der Banken und das wirtschaftliche Leben anzukurbeln.

29 Mi Der britische Prinz Georg, Herzog von Kent, verlobt sich mit der griechischen Prinzessin Marina. Die Hochzeit findet im November statt.

30 Do Lettland, Estland und Litauen unterzeichnen in Riga den »Vertrag über das Einvernehmen und die Zusammenarbeit der drei baltischen Staaten«.

31 Fr Die deutsche Reichsanstalt für Arbeitsvermittlung und Arbeitslosenversicherung gibt bekannt, dass sich die Zahl der Arbeitslosen um die Hälfte reduziert habe.

September 1934

1 Sa In den USA treten die Textilarbeiter in den Streik, um eine gewerkschaftliche Interessenvertretung durchzusetzen.

2 So Die Reichsanstalt für Arbeitsvermittlung untersagt den Zuzug von Arbeitern u.a. nach Bremen, Hamburg und Altona, da dort kein weiterer Bedarf herrsche.

3 Mo In einem Zeitungsinterview erhebt der frühere österreichische Vizekanzler Franz Winkler schwere Vorwürfe gegen die Regierung.

4 Di Die Schauspielerin und Regisseurin Leni Riefenstahl führt die Oberleitung bei den Tonfilmaufnahmen vom Reichsparteitag der NSDAP in Nürnberg.

5 Mi Anlässlich des Reichsparteitages der NSDAP erlässt Adolf Hitler einen Appell, in dem er die nationalsozialistische Revolution als abgeschlossen bezeichnet.

6 Do Der österreichische Ministerrat beschließt ein Gesetz über die Aufrechterhaltung der Disziplin unter den Studierenden an den Hochschulen.

7 Fr Der Generalinspekteur für das deutsche Straßenwesen, Fritz Todt, gibt bekannt, dass 52 000 Menschen an 51 Reichsautobahnbaustellen beschäftigt seien.

8 Sa Ein Brand auf dem US-Dampfer »Morro Castle« südlich der Küste von Neuschottland (USA) fordert 150 Menschenleben.

9 So Im Londoner Hyde Park kommen 150 000 Menschen zu einer Großdemonstration gegen eine Kundgebung der britischen Faschisten zusammen.

10 Mo 110 000 Mitglieder von SA, SS und Nationalsozialistischem Kraftfahrkorps treten auf dem Nürnberger Parteitag zu einem Appell vor dem Führer an.

11 Di Die evangelischen Kirchen Bayerns und Württembergs lehnen ihre zwangsweise Eingliederung in die deutsche Reichskirche ab.

12 Mi In Genf unterzeichnen die Außenminister von Estland, Lettland und Litauen den sog. Baltenpakt, der die Zusammenarbeit der drei Staaten regelt.

13 Do Das österreichische Bundeskanzleramt in Wien verlängert das Einfuhrverbot für alle in Deutschland erscheinenden Tageszeitungen.

14 Fr Mit einer Aufführung von Richard Wagners Oper »Tannhäuser und Der Sängerkrieg auf der Wartburg« wird das Deutsche Opernhaus in Berlin eröffnet.

15 Sa Bei den australischen Parlamentswahlen verliert die regierende Vereinigte Australische Partei von Joseph Alois Lyons die absolute Mehrheit.

16 So Bei den Wahlen zu den schwedischen Provinziallandtagen verbuchen Sozialdemokraten, Sozialisten und Kommunisten erhebliche Stimmengewinne.

17 Mo Maurice Gustave Gamelin, Chef des Generalstabs der französischen Armee, nimmt an Manövern der tschechoslowakischen Armee in Prag teil.

18 Di Nach Angaben der Presse hat Frankreich den größten Kraftfahrzeugbestand Europas, gefolgt von Großbritannien und Deutschland. → Himalaja → UdSSR

19 Mi Die Arbeitsgemeinschaft katholischer Deutscher löst sich auf. Ihre Aufgaben übernimmt die Abteilung für kulturellen Frieden der NSDAP-Reichsparteileitung.

20 Do Österreichische Behörden führen in mehreren Städten Razzien gegen Kommunisten durch. Allein in Wien werden 87 Personen verhaftet.

21 Fr Der Außenhandelsausschuss der Federation of British Industries hält der deutschen Regierung vor, erheblich größere Reparationszahlungen leisten zu können.

22 Sa Die autonome katalanische Regierung teilt mit, dass die katalanischen Frauen ab 1935 als erste in Spanien zivilrechtlich mit dem Mann gleichgestellt werden.

23 So Ludwig Müller wird offiziell zum deutschen Reichsbischof ernannt. +++ In Helsinki finden Kundgebungen gegen den Völkerbundbeitritt der UdSSR statt.

24 Mo Die österreichische Polizei verhaftet den Chefredakteur der Deutsch-österreichischen Tageszeitung, Franz Schattenfroh, wegen Hochverrats.

25 Di Der am 1. September begonnene Streik der US-Textilarbeiter geht zu Ende. Präsident Franklin D. Roosevelt hatte vermittelnd eingegriffen.

26 Mi In allen deutschen Schulen wird des 20. Todestages des »Heidedichters« Hermann Löns gedacht. Er gilt als ein »Künder des Dritten Reiches«. → »Queen Mary«

27 Do In einer gemeinsamen Erklärung fordern die Regierungen Großbritanniens, Frankreichs und Italiens die Beibehaltung der Unabhängigkeit Österreichs.

28 Fr Die Bundesführung der Christlichsozialen Partei (CP), die seit 1919 Regierungsverantwortung in Österreich trägt, beschließt die Auflösung der Partei.

29 Sa In Hamburg wird der von einem Sondergericht zum Tode verurteilte Kommunist Johann Wilhelm Jasper durch das Beil hingerichtet.

30 So Auf dem Bückeberg bei Hameln eröffnet Propagandaminister Joseph Goebbels vor 700 000 Menschen das NS-Erntedankfest.

6. Oktober 1934

Kriegszustand in Spanien

Nach dem Beginn eines Generalstreiks, zu dem linke Gewerkschaften und Parteien in Spanien aufgerufen hatten, verhängt Staatspräsident Niceto Alcalá Zamora y Torres den Kriegszustand über das Land. Alle Macht geht auf die Militärs über, die Grenzen werden gesperrt. Auslöser für die Auseinandersetzung, die sich zu einer dramatischen Konfrontation zwischen linken und rechten sowie separatistischen und zentralistischen Kräften zuspitzt, war die Berufung rechtskonservativer Politiker in das Koalitionskabinett von Alejandro Lerroux y García. In der Folgezeit kommt es zu blutigen Kämpfen zwischen Regierungstruppen und Aufständischen (Abb.: Verhaftete Aufständische aus Asturien werden abgeführt). In Barcelona wird am 6. Oktober die Unabhängige Republik Katalonien ausgerufen. Die spanische Zentralregierung entsendet Kriegsschiffe. Einen Tag später ergeben sich die Separatisten.

18. September 1934

Berg-Tragödie im Himalaja

Die Spitze des Nanga Parbat, des mit 8126 m neunthöchsten Berges der Welt, bleibt weiterhin unberührt. Die Überlebenden der gescheiterten deutsch-österreichischen Himalaja-Expedition treffen in München ein. Drei Deutsche und sechs Sherpa-Träger haben beim Versuch, den Gipfel zu stürmen, ihr Leben verloren. »In unerbittlicher Größe und Grausamkeit hat an diesem 'Berg des Schreckens' das Schicksal gegen alles menschliche Wollen und Können sich entschieden«, heißt es in einem Bericht der Überlebenden (Abb.: Mitglieder der Expedition am Nanga Parbat). Bereits 1895 scheiterte eine britische, 1932 eine deutsche Expedition beim Gipfelsturm. Bislang ist es noch niemals gelungen, einen Gipfel über 8000 m zu bezwingen.

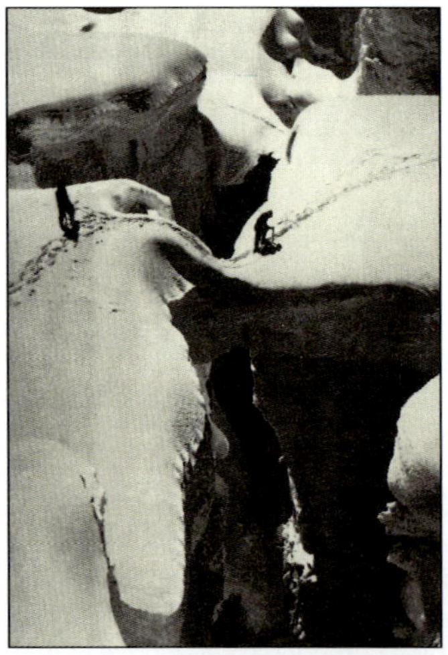

16. Oktober 1934

Maos »Lange Marsch«

Unter der Führung von Mao Tse-tung begeben sich die chinesischen Kommunisten auf den sog. Langen Marsch. Sie wollen mit diesem Manöver der militärischen Überlegenheit der Kuomintang-Truppen entgehen und sich eine strategisch günstigere Ausgangsbasis für die Hauptkräfte ihrer Roten Armee schaffen.

Seit Jahren tobt in China ein blutiger Krieg zwischen Kommunisten und der Kuomintang unter Führung von Chiang Kai-shek. 1924 gab es noch Kooperationen zwischen beiden Lagern, um gegen die regionalen Kriegsherren (»Warlords«) und für die Wiederherstellung der Einheit des Landes besser gerüstet zu sein. So konnte Mao Tse-tung zu dieser Zeit sogar in die Führungsriege der Kuomintang aufsteigen. Ab 1926 wurden die Kommunisten, die eine eigene Partei gegründet hatten, jedoch zunehmend bekämpft. Nach einem Staatsstreich im Jahre 1927 ging Chiang Kai-shek mit Terror und Massenmord gegen sie vor. In Nanking etablierte er seine Nationalregierung. Die Kommunisten hatten im Jahre 1931 in Kiangsi eine Sowjetrepublik gegründet und den Landbesitz der Großgrundbesitzer an die Kleinbauern verteilt. Die Nanking-Regierung wertete die kommunistische Republik als Bedrohung. Im Mai 1933 traf der deutsche General Hans von Seeckt bei Chiang Kai-shek ein. Als dessen engster Militärberater setzte er in der Folgezeit eine neue Strategie der Nationalregierung durch. Der Vormarsch der Kuomintang wurde durch sog. Blockhäuser abgesichert, die sämtliche Straßen der eroberten Gebiete kontrollierten und den militärischen Erfolg absichern sollten. Die Kommunisten wurden mehr und mehr eingeschnürt. Zuletzt war das von ihnen kontrollierte Gebiet nur noch wenige hundert Quadratkilometer groß. Es schien nur noch eine Frage der Zeit zu sein, bis die Rote Armee von den Truppen der Kuomintang aufgerieben sein würde.

9. Oktober 1934

Mord an Jugoslawiens König

Während eines Staatsbesuchs in Frankreich wird König Alexander I. von Jugoslawien Opfer eines Attentats makedonischer und kroatischer Nationalisten. Bei dem Anschlag kommt auch der französische Außenminister Louis Barthou ums Leben. Nach seiner Ankunft in Marseille hatte Alexander I. die Parade abgenommen und im Anschluss den Staatswagen bestiegen. Kaum ist der Wagen hundert Meter weit gefahren, werden mehrere Schüsse aus der Zuschauermenge abgegeben. In der sich anschließenden Panik springt der Kroate Petrus Kalamen auf das Trittbrett des Wagens und gibt mehrere Schüsse ab. Der König wird sofort tödlich getroffen.

Mao Tse-tung (zu Pferd) auf dem »Langen Marsch« der Kommunisten

Ausbruch aus der Umklammerung

Der »Lange Marsch«, der eigentlich eine äußerst verlustreiche Flucht vor den Kuomintang-Truppen ist, wird zum Ausgangspunkt für den Siegeszug der chinesischen Kommunisten. Die Kommunisten sind ein Jahr unterwegs und beenden den Marsch im Oktober 1935 im Norden Chinas in der Stadt Yenan. Der Rückzug der Roten Armee vor den nationalchinesischen Truppen ist aufgrund seiner Länge und Schwierigkeiten einzigartig in der Geschichte. Fast 12 000 km liegen hinter den Überlebenden des Marsches. Von den rd. 100 000 Menschen, die im Oktober 1934 aufbrechen – 15 000 werden unterwegs noch angeworben – erreichen nur rd. 7000 ihr Ziel. Der Marsch führt durch zwölf verschiedene Provinzen unter extremen, häufig wechselnden klimatischen und geografischen Bedingungen. Die Route zieht sich durch weite Steppen und hohe Gebirgspässe. Während des Rückzugs erfahren die Truppen Mao Tse-tungs großen Rückhalt bei der Bevölkerung, der sie kommunistische Ideen nahe bringen können. Der US-Journalist und Chinakenner Edgar Snow bezeichnet in seiner 1938 erschienen Reportage »Roter Stern über China« den »Langen Marsch« als »die größte bewaffnete Propagandatour der Geschichte«. Der Roten Armee gelang nicht nur die Flucht vor den nationalchinesischen Truppen – sie warb auf ihrem Weg auch erfolgreich für die Sache des Kommunismus. Millionen armer Bauern kamen durch den Langen Marsch zum ersten Mal mit den Thesen des Kommunismus in Berührung. Dies war eine der wichtigen Grundlagen für den unaufhaltsamen Aufstieg der Kommunistischen Partei in China. Nach Waffenstillstand und erneutem Ausbruch des Bürgerkriegs setzen sich nach dem Zweiten Weltkrieg die Kommunisten durch.

26. September 1934

»Queen Mary« läuft aus

Das größte Schiff der Welt läuft in Clydebank bei Glasgow in einer feierlichen Zeremonie vom Stapel. Königin Victoria Mary tauft den Riesendampfer »534« auf den Namen »Queen Mary« (s. Abb.). Der Gigant ist 81 235 BRT groß und übertrifft seine Konkurrenten bei weitem.

18. September 1934

UdSSR im Völkerbund

Die Sowjetunion wird Mitglied des Völkerbundes. Damit gelingt ihr ein weiterer Schritt zur allgemeinen internationalen Anerkennung. 39 der 49 Staaten stimmen für die Aufnahme, sieben enthalten sich der Stimme. Die Niederlande, Portugal und die Schweiz votieren mit Nein. Die Sowjetunion betont, sie werde im Völkerbund mitwirken, »ohne auf eine ihrer Eigenheiten zu verzichten«. Das sowjetische Regierungsorgan »Iswestija« misst der Aufnahme »größte politische Bedeutung« bei. Seit der Oktoberrevolution von 1917 war die UdSSR außenpolitisch weitgehend isoliert. Erst 1933 entschlossen sich die USA zu einer De-jure-Anerkennung der UdSSR.

Oktober 1934

1 Mo Der spanische Ministerpräsident Ricardo Samper Ibánez tritt zurück. +++ In Deutschland tritt eine neue Straßenverkehrsordnung in Kraft.

2 Di Bei einer verheerenden Schlagwetterexplosion im Bergwerk Cresford bei Wrexham in Nordwales kommen 274 Menschen ums Leben.

3 Mi Das chinesische Finanzministerium verbietet die Ausfuhr von Gold in Barren sowie den Ankauf von Gold und Silber.

4 Do Die Regierungen Chinas und der Türkei schließen einen Freundschaftsvertrag und vereinbaren die Errichtung von Gesandtschaften.

5 Fr In Spanien beginnt ein Generalstreik, den die Gewerkschaften als Protest gegen das neue Kabinett unter Alejandro Lerroux y García ausgerufen haben.

6 Sa Der italienische Ministerpräsident Benito Mussolini lehnt in einer Rede in Mailand u.a. die Verstaatlichung der Wirtschaft ab. → Spanien

7 So Bei den Parlamentswahlen in Frankreich verbuchen die rechten Parteien zum Teil erhebliche Gewinne. Sozialisten und Kommunisten erleiden hingegen Verluste.

8 Mo Der Schweizer Arthur Schwab verbessert in Riga die seit 1870 gültige Weltbestzeit im Gehen über 20 Meilen. Er benötigt 2:42,13 h gegenüber 2:47,52 h.

9 Di Reichskanzler Adolf Hitler eröffnet im Reichstagssitzungssaal der Berliner Krolloper das Winterhilfswerk 1934/35. → Mord

10 Mi Der frühere spanische Ministerpräsident Manuel Azaña y Díaz wird in Barcelona verhaftet. Er gilt als einer der Anführer des Aufstands in Katalonien.

11 Do In Belgrad leistet die jugoslawische Nationalversammlung dem neuen, elfjährigen König Peter II. und dem Regentschaftsrat den Treueeid.

12 Fr Propagandaminister Joseph Goebbels erklärt auf einer Tagung in Berlin, Deutschland hätte die Maßnahmen der »Boykotthetzer« nicht zu fürchten.

13 Sa Die Reichsrundfunkgesellschaft und die polnische Rundfunkgesellschaft schließen ein Abkommen über den Austausch kultureller Sendungen.

14 So Etwa zwei Mio. Menschen nehmen am Eucharistischen Kongress in Buenos Aires teil. Kardinalstaatssekretär Eugenio Pacelli zelebriert die Messe.

15 Mo Zu Beginn des Wintersemesters werden an den österreichischen Hochschulen staatliche Universitätswachen aufgestellt.

16 Di Die deutsche Reichsregierung in Berlin verabschiedet neue Steuergesetze, die u.a. kinderreiche Familien begünstigen. → »Langer Marsch«

17 Mi In Rumänien gründen das Nationale Antifaschistische Komitee, die Liga der Arbeit und die Sozialistische Einheitspartei eine antifaschistische Einheitsfront.

18 Do »Gregor und Heinrich«, ein Schauspiel des NS-nahen Dichters Erwin Guido Kolbenheyer, hat im Staatlichen Schauspielhaus in Dresden Premiere.

19 Fr Die griechische Nationalversammlung in Athen wählt Alexander Zaimis erneut zum Staatspräsidenten. Er hat dieses Amt seit 1929 inne.

20 Sa Der deutsche Rennfahrer Hans Stuck stellt auf der Avus-Rennstrecke in Berlin mit einem Porsche-Rennwagen der Auto-Union fünf Rekorde auf.

21 So 20 000 Menschen nehmen in Böhmisch-Leipa an der ersten Großkundgebung der Sudetendeutschen Heimatfront Konrad Henleins teil.

22 Mo Der deutsche French-Open-Gewinner Gottfried von Cramm führt die aktuelle Tennis-Weltrangliste der Amateure an.

23 Di Mexiko weist alle katholischen Bischöfe aus. Sie sollen Demonstrationen gegen die Schulpolitik der Regierung unterstützt haben.

24 Mi Der Freiheitskämpfer und Mentor der Unabhängigkeitsbewegung Indiens, Mahatma Gandhi, legt die Führung des Indian National Congress nieder.

25 Do Der österreichische Innenminister Emil Fey erklärt, es ist besser, »sich einer Diktatur zu beugen, als unter der Freiheit einer Demokratie zu schmachten«.

26 Fr Die Regierungen von Deutschland und Polen beschließen, ihre Gesandtschaften in den Rang von Botschaften zu erheben.

27 Sa Der Erzbischof von Freiburg im Breisgau, Conrad Gröber, dementiert Meldungen, nach denen er sich in Rom negativ über den Nationalsozialismus geäußert habe.

28 So In Japan erklären die beiden führenden Parteien des Landes, Sejukai und Minseito, sie würden sich zu einem politischen Block zusammenschließen.

29 Mo Das französische Innenministerium verschärft die Bestimmungen für die Duldung von Ausländern, denen auch jede politische Einmischung verboten wird.

30 Di Reichsbankpräsident Hjalmar Schacht erklärt vor Industriellen in Weimar, Deutschland befinde sich in einem mit wirtschaftlichen Mitteln geführten Krieg.

31 Mi Oswald Ernald Mosley, der Führer der Faschistischen Union Großbritanniens, kündigt in London die Teilnahme seiner Partei an den nächsten Wahlen an.

November 1934

1 Do Adolf Hitler empfängt die wegen ihrer kritischen Haltung zur Regierung amtsenthobenen evangelischen Landesbischöfe Hans Meiser und Theophil Wurm.

2 Fr In Berlin fällt in der Nacht zum 2. November der erste Schnee. Auch aus Paris und Großbritannien werden Schneefälle gemeldet.

3 Sa Das britische Unterhaus billigt einen Gesetzentwurf, der Hausdurchsuchungen bei dem Verdacht der »Aufreizung zur Untreue« erlaubt. → NS-Gegner

4 So Bulgarien führt das staatliche Tabakmonopol ein. +++ Bei Essen findet die Einweihung eines Ehrenmals zum Andenken an die Gefallenen der Ruhrkämpfe statt.

5 Mo In Litauen wird die Schließung der letzten deutschen Minderheitenschule außerhalb des Memelgebiets durchgeführt.

6 Di Die Demokratische Partei von US-Präsident Franklin D. Roosevelt erringt einen klaren Sieg bei den Wahlen zum Repräsentantenhaus.

7 Mi Vor dem nationalsozialistischen Studentenbund spricht NSDAP-Reichsleiter Alfred Rosenberg über die Rolle der Wissenschaft im Dienst des Staates.

8 Do Der französische Ministerpräsident Gaston Doumergue tritt zurück. Er hatte seine Pläne zur Parlamentsreform nicht durchsetzen können.

9 Fr Bei einem Festakt in München, Hitlers »Hauptstadt der Bewegung«, werden die 18-jährigen Hitlerjungen in die NSDAP aufgenommen.

10 Sa Im ganzen Reichsgebiet begeht man in feierlichen Veranstaltungen den 175. Todestag des Dichters Friedrich Schiller.

11 So Landwirte aus fast allen europäischen Ländern treffen sich zur Eröffnung des zweiten Reichsbauerntags in Goslar.

12 Mo Der deutsche Beauftragte für Abrüstungsfragen, Joachim von Ribbentrop, trifft in London mit dem britischen Lordsiegelbewahrer Anthony Eden zusammen.

13 Di In London macht der südafrikanische Justizminister Jan Christiaan Smuts die Pazifisten für die Kriegshysterie in Europa verantwortlich.

14 Mi Der britische Kriegsminister Douglas MacGarel Hogg verkündet im Oberhaus in London den Regierungsbeschluss, elf neue Militärflughäfen zu errichten.

15 Do US-Präsident Franklin D. Roosevelt kündigt im Rahmen der Sozialgesetzgebung die Einführung einer Arbeitslosenversicherung an.

16 Fr NSDAP-Reichspressechef Otto Dietrich spricht auf einer Tagung in Köln über deutsche Philosophen als angebliche NS-Vordenker.

17 Sa Philipp Bouhler, Reichsgeschäftsführer der NSDAP, wird in Berlin zum Chef der Kanzlei des Parteiführers und Reichskanzlers Adolf Hitler ernannt.

18 So Bei den Neuwahlen in den Kreisen Großes Werder und Danziger Niederung in der Freien Stadt Danzig erreicht die NSDAP 77% bzw. 79% der Stimmen.

19 Mo Der Völkerbund veröffentlicht die Zahl der im Chacokrieg zwischen Bolivien und Paraguay Getöteten. Demnach starben bisher 40000 Menschen.

20 Di Carl Goerdeler, Reichskommissar für Preisüberwachung, stellt die Festlegung von Preisen, Preisspannen und Zuschlägen unter seine Amtsbefugnis.

21 Mi Auf einer Tagung der Sozialistischen Internationale wird den einzelnen Landesgruppen die Zusammenarbeit mit der II. Internationalen freigestellt. → Indien

22 Do Das private Deutsche Studentenwerk und die Deutsche Darlehnskasse des Deutschen Studentenwerks schliessen sich zum Reichsstudentenwerk zusammen.

23 Fr Hermann Rauschning (NSDAP), der Senatspräsident der Freien Stadt Danzig, tritt nach parteiinternen Streitigkeiten von seinem Amt zurück.

24 Sa Adolf Hitler betont in Berlin vor französischen Frontkämpfern, er hege keine Eroberungspläne und wolle nur das Leben seines Volkes sichern.

25 So In der »Deutschen Allgemeinen Zeitung« setzt sich der Dirigent Wilhelm Furtwängler für den angefeindeten Komponisten Paul Hindemith ein.

26 Mo Begleitet von schweren Auseinandersetzungen werden in Prag die Insignien der deutschen Universität an die tschechische Universität übergeben.

27 Di Rumänien verbietet alle Organisationen kommunistischen Charakters. +++ In Wien tritt der österreichische Staatsrat zu seiner Eröffnungssitzung zusammen.

28 Mi In Zürich stören Faschisten die Aufführung des Stücks »Professor Mannheim« durch das deutsche, von Erika Mann geleitete Exilkabarett »Die Pfeffermühle«.

29 Do Der schweizerische Bundesrat in Bern verbietet den Internationalen Kongress gegen Krieg und Faschismus, der Ende Dezember in Genf stattfinden sollte.

30 Fr »Der Große Kurfürst« von Hans Rehberg feiert in Berlin Premiere. Im Einklang mit der NS-Kulturpolitik verherrlicht das Stück den Staat Preußen.

Jawaharlal (»Pandit«) Nehru

indischer Politiker, * 14.11.1889 Allahabad; † 27.5.1964 Delhi

Neben Mahatma Gandhi steht der langjährige Ministerpräsident an der Spitze der Unabhängigkeitsbewegung. Er gilt als einer der Väter des unabhängigen Indien. Nehru, dessen Familie den Staat bis heute prägt, verfolgt – anders als Gandhi – sozialistische Ziele, vertritt darüber hinaus eine pragmatische Machtpolitik.

- 1912-1916: Rechtsanwalt in England
- ab 1923: Generalsekretär der Kongresspartei
- 1947-64: Premierminister

21. November 1934

Eine Verfassung für Indien

Die Kolonialmacht Großbritannien veröffentlicht in London und Kalkutta eine Verfassungsreform für Indien, die auf den heftigen Widerstand indischer Fürsten und der Unabhängigkeitsbewegung stößt.

Nach dem Vorschlag soll eine Verfassung in Kraft treten, wenn so viele von den rd. 600 indischen Fürstentümern einer – noch zu schaffenden – Allindischen Föderation beigetreten sind, dass mindestens die Hälfte der Einwohner aller indischer Fürstentümer darin repräsentiert wären. Die Föderation, der außer den Fürstentümern die Provinzen Britisch-Indiens angehören sollen, werde, wie es der Verfassungsentwurf vorsieht, unter britischer Oberhoheit stehen. Die Provinzen sollen das Selbstverwaltungsrecht erhalten. Für die Verteidigungs- und Außenpolitik werde auch in Zukunft die Kolonialmacht alleine zuständig sein. In allen anderen Angelegenheiten entscheiden die Regierungen bzw. die einheimischen Minister der Provinzen in eigener Regie. Darüber hinaus soll festgeschrieben werden, dass der britische Generalgouverneur und die Provinzgouverneure »besondere Verantwortlichkeiten« wahrnehmen, gegen die die einheimischen Regierungen nicht verstoßen dürfen. Dazu gehören die Verhinderung »einer ernsten Gefahr für Frieden und Ruhe«, Wahrung der Minderheitenrechte und der finanziellen Stabilität.

16. Dezember 1934

Faschisten stimmen sich ab

In Montreux tagt der erste faschistische Weltkongress. Faschistische Parteien und Bewegungen aus 16 europäischen Ländern sind an den Genfer See gekommen.

Die Konferenzleitung erklärt, deutsche und ungarische Vertreter seien nicht eingeladen worden, da es sich um eine Zusammenkunft solcher faschistischer Gruppen handelt, in deren Staaten – außer Italien – »das faschistische System noch nicht zur Herrschaft gelangt ist.« Zweck der Tagung ist eine Aussprache über die internationalen Berührungspunkte und über eine Organisation des Faschismus auf internationaler Grundlage. Zur sog. Judenfrage nimmt der Kongress nach kontroverser Diskussion eine von den norwegischen, französischen und belgischen Faschisten vorgelegte Entschließung an, jedes Land solle souverän über Fragen der Rasse urteilen. Es sei kein allgemeiner Feldzug gegen Juden einzuleiten. Am Schluss der Tagung wird einstimmig beschlossen, an den italienischen Ministerpräsidenten Benito Mussolini als den Gründer des Faschismus ein Telegramm der Anerkennung und Ehrerbietung zu schicken. Kampflieder und Hochrufe auf Mussolini beenden den Kongress. Zu einem Aufsehen erregenden Zwischenfall kommt es, als der rumänische Außenminister Nikolaus Titulescu, der im Kongresshotel abgestiegen ist, die Zimmer der Delegation der Eisernen Garde, die in Rumänien verboten ist, nach Sprengstoff und Waffen durchsuchen lässt. Die Zimmer werden durchsucht, ohne Beweismaterial sicherstellen zu können.

1. Dezember 1934

Stalin rechnet ab

In der Sowjetunion wächst der Druck auf die Trotzkisten, die in Opposition zum sowjetischen Parteichef Josef W. Stalin stehen. Anlass für mehrere Schauprozesse und scharfes Vorgehen gegen die politischen Freunde des 1929 aus der Sowjetunion ausgewiesenen Revolutionärs liefert der Mord eines Studenten in Kiew an dem Politiker Sergej M. Kirow. 1930 Mitglied des Politbüros und ab 1934 Sekretär des Zentralkomitees, war Kirow ein enger Mitarbeiter von Stalin und galt nach seiner steilen Parteikarriere als Rivale des Parteichefs. Gerüchten zufolge soll Stalin den Mord gebilligt haben.

Der Mörder Kirows wird noch am Tatort verhaftet. Stalin nutzt die Gelegenheit zur Ausschaltung parteiinterner Konkurrenten. Wegen Fahrlässigkeit beim Schutz der Sowjetbehörden wird gegen hohe Polizeibeamte ein Verfahren eingeleitet. Am 4. Dezember folgen Strafbestimmungen für politische Verbrechen. Nach Meldungen werden bis zum 21. Dezember 103 Todesurteile im Zusammenhang mit dem Attentat vollstreckt. Führende Persönlichkeiten, darunter auch

28. Dezember 1934

Japan will Flottenausbau

Die japanische Regierung kündigt das Washingtoner Flottenabkommen von 1922, das für Japan u.a. mit einem militärischen Rückschlag geendet hatte. Die Kündigung des Vertrags ist Ausdruck des wirtschaftlichen und politischen Aufstiegs des Inselstaates seit dem Ende des Ersten Weltkriegs. Japan drängt auf Gleichberechtigung gegenüber den Großmächten Großbritannien und USA und will in Fragen der Rüstungsgleichheit keinerlei

Kompromisse eingehen. Das Land brauche das grundsätzliche Recht auf Gleichheit der Flottenstärke, weil die gegenwärtige Unterlegenheit zur See sein Ansehen in Ostasien untergrabe. Tatsächlich prallen im Pazifik die Interessengegensätze vor allem der USA und Japans aufeinander. Die USA will sich u.a. Stützpunkte in der Region sichern (Abb.: US-Großkampfschiffe).

3. November 1934

NS-Gegner ausgebürgert

Die nationalsozialistische Regierung geht unnachgiebig gegen Gegner ihres Regimes vor. Anders denkende Politiker und Künstler werden unter Druck gesetzt, diskriminiert und verfolgt. Ein Instrument gegen unliebsame Bürger ist die Ausbürgerung. In Berlin veröffentlicht das amtliche Deutsche Nachrichtenbüro (DNB) eine neue Ausbürgerungsliste. Zahlreichen Personen hat das Reichsministerium des Innern die deutsche Staatsangehörigkeit entzogen, »weil sie durch ihr Verhalten, das gegen die Pflicht zur Treue gegen Reich und Volk verstößt, die deutschen Belange aufs Schwerste geschädigt haben«. In der amtlichen Mitteilung wird u.a. das zur Last gelegte Vergehen (»Kommunismus«) und die vom Ministerium vermuteten Aufenthaltsorte der Ausgebürgerten genannt. Zu den Betroffenen gehört Max Brauer, »Marxist, ehemaliger Oberbürgermeister in Altona (Hamburg), nach seiner Flucht beratender Verwaltungsbeamter in China. Auf diplomatische Vorstellungen hin entlassen, hat er der Aufforderung zur Rückkehr nach Deutschland nicht Folge geleistet, wodurch sich seine Ausbürgerung rechtfertigt.« Weitere Gegner des NS-Regimes, die ausgebürgert werden, sind Helmut Herzfeld (»vermutlich in Prag, kommunistischer Schriftsteller«) und dessen Bruder Wieland Herzfelde (»Vertreter des Emigrantentums im deutschfeindlichen Hetzzentrum Prag«). Auch der Regisseur Erwin Piscator und der Schriftsteller Klaus Mann werden ausgebürgert.

Das Bild vom KPdSU-»Parteitag der Sieger« vom Januar 1934 zeigt Kirow (untere Reihe 2.v.r.) unter führenden Funktionären der Sowjetunion, unter ihnen Josef Stalin (2.v.l.).

Grigori J. Sinowjew und Lew B. Kamenew, kommen in Haft. Sinowjew hatte 1925 mit Trotzki und Kamenew die »Vereinigte Opposition« gegen Stalin gebildet und 1926/27 alle Parteiämter verloren. Trotzki selbst ist im Exil.
Am 29. Dezember werden der Mörder Kirows und 13 Mitangeklagte zum Tod durch Erschießen verurteilt. Das Urteil wird sofort vollstreckt. Das Militärgericht betont in einer Erklärung, der Mörder habe von einem ausländischen Konsul Geld »für Zwecke der konterrevolutionären terroristischen Gruppe« erhalten. Die inhaftierten Sinowjew und Kamenew werden im Jahre 1935 zu zehn bzw. fünf Jahren Gefängnis verurteilt. Ihnen wird die »moralische Verantwortung« für den Mord an Kirow zugeschrieben.

Dezember 1934

1 Sa Lázaro Cárdenas übernimmt die Präsidentschaft in Mexiko. Er tritt damit die Nachfolge von Abelardo Rodríguez an. → Stalin

2 So Außenminister von Neurath betont in einem Interview, Deutschland werde in den Völkerbund zurückkehren, wenn seine Ansprüche anerkannt würden.

3 Mo Die Saarregierung verfügt, dass Werbung für die Zugehörigkeit des Landes zu Frankreich oder Deutschland nur an bestimmten Orten angebracht werden darf.

4 Di Chinas Regierungschef Chiang Kai-shek verordnet die Einführung der Arbeitsdienstpflicht. Sie soll vor allem der Urbarmachung des Landes dienen.

5 Mi Durch das zweite Gesetz zur Überleitung der Rechtspflege auf das Reich werden die Justizministerien der deutschen Länder aufgehoben.

6 Do Im Leningrader Bezirk werden 37 und im Moskauer Bezirk 29 Todesurteile wegen politischer Vergehen vollstreckt.

7 Fr Reichsinnenminister Wilhelm Frick erklärt in Wiesbaden, die Zusammenlegung der evangelischen Landeskirchen sei etwas zu hastig erfolgt.

8 Sa In Deutschland wird der »Tag der nationalen Solidarität« zugunsten des Winterhilfswerks begangen. +++ Der Dampfer »Nürnberg« läuft in Kiel vom Stapel.

9 So Bei den Gemeindewahlen in der Tschechoslowakei erringt die Sudetendeutsche Heimatfront Konrad Henleins in den fünf deutschen Orten einen Sieg.

10 Mo In Stockholm und Oslo werden die Nobelpreise verliehen. Der Friedenspreis geht an den Briten Arthur Henderson, Präsident der Genfer Abrüstungskonferenz.

11 Di Bei Singapur beginnen britische Luft-, See- und Landmanöver. Sie sollen die Uneinnehmbarkeit des britischen Stützpunktes unter Beweis stellen.

12 Mi Der österreichische Bundesminister für soziale Verwaltung, Odo Neustädter-Stürmer, erlässt die Satzungen des Gewerkschaftsbundes.

13 Do Ein neues Reichsgesetz verschärft die Bestimmungen über sog. heimtückische Angriffe auf Staat und Partei in Deutschland.

14 Fr In den USA nimmt der Dickstein-Ausschuss zur Untersuchung kommunistischer Aktivitäten und Propaganda seine Tätigkeit auf.

15 Sa Der Reichsminister für Wissenschaft, Erziehung und Volksbildung, Bernhard Rust, suspendiert den Theologieprofessor Karl Barth von seinem Bonner Lehrstuhl.

16 So Ein britischer Polizeioffizier fährt in Saarbrücken in eine Menschenmenge hinein. Dabei wird eine schwangere Frau schwer verletzt. → Faschisten

17 Mo Der schwedische Außenminister Rickard Johannes Sandler erklärt in Uppsala, dass die nordischen Staaten ihre neutrale Außenpolitik fortsetzten würden.

18 Di Die spanische Regierung setzt das Autonomiestatut Kataloniens vom 6. Oktober für unbestimmte Zeit außer Kraft.

19 Mi Paraguay lehnt eine Regelung des Konflikts um den Gran Chaco mit Bolivien durch den Völkerbund ab. Der sog. Chaco-Krieg dauert bereits zwei Jahre.

20 Do Die chinesische Regierung erteilt dem deutschen Forschungsinstitut für Wasserbau und Wasserkraft den Auftrag, den Fluss Hwangho zu regulieren.

21 Fr In Berlin hat der Film »Liebe, Tod und Teufel« Premiere. Das Lied »So oder so ist das Leben« von Theo Mackeben wird zu einem Evergreen.

22 Sa Im Saargebiet sind inzwischen 1400 Briten, 800 Italiener, 550 Schweden und 250 Niederländer zur Überwachung der Volksabstimmung stationiert.

23 So Am sog. Goldenen Sonntag, dem letzten Einkaufssonntag vor Weihnachten, verzeichnen die Geschäfte in Deutschland ein kräftiges Umsatzplus.

24 Mo Papst Pius XI. formuliert in seiner Weihnachtsansprache ein neues Gebet für den Frieden: »Zerstreue die Völker, die den Krieg suchen!«.

25 Di Das deutsche Luftschiff LZ 127 »Graf Zeppelin« fährt auf seiner Weihnachtsfahrt vom Bodensee nach Südamerika den 1 000 000. Kilometer.

26 Mi In Deutschland wird der 165. Geburtstag des Dichters Ernst Moritz Arndt gefeiert. Er gilt als »großer Künstler deutschen Wesens«.

27 Do Der Staat Persien erhält den neuen Namen »Iran«. Damit soll an die Glanzzeiten des Perserreiches in der Antike angeknüpft werden.

28 Fr Ein Erdbeben in der portugiesischen Provinz Algarve zerstört u.a. das ehemalige Maurenschloss Silves, das als Gefängnis genutzt worden war. → Japan

29 Sa Der Mörder des Leningrader Parteisekretärs Sergej M. Kirow und 13 Mitangeklagte werden zum Tod durch Erschießen verurteilt und sofort hingerichtet.

30 So In einer Rede zum Jahreswechsel schlägt der französische Staatspräsident Albert Lebrun eine stärkere Zusammenarbeit in der internationalen Politik vor.

31 Mo Am Jahresende werden in Westeuropa ungewöhnlich hohe Temperaturen gemessen. In Aachen und Paris z. B. steigt das Thermometer auf 10 °C.

Januar 1935

1 Di In seiner Neujahrsansprache erklärt Reichskanzler Adolf Hitler: »Kein Land kann das Bedürfnis nach Frieden tiefer empfinden als Deutschland...«.

2 Mi Die US-Schwimmerin Eleanor Knight verbessert in Miami den Weltrekord über 500-m-Freistil von 7:12,0 min auf 7:08,2 min.

3 Do Abessinien bittet den Völkerbund um Unterstützung bei den eskalierenden Grenzkonflikten mit Italienisch-Somaliland, die von Italien provoziert werden.

4 Fr Kurt Liebermann, Führungsmitglied der SPD, wird zu sechs Jahren Arbeitsdienst verurteilt, weil er ausländisches »Propagandamaterial« geschmuggelt habe.

5 Sa In einer Rundverfügung an die Justizbehörden verlangt das Reichsjustizministerium schärfere Urteile bei Hoch- und Landesverrat.

6 So Die Teilnehmer der Tsunyi-Konferenz der Kommunistischen Partei Chinas wählen Mao Tse-tung zum Vorsitzenden des Politbüros der KP.

7 Mo Den großen Staatspreis der Akademie der Künste erhalten der Berliner Bildhauer Robert Stieler und die Architekten Walter Bangert und Jürgen Siebrecht.

8 Di Die Berliner Behörden verbieten die Wiederaufführung des Charlie-Chaplin-Films »Goldrausch«. Sämtliche Chaplin-Filme fallen unter die Zensur.

9 Mi Mehrere französische und britische Zeitungen werden in Berlin wegen kritischer Berichterstattung über die Verhältnisse im Saarland konfisziert.

10 Do Ein Antrag der deutschen Studentenschaft ermöglicht 20 Mitgliedern der Hitlerjugend ohne Abitur die Zulassung an der Heidelberger Universität.

11 Fr Der Schutzverband Deutscher Schriftsteller in Paris veranstaltet einen Diskussionsabend mit dem Autor Manès Sperber.

12 Sa Deutsche Zeitungen loben zum 42. Geburtstag des NS-Propagandaautors Alfred Rosenberg dessen Werk »Der Mythus des 20. Jahrhunderts«.

13 So »Hermine und die sieben Aufrechten«, der in Berlin uraufgeführte Film mit Heinrich George, wird von der Kritik positiv aufgenommen. → Saarland

14 Mo Eine Erhöhung der Ehestandsdarlehen von 500 auf 600 Reichsmark soll in Deutschland der Förderung der Eheschließungen dienen.

15 Di Die Deutsche Hanni Hölzner verbessert in Kopenhagen den Weltrekord im 100-m-Brustschwimmen um eine Zehntelsekunde auf 1:24,5 min.

16 Mi Als Konsequenz der Wiedereingliederung des Saargebietes ans Deutsche Reich errichtet Frankreich eine Zollgrenze zum Saarland.

17 Do Die spanische Regierung in Madrid hebt den im vergangenen Oktober wegen Unruhen verhängten Kriegszustand in Teilen des Landes wieder auf.

18 Fr Die peruanische Hauptstadt Lima feiert ihren 400. Geburtstag. Die Stadt wurde 1535 von dem spanischen Eroberer Francisco Pizarro gegründet.

19 Sa Die Kommunistische Internationale weist ihre deutsche Sektion, die KPD, an, der SPD eine Einheitsfrontpolitik vorzuschlagen.

20 So Der Bischof von Münster, Clemens August Graf von Galen, predigt gegen das »Gesetz zur Verhütung erbkranken Nachwuchses«.

21 Mo Bei einem Grubenunglück im Kohlebergwerk Avranica in Serbien kommen 30 Bergleute ums Leben. Mehrere Kumpel werden verletzt.

22 Di In New York beginnt eine Ausstellung mit Werken des surrealistischen Malers Salvador Dalí. +++ Die UdSSR verkauft in Tokio die Ostchinabahn an Japan.

23 Mi Experten berichten, dass infolge der Landflucht die Bevölkerungszahlen in den sowjetischen Städten seit 1931 um mehrere Mio. angestiegen sind. → Japan

24 Do US-Präsident Franklin D. Roosevelt stellt in Washington einen 20-Jahres-Plan vor. Er soll die Folgen der Weltwirtschaftskrise überwinden helfen. → Dosenbier

25 Fr Die Hagia Sophia in Istanbul, ehemals Krönungskirche der oströmischen Kaiser, wird nach der Freilegung byzantinischer Fresken als Museum eröffnet.

26 Sa 4000 Gäste aus aller Welt finden sich zum ersten Wiener Opernball nach dem Ersten Weltkrieg in der österreichischen Hauptstadt ein.

27 So In einem Fußballländerspiel gegen die Schweiz siegt Deutschland in Stuttgart 4:0. +++ Hermann Göring trifft zu einem Besuch in Warschau ein.

28 Mo 383 Juden, die zwischen 1918 und 1923 die preußische Staatsangehörigkeit erworben hatten, müssen Preußen und Deutschland verlassen.

29 Di Der US-Senat lehnt in Washington den von Präsident Franklin D. Roosevelt forcierten Beitritt der USA zum internationalen Gerichtshof in Den Haag ab.

30 Mi Hjalmar Schacht übernimmt das Reichswirtschaftsministerium, das er bereits seit dem 30. August 1934 kommissarisch verwaltet. → Gemeinden

31 Do Die zwei Mio. Einwohner zählende Hauptstadt Argentiniens, Buenos Aires, begeht ihren 400. Gründungstag mit zahlreichen Feiern.

13. Januar 1935

Saarland entscheidet sich

Die Volksabstimmung im Saarland verhilft Adolf Hitler zu seinem ersten großen außenpolitischen Triumph. 477 119 Saar-Bürger, das entspricht einer Quote von 90,5%, entscheiden sich für die Zugehörigkeit zum Deutschen Reich. 64 513 (9%) der Wähler stimmen für die Beibehaltung des Status quo – die treuhänderische Verwaltung durch den Völkerbund – und nur 2124 (0,4%) votieren für den Anschluss an Frankreich.

Da an der Rechtmäßigkeit der unter Überwachung des Völkerbundes durchgeführten Abstimmung kein Zweifel besteht, setzt der Völkerbund die offizielle Vereinigung des Saargebiets mit dem Deutschen Reich auf den 1. März fest. Die Nationalsozialisten hatten den Wahlkampf mit großem propagandistischen Aufwand geführt. Mehrfach war es zu blutigen Zusammenstößen zwischen Befürwortern des Status quo und Anhängern der 1933 gegründeten, rechtsradikalen Deutschen Front gekommen, die den Wiederanschluss an das Deutsche Reich propagierte. Im Vorfeld der Wahl hatten u.a. die Bischöfe von Speyer und Trier, die Bischöfe der westdeutschen Erzdiözesen sowie der mit dem Nationalsozialismus sympathisierende evangelische Reichsbischof Ludwig Müller die Gläubigen zu Gebeten für einen guten Ausgang des Plebiszits aufgerufen. Die katholische Kirche gab die patriotische Parole aus: »Wer seinem Vaterland die Treue bricht, hält sie auch unserem Herrgott nicht«. Gegen den Wiederanschluss an Deutschland sprechen sich zahlreiche emigrierte deutsche Schriftsteller aus, darunter Bertolt Brecht, Lion Feuchtwanger, Heinrich Mann und Anna Seghers. Auch ihr Hinweis auf die Existenz von Konzentrationslagern auf deutschem Boden hält die Saarländer nicht davon ab, mit überwältigender Mehrheit für den Anschluss zu stimmen. Nach dem eindeutigen Wählervotum finden im ganzen Saarland Umzüge und Volksaufmärsche von Anhängern der Deutschen Front statt. Die Deutsche Front hatte sich aus allen deutschen bürgerlichen und Rechtsparteien im Saargebiet zusammengeschlossen. Ihre Wahlaufwendungen wurden vom Reichspropagandaministerium übernommen. Nach dem Abstimmungssieg geht die Organisation in der NSDAP auf. Bis Ende Januar reisen 2600 Personen aus dem Saarland nach Frankreich aus, darunter 1913 Saarländer, 85 französische Staatsangehörige und 440 Angehörige anderer Nationen.

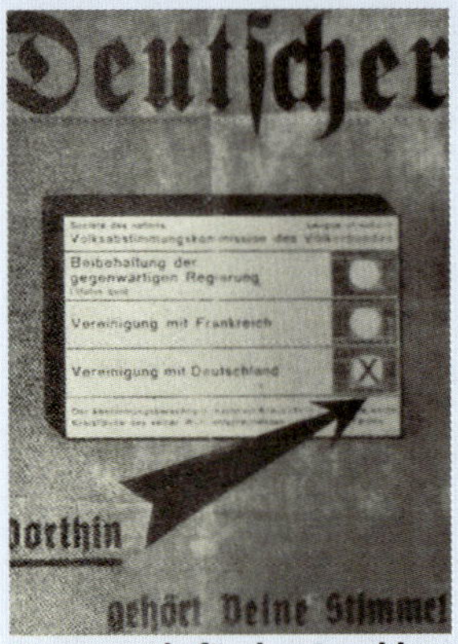

Propaganda für den Anschluss

24. Januar 1935

Ex und Hopp mit Dosenbier

Eine Neuerung sorgt in den USA für Aufsehen: Bier in Dosen. Zwei Jahre nach der Aufhebung der Prohibition, des staatlichen Verbots, alkoholische Getränke herzustellen oder zu verkaufen, revolutioniert die Brauerei »Krueger Beer« aus Newton (New Jersey) mit der Markteinführung von Bier in Dosen die Trinkgewohnheiten der Amerikaner. Schnell überflügelt die Bierdose in der Beliebtheit bei den Konsumenten die herkömmlichen Pfand- und Einwegflaschen. Sie ist leichter zu transportieren, unzerbrechlich und damit besonders auf Reisen praktischer.

Die Getränkedose liegt im Trend: Sie kommt dem in den USA herrschenden Mobilitätsstreben entgegen. Die Werbestrategen verbinden mit der Dose Modernität, Eleganz und Leichtigkeit und sprechen damit erstmals auch gezielt Frauen an (Abb.: Werbefoto der Brauerei-Wirtschaft). Getränke aus Dosen entwickeln sich zu einem Kennzeichen des US-Lebensstils. In Europa bleiben sie bis Ende des Zweiten Weltkriegs weitgehend unbekannt.

8. Februar 1935

Verfemter Impressionist

Der von den Nationalsozialisten wegen seiner jüdischen Abstammung mit einem Arbeitsverbot belegte Maler und Graphiker Max Liebermann stirbt im Alter von 87 Jahren in Berlin. Im Jahre 1933 war der Hauptvertreter des deutschen Impressionismus und Ehrenbürger von Berlin als Präsident der Preußischen Akademie der Künste entlassen worden.

Max Liebermann

deutscher Maler und Grafiker; * 20.7.1847 Berlin, † 8.2.1935 Berlin

Liebermann verarbeitete Einflüsse des französischen Impressionismus zu einem eigenen, lichtvollen Stil und trug dazu bei, den kulturellen Chauvinismus im Kaiserreich zu überwinden. Aus einer naturalistischen Phase in seiner Frühzeit (»Die Gänserupferinnen«, 1872) und einer mehr vom Zeichnerischen geprägten Zwischenperiode entwickelte der Mitgründer und Präsident (1898) der Berliner Secession den für ihn charakteristischen farbigen Impressionismus.

- 1873-78: Aufenthalt in Paris und den Niederlanden
- 1878-84: Freier Künstler in München
- 1905: Gemälde »Die Judengasse in Amsterdam«

r das Reich

Auf dem Dach des Hauses der Deutschen Front in Saarbrücken wird vor einer großen Menschenmenge die Hakenkreuzfahne gehisst.

23. Januar 1935

Japan provoziert Grenzkrieg

Von ihrem Satellitenstaat Mandschukuo aus greifen rd. 200 japanische und mandschurische Soldaten chinesisches Territorium im Osten der Provinz Chahar an. Bombenflugzeuge, Artillerie und Infanterie attackieren die Städte Kuyuan, Tungshatse und Tushihkou – mit der Begründung, das betroffene Gebiet sei entgegen japanischen Forderungen nicht entmilitarisiert worden. Mit seinen Angriffen will Japan von Mandschukuo aus die Errichtung eines unter seiner Führung stehenden »Groß-Ostasien« vorantreiben. Seit 1934 bedrängt Japan China mit der Forderung nach Entmilitarisierung seiner Grenzprovinzen.

30. Januar 1935

Gemeinden gleichgeschaltet

Mit der neuen »Deutschen Gemeindeordnung« zerstört die NSDAP die Selbstverwaltung der Gemeinden und sichert sich selbst entscheidenden Einfluss. Jeder Kommune wird ein Beauftragter der NSDAP zugeordnet, ohne den keine wichtige Entscheidung getroffen werden kann. Der Beauftragte – im allgemeinen identisch mit dem Kreis- bzw. Gauleiter der Partei – wirkt entscheidend bei der Berufung der Gemeinde- und Stadträte sowie der Bürgermeister mit. Generell werden Verwaltungs- und Parteiamt miteinander verquickt.

6. Februar 1935

Türkei lässt Frauen wählen

An der Wahl zur 5. Großen Nationalversammlung dürfen erstmals türkische Frauen mit aktivem und passivem Wahlrecht teilnehmen. Unter den 400 gewählten Volksvertretern befinden sich 17 weibliche Abgeordnete (Abb.: Die türkische Frauenrechtlerin Iffet Halim bei einer kämpferischen Rede in Istanbul).

Die Einführung des Frauenwahlrechts ist Teil der seit 1923 von Präsident Kemal Atatürk vorangetriebenen Umgestaltung der Türkei zu einem modernen Nationalstaat nach westlicher Prägung. Dazu gehörte beispielsweise die Abschaffung des Islam als Staatsreligion. Unmittelbar nach ihrer Amtseinführung treibt die neue Regierung die Umgestaltung weiter voran. Ein neues Namensgesetz verpflichtet alle Türkinnen und Türken, Familiennamen zu tragen. Im Mai des Jahres wird der Sonntag anstelle des Freitags zum Ruhetag erklärt. Weitere wichtige Maßnahmen sind die Einführung der internationalen Jahreszählung, des lateinischen Alphabets und einer europäischen Gesetzgebung. Außerdem wird die Einehe obligatorisch. Die Tatsache, dass neben den Frauen bei den Wahlen zum ersten Mal auch Nicht-Moslems dem Parlament angehören dürfen, wird allgemein als deutliches Zeichen wachsender Liberalisierung in der Türkei gewertet.

28. Februar 1935

Nylon bereichert Damenmode

Der US-Chemiker Wallace Hume Carothers bricht das Monopol der fernöstlichen Seidenproduktion. Im Labor des Chemiekonzerns DuPont gelingt ihm die Herstellung der ersten vollsynthetischen Faser, die in Bezug auf Reißfestigkeit, Elastizität und Haltbarkeit das Naturprodukt klar übertrifft. 1940 kamen die ersten Nylonstrümpfe auf den Markt (Abb.: Die US-Schauspielerin Janis Paige bei der Anprobe). Carothers untersuchte zunächst den molekularen Aufbau von Naturseide, um diesen chemisch nachzuahmen. Dabei gelang es ihm, aus der Schmelze eines besonders hochpolymeren Kondensats Fäden zu ziehen, die plastisch verformt werden konnten, wenn sie erkaltet waren. Allerdings war die Kunstfaser noch nicht verwertbar, da ihr Schmelzpunkt noch zu niedrig, bei unter 100 °C lag. Das jetzt gefundene sog. Nylon 6,6 hat einen Schmelzpunkt von rd. 250 °C und eignet sich daher zur industriellen Großproduktion.

Februar 1935

1 Fr In den USA wird nach viereinhalb Jahren der Bau des Hoover-Staudamms zwischen den US-Bundesstaaten Nevada und Arizona vollendet.

2 Sa Die deutsche Equipe gewinnt beim Berliner Reitturnier den Preis der Nationen und den Preis des »Führers« und Reichskanzlers Adolf Hitler.

3 So In London verabschieden Vertreter Frankreichs und Großbritanniens ein Kommunikee über kollektive Sicherheit in Europa, das sog. Londoner Protokoll.

4 Mo Die internationale Presse meldet, dass eine Malaria-Epidemie in Ceylon nach amtlichen Schätzungen mehr als 30 000 Todesopfer gefordert habe.

5 Di Das tschechoslowakische Parlament verabschiedet ein Gesetz zum Schutz vor Fliegerangriffen, das u.a. zum Bau von Luftschutzräumen verpflichtet.

6 Mi Die Teilnehmer des 7. Rätekongresses der Sowjetunion in Moskau bestätigen Wjatscheslaw M. Molotow als Regierungschef. → Türkei

7 Do Die Regierungen Deutschlands und Spaniens ratifizieren ein Abkommen über die Aufnahme einer regelmäßigen Flugverbindung zwischen beiden Staaten.

8 Fr In Berlin hat der 1934 auf der Biennale in Venedig prämierte deutsche Film »Frühjahrsparade« mit Paul Hörbiger Premiere. → Impressionist

9 Sa Bei den Eiskunstlauf-Weltmeisterschaften in Wien gewinnt die Norwegerin Sonja Henie zum neunten Mal in Folge den Titel.

10 So Archäologen entdecken bei Ausgrabungsarbeiten zwischen Bagdad und dem Persischen Golf die Ruinen einer fast 5700 Jahre alten Stadt.

11 Mo In der japanischen Stadt Schizuoka nördlich von Tokio kommt es zu einem heftigen Erdbeben, das nach amtlichen Meldungen 25 Todesopfer fordert.

12 Di Bei einem schweren Sturm stürzt das größte Marineluftschiff der Welt, die »Macon« aus den USA, in den Pazifik und versinkt. Zwei Menschen sterben.

13 Mi Bruno Hauptmann wird in Flemington im US-Bundesstaat New Jersey wegen Entführung und Ermordung des Lindbergh-Babys zum Tode verurteilt.

14 Do Die Internationale Auto- und Motorradausstellung beginnt in Berlin. In seiner Eröffnungsrede kündigt Adolf Hitler die Produktion des »Volkswagens« an.

15 Fr In St. Moritz gewinnt der deutsche Viererbob die Weltmeisterschaft. +++ Die französische Besatzungsmacht übergibt die Saar-Bergwerke an Deutschland.

16 Sa Zwei Inder werden in Alipore zum Tode verurteilt. Sie sollen einen Großgrundbesitzer durch Infizierung mit Pestbazillen umgebracht haben.

17 So 3000 faschistische Milizionäre aus Italien treten die Schiffsreise nach Somaliland an. Hintergrund sind die Spannungen mit dem angrenzenden Abessinien.

18 Mo Die New Yorker Fahrstuhlführer beenden einen eintägigen Lohnstreik. Der Ausstand führte zum Erliegen aller Büroarbeiten in Wolkenkratzern.

19 Di In den USA löst die Nachricht von Italiens Truppenverstärkung an der abessinischen Grenze Unruhen der sympathisierenden schwarzen Bevölkerung aus.

20 Mi Ein US-Forschungsteam entdeckt in Honduras eine 1700 Jahre alte Stadt der Mayakultur, die durch ein Erdbeben freigelegt worden ist.

21 Do Die Gestapo erteilt dem jüdischen Philosophen Martin Buber Redeverbot. +++ Im Danziger Parlament prügeln sich Abgeordnete der KPD und der NSDAP.

22 Fr Die bulgarische Regierung verbannt den Vorsitzenden der verbotenen Sozialdemokratischen Partei, Kresto Pastuchoff, auf eine Insel im Schwarzen Meer.

23 Sa Paraguay verlässt den Völkerbund. Der Schritt steht im Zusammenhang mit dem seit 1932 geführten Chaco-Krieg zwischen Paraguay und Bolivien.

24 So Die Firma Daimler-Benz stellt in Stuttgart einen »Autobahnomnibus« mit einem 12-Zylinder-Dieselmotor und einer Höchstgeschwindigkeit von 120 km/h vor.

25 Mo Die britische Kolonialregierung lehnt in Neu Delhi die Reduzierung ihrer Truppen in Indien und eine stärkere »Indianisierung« der indischen Armee ab.

26 Di Adolf Hitler verkündet den offiziellen Aufbau einer Luftwaffe. Sie komplettiert als dritter Teil neben Heer und Marine die deutsche Wehrmacht.

27 Mi Das Kairo-Museum in Chicago enthüllt eine sechs Meter hohe, rekonstruierte Statue des ägyptischen Königs Tutanchamun.

28 Do Die französische Regierung richtet Arbeitslager ein, in denen Arbeitslose mit Rodungen und dem Bau von Waldwegen beschäftigt werden. → Nylon

März 1935

1 Fr Mit einem feierlichen Akt wird in Saarbrücken die Übergabe des bislang vom Völkerbund verwalteten Saarlandes an Deutschland begangen.

2 Sa Im New Yorker Madison Square Garden erreicht der US-Sportler Jesse Owens im Weitsprung eine Weite von 7,85 m und damit einen Hallenweltrekord.

3 So Die diesjährige Frühjahrsmesse beginnt in Leipzig. Über 8000 Aussteller aus 19 Ländern zeigen ihre Produkte einem interessierten Publikum.

4 Mo Der deutsche Film »Baccarole« hat in Berlin Premiere. Unter der Regie von Gerhard Lamprecht spielen u.a. Gustav Fröhlich und Willy Birgel.

5 Di Die Stadt Los Angeles führt drastische Erziehungsmaßnahmen für Verkehrssünder ein. Jeder, der Verkehrsregeln missachtet, muss sich Unfalltote ansehen.

6 Mi Zur Einschüchterung der Vertreter des politisch kritischen Karnevals wird am Aschermittwoch das Komitee des »Mainzer Karneval Vereins« festgenommen.

7 Do In Daytona (US-Bundesstaat Florida) stellt Malcolm Campbell mit 445,486 km/h einen Geschwindigkeitsrekord für Automobile auf.

8 Fr Die Polizei in Eupen und Malmedy (Belgien) durchsucht Häuser belgischer Nationalsozialisten. Sie werden verdächtigt, eine Verschwörung zu planen.

9 Sa Als erste Spanierin gewinnt Alicia Navarro den europäischen Schönheitswettbewerb und wird zur Miss Europa gekürt.

10 So Beim Ausscheidungskampf um die Box-Weltmeisterschaft im Schwergewicht schlägt Max Schmeling den US-Boxer Steve Hamas durch technischen k.o.

11 Mo In Athen wird ein Putschversuch republikanischer Militärs unter Führung des ehemaligen Ministerpräsidenten Eleftherios Weniselos niedergeschlagen.

12 Di Nach einer Gasexplosion im britischen Southampton gerät ein Tank mit 1,1 Mio. l Erdöl in Brand. Die Löscharbeiten dauern mehrere Tage.

13 Mi Der griechische Kriegsminister Georgios Kondylis erklärt, dass sich Griechenlands Innenpolitik »nicht viel vom Programm ... Hitlers unterscheiden wird.«

14 Do Reichsminister Joseph Goebbels verbietet mehrere Berliner Boulevardblätter, weil sie »Klatschsucht und übelste Sensationshascherei« fördern würden.

15 Fr Der deutsche Film »Blutsbrüder« hat in Berlin Premiere. Die Hauptrollen spielen u.a. Brigitte Horney, Willy Eichberger und Attila Hörbiger.

16 Sa In Mekka scheitert ein Attentatsversuch auf den König Saudi-Arabiens, Abd Al Asis Ibn Saud. Die drei Täter können überwältigt werden. → Wehrpflicht

17 So In einem Fußballländerspiel schlägt Deutschland in Paris Frankreich mit 3:1. +++ 700 Pfarrer der »Bekennenden Kirche« werden verhaftet.

18 Mo Der im Exil lebende Schauspieler Wolfgang Langhoff berichtet auf einem Treffen deutscher Exilschriftsteller in Paris über seine Haft im Konzentrationslager.

19 Di Britische Truppen feuern in Karatschi im Nordwesten Indiens auf demonstrierende Moslems. +++ In Berlin findet eine großangelegte Luftschutzübung statt.

20 Mi Der Frankfurter Oberbürgermeister Friedrich Krebs weist die Stadtverwaltung an, für Fremdwörter nur noch deutsche Bezeichnungen zu verwenden.

21 Do Für die Studentenzahl an Großstadtuniversitäten werden Höchstgrenzen erlassen. In Berlin dürfen nun 5600, in Münster 2500 Deutsche studieren.

22 Fr Das Reichswehrministerium bedankt sich bei der Bevölkerung für täglich eintreffende Geldspenden zum Aufbau der Wehrmacht. → Fernsehprogramm

23 Sa Für die Aufnahme in höhere Schulen müssen Deutsche auch körperliche Eignungstests ablegen. Damit bleibt Behinderten der Zugang verwehrt.

24 So Verheerende und andauernde Sandstürme verwandeln weite Teile des Mittelwestens der USA in Wüsten. Zahlreiche Farmer werden ruiniert.

25 Mo Laut Presseberichten sind in New York etwa eine Mio. Menschen arbeitslos. Die Zahl der mitbetroffenen Familienmitglieder wird auf 2,66 Mio. geschätzt.

26 Di Die Polizei in Dublin verhaftet nach tagelangen Unruhen in Zusammenhang mit einem illegalen Streik über 70 Anhänger der IRA.

27 Mi In Berlin fordert die Deutsche Lufthansa AG die Postverwaltungen dazu auf, internationale Postsendungen nur noch per Flugzeug zu transportieren.

28 Do Reichskanzler Adolf Hitler inspiziert als Oberbefehlshaber der Wehrmacht erstmals offiziell die neue Reichsluftwaffe. → »Triumph des Willens«

29 Fr Der belgische Ministerpräsident Paul van Zeeland verkündet die Abwertung der belgischen Währung um 25%. Sie solle u.a. den Export ankurbeln.

30 Sa Die deutsche Regierung verabschiedet ein Gesetz zur Haushaltsführung des Reiches. Es sieht u.a. Finanzhilfen für den Kleinwohnungsbau vor.

31 So Nichtarische Mitglieder der Reichsmusikkammer, deren Mitgliedsausweise abgelaufen sind, werden aus dem Verband ausgeschlossen.

28. März 1935

»Triumph des Willens«

Im Beisein von Reichskanzler Adolf Hitler findet im Berliner Ufa-Theater die Premiere des Films »Triumph des Willens« von Leni Riefenstahl statt (Abb.: Ein Berliner Kino mit NS-Beflaggung zeigt den Riefenstahl-Film). Das von Hitler persönlich in Auftrag gegebene Werk dokumentiert den NSDAP-Parteitag 1934, der als ein ästhetisches Großspektakel inszeniert wird. In der Komposition der Massenszenen deutlich beeinflusst von Fritz Langs »Die Nibelungen« aus dem Jahre 1924, bediente sich Riefenstahl geschickt der Möglichkeiten der Montage. Der über zwei Stunden dauernde Film heroisiert Hitler. Die Architektur der monströsen Bauten auf dem Reichsparteitagsgelände in Nürnberg werden geschickt als geometrisch-strukturierende Formen eingesetzt. »Triumph des Willens« macht die Regisseurin zu einer der wichtigsten Persönlichkeiten in der Filmszene des NS-Regimes (Abb.: Leni Riefenstahl gibt bei Dreharbeiten Regieanweisungen).

Leni Riefenstahl

deutsche Filmregisseurin, Schauspielerin und Fotografin, * 22.8.1902 Berlin

Leni Riefenstahl ist eine der umstrittensten Persönlichkeiten des deutschen Films. Nach dem Zweiten Weltkrieg muss sie sich des Vorwurfs erwehren, das nationalsozialistische Regime mit ihren ästhetisch und technisch brillanten Arbeiten verherrlicht zu haben. Unbestritten sind ihre Qualitäten als Regisseurin, die immer wieder modernste Techniken einsetzte. Nach einem Malerei- und Tanzstudium begann die Riefenstahl zunächst eine Karriere als Schauspielerin. Sie spielte in Bergfilmen, u.a. mit Luis Trenker. Ihr erster eigener Film, »Das blaue Licht«, machte Hitler auf sie aufmerksam. Nach dem Film über den Reichsparteitag 1934 drehte Leni Riefenstahl auch eine Dokumentation über die Olympischen Sommerspiele 1936 in Berlin. In der Bundesrepublik machte sie sich u.a. als Fotografin einen Namen. In ihren Bildern dokumentierte sie u.a. das Volk der Nuba im Süden des Sudans.

- ab 1923: Tänzerin in München, Prag und Berlin
- 1929: Schauspielerin in »Die weiße Hölle von Piz Palü«
- 1982: »Mein Afrika« (Bilddokumentation)

16. März 1935

Wehrpflicht eingeführt

Unter bewusster Verletzung des Versailler Vertrages verkündet Reichskanzler Adolf Hitler die Wiedereinführung der allgemeinen Wehrpflicht. Für das Ausland kommt die Erklärung und das Wehrgesetz nicht wirklich überraschend, weil vertragswidrige Rüstungsmaßnahmen des NS-Regimes seit Jahren durchaus bekannt sind. Zudem werden Mitte der dreißiger Jahre in vielen europäischen Staaten die Rüstungsanstrengungen verstärkt. Grund ist die politisch instabile Lage. Seit der Machtergreifung der Nationalsozialisten wird die Wiederaufrüstung auch Deutschlands forciert. Bereits Ende 1934 war der zuvor von der Reichswehr erarbeitete »A-Plan« erfüllt, nach dem die Bewaffnung modernisiert und die Truppenstärke verdreifacht werden sollte. Auch der Aufbau der Luftwaffe ist bereits weit vorangeschritten. Die als antisowjetisch deklarierte Rüstung wird von den Westmächten stillschweigend geduldet. Der offene Bruch des Versailler Vertrags, der mit dem Wehrgesetz vollzogen ist, kommt für das Ausland dennoch überraschend. Der Völkerbund protestiert gehen das Vorgehen Deutschlands, Großbritannien, Frankreich und Italien wenden sich ebenfalls in offiziellen Noten an die NS-Führung. Sanktionen bleiben jedoch aus.

Das Gesetz über den Aufbau der Wehrmacht sieht bis 1939 die Aufstellung von 36 Divisionen mit 580 000 Mann vor. Damit werden die im Versailler Vertrag festgelegten Truppenbeschränkungen über Bord geworfen. Gleichzeitig bestätigt Hitler mit diesem Schritt die schon lange währende Aufrüstung. Reichspropagandaminister Joseph Goebbels weist außerdem darauf hin, dass Deutschland seinen Abrüstungsverpflichtungen, die im Versailler Vertrag festgelegt wurden, nachgekommen sei.

23. April 1935

Polens Parlament entmachtet

Der »starke Mann« Polens, Jósef Klemens Pilsudski (s. Abb.), führt einen Schlag gegen das Parlament. Staatspräsident Ignacy Móscicki unterzeichnet auf Pilsudskis Initiative eine Verfassung, durch die das Parlament nahezu vollständig zugunsten von Regierung und Staatsoberhaupt entmachtet wird. Seit Einführung eines demokratischen Systems 1921 beschnitt Pilsudski, Gründungsvater der 1918 gebildeten Republik und Kriegsheld, die Kompetenzen des Parlaments.

Militärparade im Berliner Lustgarten anlässlich der Wiedereinführung der Wehrpflicht

11. April 1935

»Stresafront« gegen Aufrüstung

Als Reaktion auf die Wiedereinführung der Wehrpflicht in Deutschland treffen sich im italienischen Stresa die Regierungschefs Frankreichs, Großbritanniens und Italiens zu einer viertägigen Konferenz. Das Treffen am Lago Maggiore endet mit einer Erklärung der »Stresafront«. Die drei Mächte verpflichten sich in ihrem Vertrag, »sich mit allen geeigneten Mitteln jeder einseitigen Aufkündigung von Verträgen zu widersetzen, durch die der Friede in Europa gefährdet werden könnte«. Zudem wollen sie Deutschland international u.a. in einem Ostpakt einbinden. Außerdem streben die drei Mächte einen Luftpakt an, in den neben den »Stresamächten« auch Deutschland und Belgien integriert werden sollen. Konkrete Maßnahmen bleiben in der Zukunft jedoch aus.

Die Vertreter Frankreichs, Italiens und Großbritanniens in Stresa (v.l.): Pierre Laval, Benito Mussolini, James R. MacDonald und Pierre E. Flandin

27. April 1935

Weltausstellung in Brüssel

Die Welt schaut auf Brüssel. In einer internationalen Leistungsschau präsentieren 30 Staaten Innovationen aus den Bereichen Wissenschaft, Technik, Kunst und Architektur. Der belgische König Leopold III. eröffnet die Weltausstellung, die sich auf einem 125 ha großen Gelände ausdehnt. Der Schwerpunkt der Schau in Brüssel liegt vor allem auf dem Gebiet der Nutzung künstlichen Lichts (Abb.: Offizielles Plakat).

22. März 1935

Erstes Fernsehprogramm

Das Fernsehen steckt noch in den Kinderschuhen und für die meisten Menschen ist die Anschaffung eines Fernsehgerätes utopisch. Aber die Entwicklung zu einem wichtigen Massenmedium nimmt ihren Lauf. Reichssendeleiter Eugen Hadamovsky eröffnet im Berliner Reichspostmuseum das erste regelmäßig ausgestrahlte Fernsehprogramm der Welt. Ein fahrbarer 10-KW-Sender überträgt zukünftig dreimal wöchentlich Sendungen, die in öffentlichen Fernsehstuben gezeigt werden (Abb.: Ü-Wagen).

April 1935

1 Mo Papst Pius XI. verurteilt in Rom die allgemeine Kriegsrüstung scharf und bezeichnet einen neuen Krieg als »Verbrechen«.

2 Di Während der Hinrichtung des wegen Mordes zum Tode verurteilten Briten Leonard Brigstock in London finden Demonstrationen gegen die Todesstrafe statt.

3 Mi Der britische Lordsiegelbewahrer Anthony Eden beendet seinen Staatsbesuch in Polen, wo er für einen europäischen Friedenspakt geworben hatte.

4 Do Pu Yi, der Kaiser von Mandschukuo, tritt mit einem 1000 Personen umfassenden Gefolge einen zwölftägigen Staatsbesuch in Japan an.

5 Fr Eine dreiwöchige Zwangshaft droht nach einer Polizeiverordnung in der Rheinprovinz demjenigen, der Hitlers »Mein Kampf« kritisiert.

6 Sa 30 000 Arbeiter der Siemens-Werke in Berlin verpflichten sich gegenüber der NS-»Betriebszellenzeitung«, nicht in jüdischen Geschäften einzukaufen.

7 So Bei den Wahlen zum Danziger Volkstag bleibt die NSDAP stärkste Partei. +++ In MacComb in den USA fordert ein Tornado 34 Tote und 50 Verletzte.

8 Mo Die Regierung der UdSSR erlässt in Moskau ein Gesetz, durch das das Mindestalter für die Todesstrafe auf zwölf Jahre gesenkt wird.

9 Di Aus Anlass des 70. Geburtstags des Generals a.D. Erich Ludendorff ordnet Reichskanzler Adolf Hitler die Beflaggung aller Staatsgebäude an.

10 Mi Reichsluftfahrtminister Hermann Göring heiratet in Berlin die Schauspielerin Emmy Sonnemann. Reichskanzler Adolf Hitler ist Trauzeuge.

11 Do 23 Kinder kommen ums Leben, als in Rockwill (US-Bundesstaat Maryland) ein Schulbus von einem Zug erfasst wird. → Aufrüstung

12 Fr Der US-Schwimmer Jack Medica verbessert in Chicago den acht Jahre alten Weltrekord von Johnny Weissmuller im 200-m-Freistil auf 2:07,2 min.

13 Sa Zwischen London und Brisbane in Australien wird eine regelmäßige Flugverbindung eröffnet. Die Entfernung beträgt rd. 20 000 km.

14 So Der Führer der britischen Faschistischen Union, Oswald Ernald Mosley, greift in einer Rede vor 5000 Personen in Leicester die Juden Großbritanniens an.

15 Mo Fritz Husemann, ehemals Vorsitzender des Bergarbeiterverbandes, wird im Konzentrationslager Esterwegen (Emsland) »auf der Flucht erschossen«.

16 Di In San Francisco startet das Flugboot »Sikorsky S-24« zum Flug nach China. Es legt die 2400-Meilen-Distanz in weniger als 18 Stunden zurück.

17 Mi Der Völkerbund in Genf verurteilt die deutsche Wiedereinführung der Wehrpflicht. Damit breche Deutschland bewusst den Versailler Vertrag.

18 Do In der türkischen Stadt Yildiz beginnt der Kongress des Weltbundes für das Frauenwahlrecht. 300 Delegierte aus 30 Ländern nehmen daran teil.

19 Fr Die Berliner Behörden konfiszieren das »Katholische Kirchenblatt« wegen eines kritischen Berichts über die Verhaftung von Pfarrer Wilhelm Leffers.

20 Sa Als Geschenk der SA zu Hitlers 46. Geburtstag übergibt SA-Stabschef Viktor Lutze dem »Führer« das Jagdgeschwader »Horst Wessel«.

21 So Ein schweres Erdbeben zerstört die Provinzen Taichu und Shinchiku auf Formosa (Taiwan). Rd. 3000 Menschen sterben, mehr als 8000 werden verletzt.

22 Mo Den Großen Automobilpreis von Monaco gewinnt der Italiener Luigi Fagioli auf Mercedes-Benz in der Bestzeit von 3:23:49,8 h.

23 Di Der erste, zwölf Kilometer lange Abschnitt der Moskauer U-Bahn wird fertiggestellt. Bis zur offiziellen Inbetriebnahme sind die Fahrten kostenlos. → Polen

24 Mi In Erwartung eines baldigen Krieges in Europa verschiffen die Filmgesellschaften der USA hunderte Kameras zur Berichterstattung nach Europa.

25 Do König Viktor Emanuel III. von Italien eröffnet in Venedig die große Tizian-Ausstellung, die das Gesamtwerk des Renaissancemalers zeigt.

26 Fr »Das Mädchen Johanna«, ein historischer Film um die Gestalt der Johanna von Orléans, hat im Berliner Ufa-Palast Premiere.

27 Sa Die erste Welt-Hunde-Ausstellung findet in Berlin statt. Teilnehmer aus 15 Ländern zeigen 124 Hunderassen. → Weltausstellung

28 So Bei einem Fußballturnier in Brüssel schlägt Deutschland Belgien mit 6:1. +++ In Magdeburg erzielt Willi Schröder mit 55,1 m einen Diskus-Weltrekord.

29 Mo Auf dem Weltkongress der Wallfahrer in Lourdes beten die Gläubigen für den »kranken Frieden«, um vor dem drohenden Krieg in Europa zu warnen.

30 Di In Berlin findet die »erste aktuelle Fernsehübertragung der Welt« statt. Auf dem Bildschirm sind Fernsehbilder 70 Sekunden nach der Aufnahme sichtbar.

Mai 1935

1 Mi Während eines Festaktes der Reichskulturkammer in Berlin wird der Nationalpreis für Film an Leni Riefenstahl für »Triumph des Willens« verliehen.

2 Do Frankreichs Außenminister Pierre Laval und der sowjetische Botschafter W. Potjomkin unterzeichnen in Paris einen französisch-sowjetischen Beistandspakt.

3 Fr Im Warschauer Vorort Grochwo schießen unbekannte Täter während des Unterrichts durch die Fenster einer jüdischen Schule. Eine Schülerin stirbt.

4 Sa Der NSDAP-Gauleiter Saarpfalz, Josef Bürckel, veröffentlicht eine Anordnung, in der es heißt, von Juden Geld zu nehmen sei unanständig.

5 So Das Militärgericht in Athen verurteilt den Anführer des gescheiterten Militärputsches, Eleftherios Venizelos, in Abwesenheit zum Tode.

6 Mo In einem feierlichen Akt begeht das britische Königshaus in London das 25. Regierungsjubiläum von König Georg V.

7 Di Zum zehnten Jahrestag der Eröffnung des Deutschen Museums wird in München eine große Kongresshalle eröffnet, die den Museumskomplex erweitert.

8 Mi Die deutsche Fußball-Nationalmannschaft schlägt in einem Länderspiel in Dortmund die Mannschaft aus Irland 3:1.

9 Do Die gesetzgebende Versammlung des Karibikstaates Haiti beschließt in der Hauptstadt Port-au-Prince eine neue Verfassung.

10 Fr Die deutsche Reichsbahn gibt die elektrifizierte Gesamtstrecke zwischen Augsburg und Nürnberg für den Verkehr frei. → Kabarett

11 Sa In Düsseldorf beginnt die Ausstellung »Frau und Volk«. Themen sind u.a. »Die Frau als Erhalterin der Art und als Hüterin der Familie«.

12 So Józef Klemens Pilsudski, polnischer Verteidigungsminister und Generalinspekteur der Streitkräfte, stirbt in Warschau. Er war der eigentliche Machthaber Polens.

13 Mo Die Fluggesellschaft »Pan American Airways« eröffnet den regelmäßigen Flugverkehr über den Stillen Ozean von San Francisco nach Pearl Harbor (Hawaii).

14 Di Die Eisenbahn- und Straßenbrücke über den Kleinen Belt zwischen der Insel Fünen und der Halbinsel Jütland (Dänemark) wird für den Verkehr freigegeben.

15 Mi In einer Ansprache gibt Josef Stalin die neue Moskauer Untergrundbahn für den öffentlichen Betrieb frei. Das Verkehrsmittel wurde in Rekordzeit fertiggestellt.

16 Do Regierungsvertreter der Sowjetunion und der Tschechoslowakei unterzeichnen in Prag einen Beistandspakt für den Fall eines Angriffs.

17 Fr In Berlin erhält die Ordensschwester Wernera Wiedenhöfer eine Zuchthausstrafe, weil sie ohne Genehmigung Gelder ins Ausland gebracht habe.

18 Sa Beim Absturz des größten Landflugzeuges der Welt, der sowjetischen »Maxim Gorki«, kommen in der Nähe von Moskau alle 48 Passagiere ums Leben.

19 So Die Sudetendeutsche Partei wird bei den Wahlen zum tschechoslowakischen Parlament überraschend stärkste Fraktion.

20 Mo M. Eduard Behrens, Berliner Korrespondent der Basler »National-Zeitung«, muss wegen »feindseliger Berichterstattung« Deutschland verlassen.

21 Di Reichskanzler Adolf Hitler ernennt Reichswirtschaftsminister Hjalmar Schacht zum »Generalbevollmächtigten für die Kriegswirtschaft«.

22 Mi Der stellvertretende britische Premierminister Stanley Baldwin kündigt an, die Luftstreitkräfte innerhalb der nächsten zwei Jahre zu verdreifachen.

23 Do Auf einer Feierstunde des Schutzverbandes deutscher Schriftsteller in Paris sprechen u.a. André Malraux, Gustav Regler und Wieland Herzfelde.

24 Fr Kronprinz Friedrich von Dänemark heiratet in Stockholm Prinzessin Ingrid von Schweden. Am Vorabend feiern 800 Gäste das Ereignis im königlichen Schloss.

25 Sa Der US-Leichtathlet Jesse Owens überspringt in Ann Arbor (US-Bundesstaat Michigan) mit 8,13 m als erster Mensch die 8-m-Marke.

26 So Bei einem Fußballturnier in Dresden schlägt Deutschland die Tschechoslowakei 2:1. +++ Der Italiener Luigi Fagioli (Mercedes) gewinnt in Berlin das Avusrennen.

27 Mo Anstelle des Freitags, des moslemischen Feiertags, wird in der Türkei der Sonntag als wöchentlicher Ruhetag eingeführt.

28 Di Die Bank von Frankreich erhöht zum drittenmal innerhalb von fünf Tagen den Diskontsatz, um den Goldabfluss aus Frankreich zu stoppen.

29 Mi In den Minen Nord-Rhodesiens treten fast 10 000 schwarze Arbeiter in den Streik. Sie protestieren damit gegen die niedrigen Löhne.

30 Do Ein Erdbeben zerstört die Stadt Quetta im Nordwesten Indiens. 40 000 Menschen kommen bei der Naturkatastrophe ums Leben.

31 Fr Der französische Ministerpräsident Pierre Étienne Flandin tritt zurück, da ihm das Parlament Vollmachten zur Beilegung der Finanzkrise verwehrt hat.

10. Mai 1935

Kabarett im Korsett der NS-Kulturwächter

Der politische Druck auf Künstler, die in Deutschland mit satirischen und kritischen Programmen ihr Publikum unterhalten, wächst. Das nationalsozialistische Regime duldet keine Kunst und Kultur, die nicht im Einklang mit der NS-Ideologie steht. Auf höchster politischer Ebene werden Verbote und Strafen gegen Kunst- und Kulturschaffende verhängt. Das Geheime Staatspolizeiamt (Gestapa) in Berlin schließt auf Anordnung von Reichspropagandaleiter Joseph Goebbels die bekannten Kabaretts »Katakombe« und »Tingeltangel Theater«.

Seit geraumer Zeit stehen die Aufführungen der beiden Bühnen unter Beobachtung von Gestapa-Mitarbeitern. Gestapo-Chef Reinhard Heydrich beschwerte sich persönlich in einem Brief an Goebbels über die von Werner Finck geleitete »Katakombe«. Beobachtungen hätten ergeben, dass unter der Maske heiterer Kunst Abend für Abend Staat, Regierung, führende Nationalsozialisten und Staatseinrichtungen in gehässiger Weise vor einem überwiegend jüdischen Publikum lächerlich gemacht würden. Nach der Schließung des Kabaretts wird Finck zusammen mit Heinrich Giesen, Walter Trautschold und Rudolf Platte in »Schutzhaft« genommen. Am 24. Mai werden sie – ebenso wie die Ensemble-Mitglieder des »Tingeltangel« – für sechs Wochen ins Konzentrationslager Esterwegen gebracht. Während Kabaretts mit eigenwilligen und kritischen Programmen Distanz zum NS-Regime wahren, arrangieren sich u.a. viele Theaterkünstler mit den Machthabern. Zahlreiche Künstler passen sich dem neuen »Geschmack« an. Ein Teil dieser Schauspieler und Regisseure genießt sogar die Protektion höchster NS-Politiker.

Szene aus dem Programm der »Katakombe« mit Renate Siegen (1.v.l.), Tatjana Sais (2.v.l.) und Ursula Herking (2.v.o.).

Werner Finck

deutscher Kabarettist, Theater- und Filmschauspieler und Autor, * 2.5.1902 Görlitz; † 31.7.1978 München

Finck gelingt es, einen neuen Stil im Kabarett zu etablieren. Er unterhält sein Publikum weniger mit aggressiven Tönen, vielmehr trägt er seine Texte humorvoll und subtil vor. In dem Wissen, dass nationalsozialistische Spitzel seine Kabarettprogramme unter die Lupe nehmen, perfektioniert er in seinen Vorträgen die Kunst der Andeutung und des scheinbaren Versprechens. Nach dem Zweiten Weltkrieg geht er u.a. mit Soloprogrammen auf Tournee.

- 1929: Gründung der »Katakombe«
- 1939-45: Soldat im Zweiten Weltkrieg
- 1948: Kabarett »Die Mausefalle« in Stuttgart

3. Juni 1935

»Becky Sharp« bringt Durchbruch für den Farbfilm

Die Ära des Farbfilms beginnt. Mit dem Streifen »Becky Sharp« (s. Abb.: Filmszene mit Miriam Hopkins und Nigel Bruce) schreibt Regisseur Rouben Mamoulian Filmgeschichte: Es ist der erste abendfüllende Spielfilm im Dreifarben-Technicolor-Verfahren. Die Kritik, die sich nur am Rande mit dem Inhalt des Films beschäftigt, ist sich einig, dass der Farb- den Schwarz-Weiß-Film ebenso verdrängen wird wie der Ton- den Stummfilm. Schon bald bedienen sich zahlreiche Filmfirmen der neuen Technik. Walt Disney dreht mit »The Band Concert« seinen ersten Micky-Maus-Film in Farbe. Der Dreifarbenfilm von Technicolor ist die vorerst letzte Etappe in der Entwicklung des Farbfilms, die bereits um 1915 begonnen hatte.

12. Juni 1935

Waffenruhe im Gran Chaco

Mehr als 500 000 Menschen mussten sterben, ehe Bolivien und Paraguay nach dreijährigem Krieg den Konflikt um das Chaco-Grenzgebiet mit einem Waffenstillstand beenden. Die Außenminister beider Staaten unterzeichnen in Buenos Aires ein entsprechendes Abkommen, das die Einstellung aller Feindseligkeiten, die Demobilisierung innerhalb von 90 Tagen und die Einberufung einer Friedenskonferenz durch den Präsidenten von Argentinien, Augustín Pedro Justo y Rólan, vorsieht (s. Abb.). Darüber hinaus verpflichten sich die kriegführenden Mächte, ihre Differenzen notfalls durch den Internationalen Schiedsgerichtshof in Den Haag schlichten zu lassen. Der Konflikt um die unwegsame Grenzregion Gran Chaco geht auf Streitigkeiten zurück, die bereits im 19. Jahrhundert ihren Ursprung haben. Hintergrund sind wirtschaftliche Interessen an dem Gebiet, das reich an Erdöl ist. Auch internationale Ölmultis, die an der Ausbeutung der Rohstoffe interessiert sind, zogen ihre Fäden.

26. Juni 1935

Arbeit im Geiste der NSDAP

Alle Männer und Frauen im Alter zwischen 18 und 25 Jahren werden verpflichtet, einen halbjährigen Arbeitsdienst abzuleisten. Das Reichsarbeitsdienstgesetz hat – ebenso wie die schnelle Aufrüstung der Wehrmacht – das Ziel, die Arbeitslosigkeit möglichst rasch zu beseitigen. Darüber

hinaus will die nationalsozialistische Regierung sicherstellen, dass alle jungen Deutschen von NS-Erziehungsprogrammen erfasst und im Sinne der nationalsozialistischen Ideologie beeinflusst werden. Bislang war der Arbeitsdienst in Deutschland eine freiwillige Leistung. Führer der neugegründeten Massenorganisation »Reichsarbeitsdienst« (RAD) wird der ehemalige Armeeoffizier Konstantin Hierl.
Zu den beiden Hauptaufgaben – der Bodenkultivierung und der Erziehung zur nationalsozialistischen Gesinnung durch körperliche Arbeit – tritt rasch eine vormilitärische Ausbildung. Der Arbeitsdienst bietet den Nationalsozialisten eine effektive Möglichkeit, bei minimalem Kostenaufwand ein Maximum an propagandistischer und ideologischer Wirkung zu erzielen. Durch die gemeinsame Arbeit soll das Bewusstsein, zu einer »Volksgemeinschaft« zu gehören, gestärkt werden (Abb.: Appell des Reichsarbeitsdienstes).

18. Juni 1935

Flottenrüstung gebilligt

In London unterzeichnen der britische Außenminister Samuel Hoare und Joachim von Ribbentrop, deutscher Beauftragter für Abrüstungsfragen, ein Flottenabkommen, das international weitgehend auf Ablehnung stößt.

Die Vereinbarung sieht vor, dass sich die Stärke der deutschen Kriegsflotte am jeweiligen Umfang der britischen Flotte orientieren müsse. Faktisch bedeutet das Abkommen, das auf einen Vorschlag von Reichskanzler Adolf Hitler zurückgeht, die vollständige Annahme der deutschen Forderungen. Berlin will seine Flotte ausbauen. Deutsche Gegenleistungen an Großbritannien sind in dem Vertrag nicht vorgesehen. London ist jedoch vor allem daran gelegen, Deutschland – erstmals seit dem Weltkrieg – überhaupt in ein Rüstungsabkommen eingebunden zu haben (Abb.: Briten und Franzosen diskutieren in Paris über das deutsch-britische Flottenabkommen, das von der französischen Regierung heftig kritisiert wird.).

10. Juni 1935

Selbsthilfe gegen Alkoholsucht

In New York wird die Organisation »Alcoholics Anonymous« (»Anonyme Alkoholiker«) aus der Taufe gehoben. Sie entwickelt sich bis zum Ende des Jahrhunderts zur weltweit bedeutendsten Selbsthilfegruppe für Alkoholkranke. Nach der Gründung entstehen bald unter dem Kürzel »AA« in vielen Ländern ähnliche Gruppen. Die Mitglieder der »Anonymen Alkoholiker«, die voneinander nur ihre Vornamen kennen, wollen aus eigenem Antrieb ihre Alkoholsucht bekämpfen. Die beiden Initiatoren von »AA«, Bill W. und Bob S. – auch sie bleiben für die Öffentlichkeit anonym – machen die Selbsthilfe zum Therapiekonzept. Auf ihren Sitzungen bekennen sich die Teilnehmer zu ihrer Sucht und versuchen, einander gegenseitig zu beeinflussen (Abb.o.: Saloon; Abb. u.: Konfiszierte Spirituosen zur Zeit der Prohibition).

Juni 1935

1 Sa – Wegen einer Karikatur des italienischen Ministerpräsidenten Benito Mussolini wird die satirische Zeitschrift »Kladderadatsch« in Berlin beschlagnahmt.

2 So – In Montevideo findet ein Attentat auf den Präsidenten von Uruguay, Gabriel Terra, statt. Terra überlebt den Anschlag und überwältigt den Attentäter selbst.

3 Mo – Der französische Dampfer »Normandie«, derzeit das größte Schiff der Welt, gewinnt das »Blaue Band« für die schnellste Nordatlantiküberquerung. → Farbfilm

4 Di – Nur wenige Tage im Amt, tritt der französische Ministerpräsident Fernand Bouisson nach einer finanzpolitischen Abstimmungsniederlage wieder zurück.

5 Mi – Das britische Parlament billigt mit dem Indien-Gesetz eine neue Verfassung für die britische Kolonie Indien. Das Gesetz gewährt eine begrenzte Selbstverwaltung.

6 Do – In Hamburg wird der prominente Kommunistenführer Fritz »Fiete« Schulze hingerichtet. Ihm wurde Hochverrat und Mord an Nationalsozialisten vorgeworfen.

7 Fr – Nach dem Rücktritt des britischen Premierministers James Ramsey MacDonald (Labour Party) bildet der Konservative Stanley Baldwin ein neues Kabinett.

8 Sa – Der Reichsanzeiger veröffentlicht die vierte Ausbürgerungsliste. U.a. wird dem Schriftsteller Bertolt Brecht die deutsche Staatsbürgerschaft entzogen.

9 So – Die US-Sportlerin Helen Stephens läuft in Kansas City (USA) mit 11,6 sec einen inoffiziellen Weltrekord über 100 m.

10 Mo – In Nanking willigt China in ein japanisches Ultimatum ein, das u.a. den Abzug chinesischer Truppen aus dem Nordosten Chinas fordert. → Alkoholsucht

11 Di – Die USA erkennen den liberianischen Präsidenten Edwin Barclay offiziell an, nachdem dieser zugesagt hat, Sklaverei und Zwangsarbeit abzuschaffen.

12 Mi – Kanada beschließt die Schaffung eines Währungausgleichsfonds, der durch Ankauf von Gold und Devisen die kanadische Währung stützen soll. → Gran Chaco

13 Do – Durch einen Punktsieg gegen den US-Boxer Max Baer wird dessen Landsmann James J. Braddock in New York Boxweltmeister im Schwergewicht.

14 Fr – Eine durch Berlin fahrende Kolonne von 60 Autos wirbt unter dem Motto »Wir fahren nur mit heimischen Treibstoffen« für die Verwendung von Holzgas.

15 Sa – Der italienische Ministerrat beschließt die Einführung des »faschistischen Samstags«. Beschäftigte sollen die Arbeitsruhe zur Weiterbildung nutzen.

16 So – Die Spanische Reitschule in Wien feiert ihr 200-jähriges Bestehen. +++ Die zweite Reichstheaterwoche in Hamburg beginnt mit der Aufführung von »Lohengrin«.

17 Mo – Im 65. Stockwerk des Gebäudes der New Yorker Rockefellerstiftung eröffnet das höchstgelegene Nachtlokal der Welt.

18 Di – Eine neue elektrische Schnellzuglokomotive verkürzt die Fahrtzeit zwischen München und Stuttgart um über eine Stunde. → Flottenrüstung

19 Mi – Nach amtlichen Angaben sind in Ceylon in den vergangenen sieben Monaten 81 404 Menschen der Malaria zum Opfer gefallen.

20 Do – Der F. A. Brockhaus-Verlag bringt den »Sprach-Brockhaus«, das erste bebilderte vollständige Wörterbuch der deutschen Sprache, heraus.

21 Fr – In Paris beginnt der »Internationale Schriftstellerkongress für die Verteidigung der Kultur«, an dem u.a. Aldous Huxley und Heinrich Mann teilnehmen.

22 Sa – Ein Gericht in Memmingen verurteilt einen Mann zu zwei Monaten Haft, weil er sich geweigert hatte, die NS-Zeitung »Der Stürmer« zu kaufen.

23 So – Im Endspiel um die deutsche Fußballmeisterschaft in Köln schlägt Vorjahressieger Schalke 04 den VfB Stuttgart 6:4.

24 Mo – Reichserziehungsminister Bernhard Rust ordnet die Zwangsemeritierung des oppositionellen evangelischen Theologen Karl Barth an.

25 Di – Bei einem Unwetter in Großbritannien werden vier Menschen durch Blitzschlag getötet, mehrere Menschen erleiden schwere Brandverletzungen.

26 Mi – Das Reichskabinett beschließt ein »Luftschutzgesetz«. Damit obliegt die Luftverteidigung der Zuständigkeit des Reichsministers für Luftfahrt. → Arbeit

27 Do – Bei einem Fußballländerspiel in Oslo trennen sich die deutsche und die norwegische Mannschaft unentschieden 1:1.

28 Fr – Wolkenbruchartige Regenfälle führen in den japanischen Städten Kyoto und Osaka zu ausgedehnten Überschwemmungen. 100 Menschen ertrinken.

29 Sa – Der italienische Ministerpräsident Benito Mussolini stellt wegen der von Italien provozierten Grenzstreitigkeiten mit Abessinien 30 neue Divisionen auf.

30 So – In einem Fußballländerspiel verliert Deutschland in Stockholm gegen Schweden 1:3. +++ W. Printen auf Sturmvogel gewinnt das Deutsche Derby in Hamburg.

Juli 1935

1 Mo In London erklärt der britische Völkerbundminister Anthony Eden seine Vermittlungsbemühungen im italienisch-abessinischen Konflikt für gescheitert.

2 Di Der schweizerische Bundesrat verbietet das Erscheinen der deutschen Zeitungen »Der Stürmer«, »Der Alemanne« und »Der Reichsdeutsche«.

3 Mi In der Freien Stadt Danzig werden 26 Beamte verhaftet, die als Mitglieder der NSDAP öffentlich Kritik an der Partei geäußert haben.

4 Do Das Kuratorium der »Adolf-Hitler-Spende« fordert deutsche Industriefirmen auf, eine freiwillige Rüstungsabgabe zu leisten.

5 Fr In Washington unterzeichnet US-Präsident Franklin D. Roosevelt ein Gesetz, das Unternehmern verbietet, Arbeiter am Eintritt in eine Gewerkschaft zu hindern.

6 Sa Das polnische Parlament verabschiedet eine neue Wahlordnung, nach der der Staatspräsident seinen Nachfolger selbst bestimmen kann. → Finale

7 So Vor 40 000 Zuschauern besiegt der Boxer Max Schmeling in Berlin Paolino Uzcudun (Spanien) in zwölf Runden nach Punkten.

8 Mo In Berlin wird der Bau von mehreren Kriegsschiffen amtlich bekanntgegeben. Für 1936 sehen die Pläne den Bau eines Flugzeugträgers vor.

9 Di Heinz Rühmann spielt die Hauptrolle in dem Film »Wer wagt – gewinnt«, der in Berlin zur Uraufführung kommt. Die Regie führte Walter Janssen.

10 Mi Der Nationalrat Österreichs ratifiziert das »Habsburgergesetz«. Es ermöglicht Mitgliedern der 1919 ausgewiesenen Kaiserfamilie die Rückkehr.

11 Do Rumänien und die Türkei schließen ein Abkommen, das etwa 10 000 in Rumänien lebenden Moslems die Rückwanderung in die Türkei ermöglicht.

12 Fr Belgien und die Sowjetunion vereinbaren die Aufnahme diplomatischer Beziehungen, die jahrzehntelang unterbrochen gewesen waren.

13 Sa Wegen der Zusammenarbeit mit dem jüdischen Dichter Stefan Zweig muss Richard Strauss als Präsident der deutschen Reichsmusikkammer zurücktreten.

14 So Beim großen Automobilpreis von Belgien in Spa-Francorchamps feiern die beiden Mercedes-Fahrer einen deutschen Doppelsieg. → Linke

15 Mo Auf einer Zeche in Lengede fordert ein Grubenunglück zehn Tote und 30 Verletzte. +++ In Berlin kommt es zu pogromartigen Ausschreitungen gegen Juden.

16 Di Der Vatikan protestiert in einer Note gegen den zunehmenden Druck, den deutsche staatliche Stellen auf praktizierende Katholiken ausüben.

17 Mi Frankreichs Ministerpräsident Pierre Laval legt in Paris ein Notprogramm vor, durch das 11 Mrd. Franc (1,8 Mrd. Reichsmark) eingespart werden sollen.

18 Do Die deutsche NS-Presse weist auf das zehnjährige Jubiläum von Adolf Hitlers »Mein Kampf« hin. Das Buch wurde zwei Mio. Mal verkauft.

19 Fr In Fort Lauderdale (US-Bundesstaat Florida) lynchen 100 Angehörige des Ku-Klux-Klan einen Schwarzen, der eine weiße Frau angegriffen haben soll.

20 Sa Die Gestapo löst in Berlin drei Artistenverbände auf – wegen der, wie es heißt, »in ihnen tätigen staatsfeindlichen Elemente«.

21 So Die US-Schwimmerin Laura Kight stellt in Manhattan Beach mit 11:34,4 min einen Weltrekord über 800-m-Freistil auf.

22 Mo In Gelsenkirchen wird das Hydrierwerk Scholven AG gegründet. Hier soll in Zukunft Kohle zu Benzin verflüssigt werden.

23 Di Frankens Gauleiter Julius Streicher nennt in einer Rede als Grund für die Ausgrenzung von Juden: »All das wird bei uns im Interesse der Juden gemacht.«

24 Mi Im diesjährigen Davis-Pokal-Wettbewerb besiegt die USA die deutsche Tennis-Mannschaft um Gottfried von Cramm in Wimbledon 4:1.

25 Do »Eva«, ein Operetten-Film mit Magda Schneider, Hans Söhnker und Hans Moser in den Hauptrollen, hat in Berlin Premiere. → China

26 Fr Bei der Abfahrt des deutschen Schiffes »Bremen« kommt es in New York zu antideutschen Kundgebungen, u.a. wird die Hakenkreuzfahne heruntergerissen.

27 Sa Bei einer Demonstration in Detroit wenden sich mehr als tausend US-Hausfrauen gegen die 20%ige Erhöhung der Fleischpreise.

28 So Der belgische Radrennfahrer Romain Maes gewinnt vor Ambrogio Morelli aus Italien und dem Belgier Félicien Verwaeke die Tour de France.

29 Mo Zur Bekämpfung der Unruhen in der italienischen Kolonie Eritrea im Zuge des Abessinienkonflikts führt Italiens Regierung das Standrecht ein.

30 Di Großbritannien gewinnt durch einen 5:0-Sieg gegen die USA zum achten Mal den Davis-Cup. +++ Die belgische Regierung erlässt ein Ausbürgerungsgesetz.

31 Mi Der Völkerbund tritt in Genf zu einer außerordentlichen Sitzung zusammen, um über eine Lösung des italienisch-abessinischen Konfliktes zu beraten.

30. August 1935

Stachanow setzt Höchstmarke

Soviel Kohle hat Alexej G. Stachanow (s. Abb.) noch nie abgebaut: Der in einer Kohlegrube des Donezbeckens beschäftigte Bergmann fördert an einem einzigen Tag sagenhafte 102 t – und übertrifft damit die gesteckte Norm um stolze 1300%. Allerdings entstand dieser Rekord nicht aus einer spontanen Arbeitswut. Vielmehr ist er sorgfältig vorbereitet worden. Der Muskelrekord des Hauers geht in die Geschichte ein, weil die sowjetische Regierung die Höchstleistung propagandistisch ausschlachtet. Mit der sog. Stachanow-Bewegung sollen fortan Kolleginnen und Kollegen zu Höchstleistungen angestachelt und eine Produktivitätssteigerung in der Industrie erzielt werden. Offiziell gibt Stachanow an, von einer Rede des Parteichefs Josef W. Stalin zu der Leistungsexplosion getrieben worden zu sein. Darin hatte Stalin die Erhöhung der bisherigen Arbeitsleistung verlangt.

31. August 1935

USA: Sieg für Isolationisten

Mit Unterzeichnung des sog. Neutralitätsgesetzes muss US-Präsident Franklin D. Roosevelt eine innenpolitische Niederlage einstecken. Das Gesetz schreibt ein Waffenembargo gegen kriegführende Staaten vor und ist Ausdruck der vorherrschenden Haltung, dass sich die USA aus weltpolitischen, vor allem aus europäischen Konflikten heraushalten solle. Eine erregte öffentliche Diskussion über die Rolle der US-Waffenindustrie und die als »Sündenfall« apostrophierte Teilnahme der USA am Ersten Weltkrieg war dem Gesetz vorausgegangen. Aktuelle Anlässe für die Initiative sind die Aufrüstung in Deutschland und die aggressive Haltung Italiens gegenüber Abessinien.

14. Juli 1935

Linke im Gleichschritt

In Frankreich rücken angesichts der immer stärker werdenden faschistischen Gruppen die linken Parteien näher zusammen. Anlässlich des französischen Nationalfeiertags demonstrieren in Paris 150 000 Menschen für eine Volksfront aus Kommunisten, Sozialisten und Liberalen. Im Gegensatz zur Einheitsfront umfasst eine Volksfront neben kommunistischen und sozialdemokratischen u.a. auch linksbürgerliche Parteien. Die vereinigten Linksparteien demonstrieren fünf Stunden lang für eine Zusammenarbeit. Bislang präsentierten sich Parteien der Mitte und der Linken vor allem zerstritten. Durch die faschistischen »Ligen« wuchs ständig die Gefahr für die Republik. Im Februar 1934 wurde Frankreich von den blutigsten Unruhen seit Jahrzehnten erschüttert. Das Land geriet an den Rand eines Bürgerkriegs. Die Rechten sahen ihre Stunde zum Sturz der Re-

Kinder und Jugendliche demonstrieren mit gereckten Fäusten für die Volksfront.

6. Juli 1935

Finale ist Endstation

Erst Boris Becker ist 1985 vergönnt, was Gottfried von Cramm in diesem wie in den beiden folgenden Jahren verpasst. Als erster Deutscher erreicht von Cramm zwar das Finale der All-England-Tennismeisterschaften in Wimbledon, unterliegt jedoch dem britischen Vorjahressieger Fred Perry 2:6, 4:6 und 4:6 (Abb.: Spieler in Wimbledon, u.M. von Cramm).

Gottfried von Cramm

deutscher Tennisspieler, * 7.7.1909 Hannover, † 7.11.1976 Kairo

Von Cramm ist der erfolgreichste deutsche Tennisspieler vor dem Zweiten Weltkrieg. Obwohl er dreimal im Endspiel von Wimbledon steht, kann er das Turnier in der Einzelkonkurrenz nicht gewinnen. Der »Tennisbaron« – wegen seiner Fairness weltweit geschätzt – heiratet 1955 die Woolworth-Erbin Barbara Hutton.

- 1932-35, 48/49: Internationaler Deutscher Tennismeister
- 1933: Wimbledonsieger im Mixed mit Hilde Krahwinkel
- 1935-37: Wimbledon-Finalteilnahme im Einzel

Sozialistenführer Léon Blum führt 1936 die erste Volksfrontregierung an.

publik gekommen. Unter dem Eindruck der Ereignisse stellten die linken Parteien ihre Differenzen zurück. Am 27. Juli 1934 schlossen Sozialisten und Kommunisten einen »Aktionspakt gegen den Faschismus«.
Im Vorbereitungskomitee für die Demonstration zum Nationalfeiertag des Jahres 1935 saßen zum ersten Mal neben Kommunisten und Sozialisten auch Vertreter der »Parti Radical«, der wichtigsten bürgerlichen Partei, die hinter der Republik steht. Auf dem Demonstrationszug durch die Hauptstadt geloben die linken Demonstranten, auch künftig vereint gegen die Rechte aufzutreten. Ihre Forderung nach einem Bewaffnungsverbot für die »Ligen« wird am 6. Dezember aufgenommen. Die französische Nationalversammlung billigt drei Gesetzesvorlagen der Regierung Laval, mit denen die Wehrverbände bekämpft werden sollen. Zum einen wird die gesetzliche Grundlage zur Auflösung von Vereinigungen geschaffen, die den Charakter von Privatmilizen haben oder zu bewaffneten Kundgebungen aufrufen. Ein zweites Gesetz untersagt die Bewaffnung bei politischen Kundgebungen. Die Annäherung der bürgerlichen »Parti Radical« an die marxistischen Parteien legt den Grundstock für die erste europäische Volksfrontregierung. Im April und Mai 1936 gelingt der Volksfront aus Sozialisten, Kommunisten und Liberalen unter Léon Blum ein klarer Sieg bei den Wahlen zur Deputiertenkammer. Die neue Regierung löst im Juni das konservative Kabinett von Ministerpräsident Pierre Laval ab.

25. Juli 1935

China versinkt in den Fluten

Überschwemmung in China: Nach sintflutartigen Regenfällen treten die Flüsse Jangtsekiang und Hoangho über die Ufer und überfluten weite Teile der Provinz Hupeh. Nach offiziellen Angaben kommen bei dieser gewaltigen Überschwem-

mungskatastrophe mehr als 200 000 Menschen ums Leben. Mehr als 7 Mio. Menschen haben fluchtartig ihre Häuser verlassen und sich in provisorische Unterkünfte begeben (s. Abb.). Neben der Provinz Hupeh sind auch die Provinzen Hunan, Kiangsi und Anhwei von der Naturkatastrophe schwer getroffen worden.

3. August 1935

Hochalpenstraße eröffnet

Ingenieure und Arbeiter haben ganze Arbeit geleistet und die seit langem geforderte Nord-Süd-Verbindung für den Autoverkehr geschaffen. Die Großglockner-Hochalpenstraße zwischen Brenner und Radstädter Tauern, die Österreich 25,8 Mio. Schilling gekostet hat, wird eingeweiht. Regierungsmitglieder fahren zum Ehrendenkmal für die beim Bau verunglückten Straßenarbeiter, wo die Eröffnungsfeierlichkeiten stattfinden (s. Abb.). Die technisch bedeutsamsten Bauwerke sind der 117 m lange Mitteltörltunnel und der 312 m lange Hochtortunnel. Die Straße, die eine Durchschnittssteigung von 10% aufweist, kann nur gegen eine Gebühr befahren werden. 15 große Aussichtsplätze bieten den Urlaubern einen herrlichen Ausblick.

August 1935

1 Do In einigen deutschen Kurorten kommt es zu vereinzelten Übergriffen der lokalen Hitlerjugend gegen rauchende Frauen.

2 Fr Adolf Hitler verleiht der Stadt München die Bezeichnung »Hauptstadt der Bewegung«. Damit soll an die Anfänge des Nationalsozialismus erinnert werden.

3 Sa Nach 1800 km bricht der sowjetische Pilot Sergej Lewanewskij den Versuch ab, über den Nordpol nach San Francisco zu fliegen. → Hochalpenstraße

4 So In Washington protestiert der japanische Botschafter Saito gegen eine Karikatur des japanischen Kaisers Hirohito in der US-Zeitschrift »Vanity Fair«.

5 Mo Bei Cravent in Frankreich stürzt das einzige französische Stratosphärenflugzeug bei dem Versuch ab, in einer Höhe von über 10 000 m zu fliegen.

6 Di In mehreren Städten Frankreichs kommt es wegen der angekündigten Sparmaßnahmen zu Auseinandersetzungen zwischen Kommunisten und der Polizei.

7 Mi Das Bundesorgan des Nationalsozialistischen Deutschen Frontkämpferbundes, »Der Stahlhelm«, wird reichsweit verboten.

8 Do In einem Ausscheidungskampf um die Box-Weltmeisterschaft besiegt der US-Boxer Joe Louis seinen Landsmann King Lewinsky durch k.o.

9 Fr Frankreichs Ministerpräsident Pierre Laval versammelt die Präfekten aller 90 Bezirke zur Diskussion einer Haushaltssanierung in Paris.

10 Sa In Budapest beginnen die 6. Studenten-Weltmeisterschaften. +++ Reichsinnenminister Wilhelm Frick verbietet »arisch-jüdische Mischehen«.

11 So Nach einem Streit über militärische Ziele wird der administrative Leiter der japanischen Armee, Teteuzan Nagata, von seinem Adjutanten erschlagen.

12 Mo Der Ministerpräsident der Südafrikanischen Union, Jan Christiaan Smuts, fordert den Völkerbund auf, im italienisch-abessinischen Konflikt zu vermitteln.

13 Di Ein Staudammbruch bei Orada (nördlich von Genua) führt zu einer Überschwemmungskatastrophe mit mehreren hundert Todesopfern.

14 Mi US-Präsident Franklin D. Roosevelt unterzeichnet in Washington ein Sozialversicherungsgesetz, das u.a. Menschen ab 65 Jahren eine Rente garantiert.

15 Do In mehreren Städten Albaniens kommt es zu Unruhen. Die Aufrührer fordern den Thronverzicht von König Achmed Zogu.

16 Fr Propagandaminister Joseph Goebbels eröffnet in Berlin die 12. Deutsche Rundfunkausstellung und kündigt eine Mio. neue Volksempfänger an.

17 Sa Deutschland gewinnt in München ein Fußballländerspiel gegen Finnland mit 6:0. +++ Opel finanziert den Urlaub von 15 000 Werksangehörigen.

18 So Das Reichsinnenministerium löst alle Freimaurerlogen auf und beschlagnahmt ihr Vermögen. Als Begründung werden »staatsfeindliche Ziele« angegeben.

19 Mo Auf der Funkausstellung in Berlin zerstört ein Großfeuer die Halle 4 und das Restaurant des Funkturms. Das Unglück fordert drei Todesopfer.

20 Di Dem US-Wissenschaftler Herbert McLean Evans von der Universität von Kalifornien gelingt es erstmals, ein reines Vitamin-E-Kristall zu isolieren.

21 Mi Der US-Senat in Washington ermächtigt die Regierung, Waffenausfuhren in alle kriegführenden Staaten per Gesetz zu verbieten.

22 Do Im kalifornischen Santa Rosa gehen über 200 sog. Vigilanten, konservative Schlägertrupps, gewaltsam gegen angeblich kommunistische Saisonarbeiter vor.

23 Fr In der abessinischen Hauptstadt Addis Abeba ergeht ein Aufruf an alle Männer zwischen 15 und 80 Jahren, sich für den Krieg gegen Italien bereitzuhalten.

24 Sa Die Revue »Runter mit'n Zylinder« von Carl Bretschneider und Rudi Raller kommt an den Panorama-Künstlerspielen in Leipzig zur Uraufführung.

25 So Ministerpräsident Benito Mussolini kündigt den Austritt Italiens aus dem Völkerbund an, wenn dieser moralische Sanktionen gegen sein Land beschließe.

26 Mo Luxemburg und die Sowjetunion nehmen diplomatische Beziehungen zueinander auf. +++ In Berlin hat der Film »Stradivari« von Géza von Bolváry Premiere.

27 Di Der deutsche Gesandte in Wien, Franz von Papen, beschwert sich bei der österreichischen Regierung über Presseanwürfe gegen Deutschland.

28 Mi Papst Pius XI. bezeichnet den bevorstehenden Krieg zwischen Italien und Abessinien als »Eroberungskrieg«, der »in unseren Augen ungerecht ist«.

29 Do Die belgische Königin Astrid verunglückt bei einem Autounfall im schweizerischen Küssnacht tödlich. Sie verbrachte dort ihren Sommerurlaub.

30 Fr In Paris erlässt der zuständige Polizeipräfekt Verordnungen zum Lärmschutz. U.a. werden Nachtfahrten schwerer Motorräder verboten. → Stachanow

31 Sa Überraschend sichert der abessinische Kaiser Haile Selassie I. einer US-Firma die Ausbeutung der Bodenschätze des Landes zu. → Isolationisten

September 1935

1 So In allen katholischen Kirchen Deutschlands wird ein Hirtenbrief verlesen, der einen Kampfaufruf gegen die Kirchenpolitik des NS-Regimes darstellt.

2 Mo Weil er das von ihm befehligte brennende Schiff verließ, »bevor es noch hoffnungslos verloren war«, wird in der UdSSR ein Kapitän zum Tode verurteilt.

3 Di Der Rennfahrer Malcolm Campbell (USA) erreicht mit 484,609 km/h einen Geschwindigkeitsrekord. +++ In Florida fordert ein Hurrikan 200 Menschenleben.

4 Mi In einer Denkschrift an den Völkerbund in Genf rechtfertigt die italienische Regierung ihre aggressive Haltung gegenüber Abessinien.

5 Do Bei den Herbstmanövern der französischen Streitkräfte in der Provinz Champagne sterben zehn Soldaten bei einem Flugzeugabsturz in dichtem Nebel.

6 Fr In Deutschland wird der Verkauf von Zeitschriften und Zeitungen verboten, die sich an die jüdische Bevölkerung richten.

7 Sa Der Schweizer M. Schreiber überquert als erster Drachenflieger die Alpen – vom Berner Oberland bis ins italienische Bellinzona.

8 So Huey P. Long, umstrittener Senator des US-Bundesstaates Louisiana, wird in Baton Rouge von einem Attentäter erschossen.

9 Mo Die Niederländerin Willie den Ouden verbessert ihren eigenen Weltrekord über 200-m-Freistil in Kopenhagen von 2:28,6 min auf 2:25,3 min.

10 Di Der deutsche Reichsfinanzminister Johann Ludwig Graf Schwerin von Krosigk beziffert die langfristigen Reichsschulden auf 23,8 Mrd. Reichsmark.

11 Mi In Nürnberg legt Reichskanzler Adolf Hitler den Grundstein zum Bau der Kongresshalle auf dem Parteitagsgelände. Die Halle soll 60 000 Menschen fassen.

12 Do Der in London tagende Weltkongress der Ostjuden ruft in einer Resolution zum weltweiten Boykott von deutschen Waren auf.

13 Fr Jesse Owens (USA) läuft bei einem Leichtathletikwettkampf in New York mit 22,6 sec einen Weltrekord über 200-m-Hürden.

14 Sa In Budapest beginnt eine internationale Konferenz, die sich mit dem Ausbau der interkontinentalen Straße London – Istanbul beschäftigt. → Hitler

15 So Bei einem Fußballländerspiel in Breslau gewinnt die deutsche Mannschaft gegen die Nationalelf von Polen mit 1:0. → Rassismus

16 Mo Die Londoner Versicherungsunternehmen geben bekannt, dass aufgrund der internationalen Lage Kriegsrisiken nur mit Zusatzversicherung abzudecken sind.

17 Di Manuel Luis Quezón y Molina wird zum ersten Präsidenten der Philippinen gewählt, nachdem das Land von den USA die Teilautonomie erhalten hat.

18 Mi In Deutschland wird der Samstag zum »Staatsjugendtag« erklärt, an dem Schüler eine »staatspolitische Erziehung« erhalten sollen.

19 Do Mit der Einrichtung eines Senders auf dem Eiffelturm beginnt ein regelmäßiges Fernsehprogramm für die Pariser Region.

20 Fr Die Uraufführung des Films »Das Einmaleins der Liebe« mit Luise Ullrich und Paul Hörbiger in den Hauptrollen findet in Berlin statt.

21 Sa In einer Erklärung rechtfertigt die britische Regierung die Flottenkonzentration im Mittelmeer mit der anhaltenden antibritischen Pressekampagne Italiens.

22 So Der Deutsche Rudolf Caracciola gewinnt auf Mercedes den großen Preis von Spanien und sichert sich den Europameistertitel.

23 Mo In 22 Bundesstaaten der USA treten 400 000 Braunkohlearbeiter in einen Streik. +++ Für das Winterhilfswerk werden gesetzlich Mindestspenden festgelegt.

24 Di Im New Yorker Yankee-Stadion schlägt der US-Boxer Joe Louis den ehemaligen Boxweltmeister aller Klassen, Max Baer, in der vierten Runde k.o.

25 Mi Unter der Aufsicht des Wissenschaftsministeriums wird das »Reichsinstitut für die Geschichte des neuen Deutschlands« gegründet.

26 Do Die Völkerbundversammlung in Genf kündigt nicht näher definierte Sanktionen an, falls Italien einen Krieg gegen Abessinien beginnen sollte.

27 Fr In Kiel wird der erste deutsche U-Boot-Verband der neuen Flotte, die »Unterseebootflottille Weddigen«, in Dienst gestellt.

28 Sa Das Ministerium für Volksaufklärung verbietet den deutschen Zeitungen, über das Einsturzunglück beim Bau einer U-Bahnlinie in Berlin zu berichten.

29 So Bei den Landtagswahlen im Memelgebiet erhält die deutsche Einheitsliste 81% der Stimmen, was als Votum zur Wiedereingliederung ins Deutsche Reich gilt.

30 Mo In Deutschland gibt es aufgrund von Versorgungsschwierigkeiten praktisch keine Butter, Margarine und kein Schweineschmalz. → »Porgy and Bess«

14. September 1935

Hitlers Ideal der Jugend

»In unseren Augen, da muss der deutsche Junge der Zukunft schlank und rank sein, flink wie Windhunde, zäh wie Leder und hart wie Kruppstahl«, beschwört Reichskanzler Adolf Hitler (s. Abb.) in einer immer wieder von frenetischem Jubel unterbrochenen propagandistischen Rede auf dem Reichsparteitag der NSDAP in Nürnberg sein Ideal der Jugend. Am »Ehrentag der deutschen Jugend« entwickelt der »Führer« vor 54 000 Jungen und Mädchen der Hitlerjugend und dem Bund Deutscher Mädel darin die Ziele der nationalsozialistischen Erziehung. Hitler ruft »seine Jugend« nachdrücklich zu Disziplin und Gehorsam auf. Die von Seiten des Staates propagierte körperliche Abhärtung der Jugendlichen hat nach Auffassung der NS-Ideologen die Herausbildung eines an physischer Konstitution, Mut und Härte überlegenen deutschen Soldaten zum Ziel. Diese Schulung, die in allen nationalsozialistischen Jugendorganisationen und für den Bereich des Sportunterrichts durch das neueingerichtete »Amt K« des Erziehungsministeriums gefördert wird, kommt einer vormilitärischen Ausbildung gleich, die lückenlos von frühester Jugend an auf den Kriegsdienst vorbereitet.

3. Oktober 1935

Italien besetzt Abessinien

Italiens »Duce« und Ministerpräsident Benito Mussolini setzt seine imperialistischen Ziele in die Tat um. Truppen des Faschistenführers marschieren von den italienischen Kolonien Eritrea und Somaliland in das unabhängige abessinische Kaiserreich ein. Damit beginnt der seit langem vorbereitete Kolonialkrieg gegen den ostafrikanischen Staat. Angebliche Grenzverletzungen liefern den Vorwand, um den italienischen Truppen den Marschbefehl zu erteilen (Abb.: Äthiopische Krieger vor einem Bild Mussolinis).

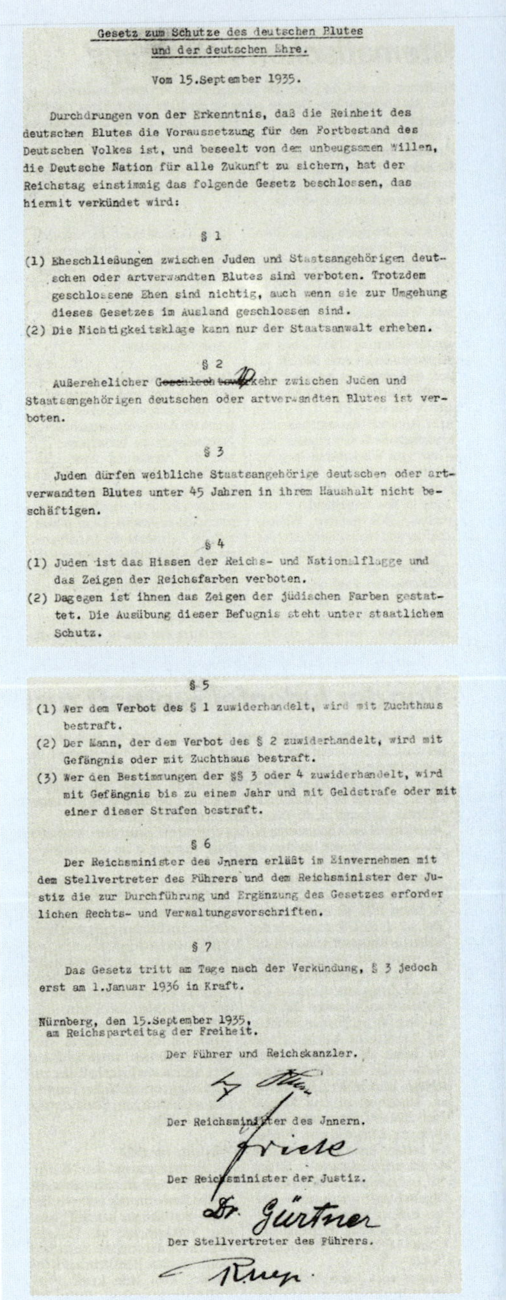

Gesetz zum Schutze des deutschen Blutes und der deutschen Ehre.

Vom 15.September 1935.

Durchdrungen von der Erkenntnis, daß die Reinheit des deutschen Blutes die Voraussetzung für den Fortbestand des Deutschen Volkes ist, und beseelt von dem unbeugsamen Willen, die Deutsche Nation für alle Zukunft zu sichern, hat der Reichstag einstimmig das folgende Gesetz beschlossen, das hiermit verkündet wird:

§ 1

(1) Eheschließungen zwischen Juden und Staatsangehörigen deutschen oder artverwandten Blutes sind verboten. Trotzdem geschlossene Ehen sind nichtig, auch wenn sie zur Umgehung dieses Gesetzes im Ausland geschlossen sind.
(2) Die Nichtigkeitsklage kann nur der Staatsanwalt erheben.

§ 2

Außerehelicher ~~Geschlechtsv~~ Verkehr zwischen Juden und Staatsangehörigen deutschen oder artverwandten Blutes ist verboten.

§ 3

Juden dürfen weibliche Staatsangehörige deutschen oder artverwandten Blutes unter 45 Jahren in ihrem Haushalt nicht beschäftigen.

§ 4

(1) Juden ist das Hissen der Reichs- und Nationalflagge und das Zeigen der Reichsfarben verboten.
(2) Dagegen ist ihnen das Zeigen der jüdischen Farben gestattet. Die Ausübung dieser Befugnis steht unter staatlichem Schutz.

§ 5

(1) Wer dem Verbot des § 1 zuwiderhandelt, wird mit Zuchthaus bestraft.
(2) Der Mann, der dem Verbot des § 2 zuwiderhandelt, wird mit Gefängnis oder mit Zuchthaus bestraft.
(3) Wer den Bestimmungen der §§ 3 oder 4 zuwiderhandelt, wird mit Gefängnis bis zu einem Jahr und mit Geldstrafe oder mit einer dieser Strafen bestraft.

§ 6

Der Reichsminister des Jnnern erläßt im Einvernehmen mit dem Stellvertreter des Führers und dem Reichsminister der Justiz die zur Durchführung und Ergänzung des Gesetzes erforderlichen Rechts- und Verwaltungsvorschriften.

§ 7

Das Gesetz tritt am Tage nach der Verkündung, § 3 jedoch erst am 1.Januar 1936 in Kraft.

Nürnberg, den 15.September 1935,
am Reichsparteitag der Freiheit.

Der Führer und Reichskanzler.

Der Reichsminister des Jnnern.

Der Reichsminister der Justiz.

Dr. Gürtner

Der Stellvertreter des Führers.

13. Oktober 1935

»Eintopf-Sonntag« für alle

In Deutschland wird die Opferbereitschaft des Einzelnen zur Stärkung der »Volksgemeinschaft« auf die Probe gestellt. Im ganzen Land findet der erste »Eintopf-Sonntag« zugunsten des Winterhilfswerks statt (Abb.: Werbeplakat). Die Bevölkerung wird aufgefordert, an diesem Tag nur Eintopfgerichte zu essen und das gegenüber einer üppigen Sonntagsmahlzeit eingesparte Geld der Hilfsorganisation zu spenden. Allein in Berlin sammeln 75 000 freiwillige Helfer 375 000 Reichsmark für das Winterhilfswerk. In allen Städten geben offizielle Stellen Eintopfmahlzeiten aus. Jeder Deutsche soll am »Tisch der Volksgemeinschaft« Platz nehmen.

15. September 1935

Rassismus wird Gesetz

Mit Verkündung der Nürnberger »Rassegesetze« auf dem siebten Reichsparteitag der NSDAP wird eine neue Phase in der Diskriminierung von Juden in Deutschland eingeleitet. Das »Reichsbürgergesetz« und das »Gesetz zum Schutz des deutschen Blutes und der deutschen Ehre« (s. Abb. l.) geben der Verfolgung eine juristische Grundlage.

Reichskanzler Adolf Hitler hatte zwei Tage vor dem Parteitag das Innenministerium angewiesen, entsprechende Gesetze zur Regelung der »Judenfrage« zu entwerfen. Der ausschließlich aus NSDAP-Delegierten bestehende Reichstag wird zur Verabschiedung der Gesetze eilends von Berlin nach Nürnberg einberufen. Das »Reichsbürgergesetz« unterteilt deutsche Staatsbürger in »Staatsangehörige« und »Reichsbürger«. Nur Arier sollen künftig »Reichsbürger« mit vollen politischen Rechten sein. Juden werden zu Bürgern zweiter Klasse degradiert. Nach dem »Gesetz zum Schutz des deutschen Blutes und der deutschen Ehre« sind Eheschließungen sowie »außerehelicher Verkehr zwischen Juden und Staatsangehörigen deutschen oder artverwandten Blutes« verboten. Bei Zuwiderhandlungen droht Zuchthausstrafe. Nicht selten führt »Rassenschande« zur direkten Einlieferung in ein Konzentrationslager. Eine Sonderbestimmung des Gesetzes untersagt Juden die Beschäftigung von »weiblichen Staatsangehörigen deutschen oder artverwandten Blutes unter 45 Jahren«. Seit der Machtergreifung der Nationalsozialisten haben Willkürakte und Terrorisierung der jüdischen Bevölkerung in Deutschland kontinuierlich zugenommen. Mit Hilfe gesetzlicher Bestimmungen wurden u.a. Hochschullehrer und Juristen aus ihren Berufen verdrängt.

Unnachgiebig wird »Rassenschande« verfolgt.

Antijüdische Gesetze 1935-39

Datum	Inhalt
1935	
15. September	»Reichsbürgergesetz« und »Gesetz zum Schutze des deutschen Blutes und der deutschen Ehre«
1938	
26. April	Verordnung über die Anmeldung jüdischen Vermögens
14. Juni	Anmeldung jüdischer Gewerbebetriebe (3. Verordnung zum Reichsbürgergesetz)
25. Juli	Streichung der Approbation der Ärzte (4. Verordnung)
17. August	Namensänderungsverordnung für Juden
27. September	Verbot für jüdische Rechtsanwälte
5. Oktober	Kennzeichnungspflicht für Pässe von deutschen Juden
31. Oktober	Verbot für jüdische Patentanwälte (6. Verordnung)
28. November	Polizeiverordnung über Aufenthaltsbeschränkungen
1939	
17. Januar	Berufsverbot für Apotheker sowie Zahn- und Tierärzte

12. Oktober 1935

Jazz nur im Untergrund

Die nach nationalsozialistischem Kulturverständnis verpönte Jazzmusik wird in Deutschland verboten. Auf der Intendantentagung im Münchener Funkhaus untersagt Reichssendeleiter Eugen Hadamovsky dem gesamten deutschen Rundfunk das Spielen von sog. Niggerjazz. Trotz des Verbots wird die beliebte Musik in verschiedenen Klubs aber auch weiterhin gespielt. Gleichzeitig gibt Hadamovsky die Einrichtung eines neuen Prüfungsausschusses für deutsche Tanzmusik bekannt. In der Praxis ist die gesamte ausländische Unterhaltungsmusik von dem Verbot betroffen. Die Rhythmik des Jazz widerspricht allen Ordnungsvorstellungen nationalsozialistischer Musikkritiker, die deutsche Ohren vor jeglichen »artfremden« Einflüssen schützen wollen. Die Mitte der 30er Jahre international dominierende Jazz-Musik gilt dem NS-Regime wegen ihrer afro-amerikanischen Wurzeln als »fremdrassig«.

30. September 1935

Premiere für »Porgy and Bess«

Musikalisch und inhaltlich geht George Gershwins Oper »Porgy and Bess«, die in Boston uraufgeführt wird, neue Wege. Schauplatz ist eine Kleinstadt in den Südstaaten der USA, die Protagonisten der tragisch-romantischen Liebesgeschichte sind Schwarze. Gershwin, der durch seine Bekanntschaft mit Béla Bartók und Igor Strawinsky zur Komposition einer Oper angeregt wurde, verwendet in dem musical-ähnlichen Werk Elemente von Gospel, Spiritual, Blues und Jazz. Das Libretto verfasste Edwin Du Bose Heyward nach seiner Novelle »Porgy«.

Oktober 1935

1 Di In einem Festakt im Kölner Rathaus proklamiert Oberbürgermeister Günter Riesen die Stadt zur »Hansestadt«.

2 Mi Nach einem gescheiterten Armeeputsch gegen das Regime von König Boris III. verhängt die bulgarische Regierung den Ausnahmezustand über das Land.

3 Do In Moskau beginnt die aus Tarnungsgründen sog. Brüsseler Konferenz der im Exil agierenden Kommunistischen Partei Deutschlands (KPD). → Abessinien

4 Fr Bei zwei aufeinander folgenden Schlagwetterexplosionen in der Herner Zeche »Mont Cenis« kommen sieben Menschen ums Leben.

5 Sa Der britische Rennfahrer Richard Shuttleworth (Alfa Romeo) siegt überraschend beim großen Preis von England in Donington Park.

6 So Auf dem Bückeberg bei Hameln findet vor einer Mio. Teilnehmern die Erntedankkundgebung der deutschen Regierung statt.

7 Mo In New York wird ein Schutzverband für deutsche Schriftsteller im US-Exil gegründet. Ehrenvorsitzender ist Thomas Mann.

8 Di Die »Deutsche Burschenschaft«, Dachverband von 110 studentischen Verbindungen in Deutschland, löst sich auf Druck der NSDAP selbst auf.

9 Mi In London und New York hat die Shakespeare-Verfilmung »Sommernachtstraum« Premiere, die unter der Regie von Max Reinhardt entstand.

10 Do Der Schweizer Theologe Karl Barth wird in Wuppertal festgenommen und aus Deutschland ausgewiesen. Er tritt für die oppositionelle Bekennende Kirche ein.

11 Fr Wegen des Überfalls auf Abessinien beschließt der Völkerbund in Genf Sanktionen gegen Italien, die aber nur halbherzig befolgt werden.

12 Sa In Anwesenheit des Luftfahrtministers Hermann Göring wird in Berlin das Richtfest für das neue Reichsluftfahrtministerium gefeiert. → Jazz

13 So Das Drama »Doña Rosita bleibt ledig oder Die Sprache der Blumen« von Federico García Lorca hat in Barcelona Premiere. → »Eintopf-Sonntag«

14 Mo In Ankara verfügt die türkische Regierung die Auflösung aller Freimaurerlogen in der Türkei und die Überführung ihres Besitzes in Staatseigentum.

15 Di Aus den Wahlen zum kanadischen Parlament geht die liberale Partei als Sieger hervor. Das Amt des Premierministers erhält William Lyon Mackenzie King.

16 Mi Der Polizeipräsident von Nürnberg, Bruno Martin, weist darauf hin, dass zu schnell fahrende Autofahrer in Konzentrationslager eingewiesen würden.

17 Do In Wien bildet der österreichische Bundeskanzler Kurt Schuschnigg seine zweite Regierung. Schuschnigg vertritt die Idee des autoritären Ständestaates.

18 Fr Professor Leopold Ružička aus Zürich gibt in New York bekannt, dass ihm die künstliche Herstellung des männlichen Sexualhormons Testosteron gelungen sei.

19 Sa In Berlin wird das »Reichsinstitut für Geschichte des Neuen Deutschlands« feierlich eröffnet. Es dient der geschichtlichen Glorifizierung des NS-Regimes.

20 So Der »Lange Marsch« Mao Tse-tungs und seiner kommunistischen Armee geht in Yenan zu Ende. Mao war vor den Truppen Chiang Kai-sheks geflohen.

21 Mo Argentinien tritt dem Internationalen Gerichtshof in Den Haag bei. Das südamerikanische Land ist seit 1920 auch Mitglied im Völkerbund.

22 Di Am Kölner Opernhaus haben die Tanzbilder »Georgica« von Werner Egk Premiere. +++ Die Exil-SPD wendet sich gegen die Einheitsfront mit der KPD.

23 Mi Theodor Adrian von Renteln wird zum Leiter des Obersten Disziplinarehrenhofes der Deutschen Arbeitsfront ernannt.

24 Do Ein Erlass des Propagandaministeriums verbietet es, Namen jüdischer Gefallener auf Gedächtnistafeln und Kriegsdenkmälern anzubringen.

25 Fr Ein einwöchiger Untertagestreik der Bergarbeiter in Süd-Wales geht zu Ende. Er richtete sich gegen die Beschäftigung von nichtorganisierten Arbeitern.

26 Sa Wegen Lebensmittelknappheit werden im Saarland fleisch- und butterlose Tage angeordnet. +++ In Düsseldorf hat die Operette »Liebesolympiade« Premiere.

27 So Albert Einstein und Thomas Mann befürworten die Vergabe des Friedensnobelpreises an den inhaftierten deutschen Publizisten Carl von Ossietzky.

28 Mo 2000 Menschen sterben bei einer Überschwemmungskatastrophe auf Haiti. Eine Woche lang hatte ein Hurrikan große Verwüstungen angerichtet.

29 Di In Bolivien erregt ein Skandal um die US-Firma Standard Oil Aufsehen; sie hatte heimlich eine Pipeline vom Bermejo bis an die argentinische Grenze gebaut.

30 Mi In Berlin wird eine Ordensschwester zu zehn Jahren Zuchthaus verurteilt, weil sie Kirchengelder außer Landes geschafft hatte.

31 Do Der Verband der Evangelischen Gesellenvereine Deutschlands löst sich unter dem anhaltenden Druck der NSDAP selbst auf.

November 1935

1 Fr Während einer Polizeiaktion gegen kommunistische Geheimorganisationen werden in Berlin mehr als 60 Personen verhaftet. → Deutsche

2 Sa Bei einem internationalen Wettbewerb in Budapest stellt der US-Schwimmer Adolphe Kiefer in 5:22,6 min einen Weltrekord über 400-m-Rücken auf.

3 So In Griechenland votieren bei einer gelenkten Volksabstimmung 95% der Bevölkerung für die Wiedereinführung der Monarchie unter König Georg II.

4 Mo In Deutschland wird bekannt, dass eine Entrechtung der Juden auf wirtschaftlichem Gebiet bevorstehe. Es kommt zu zahlreichen Geschäftsverkäufen.

5 Di Marianne Hoppe spielt in dem Spielfilm »Anschlag auf Schweda« die Hauptrolle. Die Uraufführung findet in Berlin statt.

6 Mi Um Boykotten bei den Olympischen Spielen in Berlin entgegenzuwirken, verspricht Hitler, antijüdische Zeichen während der Spiele zu beseitigen.

7 Do Wegen seiner Konkurrenz zur SA wird der Soldatenbund »Stahlhelm« von Reichsinnenminister Wilhelm Frick endgültig aufgelöst.

8 Fr Italienische Truppen erobern in Abessinien die Stadt Makale. +++ In München findet eine Gedenkfeier zum gescheiterten Hitler-Putsch von 1923 statt.

9 Sa Der US-Schwimmer Adolphe Kiefer stellt in Breslau einen Weltrekord über 100-m-Rücken auf. Mit 1:04,9 min verbessert er seine eigene Bestzeit um 1,3 sec.

10 So Bei den Europameisterschaften der Gewichtheber in Paris gewinnen vier Deutsche die Titel. Im Federgewicht stemmt Heinrich Walter mit 297,5 kg Weltrekord.

11 Mo Der nationalsozialistische Deutsche Ärztebund verlangt zur Förderung des »erbgesunden Nachwuchses« eine amtliche Ehevermittlung. → Höhenweltrekord

12 Di Um den akuten Versorgungsschwierigkeiten entgegenzuwirken, verbietet die deutsche Regierung die Ausfuhr wichtiger Lebensmittel. → USA

13 Mi Bei antibritischen Unruhen in Kairo gibt es drei Todesopfer. +++ Das Tangerstatut von 1924 bleibt unverändert für weitere zwölf Jahre bis 1948 in Kraft.

14 Do Bei den Unterhauswahlen in Großbritannien behält die konservative Regierungskoalition trotz Verlusten weiterhin die Mehrheit.

15 Fr Die deutschen Behörden verbieten die von Rudolf Steiner gegründete Anthroposophische Gesellschaft wegen ihres »staatsfeindlichen Charakters«.

16 Sa Bei einer Schießerei zwischen französischen Faschisten und Linken sterben in Limoges drei Menschen und mehr als 30 werden verletzt.

17 So Auf dem Reichsbauerntag in Goslar schiebt Landwirtschaftsminister Walter Darré die Schuld für die Butterverknappung auf die Weimarer Regierung.

18 Mo Mit landesweitem Hissen der Nationalflagge antwortet Italien auf die Sanktionen, die der Völkerbund wegen des Angriffs auf Abessinien erlassen hatte.

19 Di Das Nobel-Komitee beschließt, den Friedensnobelpreis für dieses Jahr nicht zu vergeben. Der Preis wird 1936 nachträglich an Carl von Ossietzky verliehen.

20 Mi In Johannesburg beginnt die zehntägige Panafrikanische Gesundheitskonferenz. Spezialisten aus aller Welt beraten über Gesundheitsprobleme in Afrika.

21 Do Igor Strawinskis »Konzert für zwei Klaviere« feiert in Paris seine Uraufführung. Der Komponist selbst und sein Sohn Soulima sind die Solisten.

22 Fr Durch schwere Unwetter kommen in Süditalien etwa 100 Menschen ums Leben. Die meisten Opfer werden durch Erdrutsche verschüttet.

23 Sa Als Anerkennung und zur Förderung der Geburtenzahlen erhalten 50 000 kinderreiche Familien in Deutschland je 400 Reichsmark.

24 So Ein Militärputsch in den brasilianischen Provinzen Rio Grande do Norte und Pernambuco wird durch Regierungstruppen niedergeschlagen.

25 Mo Berlins Oberbürgermeister Heinrich Sahm wird aus der NSDAP ausgeschlossen, weil seine Familie in jüdischen Läden eingekauft haben soll. → Georg II.

26 Di Etwa zwei Drittel der polnischen Arbeiter im Bergbau Oberschlesiens beginnen einen dreitägigen Streik für kürzere Arbeitszeiten und höhere Löhne.

27 Mi Weil es wegen der Unruhen in Brasilien tagelang nicht landen konnte, stellt das deutsche Luftschiff »Graf Zeppelin« mit 119 h einen Dauerflugrekord auf.

28 Do Deutschland vereinbart mit Argentinien, Brasilien und Chile, den Gesandtschaften in den jeweiligen Ländern den Status von Botschaften zu geben.

29 Fr 60 Menschen ertrinken beim Kentern zweier Fährboote auf dem Liutang-Fluss in der chinesischen Provinz Kiangsu. → Propaganda

30 Sa Auf einer Pressetagung in Köln erklärt Propagandaminister Joseph Goebbels, die deutsche Presse stehe in einem »Dienstverhältnis zum Staat«.

1. November 1935

Deutsche wieder wehrpflichtig

In Deutschland treten junge Männer den Militärdienst an. Damit stehen erstmals seit Unterzeichnung des Versailler Friedensvertrages wieder Deutsche im Rahmen einer allgemeinen Wehrpflicht unter Waffen. Die Truppenbeschränkungen, die seit Ende des Ersten Weltkriegs gelten, sind damit faktisch aufgehoben. Adolf Hitler lässt die Reichswehr in »Wehrmacht« umbenennen und in großem Umfang ausbauen. Dazu gehört die Einteilung der Streitkräfte in Heer, Marine und Luftwaffe. Die ersten Rekruten ziehen für ein Jahr in die Kasernen (Abb.: Wehrpflichtige auf dem Weg in die Kaserne Quedlinburg). 1936 weitet die Regierung die Militärzeit auf zwei Jahre aus. Eingezogen werden zunächst junge Männer des Jahrgangs 1914. Gleichzeitig fordert Adolf Hitler Studenten der Jahrgänge 1911 bis 1913 auf, freiwilligen Dienst an der Waffe zu leisten.

12. November 1935

USA: Mob lyncht Schwarze

In den USA kommt es erneut zu brutalen Lynchmorden an der schwarzen Bevölkerung. Eine Menschenmenge entführt im US-Bundesstaat Texas zwei Schwarze aus dem Gefängnis von Altair. Der Mob erhängt die Männer kurz darauf an einem Baum. Die jugendlichen Opfer wurden verdächtigt, ein weißes Mädchen ermordet zu haben, und warteten in der Haft auf ihren Prozess. Insbesondere im Süden der USA kommt es häufig zu Fällen von Lynchjustiz. 4600 Morde überwiegend an Schwarzen sind zwischen 1882 und 1930 registriert worden. Daneben sind Diskriminierungen an der Tagesordnung (Abb. oben: Kinder in Alabama protestieren gegen die Lynchjustiz; Abb. unten: Öffentliche Auspeitschung eines Schwarzen).

25. November 1935

Georg II. kehrt zurück

Unter dem Jubel der Bevölkerung trifft König Georg II. in Griechenland ein. Der Monarch hatte sich seit 1924 im Londoner Exil aufgehalten, nachdem er vom damaligen Ministerpräsidenten Eleftherios Weniselos zum Rücktritt gedrängt worden war. Damals untermauerte ein Volksbegehren die Politik von Weniselos. Auch die Rückkehr Georgs soll nun durch eine Abstimmung der griechischen Bevölkerung gestützt werden. Regierungschef Georgios Kondylis, der durch einen Militärputsch an die Macht gelangt war, lässt die Wahlen allerdings manipulieren. Laut gelenktem Wahlergebnis stimmen 1,5 Mio. Griechen für Georg II. Mit der Rückkehr des Monarchen sind die Pläne Kondylis' verwirklicht: Die republikanische Staatsform ist abgeschafft. Kondylis tritt bei Ankunft des Königs in Athen zurück und überlässt ihm die Regierungsgewalt. Die monarchische Verfassung von 1911 ist wieder gültig. Sie ersetzt die Republik, die insbesondere in den letzten Jahren starken Schwankungen unterworfen war. Neben elf Regierungswechseln und Revolten sorgte vor allem die Weltwirtschaftskrise dafür, dass die Griechen das Vertrauen in die republikanische Regierungsform verloren haben. Auch Ministerpräsident Eleftherios Weniselos gewann als Hauptrepräsentant der republikanischen Verfassung nie das Vertrauen der Bevölkerung. Dies erklärt, dass das in den Athener Hafen einlaufende Schiff Georgs II. von einer enthusiastischen Menschenmenge begrüßt wird. Freudenfeuer säumen die Ufer, in ganz Griechenland finden Volksfeste statt. Auf der Athener Zitadelle begrüßt eine gigantische Konstruktion in Form einer Krone den heimkehrenden König.

Nach dem Volksentscheid: Soldaten im Freudentaumel

Georg II., König von Griechenland

21. Dezember 1935

Selbstmord aus Resignation

Der Satiriker und Essayist Kurt Tucholsky nimmt sich im schwedischen Exil in Hindås das Leben. Tucholsky war bereits 1929 nach Schweden übersiedelt. 1933 bürgerte ihn das NS-Regime wegen seiner jüdischen Herkunft offiziell aus. Gleichzeitig verbot die deutsche Regierung seine Bücher und ließ sie öffentlich verbrennen. In seinem Zufluchtsort nahe Göteborg resigniert der Autor vor den Verhältnissen in seiner Heimat, vor denen er bereits seit den frühen 20er Jahren gewarnt hatte. »Tucho«, wie ihn Kollegen nennen, veröffentlichte seine Werke auch unter den Pseudonymen Theobald Tiger, Peter Panter, Kaspar Hauser und Ignaz Wrobel, um die Zerissenheit der deutschen Identität aufzuzeigen.

Kurt Tucholsky

deutscher Schriftsteller * 9.1.1890 Berlin † 21.12.1935 Hindås, Schweden

Kurt Tucholsky gehört zu den herausragenden Literaten der Weimarer Republik. Als Mitarbeiter und späterer Herausgeber der »Weltbühne« bewegte er sich in linken intellektuellen Kreisen. In seinen Werken kritisierte Tucholsky mit bissiger Satire die deutsche Gesellschaft, ihren Militarismus und Nationalismus.

- 1914: »Die Zeitsparer« (Groteske)
- 1929: »Deutschland, Deutschland über alles!« (Text-Bild-band, gemeinsam mit John Heartfield)
- 1931: »Schloss Gripsholm« (Roman)

15. Dezember 1935

Schachkrone für Max Euwe

Der Niederländer Max Euwe gewinnt die Schachweltmeisterschaft in Amsterdam gegen Alexander A. Aljochin aus der UdSSR (Abb.: Aljochin, links, zieht gegen Euwe). Damit erringt erstmals ein Amateur die Schachkrone: Euwe ist Lehrer im

Fach Mathematik. Der Wettkampf zwischen Profi und Amateur stößt auf großes öffentliches Interesse. Der 43-jährige Aljochin unterliegt gegen den neun Jahre jüngeren Max Euwe nach 30 Matchpartien. Davon gewinnt Euwe neun Spiele, Aljochin trägt nur acht Siege davon. 13-mal enden die Partien Remis.

11. November 1935

Höhenweltrekord im Ballon

Mit einem dramatischen Aufstieg in einem Spezialballon erreichen die US-Offiziere Albert Stevens und Orvil Anderson eine Höhe von 22,6 km und stellen damit einen Weltrekord auf. Im US-Bundesstaat South Dakota startet Stevens bereits seinen dritten Versuch, per Ballon in die Stratosphäre aufzusteigen. Das Unternehmen scheint bereits zu scheitern, als beim Füllen des Ballons ein sieben Meter breiter Riss in der Hülle auftritt. Der Schaden kann jedoch behoben werden. Die Ballonfahrer beginnen die Fahrt und steigen ohne weitere Zwischenfälle in vier Stunden auf die Rekordhöhe von 22 612 m auf. Dort messen sie eine Außentemperatur von minus 56,5 °C. In ihrer Kabine sind Anderson und Stevenson immerhin noch minus 10 °C ausgesetzt. Die Gondel droht beim Absinken zu zerspringen. Der Einsatz eines Spezialkitts hält sie jedoch bis zur Landung zusammen. Die Ballonfahrer bleiben unversehrt.

29. November 1935

Bau für Sport und Propaganda

Adolf Hitler übergibt in Berlin vor 20 000 Menschen die Deutschlandhalle ihrer Bestimmung. Durch ihre Vielzweckkonstruktion gilt die Anlage als einzigartig in Europa (Abb.: Außenfassade). So sorgt die freitragende Dachkonstruktion für ungehinderte Sicht auf allen Plätzen, die bei derartigen Gebäuden meist durch Säulen eingeschränkt wird. Das Oval der Anlage bietet insgesamt 20 000 Besuchern Platz. Allein die Arena erstreckt sich über eine Fläche von 35 000 m². Für die gesamte Anlage wurde ein 60 000 m² großes Gelände nahe der S-Bahnhöfe Eichkamp und Westkreuz (Charlottenburg) in der Rekordzeit von neun Monaten bebaut. Das Gebäude ist 25 m hoch, 160 m breit und 120 m tief. Die Gesamtkosten des Projekts belaufen sich auf 3,9 Mio. Reichsmark. Hauptzweck der Halle sind Großkundgebungen der NS-Regierung. In seiner Eröffnungsrede hebt Adolf Hitler hervor, dass der gigantische Bau ein erneuter Beweis für die Verbindung zwischen Führung und Masse sei.

Seine Worte »Das Volk, das mich gerufen hat, wird mich auch nie verlassen« rufen frenetische Beifallsstürme hervor. Neben propagandawirksamen NS-Veranstaltungen soll die Deutschlandhalle auch Ort kultureller und sportlicher Ereignisse sein. Unter der Leitung von Direktor Franz »Ferry« Orthmann finden in dem riesigen Oval Revuen und Zirkusspiele statt. Auch Wettkämpfe der bevorstehenden Olympischen Spiele 1936 in Berlin werden hier ausgetragen. Das Gebäude entwickelt sich nach der Einweihung schnell zu einem Wahrzeichen Berlins.

Dezember 1935

1 So In Paris wird die Kuppel des »Trocadero« gesprengt. Das in den achtziger Jahren des 19. Jahrhunderts errichtete Gebäude wird vollständig abgetragen.

2 Mo Über 1000 Studenten demonstrieren in Kairo gegen die britische Afrikapolitik, die u.a. die Zustimmung Ägyptens zu einer neuen Verfassung verweigere.

3 Di Wegen Versorgungsengpässen durch die restriktive Haushaltspolitik Frankreichs stellt Marokko die Zusammenarbeit mit der französischen Verwaltung ein.

4 Mi England gewinnt in London ein Fußballländerspiel gegen Deutschland 3:0. +++ Der iranische Ministerpräsident Foroughi tritt zurück.

5 Do Franz Ritter von Epp, Leiter des Kolonialpolitischen Amtes der NSDAP, fordert die Rückgabe der ehemaligen deutschen Kolonien.

6 Fr Der Operettenfilm »Im weißen Rössl« von Carl Lamac feiert in Wien Premiere. Die Hauptrollen spielen Christl Mardayn und Theo Lingen.

7 Sa Internationale Boykottbewegungen gegen die Olympischen Spiele 1936 in Berlin gründen das »Komitee zur Verteidigung des olympischen Gedankens«.

8 So Im Endspiel um den ersten deutschen Fußball-Vereinspokal schlägt der 1. FC Nürnberg vor 55 000 Zuschauern in Düsseldorf Schalke 04 mit 2:0.

9 Mo Bei Lille wird eine Fabrik zur Herstellung von Benzin aus Kohle eingeweiht. +++ In London beginnt die zweite Flottenkonferenz der Haupt-Seemächte.

10 Di Die königliche Akademie der Wissenschaften in Stockholm verleiht dem Deutschen Hans Spemann den Nobelpreis für Medizin und Physiologie.

11 Mi In Berlin veröffentlichen 44 führende Politiker einen Appell an deutsche Eltern, mindestens vier Kinder aufzuziehen, um die Staatsleistung zu sichern.

12 Do Der ägyptische König Fuad I. unterzeichnet in Kairo ein Dekret, durch das die parlamentarische Verfassung von 1923 wiederhergestellt wird.

13 Fr Durch ein Reichsgesetz wird das Fernsehen in Deutschland der »Sicherung der Luftfahrt, des Luftschutzes und der Luftverteidigung« untergeordnet.

14 Sa Tomáš Garrigue Masaryk, der Staatspräsident der Tschechoslowakei, tritt im Alter von 85 Jahren von seinem Amt zurück.

15 So Das österreichische Bundeskanzleramt verlängert das Verbot der Verbreitung aller reichsdeutschen Tageszeitungen um weitere drei Monate. → Max Euwe

16 Mo Kaiser Haile Selassie I. von Abessinien lehnt den Pariser Friedensplan für Ostafrika ab, weil dieser den Angreifer Italien belohne.

17 Di Die Douglas DC-3 startet zu ihrem Erstflug. Die Maschine der US-Fluggesellschaft American Airlines bietet bis zu 32 Passagieren Platz.

18 Mi In patriotischen Zeremonien schenken Eheleute in Norditalien dem Staat ihre Eheringe als Beitrag zur Finanzierung des Abessinien-Feldzuges.

19 Do Der Präsident der deutschen Reichsfilmkammer, Oswald Lehnich, erlässt eine Anordnung, die Soldaten in Uniform den Kinoeintritt zum halben Preis gestattet.

20 Fr Durch die Einsetzung eines Verwaltungskomitees für Kirchenangelegenheiten wird deutschen Kirchen u.a. das Recht genommen, Pastoren selbst zu ernennen.

21 Sa In Berlin findet die Uraufführung einer deutschen Filmversion von Henrik Ibsens Drama »Stützen der Gesellschaft« statt. → Selbstmord

22 So Als Nachfolger von Samuel Hoare wird der bisherige Minister für Völkerbundangelegenheiten, Anthony Eden, Außenminister Großbritanniens.

23 Mo Der deutsche Tonfilm »Die weiße Hölle vom Piz Palü« mit Leni Riefenstahl hat in Berlin Premiere. Der Film war bereits 1929 als Stummfilm zu sehen.

24 Di Bei einem schweren Zugunglück im thüringischen Groß-Heringen sterben 33 Menschen, 17 werden zum Teil schwer verletzt.

25 Mi Ein Brand zerstört nach wochenlanger Trockenheit fast die Hälfte des Pinienbestandes des Tafelbergs und den Baumbestand des Devil Peak in Südafrika.

26 Do Nach dem erweiterten deutschen »Reichsbürgergesetz« sind ehemalige jüdische Beamte nur noch »Staatsbürger«, d.h. »Bürger zweiter Klasse«.

27 Fr Nach Zusammenstößen mit Japan erklärt Regierungschef Chiang Kai-shek, dass China zu Verhandlungen mit seinen Nachbarn bereit sei.

28 Sa Der Hochkommissar des Völkerbundes für jüdische Flüchtlinge, James R. MacDonald, tritt zurück, weil er nichts Wesentliches für die Betroffenen tun könne.

29 So Die sowjetische Regierung beschließt die Wiedereinführung des Weihnachtsbaumes, der aber erst zu Silvester aufgestellt werden darf.

30 Mo In der UdSSR werden Beschränkungen für den Zugang zu Hochschulen aufgehoben, die für Sowjetbürger aufgrund ihrer sozialen Stellung bestanden.

31 Di Das deutsche Reichspropagandaministerium in Berlin spricht in einer Verfügung ein Verbot jeglicher Werbung im Rundfunk aus.

Januar 1936

1 Mi Die große Olympia-Schanze in Garmisch-Partenkirchen wird trotz Schneemangels mit einem internationalen Skispringen eröffnet.

2 Do In Berlin findet die Reichstagung der Nationalsozialistischen Kulturgemeinde statt, die 1934 von dem NS-Ideologen Alfred Rosenberg gegründet wurde.

3 Fr Seit Wochen anhaltende Niederschläge führen in Westfrankreich und Großbritannien zu Hochwasserschäden in Millionenhöhe.

4 Sa Italienische Bomberverbände fliegen massive Einsätze gegen die abessinische Stadt Harrar. Italien war im Oktober 1935 in Abessinien eingefallen.

5 So Auf Beschluss der niederländischen Regierung soll der Nordpolder der Zuidersee für 126 Mio. Gulden (170 Mio. Reichsmark) trockengelegt werden.

6 Mo Die Deutsche Lufthansa feiert ihr zehnjähriges Jubiläum. Mit 175 000 Fluggästen (1935) zählt sie zu den führenden Fluggesellschaften Europas.

7 Di Staatspräsident Niceto Alcalá Zamora y Torres löst das spanische Parlament mit sofortiger Wirkung auf und legt die Neuwahlen auf den 16. Februar fest.

8 Mi In Deutschland wird die Fortbildungspflicht für Großstadtärzte eingeführt. Die Ärzte sollen sich mit dem neuesten Stand der Forschung vertraut machen.

9 Do Die Reichsautobahndirektion meldet, dass sich 1900 km Autobahnstrecke im Bau befinden; zusätzliche 3500 km sind avisiert. → Rekordflugzeug

10 Fr Ein schweres Unwetter über Düsseldorf und Neuss fordert drei Todesopfer und 13 Schwerverletzte. Hunderte von Menschen werden obdachlos.

11 Sa An der abessinischen Nordfront kommt es zwischen Italienern und Abessiniern zu erbitterten Kämpfen um die Stadt Makalle. Beide Seiten melden Erfolge.

12 So In Deutschland werden Razzien in Sinti-Siedlungen durchgeführt. 16 Sinti, die mehrere 100 000 Reichsmark verschoben haben sollen, werden verhaftet.

13 Mo Reichsinnenminister Wilhelm Frick benennt die Stadt Saarlouis bei einer Feierstunde zur Saargebietsabstimmung in Saarlautern um.

14 Di Bei den deutschen Eiskunstlaufmeisterschaften in Garmisch-Partenkirchen gewinnt Ernst Baier den Titel bei den Herren, Viktoria Lintpainter bei den Damen.

15 Mi Die japanische Delegation verlässt aus Protest die Flottenkonferenz in London, weil sie sich mit ihren Forderungen nicht durchsetzen kann.

16 Do In Moskau verkündet die Armeeführung, dass die Stärke der Roten Armee zu Beginn des Jahres 1936 auf 1,3 Mio. Mann gestiegen sei.

17 Fr Der seit zwei Monaten als verschollen geltende Polarflieger Lincoln Ellsworth wird in der antarktischen Walfischbay entdeckt und gerettet.

18 Sa Die »Nationalsozialistische Bewegung Österreichs« fordert die Regierung auf, sich einer Volksabstimmung über ihre Politik zu stellen.

19 So Die Olympiastraße zwischen München und Garmisch-Partenkirchen wird eröffnet und zur »Reichsmusterstraße« erklärt.

20 Mo Der Völkerbund tritt in Genf zusammen. Forderungen nach einer Vermittlungsaktion im italienisch-abessinischen Krieg finden keine Mehrheit. → Thronwechsel

21 Di In Japan wird der Reichstag aufgelöst, um einem Misstrauensantrag zuvorzukommen. Neuwahlen werden auf den 20.2.1936 festgelegt.

22 Mi Julius Streicher, NSDAP-Gauleiter für Mittelfranken, propagiert in Nürnberg Rassentrennung und »Reinerhaltung deutschen Blutes«. → Liberale

23 Do Der Leichnam des britischen Königs Georg V. wird nach London überführt und in der Westminster Hall aufgebahrt.

24 Fr Der Völkerbundsrat in Genf entscheidet sich gegen eine Überprüfung der Landtagswahlen in Danzig. Die NSDAP hatte 1935 die Mehrheit errungen.

25 Sa Der deutsche Dirigent Wilhelm Furtwängler feiert unter großer Anteilnahme von Presse und Politik seinen 50. Geburtstag.

26 So Im Züricher Kunsthaus wird eine Ausstellung mit Gemälden von Gustave Courbet eröffnet, die bis zum 1. März 1936 geöffnet bleibt.

27 Mo In Deutschland beginnt der Inventurverkauf. In Zukunft läuft die Verkaufsaktion unter den Bezeichnungen »Sommer-« bzw. »Winterschlussverkauf«.

28 Di Infolge der großen Kältewelle in den Vereinigten Staaten mit Temperaturen bis -49 °C sind die Niagarafälle zugefroren.

29 Mi Der italienische Ministerpräsident und »Duce« Benito Mussolini legt in Rom den Grundstein der Cinecittà, Europas größter Filmstadt.

30 Do Die beiden rumänischen Automobilrennfahrer Johann Zamfirescu und Peter Christea gewinnen auf einem Ford die Rallye Monte Carlo.

31 Fr Der deutsche Dichter Emil Strauß wird an seinem 70. Geburtstag mit der Goethe-Medaille für Wissenschaft und Kunst ausgezeichnet.

20. Januar 1936

Thronwechsel in England

Nach langer Krankheit stirbt auf Schloss Sandringham im Alter von 70 Jahren der britische König Georg V. Bereits am nächsten Tag folgt ihm sein ältester Sohn auf dem Thron nach. In London wird Edward VIII. öffentlich als König ausgerufen (Abb.: Kutsche Edwards auf dem Proklamationszug). Am gleichen Tag legt das Parlament seinen Eid auf den neuen, 43-jährigen Monarchen ab.

Georg V.

König von Großbritannien; * 3.6.1865 London, † 20.1.1936 Sandringham (Norfolk)

Der friedliebende und durch seine überparteiliche Haltung allseits geschätzte Monarch, der sich im Wesentlichen auf repräsentative Aufgaben beschränkte, trat lediglich in innenpolitischen Krisenfällen als Vermittler hervor. Georg V. bemühte sich erfolgreich um einen Ausgleich in der irischen Frage (1921) wie auch um die friedliche Beilegung der durch einen Generalstreik ausgelösten innenpolitischen Krise von 1926. 1917 kam der als Seeoffizier ausgebildete Monarch der im Ersten Weltkrieg herrschenden deutschfeindlichen Stimmung entgegen, indem er das englische Königshaus Sachsen-Coburg-Gotha in Windsor umbenannte.

- 1892: Thronfolger nach dem Tod seines Bruders Albert
- 1910: Thronbesteigung nach dem Tod Edwards VII.
- 1911: Kaiser von Indien

16. Februar 1936

Volksfront siegt in Spanien

Das Volksfrontbündnis, bestehend aus der Republikanischen Linken, der Republikanischen Union, Sozialisten und Kommunisten, fährt bei den Parlamentswahlen einen grandiosen Wahlsieg ein. Es erhält 271 Parlamentssitze – gegenüber 132 Mandaten, die das rechte Wahlbündnis erobert. Am 19. Februar stellt Ministerpräsident Manuel Azaña y Díaz sein Kabinett vor. Kommunisten und Sozialisten sind in ihm nicht vertreten, da sie das Regierungsprogramm für zu bürgerlich halten.

22. Februar 1936

Bekennende Kirche gespalten

Die vierte evangelische Bekenntnissynode in Bad Oeynhausen endet mit der Spaltung der im Widerstand zum NS-Regime stehenden Bekennenden Kirche. Zum Bruch kommt es in der Frage der Zusammenarbeit mit dem vom NS-Minister Hanns Kerrl ins Leben gerufenen Reichskirchenausschuss. Die evangelisch-lutherischen Landeskirchen sowie einige Bruderräte der Bekennenden Kirche erklären sich aus taktischen Gründen dazu bereit. Der Kreis um Martin Niemöller lehnt Kompromisse und Gespräche mit dem nationalsozialistischen Kirchenausschuss kategorisch ab.

5. Februar 1936

Chaplin gegen Maschinenwelt

Beißende Kritik an der zunehmenden Industrialisierung, gemischt mit clownesk-komödiantischen Passagen kennzeichnen den neuen Charlie Chaplin-Film »Modern Times« (Moderne Zeiten), der in den USA anläuft. Chaplin, der den Film produziert hat, Regie führte sowie für Drehbuch und Musik verantwortlich ist, spielt auch die Hauptrolle – einen Fabrikarbeiter, dessen Chef den Gewinn mit modernsten Methoden und um jeden Preis steigern will. Der Arbeiter Charlie wird dabei zum Spielball einer bedrohlichen Maschinenwelt und monotonen Fließbandarbeit, gerät buchstäblich

ins Räderwerk einer so seelenlosen wie skurrilen Technologie (s. Abb.). Chaplin erregt mit seinem letzten Stummfilm vor allem bei der US-Industrie Anstoß.

6. Februar 1936

Winterspiele in Garmisch

Reichskanzler Adolf Hitler (s. Abb. u.) nutzt die Ausrichtung der Olympischen Winterspiele in Garmisch-Partenkirchen (Abb.: Offizielles Plakat), um der Welt ein vorbildliches Deutschland zu präsentieren. Er eröffnet die IV. Winterspiele in einer feierlichen Zeremonie und ist bemüht, das Misstrauen des Auslands gegenüber dem NS-Regime abzubauen. Gute Organisation und hervorragende Sportanlagen tragen dazu bei, dass die bislang größten Winterspiele auch zu einem Erfolg für die Natio-

nalsozialisten werden. 755 Sportler aus 28 Ländern nehmen an den Wettkämpfen teil. Erfolgreichste Nation wird Norwegen vor Deutschland und Schweden.

Der zweimotorige Tiefdecker He 111, konstruiert von Ernst Heinkel (unten rechts)

9. Januar 1936

Neues Rekordflugzeug

Die deutsche Flugzeugindustrie beweist erneut ihre internationale Spitzenposition. In Berlin stellen die Heinkel-Werke das Schnellverkehrsflugzeug He 111 vor, das mit einer Höchstgeschwindigkeit von 400 km/h das gegenwärtig schnellste Verkehrsflugzeug der Welt ist.
Der in zweijähriger Konstruktionsarbeit unter Leitung des weltberühmten Flugzeugbauers Ernst Heinkel entwickelte zweimotorige Tiefdecker bietet zehn Passagieren Platz. Die He 111 ist für die Lufthansa entwickelt worden, die nur wenige Tage zuvor, am 6. Januar, ihr zehnjähriges Bestehen feierte. Der neue Flugzeugtyp wird in zahlreichen Varianten gebaut – vom zweimotorigen Verkehrsflugzeug »Doppelblitz« bis zum fünfmotorigen Schleppflugzeug für Lastensegler. Bereits 1937 liefern die Heinkel-Werke auch die erste Bomber-Version an die Luftwaffe aus.

Berühmte Heinkel-Flugzeuge (Auswahl)

Typ	Jahr	Charakteristik
He 50	1931	Erstes dt. Sturzkampfflugzeug
He 70	1933	Erstes europ. Schnellverkehrsflugzeug
He 100	1935	Geschw.weltrekord für Landflugzeuge
He 112	1937	zusätzl. Flüssigkeitsrakete im Heck
He 119	1937	Zweisitzer mit Zwillingstriebwerk
He 176	1939	Erstes Flugzeug mit Raketenantrieb
He 178	1939	Erstmals Turbinenluftstrahl-Triebwerk
He 280	1941	Erstes zweistrahliges Flugzeug

29. Februar 1936

Dorf als Museum errichtet

Im oldenburgischen Cloppenburg entsteht das erste Museumsdorf Deutschlands. Der Heimatforscher Helmut Ottenjann beabsichtigt, historische Gebäude aus Niedersachsen zusammenzutragen und in ihrer ursprünglichen Form wieder aufzubauen bzw. einzurichten.

Als eines der ersten Gebäude wurde ein altes niedersächsisches Bauernhaus aus dem Ort Elsten stückweise nach Cloppenburg transportiert und dort wieder errichtet (s. Abb.). Als weitere Attraktion ist ein historisches Dorfzentrum mit Rathaus, Kirche und Dorfschule – nach Bauskizzen aus Altenoythe – zu besichtigen. Eine alte Wasserburg entsteht gegenwärtig nach dem Vorbild der Ritterburg Arkenstede. Finanziert wird das Projekt von der 1922 gegründeten »Niedersächsischen Stiftung Museumsdorf Cloppenburg« mit Unterstützung von Stadt und Land.

22. Januar 1936

Liberale stürzen Regierung

Ein Kolonialkrieg in Ostafrika, in den Frankreich nicht einmal direkt verwickelt ist, führt zu einer Regierungskrise in Paris. Nachdem vier liberale Minister (Radikale Partei) ihre Ämter zur Verfügung gestellt haben, verkündet Frankreichs konservativer Ministerpräsident Pierre Laval den Rücktritt seiner gesamten Regierung.
Mit ihrer Demission reagieren die liberalen Minister auf die Abessinien-Politik Lavals. Dieser hatte gegenüber dem faschistischen Italien, das am 3. Oktober 1935 in das ostafrikanische Land einmarschiert war, eine nachgiebige Haltung gezeigt. Damit wollte Laval in erster Linie eine Annäherung Italiens an Deutschland verhindern. Nach dem Rücktritt der Regierung beauftragt Staatspräsident Albert Lebrun zunächst Édouard M. Herriot (Radikale Partei) mit einer Regierungsneubildung. Dieser lehnt jedoch ebenso ab wie sein Parteifreund Yvon Delbos. Erst am 24. Januar kommt es schließlich zur Berufung eines neuen Kabinetts unter dem Radikalen Albert Sarraut, der bis zu den Parlamentswahlen vom 26. April bzw. 3. Mai mit der Unterstützung der Volksfront-Parteien rechnen kann.

Februar 1936

1 Sa Die deutsche Springreitermannschaft gewinnt in der Berliner Deutschlandhalle vor Polen und Italien den Großen Preis von Deutschland.

2 So In mehreren Filmtheatern erlebt der US-Spielfilm »Anna Karenina« seine deutsche Uraufführung. Die Hauptrolle spielt Greta Garbo.

3 Mo Das »Filmmuseum der Welt«, eine Lehrschau zur Filmherstellung, wird von der UFA in Neubabelsberg bei Potsdam seiner Bestimmung übergeben.

4 Di Der Leiter der NSDAP-Landesgruppe Schweiz, Wilhelm Gustloff, wird in Davos von dem Jugoslawen David Frankfurter ermordet.

5 Mi Reichspropagandaminister Joseph Goebbels verbietet sämtliche Veranstaltungen des Reichsverbandes jüdischer Kulturbünde. → Chaplin

6 Do Die französische Regierung erklärt sich bereit, Rumänien eine Anleihe in Höhe von mehreren Mio. Francs zu gewähren. → Winterspiele

7 Fr Innen- und Finanzministerium von Preußen verfügen eine Beschränkung der Gemeindeausgaben zugunsten des Aufbaus der deutschen Wehrmacht.

8 Sa Jawaharlal Nehru wird als Nachfolger von Mahatma Gandhi neuer Vorsitzender der national-indischen Kongresspartei.

9 So In der Londoner Filmstadt Elstree richtet ein verheerender Großbrand einen Schaden von etwa 6 Mio. Reichsmark an.

10 Mo In Essen hält der Archäologe Hans Spethmann einen Vortrag über Ausgrabungen nahe der Stadt Xanten, wo Reste einer römischen Siedlung entdeckt wurden.

11 Di In einem Interview äußert sich der österreichische Vizekanzler Ernst Rüdiger Starhemberg positiv über eine erneute Thronbesteigung der Habsburger.

12 Mi In Mailand wird die Oper »Il Campiello« von Ermanno Wolf-Ferrari uraufgeführt. Es ist die zwölfte Oper des Komponisten.

13 Do Die französische Regierung ordnet die Auflösung der Organisation »Action Française« an, der bedeutendsten Gruppierung der französischen Rechtsradikalen.

14 Fr Nach Aussage des hochrangigen Polizeifunktionärs Kurt Daluege sind fast alle maßgeblichen Stellen bei der deutschen Polizei mit NS-Parteigenossen besetzt.

15 Sa In Abessinien gewinnen die italienischen Invasionstruppen nach fünftägigen Kämpfen die »Schlacht von Enderta« und erringen strategische Vorteile.

16 So In New York kommt es zu schweren Auseinandersetzungen zwischen der Polizei und 12 000 Arbeitslosen. 100 Personen werden verletzt. → Volksfront

17 Mo Der Völkerbund begrenzt die legale Jahresproduktion an Rauschgiften auf 35 t. Die Rauschmittelproduktion ist nur für medizinische Zwecke erlaubt.

18 Di Der deutsche Spielfilm »Der Raub der Sabinerinnen« (Regie: Robert Adolf Stemmle) mit Grethe Weiser kommt in Leipzig zur Uraufführung.

19 Mi In Spanien wird der Führer der Republikanischen Linken, Manuel Azaña y Diaz, mit der Bildung einer neuen Regierung beauftragt.

20 Do Im Rheinland und in Westfalen verhaftet die Gestapo zahlreiche Geistliche, die angeblich mit Kommunisten »hochverräterische Unternehmen« geplant haben.

21 Fr Die Verzögerung der versprochenen Amnestie für politische Gefangene in Spanien führt zu Ausschreitungen in vielen Teilen des Landes.

22 Sa Der deutsche Reichsärzteführer Gerhard Wagner verfügt Einschränkungen für die Berufsausübung jüdischer Ärzte. → Bekennende Kirche

23 So In einem Fußballländerspiel in Barcelona gewinnt die deutsche Nationalelf gegen Spanien 2:1. Der Wormser Josef Fath schießt beide Tore für die Deutschen.

24 Mo Bei den Rosenmontagszügen in Deutschland genießt die Kleidung des abessinischen Kaisers Haile Selassie I. große Beliebtheit als Faschingskostüm.

25 Di Deutsche Brauereien müssen Flaschenpfand von zehn Reichspfennig erheben, um einen Anreiz für die Flaschenrückgabe zu schaffen.

26 Mi In Tokio verüben junge Offiziere nach dem Wahlsieg der Liberalen einen Militärputsch. Am 29. Februar ergeben sich die Aufständischen kampflos.

27 Do Das neue deutsche Verkehrsluftschiff »LZ 129«, bekannt als »Hindenburg«, wird auf der Friedrichshafener Werft der Öffentlichkeit vorgestellt.

28 Fr In Madrid werden auf Anordnung der spanischen Regierung sämtliche Parteilokale der faschistischen Falange von der Polizei geschlossen.

29 Sa In Italien muß dem Benzin ab sofort 20% Alkohol beigemischt werden, um die Abhängigkeit von Treibstoffeinfuhren zu vermindern. → Museum

März 1936

1 So »Mädchenjahre einer Königin«, ein Film von Erich Engels mit Jenny Jugo in der Hauptrolle, wird in Berlin uraufgeführt. → Frühjahrsmesse

2 Mo In Berlin gibt Reichskanzler Adolf Hitler in einer Geheimkonferenz den Plan bekannt, Truppen in das entmilitarisierte Rheinland zu entsenden.

3 Di Die sowjetischen Bauern werden durch ein Wegebaugesetz verpflichtet, jährlich sechs Tage unbezahlten Straßenbaudienst zu leisten.

4 Mi Die Regierung veröffentlicht eine Ausbürgerungsliste, auf der u.a. der Schriftsteller Arnold Zweig und der SPD-Politiker Kurt Schumacher genannt werden.

5 Do Der Schweizer Außenminister Giuseppe Motta erklärt, dass ein Verbleib seines Landes im Völkerbund bei Austritt Italiens äußerst ungewiss sei.

6 Fr Die Reichsregierung fordert Wirtschaft, Bauern und Behörden zur Mitarbeit bei der Einstellung von 1,3 Mio. Schulabgängern auf.

7 Sa Der polnische Geiger Bronislaw Hubermann beklagt in einem offenen Brief das »Duckmäusertum« deutscher Künstler. → Rheinland-Besetzung

8 So Der französische Ministerpräsident Albert Sarraut protestiert in einer Rundfunkansprache gegen die Rheinlandbesetzung durch deutsche Truppen.

9 Mo Mit dem Besuch des tschechoslowakischen Ministerpräsidenten Milan Hodža in Wien beginnt eine enge Zusammenarbeit mit Österreich.

10 Di Mit einer Rede in der Berliner Deutschlandhalle eröffnet Propagandaminister Joseph Goebbels den Reichstagswahlkampf.

11 Mi Der UFA-Film »Die letzten Vier von Santa Cruz« wird in Berlin uraufgeführt. Beppo Brem und Irene von Meyendorff spielen die Hauptrollen.

12 Do Das Parteiemblem der NSDAP – Hakenkreuz, Eichenkranz und Adler – wird auch Hoheitszeichen des Deutschen Reiches.

13 Fr Für das Sommersemester 1936 werden an deutschen Universitäten die Höchstziffern der Studienplätze um 11,7 % niedriger als im Vorjahr angesetzt.

14 Sa In mehreren spanischen Städten kommt es zu politisch motivierten Streiks. In Madrid werden von Demonstranten zwei Kirchen eingeäschert.

15 So In Berlin hat der US-Spielfilm »Gold nach Singapore« von Tay Garnett Premiere. In den Hauptrollen sind Jean Harlow und Clark Gable zu sehen. → Skiflug

16 Mo Die Sitzung des Völkerbunds in London endet ergebnislos. Für Sanktionen gegen Deutschland konnte keine Mehrheit gefunden werden.

17 Di Die Spielbank von Monte Carlo gibt bekannt, dass in den letzten zwölf Monaten die Bank insgesamt 22-mal gesprengt worden ist.

18 Mi Der sowjetisch-türkische Freundschafts- und Beistandspakt vom 16. März 1916 wird um zehn Jahre verlängert.

19 Do Vor dem Völkerbundsrat in London versucht der deutsche Sonderbotschafter Joachim von Ribbentrop erfolglos, die Rheinland-Besetzung zu rechtfertigen.

20 Fr Der Jahrgang 1926 wird in das Jungvolk der Hitlerjugend aufgenommen. Auf Jungen und Mädchen warten Appelle, Wanderungen und Heimnachmittage.

21 Sa Die Aktion Kraft durch Freude (KdF) gibt bekannt, dass sie in den nächsten Jahren fünf Seebäder für je 20000 Erholung suchende Arbeiter einrichten werde.

22 So Abessinien protestiert beim Völkerbund gegen italienische Bombenangriffe auf Rote-Kreuz-Ambulanzen in dem ostafrikanischen Land.

23 Mo Im britischen Unterhaus wird die Abschaffung der Kindersklaverei in der Kolonie Hongkong gefordert. Entsprechende Gesetze werden verabschiedet.

24 Di Der britische Riesendampfer »Queen Mary« sticht von der Werft bei Glasgow zu seiner Jungfernfahrt nach Southampton in See. → Rekordjagd

25 Mi Die Sowjetunion und Afghanistan verlängern den 1926 geschlossenen Neutralitäts- und Beistandspakt um zehn Jahre.

26 Do In den USA und Großbritannien wird das jüdische Flüchtlingshilfswerk gebildet. Es wird in vier Jahren 25000 deutschen Juden zur Flucht verhelfen.

27 Fr In Liverpool endet das Grand National Steeplechase, das schwerste Hindernisrennen der Welt, mit dem Sieg des favorisierten Wallachs Reynoldstown.

28 Sa Der nationalsozialistische Wahlkampf endet mit Aufmärschen in allen Städten Deutschlands und einem Friedensappell von Reichskanzler Adolf Hitler.

29 So SS-Verbände, deren Aufgabe die Bewachung der Konzentrationslager in Deutschland ist, werden in SS-Totenkopfverbände umbenannt. → Reichstagswahl

30 Mo Das deutsche Luftschiff LZ 129 »Hindenburg« startet von Friedrichshafen am Bodensee zu seiner ersten Südamerikareise nach Rio de Janeiro.

31 Di Die Reichsfilmkammer erlässt Richtlinien für die Filmindustrie, die eine gleichmäßige Studio-Auslastung gewährleisten sollen.

7. März 1936

Deutsche Truppen besetzen Rheinland

Truppenverbände der deutschen Wehrmacht, insgesamt etwa 30000 Mann, marschieren in das entmilitarisierte Rheinland ein. Reichskanzler Adolf Hitler verletzt mit dem Marschbefehl wissentlich die Bestimmungen des Vertrags von Locarno (1925). Darin hatte sich Deutschland verpflichtet, die im Versailler Vertrag festgelegten deutschen Westgrenzen sowie die entmilitarisierte Rheinlandzone zu respektieren. Die Wehrmacht beginnt sofort mit dem Bau von Befestigungsanlagen entlang der Westgrenze.

Als Vorwand für die von der Bevölkerung begeistert bejubelte Besetzung dient der Reichsregierung das französisch-sowjetische Verteidigungsbündnis vom 2. Mai 1935. In einer Note an die Siegermächte argumentiert Hitler am Tag des Einmarsches: »Frankreich hat die ihm von Deutschland immer wieder gemachten freundschaftlichen Angebote und friedlichen Versicherungen unter Verletzung des Rheinpaktes mit einem ausschließlich gegen Deutschland gerichteten militärischen Bündnis mit der Sowjet-Union beantwortet. Damit hat der Rheinpakt von Locarno aber seinen inneren Sinn verloren und praktisch aufgehört zu existieren«. Dieser vorgeschobenen Argumentation widerspricht der ausschließlich defensive Charakter des Bündnisses. Die von der Wehrmachtsführung und der Umgebung Hitlers befürchteten militärischen Gegenmaßnahmen Frankreichs und Großbritanniens bleiben jedoch aus. Wie groß das mit dem Einmarsch verbundene Risiko war, räumt Hitler erst später ein: »Die 48 Stunden nach dem Einmarsch ins Rheinland sind die aufregendste Zeitspanne in meinem Leben gewesen. Wären die Franzosen damals ins Rheinland eingerückt, hätten wir uns mit Schimpf und Schande wieder zurückziehen müssen, denn die militärischen Kräfte, über die wir verfügten, hätten keineswegs auch nur zu einem mäßigen Widerstand ausgereicht.« Die Westmächte hatten zwar durchaus nicht damit gerechnet, dass sich Hitler auf Dauer mit der Entmilitarisierung des Rheinlandes abfinden werde, doch seine kurzfristige Entscheidung traf sie überraschend.

Begrüßung der »Befreier«

Zur Beschwichtigung der europäischen Mächte erklärt Hitler den Kampf um die deutsche Gleichbe-

29. März 1936

Große Mehrheit für Hitler

Reichskanzler und »Führer« Adolf Hitler funktioniert die »Neuwahlen« zum Reichstag zu einem Plebiszit über seine Rheinlandpolitik um. Dazu läßt der gewaltige Propaganda-Apparat der NSDAP eine Kampagne von bisher nicht gekanntem Ausmaß anrollen – mit Aufmärschen, Rundfunkansprachen, Filmdarbietungen und Pressekampagnen (Abb.: Wahlwerbung in der »Berliner Illustrirten«). Der Erfolg ist durchschlagend: 44,95 Mio. Menschen gehen zur Wahl, 44,41 Mio. stimmen für Hitler, das entspricht 99%. Obwohl das Ergebnis alles andere als das einer echten, freien Wahl mit Wahlalternativen ist, drückt es doch eine breite Zustimmung zu Hitlers Politik in dieser Zeit aus.

19. April 1936

Bürgerkrieg in Palästina

Straßenschlachten gehören in Palästina fast schon zum Alltag. Dennoch eskaliert die Gewalt in dem Krisengebiet noch einmal in bislang nicht gekanntem Ausmaß: Bei einem von der britischen Mandatsregierung Palästinas verbotenen Demonstrationszug arabischer Hafenarbeiter in Jaffa kommt es zu schweren Ausschreitungen, die 16 Todesopfer und 50 Verletzte fordern.

Ursache der Auseinandersetzungen zwischen Briten, Palästinensern und Juden ist die von der arabischen Bevölkerungsmehrheit bekämpfte und von Großbritannien durchgesetzte jüdische Einwanderung. Bis zum Ende des arabischen Aufstandes im Oktober kommen 309 Menschen um, darunter 80 Juden und 29 Briten. Allein 1935 sind 65000 Juden in Palästina eingewandert, der jüdische Bevölkerungsanteil stieg zwischen 1922 und 1935 von 11% auf 28%. Diesen Zuwachs sehen die Araber als Bedrohung ihrer Lebensinteressen an. Gegen weitere Flüchtlinge aus Deutschland wehren sie sich seit Jahresbeginn mit Waffengewalt. Am 25. April schließen sich die arabischen Parteien Palästinas zu einem »Hohen Arabischen Komitee« zusammen, das von der Mandatsregierung den Einwanderungsstopp und eine demokratische Regierung fordert.

Begeisterter Empfang am Rhein

berechtigung mit der Rheinlandbesetzung für abgeschlossen. Deutschland habe in Europa keine territoriale Forderung mehr und sei an einer Befriedung des Kontinents interessiert. Frankreich, Belgien und den Niederlanden bietet Hitler einen Nichtangriffspakt auf 25 Jahre an. Um dem deutschen Volk Gelegenheit zu geben, seine Politik und seine Vorgehensweise zu beurteilen, löst Hitler den Reichstag auf und setzt Neuwahlen an.

1. März 1936

Frühjahrsmesse boomt

Reichspropagandaminister Joseph Goebbels eröffnet die Leipziger Frühjahrsmesse. Mit der Teilnahme von 8163 Firmen aus dem In- und Ausland meldet die Messeleitung einen neuen Rekord (1933: 6417 Aussteller). 230 000 Besucher kommen zu der bis zum 9. März dauernden Leistungsschau.

Goebbels erläutert in seiner Rede die Stellung des Deutschen Reiches in der Weltwirtschaft. Ein besonderes Problem sei – so der Propagandaminister – die Rohstoffknappheit in Deutschland. Das Deutsche Reich habe daher damit begonnen, zahlreiche natürliche Rohstoffe durch gleichwertige oder gar überlegene künstliche Werkstoffe zu ersetzen: Öl werde aus Kohle gewonnen, die Produktion heimischer Faserstoffe gefördert. Zudem sei auch die Entwicklung synthetischer Kautschuks (Buna) gelungen. Seine Premiere erlebt das Fernseh-Telefon auf der Leipziger Messe: Reichsverkehrsminister Paul Freiherr von Eltz-Rübenach führt von Berlin aus das erste Fernseh-Telefongespräch mit einem Teilnehmer in der Leipziger Messehalle. Auch die Spielwarenindustrie präsentiert Neuheiten: Sie zeigt eine Puppe, die trinken, atmen und weinen kann, sowie ein Rennauto mit Fernbedienung.

15. März 1936

Aus Skisprung wird Skiflug

Auf der neuen Skisprungschanze im jugoslawischen Planica gelingt ein historischer Rekord. Als erster Skiflieger überspringt der Österreicher Josef Bradl mit rudernden Armbewegungen (s. Abb.) die 100-m-Marke. Am Ende seines Aufsehen erregenden Flugs landet Bradl nach 101,5 m im Schnee. Die favorisierten norwegischen Skispringer, allen voran Birger Ruud, der Olympiasieger von Garmisch-Partenkirchen 1936, verfolgen den Wettbewerb nur von den Zuschauertribünen. Ihr eigener Skiverband hatte ihnen Startverbot erteilt, da er die Rekordjagden von immer größeren Spezialschanzen für fragwürdig hält. Aber die Zeit der Rekorde fängt erst richtig an: 1938 springt Bradl, wiederum in Planica, 107 m. 1941 schraubt der Deutsche Rudi Gehring die Rekordmarke auf 118 m.

24. März 1936

Rekordjagd auf Autobahn

Der deutsche Automobilrennfahrer Hans Stuck stellt bei Testfahrten auf dem neu fertiggestellten Autobahnteilstück von Frankfurt am Main nach Heidelberg fünf neue Geschwindigkeitsweltrekorde auf. Auf seinem 12-Zylinder-Auto-Union-Rennwagen bricht Stuck die Bestmarken über 10 Meilen, 50 km, 50 Meilen, 100 km und 100 Meilen. Die 100-km-Distanz durchfährt er z.B. in 22,49 min und erreicht dabei eine Geschwindigkeit von 262,465 km/h. Die Autobahnstrecke ist für diesen Härtetest, der sowohl dem Rennwagen als auch den neuentwickelten Continental-Reifen gilt, eigens einen Tag lang für den übrigen Verkehr gesperrt worden.

Hans Stuck

deutscher Automobilsportler, * 27.12.1900 Warschau; † 8.2.1978 Garmisch-Partenkirchen

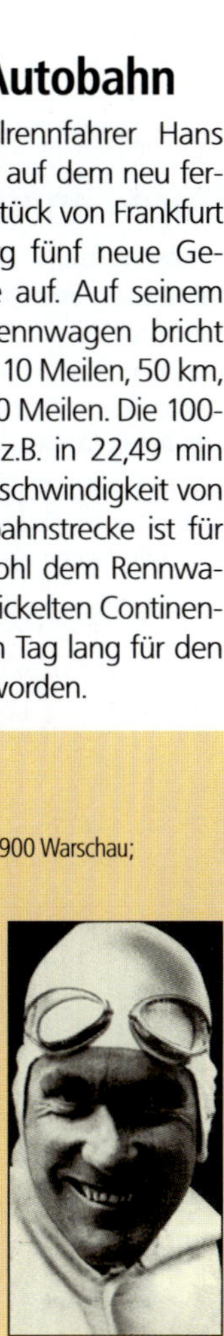

Stuck gehörte neben Rudolf Caracciola und Bernd Rosemeyer zum populären Dreigestirn des deutschen Automobilsports in den dreißiger Jahren. Seit 1922 Rennfahrer, erzielte er insgesamt 23 Klassenrekorde und 14 absolute Weltrekorde. 1930 sichert sich Stuck mit seinem Sieg im rumänischen Klausenburg die Gesamtwertung der erstmals ausgetragene Europa-Bergmeisterschaft. Seine besonderen fahrerischen Fähigkeiten in Bergrennen tragen ihm den Beinamen »König am Berg« ein.

- 1930: Europa-Bergmeisterschaft der Rennwagenklasse
- 1934-39: Deutscher Meister
- 1945-62: Fahrer für BMW

April 1936

1 Mi In Österreich wird die allgemeine Wehrpflicht eingeführt. Einberufen werden können alle Männer vom 18. bis zum 42. Lebensjahr.

2 Do Die ev. Landeskirchen von Bayern, Hannover, Mecklenburg, Sachsen und Württemberg schließen sich unter einer eigenen geistlichen Leitung zusammen.

3 Fr Bruno Richard Hauptmann, der des Mordes an dem Kind von Charles Lindbergh für schuldig befunden worden ist, stirbt auf dem elektrischen Stuhl.

4 Sa Reichskanzler Adolf Hitler ordnet per Geheimerlass die verstärkte »Wehrhaftmachung« des Deutschen Reiches an.

5 So Der Cambridge-Achter gewinnt das traditionelle Ruderrennen der Universitätsmannschaften von Cambridge und Oxford auf der Themse.

6 Mo In Baden-Baden findet auf Initiative der Kurdirektion ein dreitägiges internationales Musikfest mit Werken instrumentaler Gegenwartsmusik statt.

7 Di Das spanische Parlament setzt den Staatspräsidenten Niceto Alcalá Zamora y Torres, ab. Nachfolger wird Ministerpräsident Manuel Azaña y Diaz.

8 Mi China protestiert gegen den sowjetisch-mongolischen Beistandspakt und erklärt seine Souveränitätsrechte in der Äußeren Mongolei als verletzt.

9 Do Karlis Ulmanis wird zum Staats- und Ministerpräsidenten von Lettland ernannt. Er übernimmt das Staatspräsidentenamt von Albert Kviesis.

10 Fr Das deutsche Luftschiff LZ 129 »Hindenburg« kehrt von seiner ersten Südamerikafahrt nach Friedrichshafen zurück.

11 Sa Guatemala, Kolumbien und die Dominikanische Republik sprechen sich für die Gründung eines separaten amerikanischen Völkerbunds aus.

12 So Italien und die Schweiz schließen ein Zahlungsabkommen. Italiener dürfen danach bei Urlaubsreisen in die Schweiz maximal 3000 Lire mitnehmen.

13 Mo Der deutsche Rennfahrer Rudolf Caracciola gewinnt in Monte Carlo auf Mercedes-Benz den Großen Preis von Monaco.

14 Di Italien teilt dem Völkerbund in Genf mit, dass die Sklaverei in den von italienischen Truppen besetzten Gebieten Abessiniens abgeschafft worden sei.

15 Mi In Berlin wird die Reichsakademie für Leibesübungen eingerichtet, die für eine ergänzende Ausbildung von Sportlehrern sorgen soll.

16 Do Im ägyptischen Sakkara entdeckt der britische Archäologe Walter B. Emery unterirdische Grabanlagen aus der zweiten Hälfte des 3. Jahrtausends v.Chr.

17 Fr Im Schwarzwald kommen bei einem völlig unerwartet einsetzenden Schneesturm fünf wandernde britische Schüler ums Leben.

18 Sa Der deutsche provisorische Volksgerichtshof (Sondergericht) für politische Delikte wird formal in ein ordentliches Gericht umgewandelt.

19 So In der Berliner Deutschlandhalle findet die erste Kundgebung der NS-Dachorganisation »Deutscher Reichsbund für Leibesübungen« statt. → Palästina

20 Mo Leopold III., König der Belgier, richtet ein »Interministerielles Komitee für Flüchtlinge« ein, das u.a. die Beurteilung von politisch Verfolgten vornehmen soll.

21 Di In Berlin wird die Deutsche Gesellschaft für Tierpsychologie gegründet. Ihre Erkenntnisse sollen der Tierzüchtung und Tierhaltung zugute kommen.

22 Mi Ein Dauertest der Automobilfirma Adler mit einem neuen Stromlinienwagen wird erfolgreich abgeschlossen. Das Modell fährt über 190 km/h.

23 Do Reichskanzler Adolf Hitler unterzeichnet ein Amnestiegesetz, das vor allem nationalsozialistischen Straftätern zugute kommt.

24 Fr Mit einem feierlichen Akt werden die drei neuen Ordensburgen der NSDAP eingeweiht, die für die Schulung der Partei-Elite eingerichtet wurden.

25 Sa Nachdem das Filmen eines Fußballspiels im Londoner Wembleystadion untersagt wurde, mieten die Filmgesellschaften Flugzeuge und drehen aus der Luft.

26 So In Frankreich werden Parlamentswahlen durchgeführt. In zwei Dritteln der Wahlbezirke erreicht keiner der Kandidaten die notwendige Mehrheit.

27 Mo Als erste Teilnehmer an den Olympischen Spielen 1936 in Berlin treffen die japanischen Springreiter im Deutschen Reich ein.

28 Di In Kairo stirbt im Alter von 68 Jahren der ägyptische König Fuad I. (eigtl. Ahmad Fuad). Nachfolger wird sein 16-jähriger Sohn Faruk I.

29 Mi Gestapochef Reinhard Heydrich nennt als staatsfeindliche Gruppen u.a. Kommunisten, Juden sowie Kirchenbeamte, die sich politisch äußern.

30 Do In Berlin wird der Spielfilm »Arzt aus Leidenschaft« uraufgeführt. Die Hauptrollen spielen u.a. Hans Söhnker und Karin Hardt.

Mai 1936

1 Fr Der deutsche Regisseur Carl Froelich wird für seinen Film »Traumulus« (Titelrolle: Emil Jannings) mit dem Nationalen Filmpreis ausgezeichnet.

2 Sa Nach der Niederlage der letzten abessinischen Armeegruppe gegen Italien flieht Kaiser Haile Selassie I. nach Dschibuti in Französisch-Somaliland.

3 So Die Volksfront, ein Bündnis der französischen Linksparteien, geht als Sieger aus den Wahlen zur Deputiertenkammer hervor.

4 Mo Die Reichsregierung ordnet an, dass in höheren Schulen künftig Englisch als erste Fremdsprache zu unterrichten sei.

5 Di Das Stadtmuseum Hagen zeigt eine Ausstellung mit Werken des deutschen Bildhauers Georg Kolbe aus den letzten zehn Jahren. → Abessinien

6 Mi Das deutsche Luftschiff LZ 129 »Hindenburg« startet zu seinem ersten Nordamerikaflug von Friedrichshafen nach Lakehurst bei New York.

7 Do Reichspropagandaminister Joseph Goebbels behält sich die Entscheidung über Verbote in- und ausländischer Zeitungen vor.

8 Fr Zur Feier des 80. Geburtstags von Sigmund Freud hält Thomas Mann in Wien die Festrede: »Sigmund Freud und die Zukunft«.

9 Sa Italiens Ministerpräsident und »Duce« Benito Mussolini stellt in Rom das ostafrikanische Land Abessinien per Gesetz unter italienische Souveränität.

10 So Der Große Preis von Tripolis in Nordafrika endet mit einem Doppelsieg für Auto-Union: Der Italiener Achille Varzi gewinnt vor dem Deutschen Hans Stuck.

11 Mo Die Stromlinien-Dampflokomotive 05 002 der Berliner Firma Borsig stellt auf der Strecke Berlin-Hamburg mit 200,4 km/h einen Weltrekord auf.

12 Di Bei Beratungen über ein Abkommen mit Deutschland spricht sich der österreichische Vizekanzler Ernst Rüdiger Starhemberg gegen eine Zusammenarbeit aus.

13 Mi Santiago Casares Quiroga, der bisherige Innenminister, wird als Nachfolger von Manuel Azaña y Diaz neuer spanischer Ministerpräsident. → Fort Knox

14 Do Der österreichische Bundeskanzler Kurt Schuschnigg bildet sein Kabinett um und entlässt u.a. Vizekanzler Ernst Rüdiger Starhemberg.

15 Fr Papst Pius XI. enthebt den Erzbischof von Rouen, Paul de la Villerabel, wegen bistumsinterner Streitigkeiten seines Amtes.

16 Sa In Düsseldorf wird die Ausstellung »Film und Foto« eröffnet. Sie bietet einen Überblick über das filmische und fotografische Schaffen in Deutschland.

17 So Auf der Internationalen Luftfahrtausstellung in Stockholm erregen die deutschen Flugzeuge »JU 86« von Junkers und »DO 20« von Dornier großes Aufsehen.

18 Mo Der bolivianische Präsident José Luis Tejada Sorzano wird durch einen unblutigen Militärputsch zum Rücktritt gezwungen.

19 Di Die Lieblingsjacht des verstorbenen britischen Königs Georg V. wird wegen Seeuntüchtigkeit an der tiefsten Stelle des Ärmelkanals versenkt.

20 Mi Wegen zunehmender Verkehrsunfälle in Deutschland veröffentlicht das Justizministerium eine »Warnung vor Alkoholmissbrauch und Führerflucht«.

21 Do Reichskanzler Adolf Hitler lässt in der Walhalla bei Regensburg eine Büste des österreichischen Komponisten Anton Bruckner aufstellen.

22 Fr Der Deutsche Tennismeister Gottfried von Cramm gewinnt bei den Internationalen Tennismeisterschaften von Frankreich in Paris den Einzeltitel.

23 Sa Aus den belgischen Parlamentswahlen gehen die Sozialisten mit 70 Sitzen als stärkste Fraktion hervor. Die neue Partei der Rexisten gewinnt 26 Sitze.

24 So Im Pariser Exil lebende deutsche Kommunisten, Sozialisten und bürgerliche Demokraten rufen zur Bildung einer deutschen Volksfront auf.

25 Mo Die japanische Regierung verfügt die Schließung des Tokioter Vergnügungsviertels Yoshiwara, um dem Sittenverfall zu begegnen.

26 Di Nach sechsjähriger Bauzeit wird in Österreich die Packer Höhenstraße dem Verkehr übergeben. Sie verbindet Graz und Klagenfurt.

27 Mi Nach internationalen Protesten wird der deutsche Publizist Carl von Ossietzky aus dem Konzentrationslager Esterwegen in ein Krankenhaus eingeliefert.

28 Do In ihrer Pfingstdenkschrift wendet sich die evangelische Bekennende Kirche gegen den Rassenwahn und die antisemitische Politik des Nationalsozialismus.

29 Fr In München wird eine Himalaja-Stiftung gegründet, die für 1937 eine Expedition in den östlichen Himalaja (u.a. zum Nanga Parbat) vorbereitet.

30 Sa In den USA wird »Fury« (Zorn), der erste in Hollywood gedrehte Spielfilm des österreichischen Regisseurs Fritz Lang, uraufgeführt.

31 So Die nationalsozialistische Reichsregierung erlässt ein Gesetz über »Die Einziehung von Erzeugnissen entarteter Kunst«.

13. Mai 1936

Fort Knox: Alptraum der Diebe

Die sprichwörtlich sichere »Bank of England« bekommt Konkurrenz: Im US-Bundesstaat Kentucky wird Fort Knox (s. Abb.) fertiggestellt, in der die US-Notenbank ihre gesamten Goldbestände im Wert von umgerechnet 15 Mrd. Reichsmark aufbewahren will. Wegen ihrer ungewöhnlich scharfen Sicherheitsvorkehrungen und dem Anspruch, vollkommen sicher gegen Einbrüche zu sein, erhält die »Goldfestung« bald einen legendären Ruf. Das Gebäude aus Beton und Stahl ist an einen Hügel angelehnt und zum Teil in ihn hineingegraben. Ein sechs Meter tiefer Graben, der bei Gefahr sekundenschnell mit Wasser gefüllt werden kann, umgibt die gesamte Anlage. Ein zahlenmäßiger starker Sicherungsdienst mit Artillerie und Kavallerie ist für die Bewachung der Festung verantwortlich. Im Lauf der nächsten beiden Monate treffen nach geheimgehaltenen Plänen in 50 Sonderzügen die ersten Goldtransporte aus New York und Philadelphia in Fort Knox ein. Jeder Zug besteht aus fünf Panzerwagen, die jeweils 1000 Goldbarren im Wert von umgerechnet 70 Mio. Reichsmark enthalten.

5. Mai 1936

»Duce« annektiert Abessinien

Der faschistische italienische Ministerpräsident und »Duce« Benito Mussolini (Abb.: auf einem neuen Traktor der Marke Fiat) erfüllt sich seinen kolonialen Traum: Das siegreiche italienische Expeditionskorps zieht in die abessinische Hauptstadt Addis Abeba ein. Am Abend erklärt Mussolini in Rom vor 100 000 jubelnden Menschen den Eroberungskrieg mit den Worten »Abessinien ist italienisch« für beendet.

Der faschistische Großrat stellt das ostafrikanische Land unter die volle Souveränität Italiens. In der Hauptstadt wird das Standrecht verhängt und die Ablieferung aller Waffen angeordnet. Mit der Eroberung Abessiniens reiht sich Italien unter die großen Kolonialmächte ein. Auf seinem 1,73 Mio. km^2 großen Kolonialgebiet leben nunmehr 12 bis 13 Mio. Menschen. In dem siebenmonatigen Feldzug hat Italien etwa 450 000 Soldaten und eine Mio. Arbeiter eingesetzt. Die italienischen Angriffe wurden von der eigenen Luftwaffe, u.a. mit dreimotorigen Bombern, unterstützt.

19. Juni 1936

Schmelings Triumph

Nein, damit hat wirklich niemand gerechnet: Der Deutsche Max Schmeling, ehemaliger Boxweltmeister im Schwergewicht, war eigentlich schon abgeschrieben. Sein Gegner Joe Louis, der Wunderboxer, schien allen Beobachtern der klare Favorit. Die Wettbörsen spiegelten die Einschätzung der Boxwelt wider: 10:1 standen die Wetten für Louis. Und jetzt das. Der bislang ungeschlagene Louis liegt im Ringstaub. Ringrichter Donovan zählt den hohen Favoriten in der zwölften Runde aus. Schmeling reißt die Arme hoch (s. Abb.). Für den »braunen Bomber« Louis sollte der Kampf nur ein Routinefight werden. Nach dem sicher geglaubten Sieg winkte ein Titelkampf gegen Schwergewichtsweltmeister James J. Braddock. In den ersten drei Runden scheint auch alles nach Plan zu laufen. Louis dominiert, doch schon in der vierten Runde deutet sich eine Wende an. Mit drei kurzen Rechten schlägt Schmeling

Max Schmeling

deutscher Boxer, * 28.9.1905 Klein Luckwo/Uckermark

Seine Erfolge im Ring machen den ersten deutschen Boxweltmeister im Schwergewicht zu einem Publikumsliebling. Auch nach dem Ende seiner Karriere bleibt die Popularität Schmelings ungebrochen. Neben dem Gewinn der Weltmeisterschaft nach einem Disqualifikationssieg gegen Jack Sharkey 1930 trägt vor allem der überraschende Sieg gegen Joe Louis dazu bei, dass Schmeling in die Sportgeschichte eingeht.

- 1924-48: 70 Kämpfe (56 Siege)
- 1930-32: Weltmeister im Schwergewicht
- 1938: Niederlage im Revanchekampf gegen Joe Louis

17. Juni 1936

SS-Chef Himmler führt Polizei

Adolf Hitler ernennt den Reichsführer SS, Heinrich Himmler (s. Abb.), zum Chef der Polizei mit Sitz in Berlin. Damit wird die Polizeihoheit der Länder, die seit 1933 von den Nationalsozialisten zugunsten des Reiches abgebaut worden war, auch juristisch auf die Zentralgewalt in Berlin übertragen. Zwar ist Himmler als Polizeichef formal Reichsinnenminister Wilhelm Frick unterstellt, als SS-Chef aber nur Hitler persönlich verantwortlich. De facto ergibt sich eine Loslösung der Polizei von staatlicher Aufsicht.

Unten v.l.: Schmeling (3.v.l.) im Freudentaumel; Reichskanzler Adolf Hitler (l.) gratuliert zum Triumph.

Louis erstmals in seiner Profilaufbahn zu Boden. Fortan dominiert er klar. Nach seinem Triumph wird ihm jedoch ein WM-Kampf gegen Braddock verwehrt. Stattdessen gewinnt Louis 1937 die WM-Krone. Ein Jahr später siegt er in einem Revanchekampf gegen Schmeling durch k.o.

4. Juni 1936

Volksfront an der Macht

Nach dem Wahlsieg vom 3. Mai tritt in Frankreich die Volksfront-Regierung unter Ministerpräsident Léon Blum ihr Amt an. Die linke Sammelbewegung schließt Sozialisten, Kommunisten und die liberale Radikale Partei mit ein. Unmittelbar nach Amtsantritt legt Blum Gesetzentwürfe vor, mit denen er Wahlversprechen einlösen will. Die Arbeiter erhalten Lohnerhöhungen zwischen 8% und 15%. In Betrieben mit mehr als zehn Arbeitern sollen mindestens zwei Arbeitnehmervertreter gewählt werden. Als Folge ebben die landesweiten Streiks im Juni ab.

Léon Blum

französischer Politiker und Journalist, * 9.4.1872 Paris; † 30.3.1950 Jouy-en-Josas (Yvelines)

Als Regierungschef der Volksfront-Regierung setzte Blum soziale Reformen durch, obwohl seine Amtszeit durch Streiks und akute Finanzprobleme überschattet war. U.a. führte Blum die 40-Stunden-Woche und den bezahlten Urlaub ein. Der Mitgründer der reformistischen Parti Socialiste Français (1902) und Herausgeber der Zeitung »Le Populaire« setzte sich in seinen Schriften für Frieden und Völkerverständigung ein.

- 1919: Vorsitzender der Sozialistischen Partei
- 1936/37, 1938, 1946/47: Ministerpräsident
- 1943-45: In mehreren deutschen KZ interniert

Juni 1936

1 Mo Nach einem Erlass der deutschen Reichsmusikkammer ist ab sofort das Führen eines ausländisch klingenden Künstlernamens verboten.

2 Di In Nicaragua verübt die Nationalgarde unter General Anastasio Somoza García einen Putsch gegen Staatspräsident Juan Bautista Sacasa.

3 Mi Kaiser Haile Selassie I., der nach der Eroberung Abessiniens durch Italien aus seinem Land flüchten musste, trifft in London ein.

4 Do Aus Frankreich werden Streiks gemeldet, die das öffentliche Leben lahmzulegen drohen. Gefordert wird u.a. die 40-Stunden-Woche. → Volksfront

5 Fr Die Deutsche Reichspost kündigt den Bau von zwei Fernsehsendern auf dem Brocken im Harz und dem Feldberg im Taunus an.

6 Sa Der neue französische Ministerpräsident Léon Blum verliest vor der Deputiertenkammer in Paris die Antrittserklärung der Volksfront-Regierung.

7 So Im pommerschen Wangerin feiern 10 000 Mitglieder des Deutschen Reichskriegerbundes das 150-jährige Bestehen der Organisation ehemaliger Soldaten.

8 Mo Die Bekämpfung der Arbeitslosigkeit ist zentrales Thema des Sechsten Internationalen Gemeindekongresses, der in Berlin eröffnet wird.

9 Di In den südchinesischen Provinzen Kwangtung und Kwangsi wird die allgemeine Mobilmachung gegen die Zentralregierung im Norden befohlen.

10 Mi Das Zentralkomitee der deutschen Exil-KPD in Paris ernennt Walter Ulbricht zum Sekretär des Politbüros.

11 Do Die Regierung der UdSSR billigt den Entwurf für eine neue, als demokratisch bezeichnete Verfassung, die im Dezember in Kraft tritt.

12 Fr Der Spielfilm »Allotria« von Willi Forst hat in Berlin Premiere. Die Hauptrollen spielen Renate Müller, Jenny Jugo, Heinz Rühmann und Adolf Wohlbrück.

13 Sa In Hamburg läuft ein zweites Segelschulschiff der deutschen Kriegsmarine, die »Horst Wessel«, vom Stapel. Sie ist ein Schwesterschiff der »Gorch Fock«.

14 So Die italienische Regierung führt per Sondergesetz die paramilitärische Ausbildung für Jugendliche im Alter von 16 bis 19 Jahren ein.

15 Mo In Berlin beginnt der Vorverkauf für die letzten Eintrittskarten zu den Olympischen Spielen, die vom 1. bis zum 16. August dauern werden.

16 Di In Paris einigen sich Vertreter arabischer Nationalisten und der französischen Regierung, Syrien in die Unabhängigkeit zu entlassen.

17 Mi In Wien wird der Spielfilm »Im Sonnenschein« uraufgeführt. Der Regisseur Carmine Gallone wird dafür auf der Biennale in Venedig ausgezeichnet. → Himmler

18 Do Das französische Kabinett beschließt die Auflösung rechter Kampforganisationen und privater Milizen in Frankreich.

19 Fr Der dänischen Schwimmerin Lilly Andersen gelingt es, den 18 km breiten Großen Belt zwischen Seeland und Fünen zu durchschwimmen. → Schmeling

20 Sa Nach Großbritannien und Frankreich empfehlen die USA die Aufhebung der Sanktionen gegen Italien, die wegen des Abessinienkrieges verhängt wurden.

21 So Die Mannschaft des 1. FC Nürnberg wird durch einen 2:1-Sieg gegen die Elf von Fortuna Düsseldorf Deutscher Fußballmeister.

22 Mo In Berlin heiratet Gustaf Gründgens, der Intendant des Berliner Staatstheaters, die Schauspielerin Marianne Hoppe.

23 Di Die französische Fliegerin Marie Hilsz stellt mit 14 000 m einen neuen Höhenflugrekord für Frauen auf. Der bisherige Rekord lag bei 12 043 m.

24 Mi Mit 3500 Fahrzeugen täglich wird für die Strecke Köln-Opladen-Düsseldorf das stärkste Verkehrsaufkommen auf deutschen Autobahnen registriert.

25 Do Die Leitung der Rüsselsheimer Opelwerke reagiert auf Streiks der Arbeiter wegen vorgenommener Lohnkürzungen mit Massenentlassungen.

26 Fr In Bremen findet der erste freie Flug des Zwillingsrotor-Hubschraubers statt. Der »Fw 61« ist der erste betriebsreife Hubschrauber der Welt.

27 Sa US-Präsident Franklin D. Roosevelt wird erneut zum Kandidaten der Demokratischen Partei für die Präsidentschaftswahlen nominiert.

28 So In Jena enden die seit dem 20. Juni dauernden offiziellen Feierlichkeiten anlässlich des 700-jährigen Bestehens der Stadt.

29 Mo Auf der Zeche Shamrock I/II in Herne wird nach 177 Stunden ein verschütteter Bergmann aus einem eingestürzten Stollen lebend geborgen.

30 Di Vor der Völkerbundversammlung in Genf richtet der Kaiser von Abessinien, Haile Selassie I., schwere Vorwürfe gegen die Völkerbundmitglieder.

Juli 1936

1 Mi Vor der Völkerbundversammlung fordert der britische Außenminister Anthony Eden, dass die Annexion Abessiniens durch Italien nicht anzuerkennen sei.

2 Do Im Dom zu Quedlinburg findet die nationalsozialistische Reichsfeier zum 1000. Todestag des deutschen Königs Heinrich I. statt.

3 Fr Der britische Tennisspieler Fred Perry besiegt den Deutschen Gottfried von Cramm im Endspiel des Tennisturniers von Wimbledon.

4 Sa Gemäss einer Flüchtlingskonvention in Genf werden deutsche Flüchtlinge anerkannt, wenn sie nicht mehr unter dem Schutz der Reichsregierung stehen.

5 So In der Schweiz protestieren die Kraftfahrzeugbesitzer gegen die von der Regierung geplanten Vorschriften, dem Treibstoff Alkohol beizumischen.

6 Mo Der Völkerbund beschließt in Genf, die Wirtschaftssanktionen gegen Italien wegen des Abessinienfeldzuges zu beenden.

7 Di Laut Vorschlag einer internationalen Konferenz in Montreux dürfen künftig Kriegsschiffe durch die Dardanellen und den Bosporus fahren.

8 Mi Bei Frankfurt am Main eröffnet der Staatssekretär im Reichsluftfahrtministerium, Erhard Milch, den Flug- und Luftschiffhafen Rhein-Main.

9 Do Um Olympiabesucher nicht mit Propaganda zu konfrontieren, wird in Deutschland Versammlungsruhe während der Olympischen Spiele angeordnet.

10 Fr Die britische Mittelmeerflotte wird um 18 Kriegsschiffe verkleinert. Die Flotte war zu Beginn des Abessinienkrieges verstärkt worden.

11 Sa Das Deutsche Reich und Österreich schließen mit dem sog. Juliabkommen einen Freundschaftsvertrag, der als erster Schritt zum Anschluss Österreichs gilt.

12 So Ein Gesetz legt die Entscheidung über Vorführung ausländischer Filme in Deutschland in die Befugnis von Reichspropagandaminister Joseph Goebbels.

13 Mo In Madrid wird der Führer der Monarchisten, José Calvo Sotelo, ermordet. Als Motiv gilt Rache für den Mord an einem Polizisten durch Rechtsradikale.

14 Di Wegen zu hoher Kosten stoppt der US-Kongress den Bau des Floridakanals. Die Wasserstraße sollte den Atlantik mit dem Golf von Mexiko verbinden.

15 Mi Mit einer Zusatzbewilligung im Staatshaushalt soll die gesamte Bevölkerung Großbritanniens mit Gasmasken ausgerüstet werden.

16 Do Ein Anschlag auf den britischen König Edward VIII. wird im Londoner Hydepark vereitelt. Der Attentäter wird verhaftet, ohne dass er Schaden anrichten kann.

17 Fr Die Pariser Deputiertenkammer stimmt mit 484 gegen 85 Stimmen für die Verstaatlichung der französischen Rüstungsindustrie. → Spanien

18 Sa In Berlin wird die große Ausstellung »Deutschland«, eine Werbeschau für ausländische Olympiabesucher, eröffnet. Sie dauert bis zum 23. August.

19 So Die Bayreuther Festspiele beginnen mit »Lohengrin« von Richard Wagner. Während der Olympischen Spiele pausieren die Festspiele.

20 Mo Um 12 Uhr Ortszeit wird im griechischen Olympia auf der Peloponnes mit Hilfe eines Hohlspiegels das olympische Feuer entzündet.

21 Di In Berlin hat der deutsche Western »Der Kaiser von Kalifornien« Premiere. Luis Trenker führte Regie und ist auch in der Hauptrolle zu sehen.

22 Mi Bei dem Versuch, die Eiger-Nordwand zu besteigen, kommen zwei deutsche und zwei österreichische Alpinisten ums Leben. Die Wand wird gesperrt.

23 Do Im nordspanischen Burgos wird eine provisorische »nationale« Regierung unter dem Vorsitz des aufständischen Generals Miguel Cabanellas gebildet.

24 Fr »Zum Schutz deutscher Staatsangehöriger in Spanien« laufen die deutschen Panzerschiffe »Admiral Scheer« und »Deutschland« nach Spanien aus.

25 Sa Die deutsche Regierung ernennt den Gesandten in Wien, Franz von Papen, zum »außerordentlichen und bevollmächtigten Botschafter in Wien«.

26 So In geheimer Mission transportieren italienische Flugzeuge aufständische spanische Truppen von Marokko nach Spanien.

27 Mo Der Leiter der Auslandsorganisation der NSDAP, Ernst Wilhelm Bohle, richtet einen »Hilfsfonds für die geschädigten Spanien-Deutschen« ein.

28 Di Die britische Mannschaft schlägt Australien im Davis-Pokal-Endspiel in Wimbledon 3:2. Der Einzel-Sieg von Fred Perry entscheidet das Turnier.

29 Mi Nach einem Erlass des Reichsverkehrsministeriums werden ab dem 1.8. Strafen wegen Verletzung der Verkehrsvorschriften in den Führerschein eingetragen.

30 Do Das französische Parlament verabschiedet einen Gesetzesvorschlag, der den Frauen in Frankreich das aktive und passive Wahlrecht zuerkennt.

31 Fr Das in Berlin tagende Internationale Olympische Komitee vergibt die XII. Olympischen Spiele an die japanische Hauptstadt Tokio.

1. August 1936

Spiele im Zeichen des Hakenkreuzes

Die Olympischen Spiele in Berlin werden zu einer gewaltigen Propagandaschau für das nationalsozialistische Deutschland. Als Reichskanzler Adolf Hitler im mit 100 000 Zuschauern voll besetzten Berliner Olympiastadion die ersten Sommerspiele im Deutschen Reich eröffnet, sind alle Vorbereitungen getroffen, um dem Ausland das »neue Deutschland« zu präsentieren. Die 150 000 Gäste aus aller Welt sollen das Bild eines politisch und wirtschaftlich starken Landes sehen, das Sicherheit und Ordnung garantiert. Empfänge und Festlichkeiten rund um die sportlichen Wettkämpfe sollen den Eindruck ungebremster Gastfreundlichkeit widerspiegeln. Eine Vielzahl von Dolmetschern sowie verstärkte Polizeipräsenz vermitteln vor allem den ausländischen Gästen einen harmonischen Eindruck der »deutschen Wirklichkeit«. Auch die Vorbereitungen der einheimischen Sportler auf die olympischen Wettkämpfe wurden von der Reichsregierung massiv unterstützt. Mit Siegen deutscher Athleten will Hitler die These von der vermeintlichen Überlegenheit der »arischen Rasse« belegen. Der politische Hintergrund der Sommerspiele wird schon bei der Eröffnungsfeier deutlich. Aufmerksam wird registriert, ob die Aktiven mit dem olympischen Gruß – die offene Hand leicht nach unten zur Seite gehalten – oder, nach Art der Faschisten, mit erhobener Hand an der Ehrenloge vorbeimarschieren. Die Mannschaften aus Bulgarien, Frankreich, Italien und Österreich entscheiden sich für den »Hitlergruß« und erhalten dafür von den Rängen brausenden Beifall. Das Geschehen auf den Wettkampfstätten und in den Stadien wird von der Regisseurin Leni Riefenstahl in einem zweiteiligen Film festgehalten. Die Streifen »Fest der Schönheit« und »Fest der Völker« erfordert Vorarbeiten wie nie zuvor. Im Olympiastadion, das besondere Durchgänge für Techniker und Kameras erhielt, drehen 34 Kameraleute. Mit Unterwasserkameras werden die Schwimmwettbewerbe verfolgt, für Panorama-Aufnahmen Kameras am Luftschiff »Zeppelin« installiert. Auch das deutsche Fernsehen, noch im Versuchsstadium, dokumentiert die Spiele.

Siegerehrung im Weitsprung der Männer – oben Jesse Owens (8,06 m) vor dem Deutschen Luz Long (7,87 m, r.) und dem Japaner Naoto Tajima (7,74 m)

26. August 1936

London gewährt Ägypten die uneingeschränkte Souveränität

Das Land am Nil wird ein souveräner Staat. Ägypten, das jahrzehntelang unter osmanischer bzw. britischer Herrschaft stand, erhält seine volle Eigenständigkeit. Allerdings behält sich London das Recht vor, 20 Jahre lang Truppen – 10 000 Mann Landarmee und 400 Piloten – in der Suezkanalzone zwischen Port Said und Ismailia zur Sicherung des Schifffahrtsweges zu stationieren.

Der in London unterzeichnete Vertrag beendet die seit dem Jahre 1882 bestehende militärische Besetzung Ägyptens durch britische Truppen (Abb.: Der britische Außenminister Anthony Eden bei der Vertragsunterzeichnung). Außerdem sichert London dem souveränen Ägypten seine Unterstützung bei den Bemühungen um Aufnahme in den Völkerbund zu und verspricht für den Kriegsfall umfassende militärische Hilfe. Ägypten gehört wegen des Suezkanals und seiner strategisch wichtigen Lage zur britischen Interessensphäre. Nachdem das Land am Nil 1914 britisches Protektorat geworden war, hatte es 1922 die eingeschränkte Souveränität erhalten. Großbritannien war seither nicht bereit, die Landesverteidigung in ägyptische Hände zu legen.

Das Publikum bei der Eröffnungsfeier im Berliner Olympiastadion begrüßt Sportler und Funktionäre.

Jesse Owens wird zum Superstar

James Cleveland »Jesse« Owens (s. Abb.) ist mit vier Goldmedaillen der Star der Spiele. Der schwarze Publikumsliebling triumphiert über 100 m, 200 m, mit der 4 x 100-m-Sprintstaffel und im Weitsprung. Der Sohn eines Baumwollpflückers aus Alabama hatte schon 1935 für Furore gesorgt, als er bei Vorbereitungswettkämpfen auf die Olympischen Spiele innerhalb von 45 Minuten vier Weltrekorde aufgestellt hatte. Herausragender Athlet der deutschen Mannschaft ist der Turner Konrad Frey, der drei Gold-, eine Silber- und zwei Bronzemedaillen gewinnt. »König der Athleten« wird der US-Amerikaner Glenn Morris, der im Zehnkampf einen Weltrekord aufstellt. Erfolgreichste Frau ist die niederländische Schwimmerin Hendrika Wilhelmina Mastenbroek, die dreimal Gold und einmal Silber erringt.

Medaillenspiegel

Land	G	S	B
Deutschland	33	26	30
USA	24	20	12
Ungarn	10	1	5
Italien	8	9	5
Finnland	7	6	6
Frankreich	7	6	6
Schweden	6	5	9
Japan	6	4	8
Niederlande	6	4	7
Großbritannien	4	7	3

17. Juli 1936

Rechte und Linke kämpfen in Spanien um die Macht

Die seit Jahren in Spanien schwelenden Konflikte zwischen politisch linken und rechten Kräften hatten das Land schon mehrfach an den Rand des Zusammenbruchs gebracht. Nun führen sie in die politische Sackgasse. Der Mord an dem monarchistischen Abgeordneten José Calvo Sotelo am 13. Juli wird zum Auslöser für einen seit Monaten vorbereiteten Militärputsch, der sich zum Bürgerkrieg ausweitet.

Der Putsch der faschistisch orientierten Militärs unter Führung der Generäle Francisco Franco y Bahamonde, Emilio Mola Vidal, Gonzalo Queipo de Llano und José Sanjurjo y Sacanell bricht in Spanisch-Marokko aus. Der Widerstand der Arbeiter, die am 18. Juli in den Streik treten, wird rücksichtslos niedergeschlagen. Franco übernimmt nach Verhaftung des legalen Oberbefehlshabers für Spanisch-Marokko das Kommando. Der Funke des Aufstands springt auch auf das spanische Mutterland über. In einigen Gebieten scheitern die Aufstände am Widerstand der Bevölkerung (Abb.: Internationale Brigaden vor Madrid) oder an regierungstreuen Soldaten. Eine politische Lösung gelingt auch der Regierung in Madrid nicht mehr – der Bürgerkrieg ist unvermeidbar.

August 1936

1 Sa Die Niederlande klagen vor dem Internationalen Gerichtshof in Den Haag Belgien wegen der Wasserentnahme aus der Maas an. → Spiele

2 So Der belgische Radrennfahrer Sylvère Maes gewinnt in Frankreich die 30. Tour de France in einer Gesamtzeit von 142:42,32 h.

3 Mo Das Zentralkomitee der KPD in Paris ruft alle Antifaschisten zur gemeinsamen Hilfe für das spanische Volk und die spanische Volksfront auf.

4 Di Wegen anhaltender Streiks und politischer Unruhen löst der griechische Ministerpräsident Ioannis Metaxas das Parlament auf und ruft die Diktatur aus.

5 Mi Im spanischen Cadiz treffen die ersten deutschen »Freiwilligenverbände« ein, um die Faschisten im Bürgerkrieg zu unterstützen.

6 Do Dem im Bürgerkrieg bisher von Spanisch-Marokko aus operierenden General Francisco Franco gelingt das Übersetzen nach Südspanien.

7 Fr In Deutschland wird der 1000-jährigen Wiederkehr der Thronbesteigung von Otto I., dem Großen, gedacht.

8 Sa Die deutsche Regierung versichert dem britischen Außenministerium fälschlicherweise, kein Kriegsmaterial nach Spanien geliefert zu haben.

9 So Nach Pressemeldungen gibt es in Deutschland derzeit 5253 Filmtheater. Eine größere Zahl an Kinos weisen nur noch die USA auf (15 378).

10 Mo In der UdSSR wird das Wehrdienstalter von 21 auf 19 Jahre herabgesetzt. Damit soll die Aufrüstung vorangetrieben werden.

11 Di Joachim von Ribbentrop wird vom Reichskanzler Adolf Hitler zum neuen deutschen Botschafter in London berufen.

12 Mi In Birmingham endet ein »Kongress der Schlaflosen« mit 20 000 Teilnehmern. Sie appellieren an die Medizin, sich endlich dieser Krankheit anzunehmen.

13 Do In Genf tagt der jüdische Weltkongress und verabschiedet eine Resolution, wonach die Herausforderung der Nationalsozialisten angenommen wird.

14 Fr Der in Wien tagende Weltkongress der Zahnärzte empfiehlt als Therapie bei Zahnausfall die Injektion von Vitamin C.

15 Sa Reichspropagandaminister Joseph Goebbels empfängt die Ehrengäste der Olympischen Spiele zu einem Sommerfest auf der Berliner Pfaueninsel.

16 So Am Bremer Staatstheater wird die Operette »Dichter und Bauer« von Franz von Suppé, in der Bearbeitung von Franz Werther und Eugen Rex, uraufgeführt.

17 Mo In München beginnt die nicht zum olympischen Programm zählende sog. Schacholympiade. Die ungarische Mannschaft gewinnt den Wettbewerb.

18 Di Im Berliner Schlossmuseum ist der sog. Welfenschatz ausgestellt. Kernstück der Sammlung sind Reliquienbehälter aus dem 11. und 12. Jahrhundert.

19 Mi In Moskau beginnt der sog. Trotzkistenprozess. +++ Der spanische Dichter Federico García Lorca wird von Falangisten ermordet.

20 Do Bei blutigen Zusammenstößen zwischen Juden und Arabern in Palästina sind nach amtlichen Angaben bis dato 211 Personen ums Leben gekommen.

21 Fr Im Berliner Theater auf dem Kurfürstendamm hat das Musical »Kleines Fräulein Unbekannt« von Marc Roland Premiere.

22 Sa Das Reichspropagandaministerium genehmigt den Zusammenschluss »nichtarischer Christen« im »Paulusbund«, dem 80 000 Mitglieder angehören.

23 So Im pommerschen Rostin an der Persante wird das erste Unterwasserkraftwerk der Welt in Betrieb genommen.

24 Mo Ein Erlass Adolf Hitlers erhöht die aktive Dienstpflicht in den drei Teilen der deutschen Wehrmacht von bisher einem Jahr auf zwei Jahre.

25 Di Drei deutsche Dampfer laufen mit Flugzeugen, Munition und anderen Kriegsmaterialien für die spanischen Faschisten an Bord nach Südspanien aus.

26 Mi Das Reichswirtschaftsministerium empfiehlt vertraulich, »den Übergang jüdischer Unternehmen und Geschäfte in arische Hände nicht zu stören«. → Ägypten

27 Do Die Bildhauerin Emy Roeder und der Maler Artur Degner werden mit dem seit 1905 verliehenen Villa-Romana-Kunstpreis ausgezeichnet.

28 Fr Reichskriegsminister Werner von Blomberg genehmigt den Kampfeinsatz deutscher Flugzeuge und Truppen in Spanien.

29 Sa Wegen seiner Weigerung, sich von politischer Betätigung fernzuhalten, wird der sowjetische Revolutionsführer Leo D. Trotzki in Norwegen interniert.

30 So Der britische Passagierdampfer »Queen Mary« überquert den Atlantik in Rekordzeit (3 Tage, 23 h, 57 min) und erobert damit das »Blaue Band«.

31 Mo Eine schwere Schlagwetterexplosion auf der Bochumer Zeche »Vereinigte Präsident« fordert 29 Tote und 18 Verletzte.

September 1936

1 Di »Der Bettelstudent«, eine Filmoperette der Ufa, wird in Hamburg uraufgeführt. Marika Rökk und Johannes Heesters spielen die Hauptrollen.

2 Mi In Düsseldorf wird ein internationaler Astrologenkongress eröffnet, der die Wiederherstellung der Seriosität der Astrologie zum Ziel hat.

3 Do In Brüssel beginnt eine internationale Weltfriedenskonferenz mit Vertretern von 37 Staaten. Deutschland und Italien nehmen nicht teil.

4 Fr Der Sozialist Francisco Largo Caballero wird neuer spanischer Ministerpräsident. Der von ihm gebildeten Regierung gehören auch die Kommunisten an.

5 Sa Die US-Amerikanerin Beryl Markham überquert als erste Frau der Welt im Alleinflug den Atlantik in ostwestlicher Richtung.

6 So Bei der International Tourist Trophy in Nordirland rast ein Wagen mit 160 km/h in die dichte Zuschauermenge am Straßenrand und tötet acht Personen.

7 Mo Ein US-Forschungsteam bezeichnet die Wüste Luth in Ostpersien als heißeste Region der Erde. Dort wurden 58°C im Schatten gemessen.

8 Di In Nürnberg beginnt der Achte Reichsparteitag der NSDAP, der »Parteitag der Ehre«. Er dauert bis zum 14. September.

9 Mi Um die Einfuhrmenge von Rohseide nach Deutschland zu verringern, wird in Gelsenkirchen eine Großzuchtanlage für 500 000 Seidenraupen errichtet.

10 Do Das Lufthansa-Flugboot »Zephyr« vom Typ Do 18 überquert als erste planmäßige Luftpostmaschine den Nordatlantik in Ost-West-Richtung.

11 Fr Auf dem Nürnberger Parteitag der NSDAP führt Adolf Hitler die »Erneuerung des deutschen Volkes« u.a. auf »Fanatismus und Todesverachtung« zurück.

12 Sa In Deutschland wird des 100. Todestages des Dichters Christian Dietrich Grabbe gedacht. Seine Heimatstadt Detmold plant eine Festwoche.

13 So Der deutsche Automobilrennfahrer Bernd Rosemeyer gewinnt im italienischen Monza auf Auto-Union den Großen Preis von Italien und wird Europameister.

14 Mo Papst Pius XI. verurteilt in seinem Sommersitz Castel Gandolfo vor 350 spanischen Flüchtlingen den Spanischen Bürgerkrieg.

15 Di Aus den dänischen Parlamentswahlen gehen die Sozialdemokraten als Gewinner hervor. Parteiführer Thorvald Stauning bleibt Ministerpräsident.

16 Mi Das französische Expeditionsschiff »Pourquoi Pas« erleidet vor Grönland in einem Sturm Schiffbruch. 30 Besatzungsmitglieder ertrinken.

17 Do Reichskanzler Adolf Hitler besucht das V. und IX. Armeekorps beim großen Herbstmanöver im Raum Würzburg und Fritzlar.

18 Fr Durch ein Schiffsunglück auf dem Nil, bei dem ein Vergnügungsdampfer und ein Frachtschiff zusammenstoßen, kommen 45 Menschen ums Leben.

19 Sa In Dresden konstituiert sich die Deutsche Gesellschaft für Hygiene, die mit ihrer Arbeit die öffentliche Gesundheitspflege verbessern will.

20 So In Berlin wird der Film »Meuterei auf der Bounty« in der Originalfassung uraufgeführt. Die Hauptrollen spielen Charles Laughton und Clark Gable.

21 Mo Zwischen Spessart, Hoher Rhön, oberer Fulda und Wetterau beginnt das größte Manöver der Wehrmacht seit Kriegsende.

22 Di Der »Duce« Benito Mussolini empfängt in Rom den deutschen Jugendführer Baldur von Schirach und nimmt eine Parade der angereisten Hitlerjugend ab.

23 Mi Robert Bosch, der Gründer der Bosch-Werke, feiert seinen 75. Geburtstag zusammen mit dem 50-jährigen Firmenjubiläum.

24 Do Das neu gewählte schwedische Kabinett unter Per Albin Hansson verkündet ein Programm zur Bekämpfung der Wirtschaftskrise Schwedens.

25 Fr In Frankfurt am Main findet der deutsche Reisebürotag statt, zu dem aus dem In- und Ausland mehr als 1000 Teilnehmer erschienen sind.

26 Sa Im Park Palazzo Baberini in Rom werden die Überreste eines Tempels aus dem 1. Jahrhundert v.Chr. entdeckt, der dem persischen Gott Mithras geweiht war.

27 So Den spanischen Faschisten gelingt es, den Alkazar (Festung) von Toledo, der wochenlang von den Regierungstruppen belagert wurde, zu befreien.

28 Mo In Berlin beginnt der XI. Internationale Autorenkongress. Delegierte aus 15 Ländern diskutieren vor allem über Fragen des Urheberschutzes. → Weltrekord

29 Di Der deutsche Reichskirchenausschuss ordnet an, dass Geistliche grundsätzlich auch im Ornat den Hitler-Gruß zu entrichten hätten.

30 Mi Wegen finanzieller Schwierigkeiten stellt die in Karlsbad herausgegebene »Zeitschrift für den Sozialismus«, ein Blatt der Exil-SPD, ihr Erscheinen ein.

3. Oktober 1936

Aufrüstung zur See beginnt

In Deutschland wird die Aufrüstung vorangetrieben. Das erste nach dem Weltkrieg gebaute Schlachtschiff der Kriegsmarine läuft in Wilhelmshaven vom Stapel (s. Abb.). Das 226 m lange 26 000-t-Schlachtschiff erhält den Namen »Scharnhorst«. In seiner Taufrede sagt Reichskriegsminister Werner von Blomberg: »Das mächtige Schiff ist das deutsche Symbol praktischer Gleichberechtigung und völliger Wehrhoheit. Dieses Schiff kann keinen würdigeren Namen führen als den des Mannes, der vor 130 Jahren, als Preußen ge-

knechtet zu Boden lag, in der Verschmelzung von Volk und Wehrmacht das Geheimnis des Sieges und das Unterpfand der Freiheit sah.«

10. Oktober 1936

Herberger im Traineramt

Der Fußball hat seine eigenen Gesetze, die zudem die Jahre überdauern. Bei Misserfolg muss meist der Trainer sein Amt räumen. So auch bei der deutschen Fußballnationalmannschaft. Nachdem das Team unter Reichstrainer Otto Nerz bei den Olympischen Spielen blamabel gegen »Fußballzwerg« Norwegen sang- und klanglos mit 0:2 ausgeschieden war, musste Nerz seinen Hut nehmen. Nachfolger wird sein Assistent Joseph »Sepp« Herberger (s. Abb.). Der bei den Spielern anerkannte Trainer spielte selbst in Mannheim und Berlin. Dreimal, gegen Finnland 1921, gegen Italien 1924 und gegen die Niederlande 1926 wurde er in den Kader der Nationalelf berufen. Der als Pragmatiker geltende Herberger war seit 1933 Assistenztrainer in Diensten des Deutschen Fußballbundes.

Als deutscher Vertreter unterzeichnet Botschafter Joachim von Ribbentrop (sitzend 3.v.l.) den Vertrag.

Japan und Deutschland gegen Komintern

Nachdem sich Italien und Deutschland angenähert haben, schließt die nationalsozialistische Regierung auch mit Japan einen Pakt. In Berlin unterzeichnen der deutsche Botschafter Joachim von Ribbentrop und sein japanischer Amtskollege Vicomte Kintomo Mushakoji am 25. November einen Vertrag zur gemeinsamen Abwehr der Kommunistischen Internationalen (Komintern).
Ein geheimes Zusatzabkommen richtet sich direkt gegen die Sowjetunion. Japan und Deutschland verpflichten sich, keine politischen Verträge mit der Sowjetunion zu schließen, die dem Geist des Abkommens widersprechen. Für die deutsche Regierung ist das Abkommen eine weitere außenpolitische Stärkung. Zudem bildet die Annäherung an die Seemacht Japan ein Gegengewicht zum potenziellen Gegner Großbritannien. Japan will mit dem Antikominternpakt das Vordringen in China absichern, denn seit der Okkupation der Mandschurei hat sich das Verhältnis zur UdSSR deutlich verschlechtert. Kritik ruft der Pakt u.a. beim französischen Außenminister Yvon Delbos hervor. Moskau kritisiert das Abkommen ebenfalls.

1. Oktober 1936

Führung in einer Hand

General Francisco Franco y Bahamonde wird in Burgos, dem Hauptquartier der Aufständischen gegen die spanische Republik, zum Generalissimus (oberster Befehlshaber) der »nationalen« Streitkräfte und zum Staatschef ausgerufen (s. Abb.). Damit erlangt Franco auch nominell die Führungsgewalt, die er bislang faktisch schon ausübte. Die »nationale« Regierung der Aufständischen bleibt jedoch ein Provisorium. Politik wird in den besetzten Landstrichen Spaniens mit Waffengewalt gemacht. Seit Beginn des Bürgerkriegs kämpfen Freiwillige aus vielen Ländern in den internationalen Brigaden gegen die Franco-Truppen.

Francisco Franco y Bahamonde

spanischer Militär und Politiker, * 4.12.1892 El Ferrol; † 20.11.1975 Madrid

Nach dem Sieg im Spanischen Bürgerkrieg, zu dem die faschistischen Staaten Deutschland und Italien beigetragen hatten, regiert Franco sein Land fast 40 Jahre lang mit diktatorischen Mitteln. Gestützt auf Armee, die Einheitspartei Falange und die katholische Kirche, kann er sich bis zu seinem Tod als letzter Diktator Westeuropas im Amt halten. Im Zweiten Weltkrieg wahrt er die Neutralität, verhehlt allerdings nicht seine Sympathie für die Achsenmächte. Innenpolitisch festigt er seine Macht mit Terror. Seine Gegner lässt er verfolgen und umbringen. In dem zentralistischen Staat Francos werden zudem alle regionalistischen Bestrebungen unterdrückt. Die politische Isolation nach dem Zweiten Weltkrieg führt zu einem wirtschaftlichen Niedergang Spaniens.

- 1907: Eintritt in die Armee
- 1934-36: Chef des spanischen Generalstabs
- ab 1938: Staatschef

25. Oktober 1936

Pakt der Diktatoren

Die Bündnisstruktur ändert sich zugunsten Deutschlands. Während bislang das Verhältnis zwischen Reichskanzler Adolf Hitler und dem italienischen Ministerpräsidenten Benito Mussolini eher kühl war, treffen die Diktatoren jetzt eine Übereinkunft. Zum Abschluss des Besuchs von Außenminister Galeazzo Graf Ciano in Berlin wird ein geheimer Kooperationsvertrag zwischen Italien und Deutschland unterzeichnet. Mussolini bezeichnet die neue Konstellation als »Achse Berlin-Rom«. In der Übereinkunft erklärt Hitler sich bereit, die Annexion Abessiniens durch Italien anzuerkennen. Darüber hinaus vereinbaren beide Seiten, die spanische »nationale« Regierung Francos offiziell anzuerkennen. Während Italien noch 1935 in der sog. Stresafront mit Großbritannien und Frankreich gegen die Wiedereinführung der allgemeinen Wehrpflicht in Deutschland protestierte und gegen einen Anschluss Österreichs an Deutschland war, sucht Rom, seit dem Krieg gegen Abessinien geschwächt, die Nähe zu Berlin.

Graf Ciano (l.) wird von Hitler empfangen.

26. Oktober 1936

»Schutzhaft« soll abschrecken

In Deutschland ist die sog. Schutzhaft in Konzentrationslagern zu einem institutionalisierten Mittel nationalsozialistischer Herrschaft geworden. Das Reichssicherheitshauptamt weist in einer internen Bekanntmachung darauf hin, dass bei der Einweisung von sog. Schutzhäftlingen in Konzentrationslager als Zeitangabe »bis auf weiteres« zu vermerken sei, »um eine weitergehende abschreckende Wirkung zu erzielen.« Schon längst sind die Lager für viele zu einer Bedrohung geworden (Abb.: »Schutzhäftlinge« in Dachau marschieren unter SS-Aufsicht zum Arbeitseinsatz).

28. September 1936

Weltrekord mit Holzflugzeug

Der sportliche Drang nach immer neuen Höchstleistungen und die technischen Innovationen der Ingenieure machen es möglich, dass der Mensch in immer neue Regionen vorstößt. Mit dem Pegasus-Flugzeug »Bristol 138« erreicht der britische Fliegeroffizier Frederick Richard Swain eine Höhe von 15 230 m und stellt damit einen neuen Höhenweltrekord auf. Erst am 14. August war der Franzose Edouard Detré auf die Rekordhöhe von 14843 m gelangt. Swain hatte sich mit seinen Technikern akribisch auf den Rekordflug vorbereitet. Sein Eindecker wurde speziell für diesen Versuch konstruiert. Künftig soll er als Testflugzeug neue Aufschlüsse über technische Schwierigkeiten in großen Höhen geben. Um möglichst viel Gewicht zu sparen, bestehen die meisten Teile des Flugzeugs aus Holz.

Oktober 1936

1	Do	Die Briten Charles Scott und Giles Guthrie gewinnen das Luftrennen von Portsmouth nach Johannesburg (Südafrika) in einer Zeit von 52:56 h. → Führung
2	Fr	Frankreichs rechte Presse unterstellt Innenminister Roger Salengro, er habe im Ersten Weltkrieg seinen Posten vor dem Feind verlassen.
3	Sa	Hochschullehrer des NS-Rechtswahrerbundes veranstalten in Berlin die Tagung »Das Judentum in der Rechtswissenschaft«. → Aufrüstung
4	So	In Spanien treffen italienische Truppen ein. Sie sollen die Großoffensive der Nationalisten auf Madrid unterstützen.
5	Mo	Italien beschließt die Abwertung der Lira um rund 41%, um auf diese Weise die Wirtschaftskrise zu überwinden.
6	Di	Der Spielfilm »Das Frauenparadies«, zu dem Robert Stolz und Heinz Sandauer die Musik geschrieben haben, kommt in Berlin zur Uraufführung.
7	Mi	In der nordspanischen Stadt Guernica wird die erste vorläufige Regierung des für autonom erklärten Baskenlandes gebildet.
8	Do	Die Regierung von Paraguay erklärt den Kommunismus für illegal. Kommunistische Betätigungen würden künftig mit Gefängnis bestraft.
9	Fr	In Berlin kommt der deutsche Spielfilm »Wenn wir alle Engel wären« in die Kinos. Heinz Rühmann spielt die Hauptrolle.
10	Sa	In Wien beschließt der Ministerrat unter Vorsitz von Bundeskanzler Kurt Schuschnigg die Auflösung der österreichischen Wehrverbände. → Herberger
11	So	Opel senkt die Preise für einige seiner Wagen. Der Opel »Typ Olympia« kostet ab sofort 2350 Reichsmark statt vorher 2500 Reichsmark.
12	Mo	In Spanien treffen sowjetische Waffenlieferungen für die Regierungstruppen ein. Damit soll der Fall der bedrängten Hauptstadt Madrid verhindert werden.
13	Di	In Bielefeld findet die Hauptversammlung des Gesamtverbandes deutscher Wandererfürsorge statt. »Asoziale« werden vielerorts ohne weiteres verhaftet.
14	Mi	Der belgische König Leopold III. fordert während einer Sitzung des Ministerrats in Brüssel die Rückkehr Belgiens zur unbedingten Neutralität.
15	Do	Das deutsche Reichserziehungsministerium verfügt in einem Erlass, dass es Juden und »Mischlingen« nicht erlaubt sei, Privatunterricht zu geben.
16	Fr	In Bayern wird den Ordensschwestern die Lehrtätigkeit an öffentlichen Volksschulen verboten, weil sie nicht NS-konform erziehen könnten.
17	Sa	Dreitägige blutige Straßenschlachten zwischen Hindus und Moslems fordern im indischen Bombay 42 Menschenleben und viele Verletzte.
18	So	Das norddeutsche Küstengebiet wird von Stürmen mit Windstärke 11 bis 12 heimgesucht. Drei Menschen kommen bei der Sturmflut ums Leben.
19	Mo	Nach einer Weltreise erreicht der US-Journalist Ray Ekins seinen Startort New York. Für die Erdumrundung benötigte er nicht ganz 18,5 Tage.
20	Di	Der portugiesische Ministerpräsident António de Oliveira Salazar wirft der spanischen Regierung vor, den Bürgerkrieg international ausweiten zu wollen.
21	Mi	Der neue ungarische Ministerpräsident Kálmán Darányi sichert zu, dass sich die außenpolitischen Richtlinien Ungarns nicht ändern würden.
22	Do	In Madrid wird offiziell die Gründung der Internationalen Brigaden verkündet, die sich aus antifaschistischen Kämpfern zusammensetzen.
23	Fr	Die NS-Propaganda-Ausstellung »Kampf um 1,5 Mrd.« in Köln wirbt gegen das Verschwenden von Lebensmitteln im Deutschen Reich.
24	Sa	US-Goldreserven werden schwer bewacht aus allen Landesteilen in die neu erbaute »Goldfestung« Fort Knox in Kentucky transportiert.
25	So	Der Führer der rechtsradikalen belgischen Rex-Bewegung, Léon Degrelle, wird wegen Verstoßes gegen ein Versammlungsverbot verhaftet. → Pakt
26	Mo	Der Spielfilm »Eine Frau ohne Bedeutung« hat in Berlin Premiere. Darsteller sind u.a. Gustaf Gründgens und seine Ehefrau Marianne Hoppe. → »Schutzhaft«
27	Di	Der französische Ministerrat bewilligt für die Verstärkung der Luftwaffe einen finanziellen Rahmen von fünf Mrd. Franc (rd. 560 Mio. Reichsmark).
28	Mi	Die Preise für hochwertige Orient-Zigaretten in Deutschland werden vom Hersteller von fünf auf viereinsechstel Pfennig gesenkt.
29	Do	Der Nobelpreis für Physiologie und Medizin wird den Wissenschaftlern Otto Loewi (Österreich) und Henry Hallett-Dale (Großbritannien) zuerkannt.
30	Fr	40 000 US-Hafenarbeiter treten nach ergebnislosen Verhandlungen mit den Reedereien in den Streik. Die Häfen im Westen der USA schließen.
31	Sa	Die deutsche Reichsakademie für Leibesübungen veröffentlicht die deutsche Tennisrangliste 1936. Gottfried von Cramm führt die Herrenriege an.

November 1936

1 So Drogerien, Parfümerien und Seifengeschäfte in Deutschland stellen Sammelbehälter für Altmetalle zur »restlosen Ausnutzung von Rohstoffen« auf.

2 Mo Ensemble und Orchester der Dresdener Staatsoper geben neun Gastvorstellungen im Londoner Covent Garden, u.a. »Der Rosenkavalier«.

3 Di Mit einer Thronrede vor dem Oberhaus in London eröffnet Großbritanniens König Edward VIII. erstmals das Parlament. → »New Deal«

4 Mi In Hamburg wird der ehemalige Vorsitzende des kommunistischen Rotfrontkämpferbundes, Edgar André, wegen angeblichen Mordes hingerichtet.

5 Do Der Hafenarbeiterstreik in den USA, der sich auch auf die Ostküste ausgeweitet hat, kostet die Wirtschaft täglich eine halbe Mio. US-Dollar.

6 Fr Ein internationales Protokoll zur U-Boot-Kriegsführung bestimmt, dass Handelsschiffe erst angegriffen werden dürfen, wenn die Besatzung in Sicherheit ist.

7 Sa Truppen des spanischen Generals Francisco Franco greifen Madrid an. Damit beginnt die Großoffenive der Nationalisten.

8 So In Deutschland finden Gedenkfeiern für die Nationalsozialisten statt, die beim missglückten Putschversuch Hitlers 1923 erschossen wurden.

9 Mo Der britische Premierminister Stanley Baldwin äußert in London, dass ein zukünftiger Krieg den Charakter eines »Religionskrieges« haben könnte.

10 Di In einem Hirtenbrief wenden sich die deutschen katholischen Bischöfe u.a. gegen die Entfernung von geistlichen Lehrkräften aus den Schulen.

11 Mi Auf der Autobahn Frankfurt/Main-Darmstadt stellt der Automobilrennfahrer Rudolf Caracciola einen Weltrekord über zehn Meilen auf (2:53,73 min).

12 Do Die Regierungen von Österreich und Ungarn geben in Wien bekannt, dass sie das italienische »Imperium Abessinien« offiziell anerkennen. → Golden Gate

13 Fr Frankreich und der Libanon unterzeichnen in Beirut einen Vertrag, der dem Libanon die Unabhängigkeit geben soll.

14 Sa Die Reichsregierung erklärt die Wiederherstellung der deutschen Hoheit über die Flüsse Rhein, Elbe, Donau und Oder, die 1919 internationalisiert wurden.

15 So In einem Fußballländerspiel gegen Weltmeister Italien erreicht die deutsche Nationalmannschaft in Berlin ein 2:2.

16 Mo Der Vormarsch der faschistischen Truppen bei Madrid kommt aufgrund des entschiedenen Widerstands der spanischen Regierungstruppen zum Stehen.

17 Di Gemäß einer deutschen Regierungsverordnung sollen im Baubereich nur noch Arbeiterwohnungen mit öffentlichen Mitteln gefördert werden.

18 Mi Deutschland und Italien erkennen die »nationale« Regierung Francisco Francos für Spanien an, obwohl der Bürgerkrieg noch nicht entschieden ist.

19 Do Bei einem Dammbruch auf der nordjapanischen Insel Hondo kommen 500 Menschen ums Leben. Von 1000 Gebäuden werden 350 zerstört.

20 Fr Die Firma Krupp feiert ihr 125-jähriges Bestehen. Wie schon im Weltkrieg ist der Konzern auch jetzt mit der Produktion von Rüstungsgütern beschäftigt.

21 Sa In Deutschland wird die erste Autobahn-Kreuzung dem Verkehr übergeben. Bei Halle überquert die Trasse Halle-Leipzig die Autobahn Berlin-München.

22 So Der Führer der Sudetendeutschen Partei, Konrad Henlein, wird zum Vorsitzenden der deutschen Minderheiten im europäischen Ausland gewählt.

23 Mo In Goslar beginnt der Reichsbauerntag 1936. Bis zum 29.11. tagt diese Hauptversammlung des »Reichsnährstandes des Deutschen Reiches«.

24 Di In Berlin findet der »Kontinentale Reklamekongress« statt. Die Tagung dient dem internationalen Erfahrungsaustausch von Werbefachleuten.

25 Mi Das Deutsche Reich und Japan unterzeichnen den gegen die Kommunistische Internationale gerichteten Antikominternpakt.

26 Do Die französische Regierung beschließt, ein obligatorisches Schiedsverfahren in Arbeitskonflikten einzuführen, das langfristigen Streiks entgegenwirken soll.

27 Fr Per Verfügung verbietet der deutsche Reichspropagandaminister Joseph Goebbels in Berlin jegliche Kunstkritik.

28 Sa Als Ergebnis italienisch-japanischer Verhandlungen in Rom erkennt Japan Abessinien als italienisches Territorium an.

29 So In Deutschland wird künftig amtlich zwischen Angehörigen von Religionsgemeinschaften, Gottesgläubigen und Glaubenslosen unterschieden.

30 Mo Der Londoner Kristallpalast, der 1851 für die erste Weltausstellung erbaut worden ist, fällt einem Großbrand zum Opfer.

10. Dezember 1936

Königskrise in England

Es ist eine der großen Liebesgeschichten des 20. Jahrhunderts. Für die Liebe seines Lebens verzichtet der britische König Edward VIII. auf den Thron. Im Londoner Unterhaus gibt Premierminister Stanley Baldwin bekannt, dass der König abgedankt habe. Nachfolger wird sein jüngerer Bruder Albert, Herzog von York, der als Georg VI. den Thron besteigt.

Edward VIII. verzichtet auf den Thron, um die Amerikanerin Wallis Simpson heiraten zu können. Die Liaison sowie die Heiratsabsichten des im Volk ausgesprochen beliebten Monarchen, der nach dem Tod seines Vaters Georg V. Anfang des Jahres das Land regiert, stießen in Kreisen des Adels und der Politik auf klare Ablehnung und Entrüstung. Pflichtvergessenheit wurde Edward VIII. von vielen Seiten vorgeworfen, dem sein Amt vor allem Bürde war. Simpson war erst vor kurzem zum zweiten Mal geschieden worden. Die britische Regierung befürchtete, dass eine geschiedene Frau als Gemahlin des britischen Königs der Monarchie großen Schaden zufügen könnte. Baldwin drängte den König zu einer Entscheidung: Krone oder Braut. Edwards Thronverzicht kommt der Regierung nicht ungelegen: Der Monarch war durch seine Sympathiebekundungen für das faschistische Deutschland und Italien zu einem Unsicherheitsfaktor geworden. Einen Tag nach seiner Abdankung wendet sich der ehemalige König in einer Rundfunkansprache an die Bevölkerung. Am 12. Dezember wird Albert, der Herzog von York, im

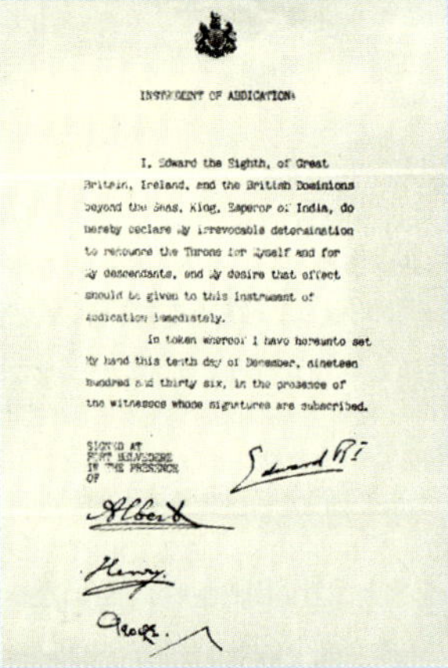
INSTRUMENT OF ABDICATION

I, Edward the Eighth, of Great Britain, Ireland, and the British Dominions beyond the Seas, King, Emperor of India, do hereby declare my irrevocable determination to renounce the Throne for myself and for my descendants, and my desire that effect should be given to this Instrument of Abdication immediately.

In token whereof I have hereunto set my hand this tenth day of December, nineteen hundred and thirty six, in the presence of the witnesses whose signatures are subscribed.

SIGNED AT FORT BELVEDERE IN THE PRESENCE OF

Edward R I

Albert

Henry.

George.

Edwards Abdankungsurkunde

Edward VIII. und Wallis Simpson

Edward VIII. nach seiner Ansprache in einem Studio der BBC in London

12. November 1936

Golden Gate Bridge ist fertig

Die US-Metropole San Francisco hat ein neues Wahrzeichen. Nach vierjähriger Bauzeit wird die 2,8 km lange Golden Gate Bridge, die über die Mündung der Bucht von San Francisco führt, eingeweiht (Abb.: Arbeiten an der Brücke). Die gewaltige Stahlkonstruktion hat umgerechnet 180 Mio. Reichsmark gekostet. Die Brücke ist Teil eines 13 km langen Brückensystems, das 1937 für den Verkehr freigegeben wird.

3. November 1936

Bestätigung für »New Deal«

Eine Bestätigung seiner Politik ist das Ergebnis der US-Präsidentschaftswahlen für den Amtsinhaber Franklin D. Roosevelt (s. Abb. mit seiner Mutter, Sara D. Roosevelt, im Wahllokal Hyde Park in New York). Die Abstimmung endet mit einem überwältigenden Sieg für den Demokraten, der seit 1933 an der Spitze der USA steht. Nach Auszählung der Stimmen ergibt sich für Roosevelt eine Mehrheit von 523 Wahlmännern gegenüber acht Wahlmännern für seinen Herausforderer Alfred M. Landon. In seiner Antrittsrede im Januar 1937 kündigt Roosevelt weitere wirtschaftliche und soziale Reformen an. Seit Beginn seiner Amtszeit ist er bestrebt, im Rahmen seiner »New Deal«-Politik die durch die Weltwirtschaftskrise bedingte Not der Bevölkerung zu lindern und die heimische Wirtschaft wieder anzukurbeln. Auch zu Beginn seiner zweiten Amtszeit sieht Roosevelt die Probleme noch nicht beseitigt.

Nr. 346

[Le]ipziger Neueste Nachrichten
und
Handels-Zeitung
vormals Leipziger Nachrichten
Freitag, den 11. Dezember 1936

[Kö]nig Eduard VIII. dankt ab

Ein Entschluß von weltpolitischer Tragweite
Der Herzog von York Nachfolger des Königs

DNB. London, 10. Dez. Ministerpräsident Baldwin gab am Donnerstag um 16.40 Uhr MEZ. im englischen Unterhaus bekannt, daß König Eduard VIII. abgedankt hat, und daß sein Bruder, der Herzog von York, sein Nachfolger wird. Ministerpräsident Baldwin betrat kurz nach 16.30 Uhr MEZ., gefolgt von seinen Sekretären, das Unterhaus. Der Sprecher erteilte ihm das Wort. Baldwin erhob sich hierauf und erklärte, er habe eine Mitteilung des Königs, die dieser persönlich unterzeichnet habe. Er begab sich hierauf zum Sprecher und überreichte diesem die Botschaft des Königs. Der Sprecher verlas hierauf um 16.43 Uhr die Botschaft, in der König Eduard VIII. auf seinen Thron verzichtet. Der Herzog von York wird Nachfolger König Eduards VIII.

[K]önig Eduards VIII. [Abdankungsbotschaft im Unt]erhaus

sofort in Kraft trete. Zu Urkund dessen habe ich eigenhändig an diesem 10. Dezember 1936 in Gegenwart der Zeugen, deren Unterschrift folgen, unterzeichnet.
gez. Eduard VIII.

Albert I. König von England, Kaiser von Indien

Der Herzog von York

König Eduard VIII.

Londoner St.-James-Palast vom britischen Kronrat zum neuen König proklamiert. Aufgrund des am Vortag verabschiedeten Abdankungsgesetzes ist er – unter dem Namen Georg VI. – bereits seit dem 11. Dezember im Amt. Edward wird zum Herzog von Windsor ernannt. 1937 heiratet er Wallis Simpson im Schloss Candé bei Monts in Frankreich.

1. Dezember 1936

Hitlerjugend wird zur Pflicht

Die nationalsozialistische Hitlerjugend (HJ, s. Abb.) untermauert ihren Führungsanspruch. Durch das Gesetz über die Hitlerjugend wird die Mitgliedschaft in der HJ vom zehnten Lebensjahr an obligatorisch. Damit wird der elterliche Einfluss auf die Erziehung der Kinder weiter zurückgedrängt. Mehr und mehr hat der nationalsozialistische Jugendverband die Möglichkeit, Kinder der totalen Indoktrination auszusetzen. In dem neuen Gesetzestext heißt es: »Die gesamte deutsche Jugend ist außer in Elternhaus und Schule in der Hitlerjugend körperlich, geistig und sittlich im Geiste des Nationalsozialismus zum Dienst am Volk und zur Volksgemeinschaft zu erziehen.«

10. Dezember 1936

Nobelpreis für Ossietzky

Carl von Ossietzky wird der Friedensnobelpreis verliehen. Der jüdische Publizist und Pazifist kann die Auszeichnung jedoch nicht persönlich in Empfang nehmen, da er seit Februar 1934 im Konzentrationslager Papenburg-Esterwegen inhaftiert ist (s. Abb.). Dem langjährigen Herausgeber der »Weltbühne« – des führenden publizistischen Organs der linken und teilweise der bürgerlichen intellektuellen Szene der Weimarer Republik – wurde die Ausreise zur Entgegennahme des Friedensnobelpreises verboten. Der bereits vom Tod gezeichnete Häftling hatte sich trotz des auf ihn ausgeübten Drucks für die Annahme des Preises entschieden. Ossietzky musste in der Vergangenheit immer wieder für seine pazifistische Weltanschauung Prozesse und Verurteilungen in Kauf nehmen. 1931 wurde er wegen eines Artikels über die illegale Aufrüstung der Reichswehr unter dem Vorwurf des Landesverrats zu 18 Monaten Gefängnis verurteilt. Nach einer Amnestie hielt er einem Vortrag auf einer Versammlung der »Liga für Menschenrechte« und wurde erneut inhaftiert. Ein Bericht Carl Jakob Burckhardts über Ossietzkys Gesundheitszustand – der Schweizer Historiker hatte 1935 als Vertreter des Internationalen Roten Kreuzes das KZ Papenburg-Esterwegen besucht – führte zu internationalen Solidari-

tätsaktionen für den schwer kranken misshandelten Häftling und gegen das nationalsozialistische Terrorregime.

5. Dezember 1936

Scheinverfassung für UdSSR

Die von Parteichef Josef W. Stalin geführte Sowjetunion gibt sich eine Verfassung. Der demokratische Charakter – Gleichheit aller Bürger, gleiches Wahlrecht anstelle des Dreiklassen- wahlrechts und Meinungsfreiheit – ist im Alltag ohne Bedeutung. Ähnlich wie im nationalsozialistischen Deutschland betreibt das Stalin-Regime einen rücksichtslosen Terror gegen politische Gegner. Der 8. Außerordentliche Bundesrätekongress der Sowjetunion, der seit dem 25. November in Moskau tagt, nimmt die »demokratische« Verfassung einstimmig an. Innerhalb von eineinhalb Jahren war der Verfassungsentwurf unter dem Vorsitz von Stalin erarbeitet worden. Er legt u.a. fest, dass die UdSSR ein sozialistischer Staat der Arbeiter und Bauern sei. Formen des sozialistischen Eigentums seien das Staats- und das Kollektiv-Eigentum. Außerdem besagt die Verfassung, dass alle Bürger die gleichen Rechte hätten und dass Pressefreiheit herrsche.

Dezember 1936

1 Di Das Gesetz gegen Wirtschaftssabotage bedroht Deutsche, die sich eines Devisenvergehens schuldig machen, mit der Todesstrafe. → Hitlerjugend

2 Mi Dem Schriftsteller Thomas Mann wird die deutsche Staatsangehörigkeit aberkannt. Mann lebt in der Schweiz im Exil.

3 Do Die II. Sozialistische Internationale und der Internationale Gewerkschaftsbund fordern zur Unterstützung der Spanischen Republik auf.

4 Fr Um im Deutschen Reich eine gerechte Verteilung der Speisefette an die Verbraucher zu gewährleisten, werden bei den Händlern Kundenlisten aufgestellt.

5 Sa Die Reichsrundfunkgesellschaft verliert einen Prozess gegen Schallplattenfirmen und muss ab sofort ein Entgelt beim Abspielen von Musik bezahlen. → UdSSR

6 So Die nationalsozialistischen Gauleiter im Deutschen Reich werden angewiesen, Altmaterialsammlungen zur Verbesserung der Rohstofflage zu organisieren.

7 Mo Das größte Landflugzeug der Welt, die Boeing-Bomber-Maschine, stürzt kurz nach der Fertigstellung in Seattle/USA ab und wird schwer beschädigt.

8 Di Dem jüdischen Schriftsteller Carl von Ossietzky wird ein Ausreiseverbot erteilt, so dass er den Friedensnobelpreis nicht persönlich in Empfang nehmen kann.

9 Mi In Chur beginnt der Prozess gegen David Frankfurter, der den schweizerischen NSDAP-Landesgruppenleiter Wilhelm Gustloff ermordet hat.

10 Do Reichsjugendführer Baldur von Schirach wehrt sich im Rundfunk gegen den Vorwurf, er sei ein Feind religiöser Erziehung. → Königskrise → Ossietzky

11 Fr Um den Rücktritt des britischen Königs Edward VIII. zu regeln, verabschiedet das britische Parlament ein Abdankungsgesetz.

12 Sa Chinas Regierungschef Chiang Kai-shek wird in Hsian von seinen Generälen gefangen genommen, die sich weigern, gegen Mao Tse-tung zu kämpfen.

13 So Aus Anlass des 100. Geburtstages des deutschen Malers Franz von Lenbach findet im Münchener Künstlerhaus ein Festakt statt.

14 Mo Der Mörder des Schweizer NSDAP-Politikers Wilhelm Gustloff, David Frankfurter, wird im eidgenössischen Chur zu 18 Jahren Zuchthaus verurteilt.

15 Di Die US-Regierung erinnert 13 Staaten an fällige Zahlungen von Schulden aus dem Ersten Weltkrieg. Nur Finnland kann der Verpflichtung nachkommen.

16 Mi Die beiden spanischen Bürgerkriegsparteien stimmen einem Gefangenenaustausch von Männern unter 18 und über 60 Jahren zu.

17 Do Bundesrat Giuseppe Motta wird von der Schweizer Bundesversammlung zum neuen Bundespräsidenten gewählt.

18 Fr Die Berliner Borsig-Werke stellen die schwerste Lokomotive Deutschlands vor. Sie hat ein Gewicht von 140 t und eine Leistung von 2500 PS.

19 Sa Die Bonner Universität erkennt dem Schriftsteller Thomas Mann wegen seiner Ausbürgerung die Ehrendoktorwürde ab.

20 So In der Stadt San Vincente in El Salvador fordert ein Erdbeben 1000 Tote. +++ In Paris wird eine Buchmesse deutscher Exil-Schriftsteller eröffnet.

21 Mo In London und Paris gründet eine bürgerlich-demokratische Emigrantengruppe mit Otto Klepper und Carl Spieker an der Spitze die »Deutsche Freiheitspartei«.

22 Di In Berlin wird die Filmkomödie »Donner, Blitz und Sonnenschein« – mit Karl Valentin und Liesl Karlstadt in den Hauptrollen – uraufgeführt.

23 Mi Papst Pius XI. nimmt in seiner traditionellen Weihnachtsbotschaft gegen die Greuel des Hasses und der Morde im Spanischen Bürgerkrieg Stellung.

24 Do Die katholischen Bischöfe erklären es zu ihrer Pflicht, »das Oberhaupt des Deutschen Reiches« im Kampf gegen den Bolschewismus zu unterstützen.

25 Fr Im Hamburger Schauspielhaus hat das Lustspiel »Das Horoskop seiner Lordschaft«, frei nach Oscar Wilde, Premiere.

26 Sa Pläne, eine Goldwaschanlage am Rhein aufzustellen, werden aufgegeben. Rheinsand ergebe, wie es heißt, maximal nur 0,5 g Gold je Tonne Sand.

27 So Nach zwei Jahren völligen Schweigens hält Mahatma Gandhi eine politische Rede. Gandhi hatte sich 1934 von der Politik zurückgezogen.

28 Mo Die NS-Volkswohlfahrt wird mit der Einrichtung eines Hilfswerks für deutsche bildende Kunst beauftragt, damit Verkaufsmöglichkeiten geschaffen würden.

29 Di Die Geschwister Erika und Klaus Mann eröffnen in New York das politische Kabarett »Peppermill«, das Erika in München als »Die Pfeffermühle« gründete.

30 Mi Deutschland und Italien beraten in Rom über die britisch-französischen Vorschläge zur Nichteinmischung in den Spanischen Bürgerkrieg.

31 Do Nach einem internen Bericht der Gestapo wurden 1936 im Deutschen Reich 1374 Sozialdemokraten und 11 687 Kommunisten verhaftet.

Januar 1937

1 Fr In Deutschland wird die Benutzung von nichtrostendem Stahl für die Herstellung einiger Artikel verboten, da das Material für die Rüstung benötigt wird.

2 Sa Großbritannien und Italien unterzeichnen in Rom ein Abkommen, das im Mittelmeer die Freiheit der internationalen Verkehrswege sichern soll.

3 So Westlich von Madrid beginnt eine Großoffensive der faschistischen Truppen gegen die Orte Las Rozas, Majadahonda und Remisa.

4 Mo Der britische König Georg VI. beschließt, zu seinen Krönungsfeierlichkeiten am 12. Mai keine »Negerfürsten« einzuladen.

5 Di Die Wirtschaftsgruppe Einzelhandel untersagt Werbung für Speisefette, um die Nachfrage nach den knappen Lebensmittel zu senken.

6 Mi Der US-Kongress verabschiedet eine Resolution, die jegliche Waffen- und Munitionslieferungen in das Bürgerkriegsland Spanien verbietet.

7 Do Nach einer Untersuchung des Berliner Konjunkturinstituts ist eine Autarkie im Bereich der landwirtschaftlichen Rohstoffe derzeit unmöglich. → Hochzeit

8 Fr Im japanischen Protektorat Mandschukuo nördlich von China wird die dreijährige Militärdienstzeit für Männer zwischen 18 und 23 Jahren eingeführt.

9 Sa Der sowjetische Politiker Leo D. Trotzki, der aus seinem bisherigen Asylland Norwegen ausgewiesen worden ist, trifft in Tampico, Mexiko, ein.

10 So Mit der Eröffnung der Teilstrecke Magdeburg-Helmstedt wird die Gesamtstrecke der Autobahn Berlin-Hannover dem Verkehr übergeben.

11 Mo Im Spanischen Bürgerkrieg beginnt nach Anfangserfolgen der faschistischen Angreifer bei Madrid die Gegenoffensive der Regierungstruppen.

12 Di Der Großmufti von Jerusalem, Muhammad Amin Al Husaini, wendet sich vor einer Untersuchungskommission gegen die britische Palästina-Politik.

13 Mi Deutsche Abiturientinnen, die studieren wollen, müssen künftig vor Beginn des Studiums am Arbeitsdienst teilnehmen.

14 Do In München beginnt der »Internationale Karnevalskongress 1937«. +++ Die Komödie »Der irrende, wirrende Liebesbrief« wird in München uraufgeführt.

15 Fr Vor Madrid scheitert die zweite Großoffensive der faschistischen Truppen im Spanischen Bürgerkrieg. Damit ist die Winterschlacht um Madrid beendet.

16 Sa Auf dem Gelände der Weltausstellung 1937 in Paris legt der deutsche Botschaftsrat Dietrich Forster den Grundstein für das deutsche Haus.

17 So Bei den deutschen Eiskunstlaufmeisterschaften in Hamburg wird Ernst Baier Meister bei den Herren, Lydia Veicht siegt im Damenwettbewerb.

18 Mo Deutschland lehnt das Prager Angebot ab, sich davon zu überzeugen, dass es in der Tschechoslowakei keine sowjetischen Luftstützpunkte gebe.

19 Di Unter Beteiligung deutscher Geldgeber wird in Mailand eine Bergbaugesellschaft für Italienisch-Ostafrika gegründet.

20 Mi In der Antrittsrede zu seiner zweiten Regierungsperiode kündigt US-Präsident Franklin D. Roosevelt ein weitgestecktes sozialpolitisches Programm an.

21 Do Die Staatsschauspieler Gustaf Gründgens und Emil Jannings werden Aufsichtsratsmitglieder der Filmgesellschaft Tobis-Tonbild-Syndikat.

22 Fr Die deutschen Bischöfe geben eine Erklärung heraus, in der sie sich gegen die Beseitigung der Bekenntnisschule durch die Regierung wenden.

23 Sa Wegen der zu starken Einflussnahme rechtsgerichteter Offiziere tritt die japanische Regierung unter Ministerpräsident Koki Hirota zurück.

24 So Auf Beschluss der tschechoslowakischen Regierung soll mit dem Bau einer Untergrundbahn in Prag begonnen werden.

25 Mo Italien und Deutschland stimmen dem Vorschlag Großbritanniens zu, Freiwilligensendungen zum Spanischen Bürgerkrieg zu verbieten.

26 Di Der deutsche Architekt Walter Gropius übernimmt den Lehrstuhl für Architektur an der Harvard-Universität in Cambridge in den USA.

27 Mi Ein Wirtschaftsvertrag zwischen Österreich und Deutland sieht eine Erweiterung des Wirtschaftsverkehrs um rd. 20 Mio. Reichsmark vor.

28 Do Die Stadt Prag informiert über Abfallbeseitigung durch »Verbrennungsstationen«. Die dabei anfallende Energie wird zur Erzeugung von Elektrizität genutzt.

29 Fr In Tokio wird der ehemalige Kriegsminister Senjuro Hayashi von Kaiser Hirohito mit der Bildung einer neuen Regierung beauftragt.

30 Sa Adolf Hitler verbietet jedem Deutschen die Annahme eines Nobelpreises und stiftet einen Nationalpreis für Kunst und Wissenschaft. → Trotzkisten

31 So Die deutsche Fußball-Nationalmannschaft spielt in Düsseldorf vor 62 000 Zuschauern gegen die Niederlande 2:2 unentschieden.

28. Februar 1937

Erfolg für Sudetendeutsche

»Die einzig gerechte Lösung« für die Sudetendeutschen sei die Selbstverwaltung, bemerkt Konrad Henlein (s. Abb.), Vorsitzender der NS-nahen Sudetendeutschen Partei (SdP), auf einer Tagung in Aussig. Henlein fordert von der Regierung »die unbedingte Sicherung unserer Volkstumsgrenze« sowie »die Anerkennung der völkischen Selbstverwaltung«. Henlein, der 1933 die Sudetendeutsche Heimatfront gegründet hatte, kündigt an, die SdP werde entsprechende Gesetzentwürfe einbringen. Einen Erfolg konnten die deutschen Parteien in der Tschechoslowakei bereits am 19. Februar verbuchen. Ihre Forderungen zur Verbesserung der Situation der Sudetendeutschen wurden weitgehend erfüllt und zielen auf einen nationalen Ausgleich zwischen der sudetendeutschen Minderheit und den Tschechen sowie Slowaken. So wird den Deutschen u.a. ein Anspruch auf eine dem Bevölkerungsschlüssel entsprechende Vertretung in der Beamtenschaft zuerkannt. Zudem sollen die staatlichen Subventionen für deutsche kulturelle und soziale Einrichtungen erhöht werden. Behörden müssen den Schriftverkehr mit deutschen Gemeinden zweisprachig führen.

11. Februar 1937

Erste Ski-Weltmeisterschaft

Im Skizirkus kehrt Ordnung ein. Die Fédération Internationale de Ski (FIS) schreibt die erste offizielle Weltmeisterschaft aus. In den Vorjahren gab es bereits inoffizielle Weltmeisterschaften. Darüber hinaus wurden olympische Skirennen gleichzeitig auch als Weltmeisterschaften gewertet. Bei den ersten offiziellen Welttitelkämpfen dominiert die Deutsche Christl Cranz und holt in Slalom, Abfahrt und alpiner Kombination die Titel. Überraschend gewinnt der Franzose Emile Allais die Herrenkonkurrenz.

Christl Cranz

deutsche Skiläuferin, * 1.7.1914 Brüssel

Christl Cranz ist die erfolgreichste alpine Skisportlerin der 30er Jahre. Die Tochter einer deutschen Kaufmannsfamilie, die als Naturtalent gilt und im Alter von neun Jahren ihr erstes Rennen gewann, sammelt zwölf als offiziell und inoffiziell gewertete Weltmeistertitel in Abfahrt, Slalom und Kombination sowie 15 nationale Meistertitel. Im Jahre 1936 erringt sie den Sieg bei Olympischen Spielen in der Kombination.

- 1936: Goldmedaille in der Kombination bei Olymp. Spielen
- 1934-41: Deutsche Meister in der Kombination
- 1991: Aufnahme in die »Hall of Fame« des internationalen Frauensports

5. Februar 1937

Henie vergoldet ihren Ruhm

Mit dem Start der Europameisterschaften im Eiskunstlauf beginnt eine neue Ära. Sonja Henie (s. Abb.), die jahrelang die Konkurrenz dominiert hatte, hat im Januar ihre sportliche Karriere beendet und den Wechsel ins Profilager gewagt. Die Eis-Diva aus Norwegen, die schon als Vierjährige auf den Kufen stand, war von 1927-36 Weltmeisterin und gewann bei den Olympischen Spielen 1928, 1932 und 1936 jeweils die Goldmedaille. Als eine der ersten Sportlerinnen beginnt sie nun, ihre internationalen Erfolge in klingende Münze umzusetzen. Sie geht nach Hollywood und wird in Diensten des Filmmoguls Darryl F. Zanuck ein Glamourgirl. Sie erhält einen Fünfjahresvertrag und dreht Revuefilme wie »One in a million« und »Sun Valley Serenade«. Aus der Eislaufkönigin wird ein Hollywoodstar. Aber das reicht Sonja Henie noch lange nicht. Sie gründet die erste Eisrevue der Welt und begeistert auf der ersten Tournee durch die USA ihr Publikum. Als Eisläuferin im eigenen Ensemble und als Managerin verdient »Häseken«, wie die Berliner sie nannten, Millionen.

12. Februar 1937

Evangelische Kirche uneins

In Deutschland gelingt es nicht, eine gleichgeschaltete evangelische Reichskirche aufzubauen. Der Reichskirchenausschuss, den Hanns Kerrl (s. Abb.), Reichsminister für kirchliche Angelegenheiten, 1935 eingesetzt hatte, tritt zurück. Die Würdenträger der evangelischen Kirche sind sowohl am Widerstand der oppositionellen Bekennenden Kirche als auch an der mangelnden Unterstützung von Kerrl mit ihrem Vorhaben gescheitert, die evangelische Kirche neu zu ordnen. Die 1936 gebildete Vorläufige Kirchenleitung der Bekennenden Kirche wendet sich mit grundsätzlicher Kritik gegen die Politik der nationalsozialistischen Regierung und lehnt eine Kooperation mit dem Kirchenausschuss ab. Der Rat der Evangelisch-Lutherischen Kirche Deutschlands glaubt, auf dem Weg der Verhandlungen Verbesserungen erreichen zu können. Die von Kerrl geförderten deutsch-christlichen Landeskirchen streben die nach dem Führerprinzip aufgebaute und gleichgeschaltete Reichskirche an. Das Scheitern des Reichskirchenausschusses wird von Reichskanzler Adolf Hitler ungehalten aufgenommen, da er wegen der negativen Reaktionen aus dem Ausland zu diesem Zeitpunkt keinen Kirchenkampf gebrauchen kann.

7. Januar 1937

Königliche Hochzeit in den Niederlanden

Unter dem Jubel der Bevölkerung findet im niederländischen Den Haag die Hochzeit zwischen der 27-jährigen Thronfolgerin, Prinzessin Juliana, mit dem zwei Jahre jüngeren deutschen Prinzen Bernhard von Lippe-Biesterfeld statt.
Hunderttausende Menschen warten schon seit Stunden, um das Hochzeitspaar zu sehen. Vor dem königlichen Palast Noordeinde formiert sich der Brautzug. In der mit acht Pferden bespannten goldenen Staatskarosse begibt sich das Brautpaar, begleitet von Kavallerie, zweispännigen Kutschen der Brautjungfern und Brautführer sowie der gläsernen Kutsche von Brautmutter Königin Wilhelmina, zum Rathaus, in dem die standesamtliche Trauung stattfindet. Die kirchliche Hochzeit wird in der alten Sankt-Jakobs-Kirche unter Teilnahme von Würdenträgern und Diplomaten vollzogen. Bejubelt von der Bevölkerung tritt das jungvermählte Paar die Rückfahrt nach Noordeinde an. Ausländische Diplomaten und niederländische Regierungsmitglieder machen Prinzessin Juliana und Prinz Bernhard ihre Aufwartung. Die Hoffnung nationalsozialistischer Kreise in den Niederlanden, Bernhard werde sich für sie einsetzen, erfüllt sich nicht. Der in Jena geborene Prinzgemahl ist Spross des Hauses Lippe-Biesterfeld, einer Nebenlinie des Grafengeschlechts Lippe-Detmold, das aus dem ehemaligen westfälischen Adelsstamm derer zur Lippe hervorging. Bernhard arbeitete als Direktionssekretär in dem deutschen Chemiekonzern I.G. Farben – zunächst in Berlin und Paris, ehe er sich nach Amsterdam versetzen ließ. Am 8. September 1936 verlobte er sich mit Juliana, die er im Rahmen seiner Studienreisen kennengelernt hatte. Die Traumhochzeit in den Niederlanden wird nicht nur von der Bevölkerung, sondern auch von den Medien als herausragendes Ereignis gewürdigt. In- und ausländische Presseorgane widmen dem Hochzeitspaar Titelgeschichten (Abb.: Titel der britischen Zeitschrift »The Illustrated London News«).

Juliana

niederländische Prinzessin und Königin,
* 30.4.1909 Den Haag

Juliana, einziges Kind von Königin Wilhelmina und Prinz Heinrich der Niederlande, übernimmt nach dem Zweiten Weltkrieg die Regentschaft. Sie genießt wegen ihres sozialen Engagements große Sympathien. Einige Affären im Haus Oranje tun ihrer Beliebtheit keinen Abbruch: Mitte der 70er Jahre z.B. ist ihr Mann in die Lockheed-Affäre verwickelt und tritt von allen öffentlichen Ämtern zurück. In ihre Amtszeit fällt u.a. die Dekolonisation Indonesiens im Jahre 1949.

- 1927: Mitglied des niederländischen Staatsrates
- 1940-45: Exil in Kanada
- 1948-80: Königin der Niederlande

15. Februar 1937

Wende in Finnland

Erst im zweiten Wahlgang wird der bisherige finnische Ministerpräsident, Kyösti Kallio, zum Staatspräsidenten gewählt. Ähnlich wie in den USA entscheiden Wahlmänner über die Besetzung der Staatsspitze. Von den 300 Wahlmännern votieren 177 für Kallio, Kandidat der Agrarpartei. 104 Stimmen entfallen auf den bisherigen Staatspräsidenten, den Konservativen Pehr Evind Svinhufvud. Da Kallio mit Hilfe der Sozialdemokraten gewählt wurde, wird die künftige Regierung, mit deren Bildung der Liberale Aimo Kajander beauftragt wird, auch die Linken einbinden.

30. Januar 1937

Todesurteile gegen Trotzkisten

In einem Schauprozess werden in Moskau 13 von 17 Angeklagten u.a. wegen Hochverrats und Sabotage gegen die Sowjetunion zum Tode verurteilt. Vier Angeklagte erhalten langjährige Haftstrafen. Prozess und Urteile sind Ausdruck der blutigen »Säuberungswelle«, mit der Parteichef Josef W. Stalin Gegner, vermeintliche Gegner und Konkurrenten bekämpft. Wie in einem Prozess im Vorjahr bekennen sich die Angeklagten von vorneherein für schuldig, gemeinsam mit dem im Exil lebenden Leo D. Trotzki den Sturz der Regierung geplant zu haben.

Februar 1937

1	Mo	Staatssekretär Fritz Reinhardt gibt bekannt, dass in Deutschland seit 1933 rd. 700 000 Ehestandsdarlehen für junge Paare gewährt wurden.
2	Di	Die dänische Regierung in Kopenhagen beschließt, auf eine Erhöhung der Rüstungsausgaben im Jahr 1937 zu verzichten.
3	Mi	Im Spanischen Bürgerkrieg beginnen faschistische Truppen mit einem Großangriff auf die südspanische Hafenstadt Málaga.
4	Do	In Wien wird der österreichische Spielfilm »Premiere« mit Zarah Leander, die erstmals in einem deutschsprachigen Film auftritt, uraufgeführt.
5	Fr	Die polnische Regierung verkündet einen Vierjahresplan zur Steigerung der Rüstung und Schaffung eines zentralen Industriebezirks. → Henie
6	Sa	In Hamburg betont Reichspropagandaminister Joseph Goebbels, dass keine Kriegsgefahr mehr bestehe, seit Deutschland wieder erstarkt sei.
7	So	Durch anhaltende Regengüsse in den USA überschwemmen die Flüsse Ohio und Mississippi ein Gebiet von der Größe Großbritanniens.
8	Mo	Dem deutschen Exil-Schriftsteller Lion Feuchtwanger wird ohne Nennung von Gründen in Prag verboten, einen öffentlichen Vortrag zu halten.
9	Di	Der frühere US-Gesandte in Prag, Lewis Einstein, warnt in der britischen Presse vor einem Überfall der Deutschen auf die Tschechoslowakei.
10	Mi	Per Gesetz werden die Reichsbank und die Reichsbahn der deutschen Regierung bzw. dem Reichskanzler Adolf Hitler unterstellt.
11	Do	Der Streik der Arbeiter der General Motors Co. in den USA wird nach 44 Tagen mit einer Lohnerhöhung beigelegt. → Ski-Weltmeisterschaft
12	Fr	In Berlin hat der deutsche Spielfilm »Lumpacivagabundus« von Géza von Bolváry mit Heinz Rühmann in der Hauptrolle Premiere. → Evangelische Kirche
13	Sa	Felix Kaspar (Österreich) wird in Wien Weltmeister im Eiskunstlauf der Herren. +++ Die Tschechoslowakei erhöht ihr Jahreskontingent an Wehrpflichtigen.
14	So	Die deutsche Regierung ruft die Bevölkerung zur Beteiligung am sog. Eintopfsonntag im Rahmen des nationalsozialistischen Winterhilfswerks auf.
15	Mo	Bei den Ski-Weltmeisterschaften im französischen Chamonix gewinnt die Deutsche Christl Cranz die Kombination. → Finnland
16	Di	Die britische Regierung veröffentlicht ein Weißbuch zur Rüstung, in dem die Notwendigkeit von 400 Mio. Pfund Rüstungsausgaben belegt werden soll.
17	Mi	Beim Patentamt in Wilmington (US-Bundesstaat Delaware) meldet der Chemiekonzern Du Pont de Nemours die Kunstfaser Nylon zum Patent an.
18	Do	Zum Abschluss der ersten offiziellen Ski-Weltmeisterschaften im französischen Chamonix gewinnt der Finne Pekka Niemi den 50-km-Langlauf.
19	Fr	Der Jurist Friedrich Weißler, Mitarbeiter der Bekennenden Kirche, wird sechs Tage nach Einlieferung in das Konzentrationslager Sachsenhausen ermordet.
20	Sa	In Berlin eröffnet Reichskanzler Adolf Hitler die »Internationale Automobil- und Motorrad-Ausstellung 1937«, die bis zum 7. März dauert.
21	So	Anlässlich des Heldengedenktages erklärt Kriegsminister Werner von Blomberg, dass der Freiheit anderer Völker von Deutschland keine Gefahr drohe.
22	Mo	Erziehungsminister Bernhard Rust verfügt, dass Studienanfänger die ersten drei Semester an ihrer ersten Hochschule verbleiben müssen.
23	Di	Chinas Regierungspartei Kuomintang lehnt auf einem Kongress in Nanking jede Zusammenarbeit mit dem Kommunistenführer Mao Tse-tung ab.
24	Mi	In Abessinien besiegen italienische Truppen die letzten Eingeborenen. Der Schwiegersohn Kaiser Haile Selassies, Ras Desta Damptu, wird erschossen.
25	Do	In Wien tritt ein deutsch-österreichischer Kulturausschuss zusammen, der für eine Vertiefung der gegenseitigen kulturellen Beziehungen sorgen soll.
26	Fr	In Zürich beginnt ein Weltfrauenkongress. Die Teilnehmerinnen diskutieren über »Frieden, Frauenarbeit und politische Gleichberechtigung der Frauen«.
27	Sa	Durch einen knappen 2:1-Sieg gegen die Schweiz wird die kanadische Mannschaft in London Eishockey-Weltmeister.
28	So	Im Mittelpunkt des Interesses auf der Leipziger Frühjahrsmesse, die heute eröffnet wird, stehen neue Kunststoffe. → Sudetendeutsche

März 1937

1 Mo Im Londoner Eispalast von Earls Court werden die Deutschen Ernst Baier und Maxie Herber Weltmeister im Eiskunstlauf der Paare. → Stahlarbeiter

2 Di An der Scala in Mailand wird die Oper »Lucrezia« aus dem Nachlass des 1936 gestorbenen italienischen Komponisten Ottorino Respighi uraufgeführt.

3 Mi In Deutschland beginnt ein Werbefeldzug der Hitlerjugend für den Eintritt aller Zehnjährigen in das Deutsche Jungvolk bzw. die Jungmädelschaft.

4 Do Die Tagung des Weltrundfunkvereins beginnt in Berlin. Zu den Programmpunkten gehören die Wellenverteilung und das Urheberrecht.

5 Fr Der mit der See- und Landkontrolle in Spanien betraute Internationale Rat nimmt seine Arbeit auf. Er soll Einmischungen im Bürgerkrieg verhindern.

6 Sa Der französische Ministerrat beschließt, eine Rüstungsanleihe von 10,5 Mrd. Francs (1 Mrd. Reichsmark) aufzulegen.

7 So Im Rahmen des »Winterhilfswerks des Deutschen Volkes« findet in ganz Deutschland eine Straßensammlung für Bedürftige statt.

8 Mo In Genf beginnt die Rohstoffkonferenz des Völkerbunds, auf der u.a. über die Verknappung der Rohstoffe in den Industrieländern beraten wird.

9 Di Die Polizei verhaftet in Deutschland 2000 »Gewohnheits- und Sittlichkeitsverbrecher« und liefert sie in Konzentrationslager ein.

10 Mi In Valencia bestätigen gefangene deutsche Soldaten in Francos Diensten in einem Interview, dass sie reguläre Armeeangehörige ihres Landes seien.

11 Do Das britische Oberhaus in London verabschiedet in zweiter Lesung das Gesetz über die Rüstungsanleihe über 400 Mio. Pfund (4,9 Mrd. Reichsmark).

12 Fr Bei einer Versuchsfahrt des deutschen Luftschiffs »Hindenburg« wird die Ankopplung eines Flugzeugs an das Luftschiff erfolgreich durchgeführt.

13 Sa In einer Veröffentlichung beziffert die Deutsche Reichsbank die Summe der seit 1934 aufgelegten Reichsanleihen mit fünf Mrd. Reichsmark.

14 So Das britische Unterhaus stimmt einem Kredit in Höhe von zwei Mio. Pfund zu. Er dient der Industrialisierung wirtschaftlicher Notstandsgebiete. → Sorge

15 Mo Der Schauspieler Willy Fritsch heiratet in Berlin die Tänzerin Dinah Grace (eigtl. Ilse Schmidt). Fritsch ist einer der populärsten deutschen Mimen.

16 Di In Palästina häufen sich antijüdische Zwischenfälle. Bei Überfällen auf Juden in Galiläa töten arabische Extremisten fünf Menschen.

17 Mi Durch einen Punktsieg über den Belgier Pierre Charles wird der deutsche Boxer Arno Kölblin in Berlin Europameister der Amateure im Schwergewicht.

18 Do »Die göttliche Jette«, ein Filmlustspiel von Erich Waschneck, feiert Premiere. Die Hauptrollen spielen Grethe Weiser und Victor De Kowa. → Gasexplosion

19 Fr Das Liverpooler Grand National Steeplechase, das schwerste Hindernisrennen der Welt, gewinnt der achtjährige Wallach Royal Mail.

20 Sa Der österreichische Minister für Sicherheitswesen, Odo Neustädter-Stürmer, wird wegen Verbindung zu Nationalsozialisten des Amtes enthoben.

21 So Beim Stand von 2:0 für Österreich bricht der Schiedsrichter das Fußballländerspiel Österreich-Italien in Wien wegen gehäufter Fouls ab.

22 Mo Der deutsche Komponist Paul Hindemith kündigt wegen Anfeindung durch Nationalsozialisten seine Lehrstelle an der Musikhochschule Berlin zum 1. Oktober.

23 Di Die deutsche Regierung verbietet den katholischen Bischöfen die Verbreitung der päpstlichen Enzyklika, die sich gegen die Kirchenverfolgung richtet.

24 Mi In Stuttgart wird der deutsch-italienische Spielfilm »Condottieri« uraufgeführt. Der Regisseur Luis Trenker spielt auch die Hauptrolle.

25 Do Nach Angaben des Reichspostministeriums kommt ab dem 5. April die erste Briefmarke mit dem Porträt von Adolf Hitler in den Verkauf. → Belgrad

26 Fr Der Spielfilm »Der Mann, von dem man spricht« hat in Berlin Premiere. In den Hauptrollen sind Heinz Rühmann, Hans Moser und Theo Lingen zu sehen.

27 Sa In einer Note an das britische Außenministerium teilt die japanische Regierung mit, dass sie eine Kaliberbeschränkung bei Großkampfschiffen ablehne.

28 So Der Danziger Polizeipräsident verbietet das Organ der Zentrumspartei, die »Danziger Volkszeitung«, wegen »deutschem Volkstum abträglicher« Artikel. → Indien

29 Mo In dem von Japan annektierten Mandschukuo werden 200 Intellektuelle wegen «hochverräterischer Umtriebe« mit hohen Gefängnisstrafen belegt.

30 Di Reichskanzler Adolf Hitler gibt die Versöhnung mit General Erich Ludendorff bekannt, mit dem er sich 1923 überworfen hatte.

31 Mi In der Hansestadt Hamburg beginnen die Feierlichkeiten für das morgige Inkrafttreten des Groß-Hamburg-Gesetzes.

»Guernica« ist eine leidenschaftliche Anklage gegen die Schrecken des Spanischen Bürgerkriegs.

Picassos Meisterwerk klagt an

Auf der Weltausstellung in Paris präsentiert der spanische Maler Pablo Picasso am 12. Juli erstmals sein Kunstwerk »Guernica«, das zu einem der berühmtesten Bilder des 20. Jahrhunderts wird. Das 351 x 782 cm große Ölgemälde hängt in der Eingangshalle des spanischen Pavillons. Den Auftrag für ein Werk, das den Faschismus anklagt, erhielt Picasso Anfang des Jahres. Der Angriff der francofreundlichen deutschen Legion Condor auf die baskische Stadt Guernica liefert dem Künstler das Thema für das Bild, das einen komplexen Eindruck von Zerstörung, Schmerz, Leiden und Zerrissenheit vermittelt. »Guernica« wird als Aufschrei gegen die Grausamkeit des Spanischen Bürgerkriegs weltberühmt. Das Gemälde will die Öffentlichkeit über den faschistischen Terror informieren und zur entschiedenen Parteinahme aufrütteln. Neben »Guernica« bezieht Picasso auch in seinen Radierungen zu »Traum und Lüge Francos« Stellung gegen die Faschisten. In einer Presseerklärung erläutert Picasso den Stellenwert seines Bildes: »Das spanische Ringen ist der Kampf der Reaktion gegen das Volk, gegen die Freiheit. Mein ganzes Leben als Künstler war ein unaufhörliches Streiten gegen die Reaktion und den Tod der Kunst.« Picasso will mit »Guernica« seine »Abscheu vor der militärischen Kaste« zum Ausdruck bringen, die Spanien »in einen Ozean von Leid und Tod versenkt hat.«

14. März 1937

»Mit brennender Sorge«

Papst Pius XI. (Abb.: In seinem Arbeitszimmer im Vatikan) gibt mit der Enzyklika »Mit brennender Sorge« das erste in deutscher Sprache verfasste päpstliche Rundschreiben heraus. Es ist eine Reaktion auf den zunehmenden Terror der nationalsozialistischen Machthaber gegen die Kirche in Deutschland. Die deutschen Bischöfe leiten das Schreiben – ohne dass die Gestapo Kenntnis davon erhält – an die Pastoren weiter. Am 21. März wird die Enzyklika von den Kanzeln der katholischen Kirchen in Deutschland verlesen. Als Reaktion auf diese scharfe päpstliche Kritik werden Abdrucke der Enzyklika vom NS-Regime beschlagnahmt, Druckereien geschlossen und Drucker verhaftet. Der Kirchenkampf in Deutschland verschärft sich. In der Enzyklika kritisiert Papst Pius XI. u.a.: »Wer die Rasse oder das Volk oder den Staat ... aus ihrer irdischen Wertskala herauslöst, sie zur höchsten Norm aller ... Werte macht und sie mit Götzenkult vergöttert, der verkehrt ... die gottgeschaffene Ordnung der Dinge...«.

28. April 1937

Cinecittà eingeweiht

Das neue Filmproduktionszentrum vor den Toren Roms gehört zu den größten und modernsten Europas. Der italienische Ministerpräsident Benito Mussolini weiht die neue »Cinecittà« (Filmstadt) mit dem Namen »Quadraro« ein. Innerhalb von nur 14 Monaten ist die neue Anlage auf einem Gelände von 600 000 m^2 errichtet worden. Neun große Aufnahmehallen bieten den Filmschaffenden hervorragende Arbeitsmöglichkeiten. Gino Peressutti zeichnet als Architekt für das »italienische Hollywood« verantwortlich.

18. März 1937

455 Tote bei Gasexplosion

438 Kinder – die meisten unter 15 Jahre alt – und 17 Lehrer kommen bei einer gewaltigen Gasexplosion während des Nachmittagsunterrichts in einem Schulgebäude in New London (US-Bundesstaat Texas) ums Leben. Die Explosion, die fünf Minuten vor Schulschluss einen großen Teil des Gebäudes zum Einsturz bringt, wird auf Ansammlung von Gasen in den Kellerräumen zurückgeführt. Kurz nach der Katastrophe sind fast 1000 Helfer im Einsatz. Nur zwölf Kinder und zwei Lehrer können lebend geborgen werden. Der Gouverneur von Texas verhängt über New London und Umgebung den Ausnahmezustand.

26. April 1937

Deutsche Legion Condor zerstört Guernica

Gegen 16.30 Uhr bricht das Inferno über die baskische Stadt Guernica herein, die weit hinter der Bürgerkriegsfront liegt. Deutsche Flieger der Legion Condor verwandeln die 10 000 Einwohner-Stadt in ein brennendes Trümmerfeld – 1645 Menschen kommen ums Leben. Die Legion Condor unterstützt auf Weisung von Reichskanzler Adolf Hitler den faschistischen General Francisco Franco. Es gilt als sicher, dass Franco die Zerstörung der heiligen Stadt der Basken – symbolischer Ort ihres Unabhängigkeitswillens – angeordnet oder zumindest gebilligt hat. Hintergrund ist das Streben der Basken nach Autonomie sowie ihre Unterstützung einer republikanischen Verfassung. Ein militärisches Angriffsziel ist Guernica nicht. Die Munitionsfabrik vor der Stadt sowie zwei entfernt liegende Kasernen bleiben weitgehend unzerstört. Die rücksichtslose Zerstörung der Stadt bringt für die spanischen Aufständischen unter Franco nicht den erhofften Durchbruch. Vielmehr sehen sie sich einer Welle der Entrüstung in der europäischen Öffentlichkeit ausgesetzt. Vor allem Großbritannien reagiert mit Empörung. Weil es die britische Regierung jedoch ablehnt, eine Protestnote an Franco und Hitler zu senden, kommt es im Londoner Unterhaus zu einer erregten Auseinandersetzung. Außenminister Anthony Eden erklärt, die Regierung bedauere die Bombardierung der Zivilbevölkerung auf das tiefste, könne sich jedoch nicht zu Sanktionen oder anderen Maßnahmen durchringen. London, das u.a. wirtschaftliche Interessen in dem von Franco besetzten Teil Spaniens hat und eine offene Konfrontation mit Deutschland vermeiden will, setzt auf Verhandlungen.

Nach dem Angriff gleicht Guernica einem Trümmerfeld.

25. März 1937

Vertrag Belgrads mit Rom

Der Freundschaftspakt zwischen Italien und Jugoslawien stößt weltweit auf ein weitgehend positives Echo. Beide Staaten verpflichten sich, ihre gemeinsamen Grenzen zu achten und im Falle einer Aggression durch dritte Mächte zu kooperieren. Deutschland wertet die Annäherung zwischen Italien und Jugoslawien als Stärkung der Achse Berlin-Rom. Die Tschechoslowakei und Rumänien – Bündnispartner Jugoslawiens in der sog. Kleinen Entente – betonen, die Einigung habe keinen negativen Einfluss auf ihre Entente.

28. März 1937

Verfassungsstreit in Indien

Die von der britischen Kolonialmacht für Indien entworfene Verfassung stößt weiterhin auf Widerstand. Die indische Kongresspartei von Jawaharlal Nehru und Mahatma Gandhi weigert sich, nach ihrem Wahlerfolg in sechs Provinzen des Landes Regierungen zu bilden. Mit ihrem passiven Widerstand protestiert die Partei gegen die Verfassung, die den Provinzen eine begrenzte Autonomie zugesteht und am 1. April in Kraft tritt. Die Kritik der indischen Verfassungsgegner richtet sich vor allem gegen Punkt vier der Verfassung, der den Provinzgouverneuren noch immer »besondere Verantwortlichkeiten« zugesteht.

1. März 1937

Stahlarbeiter erringen Sieg

Die Stahlarbeiter in den USA erringen einen bedeutenden Erfolg. Der größte Stahlkonzern des Landes, die United States Steel Corporation, erkennt den neuen Gewerkschaftsbund Committee of Industrial Organization (CIO) als Arbeitnehmervertretung an. Der Stahlkonzern schließt mit den Gewerkschaftsführern ein Abkommen, das den Beschäftigen u.a. Lohnerhöhungen und die Reduzierung der Wochenarbeitszeit von 48 auf 40 Stunden zugesteht (Abb.: US-Stahlarbeiter vor dem Büro ihrer Gewerkschaft). John L. Lewis von der Vereinigten Bergarbeitergewerkschaft hat die CIO als Dachverband für die Nichtfacharbeitergewerkschaften gegründet. Die United States Steel Corporation verzichtet mit der Anerkennung der CIO auf den Grundsatz der individuellen Verhandlung.

April 1937

1 Do Die neue Verfassung über die Selbstverwaltung in elf Provinzen Britisch-Indiens und die Loslösung Birmas von Indien tritt in Kraft.

2 Fr In Prag wird »Figaro lässt sich scheiden«, ein Schauspiel des österreichischen Dramatikers Ödön von Horváth, uraufgeführt.

3 Sa US-Präsident Franklin D. Roosevelt kündigt energische Maßnahmen gegen die Preissteigerung bei Rohstoffen an.

4 So An der baskischen Front in Nordspanien scheitert trotz Bombardierung der umkämpften Orte ein Angriff der Faschisten gegen Regierungstruppen.

5 Mo Der französische Ozeandampfer »Normandie« überquert den Atlantik in Rekordzeit und erreicht im Durchschnitt 30,8 Knoten pro Stunde.

6 Di Die spanischen Faschisten fordern die im Baskenland eingeschlossenen Regierungstruppen auf, sich zu ergeben.

7 Mi In seinem Vierteljahresbericht stellt das Berliner Konjunkturinstitut einen allgemeinen und internationalen Wirtschaftsaufschwung fest.

8 Do Der US-Automobilfabrikant Henry Ford weist darauf hin, dass er die Automobilarbeitergewerkschaft niemals anerkennen werde.

9 Fr Die japanischen Flieger Masaaki Jinuma und Kenji Tsukagoshi bewältigen die Strecke Tokio-London in der Rekordzeit von 94:18 h.

10 Sa Im griechischen Olympia eröffnet der deutsche Erziehungsminister Bernhard Rust neue Ausgrabungen, die von der deutschen Regierung finanziert werden.

11 So Bei den Teilwahlen zum belgischen Parlament in Brüssel erringt die demokratische Koalition einen Sieg über die rechtsradikale Rexistenbewegung.

12 Mo Ein Probelauf des ersten Turbinen-Luftstrahltriebwerks findet in Großbritannien statt. +++ In Deutschland beginnt ein Werbefeldzug für Kühlschränke.

13 Di Aufgrund der Rohstoffknappheit in Deutschland verhandelt die Reichsregierung mit Belgien über Rohstofflieferungen aus Belgisch-Kongo.

14 Mi Schweden und Norwegen entsenden Kriegsschiffe in spanische Gewässer, die dort eigene Handelsschiffe schützen sollen.

15 Do Laut Verordnung des Reichserziehungsministeriums werden deutsche Juden künftig nicht mehr zur Doktorprüfung zugelassen.

16 Fr Das erste als Flugzeugträger geplante britische Schiff läuft in Birkenhead bei Liverpool vom Stapel. Die »Ark Royal« hat Platz für 70 Flugzeuge.

17 Sa In Prag findet die deutschsprachige Uraufführung der französischen Operette »Das Testament von Tante Karoline« von Albert Roussel statt.

18 So Felix Graf von Luckner tritt von Stettin aus eine Weltreise zur See an. Der hochdekorierte Seemann will im Ausland Vorträge über das »neue Deutschland« halten.

19 Mo Der Führer der spanischen Faschisten, General Francisco Franco, verkündet die Zusammenfassung der Falange und der Monarchisten zur Einheitspartei.

20 Di Bei Budapest stellt der britische Motorradfahrer Eric Fernihough mit der Durchschnittsgeschwindigkeit von 273,243 km/h einen Weltrekord auf.

21 Mi Der Spielfilm »Die Kronzeugin« von Georg Jacoby wird in Berlin uraufgeführt. Die Hauptrollen spielen u.a. Ivan Petrovich und Rudolf Platte.

22 Do Bei einem Manöver der US-Streitkräfte wird ein gestellter Eroberungskampf um den US-Marinestützpunkt Pearl Harbour auf Hawaii ausgetragen.

23 Fr Die österreichischen Sicherheitsorgane starten einen groß angelegten Feldzug gegen die illegal in Österreich tätige nationalsozialistische Partei.

24 Sa Großbritannien setzt in Indien britische Kolonialtruppen gegen aufständische Stämme im Nordwesten des Landes ein.

25 So Die deutsche Fußball-Nationalmannschaft besiegt in Hannover die belgische Elf vor 53 000 Zuschauern mit 1:0.

26 Mo Reichsminister Hermann Göring trifft in Rom mit dem italienischen »Duce« und Ministerpräsidenten Benito Mussolini zusammen. → Guernica

27 Di Die faschistischen Truppen im Spanischen Bürgerkrieg befinden sich auf dem Vormarsch gegen die nordspanische Hafenstadt Bilbao.

28 Mi Laut Anweisung des Propagandaministeriums beginnt in Deutschland eine »Propaganda-Aktion gegen die katholische Kirche«. → »Cinecittà«

29 Do In einer Note an Francisco Franco protestieren die skandinavischen Staaten gegen die Kaperung von Handelsschiffen vor der spanischen Küste.

30 Fr Adolf Hitler zeichnet 30 »Nationalsozialistische Musterbetriebe« aus. +++ In Berlin hat der Spielfilm »Die ganz großen Torheiten« Premiere.

Mai 1937

1 Sa Reichskanzler Adolf Hitler hält anlässlich des Maifeiertages vor 1,5 Mio. Menschen im Berliner Lustgarten eine Propagandarede.

2 So Vor mehr als 30 000 Zuschauern gewinnt in Zürich die deutsche Fußball-Nationalmannschaft ein Spiel gegen die schweizerische Elf mit 1:0.

3 Mo In 549 deutschen Gemeinden treten Abteilungen der Hitlerjugend (HJ) zur Grundsteinlegung von HJ-Heimen an.

4 Di Bei einer Aufführung von Friedrich Schillers »Don Carlos« in Berlin kommt es bei den Worten »Geben Sie Gedankenfreiheit« zu Szenenapplaus.

5 Mi Der Volkstag von Danzig stimmt mit Zweidrittelmehrheit für die Verlängerung des Ermächtigungsgesetzes von 1933 um weitere vier Jahre.

6 Do Die Universum-Film A.G. (Ufa) und die Tonbild-Syndikat A.G. (Tobis) vereinbaren eine weitgehende Zusammenarbeit. → »Hindenburg«

7 Fr Zur Klärung der Ursachen des Unglücks in Lakehurst wird der Luftschiffverkehr mit der LZ 127 vorübergehend eingestellt.

8 Sa Auf Schloss Burg in Remscheid beginnt die zweite Reichstagung deutscher Komponisten in der Reichsmusikkammer. → Reichsausstellung

9 So Den Großen Preis von Tripolis in der italienischen Kolonie Libyen gewinnt der deutsche Automobilrennfahrer Hermann Lang auf Mercedes-Benz.

10 Mo Der Bischof von Berlin, Konrad von Preysing, lässt in seinen Kirchen ein Schreiben verlesen, in dem er den NS-Feldzug gegen die Kirche verurteilt.

11 Di Wegen des Bürgerkriegs stimmt die spanische Regierung der leihweisen Überführung von Kunstwerken aus dem Madrider Prado in den Pariser Louvre zu.

12 Mi Das Reichserziehungsministerium erklärt, dass an Schüleraustauschen mit dem Ausland nur Mitglieder der HJ und des BdM teilnehmen dürften. → Georg VI.

13 Do Die Reichsfilmkammer wählt u.a. den Film »Der Herrscher« für die Pariser Weltausstellung aus. +++ In Paris hat das Stück »Elektra« von Jean Giraudoux Premiere.

14 Fr Fünf ehemalige Mitglieder der KPD werden in Hamburg wegen Abhörens des Moskauer Rundfunksenders zu Zuchthausstrafen verurteilt.

15 Sa In Wien beginnt eine Ausstellung mit Werken des österreichischen Malers Oskar Kokoschka. Sie dauert bis zum 13. Juni.

16 So Im Königreich Albanien brechen Unruhen aus, die sich gegen die konservative Regierung richten. Das Militär schlägt den Aufstand nieder.

17 Mo Nach dem Rücktritt der spanischen Regierung beauftragt Staatspräsident Manuel Azaña den Sozialisten Juan Negrín López mit der Regierungsneubildung.

18 Di Heinrich Himmler, Chef der deutschen Polizei, erklärt wegen der hohen Verkehrsunfallquote Trunkenheit am Steuer zum »kriminellen Verbrechen«.

19 Mi Italiens Herrscherpaar, König Viktor Emanuel III. und Königin Helene, hält sich zu einem offiziellen Besuch in Ungarns Hauptstadt Budapest auf.

20 Do Der in Rom vorgelegte Abschlussbericht über den italienischen Abessinienfeldzug beziffert die Kriegskosten auf umgerechnet 1,6 Mrd. Reichsmark.

21 Fr In Cuxhaven findet die Staatstrauerfeier für die deutschen Todesopfer des »Hindenburg«-Unglücks von Lakehurst am 6. Mai statt.

22 Sa Das Flugzeug einer sowjetischen Arktis-Expedition landet 20 km vom Nordpol entfernt. Die Forscher sollen eine Fluglinie über den Pol erkunden.

23 So In Ormond im US-Bundesstaat Florida stirbt im Alter von 97 Jahren der Industrielle John Davison Rockefeller, der reichste Mann der Welt.

24 Mo Der französische Staatspräsident Albert Lebrun eröffnet in Paris die Weltausstellung »Kunst und Technik im modernen Leben«.

25 Di Die Vollversammlung des Völkerbunds in Genf beschließt die Aufnahme Ägyptens in die internationale Staatenorganisation.

26 Mi Der deutsche Reichswirtschaftsminister Hjalmar Schacht eröffnet das Deutsche Haus auf der Weltausstellung in Paris.

27 Do Bei den Parlamentswahlen in den Niederlanden können sich die regierenden Parteien der Mitte behaupten. Ministerpräsident Hendrikus Colijn bleibt im Amt.

28 Fr Auf einer Großkundgebung der NSDAP in Berlin hält Propagandaminister Joseph Goebbels eine fast zweistündige Rede gegen die Kirche. → Konservativer

29 Sa Bei einem Angriff auf Ibiza bombardieren spanische Regierungsflugzeuge das Panzerschiff »Deutschland«, das daraufhin die Stadt Almería beschießt.

30 So Der deutsche Automobilrennfahrer Hermann Lang gewinnt in Berlin das Avus-Rennen auf Mercedes-Benz.

31 Mo Weil keine regierungsfähige Mehrheit im Parlament zustande kommt, tritt der japanische Ministerpräsident Senjuro Hayashi zurück.

12. Mai 1937

Georg VI. in London gekrönt

Zu einem Medienereignis wird die Krönung von Georg VI. zum britischen König (s. Abb. v.l. mit Prinzessin Margaret, Kronprinzessin Elizabeth und Königin Elizabeth). Millionen Menschen in aller Welt verfolgen diese Zeremonie erstmals an den Rundfunkgeräten, einige wenige sogar vor den ersten Fernsehapparaten. Filmaufnahmen von der Krönung werden schon am Abend in den Kinos der europäischen Hauptstädte gezeigt. Nicht dabei ist der Bruder Georgs VI., der ehemalige König Edward VIII., Herzog von Windsor, der aus Liebe zu der geschiedenen Amerikanerin Wallis Simpson auf den Thron verzichtet hatte. Edwards Abdankung 1936 führte zur Thronbesteigung seines Bruders. Die Krönungszeremonie findet in der Westminster Abbey statt. Zu den Feierlichkeiten haben sich Hunderttausende in London eingefunden. Dem umjubelten Krönungszug folgen die Abordnungen von Herrscherhäusern und Regierungen aus aller Welt.

8. Juni 1937

Orffs Durchbruch

Carl Orffs szenische Kantate »Carmina Burana« wird in Frankfurt am Main uraufgeführt (Abb.: Plakat zur Premiere). Orffs neuartige, lateinische »Gesänge für Solisten und Chor«, deren Texte einer Liedersammlung der Abtei Benediktbeuren aus dem 13. Jahrhundert entstammen, werden weltberühmt. In der »Carmina Burana« verschmelzen Musik, Wort und Rhythmik.

Carl Orff

deutscher Komponist, * 10.7.1895 München; † 29.3.1982 München

Orff ist einer der vielseitigsten Persönlichkeiten in der Musik des 20. Jahrhunderts. Er schafft einen markanten Stil modernen Musiktheaters. In Anknüpfung an Urformen der Musik, einer komplizierten Kompositionstechnik und ausgefallener Orchesterbesetzung gelingt Orff Neuartiges. Er erarbeitet musikerzieherische Konzepte und entwickelt zu deren Realisierung u.a. das »Orff-Instrumentarium« (Trommeln, Xylophone etc.)

- 1924: Mitgründer d. Schule für Gymnastik, Tanz und Musik
- 1930-35: »Orffsches Schulwerk« (Elementare Musiklehre)
- 1939: »Der Mond« (Oper)

6. Mai 1937

»Hindenburg« explodiert

In einem gewaltigen Feuerball explodiert das weltgrößte Luftschiff, die LZ 129 »Hindenburg«, in Lakehurst (US-Bundesstaat New Jersey). Die Jahrhundertkatastrophe, die der Nachwelt in eindrucksvollen Bildern und einer bewegenden Hörfunkreportage überliefert ist, bedeutet zunächst das Ende der Zeppelin-Ära. Erst zum Ende des Jahrhunderts sollten die »Giganten der Lüfte« als Werbemittel und Schwerlastträger wieder zu neuen Ehren kommen.
Bei der Katastrophe von Lakehurst kommen 35 Passagiere und ein Arbeiter des Bodenpersonals ums Leben. Wie durch ein Wunder überleben 62 Menschen die Flammenhölle. Das deutsche Luftschiff war aus Frankfurt am Main gekommen und steuerte den Luftschiffhafen von Lakehurst an, als es in ein Gewitter mit heftigen Stürmen und starkem Regen geriet, die eine sofortige Landung unterbanden. Nachdem die »Hindenburg« das Unwetter umflogen hatte und nur noch wenige hundert Meter von ihrem Ankerplatz entfernt war, erschütterte eine Explosion den hinteren Teil des Rumpfes. Zu dieser Zeit befand sich LZ 129 in einer Flughöhe von etwa 60 m, die Ankerseile waren bereits heruntergelassen. Nach einer weiteren Explosion im Mittelteil schlägt das Luftschiff auf dem Boden auf und brennt innerhalb kürzester Zeit völlig aus. Am 7. Mai ordnet die Luftschifffahrtabteilung des US-Handelsministeriums eine Untersuchung der Unglücksursache an. Reichsluftfahrtminister Hermann Göring befiehlt die »vorläufige« Einstellung des Luftschiffdienstes mit LZ 127 »Graf Zeppelin«. Einem Expertenstab sowie einer deutsche Untersuchungskommission unter Leitung von Hugo Eckener, dem Chef der Friedrichshafener Zeppelin-Reederei, gelingt es jedoch nicht, die Ursache der Katastrophe zu ergründen. Nach neuesten Erkenntnissen wird als Brandursache u.a. die erstmals verwendete Lackhülle vermutet.

28. Mai 1937

Konservativer am Ruder

Nach dem altersbedingten Rücktritt des britischen Premierministers Stanley Baldwin übernimmt der Konservative Arthur Neville Chamberlain (s. Abb.) die Amtsgeschäfte. Der neue Regierungschef, der die Politik seines Vorgängers im Grundsatz weiterführen will, überreicht noch am Tage seines Amtsantritts König Georg VI. seine Kabinettsliste.

Oben: Durch eine Explosion am Heck gerät das Luftschiff LZ 129 »Hindenburg« über dem Flughafen von Lakehurst in Brand. Unten: Nur wenige Sekunden nach der ersten Detonation schlägt der Rumpf des Luftschiffs auf dem Boden auf. Im Vordergrund steht der Ankermast, an dem der Zeppelin festmachen wollte. Noch Stunden nach dem Unglück schlagen Flammen aus dem Skelett des Luftschiffs. Die glanzvolle Zeit der Zeppeline ist mit der Katastrophe von Lakehurst beendet.

8. Mai 1937

Reichsausstellung konkurriert mit Pariser Weltausstellung

Reichsminister Hermann Göring eröffnet in Düsseldorf die Reichsausstellung »Schaffendes Volk«. Die Leistungsschau ist als deutsche Konkurrenz zur laufenden Weltausstellung in Paris konzipiert. Sie soll den Besuchern die Leistungskraft des »neuen Deutschland« präsentieren (Abb.: Eine gewaltige Schiffsschraube in der Ausstellungshalle »Stahl und Eisen«). Die Ausstellung am Rhein ist in vier Themenschwerpunkte gegliedert: Vierjahresplan-Werkstoffschau, Leistungsschau von Industrie und Wirtschaft, Raumwirtschaft und Städtebau sowie Gartenkultur und Kunst. Das 780 000 m² große Gelände mit seinen 42 Hallen ist prunkvoll geschmückt. Gartenschau und Vergnügungspark setzen mit effektvollen Illuminationen und Wasserspielen optische Akzente. Eine Fahnenstraße führt zum Haupteingang der Ausstellung.

Juni 1937

1 Di Die deutsche Reichsregierung entsendet drei weitere Kriegsschiffe in die spanischen Gewässer, um die Seestreitkräfte im Mittelmeer zu verstärken.

2 Mi Österreicher, die ohne Genehmigung in ein Land reisen, für das eine Bewilligung benötigt wird (z.B. Deutschland), werden ab sofort ausgebürgert.

3 Do Im Schloss Candé in Frankreich heiratet der ehemalige britische König (Edward VIII.) die US-Amerikanerin Wallis Simpson.

4 Fr Den baskischen Truppen im spanischen Bürgerkrieg gelingt es, von den nationalspanischen Einheiten Gelände zurückzuerobern.

5 Sa Der Schweizer Bundesrat erkennt das Rätoromanische als vierte schweizerische Nationalsprache neben Deutsch, Französisch und Italienisch an.

6 So Adolf Hitler verleiht dem italienischen »Duce« Benito Mussolini das Großkreuz des Verdienstordens vom Deutschen Adler.

7 Mo Der deutsche Reichsaußenminister Konstantin Freiherr von Neurath trifft zu einem dreitägigen Besuch in der jugoslawischen Hauptstadt Belgrad ein.

8 Di Großbritannien, Norwegen, Australien, Argentinien, Irland, die USA u.a. schließen ein Abkommen zum Schutz der Walbestände. → Orff

9 Mi Die deutsche Expertenkommission, die in den USA nach den Ursachen des Zeppelinunglücks von Lakehurst geforscht hat, kehrt ohne Ergebnisse zurück.

10 Do Laut einer amtlichen Statistik sind in Großbritannien zur Zeit 1,45 Mio. Menschen arbeitslos. Das ist die niedrigste Arbeitslosenzahl seit Dezember 1929.

11 Fr Acht Führer der Roten Armee werden in Moskau wegen Landesverrats vor Gericht gestellt und noch am selben Tag zum Tode verurteilt und erschossen.

12 Sa In Deutschland wird per Geheimerlass verfügt, dass jüdische »Rasseschänder« nach der Zuchthaushaft in Konzentrationslager zu überführen seien.

13 So Der deutsche Automobilrennfahrer und Europameister von 1936, Bernd Rosemeyer, gewinnt auf Auto-Union das Eifelrennen auf dem Nürburgring.

14 Mo Nach der Annahme der neuen Verfassung wird in Dublin das irische Parlament aufgelöst. Neuwahlen sind für den 1. Juli 1937 vorgesehen.

15 Di Die von Regierungstruppen gehaltene baskische Hauptstadt Bilbao ist von Einheiten der nationalspanischen Faschisten völlig eingeschlossen.

16 Mi Behörden der UdSSR geben bekannt, dass ausländische Agenten Pflanzenkrankheiten in der Landwirtschaft verbreiten würden.

17 Do Nach amtlichen Mitteilungen rechnet die deutsche Industrie mit einer Zellwollerzeugung von 100 000 t. Die Kunstfaser soll teure Importfasern ersetzen.

18 Fr Reichsjugendführer Baldur von Schirach verbietet per Erlass eine Doppelmitgliedschaft in der Hitlerjugend und in katholischen Verbänden.

19 Sa Die Einheiten der Faschisten in Nordspanien besetzen die lang umkämpfte Stadt Bilbao, die Hauptstadt des Baskenlandes.

20 So Schalke 04 wird deutscher Fußballmeister. +++ Sechs Teilnehmer einer deutschen Himalaja-Expedition sterben am Nanga Parbat durch eine Lawine.

21 Mo Da der Senat die Steuervorlage der Regierung abgelehnt hat, tritt der sozialistische französische Ministerpräsident Léon Blum zurück.

22 Di Joe Louis wird durch k.o.-Sieg in der achten Runde gegen James J. Braddock in Chicago neuer Boxweltmeister alle Klassen.

23 Mi Deutschland und Italien treten aus dem Nichteinmischungskomitee für Spanien aus. Damit endet der Neutralitätsstatus des europäischen Auslandes.

24 Do Der deutsche Reichskriegsminister Werner von Blomberg erlässt eine geheime »Weisung für die einheitliche Kriegsvorbereitung der Wehrmacht«.

25 Fr Wegen »Widersetzung gegen staatliche Anordnungen« werden in Berlin sechs Pfarrer der evangelischen Bekennenden Kirche von der Polizei verhaftet.

26 Sa Der italienische Ministerpräsident Benito Mussolini bestätigt gegenüber der Presse, dass im spanischen Bürgerkrieg auch italienische Soldaten kämpfen.

27 So Pfarrer Martin Niemöller hält eine offene Predigt gegen die Verhaftung von Anhängern der evangelischen Bekennenden Kirche in Deutschland.

28 Mo Der französische Ministerrat schlägt vor, zur Behebung der Finanzkrise die Börse zu schließen und Handelszahlungen in Gold bis auf weiteres zu verbieten.

29 Di Die deutsche Fußball-Nationalmannschaft gewinnt in der finnischen Hauptstadt Helsinki vor 7000 Zuschauern gegen Gastgeber Finnland mit 2:0.

30 Mi In seinem zweiten Vierteljahresbericht stellt das Berliner Institut für Konjunkturforschung eine anhaltende Hochkonjunktur der Weltwirtschaft fest.

Juli 1937

1 Do Pastor Martin Niemöller, einer der Führer der Bekennenden Kirche, wird in Berlin von der Polizei verhaftet und in das Gefängnis Moabit eingeliefert.

2 Fr Der US-Tennisspieler Donald Budge gewinnt das Wimbledonfinale in England gegen den deutschen »Tennisbaron« Gottfried von Cramm.

3 Sa Der Philosoph Karl Jaspers, der an der Heidelberger Universität lehrt, wird unter einem verwaltungstechnischen Vorwand seines Amtes enthoben.

4 So In Bremen stellt der von Heinrich Focke konstruierte Hubschrauber Focke Fw 61, der mit zwei Rotoren ausgestattet ist, fünf Flug-Weltrekorde auf.

5 Mo Bei Madrid beginnt die erste Großoffensive der spanischen Regierungstruppen im Bürgerkrieg, u.a., um die Nordfront zu entlasten.

6 Di Die britische Palästina-Kommission veröffentlicht in London einen Plan, nach dem das britische Mandatsgebiet in drei Zonen geteilt werden soll.

7 Mi Reichsjugendführer Baldur von Schirach verordnet, dass Auslandsreisen von Mitgliedern der Hitlerjugend genehmigungspflichtig seien. → Japan

8 Do Die sozialkritische Grafikerin und Bildhauerin Käthe Kollwitz begeht ihren 70. Geburtstag. Ihre Arbeiten gelten in Deutschland als »entartet«.

9 Fr Die britische Regierung gibt ihre Bereitschaft bekannt, eine Lösung für die Konflikte um die spanischen Gewässer auszuarbeiten.

10 Sa In Paris kommt es zu schweren Tumulten, als streikende Angestellte von Restaurants und Cafés Streikbrecher am Betreten der Betriebe hindern wollen.

11 So Die japanische Regierung in Tokio beschließt im Zuge ihrer Aggressionspolitik die Entsendung von Truppenverstärkungen nach Nordchina.

12 Mo Auf der Pariser Weltausstellung wird der spanische Pavillon eröffnet. In der Eingangshalle hängt das Monumentalgemälde »Guernica« von Pablo Picasso.

13 Di In Oxford tagt die »Allchristliche Weltkonferenz«. Die Redner wenden sich u.a. gegen die NS-Politik und die Behinderung der Kirche in Deutschland.

14 Mi In Frankreich findet eine Großkundgebung der Volksfrontparteien statt. +++ Das Stück »Die Ritter von der Tafelrunde« von Jean Cocteau hat in Paris Premiere.

15 Do Die SS-Zeitung »Das Schwarze Korps« greift den Physiker Werner Heisenberg scharf an, weil er für die Relativitätstheorie Albert Einsteins eintritt. → Albers

16 Fr Zwischen Deutschland und den spanischen Faschisten wird ein Abkommen über die Lieferung von Erz an Deutschland geschlossen.

17 Sa Regierungsvertreter Großbritanniens, Deutschlands und der UdSSR schließen Flottenverträge über die Begrenzung der Seerüstung ab.

18 So Der deutsche Reichskanzler Adolf Hitler eröffnet in München das »Haus der Deutschen Kunst«, das den abgebrannten Glaspalast ersetzt.

19 Mo Nahe Weimar beginnen die ersten Häftlinge auf dem Ettersberg mit dem Bau des künftigen Konzentrationslagers Buchenwald. → »Entartete Kunst«

20 Di Die Reichsregierung erlässt ein Wehrsteuergesetz. Danach müssen Staatsangehörige für die Befreiung vom Wehrdienst eine Sondersteuer zahlen.

21 Mi Der neue sowjetische Botschafter in Berlin, Konstantin Jurenjew, überreicht Reichskanzler Adolf Hitler sein Beglaubigungsschreiben.

22 Do Die Borsig-Werke in Berlin feiern ihr 100-jähriges Bestehen. Das Unternehmen gehört zu den bedeutendsten Lokomotiv-Herstellern der Welt.

23 Fr Das britische Parlament in London nimmt das neue Scheidungsgesetz an. Bisher galt in Großbritannien nur Ehebruch als Scheidungsgrund.

24 Sa Reichsinnenminister Wilhelm Frick erlässt Richtlinien für die Behandlung von Juden in deutschen Kurorten. Juden sollen von anderen Gästen isoliert werden.

25 So Der französische Radrennfahrer Roger Lapebie ist Sieger der diesjährigen Tour de France. +++ El Salvador beschließt den Austritt aus dem Völkerbund.

26 Mo In einem Memorandum an die britische Mandatsregierung in Palästina lehnt das Hohe Arabische Komitee die geplante Teilung des Landes ab.

27 Di Die US-Tennismannschaft siegt mit 4:1 über das Team aus Großbritannien und gewinnt den Davis-Pokal 1937.

28 Mi Beim Besuch des britischen Königspaares im nordirischen Belfast werden in der Stadt und anderen Gegenden des Landes Sprengstoffanschläge verübt.

29 Do Der ägyptische König Faruk I. übernimmt mit Vollendung seines 18. Lebensjahres die Amtsgeschäfte von dem Regentschaftsrat und legt den Treueeid ab.

30 Fr Reichspropagandaminister Joseph Goebbels eröffnet die 14. Große Rundfunkausstellung in Berlin. 200 neue Radiotypen werden präsentiert.

31 Sa Die chinesische Regierung in Nanking setzt ein allgemeines Wehrpflichtgesetz in Kraft. In der Hauptstadt werden die ersten 25 000 Mann eingezogen.

1. August 1937

Kurioser Flieger hebt ab

Viele Beobachter glauben auf den ersten Blick, die Maschine werde abstürzen. Aber das neue, in Kassel vorgestellte einmotorige Flugzeug der Gerhard Fieseler-Werke GmbH zeigt gerade im Langsamflug seine Stärke. Der »Fieseler Storch« erreicht 175 km/h, begnügt sich aber auch mit einer Reisegeschwindigkeit zwischen 46 und 168 km/h. Zudem benötigt der kuriose Flieger nur eine sehr kurze Start- und Landebahn.
Der Fi 156 besteht aus einer Metallrohrkonstruktion. Tragflächen und Heck sind aus Holz. Bei schwachem Gegenwind benötigt das Flugzeug für einen Start weniger als 51 m Piste. Bei der Landung kommt der »Fieseler Storch« auch mit 15 m aus, nicht viel mehr als ein ausgerollter Teppich. Diese sensationellen Daten machen die Maschine mit der rundum verglasten Pilotenkanzel vor allem für militärische Zwecke nützlich.

15. Juli 1937

Albers ist deutscher Holmes

Der Ufa-Film »Der Mann, der Sherlock Holmes war« feiert in Berlin Premiere und wird schnell zum Kassenschlager. Die Rolle des britischen Detektivs spielt Hans Albers (s. Abb., r.), seinen Kollegen Dr. Watson verkörpert Heinz Rühmann (s. Abb., l.). Damit stehen die beliebtesten Schauspieler Deutschlands gemeinsam vor der Kamera. Die deutsche Variation des klassischen Detektivstoffes von Arthur Conan Doyle orientiert sich nur entfernt am literarischen Vorbild. Regisseur Karl Hartl und Drehbuchautor Robert A. Stemmle entwerfen eine Parodie, in der sich Albers und Rühmann lediglich als das berühmte Kriminologen-Duo ausgeben. In Paris kommen die beiden einer Fälscherbande auf die Spur. Nach langen Mühen entlarven sie die Gangster, werden jedoch wegen Hochstapelei selbst vor Gericht gestellt und frei-

gesprochen. Mit viel Ironie bedient sich der Film bei den gängigen Klischees und sorgt mit Humor und Turbulenzen für beste Unterhaltung. Die Hauptdarsteller spielen ihre Paraderollen: Hans Albers gibt den Draufgänger, der jede gefährliche Situation meistert; Heinz Rühmann mimt den Angsthasen, der dem großen Detektiv verschüchtert, aber liebenswert zur Seite steht. Beide Charaktere zusammen ergeben eine publikumswirksame Mischung. Das von den Stars gesungene Lied »Jawohl meine Herrn« von Hans Sommer (Musik) und Richard Busch (Text) wird zum Gassenhauer. »Der Mann, der Sherlock Holmes war« zählt zu den erfolgreichsten deutschen Filmen dieses Jahres.

19. Juli 1937

»Entartete Kunst«

In einer öffentlichen Ausstellung in München stellt das nationalsozialistische Deutschland Werke derjenigen Künstler aus, die in den Augen der NS-Ideologen als »entartet« gelten. Das Spektakel im Archäologischen Institut in den Hofgartenarkaden ist das umfangreichste seiner Art. Auch in vielen anderen Städten präsentieren die Nationalsozialisten die Werke verfemter Künstler. Die Schau »Entartete Kunst« wird von Adolf Ziegler eröffnet, dem Präsidenten der Reichskammer der bildenden Künste. Ziegler hatte im Auftrag von Reichspropagandaminister Joseph Goebbels »Werke der deutschen Verfallskunst seit 1910« im Reich sowie in den Ländern und Kommunen zusammengetragen. In seiner Eröffnungsansprache tituliert Ziegler die Bilder als »Ausgeburten des Wahnsinns, der Frechheit, des Nichtskönnertums und der Entartung.« Mehr als 2 Mio. Besucher nehmen die Werke der Künstler in Augenschein, deren Kunstauffassung von den Nationalsozialisten als »bewusster Angriff auf die Ideale der germanischen Rasse« bewertet werden. Emil Nolde, Max Beckmann, Marc Chagall und Otto Dix sind einige der Künstler, die als »entartet« gelten. Die Ausstellung gliedert sich in neun Abteilungen:

- »Zersetzung des Form- und Farbempfindens«
- »Unverschämter Hohn auf jede religiöse Vorstellung«
- »Der politische Hintergrund der Kunstentartung«
- »Politische Tendenz«
- »Einblick in die moralische Seite der Kunstentartung«, »Bordell, Dirnen, Zuhälter«

21. August 1937

China sucht starke Partner

Der japanische Feldzug in China verändert die politische Ausgangslage in Asien. Die aggressive Politik Tokios bedroht und verunsichert nicht nur die chinesische Zentralregierung, sondern auch umliegende Staaten.
Als Konsequenz des Konflikts unterzeichnen Vertreter der Sowjetunion und Chinas in Nanking einen Nichtangriffspakt. Der Vertrag soll der chinesischen Regierung im Krieg gegen die Japaner den Rücken freihalten und Waffenlieferungen ermöglichen. Der militärische Konflikt in Asien ist nicht nur für die Regierung Chiang Kai-sheks eine reale Bedrohung. Auch die sowjetische Führung sieht ihre Einflussgebiete, u.a. die Mongolische Räterepublik, in Gefahr. Die Sorge in Moskau, der japanische Invasionskrieg könne sich ausweiten, ist nicht unbegründet. Im August stoßen japanische Truppen in die chinesische (innere) Mongolei vor und kommen dem sowjetischen »Schutzgebiet« bedrohlich nahe.

Propagandaminister Joseph Goebbels (M.) nimmt Objekte »entarteter Kunst« in Augenschein.

- »Abtötung des letzten Restes jedes Rassenbewusstseins«
- »Idioten, Kretins, Paralytiker (Gelähmte)«
- »Juden«
- »Vollendeter Wahnsinn«

Was die NS-Machthaber dagegen unter Kunst verstehen, zeigen sie im »Haus der Deutschen Kunst«, das am 18. Juli von Reichskanzler Adolf Hitler eingeweiht wird. In dem Monumentalbau ist die »Große deutsche Kunstausstellung« untergebracht. Bei der Malerei ist ebenso wie bei der Plastik ein heroisch verklärender Naturalismus bestimmend. Viele Themen entstammen einem idealisierten bäuerlichen Alltag. Politische Inhalte werden weitgehend vermieden. Während die Nationalsozialisten lediglich völkisch-bombastische Kunst als akzeptabel ansehen und gegen missliebige Künstler vorgehen, setzt sich international die Avantgarde durch. In den USA schafft die abstrakte Malerei den Durchbruch. Ihr kulturelles Zentrum verlagert sich von Paris nach New York. Zum Erfolg trägt u.a. das »Museum of Non-objective Painting« in New York bei.

»Entartete Kunst«
(Auswahl)

Künstler	Kunstrichtung
Ernst Barlach	Expressionismus
Otto Dix	Neue Sachlichkeit
Lyonel Feininger	Kubismus
George Grosz	Dadaismus
Wassily Kandinsky	Abstrakte Malerei
Max Liebermann	Impressionismus

7. Juli 1937

Japan beginnt blutigen Eroberungskrieg in China

Schon seit Jahren ist Japan bestrebt, zur Führungsmacht im Fernen Osten aufzusteigen. Aus einem Scharmützel am strategisch wichtigen Eisenbahnknotenpunkt Lukouchiao bei Peking entwickelt sich ein blutiger Krieg zwischen Japan und China. Nach dem sog. Boxerprotokoll von 1901 war Tokio berechtigt, Truppen nahe Peking und Tientsin zu stationieren und Übungen abzuhalten. Aus einem Nachtmanöver entwickeln sich die ersten Gefechte. In den Morgenstunden des 8. Juli kommt es zu weiteren Kämpfen, bei denen über 200 Soldaten getötet werden. Sowohl Japaner wie Chinesen fordern den Rückzug des Gegners. Verhandlungen enden ergebnislos. In einer Sondersitzung beschließt das japanische Kabinett, weitere Truppen nach Nordchina zu entsenden und finanzielle Mittel bereitzustellen. Einen Forderungskatalog Japans, der u.a. die vollständige Autonomie Nordchinas und damit die Möglichkeit weiterer japanischer Einflussmöglichkeiten vorsieht, lehnt die chinesische Regierung in Nanking ab. Japan beginnt mit einer »Strafexpedition«, in deren Verlauf Massaker, Massenvergewaltigungen – besonders berüchtigt ist die Eroberung Nankings – und Exekutionen an der Tagesordnung sind (Abb.: Wache in Nanking mit der japanischen Flagge).

August 1937

1 So Der deutsche Automobilrennfahrer Hans Stuck gewinnt bei Freiburg im Breisgau den Großen Bergpreis von Deutschland. → Kurioser Flieger

2 Mo In Berlin hat der Spielfilm »Karussell« Premiere. Unter der Regie von Alwin Elling spielen Marika Rökk und Georg Alexander die Hauptrollen.

3 Di Zum ersten Jahrestag der Errichtung der Diktatur in Griechenland verkündet Regierungschef Ioannis Metaxas in Athen die Parole: Arbeit, Ordnung, Disziplin.

4 Mi Der spanische Faschistenführer Franco legt den Parteiaufbau der Falange Española fest. Er selbst sei nur »Gott und der Geschichte« verantwortlich.

5 Do In Hamburg wird der Spielfilm »Unter Ausschluss der Öffentlichkeit« von Paul Wegener mit Olga Tschechowa und Ivan Petrovich uraufgeführt.

6 Fr Das Handelsabkommen zwischen UdSSR und USA wird um ein Jahr verlängert. +++ In Deutschland erhalten Lehrlinge ab 18 Jahren zwölf Tage Urlaub.

7 Sa Die Rüsselsheimer Opelwerke feiern ihr 75-jähriges Jubiläum. 1862 gründete Konstrukteur Adam Opel das Unternehmen als Nähmaschinenfabrik.

8 So Bei einem Sturz während des Großen Preises von Deutschland kommt in Chemnitz der schottische Motorrad-Rennfahrer James J. Guthrie ums Leben.

9 Mo Die britische Armee führt über Südengland und London Manöver der Luftstreitkräfte durch, an denen sich annähernd 400 Militärflugzeuge beteiligen.

10 Di In Venedig beginnt die V. Internationale Filmkunstschau (Biennale), an der alle filmschaffenden Länder teilnehmen. Sie dauert bis zum 4. September.

11 Mi Die Mitglieder des zionistischen Weltkongresses in Zürich lehnen die von Großbritannien aufgestellten Teilungspläne für Palästina ab.

12 Do Nach dem Eintreffen von 33 japanischen Kriegsschiffen vor Schanghai verhängt die chinesische Regierung den Belagerungszustand über die Stadt.

13 Fr In einer Note fordern Italien, Deutschland, die USA, Frankreich und Großbritannien die chinesische und die japanische Regierung zum Frieden auf.

14 Sa Mit der Eröffnung der Ausstellung »700 Jahre Berlin« beginnen die offiziellen Feiern zum Jubiläum der deutschen Reichshauptstadt.

15 So Bei den Europameisterschaften in Amsterdam siegen deutsche Ruderer im Zweier und Vierer mit Steuermann sowie im Doppelzweier.

16 Mo Die japanische Regierung in Tokio verkündet die allgemeine Mobilmachung. Die Kämpfe im chinesischen Schanghai sollen fortgesetzt werden.

17 Di Deutschland legt eine neue 700-Mio.-Reichsmark-Anleihe auf. Damit beläuft sich der Gesamtbetrag der Reichsanleihen 1937 auf 2,2 Mrd. Reichsmark.

18 Mi Die USA ordnen die Evakuierung aller ihrer Staatsbürger aus China an. Zur Zeit halten sich etwa 12 600 US-Bürger in dem von Japan angegriffenen Land auf.

19 Do Ein Angebot der französischen Regierung sieht vor, die Kolonie Madagaskar für die jüdische Einwanderung zu öffnen.

20 Fr In Österreich tritt ein Ordnungsschutzgesetz in Kraft, das sich gegen die Gegner des autoritären Regimes von Kanzler Kurt Schuschnigg richtet.

21 Sa Der 11. Milchwirtschaftliche Weltkongress tagt in Berlin. 53 Staaten mit rd. 3000 Delegierten nehmen daran teil. → China

22 So In Bern gewinnt der deutsche Automobilrennfahrer Rudolf Caracciola das Rennen um den Großen Preis der Schweiz.

23 Mo Der deutsche Botschafter bei der nationalspanischen Regierung, Wilhelm Faupel, muss wegen Einmischung in spanische Angelegenheiten zurücktreten.

24 Di Die Organisationsleitung der NSDAP verbietet Parteimitgliedern ab sofort die Mitgliedschaft im Rotary-Club – wegen dessen »freimaurerischem Geist«.

25 Mi Truppen der spanischen Faschisten rücken in der nordspanischen Stadt Santander ein. +++ In Havanna endet eine panamerikanische Kaffeekonferenz.

26 Do In Kopenhagen gewinnt der Deutsche Walter Lohmann bei den Radsport-Weltmeisterschaften den Weltmeistertitel der Steher.

27 Fr Bei einem Großangriff der japanischen Luftwaffe auf die chinesische Hauptstadt Nanking werden 500 Menschen getötet.

28 Sa Der Leiter der NSDAP-Auslandsorganisation, Ernst Wilhelm Bohle, eröffnet in Stuttgart die fünfte Reichstagung der NSDAP-Auslandsdeutschen.

29 So Die deutsche Fußball-Nationalmannschaft gewinnt in Königsberg ein Länderspiel gegen die estnische Mannschaft mit 4:1.

30 Mo In New York siegt der US-Schwergewichtsboxer Joe Louis in dem Kampf um die Weltmeisterschaft gegen den Briten Tommy Farr nach Punkten.

31 Di Der Spielfilm »Zu neuen Ufern« mit Zarah Leander und Willy Birgel in den Hauptrollen wird in Berlin uraufgeführt. Regisseur ist Detlef Sierck.

September 1937

1 Mi Friedrich Adler, der Generalsekretär der sozialistischen Arbeiterinternationale, wird in Rotterdam wegen Besitz eines falschen Passes verhaftet.

2 Do Der Brite Malcolm Campbell stellt auf dem Lago Maggiore einen Geschwindigkeits-Weltrekord für Motorboote auf (208,4 km/h). → Visionär

3 Fr Das »Börsenblatt der Deutschen Buchhändler« veröffentlicht eine Übersicht über Auflagen belletristischer Bücher. Die »Biene Maja« steht an erster Stelle.

4 Sa In Venedig endet die Internationale Filmschau. Emil Jannings erhält für seine schauspielerische Leistung in »Der Herrscher« den Volpi-Pokal.

5 So Wegen eines Gleisschadens verunglückt bei Neuss ein Sonderzug der Deutschen Reichsbahn. 15 Menschen kommen ums Leben, 30 werden verletzt.

6 Mo Mit einem Festakt beginnt in Nürnberg der Reichsparteitag der NSDAP, der unter dem Motto »Parteitag der Arbeit« durchgeführt wird.

7 Di Der deutsche Kriegsfilm »Unternehmen Michael« von Karl Ritter hat in Nürnberg Premiere. Heinrich George spielt die Hauptrolle.

8 Mi In Prag feiert das Lustspiel »Außenseiter«, ein Werk des deutschen Schriftstellers Leonhard Frank, unter der Regie von Arnold Marlé seine Uraufführung.

9 Do Reichskanzler Adolf Hitler legt in Nürnberg den Grundstein für das Deutsche Stadion, das nach seiner Fertigstellung 400 000 Zuschauer fassen soll.

10 Fr Die Rote Armee des chinesischen Kommunistenführers Mao Tse-tung legt den Treueeid auf die Nankinger Zentralregierung ab.

11 Sa In der Nürnberger Kongresshalle findet die fünfte Reichstagung der NS-Organisation Deutsche Arbeiterfront (DAF) statt. → Piraterie

12 So Die chinesischen Truppen bei Schanghai treten den Rückzug an, um dem Feuerbereich der japanischen Schiffe in den Küstengewässern zu entgehen.

13 Mo China appelliert an den Völkerbundsrat, Maßnahmen gegen Japan zu ergreifen. +++ Der Reichsparteitag der NSDAP endet in Nürnberg mit einer Rede Hitlers.

14 Di US-Präsident Franklin D. Roosevelt erlässt in Washington ein Waffenausfuhrverbot nach China und Japan für alle staatlichen Handelsschiffe der USA.

15 Mi Die Panarabische Konferenz beschließt, jede Zusammenarbeit mit Großbritannien zu beenden, falls London weiter auf der Teilung Palästinas bestehe.

16 Do Aufgrund ihrer moderneren Ausrüstung gelingt es der japanischen Invasionsarmee bei der Schlacht südlich von Peking, 45 km vorzurücken.

17 Fr Die Junkers-Werke stellen in Dessau die »Ju 90« vor. +++ Ein Großbrand im Wiener Prater zerstört die Rotunde von 1873 vollständig.

18 Sa Im polnischen Bielitz kommt es nach einem Streit in einer Gaststätte zu tagelangen Ausschreitungen gegen die jüdische Bevölkerung.

19 So Japan fordert alle Ausländer auf, das chinesische Nanking zu verlassen, weil schwere japanische Luftangriffe geplant seien. → Manöver

20 Mo Zu Beginn der Luftschutzwoche in Berlin wird eine Luftschutzübung mit Verdunkelung und einem gestellten Bombenangriff durchgeführt.

21 Di Italien erklärt sich grundsätzlich dazu bereit, zusammen mit Großbritannien und Frankreich an der Überwachung des Mittelmeeres teilzunehmen.

22 Mi Die japanische Luftwaffe führt schwere Bombenangriffe auf die chinesischen Städte Nanking und Kanton durch. Hunderte Zivilisten werden getötet.

23 Do Die chinesischen Kommunisten beschließen die Auflösung der in Nordwestchina gegründeten Sowjetrepublik und schließen sich Chiang Kai-shek an.

24 Fr In Prag findet die Uraufführung der Komödie »Ein Dorf ohne Männer« des österreichischen Dramatikers Ödön von Horváth statt.

25 Sa Der italienische »Duce« und Ministerpräsident Benito Mussolini trifft zu einem fünftägigen Staatsbesuch in Deutschland ein.

26 So Dänemarks König Christian X. weiht die 3200 m lange Storströmbrücke zwischen den dänischen Inseln Seeland und Falster ein.

27 Mo Der Lustspielfilm »Mädchen für alles« feiert Premiere. Unter der Regie von Carl Boese spielen Grethe Weiser und Rudolf Platte die Hauptrollen.

28 Di Mit einer Flugzeit von 10:33 h stellt das britische Flugboot »Cambria« einen Rekord für die Atlantiküberquerung auf.

29 Mi Vor seiner Rückreise nach Rom lädt Italiens Ministerpräsident Benito Mussolini Reichskanzler Adolf Hitler zu einem Gegenbesuch ein.

30 Do Die japanische Regierung besteht in einer Note an den Völkerbund auf einer Fortsetzung des Bombardements gegen chinesische Großstädte.

5. Oktober 1937

Roosevelt überrascht mit »Quarantäne-Rede«

Bei einer Brückeneinweihung in Chicago überrascht US-Präsident Franklin D. Roosevelt mit einer außenpolitischen Rede in ungewöhnlich scharfem Ton. Darin wendet sich Roosevelt gegen die Staaten, die seiner Meinung nach den Weltfrieden bedrohen. Ohne die Länder konkret zu nennen, prangert der Präsident die militärischen Interventionen Italiens, Deutschlands und Japans an. Roosevelt fordert auf, kriegstreibende Staaten »unter Quarantäne« zu stellen. Um mögliche Feinde abzuschrecken, sollen die USA ihre langjährige Isolationspolitik aufgeben und den »friedliebenden« Staaten zur Seite stehen. Das Staatsoberhaupt erklärt: »Die Situation ist zweifellos für die ganze Welt von Bedeutung. Unglücklicherweise scheint die Epidemie der Gesetzlosigkeit sich auf der Welt auszubreiten. Wenn eine Krankheit sich epidemisch ausbreitet, beschließt die Gemeinschaft, um sich vor Ansteckung zu schützen, die Patienten in Quarantäne zu legen. Der Krieg ist eine Seuche, ob er nun erklärt ist oder nicht. Er kann Staaten verschlingen, die vom ursprünglichen Schauplatz der Feindseligkeiten weit entfernt sind.« Die »Quarantäne-Rede« ruft unterschiedliche Reaktionen hervor. Im eigenen Land erntet der US-Präsident heftige Kritik. Nach dem Ersten Weltkrieg ist der Großteil der US-Bevölkerung nicht bereit, sich erneut für europäische oder chinesische Belange einzusetzen. Positive Resonanz erhält Roosevelt hingegen von den Regierungen Großbritanniens und Frankreichs. Beide Staaten versprechen sich von der Interventionsbereitschaft der USA einen Partner im Kampf gegen die faschistische Bedrohung in Europa und eine stärkere Position gegenüber den Diktatoren in Deutschland und Italien. Der deutsche Botschafter in Washington, Hans Heinrich Dieckhoff, sendet ein Telegramm an die deutsche Regierung, in dem er Roosevelts Worte als Mahnung an Japan interpretiert. Gleichzeitig warnt Dieckhoff vor einem militärischen Konflikt mit Großbritannien. In diesem Fall seien die USA seiner Meinung nach zur Intervention in Europa bereit, so der Botschafter. In den folgenden Tagen beugt sich der US-Präsident schließlich der herrschenden öffentlichen Meinung und schwächt seinen außenpolitischen Vorstoß ab.

US-Präsident Roosevelt kündigt eine Wende der Außenpolitik an.

19. September 1937

Manöver aller Einheiten – Wehrmacht trainiert den Ernstfall

Die deutsche Wehrmacht lässt in Norddeutschland ein gigantisches Manöver der Waffengattungen Heer, Marine und Luftwaffe durchführen. In der Einsatzübung kämpfen Armeen eines »blauen« Staates und Einheiten eines »roten« Staates gegeneinander. Zwischen Lübeck, Stralsund und Neustrelitz stehen 27 500 km² für die Übung zur Verfügung (Abb.: Angreifende Panzer im Gelände). Der zivile Verkehr ist für die Dauer der Manöver stark eingeschränkt. Besondere strategische Bedeutung kommt der neu gebildeten Luftwaffe zu. Bei schnellen Vorstößen in feindliches Gebiet, dem sog. Blitzkrieg, sollen deutsche Flugzeuge zur Unterstützung der Landstreitkräfte feindliche Städte bombardieren. Die neue Taktik des Luftkriegs ist bereits im Spanischen Bürgerkrieg und in China eingesetzt worden. Im Vorfeld der siebentägigen Manöver kommt es zu Kompetenzstreitigkeiten zwischen Reichskriegsminister Werner von Blomberg und dem Oberbefehlshaber des Heeres, Werner von Fritsch, um den Manöverplan.

28. Oktober 1937

Deutsche fordern Kolonien

Italiens Ministerpräsident Benito Mussolini fordert die Rückgabe von afrikanischen Kolonien an das Deutsche Reich (Abb.: Kolonialdenkmal in Mannheim). Vor mehreren hunderttausend Menschen in Rom spricht sich der »Duce« in einer Rede anlässlich des 15. Jahrestages des faschistischen Marsches auf Rom für die Revision des Versailler Vertrages aus. Nach Ende des Ersten Weltkriegs hatte Deutschland durch Beschluss der Siegermächte sämtliche Kolonien in Afrika und der Pazifikregion verloren. Mussolini kritisiert den Friedensschluss und fordert die Revision der Kolonialartikel: »Es ist notwendig, dass ein so großes Volk wie das deutsche neuerlich seinen Platz einnehme, der ihm gebührt und den es an der afrikanischen Sonne innehatte.« Am 24. Oktober erklärte der deutsche Botschafter Joachim von Ribbentrop bei Beratungen mit dem italienischen Außenminister Galeazzo Graf Ciano, die deutsche Regierung bestehe auf der Rückgabe zumindest der ehemaligen Kolonien Kamerun, Togo und Urundi. Seit 1919 gehört Urundi zu Belgien. Großbritannien und Frankreich teilen sich den Besitz von Kamerun und Togo. Die europäischen Mächte verfolgen seit Ende des 19. Jahrhunderts eine Kolonialpolitik, die ihnen große wirtschaftliche und politische Vorteile verschafft. Durch den Besitz von Kolonien verbessert sich die Versorgung des Mutterlandes mit Rohstoffen. Küstenstützpunkte ermöglichen einen raschen Ausbau des Handels und sind strategisch wichtig.

27. Oktober 1937

Kopierer technisch ausgereift

US-Erfinder Chester Carlson lässt sein Xerox-Verfahren patentieren, das es ermöglicht, von einer Vorlage eine Kopie auf Papier herzustellen (Abb.: Kopiergerät). Damit perfektioniert Carlson sein bereits 1938 entwickeltes Verfahren, mit dem Kopien auf Wachspapier möglich waren. Die neuartige Xerox-Technik überträgt die Vorlage durch das Einbrennen eines Tonerbildes auch auf normales, unbeschichtetes Papier und macht das Kopierverfahren damit in größerem Umfang anwendbar.

2. September 1937

Olympischer Visionär tot

Der Begründer der modernen olympischen Spiele, Baron Pierre de Coubertin, stirbt im Alter von 74 Jahren in Genf. Coubertin erlitt bereits im Juni einen leichten Herzanfall. Obwohl seine Gesundheit als robust galt, traf er sich Ende August – von Todesahnungen getrieben – mit seinem langjährigen Freund Francis Messerli, dem Generalsekretär des Nationalen Olympischen Komitees der Schweiz, um ihn zum Testamentsvollstrecker einzusetzen. Coubertin bat Messerli, sein geistiges Erbe der olympischen Bewegung zu bewahren. An seinem Todestag unternimmt Pierre de Coubertin wie gewohnt einen Spaziergang im Park Lagrange in Genf. Passanten finden ihn wenig später tot auf einer Bank. Der 74-Jährige starb vermutlich an Herzversagen. Coubertin schrieb kurz vor seinem Tod: »Die Selbstüberwindung verleiht höchstes Glück. Der Erfolg ist nicht das Ziel, sondern nur Mittel, um noch nach Höherem zu streben. Das Individuum erhält nur in dem Maße Wert, indem es auf die ganze Menschheit bezogen bleibt. Es ist dazu geschaffen, mit Leidenschaft tätig zu sein und mit Selbstbescheidung zu sterben.«

Pierre de Coubertin

französischer Humanist, * 1.1.1863 Paris; † 2.9.1937 Genf

Coubertin ist der Wiederbegründer der Olympischen Spiele. Der Pädagoge und Diplomat rief 1894 das Internationale Olympische Komitee ins Leben. Zwei Jahre später fanden im Geiste des Friedens und der Völkerverständigung in Athen die ersten Olympischen Spiele der Neuzeit statt. Sie orientieren sich an den Wettkämpfen der Antike. Viele von Coubertins Ideen haben in der olympischen Bewegung bis heute Bestand. So geht u.a. die Fahne mit fünf Ringen auf weißem Grund auf seinen Entwurf zurück.

- 1894-1925: Mitglied im IOC
- 1925: Gründung eines Weltbundes für Pädagogik
- 1912: Goldmedaille im Olympischen Literaturwettbewerb

11. September 1937

Großmächte gegen Piraterie

Im schweizerischen Nyon schließen Regierungsvertreter der Mittel- und Schwarzmeerländer bzw. -mandatsmächte ein Abkommen zum Schutz vor Piraterie. Auf Einladung von Frankreich und Großbritannien beraten Delegationen Rumäniens, der UdSSR, Griechenlands, Jugoslawiens, Ägyptens, Bulgariens und der Türkei über die Vorgehensweise gegen das Aufbringen und Versenken von Handelsschiffen. Nach zweitägiger Debatte werden Frankreich und Großbritannien mit dem Schutz der mediterranen Handelsschifffahrt beauftragt. Italien war auf der Konferenz vertreten gewesen, weil Moskau Entschädigung für Handelsschiffe verlangt hatte, die von der italienischen Marine versenkt worden waren. Bei separaten Gesprächen am 29. September beteiligt sich aber auch Rom an der Mittelmeerkontrolle.

Oktober 1937

1 Fr Wegen Terroraktionen von Extremisten lässt die britische Mandatsregierung in Palästina Mitglieder des Hohen Arabischen Komitees verhaften.

2 Sa Der schweizerische Jazzmusiker Teddy Stauffer tritt mit seinen »Original Teddies« im Berliner Ballhaus auf. Jazz und Swing sind in Deutschland verpönt.

3 So Bei der zentralen Erntedankfeier auf dem Bückeberg bei Hameln fordert Reichskanzler Adolf Hitler Kolonien für das Deutsche Reich.

4 Mo Die Reichsregierung erlässt ein Gesetz über die Neugestaltung deutscher Städte, das u.a. Großstädte wie Berlin, München und Hamburg betrifft.

5 Di Das Warschauer Polytechnikum führt als erste polnische Universität getrennte Sitzreihen für arische und jüdische Studenten ein. → Roosevelt

6 Mi Die italienische Regierung schickt zur Unterstützung der spanischen Faschisten im Bürgerkrieg drei Bomber-Geschwader nach Spanien.

7 Do In Paris wird der Autosalon 1937 eröffnet. Auf der Ausstellung macht sich der internationale Trend zum Kleinwagen deutlich bemerkbar.

8 Fr »Zur Schonung von Lebensmitteln« verbieten die deutschen Behörden Varieteekunststücke, bei denen Lebensmittel verwendet werden.

9 Sa Infolge der Beunruhigung über die Unsicherheit der politischen Weltlage sinkt der internationale Börsenindex innerhalb einer Woche um 5% auf 66,5.

10 So Nach 15-jähriger Bauzeit wird in Wien die neue Reichsbrücke über die Donau dem Verkehr freigegeben. Sie ist rd. 1200 m lang.

11 Mo Arthur Greiser, der Senatspräsident der Freien Stadt Danzig, erklärt, das nächste Ziel der deutschen Regierung sei die Beseitigung der Parteien.

12 Di Der Beistandspakt zwischen Frankreich und Jugoslawien vom 11. November 1927 wird um fünf Jahre verlängert.

13 Mi In Berlin feiert der Spielfilm »Der Mustergatte« nach dem gleichnamigen Schauspiel von Avery Hopwood Premiere. Heinz Rühmann spielt die Hauptrolle.

14 Do Eine britische Flugzeugbaufirma stellt in Rochester ein »Huckepack-Verfahren« mit einem Flugboot und einem Wasserflugzeug für den Ozeanflugverkehr vor.

15 Fr Nach Protesten aus Deutschland werden in einer Prager Kunstausstellung u.a. vier NS-kritische Fotomontagen von John Heartfield entfernt.

16 Sa In Paris hat Bertolt Brechts Stück »Die Gewehre der Frau Carrar« Premiere. +++ In London tagt der Nichteinmischungsausschuss zum Spanischen Bürgerkrieg.

17 So Nach einer Versammlung der Sudetendeutschen Partei kommt es im tschechoslowakischen Teplitz zu Schlägereien zwischen Polizei und Parteianhängern.

18 Mo Bei Salt Lake City im US-Bundesstaat Utah stürzt ein Großflugzeug der United Airlines ab. Die 19 Insassen kommen ums Leben.

19 Di In Berlin kommt der Spielfilm »Der zerbrochene Krug« nach der gleichnamigen Komödie von Heinrich von Kleist zur Uraufführung.

20 Mi Der Zeitungsdienst des Reichsnährstandes meldet eine deutsche Rekord-Kartoffelernte von rd. 52,5 Mio t. Das sind 6,5 Mio. t mehr als im Vorjahr.

21 Do Die spanischen Faschisten erobern Nordspanien. +++ Der Danziger Polizeipräsident löst das Zentrum, die letzte Danziger Partei neben der NSDAP, auf.

22 Fr In der deutschen Presse wird zum Sammeln von Altpapier aufgerufen, um bei der Papierherstellung Holz zu sparen.

23 Sa Französische Kolonialtruppen stoppen in Französisch-Marokko gewaltsam eine Unabhängigkeitskundgebung marokkanischer Nationalisten.

24 So Bei einem Fußballländerspiel in Berlin besiegt die deutsche Fußball-Nationalmannschaft vor 100 000 Zuschauern Norwegen mit 3:0.

25 Mo Der belgische Ministerpräsident Paul van Zeeland tritt zurück, weil er von der Presse mit einem Skandal um die Nationalbank in Verbindung gebracht wird.

26 Di In Dänemark verfügen die Justizbehörden, dass zukünftig für Eheschließungen von Ausländern die Heiratsbestimmungen der Heimatländer gelten.

27 Mi Die französischen Behörden in Marokko verhaften die Führer der nationalistischen Bewegung. Ihnen wird vorgeworfen, einen Aufstand vorzubereiten. → Kopierer

28 Do Wegen seines angeschlagenen Gesundheitszustandes tritt der britische Oberkommissar für Palästina, Arthur Wauchope, zurück. → Kolonien

29 Fr Die japanische Regierung übermittelt dem chinesischen Ministerpräsidenten Chiang Kai-shek sechs Bedingungen als Basis für einen Friedensschluss.

30 Sa In Hamburg hat der Operettenfilm »Die Fledermaus« Premiere. Lida Baarova, Hans Söhnker und Hans Moser spielen die Hauptrollen.

31 So Reichspropagandaminister Joseph Goebbels eröffnet die deutsche Reichsbuchwoche in Weimar. Sie steht unter dem Leitspruch »Buch und Schwert«.

November 1937

1 Mo In Genf beginnt unter Beteiligung von 35 Staaten eine Konferenz, die sich mit Maßnahmen gegen den internationalen Terrorismus beschäftigt.

2 Di Die deutsche Fliegerin Hanna Reitsch führt in Berlin erstmals den zweirotorigen Hubschrauber Fw 61 von Heinrich Focke öffentlich vor.

3 Mi In Brüssel beginnt die Ostasienkonferenz zur Lösung des chinesisch-japanischen Konfliktes. Die Konferenz endet am 24. November ohne Ergebnis.

4 Do Schweizerische Behörden heben in Zürich und Basel Zentralen der Antifaschisten aus, in denen Freiwillige für den Spanischen Bürgerkrieg geworben wurden.

5 Fr Die Regierungen in Berlin und Warschau erklären, die polnischen bzw. deutschen Minderheiten künftig zu schützen. → Marx Brothers → Angriffspläne

6 Sa Italien tritt dem japanisch-deutschen Antikominternpakt bei, der gegen die Kommunistische Internationale und die Sowjetunion gerichtet ist.

7 So Anlässlich des 20-jährigen Jubiläums der Russischen Revolution findet auf dem Roten Platz in Moskau eine große Militärparade statt.

8 Mo In der Freien Stadt Danzig wird per Senatsverordnung die Neubildung von Parteien verboten. Die NSDAP ist die einzige legale Partei.

9 Di Deutschland fordert von der Tschechoslowakei ein Verbot der deutschen Emigrantenpresse und die Öffnung des Landes für deutsche NS-Zeitungen.

10 Mi Nach mehr als dreimonatigem Widerstand gegen die japanischen Invasionstruppen geben die Chinesen Schanghai auf und ziehen sich zurück. → Vargas

11 Do Laut Angaben des US-Ackerbauministeriums beläuft sich der Ernteertrag der Baumwolle auf über 18,9 Mio. Ballen – ein noch nie erzieltes Ernteergebnis.

12 Fr Die japanische Regierung lehnt eine zweite Einladung zur Brüsseler Konferenz über den chinesisch-japanischen Krieg ab.

13 Sa In Deutschland wird eine Straßenverkehrsordnung erlassen, die 1938 in Kraft tritt. Sie enthält u.a. das Gebot des Rechtsfahrens auf mehrspurigen Straßen.

14 So Wegen der geplanten Teilung Palästinas werden bei Zusammenstößen und Attentaten in Jerusalem im Laufe des Tages sieben Menschen getötet.

15 Mo Anlässlich des 75. Geburtstags des Schriftstellers Gerhart Hauptmann werden an deutschen Bühnen Aufführungen seiner Stücke gegeben.

16 Di Angesichts des Vorrückens der Japaner auf Nanking lässt der chinesische Ministerpräsident Chiang Kai-shek die Regierung aus der Hauptstadt evakuieren.

17 Mi Der britische Lordpräsident, Edward Wood Viscount Halifax, trifft in Berlin ein. Er soll Verhandlungen über die Kolonialforderungen der Deutschen führen.

18 Do Die Wiener Polizei hebt die Redaktion der illegal in Österreich erscheinenden NS-Zeitung »Österreichischer Beobachter« aus.

19 Fr Der US-Automobilrennfahrer George Eyston erreicht auf einem Salzsee in Utah die Rekord-Geschwindigkeit von 502,33 km/h. → Briten

20 Sa Der Deutsche Reichsbund Tennis veröffentlicht die Tennisrangliste 1937. Bei den Herren führt Gottfried von Cramm, bei den Damen Marieluise Horn.

21 So In Hamburg schlägt die deutsche Fußball-Nationalmannschaft die schwedische Elf vor 55 000 Zuschauern mit 5:0.

22 Mo Reichsinnenminister Wilhelm Frick ordnet an, dass Vermessungsdienste den rechten Winkel künftig in 100 statt in 90 Gradstriche einzuteilen hätten.

23 Di Das Schauspiel »Von Mäusen und Menschen«, ein Werk des US-Schriftstellers John Steinbeck, kommt in New York zur Uraufführung.

24 Mi Die Reichsregierung erlässt ein Gesetz gegen Schwarzsender. +++ In Kassel hat die Joseph-Haas-Oper »Tobias Wunderlich« Premiere.

25 Do Die deutsche Reichsregierung erlässt in Berlin das sog. Reichsheimstättengesetz zum Bau weiterer Siedlungen.

26 Fr Hjalmar Schacht tritt als deutscher Reichswirtschaftsminister zurück, weil es verstärkt zu Meinungsverschiedenheiten mit Hermann Göring kam.

27 Sa Das Preußische Oberverwaltungsgericht entscheidet, dass in Zukunft sog. Schmiergelder nicht mehr steuerlich abzugsfähige Werbungskosten seien.

28 So Auf der Reichsautobahn bei Frankfurt am Main stellt der Motorradrennfahrer Ernst Henne zwölf neue Geschwindigkeitsweltrekorde auf.

29 Mo Die Japaner übernehmen in Schanghai die Kontrolle über chinesische Regierungsstellen und öffentliche Einrichtungen.

30 Di In Paris heiratet die US-Varieteekünstlerin Josephine Baker den französischen Piloten Jean Lion. Die Baker tritt zur Zeit in den Folies-Bergère auf.

18. Dezember 1937

Erfolg mit Melodram

Der Spielfilm »La Habanera« feiert in Berlin Premiere und wird zu einem Erfolg für Zarah Leander, die ihre zweite Hauptrolle in einer deutschen Produktion spielt. Regisseur Detlef Sierck drehte das Melodram in sechs Wochen. Zarah Leander überzeugt als unglücklich verheiratete Astree Sternhjelm, die von einem Wissenschaftler (Karl Martell) aus der Ehe gerettet wird (Abb.: Karl Martell und Zarah Leander).

Zarah Leander

schwedische Schauspielerin und Sängerin, * 15.3.1907 Karlstad; † 23.6.1981 Stockholm

Zarah Leander zählt in den vierziger Jahren zu den populärsten Schauspielerinnen des deutschen Films. Mit ihrer rauchigen Stimme macht sie Lieder wie »Kann denn Liebe Sünde sein« und »Ich weiss, es wird einmal ein Wunder geschehen« zu Evergreens. Der Musikfilm wird ihr Markenzeichen, die Diva selbst zu einem Aushängeschild der Ufa. Als sie 1943 in ihr Heimatland Schweden zurückkehrt, verbietet die deutsche Regierung die Aufführung ihrer Filme.

- 1937: Erster Film »Zu neuen Ufern«
- 1939: »Es war eine rauschende Ballnacht«
- 1958: Musical-Erfolge
- 1973: Abschiedstournee

5. November 1937

Hitler schmiedet Angriffspläne

Adolf Hitler teilt der deutschen Wehrmachtsleitung seine Pläne mit, europäische Staaten anzugreifen. In der Berliner Reichskanzlei kommen Werner Freiherr von Fritsch (Heer), Erich Raeder (Marine), Hermann Göring (Luftwaffe), Kriegsminister Werner von Blomberg, Außenminister Konstantin Freiherr von Neurath und Friedrich Hoßbach, Adjutant der Wehrmacht, zusammen. Hitler beschreibt in mehrstündigen Ausführungen, dass der »Raumnot des deutschen Volkes« mit dem »Weg der Gewalt« zu begegnen sei. Bis spätestens 1943/1945 will der »Führer« seine Pläne in die Tat umgesetzt wissen. Vorrangiges Ziel seien die Annexionen Österreichs und der Tschechoslowakei. Mit dem Eingreifen Großbritanniens oder Frankreichs rechnet Hitler nicht. Die meisten Anwesenden lehnen die Kriegspläne ab. Sie wenden ein, dass die deutsche Wehrmacht nicht stark genug für einen Krieg sei. Nur Hermann Göring und Erich Raeder sprechen sich für eine deutsche Expansion aus. Friedrich Hoßbach fertigt am 10. November eine Niederschrift des Treffens an. Das sog. Hoßbach-Protokoll dient im Jahre 1946 als Beweismittel bei den Nürnberger Kriegsverbrecherprozessen.

19. November 1937

Briten beschwichtigen Hitler

Die britische Regierung sichert Adolf Hitler zu, bei einer friedlichen Expansion Deutschlands nicht einzugreifen. Zu Beratungen über die Pläne Hitlers reist Edward Wood Viscount Halifax als Vertreter des britischen Premierministers Arthur Neville Chamberlain nach Berchtesgaden, wo ihn Hitler auf dem »Berghof« empfängt (Abb.: Halifax, 2.v.l., und Hitler, vorne). Bei den Gesprächen erklärt Lord Halifax, dass Großbritannien eine Veränderung der osteuropäischen Grenzen dulden wolle, solange diese mit friedlichen Mitteln herbeigeführt werde. Die britische Regierung setzt auf eine Beschwichtigungspolitik gegenüber dem NS-Regime (sog. Appeasement-Politik), um einen Krieg mit Deutschland zu verhindern.

10. November 1937

Vargas wird Diktator

Der brasilianische Staatspräsident Getúlio Dornelles Vargas (s. Abb., Mitte, im Kreis von Gefolgsleuten) schwingt sich zum Diktator auf. Er errichtet – unter Beibehaltung eines Scheinparlaments – ein diktatorisches Regime und proklamiert in Rio de Janeiro den »Estado Novo« (Neuer Staat).

Bei dem Staatsstreich weiß der starke Mann des größten südamerikanischen Landes die Armee hinter sich. In der Präambel einer neuen Verfassung wird der Schritt damit begründet, dass der Frieden des Landes durch »Elemente der Unordnung« gestört worden sei. Die bislang gültige Verfassung des demokratischen Bundesstaates Brasilien aus dem Jahre 1934 wird aufgehoben. Vargas greift auch in das parlamentarische System des Landes ein. Gemäß der neuen Verfassung, die noch am gleichen Tag in Kraft tritt, lässt er das aus Abgeordnetenhaus und Bundesrat bestehende Zweikammersystem in ein Dreikammersystem umgestalten. Unter Leitung der Regierung wird als dritte Kammer ein nationaler Wirtschaftsrat eingesetzt, der die Wirtschaft

29. Dezember 1937

Irland gibt sich Verfassung

Die neue irische Verfassung tritt in der Nacht in Kraft. Der Staat »Eire« (Irland) erklärt sich damit zu einer souveränen Republik. Die gesetzlichen Verbindungen zum britischen Empire werden weitgehend gelöst. Bislang hatte Irland den Status eines Dominions. Der neue Staat beansprucht das gesamte irische Territorium – einschließlich des britischen Nordirland – für sich. London sieht keine grundsätzlichen Veränderungen im Verhältnis Irlands zur britischen Staatengemeinschaft.

29. Dezember 1937

Rechtsruck in Rumänien

Rumänien hat eine neue Regierung, die von Octavian Goga geführt wird. Obwohl seine Partei bei den rumänischen Parlamentswahlen nur 9,7% der Stimmen erringen konnte, war der rechtsgerichtete Politiker von König Karl II. mit der Regierungsbildung betraut worden. Das bisherige Kabinett galt als liberal. Goga schlägt einen autoritären und antisemitischen Kurs ein.

5. November 1937

Marx Brothers in Europa

Grotesk, skurril und anarchistisch ist der Humor der Marx Brothers, deren neuester Film »A Day at the Races« (Pferdenarren) erstmals auf dem europäischen Kontinent gezeigt wird (Abb.: Filmankündigung im »Prager Tageblatt«). Die Premiere findet gleichzeitig in Paris und in Prag statt. In den USA ist der Film bereits ein Kassenschlager. Unter der Regie von Sam Wood spielen in dem Streifen lediglich drei der vier Marx-Brüder: Groucho, Chico und Harpo. Zeppo trat nur in den ersten fünf Filmen der Komikerbrüder auf, künftig arbeitet er als Agent. Der neue Film, ein kurzweiliges Feuerwerk surrealistisch-irrwitziger Situationen, spielt im Rennmilieu und in einer Irrenanstalt.

Vargas bei seiner Ankunft zur Siegesparade in Rio de Janeiro

Brasilien im 20. Jahrhundert

Datum	Ereignis
1930	Ära Getulio Vargas' beginnt
1937	Vargas proklamiert den »Estado Novo«
1945	Vargas gestürzt – Einführung eines demokratischen Regierungssystems
1946	Neue Verfassung
1961	Brasilia wird neue Hauptstadt
1964	Herrschaft des Militärs
1982	Erste freie Wahlen seit 1964
1985	Tancredo de Almeida Neves wird erster ziviler Präsident seit 1964

des Landes nach ständischen Prinzipien organisieren soll. Die Mitglieder des Abgeordnetenhauses werden nicht mehr direkt, sondern von sog. Gemeinde-Wählerkollegien gewählt. Zwar verbleibt das Recht der Gesetzgebung weiterhin bei den drei Kammern, die letzte Entscheidung liegt jedoch beim Präsidenten, der auch die Innen- und Außenpolitik Brasiliens bestimmt. Er hat zudem das Recht, das Parlament aufzulösen und in den einzelnen Bundesstaaten zu intervenieren. In diplomatischen Kreisen wird vermutet, Vargas habe den Staatsstreich auch deshalb durchgeführt, weil seine Amtszeit in einem Jahr abgelaufen und eine weitere Amtsperiode nach der alten Verfassung nicht möglich gewesen wäre. Den Hauptakzent legt Vargas auf die wirtschaftliche Entwicklung seines Landes. Ziel ist vor allem der beschleunigte Ausbau der Industrie – vor allem der Schwerindustrie – bei gleichzeitiger Förderung des Agrarexports.

Dezember 1937

1 Mi Gerüchte über ein österreichisch-ungarisches Abkommen für den Fall eines deutsch-österreichischen Konfliktes bezeichnet Ungarn als unsinnig.

2 Do Der brasilianische Diktator Getúlio Dornelles Vargas verfügt die Auflösung aller politischen Parteien in dem südamerikanischen Land.

3 Fr Hermann Göring, deutscher Beauftragter zur Kriegsvorbereitung, ordnet an, dass Beschäftigten auch an Feiertagen der Arbeitsverdienst zu zahlen sei.

4 Sa In Schanghai kommt es zu Zwischenfällen, als japanische Invasionstruppen versuchen, das Gelände der französischen Niederlassung zu betreten.

5 So Jugoslawiens Ministerpräsident Milan Stojadinovic trifft in Rom ein und versichert »Duce« Benito Mussolini die Orientierung an der italienischen Politik.

6 Mo Die Japaner bilden im eroberten und völlig zerstörten Schanghai eine autonome Regierung für Groß-Schanghai mit dem Namen Tatac.

7 Di Die österreichische Regierung in Wien verbietet mehrere Bücher, die sich kritisch mit dem Nationalsozialismus auseinandersetzen.

8 Mi Der NS-Erziehungsbeauftragte Alfred Rosenberg verfügt, dass Wissenschaftler Forschungsfreiheit auf den Gebieten der neueren Chemie und Physik genießen.

9 Do Die Reichsregierung organisiert das Deutsche Rote Kreuz per Gesetz neu. Die rd. 9000 einzelnen Vereine werden zu einem Verband zusammengefasst.

10 Fr In Stockholm und Oslo verleiht das Nobelkomitee die diesjährigen Nobelpreise. Deutsche befinden sich nicht unter den Preisträgern.

11 Sa Der italienische »Duce« und Ministerpräsident Benito Mussolini gibt in Rom den Austritt Italiens aus dem Völkerbund bekannt.

12 So Auf dem Jangtsekiang in China wird das US-Kanonenboot »Panay« von japanischen Flugzeugen versenkt. Es folgt eine offizielle Entschuldigung.

13 Mo In einem Schwergewichts-Boxkampf in New York besiegt der Deutsche Max Schmeling den US-Boxer Harry Thomas durch k.o. in der achten Runde.

14 Di Die Japaner bilden nach dem Fall der chinesischen Hauptstadt Nanking vor zwei Tagen in Peking eine »vorläufige Regierung der Republik China«

15 Mi Bei einem Lawinenunglück in Südtirol kommen neun Menschen ums Leben – durchweg Skilehrer und Bergführer.

16 Do Durch einen Sieg über den Niederländer Machgielis (Max) Euwe wird der russische Schachspieler Alexander A. Aljochin Weltmeister.

17 Fr Sechs Teilstücke der Reichsautobahn mit einer Länge von 218 km werden freigegeben. Damit sind 2026 Autobahn-Kilometer in Deutschland fertiggestellt.

18 Sa In geheimem Protokoll einigen sich die Regierungen Italiens und Deutschlands auf gegenseitige wirtschaftliche Unterstützung. → Zarah Leander

19 So Durch die Genehmigung eines verkaufsoffenen Sonntags können in ganz Deutschland heute Weihnachtseinkäufe getätigt werden.

20 Mo Die Parlamentswahlen in Rumänien enden mit einer Niederlage der nationalliberalen Regierungspartei von Ministerpräsident Gheorghe Tătărăscu.

21 Di Reichskriegsminister Werner von Blomberg gibt eine geheime Weisung heraus, die einen Angriffskrieg gegen die Tschechoslowakei vorsieht.

22 Mi Nach der Einnahme von Nanking rücken die japanischen Invasionstruppen gegen die südchinesische Hafenstadt Kanton vor.

23 Do Reichskanzler Adolf Hitler verleiht dem Intendanten der Preußischen Staatsschauspiele, Gustaf Gründgens, den Titel »Generalintendant«.

24 Fr Beim Weihnachtsempfang der Kardinäle im Vatikan richtet Papst Pius XI. scharfe Angriffe gegen die deutsche Kirchenpolitik.

25 Sa Etwa 40 Pastoren der Bekennenden Kirche, die sich in Deutschland in Haft befinden, bekommen für die Weihnachtstage Hafturlaub.

26 So Am zweiten Weihnachtsfeiertag findet in Düsseldorf die Uraufführung der Operette »Abenteuer in Algier« von Arno Vetterling statt.

27 Mo Wegen der Maul- und Klauenseuche in Deutschland fällt die für Mai 1938 geplante Reichsnährstandsausstellung aus.

28 Di Der rumänische König Karl II. beauftragt den Vorsitzenden der Nationalchristlichen Partei, Octavian Goga, mit der Bildung einer neuen Regierung.

29 Mi Nach der Ankunft neuer faschistischer Truppen bei der spanischen Stadt Teruel beginnt eine große Gegenoffensive Francos. → Irland → Rumänien

30 Do König Faruk I. von Ägypten entlässt den nationalistisch eingestellten Ministerpräsidenten Mustafa an-Nahhas Pascha.

31 Fr Nach Angaben des Reichsgesundheitsministeriums sind in Deutschland bislang 17 500 Gehöfte von der Maul- und Klauenseuche betroffen.

Januar 1938

1 Sa Der österreichische Bundeskanzler Kurt Schuschnigg erklärt, ein Abgrund trenne Österreich vom Nationalsozialismus. → Ausnahmegesetz → Straßenverkehr

2 So Der deutsche Botschafter in London, Joachim von Ribbentrop, teilt Adolf Hitler seine Ansicht mit, er glaube nicht an eine deutsch-britische Verständigung.

3 Mo Die britische Regierung verhängt über ihre Kronkolonie Hongkong wegen angeblich bevorstehender japanischer Landungen den Belagerungszustand.

4 Di Um die Bedingungen für eine Aufteilung des Landes zwischen Juden und Arabern zu prüfen, entsendet Großbritannien eine Kommission nach Palästina.

5 Mi Nach erneuter Übertretung des über ihn verhängten Predigtverbots wird der katholische Geistliche Rupert Mayer in die Haftanstalt Landsberg gebracht.

6 Do »Der Berg ruft«, ein Film mit Luis Trenker nach dem Roman »Kampf ums Matterhorn«, feiert in Berlin seine Uraufführung.

7 Fr Der Abenteuer- und Ausstattungsfilm »Der Tiger von Eschnapur« mit Kitty Jantzen, La Jana und Fritz van Dongen hat in Weimar Premiere.

8 Sa Im Spanischen Bürgerkrieg erobern die Truppen der Republik nach dreiwöchiger Belagerung das von den faschistischen Franco-Truppen gehaltene Teruel.

9 So Der FC Schalke 04 schlägt im Endspiel um den Tschammer-Pokal 1937 in Köln vor 72 000 Zuschauern Fortuna Düsseldorf mit 2:1.

10 Mo »La Sauvage« (Die Wilde), ein Drama in drei Akten von Jean Anouilh, kommt im Pariser Théâtre des Mathurins zur Uraufführung.

11 Di Im Haus des Reichspräsidenten in Berlin findet der traditionelle Neujahrsempfang von Reichskanzler Adolf Hitler für das diplomatische Korps statt.

12 Mi Bei der Budapester Konferenz der Staaten der Römischen Protokolle (Italien, Österreich, Ungarn) lehnt Österreich den Austritt aus dem Völkerbund ab.

13 Do Angesichts der Meldungen über eine politische Krise in Frankreich lässt der Kurs des Franc auf den internationalen Devisenbörsen stark nach.

14 Fr Wegen der französischen Finanzkrise tritt die gesamte Regierung unter dem radikalsozialistischen Ministerpräsidenten Camille Chautemps zurück.

15 Sa In Waldbröl (westlich von Siegen) findet die Grundsteinlegung für die Adolf-Hitler-Schule des Gaues Köln-Aachen statt.

16 So Eine internationale Ausstellung mit surrealistischen Werken beginnt in Paris. Zu sehen sind u.a. Arbeiten von Salvador Dalí und Max Ernst. → Swing

17 Mo Das deutsche Reichsinnenministerium veröffentlicht die erste Ausbürgerungsliste für 1938. 31 Personen wird die deutsche Staatsbürgerschaft aberkannt.

18 Di In Frankreich bildet der am 15. Januar zurückgetretene Radikalsozialist Camille Chautemps ein neues Kabinett, vorwiegend aus Parteifreunden.

19 Mi Der Oberste Sowjet beendet in Moskau seine erste einwöchige Sitzungsperiode nach der Neubesetzung im Dezember 1937.

20 Do In Kairo findet die Hochzeit des ägyptischen Königs Faruk mit der 16-jährigen Farida Zulficar statt. +++ Adolf Hitler erweitert die Bebauungspläne für Berlin.

21 Fr Im Kampf um die Weltmeisterschaft im Halbschwergewichtsboxen besiegt der Belgier Gustave Roth den Deutschen Jupp Besselmann in Berlin nach Punkten.

22 Sa »Unsere kleine Stadt«, ein Schauspiel in drei Akten von Thornton Wilder, wird in Princeton (US-Bundesstaat New Jersey) uraufgeführt.

23 So Bei den Europameisterschaften der Eiskunstläufer in Sankt Moritz gewinnen Cecilia Colledge (Großbritannien) und Felix Kaspar (Österreich) die Einzeltitel.

24 Mo NSDAP-Gauleiter Ernst Wilhelm Bohle hält in Budapest einen Vortrag, in dem er sich gegen die »Lügen von einer deutschen Bedrohung« wendet.

25 Di Durch einen Erlass des Reichsinnenministeriums wird in Deutschland die »Schutzhaft« künftig grundsätzlich in Konzentrationslagern vollzogen. → Nordlicht

26 Mi Bei einem Angriff nationalspanischer Flugzeuge auf Valencia kommen nach amtlichen Angaben 125 Personen um, 208 werden verletzt.

27 Do Unter dem Druck von Eismassen bricht die unterhalb der Niagara-Fälle liegende und 1898 eröffnete Stahlbogenbrücke zusammen.

28 Fr In Genf beginnt die 100. Tagung des Völkerbundrates. +++ US-Präsident Franklin D. Roosevelt fordert vom Kongress erhöhte Rüstungsausgaben. → Rosemeyer

29 Sa Dem Chemiker Paul Schlack gelingt die Erfindung einer neuen Chemiefaser, die später die Bezeichnung Perlon erhält.

30 So Schwergewichtsboxer Max Schmeling besiegt in Hamburg in einem WM-Vorbereitungskampf den Südafrikaner Ben Foord nach Punkten.

31 Mo Hermann Göring, Bevollmächtigter für den Vierjahresplan, veranlasst die Schaffung eines Wehrwirtschaftsrates bei der Reichswirtschaftskammer.

16. Januar 1938

Swing macht Furore

In die altehrwürdige, bislang der ernsten Musik vorbehaltene New Yorker Carnegie Hall zieht das Fingerschnipsen ein. Auf der Bühne steht als erster Jazzmusiker Benny Goodman, der »King of Swing«. Das Konzert bedeutet einen Höhepunkt in der Karriere des 29-jährigen Musikers und seiner Band, zu der u.a. der Schlagzeuger Gene Krupa und der Trompeter Harry James gehören. Es ist gleichzeitig auch der Durchbruch des Swing-Zeitalters, dem Goodman mit seinem in der Carnegie Hall gespielten Titel »Sing, Sing, Sing« eine Art Hymne verleiht. Mit seinem legendären New Yorker Auftritt ebnet Benny Goodman Jazzkonzerten größeren Stils, die auf einem sorgfältig arrangierten »sinfonischen Jazz« aufbauen, den Weg. Goodman erweitert die klassische Jazzbesetzung und stellt in seiner Bigband dem Bläsersatz eine vielköpfige Saxophongruppe gegenüber. Auch verstärkt er die Rhythmusbesetzung. Bei der Entwicklung seines Stils kam ihm zugute, dass er als erster weißer Orchesterleiter mit schwarzen Musikern – u.a. Teddy Wilson und Lionel Hampton – zusammenarbeitete. Der typische Goodman-Sound vereint »weiße« und »schwarze« Musiktraditionen. Traditionen europäischer Unterhaltungsmusik und des Jazz vereinen sich im Swing zu einer eingängigen und vor allem tanzbaren Musik, die in diesen Jahren ihren Siegeszug um die Welt antritt – verbreitet von Bigbands berühmter Bandleader, ob schwarz (wie Coleman Hawkins, Duke Ellington, Count Basie) oder weiß (wie Tommy Dorsey, Glenn Miller und eben Benny Goodman). Im Gegensatz zu anderen Jazzstilen spielt Improvisation im Swing nur eine untergeordnete Rolle. Vielmehr gibt es z.T. ganz auskomponierte Arrangements, die allerdings mit virtuosen Soloeinlagen durchsetzt sind. Dazu kommen rhythmische Verschiebungen und die für den Swing typischen Beckensynkopen.

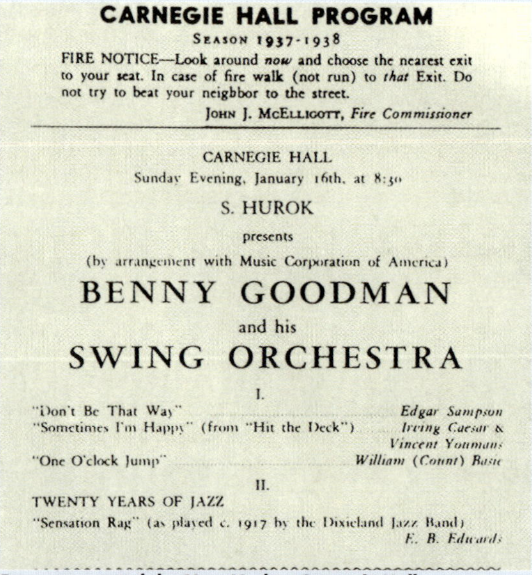
CARNEGIE HALL PROGRAM

SEASON 1937-1938

FIRE NOTICE—Look around *now* and choose the nearest exit to your seat. In case of fire walk (not run) to *that* Exit. Do not try to beat your neighbor to the street.

JOHN J. MCELLIGOTT, *Fire Commissioner*

CARNEGIE HALL

Sunday Evening, January 16th, at 8:30

S. HUROK

presents

(by arrangement with Music Corporation of America)

BENNY GOODMAN

and his

SWING ORCHESTRA

I.

"Don't Be That Way" ..... *Edgar Sampson*

"Sometimes I'm Happy" (from "Hit the Deck") ..... *Irving Caesar & Vincent Youmans*

"One O'clock Jump" ..... *William (Count) Basie*

II.

TWENTY YEARS OF JAZZ

"Sensation Rag" (as played c. 1917 by the Dixieland Jazz Band) *E. B. Edwards*

Programmzettel der New Yorker Carnegie Hall

25. Januar 1938

Nordlicht über Bayern

Ein seltenes Naturschauspiel bezaubert die Menschen in Bayern und weiten Teilen Mitteleuropas. Das Nordlicht ist zu sehen, eine an sich polare Himmelserscheinung, die das Firmament grünlich-gelb und violett einfärbt (Abb.: Nordlicht über München, eine Farbstudie nach der Natur von Otto Geippel). Bei Polarlicht handelt es sich um ein

durch elektrisch geladene Teilchen ausgelöstes Leuchten der oberen atmosphärischen Schichten, das vornehmlich in Zeiten erhöhter Sonnenaktivität beobachtet wird.

4. Februar 1938

Militärspitze demontiert

In einer Art Coup übernimmt Hitler die alleinige Führung der Wehrmacht. »Aus Gesundheitsgründen« müssen der Oberbefehlshaber der Wehrmacht, Reichskriegsminister Werner von Blomberg, und Werner Freiherr von Fritsch, Oberbefehlshaber des Heeres, demissionieren. Äußere Anlässe sind Blombergs Ehe mit einem ehemaligen Fotomodell und der – zu Unrecht – erhobene Vorwurf der Homosexualität gegenüber Fritsch. Wahres Motiv ist Kritik beider Militärs an Hitlers Kriegsplänen.

Werner Freiherr von Fritsch

deutscher Militär, * 4.8.1880 Benrath (Düsseldorf); † 22.9.1939 bei Warschau

Fritsch war als Oberbefehlshaber des Heeres maßgeblich an der deutschen Wiederaufrüstung beteiligt, widersetzte sich aber 1937 Hitlers Angriffsplänen. Nach seiner Entlassung spricht ihn ein militärisches Ehrengericht vom Vorwurf der Homosexualität frei. Fritsch fällt im Polenfeldzug.

- 1928: Leiter der Heeresabteilung im Truppenamt
- 1932: Befehlshaber des Wehrkreises III (Berlin)
- 1934-38: Heeresleitung (1935: Oberbefehlshaber d. Heeres)

Der Klarinettenvirtuose Benny Goodman

Benny Goodman

eigtl. Benjamin David Goodman, US-Jazzmusiker, * 30.5.1909 Chicago; † 13.6.1986 New York

Der »King of Swing« gründete 1934 eine Bigband, die zum erfolgreichsten Orchester der USA wurde. Goodman, Sohn eines aus Osteuropa eingewanderten jüdischen Schneiders, brillierte mit seiner eleganten und klangvollen Klarinettentechnik und seinen charakteristischen »Legato-Schleifen«.

- 1926-29: Mitglied der Ben-Pollack-Jazzband
- 1939: Autobiographie »Mein Weg zum Jazz«
- 1950: Erste Europatournee

28. Januar 1938

Rosemeyer rast in den Tod

Bei einem Rekordversuch auf der Autobahn Frankfurt-Darmstadt kommt der 28-jährige Rennfahrer Bernd Rosemeyer (s. Abb.) ums Leben. Sein Auto-Union-Rennwagen wird bei einer Geschwindigkeit von ca. 400 km/h von einer Windbö erfasst und gegen eine Brückenböschung geworfen. Rosemeyer, Ehemann der Fliegerin Elly

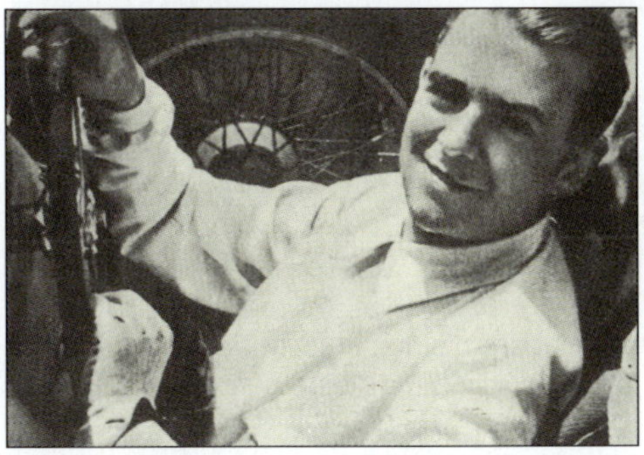

Beinhorn, wird aus dem Wagen geschleudert und erleidet tödliche Verletzungen. Sein bekannt risikoreicher Fahrstil sicherte ihm 1936 unangefochten die deutsche Straßen- und Bergmeisterschaft sowie die Europameisterschaft.

1. Januar 1938

Neues Ausnahmegesetz

Mit dem neuen Jahr tritt die anti-jüdische Politik des nationalsozialistischen Deutschland in eine neue Phase. Hauptziele sind die rapide Verschärfung des Auswanderungsdrucks und die möglichst vollständige Ausschaltung der Juden aus dem Wirtschaftsleben (Abb.: Anzeige über die Verhaftung eines Ladenbesitzers).

Geschäft wegen Preiswuchers polizeilich geschlossen.

Geschäftsinhaber in Schutzhaft in Dachau.

Der Politische Polizeikommandeur Bayerns
gez. Himmler

Das Gesetz über die Rechtsverhältnisse der jüdischen Kultusvereinigungen, das am 1. Januar in Kraft tritt, erkennt diesen ihre Stellung als Körperschaft des öffentlichen Rechts ab. Damit werden sie vom Staat u.a. nicht mehr bei der Einziehung der Gemeindesteuern unterstützt.

12. Februar 1938

Hitler erpresst Schuschnigg

Unter der unverhüllten Drohung eines deutschen Einmarsches verlangt Adolf Hitler von dem christlichsozialen österreichischen Bundeskanzler Kurt Schuschnigg die Anpassung der Wiener Außen-, Militär-, Wirtschafts- sowie der Pressepolitik an die Interessen des Deutschen Reiches. Außerdem fordert er die Ernennung des Nationalsozialisten Arthur Seyß-Inquart zum österreichischen Innenminister. Unter Hinweis auf die verfassungsgemäße Zuständigkeit von Bundespräsident Wilhelm Miklas erreicht Schuschnigg drei Tage Aufschub. In dieser Zeit bemüht er sich – wie von Hitler vorausgesagt – vergeblich um die Hilfe Frankreichs, Italiens und Großbritanniens. Am 16. Februar schließlich kommt Schuschnigg den Forderungen Hitlers nach und bildet ein neues Kabinett unter Einschluss Seyß-Inquarts.

1. Januar 1938

Neue Straßenverkehrsordnung

Das steigende Verkehrsvolumen und die zunehmende Zahl von Unfällen (Winter 1936/37: 99 629; Winter 1937/38: 123 100) erfordern die gesetzliche Neuregelung des Straßenverkehrs. Mit Jahresbeginn tritt in Deutschland die Straßenverkehrsordnung (StVO) in Kraft. Sie führt u.a. ein eindeutiges Rechtsfahrgebot auf mehrspurigen Straßen ein und lässt das Wechseln auf die linke Fahrbahnseite ausschließlich während des Überholvorganges zu. Die Fahrgeschwindigkeit ist so einzurichten, daß der Fahrer sein Fahrzeug jederzeit rechtzeitig anhalten kann. Die Verkehrszeichen werden teilweise neu gestaltet (s. Abb.). Verstöße gegen die StVO werden mit Haftstrafen oder Geldbußen geahndet.

Februar 1938

1 Di In Burgos wird die erste Regierung mit zivilen Ministern für »Nationalspanien« gebildet. Ministerpräsident wird Faschistenführer Francisco Franco.

2 Mi Der ägyptische König Faruk erklärt das Parlament für aufgelöst. Anlass dafür sind Nachrichten über geplante Unruhen der nationalistischen Wafd-Partei.

3 Do Das Gesetz über die Meldepflicht deutscher Staatsangehöriger im Ausland tritt in Kraft. Längere Aufenthalte bedürfen nun regelmäßig der Rückmeldung.

4 Fr In einem Artikel der britischen Presse wird über die geplante Regierungsinitiative zur Begrenzung des Luftkriegs berichtet. → Militärspitze

5 Sa Das sowjetische Luftschiff SSSR-W 6 prallt in der Nähe der Halbinsel Kola gegen einen Berg und stürzt ab. 13 Menschen kommen ums Leben.

6 So Am Ende einer als Welt-Hallenhandballturnier angekündigten Veranstaltung in Berlin belegt die deutsche Mannschaft Platz eins vor Österreich.

7 Mo Wegen Versenkung des Dampfers »Endymon« am 31. Januar kündigt der britische Außenminister Anthony Eden die Überwachung der spanischen Küste an.

8 Di Die sowjetische Botschaft in Bukarest gibt bekannt, dass ihr Geschäftsträger Theodor Budenko verschwunden sei. Es besteht Entführungsverdacht.

9 Mi Der deutsche Reichsjugendführer Baldur von Schirach ruft zur Werbung von Facharbeitern für die Landwirtschaft auf, um den Nachwuchs zu sichern.

10 Do In Genf geht eine Sonderkonferenz der Völkerbundstaaten zu Ende. Zahlreiche Länder unterzeichnen eine Konvention zur Hilfe deutscher Flüchtlinge.

11 Fr Mit einer Kundgebung im Berliner Sportpalast beginnen die Reichsberufswettkämpfe 1938. Deutsche Berufstätige treten in Wettkämpfen gegeneinander an.

12 Sa Auf der Hamburger Werft Blohm & Voss wird das dritte deutsche Segelschulschiff, die »Albert Leo Schlageter«, in Dienst gestellt. → Schuschnigg

13 So In Leipzig finden die Feiern zum 125. Geburtstag des Komponisten Richard Wagner statt. Aus diesem Anlass wird ein Marmordenkmal enthüllt.

14 Mo Ein Trockendock als Teil des Ausbaus der britischen Flottenbasis in Fernost wird in Großbritanniens Kronkolonie Singapur eingeweiht.

15 Di Unter der Überschrift »Skandal in Paris« erhebt das NSDAP-Blatt »Völkischer Beobachter« Protest gegen die Pariser Ausstellung »Fünf Jahre Hitlerdeutschland«.

16 Mi Aufgrund einer Regierungsverordnung im Iran sind künftig in allen Zweigen des öffentlichen Lebens nur noch iranische Schrift und Sprache zugelassen.

17 Do Der neue nationalsozialistische Innenminister Österreichs, Arthur Seyß-Inquart, trifft in Berlin mit Reichskanzler Adolf Hitler zusammen.

18 Fr Adolf Hitler eröffnet die Internationale Automobil- und Motorradausstellung in Berlin. Er kündigt den Bau eines Volkswagenwerks an.

19 Sa Ein sowjetischer Eisbrecher rettet eine vierköpfige sowjetische Nordpolarexpedition, die seit Mai 1937 auf einer Eisscholle lebt.

20 So In Berlin werden der Österreicher Felix Kaspar im Einzellauf und Maxie Herber/Ernst Baier aus Deutschland im Paarlauf Weltmeister im Eiskunstlauf.

21 Mo Eine neue Verfassung wird in Rumänien veröffentlicht. Sie sieht u.a. vor, dass die gesetzgebende Gewalt vom König ausgeht.

22 Di Im britischen Unterhaus in London wird ein Misstrauensantrag gegen Premierminister Neville Chamberlain mit 330:169 Stimmen abgelehnt.

23 Mi Durch einen k.o.-Sieg über seinen Landsmann Nathan Mann verteidigt der US-Boxer Joe Louis in New York seinen Weltmeistertitel im Schwergewicht.

24 Do Die neue rumänische Verfassung wird mit 99,98% der Stimmen gebilligt. +++ In Graz und Linz kommt es zu nationalsozialistischen Kundgebungen.

25 Fr Bei den Wahlen zum estnischen Parlament entfallen 55 der insgesamt 80 Sitze auf die Regierungseinheitsfront von Staatschef Konstantin Päts.

26 Sa In Österreich wird ein Gesetz erlassen, wonach die Gefährdung des inneren Friedens durch ein Druckerzeugnis mit Geld- oder Haftstrafen belegt wird.

27 So Im Berliner Haus der Kunst wird die aus München kommende und teilweise ergänzte Ausstellung »Entartete Kunst« eröffnet.

28 Mo Die nordischen Skiweltmeisterschaften in Finnland gehen zu Ende. Erfolgreichste Nation ist das Gastgeberland mit drei Siegen.

März 1938

1 Di Der Reichsminister der Luftfahrt, Hermann Göring, proklamiert zur Erinnerung an die Gründung der deutschen Luftwaffe den »Tag der Luftwaffe«.

2 Mi In Berlin wird Pastor Martin Niemöller zu sieben Monaten Festungshaft verurteilt und anschließend ins Konzentrationslager überführt.

3 Do Der neue US-Botschafter in Berlin, Hugh R. Wilson, übergibt Reichskanzler Adolf Hitler sein Beglaubigungsschreiben.

4 Fr Auf dem Baugelände der Ufa-Stadt Babelsberg bei Potsdam legt Propagandaminister Joseph Goebbels den Grundstein für die Deutsche Filmakademie.

5 Sa Bei der fünften Reichsstraßensammlung des Deutschen Winterhilfswerks werden Soldatenfiguren aus Porzellan verkauft.

6 So Der deutsche Reichswirtschaftsminister Walther Funk eröffnet in Leipzig die Frühjahrsmesse. 9500 Aussteller sind mit ihren Produkten vertreten.

7 Mo Im schweizerischen Engelberg gehen die alpinen Skiweltmeisterschaften zu Ende. Die erfolgreichste Mannschaft stellt der Deutsche Skiverband.

8 Di Der Schweizer Bundesrat erlässt eine Verordnung über die Organisation der Kriegswirtschaft und überträgt die Leitung dem Volkswirtschaftsdepartement.

9 Mi Francos nationalspanische Truppen beginnen eine Offensive bei Aragon. Strategisches Ziel ist der Durchbruch zum Mittelmeer.

10 Do In Hollywood werden die Academy Awards (»Oscars«) vergeben. Die Preise für die besten Hauptdarsteller gehen an Spencer Tracy und Luise Rainer.

11 Fr Nach einem deutschen Ultimatum erklärt der österreichische Bundeskanzler Kurt Schuschnigg seinen Rücktritt.

12 Sa In Moskau wird der dritte Schauprozess gegen den »antisowjetischen Block der Rechten und Trotzkisten« geführt. → Österreich

13 So Als Nachfolger des am 10. März zurückgetretenen Radikalsozialisten Camille Chautemps bildet in Paris der Sozialist Léon Blum ein neues Kabinett.

14 Mo Das britische Unterhaus in London debattiert über den deutschen Einmarsch in Österreich. Winston Churchill warnt vor einem deutschen Angriffsplan.

15 Di Bei einer Kundgebung in Wien erklärt Adolf Hitler, er könne nun »vor der Geschichte« den Eintritt seiner Heimat in das Deutsche Reich melden.

16 Mi In der Zeitung »Petit Parisien« bittet Otto von Habsburg, Sohn des letzten österreichischen Kaisers, um Hilfe zur Wiedererlangung der Freiheit Österreichs.

17 Do Die Sowjetunion protestiert gegen die deutsche Besetzung Österreichs und erklärt ihre Bereitschaft zur Hilfe im Falle einer Besetzung der Tschechoslowakei.

18 Fr In Mexiko werden US-Ölgesellschaften enteignet und nationalisiert. +++ Das Internationale Olympische Komitee (IOC) beendet seine 37. Vollversammlung.

19 Sa Künftig werden an allen Schulen in Deutschland Vertrauenslehrer der Hitlerjugend eingesetzt. +++ Litauen nimmt diplomatische Beziehungen zu Polen auf.

20 So Die deutsche Fußball-Nationalelf und Ungarn trennen sich in Nürnberg 1:1. Eine zweite deutsche Vertretung schlägt in Wuppertal Luxemburg 2:1.

21 Mo In einer Erklärung zu den Ereignissen in Österreich bekräftigt die Schweizer Regierung ihren Willen zu Unabhängigkeit, Neutralität und Wehrhaftigkeit.

22 Di Mit einer Massenkundgebung im Berliner Sportpalast eröffnet Reichspropagandaminister Joseph Goebbels die Wahlagitation für das Referendum am 10. April.

23 Mi In Prag und Böhmen wird eine ganztägige Luftschutzübung abgehalten. Es finden Scheinangriffe der Luftwaffe mit Rauchbomben statt.

24 Do Das erste deutsche KdF-Schiff »Wilhelm Gustloff« geht auf seine Jungfernreise. An Bord des Erholungsschiffes sind 300 Arbeiter aus Hamburg.

25 Fr In Berlin schlägt der deutsche Boxer Adolf Heuser den Belgier Gustave Roth und gewinnt den Europameistertitel im Halbschwergewicht.

26 Sa Zum Gedenken an den 1937 verstorbenen Pierre Baron de Coubertin wird im griechischen Olympia im Heiligen Hain eine Marmorstele enthüllt.

27 So In den katholischen Kirchen Österreichs wird der Hirtenbrief zur Volksabstimmung verlesen, der zur Vereinigung mit Deutschland aufruft.

28 Mo Adolf Hitler gibt dem Führer der Sudetendeutschen Partei, Konrad Henlein, die Anweisung, der Tschechoslowakei unannehmbare Forderungen zu stellen.

29 Di In Hamburg wird das zweite Schiff der Organisation »Kraft durch Freude« (KdF) auf den Namen »Robert Ley« getauft.

30 Mi Um den Flüchtlingsstrom aus Österreich unter Kontrolle zu bekommen, führt der Schweizer Bundesrat Visumszwang für Österreicher ein.

31 Do Der frühere US-Präsident Herbert Hoover erklärt, die USA sollten sich nicht mit antifaschistischen europäischen Staaten verbünden, da dies zum Krieg führe.

12. März 1938

Einmarsch in Österreich

Deutsche Truppen besetzen um 5.30 Uhr die Grenzübergänge und dringen, ohne auf Widerstand zu stoßen, auf österreichisches Territorium vor. Hitler erfüllt sich den Traum, seine Heimat in das Deutsche Reich einzugliedern. Mit dem sog. Anschluss hört das souveräne Österreich auf zu existieren (Abb.: Hitlers neues »Großdeutschland«). Der Jubel, der den deutschen Truppen entgegenschlägt, bewegt Hitler, sich persönlich nach Österreich zu begeben. Über seine Heimatstadt Braunau am Inn erreicht er um 19 Uhr Linz, wo er eine Kundgebung abhält. Am 15. März erklärt Hitler vor 250 000 jubelnden Menschen auf dem Wiener Heldenplatz, er könne »nun vor der Geschichte den Eintritt meiner Heimat in das Deutsche Reich« melden. Hitler hatte in den vergangenen Wochen systematisch auf den »Anschluss« Österreichs hingearbeitet. Am 19. November 1937 sicherte ihm die britische Regierung ihre Zurückhaltung bei der friedlichen Veränderung der europäischen Grenzen zu. Unmittelbar vor dem Einmarsch erfuhr Hitler, dass London für Österreich keinesfalls einen Konflikt riskieren würde. Frankreich, geschwächt von ständigen Regierungskrisen, hatte sich dem österreichischen Hilfeersuchen verweigert. Auch der italienische Ministerpräsident Benito Mussolini hatte sein Stillhalten signalisiert, was Hitler ihm am 13. März telegrafisch mit den Worten dankte: »Mussolini, ich werde Ihnen dieses nie vergessen!«. Auch in der österreichischen Innenpolitik hatte Hitler das Feld bereitet. Am Vortag des Einmarsches zwang er den österreichischen Bundeskanzler Kurt Schuschnigg, ein geplantes Referendum über die Souveränität Österreichs abzusagen und als Regierungschef zurückzutreten. Auf ein angebliches Ersuchen des Nationalsozialisten Arthur Seyß-Inquart hin, des Nachfolgers von Schuschnigg, setzte Hitler schließlich seine Truppen in Marsch.

Begrüßung Hitlers bei der Vorbeifahrt am Stift Melk

12. April 1938

Frankreich: Volksfront am Ende – Rechtsparteien im Aufwind

Der liberale französische Ministerpräsident Edouard Daladier (Radikalsozialist) stellt sein Kabinett vor (Abb.: Minister mit Regierungschef Daladier 3.v.l.), in dem Kommunisten und Sozialisten nicht mehr vertreten sind. Damit ist die Ära der französischen Volksfront-Regierungen zu Ende.

Sozialisten und Kommunisten erklären, die neue Regierung unterstützen zu wollen. Beide Linksparteien, die sich ihr weiteres Abstimmungsverhalten allerdings vorbehalten, verfolgen damit das Ziel, ein Zusammengehen der neuen Regierung mit der Rechten zu verhindern. Dennoch gewinnen die Rechtsparteien wieder verstärkt Einfluss auf die Regierungspolitik. Mit dem dritten Kabinett Daladier, dem als Justizminister auch der erklärte Volksfrontgegner Paul Reynaud angehört, verfügt Frankreich wieder über eine stabile Regierung. Der Sozialist Léon Blum, bereits 1936/37 Chef einer Volksfrontregierung, war am 8. April nach nur knapp vierwöchiger Regierungszeit zurückgetreten. Ohne sich über die Durchsetzbarkeit seiner Forderungen Illusionen zu machen, hatte er ein Vollmachtenprogramm für Kapital- und Geldmarktkontrolle vorgelegt, das im Senat erwartungsgemäß scheiterte. Volksfrontregierungen, Bündnisse zwischen Kommunisten, Sozialisten und linksbürgerlichen Parteien, wurden Mitte der 30er Jahre von der Komintern in Moskau als taktische Maßnahme zur Bekämpfung des Faschismus empfohlen.

Auf dem Weg nach Wien werden die deutschen Truppen auch in Linz begeistert empfangen.

10. April 1938

Das Volk soll Hitlers Vorgehen legitimieren

Die von Hitler angeordnete Volksabstimmung ergibt eine nach offiziellen Angaben überwältigende Zustimmung für Hitlers Politik und den »Anschluss« Österreichs. Im alten Reichsgebiet stimmen angeblich 99,01%, in Österreich 99,73% mit Ja. Spiegeln diese Zahlen mit Sicherheit nicht die Wahrheit wider, so erscheint mittlerweile die Auffassung in der Tat weit verbreitet, dass alles, was Hitler in Angriff nimmt, schon irgendwie ein gutes Ende finden werde.

Dennoch war in den Tagen zuvor die nationalsozialistische Propagandamaschine in vollem Umfang angerollt. Hitler wollte kein Risiko eingehen, vielmehr ein klares und eindeutiges Votum. Als Vorbereitung zum Urnengang waren Flugblätter in bisher nicht bekanntem Ausmaß verteilt worden. Mit Aufmärschen wurde auch der letzte Volksgenosse auf die Bedeutung der Wahl hingewiesen. Am Wahltag selbst werden Vorkehrungen getroffen, um eine möglichst 100%ige Wahlbeteiligung sicherzustellen. Dazu besetzen SA-Trupps z.B. Ortsausgänge oder durchkämmen Wohnstraßen, um die Bewohner zur Stimmabgabe aufzufordern. In den Wahllokalen wird eine geheime Stimmabgabe als »verdächtig« gebrandmarkt.

15. April 1938

Spanien: Franco erreicht Mittelmeer – Republikaner geschlagen

Im Spanischen Bürgerkrieg fällt eine militärstrategische Vorentscheidung: Die 4. Navarra-Division der nationalspanischen Franco-Truppen stößt bei dem Ort Vinaroz zwischen Valencia und Barcelona zur Mittelmeerküste vor. Das von den Republikanern kontrollierte Gebiet ist nunmehr in zwei Teile zerschnitten. Die wichtige Hafenstadt Valencia ist mit dem Regierungssitz Barcelona nur noch durch einen U-Boot-Pendelverkehr verbunden.

Die Offensive der nationalspanischen Truppen hatte am 9. März bei Aragon begonnen. Entscheidend für den erfolgreichen Vormarsch der Faschisten, die oft Tagesetappen von bis zu 40 km zurücklegten, war die Übermacht an Panzern und Artillerie, vor allem aber der Einsatz der deutschen Legion Condor. Durch ihre Jäger behauptete sie die Luftüberlegenheit, ihre Sturzkampfflugzeuge kämpften jeden Widerstand der Republikaner nieder (Abb.: Büste von Francisco Goya in seinem von Franco-Truppen zerstörten Geburtsort Fuendetodos). Für die republikanischen Truppen ging es nur noch darum, hinhaltenden Widerstand zu leisten und möglichst viele Soldaten nach Katalonien zu bringen, um Barcelona zu schützen. Im Bürgerkrieg stehen die Franco-Truppen vor dem Sieg.

April 1938

1 Fr Die Provinzen Nieder- und Oberschlesien werden zur Provinz Schlesien vereinigt. +++ Die ersten 150 Österreicher treffen im KZ Dachau ein.

2 Sa Beim 90. Ruderwettkampf der Universitätsachter von Oxford und Cambridge (Großbritannien) wiederholt Oxford seinen Vorjahressieg.

3 So In Wien schlägt die ehemalige österreichische Fußballnationalmannschaft die Auswahl des »alten« Deutschen Reiches 2:0.

4 Mo Der deutsche Wirtschaftsminister Walther Funk nennt in Wien als wichtigstes Ziel seiner Politik die Lösung der Abhängigkeit von ausländischen Importen.

5 Di Im tschechoslowakischen Abgeordnetenhaus fordern die Sozialdemokraten für das sudetendeutsche Gebiet Kredite für Arbeitsbeschaffungsmaßnahmen.

6 Mi Frankreichs Ministerpräsident Léon Blum legt einen Vollmachtenkatalog für ein umfangreiches Produktionsförderungsprogramm vor.

7 Do Reichskanzler Adolf Hitler eröffnet am Walserberg zwischen Salzburg und Bad Reichenhall die Bauarbeiten für die Autobahn Salzburg-Wien.

8 Fr Das Vollmachtenprogramm des französischen Ministerpräsidenten Léon Blum wird abgelehnt. Blum erklärt daraufhin seinen Rücktritt.

9 Sa In Oslo treffen sich die Außenminister der skandinavischen Staaten. Man kommt überein, sich von allen Mächtegruppierungen fernzuhalten.

10 So Der Radikalsozialist Edouard Daladier wird zum dritten Mal französischer Ministerpräsident. Zwei Tage später stellt er sein Kabinett vor. → Volk

11 Mo Der NSDAP-Gauleiter Josef Bürckel ordnet in Wien einen »Osterfrieden« an: Von der NSDAP sollen keine Veranstaltungen durchgeführt werden.

12 Di Der Film »Jugend« von Veit Harlan mit Kristina Söderbaum hat in Dresden Premiere. Er erhält die Auszeichnung »künstlerisch wertvoll«. → Frankreich

13 Mi Die chinesische Staatspartei Kuomintang weigert sich, die von Japan besetzten Provinzen als von China gelöst anzuerkennen.

14 Do Im französischen Protektorat Tunis beendet die Polizei die seit zwei Wochen andauernden Unruhen. +++ Die Transsibirische Eisenbahn wird gesperrt.

15 Fr Der bereits seit dem Jahre 1848 bestehende VfL Bochum beschließt die Gründung einer eigenen Fußballabteilung. → Spanien

16 Sa In Hamburg besiegt der deutsche Schwergewichtsboxer Max Schmeling den US-Boxer Steve Dudas durch Kampfabbruch in der fünften Runde.

17 So Im Vatikan wird die Heiligsprechung von Andreas Bobola, Giovanni Leonardi und Salvador da Horta, die alle im 16. Jahrhundert gelebt haben, gefeiert.

18 Mo Der nationalspanische General Juan de Yagüe Blanco übt in Burgos Kritik an der Wirtschaftspolitik des Franco-Regimes und wird seines Postens enthoben.

19 Di Gegen Otto von Habsburg, Sohn des letzten Kaisers von Österreich, Karl I., erlässt das Landgericht Wien einen Steckbrief wegen Hochverrats.

20 Mi In Anwesenheit von Adolf Hitler findet in Berlin die Uraufführung des Leni-Riefenstahl-Films über die Olympischen Spiele von 1936 statt.

21 Do Der Gründungstag von Rom (nach der Legende am 21. April 753 v. Chr.) wird in der ewigen Stadt mit dem faschistischen »Tag der Arbeit« begangen.

22 Fr In Madrid ruft der republikanische General José Miaja Menant die Soldaten der Armee auf, trotz der Erfolge der Faschisten keinen Schritt zurückzuweichen.

23 Sa Durch Erlass des Reichskanzlers Adolf Hitler wird Josef Bürckel Reichskommissar für die Wiedervereinigung Österreichs mit dem Deutschen Reich.

24 So Auf der Haupttagung der Sudetendeutschen Partei in Karlsbad fordert deren Vorsitzender Konrad Henlein die Autonomie für das Sudetenland.

25 Mo Großbritannien und die Republik Irland vereinbaren in London ein Abkommen über Verteidigung, Finanzen und Außenhandel.

26 Di Die Regierung der UdSSR erklärt, dass eine militärische Hilfeleistung für die Tschechoslowakei auch ohne Beteiligung Frankreichs denkbar sei.

27 Mi In Tirana findet die Ziviltrauung des albanischen Königs Zogu I. mit der ungarischen Gräfin Geraldine Apponyi statt.

28 Do Die bereits 1934/35 entstandene Oper »Mathis, der Maler« von dem in Deutschland angefeindeten Paul Hindemith hat in Zürich Premiere.

29 Fr Der deutsche Schriftsteller Thomas Mann wird von der University of Illinois in Urbana (Illinois) mit dem Cardinal Newman Award ausgezeichnet.

30 Sa Vor 93 000 Zuschauern wird im Londoner Wembleystadion die Elf von Preston North End durch 1:0 über Huddersfield Town englischer Fußballpokalsieger.

Mai 1938

1 So In Givat Chaim in Palästina hat das Lehrstück »Die Ausnahme und die Regel« von Bertolt Brecht mit der Musik von Paul Dessau Premiere.

2 Mo Das NS-Regime geht gegen »unwertes Leben« vor: Aus der Heil- und Pflegeanstalt Bethel bei Bielefeld werden 55 Insassen abtransportiert.

3 Di Der 78-jährige Historiker Douglas Hyde wird erster gewählter Präsident der Republik Irland. Beide großen Parteien haben ihn unterstützt.

4 Mi Der Schriftsteller Carl von Ossietzky stirbt im Berliner Sanatorium Nordend, wo er zwei Jahre unter strenger Aufsicht der Gestapo zugebracht hat.

5 Do Im Rahmen des »Tages des deutschen Handwerks« werden in Frankfurt am Main die Reichssieger des »Handwerkerkampfes« 1938 geehrt.

6 Fr Der deutsche Flieger Wolf Hirth trifft mit seiner »Bücker-Jungmann«-Maschine von Stuttgart kommend nach 80 Flugstunden in Kapstadt ein.

7 Sa In Prag beginnt eine Vermittlungsaktion des französischen und des britischen Botschafters zwischen Tschechen und Sudetendeutschen.

8 So Das Finale im Tennis-Davis-Pokal wird von der CSR beim Stand von 2:2 gegen Jugoslawien abgebrochen, da die vereinbarte Spielzeit überschritten war.

9 Mo Mit einer Stadtrundfahrt in Florenz endet ein siebentägiger Staatsbesuch von Reichskanzler Adolf Hitler in Italien.

10 Di Eine Schlagwetterexplosion auf der Markham-Mine im britischen Chesterfield fordert 80 Todesopfer und 46 Verletzte.

11 Mi In Brasilien scheitert ein Putsch der rechtsextremen Integralisten gegen den autoritär regierenden Präsidenten Getúlio Dornelles Vargas.

12 Do Der Sportlehrer Joseph (Sepp) Herberger wird offiziell als Nachfolger von Otto Nerz zum Betreuer der deutschen Fußballnationalmannschaft ernannt.

13 Fr Belgiens König Leopold III. beruft den Sozialisten Paul Henri Spaak als Nachfolger des Liberalen Paul Emile Janson zum Ministerpräsidenten.

14 Sa Die großdeutsche Fußballnationalelf verliert in Berlin gegen England 3:6. +++ Den Pragern wird die Anschaffung von Gasmasken vorgeschrieben. → Schweiz

15 So In der Tschechoslowakei werden Flugblätter verteilt, die sich gegen die Politik der Schutzmächte Großbritannien und Frankreich richten.

16 Mo Mit dem symbolischen ersten Spatenstich eröffnet Generalfeldmarschall Hermann Göring im Tal von Kaprun den Bau des Tauernkraftwerks.

17 Di Das belgische Parlament spricht Ministerpräsident Paul Henri Spaak das Vertrauen aus. Spaak kündigt die Einführung einer Arbeitslosenversicherung an.

18 Mi Im Schweizer Baugewerbe wird der erste Manteltarifvertrag unterzeichnet. Beide Seiten wollen sich künftig in Gesprächen einigen.

19 Do Japanische Truppen erobern die Stadt Hsuchow, den wichtigen Knotenpunkt der Eisenbahn Peking-Nanking und der Lunghaibahn.

20 Fr In Mexiko wird eine geplante Verschwörung gegen Präsident Lázaro Cárdenas aufgedeckt. Die Verschwörer flüchten in die Berge.

21 Sa Das Schlachtschiff »Gneisenau« läuft in Kiel vom Stapel. +++ Die Schweiz besiegt in einem Fußballländerspiel in Zürich England 2:1. → Prag

22 So In München beginnt der Bau der U-Bahn. Es ist der erste Bauabschnitt zur geplanten Erweiterung der »Hauptstadt der Bewegung«.

23 Mo Der Führer der Sudetendeutschen Partei, Konrad Henlein, konferiert mit der tschechoslowakischen Regierung über das geplante Minderheitenstatut.

24 Di Das Land Österreich wird in sieben Gaue aufgeteilt: Wien, Nieder- und Oberdonau, Salzburg, Tirol, Steiermark und Kärnten.

25 Mi Um Luftzwischenfälle an der Grenze zu Deutschland zu verhindern, erklärt die Regierung in Prag einige Grenzgebiete zu Sperrzonen.

26 Do In den USA wird ein Komitee zur Aufdeckung »unamerikanischer Umtriebe« einberufen. Es soll dem Schutz vor Extremisten dienen. → Volkswagen

27 Fr Delegierte der Staaten Dänemark, Finnland, Island, Norwegen und Schweden unterzeichnen in Stockholm eine Deklaration ihrer Neutralität.

28 Sa In der britischen Kronkolonie Jamaika wird ein fünftägiger Generalstreik abgebrochen. Er richtete sich gegen die schlechte wirtschaftliche Lage.

29 So Nach achttägiger Dauer gehen in Düsseldorf die ersten deutschen Reichsmusiktage zu Ende. Erstmals wurde die Ausstellung »Entartete Musik« gezeigt.

30 Mo Den Sieg beim Rennen über die 500 Meilen von Indianapolis holt sich der US-Rennfahrer Floyd Roberts auf Wetteroth-Miller.

31 Di Reichskanzler Adolf Hitler gibt den Bau einer Elbehochbrücke und einer Brücke über den Köhlbrand im Hamburger Hafen in Auftrag.

21. Mai 1938

Druck auf Prag steigt

Wie angespannt die internationale Lage ist, macht die Teilmobilisierung deutlich, die von der tschechoslowakischen Regierung am Vortag der Gemeindewahlen angeordnet wird (Abb.: Konrad Henlein, Chef der Sudetendeutschen Partei, die in den deutsch besiedelten Gebieten der Tschechoslowakei 90% der Stimmen erhält). Auslöser sind unbestätigte Meldungen über deutsche Truppenbewegungen an der Grenze. Reichsaußenminister Joachim von Ribbentrop erklärt diese gegenüber ausländischen Diplomaten als gewöhnliche Übersiedlungen in ein Sommerlager. Am 30. Mai formuliert Hitler: »Es ist mein unabänderlicher Entschluss, die Tschechoslowakei in absehbarer Zeit durch eine militärische Aktion zu zerschlagen.«

25. Juni 1938

Mindestlöhne in den USA

US-Präsident Franklin D. Roosevelt setzt mit der Unterzeichnung des Fair Labor Standards Act sozialstaatliche und arbeitsrechtliche Mindeststandards durch. Das im Oktober in Kraft tretende Gesetz bedeutet für rd. elf Mio. Arbeiter eine Anhebung ihrer Stundenlöhne auf das gesetzliche Minimum. Außerdem wird Kinderarbeit landesweit für illegal erklärt.
Als Mindeststundenlohn sind für das erste Jahr 25 Cents, ab dem zweiten Jahr 30 Cents und im siebten Jahr 40 Cents (umgerechnet 98 Pfennig) vorgesehen. Die wöchentliche Höchstarbeitszeit wird auf 44 Stunden festgesetzt. Sie soll innerhalb von drei Jahren auf 40 Stunden limitiert werden. Die USA sind nach wie vor von Wirtschaftskrise und hoher Arbeitslosigkeit betroffen. Nach einer Schätzung des Industrierates waren Ende Mai des Jahres 10,3 Mio. US-Amerikaner arbeitslos.

14. Juni 1938

Berlin erhält ein neues Gesicht

Mit der Grundsteinlegung für das Haus des Deutschen Fremdenverkehrs an der Potsdamer Straße beginnt die zu Repräsentationszwecken in Angriff genommene Umgestaltung der Reichshauptstadt. Gleichzeitig wird auf 16 weiteren Berliner

Baustellen (Abb.: Bauarbeiten an der Neuen Reichskanzlei in der Voßstraße) und an der geplanten Nord-Süd-Achse die Arbeit aufgenommen.

Hitler am Rednerpult bei der Grundsteinlegung für das Volkswagenwerk

Ferdinand Porsche

deutscher Automobilkonstrukteur, * 3.9.1875 Maffersdorf/Böhmen; † 30.1.1951 Stuttgart

Porsche ist der »Vater« des legendären VW-Käfers. Die Pläne für einen innovativen Kompaktwagen mit revolutionärer Technik hatte der Ingenieur, der über 1000 Patente im Kfz-Sektor hält, bereits Anfang der 30er Jahre entwickelt. Neben dem Käfer entwickelt der Tüftler Rennwagen, Panzerfahrzeuge und – zusammen mit seinem Sohn – den berühmten »Porsche«-Sportwagen.

- 1916: Generaldirektor der Daimler-Werke in Österreich
- 1931: Gründung eines eigenen Unternehmens
- 1948/49: Entwicklung des »Porsche«-Wagens

14. Mai 1938

Schweiz »umfassend« neutral

Durch eine Erklärung, mit der die Schweiz von einer Teilnahme an allen Sanktionsbeschlüssen freigestellt wird, entspricht der Völkerbund in Genf dem Wunsch der Eidgenossen nach Anerkennung ihrer »integralen«, d.h. umfassenden Neutralität. Damit legt die Schweiz den Status der »differentiellen« Neutralität ab, der sie z.B. zur Teilnahme an vom Völkerbund verhängten wirtschaftlichen Sanktionen verpflichtet hätte. Auf der Basis der differentiellen Neutralität, der andererseits die Teilnahme an militärischen Sanktionen ausschließt, war die Schweiz 1920 nach einer Volksabstimmung dem Völkerbund beigetreten.

26. Mai 1938

Ein Volkswagen für alle Deutschen

Mit der Grundsteinlegung des Volkswagenwerks gelingt Adolf Hitler ein großer Propagandaerfolg. Der erste Volkswagen wird der staunenden Öffentlichkeit vorgestellt. Hitler tauft das auch für Kleinverdiener erschwingliche Auto auf den Namen »KdF (Kraft durch Freude)-Wagen«.
Nachdem Hitler die Deutsche Arbeitsfront 1937 mit dem Bau eines neuartigen Wagens, der weniger als 1000 Reichsmark kosten musste, beauftragt hatte, wurde die Errichtung einer Produktionsstätte zügig vorangetrieben. Da die deutsche Industrie an dem Projekt nicht beteiligt ist, wird ein neues Unternehmen geschaffen – und gleich zusätzlich eine neue Stadt. Den Namen Wolfsburg erhält die als »Stadt des KdF-Wagens« gegründete Siedlung erst nach dem Ende des Weltkriegs von den Alliierten. Entlang des Mittellandkanals entsteht sie zwischen 1937 und 1943 als Musterstadt. Seit Anfang 1938 wird in dem Produktionswerk gearbeitet, das zur weltgrößten Automobilfabrik aufsteigen soll. In seiner Rede erklärt Hitler, der in einem VW-Cabriolet vorgefahren ist, ein Auto sei kein Luxusartikel, sondern müsse zu einem »Volksverkehrsmittel« werden. Auch Kleinverdiener sollen sich den Wunsch nach einem Auto erfüllen können. Die Finanzierung soll mit Hilfe eines ausgeklügelten Systems gelingen: der KdF-Sparkarte

Drei Modellvarianten des »KdF-Wagens«

(s. Abb. oben rechts). Jeder Kunde muss wöchentlich 5 Reichsmark einzahlen. Bis Ende des Weltkriegs werden fast 286 Mio. Reichsmark angespart. Da jedoch nie ein Wagen an private Sparer ausgeliefert

wird, verlieren die hoffnungsfrohen Autofans ihr Geld. Grundlage des »KdF-Wagens« ist der von Ferdinand Porsche entwickelte Typ 60, Vorserie 38, der später als Käfer Automobilgeschichte schreibt. Der luftgekühlte Heckmotor leistet 23,5 PS und beschleunigt das kugelige Gefährt auf 100 km/h. Bis zum Jahre 1945 werden lediglich rd. 700 Exemplare gebaut, die Parteifunktionären vorbehalten sind. Eine Variante des Volkswagen, der Kübelwagen, wird im Krieg mit 55 000 Exemplaren der meistgebaute Pkw der Wehrmacht. Nach dem Krieg wird die Produktion des Käfers in Wolfsburg zu einer Erfolgsgeschichte, die das deutsche Wirtschaftswunder symbolisiert. 1955 läuft der millionste Käfer vom Band. Im Nachfolgemodell des VW »Beetle« erlebt die Auto-Legende 1998 eine Renaissance.

1. Juni 1938

Tragischer Tod

Der Schriftsteller Ödön von Horváth, Sohn eines österreichisch-ungarischen Diplomaten und einer ungarisch-deutschen Mutter, kommt auf tragische Weise ums Leben. Auf den Pariser Champs Elysées erschlägt ihn ein herabstürzender Ast. Horváth ist – wie viele andere Künstler – nach Paris emigriert. Er studierte in München Theaterwissenschaften, lebte u.a. in Belgrad, Budapest und Berlin, wo ab 1926 die Volksstücke entstanden, die seinen Ruhm begründeten.

Ödön von Horváth

österreichischer Schriftsteller, * 9.12.1901 Rijeka; † 1.6.1938 Paris

Horváth gilt als Begründer der modernen Wiener Volksstücke. Seine Werke sind geprägt durch knappe Stilisierung, dichte Atmosphäre und eine geschickte Dialogführung. Er zeichnet in vielen Stücken ein dichtes Bild der Enge und Heuchelei des Kleinbürgertums. Seine letzten Romane sind geprägt vom Entsetzen über die Diktatur.

- 1931: »Geschichten aus dem Wiener Wald«
- 1937: »Figaro lässt sich scheiden«
- 1938: »Ein Kind unserer Zeit« (Roman)

Juni 1938

1 Mi In Venedig beginnt die 21. Internationale Biennale. Deutschland stellt den Olympia-Film von Leni Riefenstahl vor. → Tragischer Tod

2 Do Den 26. Giro d'Italia gewinnt der Italiener Giovanni Valetti vor seinen Landsleuten Enzio Cecchi und Severino Canavesi.

3 Fr Der 82-jährige Sigmund Freud, der Begründer der Psychoanalyse, verlässt Wien und begibt sich ins Exil nach London.

4 Sa In sieben französischen Städten beginnen die Vorrundenspiele zur III. Fußballweltmeisterschaft. Deutschland und die Schweiz trennen sich in Paris 1:1.

5 So Generalmajor Ernst Udet stellt auf einem Heinkel-Jagdflugzeug mit 634,37 km/h einen Geschwindigkeitsrekord auf.

6 Mo Auf einer Kundgebung in Pressburg betont der tschechoslowakische Ministerpräsident Milán Hodža seinen Willen zur Erhaltung der Republik.

7 Di Der New Yorker Fernsehsender W2XBS strahlt die erste Broadway-Produktion im Fernsehen aus: »Susan and God« von Rachel Crothers.

8 Mi In Kronenburg in der Eifel wird die »Hermann-Göring Meisterschule für Malerei« eröffnet, in der Formen mittelalterlicher Künstlerausbildung praktiziert werden.

9 Do In der Nähe von Princeton/New Jersey wird die Leiche der vor zwei Wochen entführten sechsjährigen Jimmie Cash gefunden.

10 Fr Die zweite Reichstagung der Organisation Kraft durch Freude (KdF) beginnt in Hamburg mit der Ankündigung von neuen Urlaubsfahrten.

11 Sa Der Bruch der Dämme des Gelben Flusses in China verursacht eine Überschwemmungskatastrophe in der Provinz Honan.

12 So Mit einer Aufführung der Oper »Der Rosenkavalier« von Richard Strauss beginnt in Wien die Reichstheaterfestwoche 1938.

13 Mo Nationalspanische Truppen erreichen die Stadt Castellon nördlich von Valencia. Von den 50 Provinzen Spaniens sind nun 37 im Besitz der Faschisten.

14 Di Im Viertelfinale der Fußballweltmeisterschaft unterliegt in Lille die Mannschaft der Schweiz der ungarischen Nationalelf mit 2:0. → Berlin

15 Mi Mit einem großen Bankett in Stockholm begeht Gustav V., seit 1907 König von Schweden, seinen 80. Geburtstag.

16 Do Großbritanniens Innenminister Samuel Hoare gibt die bevorstehende Gründung eines freiwilligen Frauendienstes für den Luftschutz bekannt.

17 Fr Die Hauptversammlung der I.G. Farben findet in Frankfurt am Main statt. Der Geschäftsbericht 1937 verzeichnet ein zufrieden stellendes Ergebnis.

18 Sa In Deutschland geht eine sog. Sonderaktion gegen Juden und »asoziale« Personen zu Ende. Die Verhafteten werden in Konzentrationslagern interniert.

19 So Im Endspiel der III. Fußballweltmeisterschaft besiegt Italien vor 60 000 Zuschauern in Paris die Elf von Ungarn mit 4:2 und wird zum zweiten Mal Weltmeister.

20 Mo Der US-Hochgeschwindigkeitszug Seattle-Chicago stürzt wegen einer gebrochenen Brücke in den Custer-River. 69 Menschen kommen ums Leben.

21 Di Deutschland und Italien erklären sich bereit, die integrale Neutralität der Schweiz zu respektieren. Dies bedeute jedoch keine formelle Anerkennung.

22 Mi Im Kampf um die Weltmeisterschaft im Schwergewichtsboxen verliert Max Schmeling gegen Joe Louis durch k.o. in der ersten Runde.

23 Do Mit einem Empfang im Breslauer Rathaus werden die ersten »Reichslautsprechersäulen« eingeweiht. Sie sollen in allen Großstädten aufgestellt werden.

24 Fr In Berlin werden die Brüder Max und Walter Götze zum Tode verurteilt. Sie hatten Straßenfallen eingerichtet und Wagen ausgeraubt.

25 Sa Der Film »Heimat« mit Zarah Leander und Heinrich George in den Hauptrollen kommt in Danzig zur Uraufführung. → Mindestlöhne

26 So Im Berliner Olympiastadion trennen sich im Endspiel um die Deutsche Fußballmeisterschaft der FC Schalke 04 und Hannover 96 mit 3:3 nach Verlängerung.

27 Mo In Großbritannien löst die Affäre um den des Geheimnisverrats verdächtigten Abgeordneten Duncan Sandys eine Debatte über Parlamentsrechte aus.

28 Di Der tschechoslowakische Staatspräsident Eduard Beneš empfängt die Teilnehmer des 16. Internationalen PEN-Kongresses der Schriftsteller in Prag.

29 Mi Einem sowjetischen Flugzeug gelingt erstmals ein Nonstop-Flug von Moskau nach Wladiwostok. Die über 7600 km werden in 24,5 Stunden bewältigt.

30 Do Großbritannien und Deutschland vereinbaren eine Revision des Flottenabkommens von 1936. Damit dürfen nun Schiffe bis 45 000 t gebaut werden.

Juli 1938

1 Fr In Deutschland tritt das Personenstandsgesetz in Kraft, das u.a. die Regelung der Ehefähigkeit durch Beglaubigung des Gesundheitsamtes fordert.

2 Sa Die UdSSR beschließt eine Staatsanleihe in Höhe von fünf Mrd. Rubel (rd. 2,46 Mrd. Reichsmark) für die Rüstung. → Rekord

3 So Im Wiederholungs-Endspiel um die Deutsche Fußballmeisterschaft bezwingt die Elf von Hannover 96 den FC Schalke 04 in Berlin mit 4:3.

4 Mo Sigmund Freud, der nach London emigrierte österreichische Arzt und Psychoanalytiker, wird in die Londoner Royal Society aufgenommen.

5 Di Der Londoner Nichteinmischungsausschuss vereinbart die Rückberufung der im Spanischen Bürgerkrieg kämpfenden ausländischen Freiwilligen.

6 Mi Albert Speer, Generalbauinspektor für die Reichshauptstadt, erhält den Auftrag für den Ausbau der »Stadt des KdF-Wagens« (später Wolfsburg).

7 Do Anlässlich des ersten Jahrestages des Kriegsbeginns zwischen China und Japan werden in Schanghai zahlreiche Attentate auf Japaner verübt.

8 Fr In Regensburg findet die Grundsteinlegung zu einem Holzverzuckerungswerk statt. 300 000 Raummeter Holz sollen hier jährlich zu Zucker verarbeitet werden.

9 Sa Im sibirischen Nowosibirsk feiert das Drama »Tanja« von Alexej N. Arbusow Premiere. Es macht den Autor rasch in der UdSSR bekannt.

10 So Bei der Handball-Weltmeisterschaft siegt die deutsche Mannschaft gegen die Schweiz in Berlin mit 23:0. → Kathedrale

11 Mo Nach einem Bericht der italienischen Zeitung »La Stampa« hat die italienische Luftwaffe im Spanischen Bürgerkrieg 291 Tonnen Bomben abgeworfen.

12 Di Als neuntes südamerikanisches Land tritt Venezuela aus dem Völkerbund aus. +++ Sowjetische Truppen überschreiten die Grenze von Mandschukuo.

13 Mi Die nationalspanischen Truppen eröffnen im Bürgerkrieg eine Großoffensive auf Sagunt. Ihr nächstes Ziel ist die Eroberung von Valencia.

14 Do Durch einen Erlass des Reichswirtschaftsministeriums gelten die Bestimmungen der deutschen Kartellgesetze auch für Österreich. → 91 Stunden

15 Fr Am Genfer See endet eine Konferenz für Flüchtlingsfragen. 32 Staaten einigen sich auf die Gründung eines internationalen Komitees mit Sitz in London.

16 Sa In New York hat der Film »Blockade« mit Henry Fonda Premiere. Die Geschichte spielt in einem Land, das als das Bürgerkriegsland Spanien zu erkennen ist.

17 So Sieger der Internationalen Tennismeisterschaften von Deutschland in Hamburg werden der Ungar Otto Szigeti und die Dänin Hilde Sperling-Krahwinkel.

18 Mo Nach einem nicht genehmigten Alleinflug über den Atlantik landet der US-Pilot Douglas Corrigan in Dublin. Er gibt an, sich verflogen zu haben.

19 Di Spaniens Faschistenführer General Francisco Franco wird zum Generalkapitän aller spanischen Streitkräfte ernannt.

20 Mi Die japanische Regierung erhebt scharfen Protest gegen den Vormarsch sowjetischer Truppen auf das Gebiet der Mandschurei.

21 Do In London hat »Noblissima Visione« Premiere, eine Orchestersuite nach Vorlage des russischen Tänzers und Choreographen Léonide Massine. → Chaco-Krieg

22 Fr Der britische König Georg VI. und Königin Elizabeth beenden ihren Staatsbesuch in Frankreich. Der Aufenthalt diente der Festigung der Beziehungen.

23 Sa Die Salzburger Festspiele beginnen mit Richard Wagners »Die Meistersinger von Nürnberg« unter Leitung Wilhelm Furtwänglers.

24 So Am Ebro eröffnen republikanische Truppen eine Großoffensive gegen die Nationalspanier. Die Franco-Truppen werden zurückgeschlagen. → Eiger-Nordwand

25 Mo Nach dem Tod seines Großonkels Franz I. von Liechtenstein übernimmt Prinz Franz Joseph als Franz Joseph II. die Führung des Staates. → Palästina

26 Di In Prag billigt das Ministerkollegium zwei Vorlagen zur Lösung der Nationalitätenfrage. +++ Japan besetzt die chinesische Stadt Kiukiang.

27 Mi Im spanisch-republikanischen Hafen Gandia wird der britische Dampfer »Dellwin« durch Bomben nationalspanischer Flugzeuge versenkt.

28 Do In Deutschland werden Personen, die in der Nähe einer Spielbank wohnen, vom Besuch des »Glückstempels« ausgeschlossen.

29 Fr Wegen der Veröffentlichung eines angeblich buddhistenfeindlichen Buches kommt es in Britisch-Indien zu Unruhen zwischen Moslems und Hindus.

30 Sa Nach dreitägiger Dauer gehen in Breslau die Deutschen Leichtathletikmeisterschaften zu Ende. Zu den besten Sportlern zählt u.a. der Läufer Rudolf Harbig.

31 So Sieger der Tour de France wird der Italiener Gino Bartali. +++ In Breslau geht das Deutsche Turn- und Sportfest zu Ende.

20. August 1938

Beunruhigende Manöver

Deutschland demonstriert militärische Stärke und löst damit im Ausland starke Beunruhigung aus. Zum wiederholten Male wohnt Reichskanzler Adolf Hitler dem Herbstmanöver bei. Er beendet seinen zweitägigen Besuch beim II. Armeekorps auf dem Truppenübungsplatz Groß-Born in Pommern (s. Abb.). Dem »Führer« wird u.a. der Einsatz schwerer Artillerie zur Unterstützung von Infanterieverbänden und Abwehr eines Panzerangriffs durch Artillerie und Panzerabwehrgeschütze vorgeführt. Die Herbstmanöver dienen vor allem der Schulung der Armeereserven unter kriegsähnlichen Bedingungen. Seit Wiedereinführung der allgemeinen Wehrpflicht haben rd. 1 Mio. Mann die seit Herbst 1936 zweijährige Dienstzeit durchlaufen. Zwischen 1933 und 1937 ist die Friedensstärke der Reichswehr bzw. Wehrmacht von den im Versailler Vertrag festgelegten 100 000 auf 590 000 Mann gestiegen.

21. Juli 1938

Chaco-Krieg beendet

Der Friede von Buenos Aires beendet den Chaco-Krieg zwischen Bolivien und Paraguay. Zwischen 1932 und 1935 tobte der Kampf um die wirtschaftlich und strategisch bedeutsame Dschungelregion im Grenzgebiet beider Staaten. Die USA, Argentinien, Brasilien, Chile, Peru und Uruguay hatten sich als Vermittler in den Konflikt eingeschaltet, der Zehntausende von Toten gefordert hat. Paraguay weigerte sich zunächst, den Kompromissvorschlag anzunehmen, während Bolivien die neue Grenzlinie akzeptierte.

24. Juli 1938

Eiger-Nordwand bezwungen

Die etwa 1800 m hohe Nordwand des Eiger (3970 m, s. Abb.) in den Berner Alpen galt lange Zeit als unbezwingbar. Viele Versuche, die Eis- und Felsbarrieren mit ständigem Steinschlag und überfrorenen Felspassagen zu überwinden, endeten in Tragödien. Aber die Kletter-Elite gab nicht auf. Einer vierköpfigen Seilschaft mit Heinrich Harrer, Fritz Kasparek, Andreas Heckmaier und Ludwig Voerg (s. Abb. von links) gelingt es schließlich, die Nordwand des Eigers zu durchsteigen.

25. Juli 1938

Kampf um Palästina

Der Nahe Osten wird zum Pulverfass. Mit Terror und Bombenattentaten treibt die Auseinandersetzung zwischen Juden und Arabern in Palästina auf einen neuen Höhepunkt zu. Bei einem Anschlag der jüdischen Untergrundorganisation Irgun Zwai Leumi in Haifa werden 39 Araber getötet und 46 verletzt. Die Bluttat ist vorläufiger Höhepunkt in einer Serie von Bombenanschlägen, mit denen die Irgun Vergeltung für die Übergriffe der Araber übt.

Großbritannien hat seit 1920/22 das Völkerbundmandat für Palästina inne. Die Mandatszeit ist gekennzeichnet von einem eskalierenden Gegensatz zwischen der jüdischen und der arabischen Bevölkerung. Das vom Völkerbund verabschiedete Mandat für Palästina verpflichtet Großbritannien, die 1917 von Außenminister Arthur J. Balfour in Aussicht gestellte Schaffung einer nationalen Heimstätte für das jüdische Volk zu fördern. Zugleich soll aber nichts unternommen werden, »was die bürgerlichen und religiösen Rechte bestehender nichtjüdischer Gemeinschaften in Palästina beeinträchtigen könnte.« Es erweist sich als nahezu undurchführbar, einerseits eine jüdische Einwanderung zu ermöglichen und andererseits die Rechte der arabischen Bevölke-

2. Juli 1938

Rekord für »Miss Pokerface«

Mit einem Triumph für die US-Tennisspieler gehen die offenen englischen Meisterschaften in Wimbledon zu Ende. Der achte Titel im Damen-Einzel beschert Helen Wills-Moody, »Miss Pokerface«, einen sensationellen Rekord. Erst 1990 wird Martina Navratilova mit dem neunten Erfolg in Wimbledon Wills-Moodys Vorgabe übertreffen. Im Herren-Einzel siegt Vorjahressieger Donald Budge.

Helen Wills-Moody

US-Tennisspielerin, * 6.10.1905 Berkeley; † 1.1.1998 Carmel

Wills-Moody ist eine der bedeutendsten Sportlerinnen der Tennisgeschichte. Die mehrfache Nummer eins der Weltrangliste gilt als Naturtalent – Unterricht soll sie nie bekommen haben. 19 Grand Slam Turniere gewinnt sie während ihrer Laufbahn. Ihr Spiel gilt als schnörkellos, hart und schnell. Gelassen und auch von Fehlentscheidungen der Schiedsrichter scheinbar unberührt, spult die Arzttochter auf dem Centre Court ihr Pensum ab. Wills-Moody, die sich gern in vornehmer Umgebung aufhält, feiert auch als Schriftstellerin und vor allem als Malerin Erfolge.

- 1924: Gold bei Olympischen Spielen (Einzel, Doppel)
- 1927-38: Acht Einzeltitel in Wimbledon
- 1938: Rückzug vom »weißen Sport«

Links: Festnahme einer jüdischen Demonstrantin; rechts: Araber werden nach Waffen durchsucht.

rung nicht zu verletzen. Hinzu kommt, dass die Einwanderung der jüdischen Siedler seit der Machtergreifung der Nationalsozialisten in Deutschland stark angestiegen ist. Waren es bis 1929 nur rd. 80 000 Juden, die es ins »Gelobte Land« gezogen hatte, so erhöhte sich seitdem ihre Zahl sprunghaft. Der jüdische Bevölkerungsanteil steigt auf 28%, was den Widerstand der einheimischen Araber hervorruft. 1936 begann in Jaffa ein Generalstreik arabischer Arbeiter, der kurz darauf abgebrochen wurde, aber in einen Kleinkrieg von Extremisten überging.
Im Gegensatz zur gemäßigteren Hagana, der im Jahre 1920 zur Abwehr arabischer Übergriffe gegründeten Untergrundorganisation der jüdischen Gemeinschaft in Palästina, reagiert die Irgun auf den arabischen Terror mit massiven Vergeltungsschlägen. Ihr oberster Kommandant ist seit 1937 der aus Russland eingewanderte Vladimir Jabotinsky. Im Verlauf des Jahres verschärft sich die Situation. Ein arabisch-panislamischer Kongress fordert von den Briten in einer Resolution, auf die Schaffung einer jüdischen Heimstätte in Palästina zu verzichten, die jüdische Einwanderung zu stoppen und eine arabische Regierung für Palästina zu bilden. Angesichts der angespannten Lage zieht London Truppen zusammen und verhängt ein Ausgehverbot. Der unausgesprochene Bürgerkrieg mündet im Oktober in einen offenen Aufstand militanter Araber. Britische Truppen besetzen daraufhin die Altstadt von Jerusalem.

14. Juli 1938

In 91 Stunden um die Welt

Howard Hughes (s. Abb., Mitte, mit seiner Mannschaft), eine der schillerndsten Persönlichkeiten der amerikanischen High Society, macht wieder einmal Schlagzeilen.

Der Milliardär, Erbe großer Ölfelder in Texas, hat seinen Weltrekordflug rund um die Erde beendet. In drei Tagen, 19 Stunden, 17 Minuten und zehn Sekunden hat der 33-Jährige den Globus auf einer nördlichen Route umrundet. Mehr als 100 000 Menschen bereiten ihm und seiner vierköpfigen Crew einen begeisterten Empfang auf dem Floyd-Bennett-Flugplatz in New York. Seinen Rekord stellt Hughes mit einer Lockheed Modell 14 auf. Auf seinem 91-Stunden-Flug hat er insgesamt 23 500 km zurückgelegt. Ganz ohne Zwischenfälle verlief der Rekordflug allerdings nicht. Beim Flug von Fairbanks/ Alaska nach Minneapolis fiel wegen eines Gewitters die Funkanlage aus. Hughes blieb sechs Stunden ohne Funkkontakt. Hughes hatte schon mehrfach mit Rekordflügen von sich reden gemacht. 1935 verbesserte er den Schnelligkeitsweltrekord für Landflugzeuge.

10. Juli 1938

Kathedrale neu geweiht

Das französische Reims feiert die Wiederherstellung der im Ersten Weltkrieg stark zerstörten Kathedrale Notre-Dame (s. Abb.). Staatspräsident Albert Lebrun hat es sich nicht nehmen lassen, zusammen mit zahlreichen ausländischen Gästen und zehn

Kardinälen sowie über 100 Bischöfen und Prälaten an der Weihe des Gotteshauses teilzunehmen. Der hochgotische Kirchenbau war einst Krönungsort der französischen Könige. Im Weltkrieg lag Reims mit seinem prunkvollen Gotteshaus im Feuer deutscher Artillerie. Das Geld für den Wiederaufbau ist vor allem aus Spenden aus dem In- und Ausland zusammengetragen worden. Allein umgerechnet rd. 3,12 Mio. Reichsmark steuerte die Rockefeller-Stiftung für den Wiederaufbau bei.

August 1938

1 Mo In Deutschland beginnt die Sparaktion für den Kraft-durch-Freude-Wagen. Die wöchentliche Mindestrate beträgt fünf Reichsmark.

2 Di Mit einer Kundgebung in Berlin wird das Richtfest für den vom Architekten Albert Speer entworfenen Neubau der Reichskanzlei begangen.

3 Mi In New York steigt das Thermometer auf den seit Jahren nicht mehr erreichten Wert von 92,7 Fahrenheit (51,5 °C).

4 Do Der Flieger Hans Bertram beendet nach knapp 21 Tagen in Berlin seine nur auf regulären Fluglinien absolvierte Erdumrundung.

5 Fr Etwa 75 000 Menschen bereiten dem US-Piloten Douglas Corrigan, der angeblich »aus Versehen« nach Irland geflogen ist, einen begeisterten Empfang.

6 Sa In Prag wird bekanntgegeben, dass seit dem 20. Mai insgesamt 74-mal deutsche Flieger die Grenze der Tschechoslowakei überflogen hätten.

7 So Beim Rennen um den Ciano-Pokal siegt der Deutsche Hermann Lang auf Mercedes-Benz in Livorno vor dem Italiener Giuseppe Farina auf Alfa Romeo.

8 Mo In Österreich wird mit dem Bau eines Konzentrationslagers begonnen. +++ Nach einem Richterspruch dürfen deutsche Kinder keine jüdischen Namen tragen.

9 Di Auf der Jahresversammlung des deutschen Rundfunks in Berlin wird festgelegt, dass das Programm weiterhin nationalsozialistisch gestaltet werden solle.

10 Mi Reichskanzler Adolf Hitler bekräftigt gegenüber der Generalität seine Entschlossenheit zur Zerschlagung der Tschechoslowakei.

11 Do Nach 25-stündigem Nonstop-Flug landet eine in Berlin gestartete deutsche Focke-Wulf »Condor« in New York.

12 Fr Zum Abschluss von Manövern in den Abruzzen nimmt Italiens »Duce« Benito Mussolini eine Parade der neu aufgestellten Musterdivision Torino ab.

13 Sa In London gehen die Schwimm-Europameisterschaften zu Ende. Erfolgreichste Nationen waren Dänemark und Deutschland.

14 So Im Leichtathletikwettkampf zwischen Deutschland und den USA siegen die US-Sportler im Berliner Olympiastadion mit 122:92 Punkten.

15 Mo Mit der Rekordzeit von drei Tagen, 20 Stunden und 42 Minuten holt die »Queen Mary« das Blaue Band für die schnellste Atlantiküberquerung.

16 Di In New York beginnt ein Weltjugendkongress, zu dem 55 Länder (ohne Deutschland, Japan und Italien) Delegierte entsandt haben.

17 Mi Reichskanzler Adolf Hitler unterstellt die bewaffneten SS-Verbände als stehende Truppe seiner ständigen Verfügung.

18 Do In Budapest wird der 20. August, der Tag des ungarischen Nationalheiligen Stephan I., zum ungarischen Nationalfeiertag erklärt.

19 Fr Der Schweizer Bundesrat schließt die Grenzen gegen illegale Übertritte. Der Schritt richtet sich vor allem gegen den Zustrom von Flüchtlingen aus Österreich.

20 Sa Der britische Mittelstreckenläufer Sydney Wooderson läuft in London 800 m in 1:48,4 min und stellt damit einen Weltrekord auf. → Manöver

21 So Den Großen Preis der Schweiz für Automobile gewinnt auf der Strecke von Bremgarten der Deutsche Rudolf Caracciola auf Mercedes-Benz.

22 Mo In der Wehrmacht wird die Dienstlaufbahn der Festungswerker eingeführt. Bei Eignung kann eine Beförderung zum Oberwerkmeister erfolgen.

23 Di Vertreter der CSR, Jugoslawiens und Rumäniens billigen auf einer Tagung in Bled (Jugoslawien) Ungarn das Recht auf Wiederaufrüstung zu.

24 Mi In einer Notiz des Oberkommandos der Wehrmacht heißt es, dass ein Anlass für einen Angriff auf die Tschechoslowakei provoziert werden solle.

25 Do Als erste Deutsche durchschwimmt Anni Weynell aus Tapiau in Ostpreußen den Ärmelkanal von Kap Gris Nez nach Dover. Ihre Zeit: 15:33 h.

26 Fr Die Transiranische Eisenbahn wird nach achtjähriger Bauzeit vollendet. Sie verbindet den Persischen Golf mit dem Kaspischen Meer.

27 Sa Durch einen Massenabsturz von Flugzeugen in den Schwyzer Bergen verliert die Schweizer Flugwaffe sieben Piloten.

28 So Der Goethepreis 1938 wird in Frankfurt am Main Hans Carossa, dem deutschen Schriftsteller und Arzt aus Passau, verliehen.

29 Mo Laut Regierungsdekret kann in französischen Betrieben, die für die Landesverteidigung arbeiten, eine längere Wochenarbeitszeit angeordnet werden.

30 Di Das japanische Kriegsministerium erklärt, der Krieg gegen China werde bis zur Unterwerfung der Truppen von Marschall Chiang Kai-shek weitergeführt.

31 Mi In Salzburg gehen die Festspiele nach fünfwöchiger Dauer zu Ende. +++ Königin Wilhelmina der Niederlande begeht ihr 40-jähriges Regierungsjubiläum.

September 1938

1 Do Die Biennale in Venedig geht zu Ende. Zu den prämierten Filmen gehört die Walt-Disney-Produktion »Schneewittchen und die sieben Zwerge«.

2 Fr Fünf Mitglieder der deutschen Nanga-Parbat-Expedition treffen in Rom ein. Ihr Aufstieg auf den Himalajagipfel scheiterte an schlechtem Wetter.

3 Sa Das Internationale Olympische Komitee beschließt in Brüssel, die Olympischen Spiele 1940 in Sankt Moritz (Winter) und Helsinki (Sommer) auszutragen.

4 So In Valkenburg (Niederlande) wird der Belgier Marcel Kint vor den Schweizern Paul Egli und Leo Amberg Straßenweltmeister der Berufsradfahrer.

5 Mo Im Davispokal-Finale in Philadelphia holen sich die USA durch einen 3:2-Sieg gegen Australien zum 13. Mal die Tennis-Trophäe.

6 Di Auf dem Reichsparteitag in Nürnberg werden u.a. die Flugzeugkonstrukteure Ernst Heinkel und Willy Messerschmitt mit dem Nationalpreis ausgezeichnet.

7 Mi Die Londoner Tageszeitung »The Times« schlägt in einem Artikel die Abtretung der sudetendeutschen Gebiete an das Deutsche Reich vor.

8 Do Vertreter der politischen Organisationen der Sudetendeutschen sowie der Polen, Ungarn und Slowaken kommen in Prag zu einer Konferenz zusammen.

9 Fr Sirkka Salonen aus Finnland heißt die Miss Europa 1938. Bei der Wahl in Kopenhagen verweist sie ihre zehn Konkurrentinnen auf die Plätze.

10 Sa Der tschechoslowakische Staatspräsident Eduard Beneš bittet die Bevölkerung über Rundfunk um Mitarbeit an der Erneuerung der Staatsordnung.

11 So Den Sieg im Großen Preis von Italien für Automobile in Monza holt sich der Italiener Tazio Nuvolari auf Auto-Union.

12 Mo In Nürnberg geht mit einer Rede von Reichskanzler Adolf Hitler der einwöchige Reichsparteitag der NSDAP zu Ende.

13 Di Wegen Zusammenstößen zwischen Anhängern der Sudetendeutschen Partei und der Polizei wird über Teile des Sudetenlandes das Standrecht verhängt.

14 Mi Der Exilvorstand der Sozialdemokratischen Partei Deutschlands in Paris fordert in einem Aufruf das deutsche Volk zum Sturz des Hitler-Regimes auf.

15 Do Konrad Henlein, Führer der Sudetendeutschen Partei, ruft über den Wiener Rundfunk zum Anschluss des Sudetenlandes an das Deutsche Reich auf.

16 Fr In Dresden findet die Uraufführung der Filmkomödie »13 Stühle« mit Heinz Rühmann und Hans Moser in den Hauptrollen statt.

17 Sa Wegen anhaltender Unruhen erlässt die tschechoslowakische Regierung eine dreimonatige Ausnahmeverfügung für das gesamte Staatsgebiet.

18 So In Chemnitz schlägt die »großdeutsche« Fußball-Nationalelf in einem Länderspiel die Vertretung Polens mit 4:1 Toren.

19 Mo Die Regierungen in Paris und London billigen ein Memorandum an die Tschechoslowakei auf Abtretung des Sudetenlandes an Deutschland.

20 Di Der Chemiker Otto Roelen erhält ein Patent auf die Oxo-Synthese zur großindustriellen Herstellung von sauerstoffhaltigen Verbindungen.

21 Mi Die tschechoslowakische Regierung erklärt »schmerzerfüllt« die Annahme der britisch-französischen Vorschläge zur Lösung der Sudetenfrage.

22 Do Auf Einladung von Reichskanzler Adolf Hitler kommt der britische Premierminister Neville Chamberlain nach Godesberg.

23 Fr Der Völkerbund beschließt, einen Flüchtlingspass einzuführen. +++ General Johann Syrovy wird neuer tschechoslowakischer Ministerpräsident.

24 Sa Frankreich gibt die Einberufung von Reservisten bekannt. Ministerpräsident Édouard Daladier betont, es handele sich nicht um eine allgemeine Mobilmachung.

25 So Bei den Internationalen Tennismeisterschaften der USA holt Donald Budge als erster den »Grand Slam«, den Sieg der vier wichtigsten Tennisturniere.

26 Mo Auf einer Kundgebung der NSDAP erklärt Reichskanzler Adolf Hitler, dass seine Geduld in der sudetendeutschen Frage zu Ende sei.

27 Di Bei Liverpool läuft in Anwesenheit von Königin Elizabeth der Passagierdampfer »Queen Elizabeth« vom Stapel.

28 Mi Für die britische Flotte wird eine Teilmobilisierung verfügt. Ferner werden u.a. die Mannschaften der Luftabwehr und und der Küstenverteidigung einberufen.

29 Do Ein von Offizieren geplanter Putsch gegen Adolf Hitler wird wegen der Ergebnisse auf der Münchener Konferenz kurzfristig aufgegeben. → Hitler

30 Fr Der Aachener Generalmusikdirektor Herbert von Karajan dirigiert erstmals an der Berliner Staatsoper. Auf dem Programm steht Beethovens »Fidelio«.

30. Oktober 1938

Angst vor Marsmenschen

»Meine Damen und Herren, ich habe soeben eine sehr ernste Meldung erhalten: So unwahrscheinlich es auch scheinen mag: Die eigenartigen Wesen, die heute abend bei der Landung in New Jersey gesichtet wurden, sind die Vorhut einer Eroberungsarmee vom Mars.« Die Radiomeldung der CBS schlägt ein wie eine Bombe. Panik bricht aus. Nur wenige bleiben ruhig am Radio und erfahren, dass es sich lediglich um ein realistisch in Szene gesetztes Hörspiel von Autor und Regisseur Orson Welles (s. Abb.) handelt. Tausende verlassen fluchtartig ihre Häuser. Die Ausfallstraßen der großen Städte an der Ostküste sind binnen kurzem von Autos verstopft, deren Insassen in panischer Angst zu fliehen versuchen. In Geschäften kommt es zu Hamsterkäufen, man bereitet sich auf einen Angriff der Außerirdischen vor. Die angebliche Landung von Marsmenschen, die New Jersey mit Todesstrahlen und Gaswaffen vernichten wollen, wird von Welles und seinem Team (s. Abb. unten) effektvoll umgesetzt. Das Stück ist nach dem Buch »Der Krieg der Welten« von H.G. Wells entstanden. Zahlreiche verängstigte Menschen rufen die Polizeistationen an. Viele suchen Zuflucht in Kirchen und beten. Es kommt zu absurden Ereignissen: Anrufer behaupten, die Landung tatsächlich beobachtet zu haben. In Newark verbreitet sich das Gerücht von einem Gasangriff. Eine Frau missversteht die Sendung gleich in doppeltem Sinn. Sie rennt auf die Straße und ruft, die Deutschen hätten New Jersey zerstört. Die Massenpanik ist das Ergebnis einer wachsenden Furcht vor dem Krieg. Die Kriegsvorbereitungen in Europa haben auch in den USA Spuren hinterlassen. Orson Welles erfährt erst von den tumultartigen Folgen seines Hörspiels, als erste Meldungen im Studio einlaufen und schließlich die Polizei im Sender eintrifft. Mit der Radiosendung wird auch Hollywood auf das Multitalent Welles aufmerksam. Die Hysterie in den Oststaaten zeigt zudem, wie groß die Macht des Mediums Radio sein kann. Am folgenden Tag kehren die Amerikaner verschämt zur Normalität zurück.

Die sudetendeutsche Bevölkerung begrüßt die einmarschierenden deutschen Truppen.

1. Oktober 1938

Einmarsch ins Sudetenland

Deutsche Truppen unter dem Befehl von Generaloberst Wilhelm Ritter von Leeb beginnen – gemäß den Vereinbarungen des Münchener Abkommens – mit der Besetzung der ersten Zone im Sudetenland. Bis zum 7. Oktober werden drei weitere Zonen besetzt. Die Bevölkerung bereitet den Soldaten einen begeisterten Empfang.
Die Leitung der sudetendeutschen Gebiete wird dem zum Reichskommissar ernannten Führer der Sudetendeutschen Partei (SdP), Konrad Henlein, übertragen. Henlein, der massiv von den deutschen Nationalsozialisten unterstützt wird, hat seit Jahren für die Abtretung des Sudetenlandes an Deutschland gekämpft. Nach dem Einmarsch der Deutschen wird die SdP in die NSDAP überführt. Zahlreiche sudetendeutsche Organisationen werden nach nationalsozialistischem Muster »gleichgeschaltet«. Zeitgleich mit dem Einmarsch deutscher Truppen verlassen Hunderttausende seit 1919 eingewanderte Tschechen und mehrere Zehntausend Juden sowie Sozialdemokraten das Gebiet. Zahlreiche Regime-Gegner, die im Sudetenland bleiben, werden verfolgt und inhaftiert. Am 3. Oktober besucht Hitler die Stadt Eger.

29. September 1938

Hitler setzt sich durch

Deutschland, Frankreich, Großbritannien und Italien nehmen in München Verhandlungen auf, um die Sudetenkrise zu lösen. Der Konflikt um das überwiegend von Deutschen bewohnte Grenzgebiet hat – geschürt von deutscher Propaganda und Hetzreden Adolf Hitlers – die Welt an den Rand des Krieges geführt.

Tags darauf wähnt sich Europa in Sicherheit. Hitler setzt seine Unterschrift unter das Münchener Abkommen über die Abtretung der sudetendeutschen Gebiete an Deutschland. Nach der Annexion Österreichs hat er damit ein weiteres Ziel seiner Machtpolitik erreicht. Die Unterzeichnung des Vertrags löst in Prag tiefe Erbitterung aus. Ohne die Unterstützung des Verbündeten Frankreich sieht sich die tschechoslowakische Regierung gezwungen, dem Abkommen zuzustimmen. Frankreich und Großbritannien hoffen, mit ihrer Zustimmung zur Eingliederung des Sudetenlandes in Deutschland den drohenden Krieg doch noch abgewendet zu haben.

Der britische Premier Neville Chamberlain hält eine deutsch-britische Freundschaftserklärung bei seiner Ankunft auf dem Londoner Flughafen in der Hand.

London bemüht sich um den Frieden

Der britische Premierminister Neville Chamberlain versucht im September mehrfach, bei Treffen mit Hitler in Berchtesgaden und in Godesberg den Krieg um das Sudetenland zu vermeiden. Er sieht sich einem immer neue Forderungen aufstellenden deutschen Reichskanzler gegenüber, der auch unter Inkaufnahme eines Krieges die Abtretung des Sudetenlandes erzwingen will. Bei Frankreichs Ministerpräsident Edouard Daladier erreicht Chamberlain – nicht unbeeindruckt von Hitlers Argument, es gehe um das Selbstbestimmungsrecht der Sudetendeutschen – die Zustimmung für ein Memorandum. Es sieht eine Abtretung des umstrittenen Gebietes unter Garantie der neuen Grenzen vor. Hitler stellt jedoch neue Forderungen und setzt ein Ultimatum. Seine Politik gegenüber den Westmächten flankiert Hitler mit Drohreden in Deutschland. Derweil machen die Mächte in Europa mobil.

Chamberlain und Hitler (vorne von links) verlassen die Konferenzräume in München.

25. Oktober 1938

Gewaltiges Bollwerk soll Angriff im Westen vereiteln

Zum ersten Mal erfährt die deutsche Öffentlichkeit, wie weit die Arbeiten am Westwall gediehen sind. Seit Mai wird an dem laut Adolf Hitler »gigantischsten Bauwerk aller Zeiten« gearbeitet. Aus dem gesamten Land sind Arbeitskräfte im Westen zusammengezogen worden, um – als Gegenstück zur französischen Maginot-Linie – ein durchgehendes Befestigungswerk von Aachen bis Basel zu errichten. Am Westwall arbeiten 278 000 Mann der Organisation Todt, 84 000 sonstige Arbeitskräfte, 100 000 Angehörige des Reichsarbeitsdienstes sowie zahlreiche Pionierbataillone und Infanteriedivisionen. In Tag- und Nachtschichten wird an den Befestigungsanlagen gearbeitet. In den Anlagen des Westwalls werden täglich über 100 000 t Kies verbraucht, der von der Deutschen Reichsbahn mit über 8000 Güterwaggons pro Tag herangeschafft wird. Nach ihrer Fertigstellung soll die Westbefestigung über 17 000 Panzerwerke und Bunkeranlagen umfassen (Abb.: Höcker-Hindernisse gegen Panzerdurchbrüche). In seiner strategischen Bedeutung wird der rd. 400 km-Wall jedoch überschätzt. Die Absperrungen sind bei mobiler Kampfführung und einer Luftüberlegenheit des Gegners nur von begrenztem Wert.

Oktober 1938

1 Sa In Deutschland werden die jüdischen Ärzte aus dem Arztregister gestrichen. Sie dürfen nur noch jüdische Patienten behandeln. → Einmarsch

2 So Nach einem von der tschechoslowakischen Regierung angenommenen polnischen Ultimatum marschieren polnische Truppen ins Olsagebiet ein.

3 Mo Reichskanzler Adolf Hitler trifft im Sudetenland ein. Er spricht auf einer Kundgebung in Eger vor einer begeisterten Menschenmenge.

4 Di Der Schweizer Bundesrat billigt die Einführung eines »J«-Stempels in die Pässe ausreisewilliger deutscher Juden.

5 Mi Trotz scharfer Kritik des Unterhauses am Münchener Abkommen wird dem britischen Premierminister Neville Chamberlain das Vertrauen ausgesprochen.

6 Do Nach dem Rücktritt des tschechoslowakischen Staatspräsidenten Eduard Beneš erklärt sich die Slowakei unter Jozef Tiso für autonom.

7 Fr Künftig ist es bei Paraden verboten, Reichskanzler Adolf Hitler Blumen in den Wagen zu werfen, da er schon mehrfach durch Sträuße verletzt worden ist.

8 Sa Nach dem Vorbild der Slowaken bilden die Parteien von Karpato-Russland eine eigene Regierung, um die Forderung nach Autonomie durchzusetzen.

9 So Reichskanzler Adolf Hitler erklärt in Saarbrücken, dass die Befestigungen an der Westgrenze Deutschlands weiter ausgebaut würden.

10 Mo Ein arabisch-panislamischer Kongress fordert in Ägyptens Hauptstadt Kairo von Großbritannien den Stopp der jüdischen Einwanderung nach Palästina.

11 Di Der Dirigent Hans Knappertsbusch wird Direktor der Wiener Staatsoper und übernimmt die künstlerische Leitung des Instituts.

12 Mi In Berlin beginnt die Tagung der internationalen Lilienthal-Gesellschaft für Luftfahrtforschung. Unter den Gästen befindet sich Ozeanflieger Charles Lindbergh.

13 Do In Wien findet eine Protestkundgebung gegen Theodor Kardinal Innitzer statt. Er hatte Kritik an der deutschen Kirchenpolitik geäußert.

14 Fr Ungarn bricht die Verhandlungen mit der Tschechoslowakei über künftige Grenzkorrekturen wegen Unvereinbarkeit der Standpunkte ab.

15 Sa In Dresden hat die einaktige Oper »Daphne« von Richard Strauss Premiere. +++ Die deutsche Regierung erlässt eine Notdienstverordnung.

16 So Der finnische Sportler Yrjö Nikkanen verbessert seinen eigenen Weltrekord im Speerwerfen um 83 cm auf 78,70 m.

17 Mo Der seit Monaten andauernde latente Bürgerkrieg in Palästina weitet sich zu einem offenen Aufstand militanter Araber aus.

18 Di Reichskanzler Adolf Hitler stiftet eine Medaille zur Erinnerung an den 1. Oktober 1938, den Tag des Einmarsches in das Sudetenland.

19 Mi Das Olympische Komitee Finnlands schickt für die 1940 in Helsinki geplanten Sommerspiele Einladungen an 58 Nationen.

20 Do Nach dreitägigen Kämpfen wird die Altstadt von Jerusalem, die durch aufständische Araber besetzt worden war, von britischen Einheiten zurückerobert.

21 Fr Japanische Truppen erobern die chinesische Stadt Kanton. Dennoch will Chinas Regierungschef Chiang Kai-shek den Kampf gegen Japan fortsetzen.

22 Sa Der am 5. Oktober zurückgetretene tschechoslowakische Staatspräsident Eduard Beneš fliegt nach Großbritannien.

23 So Bei den nach dreitägiger Dauer zu Ende gehenden Weltmeisterschaften der Gewichtheber in Wien gehen drei der fünf Titel an deutsche Sportler.

24 Mo Deutschland macht Polen Vorschläge zur Wiedereingliederung Danzigs in das Deutsche Reich. +++ Der Künstler Ernst Barlach stirbt in Rostock.

25 Di Japanische Truppen rücken kampflos in Hankow ein, dem früheren Sitz der chinesischen Regierung. Die Stadt wurde zuvor geräumt. → Westwall

26 Mi In einem Spiel zum 75-jährigen Bestehen der englischen Football-Association schlägt die englische Nationalmannschaft eine Kontinent-Auswahl mit 3:0.

27 Do Eine Verordnung der britischen Mandatsverwaltung sieht die Einwanderung von 5120 Juden nach Palästina innerhalb des nächsten halben Jahres vor.

28 Fr 74 Tote fordert ein Großbrand in Marseille. Große Teile des Hafenviertels werden in Schutt und Asche gelegt.

29 Sa Die ersten 20 000 italienischen Siedler gehen nach Libyen. +++ In Karpato-Russland werden sämtliche politischen Parteien verboten.

30 So Das Schiffshebewerk Rothensee bei Magdeburg wird in Betrieb genommen und der Mittellandkanal in voller Länge eröffnet. → Marsmenschen

31 Mo Der Generalstabschef des Heeres, Ludwig Beck, verlässt den aktiven Dienst. Er hatte Bedenken gegen einen Angriff auf die Tschechoslowakei geäußert.

November 1938

1 Di In Deutschland wird ein »Halt«-Schild für die Vorfahrtbeachtung an Hauptstraßen eingeführt. Der Haltepunkt wird durch einen Querstrich markiert.

2 Mi Die mexikanische Regierung erklärt, sie werde innerhalb des nächsten Jahres 12 000 Einwanderer, u.a. aus Deutschland, aufnehmen.

3 Do Alle von der NSDAP zur Publikation vorgesehenen wissenschaftlichen Arbeiten müssen künftig Parteireichsleiter Alfred Rosenberg vorgelegt werden.

4 Fr Vor Kalifornien ereignet sich an Bord des deutschen Dampfers »Vancouver« eine Explosion. Untersuchungen ergeben, dass es sich um einen Anschlag handelte.

5 Sa Mit Vollendung der 42 km langen Teilstrecke Bratzhof-München wird die Reichsautobahn München-Berlin fertiggestellt.

6 So Reichskanzler Adolf Hitler wirft dem britischen Politiker Winston Churchill Kriegshetze vor. Churchill hatte zuvor Kritik an Hitler geübt.

7 Mo In Paris schießt der 17-jährige Jude Herschel Grynszpan auf den deutschen Legationssekretär Ernst Eduard vom Rath.

8 Di In Pressburg wird als Einheitspartei der Slowakei unter Ministerpräsident Jozef Tiso die Slowakische Volkspartei gegründet.

9 Mi Die britische Regierung veröffentlicht einen Plan zur Teilung Palästinas. Zudem will sie eine Palästinakonferenz einberufen. → Reichspogromnacht

10 Do Der US-Tennisspieler Donald Budge unterzeichnet einen Vertrag über eine 50 Spiele umfassende Schautournee gegen frühere Wimbledonsieger.

11 Fr Durch einen Punktsieg nach zwölf Runden gegen Arno Kölblin in Berlin wird Walter Neusel neuer Deutscher Meister der Profiboxer im Schwergewicht.

12 Sa Deutsche Behörden verbieten Juden den Zutritt zu Theatern, Lichtspielhäusern, Konzerten, Vorträgen sowie kulturellen Ausstellungen.

13 So In Augsburg wird der Schweizer Theologiestudent Maurice Bavaud festgenommen. Er hatte mehrmals Attentate auf Adolf Hitler versucht.

14 Mo Eine Anordnung des deutschen Reicherziehungsministers Bernhard Rust erwirkt den Ausschluss von Juden aus nichtjüdischen Schulen und Hochschulen.

15 Di In Barcelona treten 6000 Mann der auf Seiten der Republik kämpfenden Internationalen Brigaden zu ihrer Abschiedsparade an.

16 Mi Die britisch-italienischen Vereinbarungen über das Mittelmeer und den Nahen Osten treten in Kraft. U.a. wird Abessinien als italienische Kolonie anerkannt.

17 Do Unter dem Vorsitz des früheren Republikaners Rudolf Beran formiert sich in der Tschechoslowakei als neue Staatspartei die Partei der Nationalen Einheit.

18 Fr Als Reaktion auf die Rückberufung des US-Botschafters in Berlin wird der deutsche Botschafter in Washington, Hans Heinrich Dieckhoff, zurückbeordert.

19 Sa Das Abgeordnetenhaus der Tschechoslowakei billigt in Prag die Autonomiegesetze für die Slowakei und Karpato-Russland.

20 So Die Reichsregierung erweitert die Rechte der Sondergerichte. Auch geringere Straftaten können jetzt durch sofortige Aburteilung bestraft werden.

21 Mo Durch ein Reichsgesetz werden die sudetendeutschen Gebiete zum Bestandteil des Deutschen Reiches erklärt.

22 Di Unter der Leitung von Heinrich George öffnet das umgebaute Berliner Schiller-Theater wieder seine Pforten.

23 Mi Wegen der anhaltenden gewaltsamen Auseinandersetzungen zwischen Arabern und Juden wird über Palästina ein allgemeines Ausgehverbot verhängt.

24 Do In Frankreich protestieren rund 100 000 Gewerkschaftler mit Sitzstreiks gegen die Beschlüsse der Regierung zur Wirtschafts- und Sozialpolitik.

25 Fr Vor der Reichskulturkammer bekennt sich Propagandaminister Joseph Goebbels zum Nationalsozialismus als einer antisemitischen Bewegung.

26 Sa Polen und die Sowjetunion bekräftigen in Moskau ihren Nichtangriffspakt von 1932. Polen ist wegen der Politik Hitlers an der Hilfe der UdSSR interessiert.

27 So In Goslar ruft der deutsche Reichsbauernführer Walther Darré zur Überwindung der immer stärker werdenden Landflucht auf.

28 Mo Durch eine Polizeiverordnung können in Deutschland räumliche und zeitliche Ausgangssperren für Juden verhängt werden.

29 Di Wegen zu befürchtender antideutscher Demonstrationen wird das Fußballspiel Niederlande-Deutschland in Rotterdam am 11. Dezember abgesagt.

30 Mi In Prag wird Emil Hácha neuer Staatspräsident der Tschechoslowakei. Die deutschen nationalsozialistischen Abgeordneten blieben der Wahl fern.

9. November 1938

Die Reichspogromnacht

In Deutschland brennen die Synagogen, Juden werden ermordet, misshandelt und in Konzentrationslager gebracht. Zwei Tage nach dem Mordanschlag eines jungen Juden auf den deutschen Legationssekretär Ernst vom Rath in Paris kommt es in der Nacht vom 9. auf den 10. November zu den vermeintlich spontanen Aktionen gegen die seit Hitlers Machtergreifung diskriminierte Bevölkerungsgruppe. 91 Juden werden getötet, über 26000 verhaftet. 191 Synagogen brennen nieder, 76 weitere werden demoliert, 7500 Läden und 171 Wohnhäuser zerstört, zahllose Gemeindehäuser und Friedhöfe verwüstet. Die unzähligen zerbrochenen Fensterscheiben geben der Pogromnacht den verharmlosenden Namen »Reichskristallnacht«.

Zerstörte jüdische Geschäfte in Berlin

Der Mord in Paris hat den Nationalsozialisten den gewünschten Anlass geliefert, um die lange vorbereiteten Aktionen gegen die Juden in Deutschland in die Tat umzusetzen. Als Initiator tritt Reichspropagandaminister Joseph Goebbels auf. Am Abend des 9. November erklärt er vor den in München versammelten »alten Kämpfern« in einer mehrdeutig formulierten Rede, dass nach Auffassung Adolf Hitlers »spontanen Demonstrationen« gegen Juden von der NSDAP nicht entgegengetreten werde. Die Funktionäre verstehen die Rede, wie Goebbels sie gemeint hatte. Die Partei solle nach außen hin nicht als Urheber in Erscheinung treten, sie aber in Wirklichkeit organisieren und durchführen. Noch in derselben Nacht gehen SA-Trupps, die per Telefon oder Fernschreiber alarmiert wurden, gegen Juden, jüdische Einrichtungen und Geschäfte vor. Die Pogrome sowie die anschließenden Verhaftungswellen sollen nicht nur die Ausschaltung der Juden aus dem deutschen Wirtschaftsleben vorbereiten, sondern auch den Auswanderungsdruck erhöhen. Die verschärfte Judenverfolgung führt dazu, dass die USA ihren Botschafter in Berlin nach Washington zurückbeordern. US-Präsident Franklin D. Roosevelt äußert sich entsetzt über die Vorgänge in Deutschland. »Ich selber konnte kaum glauben, dass sich solche Dinge in der Zivilisation des 20. Jahrhunderts ereignen können«, sagt Roosevelt der Presse. Der britische Premier Neville Chamberlain erklärt vor dem Unterhaus in London, er wolle umgehend die Möglichkeit einer Unterbringung deutscher Flüchtlinge prüfen.

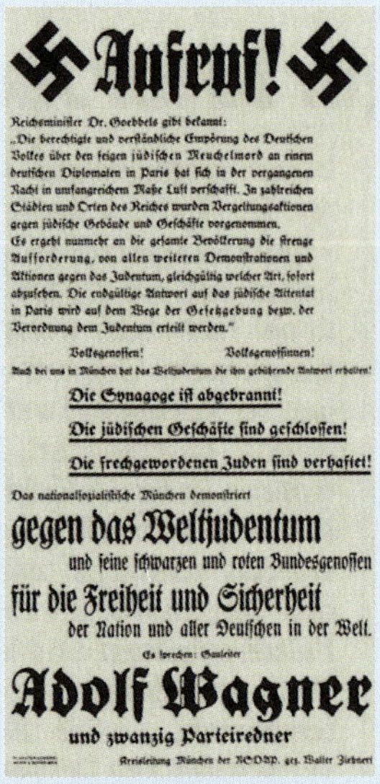

Aufruf!

Reichsminister Dr. Goebbels gibt bekannt:
„Die berechtigte und verständliche Empörung des Deutschen Volkes über den feigen jüdischen Meuchelmord an einem deutschen Diplomaten in Paris hat sich in der vergangenen Nacht in umfangreichem Maße Luft verschafft. In zahlreichen Städten und Orten des Reiches wurden Vergeltungsaktionen gegen jüdische Gebäude und Geschäfte vorgenommen.
Es ergeht nunmehr an die gesamte Bevölkerung die strenge Aufforderung, von allen weiteren Demonstrationen und Aktionen gegen das Judentum, gleichgültig welcher Art, sofort abzusehen. Die endgültige Antwort auf das jüdische Attentat in Paris wird auf dem Wege der Gesetzgebung bezw. der Verordnung dem Judentum erteilt werden."

Volksgenossen! Volksgenossinnen!
Auch bei uns in München hat das Weltjudentum die ihm gebührende Antwort erhalten!

Die Synagoge ist abgebrannt!
Die jüdischen Geschäfte sind geschlossen!
Die frechgewordenen Juden sind verhaftet!

Das nationalsozialistische München demonstriert
gegen das Weltjudentum
und seine schwarzen und roten Bundesgenossen
für die Freiheit und Sicherheit
der Nation und aller Deutschen in der Welt.
Es sprechen: Gauleiter
Adolf Wagner
und zwanzig Parteiredner
Kreisleitung München der NSDAP. gez. Walter Ziebnert

Aufruf der NSDAP zu einer Kundgebung in München

10. Dezember 1938

Nobelpreis für Atomforscher

Der italienische Physiker Enrico Fermi, der in die USA emigriert ist (s. Abb., in der Columbia-Universität), erhält den Physik-Nobelpreis »für die Bestimmung von neuen, durch Neutronenbeschuss erzeugten radioaktiven Elementen und die in Verbindung mit diesen Arbeiten durchgeführte Entdeckung der durch langsame Neutronen ausgelösten Kernreaktionen«. Weitere Nobelpreise gehen an das Internationale Nansen-Amt für Flüchtlinge (Frieden), Pearl S. Buck (Literatur) und Richard Kuhn (Chemie). Der Medizinnobelpreis wird noch nicht vergeben.

6. Dezember 1938

Frankreich wird besänftigt

Nachdem Deutschland bereits mit Großbritannien einen Freundschaftsvertrag geschlossen hat, unterzeichnen Reichsaußenminister Joachim von Ribbentrop und sein französischer Amtskollege Georges Bonnet eine Erklärung über gute Nachbarschaft.

Das Abkommen mit dem »Erbfeind« Frankreich soll der Welt den Friedenswillen Deutschlands vorgaukeln (Abb.: Titel der satirischen Zeitschrift »Simplicissimus«. Die friedensbereite Germania empfängt Marianne – Symbolfigur Frankreichs).

Hell in Flammen steht die Synagoge von Baden-Baden in der Reichspogromnacht.

Mordanschlag auf Diplomaten in Paris

In Paris wird der deutsche Legationssekretär Ernst vom Rath am 7. November Opfer eines Anschlags. Am 9. November erliegt er seinen schweren Verletzungen. Die Nachricht seines Todes erreicht Adolf Hitler auf dem Parteitreffen zum Gedenken an den Putschversuch vom 8./9. November 1923 in München. Der 17-jährige Herschel Grynszpan erschießt den ihm unbekannten Diplomaten, nachdem er in der Botschaft verlangt hatte, einen der Legationssekretäre zu sprechen. Grynszpan, der sofort nach der Tat von der Polizei festgenommen wird, gibt an, er habe das an seinen Eltern begangene Unrecht sühnen wollen.

Verhaftung des Attentäters nach dem Mordanschlag

Grynspzans Eltern gehören zu den in Deutschland wohnhaften polnischen Juden, die im Oktober zur Abschiebung an die polnische Grenze gebracht wurden. In der Presse wird die deutsche Öffentlichkeit darauf vorbereitet, dass der Anschlag von Paris Folgen für die Juden haben werde. Die »Düsseldorfer Nachrichten« schreiben mit drohendem Unterton: »Es ist selbstverständlich, dass sich diese Empörung gegen das Judentum richten wird ...«.

22. Dezember 1938

Kernspaltung gelungen

In einem Artikel beschreiben der am Kaiser-Wilhelm-Institut in Berlin tätige Chemiker Otto Hahn und sein Assistent, der Physiker Fritz Straßmann, ihre Erfolge bei der Bestrahlung von Uranproben durch Neutronenstrahlen. Mit ihren Versuchen ist es ihnen gelungen, erstmals Urankerne zu spalten. Damit sind die Grundlagen für die Produktion der Atombomben und die friedliche Nutzung der Kernenergie entdeckt. (Abb.: Der Arbeitstisch von Hahn mit den Geräten zur Spaltung von Uran). Erst die österreichische Physikerin Lise Meitner und ihr Neffe, Otto Robert Frisch, deuten als erste das Ergebnis der Hahnschen Forschungen als Kernspaltung.

Otto Hahn

deutscher Chemiker, * 8.3.1879 Frankfurt am Main; † 28.7.1968 Göttingen

Hahn schafft die Grundlage für die Nutzung der Atomenergie. Mit seiner Mitarbeiterin Lise Meitner entdeckte der Nobelpreisträger seit 1907 zahlreiche radioaktive Elemente oder Isotope. Hahn entwickelte auch radiochemische Untersuchungsmethoden, z.B. für die geologische Altersbestimmung.

- 1928: Direktor des Kaiser-Wilhelm-Instituts in Berlin
- 1945: Chemie-Nobelpreis für 1944
- 1946-60: Präsident der Max-Planck-Gesellschaft

Dezember 1938

1 Do In Moskau hat der Film »Alexander Newski« von Sergej Eisenstein Premiere. +++ Australien will in den nächsten drei Jahren 15 000 Menschen Asyl gewähren.

2 Fr Der tschechoslowakische Staatspräsident Emil Hácha verfügt eine umfangreiche Amnestie für die meisten politischen Delikte.

3 Sa Eine Viehzählung in Deutschland ergibt mit einem Bestand von 19,19 Mio. Rindern und 23,54 Mio. Schweinen ein schlechteres Ergebnis als im Vorjahr.

4 So In den sudetendeutschen Gebieten finden Wahlen zum Großdeutschen Reichstag statt. Die NSDAP erhält 98,90 % der Stimmen.

5 Mo Das deutsche Großflugzeug Fw 200 »Condor« muss – wegen eines Defektes – bei Manila auf dem Wasser notlanden und sinkt. Die Besatzung wird gerettet.

6 Di Der Künstler John Heartfield, der durch seine politischen Fotomontagen bekannt geworden ist, flieht aus Prag nach London. → Frankreich

7 Mi In vielen italienischen Städten finden Demonstrationen für einen Anschluss von Tunis (französisches Protektorat) und Korsika an Italien statt.

8 Do Der erste Flugzeugträger der deutschen Kriegsmarine läuft in Kiel vom Stapel. Er wird auf den Namen »Graf Zeppelin« getauft.

9 Fr Der Schweizer Bundesrat publiziert eine Botschaft zur Grundlage der »geistigen Landesverteidigung«, die sich auf ein eigenständiges Schweizertum beruft.

10 Sa In München beginnt die zweite deutsche Ausstellung für Architektur und Kunsthandwerk. Sie zeigt u.a. künftige Pläne der NS-Architektur. → Nobelpreis

11 So Bei den Wahlen zum jugoslawischen Parlament entfallen 58,9% der Stimmen auf die Listen des Ministerpräsidenten Milan Stojadinovic.

12 Mo Deutschland rekrutiert für Heer und Luftwaffe ab sofort Freiwillige im Alter von 17 bis 25 Jahren, für die Marine bis 23 Jahren.

13 Di Aus dem Konzentrationslager Sachsenhausen werden die ersten 100 Häftlinge in das neue Außenlager Neuengamme bei Hamburg gebracht.

14 Mi Die Sportjournalisten der USA wählen den Tennisspieler Donald Budge wie im Vorjahr zum Sportler des Jahres.

15 Do Die Autofirma Opel nimmt den »Kapitän« ins Programm. Der fünfsitzige Wagen erreicht eine Dauergeschwindigkeit von 112 km/h.

16 Fr In Burgos beschließt die nationalspanische Regierung, dem 1931 abgesetzten König Alfons XIII. die Rückkehr nach Spanien zu erlauben.

17 Sa Italien löst sich von dem Laval-Mussolini-Abkommen mit Frankreich von 1935, in dem die beiden Länder ihre Kolonialrechte in Nordafrika geregelt hatten.

18 So Bei den Landtagswahlen in der Slowakei stimmen 97,5% für die Einheitsliste des Ministerpräsidenten Jozef Tiso.

19 Mo Die Vertrauensleute der jüdischen Gemeinde Danzig erklären, im Frühjahr 1939 geschlossen die Stadt verlassen zu wollen.

20 Di Die westdeutschen Eisenbahnen begehen in Düsseldorf ihre 100-Jahr-Feier. 1838 war die Strecke Düsseldorf-Erkrath als erste eröffnet worden.

21 Mi Durch das Gesetz über die Deutsche Reichslotterie wird das Recht, öffentliche Lotterien und Ausspielungen zu veranstalten, dem Reich zugewiesen.

22 Do In der Tschechoslowakei werden Juden, die als Professoren oder Lehrer an deutschen Ausbildungsstätten arbeiten, entlassen. → Kernspaltung

23 Fr Die nationalspanischen Truppen beginnen ihre Offensive gegen das republikanische Katalonien. Der Angriff schlägt Lücken in die republikanische Front.

24 Sa Papst Pius XI. übt in einer Ansprache im Vatikan Kritik an der antikirchlichen Haltung der italienischen Regierung.

25 So Der »Völkische Beobachter« schreibt, die Schaffung des Mutterkreuzes drücke das Vertrauen aus, das der »Führer« allen Müttern entgegenbrächte.

26 Mo Wegen des gekündigten Mussolini-Laval-Abkommens durch Italien sendet Frankreich zum Schutz seiner Interessen Truppen ins Somaliland.

27 Di Das Präsidium des Obersten Sowjet führt den Ehrentitel »Held der Sozialistischen Arbeit« ein. +++ Der deutsch-chilenische Handelsvertrag wird verlängert.

28 Mi In Paris kommen die Filme »Gare du Nord« von Marcel Carné und »Bestie Mensch« von Jean Renoir zur Uraufführung.

29 Do »Zur Stärkung der Arbeitsmoral durch Änderungen der Sozialeinrichtungen« kürzt die Sowjetunion Tariflöhne und Urlaub.

30 Fr Bei einem Seegefecht vor Gibraltar wird der Zerstörer »José Luis Diaz« von nationalspanischen Kriegsschiffen versenkt.

31 Sa Die deutsche katholische Tageszeitung »Germania« stellt ihr Erscheinen ein. +++ Im Kieler Stadttheater hat die Operette »Saison in Salzburg« Premiere.-

Januar 1939

1 So Die Deutsche Lufthansa AG nimmt den Flugverkehr nach Chile auf. Die Länge der Flugstrecke Berlin-Santiago de Chile beträgt 15 039 km.

2 Mo In Deutschland wird ein Postsparkassendienst eingerichtet. Ein- und Rückzahlungen sind nun bei über 80 000 Postämtern möglich.

3 Di Das deutsche Reichswirtschaftsministerium ordnet an, Juden zu den Prüfungen der Industrie- und Handelskammer nicht mehr zuzulassen.

4 Mi In seiner Botschaft an den Kongress warnt US-Präsident Franklin D. Roosevelt vor einer Bedrohung des Weltfriedens durch aggressive europäische Staaten.

5 Do Kiichiro Freiherr Hirunama löst Fumimaro Fürst Konoe als japanischer Ministerpräsident ab. Konoe war seit 1937 im Amt.

6 Fr Die Außenminister Deutschlands und Polens konferieren in München über den – von Polen abgelehnten – Wiederanschluss Danzigs an das Reich.

7 Sa In Wilhelmshaven wird das 1936 vom Stapel gelaufene 26 000 Tonnen-Schlachtschiff »Scharnhorst« in Dienst gestellt.

8 So Im Finale um den deutschen Fußballpokal schlägt Rapid Wien vor 40 000 Zuschauern im Berliner Olympiastadion den FSV Frankfurt mit 3:1.

9 Mo Im niederländischen Den Haag schießen unbekannte Attentäter auf das Arbeitszimmer des deutschen Konsulatssekretärs. → Reichskanzlei

10 Di Der Berliner Volksgerichtshof verurteilt den Publizisten und Politiker Ernst Niekisch wegen Gründung einer Widerstandsbewegung zu lebenslanger Haft.

11 Mi In einer Note an die deutsche Reichsregierung verlangen die USA erneut die Beachtung der Rechte von jüdischen US-Bürgern in Deutschland.

12 Do Die Irisch-Republikanische Armee droht Großbritannien mit Anschlägen, falls die britischen Truppen nicht binnen vier Tagen aus Irland abgezogen würden.

13 Fr In Berlin eröffnet Reichssportführer Hans von Tschammer und Osten die erste Tagung des Nationalsozialistischen Reichsbundes für Leibesübungen.

14 Sa Das Reichspropagandaministerium teilt der Presse mit, Adolf Hitler sei künftig nicht mehr als Reichskanzler, sondern nur noch als »Führer« zu betiteln.

15 So In Detmold fordert NS-Reichsleiter Alfred Rosenberg die westlichen Demokratien auf, den Juden ein Gebiet außerhalb Palästinas zuzuweisen.

16 Mo Bomben der Irisch-Republikanischen Armee, die Terrorakte in Großbritannien angekündigt hatte, explodieren in mehreren britischen Städten.

17 Di Die zweite allgemeine Volkszählung in der UdSSR ergibt laut einer Pressemeldung eine Gesamtbevölkerung von 170,5 Mio. Menschen.

18 Mi Aufgrund von positiv verlaufenen Tests sollen bei der Verkehrspolizei in Deutschland Lautsprecherwagen bei der Verkehrsregelung eingesetzt werden.

19 Do Reichswirtschaftsminister Walther Funk wird anstelle von Hjalmar Schacht Präsident des Reichsbankdirektoriums.

20 Fr Eine Verordnung über Jugendliche, die in bergbaulichen Betrieben beschäftigt sind, ermöglicht es, die Arbeitszeit für noch nicht 16-Jährige auszudehnen.

21 Sa Die Regierung in Prag bietet Deutschland Einflussmöglichkeiten auf die Tschechoslowakei an. Dafür sollen die Grenzen garantiert werden.

22 So Mit einem 6:4, 7:5, 6:4-Sieg über Henner Henkel wird Roderich Menzel in Bremen internationaler deutscher Hallentennismeister.

23 Mo In der Kapelle des Quirinalpalastes in Rom heiraten die italienische Königstochter Prinzessin Maria von Savoyen und Prinz Ludwig von Bourbon-Parma.

24 Di Die Regierungen von Deutschland und Italien vereinbaren den Einsatz von 37 000 italienischen Landarbeitern in Deutschland.

25 Mi Durch k.o. in der ersten Runde über John H. Lewis in New York bleibt der US-Amerikaner Joe Louis Boxweltmeister in Schwergewicht. → Chile

26 Do Von den 3750 jüdischen Einzelhandelsunternehmen in Berlin sind 700 in »arischen« Besitz übergegangen. Die restlichen wurden geschlossen. → Faschisten

27 Fr Adolf Hitler ordnet den verstärkten Ausbau der deutschen Kriegsmarine an. Bis 1948 soll die Marine 300 Schiffe umfassen.

28 Sa Höhepunkt des Berliner Presseballs ist das erste öffentliche Auftreten von Zarah Leander als Sängerin, die Lieder aus ihren Filmen vorträgt.

29 So Vor 45 000 Zuschauern schlägt in Brüssel die deutsche Fußballnationalmannschaft die Elf von Gastgeber Belgien mit 4:1.

30 Mo Zur Reduzierung des Flüchtlingsstroms aus dem republikanischen Spanien gewährt Frankreich vorerst nur noch Frauen und Kindern Asyl. → Juden

31 Di Im italienischen Wintersportort Cortina d'Ampezzo gewinnt der Schweizer Viererbob die Weltmeisterschaft. Fritz Feierabend sitzt am Steuer.

30. Januar 1939

Hitler bedroht Europas Juden

»Führer« Adolf Hitler kündigt vor dem »Großdeutschen« Reichstag in der Berliner Krolloper die Vernichtung der europäischen Juden an (Abb.: Hitler vor der Krolloper). »Wenn es dem internationalen Finanzjudentum in und außerhalb Europas gelingen sollte, die Völker noch einmal in einen Weltkrieg zu stürzen, dann wird das Ergebnis

nicht die Bolschewisierung der Erde und damit der Sieg des Judentums sein, sondern die Vernichtung der jüdischen Rasse in Europa ... die Völker wollen nicht mehr auf den Schlachtfeldern sterben, damit diese wurzellose internationale Rasse an den Geschäften des Krieges verdient

und ihre alttestamentarische Rachsucht befriedigt«, hetzt Hitler (s. Abb. r.) vor den 855 nationalsozialistischen Delegierten. Darüber hinaus garantiert er dem faschistischen Italien unbedingte Bündnistreue. Falls Italien angegriffen werde, sei Deutschland an seiner Seite. Im westlichen Ausland findet die Rede Hitlers wegen fehlender offener Kriegsdrohungen vielfach eine positive Resonanz.

26. Januar 1939

Sieg der Faschisten

Der Spanische Bürgerkrieg zwischen den aufständischen Truppen von General Francisco Franco und den Verteidigern der Republik geht in seine letzte Phase. Kampflos fällt die Stadt Barcelona in die Hände der Faschisten.

Mit dem Fall der katalanischen Metropole ist der Krieg praktisch zugunsten der nationalspanischen Einheiten entschieden. Zwar kontrollieren die Truppen der Republik noch weite Teile von Mittelspanien, doch ist die Moral der Verteidiger endgültig gebrochen. Zu Zehntausenden fliehen Zivilpersonen und Militärangehörige vor den Nationalisten in den Norden des Landes.

Bei der Verteidigung Barcelonas befanden sich die Republikaner von vorneherein auf verlorenem Posten. 90 000 Soldaten standen einer Übermacht von 350 000 Francotreuen gegenüber. Anfang Januar war die republikanische Verteidigung zusammengebrochen. Auch die Politiker reagieren auf die sich zuspitzende Lage. Am 27. Februar tritt der nach Frankreich geflohene Präsident der Republik Spanien, Manuel Azaña y Díaz, von seinem Amt zurück. Er überträgt seine Aufgaben dem gleichfalls ins Nachbarland geflüch-

Flucht vor Francos Truppen

9. Januar 1939

Reichskanzlei eingeweiht

In einer prunkvollen Feier wird die monumentale Neue Reichskanzlei in Berlin eingeweiht (Abb.: Mosaikhalle). Der in neun Monaten fer-

tig gestellte gewaltige Bau mit seinen riesigen Hallen und Fluren sowie den 420 Zimmern ist ein Werk des NS-Architekten und Generalbauinspekteurs für Berlin, Albert Speer.

Albert Speer

deutscher Architekt und Politiker, * 19.3.1905 Mannheim; † 1.9.1981 London

Speer ist der maßgebliche Baumeister im nationalsozialistischen Deutschland. Im Auftrag Adolf Hitlers errichtet er in Berlin, Nürnberg und München gewaltige Repräsentationsbauten. Die kolossalen neoklassizistischen Gebäude sollen nur der Anfang einer architektonischen Umgestaltung deutscher Großstädte sein. Vor allem Berlin steht im Mittelpunkt gigantomanischer Pläne. Eine gewaltige Große Halle am Tiergarten sowie eine große Nord-Süd-Achse sind geplant. Im Krieg übernimmt Speer Aufgaben in der Rüstungsindustrie und wird u.a. Reichsminister für Bewaffnung und Munition. In den Nürnberger Kriegsverbrecherprozessen wird er wegen Beschäftigung von Zwangsarbeitern verurteilt.

- 1931: Eintritt in die NSDAP
- 1937: Generalbauinspekteur für Berlin
- 1942: Reichsminister für Bewaffnung und Munition
- 1946: Verurteilung zu 20 Jahren Haft
- 1975: »Spandauer Tagebücher«

Italienische Truppen paradieren vor Franco.

teten Präsidenten der Cortes, Diego Martínez Barrio. Aber der Wechsel in der Führung bleibt folgenlos. Franco hat sich mittlerweile auch auf internationalem Parkett durchgesetzt. Großbritannien und Frankreich erkennen die Regierung des Generalissimus als rechtmäßige Vertretung Spaniens an. Am 9. Februar schließen die Franco-Truppen die vollständige Besetzung Kataloniens ab. Oppositionelle Zivilisten und Militärangehörige fliehen ins benachbarte Frankreich. Nach heftigen Auseinandersetzungen innerhalb der verbliebenen republikanischen Einheiten in Spanien fällt auch die spanische Hauptstadt Madrid kampflos in die Hände der Franco-Truppen. Nach der Kapitulation versuchen Tausende Republikaner, das Land auf neutralen Schiffen zu verlassen. Doch nur wenigen gelingt die Flucht. In der gesamten einst republikanischen Zone des Landes werden Franco-Gegner verfolgt und vor Kriegsgerichte gestellt.
Offiziell wird der Spanische Bürgerkrieg am 1. April für beendet erklärt. In der Hauptstadt Madrid beginnen im Mai zweitägige Siegesfeiern. Zuvor hatten bereits spanische, italienische und deutsche Luftwaffeneinheiten auf dem Madrider Flugplatz vor Franco paradiert. Deutsche und Italiener waren für ihren »Kreuzzug gegen den Kommunismus« mit der Militärmedaille geehrt worden. Franco konnte während des Bürgerkriegs auf massive Hilfe der faschistischen Staaten Deutschland und Italien bauen.

Der Spanische Bürgerkrieg

Datum	Ereignis
1936	
16.2.	Linksparteien gewinnen Wahlen
13.7.	Monarchistenführer José Calvo Sotelo wird ermordet
17.7.	Militärputsch unter Franco beginnt
1.10.	Franco wird Oberbefehlshaber der Streitkräfte und Staatschef
22.10.	In Madrid entstehen Internat. Brigaden
1937	
26.4.	Deutsche Legion Condor zerstört Guernica
1938	
15.4.	Franco-Truppen erreichen das Mittelmeer.
15.11.	Internat. Brigaden beginnen mit dem Abzug
1939	
26.1.	Franco-Truppen besetzen Barcelona
28.3.	Franco-Truppen besetzen Madrid
1.4.	Bürgerkrieg wird nach dem Sieg der Franco-Truppen offiziell für beendet erklärt

17. Februar 1939

Eis-Champions auf WM-Kurs

Sie gleiten über das Eis wie sonst niemand in den 30er Jahren. Zum vierten Mal in Folge sichern sich Maxie Herber und Ernst Baier (s. Abb.) aus München und Zittau den WM-Paarlauftitel im Eiskunstlauf. Mit einer technisch anspruchsvollen und sicher vorgetragenen Kür können sie das deutsche Geschwisterpaar Ilse und Erik Pausin hinter sich lassen. Und das, obwohl Maxie Herber wegen einer Verletzung mehrere Tage nicht trainieren konnte. Bei den Herren holt sich der Brite Graham Sharp den Titel. In der Einzelkonkurrenz der Damen setzt sich mit Megan Taylor aus Großbritannien die Titelverteidigerin durch.

25. Januar 1939

Beben erschüttert Chile

Die Chilenen erleben eine Naturkatastrophe von bislang nicht gekanntem Ausmaß. Ein gewaltiges Erdbeben, das vor allem die Städte Chillán, San Carlos und Concepción zerstört, fordert mehr als 10 000 Menschenleben. Die Küstenstadt Concepción war bereits in den Jahren 1730, 1751 und 1835 von Erdstößen verwüsten worden. Fast völlig zerstört werden die 30 000-Einwohner-Stadt Chillán und der 25 km entfernt liegende Ort San Carlos (7500 Einwohner). Das Beben ist so stark, dass noch im 1500 km entfernten Buenos Aires in den obersten Stockwerken der Hochhäuser die Deckenlampen sowie Tische und Stühle ins Wanken geraten. Die Regierung verhängt über das Katastrophengebiet den Ausnahmezustand. Rettungsmannschaften mit Ärzten und Suchpersonal werden in die zerstörten Ortschaften geflogen. Die überlebende Bevölkerung wird aus der Luft notdürftig mit Wasser und Lebensmitteln versorgt. Inmitten der Trümmer ihrer Häuser warten verzweifelte Überlebende auf Hilfe.

Februar 1939

1 Mi Wegen der Ankündigung Ungarns, dem Antikominternpakt beizutreten, löst die UdSSR ihre Botschaft in Budapest auf.

2 Do Belgiens Ministerpräsident Paul Henri Spaak wird in Brüssel tätlich angegriffen. Anlass ist der Sprachenstreit zwischen Flamen und Wallonen.

3 Fr In Hollywood findet die »Oscar«-Verleihung statt. Als bester Film wird Frank Capras »Lebenskünstler« (»You can't take it with you«) ausgezeichnet.

4 Sa In den Londoner U-Bahn-Stationen Tottenham Court Road und Leicester Square explodieren Bomben der Irisch-Republikanischen Armee (IRA).

5 So »Der Mond, ein kleines Welttheater« von Carl Orff feiert in München Premiere. Der Komponist orientiert sich an Märchen der Gebrüder Grimm.

6 Mo Die französische Presse meldet, dass bis zum Vortag 100 000 Menschen wegen des Bürgerkriegs aus der Republik Spanien nach Frankreich geflohen seien.

7 Di NS-Reichsleiter Alfred Rosenberg informiert die Presse über Pläne, Juden in ein Territorium abzuschieben, das etwa 15 Mio. Menschen aufnehmen kann.

8 Mi Der Deutsche Rudolf Caracciola stellt auf Mercedes-Benz mit 175,097 km/h über den Kilometer mit stehendem Start einen Rekord auf.

9 Do Im Spanischen Bürgerkrieg erreichen die siegreichen nationalistischen Truppen die spanisch-französische Grenze bei Le Perthus.

10 Fr Papst Pius XI. stirbt in Rom im Alter von 82 Jahren. Er hatte sich vornehmlich der Konsolidierung der katholischen Kirche gewidmet.

11 Sa In Leipzig findet die Uraufführung von »Die pfiffige Magd«, einer komischen Oper von Julius Weismann, statt.

12 So Bei der Eishockey-Weltmeisterschaft in Basel und Zürich siegt Kanada in der Endrunde durch ein 4:0 über die USA und gewinnt den Titel.

13 Mo Hermann Göring erlässt als Vierjahresplan-Beauftragter eine Verordnung, nach der die Lösung von Arbeitsverhältnissen erschwert wird.

14 Di Reichskanzler Adolf Hitler hält in Hamburg die Taufrede beim Stapellauf des Schlachtschiffs »Bismarck« (35 000 t).

15 Mi Ungarns Ministerpräsident Béla Imrédy reicht wegen seiner »nichtarischen« Vorfahren seinen Rücktritt ein. Er ist selbst Befürworter antisemitischer Gesetze.

16 Do Der Große Faschistische Rat Italiens beschließt die Zwangsmitgliedschaft aller Schüler und Studenten in der faschistischen Jugend.

17 Fr Adolf Hitler eröffnet in Berlin die Internationale Automobil- und Motorradausstellung. Die Schau dauert bis zum 5. März. → Eis-Champions

18 Sa In 36 Stunden und elf Minuten bringt eine Dornier Do 26 der Deutschen Lufthansa 567 kg Medikamente für die Erdbebenopfer in Chile nach Rio de Janeiro.

19 So Nach einer Mitteilung des Reichsarbeitsministeriums kommen in Berlin auf einen Arbeit suchenden Maurer 1360 offene Stellen.

20 Mo Die Karnevalsmetropolen stehen im Zeichen des Rosenmontags. Der staatlich tolerierte Humor stellt sich zum Teil in den Dienst der Propaganda.

21 Di In Newcastle läuft das Großkampfschiff »King George V.« vom Stapel. Es ist der erste britische Schlachtschiffneubau seit 14 Jahren.

22 Mi Eine Konferenz Schweizer Polizeifunktionäre beschließt, die Einreise von Emigranten nur zu erlauben, wenn die Weiterwanderung gewährleistet ist.

23 Do Die neu gegründete reichsdeutsche Stiftung »Sportdank« soll Sportler im Falle von Erwerbsunfähigkeit aufgrund eines Unfalls finanziell unterstützen.

24 Fr Ungarn und Mandschukuo treten dem Antikominternpakt bei. Der Pakt soll international die »kommunistische Zersetzung« abwehren.

25 Sa Adolf Hitler beauftragt Reichsverkehrsminister Julius Dorpmüller mit der Erweiterung des Kaiser-Wilhelm-Kanals (Nord-Ostsee-Kanal).

26 So In London endet eine Konferenz zur Lösung der Palästinafrage. Die Tagung mit jüdischen und arabischen Delegierten bleibt erfolglos.

27 Mo Der Präsident der Republik Spanien, Manuel Azaña y Díaz, erklärt seinen Rücktritt. Frankreich und Großbritannien erkennen zugleich die Regierung Franco an.

28 Di Die deutsche Regierung lehnt die von Großbritannien und Frankreich verlangte Garantie für die Grenzen der Tschechoslowakei ab.

März 1939

1 Mi Zum »Tag der Luftwaffe« ruft deren Oberbefehlshaber Hermann Göring im Rundfunk die Jugend zum Eintritt in die deutsche Luftwaffe auf.

2 Do Der nach Spanien heimgekehrte republikanische Ministerpräsident Juan Negrín López besetzt führende Armeeposten mit Kommunisten. → Zentralist

3 Fr In der Freien Stadt Danzig müssen sich alle Juden gemäß Senatsbeschluss zu einer Haftungsgemeinschaft zusammenschließen. → Ford-Western

4 Sa Die Reichsjugendführung und der Reichsluftschutzverband vereinbaren Luftschutzübungen für 13- bis 14-jährige Jugendliche.

5 So Durch ein 2:0 (0:0, 1:0, 1:0) über die Auswahl der Tschechoslowakei wird die Schweiz in Basel Eishockey-Europameister.

6 Mo Der belgische König Leopold III. löst wegen der fortdauernden Regierungskrise das Parlament auf und schreibt für den 2. April Neuwahlen aus.

7 Di Im indischen Fürstenstaat Rajkot bricht Mahatma Gandhi nach Zusagen des britischen Vize-Königs einen Hungerstreik für demokratische Reformen ab.

8 Mi In Berlin endet die zweitägige erste »großdeutsche« Rektorenkonferenz. Bildungsminister Bernhard Rust kündigt eine Verkürzung der Studiendauer an.

9 Do In der französischen Hafenstadt Saint Nazaire an der Mündung der Loire zerstört ein Großbrand den im Bau befindlichen 30000-t-Dampfer »Pasteur«.

10 Fr Emil Hácha, Staatspräsident der Tschechoslowakei, setzt den slowakischen Ministerpräsidenten Jozef Tiso ab und lässt Truppen in Pressburg einmarschieren.

11 Sa In den seit 5. März andauernden Straßenkämpfen in Madrid behauptet sich die am 6. März an die Macht gelangte Junta Casado gegen die Kommunisten.

12 So Deutschland begeht den Heldengedenktag und den Tag der Wehrfreiheit zur Erinnerung an die Wiedereinführung der Wehrpflicht 1935.

13 Mo Adolf Hitler empfängt in Berlin den abgesetzten slowakischen Regierungschef Jozef Tiso und verlangt die Ausrufung der unabhängigen Slowakei.

14 Di Deutsche Truppen überschreiten die Grenze zur Tschechoslowakei und besetzen Mährisch-Ostrau, Vitkovice und Mistek.

15 Mi In Kairo heiraten Prinzessin Fawzia, Schwester des ägyptischen Königs Faruk I., und der iranische Kronprinz Mohammad Resa Pahlawi. → Tschechoslowakei

16 Do Reichswirtschaftsminister Walther Funk ordnet die Schließung unrentabler Einzelhandelsgeschäfte in Deutschland an.

17 Fr Durch k.o. in der 5. Runde über Titelverteidiger Heinz Lazek gewinnt Adolf Heuser in Berlin die Box-Europameisterschaft im Schwergewicht. → Kurswechsel

18 Sa Die Sowjetunion protestiert gegen die Okkupation Böhmens und Mährens und fordert London zur Abwehr weiterer deutscher Aggressionen auf.

19 So Ernst Seibert und Kurt Heintz fliegen auf der 1000-km-Strecke Dessau-Zugspitze-Dessau in einem Junkers-Bomber mit 517 km/h Weltrekord.

20 Mo Auf dem Hof der Berliner Hauptfeuerwache werden über 5000 Werke »entarteter Kunst« verbrannt. Darunter befinden sich u.a. Gemälde von Otto Dix.

21 Di Reichsaußenminister Joachim von Ribbentrop verlangt in Berlin vom polnischen Botschafter Jozef Lipski erneut die Rückgabe Danzigs.

22 Mi Konstantin Freiherr von Neurath, Reichsprotektor von Böhmen und Mähren, wird Reichskanzler Adolf Hitler direkt unterstellt.

23 Do Regierungsvertreter Deutschlands und Rumäniens unterzeichnen in Bukarest ein umfangreiches Wirtschaftsabkommen. → Memelland

24 Fr Frankreichs Staatspräsident Albert Lebrun und Außenminister Georges Bonnet beenden einen dreitägigen Staatsbesuch in London.

25 Sa Der bislang freiwillige Dienst in der Hitlerjugend (HJ) wird zur Pflicht für alle Jungen und Mädchen im Alter von 10 bis 18 Jahren.

26 So In Florenz besiegt Italien die »großdeutsche« Fußballnationalmannschaft 3:2. Eine zweite deutsche Elf unterliegt in Differdingen Luxemburg 1:2.

27 Mo Die Regierung von Nationalspanien tritt in Burgos dem Antikominternpakt bei. Ungarn und Japan waren bereits im Februar beigetreten.

28 Di Truppen des nationalspanischen Staatschefs Francisco Franco ziehen in Madrid ein. Die letzten republikanischen Truppen fliehen nach Valencia.

29 Mi Vor dem britischen Unterhaus verkündet Premierminister Arthur Neville Chamberlain die Verdoppelung der Territorialarmee auf 26 Divisionen.

30 Do Die jüdische Bevölkerung des von Deutschland annektierten Memellandes muss per Verordnung bis zum 31. Mai ihren Schmuck abgeben.

31 Fr Der britische Premierminister Arthur Neville Chamberlain verkündet nach intensiven diplomatischen Aktivitäten eine britisch-französische Garantie für Polen.

15. März 1939

Hitler zerschlägt die Tschechoslowakei

Adolf Hitler setzt seine Aggressionspolitik in Europa weiter fort. Auch die Abtretung des Sudetenlandes an Deutschland im Jahre 1938 bringt Prag letztendlich nicht den erhofften Erhalt der Tschechoslowakei. Unter massivem Druck Hitlers unterzeichnen in Berlin Staatspräsident Emil Hácha sowie Außenminister František Chvalkovsky ein Abkommen, welches das »Schicksal des tschechischen Volkes und Landes vertrauensvoll

Deutsche Truppen in der Tschechoslowakei

in die Hände des Führers des Deutschen Reiches« legt. Hitler sichert dem »tschechischen« Volk »eine seiner Eigenart gemäße autonome Entwicklung« zu. Die Deutschen haben den tschechoslowakischen Vertretern keine Wahl gelassen. Entweder solle die Tschechoslowakei mit einer gewissen Autonomie in das Deutsche Reich »freiwillig« eingegliedert werden, oder ein militärischer Konflikt stünde unmittelbar bevor. Hitler droht mit der Bombardierung Prags und dem sofortigen Einmarsch seiner Truppen. Der 66-jährige Hácha unterschreibt schließlich die fertig formulierte Unterwerfungserklärung und gibt den Befehl, deutschen Einheiten keinen Widerstand entgegenzusetzen. Um 6 Uhr morgens – nur wenige Stunden nach Unterzeichnung des deutsch-tschechoslowakischen Abkommens – marschieren die ersten deutschen Truppen in das Nachbarland ein. Sie besetzen die Gebiete Böhmen, Mähren sowie einen Teil der westlichen Slowakei. Die Bevölkerung reagiert jedoch – anders als in Österreich und im Sudetenland – überwiegend ablehnend auf die Ankunft der deutschen Soldaten. Empörung und Trauer der Menschen, die fassungslos am Straßenrand stehen, macht sich in geballten Fäusten und Protesten Luft. Ein US-Reporter notiert: »Die Tschechen standen mit Tränen in den Augen und sahen zu, wie die Deutschen nach Prag einmarschierten.« Reichsaußenminister Joachim von Ribbentrop verkündet im Rundfunk die Schaffung des Reichsprotektorats Böhmen und Mähren als »autonomen« Teil des »Großdeutschen Reiches« mit eigenem Staatsoberhaupt und einem Reichsprotektor. Dieses Amt übernimmt Konstantin Freiherr von Neurath. Karl Hermann Frank wird dessen mächtiger Staatssekretär. Hitler hatte auch nach dem Münchener Abkommen nie das Ziel einer »Zerschlagung der Rest-Tschechei« aus den Augen verloren. Als Mittel zum Zweck wurden die seit langem schwelenden Spannungen zwischen

2. März 1939

Zentralist wird Papst

In der Sixtinischen Kapelle wählen 62 Kardinäle den zum engsten Favoritenkreis zählenden Kardinalstaatssekretär Eugenio Pacelli zum Papst. Seine Krönung als Pius XII. erfolgt am 12. März. Pacelli gilt als Befürworter einer zentralistischen Kirchenstruktur.

Pius XII.

eigtl. Eugenio Pacelli, Papst, * 2.3.1876 Rom; † 9.10.1958 Castel Gandolfo

Im Zweiten Weltkrieg wahrt Pius XII. Neutralität. Auf diplomatischem Weg versucht er, Not zu lindern, schweigt aber offiziell zur Judenvernichtung in Deutschland. Der Papst, der eine konservative Sozialpolitik vertritt, sieht im Kommunismus die weitaus größere Gefahr als im Nationalsozialismus.

- 1920: vatikanischer Nuntius in Berlin
- 1929: Kardinal
- 1950: Dogma von der leiblichen Himmelfahrt Marias

7. April 1939

Italien überfällt Albanien

Italienische Truppen landen in Vlorë und drei anderen albanischen Häfen. Es kommt nur zu wenigen ernsthaften Kampfhandlungen. Zwei Tage später fällt die Hauptstadt Tirana, König Zogu I. und Königin Geraldine fliehen ins benachbarte Griechenland. In regierungsamtlichen Pressemeldungen wird der Überfall Italiens auf das Balkanland begründet mit »bedrohlichen Kundgebungen bewaffneter Banden, die die persönliche Sicherheit der in Albanien ansässigen Italiener schwer gefährdeten.«

In Deutschland wird der Militärschlag als »Abwehr der Einkreisungspolitik« gefeiert, London reagiert gelassen. Angesichts der sich verschiebenden Machtstrukturen in Europa sucht Frankreich eine Übereinkunft mit der Sowjetunion. Nachdem sich in Tirana am 12. April eine italienfreundliche Nationalversammlung konstituiert hat, nimmt Italiens König Viktor Emanuel III. am 16. April die albanische Königswürde an. Der Monarch ist – ebenfalls nach einem Akt militärischer Aggression – bereits Kaiser von Äthiopien.

Hitler (am Fenster) nach dem Einmarsch in Prag

der Regierung in Prag und dem slowakischen Kabinett von Jozef Tiso benutzt. Tiso, Vorkämpfer einer souveränen Slowakei, verweigerte Prag den Treueeid. Daraufhin wurde er für abgesetzt erklärt. Hitler empfing Tiso daraufhin am 13. März in Berlin. Der slowakische Politiker proklamierte tags darauf in Pressburg die unabhängige Republik Slowakei. Mit dem Einmarsch deutscher Truppen erlangt Berlin auch die Kontrolle über die Wirtschaft des Landes. Mit den Skodawerken Wetzler (Metall) und dem Aussiger Verein (Chemie) fallen kriegswichtige Großkonzerne in deutsche Hand.

17. März 1939

Kurswechsel in London

Als Reaktion auf die anhaltende Aggressionspolitik Adolf Hitlers vollzieht Großbritannien einen politischen Kurswechsel. Der britische Premier Arthur Neville Chamberlain, der sich gegen die deutsche Gewaltpolitik wendet, kündigt in einer Rede in Birmingham das Ende seiner Politik der Beschwichtigung (»appeasement«) an. Persönliche Enttäuschung und die Entrüstung der Öffentlichkeit sowie die Erkenntnis, dass die Stabilität Europas durch die deutsche Expansion ernsthaft gefährdet ist, sind die Gründe für Chamberlains Kurswechsel. Der Premier bekräftigt seinen Wunsch nach Friedenserhaltung, den er in zahlreichen Gesprächen mit Adolf Hitler glaubte verwirklichen zu können. Aber er unterstreicht auch den alten Grundsatz britischer Außenpolitik, keiner Macht auf dem Kontinent die Vorherrschaft einzuräumen. Hitlers Zerschlagung der Tschechoslowakei sei eine Wende. Dieser Vorgang scheine zu einer anderen Kategorie zu gehören als im Fall Österreichs und des Sudetenlandes. Chamberlain kündigt neue Verteidigungsinitiativen an.

23. März 1939

Auch das Memelland besetzt

Nachdem Litauen am Tag zuvor einen Vertrag paraphiert hat, der die Rückgabe des Memellandes an Deutschland billigt, trifft Reichskanzler Adolf Hitler in Memel ein (Abb.: Die »Berliner Illustrirte« zeigt Hitler auf dem Panzerschiff »Deutschland«). Die deutsche Bevölkerung bereitet ihm einen überschwänglichen Empfang. Das Memelland wurde nach dem Ende des Zweiten Weltkriegs zunächst unter alliierte Verfügungsgewalt gestellt, später Litauen zuerkannt. Nach der Zerschlagung der Tschechoslowakei fordert Deutschland Litauen massiv zur Rückgabe des Memellandes auf. Nach dem Einmarsch deutscher Truppen werden jüdische Bürger systematisch verfolgt. Jüdische Fabriken und Geschäfte werden von der SS beschlagnahmt.

3. März 1939

Spannender Ford-Western

Mit der Rolle des Ringo Kid in dem Western »Stagecoach« (Höllenfahrt nach Santa Fé) beginnt für John Wayne (s. Abb., mit Claire Trevor) eine Weltkarriere. Kritik und Publikum feiern den Film von Regisseur John Ford begeistert. Spannend und differenziert wird die abenteuerliche Fahrt einer Postkutsche durch das Indianergebiet des Monument Valley erzählt.

John Wayne

eigtl. Marion Michael Morrison, * 26.5.1907 Winterset/Iowa; † 11.6.1979 Los Angeles

John Wayne ist der Inbegriff des Westernhelden, der sich den Weg freischießt und die Barmädchen betört. Ausgestattet mit den Tugenden des amerikanischen Pioniers reitet, trinkt und prügelt er sich durch mehr als 150 Filme. Später spielt der politisch den Konservativen nahe stehende Mime auch in Abenteuer- und Kriegsfilmen. Zudem ist er Produzent und Regisseur.

- 1948: »Bis zum letzten Mann«
- 1950: »Rio Grande«
- 1961: »Hatari«

April 1939

1	Sa	Der nationalspanische Heeresbericht erklärt den Bürgerkrieg der siegreichen Franco-Truppen mit den republikanischen Einheiten für beendet.
2	So	Katholiken und Liberale gehen als Gewinner aus den belgischen Parlamentswahlen hervor. Zu den Verlierern gehören u.a. die Sozialdemokraten.
3	Mo	In einer Weisung an die Wehrmacht ordnet Reichskanzler Adolf Hitler die Vorbereitung des Angriffs auf Polen an (»Fall Weiß«).
4	Di	König Ghasi I. von Irak stirbt bei einem Autounfall. Als Nachfolger wird sein 1935 geborener Sohn Faisal II. zum König proklamiert.
5	Mi	Der Exilvorstand der Sozialdemokratischen Partei Deutschlands lehnt kommunistische Angebote zum gemeinsamen Kampf gegen die Kriegsgefahr ab.
6	Do	Der britische Premierminister Arthur Neville Chamberlain gibt bekannt, dass er sich mit der polnischen Regierung über einen Beistandspakt geeinigt habe.
7	Fr	In der Sowjetunion feiert der Revolutionsfilm »Lenin im Jahr 1918« seine Uraufführung. Die Regie führte Michail I. Romm. → Albanien
8	Sa	Einige evangelische Landeskirchen billigen Grundsätze der nationalkirchlichen Einigung Deutsche Christen, die dem Nationalsozialismus verbunden ist.
9	So	In Berlin gewinnt der VK Engelmann Wien mit 1:0 (0:0, 0:0, 1:0) über den Berliner SC die deutsche Eishockeymeisterschaft.
10	Mo	Nach Angaben der Gestapo gibt es derzeit in Deutschland 300 000 Gefangene in Konzentrationslagern und Strafanstalten.
11	Di	Das Oberkommando der deutschen Wehrmacht erlässt eine Weisung für den Angriff auf Polen. Darin ist u.a. ein Handstreich auf Danzig vorgesehen.
12	Mi	Die Berliner Zeitschrift »Adresse und Anzeige« teilt mit, dass Juden nicht mehr in Adressbücher aufgenommen werden.
13	Do	Großbritannien und Frankreich sichern Griechenland, Rumänien und Polen Hilfe im Verteidigungsfall zu. Am 15. April bietet die UdSSR Hilfe im Kriegsfall an.
14	Fr	US-Präsident Franklin D. Roosevelt fordert den deutschen Reichskanzler Adolf Hitler auf, für 31 Staaten Angriffsverzichtserklärungen abzugeben.
15	Sa	In Wuppertal kommt es zu kollektiven Lohnforderungen. Die Betriebsführer reagieren größtenteils mit Entlassungen.
16	So	König Viktor Emanuel III. von Italien nimmt die albanische Krone an. Italienische Truppen waren am 7. April in Albanien einmarschiert.
17	Mo	Durch k.o. in der 1. Runde über Jack Ropper in Los Angeles bleibt Joe Louis (USA) Boxweltmeister im Schwergewicht.
18	Di	Hubert Graf Pierlot bildet ein belgisches Kabinett mit den aus den Parlamentswahlen vom 2. April gestärkt hervorgegangenen Liberalen und Katholiken.
19	Mi	In Le Havre gerät der französische Passagierdampfer »Paris« in Brand und sinkt nach Ende der Löscharbeiten. Als Ursache wird Brandstiftung vermutet.
20	Do	Reichskanzler Adolf Hitler begeht seinen 50. Geburtstag. Eine vierstündige Parade der Wehrmacht in Berlin ist Höhepunkt der Feierlichkeiten.
21	Fr	Für den am 7. April verstorbenen Joseph Alois Lyons übernimmt Robert Gordon Menzies das Amt des australischen Premierministers.
22	Sa	Trotz eines 1:2 gegen Charlton Athletic wird der FC Everton vorzeitig zum fünften Mal englischer Fußballmeister.
23	So	Zwischen der britischen Hauptstadt London und der polnischen Hauptstadt Warschau wird eine direkte Flugverbindung errichtet.
24	Mo	Die spanische Regierung erstattet dem Ex-König Alfons XIII. sein Vermögen zurück, das ihm vor dem Bürgerkrieg von der Republik entzogen wurde.
25	Di	Der Reichssportführer Hans von Tschammer und Osten erlässt ein Verbot für deutsche Sportler, nach Frankreich zu reisen.
26	Mi	Auf einer Messerschmitt »Me 109 R« stellt der 24-jährige Fritz Wendel mit 755,11 km/h einen Geschwindigkeitsweltrekord auf.
27	Do	In Paris wird »Undine« (Ondine) von Jean Giraudoux uraufgeführt. Die Parabel geht auf eine Erzählung von Friedrich de la Motte Fouqué zurück.
28	Fr	Die polnische Regierung erhält ein Memorandum der deutschen Regierung über die Kündigung des Nichtangriffspaktes vom 26. Januar 1934.
29	Sa	Mit einer Sendung in New York beginnt die Fernseh-Ära in den USA. Großbritannien strahlt bereits seit 1936 ein reguläres Fernsehprogramm aus.
30	So	Auf Long Island eröffnet US-Präsident Franklin D. Roosevelt die Weltausstellung New York 1939. Sie bleibt bis zum 31. Oktober geöffnet.

Mai 1939

1 Mo Mit Kundgebungen, Volksfesten und Betriebsappellen wird in ganz Deutschland der Feiertag der nationalen Arbeit begangen.

2 Di In Ostpreußen werden probeweise 7140 Frauen in Metallbetriebe einberufen, um Aufschluss über die Sicherstellung der Rüstungsproduktion zu geben.

3 Mi Wjatscheslaw M. Molotow wird sowjetischer Volkskommissar des Äußeren. +++ Das britische Schlachtschiff »Prince of Wales« läuft bei Liverpool vom Stapel.

4 Do Die britische Regierung verzichtet angesichts der ablehnenden Haltung der Öffentlichkeit auf die Durchsetzung der allgemeinen Wehrpflicht in Nordirland.

5 Fr Das Reichspropagandaministerium erlässt eine vertrauliche Anweisung an die deutsche Presse, Polemik gegen Russland und den Bolschewismus einzustellen.

6 Sa In Zürich beginnt die fünfte Schweizer Landesausstellung. Bis Ende Oktober sehen 10,5 Mio. Besucher die Erzeugnisse von 6200 Ausstellern.

7 So In Deutschland tritt ein Tempolimit für Kraftfahrzeuge in Kraft. Innerhalb geschlossener Ortschaften dürfen 60 km/h nicht überschritten werden.

8 Mo Spanien erklärt seinen Austritt aus dem Völkerbund. Damit verlässt innerhalb von 15 Monaten das elfte Land den Völkerbund.

9 Di Beim Treffen der skandinavischen Außenminister in Stockholm ist nur Dänemark zu einem Nichtangriffspakt mit Deutschland bereit.

10 Mi In den USA schließen sich drei Zweige der Methodistenkirche, die seit 1830 bzw. 1844 getrennt waren, wieder zusammen.

11 Do An der Grenze der Mongolischen Volksrepublik zum Kaiserreich Mandschukuo kämpfen mongolische gegen mandschurisch-japanische Truppen.

12 Fr Großbritannien und die Türkei erklären in den jeweiligen Parlamenten ihre Absicht zu gegenseitigem Beistand bei einem Krieg im Mittelmeer.

13 Sa Vor 60 000 Zuschauern trennen sich im Mailänder San Siro-Stadion die Fußballmannschaften von Italien und England 2:2.

14 So Adolf Hitler beginnt in Aachen eine Inspektionsreise entlang des als Militärgrenze zu Frankreich errichteten Westwalls bis Kehl.

15 Mo In Ravensbrück (Mecklenburg) entsteht ein Frauenkonzentrationslager. Die Todesrate in deutschen KZ lag seit 1933 bei 10%, steigt aber seit 1938 an.

16 Di Die erste Ziehung der Deutschen Reichslotterie findet statt. +++ Die UdSSR verlängert die Wehrpflicht in der Flotte auf fünf Jahre.

17 Mi Der britische König Georg VI. und Königin Elizabeth treffen in Quebec ein, der ersten Station einer mehrwöchigen Nordamerikareise.

18 Do Die US-amerikanische Princeton University verleiht dem deutschen Schriftsteller Thomas Mann die Ehrendoktorwürde.

19 Fr Spaniens Nationalisten feiern in Madrid ihren Sieg. +++ In Herzberg (Sachsen) wird eine Anlage des Deutschlandsenders eingeweiht. → Geheimbund

20 Sa Ein Nationalsozialist fällt in Danzig einem Attentat zum Opfer. Die Schüsse werden aus einem polnischen Diplomatenauto abgegeben.

21 So Die Nationalsozialisten verleihen erstmals das 1938 gestiftete Ehrenkreuz der deutschen Mutter. Ausgezeichnet werden Mütter mit vier oder mehr Kindern.

22 Mo Ein am 22. April gestartetes Verkehrsforschungsflugzeug der Deutschen Lufthansa AG kehrt aus Tokio nach Berlin zurück. → »Stahlpakt« → Selbstmord

23 Di Vor 35 000 Zuschauern erreicht die deutsche Fußball-Nationalmannschaft im Bremer Weser-Stadion gegen Irland nur ein 1:1.

24 Mi Die Rundfunkanstalt BBC überträgt das Epsom-Galoppderby live via Fernsehen in sechs Londoner Großkinos. Es siegt Eddie Smith auf Blue Peter.

25 Do Das Oberkommando der deutschen Wehrmacht beziffert den zusätzlichen Bedarf an Arbeitskräften für das Programm »Endziel« auf 17,7 Mio. Arbeiter.

26 Fr Frankreich und Großbritannien machen der UdSSR Vorschläge über ein Sicherheitssystem gegen eine deutsche Aggression, den ersten Dreimächtepakt.

27 Sa Joseph Goebbels schreibt im »Völkischen Beobachter«: Die Front der »Einkreisungsmächte« sei vor allem politisch, nicht weltanschaulich begründet.

28 So Mit 200 Juden an Bord läuft die »Orinoco« aus dem Hamburger Hafen aus. Die Reise endet in Cherbourg, da das Zielland Kuba die Einreise verweigert.

29 Mo In Brentwood verbessert die britische Sportlerin Dorothy Odam-Tyler den seit 1932 bestehenden Hochsprung-Weltrekord um 1 cm auf 1,66 m.

30 Di Italiens Ministerpräsident Benito Mussolini weist Reichskanzler Adolf Hitler darauf hin, dass Italien erst ab 1943 zu einem Krieg bereit sei.

31 Mi Regierungsvertreter von Deutschland und Dänemark unterzeichnen in Berlin einen deutsch-dänischen Nichtangriffspakt. → Japan

28. Juni 1939

Luftfahrt macht große Fortschritte

Während mit den ersten Passagierflügen von USA nach Europa die zivile Luftfahrt ihre Alltagstauglichkeit unter Beweis stellt, tüfteln die Ingenieure an neuen und immer leistungsfähigeren Antriebsaggregaten. Die Pan American World Airways nimmt mit ihren Flugbooten vom Typ Boeing »B 314« den Passagierverkehr USA-Europa auf. Nach 24 Stunden erreicht als erster regulärer Passagierflieger auf der Südatlantik-Route der »Dixie-Clipper« mit 22 Passagieren von Port Washington/Long Island kommend Portugals Hauptstadt Lissabon. Der »Yankee-Clipper« verbindet Port Washington und Southampton (England). Im Südamerika-Flugdienst absolvierte am 21. Juni die Ligne d'Air France sur l'Atlantique-Sud die 400. Atlantiküberquerung.

Flugboote – die Pioniere im Langstrecken-Flugverkehr über den Atlantik

Eine Premiere können Techniker und Flugbegeisterte am 20. Juni feiern. In Peenemünde startet das erste Raketenflugzeug, die Heinkel »He 176«, mit Flugkapitän Erich Warsitz zu ihrem erfolgreichen Jungfernflug. Warsitz fliegt am 27. August auch zum ersten Mal die »He 178«, das erste Strahlturbinenflugzeug der Welt. Der Düsenjäger erreicht fast 700 km/h. Die Neuentwicklungen sind das Ergebnis einer Zusammenarbeit von Raketentechnikern und Flugzeugkonstrukteuren. Wernher von Braun war es gelungen, den weltweit renommierten Flugzeugbauer Ernst Heinkel für seine Raketenversuche zu interessieren. Die Versuche, schnelle Maschinen mit Raketenantrieben zu konstruieren, führten zum Erfolg. Heinkel hatte bereits 1935 mit Arbeiten für ein Hochleistungsflugzeug mit Strahltriebwerk begonnen.

Die »He 176« mit Flüssigkeitsraketenantrieb

31. Mai 1939

Japan auf dem Vormarsch

Im japanisch-chinesischen Krieg (s. Abb.) meldet Tokio große Erfolge. Das Kaiserliche Hauptquartier erklärt, dass nahezu halb China erobert sei. Die Verluste werden mit knapp 60 000 Toten auf japanischer und 2,2 Mio. auf chinesischer Seite angegeben. Trotz der Erfolgsmeldungen aus Tokio ist der Konflikt in Asien aber noch keineswegs entschieden. Zwar kontrollieren die japanischen Truppen viele Städte und Eisenbahnlinien, chinesische Verbände leisten aber noch Widerstand.

22. Mai 1939

Selbstmord in New York

Der exilierte deutsche Schriftsteller Ernst Toller (s. Abb.) nimmt sich im New Yorker Hotel Mayflower das Leben. Der 45-jährige Sohn eines jüdischen Kaufmanns war nach dem Ersten Weltkrieg als führendes Mitglied der USPD in verschiedenen politischen Gremien aktiv. Als einer der Führer der Münchener Räterepublik wurde er nach ihrer Zerschlagung zu fünf Jahren Festungshaft verurteilt. Toller warnte schon früh vor dem Nationalsozialismus. Sein literarisches Werk hat eine enge Bindung zu seinem politischen Engagement. Zu seinen expressionistischen Dramen zählen »Masse Mensch« (1921) und »Die Maschinenstürmer« (1922).

18. Juni 1939

Schalke 04 kreiselt zum Titel

In einem legendären Spiel, in dem die Tore wie am Fließband fallen, gewinnt Schalke 04 die erste »großdeutsche« Meisterschaft mit 9:0 gegen Admira Wien. Durch ihren vierten Titelgewinn (nach 1934, 1935 und 1937) wird die Schalker Truppe um Fritz Szepan und Ernst Kuzorra zur erfolgreichsten deutschen Mannschaft der dreißiger Jahre. Ihr Erfolgsrezept ist der berühmte »Schalker Kreisel«, ein schnelles und präzises Flachpassspiel, das die Gegner vielfach zur Verzweiflung treibt. Im Finale, dem wohl größten Spiel der »Königsblauen« überhaupt, sorgt Mittelstürmer Ernst »Kalli« Kalwitzki (Abb.: 4.v.l., im Kreise seiner Kameraden) mit insgesamt fünf Toren schnell für klare Verhältnisse. Die Elf aus Wien, die mit Ersatztorwart Emil Buchberger für Stammtorhüter Peter Platzer und ohne Verteidiger Toni Schall antreten muss, hat lediglich nach dem Schalker 2:0 eine kurze Phase, in der sie ihr Können zeigen und Schalke unter Druck setzen kann. Linksaußen Franz Schilling kann in der 58. Minute einen Foulelfmeter nicht verwandeln. Negativer Höhepunkt ist der Platzverweis von Wiens Mittelläufer Fritz Klacl.

Ernst Kuzorra

deutscher Fußballspieler, * 16.10.1905 Gelsenkirchen; † 1.1.1990 Gelsenkirchen

Das »Schalker Urgestein« war zusammen mit seinem Schwager Fritz Szepan der Kopf der berühmten Schalker Mannschaft der dreißiger und vierziger Jahre. Wenn Szepan in Gelsenkirchens Glückauf-Kampfbahn den berühmten »Schalker Kreisel« in Schwung setzte, dann hielt ihn Kapitän Kuzorra am Laufen. Kuzorra hielt seinem Verein auch die Treue, als Schalke 1930 wegen Verstoßes gegen die Bestimmungen des Amateurstatuts vom westdeutschen Fußballverband gesperrt wurde. Angebote anderer Vereine lehnte er stets ab. Auch nach seiner aktiven Zeit bleibt Ernst Kuzorra, der mit seinen »Knappen« sechs Meistertitel und einen Pokalsieg einfuhr, ein Idol.

- 1934, 1935, 1937, 1939, 1940, 1942: Deutscher Fußballmeister
- 1937: Pokalsieg

22. Mai 1939

»Stahlpakt« Berlin-Rom

Die unter dem Namen »Stahlpakt« in die Geschichte eingegangene Erneuerung des Achsenvertrages zwischen Rom und Berlin (1936) bindet Italien an die Expansionspläne Hitlers. Der Freundschafts- und Bündnisvertrag, den der deutsche Außenminister Joachim von Ribbentrop und sein italienischer Amtskollege Galeazzo Ciano, Graf von Cortellazzo, in Berlin unterzeichnen (Abb.: Unterzeichnung in Gegenwart von Adolf Hitler, sitzend Mitte), enthält Beistandsverpflichtungen und legt die Ziele künftiger Expansionen fest.
Der italienische Ministerpräsident Benito Mussolini verfolgt seinen Traum des »Mare nostro«, die

Wiedergewinnung der Herrschaft Italiens über das Mittelmeer nach dem Vorbild des antiken Rom. Hitler formuliert als Ziel den »Lebensraum im Osten«, wobei der Feldzug gegen Polen längst beschlossene Sache ist. Der »Stahlpakt« gliedert sich in sieben Punkte, hinzu kommt ein geheimes Protokoll, das die Angleichung der Propaganda beider Länder vorsieht. Vereinbart werden zunächst enge Kontakte zwischen beiden Vertragspartnern. In Artikel III ist der Kriegsfall angesprochen: » Wenn es entgegen den Wünschen und Hoffnungen der vertragsschließenden Teile dazu kommen sollte, dass einer von ihnen in kriegerische Verwicklungen mit einer anderen Macht oder anderen Mächten gerät, wird ihn der andere vertragsschließende Teil ... mit allen seinen militärischen Kräften zu Lande, zu See und in der Luft unterstützen«.

19. Mai 1939

Geheimbund Paris-Warschau

Die europäischen Staaten formieren sich für den immer wahrscheinlicher werdenden Fall einer militärischen Konfrontation im Herzen Europas. Ein Indiz dafür ist, dass die Bündnismaschinerie noch schneller zu arbeiten beginnt. In Paris unterzeichnen Polens Verteidigungsminister Tadeusz Kasprzycki und der Chef des französischen Generalstabs, General Maurice Gustave Gamelin, einen geheimen Militärpakt.
Das Abkommen verpflichtet Frankreich, spätestens am 15. Tag nach einer polnischen Mobilmachung als Folge deutscher Aggression Deutschland anzugreifen. Damit wäre Deutschland einem Zweifrontenkrieg ausgesetzt. Allerdings scheint die auf eine Defensivstrategie ausgerichtete französische Armee für eine Offensive schlecht gerüstet. Hinzu kommt die Kriegsunlust in der Bevölkerung. Ausdruck dieser Stimmung ist ein Artikel des früheren Luftfahrtministers Marcel Déat, der am 4. Mai erscheint. Seine darin gestellte – bald zum geflügelten Wort werdende – rhetorische Frage lautet: »Faut-il mourir pour Dantzig?« (Sollen wir für Danzig sterben?). Déat argumentiert, die uneinsichtigen Polen hätten den Konflikt mit Deutschland um die Freie Stadt Danzig mutwillig verschärft. Die Franzosen dürften es nicht zulassen, dass ihr und ihrer Kinder Leben von den Launen der polnischen Politik abhinge.
Bereits am 12. Mai hatte der britische Premierminister Arthur Neville Chamberlain eine bevorstehende Übereinkunft mit der Türkei über gegenseitige Hilfe im Mittelmeer im Falle eines Krieges bekannt gegeben. Im türkischen Parlament wird eine gleichlautende Erklärung verlesen. Auch die skandinavischen Staaten äußern sich. Sie wollen, so das Ergebnis eines Treffens am 9. Mai in Stockholm, im Kriegsfall strikte Neutralität wahren.

Juni 1939

1 Do Eine der größten Sammlungen zeitgenössischer Kunst, die des US-Millionärs Solomon R. Guggenheim, wird der Öffentlichkeit zugänglich gemacht.

2 Fr Die UdSSR übergibt Großbritannien und Frankreich Vorschläge für einen Beistandspakt. Verlangt werden u.a Garantien für Finnland, Estland und Lettland.

3 Sa In Deutschland sieht eine Verordnung des Reichskommissariats für Preisbildung vor, die Übertretung von Preisbildungsvorschriften mit Haftstrafen zu belegen.

4 So Durch ein 1:0 über den Berliner HC gewinnt Sachsenhausen Frankfurt in Berlin die deutsche Hockeymeisterschaft.

5 Mo Reichspropagandaminister Joseph Goebbels erklärt vor der Reichstheaterkammer in Wien, es gebe nur eine deutsche, nicht eine nationalsozialistische Kunst.

6 Di In Berlin findet eine Siegesparade der Legion Condor statt, die in großem Ausmaß die nationalspanische Bewegung im Bürgerkrieg unterstützt hatte.

7 Mi Die Außenminister von Estland und Lettland, Karl Selter und Vilhelm Munters, unterzeichnen in Berlin Nichtangriffspakte ihrer Länder mit Deutschland.

8 Do Der belgische Ministerpräsident Hubert Graf Pierlot betont vor der Kammer in Brüssel die Neutralität seines Landes.

9 Fr Das Internationale Olympische Komitee (IOC) wählt Garmisch-Partenkirchen zum Ort der Olympischen Winterspiele 1940.

10 Sa In Basel wird der Neubau der 1460 gegründeten Universität eingeweiht. +++ Aus Anlass des ersten »Tags der Marine« paradieren in Rom Marinetruppen.

11 So Der Komponist Richard Strauss feiert seinen 75. Geburtstag. Zu Strauss bedeutendsten Werken gehören die Opern »Salome« und »Elektra«.

12 Mo Die Dekanate der Evangelischen Kirche von Württemberg werden über die Ersetzung des Religions- durch den Weltanschauungsunterricht informiert.

13 Di Ein unbekannter Täter stiehlt ein Gemälde des französischen Barockmalers Jean Antoine Watteau aus dem Louvre in Paris.

14 Mi Im Berliner Sportpalast erklärt Reichspropagandaminister Joseph Goebbels vor Studenten: »Der Platz des geistigen Arbeiters ist mitten in der Gemeinschaft«.

15 Do Per Gesetz untersteht die Reichsbank direkt der Kontrolle von Reichskanzler Adolf Hitler. +++ Vor Indochina sinkt das französische U-Boot »Phénix«.

16 Fr Als erster deutscher Motorradfahrer gewinnt Georg Meier in der 500-ccm-Klasse die Tourist Trophy auf der britischen Insel Man.

17 Sa Bei den Internationalen Tennismeisterschaften in Paris gehen die Einzeltitel an Donald McNeill (USA) und Simone Mathieu (Frankreich).

18 So Durch ein von jüdischen Extremisten verübtes Bombenattentat auf dem Gemüsemarkt von Haifa werden 18 Araber getötet und 24 verletzt. → Schalke 04

19 Mo Reichsjugendführer Baldur von Schirach ordnet an, für den Sommer 1939 die deutsche Jugend zum Ernteeinsatz heranzuziehen.

20 Di Dem deutschen Piloten Erich Warsitz gelingt der erste erfolgreiche Flug mit dem von Ernst Heinkel konstruierten Raketenflugzeug »He 176«.

21 Mi Bei einer NS-Sonnenwendfeier auf dem Berliner Reichssportfeld greift Reichspropagandaminister Joseph Goebbels Großbritannien und Frankreich an.

22 Do Vor 30000 Zuschauern im Osloer Ulleval-Stadion besiegt die deutsche Fußballmannschaft die norwegische Elf mit 4:0.

23 Fr Deutschland und Italien vereinbaren die Übersiedlung der deutschsprachigen Bevölkerung Südtirols nach Deutschland.

24 Sa SS-Hauptsturmführer Waldemar Fegelein auf Nordrud bleibt als einziger von 37 Startern fehlerlos und gewinnt das Deutsche Springderby in Hamburg.

25 So In Kopenhagen gewinnt die deutsche Fußball-Nationalmannschaft ein Länderspiel gegen die dänische Elf mit 2:0.

26 Mo Reichskanzler Adolf Hitler erteilt den Sonderauftrag »Linz« zur Beschaffung von Kunstwerken. Die Stadt Linz an der Donau soll Weltkunsthauptstadt werden.

27 Di Die Großdeutsche Reichstagung der Deutschen Forstwirtschaft beginnt in Berlin. Sie dauert bis zum 1. Juli.

28 Mi Durch k.o. in der ersten Runde über Tony Galento in New York bleibt Joe Louis (USA) Boxchampion im Schwergewicht. → Luftfahrt

29 Do Die deutsche Fußball-Nationalmannschaft besiegt vor 19000 Zuschauern in Reval die Auswahl von Gastgeber Estland mit 2:0.

30 Fr Gemäß einer Vereinbarung zwischen Reichsjugend- und Polizeiführung sollen Hitlerjungen künftig auch Feuerwehrdienst leisten.

Juli 1939

1 Sa Der populäre Filmschauspieler Heinz Rühmann heiratet in Berlin-Wannsee seine Schauspielkollegin Hertha Feiler.

2 So Durch k.o. in der 1. Runde gegen Titelverteidiger Adolf Heuser wird Max Schmeling in Stuttgart Schwergewichts-Europameister im Berufsboxen.

3 Mo Für Juli und August verfügt die Reichspropagandaleitung der NSDAP weitgehende Versammlungsruhe für die Partei.

4 Di Die britische Regierung lässt die Broschüre »Über einige Dinge, die man wissen muss, wenn Krieg kommen sollte« 15 Mio. Mal verteilen.

5 Mi Im zentralen Himalaja erreichen die Schweizer André Roch, David Zogg und Fritz Steuri als erste den Gipfel des 7066 m hohen Dunaghiri.

6 Do Der am 1. Juli 1939 in Schwarzenburg eröffnete Schweizer Kurzwellensender für den Auslandsdienst brennt ab.

7 Fr Marcel Carnés Film »Hafen im Nebel« (»Quai des brumes«) wird mit dem nationalen französischen Filmpreis geehrt.

8 Sa In Brüssel beginnt die zweite internationale Luftfahrtausstellung. Im Mittelpunkt des Interesses steht der Junkers »Ju 87«-Sturzkampfbomber.

9 So Bei den offenen englischen Tennismeisterschaften in Wimbledon setzen sich in den Einzel-Wettkämpfen die US-Spieler Robert Riggs und Alice Marble durch.

10 Mo In London warnt Premierminister Arthur Neville Chamberlain die deutsche Regierung vor der Schaffung von »vollendeten Tatsachen« in Danzig.

11 Di Das Begabtenförderungswerk des Deutschen Volkes wird gegründet. Es soll die Besten aus dem Reichsberufswettkampf fördern.

12 Mi Der Oberbefehlshaber des deutschen Heeres, Walter von Brauchitsch, gibt in einem Erlass die Bildung der Waffengattung »Schnelle Truppen« bekannt.

13 Do Reichsgesundheitsführer Leonardo Conti eröffnet in Berlin eine Kampagne gegen hohen Tabak- und Alkoholkonsum.

14 Fr Mit einer großen Militärparade wird in Paris Frankreichs Nationalfeiertag begangen. Die Französische Revolution fand vor 150 Jahren statt.

15 Sa Die ersten von über 30 000 Männern im Alter von 20 und 21 Jahren rücken in Großbritannien zum Wehrdienst in die Kasernen ein. → Harbig

16 So Zum Abschluss des zweitägigen »Tages der deutschen Kunst« beginnt in München die dritte Große Deutsche Kunstausstellung.

17 Mo In London fordert der britische Faschistenführer Sir Oswald E. Mosley den Verzicht auf eine aktive Außenpolitik und die Rückgabe deutscher Kolonien.

18 Di Das Hauptamt Technik der NSDAP führt in Berlin einen Metallfilm vor, bei dem eine fotografische Schicht auf ein elastisches Metallband aufgetragen wird.

19 Mi In der polnischen Hauptstadt Warschau erklärt der britische General Sir Edmund Ironside, dass sich Polen im Kriegsfall auf britische Hilfe verlassen könne.

20 Do Bei Konstanz stürzt eine Maschine der SwissAir auf dem Flug von Wien nach Zürich ab. Sechs Menschen sterben bei dem Unglück.

21 Fr Frankreich übergibt der Türkei die seit 1920 autonome Republik Hatay (heute: Iskenderun). Die Übergabe war in einem Bündnispakt vereinbart worden.

22 Sa In Tokio erkennt Großbritannien die »besonderen Rechte« japanischer Truppen in China an. Vorausgegangen waren Spannungen zwischen den Staaten.

23 So Beim Großen Preis von Deutschland auf dem Nürburgring siegt zum sechsten Mal Rudolf Caracciola auf Mercedes-Benz.

24 Mo In Moskau wird eine britisch-französisch-sowjetische Übereinkunft über einen Beistandspakt paraphiert, die den Wünschen der UdSSR entgegenkommt.

25 Di Adolf Hitler besucht die Eröffnungsfeier der Bayreuther Festspiele. +++ Infolge eines plötzlichen Kälteeinbruchs werden auf der Zugspitze -7°C gemessen.

26 Mi Der indische Bürgerrechtler Mohandas Karamchand (Mahatma) Gandhi fordert von den indischen Fürsten Minimalrechte für deren Untertanen.

27 Do Hendrikus Colijn, der seit 1933 das Amt des niederländischen Ministerpräsidenten innehat, stürzt durch ein Misstrauensvotum.

28 Fr Propagandaminister Joseph Goebbels eröffnet die 16. Deutsche Rundfunk- und Fernsehausstellung in Berlin. Messeattraktion ist der Einheitsfernseher.

29 Sa In Bangkok landet eine in Berlin gestartete Junker »Ju 52« der Deutschen Lufthansa AG. Der Flug sollte die Chancen eines Linienverkehrs testen.

30 So Der belgische Radrennfahrer Sylvère Maes gewinnt die Tour de France vor René Vietto (Frankreich) und Lucien Vlaemynck (Belgien).

31 Mo Arthur Neville Chamberlain, der britische Premierminister, kündigt die Entsendung einer britisch-französischen Militärmission nach Moskau an.

4. August 1939

Zollstreit um Danzig eskaliert

Ein schon lange schwelender Streit um die Zahl und die Kompetenzen der polnischen Zollinspektoren wächst sich in Danzig (Abb.: Kundgebung der NSDAP) infolge von Missverständnissen und deutschen Provokationen zu einem gefährlichen Krisenherd aus. Polen hatte die Zahl der Inspektoren im Sommer erhöht und die unter Verwaltung des Völkerbunds stehende Freie Stadt ultimativ aufgefordert, Behinderungen der Beamten zu unterbinden. Hitler fordert die Rückgabe Danzigs bereits seit Oktober 1938 und macht deutlich, dass die Danzigfrage für ihn ein Kriegsgrund sei.

30. August 1939

Polen wappnet sich zum Krieg

Polen ordnet um 14.30 Uhr die Generalmobilmachung an. Plakate an allen Straßenecken verkünden die Einberufung aller wehrfähigen Männer bis 40 Jahre sowie den Einzug von Transportmitteln. Angesichts der »andauernden Grenzzwischenfälle und der deutschen aggressiven Umtriebe in Danzig« könne kein Zweifel über die deutschen Angriffsabsichten gegenüber Polen bestehen (Abb.: Die mobilisierte polnische Kavallerie, die als beste in Europa gilt, ist mit Schwert, Lanze und Handfeuerwaffen ausgerüstet).

23. August 1939

Pakt Hitlers mit Stalin

Der sog. Hitler-Stalin-Pakt, den Reichsaußenminister Joachim von Ribbentrop (s. Abb. vor Stalin) und sein sowjetischer Amtskollege Wjatscheslaw M. Molotow in Moskau unterzeichnen, gibt Hitler endgültig freie Hand für den Angriff auf Polen. Deutschland hat den Wettlauf mit Frankreich und Großbritannien um ein Bündnis mit der Sowjetunion gewonnen. Die Weltöffentlichkeit reagiert bestürzt. Da Polen nunmehr von Bündnispartnern umklammert ist, wächst die Kriegsgefahr dramatisch an.

Die Übereinkunft zwischen den beiden politisch völlig gegensätzlichen Systemen kommt aus reinem machtpolitischem Kalkül zustande. Deutschland und die Sowjetunion verpflichten sich zur gegenseitigen

17. August 1939

Beginn einer Weltkarriere

Die Verfilmung eines Kindermärchens, Frank L. Baums »The Wizard of Oz« (Ein zauberhaftes Land), macht die 17-jährige Judy Garland (Abb.: l.) über Nacht zum Star. Ihre rührende Darstellung des kleinen unschuldigen Mädchens Dorothy, das in einem Feenland mit dem Blechmann, der Vogelscheuche und dem ängstlichen Löwen den Kampf gegen eine böse Hexe aufnimmt, bleibt unvergessen. In das Zauberland Oz wird Dorothy aus Kansas durch einen Wirbelsturm entführt. Der Song »Somewhere over the Rainbow«, den Dorothy alias Judy Garland vorträgt, wird ein Welthit. Judy Garland hatte die Rolle anstelle des verhinderten Kinderstars Shirley Temple bekommen.

Judy Garland

eigtl. Frances Ethel Gumm, US-Schauspielerin; * 10.6.1922 Grand Rapids (Minnesota); † 22.6.1969 London

Judy Garland ist einer der gefeiertsten Kinderstars in Hollywood. Die Filmgesellschaft MGM nahm das Mädchen mit der unvergleichlichen Stimme 1935 unter ihre Fittiche. Judy tritt später in romantischen Musikfilmen (»Osterspaziergang«, 1948) und in einigen herausragenden dramatischen Werken (»Ein neuer Stern am Himmel«, 1954) auf. Der Ruhm machte sie jedoch nicht glücklich. Alkohol- und drogenabhängig endet die Mutter des Showstars Liza Minnelli durch Selbstmord.

- 1940: »Ziegfeld Girl« (Mädchen im Rampenlicht)
- ab 1945: Ehe mit dem Regisseur Vincente Minnelli
- 1963: Rückzug vom Film

Unterzeichnungszeremonie im Moskauer Kreml: Ribbentrop, Molotow, Stalin (v.l.)

Neutralität im Fall eines Angriffs auf Dritte. Die zehnjährige Laufzeit des Vertrages sichert Deutschland Rohstoffe und Lebensmittel aus der UdSSR. Diese erhält deutsche Maschinen und kann so ihre Industrie weiter modernisieren. Außerdem kommt es für Stalin darauf an, sein Land, das noch in keiner Weise kriegsbereit ist, möglichst lange aus dem Konflikt herauszuhalten. In einem geheimen Zusatzprotokoll, das erst 1946 bekannt wird und dessen Existenz die sowjetische Führung bis in die achtziger Jahre leugnet, teilen Berlin und Moskau Osteuropa unter sich auf. Anders als die Westmächte erkennt Hitler die Gebietsansprüche Stalins im Baltikum, in Finnland, in Ostpolen sowie im rumänischen Bessarabien an. Die nördliche Grenze Litauens soll nach dem geheimen Zusatzprotokoll zugleich die Grenze der Interessensphäre Deutschlands und der Sowjetunion sein. In Polen werden die Einflusszonen durch die Linie der Flüsse Narew, Weichsel und San abgegrenzt.

31. August 1939

Fingierter Überfall auf Sender

Adolf Hitler inszeniert einen Vorwand, mit dem er den bevorstehenden Angriff auf Polen rechtfertigen will: Polnisch sprechende Angehörige des Sicherheitsdienstes (SD) in polnischen Uniformen stürmen den Sender Gleiwitz in Oberschlesien und verlesen eine Rundfunkbotschaft.

Der Sprecher meldet sich als »Polnischer Sender Gleiwitz« und erklärt, er spreche im Namen des »Polnischen Freiwilligenkorps Oberschlesischer Aufständischer«. Sender und Stadt Gleiwitz befänden sich in polnischer Hand. Der Reichsrundfunk verbreitet die Meldung, »polnische Banden« hätten den Überfall verübt, seien aber durch deutsche Grenzpolizei vertrieben worden. Zum Beweis werden angeblich erschossene polnische »Insurgenten« vorgezeigt. Dabei handelt es sich um Konzentrationslagerhäftlinge, die mit einer Giftspritze getötet und denen zusätzlich Schusswunden zugefügt wurden. Hitler hatte seine Motive für die Aktion bereits am 22. August vor den Oberbefehlshabern der Wehrmacht offengelegt: »Ich werde propagandistischen Anlass zur Auslösung des Krieges geben, gleichgültig ob glaubhaft. Der Sieger wird später nicht danach gefragt, ob er die Wahrheit gesagt hat oder nicht.«

15. Juli 1939

Harbig läuft Fabelweltrekord

Um sage und schreibe 1,8 sec verbessert der Dresdener Rudolf Harbig (s. Abb.) am ersten Tag des Leichtathletik-Länderkampfes Italien-Deutschland in Mailand den Weltrekord über 800 m. Seine Rekordzeit von 1:46,6 min bleibt 15 Jahre lang das Maß aller Dinge.

Das dramatisch verlaufende Rennen wird der erwartete Zweikampf mit seinem großen Rivalen Mario Lanzi (Italien). Lanzi tritt die Flucht nach vorn an und passiert die 400-m-Marke in 52,5 sec. Auch nach knapp 700 m ist der italienische Meister noch in Front. Dann aber zieht Harbig seinen Spurt an. Plötzlich sieht es so aus, als bliebe Lanzi stehen, der spurtende Harbig schließt auf. Auf den letzten 50 Metern läuft der deutsche Europameister von 1938 dem Italiener auf und davon. Lanzi resigniert, läuft aber immerhin noch mit 1:49,0 min italienischen Rekord.

August 1939

1 Di Mit dem »Rosenkavalier« von Richard Strauss werden die Salzburger Festspiele 1939 eröffnet. +++ Über Norddeutschland beginnen dreitägige Luftmanöver.

2 Mi Der Physiker Albert Einstein warnt US-Präsident Franklin D. Roosevelt vor der Gefahr einer deutschen Atombombe.

3 Do Frankreichs Kabinett beruft den Diplomaten und Dramatiker Jean Giraudoux zum Generalkommissar für Information.

4 Fr Bei Punktegleichheit soll, nach einer Entscheidung der Fußballfunktionäre, künftig die Tordifferenz über Meisterschaft oder Abstieg entscheiden. → Danzig

5 Sa Reichsamtsleiter Paul Walter wird zum Beauftragten für die Leistungssteigerung im deutschen Kohlebergbau ernannt.

6 So Hermann Lang (Mercedes-Benz) gewinnt am Großglockner den Titel des Deutschen Automobil-Bergmeisters vor Hans Stuck und Hermann P. Müller.

7 Mo Der Danziger Senatspräsident Arthur Greiser protestiert beim polnischen Generalkommissar gegen die Bewaffnung der polnischen Zollbeamten.

8 Di Mit der Aufführung des Spielfilms »Robert Koch, der Bekämpfer des Todes« beginnt die Biennale in Venedig. Die Titelrolle spielt Emil Jannings.

9 Mi Spaniens Staatschef Francisco Franco verkündet ein Gesetz über die Umgestaltung der spanischen Regierung, das seinen Einfluss erhöht.

10 Do Vor Düsseldorfer Arbeitern erklärt Heereschef von Brauchitsch, Adolf Hitler werde »niemals das Leben eines Deutschen leichtfertig aufs Spiel setzen«.

11 Fr Reichskanzler Adolf Hitler empfängt in Berchtesgaden Carl Jakob Burckhardt, den Hohen Kommissar des Völkerbundes in Danzig.

12 Sa Rudolf Harbig läuft mit 46,0 sec Weltrekord über 400 m. +++ Der Schweizer Radrennfahrer Robert Zimmermann (Schweiz) gewinnt die Tour de Suisse.

13 So Italiens Außenminister Graf Ciano beendet dreitägige Konsultationen mit der deutschen Reichsregierung, die Angriffspläne auf Polen bestätigt.

14 Mo Das am 13. Juni gestohlene Gemälde »L'Indifférent« von Jean Antoine Watteau ist wieder im Pariser Louvre. Der Dieb brachte es selbst zurück.

15 Di »Es war eine rauschende Ballnacht«, ein Film von Carl Froelich mit Zarah Leander und Marika Rökk, hat in Berlin Premiere.

16 Mi Der deutsche Botschafter in Moskau, Friedrich Werner Graf von der Schulenburg, erhält den Auftrag, der Sowjetregierung einen Nichtangriffspakt anzubieten.

17 Do Polen sperrt den Kleinen Grenzverkehr zu Deutschland. Nach deutschen Angaben flohen bisher 76 000 Volksdeutsche aus Polen. → Weltkarriere

18 Fr In der Freien Stadt Danzig marschiert erstmals die SS-Heimwehr auf, um »die Stadt bei einem polnischen Angriff verteidigen zu können«.

19 Sa Die ersten 14 deutschen Untersee-Boote des Typs VII und IX verlassen die Häfen Kiel und Wilhelmshaven für eine Atlantikfahrt.

20 So Beim Großen Preis der Schweiz für Automobile in Bern-Bremgarten siegt der Deutsche Hermann Lang auf Mercedes-Benz.

21 Mo Die Verhandlungen der Westmächte mit der UdSSR scheitern. Gleichzeitig wird der baldige Abschluss eines deutsch-sowjetischen Abkommens bekannt.

22 Di Vor hohen Offizieren der deutschen Wehrmacht in Berchtesgaden betont Reichskanzler Adolf Hitler seinen unbedingten Willen zum Krieg.

23 Mi König Leopold III. von Belgien ruft in Brüssel vor Vertretern west- und nordeuropäischer Staaten zum Frieden auf. → Pakt

24 Do Papst Pius XII. beschwört im Rundfunk die verantwortlichen Politiker, den Frieden zu wahren. Die deutsche Presse würdigt die Ansprache nur knapp.

25 Fr Ministerpräsident und »Duce« Benito Mussolini teilt Adolf Hitler mit, dass Italien nicht Krieg führen könne, da es ihm an Kriegsmaterial fehle.

26 Sa Die deutsche Reichsregierung versichert der Schweiz und den Benelux-Ländern, deren Neutralität im Kriegsfall zu achten.

27 So Das für diesen Tag in Stockholm geplante Fußballländerspiel Deutschland-Schweden fällt aus. Eine zweite deutsche Elf unterliegt der Slowakei 0:2.

28 Mo Die Grenze zwischen Deutschland und Frankreich wird geschlossen. Die Evakuierung von Kindern aus Paris beginnt.

29 Di Adolf Hitler erklärt dem britischen Botschafter seine Bereitschaft zu Verhandlungen, falls am 30. August ein polnischer Unterhändler in Berlin erscheine.

30 Mi In Berlin befiehlt Reichskanzler Adolf Hitler die Bildung eines Ministerrats für die Reichsverteidigung aus dem bestehenden Reichsverteidigungsrat. → Polen

31 Do Der deutsch-sowjetische Nichtangriffspakt wird ratifiziert. +++ Adolf Hitler befiehlt den Angriff auf Polen für den 1. September um 4.45 Uhr. → Sender

September 1939

1 Fr Eine Verordnung über den Arbeitsplatzwechsel macht in Deutschland jede Kündigung von der Zustimmung des Arbeitsamtes abhängig. → Zweiter Weltkrieg

2 Sa In Frankreich beginnt die Generalmobilmachung. Die Abgeordnetenkammer in Paris billigt einstimmig die Kriegskredite.

3 So Mehrere hundert Volksdeutsche werden in Bromberg (Polen) ermordet. Sie standen unter dem Verdacht, die Wehrmacht zu unterstützen.

4 Mo US-Außenminister Cordell Hull ruft die Bürger der USA auf, wegen des Krieges nur noch in dringenden Fällen nach Europa zu reisen.

5 Di Die USA und Japan erklären ihre Neutralität im europäischen Krieg. +++ Der Schweizer Bundesrat beschließt die Visumspflicht für Ausländer.

6 Mi Deutsche Truppen besetzen die polnische Stadt Krakau. +++ Großbritannien beginnt mit der Seeblockade gegen Deutschland.

7 Do Die polnische Besatzung der Befestigung auf der Westerplatte vor Danzig kapituliert. +++ Die französische Armee eröffnet eine Offensive an der Saar.

8 Fr In Deutschland erhalten zur Wehrmacht eingezogene Primaner den Reifevermerk. Auch Primanerinnen erhalten für den Kriegshilfsdienst den Abschluss.

9 Sa Generalfeldmarschall Hermann Göring erklärt vor Arbeitern in Berlin-Tegel, Deutschland sei der am besten gerüstete Staat der Erde.

10 So Kanada erklärt Deutschland den Krieg und folgt damit dem Beispiel der Südafrikanischen Union, die am 6. September in den Krieg eingetreten war.

11 Mo Wegen der fortdauernden Offensive der polnischen Armee an der Bzura fordert der deutsche Generaloberst Gerd von Rundstedt Fliegerverbände an.

12 Di Bei der Kapitulation der polnischen Armee »Pruzy« im Kessel von Radom geraten rd. 60 000 Polen in deutsche Gefangenschaft.

13 Mi Warschau ist von deutschen Truppen völlig eingeschlossen. +++ Der französische Ministerpräsident Edouard Daladier bildet ein Kriegskabinett.

14 Do Nach einem vergeblichen Torpedoangriff auf den britischen Flugzeugträger »Ark Royal« wird das deutsche U-Boot U 39 bei den Hebriden versenkt.

15 Fr Im deutschen Reichsgesetzblatt erscheint u.a. eine Verordnung über Hilfen für Familien, die ihre Wohnung bei Evakuierungen räumen mussten.

16 Sa In Deutschland erhält ein besonderer Strafsenat des Reichsgerichts das Recht, Fälle mit zu milden Urteilen wieder aufzunehmen.

17 So Der finnische Sportler Taisto Mäki läuft in Helsinki die 10 000 m in einer Zeit von 29:52,6 min und stellt damit einen neuen Weltrekord auf. → Polen

18 Mo Bei den Internationalen US-Tennismeisterschaften in New York siegen die US-Spieler Robert Riggs bei den Herren und Alice Marble bei den Damen.

19 Di Im Kessel an der Bzura kapitulieren die polnischen Armeen »Poznan« und »Pomorze« mit rd. 170 000 Mann vor den deutschen Invasionstruppen.

20 Mi Bei Szamow und Tomaszow kapituliert die 60 000 Mann starke polnische Armee »Lublin« vor den deutschen Angreifern.

21 Do Der rumänische Ministerpräsident Armand Calinescu wird in Bukarest von Mitgliedern der faschistischen Organisation Eiserne Garde hinterrücks erschossen.

22 Fr In London tagt erneut der am 12. September in Abbéville erstmals zusammengetretene Oberste Alliierte Kriegsrat.

23 Sa Das Oberkommando der Wehrmacht gibt eine Zusammenfassung der Lage in Polen: »Der Feldzug in Polen ist beendet«.

24 So Vor 25 000 Zuschauern unterliegt in Budapest die deutsche Fußball-Nationalmannschaft der ungarischen Elf mit 1:5.

25 Mo In Deutschland werden für die Zeit vom 25. September bis 22. Oktober neue Lebensmittelkarten verteilt, da einige Nahrungsmittel knapp geworden sind.

26 Di Im Unterhaus in London kündigt Marineminister Winston Churchill die Bewaffnung britischer Handelsschiffe an.

27 Mi Die polnische Hauptstadt Warschau kapituliert bedingungslos vor den deutschen Truppen. Etwa 140 000 Polen geraten in deutsche Gefangenschaft.

28 Do Die UdSSR und Estland schließen einen Beistands- und Handelsvertrag. Unter Druck genehmigt Estland die Stationierung von sowjetischen Truppen.

29 Fr In Moskau erklärt Reichsaußenminister Joachim von Ribbentrop der Presse, Deutschland und die UdSSR wünschten die Wiederherstellung des Friedens.

30 Sa Das am 4. September in Deutschland von den Behörden verfügte Verbot öffentlicher Tanzveranstaltungen wird wieder aufgehoben.

Oben: Die dramatischen Ereignisse nehmen ihren Lauf. Soldaten der Wehrmacht reißen am 1. September die polnischen Schlagbäume nieder. Sie stoßen auf wenig Gegenwehr, so dass der deutsche Vormarsch rasch vorankommt.
Links: Adolf Hitler am 23. September auf einer Inspektionsreise in Polen.

17. September 1939

Rote Armee steht in Polen

Die sowjetischen Heeresgruppen Weißrussische und Ukrainische Front rücken in Polen ein. Als Vorwand dient die Behauptung, Moskau müsse die in diesem Gebiet lebenden Ukrainer und Weißrussen schützen, da Polen als Staat nicht mehr existiere. Die polnische Verteidigung hat den sieben sowjetischen Armeen wenig entgegenzusetzen. In kurzer Zeit wird sie von der Übermacht überrollt. Vielen Soldaten gelingt die Flucht nach Litauen, Ungarn oder Rumänien.

Bewusst hat die sowjetische Führung den Angriff der deutschen Truppen abgewartet, von deren Schnelligkeit sie überrascht wurde. Am 18. September treffen Deutsche und Sowjets in Brest aufeinander. Die Festung Lemberg kapituliert am 22. September vor der Roten Armee, während sich die deutschen Einheiten schon auf die mit den Sowjets vereinbarte Demarkationslinie zurückziehen. Um die bilateralen Geheimabsprachen der militärischen Lage in Polen anzupassen, reist Reichsaußenminister Joachim von Ribbentrop nach Moskau. Am 28. September werden ein deutsch-sowjetischer Grenz- und Freundschaftsvertrag sowie zwei geheime Zusatzprotokolle unterzeichnet. In dem Grenzvertrag erklären es beide Staaten, »nach dem Auseinanderfallen des bisherigen polnischen Staates ausschließlich als ihre Aufgabe, in diesen Gebieten die Ruhe und Ordnung wiederherzustellen.« Das geheime Zusatzprotokoll ändert die Absprachen vom 23. August: Litauen soll demnach an die UdSSR fallen, während Deutschland die Woiwodschaft Lublin und Teile der Woiwodschaft Warschau erhält.

1. September 1939

Deutschland beginnt den Zweiten Weltkrieg

Mit dem Überfall deutscher Truppen auf Polen (s. Abb., vorrückende Verbände) löst Hitler den Zweiten Weltkrieg aus. Anders als die deutsche Reichsregierung erhofft, erfüllen Großbritannien und Frankreich ihre Bündnisverpflichtungen gegenüber Polen und stellen sich der deutschen Aggression entgegen.

Den Angriff auf Polen leitet das deutsche Linienschiff »Schleswig-Holstein« mit der Eröffnung des Feuers gegen polnische Befestigungen auf der Westerplatte vor Danzig ein. In den frühen Morgenstunden beginnen die 630 000 Mann starke deutsche Heeresgruppe Nord unter Generaloberst Fedor von Bock und die 886 000 Mann umfassende Heeresgruppe Süd unter Generaloberst Gerd von Rundstedt mit dem Angriff auf das Nachbarland.

Während der deutsche Vormarsch rollt, begründet Adolf Hitler – in Soldatenuniform – vor dem Reichstag das militärische Vorgehen. Ein von Deutschen in polnischen Uniformen fingierter Angriff auf den Sender Gleiwitz dient ihm als Rechtfertigung für den Einmarsch. »Polen hat nun heute nacht zum erstenmal auf unserem eigenen Territorium auch durch reguläre Soldaten geschossen. Seit 5.45 Uhr wird jetzt zurückgeschossen. Und von jetzt ab wird Bombe mit Bombe vergolten...«, erklärt der »Führer«, der in seiner Rede das Wort Krieg vermeidet. Deutschlands Ziel sei die Lösung der Probleme Danzig und »Polnischer Korridor« sowie ein friedliches Zusammenleben beider Völker. Auch die gleichgeschaltete Presse hält sich an die zynische Maßgabe, den Angriff lediglich als »Gegenschlag« zu titulieren. Als Reaktion auf den deutschen Angriff treten Frankreich und Großbritannien am 3. September in den Krieg ein. Während sich die übrigen europäischen Staaten neutral verhalten, erklären viele Mitglieder des britischen Commonwealth und die von Frankreich abhängigen Staaten in Afrika und Asien ihre Unterstützung für die Mutterländer. Australien und Neuseeland treten in den Krieg ein, Ägypten und Irak brechen ihre diplomatischen Beziehungen zu Deutschland ab.

Polen, das erst am 30. August die Mobilmachung angeordnet hatte, ist dem Angriff nicht gewachsen. Am 27./28. September kapitulieren die Hauptstadt Warschau und die Festung Modlin bedingungslos. Deutschland und die UdSSR, deren Truppen ebenfalls in Polen einmarschiert waren, teilen das Nachbarland auf – wie u.a. im geheimen Zusatzprotokoll des sog. Hitler-Stalin-Paktes beschlossen. Ein unabhängiger Staat Polen verschwindet damit – nach 1772, 1793 und 1795 – zum vierten Mal in der Geschichte von der Landkarte. Die letzten polnischen Feldtruppen strecken am 6. Oktober die Waffen. Der deutsche »Blitzkrieg« gegen Polen ist beendet.

NS-Flagge auf der Westerplatte

Paris und London machen Front

Der Krieg weitet sich binnen kurzem aus. Nach dem Kriegseintritt Großbritanniens und Frankreichs beginnt am 3. September auch die Auseinandersetzung zur See. Die zahlenmäßig unterlegene deutsche Kriegsmarine soll den Seeverkehr nach Großbritannien möglichst umfassend behindern und die britische Flotte dezimieren. Die Briten ihrerseits wollen die Handelswege sichern und den Handel neutraler Staaten mit Deutschland kontrollieren. Rund 300 km nordwestlich der Küste Schottlands kommt es zu einem Zwischenfall. Das deutsche U-Boot U 30 torpediert – in der Annahme, es handele sich um einen Hilfskreuzer – den britischen Passagierdampfer »Athenia«. 128 Menschen kommen ums Leben, unter ihnen 28 US-Bürger. Während die britische Führung meldet, die »Athenia« sei ohne Warnung von einem deutschen U-Boot versenkt worden, erklären die Deutschen, dass keine eigenen Schiffe zur fraglichen Zeit in diesem Gebiet gewesen seien. Berlin fürchtet einen zweiten Fall »Lusitania«. 1915 war dieses britische Passagierschiff von einem deutschen U-Boot versenkt worden. Der Vorfall trug maßgeblich dazu bei, dass in der Bevölkerung der bis dahin neutralen USA die Stimmung gegen Deutschland umschlug.

Oktober 1939

1 So Das erste Wunschkonzert im deutschen Rundfunk hat großen Erfolg: 30 000 Musikwünsche für die nächste Sendung treffen ein.

2 Mo Auf der Panamerikanischen Konferenz in Panama wird eine neutrale Zone um den amerikanischen Kontinent herum proklamiert.

3 Di Deutschland setzt die Höchstgeschwindigkeit weiter herab. In geschlossenen Ortschaften gilt für Pkw ein Höchsttempo von 40 km/h, außerhalb von 80 km/h.

4 Mi Aus Anlass des Sieges über Polen beginnt in Deutschland eine siebentägige Beflaggung. Zur Trauer um die Gefallenen läuten täglich die Kirchenglocken.

5 Do In Moskau unterzeichnen die UdSSR und Lettland einen Beistandspakt, der den Sowjets militärische Stützpunkte im Nachbarland einräumt.

6 Fr Bei Kock und Lublin kapitulieren die letzten polnischen Truppen. Der deutsche »Blitzkrieg« gegen Polen ist damit beendet.

7 Sa Eine Verordnung des deutschen Reichsverkehrsministeriums verpflichtet alle Binnen- und Hochseeschiffe zur Einhaltung von Luftschutzbestimmungen.

8 So In Lhasa/Tibet wird Tenzin Gjatso als 14. Dalai Lama inthronisiert. Der Dalai Lama ist der bedeutendste Priesterfürst der tibetischen Buddhismusform.

9 Mo Reichskanzler Adolf Hitler befiehlt die Vorbereitung des Angriffs auf Frankreich – durch das Territorium der Niederlande und Belgiens.

10 Di In einer Rede im französischen Rundfunk lehnt Frankreichs Ministerpräsident Edouard Daladier das deutsche Friedensangebot vom 6. Oktober ab.

11 Mi Eine finnische Delegation trifft zu Grenzverhandlungen in Moskau ein. Die UdSSR setzt ihre Expansionspolitik im Ostseeraum fort.

12 Do Adolf Hitler erklärt per Erlass den nicht dem Reich anzugliedernden Teil Polens zum Generalgouvernement.

13 Fr Dänemark, Norwegen und Schweden äußern in Noten an die UdSSR die Erwartung, dass Finnland seine neutrale Position beibehalten werde.

14 Sa In Scapa Flow versenkt das deutsche U-Boot U 47 das britische Schlachtschiff »Royal Oak«. Kapitänleutnant Günther Prien wird als Held gefeiert.

15 So In Zagreb schlägt die deutsche Fußballnationalmannschaft Jugoslawien 5:1. +++ Ein deutsch-estnisches Protokoll regelt die Umsiedlung der Baltendeutschen.

16 Mo Der deutsche Rundfunk geht dazu über, anstelle des »Marsches der Deutschen in Polen« das Lied »Denn wir fahren gegen Engelland« zu spielen.

17 Di Der Schweizer Bundesrat beschließt die Abschiebung illegal in die Schweiz eingereister Ausländer. Ausnahmen gelten für als politisch anerkannte Flüchtlinge.

18 Mi Nach einer Weisung von Reichskanzler Adolf Hitler erhält das Heer die Erlaubnis, Spähtrupps auf französisches Gebiet zu senden.

19 Do In Ankara unterzeichnen Regierungsvertreter Großbritanniens und Frankreichs einen Beistandspakt mit der Türkei. Er soll 15 Jahre Gültigkeit besitzen.

20 Fr Bei den »Reichswerken Hermann Göring« in Salzgitter werden die ersten beiden Hochöfen in Betrieb genommen. Der Bau des Hüttenwerks begann 1938.

21 Sa Italien und Deutschland einigen sich auf die Umsiedlung von Reichs- und Volksdeutschen aus Südtirol nach Deutschland.

22 So Die deutsche Fußball-Nationalelf besiegt in Sofia Bulgarien 2:1. +++ In Deutschland findet der erste »Eintopfsonntag« des Winters 1938/39 statt.

23 Mo In Deutschland werden Lebensmittelkarten für die Zeit bis zum 19. November ausgegeben. Personen über 70 Jahre erhalten pro Tag 0,25 l Vollmilch.

24 Di 70 t Gold aus dem polnischen Staatsschatz treffen in Paris ein. Sie sind über Rumänien und das Mittelmeer per Schiff nach Frankreich gebracht worden.

25 Mi Im Booth-Theatre in New York hat das Schauspiel »Ein Leben lang« (»Time of your Life«), ein Werk des US-Autors William Saroyan, Premiere.

26 Do In Pressburg wird Regierungschef Jozef Tiso erster Präsident der Slowakei. Tiso ist Führer der faschistisch orientierten Slowakischen Volkspartei.

27 Fr Papst Pius XII. erlässt seine erste Enzyklika, »Summi pontificatus«, in der er die verantwortlichen Politiker zu einem ehrlichen Frieden aufruft.

28 Sa In Prag finden Demonstrationen gegen die deutsche Besatzungsmacht statt. Trotz der Verhaftung von 200 Menschen dauern die Kundgebungen an.

29 So Aus den Wahlen zum Schweizer Nationalrat gehen die Freisinnigen vor den Sozialdemokraten als stärkste Partei hervor.

30 Mo Deutschland und Lettland schließen ein Umsiedlungsabkommen. 128 000 Deutschstämmige sollen in ehemalige polnische Gebiete umziehen.

31 Di In Italien vollzieht sich eine Umbildung in Regierung, Partei und Armee. U.a. werden sechs Minister und drei Staatssekretäre abgelöst.

November 1939

1 Mi Generalfeldmarschall Hermann Göring richtet die »Haupttreuhandstelle Ost« zur Erfüllung wirtschaftlicher Aufgaben im ehemaligen Polen ein.

2 Do Der Oberste Sowjet billigt nach der Annexion anderer Teile Polens auch die Eingliederung Westweißrusslands in die Weißrussische Sowjetrepublik.

3 Fr In Pressburg demonstrieren Studenten gegen die Besetzung slowakischer Gebiete durch Ungarn. Es kommt zu Ausschreitungen.

4 Sa US-Präsident Franklin D. Roosevelt revidiert die Neutralitätsakte. Kriegführende Staaten können ab sofort Waffen in den USA kaufen.

5 So Die Kriegsmeisterschaft 1939/40 in den deutschen Fußball-Gauligen beginnt . +++ In Deutschland findet die erste Filmfeierstunde der Hitlerjugend statt.

6 Mo SS-Einheiten verhaften den gesamten Lehrkörper der Jagiellonischen Universität Krakau. Die Dozenten werden in Konzentrationslager gebracht.

7 Di Der Termin für den Beginn der deutschen Offensive im Westen verschiebt sich wegen des schlechten Wetters vom 12. auf den 15. November.

8 Mi In Kladno (Böhmen) kommt es bei einer Vorführung von Leni Riefenstahls Olympiafilm zu antideutschen Manifestationen. → Attentat

9 Do Auf die Nachricht des Hitlerattentats vom Vortag erschiessen Aufseher im Konzentrationslager Buchenwald 21 österreichische und deutsche Juden.

10 Fr Der Schweizer Bundesrat ordnet ein Wiederaufgebot von Truppen an (»Novemberalarm«). Auch Belgien macht gegen deutsche Truppen an der Grenze mobil.

11 Sa Reichskanzler Adolf Hitler gratuliert dem italienischen König Viktor Emanuel III. zu dessen 70. Geburtstag. +++ In Berlin tagt eine deutsche Rektorenkonferenz.

12 So Vor 45 000 Zuschauern trennen sich in Breslau die deutsche Fußball-Nationalmannschaft und eine Auswahlmannschaft Böhmen-Mähren 4:4.

13 Mo Die Führung der indischen Kongress-Partei teilt der britischen Regierung mit, dass in ganz Indien eine Politik der Nicht-Kooperation betrieben werde.

14 Di Propagandaminister Joseph Goebbels verbietet die Aufführung von Kompositionen aus »Feindländern« auf deutschen Bühnen.

15 Mi Bei einem verheerenden Petroleumbrand in Lagunillas bei Maracaibo (Venezuela) kommen über 1000 Menschen ums Leben.

16 Do Australiens Premierminister Robert Gordon Menzies verkündet die allgemeine Wehrpflicht ab dem 4. Januar 1940 für alle über 21-jährigen Männer.

17 Fr Auf einer Tagung des britisch-französischen Obersten Kriegsrats in London beschliessen die Teilnehmer die Bildung eines gemeinsamen Wirtschaftsrates.

18 Sa Der niederländische Passagierdampfer »Simon Bolivar« läuft im Kanal auf eine Mine. 84 Menschen kommen ums Leben. → Judenstern

19 So In Freiburg erklärt Erzbischof Conrad Gröber, die Kirche verbiete »jedem Katholiken, zum Kriege zu hetzen oder bei Kriegstreibereien hilfreich zu sein«.

20 Mo Die niederländische Fluggesellschaft KLM Royal Dutch Airlines markiert ihre Maschinen aus Sicherheitsgründen mit leuchtend gelber Farbe.

21 Di Reichsführer SS Heinrich Himmler gibt bekannt, dass der Schreinergeselle Johann Georg Elser den Bombenanschlag auf Hitler gestanden habe.

22 Mi Die niederländische Regierung rät allen Reedereien, ihre Schiffe wegen der Minengefahr vorläufig nicht auslaufen zu lassen.

23 Do Nach der neuen deutschen Studienordnung soll die Studiendauer zukünftig sieben Semester betragen. Hinzu kommt die Zeit für die Diplomarbeit.

24 Fr Der Deutsche Olympische Ausschuss gibt den Auftrag zur Ausrichtung der Winterspiele 1940 an das Internationale Olympische Komitee zurück.

25 Sa In Deutschland wird mit dem Tode bedroht, wer einen kriegswichtigen Betrieb stört. Umgang mit Kriegsgefangenen wird mit Zuchthaus bestraft.

26 So Vor 90 000 Zuschauern im Berliner Olympiastadion besiegt die deutsche Fußball-Nationalelf den zweifachen Weltmeister Italien mit 5:2.

27 Mo Der britische König Georg VI. unterzeichnet ein Dekret, das die Durchführung der über Deutschland verhängten Ausfuhrblockade regelt.

28 Di Das Oberkommando der deutschen Wehrmacht gibt die Versenkung eines britischen Kreuzers der »London-Klasse« durch das U-Boot U 47 bekannt.

29 Mi Die UdSSR bricht die diplomatischen Beziehungen zu Finnland ab. +++ Adolf Hitler befiehlt die Bombardierung britischer Seehäfen. → Ministerpräsident

30 Do Die Agenturen berichten über den Tod Philipp Scheidemanns. Der SPD-Politiker hatte 1918 die Republik ausgerufen. → Finnland → »Sitzkrieg«

30. November 1939

Nur »Sitzkrieg« im Westen

Ungestört bauen deutsche Soldaten am Rhein ihre Befestigungsanlagen. Fast wie in Friedenszeiten fahren am Ufer des Rheins Eisenbahnzüge. An der Westfront, wo Deutsche und Franzosen bis auf

kleinere Spähtrupptätigkeiten in ihren Stellungen verharren, herrscht »Sitzkrieg« (s. Abb.). Der Krieg findet seit Oktober hauptsächlich als Propagandafeldzug statt. Mit großen Plakaten und Lautsprecherdurchsagen appellieren die deutschen Propagandakompanien an die Kriegsmüdigkeit der Franzosen. »Sterben für Danzig?« oder »Die Engländer werden bis zum letzten Franzosen kämpfen!« lauten z.B. die Parolen. Lediglich im September war Frankreichs Militär mit schwachen Kräften bei Saarbrücken auf das Reichsgebiet vorgedrungen. Im Oktober brachen die französischen Truppen ihre eher symbolische Offensive zur Entlastung Polens aber wieder ab.

18. November 1939

Judenstern in Polen

Der Distriktchef von Krakau ordnet die Einführung der Armbinde mit dem sog. Judenstern als Kennzeichen für die jüdische Bevölkerung an (s. Abb.). Diese Verordnung gilt bald im gesamten Generalgouvernement. Darüber hinaus werden immer mehr Juden in die annektierten Gebiete abgeschoben. Am 12. Oktober waren zum ersten Mal Juden aus dem ehemaligen Österreich und dem

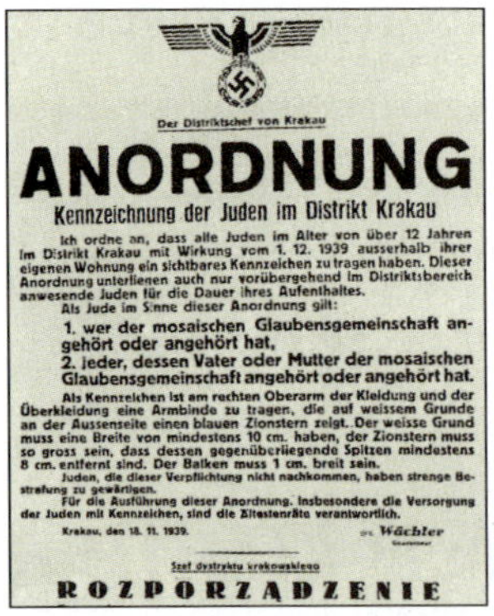

Der Distriktchef von Krakau

ANORDNUNG

Kennzeichnung der Juden im Distrikt Krakau

Ich ordne an, dass alle Juden im Alter von über 12 Jahren im Distrikt Krakau mit Wirkung vom 1. 12. 1939 ausserhalb ihrer eigenen Wohnung ein sichtbares Kennzeichen zu tragen haben. Dieser Anordnung unterliegen auch nur vorübergehend im Distriktsbereich anwesende Juden für die Dauer ihres Aufenthaltes.

Als Jude im Sinne dieser Anordnung gilt:

1. wer der mosaischen Glaubensgemeinschaft angehört oder angehört hat,
2. jeder, dessen Vater oder Mutter der mosaischen Glaubensgemeinschaft angehört oder angehört hat.

Als Kennzeichen ist am rechten Oberarm der Kleidung und der Überkleidung eine Armbinde zu tragen, die auf weissem Grunde an der Aussenseite einen blauen Zionstern zeigt. Der weisse Grund muss eine Breite von mindestens 10 cm. haben, der Zionstern muss so gross sein, dass dessen gegenüberliegende Spitzen mindestens 8 cm. entfernt sind. Der Balken muss 1 cm. breit sein.

Juden, die dieser Verpflichtung nicht nachkommen, haben strenge Bestrafung zu gewärtigen.

Für die Ausführung dieser Anordnung, insbesondere die Versorgung der Juden mit Kennzeichen, sind die Ältestenräte verantwortlich.

Krakau, den 18. 11. 1939. Wächler

Szef dystryktu krakowskiego

ROZPORZĄDZENIE

Protektorat Böhmen und Mähren ins am selben Tag durch Hitler proklamierte Generalgouvernement deportiert worden. Bei Lublin ist ein Gebiet von knapp 100 km² als sog. Judenreservation vorgesehen. Die jüdische Bevölkerung im Generalgouvernement wird zudem mit immer neuen Anordnungen diskriminiert. Das noch vorhandene Eigentum wird zum Teil eingezogen und die Bewegungsfreiheit eingeschränkt.

Am 31. Oktober erläutern deutsche Dienststellen die Grundlinien der Besatzungspolitik im ehemaligen Polen. Neben der Zwangsumsiedlung wird der Arbeitseinsatz der Polen sowie eine restriktive »Kulturpolitik« besprochen.

30. November 1939

Finnland wehrt sich tapfer

Das neutrale Finnland gerät ins Fadenkreuz Moskaus. Zu Lande, zu Wasser und in der Luft greift die Sowjetunion den Nachbarn an. Die Rote Armee fliegt Angriffe auf die Hauptstadt Helsinki und andere Städte, die baltische Flotte beschießt die Südküste, und die überlegenen Landstreitkräfte rücken vor. Vier sowjetischen Armeen mit 26 Divisionen und umfangreichen Panzer- und Artilleriekräften stehen lediglich neun schwach ausgerüstete finnische Divisionen unter dem Oberbefehl von Feldmarschall Carl Gustaf Emil Freiherr von Mannerheim gegenüber. Kernstück der finnischen Verteidigung ist die nach Mannerheim benannte Festungslinie auf der Karelischen Landenge. Die ersten militärischen Konfrontationen zeigen jedoch, dass die finnischen Einheiten ihre zahlenmäßige Unterlegenheit u.a. durch gute Kenntnis des Geländes und des extremen Klimas ausgleichen können (s. Abb.). Anfang 1940 gelingen

den Finnen im »Winterkrieg« erste militärische Erfolge gegen die Rote Armee.

8. November 1939

Attentat auf Hitler

Knapp entgeht Reichskanzler Adolf Hitler einem Anschlag.

Kurz nachdem er eine Feier im Münchener Bürgerbräukeller verlassen hat, explodiert eine Bombe, die den Raum weitgehend zerstört (s. Abb.). Die deutsche Propaganda vermutet den Attentäter im britischen Geheimdienst. Verantwortlich ist jedoch Johann Georg Elser, der eine halbe Stunde vor der Explosion der Bombe auf der Flucht festgenommen wird.

Johann Georg Elser

Hitler-Attentäter, * 4.1.1903 Hermaringen/Württemberg; † 9.4.1945 KZ Dachau

Der 36-jährige Schreinergeselle hat in rd. 35 Nächten die selbstkonstruierte Zeitbombe in den Pfeiler des Bürgerbräukellers hinter Hitlers Rednerpult eingebaut. Am Tag des Attentats wird er beim Versuch des illegalen Grenzübertritts in die Schweiz festgenommen. Untersuchungen ergeben, dass Elser als Einzeltäter handelte.

- 1939: Festnahme in Konstanz
- 1945: Tod im Konzentrationslager

15. Dezember 1939

Vorhang auf für Scarlett

Scarlett O'Hara ist schön und eigenwillig. Sie lebt behütet auf dem prächtigen Gut Tara in den Südstaaten der USA. Liebe, Familientragödien und Intrigen vor dem Panorama glanzvoller Herrensitze des alten Südens und blutigen Kämpfen des amerikanischen Bürgerkriegs machen die brisante und spannungsgeladene Mischung aus, die einen der erfolgreichsten Filme aller Zeiten auszeichnet. »Vom Winde verweht« erlebt in Atlanta (US-Bundesstaat) Georgia eine umjubelte Uraufführung. Das Bürgerkriegsepos mit den glänzenden britischen Schauspielerin Vivien Leigh (Scarlett), die bislang in den USA weitgehend unbekannt war, und dem verführerischen Draufgänger Rhett Butler (Clark Gable) wird zu einem Kassenschlager. Der Streifen nach dem gleichnamigen Roman der Schriftstellerin Margaret Mitchell hält Generationen von Cineasten in Atem. Aufregend waren auch die Dreharbeiten des Films. Der penible Produzent David O. Selznick, der die Filmrechte für 50000 Dollar gekauft hatte, versuchte, maßgeblich Einfluss auf die Regiearbeit zu nehmen. Die Folge: Nach dem Beginn der Dreharbeiten am 10. Dezember 1938 warf mit George Cukor der erste Regisseur am 13. Februar 1939 das Handtuch. Ihm folgten Victor Fleming, der zusammenbrach, und Sam Wood, der bis zur Genesung Flemings an dem Epos arbeitete. Insgesamt verschlang der Film, der als einer der größten Ausstattungsfilme aller Zeiten gilt, Produktionskosten von rd. 4 Mio. Dollar. Der Streifen wird mit acht »Oscars« ausgezeichnet.

Scarlett erkennt ihre Liebe zu Rhett – zu spät für ein Happy End

Von links: Ashley (Leslie Howard), Melanie (Olivia de Havilland) und Scarlett (Vivien Leigh)

29. November 1939

Erster Ministerpräsident der Weimarer Republik stirbt im Exil

In Kopenhagen stirbt Philipp Scheidemann (s. Abb.), der am 9. November 1918 in Berlin die Deutsche Republik ausgerufen hatte. Von Februar bis Juni 1919 amtierte er als Reichskanzler.

Scheidemann wurde im Ersten Weltkrieg neben Friedrich Ebert zu einem der führenden SPD-Politiker. Wiederholt hatte er einen Verständigungsfrieden ohne Annexionen gefordert. Einen herausragenden Platz in den Geschichtsbüchern sicherte sich der Politiker im Jahre 1918. Am 9. November verkündete Reichskanzler Prinz Max von Baden gegen 12 Uhr die Abdankung von Kaiser Wilhelm II. Eine Stunde später ernannte er den Führer der Mehrheitssozialisten, Friedrich Ebert, zum neuen Kanzler und trat selbst zurück. Um 14 Uhr proklamierte Scheidemann – ohne Wissen und gegen den Willen Eberts – vom Reichstagsgebäude aus die Deutsche Republik. Er kam damit dem Führer des linksorientierten Spartakusbundes, Karl Liebknecht, zuvor, der etwas später vor dem Berliner Schloss die Freie Sozialistische Republik ausrief. Von seinem Amt als Ministerpräsident trat Scheidemann aus Protest gegen den Versailler Vertrag zurück. In den Jahren 1920 bis 1925 amtierte er als Oberbürgermeister von Kassel. Nach der Machtübernahme der Nationalsozialisten verließ Scheidemann im Jahre 1933 Deutschland. Er reiste nach Frankreich, in die USA und schließlich nach Dänemark.

Dezember 1939

1 Fr Die Berliner Automobilverkehrs- und Übungsstraße (AVUS) geht an das Unternehmen Reichsautobahn und damit in das öffentliche Verkehrsnetz über.

2 Sa In der deutschen Zeitschrift »Musik-Woche« polemisiert Rudolf Bauer gegen atonale Musik, die der deutsche Mensch innerlich nicht begreifen könne.

3 So Britische Bomber greifen erfolglos deutsche Kriegsschiffe bei Helgoland an. +++ Der Genfer Léon Nicole gründet die Féderation Socialiste Suisse.

4 Mo Das britische Schlachtschiff »Nelson« wird bei Loch Ewe durch eine deutsche Magnetmine schwer beschädigt.

5 Di Die UdSSR lehnt die Einladung des Völkerbunds ab, Vertreter zu einer Debatte über den sowjetisch-finnischen Krieg nach Genf zu entsenden.

6 Mi Der Schriftsteller Philippe Hériat erhält den Prix Goncourt, den bedeutendsten französischen Literaturpreis, für seinen Roman »Les enfants gâtés«.

7 Do Bei einem Gefecht mit den deutschen Zerstörern »Hans Lody« und »Erich Giese« wird der britische Zerstörer »Jersey« schwer beschädigt.

8 Fr Vor dem Großen Rat des Faschismus in Rom bekräftigt Italiens Ministerpräsident und »Duce« Benito Mussolini die enge Verbindung zu Deutschland.

9 Sa In der deutschen Presse erscheinen von deutschen Flugzeugen aufgenommene Luftbilder britischer Hafenstädte.

10 So Das Nobelkomitee in Stockholm vergibt die Nobelpreise. Geehrt werden u.a. die Deutschen Adolf Butenandt (Chemie) und Gerhard Domagk (Medizin).

11 Mo In einem Gespräch mit Joseph Goebbels fordert Reichskanzler Adolf Hitler vom Propagandaministerium verstärkt Filme zur »Volksmobilisierung«.

12 Di Die deutschen Behörden ermöglichen durch eine Sonderzuteilung Frauen den Bezug von Strümpfen, Männern den Kauf von Krawatten.

13 Mi Marcel Pilet-Golaz wird neuer Bundespräsident der Schweiz. +++ Britische Kreuzer beschädigen im Gefecht das deutsche Panzerschiff »Admiral Graf Spee«.

14 Do Der Völkerbund in Genf schließt die UdSSR wegen ihres Angriffs auf Finnland aus der Organisation aus. Die Invasion hatte am 30. November begonnen.

15 Fr Das Sondergericht Düsseldorf verurteilt einen Leverkusener Bürger wegen Abhörens feindlicher Sender zu einem Jahr Zuchthaus. → Scarlett

16 Sa Winston Churchill regt im britischen Kriegskabinett eine Landung in Norwegen an, um Deutschland von norwegischen Erzzufuhren abzuschneiden.

17 So Das beschädigte Panzerschiff »Admiral Graf Spee« versenkt sich vor Uruguay selbst, weil britische Truppen das Einlaufen in einen Hafen unmöglich machen.

18 Mo Bei einer Luftschlacht über der Deutschen Bucht verliert die britische Royal Air Force zwölf von 24 Vickers-Wellington-Bombern.

19 Di Der deutsche Luxus-Schnelldampfer »Columbus« versenkt sich im Nordatlantik selbst, nachdem ihn der britische Zerstörer »Hyperion« gestellt hat.

20 Mi Die deutsche Presse meldet aus Genua, der Fußball-Weltverband FIFA vergibt die Fußball-Weltmeisterschaft 1942 an Deutschland.

21 Do Der sowjetische Regierungschef Josef W. Stalin begeht seinen 60. Geburtstag. Adolf Hitler betont aus diesem Anlass die deutsch-sowjetische Freundschaft.

22 Fr Beim bislang schwersten Unglück in der deutschen Bahngeschichte fordert die Kollision zweier D-Züge in Genthin westlich von Brandenburg 132 Tote.

23 Sa Die Panamerikanische Konferenz protestiert gegen die Verletzung der Sicherheitszone durch das britisch-deutsche Seegefecht vor dem Rio de la Plata.

24 So Im Vatikan ruft Papst Pius XII. zum Frieden auf. +++ Der deutsche Rundfunk sendet ein Programm unter dem Motto »Soldatenweihnacht–Volksweihnacht«.

25 Mo Reichskanzler Adolf Hitler beendet mit der Visite eines Feldflugplatzes einen dreitägigen Aufenthalt an der Westfront bei Saarbrücken.

26 Di In Tschita (Sibirien) geht eine am 7. Dezember begonnene japanisch-sowjetische Konferenz über Grenzfragen zu Ende.

27 Mi Ein schweres Erdbeben in Anatolien fordert über 20000 Tote. Das Beben erreicht eine Ausdehnung bis nach Schweden und zerstört dort Seismographen.

28 Do Im sowjetisch-finnischen Krieg muss die sowjetische 163. Schützendivision nach 17-tägigen Kämpfen die Gefechtshandlungen einstellen.

29 Fr Die niederländische Regierung kündigt einen Arbeitsdienst als Beitrag zur Landesverteidigung für Männer von 18 bis 59 Jahren an.

30 Sa Die verbotene Kommunistische Partei Deutschland billigt eine »auf der Vertiefung der Freundschaft des deutschen Volkes mit der UdSSR beruhende« Politik.

31 So Mit der Philharmonischen Silvester-Akademie, dirigiert von Clemens Krauss, beginnen die Neujahrskonzerte der Wiener Philharmoniker.

1940-1949

1

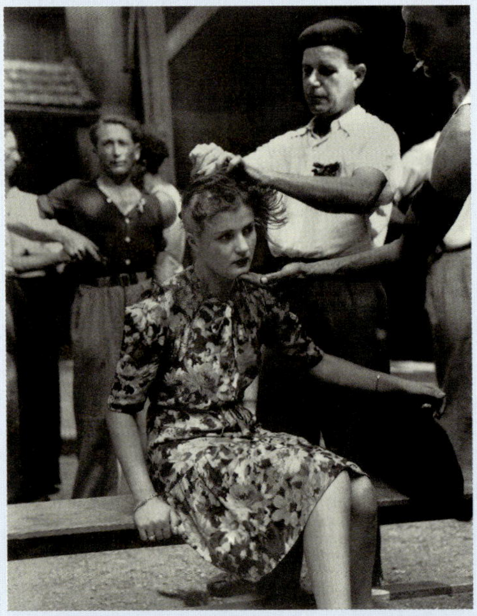

2

3

4

1 – Unweit des Tiergartens werden 1946 die von der britischen Besatzungsmacht zur Verfügung gestellten sog. Nissenhütten für wohnungslose Berliner errichtet. 2 – Rache nach der Befreiung: Landsleute rasieren den Kopf einer jungen Französin, die mit den deutschen Besatzern Umgang pflegte. 3 – Pessimistisches Nachkriegsdrama: Versuche einer Vergangenheitsbewältigung im Film. 4 – Gründungsfeier der FDJ im Ostberliner Friedrichstadtpalast (1947).

5

6

7

8

9

10

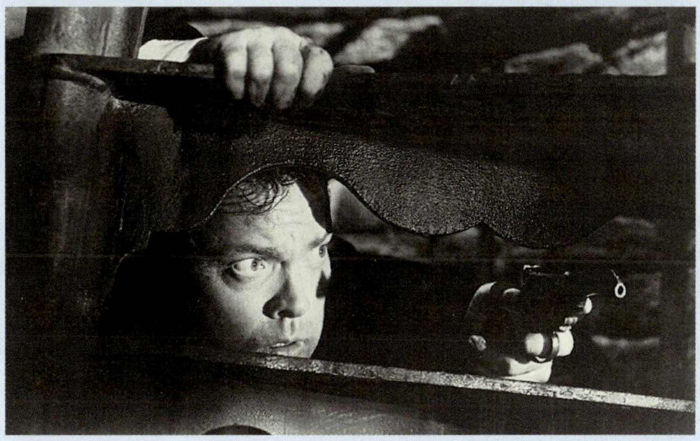

11

12

5 – Deutsche Soldaten beim Straßenkampf im französischen Lille. 6 – Marlene Dietrich und Irving Berlin treten vor US-Truppen in Italien auf. 7 – Winterkrieg 1941: Die Wehrmacht steht 100 km vor Moskau. 8 – Winston Churchill zeigt sein berühmtes Victory-Zeichen. 9 – Gebrandmarkt: Alte Frau mit Judenstern. 10 – Glenn Miller (vorn) prägt den Sound der vierziger Jahre. 11 – Film- und Schauspielgenie Orson Welles. 12 – Deutschland liegt in Trümmern.

Die vierziger Jahre – Zusammenbruch und neue Ordnung

Im Sommer 1945, nach Ende des Zweiten Weltkriegs, der über 50 Mio. Menschenleben forderte, ist nichts mehr so wie es vorher war. Hinter den Überlebenden liegen die Schrecken des Krieges, der in seiner Unmenschlichkeit monströse, millionenfache Mord an den Juden und die erstmalige Entfesselung der nuklaren Zerstörungskraft der Atombombe. Die globale Machtverteilung hat sich verändert. Die Alte Welt, der europäische Kontinent, liegt wirtschaftlich darnieder oder in Schutt und Asche, Japan ist als Machtfaktor ausgeschaltet. Die neuen Machtpole sind die USA und die Sowjetunion. In den Trümmern ihrer zerstörten Städte und Ideologien geht es für die Deutschen in der »Stunde Null« um einen materiellen und vielfach auch moralischen Neubeginn. Allerdings senkt sich zum Ende der Dekade der »Eiserne Vorhang« nieder, um das von der Sowjetunion dominierte Osteuropa vom »freien Westen« zu trennen. Eine gemeinsame Nachkriegsordnung kommt nicht zustande, stattdessen wird das politische Klima im »Kalten Krieg« frostig. Zwei deutsche Staaten wandern 1949 als Juniorpartner der beiden Großmächte in ideologisch gegensätzliche Lager.

Russen und Amerikaner an der Elbe – eine Waffenbrüderschaft von nur kurzer Lebensdauer

Der europäische Krieg wird zum Weltkrieg

Als Folge des japanischen Überfalls auf Pearl Harbor im Dezember 1940 tritt der wirtschaftlich übermächtige Gegner USA in den Kampf gegen die Achsenmächte ein. Die beabsichtigte Eroberung der britischen Inseln durch Deutschland kann wegen der verlorenen »Luftschlacht um England« nicht stattfinden. Stattdessen verlagert Hitler, dessen Truppen immer weitere Teile Europas besetzen, das Kriegsgeschehen mit dem Überfall auf die Sowjetunion im Juni 1941 nach Osten. In der Folge geht jedoch die militärische Initiative mehr und mehr auf die neue »Anti-Hitler-Koalition«, bestehend aus den USA, Großbritannien und der Sowjetunion, über. Die britische Luftwaffe beginnt im März 1942 mit dem Flächenbombardement deutscher Städte. Die Niederlage Japans im Juni 1942 leitet die Wende im Pazifikkrieg ein. An der Ostfront verliert Hitler bei Stalingrad bis Januar 1943 fast eine Viertel Million Soldaten. Kurz darauf muss die deutsche Kriegsmarine den U-Boot-Krieg im Atlantik abbrechen. Statt der Siegesmeldungen der ersten beiden Kriegsjahre sind in Deutschland bald nur noch Durchhalteparolen zu hören. Die Landung der Alliierten in der Normandie im Juni 1944 läutet die letzte Phase des Krieges ein. Im Frühjahr 1945 ist Deutschland militärisch und wirtschaftlich am Ende, seine Kapitulation – am 7./8. Mai – unausweichlich.

Holocaust – Hitler führt den Rassenkrieg

In die zweite Kriegshälfte fällt der größte Massenmord in der Geschichte der Menschheit. Vermutlich im Sommer 1941 gibt Adolf Hitler den Befehl zur »Endlösung der Judenfrage«, zur systematischen Ausrottung der Juden, wo auch immer man ihrer habhaft werde. Am 20. Januar 1942 koordinieren die Leiter der beteiligten Behörden in einer Villa am Berliner Wannsee den technischen und administrativen Vollzug. Der organisierte Mord durch Massenerschießungen hatte bereits mit dem Vormarsch der deutschen Verbände im Osten begonnen. Auf der Wannsee-Konferenz geht es jetzt allerdings um die »industrielle Vernichtung« der Juden. Die Vergasungen in Auschwitz, dem berüchtigsten von Hitlers Todeslagern, laufen im Januar 1942 an. Bis Kriegsende fallen der nationalsozialistischen Vernichtungsmaschinerie über 6 Mio. Juden zum Opfer, daneben zahllose Sinti und Roma sowie Angehörige politischer Oppositionsgruppen oder religiöser Minderheiten.

Die »Stunde Null«

Nach der Kapitulation der Wehrmacht ist ganz Deutschland von den alliierten Siegermächten besetzt, die großen Städte liegen in Trümmern. Millionen Flüchtlinge strömen aus den deutschen Ostgebieten nach Westen und verschärfen die ohnehin prekäre Wohn- und Ernährungssituation. Die Menschen hausen in Behelfswohnungen, Barackenlagern oder Kellern. Kapitulation, Besetzung und Flucht erscheinen vielen Deutschen aber auch als politischer und persönlicher Nullpunkt. Erstmals dringen ungefilterte Informationen über die Kriegsgreuel und das Ausmaß des Holocaust zu den Menschen, der moralische Totalbankrott eines ganzen Volkes und des deutschen Namens ist offensichtlich.

Neben aller Not hat sich die unmittelbare Nachkriegszeit aber auch als Beginn des gemeinsamen Wiederaufbaus in das Bewusstsein der Deutschen eingeprägt. 1945 beträgt die gesamte Wirtschaftsproduktion nur noch 15% des Umfangs von 1939. »Ärmel hochkrempeln und anpacken« heißt angesichts einer drückenden Ernährungslage, von Demontage und Reparationslasten die Devise. Zum Symbol für die Aufbaumoral im Nachkriegsdeutschland werden die sog. Trümmerfrauen, die die Hauptlast der Aufräumarbeiten in den zerstörten Städten tragen.

Kampf ums nackte Überleben

Wer den Krieg mit seinen Bombennächten überlebt hat, muss nun – inmitten von Trümmern – erneut ums nackte Überleben kämpfen. Kleidung, Brennstoff und Lebensmittel sind in der frühen Nachkriegszeit Mangelware. Die Militärregierungen der Alliierten behalten die Rationierung der Konsumgüter bei. Statt den von den Vereinten Nationen für nötig gehaltenen 2650 Kalorien täglich erhält »Otto Normalverbraucher« über seine Lebensmittelkarte nur rd. 1500. Manche Menschen erhalten sogar weniger als 900 Kalorien. Hunger wird – vor allem im Mangeljahr 1947 – zu ihrem ständigen Begleiter, obgleich namentlich die USA durch Lebensmittelspenden zur Linderung der Not der Westdeutschen beitragen – ein Vorzug, auf den die Bewohner der Ostzone verzichten müs-

Der Aufbau-Kanzler: Dem 73-jährigen Konrad Adena[uer] trauen viele den Neubeginn zu.

sen. Um den Fettbedarf zu decken, sammeln die Menschen Bucheckern. Aus vier Kilogramm lässt sich immerhin ein Liter Öl gewinnen. Zum Alltag gehören die »Hamsterzüge«, mit denen die Menschen aufs Land fahren, um ihre Wertsachen gegen Lebensmittel einzutauschen. Überall blüht der Schwarzhandel. Erst mit der Währungsreform im Juni 1948 füllen sich die Schaufenster zumindest in den mittlerweile von amerikanischer »Marshallplan«-Hilfe profitierenden Westzonen, allerdings sind die Preise für viele noch unbezahlbar. Frischfleisch und Milchprodukte bleiben weiter Mangelware. Am Ende der Dekade tauchen auch wieder Obst- und Gemüsesorten aus Übersee auf den Märkten auf: Im Juni 1949 trifft erstmals seit zehn Jahren eine Ladung Bananen aus Kolumbien in Westdeutschland ein.

Währungsreform: 1948 stehen die ausgehungerten Bewohner der Westzonen plötzlich vor vollen Regalen.

Zwei Staaten auf deutschem Boden

Nach seiner Machtergreifung hatte Adolf Hitler die Strukturen des Rechtstaats und der Demokratie in Deutschland ausgelöscht. Am Ende des Weltkriegs ist auch der deutsche Nationalstaat zerstört. Die alliierten Siegermächte teilen das Land in vier Besatzungszonen auf und üben die oberste Regierungsgewalt aus. Schon bald zerbricht das Bündnis zwischen den Westmächten und der Sowjetunion. Moskau streckt seine Fühler nach den Staaten Osteuropas aus. Der zunehmende weltpoltische Gegensatz zu Washington führt zu einem Auseinanderdriften auch der östlichen und der drei westlichen deutschen Besatzungszonen. Dass die jeweilige Besatzungsmacht dem besetzten Land ihren Stempel aufdrücken würde, stellte Stalin schon im Frühjahr 1945 klar: »Jeder führt sein eigenes gesellschaftliches System ein, soweit seine Armee vordringen kann. Es kann gar nicht anders sein.« Am 6. September 1946 wirbt US-Außenminister James F. Byrnes in seiner berühmten Stuttgarter Rede für den baldigen Aufbau eines nichtkommunistischen, demokratischen deutschen Staates. Die USA entscheiden sich dafür, die wirtschaftliche Stabilisierung und den Einigungsprozess in den Westzonen voranzutreiben. Am 1. September 1948 tritt auf Weisung der Westalliierten der Parlamentarische Rat zusammen, um die Verfassung für die zu einem deutschen Teilstaat vereinigten Westzonen zu erarbeiten. Der erste Bundeskanzler, Konrad Adenauer, legt die junge Bundesrepublik auf den Kurs »Westintegration vor Wiedervereinigung« fest. In der sowjetischen Besatzungszone setzt das staatliche politische Leben noch früher ein als im Westen. Viele Bürger sind durchaus bereit, nach den Schrecken der Vergangenheit in »antifaschistischen« Parteien an einer Neugestaltung der Gesellschaft mitzuarbeiten. Die Zwangsvereinigung von Sozialdemokraten und Kommunisten im April 1946 jedoch leitet einen stalinistischen Repressionskurs ein. Bodenreform, Enteignungen, eine rigide Reparationspolitik und die Besetzung wichtiger Posten mit SED-Parteigängern beeinflussen das durch akute wirtschaftliche Not geprägte Leben der Menschen noch zusätzlich. Mit der Gründung der Bundesrepublik am 23. Mai und der DDR am 7. Oktober 1949 gibt es zwei deutsche Staaten, die entgegengesetzten Blöcken angehören. Das gleichsam »doppelte« Deutschland ist Frontstaat und zugleich Grundpfeiler der Sicherheitsarchitektur Europas nach dem Weltkrieg.

Zwischen Vergangenheit und Neubeginn

Die Auseinandersetzung mit den Verbrechen der Nazizeit steht nach 1945 in Ost- und Westdeutschland auf der Tagesordnung – doch wird sie halbherzig angegangen. Im Westen verläuft die von den Alliierten eingeleitete »Entnazifizierung« ehemaliger Parteigänger Hitlers bald mehr oder weniger im Sande. Die politische Führung der Ostzone reklamiert dagegen die antifaschistische Tradition der Kommunisten für sich, was bei der Bevölkerung nicht überall gut ankommt. Vor allem der Kunst, und hier besonders der Literatur, fällt daher die Aufgabe zu, in diesem allgemeinen Klima gesellschaftlicher Verdrängung ihre Zeichen zu setzen.
Wolfgang Borcherts bewegendes Heimkehrerdrama »Draußen vor der Tür« ist das meistgespielte Theaterstück im Westdeutschland dieser Jahre. Nach der kulturellen Isolation der Hitlerzeit herrscht zudem riesiges Interesse an der Kultur des Auslands. Aufführungen der Stücke von Thornton Wilder oder Jean Giraudoux füllen die Theatersäle. In der von Hans Werner Richter ins Leben gerufenen »Gruppe 47« ringen junge Autoren in einer neuen, nicht durch Pathos und NS-Rhetorik verdorbenen Sprache um eine neue Weltsicht. In der sich eben gründenden DDR ist es vor allem der aus der Emigration heimgekehrte Bertolt Brecht, der mit seinen Bühnenwerken Akzente setzt. Daneben wird die Verbreitung der Werke der deutschen Klassik, sowjetischer Dichtung und des Erzählwerks von Autoren wie Anna Seghers, Arnold Zweig oder Heinrich Mann staatlicherseits gefördert.

Die Linie der späten 40er: New Look von Dior

++ Zitate +++ Zitate +++ Zitate ++

Winston Churchill, britischer Premierminister, in seiner Regierungserklärung vor dem Londoner Unterhaus (1940):
»Ich habe nichts zu bieten als Blut, Mühsal, Tränen und Schweiß. Uns steht eine Prüfung von allerschwerster Art bevor. Wir haben viele, viele lange Monate des Kämpfens und des Leidens vor uns... Was ist unser Ziel? Ich kann es mit einem Wort nennen: Sieg – Sieg um jeden Preis, Sieg trotz allem Schrecken, Sieg, wie lang und beschwerlich der Weg dahin auch sein mag; denn ohne Sieg gibt es kein Weiterleben.«

Clemens August Graf von Galen, Bischof von Münster, predigt gegen die Euthanasiepolitik der Nationalsozialisten (1941):
»Wehe den Menschen, wehe unserem deutschen Volke, wenn das heilige Gottesgebot ›Du sollst nicht töten‹... nicht nur übertreten wird, sondern wenn diese Übertretung sogar geduldet und ungestraft ausgeübt wird.«

Reichspropagandaminister Joseph Goebbels in seiner Berliner »Sportpalastrede« (1943):
»Ich frage euch: wollt ihr den totalen Krieg? Wollt ihr ihn, wenn nötig, totaler und radikaler, als wir ihn uns heute überhaupt noch vorstellen können?«

US-Präsident Harry S. Truman über die Meldung seines Kriegsministers zum Abwurf der Atombombe (1945):
»Hiroschima wurde bei guter Sicht bombardiert mit nur schwacher Bevölkerung ... Ergebnis in jeder Hinsicht ausgesprochen gut. Sichtbare Wirkung größer als bei allen Experimenten.«

Ernst Reuter, Oberbürgermeister von Berlin, in einem leidenschaftlichen Appell zur Berlin-Blockade der Sowjets (1948):
»Völker der Welt, schaut auf Berlin! Und Volk von Berlin, sei dessen gewiss, diesen Kampf, den wollen, diesen Kampf, den werden wir gewinnen!«

Aus der »Allgemeinen Erklärung der Menschenrechte« der Vereinten Nationen (1948):
»Alle Menschen sind frei und gleich an Würde und Rechten geboren. Sie sind mit Vernunft und Gewissen begabt und sollen einander im Geiste der Brüderlichkeit begegnen.«

Artikel 1 des Grundgesetzes der Bundesrepublik Deutschland (1949):
»Die Würde des Menschen ist unantastbar. Sie zu achten und zu schützen ist Verpflichtung aller staatlichen Gewalt.«

Wörter des Jahrzehnts

Auschwitz • Blockwart • CARE-Paket • Endlösung • Endsieg • Entnazifizierung • Ghetto • Hamstern • Hiroschima • Judenstern • Landser • Marshallplan • Persilschein • Rosinenbomber • Schwarzmarkt • Stalingrad • Trümmerfrau • UNO • Währungsreform • Weiße Rose

Januar 1940

1 Mo Marcel Pilet-Golaz tritt das Amt des Bundespräsidenten der Schweiz für das Jahr 1940 an. Pilet-Golaz war bereits 1934 Bundespräsident.

2 Di Der traditionelle Neujahrsempfang von Reichskanzler Adolf Hitler wird aufgrund der »Sonderverhältnisse des Krieges« abgesagt.

3 Mi In London lässt die Regierung die britische Staatsverwaltung evakuieren. Bisher sind 1500 Beamte in die Provinz versetzt worden.

4 Do Hermann Göring wird zum Leiter der deutschen Kriegswirtschaft ernannt. Göring ist bereits Beauftragter des Vierjahresplans. → »Früchte des Zorns«

5 Fr Das irische Parlament in Dublin erlässt ein Gesetz zur Internierung von Mitgliedern der Untergrundorganisation Irisch-Republikanische Armee (IRA).

6 Sa In den USA werden Maßnahmen zur Erweiterung der Bundespolizei getroffen, um verschärft gegen Spionage und Sabotage vorgehen zu können.

7 So Propagandaminister Joseph Goebbels beruft den bisherigen Reichskultursenator Friedrich Bethge zum Präsidenten der Reichstheatertage.

8 Mo In zwei Schlachten gelingt es der 9. finnischen Division in Mittelfinnland, die 44. sowjetische Schützendivision zu schlagen.

9 Di Die seit Herbst 1939 durchgeführte Umsiedlung der deutschstämmigen Bevölkerung aus Estland und Lettland ins Reichsgebiet ist abgeschlossen.

10 Mi Flugzeuge der britischen Royal Air Force fliegen einen ersten Angriff gegen den deutschen Luftwaffenstützpunkt auf der Nordseeinsel Sylt. → Südtiroler

11 Do Das Leningrader Kirow-Theater zeigt das Ballett »Romeo und Julia« von Sergej S. Prokofjew als sowjetische Erstaufführung.

12 Fr Das deutsche Reichsernährungsministerium veröffentlicht Pläne zur Umsiedlung von Landwirten aus Baden und Württemberg in den Reichsgau Posen.

13 Sa Bei den Umbauarbeiten des römischen Borgo-Viertels fällt die letzte Häuserzeile, die den Blick von der Engelsbrücke auf den Petersplatz versperrt hatte.

14 So Japans Ministerpräsident Noboyuki Abe tritt mit seiner Regierung zurück. Admiral Mitsumasa Yonai erhält den Auftrag zur Neubildung der Regierung.

15 Mo Die belgische Regierung lehnt den Vorschlag der Alliierten ab, ihnen Marscherlaubnis durch belgisches Territorium zu erteilen.

16 Di In Berlin stellt das Unternehmen Siemens-Schuckert-Werke AG eine neue Röntgenanlage für den Einsatz bei der Krebstherapie vor.

17 Mi Das Solinger Schöffengericht verurteilt zwei Personen, die ihrem Arbeitsplatz ferngeblieben waren und sich regimekritisch geäußert hatten, zu Haftstrafen.

18 Do In Wien wird der erste Lehrgang des Langemarck-Studiums in der Ostmark (Österreich) eröffnet. 24 Studenten können an dem Elitestudium teilnehmen.

19 Fr Der französische Ministerpräsident Edouard Daladier fordert die Zerstörung russischer Ölfelder, um Öllieferungen an Deutschland zu unterbinden.

20 Sa Zwischen Berlin und Moskau nehmen die Deutsche Lufthansa und die sowjetische Fluggesellschaft Aeroflot den regelmäßigen Flugverkehr auf.

21 So Ein britischer Kreuzer stoppt bei Yokohama den japanischen Dampfer »Asama Maru« und verhaftet 21 an Bord befindliche Deutsche.

22 Mo Der seit zwei Tagen ausgestrahlte Soldatenfunk des Großdeutschen Rundfunks erfreut sich bereits großer Beliebtheit. → Eis

23 Di Reichswirtschaftsminister Walther Funk sperrt jüdischen Bürgern den Bezug von Spinnstoffen, Schuhen und Ledermaterial.

24 Mi In Rumänien veröffentlicht die Regierung das Gesetz über die engere Zusammenarbeit zwischen staatlicher Verwaltung und Parteien.

25 Do Schottische Soldaten protestieren gegen das Verbot des britischen Kriegsministers Oliver Stanley, den schottischen Kilt in der britischen Armee zu tragen.

26 Fr Das Parlament der Südafrikanischen Union lehnt die Resolution zur Einstellung des Krieges gegen Deutschland ab.

27 Sa Reichskanzler Adolf Hitler lässt die Studie »Weserübung« zur Besetzung dänischer und norwegischer Stützpunkte ausarbeiten.

28 So Entscheidungen, die das Schulwesen im früheren Österreich betreffen, werden dem deutschen Erziehungsminister Bernhard Rust übertragen.

29 Mo Adolf Hitler beauftragt NS-Reichsleiter Alfred Rosenberg mit der Gründung der »Hohen Schule« für nationalsozialistische Forschung, Lehre und Erziehung.

30 Di Der deutsche SS- und Polizeichef Heinrich Himmler fordert in einer Rede alle Männer der SS und Polizei auf, noch während des Krieges Väter zu werden.

31 Mi Neue Kraftfahrzeuge aus der laufenden Kriegsproduktion können in Deutschland nur noch im Bezugsscheinverfahren erworben werden.

15. Februar 1940

Pflichtjahr trennt Familien

In der »Erzeugungsschlacht 1940« sollen deutsche Landwirte maximale Produktionssteigerungen erzielen. Das fordert Generalfeldmarschall Hermann Göring in einer Rundfunkansprache. Seit Göring 1938 im Rahmen des Vierjahresplans das Pflichtjahr einführen ließ, stehen ledige Frauen unter 25 Jahren für ein Jahr der Landwirtschaft als Arbeitskräfte zur Verfügung. Damit will die deutsche Regierung dem Arbeitskräftemangel begegnen und die Nahrungsmittelproduktion während des Krieges auf ein Höchstmaß steigern. Seit dem 1. Februar 1940 befinden sich 300 000 Frauen im Arbeitseinsatz. Für sie ist das Pflichtjahr

Voraussetzung, später für das Berufsleben zugelassen zu werden. Die Handhabung der Dienstpflicht sorgt für soziale Probleme: Frauen, aber auch Facharbeiter arbeiten häufig so weit von ihrem Wohnsitz entfernt, dass sie von ihren Familien getrennt leben und in eigens hergerichteten Baracken unterkommen müssen (Abb.: Dienstverpflichtete helfen Landwirten bei der Maisernte).

4. Januar 1940

»Früchte des Zorns« verfilmt

Mit Begeisterung nimmt das New Yorker Premierenpublikum den zeitkritischen Film »Früchte des Zorns« auf. Regisseur John Ford orientierte sich in diesem Werk an John Steinbecks gleichnamigem Roman, der 1939 Furore machte. Darin schildert Steinbeck das Schicksal der Farmerfamilie Joad zur Zeit der Wirtschaftskrise. In ihrer Heimat Oklahoma gibt es für die Familie keine Lebensgrundlage mehr. Sandstürme und Schulden veranlassen die Joads, mit dem Lkw nach Westen zu fahren. Sie wollen in Kalifornien ein neues Leben anfangen. Aber auch dort geraten sie in Schwierigkeiten. Als Sohn Tom (Henry Fonda) zum Mörder wird, zerplatzen alle Träume der Familie. »Früchte des Zorns« gilt als einer der besten Filme John Fords. Trotz seines pessimistischen Charakters wird der Streifen ein großer Erfolg. Insbesondere die Fahrt der Joads nach Westen und das Durchhaltevermögen der Familie erinnern an amerikanische Pioniertage und verfehlen ihre Wirkung beim US-Publikum nicht. Henry Fonda erhält am 21. Februar 1941 einen »Oscar« für die beste Hauptrolle, Jane Darwell wird als Ma Joad für die beste Nebenrolle ausgezeichnet. In weiteren Rollen sind John Carradine und Dorris Bowdon zu sehen. Auch die Arbeit von Kameramann Gregg Toland, der sich stark an Dokumentarfilmen orientiert, erntet viel Lob. »Früchte des Zorns« zählt zu den progressivsten Filmen der vierziger Jahre.

12. Februar 1940

Erste Juden-Deportationen

Die Judenverfolgung in Deutschland erreicht einen neuen Höhepunkt. Erstmals lässt SS- und Polizeichef Heinrich Himmler 6000 Juden aus ihrer Heimat deportieren. Die Betroffenen stammen aus Stralsund, Stettin, Schneidemühl, Wien und Mährisch-Ostrau. Sie werden in Güterwaggons ins polnische Lublin transportiert, wo unmenschliche Lebensbedingungen auf sie warten. Wegen mangelhafter Organisation stehen nicht genügend Wohnräume zur Verfügung. Die Menschen leben auf engstem Raum zusammen. Auch die Nahrungsversorgung ist katastrophal. Oft müssen sich die Deportierten mit verdorbenen Lebensmitteln begnügen. Für die Umsiedlung erlaubt die deutsche Regierung den Betroffenen nur einen Handkoffer als Gepäck. Für alle zurückbleibenden Vermögenswerte muss eine Verzichtserklärung unterschrieben werden. Auf Kranke und Alte nehmen die Behörden keine Rücksicht. Über 80-Jährige müssen die Altersheime verlassen. Augenzeugen berichten, dass alte Menschen auf Tragen zum Bahnhof gebracht werden, wenn sie den Weg aus eigener Kraft nicht auf sich nehmen können. Adolf Hitler hatte den Großraum Lublin am 9. Oktober 1939 als »Judenreservat« ausgewiesen. Bereits kurz nach der Machtübernahme 1933 hatte Hitler mit der Diskriminierung der deutschen Juden begonnen. Zunächst rief das NS-Regime zum Boykott jüdischer Geschäfte, Ärzte und Rechtsanwälte auf. 1935 stellten die Nürnberger Rassegesetze u.a. die Ehe zwischen Juden und Nicht-Juden unter drakonische Strafen. Beim Judenpogrom von 1938, der sog. Kristallnacht, schlugen die Repressionen in staatlich gelenkten Terror um. In den folgenden Jahren entzog die deutsche Regierung den Juden nach und nach die Existenzgrundlagen, indem sie sie u.a. von der Ausübung der meisten Berufe ausschloss.

22. Januar 1940

Ganz Europa erstarrt im Eis

Über Europa bricht eine Kältewelle herein, die große Teile des öffentlichen Lebens lahmlegt. Von Schweden bis Jugoslawien herrschen Minustemperaturen, die eine Rekordmarke von -40 °C erreichen. Der Verkehr kommt auf weiten Strecken zum Erliegen. Die Flüsse Rhein und Donau sind von einer dicken Eisschicht überzogen. Die Schifffahrt muss eingestellt werden (Abb.: Schiffe liegen im Hafen fest). Auch der Eisenbahnverkehr kann auf den vereisten Gleisanlagen nicht aufrechterhalten werden. Es kommt zu Versorgungsengpässen bei der deutschen Bevölkerung, was bereits erste Unmutsäußerungen über die Regierung laut werden lässt. Auch in Nordamerika leiden die Menschen unter den Temperaturstürzen. Schwere Schneestürme und -verwehungen fordern mehrere Todesopfer unter der US-Bevölkerung.

29. Februar 1940

Palästina dreigeteilt

Die Regierung Großbritanniens regelt die Gebietsverteilung in Palästina neu. In dem britischen Mandatsgebiet dürfen sich Juden nur noch in ausgewiesenen Gebieten ansiedeln. Dabei sollen drei Zonen unterschieden werden: In den Gebirgszonen und Hochgebirgen ist Juden jeglicher Landbesitz verboten. Zwar ist diese Region unfruchtbar, doch macht sie einen Großteil Palästinas aus. Die zweite Zone erstreckt sich hauptsächlich auf den Süden des Landes, wo bedingt nutzbares Weideland vorherrscht. Juden dürfen sich mit einer besonderen Genehmigung hier niederlassen. Die dritte und kleinste Zone liegt an der Mittelmeerküste bei Jaffa und Tel Aviv. In dieser äußerst fruchtbaren Region gelten keine Beschränkungen für jüdische Siedler.
Mit dieser Maßnahme versucht die britische Regierung, die Unruhen einzudämmen, die in den vergangenen Monaten stark zugenommen haben. Die verstärkte Einwanderung von Juden aus Europa hatte die Palästinenser aufgebracht. Es kam zu offenen Auseinandersetzungen zwischen den beiden Völkern. Die beschränkten Siedlungsbedingungen sollen nun den Einwanderungsstrom abschwächen und die Landstreitigkeiten in geregelte Bahnen lenken. Bereits am 7. Februar 1939 waren jüdische und palästinensische Vertreter mit der britischen Regierung in London zusammengekommen, um über die Landfrage zu beraten. Schon damals schlug Großbritannien die Dreiteilung des Mandatsgebietes vor, stieß aber auf Ablehnung. Nach den starken arabisch-jüdischen Unruhen in den vergangenen Monaten setzen die Briten nun ihr Siedlungskonzept trotz jüdischen Widerstandes durch. Palästina ist geteilt. Die organisierte Einwanderung von Juden in das »Gelobte Land« begann bereits im 19. Jahrhundert. Großbritannien eroberte Palästina im Ersten Weltkrieg und versprach, eine »nationale Heimstätte« für Juden zu schaffen. Gleichzeitig machten die Briten den Arabern Hoffnung, Palästina in ein arabisches Staatswesen einzubeziehen. Die Konflikte sollten 1937 beigelegt werden, als die britische Regierung versuchte, das Land in ein arabisches und ein jüdisches Territorium aufzuteilen. Der Teilungsversuch scheiterte jedoch an den Protesten der Kontrahenten.

Straßenkampf um Palästina: Juden und Araber im Nationalitätenkonflikt

10. Januar 1940

Mehrheit der Südtiroler optiert für deutsche Staatsbürgerschaft

In Südtirol wird das Ergebnis der Volksabstimmung bekannt gegeben, die über die Zugehörigkeit der Bevölkerung zu Deutschland oder Italien entscheiden soll. Von 267 948 stimmberechtigten Südtirolern entscheidet sich die Mehrheit von 185 000 für die Anbindung an Deutschland. Das Abstimmungsergebnis bezieht sich u.a. auf die Provinzen Bozen und Trient. Dort hatten die Einwohner bis zum 31. Dezember 1939 die Möglichkeit, ihre Stimme abzugeben. Die lokalen volksdeutschen Gruppen hatten im Vorfeld massive Propaganda betrieben und das Ergebnis damit entscheidend beeinflusst. Die Wahldeutschen können die italienischen Gebiete nun verlassen. Sie sollen bis zum 31. Dezember 1942 auf deutschen Boden umgesiedelt werden. Der Nationalitätenstreit hält Südtirol seit Ende des Ersten Weltkriegs in Unruhe. Am 10. September 1919 fiel der Süden der Region an Italien, während der Norden bei Österreich blieb. Die Regierung in Rom versuchte, die Südtiroler zu italienisieren, stieß aber auf Widerstand. In den 20er und 30er Jahren bemühte sich der faschistische Ministerpräsident Benito Mussolini verstärkt um die Eingliederung der Südtiroler in den italienischen Staat. Die Volksabstimmung ist das Ergebnis lang anhaltender Bemühungen der deutschsprachigen Bevölkerung Südtirols, ihre Nationalität frei wählen zu dürfen. Die Streitigkeiten zwischen der italienischen Regierung und Südtirol dauern jedoch an. Sie werden erst im Jahre 1992 endgültig beigelegt.

Februar 1940

1 Do Das US-Repräsentantenhaus billigt den Bau von 21 Kriegsschiffen, 22 Hilfskriegsschiffen und 4500 Flugzeugen in den nächsten zwei Jahren.

2 Fr In der dänischen Hauptstadt Kopenhagen werden Planungen zum Bau einer Luftschutzanlage für insgesamt 90 000 Menschen abgeschlossen.

3 Sa Das deutsche Erziehungsministerium ordnet an, an Volks- und Mittelschulen stärker handwerkliche Lehrinhalte einzubeziehen.

4 So In Garmisch-Partenkirchen endet die IV. Internationale Wintersportwoche. Die erfolgreichsten Sportler sind Christl Cranz und Josef (Pepi) Jennewein.

5 Mo Die Regierungen der 21 Nationen auf dem amerikanischen Kontinent beschließen die Errichtung einer Panamerikanischen Bank mit Sitz in New York.

6 Di Um den Erfolg seiner Wirtschaftspolitik zu beweisen, gibt US-Präsident Franklin D. Roosevelt Zahlen über die positive wirtschaftliche Entwicklung bekannt.

7 Mi Ein Londoner Gericht verurteilt zwei Mitglieder der katholischen Irisch-Republikanischen Armee (IRA) wegen eines Bombenanschlags zum Tode.

8 Do In New York stellt der US-Trickfilmzeichner Walt Disney seine neueste Filmproduktion vor: »Pinocchio«, nach dem Kinderbuch von Carlo Collodi.

9 Fr Joe Louis, US-Boxweltmeister im Schwergewicht, siegt in New York über Arturo Godoy in einem 15-Runden-Kampf nach Punkten.

10 Sa Ein Gesetz der mexikanischen Regierung stellt die gesamte Erziehung der Jugend unter die Kontrolle des Staates.

11 So Ein in Moskau unterzeichnetes Wirtschaftsabkommen mit der UdSSR sichert Deutschland Lieferungen von Erdöl, Edelmetall und Getreide zu.

12 Mo Die Dänin Ragnhild Hveger verbessert in Kopenhagen den Weltrekord über 500-m-Kraulschwimmen auf 6:27,8 min. → Juden-Deportationen

13 Di Die schwedische Regierung lehnt ein Ersuchen Helsinkis um Waffenhilfe ab. Finnland befindet sich im Krieg mit der Sowjetunion.

14 Mi Um den Handel mit Südamerika zu finanzieren, beschließt der US-Senat die Erhöhung des Kapitals der Ex- und Importbank um 100 Mio. Dollar.

15 Do Die »Neue Züricher Zeitung« bringt den Aufruf »Schweizerfrau, lerne schießen!« Schon 130 Frauen haben sich zur Ausbildung gemeldet. → Pflichtjahr

16 Fr Der britische Zerstörer »Cossack« entert innerhalb norwegischer Hoheitsgewässer das deutsche Marine-Hilfsschiff »Altmark«.

17 Sa Erich von Manstein, General der Infanterie, trägt Adolf Hitler seinen Plan für eine Westoffensive mit einem Angriff gegen Sedan vor (»Sichelschnitt«).

18 So Mit einem Flottenvorstoß versucht die deutsche Marine erfolglos, den alliierten Geleitverkehr zwischen Großbritannien und Skandinavien zu unterbrechen.

19 Mo Der Rotary-Club, eine internationale Vereinigung führender Persönlichkeiten, feiert den 35. Jahrestag seiner Gründung in Chicago durch Paul Harris.

20 Di Ägyptens Ministerpräsident Ali Mahir Pascha erklärt öffentlich, er wolle weder Truppen nach Europa schicken noch sich am Krieg beteiligen.

21 Mi SS-Gruppenführer Richard Glücks berichtet dem SS-Reichsführer Heinrich Himmler, dass die ehemalige Kaserne Auschwitz als Lager geeignet sei.

22 Do US-Milliardär Nelson Aldrich Rockefeller überreicht der finnischen Regierung zur Unterstützung des Kriegs gegen die UdSSR 100 000 US-Dollar.

23 Fr Das dominikanische Parlament beschließt in Santo Domingo, die sofortige Einreiseerlaubnis für 500 jüdische Familien zu erteilen.

24 Sa Nach Beratungen mit NS-Gegnern verfasst der ehemalige Botschafter Ulrich von Hassell ein Programm für den Fall eines Umsturzes in Deutschland.

25 So In Schweden tritt ein Gesetz in Kraft, nach dem nur die schwedische Reichsbank und bestimmte Devisenbanken zur Devisenabgabe ermächtigt sind.

26 Mo Das Reichsgesundheitsamt warnt deutsche Frauen vor dem Rauchen. Rauchende Frauen könnten der Gesundheit des gesamten Volkes schaden.

27 Di In Ibbenbüren (Westfalen) verurteilt ein Sondergericht zwei Postbeamte wegen Unterschlagung von Feldpostpäckchen zu 15 Jahren Zuchthaus.

28 Mi Reichspresseleiter Otto Dietrich hebt auf einer Tagung in Berlin die Bedeutung der Presse für propagandistische Aufgaben im Krieg hervor.

29 Do Im Rahmen der Pressegleichschaltung in den deutschen Gebieten stellt die »Wiener Zeitung« ihr Erscheinen ein. → Palästina

März 1940

1 Fr Adolf Hitler unterzeichnet die erste operative Weisung zur Vorbereitung einer deutschen Besetzung Dänemarks und Norwegens.

2 Sa Durch versehentliche Verbindung einer Wasserleitung mit einer Brauerei fließt in Joilet (US-Bundesstaat Illinois) kurzzeitig Bier aus den Wasserhähnen.

3 So Die Leipziger Frühjahrsmesse wird eröffnet. Für den Haushaltsbereich zeichnet sich der Ersatz von Metall und Holz durch Kunststoffprodukte ab.

4 Mo Ingrid Bergman spielt die Hauptrolle in dem Film »Eine Juninacht«, der in Stockholm uraufgeführt wird. Regie führte Per Lindberg.

5 Di Die Tour de France, das berühmteste Etappenrennen für Berufsradfahrer, wird wegen des Krieges zunächst verschoben und am 21. April abgesagt.

6 Mi Bundespräsident Marcel Pilet-Golaz übernimmt das nach dem Tod Giuseppe Mottas verwaiste Außenministerium der Schweiz.

7 Do Finnland verzeichnet im Krieg gegen die UdSSR einen Verlust von 20% der gesamten Streitkräfte. Der Kriegsrat berät das Kriegsende. → »Elizabeth«

8 Fr In Deutschland werden die sog. Polenerlasse bekannt gegeben. Sie regeln die Arbeits- und Lebensbedingungen polnischer Zivilarbeiter im Reich.

9 Sa Die Schweiz und Italien arbeiten Pläne zum Bau einer Großschifffahrtsstraße aus, die der Schweiz Anschluss an die Adria verschaffen soll.

10 So Josef (Pepi) Jennewein und Christl Cranz gewinnen die am 9. März begonnene alpine Deutsche Skimeisterschaft in Sankt Anton am Arlberg.

11 Mo Die Regierungen Großbritanniens und Frankreichs fordern eine Durchmarscherlaubnis für ihre Truppen durch Norwegen und Schweden nach Finnland.

12 Di Der Schweizer Bundesrat bewilligt die Errichtung von Arbeitslagern für Emigranten. Sie sollen im Straßenbau eingesetzt werden. → Winterkrieg

13 Mi Deutschland und Finnland nehmen die Handelsbeziehungen wieder auf, die durch den finnisch-sowjetischen Krieg unterbrochen worden waren.

14 Do Der Generalstab der niederländischen Marine gibt bekannt, dass alle niederländischen Schiffe den Verkehr wegen des Seekriegs einzustellen haben.

15 Fr Unter der Herausgabe von Reichspropagandaminister Joseph Goebbels erscheint die erste Nummer der Wochenzeitschrift »Das Reich«.

16 Sa Im Endrundenspiel um die Deutsche Meisterschaft im Eishockey siegt die Wiener Eislaufvereinigung gegen Düsseldorf mit 1:0.

17 So Adolf Hitler ernennt den Generalinspekteur für das deutsche Straßenwesen, Fritz Todt, zum Reichsminister für Bewaffnung und Munition.

18 Mo Italiens Ministerpräsident Benito Mussolini trifft sich mit Adolf Hitler zu einer Unterredung am Brennerpass. Thema ist der Kriegsbeitritt Italiens.

19 Di Der Bildfunkverkehr zwischen Deutschland und Japan wird über eine Entfernung von mehr als 10 000 km eröffnet.

20 Mi Frankreichs Ministerpräsident Edouard Daladier tritt zurück. Er sah sich wegen seiner unentschlossenen Kriegspolitik starkem Misstrauen ausgesetzt.

21 Do Grethe Weiser spielt die Hauptrolle in der Filmkomödie »Polterabend«. Für den in Berlin uraufgeführten Film schrieb Will Meisel die Musik.

22 Fr Ministerpräsident Benito Mussolini empfängt in Rom Bürger aus Oberetsch, die bei der Nationalitätenabstimmung für Italien optiert hatten.

23 Sa Im Deutschen Reich ist laut einem Erlass die Überschreitung der täglichen Arbeitszeit von zehn Stunden nur noch mit besonderer Genehmigung zulässig.

24 So Insgesamt 5000 Juden aus dem Gebiet von Wilna (Litauen) haben sich heute in britischen Kolonien angesiedelt und dort 600 000 ha Land angekauft.

25 Mo Das türkische Schiff »Sataraya« wird von einem britischen Kriegsschiff gestoppt, weil der Kapitän heimlich 2000 Juden in Palästina an Land setzen wollte.

26 Di Großbritanniens Regierung stellt Spanien einen Kredit von 2 Mio. Pfund Sterling zur Verfügung, um die Schäden des Spanischen Bürgerkriegs zu beheben.

27 Mi Der Reichsführer SS und Chef der Deutschen Polizei, Heinrich Himmler, befiehlt die Errichtung eines Konzentrationslagers in Auschwitz.

28 Do Regisseur Alfred Hitchcock stellt in New York seinen Film »Rebecca« vor. Das Werk wird 1941 als »bester Film 1940« mit einem »Oscar« prämiert. → Kriegsrat

29 Fr Im Boxweltmeisterschaftskampf im Schwergewicht besiegt US-Titelverteidiger Joe Louis seinen Landsmann Johnny Paychek durch k.o.

30 Sa In Nanking (China) nimmt die japanfreundliche chinesische Zentralregierung unter Wang Ching-wei ihre Regierungsgeschäfte auf.

31 So Der neue Großflughafen New Yorks, La Guardia Field, wird nach zweijähriger Bauzeit auf Long Island eröffnet. Der Bau kostete 40 Mio. Dollar.

28. März 1940

Die Mächte halten Kriegsrat

Bei Beratungen über gemeinsame Strategien gegen Deutschland kommt der Kriegsrat der Alliierten in London zu keinem befriedigenden Ergebnis. Auf der Konferenz treffen sich Frankreichs Regierungschef Paul Reynaud und der britische Premierminister Arthur Neville Chamberlain. Reynaud schlägt vor, die sowjetischen Öllieferungen an Deutschland zu unterbrechen. Chamberlain lehnt ab, da er befürchtet, den Krieg auf die UdSSR auszuweiten. Die Briten versprechen sich hingegen aus der Verminung des Rheins einen strategischen Vorteil. Doch auch dieses Unternehmen kommt nicht zur Durchführung. Die Großmächte einigen sich schließlich darauf, die norwegischen Hoheitsgewässer zu verminen, die von den Deutschen kontrolliert werden. Außerdem sollen Kommandotruppen die Donauschifffahrt sabotieren, um Deutschland von einem wichtigen Handelsweg abzuschneiden.

Am 18. März waren Adolf Hitler und der italienische Staatschef Benito Mussolini am Brenner zusammengekommen (Abb.: Die Presse berichtet über das Treffen). Mussolini erklärte sich bei dem Treffen bereit, an der Seite Deutschlands in den Krieg einzutreten.

12. März 1940

Frieden im Winterkrieg

Der Krieg zwischen Finnland und der Sowjetunion ist beendet. In Moskau einigen sich beide Regierungen auf einen Friedensvertrag, die Truppen stellen nach viermonatigen Gefechten die Kampfhandlungen ein. Zum Kriegsausbruch kam es am 30. November 1939. Die UdSSR hatte im November Finnland aufgefordert, die karelische Landenge gegen ein unerschlossenes Gebiet in Ostkarelien einzutauschen. Als die finnische Regierung der Aufforderung nicht nachkommt, kündigt die Sowjetregierung den Nichtangriffspakt mit Finnland und attackiert das Nachbarland.

Die finnische Armee ist mit veralteten Waffen aus Schweden und Großbritannien nur unzureichend ausgestattet. Enorme Verluste von rd. 20% des gesamten Militärkontingents zwingen die Finnen schnell zum Einlenken. Die Regierung in Moskau geht auf das Friedensangebot ein, da sich in der Zwischenzeit auch die Westalliierten darauf vorbereitet haben, im finnisch-sowjetischen Winterkrieg zu intervenieren. Großbritannien und Frankreich planen, ein 50 000-Mann-Heer nach Skandinavien zu senden, um Finnland beizustehen. Das Vorhaben scheiterte bisher an der schwedischen und norwegischen Weigerung, die Truppen passieren zu lassen.

9. April 1940

Skandinavien besetzt

Deutsche Armeen greifen ohne Kriegserklärung Dänemark und Norwegen an. Mit dem Unternehmen »Weserübung« versucht die deutsche Wehrmacht, in einem »Blitzkrieg« die skandinavischen Länder zu überrennen. Wie bereits beim Einmarsch in Polen soll der massive und unerwartete Vorstoß der Truppen den Erfolg der Aktionen garantieren. Tatsächlich ist die Invasion in Dänemark schnell abgeschlossen. Als Heereseinheiten in Jütland einrollen und von der Marine an den wichtigsten Ostseeeinfahrten unterstützt werden, kapituliert die dänische Regierung noch am selben Tag. Die in Norwegen einfallenden Truppen stoßen jedoch auf Widerstand. Von Schiffen aus landen die Deutschen gleichzeitig an sechs Stellen der norwegischen Küstenlinie und fordern die Regierung auf, keinen Widerstand zu leisten. König Håkon VII. flieht aus Oslo. Der Faschistenführer Vidkun Abraham Quisling übernimmt die Regierungsgeschäfte. Er findet jedoch keine Zustimmung bei seinen Landsleuten und muss das Amt wieder niederlegen. Am 10. April ordnet das norwegische Parlament die Generalmobilmachung an. 60 000 Norweger greifen zu den Waffen und nehmen den Kampf gegen die

König Christian X. von Dänemark ist Symbolfigur des Widerstandes.

30. April 1940

Juden nach Lodz deportiert

In Lodz entsteht das erste Ghetto für deportierte Juden. Die deutsche Reichsregierung pfercht 150 000 Menschen auf rd. 4 km² zusammen und

riegelt das Gebiet innerhalb der polnischen Stadt ab (Abb.: Sperrzaun). Wegen extremen Raummangels müssen sich durchschnittlich sechs Menschen ein Zimmer teilen. Die Juden sollen von der übrigen Bevölkerung isoliert werden.

Trotz erbitterten Widerstandes wird Norwegen von deutschen Verbänden überrollt.

Vidkun Abraham Quisling

norwegischer Politiker, * 18.7.1887 Fyresdal; † 24.10.1945 Oslo

Der Faschistenführer Quisling leitet die Regierung im besetzten Norwegen ab 1942. Sein Versuch, die Macht bereits während der deutschen Invasion zu übernehmen, scheitert, da die deutsche Regierung den Widerstand der norwegischen Bevölkerung gegen Quisling befürchtet. 1945 wird der Politiker, dessen Name als Synonym für »Kollaborateur« gebraucht wird, hingerichtet.

- 1921-23, 1927-29: Diplomat in der UdSSR
- 1931-1933: Norwegischer Kriegsminister
- 1933: Gründung der faschistischen Nasjonal Samling Partei

Invasoren auf. Die Verteidiger verzeichnen Anfangserfolge und versenken mehrere Schiffe der Deutschen, darunter den schweren Kreuzer »Blücher«. Am 14. April greifen die Alliierten ein und verstärken die norwegischen Armeen bei Narvik, Namsos und Ondalsnes. Doch trotz harter Gefechte kann der Vormarsch der deutschen Armee nicht aufgehalten werden.
Die alliierten Verbände ziehen am 3. Juni wieder aus Skandinavien ab. Am 10. Juni müssen die norwegischen Streitkräfte vor der deutschen Wehrmacht kapitulieren. König Håkon flieht unter abenteuerlichen Umständen und bildet in London eine Exilregierung. Adolf Hitler rechtfertigt die Invasion mit der Begründung, die skandinavischen Länder vor dem Einmarsch der Alliierten schützen zu wollen.

18. April 1940

Schweizer befürchten Angriff

Die neutrale Schweiz fürchtet, ihr Territorium könne Aufmarschgebiet für einen möglichen Westfeldzug der deutschen Armee werden. Der ohne vorherige Kriegserklärung Anfang April erfolgte Einmarsch deutscher Truppen in Dänemark und Norwegen nährt die Befürchtung der Eidgenossen vor einem Angriff. In einer Sondersitzung verabschieden Bundesrat und Armeekommando Maßnahmen zur Abwehr und geben Weisungen für die »Kriegsmobilmachung bei Überfall« bekannt. Vor allem die Zivilbevölkerung soll mit den notwendigen Vorkehrungen im Verteidigungsfall vertraut gemacht werden. Sie soll u.a. im Falle eines Angriffs Ruhe und Ordnung bewahren sowie den Anordnungen der Behörden Folge leisten. Die Schweiz ist entschlossen, einen Überfall mit allen Mitteln zurückzuschlagen. Am 11. Mai wird die Armee mobilisiert, die Verteidigungsstellungen werden verstärkt.

7. März 1940

»Elizabeth« auf Geheimfahrt

Der britische Passagierdampfer »Queen Elizabeth« beendet seine Jungfernfahrt im Hafen von

New York (s. Abb.). Wegen Kriegsgefahr wurde die Überfahrt geheim gehalten. Das Schiff war in einer militärischen Mission unterwegs.

April 1940

1 Mo Im gesamten Reichsgebiet wird – vor allem aus Gründen der Energieeinsparung – erstmals die Sommerzeit eingeführt.

2 Di Italiens Regierung ordnet die zivile Mobilmachung an. Landesbewohner ab dem 14. Lebensjahr werden zu zivilen Verteidigungsaufgaben herangezogen.

3 Mi Der deutsche Oberst Hans Oster verrät das Angriffsdatum der geplanten deutschen Besetzung von Dänemark und Norwegen an die Niederlande.

4 Do Die umfassende Regelung der Altersversorgung des deutschen Volkes muss nach einer Studie bis zum Kriegsende verschoben werden.

5 Fr Nach längerem Aufenthalt in der Schweiz und in Belgien begibt sich der 1939 aus Deutschland emigrierte Industrielle Fritz Thyssen nach Paris.

6 Sa Die VII. Internationale Triennale in Mailand, eine Kunstgewerbe- und Architekturausstellung, wird in Anwesenheit von König Viktor Emanuel III. eröffnet.

7 So Im Berliner Olympiastadion spielt die deutsche Fußballnationalmannschaft vor 90 000 Zuschauern gegen die Nationalelf Ungarns 2:2.

8 Mo Britische Kriegsschiffe beginnen in norwegischen Gewässern mit der Verminung an drei Küstenabschnitten (Operation »Wilfred«).

9 Di Norwegens König Håkon VII. flieht aus der hauptstadt Oslo, um einer Verhaftung durch deutsche Truppen zu entgehen. → Skandinavien

10 Mi Reichsbankdirektor Karl Lange sieht in erhöhtem Steueraufkommen und Sparmaßnahmen die einzige Möglichkeit zur Kriegsfinanzierung.

11 Do Winston Churchill, erster Lord der britischen Admiralität, muss vor dem Unterhaus dementieren, dass britische Truppen in Norwegen gelandet seien.

12 Fr Das Sondergericht in Halle an der Saale verurteilt einen jungen Mann aufgrund mehrerer während der Verdunklung begangener Einbrüche zum Tode.

13 Sa Die Dortmunder Radrennfahrer Gustav Kilian und Heinz Vopel gewinnen die 145-Stunden-Fahrt in Cleveland (USA).

14 So In einem Fußballländerspiel schlägt Jugoslawien die deutsche Mannschaft mit 2:1. 50 000 Zuschauer sehen das Spiel in Wien.

15 Mo In New York wird der 700 000 US-Dollar teure Spielfilm »Schwarzes Gold« uraufgeführt. Unter der Regie Raoul Walshs spielen John Wayne und Claire Trevor.

16 Di Von dem Bilderbuch »Häschenschule« von Fritz Koch-Gotha sind bis zum heutigen Tag über 250 000 Exemplare verkauft worden.

17 Mi Deutsche Truppen erleiden bei Narvik (Norwegen) hohe Verluste. Obwohl der Rückzug nach Schweden möglich ist, versuchen sie, die Stellung zu halten.

18 Do Im britischen Unterhaus werden die Begriffe »Deutscher« und »Nationalsozialist« für amtliche Mitteilungen gleichgesetzt. → Schweizer

19 Fr Das US-Marineministerium fordert den Ausbau der Insel Guam im Pazifik zu einem Luft- und U-Boot-Stützpunkt zur Stabilisierung der Lage in Fernost.

20 Sa Die nach dem Einmarsch der deutschen Besatzer verfügte Demobilisierung der dänischen Armee wird abgeschlossen.

21 So Während ihres Vormarsches in Norwegen stößt eine deutsche Infanterie-Division bei Lillehammer erstmals auf britische Truppen, die zurückgeworfen werden.

22 Mo Die »Neue Zürcher Zeitung« berichtet über eine neue Fußballspielregel. Das Rempeln eines Spielers ohne Ball wird künftig mit einem Freistoß geahndet.

23 Di In Paris beschließt der Oberste Kriegsrat der Alliierten nach zweitägigen Verhandlungen den Abschluss eines Kampfbündnisses mit der polnischen Exilregierung.

24 Mi Adolf Hitler verfügt die Einrichtung einer deutschen Zivilverwaltung für die besetzten norwegischen Gebiete. Reichskommissar wird Josef Terboven.

25 Do In einer Presseerklärung gibt das Finnische Olympische Komitee seinen Verzicht auf die Durchführung der Sommerspiele 1940 in Helsinki bekannt.

26 Fr In Heidelberg stirbt der deutsche Chemiker und Nobelpreisträger von 1931, Carl Bosch, im Alter von 65 Jahren.

27 Sa Das deutsche Reichsarbeitsministerium erarbeitet einen ersten Entwurf über den verstärkten Einsatz von Frauen für Aufgaben der Reichsverteidigung.

28 So Die Mille Miglia (1000-Meilen-Automobilrennen) gewinnen in Brescia Fritz Sittig Freiherr Huschke von Hanstein und Walter Bäumer auf BMW in 8:54,46 h.

29 Mo In Washington benennt das US-Justizdepartement ein Sonderkorps für die aktive Überwachung der Einhaltung des Neutralitätsgesetzes.

30 Di Der aus Ungarn stammende Operettenkomponist Franz Lehár wird 70 Jahre alt und erhält den Ehrenring der Stadt Wien. → Lodz

Mai 1940

1 Mi Samuel Harden Church, Präsident der US-Kulturorganisation Carnegie Institute, setzt ein Kopfgeld in Höhe von 1 Mio. Dollar auf die Ergreifung Hitlers aus.

2 Do Das Internationale Rote Kreuz richtet einen Appell an die kriegführenden Staaten, den Luftkrieg gemäß der Genfer Konvention einzuschränken.

3 Fr Im Equipereiten um die »Coppa Mussolini« beim Internationalen Concour Hippique in Rom gewinnt die deutsche Mannschaft vor Italien.

4 Sa Rudolf Höß wird zum Kommandanten des Konzentrationslagers Auschwitz ernannt, in das im Juni die ersten Häftlinge eingeliefert werden.

5 So Die bis zum deutschen Überfall in Oslo amtierende norwegische Regierung lässt sich in London als Exilregierung nieder.

6 Mo Der US-Schriftsteller John Steinbeck erhält in New York für seinen sozialkritischen Roman »Früchte des Zorns« den Pulitzerpreis für Literatur.

7 Di In den Niederlanden verfügt die Regierung Urlaubssperren für Arbeiter in der Rüstungsindustrie sowie für Bedienstete des Luftschutzes.

8 Mi Die Veranstalter der Radrundfahrt Giro d'Italia verzichten nach mehreren Absagen auf die Teilnahme ausländischer Teams.

9 Do Adolf Hitler legt den Termin zum Beginn der Westoffensive endgültig auf den 10. Mai fest und begibt sich in sein Hauptquartier »Felsennest« in der Eifel.

10 Fr Winston Churchill wird nach dem Rücktritt Arthur Neville Chamberlains neuer Premierminister von Großbritannien. → »Blitzkrieg«

11 Sa Aufgrund der am Vortag gestarteten deutschen Westoffensive wird für die Armee der Schweiz die Generalmobilmachung befohlen.

12 So Das Automobilrennen um den Großen Preis von Tripoli (Nordafrika) gewinnt Alberto Farina aus Italien auf Alfa Romeo.

13 Mo In seiner ersten Unterhausrede als britischer Premierminister prophezeit Winston Churchill seiner Nation »Blut, Mühsal, Schweiß und Tränen«.

14 Di Während bereits laufender Kapitulationsverhandlungen mit den Niederlanden greift das deutsche Kampfgeschwader 54 die Stadt Rotterdam an.

15 Mi In den USA kommen die ersten aus der Kunstfaser Nylon gefertigten Damenstrümpfe auf den Markt. Das neue Produkt revolutioniert die Textilbranche.

16 Do Britische Flugzeuge greifen erstmals Industrieanlagen, Öllager und Eisenbahnziele im Ruhrgebiet, dem deutschen Industriezentrum, an.

17 Fr Die belgische Hauptstadt Brüssel wird von deutschen Truppen kampflos eingenommen. Panzer der Heeresgruppe A erreichen die Oise östlich von St. Quentin.

18 Sa Per Erlass vollzieht Adolf Hitler die »Wiedereingliederung« der belgischen Gebiete Eupen, Malmedy und Moresnet in das Reich.

19 So Reichsinnenminister Wilhelm Frick hebt in einer Rundfunkrede zum Kriegsmuttertag das »Opfer der tapferen Mütter für das Vaterland« hervor.

20 Mo In Venedig wird in Anwesenheit des italienischen Königs, Viktor Emanuel III., die 22. Internationale Kunstbiennale eröffnet.

21 Di Mit der deutschen Einnahme von Abbéville sind die in Flandern und im Artois stehenden alliierten Truppen vom Nachschub abgeschnitten.

22 Mi Das britische Parlament nimmt das Ermächtigungsgesetz an, das der Regierung in Krisenzeiten außerordentliche Vollmachten gewährt.

23 Do In London werden der britische Faschistenführer Sir Oswald Mosley und andere Mitglieder der Faschistischen Partei Großbritanniens verhaftet.

24 Fr Die britische Regierung beschließt, militärische Unternehmungen in Norwegen wegen der deutschen Westoffensive einzustellen.

25 Sa Im französischen Limoges konstituiert sich unter dem ehemaligen Ministerpräsidenten Hubert Graf Pierlot ein belgisches Exilkabinett.

26 So Das bislang neutrale Rumänien nähert sich Deutschland an und bereitet den Abschluss eines Wirtschaftspaktes mit Berlin vor. → Dünkirchen

27 Mo Der britische Unterhausabgeordnete Sir Stafford Cripps wird zum britischen Botschafter in der Sowjetunion ernannt.

28 Di König Leopold III. von Belgien unterzeichnet die Kapitulation der belgischen Armee und begibt sich in deutsche Gefangenschaft.

29 Mi In Den Haag tritt der ehemalige österreichische Bundeskanzler Arthur Seyß-Inquart sein Amt als Reichskommissar der besetzten Niederlande an.

30 Do Italiens Ministerpräsident Benito Mussolini lässt der deutschen Reichsregierung seinen Entschluss mitteilen, endgültig in den Krieg einzutreten.

31 Fr Mit der Aufmarschanweisung »Rot« erlässt Adolf Hitler den Befehl für die zweite Phase des Westfeldzuges. Sie gilt der Eroberung Frankreichs.

Deutsche Truppen marschieren zum Triumphbogen im Herzen von Paris.

17. Juni 1940

Hitler auf dem Gipfel der Macht

Die zweite Phase des Westfeldzugs ist zugunsten der deutschen Truppen entschieden. Nach dem Rücktritt des französischen Ministerpräsidenten Paul Reynaud bildet Marschall Philippe Pétain eine neue Regierung und ersucht die deutsche Regierung um einen Waffenstillstand.

Am 22. Juni wird in Rethondes bei Compiègne ein deutsch-französischer Waffenstillstand geschlossen. Um der französischen Delegation den deutschen Sieg und seine Bedeutung vor Augen zu führen, werden die Verhandlungen in dem gleichen Salonwagen geführt, in dem bereits im Jahre 1918 Frankreich mit dem besiegten Deutschland über den Waffenstillstand verhandelt hatte. Adolf Hitler ist mit dem Sieg über das Nachbarland Frankreich auf dem Gipfel seiner Macht. Nach seinem dritten »Blitzkrieg« hat er weite Teile Westeuropas unter Kontrolle.

Für Hitler, der vor allem mit dem in der Generalität umstrittenen Durchbruch durch die Ardennen selbst lang gediente Offiziere von seinen Fähigkeiten als Feldherr überzeugen konnte, ist der Westfeldzug ein gewaltiger persönlicher Triumph. Seine politischen und strategischen Ziele, die »schmähliche« deutsche Niederlage im Ersten Weltkrieg »wiedergutzumachen«, eine Revision des Versailler Vertrags zu erreichen und die Vorherrschaft in Europa zu erringen, sind damit in greifbare Nähe gerückt.

26. Mai 1940

Dramatische Evakuierung aus dem »Kessel von Dünkirchen«

Nachdem es den deutschen Truppen gelungen ist, die alliierten Einheiten der Nordgruppe einzuschnüren, zieht sich das britisch-französische Heer in die nordfranzösische Hafenstadt Dünkirchen zurück. Tags darauf beginnt eine gewaltige Rettungsaktion. Im Rahmen der Operation »Dynamo« werden mehr als 300 000 Soldaten – allerdings ohne schweres Gerät (s. Abb.) – mit Jachten, Fischerbooten, Schleppern, Zerstörern und Torpedobooten nach England evakuiert und so vor der Gefangenschaft bewahrt. Begünstigt wird die Rettungsaktion durch einen Befehl Adolf Hitlers vom 24. Mai: Der Oberbefehlshaber der Wehrmacht hatte die Heeresgruppe A angewiesen, den Vormarsch vorerst zu unterbrechen, um Kräfte für weitere Gefechte in Frankreich zu schonen. Die in Dünkirchen eingeschlossenen alliierten Truppen sollten ausschließlich von der Luftwaffe angegriffen werden. Diese Entscheidung fiel gegen den erklärten Willen des Heereschefs Walter von Brauchitsch. Nach Bekanntwerden der alliierten Evakuierung geht die deutsche Artillerie gegen Dünkirchen vor. Die von weit entfernten Stützpunkten gestartete deutsche Luftwaffe kann die Rettungsaktion nicht mehr aufhalten.

14. Juni 1940

Paris fällt kampflos in deutsche Hände

Deutsche Truppen marschieren auf die französische Hauptstadt. Die 18. Armee zieht, nachdem Frankreichs 7. Armee Paris einen Tag zuvor geräumt hat, nahezu kampflos in die fast menschenleere Seine-Metropole ein – das Gros der Truppenverbände folgt in den nächsten Tagen. Viele Pariser sind vor den anrückenden Truppen geflohen oder haben sich in ihre Wohnungen zurückgezogen.
Der Fall von Paris bedeutet aber noch nicht das Ende des Westfeldzuges, der am 10. Mai begonnen hatte. Die deutschen Divisionen ziehen weiter Richtung Süden. Le Havre und Montmédy, Eckpfeiler der französischen Verteidigungslinie (Maginotlinie), sind bereits in deutscher Hand. Am 15. Juni gelingt den deutschen Verbänden der Einbruch in die französische Maginotlinie. Die Festung bei Verdun wird genommen. Zum Ende des Monats ist der Westfeldzug beendet, ein Waffenstillstandsvertrag wird unterzeichnet. Frankreich zerfällt in einen von deutschen Truppen besetzten und einen mit den Deutschen kooperierenden, aber unbesetzten Teil.

Hitler (3.v.l.) im belgischen Bruly-le Peche, nachdem ihm die Kapitulation Frankreichs mitgeteilt wurde.

Hitlers Truppen ziehen sich hinter die in dem Vertrag festgelegte Demarkationslinie nördlich der Linie Genf-Tours sowie an der französischen Atlantikküste bis zur spanischen Grenze zurück. Zudem besetzen Truppen der Wehrmacht bis zum 1. Juli die britischen Kanalinseln Jersey, Guernsey und Alderney. Am 23. Juni trifft Adolf Hitler unter völliger Geheimhaltung in Paris ein. In Begleitung des Architekten Albert Speer und des Bildhauers Arno Breker unternimmt der »Führer« früh am Morgen eine als Kunstreise deklarierte Fahrt durch die französische Metropole. Während Hitler seinen militärischen Erfolg feiert, formiert sich Widerstand gegen die Besatzer. General Charles de Gaulle, der sich zu Verhandlungen in London aufhält, gründet das »Nationalkomitee des Freien Frankreich«. Bereits am 18. Juni ruft er in einer Rundfunkansprache aus der britischen Hauptstadt seine Landsleute auf, zusammen mit Großbritannien den Kampf gegen die deutschen Truppen fortzusetzen.

Hitler (vorn, 2.v.r.) nach der Besichtigung des Eiffelturms

15. Juni 1940

Sowjets erobern Baltikum

Während Deutschland im Westen vorrückt, setzt die Sowjetunion im Osten zum Angriff an. Die Rote Armee besetzt bis zum 17. Juni die baltischen Staaten Estland, Litauen und Lettland. Moskau gewinnt damit großen Einfluss im strategisch und wirtschaftlich bedeutsamen Ostseeraum. Zudem erweitert die Sowjetunion ihr Einflussgebiet am Schwarzen Meer. Nach Rücksprache mit den Achsenmächten Deutschland und Italien muss Rumänien das sowjetische Ultimatum akzeptieren, das die Abtretung der Gebiete Bessarabien und Nord-Bukowina an den mächtigen Nachbarn fordert. Innerhalb von vier Tagen besetzt die Rote Armee das 1918 von Rumänien annektierte, ehemals russische Bessarabien sowie die Nord-Bukowina. Seit dem Abschluss des deutsch-sowjetischen Nichtangriffspaktes gelten diese Gebiete als sowjetisches Interessengebiet. Die baltischen Staaten werden bis zum 6. August als Sowjetrepubliken der Sowjetunion angegliedert.

10. Mai 1940

»Blitzkrieg« im Westen

Deutschland greift die neutralen Staaten Belgien, Niederlande und Luxemburg an. Die Alliierten werden von der Offensive, die ohne vorherige Kriegserklärung erfolgt, überrascht (Abb.: Gefecht). Berlin begründet den Angriff damit, dass das Ruhrgebiet vor einer alliierten Invasion geschützt werden müsse. Die Heeresgruppe B stößt rasch nach Westen vor und bindet die alliierten Streitkräfte in Belgien und den Niederlanden. Nach einem verheerenden Bombenangriff auf Rotterdam kapituliert die niederländische Armee. Am 17. Mai besetzen deutsche Truppen kampflos Brüssel, am 20. Mai stehen sie an der Schelde. Während der Angriff gegen die Niederlande und Luxemburg läuft, führt die Heeresgruppe A einen Angriff durch die Ardennen und erreicht am 20. Mai die Kanalküste.

Juni 1940

1	Sa	Adolf Hitler lässt die niederländischen Kriegsgefangenen frei, da die Niederländer den Deutschen wesensverwandt seien.
2	So	Das britische Versorgungsamt verfügt eine öffentliche Sammlung von Alteisen im ganzen Land, um die Rüstungsproduktion sicherzustellen.
3	Mo	Maschinen der deutschen Luftwaffe fliegen schwere Angriffe gegen französische Flugplätze und Flugzeugmotorenwerke im Raum Paris.
4	Di	Die deutsche Kriegsmarine startet das Unternehmen »Juno«, das die Evakuierung britischer Truppen aus Norwegen vereiteln soll. Die Aktion bleibt erfolglos.
5	Mi	In den frühen Morgenstunden beginnt die »Schlacht um Frankreich«. Deutsche Truppen durchbrechen die französischen Linien südlich der Somme.
6	Do	In den deutschen Ostgebieten wird für Polen und Juden ein Sonderstrafrecht geschaffen, das für viele – zum Teil nichtige Vergehen – die Todesstrafe vorsieht.
7	Fr	Bei einem ersten alliierten Luftangriff auf Berlin wirft ein französischer Marine-Fernaufklärer 2 t Bomben auf die Stadt.
8	Sa	Der emigrierte deutsche »Dada«-Künstler Kurt Schwitters kann aus Norwegen vor den deutschen Truppen nach Schottland fliehen.
9	So	Der italienische Radrennfahrer Fausto Coppi gewinnt erstmals den Giro d'Italia. +++ Alle deutschen Rundfunksender strahlen ein neues Einheitsprogramm aus.
10	Mo	Italiens Ministerpräsident Benito Mussolini erklärt kurz vor der Entscheidung des deutschen Westfeldzuges Frankreich und Großbritannien den Krieg.
11	Di	Die italienische Luftwaffe greift nach Italiens Kriegserklärung den britischen Flottenstützpunkt auf der Insel Malta im Mittelmeer an.
12	Mi	Spaniens Regierung, die bisher ihre Neutralität betonte, erklärt ihr Land nur noch als »nicht kriegführend«.
13	Do	In London beginnt die Evakuierung von 120 000 Kindern in die weniger von deutschen Bombenangriffen gefährdeten ländlichen Gebiete.
14	Fr	Die ersten politischen Gefangenen erreichen das Konzentrationslager Auschwitz. Es handelt sich um 728 Inhaftierte aus Tarnow. → Paris
15	Sa	US-Präsident Franklin D. Roosevelt teilt Frankreich in einem Telegramm mit, dass er einen Kriegseintritt der USA ablehne. → Baltikum
16	So	Frankreichs Ministerpräsident Paul Reynaud tritt zurück. Sein Stellvertreter Philippe Pétain bildet ein neues Kabinett.
17	Mo	Der im Exil lebende ehemalige deutsche Kaiser Wilhelm II. sendet zum Sieg über Frankreich ein Glückwunschtelegramm an Adolf Hitler. → Hitler
18	Di	General Charles de Gaulle erklärt sich im Londoner Exil zum Führer des »Nationalkomitees des Freien Frankreich« und ruft zur Fortsetzung des Kampfes auf.
19	Mi	Die panamerikanischen Staaten vereinbaren den Aufbau einer Wirtschaftsunion, die auch Kanada umfassen soll.
20	Do	Joe Louis, US-Boxweltmeister im Schwergewicht, verteidigt in New York seinen Titel gegen den Chilenen Arturo Godoy durch k.o. in der achten Runde.
21	Fr	Der deutsche Schriftsteller Walter Hasenclever begeht in einem Internierungslager bei Nizza beim Heranrücken deutscher Truppen Selbstmord.
22	Sa	Cecil von Renthe-Fink, deutscher Gesandter in Kopenhagen, stellt einen Plan zur Einbeziehung Dänemarks in den »großdeutschen Raum« vor.
23	So	In Begleitung des Architekten Albert Speer und des Bildhauers Arno Breker besichtigt Adolf Hitler die besetzte französische Hauptstadt Paris.
24	Mo	Die UdSSR und Jugoslawien nehmen diplomatische Beziehungen auf. +++ Frankreich und Italien beschließen in Rom einen Waffenstillstand.
25	Di	In Großbritannien werden aus Furcht vor faschistischer Unterwanderung in einer umfassenden Aktion 2500 deutschsprachige Flüchtlinge interniert.
26	Mi	Der US-Automobilhersteller Henry Ford ist nicht gewillt, zu Kriegszwecken Motoren für die britische Regierung zu bauen.
27	Do	Die französische Regierung in Bordeaux beschließt die Übersiedlung in unbesetztes Gebiet und wählt Vichy in der Auvergne zum Regierungssitz.
28	Fr	Großbritannien erkennt das am 18. Juni von General Charles de Gaulle gegründete »Nationalkomitee des Freien Frankreich« an. → UdSSR-Annexionen
29	Sa	Paul Klee, deutscher Maler und Grafiker schweizerischer Herkunft, stirbt kurz vor Vollendung seines 61. Lebensjahres in Muralto bei Locarno.
30	So	Schon drei Wochen vor dem Endspiel steht der Schweizer Fußballmeister fest: Servette Genf behauptet unangefochten den ersten Tabellenplatz.

Juli 1940

1 Mo Deutsche Truppen besetzen die britischen Kanalinseln. +++ Die sowjetische Regierung lehnt ein Bündnisangebot Großbritanniens ab.

2 Di Bei der Internationalen Ruderregatta in Frankfurt am Main dominieren die italienischen Boote. Im Doppelzweier gewinnt die deutsche Mannschaft.

3 Mi Die 1934 von Estland, Lettland und Litauen geschlossene Baltische Entente wird von allen drei Ländern für ungültig erklärt. → »Catapult«

4 Do In Rumänien wird die Bildung eines neuen Kabinetts bekannt gegeben. Neuer Ministerpräsident ist Ion Gigurtu, der als deutschfreundlich gilt.

5 Fr In Berlin leitet Willem Mengelberg das Peter-Tschaikowsky-Gedenkkonzert zum 100. Geburtstag des russischen Komponisten.

6 Sa Ein Großbrand in der lettischen Kleinstadt Aluksne zerstört das Zentrum der Stadt mit 2500 Gebäuden vollständig. Viele Einwohner sind obdachlos.

7 So Im Endspiel um die Deutsche Handballmeisterschaft in Halle kann sich der SB Lintfort mit 9:6 Toren gegen den Meister Polizei SB Magdeburg behaupten.

8 Mo Schweden gestattet nach einem Übereinkommen mit der deutschen Regierung den Transit von deutschem Rüstungsmaterial nach Norwegen.

9 Di Ein Seegefecht bei Punta Stilo (Süditalien) zwischen der britischen und der – stärkeren – italienischen Flotte wird ohne Entscheidung abgebrochen.

10 Mi Nachdem Rumänien sich an Deutschland angelehnt hat, erklärt die Regierung in Bukarest den Austritt des Landes aus dem Völkerbund.

11 Do Die italienische Regierung verbietet der Bevölkerung durch Gesetz das Hören »feindlicher« und neutraler Rundfunksender.

12 Fr Olympiasieger Adolphe Kiefer (USA) verbessert in New York den Weltrekord über 100-m-Rückenschwimmen auf 1:04,7 min. → Kollaboration

13 Sa Großbritannien erkennt die Exilregierung Kaiser Haile Selassies I. als rechtmäßige Vertretung des von Italien annektierten Abessinien an.

14 So In Frankfurt am Main gewinnt die deutsche Fußball-Nationalmannschaft gegen Rumänien mit 9:3. Im deutschen Team spielt erstmals Fritz Walter.

15 Mo Das letzte Teilstück der Bagdadbahn zwischen Syrien und dem Irak ist fertig gestellt. Die Bahn verbindet den Bosporus mit dem Persischen Golf.

16 Di Hans Moser spielt die Hauptrolle in dem Filmlustspiel »Meine Tochter lebt in Wien«, das in Hamburg uraufgeführt wird.

17 Mi Der spanische Staatschef Francisco Franco erklärt, Spanien werde in Tanger und Nordafrika eine imperialistische Außenpolitik betreiben.

18 Do Großbritannien schließt auf japanischen Druck die Birmastraße, eine der Hauptnachschublinien der nationalchinesischen Regierung unter Chiang Kai-shek.

19 Fr Die Regierung des unter deutscher Besatzung stehenden Dänemark erklärt den Austritt des Landes aus dem Völkerbund. → »Euthanasie«

20 Sa Großbritanniens Regierung fordert von Ägypten die 1936 gelieferten Waffen zurück, um das nordafrikanische Land verteidigen zu können.

21 So Der FC Schalke 04 siegt in Berlin mit 1:0 über den Dresdner SC und gewinnt damit zum fünften Mal die deutsche Fußballmeisterschaft.

22 Mo Die Gestapo startet eine Verhaftungswelle in der zwei Jahre nach dem »Anschluss« noch aktiven österreichischen Widerstandsbewegung.

23 Di Großbritannien erkennt den tschechoslowakischen Nationalrat in London als Exilregierung für das besetzte Land an.

24 Mi Allen Franzosen, die zur Zeit der deutschen Invasion das Land ohne Erlaubnis verlassen haben, wird die Staatsbürgerschaft aberkannt.

25 Do Vor hohen Schweizer Militärs appelliert General Henri Guisan an den Widerstandswillen seiner Landsleute gegen Hitler.

26 Fr Adolf Hitler empfängt auf dem Obersalzberg bei Berchtesgaden den rumänischen Ministerpräsidenten Ion Gilgurtu zu Gesprächen.

27 Sa Das Oberkommando der Kriegsmarine fordert in einer Denkschrift deutsche Stützpunkte an der West- und Ostküste Afrikas. → NS-Kunst

28 So Paolo Gubellini aus Italien gewinnt in München den Galopprennpreis »Braunes Band von Deutschland« mit der Stute Dormelli-Olgiata Bellini.

29 Mo Die Deutsche Reichspost erlässt eine Verordnung, nach der jüdischen Bürgern die Telefonanschlüsse gekündigt werden.

30 Di Reichskanzler Adolf Hitler ordnet die Aufstellung eines Wehrwirtschaftsstabes »England« zur Planung der wirtschaftlichen Ausbeutung der Insel an.

31 Mi Eine Verordnung der britischen Regierung sieht die Entlassung internierter Emigranten vor, die in 19 Kategorien eingeteilt werden.

13. August 1940

Bomber über England

Mit einem Großangriff deutscher Luftwaffenverbände beginnt am »Adlertag« die Luftschlacht um England. Etwa 1000 Einsätze konzentrieren sich auf den Süden der Britischen Inseln. Nach dem Plan Hitlers soll zunächst die Luftüberlegenheit sichergestellt werden, um eine Invasion deutscher Truppen vorzubereiten. In der ersten Angriffswelle gehen 34 deutsche Flugzeuge, bei einem zweiten Großangriff am 15. August von 520 Kampf- und 1270 Jagd- und Zerstörerflugzeugen 55 Maschinen verloren. In der Luftschlacht um England zeigt sich rasch, dass die deutschen Bomberverbände gegenüber der britischen Flugabwehr und den britischen Jägern ungenügend geschützt sind. Nachdem sich deshalb abzeichnet, dass ein schneller Sieg über Großbritannien nicht möglich ist, fliegt die deutsche Luftwaffe erste Angriffe auf das Hafengebiet und auf Versorgungseinrichtungen im Raum London. Am 24. August fallen erstmals auch Bomben auf das Stadtgebiet. Nach britischen Gegenangriffen auf Berlin wird am 7. September in einem »deutschen Vergeltungsangriff« erneut London bombardiert. Die deutsche Luftwaffe kann jedoch die Luftschlacht gegen England, die bis 1941 dauert, auch dadurch nicht für sich entscheiden. Mehr als 2000 Maschinen gehen verloren. Es wird die erste Niederlage Hitlers.

Ein britisches Jagdbombergeschwader über dem Süden Englands

Der Abwehrkampf um England wird flankiert von einer neuen politischen Entschlossenheit. Nach ihrer gescheiterten Appeasement-Politik (Beschwichtigungspolitik) musste die Regierung unter Arthur Neville Chamberlain am 10. Mai zurücktreten. Mit Winston Churchill übernimmt ein Politiker die Amtsgeschäfte, der sich der deutschen Expansion ent-

12. Juli 1940

Haupt der Kollaboration

Der bisherige Ministerpräsident Philippe Pétain übernimmt zusätzlich das Amt des Staatspräsidenten. Zu seinem Stellvertreter als Regierungschef bestimmt er den bisherigen Senator Pierre Laval. Pétain führt – nach dem deutschen Angriff auf Frankreich – einen Reststaat, der mit dem nationalsozialistischen Regime kollaboriert, u.a. werden jüdische Bürger an die Deutschen ausgeliefert. Die Regierung hat ihren Regierungssitz im Badeort Vichy nahe Clermont-Ferrand. Pétain besiegelt endgültig die Auflösung der nach dem Ersten Weltkrieg begründeten Dritten Republik und will ein autoritär-korporatives Regime errichten. Seine als nationale Neuordnung deklarierte Revolution mit ihrem Wahlspruch »Arbeit, Familie, Vaterland« versucht, mit nationalistischem Gedankengut politische Maßstäbe zu setzen.

Philippe Pétain

französischer Marschall und Politiker, * 24.4.1856 Cauchy-à-la-Tour (Pas-de-Calais); † 23.7.1951 Ile d'Yeu (Vendée)

Der im Ersten Weltkrieg als Verteidiger Verduns zum Nationalhelden aufgestiegene Militär wird im Zweiten Weltkrieg zur Symbolfigur der Zusammenarbeit mit dem nationalsozialistischen Deutschland. Er schließt mit Berlin einen Waffenstillstand und erhält als Chef der Vichy-Regierung vom Parlament umfassende Vollmachten. Er bemüht sich zunächst, eine Unabhängigkeit des Etat Français zu sichern. Das gelingt ihm jedoch nur bis zur Besetzung Südfrankreichs durch deutsche Truppen im November 1942. Pétain wird 1944 in Deutschland interniert. Im April 1945 stellt er sich den französischen Behörden. Er wird zum Tode verurteilt, später jedoch zu lebenslanger Festungshaft begnadigt.

- 1917: Oberbefehlshaber der Streitkräfte
- 1918: Marschall von Frankreich
- 1940-44: Staatschef des Regimes von Vichy
- 1945: Verurteilung wegen Hochverrats

Winston Churchill

britischer Politiker, * 30.11.1874 Blenheim Palace, Woodstock/Oxfordshire; † 24.1.1965 London

Churchill, der aus der Familie der Herzöge von Marlborough stammt, ist eine der ungewöhnlichsten Persönlichkeiten des 20. Jahrhunderts. Er gestaltet rd. 60 Jahre lang die Geschicke seines Landes mit. Als Kriegspremier symbolisiert er den Durchhaltewillen gegen das nationalsozialistische Deutschland. Bei seinem Amtsantritt verspricht er der Bevölkerung »Blut, Mühsal, Tränen und Schweiß«. Nach dem Krieg setzt er sich erfolglos für eine Begrenzung des sowjetischen Einflusses ein. Er tritt zurück, als seine Partei, die Konservativen, 1945 die Wahl verliert, wird jedoch 1951 erneut Premierminister. Churchill ist ein Intellektueller von hohem Rang: 1953 erhält er für seine Memoiren den Literatur-Nobelpreis.

- 1896-1900: Kriegsberichterstatter im spanisch-amerikanischen Krieg, in Indien, im Sudan, im Burenkrieg
- 1908-10: Handelsminister
- 1911-15: Erster Lord der Admiralität
- 1940-45, 1951-55: Premierminister

schlossen entgegenstellt und zum härtesten Widersacher Adolf Hitlers wird. Am 5. August erläutert Churchill seine Weisungen zur Abwehr eines noch immer für möglich gehaltenen deutschen Invasionsversuchs der Insel. Neben umfangreichen militärischen Abwehrmaßnahmen auf allen Ebenen, z.B. einer Intensivierung der Fliegerabwehr, muss sich auch die Zivilbevölkerung auf die Gefahren eines Luftkriegs einstellen. Luftschutzdienst sowie der Bau von Bunkern und Unterständen erlangen höchste Priorität.

19. Juli 1940

Protest gegen »Euthanasie«

Das nationalsozialistische Regime, das unter dem Begriff Euthanasie den Massenmord an vor allem geistig und körperlich Behinderten organisiert, zieht zunehmend Kritik aus den Reihen der Kirche auf sich. In einem Brief an den Reichsminister des Innern, Wilhelm Frick, protestiert der württembergische Landesbischof Theophil Wurm gegen die in der Anstalt Schloss Grafeneck vorgenommenen Tötungen. Wurm hebt hervor, dass sich unter den Opfern auch viele Kriegsversehrte aus dem Ersten Weltkrieg befänden. Sein Brief sowie die seit Juli zunehmendem Proteste anderer evangelischer und katholischer Theologen bewirken jedoch nicht den Stopp der »Vernichtung unwerten Lebens«. In ganz Deutschland wird die sog. Euthanasie durchgeführt. Alle Pflegeanstalten sind verpflichtet, u.a. alle Patienten, die an Epilepsie und Schizophrenie leiden, zu melden. Von einer eigens gegründeten Gesellschaft werden die Kranken in die Vernichtungsanstalten gebracht.

3. Juli 1940

Unternehmen »Catapult«

Mit einem Angriff auf die französische Flotte geht die britische Marine gegen den ehemaligen Bundesgenossen vor (s. Abb.). Der britische Premierminister Winston Churchill will mit diesem Handstreich vereiteln, dass Deutschland das starke französische Geschwader in Besitz nimmt.
Nach der vergeblichen ultimativen Aufforderung an das Flottengeschwader in Mers-el-Kebir bei Oran (Algerien), sich den britischen Streitkräften anzuschließen oder die Kriegsschiffe zu versenken, eröffnet das britische Gibraltar-Geschwader das Feuer. Nach mehreren Treffern sinkt die »Bretagne«, weitere Schlachtschiffe und Zerstörer werden schwer beschädigt. Die in britischen Häfen liegenden Flotteneinheiten sind schon zuvor von britischen Marineeinheiten beschlagnahmt worden. Der Angriff der Royal Navy, der noch weitere französische Schiffe an verschiedenen Standorten einbezieht und mehrere Tage dauert, läuft unter dem Decknamen »Catapult«. Nach dem deutsch-französischen Waffenstillstandsabkommen sollte die Flotte im Besitz Frankreichs bleiben, damit die Vichy-Regierung ihre überseeischen Kolonien gegenüber Großbritannien und den freifranzösischen Truppen unter Charles de Gaulle verteidigen kann.

27. Juli 1940

NS-Kunst feiert sich selbst

752 Künstler mit 1397 Werken beteiligen sich an der IV. Großen Deutschen Kunstausstellung in München, die Rudolf Heß, Stellvertreter Adolf Hitlers, eröffnet. Die NS-Führung wertet die Schau als Demonstration des »geistigen Aufbruchs des deutschen Volkes«. Im Mittelpunkt der Ausstellung stehen die Skulpturen, u.a. Monumentalplastiken von Arno Breker und Josef Pieper. Figürliche Bilder mit Landschaftsmotiven zeigen idealisierte Szenen aus dem Leben von Arbeitern und Bauern (Abb.: Rudolf Hermann Eisenmengers »Abziehendes Gewitter«). Die Werke entsprechen als Gegenentwurf zur modernen Kunst der NS-Ideologie. Sie propagieren den »neuen Menschen«, der mit seiner »wahrhaftigen Schönheit gegen alle Verderbtheit« antrete.

August 1940

1	Do	Die Regisseurin Leni Riefenstahl beginnt in Bayern mit den Dreharbeiten des Films »Tiefland« nach der Oper von Eugen d´Albert.
2	Fr	Das französische Kriegsgericht in Clermont-Ferrand verurteilt General Charles de Gaulle, Führer des Freien Frankreich, in Abwesenheit zum Tode.
3	Sa	Um Sympathiekundgebungen zum 68. Geburtstag von König Håkon VII. zu vermeiden, erlässt die deutsche Besatzung Norwegens ein Beflaggungsverbot.
4	So	In Berlin finden die Deutschen Rudermeisterschaften statt. Im Skiff siegt Joseph Hasenöhrl (Wien), im Achter der Berliner Ruderclub.
5	Mo	Otto Abetz, Bevollmächtigter des Auswärtigen Amtes beim Militärbefehlshaber in Frankreich, wird deutscher Botschafter bei der Vichy-Regierung.
6	Di	Die deutsche Besatzungsmacht in Luxemburg führt per Verordnung Deutsch als offizielle Amtssprache ein.
7	Mi	Mehrere große US-Gewerkschaftsorganisationen kündigen Proteste gegen die geplante Einführung der allgemeinen Wehrpflicht an.
8	Do	Zwischen der britischen Regierung und General Charles de Gaulle, den Führer der Truppen des Freien Frankreich, wird ein Militärabkommen geschlossen.
9	Fr	Laut Weisung des Oberkommandos der Wehrmacht soll das besetzte Polen als Operationsbasis eines Ostfeldzuges dienen.
10	Sa	Britische Bomber greifen die Hydrierwerke Scholven in Gelsenkirchen an. Nach Tankexplosionen verbrennen dabei 500 000 l Flugzeugbenzin.
11	So	Maschinen der deutschen Luftwaffe fliegen schwere Bombenangriffe auf die britischen Städte Portland und Dover.
12	Mo	Italiens Ministerpräsident Benito Mussolini weiht den neuen Staudamm am Tiber ein, der wenige Kilometer unterhalb von Rom errichtet wurde.
13	Di	Die unter der Regie von Hans Steinhoff enstandene Neuverfilmung des Romans »Die Geierwally« feiert in München Premiere. → Bomber
14	Mi	Das US-Truppentransportschiff »American Legion« läuft mit 900 evakuierten US-Bürgern an Bord von Finnland in Richtung USA aus.
15	Do	Die amtliche sowjetische Nachrichtenagentur »TASS« begeht in der Hauptstadt Moskau ihr 15-jähriges Jubiläum.
16	Fr	In Braunschweig enden die Deutschen Tennismeisterschaften. Im Herreneinzel siegt Henner Henkel gegen Engelbert Koch mit 6:2, 2:6, 6:2 und 6:3.
17	Sa	Außenminister Joachim von Ribbentrop rät dem italienischen Botschafter von einer militärischen Aktion Italiens gegen Griechenland und Jugoslawien ab.
18	So	Die USA und Kanada errichten ein gemeinsames Verteidigungsamt zur Sicherung der nördlichen Hälfte der westlichen Hemisphäre.
19	Mo	In einer am 4. August begonnenen Offensive in Afrika erobern italienische Truppen Britisch-Somaliland und die französische Kolonie Dschibuti.
20	Di	Der erste Operationsentwurf für eine deutsche Eroberung von Gibraltar wird im Oberkommando der Wehrmacht ausgearbeitet.
21	Mi	Leo D. Trotzki, sowjetischer Politiker und Revolutionär, stirbt im Alter von 61 Jahren in Mexiko an den Folgen eines Attentats vom Vortag.
22	Do	Britische Flugzeuge bombardieren die Scheinanlage des Stuttgarter Hauptbahnhofs. Es handelt sich um kürzlich errichtete Hallen- und Gleisattrappen.
23	Fr	Hans Albers ist Hauptdarsteller in dem historischen Kostümfilm »Trenck, der Pandur«, der in Wien zur Uraufführung kommt.
24	Sa	Im Zuge deutscher Luftangriffe auf England fallen einzelne Bomben weit verstreut auf das Stadtgebiet von London.
25	So	Auf der Leipziger Herbstmesse sind 6126 Aussteller aus 22 Nationen vertreten. Das Angebot ist in erster Linie auf den Export abgestimmt.
26	Mo	In Luxemburg wird die Reichsmark als gesetzliches Zahlungsmittel eingeführt. Eine Reichsmark entspricht 10 Luxemburger Franken.
27	Di	Adolf Hitler entscheidet sich in der Frage einer Truppenlandung in Großbritannien für die »kleine Lösung«: Landung auf einer Breite von 140 km Küste.
28	Mi	Der deutsche Reichsmarschall Hermann Göring ordnet die planmäßige Ausnutzung der besetzten Gebiete für die deutsche Kriegswirtschaft an.
29	Do	Die französischen Kolonien Kamerun und Französisch-Äquatorialafrika schließen sich den freifranzösischen Streitkräften unter Charles de Gaulle an.
30	Fr	In Wien wird der zweite Wiener Schiedsspruch unterzeichnet. Demnach muss Rumänien Nord-Siebenbürgen und das Szeklerland an Ungarn abtreten.
31	Sa	Eine neue deutsch-norwegische Arbeitsgemeinschaft für den Ausbau von Elektrizitätswerken in Norwegen soll die Stromversorgung in Deutschland sichern.

September 1940

1 So — Die deutsche Fußballnationalmannschaft schlägt in Leipzig das finnische Team vor 35 000 Zuschauern mit 13:0 Toren.

2 Mo — Großbritannien erhält von den USA 50 ältere Zerstörer und gewährt ihnen dafür Stützpunkte u.a. auf Neufundland und den Bahamas.

3 Di — Ein zwischen der UdSSR und Ungarn abgeschlossener Handelsvertrag sieht einen gegenseitigen Warenaustausch im Wert von 7 Mio. Dollar vor.

4 Mi — Der zum Reichsstatthalter in Wien ernannte Baldur von Schirach übergibt sein Amt als Reichsjugendführer an Artur Axmann.

5 Do — In Deutschland soll nach dem Willen der KdF-Organisation auch während des Krieges die Produktion des Volkswagens fortgesetzt werden. → »Jud Süß«

6 Fr — Die niederländische Exilregierung bricht ihre diplomatischen Beziehungen zur französischen Vichy-Regierung von Philippe Pétain ab. → Karl II.

7 Sa — 300 Bomber der deutschen Luftwaffe fliegen schwere Angriffe auf die britische Hauptstadt London und Flugplätze in Großbritannien.

8 So — In Helsinki gewinnen die Schweden den Dreiländerkampf in der Leichtathletik. Die deutsche Mannschaft belegt den zweiten Platz vor Finnland.

9 Mo — Im Endspiel um die US-Tennismeisterschaft in Forest Hills schlägt Alice Marble im Dameneinzel ihre Gegnerin Helen Jacobs mit 6:2 und 6:3.

10 Di — Schweden und die Sowjetunion schließen ein Wirtschaftsabkommen im Wert von umgerechnet 2,94 Mio. Reichsmark.

11 Mi — Das Deutsche Nachrichtenbüro berichtet über angeblich von britischen Fliegern abgeworfene sog. Brandplättchen, die Gebäude entzünden.

12 Do — Auf einer Ministerkonferenz in Berlin fordert Reichsminister Joseph Goebbels, die Versorgung der Frontsoldaten mit religiösen Schriften zu unterbinden.

13 Fr — In Warschau wird von der deutschen Besatzungsmacht ein Wohnbezirk gebildet, in dem sich alle in der Stadt lebenden Juden ansiedeln müssen.

14 Sa — Die britische Luftwaffe beginnt mit zweitägigen Angriffen gegen die in französischen und belgischen Häfen liegende deutsche Transportflotte.

15 So — Bei anhaltenden Luftschlachten über Großbritannien verliert die deutsche Luftwaffe am »Battle-of-Britain«-Tag 57 Kampfflugzeuge.

16 Mo — Die Regierung der USA erlässt erstmals die allgemeine Wehrpflicht in Friedenszeiten. 16,5 Mio. Männer müssen sich zur Militärausbildung melden.

17 Di — Adolf Hitler beschließt, die Invasion in Großbritannien (Unternehmen »Seelöwe«) wegen der fehlenden Luftherrschaft zu verschieben.

18 Mi — Der Ausschuss der indischen Kongresspartei in Delhi bestimmt Mahatma Gandhi wieder zum Führer der Partei.

19 Do — Die Bodelschwingh'schen Anstalten in Bethel werden von einem Flugzeug angegriffen, was von deutscher Seite als britische Aktion dargestellt wird.

20 Fr — Die Vichy-Regierung erlässt neue Vorschriften, nach denen die seit dem 1. September gültigen Rationierungen ausgedehnt werden.

21 Sa — Die fünf zivilen Luftfahrtgesellschaften Japans werden zur Großjapanischen Luftfahrtvereinigung unter staatlicher Aufsicht zusammengelegt.

22 So — Aufgrund eines Abkommens mit der französischen Vichy-Regierung übernehmen japanische Einheiten militärische Stützpunkte im Norden Indochinas.

23 Mo — Das Organisationskomitee der Olympischen Spiele in Helsinki meldet die vollständige Rückzahlung aller Eintrittsgelder für die abgesagten Sommerspiele.

24 Di — In den Wintermonaten erhalten in Deutschland alle Versorgungsberechtigten über 18 Jahre Bohnenkaffee statt Kaffee-Ersatz.

25 Mi — Josef Terboven, Reichskommissar für Norwegen, verkündet in Oslo eine »politische Neuordnung«. Die alten Parteien werden aufgelöst.

26 Do — US-Präsident Franklin D. Roosevelt verhängt ein Verbot der Ausfuhr von Schrott und Stahl, das sich vor allem gegen Japan richtet.

27 Fr — In Japan werden die politischen Parteien zur Selbstauflösung gezwungen und durch eine einheitliche Massenorganisation ersetzt. → Diktaturen

28 Sa — Die Wiener Staatsoper verpflichtet den Dirigenten der Berliner Philharmoniker, Wilhelm Furtwängler, mit einem langfristigen Vertrag.

29 So — Ein internationaler Wettkampf eröffnet die fertig gestellte Leichtathletikanlage im Stadion von Como in Italien.

30 Mo — 14 deutsche Wanderbühnen stehen derzeit für die »Truppenbetreuung« an Wehrmachtsstandorten und an der Front bereit.

28. Oktober 1940

Italien greift Griechenland an

Nach einem provozierten Grenzzwischenfall an der albanisch-griechischen Grenze greifen italienische Truppen, die seit 1939 Albanien besetzt halten, Griechenland an (Abb.: Italienische Pioniere in Nordgriechenland). Nach der Stationierung deutscher Truppen in Rumänien will Italien seine Territorialansprüche auf dem Balkan sichern und

gleichzeitig von dem schleppenden Kriegsverlauf in Afrika ablenken. Die 150 000 Mann starken italienischen Verbände werden jedoch nach Albanien zurückgedrängt. Die griechischen Truppen werden von britischen Einheiten unterstützt.

6. September 1940

König Karl II. muss abdanken

In Rumänien zwingt General Ion Antonescu König Karl II. zur Abdankung zugunsten seines Sohnes Michael. Der mit der Legionärsbewegung »Eiserne Garde« kooperierende neue starke Mann des Landes errichtet ein autoritäres Regime. Außenpolitisch setzt er den Kurs einer Annäherung seines Landes an die Achsenmächte fort. Bereits am 27. Mai unterzeichneten Deutschland und Rumänien einen Vertrag, der den Austausch von rumänischem Erdöl gegen deutsche Waffen vorsah. Für das bis dahin neutrale Rumänien war dieser Pakt Zeichen einer neuen Politik. Um die offensichtliche Annäherung an Deutschland zu verschleiern, schloss Rumänien im Juni einen Wirtschaftsvertrag mit Großbritannien, das 1939 zusammen mit Frankreich die Garantien für die Grenzen Rumäniens übernommen hatte. Antonescu erklärt im September seinen Willen zur »hundertprozentigen« Zusammenarbeit mit Deutschland. Er äußert die Bitte um die Entsendung einer deutschen Militärmission. Am 14. September bildet Antonescu eine neue Regierung. Horia Sima, Führer der »Eisernen Garde«, die nach den Gebietsabtretungen Rumäniens an die Sowjetunion den Unmut in der Bevölkerung gegen König Karl II. schürte, wird stellvertretender Premier.

27. September 1940

Vertrag der Diktaturen

Italien, Deutschland und Japan unterzeichnen in der Berliner Reichskanzlei einen Dreimächtepakt. Reichsaußenminister Joachim von Ribbentrop, der italienische Außenminister Graf Ciano und der japanische Botschafter Saburo Kurusu vereinbaren ein Bündnis, das auf die Dauer von zehn Jahren angelegt ist und mit sofortiger Wirkung in Kraft tritt. Danach erkennt Japan »die Führung Deutschlands und Italiens bei der Schaffung einer neuen Ordnung in Europa« an. Gleichzeitig respektieren Deutschland und Italien »die Führung Japans bei der Schaffung einer neuen Ordnung im ostasiatischen Raum«.

Am Tisch v.l.: Japans Botschafter Saburo Kurusu, Graf Ciano, Adolf Hitler, Ribbentrop

Der auf Initiative von Adolf Hitler zustande gekommene Vertrag dient der gegenseitigen Absicherung der drei Mächte, die in ihren Regionen eine massive Expansionspolitik betreiben. Der Zusammenschluss der drei Diktaturen, die sich schon 1936/37 im Antikominternpakt verbündet hatten, ist in erster Linie gegen Großbritannien und die USA gerichtet. Berlin, Tokio und Rom sichern sich gegenseitig die volle politische, militärische sowie wirtschaftliche Unterstützung zu, falls einer der Staaten von einer Macht angegriffen wird, »die gegenwärtig nicht in den europäischen Krieg oder in den chinesisch-japanischen Konflikt verwickelt ist.« Mit dieser Drohgebärde sollen die USA davon abgehalten werden, in den Krieg einzutreten. Mit dem Dreimächtepakt nähert sich zum ersten Mal Japan an Deutschland an. Seit dem Abschluss des »Hitler-Stalin-Paktes« war das Verhältnis zwischen beiden Staaten gespannt gewesen. Die Hoffnung, die Berlin in das Bündnis setzt, erweist sich jedoch als wenig tragfähig. Trotz gemeinsamer Kommissionen kommt es zu keiner deutsch-japanischen Koordinierung. Der Dreimächtepakt ist nur eine Bemühung Hitlers, Verbündete u.a. gegen London zu gewinnen und die eigene Expansionspolitik abzusichern.

Im Oktober trifft der »Führer« auf seiner mehrtägigen Westeuropareise mit Regierungsvertretern Spaniens und Vichy-Frankreichs zusammen. Sein Ziel ist es, gemeinsame Strategien für die weitere Kriegführung gegen Großbritannien abzustimmen. In einem Gespräch mit dem spanischen Staatschef General Francisco Franco schlägt Hitler vor, dass Spanien 1941 auf Seiten der Achsenmächte in den Krieg eintreten solle. Hitler hofft u.a., mit spanischer Hilfe das unter britischer Herrschaft stehende Gibraltar einzunehmen und damit über das Mittelmeer freien Zugang

15. Oktober 1940

Friede, Freiheit, Toleranz – Charlie Chaplin appelliert an die Welt

Charlie Chaplin schreibt Filmgeschichte: Der Komiker präsentiert dem New Yorker Premierenpublikum eine beißende Satire auf Adolf Hitler und den deutschen Nationalsozialismus. »Der große Diktator« hat schon während der Dreharbeiten ab 1939 heftige Proteste von deutschfreundlichen Gruppen in den USA hervorgerufen. Chaplin spielt in dem Film eine Doppelrolle. Zum einen verkörpert er die Figur des Diktators Hynkel, der die Welt als sein Eigentum betrachtet (s. Abb.), sich unkontrolliert bewegt und in bösartig unverständlichen Lauten spricht – eine bis ins Detail reichende parodistische Überzeichnung Hitlers. Zum zweiten mimt er einen jüdischen Friseur, der sich in die Jüdin Hannah (Paulette Goddard) verliebt und mit ihr in ein Konzentrationslager gebracht wird. Aufgrund seiner Ähnlichkeit mit Hynkel gelingt es ihm zu entkommen. Seine Flucht durch den Fantasiestaat Tomania gipfelt in einer Ansprache, die er anstelle Hynkels hält. Die sechsminütige Rede ist ein Plädoyer für Frieden, Toleranz und Menschenrechte und ein Appell an die ganze Welt. »Der große Diktator« ist aber trotz des ernsten Themas ein komischer Film. Die Figur des Friseurs entspricht in seinen Grundzügen der typischen Chaplin-Gestalt des »Tramp« – ungewollt verschlimmert er jede Situation, um sie schließlich doch ebenso ungewollt zu meistern. Chaplins Werk trägt zur inneramerikanischen Debatte über einen Kriegseintritt der USA bei. Die »New York Times« spricht von dem »vielleicht wichtigsten Film, der je hervorgebracht wurde.« In Chicago erhält der Film, der sich langfristig zum finanziell erfolgreichsten Projekt Chaplins entwickelt, aufgrund des starken deutschstämmigen Bevölkerungsanteils zunächst keine Vorführgenehmigung.

Monatsschrift für die Dreibundpartner

nach Afrika zu bekommen. Der spanische Diktator Franco, der in einem Zusatzprotokoll dem Dreimächtepakt und dem deutsch-italienischen »Stahlpakt« beitritt, reagiert zurückhaltend und lässt eine Entscheidung über den Kriegseintritt offen. Auch Gespräche mit der Vichy-Regierung enden ergebnislos.

5. September 1940

»Jud Süß« auf der Biennale

Als Welturaufführung wird auf der Internationalen Biennale in Venedig der Film »Jud Süß« (Abb.: Werbeplakat) gezeigt. Die Veit-Harlan-Produktion orientiert sich an einem Roman des jüdischen Autors Lion Feuchtwanger, verkehrt jedoch die Aussage in das NS-genehme Gegenteil. Harlans cineastische Umsetzung des NS-Rassenwahns gilt als eines der abschreckendsten Beispiele für die Macht des Films.

Veit Harlan

deutscher Regisseur und Schauspieler, * 22.9.1899 Berlin; † 13.4.1964 Capri/Italien

Harlan inszeniert seine Propagandafilme mit technischer Präzision und hoher formaler Qualität. Er wird zu einem der führenden Regisseure im nationalsozialistischen Deutschland. Harlan dreht Filme mit antisemitischer Tendenz, die die Judenverfolgung rechtfertigen und militärisches Durchhalten sowie den Führerkult glorifizieren. Nach dem Krieg wird er wegen Verbrechen gegen die Menschlichkeit angeklagt und freigesprochen. Ab 1950 darf er wieder als Regisseur arbeiten.

- 1942: »Der große König«
- 1944: »Kolberg«
- 1954: »Verrat an Deutschland«

Oktober 1940

1 Di Walter Darré, Reichsminister für Ernährung und Landwirtschaft, beurteilt vor der Presse die Lebensmittellage in Deutschland als zufriedenstellend.

2 Mi Generalgouverneur Hans Frank erklärt, das Generalgouvernement Polen werde aufgrund der Deportationen wirtschaftlich bald nicht mehr existenzfähig sein.

3 Do Am Zürcher Schauspielhaus kommt die Tragikomödie »Die Ratten« von Gerhart Hauptmann zur Uraufführung. Therese Giehse spielt die Hauptrolle.

4 Fr Der US-Boxweltmeister im Weltergewicht, Henry Armstrong, unterliegt in New York seinem Herausforderer Fritzie Zivic überraschend nach Punkten.

5 Sa Der Ehrengerichtshof der Wirtschaft, der sich u.a. mit Denunziationen von Unternehmern befasst, tritt zu seiner konstituierenden Sitzung in Berlin zusammen.

6 So Das Fußballländerspiel Ungarn gegen Deutschland endet vor 45 000 Zuschauern in Budapest mit einem 2:2-Unentschieden.

7 Mo Britische Bomber fliegen ihren bisher schwersten Luftangriff auf Berlin. 25 Tote und 50 Verletzte sind unter der Zivilbevölkerung zu beklagen.

8 Di Der US-Film »The long voyage home« (Der lange Weg nach Cardiff) von John Ford feiert in New York Premiere. John Wayne spielt die Hauptrolle.

9 Mi Großbritanniens Premierminister Winston Churchill wird als Nachfolger Arthur Neville Chamberlains Vorsitzender der Konservativen Partei.

10 Do Der am 14. Juli zum Staatspräsidenten der Republik Kuba erhobene Diktator Fulgenico Batista y Zaldívar tritt sein Amt an.

11 Fr Die »Sinfonie für großes Orchester in C-Dur op.46« von Hans Pfitzner kommt bei einem Konzert der Frankfurter Museumsgesellschaft zur Uraufführung.

12 Sa Adolf Hitler gibt als neuen Termin für die Invasion Großbritanniens, das »Unternehmen Seelöwe«, das Frühjahr 1941 an.

13 So Der Gauleiter für Danzig-Westpreußen, Albert Forster, erklärt: »Der Gau kann mit Stolz von sich behaupten, der einzige zu sein, der keine Juden mehr hat«.

14 Mo Reichskanzler Adolf Hitler beauftragt Großadmiral Erich Raeder mit den Vorbereitungen für eine Landung auf Gibraltar.

15 Di Der italienische Kriegsrat in Rom beschließt den Angriff auf Griechenland. Die Offensive soll von Albanien aus gestartet werden. → Chaplin

16 Mi Von Calais aus starten deutsche Propagandakompanien einen ersten »Flugblattballon«, der Propagandamaterial über Großbritannien abwirft.

17 Do Das britische Unterhaus stimmt einhellig einem weiteren Kredit von 1 Mrd. Pfund Sterling (9,65 Mrd. Reichsmark) für die Kosten der Kriegsführung zu.

18 Fr Großbritannien öffnet die am 18. Juli gesperrte Birmastraße und gibt damit den Transit nach China wieder frei.

19 Sa In Belgrad wird ein deutsch-jugoslawischer Wirtschaftsvertrag geschlossen, der auch die politischen Beziehungen beider Staaten festigen soll.

20 So Vor 30 000 Zuschauern gewinnt die deutsche Mannschaft das Fußballländerspiel gegen Bulgarien in München mit 7:3.

21 Mo Die neue deutsche Ordnung für den Pferdesport enthält die Vorschrift, dass Pferdenamen künftig aus dem deutschen Sprachschatz stammen müssen.

22 Di Belgiens Exilministerpräsident Hubert Graf Pierlot und der ehemalige belgische Außenminister Paul Henri Spaak treffen nach ihrer Flucht in London ein.

23 Mi In Berlin wird ein Holzgas-Omnibus vorgestellt. Er hat eine Leistung von 75 PS. Der Holzverbrauch beträgt etwa 80-100 kg je 100 km.

24 Do In New York kommt der US-Spielfilm »The Westerner« (In die Falle gelockt) mit Gary Cooper in der Hauptrolle zur Uraufführung.

25 Fr US-Oberst Benjamino Davis wird zum Brigadegeneral befördert. Damit erhält erstmals ein farbiger Soldat der US-Armee diesen Rang.

26 Sa Mit Blick auf den geplanten Ostfeldzug verlegt die deutsche Regierung größere Truppenverbände nach Ostpreußen und Polen.

27 So Beim »Großdeutschen Dichtertreffen« in Weimar setzt Hermann Burte die deutsche Dichtung mit der »Sendung des deutschen Führers« gleich.

28 Mo Pierre Laval, Vichy-Frankreichs stellvertretender Ministerpräsident, wird Außenminister und löst damit Paul Baudoin ab. → Griechenland

29 Di Aufgrund ihrer vertraglichen Beistandsverpflichtungen landen britische Truppenverbände auf der griechischen Insel Kreta.

30 Mi In München verkehren zum ersten Mal Omnibusse mit zwei Stockwerken. Sie bieten jeweils etwa 90 Fahrgästen Platz.

31 Do Die »Berliner Illustrirte« veröffentlicht eine Fotoreportage des Tiefseetauchers Hans Hass. Seine Studien über das Verhalten von Haien erregen Aufsehen.

November 1940

1 Fr Carl Froelichs historischer Film »Das Herz der Königin« hat in Hamburg Premiere. Zarah Leander spielt die Hauptrolle der Maria Stuart.

2 Sa Die Umsiedlung der deutschstämmigen Bevölkerung der Süd-Dobrudscha (Bulgarien) nach Deutschland wird eingeleitet.

3 So Griechische Truppen beginnen mit einer erfolgreichen Großoffensive gegen die von Albanien vordringenden italienischen Einheiten.

4 Mo Die spanische Regierung annektiert die von ihr seit dem 14. Juni besetzte internationale Zone von Tanger (Marokko).

5 Di Franklin D. Roosevelt wird als bisher einziger Kandidat in der Geschichte der USA zum dritten Mal für weitere vier Jahre zum Präsidenten gewählt.

6 Mi Adolf Hitlers programmatisches Buch »Mein Kampf« erreicht, wie gemeldet wird, eine Auflage von 6,5 Mio. Exemplaren.

7 Do Ein Sturm zerstört die erst im Juli fertig gestellte Tacoma-Narrows-Brücke im US-Bundesstaat Washington vollständig.

8 Fr US-Präsident Franklin D. Roosevelt lässt 50% der Munitions- und Rüstungsproduktion nach Großbritannien liefern.

9 Sa Im Alter von 71 Jahren stirbt in Heckfield bei Reading der britische konservative Politiker und ehemalige Premierminister Arthur Neville Chamberlain.

10 So In Tokio wird das 2600-jährige Bestehen des japanischen Kaiserreichs gefeiert. Kaiser Hirohito nimmt eine Militärparade ab. → Äquatorialafrika

11 Mo Die italienische Flotte wird in Tarent von britischen Flugzeugen angegriffen. Drei Schlachtschiffe werden dabei schwer beschädigt. → Autos

12 Di UdSSR-Außenminister Wjatscheslaw M. Molotow trifft in Berlin ein. Der Besuch verschärft die Spannungen zwischen den Ländern.

13 Mi »Fantasia«, ein musikalischer Zeichentrickfilm des »Micky-Maus«-Erfinders Walt Disney, kommt in New York zur Uraufführung.

14 Do Die niederländische Schwimmerin Jopie Waalberg legt in Amsterdam die 400-m-Brust-Strecke in der Weltrekordzeit von 6:13,7 min zurück. → Coventry

15 Fr Deutsche Polizeikräfte riegeln den jüdischen Wohnbezirk in Warschau hermetisch ab. Etwa 400 000 Juden sind auf engstem Raum eingeschlossen.

16 Sa In Straßburg werden die Oberrheinischen Kulturtage eröffnet. Bis zum 23. November finden Konzerte, Theateraufführungen und Lesungen statt.

17 So Das Fußballländerspiel gegen Dänemark gewinnt die deutsche Nationalmannschaft vor 28 000 Zuschauern in Hamburg mit 1:0.

18 Mo Die erste »Wiener Modewoche« wird eröffnet. Wien soll nach dem Willen der deutschen Regierung anstelle von Paris zum Modezentrum avancieren.

19 Di Adolf Hitler empfängt König Leopold III. von Belgien, der die erwünschte Freilassung von belgischen Kriegsgefangenen nicht erwirken kann.

20 Mi Die deutsche Luftwaffe fliegt einen schweren Angriff auf die britische Stadt Birmingham – als »Vergeltung« für britische Bombardierungen. → Ungarn

21 Do Hermann Göring beantragt die Beschlagnahme französischer Kunst für seine Privatsammlung in seinem Landsitz Karinhall. → Bilder

22 Fr Irlands Premierminister Eamon de Valera erklärt gegenüber Pressevertretern, sein Land werde die Neutralität aufrechterhalten.

23 Sa Die Organisation der deutschen Wirtschaft übernimmt die Vertretung mehrerer deutscher Firmen in Frankreich.

24 So In Berlin trifft der slowakische Ministerpräsident Vojtech Tuka ein. Er unterzeichnet den Beitritt der Slowakei zum Dreimächtepakt

25 Mo Die NS-Frauenschaftsführerin Else von Löwis protestiert gegen Tötungen in der Euthanasieanstalt bei Münsingen (Württemberg).

26 Di Italiens Ministerpräsident Benito Mussolini gibt aufgrund der Niederlage in Albanien den Befehl zur Remobilisierung des italienischen Heeres.

27 Mi In Berlin findet ein Festakt zum siebenjährigen Bestehen der NS-Gemeinschaft Kraft durch Freude (KdF) statt.

28 Do Der antisemitische Film »Der ewige Jude« feiert in Berlin Premiere. Er erhält das Prädikat »staatspolitisch und künstlerisch wertvoll«.

29 Fr Das Oberkommando des deutschen Heeres führt unter Leitung von Generalleutnant Friedrich Paulus ein erstes Planspiel für den Ostfeldzug durch.

30 Sa Japans Regierung gibt bekannt, dass sie die chinesische Zentralregierung in China unter Wang Ching-wei formell anerkenne.

10. November 1940

De Gaulles Truppen erobern Äquatorialafrika

Die freifranzösischen Truppen unter General Charles de Gaulle, der nach der Kapitulation Frankreichs zum Widerstand gegen die deutsche Besetzung aufgerufen und sich zum legitimen Repräsentanten seines Landes erklärt hat, verbuchen große Erfolge in Afrika. Sie nehmen Libreville, den Hauptort der französischen Kolonie Gabun, ein. Damit ist es den etwa 30000 Mann starken Verbänden gelungen, ganz Französisch-Äquatorialafrika einschließlich Kamerun unter ihre Kontrolle zu bringen. Mit seinen Eroberungen unterstützt de Gaulle auch die Bestrebungen der Kolonien, sich von Vichy-Frankreich zu lösen. Die freifranzösischen Truppen können auch auf die Hilfe Großbritanniens setzen. Im August unterzeichneten die britische Regierung und de Gaulle ein Abkommen, das Einzelheiten in der Kommandofrage gemeinsamer militärischer Operationen festlegt. Unter dem Vorbehalt, dass die freifranzösischen Truppen nicht gegen Frankreich eingesetzt werden sollen, unterstellt sich de Gaulle dem britischen Oberbefehl für die allgemeinen Direktiven der Kriegsführung. Im Gegenzug verpflichtet sich die britische Regierung, nach einem Sieg über Deutschland die Unabhängigkeit Frankreichs wiederherzustellen. London schließt auch mit weiteren Exilregierungen Militärabkommen, die ein gemeinsames Vorgehen gewährleisten.

21. November 1940

Bilder von der Front

Staatlich kontrollierte Filmaufnahmen vermitteln der deutschen Zivilbevölkerung ein Bild vom Krieg an den Fronten, das der NS-Propaganda entspricht. Reportagen und Berichte, die von Propaganda-Kompanien gedreht werden, sollen die Überlegenheit der deutschen Wehrmacht zeigen und jedem Siegeszweifel in der Bevölkerung vorbeugen. Eine immer größere Rolle spielen seit Kriegsbeginn die Wochenschauen in den deutschen Kinoprogrammen. Die in Deutschland regelmäßig produzierten Wochenschauen (Deulig, Fox, Tobis, Ufa) werden zur »Deutschen Wochenschau« zusammengefasst und der persönlichen Kontrolle von Reichspropagandaminister Joseph Goebbels unterstellt. Als Deutsche Wochenschau GmbH werden die Betriebe in das Konzerngefüge der halbstaatlichen Universum Film AG (Ufa) integriert.

Die Wochenschauen unterliegen einer strengen staatlichen Zensur. Bei besonderen Ereignissen können die Szenen, die einen Eindruck vom Geschehen an den Fronten vermitteln sollen und vor dem Hauptfilm gezeigt werden, bis zu 45 Minuten lang sein. Neben der Wochenschau spielt der Rundfunk eine herausragende Rolle in der Propagandapolitik des NS-Regimes. Am 9. Juni verpflichtete Goebbels alle regionalen Reichssender, ein einheitlich gestaltetes Programm auszustrahlen. Mit dieser Maßnahme soll den staatlichen Stellen die Möglichkeit gegeben werden, wichtige Sondermeldungen zum Kriegsgeschehen sowie Ansprachen der NS-Führungsspitze ohne Verzögerung und Zuständigkeitsprobleme reichsweit verbreiten zu können.

Ein Kameramann im Einsatz an der Kriegsfront

Die Chefs der Propaganda- und Kriegsberichter-Kompanien im Gespräch mit Reichspropagandaminister Joseph Goebbels (2.v.l.) in Berlin

14. November 1940

Luftwaffe zerstört Coventry

500 Bomber der deutschen Luftwaffe fliegen den bis dahin schwersten Angriff auf eine britische Stadt. 500 t Sprengbomben und Luftminen gehen auf das Zentrum des mittelenglischen Coventry nieder. 65000 der 75000 Gebäude werden zerstört (s. Abb.), fast 600 Menschen fallen dem Angriff zum Opfer. Die St.-Michaels-Kathedrale wird bis auf die Grundmauern vernichtet, das gesamte Stadtzentrum liegt in Trümmern. König Georg VI. stattet Coventry nach dem verheerenden Bombenangriff einen Besuch ab. Der Angriff auf Coventry ist Ausdruck des seit August andauernden verschärften deutsch-britischen Luftkriegs gegen Städte. Anfang Oktober flogen

zwei Bomberverbände der britischen Royal Air Force den bis dahin schwersten Angriff auf Berlin. Insgesamt warfen sie 50 t Sprengbomben über der Stadt ab. In nahezu allen Stadtteilen wurden Zerstörungen gemeldet. Im Fadenkreuz der Bomberpiloten auf beiden Seiten stehen in erster Linie verkehrstechnische Anlagen und Versorgungseinrichtungen. Durch die Zerstörung von Bahnhöfen, Flugplätzen und Hafenanlagen soll die Infrastruktur des Gegners zerstört oder zumindest geschwächt werden. Durch die Zerstörung von Kraft- und Wasserwerken soll zudem die Versorgung der Bevölkerung beeinträchtigt werden. Eine systematische Bombardierung reiner Wohngebiete ist zu diesem Zeitpunkt nicht das vorrangige Ziel der Bomberstaffeln. Neben Berlin sind vor allem Hamburg, München, Mannheim, Köln sowie das Ruhrgebiet Ziele der britischen Piloten.

20. November 1940

Ungarn im Dreimächtepakt

Das Militär- und Verteidigungsbündnis der faschistischen Staaten Deutschland, Italien und Japan erhält Verstärkung. Ungarn tritt dem Dreimächtepakt bei, nachdem die deutsch-sowjetischen Verhandlungen über einen Beitritt der UdSSR gescheitert waren. Ungarn dient den Achsenmächten schon seit dem Wiener Schiedsspruch, mit dem Ungarn einen Teil seiner territorialen Forderungen gegenüber Rumänien durchsetzen konnte, als Satellit. Der Beitritt zum Dreimächtepakt ist darüber hinaus ein Zeichen für die neue politische Ausrichtung des Bündnisses. Ursprünglich war der Pakt gegen Großbritannien und die USA gerichtet. Jetzt soll er auch als Koalition gegen sowjetische Interessen dienen. Auch Rumänien und die Slowakei treten dem Abkommen bei. Sie erkennen damit auch die deutsch-italienische Vorherrschaft in Europa an.

22. Dezember 1940

Bomben auf Zürich

Versehentlich wird die Stadt Zürich zum Ziel britischer Bomber. Kampfflugzeuge der Royal Air Force werfen bei einem Flug über schweizerischem Gebiet etwa 55 Spreng- und Brandbomben ab. Elf Menschen werden verletzt. Die schweizerische Regierung verurteilt das Geschehen scharf. Die »Neue Zürcher Zeitung« kommentiert die »frevelhafte Leichtfertigkeit, mit der die fremden Flugzeuge sich ihrer Bomben über einer friedlichen Stadt eines neutralen Landes entledigten.« Die geografischen Kenntnisse der Piloten werden kritisiert, zumal die Stadt zum Zeitpunkt des Angriffs noch hell erleuchtet war. Bereits eine Woche zuvor wurde Basel das Opfer eines versehentlichen Bombardements.

11. November 1940

Autos im Kriegseinsatz

Ganz im Zeichen des Krieges stehen viele Neuentwicklungen auf dem Automobilsektor. Die US-Armee erhält zu Versuchszwecken einen neuen geländegängigen Wagen. Dieses robuste Allzweck-Auto (s. Abb.) wird nach seiner Abkürzung G.P. (General Purpose = Allzweck) Jeep genannt. Bereits im September wurde der erste Prototyp fertig gestellt. Die ersten Jeeps sind mit einem Vier-Zylinder-Motor und Vierradantrieb ausgestattet. Sie sind sowohl geländetauglich als auch gute und schnelle Fortbewegungsmittel auf ausgebauten Straßen.
In Deutschland tritt das propagierte Ziel der NS-Regierung, eine umfassende Mobilisierung der deutschen Bevölkerung zu erreichen, immer weiter hinter kriegsbedingte Erfordernisse zurück. Wie in vielen anderen europäischen Staaten auch, steht die Produktion von Lastkraftwagen für die Armee im Vordergrund. Auch die Produktion der »Kraft-durch-Freude-Wagen« muss hinter der Aufrüstung zurückstehen. In den Hallen des späteren Volkswagenwerks in Fallersleben entstehen keine zivilen Kraftfahrzeuge, sondern hauptsächlich sog. Kübelwagen für die Wehrmacht. Das Au-

to erweist sich als geeignetes Militärfahrzeug, das vor allem in unwegsamem Gelände zum Einsatz kommt. Ferdinand Porsche hatte im Auftrag Adolf Hitlers seinen Volkswagen zu Wehrmachtszwecken umgebaut. Das Fahrgestell des Pkw wird leicht verändert, ein Sperrdifferenzial eingebaut sowie ein glattflächiger, leichter Aufbau installiert. Der Kübelwagen erlebt im Jahre1969 eine Neuauflage durch die Bundeswehr. Doch verkauft der VW-Konzern nur etwa 15% der zwischen den Jahren 1969 und 1979 gebauten Modelle vom Typ 181 an das Militär. Die übrigen geländegängigen und robusten Fahrzeuge dienen in der ganzen Welt u.a. als Freizeitfahrzeuge.

Dezember 1940

1 So Dem italienischen Ingenieur Secondo Campini gelingt der Bau eines Stratosphärenflugzeugs, das eine Geschwindigkeit bis zu 1000 km/h erreichen kann.

2 Mo Ein Dekret des Heiligen Officiums im Vatikan verbietet der katholischen Kirche jegliche Mitwirkung an Euthanasiemaßnahmen.

3 Di Wegen ablehnender Haltung der französischen Vichy-Regierung gegenüber Gebietsforderungen von Siam in Indochina kommt es zu Kampfhandlungen.

4 Mi In Berlin werden deutsch-rumänische Wirtschaftsabkommen für den Aufbau der rumänischen Wirtschaft getroffen.

5 Do Der Film »Rosen in Tirol« feiert in Berlin Premiere. Unter der Regie von Geza von Bolvary spielen Hans Moser, Johannes Heesters und Theo Lingen.

6 Fr Der Chef des italienischen Gesamtgeneralstabs, Marschall Pietro Badoglio, wird wegen Scheiterns in Afrika und Griechenland seines Amtes enthoben.

7 Sa In einer Unterredung mit dem deutschen Abwehrchef Wilhelm Canaris lehnt Regierungschef Francisco Franco den Kriegseintritt Spaniens endgültig ab.

8 So Die britische Sternwarte in Greenwich ist durch einen Bombenangriff so stark beschädigt worden, dass sie für einige Zeit außer Betrieb gesetzt werden muss.

9 Mo In Nordafrika beginnt die britische Gegenoffensive der Nilarmee unter General Archibald Percivall Wavell gegen italienische Stellungen.

10 Di Griechenland lehnt ein deutsches »Friedensvermittlungsangebot« ab. Damit ist der deutsche Angriff auf das Land beschlossene Sache.

11 Mi Nach der Absage Spaniens, in den Krieg einzutreten, verzichtet Adolf Hitler auf die geplante Eroberung des britisch verwalteten Gebietes von Gibraltar.

12 Do Das bisher neutrale Jugoslawien schließt in Belgrad einen Freundschaftspakt mit Ungarn, das Mitglied des Dreimächtepakts ist.

13 Fr Der französische Regierungschef Philippe Pétain entlässt Pierre Laval, seinen Stellvertreter und Außenminister, aus allen Ämtern.

14 Sa Der ehemalige hessische Staatsminister und Regierungspräsident Philipp Wilhelm Jung wird als Bürgermeister der Stadt Wien in sein Amt eingeführt.

15 So Italiens Ministerpräsident Benito Mussolini empfängt Reichspostführer Hans von Tschammer und Osten zur Eröffnung des deutsch-italienischen Kulturinstitutes.

16 Mo In Boston verteidigt der US-Boxweltmeister im Schwergewicht, Joe Louis, seinen Titel gegen seinen Landsmann Al McCoy.

17 Di 102 britische Flugzeuge greifen in der Nacht Mannheim an und werfen 89 t Bomben und 14 000 Brandbomben ab.

18 Mi Adolf Hitler unterzeichnet die »Weisung Nr. 21« (Fall Barbarossa), die die Vorbereitung für den Ostfeldzug bis zum 15. Mai 1941 festlegt.

19 Do Angesichts der britischen Offensive in Nordafrika bittet die italienische Armee um eine Verlegung einer deutschen Panzerdivision nach Tripolis (Libyen).

20 Fr Die US-Regierung gründet ein Amt für die Lenkung der Rüstungsproduktion und des Rüstungsgüterankaufs.

21 Sa Der US-Schriftsteller F. Scott Fitzgerald stirbt im Alter von 44 Jahren in Los Angeles. Weltruhm erlangte er durch seinen Roman »Der große Gatsby«.

22 So Der bisherige britische Außenminister Edward Frederick Lindley Wood Lord Halifax wird zum Botschafter in den USA ernannt. → Zürich

23 Mo Chiang Kai-shek, Führer der chinesischen Kuomintang-Regierung, verbietet alle kommunistischen Organisationen im Lande.

24 Di Adolf Hitler, »Führer« und Oberster Befehlshaber der Wehrmacht, verbringt die Weihnachtsfeiertage bei den Truppen im Westen.

25 Mi In seinem Sonderzug empfängt Adolf Hitler bei Beauvais den Oberbefehlshaber der französischen Kriegsmarine, François Darlan, zu Gesprächen.

26 Do Beim Skispringen in Kitzbühel verbessert Josef Bradl den Schanzenrekord des Norwegers Sigmund Ruud um 2 m auf 62 m.

27 Fr General der Kavallerie Erik Hansen unterrichtet den rumänischen Staatschef Ion Antonescu über den geplanten deutschen Angriff auf Griechenland.

28 Sa Italien bittet die deutsche Reichsregierung um militärische Unterstützung bei den Kampfhandlungen in Albanien.

29 So Nach seinem Wahlsieg vom 5. November fordert US-Präsident Franklin D. Roosevelt vom Senat, dass die USA ein »Arsenal der Demokratie« sein müssten.

30 Mo Der Liebesfilm »Wunschkonzert« kommt in Berlin zur Uraufführung. Unter der Regie von Eduard von Borsody spielen Ilse Werner und Carl Raddatz.

31 Di In seiner Rundfunkansprache zum Jahresende fordert Propagandaminister Joseph Goebbels den »unzertrennbaren Zusammenschluss mit dem Führer«.

Januar 1941

1 Mi In der Schweiz löst Ernst Wetter den bisherigen Bundespräsidenten Marcel Pilet-Golaz ab. Der Wechsel im höchsten Staatsamt erfolgt jährlich.

2 Do Starke Schneefälle und strenger Frost bringen den Verkehr insbesondere in den Mittelgebirgen und im Süden Deutschlands zum Erliegen.

3 Fr 111 deutsche Flugzeuge werfen 115 t Sprengbomben und 392 Brandschüttkästen über der walisischen Stadt Cardiff ab.

4 Sa Die deutsche Luftwaffe greift mit 178 Flugzeugen die englische Stadt Bristol an. Seit 1940 tobt der verschärfte Luftkrieg zwischen Deutschland und England.

5 So Britische Truppen erobern das bislang von italienischen Einheiten besetzte Bardia in Libyen. 40 000 italienische Soldaten geraten in Gefangenschaft.

6 Mo Erstmals kommen deutsche Sturzkampfflugzeuge (Stukas) gegen britische Seestreitkräfte im Mittelmeer zum Einsatz.

7 Di Die Regierung der USA richtet eine Oberste Behörde zur Koordinierung der Produktion von Rüstungs- und Verteidigungsgütern ein.

8 Mi Robert Stephenson Smyth, Baron Baden-Powell, der Begründer der internationalen Pfadfinderbewegung, stirbt im Alter von 83 Jahren in Kenia.

9 Do Die deutsche Luftwaffe fliegt weitere schwere Angriffe auf britische Städte. 143 Maschinen greifen Manchester und 67 London an. → Bomber-Bau

10 Fr Regierungsvertreter beider Staaten unterzeichnen in Moskau einen deutsch-sowjetischen Grenzvertrag und ein Wirtschaftsabkommen.

11 Sa Die Kaiser-Wilhelm-Gesellschaft in Berlin feiert ihr 30-jähriges Bestehen. Als größte Forschungsgesellschaft der Welt fördert sie die Naturwissenschaften.

12 So Luftfahrtminister Hermann Göring erhält zu seinem 48. Geburtstag vom italienischen Ministerpräsidenten Benito Mussolini den Sterzinger Altar geschenkt.

13 Mo Privathaushalte in Deutschland leiden unter Kohlemangel, da die Rüstungsindustrie vorrangig beliefert wird. → »Klostersturm« → Waffenschmiede

14 Di Die mexikanische Regierung gibt bekannt, dass sie künftig gegen Sympathisanten der Nationalsozialisten mit drastischen Strafen vorgehen werde.

15 Mi In Wien wird eine Franz-Grillparzer-Woche aus Anlass des 150. Todestag des österreichischen Dichters eröffnet.

16 Do Bei einem Angriff deutscher Kampfflugzeuge auf die Mittelmeerinsel Malta wird der britische Flugzeugträger »Illustrious« getroffen und schwer beschädigt.

17 Fr Der Film »The Philadelphia Story« (Die Nacht vor der Hochzeit) mit Cary Grant, Katherine Hepburn und James Stewart wird in den USA uraufgeführt.

18 Sa In San Francisco kommt es zu Ausschreitungen vor dem deutschen Konsulat. Demonstranten zerreißen die dort gehisste deutsche Flagge.

19 So Britische Truppen beginnen eine Offensive zur Befreiung Abessiniens von italienischer Herrschaft und nehmen Kassala ein. → Parallelkrieg

20 Mo Die Reichsregierung vergibt umfangreiche Aufträge zum Bau von 40 neuen U-Booten an die deutschen Werften. → Roosevelt → JU 52

21 Di Die USA heben das Handelsembargo gegen die Sowjetunion wieder auf, das nach dem sowjetischen Angriff auf Finnland verhängt worden war.

22 Mi Britische Truppen erobern die nordafrikanische Stadt Tobruk und nehmen rund 25 000 italienische Soldaten gefangen.

23 Do Anlässlich des Geburtstages der luxemburgischen Großherzogin Charlotte kommt es zu antideutschen Aktionen der Bevölkerung des besetzten Staates.

24 Fr Der ehemalige Kaiser von Abessinien, Haile Selassie I., kehrt mit britischer Hilfe aus dem Londoner Exil in seine Heimat zurück.

25 Sa In München finden die deutschen Kriegsmeisterschaften im Eiskunstlauf der Paare statt. Maxi und Ernst Baier gewinnen überlegen den Titel.

26 So Der ehemalige spanische König Alfons XIII. verzichtet zugunsten seines Sohnes Juan endgültig auf den spanischen Thron .

27 Mo In Montevideo (Uruguay) wird die La Plata-Konferenz eröffnet, auf der fünf südamerikanische Staaten über wirtschaftliche Zusammenarbeit beraten.

28 Di Die britische Heeresleitung schafft den bisher bei der Armee verwendeten Tellerhelm zugunsten eines Helmes mit verlängertem Stirn- und Nackenschutz ab.

29 Mi Nach dem Tod des griechischen Ministerpräsidenten Ioannis Metaxas wird Alexandros Koryzis dessen Nachfolger.

30 Do Führende Politiker des Nationalsozialismus sowie deutsche Wirtschaftsführer, u.a. Friedrich Flick, erhalten das Kriegsverdienstkreuz.

31 Fr Das Oberkommando des deutschen Heeres hat die Vorbereitungen für den Angriff auf die Sowjetunion, das »Unternehmen Barbarossa«, abgeschlossen.

13. Januar 1941

Waffenschmiede des NS-Staats

Die staatseigene Reichswerke AG für Waffen- und Maschinenbau Hermann Göring (Abb.: Werbeplakat), die nahezu ausschließlich Rüstungsgüter produziert, wächst weiter. Eine außerordentliche Hauptversammlung der Berliner Rheinmetall-Borsig AG beschließt die Eingliederung des wirtschaftlich angeschlagenen Unternehmens in die Reichswerke AG. Die Borsig AG kann auf eine lange Tradition zurückblicken. 1837 hatte Johann Friedrich August Borsig in Berlin ein Maschinenbauunternehmen gegründet, aus dem die größte Lokomotivfabrik Europas hervorging. 1935 übernahm die Rheinmetall AG das Traditionsunternehmen. Durch den Beschluss der Hauptversammlung wird die Rheinmetall-Borsig AG Teil des Reichswerke-Konzerns, der 1937 gegründet wurde. Ausgangspunkt war das Bestreben der NS-Regierung, die Schwerindustrie unabhängiger von Rohstoffimporten zu machen. Die deutsche Industrie hatte zu Beginn der 30er Jahre eine Förderung deutscher Erzvorkommen aus Rentabilitätsgründen abgelehnt. Die AG für Erzbergbau und Eisenhütten Hermann Göring begann mit der Förderung von Erzen in Salzgitter. Deutsche Stahlunternehmer wurden gezwungen, Facharbeiter und Erzfelder zur Verfügung zu stellen, so dass die Reichswerke zu einem Großunternehmen ausgebaut werden konnten. Nach Kriegsausbruch wurden viele Betriebe in den von deutschen Truppen eroberten Gebieten dem Konzern eingegliedert.

20. Januar 1941

JU 52 erschließt Feuerland

In Argentinien wird die südlichste Flugverbindung der Welt eröffnet. Die Fluggesellschaft Aeroposta Argentina fliegt ab sofort von der Hauptstadt Buenos Aires über Bahia Blanca und Rio Gallegos nach Rio Grande auf Feuerland. Dadurch wird die dünn besiedelte, aber wirtschaftlich bedeutsame Region am Südzipfel des Landes mit den Zentren verbunden. Im Süden befinden sich die bedeutendsten argentinischen Ölfelder. Die argentinische Fluggesellschaft fliegt auf dieser Linie ausschließlich deutsche Junkers-Flugzeuge des Typs JU 52. Diese Maschine, die auch von vielen anderen Fluggesellschaften geflogen wird, gilt als äußerst robust. Auch die Lufthansa, die am 6. Januar ihren 15-jährigen Geburtstag feiert, hat JU 52-Maschinen in ihren Hangars. Das Unternehmen, das erst im Jahre 1934 den Namen Lufthansa erhielt, hat seit seiner Gründung 2,1 Mio. Fluggäste befördert.

4. Februar 1941

Erfolge im Atlantikkrieg

Aufgrund der großen britischen Überlegenheit zur See führt die deutsche Marine einen Krieg, der sich vornehmlich gegen die überseeischen Handelsverbindungen Londons richtet. Marine-Oberbefehlshaber Erich Raeder will möglichst viele gegnerische Handelsschiffe, die Nachschub für die britische Rüstungsindustrie an Bord haben, versenken. Sein Ziel ist es dabei, »eine Knappheit vor allem an Kriegsmaterial« zu erreichen. Direkte Auseinandersetzungen mit gegnerischen Kriegsschiffen seien jedoch zu vermeiden.

Von den Briten unbemerkt, durchbrechen am 4. Februar die deutschen Schlachtschiffe »Scharnhorst« und »Gneisenau« die stark überwachte Dänemarkstraße und stoßen in den Atlantik vor. Sie sollen Transport- und Versorgungsschiffe mit Frachtgut für Großbritannien angreifen. Am 22. Februar versenken die beiden Schiffe rd. 500 Seemeilen südlich von Neufundland fünf Handelsschiffe eines Konvois. Obwohl die britische Marine ihre Versorgungsschiffe in Verbänden zusammenstellt, die von Kriegsschiffen durch gefährdete Regionen geleitet werden, gelingt es der deutschen Marine, der gegnerischen Handelsflotte große Verluste beizubringen. Allein deutsche U-Boote versenken im Februar 1941 Handelsschiffe mit einer Gesamttonnage von über 200 000 BRT. Neben den U-Booten verbuchen auch die sog. Hilfskreuzer militärische Erfolge.

9. Januar 1941

London forciert Bomber-Bau

Der Krieg fördert die Entwicklung und Produktion von neuartigen Flugzeugen. Aerodynamik und Triebwerksbau werden entscheidend weiterentwickelt. Nur mit schnellen, wendigen Flugzeugen, die über eine große Reichweite verfügen und große Bombenzuladungen ermöglichen, ist die Vorherrschaft in der Luft zu erringen. Die neu entwickelten Bomber und Jäger tragen dazu bei, dass der Luftkrieg an Schärfe zunimmt. In Großbritannien hebt am 9. Januar das viermotorige

Bombenflugzeug »Lancaster« (s. Abb.) zu einem ersten Flug vom Boden ab. Der wuchtige Flieger der britischen Flugzeugfirma Avro, der 5900 kg Bomben zuladen kann, wird zu einer der wirkungsvollsten Waffen der Royal Air Force. In Kanada und Großbritannien werden insgesamt 7366 »Lancaster«-Maschinen gebaut. Der Bomber hat eine Reichweite von 1600 km und erreicht eine Höchstgeschwindigkeit von 462 km/h. Im Februar präsentieren die Briten eine weitere Neuentwicklung. Die viermotorige »Short Stirling« hat eine Reichweite von 3100 km.

13. Januar 1941

Befehl zum »Klostersturm«

Mit dem sog. Klostersturm erreicht die kirchenfeindliche Politik der NS-Machthaber einen vorläufigen Höhepunkt. Initiator ist Martin Bormann, Stabsleiter beim »Stellvertreter des Führers«, Rudolf Heß. In einem Geheimerlass an alle Gauleiter in Deutschland gibt er den Befehl zur sofortigen Beschlagnahmung von Klostergebäuden und -gütern. Ordensgemeinschaften werden aufgelöst und enteignet. Auch mehrere Priesterseminare und kirchliche Anstalten fallen der Aktion zum Opfer. Die Klosterschließungen werden als »kriegsbedingte Notwendigkeit« gerechtfertigt. Vor allem die deutschen Bischöfe protestieren gegen das Vorgehen – in den meisten Fällen jedoch erfolglos. Männliche Ordensmitglieder der aufgelösten Klöster zwingt die NS-Regierung vielfach zum Kriegsdienst. Ordensfrauen werden in Lazaretten sowie zur Betreuung landverschickter Kinder und Umsiedler eingesetzt. Neben den Kirchen gehen die NS-Machthaber erneut gegen die Freimaurer vor. Bereits 1935 wurden die deutschen Freimaurerlogen aufgelöst. Jetzt verbieten die deutschen Besatzungsbehörden in den Niederlanden die Allgemeine Freimaurerloge, die bis 1940 u.a. Flüchtlinge betreut hatte.

20. Januar 1941

Roosevelt bleibt Präsident

US-Präsident Franklin D. Roosevelt zieht zum dritten Mal in Folge ins Weiße Haus ein (s. Abb., auf dem Weg zum Kapitol). Eine Mio. Menschen stehen Spalier, als der Demokrat zur Amtseinführung fährt. Roosevelt hatte die Präsidentschaftswahl im November 1940 gegen seinen republikanischen Herausforderer Wendell Lewis Willkie gewonnen. Roosevelt gehört zu den »Internationalisten«, die

im Gegensatz zu den »Isolationisten« der Meinung sind, die USA dürfe sich nicht aus dem Krieg in Europa heraushalten. Roosevelt hat bereits seine Entschlossenheit bekräftigt, die westlichen Staaten gegen Deutschland und Italien zu unterstützen. Seine Popularität gründet sich u.a. auf seine sozial- und wirtschaftspolitischen Maßnahmen im Rahmen des sog. »New Deal«.

19. Januar 1941

Ende des Parallelkriegs

Hitler (l.) und Mussolini

Deutschland und Italien vereinbaren eine engere Koordination ihrer militärischen Aktionen. Der italienische Ministerpräsident Benito Mussolini trifft zu einem zweitägigen Besuch auf dem Berchtesgadener Berghof ein, um mit Adolf Hitler über eine gemeinsame Kriegsführung im Mittelmeerraum zu verhandeln. Die Führer der »Achsenmächte« einigen sich u.a. auf die Beendigung des sog. Parallelkriegs. Die beiden Diktatoren geben die bislang praktizierte »Politik der getrennten Räume« auf, derzufolge Hitlers Operationsgebiet nördlich der Alpen lag, während Mussolini für die Kriegsführung südlich davon zuständig war. Die neue Strategie hingegen sieht eine enge Zusammenarbeit in Nordafrika und auf dem Balkan vor. Hintergrund dieser Neuausrichtung sind die italienischen Misserfolge im Krieg gegen Griechenland, die den geplanten deutschen Angriff auf die Sowjetunion gefährden. Hitler teilt Mussolini zudem mit, dass er deutsche Truppen zur Unterstützung der in Bedrängnis geratenen italienischen Einheiten nach Nordafrika entsenden will. Bereits am 11. Januar hatte er die Aufstellung eines deutschen Panzersperrverbandes zur Entsendung nach Libyen angeordnet. Im Februar treffen die ersten deutschen Truppen in Tripolis ein. Die Einheiten, die unter dem Oberbefehl von Generalleutnant Erwin Rommel stehen, erhalten die offizielle Bezeichnung Deutsches Afrika-Korps.

Gefangen genommene italienische Truppen werden von britischen Soldaten durch die Ruinen der Stadt Tobruk in Libyen geführt.

Februar 1941

1 Sa Im italienischen Cortina d'Ampezzo werden die Ski-Weltmeisterschaften ausgetragen. Deutschland stellt dabei die erfolgreichste Mannschaft.

2 So Die schwedische Handelsflotte hat nach amtlichen Mitteilungen aus Stockholm seit Beginn des Krieges 111 Schiffe verloren. 587 Seeleute fanden den Tod.

3 Mo In einem SS-Lagebericht heißt es, dass im Süden des Reiches viele Kinder die Schule nicht besuchen könnten, weil sie keine Schuhe hätten.

4 Di In Zürich stehen die beiden Gründer einer Kreditgenossenschaft vor Gericht. Sie sollen Gelder in Millionenhöhe veruntreut haben. → Atlantikkrieg

5 Mi Britische Flugzeuge starten erneut gegen deutsche Städte. Bei einem Angriff auf Düsseldorf sterben 35 Menschen im Bombenhagel.

6 Do Das Reichspropagandaministerium führt die Antiquaschrift als Normalschrift ein. Alle Druckerzeugnisse sind auf diese Schrift umzustellen.

7 Fr Der bisherige Gau Koblenz-Trier wird in Gau Moselland umbenannt. In diesen Gau wird Luxemburg eingegliedert, das seit Mai 1940 deutsch besetzt ist.

8 Sa Griechenland und Großbritannien nehmen Verhandlungen über die Entsendung britischer Truppen in den gegen Italien kämpfenden Ägäisstaat auf.

9 So Bei einer Großaktion deutscher See- und Luftstreitkräfte gegen britische Schiffe im Atlantik werden bis zum 12. Februar 16 Schiffe versenkt.

10 Mo Großbritannien bricht die diplomatischen Beziehungen zu Rumänien ab, das enge Kontakte zu Deutschland unterhält.

11 Di In Wien findet die Uraufführung des Films »Am Abend auf der Heide« mit Magda Schneider und Heinz Engelmann in den Hauptrollen statt.

12 Mi Generalleutnant Erwin Rommel trifft in Libyen ein und übernimmt das Kommando der deutschen Truppen in Nordafrika.

13 Do In Berlin wird der Film »Unser kleiner Junge« von Regisseur Boleslaw Barlog, in dem Hermann Spellmann und Hilde Jansen spielen, uraufgeführt.

14 Fr Südafrikanische Truppen erobern Kismayu, die Hauptstadt des Dschuba-Landes (Somaliland). Die italienischen Einheiten müssen sich zurückziehen.

15 Sa Über der Iberischen Halbinsel tobt ein Wirbelsturm, der über 100 Menschenleben fordert. Es entstehen Schäden von mehreren hundert Mio. Reichsmark.

16 So Der deutsche Propagandaminister Joseph Goebbels sagt bei der Reichsfilmtagung in Berlin, dass sich der Film als Führungsmittel des Volkes bewährt habe.

17 Mo In Philadelphia besiegt Joe Louis, Schwergewichtsweltmeister im Boxen, Gus Dorazio durch k.o. in der zweiten Runde. Es ist seine 15. Titelverteidigung.

18 Di Bei einem Großbrand in der spanischen Stadt Santander werden 35 000 Menschen obdachlos. Ein Hochspannungskabel war in einen Öltank geraten.

19 Mi In der Heilanstalt Bethel bei Bielefeld beginnt eine Ärzte-Kommission mit der Aussonderung von Kranken für die Ermordung in »Euthanasie«-Anstalten.

20 Do Die griechische Regierung lehnt ein deutsches Vermittlungsangebot zur Beendigung des Krieges mit Italien ab.

21 Fr In Neufundland stirbt der kanadische Mediziner Sir Frederick Grant Banting, der Entdecker des Insulins, bei einem Flugzeugabsturz.

22 Sa Reichsführer SS Heinrich Himmler fordert in einem Aufruf an die deutsche Bevölkerung höhere Geburtenziffern als »nationale Pflicht«.

23 So Schweden gewinnt in Garmisch-Partenkirchen ein Eishockey-Länderspiel gegen die deutsche Mannschaft mit 9:0.

24 Mo Bei einer Feier im Münchener Hofbräuhaus kündigt Reichskanzler Adolf Hitler eine Verschärfung des U-Boot-Krieges an.

25 Di In den deutsch besetzten Niederlanden kommt es zu einem Generalstreik aus Protest gegen die Deportation von dort lebenden Juden.

26 Mi IG-Farben-Direktor Carl Krauch erwirkt bei der SS den Bau eines Buna-Werkes in Auschwitz durch KZ-Häftlinge.

27 Do Das britische Unterhaus spricht dem britischen Premierminister Winston Churchill bei einer Abstimmung das Vertrauen aus.

28 Fr In seinem römischen Exil stirbt im Alter von 54 Jahren der frühere spanische König Alfons XIII. Er hatte zugunsten seines Sohnes Juan abgedankt.

März 1941

1 Sa Der bulgarische Ministerpräsident Bogdan Dimitrow Filow unterzeichnet in Wien die Beitrittserklärung seines Landes zum Dreimächtepakt.

2 So Die 12. deutsche Armee rückt von Rumänien aus in Bulgarien ein. Die Besetzung erfolgt mit Zustimmung der bulgarischen Regierung.

3 Mo In der griechischen Stadt Larissa kommt es zu einem schweren Erdbeben. Über 10 000 Menschen werden obdachlos.

4 Di Die britische Armee beginnt mit der Operation »Lustre«, bei der 58 000 britische Soldaten in Griechenland stationiert werden.

5 Mi Großbritannien bricht die diplomatischen Beziehungen zu Bulgarien ab, nachdem der Balkanstaat dem Dreimächtepakt beigetreten ist.

6 Do Japanische Truppen besetzen mehrere große Hafenstädte an der Küste der chinesischen Provinz Kwangtung.

7 Fr Nach einem Beschluss des Schweizer Bundesrats wird in der Nacht vom 4. auf den 5. Mai in der Schweiz die Sommerzeit eingeführt.

8 Sa Wegen fortgesetzter Proteste der Bevölkerung in den besetzten Niederlanden verhängt die deutsche Regierung das Kriegsrecht über Nordholland.

9 So In Stuttgart schlägt die deutsche Fußball-Nationalmannschaft die Schweiz 4:2. +++ Die Schweiz verbietet das Schnapsbrennen aus heimischem Obst.

10 Mo Bei einem britischen Luftangriff auf die französische Stadt Le Havre setzt die Royal Air Force erstmals Bomber vom Typ Handley Page »Halifax« ein.

11 Di Das Leih- und Pachtgesetz tritt in den USA in Kraft. Es ermächtigt den Präsidenten, Kriegsmaterial an befreundete Staaten zu verleihen oder zu verpachten.

12 Mi Anlässlich des dritten Jahrestages der Angliederung Österreichs an das Deutsche Reich finden in Linz und Wien Festveranstaltungen statt.

13 Do Das Oberkommando der deutschen Wehrmacht erlässt Besatzungsrichtlinien für die Zeit nach der Invasion der UdSSR.

14 Fr In Albanien gerät die Offensive italienischer Heereseinheiten wegen des griechischen Widerstandes ins Stocken und scheitert wenige Tage später.

15 Sa Die deutsche Luftwaffe greift mit 203 Flugzeugen die schottische Stadt Glasgow und mit 117 Maschinen das britische Stahlzentrum Sheffield an.

16 So Bei einem Brand durch Reparaturarbeiten erleidet der ehemalige Luxusdampfer »Bremen« so schwere Schäden, dass er abgewrackt werden muss.

17 Mo Die deutsche Luftwaffe greift die britische Stadt Bristol-Avonmouth mit 162 Flugzeugen an. In der folgenden Nacht ist Liverpool das Ziel der Bomber.

18 Di Reichspropagandaminister Joseph Goebbels eröffnet in Posen das Reichsgautheater. Der Bau des Theaters war mit 1,5 Mio. Reichsmark unterstützt worden.

19 Mi Im Düsseldorfer Stadtbad schwimmt die Mönchengladbacherin Anni Kapell auf der 200-m-Brust-Strecke mit 2:55,5 min Weltrekord.

20 Do Reichsjugendführer Artur Axmann besichtigt in Dessau das erste Reichsausbildungslager der Hitlerjugend für den Führernachwuchs.

21 Fr Der US-Weltmeister im Schwergewichtsboxen, Joe Louis, besiegt seinen Herausforderer Abe Simon in Detroit durch k.o. in der 13. Runde.

22 Sa Frankreichs Staatschef Philippe Pétain veranlasst per Gesetz den Bau einer Transsahara-Eisenbahn, die u.a. von Juden gebaut werden soll.

23 So Der japanische Außenminister Josuke Matsuoka trifft im Rahmen seiner Europareise in Moskau ein. Er will ein Neutralitätsabkommen mit der UdSSR erreichen.

24 Mo Bei einem Aufklärungsvorstoß in die nordafrikanische Cyrenaika erobert das deutsche Afrika-Korps unter Erwin Rommel die Stadt El Agheila.

25 Di Die Übersiedlung von 60 000 Deutschen aus den baltischen Staaten ins Deutsche Reich, die im Januar vereinbart wurde, ist abgeschlossen.

26 Mi Während einer Seeschlacht bei Matapan zwischen italienischen und britischen Verbänden im Mittelmeer verlieren die Italiener rund 3000 Mann.

27 Do Durch einem Staatsstreich gelangt in Jugoslawien der 17-jährige König Peter II. anstelle des bisherigen Prinzregenten Paul an die Macht. → »Germany first«

28 Fr Adolf Hitler zeichnet die Fliegerin Hanna Reitsch als erste Frau im Zweiten Weltkrieg mit dem Eisernen Kreuz II. Klasse aus. → Freiwilliger Tod

29 Sa In Deutschland finden Schulentlassungsfeiern statt. Am folgenden Tag werden Feiern zur Verpflichtung zur Hitlerjugend veranstaltet.

30 So Das deutsche Afrika-Korps eröffnet in Nordafrika eine Offensive gegen die Briten, in deren Verlauf es bis auf Tobruk die Cyrenaika einnehmen kann.

31 Mo In den USA kommt es in 28 Unternehmen der Rüstungsindustrie zu Lohnstreiks. Die Streiks dauern bis Mitte April an.

6. April 1941

Belgrad und Athen gefallen

Zur strategischen Absicherung eines längst geplanten Angriffs auf die Sowjetunion setzt Hitler die Reihe seiner Angriffskriege fort: Ohne Vorwarnung marschieren deutsche Wehrmachtsverbände in Jugoslawien und Griechenland ein.
Am 12. April befindet sich Belgrad, am 27. April Athen in deutscher Hand (Abb.: Wehrmachtseinheiten marschieren durch Nordgriechenland). Das Hauptziel des deutschen Angriffs auf Griechenland, die Vertreibung der britischen Truppen, ist erreicht, als 50 000 britische Soldaten in der »Operation Demon« vom griechischen Festland nach Kreta und Ägypten ausgeschifft werden. Besonders die griechische Armee hat den Invasoren heftigen Widerstand entgegengesetzt. Partisanen setzen den Kampf fort.

Deutscher Luftwaffenstützpunkt in der Cyrenaika

28. April 1941

Frauen zur Arbeit aufgefordert

Reichspostminister Wilhelm Ohnesorge stellt öffentlich fest, dass Frauen zunehmend Postbeamte ersetzen müssten, die Kriegsdienst leisten. Zur Aufrechterhaltung des öffentlichen Lebens ruft die NSDAP Frauen zur Übernahme einer Arbeitsstelle auf (Abb.: Briefträgerin; Fabrikarbeiterin).

Erwin Rommel

deutscher Militär, * 15.11.1891 Heidenheim an der Brenz; † 14.10.1944 nahe Herrlingen (Gemeinde Blaustein)

Als »Wüstenfuchs« errang der Panzergeneral und Chef des Deutschen Afrika-Korps bei Freund und Feind legendären Ruhm. Sein strategisches Geschick stellte der stets in Frontnähe führende Kommandeur in flexiblen Panzervorstößen unter Beweis. 1944 schließt sich der Generalfeldmarschall (seit 1942) dem Widerstand an und verübt, von Hitler vor die Alternative eines Volksgerichtshof-Prozesses gestellt, Selbstmord.

- 1917: Orden »Pour le mérite«
- 1938/39: Kommandant des Führerhauptquartiers
- 1943/44: Oberbefehlsh. Heeresgruppe B/Kanalküste

27. März 1941

Alliierte: »Germany first«

Geheime Generalstabsbesprechungen in Washington zwischen der britischen und der US-Militärführung ergeben für den wahrscheinlichen Fall des US-Kriegseintritts die Festlegung auf eine Strategie der vordringlichen Niederwerfung Hitler-Deutschlands.
Mit ihrer »Germany first«-Strategie wollen Washington und London einen von Strategen befürchteten Zwei-Ozeane-Krieg im Atlantik und im Pazifik vermeiden. Die Militäranalytiker gehen zudem davon aus, dass sich Japans Streitkräfte ohne deutsche Unterstützung nicht lange werden halten können. Die Strategie der beiden Westalliierten sieht nunmehr vor, die eigenen Streitkräfte zunächst auf den Krieg gegen Deutschland und Italien zu konzentrieren, bevor die faschistischen Staaten ihre Machtposition in ganz Europa und in Afrika endgültig ausbauen können.

19. April 1941

Premiere eines Klassikers

»Mutter Courage und ihre Kinder«, ein vor dem Hintergrund des Dreißigjährigen Krieges angesiedeltes Drama von Bertolt Brecht, findet beim Premierenpublikum im Zürcher Schauspielhaus begeisterte Aufnahme. »Die neue dramatische Literatur ist um ein wertvolles, zeitnahes Stück reicher«, urteilt die »Neue Zürcher Zeitung«. Leopold Lindtberg hat das Stück des deutschen Exildichters über die Marketenderin (s. Abb.: Therese Giehse, 2.v.l.), für die Krieg nur ein Geschäft ist, inszeniert.

4. April 1941

Afrika-Korps stößt in Libyens Wüste vor

Das deutsche Afrika-Korps unter Generalleutnant Erwin Rommel setzt seine seit März andauernde erfolgreiche Offensive fort. Erste Spähtrupps dringen in die libysche Stadt Bengasi ein, die unmittelbar zuvor von britischen Truppen verlassen worden ist, und besetzen sie. Tags zuvor hatte Hitler Rommel volle militärische Handlungsfreiheit in Nordafrika eingeräumt. Die Briten, durch den Abzug eines Teils ihrer Truppen zur Verteidigung Griechenlands geschwächt, verschanzen sich in der Festung Tobruk, die in der östlichen Cyrenaika liegt.

Das Afrika-Korps soll die in Bedrängnis geratenen italienischen Einheiten unterstützen, die seit einem fehlgeschlagenen Angriff auf Truppen in Ägypten im September 1940 und dem darauf folgenden britischen Gegenangriff immer weiter nach Westen abgedrängt worden sind. Seit dem 24. März, der Eroberung von El Agheila, hat das Afrika-Korps die britische Besatzungsmacht auf der libyschen Halbinsel Cyrenaika immer weiter zurückgedrängt. Nach der Reduzierung seiner Truppen weicht der britische General Archibald Percival Wavell einer offenen Schlacht mit dem deutschen Gegner aus, so dass die Städte und Festungen Mersa Brega und Adschdabija in deutsche Hand fallen. Rommel setzt seinen schnellen Vormarsch auch nach der Einnahme Bengasis fort und durchquert mit seinen Einheiten trotz des gefürchteten Sandsturms »Ghibli« die nordafrikanische Wüste. Erst kurz vor der ägyptischen Grenze, bereits an Tobruk vorbei, kommt die Offensive wegen Nachschubmangels zum Stehen. Inzwischen sind mehrere tausend britische Soldaten und einige Generäle in deutsche Gefangenschaft geraten. Rommel legt nunmehr einen Besatzungsring um Tobruk und greift die gut ausgebaute britische Festung – allerdings vergeblich – mehrfach an. Die Kriegsführung in Nordafrika stellt an die deutschen Soldaten, die nicht an die extremen klimatischen Verhältnisse gewöhnt sind, hohe körperliche Anforderungen. Tagsüber werden in der Regel Temperaturen zwischen 30 °C und 50 °C erreicht. Nachts sinkt die Temperatur bis auf wenige Grade über Null ab, in den Wintermonaten sogar gelegentlich unter den Gefrierpunkt. Jeder Soldat muss pro Tag vier bis fünf Liter Wasser zu sich nehmen, um den Flüssigkeitsverlust, den die Tageshitze mit sich bringt, auszugleichen. Zusätzlich haben die Soldaten unter den stürmischen und heißen Südwinden zu leiden.

Deutsche Soldaten rasten unter der sengenden Sonne Afrikas.

28. März 1941

Freiwilliger Tod im Fluss

Aus Angst, in geistige Umnachtung zu fallen, begeht die englische Schriftstellerin Virginia Woolf im Fluss Ouse bei Lewes in der britischen Grafschaft Sussex Selbstmord. Die überaus sensible Künstlerin, die bereits mehrere tiefgreifende Lebenskrisen durchlitt, hat kurz zuvor die erste Überarbeitung ihres letzten Romans »Between the Acts« (Zwischen den Akten) abgeschlossen, in dem es um die Aufführung eines Historienspiels durch Laien auf dem Landsitz Pointz Hall geht. Daneben wird die Problematik der Geschlechter »zwischen den Akten« beleuchtet. Woolf sah für dieses Buch, das in vielerlei Hinsicht die Quintessenz ihres Schaffens darstellt, im England der Kriegsjahre keine Leserschaft und wollte es nicht veröffentlichen.

Virginia Woolf

englische Schriftstellerin, * 25.1.1882 London; † 28.3.1941 Fluss Ouse/Sussex

Aufgrund ihrer experimentellen Erzählform zählen Woolfs Romane zu den Klassikern der Moderne. Die nervenkranke Künstlerin verwendet zur nuancierten Darstellung des Bewusstseinsstroms der Figuren die Technik des inneren Monologs anstelle der üblichen Charakteranalyse (»Mrs. Dalloway«, 1917). Woolf war Mittelpunkt eines Kreises englischer Verleger und Schriftsteller, der sog. Bloomsbury Group. Wirkungsvoll engagierte sich die Schriftstellerin in der Frauenrechtsbewegung.

- 1912: Eheschließung mit dem Autor Leonard Woolf
- 1917: Gründung des Verlags Hogarth Press
- 1928: Fiktive Biographie »Orlando«
- 1931: Roman »Die Wellen«

April 1941

1 Di Der Kreuzer »Admiral Scheer« läuft nach mehrmonatigen Unternehmungen im Atlantischen und Indischen Ozean in Kiel ein. Er hat 17 Schiffe versenkt.

2 Mi Die Heinkel He 280, das erste mit zwei Strahltriebwerken ausgerüstete Flugzeug, unternimmt in Rostock-Marienehe ihren Jungfernflug.

3 Do Ungarns Ministerpräsident Pál Graf Teleki begeht Selbstmord. Er protestiert damit gegen die deutschen Pläne, Ungarn zur Kriegsteilnahme zu zwingen.

4 Fr In Berlin wird der Propagandafilm »Ohm Krüger«, der das Leben des gleichnamigen Burenführers verherrlicht, uraufgeführt. → Afrika-Korps

5 Sa Britische Truppenverbände erobern das von Italienern besetzte Addis Abeba, die Hauptstadt Abessiniens (Äthiopien).

6 So Der Reichsführer SS und Chef der Polizei, Heinrich Himmler, verbietet alle Tanzveranstaltungen und entzieht den Tanzlokalen die Konzessionen. → Belgrad

7 Mo Britische Truppen erobern Massua im italienisch besetzten Eritrea in Afrika. Sie zerstören zahlreiche italienische Schiffe im Hafen der Stadt.

8 Di Die National Steel Corporation in Pittsburgh (USA) einigt sich mit der Arbeitervertretung auf eine Lohnerhöhung von 10%. Die Streiks enden.

9 Mi Vorrückende Truppen der deutschen Wehrmacht erobern die griechische Stadt Saloniki. 60 000 Mann der makedonischen Streitkräfte kapitulieren.

10 Do Zum wiederholten Mal weist der Sicherheitsdienst der SS auf große Mängel der Lebensmittelversorgung bei der deutschen Bevölkerung hin.

11 Fr Willy Birgel spielt die Hauptrolle in dem Film »...reitet für Deutschland«, der in Hannover Premiere feiert. Regie führte Arthur Maria Rabenalt.

12 Sa Deutsche Wehrmachtseinheiten nehmen Belgrad ein. Gleichzeitig stellen sie in Jugoslawien bei Karlovac eine Verbindung zur italienischen Armee her.

13 So Der japanische Außenminister Josuke Matsuoka unterzeichnet in Moskau ein fünfjähriges Neutralitätsabkommen mit der UdSSR.

14 Mo In Deutschland legt die Regierung Tarife für die Inanspruchnahme privater Kraftfahrzeuge durch die Wehrmacht fest.

15 Di In Mexiko zerstört ein schweres Erdbeben mehrere Ortschaften. Der Erdstoß verursacht den Ausbruch des Vulkans Nevado de Colima in West-Mexiko.

16 Mi Der Nordturm des Londoner Kristallpalastes, der Rest des 1851 errichteten und im Jahre 1936 durch ein Feuer zerstörten Bauwerkes, wird gesprengt.

17 Do Vertreter der jugoslawischen Armeeführung unterzeichnen in Belgrad die Kapitulation Jugoslawiens vor der deutschen Wehrmacht.

18 Fr Griechenlands Ministerpräsident Alexandros Koryzis nimmt sich in Athen angesichts der aussichtslosen Lage der griechischen Armee das Leben.

19 Sa In Basel zieht die 25. Schweizer Mustermesse mit Produkten der gesamten eidgenössischen Wirtschaft zahlreiche Besucher an. → Premiere

20 So Die favorisierte deutsche Fußballnationalmannschaft verliert im Berner Wankdorfstadion das 25. Länderspiel gegen die Schweiz mit 1:2 Toren.

21 Mo Halter von Vollblutzucht- und Rennpferden sind laut Behördenerlass ab sofort in Deutschland verpflichtet, Luftschutzkästen für ihre Tiere bereitzuhalten.

22 Di Der deutsche Reichserziehungsminister Bernhard Rust gibt die Gründung von zehn neuen Erziehungsanstalten zur »Nachwuchsförderung« bekannt.

23 Mi In Bayern sollen die Kruzifixe aus den Schulen entfernt werden. Die neue Verordnung ruft so starke Proteste hervor, dass sie wieder zurückgezogen wird.

24 Do Die britische Flotte beginnt mit der Räumung des griechischen Festlandes. Über 50 000 britische Soldaten werden nach Kreta und Ägypten übergesetzt.

25 Fr In der Weisung Nr. 28 ordnet Adolf Hitler das »Unternehmen Merkur«, die Besetzung der griechischen Insel Kreta, an.

26 Sa Die USA dehnen ihre Neutralitätspatrouillen im Atlantik, die dem Schutz britischer Handelsschiffe dienen, weiter Richtung Osten aus.

27 So Deutsche Truppen ziehen in Athen ein. Das Oberkommando der Wehrmacht berichtet: »Auf der Akropolis wurde die Hakenkreuzfahne gehisst«.

28 Mo Im Deutschen Reich wird die Hauptschule eingeführt, die begabte Schüler ihren Neigungen entsprechend fördern soll. → Frauen

29 Di Faschisten stören die Uraufführung des Dreiakters »La machine à écrire« (Die Schreibmaschine) von Jean Cocteau in Paris.

30 Mi Im Irak beginnen antibritische Regierungstruppen mit der Einschließung des britischen Luftwaffenstützpunktes Habbannijja. Der Ölkrieg im Irak beginnt.

Mai 1941

1 Do »Citizen Kane« von Orson Welles wird uraufgeführt. +++ Reichsmarschall Hermann Göring ordnet die Beschlagnahme von Kulturgütern im Ausland an.

2 Fr Zwischen San Francisco und Singapur nimmt die US-Fluggesellschaft Panamerican Airways die erste direkte Flugverbindung auf.

3 Sa Laut Dekret wird Slowenien dem italienischen Staatsgebiet einverleibt und erhält ab sofort den Namen Provinz Laibach.

4 So In ihrem 75. Länderkampf schlagen die deutschen Amateurboxer die Auswahl der Slowakei in Pressburg 14:2.

5 Mo Der Kaiser von Abessinien (Äthiopien), Haile Selassie I., zieht nach der Rückeroberung seines Landes durch Großbritannien wieder in Addis Abeba ein.

6 Di Josef W. Stalin, der Generalsekretär der KPdSU, übernimmt den Vorsitz im Rat der Volkskommissare der UdSSR und wird damit formell Regierungschef.

7 Mi In Berlin wird der Zarah-Leander-Film »Der Weg ins Freie« uraufgeführt. Regie führte Rolf Hansen. Neben der Filmdiva spielen Hans Stüwe und Siegfried Breuer.

8 Do Die britische Luftwaffe fliegt mit 359 Bombern ihre bislang schwersten Angriffe auf Ziele in Deutschland, darunter Hamburg und Bremen.

9 Fr In Tokio unterzeichnen Regierungsvertreter Thailands und Französisch-Indonesiens einen Friedensvertrag, der die Grenzstreitigkeiten der Staaten beendet.

10 Sa Die in Südwestserbien operierenden sog. Tschetniks beginnen unter jugoslawischem Befehl einen Aufstand gegen deutsche Truppen. → Rudolf Heß

11 So Der Aufruf Adolf Hitlers an Frauen, sich zur freiwilligen Übernahme eines Arbeitsplatzes zu melden, findet auch nach einer Woche kaum Resonanz.

12 Mo In Manila (Philippinen) beginnt eine Konferenz der Pazifik-Staaten gegen die aggressive Politik Japans in der Pazifik-Region. → Computer

13 Di Der US-Amerikaner William Smith schwimmt in Honolulu (Hawaii) auf der 400-m-Freistil-Strecke mit 4:38,5 min Weltrekord.

14 Mi In Berlin wird der schweizerische Student Maurice Bavaud hingerichtet, der seit Oktober 1938 Hitler nachgereist war und ein Attentat auf ihn plante.

15 Do In New York wird der »European P.E.N. in America« gegründet, ein Verband europäischer Schriftsteller im US-Exil.

16 Fr Die Regierung der Schweiz erklärt zwei Tage der Woche, den Mittwoch und den Freitag, für private und kollektive Haushalte zu fleischlosen Tagen.

17 Sa Deutsche Flugzeuge verminen den Suezkanal und behindern damit den Verkehr auf der strategisch wichtigen Wasserstraße erheblich.

18 So Die italienischen Hauptstreitkräfte in Ostafrika kapitulieren nordöstlich von Gondar in Äthiopien (Abessinien) vor den britischen Truppen.

19 Mo Im Berliner Mommsenstadion stellt der Dresdener Rudolf Harbig in 2:24,9 min einen deutschen Rekord im 1000-m-Lauf auf.

20 Di In Deutschland wird die Zulassung von Dieselfahrzeugen für den privaten Personenverkehr wegen Kraftstoffmangels untersagt. → Kreta

21 Mi In Salzburg wird einer der modernsten Milchhöfe Europas in Betrieb genommen. Täglich können rd. 80 000 l Milch verarbeitet werden.

22 Do Die Fußballmannschaft von Grashoppers Zürich kann in Bern das Finale um den Schweizcup mit 2:0 Toren gegen Servette Genf für sich entscheiden.

23 Fr US-Boxer Joe Louis verteidigt in Washington seinen Titel als Weltmeister im Schwergewicht gegen Herausforderer Buddy Baer.

24 Sa Bei einem Seegefecht südwestlich von Island versenken die deutschen Schiffe »Bismarck« und « Prinz Eugen« den britischen Kreuzer »Hood«.

25 So Zum 75. und letzten Mal strahlt der Großdeutsche Rundfunk das »Wunschkonzert für die Wehrmacht« aus. Die geplante Fortsetzung findet nicht statt.

26 Mo Ungarn und Deutschland vereinbaren die Lieferung von ungarischem Obst und Gemüse im Wert von 24 Mio. Reichsmark an Deutschland.

27 Di Das deutsche Schlachtschiff »Bismarck« wird versenkt. +++ US-Präsident Franklin D. Roosevelt proklamiert den »Nationalen Notstand«.

28 Mi In Paris einigen sich deutsche und französische Regierungsvertreter über die französische Unterstützung der deutschen Kriegsführung.

29 Do Die in Lissabon eröffnete Kolonialwoche soll die enge Verbundenheit der portugiesischen Regierung mit ihren Kolonien zum Ausdruck bringen.

30 Fr Britische Truppen erobern im Krieg gegen den Irak die Hauptstadt Bagdad und übernehmen die Macht in dem an Öl reichen Land.

31 Sa Die »Münchner Neuesten Nachrichten« veröffentlichen einen Propagandabericht über den Einsatz Max Schmelings bei der Invasion auf Kreta.

20. Mai 1941

Deutsche landen auf Kreta

Mit verlustreichen Kämpfen beginnt die Eroberung der für die Absicherung des südosteuropäischen Raumes strategisch wichtigen griechischen Insel Kreta. 6850 deutsche Soldaten kommen bei dem Luftlandeunternehmen »Merkur« ums Leben. Die erste Welle deutscher Fallschirmjäger wird um 7.15 Uhr abgesetzt, gegen 15.25 Uhr springt die zweite Formation ab (s. Abb.). Zunächst sollen die drei Flughäfen Iraklion, Maleme und Rethimnon genommen werden. Am Abend des ersten Angriffstages ist dieses Ziel jedoch noch nicht erreicht, u.a. weil die britischen und griechischen Verbände auf der Insel stärker sind, als von deutscher Seite vermutet wurde. Zudem unterstützt die kretische Bevölkerung die Verteidiger. Schließlich gelingt es den Wehrmachtseinheiten in langwierigen Kämpfen, die Insel zu erobern.

10. Mai 1941

Mysteriöser »Friedensflug«

Bis heute nicht vollständig geklärt sind die Umstände des Fluges von Rudolf Heß, dem »Stellvertreter der Führers«, nach Schottland. Heß, einer der ergebensten Anhänger Hitlers,

springt bei Glasgow mit dem Fallschirm ab (Abb.: Wrack). Er will Verhandlungen mit der Regierung in London aufnehmen – ob mit Wissen Hitlers (wie Heß behauptet) oder nicht, bleibt ungeklärt.

Rudolf Heß

deutscher Politiker, * 26.4.1894 Alexandria/Ägypten; † 17.8.1987 Gefängnis Berlin-Spandau

Heß hat trotz seiner hohen Ämter nur geringen politischen Einfluss. Seine Aufgaben liegen vorrangig auf dem Gebiet der Repräsentation. Nach seinem Schottland-Flug wird er interniert, 1946 zu lebenslanger Haft verurteilt. Als letzter führender Funktionsträger des NS-Staates stirbt er 1987 im Kriegsverbrechergefängnis von Berlin-Spandau. Nach Angaben der Alliierten hat Heß Selbstmord begangen.

- 1920: Mitglied der NSDAP
- 1925: Privatsekretär Hitlers
- 1933: »Stellvertreter des Führers«
- 1946: Verurteilung als Kriegsverbrecher

22. Juni 1941

Hitler-Deutsc

Die deutsche Wehrmacht greift ohne Kriegserklärung die UdSSR an. Um 3.15 Uhr marschieren Verbände auf breiter Front zwischen Ostsee und Karpaten gegen den ehemaligen Bündnispartner. 118 Infanteriedivisionen, $15^1/_4$ motorisierte Divisionen und 19 Panzerdivisionen mit mehr als 3 Mio. Soldaten sind an dem »Unternehmen Barbarossa« beteiligt. Die Heeresgruppe Nord unter Generalfeldmarschall Wilhelm Ritter von Leeb stößt von Ostpreußen aus durch die baltischen Staaten auf Leningrad vor. Die Heeresgruppe Mitte unter Generalfeldmarschall Fedor von Bock marschiert entlang der Linie Warschau-Moskau gegen Minsk und Smolensk. Die Heeresgruppe Süd unter Generalfeldmarschall Gerd von Rundstedt hat die Aufgabe, gegen die sowjetischen Einheiten in Galizien und in der Westukraine noch westlich des Dnjepr vorzugehen und die Dnjepr-Übergänge bei und unterhalb Kiew so rasch wie möglich zu erobern. Die Rote Armee ist auf einen deutschen Angriff zu diesem Zeitpunkt nicht vorbereitet. Eine planmäßige Abwehr der vorrückenden Truppen kommt in den ersten Kriegstagen

Ein Panzer III, der großen Anteil am raschen Vormarsch der deutschen Truppen hat.

22. Juni 1941

Wien wird Fußballmeister

Mit 4:3 gegen Titelverteidiger Schalke 04 gewinnt das Team von Rapid Wien im Endspiel um die deutsche Fußballmeisterschaft den Titel. Die Begegnung findet vor 95 000 Zuschauern im Berliner Olympiastadion statt. Mit dem Sieg holt sich erstmals eine Mannschaft aus Österreich, das 1938 als sog. Ostmark an Deutschland angegliedert wurde, den deutschen Meistertitel. Lange hatte es so ausgesehen, als könnte der »Schalker Kreisel«, Markenzeichen des fünffachen deutschen Meisters, auch in diesem Jahr das Finale für sich entscheiden. Bis zur 70. Minute führen die Westdeutschen mit 3:0, ehe das Spiel kippt. Innerhalb von ein paar Minuten macht Rapid aus dem 0:3 ein 3:3. Und Rapid-Mittelstürmer Franz »Bimbo« Binder setzt noch einen drauf: Kurz vor Schluss jagte er einen Freistoß in den rechten Winkel – unhaltbar für Nationaltorwart Hans Klodt.

nd überfällt Sowjetunion

Deutsche Panzer beim Vorstoß in die Ukraine

nicht zustande. Trotz hartnäckigen Widerstands sowjetischer Einheiten gelingt es der Wehrmacht, tief in sowjetisches Gebiet vorzudringen. Die Invasoren zerstören bei ihrem Vormarsch wichtige Befehls- und Kommunikationssysteme der Roten Armee. Bis Ende des Monats erobern die Deutschen u.a. Riga, Minsk und Dünaburg. Der regulären Truppe folgen Einsatzgruppen der Sicherheitspolizei und des Sicherheitsdienstes, deren Aufgabe die systematische Ermordung aller Juden, Roma, Sinti, »asiatisch-minderwertigen« Menschen und kommunistischen Funktionäre ist.

Ende Juni erklärt das Zentralkomitee der Kommunistischen Partei in einem Aufruf die Abwehr des deutschen Angriffs zum »Großen Vaterländischen Krieg«. Ohne Vorwarnung traf der Angriff die UdSSR allerdings nicht. Der deutsche Spion Richard Sorge, die kommunistische Widerstandsgruppe »Rote Kapelle« und sogar Hitlers Botschafter in Moskau, Friedrich Werner Graf von der Schulenburg, hatten der Gegenseite immer wieder die Möglichkeit eines Angriffs angedeutet. Der britische Geheimdienst hatte die sowjetische Führung mehrfach über die deutschen Pläne unterrichtet. Auch sind die deutschen Kriegsvorbereitungen Moskau nicht verborgen geblieben. Der Angriff auf die Sowjetunion beendet die Zusammenarbeit der Staaten, die 1939 einen Nichtangriffspakt geschlossen und Polen gemeinsam zerschlagen hatten. Nachdem es Hitler nicht gelungen war, Großbritannien niederzuwerfen, hatten die Abkommen mit der UdSSR für Berlin keinen Sinn mehr. Die Sowjetunion ist für London der einzig mögliche Bündnispartner – und für Deutschland die einzige Bedrohung – auf dem europäischen Festland. Mit einem Sieg über die UdSSR will Hitler u.a. auch die britische Regierung zu einer Kapitulation oder zumindest zu einem Bündnisvertrag zwingen.

Vor allem die Zivilbevölkerung leidet unter den Invasoren.

Der Krieg ist aber nicht nur machtpolitisch motiviert. Hitler führt auch einen ideologischen Vernichtungsfeldzug gegen den Bolschewismus. Die Völker Osteuropas gelten ihm als »minderwertig« und als Sklavenheer für die »arische Herrenrasse«.

12. Mai 1941

Erster Computer rechnet

Das Computer-Zeitalter beginnt: Der deutsche Ingenieur Konrad Zuse (s. Abb.) präsentiert in Berlin den ersten programmgesteuerten Digitalrechner auf elektromechanischer Basis, der in jeder Hinsicht einwandfrei arbeitet. Der

»Zuse 3« beherrscht u.a. die vier Grundrechenarten sowie Multiplikationen mit festeingebauten Faktoren und das Ziehen quadratischer Wurzeln. Der Automat hat ein duales Rechenwerk mit rd. 600 Relais.

Konrad Zuse

deutscher Ingenieur, * 22.6.1910 Berlin; † 18.12.1995 Hünfeld

Zuse ist der Vater des »Ur-Computers«. Sein Relaisrechner »Z 3«, der so groß ist wie drei geräumige Kühlschränke und ein Leistungsvermögen von 192 Byte besitzt, übersteht den Bombenkrieg jedoch nicht. Nach dem Ende des Zweiten Weltkriegs steht Zuse lange Jahre im Schatten seines US-Kollegen Howard Aiken, der kurze Zeit nach ihm ebenfalls einen Rechner entwickelte (»Mark I«) und lange als Erfinder des Computers gilt. Zuse, der sich selbst als »gescheiterter Kapitalist« bezeichnet, verlässt 1964 seine nach dem Krieg in Neukirchen (Hessen) gegründete Firma für Elektronen- und Relaisrechenautomaten. 1967 erfolgt die Übernahme durch die Siemens AG.

- 1928-35: Studium des Bauingenieurwesens in Berlin
- ab 1934: Konzeption für programmgesteuerte Rechner
- 1938: Rechengerät »Z 1«
- 1943-45: Entwicklung der Computersprache »Plankalkül«
- 1949: Gründung der Zuse KG in Neukirchen (Hessen)

Juni 1941

1 So Die deutschen Rundfunkzeitschriften und andere Presseerzeugnisse müssen ihr Erscheinen wegen Papiermangels einstellen.

2 Mo Das Oberkommando der deutschen Wehrmacht erklärt, dass die Kämpfe um die griechische Insel Kreta abgeschlossen seien.

3 Di Deutschen Frauen sollen in Gaststätten keine Tabakerzeugnisse mehr verkauft werden. Die Bestände seien männlichen Rauchern vorbehalten.

4 Mi Im niederländischen Schloss Doorn stirbt im Alter von 82 Jahren der exilierte ehemalige deutsche Kaiser Wilhelm II. (1888-1918).

5 Do Die deutsche Luftwaffe fliegt Angriffe auf die englische Stadt Birmingham und die ägyptische Stadt Alexandria.

6 Fr In der Schweiz stirbt der US-Automobilkonstrukteur Louis Chevrolet. +++ Der US-Stabhochspringer Cornelius Warmerdam springt mit 4,72 m Weltrekord.

7 Sa Der bulgarische König Boris III. teilt Adolf Hitler mit, dass sich die bulgarische Armee nicht an einem Angriff auf die Sowjetunion beteiligen werde.

8 So In Luzern wird die 20. Nationale Kunstausstellung der Schweiz eröffnet. Die Werke schweizerischer Künstler sind bis zum 13. Juli zu sehen.

9 Mo Adolf Hitler ernennt Generalfeldmarschall Wilhelm List zum »obersten Vertreter der deutschen Wehrmacht auf dem Balkan«.

10 Di Deutsche Einzelhandelsgeschäfte dürfen ihre Schaufenster nicht mit Waren dekorieren, die nicht mehr erhältlich sind.

11 Mi Die deutsche Wehrmachtsführung gibt einen Bericht über das Kriegsgeschehen seit Jahresbeginn ab und liefert »Erfolgsmeldungen an allen Fronten«.

12 Do Die britische Luftwaffe fliegt die bisher schwersten Angriffe auf das Ruhrgebiet. Die deutsche Regierung spricht von »Verlusten an Toten und Verwundeten«.

13 Fr In Moskau dementiert die sowjetische Nachrichtenagentur TASS Gerüchte über deutsche Truppenkonzentrationen an der deutsch-sowjetischen Grenze.

14 Sa Die Kasseler Lokomotivenfabrik Henschel & Sohn GmbH liefert die 25 000. Lokomotive an die Deutsche Reichsbahn.

15 So In Wien besiegt die deutsche Fußballnationalmannschaft Kroatien 5:1. +++ Für Sachsen wird die organisierte Rheumabekämpfung angeordnet.

16 Mo Die Werke Sigrid Undsets, der norwegischen Literaturnobelpreisträgerin von 1928, werden in Deutschland verboten.

17 Di Finnland gibt seinen Austritt aus dem Völkerbund bekannt. Die finnische Armee bereitet sich seit Monaten auf den Krieg gegen die UdSSR vor.

18 Mi Joe Louis, US-Schwergewichtsweltmeister im Boxen, besiegt in New York seinen Herausforderer Billy Conn durch k.o. in der 13. Runde.

19 Do Der Braunschweiger Dom wird nach fünfjährigen Umbauarbeiten mit einem Festakt als kulturelle Veranstaltungsstätte eröffnet.

20 Fr In Samarkand (UdSSR) finden Archäologen das Grab des mongolischen Eroberers Tamerlan, in dem sich dessen einbalsamierter Leichnam befindet.

21 Sa König Peter II. von Jugoslawien trifft nach seiner Flucht vor den deutschen Besatzungstruppen in der britischen Hauptstadt London ein.

22 So Rumänien und Italien erklären der UdSSR den Krieg. Ungarn, die Slowakei folgen diesem Beispiel in den nächsten Tagen. → Sowjetunion → Fußballmeister

23 Mo Der britische Premierminister Winston Churchill bezeichnet die UdSSR ungeachtet ideologischer Differenzen als Verbündete.

24 Di Der Musikfilm »Dreimal Hochzeit« hat in Berlin Premiere. Die Hauptrollen spielen u.a. Willy Fritsch, Theo Lingen und Hedwig Bleibtreu.

25 Mi In der litauischen Hauptstadt Kowno (Kaunas) beginnen kurz nach der deutschen Besetzung Pogrome, denen 3800 Juden zum Opfer fallen.

26 Do Finnland erklärt der Sowjetunion unter dem Vorwand, dass es von Truppen der UdSSR angegriffen worden sei, den Krieg.

27 Fr Der Kriegsfilm »Stukas« von Karl Ritter wird in Berlin uraufgeführt. Die Hauptdarsteller sind Carl Raddatz, Albert Hehn und Ernst von Klipstein.

28 Sa Die Stadt München veranstaltet für rund 25 000 Kinder von Soldaten, Verwundeten und Gefangenen ein Kinderfest im Ausstellungspark.

29 So In einem Geheimerlass bestimmt Adolf Hitler im Falle seines Todes den Reichsluftfahrtminister Hermann Göring zu seinem Nachfolger.

30 Mo In der Sowjetunion konstituiert sich ein staatliches Verteidigungskomitee, dessen Vorsitz Regierungschef Josef W. Stalin übernimmt.

Juli 1941

1 Di In Mittelfinnland beginnen finnische und deutsche Truppen mit einer groß angelegten Offensive gegen sowjetische Stellungen.

2 Mi Deutsche Einsatztruppen in den eroberten Teilen der UdSSR ermorden bei einem Massaker in Lemberg (Lwow) 7000 Menschen.

3 Do Nach dem deutschen Überfall ruft der sowjetische Parteichef Josef W. Stalin in einer Rundfunkrede die Bevölkerung zum Partisanenkrieg auf.

4 Fr Die Kommunistische Partei Jugoslawiens unter Josip Broz, gen. Tito, beschließt einen bewaffneten Aufstand gegen die faschistische Besetzung des Landes.

5 Sa Nach Grenzstreitigkeiten kommt es zu bewaffneten Kämpfen zwischen den südamerikanischen Staaten Ecuador und Peru.

6 So In Marseille stellt der Franzose Alfred Nakache in einer Zeit von 2:36,8 min einen Weltrekord im 200-m-Brustschwimmen auf.

7 Mo US-Streitkräfte treffen auf Island ein, um die dort stationierten britischen Einheiten zu verstärken und einer deutschen Besetzung vorzubeugen.

8 Di Adolf Hitler verkündet, dass Moskau und Leningrad dem Erdboden gleichgemacht werden müssten, damit die Bevölkerung dort nicht ernährt werden müsse.

9 Mi 328 000 sowjetische Soldaten geraten nach Abschluss der Doppelschlacht von Bialystok und Minsk in deutsche Kriegsgefangenschaft.

10 Do Der Komponist Werner Egk wird als Nachfolger des zurückgetretenen Paul Graener Leiter der Fachschaft Komponisten in der deutschen Reichsmusikkammer.

11 Fr Die deutsche Besatzung in den Niederlanden fordert die Bevölkerung zur Bildung einer Freiwilligen-Legion für den UdSSR-Feldzug auf.

12 Sa In Centinje proklamiert die konstituierende Nationalversammlung den unabhängigen Staat Montenegro, der vorher zu Jugoslawien gehörte.

13 So Einheiten der Roten Armee erobern bei einem Vorstoß gegen deutsche Wehrmachtseinheiten die Städte Rogatschow und Schlobin zurück.

14 Mo Adolf Hitler befiehlt die verstärkte Herstellung von U-Booten und Flugzeugen. Er sieht den Krieg gegen die UdSSR bereits als gewonnen an.

15 Di Oberstleutnant Werner Mölders wird als erster Offizier mit dem Eichenlaub mit Schwertern und Brillanten zum Ritterkreuz ausgezeichnet.

16 Mi Bei einem Gefecht in Liosno gerät der Sohn von UdSSR-Staatschef Josef W. Stalin, Jakow J. Dschugaschwili, in deutsche Kriegsgefangenschaft.

17 Do Gastwirte dürfen laut einer Verfügung bei Übertragung von Wehrmachtsberichten wegen der damit verbundenen Störungen keine Gäste mehr bedienen.

18 Fr Der sowjetische Parteichef Josef W. Stalin fordert den britischen Premier Winston Churchill auf, eine zweite Front gegen Deutschland zu bilden.

19 Sa In Belgiens Hauptstadt Brüssel wird ein flämisches Freiwilligenkorps für den deutschen Krieg gegen die Sowjetunion aufgestellt.

20 So Britische Luftwaffeneinheiten greifen Köln und Neapel an. Immer häufiger werden auch italienische Städte Ziel britischer Luftangriffe.

21 Mo 195 deutsche Bomber fliegen den ersten Luftangriff auf die sowjetische Hauptstadt Moskau. Die Stadt soll als Verkehrsknotenpunkt lahmgelegt werden.

22 Di Nach fast zweiwöchigen ununterbrochenen Regenfällen in Japan sind in Tokio über 12 000 Häuser überschwemmt.

23 Mi Auf dem Wiener Südbahnhof treffen die letzten Deutschen ein, die nach dem deutschen Angriff auf die UdSSR aus Moskau abgereist sind.

24 Do In Honolulu auf Hawaii stellt der US-Schwimmer William Smith mit 9:50,9 min einen Weltrekord über 800-m-Freistil auf.

25 Fr Der Oberbefehlshaber der Marine, Generaladmiral Erich Raeder, weist Adolf Hitler vergeblich auf die Bedeutung einer stärkeren Marine für den Krieg hin.

26 Sa Die USA und Großbritannien verkünden wegen der aggressiven Politik Japans im Pazifik das Einfrieren aller japanischen Guthaben in ihren Ländern.

27 So Britische Streitkräfte verstärken die Mittelmeerinsel Malta, damit von dort aus operierende Flugzeuge und U-Boote vor deutschen Angriffen geschützt sind.

28 Mo Im Konzentrationslager Auschwitz werden 575 Häftlinge ausgewählt und in der sächsischen »Euthanasie«-Anstalt Sonnenstein vergast.

29 Di Ein schweizerisches Gesetz sieht für Beleidigungen anderer Staaten Gefängnis- oder Geldstrafen vor. Insbesondere Deutschland wird häufig angegriffen.

30 Mi Der sowjetische Parteichef Josef W. Stalin empfängt Vertreter der US-Regierung, um über die Lieferung von US-Kriegsmaterial zu verhandeln.

31 Do Zahlreiche Fremdenverkehrsregionen in Deutschland melden erhebliche Schwierigkeiten bei der Versorgung mit Gütern des täglichen Bedarfs.

14. August 1941

Pater Kolbe im KZ ermordet

Maximilian Kolbe (s. Abb.) gehört zu den unerschrockensten und engagiertesten Kirchenmännern in der Zeit des Nationalsozialismus. Im Konzentrationslager Auschwitz wird der polnische Franziskanerpater durch eine Phenol-Injektion ermordet. Der 47-Jährige war mit neun Häftlingen 14 Tage zuvor in den Hungerbunker gesperrt worden. Nachdem sechs der Häftlinge gestorben sind, werden die noch lebenden mit Gift getötet. Kolbe hatte sich anstelle des Familienvaters Franciszek Gajowniczek gemeldet, den die Lagerleitung beim Appell als einen von zehn Häftlingen zur Ermordung ausgesucht hatte – als »Vergeltung« für die Flucht eines Lagerinsassen. Kolbe, Sohn eines Weberehepaares, hatte als 17-Jähriger das erste Gelübde des Franziskanerordens abgelegt. Während des Ersten Weltkriegs studierte er in Rom Theologie, 1918 wurde er Priester. Der Pater, der 1920 das Kloster Niepokalano und die »Miliz der Unbefleckten Jungfrau« gegründet hatte, war 1941 u.a. wegen seines Einsatzes für verfolgte Juden von der Gestapo verhaftet worden. 1973 wird er selig – und 1982 heilig gesprochen.

25. August 1941

London sichert sich Ölfelder

Britische und sowjetische Streitkräfte besetzen den Iran. Sie begründen ihr militärisches Vorgehen mit Erkenntnissen über Spionage- und Terroraktionen der hier lebenden Deutschen. Die iranische Regierung hatte gegen die Deutschen in ihrem Land trotz mehrfacher Aufforderung der Alliierten nichts unternommen. Die britische Regierung will sich mit ihrem militärischen Vorgehen auch den freien Zugang zu den wichtigen iranischen Ölfeldern sichern. Die iranischen Truppen haben dem Einmarsch der Briten und Sowjets nicht viel entgegenzusetzen. Schon drei Tage nach Kriegsbeginn stellen sie ihren Widerstand ein. Nach einem Vertrag vom 9. September wird das Land von britischen und sowjetischen Truppen besetzt. Der iranische Schah Resa Pahlawi muss auf Druck der Besatzer zugunsten seines Sohnes Mohammad zurücktreten. Auch im Nachbarland Irak haben sich die Briten den Zugang zum Öl gesichert. Ende Mai zogen britische Einheiten in der Hauptstadt Bagdad ein, nachdem der Streit zwischen dem deutschfreundlichen, am 2. April durch einen Staatsstreich an die Macht gekommenen Raschid Al Gailani und der Londoner Regierung eskaliert war. Hitler unterstützte erfolglos die irakischen Truppen, die gegen britische Einheiten im Lande vorgegangen waren.

Abwechslung vom Frontalltag bieten die Künstler, die ihre Programme vor Soldaten zeigen.

Theater an der Front

Zur Unterhaltung der deutschen Truppen werden Wanderbühnen als sog. Wehrmachts- oder Fronttheater eingesetzt. Neben den Soldatenbühnen, die aus Berufsschauspielern bestehen und nur an Wehrmachtsstandorten und Truppenübungsplätzen auftreten, sind auch Landes- und Stadttheater für Frontauftritte verpflichtet. Die u.a. vom Reichspropagandaministerium organisierten Veranstaltungen bieten vor allem leichte Unterhaltung sowie Inszenierungen deutscher Klassiker. Vor allem musikalische Einlagen kommen bei den Soldaten gut an. Zu besonderen Anlässen, z.B. bei Besuchen hochrangiger Minister und Militärs, werden populäre Künstler und ausgesuchte Ensembles zusammengestellt, wie z.B. die »Berliner Künstlerfahrt«.

1. August 1941

»Lili Marleen«

Lale Andersen bei einer Veranstaltung der Wehrmachtsbetreuung

»Sing, Nachtigall, sing« – »Hoch droben auf dem Berg« – »So schön wie heut', so müßt es bleiben« sind Schlager, die von den Eindrücken nächtlicher Bombenangriffe, den wachsenden Versorgungsschwierigkeiten und der allgegenwärtigen Angst ablenken sollen. Aber keinem dieser Lieder gelingt so ein Erfolg wie dem Schlager »Lili Marleen«. Als der deutsche Soldatensender in Belgrad ab August das schon 1915 von Hans Leip geschriebene und 1938 erstmals von der Sängerin Lale Andersen gesungene Lied allabendlich ausstrahlt, beginnt ein Triumphzug, der das Lied sogar in Großbritannien zu einem Hit werden lässt.
Neben den Schlagern dienen Kinofilme, Rundfunk- und Varieteeprogramme der Zerstreuung der Soldaten und der Zivilbevölkerung. Ende des Jahres

7. August 1941

Stalin führt die Rote Armee

Der sowjetische Staatschef Josef W. Stalin bündelt die gesamte politische und militärische Macht in seiner Hand. Er ernennt sich selbst zum Oberbefehlshaber der Roten Armee, die nach dem für Moskau überraschenden Überfall der Wehrmacht von Grund auf neu organisiert wird. U.a. tritt der Krisenstab des Volkskommissariats für Verteidigung zusammen (s. Abb., v.l. Wjatscheslaw M. Molotow, Stalin, Marschall Kliment J. Woroschilow,

Georgi M. Malenkow, Lawrenti P. Berija mit einem Mitarbeiter). Zur Koordinierung der militärischen Einsätze und zur Erleichterung der strategischen Führung war Mitte Juli die gesamte Front auf drei Oberkommandos aufgeteilt worden.

hrt alle

wird auf einer Jubiläumsveranstaltung der nationalsozialistischen Gemeinschaft Kraft durch Freude (KdF) in Berlin eine Bilanz der bisherigen Truppenbetreuung gezogen. Seit Beginn des Krieges 1939 hat KdF rd. 500000 Veranstaltungen vor über 160 Mio. Soldaten organisiert. Ausländische Unterhaltungsformen und -musik werden seit Kriegsende von den Nationalsozialisten noch massiver unterdrückt als in den Jahren zuvor. Aber trotz Verbot und Strafandrohung wird auch in einigen deutschen Tanzlokalen der bei den NS-Machthabern verpönte Jazz gespielt. US-Stars wie Benny Goodman erfreuen sich vor allem bei Jugendlichen großer Beliebtheit. Ein Beitrag in der Zeitschrift »Die Musik« zeigt, dass ausländische Unterhaltung in Deutschland zur Zeit offiziell keine Chance hat: »Wir brauchen die schwüle Atmosphäre gedämpfter Blechbläser, die überhitzten Rhythmen, die Schlagzeugorgien nicht ... Wir lehnen die fremden Einflüsse ab, weil wir stark genug geworden sind, unserer eigenen Kraft zu vertrauen.« Während die deutsche Unterhaltung immer biederer zu werden hat, feiern in den USA die Big Bands von Benny Goodman, Glenn Miller und William »Count« Basie ihre Erfolge. Film- und Bühnenmusicals mit Musik von Komponisten wie Cole Porter und Irving Berlin ziehen Massen in die Kinos und Theater. Eine neue Generation von Jazz-Musikern, zu denen Charlie Parker und Dizzy Gillespie zählen, beginnt mit der Entwicklung eines neuen Stils, des Bebop.

24. August 1941

Kirche gegen NS-Euthanasie

Reichskanzler Adolf Hitler ordnet die Einstellung der »Aktion T 4« an, der systematischen Ermordung von psychisch Kranken. Im September 1939 hatte Hitler den Befehl zur Tötung von Menschen gegeben, die von den Nationalsozialisten als »lebensunwert« betrachtet werden. Vor allem in Kirchenkreisen hatte sich massiver Protest gegen die Mordaktionen formiert. Der Münsteraner Bischof Clemens August Graf von Galen erstattete am 28. Juli bei der Staatsanwaltschaft in Münster Strafanzeige gegen Unbekannt wegen Mordes und prangerte die Verbrechen in einer Predigt öffentlich an.

Clemens August Graf von Galen

deutscher Kardinal, * 16.3.1878 Burg Dinklage, Oldenburg, † 22.3.1946 Münster

Graf Galen ist eine Symbolfigur des katholischen Widerstands im Nationalsozialismus. Der volkstümliche Geistliche erweist sich früh als ein entschiedener Gegner Hitlers. Offen kritisiert der »Löwe von Münster« NS-Kirchenpolitik und -Rassenlehre. Nach Kriegsende setzt er sich bei den Besatzungsmächten für eine gerechte Behandlung von Kriegsgefangenen und der Zivilbevölkerung ein.

- 1906: Priesterweihe
- 1933: Bischof von Münster
- 1946: Kardinal

14. August 1941

Atlantik-Charta verkündet

Die britische und die US-Regierung veröffentlichen eine Erklärung zu den Zielen und Grundsätzen ihrer gemeinsamen Politik für die Nachkriegszeit. US-Präsident Franklin D. Roosevelt (s. Abb., 2.v.r.) und der britische Premierminister Winston Churchill (s. Abb., l.) haben die Prinzipien an Bord des US-Kreuzers »Augusta« und des britischen Schlachtschiffs »Prince of Wales« in der Argentia-Bucht vor Neufundland erarbeitet. Die Atlantik-Charta wird zu einem Grunddokument der Vereinten Nationen. Sie enthält grundsätzliche Ziele und Verpflichtungen, die beide Staaten nach dem Weltkrieg verwirklichen wollen, u.a. das Selbstbestimmungsrecht der Völker, freier Welthandel und die Errichtung eines allgemeinen weltweiten Sicherheitssystems. Bei den geheim gehaltenen Gesprächen gab es u.a. Meinungsverschiedenheiten in den Fragen des freien Zugangs zu den Weltrohstoffen und des freien Welthandels. Churchill wehrte sich lange gegen diesen Passus, der eine Einschränkung der britischen Kolonialpolitik mit sich bringt. Da London von US-Unterstützung abhängig ist, muss es sich aber schließlich beugen.

August 1941

1 Fr Nach Sabotageakten auf Eisenbahnlinien verhängen die deutschen Besatzungstruppen in Norwegen den zivilen Ausnahmezustand. → »Lili Marleen«

2 Sa In Salzburg werden die Festspiele mit der Oper »Die Zauberflöte« von Wolfgang Amadeus Mozart eröffnet. Die musikalische Leitung hat Karl Böhm.

3 So Das Oberkommando des Heeres leitet die Bereitstellung von Winterkleidung für die in der UdSSR kämpfenden Wehrmachtsverbände ein.

4 Mo Als Maßnahme gegen die aggressive Politik Japans im pazifischen Raum lässt die US-Regierung den Schiffsverkehr mit dem Kaiserreich einstellen.

5 Di Nach dreiwöchigen Kämpfen beendet die deutsche Heeresgruppe Mitte siegreich eine Kesselschlacht gegen die Rote Armee bei Smolensk.

6 Mi Deutsche Wehrmachtsverbände erreichen bei ihrem Vormarsch im Osten den finnischen Meerbusen in Estland.

7 Do Die sowjetische Luftwaffe fliegt einen Angriff auf die Reichshauptstadt Berlin, richtet aber nur geringen Schaden an. → Stalin

8 Fr Deutsche Luftwaffeneinheiten greifen Alexandria in Ägypten sowie militärische Anlagen der britischen Streitkräfte am Suezkanal an.

9 Sa In Berlin stellt Fritz Schwab vom SC Charlottenburg eine Weltbestzeit im Stundengehen auf. Er legt 13,308 km zurück.

10 So Der schwedische Leichtathlet Gunder Hägg stellt in Stockholm in 3:47,6 min einen Weltrekord auf der 1500-m-Strecke auf.

11 Mo In Japan wird die Generalmobilmachung verkündet, da sich der Konflikt mit den USA in Indochina und der Pazifik-Region zugespitzt hat.

12 Di Britische Flugzeuge fliegen den bisher schwersten Luftangriff auf Berlin und richten auch bei einem Angriff auf Köln schwere Verwüstungen an.

13 Mi Bei ihrer Offensive schließt die rumänische 4. Armee die sowjetische Hafenstadt Odessa am Schwarzen Meer ein.

14 Do Deutsche Truppen besetzen das Erzgebiet Kriwoi Rog im Dnjepr-Bogen, das die UdSSR zu 60% mit Erz versorgt. → Atlantik-Charta → Kolbe

15 Fr Die deutsche Besatzung in den Niederlanden hebt die Autonomie der Provinzen auf. Die Regelung ist ein massiver Einschnitt in die Verfassung des Landes.

16 Sa In Moskau unterzeichnen britische und sowjetische Vertreter einen Handels- und Kreditvertrag. Die UdSSR ist im Krieg auf Wirtschaftshilfe angewiesen.

17 So An der sowjetischen Front erobern die schnell vorstoßenden deutschen Einheiten die Städte Narwa und Nowgorod.

18 Mo Eine Denkschrift der deutschen Wehrmacht bezeichnet die Einnahme Moskaus vor Oktober aus Witterungsgründen als vorrangiges Ziel.

19 Di In Berlin findet die Premiere des Films »Krach im Vorderhaus« unter der Regie von Paul Heidemann mit Mady Rahl und Carl-Heinz Schroth statt.

20 Mi Die Dänin Ragnhild Hveger stellt in Kopenhagen mit 20:57,0 min einen Weltrekord im 1500-m-Freistil-Schwimmen der Frauen auf.

21 Do Adolf Hitler lehnt die Vorschläge zur raschen Einnahme Moskaus vom 18. August ab und befiehlt Angriffe auf die Krim und den Kaukasus.

22 Fr Alle niederländischen Kinos müssen auf Anweisung der deutschen Besatzungsmacht vom 29. August bis zum 30. April den Film »Der ewige Jude« zeigen.

23 Sa Der französische General Charles de Gaulle bildet in der britischen Hauptstadt London ein Nationalkomitee zur Befreiung Frankreichs.

24 So Bei der diesjährigen Tour de Suisse siegt der schweizerische Radsportler Joseph Wagner vor seinem Landsmann Werner Buchwalder. → Kirche

25 Mo Der italienische Ministerpräsident Benito Mussolini besucht Adolf Hitler in Ostpreußen, um mit ihm die Ostfront zu inspizieren. → Ölfelder

26 Di Eine Denkschrift der deutschen Wehrmacht stellt fest, dass der Krieg gegen die UdSSR im Verlauf des Jahres 1941 nicht mehr beendet werden kann.

27 Mi Bei einem Festakt in Versailles verletzt ein Anhänger Charles de Gaulles den früheren französischen Ministerpräsidenten Pierre Laval bei einem Attentat.

28 Do Deutsche Truppen erobern die Stadt Reval (Tallin) in Estland und fügen der sowjetischen Kriegsmarine schwere Verluste zu.

29 Fr In Berlin wird der Film »Ich klage an« von Regisseur Wolfgang Liebeneiner uraufgeführt, in dem aktive Sterbehilfe propagiert wird.

30 Sa Die britische Luftwaffe fliegt erneut schwere Angriffe gegen deutsche Städte, u.a. auf Hamburg, Berlin und Frankfurt am Main.

31 So In der Schweiz wird für die kommenden drei Tage der Verkauf von Käse eingestellt, um die nationalen Bestände zu überprüfen.

September 1941

1 Mo Adolf Hitler erlässt einen Aufruf zum Kriegswinterhilfswerk, worin die Bevölkerung zum Spenden aufgefordert wird. → »Judenstern« → »Sütterlin«

2 Di In Moskau finden Beratungen über Hilfslieferungen der Alliierten statt, an denen u.a. Josef W. Stalin (UdSSR) und Harry L. Hopkins (USA) teilnehmen.

3 Mi Schwere Artillerie der deutschen Wehrmacht beginnt mit der Beschießung der belagerten sowjetischen Stadt Leningrad. → Zyklon B

4 Do Im Atlantik kommt es zwischen dem deutschen U-Boot »U 652« und dem US-Zerstörer »Greer« zum ersten Kampf zwischen Marineeinheiten der Länder.

5 Fr In der Schweiz unternimmt die erste Gasturbinenlokomotive der Welt ihre Jungfernfahrt. Die Maschine erreicht bei 2000 t Last 110 km/h.

6 Sa Der japanische Kronrat beschließt, den Krieg gegen die USA und Großbritannien zu eröffnen, falls laufende Verhandlungen mit den USA scheiterten.

7 So Mit zahlreichen Festveranstaltungen feiert die schweizerische Hauptstadt Bern ihr 750-jähriges Bestehen.

8 Mo In den spanischen Pyrenäen wird einer der längsten Tunnel Europas in Betrieb genommen. Die Verbindung ist fünf Kilometer lang. → Leningrad

9 Di Britische und kanadische Streitkräfte besetzen gemeinsam mit norwegischen Exiltruppen die norwegische Insel Spitzbergen im Nordpolarmeer.

10 Mi Die deutschen Besatzungsbehörden in Norwegen verhängen wegen zahlreicher Streiks den Ausnahmezustand über Oslo und sechs Provinzen.

11 Do Präsident Roosevelt erteilt der US-Marine den Befehl, ohne Vorwarnung auf deutsche und italienische Schiffe in der US-Sicherheitszone zu schießen.

12 Fr 111 britische Flugzeuge fliegen einen Angriff auf Frankfurt am Main, bei dem sie 135 t Sprengbomben abwerfen.

13 Sa Im Strafrecht tritt eine Änderung in Kraft, die eine schärfere Anwendung der Todesstrafe, u.a. für »Gewohnheits- und Sittlichkeitsverbrecher« vorsieht.

14 So In den USA wird »Suspicion« (Verdacht), ein Film des britischen Regisseurs Alfred Hitchcock, uraufgeführt. Die Hauptrolle spielt Cary Grant.

15 Mo Auf Fehmarn beginnt der Bau der deutsch-dänischen Autoverbindung »Vogelfluglinie«. +++ Die Rakete »V2« soll auf Regierungsbeschluss in Serie gehen.

16 Di Im britisch-sowjetisch besetzten Iran dankt Schah Resa Pahlawi zugunsten seines Sohnes Mohammad ab und geht ins Exil nach Südafrika.

17 Mi Die deutsche Bevölkerung soll Kartoffeln nur noch als Pellkartoffeln zubereiten, da beim Schälen roher Kartoffeln Mengenverluste bis zu 30% auftreten könnten.

18 Do US-Präsident Franklin D. Roosevelt ersucht den Kongress, weitere 5985 Mio. Dollar zur Unterstützung der kriegführenden Staaten bereitzustellen.

19 Fr Die 6. deutsche Armee schließt die Eroberung der ukrainischen Hauptstadt Kiew in der Sowjetunion ab. 665 000 Rotarmisten geraten in Gefangenschaft.

20 Sa Adolf Hitler befiehlt die Verstärkung der Marine-Einheiten in der Ostsee, die den Vormarsch der deutschen Truppen im Osten sichern sollen.

21 So In München wird die »Deutsche Kulturfilmwoche« eröffnet. Zahlreiche dokumentarische und propagandistische Filme werden gezeigt. → »Stalinorgel«

22 Mo Die mexikanische und die US-Regierung schließen ein Abkommen über die enge Zusammenarbeit bei der »Verteidigung der westlichen Hemisphäre«.

23 Di Einen schweren Angriff fliegt die deutsche Luftwaffe gegen die sowjetische Baltische Flotte. Vor Kronstadt geht das Schlachtschiff »Marat« auf Grund.

24 Mi Die deutsche Reichsregierung verkauft ihre im Jahre 1935 erworbenen Aktien an die Schifffahrtsgesellschaften Norddeutscher Lloyd und Hapag.

25 Do Nach Deportationen Anfang des Monats erlässt die Regierung der UdSSR ein Dekret über die Auflösung der Wolgadeutschen Autonomen Sowjetrepublik.

26 Fr Die deutsche Heeresgruppe Mitte erhält den Befehl zur Einleitung des Unternehmens »Taifun«, der Schlacht um Moskau.

27 Sa Die freifranzösischen Streitkräfte proklamieren die Souveränität Syriens, das durch den britisch-französischen Feldzug unabhängig wird.

28 So Über das Reichsprotektorat Böhmen und Mähren wird der zivile Ausnahmezustand verhängt. U.a. werden 15 000 Rundfunkgeräte konfisziert.

29 Mo In einem Kampf um den Weltmeistertitel im Schwergewichtsboxen siegt Joe Louis gegen Herausforderer Lou Nova durch k.o. in der sechsten Runde.

30 Di Die britische Luftwaffe fliegt mit 72 Maschinen einen schweren Angriff auf Hamburg, bei dem 85 t Sprengbomben abgeworfen werden. → »Schwarze Serie«

1. September 1941

»Judenstern« wird Pflicht

Unterdrückung und Ausgrenzung der jüdischen Bevölkerung in Deutschland erhalten ein augenfälliges Symbol. Die nationalsozialistische Führung erlässt eine Polizeiverordnung zur »Kennzeichnung der Juden«. Ab dem 19. September müssen danach alle Juden und Jüdinnen vom sechsten Lebensjahr an »auf der linken Seite auf der Kleidung ein handtellergroßes, aufgenähtes Abzeichen in gelber Farbe, das einen 6-zackigen Stern zeigt, tragen ... Auf diesem Stern steht in schwarzer Schrift das Wort 'Jude'«.

Juden vor ihrer Deportation

Darüber hinaus schreibt die Polizeiverordnung vor, dass Juden ihren Wohnsitz nur mit Genehmigung der zuständigen Polizeibehörden verlassen dürfen, auch wenn es sich dabei nur um eine kurzfristige Abwesenheit handelt. Neben der Einführung der Kennzeichnungspflicht für die jüdische Bevölkerung und dem Verbot, den Wohnort zu verlassen, wird am 23. Oktober ein weiterer Befehl erlassen, der die systematische Ermordung der Juden einleitet. Auf Anordnung des Reichsführers SS und Chefs der Polizei, Heinrich Himmler, wird danach deutschen Juden verboten, aus dem Reichsgebiet auszuwandern. Am 14. Oktober gibt Kurt Daluege, Chef der Ordnungspolizei in Deutschland, den Befehl zur Deportation: 19287 Juden aus Berlin, Wien, Prag, Köln und anderen Großstädten werden nach Lodz transportiert. Ein zweiter Befehl Dalueges vom 24. Oktober ordnet die Deportation von 50000 jüdischen Menschen nach Riga und Minsk an. Die zum Abtransport nach Osten vorgesehenen Juden erhalten auf Anordnung des Reichssicherheitshauptamtes »Evakuierungsbefehle«.

Auswanderung deutscher Juden
(Schätzwerte; in Deutschland lebten 1933 rd. 500 000 Juden)

Jahr	Anzahl
1933	37 000
1934	23 000
1935	21 000
1936	25 000
1937	23 000
1938	40 000
1939	78 000
1940	15 000
1941	8 000

3. September 1941

Massenmord mit Zyklon B

Im Konzentrationslager Auschwitz finden die ersten Vergasungen (»Probevergasungen«) mit Zyklon B statt. Die blausäurehaltige Chemikalie ist bislang zur Ungezieferbekämpfung eingesetzt worden. Rudolf Höß, Kommandant von Auschwitz, war im Sommer davon unterrichtet worden, dass Hitler die »Endlösung der Judenfrage« angeordnet hatte. Höß erhielt aus Berlin den Befehl: »Alle ... erreichbaren Juden sind jetzt während des Krieges ohne Ausnahme zu vernichten.« Seit geraumer Zeit testet die SS verschiedene Tötungsverfahren mit Gas, da Massenerschießungen »eine zu große Belastung für die SS-Männer sind, die dies durchführen müssten«. Nach den ersten Vergasungen in Auschwitz wird eine spezielle Gaskammer eingerichtet.

1. September 1941

»Sütterlin« weicht der Antiqua

Die lateinische Schrift setzt sich in Europa durch. Ab sofort werden auch Schulklassen in Deutschland in der lateinischen Druckschrift Antiqua und der lateinische Schreibschrift unterrichtet. Bislang mussten Schüler die »deutsche Schrift« und die »deutsche Schreibschrift« lernen, die der Grafiker Ludwig Sütterlin entwickelt hatte. Die Einführung der Antiqua-Schrift, die auf Anweisung der NS-Regierung seit Frühjahr 1941 auch bei Zeitungen vermehrt Anwendung findet, dient der Vereinheitlichung der Schrift in Europa. In den meisten europäischen Staaten wird die Antiqua-Schrift der deutschen Druck- und Schreibschrift vorgezogen. Die Presse rechtfertigt die Abkehr vom »Sütterlin« damit, dass die Antiqua die eigentliche deutsche Schrift sei.

Humphrey Bogart

eigtl. Humphrey de Forest Bogart, US-Schauspieler,
* 25.12.1899 New York; † 14.1.1957 Los Angeles-Hollywood

Bogart, der zu Beginn seiner Karriere vorzugsweise kalte, rücksichtslose Gangster spielte, wird seit dem »Malteserfalken« für seine Detektiv- und Abenteuerfiguren geliebt, die hart, aber immer auch verletzlich sind. Der Frauentyp verkörpert Antihelden und Einzelgänger, die etwas außerhalb der gesellschaftlichen Konventionen stehen und einen eigenen Ehrenkodex haben. Einen »Oscar« erhält er für seine Rolle in dem Film »African Queen« mit Katherine Hepburn. Die berühmtesten Filme Bogarts, der schon zu Lebzeiten zur Kultfigur wird, sind »Casablanca« (1942) und »Die Caine war ihr Schicksal« (1954).

- 1918: Theaterdebüt
- 1930: Engagement in Hollywood
- 1951: Auszeichnung mit dem »Oscar«

30. September 1941

Beginn der »Schwarzen Serie«

Der Film »The Maltese Falcon« (Die Spur des Falken/Der Malteserfalke) von Regisseur John Huston wird in den USA uraufgeführt. Für Humphrey Bogart bringt der erste Film der sog.

Schwarzen Serie den internationalen Durchbruch bei Publikum und Kritik (Abb.: Plakat).

8. September 1941

Ring um Leningrad

Für die nach Moskau zweitgrößte Stadt der Sowjetunion, Leningrad, beginnt eine lange Leidenszeit. Einheiten der Heeresgruppe Nord der deutschen Wehrmacht schließen mit Einnahme der benachbarten Stadt Schlüsselburg (Petrokrepost) den Ring um die ehemalige russische Hauptstadt. Die Landverbindung nach Südosten ist unterbrochen, eine Versorgung der Bevölkerung lediglich auf dem See- und dem Luftweg möglich. 900 Tage dauert die Belagerung der Stadt, die erst am 28. Januar 1944 beendet wird. Bereits 1943 gelingt es sowjetischen Einheiten, die Blockade zu lockern und mit der Rückeroberung von Schlüsselburg einen Nachschubkorridor zu öffnen. Während Leningrad belagert wird und die Bevölkerung mit Luftangriffen und Artilleriebeschuss mürbe gemacht werden soll, ist die Wehrmacht in der Ukraine siegreich. Am 19. September erobert die 6. deutsche Armee Kiew, die Hauptstadt der Ukrainischen Sowjetrepublik (Abb. oben: Blick von der Zitadelle in Kiew). Hitler hatte – vor einem Angriff auf Moskau – Leningrad einkesseln und die Wirtschaftsgebiete in der Ukraine kontrollieren wollen. Mit zweimonatiger Verzögerung stimmt er im Oktober dem Vorstoß gegen die sowjetische Hauptstadt zu (Abb.: Deutsche Panzer auf dem Weg nach Moskau). Der erste Schnee sowie Schlamm und unwegsames Gelände behindern jedoch den Vormarsch.

21. September 1941

»Stalinorgel« für Rote Armee

An den Fronten des Weltkriegs verbreiten immer neue Waffen Angst und Schrecken. Die Waffentechnik in allen kriegführenden Staaten boomt. Bei der Verteidigung des von deutschen Truppen besetzten Leningrad setzt die Rote Armee zum ersten Mal die Geschosswerfer »Katjuscha«, sog. Stalinorgeln, ein (s. Abb.). Die einfach konstruierten Raketenwerfer feuern bis zu 48 Geschosse mit Reichweiten von bis zu 8 km annähernd gleichzeitig ab. Die Trefferquote der Salvengeschütze, die mit schwenkbaren Leitschienen auf Lkw montiert sind, ist relativ gering. Aber auf Grund der schnellen Schussfolge und der Anzahl

der Raketen werden die »Stalinorgeln« von den deutschen Truppen gefürchtet. Die Rote Armee kann darüber hinaus auf eine weitere neue Waffe zurückgreifen, die ihr in der Folgezeit erhebliche Vorteile bringt: Erstmals werden deutsche Soldaten mit dem Panzer T-34 konfrontiert. Das robuste Fahrzeug ist deutschen Kettenfahrzeugen an Feuerkraft und Panzerung deutlich überlegen. Deutsche Soldaten berichten, dass die ihnen zur Verfügung stehenden Granaten glatt von ihnen abprallen würden. Im Schlamm und Schnee der folgenden Monate ist der T-34 mit seinen breiten Ketten beweglicher als die deutschen Panzer und trägt entscheidend zur Angriffskraft der Roten Armee bei. Darüber hinaus wird Moskau mit Waffenlieferungen aus den USA und Großbritannien unterstützt.

Oktober 1941

1	Mi	An der Staatsoper in Wien hat »Die Zauberflöte« von Wolfgang Amadeus Mozart in der Inszenierung von Gustaf Gründgens Premiere.
2	Do	Die Heeresgruppe Mitte der deutschen Wehrmacht eröffnet nordöstlich von Smolensk den Angriff auf die sowjetische Hauptstadt Moskau.
3	Fr	In Deutschland werden an verkehrsreichen Straßen vor Kindergärten Warnschilder für motorisierte Verkehrsteilnehmer angebracht.
4	Sa	In der ersten Verlautbarung über die Ostoffensive meldet das Oberkommando der deutschen Wehrmacht »Kampfhandlungen von großer Tragweite«.
5	So	Zwei deutsche Fußballnationalmannschaften tragen gleichzeitig Länderspiele aus. Die Elf gegen Finnland spielt 6:0, das Team gegen Schweden unterliegt 2:4.
6	Mo	Der neue australische Premierminister John Curtin, der gleichzeitig Labour-Vorsitzender ist, stellt in der Hauptstadt Canberra sein Kabinett vor.
7	Di	Die Operationen der Heeresgruppe Mitte in Richtung Moskau kommen nach den ersten Schneefällen und dem Einsetzen der Schlammperiode zum Erliegen.
8	Mi	Einheiten des deutschen Ostheeres, das seit Kriegsbeginn gegen die UdSSR 500 000 Mann verloren hat, erobern die Stadt Orel an der Oka.
9	Do	In der mittelamerikanischen Republik Panama kommt es zu einem unblutigen Staatsstreich. Der amtierende Präsident Arnulfo Arias hält sich in Kuba auf.
10	Fr	In Wien findet die Premiere des Films »Heimkehr« von Regisseur Gustav Ucicky statt. Die Hauptrollen spielen u.a. Attila Hörbiger und Paula Wessely.
11	Sa	Am Berliner Schauspielhaus wird »Faust I« von Johann Wolfgang von Goethe in der Inszenierung von Gustaf Gründgens aufgeführt.
12	So	Ein britischer Bomber wirft über dem Dorf Buhwil in der Schweiz versehentlich Bomben ab. Die Schweiz zählt nicht zu den kriegführenden Staaten.
13	Mo	Das Oberkommando der deutschen Wehrmacht meldet, dass die britische Luftwaffe ihre Angriffe auf Ziele in Deutschland verstärkt fortsetze.
14	Di	Argentinien und die USA schließen ein Handelsabkommen, das eine Senkung der jeweiligen Einfuhrzölle um 50% vorsieht.
15	Mi	Um Kapazitäten für die Rüstung zu sichern, wird die Automobilproduktion in den USA im Vergleich zum Vorjahr um 50% gesenkt.
16	Do	Die 4. rumänische Armee besetzt das seit zwei Monaten belagerte Odessa. Die sowjetischen Streitkräfte haben die Stadt über See geräumt.
17	Fr	Der deutsche Raketentechniker Eugen Sänger unternimmt zum ersten Mal terrestrische Versuche mit Strahlentriebwerken.
18	Sa	In Tokio verhaftet die japanische Polizei den Korrespondenten der »Frankfurter Zeitung«, Richard Sorge, der seit 20 Jahren für die UdSSR spioniert hat.
19	So	Josef W. Stalin lässt den Belagerungszustand über Moskau ausrufen und kündigt die Verteidigung der sowjetischen Hauptstadt bis zum Letzten an.
20	Mo	Flugzeuge der britischen Royal Air Force werfen bei einem Luftangriff auf die Hansestadt Bremen 140 t Bomben ab.
21	Di	Deutsche Polizei-Einheiten erschießen im ehemals jugoslawischen Kragujevac 7000 Geiseln – als Vergeltung für Partisanenaktivitäten, wie es heißt.
22	Mi	Der isländische Ministerpräsident Hermann Jonasson reicht seinen Rücktritt ein, nachdem er wegen Stationierung von US-Truppen angegriffen worden war.
23	Do	Der Reichsführer SS und Chef der deutschen Polizei, Heinrich Himmler, verbietet deutschen Juden, aus dem Reichsgebiet auszuwandern.
24	Fr	Die Heeresgruppe Süd der deutschen Wehrmacht an der Ostfront erobert die sowjetischen Städte Charkow und Belgorod.
25	Sa	Vor Moskau kommt die deutsche Offensive auf die Hauptstadt der UdSSR wegen des schlechten Wetters fast völlig zum Stehen.
26	So	Der Italiener Adolfo Consolini verbessert in Mailand den Weltrekord des US-Athleten Archie Harris im Diskuswerfen um 8 cm auf 53,34 m.
27	Mo	Nach zehntägigen Kämpfen durchbricht die 11. deutsche Armee die sowjetischen Stellungen auf der Landenge von Perekop.
28	Di	In Berlin wird die Filmgesellschaft Berlin-Film GmbH gegründet, die dem deutschen Reichspropagandaministerium unterstellt ist.
29	Mi	Der Sicherheitsdienst der SS ermordet bei einer »Säuberungsaktion« 8000 Juden in der sowjetischen Stadt Mariupol (Schdanow).
30	Do	Deutsche Truppen beginnen auf der Halbinsel Krim mit der Belagerung der Festung Sewastopol, die von der Roten Armee hartnäckig verteidigt wird.
31	Fr	Der erste deutsche Farbspielfilm – »Frauen sind doch bessere Diplomaten« von Georg Jacoby mit Marika Rökk – wird in Berlin uraufgeführt.

November 1941

1 Sa Eine Sturmflut bei den Kanarischen Inseln verwüstet die Insel Gomera. Die Schäden belaufen sich auf umgerechnet 10 Mio. Reichsmark.

2 So Im Endspiel um den deutschen Fußballpokal besiegt der Titelverteidiger Dresdner SC den FC Schalke 04 in Berlin mit 2:1.

3 Mo Sowjetische Fliegerstaffeln werfen bei einem schweren Luftangriff Bomben auf die finnische Hauptstadt Helsinki.

4 Di Das sog. Ehegesundheitsgesetz zwingt deutsche Paare, vor der Hochzeit eine »Unbedenklichkeitsbescheinigung« des Gesundheitsamtes vorzulegen.

5 Mi Der japanische Kronrat beschließt, gegebenenfalls den Krieg gegen die USA durch einen Überraschungsangriff auszulösen.

6 Do UdSSR-Parteichef Josef W. Stalin beziffert die Kriegsverluste mit 350 000 Toten. Die tatsächlichen Zahlen sollen – wie es heißt – jedoch weit höher liegen.

7 Fr Die britische Luftwaffe bombardiert mit 400 Flugzeugen Berlin, Mannheim, Köln, Ostende, Boulogne-sur-Mer und das Ruhrgebiet.

8 Sa Ein Flottenverband der britischen Kriegsmarine versenkt im Mittelmeer einen italienischen Nachschubgeleitzug für Nordafrika mit sieben Transportschiffen.

9 So In Rumänien wird das Regime Ion Antonescus in einer Volksabstimmung nach offiziellen Angaben mit »überwältigender Mehrheit« bestätigt.

10 Mo Nach einem Bericht des Oberkommandos der deutschen Wehrmacht sind in der UdSSR bisher 3 632 000 Rotarmisten in Gefangenschaft geraten.

11 Di Die finnische Regierung lehnt Vermittlungsvorschläge der USA über die Aufnahme von Friedensverhandlungen mit der Sowjetunion ab.

12 Mi Großbritanniens König Georg VI. bekräftigt in der Eröffnungsrede des Parlamentsjahres seine Auffassung, den Krieg »bis zum Endsieg weiterzuführen«.

13 Do Der US-Kongress in Washington stimmt einer Änderung des Neutralitätsgesetzes zu, die u.a. die Bewaffnung von US-Handelsschiffen vorsieht.

14 Fr In der eroberten sowjetischen Stadt Simferopol werden 11 000 Juden vom Sicherheitsdienst der SS ermordet.

15 Sa Nach Abklingen der Schlammperiode durch den ersten Frost nehmen deutsche Truppen den Angriff auf Moskau wieder auf. → Exilanten

16 So Nach einem Länderspiel in Dresden gehen die deutsche Fußballnationalmannschaft und die Nationalelf Dänemarks 1:1 auseinander.

17 Mo Der deutsche Generalluftzeugmeister Ernst Udet begeht Selbstmord, da ihm Fehlentwicklungen bei der Luftwaffe angelastet werden.

18 Di Die britische 8. Armee in Nordafrika startet eine Offensive, um das seit April von deutschen Truppen eingeschlossene Tobruk zu befreien.

19 Mi Adolf Hitler legt als Kriegsziel für das kommende Jahr die Besetzung des Kaukasus und der Südgrenze der UdSSR fest.

20 Do Der amerikanische Autor Theodor N. Kaufmann veröffentlicht das Buch »Germany must perish« (Deutschland muss zugrunde gehen) in den USA.

21 Fr In Berlin findet die Premiere des Films »Das andere Ich« von Wolfgang Liebeneiner statt. Hilde Krahl und Mathias Wieman spielen die Hauptrollen.

22 Sa Die deutsche Bevölkerung wird aufgefordert, zwischen 6 und 10 Uhr keine elektrischen Geräte zu verwenden, um Strom zu zu sparen.

23 So Japans Regierung verschiebt den letzten Termin für den Abschluss der Verhandlungen mit der US-Regierung über die Lage im Pazifik auf den 29.11.

24 Mo Britische Sturmtruppen landen für wenige Stunden an der Küste der Normandie und greifen deutsche Stellungen an.

25 Di Die Zahl der Kriegsgefangenen, die sich in Deutschland befinden, wird offiziell mit rd. 1 179 000 Mann beziffert. Viele werden als Zwangsarbeiter eingesetzt.

26 Mi Das japanische Angriffsgeschwader für den Überfall auf die US-Marinebasis Pearl Harbor auf Hawaii sticht von den Kurilen aus in See.

27 Do Freifranzösische Truppen verkünden die Unabhängigkeit der Republik Libanon, die sie zuvor gemeinsam mit britischen Einheiten erobert hatten.

28 Fr In Wien beginnt eine Festwoche zum Gedenken an Wolfgang Amadeus Mozart, dessen Todestag sich am 5. Dezember zum 150. Mal jährt.

29 Sa Streitkräfte der Roten Armee erobern das am 21. November von deutschen Truppen eingenommene Rostow zurück.

30 So Die mexikanische Regierung gibt bekannt, dass sie die Flottenstützpunkte Acapulco de Juarez, Salina Cruz und Magdalenenbucht den USA überlasse.

7. Dezember 1941

Rommel weicht zurück

Generalleutnant Erwin Rommel, Kommandant des Afrika-Korps, ordnet den Rückzug aus dem libysch-ägyptischen Grenzgebiet nach Westen an. Die deutschen Stellungen sind gegen den Druck

der angreifenden Verbände nicht länger zu halten. Die Wehrmachtstruppen in Nordafrika leiden vor allem darunter, dass sie nicht ausreichend und regelmäßig mit Nachschub rechnen können – anders als ihre Gegner, die keine Probleme haben, Verpflegung, Munition und Fahrzeuge an die Front zu bringen. Angesichts der angreifenden Briten, die über fünfmal so viel Panzer wie die Deutschen verfügen, müssen sich diese zurückziehen (Abb.: Panzerformation der britischen Armee). Rommels Truppen hatten den britischen Nordafrika-Verbänden, die vor rd. drei Wochen eine Offensive von Ägypten aus gestartet hatten, große Verluste zugefügt. Der englische Plan, den deutschen Ring um die von eigenen Kräften gehaltene Festung Tobruk zu sprengen, war bislang erfolgreich vereitelt worden. Am 10. Dezember gelingt es den britischen Truppen, eine Verbindung zur Festungsbesatzung in Tobruk herzustellen. Die deutschen Nachhut- und Panzerabwehrverbände verwickeln den vorrückenden Gegner ständig in verlustreiche Gefechte. Dadurch gelingt es Rommel mit dem Gros seiner Einheiten, weit hinter den Frontlinien Verteidigungsstellungen auszubauen. Dort können die Verbände auf Nachschub und Verstärkung warten. Am 19. Dezember laufen mehrere Frachter in Tripolis und Bengasi mit Munition, Verpflegung und Waffen ein. Die Zahl der Panzer des deutschen Afrika-Korps, das einen großen Teil seiner Ausrüstung und seines Materials verloren hat, erhöht sich dadurch wieder auf 70. Trotz der militärischen Teilerfolge, die Erwin Rommel (»Der Wüstenfuchs«) mit seinen Truppen verbuchen kann, ist die Niederlage des Afrika-Korps nicht mehr abzuwenden. Anfang 1942 beginnt die letzte deutsche Offensive. Im Juli kommt der Vorstoß vor El Alamein endgültig zum Stehen.

7. Dezember 1941

Angriff auf Pearl Harbor

Der ohne Kriegserklärung erfolgte japanische Überfall auf den US-Marinestützpunkt Pearl Harbor auf der Hawaii-Insel Oahu zieht den Kriegseintritt der USA nach sich. Deutschland und Italien kommen ihren Bündnisverpflichtungen nach und erklären den USA am 11. Dezember den Krieg. Aus dem weitgehend auf Europa beschränkten Kampf wird ein Weltkrieg.

360 japanische Flugzeuge versenken sieben Schiffe der US-Pazifikflotte, unter ihnen die »Arizona«, die »Oklahoma«, die »California« und die »West Virginia«. Etwa 200 Flugzeuge werden zerstört, mehrere Kreuzer, Zerstörer und Versorgungsschiffe schwer beschädigt. Die Flugzeugträger »Saratoga«, »Lexington« und »Enterprise«, die im weiteren Verlauf des Zweiten Weltkriegs eine entscheidende Rolle spielen werden, befinden sich zur Zeit des Angriffs auf hoher See und entgehen den japanischen Bomben. Mehr als 2400 Amerikaner kommen bei dem Überraschungsangriff ums Leben, über 1100 werden verwundet. Mit dem Angriff auf den US-Stützpunkt will die japanische Regierung Washington derart erschüttern, dass sich die USA, wie man hofft, zu einem Verhandlungsfrieden bereiterklären würden – noch bevor es zu offenen Kämpfen kommt. Tokio schätzt die Reaktion der Amerikaner jedoch völlig falsch ein. Die

Die Titelseite der deutschen Zeitschrift »Die Woche« zeigt einen japanischen Bordschützen.

24. Dezember 1941

Stimme aus dem Exil: Thomas Mann »An die deutschen Hörer«

Der im US-Exil lebende deutsche Schriftsteller Thomas Mann (s. Abb.) wendet sich zu Weihnachten in einer Sondersendung der British Broadcasting Corporation (BBC) an die deutsche Bevölkerung. Der Literaturnobelpreisträger von 1929 hält in der Folgezeit mehrmals Rundfunkreden an seine Landsleute. Als Repräsentant eines »anderen Deutschland« erinnert der auch in den USA hochangesehene Erzähler die Deutschen an ihre Schuld und Verantwortung und mahnt eindringlich und wortgewaltig zur Umkehr.

Trümmer des US-Schlachtschiffs »Arizona« nach dem verheerenden Angriff der Japaner

Weltmacht bebt vor Zorn. Auf die Bevölkerung wirkt der Angriff wie ein Schock. In vielen Städten des Landes kommt es zu Übergriffen gegen japanische Bürger. Mehrere tausend Japaner werden interniert. US-Präsident Franklin D. Roosevelt unterzeichnet nach dem Eintreffen der ersten Meldungen aus Hawaii die Kriegserklärung gegen Japan. Bevor die US-Truppen jedoch entscheidend in den Krieg eingreifen, verzeichnen die Japaner noch eine Reihe Aufsehen erregender Erfolge. Sie demütigen die Briten mit der Eroberung Singapurs, vertreiben sie aus Malaya und Birma und bedrohen Australien und Indien. Mit dem Angriff auf Pearl Harbor versucht Tokio, den Traum eines »Großostasien« unter japanischer Herrschaft zu verwirklichen. Die westlichen Kolonialmächte sollen zum Rückzug gezwungen werden.

Zahlreiche Flugzeugdepots der US-Streitkräfte gehen in Flammen auf.

Anfangs konnten sich die Japaner noch auf antiwestliche und antikolonialistische Kräfte in den zu erobernden Ländern stützen. Spätestens mit der Seeschlacht bei den Midway-Inseln im Juni 1942 endet jedoch die japanische Expansion. Die US-Streitkräfte setzen sich fest und erobern Insel um Insel.

Die deutsche Regierung reagiert mit Bestürzung auf den japanischen Überraschungsangriff. Hitler hatte sich seit Kriegsausbruch bemüht, die USA wegen ihrer militärischen und wirtschaftlichen Stärke nicht in den Krieg zu ziehen. Er muss nun auch mit einem Eingreifen der US-Verbände in Europa rechnen.

15. November 1941

Exilanten-Zeitschrift erscheint

Deutsche Exilschriftsteller melden sich zu Wort. In Mexiko erscheint die erste Ausgabe der Zeitschrift »Freies Deutschland«. Sie enthält u.a. Beiträge von Lion Feuchtwanger, Thomas Mann, Egon Erwin Kisch, Ludwig Renn und Anna Seghers. Neben Nachrichten und Berichten aus Deutschland und von den Kriegsschauplätzen bringt »Freies Deutschland« Essays, Redetexte prominenter Antifaschisten und literarische Texte. Die Redaktion setzt sich in kurzen Berichten für Antifaschisten ein. Sie unterstützt darüber hinaus die Arbeit von Flüchtlingsorganisationen.

19. Dezember 1941

Hitler übernimmt Oberbefehl

Nach dem Scheitern des Angriffs auf Moskau und der erfolgreichen Winteroffensive der Roten Armee verschärfen sich die Gegensätze in der deutschen Militärführung. Nachdem der Amtsinhaber, Generalfeldmarschall Walter von Brauchitsch, seinen Posten niedergelegt hat, übernimmt Reichskanzler Adolf Hitler persönlich den Oberbefehl des Heeres. Im Gegensatz zur Militärführung lehnt Hitler ein Zurückweichen der Truppen an der Ostfront ab. Heeresbefehlshaber, die er für unfähig hält, werden durch Offiziere ersetzt, die ihm bedingungslos folgen.

Dezember 1941

1 Mo In der Schweiz findet eine Volkszählung statt. Danach hat das Land 4 265 703 Einwohner, 4% mehr als im Jahre 1930.

2 Di Verbände der Wehrmacht dringen in die Vororte Moskaus ein, werden am weiteren Vordringen jedoch durch heftige Gegenwehr gehindert.

3 Mi In New York hat »Der Kreidekreis«, ein Stück des deutschen Dichters Klabund, Premiere. Regie führt sein Landsmann Erwin Piscator.

4 Do Finnische Truppen besetzen Hangö in Südfinnland, nachdem die sowjetische Ostseeflotte die Stadt und den Hafen geräumt haben.

5 Fr An der »Kalininfront« eröffnet die Rote Armee eine Offensive gegen die deutschen Truppen, deren Offensive durch den Winter ins Stocken geraten ist.

6 Sa Die britische Regierung erklärt auf Drängen der Sowjetunion hin Finnland, Ungarn und Rumänien den Krieg.

7 So Bei einem Fußballländerspiel in Breslau besiegt die deutsche Fußballnationalmannschaft die Auswahl der Slowakei 4:0. → Pearl Harbor → Rommel

8 Mo Die USA erklären Japan nach dem Angriff auf Pearl Harbor den Krieg. Japan erklärt den USA, Großbritannien, Kanada und Australien den Krieg.

9 Di Deutsche Luftwaffeneinheiten fliegen einen Bombenangriff auf die nordenglische Stadt Newcastle upon Tyne.

10 Mi Die Schweizer Bundesversammlung in Bern wählt mit 152 gegen 17 Stimmen Philipp Etter zum Bundespräsidenten für das Jahr 1942.

11 Do Vor dem Deutschen Reichstag in der Berliner Krolloper verliest Reichskanzler Adolf Hitler die Kriegserklärung an die USA.

12 Fr Adolf Hitler ordnet an, das Drama »Wilhelm Tell« von Friedrich Schiller wegen seines revolutionären Charakters nicht mehr im Schulunterricht zu behandeln.

13 Sa Die US-Regierung kündigt an, dass künftig Schiffe aus Frankreich, Italien und Deutschland in US-Häfen beschlagnahmt würden.

14 So In Nicaragua, das am 12. Dezember Deutschland den Krieg erklärt hat, wird die allgemeine Wehrpflicht über sechs Monate eingeführt.

15 Mo Zum zehnjährigen Bestehen der nationalsozialistischen Partei in den Niederlanden werden alle anderen politischen Vereinigungen im Land aufgelöst.

16 Di In Hamburg wird der Film »Quax, der Bruchpilot« uraufgeführt. Unter der Regie von Kurt Hoffmann spielen u.a. Heinz Rühmann und Karin Himboldt.

17 Mi Das US-Repräsentantenhaus erteilt dem Präsidenten Franklin D. Roosevelt außerordentliche Vollmachten für die Dauer des Krieges.

18 Do Wegen mangelnden Erfolgs an der Ostfront wird der Oberbefehlshaber der deutschen Heeresgruppe Mitte, Generalfeldmarschall Fedor von Bock, abgelöst.

19 Fr Italienische Torpedos versenken die britischen Schlachtschiffe »Vailant« und «Queen Elizabeth« im Hafen von Alexandria. → Hitler

20 Sa Bei sowjetisch-britischen Beratungen in Moskau fordert die britische Regierung die Aufteilung Deutschlands nach Kriegsende.

21 So Nach Sizilien verlegte deutsche Luftwaffeneinheiten beginnen mit Angriffen auf die Mittelmeerinsel Malta, die als britische Versorgungsbasis dient.

22 Mo Der britische Premier Winston Churchill und US-Präsident Franklin D. Roosevelt schaffen in Washington Grundlagen für den »Pakt der Vereinten Nationen«.

23 Di Japanische Truppen erobern nach schweren Kämpfen das von US-Streitkräften bislang erfolgreich verteidigte Pazifik-Atoll Wake Island.

24 Mi Die britische Kronkolonie Hongkong kapituliert vor den japanischen Truppen. Japans Vorstöße sind seit Wochen erfolgreich. → Thomas Mann

25 Do Nach Auseinandersetzungen in der deutschen Heeresleitung wird Generaloberst Heinz Guderian durch Generaloberst Rudolf Schmidt ersetzt.

26 Fr Einheiten der Roten Armee landen auf der Krim. Deutsche Wehrmachtseinheiten halten den Großteil der Halbinsel seit dem 16. November besetzt.

27 Sa Die britische Operation »Archery« gegen deutsche Anlagen auf den norwegischen Lofotinseln wird mit der Versenkung von sieben Schiffen abgeschlossen.

28 So Adolf Hitler befiehlt dem deutschen Heer in der UdSSR die Verteidigung der deutschen Stellungen bis zum letzten Einsatz.

29 Mo Truppen der Roten Armee erobern die Stadt Kertsch auf der Halbinsel Krim von deutschen Einheiten zurück.

30 Di Der Liebesfilm »Illusion« von Viktor von Tourjansky wird in Berlin uraufgeführt. Die Hauptrollen spielen Johannes Heesters und Brigitte Horney.

31 Mi In Deutschland hat die nationalsozialistische Regierung seit Jahresbeginn insgesamt 11 405 Linksoppositionelle verhaften lassen.

Januar 1942

1 Do 26 Staaten unterzeichnen in Washington den Pakt der »Vereinten Nationen«. Sie verpflichten sich, keinen Separatfrieden mit den Achsenmächten zu schließen.

2 Fr Teile der japanischen 48. Division besetzen Manila, die Hauptstadt der Philippinen. Die japanische Luftwaffe beginnt mit der Bombardierung Singapurs.

3 Sa Wegen der Umstellung der US-Automobilindustrie auf Kriegsproduktion wird in den USA der private Verkauf von Pkw und Lkw verboten.

4 So Einer Meldung der »Neuen Zürcher Zeitung« zufolge herrscht in der Türkei gegenwärtig die schlimmste Kältewelle seit 25 Jahren.

5 Mo In der Nacht werfen 140 britische Flugzeuge 205 t Bomben auf die französische Hafenstadt Brest, den größten deutschen U-Boot-Stützpunkt am Atlantik.

6 Di US-Präsident Franklin D. Roosevelt verkündet als vordringliches Kriegsziel der USA die Vernichtung des Nationalsozialismus.

7 Mi In Frankreich wird die Höchstgeschwindigkeit für Automobile auf Landstraßen auf 80 km/h und in Ortschaften auf 40 km/h begrenzt.

8 Do Deutsche Truppen erschießen bei »Säuberungsaktionen« in Jewpatorija auf der Krim 1200 Zivilisten, die sich, wie es heißt, an den Kämpfen beteiligt hatten.

9 Fr Der französische Passagierdampfer »Lamoricière« gerät in der Nähe der Baleareninsel Menorca in einen Sturm und sinkt. Rd. 300 Menschen sterben.

10 Sa Durch die neugegründete Ufa-Film GmbH werden alle Unternehmen der deutschen Filmwirtschaft unter einer Dachgesellschaft zusammengefasst.

11 So Im Atlantik beginnt die deutsche U-Boot-Offensive Operation »Paukenschlag«. Erstmals operieren deutsche U-Boote vor der Küste der USA.

12 Mo Das griechische Rote Kreuz bittet die britische Öffentlichkeit um Lebensmittellieferungen zur Bekämpfung der in Griechenland grassierenden Hungersnot.

13 Di Am Opernhaus in Frankfurt am Main feiert das szenische Oratorium »Columbus« von Werner Egk seine Uraufführung.

14 Mi Die USA und Großbritannien bestätigen die am 27. März 1941 beschlossene »Germany-First«-Strategie, den Vorrang der Niederwerfung Deutschlands.

15 Do An der Ostfront kommt es zu einer Führungskrise. Der Oberbefehlshaber der Heeresgruppe Nord, Wilhelm Ritter von Leeb, reicht seinen Abschied ein.

16 Fr Der im Dezember zurückgetretene Mohandas Karamchand (Mahatma) Gandhi ernennt Jawaharlal Nehru zum neuen Führer des Allindischen Kongresses.

17 Sa Die an der libysch-ägyptischen Grenze eingeschlossenen deutsch-italienischen Truppen kapitulieren nach der Eroberung des Halfajapasses durch die Briten.

18 So Bei einem Fußballländerspiel besiegt die deutsche Nationalmannschaft die kroatische Elf in Agram (Zagreb) mit 2:0.

19 Mo Infolge des anhaltenden Elektrizitätsmangels schliessen Pariser Behörden weitere 25 Stationen der Metro. Damit liegen insgesamt 49 Bahnhöfe still.

20 Di Unter dem Verdacht staatsfeindlicher Tätigkeit lässt die südafrikanische Regierung 400 Polizisten und Militärs verhaften. → Wannsee-Konferenz

21 Mi Die Panzergruppe Afrika unter Generalfeldmarschall Erwin Rommel startet in Libyen eine Gegenoffensive zur Rückgewinnung der Cyrenaika.

22 Do Das britische Unterhaus und die Presse sprechen sich gegen die Pläne Winston Churchills aus, seine Reden auf Schallplatte pressen zu lassen.

23 Fr In London vereinbaren Vertreter der polnischen und tschechoslowakischen Exilregierung für die Nachkriegszeit einen Staatenbund beider Länder.

24 Sa Nach Berechnungen der Feldpostabteilung wurden im November und Dezember 1941 rd. 135 Mio. Weihnachtspäckchen an die Front verschickt.

25 So Die USA veröffentlichen die Untersuchungsergebnisse über die Ereignisse beim japanischen Überfall auf den Flottenstützpunkt Pearl Harbor.

26 Mo In Nordirland treffen die ersten US-Truppenverbände für den Einsatz in Europa ein. +++ Der Film »Geheimakte W.B.1« läuft in den deutschen Kinos an.

27 Di Peru, Ecuador, Paraguay und Uruguay brechen die diplomatischen Beziehungen zu Deutschland, Italien und Japan ab.

28 Mi In den US-Kinos läuft der mit Humphrey Bogart in der Hauptrolle inszenierte Spionagefilm »All through the night« (Die ganze Nacht hindurch) an.

29 Do Die deutsch-italienische Panzergruppe Afrika unter Generalleutnant Erwin Rommel erobert die nordafrikanische Stadt Bengasi.

30 Fr Zum Jahrestag der Machtübernahme spricht Adolf Hitler im Berliner Sportpalast und prophezeit die »Vernichtung des Judentums« bis zum Kriegsende.

31 Sa In einem abessinisch-britischen Vertrag erkennt Großbritannien die staatliche Unabhängigkeit Abessiniens (Äthiopiens) an.

Soldaten treiben polnische Juden ins Ghetto.

20. Januar 1942

Wannsee Konferen

In Berlin schafft das NS-Regime die organisatorischen Voraussetzungen für die millionenfache Vernichtung der Juden, den größten Völkermord in der Geschichte der Menschheit. Auf Anordnung Adolf Hitlers lässt Reinhard Heydrich als Chef des Reichssicherheitshauptamtes Vertreter von Ministerien und Parteidienststellen im Interpol-Gebäude am Großen Wannsee zusammenkommen. Unter den Teilnehmern befinden sich u.a. Roland Freisler, Staatssekretär im Reichsjustizministerium, und SS-Gruppenführer Adolf Eichmann. Eichmann hält die Beschlüsse der Wannsee-Konferenz in einem Protokoll fest, das in bürokratischer Tarnsprache den systematischen Völkermord umschreibt: Europas Staaten sollen »gesäubert« werden. Juden sollen »in geeigneter Weise im Osten zum Einsatz kommen«. Dabei werde »zweifellos ein Großteil durch natürliche Verminderung ausfallen«. Der übrig

Orte des Holocaust
(Auswahl)

Name	Zeitraum	Opfer
Auschwitz-Birkenau	1940-1945	3 000 000
Belzec	1942/43	600 000
Dachau	1933-1945	35 000
Majdanek	1943/44	360 000
Mauthausen	1938-1945	110 000
Sachsenhausen	1936-1945	100 000
Sobibor	1942/43	250 000
Treblinka	1942/43	700 000

Mord an Millionen

Die Pläne zum organisierten Völkermord gipfeln in der Wannsee-Konferenz. Seit der Machtübernahme Adolf Hitlers 1933 sehen sich Juden zunehmend Repressalien ausgesetzt. Anfangs verhängt die NS-Regierung Berufsverbote. Die »Nürnberger Gesetze« verbieten 1935 u.a. die Ehe zwischen Juden und Nichtjuden. In der Reichspogromnacht am 9. November 1938 kommt es zu offener Gewalt und Terrorakten gegen die jüdische Bevölkerung. Das systematische Morden beginnt mit dem Russlandfeldzug im Juni 1941. Terrorkommandos der SS ermorden in den besetzten Gebieten etwa 370 000 Juden durch Massenhinrichtungen. Die in Konzentrationslager deportierten Juden sterben an den unmenschlichen Bedingungen im Lager. Erste Massentötungen durch Giftgas finden 1941 in Chelmno bei Lodz statt. Insgesamt fallen fünf bis sechs Mio. Menschen dem nationalsozialistischen Rassenwahn zum Opfer.

15. Februar 1942

Japaner erobern britische Kronkolonie Singapur

Durch massive Bombardierung zwingt Japan Truppen der britischen Kolonialmacht in Singapur, sich zu ergeben. Japanischen Einheiten war am 8. Dezember 1941 die Landung im Nordosten der Halbinsel Malakka gelungen. Die Invasion traf die Briten unvorbereitet. Sie erwarteten einen Mari-

neangriff über das offene Meer. Die im Dschungelkampf erfahrenen Japaner trieben den Gegner am 1. Februar auf die Insel Singapur zurück. Unterstützt von 560 Flugzeugen und 211 Panzern legen die Japaner die Festung Singapur unter Dauerfeuer. Obwohl 70 000 Mann unter britischer Flagge kämpfen, sind die Japaner auch zahlenmäßig überlegen. Die Briten müssen eine Woche nach der japanischen Landung bedingungslos kapitulieren (Abb.: Britische Soldaten marschieren zur Unterzeichnung der Kapitulation ins japanische Hauptquartier). Mit Singapur gewinnt Japan einen wichtigen Stützpunkt im Pazifik. Von hier aus sind Australien und Indien unmittelbar von der japanischen Expansion bedroht.
Bereits am 2. Januar war die philippinische Hauptstadt Manila in Japans Hand gefallen. Einen Tag vor der Landung auf Malakka griffen japanische Flugzeuge den US-Stützpunkt Pearl Harbor auf Hawaii an und verwickelten die USA in den Pazifikkrieg. Am 6. März gelingt japanischen Einheiten der Vorstoß nach Birma. Am 8. März müssen auch die alliierten Streitkräfte in Niederländisch-Indien kapitulieren.

Polnische Juden auf der »Selektionsrampe« des Vernichtungslagers Auschwitz-Birkenau

gebliebene Teil »wird entsprechend behandelt werden müssen, da dieser, eine natürliche Auslese darstellend, bei Freilassung als Keimzelle eines neuen jüdischen Aufbaues anzusprechen ist.« Um gegen Interventionen anderer Staaten argumentieren zu können, plant Heydrich, Schwerbeschädigte und dekorierte Weltkriegsteilnehmer von den Deportationen auszunehmen und statt dessen in Altersghettos einzuliefern. Auf Kinder soll keine Rücksicht genommen werden. Von der »Endlösung der Judenfrage« sind elf Mio. Menschen betroffen. Sie werden im Wannsee-Protokoll als »tierisches Ungeziefer« und »Seuchenträger« bezeichnet. Die Maßnahmen sollen in den besetzten Gebieten im Osten durchgeführt werden. Eine Beunruhigung der Bevölkerung sei zu vermeiden.

Häftlinge im Konzentrationslager Buchenwald leben zusammengepfercht auf engstem Raum.

23. Februar 1942

Dichter flüchtet in den Tod

Der österreichische Erzähler Stefan Zweig (s. Abb.) nimmt sich in Rio de Janeiro gemeinsam mit seiner Frau das Leben. Kurz zuvor hatte er einen Nervenzusammenbruch erlitten. Der Autor musste 1938 als Jude aus Hitlers Reich fliehen und ging zunächst nach Großbritannien. Auf seiner zweiten Exilstation, in den USA, litt Zweig zunehmend unter der erzwungenen Heimatlosigkeit. Während einer Studienreise nach Brasilien resigniert der Pazifist und wählt den Freitod.

Stefan Zweig

österreichischer Schriftsteller, * 28.11.1881 Wien; † 23.2.1942 Rio de Janeiro

Stefan Zweig perfektionierte in seinem Werk die Darstellung seelischer Abgründe des Individuums hinter scheinbar intakten Fassaden. In seinem Frühwerk verpflichtete sich der Erzähler, Lyriker und Essayist zunächst dem Impressionismus und der Neuromantik. In den 30er Jahren wendet sich der geistige Kosmopolit gegen Faschismus und Diktatur. Sein zentrales Thema bleibt das Wechselspiel zwischen Individuum und historischer Konstellation. So lässt Zweig 1941 in der »Schachnovelle« einen Schachweltmeister gegen ein schizophrenes Opfer des nationalsozialistischen Terrors antreten. Als eindringlicher Erzähler überzeugte er mit kulturhistorischen Biografien berühmter Persönlichkeiten.

- 1901: »Silberne Saiten« (Gedichte)
- 1904: Doktor der Germanistik, Romanistik und Philosophie
- 1927: »Sternstunden der Menschheit« (Essays)
- 1935: »Maria Stuart« (Biografie)
- 1938: »Ungeduld des Herzens« (Roman)
- 1942: »Die Welt von gestern« (Autobiografie)

Februar 1942

1 So Der Führer der norwegischen Nationalsozialisten, Vidkun Abraham Lauritz Quisling, wird neuer Ministerpräsident seines Landes.

2 Mo Deutschen Truppen gelingt es, den Vorstoß der sowjetischen Roten Armee im mittleren Abschnitt der Ostfront aufzuhalten.

3 Di Infolge einer schweren Überschwemmungskatastrophe in der peruanischen Stadt Urumba verlieren 15 000 Familien ihr Heim.

4 Mi In einer Rede schätzt Reichsfinanzminister Johann Ludwig Graf Schwerin von Krosigk das deutsche Volkseinkommen 1941 auf 115 Mio. Reichsmark.

5 Do Zur besseren Koordination schließt sich die Schweizerische Arbeitsgemeinschaft für kriegsgeschädigte Kinder mit dem Roten Kreuz zusammen.

6 Fr Das Oberkommando der Wehrmacht ordnet an, dass der letzte Sohn von Familien, die Kinder im Krieg verloren haben, von der Front abgezogen wird.

7 Sa Die japanische 25. Armee unter General Hobun Yamashita beginnt mit der Belagerung der Briten in der Festung Singapur.

8 So Der Reichsminister für Bewaffnung und Munition, Fritz Todt, kommt bei einem Flugzeugabsturz nahe Rastenburg in Ostpreußen ums Leben.

9 Mo Auf dem französischen Passagierdampfer »Normandie« bricht im New Yorker Hafen ein Großfeuer aus. Trotz Löscharbeiten kommen rd. 200 Menschen um.

10 Di Unter Beteiligung von Neuseeland und Australien tritt in London ein alliierter Kriegsrat für den Pazifik zusammen.

11 Mi Schüler höherer Schulen in Deutschland, die das 15. Lebensjahr vollendet haben, werden zum Dienst als Luftwaffenhelfer einberufen.

12 Do Deutschen Schlachtschiffen gelingt der unter dem Decknamen »Cerberus« vorbereitete Durchbruch vom französischen Brest in die Nordsee.

13 Fr In Helsinki unterzeichnen deutsche und finnische Regierungsvertreter ein Abkommen über den Austausch von Lebensmitteln gegen Rohstoffe.

14 Sa Die nationalpolnischen Untergrundstreitkräfte werden unter dem Befehl von General Rowecki zur Armia Krajowa (Heimatarmee) zusammengefasst.

15 So Wegen Kohlemangels ordnet die Wiener Stadtverwaltung die Schließung der Wiener Theater an einem Tag in der Woche an. → Singapur

16 Mo Große Teile der britischen Presse fordern angesichts der kritischen Lage der Alliierten eine Umbildung des Londoner Kriegskabinetts.

17 Di Den Juden in Deutschland werden Abonnements von Zeitschriften untersagt. +++ In Berlin hat die Komödie »Johann« von und mit Theo Lingen Premiere.

18 Mi Nach vergeblichen Versuchen alliierter Kreuzerverbände, japanische Schiffe abzufangen, landen die Japaner auf Bali.

19 Do In den USA startet der von Mervyn Le Roy inszenierte Gangsterfilm »Johnny Eager« mit Robert Taylor und Lana Turner in den Hauptrollen.

20 Fr Alfredo Baldomir, Präsident von Uruguay, setzt durch einen Staatsstreich die Verfassung außer Kraft, um eine politische Annäherung an die USA durchzusetzen.

21 Sa Als erstes US-Kommando in Europa wird in Großbritannien das US-Army Bomber Command gebildet. +++ Brasilien bewaffnet seine Handelsschiffe.

22 So Die saudi-arabische Regierung bricht die diplomatischen Beziehungen zu Italien ab. Daraufhin schließt Italien die Gesandtschaft in Saudi-Arabien.

23 Mo Arthur Travers Harris erhält den Oberbefehl über das Bomberkommando der Royal Air Force. Er leitet das Flächenbombardement auf Deutschland ein. → Tod

24 Di Der deutsche Botschafter in der Türkei, Franz von Papen, entgeht in Ankara nur knapp einem Bombenattentat. Der Attentäter kommt bei der Explosion um.

25 Mi In den baltischen Staaten Lettland, Estland und Litauen sowie in der Ukraine wird die deutsche Gerichtsbarkeit eingeführt.

26 Do Italien führt für alle Männer zwischen 18 und 55 Jahren die zivile Arbeitsdienstpflicht ein, die in erster Linie Arbeitslose und Freiberufler betrifft.

27 Fr Der peruanische Kongress billigt ein Abkommen mit Ecuador, das die seit 100 Jahren umstrittene Grenze zwischen den Staaten festlegt.

28 Sa Nach der Flucht aus britischer Haft in Indien fordert der Unabhängigkeitskämpfer Subhas Chandra Bose über Rundfunk die indische Souveränität.

März 1942

1	So	Im Hauptquartier des jugoslawischen Partisanenführers Josip Tito in Foca wird die 2. Proletarische Brigade aufgestellt.
2	Mo	Sieben norwegische Bischöfe erklären ihren Rücktritt, weil die Polizei in Trondheim Gemeindemitglieder gewaltsam vom Gottesdienst abgehalten hat.
3	Di	Otto Gebühr und Kristina Söderbaum spielen die Hauptrollen in dem von Veit Harlan inszenierten Film »Der große König«, der in Berlin Premiere hat.
4	Mi	Norwegens Ministerpräsident Vidkun A. L. Quisling stellt Rechtsanwälte und Journalisten unter die Kontrolle der norwegischen Nationalsozialisten.
5	Do	Die Schweizerische Bundesbahn gibt aufgrund von Energieknappheit die Einstellung von 48 Zuglinien bekannt.
6	Fr	Die in der birmanischen Hauptstadt Rangun eingeschlossenen britischen Truppen erhalten den Befehl zur Räumung der Stadt vor den Japanern.
7	Sa	Der deutsche Beauftragte für den Vierjahresplan, Hermann Göring, ordnet die Zwangsverpflichtung zusätzlicher Arbeiter in der Landwirtschaft an.
8	So	Mit der Kapitulation der letzten alliierten Streitkräfte auf der Insel Java befindet sich ganz Niederländisch-Indien in den Händen japanischer Truppen.
9	Mo	Reichspropagandaminister Joseph Goebbels untersagt jede Aufführung des Dramas »Die Weber« von Gerhart Hauptmann an deutschen Bühnen.
10	Di	Die italienische Presse berichtet von der Erfindung einer geräuschlosen Geige, bei der der Ton, per Mikrofon abgenommen, zu einem Kopfhörer geleitet wird.
11	Mi	In Gelsenkirchen und anderen Städten des rheinisch-westfälischen Industriegebiets kursieren Kettenbriefe mit Aufforderungen zur Langsamarbeit.
12	Do	Der Industrielle Robert Bosch stirbt in Stuttgart im Alter von 80 Jahren. Seine Beisetzung findet am 18. März unter großem propagandistischem Aufwand statt.
13	Fr	Auf der Halbinsel Kertsch im Osten der Krim beginnt ein Großangriff der sowjetischen Krimfront gegen die Stellungen der 11. deutschen Armee.
14	Sa	Der australische Premierminister John J. Curtin begründet die Hilfegesuche seiner Regierung an die USA mit der Schwäche Großbritanniens vor Japan.
15	So	In einer Rede anlässlich des Heldengedenktages in Berlin prophezeit Adolf Hitler die Vernichtung der Roten Armee für den Sommer 1942.
16	Mo	Mitglieder der verbotenen Nationalen Front der Schweiz werden wegen Propagandatätigkeit zu langen Haftstrafen verurteilt.
17	Di	Mit der Ankunft des ersten Deportationszuges im Lager Belzec (Polen) beginnt die Ermordung der Juden in Gaskammern durch die SS.
18	Mi	Die 4x100-m-Freistil-Staffel der USA schwimmt in Newhaven mit 3:50,8 min Weltrekord. +++ In Berlin hat der Film »Schicksal« mit Will Quadflieg Premiere.
19	Do	In den US-Kinos startet der von Cecil B. De Mille inszenierte Abenteuerfilm »Reap the wild Wind« (Piraten im karibischen Meer) mit John Wayne.
20	Fr	Adolf Hitler stiftet ein »Sonderabzeichen für die Niederkämpfung von Panzerkampfwagen durch Einzelkämpfer«.
21	Sa	Durch einen Erlass Adolf Hitlers über die »Vereinfachung der Rechtspflege« werden in Deutschland die Rechte der vor Gericht Angeklagten beschnitten.
22	So	Der Verband der Schweizer Sportjournalisten organisiert mit dem Landesverband für Leibesübungen eine Hilfsaktion für die hungernden Kinder Europas.
23	Mo	US-Präsident Franklin D. Roosevelt verlangt vom Kongress in Washington einen Kredit über 17,5 Mrd. Dollar für den Bau von 148 000 Flugzeugen.
24	Di	Bei den Parlamentswahlen in Ägypten erringt die von König Faruk I. favorisierte Wafd-Partei 216 von 264 Kammersitzen. → US-Japaner
25	Mi	Mit der Verhaftung von 200 Personen zerschlagen Polizisten in der brasilianischen Hauptstadt Rio de Janeiro einen nationalsozialistischen Spionagering.
26	Do	Die US-Gewerkschaften American Federation of Labor und Congress of Industrial Organization erklären, während des Krieges auf Streiks zu verzichten.
27	Fr	In Wien beginnen die Feierlichkeiten zum 100-jährigen Jubiläum der am 28. März 1842 gegründeten Wiener Philharmoniker.
28	Sa	Britische See- und Luftstreitkräfte zerstören die Hafenschleuse und das Trockendock des deutschen U-Boot-Stützpunkts Saint-Nazaire (Frankreich). → Lübeck
29	So	Zum 115. Todestag des Komponisten Ludwig van Beethoven finden in zahlreichen deutschen Städten Feierstunden statt.
30	Mo	In Washington tritt ein Pazifischer Kriegsrat zusammen, dem die USA, Australien, Kanada, die Niederlande, China und Großbritannien angehören.
31	Di	Aufgrund der neuesten Volkszählung, die in der Presse veröffentlicht wird, hat Italien ohne Einbeziehung der besetzten Gebiete 46 Mio. Einwohner.

18. April 1942

Schlamm stoppt Vormarsch

Ein Wetterumschwung bringt die deutsche Offensive an der russischen Front zum Erliegen. Starke Regenfälle und Tauwetter verwandeln das Land in eine Schlammwüste. An allen Frontabschnitten müssen die Kampfhandlungen eingestellt werden. Es kommt zum zermürbenden Stellungskrieg. Die Versorgung der deutschen Wehrmacht bricht zusammen, da die Stellungen über tausende von Kilometern auseinander gezogen sind und von den Transporten nicht mehr erreicht werden können (Abb.: Militärkonvoi auf

überschwemmter Straße). Es fehlt an Treibstoff und Munition, die Soldaten erhalten weder Nahrungsmittel noch Kleidung. Durch das Tauwetter liegt das Land unter Wasser und Morast. Die Soldaten waten oft bis zum Bauch durch eiskalte Sümpfe. Die Rote Armee ist mit den Wetterbedingungen besser vertraut. Sie kann auch auf kürzere Nachschubwege zurückgreifen. Bereits Ende März hatten Schneestürme und ein Kälteeinbruch von -20 °C die deutschen Truppen an die Grenzen der physischen Belastbarkeit gebracht.

15. April 1942

Radar ortet deutsche U-Boote

Die deutsche U-Boot-Flotte kann den Seekrieg gegen die USA nicht gewinnen. Seit dem 11. Januar haben U-Boote der deutschen Marine vor der US-Küste im Nordatlantik (Abb.: Ausguck eines deutschen U-Bootes) in der »Operation Paukenschlag« 229 Handelsschiffe mit 1 521 882 BRT versenkt. Um ein Vielfaches höher liegt jedoch die Neuproduktion der USA. Die Sicherheitsvorkehrungen der US-Flotte verhindern zudem größere Verluste. Mit Luftüberwachung, einem technisch verbesserten Radar sowie Funkpeilgeräten werden die deutschen U-Boote zu schnell ausfindig gemacht, als dass sie noch überraschend zuschlagen könnten.

28. März 1942

Bomben auf Lübeck

Bei einem nächtlichen Angriff zerstören britische Bomber die Innenstadt von Lübeck. Zum ersten Mal unternimmt die Royal Air Force einen großflächigen Angriff auf eine deutsche Stadt. Bisher waren nur kleine Verbände Offensiven gegen industrielle Anlagen geflogen.

Das Präzisionsbombardement wurde bis Anfang 1942 von Marshall Sir Richard Peirse koordiniert. Als Erfolge ausblieben, trat am 23. Februar Arthur Harris an die Stelle von Peirse. Harris änderte die Taktik des britischen Luftkriegs. Er versprach sich von der flächendeckenden Bombardierung deutscher Städte militärische Erfolge. Bei der ersten Operation dieser Art gegen Lübeck lässt Harris 324 Wellington- und Sterling-Bomber starten. Um die Moral der Zivilbevölkerung zu untergraben, sollen die Piloten ihre Bomben nicht nur über Industrieanlagen abwerfen, sondern auch auf Wohngebiete zielen. In der Lübecker Bombennacht sterben 320 Menschen, 785 Personen werden zum Teil schwer verletzt. Um die von den Briten gewünschten Panikreaktionen zu unterbinden, lässt das Oberkommando der deutschen Wehrmacht die Zahlen fälschen. Nach offiziellen Angaben fordert der Angriff somit lediglich 50 Opfer und 200 Verletzte. Die deutsche Presse spricht nur von »stärkeren Verlusten«. In einem geheimen Lagebericht des SS-Sicherheitsdienstes heisst es: »Mit großer Besorgnis sieht die Bevölkerung in fast allen Teilen des Reiches dem kommenden Sommer entgegen, da man annimmt, dass dieser Angriff auf Lübeck nur der Anfang von weiteren planmäßigen Bombardierungen anderer Reichsstädte sei«. Wenig später starten die Briten erneut Flächenbombardements. Nach einem Angriff auf Rostock fliegen 1047 Bomber am 30./31. Mai einen Angriff auf Köln, bei dem ein Großteil der Stadt zerstört wird.

26. April 1942

Hitler ist oberster Gerichtsherr

Der Deutsche Reichstag überträgt Adolf Hitler die Gerichtsgewalt in Deutschland. Damit liegen – Zeichen absoluter Diktatur – Rechtsprechung, Gesetzgebung und ausführende Gewalt in einer, Hitlers, Hand. Der Reichskanzler führt ab sofort den Titel »Oberster Gerichtsherr«. Er kann persönlich Entscheidungen fällen, ohne sich an bestehende Rechtsvorschriften halten zu müssen. Damit festigt Hitler auch formell seine Willkürherrschaft, die sich schon seit der Machtübernahme im Jahre 1933 über demokratische Rechtsnormen hinwegsetzt. Zwar sind in Deutschland auch weiterhin Rechtsvorschriften gültig, doch ist Adolf Hitler nicht an diese gebunden. Vielmehr dient der Normenkatalog dazu, Deutschland als Rechtsstaat zu tarnen.

Ein Bild der Verwüstung bietet Lübecks Innenstadt: Marienkirche und Rathaus

Arthur Travers Harris

(Sir, ab 1942), britischer Luftmarschall, * 13.4.1892 Cheltenham; † 5.4.1984 Goring-on-Thames

Arthur Harris gilt als Verantwortlicher für die Zerstörung deutscher Städte durch die von ihm koordinierten Flächenbombardements. Die Luftangriffe auf zivile Ziele tragen ihm bei der Bevölkerung den Spitznamen »Bomber-Harris« ein. Weil sein strategisches Konzept umstritten ist, wird er 1945 ohne die üblichen Ehrungen in den Ruhestand entlassen. 1992 wird ihm in London ein Denkmal gesetzt.

- 1933: Stabsoffizier der Luftwaffe
- 1939: Kommandeur eines Bomber-Geschwaders
- 1946-53: Manager in Südafrika

474 Menschen werden Opfer der einschlagenden Bomben und ausbrechender Brände. 45 000 Einwohner Kölns verlieren ihren Wohnsitz und ihr Eigentum. Wenige Tage später erfolgt der nächste Bomberangriff auf Essen. Insgesamt sterben während des Zweiten Weltkriegs 500 000 Menschen im Bombenhagel und in den oftmals folgenden Feuersbrünsten. Die deutsche Luftabwehr kann gegen die große Zahl britischer Bomber kaum etwas ausrichten. Die Zivilbevölkerung flüchtet sich in Luftschutzkeller. Großbritannien scheitert jedoch mit dem Versuch, die deutsche Rüstungsindustrie lahm zu legen. Das Produktionsniveau kann bis zum Jahr 1944 sogar noch gesteigert werden. Bis Kriegsende liegen jedoch fast alle deutschen Großstädte in Trümmern.

24. März 1942

US-Japaner unter Verdacht

An der Westküste der USA müssen US-Bürger japanischer Abstammung zwangsweise ihre Wohnungen verlassen und sich auf die Umsiedlung nach Arizona vorbereiten. Seit dem Angriff der Japaner auf Pearl Harbor und dem Kriegseintritt der USA befürchtet die US-Regierung verstärkte Sabotage- und Spionagetätigkeit Japans mit Hilfe von Bürgern japanischer Abstammung. Angeblich seien an kalifornischen Schulen und auf Hawaii japanische Spione ausgebildet worden. Bis 1944 werden deshalb 110 000 Menschen in Internierungslager ins Landesinnere gebracht, wo sie unter unbequemen Umständen leben müssen. Im Januar 1945 ordnet die US-Regierung den Stopp der Umsiedlungsaktion an. Die Deportierten kehren in ihre Heimatstädte zurück.

20. April 1942

Arbeitspflicht auch für Mütter

Eine Verordnung verpflichtet deutsche Frauen zum Arbeitseinsatz in Industriebetrieben. Bereits seit 1940 müssen Frauen den Arbeitskräftemangel in Deutschland durch zum Teil schwere körperliche Arbeit auffangen (Abb.: Propagandaplakat). Die Verordnung weitet den Zwangseinsatz nun auf verheiratete Frauen und Mütter aus. Diese müssen durch die zusätzliche Belastung oft die Betreuung ihrer Kinder vernachlässigen.

April 1942

1 Mi Polnische Truppen in einer Stärke von 60 000 Mann überschreiten zur Sicherung des Iran gegen deutsche Truppen die sowjetisch-iranische Grenze.

2 Do In Wien hat der von Willi Forst inszenierte Film »Wiener Blut« Premiere. In den Hauptrollen sind Willy Fritsch und Hans Moser zu sehen.

3 Fr Die USA erkennen die freifranzösischen Verwaltungen des Generals Charles de Gaulle in Französisch-Äquatorialafrika an.

4 Sa Deutsche Flieger beginnen mit der Bombardierung von Flakstellungen in der von deutschen Truppen eingeschlossenen russischen Stadt Leningrad.

5 So Adolf Hitler ordnet in seiner Weisung Nr. 41 für den Sommer im Südabschnitt der Ostfront den Vorstoß zum Kaukasus an.

6 Mo Die britischen Behörden verbieten das Backen von Weißbrot. Stattdessen sollen die Bäcker halbweißes Einheitsbrot backen.

7 Di Sir Zafrullah Khan wird zum ersten amtlichen Vertreter Indiens bei der unabhängigen chinesischen Tschungking-Regierung ernannt.

8 Mi Vertreter Großbritanniens und der USA erörtern bei Besprechungen in London u.a. die Möglichkeit der Eröffnung einer zweiten Front in Europa.

9 Do US- und philippinische Truppen ziehen sich auf der Halbinsel Bataan vor den anrückenden Japanern auf die vorgelagerte Felseninsel Corregidor zurück.

10 Fr In Venedig beginnt der erste Kongress der Union internationaler Journalistenverbände. 300 Journalisten aus 15 Ländern nehmen teil.

11 Sa In Delhi scheitern Verhandlungen zwischen Großbritannien und Vertretern der indischen Kongresspartei über eine erweiterte indische Selbstständigkeit.

12 So Im Berliner Olympiastadion trennen sich die Fußballnationalmannschaften von Deutschland und Spanien nach einem hochklassigen Spiel 1:1.

13 Mo Admiral Louis Mountbatten erhält den Oberbefehl über die kombinierten Operationen der britischen Seestreitkräfte.

14 Di Bei Besprechungen von Vertretern Großbritanniens und der USA findet der Plan einer alliierten Landung in Nordfrankreich für 1943 Zustimmung.

15 Mi In der deutschen Presse wird Hausfrauen ein »Brotaufstrich aus Schafgarbe, Schnittlauch, Sauerampfer, Petersilie, etwas Essig und Salz« empfohlen. → Radar

16 Do 4160 Mann japanische Truppen landen auf der Philippineninsel Panay. 7000 US-Verteidiger ziehen sich zum Dschungelkampf ins Innere der Insel zurück.

17 Fr Dem französischen General Henri-Honoré Giraud, seit Mai 1940 in deutscher Kriegsgefangenschaft, gelingt die Flucht aus der Festung Königstein in Sachsen.

18 Sa US-Bomber greifen erstmals Tokio an. +++ Pierre Laval wird Ministerpräsident der französischen Vichy-Regierung. → Schlamm

19 So Auf Befehl Adolf Hitlers bauen deutsche Truppen die besetzten britischen Kanalinseln Guernsey und Jersey zu Festungen aus.

20 Mo Ein Erdbeben in der chinesischen Provinz Yünan verschüttet die Stadt Szemao vollständig. Mehrere hundert Menschen kommen um. → Arbeitspflicht

21 Di In Italien tritt ein neues bürgerliches Gesetzbuch in Kraft, das in Anlehnung an den »Code Napoléon« den Namen »Codice Mussoliano« erhält.

22 Mi Nach Anschlägen auf Wehrmachtsangehörige in Paris ordnet die deutsche Kommandantur die Schließung sämtlicher Theater und Kinos an.

23 Do Als Kriegslist Italiens zur Verunsicherung der britischen Schifffahrt entpuppen sich auf Flößen schwimmende Holzperiskope, die bei Kairo entdeckt werden.

24 Fr Vier aufeinander folgende Angriffe britischer Bomber bis zum 27. April führen zur weitgehenden Zerstörung der Altstadt von Rostock.

25 Sa Die US-Luftwaffe beschlagnahmt für den Einsatz als Truppentransporter ein Viertel aller Verkehrsflugzeuge in den USA.

26 So Einem schweren Grubenunglück im mandschurischen Kohlerevier von Hokang fallen insgesamt 1549 Menschen zum Opfer. → Hitler

27 Mo Mohandas Karamchand (Mahatma) Gandhi spricht sich in Delhi gegen eine Stationierung von US-Truppen in Indien aus.

28 Di Bei einem nächtlichen Luftangriff britischer Verbände auf Köln werden das Rathaus und die St.-Pantaleons-Kirche in Brand gesetzt.

29 Mi Wegen strikter Neutralität lehnt Argentinien es ab, seine Häfen als Stützpunkte für die britische und die US-Flotte zur Verfügung zu stellen.

30 Do Das US-Küstenkommando ordnet für New York und andere Städte an der Ostküste die Verdunklung an: Der Lichtschimmer locke feindliche U-Boote an.

Mai 1942

1 Fr In einem Tagesbefehl an Bevölkerung und Rote Armee fordert der sowjetische Staatschef Josef W. Stalin die Niederwerfung der deutschen Invasoren.

2 Sa Der Autokonstrukteur Ferdinand Porsche und der Flugzeugkonstrukteur Ernst Heinkel erhalten den Titel »Pioniere der Arbeit«.

3 So Die deutsche Fußballnationalmannschaft besiegt die ungarische Elf in einem Länderspiel in Budapest vor 45 000 Zuschauern mit 5:3.

4 Mo Bei den Präsidentschaftswahlen in Kolumbien siegt Alfonso López Pumarejo. Der Liberale übernimmt am 7. August die Regierungsgeschäfte.

5 Di Gegen französischen Widerstand landen britische Truppen auf der Insel Madagaskar, um einer japanischen Invasion zuvorzukommen.

6 Mi Die alliierten Streitkräfte auf der Philippineninsel Corregidor kapitulieren vor den Japanern. 11 574 philippinische und US-Soldaten geraten in Gefangenschaft.

7 Do Die italienischen Behörden ziehen alle Juden zwischen dem 18. und dem 55. Lebensjahr zum zivilen Arbeitsdienst heran.

8 Fr Im Korallenmeer zwischen Australien und Neu-Guinea kommt es zu einer See-Luftschlacht zwischen japanischen und US-Flugzeugträgern.

9 Sa Zu seinem 50. Geburtstag erhält der deutsche Schauspieler Heinrich George von Propagandaminister Joseph Goebbels den Titel »Generalintendant«.

10 So Nach insgesamt 11 000 Einsätzen wird die deutsch-italienische Luftoffensive gegen die britische Inselfestung Malta vorläufig eingestellt.

11 Mo Deutsche U-Boote dringen in die Mündungen des Sankt-Lorenz-Stromes und des Mississippi ein und versenken mehrere US-Handelsschiffe.

12 Di Bei einer Schlagwetterexplosion in einem Bergwerk nördlich von Morgantown im US-Bundesstaat West-Virginia kommen über 100 Bergleute um.

13 Mi In den US-Kinos startet ein Klassiker der Schwarzen Serie: »This gun for hire« (Die Narbenhand) mit Alan Ladd und Veronica Lake in den Hauptrollen.

14 Do Papst Pius XII. appelliert in Rom an die Staatsmänner der Erde, die Völker auf den Weg eines »gedeihlichen Friedens« zu bringen.

15 Fr In Paris beginnt eine Ausstellung mit Plastiken und Zeichnungen des vom nationalsozialistischen Regime protegierten deutschen Bildhauers Arno Breker.

16 Sa Zwischen den USA und Ägypten wird ein drahtloser Bilderdienst eingerichtet. Die ersten übermittelten Bilder zeigen die Staatsoberhäupter beider Länder.

17 So Bei einem Gastspiel der Berliner Philharmoniker in Marseille kommt es zu antideutschen Protesten der französischen Bevölkerung.

18 Mo Mitglieder der Widerstandsgruppe Herbert Baum verüben in Berlin einen Brandanschlag auf die antisowjetische Hetzausstellung »Das Sowjetparadies«.

19 Di In der Nacht zum 20. Mai greifen 197 Flugzeuge der britischen Luftstreitkräfte Royal Air Force Ziele in Mannheim an.

20 Mi Die britischen Truppen in Birma unter General Harold Alexander ziehen sich vor der japanischen 15. Armee über die Grenze nach Indien zurück.

21 Do Der Reichsführer SS, Heinrich Himmler, verbietet die bis dahin übliche Benachrichtigung der Angehörigen von verstorbenen Konzentrationslagerhäftlingen.

22 Fr Mit den Stapelläufen von 27 Frachtschiffen erreicht die US-Schiffsproduktion den bisherigen Höchststand ihrer Geschichte.

23 Sa Im kalifornischen Modesto verbessert der US-Athlet Cornelius Warmerdam seinen eigenen Vorjahresweltrekord im Stabhochsprung um 5 cm auf 4,77 m.

24 So Die Regierung der Slowakei beschließt die Aussiedlung aller Juden, die u.a. keine »staatswichtigen Berufe« ausüben.

25 Mo In Washington beschließen US-Präsident Franklin D. Roosevelt und der britische Premier Winston Churchill ein alliiertes Landungsunternehmen auf Sizilien.

26 Di Unter dem Decknamen »Theseus« beginnt an der El-Gazala-Front in Nordafrika eine Offensive der »Panzerarmee Afrika« unter Erwin Rommel. → Stalin

27 Mi Der stellvertretende Reichsprotektor von Böhmen und Mähren, SS-Obergruppenführer Reinhard Heydrich, wird in Prag bei einem Attentat schwer verletzt.

28 Do Mexiko erklärt den Achsenmächten den Krieg. +++ Die Schlacht bei Charkow an der Ostfront endet mit der Vernichtung der sowjetischen Verbände.

29 Fr Adolf Hitler stiftet die Medaille »Winterschlacht im Osten 1941/42«. Im Soldatenjargon erhält sie den Namen »Gefrierfleischorden« oder »Eisbeinorden«.

30 Sa Beim ersten 1000-Bomber-Angriff der Royal Air Force wird innerhalb von 90 Minuten die gesamte Innenstadt von Köln stark zerstört.

31 So In den US-Kinos startet der von William McGann inszenierte Abenteuerfilm »In old California« (Der Draufgänger von Boston) mit John Wayne.

Für den US-Träger »Yorktown« gibt es kein Entkommen vor dem japanischen Sperrfeuer.

Entscheidung im Pazifik

Die Schlacht um Midway markiert die entscheidende Wende im Pazifikkrieg. Japan büßt seine Überlegenheit in Ostasien ein. Bereits geplante Offensiven können ohne die vier versenkten Flugzeugträger nicht mehr durchgeführt werden. Die US-Armee nutzt ihre Überlegenheit und beginnt mit der Befreiung der von Japan besetzten Gebiete in der Pazifikregion. Die Admirale Chester Nimitz und Douglas MacArthur setzen die Taktik des »Inselspringens« ein. Schwere Artillerie legt dabei ausgewählte Ziele unter Dauerbeschuss. Anschließend greifen Truppen die bereits geschwächten japanischen Bastionen an. Das Konzept geht auf. Trotz erbitterten japanischen Widerstands fallen bis Mitte 1945 u.a. Guadalcanal, die Aleuten, die Marianen, Guam und Iwo Jima in die Hände der Amerikaner. Ein entscheidender strategischer Erfolg gelingt der US-Armee mit der Eroberung von Okinawa, das der japanischen Hauptinsel Kiuschu vorgelagert ist. 12 500 US-Soldaten sterben im Kampf gegen Japan.

Bomben zerstören ein japanisches U-Boot.

Gustaf Gründgens

deutscher Schauspieler, Regisseur und Intendant
* 22.12.1899 Düsseldorf; † 7.10.1963 Manila (Philippinen)

Gustaf Gründgens gehört zu den bedeutendsten und umstrittensten Persönlichkeiten des deutschen Theaters. Als Generalintendant der Berliner Bühnen in den Jahren 1937-45 wird ihm Nähe zum Nationalsozialismus vorgeworfen. Während des Naziterrors kann Gründgens jedoch auch vielen Kollegen das Leben retten. Seine ausdrucksstarken Mephisto-Darstellungen in Goethes »Faust« machen ihn weltberühmt.

- 1919-20: Ausbildung an der Düsseldorfer Theaterakademie
- 1955-63: Generalintendant am Hamburger Schauspielhaus

22. Juni 1942

»Faust II« setzt Maßstäbe

Gustaf Gründgens brilliert mit der Inszenierung von »Faust II« in Berlin (Abb.: Gründgens als Mephisto). Wie schon im ersten Teil des Goethe-Dramas setzt der Schauspieler und Regisseur emotionale Mittel sparsam ein. Seine äußerst textnahe Darstellung gilt als bahnbrechende Interpretation des Stoffes.

Juni 1942

ie Schlacht m Midway

Zwischen den Flotten Japans und der USA kommt es zur Schlacht um die Midway-Inseln. Auf den Inseln befindet sich der strategisch wichtigste Stützpunkt der US-Streitkräfte im Pazifik. Der japanische Admiral Isoruku Jamamoto hofft, durch einen Angriff die Flotte der Amerikaner entscheidend zu schwächen. Sieben Schlachtschiffe, vier Flugzeugträger, 14 Kreuzer und 42 Zerstörer laufen von Japan in Richtung Midway-Inseln aus. Doch der Überraschungsangriff schlägt fehl. US-Admiral Chester Nimitz ist durch den Nachrichtendienst bereits über die Pläne Jamamotos informiert. Die Japaner stoßen auf unerwarteten Widerstand. Der erste Angriff wird von den USA zurückgeschlagen. In der folgenden Schlacht sinkt der US-Träger »Yorktown«. Im Gegenzug verlieren die Japaner durch Sturzbomberangriffe gleich vier ihrer modernsten und stärksten Flugzeugträger. Von dieser Niederlage kann sich Japan nicht mehr erholen. Die Verluste drängen das Kaiserreich in die Defensive.

Der Pazifikkrieg

Datum	Ereignis
7.12.1941	Japanischer Überfall auf Pearl Harbor
24.12.1941	Hongkong kapituliert vor Japan
15.2.1942	Japaner erobern Singapur
6.3.1942	Briten räumen Rangun
18.4.1942	US-Bomber greifen Tokio an
4.6.1942	Schlacht von Midway
31.1.1943	US-Truppen erobern Marschallinseln
22.10.1943	Japanische Flotte bei Leyte vernichtet
26.3.1944	US-Truppen erobern Iwo Jima
22.6.1944	Okinawa von USA besetzt
6.8.1945	Atombombenabwurf auf Hiroschima
2.9.1945	Japan kapituliert

26. Mai 1942

Stalin und Churchill verbündet

Großbritannien und die Sowjetunion schließen einen Bündnispakt, der 20 Jahre gültig bleiben soll. Die Außenminister der Länder, Anthony Eden und Wjatscheslaw M. Molotow, treffen in London zur Vertragsunterzeichnung zusammen. Das Abkommen sieht gegenseitige Hilfe im Kampf gegen Deutschland vor. Die Unterzeichnenden verpflichten sich außerdem, keinen Separatfrieden mit Deutschland zu schließen. Damit gibt die britische Regierung den Forderungen der UdSSR nach, die die Briten seit Juli 1941 drängt, eine zweite Front gegen die Deutschen zu eröffnen und die Sowjetunion mit Kriegsgütern zu beliefern.

14. Juni 1942

Das Tagebuch der Anne Frank

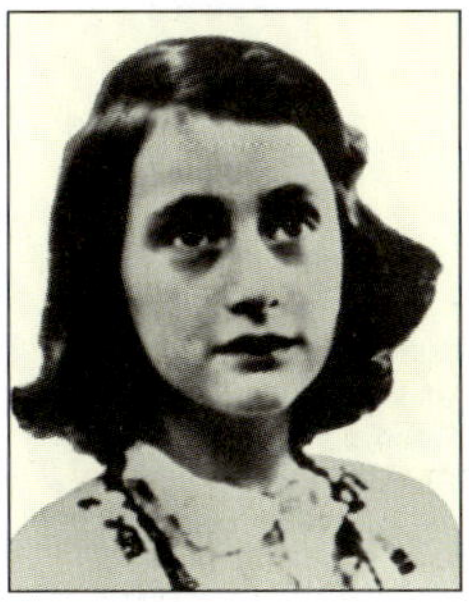

Das jüdische Mädchen Anne Frank (s. Abb.) beginnt mit der Niederschrift eines Tagebuchs, das zu einem der erschütterndsten Dokumente der Judenverfolgung wird. Nach der Flucht aus Deutschland zog die Familie Frank nach Amsterdam. Als die Niederlande von den Deutschen besetzt wurden, versteckten sich die Franks in einem Hinterhaus. Dort schreibt die 13-Jährige ihre Erlebnisse nieder und erzählt von ihrem Leben im Versteck bis zur Entdeckung und Deportation ins Konzentrationslager am 4. August 1944. Als ihre Mutter am 6. Januar 1945 im Vernichtungslager Auschwitz umkommt, wird Anne ins Lager Bergen-Belsen gebracht. Dort stirbt sie im März 1945, wenige Wochen vor der Befreiung des Lagers. Ihr Vater, Otto Frank, überlebt und veröffentlicht die Tagebücher gemäß dem Wunsch seiner Tochter, die Schriftstellerin werden wollte. Die Authentizität des Dokuments wurde oft angezweifelt, gilt aber als bewiesen.

10. Juni 1942

Das Massaker von Lidice

SS-Einheiten zerstören das Dorf Lidice bei Prag, töten alle Männer (s.Abb.), und verschleppen die Frauen in Konzentrationslager.

Das Massaker ist eine Vergeltungsaktion für das Attentat auf Reinhard Heydrich.

Reinhard Heydrich

deutscher Politiker, * 7.3.1904 Halle/Saale; † 4.6.1942 Prag

Reinhard Heydrich gehört zu den einflussreichsten Politikern des NS-Regimes. Er war maßgeblich an den Morden im Zusammenhang mit dem sog. Röhm-Putsch 1934 beteiligt und gilt als Mitverantwortlicher für das Judenpogrom im November 1938. Als Leiter der Wannsee-Konferenz organisierte Heydrich im Auftrag Hitlers den Völkermord an den Juden. Der stellvertretende Reichsprotektor von Böhmen und Mähren stirbt nach einem Attentat tschechischer Widerstandskämpfer.

- 1921-31: Dienst bei der Reichsmarine
- 1933: Leiter der politischen Polizei in München
- 1934: Leiter der Geheimen Staatspolizei (Gestapo)
- 1939: Leiter des Reichssicherheitshauptamtes

Juni 1942

1 Mo Unter dem Motto »Räder müssen rollen für den Sieg« schränkt die Deutsche Reichsbahn den Personenverkehr zugunsten von Rüstungstransporten ein.

2 Di Vertreter der Sioux-Indianer klagen vor einem US-Gericht in Washington erfolglos auf Entschädigung für von der Regierung annektierte Ländereien.

3 Mi Japanische Bomber fliegen Angriffe gegen den US-Luftwaffenstützpunkt Dutch Harbor auf den Aleuten vor der Westküste Alaskas.

4 Do In den US-Kinos feiert der Film »The big Shot« (Der große Gangster) mit Humphrey Bogart und Irene Manning Premiere. → Midway

5 Fr Die Vereinigten Staaten von Amerika erklären den Balkanstaaten Bulgarien, Rumänien und Ungarn den Krieg.

6 Sa Der französische Maler Maurice de Vlaminck klagt den spanischen Maler Pablo Picasso öffentlich an, die Kunst in eine Sackgasse getrieben zu haben.

7 So Wegen Herstellung und Verbreitung oppositioneller Zeitungen verurteilt der norwegische Gerichtshof in Oslo 21 Norweger zu Freiheitsstrafen.

8 Mo Auf der japanischen Insel Hondo und der Nachbarinsel Kiuschu wird ein unterseeischer Eisenbahntunnel für den Fracht- und Personenverkehr freigegeben.

9 Di In Berlin findet ein Staatsakt für den ermordeten stellvertretenden Reichsprotektor von Böhmen und Mähren, Reinhard Heydrich, statt.

10 Mi Die deutsch-italienischen Panzertruppen in Nordafrika erobern unter Erwin Rommel das Fort Bir Hacheim an der britischen Frontlinie. → Lidice

11 Do Mit einer Rundfunkübertragung der »Uhrensinfonie« von Joseph Haydn wird in Japan ein sog. Volksuhrentag eingeleitet, um Pünktlichkeit zu üben.

12 Fr Aufgrund unzureichender Freiwilligenmeldungen zur norwegischen Waffen-SS gehen die Behörden zur Zwangsrekrutierung von Norwegern über.

13 Sa Der deutsche Großadmiral Karl Dönitz verlegt den Operationsschwerpunkt deutscher U-Boote von den amerikanischen Küsten wieder in den Nordatlantik.

14 So Zur Vereinheitlichung der Propaganda in den USA wird in Washington eine Zentralstelle für Kriegsinformation eingerichtet. → Anne Frank

15 Mo Bei der Präsidentschaftswahl auf der Eröffnungssitzung der indischen Unabhängigkeitskonferenz in Bangkok erhält Rash Behari Bose alle Stimmen.

16 Di Um Transporte in Deutschland besser organisieren zu können, richtet die Regierung eine Zentralverkehrsleitstelle ein.

17 Mi Ewald Balser, Gisela Uhlen und Elisabeth Flickenschildt spielen die Hauptrollen in dem Film »Rembrandt«, der in Berlin zur Uraufführung kommt.

18 Do Die mutmaßlichen Mörder des stellvertretenden Reichsprotektors von Böhmen und Mähren, Reinhard Heydrich, werden in Prag erschossen.

19 Fr Der jugoslawische Partisanenführer Tito bricht von Montenegro aus zum »Langen Marsch« über 350 km auf.

20 Sa In den frühen Morgenstunden greifen 130 Flugzeuge der britischen Royal Air Force die ostfriesische Hafenstadt Emden an.

21 So Deutsche und italienische Truppen erobern die nordafrikanische Festung Tobruk, die von Briten und Neuseeländern verteidigt wurde.

22 Mo Nach der Versenkung eines schwedischen Frachters durch ein U-Boot ordnet die Stockholmer Regierung Geleitschutz für Handelsschiffe an. → »Faust II«

23 Di Unter dem Slogan »Kampf dem Kohlenklau« beginnt in Deutschland eine Propaganda-Aktion zur Einsparung von Strom und Gas .

24 Mi Der argentinische Staatspräsident Roberto M. Ortiz tritt wegen eines Augenleidens zurück. Sein Nachfolger ist Ramón S. Castillo.

25 Do Generalmajor Dwight D. Eisenhower wird Oberbefehlshaber der US-Streitkräfte in Europa. Sitz seines Hauptquartiers ist London.

26 Fr Als Vergeltung für den britischen Luftangriff auf Bremen in der Nacht zuvor fliegen deutsche Geschwader einen Angriff aus das britische Norwich.

27 Sa Der finnische Marschall Carl Gustaf Emil Freiherr von Mannerheim stattet Adolf Hitler einen Höflichkeitsbesuch in dessen Hauptquartier »Wolfsschanze« ab.

28 So Mit einem Angriff der Heeresgruppe Süd östlich von Charkow und Kursk beginnt an der Ostfront die deutsche Sommeroffensive.

29 Mo Deutsche und italienische Einheiten erobern Matruk hinter der ägyptischen Grenze. +++ Der italienische Ministerpräsident trifft in Darna (Libyen) ein.

30 Di Der Senat des Kongresses verabschiedet in Washington das Rüstungsbudget für 1942, das mit 42,8 Mrd. Dollar das bislang höchste in der US-Geschichte ist.

Juli 1942

1 Mi Der in Berlin ansässige S. Fischer Verlag wird in den Suhrkamp Verlag umgewandelt. +++ In Argentinien kommt es zu antideutschen Protesten.→ Sewastopol

2 Do Bei einer Diskussion über die britische Kriegspolitik sieht sich Premierminister Winston Churchill im Unterhaus scharfer Kritik ausgesetzt.

3 Fr Der britische Vizekönig von Indien erweitert seinen Exekutivrat durch Aufnahme des ersten Inders, Sir Firoz Khan Noon, in sein Kriegskabinett.→ El Alamein

4 Sa Am Unabhängigkeitstag der USA ist die Stadt New York unter dem Motto »New York im Krieg« Schauplatz der bislang größten Parade ihrer Geschichte.

5 So Mit einem 2:0-Sieg über Vienna Wien gewinnt der FC Schalke 04 im Berliner Olympiastadion zum sechsten Mal die Deutsche Fußballmeisterschaft.

6 Mo In Berlin referiert der deutsche Luftfahrtminister Hermann Göring über den Stand der Forschungen beim sog. Uranvorhaben, dem Bau einer Atombombe.

7 Di Dem Deutschen Theater in Berlin wird eine Aufführung des sozialkritischen Dramas »Die Ratten« von Gerhart Hauptmann untersagt.

8 Mi Ein verheerendes Großfeuer beschädigt das der Firma Goodyear gehörende größte Luftschiffdock der Welt in Akron (US-Bundesstaat Ohio).

9 Do In Bayreuth beginnen die diesjährigen Wagner-Festspiele, deren Besuch ausschließlich Soldaten und Rüstungsarbeitern vorbehalten ist.

10 Fr Die Regierung der UdSSR und die Exilregierung der Niederlande vereinbaren die Aufnahme diplomatischer Beziehungen.

11 Sa Mit 155:54 Stimmen beschließt das kanadische Unterhaus in Ottawa die Einführung der allgemeinen Wehrpflicht.

12 So Britische Lancaster-Bomber fliegen einen Angriff auf Danzig. Nach dem Anflug über die Ostsee finden von 44 Maschinen nur ein Drittel das Zielgebiet.

13 Mo Eine Verordnung des britischen Energieministeriums unterstellt Produktion und Absatz im britischen Kohlebergbau staatlicher Aufsicht.

14 Di Der indische Nationalkongress fordert Großbritannien auf, Indien »sofort politisch zu räumen«, und schließt sich dem gewaltlosen Widerstand Gandhis an.

15 Mi Mit dem Abtransport von 1135 Juden aus Amsterdam beginnen die Deportationen niederländischer Juden in das Vernichtungslager Auschwitz.

16 Do Adolf Hitler verlegt sein Hauptquartier von Rastenburg in Ostpreußen (»Wolfsschanze«) in die Nähe von Winniza in der Ukraine (»Werwolf«).

17 Fr Mit 3:45,8 min verbessert der schwedische Mittelstreckenläufer Gunder Hägg in Stockholm seine Weltbestleistung über 1500 m vom Vorjahr um 1,8 sec.

18 Sa Die ungarische Regierung ordnet an, dass Personen mit zwei jüdischen Großelternteilen die ungarische Armee verlassen müssen. → Düsenjäger

19 So In einem Fußballländerspiel der Nationalmannschaften von Deutschland und Bulgarien in Sofia unterliegt die bulgarische Auswahl 0:3.

20 Mo Nach der Errichtung eines Brückenkopfes über den Don wendet sich die deutsche Offensive an der Ostfront gegen Stalingrad und Rostow am Don.

21 Di Mit der Landung japanischer Truppen in Buna und Gona auf Neu-Guinea erreicht die japanische Expansion im Pazifik ihren Höhepunkt.

22 Mi 5000 jüdische Männer, Frauen und Kinder werden aus dem Warschauer Ghetto in das Vernichtungslager Treblinka deportiert.

23 Do Die deutsche 125. Infanterie-Division sowie die 13. und 22. Panzerdivision erobern die Stadt Rostow am Don im Südabschnitt der Ostfront.

24 Fr Durch Sabotage wird ein Schacht der Zeche Schlägel und Eisen in Herten-Langenbochum im rheinisch-westfälischen Industriegebiet beschädigt.

25 Sa Der in Deutschland als »unerwünscht« eingestufte Schriftsteller Erich Kästner erhält die Erlaubnis für Drehbucharbeiten zu dem Film »Münchhausen«.

26 So Auf der Galopprennbahn München-Riem findet das Rennen um das »Braune Band« statt, das der Hengst Gradivo erringen kann.

27 Mo Die Presse meldet, fünf italienische Piloten hätten die Strecke Rom-Tokio-Rom in der Rekordzeit von acht Tagen abgeflogen.

28 Di In einer Weisung an die Stalingradfront befiehlt das sowjetische Oberkommando der Roten Armee: »Keinen Schritt zurück!«

29 Mi Der kanadische Senat verabschiedet ein Gesetz zum Kriegseinsatz kanadischer Truppen in überseeischen Ländern.

30 Do In Deutschland müssen die jüdischen Gemeinden auf Anordnung der Regierung sämtliche aus Edelmetall gefertigten Kultgegenstände abgeben.

31 Fr 470 Flugzeuge der Royal Air Force fliegen einen Angriff auf Düsseldorf. Dabei werden von der deutschen Luftabwehr 30 Maschinen abgeschossen.

Janusz Korczak

polnischer Arzt und Pädagoge, * 22.7.1878 Warschau; † 5.8.1942 Treblinka

Janusz Korczak zählt zu den bedeutendsten Pädagogen des Jahrhunderts. Durch eine Radioserie für Kinder wurde der Kinderarzt als »der alte Doktor« bekannt. Er schrieb zahlreiche Kinderbücher und pädagogische Essays. In seinem Waisenhaus versuchte Korczak, Kindern ein tolerantes menschliches Miteinander zu vermitteln. Korczaks Leben wird 1991 verfilmt.

- 1923: »König Hänschen« (Kinderbuch)
- 1926: »Wie man ein Kind lieben soll« (Essays)
- 1972: postum Friedenspreis des Deutschen Buchhandels
- 1979: »Von Kindern und anderen Vorbildern« (Essays)

5. August 1942

Mit Kindern in den Tod

Der Leiter des Waisenhauses im Warschauer Ghetto, Janusz Korczak, stirbt in den Gaskammern des Vernichtungslagers Treblinka. Am 22. Juli beginnen die deutschen Behörden mit der Deportation der im Ghetto lebenden jüdischen Bevölkerung. Als auch die 200 Kinder aus Korczaks Waisenhaus ins Lager Treblinka gebracht werden sollen, schließt sich der Pädagoge ihnen freiwillig an. Die Deutschen bieten ihm wiederholt an, sein Leben zu retten, doch lehnt er alle diesbezüglichen Vorschläge ab. Augenzeugen berichten, wie Korczak ruhig mit Helfern und Kindern in einer Art Prozession durch die Straßen des Warschauer Ghettos zieht, um in die Viehwaggons zu steigen.

18. Juli 1942

Weltweit erster Düsenjäger

Das erste serienmäßig hergestellte Düsenflugzeug der Welt startet bei Ulm zu einem Probeflug. Nach dem Testflug zeigt sich Pilot Fritz Wendel

begeistert: »Die Triebwerke liefen wie ein Uhrwerk«. Die Messerschmitt Me 262 (s. Abb.) wiegt 6396 kg und erreicht eine Spitzengeschwindigkeit von 870 km/h. Da die deutsche Luftwaffe auch ohne die neue Technik Erfolge verzeichnete, wurde die Entwicklung des Düsenjägers lange Zeit nur mäßig vorangetrieben. Bereits 1938 lagen erste Konstruktionspläne vor. Zum Großeinsatz kommt die Me 262 erst 1944. Die Briten setzen ihr als Pendant die Gloster Meteor entgegen, die 795 km/h erreicht. Der Geschwindigkeitsvorteil der deutschen Jäger wird durch eine Weisung Adolf Hitlers zunichte gemacht: Er lässt die Flugzeuge mit schweren Bomben bestücken, um sie als »Blitzbomber« über Großbritannien einzusetzen.

1. Juli 1942

»Dora« zerstört Sewastopol

Die Rote Armee verliert den Kampf um Sewastopol. Damit fällt der wichtigste Flottenstützpunkt der Sowjets am Schwarzen Meer in die Hände der Deutschen. Im Kampf um die Krim-Halbinsel setzt die Wehrmacht erstmals das Eisenbahngeschütz »Dora« ein. Das in den Essener Kruppwerken hergestellte schwerste Geschütz des Zweiten Weltkriegs verschießt 80-cm-Geschosse aus einem 40 m langen Rohr (s. Abb). Die Wirkung ist verheerend. Augenzeugen berichten von Kratern, in

denen Lkw Platz finden. Die Soldaten der 11. deutschen Armee unter Generaloberst Erich von Manstein rücken nach mehrwöchiger Belagerung in Sewastopol ein. Die Stadt ist völlig zerstört. Die überlebenden Rotarmisten retten sich auf die Halbinsel Chersones. Am 4. Juli fällt auch dieser letzte Brückenkopf nach erbitterten Kämpfen in deutsche Hand. 97 000 sowjetische Soldaten geraten in Kriegsgefangenschaft.

3. Juli 1942

El Alamein ist Endstatio

Der Vorstoß der deutsch-italienischen Afrikatruppen kommt vor El Alamein zum Stehen. Die britischen Verteidiger der Stellung nahe der ägyptischen Stadt Alexandria leisten unerwartet heftigen Widerstand gegen die Truppen von Generalfeldmarschall Erwin Rommel. Nach mehreren Versuchen, die Verteidigungslinien der Briten zu durchbrechen, befiehlt Rommel, die Angriffe einzustellen, bis Verstärkung eingetroffen sei. Die erwarteten Konvois rollen jedoch nur spärlich ein. Sie müssen wegen des weiten Vorstoßes von Rommel eine Strecke von 400 km zurücklegen. Während der Fahrt sind die Transporte zudem immer wieder Luftangriffen der Alliierten ausgesetzt. So erreichen von den benötigten

Deutsche und italienische Gefangene werden in Lager transportiert.

31. August 1942

»Rote Kapelle« ausgehoben

Der Sicherheitsdienst der SS hebt eine russische Agentengruppe in Brüssel aus. Dabei stoßen die Fahnder auf Unterlagen über die deutsche Widerstandsorganisation »Rote Kapelle« (Bezeichnung der Gestapo). Die Verhafteten geben unter Folter die Namen von über 100 Mitgliedern der »Roten Kapelle« bekannt. 76 Personen werden in den folgenden Tagen verhaftet, 46 zum Tode verurteilt. Darunter befinden sich als führende Köpfe Arvid Harnack und Harro Schulze-Boysen.

Harro Schulze-Boysen

deutscher Widerstandskämpfer, * 2.9.1909 Kiel; † 22.12.1942 Berlin-Plötzensee (hingerichtet)

Harro Schulze-Boysen engagierte sich als überzeugter Kommunist mit anderen im Widerstand gegen das NS-Regime – ab 1936 u.a. durch Flugblattaktionen. Als Oberregierungsrat im Luftfahrtministerium konnte er wichtige Informationen, z.B. über die Pläne der Deutschen an der Ostfront, an die Sowjetregierung weitergeben.

- 1930/31: Jurastudium in Berlin
- 1932/33: Herausgeber der Zeitschrift »Der Gegner«.
- ab 1941: Oberleutnant im Generalstab der Luftwaffe

19. August 1942

Landungsversuch gescheitert

Kanadische Einheiten unternehmen bei Dieppe einen erfolglosen Versuch, an der französischen Kanalküste zu landen. Unter dem Operationsnamen »Jubilee« versuchen 60 000 Mann, die deutsche Küstenverteidigung zu überwinden. Neun Stunden lang rennen die Kanadier gegen die deutschen Stellungen an. Dabei erhalten sie Unterstützung von Panzerwagen und starke Luftsicherung. Schließlich muss die Invasion ohne Erfolg abgebrochen werden. Bei der Operation »Jubilee« sterben 1179 alliierte Soldaten, 2190 geraten in Gefangenschaft. Die Verteidiger verzeichnen 311 Tote und Vermisste. Alliierte Berichte deklarieren den Misserfolg später zur Generalprobe für eine Invasion an der Atlantikküste. Deutsche Stellen lassen melden, dass eine monatelang vorbereitete Invasion Europas abgewehrt werden konnte, die u.a. von Josef Stalin schon lange gefordert worden war. An der europäischen Küste erschwert der Atlantikwall den Vorstoß der alliierten Truppen. Das NS-Regime hatte das Befestigungswerk aus Bunkeranlagen und Kampfständen in zwei Jahren Bauzeit errichten lassen. Es reicht von Biarritz an der französisch-spanischen Grenze bis nach Krikenes in Nordnorwegen. Hitler hält den Atlantikwall für ein unüberwindliches Hindernis. Zwei Jahre später landen die Alliierten in der Normandie.

Während der Schlacht um El Alamein stürmen britische Soldaten einen deutschen Panzer.

45 000 Tonnen nur 3000 Tonnen Material die Stellungen des deutschen Afrika-Korps. Der britische Nachschub rollt hingegen über eine Entfernung von nur 100 km nahezu ungehindert an. Der folgende Stellungskrieg zermürbt die Soldaten. Brütende Hitze bei Tag und beißende Kälte in der Nacht bringen die Truppen bis an die Grenze ihrer physischen Belastbarkeit. In dem staubigen Felsengelände können zudem kaum ausreichend Schanzen ausgehoben werden. Nach zahlreichen Gefechten um die El Alamein-Stellung befiehlt Rommel am 30. August eine Großoffensive gegen die Briten. Dabei kommt es zu entscheidenden Verlusten für die deutsch-italienische Armee. Als es den Alliierten gelingt, vor Tobruk einen Tanker zu versenken, der Rommel mit 8000 Tonnen Treibstoff versorgen soll, befiehlt der Generalfeldmarschall die Einstellung der Kämpfe. Am 23. Oktober beginnen die Briten eine erfolgreiche Gegenoffensive. In den folgenden Wochen erobern die Alliierten zahlreiche Gebiete zurück. Der Afrika-Feldzug ist für Deutschland und Italien verloren.

August 1942

1 Sa Der deutsche Regisseur Herbert Selpin wird von Mitgliedern der Gestapo erwürgt, weil er öffentlich den Ausdruck »Scheißwehrmacht« gebraucht hat.

2 So Im Berliner Olympiastadion erzielt der aus Weiden in der Oberpfalz stammende Rudolf Glötzner mit 4,16 m einen deutschen Rekord im Stabhochsprung.

3 Mo Verbände der deutschen Heeresgruppe Süd erreichen auf ihrem Vormarsch zum Kaukasus den Kuban. Ziel des Vorstoßes sind die kaukasischen Ölfelder.

4 Di Adolf Hitler lässt zur Sicherstellung der Erzeugerleistung ein Verbot des Eigentums- und Besitzerwechsels in der deutschen Landwirtschaft veröffentlichen.

5 Mi Die im britischen Exil lebende niederländische Königin Wilhelmina trifft zu einem mehrtägigen USA-Staatsbesuch in Washington ein. → Kinder

6 Do US-General Dwight D. Eisenhower erhält den Oberbefehl über die geplante alliierte Landung in Französisch-Nordwestafrika.

7 Fr Westlich von Kalatsch beginnen deutsche Truppen eine fünftägige Kesselschlacht, bei der 35 000 Sowjetsoldaten in Gefangenschaft geraten.

8 Sa Nach der Aufforderung des Allindischen Kongresses an die Briten, Indien sofort zu räumen, wird Mohandas Karamchand (Mahatma) Gandhi verhaftet.

9 So Edith Stein, Philosophin jüdischer Abstammung und Mitglied des katholischen Karmeliterordens, wird im KZ Auschwitz ermordet.

10 Mo In Gibraltar beginnt die Operation »Pedestal«: Unter Sicherung durch Schlachtschiffe sticht ein britischer Nachschubkonvoi in See.

11 Di Deutsche Behörden verbieten Ehegenehmigungsgesuche von Beamten, die Personen ohne »arischen« Stammbaum heiraten wollen.

12 Mi Vertreter der UdSSR, der USA und Großbritanniens beraten in Moskau über weitere militärisch-strategische Maßnahmen gegen die Achsenmächte.

13 Do Die Polizeibehörden der Schweiz beginnen trotz heftiger Kritik der Schweizer Öffentlichkeit mit der Zurückweisung jüdischer Flüchtlinge.

14 Fr Auf der Internationalen Messe im ungarischen Budapest präsentiert die deutsche I.G. Farben zum ersten Mal synthetische Perlon-Produkte.

15 Sa Im unbesetzten Teil Frankreichs verhaftet die französische Polizei 5000 Franzosen jüdischer Herkunft. +++ An der Ostfront erreichen deutsche Truppen den Don.

16 So Die deutsche Fußballnationalmannschaft schlägt in Beuthen/Oberschlesien Rumänien mit 7:0. Dreifacher Torschütze ist der 21-jährige Fritz Walter.

17 Mo Wjatscheslaw M. Molotow, Außenminister der UdSSR, wird zum Vizepräsidenten des Rates der Volkskommissare unter Josef W. Stalin ernannt.

18 Di Humphrey Bogart spielt die Hauptrolle in dem John Huston-Spionagefilm »Across the Pacific« (Abenteuer in Panama), der in den USA zur Uraufführung kommt.

19 Mi Der Oberbefehlshaber der 6. deutschen Armee, Generalleutnant Friedrich Paulus, gibt den Befehl zum Angriff auf Stalingrad. → Landungsversuch

20 Do Roland Freisler, Staatssekretär im Justizministerium, tritt die Nachfolge von Otto Georg Thierack als Präsident des Volksgerichtshofes in Berlin an.

21 Fr Per Verordnung können Mitglieder der deutschen Reichstheater-, Film- und Musikkammern ab sofort kriegsdienstverpflichtet werden.

22 Sa Nach Versenkung von sechs brasilianischen Dampfern durch U-Boote der Achsenmächte erklärt Brasilien Deutschland und Italien den Krieg.

23 So Im Zuge der Stalingrad-Offensive reitet italienische Kavallerie einen Angriff gegen Sowjettruppen – der letzte Einsatz von Reiterei in der Kriegsgeschichte.

24 Mo In den Berichten des Oberkommandos der deutschen Wehrmacht taucht zum ersten Mal der Name Stalingrad auf.

25 Di Der US-Werftenbesitzer Henry Kaiser und der Multimillionär Howard Robert Hughes organisieren den Bau von 500 Flugzeugen für die US-Armee.

26 Mi Die sowjetische Luftwaffe fliegt Angriffe auf die deutsche Reichshauptstadt Berlin sowie auf die Städte Stettin, Königsberg und Danzig.

27 Do In Wien feiert die Filmkomödie »Die heimliche Gräfin« von Géza von Bolváry Premiere. Die Hauptrollen spielen Paul Hörbiger und Rosa Albach-Retty.

28 Fr Bei einem Luftangriff britischer Bomber auf München kommen 144 Menschen um. Auch Saarbrücken und Kassel sind heute das Ziel gegnerischer Fliegerbomben.

29 Sa Der belgische Schriftsteller und Nobelpreisträger Maurice Maeterlinck, herausragender Vertreter des Symbolismus, feiert seinen 80. Geburtstag im US-Exil.

30 So Nach Verkündung der allgemeinen Wehrpflicht im deutsch besetzten Luxemburg kommt es zum Generalstreik, der gewaltsam niedergeschlagen wird.

31 Mo Die iranische Regierung verhängt wegen Vorrückens der deutschen Truppen im Kaukasus den Ausnahmezustand über das Land. → »Rote Kapelle«

September 1942

1 Di Der Gouverneur der spanisch-katalanischen Stadt Barcelona gibt bekannt, dass im Jahr 1941 rd. 18 000 Bürger an Unterernährung gestorben seien.

2 Mi Auf Grundlage eines Erlasses von 1941 werden in Deutschland die ersten Hauptschulen als »Auslese-Pflichtschulen« errichtet.

3 Do Stoßtrupps des XIV. Panzerkorps der 6. deutschen Armee kämpfen sich bis auf 8 km an den Stadtkern von Stalingrad (Wolgograd) heran.

4 Fr Auf Anordnung von Joseph Goebbels inszeniert die Berliner Volksbühne das Schauspiel »Florian Geyer« von Gerhart Hauptmann. → Exil

5 Sa Während die Royal Air Force Luftangriffe auf die französische Hafenstadt Le Havre fliegt, bombardieren sowjetische Geschwader Budapest und Königsberg.

6 So In Stockholm verbessert der schwedische Mittelstreckler Gunder Hägg mit 4:04,6 min seinen eigenen Weltrekord über eine Meile um 1,6 sec.

7 Mo Erbost über »angeblich« von ihm befohlene Operationen im Bereich der Heeresgruppe A verlässt Adolf Hitler die Lagebesprechung in seinem Hauptquartier.

8 Di Erstmals seit Ende des Spanischen Bürgerkrieges findet in Barcelona die Internationale Mustermesse mit Produkten aus Handwerk und Industrie statt.

9 Mi Adolf Hitler entlässt aus Unzufriedenheit über die Kaukasus-Offensive den Chef der Heeresgruppe A, Wilhelm List. Er übernimmt selbst das Kommando.

10 Do Um 15.57 Uhr beginnt eine über Mitteleuropa sichtbare teilweise Sonnenfinsternis. Das Naturphänomen endet um 19.21 Uhr.

11 Fr Vertreter Guatemalas und der USA kommen überein, dass das mittelamerikanische Land seine gesamte Gummiproduktion an die USA abtritt.

12 Sa Aufklärungsflugzeuge der deutschen Luftwaffe stellen im Nordmeer den aus 46 Schiffen bestehenden Nachschubkonvoi PQ 18 der Alliierten.

13 So Im besetzten Teil Frankreichs wird für alle Männer zwischen 18 und 50 und für Frauen zwischen 21 und 35 Jahren die Arbeitsdienstpflicht eingeführt.

14 Mo Der Versuch britischer Kommandos, in den Hafen der libyschen Stadt Tobruk einzudringen, scheitert. Die meisten Landungsboote werden zerstört.

15 Di Im Rahmen einer Gegenoffensive erzwingen Truppen der Roten Armee gegen den Widerstand ungarischer Infanterie den Übergang über den Don.

16 Mi Den beiden schweizerischen Bergsteigern Luigi Carell und A. Deffeves gelingt als ersten der Aufstieg zum Matterhorn durch die Südwand.

17 Do In Norwegen steht laut Regierungsanordnung auf Vergehen, die bisher mit lebenslänglichen Freiheitsstrafen geahndet wurden, wieder die Todesstrafe.

18 Fr Anstelle von Englisch erhebt die ägyptische Regierung durch eine Verfügung das Arabische zur Amtssprache.

19 Sa Nach Attentaten auf französische Zivilisten und deutsche Soldaten lässt der SS-Befehlshaber im besetzten Frankreich 116 Personen standrechtlich erschießen.

20 So Die deutsche Fußballnationalmannschaft unterliegt in einem Länderspiel im Berliner Olympia-Stadion einer Auswahl Schwedens mit 2:3.

21 Mo Per Telefonaktion bewahrt die Polizei im portugiesischen Setúbal die Einwohner vor einer Fischvergiftung durch 9000 kg verdorbene Makrelen.

22 Di In einer Neubearbeitung von Karl Schleifer wird »Apollo und Hyazinth« von Wolfgang Amadeus Mozart am Stadttheater Kassel aufgeführt.

23 Mi Der stellvertretende rumänische Ministerpräsident Mihai Antonescu beendet seinen Meinungsaustausch mit Adolf Hitler in der Ukraine.

24 Do In Berlin hat der Film »Fronttheater« Premiere. Unter der Regie von Arthur Maria Rabenalt spielen René Deltgen und Heli Finkenzeller.

25 Fr Erstmals operieren deutsche U-Boote im Indischen Ozean, gleichzeitig dehnen japanische U-Boote ihren Aktionsradius bis zum Atlantik aus.

26 Sa US-Behörden führen eine Benzinrationierung in Form einer Begrenzung der jährlichen Fahrtkilometer ein. Das Limit liegt bei 4600 km.

27 So Der im US-Exil lebende deutsche Schriftsteller Thomas Mann nimmt in einer BBC-Rundfunkrede zum Massenmord an den europäischen Juden Stellung.

28 Mo Das Reichserziehungsministerium ordnet für deutsche Schulen künftig die Herausstellung des nationalsozialistischen »Liedguts« an.

29 Di Nachdem der Gelbe Fluss in der chinesischen Provinz Schansi über die Ufer getreten ist, ertrinken 3000 Menschen, 40 000 werden obdachlos.

30 Mi Die Alliierten geben bekannt, dass es ihnen gelungen sei, den Tonnageverlust der Atlantikschlacht durch Schiffsneubauten auszugleichen.

3. Oktober 1942

Erste Rakete fliegt ins All

Deutschen Wissenschaftlern glückt der erste erfolgreiche Start einer Fernrakete (s. Abb). Von der Versuchsanstalt Peenemünde auf der Insel Usedom aus erreicht die »A4« (Aggregat 4) eine Höhe von 96 km. Damit steigt sie über die Atmosphäre in den Weltraum auf. Nach dem Flug landet die A4 in 200 km Entfernung. Die Konstrukteure sind begeistert. Ingenieur Wernher von Braun kommentiert den Jungfernflug: »Der einzige Fehler dieses erfolgreichen Flugs besteht darin, dass die Rakete auf dem falschen Planeten gelandet ist.«

Der Bau von Flüssigtreibstoffraketen wird von der NS-Regierung vorangetrieben. Statt zur Eroberung des Weltraums sollen die Raketen mit Sprengsätzen bestückt und gegen Fernziele eingesetzt werden. Zwei Jahre später startet derselbe Raketentyp unter der Bezeichnung »V2« (Vergeltungswaffe 2) zur Bombardierung von London. Der von Adolf Hitler erhoffte Erfolg bleibt jedoch aus.

Wernher von Braun

deutsch-amerikanischer Raketeningenieur, * 23.3.1912 Wirsitz; † 16.6.1977 Alexandria (US-Bundesstaat Virginia)

Wernher von Braun gilt als Pionier der Raumfahrt. Im Zweiten Weltkrieg konstruiert er die V2-Rakete für militärische Ziele. Nach Kriegsende siedelt von Braun in die USA über. Dort entwickelt er die Jupiter-C-Rakete, mit der der erste US-Satellit, »Explorer I«, in eine Umlaufbahn geschossen werden kann. Die Weiterentwicklung seiner Saturn-Raketenserie ermöglicht das Apollo-Programm, das 1969 in der ersten bemannten Mondlandung gipfelt. Von Braun plant Weltraumunternehmen wie die Errichtung von Raumstationen und die Erforschung des Mars. In den 70er Jahren übernimmt der in die NASA-Führungsspitze aufgestiegene Wissenschaftler die Leitung eines Satellitenprojekts zur Übertragung von Fernsehbildern.

- 1930: Assistent des Raketenforschers Hermann Oberth
- 1937: Direktor des deutschen Raketenwaffenprojektes
- 1955: US-Staatsbürger
- 1967: »History Of Rocketry And Space Travel« (Illustrierte Raumfahrtgeschichte)
- 1970: Stellvertretender Direktor der NASA

4. September 1942

Künstler im Exil

Bruno Walter

In London findet die erste Mitgliederversammlung des »PEN-Clubs deutscher Autoren« statt, der 1934 von Emigranten gegründet wurde. Die deutsche Sektion des PEN-Clubs war 1937 aus dem internationalen Verband ausgeschlossen worden.

Viele der bedeutendsten deutschen Künstler und Wissenschaftler leben im ausländischen Exil. Die Verbliebenen müssen sich, sofern sie sich nicht anpassen, den Repressalien des NS-Regimes beugen. So verdient der kubistische Maler Oskar Schlemmer seit Kriegsbeginn seinen Lebensunterhalt mit Tarnanstrichen für Industrie- und Militäranlagen. Der Expressionist Emil Nolde malt mit

Theodor W. Adorno

Künstler und Wissenschaftler im Ausland (Auswahl)

Name	Emigration
Albert Einstein (Physiker)	1932 USA
Sigmund Freud (Nervenarzt)	1938 London
Friedrich Hollaender (Komponist)	1933 USA
Oskar Kokoschka (Maler)	1934 Prag, 1938 Lond
Fritz Lang (Regisseur)	1933 USA
Thomas Mann (Schriftsteller)	1933 Schweiz, 1939 U
Max Reinhardt (Regisseur)	1938 USA
Arnold Schönberg (Komponist)	1933 USA

14. Oktober 1942

Großangriff auf Stalingrad endet in erbittertem Häuserkampf

Die 6. deutsche Armee beginnt einen Großangriff auf die sowjetische Stadt Stalingrad. Unter dem Oberbefehl von Generalfeldmarschall Friedrich Paulus versuchen die deutschen Soldaten, den letzten Brückenkopf der Roten Armee zu erobern. (Abb.: Wehrmachtsoldaten pirschen sich an einen sowjetischen Panzer heran). Deutsche Infanterie kann bis zum 17. Oktober zwei strategisch wichtige Fabriken einnehmen. Doch der Widerstand der Sowjets in der Stadt hält an. Durch ihre Ortskenntnis können sie immer wieder Tunnelsysteme für Nachschublieferungen und Überraschungsangriffe nutzen. Die deutschen Reserven hingegen sind erschöpft. Ein erbitterter Häuserkampf setzt ein. Seit der deutsche Angriff in der Sowjetunion 1941 im Schlamm und Eis zum Erliegen kam, drängte Adolf Hitler auf die Eroberung von Stalingrad. Neben strategischen Vorteilen verspricht er sich eine psychologische Wirkung, denn die Stadt trägt den Namen des Gegners Stalin.

Max Ernst stößt mit surrealistischen Werken wie »Der Wald« auf Ablehnung bei den Nationalsozialisten.

»Damenkapelle« von Max Beckmann. 590 Werke des Malers gelten in Deutschland als »entartet«.

finanzieller Unterstützung von Freunden heimlich weiter. Viele Geistesgrößen setzen ihr Wirken in der Emigration fort. Der Philosoph und Soziologe Theodor W. Adorno lehrt in Oxford, New York und Berkeley. Bruno Walter dirigiert an der Metropolitan Opera in New York. Der ehemalige Bauhausleiter Walter Gropius führt die Architekturabteilung an der Harvard Universität in Cambridge (USA). Andere treibt die Last des Exils in Krankheit und Tod. Die Dichterin Else Lasker-Schüler leidet in Jerusalem unter zunehmender geistiger Verwirrung. Sie stirbt 1945. Die Autoren Kurt Tucholsky und Stefan Zweig resignieren vor den barbarischen Zuständen in Europa und begehen Selbstmord. Das Kunstschaffen in Deutschland stagniert.

Else Lasker-Schüler

Oktober 1942

1 Do Die Bell XP-59 A »Airacomet«, das erste strahlgetriebene Ausbildungsflugzeug der Welt, absolviert in Muroc/USA einen ersten erfolgreichen Testflug.

2 Fr Beim Zusammenstoß eines Personenzuges mit einem Güterzug kommen zwischen Tüscherz und Biel in der Schweiz zehn Fahrgäste ums Leben.

3 Sa US-Bomber vom Typ Boeing B17 »Fliegende Festung« fliegen Angriffe auf die französischen Städte Saint-Omer und Le Havre. → Rakete

4 So 320 km nordöstlich von Bombay in Indien entgleist der Bombay-Peshawar-Express. Das Zugunglück fordert 14 Menschenleben.

5 Mo In SS-Lageberichten kommen die Klagen deutscher Professoren über die ständige Abnahme des Leistungsniveaus bei Studienanfängern zur Sprache.

6 Di Bei einer Bombenexplosion während der Vorführung des antisemitischen Hetzfilms »Jud Süß« in einem Pariser Kino sterben zwei Besucher.

7 Mi Die japanischen Truppen räumen die Aleuten-Inseln Alta und Agalta, die der Küste von Alaska vorgelagert sind.

8 Do In Berlin feiert die Komödie »Wir machen Musik« Premiere. Unter der Regie von Helmut Käutner spielen Ilse Werner, Victor De Kowa und Grethe Weiser.

9 Fr Mit Wirkung vom 16. Oktober dieses Jahres ordnet das eidgenössische Kriegsernährungsamt der Schweiz die Rationierung von Brot und Milch an.

10 Sa Einem kanadischen Schiff ist es erstmals gelungen, die von dem Norweger Roald Amundsen entdeckte Nordwestpassage in West-Ost-Richtung zu durchfahren.

11 So Deutsch-italienische Bombergeschwader beginnen mit einer neuen Luftoffensive gegen die britische Inselfestung Malta im Mittelmeer.

12 Mo Die italienische Regierung verbietet die Herstellung von Spielzeug. Sämtliche Spielzeugfabriken werden auf Rüstungsproduktion umgestellt.

13 Di In der Schweiz wird mit Wirkung vom 1. November eine Luxussteuer u.a. auf kosmetische Artikel, Schaumweine und Uhren eingeführt.

14 Mi Adolf Hitler zeichnet Hitlerjungen für ihren Einsatz bei Luftangriffen aus. +++ Britische Boote versenken den deutschen Kreuzer »Schiff 45 Komet«. → Stalingrad

15 Do In den US-Kinos startet der Film »The glass Key« (Der gläserne Schlüssel) nach dem Roman von Dashiell Hammett mit Alan Ladd und Veronica Lake.

16 Fr Bei einer durch einen Zyklon ausgelösten Sturmflut in der nordostindischen Provinz Bengalen kommen etwa 11 000 Menschen ums Leben.

17 Sa Mit der Aufnahme diplomatischer Beziehungen zu Brasilien endet die seit 1935 andauernde außenpolitische Isolation der UdSSR in Lateinamerika.

18 So Die deutsche Fußballnationalmannschaft schlägt in einem Länderspiel in Bern die Auswahl der Schweiz mit 5:3. Es ist der 16. Sieg im 27. Aufeinandertreffen.

19 Mo Vor dem schwedischen Hafen Trelleborg wird die mit 1000 Norwegenurlaubern besetzte Eisenbahnfähre »Deutschland« von einem Sowjet-U-Boot torpediert.

20 Di Die US-Kunstsammlerin Peggy Guggenheim eröffnet in New York die Galerie »Art of this Century« mit repräsentativen Werken zeitgenössischer Kunst.

21 Mi New York erlebt nach einem entsprechenden Aufruf von Bürgermeister Fiorello Henry La Guardia den ersten fleischlosen Tag seit Kriegseintritt der USA.

22 Do Sowjetische Truppen zerschlagen eine deutsch-finnische Landungseinheit, die die Versorgungsverbindung nach Stalingrad unterbrechen wollte.

23 Fr Die 8. britische Armee eröffnet mit überlegenen Kräften eine Großoffensive gegen die deutsch-italienischen Stellungen im ägyptischen El Alamein.

24 Sa Britische Bomber fliegen einen Tagesangriff auf Mailand, der 48 Tote und 254 Verletzte unter der Zivilbevölkerung fordert.

25 So Die 1. deutsche Panzerarmee unter Ewald von Kleist startet am Nordrand des Kaukasus zu einer Offensive, die zum Rückzug der Roten Armee führt.

26 Mo Während einer See-Luftschlacht bei den Santa-Cruz-Inseln im Pazifik versenken japanische Verbände den US-Flugzeugträger »Hornet«.

27 Di Der britische Innenminister Herbert Stanley Morrison beziffert die Verluste der britischen Zivilbevölkerung auf 47 305 Tote und 55 658 Verletzte.

28 Mi In Anwesenheit des Komponisten hat an der Münchener Staatsoper »Capriccio«, ein »Konversationsstück für Musik« von Richard Strauss, Premiere.

29 Do Der Alaska Highway, eine Überlandstraße von Kanada nach Alaska, wird nach siebenmonatiger Bauzeit für den Verkehr freigegeben.

30 Fr Olga Tschechowa spielt die Hauptrolle in dem in Berlin uraufgeführten Spielfilm »Mit den Augen einer Frau«.

31 Sa Wegen wachsender Benzinknappheit appelliert die deutsche Regierung an Kraftfahrzeughalter, ihre Wagen auf Holzgasgeneratoren umzustellen.

November 1942

1 So Adolf Hitler verlegt sein Hauptquartier von Winniza in der Ukraine (»Werwolf«) zurück nach Rastenburg in Ostpreußen (»Wolfsschanze«).

2 Mo Die 8. britische Armee setzt in Nordafrika zum erfolgreichen Durchbruch durch die deutsch-italienischen Stellungen an der El Alamein-Front an.

3 Di Bei den Wahlen zum US-Repräsentantenhaus behaupten die Demokraten, die Partei des amtierenden Präsidenten Roosevelt, ihre Mehrheit.

4 Mi Der Oberbefehlshaber der deutsch-italienischen Panzerarmee Afrika, Erwin Rommel, ordnet gegen den Befehl Adolf Hitlers den Rückzug aus El Alamein an.

5 Do In der chilenischen Hauptstadt Santiago de Chile demonstrieren ca. 80 000 Menschen für den Bruch der Regierung mit den Achsenmächten.

6 Fr Der Reichsführer SS, Heinrich Himmler, ordnet den Aufbau einer Sammlung jüdischer Schädel und Skelette in der Universität Straßburg an.

7 Sa In Mailand verbessert der italienische Radrennfahrer Fausto Coppi mit 45,871 km/h den Stundenweltrekord von Maurice Archambaud um 31 m.

8 So Adolf Hitler erklärt in einer Rede im Münchener Löwenbräukeller, Stalingrad »ist bis auf einige Fleckchen eingenommen«. → Alliierte Landung

9 Mo Zur Errichtung eines deutsch-italienischen Brückenkopfes in Tunesien werden deutsche Einheiten von Sizilien nach Tunis überführt.

10 Di Nach wochenlangen schweren Kämpfen hat die 6. deutsche Armee neun Zehntel des Stadtgebietes von Stalingrad (Wolgograd) erobert.

11 Mi Einheiten der französischen Flotte, die seit 1940 in Alexandria vor Anker liegen, werden britischem Oberbefehl unterstellt. → Vichy-Frankreich

12 Do Bei Nacht-Seegefechten in den Gewässern der pazifischen Salomoninseln erleiden Geschwader der USA und Japans schwere Verluste.

13 Fr Die 8. britische Armee unter dem Oberbefehl von Bernard Law Montgomery erobert die von Deutschen und Italienern gehaltene libysche Stadt Tobruk.

14 Sa Bombergeschwader der US-Luftflotte fliegen Angriffe auf die deutschen U-Boot-Stützpunkte La Pallice und Saint-Nazaire in Frankreich.

15 So Im Endspiel um den deutschen Fußballpokal besiegt der TSV 1860 München den amtierenden Deutschen Meister Schalke 04 mit 2:0.

16 Mo Der Staatschef der Vichy-Regierung, Marschall Philippe Pétain, erklärt den Oberbefehlshaber der Streitkräfte, Admiral François Darlan, für entlassen.

17 Di 50 km westlich der tunesischen Stadt Biserta kommt es zu ersten Kampfhandlungen zwischen alliierten und deutschen Truppen in Tunesien.

18 Mi Wegen des deutschen Einmarsches in Südfrankreich ordnet der spanische Regierungschef Francisco Franco eine Teilmobilmachung an.

19 Do In Berlin hat der Film »Heinrich Schlüter« Premiere. Den preußischen Barockbaumeister aus dem frühen 18. Jahrhundert spielt Heinrich George.

20 Fr Die Panzerarmee Afrika unter dem Kommando von Generalfeldmarschall Erwin Rommel räumt Bengasi und gibt die Cyrenaika den Alliierten preis.

21 Sa Mit 300 Flugzeugen fliegt die britische Royal Air Force einen Angriff auf Turin. Es ist bisher die größte britische Militäraktion in Italien.

22 So In ihrem letzten Länderspiel bis 1950 besiegt die Fußballelf Deutschlands die Slowakei in Preßburg 5:2. +++ Die 6. Armee in Stalingrad wird eingeschlossen.

23 Mo Der erste systematische britische Luftangriff auf Berlin mit Spreng- und Brandbomben zerstört u.a. das Gebäude der Deutschen Bank.

24 Di Der propagandistische Farbfilm »Die goldene Stadt« von Regisseur Veit Harlan mit Kristina Söderbaum und Rudolf Prack feiert in Berlin Premiere.

25 Mi Britische Sabotagetrupps und griechische Partisanen sprengen die strategisch wichtige Gorgopotamos-Eisenbahnbrücke zwischen Saloniki und Athen.

26 Do Der jugoslawische Partisanenführer Josip Tito gründet in Bihac den Antifaschistischen Rat für die Befreiung Jugoslawiens. → »Casablanca«

27 Fr Aus Furcht vor einem Übertreten der französischen Flotte auf die Seite der Alliierten lässt Adolf Hitler den Hafen von Toulon besetzen.

28 Sa Bei der größten Brandkatastrophe in den USA seit 1903 kommen in einem Nachtclub in Boston 494 Menschen ums Leben.

29 So Der portugiesische Staatspräsident António Oscar Fragoso Carmona betont die Wichtigkeit der Fortsetzung seiner Neutralitätspolitik.

30 Mo US-Bomberverbände fliegen einen Angriff auf die seit dem 6. März 1942 von den Japanern besetzte birmanische Hauptstadt Rangun.

26. November 1942

Mythos »Casablanca«

Der Kinostart von Michael Curtiz´ Film »Casablanca« floppt in den USA. Einige Wochen später kommt der Produktion ein historisches Ereignis zu Hilfe: Die alliierten Staatsoberhäupter treffen im marokkanischen Casablanca zu einer Konferenz zusammen. Die Filmgesellschaft Warner Brothers startet den Film daraufhin erneut. Er wird diesmal ein sensationeller Erfolg – und zu einem der bis heute ganz großen Kino-Mythen. »Casablanca« erhält 1944 drei »Oscars« für den besten Film, die beste Regie und das beste Drehbuch. Curtiz erzählt die Geschichte des unpolitischen Zynikers Rick (Humphrey Bogart), der in Casablanca »Rick´s Café Americain« leitet. Unerwartet taucht seine Jugendliebe Ilsa (Ingrid Bergman) auf, die sich mit ihrem Mann Viktor Laszlo (Paul Henreid) auf der Flucht vor den Nationalsozialisten befindet. Laszlo ist ein aus dem Konzentrationslager geflohener Widerstandskämpfer. Rick verzichtet auf seine Liebe und ein Leben mit Ilsa, stattdessen sorgt er dafür, dass sie mit ihrem Mann das Land verlassen kann. Aus dem Zyniker ohne Hoffnung ist innerhalb weniger Tage ein entschlossener Kämpfer geworden.

In der berühmten Schlussszene am Flughafen müssen Rick (2.v.r.) und Ilsa (r.) Abschied nehmen.

Ingrid Bergman

schwedische Schauspielerin, * 29.8.1915 Stockholm; † 29.8.1982 London

Ingrid Bergman löste als »natürliche« Schönheit die Sexgöttinen des US-Kinos ab. Mit »Casablanca« begründet die Schwedin ihren Weltruhm. Nach weiteren erfolgreichen US-Produktionen dreht sie unter der Regie ihres zweiten Ehemannes Roberto Rossellini »Stromboli« und wagt einen künstlerischen Neuanfang. In Hollywood wird sie zweimal mit dem »Oscar« ausgezeichnet.

- 1934: Filmdebüt in »Munkbrogeven«
- 1943: »Wem die Stunde schlägt« von Sam Wood
- 1945: »Ich kämpfe um dich« von Alfred Hitchcock
- 1974: »Mord im Orient-Express« von Sidney Lumet
- 1978: »Herbstsonate« von Ingmar Bergman

8. November 1942

Alliierte Landung in Nordwestafrika überrascht Kriegsgegner

Völlig unerwartet landen in der Nacht alliierte Truppen in Französisch-Nordwestafrika. 107 000 Mann gehen an der marokkanischen Küste bei Casablanca und in Algerien bei Algier und Oran an Land (Abb.: US-Truppen erreichen den Strand bei Surcouf). Bis zuletzt sorgt die Haltung der französischen Regierung für Verwirrung. Die Franzosen stehen mit 120 000 Mann in dem Invasionsgebiet. Der französische Oberbefehlshaber in Marokko und Algerien, General Alphonse Juin, wird erst kurz nach Mitternacht von der bevorstehenden Landung in Kenntnis gesetzt. Er verweigert die Zusammenarbeit mit den britischen und amerikanischen Militärs. Es kommt zu Kämpfen zwischen Alliierten und Franzosen. Erst als der Staatschef der Vichy-Regierung, Philippe Pétain, dem Oberbefehlshaber der Streitkräfte, François Darlan, in einer geheimen Weisung Handlungsfreiheit einräumt, lässt dieser die Kampfhandlungen einstellen. Für die deutsche Führung kommt die Invasion in Nordafrika überraschend. Am folgenden Tag werden deutsche Truppen auf dem Luftweg von Sizilien nach Tunis geschickt, um den Vormarsch der Alliierten zu stoppen.

»Casablanca« ist das Kernstück des Bogart-Kults. »Bogeys« unverwechselbare Erscheinung im Trenchcoat, die Melodie »As Time Goes By«, das Zitat »Ich schau Dir in die Augen, Kleines« machen »Casablanca« zu einem Kultstreifen, den viele als »besten Film aller Zeiten« feiern.

11. November 1942

Vichy-Frankreich besetzt

Deutsche Truppen überschreiten die Demarkationslinie zwischen dem besetzten und dem unbesetzten Teil Frankreichs. Mit diesem Vorgehen bricht Adolf Hitler den Waffenstillstand zwischen Deutschland und der französischen Vichy-Regierung vom 22. Juni 1940. Auslöser für die Invasion ist die Weigerung Frankreichs, an der Seite der Achsenmächte in den Krieg einzutreten. Hitler fürchtet nach der alliierten Landung in Nordwestafrika eine zweite Front im Süden Europas. Offiziell erklärt er den Einmarsch als Schutzmaßnahme für den unbesetzten Teil Frankreichs »gegenüber der angelsächsischen räuberischen Koalition«. Bisher hatte sich die Vichy-Regierung Deutschland gegenüber kooperativ verhalten, da sie eine deutsche Invasion nicht riskieren wollte. Die Verletzung der Demarkationslinie beendet diese hinhaltende Politik von Marschall Philippe Pétain und führt die Franzosen auf die Seite der Alliierten.

12. Dezember 1942

Stalingrad wird zur Falle

Die Operation »Wintergewitter« soll die in Stalingrad eingeschlossene 6. deutsche Armee befreien. Seit dem 22. November sind 284 000 deutsche und rumänische Soldaten in einem Kessel der Roten Armee von der übrigen Front abgeschnitten (Abb.: Deutsche Soldaten im zerstörten Stalingrad). Um die Truppen freizuschlagen, lässt die deutsche Heeresführung die 4. Panzerarmee und zwei Panzerdivisionen gegen den sowjetischen Ring anrollen. Nach anfänglichen Erfolgen geraten die deutschen Truppen in Bedrängnis. Nur 48 km vor Stalingrad muss Generalfeldmarschall Erich von Manstein die Einheiten wieder abziehen, da auch sie von einer Einkesselung bedroht werden.

2. Dezember 1942

Nukleare Kettenreaktion

Der Wettlauf um die Atombombe beginnt: Unter der Tribüne des Universitätsstadions von Chicago setzt der italienischer Physiker Enrico Fermi die erste nukleare Kettenreaktion der Welt in Gang. Fermi und sein vorwiegend aus emigrierten europäischen Wissenschaftlern zusammengesetztes Forschungsteam arbeiten unter strengster Geheimhaltung im Auftrag der US-Regierung. Ziel der Forschung ist die Entwicklung einer Atombombe, das sog. Manhattan-Projekt. Der Physiker Albert Einstein hatte US-Präsident Franklin D. Roosevelt 1939 den Bau einer Atomwaffe vorgeschlagen. Schon 1938 hatte der Deutsche Otto Hahn entdeckt, dass Urankerne unter Beschuss gespalten werden können. Für die Kettenreaktion ist eine ausreichende Menge spaltbaren Materials notwendig. Übersteigt sie die sog. kritische Masse, so entstehen durch Kernspaltung mehr Neutronen, als aus der Masse gleichzeitig entweichen können. Es kommt zur Kettenreaktion. Regelstäbe aus Cadmium dienen dazu, überschüssige Neutronen einzufangen.

Enrico Fermi

italienischer Physiker, * 29.9.1901 Rom; † 28.11.1954 Chicago

Enrico Fermi war maßgeblich an der Entwicklung der Atombombe beteiligt. Für seine Erkenntnisse auf dem Gebiet der Kernphysik erhielt er 1938 den Nobelpreis für Physik. Noch im selben Jahr verließ er das faschistische Italien und zog in die USA.

- 1926: Entwicklung der Quantenstatistik für subatomare Teilchen
- 1927-38: Professor an der Universität Rom
- 1939-42: Professor an der Columbia-Universität, New York
- ab 1942: Professor an der Universität von Chicago
- 1952: Entdeckung der Elementarteilchenresonanzen

Dezember 1942

1 Di Aus Anlass des japanischen Erntedankfestes erlebt die Oper »Lohengrin« von Richard Wagner in Tokio ihre japanische Erstaufführung.

2 Mi Die britische Presse begrüßt den Reformplan von William Henry Beveridge für einen künftigen britischen Wohlfahrtsstaat. → Kettenreaktion

3 Do Schnellboote der deutschen Kriegsmarine versenken im Ärmelkanal den britischen Zerstörer »Penylan«. +++ In Deutschland findet eine Viehzählung statt.

4 Fr US-Bomber vom Typ Boeing B24 »Liberator« fliegen einen Angriff auf Neapel. Es ist der erste Angriff der US-Luftwaffe auf ein italienisches Ziel.

5 Sa Über die bulgarische Hauptstadt Sofia wird der Ausnahmezustand verhängt.Die Polizei verhaftet bei Razzien rd. 500 Personen.

6 So Im Londoner Exil fordert Erich Ollenhauer, Vorstandsmitglied der SPD, eine Vorbereitung auf die politische Neugestaltung Deutschlands für die Zeit nach Hitler.

7 Mo Die Gestapo verhaftet u.a. in Düsseldorf Mitglieder der Widerstandsgruppe »Edelweißpiraten«. +++ Die Berliner Staatsoper feiert ihren 200. Jahrestag.

8 Di Die Regierung der Schweiz wendet sich in ihrer Funktion als neutrale Schutzmacht gegen die Praxis der Fesselung von Kriegsgefangenen.

9 Mi 196 britische Flugzeuge werfen 397 Tonnen Bomben auf die norditalienische Stadt Turin. Dabei verlieren die Angreifer drei Maschinen.

10 Do Bei einer Grubenexplosion in der türkischen Ortschaft Zonguldak am Schwarzen Meer kommen 63 Arbeiter ums Leben.

11 Fr In den US-Kinos startet der Bergwerks-Film »Pittsburgh« von Lewis Seiler. Die Hauptrollen spielen John Wayne, Marlene Dietrich und Randolph Scott.

12 Sa An der Technischen Hochschule in München wird ein Institut für die kriegswirtschaftlich bedeutende Kunstfaserforschung eingerichtet. → Stalingrad

13 So Bei einem Brand in einem Militärhospital der kanadischen Stadt St. Johns kommen während einer Tanzveranstaltung 104 Soldaten ums Leben.

14 Mo Großbritannien und das Freie Frankreich vereinbaren die Übernahme der britisch besetzten Insel Madagaskar durch General Charles de Gaulle.

15 Di Aufgrund der Arbeiterunruhen im Grubenbezirk von Catari in Bolivien verhängt die Regierung den Ausnahmezustand über die Region.

16 Mi Nordwestlich von Stalingrad überrollen Panzereinheiten der Roten Armee eine für die eingeschlossene 6. deutsche Armee lebenswichtige Nachschubbasis.

17 Do Das US-Schatzamt in Washington legt mit 103 Mrd. Dollar den bislang höchsten Haushaltsplan in der Geschichte der USA vor.

18 Fr Der italienische Ministerpräsident und »Duce« Benito Mussolini lässt Adolf Hitler einen Vorschlag zu einem Separatfrieden mit der UdSSR übermitteln.

19 Sa Das antisowjetische Schauspiel »Das Dorf bei Odessa« von Herbert Reinecker kommt in Berlin, Breslau, Hannover und Stuttgart zur Uraufführung.

20 So Um die Versorgung über Weihnachten gewährleisten zu können, werden die Rationen der in Stalingrad eingeschlossenen 6. deutschen Armee halbiert.

21 Mo Unterstützt von einem im August 1942 erstmals eingesetzten Richtstrahlsystem, greifen Maschinen der Royal Air Force die Essener Kruppwerke an.

22 Di Nach ersten Meldungen sind bei einem Erdbeben im Gebiet der nordanatolischen Stadt Tohat mindestens 600 Menschen ums Leben gekommen.

23 Mi Der US-Filmschauspieler Clark Gable trifft mit einem Truppentransport in Gibraltar ein, um hier seinen Dienst als Hauptmann anzutreten.

24 Do Ein Parteigänger Charles des Gaulles ermordet in Algier den De-facto-Staatschef von Französisch-Nordwestafrika, François Darlan.

25 Fr Über Rundfunk appelliert der deutsche Propagandaminister Joseph Goebbels zur vierten Kriegsweihnacht an den Durchhaltewillen des deutschen Volkes.

26 Sa Auf japanischen Flugblättern, die über dem indischen Kalkutta abgeworfen werden, wird die Zivilbevölkerung zur Räumung der Angriffsziele aufgefordert.

27 So In den Vereinigten Staaten startet die von Leo McCarey inszenierte Filmkomödie »Once upon a Honeymoon«. Die Hauptrolle spielt Cary Grant.

28 Mo Das Oberkommando der Deutschen Wehrmacht erteilt der Heeresgruppe A den Befehl zum Rückzug aus dem Kaukasus.

29 Di Die Kolonie Französisch-Somaliland (Somalia) schließt sich dem Freien Frankreich an. Damit erhalten die Alliierten Zugang zum Roten Meer.

30 Mi Acht deutsche Fernbomber vom Typ Focke Wulff 200 werfen 7,95 t Bomben auf die marokkanische Hafenstadt Casablanca.

31 Do Nach Angaben der US-Regierung verloren die USA und Großbritannien 1942 bei Kriegshandlungen rd. 12 Mio. Bruttoregistertonnen Schiffsraum.

Januar 1943

1 Fr Enrico Celio tritt die Nachfolge von Philipp Etter als Bundespräsident der Schweiz an. +++ In Santiago de Chile erscheint die Exilzeitschrift »Deutsche Blätter«.

2 Sa Gustaf Gründgens spielt den Orest in Johann Wolfgang von Goethes »Iphigenie auf Tauris«. Das Stück wird im Deutschen Schauspielhaus Berlin gegeben.

3 So Albert Speer, Reichsminister für Bewaffnung und Munition, erhält den Auftrag zur Anlage von deutschen U-Boot-Bunkern im französischen Marseille.

4 Mo Reichspropagandaminister Joseph Goebbels weist die Presse an, die Bevölkerung zum »totalen Einsatz« aufzufordern.

5 Di Der Reichsführer SS, Heinrich Himmler, ordnet für das besetzte Frankreich die Einrichtung von Bordellen an allen Standorten der Waffen-SS an.

6 Mi Weil sie per staatlicher Verfügung bestimmte Nachrichten nicht mehr veröffentlichen dürfen, stellen 100 indische Zeitungen ihr Erscheinen ein.

7 Do Franz Hueber, bisher Unterstaatssekretär im deutschen Reichsjustizministerium, wird neuer Präsident des Reichsverwaltungsgerichts.

8 Fr Der Oberbefehlshaber der bei Stalingrad eingeschlossenen 6. Armee, Friedrich Paulus, lehnt eine sowjetische Kapitulationsaufforderung ab.

9 Sa Die 1940 von Japan errichtete chinesische Nationalregierung in Nanking unter Wang Ching-wei erklärt den USA und Großbritannien den Krieg.

10 So Die Rote Armee beginnt ihre Offensive zur Zerschlagung des Kessels von Stalingrad. +++ Mizzi Musilek aus Wien wird Deutsche Meisterin im Eiskunstlauf.

11 Mo In Newcastle upon Tyne betont der britische Innenminister Herbert Stanley Morrison die Bedeutung der Kolonien für Großbritannien auch nach Kriegsende.

12 Di »Shadow of a doubt« (Im Schatten des Zweifels), ein Kriminalfilm des britischen Regisseurs Alfred Hitchcock, feiert in den USA Premiere.

13 Mi Mit dem Erlass über den Einsatz von Männern und Frauen für die Reichsverteidigung beginnt die Mobilisierung der deutschen Zivilbevölkerung.

14 Do Die Reichsschrifttumskammer verhängt erneut ein Schreibverbot über den deutschen Schriftsteller Erich Kästner. → Casablanca

15 Fr Adolf Hitler beauftragt Generalfeldmarschall Erhard Milch mit der Luftversorgung der bei Stalingrad eingeschlossenen 6. deutschen Armee.

16 Sa In Düsseldorf verteidigen Gerda Strauch und Günther Noack aus Berlin ihren deutschen Meistertitel im Eiskunstlauf der Paare.

17 So Die Erziehungskommission des US-Lehrerverbands beschließt, in den Schulen des Landes keine Hassgefühle gegen den Kriegsgegner zu vermitteln.

18 Mo Die Rote Armee nimmt Schlüsselburg (Petrokrepost) ein und erhält damit wieder eine Landverbindung mit dem von den Deutschen belagerten Leningrad.

19 Di Die rumänische Regierung schlägt Italiens Ministerpräsident Benito Mussolini vor, für Friedensverhandlungen Kontakt mit den Westalliierten aufzunehmen.

20 Mi In Bosnien beginnt die Operation »Weiß«, eine deutsch-italienisch-kroatische Gemeinschaftsaktion gegen die Partisanen unter Josip Tito.

21 Do Die deutsch-italienischen Streitkräfte in Nordafrika ziehen sich auf eine Schutzstellung vor der libyschen Hauptstadt Tripolis zurück.

22 Fr In den USA läuft mit der »Yorktown« der achte Flugzeugträger der US-Marine seit dem japanischen Angriff auf Pearl Harbor im Dezember 1941 vom Stapel.

23 Sa Die Jazz-Suite »Black, Brown and Beige« von dem Bandleader und Pianisten Duke Ellington kommt in der New Yorker Carnegie Hall zur Uraufführung.

24 So Die deutsche Wehrmacht verliert ihren letzten Flugplatz bei Stalingrad (Wolgograd). +++ Der Irak tritt der Atlantikcharta vom 14. August 1941 bei.

25 Mo Indien beschließt eine Erhöhung des Weizenimports, die Aufhebung der Höchstpreise für das Getreide und die Einrichtung staatlicher Einkaufsstellen.

26 Di Die deutschen Truppen müssen Minina, eine Vorstadt von Stalingrad (Wolgograd), räumen. Die eingekesselte 6. Armee wird weiter eingeschnürt.

27 Mi Mit einem Bombenangriff auf Wilhelmshaven startet die US-Luftwaffe ihren ersten Tagesangriff gegen Deutschland.

28 Do Im Raum Woronesch vereinigen sich die von Norden und Süden angreifenden Verbände der Roten Armee und schließen damit sieben deutsche Divisionen ein.

29 Fr Bei einem Kongress deutscher Exilorganisationen in Montevideo (Uruguay) werden unüberbrückbare politische Gegensätze der Gruppen deutlich.

30 Sa Admiral Karl Dönitz löst den zurückgetretenen Großadmiral Erich Raeder als Oberbefehlshaber der deutschen Kriegsmarine ab.

31 So Die Südgruppe der bei Stalingrad von den Sowjettruppen eingeschlossenen 6. deutschen Armee unter Generalfeldmarschall Friedrich Paulus kapituliert.

18. Februar 1943

Demagogie im Sportpalast

Propagandaminister Joseph Goebbels hält eine aufpeitschende Rede im Berliner Sportpalast. Die Kriegsmoral der Bevölkerung befindet sich auf dem Nullpunkt. Dennoch gelingt es Goebbels, auf die Frage »Wollt ihr den totalen Krieg?« ein begeistertes und vielstimmiges »Ja« zu provozieren.

Joseph Goebbels

deutscher Politiker, * 29.10. 1897 Rheydt; † 1.5.1945 Berlin

Goebbels gehörte zu den wichtigsten Weggefährten Hitlers. Durch Einsatz der modernen Medien Rundfunk und Film für seine Propaganda trug der auch als Redner wirkungsvolle Demagoge wesentlich zum Aufstieg und Machterhalt der NSDAP bei.

- 1924: Studium der Germanistik, Philosophie, Geschichte
- 1926: NSDAP-Gauleiter von Berlin-Brandenburg
- 1933-45: Minister für Volksaufklärung und Propaganda

14. Januar 1943

Konferenz von Casablanca

Die alliierten Mächte Großbritannien und USA beschließen in der marokkanischen Hafenstadt Casablanca, im Krieg gegen Deutschland eine zweite Front aufzubauen. Der britische Premierminister Winston Churchill schlägt eine Landung auf Sizilien vor, um zunächst Italien als Verbündeten Deutschlands auszuschalten. US-Präsident Roosevelt setzt auf eine Invasion an der französischen Atlantikküste. Die Staatsoberhäupter einigen sich darauf, den Einmarsch auf Sizilien für den Sommer 1943 zu planen. Nach der Schwächung Deutschlands soll 1944 die Invasion in Frankreich durchgeführt werden. Churchill und Roosevelt erklären außerdem einstimmig, dass kein einfacher Waffenstillstand mit den Kriegsgegnern Deutschland, Italien und Japan geschlossen werden soll. Einzig die bedingungslose Kapitulation dieser Staaten wird als Voraussetzung für das Kriegsende festgelegt. Der sowjetische Staats- und Parteichef Josef W. Stalin nimmt trotz Einladung nicht an der Konferenz in Casablanca teil. Er hatte mit der Begründung abgesagt, die Großoffensive der Roten Armee vom November 1942 gegen Deutschland koordinieren zu müssen.

Die Situation in Stalingrad ist für deutsche Panzer und Infanterie ausweglos.

Stalingrad – Bilanz des Schreckens

Mit der Kapitulation der 6. deutschen Armee in Stalingrad endet eine der verlustreichsten Schlachten des Zweiten Weltkriegs. Nach einer Großoffensive auf die große Industriestadt waren 260 000 Wehrmachtsoldaten von der Roten Armee eingekesselt worden. In den folgenden Wochen sterben fast zwei Drittel an Hunger, Kälte und Erschöpfung oder bei den zahlreichen Kämpfen mit den Sowjets. Rd. 90 000 Deutsche geraten nach der Kapitulation in Kriegsgefangenschaft. Als in den Sammellagern das Fleckfieber ausbricht, stirbt die Hälfte der Gefangenen. Zehntausende kommen anschließend bei den winterlichen Märschen in die Lager nach Sibirien um. Von 364 000 Soldaten kehren nur 6000 nach Deutschland zurück.

Die Schlacht hinterlässt ein Bild der Verwüstung.

Der Kampf gegen die Kälte fordert unzählige Todesopfer.

18./22. Februar 1943

»Weiße Rose« zerschlagen

Die Studenten Sophie und Hans Scholl werden an der Münchener Universität verhaftet. Sie sind Mitglieder der Widerstandsbewegung »Weiße Rose«, die seit einem Jahr mit Flugblättern und Wandparolen zum Widerstand gegen das NS-Regime aufruft. Die Studenten protestieren gegen die Verbrechen in den besetzten Gebieten und prangern den Missbrauch der Jugend für den Krieg an. Unterstützung findet die Gruppe, zu der u.a. auch Alexander Schmorell, Willi Graf und Christoph Probst (Abb., re.) zählen, bei dem Münchener Professor Kurt Huber. Am 16. Februar wird der Münchener Gauleiter Paul Giesler nach einer Rede von Studenten aus der Universität herausgetrieben. Es kommt auf offener Straße zu Protestkundgebungen gegen das NS-Regime. Daraufhin beginnt die Gestapo, die Vorgänge an der Universität genauer in Augenschein zu nehmen. Zwei Tage später werden Sophie und Hans Scholl beim Verteilen von Flugblättern verhaftet. Am 22. Februar verurteilt sie der Volksgerichtshof zum Tode. Das Urteil wird noch am selben Tag vollstreckt.

Sophie und Hans Scholl

deutsche Widerstandskämpfer,
Sophie * 9.5.1921 Forchtenberg; † 22.2.1943 Berlin-Plötzensee
Hans * 22.8.1918 Ingersheim; † 22.2.1943 Berlin-Plötzensee

Sophie Scholl (Abb.: Mitte) trat 1933 in die Hitlerjugend ein, kommentierte die Organisation aber als »unsinnigen Quatsch«. Nach dem Abitur 1940 begann sie eine Ausbildung zur Kindergärtnerin.

- 1940: Teilnahme am Arbeits- und Kriegsdienst
- 1942: Beginn des Biologiestudiums in München

Hans Scholls (Abb.: l.) Mitgliedschaft in der Hitlerjugend begann ebenfalls 1933. Er wandte sich von der NS-Ideologie ab, weil er Individualismus und Diskussionen vermisste und den Drill als übertrieben empfand.

- 1936: Teilnahme am Nürnberger Parteitag
- 1939: Beginn des Medizinstudiums in München
- 1942: Nach Russland abkommandiert

2. Februar 1943

6. Armee kapituliert

Generalfeldmarschall Friedrich Paulus (l.) ergibt sich gegen den Willen Hitlers der Roten Armee.

Die Schlacht von Stalingrad endet mit der Kapitulation der deutschen Nordgruppe unter General Karl Strecker. Der Leiter der Südgruppe, Generalfeldmarschall Friedrich Paulus, hatte sich bereits am 31. Januar der Roten Armee ergeben. Der Kampf um Stalingrad ist entschieden. Immer mehr Menschen ahnen, dass der Krieg für Deutschland verloren ist. Die deutsche Offensive auf die Stadt hatte am 19. August begonnen. Bis zum 15. September konnte die 6. deutsche Armee Stalingrad zu 90% erobern. Einen Monat später begannen die Russen mit der Gegenoffensive. Von außen zogen sie einen Ring um die Stadt und schlossen die Deutschen ein. Versuche der Wehrmacht, den Kessel mit anrückenden Panzerdivisionen von außen zu sprengen, schlugen fehl. Paulus übermittelte Adolf Hitler über Funk den Vorschlag, einen Ausbruchsversuch zu unternehmen. Hitler lehnte ab und versprach, die eingeschlossenen Soldaten mit Hilfe der Luftwaffe zu versorgen. Dieses Vorhaben scheiterte jedoch am Widerstand der Roten Armee. Bei der Luftversorgung des Kessels verlor die deutsche Luftwaffe fast die Hälfte aller vorhandenen Transportflugzeuge und einen Großteil der Luftpersonals. Paulus lehnte Aufforderungen zur Kapitulation zunächst ab. Am 25. Januar gelang es der Roten Armee, den Kessel zusammenzuziehen. Die deutschen Truppen wurden in eine Nord- und eine Südgruppe gespalten. Damit waren koordinierte Aktionen unmöglich geworden. Als die letzte Munition verschossen war, mussten die Soldaten der Südgruppe am 31. Januar die Waffen strecken. Sie wurden auf dem Roten Platz in Stalingrad zusammengerufen. Der sowjetische Generaloberst Konstantin K. Rokossowski forderte Friedrich Paulus auf, auch die Nordgruppe unter General Karl Strecker zur Kapitulation aufzufordern, aber Paulus lehnte ab. Die Nordgruppe ergibt sich zwei Tage später. Als Adolf Hitler von der Kapitulation hört, bezichtigt er Paulus der Feigheit und fordert: »Der Mann hat sich totzuschießen!« Als die deutschen Soldaten aus Stalingrad abtransportiert werden, verlassen sie eine zerstörte Stadt. Von den ursprünglich 600 000 Einwohnern leben noch 30 000 in den Ruinen.
Die verlorene Schlacht von Stalingrad markiert die Wende des deutschen Ostfeldzuges. Der Verlust an Soldaten und Kriegsmaterial schwächt die deutsche Wehrmacht nachhaltig. Adolf Hitler versucht, die Niederlage in ein grandioses germanisches Heldenepos zu verklären. Doch die deutsche Bevölkerung ist zunehmend kriegsmüde und der Propaganda überdrüssig.

Februar 1943

1 Mo Der britische Werkstofffachmann Henry Barron spricht in einem Vortrag in London über das bevorstehende Zeitalter der »plastics«.

2 Di Mit der »Caritas I« sticht das erste vom Internationalen Roten Kreuz erworbene Schiff von Lissabon aus in See, um US-Hilfsgüter zu besorgen. → 6. Armee

3 Mi Als erste Maschine dieser Art in Deutschland wird ein Einachs-Schlepper mit Holzgasantrieb vorgestellt. Eine Holzfüllung reicht für eineinhalb Betriebsstunden.

4 Do In Zürich hat »Der gute Mensch von Sezuan«, ein Stück des im US-Exil lebenden deutschen Dichters Bertolt Brecht, Premiere.

5 Fr Die italienische Regierung wird umgebildet. Ministerpräsident und »Duce« Benito Mussolini übernimmt zusätzlich das Amt des Außenministers.

6 Sa Reichskanzler Adolf Hitler genehmigt die Pläne für die Errichtung eines Schutzbunkers unter der Reichskanzlei in Berlin.

7 So Peru tritt der Atlantikcharta vom 14. August 1941 über die zukünftige Politik der USA und Großbritanniens bei. Tags darauf schließt sich auch Brasilien an.

8 Mo Die letzten japanischen Soldaten räumen die seit der US-Invasion am 7. August 1942 umkämpfte Salomoninsel Guadalcanal.

9 Di Das Reichssicherheitshauptamt beklagt die »fahrlässige Verbreitung« ausländischer Zeitungen. U.a. hatte ein Blumenhändler mit der »Times« Blumen verpackt.

10 Mi Der indische Freiheitskämpfer Mohandas Karamchand (Mahatma) Gandhi tritt aus Protest gegen seine Inhaftierung in einen Hungerstreik.

11 Do In Deutschland beginnt die Einberufung von Schülern der höheren Schulen, die das 15. Lebensjahr vollendet haben, zum Dienst als Luftwaffenhelfer.

12 Fr Der US-Film »Journey into fear« (Von Agenten gejagt) hat Premiere. Drehbuchautoren und Hauptdarsteller sind Orson Welles und Joseph Cotten.

13 Sa Adolf Hitler ordnet an, dass in Familien mit mehr als vier Söhnen ein Erbe aus dem Wehrdienst entlassen werden kann, wenn er zu Hause benötigt wird.

14 So Für den Rückzug der deutschen Truppen an der Ostfront befiehlt Adolf Hitler die Zerstörung sämtlicher Anlagen, die der Roten Armee nutzen könnten.

15 Mo In Frankreich wird die Arbeitsdienstpflicht für die Geburtsjahrgänge 1920 bis 1922 eingeführt. Die Dienstzeit beträgt zwei Jahre.

16 Di »Das unsterbliche Antlitz«, ein dramatisches Schauspiel des österreichischen Filmregisseurs Géza von Cziffra, kommt in Coburg zur Uraufführung.

17 Mi Der KZ-Arzt Sigmund Rascher berichtet Reichsführer SS Heinrich Himmler über die von ihm durchgeführten Kälteversuche an Menschen.

18 Do Das Oberkommando der Wehrmacht gibt bekannt, dass die feindlichen Angriffe im Westkaukasus erfolglos geblieben seien. → Sportpalast → »Weiße Rose«

19 Fr In Washington wird der Sitz des US-Verteidigungsministeriums, das Pentagon, eingeweiht. +++ Britische Bomber greifen in der Nacht Wilhelmshaven an.

20 Sa Ein schwerer US-Luftangriff auf die süditalienische Stadt Neapel fordert 119 Todesopfer und 332 Verletzte unter der Zivilbevölkerung.

21 So Die deutschen Truppen in Nordafrika nehmen die Passstellungen nordwestlich von Kasserine ein und stoßen weiter auf Tébessa vor.

22 Mo Zwischen Dnjepr und Donez tritt die deutsche Heeresgruppe Süd zu einer erfolgreichen Offensive gegen Verbände der Roten Armee an.

23 Di Die US-Marine stellt das 45 000 t-Schlachtschiff »Iowa« in Dienst. Es ist das größte Kriegsschiff der Flotte. Seine Bewaffnung umfasst 157 Geschütze.

24 Mi Die vom deutschen Besatzungsregime geplante Zivilmobilisierung in Griechenland führt in Athen zu heftigen Protesten in der Bevölkerung.

25 Do »Um Arbeitskräfte für die Reichsverteidigung freizumachen«, streicht Reichssportführer Hans von Tschammer und Osten alle Galopp- und Trabrenntage.

26 Fr In Berlin feiert der Film »Sophienlund« Premiere. Die Regie in dem als »künstlerisch besonders wertvoll« prämierten Streifen führte Heinz Rühmann.

27 Sa Norwegische und britische Agenten verüben einen Anschlag auf das Norsk Hydro-Werk bei Rjukan, das schweres Wasser für Atombomben produziert.

28 So Die türkische Nationalversammlung in Ankara wählt erneut Ismet Inönü zum Staatspräsidenten. +++ Die »Berliner Zeitung am Mittag« stellt ihr Erscheinen ein.

März 1943

1 Mo In Mexiko tritt erstmals in der Geschichte des Landes die allgemeine Wehrpflicht in Kraft. +++ In Moskau wird der Bund polnischer Patrioten gegründet.

2 Di Die deutschen Truppen im Südabschnitt der Ostfront nehmen Slawjansk und Bogoroditschno ein und bilden einen Brückenkopf über den Donez.

3 Mi Sämtliche ostthrakische Juden werden von deutschen Stellen festgenommen und fünf Tage später ins Konzentrationslager Treblinka deportiert.

4 Do Eine dreitägige Schlacht zwischen Japanern und US-Verbänden in der Bismarcksee im Pazifischen Ozean geht mit einem Sieg der USA zu Ende.

5 Fr In der Nacht zum 6. März startet die britische Luftwaffe mit 369 Bombern eine Großoffensive gegen das Ruhrgebiet in Deutschland.

6 Sa Die Reichsstelle Chemie verbietet die Herstellung von Filmen, Platten und Fotopapier sowie das Entwickeln von Filmen für Fotoamateure in Deutschland.

7 So Der Oberste Sowjet in Moskau verleiht dem sowjetischen Partei- und Staatschef Josef W. Stalin den Marschallstitel.

8 Mo US-Vizepräsident Henry Agard Wallace warnt vor einem dritten Weltkrieg. Dieser drohe, wenn die USA sich nicht mit der UdSSR verständigen könnten.

9 Di Adolf Hitler ordnet die Abberufung von Generalfeldmarschall Erwin Rommel von seinem Oberbefehl über die deutsch-italienische Heeresgruppe Afrika an.

10 Mi Die Reichsregierung beschließt, die Arbeitszeit für Beamte auf 53 bzw. 56 Stunden pro Woche heraufzusetzen.

11 Do Bei einem britischen Bombenangriff auf Stuttgart kommen in der Nacht zum 12. März 112 Menschen ums Leben; 386 Zivilisten werden verletzt.

12 Fr Ein Streik der Turiner Rüstungsarbeiter, mit dem sie für Frieden und Freiheit demonstrieren wollen, findet bei den italienischen Behörden kaum Beachtung.

13 Sa Ein geplantes Sprengstoffattentat des Widerstandskreises in der Heeresgruppe Mitte auf Adolf Hitler scheitert.

14 So Die mit 5440 kg bislang schwerste Bombe des Krieges zerstört einen Viadukt bei Bielefeld. +++ SS-Truppen nehmen die Stadt Charkow wieder ein.

15 Mo Weil der französische Marschall Philippe Pétain nach Nordafrika fliehen will, lässt Adolf Hitler alle Flugplätze in der Umgebung von Vichy unbrauchbar machen.

16 Di Die von Diktator Francisco Franco 1942 neu geschaffene Volksvertretung Spaniens tritt zu ihrer ersten Sitzung zusammen.

17 Mi In Sofia sprechen sich die Mitglieder des bulgarischen Parlamentes einstimmig gegen die Deportation bulgarischer Juden nach Polen aus.

18 Do Aufgrund von Gerüchten über einen bevorstehenden deutschen Angriff werden alle schweizerischen Heereseinheiten in Alarmbereitschaft versetzt.

19 Fr In Südtunesien greift die 8. britische Armee die 1. italienische Armee in der Mareth-Stellung an. Die italienischen Truppen müssen zurückweichen.

20 Sa Die Presse meldet vom Atlantik die größte Geleitzugschlacht des Krieges. Deutsche U-Boote hätten 140 842 BRT gegnerischen Schiffsraums versenkt.

21 So Nach der Einnahme von Belgorod klingt die Offensive der deutschen Heeresgruppe Süd an der Ostfront ab. Grund ist u.a. die einsetzende Schlammperiode.

22 Mo Großadmiral Karl Dönitz ordnet die Erhöhung der monatlichen U-Boot-Produktion für die deutsche Kriegsmarine auf 30 Boote des Typs VII an.

23 Di Aus den Wahlen zum dänischen Parlament gehen die Sozialdemokraten mit 66 von 149 Mandaten als Sieger hervor.

24 Mi Vor dem britischen Oberhaus fordert William Temple, der Erzbischof von Canterbury, die Regierung zu Maßnahmen gegen die Judenvernichtung auf.

25 Do Japan und die Sowjetunion verlängern das 1928 zwischen beiden Ländern abgeschlossene Fischereiabkommen.

26 Fr In einer geheimen Denkschrift an die deutschen Generäle fordert der Widerstandskämpfer Carl Friedrich Goerdeler einen Staatsstreich.

27 Sa Das Kriegswinterhilfswerk in Deutschland führt Sammlungen unter dem Motto »Schaffende sammeln – Schaffende geben« durch.

28 So Niederländische Widerstandskämpfer verüben einen Brandanschlag auf das Gebäude, in dem die Einwohnerkartei von Amsterdam verwaltet wird.

29 Mo Reichsführer SS Heinrich Himmler befiehlt die Deportation aller niederländischen Angehörigen der Volksgruppe der Sinti ins Vernichtungslager Auschwitz.

30 Di Wegen »mürrischer Unzufriedenheit« deutscher Frauen wird nach Pressemeldungen die Anfertigung von Dauerwellen in Deutschland wieder gestattet.

31 Mi Am New Yorker St. James Theatre kommt das Musical »Oklahoma!« von Richard Rodgers und Oscar Hammerstein zur Uraufführung.

13. April 1943

Wehrmacht deckt Massaker an polnischen Offizieren auf

Soldaten der deutschen Wehrmacht entdecken im russischen Katyn Massengräber mit mehreren tausend Leichen. Nachforschungen ergeben, dass es sich bei den Toten um polnische Offiziere handelt, die 1939 in sowjetische Kriegsgefangenschaft gerieten und seither vermisst wurden. Eine internationale Ärztekommission wird hinzugezogen. Sie legt 4443 Leichen frei (s. Abb.). Obduktionen ergeben, dass die Männer durch Genickschuss hingerichtet wurden. An einigen Leichen können später Einstiche von russischen Bajonetten identifiziert werden. Der sowjetische Staatschef Josef W. Stalin bricht alle diplomatischen Beziehungen zur polnischen Exilregierung ab und macht die deutsche Wehrmacht für das Massaker verantwortlich. Das Massengrab von Katyn bleibt über Jahrzehnte ein Politikum. Erst 1990 gesteht die sowjetische Führung die Schuld ein.

5. April 1943

Schlag gegen Widerstand

Die Geheime Staatspolizei verhaftet führende Mitglieder des Widerstands gegen das NS-Regime. Dietrich Bonhoeffer, Hans von Dohnanyi und Josef Müller – zum Teil samt ihren Ehefrauen – geraten in die Hände der NS-Justiz. Die Verhafteten gehören zur Widerstandsgruppe um General Hans Oster, dem Stabschef der Abwehr, und Generaloberst Ludwig Beck. Bonhoeffer hatte im Mai 1942 von Schweden aus der britischen Regierung Friedensvorschläge unterbreitet, falls Adolf Hitler bei einem Attentat ums Leben kommen sollte. London hatte die Pläne jedoch abgelehnt.

Dietrich Bonhoeffer

deutscher Theologe und Widerstandskämpfer, * 4.2.1906 Breslau; † 9.4.1945 Konzentrationslager Flossenbürg

Pastor Dietrich Bonhoeffer spielte eine führende Rolle innerhalb der deutschen Widerstandsbewegung gegen das NS-Regime. Gleichzeitig gilt er als bedeutender Theologe der protestantischen Kirche. 1935 übernahm Bonhoeffer die Leitung des illegalen Predigerseminars der Bekennenden Kirche in Finkenwalde. Die nationalsozialistische Regierung belegte ihn 1941 mit Rede- und Schreibverbot. Daraufhin schloss er sich der Widerstandsbewegung an. Von Schweden aus versuchte Bonhoeffer, Kontakt zur britischen Regierung in London herzustellen, um die Möglichkeiten eines Friedensschlusses unter einer neuen deutschen Regierung auszuloten. Nach seiner Verhaftung wird er nacheinander in die Konzentrationslager Buchenwald, Schönberg und Flossenbürg gebracht. 1945 verurteilt ihn ein Standgericht zum Tode. Dietrich Bonhoeffer stirbt zusammen mit anderen Widerstandskämpfern, darunter Admiral Wilhelm Canaris und General Hans Oster. Bonhoeffers theologische Arbeiten haben bis heute nachhaltige Wirkung auf den deutschen Protestantismus.

- 1927: Promotion zum Doktor der Theologie
- 1929: Habilitation
- 1931: Studentenpfarrer in Berlin
- 1936: Entzug der Lehrerlaubnis
- 1939: »Gemeinsames Leben« (Schriften)

19. April 1943

Aufstand im Ghetto

Im Warschauer Ghetto nimmt eine jüdische Organisation den ungleichen Kampf gegen die Waffen-SS auf. Als deutsche Bataillone die bislang noch nicht deportierten Bewohner in Konzentrationslager bringen wollen, werden sie von heftigem Widerstand überrascht.

Die Aufständischen unter der Führung von Mordecai Anielewicz bewerfen die Soldaten von Dächern aus mit selbstgebastelten Geschossen. SS-Brigadeführer Jürgen Stroop muss den Rückzug befehlen. Doch der Erfolg ist nur von kurzer Dauer. Wenige Stunden später rückt die SS mit schweren Waffen an und beginnt, die Häuser zu beschießen. Am folgenden Tag setzten die Deutschen Flammenwerfer ein. Zahlreiche Gebäude

Deutsche Truppen treiben die letzten Überlebenden des Aufstands zusammen.

gehen in Flammen auf. Viele Bewohner sterben in den Bränden oder bei verzweifelten Sprüngen aus den Fenstern. Wer sich aus den Gebäuden retten kann, wird von den Mordkommandos erschossen. Auch der Versuch, durch die Kanalisa-

30. April 1943

Die ersten Häftlinge im Konzentrationslager Bergen-Belsen

Nahe der Stadt Celle in der südlichen Lüneburger Heide lassen NS-Behörden das Konzentrationslager Bergen-Belsen errichten. Es ist für jüdische Häftlinge bestimmt, die von hier aus in Vernichtungslager weitertransportiert werden sollen.
Die deutsche Regierung kaufte das Gelände um die Orte Bergen und Belsen bereits 1935 an. Zunächst wurden Kasernen und Verwaltungsgebäude für die Wehrmacht errichtet, die bis 1940 hier Truppenübungen durchführte. Um Kriegsgefangene aufnehmen zu können, wurde das Gelände in ein Internierungslager umgestaltet. Die Wehrmacht internierte zunächst Belgier und Franzosen in Bergen-Belsen. Mit dem Beginn des Russlandfeldzuges kamen Soldaten der Roten Armee hinzu. Die meisten Insassen starben, als eine Ruhr- und Fleckfieberepidemie im Lager ausbrach. Durch den Umbau in ein Konzentrationslager wollen die Nationalsozialisten ein Übergangslager für Juden schaffen. Sie versprechen sich von der Inhaftierung einflussreicher Personen Druckmittel gegen das Ausland. So sollen zum Beispiel Juden mit verwandtschaftlichen oder sonstigen Beziehungen zu einflussreichen Personen im Ausland als Geiseln für »Austauschzwecke« dienen. Nur sehr wenige Häftlinge wurden tatsächlich ausgetauscht. Ende Juni 1944 können 222 Juden das Lager verlassen, 136 Personen erreichen im Zuge eines deutsch-amerikanischen Zivilpersonenaustausches Ende Januar 1945 die Schweiz. Genaue Zahlen über die Opfer des Konzentrationslagers Bergen-Belsen sind nicht rekonstruierbar. Schätzungen zufolge verlieren rd. 50000 Menschen in dem Internierungskomplex ihr Leben. Unter den bekanntesten Opfern befindet sich Anne Frank.

Frauen und Kinder werden aus dem Warschauer Ghetto in die Vernichtungslager transportiert.

tion des Ghettos zu entkommen, schlägt fehl. Handgranaten zerstören die Tunnel und töten darin versteckte Aufständische. Als Stroop am 16. Mai die Synagoge sprengen lässt, bricht die Revolte zusammen. Mehr als 56000 Juden sind im Kampf gegen die deutschen Soldaten gestorben. Die restlichen Ghetto-Insassen werden in die Vernichtungslager abtransportiert.
Deutsche Behörden errichteten das Ghetto in Warschau am 16. Oktober 1940. Innerhalb von 14 Tagen erhöhte sich die Zahl der dort lebenden Bewohner von 160 000 auf 400 000. Die NS-Truppen riegelten das Viertel hermetisch ab und zogen eine vier Meter hohe und 16 km lange Mauer um den Bezirk. Die Bewohner kämpften in der Isolation ums Überleben. 13 Personen teilten sich ein Zimmer, jedes Haus beherbergte im Durchschnitt 393 Menschen. Bei täglichen Lebensmittelrationen von nur 184 Kalorien gehörte der Hungertod zum Ghetto-Alltag. Schnell breiteten sich Seuchen aus. Allein 1941 starben 45000 Menschen im Warschauer Ghetto an den unerträglichen Lebensbedingungen. Am 22. Juli

Jürgen Stroop (4.v.r.) lässt Häuser niederbrennen.

1942 setzte die »große Liquidierung« ein. In einer zehnwöchigen Aktion ließen die deutschen Behörden 300000 Menschen in das Todeslager Treblinka abtransportieren. In dieser hoffnungslosen Lage entschließen sich die meisten der rd. 70000 noch im Ghetto Verbliebenen zur Gegenwehr gegen den deutschen Terror.

April 1943

1 Do Der ungarische Ministerpräsident Nikolaus Kállay von Nagy-Kálló trifft zu einem Besuch in Rom ein, um Benito Mussolini für einen Separatfrieden zu gewinnen.

2 Fr In München kommt das Ehelustspiel »Ich vertraue dir meine Frau an« zur Uraufführung. In der Hauptrolle ist Heinz Rühmann zu sehen.

3 Sa Britische Bomber greifen in der Nacht zum 4. April Essen und die dortigen Krupp-Werke an. 118 Menschen kommen ums Leben.

4 So Die britische Luftwaffe fliegt einen Angriff auf die Renault-Werke in Billancourt bei Paris. +++ US-Flieger bombardieren das süditalienische Neapel.

5 Mo Angesichts hoher Verluste stellt die Rote Armee ihre Angriffe gegen den von deutschen Truppen gehaltenen Kuban-Brückenkopf ein. → Widerstand

6 Di Mit dem Angriff der Briten unter General Bernard Montgomery auf die 1. italienische Armee am Wadi Akarit beginnt der Endkampf um Tunesien.

7 Mi Der italienische Ministerpräsident und »Duce« Benito Mussolini trifft zu einem Besuch bei Reichskanzler Adolf Hitler in Schloss Kleßheim bei Salzburg ein.

8 Do Eine Rationalisierungsschau in der Reichshauptstadt Berlin zeigt Einheitszahnbürsten, Einheitsbleistifte und Einheitskinderwagen.

9 Fr Das bisherige Lager für sowjetische Gefangene in Lublin-Majdanek wird in ein Konzentrations- und Vernichtungslager umgewandelt.

10 Sa Reichspropagandaminister Joseph Goebbels besucht Essen, das besonders stark durch Bombenangriffe beschädigt wurde.

11 So Nach der Kapitulation der 6. deutschen Armee setzt der Personenzugverkehr zwischen Moskau und Stalingrad (Wolgograd) wieder ein.

12 Mo In Dortmund kommt es bei dem Versuch, einen Deserteur zu verhaften, zu einer Protestkundgebung mehrerer hundert kriegsmüder Frauen.

13 Di Mit »Sieg in der Wüste« kommt in Moskau erstmals ein britischer Dokumentarkriegsfilm zur Aufführung. Er wird in sechs Kinos gezeigt. → Massaker

14 Mi Die Regierungen Großbritanniens und der USA vereinbaren in Washington, dass Polen nach Kriegsende Ostpreußen erhalten solle.

15 Do Adolf Hitler beschließt, als ersten diesjährigen Angriffsschlag eine deutsche Offensive an der Ostfront bei Kursk durchzuführen (Operation »Zitadelle«).

16 Fr Das Reichssicherheitshauptamt in Berlin meldet die Verhaftung von 55 Mitgliedern der Jugend-Widerstandsgruppe »Edelweißpiraten« in Köln.

17 Sa Ein schwerer US-Bombenangriff auf Bremen trifft neben Wohnvierteln auch die Focke-Wulf-Werke, in denen Flugzeuge gebaut werden.

18 So Der Oberbefehlshaber der japanischen Flotte, Isoruku Jamamoto, kommt während eines Flugs über dem Südpazifik bei einem Angriff von US-Jägern ums Leben.

19 Mo Bei Enfidaville in Tunesien treten die alliierten Truppen zur Großoffensive gegen das deutsch-italienische Heer an. → Warschauer Ghetto

20 Di Vertreter der Krupp-Werke sprechen bei Auschwitz-Kommandant Rudolf Höß wegen der Errichtung einer Fabrik auf dem Gelände des Lagers vor.

21 Mi Der britische Außenminister Anthony Eden beschwert sich vor dem Unterhaus über die Behandlung britischer Kriegsgefangener in Deutschland.

22 Do In Frankfurt am Main kommt der Film »Der kleine Grenzverkehr« mit Willy Fritsch in der Hauptrolle zur Uraufführung.

23 Fr Der slowakische Staatspräsident Jozef Tiso trifft auf dem Berghof bei Berchtesgaden mit Reichskanzler Adolf Hitler zu Gesprächen zusammen.

24 Sa Die Alliierten treten in Tunesien zur Umklammerung der Heeresgruppe Afrika an. In Deutschland verbreitet sich die Befürchtung über ein »zweites Stalingrad«.

25 So Der Belgier Marcel Kint gewinnt die über 250 km führende Radfernfahrt Paris-Roubaix in der Rekordzeit von 6:01,32 h.

26 Mo In Zusammenhang mit dem Katyner Massengrab bricht die UdSSR ihre diplomatischen Beziehungen zur polnischen Exilregierung in London ab.

27 Di Der Plan der deutschen Regierung, alle Amsterdamer Juden in Konzentrationslager zu deportieren, wird als undurchführbar aufgegeben.

28 Mi Ein Gericht in München verurteilt eine Frau zu zweieinhalb Jahren Zuchthaus, weil sie einem französischen Kriegsgefangenen beim Fluchtversuch half.

29 Do Der Film »Die Wirtin zum Weißen Rößl« von Karl Anton hat in München Premiere. Die Hauptrolle spielt Leny Marenbach.

30 Fr Reichskommissar Arthur Seyß-Inquart verhängt wegen eines Generalstreiks über die Niederlande den Ausnahmezustand. → Bergen-Belsen

Mai 1943

1 Sa In den deutsch besetzten Gebieten beschlagnahmen die Behörden Fahrräder, um sie nach Deutschland transportieren zu lassen.

2 So Im westlichen Mittelmeer beginnen Untersee-Boote der britischen Kriegsmarine mit einer knapp zweimonatigen, großen Operation.

3 Mo Die US-Schriftsteller Upton Sinclair und Thornton Wilder erhalten in New York den Pulitzerpreis. +++ Die Alliierten besetzen die tunesische Stadt Mateur.

4 Di Ein schwerer britischer Bombenangriff auf Dortmund fordert in der Nacht zum 5. Mai 693 Menschenleben und 1075 Verletzte.

5 Mi Die 1. britische Armee eröffnet in Tunesien einen erfolgreichen Großangriff gegen die 5. deutsche Panzerarmee.

6 Do Entgegen der Zusage Adolf Hitlers, dem Marinebauprogramm monatlich 30 000 t Stahl zur Verfügung zu stellen, bewilligt die Planungsbehörde nur 17 900 t.

7 Fr Die Alliierten nehmen die tunesischen Städte Biserta und Tunis ein und spalten dadurch die deutsch-italienische Heeresgruppe Afrika in zwei Hälften.

8 Sa Der psychologische Western »The Ox-Bow Incident« (Ritt zum Oxbow) kommt in den USA zur Uraufführung. Die Regie führte William A. Wellman.

9 So Die deutsche Schwimmerin Gisela Graß stellt in ihrer Heimatstadt Leipzig mit 1:19,8 min einen Weltrekord über die 100-m-Brust-Strecke auf.

10 Mo Anlässlich des 10. Jahrestages der Bücherverbrennung in Deutschland wird an den 300 größten Büchereien der USA Halbmast geflaggt.

11 Di Die deutsche Öffentlichkeit erfährt erstmals von der Ablösung Erwin Rommels als Oberbefehlshaber der Heeresgruppe Afrika am 9. März.

12 Mi In Washington beginnt die sog. Trident-Konferenz der Alliierten. Die USA und Großbritannien beschließen eine Truppenlandung in Süditalien.

13 Do Die Reste der deutsch-italienischen Heeresgruppe Afrika in Tunesien kapitulieren. +++ US-Bomber greifen die französische Stadt Saint-Omer an.

14 Fr Das US-Repräsentantenhaus genehmigt die größte Flottenvorlage in der Geschichte des Landes. Sie stellt 30 Mrd. Dollar für den Kriegsschiffbau bereit.

15 Sa Josef W. Stalin, der sowjetische Staatschef, lässt die Kommunistische Internationale (Komintern) auflösen, da sie »in steigendem Maße veraltete«.

16 So Am Muttertag werden in Deutschland 137 950 Mutterkreuze verliehen; ab dem achten Kind in Gold, ab dem sechsten in Silber, ab dem vierten in Bronze.

17 Mo Die geheimen Lageberichte der SS vermerken einen Mangel an Weckeruhren, was zu Verspätungen in Betrieben führe. → »Ossessione« → Talsperren

18 Di In Detroit (US-Bundesstaat Michigan) schwimmt der US-Amerikaner Harry Holiday mit 2:22,9 min Weltrekord über 200-m-Rücken.

19 Mi Die Reichshauptstadt Berlin wird für »judenfrei« erklärt. +++ Adolf Hitler empfängt die Präsidentin der finnischen Frauenorganisation, Fanni Luukkonen.

20 Do In den Chrysler-Werken in Detroit (US-Bundesstaat Michigan) treten etwa 8000 Automobilarbeiter in einen mehrtägigen Streik.

21 Fr Der britische Außenminister Anthony Eden erklärt, dass der deutsche Kriegswille nur durch andauerndes Bombardement gebrochen werden könne.

22 Sa Jagdfliegergeneral Adolf Galland erprobt für die deutsche Luftwaffe die von Willy Messerschmitt entworfene »Me 262«, den ersten Düsenjäger der Welt.

23 So 20 deutsche Kampfflugzeuge greifen die britischen Städte Hastings und Bournemouth an. In Bournemouth kommen 127 Menschen ums Leben.

24 Mo Die britische Luftwaffe wirft die 100 000. Bombe auf Deutschland. +++ In Deutschland findet eine Spinnstoff-und Schuhsammlung statt. → U-Boot-Krieg

25 Di Deutsche und italienische Bomber greifen tunesische und algerische Häfen an, um die Vorbereitungen der Alliierten für eine Landung in Europa zu stören.

26 Mi Die Rote Armee tritt zu einem Angriff gegen den Kuban-Brückenkopf an und erzielt nördlich von Moldawanskoje einen tiefen Einbruch.

27 Do Jean Moulin, Repräsentant von Charles de Gaulle in Frankreich, bildet in Paris den nationalen Widerstandsrat »Conseil National de la Résistance«.

28 Fr In Washington wird James Francis Byrnes zum Direktor eines neu eingerichteten Amtes zur Koordinierung der Kriegsmaßnahmen der US-Regierung ernannt.

29 Sa Ab sofort droht allen italienischen Faschisten, die nur einmal vergessen, ihr Parteiabzeichen zu tragen, der Ausschluss aus der Partei.

30 So In Amsterdam stellt die Niederländerin Fanny Blankers-Koen mit 1,71 m einen Weltrekord im Hochsprung auf. → »Todesengel von Auschwitz«

31 Mo Die in der ägyptischen Hafenstadt Alexandria vor Anker liegenden französischen Kriegsschiffe schließen sich den alliierten Seestreitkräften an.

10. Juni 1943

Luftkrieg gegen Städte

Die alliierten Streitkräfte beginnen in einer Großoffensive, deutsche Städte zu bombardieren. Dabei gehen die Luftverbände nach der neuen Strategie vor, die US-Präsident Franklin D. Roosevelt und der britische Premier Winston Churchill auf der Konferenz von Casablanca beschlossen haben: US-Piloten sollen tagsüber Präzisionsangriffe fliegen, die sich besonders gegen deutsche Jagdflugzeugstützpunkte richten. Nachts sollen britische Bomber Flächenangriffe auf deutsche Städte unternehmen. Beim ersten Angriff dieser Strategie fallen in der Nacht vom 11. zum 12. Juni 2000 Bomben auf Düsseldorf. Die Stadt steht in Flammen, 120 000 Menschen werden obdachlos. Den gesamten Monat über lebt die deutsche Bevölkerung in Furcht vor weiteren Attacken. Die Alliierten bombardieren in den folgenden Nächten Bochum und Oberhausen. Auch Krefeld, Mülheim an der Ruhr und Wuppertal-Elberfeld werden in Schutt und Asche gelegt. Schwere Angriffe erfolgen gegen Gelsenkirchen und Köln, das zum wiederholten Mal angegriffen wird. Im gesamten Kriegsverlauf sterben 500 000 Menschen durch das Flächenbombardement auf deutsche Städte. Die Bomben richten große Schäden an deutschen Kulturgütern an. Hunderte von mittelalterlichen Kirchen werden schwer beschädigt oder komplett zerstört. Einschläge reissen in der Nacht vom 28. zum 29. Juni einen Teil des Kölner Doms weg. Die Bevölkerung in den Städten verliert zusehends das Vertrauen in die NS-Führung. In Düsseldorf errichten Überlebende der Bombennacht einen Galgen mit einem Bild Adolf Hitlers. Vielfach wird auch der Hitlergruß verweigert. Die Regierung fordert weiterhin zum Durchhalten auf und prophezeit »Wunderwaffen des Führers«. Aus besonders luftkriegsgefährdeten Gebieten werden die Kinder ganzer Schulen evakuiert.

Gefürchtete Waffe der Briten: der »Bristol« Beaufort-Bomber.

Nordschiff und Orgel (rechts) des Kölner Doms nach den Angriffen.

Jean-Paul Sartre

französischer Schriftsteller, * 21.6.1905 Paris; † 15.4.1980 Paris

Der linksgerichtete Philosoph ist der Hauptvertreter des französischen Existenzialismus. In seinen Schriften steht der freie Mensch im Mittelpunkt, der dem Leben nur durch eigenverantwortliches Handeln einen Sinn geben kann. 1964 wird Sartre der Nobelpreis für Literatur verliehen, den er ablehnt. Seine unkonventionelle lebenslange Beziehung zu der Schriftstellerin Simone de Beauvoir gilt in ihrem konsequenten Verzicht auf bürgerliche Normen als bahnbrechend und beeinflusst Intellektuelle in aller Welt.

- 1929: Abschluss des Philosophiestudiums
- 1940/41: Kriegsgefangener der Deutschen, Résistance
- 1943: »Das Sein und das Nichts«
- 1960-85: »Kritik der dialektischen Vernunft«
- 1968: Unterstützung der Mai-Unruhen in Paris

3. Juni 1943

»Die Fliegen« uraufgeführt

Das Drama »Die Fliegen« von Jean-Paul Sartre feiert in Paris Premiere. In seinem Stück beschreibt der Autor in drei Akten die Erniedrigung der Franzosen unter deutscher Besatzung. Zur Verschleierung gegenüber den deutschen Zensurbehörden greift er das Thema des griechischen Atridenstoffes auf. In der antiken Tragödie leidet das Volk von Argos unter der Herrschaft des Königsmörders Ägisth und seiner Gattin Klytämnestra. Nach langer Abwesenheit kehrt Orest, der rechtmäßige Königssohn, in die Stadt zurück. Mit Hilfe seiner Schwester Elektra ermordet er Ägisth. Nach der Tat verlassen beide die Stadt. Orest zieht die Fliegen hinter sich her, die die Bevölkerung gepeinigt haben. Sie symbolisieren die Reue und das Gewissen der Menschen.

30. Mai 1943

»Todesengel von Auschwitz«

Josef Mengele beginnt seine Tätigkeit als Chefarzt im Vernichtungslager Auschwitz. Dort ist der Mediziner für die Selektion und die anschließende Vergasung von Juden zuständig. Während seiner Zeit in Auschwitz führt Josef Mengele unmenschliche Experimente an Gefangenen durch. Seine Ziele sind Erkenntnisse über Zwillinge und Kleinwüchsige, um gemäß der NS-Ideologie Erbeinflüsse belegen zu können. In weiteren Versuchen, die Tausende von Menschen das Leben kosten, versucht der verbrecherische SS-Arzt, u.a. einen Weg zur Züchtung blauer Augen herauszufinden. Bereits im Jahre 1934 hatte der »Todesengel von Auschwitz« mit seinen Untersuchungen von angeblichen Rassenmerkmalen begonnen.

Josef Mengele

deutscher Mediziner, * 16.5.1911 Günzburg; † 7.2.1979 São Paulo (Brasilien)

Josef Mengele gehörte zu den meistgesuchten Kriegsverbrechern der NS-Zeit. Kurz vor der Befreiung des Vernichtungslagers Auschwitz kann sich Mengele in seinen Heimatort Günzburg absetzen. Aus der US-Kriegsgefangenenschaft wird er unerkannt entlassen. 1949 flieht der Mediziner mit seiner Frau nach Argentinien. Als die deutschen Behörden 1959 seine Verhaftung betreiben, siedelt Mengele nach Paraguay über. Die Nachforschungen enden erst 1985, als seine Leiche in Brasilien ausgegraben und identifiziert wird. Mengele war im Jahre 1979 beim Schwimmen ertrunken.

- 1931: Mitglied des »Stahlhelm«
- 1935: Promotion in München
- 1942: Mitglied der Waffen-SS

24. Mai 1943

Abbruch des U-Boot-Kriegs

Die deutsche U-Boot-Flotte beendet ihre Großoffensiven im Nordatlantik. Großadmiral Karl Dönitz

begründet die Einstellung der Geleitzugschlacht mit den enormen Verlusten, die die deutsche Flotte in den vergangenen Monaten hinnehmen musste. Durch massiven Einsatz von Luftstreitkräften konnten die Alliierten eine unerwartet hohe Zahl von U-Booten versenken (Abb.: Deutsches U-Boot unter Beschuss eines Bombers).

17. Mai 1943

Zensur verbietet »Ossessione«

Luchino Viscontis sozialkritischer Film »Ossessione« begründet den italienischen Neorealismus. Visconti wendet sich als erster Regisseur davon ab, seinen Film in der Oberschicht spielen zu lassen, wie dies von der faschistischen Regierung favorisiert wird. Der Streifen wird verboten. Die Geschichte handelt von einer unglücklichen Ehefrau, die einen Landstreicher kennenlernt. Gemeinsam beseitigen sie den Ehemann und fliehen vor der Polizei. Die Frau (Abb.: Szenenfoto mit Clara Calamai) stirbt auf der Flucht, der Landstreicher kommt in Haft. Der Filmstoff wird noch zweimal verfilmt: 1946 als »Im Netz der Leidenschaft« und 1980 als »Wenn der Postmann zweimal klingelt.«

3. Juni 1943

Frankreichs Befreiungskomitee

Die französischen Generäle Charles de Gaulle und Henri-Honoré Giraud gründen in Algier das Französische Befreiungskomitee. Damit endet vorläufig ein Konflikt um die Führung der Exilregierung. Unter Leitung de Gaulles ist das Nationalkomitee der Freien Franzosen seit 1940 von London aus politisch tätig. Giraud hatte 1942 nach der Landung der Alliierten in Nordwestafrika das Kommando über die dort stationierten französischen Truppen übernommen. Auf der Alliierten-Konferenz in Casablanca im Januar kam es zur ersten Annäherung der rivalisierenden Militärs. Gemäß der jetzt verabschiedeten Resolution soll durch das Befreiungskomitee eine »einzige französische Zentralgewalt« gebildet werden.

17. Mai 1943

Bomben sprengen Talsperren

Mit Rollbomben zerstören britische Flugzeuge die deutschen Talsperren an Möhne und Eder. Die eigens für diesen Einsatz konstruierten Bomben können durch starke Drehbewegungen rd. 1 km springend auf dem Wasser zurücklegen, bevor sie

am Ziel detonieren. Sie reißen ein 75 m breites Loch in die Möhnetalsperre (s. Abb.). 100 Mio. m^3 Wasser ergießen sich ins Möhnetal. Das Inferno kostet 1284 Menschen das Leben. Tausende werden obdachlos. Auch an der Eder ist die Wirkung verheerend. Die Wasserversorgung der Region kann nicht mehr aufrechterhalten werden. Die ebenfalls bombardierte Sorpetalsperre hält den Treffern wie durch ein Wunder stand.

Juni 1943

1 Di Zwölf chinesische Divisionen treten zu einer Großoffensive gegen japanische Truppen am chinesischen Fluss Jangtsekiang an.

2 Mi Auf dem Obersalzberg nimmt Adolf Hitler an einem Treffen von Repräsentanten der Rüstungsindustrie teil. Thema ist die Steigerung der Produktion.

3 Do Ein Kasseler Gericht verurteilt zwei Wahrsagerinnen wegen Zersetzung der Wehrkraft der »Heimatfront« zu Zuchthausstrafen. → Frankreich → »Die Fliegen«

4 Fr In Argentinien kommt es unter der Leitung des ehemaligen Kriegsministers Pedro Pablo Ramírez zu einem Putsch und zum Sturz von Präsident Ramón S. Castillo.

5 Sa Von den Niederlanden aus werden 1266 Kinder unter 16 Jahren ins Konzentrationslager Sobibór deportiert und bei ihrer Ankunft vergast.

6 So Arturo Rawson wird Nachfolger des argentinischen Präsidenten Ramón S. Castillo, jedoch schon zwei Tage später durch Pedro Pablo Ramírez abgelöst.

7 Mo Anlässlich seines 100. Todestags wird Friedrich Hölderlin von den Nationalsozialisten als »Dichter der letzten Opferbereitschaft« gerühmt.

8 Di Großadmiral Karl Dönitz bezeichnet die Misserfolge der deutschen U-Boot-Flotte als eine Folge der alliierten Luftherrschaft im Atlantik.

9 Mi Die deutsche Luftwaffe greift in der Nacht zum 10. Juni mit 109 von 132 gestarteten Bombern das sowjetische Gummikombinat Jaroslawl an.

10 Do Der Film »Die kluge Marianne«, unter der Regie von Hans Thimig entstanden, hat in Wien Premiere. Die Hauptrolle spielt Paula Wessely. → Luftkrieg

11 Fr Heinrich Himmler, Reichsführer SS und Chef der Deutschen Polizei, ordnet die Räumung aller polnischen Juden-Ghettos an.

12 Sa Britische Flugzeuge werfen 1507 t Bomben auf Bochum und richten schwere Schäden in den Industrie- und Wohnvierteln der Stadt an.

13 So In seiner Pfingstansprache vor 25 000 Arbeitern auf dem Petersplatz wendet sich Papst Pius XII. gegen einen revolutionären Umsturz der Gesellschaft.

14 Mo Die faschistische Partei Italiens, Partito Nazionale Fascista (PNF), gibt eine Denkschrift mit ihrem Kampfprogramm für den »Endsieg« heraus.

15 Di Der erste Strahlbomber der Welt, die deutsche Arado »Ar 234«, startet zu ihrem ersten Probeflug. Das Düsenflugzeug erreicht 900 km/h.

16 Mi Die schwedische Tageszeitung »Nya Dagligt Allehanda« berichtet über geheime deutsch-sowjetische Friedensverhandlungen bei Stockholm.

17 Do Im Westen Venezuelas treten zahlreiche Zuflüsse des Orinoko über die Ufer und verursachen eine schwere Hochwasserkatastrophe.

18 Fr Die Alliierten erklären die süditalienischen Provinzen Kalabrien, Apulien und Lukanien zum Kriegsgebiet. Die Invasion beginnt am 10. Juli.

19 Sa Italien führt die Arbeitsdienstpflicht ein. Ab dem 1. Juli gilt sie für Männer der Jahrgänge 1907 bis 1925 und für Frauen der Jahrgänge 1919 bis 1925.

20 So In Detroit im US-Bundesstaat Michigan kommt es zu Rassenunruhen zwischen Weißen und Schwarzen, bei denen 34 Menschen ums Leben kommen.

21 Mo Adolf Hitler ordnet die Bildung eines zentralen Standgerichts der deutschen Wehrmacht an. Es soll vor allem gegen kritische Soldaten angewendet werden.

22 Di Bei den Wahlen zum irischen Parlament wird die Partei von Ministerpräsident Eamon de Valera (Fianna Fáil) erneut die stärkste Fraktion.

23 Mi Sir Claude John Eyre Auchinleck wird als Nachfolger von Sir Archibald Percival Wavell neuer britischer Oberbefehlshaber in Indien.

24 Do US-Präsident Roosevelt erklärt seine Absicht, die Wehrdienstpflicht bis zum 65. Lebensjahr heraufzusetzen, um evtl. Streikführer einziehen zu können.

25 Fr Der Film »Romanze in Moll« hat in Berlin Premiere. Unter der Regie von Helmut Käutner spielen u.a. Marianne Hoppe und Paul Dahlke.

26 Sa Im Haus der Deutschen Kunst in München eröffnet Propagandaminister Joseph Goebbels die siebte Große Deutsche Kunstausstellung.

27 So Der Dresdner SC wird durch einen 3:0-Sieg über den FV Saarbrücken vor 80 000 Zuschauern im Berliner Olympiastadion Deutscher Fußballmeister.

28 Mo Bei einem Luftangriff auf Köln in der Nacht zum 29. Juni beschädigen die britischen Bomben das Wahrzeichen der Stadt, den Dom, schwer.

29 Di In seinem Rundschreiben »Mystici Corporis« verurteilt Papst Pius XII. die Euthanasie. +++ Deutsche Bomber greifen den nordafrikanischen Hafen Bône an.

30 Mi Mit der Landung von US-Truppen u.a. auf Rendova und New Georgia (Salomoninseln) beginnt eine Großoffensive der Alliierten im Südpazifik.

Juli 1943

1 Do Die jüdische Bevölkerung in Deutschland verliert jeglichen Rechtsschutz durch die Justiz und untersteht künftig nur noch dem Polizeirecht.

2 Fr In Deutschland werden wegen Unzurechnungsfähigkeit in psychiatrischen Anstalten lebende Patienten in Konzentrationslager gebracht.

3 Sa In New York findet eine »Landeskonferenz deutschsprachiger Sozialdemokraten und Gewerkschafter in den USA« statt.

4 So General Wladyslaw Eugeniusz Sikorski, der Ministerpräsident der polnischen Exilregierung in London, stirbt bei einem Flugzeugabsturz nahe Gibraltar.

5 Mo Die Partisanen der Griechischen Nationalen Befreiungsfront unterstellen sich dem Oberbefehl der Alliierten im Nahen Osten. → Ostfront

6 Di Deutsche Behörden stellen künftig die Herstellung von künstlichen Gebissen unter Strafe, wenn diese ausschließlich kosmetischen Zwecken dienen.

7 Mi Im Führerhauptquartier »Wolfsschanze« in Ostpreußen hält der Physiker Wernher von Braun einen Vortrag über die deutsche Fernrakete »V2«.

8 Do Der indische Freiheitskämpfer Subhas Chandra Bose stellt in Singapur Einheiten für eine indische Nationalarmee auf.

9 Fr Bei wolkenbruchartigen Regenfällen in Nordchina, die zu einem Dammbruch in Kalgans führen, kommen 60 Menschen ums Leben.

10 Sa Eine nationale Befreiungsarmee formiert sich in Albanien. +++ In London wird das Theater des »Freien Deutschen Kulturbundes« gegründet. → Sizilien

11 So Das französische Befreiungskomitee in Algier nimmt offiziell Kontakt zu der in der Heimat operierenden Widerstandsbewegung auf.

12 Mo Auf Initiative der Sowjets gründen Exilvertreter der Kommunistischen Partei Deutschlands in Krasnogorsk bei Moskau das Nationalkomitee Freies Deutschland.

13 Di In München findet die Hinrichtung der Widerstandskämpfer Alexander Schmorell und Kurt Huber, Mitglieder der Gruppe »Weiße Rose«, statt.

14 Mi Der Führungsstab der deutschen Wehrmacht legt einen Plan über die Besetzung Italiens vor, falls der Bündnispartner die Fronten wechselt.

15 Do Die Alliierten einigen sich auf einen Operationsplan für die Invasion in Frankreich. U.a. soll eine Landung in der Normandie durchgeführt werden.

16 Fr Um die Bevölkerung auf eine mögliche Invasion vorzubereiten, gibt die schwedische Regierung eine Broschüre mit Verhaltensmaßregeln heraus.

17 Sa Die Rote Armee tritt am Mius und bei Isjum im Donezbecken zu einer Offensive gegen die 1. deutsche Panzerarmee und die 6. deutsche Armee an.

18 So Auf Sizilien verstärken die britischen Truppen unter Einsatz schwerer Schiffsartillerie ihre Angriffe auf Deutsche und Italiener bei Catania.

19 Mo In den USA geht die größte Pipeline der Welt in Betrieb. Sie führt von Longview (Texas) über 2200 km nach Philadelphia (New Jersey).

20 Di Die deutsche Seekriegsleitung erklärt, sie halte es für »sehr zweifelhaft ... ob Deutschland den Krieg mit militärischen Mitteln erfolgreich beenden« könne.

21 Mi Papst Pius XII. beklagt, dass Rom nicht zur »offenen Stadt« erklärt wurde, was die Zerstörung von Kulturdenkmälern zur Folge habe.

22 Do Die Reichsregierung unterstellt die Bauwirtschaft als kriegswichtige Branche der Leitung durch einen sog. Hauptausschuss.

23 Fr Reichsmarschall Hermann Göring begutachtet den neuen Düsenjäger Me 262. Adolf Hitler untersagt jedoch die Serienproduktion des Flugzeugs.

24 Sa Im Berliner Olympiastadion beginnen die deutschen Leichtathletik-Kriegsmeisterschaften. In keiner Disziplin wird ein deutscher Rekord erzielt. → Hamburg

25 So Italiens König Viktor Emanuel III. lässt den »Duce« Benito Mussolini verhaften. +++ Ein Bombenangriff auf Essen fordert rd. 500 Tote.

26 Mo Marschall Pietro Badoglio, ein Freund König Viktor Emanuels III., bildet eine neue italienische Regierung ohne Beteiligung der Faschisten.

27 Di Der Irak stellt den Alliierten seine Armeen auch für den Einsatz in Kriegsgebieten, die sich in Übersee befinden, zur Verfügung.

28 Mi Eine US-Landung auf der Aleuteninsel Kiska stößt ins Leere, nachdem die japanischen Truppen sie zuvor schon unbemerkt geräumt hatten.

29 Do US-Bomber fliegen Angriffe auf Helgoland, Kiel, Rostock und Warnemünde. Britische Flugzeuge bombardieren Saarbrücken.

30 Fr General Charles de Gaulle bildet ein französisches Exilkabinett mit Sitz in Algier. General Henri-Honoré Giraud übernimmt die militärische Leitung.

31 Sa Italiens neue Regierung unter Pietro Badoglio beschließt, Rom zur »offenen Stadt« und damit zu einer angriffsfreien Zone zu erklären.

5. Juli 1943

Gigantische Materialschlacht erschüttert die Ostfront

Unter Aufbietung aller Kräfte unternimmt die deutsche Wehrmacht an der Ostfront ihre letzte, mit dem Operationsnamen »Zitadelle« bezeichnete Offensive. Im Raum Orel-Belgorod lässt Hitler ein riesiges Heer zusammenziehen, um die sowjetischen Truppen in einer Zangenbewegung einzuschließen. 900 000 deutschen Soldaten stehen rd. 1,3 Mio. Rotarmisten gegenüber. Auf beiden Seiten werden insgesamt etwa 6000 Panzer und über 4500 Flugzeuge eingesetzt.
Trotz Hitlers Aufforderung an die Soldaten, »für die Welt ein Fanal« zu setzen, sind alle Anstrengungen vergebens. Der Vormarsch der Deutschen erliegt schon bald russischer Gegenwehr. Die Angreifer können im Norden nur 10 km, im Süden nur 18 km Geländegewinn verzeichnen. Am 12. Juli findet bei Prochorowka die größte Panzerschlacht des Zweiten Weltkriegs statt. Dabei treffen insgesamt 1200 Panzer und Sturmgeschütze aufeinander, die von ebenso vielen Flugzeugen unterstützt werden. Aus der verlustreichen Schlacht geht keine der beiden Seiten als Sieger hervor. Am 13. Juli lässt Hitler die gesamte Operation »Zitadelle« abbrechen. Die Verluste sind gewaltig. Die Wehrmacht verliert nach sowjetischen Angaben 500 000 Soldaten, 1500 Panzer, 3000 Geschütze und 1500 Flugzeuge. Auch die Kräfte der Roten Armee sind stark dezimiert. Allein die 4. deutsche Panzerarmee nimmt rd. 32 000 sowjetische Soldaten gefangen und vernichtet rd. 4000 Panzer und Geschütze. Dennoch beginnen die Sowjets mit einem Gegenangriff am 17. Juli am Rand des Donezgebietes. Zwar kann die Wehrmacht die Offensive zunächst abwehren, doch in den kommenden Wochen und Monaten gewinnen die sowjetischen Truppen immer mehr Territorium. Durch die Sommeroffensive muss die deutsche Heeresleitung starke Kräfte in das Donezbecken verlegen, die ihr an anderen, entscheidenden Stellen fehlen.

29. August 1943

Dänemark unter Kriegsrecht

Die bisher ruhige Situation im besetzten Dänemark eskaliert, als deutsche Behörden den Ausnahmezustand über das Land verhängen. Die verschiedenen Widerstandsgruppen schließen sich zu einem geheimen »Freiheitsrat« zusammen. Seit Anfang des Jahres mehren sich Sabotageaktionen gegen die Besatzung.
Den Widerstandskämpfern gelingen zahlreiche Aktionen gegen Verkehrsverbindungen. Am 4. August fordert der deutsche Militärbefehlshaber, General Hermann von Hanneken, die Auslieferung aller Saboteure. Die dänische Regierung unter Ministerpräsident Erik Scavenius weigert sich, dieser Aufforderung nachzukommen. In den folgenden Tagen kommt es zu Kämpfen zwischen deutschen Soldaten und der dänischen Zivilbevölkerung (Abb.: Widerstandskämpfer erobern eine NS-Fahne). In mehreren Städten brechen Streiks aus. Die Ausschreitungen gipfeln in der deutschen Besetzung Kopenhagens am 20. August. Eine Woche später fordert Hanneken Scavenius erneut zu hartem Vorgehen gegen Saboteure auf. Die dänische Regierung soll Schnellgerichte einsetzen und die Todesstrafe für Widerstandskämpfer einführen. Als Scavenius auf die Forderungen erneut nicht eingeht, verhängt Hanneken den Ausnahmezustand über das Land. Die Kopenhagener Regierung tritt zurück. Die dänische Flotte flieht teils nach Schweden, teils versenkt sie sich selbst.

Der erste Schritt zur Invasion des Festlandes ist gesch

Täuschungsmanöver

Auf der Konferenz von Casablanca im Januar 1943 hatten der britische Premier Winston Churchill und US-Präsident Franklin D. Roosevelt die Strategien der Westmächte festgelegt. Als erstes koordiniertes Unternehmen sollte durch die Invasion auf Sizilien eine zweite Front in Europa aufgebaut werden. Das Unternehmen erforderte akribische Planungen und Ablenkungsmanöver. So sorgten die Nachrichtendienste dafür, dass die Achsenmächte eine Leiche in britischer Uniform fanden, die gefälschte Pläne bei sich trug. Darin war eine alliierte Invasion beschrieben, die an der spanischen Küste unternommen werden sollte. Das Unternehmen erfüllte seinen Zweck. Am Tag der Invasion auf Sizilien treffen die Soldaten Großbritanniens und der USA auf unvorbereitete Verbände der Achsenmächte.

24. Juli 1943

Bombenangriffe verwandeln Hamburg in eine Flammenhölle

Alliierte Bomberkommandos fliegen in der Operation »Gomorrha« ihren bisher schwersten Luftangriff. Ziel der Aktion ist Hamburg. In der Nacht zum 25. Juli nehmen 740 britische Flugzeuge die Stadt ins Visier. Sie werfen Millionen von Aluminiumfolien ab und stören damit die Ortungsgeräte der Luftabwehr. Die Verteidiger sind machtlos. Nahezu ungehindert bombardieren die Briten die Stadt mit 2300 t Bomben.

Um höchstmögliche Wirkung zu erzielen, setzt die Royal Air Force Brandbomben ein. Die Folgen sind verheerend. Die unzähligen Brände entwickeln sich durch entstehende Druckunterschiede zu einem Orkan. Durch Hamburg rast ein Feuersturm. Tausende sterben im Flammenmeer. Die Feuer erreichen sogar die Luftschutzkeller. Aus der ungeheuren Hitze gibt es kaum ein Entkommen. Wer sich nicht in unmittelbarer Nähe von Gewässern aufhält, verbrennt oder erstickt im Rauch. Unzählige springen in die Kanäle und warten schwimmend oder bis zum Hals im Wasser stehend auf das Abflauen der Hitze. Bis zum 3. August wiederholen die Briten die Angriffe noch sechsmal. Dabei werfen sie 85 000 Phosphor- und Flüssigkeitsbrandbomben, ferner 3 Mio. Stabbrandbomben, 25 000 Sprengbomben, 1200 Luftminen, 500 Phosphorkanister und 500 Leuchtbomben auf die Stadt. In dem Inferno sterben 30 482 Menschen, darunter über 5000 Kinder. Über die Hälfte Hamburgs wird zerstört. Tausende sind obdachlos (Abb.: Hamburg nach dem Angriff). Im Hafen sinken Schiffe mit insgesamt 180 000 Bruttoregistertonnen.

10. Juli 1943

Mit Sizilien fällt die »Festung Europa«

Alliierten Truppen gelingt mit der Operation »Husky« die Landung auf Sizilien. Damit besetzen britische und US-Einheiten erstmals vom Gegner gehaltenes Gebiet. US-Präsident Franklin D. Roosevelt bezeichnet die Aktion als den »Anfang vom Ende« der Achsenmächte.

Im Morgengrauen dringen US-Luftverbände von Afrika aus zur Südspitze Siziliens vor. Ihnen folgen eingeschiffte Infanterietruppen. Die britische Armee geht unterdessen im Südosten der Insel an Land. Der Widerstand der italienischen Truppen kann schnell gebrochen werden. Die Alliierten vereinigen sich am 13. Juli zu einer gigantischen Streitmacht. Am 22. Juli fällt Palermo. Ohne ausreichende Luftunterstützung müssen sich die restlichen deutschen und italienischen Soldaten auf das Festland zurückziehen. Die Alliierten kontrollieren die Insel am 29. des Monats. In Italien löst die Niederlage eine revolutionäre Situation aus. Unter der kriegsmüden Bevölkerung kommt es zu Streiks. Adolf Hitler versucht, den verbündeten »Duce« Benito Mussolini zum Durchhalten zu bewegen und verspricht Hilfe. Unterdessen fordert eine starke Fraktion innerhalb der Faschisten die Entmachtung Mussolinis. Als alliierte Bomber Rom angreifen, kommt es zu offenen Feindseligkeiten gegen die Regierung. König Viktor Emanuel III. sieht seine Position und die Monarchie gefährdet, enthebt Mussolini des Amtes und lässt ihn verhaften. Der Faschistenführer wird auf die Insel Ponza bei Neapel gebracht, um ihn dem Zugriff der Deutschen zu entziehen. Neuer Ministerpräsident wird Pietro Badoglio, ein Gegner Mussolinis aus den 20er Jahren. Am 28. Juli gibt der römische Rundfunk das Ende des Faschismus bekannt. Unmittelbar nach der Regierungsübernahme erklärt Badoglio, den Krieg an der Seite Deutschlands fortsetzen zu wollen. Aber die militärische Situation spitzt sich zu, als die Alliierten am 3. September von Sizilien aus auf das Festland in Kalabrien übersetzen. Die italienische Regierung kapituliert am 8. September. Daraufhin entwaffnet die deutsche Wehrmacht alle italienischen Soldaten und marschiert am 13. Oktober in Rom ein. Nun erklärt Pietro Badoglio dem Deutschen Reich den Krieg. Der Kampf um das italienische Festland dauert an. Deutsche Truppen können die Alliierten noch monatelang am Durchbruch in Mittelitalien hindern. Schließlich erobern die Soldaten der Westmächte am 4. Juni 1944 Rom.

Menschen und Material werden an Land gebracht.

August 1943

1 So Das von Japan besetzte Birma proklamiert seine Unabhängigkeit von Großbritannien und erklärt den USA und dem Mutterland den Krieg.

2 Mo Im Vernichtungslager Treblinka kommt es zu einem Aufstand unter den rd. 1000 Häftlingen. Mehreren hundert Insassen gelingt die Flucht.

3 Di Die sowjetische Rote Armee startet zu einer neuen Offensive gegen den Nordflügel der deutschen Heeresgruppe Süd.

4 Mi In Salzburg beginnen die Festspiele. Der diesjährige »Theater- und Musiksommer« dauert bis zum 29. August und präsentiert Schauspiele, Opern und Konzerte.

5 Do Die Regierung von Schweden verweigert deutschen Truppentransporten von und nach Norwegen und Finnland die Durchfahrt durch das Land.

6 Fr Adolf Hitler ordnet Maßnahmen zum »kriegswirtschaftlich zweckmäßigsten Einsatz der deutschen Elektrizitätsbetriebe« an.

7 Sa Über 500 Patienten der Psychiatrie der Alsterdorfer Anstalten in Hamburg werden zur Ermordung in »Euthanasie«-Anstalten abtransportiert.

8 So In Braunschweig gewinnt die Wienerin Hilde Doleschell durch ein 6:1, 6:4 gegen die Breslauerin Inge Hartelt die Deutsche Meisterschaft im Tennis.

9 Mo Die Widerstandsgruppe »Kreisauer Kreis« legt einen Entwurf für die Neuordnung Deutschlands nach dem Ende des nationalsozialistischen Regimes vor.

10 Di In der Nacht zum 11. August findet ein Luftangriff auf Nürnberg statt. Dabei werfen britische Flugzeuge 1608 t Bomben auf die Stadt.

11 Mi Ein alliierter Landungsversuch an der Nordküste Siziliens wird von den deutsch-italienischen Streitkräften erfolgreich verhindert.

12 Do Eine italienische Militärmission trifft in der portugiesischen Hauptstadt Lissabon ein, um mit den Alliierten über einen Waffenstillstand zu verhandeln.

13 Fr US-Bomber fliegen einen Luftangriff gegen die Flugzeugwerke in Wiener Neustadt, den ersten alliierten Bombenangriff auf österreichisches Territorium.

14 Sa In der Nacht zum 15. August zerstören britische Luftangriffe das weltberühmte Mailänder Teatro della Scala, eines der bedeutendsten Opernhäuser Europas.

15 So Die Münchener Behörden verlegen die städtischen Volksschulen in den Landkreis. Alte und gebrechliche Personen werden evakuiert.

16 Mo Im jüdischen Ghetto von Bialystok kommt es angesichts seiner bevorstehenden Räumung zu einem erfolglos verlaufenden Aufstand.

17 Di Ministerpräsident Vidkun Quisling erklärt wegen der sich zuspitzenden antideutschen Stimmung den Ausnahmezustand für Norwegen.

18 Mi US-Präsident Franklin D. Roosevelt ermächtigt die zuständigen Stellen, streikende Arbeiter in der Rüstungsindustrie zum Militär einzuziehen.

19 Do Der Film »Lady Takes a Chance« (Die Lady riskiert was) mit John Wayne und Jean Arthur in den Hauptrollen kommt in den USA zur Uraufführung.

20 Fr Als Folge des anhaltenden dänischen Widerstands gegen die deutsche Besatzungsmacht wird erstmals seit 1940 wieder ganz Kopenhagen besetzt.

21 Sa Die Sowjetregierung beschließt Sofortmaßnahmen zur Wiederherstellung der Wirtschaft in den von deutscher Besetzung befreiten Gebieten.

22 So Andrej A. Gromyko tritt die Nachfolge von Maxim M. Litwinow an und wird Botschafter der Sowjetunion in den Vereinigten Staaten von Amerika.

23 Mo Die Rote Armee erobert die Stadt Charkow, die am 14. März von SS-Truppen besetzt worden war. +++ Britische Flugzeuge bombardieren Berlin.

24 Di Der Reichsführer SS, Heinrich Himmler, übernimmt als Nachfolger von Wilhelm Frick das Amt des Innenministers des Deutschen Reiches.

25 Mi In Detroit im US-Bundesstaat Michigan wird eine als besonders gefährlich eingestufte deutsche Spionageorganisation ausgehoben.

26 Do Der preußische Finanzminister Johannes Popitz versucht, Reichsinnenminister Heinrich Himmler für den Widerstand gegen Adolf Hitler zu gewinnen.

27 Fr In der Nacht zum 28. August bombardiert die britische Luftwaffe Nürnberg. Über 3000 Menschen kommen ums Leben, 70 000 werden obdachlos.

28 Sa Unter ungeklärten Umständen stirbt in Sofia überraschend der bulgarische König Boris III. Die Nachfolge tritt offiziell sein sechsjähriger Sohn Simeon an.

29 So Die 6. deutsche Armee bereitet sich auf die Räumung der sowjetischen Stadt Taganrog im Donezgebiet vor. → Dänemark

30 Mo Die Alliierten geben bekannt, dass Polen – besonders die Provinz Lublin – durch das deutsche Besatzungsregime systematisch entvölkert werde.

31 Di Günther Korten wird Generalstabschef der deutschen Luftwaffe. +++ Die letzte Ausgabe der »Frankfurter Zeitung« erscheint.

September 1943

1 **Mi** Zum vierten Jahrestag des Kriegsausbruchs wendet sich Papst Pius XII. in Rom mit einer Friedensbotschaft an die Völker der Welt.

2 **Do** Der rumänische Staatschef Ion Antonescu stimmt Hitler in der Frage der Räumung des Kuban-Brückenkopfes an der Ostfront zu. → Zwangsarbeiter

3 **Fr** In Cassibile auf Sizilien unterzeichnen Vertreter Italiens und der Alliierten einen zunächst geheim gehaltenen Waffenstillstand.

4 **Sa** Starke US-Truppenverbände landen östlich von Lae auf Neuguinea. Ein Angriff japanischer Bomberverbände kann abgefangen werden.

5 **So** In der Nacht zum 6. September greifen britische Flugzeuge Mannheim und Ludwigshafen an. 2000 Menschen sterben, 127 000 werden obdachlos.

6 **Mo** Bei einem schweren Eisenbahnunglück in den USA kommen auf der Strecke Washington-New York 200 Menschen ums Leben.

7 **Di** In der Berliner Strafanstalt Plötzensee beginnt eine Serie von 294 Hinrichtungen politischer Gefangener in nur fünf Tagen, die »Plötzenseer Blutnächte«.

8 **Mi** Die deutschen Truppen an der Ostfront geben das Kohle- und Stahlzentrum Stalino (Donezk) und damit ihre Stellungen im gesamten Donezbecken auf.

9 **Do** Kroatien nimmt die 1941 an Italien abgetretenen Gebiete in Dalmatien in Besitz. +++ Der Metropolit Sergius wird Patriarch von Moskau. → Brecht

10 **Fr** Deutsche Truppen besetzen Rom und nehmen von Italien aus sämtliche Alpenpässe nach Frankreich und Deutschland in Besitz.

11 **Sa** Die 8. britische Armee nimmt die italienische Stadt Brindisi ein. +++ Im Raum Nizza beginnt eine Großrazzia gegen die jüdische Bevölkerung.

12 **So** Der erste »Opfersonntag« des deutschen Kriegswinterhilfswerks 1943 bringt nach offiziellen Angaben mehr als 55 Mio. Reichsmark ein. → Mussolini

13 **Mo** Das Zentralexekutivkomitee der Staatspartei Kuomintang wählt erneut Marschall Chiang Kai-shek zum Präsidenten der Republik China.

14 **Di** Britische Truppen nehmen die bisher von Italien besetzte Insel Leros in der Ägäis ein. +++ »Duce« Benito Mussolini trifft mit Adolf Hitler zusammen.

15 **Mi** Benito Mussolini bildet in Salò am Gardasee eine »republikanisch-faschistische« Gegenregierung« zum Kabinett in Rom von Pietro Badoglio.

16 **Do** Mitgliedern der NSDAP, die das Parteiabzeichen nicht tragen und den Hitlergruß unterlassen, droht künftig der Ausschluss aus der Partei.

17 **Fr** Die in Italien vordringenden Verbände der 8. britischen Armee vereinigen sich mit der bei Salerno gelandeten 5. US-Armee.

18 **Sa** Von München aus hält der Ministerpräsident der italienischen Gegenregierung von Hitlers Gnaden, Benito Mussolini, eine Rundfunkansprache an »sein« Volk.

19 **So** Die niederländische Leichtathletin Fanny Blankers-Koen erzielt in Leiden mit 6,25 m einen Weltrekord im Weitsprung der Frauen.

20 **Mo** In Süditalien nimmt die 8. britische Armee Potenza und Bari ein. Die deutschen Truppen schließen am selben Tag die Räumung Sardiniens ab.

21 **Di** Im Rahmen der Entwaffnung der italienischen Armee tötet die deutsche Wehrmacht auf der griechischen Insel Kefallinia 4000 italienische Kriegsgefangene.

22 **Mi** Die deutschen Besatzungsbehörden in Frankreich veranlassen die standrechtliche Erschießung von 19 Personen wegen angeblicher Sabotage-Aktionen.

23 **Do** Reichspropagandaminister Joseph Goebbels vermerkt in seinem Tagebuch, Adolf Hitler sei zu Friedensgesprächen mit Josef W. Stalin »schon eher bereit«.

24 **Fr** In München wird der Film »Tolle Nacht« von Theo Lingen uraufgeführt. +++ Deutsche Truppen landen auf der griechischen Insel Korfu.

25 **Sa** Bei den ersten Parlamentswahlen in Neuseeland seit Kriegsausbruch erhält die regierende Labour Party die absolute Mehrheit.

26 **So** Die deutschen Bischöfe verurteilen in einem Hirtenbrief das »Euthanasie«-Programm der Nationalsozialisten, das trotz offiziellem Stopp fortgesetzt würde.

27 **Mo** Vier Tage vor dem Einmarsch der Alliierten beginnen die Widerstandsgruppen in der süditalienischen Stadt Neapel mit einem Aufstand.

28 **Di** In Frankreich kommt »Le Corbeau« (Der Rabe), ein Film des französischen Regisseurs Henri Georges Clouzot, zur Uraufführung.

29 **Mi** Der italienische König Viktor Emanuel III. und die Regierung unter Ministerpräsident Pietro Badoglio richten sich im süditalienischen Bari ein.

30 **Do** Wilhelm Furtwängler dirigiert in der bayerischen Hauptstadt anlässlich ihres 50-jährigen Gründungsjubiläums ein Konzert der Münchner Philharmoniker.

Auf dem Weg in eine ungewisse Zukunft: Russische Zwangsarbeiter erreichen Deutschland.

2. September 1943

Arbeiten unter Zwang

Um den Anforderungen des Materialkrieges begegnen zu können, erhält Albert Speer als Reichsminister für Bewaffnung und Munition erhebliche Vollmachten. Speer soll die deutsche Kriegswirtschaft koordinieren. Dazu übernimmt er u.a. Kompetenzen des Reichswirtschaftsministeriums. In der Wirtschaft herrscht durch den Krieg permanenter Arbeitskräftemangel. Um die Rüstung vorantreiben zu können, setzt der Minister verstärkt Zwangsarbeiter in der Industrie ein. Dabei handelt es sich um Verschleppte oder Kriegsgefangene aus den von der deutschen Wehrmacht besetzten Gebieten. Bis zum Frühjahr 1944 befinden sich 7 Mio. Zwangsarbeiter in Deutschland. Ihre Beschäftigungs- und Lebensverhältnisse sind katastrophal. Ohne ausreichende Ernährung leben sie in Baracken, Ställen oder Kellern. Russen und Polen sterben zu Hunderttausenden in der Gefangenschaft. Von insgesamt 14 Mio. verschleppten Menschen halten sich nach Kriegsende noch 8,5 Mio. in Deutschland auf. Sie werden von den Vereinten Nationen betreut und zum Teil in ihre Heimat zurückgeführt. Viele bleiben in Deutschland und erhalten als »Displaced Persons« (verschleppte Personen) einen besonderen Rechtsstatus.

Eine junge Ukrainerin im Siemenswerk

13. Oktober 1943

Hungerkatastrophe in Bengalen fordert 700 000 Opfer

In der indischen Provinz Bengalen ist eine Hungersnot ausgebrochen. In Indiens Hauptstadt Delhi tritt eine Nahrungsmittelkonferenz zusammen, um über Maßnahmen gegen die Lebensmittelknappheit zu beraten. Bereits im September sind in Kalkutta täglich bis zu 100 Menschen an Unterernährung gestorben. Auch in anderen indischen Städten und auf dem Land verhungert die Bevölkerung.
Schon zu Jahresbeginn zeichnete sich eine Weizenknappheit in einigen indischen Landesteilen ab. Am 25. Januar versuchte die Zentralregierung, einer möglichen Hungersnot zu begegnen, und ordnete u.a. erhöhten Weizenimport an. Trotz der Einrichtung staatlicher Verkaufsstellen und der Aufhebung der Getreidehöchstpreise spitzt sich die Situation im Laufe des Jahres dramatisch zu. Dafür sind vor allem die Bauern und Großhändler verantwortlich, die wegen des Getreidemangels die dringend benötigten Lebensmittel horten. Sie spekulieren auf höhere Gewinne durch Preissteigerung. Die Folge ist der massenhafte Hungertod. Schließlich greifen die Maßnahmen der Zentralregierung. Die britische Kolonialmacht stellt Schiffe zur Verfügung, die große Mengen Getreide ins Land bringen. Im Frühjahr 1944 gilt die Hungersnot als weitgehend eingedämmt. 668 846 Menschen sind im Laufe der Katastrophe gestorben.

24. Oktober 1943

»Calais« sendet Propaganda

Der britische Propagandasender »Soldatensender Calais« startet sein Programm. Er wendet sich über Mittelwelle vornehmlich an Soldaten der deutschen Wehrmacht. Im Rahmen der psychologischen Kriegsführung versucht der Sender, die Moral der deutschen Truppen in Frankreich zu untergraben. Im Ersten Weltkrieg hatten bereits die Vereinigten Staaten die Mittel der psychologischen Kriegsführung mit überraschendem Erfolg eingesetzt.

Das Redaktionsteam besteht aus britischen Journalisten sowie deutschen Emigranten und Kriegsgefangenen. Dem neuen Sender ist auch der britische Propagandasender »Deutscher Kurzwellensender Atlantik« angeschlossen. Neben Rundfunkübertragungen nutzen die Alliierten auch Flugblätter für ihre Propaganda-Aktionen, die britische und US-Piloten in diesem Jahr verstärkt über Deutschland und den besetzten Gebieten abwerfen. Das erste Flugblatt erreicht deutschen Boden am 28. Juli in Kassel. Bis September 1944 streuen alliierte Flugzeuge rd. 180 Mio. Propagandapapiere aus. Auch die sowjetische Luftwaffe bedient sich derartiger Mittel. Ihr Aktionskreis ist jedoch auf das Frontgebiet beschränkt

(Abb.: Ein sowjetisches Flugblatt fordert zum Desertieren auf). Die US-Regierung unterhält eine eigene Abteilung zur Koordinierung der Aktionen, das »Office Of War Information«. Auf den Flugblättern werden Soldaten und Zivilbevölkerung zur Kapitulation und zur Revolte gegen das NS-Regime aufgefordert. Alliierten Schätzungen zufolge finden nur wenige Flugblätter Leser.

17. Oktober 1943

Erster Gefangenenaustausch

Zum ersten Mal seit Ausbruch des Zweiten Weltkrieges tauschen die Regierungen Großbritanniens und Deutschlands Gefangene aus. Auf Vermittlung der Schweiz kommt es zu Verhandlungen zwischen den Kriegsgegnern. Die Beratungen verlaufen zäh. Schließlich einigen sich die Regierungsvertreter darauf, kranke und invalide Gefangene auf beiden Seiten in die Freiheit zu entlassen. Unter der Aufsicht des Schwedischen Roten Kreuzes findet der Austausch in Göteborg statt. 4000 britische Kriegsgefangene kehren in ihre Heimat zurück. 800 deutsche Wehrmachtsoldaten können die britischen Internierungslager verlassen. Viele der Heimkehrer sind so schwer verwundet, dass sie auf Tragen transportiert werden müssen. Die Abwicklung der Aktion dauert bis zum 21. Oktober. Bereits seit Beginn des deutschen Russlandfeldzuges bemühte sich das Internationale Rote Kreuz um den Austausch von Kriegsgefangenen. Sämtliche Aktionen scheiterten jedoch bisher an der ablehnenden Haltung der deutschen Führung.

12. September 1943

Hitler lässt Mussolini befreien

Deutsche Fallschirmspringer befreien den italienischen Faschistenführer Benito Mussolini in einer waghalsigen Aktion aus seinem Gefängnis in den Abruzzen. Italiens König Viktor Emanuel III. hatte Mussolini als Ministerpräsidenten abgesetzt und verhaften lassen. Sofort ließ Adolf Hitler Nachforschungen über den Verbleib Mussolinis anstellen. Agenten versprachen Informanten hohe Geldprämien und zahlten mit gefälschten britischen Pfundnoten. Mussolini muss unterdessen mehrfach den Aufenthaltsort wechseln. Deutsche Einheiten besetzen am 26. August die Insel Maddalena, auf der sich der Faschistenführer aufhalten soll. Aber sie kommen zu spät. Der Gesuchte ist kurz zuvor ins Berghotel »Campo Imperatore« auf dem Gran-Sasso-Massiv verlegt worden. Dort gelingt schießlich eine spektakuläre Befreiungsaktion. Die deutschen Fallschirmspringer dringen mit Hilfe von Lastenseglern zu dem Berghotel vor. Die Wachen leisten keinerlei Widerstand. Mussolini wird nach Wien ausgeflogen (s.Abb.). Zwei Tage später trifft er Hitler in Rastenburg.

9. September 1943

Brechts »Leben des Galilei«

Bertolt Brechts Schauspiel »Das Leben des Galilei« kommt in erster Fassung am Zürcher Schauspielhaus zur Uraufführung. Darin stellt Brecht das Leben des Astronomen Galileo Galilei (1564-1642) historisch genau dar. Im ersten Entwurf tritt Galilei (Abb.: Erika Pesch, Leonard Steckel) noch als listiger Held der Wissenschaft auf: Brecht schreibt diese Fassung unter dem Eindruck der ersten Kernspaltung durch Otto Hahn (1938). Als Hiroschima 1945 von der Atombombe verwüstet wird, ändert der Autor den Tenor des Stückes. Galilei wird zum bürgerlichen Intellektuellen, der die Wissenschaft von der sozialen Verantwortung trennt. Eine dritte Fassung entsteht 1956 nach der Entwicklung der Wasserstoffbombe. Darin verschärft Brecht die Kritik an der Wissenschaft und an der Person des Galilei in unzweideutiger Form.

Oktober 1943

1 Fr In einer überwiegend erfolglosen Großaktion versucht das deutsche Besatzungsregime in Dänemark, die mehr als 8000 dänischen Juden zu verhaften.

2 Sa Der japanische Kabinettsrat beschließt die Mobilisierung aller Wissenschaftler des Landes für die Rüstungsproduktion.

3 So Deutsche Einheiten landen auf der von italienischen und britischen Truppen besetzten Ägäisinsel Kos und beginnen die Einnahme des Dodekanes.

4 Mo Reichsinnenminister und Reichsführer SS Heinrich Himmler betont in Posen, die »innere Front« müsse »brutal und gnadenlos« gehalten werden.

5 Di Der nicaraguanische Präsident Anastasio Somoza García erklärt seine Bereitschaft, den USA einen Teil des Staatsgebietes Nicaraguas zu überlassen.

6 Mi Durch Spätzündung einer deutschen Bombe im Postamt von Neapel kommt es zu einem Unglück unter Zivilisten. 100 Menschen sterben.

7 Do Am New Yorker Imperial Theatre feiert das Musical »One Touch Of Venus« von Kurt Weill Premiere. Die Regie führt Elia Kazan.

8 Fr In der Nacht zum 9. Oktober werfen britische Bomber 1667 t Sprengkörper auf Hannover, wo in der Folge 250 000 Menschen obdachlos werden.

9 Sa Die deutschen Truppen an der Ostfront beenden die Räumung des seit Monaten umkämpften Kuban-Brückenkopfes auf der Taman-Halbinsel.

10 So In Griechenland bricht ein bewaffneter Konflikt zwischen den beiden größten Widerstandsorganisationen um die politische Vorherrschaft im Lande aus.

11 Mo Am Théâtre Hébertot in Paris kommt das Theaterstück »Sodome et Gomorrhe« (Sodom und Gomorrha) von Jean Giraudoux zur Uraufführung.

12 Di Generalarzt Ferdinand Sauerbruch, der als bedeutendster Mediziner Deutschlands gilt, erhält das Ritterkreuz zum Kriegsverdienstkreuz mit Schwertern.

13 Mi Unter Ministerpräsident Pietro Badoglio erklärt die italienische Regierung Deutschland den Krieg und tritt damit an die Seite der Alliierten. → Bengalen

14 Do Die von Japan besetzten Philippinen erklären ihre Unabhängigkeit. Erster Staatspräsident der von Tokio abhängigen Republik wird José Laurel.

15 Fr Der Streifen »Ein glückloser Mensch« von Paul Verhoeven hat in Berlin Premiere. Die Hauptrollen spielen Gustav Knuth und Ewald Balser.

16 Sa In Tirana beginnt unter deutschem »Schutz« die Tagung einer albanischen Nationalversammlung, die die Unabhängigkeit des Landes von Italien beschließt.

17 So Die sowjetische Rote Armee nimmt ihre Angriffe gegen die 3. deutsche Panzerarmee an der Straße nach Witebsk wieder auf. → Gefangenenaustausch

18 Mo Von Rom aus erfolgen die ersten Deportationen von rd. 1000 italienischen Juden ins Konzentrations- und Vernichtungslager Auschwitz.

19 Di In Moskau beginnt eine Konferenz der Außenminister der Sowjetunion, der USA und Großbritanniens. Das Treffen dauert bis zum 30. Oktober.

20 Mi Nikita S. Chruschtschow wird als Generalleutnant Chef der Politabteilung der 1. Ukrainischen Front der Roten Armee.

21 Do Die »JU 390 V-1«, ein neu entwickelter Langstreckenbomber der Junkerswerke in Dessau, absolviert ihren Erstflug.

22 Fr Für Einsätze gegen Süddeutschland und Südosteuropa bildet die US Air Force in Italien eine strategische Luftkriegsgruppe.

23 Sa Die australische Regierung stellt das Kimberley-Gebiet im Nordwesten des Landes für die Masseneinwanderung von Juden zur Verfügung.

24 So Der sowjetischen Roten Armee gelingt beiderseits von Dnjepropetrowsk der Durchbruch durch die deutsche Front. → Propaganda

25 Mo Im Westen lässt die deutsche Wehrmacht eine zweite Stellung hinter dem Atlantikwall anlegen. Für die Bauarbeiten werden 35 000 Franzosen rekrutiert.

26 Di Das deutsche Kampfflugzeug »Do 335«, eine der schnellsten durch Kolbenmotor angetriebenen Militärmaschinen, absolviert seinen Erstflug.

27 Mi Der Film »Die beiden Schwestern« von Erich Waschneck hat in Berlin Premiere. In den Hauptrollen sind Gisela Uhlen und O.W. Fischer zu sehen.

28 Do Adolf Hitler stoppt die bereits eingeleitete Räumung der Krim. Der 17. deutschen Armee wird die Verteidigung der Halbinsel aufgetragen.

29 Fr Der im US-Exil lebende deutsche Theaterregisseur Erwin Piscator zeigt in New York seine Inszenierung der Heiligen Johanna von George Bernard Shaw.

30 Sa Im New Yorker Exil stirbt im Alter von 70 Jahren der österreichische Schauspieler, Regisseur und Theaterleiter Max Reinhardt.

31 So In Stuttgart gewinnt Vienna Wien das Endspiel um den deutschen Fußballpokal gegen den Luftwaffen-Sportverein Hamburg 3:2 (nach Verlängerung).

November 1943

1 Mo In den USA treten über 500 000 gewerkschaftlich organisierte Bergarbeiter in den Streik, um den Abschluss eines Lohntarifvertrages durchzusetzen.

2 Di Bei den Gouverneurswahlen in den USA setzen sich überwiegend republikanische Kandidaten durch. Die demokratische Partei stellt nur 23 Sieger.

3 Mi Reichsinnenminister und Reichsführer SS Heinrich Himmler lässt in Lublin mindestens 17 000 jüdische Männer und Frauen ermorden (»Blutmittwoch«).

4 Do Der Film »Großstadtmelodie« mit Hilde Krahl und Werner Hinz hat in Berlin Premiere. Regie führte Wolfgang Liebeneiner.

5 Fr In Stockholm verabschiedet die Internationale Gruppe demokratischer Sozialisten die Wiedererrichtung der Sozialistischen Arbeiterinternationale.

6 Sa Die Rote Armee erobert die ukrainische Stadt Kiew. +++ In Leipzig kommt die szenische Kantate »Catulli Carmina« von Carl Orff zur Uraufführung.

7 So Generaloberst Alfred Jodl spricht in München vor den Reichs- und Gauleitern der NSDAP über die kritische strategische Lage Deutschlands.

8 Mo Am Vorabend des 20. Jahrestages des Marsches auf die Münchener Feldherrnhalle hält Adolf Hitler seine letzte öffentliche Rede an die Bevölkerung.

9 Di In New York beginnt die bis zum 27. November dauernde erste Einzelausstellung des US-Malers Jackson Pollock. Er ist der Begründer des »Action Painting«.

10 Mi Eine »alliierte Kontrollkommission« übernimmt die Aufsicht über den von britischen und US-Streitkräften besetzten Teil Italiens.

11 Do Dem belgischen Widerstand gelingt es, 60 000 Exemplare der illegalen Zeitung »Soir« an die Öffentlichkeit zu bringen.

12 Fr Adolf Hitler unterzeichnet die sog. Lex Krupp, mit der Alfried Krupp von Bohlen und Halbach zum Alleinerben des Unternehmens eingesetzt wird.

13 Sa In Wiesbaden wird die Oper »Dorfmusik« von Winfried Zillig uraufgeführt. +++ Adolf Hitler lehnt eine autonome Ukraine ab.

14 So Der 25-jährige Leonard Bernstein springt für den erkrankten Bruno Walter ein und dirigiert zum ersten Mal das New York City Symphony Orchestra.

15 Mo Die deutschen Behörden verbieten ab sofort die Herstellung von Turmuhren sowie Uhren für öffentliche Plätze oder Autos.

16 Di Nach mehrtägigen Kämpfen kapituliert die britisch-italienische Besatzung der Ägäisinsel Leros vor den angreifenden deutschen Truppen.

17 Mi Im Hauptquartier »Wolfsschanze« empfängt Reichskanzler Adolf Hitler den deutschen Botschafter in Ankara, Ex-Reichskanzler Franz von Papen.

18 Do Bei britischen Bombenangriffen auf Berlin kommen 2700 Menschen ums Leben. 250 000 Einwohner der Stadt verlieren ihr Heim.

19 Fr Im Führerhauptquartier »Wolfsschanze« plädiert Generalfeldmarschall Georg von Küchler für einen Rückzug der 16. deutschen Armee.

20 Sa US-Truppen landen auf den Südseeinseln Tarawa und Makin, die von den japanischen Truppen zunächst hartnäckig verteidigt werden.

21 So Die deutsche Luftwaffe setzt 1400 km westlich von Bordeaux erstmals Fernbomber des Typs »He 177« gegen einen britischen Geleitzug ein.

22 Mo Mexiko führt unter der Regierung von Präsident Manuel Ávila Camacho die vor zehn Jahren abgeschaffte Todesstrafe wieder ein.

23 Di In den Vereinigten Staaten erscheint eine Fünf-Cent-Briefmarke zu Ehren Österreichs. Sie zeigt auf blauem Grund eine Fahne in den Farben Rot-Weiß-Rot.

24 Mi Der Ministerrat der italienischen Gegenregierung unter Benito Mussolini bestimmt als neue Staatsbezeichnung den Namen Italienische Sozial-Republik.

25 Do In London bezeichnet der südafrikanische Ministerpräsident Jan Christiaan Smuts die USA, die UdSSR und Großbritannien als die Weltmächte der Zukunft.

26 Fr Der US-General George S. Patton erhält eine dienstliche Verwarnung, weil er Soldaten hatte schlagen lassen, die nach einem Angriff unter Schock standen.

27 Sa Ein Erdbeben in der Türkei fordert über 4000 Tote. +++ Adolf Hitler ordnet den sofortigen Kampfeinsatz aller hinter der Front tätigen Soldaten an.

28 So Erna Westhelle aus Mönchengladbach schwimmt in Leipzig mit 1:15,0 min deutschen Rekord über 100-m-Rücken. → Teheran

29 Mo Die Rote Armee greift erneut die 4. deutsche Armee an der Straße westlich von Smolensk an. +++ Kolumbien erklärt Deutschland den Krieg. → Tito

30 Di Das deutsche Kommissariat für Norwegen lässt die Universität Oslo schließen und alle Professoren und Studenten verhaften.

24. Dezember 1943

Sowjets auf dem Vormarsch

An der Ostfront unternimmt die Rote Armee eine erfolgreiche Offensive gegen die 4. deutsche Panzerarmee. Ziel der Sowjetsoldaten ist der Durchbruch zur Linie Belaja Zerkow-Berditschew. Nach harten Kämpfen schlagen die Angreifer eine 30 km breite Bresche in die Verteidigungsstellun-

gen der Wehrmacht (Abb.: Sowjetische Infanterie rückt unter dem Schutz von Panzern vor). Unter den harten Witterungsbedingungen des russischen Winters erobern die Rotarmisten zahlreiche Städte von den Deutschen zurück.

1. Dezember 1943

»Akrobat Schö-ö-ön«

Die deutsche Filmwirtschaft setzt auf Unterhaltung. Um die kriegsmüde Bevölkerung vom Alltag abzulenken, setzen die Regisseure der Ufa Märchen und Romanzen in Szene. Volle Kinosäle geben diesem Rezept Recht. In Berlin findet die Premiere von »Akrobat Schö-ö-ön« statt. Der spanische Clown Charlie Rivel spielt die Hauptrolle und verkörpert sich selbst. Auf der Suche nach einem Engagement landet er nach mehreren vergeblichen Versuchen beim Varietee. Dort darf er jedoch nicht auf die Bühne, sondern muss als Nachtwächter sein Brot verdienen. Wegen unerlaubten Probens kündigt man ihm. Als eine Nummer im Programm ausfällt, darf der Clown einspringen. Der Auftritt ist der Beginn einer großen Karriere. »Akrobat Schö-ö-ön« ist die erste Regiearbeit von Wolfgang Staudte.

Charlie Rivel

eigtl. José Andreo Rivel, spanischer Clown, * 28.4.1896 Cubellas; † 26.7.1983 bei Barcelona

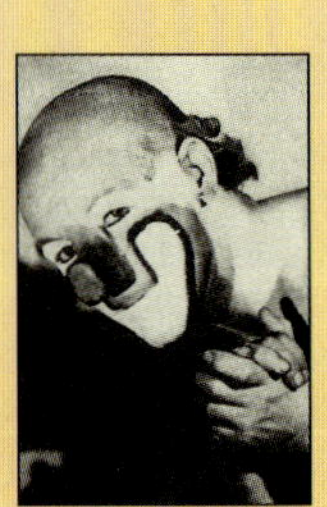

Charlie Rivel, der aus einer spanischen Artisten-Dynastie stammt, wurde mit seiner Nummer »Akrobat schö-ö-ön«, weltbekannt. Seine berühmte Maske mit roter Pappnase, grell geschminkten Wangen und rotem Haarkranz begeisterte Generationen von Kindern und Erwachsenen und wurde zu seinem Markenzeichen. Zusammen mit seinen vier Brüdern trat der katalanische Clown als »The Rivels« auf. In Berlin feierte Rivel seine größten Erfolge. José Andreo Rivel versteht seinen Künstlernamen Charlie als Hommage an sein großes Vorbild, den US-Komiker Charlie Chaplin.

- 1919: Erster Auftritt im legendären Rivel-Kostüm
- 1934: Ende der Clown-Gruppe »The Rivels«
- 1952: Comeback nach zehnjähriger Bühnenabstinenz

28. November 1943

Konferenz in Teheran

Die Regierungschefs der alliierten Mächte treffen zu einer Konferenz – ihrer ersten gemeinsamen – in der persischen Hauptstadt zusammen. Die machtpolitische Aufteilung Europas für die Zeit nach dem Zweiten Weltkrieg hat begonnen. US-Präsident Franklin D. Roosevelt und der britische Premierminister Winston Churchill hatten bereits am Jahresanfang bei einer Konferenz in Casablanca wichtige strategische Entscheidungen gefällt. Churchill hat seine Interessen bisher durchsetzen können und eine Landung der Alliierten in Frankreich bis dato verhindert. Er will die Deutschen zunächst durch Errichtung einer zweiten Front schwächen. Mit der im Juli erfolgten Invasion von britischen und US-Truppen in Italien sind diese Voraussetzungen gegeben. Der in Casablanca nicht erschienene sowjetische Staats- und Parteichef Josef W. Stalin folgt diesmal der Einladung und koordiniert in Teheran sein Vorgehen gegen Deutschland mit den Westmächten. Roosevelt erhält bei den Beratungen die Unterstützung Stalins. Beide wollen eine alliierte Operation für den Mai 1944 festlegen. Um Deutschland an allen Fronten in schwere Kämpfe zu verwickeln, sagt Stalin eine gleichzeitige Offensive an der Ostfront zu. Bei ihren Gesprächen beginnen die Regierungschefs erstmals, ihre Pläne für die Zeit nach dem Krieg abzustimmen. So wollen sie eine Weltfriedensorganisation gründen, die später den Namen »Vereinte Nationen«

29. November 1943

Tito regiert Jugoslawien

In Jugoslawien übernimmt Josip Broz, genannt Tito, die Regierung in den von den Deutschen aufgegebenen Gebieten. In Jajce stellt der Antifaschistische Rat Tito an die Spitze des neu gegründeten Nationalkomitees und ernennt ihn zum Marschall. Mit seiner Partisanenarmee konnte Tito in den vergangenen Jahren über die Hälfte des Landes von den deutschen Besatzern zurückerobern. In den befreiten Gebieten funktionieren bereits Infrastruktur und öffentliches Leben wieder. Mit der Aufnahme der Regierungsgeschäfte erhalten die freien Gebiete nun auch einen politischen Status. Großbritannien und die USA erklären Tito zu einem »gleichberechtigten alliierten Befehlshaber« im Kampf gegen die Deutschen. Auch die UdSSR begrüßt die Bildung des Nationalkomitees. Tito führt die jugoslawische Partisanenbewegung seit dem 4. Juli 1941. Die Ernennung zum Präsidenten des Nationalkomitees begründet seine lange politische Karriere. In deren Verlauf regiert er Jugoslawien bis zu seinem Tod (1980) zunächst als Minister-, später als Staatspräsident. 1948 kommt es zum Bruch mit Josef W. Stalin, da Tito sich gegen sowjetischen Einfluss zur Wehr setzt.

Die »Großen Drei« im Mittelpunkt des Weltinteresses: Stalin, Roosevelt und Churchill (sitzend, v.l.)

trägt. Stalin fordert die Westverschiebung Polens bis zur Oder und die Abtretung der polnischen Ostgebiete an die Sowjetunion. Die Konferenzteilnehmer verständigen sich darauf, den jugoslawischen Partisanen unter Josip Tito die größtmögliche Unterstützung zu gewähren. Außerdem soll die Türkei zum Kriegseintritt auf Seiten der Alliierten bewegt werden. Die Konferenz dauert bis zum 2. Dezember an. In die Konferenz der »großen Drei« fallen auch zahlreiche gesellschaftliche Anlässe. So lädt Churchill Stalin am 29. November zum Lunch und verleiht ihm den Orden »Schwert von Stalingrad«. Am Abend des 30. November treffen die Teilnehmer der Konferenz zusammen, um gemeinsam den 69. Geburtstag Churchills zu feiern. Auch die Kinder Roosevelts und Churchills nehmen an dem Empfang teil. Am Mittag des 1. Dezember versammeln sich Churchill, Stalin und Roosevelt, um das Abschlusskommunikee zu unterzeichnen. Als die »Großen Drei« am 2. Dezember Teheran verlassen, endet eine der bedeutendsten politischen Zusammenkünfte des Zweiten Weltkriegs.

3. Dezember 1943

Türkei besteht auf Neutralität

Trotz Aufbietung aller Überredungskünste gelingt es dem britischen Premierminister Winston Churchill nicht, die Türkei zum Kriegseintritt auf der Seite der Alliierten zu überreden. Churchill war zusammen mit US-Präsident Franklin D. Roosevelt nach Kairo gereist, um dort mit dem türkischen Staatspräsidenten Ismet Inönü zusammenzutreffen (Abb.: Churchill, 4.v.l., mit Verhandlungspartnern). Die westlichen Regierungschefs hofften darauf, dass die Türkei unter dem Eindruck der Konferenz von Teheran ihre neutrale Haltung aufgeben würde. Churchill favorisiert alliierte Landungsoperationen im östlichen Mittelmeer und hofft auf türkische Verstärkung. Doch die Türken fordern als Bedingung für einen Kriegseintritt große Lieferungen von Kriegsmaterial und eine aus Sicht der Alliierten zu lange Vorbereitungszeit. Die Gespräche scheitern.

1. Dezember 1943

Rudolf Höß verlässt Auschwitz

Rudolf Höß gibt sein Amt als Kommandant des Vernichtungslagers Auschwitz ab. Seit 1940 organisierte Höß in dem Lager die Ermordung von drei bis vier Mio. Juden im Sinne der nationalsozialistischen »Endlösung«. Um die Massentötungen durchzuführen, setzte der SS-Offizier als Erster das Giftgas Zyklon B ein.

Höß wird von der NS-Führung nach Berlin versetzt, wo er eine Aufgabe im Wirtschafts- und Verwaltungsamt übernimmt. 1922 war er der NSDAP beigetreten. Ein Gericht verurteilte ihn 1923 wegen Mordes zu zehn Jahren Zuchthaus, doch kam er schon 1928 frei. Nach seinem Eintritt in die SS ging er 1934 als Blockführer in das Konzentrationslager Dachau, 1938 nach Sachsenhausen. Auf Befehl von SS-Chef Heinrich Himmler beginnt er 1941 als Kommandant, das Lager Auschwitz in eine Vernichtungsmaschinerie umzubauen. Nach seiner Versetzung kehrt Höß 1944 nach Auschwitz zurück. Er soll die Vernichtung von 400 000 ungarischen Juden organisieren. 1946 verhaftet die britische Militärpolizei den Kriegsverbrecher und liefert ihn an Polen aus, wo er zum Tode verurteilt und gehängt wird.

Dezember 1943

1 Mi An der deutschen Ostfront kursiert ein Flugblatt mit einem Antikriegsvers des Dichters und KPD-Funktionärs Erich Weinert. → »Akrobat« → Rudolf Höß

2 Do Auf dem Balkan beginnt die deutsche Aktion »Kugelblitz« gegen die jugoslawischen Partisanen unter der Führung von Josip Tito.

3 Fr In Nürnberg kommt der Film »Johann« mit Theo Lingen in der Hauptrolle zur Uraufführung. Regisseur ist Robert A. Stemmle. → Türkei

4 Sa Das Fußballspiel Deutschland gegen Mandschukuo, das die Deutschen mit 3:0 gewinnen, eröffnet die Ostasienspiele in Tokio.

5 So Reichskanzler Adolf Hitler ordnet die vordringliche Fertigung des Düsenjägers »Me 262« für den Jagdbombereinsatz an.

6 Mo Der Film »War of the Wildcats« (Die Hölle von Oklahoma) mit John Wayne in der Hauptrolle feiert in den US-Kinos Premiere.

7 Di In Deutschland findet erstmals der »Tag des deutschen Eisenbahners« statt. 95 Eisenbahner erhalten das Kriegsverdienstkreuz erster Klasse.

8 Mi Deutsche und rumänische Einheiten zerschlagen den sowjetischen Landekopf auf der Krim bei Eltigen. 2000 Rotarmisten geraten in Gefangenschaft.

9 Do Reichsinnenminister Heinrich Himmler bemüht sich erfolglos um Kontaktaufnahme mit den USA, um über einen Waffenstillstand zu verhandeln.

10 Fr Für den Zeitraum zwischen dem 15. Dezember und dem 3. Januar verbieten die deutschen Behörden den zivilen Weihnachtsreiseverkehr.

11 Sa Der Außenminister der Vereinigten Staaten, Cordell Hull, fordert Ungarn, Rumänien und Bulgarien zum Kriegsaustritt auf.

12 So Die Regierungen der UdSSR und der Tschechoslowakei schließen einen Vertrag über wechselseitige Hilfe und Zusammenarbeit nach Kriegsende.

13 Mo Nach einem Partisanenüberfall im griechischen Kalavrita auf deutsche Soldaten erschießen diese zur Vergeltung 689 Einheimische.

14 Di Laut Pressemeldungen breitet sich in den USA eine Grippe-Epidemie aus. Das Fehlen zahlreicher erkrankter Arbeiter gefährde die Kriegsproduktion.

15 Mi Die UdSSR erkennt das jugoslawische Volksbefreiungskomitee unter Marschall Josip Tito als jugoslawische Regierung an.

16 Do Beiderseits von Mignano in Süditalien tritt die 5. US-Armee zum Angriff an. Adolf Hitler zieht die deutsche Front auf eine Riegelstellung zurück.

17 Fr In Berlin hat der Farbfilm »Immensee« von Veit Harlan Premiere. Die Hauptrollen spielen Kristina Söderbaum und Carl Raddatz.

18 Sa Das deutsche Unternehmen »Kugelblitz« gegen die unter der Führung Titos kämpfenden jugoslawischen Partisanen geht weitgehend erfolglos zu Ende.

19 So Die Luftwaffe der Vereinigten Staaten führt einen schweren Bombenangriff auf das österreichische Innsbruck durch.

20 Mo In Bolivien kommt es zu einem erfolgreichen Putsch. Präsident Enrique Peñaranda y del Castillo wird durch General Gualberto Villaroel abgelöst.

21 Di Die britischen Truppen in Süditalien nehmen ihre Angriffe im Frontabschnitt an der adriatischen Küste wieder auf.

22 Mi Der Rat der Volkskommissare in der UdSSR billigt die Textfassung der neuen sowjetischen Nationalhymne. Sie löst die »Internationale« ab.

23 Do Adolf Hitler beauftragt den Reichsminister für Rüstung und Kriegsproduktion, Albert Speer, mit dem Wiederaufbau der deutschen Städte.

24 Fr Der US-General Dwight D. Eisenhower erhält den Oberbefehl für die geplante Invasion der Alliierten in Frankreich. → Sowjets

25 Sa Das Ernährungshilfswerk in Deutschland fordert die Ablieferung aller Küchenabfälle und Speisereste für Hilfsaktionen.

26 So Bei einem Angriffsversuch auf einen alliierten Geleitzug im Nordmeer wird das deutsche Schlachtschiff »Scharnhorst« versenkt.

27 Mo Angesichts drohender Streiks erhält US-Innenminister Harold Le Claire Ickes die Vollmacht zur Beschlagnahmung sämtlicher Eisenbahnen des Landes.

28 Di In der Biskaya liefern sich drei deutsche Zerstörer und sechs deutsche Torpedoboote eine heftige Schlacht mit zwei britischen Kreuzern.

29 Mi Generalfeldmarschall Erich von Manstein nimmt aus eigener Verantwortung die deutschen Truppen von der Front im Dnjeprbogen zurück.

30 Do Die US-Luftwaffe greift Mannheim und Ludwigshafen an. +++ Der Roten Armee gelingt in der Ukraine ein Durchbruch durch die deutschen Linien.

31 Fr Adolf Hitler erklärt in seinem Aufruf zum Jahreswechsel, er wolle diesen »Kampf mit dem äußersten Fanatismus und bis zur letzten Konsequenz führen«.

Januar 1944

1 Sa Syrien und Libanon erlangen endgültig die Unabhängigkeit. Die französische Exilregierung überträgt den einheimischen Regierungen sämtliche Funktionen.

2 So Die britische Luftwaffe fliegt einen schweren Angriff gegen Berlin. Der »Kampf um Berlin« geht mit sechs nächtlichen Großangriffen bis Ende Januar weiter.

3 Mo Gegen 30 Bürger der Vereinigten Staaten wird Anklage wegen Verschwörung zur Errichtung eines faschistischen Regimes erhoben.

4 Di In Italien beginnt die 5. britische Armee einen Angriff auf das Benediktinerkloster Montecassino, das ein Kulturdenkmal ersten Ranges ist.

5 Mi Die Gestapo ermordet den dänischen Schriftsteller Kaj Munk, einen Gegner des nationalsozialistischen Besatzungsregimes seiner Heimat.

6 Do Ein in London und Washington veröffentlichtes Kommunikee meldet die Entwicklung einer »propellerlosen Flugmaschine« mit Düsenantrieb.

7 Fr Das Oberkommando der deutschen Kriegsmarine fordert Frauen und Mädchen auf, sich zum Dienst als Marinehelferinnen zu melden.

8 Sa Ein Sondergericht in Verona verurteilt 19 Mitglieder des Großen Faschistischen Rates zum Tode, weil sie am 24. Juli 1943 gegen Benito Mussolini stimmten.

9 So In München gewinnt die Wienerin Marta Musilek zum dritten Mal in Folge die Deutsche Meisterschaft im Eiskunstlauf.

10 Mo Nach einer Meldung der tschechoslowakischen Exilregierung in London haben die Deutschen bislang 50 000 tschechische Juden getötet.

11 Di 400 norwegische Studenten werden in deutschen Konzentrationslagern interniert, weil sie sich der Besatzung gegenüber nicht loyal verhalten hätten.

12 Mi US-Präsident Franklin D. Roosevelt legt ein Gesetz über die Einführung einer nationalen Arbeitsdienstpflicht vor. Der Vorschlag führt zu heftigen Protesten.

13 Do Der belgische Uhrmacher Camille Festernaets führt die von ihm in drei Jahren Arbeit hergestellte kleinste Uhr der Welt vor, die an einen Fingerring passt.

14 Fr Die Rote Armee startet an der Ostfront eine Großoffensive gegen die deutsche Heeresgruppe Nord und erreicht einen Rückzug der deutschen Truppen.

15 Sa In Marrakesch (Marokko) geht eine Konferenz zu Ende, auf der Charles de Gaulle und Winston Churchill Strategien gegen Hitler beraten haben.

16 So Reichsminister Alfred Rosenberg erklärt in Prag, hinter dem Begriff »Freiheit des Geistes« verberge sich Krieg gegen den »indogermanischen Geist«.

17 Mo Deutsche Besatzungsbehörden in Dänemark internieren in der Hauptstadt Kopenhagen das gesamte dänische Polizeikorps, etwa 5000 Personen.

18 Di Die Kämpfe der deutschen Truppen im Raum Witebsk gegen die Rote Armee gehen mit hohen Verlusten auf sowjetischer Seite zu Ende.

19 Mi Wegen der Bombardierungen ordnet das Berliner Hauptschulamt die Auslagerung aller allgemeinbildenden Schulen aus der Stadt an. → »Kreisauer Kreis«

20 Do Nach schweren Kämpfen befindet sich die russische Stadt Nowgorod, ein wichtiger Verkehrsknotenpunkt, wieder in den Händen der Roten Armee.

21 Fr Deutsche Luftwaffenverbände bombardieren London. Diese Operation leitet die letzte deutsche Luftoffensive gegen Großbritannien ein.

22 Sa Das US-Kampfschiff »Missouri« läuft in Brooklyn vom Stapel. Es ist mit 45 000 Bruttoregistertonnen das bislang größte Schlachtschiff der Welt.

23 So Die Evakuierung der bulgarischen Hauptstadt Sofia ist abgeschlossen. Die Stadt wurde durch zwei Bombardierungen zum Großteil zerstört.

24 Mo »Raduga« (Regenbogen), ein sowjetischer Partisanenfilm, der das Schicksal eines deutsch besetzten Dorfes schildert, hat in der UdSSR Premiere.

25 Di Die Regierung der USA bewilligt 1,35 Mrd. Dollar als Beitrag für die Hilfs- und Wiederaufbauorganisation der Vereinten Nationen.

26 Mi Der Führungsstab der deutschen Wehrmacht beginnt mit der Ausarbeitung eines Plan für eine eventuelle Besetzung Rumäniens.

27 Do Liberia erklärt Deutschland und Japan den Krieg. +++ Der neue Wahlspruch der NS-Studenten wird in Erlangen bekannt gegeben. Er lautet: »Dein Volk ist alles.«

28 Fr Bei einem nächtlichen Luftangriff werfen britische Bomber rd. 1000 t Sprengstoff über den Wohnvierteln Berlins ab. → Leningrad → Pfeiffer

29 Sa Reichsminister Martin Bormann fordert angesichts des großen Geburtenrückgangs die Bigamie und die Zeugung außerehelicher Kinder nach Kriegsende.

30 So Die deutsche Reichspost gibt eine Sondermarke zum 30. Januar, dem elften Jahrestag der nationalsozialistischen Machtergreifung, heraus.

31 Mo Im Zuge ihrer Offensive im Pazifik landen US-Truppen mit 40 000 Mann auf den Marshall-Inseln und töten innerhalb von 72 Stunden rd. 9000 Japaner.

28. Januar 1944

Leningrad nach 900 Tagen frei

Sowjetische Truppen sprengen den deutschen Ring um Leningrad und befreien die eingeschlossenen Bewohner. Damit endet die längste Belagerung einer Stadt im Zweiten Weltkrieg. 900 Tage lang hatte die Wehrmacht Leningrad von der Außenwelt abgeschnitten. Im Herbst 1941 ließ Adolf Hitler die 16. Armee gegen die Stadt marschieren. Heftige Gegenwehr brachte den deutschen Vorstoß wenige Kilometer vor Leningrad zum Stillstand. Deutsche und sowjetische Truppen lieferten sich monatelange Gefechte (Abb.: Wehrmachtssoldaten vor Leningrad).
Der Plan der deutschen Führung, die Stadt völlig auszuhungern, schlägt fehl, als es den Sowjets im Januar 1943 gelingt, einen Nachschubkorridor durch die feindlichen Linien zu legen. Doch die Versorgung funktioniert nur im Winter, wenn die Eingeschlossenen über den zugefrorenen Ladogasee mit Hilfsmitteln versorgt werden können. Um nicht zu erfrieren, verheizen die Leningrader alles brennbare Material, das sie finden können. Das komplette Mobiliar geht in Flammen auf, Hungernde schlachten Pferde und kochen Suppe aus Heu, um zu überleben. Dennoch sterben im Laufe der Belagerung Tausende an Hunger, Kälte und Granateinschlägen. Von ursprünglich drei

Mio. Einwohnern kommen in zweieinhalb Jahren 900 000 Menschen um. Am 14. Januar befiehlt die Sowjetführung eine Großoffensive gegen die deutsche Heeresgruppe Nord, die schnell von Erfolg gekrönt ist. Unterstützt von Bomberverbänden dringen Rotarmisten in den Belagerungsgürtel vor und sprengen die 180 km lange Kampflinie. Nach wenigen Tagen muss sich die Wehrmacht zurückziehen. In den folgenden Wochen drängt die Sowjetoffensive die Deutschen weiter nach Westen zurück.

20. Februar 1944

Bomberoffensive »Big Week«

Die alliierte Luftwaffe beginnt mit der Offensive »Big Week«, um den Großteil der deutschen Flugzeugindustrie und ihrer Zulieferbetriebe zu zer-

stören (Abb. oben: Landwirt beobachtet Flugzeuge, die auf dem Weg ins Zielgebiet sind). Um ihre Ziele effektiver zu treffen, setzen Großbritannien und die USA auf die »Double Blow«-Taktik: Die Bomber fliegen dabei ein Ziel zweimal an, um zu verhindern, dass unbeschädigtes Material nach dem ersten Angriff geborgen werden kann. Die Offensive soll über zehn Tage stattfinden. Schon nach fünf Tagen können die Bomber nicht mehr starten. Eine Schlechtwetterfront macht weitere Einsätze undurchführbar. Bis dahin fallen 10 000 t Bomben auf deutsche Städte. Der erste Angriff gilt u.a. Leipzig, Hamburg, Posen und Braunschweig. Die Leipziger Werke stellen allein ein Drittel der deutschen Jäger »Me 109« und »Me 110« her und sind Hauptziel der Angriffe. Die Luftabwehr steht auf verlorenem Posten. Von 1000 US-Maschinen stürzen nur 20 unter dem Feuer der Deutschen ab (Abb. rechts: US-Flug-

zeuge und Royal-Air-Force-Maschinen beherrschen den deutschen Luftraum). Die deutsche Rüstungsindustrie kann nicht nachhaltig geschwächt werden. Sie produziert bereits seit 1943 zum Teil unterirdisch. Leidtragende der Offensive »Big Week« sind in erster Linie Zivilpersonen.

12. Februar 1944

Widerstand verliert Rückhalt

Adolf Hitler entlässt Wilhelm Canaris aus seinem Amt. Der »Führer« bezeichnet den Chef der deutschen Abwehr des Geheimdienstes im Oberkommando der Wehrmacht als »ideologisch unsicher«. Canaris unterhielt seit 1938 Kontakte zu Gegnern des NS-Regimes. Durch seine Entlassung erleidet der deutsche Widerstand einen starken Rückschlag. In seiner hochrangigen Position konnte Canaris den Widerstandskämpfern gefälschte Papiere für ihre Aktionen ausstellen und sie mit Sprengstoff für Attentate versorgen. Canaris, der die Abwehr zu einem Zentrum des Widerstands ausgebaut hatte, stand schon länger unter Verdacht, sein Amt für oppositionelle Aktivitäten zu nutzen.

Wilhelm Canaris

deutscher Militär, * 1.1.1887 Aplerbeck (Dortmund); † 9.4.1945 Konzentrationslager Flossenbürg

Admiral Canaris unterstützte den Widerstand gegen Adolf Hitler. Der Patriot verurteilte die Brutalität des Nationalsozialismus aus religiösen Motiven heraus. Wegen seiner engen Zusammenarbeit mit der Gestapo und einer gewissen Halbherzigkeit bleibt seine Position im Widerstand bis heute undurchsichtig. Nach dem Attentat auf Hitler im Juli 1944 wird er verhaftet und in Flossenbürg hingerichtet.

- 1905: Eintritt in die kaiserliche Marine
- 1935: Ernennung zum Konteradmiral
- 1938: Leiter des deutschen Abwehrdienstes
- 1940: Ernennung zum Admiral

Links: Der Schriftsteller Dr. Pfeiffer (Heinz Rühmann, l.) als Oberprimaner verkleidet. Rechts: »Pfeiffer mit drei f« – Professor Crey (Erich Ponto, l.) ist Opfer der Pennälerstreiche.

28. Januar 1944

Pfeiffer mit drei »f« entfacht Lachsalven

Mit der »Feuerzangenbowle« kommt eine der beliebtesten Komödien der deutschen Filmgeschichte in die Kinos. Die Geschichte: Da der jugendlich wirkende Schriftsteller Hans Pfeiffer von einem Privatlehrer erzogen worden ist, beschließt er – beim Genuss einer Feuerzangenbowle –, die Erfahrungen als Pennäler nachzuholen. Verkleidet findet Pfeiffer Einlass in ein kleinstädtisches Gymnasium und treibt dort die Lehrer mit hintergründigen Streichen zur Verzweiflung. Die Situation erhält eine dramatische Wendung, als Pfeiffer sich in die Tochter des Direktors verliebt. Er verwandelt sich in den Schriftsteller zurück und gewinnt ihr Herz. Mit augenzwinkerndem Witz sorgt insbesondere Heinz Rühmann in der Hauptrolle dafür, dass »Die Feuerzangenbowle« ein Riesenerfolg wird und in späteren Jahren sogar Kultstatus erlangt. Rühmann spielt seinen schüchternen Charme gekonnt aus, z.B., wenn er darauf aufmerksam macht, dass Pfeiffer »mit drei f« geschrieben wird. Die Spritzigkeit der Dialoge und die Originalität der Drehbuchs heben »Die Feuerzangenbowle« vom Gros der Ufa-Komödien ab. Als Vorlage diente der gleichnamige Roman von Heinrich Spoerl, der selbst das Drehbuch verfasste. Unter der Regie von Helmut Weiß spielen neben Heinz Rühmann Karin Himboldt als Eva und Erich Ponto als Professor Crey.

Die nationalsozialistische Zensur versucht zunächst, die Premiere des Streifens zu verbieten. Das Reichserziehungsministerium bemängelt vor allem, dass der Film die »deutschen Lehrer verächtlich« mache. Erst als Reichsmarschall Hermann Göring interveniert, wird die Komödie zur Uraufführung freigegeben.

Heinz Rühmann

deutscher Schauspieler, * 7.3.1902 Essen; † 3.10.1994 Maxhöhe am Starnberger See

Rühmann gehört zu den populärsten Schauspielern Deutschlands. Der gelernte Theaterschauspieler bewies sein filmisches Komödiantentalent erstmals in »Die drei von der Tankstelle« (1930). Seither gehört er zu den größten Stars des deutschen Films. Schüchterner Humor und rührige Art bleiben Zeit seines Lebens sein Markenzeichen. Nach dem Krieg wird Rühmann Fernsehstar und brilliert in zahlreichen Charakterrollen.

- 1920: Erstes Theaterengagement
- 1941: »Quax, der Bruchpilot«
- 1955: »Der Hauptmann von Köpenick«

19. Januar 1944

Moltke verhaftet: »Kreisauer Kreis« bricht zusammen

Die Verhaftung von Helmuth James Graf von Moltke (Abb.: als Angeklagter vor dem Volksgerichtshof) bedeutet das Ende der deutschen Widerstandsbewegung »Kreisauer Kreis«. Unter diesem Namen hatten sich um den Rittergutsbesitzer und Militär aus Kreisau in Schlesien Konservative, Sozialisten, Gewerkschafter und Christen geschart, die Pläne für den Aufbau von Nachkriegsdeutschland schmiedeten. Eine gewaltsame Beseitigung Hitlers lehnte man ab. Die Gestapo wurde auf Moltke aufmerksam, als dieser Regimegegner vor ihrer Verhaftung warnen wollte. Er wird seines Amtes im Oberkommando der deutschen Wehrmacht enthoben und inhaftiert. Nach dem Attentat auf Adolf Hitler vom 20. Juli des Verrats bezichtigt, wird Moltke am 23. Januar 1945 in Berlin-Plötzensee hingerichtet.

Februar 1944

1 Di General Charles de Gaulle gelingt es, alle Kräfte der französischen Widerstandsbewegung in der »Forces françaises de l'Intérieur (FFI)« zusammenzufassen.

2 Mi In München bringt die Bayerische Staatsoper als Erstaufführung in szenischer Form Carl Orffs »Carmina Burana« auf die Bühne.

3 Do Staatschef Francisco Franco betont angesichts von Vorwürfen der Alliierten, Spanien stehe den Achsenmächten nahe, seine strikte Neutralität.

4 Fr In Paris kommt das Drama »Antigone« von Jean Anouilh zur Uraufführung, das sich an die gleichnamige Tragödie des Sophokles anlehnt.

5 Sa Das Ballett »Turandot« von Gottfried von Einem feiert in der Staatsoper Dresden Premiere. Das Werk findet beim Publikum außergewöhnlich großen Anklang.

6 So Etwa 200 sowjetische Bomber greifen in der Nacht Helsinki an. Es ist die schwerste Bombardierung der finnischen Hauptstadt seit Kriegsausbruch.

7 Mo Als Vergeltung für die Ermordung des Chefs der Gestapo von Warschau, Franz Kutschera, werden 100 polnische Geiseln exekutiert.

8 Di Unter Androhung von Konsequenzen fordern die USA Finnland auf, sofort Friedensverhandlungen mit den Alliierten aufzunehmen.

9 Mi Die italienische Regierung unter Pietro Badoglio setzt für die von den Alliierten besetzten Gebiete Italiens die faschistischen Rassengesetze außer Kraft.

10 Do In Ankara scheitern die britisch-türkischen Geheimverhandlungen über eine Bündnispflicht der Türkei. Basis der Gespräche war ein Vertrag vom 19. Oktober 1939.

11 Fr Nach Zeitungsberichten aus Lissabon sind auf der Südseeinsel Kermadec 13 Australier entdeckt worden, die dort vor 17 Jahren strandeten.

12 Sa In Columbus/Ohio schwimmt der US-Sportler William Smith mit 2:06,2 min einen neuen Weltrekord über 200-m-Freistil. → Widerstand

13 So Die deutschen Truppen an der Front östlich des Peipus-Sees können der Roten Armee nicht mehr standhalten und müssen dieses Gebiet räumen.

14 Mo Das gesamte deutsche Nachrichten- und Spionagewesen wird vereinigt. Das Amt »Abwehr« untersteht künftig Reichsinnenminister Heinrich Himmler.

15 Di Die US-Luftwaffe bombardiert das Benediktinerkloster Montecassino in Italien. Lediglich die frühmittelalterliche Krypta bleibt unversehrt.

16 Mi Berlin erlebt in der Nacht zum 16. Februar den bislang schwersten Luftangriff des Zweiten Weltkriegs. 800 britische Bomber sind beteiligt.

17 Do Die östlich von Tscherkassy in der Ukraine von der Roten Armee eingekesselten deutschen Truppen brechen aus. 20 000 deutsche Soldaten sterben.

18 Fr Josef W. Stalin ernennt den Oberbefehlshaber der Roten Armee, Marschall Georgi K. Schukow, zu seinem Stellvertreter.

19 Sa In Moskau wird bekannt gegeben, dass die UdSSR dem alliierten Oberbefehlshaber Dwight D. Eisenhower den Suworow-Orden verliehen habe.

20 So Im Straßenverkehr sind Blinker keine Pflicht mehr, da die deutsche Industrie kriegsbedingt keine mehr produzieren kann. → »Big Week«

21 Mo Das deutsche Besatzungsregime in Paris richtet Missak Manouchian hin, einen der führenden französischen Widerstandskämpfer.

22 Di Der britische Premierminister Winston Churchill verteidigt die Gebietsverschiebung Polens nach Westen gegen den Widerstand der polnischen Exilregierung.

23 Mi Die jugoslawischen Partisanenverbände unter Führung Josip Titos schließen sich der sowjetischen Roten Armee für den Kampf gegen Deutschland an.

24 Do Edelmiro Fárrell, der mit den Achsenmächten sympathisiert, löst Pedro Pablo Ramírez als Staatspräsident von Argentinien ab und bildet eine neue Regierung.

25 Fr Königin Wilhelmina der Niederlande entgeht knapp dem Tod, als Bomben ihr Haus bei London zerstören. Die 63-jährige Exilantin bleibt unverletzt.

26 Sa Die »Essener Nationalzeitung« berichtet, dass Briefmarken, die keiner Preiskontrolle unterliegen, zunehmend als Spekulationspapiere gehandelt würden.

27 So Im Asphaltierwerk II des Hörder Vereins in Dortmund streikt die gesamte Belegschaft gegen eine Erhöhung der Panzerplattenproduktion.

28 Mo Die australische Regierung führt eine Zwangsrekrutierung von 500 Grubenarbeitern durch. Diese hatten sich dem Befehl, ihren Streik zu beenden, widersetzt.

29 Di US-Truppen landen auf den Admiralitätsinseln im Südwestpazifik. Es gelingt ihnen, den japanischen Widerstand schnell niederzuschlagen.

März 1944

1 Mi Der NS-Generalbevollmächtigte Fritz Sauckel stellt fest, dass von sieben Mio. ausländischen Arbeitern in Deutschland weniger als 200 000 freiwillig kamen.

2 Do Der US-Spielfilm »Casablanca« mit Humphrey Bogart und Ingrid Bergman erhält bei der »Oscar«-Verleihung in Hollywood drei der begehrten Trophäen.

3 Fr Die Uraufführung des Spielfilms »Schrammeln« von Géza von Bolváry findet in Wien statt. In den Hauptrollen sind Hans Moser und Marte Harell zu sehen.

4 Sa An der Ostfront beginnt auf 1100 km Breite die sowjetische Frühjahrsoffensive. Die deutschen Truppen müssen sich aus der Ukraine zurückziehen.

5 So In Sankt Anton am Arlberg finden die Deutschen Alpinen Skimeisterschaften statt. Sieger in der Kombination bei den Herren wird Engele Haider.

6 Mo Die finnische Regierung leitet intensive Verhandlungen mit der Sowjetunion über einen eventuellen baldigen Waffenstillstand ein.

7 Di In Birma findet eine Luftlande-Operation statt, bei der anglo-indische Verbände mit Flugzeugen hinter der japanischen Front landen. → Frauenarbeit

8 Mi Mit der Forderung nach Lohnerhöhungen tritt ein Großteil der Bergarbeiter in Wales in einen mehrwöchigen Streik.

9 Do Nach Angaben der US-Indianerbehörde stehen rd. 23 000 Indianer im Kriegsdienst der USA. Sie werden hauptsächlich als Kundschafter eingesetzt.

10 Fr Der US-Kriegsfilm »The Fighting Seebees« (Alarm im Pazifik) mit John Wayne in der Hauptrolle kommt in den USA zur Uraufführung.

11 Sa Auf dem »Berghof« versucht Rittmeister Eberhard von Breitenbuch ein Attentat auf Hitler, gelangt jedoch nicht in dessen Beratungszimmer.

12 So Papst Pius XII. appelliert eindringlich an die kriegführenden Mächte, die Stadt Rom vor Kämpfen und Zerstörung zu bewahren.

13 Mo Der britische Außenminister Anthony Eden bringt seine Hoffnung zum Ausdruck, dass Österreich bereits innerhalb eines Jahres frei sei.

14 Di Das surrealistische Drama »Wie man Wünsche beim Schwanz packt« von Pablo Picasso hat in einer Pariser Wohnung Premiere.

15 Mi In Griechenland beginnen deutsche Behörden mit der Festnahme von mehr als 5000 Juden, um sie in das Vernichtungslager Auschwitz zu deportieren.

16 Do Die Regierung Rumäniens nimmt Verhandlungen mit den Alliierten auf, um über einen möglichen Kriegsaustritt zu verhandeln.

17 Fr Erstmals seit dem Beginn des Zweiten Weltkriegs fliegt die US-Luftwaffe Angriffe auf die österreichische Metropole Wien.

18 Sa In Basel beginnt die Ausstellung »Konkrete Kunst«, auf der bis zum 16. April u.a. Werke von Hans (Jean) Arp und Willi Baumeister zu sehen sind.

19 So Adolf Hitler gibt dem Berliner Vertreter der schwedischen Zeitung »Stockholms Tidningen« sein letztes öffentliches Interview. → Ungarn

20 Mo Ein heftiger Ausbruch des Vesuv bei Neapel versetzt die Bevölkerung in Angst. Der Lavastrom zerstört zwei Dörfer unterhalb des Vulkans.

21 Di Das mit Deutschland verbündete Finnland lehnt die sowjetische Forderung ab, die Kriegshandlungen so bald wie möglich einzustellen.

22 Mi Das britische Unterhaus gibt bekannt, dass infolge der Hungersnot in Indien über eine halbe Mio. Menschen gestorben seien.

23 Do In der Nacht zum 23. März werfen britische Bomber insgesamt 3200 t Spreng- und Brandbomben über Frankfurt am Main ab.

24 Fr Nach einem Sprengstoffanschlag auf deutsche Polizisten in Rom lässt SS-Obersturmbannführer Herbert Kappler zur Vergeltung 335 Geiseln erschießen.

25 Sa An der Ostfront wird die abgerissene Verbindung zwischen den deutschen Heeresgruppen Süd und Mitte wiederhergestellt. → Berlin

26 So Britische Flieger bombardieren versehentlich das schwedische Rotkreuzschiff »Hallaren« im Adriatischen Meer. Das Schiff bleibt nahezu unversehrt.

27 Mo Der britische Premierminister Winston Churchill prophezeit in einer Rundfunkansprache einen baldigen Sieg der alliierten Kräfte.

28 Di Von der Ostfront wird eine Kältewelle gemeldet. Die Temperaturen im Kampfgebiet sinken teilweise bis auf 30 °C unter den Gefrierpunkt.

29 Mi Der US-Schauspieler Humphrey Bogart bittet in dem Kurzfilm »Bericht von der Front« um Spenden für das Rote Kreuz.

30 Do Das britische Unterhaus lehnt einen Antrag ab, der für weibliche Lehrkräfte die gleiche Besoldung vorsieht wie für ihre männlichen Kollegen.

31 Fr Aus Protest gegen die deutsche Besatzung streiken in Griechenland die Eisenbahner. Die Polizei lässt 50 Geiseln erschießen. → Kinder

25. März 1944

Berlin im Bombenhagel

Beim vorläufig letzten Luftangriff auf Berlin fallen in der Nacht zum 25. März 2300 t Bomben auf die Reichshauptstadt. Seit 1943 gab es im Rahmen einer groß angelegten Luftoffensive 16 Angriffe gegen Berlin.
Von nun an benötigen die Alliierten ihre Luftverbände dringend an der französischen Atlantikküste. Dort sollen viele der Kampfflieger die bevorstehende Invasion unterstützen. Berlin liegt nach Ende der Offensive in Trümmern. 9,5 km² der

Stadtfläche sind zerstört. 6166 Menschen kamen im Bombenhagel um. Über 18 000 Schwerverletzte müssen versorgt werden. 1,5 Mio. Menschen leben ohne feste Bleibe in der Trümmerwüste (Abb.: Berliner Bürger versuchen, die Ruinen durch Aufräumarbeiten notdürftig bewohnbar zu machen). Auch das Verkehrssystem ist schwer getroffen. Viele Gleise, Straßen und Brücken sind zum großen Teil unpassierbar. Es kommt zu Engpässen bei der Versorgung mit Lebensmitteln. Bei den Attacken schoss die deutsche Luftabwehr insgesamt 537 britische Kampfflugzeuge und 140 US-Maschinen ab.

31. März 1944

Kinder aufs Land verschickt

Die NS-Führung lässt Kinder zu Tausenden aus den bombengefährdeten Gebieten evakuieren. Im Rahmen der sog. Kinderlandverschickung werden sie von ihren Eltern getrennt und aus den Städten aufs Land umgesiedelt.

Die Regierung bewirbt die Kinderlandverschickung u.a. mit der guten Versorgung der Jungen und Mädchen in den eigens dafür eingerichteten Lagern und Heimen. Die Kinder unterliegen strengen Reglementierungen im Sinne des Nationalsozialismus. Die Organisation der Kinderlandverschickung liegt in den Händen der Hitlerjugend. Dementsprechend findet in den Lagern verschärfter nationalpolitischer Unterricht und vormilitärische Ausbildung statt, die die Vermittlung von traditionellem Lehrstoff in den Hintergrund drängen. Auch die Freizeit der Kinder ist knapp bemessen und wird in vollem Umfang von den Organisatoren gestaltet (Abb.: Gruppenspaziergang von Mädchen).

19. März 1944

Einmarsch in Ungarn

Deutsche Truppen überschreiten die ungarische Grenze und besetzen die Hauptstadt Budapest. Mit dieser Zwangsmaßnahme versucht Adolf Hitler, ein Überlaufen Ungarns zu den Alliierten zu verhindern. Die Rote Armee hatte im Rahmen ihrer Großoffensive die Ostfront bis an die ungarische Grenze vorantreiben können.
Da der ungarische Reichsverweser Miklós Horthy schon mehrfach Anstrengungen unternommen hatte, aus dem Krieg auszuscheiden, befürchtet Hitler einen Frontwechsel des Landes. Er lässt Horthy nach Schloss Kleßheim bei Salzburg kommen und setzt ihn dort so lange unter Druck, bis der Budapester Staatschef einer deutschen Besetzung zustimmt. Die deutsche Führung setzt eine Marionettenregierung unter dem bisherigen ungarischen Botschafter in Berlin, Döme Szótaj, ein. Sofort beginnen die Nationalsozialisten mit Unterdrückungsmaßnahmen. Sämtliche oppositionelle Parteien werden ausgeschaltet, viele Zeitungen verboten. Die landwirtschaftlichen Erträge des Landes fließen nach Deutschland, wo sie die kriegsbedingten Versorgungsengpässe decken sollen. Für die ungarischen Juden beginnt der Holocaust. Der Staat konfisziert jüdisches Eigentum und verordnet das Tragen des Judensterns. Mit Hilfe von Kollaborateuren deportieren die Deutschen 434 000 Juden in das Vernichtungslager Auschwitz. Zur Koordination der Aktion beruft Adolf Hitler den Leiter des Judenreferats im Reichssicherheitshauptamt, Adolf Eich-

2. April 1944

Rote Armee in Rumänien

Der Roten Armee gelingt der Vorstoß nach Rumänien. Die Sowjetverbände überschreiten den Pruth bei Jassy und erringen damit einen bedeutenden Sieg gegen die Wehrmacht und rumänische Einheiten. Die deutschen Soldaten leisten erbitterten Widerstand, können aber den Vormarsch der Sowjets nicht aufhalten. In den folgenden Tagen dringt die Rote Armee bei ihrer Offensive weiter ins Land vor und erringt durch die Frontverschiebung einen erheblichen strategischen Vorteil. Der sowjetische Außenminister Wjatscheslaw M. Molotow erklärt, dass der Einmarsch in Rumänien nicht dem Zweck der Gebietsaneignung diene, sondern den deutschen Widerstand zerschlagen solle. Die Westalliierten begrüßen Molotows Erklärung. Sie hoffen, dass die Rotarmisten daraufhin von den antifaschistischen Gruppen Rumäniens im Kampf gegen die Deutschen unterstützt werden. Am 23. August wird der deutschfreundliche rumänische Ministerpräsident Ion Antonescu gestürzt. Zwei Tage später erklärt Rumänien dem Deutschen Reich den Krieg.

Deutsche Panzer rollen durch die Hauptstadt Budapest. Der Terror gegen die ungarischen Juden beginnt.

mann. Dieser Technokrat treibt die Deportationen mit großer Geschwindigkeit voran. Das »Sonderkommando Eichmann« spürt die jüdische Bevölkerung auf und zwingt sie, in Sammellager umzuziehen. Erst als Eichmann sichergestellt hat, dass die Vernichtungsmaschinerie in Auschwitz ihren Betrieb verrichten kann, beginnen die Deportationen. Täglich treffen 14000 Menschen aus Ungarn, in Zügen zusammengepfercht, in Auschwitz ein. Viele überleben den Transport nicht. Tagelang vegetieren die Gefangenen zusammengedrängt ohne Wasser und Lebensmittel in Viehwaggons, sind Hitze und Kälte ausgesetzt. Viele verfallen dem Wahnsinn. Direkt nach der Ankunft im Lager sterben die meisten in den Gaskammern. Massendeportationen in Vernichtungslager waren bisher von der ungarischen Regierung abgelehnt worden. Erst im Juli 1944 gelingt es Horthy, die Deportationen einstellen zu lassen. Als ungarischer Reichsverweser lässt er am 15. Oktober über Radio Budapest einen Waffenstillstand mit der UdSSR verkünden. Die Deutschen reagieren prompt. Sie zwingen Horthy, das Abkommen mit den Sowjets zurückzunehmen und zurückzutreten. Als Druckmittel dient sein Sohn, der sich in der Hand der Deutschen befindet. Nun errichten die ungarischen Nationalsozialisten, die Pfeilkreuzler, ein Terrorregiment. Im inzwischen von den Sowjets besetzten Teil Ungarns bildet General Béla Dálnoki-Miklós eine ungarische Gegenregierung. Am 31. Dezember erklärt er Deutschland den Krieg. Als die Rote Armee Ungarn im April 1945 erobert, leben von den ursprünglich 750000 einheimischen Juden nur noch 200000.

7. März 1944

Kampagne für Frauenarbeit

Um dem Arbeitskräftemangel zu begegnen, ruft die deutsche Regierung Frauen auf, sich für den Arbeitsdienst zu melden (Abb.: Industriearbeiterin). Eine Werbekampagne appelliert an das Pflichtgefühl deutscher Frauen, »im Dienste der Volksgemeinschaft« zu arbeiten. Der Versuch scheitert. Von drei Mio. registrierter arbeitsfähiger Frauen lassen sich über zwei Mio. u.a. wegen Krankheit vom Arbeitsdienst freistellen. Die Menschen sind kriegsmüde. Nach zahlreichen deutschen Niederlagen, u.a. in Stalingrad und Nordafrika, glauben viele nicht mehr an einen Sieg. Hinzu kommen kriegsbedingte Alltagsprobleme, die eine zusätzliche Belastung durch den Arbeitsdienst unmöglich erscheinen lassen. Trotz massiven Einsatzes von Zwangsarbeitern, insgesamt rd. sieben Mio., bleiben viele Stellen in der Industrie unbesetzt.

13. April 1944

Japan greift in Nordbirma an

Japanische Truppen beginnen in Nordbirma eine Offensive gegen britische Einheiten. Nachdem sie über längere Zeit zur Verteidigung gezwungen waren, gelingt es den Japanern nun, die anglo-indischen Truppen in die Provinz Manipur zurückzudrängen. Dort werden drei britische Divisionen in der Stadt Imphal eingekesselt. Gleichzeitig ist die Landverbindung zu den chinesischen Verbänden unter Marschall Chiang Kai-shek und zu den US-Einheiten unter General Joseph W. Stilwell in Gefahr. Die Kämpfe in Nordbirma werden durch das bergige Gelände und die Urwälder der Region erschwert. Erfolge und Misserfolge wechseln sich auf beiden Seiten ab. In zähen Kämpfen gelingt es indischen Soldaten unter britischem Befehl Mitte Juni schließlich, den Belagerungsring zu sprengen und Imphal zu befreien. Die Japaner unter General Tomoyuki Yamashita werden entscheidend zurückgeworfen. Um die japanischen Hauptinseln vor Luftangriffen zu schützen, leiten die Streitkräfte des Kaiserreichs auch eine Offensive gegen US-Flugplätze in China ein.

April 1944

1 Sa Irrtümlich bombardiert die US Air Force mit rd. 30 Flugzeugen die schweizerische Stadt Schaffhausen. Dabei kommen 40 Menschen ums Leben.

2 So Die sowjetische Regierung warnt die nationalchinesischen Truppen Chiang Kai-sheks davor, die Äußere Mongolei zu besetzen. → Rumänien

3 Mo In den USA tritt ein Gesetz in Kraft, das es US-Bürgern ermöglicht, überall in der Welt ihre Stimme für die US-Präsidentenwahl abzugeben.

4 Di Die Behörden in Budapest sperren alle Ausgänge der ungarischen Hauptstadt, um eine Massenflucht der Bevölkerung nach Bombardements zu verhindern.

5 Mi Das schwedische Rote Kreuz setzt drei neue Schiffe ein, um die Not leidende griechische Bevölkerung mit Lebensmitteln und Medikamenten zu versorgen.

6 Do Ein Berliner Gericht verurteilt einen 60-jährigen Mann aus Otterskirch zum Tode, weil er über ein Jahr lang ausländische Radiosender gehört hatte.

7 Fr Sowjetische Truppen beginnen eine Großoffensive zur Befreiung der von deutschen Verbänden besetzten Halbinsel Krim.

8 Sa Adolf Hitler erlässt eine Verordnung, wonach der Reichsarbeitsdienst für die weibliche Jugend um ein halbes Jahr auf eineinhalb Jahre verlängert wird.

9 So Die Behörden in Rom verweigern Besuchern den Zutritt zur Stadt, da die Einwohnerzahl in den letzten Monaten um das Doppelte gestiegen sei.

10 Mo Aus Argentinien meldet die Presse ausgedehnte Überschwemmungen, die sich auf die gesamte Provinz Buenos Aires erstreckten.

11 Di Die Schweiz erhält von den USA über eine Mio. Dollar als erste Wiedergutmachung für die irrtümliche Bombardierung von Schaffhausen am 1. April.

12 Mi Der italienische König Viktor Emanuel III. gibt bekannt, dass er zugunsten seines Sohnes, Kronprinz Umberto, abdanken werde.

13 Do Neuseeland und die UdSSR nehmen diplomatische Beziehungen auf. +++ Der US-Bundesstaat South Carolina versagt schwarzen Bürgern das Wahlrecht. → Japan

14 Fr Im Hafengebiet der indischen Stadt Bombay ereignet sich nach einem Feuer eine schwere Explosion, bei der 700 Menschen ums Leben kommen.

15 Sa Italienische Widerstandskämpfer ermorden in Florenz den italienischen Philosophen und faschistischen Politiker Giovanni Gentile.

16 So 30 deutsche Fußball-Gaumeister eröffnen mit ihren Ausscheidungsspielen die Deutsche Fußballmeisterschaft des Jahres 1944.

17 Mo Ein US-Pilot teilt fälschlicherweise mit, er habe in China einen Berg von 10000 m Höhe entdeckt. Er wäre damit höher als der Mount Everest im Himalaja.

18 Di In New York hat das Musical »Fancy Free« von Leonard Bernstein und Jerome Robbins Premiere. Später geht daraus das Musical »On the Town« hervor.

19 Mi Die britische Admiralität will im Seekrieg verstärkt »lebende Torpedos« – Taucher, die Sprengladungen transportieren – einsetzen.

20 Do Reichskanzler Adolf Hitler nimmt die Glückwünsche zu seinem 55. Geburtstag entgegen. Die Zahl ausländischer Gratulanten ist gering.

21 Fr Prinzessin Elizabeth von England feiert ihren 18. Geburtstag und wird damit volljährig. Die Presse bringt große Bildberichte über die zukünftige Königin.

22 Sa US-Truppen landen, ohne auf nennenswerten Widerstand zu treffen, an einem 250 km langen Küstenabschnitt bei Hollandia (Djajapura) auf Neuguinea.

23 So Die deutsche Schwimmerin Gisela Graß verbessert in Leipzig ihren Weltrekord über 100-m-Brust auf 1:19,4 min.

24 Mo Benito Mussolini beendet einen Besuch bei Adolf Hitler, bei dem es um die Anerkennung seiner Gegenregierung für Italien ging.

25 Di In Dänemark führt die deutsche Besatzungsmacht eine Verhaftungswelle durch, um der Sabotagetätigkeit dänischer Patrioten zu begegnen.

26 Mi Britische Einheiten nehmen auf Kreta den Oberbefehlshaber der deutschen Truppen, Panzergeneral Werner Kreipe, im Handstreich gefangen.

27 Do Zwischen Schweden und Deutschland kommt der Schiffsverkehr zum Erliegen, da alliierte Flieger die Ostsee vollständig vermint haben.

28 Fr Im Vernichtungslager Auschwitz trifft der erste Transport ungarischer Juden ein, die nach der Besetzung Ungarns durch deutsche Truppen deportiert werden.

29 Sa Ein deutsches Flugzeug vom Typ »Me 110« landet irrtümlich auf einem Flugplatz bei Zürich. Die schweizerischen Behörden lassen die Maschine zerstören.

30 So Josip Tito, jugoslawischer Partisanenführer, fordert von den Alliierten die Anerkennung als jugoslawischer Regierungschef.

Mai 1944

1 Mo Der Maifeiertag in Deutschland findet auf Anordnung Adolf Hitlers ohne Veranstaltungen statt. Eine Beflaggung unterbleibt.

2 Di Das Forschungszentrum der US-Marine stellt eine neu entwickelte Notration für Schiffbrüchige vor, die in Tablettenform hergestellt wird.

3 Mi Spanien erklärt sich gegenüber den Alliierten bereit, seine wirtschaftliche und militärische Zusammenarbeit mit Deutschland einzustellen.

4 Do Großbritannien gewährt China einen Kredit über 50 Mio. Pfund und verspricht umfangreiche Lieferungen von Waffen und Munition.

5 Fr Das Reichsjustizministerium fasst die bislang einzeln festgelegten Straftatbestände, die zur Todesstrafe führen, zu einer allgemeinen Regelung zusammen.

6 Sa Der indische Freiheitskämpfer Mahatma Gandhi wird wegen seines schlechten Gesundheitszustandes aus der Haft entlassen.

7 So Nach Angaben der Sowjetregierung wurden im Gebiet Rowno in der Ukraine 102 000 Zivilisten von deutschen Truppen getötet.

8 Mo Die UdSSR und die tschechoslowakische Exilregierung schließen ein Abkommen über die Befreiung der Tschechoslowakei durch die Rote Armee.

9 Di Der Roten Armee gelingt es, Sewastopol auf der westlichen Krim einzunehmen. Die 17. deutsche Armee muss die Stadt unter schweren Verlusten aufgeben.

10 Mi Pater Karl Roman Scholz und Karl Lederer, zwei führende Mitglieder einer Wiener Widerstandsgruppe, werden hingerichtet.

11 Do Der US-Spielfilm »Once upon a time« (Es war einmal) von Regisseur Alexander Hall und mit Cary Grant in der Hauptrolle feiert in den USA Premiere.

12 Fr Die Rote Armee erobert die Krim. +++ Die Alliierten beginnen eine Luftoffensive gegen die Leunawerke bei Merseburg.

13 Sa Zur Bekämpfung des Analphabetentums verkündet Portugals Regierung einen Zehnjahresplan. Nur 20% der Bevölkerung können lesen und schreiben.

14 So Französische Kardinäle und Bischöfe appellieren an ihre geistlichen Kollegen u.a. in den USA, sich gegen die Bombardierung europäischer Städte einzusetzen.

15 Mo Erstmals fliegen US-Kampfflugzeuge vom Typ »Mosquito« ohne Zwischenlandung von Nordamerika nach Großbritannien. Der Flug dauert nur 6:46 h.

16 Di Ein Sondergericht in Frankfurt an der Oder verurteilt einen Angeklagten zum Tode, weil er neun Abtreibungen durchgeführt habe.

17 Mi Pressemeldungen zufolge sind im US-Gefangenenlager gegenwärtig 184 000 Kriegsgefangene interniert. Ein Großteil kämpfte in der Heeresgruppe Afrika.

18 Do Vertreter Japans und der Sowjetunion verlängern das gemeinsame Fischereiabkommen aus dem Jahre 1929 um weitere fünf Jahre. → Montecassino

19 Fr »Der große Preis«, ein deutscher Spionagefilm, hat in Stuttgart Premiere. Die Hauptrollen spielen Gustav Fröhlich und Carola Höhn.

20 Sa Der indische Freiheitskämpfer Mohandas Karamchand (Mahatma) Gandhi wirft Großbritannien vor, Indien keine Autonomierechte gewähren zu wollen.

21 So Um die Zivilisten in besetzten Ländern auf die Befreiung vorzubereiten, startet der britische Rundfunk eine neue, für Europa bestimmte Sendereihe.

22 Mo Die britische Luftwaffe gibt bekannt, dass sie seit Kriegsbeginn 1,25 Mrd. Flugblätter und Broschüren über Deutschland abgeworfen habe.

23 Di Deutsche Luftlandetruppen greifen das Hauptquartier des jugoslawischen Partisanenführers Josip Tito an, der im letzten Moment flüchten kann.

24 Mi Spanien schließt auf Wunsch der Alliierten das deutsche Konsulat in Tanger, der Hauptstadt des von Spanien besetzten Marokko.

25 Do Reichsinnenminister Heinrich Himmler plant wissenschaftliche Einrichtungen in Konzentrationslagern, in denen gelehrte Gefangene forschen sollen.

26 Fr Als Vorbereitung für die Invasion in der Normandie greift die alliierte Luftwaffe Verkehrswege in Frankreich an. 3760 Menschen sterben.

27 Sa Der britische Düsenjäger »Vampire« erreicht eine Geschwindigkeit von 814 km/h und überschreitet damit erstmals die 800-km/h-Marke.

28 So Alliierte Luftangriffe auf mehrere Städte in Frankreich fordern rd. 3500 Todesopfer. Besonders betroffen sind Marseille, Nizza, Lyon und Paris.

29 Mo Der Präsident von Ecuador, Carlos Alberto Arroyo del Río, wird durch einen Militärputsch gestürzt. José Maria Velasco Ibarra übernimmt das Amt.

30 Di Deutsche Behörden teilen mit, dass selbst ein totaler Bombenschaden ein deutsches Unternehmen nicht von der Pflicht einer Jahresabschlussbilanz entbinde.

31 Mi Der Vatikan besitzt ab heute eine eigene Flotte, da Spanien dem Kirchenstaat ein Schiff für die Lebensmittelversorgung zur Verfügung stellt.

6. Juni 1944

»D-Day«: Alliierte landen in der Normandie

Bei der größten See-Invasion der Kriegsgeschichte landen 155 000 alliierte Soldaten an der Küste der Normandie. Die Aktion markiert die endgültige Wende im Zweiten Weltkrieg. Der Weg nach Paris ist frei, ein Übergreifen des Krieges auf das Reichsgebiet nur noch eine Frage der Zeit.

US-Soldaten erreichen in Landungsbooten die Küste.

Die Alliierten bieten eine gigantische Masse an Material auf. Über 6000 Schiffe beteiligen sich an der Invasion. Um die Landung der Soldaten vorzubereiten, sind 14 600 Bomber und Jagdflugzeuge im Einsatz. Nach massivem Beschuss der französischen Küste fahren mit Soldaten besetzte Landungsboote an den Abschnitten »Omaha«, »Gold«, »Utah«, »Juno« und »Sword« auf das Ufer zu. Die deutsche Küstenverteidigung empfängt die Männer mit einem Kugel- und Granathagel. Tausende sterben, bevor sie Land erreichen. Die Schlacht dauert Stunden. Starker Südwestwind sorgt schon bei der Einschiffung der Soldaten für Schwierigkeiten. Zehn Landungsboote sinken 19 km vor der Küste. Amphibienpanzer fallen ins Meer und gehen unter. Die US-Truppen am Küstenabschnitt »Omaha« sehen sich der stärksten Gegenwehr der deutschen Verteidiger ausgesetzt. Bis 12 Uhr ist der Strandabschnitt mit brennenden Panzern und toten Soldaten bedeckt.. Bei »Gold« rettet sich die 50. Division aus einem Gewirr zerstörter Panzer und drängt zur Straße zwischen Bayeux und Caen. Die kanadischen Truppen bei »Juno« erreichen den Strand zu spät. Sie haben nun zusätzlich mit dem Einsetzen der Flut zu kämpfen. Unter dem steigenden Wasser können Minen und Eisenpfähle nicht mehr ausfindig gemacht werden. Bei »Sword« räumen britische und französische Brigaden sieben der acht Landungsstellen. Am Abend ist die Invasion erfolgreich abgeschlossen. Die Alliierten halten mehrere Landeköpfe, die bis zu zehn Kilometer ins Landesinnere hinein reichen. Von hier aus besetzen sie in den folgenden Tagen 100 km Küstenlinie. Durch den Aufbau künstlicher Häfen können weitere Truppenkontingente und Material eingeschifft werden. Bis zum Monatsende stehen 850 000 Soldaten der Westmächte auf dem europäischem Festland. Die unter dem Namen »Overlord« vorgenommene Invasion stellt eine der außergewöhnlichsten Leistungen des Krieges dar. Es handelt sich um das größte militärische Unternehmen gegen Deutschland.

Churchill in Frankreich

10. Juni 1944

Bewohner von Oradour-sur-Glane sterben bei SS-Massaker

Deutsche Soldaten zerstören das französische Dorf Oradour-sur-Glane und ermorden die Einwohner. Das Massaker geht als eine der schrecklichsten SS-Greueltaten in die Geschichte ein (Abb.: Leichen und Särge). Auslöser für die Terroraktion ist die Entführung eines SS-Offiziers durch französische Widerstandskämpfer am 9. Juni. Gerüchten zufolge soll er in Oradour-sur-Glane hingerichtet werden. Eine SS-Abteilung erscheint in dem Ort und treibt die Bevölkerung auf dem Marktplatz zusammen. Dann sperrt sie Frauen und Kinder in der Kirche ein. Die Männer werden in Scheunen getrieben und erschossen. Im ganzen Dorf legen die SS-Männer in einer stundenlangen Aktion Brände. Dann kehren sie in die Kirche zurück und stellen ein Erstickungsgerät auf. Die Frauen und Kinder, die zu entkommen versuchen, werden niedergeschossen. Von den 642 Einwohnern Oradour-sur-Glanes überleben nur eine Frau, fünf Männer und ein Kind die Schreckenstat. Die Soldaten verscharren ihre Opfer am darauf folgenden Tag. Dennoch wird die Tat bekannt und schürt den Hass auf die deutsche Besatzungmacht. Der Ort wird in der Nähe wieder aufgebaut. Die Ruinen bleiben als Mahnstätte erhalten.

Eine gigantische Armada ankert nach der erfolgreichen Invasion vor der französischen Küste.

Hitler glaubt an ein Täuschungsmanöver

Adolf Hitler hält die alliierte Landung in der Normandie bis zuletzt für ein Täuschungsmanöver. Zwar glaubt er an einen Angriff auf die Atlantikküste, doch wird dieser seiner Meinung nach bei Calais über die Straße von Dover stattfinden. Gegen das Anraten seiner Militärs schickt er keine Truppen zur Verstärkung an die Küste der Normandie. Damit erliegt die deutsche Führung geschickter Täuschungsmanöver der Westmächte. Eine einzige deutsche Panzerdivision kämpft am Nachmittag gegen die alliierten Truppen auf verlorenem Posten. Nach der erfolgreichen Landung hat die Wehrmacht kaum noch Möglichkeiten zum Handeln. Der Nachschub ist begrenzt, die Treibstoffvorräte reichen durch die Vernichtung wichtiger Ölvorräte für effektive Gegenmaßnahmen nicht aus. Die deutschen Verbände konzentrieren sich deshalb auf die Verteidigung der französischen Städte. Der Tag der Invasion erhält später den Namen »D-Day«. Diese Bezeichnung aus dem US-Militärjargon kennzeichnet allgemein den ersten Tag einer militärischen Operation. Seit dem 6. Juni 1944 steht sie als Synonym für die erfolgreiche Landungsoperation der Alliierten an der Küste der Normandie.

18. Mai 1944

Montecassino zerstört

Alliierte Truppen nehmen das Kloster Montecassino in Mittelitalien ein. Damit sind die deutschen Verbände nach monatelangen Kämpfen hinter die »Gustav-Linie« zurückgedrängt. Auch die zweite Verteidigungslinie, die »Hitler-Linie«, kann gesprengt werden. Damit ist der Weg nach Rom frei. Die Schlacht um Montecassino führt zur endgültigen Zerstörung des Benediktinerklosters (s. Abb). Die Alliierten hatten das mittelalterliche Gebäude am 15. Februar in der Annahme bombardiert, es sei von deutschen Einheiten besetzt.

4. Juni 1944

Kampflose Übergabe Roms

Unter begeistertem Jubel der Bevölkerung ziehen alliierte Soldaten drei Wochen nach Beginn ihrer Italien-Offensive in Rom ein (Abb.: US-Soldaten vor dem Denkmal Vittorio Emanuele). Die deutsche Besatzung unter Oberbefehlshaber Albert Kesselring hatte Rom am Tag zuvor verlassen und zur »offenen Stadt« erklärt. Die kampflose Übergabe soll die unschätzbaren Kulturgüter der ewigen Stadt vor der Zerstörung bewahren.

Juni 1944

1 Do In mehreren Provinzen Kanadas breiten sich verheerende Waldbrände aus. Neun Ortschaften und zahlreiche Einzelsiedlungen fallen den Flammen zum Opfer.

2 Fr Die Regierungen der Sowjetunion und Rumäniens einigen sich über die Bedingungen für das Ausscheiden des Balkanstaates aus dem Krieg.

3 Sa Das »Französische Komitee der Nationalen Befreiung« in Algier benennt sich in »Provisorische Regierung der Französischen Republik« um.

4 So Die Deutsche Meisterschaft im Feldhockey gewinnt der SV Hamburg mit 1:0 gegen die Mannschaft vom TV Sachsenhausen. → Rom

5 Mo König Viktor Emanuel III. von Italien tritt seine Regierungsrechte an Kronprinz Umberto ab, der zum »Generalstatthalter des Königreichs Italien« wird.

6 Di Der Schriftsteller Alfred Andersch, der als deutscher Soldat an der Arno-Front in Italien kämpft, desertiert und läuft zu den US-Truppen über. → »D-Day«

7 Mi König Leopold III. von Belgien gerät in deutsche Kriegsgefangenschaft. Der Monarch wird nach Dresden deportiert.

8 Do Die US-Presse meldet, dass die 35-jährige Marion Stankowich 15 Männer in 18 Jahren geheiratet hat, ohne sich ein einziges Mal scheiden zu lassen.

9 Fr In Italien tritt das Kabinett unter Ministerpräsident Pietro Badoglio zurück. Die Nachfolge tritt der sozialistische Politiker Ivanoe Bonomi an.

10 Sa Untergrundkreise aus Albanien teilen die Bildung einer »Nationalen Befreiungsarmee« von 20 000 Kämpfern mit. → Oradour-sur-Glane

11 So In Genf wird die »Schweizerische Vereinigung für den Schutz der Kunstschätze in Europa« gebildet, da der Krieg europaweit täglich Kunstwerke vernichtet.

12 Mo Die deutsche Luftwaffe beschießt die britische Hauptstadt London erstmals mit einer »V 1«-Rakete, deren Treffsicherheit jedoch relativ gering ist.

13 Di Das US-Finanzministerium teil mit, dass die USA seit Kriegseintritt 200 Mrd. Dollar für die Kriegsführung ausgegeben haben.

14 Mi Mit rd. 500 000 Soldaten erreicht die Kopfstärke ausländischer Verbände in der deutschen Wehrmacht seinen Höhepunkt.

15 Do Reichspropagandaminister Joseph Goebbels bezeichnet die Lage an der Invasionsfront in Frankreich als ernst, aber nicht hoffnungslos.

16 Fr In Italien setzen die alliierten Truppen zur Offensive gegen die deutsche Front Pisa-Florenz-Rimini an. +++ Die US Air Force greift japanisches Territorium an.

17 Sa Island erklärt sich unter Auflösung der Personalunion mit Dänemark zur »Freien Unabhängigen Republik«. Erster Präsident wird Sveinn Björnsson.

18 So Durch einen 4:0-Sieg über die Mannschaft des Luftwaffen-SV Hamburg in Berlin gewinnt der Dresdner SC erneut die Deutsche Fußballmeisterschaft.

19 Mo Sowjetische Partisanen zerstören in der größten Sabotageaktion des Krieges an 9600 Stellen die Schienennachschubwege der Heeresgruppe Mitte.

20 Di In der Philippinensee endet eine zweitägige See- und Luftschlacht zwischen japanischen und US-Streitkräften. Die japanische Flotte erleidet schwere Verluste.

21 Mi Die 8. US-Luftflotte bombardiert mit etwa 2500 Flugzeugen Ziele im Raum Berlin. Der Angriff gilt vor allem Flugzeugwerken und dem Regierungsviertel.

22 Do Bei Witebsk-Bobruisk startet die Rote Armee eine Großoffensive gegen die deutsche Heeresgruppe Mitte und schließt 35 000 deutsche Soldaten ein.

23 Fr Ein Wirbelsturm in den US-Bundesstaaten Pennsylvania und Virginia fordert über 150 Todesopfer und richtet Sachschäden in Millionenhöhe an.

24 Sa Die Vereinigten Staaten von Amerika verleihen dem deutschen Schriftsteller Thomas Mann, der 1938 in die USA emigriert war, das Bürgerrecht.

25 So Deutsche Behörden proklamieren in Kopenhagen als Antwort auf Aktivitäten dänischer Widerstandskämpfer das Standrecht.

26 Mo Alliierte Truppen erobern den französischen Hafen Cherbourg. Die starke Verminung lässt allerdings erst nach zwei Monaten wieder eine Nutzung zu.

27 Di Die Regierung der USA veröffentlicht eine offizielle Erklärung, in der sie Argentinien eine gegenüber den Achsenmächten freundliche Haltung vorwirft.

28 Mi Sowjetische Truppen erobern Petrosawodsk zurück, die Hauptstadt der Karelischen Autonomen Sowjetrepublik.

29 Do Als Vergeltung für die Erschießung von drei deutschen Soldaten durch italienische Partisanen ermorden SS-Angehörige in Civitella 153 Zivilisten.

30 Fr Infolge der Ermordung dänischer Widerstandskämpfer bricht in Kopenhagen ein spontaner Generalstreik gegen die deutsche Besatzungsmacht aus.

Juli 1944

1 Sa In Bretton Woods (USA) wird eine Währungskonferenz eröffnet. Sie beschließt die Errichtung eines Internationalen Währungsfonds.

2 So Prinzessin Charlotte von Monaco verzichtet auf ihr Thronfolgerecht. Der regierende Fürst Ludwig II. ernennt daraufhin Prinz Rainier zum Thronanwärter.

3 Mo Mit der Besetzung von Minsk durch die Rote Armee endet die »Kesselschlacht von Minsk«. Die 4. deutsche Armee ist vernichtend geschlagen.

4 Di Die Gestapo verhaftet Julius Leber, einen der führenden sozialdemokratischen Widerstandskämpfer. Der Berliner Volksgerichtshof verurteilt ihn zum Tode.

5 Mi Im deutschen Konzentrationslager Buchenwald formiert sich die sozialdemokratisch orientierte Widerstandsgruppe »Volksfrontkomitee«.

6 Do Charles de Gaulle, Chef des französischen Befreiungskomitees, trifft in Washington ein. Er will über die Anerkennung der Französischen Republik konferieren.

7 Fr Der Schwede Gunder Hägg verbessert in Göteborg den 1500-m-Weltrekord seines Landsmanns Arne Andersson um zwei Sekunden auf 3:43,0 min.

8 Sa Juan Domingo Perón, späterer Präsident von Argentinien, wird zum Vizepräsidenten des Landes ernannt und leitet ein umstrittenes Sozialprogramm ein.

9 So Nach vierwöchigen erbitterten Kämpfen nehmen britische und kanadische Truppen die französische Hafenstadt Caen ein.

10 Mo Der jugoslawische Exilkönig Peter II. Karadordević erkennt den Widerstandsführer seines Landes, Josip Tito, als »Chef aller militärischen Verbände« an.

11 Di Das Landgericht Zweibrücken verurteilt eine 25-Jährige zu einer Zuchthausstrafe, da sie einem Kriegsgefangenen Geschenke gemacht habe.

12 Mi Die Regierung der Schweiz erlässt neue Richtlinien für die Behandlung von Flüchtlingen: Juden werden erstmals allgemein als Verfolgte anerkannt.

13 Do In Kolumbien endet ein Putschversuch gegen Präsident Alfonso López Pumarejo mit der Verhaftung der Aufständischen.

14 Fr 200 Maschinen der US-Luftwaffe werfen sechs Stunden lang im Zentralmassiv Container mit Waffen für die französische Résistance ab.

15 Sa Generalfeldmarschall Erwin Rommel sendet ein Blitzfernschreiben an Adolf Hitler. Darin schildert er die aussichtslose Lage an der Front in der Normandie.

16 So Die US-Presse meldet die bisher größte Weizenernte in der Geschichte des Landes. Das Handelsministerium bemüht sich um eine geregelte Verteilung.

17 Mo 58 000 deutsche Kriegsgefangene werden in einer langen Kolonne durch die Straßen der sowjetischen Hauptstadt Moskau geführt.

18 Di Nach der US-Landung auf den Marianen sieht sich das japanische Kriegskabinett von Ministerpräsident Hideki Todscho zum Rücktritt gezwungen.

19 Mi Die demokratische Partei der USA nominiert den amtierenden Präsidenten Franklin D. Roosevelt zum Kandidaten für die kommende Präsidentschaftswahl.

20 Do Zur Schonung des Waldes fordert die Reichsbehörde für Forstwirtschaft die holzwirtschaftliche Nutzung von Parks und Gärten. → Bombenattentat

21 Fr Die schweizerische Polizei hebt in Genf eine Geheimdruckerei aus, in der Rationierungsmarken für Lebensmittel gefälscht werden.

22 Sa US-Truppen dringen in die italienische Stadt Pisa ein. +++ Die UdSSR und Syrien nehmen gegenseitige diplomatische Beziehungen auf.

23 So Paris erlebt einen Sonntag ohne Metro. Die Linien der U-Bahn stehen für die nächsten vier Tage wegen Energiemangels still. → Majdanek

24 Mo König Georg VI. von Großbritannien und Nordirland trifft in Italien ein, um die britischen Truppen an der dortigen Front zu besuchen.

25 Di Die alliierte »European Advisory Commission« (Beratende Europakommission) stellt den Text einer Kapitulationsurkunde für Deutschland vor.

26 Mi In Moskau unterzeichnen die UdSSR und das »Lubliner Komitee« (Polen) einen Freundschafts- und Bündnisvertrag.

27 Do Deutsche Truppen entdecken in den Bergen des Vercors das Höhlenlazarett einer französischen Widerstandsgruppe und töten die meisten Anwesenden.

28 Fr Rüstungsminister Albert Speer legt Adolf Hitler die katastrophale Treibstofflage infolge von alliierten Bombenangriffen auf Hydrierwerke dar.

29 Sa Bei deutschen Gegenangriffen auf einen sowjetischen Brückenkopf an der Weichsel wird erstmals der Kampfpanzer »Tiger II« (»Königstiger«) eingesetzt.

30 So Der deutsche »Terror- und Sabotageerlass« verfügt, dass Widerstandskämpfer in den besetzten Gebieten an Ort und Stelle zu erschießen seien.

31 Mo Den Alliierten gelingt in der Panzerschlacht von Avranches der kriegsentscheidende Durchbruch an der Westfront. → Flieger

20. Juli 1944

Bombenattentat auf Adolf Hitler scheitert

Im Führerhauptquartier »Wolfsschanze« bei Rastenburg in Ostpreußen explodiert in unmittelbarer Nähe Adolf Hitlers eine Bombe. Wie durch ein Wunder bleibt der Diktator unverletzt. Mit dem Attentat scheitert einer der vielversprechendsten Versuche des deutschen Widerstands, das nationalsozialistische Regime zu stürzen und den Krieg zu beenden. Vor der im Hauptquartier anberaumten Lagebesprechung hatte Oberst Claus Graf Schenk von Stauffenberg eine Aktentasche nahe der Stelle plaziert, an der sich Hitler später voraussichtlich aufhalten würde. Tatsächlich begibt sich Hitler in das Besprechungszimmer. Doch einer der Anwesenden räumt die Tasche zur Seite. Als die Bombe explodiert, wird die Wucht der Detonation von einem schweren Eichentisch aufgefangen. Adolf Hitler kommt mit leichteren Verletzungen davon. Unmittelbar nach dem Attentat schlägt das Regime zurück. Stauffenberg und drei weitere Offiziere werden verhaftet und noch in der Nacht erschossen. Als Stauffenbergs Mitverschwörer in Berlin die Nachricht von der Unversehrtheit des »Führers« erhalten, reagieren sie unentschlossen. Noch am Abend bricht der Putsch zusammen. 200 Menschen geraten in die Mühlen der NS-Justiz und werden zum Tode verurteilt. In den folgenden Wochen nimmt die Gestapo insgesamt 7000 Personen fest und lässt die meisten exekutieren. Auch vor den Angehörigen der Verschwörer machen die NS-Schergen keinen Halt. Die Offiziersgruppe um Stauffenberg hatte den Plan gefasst, nach dem Attentat die Meldung »Hitler ist tot« zu verkünden und die Operation »Walküre« auszulösen, die eigentlich für eine Mobilisierung des Ersatzheeres bei inneren Unruhen vorgesehen ist. An der Spitze der Truppen wollten die Verschwörer sämtliche SS-Truppen verhaften lassen und Friedensbedingungen mit den Alliierten aushandeln.

Staatsgast Mussolini (l.) und Hitler besichtigen die Trümmer nach der Explosion.

23. Juli 1944

Rote Armee befreit Majdanek

Bei Lublin in Polen besetzen Rotarmisten das Konzentrationslager Majdanek – und finden ein leeres Gelände vor. Die deutsche Wachmannschaft hatte die Insassen bereits im März in andere Lager abtransportieren lassen, um ihre Befreiung durch die sowjetische Armee zu verhindern. Obwohl SS-Einheiten einen Teil des Lagers Majdanek zerstören, finden die Rotarmisten unmissverständliche Spuren des systematischen Massenmordes vor, der hier stattgefunden hat (Abb.: Krematorium des Lagers, in dem Tausende Leichen verbrannt wurden).

31. Juli 1944

Flieger vermisst

Der französische Autor Antoine de Saint-Exupéry kehrt von einem Aufklärungsflug bei Korsika nicht zurück. Vermutlich wurde er von deutschen Kampfflugzeugen abgeschossen. Saint-Exupéry verzauberte seine Leser vor allem mit der Geschichte »Der kleine Prinz«, die der Autor selbst illustrierte. Das poetische Weltraummärchen ist ein Plädoyer für Humanität, Freundschaft und Mitmenschlichkeit.

Antoine de Saint-Exupé

französischer Schriftsteller, 1900 Lyon; † 31.7.1944 Ko

Antoine Exupéry v sein Mä kleine P berühmt. steller verä ne Erlebn in Nordafrika und Übersee punkt seiner Romane und steht das Ideal der Mitmen

- 1921: Militärdienst
- 1939: Französischer L
- 1940: Emigration nach

Stauffenberg (l.) hatte als einer der wenigen Widerständler Zugang zu Hitler (Mitte).

Claus Graf Schenk von Stauffenberg

deutscher Offizier und Widerstandskämpfer, * 15.11.1907 Jettingen; † 20.7.1944 Berlin (hingerichtet)

Stauffenberg ist als Hitlerattentäter eine zentrale Figur im Widerstand gegen das NS-Regime. Während seiner Militärzeit im Osten musste der Offizier eine Massenexekution von Frauen und Kindern durch SS-Truppen mit ansehen. Nach dem Erlebnis wuchs sein Entschluss, mit anderen hohen Militärs gegen den Nationalsozialismus zu kämpfen.

- 1926: Eintritt in die Reichswehr
- 1943: In Afrika schwer verwundet
- 1944: Ernennung zum Oberst

4. August 1944

Anne Frank festgenommen

Die Gestapo verhaftet die jüdische Familie Frank, die sich in einem Amsterdamer Hinterhaus in der Prinsengracht 263 versteckt hält. Auch die Tochter Anne gerät in die Hände der Häscher. Ihr Tagebuch, das nach dem Krieg veröffentlicht wird, erschüttert die Welt. Die erste Tagebucheintragung stammt vom 12. Juni 1942, die letzte vom 1. August 1944. Drei Tage später setzt ein Denunziant die Gestapo auf die Spur der Familie Frank. Die niederländischen Freunde der Familie finden nach der Verhaftung zwischen Büchern und Zeitschriften das Tagebuch. Das Manuskript wird von Miep Gies gerettet und im Jahre 1946 in holländischer Sprache publiziert. 1950 folgt die deutsche Übersetzung. Weltweit erreicht das Tagebuch der Anne Frank eine Auflage von mehreren Millionen.

25. August 1944

Alliierte befreien Paris

Nach vier Jahren deutscher Besetzung feiert Paris seine Befreiung. Die alliierte Landung in der Normandie vom 6. Juni des Jahres hatte den Sturm auf die französische Hauptstadt möglich gemacht. Um die auf Paris vorrückenden freifranzösischen und US-Truppen zu unterstützen, sabotierten französische Widerstandskämpfer Brücken und Telefonmasten und legten Hinterhalte für deutsche Soldaten. Am 19. August brach in Paris der bewaffnete Aufstand gegen die Besatzung aus. Daraufhin befahl Hitler, die Stadt zu verbrennen, doch Kommandeur Dietrich von Choltitz widersetzte sich. Stattdessen ergibt er sich am 25. August General Jacques Philippe Leclerc. Tags darauf marschiert General Charles de Gaulle unter dem Jubel Hunderttausender in Paris ein (Abb.: General de Gaulle, M.).

7. August 1944

Hoffnung auf »Wunderwaffe«

Deutschland mobilisiert die letzten Ressourcen für den Krieg: Die Ausrüstungskapazität der Flugabwehr erreicht zahlenmäßig ihren Höchststand. Gleichzeitig schürt die Propaganda die Hoffnung auf eine »Wunderwaffe«, die seit mehreren Wochen in Peenemünde erprobt und bereits am 12. Juni gegen London eingesetzt worden war. »V1«-Raketen (s. Abb.) zerstören als »fliegende Bomben« bis März 1945 zahlreiche Ziele in Großbritannien und töten 5500 Menschen. Die Alliierten zerstören daraufhin die meisten V1-Basen bei Calais. Hitlers Antwort ist die »V2«, die erste Fernrakete der Welt. Im Unterschied zu ihrem Vorgänger besitzt die »V2« einen Raketenmotor, der eine Höchstgeschwindigkeit von 1700 km/h erreicht. Während die »V1« noch senkrecht startete, beschreibt die »V2« eine ballistische Bahn. Im September zerstört die Hochgeschwindigkeitsrakete, die allerdings keine kriegswichtige Wirkung mehr entfaltet, Wohnblocks in London. Trotz ihrer hohen Geschwindigkeit können die Briten 2000 Geschosse abfangen.

August 1944

1 Di Ein Aufstand der nationalpolnischen Heimatarmee beginnt in Warschau. Er endet am 2. Oktober mit der Kapitulation vor den Deutschen.

2 Mi Im Zeichen der »totalen Kriegführung« entfallen in Deutschland sämtliche Reichsmeisterschaften in den einzelnen Sportdisziplinen.

3 Do In den Niederlanden schließen sich die Widerstandsgruppen gegen die deutschen Besatzer zur »Grote Comissie der Illegalität« zusammen.

4 Fr US-Kampfflugzeuge bombardieren die deutsche Raketenversuchsanstalt Peenemünde auf der Halbinsel Usedom vor der Odermündung. → Anne Frank

5 Sa Die alliierten Truppen erobern die größte Stadt Nordbirmas, Myitkyina. Die Stadt stellt einen strategisch wichtigen Stützpunkt für Japan dar.

6 So In einer Villa vor Florenz entdeckt ein US-Offizier wertvolle Kunstschätze, u.a. Gemälde von Botticelli. Soldaten hatten sie als Schlafunterlagen benutzt.

7 Mo An der Harvard University wird »Mark I«, der erste programmgesteuerte Computer der USA, der Öffentlichkeit vorgestellt. → »Wunderwaffe«

8 Di Im Rahmen der Evakuierung von London verlassen über 17 000 Frauen und Kinder die Stadt. 100 000 Menschen sind bereits evakuiert worden.

9 Mi Alliierte Flugzeuge werfen Waffen über Warschau ab, um die polnische Heimatarmee in ihrem Kampf gegen die deutschen Besatzer zu unterstützen.

10 Do US-Flugzeuge bombardieren die japanische Hafenstadt Nagasaki. +++ Die britische Luftwaffe belegt den Dortmund-Ems-Kanal mit Minen.

11 Fr Britische Flugzeuge bombardieren in Den Haag das Gebäude mit der Einwohnermeldekartei, um Widerstandskämpfer vor deutschem Zugriff zu schützen.

12 Sa Das monatliche Kommunikee der Alliierten über den U-Bootkrieg gibt die Zahl der während des Krieges versenkten deutschen U-Boote mit 500 an.

13 So Die deutschen Truppen in Frankreich ziehen sich von der Seine zurück, um einer Einkesselung durch die Alliierten zu entgehen.

14 Mo Wegen der Kriegslage erlebt der Salzburger Musiksommer nur ein einziges Konzert: Anton Bruckners Sinfonie Nr. 8 c-moll.

15 Di Alliierte Truppen landen zwischen Cannes und Toulon in Südfrankreich, ohne auf nennenswerten deutschen Widerstand zu stoßen.

16 Mi Wegen des Ausfalls der Festspiele findet in Salzburg eine nichtoffizielle Uraufführung der Oper »Die Liebe der Danae« von Richard Strauss statt.

17 Do Adolf Hitler lässt den Ministerpräsidenten der französischen Vichy-Regierung, Pierre Laval, verhaften, weil er Zweifel an dessen Zuverlässigkeit hat.

18 Fr Ernst Thälmann, ehemaliger Vorsitzender der Kommunistischen Partei Deutschlands, wird im Konzentrationslager Buchenwald ermordet.

19 Sa Alliierte Truppen stehen vor Paris. Angesichts dieser Tatsache beginnen in der Stadt Befreiungskämpfe gegen die deutschen Besatzer.

20 So 127 US-Bomber fliegen einen Angriff gegen die Anlagen zur Herstellung synthetischen Treibstoffs auf dem Gelände des KZ Auschwitz-Birkenau.

21 Mo Die französische Widerstands-Zeitung »Combat« erscheint erstmals im freien Verkauf. Der Leitartikel stammt von dem Existentialisten Albert Camus.

22 Di Ein schwerer Wirbelsturm auf der Antilleninsel Jamaika zerstört zahlreiche Ortschaften und vernichtet nahezu die gesamte Bananenernte.

23 Mi Der ehemalige Oberbürgermeister von Köln und spätere Bundeskanzler Konrad Adenauer wird verhaftet und in das Lager Köln-Deutz gebracht.

24 Do »Das Missverständnis«, ein Schauspiel in drei Akten von Albert Camus, kommt im Théâtre des Mathurins in Paris zur Uraufführung.

25 Fr Nach dem Sturz von Staatschef Ion Antonescu erklärt Rumänien Deutschland den Krieg. +++ Der Film »Die Frau meiner Träume« hat in Berlin Premiere. → Paris

26 Sa Iwan Bagrjanow, der bulgarische Ministerpräsident, verkündet in Erwartung des Einmarsches der Sowjets den »Rückzug seines Landes aus dem Krieg«.

27 So Der italienische Minister Palmiro Togliatti fordert die Beteiligung von Frauen an der Politik und die Unterstützung der kommunistischen Frauenbewegung.

28 Mo In Stockholm stellt die Schwedin Anna Larsson in 2:15,9 min einen 800-m-Weltrekord auf und verbessert damit eine 16 Jahre alte Bestmarke.

29 Di In der Slowakei bricht ein nationaler Aufstand aus. Die deutsche Führung lässt Alarmeinheiten einmarschieren, die auf erbitterten Widerstand stoßen.

30 Mi Das deutsche U-Boot »U 482« vernichtet vor der britischen Küste einen 10 000-t-Tanker der USA und tags darauf drei britische Schiffe.

31 Do In der Semper-Oper in Dresden findet mit Carl Maria von Webers »Freischütz« die letzte Opernaufführung vor der Zerstörung des Gebäudes statt.

September 1944

1 Fr Britische Truppen beginnen mit einem Angriff gegen die deutschen Frontlinien im Apennin (Italien) und durchbrechen das deutsche Verteidigungssystem.

2 Sa Laut Behördenmitteilung hat die Spinnstoff-, Wäsche- und Kleidersammlung in Deutschland ein Ergebnis von über 33 Mio. kg Material erbracht.

3 So Alliierte Truppen treffen unter großem Jubel in der belgischen Hauptstadt Brüssel ein. Die Deutschen hatten die Stadt bereits am Tag zuvor geräumt.

4 Mo Die finnischen Truppen stellen das Feuer gegen die Rote Armee ein. Helsinki entsendet zwei Tage später eine Verhandlungsdelegation nach Moskau.

5 Di Auf breiter Front erreichen alliierte Truppen die niederländische Grenze. Sie stoßen auf nur geringen deutschen Widerstand.

6 Mi Aus Norwegen und Dänemark wird gemeldet, dass die Deutschen in Vorbereitung einer Evakuierung mit der Zerstörung industrieller Anlagen beginnen.

7 Do Reichspropagandaminister Joseph Goebbels verfügt die Zusammenlegung bzw. Stilllegung zahlreicher Hochschulen in Deutschland.

8 Fr Das belgische Exilkabinett unter Ministerpräsident Hubert Pierlot kehrt in die Hauptstadt Brüssel zurück. +++ Bulgarien erklärt Deutschland den Krieg.

9 Sa In Bombay treffen der Hindu-Sprecher Mohandas Karamchand (Mahatma) Gandhi und der Moslemführer Mohammad Ali Dschinnah zusammen.

10 So Das Ballett »Danses Concertantes« von Igor Strawinsky und George Balanchine feiert in New York mit dem Ballet Russe de Monte Carlo Premiere.

11 Mo Ein US-Spähtrupp betritt nördlich von Trier erstmals Reichsgebiet. +++ Ein Wirbelsturm in Nord- und Mittelmexiko fordert 100 Tote. → Morgenthau-Plan

12 Di Rumänien unterzeichnet in Moskau einen Waffenstillstandsvertrag mit der UdSSR, Großbritannien und den USA. → Widerstand

13 Mi Die deutsche Satirezeitschrift »Simplicissimus«, die sich seit 1933 zu einem hitlerfreundlichen Witzblatt entwickelt hat, stellt ihr Erscheinen ein.

14 Do Als Generalbevollmächtigter für den totalen Kriegseinsatz verkündet Joseph Goebbels Maßnahmen zur Vereinfachung des Steuerwesens.

15 Fr Die »Provisorische Regierung der Französischen Republik« unter Charles de Gaulle erlässt einen Haftbefehl gegen den gestürzten Staatschef Philippe Pétain.

16 Sa In Dänemark beginnt ein fünftägiger Streik gegen die deutsche Besatzungsmacht. Daraufhin internieren die Behörden die gesamte dänische Polizei.

17 So Im Rahmen der größten Luftlandeoperation des Zweiten Weltkriegs springen 35 000 alliierte Soldaten bei Arnheim und Nimwegen (Niederlande) ab.

18 Mo Der frühere Direktor des römischen Gefängnisses »Regina Coeli« wird von einer aufgebrachten Menschenmenge halbtot getrampelt und im Tiber ertränkt.

19 Di Finnland unterzeichnet in Moskau einen Waffenstillstand mit der UdSSR und verpflichtet sich, alle Truppen hinter die Grenzen von 1940 zu verlegen.

20 Mi Hans Fritzsche, Rundfunkleiter im Propagandaministerium, betont die Rolle des Rundfunks, nachdem sämtliche Bühnen den Spielbetrieb einstellen mussten.

21 Do Deutsche Truppen beginnen mit der Räumung des Peloponnes in Griechenland. +++ Die US Air Force greift die philippinische Hauptstadt Manila an.

22 Fr In der Londoner »National Gallery« beginnt eine Ausstellungsreihe, die Gemälde zu wichtigen Kampfereignissen des Zweiten Weltkrieges zeigt.

23 Sa Der US-Erfolgsfilm »Arsenic and Old Lace« (Arsen und Spitzenhäubchen) mit Cary Grant in der Hauptrolle hat Premiere. Die Regie führte Frank Capra.

24 So König Georg VI. von England überreicht der niederländischen Königin Wilhelmina den Hosenbandorden für die Standhaftigkeit ihres Landes im Krieg.

25 Mo Eine ungarische Delegation befindet sich zu Verhandlungen über einen Waffenstillstand mit der UdSSR in Moskau. → »Volkssturm«

26 Di In Berlin hat der Film »Musik in Salzburg«, der unter der Regie von Herbert Maisch entstanden ist, Premiere. Die Hauptrollen spielen Lil Dagover und Willy Birgel.

27 Mi Die schwedische Regierung gibt dem Druck der Alliierten nach und beschließt den Abbruch jeglichen Handelsverkehrs mit Deutschland.

28 Do Deutsche Behörden veranlassen den Abtransport der im Konzentrationslager Theresienstadt inhaftierten Juden nach Auschwitz.

29 Fr Der US-Film »Tall in the Saddle« (Mit Büchse und Lasso) mit John Wayne und Ella Raines in den Hauptrollen feiert in den USA Premiere.

30 Sa Nach amtlichen Angaben gibt es im gesamten Reichsgebiet 28,4 Mio. zivile Arbeitskräfte. Dazu kommen 7,5 Mio. Zwangsarbeiter und Kriegsgefangene.

11. September 1944

Morgenthau-Plan vorgestellt

US-Präsident Franklin D. Roosevelt (Abb.: 2.v.l.) und der britische Premier Winston Churchill (3.v.l.) treffen im kanadischen Quebec zu Beratungen zusammen.

Dabei stellt der US-Finanzminister Henry Morgenthau jr. das Modell eines deutschen Agrarstaates vor, der in die ökonomische Bedeutungslosigkeit gedrängt ist. Die Staatsmänner stimmen dem Plan zu. Als die US-Öffentlichkeit protestiert, revidiert Roosevelt seine Meinung.

9. Oktober 1944

Hegemonie in Südosteuropa

Der britische Premierminister Winston Churchill reist nach Moskau, um mit dem sowjetischen Staatschef Josef W. Stalin über die Interessen ihrer beiden Staaten in Südosteuropa zu beraten. Die Regierungschefs grenzen ihre Einflussgebiete ab. Die UdSSR soll danach die Kontrolle über 90% des Territoriums von Rumänien sowie über 75% von Bulgarien ausüben. Dagegen unterliegen 90% Griechenlands künftig dem Einfluss Großbritanniens. Ungarn und Jugoslawien sollen zu gleichen Teilen zwischen Moskau und London aufgeteilt werden. Churchill grenzt die Interessensphären in Europa zu diesem Zeitpunkt ab, weil er befürchtet, dass die Sowjetunion durch ihren massiven Vormarsch in Osteuropa zu mächtig werden könnte. Vor allem aber will er den griechischen Kommunismus ausschalten.

2. Oktober 1944

Warschau verraten

In Warschau bricht der Aufstand der polnischen Heimatarmee gegen die deutsche Besetzung zusammen. Am 1. August hatten sich die Mitglieder der Untergrundorganisation gegen die Deutschen erhoben. Sie hofften, den Kampf gegen die Besatzer mit Hilfe der vor Warschau stehenden Sowjettruppen zu gewinnen. Nach wenigen Tagen hatten die Polen die gesamte Stadt unter Kontrolle. Doch der erwartete Einmarsch der Roten Armee blieb aus. Überraschenderweise zogen sich die Sowjettruppen kurz vor Eroberung der Stadt sogar wieder zurück. Ungestört begannen nun die Deutschen, Warschau von den Aufständischen zurückzuerobern. Die schlecht ausgerüsteten Polen können die Stadt zwei Monate lang halten, dann müssen sie sich ergeben. Bei der Rückeroberung gehen die Deutschen unter dem Kommando des SS-Generals Erich von dem Bach-Zelewski mit äußerster Härte vor. Am

Der polnische General Bór-Komorowski (links) ergibt sich General von dem Bach-Zelewski.

5. August gelingt ihnen ein Vorstoß in das Aufstandsgebiet. Die Soldaten treiben die Bewohner aus den Häusern und erschießen 15 000 Menschen. Am Ende der Kämpfe zählen die Verteidiger 200 000 Tote unter der Zivilbevölkerung. Die Stadt liegt in Trümmern. Die polnische Heimatarmee ist aufgerieben. Dem sowjetischen Staatschef Josef W. Stalin wird vorgeworfen, er hätte den Warschauer Aufstand verraten. Stalin rechtfertigt den Rückzug seiner Truppen mit Nachschubproblemen. Tatsächlich sah der Kremlchef seine Pläne für Polen durch die Revolte gefährdet. Die Heimatarmee unterstützte das polnische Exilkomitee in London, während die Sowjets in Lublin bereits eine neue, moskauhörige Regierung für das Land eingesetzt hatten. Der Aufstand in Warschau sollte die geplante Machtübernahme der Sowjets nach dem Krieg verhindern. Stalin sah richtig voraus, dass sich seine Gegner bei den Gefechten entscheidend schwächen würden.

Polnische Parlamentäre mit weißen Kapitulationsfahnen vor den Ruinen des zerstörten Warschau.

12. September 1944

Führer des Widerstands

Der jugoslawische Partisanenführer Josip Tito übernimmt die alleinige Führung des Widerstands gegen die deutsche Besatzung (Abb.: Tito, Mitte, leitet eine Sitzung in einem Höhlenversteck). Damit setzt sich Tito gegen seinen Widersacher, den königstreuen Draza Mihailović, durch. Der jugoslawische König Peter II. Karadordević beauftragt Tito auf britischen Druck hin mit der Widerstandsleitung.

Josip Tito

eigtl. Josip Broz, jugoslawischer Widerstandskämpfer und Politiker, * 25.2.1892 Kumrovec (Kroatien); † 4.5.1980 Ljubljana

Josip Tito spielt bei der Befreiung Jugoslawiens eine entscheidende Rolle. 1937 zum KP-Chef avanciert, leitet der Kroate bereits 1943 das Nationalkomitee Jugoslawiens. Nach seiner Ernennung zum Regierungschef wiedersetzt er sich der sowjetischen Einflussnahme und provoziert 1948 den Bruch mit Moskau. Der Staatsmann gestaltet den Weg in den Kommunismus nach eigenen Vorstellungen (Titoismus) und wird einer der Wortführer der »Blockfreien«. Nach dem Tod der Integrationsfigur beginnt der Zerstörungsprozess des Vielvölkerstaats Jugoslawien.

- 1918-20: Soldat in der Roten Armee
- ab 1945: Ministerpräsident Jugoslawiens
- ab 1953: Staatspräsident

16. Oktober 1944

Exodus aus Ostpreußen

Das Vorrücken der Roten Armee in Ostpreußen löst Panik unter der Bevölkerung aus. Aus Furcht vor sowjetischen Greueltaten verlassen Millionen von Deutschen ihre Heimat. Einer der größten Flüchtlingsströme der Geschichte setzt ein.

Nach dem Einmarsch in Ostpreußen üben Rotarmisten Rache an der Zivilbevölkerung für die Kriegsverbrechen der deutschen Invasoren in der UdSSR. Tausende werden misshandelt und getötet. Viele russische Soldaten machen auch vor Alten, Frauen und Kindern nicht Halt. Augenzeugen berichten, wie vielerorts Frauen vergewaltigt und anschließend erschossen werden. Die Auslandspresse prangert die Exzesse der Roten Armee an. Berichten zufolge stehen viele Soldaten unter starkem Alkoholeinfluss. Wer sich vor ihnen retten kann, verlässt Haus und Hof und begibt sich – nur mit dem Nötigsten ausgestattet – auf den Weg nach Westen oder zu den Ostseehäfen, um Ostpreußen noch per Schiff verlassen zu können. Die meisten treten die Reise zu Fuß oder im Pferdewagen an (s. Abb.). Nur wenige finden Platz in den völlig überfüllten Eisenbahnzügen. Viele sterben unterwegs an Erschöpfung, Kälte, Hunger und Krankheiten. Immer wieder fallen Flüchtlinge auch sowjetischen Angriffen zum Opfer. Bis Juli 1945 müssen vier Mio. Menschen ihre Heimat verlassen. Weitere fünf Mio. folgen aus den Ge-

bieten östlich von Oder und Neiße, die nach Kriegsende zu Polen gehören. Ein ähnliches Schicksal trifft 3,5 Mio. Sudetendeutsche und zahllose Menschen aus anderen osteuropäischen Staaten und dem Balkan. Die millionenfache Vertreibung der Deutschen beeinflusst in der Nachkriegszeit stark das politische Klima in der Bundesrepublik Deutschland.

25. September 1944

Letztes Aufgebot »Volkssturm«

Um die Reichsgrenzen zu verteidigen, muss die deutsche Zivilbevölkerung zu den Waffen greifen. Adolf Hitler ordnet an, als Kampforganisation den sog. Volkssturm zu bilden, der die Reste der deutschen Wehrmacht im Kampf gegen die vorrückenden Alliierten unterstützen soll.

Eine Mio. Zivilisten treten an, um gegen die Soldaten der Alliierten zu kämpfen. Doch die Erfolgsaussichten sind äußerst gering. Zum einen können nur noch Jugendliche, Kranke und alte Männer im Alter zwischen 16 und 60 Jahren mobil gemacht werden (Abb.: Alte und Junge marschieren gemeinsam in den Kampf). Zum anderen besteht ihre Ausrüstung aus unzureichendem Restgerät der Wehrmacht oder aus Beutewaffen. SS-Reichsführer Heinrich Himmler organisiert die Bewaffnung des Aufgebots, Reichsleiter Martin Bormann ist für die politische und organisatorische Ausführung zuständig. SA-Angehörige nehmen die Ausbildung der letzten deutschen Reserven vor. Dabei handelt es sich um kurze militärische Schulungen am Arbeitsplatz. Vielfach werden nur Bedienungsanleitungen von Waffen in Zeitungen abgedruckt. Da vor allem Panzerfäuste zur Verfügung stehen, müssen sich die militärisch Unerfahrenen hauptsächlich mit dieser Waffe vertraut machen. Es gibt kaum Gewehre. Häufig fehlt es zudem an Munition. Deshalb lässt die deutsche Führung das »Volksgewehr« verteilen, eine einfach konstruierte Waffe. Schlecht vorbereitet zieht so eine Mio. deutscher Männer in die Schlacht. Zehntausende sterben noch in den letzten Kriegsmonaten in militärisch sinnlosen Aktionen. Die Aufstellung des Volkssturms geht auf die Generäle Heinz Guderian und Adolf Heusinger zurück – angeregt durch Gauleiter Erich Koch, der in Ostpreußen damit begonnen hatte, Menschen aller Altersgruppen zum Schanzen heranzuziehen.

Oktober 1944

1 So Aus dem mexikanischen Bundesstaat Veracruz wird eine Überschwemmungskatastrophe gemeldet. 500 Menschen fallen dem Unglück zum Opfer.

2 Mo Zu seinem 75. Geburtstag erhält Indiens Freiheitsidol Mahatma Gandhi eine große Geldspende des indischen Volkes überreicht. → Warschau

3 Di Reichskanzler Adolf Hitler lässt Athen zur »offenen Stadt« erklären und befiehlt seinen Truppen den weitgehenden Rückzug aus Griechenland.

4 Mi Laut einem Umfrageergebnis ist der Erwerb eines elektrischen Haushaltsgerätes oder eines Radios der größte Wunsch amerikanischer Familien.

5 Do In Alexandria (Ägypten) geht eine Konferenz zu Ende, auf der sieben arabische Länder über die Schaffung einer arabischen Liga beraten haben.

6 Fr Eine Kunstausstellung, die u.a. Werke von Pablo Picasso, Joan Miró, Max Ernst und Paul Klee zeigt, wird in Paris eröffnet.

7 Sa Im Vernichtungslager Auschwitz scheitert der Aufstand einer Gruppe von Juden. Die SS ermordet anschließend fast alle Beteiligten.

8 So Die Alliierten setzen eine »Propagandabombe« ein. Sie enthält 80 000 Zeitungen im Kleinformat, die über 10 km^2 ausgestreut werden können.

9 Mo Dem Vatikan wird von der sowjetischen Zeitung »Krieg und Arbeiterklasse« eine profaschistische Haltung vorgeworfen. → Südosteuropa

10 Di Eine Abordnung österreichischer Industrieller und Offiziere fordert Reichsstatthalter Baldur von Schirach auf, Wien zur »offenen Stadt« zu erklären.

11 Mi Die portugiesische Regierung versichert den Alliierten, dass sie Kriegsverbrechern unter keinen Umständen Asyl gewähren werde.

12 Do Bei Salzburg verhaftet die Gestapo die 33-jährige deutsche Schriftstellerin Luise Rinser, deren Romane von den Nationalsozialisten verboten worden sind.

13 Fr Der Regisseur Alfred Hitchcock beendet die Dreharbeiten zu seinem Film »Spellbound« (Ich kämpfe um dich) mit Ingrid Bergman und Gregory Peck.

14 Sa Auf Druck Adolf Hitlers begeht der deutsche Generalfeldmarschall Erwin Rommel nahe Herrlingen (Gemeinde Blaustein) Selbstmord.

15 So Nachdem die ungarische Regierung den Waffenstillstand mit der UdSSR verkündet hat, besetzen deutsche Verbände die Hauptstadt Budapest.

16 Mo Die griechische Exilregierung unter Ministerpräsident Georgios Papandreou trifft in Athen ein und bildet am 20. Oktober eine neue Regierung. → Ostpreußen

17 Di In Deutschland wird die Haarlänge der Bevölkerung gesetzlich geregelt. Männliche Jugendliche bis 18 Jahre müssen einen »soldatischen Haarschnitt« tragen.

18 Mi Die Stadt Wien schränkt ihren Wasserverbrauch ein. Bis zu 15 Stunden täglich bleiben die Haupthähne geschlossen.

19 Do Zur Wiedereroberung der Philippinen beginnen die USA eine Offensive bei Leyte. Dabei kommt es auch zu japanischen Kamikaze-Angriffen.

20 Fr Die jugoslawische Hauptstadt Belgrad wird gemeinsam von der Roten Armee und Truppen der jugoslawischen Befreiungsarmee erobert.

21 Sa US-Panzerverbände erobern als erste deutsche Großstadt Aachen. +++ Bei der Explosion eines Gastanks in Cleveland (USA) sterben 135 Menschen.

22 So Die See- und Luftschlacht mit US-Verbänden um die Philippinen besiegelt das Ende Japans als Seemacht. +++ Eine Revolte beendet die Diktatur in Guatemala.

23 Mo Die USA, die UdSSR und Großbritannien erkennen die »Provisorische Regierung der Französischen Republik« unter Charles de Gaulle an.

24 Di Der deutsche Spielfilm »Das war mein Leben« (Regie: Paul Martin) mit Carl Raddatz, Leni Marenbach und Paul Dahlke kommt in Berlin zur Uraufführung.

25 Mi Großbritannien, die USA und die Sowjetunion erkennen Italien als vollberechtigtes Mitglied der Vereinten Nationen an.

26 Do Im französischen Toulouse tagt das neu gegründete »Spanische Befreiungskomitee«, um über eine Beseitigung des Franco-Regimes in Spanien zu beraten.

27 Fr Der italienische Spielfilm »I bambini ci guardano« (Kinder sehen uns an) über das Schicksal eines Scheidungskindes hat in Italien Premiere.

28 Sa Bulgarien schließt einen Waffenstillstand mit der UdSSR, den USA und Großbritannien und verpflichtet sich, gegen Deutschland Krieg zu führen.

29 So Bei einem Luftangriff alliierter Flugzeuge auf Böhmen kommt durch eine Bombe eine frühgeschichtliche Begräbnisstätte von etwa 1500 v. Chr. zum Vorschein.

30 Mo Der Iran erklärt, dass er vor Kriegsende keine Erdölkonzessionen vergeben werde. Diese Ankündigung stößt vor allem in der UdSSR auf Verbitterung.

31 Di Adelshochzeit in Bayern: In Regensburg vermählen sich Prinz Hans Moritz von Liechtenstein und Prinzessin Klothilde von Thurn und Taxis.

November 1944

1 Mi »Majdanek«, ein polnischer Dokumentarfilm über das gleichnamige deutsche Vernichtungslager bei Lublin, wird erstmals der Öffentlichkeit vorgestellt.

2 Do Sechs britische »Mosquito«-Bomber sprengen aus nur 25 m Höhe das Hauptquartier der Geheimen Staatspolizei in Århus (Dänemark).

3 Fr Die Alliierten geben den Hafen von Antwerpen (Belgien) wieder frei, nachdem er in einer mehrwöchigen Aktion von Minen befreit worden ist.

4 Sa Die Stadt Bochum im Ruhrgebiet erleidet den schwersten von insgesamt 150 Bombenangriffen im Verlauf des Zweiten Weltkriegs.

5 So Deutsche Truppen erobern die ostpreußische Stadt Goldap zurück, die am 22. Oktober von der Roten Armee eingenommen worden war.

6 Mo Die italienische Regierung meldet die Bildung einer italienischen Armee, die etwa sechs Divisionen stark ist und an der Seite der Alliierten kämpfen soll.

7 Di In Straßburg treffen sich deutsche Industrielle, um angesichts der sich abzeichnenden Niederlage die Nachkriegsproduktion zu planen. → Roosevelt → Sorge

8 Mi Die britische Regierung gibt bekannt, dass deutsche Truppen bei ihrem Abzug die gesamte Infrastruktur Griechenlands zerstört hätten.

9 Do Deutsche Soldaten eröffnen in Kopenhagen auf offener Straße das Feuer auf Passanten. +++ Die USA erkennen die neue Regierung Guatemalas an.

10 Fr Ohne Gerichtsverfahren richtet die Gestapo in Köln-Ehrenfeld 13 Mitglieder der deutschen Widerstandsorganisation »Edelweißpiraten« öffentlich hin.

11 Sa In Bern stellt der Ingenieur Karl Zanini eine Baumaschine vor, die nach seinen Angaben Bombardierungsschutt in Baumaterial umwandeln kann.

12 So Britische Bomber versenken in einem norwegischen Fjord das bereits durch Minen beschädigte deutsche Schlachtschiff »Tirpitz«.

13 Mo Die letzte der zahllosen repressiven Verordnungen gegen Juden in Deutschland tritt in Kraft: Juden wird der Aufenthalt in Wärmehallen verboten.

14 Di In London legt die »Europäische Beratende Kommission« die künftigen Besatzungszonen im Nachkriegsdeutschland fest.

15 Mi Die französische Regierung überlässt dem US-General Dwight D. Eisenhower vorübergehend den Eiffelturm in Paris als Rundfunkstation.

16 Do In Deutschland ist, wie amtlich verlautet, die gleichmäßige Verteilung der Lebensmittel nicht mehr gewährleistet, da das Transportsystem überlastet sei.

17 Fr Mitglieder des weiblichen Arbeitsdienstes werden in ganz Deutschland künftig zur Bedienung der Scheinwerfer bei der Flak eingesetzt.

18 Sa In Belgien fordert eine Regierungsverfügung die Entwaffnung aller bestehenden Widerstandsgruppen. Die Anordnung führt zu Streiks und Unruhen im Land.

19 So Die britische Admiralität bestätigt offiziell, dass ein deutsches U-Boot, dessen Kommandeur 1941 übergelaufen ist, seither für die britische Flotte fährt.

20 Mo Adolf Hitler verlässt endgültig sein Hauptquartier »Wolfsschanze« bei Rastenburg in Ostpreußen und zieht in den »Führerbunker« nach Berlin um.

21 Di Über die Philippineninsel Leyte rast ein Taifun. Die Naturgewalten zwingen die japanischen und US-Truppen zu einer Kampfpause.

22 Mi Der Gewerkschaftsbund der USA bekräftigt seine Haltung, wegen der Kriegslage vorerst keine Streiks auszurufen.

23 Do Einheiten der 7. US-Armee unter dem Oberbefehl von General Alexander M. Patch erobern Straßburg und erreichen damit den Rhein.

24 Fr Erstmals seit zweieinhalb Jahren greifen US-Bomber wieder Ziele in Japans Hauptstadt Tokio an. Der Angriff gilt der japanischen Rüstungsproduktion.

25 Sa Adolf Hitler ordnet in einem Durchhaltebefehl »todesmutige Tapferkeit« für die Kommandoführung auch in ausweglosen Situationen an.

26 So Der Reichsführer SS Heinrich Himmler befiehlt, die Vergasungen im KZ Auschwitz einzustellen und alle Spuren des Völkermords zu beseitigen.

27 Mo Edward Reilly Stettinius wird Außenminister der USA. Er löst den 73-jährigen Cordell Hull ab, der aus Gesundheitsgründen zurücktritt.

28 Di Durch ein Dekret löst die Regierung in Athen alle Kräfte der griechischen Widerstandsbewegung gegen ihren Willen auf.

29 Mi Die US-Presse meldet einen Mangel an Zigaretten: Der Engpass resultiere daraus, dass die meisten Tabakwaren an die Front geliefert würden.

30 Do Ganz Großbritannien feiert den 70. Geburtstag von Premierminister Winston Churchill. Besondere Würdigung erfahren seine außenpolitischen Leistungen.

18. Dezember 1944

Japaner in Birma umzingelt

Im Kampf gegen Japan verbuchen die alliierten Truppen weitere Erfolge. Britische Soldaten drängen Einheiten der Japaner in Birma zurück.
Nachdem es den Briten gelungen ist, einen Halbkreis um die japanischen Stellungen zu ziehen, ziehen sich die kaiserlichen Truppen aus dem Nordwesten des Landes zurück. Bei der Offensive rücken die Briten gegen die japanischen Stützpunkte Monywa, Mandalay und Lashio vor. Der Kampf um Birma findet in zersplitterten Schlachten statt. Eine einheitliche Front gibt es nicht. Dschungel und Gebirge erfordern immer neue Taktiken gegen die geländeerfahrenen Japaner. Im Zeitraum von März bis Ende August war den Briten eine groß angelegte Luftlandeoperation im Rücken der japanischen Einheiten gelungen. Mitten im Urwald errichteten sie eine Reihe von Stützpunkten, die als Basen für ihre Vorstöße dienten. Nachdem sie einen Teil des Dschungels erkundet hatten, rücken sie rd. 80 km weit in das Feindgebiet vor. Andere Verbände beginnen weiter südlich mit Kämpfen gegen die Japaner. Gleichzeitig unterstützt eine chinesische Offensive von Osten her den Angriff der Briten. Dieser Zangenbewegung haben die japanischen Truppen nichts mehr entgegenzusetzen.

15. Dezember 1944

Draufgänger mit Tiefgang

Helmut Käutners Film »Große Freiheit Nr.7« darf in Deutschland nicht vorgeführt werden. Die NS-Regierung zensiert das in Prag uraufgeführte Werk wegen seiner Darstellungen im Rotlichtmilieu. Der Film erlangt nach dem Krieg Popularität. Hans Albers (s. Abb.) profiliert sich als Matrose Hannes erstmals im Charakterfach. Das Lied »Auf der Reeperbahn nachts um halb eins« wird ein Hit.

Hans Albers

deutscher Schauspieler, * 22.9.1891 Hamburg; † 24.7.1960 Kempfenhausen (Oberbayern)

Hans Albers ist mit seinem seemännischen Charme und seinem Draufgängertum (Motto: »Hoppla, jetzt komm' ich«) drei Jahrzehnte lang ein Schauspieleridol. Marlene Dietrich entdeckte das Talent bei Theaterproben. Als Sänger von Seemannsliedern (»La Paloma«) setzte der blonde Hamburger Maßstäbe.

- 1930: Erste Filmrolle in »Der blaue Engel«
- 1937: »Der Mann, der Sherlock Holmes war«
- 1943: »Münchhausen«

Anhänger der militärischen Befreiungsfront werden von britischen Soldaten verhaftet.

Briten kämpfen gegen Kommunisten

Unmittelbar nach Ausbruch des Bürgerkriegs besetzen kommunistische Einheiten alle Polizeistationen in Athen und übernehmen die Kontrolle über die Straße nach Piräus. Erst als die Briten ihre Truppen verstärken, können sie die kommunistischen Verbände bezwingen.
Der britische Premierminister Winston Churchill will mit aller Macht den wachsenden Einfluss der Kommunisten in Südosteuropa eindämmen. Mit Moskau hatte er bereits die Interessensphären abgesteckt und sich mit dem sowjetischen Staatschef Josef W. Stalin darauf geeinigt, dass Griechenland künftig britischer Kontrolle unterliegen solle. Am 12. Oktober war den britischen Truppen die Landung gelungen. Die deutsche Besatzung musste sich daraufhin zurückziehen. Unterstützt von Churchill kehrte der griechische Ministerpräsident Georgios Papandreou aus dem Exil zurück und übernahm die Regierung. Sein Versuch, die im Krieg gegen die Deutschen gebildeten Partisanenverbände aufzulösen, rief heftige Proteste hervor. Papandreou wollte die kommunistischen Truppen im Sinne Churchills ausschalten. Diese waren jedoch nicht bereit, ihre Machtansprüche aufzugeben.

7. November 1944

Top-Spion Sorge hingerichtet

Richard Sorge wird als Top-Spion der UdSSR in Japan hingerichtet. Der deutsche Journalist hatte seit 1941 ein Agentennetz in Tokio eingerichtet, das geheime Informationen über Deutschland und Japan an die Sowjetunion lieferte.
Sorge war 1933 als Korrespondent der Frankfurter Zeitung nach Tokio gegangen. Durch gute Kontakte zur deutschen Botschaft erwarb er umfangreiche Kenntnisse über die japanische Rüstungsindustrie und das Militär. Diese für die Kriegsführung wichtigen Informationen gab der Geheimagent an Moskau weiter. Sorge hatte als überzeugter Kommunist die sowjetische Staatsbürgerschaft angenommen und war unter dem Decknamen Ramsay in Tokio eingeschleust worden. Im Rahmen seiner Spionagetätigkeit erfuhr der Agent auch vom bevorstehenden Angriff der Wehrmacht auf die Sowjetunion 1941. Er schickte ein warnendes Telegramm nach Moskau, doch die sowjetische Führung glaubte ihm nicht. Seine Meldung, Japan würde keinen Angriff auf die UdSSR planen, ermöglichte den Sowjets später die Konzentration der Truppen gegen die Deutschen. Als sein Agentennetz in Tokio zusammenbrach, wurde Sorge am 18. Oktober 1941 festgenommen und 1943 zum Tode verurteilt.

Dezember 1944

ampf um riechenland

In Griechenland bricht ein Aufstand der kommunistischen Befreiungsfront »Ellenikon Apelevtherikon Metopon« (EAM) gegen die Regierung aus. Unmittelbarer Anlass des Bürgerkrieges ist die Anordnung von Ministerpräsident Georgios Papandreou, dass der militärische Flügel der EAM zu entwaffnen sei.
Britische Truppen greifen an der Seite der Regierung in die Kämpfe ein. Den ganzen Monat über toben die blutigen Auseinandersetzungen. Schließlich besiegen britische Einheiten die Kommunisten. Ein Kompromiss sieht den Rücktritt Papandreous vor. Er übergibt die Regierungsgeschäfte an Erzbischof Damaskinos.

riechenland im 20. Jahrhundert

atum	Ereignis
912/13	Balkankriege, Vereinigung mit Kreta
936	Putsch durch Ioannis Metaxas, Diktatur
940-44	Besetzung durch deutsche Truppen
946-49	Bürgerkrieg (Kommunisten gegen Royalisten)
952	Konstitutionelle Monarchie
967	Putsch durch Georgios Papadopulos, Diktatur
974	Wiederherstellung der Demokratie
981	Beitritt zur Europäischen Gemeinschaft

16. Dezember 1944

Letzter Angriff in den Ardennen

Mit der Ardennenoffensive beginnt die letzte große Angriffsoperation der deutschen Wehrmacht im Zweiten Weltkrieg. Der Vorstoß der deutschen Einheiten soll die alliierten Invasionstruppen zurückschlagen. Adolf Hitler plant, die alliierte Front in den Ardennen zu durchbrechen, bis Antwerpen vorzustoßen und Brüssel zurückzuerobern.

Doch die Offensive bleibt nach wenigen Tagen stecken, als die zunächst überraschten Alliierten frische Truppen in die Schlacht schicken. Schließlich lichtet sich auch der Nebel, der das Eingreifen der alliierten Luftverbände bisher verhindert hatte. Vehemente Gegenangriffe beenden schließlich am 31. Januar 1945 den letzten Versuch der Wehrmacht, die militärische Initiative im Westen zurückzugewinnen (Abb.: Vereiste Trümmer eines zerstörten deutschen Geschützes).

7. November 1944

Roosevelt bleibt US-Präsident

Franklin D. Roosevelt (s. Abb.) gewinnt zum vierten Mal die Präsidentschaftswahlen in den USA. Er ist der am längsten (seit 1933) amtierende Präsident der US-Geschichte. Mit dem knappsten Stimmenvorsprung seit 1916 schlägt der Demokrat Roosevelt den republikanischen Gegenkandidaten Thomas Dewey aus dem Rennen. Der hohe Stimmverlust für den Präsidenten liegt vermutlich in der geringen Zahl seiner Wahlkampfauftritte begründet. Roosevelt leidet unter zunehmender körperlicher Schwäche.

10. Dezember 1944

Otto Hahn erhält Nobelpreis

Zum ersten Mal seit 1939 werden in Stockholm und Oslo wieder Nobelpreise verliehen. Dabei ehrt das Nobelpreiskomitee auch rückwirkend für 1943 verdiente Wissenschaftler und Künstler. Dem deutschen Forscher Otto Hahn wird der Nobelpreis für Chemie (1944) verliehen. Hahn entdeckte zusammen mit seiner österreichischen Kollegin Lise Meitner 1938 die Kernspaltung. Die revolutionäre Entdeckung, für die Hahn nun mit dem Nobelpreis ausgezeichnet wird, bildet die Voraussetzung für den Bau der Atombombe, den die USA vorantreiben. Weitere Preise gehen u.a. an das Internationale Rote Kreuz (Friedensnobelpreis) und den dänischen Schriftsteller Johannes Vilhelm Jensen (Literatur).

Dezember 1944

1 Fr Der deutsche Propagandafilm »Ein Blick zurück« mit Rudolf Forster und Hilde Weißner hat in Berlin Premiere. Die Regie führte Gerhard Menzel.

2 Sa US-Truppen unter dem Befehl von General George Smith Patton gelingt es, in das deutsche Saartal einzudringen.

3 So Die französische Polizei verhaftet den Chemiker Georges Claude in Paris wegen des Vorwurfs der Kollaboration mit den Deutschen. → Griechenland

4 Mo Neuer Präsident des Internationalen Komitees vom Roten Kreuz wird Carl Jakob Burckhardt. Er löst Max Huber ab, der dieses Amt seit 1928 bekleidete.

5 Di Generaloberst Béla Dálnoki-Miklós bildet in Moskau eine ungarische Gegenregierung, die sich am 7. Dezember in Debrecen (Ungarn) niederlässt.

6 Mi Der einstrahlige Heinkel-Düsenjäger »He 162« startet in Wien zu seinem ersten Probeflug. Die Maschine soll Bombenangriffe stoppen.

7 Do In Chicago (USA) endet die Internationale Luftfahrtkonferenz, ohne dass die angestrebte Bildung einer Weltluftfahrtorganisation verwirklicht werden konnte.

8 Fr Ein heftiges Erdbeben, dessen Zentrum etwa 150 km südöstlich von Tokio liegt, erschüttert das japanische Festland.

9 Sa Die US-Regierung in Washington gibt offiziell bekannt, dass die US-Streitkräfte seit Beginn des Krieges 13 418 Flugzeuge verloren hätten.

10 So In Moskau unterzeichnen Charles de Gaulle und Josef W. Stalin einen auf 20 Jahre angelegten französisch-sowjetischen Bündnisvertrag. → Nobelpreis

11 Mo Chile und die Sowjetunion nehmen diplomatische Beziehungen auf. +++ Alliierte Verbände bombardieren Frankfurt am Main.

12 Di In Wien beginnt der dritte Kongress der »Union Nationaler Journalistenverbände«. Vertreter aus 22 Nationen nehmen daran teil.

13 Mi Bei Paris stirbt im Alter von 78 Jahren der russische Maler Wassily Kandinsky, Mitbegründer der Künstlergruppe »Der Blaue Reiter«.

14 Do In der Schweiz wird Bundesrat Eduard von Steiger als Nachfolger von Walter Stampfli zum Bundespräsidenten für das Jahr 1945 gewählt.

15 Fr Der britische Premierminister Winston Churchill befürwortet in einer Rede vor dem Unterhaus die Westverschiebung Polens. → Hans Albers

16 Sa Ein US-Flugzeug, in dem sich der Posaunist und Big-Band-Leiter Glenn Miller befindet, stürzt über dem Ärmelkanal ab. → Ardennen

17 So In der Wüste des US-Bundesstaates Utah beginnen Abwurfübungen für den Einsatz der in den USA entwickelten Atombombe.

18 Mo Verschiedene österreichische Widerstandsgruppen vereinigen sich in Wien zum »Provisorischen Nationalkomitee«. → Birma

19 Di Der unter der Regie von Heinz Rühmann gedrehte Film »Der Engel mit dem Saitenspiel« mit Hertha Feiler und Hans Nielsen feiert in Berlin Premiere.

20 Mi Die Evakuierung eines Großteils der Bevölkerung von Trier ist abgeschlossen. Von 85 000 Einwohnern befinden sich nur noch 3000 in der Stadt.

21 Do Von 13 deutschen Offizieren, die aus einem britischen Kriegsgefangenenlager ausbrechen, werden zwölf noch am selben Tag gefangen genommen.

22 Fr Die US-Luftwaffe greift Nagoja, die drittgrößte Stadt Japans, an. Etwa 100 Maschinen werfen Bomben auf zivile und militärischen Ziele.

23 Sa Nach einer Unterbrechung von viereinhalb Jahren erscheint in Paris erstmals wieder die europäische Ausgabe der »New York Herald Tribune«.

24 So Der Heilige Abend im sechsten Kriegsjahr wird in Deutschland vom Heulen der Sirenen und in den Grenzgebieten von Schlachtenlärm begleitet.

25 Mo Adolf Hitler befiehlt, die aussichtslose Ardennenoffensive fortzusetzen. +++ US-Kampfflugzeuge greifen Eisenbahnlinien im Gebiet von Koblenz und Bonn an.

26 Di Im Civic Theatre in Chicago (USA) kommt das Schauspiel »Die Glasmenagerie« von Tennessee Williams zur Uraufführung.

27 Mi Die deutsche Kriegsmarine führt ein neues Kampfabzeichen, den gestickten Sägefisch ein. Er dient der Auszeichnung von Einzelkämpfern.

28 Do Das Musical »On the Town« von Leonard Bernstein und Jerome Robbins feiert im New Yorker Adelphi Theatre Premiere.

29 Fr US-Luftverbände greifen von Italien aus Ziele in Süddeutschland und Österreich an. Ziele der Bombardierung sind vor allem Eisenbahn- und Industrieanlagen.

30 Sa In Paris erscheint der Gedichtband »La Diane française«, ein Werk des kommunistischen französischen Schriftstellers Louis Aragon.

31 So Die ungarische Gegenregierung unter Béla Dálnoki-Miklós erklärt Deutschland den Krieg. +++ Das griechische Kabinett unter Georgios Papandreou tritt zurück.

Januar 1945

1 Mo Die deutsche Luftwaffe fliegt beim Großeinsatz »Bodenplatte« Einsätze gegen alliierte Flugplätze. +++ Die neue Regierung Polens nimmt die Arbeit auf.

2 Di Bei schweren Bombenangriffen werfen britische Flugzeuge mehr als 2300 t Bomben über Nürnberg und Ludwigshafen ab.

3 Mi Die US-Luftwaffe bombardiert die japanische Industriestadt Osaka. Tags darauf greifen US-Truppen auch das von Japan besetzte Bangkok an.

4 Do Die italienische Presse berichtet, dass die Mafia auf Sizilien wieder erstarkt sei und in zahlreichen Gemeinden die örtliche Verwaltung durchdrungen habe.

5 Fr Der britische König Georg VI. ernennt den Bischof von London, Geoffrey Francis Fisher, zum neuen Erzbischof von Canterbury.

6 Sa In Deutschland ruft die Regierung zu Sammlungen auf, die der Ausrüstung des »Volkssturms« mit Kleidungsstücken dienen sollen.

7 So Vom Plattensee aus unternimmt das deutsche IV. SS-Panzerkorps einen vergeblichen Vorstoß auf das von Sowjettruppen eingeschlossene Budapest.

8 Mo Britische Bomberverbände fliegen einen Großangriff auf München. Dabei werden rd. 2100 t Bomben abgeworfen.

9 Di US-Marine-Infanterie landet unter großen Verlusten im Lingayengolf auf der philippinischen Hauptinsel Luzon. Die Japaner setzen Kamikaze-Flieger ein.

10 Mi Weil er sich nicht von seiner »nichtarischen« Frau trennen will, wird der 74-jährige Komponist Franz Lehár in Wien unter Hausarrest gestellt.

11 Do In Griechenland unterzeichnen Vertreter der britischen Truppen und der kommunistischen Widerstandsbewegung ein Waffenstillstandsabkommen.

12 Fr Am Baranow-Brückenkopf südlich von Warschau startet die Rote Armee ihre großangelegte Winteroffensive gegen die deutsche Wehrmacht.

13 Sa Der Rückzug der von Generaloberst Alexander Löhr befehligten deutschen Heeresgruppe E aus Griechenland und Albanien ist abgeschlossen.

14 So Eine deutsche Rakete vom Typ V1 schlägt in Horusea in der englischen Grafschaft Yorkshire ein, nachdem sie von einem Flugzeug aus gestartet worden war.

15 Mo Auf Vermittlung der schweizerischen Regierung vereinbaren Deutschland, Großbritannien und die USA den Austausch von verwundeten Kriegsgefangenen.

16 Di Truppen der USA und Großbritanniens treffen im Zuge ihrer Gegenoffensive in den Ardennen bei Houffalize (Ostbelgien) aufeinander.

17 Mi Die letzten 47 Insassen des deutschen Vernichtungslagers Chelmno in Polen versuchen einen Aufstand, den nur ein Häftling überlebt.

18 Do Vor den nahenden Sowjettruppen werden 98 000 Häftlinge aus Auschwitz evakuiert und auf einen Todesmarsch nach Westen geschickt.

19 Fr Einheiten der Roten Armee unter dem Oberbefehl von Marschall Georgij K. Schukow erobern die polnische Industriestadt Lodz.

20 Sa In der US-Hauptstadt Washington legt Präsident Franklin D. Roosevelt den Amtseid für seine vierte Präsidentschaft ab.

21 So Nach Angaben der kanadischen Regierung versuchen 50% der Wehrpflichtigen zu desertieren, wenn sie nach Europa entsendet werden sollen.

22 Mo Die britische Royal Air Force fliegt schwere Luftangriffe auf Eisenbahnanlagen und Industrieeinrichtungen bei Gelsenkirchen, Duisburg und Hannover.

23 Di Wegen starker Beschädigungen des Schienennetzes muss die Deutsche Reichsbahn den zivilen Schnell- und Eilzugverkehr einstellen.

24 Mi Deutsche Einheiten beginnen unter zunehmendem Druck der sowjetischen Roten Armee mit ihrem Rückzug aus der Slowakei.

25 Do In Aachen erscheint mit den »Aachener Nachrichten« die erste Zeitung in einer von Alliierten besetzten deutschen Stadt.

26 Fr Sowjetischen Truppen gelingt es durch einen Vorstoß an die Ostseeküste, die Landverbindung zwischen Ostpreußen und Pommern zu unterbrechen.

27 Sa Die US-Luftwaffe bombardiert die japanische Hauptstadt Tokio. Der Angriff fordert zahlreiche Opfer unter der Zivilbevölkerung. → Konzentrationslager

28 So In Oberschlesien erobern sowjetische Truppen die Industriestadt Kattowitz. Der Verlust von Industrieanlagen schwächt die deutsche Wirtschaft zusehends.

29 Mo Die US-Marine landet in der Bucht von Manila auf der philippinischen Insel Luzon. Das japanische Militär setzt seine Kamikaze-Flieger vergeblich ein.

30 Di Italienische Frauen dürfen ab dem 21. Lebensjahr wählen. Ein entsprechendes Gesetz verabschiedet das Kabinett in Rom. → »Wilhelm Gustloff«

31 Mi Nach dem Scheitern der Ardennenoffensive sind die deutschen Truppen an der Westfront wieder auf die Stellungen vom Dezember 1944 zurückgeworfen.

13. Februar 1945

Der Untergang Dresdens

Der bis dahin massivste Luftangriff im Zweiten Weltkrieg zerstört Dresden. Die Stadt ist derzeit aufgrund des Zustroms hunderttausender von Flüchtlingen völlig überfüllt. Niemand kann die Zahl der Opfer genau ermitteln, die zeitgeschichtliche Forschung geht von etwa 35 000 Menschen aus. Der Angriff auf das »Elbflorenz« bildet einen traurigen Höhepunkt des alliierten Flächenbombardements.

Als die ersten britischen Bomben die Stadt in der Nacht treffen, bricht in Dresden ein Feuersturm aus. Am folgenden Tag geht eine zweite und dritte Bombenwelle auf die sächsische Metropole nieder. Diesmal treffen US-Bomber die bisher unzerstörten Teile der Stadt. Die ausbrechenden Brände, die insgesamt vier Tage lang wüten, lassen die Angriffe auf Dresden zu einer Katastrophe riesigen Ausmaßes werden. In der gesamten Stadt fällt der Strom aus. Schließlich liegen 20 km² Fläche in Schutt und Asche (Abb.: Blick vom Rathausturm auf die zerstörte Innenstadt). Die großen Verwüstungen sind das Ergebnis einer gezielt eingesetzten Bombentaktik der Alliierten. Zunächst werfen die Flugzeuge der Royal Air Force große Mengen Sprengbomben auf die Stadt. Sie zerstören Dächer und Fenster der Gebäude. Die jetzt folgenden Brandbomben können in den ungeschützten Häusern größere Wirkung entfalten. Bisher hatten sich die Dresdener in ihrer Stadt relativ sicher gefühlt, denn es gibt kaum kriegswichtige Industrien in der Nähe, deren Zerstörung

für die Alliierten von Bedeutung hätte sein können. Auch besitzt Dresden keine strategisch bedeutenden Verkehrsverbindungen. Der militärische Nutzen des Angriffs ist nicht ersichtlich. Nur der Flugplatz in Dresden-Klotzsche kann als militärisch sinnvolles Angriffsziel gelten. An ihn grenzen Materiallager und Kasernen, die von den Bomben allerdings verschont bleiben. Die deutsche Führung hatte die Mehrzahl der zur Flugabwehr tauglichen Truppen zur Panzerbekämpfung an die Ostfront abgezogen, weil ein Angriff auf Dresden unwahrscheinlich schien. Einige Holzattrappen sollten den alliierten Piloten eine einsatzbereite Flugabwehr vorgaukeln. Als die insgesamt rd. 1200 alliierten Flugzeuge auftauchen, ist ihnen die Stadt drei Tage und Nächte wehrlos ausgeliefert. Die Bombardierung hinterlässt auch schwere Verwüstungen an unschätzbaren Kulturgütern. Semper-Oper, Zwinger und Frauenkirche werden fast völlig zerstört. Nach Kriegsende beginnt der mühsame Wiederaufbau. Die Kriegsschäden bleiben bis zum Ende des Jahrhunderts sichtbar. So beginnt der Wiederaufbau der Frauenkirche erst in den neunziger Jahren.

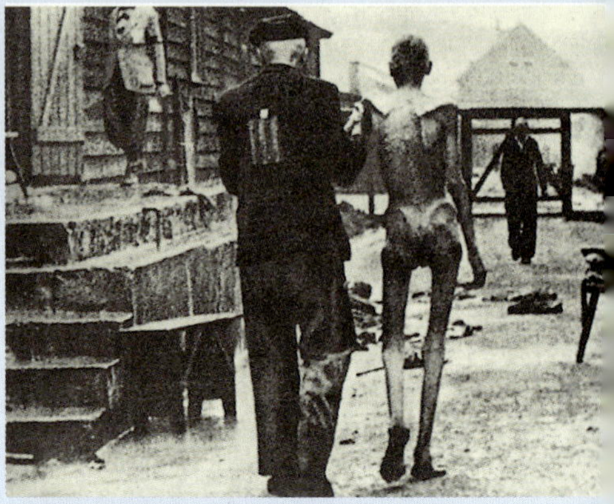

Leiden unbeschreiblichen Ausmaßes

Leichen türmen sich im Konzentrationslager Buchenwald bei Weimar zu Bergen auf.

Viele Häftlinge sterben noch nach der Befreiung.

30. Januar 1945

Drama um »Wilhelm Gustloff«

Die Rote Armee versenkt das Flüchtlingsschiff »Wilhelm Gustloff« (s.Abb.). An Bord befinden sich rd. 6000 Menschen, die vor der Sowjetarmee aus Ostpreußen geflohen waren. Als das Schiff in der Danziger Bucht untergeht, sterben über 5000 der Passagiere im eiskalten Wasser. Nur 937 Menschen werden gerettet.

27. Januar 1945

Alliierte befreien die Konzentrationslager

Bilder des Grauens bieten sich den Alliierten bei der Befreiung der deutschen Konzentrations- und Vernichtungslager. Einige Mordstätten sind von den NS-Schergen verlassen, die noch lebenden Häftlinge abtransportiert und die Lager weitgehend zerstört worden, um Spuren der Verbrechen zu verwischen. In anderen Lagern werden sowjetische oder amerikanische Truppen jubelnd von den Häftlingen empfangen. Die Rote Armee befreit das auf polnischem Boden stehende größte deutsche Todeslager, Auschwitz, das zum Synonym für Terror und Holocaust wird. Als Einheiten der 1. Ukrainischen Front in den frühen Nachmittagsstunden das Lager erreichen, finden sie noch etwa 7600 lebende Häftlinge, außerdem die unbestatteten Leichen von 648 Lagerinsassen. Vermutlich wurden insgesamt etwa 3 Mio. Menschen in Auschwitz mit Gas ermordet oder verloren durch Misshandlungen, Seuchen, Hunger und Kälte ihr Leben. Als sich die Rote Armee im Zuge ihrer Winteroffensive Auschwitz näherte, begannen die SS-Wachmannschaften in aller Eile, die Spuren ihrer unmenschlichen Taten zu beseitigen. Bereits im November hatten sie die Gaskammern gesprengt, in denen die Häftlinge mit »Zyklon B« ermordet wurden. Am 19. Januar wurde damit begonnen, die Krematorien, in denen die Leichen der Vergasten verbrannt wurden, zu zerstören. Am Tag zuvor war das Lager geräumt worden. Unter schärfster Bewachung mussten die noch rd. 98000 verbliebenen Häftlinge in endlosen Marschkolonnen zu den Bahnhöfen im benachbarten oberschlesischen Industriegebiet marschieren. Wer bei diesen Todesmärschen vor Erschöpfung und Kälte zusammenbrach, wurde auf der Stelle von der SS erschossen. In Oberschlesien verluden die SS-Wachmannschaften die überlebenden Häftlinge in Eisenbahnzüge, um sie nach Westen, in die Konzentrationslager Groß-Rosen, Ravensbrück, Sachsenhausen, Buchenwald, Mauthausen und Bergen-Belsen, zu transportieren. Einheiten der 7. US-Armee befreien im April die rd. 70000 Insassen des Konzentrationslagers Dachau. Die Häftlinge müssen noch mehrere Wochen in dem Lager bleiben, weil wegen einer Typhus-Epidemie eine strenge Quarantäne verhängt wird. Anfang 1945 befinden sich noch etwa 500000 Männer und 200000 Frauen in deutschen Konzentrations- und Vernichtungslagern. Etwa ein Drittel von ihnen kommt bis zum Ende des Zweiten Weltkriegs noch ums Leben. Nach der 1942 auf der sog. Wannsee-Konferenz organisierten »Endlösung der Judenfrage« begann in den Vernichtungslagern der systematische Massenmord, dem vor allem Juden, aber auch Hunderttausende Menschen nichtjüdischen Glaubens zum Opfer fielen. Die Gesamtzahl der ermordeten KZ-Häftlinge liegt zwischen 5 und 6 Mio. Ende des Jahres werden die ersten KZ-Wachmannschaften für ihre Verbrechen verurteilt.

Überlebende des KZ Dachau empfangen jubelnd ihre Befreier.

11. Februar 1945

Die »Großen Drei« in Jalta

Im Seebad Jalta auf der Halbinsel Krim beenden die Regierungschefs der Großmächte eine Konferenz, auf der sie die Nachkriegsordnung in Europa regeln. Josef W. Stalin (UdSSR), Winston Churchill (Großbritannien) und Franklin D. Roosevelt (USA) beschließen, Deutschland nach dem Krieg in vier Besatzungszonen aufzuteilen und vollständig zu entmilitarisieren. Die deutschen Kriegsverbrecher sollen vor Gericht gestellt werden. Ferner vereinbaren die Politiker die konstituierende Sitzung der UNO in San Francisco.

2. Februar 1945

Goerdeler hingerichtet

Wegen Mitwisserschaft am Hitler-Attentat vom 20. Juli 1944 wird Carl Friedrich Goerdeler hingerichtet (Abb.: Goerdeler vor dem Volksgerichtshof). Er wurde am 12. August 1944 denunziert und verhaftet. Der ehemalige Leipziger Oberbürgermeister sollte nach Hitlers Tod Reichskanzler werden.

Februar 1945

1 Do Die deutsche Luftwaffe verlegt die noch verbleibenden Verbände an die Ostfront. Dort sollen sie gegen die Rote Armee zum Einsatz kommen.

2 Fr Der südamerikanische Staat Ecuador erklärt Japan und Deutschland den Krieg. +++ Aus dem KZ Mauthausen fliehen 500 Flüchtlinge. → Goerdeler

3 Sa Bei einem der schwersten Luftangriffe auf Berlin kommen 22000 Menschen um. 937 US-Bomber und 613 Jagdflugzeuge fliegen den Einsatz.

4 So Einheiten der US-Armee besetzen die philippinische Hauptstadt Manila. Am 9. Januar war den US-Truppen die Landung auf der Insel Luzon geglückt.

5 Mo Die Warschauer Regierung fordert die Unterstellung der Provinzen Schlesien und Ostpreußen unter polnische Verwaltung, sobald Deutschland kapituliert habe.

6 Di In London gibt die polnische Exilregierung die Auflösung der auf polnischem Gebiet operierenden Heimatarmee bekannt.

7 Mi Truppen der sowjetischen 1. Ukrainischen Front überqueren beim Vorstoß nach Westen südöstlich von Breslau die Oder. Breslau ist zur »Festung« erklärt.

8 Do Die britische Regierung gibt die Zahl der Kriegsopfer unter der Zivilbevölkerung bekannt: 57000 Briten sind danach ums Leben gekommen.

9 Fr Elf US-Banken gewähren der niederländischen Regierung ein Darlehen in Höhe von 100 Mio. Dollar zum Wiederaufbau des Landes.

10 Sa Die letzten deutschen und einheimischen Truppen kapitulieren in der ungarischen Hauptstadt Budapest vor Einheiten der Roten Armee.

11 So In Ostpreußen erobert die Rote Armee die Stadt Preußisch-Eylau. Auch die schlesische Stadt Liegnitz wird von Sowjettruppen besetzt. → Jalta

12 Mo NSDAP-Reichsleiter Martin Bormann ruft Frauen und Mädchen in Deutschland zum Hilfsdienst im »Volkssturm« auf. U.a. plant er »Frauenbataillone«.

13 Di Einheiten der von den Alliierten bedrängten deutschen Wehrmacht ziehen sich an der Westfront in die Stadt Wesel am Niederrhein zurück. → Dresden

14 Mi Chile erklärt Japan und Deutschland den Krieg. Am 12. Februar hatte auch Peru beiden Staaten eine Kriegserklärung zukommen lassen.

15 Do Joseph Goebbels spricht sich in der deutschen Presse für eine Fortführung des Krieges aus, da der Frieden Deutschland in die Sklaverei führe.

16 Fr Der schweizerische Bundesrat in Bern verfügt die Sperrung aller in der Schweiz deponierten deutschen Bankguthaben.

17 Sa Eine Weltkonferenz der Gewerkschaften in London fordert alle neutralen Staaten auf, Deutschland nicht länger wirtschaftlich zu unterstützen.

18 So Frankreichs Ministerpräsident Charles de Gaulle lehnt es ab, sich von US-Präsident Franklin D. Roosevelt über die Jalta-Konferenz informieren zu lassen.

19 Mo US-Truppen landen auf der Pazifikinsel Iwo Jima. Die anschließenden Kämpfe gegen die Japaner fordern 27000 Menschenleben.

20 Di Bei Libau in Kurland beginnt ein Angriff der sowjetischen Roten Armee gegen die dort abgeschnittenen Einheiten der deutschen Wehrmacht.

21 Mi Die Regierung der USA schlägt Frankreich vor, seine Mandate über Syrien und den Libanon der zu gründenden Vereinten Nationen zu übertragen.

22 Do Mit 3700 Maschinen fliegt die Royal Air Force Einsätze gegen das deutsche Verkehrsnetz. 90% der Verkehrsknotenpunkte werden lahmgelegt.

23 Fr Die britisch-kanadische Heeresgruppe 21 tritt zu einer Großoffensive an. Ihr Ziel ist die Zurückdrängung deutscher Truppen bis zum rechten Rheinufer.

24 Sa In München lässt Adolf Hitler eine Rede verlesen, in der er trotz der aussichtslosen Lage eine »geschichtliche Wende« und den Sieg Deutschlands prophezeit.

25 So Der Außenminister Mexikos, Ezequiel Pascilla, eröffnet in Mexiko-Stadt eine panamerikanische Konferenz, die bis zum 8. März dauert.

26 Mo Ägypten erklärt Deutschland den Krieg. Bei Verlesung der Kriegserklärung erschießt ein Nationalist Ministerpräsident Ahmad Mahir Pascha.

27 Di Unter dem Druck der Sowjetunion ernennt der rumänische König Michael I. eine Regierung, die von der kommunistischen Partei des Landes dominiert wird.

28 Mi US-Präsident Franklin D. Roosevelt erklärt, Deutschland und Japan sei innerhalb der nächsten 50 Jahre eine UNO-Mitgliedschaft zu verweigern.

März 1945

1 Do Die deutsche Wehrmacht unternimmt einen Gegenvorstoß an der Ostfront. Dabei können die Städte Streigau und Lauban zurückerobert werden.

2 Fr Etwa 400 US-Bomber fliegen erneut einen schweren Luftangriff auf die fast vollständig zerstörte Stadt Dresden.

3 Sa Vom Kurs abgekommene US-Flugzeuge werfen ihre Bomben versehentlich über den schweizerischen Städten Zürich und Basel ab.

4 So Maschinen der US-Luftstreitkräfte fliegen einen Bombenangriff auf Ulm. Das Flächenbombardement der Alliierten hat bereits zahlreiche Städte zerstört.

5 Mo Die männliche Bevölkerung des Jahrgangs 1929 wird in Deutschland zur Wehrmacht einberufen und nach kurzer Ausbildung an die Front geschickt.

6 Di Am Plattensee in Ungarn beginnt eine deutsche Offensive gegen die auf österreichisches Territorium vorgedrungene Rote Armee.

7 Mi Einheiten der 1. US-Armee besetzen die Stadt Köln. Fast das gesamte linksrheinische Gebiet ist in den Händen der Alliierten. → Remagen

8 Do In Bern beginnen geheime Kapitulationsverhandlungen zwischen Vertretern der deutschen Italien-Armee und des alliierten Oberkommandos.

9 Fr US-Bomber fliegen einen Angriff auf die japanische Hauptstadt Tokio. Mehr als 83 000 Menschen kommen ums Leben. 25% der Gebäude werden zerstört.

10 Sa Japan entzieht Frankreich die Kolonialgewalt über Indochina. +++ Deutsche Schiffe decken in der Danziger Bucht die Evakuierung der Bevölkerung.

11 So In Kambodscha proklamiert König Norodom Sihanuk die Unabhängigkeit des Landes und annulliert alle Verträge mit Frankreich.

12 Mo Anne Frank stirbt im KZ Bergen-Belsen. +++ Schwere Luftangriffe der Alliierten legen den wichtigen Ruhrgebiets-Industriestandort Dortmund in Trümmer.

13 Di Die deutsche Luftwaffe versucht vergeblich, die Brücke von Remagen zu zerstören. Die strategisch wichtige Brücke befindet sich unter US-Kontrolle.

14 Mi Britische Luftstreitkräfte setzen erstmals bei Bielefeld »Grand Slam«-Bomben (»Großer Knall«) ein. Die Sprengkörper haben ein Gewicht von 10 t.

15 Do Die am 6. März begonnene deutsche Offensive gegen die 3. Ukrainische Front der Roten Armee in Ungarn wird abgebrochen.

16 Fr 277 Bomber der britischen Luftwaffe beginnen mit zweitägigen Angriffen auf die bayerischen Städte Nürnberg und Würzburg.

17 Sa Nach Pressemeldungen laufen in Frankreich derzeit Verfahren gegen 60 000 Personen, die wegen Kollaboration mit den Nationalsozialisten angeklagt sind.

18 So Japanische Kamikaze-Flieger beschädigen fünf US-Flugzeugträger schwer. Der erstmalige Einsatz bemannter Raketensprengsätze schlägt jedoch fehl.

19 Mo Adolf Hitler befiehlt, sämtliche Industrie- und Versorgungseinrichtungen in Deutschland bei Heranrücken des Feindes zu zerstören.

20 Di In Dalmatien starten jugoslawische Partisanen unter dem Befehl von Marschall Josip Tito eine Offensive gegen Einheiten der deutschen Wehrmacht.

21 Mi Die US-Luftstreitkräfte beenden eine dreitägige Offensive gegen die japanischen Hauptinseln Hondo und Kiuschu.

22 Do Im Zuge der Invasion von US-Truppen auf den Philippinen werden insgesamt 14 000 Soldaten an der Südküste der Insel Panay abgesetzt.

23 Fr Der britische Premierminister Winston Churchill beobachtet bei Wesel den Übergang alliierter Truppen über den Rhein.

24 Sa Die ungarische Regierung verkündet in Budapest die Auflösung aller faschistischen Organisationen des Landes, u.a. der »Pfeilkreuzler-Partei«.

25 So Als letztes deutsches Schiff verlässt der Passagierdampfer »Ubena« den Danziger Hafen. An Bord befinden sich 4000 Flüchtlinge.

26 Mo Die 1. US-Armee rückt nach Überschreiten des Rheins zum Westerwald vor. Am selben Tag besetzt die 3. US-Armee Darmstadt.

27 Di Mit Bombern des Typs Boeing B 29 (»Superfortress«) beginnen die US-Luftstreitkräfte mit der Verminung von japanischen Häfen.

28 Mi General Dwight D. Eisenhower teilt UdSSR-Parteichef Josef W. Stalin mit, dass US- und britische Truppen die Rote Armee an der Elbe erwarten würden.

29 Do Einheiten der 3. US-Armee unter General George Smith Patton besetzen die deutschen Städte Frankfurt am Main, Wiesbaden und Mannheim.

30 Fr Die Hafenstadt Danzig an der Weichsel muss vor den anrückenden Einheiten der sowjetischen Roten Armee kapitulieren.

31 Sa Dwight D. Eisenhower, Oberbefehlshaber der alliierten Truppen, stoppt den Angriff auf Berlin. Er überlässt der Roten Armee die Eroberung der Stadt.

+++ Rote Armee gewinnt Schlacht um Berlin +++

28. April 1945

Partisanen töten Mussolini

Partisanen erschießen den ehemaligen italienischen Diktator Benito Mussolini und seine Geliebte Clara Petacci. Das Paar befand sich auf der Flucht vor alliierten Truppen und versuchte, die Schweiz zu erreichen. In Dongo am Comer See war es am Vortag italienischen Widerständlern in die Hände gefallen. Die Hinrichtung findet ohne Gerichtsverfahren statt. Die Partisanen bringen die Leichen nach Mailand und hängen sie an einer Tankstelle auf (s. Abb.).

7. März 1945

Brücke bei Remagen erobert

Durch einen Handstreich gelingt es US-Truppen, die von der Wehrmacht gehaltene Ludendorff-Brücke bei Remagen zu erobern. Damit besitzen die Alliierten einen ersten rechtsrheinischen Brückenkopf. Die deutschen Verteidiger hatten versucht, die Brücke zu sprengen, doch die Sprengsätze zündeten nicht. Die Brücke von Remagen ist die einzige noch existierende Verbindung zum östlichen Rheinufer. Versuche der deutschen Luftwaffe, das Bauwerk zu bombardieren, scheitern ebenfalls. Die US-Luftabwehr ist zu stark. Am 17. März bricht die Brücke in sich zusammen. Die US-Pioniere behelfen sich fortan mit einem Pontonübergang an der selben Stelle. Die Alliierten können am 23./24. März einen weiteren Brückenkopf bei Wesel bilden.

30. April 1945

Hitlers Selbstmord

Reichskanzler Adolf Hitler entzieht sich durch Selbstmord seiner Verantwortung für Millionen Tote im Weltkrieg und für den Holocaust. Im Bunker unter der Reichskanzlei in Berlin erschießt sich der »Führer« des nationalsozialistischen Deutschland. Der Demagoge, Diktator und Rassenfanatiker hat ganze Völker ins Elend gestürzt und das Gesicht der Welt verändert.

Zu diesem Zeitpunkt steht Deutschland vor dem völligen Zusammenbruch. Bis zuletzt hatte sich Hitler an die Illusion geklammert, es könne im letzten Augenblick eine militärische Wende gelingen. Immer wieder hatte er sinnlose Durchhaltebefehle erlassen und gehofft, die Wehrmacht könne doch noch das eingeschlossene Berlin befreien. In seinem Testament bestimmte Hitler den Oberbefehlshaber der Kriegsmarine, Großadmiral Karl Dönitz, zu seinem Nachfolger als Reichspräsident. Reichskanzler sollte Reichspropagandaminister Joseph Goebbels werden. Reichsmarschall Hermann Göring und Reichsführer SS Heinrich Himmler werden ihrer Ämter enthoben. Hitler hatte erfahren, dass Himmler einen Sonderfrieden mit den Westmächten zu erreichen versuchte. Eva Braun, die Hitler tags zuvor geheiratet hat, nimmt sich mit Kaliumcyanid das Leben. Das Bunkerpersonal hüllt die Leichen in Decken und verbrennt sie.

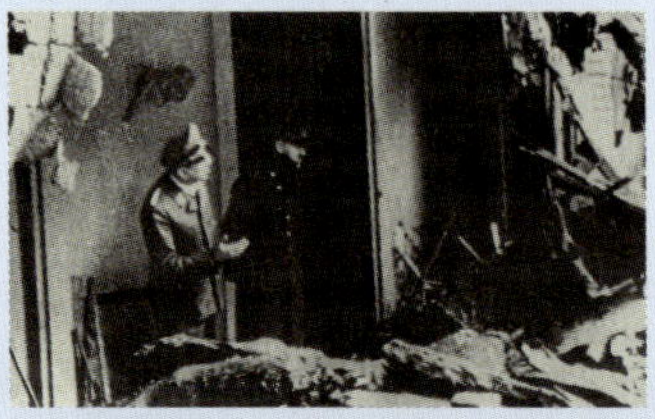

Das letzte Foto von Hitler zeigt den Diktator inmitten der Trümmer der Reichskanzlei in Berlin.

Rotarmisten kämpfen sich den Weg zum Führerbunker

Sonder-Ausgabe Sonder-Ausgab

HAMBURGER ZEITUNG

Kriegsarbeitsgemeinschaft der Zeitungen
HAMBURGER ANZEIGER · HAMBURGER FREMDENBLATT · HAMBURGER TAGEBLATT

Nr. 102 Mittwoch, 2. Mai 1945 Einzelpreis 10 Pfg., auswär

Der Führer gefallen

Führerhauptquartier, 1. Mai 1945

Der Führer Adolf Hitler ist heute nachmittag auf seinem Befehlsstand in der Reichskanzlei, bis zum letzten Atemzuge gegen den Bolschewismus kämpfend, für Deutschland gefallen.

Nachdem der Soldatentod des Führers gestern abend über den Rundfunk der Nation mitgeteilt war, richtete Großadmiral Dönitz das Wort zu einer B[illegible] an das deutsche Volk und einen Tagesbefehl an die Wehrmacht. Er sagte:

„Deutsche Männer und Frauen!
Soldaten der deutschen Wehrmacht!

Unser Führer ist gefallen. In tiefster Trauer und Ehrfurcht vereinigt sich das deutsche Volk. Frühzeitig hatte er die furchtbare Gefahr des Bolschewismus erkannt und diesem Ringen sein Dasein geweiht. Am Ende dieses seines Kampfes und seines unbeirrbaren geraden Lebensweges steht sein Heldentod in der Hauptstadt des Deutschen Reiches. Sein Leben war ein einziger Dienst für Deutschland. Sein Einsatz im Kampf gegen die bolschewistische Sturmflut galt darüber hinaus Europa und der gesamten Kulturwelt. Der Führer hat mich zu seinem Nachfolger bestimmt.

Im Bewußtsein der Verantwortung übernehme ich die Führung des deutschen Volkes in dieser schicksalsschweren Stunde. Meine erste Aufgabe ist es, die deutschen Menschen vor der Vernichtung durch den vordrängenden bolschewistischen Feind zu [illegible] rische Kampf weiter. So weit und so lange die Erreichung dieses Zieles durch die Briten und Amerikaner behindert wird, werden wir uns auch gegen sie weiter verteidigen und weiter kämpfen müssen. Die Anglo-Amerikaner setzen dann den Krieg nicht mehr für ihre eigenen Völker, sondern allein für die Ausweitung des Bolschewismus in Europa fort.

Was das deutsche Volk in dem Ringen dieses Krieges kämpfend vollbracht und in der Heimat ertragen hat, ist geschichtlich einmalig. In der kommenden Notzeit unseres Volkes werde ich bestrebt sein, unseren tapferen Frauen, Männern und Kindern, soweit das in meiner Macht steht, erträgliche Lebensbedingungen zu schaffen. Zu all dem brauche ich Eure Hilfe. Schenkt mir Euer Vertrauen, denn Euer Weg ist auch mein Weg. Haltet Ordnung und Disziplin in Stadt und Land aufrecht. Tue jeder an seiner Stelle seine Pflicht."

„Soldaten der deutschen Wehrmacht!
Meine Kameraden!

Der Führer ist gefallen. Getreu seiner großen Idee, die Völker Eu[illegible] vor dem Bolschewismus zu bewahren, hat er sein Leben eingesetzt un[illegible] Heldentod gefunden. Mit ihm ist einer der größten Helden in die deutsch[illegible] schichte eingegangen. In Stolz, Ehrfurcht und Trauer senken wir vor ih[illegible] Fahnen. Der Führer hat mich zu seinem Nachfolger und Staatsoberhaupt als Obersten Befehlshaber der Wehrmacht bestimmt. Ich übernehme den [illegible] befehl über alle Teile der deutschen Wehrmacht mit dem Willen, den K[illegible] gegen den Bolschewismus so lange fortzusetzen, bis die kämpfenden Tru[illegible] und die Hunderttausende von Familien des deutschen Ostraumes vor der [illegible] sklavung oder Vernichtung gerettet sind.

Gegen Engländer und Amerikaner muß ich den Kampf so weit und so l[illegible] [illegible], wie sie mich in der Durchführung des Kamp[illegible] gegen die Bol[illegible] wisten hindern.

Die Lage erfordert von Euch, die Ihr schon so große geschichtliche [illegible] vollbracht habt und die Ihr jetzt das Ende des Krieges herbeisehnt, wei[illegible] bedingungslosen Einsatz. Ich verlange Disziplin und Gehorsam. Nur [illegible] vorbehaltlose Ausführung meiner Befehle werden Chaos und Untergang [illegible] mieden. Ein Feigling und Verräter ist, der sich gerade jetzt seiner Pflich[illegible] zieht und damit deutschen Frauen und Kindern Tod oder Versklavung b[illegible]

Der dem Führer von Euch geleistete Treueid gilt nunmehr für jeden [illegible] zelnen von Euch ohne weiteres mir als dem vom Führer eingesetzten Nachf[illegible]

Deutsche Soldaten! Tut Eure Pflicht! Es gilt das Leben unseres Volk[illegible]

Karl Kaufmann an seine Hamburger

Um 23 Uhr richtete Karl Kaufmann, Gauleiter und Reichsstatthalter in Hamburg, sich mit folgender kurzer Ansprache über den Rundfunk an seine Hamburge[illegible]

Parteigenossen, Volksgenossen!

Es ist die schwerste Stunde unseres Volkes, wenn uns heute die Nachricht erreicht, da[illegible] unser Führer kämpfend in des Reiches Hauptstadt gefallen ist. Was er uns alte[illegible] Nationalsozialisten gewesen ist, was er für sein Volk erstrebt hat, das wird di[illegible] Geschichte einmal von ihm künden. Was er uns hinterläßt, ist die unsterbliche Idee de[illegible] nationalsozialistischen Reiches, und wozu wir verpflichtet sind, ist, in der tiefsten Not[illegible] zeit unseres Volkes diesem Volke treu zu bleiben, für dieses Volk zu arbeiten, zu lebe[illegible] und zu sterben.

In dieser Stunde richte ich an Euch, Hamburger, meine heiße Bitte: Legt Eue[illegible] Schicksal und Eure Zukunft vertrauensvoll wie bisher in meine Hand, folgt mir i[illegible] unerschütterlichem Glauben und unerschütterlicher Disziplin auf diesem schweren Weg[illegible] den ich zu Ende gehen werde für das Wohl der mir anvertrauten Stadt und ihrer Menschen

Die Propaganda verbreitet, Hitler sei im Kampf gefallen

Harry Spencer Truman

US-Präsident, * 8.5.1884 Lamar (US-Bundesstaat Missouri); † 26.12.1972 Kansas City (US-Bundesstaat Missouri)

Zu Beginn seiner Amtszeit befiehlt er den Abwurf der Atombomben auf Hiroschima und Nagasaki. Mit der nach ihm benannten Truman-Doktrin (1947) verspricht der 33. US-Präsident allen nichtkommunistischen Ländern wirtschaftliche und militärische Hilfe – die Spannungen zwischen den Machtblöcken weiten sich zum Kalten Krieg aus.

- 1917/18: Soldat im Ersten Weltkrieg (Frankreich)
- 1934: Senator für Missouri (Demokratische Partei)
- 1944: US-Vizepräsident
- 1945-53: Präsident der USA

12. April 1945

US-Präsident Roosevelt stirbt

Der Tod von US-Präsident Franklin D. Roosevelt bestürzt die Weltöffentlichkeit. Roosevelts Gesundheitszustand hatte sich in den vergangenen Monaten erheblich verschlechtert. Der Präsident litt seit Jahren an Kinderlähmung. Die Teilnahme an der Konferenz von Jalta schwächte ihn zusehends. Anschließend reiste er zur Erholung nach Warm Springs, Georgia. Bei einem Fototermin klagt er über Kopfschmerzen. Wenige Stunden später stirbt der Präsident an Gehirnblutung. Roosevelt leitete die Politik der USA seit 1933. Seine Präsidentschaft ist die längste in der Geschichte der USA. Vizepräsident Harry S. Truman wird zum Nachfolger ernannt.

6. April 1945

)ie Schlacht
m Berlin

Sowjetische Truppen treten zur Schlacht um die Reichshauptstadt an. Insgesamt bietet Stalin rd. 2,5 Mio. Soldaten auf. In Berlin stehen ihnen lediglich 94 000 zumeist schlecht ausgebildete und ausgerüstete Soldaten gegenüber.
Die 1. Weißrussische Front unter Marschall Georgi K. Schukow und die 1. Ukrainische Front unter Marschall Iwan S. Konew überrennen die deutschen Verteidigungslinien bei Küstrin und Guben und rücken in zwei Stoßkeilen auf die Reichshauptstadt vor. Bereits fünf Tage nach Beginn der Offensive liegt das Stadtgebiet Berlins erstmals in Reichweite sowjetischer Artillerie. Am 22. April dringen Soldaten der Roten Armee nach Weißensee und Pankow vor, das einen Tag später bereits vollständig erobert wird. Einheiten der 1. Ukrainischen Front rücken von Süden kommend über Zehlendorf, Steglitz und Schöneberg auf das Stadtzentrum vor. Deutsche Entlastungsangriffe müssen abgebrochen werden oder beginnen erst gar nicht. In erbitterten und verlustreichen Kämpfen rückt die Rote Armee unaufhaltsam auf das Regierungsviertel vor. Am 30. April, als Adolf Hitler sich das Leben nimmt, hissen Rotarmisten auf dem Dach der Ruine des Reichstagsgebäudes die rote Fahne. Am 2. Mai kapituliert Berlin. Die Kämpfe halten teils noch bis zum 3. Mai an.

Reste einer deutschen Straßensperre in der Frankfurter Allee

25. April 1945

Händedruck von Torgau

Mit dem historischen Aufeinandertreffen von Rotarmisten und US-Truppen bei Torgau an der Elbe ist Deutschland strategisch in zwei Teile gespalten. Erstmals berühren sich West- und Ostfront (Abb.: Mit einem symbolischen Handschlag schließen Soldaten der USA und der UdSSR auf den Trümmern der Elbbrücke die Frontlücke). Die vollständige Eroberung Deutschlands ist nur noch eine Frage von Tagen.
Sowjettruppen hatten bereits am 20. April die Elbe bei Strehla erreicht und waren auf das Westufer übergesetzt. Der kleine Ort kann schnell den wenigen Verteidigern der sich noch widersetzenden Volkssturm-Einheiten entrissen werden. Danach warten die Rotarmisten am Ostufer auf das Eintreffen der US-Soldaten. Dwight D. Eisenhower, der Oberbefehlshaber der alliierten Streitkräfte, hatte dem sowjetischen Staatschef Josef W. Stalin die Zusammenkunft der Streitkräfte an der Elbe angekündigt. Doch die US-Verbände warten ihrerseits östlich von Leipzig auf das Vorrücken der Roten Armee. Schließlich schickt die 69. US-Division Erkundungstrupps in Richtung Elbe. Die Soldaten passieren menschenleere Dörfer. Die Bevölkerung der Ortschaften ist aus Angst vor der Roten Armee geflüchtet oder hält sich in Kellern versteckt. Aus den Fenstern hängen weiße Fahnen. Schließlich treffen die US-Soldaten auf einen Rotarmisten, der sie ans Ostufer der Elbe führt. Dort finden die GIs ein Bild des Schreckens vor. Das Ufer ist mit Leichen von Flüchtlingen übersät. Kurz darauf treffen die US-Soldaten auf Einheiten der Roten Armee.

April 1945

1 So Einheiten der US-Marine-Infanterie landen auf der zu den japanischen Riukuinseln gehörenden Insel Okinawa. Die Operation trägt den Decknamen »Iceberg«.

2 Mo SS-Obergruppenführer Sepp Dietrich übernimmt die Leitung der Verteidigung der österreichischen Hauptstadt Wien gegen die Rote Armee.

3 Di Deutschen Männern, die vor den Alliierten die weiße Fahne hissen, droht gemäß einer Verordnung von SS-Führer Heinrich Himmler die sofortige Erschießung.

4 Mi Die letzten deutschen Truppen verlassen das ungarische Territorium und ziehen sich nach Niederösterreich zurück.

5 Do In Tokio tritt die japanische Regierung zurück. Neuer Ministerpräsident wird Kantaro Suzuki, der ein Kabinett der »starken Hand« ernennen will.

6 Fr US-Flugzeuge versenken vor Okinawa das japanische Schlachtschiff »Yamato«, den Stolz der kaiserlichen Marine und das größte Schlachtschiff der Welt.

7 Sa 1300 US-Flugzeuge greifen Dessau an. Auf dem Rückflug versuchen deutsche »Rammjäger«, den Bomberverband zu dezimieren.

8 So Alle jüdischen Häftlinge des Konzentrationslagers Buchenwald werden vor den heranrückenden US-Truppen evakuiert und ins KZ Flossenbürg überführt.

9 Mo Die deutsche Besatzung im zerstörten Königsberg kapituliert vor den angreifenden Einheiten der sowjetischen Roten Armee.

10 Di Von Norwegen aus startet die deutsche Luftwaffe erstmals mit Düsenfernaufklärern zu Erkundungsflügen über Schottland und Nordengland.

11 Mi Der jugoslawische Ministerpräsident Josip Tito und der sowjetische Außenminister Wjatscheslaw M. Molotow unterzeichnen einen Freundschaftspakt.

12 Do In China findet eine Großoffensive der japanischen Armee statt. Ziel ist die Eroberung der Luftwaffenbasis Chikiang in Zentralchina. → Roosevelt

13 Fr Die sowjetische 4. Gardearmee schließt die Eroberung Wiens ab. Am 7. April hatte die Armee die Stadtgrenze erreicht.

14 Sa In der Nacht zum 15. April richtet ein Angriff der US-Luftwaffe auf Potsdam bei Berlin schwere Verwüstungen in der Stadt an.

15 So Britische Truppen befreien das deutsche Konzentrationslager Bergen-Belsen. Bereits am 11. April waren US-Soldaten im KZ Buchenwald einmarschiert.

16 Mo General Carl A. Spaatz, Oberbefehlshaber der US-Luftstreitkräfte, hält den strategischen Luftkrieg gegen Deutschland für entschieden. → Berlin

17 Di Die Reste der im Ruhrgebiet eingekesselten deutschen Truppen ergeben sich. 325 000 Soldaten geraten in Kriegsgefangenschaft.

18 Mi In Madrid verkündet die Franco-Regierung ein Landeverbot für alle deutschen Flugzeuge auf spanischem Territorium.

19 Do US-Truppen nehmen die Stadt Leipzig ein. Gleichzeitig stoßen Einheiten der britischen Streitkräfte bis an die Elbe vor.

20 Fr Deutsche Besatzungstruppen in den Niederlanden sprengen die Deiche an der Nordsee. Große Küstengebiete werden überflutet.

21 Sa In Berlin ertönt zum ersten Mal das Sirenensignal »Feindalarm«. Die Stadt liegt an diesem Tag erstmals in Reichweite sowjetischer Artillerie.

22 So Die Grafikerin und Bildhauerin Käthe Kollwitz stirbt in Moritzburg bei Dresden. Sie zählt zu den bedeutendsten Vertreterinnen moderner Grafik.

23 Mo Adolf Hitler entlässt Reichsmarschall Hermann Göring. Göring hatte Hitler telegrafisch angeboten, dessen Ämter zu übernehmen.

24 Di Reichsführer SS Heinrich Himmler lässt ohne Zustimmung von Adolf Hitler ein Kapitulationsangebot an die Alliierten übermitteln.

25 Mi Vor der Räumung Genuas versenken deutsche Soldaten im Hafen der Stadt 40 italienische Kriegsschiffe und zahlreiche Handelsschiffe. → Torgau

26 Do In einer US-Direktive heißt es, Deutschland sei nicht zum Zweck der Befreiung, sondern als besiegter Feindstaat besetzt worden.

27 Fr Der Sozialdemokrat und frühere österreichische Regierungschef Karl Renner bildet in Wien eine provisorische Regierung für Österreich.

28 Sa US-Einheiten befreien die letzten 70 000 Insassen des Konzentrationslagers Dachau bei München. Im Lager herrscht eine Typhus-Epidemie. → Mussolini

29 So Die in Oberitalien unter General Heinrich Gottfried von Vietinghoff kämpfende deutsche Heeresgruppe C kapituliert in Caserta vor den Alliierten.

30 Mo Soldaten der 7. US-Armee besetzen München. Viele Bewohner bereiten den Amerikanern einen freundlichen Empfang. → Hitler

Mai 1945

1 Di Der Oberbefehlshaber der deutschen Kriegsmarine, Karl Dönitz, gibt in einer Rundfunkansprache seine Ernennung zum Reichspräsidenten bekannt.

2 Mi Die Schlacht um Berlin endet mit der Kapitulation der Verteidiger. +++ Eine von Walter Ulbricht geführte kommunistische Gruppe trifft in Berlin ein.

3 Do Britische Bomber versenken zwei deutsche Dampfer vor Schleswig Holstein mit rd. 7000 evakuierten KZ-Häftlingen an Bord. Nur etwa 200 überleben.

4 Fr Als erster deutscher Sender unter britischer Regie strahlt Radio Hamburg wieder ein Rundfunkprogramm für Deutschland aus.

5 Sa In der tschechoslowakischen Hauptstadt Prag erheben sich Widerstandsgruppen gegen die deutsche Besatzungsmacht.

6 So Der frühere Reichstagsabgeordnete Kurt Schumacher leitet in Hannover die Wiedergründung des sozialdemokratischen Ortsvereins.

7 Mo Die US-Besatzungsmacht setzt Konrad Adenauer als Oberbürgermeister von Köln ein. Er hatte das Amt bereits 1917–33 innegehabt.

8 Di Der Jagdflieger Erich Hartmann schießt über Böhmen ein sowjetisches Flugzeug ab. Es ist der letzte deutsche Luftsieg in diesem Krieg. → Kapitulation

9 Mi Seit dem 6. Mai ist es der deutschen Kriegsmarine gelungen, rd. 44 000 Flüchtlinge auf die Halbinsel Hela vor der Danziger Bucht zu evakuieren.

10 Do Die US-Regierung gibt den bevorstehenden Abzug von zehn Mio. US-Soldaten aus Europa bekannt. Sie sollen im Pazifikkrieg zum Einsatz kommen.

11 Fr Nach Beendigung aller Kampfhandlungen kehrt die tschechoslowakische Exilregierung aus der britischen Hauptstadt London nach Prag zurück.

12 Sa Die Münchener Behörden heben die Anordnung zur Verdunklung auf, die seit dem 3. September 1939 wegen der Gefahr von Luftangriffen in Kraft war.

13 So Als erster Rundfunksender nach Kriegsende im sowjetisch besetzten Teil Deutschlands strahlt der »Berliner Rundfunk« wieder Sendungen aus.

14 Mo Die letzten deutschen Truppen in Ostpreußen ergeben sich der Roten Armee. Etwa 150 000 Mann geraten in sowjetische Kriegsgefangenschaft.

15 Di Mit der »Täglichen Rundschau« erscheint in Berlin die erste reguläre Tageszeitung seit Kriegsende. Das Blatt hat eine Auflage von 150 000 Exemplaren.

16 Mi In Berlin finden in 30 Kinos erstmals seit Beendigung der Kampfhandlungen am 2. Mai wieder Filmvorführungen statt.

17 Do Der neue Berliner Oberbürgermeister Arthur Werner (parteilos) gibt die personelle Zusammensetzung des neuen Magistrats der Stadt bekannt.

18 Fr Einheiten der US-Armee entdecken in einem Tunnel bei Salzburg einen Güterzug, der u.a. Schmuck im Wert von mehreren Mio. Dollar geladen hat.

19 Sa Britische Soldaten verhaften Alfred Rosenberg, den ehemaligen Reichsminister für die besetzten Ostgebiete, in einem Lazarett bei Flensburg.

20 So In Algerien findet ein nationalistischer Aufstand statt. Französische Regierungstruppen schlagen die Revolte blutig nieder.

21 Mo Im ehemaligen Konzentrationslager Bergen-Belsen reißen britische Soldaten die Häftlingsbaracken wegen akuter Typhusgefahr nieder.

22 Di Teile der von Reichsmarschall Hermann Göring geraubten Kunstschätze aus ganz Europa sind in einer Ausstellung in Berchtesgaden zu sehen.

23 Mi Britische Truppen verhaften Mitglieder der Reichsregierung und des deutschen Oberkommandos der Wehrmacht in Flensburg. → Freitod

24 Do Die US-Militärregierung ernennt Karl Scharnagl zum ersten Oberbürgermeister von München nach dem Zweiten Weltkrieg.

25 Fr In der »Stadt des KdF-Wagens« beschließt der Stadtrat in seiner ersten Sitzung nach Kriegsende die Umbenennung. Die Stadt heißt künftig »Wolfsburg«.

26 Sa Die US-Offensive gegen Japans Hauptstadt Tokio endet mit einer verheerenden Bilanz: Rd. 750 000 Bomben haben 50% der bebauten Fläche zerstört.

27 So Marschall Josip Tito, Ministerpräsident von Jugoslawien, fordert die Angliederung des südlichen Teils des österreichischen Kärnten an sein Land.

28 Mo Königin Wilhelmina der Niederlande kehrt aus dem Londoner Exil in ihre Heimat zurück. Drei Tage später kehrt auch Håkon VII. heim nach Norwegen.

29 Di Einheiten der britischen Marine beginnen mit der Zusammenziehung deutscher U-Boote in Norwegen. Sie sollen in Großbritannien versenkt werden.

30 Mi Bei Wahlen in Irland bestätigen die Bürger den bisherigen Ministerpräsidenten Eamon de Valera in seinem Amt. → Sudetenland

31 Do Durch ein Gesetz löst die britische Militärregierung in Deutschland die Nationalsozialistische Deutsche Arbeiterpartei (NSDAP) auf.

8. Mai 1945

Kapitulation unterzeichne

Deutschland kapituliert bedingungslos vor den Alliierten. Damit endet der Zweite Weltkrieg in Europa. Nach mehreren Teilkapitulationen treffen Vertreter der Wehrmacht am 7. Mai im alliierten Hauptquartier im französischen Reims ein. Dort unterzeichnen Generaloberst Alfred Jodl (Heer), Generaladmiral Hans-Georg von Friedeburg (Marine) und General Wilhelm Oxenius (Luftwaffe) die deutsche Gesamtkapitulation. Alle Kampfhandlungen sollen am 8. Mai eingestellt werden. Die Führung der Roten Armee besteht

Menschenverluste im Zweiten Weltkrieg
(Schätzungen, Europa)

Staat	Gesamt (Soldaten + Zivilisten)
UdSSR	20 600 000
Polen	6 020 000
Deutschland	5 250 000
Jugoslawien	1 690 000
Frankreich	800 000
Rumänien	378 000
Großbritannien	350 000
Italien	330 000
Niederlande	210 000
Griechenland	160 000
Belgien	88 000
Finnland	84 000
Norwegen	10 000
Dänemark	1 400
Gesamt	**35 971 400**

Wilhelm Keitel (Mitte) vor der Unterzeichnung

Alfred Jodl (Mitte) signiert die Urkunde.

30. Mai 1945

Flucht aus dem Sudetenland

Millionen von Menschen müssen aus dem Sudetenland nach Westen flüchten. Nachdem sich die deutsche Besatzung am 9. Mai aus der Tschechoslowakei zurückziehen musste, kommt es zu Ausschreitungen gegen die Sudetendeutschen.

Viele Tschechen üben Rache für die Schrecken, die sie durch Deutsche erleiden mussten. Die deutsche Minderheit im Sudetenland zieht in kilometerlangen Flüchtlingstrecks aus ihrer Heimat nach Westen (s. Abb). Bis Oktober 1946 werden rd. 2,8 Mio. Deutsche über die Grenzen nach Österreich und Deutschland getrieben. Als die österreichischen Grenzwachen die Aufnahme der Flüchtlinge verweigern, errichten die Tschechen ein Lager für die Vertriebenen. Dort sterben mehrere hundert Menschen aufgrund der katastrophalen Versorgungslage.

10. Juni 1945

Politische Parteien zugelassen

Die Sowjetische Militäradministration erlaubt in ihrer Besatzungszone die Bildung von politischen Parteien. Das politische Leben in Deutschland steht vor einem Neuanfang.

Die Zulassung demokratischer Parteien war von den Alliierten bei den großen Kriegskonferenzen beschlossen worden. Während die USA und Großbritannien die Zulassung erst im August bzw. September bekannt geben, reagiert die UdSSR-Führung schneller. Moskau versucht, durch diese Maßnahme die Gunst der deutschen Bevölkerung zu gewinnen. Am 13. Juni gründet Walter Ulbricht mit anderen die Kommunistische Partei Deutschlands (KPD). Am 17. Juni veröffentlicht auch die Sozialdemokratische Partei Deutschlands (SPD) einen Gründungsaufruf. Die Neuorganisation der Partei war bereits seit der alliierten Besetzung von Hannover aus durch Kurt Schumacher vorangetrieben worden. Unter Leitung von Andreas Hermes und Walther Schreiber entsteht am 26. Juni als dritte Partei die Christlich Demokratische Union (CDU). Als überkonfessionelle Volkspartei angelegt, ist die CDU die einzige Gruppierung, die vor dem Krieg noch nicht bestand. Am 5. Juli ergänzt die Liberaldemokratische Partei Deutschlands (LDPD) die politische Landschaft. Sie nennt sich ab dem 12. Oktober Freie Demokratische Partei und versucht, Rechts- und Linksliberalismus in einer Partei programmatisch zusammenzufassen.

Besatzungszonen in Deutschland und Österreich

jedoch auf einer Wiederholung der Unterzeichnungszeremonie, da sie sich in Reims nicht ausreichend repräsentiert sieht. Am 9. Mai bekräftigt Generalfeldmarschall Wilhelm Keitel die deutsche Niederlage in Berlin-Karlshorst und unterzeichnet eine weitere Kapitulationsurkunde. Die Siegermächte hatten bereits vor Kriegsende festgelegt, dass sie nur eine bedingungslose Kapitulation Deutschlands akzeptieren. Als die alliierten Staatsmänner über Rundfunk den Sieg verkünden, bricht in vielen Städten der Welt Jubel aus. Menschen laufen auf die Straßen und feiern gemeinsam das Kriegsende. In Deutschland beginnt die »Stunde Null«. Die Bevölkerung steht vor dem Nichts. Der Krieg hat die meisten Städte verwüstet. Viele Menschen müssen in Kellern hausen, Wirtschaft, Handel und Verkehr in den kommenden Jahren mühsam wieder aufgebaut werden. Der Krieg in Europa forderte von 1939 bis 1945 rd. 36 Mio. Menschenleben. Auf dem pazifischen Kriegsschauplatz dauert der Krieg an.

Die Sieger des Weltkriegs feiern: US-General Dwight D. Eisenhower präsentiert den Pressefotografen die Federhalter, mit denen die deutsche Gesamtkapitulation in Reims unterzeichnet worden ist.

23. Mai 1945

Freitod durch Gift

Heinrich Himmler tötet sich in britischer Gefangenschaft mit einer Giftkapsel (Abb.: Leiche Himmlers).

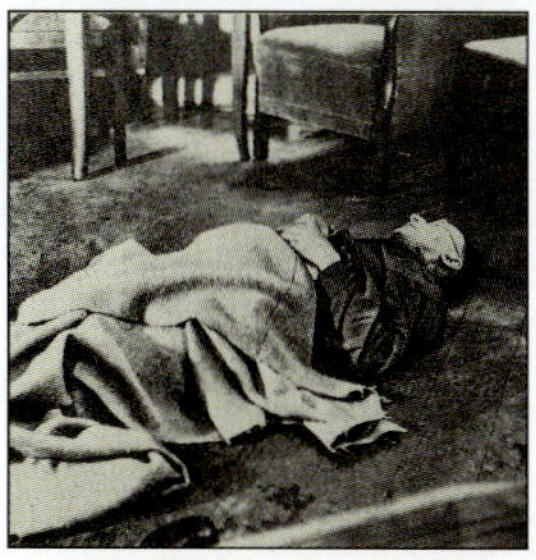

Als Feldwebel verkleidet, war er auf der Flucht verhaftet worden. Am 1. Mai hatte Joseph Goebbels Selbstmord begangen.

Heinrich Himmler

deutscher Politiker, * 7.10.1900 München; † 23.5.1945 bei Lüneburg

Der zweitmächtigste Mann im NS-Staat war für die Verbrechen der SS und die Ermordung von Millionen Juden verantwortlich. Als »Reichsführer SS« (1929) und Chef der Polizei organisierte der Diplomlandwirt den nationalsozialistischen Terror im In- und Ausland und koordinierte die Umsiedlungspolitik.

- 1917: Kriegsfreiwilliger
- 1923: Teilnahme am Hitlerputsch
- 1943: Reichsinnenminister

26. Juni 1945

UNO ist Hoffnungsträger

In San Francisco unterzeichnen Vertreter von 51 Staaten die UN-Charta und gründen damit die Vereinten Nationen (UNO). Die Organisation mit Sitz in New York soll in der Nachfolge des Völkerbundes den Weltfrieden sichern.

US-Präsident Franklin D. Roosevelt strebte während des Zweiten Weltkriegs eine effektive Friedensorganisation an. Die Kriegskoalition der Alliierten gegen die Achsenmächte bezeichnete sich bereits 1942 als Vereinte Nationen im Sinne der Atlantik-Charta von 1941. Die Ziele der UNO sind die Sicherung des Weltfriedens – u.a. durch Vermittlung und schiedsgerichtliche Entscheidung. Unter Umständen soll, bei einem Angriffskrieg, auch militärischer Beistand geleistet werden. Weitere Hauptaufgaben der neuen Weltorganisation sind die Herstellung freundschaftlicher Beziehungen zwischen den Völkern und die Zusammenarbeit auf wirtschaftlichem, sozialem, kulturellem und humanitärem Gebiet. Die sog. Feindstaatenklausel nimmt allerdings die Achsenmächte zunächst von bestimmten Bedingungen des Friedensschutzes aus. In der Vollversammlung hat jedes Mitglied eine Stimme. Das oberste Organ der Staatengemeinschaft ernennt auf Empfehlung des zusätzlich eingerichteten Weltsicherheitsrates den Generalsekretär. Die Bundesrepublik Deutschland und die DDR treten der UNO im Jahre 1973 bei.

Juni 1945

1 Fr Die Berliner Verwaltung verpflichtet Frauen zwischen 15 und 50 Jahren zur Trümmerbeseitigung. +++ Das Berliner »Kabarett der Komiker« tritt erstmals auf.

2 Sa In Stuttgart und Frankfurt am Main richten die US-Besatzungsbehörden mit dem »Südfunk« und mit »Radio Frankfurt« deutsche Rundfunksender ein.

3 So Die US-Besatzungsmacht in Thüringen setzt den Sozialdemokraten Hermann Louis Brill zum ersten Ministerpräsidenten des Landes ein.

4 Mo In Bremen ernennt die britische Besatzungsmacht den Sozialdemokraten Wilhelm Kaisen zum Senator für Wohlfahrt.

5 Di Baldur von Schirach, der ehemalige Reichsjugendführer, gibt sich in Österreich zu erkennen und wird daraufhin verhaftet.

6 Mi Der Rat der Volkskommissare der UdSSR beschließt die Einrichtung einer »Sowjetischen Militäradministration in Deutschland« (SMAD).

7 Do Im Sadler's Theatre in London erlebt »Peter Grimes«, eine Oper des 32-jährigen britischen Komponisten Benjamin Britten, ihre Uraufführung.

8 Fr Ernst Freiherr von Weizsäcker, der deutsche Gesandte beim Vatikan, muss auf Wunsch des Heiligen Stuhls seine Tätigkeit in Rom beenden.

9 Sa Der Berliner Magistrat gibt die ersten deutschen Nachkriegsbriefmarken heraus. Sie kosten 5 bzw 8 Pfennig.

10 So Bernard Law Montgomery bekräftigt als Befehlshaber der Briten das Verbot des Kontaktes seiner Soldaten mit der deutschen Bevölkerung. → Parteien

11 Mo Die französische Besatzungsmacht ordnet an, das Saarland zu einem eigenständigen Regierungsbezirk umzuwandeln.

12 Di Nach einem Erlass der US-Militärbehörden müssen deutsche Bibliotheken, Verlage und Buchhandlungen Lizenzen beantragen.

13 Mi Die tschechoslowakische Regierung in Prag verfügt, dass die deutschen Schulen im Land sämtlich geschlossen werden müssen.

14 Do Aufgrund des gelockerten Fraternisierungsverbotes dürfen britische Besatzungssoldaten in Deutschland erstmals mit kleinen Kindern sprechen.

15 Fr In Berlin konstituiert sich die Führung der Sozialdemokratischen Partei Deutschlands (SPD) in der sowjetischen Zone. Vorsitzender ist Otto Grotewohl.

16 Sa Die US-Militärregierung ordnet an, dass die US-Flagge von der deutschen Bevölkerung fortan mit abgenommener Kopfbedeckung gegrüßt werden muss.

17 So In der Domstadt Köln findet die Gründungsversammlung der Christlich Demokratischen Volkspartei statt.

18 Mo Die Hochschule für Bildende Künste nimmt in Berlin ihren Lehrbetrieb wieder auf. Zum Leiter wird der Maler und Grafiker Karl Hofer ernannt.

19 Di Die sechs antifaschistischen Parteien verständigen sich in Rom auf eine neue Regierungskoalition unter Führung des Sozialisten Ferruccio Parri.

20 Mi Australische Streitkräfte landen an der Nordküste von Borneo. Die indonesische Insel ist von japanischem Militär besetzt, das heftige Gegenwehr leistet.

21 Do In den Landkreis Schwarzenberg im Erzgebirge rücken erst jetzt sowjetische Einheiten ein. Das Gebiet war versehentlich nicht besetzt worden.

22 Fr US-Truppen erobern die japanische Insel Okinawa. Damit ist die verlustreichste Operation des Pazifikkriegs beendet, bei der 60 000 Soldaten starben.

23 Sa Der jugoslawische Ministerpräsident Josip Tito erhebt Ansprüche auf die Adriahalbinsel Istrien. Auch Teile Kärntens sollten künftig zu Jugoslawien gehören.

24 So In Moskau findet anlässlich des Sieges über Deutschland eine Truppenparade statt. Dabei werfen Veteranen 200 deutsche Truppenfahnen auf die Straße.

25 Mo Sean Thomas O'Kelly leistet den Eid als irischer Staatspräsident. Er ist Mitglied der nationalistisch-konservativen Partei Fianna Fáil.

26 Di Die CDU veröffentlicht in Berlin ihren Gründungsaufruf. Die sowjetische Besatzung behält sich die Registrierung der Partei noch vor. → UNO

27 Mi Auf dem Schlesischen Bahnhof in Berlin trifft der erste Zug der neuen Eisenbahn-Expressverbindung Moskau-Berlin ein.

28 Do Nach Berichten der Nachrichtenagentur Reuter soll Adolf Hitler die Flucht geglückt sein. Hitler habe sich am 29. April per U-Boot abgesetzt, so die Agentur.

29 Fr Luftstreitkräfte der USA und Großbritanniens bombardieren die japanischen Ölförderanlagen auf der indonesischen Pazifikinsel Borneo.

30 Sa Die Besatzungstruppen der USA und Großbritanniens beginnen mit ihrem Rückzug aus den von ihnen eroberten Gebieten Mitteldeutschlands.

Juli 1945

1 So Sowjetisches Militär marschiert nach dem Abzug britischer und US-Truppen in die Städte Erfurt, Leipzig, Plauen, Schwerin, Halle und Weimar ein.

2 Mo Bei einem US-Angriff auf japanische Schiffe an der Ostküste von Karafuto (Kurilen) werden erstmals Raketen von U-Booten aus abgeschossen.

3 Di Die US-Militärbehörden gestatten allen bayerischen Städten mit mehr als 5000 Einwohnern die Aufstellung einer kommunalen Polizei.

4 Mi Der Abzug britischer und US-Truppen aus Mitteldeutschland ist abgeschlossen. Gleichzeitig beziehen Amerikaner und Briten ihre Sektoren in Berlin.

5 Do US-Truppen schließen die Eroberung der Philippinen ab. Der japanische Widerstand konnte bis auf wenige Guerilla-Einheiten gebrochen werden.

6 Fr US-Finanzminister Henry Morgenthau tritt enttäuscht von seinem Amt zurück, weil die US-Regierung den Wiederaufbau Deutschlands plant.

7 Sa Deutsche, die vor dem 1. Mai 1937 in die NSDAP eingetreten sind, müssen gemäß einer US-Direktive aus ihren Berufen entlassen werden.

8 So Die Sowjet-Administration richtet in ihrer Besatzungszone fünf Länder ein: Mecklenburg, Brandenburg, Thüringen, Sachsen-Anhalt und Sachsen.

9 Mo Alliierte Einheiten bereiten sich auf die Bombardierung japanischer Städte am folgenden Tag vor. Im Juli werfen sie 100 000 Bomben ab. → Österreich

10 Di Polens Ministerpräsident Edward Osóbka-Morawski erklärt, dass alle Deutschen aus den Gebieten östlich von Oder und Neiße ausgewiesen würden.

11 Mi In der Berliner interalliierten Militärkommandantur beginnt mit der ersten Sitzung der Sektorenkommandanten offiziell die Viermächteverwaltung der Stadt.

12 Do Als erstes deutsches Gericht nach dem Ende des NS-Regimes setzt die US-Militärregierung in München ein Amtsgericht mit zehn Richtern ein.

13 Fr Die japanische Regierung bittet die Staatsführung der Sowjetunion um Vermittlung eines Friedensschlusses mit den Alliierten.

14 Sa In Paris steht Marschall Philippe Pétain vor Gericht. Ihm wird Kollaboration mit der deutschen Besatzungsmacht vorgeworfen.

15 So General Douglas MacArthur erhält von US-Präsident Harry S. Truman seine Ernennung zum Oberbefehlshaber der US-Streitkräfte im Südpazifik.

16 Mo Auf einem Versuchsgelände im US-Bundesstaat New Mexico gelingt Wissenschaftlern erstmals die Zündung einer Atombombe.

17 Di Einheiten der US-Luftwaffe bereiten einen Angriff mit mehr als 2000 Flugzeugen auf die japanische Hauptstadt Tokio vor. → Potsdamer Konferenz

18 Mi Im Ruhrgebiet haben, laut Berichten, 126 Steinkohlezechen ihren Betrieb wieder aufgenommen. Im Juni wurden bereits 25 000 t Kohle gefördert.

19 Do Belgiens König Leopold III. kann gemäß einem heute verabschiedeten Gesetz erst nach Zustimmung der Volksvertretung wieder amtieren.

20 Fr Der erste amtliche Eisenbahn-Fahrplan nach dem Krieg erscheint in Berlin. Insgesamt 25 Zugverbindungen sind darin verzeichnet.

21 Sa Bei einem Ausbruchsmanöver japanischer Truppen in Birma töten britische Bomber 10 000 japanische Soldaten durch Abwerfen von Phosphorbomben.

22 So Die Schweiz übernimmt die Interessenvertretung Japans in Europa, nachdem das Kaiserreich seine Internierungslager für Schweizer Beobachter geöffnet hat.

23 Mo Die sowjetische Besatzung lässt in ihrer Zone alle deutschen Banken schließen und friert die Vermögen der Versicherungen ein.

24 Di Mit 570 Bombern vom Typ Boeing B 29 (»Superfortress«) fliegt die US-Luftwaffe einen Angriff auf die japanischen Städte Nagasaki und Osaka.

25 Mi In Berlin zeigt die erste Kunstausstellung seit Kriegsende u.a. Gemälde der unter Hitler verfemten Expressionisten Max Beckmann und Max Pechstein.

26 Do Nach den britischen Unterhauswahlen löst Clement Richard Attlee (Labour) Winston Churchill (Konservative) als Premierminister ab.

27 Fr Der japanische Ministerpräsident Kantaro Suzuki erklärt, er ignoriere die Forderung der Alliierten nach einer bedingungslosen Kapitulation Japans.

28 Sa Ein Verkehrsflugzeug prallt über New York gegen das Empire State Building und stürzt ab. Die 28 Insassen der Maschine kommen ums Leben.

29 So In München treffen erstmals seit Kriegsende die Fußballer der Lokalvereine TSV 1860 München und FC Bayern München aufeinander. Das Spiel endet 2:2.

30 Mo Die französische Regierung weist alle Deutschen aus Elsass-Lothringen aus, die sich dort nach dem deutschen Einmarsch 1940 niedergelassen haben.

31 Di In der nordböhmischen Stadt Aussig an der Elbe verüben tschechische Nationalisten ein Pogrom, dem mehrere Hundert Sudetendeutsche zum Opfer fallen.

5000 Forscher bauten die Bombe

Seitdem Otto Hahn und Friedrich Straßmann im Jahre 1938 die Kernspaltung gelungen war, suchten Forscher in Deutschland, den USA und Großbritannien nach einer militärischen Einsatzmöglichkeit dieser gewaltigen Energiequelle. Die Sorge, dass das nationalsozialistische Deutschland als erstes Land über die neuartige Waffe verfügen könnte, trieb die US-Regierung zu einer ungeheuren Kraftanstrengung. 1941 stellte Präsident Franklin D. Roosevelt nahezu unbegrenzte Geldmittel für die Forschung zur Verfügung. 1942 hob die US-Armee das streng geheime Projekt »Manhattan« aus der Taufe. Führende Wissenschaftler begannen in Los Alamos im US-Bundesstaat New Mexico unter Leitung des US-Physikers Robert Oppenheimer mit der Entwicklung der womöglich kriegsentscheidenden Waffe. Viele europäische Wissenschaftler, die in die USA emigriert waren, stellten sich in den Dienst der US-Forschung, unter ihnen der Italiener Enrico Fermi, die Ungarn John von Neumann und Edward Teller sowie die Deutschen Klaus Fuchs und Hans Bethe. 1943 zählte die eilig errichtete Barackenstadt in der Wüste noch 60 Einwohner, Anfang 1945 arbeiteten bereits rd. 5000 hochqualifizierte Wissenschaftler aus aller Welt an dem Projekt. Am 16. Juli gelingt in Los Alamos die erste Zündung einer Atombombe. Die Explosion übertrifft bei weitem die Erwartungen der Experten. Nach der Explosion erklären Wissenschaftler, eine über bewohntem Gebiete abgeworfene Atombombe würde etwa 20 000 Menschen töten und könnte den Krieg gegen Japan entscheidend verkürzen. Viele der Wissenschaftler, die sich an dem Atombombenprojekt beteiligen, sind sich über die Konsequenzen ihrer Forschungsergebnisse im Klaren. Die meisten von ihnen lehnen jedoch die Verantwortung für den Einsatz und die Folgen der Atombombe kategorisch ab. Die UdSSR hatte seit 1942 Kenntnis vom Projekt »Manhattan« und arbeitete seit 1943 selbst am Bau der Atombombe.

Atompilz über Nagasaki: Die Bombe vom Typ »Fat Man« besitzt eine Sprengkraft von 22 000 t des herkömmlichen Sprengstoffes TNT.

Die Besatzung der »Enola Gay« – benannt nach dem Mädchennamen der Mutter des Piloten Paul W. Tibetts – wirft die Atombombe ab.

9. Juli 1945

Alliierte teilen Österreich in vier Besatzungszonen auf

Nach komplizierten Verhandlungen einigen sich die alliierten Mächte in London, Österreich in vier Besatzungszonen aufzuteilen. Die UdSSR erhält die Kontrolle über Niederösterreich, das Burgenland und den nördlich der Donau gelegenen Teil Oberösterreichs. Kärnten, Osttirol und ein großer Teil der Steiermark werden zur britischen Zone zusammengefasst. Frankreich erhält Vorarlberg und den westlichen Teil Tirols. Die US-Zone besteht aus dem südlichen Oberösterreich, Salzburg und einem Teil der Steiermark. Die Alliierten orientieren sich an den Grenzen von 1937. Auch die Hauptstadt Wien wird in Einflusszonen gegliedert. Ursprünglich hatte jede der vier Mächte ein anderes Konzept, wie der Aufbau Österreichs erfolgen sollte. Jede Siegermacht forderte besonders gute Quartiere in der österreichischen Hauptstadt und einen eigenen Flugplatz. Doch in der Stadt selbst befindet sich keine einzige Rollbahn, da die Sowjets die Stadtgrenzen neu gezogen und damit sämtliche zur Verfügung stehende Luftstützpunkte dem Bereich der Hauptstadt entzogen hatten. Dies führte zu langen Diskussionen. Der Kompromiss sieht vor, dass jede der vier Mächte einen Teil Wiens erhält. Die Innenstadt, der 1. Bezirk, untersteht gemeinsam alliiertem Kommando. Der Oberbefehl soll im monatlichen Turnus wechseln. Die neue österreichische Regierung unter dem Sozialdemokraten Karl Renner wird von den Westalliierten zunächst nicht anerkannt. Renner hatte bereits im April mit Hilfe der Sowjets ein Kabinett gebildet.

Nach der Explosion der »Little Boy« genannten Bombe ist Hiroschima nur noch ein Trümmerfeld.

6. August 1945

US-Atombomben auf Hiroschima und Nagasaki

Die Geschichte der Kriegsführung ist um ein Grauen erregendes Kapitel reicher. Zum ersten Mal kommt mit dem Abwurf über der japanischen Stadt Hiroschima die neuartige Atombombe zum Einsatz. Die Folgen des US-Bombenabwurfs auf Hiroschima und – am 9. August – auf Nagasaki sind verheerend. Mindestens 146 000 Menschen sterben aufgrund der entfesselten Energie der gespaltenen Atomkerne. Die durch die Explosion freigesetzte radioaktive Strahlung fordert in den folgenden Jahren weitere Opfer. Rd. 68 000 Gebäude werden allein in Hiroschima dem Erdboden gleichgemacht. Aufgrund der katastrophalen Folgen der Atombombe fordert Kaiser Hirohito am 15. August seine Truppen zur Feuereinstellung auf. US-Präsident Truman hatte sich angesichts zu erwartender hoher Verluste an US-Truppen bei der Eroberung Japans zum Atomwaffeneinsatz entschlossen.

17. Juli 1945

Potsdamer Konferenz legt die Nachkriegsordnung fest

Die Regierungschefs der Anti-Hitler-Koalition treffen zum letzten Mal zusammen. In Potsdam kommt es zu einer harten Auseinandersetzung zwischen den Westmächten – vertreten durch den britischen Premierminister Clement Richard Attlee und US-Präsident Harry S. Truman – und dem Staatschef der UdSSR, Josef W. Stalin (s. Abb., sitzend v.l.). Am 2. August unterzeichnen die Teilnehmer ein Abschlussprotokoll. Darin halten sie u.a. fest, dass Deutschland aufgeteilt und entmilitarisiert werden soll. Die oberste Regierungsgewalt obliegt den Alliierten. Jede Siegermacht ist für ihre eigene Besatzungszone zuständig und soll ihre Reparationsforderung an das jeweilige Gebiet stellen. Die Oder-Neiße-Linie wird als deutsch-polnische Grenze anerkannt. Damit verliert Deutschland 24% seiner Fläche. Am 7. August schließt sich Frankreich dem Abkommen an.

August 1945

1 Mi Die »Frankfurter Rundschau«, die erste von der US-Besatzungsmacht lizensierte deutsche Zeitung, erscheint in Frankfurt am Main.

2 Do In Berlin verbietet die alliierte Stadtkommandantur die Benutzung der Sütterlin-Schrift im Postverkehr. +++ Die Potsdamer Konferenz geht zu Ende.

3 Fr Nach Angaben der US-Marine ist die Verminung aller japanischen und koreanischen Hafenanlagen für die geplante Blockade komplett abgeschlossen.

4 Sa Im Hafen der südfranzösischen Stadt Toulon ist das französische 25 000-t-Schlachtschiff »Strasbourg« wieder einsatzbereit. Es war 1942 versenkt worden.

5 So Für die Opfer des Konzentrationslagers Dachau findet in München eine Trauerfeier mit der Beisetzung von 4111 Urnen statt.

6 Mo Der Oberbefehlshaber der US-Truppen in Deutschland, General Dwight D. Eisenhower, erläutert im Rundfunk seine Besatzungspolitik. → Hiroschima

7 Di In Berlin geben die Behörden die erste Zigarettenration nach Kriegsende aus. Jeder empfangsberechtigte Einwohner erhält zwölf Zigaretten.

8 Mi Die Sowjetunion erklärt der japanischen Regierung den Krieg. Gleichzeitig marschieren sowjetische Truppen in Korea und in der Mandschurei ein.

9 Do Um der Verbreitung von Seuchen entgegenwirken zu können, verfügen die Besatzungsmächte, dass das Trinkwasser in Berlin gechlort wird.

10 Fr In München stellen die US-Behörden erstmals das neue Heilmittel Penicillin zur Verfügung, um Geschlechtskrankheiten bekämpfen zu können.

11 Sa Mao Tse-tungs Truppen schließen sich in Nordchina der sowjetischen Offensive an und nähern sich Schanghai und Nanking.

12 So Eine US-Expedition beginnt in Nordalaska mit dem Bau eines Bohrturms. Wissenschaftler vermuten dort große Erdölvorkommen.

13 Mo Die Schweiz gewährt Italien einen Kredit von 80 Mio. Franken und erhält dafür das Nutzungsrecht für die Häfen Genua und Savona.

14 Di Ein Pariser Gericht verurteilt Marschall Philippe Pétain, den Präsidenten der Vichy-Regierung, wegen Kollaboration mit den Deutschen zum Tode.

15 Mi In Wien beginnt der erste Kriegsverbrecherprozess in Österreich. Vier ehemalige SA-Angehörige sind wegen 102-fachen Mordes angeklagt.

16 Do Vertreter Polens und der UdSSR unterzeichnen einen Grenzvertrag, der die polnische Ostgrenze auf die 1920 festgelegte »Curzon-Linie« festschreibt.

17 Fr General Achmed Sukarno, der Führer der Freiheitsbewegung Indonesiens, ruft in Jakarta die Unabhängigkeit des ostasiatischen Landes aus.

18 Sa Der Schriftsteller Frank Thieß fordert öffentlich Verständnis für diejenigen Künstler, die nach 1933 in »innerer Emigration« in Deutschland geblieben waren.

19 So Unterhändler Japans treffen mit dem US-Oberkommando zusammen, um über die Landung der US-Truppen auf Japans Hauptinsel Hondo zu sprechen.

20 Mo Australiens Regierung beschließt, insgesamt 17 000 Waisenkinder aus Europa im Alter zwischen sechs und 14 Jahren aufzunehmen.

21 Di Das japanische Oberkommando in der Mandschurei ergibt sich den angreifenden Truppen der sowjetischen Roten Armee.

22 Mi In Bremen berichtet die britische Besatzungsmacht über das »Bandenunwesen« ehemaliger nach Deutschland verschleppter Zwangsarbeiter.

23 Do Mit einem sinfonischen Konzert wird die Deutsche Staatsoper im Berliner Admiralspalast feierlich wieder eröffnet.

24 Fr Das US-Kriegsministerium gibt bekannt, dass alle 400 000 deutschen Kriegsgefangenen in den USA bis Anfang 1946 in ihre Heimat zurückkehren sollen.

25 Sa Im bayerischen Teisendorf entdecken Soldaten ein geheimes Lager mit 3600 Kisten dringend benötigter Medikamente der I.G. Farben.

26 So Die US-Militärverwaltung in Berlin ordnet für ihren Stadtsektor die Impfung der gesamten Bevölkerung gegen Typhus an.

27 Mo Im Exil lebende Vertreter der republikanischen Partei Spaniens wählen den in Mexiko-Stadt lebenden Diego Martínez Barrio zum Exilpräsidenten von Spanien.

28 Di Die Stadt Frankfurt am Main verleiht dem Physiker Max Planck den Goethepreis. Planck kann den Preis nicht in Empfang nehmen, weil keine Züge verkehren.

29 Mi Die ehemaligen deutschen Generalfeldmarschälle Walter von Brauchitsch und Erich von Manstein werden in der britischen Zone verhaftet.

30 Do Das Saarland wird von der französischen Besatzungszone Deutschlands abgetrennt und einem französischen Hochkommissar unterstellt.

31 Fr Führende Kirchenrepräsentanten beschließen im hessischen Treysa, einen Rat der Evangelischen Kirchen in Deutschland einzurichten.

September 1945

1 Sa Auf Anordnung der sowjetischen Militäradministration in Deutschland nimmt der »Mitteldeutsche Rundfunk« seinen Sendebetrieb auf.

2 So Japan unterzeichnet auf dem US-Flugzeugträger »Missouri« die Kapitulationserklärung. Der Zweite Weltkrieg ist damit offiziell beendet. → Bodenreform

3 Mo In Göttingen beginnt erstmals seit Kriegsende wieder ein Universitätssemester. 4800 Studenten sind eingeschrieben, 5000 mussten abgelehnt werden.

4 Di Ho Chi Minh, Führer der kommunistischen Widerstandsbewegung gegen Japan, proklamiert in Hanoi die Republik Vietnam.

5 Mi Die britischen Besatzungsbehörden verhaften im Ruhrgebiet 44 Großindustrielle unter dem Vorwurf, sie hätten den Nationalsozialismus unterstützt.

6 Do Gemäß dem Beschluss der Viermächtekonferenz verlassen die letzten spanischen Truppen die internationale Zone der marokkanischen Stadt Tanger.

7 Fr Die Berliner Polizei verhaftet eine 51-köpfige Bande, die in der Stadt zahlreiche Einbrüche und Morde begangen haben soll.

8 Sa US-Nachrichtendienstler verhaften in Bayern eine Sabotagegruppe. Mit 600 kg Sprengstoff wollten die 40 Männer alliierte Militäranlagen zerstören.

9 So Eine SPD-Parteikonferenz wählt den ehemaligen Reichstagsabgeordneten Kurt Schumacher zum Vorsitzenden des Bezirks Hannover.

10 Mo Nach der Kapitulation Japans in Korea setzen die USA und die UdSSR dort Militärregierungen ein. Das Land ist in zwei Zonen aufgeteilt.

11 Di Die britischen Besatzungsbehörden in Deutschland erlauben in ihrer Zone die Gründung von Gewerkschaften.

12 Mi Langstrecken-Flugzeuge der Pan American Airways fliegen künftig von der Westküste der USA nach Tokio, Schanghai, Kalkutta, Manila und Hongkong.

13 Do Der Iran fordert den Abzug der im Lande stationierten britischen, sowjetischen und US-Truppen. +++ Ein Tornado verwüstet die Gegend um Toulouse.

14 Fr Die US-Besatzungsbehörden lizensieren die Deutsche Allgemeine Nachrichtenagentur. Sie steht unter deutscher Leitung, unterliegt aber der US-Kontrolle.

15 Sa Ein US-Soldat erschießt in Mittersill den österreichischen Komponisten Anton von Webern. Er war bei Ausgangssperre vor die Tür seines Hauses getreten.

16 So Josef Kramer, der ehemalige Kommandant des Konzentrationslagers Bergen-Belsen, steht in Lüneburg mit 45 Lageraufsehern vor einem Militärgericht.

17 Mo Das Volkswagenwerk in Wolfsburg erhält von der britischen Besatzungsmacht den Auftrag zum Bau von 20000 Personenkraftwagen.

18 Di Die Eisenacher Motorenwerke beginnen wieder mit der Produktion von Pkw. Die Fahrzeuge sind für die sowjetische Besatzungsmacht bestimmt.

19 Mi Durch die »Proklamation Nr. 2« der US-Militärregierung werden die Länder Bayern, Württemberg-Baden und Groß-Hessen gegründet.

20 Do Nach einem Nonstop-Flug landet ein 40 Stunden vorher in Tokio gestarteter Boeing B 29-Bomber in der US-Hauptstadt Washington.

21 Fr Die erste Nachkriegsmodenschau mit der Sommerkollektion für das Jahr 1946 findet in der französischen Hauptstadt Paris statt.

22 Sa 50000 Arbeiter in der US-Automobilbau-Metropole Detroit treten in einen Streik, um für die Rücknahme von Massenentlassungen zu demonstrieren.

23 So Die drei westlichen Besatzungsmächte veranstalten im Olympiastadion in Berlin einen Leichtathletik-Wettkampf, den die Mannschaft der USA gewinnt.

24 Mo Kunden der Pan American Airways können ab sofort von New York nach London fliegen. Der Preis für den 15-stündigen Flug beträgt 275 Dollar.

25 Di Dwight D. Eisenhower, US-Militärgouverneur in Deutschland, lässt eine Reihe deutscher Industrieunternehmen demontieren.

26 Mi In Friedland bei Göttingen wird ein neues Durchgangslager für deutsche Flüchtlinge aus der Ostzone und Osteuropa eingerichtet.

27 Do Die Agentur Reuter meldet, dass die Reste der deutschen Kriegsflotte zwischen den USA, der UdSSR und Großbritannien aufgeteilt werden sollen.

28 Fr Weil er sich gegenüber Nationalsozialisten zu nachsichtig verhalten habe, setzt die US-Militärregierung Bayerns Ministerpräsidenten Fritz Schäffer ab.

29 Sa Die Streikwelle in den USA breitet sich aus. Wegen Massenentlassungen sind bis jetzt 400000 Arbeiter in den Ausstand getreten.

30 So Erstmals seit Kriegsende findet in Deutschland wieder ein großes Leichtathletik-Sportfest statt. Veranstaltungsort ist Würzburg.

2. September 1945

Bodenreform in der Sowjetzone

Unter der Losung: »Junkerland in Bauernhand« beginnt in der sowjetischen Besatzungszone Deutschlands die Enteignung der Großgrundbesitzer. Die Bodenreform ist das erste große Reformvorhaben in der Sowjetzone.

Startsignal ist eine Rede des Vorsitzenden der Kommunistischen Partei Deutschlands, Wilhelm Pieck, in der er die Grundzüge des Projekts darlegt. Ziel sei es, den Großgrundbesitz als wirtschaftliche Macht auszuschalten. Alle Betriebe über 100 ha werden entschädigungslos enteignet. Sie umfassen insgesamt 45% der Gesamtfläche und 30% der landwirtschaftlichen Nutzfläche in der Sowjetzone. 7000 Großagrarier sind von der Bodenreform betroffen. Der enteignete Landbesitz wird in Parzellen zwischen einem halben und zehn Hektar aufgeteilt und an Klein- und Mittelbauern, besitzlose Landarbeiter, Flüchtlinge sowie in geringerem Umfang auch an Arbeiter und Angestellte verteilt. Während alle politischen Parteien die Bodenreform im Prinzip begrüßen, stößt die restriktive Form der Umsetzung auf deutliche Kritik. Als erstes Land der Sowjetzone erlässt Sachsen-Anhalt am 3. September eine Verordnung über die Bodenreform. Eine gleichlautende Verordnung wird in den folgenden Tagen von der Provinzialverwaltung in Brandenburg, der Landesverwaltung Mecklenburg sowie in Sachsen und Thüringen erlassen. Unter ähnlichen Vorzeichen wie die Bodenreform wird in der sowjetischen Zone die Umgestaltung des industriellen Sektors vorangetrieben. Ende Oktober beginnt die Verstaatlichung von Industriebetrieben. Das Signal hierfür geben zwei Befehle, die von der Sowjetischen Militäradministration in Deutschland (SMAD) am 30 und 31. Oktober erlassen werden. Darin wird die »Beschlagnahme allen Eigentums des deutschen Staates, der NSDAP und ihrer Organisationen, der Verbündeten des Nazi-Reiches und darüber hinaus aller jener Personen, die von der SMAD durch besondere Listen oder auf andere Weise bezeichnet werden« verfügt. In der Folge werden rd. 7000 Betriebe in treuhänderische Verwaltung der Länder überführt.

Unter dieser Parole wird enteigneter Großgrundbesitz an Kleinbauern verteilt.

Die »gegenseitige Bauernhilfe« soll den neuen Grundbesitzern ermöglichen, Maschinen und Saatgut gemeinsam zu nutzen.

19. Oktober 1945

»Stuttgarter Schuldbekenntnis« der evangelischen Kirche

Der Vorläufige Rat der evangelischen Kirche in Deutschland bekennt sich zur Mitschuld an den NS-Verbrechen. Das in Stuttgart verfasste Bekenntnis löst eine heftige Kontroverse innerhalb der deutschen Bevölkerung aus. Viele sehen in der Erklärung der Protestanten eine Bestätigung der These über die Kollektivschuld der deutschen Bevölkerung, wie sie insbesondere von der US-Besatzungsmacht propagiert wird. Auch der evangelische Geistliche Martin Niemöller wird kritisiert. Niemöller war als führendes Mitglied der Bekennenden Kirche von 1938 bis 1945 in verschiedenen Konzentrationslagern inhaftiert gewesen. Jetzt übt er in seinen Predigen Selbstkritik. Nach eigenem Bekunden habe er zu lange zu den Verbrechen Hitlers geschwiegen.

2. Oktober 1945

Siegermächte ohne Konsens

Bei der ersten Konferenz des Außenministerrates der Großmächte (USA, UdSSR, Großbritannien, Frankreich und China) nach Kriegsende sollten die Weichen für die zukünftige Weltpolitik gestellt werden (Abb.: Konferenzteilnehmer). Das Treffen in London endet jedoch ergebnislos.

Seit dem 11. September berieten die Außenminister der fünf Staaten u.a. darüber, wie die ehemaligen Feindstaaten und deren Verbündete zu behandeln seien. Auch die Besatzungspolitik für Deutschland soll besser koordiniert werden. Die Meinungen gehen in fast allen Punkten auseinander. Die Politiker können sich nicht auf Friedensverträge mit den deutschfreundlichen Staaten verständigen. Die UdSSR, vertreten durch Außenminister Wjatscheslaw M. Molotow, besteht auf schnellen Friedensschlüssen mit Bulgarien, Ungarn und Rumänien. US-Außenminister James Francis Byrnes und sein britischer Kollege Ernest Bevin halten dagegen, da sie eine zu starke Anbindung Südosteuropas an Moskau fürchten. Ein weiterer Streitpunkt ist die Forderung des französischen Außenministers Georges Bidault, das Saargebiet Frankreich anzugliedern. Ferner trägt Bidault die Forderung seines Landes vor, das Rhein-Ruhr-Gebiet von Deutschland abzutrennen. Die Region soll international kontrolliert werden, um die deutsche Wirtschaft zu schwächen. Da keine Einigungen in Sicht sind, werden die Beratungen im Dezember fortgesetzt.

26. Oktober 1945

Kinder aus Berlin evakuiert

Berliner Kinder müssen die Stadt verlassen, um Hunger und Kälte zu entkommen. Mit der »Aktion Storch« evakuiert die britische Besatzungsmacht rd. 50 000 Kinder im Alter von vier bis 14 Jahren in ländliche Gebiete. Viele erleben ihre erste große Reise (Abb.: Kinder warten auf den Zug). Durch den bevorstehenden Winter sind in der zerstörten Stadt Engpässe in der Versorgung vorauszusehen. Es mangelt an Kohle und Lebensmitteln. Überlegungen, auch die meisten Erwachsenen aus Berlin zu evakuieren, werden wieder verworfen. Mit den Kindern fahren 10 000 Betreuer aus der Zivilbevölkerung in die besser versorgten Regionen der britischen Besatzungszone.

30. Oktober 1945

Vertriebene erreichen Westen

Die ersten Vertriebenen aus den abgetrennten Ostgebieten treffen in Deutschland ein. Die Flüchtlinge mussten nach der deutschen Kapitulation ihre Heimat verlassen, die durch die Festlegung der Oder-Neiße-Grenze nun zu Polen gehört.

Die polnischen Behörden hatten im Mai mit der massenhaften Ausweisung der Deutschen begonnen, wobei es zu Übergriffen und Misshandlungen kam. Zunächst befinden sich 600 000 Menschen auf der Flucht. Fast alle Besitztümer der Flüchtlinge bleiben zurück. Die polnischen Behörden durchsuchen Gepäckstücke und konfiszieren häufig noch das letzte persönliche Eigentum. Die Voraussetzungen für die Aussiedlung der Deutschen hatten die Vertreter der alliierten Mächte auf der Konferenz von Potsdam geschaffen. Die Regierungschefs der USA und Großbritanniens gaben den Forderungen des sowjetischen Staatschefs Josef W. Stalin nach und stimmten der Westverschiebung Polens zu. Dadurch werden 24% des polnischen Staatsgebiets auf ehemals deutschen Boden verschoben. Obwohl die Potsdamer Konferenzteilnehmer die Ausweisung der Bevölkerung »in geregelter und menschlicher Weise« fordern, werden die Menschen brutal vertrieben. Insgesamt müssen rd. 12 Mio. Flüchtlinge in den deutschen Besatzungszonen untergebracht werden. Sie kommen aus Polen, der Tschechoslowakei und Ungarn (Abb.: Flüchtlinge auf dem Weg nach Westen). 2 Mio. Flüchtlinge sterben, bevor sie ihr Ziel erreichen. Die Aufnahme der Menschenmassen im kriegszerstörten Deutschland bereitet erhebliche Probleme.

5. Oktober 1945

SPD berät über Führung

Zu einer zweitägigen Konferenz treffen sich führende Funktionäre der Sozialdemokratischen Partei Deutschlands (SPD) in Wennigsen bei Hannover. Den Vorsitz hat der ehemalige Reichstagsabgeordnete Kurt Schumacher, der von 1933-43 und nochmals 1944 in KZ-Haft saß. Schumacher hatte nach dem Einmarsch der Alliierten, aber noch vor dem Ende des Krieges Parteimitglieder um sich versammelt, um den Wiederaufbau der Partei umgehend einleiten zu können. Er stellte sich gegen den gesamtdeutschen Führungsanspruch des Berliner Zentralausschusses der SPD. Zudem lehnte der engagierte Kämpfer gegen den Nationalsozialismus eine Vereinigung mit der KPD ab. Auf der Konferenz in Wennigsen einigen sich die SPD-Mitglieder über die Führung der Partei. Danach soll der Zentralausschuss für die sowjetische Zone und Schumacher für die Westzonen zuständig sein. Damit wird bereits die organisatorische Spaltung der SPD eingeleitet.

Oktober 1945

- **1 Mo** Ein Zugunglück in der Nähe von London fordert 39 Menschenleben. Es ist das schwerste Eisenbahnunglück in Großbritannien seit 30 Jahren.
- **2 Di** Die US-Besatzungsmacht beauftragt in Stuttgart den Liberalen Reinhold Maier mit der Bildung einer Regierung für Württemberg-Baden. → Siegermächte
- **3 Mi** In Paris beginnt der Hochverratsprozess gegen den ehemaligen Ministerpräsidenten der Vichy-Regierung, Pierre Laval.
- **4 Do** Auf der Tagung des Weltgewerkschaftsbundes in Paris einigen sich die Delegierten aus 65 Nationen auf ein gemeinsames Statut.
- **5 Fr** Die US-Militärregierung lässt elf deutsche Industriebetriebe demontieren, darunter die Bayerischen Motorenwerke in München. → SPD
- **6 Sa** In München erscheint erstmals die »Süddeutsche Zeitung«. +++ Die britische Besatzungsmacht entlässt Kölns Oberbürgermeister Konrad Adenauer.
- **7 So** Mit 40 Reisenden an Bord landet in Schottland das erste Flugzeug des neuen transatlantischen Passagierflugdienstes zwischen den USA und Europa.
- **8 Mo** Erste Schätzungen über die Zahl der Opfer, die durch nationalsozialistische Verbrechen ihr Leben verloren haben, belaufen sich auf 20 Mio. Menschen.
- **9 Di** Vor der japanischen Hafenstadt Kobe läuft ein Passagierdampfer mit 6000 Personen an Bord auf eine Mine und sinkt. Nur 180 Passagiere überleben.
- **10 Mi** Die US-Militärregierung in Deutschland hebt das Fraternisierungsverbot für die US-Besatzungssoldaten gegenüber der deutschen Bevölkerung auf.
- **11 Do** Ein Taifun rast mit einer Geschwindigkeit von 200 km/h über die Philippinen hinweg. Der Sturm zerstört vor allem US-Schiffe und Militäreinrichtungen.
- **12 Fr** Die deutschen Dornier-Flugzeugwerke in Friedrichshafen geben bekannt, dass in ihren Produktionsstätten künftig Kochtöpfe hergestellt würden.
- **13 Sa** In Würzburg konstituiert sich auf Initiative des früheren Reichsarbeitsministers Adam Stegerwald die Christlich-Soziale Union (CSU).
- **14 So** Der Alliierte Kontrollrat in Berlin beschlagnahmt das gesamte Vermögen des weit verzweigten Chemiekonzerns IG Farben.
- **15 Mo** Nach einem gescheiterten Selbstmordversuch wird der zum Tode verurteilte ehemalige Vichy-Regierungschef Pierre Laval in Paris hingerichtet.
- **16 Di** Auf Befehl der US-Militärregierung verliert die Shinto-Religion in Japan ihren Status als Staatsreligion. Staatliche Zuschüsse müssen eingestellt werden.
- **17 Mi** Die US-Regierung gibt bekannt, dass in den USA im Zweiten Weltkrieg Rüstungsgüter im Wert von 186 Mrd. Dollar hergestellt worden seien.
- **18 Do** Das Deutsche Rote Kreuz richtet in Hamburg einen Suchdienst zur Auffindung von vermissten deutschen Soldaten und Zivilisten ein.
- **19 Fr** In Stuttgart laufen die Vorbereitungen für die Konstituierung des Länderrates in der US-Zone am 22. Oktober an. → »Stuttgarter Schuldbekenntnis«
- **20 Sa** Der Alliierte Kontrollrat befiehlt in seiner Proklamation Nr. 3 die Neuordnung der deutschen Justiz nach demokratischen Grundsätzen.
- **21 So** Aus den Parlamentswahlen in Frankreich geht die Kommunistische Partei des Landes als stärkste politische Kraft hervor.
- **22 Mo** Verschiedene französische Tageszeitungen kritisieren die Missstände in Kriegsgefangenenlagern für deutsche Soldaten in Frankreich.
- **23 Di** In den Filmstudios München-Geiselgasteig laufen unter deutscher Beteiligung die Vorbereitungen für die erste Nachkriegswochenschau »Welt im Bild«.
- **24 Mi** Der ehemalige norwegische Ministerpräsident Vidkun Abraham Lauritz Quisling wird wegen Kollaboration mit dem NS-Regime in Oslo hingerichtet.
- **25 Do** In einer Papiermühle nahe München beschlagnahmen US-Behörden zwölf Mio. Mitgliedskarten der NSDAP sowie Akten ihrer Unterorganisationen.
- **26 Fr** Peter Suhrkamp erhält in Berlin von den britischen Militärbehörden als erster deutscher Verleger nach Kriegsende eine Verlags-Lizenz. → Berlin
- **27 Sa** Ein britisches Flugzeug vom Typ »Mosquito« stellt einen Geschwindigkeitsrekord über dem Atlantik auf. Es benötigt nur fünf Stunden und zehn Minuten.
- **28 So** Im Münchener Dante-Stadion findet das erste Motorradrennen der Nachkriegszeit in Deutschland statt. 10 000 Zuschauer besuchen die Veranstaltung.
- **29 Mo** Die Ortschaft Stolpe bei Berlin wird mit dem angrenzenden Umland in den französischen Sektor der Viermächte-Stadt integriert.
- **30 Di** Die sowjetische Militäradministration in Deutschland befiehlt die Beschlagnahme des gesamten Vermögens des deutschen Staates. → Vertriebene
- **31 Mi** Nach einem Feuergefecht mit britischen Soldaten bei Lüneburg gelingt die Festnahme des ehemaligen SS-Generals Hans Killin.

November 1945

1 Do Nach Angaben des Physikers Robert Oppenheimer werden die USA in fünf Jahren im Stande sein, die Kernfusion zur Energiegewinnung zu nutzen.

2 Fr In Hamburg entdecken die Besatzungsmächte eine umfangreiche Sammlung von im Krieg entwendeten Gemälden französischer Impressionisten.

3 Sa Die US-Militärregierung in Deutschland lässt in ihrer Zone die Sozialversicherungsträger wieder zu. Dazu gehört u.a. die Knappschaft.

4 So Nach Angaben der UNO benötigen die europäischen Staaten (ohne Deutschland) im nächsten Jahr mindestens elf Mio. Tonnen Lebensmittel.

5 Mo Der US-Senat stimmt dem Beitritt der USA zur Weltbank und zum Internationalen Währungsfonds (IWF) zu, dessen Einrichtung 1944 beschlossen wurde.

6 Di Heinrich Maria Ledig-Rowohlt erhält von der britischen Besatzungsmacht in Deutschland die Lizenz für den Rowohlt-Verlag in Hamburg.

7 Mi In Ungarn erringt die nichtkommunistische Partei der Kleinen Landwirte bei den Parlamentswahlen die absolute Mehrheit. Die KP erhält nur 17% der Stimmen.

8 Do Mit Vertretern von 17 Nationen tritt in Paris eine interalliierte Konferenz zusammen, die die Verteilung deutscher Reparationsleistungen regeln soll.

9 Fr Wilhelm Pieck, Vorsitzender der Kommunistischen Partei in der Sowjetzone, ruft zur Vereinigung seiner Partei mit den Sozialdemokraten auf.

10 Sa Ein Berliner Gericht verurteilt Helene Schwärzel, die den Widerstandskämpfer Carl Friedrich Goerdeler denunziert hatte, zu sechs Jahren Haft.

11 So Der Alliierte Kontrollrat in Berlin spricht sich für eine Erhöhung der Lebensmittelrationen in Deutschland auf 1550 Kalorien pro Tag und Kopf aus.

12 Mo Ein Hilfswerk in Zürich soll Kindern in deutschen Notgebieten helfen. Gleichzeitig übernehmen schweizerische Städte Patenschaften für deutsche Städte.

13 Di Die französische Verfassunggebende Versammlung in Paris bestätigt General Charles de Gaulle einstimmig als Ministerpräsidenten der Republik.

14 Mi In Zürich trennen sich die Nationalmannschaften der Schweiz und Italiens nach einem Fußballländerspiel mit 4:4 unentschieden.

15 Do Neben der zerstörten Hohenzollernbrücke nehmen Fähren die Verkehrsverbindung über den Rhein zwischen Köln und Deutz wieder auf.

16 Fr Das schwedische Nobelpreiskomitee in Stockholm verleiht dem deutschen Chemiker Otto Hahn den Nobelpreis des Jahres 1944 für Chemie.

17 Sa Frankreichs Ministerpräsident Charles de Gaulle tritt von seinem Amt zurück, weil die Kommunisten ihren Anspruch auf das Außenministerium nicht aufgeben.

18 So Der Alliierte Kontrollrat führt eine einheitliche Zeitrechnung in Deutschland ein, die den Namen »Zeit A« trägt.

19 Mo Amtlichen Angaben zufolge flüchteten seit Kriegsende 1,3 Mio. Deutsche aus den Gebieten östlich von Oder und Neiße nach Berlin. → USA

20 Di Die britische Besatzungsmacht erlaubt den Inhabern von Postsparbüchern die freie Verfügung über ihre Guthaben. → KZ-Schergen → Nürnberger Prozess

21 Mi General Charles de Gaulle gelingt es, in Frankreich eine neue Regierung zu bilden. Er selbst übernimmt erneut das Amt des Ministerpräsidenten.

22 Do Eine Ausstellung in Stuttgart unter dem Titel »Kunst gegen Krieg« zeigt ab heute u.a. Werke von Käthe Kollwitz und Otto Dix.

23 Fr Weil er trotz Verbots die Grenze nach Österreich überschritten hat, weist die Wiener Regierung den Kaisersohn und Politiker Otto von Habsburg-Lothringen aus.

24 Sa In Köln sendet der Nordwestdeutsche Rundfunk (NWDR) erstmals eine Presseschau mit dem Titel »Blick in Westdeutschlands Presse«.

25 So Unter dem Codewort »Deadlight« versenken britische Marine-Einheiten deutsche U-Boote. Die Aktion dauert bis zum 7. Januar 1946. → ÖVP-Wahlsieg

26 Mo Nachdem die aus sechs Parteien bestehende italienische Regierungskoalition auseinander gefallen ist, tritt Ministerpräsident Ferruccio Parri zurück.

27 Di Die US-Militärregierung lässt 200 Gemälde und Kunstwerke aus Deutschland in die USA bringen, um ihre sachgemäße Unterbringung zu gewährleisten.

28 Mi Fleisch, Fett und Öl unterliegen in den USA ab sofort nicht mehr den Rationierungsvorschriften. Nur noch die Ausgabe von Zucker wird bewirtschaftet.

29 Do In Frankfurt am Main gibt die US-Besatzungsmacht die Lockerung des Bierbrauverbots zum 15. Februar 1946 bekannt.

30 Fr Die Kommunistische Partei Deutschlands (KPD) veranstaltet in Calw (Württemberg) die erste politische Kundgebung in Deutschland seit Kriegsende.

20. November 1945

Urteile gegen KZ-Schergen

Vor einem britischen Militärgericht in Lüneburg endet der erste Prozess gegen Wachmannschaften eines Konzentrationslagers. Auf der Anklagebank sitzen der ehemalige Kommandant des Lagers Bergen-Belsen, Josef Kramer (s. Abb., l., im Gespräch mit seinem britischen Pflichtverteidiger), sowie 44 weitere Angehörige des Lagerpersonals. Kramer und zehn weitere Angeklagte werden zum Tode verurteilt. 14 Angeklagte werden freigesprochen, die übrigen erhalten Haftstrafen zwischen einem Jahr und lebenslänglich. Die Todesurteile werden am 17. Dezember in einem Gefängnis in Hameln vollstreckt. Am 13. Dezember fällt ein US-Militärgericht im oberbayerischen Dachau die Urteile in einem Prozess gegen Angehörige des Lagerpersonals im Konzentrationslager Dachau. 36 Angeklagte erhalten die Todesstrafe, ein Angeklagter erhält eine lebenslängliche Haftstrafe, drei weitere werden zu je zehn Jahren verurteilt.

10. Dezember 1945

Nobelpreis für Penizillin

Drei Pioniere der Penizillin-Forschung werden mit dem Nobelpreis ausgezeichnet. Das Preiskomitee ehrt die britischen Wissenschaftler Alexander Fleming, Ernst Boris Chain und Howard Walter Florey. Chain und Florey war es gelungen, den antibakteriellen Wirkstoff für die Medizin nutzbar zu machen. Den Nobelpreis für Chemie erhält der finnische Biochemiker Artturi Ilmari Virtanen. Der Physiknobelpreis geht an den schweizerischen Physiker Wolfgang Pauli, einen der bedeutendsten Theoretiker der Elementarteilchenphysik. Der in Wien geborene Wissenschaftler, der 1946 US-Bürger wird, verhalf der Quantenmechanik zum Durchbruch. Die chilenische Schriftstellerin und Dichterin Gabriela Mistral wird mit dem Nobelpreis für Literatur ausgezeichnet. Für seine Verdienste um die Vereinten Nationen erhält der ehemalige US-Außenminister Cordell Hull den Friedensnobelpreis.

Alexander Fleming

britischer Bakteriologe, * 6.8.1881 Lochfield Dravel; † 11.3.1955 London

Fleming, der als Militärarzt im Ersten Weltkrieg die verheerende Wirkung von Wundinfektionen kennen lernte, geht als Entdecker des Penizillins in die Medizingeschichte ein. Mit dem Medikament können bislang tödlich verlaufende Infektionen bekämpft werden. Im Jahre 1944 wurde dem Londoner Professor, der sich durch große persönliche Bescheidenheit auszeichnet, der Adelstitel (Sir) verliehen.

- 1928: Entdeckung des Penizillins
- 1928-45: Lehrstuhl für Bakteriologie in London
- 1946: »Penicillin und seine praktische Anwendung« (Schr.)

20. November 1945

Prozess in Nürnberg

Die Welt blickt auf Nürnberg. Zum ersten Mal in der Geschichte werden führende Politiker und Militärs eines Staates von einem internationalen Gerichtshof für ihre Verbrechen zur Verantwortung gezogen. Schon im Dezember 1943 hatten die Alliierten bekräftigt, alle Kriegsverbrecher zu bestrafen. 22 führende Repräsentanten des NS-Regimes stehen vor ihren Richtern.

Die wesentlichen Punkte der Anklage lauten: Verbrechen gegen den Frieden (Vorbereitung und Führung eines Angriffskriegs), Kriegsverbrechen (Misshandlung und Ermordung von Kriegsgefangenen, Tötung von Geiseln, Misshandlung von Zivilisten, Verschleppung zur Zwangsarbeit) und Verbrechen gegen die Menschlichkeit (Versklavung und Ausrottung ganzer Menschengruppen). Die Urteile fallen 1946. Gegen Hitler-Sekretär Martin Bormann wird in Abwesenheit verhandelt. Angeklagt sind:

- Hermann Göring, früherer preußischer Ministerpräsident und Innenminister, Reichsmarschall und Luftfahrtminister
- Rudolf Heß, Ex-»Stellvertreter des Führers«
- Joachim von Ribbentrop, früherer Botschafter in London und Reichsaußenminister
- Generalfeldmarschall Wilhelm Keitel, früher Chef des Oberkommandos der Wehrmacht
- Ernst Kaltenbrunner, ehemaliger Chef des Reichssicherheitshauptamtes und des Sicherheitsdienstes (SD) der SS
- Alfred Rosenberg, einer der wichtigsten Ideolo-

19. November 1945

USA holt deutsche Forscher

Unter strenger Geheimhaltung reisen 88 deutsche Wissenschaftler in die USA. Sie sollen ihre Kenntnisse US-Forschungsvorhaben zur Verfügung stellen. Nach dem Ende des Zweiten Weltkriegs sind die USA daran interessiert, das wissenschaftliche und technologische Know-how deutscher Forscher zu nutzen. Unter ihnen ist auch der Raketenkonstrukteur Wernher von Braun, der maßgeblich an der Entwicklung der deutschen Raketenwaffen »V 1« und »V 2« beteiligt war. Vor allem die US-Streitkräfte sind an der sog. Vergeltungswaffe »V 2« interessiert, die als erste ballistische Rakete der Welt Technikgeschichte geschrieben hat. Es ist geplant, sie für die US-Luftwaffe weiterzuentwickeln. Wernher von Braun wird so für die US-Raketentechnologie zu einem wichtigen Mann. Er konstruiert die Jupiter-C-Rakete, die im Jahre 1958 den ersten US-Erdsatelliten »Explorer I« in die Umlaufbahn trägt. Zudem ist er an Entwicklung und Erprobung der »Saturn V« beteiligt, die das Raumschiff »Apollo 11« 1969 zum Mond befördert.

Angeklagte im Nürnberger Kriegsverbrecherprozess (2. Reihe v.l.): Hermann Göring, Rudolf Heß, Joachim von Ribbentrop, Wilhelm Keitel und Ernst Kaltenbrunner

gen des Nationalsozialismus und von 1941 bis 1945 Reichsminister für die besetzten Ostgebiete
- Hans Frank, Ex-Generalgouverneur von Polen
- Wilhelm Frick, ehemaliger Innenminister und Reichsprotektor von Böhmen und Mähren
- Julius Streicher, ehemals Gauleiter von Franken und Herausgeber des Hetzblattes »Der Stürmer«
- Walther Funk, früherer Reichswirtschaftsminister
- Hjalmar Schacht, früher Reichsbankpräsident und Reichswirtschaftsminister
- Großadmiral Karl Dönitz, ehemals Oberbefehlshaber der Kriegsmarine und Nachfolger Hitlers als Reichspräsident
- Großadmiral Erich Raeder, früher Oberbefehlshaber der Kriegsmarine
- Baldur von Schirach, früher Reichsjugendführer
- Fritz Sauckel, früher Generalbevollmächtigter für den Arbeitseinsatz
- Generaloberst Alfred Jodl, ehemaliger Chef des Wehrmachtsführungsstabes
- Franz von Papen, früherer Reichskanzler
- Arthur Seyß-Inquart, ehemaliger Reichskommissar für die besetzten Niederlande
- Albert Speer, ehemaliger Reichsminister für Rüstung und Kriegsproduktion
- Konstantin Freiherr von Neurath, ehemaliger Reichsprotektor von Böhmen und Mähren
- Hans Fritzsche, Ex-Rundfunkkommentator und Mitarbeiter des Reichsministers für Volksaufklärung und Propaganda, Joseph Goebbels.

25. November 1945

Wahlsieg für die ÖVP

Drei Parteien dürfen an den Wahlen zum österreichischen Parlament teilnehmen (Abb.: Wahlwerbung). Sieger wird die Österreichische Volkspartei (ÖVP), die 49,8% der abgegebenen Stimmen erhält, gefolgt von der Sozialistischen Partei

Österreichs (SPÖ), die 44,6% der Wählerstimmen auf sich vereinigen kann. Nur 5,4% der Stimmen entfallen auf die Kommunistische Partei (KPÖ), die von der Bevölkerung als verlängerter Arm der sowjetischen Besatzungsmacht angesehen wird.

13. Dezember 1945

Parteien erhalten Zulassung

Auch in der französischen Besatzungszone konstituiert sich das politische Leben. Als letzte der vier Besatzungsmächte gestattet Frankreich den Deutschen parteipolitische Arbeit, die allerdings zunächst auf die Gemeinden und Landkreise beschränkt bleibt.

Zwar existieren auch im französischen Machtbereich bereits mehrere politische Parteien, doch können diese meist nur am Rande der Legalität operieren. Die französische Militärregierung untersagt den Parteien, in ihrem Namen Begriffe wie »deutsch« oder »Deutschland« zu führen. Hinter dieser Politik steht die Absicht, die eigene Besatzungszone so weit wie möglich vom Rest Deutschlands abzugrenzen. Alle Bestrebungen zu einer deutschen Wiedervereinigung sollen unterbunden werden. Stattdessen wird das Prinzip eines ausgeprägten Föderalismus gefördert. In der Sowjetzone geht die Militärregierung gegen die CDU vor. Da die Vorsitzenden Andreas Hermes und Walter Schreiber heftige Kritik an der Bodenreform geäußert haben, müssen sie zurücktreten.

Dezember 1945

1 Sa Der Schilling ist ab sofort wieder gesetzliches Zahlungsmittel in Österreich. Die Deutsche Reichsmark bleibt noch bis zum 21. Dezember im Umlauf.

2 So In Bern beschließt die schweizerische Regierung, den Vereinten Nationen nur beizutreten, wenn die Neutralität der Schweiz gewahrt bleibe.

3 Mo Die Renovierungs- und Wiederaufbauarbeiten an den Wintersportanlagen in Garmisch-Partenkirchen sind abgeschlossen.

4 Di Thornton Wilders Stück »Unsere kleine Stadt« (Our Town) kommt in München zur deutschen Erstaufführung. Die Regie führt Erich Engel.

5 Mi Eine Gruppe evangelischer Theologen fordert in Frankfurt am Main wegen der Haltung der Kirche unter dem NS-Regime eine umfassende Kirchenreform.

6 Do Nach Angaben der US-Militärregierung wurden in der US-Zone bisher 643 055 Fragebögen zur Entnazifizierung bearbeitet.

7 Fr In Manila (Philippinen) verurteilt ein US-Militärgericht den ehemaligen Kommandeur der japanischen Streitkräfte, Tokojuki Yamashita, zum Tode.

8 Sa Die britische Militärregierung ernennt Hermann Pünder zum Oberbürgermeister von Köln. Konrad Adenauer war am 9. Oktober entlassen worden.

9 So Ein Schulgebäude in Mainz stürzt ein. Dabei kommen 18 Kinder ums Leben. Das Haus war im Krieg durch Bombenangriffe stark beschädigt worden.

10 Mo Im britischen Unterhaus scheitert ein Misstrauensvotum der konservativen Opposition unter Winston Churchill gegen die Labour-Regierung. → Penizillin

11 Di Die Sowjetische Militäradministration in Deutschland befiehlt eine dreitägige Sperre des Eisenbahn-Personenverkehrs. Der Güterverkehr soll Vorrang haben.

12 Mi Ein niederländisches Gericht verurteilt Anton Adriaan Mussert zum Tode. Der Nationalsozialist war während der deutschen Besetzung Ministerpräsident.

13 Do Der Militärgerichtshof in Dachau verurteilt 36 Angeklagte der Wachmannschaft im ehemaligen Konzentrationslager Dachau zum Tode. → Parteien

14 Fr In Bad Godesberg beginnt die erste »Reichstagung« der CDU und der CDP. Die Delegierten einigen sich auf die gemeinsame Bezeichnung CDU.

15 Sa Gewinner der Präsidentschaftswahlen in Brasilien ist der ehemalige Kriegsminister Enrico Gaspar Dutra. Er tritt die Nachfolge von José Linhares an.

16 So Die US-Militärregierung in Frankfurt am Main ordnet in ihrer Zone die sofortige Dezentralisierung des Bankwesens an.

17 Mo In Paris bestimmt die Vorbereitungskommission der Vereinten Nationen die USA als künftigen Sitz der Weltorganisation.

18 Di Nach Angaben aus Paris befinden sich noch 700 000 deutsche Kriegsgefangene in Frankreich. Rd. die Hälfte arbeitet in der Zivilwirtschaft.

19 Mi Der schweizerische Nationalrat verabschiedet ein Gesetz, das die sofortige Ausweisung nationalistisch oder faschistisch gesinnter Ausländer ermöglicht.

20 Do Die österreichische Nationalversammlung in Wien wählt den Sozialdemokraten Karl Renner zum Bundespräsidenten der Republik Österreich.

21 Fr In Berlin erfolgt die Umbenennung der »Preußischen Akademie der Wissenschaften zu Berlin« in »Akademie der Wissenschaften zu Berlin«.

22 Sa In Paris beschließt die internationale Reparationskommission die Verteilung der deutschen Reparationen auf die Siegermächte.

23 So Der Alliierte Kontrollrat ermächtigt die deutschen Länderregierungen, selbstständig Kredite und Anleihen zur Haushaltsdeckung aufzunehmen.

24 Mo Österreichs Bundespräsident Karl Renner fordert während der Eröffnungsrede des Parlaments in Wien nachdrücklich den Anschluss von Südtirol.

25 Di Aus Anlass des Weihnachtsfestes wendet sich Papst Pius XII. über Rundfunk mit dem Aufruf zu einer Weltfriedensordnung an die Katholiken in aller Welt.

26 Mi Deutsche Kriegsgefangene in Frankreich dürfen den Postverkehr mit ihren Angehörigen aufnehmen. +++ Frankreich beschlagnahmt die Saarbergwerke.

27 Do Die US-Militärregierung in Deutschland hebt zahlreiche Kontrollen auf und gestattet in ihrer Zone den uneingeschränkten Reiseverkehr.

28 Fr In Moskau einigen sich die Außenminister der UdSSR, Großbritanniens und der USA u.a. auf eine fünfjährige Besetzung Koreas.

29 Sa Star der neu eröffneten Eisrevue »Für jeden Etwas« in München ist die fünffache deutsche Eiskunstlaufmeisterin Lydia Veicht.

30 So Nach einer Verfügung für die US-Zone sollen Deutsche im Alter von über 20 Jahren regelmäßig gewogen werden.

31 Mo In Frankfurt am Main übergibt die US-Militärregierung die gesamte Zivilverwaltung der US-Zone den deutschen Behörden.

Januar 1946

1 Di Der britische Luftfahrtminister Lord George Lawrence Winster eröffnet in London den neu erbauten internationalen Flughafen Heathrow.

2 Mi Der SPD-Vorsitzende in der britischen Zone, Kurt Schumacher, spricht sich gegen eine Vereinigung der SPD mit der KPD aus.

3 Do In München stellt der deutsche Ingenieur Fritz Cockerell der Öffentlichkeit einen neuartigen Automotor vor, der bis zu 50% Kraftstoff einsparen soll.

4 Fr Die Besatzungsmächte in Berlin einigen sich auf eine einheitliche Regelung der Polizeistunde. Sie wird auf 22 Uhr festgelegt. → Wiederaufbau

5 Sa In Leipzig beginnt eine Ausstellung mit Werken der 1945 verstorbenen deutschen Grafikerin und Bildhauerin Käthe Kollwitz.

6 So Die türkische Regierung genehmigt die Bildung der Sozialdemokratischen Partei, die damit die erste legale Oppositionspartei des Landes ist.

7 Mo Wegen seiner Zusammenarbeit mit den Nationalsozialisten weist die Schweiz den deutschen Dirigenten Wilhelm Furtwängler nach Österreich aus.

8 Di Die US-Firma Trans Arabian Pipeline Co. erhält von Großbritannien die Konzession zum Bau einer Ölleitung von Saudi-Arabien an die Mittelmeerküste.

9 Mi Der sozialistische belgische Ministerpräsident Achille van Acker löst das Parlament auf und schreibt Neuwahlen für den 17. Februar aus.

10 Do Laut US-Kriegsministerium ist es US-Wissenschaftlern erstmals gelungen, per Radar eine elektronische Verbindung zum Mond herzustellen. → UNO

11 Fr Die neu gewählte albanische Nationalversammlung erklärt in Tirana die Absetzung von König Zogu I. und proklamiert die Volksrepublik Albanien.

12 Sa Der Alliierte Kontrollrat in Deutschland verfügt die Entfernung aller früheren Mitglieder der NSDAP aus »Ämtern und verantwortlichen Stellungen«.

13 So Aus den Vorstandswahlen des Freien Deutschen Gewerkschaftsbundes in Berlin gehen die Kommunisten als stärkste politische Gruppierung hervor.

14 Mo In Paris unterzeichnen Vertreter von 18 Staaten einen Vertrag über die Verteilung deutscher Reparationsleistungen und des deutschen Auslandsguthabens.

15 Di Die US-Militärregierung in Frankfurt am Main gestattet der Sozialdemokratischen Partei Deutschlands in Bayern, sich auf Landesebene zu organisieren.

16 Mi In Bremen konstituiert sich unter dem sozialdemokratischen Senatspräsidenten Wilhelm Kaisen eine vorläufige Volksvertretung der Hansestadt.

17 Do Der französische Außenminister George Bidault lehnt die Einrichtung einer deutschen Zentralregierung ab und fordert u.a. die Abtretung des Saarlandes.

18 Fr In Essen wird der Westdeutsche Fußballverband gegründet, in dem u.a. die Vereine Schalke 04 und Borussia Dortmund organisiert sind.

19 Sa Die US-Militärregierung in Japan richtet in Tokio einen internationalen Gerichtshof zur Aburteilung von japanischen Kriegsverbrechern ein.

20 So Der Alliierte Kontrollrat mit Sitz in Berlin legt die jährliche deutsche Stahlproduktion auf rd. 5,8 Mio. Tonnen fest. → Kommunalwahlen → De Gaulle

21 Mo Ein US-Düsenjäger stellt für die 3760 km lange Strecke von Kalifornien nach New York mit 4:13:28 h einen Geschwindigkeits-Weltrekord auf.

22 Di Die Universität Marburg nimmt den Lehrbetrieb wieder auf. +++ Wegen Unterstützung des NS-Regimes werden im Ruhrgebiet fünf Großindustrielle verhaftet.

23 Mi Unter dem Motto »Berlin baut auf« beginnt eine industrielle Leistungsschau der Stadt. +++ In Bayern wird die Heimat- und Königspartei zugelassen.

24 Do In Baden-Baden richtet die französische Besatzungsmacht den Südwestfunk ein, der vorerst unter ihrer direkten Kontrolle steht.

25 Fr Das schwerste Erdbeben seit dem Jahre 1855 richtet in der Südschweiz an Gebäuden und Verkehrswegen erhebliche Schäden an.

26 Sa Ahmad Qawam os-Saltana übernimmt als Nachfolger von Ibrahim Hakimi das Amt des neuen iranischen Ministerpräsidenten.

27 So David Ben Gurion, jüdischer Gewerkschaftspräsident, begründet in einer Rede in München den jüdischen Anspruch auf einen eigenen Staat in Palästina.

28 Mo Die polnische Regierung gibt bekannt, dass in den ehemaligen deutschen Ostgebieten bisher rd. zwei Mio. Polen angesiedelt worden seien.

29 Di Auf Anordnung der sowjetischen Besatzungsmacht vom 13. Januar begeht die Berliner Universität im Admiralspalast feierlich ihre Wiedereröffnung.

30 Mi Die Deutsche Reichsbahn in der US-Besatzungszone veröffentlicht ihr erstes amtliches Kursbuch seit Kriegsende. Es hat einen Umfang von 152 Seiten.

31 Do In Belgrad verabschiedet die jugoslawische Nationalversammlung eine Verfassung für die Föderative Volksrepublik Jugoslawien.

Die erste Vollversammlung der UNO. Das »Weltparlament« soll Konflikte einvernehmlich lösen.

Norweger wird UNO-Generalsekretär

Trygve Halvdan Lie

norwegischer Politiker, * 16.7.1896 Grorud bei Oslo; † 30.12.1968 Geilo

Der erste Generalsekretär der Vereinten Nationen gehört der norwegischen Arbeiterpartei an. Seit den 30er Jahren war er Minister verschiedener Ressorts. Nach der Besetzung Norwegens durch deutsche Truppen amtierte er ab 1941 als Außenminister der Exilregierung.

- 1922-35: Rechtsberater des Gewerkschaftsverbandes
- 1935-39: Justizminister
- 1939/40: Versorgungsminister
- 1950: Wiederwahl als UNO-Generalsekretär

Mit 46 gegen drei Stimmen bei drei Enthaltungen wählt die UNO-Vollversammlung am 1. Februar den norwegischen Außenminister Trygve Halvdan Lie zum ersten Generalsekretär der UNO. Er wird 1950 – nach Kontroversen – im Amt bestätigt. Die Sowjetunion votiert dabei gegen Lie, weil er ihrer Ansicht nach parteiisch und nicht für das Amt des Generalsekretärs geeignet sei. Weil keine einhellige Empfehlung des Sicherheitsrates zustande kommt, einigen sich die Delegierten nur auf eine Verlängerung der Amtszeit um drei Jahre. Überraschend tritt er 1952 »aus persönlichen Gründen« von seinem Posten zurück. Der Schritt erscheint in neuem Licht, als sein US-amerikanischer Stellvertreter zwei Tage später Selbstmord begeht und Lie den »Ausschuss zur Untersuchung unamerikanischer Umtriebe« dafür verantwortlich macht.

20. Januar 1946

Kein Präsidialregime: Enttäuschter de Gaulle nimmt seinen Hut

General Charles de Gaulle (s. Abb.), Ministerpräsident der provisorischen Regierung Frankreichs und Symbolfigur des französischen Widerstands gegen die deutsche Besatzung im Zweiten Weltkrieg, tritt von seinem Amt zurück. Er begründet seinen Schritt mit der wachsenden Zwietracht der Parteien. Hintergrund sind Streitigkeiten um den innen- und außenpolitischen Kurs des Landes. Im Gegensatz zu de Gaulle, der einen zentralistisch aufgebauten Staat mit einem starken Präsidenten an der Spitze anstrebt, befürworten die französischen Sozialisten und Kommunisten eine Stärkung des Parlaments. Sie befürchten, de Gaulle wolle ein autoritäres Regime errichten. Seit Ende Dezember 1945 begann sich der Konflikt zwischen de Gaulle und den Parteien zu verschärfen. Kommunisten und Sozialisten hatten eine Verringerung der Militärausgaben um 20% gefordert. De Gaulle hatte den Antrag kategorisch abgelehnt, musste aber erkennen, dass die Chance für ein Präsidialregime zu schwinden begannen. Nachfolger de Gaulles wird der Sozialist Félix Gouin, bislang Präsident der Nationalversammlung.

Januar 1946

'el der UNO t Frieden

Zum zweiten Mal in diesem Jahrhundert wird – nach dem Völkerbund – der Plan in die Tat umgesetzt, den Völkern der Welt ein Forum zu bieten, das der globalen Friedenssicherung verpflichtet ist. Delegierte aus 51 Staaten treffen sich in der britischen Hauptstadt London zur ersten Vollversammlung der United Nations Organization (UNO = Vereinte Nationen).
Der britische Premierminister Clement Richard Attlee formuliert in seiner Eröffnungsrede die Hoffnungen, die in das Treffen gesetzt werden. Nach den Leiden, die der Zweite Weltkrieg über die Völker der Welt gebracht habe, gelte es, alle Anstrengungen zur Schaffung einer dauerhaften Friedensordnung zu unternehmen. Mit 28 gegen 23 Stimmen wählen die Politiker den belgischen Außenminister Paul Henri Spaak zum Vorsitzenden der Generalversammlung. Die erste Vollversammlung hat Kärrnerarbeit zu leisten. Die Konstituierung des Sicherheitsrates und des Atomausschusses sowie die baldige Gründung des Internationalen Währungsfonds stehen auf dem Programm der Weltorganisation. Wichtigstes Gremium ist der Sicherheitsrat, der zukünftig bei internationalen Krisen vermittelnd eingreifen soll. Neben fünf ständigen Mitgliedern – den USA, Großbritannien, Frankreich, UdSSR und China – gehören ihm sechs nichtständige Mitglieder an, die alle zwei Jahre wechseln. Dass es nicht leicht sein wird, in einer Weltorganisation angesichts divergierender Interessen Probleme zu lösen, wird unmittelbar nach Eröffnung der ersten Vollversammlung deutlich. Zu ersten Auseinandersetzungen im Sicherheitsrat kommt es über die Situation in Griechenland. Der britische Außenminister Ernest Bevin weist den Protest Moskaus gegen die Anwesenheit britischer Truppen in dem Mittelmeerland zurück. Auch um die Lage im Iran entbrennt ein Streit im Sicherheitsrat.

20. Januar 1946

Kommunalwahlen in US-Zone

Zum ersten Mal seit der Machtergreifung der Nationalsozialisten im Jahre 1933 finden in Deutschland wieder freie Wahlen statt. In den drei Ländern der US-Besatzungszone wird die Bevölkerung in den Gemeinden mit weniger als 20 000 Einwohnern aufgerufen, die Zusammensetzung ihrer kommunalen Parlamente zu wählen. Dass die Wahlen zunächst in den kleineren Gemeinden stattfinden, entspricht den Zielen der US-Besatzungspolitik, die einen demokratischen Aufbau von unten nach oben unterstützen wollen. Politische Parteien durften sich deshalb erst kommunal organisieren. In Hessen kann die SPD die meisten Stimmen erringen, während in Bayern die CSU und in Württemberg-Baden die CDU gewinnen.

4. Januar 1946

Pläne für Wiederaufbau

Wenige Monate nach dem Ende des Zweiten Weltkriegs ist Deutschland noch immer eine Trümmerlandschaft. In vielen Städten türmt sich der Schutt. In den meisten deutschen Großstädten sind über 50% des Wohnraums zerstört. Vorbedingung für den Wiederaufbau ist die Beseitigung der Trümmer, die allein in den drei westlichen Besatzungszonen mehrere Mio. Kubikmeter betragen. Zudem ist unter den Kulturpolitikern und Architekten in den Westzonen ein heftiger Streit über die Prinzipien des Wiederaufbaus entbrannt. Sollen die Städte nach ihrem historischen Bild rekonstruiert werden oder nach modernen Kriterien völlig neu entstehen? Einer der Wortführer für eine neue Architektur ist der Berliner Architekt Hans Scharoun (s. Abb., r., mit dem stellvertretenden Oberbürgermeister von Berlin, Karl Maron).

20. Februar 1946

Keynes wird IWF-Direktor

Das Direktorium des Internationalen Währungsfonds (IWF) und der Internationalen Bank für Wiederaufbau und Entwicklung wählt den britischen Nationalökonomen John Maynard Keynes (s. Abb.) zum Generaldirektor der beiden UN-Sonderorganisationen. Der IWF soll die währungspolitische Zusammenarbeit der Staaten unterstützen, um u.a. den Welthandel zu fördern.

John Maynard Keynes, Baron Keynes of Tilton (seit 1942)

britischer Nationalökonom, * 5.6.1883 Cambridge; † 21.4.1946 Firle (Sussex)

Keynes hat die Wirtschaftspolitik der Industriestaaten wie kein anderer Ökonom dieses Jahrhunderts beeinflusst. Während der Weltwirtschaftskrise gelangte er zu der Auffassung, dass sich Angebot und Nachfrage nicht automatisch über den Preis ausgleichen und das freie Spiel der Kräfte des Marktes von allein zur Vollbeschäftigung führe. Seine Erkenntnisse führen zu einer neuen Richtung in der Nationalökonomie, dem Keynesianismus.

- 1913: Sekretär der Royal Economic Society
- 1919: Finanzbeauftragter bei der Pariser Friedenskonferenz
- 1920: Professor in Cambridge
- 1936: »Allgemeine Theorie der Beschäftigung, des Zinses und des Geldes«

Februar 1946

1	Fr	Josip Tito wird zum ersten Ministerpräsidenten Jugoslawiens gewählt. +++ Die erste Nummer der Zeitschrift »Pinguin« (Hrsg.: Erich Kästner) erscheint.
2	Sa	In der französischen Zone in Deutschland wird das Deutsche Rote Kreuz aufgelöst und sein Vermögen unter französische Verwaltung gestellt.
3	So	Eine von der Kommunistischen Partei Deutschlands (KPD) veranstaltete dreitägige »1. Zentrale Kulturtagung« beginnt in Berlin.
4	Mo	In der thüringischen Stadt Wellenborn nahe Saalfeld wird der erste Hochofen in der Sowjetzone wieder angeblasen.
5	Di	Das Parlament in Budapest wählt Ferenc Nagy zum ungarischen Ministerpräsidenten. Er tritt die Nachfolge von Zoltán Tildy an, der nun Staatspräsident ist.
6	Mi	In dritter Lesung nimmt das britische Oberhaus in London eine Gesetzesvorlage über die Verstaatlichung der Bank von England an.
7	Do	Das US-Repräsentantenhaus in Washington billigt ein Gesetz, das Arbeitsniederlegungen in den Schlüsselindustrien der USA für illegal erklärt.
8	Fr	Infolge starker Regenfälle bricht der Emscher-Deich in Essen. Etwa 7000 Menschen werden von den Wassermassen in ihren Häusern eingeschlossen.
9	Sa	Die österreichische Regierung in Wien ordnet die Verhaftung aller sich im Land aufhaltenden Mitglieder des österreichischen Kaiserhauses Habsburg an.
10	So	Nach heftigen Regenfällen kommt es in Wales zu den schwersten Überschwemmungen seit Jahrzehnten. Weite Landstriche stehen unter Wasser.
11	Mo	Vertreter der tschechoslowakischen und der ungarischen Regierung schließen in Prag ein Abkommen über den Bevölkerungsaustausch von Minderheiten.
12	Di	In einer Note an die Regierungen Großbritanniens und der USA fordert Frankreich die Einführung des Franc als Zahlungsmittel im Saarland.
13	Mi	Der britische Premierminister Clement Richard Attlee ernennt Sir William Sholto Douglas zum Militärgouverneur der britischen Besatzungszone Deutschlands.
14	Do	Die Delegierten der in London tagenden Vollversammlung der Vereinten Nationen bestimmen New York zum künftigen Sitz der Weltorganisation.
15	Fr	Auf der konstituierenden Sitzung des Wiener Gemeinderates wird Theodor Körner zum Bürgermeister der österreichischen Hauptstadt gewählt.
16	Sa	Der Oberbürgermeister von Berlin, Arthur Werner, ruft die Bevölkerung auf, allen verfügbaren Boden zum Anbau von Nahrungsmitteln zu nutzen.
17	So	In Kairo stellt der ägyptische Ministerpräsident Ismail Sidqi Pascha sein neues Kabinett vor, dem Liberale und unabhängige Politiker angehören.
18	Mo	Das US-Außenministerium veröffentlicht den Wortlaut des Abkommens von Jalta, in dem die deutschen Kapitulationsbedingungen festgelegt wurden.
19	Di	Im Saarland beginnt eine Schulkinderspeisung durch ein von schweizerischen Geschäftsleuten in Bern gegründetes Hilfswerk.
20	Mi	Bei einem Bergwerksunglück auf der Zeche Grimberg in der westfälischen Gemeinde Bergkamen kommen 400 Bergleute ums Leben. → Keynes
21	Do	In Hamburg erscheint in Auflage von 25 000 Exemplaren erstmals die Wochenzeitung »Die Zeit«. Herausgeber sind u.a. Lovis H. Lorenz und Gerd Bucerius.
22	Fr	Eine Meuterei von 7000 einheimischen Matrosen in der indischen Hafenstadt Bombay endet mit deren Kapitulation vor britischen Truppen.
23	Sa	Der Kommandant der britischen Truppen in Iran und Irak, General Robert Savory, kündigt den Rückzug seiner Männer aus dem Iran an.
24	So	Die Präsidentschaftswahlen in Argentinien erbringen eine Mehrheit für Innen- und Sozialminister Juan Domingo Perón, der eine autoritäre Regierung anstrebt.
25	Mo	Der Alliierte Kontrollrat für Österreich lehnt in Wien die Zulassungsanträge von sieben monarchistisch orientierten Parteien ab.
26	Di	In Berlin findet die zweite Konferenz von Vertretern der Sozialdemokratie und der Kommunisten der Sowjetzone statt. Ziel ist die Vereinigung beider Parteien.
27	Mi	Die Sozialdemokraten in der französischen Zone erhalten von der Besatzungsmacht die Erlaubnis, sich auf Landesebene zu organisieren.
28	Do	In Spanien werden vier zum Tode verurteilte Republikaner hingerichtet. Aus Protest schließt die französische Regierung die Grenze zu Spanien.

März 1946

1 Fr Die CDU-Landesverbände Westfalen und Rheinland werden zu einem Zonenverband zusammengeschlossen. Vorsitzender ist Konrad Adenauer.

2 Sa Eine in Washington tagende Ernährungskonferenz von 21 Staaten setzt ein Notstandskomitee zur Bekämpfung des Hungers in Europa ein.

3 So Nach einer Meldung von Radio Moskau hat der Abzug sowjetischer Truppen aus dem Norden des Iran begonnen.

4 Mo Nach Angaben der britischen Regierung in London wurde seit Kriegsende die Truppenstärke des Landes auf 1,1 Mio. Mann reduziert.

5 Di In Berlin erscheint die erste Nummer des »Spandauer Volksblatts«, die erste Berliner Zeitung mit britischer Lizenz. → Entnazifizierung → Churchill

6 Mi Die sowjetische Besatzungsmacht in Deutschland ordnet die Wiederabhaltung der Leipziger Frühjahrsmesse an.

7 Do Am Zürcher Schauspielhaus kommt die Romanze »Santa Cruz«, ein Stück des schweizerischen Schriftstellers Max Frisch, zur Uraufführung. → FDJ

8 Fr Große Teile der deutschen Handelsflotte werden an Großbritannien, die USA und die UdSSR übergeben. Betroffen sind Schiffe mit insgesamt rd. 1,2 Mio. BRT.

9 Sa Beim Einsturz einer Tribüne in einem Fußballstadion in Bolton (Großbritannien) kommen 38 Menschen ums Leben.

10 So Der erste Nachkriegsparteitag des Zentrums in der britischen Zone findet in Essen statt. +++ Großbritannien beginnt mit dem Truppenabzug aus dem Libanon.

11 Mo Wegen Verdachts der Spionage für die UdSSR verhaftet die Polizei im kanadischen Ottawa Angestellte des Kriegsforschungsamtes. → Versorgungslage

12 Di In den USA geht nach 113-tägiger Dauer in den Automobilwerken von General Motors ein Lohnstreik der Arbeiter zu Ende.

13 Mi Vor dem Internationalen Militärgerichtshof in Nürnberg wird der Prozess mit der Vernehmung des früheren Reichsmarschalls Hermann Göring fortgesetzt.

14 Do Ernst Reclam erhält von der Sowjetischen Militäradministration in Deutschland die Lizenz zur Wiedereröffnung seines Verlages in Leipzig.

15 Fr Der britische Premierminister Clement Richard Attlee kündigt in London für die nähere Zukunft die Entlassung Indiens in die Unabhängigkeit an.

16 Sa In der italienischen Hafenstadt Triest demonstrieren rd. 100 000 Einwohner für die Angliederung der Stadt an den jugoslawischen Staatsverband.

17 So Der britische Fahndungsdienst verhaftet den ehemaligen Kommandanten des Konzentrationslagers Auschwitz, Rudolf Höß, in einem Dorf bei Flensburg.

18 Mo In der jugoslawischen Hauptstadt Belgrad unterzeichnen Vertreter der Regierungen Polens und Jugoslawiens einen Freundschaftspakt.

19 Di Die Regierung des Iran ruft wegen der fortgesetzten Präsenz sowjetischer Streitkräfte in ihrem Land erneut den Sicherheitsrat der Vereinten Nationen an.

20 Mi In Moskau vereinbaren die Sowjetunion und die Schweiz die Wiederaufnahme ihrer diplomatischen Beziehungen.

21 Do Der sowjetische UNO-Botschafter Andrej A. Gromyko erklärt vor dem Sicherheitsrat der UNO, die sowjetischen Truppen seien aus dem Iran abgezogen.

22 Fr Transjordanien wird nach Beendigung des britischen Mandats ein selbstständiger Staat. Emir Abd Allah Ibn Al Husain nimmt den Königstitel an.

23 Sa In Hannover konstituiert sich die Niedersächsische Landespartei/Deutsche Partei; zu ihrem ersten Vorsitzenden wählen die Delegierten Heinrich Hellwege.

24 So Der sozialistische französische Ministerpräsident Félix Gouin fordert in einer Rede in Straßburg eine lang andauernde Besetzung Deutschlands.

25 Mo In der Hansestadt Lübeck erscheint unter Lizenz der britischen Militärregierung die erste Ausgabe der »Lübecker Nachrichten«.

26 Di Die alliierten Besatzungsmächte Deutschlands legen den ersten Industrieplan vor. Er sieht u.a. die Demontage von 1800 deutschen Industriebetrieben vor.

27 Mi Heinrich Mohn erhält von der britischen Besatzungsmacht die Lizenz zur Wiedereröffnung des 1835 gegründeten Verlages C. Bertelsmann in Gütersloh.

28 Do Das argentinische Parlament in Buenos Aires wählt den bisherigen Innenminister Juan Domingo Perón zum Staatspräsidenten des Landes.

29 Fr Der Oberste Chef der Sowjetischen Militäradministration in Deutschland, Marschall Georgi K. Schukow, wird von General Wassily D. Sokolowski abgelöst.

30 Sa Den 95. traditionellen Ruderwettkampf zwischen den Universitätsteams aus Oxford und Cambridge gewinnt die Oxforder Crew mit drei Längen Vorsprung.

31 So In Griechenland finden Parlamentswahlen statt, aus denen die Royalisten unter Konstantinos Tsaldaris als stärkste politische Kraft hervorgehen.

5. März 1946

Churchill prägt Schlagwort

Der ehemalige britische Premierminister Winston Churchill (s. Abb. l.) hält am Westminster College in Fulton (US-Bundesstaat Missouri) eine Aufsehen erregende Rede. Nach Ansicht des Politikers hat sich von Stettin an der Ostsee bis nach Triest

an der Adria ein »Eiserner Vorhang« über den europäischen Kontinent gesenkt. Die Sowjetunion bringe in den osteuropäischen Staaten kommunistische Parteien an die Macht, übe Druck auf Staaten aus und fördere in ihren Besatzungszonen den Aufbau kommunistischer Organisationen. Churchill, dessen Begriff des »Eisernen Vorhangs« schnell berühmt wird, befürchtet, dass Moskau seinen Machtbereich weiter ausdehnen wolle. Kremlchef Josef W. Stalin weist die Anschuldigungen scharf zurück und nennt Churchill einen »Kriegsbrandstifter«.

5. März 1946

Gesetz zur Entnazifizierung

In unterschiedlicher Weise überprüfen die Besatzungsmächte die Verstrickung der Deutschen in das nationalsozialistische Herrschaftssystem (Abb.: Einsammeln von Entnazifizierungsbögen in Berlin). Die US-Militärregierung delegiert die Pra-

xis der Entnazifizierung in einem begrenzten Rahmen an die Einheimischen selbst. In München unterzeichnen die Ministerpräsidenten von Bayern, Württemberg-Baden und Groß-Hessen das »Gesetz zur Befreiung von Nationalsozialismus und Militarismus«, kurz »Befreiungsgesetz« genannt. Damit sind ab sofort deutsche Stellen für die Entnazifizierung der Bevölkerung zuständig. Das Gesetz verpflichtet jeden Deutschen über 18 Jahren, einen Meldebogen auszufüllen. Die Betroffenen werden den Hauptkategorien »Hauptschuldige«, »Schuldige«, »Belastete«, »Minderbelastete«, »Mitläufer« und »Entlastete« zugeordnet.

22. April 1946

Aus SPD und KPD wird SED

Die Sozialdemokratische Partei Deutschlands (SPD) und die Kommunistische Partei Deutschlands (KPD) schließen sich in der sowjetischen Besatzungszone zur Sozialistischen Einheitspartei (SED) zusammen. Die Konstituierung der neuen Partei wird auf einem Vereinigungsparteitag im Berliner Admiralspalast vollzogen. Mit Gründung der SED, die mehr als 1,2 Mio. Mitglieder zählt, haben SPD und KPD in der Sowjetzone als selbstständige Parteien aufgehört zu existieren.
An der Spitze der SED stehen Otto Grotewohl und Wilhelm Pieck als gleichberechtigte Vorsitzende. Grotewohl hat bislang den SPD-Zentralausschuss geleitet, Pieck war Vorsitzender der KPD in der sowjetischen Besatzungszone. Der Parteitag verabschiedet eine Satzung sowie ein Grundsatzprogramm, in dem sich die SED u.a. zur »Herstellung der Einheit Deutschlands als antifaschistische, parlamentarisch-demokratische Republik« bekennt. Vertreter der SPD und KPD würdigen die Vereinigung zur SED als Überwindung der Spaltung der Arbeiterklasse und als lang ersehnte »Neugeburt der Arbeiterbewegung« in Deutschland. Als Parteiorgan der SED erscheint am 23. April die erste Ausgabe der Zeitung »Neues Deutschland«, die mit einer Anfangsauflage von rd. 400 000 Exemplaren die größte Zeitung der Sowjetzone ist.
Die KPD-Führung hatte seit Herbst 1945 auf eine Vereinigung ihrer Partei mit den Sozialdemokraten gedrängt – zum Teil mit starker Unterstützung durch Offiziere der Sowjetischen Militäradministration in Deutschland (SMAD). Zahlreiche Sozialdemokraten wehrten sich gegen den massiven Druck, mit denen eine Vereinigung der beiden Parteien vorangetrieben wurde. Die SED legt in ihrem auf dem Gründungs-

11. März 1946

Versorgungslage ist kritisch

Zum Ende des Winters ist die Ernährungssituation in Deutschland katastrophal. Trotz massiver Hilfe der Besatzungsmächte kann die ohnehin schon knappe Bemessung der Lebensmittelrationen nicht aufrechterhalten werden. Die US-Militärregierung verfügt eine Senkung der täglichen Rationen von 1550 auf 1275 Kalorien. Dies würde zwar die Arbeitsfähigkeit der Deutschen weiter mindern, verhungern müsse jedoch niemand. Im Juli, so der Plan, könnten die Rationen wieder erhöht werden, da die US-Regierung die Lieferung von 150 000 t Weizen zugesagt habe. Seit Kriegsende sind bereits große Mengen Getreide in die Besatzungszonen geliefert worden. Wegen Vernachlässigung der Äcker und Felder während des Krieges ist die deutsche Landwirtschaft noch nicht in der Lage, den Bedarf selbst zu decken.

In Berlin vereinigen sich zwei Marschkolonnen aus KPD und SPD symbolisch zur Sozialistischen Einheitspartei Deutschlands (SED).

parteitag beschlossenen Grundsatzprogramm u.a. einen Katalog von Forderungen vor, in dem die »Bestrafung aller Kriegsschuldigen und Kriegsverbrecher«, die »Beseitigung der kapitalistischen Monopole« und die sofortige »Entmachtung der Großgrundbesitzer« verlangt wird. Unmittelbar nach dem Ende des Zweiten Weltkriegs war sowohl in der KPD als durchaus auch in der SPD der Wunsch nach Schaffung einer einheitlichen deutschen Arbeiterpartei weit verbreitet. Als in der Sowjetzone wieder politische Parteien zugelassen wurden, lehnte die KPD die Fusion beider Parteien zunächst ab – in der Hoffnung, zur stärksten Linkspartei zu werden. Schon bald stellte sich jedoch heraus, dass die Sozialdemokraten weit mehr Zulauf erhielten als die KPD, deren Führung daraufhin doch auf eine Fusion der beiden Arbeiterparteien setzte.

Plakat zur Vereinigung

Wilhelm Pieck

deutscher Politiker, * 3.1.1876 Guben (an der Oder); † 7.9.1960 Ost-Berlin

Der gelernte Tischler und Mitbegründer der KPD war von 1928 bis 1933 Mitglied des Reichstages. Ab 1935 Vorsitzender der Exil-KPD, übernimmt er 1946 zusammen mit Otto Grotewohl die Führung der SED. 1949 wird er zum Präsidenten der DDR gewählt. Dieses relativ einflusslose Amt wird nach seinem Tod aufgehoben.

- 1895: Mitglied der SPD
- 1918: Mitbegründer der KPD
- 1943: Mitbegründer des Nationalkomitees Freies Deutschland

Otto Grotewohl

deutscher Politiker, * 11.3.1894 Braunschweig; † 21.9.1964 Ost-Berlin

Der erste Ministerpräsident der DDR, gelernter Buchdrucker, saß zwischen 1920 und 1925 für die SPD im braunschweigischen Landtag. Er war Innen-, Volksbildungs- sowie Justizminister des Landes Braunschweig. Mit Hitlers Machtantritt verlor er seine Ämter. 1945 gehörte er zu den Mitgründern der SPD in Berlin.

- 1912-18, 1922-46: Mitglied der SPD (1918-22: USPD)
- 1938-45: Mehrfach in NS-Haft
- 1949-64: Ministerpräsident der DDR

7. März 1946

Einheitsverband FDJ für Jugendliche in der Sowjetzone

Im Osten Deutschlands entsteht ein einheitlicher Jugendverband. Die »Freie Deutsche Jugend« (FDJ) wird zur beherrschenden Massenorganisation für Jugendliche in der sowjetischen Besatzungszone und der späteren DDR. Den Vorsitz übernimmt der 33-jährige Erich Honecker, Mitglied der Kommunistischen Partei Deutschlands (KPD), die seit Mitte 1945 treibende Kraft bei der Entstehung des Verbandes war. In der sowjetischen Zone hatten sich Kommunisten und Sozialdemokraten schon früh darauf verständigt, keine eigenen Jugendverbände zu schaffen. Mit Befehl vom 31. Juli 1945 verfügt die Sowjetische Militäradministration in Deutschland (SMAD) die Bildung sog. antifaschistischer Jugendkomitees. Die Gründung anderer Jugendorganisationen, etwa Sportvereine, gewerkschaftlicher oder kirchlicher Organisationen, wird verboten. Ziel der Jugendausschüsse ist die Gründung eines übergreifenden Verbandes. Beherrscht werden die Ausschüsse zumeist von jungen Kommunisten, die teils während des Zweiten Weltkriegs in der Sowjetunion auf Schulen des Jugendverbandes »Komsomol« geschult worden waren. Im September 1945 konstituiert sich unter dem Vorsitz von Honecker und der SPD-Vertreterin Edith Baumann der »Zentrale Jugendausschuss für die sowjetische Besatzungszone«. Ihr Beschluss, eine einheitliche Jugendorganisation zu gründen, wird Anfang 1946 von den Behörden genehmigt. In der späteren DDR ist die »sozialistische Massenorganisation« FDJ u.a. für die politische Organisation der Jugend, deren ideologische Erziehung sowie die Freizeitgestaltung zuständig.

April 1946

1 Mo Auf Weisung des Alliierten Kontrollrats nehmen die deutschen Gerichte in allen vier Besatzungszonen Deutschlands ihre Arbeit wieder auf.

2 Di In Hamburg und Berlin erscheint die erste Ausgabe der Tageszeitung »Die Welt«, die vorerst offizielles Organ der britischen Militärverwaltung ist.

3 Mi Flutwellen, die durch ein Seebeben im Pazifik ausgelöst wurden, fordern auf Hawaii und an der kalifornischen Küste zahlreiche Menschenleben.

4 Do Das erste deutsche Rundstrecken-Straßenrennen der Radrennfahrer seit Kriegsende gewinnt in München Karl Kittsteiner aus Nürnberg.

5 Fr Die britische Luftwaffe startet zu einem Bombenabwurf nach Helgoland. Ziel der Operation ist die Zerstörung deutscher Befestigungsanlagen.

6 Sa Ein Pariser Schwurgericht verurteilt den Arzt Marcel Petiot nach dreiwöchiger Verhandlungsdauer wegen Mordes an 27 Menschen zum Tode.

7 So Eine internationale Eisenbahnkonferenz in Basel beschließt die Wiederaufnahme des Zugverkehrs der drei deutschen Westzonen mit dem Ausland.

8 Mo Im Berliner Hebbel-Theater tritt nach zwölfjähriger Pause der Schauspieler Hans Albers erstmals wieder in einem Theaterstück auf.

9 Di Die Konferenz für Flüchtlingsfragen tritt in London zusammen. Hauptthema ist die Rückführung von Flüchtlingen und Verschleppten in ihre Heimat.

10 Mi Das Wiener Theater in der Josefstadt bringt Bertolt Brechts im Exil entstandenes Stück »Der gute Mensch von Sezuan« zur Aufführung.

11 Do In München findet die deutsche Erstaufführung des Filmdramas »Die letzte Chance« mit Therese Giehse in der Hauptrolle statt.

12 Fr Der Verlag F. H. Brockhaus in Leipzig erhält von der sowjetischen Militäradministration in Deutschland die Lizenz zur Wiedereröffnung.

13 Sa Die türkische Regierung in Ankara ersucht die USA um Gewährung eines Kredits in Höhe von rd. 500 Mio. Dollar.

14 So Der Alliierte Kontrollrat genehmigt die Bildung von Gewerkschaften auf Länderebene. +++ Österreichs Fußballelf schlägt Ungarn in Wien mit 3:2.

15 Mo In Palästina tritt die jüdische Bevölkerung in einen Generalstreik, weil Italien 1000 jüdische Flüchtlinge an der Weiterreise nach Palästina hindert.

16 Di Im Wolfsburger Volkswagenwerk läuft der 1000. Pkw seit Kriegsende vom Band. Die Produktion war 1945 wieder aufgenommen worden.

17 Mi Die britische Regierung beschließt in London, große Teile der Eisen- und Stahlindustrie des Landes zu verstaatlichen.

18 Do In Genf erklärt die Vollversammlung des Völkerbundes die sofortige Auflösung der Organisation und die Übertragung ihrer Funktionen an die UNO.

19 Fr In Nürnberg bekennt sich Hans Frank, Generalgouverneur im besetzten Polen, als erster Angeklagter mitschuldig an den nationalsozialistischen Greueltaten.

20 Sa Der italienische Dirigent Arturo Toscanini kehrt aus dem Exil in den USA nach Italien zurück; er hatte 1929 das damals faschistische Land verlassen.

21 So In Firle in der englischen Grafschaft Sussex stirbt John Maynard Keynes, britischer Nationalökonom und einflussreicher Wirtschaftstheoretiker.

22 Mo Der US-Botschafter in China, George C. Marshall, vereinbart ein Gespräch zwischen den chinesischen Bürgerkriegsparteien. → SED

23 Di Anhänger der italienischen Faschisten graben in Mailand den Leichnam von »Duce« Benito Mussolini aus und bringen ihn an einen unbekannten Ort.

24 Mi In den USA beginnt die Ausstrahlung einer Farbfernseh-Versuchssendung. +++ Zum Wiederaufbau gewährt die USA Polen einen 40-Mio.-Dollar-Kredit.

25 Do Die Außenministerkonferenz der USA, Großbritanniens, Frankreichs und der UdSSR in Paris bringt keine Einigung über die Deutschlandpolitik.

26 Fr Der Alliierte Kontrollrat in Österreich gibt den zivilen Verkehr zwischen den vier Besatzungszonen des Landes frei.

27 Sa Im Londoner Wembley-Stadion gewinnt die Mannschaft von Derby County das erste Fußballpokalfinale seit Kriegsende gegen Charlton Athletic mit 4:1.

28 So Aus den Kreistagswahlen in der US-Besatzungszone Deutschlands geht die CDU bzw. CSU als Siegerin hervor, in Hessen wird die SPD stärkste Partei.

29 Mo Die US-Militärregierung belegt die Schauspielerin Marika Rökk wegen ihrer Verbindungen zum Nationalsozialismus mit Auftrittsverbot.

30 Di Nach Angaben des Hamburger Senats sind in den ersten vier Monaten des Jahres in der Stadt rd. 35 000 Kohlendiebe verhaftet worden.

Mai 1946

1 Mi Auf einer von der SED veranstalteten Maikundgebung in Berlin nimmt rd. eine halbe Mio. Menschen teil. +++ In Düsseldorf erscheint das »Handelsblatt«.

2 Do Manuel Roxas wird zum Präsidenten der Philippinen gewählt. +++ In Zürich feiert das Orchesterstück »Metamorphosen« von Richard Strauss Premiere.

3 Fr Als erste der im Krieg zerstörten Eisenbahnbrücken über den Rhein wird die Kölner Südbrücke nach Instandsetzung wieder in Betrieb genommen.

4 Sa Der britische Delegierte bei den Vereinten Nationen, Sir Alexander George Montagu Cadogan, gibt die Räumung Syriens von britischen Truppen bekannt.

5 So Nach einer Weisung des US-Militärgouverneurs in Japan, General Douglas MacArthur, muss die japanische Regierung ihre Kriegsschiffe vernichten.

6 Mo Die spanische Regierung übergibt im Lande befindliche deutsche Guthaben an die Alliierte Kontrollkommission.

7 Di Der ehemalige Führer der niederländischen Nationalsozialisten, Anton Adrian Mussert, wird in Den Haag wegen Hochverrats hingerichtet.

8 Mi In Leipzig öffnet die erste Frühjahrsmesse seit Kriegsende ihre Pforten. An der fünftägigen Ausstellung beteiligen sich 2746 Firmen.

9 Do König Viktor Emanuel III. von Italien unterzeichnet die Abdankungsurkunde und begibt sich ins Exil. Sein Sohn tritt als König Umberto II. die Nachfolge an.

10 Fr Bei Testflügen auf einem Luftwaffenstützpunkt im US-Bundesstaat New Mexico erreicht eine deutsche Rakete vom Typ »V 2« eine Höhe von rd. 125 km.

11 Sa Die englische Fußballnationalmannschaft schlägt die schweizerische Auswahl im Londoner Wembley-Stadion mit 4:1 Toren. → SPD-Parteitag

12 So Die Wahl zur zweiten Kammer des niederländischen Parlaments gewinnt die katholische Volkspartei vor der Arbeiterpartei. → KZ-Bewacher

13 Mo Das US-Hilfskomitee für europäische Kinder teilt mit, dass 2000 deutsche Waisenkinder in den USA aufgenommen würden.

14 Di In Budapest schließen Verhandlungsdelegationen aus der UdSSR und Ungarn ein Abkommen über die Bildung einer gemeinsamen Erdölgesellschaft.

15 Mi Der US-Boxer Gus Lesnevich besiegt in London den Weltmeister im Halbschwergewicht, Freddie Mills (Großbritannien), durch k.o. in der 9. Runde.

16 Do Nach einer Mitteilung des Verteidigungsministeriums in London haben die britischen Truppen mit ihrem Abzug aus Ägypten begonnen.

17 Fr Joseph Müller (»Ochsensepp«) wird zum Parteivorsitzenden der CSU gewählt. +++ Die Deutsche Film AG (DEFA) erhält die Lizenz für Filmproduktionen.

18 Sa In München nimmt das Staatsschauspielhaus mit einer Aufführung von Gotthold Ephraim Lessings »Nathan der Weise« den Spielbetrieb wieder auf.

19 So Im Land Baden in der französischen Besatzungszone tritt nach Annahme durch einen Volksentscheid die neue Landesverfassung in Kraft.

20 Mo Zwischen Berlin und New York nimmt die US-Fluggesellschaft American Overseas Airlines den regelmäßigen Flugbetrieb auf.

21 Di Das britische Unterhaus in London billigt ein von der Labour Party eingebrachtes Gesetz über die Verstaatlichung der Bergwerke des Landes.

22 Mi Nach Angaben des britischen Außenministers lehnen von den 190 000 in der britischen Armee dienenden Polen 160 000 die Rückkehr in ihre Heimat ab.

23 Do Den Nationalchinesen unter Chiang Kai-shek gelingt die Rückeroberung der mandschurischen Hauptstadt Tschangtschun von den Kommunisten.

24 Fr Die ungarische Regierung in Budapest beschließt die Ablösung der bisherigen Währung, des Pengös, durch den Forint.

25 Sa Lucius D. Clay, stellvertretender US-Militärgouverneur in Deutschland, gibt die Beendigung deutscher Reparationslieferungen aus der US-Zone bekannt.

26 So In der US-Besatzungszone finden Gemeinderatswahlen statt. In Bayern siegt insgesamt die CSU, in den anderen Ländern die SPD. → Wahlsieg

27 Mo Auf einer Commonwealth-Konferenz in London votiert die Mehrheit der Staaten gegen eine zentral von Großbritannien gesteuerte Außenpolitik.

28 Di Der ehemalige Stellvertreter Heinrich Himmlers, Heinrich Pohl, wird in einem Dorf bei Bremen – als Landarbeiter getarnt – von britischem Militär verhaftet.

29 Mi Die US-Bergarbeiter beenden ihren landesweiten, dreiwöchigen Streik. Eine Lohnerhöhung und verbesserte Sozialleistungen konnten durchgesetzt werden.

30 Do Im US-Bundesstaat Indiana gewinnt der Automobilrennfahrer George Robson (USA) den Großen Preis von Indianapolis.

31 Fr Ein schweres Erdbeben im Osten der Türkei fordert mindestens 1400 Todesopfer sowie zahlreiche Verletzte. Die Regierung entsendet 2000 Soldaten.

30. Juni 1946

Atomtest verseucht Bikini-Atoll

Die USA beginnen mit Atombombentests auf dem Bikini-Atoll im Südpazifik. Die Bevölkerung ist zuvor zwangsevakuiert worden, damit der erste Kernwaffentest seit dem Ende des Krieges stattfinden kann. Für ihren Versuch haben die US-Streitkräfte 72 ausrangierte Schiffe in einer Lagune des Südsee-Atolls verankert. An Bord der Schiffe, unter ihnen der Flugzeugträger »Independence« und der deutsche Kreuzer »Prinz Eugen«, sind Versuchstiere, darunter 400 Schweine, 2000 Ziegen und 4000 Ratten. 90% der Tiere überleben die Explosion (s. Abb.), sterben aber in den nächsten Tagen an den Folgen der radioaktiven Strahlung. Große Teile der Presse fordern eine internationale Kontrolle der Atombombentechnik. Am 14. Juni trat in New York eine UN-Kontrollbehörde für Kernenergie zu ihrer ersten Sitzung zusammen. Sie soll nach Möglichkeiten suchen, wie alle Tätigkeiten auf dem Gebiet der Atomenergieforschung und -nutzung einer internationalen Kontrolle unterstellt werden können.

11. Mai 1946

Erster SPD-Parteitag

Erstmals seit 1933 trifft sich die Sozialdemokratische Partei Deutschlands (SPD) wieder zu einem Parteitag. Die Delegierten aus 22 Parteibezirken der Westzonen wählen am letzten Tag einstimmig den früheren Reichstagsabgeordneten Kurt Schumacher (s. Abb.) zum Vorsitzenden. Stellvertreter werden Erich Ollenhauer und Wilhelm Knothe. Ein Höhepunkt ist die programmatische Rede Schumachers, in der er für die SPD den politischen Führungsanspruch in Deutschland formuliert. Das Bürgertum bzw. die von ihm geschaffene Wirtschaftsordnung habe versagt.

Kurt Schumacher

deutscher Politiker, * 13.10.1895 Kulm/Ostpreußen; † 28.8.1952 Bonn

Der Journalist und promovierte Nationalökonom gehörte zu den entschiedensten Gegnern des NS-Regimes. Kategorisch lehnt der frühere Land- und Reichstagsabgeordnete nach dem Krieg einen Zusammenschluss der SPD mit den Kommunisten ab. Als Gegenspieler von Bundeskanzler Konrad Adenauer (CDU) kritisiert er dessen angestrebte Westintegration als zu einseitig.

- 1914: Kriegsfreiwilliger (Verlust des rechten Arms)
- 1918: Eintritt in die SPD
- 1933-43 und 1944: In Haft, u.a. im KZ Dachau

6. Juni 1946

CARE hilft helfen

Die USA unterstützen die unter den Kriegsfolgen leidenden Menschen in Europa mit umfangreichen Hilfssendungen. Die CARE-Pakete werden weltberühmt und ein Synonym für schnelle, unbürokratische Hilfe von Mensch zu Mensch. Die Weichen stellt General Lucius D. Clay, stellvertretender US-Militärgouverneur in Deutschland. In Stuttgart unterzeichnet er einen Vertrag mit der US-Hilfsorganisation »Cooperative for American Remittances to Europe« (CARE). CARE ist angesichts der in Europa herrschenden schlechten Versorgungslage von verschiedenen privaten

General Lucius D. Clay (l.) nach Unterzeichnung des CARE-Vertrags

12. Mai 1946

KZ-Bewacher verurteilt

Schuldig! Ein alliiertes Militärgericht verurteilt 61 ehemalige Angehörige der Wachmannschaften des Konzentrationslagers Mauthausen (Österreich) wegen schwerer Verbrechen gegen die Menschlichkeit und des Mordes an mindestens 71 000 Menschen. 58 Angeklagte werden zum Tode verurteilt, drei erhalten lebenslange Haftstrafen. Häftlinge aus ganz Europa waren in das KZ Mauthausen, das im Jahre 1938 östlich von Linz errichtet worden war, verschleppt worden. Sie mussten unter unmenschlichen Bedingungen Zwangsarbeit in den Granitsteinbrüchen der SS-eigenen Deutschen Erd- und Steinwerke sowie in einer Rüstungsgüterfabrik der Messerschmitt AG verrichten. Arbeitsunfähige und Kranke wurden durch Gas, Giftinjektionen oder Genickschussanlagen umgebracht. Grausame medizinische Versuche, bei denen SS-Ärzte an Gesunden neue Operationstechniken erprobten, forderten weitere zahllose Opfer. Im Jahre 1966 findet ein weiterer Mauthausen-Prozess statt.

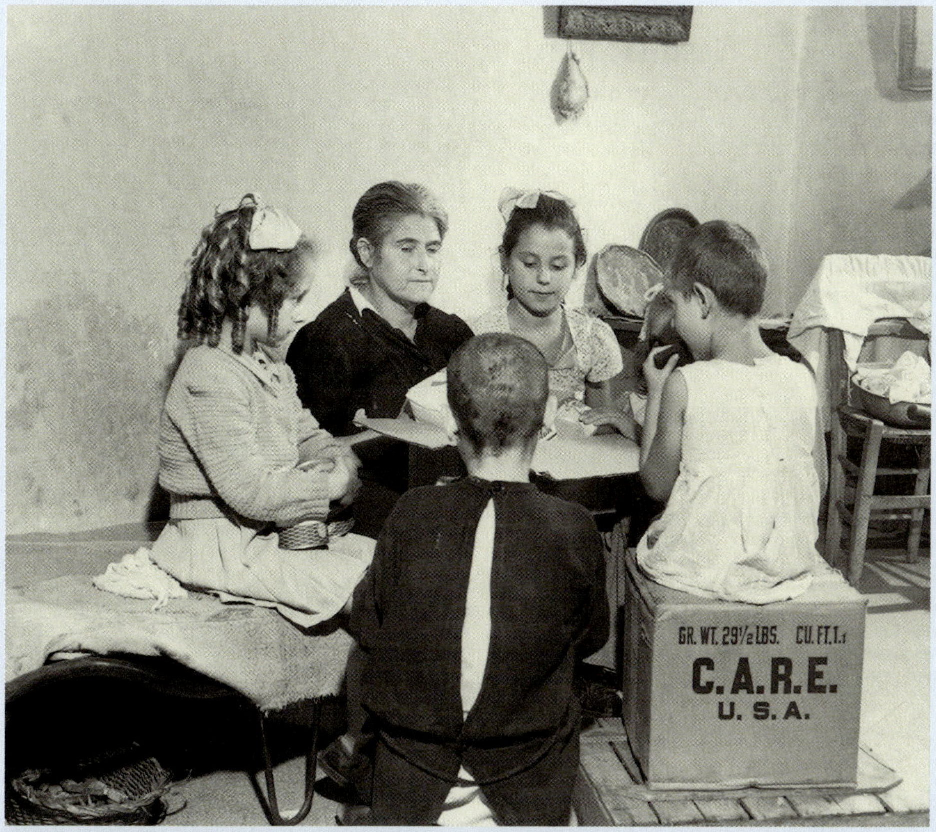

In vielen Familien in Europa herrscht Freude über die Hilfslieferungen aus den USA.

und kirchlichen Hilfswerken ins Leben gerufen worden. Mit dem von Clay unterzeichneten Vertrag ist der Weg frei für Lebensmittelspenden an die Bevölkerung in Europa. Allein in Deutschland treffen Millionen CARE-Pakete aus Übersee ein. Das Prinzip der Hilfe ist einfach: US-Bürger überweisen der Hilfsorganisation 15 Dollar, den Rest erledigt CARE. Alles, was das Herz begehrt, wandert in die Pakete, die an den neu eingerichteten »Deutschen Zentralausschuss für die Verteilung von ausländischen Liebesgaben beim Länderrat« geschickt werden. Der Ausschuss leitet diese an die in verschiedenen Städten ansässigen »Deutschen CARE-Arbeitsgemeinschaften« weiter, die den jeweiligen Empfänger benachrichtigen. Das CARE-Standardpaket – ursprünglich ein Versorgungspaket für US- Soldaten – enthält Lebensmittel mit insgesamt rd. 40000 Kalorien. Büchsenfleisch, Fett, Kekse, Marmelade, Kakao, Schokolade, Bonbons und Zigaretten lassen die Herzen der Empfänger höher schlagen. Für Kinder, Kleinkinder und Säuglinge gibt es besondere Pakete, u.a. mit Vollmilchpulver, Nährmitteln, Vitamin C-Tabletten, Windeln und Decken.

26. Mai 1946

Wahlsieg der Kommunisten

Die Kommunistische Partei geht als Siegerin aus den Parlamentswahlen in der Tschechoslowakei hervor. Klement Gottwald (s. Abb.), Chef der Kommunisten, wird mit der Regierungsbildung beauftragt.

Klement Gottwald

tschechoslowakischer Politiker, * 23.11.1896 Dedice; † 14.3.1953 Prag

Gottwald ist der führende tschechoslowakische Politiker in der unmittelbaren Nachkriegszeit. 1948 war er ein Hauptakteur des kommunistischen Staatsstreichs. Als Staatspräsident wandelte er das Land in eine Volksdemokratie nach stalinistischem Muster um. U.a. ließ er die Opposition ausschalten.

- 1939-45: Exil in der UdSSR
- 1946-48: Ministerpräsident
- 1948-53: Staatspräsident

2. Juni 1946

Italien wird Republik

In Italien ist die Monarchie am Ende. Bei einer Volksabstimmung über die künftige Staatsform des Landes spricht sich die Mehrheit der Bevölkerung für die Bildung einer Republik aus (Abb.: In Turin feiern die Menschen die Entscheidung für die Republik). Bei den gleichzeitig abgehaltenen Wahlen zur Verfassunggebenden Versammlung erhalten die Christdemokraten die Mehrheit vor den Sozialisten. Der erst seit dem 9. Mai regierende König Umberto II. gibt nach der Abstimmung seine Abdankung bekannt. Bereits am 18. Juni proklamiert der Oberste Gerichtshof in Rom die Republik Italien.

Juni 1946

1 Sa In Hamburg erhalten die Brüder Axel Caesar und Hinrich Springer von der britischen Besatzungsmacht die Lizenz für die Rundfunkzeitschrift »Hör Zu«.

2 So In Stockholm tagt der 17. Kongress des Internationalen Schriftstellerverbandes P.E.N. Mit Ernst Wiechert nimmt auch ein deutscher Vertreter teil. → Italien

3 Mo Die britische Besatzungsmacht in Deutschland erteilt die Lizenz zur Herausgabe der »Neuesten Nachrichten« in Hannover.

4 Di Vor dem Unterhaus in London spricht sich der britische Außenminister Ernest Bevin für die Erhaltung der Einheit Deutschlands aus.

5 Mi Rudolf Höß, früherer Kommandant des Konzentrationslagers Auschwitz, wird an Polen ausgeliefert. +++ Die UdSSR übernimmt 213 deutsche Großbetriebe.

6 Do In Agnetendorf in Schlesien stirbt im Alter von 83 Jahren der deutsche Schriftsteller und Literaturnobelpreisträger Gerhart Hauptmann. → CARE

7 Fr Der italienische Radrennfahrer Gino Bartali gewinnt in Turin den Giro d'Italia mit einer Durchschnittsgeschwindigkeit von 33,95 km/h.

8 Sa Auf dem ersten Zonentreffen der »Freien Deutschen Jugend« (FDJ) in Brandenburg wird Erich Honecker zum Vorsitzenden der Organisation gewählt.

9 So Nach Angaben der britischen Regierung kommen bei der diesjährigen Ernte in Großbritannien rd. 200000 deutsche Kriegsgefangene zum Einsatz.

10 Mo Das thailändische Parlament wählt in Bangkok Prinz Bhumibol Adulyadej als Rama IX. zum Nachfolger des am Vortag ermordeten Königs Mahidol Ananda.

11 Di Mitglieder der britischen Labour Party lehnen in einer Abstimmung den Zusammenschluss mit den Kommunisten mehrheitlich ab.

12 Mi Nach der Abdankung des italienischen Königs Umberto II. kommt es in vielen Städten Italiens zu Protestkundgebungen von Anhängern der Monarchie.

13 Do Papst Pius XII. ernennt den Primas der katholischen Kirche in Polen, Augustyn Hlond, zum Erzbischof von Warschau.

14 Fr In Nürnberg wird die männliche Bevölkerung im Alter von 16 bis 60 Jahren von der Stadtkommandantur zur Trümmerbeseitigung verpflichtet.

15 Sa Ein Münchener Gericht verurteilt den Hausmeister Jakob Schmid zu fünf Jahren Arbeitslager, weil er 1943 die Geschwister Scholl denunziert hatte.

16 So US-Präsident Harry S. Truman legt einen Gesetzentwurf zur Schaffung eines Verteidigungsministeriums vor, das Heer, Marine und Luftwaffe zusammenfasst.

17 Mo In Berlin endet der erste Parteitag der CDU der Sowjetzone. Jakob Kaisen und Ernst Lemmer werden als Vorsitzende gewählt.

18 Di Im Salzbergwerk Hänigsen bei Celle kommen durch die Explosion von in den Stollen gelagerter Wehrmachtsmunition 83 Menschen ums Leben.

19 Mi Georges Bidault wird zum Premierminister Frankreichs gewählt. +++ Die italienische Regierung in Rom beschließt eine allgemeine Amnestie für Straftäter.

20 Do Die Reichsbahn-Generaldirektion der britischen Besatzungszone teilt die Wiederaufnahme des Frachtgutverkehrs mit der Sowjetzone mit.

21 Fr In einem Grundsatzartikel spricht sich der ehemals sozialdemokratische SED-Vorsitzende Otto Grotewohl für die Einheit Deutschlands aus.

22 Sa Das bulgarische Parlament beschließt ein Gesetz zur Verstaatlichung der Versicherungsgesellschaften des südosteuropäischen Landes.

23 So Vertreter der US-Militärregierung und der hessischen Regierung unterzeichnen ein Abkommen zum Ausbau des Frankfurter Rhein-Main-Flughafens.

24 Mo Papst Pius XII. beauftragt den früheren Bischof von Ermland (Ostpreußen), Maximilian Kaller, mit der Seelsorge-Betreuung der Flüchtlinge aus dem Osten.

25 Di Aufgrund kritischer Berichte über die Behörden der Tschechoslowakei schränkt die US-Militärregierung die Auflage der »Süddeutschen Zeitung« ein.

26 Mi Vor dem Parlament in Tokio erklärt Ministerpräsident Shigeru Yoshida, dass Japan entschlossen sei, keinen Krieg mehr zu führen.

27 Do In Anbetracht der schlechten Versorgungslage Großbritanniens beschließt die Londoner Regierung, Brot und Mehl zu rationieren.

28 Fr Die italienische verfassunggebende Versammlung wählt in Rom den liberalen Politiker Enrico de Nicola zum Staatspräsidenten der Republik.

29 Sa Britische Mandatstruppen in Palästina besetzen das Büro der »Jewish Agency« in Jerusalem, um Beweise gegen jüdische Terroristen sicherzustellen.

30 So Die polnische Bevölkerung stimmt in einem Volksentscheid u.a. für die Festschreibung der Oder-Neiße-Linie als polnische Westgrenze. → Atomtest

Juli 1946

1 Mo In Leningrad feiert die Oper »Krieg und Frieden« Premiere, die Sergej S. Prokofjew nach Motiven des Romans von Leo Tolstoi komponiert hat.

2 Di In Prag stellt Ministerpräsident Klement Gottwald sein Kabinett vor, dem Kommunisten, Sozialdemokraten und Volkssozialisten angehören.

3 Mi US-Präsident Harry S. Truman erklärt die Bereitschaft seiner Regierung, 100 000 jüdische Einwanderer auf Kosten der USA nach Palästina zu bringen.

4 Do Die Sowjetregierung beschließt, die Stadt Königsberg in Kaliningrad umzubenennen. Ostpreußens Nordhälfte heißt »Gebiet Kaliningrad«. → Philippinen

5 Fr Im Berliner Hebbel-Theater findet eine viel beachtete Aufführung von Thornton Wilders Stück »Wir sind noch einmal davongekommen« statt.

6 Sa In Erfurt beginnt der Parteitag der Liberal-Demokratischen Partei Deutschlands, die nur in der Sowjetzone existiert. Vorsitzender bleibt Wilhelm Külz.

7 So Papst Pius XII. spricht im Vatikan Francesca Saveria Cabrini, die Gründerin des Ordens vom Heiligen Herzen, als erste US-Bürgerin heilig.

8 Mo Im Londoner Stadtteil Wimbledon enden die internationalen englischen Tennismeisterschaften. Das Herren-Einzel gewinnt Yvon Petra aus Frankreich.

9 Di Der rheinland-pfälzische Landtag in Koblenz wählt den Christdemokraten Peter Altmeier zum Ministerpräsidenten des Landes.

10 Mi Auf Anordnung der Oberpostdirektion in der US-Zone wird die »Deutsche Reichspost« in »Deutsche Post« umbenannt. → Frauen → Kritik

11 Do Tagelange Regenfälle führen im Gebiet von Garmisch-Partenkirchen zu schweren Überschwemmungen. Sämtliche Straßenverbindungen sind unterbrochen.

12 Fr Die US-Militärregierung veröffentlicht eine Liste von 1000 Werken der NS-Literatur, die aus öffentlichen Büchereien zu entfernen seien. → Computer

13 Sa In Budapest erlässt die Regierung ein Verbot des ungarischen Pfadfinderverbands und der katholischen Studentenorganisation.

14 So Nach regierungsfeindlichen Unruhen in Ägypten verfügt die Regierung in Kairo die Auflösung von elf kommunistischen Organisationen.

15 Mo In mehreren Regierungsbezirken Polens kommt es zu schweren Ausschreitungen polnischer Gewalttäter gegen Juden.

16 Di US-Außenminister James Francis Byrnes schlägt eine engere wirtschaftliche Kooperation der drei westlichen Besatzungszonen Deutschlands vor.

17 Mi Die US-Militärregierung in Österreich übergibt einige große Wirtschaftsbetriebe der österreichischen Regierung zur treuhänderischen Verwaltung.

18 Do Die britische Militärregierung in Deutschland ordnet die Bildung des Landes Nordrhein-Westfalen an. Das entsprechende Gesetz tritt am 23. August in Kraft.

19 Fr Auf der Berliner Pferderennbahn Hoppegarten wird nach zweijähriger Unterbrechung erstmals wieder ein Galopprennen ausgetragen.

20 Sa Das jugoslawische Kabinett verabschiedet in Belgrad ein Gesetz über die Verstaatlichung und Zentralisierung der Versicherungsunternehmen des Landes.

21 So Der deutsche Automobilrennfahrer Hermann Lang gewinnt im Schwarzwald das erste seit Kriegsende in Deutschland ausgetragene Bergrennen.

22 Mo Ein von Arbeitern und Studenten getragener Putsch in Bolivien stürzt die Regierung. Präsident Gualberto Villaroel kommt ums Leben. → Heimkehrer

23 Di Im Reiseverkehr zwischen der amerikanischen und der britischen Besatzungszone Deutschlands bestehen ab sofort keine Beschränkungen mehr.

24 Mi Auf dem Bikini-Atoll im Südpazifik bringen die USA einen zweiten Nuklearsprengsatz zur Explosion. Die Zündung erfolgt 35 m unter dem Wasserspiegel.

25 Do Unter dem Vorwurf antidemokratischer Tätigkeit entlässt das ungarische Außenministerium rd. 300 Beamte aus dem Staatsdienst.

26 Fr US-Präsident Harry S. Truman bekundet in einer Erklärung sein Festhalten an den Plänen der Vereinigten Staaten zur Atomenergie.

27 Sa Der frühere britische Premierminister Winston Churchill spricht sich vor dem Unterhaus für eine Rückgabe des britischen Palästina-Mandats aus.

28 So Im Finale des Herren-Einzel der Internationalen Tennismeisterschaften von Frankreich in Paris siegt der Franzose Marcel Bernard.

29 Mo Der bisherige Oberpräsident der Provinz Westfalen, Rudolf Amelunxen, wird zum Ministerpräsidenten von Nordrhein-Westfalen ernannt.

30 Di Die britischen Vertreter im Alliierten Kontrollrat in Berlin stimmen dem Vorschlag der USA zu, die Besatzungszonen beider Mächte zusammenzulegen.

31 Mi Wegen ihres Namens verfügt der Alliierte Kontrollrat die Auflösung der Kaiser-Wilhelm-Gesellschaft zur Förderung der Wissenschaften e.V. in Berlin.

10. Juli 1946

Kritik an den Westmächten

Kurz vor Abschluss der Außenministerkonferenz der Siegermächte in Paris ergreift der sowjetische Außenminister Wjatscheslaw M. Molotow das Wort. In einer Grundsatzrede skizziert er die sowjetische Deutschlandpolitik. Molotow äußert massive Kritik an der Besatzungspolitik der Westmächte. U.a. lehnt er eine Zerstörung des deutschen Wirtschaftspotentials sowie die Abtrennung des Ruhrgebiets von Rest-Deutschland ab.

Wjatscheslaw M. Molotow

sowjetischer Politiker, * 9.3.1890 Kukarka (heute: Sowjetsk); † 8.11.1986 Moskau

Molotow ist einer der engsten Mitarbeiter Josef W. Stalins. Als langjähriger Außenminister prägt er die sowjetische Politik. Im Sommer 1939 hatte er maßgeblichen Anteil am Hitler-Stalin-Pakt. Nach Stalins Tod versucht Molotow, dessen Politik fortzuführen. Als Gegner der Entstalinisierungspolitik wird er ab 1956 aus den Ämtern gedrängt.

- 1906: Mitglied der Bolschewiken
- 1912: Mit Stalin Gründer der »Prawda«
- 1939-49, 1954-56: Außenminister

22. Juli 1946

Heimkehrer eingetroffen

Große Freude herrscht in Deutschland über die ersten Kriegsheimkehrer (s. Abb.), die aus sowjetischer Gefangenschaft kommen. Im Lager Gronefeld in der Nähe von Frankfurt an der Oder treffen rd. 3000 von den Sowjets entlassene Kriegsgefangene ein. Insgesamt befinden sich noch etwa 3 Mio. ehemalige Wehrmachtsangehörige in sowjetischen Lagern. Die genaue Zahl ist unbekannt. Viele Gefangene werden zu Zwangsarbeit herangezogen.

23. August 1946

Neue Länder entstehen

Das Land Nordrhein-Westfalen wird aus der Taufe gehoben: Ein entsprechendes, von der britischen Besatzungsmacht in Deutschland im Juli erlassenes Gesetz tritt heute in Kraft. Das neue Land setzt sich aus Teilen der früheren preußischen Rheinprovinz sowie aus der Provinz Westfalen zusammen. Es ist mit 11,8 Mio. Einwohnern das bevölkerungsreichste Land in den drei westlichen Besatzungszonen. Landeshauptstadt wird Düsseldorf. Mit Schaffung des Landes Nordrhein-Westfalen bleiben die Forderungen der französischen Besatzungsmacht unberücksichtigt. Paris hatte verlangt, dass die linksrheinischen Territorien vom übrigen Deutschland abgetrennt würden und das Ruhrgebiet unter internationale Kontrolle zu stellen sei. Die britische Besatzungsmacht erkennt auch der früheren preußischen Provinz Schleswig-Holstein den Status eines Landes zu.

10. Juli 1946

Frauen packen an

Der Alliierte Kontrollrat in Deutschland erlässt ein Gesetz, das Frauen und Kindern ab 14 Jahren die Beschäftigung bei Bau- und Aufräumarbeiten gestattet. Dadurch soll der Mangel an männlichen Arbeitskräften ausgeglichen werden. Weil viele Männer gefallen oder noch in Kriegsgefangenschaft sind, leisten vor allem Frauen die Schwerstarbeit bei der Schuttbeseitigung, ersten Instandsetzungen und der Organisation des täglichen Lebens. Im besiegten und besetzten Deutschland bestimmt der Kampf ums tägliche Überleben den Alltag der Menschen. Die Ernährungslage hat sich dramatisch verschlechtert, der Schwarzmarkt blüht und die hungrigen Städter fahren zum »Hamstern« aufs Land.

Bereits im April 1945 hatten die alliierten Besatzungsbehörden in befreiten Städten Frauen zum Arbeitseinsatz dienstverpflichtet. Die Schuttberge in Deutschland sind gewaltig. Die Gesamtmenge an Trümmermasse wird auf rd. 400 Mio m^3 geschätzt. Allein die Trümmer der früheren Reichshauptstadt Berlin könnten einen Güterzug mit einer Länge von der Spree bis an die Ruhr füllen. Die sog. Trümmerfrauen beginnen ihre Arbeit oft mit den einfachsten Mitteln wie Eimern und Schaufeln. Wegen fehlender Baumaschinen gehen die Aufräumarbeiten nur schleppend voran. Zunächst räumen die Frauen die Straßen, damit die Versorgungsfahrzeuge passieren können. Schwerbeschädigte Häuser werden zum Einsturz gebracht. Viele noch unter den Trümmern liegende Sprengkörper müssen entschärft werden.

4. Juli 1946

Philippinen unabhängig

Im Südpazifik entsteht ein neuer, souveräner Staat. Im Namen von Präsident Harry S. Truman proklamiert der bisherige US-Hochkommissar der Philippinen, Paul MacNutt, die unabhängige Republik der Philippinen. Das Sternenbanner wird eingeholt, die Flagge des neuen Staates gehisst (s. Abb.) Nach fast 50 Jahren endet mit diesem Akt die Herrschaft der USA über das Inselreich. Manuel Roxas, der erste Präsident der Philippinen, erklärt im Rahmen der Feiern zur Unabhängigkeit, dass sich sein Land auch in Zukunft als Partner der USA betrachte. Washington könne seine Militärstützpunkte auf den Philippinen beibehalten.

Oben: Auf dem Schwarzmarkt gilt die »Zigarettenwährung«. Das offizielle Geld ist hingegen wertlos.
Links: Frauen beseitigen die Folgen des Bombenkrieges. Noch verwendbare Ziegel müssen in mühevoller Arbeit von Mörtel befreit werden.

Obst und Gemüse konnten diese Frauen auf einer ihrer »Hamsterfahrten« bekommen. Die Tauschgeschäfte mit Bauern sind offiziell verboten.

Wiederverwendbare Steine werden gereinigt, Metallteile sortiert und eingeschmolzen. Unbrauchbares Holz dient als Brennstoff. Um ihre schlechte Ernährungslage zu verbessern, zieht die Stadtbevölkerung in Scharen auf das Land, um bei den Bauern Lebensmittel einzutauschen. Bei den »Hamsterfahrten« werden Pelze, Teppiche, Schmuck, Wäsche oder auch wertvolles Porzellan gegen Milch, Gemüse oder Kartoffeln eingetauscht. Auf der Suche nach Lebensmitteln nehmen viele Städter lange und beschwerliche Fahrten auf sich. Eine Ursache für die drückende Lebensmittelknappheit ist, dass Deutschland ein Drittel seiner landwirtschaftlichen Anbaufläche in den Gebieten östlich von Oder und Neiße verloren hat. Die Vorratslager sind leer. Lebensmittel, die mit Hilfe von Karten verteilt werden, reichen zur Ernährung der Menschen nicht aus.

12. Juli 1946

Computer rechnen schneller

Die Computertechnologie macht rasante Fortschritte: US-Wissenschaftler stellen in Philadelphia (Bundesstaat Pennsylvania) den ersten mit Elektronenröhren bestückten Computer vor (s. Abb.), den »ENIAC (Electronic Numerical Integrator and Computer). Das Gerät rechnet etwa 2000-mal so schnell wie ein Rechner mit elektromechanischen Relais. ENIAC hat mit modernen Kleinstcomputern noch nichts gemein. Die erste elektronische Großrechenanlage bringt rd. 30 t auf die Waage und benötigt eine Stellfläche von insgesamt 150 m². 18 000 Elektronenröhren, 1500 Relais, 70 000 Widerstände und 10 000 Kondensatoren sind eingebaut.

12. August 1946

Briten gegen Einwanderung

Zu schweren Zusammenstößen zwischen der jüdischen Bevölkerung in Palästina und den britischen Mandatstruppen kommt es, nachdem London erklärt hat, die Einwanderung ins »Gelobte Land« begrenzen zu wollen. Alle Immigranten sollen in Zukunft auf der Mittelmeerinsel Zypern interniert werden. Anlass für die Entscheidung ist die stetig wachsende Zahl jüdischer Einwanderer nach Palästina. Weit mehr Juden, als London zulassen will, haben den Wunsch, sich in Palästina eine neue Heimat aufzubauen. Die illegale Einwanderung wird von jüdischen Selbsthilfegruppen organisiert (Abb.: Jüdische Einwanderer werden nach ihrer Ankunft in Haifa gestoppt).

August 1946

1 Do Im niederländischen Den Haag stellt Nellie van Vliet (Niederlande) mit einer Zeit von 1:19,0 einen Weltrekord über 100-m-Brustschwimmen auf.

2 Fr Auf einer internationalen Konferenz in London beschließen die Teilnehmerstaaten die unentgeltliche Nutzung deutscher Patente.

3 Sa In einem Boxkampf um die Deutsche Meisterschaft im Schwergewicht schlägt der Herausforderer Hein ten Hoff in Hamburg Titelverteidiger Walter Neusel.

4 So Karl Hermann Geiler, Ministerpräsident von Groß-Hessen, legt der US-Militärregierung Vorschläge zur Vereinheitlichung von Besatzungsgebieten vor.

5 Mo Zwischen Hannover und Berlin wird ein regelmäßiger Interzonen-Linienbusverkehr aufgenommen. Die Fahrzeit beträgt sechs Stunden.

6 Di In Lindau am Bodensee beginnt die erste Tagung der Verleger und Buchhändler aus der französischen Besatzungszone Deutschlands.

7 Mi Das US-Kriegsministerium teilt mit, dass Testflüge mit ferngesteuerten Militärmaschinen über dem Pazifik erfolgreich abgeschlossen worden seien.

8 Do Die iranische Regierung in Teheran fordert in einer Note an Großbritannien den sofortigen Rückzug britischer Truppen aus dem iranischen Erdölgebiet Basra.

9 Fr In Berlin kommt »Der große Diktator«, die Filmparodie Charlie Chaplins auf Adolf Hitler, erstmals in Deutschland zur Aufführung.

10 Sa Vertreter der britischen und der US-Militärregierung einigen sich in Minden auf ein Abkommen zum Warenaustausch zwischen beiden Zonen.

11 So Karl Hermann Geiler, Ministerpräsident von Groß-Hessen, spricht sich für eine Zusammenführung aller vier Besatzungszonen Deutschlands aus.

12 Mo In München wird das Kabarett »Simplicissimus« wieder eröffnet. +++ Ungarn beschließt die Verstaatlichung der Elektrizitätswerke. → Einwanderung

13 Di Der Exekutivausschuss des internationalen Transportarbeiterverbandes erklärt die Wiederaufnahme der deutschen Transportarbeitergewerkschaften.

14 Mi In Preßburg wird der ehemalige slowakische Ministerpräsident Vojtech Tuka wegen Zusammenarbeit mit den Nationalsozialisten zum Tode verurteilt.

15 Do Die ersten Lebensmittelpakete, die im Rahmen der CARE-Hilfe nach Deutschland geschickt wurden, werden in Berlin verteilt.

16 Fr Das US-Handelsministerium in Washington streicht Österreich von der Liste der ehemaligen Feindstaaten und hebt die Handelsbeschränkungen auf.

17 Sa Mit einem 5-kW-Mittelwellensender nimmt im britischen Sektor von Berlin eine Außenstelle des Nordwestdeutschen Rundfunks ihren Sendebetrieb auf.

18 So Polens Regierung gibt bekannt, dass seit Kriegsende mehr als 3 Mio. Deutsche aus den Gebieten östlich von Oder und Neiße ausgewiesen worden seien.

19 Mo Im indischen Kalkutta kommt es zu schweren Zusammenstößen zwischen Hindus und Moslems, bei denen rd. 2000 Menschen ums Leben kommen.

20 Di Das Hauptquartier der chinesischen Kommunisten in Yenan gibt den Befehl zu einer Großoffensive gegen die nationalchinesischen Truppen.

21 Mi Die Sowjetische Militäradministration richtet in Sachsen 65 Industrieverwaltungen für die von ihr verstaatlichten Betriebe ein.

22 Do Im Neuen Stadthaus in Berlin beginnt die Ausstellung »Berlin im Aufbau«. +++ 40 000 Ballen Baumwolle aus Brasilien und den USA treffen in Bremerhaven ein.

23 Fr Der erste österreichische Nachkriegsfilm, »Schicksal in Ketten« mit Maria Andergast und Rudolf Prack in den Hauptrollen, hat in Wien Premiere. → Länder

24 Sa In London bestätigt der britische König Georg VI. die neue Interimsregierung für Britisch-Indien unter Ministerpräsident Louis Earl Mountbatten.

25 So Die Leichtathletik-Europameisterschaften in der norwegischen Hauptstadt Oslo gehen zu Ende. Dabei stellt Schweden die erfolgreichste Mannschaft.

26 Mo Nach einer Meldung von Radio Moskau sind am Mittellauf der Wolga große Erdölvorkommen entdeckt worden, deren Ausbeutung bald beginnen soll.

27 Di Vertreter der Preiskontrollbehörden der vier Besatzungsmächte in Deutschland beschließen, für Verbrauchsgüter auch weiterhin die Preise festzusetzen.

28 Mi US-Innenminister Julius Krug schlägt in Washington vor, Hawaii und Alaska als 49. und 50. Bundesstaat in die USA aufzunehmen.

29 Do Der UNO-Sicherheitsrat bewilligt in London die Aufnahme von Afghanistan, Island und Schweden als Vollmitglieder in die Weltorganisation.

30 Fr Bauarbeiter entdecken bei den Aufbauarbeiten am Fundament des Kölner Doms die Überreste einer Kirche aus der Zeit der Karolinger.

31 Sa Die vor dem Internationalen Gerichtshof in Nürnberg angeklagten NS-Verbrecher sprechen nach 402 Sitzungstagen ihre Schlussworte.

September 1946

1 So Den Großen Preis von Turin gewinnt der italienische Autorennfahrer Achille Varzi auf Alfa Romeo vor dem Franzosen Jean-Pierre Wimille. → Griechenland

2 Mo In der dänischen Hauptstadt Kopenhagen kommen Vertreter von 42 Ländern zu einer Welternährungskonferenz zusammen.

3 Di Im New Yorker Hafen befinden sich rd. 10 000 Dockarbeiter im Streik, um eine Lohnerhöhung durchzusetzen. Der Ausstand dauert bis zum 20. September.

4 Mi Die Regierungen von Dänemark und Österreich vereinbaren die Wiederaufnahme der diplomatischen Beziehungen zwischen beiden Ländern.

5 Do Vertreter Italiens und Österreichs garantieren in einem Abkommen über Südtirol der deutschsprachigen Minderheit in der Provinz Bozen Autonomie. → RIAS

6 Fr Der 100 000. deutsche Heimkehrer trifft aus sowjetischer Kriegsgefangenschaft im Durchgangslager Gronenfelde bei Frankfurt/Oder ein. → US-Politik

7 Sa Die französische Militäradministration teilt mit, dass die Konsumgüterproduktion in der französischen Zone wieder 25% des Standes von 1939 erreicht habe.

8 So Bei einer Volksabstimmung über die Staatsform in Bulgarien votieren von 4,5 Mio. Wahlberechtigten 4 Mio. für die Volksrepublik anstelle der Monarchie.

9 Mo In Bremerhaven trifft eine Lieferung von 17 Mio. Einheiten Insulin aus den USA ein, die für Zuckerkranke in der US-Besatzungszone bestimmt sind.

10 Di Russische Kunstschätze, die von den Nationalsozialisten aus der UdSSR geraubt worden waren, werden aus München wieder zurücktransportiert.

11 Mi Der US-Befehlshaber Österreichs, General Mark W. Clark, kritisiert die Besatzungspolitik der UdSSR, weil sie lebenswichtige Fabrikanlagen demontiere.

12 Do Die US-Streitkräfte in Japan teilen mit, dass bis zum 8. September rd. 4,4 Mio. japanische Kriegsgefangene aus US-Gewahrsam entlassen worden seien.

13 Fr In London erklärt die britische Regierung, von den 394 000 deutschen Kriegsgefangenen ab sofort monatlich 15 000 in ihre Heimat entlassen zu wollen.

14 Sa Der Alliierte Kontrollrat verfügt in Berlin die Auflösung des deutschen Zündholzmonopols, dessen Eigentum an deutsche Interessenten verkauft wird.

15 So Das bulgarische Parlament in Sofia beschließt die Abschaffung der Monarchie und erklärt Bulgarien zur Volksrepublik.

16 Mo Ein Plan des Zentralrats der Wirtschaft in Minden regelt die Verteilung von 80 000 Lkw, die London der britischen Besatzungszone überlassen hat.

17 Di In Rio de Janeiro nimmt die brasilianische verfassunggebende Versammlung eine neue Verfassung an, in der sich Brasilien als föderative Republik bezeichnet.

18 Mi Joe Louis, US-Boxweltmeister im Schwergewicht, verteidigt in New York seinen Titel gegen Tami Mauriello (ebenfalls USA) durch k.o. in der ersten Runde.

19 Do Die dänischen Faröer-Inseln erklären ihre Unabhängigkeit. Dänemark weigert sich jedoch, diese anzuerkennen. → Churchill

20 Fr Auf Anweisung von US-Präsident Harry S. Truman tritt Handelsminister Henry Agard Wallace zurück. Er hatte die US-Außenpolitik kritisiert.

21 Sa Der polnische Nationalrat verabschiedet einen Plan, der Polens Wirtschaft in einen staatlichen, einen genossenschaftlichen und einen privaten Sektor teilt.

22 So Bei Hannover werden von britischen Militärangehörigen 32 Mitglieder einer polnischen Verbrecherbande festgenommen, die Bauernhöfe überfallen hatten.

23 Mo In London stellt der britische Ingenieur Warnett Kennedy das Modell eines Raumschiffs vor, mit dem in absehbarer Zeit ein Mondflug möglich sein soll.

24 Di Nach Angaben der britischen Militärverwaltung in Deutschland wurden im Rahmen der Entnazifizierung rd. 155 000 Personen aus ihren Ämtern entlassen.

25 Mi Die Viktoria-Werke in Nürnberg stellen einen neu entwickelten Hilfsmotor für Fahrräder vor, der nur 1,5 l Treibstoff auf 100 km verbraucht.

26 Do In Oslo gibt die norwegische Regierung bekannt, dass sich das Land mit rd. 4400 Soldaten an der Besetzung Deutschlands beteiligen werde.

27 Fr König Georg II. von Griechenland kehrt aus seinem Exil nach Athen zurück. +++ In Berlin hat der Film »Peter Voß, der Millionendieb« Premiere.

28 Sa Aus den Parlamentswahlen in Australien geht die regierende Labour Party unter Premierminister Joseph Benedict Chifley als Siegerin hervor.

29 So Im südfranzösischen Toulouse startet das 1080 km/h schnelle französische Versuchsflugzeug »Leducq 0-10« zu seinem Erstflug.

30 Mo Die niederländische Regierung in Den Haag gibt das Scheitern der Verhandlungen mit der indonesischen Unabhängigkeitsbewegung bekannt.

Nazis angeklagt

Zwölf der 21 in Nürnberg Angeklagten werden zum Tode verurteilt: Martin Bormann, Hans Frank, Wilhelm Frick, Hermann Göring, Alfred Jodl, Ernst Kaltenbrunner, Wilhelm Keitel, Joachim von Ribbentrop, Alfred Rosenberg, Fritz Sauckel, Arthur Seyß-Inquart und Julius Streicher. Walther Funk, Rudolf Heß und Erich Raeder erhalten lebenslängliche Haftstrafen. Zu je 20 Jahren Haft werden Albert Speer und Baldur von Schirach verurteilt. 15- bzw. zehnjährige Haftstrafen müssen Konstantin Freiherr von Neurath und Karl Dönitz antreten. Hans Fritzsche, Franz von Papen und Hjalmar Schacht werden freigesprochen. Das Gericht hält mehrheitlich die Schuld dieser drei Angeklagten im Sinne der Anklage für nicht erwiesen. Die sowjetischen Richter hatten gegen den Freispruch gestimmt.

Die elf Todeskandidaten – der zwölfte, Martin Bormann, war in Abwesenheit verurteilt worden – erklären in den folgenden Tagen, dass sie von sich aus keine Gnadengesuche einreichen würden. Ihre Verteidiger bemühen sich darum, eine Umwandlung der Todesurteile in Haftstrafen zu erreichen. Der zuständige Alliierte Kontrollrat lehnt alle Gesuche am 10. Oktober ab. Einen Tag vor der Hinrichtung nimmt sich Hermann Göring mit einer Giftkapsel das Leben. Die zehn Todeskandidaten werden am 16. Oktober in der Turnhalle des Nürnberger Justizpalastes hingerichtet. Henker ist der US-Sergeant John C. Woods. Außer ihm sind weitere 44 Personen als Zeugen anwesend, darunter Vertreter der vier Siegermächte, acht Journalisten, einige Ärzte und etwa 20 Wachsoldaten. Die US-Militärregierung bestimmt außerdem zwei deutsche Augenzeugen, den bayerischen Ministerpräsidenten Wilhelm Hoegner und den Nürnberger Generalstaatsanwalt Friedrich Leistner.

Hermann Göring

deutscher Politiker, * 12.1.1893 Rosenheim; † 15.10.1946 Nürnberg (Selbstmord)

Göring ist ein Hauptverantwortlicher für den systematischen Massenmord an Juden, Sinti und Roma sowie für den Einsatz von Zwangsarbeitern. Der alte Weggefährte Hitlers war bekannt für seine Prunksucht sowie seine Vorliebe für Orden, Titel und Uniformen. Im Ersten Weltkrieg Kommandeur des Jagdgeschwaders Richthofen, war Göring als Reichsluftfahrtminister maßgeblich

am Aufbau der deutschen Luftwaffe beteiligt. Darüber hinaus zeichnete er für die wirtschaftliche Planung der Aufrüstung verantwortlich. Im nationalsozialistischen Deutschland zählte der Reichsjägermeister (ab 1934) zu den bekanntesten Politikern.

- 1922: Eintritt in die NSDAP
- 1923: Schwer verletzt beim Hitler-Putsch in München
- 1928: Mitglied des Reichstags
- 1932: Reichstagspräsident
- 1933: Preußischer Ministerpräsident

5. September 1946

RIAS begeistert Berliner

Der »Rundfunk im amerikanischen Sektor« (RIAS) geht in Berlin auf Sendung (Abb.: Blick in ein Studio). Reportagen und Musik des US-Senders üben einen nachhaltigen Einfluss auf die Bevölkerung aus. Die Sendeanstalt steht unter der Aufsicht von

US-Offizieren, wird jedoch mit Franz Wallner-Basté von einem deutschen Intendanten geleitet. Der RIAS ist die dritte Rundfunkanstalt, die sich seit Kriegsende in Berlin etabliert hat. Als erster Sender ging der »Berliner Rundfunk« 1945 auf Sendung. Er steht – obwohl er im Westen der Stadt liegt – unter sowjetischer Kontrolle.

1. September 1946

Griechenland für Monarchie

Die Bevölkerung Griechenlands stimmt über die künftige Staatsform ab. 69% der Wähler votieren für die Monarchie und damit für die Rückkehr von König Georg II. (s. Abb.) aus seinem Londoner Exil. Seit Ende 1944 ist Griechenland Schauplatz eines Bürgerkriegs zwischen Regierungstruppen, die von britischen Einheiten unterstützt werden, und kommunistischen Partisanen. Der britische Kriegspremier Winston Churchill hatte Griechenland zur Interessensphäre seines Landes erklärt und sich massiv gegen kommunistische Einflussnahme zur Wehr gesetzt. Britische Einheiten schlugen im Dezember 1944 einen Aufstand der kommunistischen Befreiungsfront nieder. Viele politische Fragen blieben ungeklärt. Im Streit um die Monarchie konnte mit der Volksbefragung jedoch ein Kompromiss gefunden werden.

1. Oktober 1946

Gerichtshof fällt Urteile

Göring im Gerichtssaal während des Nürnberger Prozesses

Der Internationale Gerichtshof in Nürnberg verkündet im Prozess gegen die nationalsozialistischen Hauptkriegsverbrecher die Urteile. Die Spanne reicht vom Freispruch bis zum Todesurteil.
Während des Prozesses sind gewaltige Mengen von Beweismitteln gesichtet worden – u.a. 300 000 eidesstattliche Erklärungen. Die stenografischen Sitzungsprotokolle umfassen rd. 17 000 Seiten. Beweismaterial und Verhandlungsprotokolle dokumentieren einen Großteil der von den Nationalsozialisten in ganz Europa begangenen Verbrechen. Die Alliierten wollen diese Dokumente so rasch wie möglich veröffentlichen, um der Weltöffentlichkeit und dem deutschen Volk das ganze Ausmaß der Schrecken und Leiden vor Augen zu führen.
In der deutschen Öffentlichkeit löst die Verkündung der Urteile ein zwiespältiges Echo aus. Während in den Zeitungen über den Ausgang des Prozesses ausführlich berichtet und die Verurteilung der Hauptschuldigen zustimmend kommentiert wird, mischen sich in die unmittelbaren Reaktionen der Bevölkerung auch zahlreiche kritische Töne. Bei manchen Deutschen stoßen die Todesurteile gegen die angeklagten Militärs zum Teil auf Ablehnung: Als Soldaten hätten die Verurteilten den Befehlen gehorchen müssen. Vielfach herrscht die Meinung vor, dass der Nürnberger Prozess ein »Tribunal der Sieger« sei – wenn auch die Schuld der Angeklagten nicht geleugnet wird. Hinter vorgehaltener Hand ist nicht selten von der »Rache der Sieger« die Rede.
Weltweit stößt die Verkündung der Urteile auf ein lebhaftes Echo. Seit Prozessbeginn haben bis zu 400 Journalisten die Verhandlungen verfolgt. In den meisten Berichten und Kommentaren der ausländischen Presse kommt die Genugtuung über die Bestrafung der Hauptkriegsverbrecher zum Ausdruck. Sowjetische Zeitungen kritisieren die Freisprüche.

19. September 1946

Churchill hat Europa im Blick

Der frühere britische Premierminister Winston Churchill entwickelt eine hellsichtige politische Vision: Noch bevor konkrete Pläne für eine europäische Kooperation in Angriff genommen werden, fordert er in einer viel beachteten Rede in Zürich die Vereinigten Staaten von Europa. Nur so könne der Weltfrieden dauerhaft gesichert werden. Gefahren für den Frieden zögen unausweichlich herauf, sobald auch andere Staaten – neben den USA – in den Besitz der Atombombe gelangen würden. Wie auch spätere Europapolitiker misst der Politstratege vor allem dem Verhältnis Frankreichs zu Deutschland besondere Bedeutung bei. Voraussetzung für die Verwirklichung des von ihm entworfenen Einigungsplans sei das Zusammengehen dieser beiden Nationen. Aufgrund ihrer kulturellen Stärke falle beiden eine Führungsrolle in einem europäischen Staatenbund zu. Die Rolle seines eigenen Landes sieht er als die einer gleichberechtigten Großmacht an der Seite der USA. Beide angelsächsischen Länder und die UdSSR sollen dem neuen Europa als »wohlwollende Freunde« gegenüberstehen.

6. September 1946

US-Politik für Deutschland

US-Außenminister James F. Byrnes (Abb.: am Rednerpult) hält in Stuttgart eine Rede, in der er die neue Deutschlandpolitik seiner Regierung skizziert. Deutschland solle unter gewissen Bedingungen eine eigene Regierung auf Länderbasis

erhalten. Ferner müsse die Industrieproduktion erhöht werden. Deutschland dürfe durch übertriebene Reparationsforderungen nicht zum Armenhaus werden. Die sensationelle Rede ist Ausdruck einer Neuorientierung in der Deutschlandpolitik der USA, die entschlossen sind, eine konstruktive Politik in Deutschland zu verfolgen.

Oktober 1946

1 Di Der britische Journalist Hugh Carleton Greene übernimmt die Leitung des Nordwestdeutschen Rundfunks in Hamburg. → Urteile

2 Mi In Düsseldorf kommt der Landtag des neu gegründeten Landes Nordrhein-Westfalen zu seiner konstituierenden Sitzung zusammen.

3 Do Der Prozess gegen eine Gruppe von Schwarzhändlern, die Traubenzucker und Gesichtspuder als Penizillin verkauft haben, beginnt in Berlin.

4 Fr Beim Absturz eines Passagierflugzeuges in Neufundland sterben 39 Menschen. +++ In Bremerhaven treffen 300 000 CARE-Pakete ein.

5 Sa Der Schwede Sigfrid Edström wird in der schweizerischen Stadt Lausanne zum neuen Präsidenten des Internationalen Olympischen Komitees gewählt.

6 So In Budapest unterliegt die Fußballelf Österreichs den Ungarn mit 0:2. +++ Die »Münchener Liebfrauenmesse« von Joseph Haas hat in München Premiere.

7 Mo Nach Angaben der polnischen Regierung sollen die letzten 6000 in Stettin verbliebenen Deutschen die Stadt innerhalb der nächsten Wochen verlassen.

8 Di Das Internationale Militärtribunal für Ostasien in Tokio billigt einen Antrag der UdSSR, den japanischen Kaiser Hirohito wegen Kriegsverbrechen anzuklagen.

9 Mi Als Nachfolger von General François Sevez wird General de Molt Sabert neuer Oberbefehlshaber der französischen Besatzungstruppen in Deutschland.

10 Do Als erste Deutsche erhält die 23-jährige Berlinerin Anna Maria Heineke die Erlaubnis, in die USA zu reisen und einen Soldaten der US-Truppen zu heiraten.

11 Fr US-Ernährungsminister Clinton P. Anderson droht in Washington mit der Beschlagnahme von Rindern, um die Fleischknappheit in den USA zu beseitigen.

12 Sa Aufgrund einer Anordnung des Alliierten Kontrollrats in Deutschland kann die deutsche Presse künftig offener über innenpolitische Probleme berichten.

13 So Bei einem Boxkampf um die Deutsche Meisterschaft im Halbschwergewicht schlägt Herausforderer Richard Vogt den Titelverteidiger Hans Seidler.

14 Mo Der Alliierte Kontrollrat für Österreich verfügt, dass alle Betriebe für einen Tag der Woche die Produktion einstellen müssen, um Brennstoff zu sparen.

15 Di In Berlin hat der erste von der DEFA produzierte Spielfilm, »Die Mörder sind unter uns«, Premiere. Hildegard Knef spielt die Hauptrolle.

16 Mi In Clausthal-Zellerfeld wird in Anwesenheit von Otto Hahn und Max Planck das 1944 geschlossene Gmelin-Institut für anorganische Chemie wieder eröffnet.

17 Do Nahe der englischen Stadt Berkshire rauben unbekannte Täter aus dem Landsitz der Herzogin von Windsor Juwelen im Wert von rd. 20 000 Pfund.

18 Fr In Hamburg beginnen die Berliner Philharmoniker unter dem Dirigenten Sergiu Celibidache eine Gastspielreise durch die britische Besatzungszone.

19 Sa Die französische Fremdenlegion errichtet in Kehl am Rhein ein Aufnahmelager. Deutsche Bewerber dürfen auch unter falschem Namen in die Legion eintreten.

20 So In den sowjetischen Besatzungszonen Deutschlands finden Kreis- und Landtagswahlen statt, bei denen die SED die meisten Stimmen erhält.

21 Mo Die britische Militärregierung gibt die Bildung des Landes Niedersachsen bekannt. Zur Landeshauptstadt wird Hannover bestimmt.

22 Di In Wien fordert das Vollzugskomitee der Gewerkschaften die sofortige Erhöhung der Lebensmittelrationen, lehnt jedoch einen Generalstreik ab.

23 Mi Der britische Leichtathlet Jack Holden läuft mit einer Zeit von 3:00:16,4 h Weltbestzeit über 30 Meilen (48,28 km).

24 Do Die tschechoslowakische Regierung erklärt, dass die Ausweisung der Sudetendeutschen aus der Tschechoslowakei offiziell abgeschlossen sei.

25 Fr Düsseldorf wird von der britischen Militärregierung zum Sperrgebiet erklärt, um damit den Zuzug u.a. von Flüchtlingen unterbinden zu können.

26 Sa Die von der US-Militärregierung geleitete »Deutsche Nachrichtenagentur« geht in den Besitz von 77 Herausgebern deutscher Zeitungen über.

27 So Den Großen Preis von Barcelona gewinnt der italienische Autorennfahrer Luigi Pelsezza auf Maserati in 2:46,52 h.

28 Mo Die US-Militärregierung beauftragt den hessischen Staatssekretär Walter Strauss, einen Entwurf für eine deutsche Reichsverfassung zu erarbeiten.

29 Di In allen vier Besatzungszonen Deutschlands findet eine Volkszählung statt. Danach leben in allen Zonen zusammen knapp 66 Mio. Menschen.

30 Mi Vertreter des Rowohlt-Verlages kündigen in Stuttgart die Herausgabe von Romanen in Heftform an, die unter dem Namen »rororo« vermarktet werden sollen.

31 Do Der 10 000. seit Ende des Zweiten Weltkriegs produzierte Volkswagen läuft vom Band. 8597 Exemplare davon sind vom Typ »Käfer«.

1 Fr Bei den Gemeindewahlen in Großbritannien kann mit der Labour Party die Regierungspartei des Landes erhebliche Stimmengewinne verzeichnen.

2 Sa Die tschechoslowakische Regierung bezeichnet die Verteilung des sudetendeutschen Grundbesitzes an Genossenschaften als nahezu abgeschlossen.

3 So Auf der Trabrennbahn Berlin-Karlshorst gewinnt Johannes (»Hänschen«) Frömming mit dem Pferd »Kampfflieger« den Großen Preis von Berlin.

4 Mo Bei den Kongresswahlen in den USA muss die Demokratische Partei von Präsident Harry S. Truman große Stimmenverluste hinnehmen.

5 Di Die Fußballelf von Servette Genf schlägt im Spiel um die schweizerische Meisterschaft Grashoppers Zürich mit 5:1. → »Fringsen«

6 Mi Die britische Militärregierung in Deutschland genehmigt in ihrer Zone die Bildung von Profi-Abteilungen in Fußballvereinen.

7 Do Der italienische Radrennfahrer Fausto Coppi gewinnt die traditionsreiche Lombardei-Rundfahrt in Italien. Er benötigt für die 231 km lange Strecke 6:24,30 h.

8 Fr Auf einer Versteigerung in Braunschweig erzielt eine »Doppel-Genf-Briefmarke« den Rekord-Preis von 104 000 Reichsmark.

9 Sa Auf einem Testgelände im US-Bundesstaat New Mexico transportiert eine deutsche Rakete vom Typ »V2« einen Spektrografen in 100 km Höhe.

10 So In Rom lehnt Ministerpräsident Alcide De Gasperi die jugoslawischen Vorschläge über einen Tausch der Städte Triest und Gorizia ab. → Kommunisten

11 Mo Die vietnamesische Nationalversammlung verabschiedet in Hanoi eine neue Landesverfassung. +++ In Essen wird das Hauptemährungsamt Ruhr eingerichtet.

12 Di Nach amtlichen Angaben planen die USA die Ausrichtung einer Antarktisexpedition, bei der 4000 Mann ein Gebiet von 15,5 Mio. km^2 kartografieren sollen.

13 Mi In Prag unterliegt die schweizerische Eishockey-Nationalmannschaft der tschechoslowakischen Nationalauswahl mit 3:12 Toren.

14 Do Der Verfassungsausschuss der SED veröffentlicht im sowjetischen Sektor von Berlin den »Entwurf einer Verfassung für eine demokratische Republik«.

15 Fr Die Hamburger Bürgerschaft wählt den Sozialdemokraten Max Brauer zum Ersten Bürgermeister der Hansestadt.

16 Sa Der Erzbischof von München,Michael Kardinal von Faulhaber, bittet die Besatzungsmächte um Entlassung der Kriegsgefangenen zu Weihnachten.

17 So Die US-Regierung gibt ihre Reparationsforderung gegenüber Japan bekannt. U.a. sollen Waffenfabriken demontiert werden.

18 Mo Nahe dem britischen Bristol sterben acht Menschen bei einem Flugzeugunglück. Eine Maschine der Royal Air Force streift bei der Landung einen Bus.

19 Di In Paris beginnt die erste Generalversammlung der Kulturorganisation der Vereinten Nationen, UNESCO. 45 Staaten senden Delegierte. → Rumänien

20 Mi Das Herren-Endspiel der Internationalen Tennismeisterschaften der Schweiz in Genf gewinnt Marcel Bernard gegen Giuseppe Cucelli in fünf Sätzen.

21 Do Die Sächsischen Aufbauwerke in Zwickau nehmen mit Erlaubnis der sowjetischen Besatzungsmacht die Produktion von Automobilmotoren wieder auf.

22 Fr In Hannover wird auf Anregung von Max Planck und Adolf Grimme die »Leibniz-Stiftung für Kunst und Wissenschaft« gegründet.

23 Sa Der Sozialdemokrat Hinrich Wilhelm Kopf wird von der britischen Militärregierung zum Ministerpräsidenten des Landes Niedersachsen ernannt.

24 So Bei der Landtagswahl in Württemberg-Baden gewinnt die CDU. Gleichzeitig stimmen die Bewohner für die Annahme der neuen Landesverfassung.

25 Mo Die britische Militärregierung in Deutschland bestätigt den Christdemokraten Theodor Steltzer als Ministerpräsidenten des Landes Schleswig-Holstein.

26 Di Der Landtag von Rheinland-Pfalz tritt in Mainz zu seiner konstituierenden Sitzung zusammen. Landtagspräsident wird Ernst Lotz (CDU).

27 Mi Die in New York tagende Außenministerkonferenz beschließt, die von Jugoslawien und Italien beanspruchte Hafenstadt Triest zum Freistaat zu erklären.

28 Do Als Reaktion auf die Führungsansprüche der Kommunisten gibt Frankreichs Ministerpräsident Georges Bidault seinen Rücktritt bekannt.

29 Fr Die am 19. November gewählte rumänische Nationalversammlung ernennt Petru Groza zum Ministerpräsidenten des Landes.

30 Sa Nach einer Mitteilung der Gesundheitsbehörden sind in der britischen Besatzungszone rd. 46 000 Menschen an offener Tuberkulose erkrankt.

10. Dezember 1946

Nobelpreis für Hesse

Der deutsch-schweizerische Schriftsteller Hermann Hesse erhält den Literaturnobelpreis. Die Schwedische Akademie der schönen Künste bezeichnet ihn als einen Autor, der »neben Kühnheit und Tiefe zugleich klassische Humanitätsideale und hohe Stilwerte vertritt.« Hesse zieht in seinem Werk unermüdlich gegen Nationalismus, Rassismus und Krieg zu Felde. Seine Romane sind in der Tradition der deutschen Romantik und Klassik verwurzelt. Ein zentraler Aspekt ist Sinnsuche und Selbstfindung des Menschen. Nachdem Hesse mit der indischen Philosophie in Berührung gekommen war, flossen auch meditative Elemente in seine Arbeiten ein.
Der Nobelpreis für Medizin geht an den US-Genetiker Hermann Joseph Muller. Er erhält die Auszeichnung für seine Arbeit über die Auswirkung von Röntgenstrahlen auf die Erbanlagen von Lebewesen. Muller wies nach, dass Röntgenstrahlen Gene verändern können. Percy Williams Bridgman wird mit dem Physiknobelpreis ausgezeichnet. Das Komitee würdigt mit der Preisvergabe seine Arbeiten auf dem Gebiet der Hochdruckphysik. Drei US-Amerikaner teilen sich den Chemienobelpreis: James Sumner, John Howard Northrop und Wendell Meredith Stanley werden für ihre Forschungen über Enzyme und Viren mit dem begehrten Preis ausgezeichnet. Emily Greene Balch, die Gründerin der »Internationalen Frauenliga für Frieden und Freiheit«, erhält den Friedensnobelpreis – zusammen mit ihrem Landsmann John Raleigh Mott. Mott war lange Jahre Leiter des »Weltverbandes Christlicher Vereine Junger Männer« (YMCA). Der Verband wirkt im Sinne der internationalen Verständigung.

Hermann Hesse

deutsch-schweizerischer Schriftsteller, * 2.7.1877 Calw (Württemberg); † 9.8.1962 Montagnola/Tessin (Schweiz)

Hesse, von seinem Vater – einem pietistischen Missionsprediger – zum Theologen bestimmt, verbindet in seinem Werk westliche und östliche Philosophie. Zentrales Thema ist der Konflikt zwischen Geist und Intellekt auf der einen, Natur und Leben auf der anderen Seite und die Suche nach einem harmonischen Ausgleich. In den 60er Jahre erleben seine die bürgerlichen Normen sprengenden Romane eine von den USA ausgehende Renaissance. Von Reisen durch Europa und Indien abgesehen, lebte Hesse zurückgezogen im Tessin.

- 1899: Buchhändler und Antiquar in Basel
- 1911: Indien-Reise
- 1922: »Siddhartha«
- 1927: »Der Steppenwolf«
- 1943: »Das Glasperlenspiel«

12. Dezember 1946

Stück über NS-Verstrickung

Ein eindrucksvolles Theaterstück über die jüngste deutsche Vergangenheit feiert im Zürcher Schauspielhaus seine Premiere: Heinz Hilpert führt Regie bei der Aufführung von Carl Zuckmayers Drama »Des Teufels General«. In der Hauptrolle des

Fliegergenerals Harras ist Gustav Knuth (s. Abb., r., mit Wilfried Seyferth) zu sehen. Am Beispiel des leidenschaftlichen Fliegers Harras – die Figur ist an Ernst Udet, den berühmten Piloten und Generalluftzeugmeister im nationalsozialistischen Deutschland, angelehnt – zeigt Zuckmayer, wie schnell ein in seinem Bereich überragender Spezialist in ein totalitäres Regime und seine Machenschaften verwickelt werden kann. Das Stück ist zugleich auch ein Plädoyer für den aktiven Widerstand gegen ein Unrechtsregime.

19. November 1946

Wahlen in Rumänien

Der Ausgang der Wahl zur rumänischen Nationalversammlung führt zur Verschärfung der innenpolitischen Spannungen. Die Kandidaten der Einheitsliste Demokratischer Block erringen mit rd. 70% der abgegebenen Stimmen die klare Mehrheit. Innerhalb des Demokratischen Blocks drängen jedoch die Kommunisten mit Hilfe der Sowjetunion zur alleinigen Macht.
Nach dem Wahlsieg kommt es zur schrittweisen Ausschaltung der Opposition und zur Isolation von König Michael I. Als 23-Jähriger hatte dieser angesichts der herannahenden Truppen der Roten Armee den Diktator Ion Antonescu gestützt. Rumänien wechselte die Fronten, schloss mit der Sowjetunion einen Waffenstillstand und kämpfte auf Seiten der Roten Armee gegen die Deutschen. Auf Druck Moskaus wurde 1945 eine Koalitionsregierung gebildet, in der Kommunisten Schlüsselressorts erhielten. Ministerpräsident Petru Groza, Vorsitzender des Landarbeiterbundes, arbeitete eng mit den Kommunisten zusammen. Ende 1945 wurden auf Drängen der Westmächte zwei Minister der in Opposition stehenden Bauernpartei sowie der Liberalen in das Kabinett aufgenommen, ohne jedoch politischen Einfluss erlangen zu können. Nachdem der König am 30. Dezember 1947 auf den Thron verzichtet, wird Rumänien zur kommunistischen Volksrepublik.

2. Dezember 1946

Bizone gegründet

Die britische und die US-Besatzungszone in Deutschland werden wirtschaftlich vereinigt. Einen entsprechenden Vertrag unterzeichnen die Außenminister beider Staaten in Washington. Die USA und Großbritannien betrachten die Gründung des Vereinigten Wirtschaftsgebiets (Bizone) als ersten Schritt zur Wiederherstellung der wirtschaftlichen Einheit Deutschlands.

Kern des Abkommens ist die Errichtung von fünf zentralen deutschen Verwaltungen in Minden, Bielefeld, Frankfurt am Main (zwei) und Stuttgart. Sie sind für die Bereiche Wirtschaft, Post- und Fernmeldewesen, Finanzen, Ernährung und Landwirtschaft sowie für das Verkehrswesen in beiden Zonen zuständig. Die Kontrolle üben die britische und die US-Militärregierung aus. Nach dem Scheitern der Pariser Außenministerkonferenz hatten vor allem die USA darauf gedrängt, die von den vier Siegermächten vereinbarte wirtschaftliche Einheit Deutschlands auch tatsächlich umzusetzen. Bislang scheiterte dieses Vorhaben am Widerstand Frankreichs und der Sowjetunion. Frankreich widersetzt sich grundsätzlich allen Plänen, die zu einer Einheit Deutschlands führen sollen. Die Sowjetunion knüpft zahlreiche Forderungen an die Realisierung der wirtschaftlichen Einheit, die die Westmächte nicht akzeptieren wollen.

5. November 1946

»Fringsen« ist erlaubt

Der Kölner Erzbischof Josef Frings rechtfertigt den Diebstahl zur Erhaltung von Leben und Gesundheit in seiner Silvesteransprache. Kurz darauf macht das Wort vom »Fringsen« – dem moralisch

gerechtfertigten »Kohlenklau« – die Runde. In Deutschland gibt es kaum Brennstoffe für die privaten Haushalte. Die Menschen helfen sich selber und plündern Kohletransporte (s. Abb.).

15. Dezember 1946

Erste Ausgabe der »Hör Zu«

Im Jahre eins nach dem Ende des Krieges findet auch im Pressewesen ein Neuaufbau statt. In Hamburg erscheint die erste Ausgabe der neuen Rundfunkprogrammzeitschrift »Hör Zu« (Abb.: Titelbild). Sie wird mit britischer Lizenz herausgegeben und in einer Auflage von 250 000 Exemplaren gedruckt. Herausgeber ist Axel Caesar Springer. Die »Hör Zu« ist als reine Programmzeitschrift und Familienillustrierte konzipiert. Vorbild ist die britische Rundfunkzeitschrift »Radio Times«. Schon nach kurzer Zeit zeigt sich, dass das Blatt ein großer wirtschaftlicher und publizistischer Erfolg wird. Hamburg hat sich mittlerweile zu einem Pressezentrum entwickelt. Mehrere Tages- und Wochenzeitungen sind an der Alster bereits neu gegründet worden. Anfang des Jahres erscheint die Wochenzeitung »Die Zeit«. Das u.a. von Gerd Bucerius herausgegebene Blatt hat es sich zur Aufgabe gemacht, »uneingeschränkt die Wahrheit zu sagen, selbst wenn sie schmerzlich ist«. Im April kommt die Tageszeitung »Die Welt« auf den Markt. Herausgeber ist die britische Besatzungsmacht.

10. November 1946

Kommunisten gewinnen Wahl

In Frankreich konstituiert sich formell die IV. Republik. Eine provisorische Regierung hatte bereits 1944 ihre Arbeit aufgenommen. Sieger der Wahl zur Nationalversammlung sind die Kommunisten. Sie erhalten 28,2% der abgegebenen Stimmen. Die katholische Volksdemokratische Partei vereinigt 26% der Stimmen auf sich, die Sozialistische Partei erreicht 18%. Die Nationalversammlung wählt am 12. Dezember den Sozialisten Léon Blum mit 575 von 590 Stimmen zum Ministerpräsidenten. Sein Amtsvorgänger Georges Bidault übernimmt das Außenministerium. Die Hauptaufgabe sieht Blum in der Überwindung der schweren Wirtschafts- und Finanzkrise. In der Außenpolitik bestehen vor allem zwischen den Kommunisten, die eine enge Zusammenarbeit mit der Sowjetunion anstreben, und den übrigen Parteien starke Gegensätze. Seit Beginn des Jahres gab es in Frankreich heftige Auseinandersetzungen über eine neue Verfassung. Bei einer Volksabstimmung im Mai fällt der von Sozialisten und Kommunisten befürwortete Verfassungsentwurf durch, der die Einführung eines Einkammersystems vorsieht. Angenommen wird schließlich der Entwurf mit einem Zweikammersystem, den die im Juni neu gewählte Verfassunggebende Versammlung vorlegt.

Dezember 1946

1 So In den Ländern Bayern und Groß-Hessen finden Landtagswahlen statt. In Bayern erhält die CSU, in Hessen die SPD die Mehrheit der Stimmen.

2 Mo Der Alliierte Kontrollrat in Deutschland beschließt, den geschäftlichen Briefverkehr mit dem Ausland wieder zuzulassen. → Bizone

3 Di Die ehemalige preußische Provinz Sachsen wird mit Genehmigung der sowjetischen Militäradministration in Sachsen-Anhalt umbenannt.

4 Mi In Dortmund verhindern britische Militärangehörige die von rd. 500 Deutschen versuchte Plünderung eines mit Kohle beladenen Zuges.

5 Do Das jugoslawische Parlament billigt in Belgrad die Verstaatlichung aller privaten Wirtschaftsbetriebe sowie der gesamten Presse des Landes.

6 Fr Die US-Militärregierung in Deutschland veröffentlicht ein Memorandum, wonach die eigenen Aufgaben eingeschränkt werden sollen.

7 Sa In Berlin werden die Urteile gegen 28 Penizillinfälscher gefällt. Das Gericht spricht für alle Beteiligten hohe Gefängnisstrafen aus.

8 So Der Vorsitzende der US-Gewerkschaft United Mine Workers, John L. Lewis, fordert die Bergarbeiter auf, ihren landesweiten Streik abzubrechen.

9 Mo In der französischen Hafenstadt Le Havre sinkt der Passagierdampfer »Europa«, als er sich bei Sturm von der Verankerung löst und auf einen Frachter prallt.

10 Di In Baden-Baden erscheint Alfred Döblins Schrift »Der Nürnberger Lernprozess«, die über den Kriegsverbrecherprozess aufklärt. → Hermann Hesse

11 Mi Die Außenminister der Siegermächte beschließen in New York den Abschluss von Friedensverträgen mit den im Krieg mit Deutschland verbündeten Staaten.

12 Do Die französische Nationalversammlung wählt den Sozialisten Léon Blum zum neuen Ministerpräsidenten des Landes. → NS-Verstrickung

13 Fr In München wird mit Genehmigung der US-Militärregierung der Allgemeine Deutsche Automobilclub (ADAC) wiedergegründet.

14 Sa Der Alliierte Kontrollrat für Österreich erteilt der österreichischen Regierung die Erlaubnis, die Verteilung von Lebensmitteln selbst vornehmen zu dürfen.

15 So Der Rowohlt-Verlag in Hamburg bringt die ersten Bände seiner Reihe »rororo« auf den Markt. Die Bücher werden auf Zeitungspapier gedruckt. → »Hör Zu«

16 Mo Ein Hotelbrand in Atlanta/Georgia fordert 126 Todesopfer. +++ Der Bayerische Landtag tritt in München zu seiner konstituierenden Sitzung zusammen.

17 Di Die türkische Regierung verbietet der sozialistischen Bauernpartei, der Sozialdemokratischen Partei sowie den Gewerkschaften jede politische Betätigung.

18 Mi Die Arbeiter der OD-Panzer AG in Hannover streiken für eine bessere Lebensmittelversorgung. Es ist der erste längere Ausstand der deutschen Nachkriegszeit.

19 Do In Stuttgart verabschiedet der süddeutsche Länderrat ein Gesetz zur Schaffung von Landeszentralbanken in Bayern, Württemberg-Baden und Groß-Hessen.

20 Fr Im britischen Unterhaus verkündet Premierminister Clement Richard Attlee, dass die britische Kolonie Birma in die Unabhängigkeit entlassen werden solle.

21 Sa An der Westküste Japans fordert eine durch ein Erdbeben ausgelöste Springflut 1500 Tote. Mehr als 5000 Häuser werden völlig zerstört.

22 So Die französische Besatzungsmacht in Deutschland errichtet zwischen dem Saargebiet und Frankreichs deutscher Besatzungszone eine Zollgrenze.

23 Mo In Neuwied am Rhein treffen sich Vertreter des Motorsports der Westzonen zu einer Konferenz über den Neuaufbau des deutschen Motorsports.

24 Di Die britischen Militärbehörden in Berlin laden rd. 4500 Kinder zu einer Weihnachtsfeier ein. +++ Der Berliner Bevölkerung werden Weihnachtszuteilungen gewährt.

25 Mi In Deutschland fordert die seit Mitte des Monats anhaltende strenge Kälte mit Temperaturen von bis zu minus 20 °C erste Todesopfer.

26 Do Im ersten Endspiel des Davis-Pokals seit 1939 besiegt die US-Mannschaft in Melbourne die Vertretung von Gastgeber Australien mit 5:0.

27 Fr Die US-Militärregierung in Deutschland genehmigt das Versenden von CARE-Lebensmittelpaketen in die Sowjetzone.

28 Sa Zwölf Menschen sterben, als in der Nähe der irischen Stadt Shannon ein Passagierflugzeug infolge schlechter Witterungsbedingungen abstürzt.

29 So In Moskau wird der sowjetische Delegierte bei der UNO, Andrej A. Gromyko, zum stellvertretenden Außenminister der UdSSR ernannt.

30 Mo Die US-Militärregierung in Frankfurt am Main erlässt Richtlinien für eine Amnestie von ehemaligen Nationalsozialisten, die nicht als Belastete eingestuft sind.

31 Di US-Präsident Harry S. Truman erklärt in Washington den Zweiten Weltkrieg offiziell für beendet und hebt zahlreiche Notverordnungen in den USA auf.

Januar 1947

1 Mi Die britische und die US-Besatzungszone Deutschlands werden zum Vereinigten Wirtschaftsgebiet (Bizone) zusammengefasst.

2 Do Die Irgun, eine radikale jüdische Untergrundorganisation in Palästina, erklärt der Mandatsmacht Großbritannien den Krieg und verübt zahlreiche Anschläge.

3 Fr In Melbourne (Australien) unterliegen die hoch favorisierten Gastgeber im Tennis-Daviscup-Finale den USA mit 0:5.

4 Sa Der US-Militärgouverneur in Deutschland, General Joseph T. McNarney, tritt zurück. Nachfolger wird Generalleutnant Lucius D. Clay. → »Der Spiegel«

5 So Eine Flutwelle überschwemmt Teile der Hawaii-Inselgruppe im Pazifik. Trotz des Ausmaßes der Katastrophe gibt es keine Todesopfer.

6 Mo In Hessen wird der SPD-Politiker Christian Stock zum Ministerpräsidenten des Landes gewählt. SPD und CDU bilden eine Koalitionsregierung.

7 Di Eine Bombenexplosion zerstört das Gebäude der Nürnberger Spruchkammer. Täter und Hintergrund des Anschlags bleiben unbekannt.

8 Mi In den drei Westzonen kommt der Film »Todesmühlen« zur Aufführung, ein Dokumentarfilm der Alliierten über deutsche Konzentrationslager.

9 Do Der französische Tennisverband veröffentlicht eine offizielle Weltrangliste. Bei den Herren führt Jack Kramer, bei den Damen Pauline Betz (beide USA).

10 Fr Die Vereinten Nationen übernehmen die Aufsicht über die Freie Stadt Triest, auf die Italien und Jugoslawien Ansprüche erheben.

11 Sa Jugoslawien schickt rd. 3500 deutsche und österreichische Kriegsgefangene, die krank und arbeitsunfähig sind, in ihre Heimat zurück.

12 So Die »Stern-Bande«, eine jüdische Untergrundorganisation, verübt in Haifa (Palästina) einen Sprengstoffanschlag, bei dem fünf Menschen sterben.

13 Mo Der evangelische Bischof von Berlin-Brandenburg, Otto Dibelius, bittet den Alliierten Kontrollrat um Heizmaterial für die deutsche Bevölkerung.

14 Di Während der Kältewelle in Mitteleuropa sind in Hamburg bisher 30 Menschen gestorben. Etwa 100 Personen erlitten erhebliche Erfrierungen.

15 Mi Die sowjetische Militäradministration in Deutschland gibt überraschend die Einstellung der Demontage in der Ostzone bekannt.

16 Do Die französische Nationalversammlung wählt Vincent Auriol zum ersten Präsidenten der Vierten Republik. Ministerpräsident Léon Blum tritt zurück.

17 Fr Die Alliierten entwerfen den österreichischen Staatsvertrag. +++ Ein US-Militärgericht verurteilt Alexander Piorkowski, Kommandant in Dachau, zum Tode.

18 Sa Die Chinesische Kommunistische Partei lehnt das Angebot der Kuomintang-Regierung ab, an Friedensverhandlungen teilzunehmen.

19 So Bei der Einfahrt in den Golf von Peulia sinkt der griechische Dampfer »Himara«. 392 Menschen finden dabei den Tod. → Polen

20 Mo Das Kabinett unter Alcide De Gasperi in Rom tritt nach der Spaltung der an der Regierung beteiligten italienischen Sozialistischen Partei zurück.

21 Di Nach Angaben des österreichischen Innenministeriums sind von 1,2 Mio. österreichischen Kriegsgefangenen bisher 800 000 zurückgekehrt.

22 Mi In Deutschland werden das Land- und Stadtgebiet von Bremen sowie der Stadtkreis Wesermünde (Bremerhaven) zum Land Bremen vereinigt.

23 Do Die Philosophische Fakultät der Universität Bonn widerruft die 1936 erfolgte Entziehung der Ehrendoktorwürde für den Schriftsteller Thomas Mann.

24 Fr In Athen vereidigt König Georg II. die neue griechische Regierung unter Führung des Ministerpräsidenten Demetrios Maximos.

25 Sa Der Gangsterchef Alfonso (Al) Capone stirbt in Miami/Florida im Alter von 48 Jahren an den Folgen eines vier Tage zuvor erlittenen Schlaganfalls.

26 So Auf dem Kopenhagener Flughafen Kastrup stürzt ein niederländisches Flugzeug ab. Unter den Opfern befindet sich der schwedische Erbprinz Gustav Adolf.

27 Mo In Hamburg beginnt der Zweite Deutsche Studententag der britischen Besatzungszone. Auch Vertreter der US- und der Ostzone nehmen daran teil.

28 Di Kurt Schumacher, der Vorsitzende der SPD, wendet sich in einer Rede in Berlin gegen eine Anerkennung der Oder-Neiße-Grenze.

29 Mi Das Antikriegs-Schauspiel »Alle meine Söhne«, ein Werk des US-Dramatikers Arthur Miller, kommt in New York zur Uraufführung.

30 Do Der deutsche Schriftsteller und Journalist Alfred Kantorowicz kehrt aus seinem langjährigen Exil in den USA nach Berlin zurück.

31 Fr Die jugoslawische Regierung beschuldigt den Vatikan, Kriegsverbrecher zu verstecken und heimlich nach Südamerika schleusen zu lassen.

12. Februar 1947

Dior zeigt »New Look«

Der französische Modemacher Christian Dior präsentiert in Paris seine erste eigene Kollektion, die von Publikum und Presse begeistert aufgenommen wird. Seine Röcke sind von üppiger Weite, die Saumlänge rutscht fast bis zum Knöchel, Taille und Schultern zeigen sich betont schmal. Außergewöhnlich ist, dass Dior Elemente aus der Abendgarderobe, wie z.B. den weitschwingenden, gesteiften Rock, beim Tageskostüm zeigt. Der bahnbrechende »New Look« beruht vor allem auf der Abkehr vom Mode-Ideal der Vorkriegszeit, das Bequemlichkeit und Alltagsnähe in den Vordergrund rückte und für das Frauen jahrelang gekämpft hatten. Trotzdem ist der »New Look« keine Erfindung Diors. Seine Gestaltung der langen, weiten Röcke knüpft an Tendenzen der späten 30er und frühen 40er Jahre an, die eine feminin-elegante Linie favorisierten. Angesichts der Nachkriegsnot und der allgemeinen Stoffknappheit bieten Diors materialverschlingende Roben aber auch Anlass zu kontroversen Diskussionen. Für die einen werden sie zum Wunschbild einer besseren Welt, für die anderen, die sich diesen Luxus nicht einmal selbstgeschneidert leisten können, stellen sie eine Provokation dar. So kommt es u.a. in Frankreich, Großbritannien und den USA zu Demonstrationen gegen diese »unzweckmäßige« Mode. Für die Menschen im Nachkriegsdeutschland geht es vorrangig darum, die eigene Existenz zu sichern und die zerstörten Städte wieder aufzubauen. Den Wunsch nach modischer Kleidung versuchen die Frauen sich durch Umarbeiten alter Kleider, Uniformen, Decken oder Gardinen zu erfüllen. Improvisation ist das Gebot der Stunde. Auch das ausgediente Korsett der Großmutter hat in der neuen Mode ihren Platz.
Trotz vieler Proteste ist der Siegeszug Christian Diors in den Metropolen Frankreichs, Großbritanniens und den USA unaufhaltsam.

Amerikanerinnen demonstrieren gegen die langen Röcke Diors.

3. Februar 1947

CDU will Neuordnung

Die Programmatik des »christlichen Sozialismus« findet Eingang in das »Ahlener Programm«, das die CDU der britischen Zone verabschiedet. Im westfälischen Ahlen berät der CDU-Sozialausschuss der britischen Besatzungszone »präzise Vorschläge für die strukturelle Neuordnung der Wirtschaft im Sinne der christlichen Gesellschaftsreform«. Inhalt und Ziel dieser sozialen und wirtschaftlichen Neuordnung könne »nicht mehr das kapitalistische Gewinn- und Machtstreben, sondern nur das Wohlergehen unseres Volkes sein. Durch eine gemeinwirtschaftliche Ordnung soll das deutsche Volk eine Wirtschafts- und Sozialverfassung erhalten, die dem Recht und der Würde des Menschen entspricht, dem geistigen und materiellen Aufbau unseres Volkes dient und den inneren und äußeren Frieden sichert.« Der Einfluss der gewerkschaftlich orientierten Kräfte geht in der Folgezeit jedoch zurück, der bürgerliche Flügel erstarkt. In ihren Düsseldorfer Leitsätzen bekennt sich die CDU im Jahre 1949 zu einer sozialen Marktwirtschaft, wie sie Ludwig Erhard vertritt.

5. Februar 1947

Advokat der kleinen Leute

53-jährig stirbt in Berlin der Schriftsteller Hans Fallada. In seinen Romanen stellt er u.a. den »kleinen Mann« mit seinen Ängsten und Nöten in der Wirtschaftskrise in den Mittelpunkt. Zudem verfasst er Kinderbücher.

Hans Fallada

eigtl. Rudolf Ditzen, deutscher Schriftsteller, * 21.7.1893 Greifswald; † 5.2.1947 Berlin

Falladas erfolgreichster Roman, »Kleiner Mann – was nun?« (1932), zeigt den Kampf um privates Glück. Der Schriftsteller erweist sich als ein scharfsinniger Beobachter seiner Zeit, der immer wieder die Ohnmacht des Einzelnen gegenüber den politischen und wirtschaftlichen Verhältnissen thematisiert. Fallada traf mit seinen einfühlsamen Darstellungen die Stimmungslage nach dem Ersten Weltkrieg und die Verunsicherung in der Weimarer Republik.

- 1931: »Bauern, Bonzen und Bomben« (Roman)
- 1937: »Wolf unter Wölfen« (Roman)
- 1938: Drehbuch für den Film »Der Eiserne Gustav«

Die Schauspielerin Jane Russell mit Dior

Christian Dior

französischer Modemacher; * 21.01.1905 Granville; † 24.10.1957 Montecatini

Der Industriellensohn gründet mit Hilfe des Textilfabrikanten Marcel Boussac einen Modesalon und ist der tonangebende Couturier seiner Zeit. Nach dem »New Look« kreiert er für nahezu jede Saison eine neue »Linie«, wie z.B. die H- oder die A-Linie. Dior unterwirft die modebewusste Frau seinem launischen Modediktat.

- 1942: Eintritt in das Pariser Modehaus Lucien Lelong
- 1946: Gründung eines Modesalons in Paris
- 1947: Erstes Parfum »Christian Dior °C«

19. Januar 1947

Wahlmanipulation in Polen

Der aus Sozialisten, Kommunisten und Demokraten bestehende Demokratische Block gewinnt die Wahlen zum polnischen Parlament. Rd. 90% erreicht das Wahlbündnis. Die Wahlniederlage der Bauernpartei, die mit über 600 000 Mitgliedern zur stärksten politischen Kraft des Landes zählt, ist nach Ansicht von Beobachtern auf Wahlmanipulation zurückzuführen. In 28 Distrikten verboten die Sicherheitsbehörden die Tätigkeit der Bauernpartei, hunderte Funktionäre wurden verhaftet.

25. Februar 1947

Preußen offiziell aufgelöst

Der Alliierte Kontrollrat löst durch das Gesetz Nr. 46 den Staat Preußen »als Träger des Militarismus und der Reaktion« offiziell auf. Seine sämtlichen Instanzen und alle nachgeordneten Behörden hören damit auf zu existieren. De facto existiert Preußen seit Übernahme der Regierungsgewalt durch die Alliierten und durch die Gründung der deutschen Länder 1945/46 nicht mehr.

10. Februar 1947

Friedensverträge unterzeichnet

Den ehemaligen Verbündeten Deutschlands während des Zweiten Weltkriegs wird die Rückkehr in die internationale Staatengemeinschaft erleichtert. In Paris unterzeichnen die alliierten Siegermächte Friedensverträge mit Rumänien, Bulgarien, Ungarn, Finnland und Italien.
Darin werden u.a. die Zahlungen von Reparationen sowie Gebietsabtretungen und Heeresstärken bestimmt. Italien verliert sämtliche Kolonien sowie die Inselgruppe des Dodekanes in der Ägäis, die an Griechenland fällt. Einen besonderen Verlust stellt die Abtretung der Halbinsel Istrien an Jugoslawien dar. Die Hafenstadt Triest und ihre Umgebung kommen als Freistaat unter internationale Kontrolle. Zudem muss Italien Reparationen in Höhe von 360 Mio. Dollar zahlen. Die Aushandlung der Friedensverträge war von zahlreichen Kontroversen begleitet. Die UdSSR konnte in den Staaten, die von der Roten Armee besetzt worden waren – Rumänien, Ungarn und Bulgarien – ihre Forderungen durchsetzen. Dies gelang auch gegenüber Finnland, dessen Souveränität jedoch gewahrt bleibt. Im Fall Italiens bestimmen dagegen die Westmächte die Friedensbedingungen. In den betroffenen Ländern werden die zum Teil sehr harten Bedingungen heftig kritisiert. Die italienische Regierung will eine Revision der Verträge erreichen. Kritik üben auch die osteuropäischen Staaten.

4. Januar 1947

»Der Spiegel« erscheint

Mit dem Nachrichtenmagazin »Der Spiegel« erscheint in Hannover zum ersten Mal ein bis dahin in Deutschland unbekannter, vorwiegend politischer Zeitschriftentyp (Abb.: Titelseite der ersten Ausgabe). Mit eigenwilligem Stil und vorwiegend politischen Themen, mit kritischem Journalismus und neuartiger Gestaltung gelingt dem erst 23-jährigen Herausgeber Rudolf Augstein ein publizistischer Coup. In Aufmachung, Stil und (unbequemer) Art der Berichterstattung lehnt sich das Magazin stark an anglo-amerikanische Vorbilder an. Die erste »Spiegel«-Ausgabe thematisiert u.a. Hintergründe der Wahlen in Hessen sowie die kontroverse Diskussion über den Abtreibungsparagrafen 218. Die Situation auf dem Schwarzmarkt, die Lage der deutschen Kriegsgefangenen und die umstrittene Oder-Neiße-Linie sind ebenso Themen wie die sizilianischen Autonomiebestrebungen. Zahlreiche investigative Artikel sorgen in den folgenden Jahrzehnten für Diskussionen und innenpolitische Skandale.

Februar 1947

1 Sa Ein französisches Militärgericht in Rastatt verurteilt 21 ehemalige Angehörige der Wachmannschaft des Konzentrationslagers Natzweiler-Struthof zum Tode.

2 So Der Präsident der »Jewish Agency«, Chaim Weizmann, setzt sich auf der Jahresversammlung der britischen Zionisten für eine Teilung Palästinas ein.

3 Mo In Island bildet der Vorsitzende der Sozialdemokratischen Partei, Stefan Johann Stefanson, eine neue Regierung. → CDU

4 Di Der britische Dampfer »Saigon« brennt im Hafen von Hongkong völlig aus. Bei dem Unglück kommen 75 Menschen ums Leben.

5 Mi Ein Orkan wütet über weiten Teilen Großbritanniens. +++ Boleslaw Bierut wird zum neuen polnischen Staatspräsidenten gewählt. → Advokat

6 Do Die US-Justiz erhebt gegen den 1933 emigrierten deutschen Journalisten und Politiker Gerhart Eisler den Vorwurf, ein ausländischer Agent zu sein.

7 Fr Das US-Repräsentantenhaus in Washington nimmt einen Gesetzentwurf an, der die Amtszeit des Präsidenten auf acht Jahre beschränkt.

8 Sa In Nürnberg beginnt ein Strafverfahren gegen den Großindustriellen Friedrich Flick wegen Ausbeutung von Arbeitskräften in der NS-Zeit.

9 So Wegen eines nicht gemeldeten Bestechungsangebotes verliert der US-Profiboxer Rocky Graciano zeitweilig seine Boxlizenz.

10 Mo Wegen der anhaltenden Kohlekrise kommt es in Großbritannien zu Stromabschaltungen. Über 2 Mio. Menschen sind kurzfristig arbeitslos. → Friedensverträge

11 Di In St. Moritz endet die Viererbob-Weltmeisterschaft mit dem Sieg von »Schweiz I« mit Fritz Feierabend am Steuer vor Belgien und Frankreich.

12 Mi Nach einmonatiger Verhandlungsdauer übergibt die sowjetische Kommandantur den Hafen von Stettin in polnische Verwaltung. → Dior

13 Do Die UNO bildet eine Kommission für konventionelle Abrüstung, deren Arbeit unter den wachsenden Gegensätzen zwischen UdSSR und USA leidet.

14 Fr Der Parteivorstand der SED schlägt einen gesamtdeutschen Volksentscheid für die Bildung eines demokratischen Einheitsstaates vor.

15 Sa Eines der Berliner Wahrzeichen, der 70 m hohe Glockenturm auf dem Maifeld hinter dem Olympiastadion, wird wegen Einsturzgefahr gesprengt.

16 So Bei den Eiskunstlauf-Weltmeisterschaften in Stockholm siegt bei den Männern Hans Gerschwiler (Schweiz), bei den Frauen Barbara Anne Scott (USA).

17 Mo Wegen der ungewöhnlich großen Kälte frieren die Niagarafälle zwischen dem US-Bundesstaat New York und Kanada ein.

18 Di Die USA fordern in einem Antrag an die UNO die Treuhänderschaft über die 650 ehemaligen japanischen Mandatsinseln im Pazifik.

19 Mi In New Haven im US-Bundesstaat Connecticut stellt Joe Verdeur (USA) mit 2:35 min einen neuen Weltrekord im 200-m-Brustschwimmen auf.

20 Do Der britische Premierminister Clement Richard Attlee kündigt die beschleunigte Entlassung Indiens in die Unabhängigkeit an.

21 Fr US-Präsident Harry S. Truman ersucht den Kongress um 350 Mio. Dollar für die Hilfsaktionen in den befreiten Ländern Europas.

22 Sa Eine Radioapparate-Fabrik in Chicago präsentiert der Öffentlichkeit das kleinste Radio der Welt: Es ist 20 cm lang und 10 cm hoch.

23 So Die 13. Eishockey-Weltmeisterschaft in Prag gewinnt überraschend das Team der Tschechoslowakei vor Schweden und Österreich.

24 Mo Die Nürnberger Spruchkammer verurteilt den ehemaligen deutschen Reichskanzler Franz von Papen zu acht Jahren Zwangsarbeit.

25 Di Jugoslawien und die Tschechoslowakei schließen ein bis zum Jahre 1951 gültiges Warenlieferungsabkommen ab. → Preußen

26 Mi In Prag beginnt die Konferenz des Internationalen Bundes demokratischer Frauen, auf der 21 Nationen, darunter auch die UdSSR, vertreten sind.

27 Do Der frühere US-Präsident Herbert Hoover fordert die USA und Großbritannien auf, je 475,5 Mio. Dollar für Lebensmittel für Deutschland bereitzustellen.

28 Fr Islands Regierung protestiert gegen einen im US-Repräsentantenhaus gemachten Vorschlag, das Land solle den USA beitreten.

März 1947

1 Sa Ministerpräsident Pierre Dupong bildet in Luxemburg eine neue Regierung. +++ Die USA beteiligen sich an der Wirtschaftshilfe für Griechenland. → Chiang

2 So Der sächsische Landtag verabschiedet ein Gesetz, in dem das aktive Wahlrecht auf 18 und das passive Wahlrecht auf 21 Jahre gesenkt wird.

3 Mo In Hamburg entdecken britische Militärbehörden den Platinschatz Adolf Hitlers. Schätzungen zufolge hat der Fund einen Wert von mehreren tausend Pfund.

4 Di Die Frühjahrsmesse 1947 beginnt in Leipzig. Über 5000 Aussteller, darunter auch ausländische Firmen, sind beteiligt. → Dünkirchen-Pakt

5 Mi Das US-Verteidigungsministerium gibt bekannt, dass 297 deutsche Wissenschaftler in den USA eingetroffen seien, um dort zu arbeiten.

6 Do Der konservative Oppositionsführer und frühere britische Premierminister Winston Churchill kritisiert den Abzug der britischen Truppen aus Indien.

7 Fr In Venedig wird erstmals seit 23 Jahren wieder der traditionelle Karneval gefeiert. Er war von der faschistischen Regierung Italiens verboten worden.

8 Sa Flugzeuge der Royal Air Force beginnen, die Nordseeinsel Juist aus der Luft zu versorgen. Sie ist seit Tagen von Treibeis eingeschlossen.

9 So Die US-Militärregierung in Deutschland kündigt die Verteilung von CARE-Paketen an, um die Lebensmittelversorgung zu verbessern.

10 Mo In Moskau tagt der Rat der Außenminister der alliierten Siegermächte. Im Mittelpunkt der Konferenz steht die deutsche Frage.

11 Di Die Vertreter der Länderparlamente in der US-Besatzungszone Deutschlands treten im neu gebildeten »Parlamentarischen Rat« zusammen.

12 Mi Oppositionsführer Winston Churchill unterbreitet ein Misstrauensvotum gegen den britischen Premier Clement Richard Attlee. → Truman-Doktrin

13 Do In New York hat Frederick Loewes Musical »Brigadoon« Premiere. +++ Die englische Fußballnationalelf besiegt Schottland in Glasgow mit 3:1.

14 Fr Durch ein Abkommen mit den Philippinen sichern sich die USA die Souveränitätsrechte über 16 Militärstützpunkte in dem Inselstaat.

15 Sa Im Pandschab in Indien kommt es zu zweiwöchigen blutigen Auseinandersetzungen zwischen Moslems und Hindus.

16 So Auf Befehl des britischen Oberkommandos in Palästina wird für die Region das Standrecht aufgehoben. Es war wegen Unruhen verhängt worden.

17 Mo Die Türkei tritt als 41. Mitgliedsstaat dem Internationalen Währungsfonds und der Internationalen Bank für Wiederaufbau und Entwicklung bei.

18 Di In Nürnberg beginnt der Prozess gegen Industrielle, denen u.a. vorgeworfen wird, während des Krieges Sklavenarbeiter beschäftigt zu haben.

19 Mi Das Präsidium des Obersten Sowjet verbietet die Eheschließung zwischen Sowjetbürgern und Bürgern der westalliierten Staaten.

20 Do Im chinesischen Bürgerkrieg evakuieren die Kommunisten Yenan und ziehen sich vor den heranrückenden Armeen Marschall Chiang Kai-sheks zurück.

21 Fr Das australische Parlament billigt die Beteiligung des Landes an dem im Jahre 1944 gegründeten Weltwährungsfonds.

22 Sa In den USA wird unter Leitung von FBI-Chef J. Edgar Hoover eine »Säuberung« der Verwaltung von »unamerikanisch gesonnenen Personen« eingeleitet.

23 So Der längste in den USA je geführte Streik geht in Milwaukee zu Ende. In einer Maschinenfabrik hatten Arbeiter für 327 Tage die Arbeit niedergelegt.

24 Mo An der Oder führt der Bruch mehrerer Dämme zur Überschwemmung großer Gebiete. Über 20 000 Menschen müssen evakuiert werden.

25 Di Die Niederlande erkennen de facto die Unabhängigkeit Indonesiens an. +++ In München endet die Ausstellung »Moderne französische Malerei«.

26 Mi Der Rennwagen, mit dem Rudolf Caracciola 1938 in Frankfurt am Main einen Geschwindigkeitsweltrekord aufstellte, kommt in den USA zur Versteigerung.

27 Do US-Offiziere, die mit dem Kommunismus sympathisieren, werden auf Befehl des Kriegsministeriums aus der Armee entlassen. → Arbeiter

28 Fr Der Alliierte Kontrollrat bevollmächtigt die österreichische Regierung zur Ausstellung von Auslandspässen und Sichtvermerken.

29 Sa Auf der Themse in London besiegt die Universitätsmannschaft von Cambridge das Ruderteam von Oxford mit 10 Längen Vorsprung. → »Kom(m)ödchen«

30 So In Bombay (Indien) brechen Kampfhandlungen zwischen Hindus und Moslems aus, die sich an der geplanten Errichtung des Staates Pakistan entzünden.

31 Mo Der spanische Diktator Francisco Franco verkündet einen Gesetzentwurf, demzufolge Spanien wieder eine Monarchie werden soll.

12. März 1947

Die Truman-Doktrin

US-Präsident Harry S. Truman verkündet vor dem Kongress in einer Grundsatzrede eine neue außenpolitische Maxime der USA. Nach der sog. Truman-Doktrin will die USA allen durch kommunistische Bewegungen und Staaten bedrohten Ländern wirtschaftliche, finanzielle und militärische Hilfe gewähren. Im Kalten Krieg entwickelt sich die Truman-Doktrin zum vorherrschenden Prinzip der US-Außenpolitik.

US-Präsident Harry S. Truman (am Rednerpult) vor dem Kongress

Sie wird in der Folgezeit mit Hilfsleistungen an Griechenland und die Türkei, dem Marshallplan und einem Vier-Punkte-Plan für zahlreiche Entwicklungsländer in die Tat umgesetzt. Auch der Koreakrieg und der Aufbau der NATO sind dieser außenpolitischen US-Leitlinie verpflichtet. Die Truman-Doktrin hat aber auch einen innenpolitischen Aspekt: Mit seinem Appell will der US-Präsident isolationistischen Tendenzen im eigenen Land begegnen. In seiner Rede vor dem Kongress fordert Truman, 400 Mio. Dollar für Griechenland und die Türkei bereitzustellen. Er begründet dies damit, dass die Völker der Welt gegenwärtig zwischen Freiheit und Totalitarismus zu wählen hätten. Wirtschaftliche Not, Hunger und Elend machten es totalitären Regimen und Bewegungen in vielen Regionen der Welt leicht, Einfluss zu gewinnen. Griechenland und die Türkei seien zur Zeit besonders bedroht. Erst am 21. Februar hatte die Regierung Großbritanniens wissen lassen, dass sie künftig nicht mehr in der Lage sei, die griechische Regierung im Kampf gegen kommunistische Partisanen zu unterstützen. Ohne die Sowjetunion beim Namen zu nennen, richtet sich Trumans Rede in erster Linie gegen die Sowjetunion, die in seinen Augen eine massive expansionistische Außenpolitik betreibt. Mit einer Strategie der Eindämmung (»containment«) will die US-Regierung gegen die sowjetische Politik vorgehen.

Noch im Jahre 1945 hatte Washington gehofft, gemeinsam mit der sowjetischen Führung eine globale Friedensordnung in die Tat umsetzen zu können. Mittlerweile herrscht in den USA allgemein die Auffassung vor, der Sowjetunion sei in erster Linie daran gelegen, den eigenen Machtbereich in allen Teilen der Welt auszudehnen. Als Indizien für diese Meinung wertet die US-Regierung u.a. die Stärkung des kommunistischen Einflusses in Osteuropa, das sowjetische Vordringen im Iran sowie im Fernen Osten. Zudem hatte sich die Moskauer Führung in zahlreichen Konferenzen und Gesprächen als unnachgiebiger Verhandlungspartner erwiesen. So ist es ihr gelungen, in den Friedensverhandlungen mit Rumänien, Bulgarien, Ungarn und Finnland ihre Forderungen durchzusetzen.

4. März 1947

Paris und London unterzeichnen Dünkirchen-Pakt

An einer Stätte von hohem Symbolwert schließen Frankreich und Großbritannien ein Abkommen, das sich ausdrücklich gegen Deutschland wendet. Der französische Außenminister Georges Bidault und sein britischer Amtskollege Ernest Bevin unterzeichnen in der französischen Hafenstadt Dünkirchen einen Bündnis- und Beistandspakt, der zunächst auf 50 Jahre befristet ist. In Dünkirchen hatten sich im Jahre 1940 mehr als 300 000 britische und französische Soldaten vor den deutschen Angriffen über den Kanal nach Großbritannien gerettet. Die Außenminister betonen, dass mit Abschluss dieses Paktes der Wiederaufstieg eines aggressiven Deutschland unmöglich sei. Beide Staaten versichern sich der gegenseitigen Hilfe für den Fall, dass von Deutschland ein militärischer Angriff auf einen oder beide Staaten ausgeht. Falls die Sicherheit der Vertragspartner durch Deutschland bedroht sei, sollen gemeinsame Beratungen über Konsequenzen erfolgen. Außerdem halten sich London und Paris ausdrücklich die Möglichkeit offen, gegen Deutschland vorzugehen, falls der ehemalige Kriegsgegner seinen in der Kapitulation niedergelegten Verpflichtungen nicht nachkomme. In erster Linie bezieht sich dieser Passus auf die zu leistenden Reparationen. Der Dünkirchen-Pakt ergänzt bereits bestehende zweiseitige Verträge mit der UdSSR.

27. März 1947

Arbeiter streiken für Brot

»Wir hungern« – »Wir fordern Brot« – »Versprechungen machen nicht satt« ist auf den Transparenten zu lesen, die Demonstranten in vielen Städten Nordrhein-Westfalens mit sich führen (s. Abb.). An den Protestkundgebungen, die länger als eine Woche andauern, beteiligen sich mehrere hunderttausend hungernde Arbeiter.

Die Demonstranten wenden sich gegen die unzureichende Lebensmittelversorgung, die in der britischen Besatzungszone seit längerem bei etwa 1050 Kalorien pro Tag liegt. Sie verlangen zudem eine Erfassung aller noch vorhandenen Lebensmittelvorräte, eine Überführung von Nahrungsmitteln aus den anderen Besatzungszonen, die generelle Beseitigung der Zonengrenzen sowie eine Bodenreform. Parallel zu den Massendemonstrationen finden im Ruhrgebiet Verhandlungen zwischen den örtlichen Militärbehörden und Vertretern der Landesregierung statt. Die Militärregierung wird u.a. darauf hingewiesen, dass seit Monaten keine vollen Rationen auf die Lebensmittelkarten mehr ausgegeben worden sind und gegenwärtig die Versorgung völlig zusammengebrochen ist. Der Engpass könne

auch politische Konsequenzen haben. Nordrhein-Westfalens stellvertretender Ministerpräsident Karl Arnold (CDU) droht mit der Einstellung der Kohlelieferungen an Bayern, wenn nicht umgehend aus dem südlichen Deutschland Lebensmittel geliefert würden. Ein Wirtschaftskrieg der Länder sei bedauerlich, aber nicht in jedem Fall zu umgehen.

1. März 1947

Chiang Kai-shek wird Premier

Der »starke Mann« der Kuomintang, Chiang Kaishek, wird noch mächtiger. Als Nachfolger seines Schwagers Sung Tsö-wön übernimmt der Führer der nationalchinesischen Staatspartei und Oberkommandierende ihrer Truppen bis zur Bildung eines neuen Kabinetts das Amt des Regierungschefs.

Trotz des Vorwurfs an Sung Tsö-wön, keine ausreichenden Maßnahmen gegen die Inflation ergriffen zu haben, führt sein Rücktritt an der Börse in Schanghai zu scharfen Reaktionen. Immer noch gilt der Ex-Premier in chinesischen Unternehmer- und Bankierkreisen als der kompetenteste Fachmann, um die ökonomische Lage des Landes zu verbessern. Nach dem Rücktritt wird ein weiterer wirtschaftlicher und finanzieller Einbruch erwartet. Im Krieg gegen die Kommunisten verbuchen die nationalchinesischen Truppen einen prestigeträchtigen Erfolg. Einheiten der Kuomintang nehmen die kommunistische Hauptstadt Yenan ein. Die Stadt war von einer 100 000 Mann starken Armee von Anhängern Mao Tse-tungs verteidigt, letztlich aber doch preisgegeben worden.

18. April 1947

Helgoland in Trümmern

Nach einer von der britischen Besatzungsmacht gezündeten gewaltigen Explosion gleicht die Nordseeinsel Helgoland einer Mondlandschaft (s. Abb.). Auf dem strategisch wichtigen Buntsandsteinmassiv hatte die Wehrmacht umfangreiche

Tunnelanlagen, Geschütze und U-Boot-Bunker installiert, die nun gesprengt worden sind. Mehrere tausend Tonnen Sprengstoff verursachen eine gewaltige Staub- und Rauchwolke, die noch in Cuxhaven zu sehen ist. Es ist die stärkste Detonation, die jemals mit konventionellem Sprengstoff ausgelöst wurde. Entgegen den Befürchtungen vieler Experten wird Helgoland aber nicht völlig zerstört. Nach dem Krieg waren die verbliebenen 2700 Einwohner evakuiert worden. Helgoland dient der britischen Luftwaffe als Übungsziel.

29. März 1947

»Kom(m)ödchen« eröffnet

Das »Kom(m)ödchen«, die »Kleine Literaten-, Maler- und Schauspielbühne«, wird in den notdürftig wieder hergerichteten Hinterräumen einer Düsseldorfer Altstadt-Kneipe eröffnet. Der Titel des ersten Programms lautet »Positiv dagegen«. Die Begründer des Kaba-

retts, Lore und Kay Lorentz (s. Abb.), machen Not und Kummer im Nachkriegsdeutschland sowie die Kritik an den herrschenden Verhältnissen zum Gegenstand ihrer Darbietungen.

Lore und Kay Lorentz

Lore Lorentz; * 12.09.1920 Mährisch-Ostrau/Tschechoslowakei; † 22.02.1994 Düsseldorf
Kay Lorentz; * 17.02.1920 Chemnitz; † 29.01.1993 Düsseldorf

Das Ehepaar zählt zu den wichtigsten Kabarettisten der Nachkriegszeit. Ihr »Kom(m)ödchen«, das souverän-distanzierte Kritik mit intellektueller Fundiertheit verbindet, hat Generationen von Kabarettisten geprägt.

- 1944: Heirat in Berlin
- 1951: Erstes Gastspiel in London
- 1993: Lore Lorentz verlässt die Bühne

April 1947

1 Di Im Alter von 56 Jahren erliegt König Georg II. von Griechenland den Folgen eines Herzanfalls. Kronprinz Paul wird zum neuen Staatsoberhaupt ausgerufen.

2 Mi Ein Warschauer Gericht verurteilt den ehemaligen Kommandanten des KZ Auschwitz, Rudolf Höß, zum Tode. +++ Polen weist 600 000 Deutsche aus.

3 Do Das belgische Ministerium für den Wiederaufbau veröffentlicht einen Plan zur Rekonstruktion der Wirtschaft des Landes.

4 Fr Beim Spiel um die deutsche Fußballmeisterschaft in Nürnberg siegt der 1. FC Nürnberg über Schalke 04 mit 2:1.

5 Sa Eine Gruppe japanischer Soldaten ergibt sich auf der Peleliu-Insel. Sie hatte von der Kapitulation Japans nichts erfahren.

6 So Der ehemalige deutsche Reichsminister für Ernährung und Landwirtschaft, Hermann Backe, begeht in der Nürnberger Untersuchungshaft Selbstmord.

7 Mo In Detroit im US-Bundesstaat Michigan, Amerikas Automobilmetropole, stirbt der Autoindustrielle Henry Ford im Alter von 83 Jahren an Herzschwäche.

8 Di Gouverneur Thomas E. Dewey verbietet die Tätigkeit der Kommunistischen Partei der USA im US-Bundesstaat New York.

9 Mi Der Tennisspieler Gottfried von Cramm erhält eine Ausreisegenehmigung aus Deutschland, um in Stockholm schwedische Spieler zu trainieren.

10 Do Die USA unterstützen die Absicht Frankreichs, das Saarland in den französischen Wirtschaftsraum zu integrieren.

11 Fr Nördlich der iranischen Stadt Abadan endeckt die Anglo-Iranian Oil Company neue Ölvorkommen. Es handelt sich um die reichsten im Orient.

12 Sa In Finnland tritt die Regierung unter Mauno Pekkala zurück, nachdem die vier Minister der Agrarpartei demissioniert haben.

13 So Für den neuen Sitz der Vereinten Nationen werden in New York dem UNO-Generalsekretär Trygve Lie Grundstücke am East River in Manhattan übergeben.

14 Mo Im New Yorker Broadway Filmtheater feiert Charlie Chaplins neuester Film »Monsieur Verdoux« Premiere. Chaplin spielt darin einen Frauenmörder.

15 Di Ein Gericht in Bratislava (Preßburg) verurteilt den früheren Staatspräsidenten der von Hitler abhängigen Slowakei, Jozef Tiso, zum Tode.

16 Mi Im Hafen von Texas City (USA) explodiert der mit Aluminiumnitrat beladene Dampfer »Grand-Camp« und löst eine Brandkatastrophe aus.

17 Do Nach Angaben der britischen Regierung sollen bis zum Herbst sämtliche britischen Landstreitkräfte aus dem Irak zurückgezogen werden.

18 Fr Die USA beschließen, die Regierung der indonesischen Republik auf den Inseln Java und Sumatra de facto anzuerkennen. → Helgoland

19 Sa In Monte Carlo kommen Vertreter von 37 Staaten zusammen, um über die Neuverteilung von Sendefrequenzen für den Rundfunk zu beratschlagen.

20 So Bei den ersten Landtagswahlen in Schleswig-Holstein und Niedersachsen wird die SPD stärkste Partei, in Nordrhein-Westfalen die CDU.

21 Mo Die westlichen Besatzungsmächte Deutschlands vereinbaren Kohlelieferungen aus dem Saar- und Ruhrgebiet nach Frankreich.

22 Di Palästinensische Terroristen verüben einen Sprengstoffanschlag auf den Palästina-Nachtexpress, der zwischen Kairo und Beirut verkehrt. Acht Passagiere sterben.

23 Mi Die deutsche Wirtschaftsvereinigung Stahl und Eisen stellt ein auf fünf Jahre berechnetes Notprogramm für die deutsche Industrie auf.

24 Do In Moskau endet die Außenministerkonferenz der Siegermächte. Die teilnehmenden Staaten erzielen bei der Deutschlandfrage keine Einigung.

25 Fr Der Deutsche Gewerkschaftsbund konstituiert sich in Bielefeld. +++ In Japan gewinnen die Sozialisten die Parlamentswahlen.

26 Sa Eine dänische Delegation und die sowjetischen Behörden in Deutschland beschließen die Rückführung deutscher Flüchtlinge in die Ostzone.

27 So Auf Empfehlung der Moskauer Außenministerkonferenz wird die weitere Entnazifizierung in deutsche Verantwortlichkeit übertragen.

28 Mo Der deutsche Luftschiffkonstrukteur Hugo Eckener reist in die USA ab. Er gehört zu rd. 1000 deutschen Wissenschaftlern, die künftig dort arbeiten werden.

29 Di Die indische verfassunggebende Nationalversammlung erklärt die »Unberührbarkeit« der sog. Parias in jeder Form für beseitigt.

30 Mi Der britische Außenminister Ernest Bevin gibt bekannt, dass Großbritannien 155 Mio. Pfund für die Flüchtlingsorganisation der UNO beigesteuert habe.

Mai 1947

1 Do Die teildemontierten Zeiss-Werke in Jena, die an verschiedenen Orten der UdSSR wieder aufgebaut worden sind, nehmen den Betrieb auf.

2 Fr Auf Befehl des US-Militärgouverneurs für Japan, General Douglas MacArthur, darf die japanische Landesflagge wieder gehisst werden.

3 Sa Die US-Militärregierung Deutschlands lehnt einen Antrag der KPD auf Zulassung der SED in Bayern ab. +++ In Japan tritt eine neue Verfassung in Kraft.

4 So Im Streit um die Lohnpolitik scheiden die vier kommunistischen Minister aus dem französischen Kabinett unter Ministerpräsident Paul Ramadier aus.

5 Mo Wegen Papierknappheit müssen die Zeitungen in der britischen Besatzungszone Deutschlands erhebliche Auflagenkürzungen hinnehmen.

6 Di Französische Pioniere sprengen die unterirdischen Anlagen der Dornier-Flugzeugwerke in Überlingen am Bodensee.

7 Mi In Brasilien wird die Kommunistische Partei nicht zu den Parlamentswahlen zugelassen. +++ Italien beantragt seine Aufnahme in die UNO. → Paraguay

8 Do Die Pulitzer-Preise werden in New York vergeben. U.a. findet die Arbeit von Edward Gilmore, US-Korrespondent in Moskau, Würdigung.

9 Fr In mehreren deutschen Städten treten hunderttausende in den Streik. Sie wenden sich gegen die unzureichende Versorgungslage.

10 Sa Das britische Unterhaus teilt mit, dass bisher 3633 britische Besatzungssoldaten den Antrag auf Heirat mit einer Deutschen gestellt hätten.

11 So Unter dem Verdacht, gegen die Zahlung hoher Summen akademische Titel verkauft zu haben, verhaftet die Polizei in Rom drei Professoren.

12 Mo Bei der Londoner Versicherungsgesellschaft Lloyds lässt die 22-jährige irische Schauspielerin Maureen Harley ihren Sexappeal versichern.

13 Di Ein Stuttgarter Gericht verurteilt den früheren deutschen Reichsfinanzminister Hjalmar Schacht zu acht Jahren Arbeitslager. → Kriegsgefangene

14 Mi Waldemar von Knoeringen wird anstelle von Wilhelm Högner zum Vorsitzenden der bayerischen Sozialdemokraten gewählt.

15 Do Der Rennfahrer Hans Stuck gewinnt das international besetzte Große Rennen von Hockenheim mit einem neu konstruierten Cisitalia-Rennwagen.

16 Fr Geoffrey Keys wird US-Hochkommissar im Alliierten Kontrollrat für Österreich. Gleichzeitig übernimmt er das Oberkommando der US-Besatzungstruppen.

17 Sa Der bayerische Ministerpräsident Hans Ehard lädt seine Amtskollegen aus den vier Besatzungszonen zu einer Interzonenkonferenz nach München ein.

18 So In den Ländern der französischen Besatzungszone Deutschlands finden Landtagswahlen statt, aus denen die CDU als stärkste Partei hervorgeht.

19 Mo Die Vereinigten Staaten von Amerika liefern 75 Frachtschiffe des Typs »Liberty« als Grundstock für eine deutsche Handelsflotte.

20 Di Das dänische Parlament nimmt ein Gesetz zur Zulassung von weiblichen Pfarrern in den Gemeinden des Landes an.

21 Mi Die österreichische Regierung erklärt, dass bisher 823 000 Österreicher aus Kriegsgefangenschaft heimgekehrt seien, davon 112 000 aus der UdSSR.

22 Do Im chinesischen Bürgerkrieg besetzt Mao Tse-tung mit seinen Truppen Tschangtschun, die Hauptstadt der Mandschurei.

23 Fr Das japanische Parlament wählt den Führer der Sozialdemokratischen Partei, Tetsu Katayama, zum neuen Premierminister des Landes.

24 Sa Aus Skepsis gegenüber seiner deutschen Heimat beschließt der Schriftsteller Thomas Mann, vorläufig in seinem kalifornischen Exil zu bleiben.

25 So Wilhelm Furtwängler dirigiert im Berliner Tanzpalast zum ersten Mal nach dem Krieg wieder das Berliner Philharmonische Orchester.

26 Mo Eine Revolte der Armee in Nicaragua führt zum Sturz der Regierung unter Präsident Leonardo Arguello. Neuer Präsident wird Benjamin Lescayo.

27 Di Die UdSSR hebt mit sofortiger Wirkung die Todesstrafe auf. Schwere Verbrechen werden künftig mit 25 Jahren Arbeitslager bestraft.

28 Mi Der Oberbefehlshaber der US-Luftwaffe, Carl Spaatz, fordert vor dem Kongress der USA den Aufbau von Verteidigungsanlagen in der Arktis.

29 Do Emmy Göring, die Witwe des ehemaligen NS-Reichsmarschalls Hermann Göring, wird im Rahmen der Entnazifizierung in Bayern verhaftet.

30 Fr Auf Befehl der US-Militärregierung in Deutschland gilt für Bayern ein totales Bierbrauverbot. Ferner soll Bayern Kartoffeln an Nordrhein-Westfalen liefern.

31 Sa Der ungarische Ministerpräsident Ferenc Nagy erklärt offiziell seinen Rücktritt. Seine Nachfolge übernimmt Lajos Dinnyes.

1. Juni 1947

Kenyatta kämpft für Kenia

Mit Jomo Kenyatta (s. Abb.) übernimmt ein Mann die Präsidentschaft der Kenya African Union (KAU), der die Geschicke seines Landes in den folgenden Jahrzehnten maßgeblich beeinflusst. Kenyatta – der Name bedeutet »Flammender Speer« – heißt eigentlich Johnstone Kama Ngengi und gehört zum Stamm der Kikuyu. Er wird mit Übernahme der Präsidentschaft zum Führer der antikolonialen Bewegung in der britischen Kolonie. In der KAU haben sich Mitglieder mehrerer kenianischer Stämme wie der Kikuyu, Luo und Massai zusammengeschlossen. Sie verlangen u.a. mehr politische Rechte für die Afrikaner. Kenyatte entwickelt sich in den folgenden Jahren zu einer der herausragenden politischen Persönlichkeiten Schwarzafrikas.

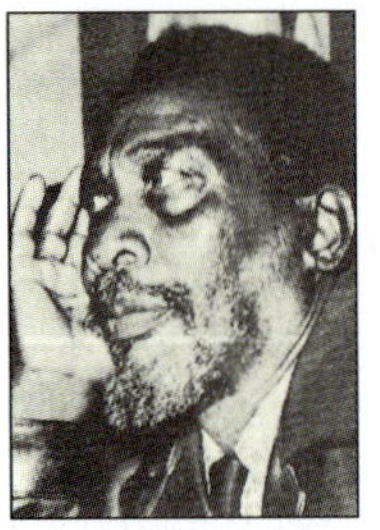

Der Sohn eines Bauern gründete bereits in den 30er Jahren während seines Studiums in London und Moskau mehrere Organisationen, die u.a. eine Befreiung des afrikanischen Kontinents von der Kolonialherrschaft zum Ziel hatten. Als Präsident der KAU setzt der im Jahre 1946 in seine Heimat zurückgekehrte Kenyatta den Kampf für die staatliche Unabhängigkeit seiner Heimat fort. Wegen seiner Beteiligung am sog. Mau-Mau-Aufstand gegen die britische Kolonialmacht wird Kenyatta 1953 zu sieben Jahren Gefängnis verurteilt. Nach seiner Freilassung gründet er die Kenya African National Union, die eine demokratische Verfassung für das Land vorlegt. Im Jahre 1963 wird er Premierminister seines Landes.

5. Juni 1947

Länderchef-Gipfel geplatzt

Eigentlich soll die Konferenz der deutschen Ministerpräsidenten aus Ost und West dazu dienen, Gegensätze zu überbrücken. Tatsächlich jedoch zementiert die Tagung noch die Distanz zwischen Ostzone und Westzonen. Initiator des Treffens ist

Bayerns Ministerpräsident Hans Ehard, der nach München geladen hat (Abb.: Ankunft der Delegationen). Die Ministerpräsidenten der fünf Länder der Ostzone hatten vergeblich die Verlegung der Konferenz nach Berlin gefordert. Zudem wollen sie vorrangig Wege zur politischen und wirtschaftlichen Einheit Deutschlands besprechen. Wilhelm Höcker, Ministerpräsident von Mecklenburg, beantragt Verhandlungen über die Bildung einer »deutschen zentralen Verwaltung ... zur Schaffung eines Einheitsstaates.« Da derlei politische Themen jedoch auf Anweisung der Westalliierten ausgeklammert werden müssen, verlassen die Ministerpräsidenten der Ostzone demonstrativ den Verhandlungsort. Ihre Westkollegen verständigen sich u.a. über Flüchtlingsnot und Wirtschaftsfragen.

24. Juni 1947

Reuter darf nicht regieren

Der zum neuen Oberbürgermeister Berlins gewählte Ernst Reuter (SPD) darf sein Amt auf Geheiß Moskaus nicht antreten. Die sowjetische Besatzungsmacht wirft dem bisherigen Verkehrsstadtrat u.a. eine antisowjetische Haltung vor. An seiner Stelle führt Louise Schroeder (SPD) die Amtsgeschäfte.

Ernst Reuter

deutscher Politiker, * 29.7.1889 Apenrade (heute Dänemark); † 29.9.1953 Berlin

Als Bürgermeister im geteilten Berlin wird Reuter während der Blockade weltweit bekannt und zum Symbol des Freiheitswillens der Berliner Bevölkerung. Der SPD-Politiker, der im Reichstag saß, war zeitweise führendes KPD-Mitglied (1918).

- 1912: Mitglied der SPD
- ab 1933: Exil in Großbritannien und der Türkei
- 1950-53: Regierender Bürgermeister von Berlin

13. Mai 1947

Kriegsgefangene kehren heim

Die letzten von den Westmächten internierten Kriegsgefangenen (s. Abb.) dürfen bald in ihre Heimat zurückkehren. Frankreich erklärt sich bereit, im Laufe der nächsten Monate die meisten der rd. 630 000 deutschen Kriegsgefangenen zu entlassen.

Vorerst ausgenommen sind ehemalige Mitglieder der Waffen-SS oder gleichgesetzter Organisationen, ehemalige NSDAP-Mitglieder in höheren Positionen, aktive Offiziere und Kriegsverbrecher. Der Zeitpunkt der Freilassung richtet sich nach dem Lebenslauf des Einzelnen. Ein schwereres Los haben die in der Sowjetunion internierten deutschen Kriegsgefangenen. Obwohl laufend Transporte mit Entlassenen aus der UdSSR eintreffen, gehen Schätzungen davon aus, dass sich noch rd. 3,1 Mio. ehemalige Wehrmachtsangehörige in sowjetischem Gewahrsam befinden. Die USA haben bereits alle, Großbritannien hat einen Großteil der Kriegsgefangenen freigelassen.

5. Juni 1947

Marshallplan verkündet

Die wirtschaftliche und politische Schwäche der europäischen Staaten veranlasst die USA zum Handeln. Außenminister George C. Marshall verkündet an der Harvard-Universität ein wirtschaftliches Wiederaufbauprogramm für Europa (ERP = European Recovery Program). Er ruft alle europäischen Nationen auf, sich darauf zu verständigen, welche Hilfsleistungen sie am dringendsten benötigten. In den Augen der US-Regierung ist die Lage zwei Jahre nach dem Ende des Krieges beunruhigend. Zum einen fehlen den USA mit den wirtschaftlich geschwächten europäischen Staaten leistungsfähige Handelspartner, zum anderen ist die Notlage Nährboden für politische Instabilität. Die US-Regierung bietet in erster Linie Hilfen zur Selbsthilfe an. Vorrangig sollen Lebensmittel, Rohstoffe, Kredite sowie technisches Know-how zur Verfügung gestellt werden. Ausdrücklich sieht der Marshallplan vor, dass alle vier Besatzungszonen Deutschlands in die Hilfslieferungen einbezogen werden. Obwohl das US-Angebot formell auch an die UdSSR gerichtet ist, rechnet in den USA kaum jemand mit einer Annahme. Experten hoffen jedoch, dass Osteuropa in das Hilfsprogramm einbezogen werden kann. Dadurch könnte der Einfluss Moskaus gemindert werden. Diese Hoffnung trügt jedoch. Die osteuropäischen Länder nehmen – ebenso wie die UdSSR – das US-Hilfsangebot nicht an. Der Westen bindet sich durch den Marshallplan eng an die USA.

Wiederaufbau im Zeichen des Marshallplans

George C. Marshall

US-Militär und -Politiker, * 31.12.1880 Uniontown/Pasadena; † 16.10.1959 Washington

Der Name Marshall steht für das umfassende Hilfsprogramm, das die Wirtschaft der europäischen Staaten lange Jahre fördert. Ziel des Außenministers, der auch für die Truman-Doktrin und die Berliner Luftbrücke Mitverantwortung trägt, ist die »Eindämmung des Kommunismus«.

- 1939-45: Generalstabschef der US-Streitkräfte
- 1947-49: Außenminister
- 1951/52: Verteidigungsminister
- 1953: Friedensnobelpreis

7. Mai 1947

Groteskes Seegefecht: Armeerevolte erschüttert Paraguay

Zu einem ungewöhnlichen Zwischenfall kommt es im Hafen der argentinischen Hauptstadt Buenos Aires: Zwei paraguayische Kanonenboote, die zur Ausführung von Reparaturarbeiten ins Nachbarland geschickt worden waren, liefern sich ein Gefecht. Hintergrund des Konflikts ist eine Rebellion von Teilen der Streitkräfte in Paraguay gegen den Diktator Higinio Morínigo. Ursache der Schießerei zwischen der »Humaita« und der »Paraguay« war der vergebliche Versuch von regierungstreuen Matrosen, einen Teil ihrer Kameraden daran zu hindern, sich den Rebellen anzuschließen. Seit März herrschen in Paraguay bürgerkriegsähnliche Zustände. Zwar gelingt es Präsident Morínigo, zwei Putschversuche in der Hauptstadt Asunción niederzuschlagen, doch kann er nicht verhindern, dass aufständische Truppenteile den Norden des Landes beherrschen. Regierungstruppen sind Anfang Mai zu einer Großoffensive gegen die Aufständischen angetreten. Auch in den folgenden Jahrzehnten bestimmt das Militär das Schicksal des Landes. General Alfredo Stroessner übernimmt im Jahre 1954 die Macht. Die Regierungspartei unterdrückt die Opposition. Vor allem Verfechter der Menschenrechte werden Opfer der staatlichen Repressionspolitik. Stroessner wird erst im Jahre 1989 im Rahmen eines Putsches gestürzt.

Juni 1947

1 So Der SPD-Vorsitzende der Westzonen Deutschlands, Kurt Schumacher, bezeichnet die Verhältnisse in der Ostzone als »totalitären Staatskapitalismus«. → Kenia

2 Mo Eine Hitzewelle beschert weiten Teilen Europas Temperaturen von über 30 °C. Hingegen meldet Moskau lediglich 6 °C.

3 Di In Zürich beginnt der 19. Kongress des PEN-Clubs. Etwa 350 der bekanntesten Schriftsteller aus aller Welt nehmen daran teil.

4 Mi Ein Großteil der deutschen Fischereiflotte, bestehend aus 209 Dampfern und 2751 Kuttern, kann wieder in Betrieb genommen werden.

5 Do Das Endspiel um die italienische Fußballmeisterschaft gewinnt der AC Turin durch einen 4:1-Sieg über den AC Florenz. → Länderchef-Gipfel → Marshallplan

6 Fr Nach Angaben des hessischen Innenministeriums ist das Abspielen von Militärmärschen der ehemaligen Wehrmacht in der Öffentlichkeit verboten.

7 Sa In der italienischen Hauptstadt Rom zerschlägt die Polizei einen der größten Geldfälscherringe in der Geschichte des Landes.

8 So Bei einem Autorennen in München verliert Heinrich Kleier die Kontrolle über sein Fahrzeug und rast in die Zuschauermenge. Sieben Menschen sterben.

9 Mo Der internationale Sozialistenkongress lehnt in London den Aufnahmeantrag der Sozialdemokratischen Partei Deutschlands ab.

10 Di Das US-Landwirtschaftsministerium gibt bekannt, dass die diesjährige Weizenernte die größte in der gesamten US-Geschichte sei.

11 Mi Nach sechstägiger Dauer beenden die französischen Eisenbahner ihren Streik. Der Ausstand hatte den gesamten Schienenverkehr des Landes lahm gelegt.

12 Do 60% der bayerischen Eltern sprechen sich bei einer Umfrage für eine Wiedereinführung der Prügelstrafe an den Schulen aus.

13 Fr Im Hamburger Waterloo-Theater feiert der Film »In jenen Tagen« von Helmut Käutner Premiere, in dem sich ein Auto an die NS-Zeit erinnert.

14 Sa Die Vatikanstadt, in der 607 Männer wohnen, trägt erstmals eine eigene Fußballmeisterschaft aus. Fünf Klubs nehmen teil.

15 So Der Radrennfahrer Fausto Coppi aus Italien gewinnt den über 3806 km führenden Giro d'Italia. +++ Im Saargebiet wird die Saarmark eingeführt.

16 Mo Die Menschenrechtskonvention der UNO stellt fest, dass auf der Erde noch etwa neun Mio. Menschen in der Sklaverei leben.

17 Di In Freiberg in Sachsen kommt es zu einer Hungerdemonstration der Bevölkerung. Die Demonstranten fordern eine Erhöhung der Lebensmittelrationen.

18 Mi Die britische Regierung in London erklärt Ceylon zum Dominion. Damit erlangt die Insel de facto die Unabhängigkeit.

19 Do Eine in Argentinien durchgeführte Volkszählung ergibt eine aktuelle Bevölkerungszahl von mehr als 16 Mio. Menschen.

20 Fr Die Vereinigten Staaten von Amerika bewilligen dem Iran eine Anleihe in Höhe von 25 Mio. Dollar zum Ankauf von Waffen.

21 Sa Dem vierten Kabinett Alcide De Gasperi wird von der italienischen Nationalversammlung das Vertrauen ausgesprochen.

22 So Auf der Trabrennbahn in Berlin-Karlshorst siegt im Deutschen Traber-Derby vor 30 000 Zuschauern Johannes (»Hänschen«) Frömming mit Avanti.

23 Mo In Paris treten die Außenminister der UdSSR, Großbritanniens und Frankreichs zu einer Sitzung über den angekündigten Marshallplan zusammen.

24 Di Der sowjetische Komponist Sergej S. Prokofjew wird für seine »Violinsonate Nr. 1« in Moskau mit dem Stalin-Preis ausgezeichnet. → Reuter

25 Mi In Frankreich treten 400 000 Arbeiter und Angestellte aus Protest gegen das Sparprogramm der Regierung in den Ausstand.

26 Do Nach Feststellung der US-Militärregierung leben in allen vier Besatzungszonen Deutschlands derzeit insgesamt 65,6 Mio. Menschen.

27 Fr In Berlin tritt die Ständige Wirtschaftskommission der Ostzone zu ihrer ersten Sitzung zusammen. +++ Der Schweizer Bundesrat begrüßt den Marshallplan.

28 Sa Jimmy Doyle stirbt an den Verletzungen, die er in einem Weltmeisterschafts-Boxkampf gegen Titelverteidiger Ray Robinson in Cleveland (USA) erlitten hat.

29 So Die Polizei in New York deckt einen Schwarzmarkt für Neugeborene auf. Für Säuglinge wurden bis zu 2500 Dollar gezahlt.

30 Mo In Deutschland werden die höchsten Juni-Temperaturen seit 60 Jahren gemessen. In Frankfurt am Main steigt das Thermometer bis auf 38 °C.

Juli 1947

1 Di Bei einem Außenministertreffen in Paris lehnt der sowjetische Außenminister Wjatscheslaw M. Molotow den Marshallplan der USA ab.

2 Mi In Nürnberg endet der Parteitag der Sozialdemokraten. Die Delegierten bestätigen Kurt Schumacher als Parteivorsitzenden.

3 Do Zwischen den vier Besatzungsmächten Deutschlands wird der freie Austausch von Zeitungen, Zeitschriften und Büchern vereinbart.

4 Fr Bei den Tennismeisterschaften in Wimbledon gewinnt im Finale des Herren-Einzels Jack Kramer gegen Tom Brown (beide USA) in drei Sätzen.

5 Sa Die britische Militärregierung überreicht im Hamburger Rathaus dem Deutschen Pressedienst (DPD) die Lizenz. Der DPD steht unter deutscher Verwaltung.

6 So Fußballmeister der britischen Besatzungszone Deutschlands wird der Hamburger SV. Er besiegt im Endspiel Borussia Dortmund mit 1:0.

7 Mo Die österreichische Regierung bittet um die Aufnahme in die UNO. +++ Die französischen Sozialisten begrüßen den Marshallplan.

8 Di Der Parteivorstand der ostzonalen CDU protestiert gegen die Entfernung von Parteimitgliedern aus öffentlichen Ämtern zugunsten von SED-Anhängern.

9 Mi In Griechenland kommt es zu schweren Auseinandersetzungen zwischen der Regierung und der Linksopposition. 2800 Oppositionelle werden verhaftet.

10 Do Das Box-Idol Gustav Eder verteidigt in Berlin seinen Titel als Deutscher Meister im Weltergewichts-Boxen gegen Rolf Diekmann klar nach Punkten.

11 Fr Die Regierung der UdSSR gibt bekannt, dass sie ein Gegenstück zum Marshallplan, den sog. Molotowplan, aufstellen will.

12 Sa In Paris beginnt die Marschallplankonferenz, zu der Frankreich und Großbritannien am 5. Juli des Jahres eingeladen haben.

13 So Bei der Explosion eines Munitionsschiffes im Hafen der italienischen Stadt San Stefano kommen 60 Menschen ums Leben.

14 Mo Vertreter der ungarischen und der sowjetischen Regierung schließen nach mehrtägigen intensiven Verhandlungen ein Handelsabkommen.

15 Di In Nürnberg beginnt der Prozess gegen diejenigen Offiziere der ehemaligen Wehrmacht, die auf dem Balkan und in Norwegen Kommandos innehatten.

16 Mi Ein Vergnügungsdampfer, der in eine deutsche U-Boot-Falle geraten war, kentert in der Nähe des italienischen Savona. 42 Schulkinder ertrinken.

17 Do Vor dem Palästina-Komitee der UNO fordert David Ben Gurion die Errichtung eines jüdischen Staates in Palästina. Er lehnt ein Mandat der UNO ab.

18 Fr Die acht in Nürnberg verurteilten deutschen Hauptkriegsverbrecher treffen in Berlin ein, um ihre Haftstrafen im Spandauer Gefängnis zu verbüßen.

19 Sa Das US-Repräsentantenhaus in Washington nimmt das Gesetz über die Vereinigung der Teilstreitkräfte der USA an.

20 So Die erste nach dem Zweiten Weltkrieg ausgetragene Tour de France endet in Paris mit dem Sieg des französischen Radrennfahrers Jean Robic.

21 Mo In einem Brief an Österreichs Kommunisten sichert Kremlchef Josef W. Stalin die Entlassung aller österreichischen Kriegsgefangenen bis Jahresende zu.

22 Di Die Solinger Polizei erklärt bestimmte Verkehrswege – wegen zunehmender Unfälle mit Kindern – zu verkehrsberuhigten »Spielstraßen«.

23 Mi In Frankfurt/Main tritt der Wirtschaftsrat der Bizone zusammen. Die Wahl der Direktoren für die Hauptverwaltung des Vereinigten Wirtschaftsgebietes steht an.

24 Do Das Zentralsekretariat der SED wendet sich in einer Erklärung gegen die Einbeziehung der Bizone in den Marshallplan.

25 Fr Die US-Militärregierung in Deutschland gestattet den Opelwerken in Rüsselsheim die Wiederaufnahme der Automobilproduktion für den Export.

26 Sa Zu Reparationszwecken verfügt die US-Militärregierung die Demontage von weiteren 738 deutschen Industriebetrieben.

27 So Der chinesische Marschall Chiang Kai-shek kritisiert die einseitige Berichterstattung der US-Presse, die nur die Korruption in China hervorhebe.

28 Mo Die Verhandlungen zwischen der UdSSR und Großbritanniens über den Abschluss eines neuen Handelsvertrags enden ergebnislos.

29 Di In Belgien lehnen die drei sozialistischen Parteien eine Rückkehr von König Leopold III. wegen seines Verhaltens während der deutschen Besetzung ab.

30 Mi Zur Auffindung von verschollenen Angehörigen wird in Berlin die Suchdienstverbindungsstelle des Deutschen Roten Kreuzes gegründet.

31 Do In Vietnam bildet Präsident Ho Chi Minh eine neue Regierung, in der Bao Dai, der ehemalige Kaiser des Landes, die Funktion eines hohen Ratgebers ausübt.

14. August 1947

Pakistan gegründet

Während einer Feierstunde wird die grün-weiße Flagge Pakistans der Öffentlichkeit gezeigt.

»Pakistan Zandabad« (Pakistan für immer) rufen über 100 000 Moslems im festlich geschmückten Karatschi, der Hafenstadt am Indischen Ozean, die jetzt auch Hauptstadt des neuen Staates Pakistan ist. Dessen frisch gekürter Regierungschef und Generalgouverneur, der Rechtsanwalt Mohammad Ali Dschinnah, nimmt nach seiner Vereidigung die erste Parade ab.
Während Indiens Premier Jawaharlal Nehru die Meinung vertritt, dass mit der Bildung von Pakistan nur unwesentliche Teile aus Indien ausgeschieden seien und die Indische Union das wahre Indien vertrete, bleibt Dschinnah bei seiner These von zwei Völkern: »Hindus und Moslems sind zwei Nationen, die sich in allen wesentlichen Dingen des Lebens grundsätzlich voneinander unterscheiden.« Eines der größten Probleme des neuen Staates ist die Integration der Minderheiten. Die religiösen Unterschiede entladen sich auch in Pakistan, wo eine Hindu-Minderheit lebt, in schweren Unruhen. Die Hindus haben die Wirtschaft des Landes zu einem großen Teil dominiert. Hinzu kommt ein weiteres Problem: Pakistan hat als reines Agrarland wenig Voraussetzungen zum Aufbau einer eigenen Industrie. Die Indische Union verfügt hingegen über viele Bodenschätze sowie eine in Entstehung begriffene Metallindustrie.

Blutiger Kampf der Religionen

Die unmittelbaren Folgen der Teilung des indischen Subkontinents in zwei Staaten sind Massaker und blutige Straßenschlachten zwischen Hindus und Moslems. Die religiösen Unterschiede, die bisher im gemeinsamen Kampf um die Unabhängigkeit von der britischen Kolonialmacht in den Hintergrund getreten waren, brechen nach Bildung des Moslem-Staates Pakistan und dem Entstehen der Indischen Union mit einer Hindu-Mehrheit mit aller Gewalt hervor. Ein großes Konfliktpotential stellt die Gruppe der Sikhs dar, die ursprünglich eine Verbindung zwischen Hindus und Islam herstellen wollten.
Mit Fanatismus und Brutalität werden die religiösen Kämpfe ausgetragen. Zwar war von den Regierungen Pakistans und Indiens garantiert worden, dass der Austausch der religiösen Minderheiten zwischen den beiden neuen Staaten friedlich umgesetzt würde – aber selbst die beschwichtigenden Aufrufe Mahatma Gandhis, der eine Teilung des Landes immer abgelehnt hat, können das blutige Morden nicht verhindern. Hauptschauplatz der Unruhen ist die Nordwest-Provinz, der Pandschab. Flüchtlingskolonnen werden von religiös Andersdenkenden angegriffen. Ein mit 4500 Moslem-Flüchtlingen überfüllter Zug wird bei Amritsar von bewaffneten Sikhs überfallen, die Insassen werden getötet. Als Moslem-Truppen die Leichen später aus dem Zug holen, revanchieren sie sich. In einem anderen Zug werden 340 Hindu-Flüchtlinge ermordet.

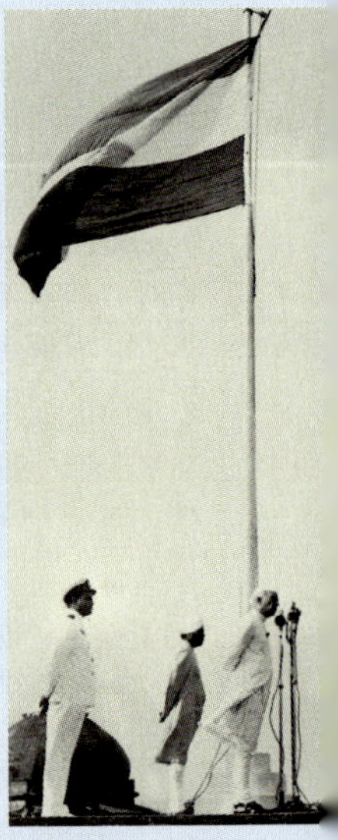

Indiens erster Premierminister Nehru (r.)

7. August 1947

Erfolg für »Kon-Tiki«-Reise

Thor Heyerdahls Expedition im Stillen Ozean endet mit einem Erfolg. In nur 101 Tagen – geplant waren 140 – hat der Forscher mit seiner fünfköpfigen Crew von Peru aus den Ozean auf dem Balsafloß »Kon-Tiki« (s. Abb.) überquert und ist auf den Polynesischen Inseln gelandet. Die Fahrt auf dem altertümlichen Boot soll beweisen, dass die Inseln von Südamerika aus besiedelt wurden.

Thor Heyerdahl

norwegischer Forscher, * 6.10.1914 Larvik

Mit seinen Expeditionen auf altertümlichen Flößen und Schiffen erregt der Ethnologe weltweite Aufmerksamkeit. Seine Thesen sind in der Fachwelt zwar umstritten, Medien und Öffentlichkeit nehmen jedoch regen Anteil an den spektakulären Touren. Mit seiner Reise auf einem nach altägyptischem Vorbild angefertigten Papyrusboot, »Ra II«, von Marokko nach Barbados will Heyerdahl 1970 vorchristliche Kontakte zwischen Amerika und der »Alten Welt« beweisen.

- 1948: »Kon-Tiki« (Sachbuch)
- 1969: Scheitern der ersten »Ra«-Expedition
- 1977/78: Expedition mit dem Schilfrohrfloß »Tigris«

15. August 1947

Freiheit für Indien

Mahatma Gandhis Traum wird Wirklichkeit: Indien erlangt seine Unabhängigkeit. Die Befreiung von der über 190 Jahren währenden britischen Kolonialherrschaft wird mit Salut, Tempelglockengeläut und krachenden Feuerwerkskörpern stürmisch gefeiert. Auf dem indischen Subkontinent entstehen damit zwei neue Staaten: Der Hindu-Staat Indische Union und der Moslem-Staat Pakistan.

Ministerpräsident Jawaharlal Nehru mit der indischen Flagge

Der Weg in die Unabhängigkeit war lang. Nachdem Großbritannien Mitte des 19. Jahrhunderts offiziell Indien als Kronkolonie in Besitz nahm und es durch einen Vizekönig verwalten ließ, schmückte sich die britische Königin Viktoria im Jahre 1877 auch mit dem Titel einer Kaiserin von Indien. Erst zu Beginn des 20. Jahrhunderts zeigten die Unabhängigkeitsbestrebungen der Inder erste Wirkung. Die Volkskongressbewegung Gandhis und die Moslemliga Mohammad Ali Dschinnahs trugen seit den zwanziger bzw. dreißiger Jahren wesentlich dazu bei, die Kolonialmacht zum Verzicht auf ihre Kolonie zu bewegen. Vor allem der gewaltlose Kampf Gandhis hat die Massen in Indien mobilisiert, Öffentlichkeit weit über die Grenzen hinaus geschaffen und letztlich auch die Machthaber in London beeindruckt.

Die beiden neu entstehenden Staaten verbleiben als Dominions zunächst im britischen Commonwealth. Problematisch ist die Eingliederung der indischen Fürstenstaaten. Diese Territorien besaßen bislang den Status der Selbstständigkeit, sofern sie die britische Herrschaft anerkannten. Nach der Unabhängigkeit müssen sich die 562 Staaten, die 45% der Fläche und 25% der Bevölkerung Indiens umfassen, für den Anschluss an Indien oder Pakistan entscheiden. Die unabhängigen indischen Fürsten verlieren dabei Privilegien. Im Oktober schließt sich der Fürstenstaat Kaschmir der Indischen Union an, obwohl die Bevölkerung zu 80% aus Moslems besteht. Das vor allem wegen seiner strategischen Lage sowohl von Pakistan wie von Indien begehrte Grenzland bleibt in den folgenden Jahrzehnten Zankapfel und ständiger Unruheherd.

Indien im 20. Jahrhundert

Datum	Ereignis
1906	Gründung der Moslemliga
1930	Gandhis Salzmarsch
1940	Pakistanresolution
1947	Teilung des Subkontinents
1948	Ermordung Mahatma Gandhis
1950	Indische Verfassung tritt in Kraft
1974	Explosion der ersten indischen Atombombe
1984	Ermordung Indira Gandhis

18. August 1947

Hannover wird Messestadt

Einen Querschnitt durch die deutsche Exportproduktion zeigen über 1300 Aussteller auf der erstmals veranstalteten »Exportmesse Hannover 1947« (Abb.: Werbeaktion für das Ereignis). Die Textil- und Bekleidungsindustrie ist am stärksten vertreten. Große Beachtung finden auch die Aussteller der Kraftfahrzeugindustrie sowie der Elektrotechnik und der Feinmechanik. Die Veranstalter freuen sich über 75 000 Besucher.

15. August 1947

Ein Kontinent formiert sich

Amerika rückt zusammen: In Brasilien treffen sich die Außenminister von 19 Staaten zum Abschluss eines Verteidigungsbündnisses. Der Pakt von Rio ist Kern der Organisation Amerikanischer Staaten, die 1948 gegründet wird.

31. August 1947

Zweifel an Wahlen in Ungarn

Die kommunistische Partei wird stärkste politische Kraft in Ungarn. Mit 21,6% der Stimmen gewinnt sie die Parlamentswahl vor den Sozialdemokraten (15,1%). Beobachter werfen der Regierungskoalition aus Kommunisten, Sozialdemokraten und Kleinlandwirtepartei jedoch Wahlmanipulation vor.

August 1947

1 Fr In Hamburg wird die erste deutsche Sauna-Großanlage eröffnet. Sie dient außerdem als Heil- und Kuranstalt. +++ In Rom werden 36 °C gemessen.

2 Sa Luis Batlle y Berres übernimmt das Amt des Staatspräsidenten von Uruguay. Er tritt die Nachfolge des verstorbenen Staatspräsidenten Tomás Berreta an.

3 So Nach Aufforderung der Vereinten Nationen stellen niederländische und indonesische Truppen die Kampfhandlungen in Indonesien ein.

4 Mo Die Interalliierte Reparationskommission teilt die Einrichtungen der Werften von Blohm & Voss in Hamburg unter fünf Staaten auf.

5 Di Bei einem Eisenbahnunglück auf der Route des Balkan-Express kommen in dem tschechoslowakischen Ort Sekula 22 Menschen ums Leben.

6 Mi In Großbritannien halten anti-jüdische Ausschreitungen an. Anlass ist die Ermordung von zwei britischen Soldaten in Palästina.

7 Do Vor einem Militärgericht in Dachau beginnt der Prozess gegen ehemalige Angehörige des Lagerpersonals des KZ Nordhausen. → »Kon-Tiki«

8 Fr Die sowjetische Militäradministration in Deutschland fordert von der Deutschen Reichsbahn in der Ostzone die Lieferung von Eisenbahnschienen.

9 Sa In Moisson (Frankreich) findet das erste internationale Pfadfindertreffen seit dem Ende des Zweiten Weltkriegs statt.

10 So Nach 78 Stunden beendet der US-Pilot William Odom in Chicago einen Flug um die Erde. Er stellt damit einen neuen Weltrekord im Alleinfliegen auf.

11 Mo Großbritannien und die USA teilen der UdSSR mit, dass weitere deutsche Reparationen vom deutschen Industrieniveau abhängig gemacht werden müssten.

12 Di Im Losverfahren teilen China, die USA, Großbritannien und die UdSSR den Rest der japanischen Kriegsflotte untereinander auf.

13 Mi Zwischen der deutschen Bizone und Jugoslawien wird ein Handelsabkommen abgeschlossen. +++ Die rumänische Fußballnationalelf besiegt Polen mit 2:1.

14 Do In Nürnberg unterzeichnet der US-Hauptankläger die Anklageschrift gegen den Industriellen Alfried Krupp von Bohlen und Halbach. → Pakistan

15 Fr Auf dem CDU-Parteitag der britischen Besatzungszone Deutschlands wird Konrad Adenauer wieder zum Parteivorsitzenden gewählt. → Indien → Kontinent

16 Sa In Bulgariens Hauptstadt Sofia wird gegen den Führer der oppositionellen Agrarpartei, Nikola Petkoff, das Todesurteil ausgesprochen.

17 So In Krakau beginnt ein Prozess gegen Anhänger der polnischen Bauernpartei, denen das Gericht Spionagetätigkeit vorwirft.

18 Mo Im spanischen Cádiz kommen bei der Explosion eines Marine-Arsenals mindestens 300 Menschen ums Leben, über 5000 werden verletzt. → Hannover

19 Di Nach einem Bericht der Evangelischen Frauenarbeit Deutschlands befinden sich noch rd. 20 000 Frauen in sowjetischer Kriegsgefangenschaft.

20 Mi In der Wahner Heide bei Köln sind nach mehrtägigen Waldbränden rd. 500 ha Wald und Heidefläche den Flammen zum Opfer gefallen.

21 Do 87 078 deutsche Kriegsgefangene in Frankreich nehmen das Angebot der französischen Regierung an, als freie Arbeiter im Land zu bleiben.

22 Fr Aufständische Sikhs töten im indischen Pandschab 1500 Moslems, die sich in einem Zug auf dem Weg nach Pakistan befinden.

23 Sa Der griechische Ministerpräsident Demetrios Maximos tritt zurück, nachdem seine antikommunistische Politik auf Widerstand gestoßen ist.

24 So Im britischen Bergbau wird wieder die Sechstagewoche eingeführt. +++ In Edinburgh (Schottland) beginnen die ersten Musikfestspiele.

25 Mo Die Gemeinde Kneitlingen am Elm setzt ihrem Sohn Till Eulenspiegel ein Denkmal, das bereits 1939 fertig gestellt und erst jetzt wiedergefunden wurde.

26 Di Wassily Romaniuk aus der UdSSR stellt einen Weltrekord im Fallschirmspringen auf, indem er aus 13 400 m Höhe abspringt und nach 21 Minuten landet.

27 Mi Großbritanniens Regierung setzt auf dem Gebiet der Lebensmittelversorgung sowie des Transportwesens Notstandsmaßnahmen in Kraft.

28 Do Die Regierung von Luxemburg erhält von der Internationalen Wiederaufbaubank ein Darlehen in Höhe von 12 Mio. Dollar.

29 Fr Der Industrieplan des Alliierten Kontrollrats wird revidiert: Der Umfang der Demontagen soll eingeschränkt, die Ernährungslage verbessert werden.

30 Sa In Griechenland bildet der bisherige Außenminister Konstantin Tsaldaris nach dem Rücktritt von Ministerpräsident Demetrios Maximos ein neues Kabinett.

31 So Mit einem 4:1-Sieg über Australien gewinnen die USA in New York den Tennis-Davis-Cup und knüpfen an den Erfolg im Vorjahr an. → Ungarn

September 1947

1 Mo Der Palästina-Ausschuss der Vereinten Nationen verabschiedet einen Zwölf-Punkte Plan zur Teilung Palästinas. → Flucht

2 Di Wegen Schwarzhandels mit Zigaretten steht ein 70-jähriger Tabakhändler in Berlin vor Gericht. Er wird zu 10 000 Reichsmark Strafe verurteilt.

3 Mi Nach Angaben der US-Fernsehgesellschaft NBC soll es in den USA bis Mitte des kommenden Jahres mehr als 500 000 private Fernsehgeräte geben.

4 Do Aufgrund der Aufteilung der Provinz Pandschab zwischen Indien und Pakistan kommt es zu Zusammenstößen zwischen Moslems und Andersgläubigen.

5 Fr In Frankfurt am Main endet eine Konferenz des Wirtschaftsrates der Bizone. Die Teilnehmer bezeichnen eine Währungsreform als vordringlich.

6 Sa Nach 47-tägiger Trockenheit fällt in Belgien erstmals wieder Regen. Trotzdem werden schwere Ernteschäden befürchtet.

7 So Die Auseinandersetzungen zwischen Angehörigen verschiedener Religionen in Indien breiten sich auf die Hauptstadt Neu-Delhi aus.

8 Mo Im Hafen von Stralsund wird mit der Hebung der »Gorch Fock«, des Segelschulschiffs der ehemaligen deutschen Kriegsmarine, begonnen. → Illegal

9 Di Ungarn erhält von der UdSSR 46 beschlagnahmte Donauschiffe zurück. +++ In der Türkei tritt das Kabinett von Ministerpräsident Recep Peker zurück.

10 Mi In Washington beschließen Briten und Amerikaner die Übernahme der Kontrolle über den deutschen Ruhrbergbau. → »Gruppe 47«

11 Do Die Prager Polizei vereitelt Attentate auf drei Minister der Tschechoslowakei, denen Paketbomben zugestellt wurden.

12 Fr In Cannes beginnen die Internationalen Filmfestspiele, die bis zum 14. September dauern. 16 Länder haben Produktionen eingereicht.

13 Sa Der indische Premierminister Jawaharlal Nehru fordert zur schnellen Beendigung der Kämpfe zwischen indischen Hindus und Moslems auf.

14 So Bei den Schwimm-Europameisterschaften in Monte Carlo gewinnt der Franzose Alexandre Jany über 400-m-Kraul und 100-m-Kraul zwei Titel.

15 Mo Die am 10. Februar in Paris unterzeichneten Friedensverträge zwischen den Alliierten und den ehemaligen Verbündeten Deutschlands treten in Kraft.

16 Di Der Brite John Cobb stellt auf dem Bonneville-Salzsee in Utah (USA) mit 634,368 km/h einen Geschwindigkeitsrekord für Landfahrzeuge auf. → Freistaat Triest

17 Mi Das erste von den Boeing-Werken in Seattle fertig gestellte Stratosphären-Flugzeug wird der Öffentlichkeit vorgestellt.

18 Do Bei einer Ausstellung im Schloss Benrath bei Düsseldorf entwenden unbekannte Täter Dresdener Porzellanfiguren im Wert von 500 000 Reichsmark.

19 Fr Um einer Hungerkatastrophe im Winter vorzubeugen, fordert die US-Militäradministration Deutschlands größere Lebensmittellieferungen aus den USA.

20 Sa Bei einem Autorennen in Lyon (Frankreich) werden drei Menschen getötet und 16 verletzt, als ein Rennwagen in die Zuschauermenge rast.

21 So Der SPD-Vorsitzende Kurt Schumacher reist zur Teilnahme an einem Jahreskongress des US-Gewerkschaftsbundes in die USA. → Unwetter

22 Mo Aufgrund anhaltender Trockenheit ist der Wasserstand des Mittelrheins um die Hälfte gesunken. Die Schifffahrt ist ernsthaft bedroht.

23 Di Bei einer Schlagwetterexplosion in einer Kohlengrube in Zonguldak in der Türkei kommen 48 Bergarbeiter ums Leben.

24 Mi Ministerpräsident Lajos Dinnyes (Kleinlandwirtepartei) bildet in Ungarn eine neue Regierung. +++ Im ägyptischen Nildelta bricht eine Cholera-Epidemie aus.

25 Do Im ostasiatischen Birma wird die Landesverfassung von der gesetzgebenden Versammlung mit Mehrheit angenommen. → Hirohito

26 Fr Die US-Besatzungsmacht in Österreich teilt u.a. die Aufhebung jeder Telegrafen- und Telefonzensur im Inland mit. Die Regelung gilt ab dem 10. November.

27 Sa Bei der Weltmeisterschaft im Austernessen in Atlantic City (USA) gewinnt Edna Lamb. Sie verzehrt insgesamt 186 Stück.

28 So Der 42-jährige ehemalige Weltmeister im Schwergewichtsboxen, Max Schmeling, feiert durch einen Sieg über Werner Vollmer in Frankfurt ein Comeback.

29 Mo Bei einem Bombenanschlag auf das Polizeipräsidium in Haifa (Palästina) kommen zehn Menschen ums Leben, über 50 werden verletzt.

30 Di Etwa 1000 moslemische Flüchtlinge ertrinken in einem Lager im Westpandschab, als der Fluss Beas über die Ufer tritt. → V 1

30. September 1947

US-Marine testet deutsche V 1

Deutsche Waffentechnologie, die während des Zweiten Weltkriegs entwickelt wurde, wird von der Siegermacht USA getestet. Auf dem Gelände des Luftwaffenstützpunktes White Sands finden Versuchsreihen mit Marschflugkörpern statt. Dabei handelt es sich um modifizierte Versionen deutscher V 1-Raketen, die am Ende des Krieges von den US-Streitkräften in Deutschland erbeutet wurden. Die Versuche sind von der US-Marine in Auftrag gegeben worden. Unter dem Projektnamen »Loon« wurden die Raketen mit vier zusätzlichen Triebwerken ausgestattet (Abb.: Start eines »Loon«-Geschosses).

8. September 1947

Illegal ins »Gelobte Land«

Eine bestürzende Odyssee, deren Folgen in weiten Teilen der Welt Betroffenheit und heftigen Protest auslöst, müssen mehrere tausend jüdische Flüchtlinge erdulden. Die überwiegend aus Polen stammenden und aus Konzentrationslagern befreiten Juden, die sich über Frankreich nach Palästina ausgeschifft hatten, werden von der britischen Mandatsmacht für Palästina abgefangen und – erneut über Frankreich – in die britische Besatzungszone Deutschlands gebracht. Da nur 1500 Juden monatlich ins »Gelobte Land« einwandern dürfen, hatten die jüdischen Auswanderer versucht, den britischen Sperrgürtel um Palästina illegal zu durchbrechen. Die Flüchtlinge müssen in Hamburg an Land gehen. Sie werden in Lager gebracht und rund um die Uhr bewacht. Rings um die Unterbringung ist der Wald jeweils auf fünf Meter kahl geschlagen. Auf Wachtürmen mit Telefonverbindung und Scheinwerfern bezieht britisches Militär Posten. Diese Situation ruft heftige Proteste hervor. Viele weitere jüdische Auswanderer werden in britischen Lagern auf Zypern untergebracht (s. Abb.).

16. September 1947

Freistaat Triest proklamiert

Der britische Generalmajor Terence Airey verkündet die Verfassung des Freistaats Triest. Die Proklamation erfolgt entsprechend den Bedingungen des am 10. Februar ausgehandelten Friedensvertrags. Neben der Schaffung des Freistaats hat der Vertrag u.a. eine Änderung der italienisch-jugoslawischen Grenze zur Folge.

Der Erwerb Triests zählte im Ersten Weltkrieg zu den Hauptkriegszielen Italiens, dem es durch den Frieden von Saint-Germain-en-Laye im Jahre 1919 zufiel. 1943 wurde die Hafenstadt an der Adria von deutschen Truppen besetzt, bevor 1945 Titos Partisanen einmarschierten. Stadt und Umland wurden in eine britische und eine jugoslawische Zone aufgeteilt. Erst im Jahre 1954 findet der Konflikt zwischen Italien und Jugoslawien um die Hafenstadt an der Adria ein Ende. Die westlichen Alliierten ziehen ihre Streitkräfte aus der sog. Zone A ab und übergeben die Verwaltung dieses Gebietes der italienischen Regierung. Während das von Jugoslawien besetzte Gebiet (Zone B) in das Hoheitsgebiet des Balkanstaats übergeht, wird der Hafen von Triest internationalisiert und Jugoslawien freier Zugang gewährt (Abb.: Pro-jugoslawische Demonstration in Triest).

1. September 1947

Flucht von Ost nach West

Rudolf Paul, als Ministerpräsident von Thüringen einer der höchstrangigen Politiker der sowjetischen Zone, flieht in den Westen. Nach seinem Verschwinden lässt sein Stellvertreter und Polizeichef Werner Eggerath (SED) eine Großfahndung einleiten, die jedoch ohne Erfolg bleibt. Paul, der vor 1933 der linksliberalen Deutschen Demokratischen Partei angehörte, hält sich nach seiner Flucht in US-Gewahrsam auf. Presseberichten zufolge soll der Jurist, der 1945 von der sowjetischen Militärverwaltung zum Präsidenten der Landesversammlung Thüringen eingesetzt wurde, zahlreiche Akten und Geheimdokumente in den Westen mitgebracht haben. Darunter befindet sich angeblich ein Verfassungsentwurf für eine »Sozialistische Republik Ostdeutschland«. Neben Paul fliehen in diesen Tagen u.a. ein Ministerialrat sowie zwei Referenten der mecklenburgischen Regierung in den Westen. Aus Thüringen traten außerdem der Bürgermeister der Stadt Mühlhausen sowie der Polizeipräsident des Landes die Flucht in die Westzonen an. Immer häufiger kehren bekannte Persönlichkeiten der Ostzone den Rücken. Ihre Flucht sowie die zahlreichen Grenzübertritte weniger prominenter Personen wird von der westdeutschen Öffentlichkeit mit großem Interesse beobachtet.

Vortrag und offene Kritik gehören zu den Ritualen der »Gruppe 47«

10. September 1947

»Gruppe 47« gegründet

Was als Vorbereitungssitzung zur Gründung einer neuen Zeitschrift gedacht war, wird eine Geburtsstunde: einer Gruppierung nämlich, die vor allem in den 60er Jahren einen kaum zu überschätzenden Einfluss auf die bundesdeutsche Literatur ausüben sollte. Die Schriftsteller Hans Werner Richter und Alfred Andersch begründen am Bannwaldsee im Allgäu ein Forum, das als »Gruppe '47« zur einflussreichsten Autorenvereinigung der deutschen Nachkriegsliteratur wird.
Junge Literatur sammeln und fördern, am Aufbau eines neuen, demokratischen Deutschland mitwirken – darum geht es den Autoren der ersten Stunde. Bei regelmäßigen Lesungen stellen sie sich ihren Kollegen und diskutieren. Bereits beim ersten Treffen der Gruppe verfestigen sich Abläufe und Rituale, die zu ungeschriebenen Gesetzen der »Gruppe 47« werden: Die nie in Frage gestellte Leitungsposition Hans Werner Richters, stets eine offene schonungslose Kritik und das Verbot für den vorlesenden Autor, auf die Kritik zu antworten. Zum Stil der Gruppe gehört auch ihre demonstrativ lockere Struktur. Mitglied ist, wer von Richter mit einer Postkarte eingeladen wird. Es gibt weder feste Statuten noch eine klare Organisation. 204 Autoren aus der Bundesrepublik, der DDR, Österreich und der Schweiz lesen auf Einladung der »Gruppe 47« vor. Zu den prägendsten gehören Heinrich Böll, Ingeborg Bachmann, Günter Grass, Martin Walser, Peter Handke und Hans Magnus Enzensberger. Die »Gruppe 47« löst sich offiziell im Jahre 1977 auf.

21. September 1947

Unwetter in Japan und USA

Rd. 2500 Menschen kommen bei gewaltigen Unwettern in den USA (s. Abb.) und in Japan ums Le-

ben. Mehrtägige Taifune und Hurrikans machen Hunderttausende obdachlos und richten verheerende Zerstörungen an. Allein der Taifun, der über die japanische Hauptinsel Hondo fegt, fordert 2300 Menschenleben. Durch zahlreiche Dammbrüche kommt es zu großen Überschwemmungen, die auch die Hauptstadt Tokio erreichen.

30. Oktober 1947

GATT belebt den Welthandel

Vertreter von 23 Staaten unterzeichnen in Genf den bis dahin umfassendsten Handelsvertrag. Mitunterzeichner sind auch die USA und Großbritannien. Das »General Agreement on Tariffs and Trade« (GATT) umfasst vor allem Abmachungen über Einfuhrbeschränkungen. Von der erfolgten Senkung der US-Importzölle um bis zu 50% vom 1. Januar 1948 sowie einer Reduzierung auch der britischen Zölle erwarten Experten einen erheblichen Beitrag zur Belebung des Handels. Viele Staaten erhalten mit den Vereinbarungen die Gelegenheit, ihre Exporte auszuweiten und dringend benötigte Dollardevisen zu erwirtschaften. Das GATT wurde im Rahmen der Vorbereitung der Welthandelskonferenz auf Kuba ausgearbeitet, die im November beginnt. Die Bundesrepublik, die im Jahre 1949 gegründet wird, tritt dem GATT 1951 bei.

Oktober 1947

1 Mi Da die Piloten der US-Fluggesellschaft »American Oversea Airlines« streiken, müssen die meisten zivilen Transatlantikflüge eingestellt werden.

2 Do Die Inseln Java, Sumatra, Madera, Celebes, Molukken, Bali, Sundainseln, Borneo und Neu-Guinea bilden die Vereinigten Staaten von Indonesien.

3 Fr Prinzessin Juliana übernimmt die Regentschaft der Niederlande, nachdem Königin Wilhelmina ihre Amtspflichten aus Gesundheitsgründen niedergelegt hat.

4 Sa In Norwegen wird ein Arbeitskommando gebildet, das das vor Tromsö gesunkene deutsche Schlachtschiff »Tirpitz« heben soll.

5 So In der indischen Region Kalkutta vernichtet eine Überschwemmung 100 000 Tonnen Reis und macht eine Mio. Menschen obdachlos.

6 Mo Nachdem ein Misstrauensantrag gegen Ministerpräsident Knud Christensen erfolgreich gewesen ist, wird das dänische Parlament in Kopenhagen aufgelöst.

7 Di Als weiterer Grenzübergang von der sowjetischen zur US-Besatzungszone wird der Bahnhof Probstzella eingerichtet.

8 Mi Wegen anhaltender Trockenheit ist der Wasserstand der Donau so stark gesunken, dass der Fluss bei Wien zu Fuß durchquert werden kann.

9 Do Die griechische kommunistische Partei fordert ihre Mitglieder auf, sich den Aufständischen unter Markos Wafiadis anzuschließen.

10 Fr Der britische Politiker Morgan Philips erklärt, dass zwischen Kommunismus und europäischem Sozialismus ein »Kalter Krieg« ausgebrochen sei.

11 Sa In Ägypten erreicht die im September ausgebrochene Cholera-Epidemie mit 68 Todesopfern täglich einen neuen Höhepunkt.

12 So Bei den Wahlen zur Bremer Bürgerschaft siegt die SPD mit 40% der Stimmen. Das Land erhält den Namen Freie Hansestadt Bremen.

13 Mo In Hamburg wird die erste in Deutschland hergestellte eiserne Lunge in Betrieb genommen. Sie dient zur Behandlung bei spinaler Kinderlähmung.

14 Di Nach Ratifizierung des finnischen Friedensvertrags durch die UdSSR werden Ausnahmegesetze im Land wieder aufgehoben.

15 Mi In Beirut tagt der Rat der Arabischen Liga. Die sieben Mitgliederstaaten verpflichten sich zu gegenseitigem militärischem Beistand.

16 Do Die britische und die US-Militärregierung veröffentlichen eine Demontageliste für Deutschland. 682 Betriebe sind zum Abbruch freigegeben.

17 Fr Der britische Premierminister Clement Attlee und der künftige birmesische Premierminister U Nu unterzeichnen den Vertrag über die Unabhängigkeit Birmas.

18 Sa Nach Angaben der japanischen Regierung befinden sich noch rd. 600 000 Japaner in sowjetischer Kriegsgefangenschaft.

19 So Aus den französischen Kommunalwahlen geht die Partei Charles de Gaulles (RPF) als stärkste Kraft hervor. Sie erringt 38,4% der abgegebenen Stimmen.

20 Mo In Hollywood (USA) lädt der »Untersuchungsausschuss für unamerikanische Umtriebe« 40 Filmstars zur Überprüfung vor.

21 Di Ein Sender zur Übermittlung von Telegrammen nach Übersee wird in Frankfurt am Main eingerichtet. Er steht unter deutscher Verwaltung.

22 Mi Die acht Ministerpräsidenten der deutschen Bizone halten in Wiesbaden Besprechungen über die Frage der Demontagen ab.

23 Do In Wien findet der dritte Kongress der sozialistischen Parteien Europas statt. Die deutsche Delegation wird von Louise Schroeder angeführt.

24 Fr Der Minister für die von den Briten besetzten Gebiete Deutschlands, Lord Francis Pakenham, verteidigt in Düsseldorf die Demontagepolitik seiner Regierung.

25 Sa Nach Angaben des Führers der liberalen Partei im britischen Unterhaus, Clement Davies, stehen derzeit etwa 19 Mio. Menschen auf der Erde unter Waffen.

26 So Jugoslawien gibt bekannt, dass es erst nach Abschluss eines Friedensvertrages mit Österreich bereit sei, österreichische Kriegsgefangene zu entlassen.

27 Mo Der regierende Maharadscha von Kaschmir, Hari Singh, tritt der Indischen Union bei, um mit deren Hilfe innere Unruhen zu bekämpfen.

28 Di Nach seiner Wiederzulassung in Österreich tritt Herbert von Karajan erstmals wieder in Wien als Dirigent der Wiener Philharmoniker auf.

29 Mi In Hollywood versammeln sich prominente Schauspieler zu einem Protestmarsch gegen die Verhöre von Kollegen wegen »unamerikanischer Umtriebe«.

30 Do In der Schweiz finden Nationalratswahlen statt. Aus dem Urnengang gehen die eidgenössischen Radikaldemokraten als Sieger hervor. → GATT

31 Fr Im Belgrader Kriegsverbrecherprozess gegen Offiziere der ehemaligen deutschen Wehrmacht werden zahlreiche Todesurteile gefällt.

November 1947

1 Sa Ein vom US-Multimilliardär Howard Hughes entwickeltes Flugboot absolviert in Kalifornien erfolgreich seinen ersten Testflug.

2 So Den Vorschlag einer Verfassungsrevision über die Teilung Belgiens in drei Bundesstaaten (Flandern, Wallonien, Brüssel) weist das Parlament zurück.

3 Mo Ein US-Militärgericht verurteilt Oswald Pohl, Hauptangeklagter im Prozess u.a. gegen Mitglieder des ehemaligen Reichssicherheitshauptamtes, zum Tode.

4 Di Die Führer der Liberaldemokratischen Parteien der vier Besatzungszonen Deutschlands fordern die sofortige Durchführung allgemeiner Wahlen.

5 Mi In Hilversum (Niederlande) stellt die niederländische Schwimmerin Neel van Vliet mit 5:58,6 min über 400-m-Brust einen Weltrekord auf.

6 Do Der sowjetische Außenminister Wjatscheslaw M. Molotow erklärt, die USA verfügten nicht mehr allein über das Geheimnis zum Bau der Atombombe.

7 Fr Ein schweres Erdbeben in Peru fordert 107 Menschenleben. +++ In Berlin werden Postpakete wieder mit Kutschen ausgefahren.

8 Sa Der saarländische Landtag stimmt der neuen Verfassung zu. Damit ist das Saargebiet wirtschaftlich Frankreich angeschlossen.

9 So Die Südtiroler Volkspartei lehnt den von der italienischen Regierung ausgearbeiteten Autonomieentwurf ab und fordert die Selbstverwaltung.

10 Mo Im Rahmen des unter britischer Führung stehenden Commonwealth erhält die Insel Malta die Autonomie von Großbritannien.

11 Di In einem politischen Prozess wird der rumänische Oppositionsführer Juliu Maniu in Bukarest zu lebenslanger Haft verurteilt.

12 Mi Die »British European Airlines« kündigt an, auf ihren Flugrouten zwischen Hamburg, Frankfurt/Main und Berlin künftig auch Deutsche befördern zu wollen.

13 Do In Frankreich kommt es zu schweren Unruhen und Streiks gegen die Sparpolitik der Regierung. Die Demonstranten fordern u.a. Lohnerhöhungen.

14 Fr Die Vollversammlung der Vereinten Nationen erkennt die Forderung Koreas nach Unabhängigkeit als rechtmäßig an.

15 Sa Das österreichische Ernährungsministerium erhöht die Tagesration für Normalverbraucher auf 1700 Kalorien pro Tag.

16 So Die rumänische Außenministerin Anna Pauker entlässt mehr als 160 Diplomaten und Beamte. +++ Der britische Truppenabzug aus Palästina beginnt.

17 Mo Die französische Militärregierung bekräftigt in einer Erklärung, dass die Deutschen »ohne jede Diskussion« die Demontage hinzunehmen hätten.

18 Di Der UNO-Ausschuss zur Teilung Palästinas legt das Datum für die Beendigung des britischen Palästinamandats auf den 1. August 1948 fest.

19 Mi In Frankreich tritt Ministerpräsident Paul Ramadier von seinem Amt zurück, da die Streikwelle gegen seine Sparpolitik das Land in eine Krise geführt habe.

20 Do Der österreichische Nationalrat beschließt ein neues Währungsgesetz, das auf Verringerung des Geldumlaufs abzielt. → Hochzeit → »Draußen vor der Tür«

21 Fr General Omar Bradley wird als Nachfolger von General Dwight D. Eisenhower zum Generalstabschef der US-Streitkräfte ernannt.

22 Sa Die Vereinigung der gegenseitigen Bauernhilfe (VdgB) wird in der Ostzone gegründet. +++ In London endet eine Vorkonferenz der alliierten Außenminister.

23 So In den USA wird das größte Transportflugzeug der Welt erfolgreich getestet. Es kann 132 t Ladung oder 400 Passagiere befördern.

24 Mo Vertreter der sowjetischen Besatzungsbehörden und der Behörden der Bizone unterzeichnen in Berlin das Interzonen-Handelsabkommen.

25 Di In London beginnt die Konferenz der alliierten Außenminister. Die Zusammenkunft steht im Zeichen eines sich verschärfenden Ost-West-Konfliktes.

26 Mi Der frühere Außenminister Gheorghe Tatarascu wird seines Amtes als Vorsitzender der Nationalliberalen Partei Rumäniens enthoben.

27 Do Deutsche Politiker fordern auf einer Konferenz aller Parteien der britischen Besatzungszone die Bildung einer deutschen Zentralregierung.

28 Fr In Paris spricht die französische Nationalversammlung Ministerpräsident Robert Schuman das Vertrauen aus.

29 Sa Der Ministerrat der UdSSR ernennt den bisherigen Botschafter der Sowjetunion in Prag, Valerian Sorin, zum stellvertretenden Außenminister. → Palästina

30 So Laut Ergebnis einer Volkszählung leben in den USA 145 Mio. Menschen. +++ In Palästina feiern jüdische Einwohner den Teilungsplan der UNO.

20. November 1947

Großbritannien feiert die Hochzeit des Jahres

Halb London ist auf den Beinen, um die Hochzeit des Jahres nicht zu verpassen. Tausende kampieren schon seit mehreren Stunden unter freiem Himmel auf den Straßen der festlich geschmückten britischen Hauptstadt, um bei dem Spektakel auf jeden Fall dabei zu sein. Prinzessin Elizabeth von Großbritannien, 21-jährige Tochter von König Georg VI. und rechtmäßige Thronfolgerin, gibt Leutnant Philip Mountbatten das Jawort. Die feierliche Trauungszeremonie wird vom Erzbischof von Canterbury in der Westminster-Abtei vorgenommen. Hunderttausende von Zuschauern haben dem Brautpaar auf seinem Weg vom Buckingham-Palast nach Westminster zugejubelt. Sieben Offiziere und 119 Soldaten geleiteten die Braut in ihrer festlich geschmückten Kutsche zur Kirche. Nach der Trauung fahren die frischgebackenen Eheleute in die St.-Edwards-Kapelle, um sich der Tradition entsprechend in das Trauungsregister eintragen zu lassen.

Seit Monaten beschäftigt die Hochzeit die britische Öffentlichkeit. Vor allem Elizabeths Hochzeitskleid steht im Mittelpunkt des Interesses. Das weiße Satingewand mit gewaltiger Schleppe wurde wie ein Staatsschatz bewacht – ebenso die 300 kg schwere, 2,70 m hohe Hochzeitstorte.

Philip Mountbatten ist ein Neffe des Vizekönigs von Indien und ein Vetter zweiten Grades von König Georg VI. von Großbritannien sowie des griechischen Königs. Mütterlicherseits stammt er aus der deutschen Familie Battenberg, deren durch Einheirat entstandener englischer Zweig während des Ersten Weltkriegs seinen Namen änderte und sich seither Mountbatten nennt. Philips Verlobung mit Prinzessin Elizabeth hatte am 9. Juli stattgefunden. Das britische Königshaus gab das Ereignis auch offiziell bekannt und bestätigte damit gegenüber der Öffentlichkeit die schon seit Jahren kursierenden Gerüchte über eine bevorstehende Hochzeit.

Elizabeth II.

Königin von Großbritannien und Nordirland (seit 1952), * 21.4.1926 London

Elizabeth, die u.a. Verfassungsgeschichte und Rechtswissenschaften studierte, wird als Königin Oberhaupt des Commonwealth. Ihre Beliebtheit unterstreicht die Bedeutung der Monarchie für Großbritannien. Nach dem Tod von Prinzessin Diana im Jahre 1997 steht jedoch auch die Monarchin mit der Königsfamilie in der Kritik. Ihr wird vorgeworfen, erst unter Druck vom strengen Protokoll abgewichen und die Trauer mit dem Volk geteilt zu haben.

- 1948: Geburt von Thronfolger Prinz Charles
- 1953: Krönung
- 1965: Erster Staatsbesuch in Deutschland

22. Dezember 1947

Urteil gegen Wirtschaftsbosse

Nachdem das internationale Militärtribunal in Nürnberg einige der Hauptkriegsverbrecher abgeurteilt hat, stehen nun auch Industrielle, die in den NS-Staat eingebunden waren, vor Gericht – ebenso wie weitere Politiker. Der Unternehmer Friedrich Flick, der während des Krieges große Teile der Stahlindustrie kontrollierte, wird zu sieben Jahren Haft verurteilt. Zwei Direktoren des Konzerns erhalten Haftstrafen von fünfeinhalb bzw. zweieinhalb Jahren, drei weitere werden freigesprochen. In der Urteilsbegründung wird Flick vorgeworfen, während des Krieges in seinem Unternehmen Zwangsarbeiter beschäftigt zu haben. Im Jahre 1950 begnadigt der US-Hochkommissar den Unternehmer. Mit dem Rest seines Vermögens baut Flick ein neues Unternehmen der Eisen- und Stahlindustrie auf.

Am Tag der Verurteilung Flicks beginnt in Nürnberg auch der Prozess u.a. gegen den ehemaligen Reichsminister und Chef der Reichskanzlei, Hans Heinrich Lammer, den ehemaligen Außenminister Johann Ludwig Graf Schwerin von Krosigk und den früheren Landwirtschaftsminister Walter Darré. Ihnen werden Kriegsverbrechen und Verbrechen gegen die Menschlichkeit vorgeworfen.

29. November 1947

UNO teilt Palästina

Der Streit um die Zukunft Palästinas tritt in eine neue Phase. Die Vollversammlung der Vereinten Nationen stimmt für eine Teilung des Landes in einen jüdischen und einen arabischen Staat. Die Stadt Jerusalem soll unter internationale Verwaltung gestellt werden (Abb.: Eine begeisterte Menschenmenge feiert in Tel Aviv den Teilungsplan). Eine internationale Streitmacht soll zudem Ruhe und Frieden in ganz Palästina garantieren. Während die USA und auch die UdSSR dieser Lösung für Palästina zustimmen, erklären u.a. die arabischen Staaten, dass sie mit der Teilungsresolution nicht einverstanden seien.

Das viel umjubelte Hochzeitspaar

Elizabeth, die während des Zweiten Weltkriegs dem Frauenhilfsdienst beitrat, wurde schon frühzeitig auf die Thronfolge vorbereitet. An ihrem 21. Geburtstag hielt sie von Südafrika aus ihre erste Rundfunkansprache und trat in der Folgezeit mehr und mehr als Repräsentantin der Krone an die Öffentlichkeit. Noch vor ihrer offiziellen Krönung zur Königin im Jahre 1953 übernimmt sie die ihr zugedachte Aufgabe. Nach dem Tod ihres Vaters im Jahre 1952 wird sie zur Königin proklamiert. In den folgenden Jahrzehnten prägt sie das Bild des britischen Königshauses. Nach Thronfolger Charles bringt sie drei weitere Kinder (Anne, Andrew, Edward) zur Welt.

10. Dezember 1947

Nobelpreis für die Quäker

Die religiöse Gemeinschaft der Quäker wird mit dem Friedensnobelpreis ausgezeichnet. Wenngleich das Komitee seine Entscheidung nicht begründet, so ist der Hintergrund für die Preisverleihung nach Ansicht von Experten in den Zielen zu finden, denen sich die Quäker verpflichtet fühlen: Die Gleichstellung von Mann und Frau, die Aufhebung der Sklaverei, eine Gefängnisreform, die humanere Bedingungen für die Inhaftierten bietet, sowie die Verweigerung des Kriegsdienstes mit der Waffe. Die Quäker setzen sich darüber hinaus für die Völkerverständigung ein und kämpfen gegen soziale Not.
Der Literaturnobelpreis geht an den französischen Schriftsteller André Gide, der wegen Krankheit vom französischen Botschafter vertreten wird. Gide beeinflusste in der ersten Hälfte des 20. Jahrhunderts das geistige Leben in ganz Europa. Vehement fordert er in seinem Werk das Recht des Individuums auf Selbstverwirklichung. Die Nobelpreise für herausragende wissenschaftliche Leistungen gehen an Edward Appleton (Physik), Robert Robinson (Chemie) und das Forscherehepaar Carl und Gerty Cori, das sich den Nobelpreis für Medizin mit Bernardo Houssay teilt.

23. Dezember 1947

Transistor entwickelt

Eine wichtige Entwicklung auf dem Gebiet der Halbleitertechnologie gelingt den US-Wissenschaftlern John Bardeen, Walter Houser Brattain und William Shockley im Labor der Bee Company. Sie erproben den ersten Transistor als technisch einsetzbares Verstärkerbauelement (s. Abb.). Als die Forscher die ersten Transistoren – anstelle von Elektronenröhren – in einen Musikverstärker einbauen, zeigt sich umgehend der praktische Erfolg. Der Transistor hat gegenüber der herkömmlichen Verstärkerröhre u.a. die Vorteile, dass er viel kleiner und langlebiger ist sowie mit weit weniger Energie auskommt. Wie die Röhren lassen sich Transistoren nicht nur als Verstärker, sondern auch als elektronische Schalter verwenden. Das elektronische Halbleiterbauelement besteht aus drei Schichten unterschiedlich leitfähigen Germaniums bzw. Siliciums sowie mindestens drei Anschlüssen – Basis, Emitter, Kollektor. Im Laufe der Jahre wird eine Vielzahl spezieller Transistorformen entwickelt.

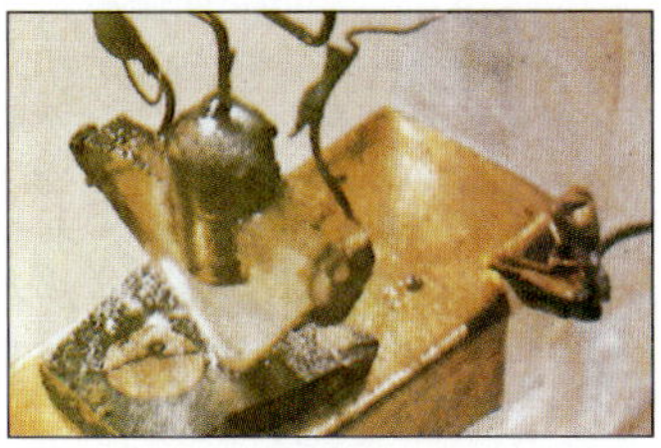

Die Hauptverwendungsgebiete sind Audio- und Videogeräte, Computer, Weltraumfahrt, Belichtungs- und Temperaturmesser, Ladegeräte und Blinker. Bardeen, Brattain und Shockley erhalten für ihre herausragende Leistung im Jahre 1956 den Nobelpreis für Physik.

20. November 1947

»Draußen vor der Tür«

Die Uraufführung seines Heimkehrerdramas »Draußen vor der Tür« erlebt Wolfgang Borchert nicht mehr. Erst 26-jährig stirbt der seit längerem kranke Dichter, der als Sprachrohr einer entwurzelten Kriegsjugend berühmt wird, während eines Kuraufenthalts in der Schweiz. Die Hörspielausstrahlung des Stückes löst in der Öffentlichkeit heftige Kontroversen aus. Das Werk wird zum meistgespielten deutschen Nachkriegsdrama und beeinflusst zahlreiche Autoren.

Wolfgang Borchert

deutscher Schriftsteller, * 20.5.1921 Hamburg; † 20.11.1947 Basel

Borcherts Werk ist geprägt durch autobiographische Erlebnisse u.a. im Krieg. Sein Heimkehrerdrama »Draußen vor der Tür« macht ihn berühmt. Borcherts Erfolg unmittelbar nach dem Ende des Krieges beruht darauf, dass er Themen aufgreift, die viele berühren. Seine letzte literarische Arbeit, »Sag nein!« (1947), ist ein Appell gegen den Krieg.

- 1937-41: Buchhandelslehre
- 1941: Soldat
- 1942: Verurteilung wegen »Wehrkraftzersetzung«

Dezember 1947

1 Mo In Washington beschließt die Regierung der USA, das Eniwetok-Atoll im Pazifik zum Atombomben-Testgebiet auszubauen.

2 Di Die chinesischen Regierungstruppen beginnen eine mehrwöchige Großoffensive gegen Einheiten der Kommunisten.

3 Mi Im Barrymore Theatre in New York findet die Uraufführung der Tragödie »Endstation Sehnsucht« von Tennessee Williams statt.

4 Do Nordkorea gibt sich eine kommunistische Verfassung. Die UNO, die eine Teilung Koreas verhindern will, verlangt Wahlen im ganzen Land unter ihrer Aufsicht.

5 Fr Der Boxweltmeister im Schwergewicht, Joe Louis (USA), verteidigt mit einem umstrittenen Punktsieg über seinen Landsmann Jersey Joe Walcott den Titel.

6 Sa Die italienische Nationalversammlung in Rom untersagt dem ehemaligen König Viktor Emanuel III. und seiner Familie die Rückkehr nach Italien.

7 So König Leopold III. erklärt, er seit jederzeit bereit, wieder als Monarch nach Belgien zurückzukehren. Zur Zeit lebt er im schweizerischen Exil.

8 Mo In Sibirien fallen die Temperaturen auf rekordverdächtige -52 °C. +++ Jugoslawien und Ungarn schließen einen Freundschafts- und Beistandsvertrag.

9 Di Josef von Bakys Film »Und über uns der Himmel« feiert in Berlin Premiere. Der Streifen schildert die Zeit des Wiederaufbaus.

10 Mi In Österreich tritt ein Währungsgesetz in Kraft. Es soll den Geldumlauf von rd. 27 Mrd. Schilling um etwa ein Drittel senken. → Nobelpreis

11 Do Die Außenministerkonferenz der Siegermächte, die in London tagt, setzt die deutsche Stahlproduktion auf 11,5 Mio. t jährlich fest.

12 Fr Die Jewish Agency veröffentlicht einen Plan, nach dem innerhalb von vier Jahren 400 000 Juden nach Palästina einwandern sollen.

13 Sa Aus den ersten demokratischen Wahlen seit 1830 gehen im südamerikanischen Venezuela die Sozialisten als Sieger hervor.

14 So Die letzten US-Soldaten verlassen Italien, nachdem die letzten britischen Besatzungstruppen bereits am 7. Dezember abgezogen worden sind.

15 Mo Deutsche Fußballfunktionäre beschließen die Austragung einer Meisterschaft für 1948. +++ Chinesische Piraten plündern einen niederländischen Dampfer.

16 Di Vertreter Bulgariens und Albaniens unterzeichnen in Sofia einen auf 20 Jahre befristeten Freundschafts- und Beistandspakt.

17 Mi Der US-Kongress billigt den Marshallplan. +++ Die Staaten der Arabischen Liga lehnen einhellig die von der UNO beschlossene Teilung Palästinas ab.

18 Do Bob Sohl aus den USA stellt über 100 Yards mit 1:00,4 min einen neuen Weltrekord im Brustschwimmen auf.

19 Fr Die Vorsitzenden der Ost-CDU, Jakob Kaiser und Ernst Lemmer, werden von der sowjetischen Militärverwaltung zum Rücktritt gezwungen.

20 Sa Der Ständige Ausschuss des »Deutschen Volkskongresses für Einheit und gerechten Frieden« bedauert die Vorbereitungen zur Gründung eines Weststaates.

21 So Ein Krakauer Gericht verurteilt 23 ehemalige Angehörige des Lagerpersonals im Konzentrationslager Auschwitz zum Tode.

22 Mo US-Besatzungssoldaten veranstalten Weihnachtsfeiern für deutsche Kinder. In Berlin sind mehr als 55 000 Kinder Gäste der US-Armee. → Urteil

23 Di Die USA räumen alle Militärstützpunkte in Panama außerhalb der Kanalzone. +++ In China tritt eine neue Verfassung in Kraft. → Transistor

24 Mi General Markos Wafiadis, der Oberbefehlshaber der griechischen Aufständischen, gibt die Bildung einer vorläufigen Gegenregierung bekannt.

25 Do Bei einer Minenexplosion vor der niederländischen Küste sinkt ein norwegisches Schiff. Dabei kommen 24 Seeleute ums Leben.

26 Fr In Tokio beginnt vor einem Internationalen Gerichtshof der Prozess gegen den ehemaligen japanischen Ministerpräsidenten Hideki Tojo.

27 Sa Führende französische Politiker debattieren in Paris über die Möglichkeit einer Angliederung der französischen Besatzungszone Deutschlands an die Bizone.

28 So Der ehemalige König Viktor Emanuel III. von Italien stirbt im Exil in der ägyptischen Stadt Alexandria im Alter von 78 Jahren an einer Lungenentzündung.

29 Mo In Süd- und Westdeutschland kommt es infolge lang anhaltender Regenfälle zu verheerenden Überschwemmungen.

30 Di Die Düsseldorfer Freeman-Brücke, die erste provisorische Brücke über den Rhein, wird von einem Schiff gerammt und stürzt ein.

31 Mi Ein Tornado über dem US-Bundesstaat Louisiana fordert mehr als 200 Tote. +++ In Italien streiken 100 000 Bankangestellte.

Januar 1948

1 Do Die von der italienischen verfassunggebenden Nationalversammlung verabschiedete Verfassung tritt in Kraft. Italien ist nun eine Republik. → NWDR

2 Fr In Jerusalem kommt es zur Belagerung von 1500 Juden durch bewaffnete Araber, die die Gründung eines jüdischen Staates verhindern wollen.

3 Sa Der vor vier Tagen zur Abdankung gezwungene rumänische König Michael I. verlässt das Land und geht ins schweizerische Exil.

4 So In Birma wird die Republik ausgerufen. Staatspräsident Sao Shwe Thaik tritt sein Amt an und verkündet die föderative Verfassung des Landes.

5 Mo Gegen die mangelhafte Versorgung der Bevölkerung mit Lebensmitteln kommt es in Hamburg und im Ruhrgebiet zu zahlreichen Streiks.

6 Di Der österreichische Skispringer Sepp Weiler stellt auf der Olympiaschanze in Oberstdorf mit einem Sprung von 86 m einen Schanzenrekord auf.

7 Mi Die Regierung von Jugoslawien ersucht die Weltbank in New York um eine Anleihe in Höhe von 500 Mio. Dollar.

8 Do Die Nachrichtenagentur TASS dementiert in Deutschland kursierende Gerüchte, wonach die Ostzone Teil der UdSSR werden solle.

9 Fr Regierungsvertreter von Jugoslawien, Bulgarien, Ungarn und Rumänien unterzeichnen ein Freundschafts- und Beistandsabkommen.

10 Sa Die Ausweisungen von Deutschen aus Ungarn werden nach insgesamt einjähriger Unterbrechung wieder aufgenommen.

11 So Der Kongress der italienischen Kommunistischen Partei beschließt den Kampf gegen die Teilnahme Italiens am Europäischen Wiederaufbauprogramm.

12 Mo König Gustav V. kündigt in seiner Thronrede in Stockholm angesichts der schlechten Wirtschaftslage Schwedens drastische Steuererhöhungen an.

13 Di Bei den Europameisterschaften der Eiskunstläufer in Prag gewinnen die Ungarn Andrea Kékessy und Ede Kiraly die Konkurrenz im Paarlauf.

14 Mi Verhandlungen zwischen Italien und Jugoslawien über die Einsetzung eines Gouverneurs in der freien Stadt Triest enden ergebnislos.

15 Do Im Sicherheitsrat der UNO in New York beginnt die Debatte über das von Indien und Pakistan gleichermaßen beanspruchte Kaschmir.

16 Fr In Berlin feiert der bereits 1944 fertig gestellte Film »Via Mala« von Josef von Baky nach einigen Umarbeitungen Premiere.

17 Sa Indonesier und Niederländer vereinbaren auf Java einen Waffenstillstand im Kampf um die Unabhängigkeit des Landes.

18 So Die Liberaldemokratische Partei Deutschlands (LDP) in den Westzonen trennt sich von der Parteiorganisation der Ostzone.

19 Mo In Génissiat in Frankreich nimmt das zweitgrößte europäische Wasserkraftwerk seinen Betrieb auf. Es speist künftig 1800 Kilowattstunden ins Netz ein.

20 Di Die wegen Missachtung des Gerichts verhafteten Verteidiger im Nürnberger Krupp-Prozess dürfen das Gefängnis verlassen. → Schlesien

21 Mi In Nürnberg wird auf das Hotel, in dem die Ankläger des Internationalen Gerichtshofes wohnen, ein Bombenattentat verübt.

22 Do Die britische Regierung kündigt Verhandlungen der Westalliierten über einen Zusammenschluss der Bizone mit der französischen Zone Deutschlands an.

23 Fr Aufgrund der angespannten Ernährungslage kommt es in Bayern zu einem eintägigen Streik, an dem sich mehr als eine Mio. Menschen beteiligen.

24 Sa Im Sicherheitsrat der UNO einigen sich die Vertreter Indiens und Pakistans auf die Durchführung einer Volksabstimmung in der Provinz Kaschmir.

25 So In den östlichen Bundesstaaten der USA fordert eine Kältewelle 132 Todesopfer. In New York herrschen Temperaturen von -39 °C.

26 Mo US-Präsident Harry S. Truman ernennt Omar F. Bradley zum Nachfolger von Dwight D. Eisenhower als Generalstabschef der US-Streitkräfte.

27 Di 235 Todesopfer fordert ein Schiffsunglück in Japan, als eine Fähre zwischen der Insel Kuroschima und dem Festland auf eine Mine aus dem Krieg läuft.

28 Mi Vertreter der USA, Großbritanniens und Frankreichs einigen sich in Paris darauf, dass die Franzosen die gesamte im Saargebiet geförderte Kohle erhalten.

29 Do Die britische Mandatsmacht in Palästina gibt die Sperrung der Landesgrenze zu Transjordanien bekannt.

30 Fr In London gelingt es einem Ärzteteam, durch die erste erfolgreich durchgeführte Hornhauttransplantation einen Blinden zu heilen. → Gandhi → Alpinsport

31 Sa Für das überwiegend deutschsprachige Südtirol und für die Provinz Trient erlässt die italienische Regierung ein Autonomiestatut .

30. Januar 1948

Mahatma Gandhi ermord

Eine schon zu Lebzeiten zur Legende gewordene Persönlichkeit wird in Indien Opfer eines Attentats: Mahatma Gandhi, der mit seinem konsequent gewaltfreien Kampf für ein unabhängiges Indien weltweit Maßstäbe gesetzt hat, wird im Alter von 78 Jahren in Neu-Delhi ermordet. Der Hindu Nathuram Godse tötet die Symbolfigur des erfolgreichen Unabhängigkeitskampfes gegen die britische Kolonialherrschaft mit drei Schüssen aus kürzester Entfernung. Gandhis Taschenuhr – sein wertvollster Besitz – zeigt 17.17 Uhr.

Hintergrund des Mordanschlags ist der Konflikt zwischen Hindus und Moslems, der sich bis zum Ende des 20. Jahrhunderts immer wieder in Terror und Anschlägen entlädt. Seit der Unabhängigkeit und der Teilung des Subkontinents in den Moslemstaat Pakistan und die Indische Union mit ihrer hinduistischen Mehrheit im August 1947 war es immer wieder zu schweren Kämpfen zwischen den Religionsgruppen gekommen. Gandhi, der stets ein Gegner der Teilung war, hat durch persönlichen Einsatz versucht, die verfeindeten Gruppen zu versöhnen. Er konnte jedoch nicht verhindern, dass in beiden neuen Staaten teils bürgerkriegsähnliche Zustände ausbrachen. Seine Bereitschaft, mit Menschen jeder Glaubensrichtung zusammenzuleben, brachte ihm zwar die Achtung der Weltöffentlichkeit ein, angesichts des Flüchtlingselends der vertriebenen Hindus, die aus dem moslemischen Pakistan nach Indien strömen, bildet sich aber auch eine streng nationalistisch gesinnte Hindubewegung, die jeden Ausgleich mit dem Nachbarn Pakistan ablehnt. Bereits zehn Tage bevor die tödlichen Schüsse auf Gandhi fielen, hatte der Attentäter Godse einen missglückten Sprengstoffanschlag auf das Birla-Haus, den Wohnsitz Gandhis verübt. Der Gandhi-Attentäter gehört – zusammen mit seinen Mitverschwörern –

Gandhi (vorn) im Garten seines Hauses in Neu-Delhi

30. Januar 1948

Durchbruch für Alpinsport

Der Schweizer Bundespräsident Enrico Celio eröffnet die bis zum 8. Februar dauernden V. Olympischen Winterspiele. 713 Teilnehmer (636 Männer, 77 Frauen) aus 28 Ländern nehmen an den Wettkämpfen teil. Die ersten Winterspiele nach dem Zweiten Weltkrieg bringen für die alpinen Wettbewerbe den endgültigen Durchbruch. Erstmals werden olympische Medaillen für Abfahrt, Slalom und Kombination vergeben. Damit kann sich der Alpinsport neben den nordischen Wettkämpfen gleichberechtigt etablieren. Überragender Sportler in den alpinen Wettbewerben ist der Franzose Henri Oreiller (s. Abb.), der in allen drei Disziplinen Edelmetall gewinnt. Er holt Gold in der Abfahrt und der Kombination. Nur im Slalom muss er sich mit Bronze begnügen. Die Nationenwertung gewinnen Norwegen und Schweden mit je viermal Gold, dreimal Silber und dreimal Bronze.

1. Januar 1948

NWDR setzt neue Maßstäbe

Der in Deutschland während des NS-Regimes als Propaganda-Apparat missbrauchte Rundfunk wird reorganisiert. Orientiert am Vorbild ihrer heimischen Rundfunkorganisationen unterstützen die alliierten Militärregierungen den Neuaufbau. In Hamburg konstituiert sich auf Anordnung der britischen Militärregierung der Nordwestdeutsche Rundfunk (NWDR) als Anstalt des öffentlichen Rechts. Bereits im Mai 1945 hatte die britische Besatzungsmacht in der Hansestadt eine Rundfunkanstalt eingerichtet, die seit September 1945 die Bezeichnung NWDR trägt. Sie stand zunächst unter britischer Leitung, beschäftigte jedoch schon bald viele deutsche Mitarbeiter. Kern des Statuts für den NWDR ist ein 16 Mitglieder umfassender Hauptausschuss, der über den Haushalt entscheidet. Es setzt sich u.a. aus den Ministerpräsidenten der Länder der britischen Besatzungszone sowie aus Vertretern der Parteien und des öffentlichen Lebens zusammen. Sie wählen die sieben Mitglieder des Verwaltungsrats. Hauptausschuss und Verwaltungsrat beaufsichtigen den Generaldirektor. Für dieses Amt ist der derzeitige britische Chefkontrolleur des Senders und ehemalige Leiter der BBC-Deutschlandabteilung, Hugh Carlton Greene, vorgesehen.

der extremen Hindu-Mahasaba-Bewegung an. Diese Vereinigung wendet sich strikt gegen eine Versöhnung mit Pakistan im Streit um das von beiden Staaten beanspruchte Grenzgebiet Kaschmir. Der Mörder Gandhis lässt sich nach dem Attentat widerstandslos festnehmen. Er wird zum Tode verurteilt und gehängt.
Der Umstand, dass der Mörder Gandhis ein Hindu aus der Kaste der Brahmanen ist, verhindert in Indien den drohenden Bürgerkrieg. »Gott sei Dank, dass der Mörder kein Moslem war, sonst würde sicherlich die Hölle aus den Fugen geraten!« – so lautet der Kommentar eines britischen Regierungsbeamten. Obwohl die Nachricht von Gandhis Tod aus Unsicherheit über die Reaktionen im Lande erst mit Verspätung publik gemacht wird, verbreitet sich die Nachricht wie ein Lauffeuer. Tausende von Trauernden strömen zu Gandhis Wohnsitz, um einen Blick auf den aufgebahrten Gandhi zu werfen. »Das Licht in unserem Leben ist erloschen und überall ist Dunkelheit. Unser geliebter Führer, der Vater der Nation, ist nicht mehr. Aber das Licht, das diese Nation leitete, war kein normales Licht. Noch in tausend Jahren wird dieses Licht in der Welt zu sehen sein...«, sagt Indiens Premierminister Jawaharlal Nehru in einer Rundfunkansprache. Mehr als eine Million Menschen wohnen der rituellen Feuerbestattung am Ufer des Flusses Jumna in Neu-Delhi bei. Gandhis Tod löst in der gesamten Welt Trauer und Bestürzung aus. Die Reaktionen aus vielen Ländern zeigen, wieviel Achtung und Respekt der stets mit gewaltfreien Mitteln für sein Ziel – die Unabhängigkeit Indiens – kämpfende Mahatma genoss. Lord Louis Mountbatten, der letzte britische Vizekönig in Indien, erklärt: »Gandhi wird in die Geschichte eingehen, auf einer Ebene mit Buddha und Jesus Christus.«

20. Januar 1948

Neue Heimat in Schlesien

Nach einer Meldung des polnischen Pressedienstes ist in Niederschlesien die Umsiedlung von polnischen Bürgern in die Dörfer der ehemaligen deutschen Ostgebiete abgeschlossen. Bislang haben sich in Schlesien und Pommern rd. 3 Mio. Polen neu angesiedelt.
Nach dem Zweiten Weltkrieg waren Millionen Deutsche aus Schlesien und den übrigen deutschen Ostgebieten in die Westzonen geflüchtet. Nach den Beschlüssen der Potsdamer Konferenz steht die ehemalige Provinz Schlesien fast vollständig unter polnischer Verwaltung. Lediglich das westlich der Neiße gelegene Gebiet Schlesiens wurde der sowjetischen Besatzungszone angegliedert und gehört zum Land Sachsen. Polen, dessen Staatsgebiet nach dem Weltkrieg weit in Richtung Westen »verschoben« wurde, verlor seinerseits die seit 1939 von sowjetischen Truppen besetzten und in die UdSSR integrierten polnischen Ostgebiete. Die hier lebenden Polen siedeln sich nun im Westen des Landes neu an. In den landwirtschaftlich ergiebigen schlesischen Gebieten leben seitdem nur noch wenige Deutsche. Die Region, die auch über bedeutende Kohlevorkommen verfügt sowie industriell hoch entwickelt ist, gilt seit jeher als Kornkammer.

25. Februar 1948

Kommunisten-Putsch in Prag

Die kommunistische Partei reißt in der Tschechoslowakei in einem »kalten Staatsstreich« die Macht an sich (Abb.: Demonstration der Kommunisten in Prag). Ministerpräsident der »Volksdemokratischen Einheitsregierung« wird Klement Gottwald, Vorsitzender der tschechoslowakischen KP. Damit sind die Kommunisten Sieger im Ringen um die Macht. Zwölf bürgerliche Minister einer Allparteienregierung waren zuvor aus Protest gegen die kommunistische Unterwanderung von Polizei und Geheimdienst zurückgetreten. Die Regierung der Nationalen Front, die 1945 aus Bürgerlichen, Sozialdemokraten und Kommunisten gebildet worden war, ist am Ende. Da die sozialdemokratischen Minister an ihren Ämtern festhielten, scheiterte der Plan der Bürgerlichen, Neuwahlen herbeizuführen. Staatspräsident Eduard Beneš beauftragte – die Gefahr eines Bürgerkriegs vor Augen – Gottwald mit der Regierungsbildung.

9. Februar 1948

Ein bayerischer Chaplin

Situationskomik und Sprachwitz machten den Volkskomiker Karl Valentin (s. Abb. l.), der im Alter von 63 Jahren am Rosenmontag in München stirbt, auch über Bayerns Grenzen hinaus bekannt. Kurt Tucholsky schätzt den Meister der beißend ironischen Monologe als »Linksdenker«. Bertolt Brecht verglich Valentin mit dem US-Komiker Charlie Chaplin.

Karl Valentin

eigtl. Valentin Ludwig Fey, deutscher Komiker, * 4.6.1882 München; † 9.2.1948 München

Der Stegreifdichter parodierte in vielen selbst verfassten Sketchen, Monologen und Szenen das Leben der sog. kleinen Leute und führte alltägliche Situationen ad absurdum. Mit seiner kongenialen Partnerin Liesl Karlstadt wurde der hagere Komiker, dessen Possen zum Teil auf Film dokumentiert sind, weit über seine Heimatstadt hinaus bekannt. Ab 1941 belegten die Nationalsozialisten den skurrilen und subversiven Wortschöpfer mit einem Filmverbot. Seitdem stand Valentin auch nicht mehr auf der Bühne. Erst kurz vor seinem Tod war er mit seiner Partnerin im Münchener »Blauen Würfel« zu sehen.

- 1908: Erster Auftritt mit selbst verfassten Couplets
- 1911: Erster Auftritt mit Liesl Karlstadt
- 1922: »Der Firmling« (Bühnenstück)
- 1948: Letzter Auftritt

Februar 1948

1 So Berlin wird erstmals seit Kriegsende wieder an das internationale Telefonnetz angeschlossen. +++ In Italien konstituiert sich die Demokratische Volksfront.

2 Mo Die Regierungen der USA und Italiens schließen einen auf zehn Jahre befristeten Handels- und Freundschaftspakt.

3 Di Der Deutsche Gewerkschaftsbund (DGB) in den drei westlichen Besatzungszonen gibt die Zahl seiner Mitglieder mit 4,4 Mio. an.

4 Mi Die Insel Ceylon erlangt als erste britische Kronkolonie die vollständige Unabhängigkeit. Ministerpräsident wird Don Stephen Senanayake.

5 Do Das nationalchinesische Verteidigungsministerium beziffert die Schäden, die durch den Bürgerkrieg entstanden sind, auf mehr als 10 Mrd. Dollar.

6 Fr Auf einem Übungsgelände im US-Bundesstaat New Mexico gelingt es erstmals, eine nachgebaute deutsche V2-Rakete elektronisch fernzusteuern.

7 Sa Der nordrhein-westfälische Ministerpräsident Karl Arnold (CDU) entlässt die beiden kommunistischen Minister seines Kabinetts aus ihren Ämtern.

8 So In St. Moritz enden die Olympischen Winterspiele. Insgesamt nahmen 713 Athleten aus 28 Nationen teil. Deutsche und Japaner waren ausgeschlossen.

9 Mo Das Deutsche Obergericht wird in Köln eingerichtet. Es ist künftig die höchste Justizinstanz in der deutschen Bizone. → Ein bayerischer Chaplin

10 Di Die französische Regierung öffnet die im Februar 1946 geschlossene Grenze zwischen Spanien und Frankreich wieder für den Personen- und Warenverkehr.

11 Mi Der Landesverband Berlin der Christlich Demokratischen Union trennt sich von den Parteiverbänden der CDU in der Ostzone.

12 Do In London kündigt das britische Kriegsministerium den Abzug der rd. 3000 noch in Japan stationierten britischen Besatzungssoldaten an.

13 Fr Die Polizei in Passau verfolgt illegale Hundeschlachtungen, die aufgrund der schlechten Ernährungslage durchgeführt werden.

14 Sa Durch Erlass eines Gesetzes zur Schaffung einer Zentralbank ermöglichen die Militärbehörden der Bizone die Errichtung der »Bank deutscher Länder«.

15 So Barbara Ann Scott aus Kanada gewinnt den Wettbewerb der Frauen bei der Eiskunstlaufweltmeisterschaft in Davos.

16 Mo Star des internationalen Jazzfestivals in der südfranzösischen Hafenstadt Nizza ist der amerikanische Trompeter Louis Armstrong.

17 Di Nach der Ermordung von König Hamid Ad Din Jahja bricht im Jemen ein Bürgerkrieg um die Nachfolge des Monarchen aus.

18 Mi Die Außenminister der Tschechoslowakei, Polens und Jugoslawiens sprechen sich in Prag gegen eine politische Einheit Deutschlands aus.

19 Do Im norwegischen Oslo stellt der US-Eisschnellläufer Delbert Lamb mit 2:29,7 min über die Distanz von einer Meile einen Weltrekord auf.

20 Fr In der palästinensischen Hafenstadt Haifa und in Jerusalem kommt es zu heftigen Straßenkämpfen zwischen Arabern und Juden.

21 Sa Etwa 80 000 Demonstranten fordern in der tschechoslowakischen Hauptstadt Prag die Entlassung der bürgerlichen Minister aus der Regierung des Landes.

22 So Die britische Militärregierung lehnt den Antrag Polens auf Auslieferung des niedersächsischen Ministerpräsidenten Hinrich Wilhelm Kopf als Kriegsverbrecher ab.

23 Mo In London werden die Fluchtrouten ehemaliger hoher SS-Angehöriger von Europa nach Südamerika der Öffentlichkeit bekannt gegeben.

24 Di Die Arbeitsgemeinschaft Eisen und Metall konstituiert sich in der Bizone als erster großer deutscher Wirtschaftsverband seit Kriegsende.

25 Mi In Göttingen wird die Max-Planck-Gesellschaft zur Förderung der Wissenschaften in der Tradition der Kaiser-Wilhelm-Gesellschaft gegründet. → Prag

26 Do Die Arabische Liga droht den USA mit Kündigung der Ölkonzessionen, falls Washington an dem Teilungsplan der UNO für Palästina festhalte.

27 Fr Nach einer Erklärung der Sowjetischen Militäradministration in Deutschland (SMAD) gilt die Entnazifizierung in der Ostzone als abgeschlossen.

28 Sa Die letzten britischen Truppen verlassen Indien. +++ Großbritannien und Frankreich laden zur zweiten Konferenz über den Wiederaufbau Europas ein.

29 So Der Erzbischof von Köln, Josef Kardinal Frings, fordert die Beendigung der Entnazifizierung in den Westzonen Deutschlands.

März 1948

1 Mo In Frankfurt am Main wird mit einem Kapital von 100 Mio. Reichsmark als Zentralbank der Bizone die Bank Deutscher Länder gegründet.

2 Di Auf der Flugstrecke zwischen Frankfurt am Main und Berlin dürfen künftig in alliierten Flugzeugen auch deutsche Passagiere mitfliegen.

3 Mi In Jerusalem treffen die ersten Mitglieder des UNO-Sekretariats für Palästina ein, um dort die Bildung provisorischer Regierungsorgane vorzubereiten.

4 Do Die Hamburger Zeitung »Die Welt« veröffentlicht die Tagebücher des ehemaligen Reichsministers für Volksaufklärung und Propaganda, Joseph Goebbels.

5 Fr Das britische Unterhaus in London verabschiedet die »National Assistance Bill«, ein Sozialgesetzgebungspaket, das u.a. die Krankenversorgung regelt.

6 Sa Die in London tagende Sechsmächtekonferenz über Deutschland geht zu Ende. In einem Kommunikee wird ein föderatives Regierungssystem befürwortet.

7 So Bei Nachwahlen in Argentinien setzen sich die Peronisten durch. +++ Die Inselgruppe des Dodekanes in der ägäischen See fällt an den griechischen Staat.

8 Mo In Palästina schließen sich mehrere Untergrundorganisationen im Kampf für einen jüdischen Staat zu einer Einheitsfront zusammen.

9 Di Ghaffar Khan gründet in Pakistan mit der pakistanischen Volkspartei die erste Oppositionspartei des überwiegend moslemischen Landes.

10 Mi In London findet die Uraufführung von »The Lady's not for burning« statt, einer Komödie des britischen Dramatikers Christopher Fry. → Jan Masaryk

11 Do Niedersachsens Ministerpräsident Hinrich Wilhelm Kopf tritt wegen Uneinigkeit der Koalitionspartner seiner Regierung zurück.

12 Fr Die Außenminister Dänemarks, Norwegens und Schwedens beraten in Kopenhagen über ein skandinavisches Verteidigungsbündnis.

13 Sa In Nicaragua ruft die Regierung den Ausnahmezustand aus. Diese Maßnahme soll die anhaltenden Unruhen im Land beenden. → »Kinsey-Report«

14 So Die britische Regierung gibt bekannt, dass Kommunisten künftig nicht mehr in wichtigen staatlichen Positionen beschäftigt würden.

15 Mo Transjordanien erhält die volle Unabhängigkeit von Großbritannien. +++ In China besetzen kommunistische Truppen die Stadt Yenan.

16 Di Die vier alliierten Besatzungsmächte in Deutschland geben den gesamten Telefon- und Telegrammverkehr mit dem Ausland wieder frei.

17 Mi In Brüssel wird zwischen Frankreich, Großbritannien und den Benelux-Staaten der »Brüsseler Pakt« über umfassende Zusammenarbeit geschlossen.

18 Do Das britische Unterhaus in London debattiert über das Projekt einer Tunnelverbindung zwischen Großbritannien und Frankreich.

19 Fr Eine Schlagwetterexplosion in einem jugoslawischen Bergwerk nahe Triest fordert 71 Menschenleben. Zehn Kumpel bleiben vermisst.

20 Sa In den US-Bundesstaaten Missouri, Ohio und Illinois tobt ein Tornado. Der Sturm fordert 42 Tote, mehr als 300 Personen werden verletzt. → Siegermächte

21 So Das Grand National Steeplechase in Aintree, das schwerste Hindernisrennen der Welt, gewinnt mit »Sheila's Cottage« erstmals seit 50 Jahren eine Stute.

22 Mo Die sowjetischen Besatzungsbehörden in Deutschland stellen ihre Mitarbeit in den Arbeitsausschüssen des Alliierten Kontrollrats ein.

23 Di Der Brite John Cunningham stellt mit einem »Vampire«-Düsenjäger einen Höhenrekord auf: Seine Maschine steigt 16 800 m hoch auf.

24 Mi In der kubanischen Hauptstadt Havanna geht die Internationale Handelskonferenz zu Ende. 54 Staaten unterzeichnen eine Charta über freien Welthandel.

25 Do Die sowjetische Militärverwaltung in Deutschland erklärt, dass der Kontrollrat für Deutschland seine Tätigkeit endgültig eingestellt habe.

26 Fr In Washington verhängt die Regierung der Vereinigten Staaten von Amerika ein Waffenembargo gegen die Sowjetunion.

27 Sa Die US-Militärregierung in Deutschland stellt die Verfahren gegen 300 000 minderbelastete ehemalige Nationalsozialisten ein.

28 So Den 94. traditionelle Ruderwettkampf zwischen den englischen Universitäten Oxford und Cambridge auf der Themse gewinnt der Achter von Cambridge.

29 Mo Chinas Präsident Chiang Kai-shek lässt sich diktatorische Vollmachten verleihen. Er war am 19. März in seinem Amt als Präsident bestätigt worden.

30 Di Die Sowjetische Militäradministration in Deutschland (SMAD) kündigt Kontrollmaßnahmen im Berlinverkehr an.

31 Mi In den USA beschließen der Kongress und das Repräsentantenhaus, Marshallplanleistungen für Europa in Höhe von rd. fünf Mrd. Dollar zu gewähren.

10. März 1948

Trauer um Jan Masaryk

Der Tod des tschechoslowakischen Außenministers Jan Masaryk (s. Abb. r.) löst in Prag und vielen westlichen Hauptstädten Trauer und tiefe Bestürzung aus. Nach offizieller Regierungsversion begeht der Sohn des Staatsgründers und ersten Präsidenten der Tschechoslowakischen Republik, Tomáš Garrigue Masaryk, durch einen Sprung aus dem Fenster Selbstmord.

Viele vermuten, dass der parteilose Masaryk mit einer Verzweiflungstat gegen die zunehmende Unterdrückung demokratischer Freiheiten in der Tschechoslowakei protestieren wollte, andere meinen sogar, dass er ermordet wurde. Die Prager Regierung ordnet ein Staatsbegräbnis an. Aus der ganzen Welt treffen Beileidsbekundungen ein, in denen der Verstorbene als ein hervorragender Repräsentant seines Landes gewürdigt wird.

Masaryk schlug im Jahre 1919 die diplomatische Laufbahn ein und vertrat sein Land in Washington und London. Nach der Zerschlagung der Tschechoslowakei durch Hitler gehörte er seit 1940 als Außenminister der tschechischen Exilregierung in London an.

Sein Entschluss, auch nach dem »kalten Staatsstreich« der Kommunisten mit den neuen Machthabern zusammenzuarbeiten, hatte vor allem im westlichen Ausland Befremden ausgelöst. Schon bald kam es jedoch zwischen Masaryk, der die Beteiligung seines Landes am Marshallplan befürwortet hatte, und den Kommunisten zum Streit.

3. April 1948

Marshallplan rollt an

Die USA geben grünes Licht für das europäische Wiederaufbauprogramm (ERP). Präsident Harry S. Truman unterzeichnet in Washington das Gesetz zur Auslandshilfe (s. Abb.). Danach werden die USA für den Zeitraum 1948/49 insgesamt 5,5 Mrd. Dollar für das Europäische Wiederaufbauprogramm zur Verfügung stellen. Insgesamt 16 europäische Staaten profitieren vom sog. Marshallplan. Die Sowjetunion und mit ihr die osteuropäischen Staaten haben eine Beteiligung abgelehnt. Der mit 2,3 Mrd. Dollar größte Anteil im ersten Jahr geht an Großbritannien, gefolgt von Frankreich und Italien. An vierter Stelle stehen die drei westlichen Besatzungszonen Deutschlands, für die insgesamt 549,3 Mio. Dollar vorgesehen sind. Zur Koordinierung der US-Hilfslieferungen an Europa wird eine eigene Organisation gegründet. Die Organisation für europäische wirtschaftliche Zusammenarbeit (OEEC) soll als ständige Einrichtung die Durchführung der Hilfslieferungen koordinieren und überwachen. Mit Einrichtung der OEEC sind die administrativen Vorbereitungen zur Umsetzung des US-Hilfsprogramms abgeschlossen. Gleichzeitig werden die drei westlichen Besatzungszonen, vertreten durch ihre Militärgouverneure, in die neue Organisation eingebunden. Die Einbeziehung der Westzonen in die Marshallplanhilfe erfolgt vor dem Hintergrund, dass UdSSR und Westmächte keine Einigung über die politische und wirtschaftliche Zukunft Deutschlands erzielen können. Zudem scheint westlichen Experten ein europäischer Wiederaufbau ohne Beteiligung des deutschen Wirtschaftspotentials kaum denkbar.

13. März 1948

»Kinsey-Report« schockiert

Auch in Deutschland löst der im Januar in den USA erschienene »Kinsey-Report« heftige Diskussionen aus. Alfred Charles Kinsey hatte mit neuartigen statistischen Methoden das sexuelle Verhalten der US-Bevölkerung untersucht. 12 000 Männer aller Altersstufen und aller sozialer Schichten wurden seit 1939 befragt. In 500 Einzelfragen wurden nahezu alle Aspekte des Sexuallebens erfasst. Die Erkenntnisse sind für viele schockierend: Trotz strenger moralischer Maßstäbe in der US-Gesellschaft sind vorehelicher Geschlechtsverkehr und »Seitensprünge« offenbar weit verbreitet.

Alfred Charles Kinsey

US-Zoologe und -Sexualforscher, * 23.6.1894 Hoboken/New Jersey; † 25.8.1956 Bloomington/Indiana

Mit seinen Ergebnissen zum sexuellen Verhalten von Mann und Frau erregte Kinsey (3.v.l.) in der gesamten westlichen Welt großes Aufsehen. Fast 20 Jahre lang befasste sich der Wissenschaftler mit dem Studium der Insektenkunde, ehe er sich der Erforschung des menschlichen Sexualverhaltens widmete. Seine im »Kinsey-Report« niedergelegten Erkenntnisse lösten einen Sturm moralischer Entrüstung aus.

- 1929: Professor der Zoologie
- 1942-56: Direktor des Instituts für Sexualforschung an der Indiana University in Indianapolis
- 1948: »Das sexuelle Verhalten des Mannes«
- 1953: »Das sexuelle Verhalten der Frau«

20. März 1948

Siegermächte legen Kooperation auf Eis

Die Allianz der Sieger des Weltkriegs bricht auseinander. In Berlin tagen zum letzten Mal die Militärgouverneure der vier Besatzungsmächte in Deutschland. Der Oberste Chef der sowjetischen Militäradministration in Deutschland (SMAD), Wassili D. Sokolowski, verlässt die Sitzung aus Protest gegen die ersten Beschlüsse der Londoner Sechsmächtekonferenz, auf der die USA, Großbritannien, Frankreich und die Benelux-Staaten über eine gemeinsame staatliche Ordnung in den westlichen Besatzungszonen beraten hatten. Sokolowski stellt fest, dass die seit fast drei Jahren bestehende Viermächtekontrolle für Deutschland faktisch nicht mehr bestehe. Bereits zum Zeitpunkt des Abschlusses der Londoner Sechsmächtekonferenz hatte die sowjetische Regierung die Westmächte wissen lassen, dass sie deren Politik als Bruch der alliierten Vereinbarungen zur Deutschlandpolitik bewerte. Zudem sieht Moskau in der Londoner Konferenz eine Umgehung des Rates der Außenminister der Siegermächte, in deren Kompetenz Fragen der politischen Zukunft, insbesondere die Ausarbeitung eines Friedensvertrages und die Bildung einer deutschen Regierung, falle. Die letzte Sitzung des Außenministerrates war im Dezember 1947 ergebnislos abgebrochen worden. Die Westmächte ebenso wie die UdSSR betreiben seither unverkennbar jeweils die Gründung eines deutschen Staates auf dem Gebiet ihrer Besatzungszonen. Am 5. Februar 1948 unterzeichnen der amerikanische und der britische Militärgouverneur das neue Organisationsstatut für die deutsche Bizone. Diese verfügt danach über eine Verwaltung, die bereits die Grundzüge einer künftigen Regierung aufweist. Die sowjetische Militärregierung handelt ebenfalls. Am 13. Februar wird die Deutsche Wirtschaftskommission der Ostzone (DWK) ebenfalls mit erweiterten Kompetenzen ausgestattet. Deutschland ist faktisch gespalten.

Die einstige Eintracht ist vorbei (v.l.): Die Oberbefehlshaber (v.l.) Bernard Law Montgomery (Großbritannien), Georgi K. Schukow (UdSSR), Dwight D. Eisenhower (USA) und Louis Koeltz (Frankreich)

18. April 1948

Italien wählt den Westen

Als eine Entscheidung für das westliche Lager und gegen den Kommunismus werten die italienischen Christdemokraten ihr nicht erwartetes gutes Abschneiden bei den Parlamentswahlen. Die von Ministerpräsident Alcide De Gasperi geführte Partei vereinigt 48,7% der abgegebenen Stimmen auf sich und schickt 304 Delegierte (bisher 207) in die Abgeordnetenkammer. Die aus Kommunisten und Linkssozialisten gebildete Volksfront erringt lediglich 182 Sitze (bisher 219). Experten sehen in der sich abzeichnenden Lösung des Triest-Problems einen der Hauptgründe für das gute Abschneiden der Christdemokraten. Im März hatten die Westmächte vorgeschlagen, die Hafenstadt, die 1947 von der UNO zu einem Freistaat erklärt wurde, an Italien zurückzugeben.

6. April 1948

Finnlands Pakt mit Moskau

Heftige innenpolitische Diskussionen löst in Finnland der mit der UdSSR abgeschlossene Beistandspakt aus. Das Abkommen, das der finnische Ministerpräsident Mauno Pekkala und der sowjetische Außenminister Wjatscheslaw M. Molotow im Beisein des sowjetischen Partei- und Regierungschefs Josef W. Stalin unterzeichnen, garantiert die finnische Blockfreiheit, sieht jedoch für den Fall eines Angriffs den militärischen Beistand der UdSSR vor. Mit Ausnahme der Demokratischen Volksliga, einem Zusammenschluss von Kommunisten und Linkssozialisten, stehen alle finnischen Parteien gerade dieser Klausel ablehnend gegenüber. Im Hintergrund stehen Befürchtungen, dass auch Finnland zu einem »Satelliten« Moskaus werden könnte.

April 1948

1 Do Die sowjetische Militärverwaltung in Deutschland beginnt mit verschärften Kontrollmaßnahmen an den Verbindungen von und nach Berlin.

2 Fr »Die schmutzigen Hände«, ein Stück des französischen Schriftstellers und Philosophen Jean-Paul Sartre, hat in Paris Premiere.

3 Sa Oberlandesgerichtspräsident Herbert Ruscheweyh tritt das Amt des Präsidenten des neu geschaffenen Obergerichts der Bizone an. → Marshallplan

4 So Das Autolangstreckenrennen von Targa Florio in Italien gewinnt der italienische Rennfahrer Clemente Biondetti auf Ferrari.

5 Mo Die USA legen dem Sicherheitsrat der UNO einen Plan für eine zeitlich begrenzte Treuhänderschaft der Weltorganisation über Palästina vor.

6 Di In der britischen Besatzungszone Deutschlands werden freie Tarifverhandlungen zwischen Arbeitgebern und Gewerkschaften erlaubt. → Finnland

7 Mi Die UNO-Weltgesundheitsorganisation (WHO) nimmt in Genf ihre Arbeit auf. +++ Britische Militärbehörden erklären die Einheit Deutschlands als Ziel ihrer Politik.

8 Do In London wird eine Ausstellung zum deutschen Buch-, Zeitschriften- und Zeitungswesen eröffnet. Sie dauert bis zum 14. April.

9 Fr Bayerns Ministerpräsident Hans Ehard spricht sich für eine Vereinigung der drei Westzonen Deutschlands zu einem westdeutschen Staat aus.

10 Sa In der australischen Hafenstadt Adelaide sinken bei einem Sturm 13 Schiffe, darunter auch ein Zerstörer der australischen Marine.

11 So Frankreichs Ministerpräsident Robert Schuman erklärt sich mit der Bildung einer westdeutschen Regierung einverstanden.

12 Mo In Hartfield (England) erreicht ein düsengetriebenes Fahrzeug eine Geschwindigkeit von 986,37 km/h und stellt damit einen Weltrekord auf.

13 Di In Chicago trennen sich die Boxstaffeln der USA und Europas bei einem Wettkampf mit 4:4. Mehr als 20 000 Besucher verfolgen die Kämpfe.

14 Mi Das britische Unterhaus beschließt, für fünf Jahre die Todesstrafe auszusetzen. +++ In Stuttgart findet eine Tagung des Deutschen Bühnenvereins statt.

15 Do In Prag wird ein neuer Verfassungsentwurf für die Tschechoslowakei veröffentlicht, den die Kommunisten nach sowjetischem Vorbild formuliert haben.

16 Fr 20 Menschen kommen bei einem Zugunglück in Winsford (Großbritannien) ums Leben, als ein Postzug auf einen stehenden Personenzug prallt.

17 Sa Harrison Dillard stellt in Lawrence (USA) mit 13,6 sec einen Weltrekord über 110-m-Hürden auf und unterbietet die alte Bestmarke um eine Zehntelsekunde.

18 So Das Fußballländerspiel Österreich gegen die Schweiz in Wien entscheidet die eidgenössische Mannschaft mit 3:1 Toren für sich. → Italien

19 Mo Das südostasiatische Land Birma wird in die UNO aufgenommen. Die ehemalige britische Kronkolonie erlangte am 4. Januar die Unabhängigkeit.

20 Di Zwischen der britischen und der sowjetischen Besatzungszone Deutschlands kommt der Schiffsverkehr zum Erliegen.

21 Mi Der US-Handelsminister Averell Harriman wird zum Sonderbeauftragten der US-Regierung für den Marshallplan ernannt.

22 Do Die jüdische Verteidigungsliga Hagana erstürmt nach schweren Kämpfen gegen bewaffnete arabische Kräfte die Hafenstadt Haifa im Norden Palästinas.

23 Fr In London beginnt die Konferenz der Staaten des Commonwealth of Nations, auf der eine Reform der Gemeinschaft beraten werden soll.

24 Sa Die US-Militärregierung in Deutschland erklärt sich bereit, notfalls in den westlichen Besatzungszonen eine separate Währungsreform zu unterstützen.

25 So Walter Klinge stellt mit 1:07,3 min einen Weltrekord über 100-m-Brust/Delphin auf. Es ist der erste Weltrekord eines deutschen Sportlers seit Kriegsende.

26 Mo Die UdSSR wirft den USA und Großbritannien vor, den militärischen Flugverkehr in die sowjetische Zone Österreichs kommerziell zu missbrauchen.

27 Di Die Landesregierung von Kärnten protestiert gegen jugoslawische Ansprüche auf Gebiete im Süden Österreichs.

28 Mi In London wird der frühere Premierminister Winston Churchill für seine Leistungen als Maler zum außerordentlichen Mitglied der Britischen Akademie ernannt.

29 Do Bemühungen der Vereinten Nationen, zwischen Juden und Arabern in Palästina einen Waffenstillstand zu vereinbaren, scheitern.

30 Fr In der kolumbianischen Hauptstadt Bogotá wird von 20 lateinamerikanischen Staaten sowie den USA die Organisation Amerikanischer Staaten gegründet.

Mai 1948

1 Sa Der griechische Justizminister Christos Ladas kommt bei einem Sprengstoffanschlag der kommunistischen Aufstandsbewegung EAM ums Leben.

2 So Durch einen 2:1-Erfolg über die Mannschaft des FC St. Pauli wird der Hamburger Sportverein Norddeutscher Fußballmeister.

3 Mo Der US-Dramatiker Tennessee Williams erhält für sein Theaterstück »A Streetcar named Desire« (Endstation Sehnsucht) den Pulitzerpreis.

4 Di In Hannover protestieren rd. 66000 Arbeiter und Angestellte gegen die unzureichende Versorgung mit Lebensmitteln.

5 Mi In München beginnt die bis zum 14. Juli dauernde deutsche Presseausstellung. Bereits nach drei Tagen zählt sie 20000 Besucher.

6 Do Das Aufnahmelager Gronenfelde bei Frankfurt an der Oder gibt die Ankunft des 500000. deutschen Kriegsheimkehrers in diesem Jahr bekannt.

7 Fr Im niederländischen Den Haag beginnt ein zweitägiger Europakongress, der die Voraussetzungen für ein europäisches Parlament schaffen soll.

8 Sa Die Armee Pakistans greift im Kaschmir-Konflikt zwischen Indien und Pakistan auf Seiten der moslemischen Rebellen in die Kämpfe ein.

9 So In Köln wird die im Krieg zerstörte Hohenzollern-Eisenbahnbrücke über den Rhein nach ihrem Wiederaufbau dem Verkehr übergeben.

10 Mo Die Sowjetische Besatzungsmacht gibt den Abschluss der Bodenreform bekannt. Alle Gutsbetriebe mit einer Größe über 100 ha wurden enteignet.

11 Di In Italien wird der frühere Minister für wirtschaftliche Zusammenarbeit, der liberale Politiker Luigi Einaudi, in das Amt des Staatspräsidenten eingeführt.

12 Mi Im Zuge von Kampfhandlungen in Palästina ergeben sich die arabischen Verteidiger Jaffas angreifenden jüdischen Verbänden.

13 Do Eine schweizerische Firma stellt in Washington einen Anrufbeantworter vor. Auch ein ferngesteuerter Herd wird der amerikanischen Öffentlichkeit vorgeführt.

14 Fr Die Deutsche-Film AG (DEFA) der Ostzone kündigt für das laufende Jahr 15 neue Spielfilme an, zusätzlich eine Reihe von Kinderfilmen. → Israel

15 Sa In Italien startet das Radstraßenrennen Giro d'Italia. Nach der Tour de France gilt die Rundfahrt als das schwerste Rennen der Welt. → Araber

16 So Neuer Schachweltmeister wird in Moskau Michail Botwinnik (UdSSR). +++ Giuseppe Farina (ITA) gewinnt auf Maserati den Großen Preis von Monaco.

17 Mo Die Vereinigten Staaten von Amerika beenden ihre zweijährigen Atombombenversuche auf dem Eniwetok-Atoll im Südpazifik.

18 Di In Frankfurt am Main wird in der wieder aufgebauten Paulskirche des 100. Jahrestages der ersten deutschen Nationalversammlung gedacht.

19 Mi Die Polaroid Corporation stellt in Chicago (USA) die erste Sofortbildkamera vor: Innerhalb kurzer Zeit kann sie ein Negativ entwickeln und fixieren.

20 Do Die Fußballmannschaft der Schweiz unterliegt in Zürich der englischen Auswahl mit 0:4 Toren. +++ In Frankfurt am Main tagt der Deutsche Städtetag.

21 Fr Robert Heinlein vom Flugforschungsinstitut der US-Marine gibt in Washington bekannt, dass in absehbarer Zeit ein Flug zum Mond möglich sein werde.

22 Sa In Hannover wird die bis zum 6. Juni dauernde 2. Exportmesse eröffnet. Das Geschäft bleibt jedoch weit hinter den Erwartungen zurück.

23 So In Italien wird eine neue Regierung unter Führung des christdemokratischen Ministerpräsidenten Alcide De Gasperi gebildet.

24 Mo In Jugoslawien veranlasst die Regierung die Überführung von über 1000 Kleinunternehmen in staatlichen Besitz oder in Genossenschaftseigentum.

25 Di Leipziger Behörden verbieten nach fünf Vorstellungen aus politischen Gründen die Aufführung von Eugene O'Neills Stück »Trauer muss Elektra tragen«.

26 Mi Bei den Parlamentswahlen in Südafrika erleiden die Unionisten eine Niederlage gegen die Apartheidspartei der Nationalisten.

27 Do Die bulgarische Regierung in Sofia beschließt, sämtliche Bodenschätze des Landes in staatliches Eigentum zu überführen.

28 Fr Schloss Schönbrunn bei Wien, das der britischen Besatzungsmacht in Österreich als Hauptquartier diente, wird an Österreichs Regierung zurückgegeben.

29 Sa Regierungsvertreter von Polen und Bulgarien unterzeichnen in Warschau einen Freundschafts- und Beistandspakt.

30 So In Paris enden die französischen Tennismeisterschaften. Im Herrenfinale schlägt Frank Parker aus den USA den Tschechen Jaroslaw Drobny in vier Sätzen.

31 Mo Wegen lang anhaltenden Regenfällen kommt es in Portland im US-Bundesstaat Oregon zu einer Hochwasserkatastrophe.

24. Juni 1948

»Rosinenbomber« in der Luft

Als unmittelbare Reaktion auf die Währungsreform in den drei westlichen Besatzungszonen unterbricht die Sowjetische Militäradministration in Deutschland (SMAD) auch den Eisenbahnverkehr zwischen den Westsektoren Berlins und den westlichen Besatzungszonen. Nachdem bereits zuvor die Autobahn Berlin-Helmstedt wegen angeblich notwendiger Reparaturarbeiten bei Magdeburg gesperrt und auch der übrige Personenverkehr auf Straße, Schiene und Wasserwegen unterbrochen wurde, sind die drei alliierten Luftkorridore die letzte Verbindung zwischen Berlin und den Westzonen. Die Westalliierten reagieren auf die von der UdSSR eingeleitete Berlinblockade mit einer Luftbrücke.

General Lucius D. Clay, US-Militärgouverneur in Deutschland, gibt am 26. Juni offiziell Anweisung, die Versorgung der blockierten Westsektoren Berlins auf dem Luftwege aufzunehmen. Es beginnt eine in der deutschen Geschichte beispiellose Hilfsaktion, mit der sich die Westalliierten zu einem freien Berlin bekennen. Hätten sie dem Druck der Sowjetunion nachgegeben und sich aus ihren Sektoren in Berlin zurückgezogen, wäre zwangsläufig die Eingliederung West-Berlins in die Ostzone die Folge gewesen. Nachdem zuerst US-Maschinen am 25. Juni mit ihren Versorgungsflügen beginnen, beteiligt sich bald auch die britische Besatzungsmacht an der Aktion. Frankreich beschränkt sich aus Mangel an eigenen Flugzeugen vorerst auf logistische Unterstützung, wie z.B. den Bau des Flughafens Tegel, der in nur 62 Tagen fertig gestellt wird. Bis dahin stehen nur die Flughäfen Tempelhof und Gatow zur Verfügung. Schon bald gehört der Landeanflug der westalliierten Maschinen für die Berliner Bevölkerung zum Alltagsbild (s. Abb.). Auf dem Höhepunkt der Berlinblockade landen die Maschinen, die der Berliner Volksmund bald »Rosinenbomber« tauft, im Minuten-Takt in Berlin. Neben Lebensmitteln werden sämtliche Güter, die für die Versorgung notwendig sind, nach Berlin gebracht. Rd. 63% der Fracht bestehen aus Kohlelieferungen, 28% aus Lebensmitteln. Trotz der Luftbrücke muss die Bevölkerung Entbehrungen und Einschränkungen ertragen. In einem leidenschaftlichen Appell fordert Oberbürgermeister Ernst Reuter am 9. September vor einer großen Menschenmenge Beistand für Berlin: »Ihr Völker der Welt, ihr Völker in Amerika, in England in Frankreich, in Italien! Schaut auf diese Stadt und erkennt, dass Ihr diese Stadt und dieses Volk nicht preisgeben dürft und preisgeben könnt!«

14. Mai 1948

Ben Gurion p

Für viele Juden geht ein jahrhundertealter Traum in Erfüllung: In Tel Aviv proklamiert David Ben Gurion, der sozialistische Führer der zionistischen Bewegung, den Staat Israel. Der erste Staat Israel (hebr.: Das Volk Gottes) war unter König Saul um das Jahr 1020 v. Chr. gegründet worden. Nach der Zerstörung Jerusalems durch römische Legionen im Jahre 70 n.Chr. mussten die meisten Juden aus Palästina fliehen und lebten seitdem als diskriminierte Minderheit in zahlreichen Ländern. Seit 1900 wanderten unter dem Einfluss der von Theodor Herzl gegründeten Zionistenbewegung Juden nach Palästina aus. Ihr Ziel war es, einen jüdischen Staat zu errichten.

Israels Flagge mit dem sechszackigen Davidstern weht über einer belebten Straße in Tel Aviv.

19. Juni 1948

Währungsreform beschert Westdeutschland volle Regale

In den Westzonen wird die Deutsche Mark eingeführt. Mit Wirkung vom 21. Juni verliert die Reichsmark ihre Gültigkeit. Am 20. Juni bilden sich überall in den drei Westzonen vor den Ausgabestellen der Lebensmittelkarten lange Schlangen von Wartenden, die 40 Reichsmark zum Kurs von 1:1 in Deutsche Mark umtauschen wollen (s. Abb.). Mit der Währungsreform sind noch weitere Maßnahmen verbunden. Neben der »Kopfquote« von 40 Reichsmark, die 1:1 getauscht werden dürfen, werden das im Umlauf befindliche Bargeld im Verhältnis 100:5, Bank- und Sparguthaben sowie Verbindlichkeiten im Verhältnis 10:1 abgewertet. Die Reform entzieht dem deutschen Geldmarkt einen Kaufkraftüberhang von 37 Mrd. Reichsmark. Die Folgen sind für die meisten Menschen überwältigend. Staunende Menschen drängen sich vor plötzlich prall gefüllten Lebensmittelgeschäften. In Erwartung der Währungsreform haben viele Geschäftsleute ihre Waren zurückgehalten. Die sowjetische Besatzungsmacht sieht sich zum Handeln gezwungen: Auch in der Ostzone und in Groß-Berlin wird am 23. Juni eine Währungsreform angeordnet.

lamiert den Staat Israel

Die unter strengen Sicherheitsvorkehrungen verlaufende Zeremonie zur Gründung Israels endet mit den Worten: »Wir strecken allen Völkern die Hand zum Frieden und auf gute Nachbarschaft entgegen und appellieren an sie, mit dem in seinem Lande selbstständig gewordenen jüdischen Volke in gegenseitiger Hilfe zusammenzuarbeiten ... Gestützt auf das natürliche und historische Recht des jüdischen Volkes und auf die Resolution der Vereinten Nationen, proklamieren wir die Gründung des jüdischen Staates im Heiligen Land.« Die Staaten der Arabischen Liga beginnen am folgenden Tag mit einer militärischen Invasion. Mit der Proklamation des neuen Staates endet das 25-jährige Mandat Großbritanniens über Palästina. Als letzter Brite verlässt der Hohe Kommissar Sir Alan Cunningham Jerusalem. Die USA geben noch am Tag der Staatsgründung bekannt, dass sie Israel anerkennen. Auch die UdSSR bekundet, mit Israel diplomatische Beziehungen aufnehmen zu wollen, gibt jedoch noch keine formelle Erklärung ab.

David Ben Gurion

eigtl. David Gruen, israelischer Politiker, * 16.10.1886 Plonsk (Polen); † 1.12.1973 Tel Aviv-Jaffa

Ben Gurion gehört zu den Gründervätern des modernen Israel. Der Sozialist und erste Ministerpräsident seines Landes rief im Jahre 1920 die jüdische Gewerkschaft Histadrut und 1930 die Arbeiterpartei Mapai ins Leben, die er lange Jahre führte. Gegenüber der britischen Mandatsmacht setzte er sich für die Schaffung eines jüdischen Staates ein und organisierte die illegale Einwanderung jüdischer Flüchtlinge nach Palästina. Nach dem Ersten Weltkrieg rief er zum Kampf gegen die Briten auf.

- 1906: Auswanderung nach Palästina
- 1914: Ausweisung aus Palästina (Rückkehr: 1918)
- 1948-53, 1955-63: Ministerpräs., Verteidigungsmin.
- 1965: Austritt aus der Mapai

15. Mai 1948

Araber greifen Israel an

Unmittelbar nach Gründung des Staates Israels beginnt die Invasion arabischer Truppen. 37 000 Arabern stehen auf israelischer Seite 28 000 Kämpfer gegenüber. Zudem sind die angreifenden Armeen mit Panzern und Artillerie besser ausgerüstet als die israelischen Truppen, die zunächst nur über Infanteriewaffen und einige leichte Feldgeschütze verfügen. Im Mai gelingt es den Arabern, die Altstadt von Jerusalem zu besetzen und den Jordan bei Nablus zu überqueren. Nach den anfänglichen Niederlagen verbucht die aus den Untergrundorganisationen hervorgegangene israelische Armee – gestützt durch Waffenlieferungen aus der Tschechoslowakei und den USA sowie aufgrund besserer Taktik und Ausbildung – militärische Erfolge. Anfang 1949 kommt unter UNO-Vermittlung und auf Basis der militärisch erkämpften Grenzen ein Waffenstillstand zustande. Der erste israelisch-arabische Krieg ist beendet, der Konflikt im Nahen Osten bleibt jedoch ungelöst. Er führt im Verlauf des Jahrhunderts zu erneuten Kriegen. In Verhandlungen nähern sich Juden und Araber einander nur zögernd an.

Krieg im Nahen Osten

Juni 1948

1 Di In der chinesischen Provinz Hunan südlich des Flusses Jangtsekiang werden acht Mio. Menschen durch eine Hochwasserkatastrophe obdachlos.

2 Mi Regierungsvertreter der USA, Großbritanniens, Frankreichs und der Benelux-Staaten empfehlen in London die Bildung einer westdeutschen Bundesregierung.

3 Do Auf dem Berg Mount Palomar in Kalifornien wird ein Spiegelteleskop in Betrieb genommen, das eine Reichweite von einer Mrd. Lichtjahre aufweist.

4 Fr In Wien beginnt der Internationale Sozialistenkongress, der bis zum 7. Juni dauert. Delegierte aus 17 Nationen nehmen teil.

5 Sa Bertolt Brechts Theaterstück »Herr Puntila und sein Knecht Matti« kommt in Zürich zur Uraufführung. Der anwesende Autor erhält stürmischen Beifall.

6 So Den diesjährigen Giro d'Italia gewinnt Fiorenzo Magni aus Italien. +++ In München hat das Ballett »Abraxas« von Werner Egk Premiere.

7 Mo Der Generalsekretär der tschechoslowakischen kommunistischen Partei, Klement Gottwald, wird Präsident der Tschechoslowakei.

8 Di Regierungsvertreter der Niederlande, Belgiens und Luxemburgs unterzeichnen ein Abkommen über eine 1950 in Kraft tretende Wirtschaftsunion.

9 Mi Die US-Militärregierung in Deutschland erkennt die Unabhängige Gewerkschaftsorganisation (UGO) in West-Berlin als rechtmäßige Interessenvertretung an.

10 Do Ein dänischer Passagierdampfer läuft im Kattegatt auf eine Mine aus dem Krieg. Von 400 Passagieren können nur 259 gerettet werden.

11 Fr Auf Vermittlung des UNO-Vertreters Graf Folke Bernadotte tritt ein vierwöchiger Waffenstillstand zwischen Israel und den arabischen Staaten in Kraft.

12 Sa In Ungarn kommt es zur Verhaftung von zahlreichen katholischen Geistlichen, die sich gegen die Verstaatlichung des Kircheneigentums wenden.

13 So Ein US-Flugzeug vom Typ »XS-1« erreicht bei einem Testflug von 25 000 m Höhe angeblich eine Geschwindigkeit von 2750 km/h.

14 Mo Aus der britischen Besatzungszone Deutschlands wird erstmals seit Kriegsende wieder Bier in das Ausland exportiert.

15 Di Die Sowjetische Militäradministration in Deutschland verfügt die Sperrung der Autobahn zwischen den drei westlichen Besatzungszonen und Berlin.

16 Mi Die sowjetischen Vertreter verlassen die Alliierte Stadtkommandantur von Berlin. Diese stellt damit ihre Arbeit auf der Ebene der Kommandanten ein.

17 Do Per gesetzlicher Verordnung stellt die italienische Regierung Frauen bei Lohnzahlungen und Berufsausbildung den Männern gleich.

18 Fr In Amsterdam endet das 22. Fest für zeitgenössische Musik, das von einem Zusammenschluss von Komponisten, Kritikern und Musikern veranstaltet wird.

19 Sa Die griechische Armee beginnt eine groß angelegte Offensive gegen die Partisanen unter General Markos Wafiadis. → Währungsreform

20 So In Forest Hills bei New York gewinnt Jack Kramer die US-Meisterschaften der Berufstennisspieler durch einen Vier-Satz-Sieg über Bobby Riggs.

21 Mo Aus Manchester (England) wird gemeldet, dass die Wissenschaftler Frederick Williams und Tom Kilburn einen Computer bis zur Patentreife entwickelt haben.

22 Di Nach Berichten des US-Magazins »Science« haben US-Wissenschaftler das Vitamin B12 entdeckt, mit dem eine bestimmte Blutkrankheit heilbar sei.

23 Mi Laut Ankündigung der Sowjetischen Militäradministration in Deutschland wird in der Ostzone eine Währungsreform durchgeführt werden.

24 Do Der US-Kongress in Washington beschließt die Einführung der allgemeinen Wehrpflicht für Männer im Alter von 19 bis 26 Jahren. → »Rosinenbomber«

25 Fr In New York verteidigt der US-Boxer Joe Louis seinen Weltmeistertitel im Schwergewicht gegen Joe Walcott durch k.o. in der 11. Runde.

26 Sa Jugoslawien wird aus dem Kommunistischen Informationsbüro (Kominform) ausgeschlossen, der Sitz der Institution von Belgrad nach Bukarest verlegt.

27 So In Prag fusionieren die Kommunistische und die Sozialdemokratische Partei. Die Kommunisten hatten im Februar die Macht übernommen.

28 Mo Bei einem Erdbeben auf der japanischen Insel Hondo kommen 5000 Menschen ums Leben, etwa 400 000 Personen werden obdachlos.

29 Di Der Zonenbeirat für die britische Besatzungszone Deutschlands stellt seine Tätigkeit ein, die auf den bizonalen Wirtschaftsrat übergeht.

30 Mi Die Dockarbeiter in London kehren nach einem über zwei Wochen andauernden Streik wieder an ihre Arbeitsplätze zurück.

Juli 1948

1 **Do** Die drei Westmächte übergeben den Ministerpräsidenten der Länder die Richtlinien zur Ausarbeitung einer deutschen Verfassung (Frankfurter Dokumente).

2 **Fr** Bei den US-Leichtathletikmeisterschaften in Milwaukee läuft der Jamaikaner Herbert McKinley mit einer Zeit von 45,9 sec Weltrekord über 400 m.

3 **Sa** In London enden die inoffiziellen Tennis-Weltmeisterschaften von Wimbledon. Das Herreneinzel gewinnt Bob Falkenburg aus den USA.

4 **So** Die britische Luftwaffe setzt erstmals Wasserflugzeuge des Typs »Sunderland« zur Versorgung des blockierten Berlins ein.

5 **Mo** In Griechenland wird der Kanal von Korinth, der die Halbinsel Peloponnes vom Festland trennt, wieder eröffnet. Er war im Krieg zugeschüttet worden.

6 **Di** Die Regierungen Großbritanniens, Frankreichs und der USA legen bei der Regierung der UdSSR förmlichen Protest gegen die Blockade West-Berlins ein.

7 **Mi** Im Zuge der Versorgungsflüge für das eingeschlossene Berlin transportieren US-Flugzeuge erstmals auch Kohle in die Stadt.

8 **Do** Die Reparationslieferungen aus den drei westlichen Besatzungszonen Deutschlands an die UdSSR werden eingestellt.

9 **Fr** Im Hotel »Rittersturz« bei Koblenz beenden die Ministerpräsidenten der Länder der drei westlichen Besatzungszonen Deutschlands ihre Konferenz.

10 **Sa** In Palästina beginnen syrische Truppen eine Offensive gegen die Streitkräfte Israels, die jedoch keinen militärischen Erfolg mit sich bringt.

11 **So** Ein Programm zur Bildung einer Regierung wird in Nordkorea bekannt gegeben. Für den 25. August werden Parlamentswahlen angekündigt.

12 **Mo** Die britische Regierung entlässt bis auf 80 000 im Nahen Osten internierte Soldaten alle deutschen Kriegsgefangenen.

13 **Di** In Berlin feiert die deutsche Filmkomödie »Der Herr vom anderen Stern« von Heinz Hilpert Premiere. Heinz Rühmann spielt die Hauptrolle.

14 **Mi** Ein parteiloser Sizilianer verübt ein Attentat auf den Vorsitzenden der italienischen kommunistischen Partei, Palmiro Togliatti. Der Politiker wird schwer verletzt.

15 **Do** Auf Schloss Niederwalde bei Rüdesheim treffen die Ministerpräsidenten der West-Länder zu einer Beratung über die deutsche Staatsgründung zusammen.

16 **Fr** Ein nach dem Attentat auf den italienischen KP-Vorsitzenden Palmiro Togliatti ausgerufener Generalstreik wird abgebrochen.

17 **Sa** Die jugoslawische Regierung in Belgrad verbietet den Verkauf der Zeitschrift des moskautreuen Kommunistischen Informationsbüros (Kominform).

18 **So** In Palästina kommt es zum Abschluss eines zweiten Waffenstillstandsabkommens zwischen Israel und seinen arabischen Gegnern.

19 **Mo** Nach einer Abstimmungsniederlage in der Nationalversammlung tritt Frankreichs Ministerpräsident Robert Schuman von seinem Amt zurück.

20 **Di** In Südkorea wird Syngman Rhee zum ersten Präsidenten des Landes gewählt. Er hatte den Widerstand gegen die japanischen Besatzer organisiert.

21 **Mi** Die französische Nationalversammlung wählt André Marie gegen die Stimmen der Kommunisten zum neuen Ministerpräsidenten des Landes.

22 **Do** In einer Volksabstimmung entscheidet sich die Bevölkerung Neufundlands für den Anschluss an Kanada. Die Insel ist seit 1907 britisches Dominion.

23 **Fr** Die französische Militärregierung Deutschlands befiehlt die sofortige Demontage von 38 Betrieben in Württemberg-Hohenzollern.

24 **Sa** Die »Deutsche Wirtschaftskommission« in Ost-Berlin ordnet für die sowjetische Zone die Ausgabe der »Deutschen Mark der Deutschen Notenbank« an.

25 **So** In den Halbfinalbegegnungen der Deutschen Fußballmeisterschaft gewinnt Nürnberg gegen St. Pauli mit 3:2 und Kaiserslautern gegen Neuendorf mit 5:1.

26 **Mo** Der Italiener Gino Bartali gewinnt in Paris die Tour de France. Er bewältigt das 4922 km lange Radrennen in der Zeit von 147:10,30 h.

27 **Di** In London wird ein Abkommen über die Lieferung britischer Düsenjäger an Frankreich geschlossen. Damit soll dessen Luftwaffe modernisiert werden.

28 **Mi** Erstmals in Deutschland kommt in Hamburg das Drama »Die Irre von Chailot« des französischen Schriftstellers Jean Giraudoux zur Aufführung. → BASF

29 **Do** Der Parteiführer der finnischen Sozialdemokratischen Partei, Karl-August Fagerholm, erhält den Auftrag, eine Regierung zu bilden. → SED → Olympioniken

30 **Fr** Zoltán Tildy, der Staatspräsident von Ungarn, tritt zurück. Der Grund ist die Verhaftung seines Schwiegersohnes wegen Hochverrats. → I.G.Farben

31 **Sa** Das Nürnberger Militärgericht verurteilt Alfried Krupp von Bohlen und Halbach wegen Beschäftigung von Zwangsarbeitern zu zwölf Jahren Haft.

29. Juli 1948

Die Olympioniken wieder am Start

Nach zwölfjähriger Unterbrechung finden wieder Olympische Sommerspiele statt. 3677 Sportler und 385 Sportlerinnen aus 58 Ländern messen bis zum 14. August in London ihre Kräfte. Vor 83 000 Zuschauern spricht Großbritanniens König Georg VI. im Wembley-Stadion die traditionelle Eröffnungsformel für die ersten Sommerspiele seit den von den Nationalsozialisten als Propagandaveranstaltung missbrauchten Spielen 1936 in Berlin. Deutsche und Japaner dürfen als Verantwortliche für den Zweiten Weltkrieg nicht in London an den Start gehen, die UdSSR hat unter Hinweis auf die Kriegszerstörungen auf eine Teilnahme verzichtet.
Trotzdem ist die Zahl der teilnehmenden Athleten noch niemals so hoch gewesen wie in diesem Jahr. Das Internationale Olympische Komitee (IOC) hatte die Spiele nach Großbritannien vergeben, weil auf der Insel bereits hervorragend ausgebaute Sportanlagen vorhanden sind. Die Vorbereitung der olympischen Wettkämpfe verursachte somit nur relativ geringe Kosten. Die Leichtathletik- und Fußballwettbewerbe werden im altehrwürdigen Wembley-Stadion ausgetragen, das lediglich eine neue Aschenbahn erhielt. Nur die Ruder- und Segelwettkämpfe finden außerhalb der britischen Metropole statt. Ein olympisches Dorf ist aus Kostengründen nicht gebaut worden. Die Athleten wohnen in nahe gelegenen Schulen und Kasernen. Die Spiele werden als ein Fest des Friedens oder zumindest der Friedenshoffnung begangen. Beteiligte und Beobachter werten die Veranstaltung als großen Erfolg. Unübersehbar bleibt jedoch, dass die sportliche Leistungsexplosion der Vorkriegsjahre durch den Zweiten Weltkrieg gestoppt wurde. Die Nationenwertung gewinnen die USA klar vor Schweden und Frankreich.

Fanny Blankers-Koen (vorn r.) ist die herausragende Sportlerin in London.

2. August 1948

Protest gegen Preiswucher

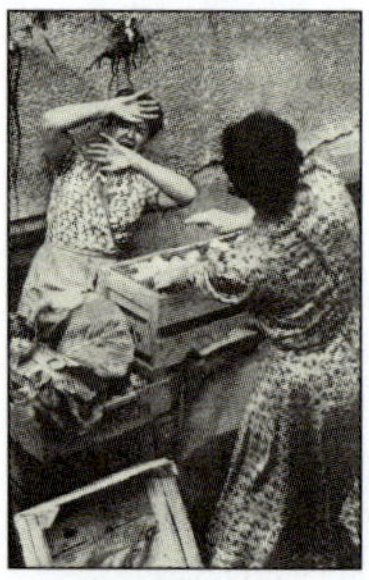

Der Ärger über sprunghaft gestiegene Preise für Lebensmittel, vor allem für Eier und Geflügel, entlädt sich in Handgreiflichkeiten. Auf dem Münchener Viktualienmarkt stürmen aufgebrachte Hausfrauen die Verkaufsstände (s. Abb.). Nicht nur in München, sondern überall in den drei westlichen Besatzungszonen wächst der Unmut über die Preisentwicklung. In vielen Industriebetrieben kommt es zu Arbeitsniederlegungen. Nachdem sich u.a. in Münster und Lübeck die Hausfrauen entschließen, nur noch die am dringendsten benötigten Waren zu kaufen, alle übrigen zu boykottieren, fallen die Preise teils um bis zu 50%. Hintergrund der starken Preisschwankungen ist die Währungsreform und die Liberalisierung des Marktes.

30. Juli 1948

Urteil gegen I.G. Farben

Nachdem in Nürnberg den für den Weltkrieg politisch Verantwortlichen der Prozess gemacht wurde, werden hier in einem zweiten Schritt auch die Urteile gegen Wirtschaftsführer im NS-Regime gefällt. Nach zwölfmonatiger Verhandlungsdauer verkündet das US-Militärgericht die Urteile gegen 23 ehemalige Direktoren der I.G. Farbenindustrie AG, des einstmals größten Chemiekonzerns der Welt. 13 Angeklagte erhalten Gefängnisstrafen zwischen anderthalb und acht Jahren, zehn Beschuldigte werden freigesprochen. Das Gericht macht einige der Angeklagten u.a. dafür verantwortlich, während der Zeit der nationalsozialistischen Herrschaft in Deutschland Häftlinge aus Konzentrationslagern als Zwangsarbeiter beschäftigt zu haben. Die I.G. Farben hatte im Jahre 1942 in der Nähe des Konzentrationslagers Auschwitz ein Chemiewerk errichten lassen, in dem KZ-Häftlinge bis zur völligen körperlichen Erschöpfung arbeiten mussten.

Die besten Sportler

Die herausragende Athletin der Olympischen Sommerspiele ist die niederländische Leichtathletin Fanny Blankers-Koen. Die achtfache Weltrekordhalterin dominiert die Laufwettbewerbe und erringt vier Goldmedaillen. Über 100 m, 200 m, 80-m-Hürden und mit der 4x100-m-Staffel gewinnt die 30-jährige zweifache Mutter, die von der britischen Presse als die »Unvergleichliche« gefeiert wird. Herausragende Leistungen zeigen auch die beiden finnischen Turner Veikko Huhtanen und Paavo Aaltonen, die insgesamt achtmal Edelmetall holten. Den Zehnkampf gewinnt zur Überraschung der Beobachter der erst 17 Jahre alte US-Sportler Robert Mathias. Er bestreitet in London erst seinen dritten Zehnkampf überhaupt. Ein weiterer Ausnahme-Athlet begeistert die Massen und kann mit zwei olympischen Medaillen den Heimweg antreten: Der 26-jährige Tschechoslowake Emil Zátopek gewinnt den 10000-m-Lauf und belegt über die 5000 m – trotz Führung bis kurz vor dem Ende – Rang zwei hinter dem Belgier Gaston Reiff. Spannend verläuft auch das 100-m-Finale der Herren. Favorit ist der Weltrekordhalter über 100 englische yards, Mel Patton (USA). Durch einen miserablen Start verspielt er jedoch alle Siegchancen. Als erster geht sein Landsmann Harrison Dillard durchs Ziel. Zum ersten Mal bei Olympischen Spielen muss ein Zielfoto über die folgenden Platzierungen entscheiden. Die Ringerwettbewerbe erweisen sich als Domäne der türkischen bzw. schwedischen Athleten, die sechs bzw. fünf Goldmedaillen gewinnen.

Medaillenspiegel

Land	G	S	B
USA	38	27	19
Schweden	16	11	17
Frankreich	10	6	13
Ungarn	10	5	12
Italien	8	12	9

31. August 1948

LP erobert den Markt

US-Forschern gelingt eine den Musikmarkt revolutionierende Entwicklung. Peter Goldmark und William Bachman von der Forschungsabteilung des US-Medienkonzerns Columbia Broadcasting System (CBS) haben eine Mikrorillen-Schallplatte entwickelt, die eine Spieldauer von 45 Minuten hat. Diese Langspielplatte wird bei einer Geschwindigkeit von 33 1/3 Umdrehungen in der Minute abgespielt. Bisherige Musikplatten benötigten eine Geschwindigkeit von 78 Umdrehungen pro Minute. Den beiden Forschern gelang es außerdem, die Tonqualität zu verbessern. Zudem wird die neue Platte nicht mehr aus Schellack, einem tierischen Ausscheidungsprodukt (Abb.: Platte von 1907), sondern aus Vinylit hergestellt.

28. Juli 1948

Detonation bei der BASF

Eine gewaltige Explosion erschüttert die Badische Anilin- & Sodafabrik (BASF) in Ludwigshafen. In dem Werk, das zum Chemiegiganten I.G. Farben gehört, war hochexplosiver Dimethyl-Äther aus einem Kesselwagen ausgeströmt und hatte sich selbst entzündet. Mehrere Gebäude werden vollständig zerstört. Kurz nach der Explosion bietet

das Werksgelände, das sich über nahezu 14 km am Rheinufer erstreckt, ein Bild der Verwüstung (s. Abb.). Das ganze Ausmaß des Unglücks ist erst nach wenigen Tagen zu erfassen. 178 Menschen kommen ums Leben, 2500 werden verletzt.

29. Juli 1948

Kurswechsel der SED

Eine »Säuberung der Partei von feindlichen und entarteten Elementen« beschließt die Sozialistische Einheitspartei Deutschlands (SED). Damit wandelt sich die stärkste politische Kraft in der Ostzone zur »Partei neuen Typus« nach sowjetischem Vorbild. Die These vom »besonderen deutschen Weg zum Sozialismus« wird verworfen. Vertreter des neuen SED-Kurses ist u.a. Walter Ulbricht (s. Abb.).

Walter Ulbricht

deutscher Politiker, * 30.6.1893 Leipzig; † 1.8.1973 Ost-Berlin

Ulbricht ist ab dem Kriegsende maßgeblich am Aufbau und an der Konsolidierung der Sowjetzone und späteren DDR beteiligt. Die sog. Gruppe Ulbricht übernimmt unter Anleitung Moskaus noch im Mai 1945 die politische Führung. 20 Jahre lang lenkt Ulbricht die Geschicke der DDR. Von Beginn an betreibt er eine Politik im Geiste eines starren Stalinismus. Er lässt Landwirtschaft, Handel und Industrie verstaatlichen und ergreift Maßnahmen gegen »bürgerliche« Parteien und Intellektuelle.

- 1919: Mitglied der KPD
- 1928-33: Mitglied des Reichstags
- 1933-45: Exil u.a. in der UdSSR
- 1950-71: Generalsekretär der SED
- 1960-73: Vorsitzender des Staatsrats der DDR

August 1948

1 So In Hannover erscheint zum ersten Mal die illustrierte Zeitschrift »Stern«, die von Henri Nannen herausgegeben wird.

2 Mo Die ungarische Vereinigte Arbeiterpartei nominiert Arpad Szakasits zum Kandidaten für das Amt des Staatspräsidenten. → Preiswucher

3 Di Der Deutsche Volksrat der Ostzone verabschiedet den von ihm erarbeiteten Entwurf einer Verfassung für die zu gründende Deutsche Demokratische Republik.

4 Mi Die US-Militärregierung in Bayern verfügt mit Wirkung vom 1. September 1948 die Abschaffung der Schulgeldpflicht.

5 Do Der Kohlebergbau an der Ruhr soll einem heute vorgelegten Gesetz des Landes Nordrhein-Westfalen zufolge verstaatlicht werden.

6 Fr In der früheren Berliner Staatsbibliothek beginnt eine viel beachtete Ausstellung unter dem Motto »Das neue deutsche Kinderbuch«.

7 Sa Eine schwere Hochwasserkatastrophe im Gebiet des Jangtsekiang und des Gelben Flusses in China zerstört die Unterkünfte von drei Mio. Menschen.

8 So In Köln entscheidet sich die erste Fußballmeisterschaft nach Kriegsende. Den Titel holt der 1. FC Nürnberg nach einem 2:1 gegen den 1. FC Kaiserslautern.

9 Mo Die Kreditbewilligungen der USA im Rahmen des Marshallplanes überschreiten, wie aus Washington verlautet, die Marke von einer Mrd. Dollar.

10 Di Auf Schloss Herrenchiemsee in Oberbayern tritt der Verfassungskonvent zusammen, um Richtlinien für ein westdeutsches Grundgesetz zu erarbeiten.

11 Mi In Paris nimmt die französische Nationalversammlung ein Notstandsprogramm der Regierung an, das eine Wirtschaftsreform des Landes ermöglichen soll.

12 Do Im Südosten Schottlands und im Norden Englands kommt es infolge lang anhaltender Regenfälle zu katastrophalen Überschwemmungen.

13 Fr Auf dem Potsdamer Platz in Berlin wird nach Übergriffen sowjetischer Soldaten auf Schwarzhändler von den Westalliierten ein Sperrzaun errichtet.

14 Sa In Warschau endet die »Internationale Konferenz der Werktätigen Jugend« mit der Verabschiedung einer Weltcharta der Jugendrechte.

15 So Die Stadt Köln begeht den 700. Jahrestag der Grundsteinlegung des Domes, des Wahrzeichens der Rheinmetropole, mit zahlreichen Festakten.

16 Mo In einem der drei alliierten Luftkorridore nach Berlin bedrängen sowjetische Düsenjäger eine britische Passagiermaschine.

17 Di Zwischen Italien und Jugoslawien finden Besprechungen über eine endgültige Festlegung der gemeinsamen Grenzen statt. Ein Streitpunkt ist Triest.

18 Mi In Belgrad wird die auf einem sowjetischen Entwurf beruhende Donaukonvention gegen die Stimmen der USA und Großbritanniens angenommen.

19 Do Die chinesische Regierung beschließt eine Währungsreform auf Goldbasis. Ziel der Maßnahme ist es, Löhne und Preise zu stabilisieren.

20 Fr Der Gewerkschafter Anton Storch (CDU) wird zum ersten Direktor der neu geschaffenen Verwaltung für die Arbeit des bizonalen Wirtschaftsrates gewählt.

21 Sa In den Vereinigten Staaten von Amerika wird ein Gerät der Öffentlichkeit vorgestellt, das die telefonische Übertragung von Fotografien ermöglicht.

22 So Nach viertägiger Dauer endet in Frankfurt am Main das Deutsche Turnerfest. An den 41 Wettkämpfen nahmen rd. 4000 Sportler teil.

23 Mo Die US-Truppen ziehen sich nach Ablauf der dreijährigen Besatzungszeit bis auf wenige Militärberater aus Südkorea zurück.

24 Di Im Luftraum über Hanau stoßen zwei US-Transportflugzeuge der Luftbrücke zusammen. Die vier Besatzungsmitglieder kommen ums Leben.

25 Mi Die Hitzewelle im Osten der USA hat bisher 150 Todesopfer gefordert. In New York wird mit 37 °C der heißeste Tag in der Geschichte der Stadt gemessen.

26 Do Die Regierung des Landes Baden in Freiburg tritt aus Protest gegen die von Frankreich geforderten Reparationen und die Demontagepläne zurück.

27 Fr Österreich wird Mitgliedsstaat der Weltbank und des in der US-Hauptstadt Washington ansässigen Internationalen Währungsfonds (IWF).

28 Sa Die französische Regierung unter Ministerpräsident André Marie tritt nach Meinungsverschiedenheiten über die Wirtschaftspolitik zurück.

29 So In Leipzig beginnt die bis zum 3. 9. dauernde Herbstmesse. +++ Australien gewährt dem Mutterland Großbritannien einen Kredit über zehn Mio. Pfund.

30 Mo Unter dem Vorwurf der Verschwörung gegen das kommunistische Regime verhaftet die ungarische Polizei 84 hohe Staatsbeamte.

31 Di Die britische Regierung beziffert die Kosten der Beteiligung an der Luftbrücke zur Versorgung des eingeschlossenen Berlin auf bisher eine Mio. Pfund. → LP

September 1948

1 Mi Der ehemalige Reichsfinanzminister Hjalmar Schacht wird in einem Entnazifizierungsverfahren gerichtlich als entlastet bezeichnet. → Rat

2 Do Auf der philippinischen Insel Camiguin bricht der Vulkan Mount Hibokhibok aus. Die gesamte Bevölkerung muss evakuiert werden.

3 Fr Wladislaw Gomulka verliert wegen »bourgeoiser Einflüsse« sein Amt als Generalsekretär der Kommunistischen Arbeiterpartei Polens (PPR).

4 Sa Königin Wilhelmina der Niederlande unterzeichnet die Abdankungsurkunde und überlässt ihrer Tochter Juliana den Thron.

5 So In Forest Hills nahe New York gewinnt die Mannschaft der USA den Tennis-Davis-Cup. Sie besiegt das Team Australiens mit 5:0 Punkten.

6 Mo Warenlieferungen der Marshallplanhilfe der USA werden künftig mit einem einheitlichen Wappen als Kennzeichen versehen. → Königin Juliana

7 Di Ein Unwetter über Norditalien verursacht schwere Überschwemmungen im Gebiet der Stadt Asti, wobei 120 Menschen ums Leben kommen.

8 Mi In Bonn beginnt eine zweitägige Debatte des Parlamentarischen Rates über das Grundgesetz für einen westdeutschen Staat.

9 Do 300 000 Menschen demonstrieren auf einer Kundgebung in Berlin gegen die politische Unterdrückung im sowjetischen Sektor. → Korea

10 Fr In Köln erscheint die erste Ausgabe der »Allgemeinen Kölnischen Rundschau«, der ersten CDU-Parteizeitung in der britischen Zone Deutschlands.

11 Sa Erstmals in der Nachkriegszeit wird in München beim diesjährigen Herbstfest wieder Starkbier mit einer Stammwürze von 8% angeboten.

12 So Die österreichische Sportlerin Herma Bauma verbessert in Wien die Weltrekordmarke im Speerwerfen um 42 cm auf 48,63 m.

13 Mo Truppen der Indischen Union besetzen den unabhängigen Fürstenstaat Hyderabad, nachdem es dort zu Unruhen gekommen war.

14 Di Zum Abschluss des SPD-Parteitages in Düsseldorf wird Kurt Schumacher zum ersten und Erich Ollenhauer zum zweiten Parteivorsitzenden gewählt.

15 Mi In Paris kommt es zu Straßenschlachten zwischen der Polizei und streikenden Arbeitern der verstaatlichten Flugzeugwerke. → Grundgesetz

16 Do Ein Taifun im Norden der japanischen Hauptinsel Hondo fordert mehr als 500 Todesopfer. +++ In Berlin endet die 13. Tagung des Parteivorstandes der SED.

17 Fr In Prag wird der Kommandant des Konzentrationslagers Theresienstadt, Rudolf Heindl, zum Tode verurteilt und kurz darauf hingerichtet. → Bernadotte

18 Sa Nach einer Rede von General Charles de Gaulle in Grenoble kommt es zu Zusammenstößen zwischen seinen Anhängern und Kommunisten.

19 So Bei den Parlamentswahlen in Schweden bleibt die regierende sozialdemokratische Partei trotz Stimmeneinbußen stärkste politische Kraft im Land.

20 Mo 500 Menschen werden bei einem Erdrutsch im indischen Bundesstaat Assam verschüttet und können nur noch tot geborgen werden.

21 Di In Westmakedonien schlagen griechische Truppen eine Offensive der kommunistischen Partisanen unter dem Befehl von General Markos Wafiadis zurück.

22 Mi Die drei westlichen Besatzungsmächte Deutschlands fordern die Regierung der Sowjetunion erneut auf, die Blockade Berlins zu beenden.

23 Do Ein Gericht der Sowjetischen Militäradministration verurteilt fünf Berliner wegen Anstiftung zu Demonstrationen zu ein bis acht Jahren Zwangsarbeit.

24 Fr Bulgarien ersucht um Aufnahme des Landes in die Vereinten Nationen. Am 29. September stellt auch Ungarn einen Aufnahmeantrag.

25 Sa Die von Kommunisten geführte ungarische Regierung gibt die Verstaatlichung der in US-Besitz befindlichen Ölgesellschaften bekannt.

26 So In Berlin-Schöneberg stürzt während einer Vorstellung die Decke eines Kinos ein. Dabei sterben 18 Menschen, 50 Personen werden verletzt.

27 Mo Der »Untersuchungsausschuss für unamerikanische Umtriebe in den USA« beschuldigt führende US-Wissenschaftler der Spionage für die UdSSR.

28 Di Großbritannien, Frankreich und die Benelux-Staaten beschließen den Aufbau einer Verteidigungsgemeinschaft.

29 Mi Der belgische Leichtathlet Gaston Reiff läuft in Brüssel die Strecke über 2000 m in der Weltrekordzeit von 5:07,0 min.

30 Do Nathan Friedmann Yellin, der Chef der »Stern-Bande«, wird in Haifa festgenommen. Die Organisation ist die letzte illegale jüdische Untergrundorganisation.

Hinweisschilder in der Nähe von Bonn weisen den Weg ins politische Zentrum am Rhein.

15. September 1948

Beratungen zum Grundgesetz

Carlo Schmid

deutscher Politiker, * 3.12.1896 Perpignan/Frankreich; † 11.12.1979 Bonn

Der SPD-Politiker und Professor für Völkerrecht ist einer der »Väter« des Grundgesetzes. 1959 arbeitet er führend am »Godesberger Programm« seiner Partei mit. Darüber hinaus ist der Vermittler zwischen deutscher und französischer Kultur auch als Literaturkenner eine Kapazität.

- 1918: Mitglied eines Soldatenrats
- 1946-53: Professor für Völkerrecht in Tübingen
- 1966-69: Bundesminister für Angeleg. d. Bundesrates

In mehreren Ausschüssen beginnen die Beratungen über ein Grundgesetz einer künftigen Bundesrepublik Deutschland. Eine Schlüsselstellung bei den Politikertreffen nimmt der SPD-Politiker Carlo Schmid, Justizminister des Landes Württemberg-Hohenzollern, als Vorsitzender des Hauptausschusses ein. Unter der Regie von Schmid und seinem Stellvertreter Heinrich von Brentano (CDU) erörtert das 21 Mitglieder umfassende Gremium die Entwürfe eines Grundgesetzes für einen westdeutschen Staat. Neben den Angehörigen des Hauptausschusses werden auch die Mitglieder von sechs Fachausschüssen gewählt, die u.a. für Grundsatzfragen, Grundrechte, die Abgrenzung der Zuständigkeit zwischen Bund und Ländern, Finanzfragen, Fragen der Rechtspflege und für das Wahlrecht zuständig sind. Ein Redaktionsausschuss formuliert ihre Vorschläge zu Verfassungsartikeln um.

6. September 1948

Juliana in Amsterdam zur Königin der Niederlande gekrönt

Im Beisein beider Häuser der Parlaments wird die Tochter der bisherigen Königin Wilhelmina in der Amsterdamer Nieuwe Kerk zur Königin der Niederlande gekrönt (Abb.: Juliana beim Verlesen des Treueeids an ihr Volk). Als Höhepunkt der Krönungsfeierlichkeiten leistet Juliana den Eid auf die Verfassung. Die beim Volk überaus beliebte Wilhelmina hatte aus gesundheitlichen Gründen abgedankt. Auf mehreren Reisen hatte sie sich von ihren Landsleuten verabschiedet. Die seit einem halben Jahrhundert – seit 1898 – amtierende Monarchin, die während der deutschen Besetzung der Niederlande ins britische Exil gegangen war, hatte die Amtsgeschäfte bereits im Jahre 1947 zeitweise an ihre Tochter abgegeben.

In Europa gibt es zur Zeit zehn Monarchien. Die Regenten sind zwar offizielle Oberhäupter ihrer Staaten, beschränken sich jedoch nahezu ausschließlich auf repräsentative Aufgaben.

1. September 1948

Rat tagt in Bonn

Im Rahmen einer feierlichen Zeremonie im Zoologischen Museum König konstituiert sich in Bonn der Parlamentarische Rat. Er hat die Aufgabe, für einen künftigen westdeutschen Staat ein Grundgesetz zu erarbeiten. Für diesen Zweck erfolgt am 15. September die Bildung von Arbeitsausschüssen, in denen die Fachprobleme erörtert werden. Die elf Länderparlamente der Westzonen haben insgesamt 65 Delegierte für den Parlamentarischen Rat nominiert. Je 27 gehören der SPD und der CDU/CSU an, fünf sind Mitglieder der liberalen Parteien. Die KPD, das Zentrum und die Deutsche Partei (DP) stellen je zwei Abgeordnete. Hinzu kommen fünf – nicht stimmberechtigte – Delegierte aus Berlin. An der konstituierenden Sitzung des Rates nehmen auch die Ministerpräsidenten der elf westdeutschen Länder sowie Vertreter der drei westlichen Besatzungsmächte teil. Im Anschluss an die Feierstunde beginnt die erste Plenarsitzung des Rates im großen Sitzungssaal der Pädagogischen Hochschule. Präsident des Parlamentarischen Rates wird der 72-jährige Konrad Adenauer, Vorsitzender der CDU in der britischen Besatzungszone. Der parlamentarisch erfahrenste Politiker in dem Gremium prägt die Arbeiten am Grundgesetz der Bundesrepublik entscheidend.

Die erste Sitzung des Parlamentarischen Rats

17. September 1948

Attentat auf Bernadotte

Angehörige einer jüdischen Untergrundorganisation ermorden in Jerusalem UNO-Vermittler Folke Bernadotte Graf von Wisborg. Das Attentat zerstört die Hoffnungen auf einen baldigen Frieden im Nahostkrieg. Unmittelbar nach der Gründung Israels begann die Invasion der arabischen Nachbarstaaten. Mit dem Tod des 53-jährigen Schweden verliert die UNO einen engagierten Verfechter einer friedlichen Lösung des Konflikts. Der Diplomat hatte in Jerusalem über die Einhaltung eines am 19. Juli eingetretenen Waffenstillstands zwischen der israelischen Armee und den Einheiten der arabischen Liga verhandelt.

13. Oktober 1948

Hennecke wird Ober-Aktivist

Rekordleistungen, die propagandistisch breit ausgewalzt werden, sollen die Arbeitsproduktivität in der Ostzone steigern. Eine »beispielgebende Leistung«, so das »Neue Deutschland«, vollbringt der Bergmann Adolf Hennecke. In einem Steinkohlebergwerk im sächsischen Oelsnitz im Erzgebirge fördert er in einer Schicht 24,4 m^3 Kohle. Damit überbietet er das vorgegebene Plansoll um 387%. Mit dieser Leistung wird eine groß angelegte »Aktivistenbewegung« zur Steigerung der Arbeitsproduktivität eingeleitet (Abb.: Auflistung der Höchstleistungen). Bis Ende des Jahres schließen sich 4200 Arbeiter der Aktion an. Vorbild ist die »Stachanow-Bewegung« in der UdSSR. Der Bergmann Alexej G. Stachanow hatte im Jahre 1935 sein Plan-Soll um 1400% überboten. Ein Zweijahresplan sieht in der Ostzone eine Steigerung der Produktion um mehr als 30% vor.

9. September 1948

Korea endgültig geteilt

Mit der Ausrufung zweier Staaten ist die Spaltung Koreas offiziell vollzogen. Im nordkoreanischen Pjöngjang proklamieren die Kommunisten die Demokratische Volksrepublik Korea. Ministerpräsident wird Kim Il Sung, der in den folgenden Jahrzehnten die Geschicke seines Landes dominiert. Bereits im August war im südkoreanischen Seoul die – westlich orientierte – Republik Korea ausgerufen worden (Abb.: Wandzeitung in Seoul). Staatspräsident ist Syngman Rhee. Korea ist seit 1945 geteilt. Nachdem die japanische Besatzungsmacht kapituliert hatte, besetzten sowjetische und US-Truppen das süd-ostasiatische Land. Zur Grenze ihrer Machtbereiche wurde der 38. Breitengrad deklariert. Im Zuge des beginnenden Kalten Krieges wird Korea bald zum Spielball von Ost und West.

Oktober 1948

1 Fr In München wird für die drei westlichen Besatzungszonen das Deutsche Patentamt gegründet. Es tritt die Nachfolge des Reichspatentamtes in Berlin an.

2 Sa Das erste Grand Prix-Autorennen von Großbritannien seit 1945 gewinnt auf dem Luftwaffenstützpunkt Silverstone der Italiener Luigi Villoresi auf Maserati.

3 So Moskau führt Reisebeschränkungen für das Personal und die Angehörigen ausländischer Missionen und Konsulate in der sowjetischen Hauptstadt ein.

4 Mo In Frankreich rufen kommunistische und christliche Gewerkschaften zu einem Generalstreik der Bergarbeiter für mehr Lohn auf.

5 Di Ein aus der Tschechoslowakei entführtes Flugzeug landet in der Nähe von München. Zwölf der 15 Insassen bitten um politisches Asyl.

6 Mi Im chinesischen Bürgerkrieg räumen nach Offensiven kommunistischer Einheiten die Regierungstruppen die Hauptstadt der Mandschurei, Tschangtschun.

7 Do Bertolt Brechts Theaterstück »Der kaukasische Kreidekreis« feiert in Northfield (USA) in deutscher Sprache Premiere.

8 Fr Max Fechner, stellvertretender Vorsitzender des Zentralsekretariats der SED, wird zum Präsidenten der deutschen Justizverwaltung für die Ostzone ernannt.

9 Sa US-Außenminister George C. Marshall unterstreicht in Paris die politische und wirtschaftliche Bedeutung des von ihm initiierten »Marshallplans«.

10 So Vor Beginn des Kriegsverbrecherprozesses gegen Marschall Rodolfo Graziani kommt es in Rom zu Demonstrationen von Neofaschisten.

11 Mo Griechische Regierungstruppen beginnen eine Großoffensive gegen kommunistische Aufständische im Raum Vitsi im Norden des Landes.

12 Di In einer amtlichen Mitteilung der französischen Regierung heisst es, es werde eine Revision der angekündigten Demontagen in Deutschland erwogen.

13 Mi Zwischen Indern und schwarzen Einwohnern kommt es in der südafrikanischen Küstenstadt Durban zu Auseinandersetzungen. → Hennecke

14 Do Israelische Streitkräfte brechen das Waffenstillstandsabkommen vom 19. Juli und greifen in der Wüste Negev ägyptische Einheiten an.

15 Fr Auf Befehl der französischen Militärregierung in Deutschland beginnen Arbeitskolonnen mit der Demontage der Borsig-Maschinenwerke in Berlin.

16 Sa Die Verteidigungsminister Schwedens, Norwegens und Dänemarks geben in Oslo die Bildung einer skandinavischen Verteidigungskommission bekannt.

17 So In Paris treffen sich die Außenminister Frankreichs, Großbritanniens und der Benelux-Staaten zu Besprechungen über ein Militärbündnis.

18 Mo Französische Polizei und Einheiten der Republikanischen Garde besetzen in der Industriestadt St.-Etienne zahlreiche bestreikte Kohlegruben.

19 Di Die sowjetische Besatzungsmacht verkündet, dass sie den Zugang zu den Westsektoren Berlins nur noch vom Ostteil der geteilten Stadt aus gestatte.

20 Mi Der politische Ausschuss der UNO in Paris lehnt den Vorschlag der Regierung der UdSSR ab, alle Atomwaffen zu zerstören.

21 Do Bob Bonte aus den Niederlanden stellt zwei Weltrekorde im Brust-Schwimmen auf: die 400 m in 5:40,2 min und die 500 m in 7:10,6 min.

22 Fr Walter Ulbricht, stellvertretender Vorsitzender der SED, bezeichnet die Oder-Neiße-Linie als endgültige Friedensgrenze zu Polen.

23 Sa In Albanien wird Staatspräsident Enver Hoxha bei einer Parteireform zum Generalsekretär der kommunistischen Partei ernannt.

24 So Ein Agrarentwicklungsprogramm zur landwirtschaftlichen Erschließung Sibiriens und des europäischen Teils der Sowjetunion läuft in der UdSSR an.

25 Mo Die Länder des Brüsseler Paktes sowie die USA, Kanada und Italien einigen sich über die Bildung eines nordatlantischen Verteidigungsbündnisses.

26 Di Die sowjetische Militärregierung fordert von den österreichischen Bundesbahnen die Ablieferung von 540 Lokomotiven und 5575 Waggons.

27 Mi Um den Erfolg des Marshallplans zu garantieren, verzichten Frankreich und Großbritannien auf die Demontage von 300 deutschen Fabriken.

28 Do Die Berliner Philharmoniker beginnen in Großbritannien unter Wilhelm Furtwängler ihre erste Auslandstournee seit Kriegsende.

29 Fr Erich W. Griffke, Mitglied des Zentralsekretariats der SED und ehemaliger Sozialdemokrat, flieht aus dem sowjetischen Sektor Berlins in die US-Zone.

30 Sa Mit der Garnison Mukden geht den nationalchinesischen Truppen im Kampf gegen die Kommunisten der letzte Stützpunkt in der Mandschurei verloren.

31 So In Berlin verliert Ex-Boxweltmeister Max Schmeling gegen Richard Vogt. Schmeling erklärt nach dem Kampf seinen Abschied als Aktiver.

November 1948

1 Mo Der italienische Autorennfahrer Luigi Villoresi setzt sich gegen seine Konkurrenten durch und gewinnt auf Maserati den Großen Preis von Barcelona.

2 Di Die peruanische Regierung unter General Manuel Odria verbietet die kommunistische Partei des südamerikanischen Landes. → Truman

3 Mi Im griechischen Bürgerkrieg greifen kommunistische Truppen unter dem Befehl von General Markos Wafiadis die Städte Tripolitsa, Patras und Agion an.

4 Do Das Nobelpreiskomitee in Stockholm lässt verlauten, dass der Friedensnobelpreis in diesem Jahr nicht vergeben werde.

5 Fr Gegen den am 1. September für entlastet erklärten früheren Reichsfinanzminister Hjalmar Schacht kommt es erneut zu einem Entnazifizierungsverfahren.

6 Sa In London endet die 33. internationale Automobilausstellung von Großbritannien. Sie hatte am 27. Oktober begonnen. → Mao

7 So Aus den Wahlen zur französischen Nationalversammlung geht die Partei von General Charles de Gaulle als Siegerin hervor.

8 Mo Zum Nachfolger des zurückgetretenen iranischen Ministerpräsidenten Abdul Hajir Hussein wird Mohammed Saed gewählt.

9 Di Der Chef der US-Militärregierung in Deutschland, General Lucius D. Clay, fordert eine Erhöhung des für Westdeutschland festgelegten Industrieniveaus.

10 Mi Der Parlamentarische Rat in Bonn beginnt mit der ersten Lesung des Entwurfes eines Grundgesetzes für den künftigen westdeutschen Staat.

11 Do Der spanische Regierungschef Francisco Franco erklärt seine Bereitschaft, sich an einem westlichen Verteidigungsbündnis zu beteiligen.

12 Fr Ein internationales Militärtribunal in Tokio verurteilt den ehemaligen japanischen Ministerpräsidenten Hideki Tojo wegen Kriegsverbrechen zum Tode.

13 Sa In Frankreich ruft die kommunistische Gewerkschaft CGT einen 24-stündigen Generalstreik gegen die Wirtschaftspolitik der Regierung aus.

14 So Der vom Volksrat der Ostzone ausgearbeitete Verfassungsentwurf für eine Deutsche Demokratische Republik wird veröffentlicht. → England

15 Mo Die Nachfolge des aus Altersgründen zurückgetretenen kanadischen Ministerpräsidenten William Lyon Mackenzie tritt Louis Stephen Saint Laurent an.

16 Di In Berlin ordnet die sowjetische Militäradministration die Amtsenthebung der Stadträte Ernst Reuter und Gustav Klingelhöfer an.

17 Mi Die drei westlichen Militärgouverneure Deutschlands lehnen die Aufnahme von Viermächteverhandlungen zur Beilegung der Berlinkrise ab.

18 Do Der iranische Schah Mohammad Resa Pahlawi wird von seiner Frau, Kaiserin Fawzieh, geschieden, da sie keinen Thronfolger geboren hat.

19 Fr Bei einem Schiffsunglück auf dem Ganges in Indien ertrinken 500 Menschen. Eine überfüllte Fähre war in der Nähe von Patna gekentert.

20 Sa In Hamburg beginnt eine Ausstellung mit Bildern des Malers und ehemaligen Bauhaus-Lehrers Paul Klee. Die Schau dauert vier Wochen.

21 So Der Automobilklub von Deutschland (AvD) wird in Königstein wiedergegründet. 1934 hatte die NSDAP seine Auflösung erwirkt.

22 Mo Einheiten der Streitkräfte Venezuelas putschen in der Hauptstadt Caracas gegen den gewählten Staatspräsidenten Romulo Gallegos.

23 Di In Frankfurt am Main wird der Bund deutscher Radfahrer gegründet. Ziel der Vereinigung ist die Organisation des westdeutschen Radsports.

24 Mi Der britische Arbeitsminister George Isaacs gibt bekannt, dass die Wehrdienstzeit in Großbritannien von 12 auf 18 Monate verlängert werde.

25 Do Israel kündigt die Abhaltung der ersten allgemeinen Wahlen für den 25. Januar 1949 an. +++ Der US-Schriftsteller Thornton Wilder besucht Deutschland.

26 Fr In Dublin beschließt das irische Parlament den Austritt des Landes aus dem britischen Commonwealth of Nations.

27 Sa Der Sicherheitsrat der UNO fordert Bulgarien, Jugoslawien und Albanien auf, die regierungsfeindlichen griechischen Rebellen nicht mehr zu unterstützen.

28 So Lucius D. Clay, US-Militärgouverneur in Deutschland, erklärt im Namen der Westmächte, die Berliner Luftbrücke unbegrenzt aufrechterhalten zu können.

29 Mo Die sowjetische Militäradministration in Deutschland kritisiert die Westmächte wegen der sich abzeichnenden Spaltung Berlins.

30 Di In Jerusalem vereinbaren die Kommandanten der israelischen und der arabischen Streitkräfte erneut einen Waffenstillstand für den folgenden Tag.

30. Dezember 1948

Erfolg für »Kiss me Kate«

Zu einem überwältigenden Erfolg wird die Uraufführung des Musicals »Kiss me Kate« im New Century Theatre am New Yorker Broadway. Die eingängigen Melodien des Komponisten Cole Porter finden beim Publikum großen Anklang. 1953 wird das nach Motiven eines Shakespeare-Stoffes gestaltete Stück auch verfilmt (Abb.: Filmszene mit Kathryn Grayson und Howard Keel).

Cole Porter

US-Komponist; * 9.6.1891 Peru (US-Bundesstaat Indiana); † 15.10.1964 Santa Monica (US-Bundesstaat Kalifornien)

Porter ist der führende Schlager- und Musicalkomponist der 30er und 40er Jahre. Mit »Kiss me Kate« gelingt ihm ein Meisterwerk. Ein weiterer großer Erfolg wird im Jahre 1953 das Musical »Cancan«. Porters Kompositionen kommen an, weil viele Lieder wahre Ohrwürmer werden und die Texte anspruchsvoll und sensibel zugleich sind. Manche Stücke wie »Night and day« werden Hits. Seine Bühnenerfolge am Broadway werden durchweg verfilmt.

- 1916: Erste Show am Broadway
- 1936: »Anything goes« (Musical)
- 1946: »Night and day« (Musical)

14. November 1948

England feiert Thronfolger

Das gesamte britische Empire jubelt: Prinzessin Elizabeth, Herzogin von Edinburgh und britische Thronfolgerin, bringt – nach dem Hofbulletin exakt um 21.14 Uhr – einen Jungen zur Welt. Der königliche Stammhalter soll auf den Namen Charles Philip Arthur George getauft werden. Sein Vater Prinz Philip, Herzog von Edinburgh, hatte 1947 als Leutnant Philip Mountbatten die 21-jährige Elizabeth, älteste Tochter von König Georg VI., geheiratet (Abb.: Elizabeth mit Sohn Charles, Vater Georg VI. und Großmutter Mary). Wie seit Jahrzehnten nimmt die Londoner Bevölkerung starken Anteil an den Ereignissen in der Königsfamilie. Stunden vor der erwarteten Geburt versammeln sich Tausende von Menschen vor den Toren des Buckingham-Palastes. Als die freudige Nachricht mitgeteilt wird, brechen die Wartenden in Jubel aus. Im Hydepark wird Salut geschossen.

6. November 1948

Maos Truppen rücken vor

Im chinesischen Bürgerkrieg neigt sich die Waagschale endgültig zugunsten der Kommunisten unter Führung von Mao Tse-tung. Sie eröffnen eine Großoffensive gegen die letzten Stellungen der nationalchinesischen Kuomintang unter Chiang Kai-shek (Abb.: Nationalchinesische Truppen in der Defensive). Angesichts der sich stetig verschlechternden militärischen Lage appelliert Chiang Kai-shek an US-Präsident Harry S. Truman, die im Jahre 1947 gekürzte Militärhilfe wieder voll zu gewähren. Die US-Regierung zeigt sich jedoch nicht gewillt, in den chinesischen Bürgerkrieg einzugreifen. Washington ist bereits von einem Sieg der Kommunisten überzeugt.

9. Dezember 1948

UNO fordert

Die Vereinten Nationen wollen mit der Verabschiedung einer Menschenrechtsdeklaration dem Unrecht in der Welt begegnen.

11. Dezember 1948

Liberale in Partei vereinigt

Unter dem Motto »Einheit in Freiheit« treffen sich im hessischen Heppenheim an der Bergstraße 89 Delegierte liberaler Parteien aus den westlichen Besatzungszonen und den Westsektoren Berlins. Am 12. Dezember schließen sie sich als Freie Demokratische Partei (FDP) zusammen.
Zum ersten Vorsitzenden wird Theodor Heuss, zu seinem Stellvertreter Franz Blücher gewählt. Dem engeren Vorstand gehören Carl-Hubert Schwennicke, Thomas Dehler, Hermann Schäfer, August Martin Euler, Eberhard Wildermuth und Fritz Oellers an. Die Gründung der Partei steht in der Tradition des deutschen Liberalismus. So ist z.B. die Wahl des Tagungsortes Programm. Vor über 100 Jahren, im Oktober 1847, hatten sich führende süd- und westdeutsche liberale Politiker hier zu Beratungen getroffen.
Die neu gegründete FDP muss links- und nationalliberale Strömungen integrieren. Meinungsunterschiede über die Interpretation des Liberalismus finden auch in einer Kampfabstimmung Ausdruck: Die süddeutschen Delegierten verwahren sich dabei u.a. in Abgrenzung zur sowjetzonalen LDP erfolgreich gegen den Begriff liberal im Parteinamen.

2. November 1948

Truman bleibt US-Präsident

Freude bei US-Präsident Harry S. Truman: Entgegen den Voraussagen aller führenden Meinungs-

forschungsinstitute kann sich der Kandidat der Demokratischen Partei im Amt behaupten. Freudestrahlend präsentiert Truman eine Zeitung, die voreilig den Wahlsieg seines Herausforderers Thomas E. Dewey meldete (s. Abb.). Aufgrund der wirtschaftlich schwierigen Situation und anhaltender Rassenkonflikte waren dem Amtsinhaber schlechte Chancen eingeräumt worden. Nach Meinung von Beobachtern überzeugte Truman u.a. wegen seines volkstümlichen Auftretens.

enschenrechte ein

Als Reaktion auf die massiven Menschenrechtsverletzungen in den totalitären Staaten haben die Vereinten Nationen bereits im Artikel 1 ihrer Charta den universellen Schutz der Menschenrechte zu einem ihrer Hauptziele erklärt. Als erster Schritt zur Verwirklichung dieses Ziels verabschiedet die Vollversammlung – ohne Gegenstimme, aber bei Enthaltung der sozialistischen Staaten – die Allgemeine Erklärung der Menschenrechte. Es handelt sich um einen völkerrechtlich unverbindlichen Katalog von bürgerlichen, sozialen und politischen Rechten.

UNO-Abkommen und -Erklärungen über Menschenrechte (Auswahl)

Datum	Ereignis
1945	Charta der Vereinten Nationen
1948	Erklärung der Menschenrechte
1966	Internationaler Pakt über bürgerliche und politische Rechte
1981	Internationales Übereinkommen zur Beseitigung von Intoleranz und Diskriminierung aufgrund der Religion oder der Überzeugung
1989	Übereinkommen über die Rechte des Kindes
1992	Erklärung über die Rechte von Personen, die nationalen oder ethnischen, religiösen und sprachlichen Minderheiten angehören
1993	Erklärung über die Beseitigung der Gewalt gegen Frauen

Die 30 Artikel umfassende Erklärung nennt als unveräußerliche Rechte eines jeden Menschen, unabhängig von seiner Hautfarbe, seines Geschlechts, seiner Religion oder politischen Überzeugung u.a. das Recht auf Freiheit und Sicherheit der Person, das Recht auf freie Meinungsäußerung sowie das Recht auf Privateigentum. Familie und Wohnung werden für unverletzlich erklärt. In den folgenden Jahrzehnten wenden sich UNO sowie weitere internationale Organisationen und Zusammenschlüsse gegen Unterdrückung und plädieren nachhaltig für die Einhaltung der Menschenrechte. Eine Sonderkonferenz der UNO spricht sich im Jahre 1956 für die Abschaffung der Sklaverei aus, die immer noch nicht der Vergangenheit angehöre: In vielen afrikanischen und asiatischen Ländern seien Menschenhandel und Leibeigenschaft offiziell zwar untersagt, würden aber weiterhin geduldet. In der Konvention wird grundsätzlich jede Form von erzwungener Arbeit als eine Form der Sklaverei bezeichnet. Darunter fällt auch Kinderarbeit ohne Entlohnung. 1960 fasst die UNO-Menschenrechtskommission einen einstimmigen Beschluss gegen Antisemitismus und andere Formen rassistischer und religiöser Vorurteile. Anlass sind nationalsozialistische Hetzaktionen gegen Juden in der Bundesrepublik und ihr Übergreifen auf andere westliche Staaten. Auch das gewaltsame Vorgehen gegen schwarze Anti-Apartheid-Demonstranten durch die südafrikanische Regierung wird durch die Erklärung verurteilt. Die Mitglieder der Kommission fordern dazu auf, die Täter zu bestrafen. In einer weiteren Deklaration fordert der Ausschuss ein uneingeschränktes Asylrecht für politisch und religiös Verfolgte.

Dezember 1948

1 Mi In Berlin wird im Beisein der Oberbürgermeisterin Louise Schroeder und der westlichen Stadtkommandanten der Luftbrückenflugplatz Tegel eröffnet.

2 Do 15 Menschen sterben in Falkensee bei Berlin bei einem Eisenbahnunglück, als ein aus Rostock kommender Schnellzug auf einen Vorortzug prallt.

3 Fr Der Entwurf eines Vertrages für ein nordatlantisches Verteidigungsbündnis liegt in der US-Hauptstadt Washington vor.

4 Sa In Berlin wird als Gegenstück zur kommunistisch ausgerichteten Humboldt-Universität im Ostsektor die Freie Universität ins Leben gerufen.

5 So Bei den Wahlen zur Nationalversammlung in Argentinien erringt die Partei von Staatspräsident Juan Perón mit 63,1% der Stimmen einen großen Wahlsieg.

6 Mo In London finden Verhandlungen zwischen den westlichen Besatzungsmächten über den Umfang der Demontagen in Deutschland statt.

7 Di Die Stadtverordnetenversammlung in den Westsektoren wählt Ernst Reuter (SPD) mit großer Mehrheit zum Oberbürgermeister Berlins.

8 Mi In Wien ersucht die österreichische Regierung die alliierten Besatzungsmächte um Wiederaufnahme der Verhandlungen über einen Staatsvertrag.

9 Do Ungarns Ministerpräsident Lajos Dinnyes dankt ab. Die Nachfolge tritt István Dobi an. +++ Neufundland wird an Kanada angegliedert. → Menschenrechte

10 Fr Das Nobelkomitee in Stockholm verleiht die Nobelpreise. Der US-Autor T.S. (Thomas Stearns) Eliot erhält die Auszeichnung für Literatur.

11 Sa Revolutionäre fallen von Nicaragua aus in den Nachbarstaat Costa Rica ein, nachdem das Land seine Armee abgeschafft hat. → Liberale

12 So Die Regierung von Großbritannien führt die allgemeine Wehrpflicht für Männer im Alter von 19 bis 26 Jahren ein.

13 Mo Griechischen Regierungstruppen gelingt die Rückeroberung der Stadt Karditsa im Norden des Landes aus der Hand von kommunistischen Rebellen.

14 Di Die US-Militärregierung in Deutschland befürwortet den Aufbau einer deutschen Polizeitruppe zur Aufrechterhaltung der inneren Ordnung.

15 Mi Berechnungen zufolge betragen die Besatzungskosten in Nordrhein-Westfalen 41% des Steueraufkommens. Die Landesregierung fordert die Senkung der Kosten.

16 Do Ernst Nobs wird für 1949 zum Bundespräsidenten der Schweiz gewählt. +++ Kambodscha wird im Rahmen der Französischen Union unabhängig.

17 Fr Die Vollversammlung der Vereinten Nationen lehnt den Antrag des Staates Israel auf Aufnahme in die Weltorganisation ab.

18 Sa Die Regierung der UdSSR stimmt der Wiederaufnahme von Verhandlungen über einen Friedensvertrag mit Österreich zu.

19 So Niederländische Truppen besetzen die indonesische Hauptstadt Jakarta und verhaften Präsident Achmed Sukarno.

20 Mo In seiner Heimatstadt schwimmt der Münchner Hubert Klein einen Europarekord. Er benötigt für die 200-m-Brust-Strecke 2:36,6 min.

21 Di Der US-Tennisverband gibt seine diesjährige Tennisrangliste bekannt. Pancho Gonzales steht bei den Herren auf dem ersten Platz.

22 Mi In Tokio findet die Hinrichtung des am 12. November zum Tode verurteilten ehemaligen japanischen Ministerpräsidenten Hideki Tojo statt.

23 Do Israelische Truppen rücken im Zuge einer großangelegten Offensive gegen ägyptische Einheiten auf die Grenze des Nachbarlandes vor.

24 Fr Die jugoslawische Regierung teilt mit, dass die noch 60 000 im Land internierten deutschen Kriegsgefangenen im Laufe des Jahres 1949 entlassen würden.

25 Sa Der Schlichtungsausschuss der UNO fordert die Regierung der Niederlande auf, die gefangen genommenen Regierungsmitglieder Indonesiens freizulassen.

26 So Unter dem Vorwurf der Spionage und des Landesverrats wird der Primas der katholischen Kirche in Ungarn, Kardinal József Mindszenty, verhaftet.

27 Mo Aufgrund eines britischen Ultimatums stellen israelische Truppen ihren am 22. Dezember begonnenen Vormarsch auf dem Sinai ein.

28 Di Mitglieder der verbotenen Islamischen Bruderschaft ermorden den ägyptischen Ministerpräsidenten Mahmud Fahmi an-Nokraschi Pascha.

29 Mi Jugoslawiens Ministerpräsident Josip Tito erklärt, dass sein Land einen eigenen Weg zum Kommunismus gehen werde.

30 Do Laut amtlicher Mitteilung hat die deutsche Bizone bislang Marshallplan-Hilfe im Gesamtwert von rd. 99 Mio. Dollar erhalten. → »Kiss me Kate«

31 Fr Auf dem Berliner Flughafen Tempelhof landet das 100 000. Flugzeug mit Versorgungsgütern für die eingeschlossenen Westsektoren der Stadt.

Januar 1949

1 Sa Großbritannien gibt Österreich die Kontrolle über die Grenze zu Italien zurück, die die Briten seit dem Zweiten Weltkrieg ausgeübt hatten. → Kaschmir

2 So Die USA erkennen die Regierung von Südkorea an und teilen ihre Absicht mit, dem Land einen Kredit über 300 Mio. Dollar gewähren zu wollen.

3 Mo Auf ihrer Tagung in Düsseldorf beschließt die nur im Westen aktive Kommunistische Partei Deutschlands die organisatorische Trennung von der SED.

4 Di Die sowjetische Militärverwaltung Deutschlands ersucht alle ausländischen Ölgesellschaften, ihre Tätigkeit in der Ostzone einzustellen.

5 Mi In seiner Kongressbotschaft über die Lage der Nation warnt US-Präsident Harry S. Truman vor einer möglichen Inflation.

6 Do Deutsche Patente, Warenzeichen, Schutzmarken und Copyrights dürfen erstmals seit Kriegsende wieder im Ausland angemeldet werden.

7 Fr US-Außenminister George C. Marshall tritt aus Gesundheitsgründen von seinem Amt zurück. Nachfolger wird der Wirtschaftspolitiker Dean Acheson.

8 Sa Unter der Regie von Kurt Horwitz kommt in Zürich das Schauspiel »Als der Krieg zu Ende war« von Max Frisch zur Uraufführung.

9 So Maos chinesische Volksarmee überschreitet auf dem Vormarsch gegen die Regierungstruppen den Jangtse und errichtet einen Brückenkopf.

10 Mo Nach Angaben der israelischen Regierung sind alle Truppen des Landes von ägyptischem Gebiet zurückgezogen worden.

11 Di Das Warschauer Parlament stellt die ehemaligen deutschen Ostgebiete unter Staatsverwaltung und gliedert sie damit in das polnische Staatsgebiet ein.

12 Mi Die Presse in den Westzonen meldet, dass die Preise für viele Konsumgüter seit Weihnachten 1948 infolge von Geldknappheit z.T. beträchtlich gesunken seien.

13 Do In Durban (Südafrika) kommt es erneut zu Zusammenstößen zwischen Indern und Schwarzen, bei denen über 100 Personen umkommen.

14 Fr Im sog. Briloner Butterprozess um Lebensmittelschieberei wird das Urteil verkündet: Die Hauptangeklagte erhält eine Haftstrafe von zweieinhalb Jahren.

15 Sa Nur wenige Stars sind unter den Gästen des ersten Internationalen Filmballs, der nach Kriegsende wieder auf deutschem Boden – in Frankfurt/Main – stattfindet.

16 So Nachdem der türkische Ministerpräsident Hasan Saka zurückgetreten ist, übernimmt Semsettin Günaltay die Regierungsgeschäfte.

17 Mo 10 000 Ölarbeiter im Gebiet von Maracaibo in Venezuela treten aus Protest gegen die Politik der Militärregierung in den Streik.

18 Di Der Hauptausschuss des Parlamentarischen Rates akzeptiert Artikel 4 des Grundgesetzes über die Gleichberechtigung von Mann und Frau.

19 Mi Das Sondergericht in Bukarest verhängt gegen 15 Mitglieder der Regierung des früheren Ministerpräsidenten Ion Antonescu Freiheitsstrafen.

20 Do US-Präsident Harry S. Truman nennt in seiner Antrittsrede zur zweiten Amtsperiode die Entwicklungshilfe ein bedeutendes außenpolitisches Instrument.

21 Fr Der chinesische Staatspräsident Chiang Kai-shek tritt angesichts der kommunistischen Übermacht im Bürgerkrieg zurück und verlässt Nanking.

22 Sa Mit 331 230 t Steinkohle wird in der Bizone die bislang höchste Tagesförderleistung seit Ende des Zweiten Weltkriegs erbracht.

23 So Bei Reichstagswahlen in Japan erringen die regierenden Demokratischen Liberalen einen hohen Sieg. Die Partei verfügt nun über die absolute Mehrheit.

24 Mo Der Vorstand der SED beschließt die Bildung eines Politbüros, das die einheitliche Führung der Partei gewährleisten soll.

25 Di Die US-Militärregierung übergibt »Radio München« in deutsche Hände. Künftig wird der Sender »Bayerischer Rundfunk« heißen. → COMECON

26 Mi Frankreich hat auf allen Gebieten der industriellen Produktion den Stand von 1938 erreicht – wie das französische Handelsministerium bekannt gibt.

27 Do Der sowjetische Staatschef Josef W. Stalin bekundet seine Bereitschaft, mit US-Präsident Harry S. Truman einen Friedenspakt zu schließen.

28 Fr Sechs deutsche Arbeiter, die sich geweigert hatten, an der Demontage eines Bochumer Stahlwerks mitzuarbeiten, werden zu zwei Monaten Haft verurteilt.

29 Sa Die britische Regierung erkennt den Staat Israel, der auf dem Gebiet des ehemaligen britischen Völkerbundsmandats Palästina entstanden ist, de facto an.

30 So Bei den Europameisterschaften der Eiskunstläufer in Mailand gewinnen die Österreicher Eva Pawlik und Edi Rada die Einzelkonkurrenzen.

31 Mo US-Präsident Harry S. Truman gibt die staatliche Anerkennung Israels und Transjordaniens durch die Vereinigten Staaten bekannt.

24. Februar 1949

Waffenruhe im Nahen Osten

Die seit dem 12. Januar unter Vermittlung der UNO auf der griechischen Insel Rhodos tagenden Unterhändler Israels und Ägyptens einigen sich auf ein Waffenstillstandsabkommen. Weitere Übereinkünfte Israels mit den anderen kriegführenden arabischen Staaten sollen folgen. Damit ist der erste arabisch-israelische Krieg vorläufig beendet (Abb.: Der israelische Kommandeur Moshe Dayan, l., verhandelt mit dem Militärgouverneur der Arabischen Legion, Abdul el Tel).

Kaum hatten die britischen Mandatstruppen Palästina am 15. Mai 1948 verlassen, marschierten – einen Tag nach der israelischen Staatsgründung – die Armeen Ägyptens, Syriens, des Irak, des Libanon und Transjordaniens in Israel ein. Die arabischen Länder betrachteten die Errichtung des neuen Staates als völkerrechtswidrigen Akt. Trotz anfänglicher Erfolge der Araber konnte sich Israel

militärisch behaupten. Der motiviert kämpfenden israelischen Armee gelang es sogar, auf arabisches Territorium vorzudringen und Gebiete mit einer Fläche von über 1300 km^2 zu annektieren. Durch den Waffenstillstandsvertrag erhält Ägypten die Kontrolle über den Gazastreifen zurück. Beide Seiten verpflichten sich, keine aggressiven Aktionen zu unternehmen, einen endgültigen Friedensschluss anzustreben und die Palästinenserfrage nicht mit Waffengewalt zu lösen.

10. Februar 1949

Millers Lebenslügen-Drama

»Tod eines Handlungsreisenden«, das aufwühlende Schauspiel von Arthur Miller, wird nach seiner Premiere im New Yorker Morosco Theater zu einem der größten Bühnenerfolge in den USA. Die Titelfigur des Willy Loman (low man = kleiner Mann) verkörpert Lee J. Cobb (Abb.: Mitte, mit Arthur Kennedy, l., und Cameron Mitchell, r.). Regie führt Elia Kazan. Das Stück beschreibt die letzten

Tage eines Handelsvertreters, der als Opfer des erbarmungslosen Existenzkampfes durch Selbstmord endet. Die Kritik spricht von »einem herben Schlag ins Gesicht des Kapitalismus«. Miller, der für sein erfolgreichstes Stück den Pulitzer-Preis erhält, greift in seiner ausgefeilten Charakterstudie auf Traditionen des europäischen Theaters zurück, u.a. auf das von Henrik Ibsen vielfach variierte Motiv der Lebenslüge.

Das Urteil gegen Kardinal Mindszenty (M.) löst vielfach Empörung aus.

Symbolfigur für Freiheitswillen

Für die Ungarn, von denen viele als gläubige Christen den totalitären Kommunismus in ihrem Land ablehnen, ist Józef Kardinal Mindszenty die maßgebliche Integrationsfigur ihres Freiheitskampfes. Bereits 1944 hatte er sich als Bischof von Veszprém dem von Hitlerdeutschland unterstützten faschistischen Terror-Regime der Pfeilkreuzler widersetzt und wurde inhaftiert. Nach der Befreiung Ungarns durch die sowjetische Rote Armee 1945 wandte sich der Kirchenmann gegen zahlreiche Maßnahmen der kommunistischen Regierung. Er bekämpfte u.a. die Verringerung des kirchlichen Einflusses auf Schulen nach der Abschaffung des obligatorischen Religionsunterrichtes sowie die Verstaatlichung der Bekenntnisschulen. Außerdem trat er gegen die Säkularisierung der Feiertage ein. Mehrfach sprach er sich auch gegen die Vertreibung der Ungarndeutschen aus.

25. Januar 1949

Ostblock gründet COMECON

Die Sowjetunion, Bulgarien, Ungarn, Polen, Rumänien und die Tschechoslowakei gründen den Rat für gegenseitige Wirtschaftshilfe (COMECON). Durch dieses Bündnis soll die Wirtschaftsentwicklung des kommunistisch regierten Osteuropa beschleunigt werden. Aufgabe des Rates sind der Austausch wirtschaftlicher Erfahrungen, gegenseitige technische Hilfe sowie der Austausch von Rohstoffen und Maschinen. Albanien tritt dem Bündnis am 22. Februar bei.

8. Februar 1949

Kardinal wegen Landesverrats verurteilt

Die Auseinandersetzung der kommunistisch regierten Länder mit der katholischen Kirche erreicht einen dramatischen Höhepunkt. Der Volksgerichtshof in Budapest verurteilt den Fürstprimas der katholischen Kirche in Ungarn, József Kardinal Mindszenty, wegen Hoch- und Landesverrats sowie Devisenvergehen zu einer lebenslangen Freiheitsstrafe. Das Urteil wird in Kirchenkreisen und in der gesamten westlichen Welt wegen seines offensichtlich politischen Charakters mit Empörung aufgenommen.
Mindszenty verliert außerdem die bürgerlichen Ehrenrechte, sein Vermögen wird vom Staat eingezogen. Gegen fünf Mitangeklagte werden Gefängnisstrafen zwischen drei und fünfzehn Jahren verhängt, ein weiterer Geistlicher erhält ebenfalls lebenslänglich. Unmittelbar nach seiner Verurteilung kommt Mindszenty in das Budapester Sammelgefängnis, wo er bis Herbst inhaftiert bleibt. Sein weiterer Aufenthaltsort wird geheim gehalten. Nach dem sechstägigen Prozess sieht es der Volksgerichtshof als erwiesen an, dass der 1946 zum Kardinal ernannte Theologe versucht habe, zusammen mit anderen Geistlichen und Mitgliedern des entmachteten Adels in Ungarn die Habsburgermonarchie wieder zu errichten. Dafür soll er finanzielle Hilfen aus den USA erhalten und mit Otto Habsburg-Lothringen, dem ältesten Sohn des letzten Königs von Ungarn und österreichischen Kaisers, verhandelt haben. Außerdem habe Mindszenty in den USA um eine bewaffnete Intervention nachgesucht. Am Tag nach seiner Verhaftung, die am zweiten Weihnachtsfeiertag 1948 erfolgte, verlesen westliche Rundfunkstationen einen Brief, in dem Mindszenty feststellt: »Ich habe an keiner Verschwörung teilgenommen. Ich lege mein erzbischöfliches Amt nicht nieder. Ich habe nichts zu bekennen und unterschreibe nichts. Wenn ich es dennoch tun sollte, so ist dies nur eine Folge der Schwäche des menschlichen Körpers und ich erkläre es im voraus für nichtig!«
Tatsächlich beschuldigt sich Mindszenty, der in seiner Erklärung auf die Möglichkeit der Erpressung von Geständnissen anspielte, während des Prozesses mehrfach selbst. Er bezichtigt sich u.a. der Spionage, des Hochverrats, der Wahlbeeinflussung und der Devisenschieberei. Außerdem erklärt er sich bereit, sein Amt niederzulegen. Eine Teilnahme an einer Verschwörung zum Sturz der ungarischen Regierung bestreitet er jedoch. Westliche Beobachter und Kirchenkreise vermuten, dass die Selbstbezichtigungen Mindszentys unter dem Einfluss von Hypnose bzw. Rauschgift zustande gekommen sind. Das Verfahren gegen den ungarischen Fürstprimas ist der erste Strafprozess eines Staates gegen ein Mitglied des Kardinalskollegiums. Ein geheimes Kardinalskonsistorium, das Papst Pius XII. am 14. Februar im Vatikan einberuft, verurteilt den Prozess auf das Schärfste. Das Gremium wertet den Vorgang als Versuch, den ungarischen Kommunisten die vollständige Macht im Staat zu verschaffen. Auch in anderen osteuropäischen Staaten, etwa der Tschechoslowakei, findet ein Kirchenkampf statt. Wenn auch in einer weniger starken Ausprägung als in Ungarn, werden hier ebenfalls Kirchenmänner bedroht und verhaftet. Am 13. Juli veröffentlicht die Kardinalskongregation ein Dekret, das Katholiken, die einer kommunistischen Partei anhängen, mit der Exkommunizierung bedroht.

József Mindszenty

eigtl. Joseph Pehm, ungarischer Kardinal, * 29.3.1892 Csehimindszenty bei Szombathely; † 6.5.1975 Wien

Der als Gegner des Kommunismus in einem stalinistischen Schauprozess zu lebenslanger Haft Verurteilte lebt nach seiner Befreiung im ungarischen Volksaufstand 15 Jahre im Asyl in der Budapester US-Botschaft. 1974 wird der Erzbischof und Primas von Ungarn von Papst Paul VI. als erster Kardinal in der Kirchengeschichte amtsenthoben. Der Vatikan will mit dieser Maßnahme sein Verhältnis zum Ostblock verbessern.

- 1919: Pfarrer in Zalaergerszeg
- 1945-74: Erzbischof v. Esztergom u. Primas v. Ungarn
- 1956-71: Asyl in der US-Botschaft in Budapest
- 1991: Überführung der sterblichen Überreste in ein demokratisches Ungarn (testamentarische Verfügung)

28. Februar 1949

Kölner schon wieder jeck

Beim ersten Rosenmontagszug seit Kriegsausbruch 1939 säumen in der Karnevalshochburg Köln 800 000 Jecken die Straßen. Der begeistert gefeierte Zug ist zwei km lang und umfasst 16 Wagen (Abb.: Musikanten zwischen Trümmern in der Innenstadt).

1. Januar 1949

Waffenstillstand in Kaschmir

Nach 14 Monaten erbittert geführter Gefechte tritt um Mitternacht auf Vermittlung der UNO ein Waffenstillstandsabkommen zwischen Indien und Pakistan in Kraft. Er sieht eine Volksabstimmung in dem von beiden Seiten beanspruchten Kaschmir vor. Der Konflikt geht auf die Teilung der britischen Kronkolonie Indien in die Indische Union und das moslemische Pakistan zurück. Kaschmir wurde von einem Hindu-Fürstenhaus regiert, ist aber überwiegend von Moslems bewohnt.

Februar 1949

1 Di Weil er deutsche Politiker als »Quislinge« (Verräter) bezeichnet hat, wird der KPD-Vorsitzende Max Reimann zu drei Monaten Gefängnis verurteilt.

2 Mi Der sowjetische Staatschef Josef W. Stalin lehnt eine Einladung von Präsident Harry S. Truman in die USA aus gesundheitlichen Gründen ab.

3 Do Jugoslawien und Italien schließen in Udine ein Grenzabkommen. Daraufhin werden die Grenzen zwischen beiden Staaten erstmals seit 1947 wieder geöffnet.

4 Fr Besatzungsmächte der Bizone lassen Straßen für den Transitverkehr in die sowjetische Zone sperren. +++ Ein Attentat auf Irans Schah Resa Pahlawi scheitert.

5 Sa Die ägyptische Regierung richtet Protestnoten an diejenigen Länder, die Israel als eigenständigen Staat anerkannt haben.

6 So Helga Dudzinski bei den Damen und Horst Faber bei den Herren sind die Einzel-Sieger der Deutschen Eiskunstlaufmeisterschaften in Garmisch.

7 Mo Dem Betriebsschutz des Leipziger Elektrizitätswerks werden von der Volkspolizei Waffen übergeben. Die Remilitarisierung in der Sowjetzone schreitet fort.

8 Di Der Ostberliner Magistrat beschließt die Enteignung von Kriegsverbrechern und ehemaligen aktiven Nationalsozialisten. → Kardinal

9 Mi In London beginnt eine neue Verhandlungsrunde der vier Siegermächte über einen Staatsvertrag für Österreich, das ein souveräner Staat werden soll.

10 Do Ein indisches Gericht verurteilt den radikalen Hindu Nathuram Vinayak Godse wegen Mordes an Mahatma Gandhi zum Tode. → Miller

11 Fr Der Magistrat von Ost-Berlin beschließt, 465 bislang unter treuhänderischer Verwaltung stehende Betriebe in Volkseigentum zu überführen.

12 Sa Charles de Gaulle, Führer der französischen Sammlungsbewegung RPF, erklärt in Lille, Frankreich sei das letzte Bollwerk gegen den Bolschewismus.

13 So Bei den Präsidentschaftswahlen in Portugal wird António Oscar de Fragoso Carmona mit großer Mehrheit in seinem Amt bestätigt.

14 Mo Staatspräsident Chaim Weizmann eröffnet in Jerusalem die erste Verfassungsgebende Versammlung des Staates Israel mit einem Friedensappell.

15 Di In der Bizone sind, wie amtlich verlautet, trotz der starken Wirtschaftsbelebung noch 1 019 426 Arbeitslose registriert.

16 Mi Die Militärgouverneure in den drei Westzonen Deutschlands beschließen, an den Grenzen ein einheitliches Zollsystem einzuführen.

17 Do Der Berliner Oberbürgermeister Ernst Reuter wendet sich in einer Erklärung gegen jegliche Remilitarisierungsabsichten für Westdeutschland.

18 Fr Die 1 000 000. Tonne Hilfsgüter trifft in West-Berlin ein. Die Alliierten versorgen die blockierte Stadt seit Juni 1948 auf dem Luftweg.

19 Sa In dem mittelamerikanischen Land El Salvador tritt Präsident Oscar Osorio nach dem Militärputsch vom Dezember 1948 sein Amt an.

20 So In Stockholm gewinnt die Mannschaft der Tschechoslowakei durch ein 3:0 gegen Titelverteidiger Schweden den Weltmeistertitel im Eishockey.

21 Mo Roland Petit präsentiert in Paris sein Ballett »Carmen«, das sich am Text der Oper von Georges Bizet orientiert. Die Titelrolle tanzt Zizi Jeanmaire.

22 Di Die chinesische Volksregierung verlegt ihren Sitz nach Peking. Präsident Chiang Kai-shek war am 21. Januar zurückgetreten.

23 Mi Wegen der Unruhen nach dem Verbot der linksgerichteten Tudeh-Partei verhängt die iranische Regierung den Ausnahmezustand über das Land.

24 Do In Bayern geht der einwöchige Streik in der Metallindustrie zu Ende, in dessen Verlauf sich bis zu 15 000 Arbeiter im Ausstand befanden. → Waffenruhe

25 Fr Unter dem Verdacht der Spionage nimmt die Polizei in Frankreich mehrere Mitglieder der Kommunistischen Partei fest.

26 Sa Der seit dem 30. Januar amtierende Präsident von Paraguay, Raimundo Rolón, wird gestürzt und verhaftet. Die Nachfolge tritt Felipe Molas López an.

27 So 500 Sechs- bis Zehnjährige aus der britischen Zone fahren mit der Rotkreuz-Kinderhilfe zu einem Erholungsaufenthalt in die Schweiz.

28 Mo Bei der Explosion einer von den Vietminh gelegten Mine werden nahe der südvietnamesischen Stadt Saigon sieben französische Offiziere getötet. → Kölner

März 1949

1 Di Das 35-jährige US-Sportidol Joe Louis (»der braune Bomber«), seit 1937 Schwergewichtsweltmeister der Profiboxer, erklärt seinen Rücktritt.

2 Mi Den ersten Nonstop-Flug um die Erde beendet der US-Bomber Boeing B 50 »Lucky Lady II«. Das Flugzeug wurde mehrfach in der Luft betankt.

3 Do US-Präsident Harry S. Truman gibt den Rücktritt von Verteidigungsminister James V. Forrestal bekannt. Die Nachfolge tritt Louis A. Johnson an.

4 Fr UdSSR-Außenminister Wjatscheslaw M. Molotow wird ohne Angabe von Gründen von seinem Amt entbunden. Molotow galt als Stalin-Nachfolger.

5 Sa Nach einer Umfrage des deutschen Nachrichtenmagazins »Der Spiegel« befürworten 54% der Leser die Bildung eines separaten westdeutschen Staats.

6 So Der indische Ministerpräsident Jawaharlal Nehru lehnt eine Einladung von US-Präsident Harry S. Truman zu einem Staatsbesuch ab.

7 Mo In Göttingen feiert Wolfgang Liebeneiners Film »Liebe 47« Premiere. Es ist die Filmfassung von Wolfgang Borcherts Stück »Draußen vor der Tür«.

8 Di Der französische Staatspräsident Vincent Auriol spricht dem Staat Vietnam eine autonome Verwaltung im Rahmen der Französischen Union zu.

9 Mi Die Abgeordneten im britischen Unterhaus stimmen dem Gesetz über die Vereinigung Neufundlands mit Kanada zu.

10 Do Mit der Begründung, es sei der Sport der Ausbeuter und Kapitalisten, verbietet die Kommunistische Partei Bulgariens ihren Mitgliedern das Tennisspiel.

11 Fr Eine schwere Explosion in einer Halle der Stahlwerke Braunschweig in Watenstedt fordert 13 Todesopfer und 68 Verletzte.

12 Sa Nach dem Rücktritt von Ministerpräsident Sun Fo am 8. März wird General Ho Jing-tschen neuer Chef der nationalchinesischen Regierung.

13 So Erstmals seit Kriegsende findet in Sankt Anton (Österreich) wieder die Austragung des Arlberg-Kandahar-Skirennens statt. Es siegt der Italiener Zeno Colo.

14 Mo In den USA treten 471 000 Bergarbeiter aus Protest gegen die Bestätigung von James Boyd als Direktor des US-Bergwerksbüros in den Streik.

15 Di Die neuen Räumlichkeiten des Landtags von Nordrhein-Westfalen im ehemaligen Düsseldorfer Ständehaus werden ihrer Bestimmung übergeben.

16 Mi Argentiniens Staatspräsident Juan Domingo Perón legt den Eid auf die neue Verfassung ab, die u.a. die Wiederwahl des Präsidenten ermöglicht.

17 Do In Birma kontrollieren die aufständischen Karen fast das gesamte Land. Allein die Hauptstadt Rangun wird noch von Regierungstruppen gehalten.

18 Fr Mit 36,32% der Welttonnage stellen die USA, wie heute bekannt wird, die weltgrößte Handelsflotte; es folgt Großbritannien mit 22,45%.

19 Sa Der Deutsche Volksrat in der sowjetischen Zone verabschiedet eine Verfassung für eine zu gründende Deutsche Demokratische Republik.

20 So Die westalliierten Militärregierungen erklären die Deutsche Mark zum alleinigen Zahlungsmittel in den Westsektoren Berlins.

21 Mo Eisenbahngewerkschaften und Eisenbahngesellschaften in den USA einigen sich nach elfmonatigen Verhandlungen auf Einführung der 40-Stunden-Woche.

22 Di Die israelische Regierung protestiert beim Sicherheitsrat der UNO gegen die Anwesenheit britischer Truppen in der transjordanischen Stadt Akaba.

23 Mi In Washington werden zwischen 42 Nationen Vereinbarungen über den internationalen Weizenhandel getroffen.

24 Do US-Außenminister Dean Acheson bezeichnet sowjetische Behauptungen, die USA wollten den Iran in eine Militärbasis verwandeln, als unwahr. → »Hamlet«

25 Fr Nikolaj A. Bulganin, sowjetischer Verteidigungsminister und Oberkommandierender der Sowjetarmee, wird von seinem Posten abberufen.

26 Sa Im traditionellen Ruderwettkampf zwischen den britischen Universitäten Cambridge und Oxford auf der Themse siegt der Achter aus Cambridge.

27 So Bei den Gemeinderatswahlen im Saargebiet erhält die Christliche Volkspartei (CVP) fast die Hälfte aller abgegebenen Stimmen.

28 Mo Der US-Militärgouverneur in Deutschland, Lucius D. Clay, erklärt, der westdeutsche Staat werde gebildet, wenn die Deutschen dies wollten.

29 Di Die Regierung Paraguays unter Staatspräsident Felipe Molas López ordnet die Freilassung aller politischen Gefangenen an.

30 Mi Der Chef des syrischen Armeestabes, Oberst Husni Az Zaim, stürzt in einem unblutigen Putsch die Regierung unter Ministerpräsident Khalid el Azem.

31 Do Die sowjetische Regierung bezeichnet in einem Memorandum den geplanten Atlantikpakt als Verstoß gegen die Abkommen von Jalta und Potsdam.

Der belgische Außenminister Paul Henri Spaak unterzeichnet als erster den Nordatlantikvertrag.

4. April 1949

NATO eint den Westen

Mit der Unterzeichnung des Nordatlantikvertrages in Washington gründen die Außenminister von zehn europäischen und zwei amerikanischen Staaten den Nordatlantikpakt (NATO). Belgien, Frankreich, Großbritannien, Dänemark, Island, Italien, Luxemburg, Norwegen, die Niederlande, Portugal, Kanada und die USA schließen sich zu einem Militärbündnis zusammen, das künftig den westlichen Machtblock im Kalten Krieg repräsentiert. Der Zusammenschluss ruft heftige Reaktionen der Sowjetunion hervor. Moskau beschuldigt die Signatarstaaten, einen Krieg gegen die UdSSR vorzubereiten. Der britische Außenminister Ernest Bevin versucht, derartigen Vorwürfen entgegenzuwirken. Er betont den defensiven Charakter der NATO, deren Hauptaufgabe die Sicherung des Friedens sei. Die Unterzeichner des Nordatlantikvertrages verpflichten sich für 20 Jahre zu gegenseitiger Unterstützung auf militärischem Gebiet. Jeder bewaffnete Angriff gegen eines der Mitgliedsländer werde als Angriff gegen die Gemeinschaft angesehen. Der Ursprung des NATO-Gedankens liegt im Umschwung der US-Außenpolitik begründet. Mit dem Eintritt in den Krieg gab US-Präsident Franklin D. Roosevelt die Neutralität seines Landes gegenüber Europa auf. An der Seite Frankreichs und Großbritanniens kämpften die USA gegen die Achsenmächte um die Vorherrschaft in Europa. Das neue Bündnis dient den USA nun zur Eindämmung der befürchteten Sowjetexpansion. Die Bundesrepublik tritt der NATO 1954 bei.

18. April 1949

Großbritannien entlässt Irland aus dem Commonwealth

Auf der irischen Insel entsteht die Republik Irland (Eire). Damit endet nach 750 Jahren die Herrschaft Großbritanniens. Der größere, südliche Teil der Insel erhält die Unabhängigkeit und tritt aus dem britischen Commonwealth aus (Abb.: Parade vor dem Dubliner Postamt, wo 1916 der Osteraufstand gegen Großbritannien begann). Im Norden bleibt jedoch der Landesteil Ulster weiterhin an Großbritannien angeschlossen. Dort lebt eine Mehrheit von Protestanten aus England und Schottland, während die neu gegründete Republik hauptsächlich von Katholiken bewohnt wird. Ulster bleibt zwischen der irischen und der britischen Regierung ein Streitobjekt. Dennoch äußert der irische Ministerpräsident John A. Costello die

Hoffnung, dass die Beziehungen der beiden Länder durch die neue Autonomie Irlands »herzlicher und inniger sein werden als jemals zuvor«.

8. April 1949

Mehr Rechte für Westzonen

Die westlichen Besatzungsmächte in Deutschland unterzeichnen das sog. Besatzungsstatut. Die Grundlagen für die Bildung eines Weststaates sind damit geschaffen.

Mit dem Statut übertragen die Außenminister der USA, Großbritanniens und Frankreichs (Abb. v.l.: Dean Acheson, Ernest Bevin, Robert Schuman) die gesetzgebende, ausführende und rechtsprechende Gewalt den deutschen Ländern. Die Besatzungsmächte behalten sich jedoch eine Kontrollfunktion vor. Außerdem bleiben u.a. auswärtige Angelegenheiten und Entmilitarisierung in den Händen der Alliierten. Der Vorsitzende des Parlamentarischen Rates, Konrad Adenauer, begrüßt das Besatzungsstatut. Der SPD-Vorsitzende Kurt Schumacher warnt vor zu leichtfertigem Optimismus.

14. April 1949

»Graue Eminenzen« verurteilt

Im zwölften Prozess gegen deutsche Kriegsverbrecher sitzen Kabinettsmitglieder und hohe Regierungsbeamte des NS-Regimes auf der Anklagebank. Die Verhandlung erhält den Namen »Wilhelmstraßenprozess«, nach dem Sitz des ehemaligen Auswärtigen Amtes in der Berliner Wilhelmstraße. Von 21 Angeklagten werden 19 für schuldig befunden. Das US-Militärgericht in Nürnberg verhängt gegen die »grauen Eminenzen« Haftstrafen zwischen drei und 25 Jahren. In der 833 Seiten langen Urteilsbegründung werden alle Angeklagten, unter ihnen der ehemalige Staatssekretär Ernst Freiherr von Weizsäcker, vom Vorwurf der Verbrechen gegen die Menschlichkeit freigesprochen, jedoch u.a. wegen Verbrechens gegen den Frieden verurteilt.

28. April 1949

Ruhrstatut unterzeichnet

Die Industrien des Ruhrgebiets unterstehen ab sofort internationaler Kontrolle. Mit der Unterzeichnung des Ruhrstatuts in London einigen sich Vertreter Großbritanniens, Frankreichs, der USA, Belgiens, der Niederlande und Luxemburgs darauf, eine Kontrollbehörde in Nordrhein-Westfalen einzurichten. Sie soll die Kohle-, Koks- und Stahlproduktion überwachen, um die friedliche Nutzung der Güter zu garantieren (Abb.: Eine Gasleitung in Essen, die Hochöfen versorgt).
Auch eine deutsche Vertretung erhält Mitspracherecht bei der Ruhrkontrolle. Die internationale

Aufteilung des Ruhrgebiets soll u.a. der wirtschaftlichen Zusammenarbeit der westeuropäischen Länder dienen, wobei die Region als Keimzelle der geplanten europäischen Montanunion betrachtet wird. Mit der Unterzeichnung des Ruhrstatuts endet ein jahrelanger Streit der Besatzungsmächte. Die UdSSR forderte in der Vergangenheit mehrfach Mitspracherecht bei der Verwaltung des Ruhrgebiets, das in der britischen Zone liegt. Frankreich sprach sich für die völlige Herauslösung des Industriezentrums aus Deutschland aus. Das Ruhrstatut ist in der deutschen Politik umstritten: Viele sehen in dem nur geringen Mitspracherecht ein Problem für Politik und Wirtschaft. Die westdeutschen Ministerpräsidenten weisen darauf hin, dass es sich nur um eine Übergangslösung handelt.

24. März 1949

Vier »Oscars« für »Hamlet«

Die britische Verfilmung des Shakespeare-Stücks »Hamlet« erhält in Hollywood vier »Oscars«. Damit geht die Auszeichnung für den besten Film zum ersten Mal nicht an eine Produktion aus den USA. Die US-Filmwirtschaft ist empört. Fünf US-Filmgesellschaften kündigen an, sie würden die Kosten für den Academy Award in Zukunft nicht mehr tragen.
Zufrieden zeigt sich hingegen Laurence Olivier. Der Brite steht als Produzent, Regisseur und Hauptdarsteller hinter »Hamlet«. In seiner Shakespeare-Verfilmung konnte Olivier auf ausreichende Geldmittel zurückgreifen und zudem ohne Zeitdruck arbeiten. Dennoch übt er selbst Kritik an seinem Werk: Der Vierstunden-Stoff Shakespeares sei nicht in angemessener Weise auf Filmlänge herunterzukürzen.

Laurence Olivier

britischer Schauspieler und Regisseur, * 22.5.1907 Dorking (Surrey); † 11.7.1989 Brighton

Olivier, einer der bedeutendsten Schauspieler des Jahrhunderts, bearbeitete zeitlebens die Dramen und Komödien von William Shakespeare für das Theater und den Film. 1929 übernahm der brillante Mime erstmals eine Filmrolle. Z. T. mit seiner Frau, der Schauspielerin Vivien Leigh, steht er aber weiterhin auf der Bühne. Der »Statthalter Shakespeares« erlangt durch die Verfilmungen von »Heinrich V.«, »Hamlet«, »Richard III.« und »Othello« Berühmtheit. Neben klassischen Rollen spielt Olivier u.a. in »Rebecca« von Alfred Hitchcock und »Spartakus« von Stanley Kubrick. 1947 wird er in den Adelsstand erhoben.

- 1927/28: Birmingham Repertory Theatre Company
- 1937: Mitglied des Old Vic Theatre in London
- 1957: »Der Prinz und die Tänzerin«
- 1978: Ehren-»Oscar«

April 1949

1 Fr Das britische Dominion Neufundland wird – nach einem Referendum im Jahre 1948 – formell als zehnte Provinz der kanadischen Föderation angegliedert.

2 Sa US-Militärbehörden verbieten eine Tagung des Nauheimer Kreises in Aschaffenburg, weil das Gremium angeblich pro-sowjetisch sei.

3 So Londons Leuchtreklamen strahlen wieder. 1939 aus Luftschutzgründen abgeschaltet, blieben sie nach dem Krieg aus Strommangel dunkel.

4 Mo Mit dem Start einer Viking-Maschine von Düsseldorf aus erfolgt der Anschluss der deutschen Westzonen an den internationalen Luftverkehr. → NATO

5 Di Nach der Ermordung von Folke Bernadotte durch einen jüdischen Extremisten wird André François-Poncet Präsident des Internationalen Roten Kreuzes.

6 Mi Ein New Yorker Juwelier erwirbt den sog. Hope-Diamanten. Der 44-karätige Edelstein wechselt für umgerechnet 1,7 Mio. DM den Besitzer.

7 Do In München endet das erste deutsche Sechstagerennen nach Kriegsende. Den Sieg erringt das belgische Team Robert Naeve/Maurice Depauw.

8 Fr Bei der Diskussion über eine Aufnahme Südkoreas in die UNO legt die UdSSR ihr 30. Veto im UN-Sicherheitsrat ein. → Westzonen

9 Sa Auf einem Kongress in Belgrad bezichtigt der jugoslawische Staatschef Josip Tito die Ostblockstaaten, eine Lügenkampagne gegen sein Land zu führen.

10 So Albanien erklärt, die am 1. April im Grammosgebirge ausgebrochenen Kämpfe seien von griechischen Banden auf albanischem Gebiet begonnen worden.

11 Mo Der ostdeutsche Volksrat ruft zum Widerstand gegen das Besatzungsstatut für Westdeutschland und die damit einhergehende deutsche Teilung auf.

12 Di Pressemeldungen zufolge findet in der Ostzone die Umwandlung von Einheiten der Freien Deutschen Jugend (FDJ) in eine Jugendpolizei statt.

13 Mi Die schwedische Kleinkinderspeisung stellt ihre Tätigkeit ein. Seit 1946 wurden rd. acht Mio. Essensportionen an Not leidende deutsche Kinder verteilt.

14 Do Auf der deutschen Autoschau in Reutlingen sind rd. 200 deutsche Firmen und viele ausländische Unternehmen vertreten. → »Graue Eminenzen«

15 Fr Der bulgarische Ministerpräsident und Vorsitzende des Zentralkomitees der KP, Georgi M. Dimitrow, wird aus Gesundheitsgründen von seinen Ämtern beurlaubt.

16 Sa Alle Kinder in West-Berlin erhalten als Sonderzuteilung zu Ostern 100 g Schokolade, alle Erwachsenen 75 g Bohnenkaffee.

17 So Bei den Präsidentschaftswahlen in Paraguay kann der provisorisch amtierende Präsident Felipe Molas López 90% der Wählerstimmen auf sich vereinigen.

18 Mo Die chinesischen Kommunisten unterbreiten der Nationalregierung ein Friedensangebot, das am Folgetag auf Ablehnung stößt. → Irland

19 Di US-Präsident Harry S. Truman unterzeichnet das Verlängerungsgesetz für die Europahilfe, deren Leistungen einen Wert von 5,58 Mrd. Dollar repräsentieren.

20 Mi Auf dem Jangtsekiang beschießen chinesische Kommunisten zwei Kriegsschiffe, die britische Staatsbürger aus Schanghai evakuieren sollen.

21 Do Die griechische Regierung spricht Frauen das Wahlrecht bei Stadtratswahlen zu. Außerdem dürfen Griechinnen künftig öffentliche Ämter bekleiden.

22 Fr Wegen angeblicher Verbreitung marxistisch-kommunistischer Propaganda werden im Iran 14 Führer der Tudeh-Partei zu Gefängnisstrafen verurteilt.

23 Sa Ein Hamburger Gericht spricht Veit Harlan, Regisseur des antisemitischen Hetzfilms »Jud Süß«, von der Anklage des Verbrechens gegen die Menschlichkeit frei.

24 So Der Italiener Clemente Biondetti gewinnt auf Ferrari in 12:07,5 h zum vierten Mal die »Mille Miglia«, das 1000-Meilen-Automobilrennen von Brescia.

25 Mo Die westlichen Militärgouverneure und der Parlamentarische Rat einigen sich auf die Endfassung eines Grundgesetzes für den westdeutschen Staat.

26 Di Bei seiner Jungfernfahrt läuft der britische Luxusdampfer »Magdalena« bei Rio de Janeiro auf einen Felsen und sinkt. Alle Passagiere überleben.

27 Mi Die belgische Deputiertenkammer gewährt mit 170 gegen vier Stimmen den Frauen das Stimmrecht auch bei nationalen Parlamentswahlen.

28 Do In Hannover geht die Allgemeine Exportmesse zu Ende, die nur geringe Exportaufträge gegenüber lebhafter Inlandsnachfrage einbrachte. → Ruhrstatut

29 Fr Das Internationale Olympische Komitee (IOC) beschließt, Japan und Westdeutschland in die Organisation aufzunehmen.

30 Sa Im Deutschen Theater in Konstanz hat das Stück »Barbara Blomberg« von Carl Zuckmayer Premiere. Die Regie führt Heinz Hilpert.

Mai 1949

1 So Während einer Maifeier in Paris wendet sich Charles de Gaulle, Führer der französischen Sammlungsbewegung, gegen den Atlantikpakt.

2 Mo Den amerikanischen Pulitzerpreis für journalistische und literarische Leistungen erhalten in diesem Jahr Arthur Miller und Robert Sherwood.

3 Di Das ägyptische Parlament billigt in Kairo den Regierungsbeschluss, den Ausnahmezustand über das Land um ein weiteres Jahr zu verlängern.

4 Mi Wegen der zunehmenden Konflikte auf dem asiatischen Kontinent führt die Regierung Neuseelands die Wehrpflicht ein. → Fußballteam

5 Do In Detroit (USA) treten 65 000 Arbeiter der Ford Motor Company in den Streik, weil das Arbeitstempo beschleunigt werden soll. → Europarat

6 Fr Der Internationale Fußballverband beschließt, dass deutsche Mannschaften wieder gegen Clubs aus anderen FIFA-Mitgliedsländern spielen dürfen.

7 Sa In Los Angeles läuft der US-Sprinter Mel Patton die 200 m in 20,2 sec und bricht den 14 Jahre alten Weltrekord von Jesse Owens.

8 So Im Treptower Park in Berlin wird das Ehrenmal für die im Kampf um die ehemalige Reichshauptstadt gefallenen Sowjetsoldaten eingeweiht.

9 Mo Der Schah des Iran, Mohammad Resa Pahlawi, erhält nach der Verfassung das Recht zur Auflösung des Parlaments.

10 Di Die USA erklären sich zur Zahlung von 16 Mio. Dollar an die Schweiz bereit, um versehentlich entstandene Kriegsschäden auszugleichen. → Bonn

11 Mi Das britische Unterhaus billigt die Ireland Bill, durch die Irland als Republik anerkannt, zugleich aber Nordirland Großbritannien zugeschrieben wird.

12 Do Leopold III., zwangsweise im Exil lebender König von Belgien, fordert einen Volksentscheid über seine Rückkehr ins Land. → Blockade-Ende

13 Fr Zum ersten Mal seit der Vorkriegszeit trifft eine Gruppe von US-Touristen zu einem Besuch in Deutschland ein.

14 Sa Lokalmatador Peter Müller gewinnt in Köln gegen den Hamburger Karl Schmidt den deutschen Mittelgewichts-Meistertitel der Berufsboxer.

15 So Lucius D. Clay, US-Militärgouverneur in Deutschland, wird auf eigenen Wunsch von seinem Amt abberufen. Er genießt in Westdeutschland große Popularität.

16 Mo Bei den Delegiertenwahlen zum Deutschen Volkskongress der Sowjetzone stimmen 66,1% für die Kandidaten der erstmals aufgestellten Einheitliste.

17 Di Die Sozialistische Internationale schließt die Sozialistische Partei Italiens aus der Organisation aus, da diese ihre Bindung an die Kommunisten beibehalte.

18 Mi Der bisherige Präsident der Weltbank, der US-Amerikaner John J. McCloy, wird zum Hohen Kommissar für Deutschland ernannt.

19 Do Bis auf eine Resttruppe von 4000 Mann wird die Gendarmerie des Iran aufgelöst. Ihre Aufgaben übernimmt zukünftig die Armee.

20 Fr Der bayerische Landtag lehnt das Grundgesetz für die Bundesrepublik Deutschland ab, erkennt jedoch dessen Rechtsverbindlichkeit für Bayern an.

21 Sa Die französische Nationalversammlung billigt den Anschluss Kotschinchinas an Vietnam im Verband der Französischen Union.

22 So In Birma erobern Regierungstruppen die Stadt Insein zurück. Auch in den übrigen Landesteilen können sie die aufständischen Karen zurückdrängen.

23 Mo Die Regierung Jugoslawiens fordert die Sowjetunion auf, ihre antijugoslawische Kampagne unverzüglich einzustellen. → Grundgesetz

24 Di Die US-Regierung weist ihre Militärbehörden in Deutschland an, die Hinrichtung von zum Tode verurteilten Kriegsverbrechern auszusetzen.

25 Mi Angehörige der britischen Besatzungsmacht identifizieren einen Landarbeiter in Hamburg als den früheren Gauleiter der NSDAP in Ostpreußen, Erich Koch.

26 Do Im päpstlichen Thronsaal im Vatikan wird das Heilige Jahr 1950 proklamiert, das am Weihnachtstag 1949 beginnen soll.

27 Fr Die US-Schauspielerin Rita Hayworth heiratet bei Cannes in Südfrankreich Prinz Ali Khan, den Sohn des religiösen Führers der Ismailiten.

28 Sa Im chinesischen Bürgerkrieg endet die Schlacht um Schanghai mit einem Sieg der kommunistischen Mao-Truppen über die Armee der Nationalchinesen.

29 So Der französisch-schweizerische Komponist und Dirigent Arthur Honegger gibt erstmals ein Konzert auf deutschem Boden.

30 Mo Führende Mitglieder der Kommunistischen Partei Ungarns werden als »Titoisten« verhaftet. Ihnen wird Sympathie mit Jugoslawien vorgeworfen.

31 Di Der französische Kassationshof annulliert das Urteil gegen den Dichter Charles Baudelaire, der 1857 wegen seiner Gedichte zu einer Geldstrafe verurteilt wurde.

12. Mai 1949

Berliner feiern Blockade-Ende

Die Berliner Bevölkerung feiert die Aufhebung der verhängten Blockade (s. Abb) durch die sowjetische Besatzungsmacht. 322 Tage lang versorgten Flugzeuge der Westmächte die Einwohner mit fast 1,8 Mio. Tonnen lebenswichtigen Gütern. Moskau hatte sämtliche Verkehrswege nach Berlin am 24. Juni 1948 abgeriegelt und die Stromversorgung unterbrochen. Mit dieser Zwangsmaßnahme reagierte die Sowjetregierung auf die Weigerung des Westens, ganz Berlin in das sozialistische Währungssystem einzubeziehen. Die

»Rosinenbomber« verkörperten den Willen des Westens, Berlin nicht der UdSSR preiszugeben. General Lucius D. Clay machte unmissverständlich klar, dass nur ein Krieg die USA aus Berlin vertreiben könne. Die Blockade endet schließlich nach Verhandlungen der UN-Delegierten Philip Jessup (USA) und Jakow Malik (UdSSR). Die Sowjets haben ihr Ziel nicht erreicht. Die Aufrechterhaltung der Luftbrücke kostete die Westmächte 200 Mio. Dollar. 55 Menschen kamen bei Flugzeugunglücken ums Leben.

13. Juni 1949

Auszeichnung für »1984«

»1984«, der berühmte utopische Roman des britischen Schriftstellers George Orwell, wird in den USA zum »Buch des Jahres« gewählt. In dem

1948 veröffentlichten Werk beschreibt Orwell einen totalitären Staat der Zukunft. Unter dem Eindruck des Nationalsozialismus und des Stalinismus entwickelt er eine erschreckende Vision einer Welt, in der sich das Individuum den Machtinteressen des Regimes zu unterwerfen hat. Das allgegenwärtige Gesicht des »Big Brother« überwacht die Menschen über Bildschirme. Orwells Roman wird 1956 und 1984 verfilmt (Abb.: Filmszene von 1956). Moderne Technik als Herrschaftsinstrument ist gerade im Computerzeitalter ein stets aktuelles Thema.

23. Mai 1949

Grundgesetz verkündet

Mit der Unterzeichnung des Grundgesetzes in Bonn beginnt die Geschichte der Bundesrepublik Deutschland. In der Pädagogischen Akademie unterzeichnen die Ministerpräsidenten der Länder und die Landtagspräsidenten das Gesetz. Anschließend wird es von Konrad Adenauer, dem Vorsitzenden des Parlamentarischen Rates, feierlich verkündet. Da noch keine Nationalhymne vorhanden ist, singen die Anwesenden abschließend ein Burschenschaftslied. Am 24. Mai um 0 Uhr tritt das Grundgesetz in Kraft.

Der Gesetzesverkündung war wochenlange politische Aktivität vorausgegangen. Am 8. Mai hatte der Parlamentarische Rat das Grundgesetz in dritter Lesung angenommen, am 10. Mai folgte das Wahlgesetz. Es sieht vor, 200 Abgeordnete direkt und 200 über Ergänzungslisten zu wählen. Listenverbindungen wie zur Zeit der Weimarer Republik sind verboten. Bis zum 21. Mai ratifizieren die Ländervertreter das Grundgesetz. Nur die bayerische Regierung erkennt das Gesetzwerk zunächst nicht an, befürchtet sie doch, dass die Verfassung das Funktionieren eines föderal organisierten Staates hemmen werde. Der bayerische Landtag will der Rechtsverbindlichkeit des Grundgesetzes zustimmen, wenn sich in den anderen deutschen Ländern eine Zweidrittelmehrheit für die Verfassung ausspricht.

Das Grundgesetz legt die staatliche Grundordnung des neuen Staates fest. Es regelt die Aufgaben der Verfassungsorgane und die Rechtsstellung der Bürger. Mit der Verwendung des Namens Grundgesetz soll auf seinen provisorischen Charakter hingewiesen werden: Das Gesetz verliert, so die Absicht seiner Schöpfer, seine

10. Mai 1949

Bonn wird Bundeshauptstadt

Die Frage nach dem Sitz der neuen westdeutschen Regierung ist entschieden. Der Parlamentarische Rat wählt Bonn zur Hauptstadt der Bundesrepublik Deutschland.

Bei der Abstimmung sprechen sich 33 Delegierte für Bonn und 29 für Frankfurt am Main aus. Die Entscheidung ruft zwiespältige Reaktionen hervor. So verweisen die Befürworter Frankfurts auf die gute Infrastruktur der Stadt, die in Bonn erst noch aufgebaut werden müsse. Am Rhein beginnen fieberhafte Arbeiten, um die Stadt auf den parlamentarischen Betrieb vorzubereiten. Für über 20 000 Menschen müssen neue Wohnungen geschaffen werden. Hinzu kommen Büros und Sitzungssäle. Bis zur Fertigstellung der Einrichtungen kommen Verwaltung und Politik provisorisch in bereits vorhandenen Gebäuden unter. Der Sitz des Bundeskanzlers liegt vorläufig im zoologischen Museum König.

Konrad Adenauer unterzeichnet das Grundgesetz.

Grundrechte verankert

Seit dem 1. September 1948 arbeitete der Parlamentarische Rat in Bonn an der Entwicklung des Grundgesetzes. Dabei legten die Mitglieder besonderen Wert auf die Verankerung von grundsätzlichen Menschenrechten, wie es sie unter der Herrschaft der Nationalsozialisten nicht gegeben hatte. Auch in der Weimarer Verfassung von 1919 sind die Grundrechte des Menschen erst im zweiten Hauptteil und in anderer Form zu finden. Die neue deutsche Verfassung beginnt hingegen in Artikel 1 mit dem Bekenntnis zur Würde des Menschen: »Die Würde des Menschen ist unantastbar. Sie zu achten und zu schützen ist Verpflichtung aller staatlichen Gewalt...«. In diesen Worten sehen die Mitglieder des Parlamentarischen Rates die Basis des neuen Staates. Jeder Bürger kann seine Rechte, die im Grundgesetz verankert sind, vor Gericht einklagen.

Gültigkeit, wenn eine vom deutschen Volk in freier Entscheidung beschlossene Verfassung in Kraft tritt (Art. 146). Das Grundgesetz ist in 15 Abschnitte unterteilt. In einer Präambel werden die Staatsorgane Deutschlands verpflichtet, die staatliche Einheit Deutschlands anzustreben. Die Artikel legen u.a. die Grundrechte des Einzelnen fest und verteilen die gesetzgeberischen Kompetenzen auf Bund und Länder. Das Staatsoberhaupt besitzt, anders als in der Weimarer Verfassung, nur noch repräsentative Aufgaben. Das Grundgesetz verbietet außerdem die Todesstrafe.

Die sowjetische Regierung reagiert auf die Gesetzesverkündung mit heftiger Kritik. Sie schlägt vor, den Viermächtestatus wiederherzustellen. Die Regierungen der USA, Großbritanniens und Frankreichs lehnen jedoch ab. Vielmehr fordern sie die Ausdehnung des Grundgesetzes auf die Sowjetische Besatzungszone (SBZ), um die Einheit Deutschlands wiederherzustellen.

4. Mai 1949

Drama um Fußballteam

Bei einem Flugzeugabsturz kommt die gesamte Fußballmannschaft des FC Turin ums Leben. Das Unglück erregt weltweit Bestürzung. Die Mannschaft befand sich auf dem Heimflug von einem Spiel gegen Benfica Lissabon. Beim Landeanflug auf die norditalienische Stadt streift die Maschine einen Kirchturm, stürzt ab und geht in Flammen auf (Abb.: Trümmer der Unglücksmaschine). 31 Menschen sterben, darunter die Fußballer einschließlich Mannschaftsbegleiter und Trainer. Das Unglück trifft auch die italienische Nationalelf, da sechs Turiner Spieler der Auswahl angehörten.

5. Mai 1949

Europarat fördert Kooperation

In London unterzeichnen Regierungsvertreter aus zehn Ländern das Statut des Europarates. Der erste Schritt zur europäischen Einigung ist damit vollzogen. An dem Abkommen beteiligen sich zunächst Frankreich, Großbritannien, Belgien, die Niederlande, Irland, Luxemburg, Italien, Norwegen, Schweden und Dänemark. Im August kommen Island, Griechenland und die Türkei hinzu. Der Europarat soll sich um die Zusammenarbeit der Länder auf wirtschaftlichem, sozialem, kulturellem und wissenschaftlichem Gebiet bemühen. Ferner behandelt die Organisation Rechts- und Verwaltungsfragen. Besonderes Interesse gilt der Fortentwicklung der Menschenrechte. Die Vertretung militärischer Interessen soll hingegen nicht in den Aufgabenbereich des Europarates gehören. Der Sitz der Organisation liegt im französischen Straßburg. Dort findet am 11. August auch die erste Sitzung des Europarates statt.

Juni 1949

1 Mi In Nordrhein-Westfalen werden Sonderzuteilungen von Strom an die Haushalte angekündigt, damit genug Energie zum Einmachen von Obst bereitstehe.

2 Do Transjordanien ändert seinen Namen in Haschimidisches Königreich Jordanien, da der Staat sich durch Palästina nun beiderseits des Jordans erstreckt.

3 Fr Die französische Nationalversammlung in Paris benennt das eingegliederte Gebiet Kotschinchina in Südvietnam um.

4 Sa Der österreichische Innenminister Oskar Helmer verweigert einen sowjetischen Befehl auf Auslieferung aller politischen Flüchtlinge aus den Ostblockländern.

5 So In Kolumbien finden Parlamentswahlen statt. Die Liberalen erhalten mit 55% die absolute Mehrheit der Stimmen, 44,5% entfallen auf die Konservativen.

6 Mo Ein US-Verkehrsflugzeug muss bei Puerto Rico auf dem Meer notlanden und versinkt innerhalb weniger Minuten. 59 Menschen sterben.

7 Di Die Verwaltung der deutschen Bizone veröffentlicht eine Arbeitslosenstatistik. Danach sind 1,2 Mio. Menschen arbeitslos.

8 Mi In Nordrhein-Westfalen beginnt gegen den passiven Widerstand der Belegschaften die Demontage von elf Betrieben, u.a. der Steinkohleveredlung.

9 Do In Dortmund, Essen und anderen Städten des Ruhrgebiets kommt es nach heftigen Regenfällen zu Überschwemmungen.

10 Fr Der ehemalige albanische Innenminister Xoxe Kotschi wird in Tirana wegen angeblicher Kollaboration mit Jugoslawien zum Tode verurteilt.

11 Sa Wegen angeblicher Vorbereitung eines Staatsstreichs wird im Libanon die Syrische Nationalpartei aufgelöst. 300 Mitglieder werden verhaftet.

12 So In der britischen Afrika-Kolonie Goldküste (Ghana) gründet der schwarze Politiker Kwame Nkrumah die Convention People´s Party.

13 Mo Der Italiener Fausto Coppi gewinnt vor seinen Landsleuten Gino Bartali und Adolfo Leoni das Radrennen Giro d´Italia. → »1984«

14 Di Die elf westdeutschen Ministerpräsidenten verkünden in Bad Schlangenbad das Wahlgesetz für den Deutschen Bundestag.

15 Mi In Recklinghausen beginnen mit einer Inszenierung von Goethes »Faust I« die Ruhrfestspiele. Wilfried Seyferth spielt den Mephisto.

16 Do Durch einen Sieg über den Franzosen Marcel Cerdan gewinnt in Detroit Jake LaMotta (USA) den Titel des Mittelgewichtsweltmeisters der Berufsboxer.

17 Fr Der thailändische Ministerpräsident Luang Pibul Songgram tritt zurück, erhält aber am 25. Juni erneut den Auftrag zur Regierungsbildung.

18 Sa Ein Gericht in Ungarn verurteilt sieben Männer zu Gefängnisstrafen, weil sie Juden bei der Flucht ins Ausland geholfen hätten.

19 So Der Wahlkampf für den ersten Deutschen Bundestag beginnt mit einer Reihe von Kundgebungen. Um die 400 Sitze bewerben sich 19 Parteien.

20 Mo Die US-Militärgerichte in Nürnberg werden aufgelöst. Die alliierten Hohen Kommissare lösen die Militärregierungen Westdeutschlands ab.

21 Di Wegen der Zulassung von Schwarzen zum Besuch eines Schwimmbades in St. Louis (US-Staat Missouri) kommt es zu Rassenunruhen.

22 Mi In Chicago besiegt der US-Boxer Ezzard Charles seinen Landsmann Jersey Joe Walcott nach Punkten und wird Weltmeister im Schwergewicht.

23 Do Der Frankfurter Wirtschaftsrat fordert die Westmächte auf, weitere Industrie-Demontagen im Interesse des Wiederaufbaus zu unterlassen.

24 Fr Im Alter von 90 Jahren stirbt der griechische Ministerpräsident Themistokles Sofulis. Sein Amt übernimmt am 30. Juni sein Stellvertreter Alexander Diomedes.

25 Sa Die Militärverwaltung Berlins gibt Anweisung, den Eisenbahnerstreik zu beenden. Die Gewerkschaften lassen die Arbeit daraufhin wieder aufnehmen.

26 So In Frankfurt am Main endet die Internationale Woche für Neue Musik, in deren Rahmen u.a. ein Klavierkonzert von Paul Hindemith Premiere hatte.

27 Mo Die regierenden Liberalen bauen bei den Parlamentswahlen in Kanada ihre Mehrheit weiter aus. Sie haben künftig 193 von 262 Mandaten inne.

28 Di Der seit 1947 amtierende belgische Ministerpräsident Paul Henri Spaak tritt nach der Wahlniederlage vom 26. Juni von seinem Amt zurück.

29 Mi Die letzten niederländischen Truppen verlassen die indonesische Hauptstadt Jakarta. Am 27. Dezember erhält Indonesien die Unabhängigkeit.

30 Do 32,2% aller Deutschen haben kein eigenes Bett. Das geht aus einer Umfrage hervor, die das Bielefelder EMNID-Institut veröffentlicht.

Juli 1949

1 Fr In Wimbledon gewinnt der US-Tennisspieler Ted Schroeder gegen den Tschechoslowaken Jaroslaw Drobny das Endspiel der Herren.

2 Sa Polens Regierung gibt bekannt, dass im vergangenen Jahr alle Sozialisten in hohen politischen Positionen durch Kommunisten ersetzt worden seien.

3 So In Köln enden die Werkbund-Ausstellung mit der Gesamtschau »Deutsche Malerei und Plastik der Gegenwart« sowie eine Architektur-Ausstellung.

4 Mo Die (Ost-)Deutsche Wirtschaftskommission regt die Errichtung eines gesamtdeutschen Wirtschaftsausschusses an. +++ In Italien endet ein Streik der Seeleute.

5 Di Chiang Kai-shek, Führer der unterlegenen Nationalchinesen, kündigt an, den Kampf gegen die Kommunisten unter Mao Tse-tung fortsetzen zu wollen.

6 Mi In der Zone des jugoslawisch verwalteten Freistaats Triest wird die jugoslawische Währung als gesetzliches Zahlungsmittel eingeführt.

7 Do Das Zweimächte-Kontrollamt der Bizone erklärt den Bau von Wohnungen zur vordringlichen Aufgabe im Rahmen des Marshallplans.

8 Fr Der Führer der syrischen Nationalpartei im Libanon, Antun Sadeh, wird hingerichtet. Er soll einen Umsturzversuch geplant haben.

9 Sa Der US-Diskuswerfer Fortune Gordien übertrifft in Lissabon mit 56,46 m Weite den Weltrekord des Italieners Adolfo Consolini von 1948.

10 So In Stuttgart gewinnt die Mannschaft des VfR Mannheim die Deutsche Fußballmeisterschaft. Im Endspiel wird Borussia Dortmund mit 3:2 geschlagen.

11 Mo Die Regierung von Großbritannien verkündet wegen des andauernden Streiks der Londoner Hafenarbeiter den nationalen Notstand.

12 Di Weltweit stürzen innerhalb von 24 Stunden sechs Flugzeuge ab. Dabei kommen über 100 Menschen ums Leben.

13 Mi Papst Pius XII. droht allen Katholiken, die ohne Zwang einer kommunistischen Partei angehören, mit der Exkommunikation. → Republik Vietnam

14 Do Auf Indiens Premierminister Jawaharlal Nehru wird in Kalkutta ein Bombenattentat verübt. Der Premier entkommt unverletzt.

15 Fr Große Teile der Eifelstadt Prüm werden in Trümmer gelegt, als in einem alten Wehrmachtsdepot 500 t Munition explodieren. → Soziale Marktwirtschaft

16 Sa Chiang Kai-shek bildet in Kanton den Obersten Rat der Nationalchinesen, der den Kampf gegen die Kommunisten organisieren soll.

17 So Winston Churchill spendet 25 Pfund für einen britischen Anwalt, der den ehemaligen deutschen General Erich von Manstein verteidigen soll.

18 Mo In Hamburg werden wieder Straßenbahnbriefkästen in Betrieb genommen. Sie sind am letzten Wagen angebracht und werden täglich am Bahnhof geleert.

19 Di Auf der kanarischen Insel La Palma wird die Hälfte der Bevölkerung evakuiert, nachdem der San-Antonio-Vulkan Lavaströme ausgespien hat.

20 Mi Vertreter Israels und Syriens unterzeichnen in einem Zelt am Jordan bei Mischmar Hajarden ein Waffenstillstandsabkommen.

21 Do Die Westberliner Stadtverordnetenversammlung genehmigt den Haushaltsplan für das Rechnungsjahr 1949/50, der 1,7 Mrd. DM umfasst.

22 Fr Ein Pariser Militärgericht verurteilt den früheren deutschen Botschafter im besetzten Frankreich, Otto Abetz, als Kriegsverbrecher zu 20 Jahren Zwangsarbeit.

23 Sa Harry Saager gewinnt die Radrundfahrt »Quer durch Deutschland«. Die Teilnehmer haben seit dem 9. Juli 3000 km in 14 Etappen zurückgelegt.

24 So Der 13-jährige Ekkehard Kornmesser aus Kelheim siegt beim Finale der 30 besten Seifenkistenfahrer der US-Zone in München.

25 Mo Erstmals seit zehn Jahren können westdeutsche Geschäfte ihre Lager wieder durch einen Sommerschlussverkauf räumen. → Thomas Mann

26 Di In Karatschi einigen sich Vertreter Indiens und Pakistans über die Einstellung der Feindseligkeiten in Jammu und Kaschmir.

27 Mi Das erste Düsenflugzeug, das für die zivile Luftfahrt eingesetzt wird, die britische »Comet 1«, startet zu seinem Jungfernflug.

28 Do Um 11 cm auf 17,79 m verbessert in Oslo Jim Fuchs (USA) den Weltrekord im Kugelstoßen, den 1948 sein Landsmann Charles Fonville aufgestellt hatte.

29 Fr 51% der Deutschen in den Westzonen sprechen sich bei einer Umfrage für den Verbleib der Besatzungstruppen aus. 37% befürworten den Abzug.

30 Sa Bei den Präsidentschaftswahlen der Republik Island wird der amtierende Präsident Sveinn Björnsson in seinem Amt bestätigt.

31 So Das bayerische Verfassungsgericht erkennt minderbelasteten ehemaligen Nationalsozialisten das aktive Wahlrecht zu.

Wahlkampf in Westdeutschland

Als Hauptkontrahenten stehen sich im Wahlkampf CDU/CSU und SPD gegenüber. Beide Parteien haben sich in den Landtagen als stärkste politische Kräfte durchsetzen können. Auf Bundesebene kämpfen sie darum, die erste Regierung der Bundesrepublik zu stellen und damit die grundsätzliche Richtung der Politik im neu gegründeten westdeutschen Staat mitbestimmen zu können. Im Mittelpunkt der Auseinandersetzungen stehen neben Fragen der Weltanschauung die Wirtschafts- und Sozialpolitik. Während die CDU/CSU auf soziale Marktwirtschaft setzt, tritt die SPD für eine Wirtschaftsplanung ein und fordert die Sozialisierung der Grundindustrien, der Kredit- und Geldinstitute sowie des Versicherungswesens. Unterschiedliche Auffassungen haben CDU/CSU und SPD auch in Fragen der Bildungspolitik. Während die Union vorsichtige Reformen bevorzugt und das Schulsystem weitgehend unangetastet lassen will, wollen die Sozialdemokraten die nicht konfessionell gebundenen Gemeinschaftsschulen als vorrangige Schulform in Deutschland durchsetzen. Weitgehende Einigkeit herrscht zwischen den meisten Parteien in der kritischen Haltung gegenüber den Besatzungsmächten und deren Demontagepolitik. Diese Haltung sowie häufige patriotische Bekenntnisse während des Wahlkampfs hatten bei den Besatzungsmächten Besorgnis ausgelöst. Der Wahlkampf sowie die Wahlplakate (s. Abb.) orientierten sich am Stil der Weimarer Republik. Insgesamt stellen sich 19 Parteien zur Wahl, von denen die meisten allerdings nicht bundesweit antreten. Nur CDU/CSU, SPD, KPD und FDP/DVP haben in allen Bundesländern Listen aufgestellt. Bei der Wahl gilt ein gemischtes Mehrheits- und Verhältniswahlrecht. Aus jedem der 200 Wahlkreise wird der Kandidat mit den meisten Stimmen direkt ins Parlament gewählt. Die übrigen Abgeordneten kommen über die sog. Landesergänzungslisten der Parteien in die Volksvertretung.

13. Juli 1949

Ex-Kaiser Bao-Dai proklamiert die Republik Vietnam

Die Kolonialmacht Frankreich versucht, ihren im Zweiten Weltkrieg verlorenen Einfluss in Indochina zurückzugewinnen. Gemäß einem Abkommen mit Paris proklamiert der ehemalige Kaiser von Annam, Bao-Dai (s. Abb.), der 1945 von der Vietminh zur Abdankung gezwungen worden war, in Saigon die Republik Vietnam. Im Rahmen des Kampfes gegen den Kommunisten Ho Chi Minh soll Bao-Dai eine Gegenregierung aufbauen. Der Vertrag sieht vor, dass er das zum Unruheherd gewordene Indochina einigen und einen Frieden mit Frankreich schließen soll.

Die französische Kolonie Indochina umfasst die im Jahre 1887 von Frankreich zur »Indochinesischen Union« vereinigten Protektorate Annam, Tongking, Kambodscha, ferner die Kolonie Kotschinchina sowie ab 1893 auch Laos. Seit Gründung der kommunistischen Partei kam es in Indochina immer wieder zu Aufständen gegen die Kolonialherrschaft. In allen Teilen der Kolonie entstanden nationalistische Befreiungsbewegungen, die für die Unabhängigkeit ihrer Länder kämpften – in Vietnam 1941 die Vietminh unter Führung von Ho Chi Minh, in Kambodscha 1942 die Khmer Issarak und in Laos 1944 die Pathet Lao. Ho Chi Minh hatte 1945 die unabhängige Demokratische Republik Vietnam ausgerufen, die Frankreich 1946 in einem Vertrag zunächst als freien Staat in der Französischen Union anerkannte. In Paris setzten sich in der Folgezeit jedoch politische und militärische Kräfte durch, die eine militärische Lösung in Indochina befürworteten.

14. August 1949

Union überrascht mit gutem Wahlergebnis

Entgegen den Prognosen gewinnt die CDU/CSU mit einem Stimmenanteil von 31% die Wahlen zum ersten Deutschen Bundestag. Auf die als favorisiert eingeschätzte SPD entfallen 29,2% der Stimmen. Auch die Wahlbeteiligung ist mit 78,5% höher als von den Experten vorausgesagt. Wahlberechtigt ist jeder Deutsche über 21 Jahre, der mehr als drei Monate seinen Wohn- bzw. Aufenthaltsort im Bundesgebiet hat. Das passive Wahlrecht besitzt, wer älter als 25 Jahre und länger als ein Jahr deutscher Staatsbürger ist. Das Ergebnis wird von der Presse des westlichen Auslands als klare Absage an den Sozialismus, insbesondere an jede Form der Planwirtschaft, interpretiert. In der Ostzone wird die Wahl als Festschreibung der Spaltung Deutschlands aufgefasst. Beobachter erwarten eine Regierung aus CDU/CSU, FDP und einem weiteren Partner.

nis der ersten Bundestagswahl

	Stimmenanteil (in %)	Mandate
J	31,0	139
	29,2	131
	11,9	52
	5,7	15
rtei	4,2	17
Partei	4,0	17
	3,8	2
	3,1	10
	2,9	12
P	1,8	5
	1,0	1
	0,3	1

Freie Wahl in Westdeutschland

25. Juli 1949

Goethepreis für Thomas Mann

Der Schriftsteller und Literaturnobelpreisträger Thomas Mann (s. Abb., M.) wird in Frankfurt am Main mit dem Goethepreis geehrt. Die Auszeichnung gewinnt durch das Jubiläumsjahr – Goethe wurde vor 200 Jahren geboren – ihre besondere Bedeutung. Anlässlich der Preisverleihung betritt Mann, der seit 1944 US-Bürger ist, nach 16 Jahren wieder deutschen Boden. Im Jahre 1933 war er vor dem nationalsozialistischen Regime geflohen, um nach Aufenthalten in der Tschechoslowakei und der Schweiz schließlich in den USA Zuflucht zu finden. Eine Reise in die sowjetische Besatzungszone, die Mann nach der Preisverleihung antritt, löst in Westdeutschland Kritik aus: Am 1. August wird der Schriftsteller auch in Weimar mit dem Goethe-Preis ausgezeichnet. Zugleich erhält er das Ehrenbürgerrecht der Goethe-Stadt. In seiner Rede bekennt er sich zu Freiheit und Menschenwürde.

15. Juli 1949

CDU für soziale Markwirtschaft

In Abkehr von der im Ahlener Programm 1947 beschlossenen wirtschafts- und sozialpolitischen Leitlinie bekennt sich die CDU zur sozialen Marktwirtschaft. Auf einer Pressekonferenz erläutert die Parteispitze der Bizone ihre Düsseldorfer Leitsätze zur Wirtschafts- und Sozialpolitik. Im Ahlener Programm hatte die Partei noch deutliche Kritik am Kapitalismus geübt und Veränderungen in Richtung einer sozialistischen Gesellschaftsordnung angestrebt, u.a. die Vergesellschaftung von Schlüsselindustrien sowie die betriebliche Mitbestimmung gefordert. Eine zentrale Lenkung der Wirtschaft erschien auch allen anderen Parteien so kurz nach dem Krieg der einzige Weg, um die Wirtschaft wieder aufzubauen.

Einer der »Väter der sozialen Marktwirtschaft« ist Ludwig Erhard, Direktor für Wirtschaft im Vereinigten Wirtschaftsgebiet. Nach seinem Konzept hat der Staat die Aufgabe, eine Wettbewerbsordnung wiederherzustellen und den sozial unerwünschten Folgen der freien Marktwirtschaft entgegenzuwirken. Das Konzept der sozialen Marktwirtschaft ermöglicht der Bundesrepublik in den folgenden Jahrzehnten einen steilen wirtschaftlichen Aufstieg, der als »Wirtschaftswunder« in die Geschichtsbücher eingeht.

August 1949

1 Mo In Jakarta schließen die Niederlande und Indonesien ein Waffenstillstandsabkommen. +++ Sämtliche katholische Orden in Rumänien werden aufgelöst.

2 Di Israels Außenminister Mosche Sharett schlägt vor, einer gewissen Zahl von Palästinensern die Rückkehr auf das jetzige israelische Staatsgebiet zu gestatten.

3 Mi Vier bewaffnete Banditen überfallen an der Côte d'Azur den indischen Fürsten und Sektenführer Mohammed Aga Khan III. und seine Frau.

4 Do Der neue Kommandant der US-Militärbehörden in Berlin heißt General Maxwell D. Taylor. Er übernimmt das Amt von General Frank L. Howley.

5 Fr Die schwedische Schauspielerin Ingrid Bergman gibt bekannt, dass sie sich scheiden lassen und aus dem Filmgeschäft zurückziehen wolle.

6 Sa Saigon wird zur vorläufigen Hauptstadt der am 13. Juli für unabhängig erklärten Republik (Süd-)Vietnam bestimmt.

7 So Der CDU-Vorsitzende Konrad Adenauer und SPD-Chef Kurt Schumacher bezichtigen sich im Wahlkampf gegenseitig der Geschichtsfälschung.

8 Mo Ein D-Zug erfasst auf einem Bahnübergang in Leverkusen einen Autobus, weil die Eisenbahnschranke nur halb geschlossen war. 18 Kinder sterben.

9 Di Auf seiner ersten Sitzung in Straßburg beschließt der Europarat die Aufnahme Griechenlands, der Türkei und Islands.

10 Mi Der US-Boxer Ezzard Charles schlägt in New York seinen Landsmann Gus Lesnevich k.o. und verteidigt damit seinen Weltmeistertitel im Schwergewicht.

11 Do Die US-Militärregierung kritisiert den deutschen Bundestagswahlkampf. Keine Partei habe ein gutes Wort für die Aufbauarbeit der Alliierten gefunden.

12 Fr Die Regierung der USA sichert der britischen Kronkolonie Hongkong militärische Hilfe im Falle eines Angriffs von chinesischen Kommunisten zu.

13 Sa General Omar Bradley, Stabschef der US-Armee, wird auf den neu geschaffenen Posten des Oberbefehlshabers der Streitkräfte berufen.

14 So Die Internationalen Tennismeisterschaften von Deutschland gewinnt das 40-jährige Tennisidol Gottfried von Cramm. → Union

15 Mo Zwei Jahre nach Erlangung der Unabhängigkeit erklärt Indiens Premier Jawaharlal Nehru, sein Land werde sich keinem Block anschließen.

16 Di Französische Truppen eröffnen im Nordosten von Tonkin eine Offensive gegen die Truppen der Demokratischen Republik (Nord-)Vietnam.

17 Mi US-Außenminister Dean Acheson befürwortet die Beteiligung Deutschlands an der Arbeit des Europarates in Straßburg.

18 Do Die drei Nachrichtenagenturen der westlichen Besatzungszonen schließen sich zur Deutschen Presseagentur (dpa) zusammen.

19 Fr Der neue französische Hohe Kommissar für Deutschland, André François-Poncet, kritisiert die Protesthaltung vieler Deutscher gegenüber den Alliierten.

20 Sa In Ungarn tritt eine neue Verfassung in Kraft, die das Land zum »Arbeiter- und Bauernstaat« und zur »Volksdemokratie« deklariert.

21 So Frankreich gedenkt mit einem Trauertag der 100 Todesopfer, die in den vergangenen Wochen bei Waldbränden im Süden des Landes umgekommen sind.

22 Mo Putzkolonnen in Ost-Berlin versuchen, die »F« (= Freiheit)-Zeichen von Parteibüros der SED zu entfernen, die in der Nacht dort angebracht worden sind.

23 Di Nach langer Krankheit stirbt der Staatspräsident von Panama, Domingo Días Arosemana. Die Nachfolge tritt Vizepräsident Daniel Chanis Pinzón an.

24 Mi Nachdem alle Mitgliedsstaaten die Ratifikationsurkunden hinterlegt haben, tritt der Nordatlantikpakt in Kraft.

25 Do Der Balkanausschuss der UNO berichtet, dass die Aufständischen in Griechenland nicht länger von Jugoslawien unterstützt würden.

26 Fr In Paris bilden albanische Exilpolitiker ein »Komitee für ein freies Albanien«, an dessen Spitze der ehemalige Gesandte in Paris, Midhat Pracheri, steht.

27 Sa Die Leipziger Herbstmesse öffnet ihre Pforten. Erstmals seit Ende der Berlinblockade werden wieder Interzonenzüge für Messebesucher eingesetzt.

28 So In New York verteidigt die Tennismannschaft der USA mit einem 4:1-Sieg gegen das Team aus Australien den Davis-Pokal – zum dritten Mal in Folge.

29 Mo Die bolivianische Regierung ordnet wegen einer Revolte rechtsgerichteter Kreise in mehreren Städten des Landes die Generalmobilmachung an.

30 Di Ein nichtöffentliches Gericht in Prag verurteilt vermeintliche Beteiligte an einem Umsturzversuch zum Tode bzw. zu lebenslänglicher Haft.

31 Mi Der Europäische Wirtschaftsrat (OEEC) billigt einen Plan für 1949/50 über die Verteilung der Wirtschaftshilfe der USA im Rahmen des Marshallplans.

September 1949

1 **Do** In Nürnberg findet die Bau-Ausstellung statt. +++ Zwischen Österreich und den deutschen Westzonen wird der Telefonverkehr wieder aufgenommen.

2 **Fr** Eine Schulreform in Hamburg legt eine sechsjährige Grundschulzeit sowie den nicht konfessionsgebundenen Religionsunterricht fest.

3 **Sa** Die saarländische Regierung spricht sich für die politische Autonomie des Saarlandes als einzig mögliche staatsrechtliche Lösung aus.

4 **So** In Bochum geht der am 1. September eröffnete 73. deutsche Katholikentag mit der Übertragung einer Ansprache von Papst Pius XII. zu Ende.

5 **Mo** Mit Temperaturen bis zu 33°C verzeichnen viele mitteleuropäische Städte den heißesten Septembertag seit 100 Jahren.

6 **Di** Der SPD-Vorsitzende Kurt Schumacher wird zum Fraktionsvorsitzenden seiner Partei im ersten Deutschen Bundestag gewählt.

7 **Mi** Die Deutsche Reichsbahn heißt in der Bizone künftig Deutsche Bundesbahn. Die 3. Klasse-Waggons in Fernzügen erhalten Polstersitze. → Bundesrepublik

8 **Do** Im Alter von 85 Jahren stirbt der deutsche Komponist und Dirigent Richard Strauss in seiner Villa in Garmisch-Partenkirchen.

9 **Fr** Der SED-Vorsitzende Wilhelm Pieck erklärt in Ost-Berlin, die Oder-Neiße-Linie müsse als deutsch-polnische Grenze anerkannt werden.

10 **Sa** In den Messehallen am Funkturm beginnt die erste Berliner Auto-Ausstellung der Nachkriegszeit. Es beteiligen sich 81 Firmen.

11 **So** Mit knapper Mehrheit votieren die Schweizer in einer Volksabstimmung für die Rückkehr zur – während des Krieges eingeschränkten – direkten Demokratie.

12 **Mo** Prinz Heinrich von Liechtenstein und Erzherzogin Elisabeth Charlotte von Habsburg feiern im französischen Lignières ihre Hochzeit. → Bundesrepublik

13 **Di** Wegen der Artikelserie »Der große Liebhaber Adolf Hitler« wird die Münchener Illustrierte »Revue« in der französischen Besatzungszone verboten.

14 **Mi** Per Gesetz legt die indische Regierung fest, dass Englisch für weitere 15 Jahre die Amtssprache bleiben und dann von Hindi abgelöst werden solle.

15 **Do** Die drei Westalliierten kommen überein, alle Reparationsleistungen aus Westdeutschland an die Sowjetunion einzustellen.

16 **Fr** Im Hafen von Toronto geht der kanadische Luxusdampfer »Noronic« in Flammen auf. 150 Menschen kommen bei dem Unglück ums Leben.

17 **Sa** Nach elf Jahren Pause können die Münchner wieder das Oktoberfest feiern. Auf der »Wiesn« wird u.a. das erste »Friedens-Starkbier« ausgeschenkt.

18 **So** In der Frankfurter Paulskirche findet die Eröffnung der ersten Buchmesse statt. 205 Verlage stellen dort ihre Titel vor.

19 **Mo** Im US-Kohlebergbau treten 480 000 Arbeiter in den Streik, weil ihre Arbeitsverträge nicht verlängert worden sind.

20 **Di** Bundeskanzler Konrad Adenauer gibt vor dem Bundestag seine erste Regierungserklärung ab. +++ Das erste Europa-Kolleg wird in Brügge eröffnet.

21 **Mi** Die alliierten Hohen Kommissare für Deutschland unterzeichnen ein Presse- und Rundfunkstatut, das die Pressefreiheit garantiert.

22 **Do** Der ehemalige US-Außenminister George C. Marshall übernimmt anstelle von Basil O'Connor das Amt des Präsidenten des Roten Kreuzes der USA.

23 **Fr** US-Präsident Harry S. Truman gibt bekannt, es lägen Beweise vor, dass in der UdSSR im August eine Atomexplosion stattgefunden habe.

24 **Sa** Die Kairoer Regierung vermeldet, dass Ägypten wegen Überbevölkerung keine arabischen Flüchtlinge aufnehmen könne.

25 **So** Auf einer Tagung in Köln fordern 1500 Delegierte der sudetendeutschen Landsmannschaft die Rückgabe ihres Landes und ihres Besitzes.

26 **Mo** Die Alliierte Hohe Kommission hebt die Beschränkungen bei Auslandsreisen für die Bewohner der Bundesrepublik auf.

27 **Di** Ein Unwetter über Spanien fordert 75 Menschenleben. Die meisten Opfer ertrinken in den nach wochenlanger Dürre plötzlich ansteigenden Flüssen.

28 **Mi** In Oslo beschließen Regierungsvertreter von Dänemark, Norwegen und Schweden die Errichtung einer skandinavischen Zollunion.

29 **Do** Die Sowjetunion kündigt den beiderseitigen Freundschaftspakt mit Jugoslawien. Die anderen Ostblockstaaten schließen sich in den Folgetagen an.

30 **Fr** Die Westalliierten beenden die Luftbrücke nach Berlin. Die Hilfsmaßnahmen mussten auch nach dem Blockade-Ende noch aufrechterhalten werden.

1. Oktober 1949

China: Kommunisten regieren im Reich der Mitte

Der Chef der chinesischen Kommunisten, Mao Tse-tung, hebt die Volksrepublik China aus der Taufe. Zugleich gibt der starke Mann im Reich der Mitte die Bildung einer Volksregierung bekannt. Er selbst wird Vorsitzender des Volksregierungsrates. Mit der Proklamation der neuen Staatsform endet der seit 1945 andauernde Bürgerkrieg mit einem Sieg der Kommunisten. Der geschlagene Chiang Kai-shek, Führer der Kuomintang, zieht sich mit seinen Anhängern auf die dem chinesischen Festland vorgelagerte Insel Taiwan zurück. Im Laufe des Jahres hatte sich die Waagschaale immer deutlicher zugunsten der kommunistischen Truppen geneigt. Die Sowjetunion unterstützte die Einheiten Maos massiv. Gleichzeitig blieb die von Chiang Kai-shek erhoffte Hilfe aus den westlichen Ländern – allen voran den USA – aus. Nach ihrem militärischen Erfolg berief die kommunistische Führung am 20. September die sog. Konsultativkonferenz der chinesischen Völker ein.

7. September 1949

Geburtsstunde der Bundesrepublik

Die Bundesrepublik Deutschland konstituiert sich: Die beiden gesetzgebenden Organe Bundestag und Bundesrat werden feierlich eröffnet. Entsprechend den Plänen der westalliierten Militärgouverneure schließen die Wahl des Bundespräsidenten und des Bundeskanzlers sowie die Vereidigung der Bundesregierung die Gründung des westdeutschen Staates ab. Die Bundesrepublik verfügt jedoch nur über eingeschränkte Souveränitätsrechte. Nach dem Besatzungsstatut üben die Westalliierten weiterhin maßgebliche Kontrollfunktionen aus.

Der 71-jährige Alterspräsident des Bundesrates, Johannes Büll (FDP), eröffnet am Vormittag im kleinen Plenarsaal des Bonner Bundeshauses die erste Sitzung der Ländervertreter. Karl Arnold (CDU), Ministerpräsident von Nordrhein-Westfalen, wird für die Dauer eines Jahres zum Bundesratspräsidenten gewählt. Die konstituierende Sitzung des Bundestages, des ersten freigewählten Parlaments seit dem Jahre 1933, beginnt mit Ludwig van Beethovens Orchesterstück »Weihe des Hauses«. Neben den 402 Bundestagsabgeordneten nehmen acht Vertreter Berlins und die drei Hohen Kommissare an der Sitzung teil. Am 12. September wählt die Bundesversammlung – die 402 Bundestagsabgeordneten und dazu 402 von den Länderparlamenten bestimmte Wahlmänner – Theodor Heuss (FDP) zum Bundespräsidenten. Der Bundestag wählt am 15. September Konrad Adenauer (CDU) zum ersten Kanzler der Bundesrepublik.

Adenauer wird als Kanzler vereidigt. Er erhielt mit 202 von 402 Stimmen die notwendige Mehrheit.

Konrad Adenauer

deutscher Politiker, * 5.1.1876 Köln; † 19.4.1967 Rhöndorf bei Bonn

Der Jurist und überzeugte Konservative, der 1906 Mitglied des Zentrums wurde und dem NS-Staat ablehnend gegenüberstand, ist der herausragende deutsche Politiker in der Nachkriegszeit. Er setzt sich nachdrücklich für eine Westintegration ein, betont gegenüber der DDR den Alleinvertretungsanspruch der Bundesrepublik und engagiert sich für eine Aussöhnung mit Israel sowie eine Verständigung mit Frankreich.

- 1917-33: Oberbürgermeister der Stadt Köln
- 1949-63: Bundeskanzler
- 1950-66: Vorsitzender der CDU
- 1951-55: Außenminister

Theodor Heuss

deutscher Politiker und Publizist, * 31.1.1884 Brackenheim; † 12.12.1963 Stuttgart

Heuss gehört zu den angesehensten Politikern im Nachkriegsdeutschland. Mit seiner im demokratischen Liberalismus verwurzelten politischen Grundhaltung und einer auf Ausgleich bedachten, überparteilichen Amtsführung gelingt es ihm, als Bundespräsident im Ausland neues Vertrauen für die Bundesrepublik Deutschland zu gewinnen. Als Mitglied des Parlamentarischen Rates hat Heuss, der sich auch schriftstellerisch betätigte, großen Einfluss auf das Grundgesetz.

- 1905-12: Redakteur
- 1924-28: Reichstagsabgeordneter der DDP
- 1949-59: Bundespräsident
- 1959: Friedenspreis des Deutschen Buchhandels

13. Oktober 1949

Deutscher Gewerkschaftsbund konstituiert sich in München

In Westdeutschland formieren sich die Arbeiter. Auf dem in München zusammengetretenen Kongress der westdeutschen Gewerkschaftsverbände wird der Deutsche Gewerkschaftsbund (DGB) gegründet. Zum ersten Vorsitzenden wählen die Delegierten am 14. Oktober Hans Böckler (s. Abb., l. mit dem bayerischen Ministerpräsidenten Hans Ehard, M., und Gustav Schiefer). Mit der Gründung des DGB als einer Einheitsgewerkschaft wird die Zersplitterung nach parteipolitischer bzw. weltanschaulicher Orientierung überwunden, wie es sie in den Richtungsgewerkschaften der Weimarer Republik noch gegeben hatte. Der DGB ist eine föderative Dachorganisation, die 16 selbstständige Einzelgewerkschaften in sich vereinigt.

7. Oktober 1949

DDR gegründet

Der Deutsche Volksrat, eine aus Vertretern gesellschaftlicher Organisationen der Sowjetzone zusammengesetzte Versammlung, proklamiert in Ost-Berlin die Deutsche Demokratische Republik (DDR). Die Staatsgründung ist eine Reaktion auf die Konstituierung der Bundesrepublik Deutschland in den drei westlichen Besatzungszonen.

Zudem beschließt der Volksrat, ein provisorisches Parlament und eine provisorische Regierung zu schaffen. Aus dem Volksrat selbst wird das Parlament, die Volkskammer, die u.a. die Bildung einer Länderkammer beschließt. Am 11. Oktober wählen Volkskammer und Länderkammer per Akklamation den Vorsitzenden der SED, Wilhelm Pieck, einstimmig zum ersten Präsidenten der DDR. Nach seiner Vereidigung erklärt Pieck, nur die DDR habe die Legitimation, für das gesamte deutsche Volk zu sprechen. Am 12. Oktober bestätigt die Provisorische Volkskammer die von dem SED-Vorsitzenden Otto Grotewohl vorgelegte Kabinettsliste und zugleich seine Ernennung zum Ministerpräsidenten.

Sitzung der Volkskammer

Jubel und Umzüge in Ost und West

Im Westen Deutschlands nehmen die Menschen regen Anteil an der Gründung der Bundesrepublik. Schon am Tag der Konstituierung von Bundestag und Bundesrat, dem 7. September, rollen Busse mit Neugierigen nach Bonn, um die Vorgänge »vor Ort« zu verfolgen. Zahlreiche Zuschauer finden auf den Tribünen zu beiden Seiten des Parlamentsgebäudes Platz, von wo aus das Geschehen im Innern des Plenarsaals durch die Fenster beobachtet werden kann. Die Ansprachen der Politiker werden über Lautsprecher nach draußen übertragen. Insbesondere die Wahl des Liberalen Theodor Heuss am 12. September löst große Begeisterung aus. Nach dem Votum sind die Straßen Bonns voller Menschen, die an der Fahrtroute des Bundespräsidenten zum Marktplatz und anschließend zu seiner vorläufigen Residenz auf der Viktorshöhe in Bad Godesberg Spalier stehen und dem ersten Oberhaupt der Bundesrepublik begeistert zujubeln. Die Presse des westlichen Auslands kommentiert die Staatsgründung in Bonn überwiegend positiv.

Auf dem Ost-Berliner August-Bebel-Platz findet anlässlich der DDR-Gründung eine Massenkundgebung statt (Abb.: Teilnehmer tragen ein Porträt von Wilhelm Pieck). Eine jubelnde Menschenmenge empfängt den neu gewählten Präsidenten Wilhelm Pieck. Der sowjetische Staats- und Parteichef Josef W. Stalin bezeichnet die Gründung der DDR als »Wendepunkt in der Geschichte Europas«.

Oktober 1949

1 Sa Die Sowjetunion protestiert bei den Westalliierten gegen die Staatsgründung der Bundesrepublik Deutschland. → China

2 So Vor 35 000 Zuschauern endet in München das Fußballspiel Süddeutschland gegen Norddeutschland 2:2 unentschieden.

3 Mo Österreich und die Bundesrepublik unterzeichnen in Frankfurt am Main ein Handelsabkommen, das die Beschränkungen des Warenaustauschs lockert.

4 Di Die Bundesrepublik Deutschland soll in bestimmte Organisationen der UNO aufgenommen werden. Darauf einigen sich Vertreter der Westmächte.

5 Mi Um erneute Umsturzversuche zu verhindern, verhängt die Regierung von Paraguay den Belagerungszustand über das gesamte Land.

6 Do US-Präsident Harry S. Truman unterzeichnet das Auslandshilfegesetz für 1949/50. Es sieht Kredite in Höhe von 5,8 Mrd. Dollar für europäische Staaten vor.

7 Fr In Brüssel beginnt eine viel beachtete Wanderausstellung mit Werken des englischen Bildhauers Henri Moore. → DDR

8 Sa Die britischen Militärbehörden übergeben das Wolfsburger Volkswagenwerk in die Treuhandschaft der deutschen Bundesregierung.

9 So Zum Auftakt des internationalen Frauenkongresses in Bad Pyrmont konstituiert sich der Deutsche Frauenring für die Bundesrepublik.

10 Mo Von Hamburg aus startet eine Maschine zum ersten Linienflug nach New York. Das Ticket für den Hin- und Rückflug kostet rd. 2234 DM.

11 Di Die Länderkammer und die Volkskammer der DDR wählen den SED-Vorsitzenden Wilhelm Pieck zum ersten Präsidenten des neu gegründeten Staates.

12 Mi Der Westberliner Magistrat äußert gegenüber den westlichen Stadtkommandanten den Wunsch, dass Berlin das zwölfte Bundesland wird.

13 Do Eine Hochwasserkatastrophe in Guatemala fordert 4000 Tote. Der Sachschaden beläuft sich auf über 50 Mio. Dollar. → Deutscher Gewerkschaftsbund

14 Fr Die Hörfunkzeitschrift »Hör Zu« stellt ihren Lesern den Igel Mecki vor, eine Comicfigur, die das Blatt kommentierend begleiten soll.

15 Sa Der frühere ungarische Außenminister László Rajk, der wegen »Titoismus« zum Tode verurteilt worden ist, wird hingerichtet.

16 So Nach siebenjährigen Kämpfen stellt die kommunistische griechische Befreiungsarmee ihre Operationen ein. Die Royalisten haben den Bürgerkrieg gewonnen.

17 Mo DDR-Außenminister Georg Dertinger erklärt, die DDR werde bis Ende Dezember einen Friedensvertrag mit der UdSSR schließen.

18 Di In der rheinland-pfälzischen Landesregierung kriselt es: Nach einem Personalstreit treten die drei SPD-Minister tags darauf von ihren Ämtern zurück.

19 Mi Landwirtschaftsminister Wilhelm Niklas (CSU) teilt mit, dass die Bundesrepublik 1949/50 rd. 9,4 Mio. t Getreide und 410 000 t Fett importieren müsse.

20 Do Ecuador, Indien und Jugoslawien treten in den UN-Sicherheitsrat ein. Gemäß Vollversammlungsbeschluss nehmen die Länder zunächst für zwei Jahre teil.

21 Fr In seiner Regierungserklärung bezeichnet Bundeskanzler Konrad Adenauer die BRD als »alleinige legitime staatliche Organisation des deutschen Volkes«.

22 Sa Der tschechoslowakische Langstreckler Emil Zatopek läuft in Ostrava (Ostrau) die 10 000 m in der Weltrekordzeit von 29:21,2 min.

23 So Bei den Parlamentswahlen auf Island können u.a. die Konservativen 19 (bisher 20), die Fortschrittlichen 17 (13) und die Kommunisten 9 (10) Sitze erreichen.

24 Mo In New York findet die Grundsteinlegung für das UNO-Hauptquartier statt. US-Präsident Harry S. Truman spricht sich dabei für eine Atomenergiekontrolle aus.

25 Di Nach Angaben von Bundesvertriebenenminister Hans Lukaschek (CDU) kommen täglich über 1000 Flüchtlinge aus der DDR in die Bundesrepublik.

26 Mi In den USA wird der Mindeststundenlohn von 40 auf 75 US-Cent heraufgesetzt. US-Präsident Harry S. Truman unterzeichnet ein entsprechendes Gesetz.

27 Do Der spanische Diktator Francisco Franco beendet einen Besuch in Portugal. Die Länder hatten zuvor einen Beistandspakt geschlossen.

28 Fr Auf den Azoren stürzt ein Verkehrsflugzeug ab. Unter den 49 Toten befinden sich die Geigerin Ginette Neveu und der Ex-Profiboxer Marcel Cerdan.

29 Sa DDR-Präsident Wilhelm Pieck erklärt, alle noch in sowjetischer Kriegsgefangenschaft befindlichen Deutschen würden bis 1. Januar 1950 zurückkehren.

30 So Die letzten belgischen Truppen räumen die Bundeshauptstadt Bonn. +++ In Düsseldorf wird ein ehemaliger Hochbunker als Gotteshaus geweiht.

31 Mo Bundespräsident Theodor Heuss trifft zu seinem ersten offiziellen Besuch in West-Berlin ein. +++ Die Bundesrepublik wird in die OEEC aufgenommen.

November 1949

1 Di Ein Jagdflieger rammt eine Passagiermaschine über dem Washingtoner Flughafen. Aller Insassen kommen dabei ums Leben.

2 Mi Bundeskanzler Konrad Adenauer erklärt, die Feindschaft zwischen Deutschland und Frankreich sei ein Anachronismus, der beseitigt werden müsse.

3 Do Laut Bundestagsbeschluss belässt die Bundesregierung ihren Sitz in Bonn. Als Gegenvorschlag stand Frankfurt am Main zur Diskussion.

4 Fr Mit der 12,90 DM teuren Kleinkamera Indra Lux kommen die ersten für jeden Bundesbürger erschwinglichen »Volkskameras« auf den Markt.

5 Sa Der deutsche Schwergewichtsmeister der Profiboxer, Hein ten Hoff, verteidigt in Hamburg seinen Titel durch k.o.-Sieg gegen Adolf Kleinholdermann.

6 So Die Sozialistische Partei Belgiens spricht sich gegen die Rückkehr von König Leopold III. aus, die von den Christlich-Sozialen gefordert worden war.

7 Mo Der Verkauf von Käse und Magermilchprodukten ist für die Westdeutschen freigegeben. Rationiert bleiben Vollmilch, Butter und alle übrigen Fette.

8 Di Auf den Philippinen kann sich bei den Präsidentschaftswahlen der bisherige Amtsinhaber Elpidio Quirino gegen seine beiden Mitbewerber durchsetzen.

9 Mi Der französische Staatspräsident Vincent Auriol unterzeichnet in Paris einen Vertrag, der Kambodscha die Autonomie verleiht.

10 Do Im Zürcher Schauspielhaus kommt das Drama »Endstation Sehnsucht« von Tennessee Williams erstmals in deutscher Sprache zur Aufführung.

11 Fr Der Fürst von Hyderabad, Nisam Asaf Jahi, unterzeichnet eine Urkunde über den Beitritt seines Landes zur Indischen Union.

12 Sa Bundespräsident Theodor Heuss appelliert an die Bürger, sich an der Weihnachtspaketaktion für Kriegsgefangene in aller Welt zu beteiligen.

13 So 70% der Stimmberechtigten wählen das portugiesische Parlament. Die meisten Stimmen erhält die regierende Nationale Union.

14 Mo In München endet ein Dauertanzturnier. Die Gewinner hielten 245 Stunden durch. +++ Die britische Regierung lehnt einen Tunnel unter dem Ärmelkanal ab.

15 Di Bei den Wahlen zur verfassunggebenden Versammlung in Syrien sind erstmals auch Frauen zugelassen. Die Unabhängigen werden stärkste Partei.

16 Mi Fußball-Bundestrainer Sepp Herberger lässt in Dortmund zwei Auswahlmannschaften für die Nationalelf gegeneinander antreten. Das B-Team siegt 3:1.

17 Do Die alliierte Hochkommission in Brüssel gesteht der Bundesrepublik das Recht zu, dem Internationalen Patentamt in Den Haag beizutreten.

18 Fr Die UNO fordert ihre Mitglieder auf, Waffenlieferungen nach Bulgarien und Albanien einzustellen. Beide Länder unterstützen griechische Rebellen.

19 Sa Ein französischer Konsularbeamter wird in Szczecin (Stettin) verhaftet. Der Vorfall führt zu einer diplomatischen Krise. → Rainier III.

20 So Bundeskanzler Konrad Adenauer erklärt, dass Deutschland an keinem Krieg teilnehmen wolle, und dass er keine neue deutsche Armee wünsche.

21 Mo In München wird an zwei Tagen pro Woche für elf Stunden der Strom abgeschaltet: Das Walchenseekraftwerk liegt wegen Wassermangel z. T. trocken.

22 Di Laut Beschluss der UN-Vollversammlung soll eine 300 Mann starke Polizeitruppe der Vereinten Nationen gebildet werden. → Petersberger Vertrag

23 Mi Die UN-Vollversammlung fordert alle Nationen auf, die Atomenergie nur für friedliche Zwecke zu nutzen und Kontrollmechanismen zuzulassen.

24 Do Die niederländische Presse meldet eine Explosion im Uranbergbaugebiet im Erzgebirge. Die DDR-Zeitungen sprechen von einem Stollenbrand.

25 Fr In Frankreich rufen die Gewerkschaften zum Generalstreik für Lohnerhöhungen auf. Die Mehrheit der Arbeiter kommt dem Appell nach.

26 Sa Bayerns Ministerpräsident Hans Ehard fordert den Wiederanschluss der Pfalz an Bayern. +++ In Indien wird die Verfassung verabschiedet.

27 So Aus Anlass des Demontagestopps für die August-Thyssen-Hütte und die Niederrheinische Hütte finden in Duisburg Dankgottesdienste statt.

28 Mo Der Lizenz-Zwang für politische Parteien in der Bundesrepublik wird aufgehoben. Parteiaktivitäten unterliegen künftig den Ländergesetzen.

29 Di Kommunistische Truppen erobern Tschungking, die Hauptstadt Nationalchinas. Die Regierung flieht nach Tschengtu.

30 Mi Die Regisseurin Leni Riefenstahl gewinnt einen Prozess gegen den Verleger Helmut Kindler, der wegen »übler Nachrede« zu 600 DM Geldstrafe verurteilt wird.

27. Dezember 1949

Einsteins Gravitationstheorie

Die Princeton Universität gibt bekannt, dass Albert Einstein (s. Abb.), der seit seiner Emigration 1933 in den USA lebt, eine allgemeine Gravitationstheorie aufgestellt habe. Diese Erweiterung seiner Relativitätstheorie soll die Strukturen des Universums nach einheitlichen Prinzipien erklären.

19. November 1949

Rainier III. regiert Monaco

Als Nachfolger seines Großvaters Ludwig II. wird Rainier III. neuer Fürst von Monaco. Der neue Herrscher stammt aus der weiblichen Linie des genuesischen Fürstengeschlechts Grimaldi, das Monaco seit Beginn des 15. Jahrhundert regiert. Der Zwergstaat an der Riviera hat sich in den letzten Jahren zu einem Treffpunkt der Schickeria entwickelt, zieht aber auch Touristen an. Hauptattraktion und wichtigste Einnahmequelle des Fürstentums ist das Spielcasino von Monte Carlo.

22. November 1949

Parteienstreit über Petersberger Vertrag

Im Hotel auf dem Petersberg bei Königswinter unterzeichnen Bundeskanzler Konrad Adenauer (CDU) und die Hohen Kommissare der Westalliierten ein Abkommen, das außenpolitische und wirtschaftliche Kompetenzen der noch jungen Bundesrepublik regelt.
So erhält die Bundesrepublik die Erlaubnis, konsularische Beziehungen zu ausländischen Mächten aufzunehmen und internationalen Organisationen beizutreten.
Zudem werden gewisse Beschränkungen im Bau von Hochseeschiffen aufgehoben und der teilweise oder vollständige Demontagestopp in 19 Werken der Chemie- und der Stahlindustrie sowie in allen Westberliner Betrieben verfügt. Außerdem tritt die Bundesrepublik der Internationalen Ruhrbehörde bei und bereitet einen Beitritt zum Europarat vor. Das Verhalten Adenauers führt zum ersten heftigen Streit mit der Opposition, denn der Bundeskanzler trifft die Vereinbarungen mit den Westalliierten, ohne das Parlament von den Verhandlungen in Kenntnis gesetzt zu haben. Neben der Art und Weise, wie Adenauer die Gespräche geführt habe, kritisiert die Opposition auch die Zugeständnisse an die Alliierten, insbesondere die Zustimmung des Kanzlers zum Beitritt der Bundesrepublik zur Internationalen Ruhrbehörde. Adenauers Alleingang hat auch auf parlamentarischem Parkett ein Nachspiel: In einer mit großer Heftigkeit geführten Bundestagsdebatte kommt es zum Eklat, als SPD-Oppositionsführer Kurt Schumacher, der gegen eine Verflechtung der Bundesrepublik mit den Westmächten und für die völlige Souveränität des Staates eintritt, Adenauer den »Bundeskanzler der Alliierten« nennt. Schumacher wird wegen gröblicher Verletzung der Ordnung für 20 Sitzungstage aus dem Parlament ausgeschlossen. Adenauer, der eine enge Anlehnung an die Westmächte befürwortet und eine rasche Gleichberechtigung Deutschlands auf internationalem Parkett erreichen will, wertet das Petersberger Abkommen als politischen und wirtschaftlichen Erfolg. Bereits bei seinem Antrittsbesuch als Bundeskanzler bei der Alliierten Hohen Kommission hatte Adenauer seinen Anspruch auf Gleichbehandlung dokumentiert: Während die Hohen Kommissare dem Kanzler das Inkrafttreten des Besatzungsstatuts mitteilten, betrat Adenauer selbstbewusst den Teppich, auf dem nur die Hohen Kommissare stehen sollten, um Distanz zwischen Alliierten und Deutschen zu dokumentieren.

Adenauer verlässt nach Unterzeichnung des Abkommens den Petersberg.

8. Dezember 1949

Chiang flieht nach Taiwan

Die nationalchinesische Regierung muss die militärische Niederlage ihrer Truppen gegen die kommunistischen Einheiten Mao Tse-tungs anerkennen. Sie verlegt – nachdem Mao die Volksrepublik China proklamiert hat – ihren Sitz von Tschengtu in der Provinz Szetschuan nach Taipeh auf Taiwan. Die Insel gehört seit dem 17. Jahrhundert zu China, das sie jedoch nach der Niederlage im chinesisch-japanischen Krieg 1894/95 an Japan hatte abtreten müssen. Nach der Kapitulation Japans im Zweiten Weltkrieg sprachen die Alliierten Taiwan China zu. Die malaiisch-polynesische Urbevölkerung der Insel hatte 1947 wiederholt erfolglos versucht, ihre Unabhängigkeit gegenüber der chinesischen Minderheit durchzusetzen. Mit dem Rückzug der nationalchinesischen Regierung beschränken sich die Kampfhandlungen gegen die Kommunisten auf Partisanentätigkeit. Chiang Kai-shek (s. Abb.) bleibt der »starke Mann« der Nationalchinesen. Nachdem er am 21. Januar als Präsident der chinesischen Republik zurückgetreten war, übernahm er am 4. Dezember erneut die Führung.

27. Dezember 1949

Indonesien ist unabhängig

Nach fast 350 Jahren erlangt Indonesien endgültig die uneingeschränkte Unabhängigkeit. Königin Juliana der Niederlande unterzeichnet in Amsterdam das Dokument, das dem Inselstaat die Souveränität verleiht.

Indonesien hat lange Jahre um seine Unabhängigkeit gekämpft. Trotz zahlreicher Aufstände im 19. und zu Beginn des 20. Jahrhunderts konnte die Kolonialmacht Niederlande bis zum Zweiten Weltkrieg ihre Herrschaft in Niederländisch-Ostindien uneingeschränkt erhalten. Nach der Kapitulation Japans, das Indonesien seit 1942 besetzt gehalten hatte, proklamierten zwei Führer der Unabhängigkeitsbewegung (s. Abb. vorne v.l.), Achmed Sukarno und Mohammed Hatta, die Eigenständigkeit der freien Republik Indonesien. Mit Gewalt sichern sich die Holländer jedoch erneut die Macht in Indonesien. Internationale Proteste und blutige Kämpfe führten schließlich dazu, dass das südostasiatische Land in die Unabhängigkeit entlassen wurde.

15. Dezember 1949

Tat und Moral

Das Schauspiel »Les Justes« (Die Gerechten) des französischen Schriftstellers Albert Camus wird in Paris uraufgeführt. Wie in anderen seiner Theaterstücke thematisiert der Existentialist die Frage, ob Revolte die Abkehr von humanen Werten rechtfertigen kann. Anhand eines historischen Stoffes, dem Attentat auf den russischen Großfürsten Sergej im Jahre 1905, diskutiert Camus Sinn und Rechtfertigung des politischen Mordes an einem Diktator. Während einer der Attentäter bereit ist, Einzelschicksale seinem abstrakten Zukunftsentwurf zu opfern, betrachten die übrigen jedes Menschenleben als gleichwertig. Der Mord sei zwar notwendig, um eine politische Idee zu verwirklichen, moralisch aber in keiner Weise zu rechtfertigen.

Albert Camus

französischer Schriftsteller, * 7.11.1913 Mondovi/Algerien; † 4.1.1960 bei Villeblevin

Der existentialistische Schriftsteller beeinflusst mit seinen Werken nachhaltig das geistige Leben in Europa nach dem Zweiten Weltkrieg. Camus, Mitglied der französischen Résistance, gelang mit dem Roman »Der Fremde« (1942), einem Schlüsseltext des Existentialismus, der Durchbruch. Eines der meistgelesenen Bücher der Nachkriegszeit ist sein Roman »Die Pest«.

- 1932: Philosophiestudium
- 1951: »Der Mensch in der Revolte« (Essays)
- 1957: Literaturnobelpreis

10. Dezember 1949

Jerusalem wird geteilt

Die Vereinten Nationen bekräftigen und differenzieren ihre Resolution aus dem Jahre 1947, nach der die Stadt Jerusalem und die dort liegenden heiligen Stätten verschiedener Religionsgemeinschaften unter internationale Kontrolle gestellt werden sollen.

Unter Missachtung der UNO-Resolution einigen sich Transjordanien und Israel jedoch am 12. Dezember auf die Festlegung einer Demarkationslinie in Jerusalem. Die beiden Staaten beschließen, das bislang als Niemandsland betrachtete Gebiet aufzuteilen. Die Neustadt soll Teil des israelischen Territoriums werden, die Altstadt wird Transjordanien zugesprochen. Hier liegen u.a. die Grabeskirche, die von den Christen als Grabstätte Jesu Christi verehrt wird, der Tempelbezirk mit den islamischen Heiligtümern Felsendom und Al-Aksa-Moschee sowie die Klagemauer, die bedeutendste jüdische Gebetsstätte. Am 14. Dezember schafft Israel erneut vollendete Tatsachen. Ministerpräsident David Ben Gurion teilt der Öffentlichkeit mit, dass er künftig in der Neustadt von Jerusalem seinen Amtssitz nehmen werde. Außerdem sollen das Parlament sowie alle Ministerien – mit Ausnahme der Behörden für Äußere Angelegenheiten und für Verteidigung – von Tel Aviv nach Jerusalem übersiedeln.

Dezember 1949

1 Do Der berühmte, 74-jährige Chirurg Ferdinand Sauerbruch scheidet nach 30-jähriger Tätigkeit aus der Berliner Charité aus.

2 Fr In Wien kommt im Studio an der Kolingasse Ödön von Horváths Komödie »Die Unbekannte aus der Seine« zur Uraufführung.

3 Sa Bundeskanzler Konrad Adenauer erklärt, es sei »im äußersten Fall ... die Frage eines deutschen Kontingents im Rahmen irgendeiner Armee ... zu überlegen.«

4 So Über Hamburg tobt ein Orkan mit Windstärke 12. Der Sturm fordert über 200 Verletzte und richtet beträchtliche Sachschäden an.

5 Mo In Wuppertal schlüpfen Dienst habende Polizisten in Nikolauskostüme und regeln derart verkleidet den Straßenverkehr.

6 Di Der Führer der Konservativen Partei Islands, Olaf Thors, stellt nach den Wahlen vom 25. Oktober in Reykjavik seine neue Regierung vor.

7 Mi In Großbritannien verteilt die Regierung Flugblätter »Nur an Frauen«, die Vorschläge zu Sparmaßnahmen im Haushalt enthalten.

8 Do Die italienischen Radrennfahrer Ferdinand Teruzzi und Severine Rigonti gewinnen das erste Berliner Sechstagerennen nach dem Krieg. → Taiwan

9 Fr In Jugoslawien werden erstmals Sowjetbürger in einem kommunistischen Land vor Gericht gestellt. Sie stehen unter dem Verdacht der Spionage.

10 Sa Den Friedensnobelpreis erhält der Brite John Boyd-Orr für sein Wirken als Präsident der UN-Organisation für Ernährung und Landwirtschaft. → Jerusalem

11 So In West-Berlin wird der Deutsche Journalistenverband gegründet. Den Vorsitz übernimmt der freie Journalist Erich Klabunde.

12 Mo Die Bundesbahn unterhält ihre Fahrgäste im D-Zug zwischen Stuttgart und Hamburg ab sofort mit einem Reisefunk. → Demarkationslinie

13 Di Die US-Behörden verhindern die Lieferung von Eisenbahnschienen, die die Volksrepublik China bei einem Ruhr-Stahlwerk bestellt hatte.

14 Mi In Israel verlegt die Regierung ihren Sitz in die Neustadt von Jerusalem. Außen- und Innenministerium bleiben noch für kurze Zeit in Tel Aviv.

15 Do Wegen Unstimmigkeiten vertagen die Regierungsvertreter der Siegermächte ihre Verhandlungen über einen Staatsvertrag für Österreich. → Tat und Moral

16 Fr Der Regierungschef der Volksrepublik China, Mao Tse-tung, trifft zu einem Besuch der Sowjetunion in Moskau ein.

17 Sa Das neu eingerichtete Museum für Völkerkunde öffnet in Berlin-Dahlem seine Pforten. Das ursprüngliche Gebäude war im Krieg zerstört worden.

18 So Als erstes nichtkommunistisches Land erkennt Birma die Regierung in Peking offiziell an. +++ Die australischen Liberalen koalieren mit der Agrarpartei.

19 Mo Der Ex-Generalfeldmarschall Erich von Manstein erhält von einem britischen Militärgericht 18 Jahre Haft wegen Verbrechens gegen die Menschlichkeit.

20 Di In Jakarta wird die Regierung der Vereinigten Staaten von Indonesien vereidigt. Ministerpräsident und Außenminister ist Mohammed Hatta.

21 Mi Der Erzbischof Zyperns, Makarios II., fordert eine Volksbefragung über den Anschluss der britischen Kolonie an Griechenland.

22 Do Die japanische Regierung fordert die Rückgabe von Okinawa und den Bonin-Inseln, die sie im Zweiten Weltkrieg abtreten musste.

23 Fr Das berühmte Café »Kranzlereck« zieht von seinem jahrzehntelangen Standort in Berlin in die neue Bundeshauptstadt Bonn um.

24 Sa Papst Pius XII. eröffnet mit drei Schlägen eines Silberhammers an die Heilige Pforte des Petersdoms das Heilige Jahr 1950.

25 So Im österreichischen Linz verhaftet die Polizei 13 Jugendliche, die einer von einem früheren SS-Offizier geleiteten neonazistischen Gruppe angehören.

26 Mo Wegen starken Wellengangs kentert auf dem Rhein bei Nieder-Mörtmer eine in der Flussmitte manövrierende Fähre. Zehn Menschen ertrinken.

27 Di Auf das unter Trockenheit leidende New York gehen erstmals seit dem Frühjahr wieder ergiebige Regenfälle nieder. → Gravitationstheorie → Indonesien

28 Mi Die Luftwaffe der USA erklärt, kursierende Berichte von fliegenden Untertassen seien auf Massenhysterie und natürliche Phänomene zurückzuführen.

29 Do Das Bundeswirtschaftsministerium teilt mit, dass Devisen für Auslandsaufenthalte nur für Pilgerreisen nach Rom sowie für Kuren zur Verfügung stünden.

30 Fr Der ehemalige Gauleiter von Ostpreußen, Erich Koch, wird von den britischen Militärbehörden an Polen ausgeliefert.

31 Sa In einem Artikel zur Jahreswende nennt Bundeskanzler Konrad Adenauer Wohnungsbau, Steuerreform und Flüchtlingshilfe als wichtigste Aufgaben für 1950.

1950-1959

1

2

3

4

5

6

1 – Campen im Ahrtal: Mit Zelt und Auto suchen immer mehr Deutsche Erholung im Grünen. 2 – Wirtschaftswunder: Schaufensterauslage eines Textilgeschäfts. 3 – Rockstar Elvis Presley (r.) als GI in Deutschland. 4 – US-Schauspieler James Dean wird zum umschwärmten Vorbild vieler Jugendlicher in aller Welt. 5 – Paraderolle für Liselotte Pulver, einen der Stars des deutschen Nachkriegsfilms. 6 – Radsport-Idol der DDR: Täve Schur, u.a. Sieger der Friedensfahrt 1959.

7

8

9

12

10

11

13

14

7 – Fackelzug Westberliner Arbeiter (1954). 8 – Cornelia Froboess als »Hula-Hopp-Conny«. 9 – Das US-Schauspielerpaar Janet Leigh und Tony Curtis in einem Messerschmitt-Kabinenroller. 10 – Deutsche Bergleute bringen die Wirtschaft wieder in Schwung. 11 – Atommeiler Garching. 12 – FDGB-Plakat. 13 – Misswahl: Wer ist die Schönste in Berlin? 14 – Nierentisch und Tütenlampe gehören in den 50er Jahren zur modernen Einrichtung.

Die fünfziger Jahre – Nierentisch und Petticoat

Die 50er Jahre sind die Gründerzeit zweier deutscher Staaten. Und so unterschiedlich, wie sich hüben und drüben die Wirtschafts- und Gesellschaftsordnungen formieren, so anders entwickeln sich auch Lebensgrundlagen und Lebensstile der Menschen in West und Ost. Für die meisten Westdeutschen sind diese Jahre im Rückblick eine weitgehend einfache Zeit, eine Zeit beginnenden Wohlstands, unpolitisch, heimelig, wohl auch ein wenig spießig. Die Ostdeutschen, materiell ungleich ungünstiger gestellt, verspüren ihrerseits wenig Lust, den offiziellen Heilslehren ihres autoritären Staates begeistert zu folgen. Rückzug in die privaten Nischen, die man ihnen noch zubilligt, heißt hier die Devise. Allgemein ist der Wille zum Wiederaufbau und zur Überwindung der Folgen von Krieg und NS-Gewaltherrschaft.

Idyll unterm Nuklearschild

Als ein Idyll unterm Nuklearschild haben Zeitgenossen die 50er Jahre charakterisiert – und damit die harmlose Biederkeit des täglichen Lebens und die Bedrohung durch den Kalten Krieg auf einen Nenner gebracht. Der Koreakrieg, die Volkserhebungen in Ostdeutschland und Ungarn sind vom nuklearem Muskelspiel der Großmächte USA und Sowjetunion begleitet. Die Deutschen setzen sich nach dem verlorenen Krieg und dem Holocaust nur zögerlich mit den Kategorien von Schuld und Sühne auseinander. Stattdessen suchen sie, skeptisch und von der großen Politik enttäuscht, diesseits und jenseits des Eisernen Vorhangs ihr Glück im Privaten. Und freuen sich 1954 – gesamtdeutsch – über den Sensationserfolg der (west-)deutschen Fußballelf bei der Weltmeisterschaft in der Schweiz. Angesichts eines Meeres von Ruinen, demontierten Fabriken und Millionen von Flüchtlingen und Ausgebombten geht es in der jungen Bundesrepublik zunächst um die Bewältigung des Alltags.

Personen, die Geschichte schreiben: Bundespräsident Theodor Heuss (l.) und der Physiker Werner Heisenberg

Der Christdemokrat Konrad Adenauer, erster Bundeskanzler und prägende politische Gestalt der nach ihm benannten Ära, legt entschlossen die Eckpunkte bundesdeutscher Politik fest: eine bedingungslose Westintegration, die deutsch-französische Aussöhnung mit dem Streben nach europäischer Einigung, »Wiedergutmachung« für die Opfer des Völkermords an den Juden, das Offenhalten der deutschen Frage und Stärkung der freiheitlichen Demokratie nach westlichem Vorbild. Mit dem Beitritt zum Europarat, der Gründung der Montanunion, dem Deutschlandvertrag, dem Beitritt zur NATO, der Wiederbewaffnung und der Gründung der EWG stellen sich substanzielle Erfolge ein. Innerhalb weniger Jahre wird aus dem ausgestoßenen Land wieder ein weitgehend geachtetes Mitglied der Völkerfamilie.

Sozialismus à la Ulbricht

Der andere deutsche Staat, die Deutsche Demokratische Republik, ist fest im Einflussbereich Moskaus verankert. Das Versprechen, den Sozialismus aufzubauen, mobilisiert vor allem bei jungen Leuten vielfach durchaus Idealismus. Es gilt einen »anderen«, antifaschistischen deutschen Staat zu schaffen, der sich deutlich von der Bundesrepublik und ihrer als unklar empfundenen Distanzierung vom Hitler-Regime abgrenzt. Solche Ziele werden jedoch schnell durch Repression und Verweigerung bürgerlicher Freiheitsrechte unterlaufen. Die Sozialistische Einheitspartei (SED), die kommunistische Staatspartei mit dem Altstalinisten Walter Ulbricht an der Spitze, herrscht faktisch uneingeschränkt. Ein Heer von Spitzeln unterstützt sie dabei. Als Reaktion auf überzogene Arbeitsnormen-Erhöhungen erhebt sich am 17. Juni 1953 die Bevölkerung, fordert Demokratie und freie Wahlen. Die Niederschlagung des Aufstands durch russische Panzer bringt für lange Zeit fast jede Opposition zum Schweigen. Parteichef Ulbricht bleibt am Ruder. 1956, im Jahr des blutigen Ungarnaufstands gegen den Stalinismus, schließt sich das sowjetisch dominierte Osteuropa im Militärbündnis des Warschauer Paktes zusammen. Wirtschaftlich kommt die DDR nur schwer auf die Beine. Ihre Bürger bringen die Produktion wieder zum Laufen, erleben die Verstaatlichung der Industriebetriebe, die Umwandlung der gerade erst durchgeführten Bodenreform in eine erzwungene Kollektivierung des Agrarsektors. Der ökonomische Erfolg indessen stellt sich nicht ein. Trotz ausgebauter sozialer Fürsorge und Sicherheit, trotz staatlich geförderter massenhafter Integration der Frauen in die Arbeitswelt und mancher industrieller Anfangserfolge bleiben Lebensstandard und Qualität der Produkte weit unter West-Niveau. Die »Abstimmung mit den Füßen« beginnt: Gegen Ende des Jahrzehnts erreicht der Flüchtlingsstrom Richtung Westen einen ersten Höhepunkt.

Es geht aufwärts

Dieser »goldene« Westen sieht derweil einen beispiellosen Aufschwung, der in der Welt als deutsches Wirtschaftswunder wahrgenommen wird. Die US-Dollars des Marshallplans sind vor allem auch psychologisches Startkapital. Die nach den Zerstörungen des Krieges neu und modern aufgebauten Produktionsanlagen und die riesige Nachfrage nach Konsumgütern tun ein übriges. Bald beschert der Aufschwung den Arbeitnehmern einen jährlichen Lohnzuwachs von 5%. Der Verbraucher steigt vom Fahrrad auf den Motorroller um und lenkt schließlich stolz seinen VW-Käfer – berühmtestes Symbol des Wirtschaftswunders – durch immer belebtere Straßen. Westdeutsche Urlauber bevölkern Ende der 50er Jahre längst nicht mehr nur die eigenen Mittelgebirge und Nordseeinseln oder Österreichs Berge und Seen: nun locken bereits die Strände Italiens, Spaniens und Jugoslawiens. DDR-Bürgern ist das Reisen in die westliche Welt ein unerfüllbarer Traum. Die Staatsgewerkschaft organisiert Ferienaufenthalte an der Ostsee, und bald tuckern die ersten Trabbis zu den Badeplätzen Ungarns und Bulgariens.

Mythos Wirtschaftswunder

Mentor und Vater des westdeutschen Wirtschaftswunders ist Bundeswirtschaftsminister Ludwig Erhard. Sein Konzept der »Sozialen Marktwirtschaft« überlässt das Wirtschaftsgeschehen

Werbung für den »Käfer«, der zum Symbol wirtschaftlichen Aufschwungs wird.

weitgehend der Selbstregulierung, korrigiert aber soziale Fehlentwicklungen durch staatliche Eingriffe. Im Jahr 1955 herrscht, bei einer Wochenarbeitszeit von 48 Stunden, nahezu Vollbeschäftigung. Die Größe der Aufbauleistung wird erst vollends deutlich, wenn man die gleichzeitige Integration von rd. 10 Mio. Flüchtlingen aus den besetzten deutschen Ostgebieten bedenkt. Die volkswirtschaftlichen Verteilungsspielräume ermöglichen einen beispiellosen Ausbau sozialpolitischer Standards. Das Bundesversorgungs-, das Lastenausgleichs- und das Bundesvertriebenengesetz treten in Kraft, das Betriebsverfassungsgesetz, die Rentenreform, die Lohnfortzahlung im Krankheitsfall und das Kindergeld kommen hinzu. Die neue Sozialpolitik garantiert eine innenpolitische Stabilität, die der Weimarer Republik gefehlt hat.

lich soll das traute Heim sein, »Er« sich wohl fühlt.

Trautes Heim

Der Alltag in den fünfziger Jahren ist zunächst auch im Westen – in der DDR sieht es weit bedrückender aus – noch immer vor allem durch beengte Wohnverhältnisse gekennzeichnet. Dass Kinder mit im Elternschlafzimmer übernachten und die Körperpflege in einer in der Küche aufgestellten Zinkwanne stattfindet, ist lange der Normalfall. 1957 verfügen erst 32% der Bundesbürger über ein Bad in ihrer Wohnung. Durch neue, bauherrenfreundliche Gesetze und die Mittel des sozialen Wohnungsbaus werden gewaltige Anstrengungen unternommen, die unzureichende Wohnsituation zu verbessern. 1950 gibt es für 50 Mio. Menschen in der Bundesrepublik 10 Mio. Wohnungen. 1961 sind es bereits über 16 Mio. Viele davon sind aus den Mitteln des staatlich geförderten Wohnungsbaus errichtet.

Bei der Inneneinrichtung legt der Verbraucher vor allem auf optimale Raumausnutzung und Funktionalität Wert. Einbauküchen für noch den kleinsten Raum, platzsparende Schlafsofas, Klapp- und Schrankbetten werden angeboten. Beliebt sind sogenannte Musiktruhen, die in einem Gehäuse Radio und Plattenspieler vereinen. Das Fernsehen steckt noch in den Kinderschuhen. Das typische »50er Jahre-Design«mit seinen runden, fließenden Formen hält Einzug in die Wohnzimmer: Lampen mit tütenförmigen Schirmen, an Drahtgestellen angebrachte Regale, Schalensessel mit schräggestellten Beinen und der berühmte Nierentisch. Auch die Designer der volkseigenen Möbelbetriebe der DDR lassen sich in diesem Sinne inspirieren, bescheren ihren Landsleuten in bescheidenerer Ausführung einen ganz ähnlichen Einrichtungs-Look.

Aufbruch mit Elvis

Seit Mitte der 50er Jahre tut sich zuerst in den USA, dann in Deutschland eine Kluft zwischen der Jugendkultur und den Unterhaltungsbedürfnissen der Erwachsenen auf. Während die Elterngeneration im Kino hauptsächlich an den rührseligen

Der Fellini-Film »Das süße Leben« ist manchem Moralisten zu freizügig.

»Sissi-« und Heimatfilmen Gefallen findet und Schlager von Freddy Quinn oder Caterina Valente hört, greift bei den Jugendlichen das Rock 'n' Roll-Fieber um sich. Bill Haleys »Rock around the clock« bricht kurz nach Erscheinen 1955 alle Umsatzrekorde und wird zur Ouvertüre der rebellischen Fünfziger. Erste Erfolge feiert auch der ehemalige Lastwagenfahrer Elvis Presley, dessen aufreizender Hüftschwung unter den weiblichen Teenagern regelmäßig Tumulte auslöst. Erste Kino-Kultfigur der Rock 'n' Roll-Generation und Prototyp des Motorradrockers ist Marlon Brando. Der Streifen »Jenseits von Eden« (1955) aber macht James Dean zum Rebellen-Idol der unabhängigen Jugendkultur. In Deutschland heißen seine Anhänger »Halbstarke«. Sie kleiden sich in Nietenhosen und Lederjacken, fahren Moped und lungern an Straßenecken herum. Daneben gibt es die eher harmlosen »Teddie-Boys« (und Girls!), feingemachte Jugendliche, zu deren Outfit weite Sakkos, Pepita-Jacken, Wildlederschuhe bzw. enge Blusen,

Der Film mit Horst Buchholz und Karin Baal über die Situation Jugendlicher lässt die Kinokassen klingeln.

Petticoats und Pumps gehören. Die Jugendlichen im Osten verbringen ihre Freizeit vielfach in den Tanzhallen der Betriebe und Staatsinstitutionen, wo »westliches« Auseinandertanzen zeitweise strikt verboten ist. Es entstehen aber auch Jugendgruppen, die sich staatlichem Konformitätsdruck solcher Art entziehen – wie die »Eckensteher« in Grevesmühlen, die »Romy-Schneider-Gruppe« in Frankfurt an der Oder oder die »Rock 'n' Roll-Tänzer« in Dresden.

++ Zitate +++ Zitate +++ Zitate ++

Fritz Schenk, zu diesem Zeitpunkt Regierungsmitarbeiter der DDR, über den Arbeiteraufstand vom 17. Juni 1953:
»Gegen Mittag erreichte der Aufstand seinen Höhepunkt... Statt ›Weg mit den Normen!‹ hörte man fast nur noch ›Weg mit Ulbricht!‹... Dann peitschten Maschinengewehrsalven durch die Luft, Panzer kamen die Leipziger Straße herauf mit dröhnenden Motoren... alles wurde übertönt von den Panikschreien der vielen tausend wehrlosen Menschen, die die stählernen Kolosse vor sich hertrieben...«

Der »Spiegel« über den Empfang von Spätheimkehrern aus der Kriegsgefangenschaft (1953):
»So wurden einmal siegreiche Truppen empfangen – mit Blumen, kleinen Geschenken, winkenden Tüchern, mit Küssen und weichen Frauenarmen, die sich um rissige Männernacken legten.«

Der Theaterkritiker Heinz Beckmann über Samuel Becketts »Warten auf Godot« (1953):
»...ein unmögliches Theaterstück. ›Es geschieht nichts. Keiner kommt, keiner geht, es ist schrecklich‹, sagt Gogo. So ist es. Aber manchmal geschehen Dinge auf der Bühne, die sind mehr als ein Theaterstück.«

Albert Schweitzer in einer Rundfunkansprache (1957):
»Wir sind also genötigt,... Explosionen von Atombomben als ein Unglück für die Menschheit anzusehen, das unter allen Umständen verhindert werden muss. Ein anderes Verhalten kann für uns schon allein darum nicht in Betracht kommen, weil wir es im Hinblick auf die Folgen, die es für unsere Nachkommenschaft haben könnte, nicht zu verantworten vermögen.«

Kremlchef Nikita Chruschtschow während seines USA-Besuchs im Dialog mit Walter P. Reuther, Präsident der Automobilarbeiter-Gewerkschaft (1959):
»Reuther: ›Sie beuten die Arbeiter Ostdeutschlands aus!‹ Chruschtschow: ›Wann haben Sie denn das geträumt?‹ Reuther: ›Warum sind denn drei Millionen von ihnen nach Westdeutschland gekommen?‹ Chruschtschow: ›Sie sind hoffnungslos am kapitalistischen Fieber erkrankt.‹ Reuther: ›Die Arbeiter in Westdeutschland sind frei.‹ Chruschtschow: ›Wir sind auch frei.‹...«

Bundespräsident Heinrich Lübke nach seiner Vereidigung (1959):
»Allen Brüdern und Schwestern in Mittel- und Ostdeutschland möchte ich heute unseren Gruß entbieten und ihnen versichern, dass wir, die wir in Freiheit leben, uns in besonderem Maße dem gemeinsamen Ziel verpflichtet fühlen, ein geeintes Deutschland zu schaffen.«

Wörter des Jahrzehnts

Atomzeitalter • Fünftagewoche • Hallsteindoktrin • Halbstarker • Kabinenroller • Koreakrieg • Leukoplastbomber • LPG • Montanunion • Nierentisch • Ostermarsch • Ostzone • Republikflucht • Rock 'n' Roll • Spätheimkehrer • Sputnik • Tauwetter • Volkspolizist • Wiedergutmachung • Wirtschaftswunder

Januar 1950

1 So In der Bundesrepublik werden die staatlich festgesetzten Treibstoffpreise um 50% erhöht. Ein Liter Benzin kostet nun 60 Pfennig.

2 Mo Der deutsche Schauspieler Emil Jannings stirbt in Strobl am Wolfgangsee (Österreich) im Alter von 65 Jahren an Leberkrebs.

3 Di Die Kohlebergleute in den USA unterstützen ihre Forderungen nach Lohnerhöhungen mit einem allgemeinen Streik. Es droht der Energienotstand.

4 Mi Ministerpräsident David Ben Gurion erklärt mit Unterstützung des Parlaments Jerusalem zur Hauptstadt des Staates Israel.

5 Do In Moskau werden erstmals seit 1940/41 Temperaturen von –35°C gemessen. +++ Die Air France nimmt den Linienverkehr Paris-Berlin (West) auf.

6 Fr Anton Berr vom monarchistischen bayerischen Heimat- und Königsbund fordert eine Volksbefragung zur Wiedereinführung der Monarchie in Bayern.

7 Sa Im ganzen Bundesgebiet protestieren Berufskraftfahrer und private Autofahrer mit Hupkonzerten und Protestfahrten gegen die Benzinpreiserhöhung.

8 So In Kiel wird der Block der Heimatvertriebenen und Entrechteten (BHE) als Vertretung von Flüchtlingen und Kriegsgeschädigten gegründet.

9 Mo In London werden die Vier-Mächte-Gespräche über einen Staatsvertrag für Österreich wieder aufgenommen, nachdem sie 1949 vertagt worden waren.

10 Di Nachdem am Vortag in Modena sechs Arbeiter bei Auseinandersetzungen mit der Polizei getötet worden waren, streiken in Italien drei Mio. Arbeiter.

11 Mi Ein Feuer zerstört einen Teil der Wohnsiedlungen auf der Halbinsel Kaulun, die zu Hongkong gehört. Rd. 10 000 Menschen werden obdachlos.

12 Do In der Sowjetunion wird die 1947 abgeschaffte Todesstrafe für Hochverräter, Spione und Saboteure wieder eingeführt.

13 Fr Der französische Außenminister Robert Schuman trifft zu einem viertägigen Besuch in der Bundesrepublik Deutschland ein. Thema ist u.a. die Saarfrage.

14 Sa In Colombo (Ceylon, heute Sri Lanka) unterzeichnen die Außenminister der Commonwealth-Staaten ein Hilfsprogramm für Süd- und Südostasien.

15 So Der Spielfilm »Frauenarzt Dr. Prätorius« hat in der Bundesrepublik Premiere. Curt Goetz spielt die Hauptrolle, führte Regie und schrieb das Drehbuch.

16 Mo Im Alter von 79 Jahren stirbt in Blühnbach bei Salzburg der deutsche Industrielle Gustav Krupp von Bohlen und Halbach.

17 Di Mit Faschingsmasken verkleidet erbeuten neun Männer in Boston (USA) 1,5 Mio. US-Dollar aus dem Gebäude eines Geldtransportunternehmens.

18 Mi Die Bevölkerung Schleswig-Holsteins bereitet Bundespräsident Theodor Heuss bei seinem ersten Besuch in Flensburg einen stürmischen Empfang.

19 Do Der westdeutsche Vertriebenenminister Hans Lukaschek teilt mit, dass täglich rd. 1000 Flüchtlinge aus der DDR illegal in die Bundesrepublik kommen.

20 Fr Das Außenministerium der Volksrepublik China erklärt, Tibet gehöre zu China. Im Oktober marschieren chinesische Truppen in das Gebirgsland ein.

21 Sa Der britische Schriftsteller George Orwell stirbt im Alter von 46 Jahren in London. Sein letztes und bekanntestes Werk ist die Utopie »1984«.

22 So Bundesjustizminister Thomas Dehler (FDP) behauptet, das »Phänomen Hitler« sei eine Folge des »Kleinmutes Frankreichs«. Frankreich protestiert.

23 Mo Aufständische unter dem ehemaligen niederländischen Hauptmann Turk Westerling, der eine Privatarmee anführt, dringen in Bandung auf Java ein.

24 Di Die Bühnenangehörigen in der britischen Zone protestieren gegen den Personalabbau an Theatern. Seit 1948 mussten 150 deutsche Bühnen schließen.

25 Mi Das französische Team Michel Becquart/Henri Secret siegt bei der 20., gegen Ende von Schneestürmen beeinträchtigten Rallye Monte Carlo.

26 Do In Neu-Delhi wird die Republik Indien ausgerufen. Erster Staatspräsident ist Rajendra Prasad, der drei Tage zuvor in dieses Amt gewählt wurde.

27 Fr Bundespressesprecher Paul Bourdin tritt wegen Unstimmigkeiten mit Bundeskanzler Konrad Adenauer von seinem Amt zurück.

28 Sa Ohne besondere Festlichkeiten begeht der Deutsche Fußballbund (DFB) während einer Sitzung in West-Berlin sein 50. Gründungsjubiläum.

29 So Der 19-jährige österreichische Pianist Friedrich Gulda wird in West-Berlin bei seinem ersten Gastspiel auf deutschem Boden stürmisch gefeiert.

30 Mo In Paris wird ein deutsch-französisches Handelsabkommen geschlossen, das bis zum 30. Juni einen Warenaustausch von 250 Mio. US-Dollar vorsieht.

31 Di Die letzten Truppen der Nationalchinesen auf dem chinesischen Festland kapitulieren vor der Armee der Kommunisten. → Wasserstoffbombe

28. Februar 1950

Franzosen gegen Coca-Cola

Der US-Getränkehersteller Coca-Cola stößt bei dem Versuch, seine Limonade auf dem europäischen Markt einzuführen, auf Widerstand (Abb.: Werbung). In Frankreich erlässt die Nationalversammlung ein Gesetz, das dem Gesundheitsministerium die Kontrolle über Getränke aus Kräutern überträgt. Insbesondere die französischen Winzer protestieren gegen das US-Getränk. Sie befürchten drastische Umsatzrückgänge. Zur Zeit trinkt jeder Franzose im Durchschnitt 83,1 Liter Wein und 38 Liter Apfelwein im Jahr. Die Winzer erhalten Unterstützung von den französischen Kommunisten. Diese wenden sich aus politisch-ideologischen Gründen gegen Coca-Cola, das aus dem »imperialistischen Amerika« stamme und nun versuche, Frankreich zu »coca-kolonialisieren«. In anderen europäischen Staaten sind die Meinungen über Coca-Cola geteilt. In der Bundesrepublik stellt die Bayernpartei den Antrag, das Getränk mit einer Sondersteuer zu belegen. Limonade-Gegner warnen, dass Coca-Cola süchtig mache. Befürworter sprechen von einem harmlosen Freizeitvergnügen.

14. Februar 1950

Bündnis der Kommunisten

Aus unterschiedlichen Beweggründen schließen Moskau und Peking einen auf 30 Jahre angelegten Freundschafts- und Beistandspakt, der in der sowjetischen Hauptstadt von den Außenministern beider Länder unterzeichnet wird. Während die UdSSR hofft, mit Hilfe des Abkommens eine ideologische Kontrolle über die chinesischen Kommunisten ausüben zu können, ist die Volksrepublik China vor allem an wirtschaftlicher Unterstützung aus Moskau interessiert.

Dem Pakt der kommunistischen Großmächte ist ein zäher Verhandlungspoker vorausgegangen. Mehrere Wochen weilten der chinesische Partei- und Regierungschef Mao Tse-tung und sein Außenminister Chou En-lai in der sowjetischen Hauptstadt, um die strittigen politischen und wirtschaftlichen Fragen zu klären. Dazu gehörten vor allem Differenzen über den Grenzverlauf. Darüber hinaus standen die Besitzverhältnisse an der durch die Mandschurei führenden Ostchinesischen Eisenbahn sowie die sowjetische Forderung nach Gründung von gemeinsamen Gesellschaften zur Ausbeutung von Erdöl- und Mineralvorkommen im Mittelpunkt der Gespräche. Mit dem Abkommen wollen China und die Sowjetunion auch einer erneuten Aggression Japans vorbeugen. Sie vereinbaren gegenseitigen Beistand, wenn Japan dennoch einen der Staaten angreifen sollte. Zudem kommen sie überein, kein Bündnis einzugehen, das sich gegen den Vertragspartner richtet, und sich nicht in die inneren Angelegenheiten des anderen einzumischen.

15. Februar 1950

Zwei Millionen ohne Arbeit

Die Arbeitslosenzahl in der Bundesrepublik erreicht den Höchststand seit Kriegsende. Rd. zwei Mio. Menschen sind ohne Beschäftigung. Die Wirtschaft leidet unter den Nachwirkungen des Krieges. Durch die von den Siegermächten vorgenommenen Demontagen fehlen dringend benötigte Industrieanlagen. Auch sind viele Betriebe im Krieg zerstört worden und konnten noch nicht wieder aufgebaut werden. Zahlreiche Fabriken können ihre Produktionskapazitäten nicht auslasten, da ihre ehemaligen Zulieferbetriebe jetzt auf dem Staatsgebiet der DDR liegen. Diesem Mangel an Wirtschaftskraft steht ein enormes Bevölkerungswachstum gegenüber. Kriegsheimkehrer, Flüchtlinge und geburtenstarke Jahrgänge ließen die Einwohnerzahl der Bundesrepublik in letzter Zeit sprunghaft ansteigen (Abb.: Arbeitsloser Arzt in München). Im Bundestag kommt es zu heftigen Debatten über Gegenmaßnahmen. Die SPD plädiert für staatliches Eingreifen, um die Wirtschaft in die gewünschten Bahnen zu lenken. Bundeskanzler Konrad Adenauer (CDU) schlägt vor, geschwächte Betriebe mit Finanzhilfen zu unterstützen.

8. Februar 1950

Stasi überwacht Bevölkerung

In Ost-Berlin billigt die DDR-Volkskammer die Gründung des Ministeriums für Staatssicherheit (Stasi). Die Regierung beauftragt die Behörde mit der Überwachung »jeder staatsfeindlichen Tätigkeit«. Dazu gehört die Bekämpfung von Sabotage und Spionage. Der Stasi-Gründung gingen mehrere Fälle von Sabotage voraus. Gerüchten zufolge inszenierte die DDR-Regierung diese selbst, um die Einrichtung des Überwachungsministeriums rechtfertigen zu können. Am 16. Februar nimmt die Behörde unter Leitung des bisherigen sächsischen Innenministers Wilhelm Zaisser (SED) ihre Tätigkeit auf. Die Stasi lässt fortan die DDR-Bevölkerung überwachen. Ihre Obleute kontrollieren Betriebe, Verwaltungen und das private Umfeld der Menschen. Unterstützt wird das Ministerium dabei von der Massenorganisation Nationale Front, die u.a. propagandistische »Aufklärungslokale« (s. Abb.) betreibt.

31. Januar 1950

Wasserstoffbombe ist »Superwaffe« der USA

US-Präsident Harry S. Truman befiehlt die Entwicklung der Wasserstoffbombe. Das Wettrüsten zwischen den USA und der Sowjetunion erreicht damit eine neue Dimension. Bisher hatten die USA mit der Atombombe einen technischen Vorsprung im Kalten Krieg verzeichnen können. Im September 1949 melden US-Wissenschaftler jedoch eine Atomexplosion auf dem Gebiet der UdSSR. Die Sowjetunion hat den Rüstungsstand der westlichen Weltmacht erreicht.

Die Nachricht sorgte für Aufsehen in vielen Staaten der Welt und wird vielfach mit Erleichterung aufgenommen, da das globale Kräftepotential ausgeglichen scheint. Die US-Regierung sinnt jedoch sogleich darauf, erneut einen Rüstungsvorsprung zu erreichen. Präsident Truman begründet den Befehl zur Entwicklung der H-Bombe mit seiner Verantwortung als Oberbefehlshaber der Streitkräfte, das Land verteidigungsbereit zu halten. Damit stößt er auf Zustimmung bei der US-Bevölkerung und beendet eine wochenlange Debatte. Die moralischen und wirtschaftlichen Bedenken, mit denen Kritiker der H-Bombe die Entwicklung aufhalten wollen, bleiben ohne Gehör. Prominenter Gegner der Waffentechnologie ist u.a. Albert Einstein, der noch 1939 Präsident Roosevelt den Bau der Atombombe vorgeschlagen hatte. In einer Sendung des US-Fernsehens spricht sich der weltberühmte Physiker am 12. Februar gegen die Pläne der Regierung aus. Einstein warnt vor einer drohenden radioaktiven Verseuchung der Erde. Auch J. Robert Oppenheimer, einer der »Väter« der Atombombe, lehnt die H-Bombe aus moralischen Gründen ab, nachdem er die Auswirkungen der Atombombenabwürfe auf Hiroschima und Nagasaki 1945 erlebt hatte. Erwartungsgemäß kritisiert auch die Regierung der UdSSR die Pläne von US-Präsident Truman.

Kongressmitglieder und Angehörige der US-Atomenergiekommission diskutieren die Möglichkeiten zur Entwicklung der Wasserstoffbombe.

Die Wasserstoffbombe gilt als »Superwaffe«. Sie soll die Sprengkraft der Atombombe um ein Vielfaches übertreffen. Die Explosion der H-Bombe entsteht nicht durch Spaltung von Atomkernen, sondern durch die Verschmelzung leichter Kerne. Der Prozess entspricht der »Verbrennung« von Wasserstoff zu Helium auf der Sonne. Die erste H-Bombe wird 1952 gezündet.

8. Februar 1950

Radsport-Sternstunde: Kilian/Vopel feiern großes Comeback

Nach einem spektakulären Wettkampf gewinnen Gustav Kilian und Heinz Vopel das Sechstagerennen von Hannover. Rd. 10 000 Zuschauer feiern die »Sechstagekaiser« im Messe-Sportpalast. Von den elf gestarteten Paaren halten nur acht bis zum Schluss durch. Kilian und Vopel hatten sich ein verbissenes Duell mit dem italienischen Konkurrenzteam Rigoni/Teruzzi geliefert. Während der letzten drei Tage wechselten sich die Teams an der Spitze des Feldes immer wieder ab. Erst in den letzten zwei Stunden des Rennens können die Deutschen einen entscheidenden Vorsprung herausfahren. Für die Dortmunder ist der Sieg in Hannover ein glänzendes Comeback, mit dem sie an ihre weltweiten Erfolge anknüpfen können. Nachdem das NS-Regime die Sechstagerennen 1934 verboten hatte, fuhren Kilian und Vopel Rennen in den USA (Abb.: Gustav Kilian, l., und Heinz Vopel, 3.v.l., im Madison Square Garden in New York). Gemeinsam errangen sie dort 26 Siege. Zwölf davon gewannen sie in Folge, ein bis heute unerreichter Rekord. Seit 1949 treten die Dortmunder wieder in der Bundesrepublik in die Pedale, bisher jedoch noch ohne Erfolg. Der vom Publikum erhoffte Sieg in Hannover wird entsprechend stürmisch gefeiert.

Februar 1950

1 Mi Bei seinem Besuch in Nordrhein-Westfalen bezeichnet Bundespräsident Theodor Heuss das Bundesland als »Schicksalsstaat der Bundesrepublik«.

2 Do Empörung löst die Nachricht aus, die Schauspielerin Ingrid Bergman habe einen unehelichen Sohn geboren, dessen Vater der Regisseur Roberto Rosselini sei.

3 Fr Westdeutsche Kinobesucher können im Vorprogramm erstmals die Neue Deutsche Wochenschau (NDW) sehen. Sie informiert über aktuelle Ereignisse.

4 Sa Als Konsequenz aus dem Entnazifizierungsskandal in Württemberg-Baden, wo »Persilscheine« käuflich waren, tritt Minister Karl Stroele zurück.

5 So Bei den Weltmeisterschaften im Viererbob siegt in Cortina d'Ampezzo das Team der USA vor der Schweizer Mannschaft.

6 Mo Alle Eisen- und Stahllieferungen aus der Bundesrepublik in die DDR werden vorläufig eingestellt. Die DDR ist mit Gegenlieferungen in Verzug geraten.

7 Di Großbritannien und die USA erkennen den halbautonomen Staat (Süd-)Vietnam an, der sich innerhalb der Französischen Union konstituiert hat.

8 Mi Im Norden der Volksrepublik China sind offiziellen Berichten zufolge mehrere Mio. Menschen von einer Hungersnot bedroht. → Radsport → Stasi

9 Do Fast vier Monate nach Ende des Bürgerkriegs hebt die Regierung in Athen den Ausnahmezustand in Nordgriechenland und auf einigen Inseln wieder auf.

10 Fr Der Bundestag beschließt ein Förderungprogramm für West-Berlin über 105 Mio. DM. +++ Mangels Nachfrage sollen in den USA Kartoffeln vernichtet werden.

11 Sa Truppen der Demokratischen Republik (Nord-)Vietnam nehmen Saigon, den Sitz der südvietnamesischen Regierung, unter Beschuss.

12 So Der Physiker Albert Einstein warnt in einem Interview vor der Entwicklung einer Wasserstoffbombe, wie sie US-Präsident Harry S. Truman angeordnet hat.

13 Mo Obwohl die Gewerkschaften zur Wiederaufnahme der Arbeit aufgerufen haben, setzen rd. 400 000 Bergleute in den USA ihren Ausstand fort.

14 Di In Stettin werden zwei Franzosen und drei Polen wegen Spionage für den französischen Nachrichtendienst zu hohen Haftstrafen verurteilt. → Bündnis

15 Mi Der finnische Staatspräsident Juho Paasikivi wird mit großer Mehrheit für weitere sechs Jahre in seinem Amt bestätigt. → Arbeit

16 Do Der katholische Bischof von Berlin, Konrad Graf von Preysing-Lichtenegg-Moos, untersagt Geistlichen jegliche Mitarbeit in der Nationalen Front der DDR.

17 Fr Der neue Dienstwagen von US-Präsident Harry S. Truman, ein Ford Lincoln, gilt als das teuerste Auto der Welt. U.a. wurden die Türgriffe vergoldet.

18 Sa Die Ski-Weltmeisterschaften in Aspen (USA) enden mit einem Triumph für die österreichischen Damen, die in allen Wettbewerben vorn liegen.

19 So Beim Turnier der Profisprinter in Melbourne (Australien) siegt der US-Amerikaner Norwood Ewell und erlangt den Titel »Weltmeister der Berufssprinter«.

20 Mo Weil die Arbeit mit Sandstein die Staublungenkrankheit Silikose nach sich zieht, verbieten niederländische Gewerkschaften die Arbeit mit dem Material.

21 Di Die USA brechen ihre diplomatischen Beziehungen zu Bulgarien ab. Die Bulgaren hatten zuvor den US-Botschafter zur »persona non grata« erklärt.

22 Mi In Köln wird der Walt-Disney-Film »Schneewittchen« von 1937, ein Kassenschlager in den USA, in deutscher Erstaufführung gezeigt.

23 Do Bei den Wahlen zum britischen Unterhaus verliert die regierende Labour-Party zwar an Stimmen, behält aber trotzdem die absolute Mehrheit im Parlament.

24 Fr Die Hamburger Bürgerschaft bestimmt Max Brauer (SPD) zum Ersten Bürgermeister der Hansestadt. Der Senat setzt sich aus Sozialdemokraten zusammen.

25 Sa Eine Kommission unter Leitung von Senator Millards Tydings beginnt damit, das US-Außenministerium auf kommunistische Einflüsse hin zu überprüfen.

26 So In Rottach-Egern gehen die alpinen Deutschen Ski-Meisterschaften zu Ende. Sieger bei den Slalomwettbewerben werden Lia Leismüller und Willi Klein.

27 Mo Ein US-Gericht in Washington lehnt die Rückgabe der nach dem Krieg von einem US-Offizier gestohlenen hessischen Kronjuwelen ab.

28 Di In den USA schnellt die Arbeitslosenmarke auf den Stand von 4,684 Mio. Das sind rd. 1,5 Mio. mehr als vor einem Jahr. → Coca-Cola

März 1950

1 Mi Chiang Kai-shek ruft auf Taiwan die Republik China aus. Der Führer der Nationalchinesen war vor den Kommunisten auf die Insel geflüchtet. → Atomspion

2 Do US-Präsident Harry S. Truman erklärt auf einer Pressekonferenz, er werde niemals nach Moskau reisen, solange er sein Amt bekleide.

3 Fr Der Bundestag verabschiedet eine Steuerreform, die eine durchschnittliche Verringerung der Lohn- und Einkommenssteuer bis 16% vorsieht. → Saarvertrag

4 Sa Im entscheidenden Spiel gegen den EV Füssen holt sich das Eishockeyteam des SC Rießersee durch einen 5:4-Sieg den deutschen Meistertitel zurück.

5 So Die US-Gewerkschaft für Bergleute und die Grubenbesitzer unterzeichnen einen Tarifvertrag, der den achtwöchigen Streik der Kumpel beilegt.

6 Mo Tausende von landlosen Bauern in Sizilien und Kalabrien besetzen brachliegende Landgüter. Ähnliche Aktionen hatte es schon Ende 1949 gegeben.

7 Di Der französische Staatspräsident Vincent Auriol trifft zu einem Staatsbesuch in Großbritannien ein. Er ist Gast von König Georg VI. und Königin Elizabeth.

8 Mi Bei den Londoner Weltmeisterschaften im Eiskunstlauf gewinnt Dick Button (USA) zum dritten Mal in Folge den Titel der Herren. → »Staatsfeinde«

9 Do Auf der Rennbahn von Silverstone führt das britische Auto-Unternehmen Rover den ersten turbinengetriebenen Wagen der Welt vor.

10 Fr Eine Gruppe von SPD-Abgeordneten verprügelt in einem Vorraum des Bundestagsplenums den rechtsradikalen Abgeordneten Wolfgang Hedler.

11 Sa Auf dem internationalen Berufstanzturnier in Stuttgart wird erstmals der Gesellschaftstanz Quinto vorgeführt, der auf einem 5/4-Takt basiert.

12 So Bei einer Volksabstimmung sprechen sich 57,7% der Belgier für die Rückkehr des umstrittenen Königs Leopold III. aus. → Tod im Exil → Flugzeugabsturz

13 Mo Einer der wertvollsten deutschen Kunstschätze, der Mainzer Psalter von 1457, kehrt aus den USA in die Bundesrepublik zurück.

14 Di Die Bundesregierung erklärt West-Berlin zum wirtschaftlichen Notstandsgebiet. Die Stadt hat sich nach fünf Jahren noch nicht vom Krieg erholt.

15 Mi Der Kopenhagener Wellenplan tritt in Kraft. Er verteilt die Rundfunkfrequenzen in 25 Ländern neu. In Westdeutschland ist erstmals über UKW Empfang möglich.

16 Do Beim 20. Internationalen Automobilsalon, der in Genf eröffnet wird, nehmen zum ersten Mal seit Kriegsende auch bundesdeutsche Aussteller teil.

17 Fr Wenige Tage nach der Volksabstimmung über die Rückkehr König Leopolds III. treten Hunderttausende belgische Arbeiter in einen »Stop-Leopold-Streik«.

18 Sa Die DDR-Währung erreicht ihren niedrigsten Stand seit 1948. Für eine West-Mark werden auf Schwarzmärkten bis zu 12 Ost-Mark gehandelt.

19 So Die Regierung Chinas beschließt, die etwa 2500 km lange chinesische Mauer einreissen zu lassen und das Material zum Bau von Häusern zu verwenden.

20 Mo Über 510 000 Jugendliche in der Bundesrepublik Deutschland sind heimat- und elternlos. Das berichtet der CDU-Bundestagsabgeordnete Fritz Mensing.

21 Di Fritz Dorls, Abgeordneter der rechtsradikalen Sozialistischen Reichspartei, erklärt, die SRP strebe einen »Elite-Staat« unter preußischer Führung an.

22 Mi Nach anhaltenden Protesten senkt die Bundesregierung die kürzlich angehobenen Benzinpreise von 60 Pfennig auf 55 Pfennig je Liter.

23 Do Teile des öffentlichen Lebens in Italien sind durch einen Generalstreik lahmgelegt, der aus Protest gegen schärfere Polizeiverordnungen ausgerufen wurde.

24 Fr Die Bundesregierung will 22 Dienststellen nach West-Berlin verlegen. Darunter befinden sich das Bundesverwaltungsgericht und die Bundesdruckerei.

25 Sa Ein Trierer Gericht verurteilt 17 Personen zu Geld- und Gefängnisstrafen. Sie wurden beim Kaffeeschmuggel an der deutsch-belgischen Grenze gefasst.

26 So Bei allgemeinen Wahlen in Jugoslawien erhalten die Kandidaten der Nationalen Front 93,2% der Stimmen. Sie stand als einzige Partei zur Wahl.

27 Mo Der Bundestag billigt ein Gesetz über die Notaufnahme von Deutschen in das Bundesgebiet, das den Flüchtlingsstrom aus der DDR begrenzen soll.

28 Di Das erste Wohnungsbaugesetz der Bundesrepublik sieht die Errichtung von 1,8 Mio. Wohnungen in einem Zeitraum von sechs Jahren vor.

29 Mi Der deutsche Spielfilm »Titanic« von 1943 wird von der Alliierten Hochkommission verboten, weil darin Propaganda betrieben werde.

30 Do Im Alter von 77 Jahren stirbt der französische Politiker Léon Blum in Joy-en-Josas. Er bildete 1936 eine Volksfrontregierung aus Sozialisten und Kommunisten.

31 Fr Elly Heuss-Knapp, die Frau des deutschen Bundespräsidenten, gibt in Bonn die Einrichtung des Müttergenesungswerkes bekannt.

2.R.v.l.: Lauren Bacall, Humphrey Bogart, June Havoc, Evelyn Keyes und Danny Kaye bei einer Anhörung.

8. März 1950

»Staatsfeinde« im Visier

Die Kommunisten-Hysterie in den USA erreicht ihren Höhepunkt. US-Senator Joseph McCarthy beschuldigt 80 Mitarbeiter des Außenministeriums, mit dem Kommunismus zu sympathisieren. Es folgt eine lange Reihe von Anschuldigungen, die auch vor Außenminister Dean Acheson nicht Halt machen. Fast alle Vorwürfe McCarthys erweisen sich als unhaltbar.

McCarthy ist seit 1950 Vorsitzender des Senatsausschusses zur Untersuchung »unamerikanischer Umtriebe«. Der Ausschuss wurde 1938 ins Leben gerufen, als US-Präsident Franklin D. Roosevelt ein Gesetz gegen »zersetzende politische Aktivitäten« erließ. Nach Kriegsende stellte Roosevelts Nachfolger, US-Präsident Harry S. Truman, eine neue außenpolitische Leitlinie vor, die das Vordringen des sowjetischen Einflusses verhindern sollte. Unter Federführung von FBI-Chef J. Edgar Hoover begann eine »Säuberung des Landes von unamerikanisch gesonnenen Personen«. Mehr als 100 000 Personen in Verwaltung, Industrie und Wirtschaft gerieten unter Verdacht. Im Februar 1950 sorgt Senator McCarthy mit seiner Behauptung für Aufsehen, im Außenministerium seien verräterische Aktivitäten festgestellt worden. Daraufhin geraten auch Personen des öffentlichen Lebens unter Verdacht – Künstler,

3. März 1950

Empörung über Saarvertrag

Ein Vertrag, der das zwischen Paris und Bonn umstrittene Saargebiet wirtschaftlich enger an Frankreich bindet, löst in der Bundesrepublik Empörung aus. Der saarländische Ministerpräsident Johannes Hoffmann und Frankreichs Außenminister Robert Schuman unterzeichnen mehrere Abkommen, die u.a. die Verpachtung der Saarkohlegruben an Frankreich für 50 Jahre sowie die weitgehende politische Autonomie des Saargebiets festschreiben. Bundeskanzler Konrad Adenauer erklärt, die Vereinbarung nähme entgegen den Zusicherungen der Alliierten Fragen vorweg, die einem Friedensvertrag vorbehalten sein sollten. Durch die vertragliche Anbindung der Saar an Frankreich würden Veränderungen an den deutschen Grenzen vorgenommen. Schon seit langem streiten Bonn und Paris um das Saargebiet.

12. März 1950

80 Tote bei Flugzeugabsturz

Bei dem bislang schwersten Unglück der zivilen Luftfahrt sterben 80 Menschen. Eine Maschine der Fluggesellschaft Fairlight Ltd. stürzt in Süd-

wales ab. Das viermotorige Flugzeug driftet beim Landeanflug ab, fällt steil nach unten, bohrt sich mit dem Bug in ein Feld und explodiert (Abb.: Die Trümmer der »Avro-Tudor II« bei Sigingstone).

Schauspieler und Intellektuelle. Viele werden mit Berufsverbot belegt, Angestellte müssen den Dienst quittieren. Bald herrscht in den USA ein Klima von Verdächtigung und Denunziation. Unter den Opfern befindet sich u.a. Charlie Chaplin, der nach Europa emigriert. Der Krimi-Autor Dashiell Hammett verweigert die Aussage vor dem Ausschuss und wird inhaftiert. Der Dramatiker Arthur Miller vergleicht die USA mit einem »besetzten Land, in dem absolut jeder ein feindlicher Spion« sein könne. Miller verarbeitet seine Erlebnisse in dem Drama »Hexenjagd«, in dem er die Kommunisten-Hysterie mit einem Fall von Hexenverfolgung in Amerikas Pionierzeit in Beziehung setzt. Auch Hollywood-Stars verklagen den Ausschuss wegen Verletzung der amerikanischen Bürgerrechte. Doch erst 1954 kann McCarthys Macht gebrochen werden. In Überschätzung seines Einflusses beschuldigt er US-Präsident Dwight D. Eisenhower öffentlich, ein Verräter zu sein. Daraufhin entmachtet der Präsident den Senator. Eines der dunkelsten Kapitel der US-Geschichte geht zu Ende.

Joseph McCarthy ist die Triebfeder der Kommunisten-Hysterie.

Amerika – für McCarthy ein Land voller Staatsfeinde

1. März 1950

Atomspion Fuchs verurteilt

In einem spektakulären Prozess verurteilt ein Londoner Gericht den Physiker Klaus Fuchs wegen Spionage zu 14 Jahren Zuchthaus. Der deutschstämmige Wissenschaftler war von 1943 bis 1946 an der Entwicklung der Atombombe in den USA beteiligt gewesen. Danach arbeitete er als Leiter der Abteilung für Theoretische Physik in der wichtigsten Kernforschungsanlage Großbritanniens. Von hier aus konnte Fuchs wichtige Informationen an die UdSSR weiterleiten. Die Sowjetunion kann dank Fuchs beim Bau der Atom- bzw. Wasserstoffbombe mit den USA Schritt halten. Die US-Regierung versuchte nach Fuchs' Verhaftung vergeblich, seine Auslieferung durchzusetzen. In den USA hätte Fuchs wegen seiner Vergehen zum Tode verurteilt werden können. Bei Verhören verrät Fuchs weitere Spione der UdSSR.

16. April 1950

SG Dresden flieht in Westen

Im Dresdener Heinz-Steyer-Stadion stürmen 60 000 Zuschauer wegen offensichtlich bewusster Fehlentscheidung des Schiedsrichters den Platz. In dem vorangegangenen Spiel verlor die SG Dresden-Friedrichstadt gegen ZSG Horch Zwickau mit 1:5 Toren. Der Vorfall liefert dem DDR-Sportausschuss die lange gesuchte Gelegenheit, den Verein aufzulösen, dessen populärster Spieler Helmut Schön ist. Sechs Wochen später fliehen die Sportler geschlossen nach West-Berlin (Abb.: Das Dresdener Team vor dem ersten Spiel als Westmannschaft mit Helmut Schön, M.). Die SG Dresden ist die einzige Mannschaft der DDR, die nicht in eine Betriebssportgemeinschaft umgewandelt wurde. Wegen ihrer

großen Popularität erlaubten die Behörden die Fortführung des Spielbetriebs. Nach der Flucht in den Westteil Berlins schließen sich die meisten Dresdener Spieler dem Verein Hertha BSC Berlin an.

12. März 1950

Tod im Exil

Im Alter von 78 Jahren stirbt der deutsche Schriftsteller Heinrich Mann in der Emigration im kalifornischen Santa Monica. Der Autor lebte in seinen letzten Lebensjahren in ärmlichen Verhältnissen. Kurz vor seinem Tod hatte Heinrich Mann eine Einladung angenommen, in die DDR überzusiedeln. Dort sollte der ältere Bruder des Literaturnobelpreisträgers Thomas Mann als Präsident die neu zu schaffende Deutsche Akademie der Künste in Ost-Berlin leiten.

Heinrich Mann

deutscher Schriftsteller, * 27.3.1871 Lübeck; † 12.3.1950 Santa Monica (US-Bundesstaat Kalifornien)

Heinrich Mann verurteilte als Demokrat und Humanist den wilhelminischen Obrigkeitsstaat und das NS-Regime. Als Romancier in der Tradition der französischen Aufklärung musste er 1933 nach Frankreich fliehen. Hier wurde Mann zur Symbolfigur der antifaschistischen Exilanten. Sein Buch »Professor Unrat« erlangte durch die Verfilmung mit Marlene Dietrich als »Der blaue Engel« (1930) Weltruhm.

- 1889: Buchhändlerlehre
- 1914: »Der Untertan« (Roman)
- 1940: Flucht in die USA
- 1949: Erster Nationalpreisträger der DDR

April 1950

1 Sa Das 100. Bootsrennen auf der Themse zwischen den Universitätsmannschaften von Cambridge und Oxford gewinnt das Team aus Cambridge.

2 So Die Arabische Liga will ab sofort jeden Mitgliedsstaat aus der Organisation ausschließen, der einen Sonderfrieden mit Israel schließt.

3 Mo Im Alter von 50 Jahren stirbt in New York der deutsche Komponist Kurt Weill, der vor allem durch seine Musik zur »Dreigroschenoper« berühmt wurde.

4 Di Nach einem Gastspiel in West-Berlin entschließen sich 15 Sängerinnen des Dresdner Mozartchors, nicht mehr in die DDR zurückzukehren.

5 Mi US-Außenminister Dean Acheson erklärt, Reis und Weizen für die von Hungersnot betroffenen Gebiete Chinas bereitstellen zu wollen.

6 Do Harry S. Truman, Präsident der USA, ernennt den Republikaner John Foster Dulles zum Berater von Außenminister Dean Acheson.

7 Fr Nach dramatischem Finale gewinnen die Belgier Naeye/Adriaenssens das Münchener Sechstagerennen vor dem australischen Team Strom/Arnold.

8 Sa Der russische Ballettstar Waslaw Nijinski stirbt im Alter vom 62 Jahren in London. Er gilt als einer der besten Tänzer des 20. Jahrhunderts.

9 So In seiner Osteransprache im Petersdom mahnt Papst Pius XII. die Katholiken in der ganzen Welt, den Weg des Christentums nicht zu verlassen.

10 Mo In Monaco beginnen die Feierlichkeiten anlässlich der Krönung von Fürst Rainier III. Die festlichen Veranstaltungen dauern sechs Tage.

11 Di Auf dem US-Transportschiff »Exilona« treffen die ersten Waffen in Neapel ein, die von den USA im Rahmen der NATO nach Europa geliefert werden.

12 Mi 300 Familien aus Chicago sind am ersten Versuch mit Kabelfernsehen beteiligt, der in den USA anläuft und Kinofilme für eine Gebühr auf Abruf bereithält.

13 Do In Köln werden Mitglieder der sog. Autospringerbande zu dreijährigen Haftstrafen verurteilt. Sie hatten von fahrenden Pkw aus Lastwagen ausgeraubt.

14 Fr Der griechische Ministerpräsident Sofoklis Weniselos tritt nach dreiwöchiger Amtszeit zurück. Sein Nachfolger wird General Nikolaos Plastiras.

15 Sa Weil sie ohne Einwilligung ihres Bruders, des Schah, einen US-Amerikaner geheiratet hat, verliert Prinzessin Fatima von Persien alle königlichen Rechte.

16 So Der im Exil lebende belgische König Leopold III. nimmt in einer Rundfunkansprache Stellung zum innenpolitischen Streit um seine Person. → SG Dresden

17 Mo In der gesamten Bundesrepublik Deutschland beginnt eine Brotwerbekampagne, die sog. Deutsche Brotwoche.

18 Di Bundeskanzler Konrad Adenauer fordert nach einer Rede die Zuhörer in West-Berlin auf, mit ihm die dritte Strophe des Deutschlandliedes zu singen.

19 Mi Die DDR-Volkskammer verabschiedet das »Grundgesetz der Arbeit«. +++ London lehnt ein Ersuchen Israels um Waffenhilfe ab.

20 Do In London treten über 6000 Hafen- und Dockarbeiter in einen wilden Streik gegen die Gewerkschaften, die im Vorjahr drei Arbeiter ausgeschlossen hatten.

21 Fr Die Deutsche Schlaf- und Speisewagengesellschaft (DSG) wird gegründet. Sie übernimmt das Vermögen der Mitropa AG, die in der DDR weiter existiert.

22 Sa US-Außenminister Dean Acheson warnt vor einer sowjetischen Propagandakampagne, die sein Land oder andere westliche Staaten unterminieren könnte.

23 So Der italienische Automobilrennfahrer Giannino Marzotte gewinnt auf Ferrari das Rundstreckenrennen von Brescia, die »Mille Miglia«.

24 Mo Das jordanische Parlament billigt mit einer Gegenstimme die 1948 erfolgte Annexion Ostpalästinas (Westjordanland) durch Jordanien.

25 Di Das sängerische »Wunderkind« Anja Silja präsentiert sich in West-Berlin der Presse. Die zehnjährige Sopranistin trägt einige Bravour-Arien vor.

26 Mi Mit der »Pakethilfe Ost« leitet das Evangelische Hilfswerk Baden eine Aktion zur Unterstützung der Bevölkerung in der DDR ein.

27 Do Im Münchener Hofbräuhaus gibt es erstmals seit 1945 wieder eine Maibockprobe. +++ Der Bundestag bewilligt Hilfen für Kriegsheimkehrer.

28 Fr Der Atomphysiker Frédéric Joliot-Curie wird wegen Mitgliedschaft in der Kommunistischen Partei Frankreichs als Hochkommissar für Atomenergie entlassen.

29 Sa Das Hamburger Schwurgericht spricht den NS-Regisseur Veit Harlan (»Jud Süß«) vom Vorwurf des Verbrechens gegen die Menschlichkeit frei.

30 So In Mölln beginnen Festlichkeiten zu Ehren Till Eulenspiegels, der 600 Jahre zuvor in der holsteinischen Stadt gestorben sein soll.

Mai 1950

1 Mo In der Bundesrepublik wird die Lebensmittelrationierung aufgehoben. Die Kunden benötigen beim Einkauf keine Lebensmittelkarten mehr.

2 Di Das Parlamentsmitglieder in Saarbrücken billigen den Beitritt des Saargebiets als assoziiertes Mitglied zum Europarat.

3 Mi Das britische Unterhaus beschließt, die Insel Helgoland weiterhin als Bombenübungsziel der Royal Air Force zu nutzen.

4 Do Bei der ersten Auslandsreise einer deutschen Fußballmannschaft nach dem Krieg trifft die Elf des Hamburger SV in New York ein.

5 Fr Der 22-jährige Bhumibol Adulyadei wird in Bangkok in einer feierlichen Zeremonie zum König von Thailand gekrönt.

6 Sa Die Filmschauspielerin Elisabeth Taylor heiratet in Beverly Hills den Hotelbesitzersohn Conrad »Nick« Hilton jr. Im Dezember trennt sich das Paar wieder.

7 So Gegen eine deutsche Armee spricht sich der französische Staatspräsident Vincent Auriol aus. Er fordert, Deutschland unter Militärkontrolle zu belassen.

8 Mo Das US-Außenministerium sichert den halbautonomen Staaten Vietnam, Kambodscha und Laos Wirtschafts- und Militärhilfe zu.

9 Di Griechenland und Jugoslawien vereinbaren die Wiederaufnahme voller diplomatischer Beziehungen, die 1949 abgebrochen worden waren. → Schuman-Plan

10 Mi Der Allgemeine Deutsche Automobilclub (ADAC) protestiert in Bayern gegen die Verwendung von Stoppuhren bei polizeilichen Geschwindigkeitskontrollen.

11 Do 39 Bergleute kommen bei einem Grubenunglück in einem belgischen Kohlebergwerk bei Trazegnies ums Leben. Ursache ist eine Kohlenstaubexplosion.

12 Fr In Hamburg beginnt ein Tennisvergleichskampf zwischen Australien und der Bundesrepublik Deutschland. Die Australier gewinnen glatt mit 5:0.

13 Sa Eine Konferenz der Außenminister Großbritanniens, Frankreichs und der USA endet in London. U.a. wurde über den österreichischen Staatsvertrag beraten.

14 So Bei den Wahlen zur türkischen Nationalversammlung erleidet die seit 1927 regierende Volkspartei eine Niederlage. Die Demokraten erhalten die Mehrheit.

15 Mo Nach 100 Tagen beenden rd. 89 000 Arbeiter in den Automobilwerken des US-Herstellers Chrysler ihren Streik. Den Lohnforderungen wurde nachgegeben.

16 Di Der Landtag von Rheinland-Pfalz beschließt die Verlegung des Regierungssitzes von Koblenz nach Mainz.

17 Mi Laut Beschluss der Ostberliner Volkskammer erlangen Jugendliche in der DDR mit Vollendung des 18. Lebensjahres die Volljährigkeit.

18 Do 6000 Gäste verfolgen die Eröffnungsvorstellung der Oberammergauer Festspiele. +++ Nahe Krakau beginnen die Bauarbeiten für die Stadt Nowa Huta.

19 Fr Ein Programm von US-Präsident Harry S. Truman zur Vermeidung jeder rassischen Diskriminierung erreicht im Senat nicht die erforderliche Zweidrittel-Mehrheit.

20 Sa 78 Bergleute kommen bei einer Schlagwetterexplosion auf der Zeche Dahlbusch in Gelsenkirchen-Rotthausen ums Leben.

21 So Ein schweres Erdbeben zerstört einen Großteil der peruanischen Stadt Cuzco, der alten Hauptstadt des Inka-Reiches.

22 Mo In London werden die »Vier letzten Lieder« des verstorbenen Komponisten Richard Strauss nach Texten von Hermann Hesse u.a. uraufgeführt.

23 Di Der Iran und die USA schließen ein Abkommen, das den umfangreichen Export von US-Kriegsmaterial in den Iran vorsieht.

24 Mi Die Schauspielerin Ingrid Bergman und der Regisseur Roberto Rosselini lassen sich in Mexiko trauen. Das abwesende Paar ist durch Bevollmächtigte vertreten.

25 Do In West-Berlin öffnet ein Kino seine Tore, das im Innern mit Polsterbänken ausgestattet ist. Hier sollen Liebespaare gemeinsame Kinostunden verbringen.

26 Fr Laut Beschluss des in London regierenden Labour-Kabinetts wird in Großbritannien die Rationierung von Benzin aufgehoben.

27 Sa In Frankfurt am Main wird erstmals der Friedenspreis des Deutschen Buchhandels verliehen. Diesjähriger Preisträger ist der Schriftsteller Max Tau.

28 So Der Deutsche Schwergewichtsmeister der Berufsboxer, Hein ten Hoff, unterliegt in Mannheim dem US-Profi Jersey Joe Walcott nach Punkten.

29 Mo Das US-Außenministerium erklärt, Senator Josef McCarthy habe nicht einen einzigen Kommunisten im Ministerium überführen können.

30 Di In der japanischen Hauptstadt Tokio kommt es zu Protestkundgebungen der Bevölkerung gegen die Besatzungsmacht USA.

31 Mi Sieben Kinder sterben im niedersächsischen Visselhövede bei der Explosion einer Granate aus dem Zweiten Weltkrieg, die sie im Wald gefunden haben.

17. Juni 1950

Taschenbuchreihe revolutioniert den Büchermarkt

Rowohlt bringt als erster europäischer Verlag Taschenbücher auf den Markt. Mit der Reihe rororo (Rowohlts-Rotations-Romane) bietet der Hamburger Verlag seinen Kunden ein preiswertes Lesevergnügen. Die Bücher sind im Rotationsdruckverfahren hergestellt und zusammengeleimt – statt, wie bisher üblich, gebunden oder geklammert. Ein Buch kostet 1,50 DM – gegenüber den etwa 6,50 DM, die man für ein gebundenes Exemplar entrichten muss. Unter den ersten rororo-Titeln sind viele Werke gehobener neuerer Unterhaltungsliteratur (s. Abb. l. u.r.). Viele Kritiker prophezeien den Verfall der Buchkultur, aber der Erfolg gibt dem Taschenbuchprinzip Recht. Bis 1952 setzt Rowohlt über drei Mio. Exemplare ab. Die Idee des Taschenbuchs als preiswerter Massenartikel stammt aus Großbritannien.

25. Juni 1950

Koreakrieg beginnt

Nordkoreanische Truppen greifen den Süden des Landes an und beginnen einen Krieg. Die USA sehen den Angriff des kommunistischen Nordkorea als Provokation von Seiten der Sowjetunion an und senden Truppen, um dem von ihnen protegierten Landesteil beizustehen. Die Weltöffentlichkeit befürchtet den Ausbruch des Dritten Weltkriegs.

US-Präsident Harry S. Truman wertet den Überfall als Beleg dafür, »dass der Kommunismus ... jetzt zum Mittel bewaffneter Invasion und Krieg greifen wird«. Auf Betreiben der USA hin verurteilt der Weltsicherheitsrat noch am selben Tag Nordkorea als Aggressor. Die UNO fordert Nordkorea zum sofortigen Rückzug aus dem besetzten Nachbarstaat auf. Als die nordkoreanische Regierung der Aufforderung nicht nachkommt, beschließt der Weltsicherheitsrat am 27. Juni die Bildung einer UN-Truppe, die unter der Führung der USA die Angreifer zurückschlagen soll. Elf Tage später ernennt Präsident Truman den US-General Douglas MacArthur zum Oberkommandierenden der UN-Truppen. Die Nordkoreaner setzen ihren Vormarsch zunächst fort. Bis Ende Juli haben sie fast den gesamten Süden unter Kontrolle. Die US-Regierung befiehlt daraufhin den verstärkten Einsatz von Bodentruppen. Aber die Gegenoffensive hat erst im Herbst Erfolg. Jetzt gelingt den UN-Truppen ein Vorstoß bis zur Demarkationslinie am 38. Breitengrad. In weitreichenden Aktionen treiben die Alliierten die Nordkoreaner bis an die chinesische Grenze zurück.

Der Konflikt zwischen Süd- und Nordkorea liegt in der Teilung des Landes nach dem Zweiten Weltkrieg begründet. Truppen der USA und der UdSSR waren nach der Kapitulation Japans in das Land einmarschiert. Im August 1948 wurde im Süden die westlich orientierte Republik Korea gegründet. Einen Monat später erfolgte die Proklamation der kommunistischen Demokratischen Volksrepublik Korea im Norden. Noch im selben Jahr begannen beide Staaten mit der Aufrüstung, die schließlich

Ein sowjetischer T-3-Panzer in Nordkorea

Stationen des Koreakriegs

Datum	Ereignis
25.6.1950	Überfall Nordkoreas auf den Südteil des Landes
27.6.1950	Der Weltsicherheitsrat beschließt Entsendung von Truppen
28.6.1950	Nordkoreanische Truppen erobern Seoul
15.9.1950	UN-Großoffensive gegen die nordkoreanischen Besatzer
9.10.1950	Alliierte Truppen an der Demarkationslinie zu Nordkorea
25.11.1950	China greift ein und zwingt die Alliierten zum Rückzug
14.3.1951	Zweite Rückeroberung Seouls durch US-Einheiten
27.7.1953	Waffenstillstand nach zweijährigen Verhandlungen

9. Mai 1950

Schuman-Plan eint Europa

Frankreichs Außenminister Robert Schuman legt in Paris Pläne für eine deutsch-französische Zusammenarbeit vor, die Grundstock für die europäische Gemeinschaft werden soll. Schuman unterbreitet den Vorschlag, die deutsche und die französische Stahl- und Kohleindustrie einer gemeinsamen Behörde zu unterstellen. Der Schumanplan findet begeisterte Aufnahme. In den folgenden Monaten ergänzen Vertreter der Bundesrepublik, Italiens, Belgiens, Luxemburgs und der Niederlande das Vorhaben um eigene Vorschläge. So sollen u.a. auch die europäischen Bauern künftig zusammenarbeiten und Handelshemmnisse aus dem Weg geräumt werden.

Südkoreanische Soldaten zerren einen verängstigten Nordkoreaner aus seinem Versteck hervor. Dabei haben sie ein wachsames Auge auf eventuell verborgene Heckenschützen.

zum bewaffneten Konflikt führte. Der Koreakrieg bedeutet nicht nur für den südostasiatischen Raum eine Bedrohung. Die US-Regierung befürchtet, dass sich der Krieg auf den gesamten pazifischen Raum ausbreiten könnte. Die Bevölkerung der USA sieht sich direkt von einer möglichen sowjetischen Offensive bedroht. Vielerorts bauen die Menschen Luftschutzbunker, obwohl es keine Informationen darüber gibt, ob sowjetische Waffen überhaupt amerikanisches Gebiet erreichen könnten. Innerhalb von zwei Wochen steigen die Lebensmittelumsätze durch Hamsterkäufe der Bevölkerung um drei Prozent. Auch die europäischen Staaten befürchten einen Krieg, der sich auf ihr Territorium ausdehnen könnte. Vor allem die Menschen in Deutschland werden von Unruhe erfasst, viele glauben an einen unmittelbar bevorstehenden Angriff aus dem Osten. Es kommt zu Panikreaktionen. Segelboote werden gekauft und Benzinvorräte angelegt. Die südamerikanischen Botschaften erleben einen nie zuvor dagewesenen Andrang auf Visa.

22. Juni 1950

»Leukoplastbomber« startet

Der Bremer Automobilhersteller Borgward stellt das Modell Lloyd 300 vor, das als »Leukoplastbomber« in die Automobilgeschichte eingehen wird (s. Abb.). Das Fahrzeug erhält den Spitznamen wegen seiner Karosserie. Statt aus lackiertem Stahlblech besteht sie aus einem Hartholzskelett. Das Gerüst wird mit Sperrholz verkleidet und schließlich mit Kunstleder bespannt. Diese Konstruktionsmethode war vor dem Zweiten Weltkrieg bei DKW üblich.

Die Anschaffungskosten des Lloyd 300 sind gering – mit einem Preis von rd. 2800 DM ist er einer der günstigsten Wagen auf dem bundesdeutschen Markt. Die Karosserie bietet vier Personen Platz. Mit einer Leistung von 10 PS erreicht das Modell eine Spitzengeschwindigkeit von 75 km/h. Einzig das Fahrgeräusch ist gewöhnungsbedürftig. Da der Lloyd mit nur 5,5 Liter Benzin auf 100 km auch im Verbrauch günstig liegt, entwickelt er sich schnell zum Verkaufsschlager und wird zum »Wirtschaftswunderauto« des kleinen Mannes. Borgward spielte schon vor dem Krieg – u.a. mit Pkw der Marke Hansa und sog. Blitzkarren – eine bedeutende Rolle auf dem deutschen Automarkt.

13. Juni 1950

Apartheid wird verschärft

Die südafrikanische Regierung verschärft ihre Rassentrennungspolitik. Das Repräsentantenhaus des britischen Dominions billigt den sog. Group Areas Act. Damit wird jeder Südafrikaner einer Rasse zugeordnet, zugleich ist die Ausweisung getrennter Siedlungsgebiete für Angehörige der verschiedenen Rassen vorgesehen.
Die Bestimmungen sind Teil der restriktiven Politik der weißen Regierung unter Ministerpräsident

Daniel François Malan. Seit seinem Amtsantritt im Jahre 1948 wurde die Apartheidpolitik stetig verschärft. Durch eine politische, soziale, wirtschaftliche und räumliche Trennung der Rassen soll eine isolierte Entwicklung der Bevölkerungsgruppen in allen Bereichen herbeigeführt werden. Immer wieder kommt es zu Protestaktionen der schwarzen Bevölkerung (Abb.: Schwarze Südafrikaner protestieren in einem nur für Weiße bestimmten Zugabteil.).

Juni 1950

1 Do – Bundesfinanzminister Fritz Schäffer gibt bekannt, dass im Kabinett eine Einigung über die Grundlagen des Lastenausgleichs für Flüchtlinge erzielt worden sei.

2 Fr – Die US-Besatzungsbehörden übergeben den Rhein-Main-Flughafen in Frankfurt am Main offiziell in deutsche Hände.

3 Sa – Französischen Bergsteigern gelingt die Erstbesteigung des über 8000 m hohen Annapurna in Nepal. +++ In Stuttgart öffnet die erste Gartenschau seit dem Krieg.

4 So – Heinrich Hellwege, Vorsitzender der Deutschen Partei, fordert in Bremen, dass die »Diffamierung des deutschen Soldatentums« beendet werden müsse.

5 Mo – Die Rassentrennung in den US-Eisenbahnwaggons ist ab sofort ungesetzlich. Dies erklärt das Oberste Bundesgericht der USA.

6 Di – Die DDR erkennt die Oder-Neiße-Linie als deutsche Ostgrenze an. Ein entsprechendes Abkommen mit Polen soll bald unterzeichnet werden.

7 Mi – Sämtliche SED-Mitglieder müssen, wie in der DDR amtlich mitgeteilt wird, einen neunmonatigen Kurs in Marxismus-Leninismus absolvieren.

8 Do – Wissenschaftler des Frankfurter Instituts für Sexualforschung weisen darauf hin, dass das Homosexualitäts-Verbot gegen das Grundgesetz verstoße.

9 Fr – Die Bundesregierung erklärt, sie werde die Abtrennung der deutschen Ostgebiete durch Grenzziehung an der Oder-Neiße-Linie niemals akzeptieren.

10 Sa – Das weltweit größte Freilichtkino wird in der Berliner Waldbühne eröffnet. Es bietet Platz für 22 000 Zuschauer.

11 So – Probesendungen für ein regelmäßiges Fernsehprogramm strahlt der Nordwestdeutsche Rundfunk in Hamburg aus.

12 Mo – In Rastatt werden der ehemalige Kommandant und der Arbeitseinsatzleiter des Konzentrationslagers Ravensbrück hingerichtet.

13 Di – Als erster Ausländer gewinnt der Schweizer Radrennfahrer Hugo Koblet – mit fünf Minuten Vorsprung – vor Favorit Gino Bartali den Giro d'Italia. → Apartheid

14 Mi – Die niederländische Regierung veröffentlicht Ergänzungsvorschläge zum Schuman-Plan, die u.a. den Abbau von Handelshindernissen vorsehen.

15 Do – Nach langer innenpolitischer Debatte stimmt der Bundestag in Bonn dem Beitritt der Bundesrepublik Deutschland zum Europarat zu.

16 Fr – Die DDR beschuldigt die USA, über ihrem Staatsgebiet aus Flugzeugen Kartoffelkäfer abzuwerfen, um die Landwirtschaft zu schädigen.

17 Sa – In Spanien werden Rationierung und Preiskontrolle für Brot aufgehoben. Beide galten seit Beginn des Bürgerkrieges 1936. → Taschenbuch

18 So – Der Hungerkünstler Willy Schmitz beendet eine 53-tägige Fastenzeit, in der er nur von Wasser und Zigaretten lebte – seinen Angaben nach ein Weltrekord.

19 Mo – Weil er sich trotz Verbots politisch betätigt hat, wird der Vorsitzende der rechtsextremen Vaterländischen Partei, Karl Feitenhansl, verhaftet.

20 Di – Zwei französische Generäle werden in den Ruhestand versetzt, weil sie Geheimberichte über die Lage in Indochina an die Vietminh weitergegeben hätten.

21 Mi – In den westdeutschen Ländern können zentrale Polizeischulen eingerichtet werden. Die Genehmigung erteilt heute die alliierte Hochkommission.

22 Do – Volkspolizisten erschießen bei Wiedigshof einen DDR-Bürger, der illegal die deutsch-deutsche Grenze überqueren wollte. → »Leukoplastbomber«

23 Fr – Das Schweizer Parlament in Bern lehnt mit großer Mehrheit einen Antrag ab, Frauen das Wahlrecht zuzugestehen.

24 Sa – Der französische Ministerpräsident Georges Bidault tritt mit seinem Kabinett zurück. Das Parlament hatte ihm zuvor das Vertrauen entzogen.

25 So – Der VfB Stuttgart wird Deutscher Fußballmeister 1950. Die Schwaben schlagen im Berliner Olympiastadion Kickers Offenbach mit 2:1. → Koreakrieg

26 Mo – Walter Ulbricht, stellvertretender Ministerpräsident der DDR, beendet eine mehrwöchige Reise durch die Ostblockstaaten.

27 Di – In der westsyrischen Stadt Homs explodiert ein Treibstofflager. Dabei kommen 60 Menschen ums Leben, weitere 300 werden verletzt.

28 Mi – Makarios II., Führer der griechisch-orthodoxen Kirche auf Zypern, stirbt im Alter von 81 Jahren. Sein Nachfolger ist der Bischof von Kition, Makarios III.

29 Do – Das Budget von West-Berlin für 1950 sieht Ausgaben in Höhe von rd. 1,6 Mrd. DM vor, von denen 655 Mio. DM nicht gedeckt sind.

30 Fr – Papst Pius XII. droht allen Katholiken mit Exkommunikation, die die Autorität der römisch-katholischen Kirche untergraben.

Juli 1950

1 Sa Nach seinem Sieg beim Giro d'Italia gewinnt der Schweizer Radrennfahrer Hugo Koblet auch die Tour de Suisse.

2 So In Mönchengladbach enden nach viertägiger Dauer die Deutschen Tennismeisterschaften. Titelträger sind Ernst Buchholz und Inge Pohmann.

3 Mo Das Kaufhaus des Westens (KaDeWe) am Wittenbergplatz in West-Berlin wird wieder eröffnet, nachdem es im Krieg zerstört worden war.

4 Di In Ost-Berlin beginnt der zweite Schriftstellerkongress der DDR. Die Teilnahme von Verleger Ernst Rowohlt sorgt für Unmut in der Bundesrepublik.

5 Mi Der seit Jahren polizeilich gesuchte sizilianische Gangsterboss Salvatore Giuliano wird bei einem Feuergefecht mit der Polizei erschossen.

6 Do In Görlitz legen die DDR und Polen die Oder-Neiße-Linie als endgültige Grenze zwischen ihren Staaten vertraglich fest.

7 Fr Budge Patty bei den Herren und Louise Brough bei den Damen sind die Titelträger der Tennismeisterschaften von Wimbledon.

8 Sa Der US-Militärgouverneur in Japan, General Douglas MacArthur, wird auf Beschluss de UN-Sicherheitsrates Oberbefehlshaber der UN-Truppen in Korea.

9 So Ein Erdbeben verwüstet einen Teil Kolumbiens. 271 Menschen kommen dabei ums Leben, 700 tragen Verletzungen davon.

10 Mo Ein französisches Kriegsgericht verurteilt Karl Vorlander, der ehemals Oberleutnant der deutschen Marine, wegen Geiselerschießung im Krieg zum Tode.

11 Di René Pleven wird neuer französischer Ministerpräsident. Sein Vorgänger Henri Queuille war nur fünf Tage im Amt gewesen.

12 Mi Die SPD wirft der Bundesregierung »Ämterpatronage« bei der Personalpolitik vor: Ehemalige Nationalsozialisten würden bei Stellenvergaben bevorzugt.

13 Do Der indische Regierungschef Jawaharlal Nehru bietet der sowjetischen und der US-Regierung seine Dienste als Vermittler im Koreakrieg an.

14 Fr Die Westmächte fordern von der UdSSR Stellungnahme zum Verbleib von Kriegsgefangenen. Sie bezweifeln, dass alle Inhaftierten entlassen worden seien.

15 Sa Festtag im Haus Thurn und Taxis: Maria heiratet Franz Josef von Sigmaringen. Das Fürstenpaar Albert und Margarete feiert diamantene Hochzeit.

16 So Der britische Ex-Premier Winston Churchill erklärt, der Koreakrieg sei ein Schritt auf dem Weg zu einer kommunistischen Weltregierung. → Uruguay

17 Mo In der DDR werden die Preise für Waren der staatlichen Handelsorganisation HO um durchschnittlich 25% gesenkt.

18 Di 1500 Personen werden in West-Berlin verhaftet, weil sie Unterschriften für den Stockholmer Appell zur Ächtung von Atomwaffen gesammelt haben.

19 Mi Wegen Mordes an Reichsfinanzminister Matthias Erzberger im Jahre 1921 wird der Angeklagte Heinrich Schulz in Offenburg zu zwölf Jahren Haft verurteilt.

20 Do Die argentinische Regierung erhebt Anspruch auf die Falklandinseln im Südatlantik, die unter britischer Herrschaft stehen.

21 Fr Der Zirkuselefant »Tuffi« stürzt bei einer Werbefahrt 12 m tief aus der Wuppertaler Schwebebahn in die Wupper. Das Tier kommt mit dem Schrecken davon.

22 Sa Nach sechsjährigem Exil kehrt Leopold III., der wegen seines Verhaltens zur Zeit der deutschen Besatzung umstrittene König der Belgier, nach Brüssel zurück.

23 So Der Kölner Erzbischof Josef Kardinal Frings erklärt in einer Predigt, eine uneingeschränkte Kriegsdienstverweigerung sei mit dem Glauben unvereinbar.

24 Mo Der dritte Parteitag der SED endet in Ost-Berlin. U.a. wurde von den Mitgliedern ein neues Parteistatut beschlossen.

25 Di In vielen Städten werden im Rahmen der Bach-Wochen Konzerte gegeben. Anlass ist der 200. Todestag Johann Sebastian Bachs am 28. Juli. → Ulbricht

26 Mi Eine Bombe aus dem Zweiten Weltkrieg wird in der Nähe des sowjetischen Ehrenmals im Berliner Tiergarten zur Explosion gebracht.

27 Do Karl Arnold (CDU) wird in Düsseldorf vom Landtag Nordrhein-Westfalens zum Ministerpräsidenten gewählt.

28 Fr Das Parlament in Bonn lehnt einen Misstrauensantrag der SPD gegen Bundeswirtschaftsminister Ludwig Erhard (CDU) ab.

29 Sa Zwei Arbeiter, die sich in Brüssel dem Streik gegen die Rückkehr von König Leopold III. angeschlossen hatten, werden von der Polizei erschossen.

30 So Hein ten Hoff verteidigt in West-Berlin seinen Titel als Deutscher Meister der Schwergewichtsboxer gegen Wilson Kohlbrecher durch k.o. in der zweiten Runde.

31 Mo Der Filmkonzern Ufa verliert seine Monopolstellung im Westen. Die alliierte Hochkommission lässt Studios und Kinos des Unternehmens versteigern.

Für jeden Fußballspieler ist es ein ganz besonderes Erlebnis, im riesigen Maracana-Stadion zu spielen.

16. Juli 1950

Uruguays Elf besiegt den Erzrivalen Brasilien

Mit einem unerwarteten 2:1 gegen die hoch gewetteten Fußball-Artisten aus dem Gastgeberland Brasilien holt sich die Elf aus Uruguay im letzten Spiel der Finalrunde zum zweiten Mal nach 1930 den Weltmeistertitel.

In Brasilien, einem Land, in dem Fußball zur Religion stilisiert wird, herrscht Enttäuschung, Wut und Verzweiflung. Der heiß ersehnte und schon sicher geglaubte Titel wird der brasilianischen Elf von Trainer Flavio Costa im letzten Moment aus den Händen gerissen. Weinend schleichen die Spieler nach dem Abpfiff des englischen Schiedsrichters George Reader aus dem gigantischen Maracana-Stadion in Rio de Janeiro, starr vor Entsetzen verlassen die Fans nur zögernd und ungläubig die »Kathedrale des Fußballs«. Ein Zuschauer begeht sogar mit einem Sturz von der Tribüne Selbstmord, drei weitere Fans werden Opfer von Herzattacken – ganz Brasilien trägt Trauer. Dabei hätte schon ein Unentschieden Brasiliens Elf den Titel gebracht. Souverän hatte sie in den vorangegangenen Spielen der Finalrunde Schweden mit 7:1 und Spanien mit 6:1 deklassiert. Uruguay hingegen musste erheblich mehr Mühe aufwenden. Nur ein mageres 2:2 brachten die Weltmeister von 1930 gegen Spanien zustande, mit einem hart erkämpften 3:2 setzte sich das Team gegen Schweden durch. Für das alles entscheidende Spiel gegen den Erzrivalen Brasilien hat sich Uruguays Coach Juan Lopez eine ausgeklügelte Taktik zurechtgelegt. Frühzeitig wollen seine Mannen die Spielzüge der Ballzauberer vom Zuckerhut stören und aus einer massierten Abwehr mit blitzschnellen Kontern zum Erfolg kommen. Dieses Spiel behagt den Brasilianern überhaupt nicht. Nie gelingt es ihnen, ihr elegantes Spiel aufzuziehen. Zur Pause steht es 0:0. Als nach dem Wiederanpfiff Rechtsaußen Friaca nach Vorlage von Zizinho endlich das 1:0 für Brasilien erzielt, scheinen die Hoffnungen der Gastgeber doch noch in Erfüllung zu gehen. Totenstille

25. Juli 1950

Ulbricht bündelt die Macht

Walter Ulbricht wird Generalsekretär der SED. Der moskautreue 57-jährige Leipziger erhält mit dieser neu geschaffenen Position eine Schlüsselstellung in der DDR.

Das neue Amt wird im Rahmen der Umformung der SED zu einer »Partei des neuen Typs« nach dem Vorbild der KPdSU eingerichtet. Die bisherigen Parteivorsitzenden Wilhelm Pieck und Otto Grotewohl werden von Ulbricht abgelöst. Damit endet auch in der obersten Parteispitze das Prinzip der paritätischen Vertretung von früheren KPD- und SPD-Mitgliedern in den bedeutsamen Gremien der 1946 durch den Zusammenschluss beider Parteien entstandenen SED. Sie ist laut eigenem Statut die »Partei der deutschen Arbeiterklasse, ihr bewusster und organisierter Vortrupp«, die, geleitet durch die »Theorie von Marx, Engels, Lenin, Stalin« und unter Führung der Sowjetunion, für den Frieden und die Einheit Deutschlands kämpft. Sowjetischem Vorbild folgt auch der mit großer Propaganda betriebene Kult um die Partei.

27. August 1950

Besserer Empfang mit UKW

Die erste deutsche Funkausstellung nach dem Weltkrieg endet in Düsseldorf. Im Mittelpunkt des Besucherinteresses standen UKW-Radios (s. Abb.). Erst seitdem im März der sog. Kopenhagener Wellenplan in Kraft getreten ist, dürfen die Frequenzen der Ultrakurzwelle in der Bundesrepublik genutzt werden. UKW-Radios bieten vor allem einen besseren Empfang. Der Aufbau von entsprechenden Sende- und Empfangsanlagen befindet sich im Aufbau. Auf der Funkausstellung wird – als europäische Neuheit – ein Gerät gezeigt, mit dem Sendungen auf allen vier für Rundfunkübertragungen genutzten Wellenlängen zu empfangen sind.

ehr als 200 000 Zuschauer finden in der Arena Platz.

herrschte jedoch im Stadion, als Uruguays Halbstürmer Juan Alberto Schiaffino kurz darauf mit einem harten Volleyschuss den Ausgleich schießt. Lähmendes Entsetzen macht sich bei Fans und Spielern elf Minuten vor dem Ende breit: Rechtsaußen Alcides Ghighia bringt das Leder aus spitzem Winkel mit einem Flachschuss im kurzen Eck unter – die siegesgewohnten Brasilianer sind im eigenen Land gedemütigt worden. Die Fußball-WM litt – wie ihre Vorgänger – unter einem lückenhaften Teilnehmerfeld. 13 Mannschaften waren erschienen, um den Titel unter sich auszuspielen. Auch die Engländer hatten sich dazu bereiterklärt, nach Südamerika zu kommen. Das Team um Stan Matthews wollte der Welt demonstrieren, wer die wahren Könner am Ball seien. Als die Engländer im zweiten Vorrundenspiel gegen den Fußballzwerg USA mit 0:1 verloren, glaubten Kommentatoren noch an einen schlechten Scherz bzw. einen Übermittlungsfehler der Agenturen – zumal Zeitungen auf der Insel einen 10:1-Sieg meldeten. Aber nach einer weiteren 0:1-Niederlage gegen Spanien war es mit der englischen Fußball-Herrlichkeit vorbei. Starke Fußballnationen wie Argentinien, Ungarn und Österreich blieben dem Turnier fern. Die Bundesrepublik Deutschland war ebenfalls nicht mit von der Partie, weil sie erst im Herbst wieder als Mitglied im Internationalen Fußballverband aufgenommen wurde.

17. August 1950

Aufteilung der I.G. Farben

Die I.G. Farbenindustrie AG – ehemals weltgrößter Chemiekonzern – wird zerschlagen. Die alliierten Hohen Kommissare unterzeichnen ein Gesetz, das die Aufteilung des gigantischen Konzerns in 169 Unternehmen besiegelt.

Den neuen Eignern der Firmen wird ein Zusammenschluss nur mit Zustimmung der Alliierten gestattet. Alle Personen, die als Kriegsverbrecher verurteilt worden sind, dürfen keine Mitglieder der I.G. Farben-Nachfolgegesellschaften werden. Die I.G. Farben war 1925 durch den Zusammenschluss der führenden deutschen Chemieunternehmen – die in ihrer Geschäftsführung weitgehend selbstständig blieben – gegründet worden. Zentralisiert wurden vor allem der Einkauf von Rohstoffen, ferner Finanzverwaltung und Buchhaltung. Die wissenschaftliche Zusammenarbeit wurde ebenfalls gefördert. Im Krieg spielte die I.G. Farben als zentraler Faktor der Kriegswirtschaft durch die Ausbeutung von Zwangsarbeitern wie mancher andere Konzern eine unrühmliche Rolle.

7. August 1950

Bonn im Westen verankert

Mit Beginn der Sitzungsperiode der Beratenden Versammlung des Europarats in Straßburg nehmen erstmals auch Delegierte aus der Bundesrepublik an den Verhandlungen teil. Damit erlangt Bonn weitere internationale Anerkennung und geht einen wichtigen Schritt in Richtung Westintegration. Im Jahre 1951 wird die Bundesrepublik als 14. vollberechtigtes Mitglied in den Europarat aufgenommen.

Der 1949 aus der Taufe gehobene Europarat ist die älteste politische Vereinigung Westeuropas. Seine Wurzeln reichen zurück auf den ersten Pan-

europakongress im niederländischen Den Haag im Mai 1948, auf dem der frühere britische Premierminister Winston Churchill eine Einigung Europas gefordert hatte. Vordringliche Aufgabe des Europarats ist es, eine engere Verbindung zwischen den Mitgliedern herzustellen und den gemeinsamen Fortschritt zu fördern. Seine Beschlüsse haben aber nur Aufforderungscharakter und stehen noch unter nationalem Souveränitätsvorbehalt. Neben der Beratenden Versammlung gibt es als Organe das Ministerkomitee, dem die Außenminister der Mitgliedsstaaten angehören (Abb.: Studenten demonstrieren für Europa).

10. August 1950

Schutz vor Atomstrahlung

Tips, die Schutz bei einem Atombombenangriff bieten, veröffentlicht die US-Kommission für Atomenergie. Mit schlichten Mitteln und einfachen Verhaltensmaßregeln könne sich die Bevölkerung vor radioaktiver Strahlung schützen (Abb.: Ein Baum soll Schutz bei einer Atombombenexplosion bieten). Um sich vor der starken radioaktiven Strahlung zu schützen, die unmittelbar nach der Explosion einer Atombombe auftritt, empfiehlt die Behörde, alle unbekleideten Körperteile zu bedecken, sich – im Freien – auf dem Boden zusammenzukauern oder – in Gebäuden – unter einen Tisch zu kriechen. Die verbleibende Radioaktivität wird als unerheblich eingestuft. Am 24. Juli hat auch die britische Regierung Maßnahmen zum Schutz der Bevölkerung für den Fall eines Atomkriegs bekannt gegeben. Es wird empfohlen, bei einem Angriff Luftschutzkeller aufzusuchen. Mit diesen Maßnahmen glaubt sich die Regierung ausreichend auf den Ernstfall vorbereitet.

August 1950

1 Di König Leopold III. von Belgien kündigt nach seiner Rückkehr ins Land seinen Thronverzicht zugunsten seines Sohnes Baudouin an.

2 Mi Die chinesische Presse schreibt, die zukünftige Aufgabe der Volksbefreiungsarmee Chinas sei die Befreiung Tibets und Taiwans.

3 Do US-Präsident Harry S. Truman missbilligt den Beschluss des Senats, dem diktatorisch regierten Spanien 100 Mio. US-Dollar Kredit zu gewähren.

4 Fr Der sowjetische Delegierte im UN-Sicherheitsrat, Jakob A. Malik, fordert den sofortigen Abzug aller ausländischen Truppen aus Korea.

5 Sa Die bundesdeutschen Radiostationen schließen sich in München zur Arbeitsgemeinschaft der Rundfunkanstalten Deutschlands (ARD) zusammen.

6 So In Stuttgart enden die deutschen Leichtathletikmeisterschaften. U.a. lief Hubert Huppertz mit 47,4 sec über 400 m Europabestzeit.

7 Mo Der Schweizer Ferdinand Kübler gewinnt die Tour de France. Als Zweiter folgt nach 9:30 min der Belgier Stan Ockers. → Westen

8 Di Die 31-jährige Florence Chadwick (USA) durchschwimmt den Ärmelkanal und verbessert mit 13:23 h die Rekordzeit für Frauen um 51 Minuten.

9 Mi Die US-Regierung in Washington führt die Todesstrafe für Spione ein. Bisher konnte Spionage nur in Kriegszeiten mit dem Tode bestraft werden.

10 Do Bisher sollen 273 470 566 Menschen den Stockholmer Appell zur Ächtung von Atomwaffen unterzeichnet haben. → Atomstrahlung

11 Fr Kronprinz Baudouin übernimmt die Regentschaft in Belgien, nachdem sein Vater, König Leopold III., zurückgetreten ist.

12 Sa In der Bundesrepublik endet nach zweiwöchiger Dauer der Sommerschlussverkauf, der vom Einzelhandel als großer Erfolg bezeichnet wird.

13 So Im Herrenfinale der Internationalen Tennismeisterschaften von Deutschland schlägt Jaroslav Drobny Titelverteidiger Gottfried von Cramm in drei Sätzen.

14 Mo Vier US-Senatoren beschuldigen die Präsidenten Harry S. Truman und Franklin D. Roosevelt, die Ziele der UdSSR-Regierung nicht erkannt zu haben.

15 Di Staatschef Achmed Sukarno proklamiert die Republik Indonesien. +++ Aus London wird die Geburt von Prinzessin Anne gemeldet.

16 Mi Acht Männer, die in den Nürnberger Kriegsverbrecherprozessen verurteilt worden waren – darunter der Industrielle Friedrich Flick –, werden begnadigt.

17 Do Bundeskanzler Konrad Adenauer befürwortet die Errichtung einer bundesdeutschen Polizeitruppe als Antwort auf die DDR-Volkspolizei. → I.G. Farben

18 Fr Der Vorsitzende der Kommunistischen Partei Belgiens, Julien Lahaut, fällt einem Attentat zum Opfer. Ministerpräsident Joseph Pholien verurteilt die Tat.

19 Sa Die Beratende Versammlung des Europarates in Straßburg wählt den Deutschen Heinrich von Brentano und Hayiri Urguplu (Türkei) zu Vizepräsidenten.

20 So Auf dem Nürburgring gewinnt der italienische Automobilrennfahrer Alberto Ascari souverän den Großen Preis von Deutschland.

21 Mo Der griechische Ministerpräsident Sofoklis Weniselos beruft nach dem Rücktritt der sozialdemokratisch-liberalen Regierung ein Interimskabinett.

22 Di Die französische Regierung legt Mindestlöhne für Arbeiter fest und verleiht Arbeitgebern und Arbeitnehmern das Recht zu Tarifverhandlungen.

23 Mi Nach Angaben der britischen Kontrollkommission werden rd. 300 000 Menschen, darunter viele Frauen, im DDR-Uranbergbau eingesetzt.

24 Do Wegen angeblicher Verbindungen zu Agenten der USA enthebt das Politbüro der SED eine Reihe von Funktionären ihrer Ämter.

25 Fr Eine europäische Charta der Menschenrechte wird in Straßburg von der Konsultativ-Versammlung des Europarats einstimmig angenommen.

26 Sa In der Nähe von Bayreuth beginnen die Arbeiten zur Errichtung der Ortschaft Neubürgerreuth. In ihr sollen Heimatvertriebene unterkommen.

27 So Im Finale um den Daviscup besiegt die Tennismannschaft Australiens Titelverteidiger USA in New York mit 4:1 Punkten. → UKW

28 Mo 15 000 Frankfurter Bauarbeiter streiken für höhere Löhne. Auch andernorts sind Streiks innerhalb der westdeutschen Bauwirtschaft geplant.

29 Di Die DDR-Regierung ruft die Bundesbürger auf, britische und US-Produkte zu boykottieren, die auch in Deutschland hergestellt werden könnten.

30 Mi Mit Blick auf den Koreakrieg verlängert die britische Regierung per Gesetz die Militärdienstzeit von 18 auf 24 Monate.

31 Do Der belgische Radrennfahrer Roger Gyselinckx gewinnt die Deutschlandrundfahrt. Er benötigt für die 17 Etappen 111:14,52 h.

September 1950

1 Fr Die Firma Henkel bringt mit einer umfassenden Werbekampagne erstmals seit elf Jahren wieder das Waschmittel »Persil« auf den Markt.

2 Sa Der britische Premierminister Clement Attlee erklärt, der Weg zu Ost-West-Annäherungen stehe weiterhin offen und sei nur eine Frage des guten Willens.

3 So Durch einen Sieg beim Rennen um den Großen Preis von Italien in Monza wird der Italiener Giuseppe Farina auf Alfa Romeo Automobilweltmeister.

4 Mo In der DDR werden die Zeugen Jehovas verboten. Der Sekte wird »systematische Hetze gegen die bestehende demokratische Ordnung« vorgeworfen.

5 Di Der US-Hochkommissar in Deutschland, John McCloy, vertritt die Ansicht, es solle den Deutschen ermöglicht werden, ihr Land zu verteidigen.

6 Mi In Amsterdam wird der Nachlass des 1947 verstorbenen Malers und Kunstfälschers Han van Meegeren versteigert. Die Auktion wird ein Misserfolg.

7 Do Die Siegermächte brechen in London die 257. Sitzung über einen österreichischen Staatsvertrag ergebnislos ab. → »Schwarzwaldmädel« → Berliner Schloss

8 Fr 28 Stunden nach einem Stolleneinsturz in einem Kohlebergwerk bei Cumnock in Schottland werden 116 Bergleute lebend geborgen. 13 bleiben vermisst.

9 Sa US-Präsident Harry S. Truman ordnet eine Verstärkung der Truppen in Europa an. +++ Ein Zugunglück in Ostpakistan fordert 50 Menschenleben.

10 So Die Biennale in Venedig geht zu Ende. Mit dem »Goldenen Löwen« wurde der französische Film »Justice est Faite« (Schwurgericht) ausgezeichnet.

11 Mo In der britischen Zone werden die Demontagen zur Entmilitarisierung eingestellt. Ausgenommen sind Anlagen, die Entschädigungszwecken dienen.

12 Di Der UN-Sicherheitsrat stimmt über mehrere Resolutionen zum Koreakrieg ab, die aber alle keine Mehrheit finden bzw. an einem Veto scheitern.

13 Mi In der Bundesrepublik Deutschland wird eine Volkszählung durchgeführt. Danach leben 47 695 672 Menschen im Staatsgebiet.

14 Do Bundeskanzler Konrad Adenauer gibt vor dem Bundestag eine Regierungserklärung über die Anerkennung der Oder-Neiße-Linie durch die DDR ab.

15 Fr Die bundesdeutschen Rundfunkstationen strahlen ab heute Gemeinschaftssendungen an die »Brüder und Schwestern in der Ostzone« aus. → Korea

16 Sa In München wird das diesjährige Oktoberfest eröffnet. Hauptattraktion sind »Fliegende Autos«, die in einer riesigen Trommel Loopings fahren.

17 So Die diesjährige Frankfurter Herbstmesse für Konsumgüter beginnt. Als Neuheiten werden elektrische Heizdecken und Waschautomaten bestaunt.

18 Mo UN-Militärs berichten, dass die Sowjetunion und die Volksrepublik China Nordkorea mit militärischer Ausrüstung versorgen würden.

19 Di Die UNO lehnt die Aufnahme der Volksrepublik China in die Weltorganisation und den von dieser geforderten Ausschluss Taiwans ab. → Alliierte

20 Mi Der Trabrennfahrer »Hänschen« Frömming bringt auf der Rennbahn in Hamburg-Farmsen sieben der acht siegreichen Pferde ins Ziel.

21 Do Die alliierte Hochkommission erklärt Investitionen ausländischer Anleger in der Bundesrepublik für statthaft.

22 Fr Die australische Regierung beschließt, die Stärke der Landstreitkräfte zu verdoppeln und die der Bürgerwehren zu verdreifachen.

23 Sa Der Kongress der USA überstimmt das Veto Präsident Harry S. Trumans gegen ein Gesetz zur inneren Sicherheit und zur Kontrolle der Kommunisten.

24 So Erstmals seit 1933 gibt der Dirigent Bruno Walter wieder ein Konzert auf deutschem Boden. Walter gilt als bedeutender Interpret Mozarts und Bruckners.

25 Mo Papst Pius XII. ermahnt in einer Enzyklika die katholischen Geistlichen, nicht vor dem Kommunismus zurückzuweichen.

26 Di 83 Bergleute der Zeche Crewell/Mittelengland verbrennen in 400 m Tiefe. Etwa 120 Kumpel entkommen dem Grubenbrand.

27 Mi Der »Spiegel« behauptet, Bonn sei durch Bestechung Bundeshauptstadt geworden. +++ Joe Louis verliert seinen Comeback-Kampf gegen Ezzard Charles.

28 Do Die Republik Indonesien wird von der UN-Vollversammlung als 60. Mitglied in die Vereinten Nationen aufgenommen.

29 Fr Die DDR wird Mitglied des osteuropäischen Rats für gegenseitige Wirtschaftshilfe (RGW; COMECON) und damit endgültig in den Ostblock eingegliedert.

30 Sa Im gesamten Bundesgebiet geht die Polizei gegen sog. Friedenskundgebungen der Freien Deutschen Jugend (FDJ) vor, die verboten worden sind.

15. September 1950

Gegenoffensive in Korea

Mit einem Großangriff der UN-Truppen an mehreren Fronten ändert sich die militärische Lage in Korea entscheidend. Einheiten der US-Marine und des Heeres landen im Hafen von Inchon, 50 km südwestlich der südkoreanischen Hauptstadt Seoul. Damit fallen die unter der Flagge der UN kämpfenden GIs im Rücken der nordkoreanischen Armee ein, die im Süden des Landes die im Gebiet um Pusan stehenden südkoreanischen und UN-Verbände eingekesselt haben (Abb.: Titel eines britischen Journals zur Gegenoffensive). Am 26. September erobern US-Truppen Seoul. Drei Tage darauf wird die Hauptstadt mit einer Siegesparade den Südkoreanern zurückgegeben. Präsident Syngman Rhee erhält sein Amt zurück. Am 29. September meldet der Oberbefehlshaber der UN-Truppen, US-General Douglas MacArthur, der Krieg in Korea sei praktisch beendet und die nordkoreanische Armee befinde sich in Auflösung. MacArthur fordert das kommunistische Nordkorea zur Kapitulation auf.

7. September 1950

Berliner Schloss gesprengt

Ungeachtet zahlreicher Proteste aus Ost und West wird in Ost-Berlin die Ruine des Stadtschlosses – die frühere Residenz der Hohenzollern – gesprengt (s. Abb.). Der Gebäudekomplex, das bedeutendste Baudenkmal im Zentrum Berlins, muss einem Aufmarschplatz und einem geplanten Denkmal für die Opfer des Zweiten Weltkriegs weichen. Den Beschluss zur Sprengung der Gebäude fasste der Ministerrat der DDR am 23. August, obwohl sich viele Persönlichkeiten für einen Wiederaufbau ausgesprochen hatten. Die DDR-Führung dokumentiert mit dem Abriss ihren Bruch mit der preußischen Tradition Berlins.

19. September 1950

Alliierte stärken Bonn

Die westlichen Alliierten gewähren der Bundesrepublik Deutschland größere wirtschaftliche und politische Freiheiten. Zum Abschluss ihrer Außenministerkonferenz veröffentlichen sie eine Erklärung, in der sie formelle Sicherheitsgarantien für die Bundesrepublik und West-Berlin übernehmen sowie die Einschränkungen der staatlichen Souveränität reduzieren wollen. Frankreich, Großbritannien und die USA billigen danach die Aufstellung einer 30 000 Mann starken mobilen Polizeitruppe mit einheitlicher Bewaffnung und Ausrüstung. Zudem soll Bonn die Genehmigung zur Einrichtung eines Außenministeriums erhalten. Bundes- und Landesgesetze müssen in Zukunft nicht mehr in jedem Fall von der Hochkommission geprüft werden. Die Aufhebung wirtschaftlicher Einschränkungen knüpfen die westlichen Alliierten an die Bedingung, dass Bonn die auf 15,8 Mrd. DM geschätzten Vorkriegsschulden des Deutschen Reiches anerkennt. Während die Bundesregierung die Deutschlanderklärung der Westmächte mit Freude und Zustimmung aufnimmt, wird das Dokument in der DDR als Bruch des Potsdamer Abkommens gewertet.

24. Oktober 1950

Chinesische

Dalai Lama

eigtl. Tanchu Dhondup, religiöses Oberhaupt der Tibeter, * 6.6.1935 Takser/Osttibet

Der Dalai Lama ist die Symbolfigur für den Widerstand der Tibeter gegen die chinesischen Besatzer. Bei zahlreichen Auslandsbesuchen wirbt der religiöse und politische Führer des Himalaja-Landes für sein Anliegen. Das Nobelpreiskomitee zeichnete den Dalai Lama 1989 für seinen Beitrag zur gewaltfreien Lösung von Konflikten aus. Gegen die Preisvergabe protestierte die Volksrepublik China, die in der Ehrung des im indischen Exil lebenden, hoch angesehenen Religionsführers eine »Einmischung in die inneren Angelegenheiten« sieht. China hält Tibet seit 1950 besetzt. Der 14. Dalai Lama wurde 1939 – vier Jahre nach dem Tod des 13. Dalai Lamas – von Mönchen auserwählt und im folgenden Jahr inthronisiert. Seit dem 14. Jahrhundert ist Dalai Lama der Titel des höchsten Priesters und weltlichen Würdenträgers. Nach Auffassung der tibetischen Buddhisten ist der Dalai Lama die Inkarnation eines buddhistischen Gottes.

- 1940: Inthronisation
- 1949: Ausrufung des »heiligen Krieges gegen den Kommunismus«
- 1959: Flucht aus Tibet
- 1989: Friedensnobelpreis
- 1990: »Das Buch der Freiheit« (Autobiographie)

29. Oktober 1950

Schwedens Monarch stirbt

Im Alter von 92 Jahren stirbt der schwedische König Gustav V. Zahlreiche Staatspräsidenten und gekrönte Häupter erweisen dem international geachteten Monarchen die letzte Ehre. Neuer Herrscher des skandinavischen Landes wird der Sohn des Verstorbenen, der 67-jährige Gustav VI. Adolf.

Gustav V.

König von Schweden, * 16.6.1858, Schloss Drottningholm bei Stockholm; † 29.10.1950 Schloss Drottningholm

Der in der Bevölkerung außerordentlich beliebte Monarch wahrte während der beiden Weltkriege die strikte Neutralität seines Landes. Obwohl der Konservative seine königlichen Vorrechte zu sichern wusste, verhalf er in seiner Amtszeit mit der von ihm befürworteten Verfassungsreform dem Parlamentarismus in Schweden endgültig zum Durchbruch.

- 1884-91: Vizekönig von Norwegen
- 1907: Thronbesteigung
- 1918/19: Verfassungsreform

7. September 1950

»Schwarzwaldmädel« in Farbe

In mehreren Städten des Bundesgebiets läuft der erste deutsche Nachkriegsfarbfilm an: »Schwarzwaldmädel« mit Sonja Ziemann und Rudolf Prack (Abb.: Werbeplakat). Der Heimatfilm wird zu einem der größten Kassenschlager der Nachkriegszeit. Insgesamt sehen sich rd. 16 Mio. Menschen die Filmfassung der gleichnamigen Operette von Leon Jessel an. Die Liebesgeschichte verhilft auch den Hauptdarstellern, die fortan als Traumpaar des deutschen Films gelten, zu Ruhm.

pen besetzen Tibet

Das erste Foto nach dem Einmarsch der Chinesen zeigt Tänzer in Tibet.

Den seit langem proklamierten Anspruch auf Tibet setzt das Nachbarland China in die Tat um. Truppen der Volksarmee erhalten den Befehl, in den Himalajastaat einzumarschieren, um – wie es heißt – die »3 Mio. Tibeter von der imperialistischen Unterdrückung zu befreien und die Verteidigung der chinesischen Westgrenzen sicherzustellen.« Das unwegsame Gebirgsland ist in seiner über 1300-jährigen Geschichte mehrfach von Mongolen, Chinesen und anderen Völkern beherrscht worden. Erst im Jahre 1911 gelang es Tibet, die fremden Herrscher aus dem Land zu treiben. In der Simla-Konvention von 1914, die China allerdings nicht unterzeichnet hatte, wurde die Unabhängigkeit des Landes festgeschrieben. Seit dieser Zeit gilt Tibet vor allem als Pufferstaat zwischen den beiden regionalen Vormächten China und Indien.

1951 folgt der militärischen Aktion auch der politische Vollzug. Ein in Peking unterzeichnetes 17-Punkte-Abkommen führt zur faktischen Eingliederung Tibets in die Volksrepublik. In dem »Unterwerfungsvertrag« diktieren die chinesischen Eroberer die Bedingungen für eine »Rückkehr« Tibets. Zwar sichern sie Autonomie und freie Religionsausübung offiziell zu, verbinden dies jedoch mit einer Reihe von Auflagen. So hat Tibet die Oberhoheit Chinas anzuerkennen und muss die Außenpolitik sowie die Verteidigung des Landes an Peking abtreten. In der Hauptstadt Lhasa werden chinesische Zivil- und Militärbehörden eingesetzt. Um die einigende Autorität des Dalai Lama zu untergraben, wird das Land in Regionen aufgeteilt. Für den Verlust der Unabhängigkeit »belohnen« die Chinesen Tibet u.a. mit dem Bau von Straßen.

Oktober 1950

1 So In einer Rede zum Erntedankfest bezeichnet Bundesernährungsminister Wilhelm Niklas Hamsterkäufe als Diebstahl an den ärmeren Bevölkerungsschichten.

2 Mo Die Türkei folgt einer Einladung der NATO, die Verteidigungsplanung des Mittelmeerraums mitzugestalten. Ihr Aufnahmegesuch wird jedoch abgelehnt.

3 Di Mit großer Mehrheit wird der frühere Diktator Brasiliens, Getúlio Dornelles Vargas, erneut zum Präsidenten des größten südamerikanischen Landes gewählt.

4 Mi In der DDR werden neun Angehörige der Zeugen Jehovas zu langjährigen Haftstrafen verurteilt, weil sie angeblich für die USA spioniert hätten.

5 Do Das österreichische Finanzministerium teilt mit, dass künftig die Wechselkurse für den gesamten Warenverkehr vereinheitlicht würden.

6 Fr Nachdem ihre Aufforderung zum Generalstreik am 4. Oktober fast unbeachtet geblieben ist, geben die österreichischen Kommunisten ihren Lohnkampf auf.

7 Sa Die UN-Vollversammlung gesteht ihren Truppen das Recht zu, den 38. Breitengrad zu überschreiten und in Nordkorea einzumarschieren.

8 So Mit einer Feierstunde wird im Karlsruher Kronprinzenpalais der Bundesgerichtshof eröffnet. +++ Bei den Präsidentschaftswahlen in Haiti siegt Paul Magloire.

9 Mo Zum Jahrestag der angeblichen Marienerscheinung in Heroldsbach kommt es in dem bayerischen Ort zu einem Massenandrang von Gläubigen.

10 Di Von West-Berlin aus werden auf Leuchtschrifttafeln Propagandanachrichten nach Ost-Berlin übermittelt. Dieses antwortet mit lautstarker Beschallung.

11 Mi Der französische Schriftsteller und Regisseur Jean Cocteau trifft anlässlich der Deutschen Erstaufführung seines Films »Orphée« in Hamburg ein.

12 Do Die Bundesregierung fordert die DDR-Bürger auf, den Wahlen in der DDR am 15. Oktober fernzubleiben oder mit »Nein« zu stimmen.

13 Fr Bei den Verhandlungen über die Bildung eines Südweststaates erzielen die Regierungschefs der drei südwestdeutschen Länder keine Einigung.

14 Sa Das Volkswagenwerk in Wolfsburg senkt den Preis für den »Käfer« von 4800 DM auf 4400 DM, da sich die Produktivität des Unternehmens stark erhöht hat.

15 So Durch ein Unentschieden verteidigt in Dortmund der Deutsche Schwergewichtsmeister der Berufsboxer, Hein ten Hoff, seinen Titel gegen Heinz Neuhaus.

16 Mo Bundestagspräsident Erich Köhler tritt aus Gesundheitsgründen zurück. Hermann Ehlers wird am 19. Oktober zu seinem Nachfolger gewählt.

17 Di Die Bundesregierung bestätigt, dass eine etwa 400 Mann starke polizeiliche Sondereinheit zum Schutz Bonns aufgestellt werden soll.

18 Mi In Finnland beenden etwa 100 000 Arbeiter nach zwei Monaten ihren Streik, nachdem ihnen Lohnerhöhungen von 3% bis 4% zugesichert worden sind.

19 Do Die sowjetische Regierung weist Vorwürfe der Westmächte zurück, wonach die DDR-Volkspolizei paramilitärischen Charakter habe.

20 Fr Unter Druck der vietnamesischen Unabhängigkeitsbewegung Vietminh setzen die französischen Truppen ihren Rückzug aus dem Norden Vietnams fort.

21 Sa In München wird der Bundesfinanzhof eröffnet, die oberste gerichtliche Instanz der Bundesrepublik Deutschland in Finanzangelegenheiten.

22 So Die Deutsche Gartenschau in Stuttgart wird beendet. Seit dem 3. Juni haben 1,85 Mio. Gäste die erste Veranstaltung dieser Art nach dem Krieg besucht.

23 Mo Die CSU-Landesgruppe im Bundestag kritisiert die angeblich missbräuchliche Verwendung der Bundesmittel für den Unterhalt der Besatzungstruppen.

24 Di Auf dem Turm des Schöneberger Rathauses in West-Berlin weiht Ex-Militärgouverneur Lucius D. Clay die Freiheitsglocke ein. → Tibet

25 Mi Bei einer Großrazzia in der Münchener Möhlstraße werden zwölf Personen festgenommen. Die Straße gilt als Schmugglerzentrum.

26 Do Im gesamten Bundesgebiet wird mit Kundgebungen an die deutschen Kriegsgefangenen erinnert, die noch nicht zurückgekehrt sind.

27 Fr Vertreter von Bund und Ländern einigen sich über die Aufstellung einer 30 000 Mann starken Bereitschaftspolizei, die der Bundesregierung untersteht.

28 Sa Nach dem Rücktritt der sozialdemokratischen Regierung in Dänemark bildet der Vorsitzende der Bauernpartei, Erik Eriksen, eine neue Koalitionsregierung.

29 So Der Sicherheitsberater des Bundeskanzlers, Gerhard Graf von Schwerin, wird wegen Kompetenzüberschreitung aus seinem Amt entlassen. → Schweden

30 Mo In Polen wird per Währungsreform der golddeckte Zloty eingeführt. Das Geld wird im Verhältnis 100:1 umgetauscht.

31 Di Der Sultan von Marokko, Muhammad V., fordert die französische Regierung in Paris auf, sein Land in die Unabhängigkeit zu entlassen.

November 1950

1 Mi Die Vollversammlung der UNO beschließt, die Amtszeit von Generalsekretär Trygve Lie um weitere drei Jahre zu verlängern. → Rom

2 Do Der irische Schriftsteller und Nobelpreisträger George Bernard Shaw stirbt im Alter von 94 Jahren in Ayot Saint Lawrence (England).

3 Fr Mit einem Großangriff gelingt es Nordkorea, die Front der UN-Truppen an der Grenze zur Mandschurei zu durchbrechen.

4 Sa Die Deutsche Akademie der Wissenschaften und Literatur verleiht ihren Literaturpreis u.a. an Arno Schmidt und Oda Schäfer.

5 So In Bielefeld konstituiert sich offiziell die Deutsche Bruderschaft, eine Vereinigung ehemaliger Offiziere der deutschen Wehrmacht.

6 Mo In Oderbruch bei Aachen wird die bislang größte Perlonfabrik der Bundesrepublik in Betrieb genommen. Sie kann täglich rd. 2000 kg Perlon erzeugen.

7 Di Der König von Nepal, Tribhuwan Bir Bikram Schah, bittet nach inneren Machtkämpfen in seinem Reich in Indien um Asyl.

8 Mi Der Bundestag befasst sich mit der möglichen Beteiligung deutscher Soldaten an einer westeuropäischen Armee. Beschlüsse werden jedoch nicht gefasst.

9 Do Einen Rekord im Kugelstoßen der Frauen stellt Anna Andrejewa aus der UdSSR auf. Sie erreicht im rumänischen Ploesti die Bestmarke von 15,02 m.

10 Fr Die Kohleförderung im Ruhrgebiet soll durch Sonderschichten und Lohnzulagen erhöht werden. Darauf einigen sich Vertreter von Bergbau und Regierung.

11 Sa Jugoslawien bricht die diplomatischen Beziehungen zum Nachbarland Albanien mit der Begründung ab, jugoslawische Diplomaten würden dort diskriminiert.

12 So Sieger bei den Präsidentschaftswahlen in Guatemala ist Oberst Jacob Arbenz Guzmán. Er löst den seit 1945 amtierenden Juan José Arévalo ab.

13 Mo In Venezuela wird Staatspräsident Carlos Delgado Chalbaud ermordet. Am 27. November löst German Suárez Flammerich die Militärregierung ab.

14 Di Der Europäische Wirtschaftsrat genehmigt einen Sonderkredit für die Bundesrepublik Deutschland in Höhe von 120 Mio. US-Dollar (504 Mio. DM).

15 Mi Die am 15. Oktober gewählte Volkskammer der DDR bestätigt einstimmig Otto Grotewohl (SED) im Amt des Ministerpräsidenten.

16 Do Ägypten erklärt seine Absicht, den Vertrag mit Großbritannien über Truppenstationierungen am Suezkanal zu kündigen.

17 Fr Der Bundesrat in Bonn lehnt die von der Regierung geplante Autobahngebühr ab und schlägt die Besteuerung aller Mineralölprodukte vor.

18 Sa Das Hamburger Landgericht verbietet den Boykott des Films »Unsterbliche Geliebte« von Veit Harlan. Harlan hatte NS-Propagandafilme gedreht.

19 So Bundesfinanzminister Fritz Schäffer fordert die Einführung eines europäischen Jugendpasses, mit dem unbehelligt Grenzen überschritten werden können.

20 Mo Der Telex-Verkehr zwischen der Bundesrepublik Deutschland und den USA (in New York und Washington) wird aufgenommen.

21 Di Das niederländische Herrscherpaar Königin Juliana und Prinz Bernhard treffen zu einem Staatsbesuch in London ein. → Jugoslawien

22 Mi In den USA fordern schwere Stürme und Überflutungen Todesopfer und verursachen erhebliche Sachschäden. → Nachkriegsländerspiel

23 Do Zwei Vorortzüge stoßen zur Hauptverkehrszeit in New York zusammen. Dabei kommen 78 Menschen ums Leben, 300 werden zum Teil schwer verletzt.

24 Fr Die Westmächte übertragen der Bundesrepublik ab 1951 die Kontrolle ihrer Grenzen. +++ Bonn erkennt die Auslandsschulden des Deutschen Reiches an.

25 Sa Die UN-Vollversammlung beschließt, die ehemalige italienische Kolonie Eritrea in eine Föderation mit Äthiopien einzubinden.

26 So Bei den Landtagswahlen in Bayern verliert die CSU mit 27,4% (1946: 52,3%) ihre absolute Mehrheit, bleibt aber stärkste Fraktion.

27 Mo In Augsburg beginnt der Prozess gegen Ilse Koch, die Ehefrau des ehemaligen Kommandanten im Konzentrationslager Buchenwald.

28 Di Bundeskanzler Konrad Adenauer (CDU) erklärt, die Haltung der SPD zur Verteidigungsfrage stelle eine Gefahr für das Land dar. → Korea

29 Mi Ein angeblich gelungener Versuch von Fernhypnose sorgt in München für Aufregung. Das Experiment stellt sich jedoch als Betrug heraus.

30 Do US-Präsident Harry S. Truman gibt auf einer Pressekonferenz bekannt, er erwäge den Einsatz einer Atombombe im Koreakrieg.

1. November 1950

Rom hat gesprochen

Zur Krönung des Heiligen Jahres verkündet Papst Pius XII. (s. Abb.) das Dogma von der Aufnahme Marias in den Himmel. Es ist das erste Mal, dass der Bischof von Rom als Oberhaupt der Katholiken von der Vollmacht Gebrauch macht, die er durch das Erste Vatikanische Konzil erhalten hat. Der Kernsatz lautet, »dass die Tatsache, dass die Mutter Gottes, die unbefleckte Jungfrau Maria, beim Abschluss ihres irdischen Lebenslaufs mit Seele und Körper zur himmlischen Glorie erhoben wurde, ein von Gott offenbartes Dogma ist.« Damit setzt sich Rom über den allen Christen gemeinsamen Glauben hinweg, dass erst am Ende der Zeit die fleischliche Auferstehung auf alle Menschen warte. Das Dogma ist nach seiner Verkündung unumstößlich, weil nach katholischer Auffassung der Heilige Geist der Kirche bei diesem Vorgang beisteht und damit ein irrtumsfreies Zeugnis ermöglicht. Das Dogma ist auch Ausdruck einer vor allem in den romanischen Ländern verbreiteten religiös-theologischen Gefühlslage, die an einer weiteren Aufwertung der Rolle Marias im Heilsgeschehen interessiert ist. Die Marienverehrung nimmt in der katholischen Frömmigkeit eine herausragende Stellung ein.

21. November 1950

Lebensmittel für Jugoslawien

Von den östlichen Bündnispartnern isoliert, sucht das sozialistische Jugoslawien unter Josip Tito den wirtschaftlichen Anschluss an den Westen. Der Balkanstaat und die USA vereinbaren ein Abkommen über die Lieferung von Lebensmitteln. Tito will ein von Moskau unabhängiges Modell des Sozialismus in die Tat umsetzen.

Zunehmend deutlicher hatten sich in den vergangenen Jahren die Meinungsverschiedenheiten zwischen dem ehemaligen Partisanenführer und den übrigen Staatschefs der Ostblockländer artikuliert. Im Jahre 1948 wurde Jugoslawien schließlich aus dem kommunistischen Informationsbüro (Kominform), einem Zusammenschluss der Kommunistischen Parteien Europas, ausgeschlossen. Im Jahr darauf kündigten die Ostblockstaaten ihre Freundschaftsverträge mit Jugoslawien auf, hielten Wirtschaftsabkommen nicht ein und verlängerten ausgelaufene Verträge nicht mehr. Zunächst stößt der jugoslawische Wunsch nach Handelspartnerschaft im Westen auf Skepsis. Schließlich überwiegt jedoch die Meinung, dass wirtschaftliche Hilfe den Balkanstaat in seiner Rolle als Pufferstaat zwischen Ost und West stärken könne. Der durch eine Missernte und den Wirtschaftsboykott des Ostblocks ausgelöste Lebensmittelmangel in Jugoslawien ruft vor allem in den USA schnelle Reaktionen hervor. US-Präsident Harry S. Truman persönlich unterstützt eine sofortige und direkte Hilfsaktion.

3. Dezember 1950

Meisterdetektiv Knatterton

»Meisterdetektiv Nick Knatterton! Beschützer der Verfolgten, Schrecken der Unterwelt, Sports- und Gentleman, Held ungezählter Abenteuer ...« So beschreibt die in München erscheinende Illust-

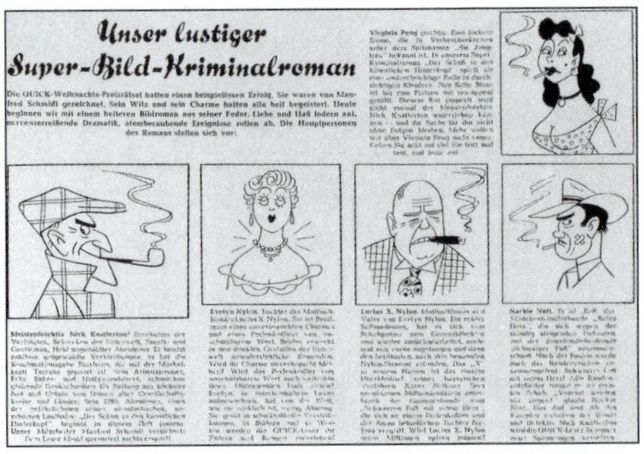

rierte »Quick« in der ersten Folge den Mann mit dem markanten Kinn, der qualmenden Pfeife und dem karierten Anzug. Autor und Zeichner der Bildgeschichten ist der Karikaturist Manfred Schmidt, dem ursprünglich nur eine Parodie auf die in Deutschland noch kaum bekannten Comics aus den USA vorgeschwebt hatte. Die Serie, in der Schmidt häufig aktuelle politische Anspielungen unterbringt, wird rasch zu einem Publikumserfolg. Zunächst war es nur geplant, die Geschichten über einen Zeitraum von acht Wochen hinweg zu veröffentlichen. Tatsächlich erschienen sie jahrelang in der »Quick« (s. Abb.).

28. November 1950

China interveniert in Korea

Nach der erfolgreichen Gegenoffensive der UN-Truppen in Korea und ihrem Vormarsch in den Norden des Landes bis zur chinesischen Grenze greifen geschlossene chinesische Verbände in die Kampfhandlungen ein (Abb.: Maos Soldaten auf

Beobachtungsposten in Nordkorea). Die UN-Truppen werden zum Rückzug gezwungen. Die Regierung in Peking bezeichnet die chinesischen Truppen als Freiwilligenverbände, die das koreanische Volk im Kampf gegen die US-Aggression unterstützten. Statt des bereits sicher geglaubten Sieges sehen die UN-Truppen plötzlich einen neuen und unerwartet starken Gegner vor sich. Die Meldung über das Eingreifen chinesischer Verbände löst im Westen Bestürzung aus. US-Präsident Harry S. Truman droht auf einer Pressekonferenz mit dem Einsatz der Atombombe. Gegen einen derartigen Schritt werden aber vor allem taktische Überlegungen ins Feld geführt. Nach den Rückschlägen in Korea ruft Truman im Dezember den nationalen Notstand aus, der u.a. staatliche Eingriffe ins Wirtschaftsgefüge sowie eine massive militärische Aufrüstung ermöglicht.

10. Dezember 1950

Nobelpreis für Russell

Gleich zweimal wird in diesem Jahr der Literaturnobelpreis verliehen. Weil sich das Komitee im Vorjahr nicht auf einen Preisträger einigen konnte, erhält nachträglich für 1949 der US-Schriftsteller William Faulkner (s. Abb., sitzend r.) die begehrte Auszeichnung. Für das laufende Jahr wird dem britischen Mathematiker und Philosophen Bertrand Russell (s. Abb., stehend r.) der Literaturnobelpreis verliehen. Die Ehrung ist gedacht »als eine Anerkennung für seine vielseitige und bedeutungsvolle Verfasserschaft, worin er als Vorkämpfer der Humanität und Gedankenfreiheit hervortritt.« Für Erheiterung sorgt der 78-Jährige mit dem Eingeständnis, nie

ein Buch von dem mit ihm gemeinsam geehrten Faulkner gelesen zu haben. Die übrigen Nobelpreise erhalten Tadeus Reichstein/Philip Shoewalter Hench/Edward Calvin Kendall in der Sparte Medizin (s. Abb., stehend v.l.) sowie Cecil Frank Powell (Physik) und – im Bereich Chemie – Otto Diels/Kurt Alder (s. Abb., sitzend v.l.).

22. November 1950

Erstes Nachkriegsländerspiel

Wieder einmal ist es die Schweiz, die sich zu einer für Deutschland wichtigen sportlichen Integrationshilfe bereit erklärt. Die Nationalelf der Eidgenossen tritt im Stuttgarter Neckar-Stadion im ersten Nachkriegsländerspiel gegen die bundesdeutsche Elf an. Schon am Anfang der deutschen Fußballländerspielgeschichte steht die Schweiz. 1908 verloren die Deutschen in Basel 3:5. 1920, beim ersten Länderspiel nach dem Ersten Weltkrieg, hatten die Deutschen in Basel mit 1:4 ebenfalls das Nachsehen. Nach achtjähriger Länderspielpause und fünf Jahre nach dem Ende des Zweiten Weltkriegs besiegt die deutsche Elf die Schweiz mit 1:0. Den entscheidenden Treffer erzielt Verteidiger Herbert Burdenski in der 41. Minute durch einen Elfmeter (s. Abb.), nachdem der Schweizer Roger Bocquet einen Kopfball von Mittelstürmer Ottmar Walter nur mit der Hand abwehren konnte. Es ist

im 28. Länderspiel gegen die Schweiz der 17. Erfolg bei vier Unentschieden und sieben Niederlagen. Aus der letzten deutschen Nationalelf sind außer Burdenski noch Jakob Streitle und Andreas Kupfer dabei.

27. Dezember 1950

Vom NS-Regime verfemt

Im Alter von 66 Jahren stirbt in New York der deutsche Maler und Grafiker Max Beckmann. Der führende Expressionist war 1933, im Jahr der nationalsozialistischen »Machtergreifung«, als Professor der Frankfurter Städelschule entlassen worden. Seine Werke galten den NS-Machthabern als »entartet«. Beckmann emigrierte zunächst nach Amsterdam, ehe er nach dem Krieg in die USA übersiedelte. Er übernahm u.a. eine Lehrtätigkeit an der Universität von St. Louis und an der Brooklyn Art School in New York.

Max Beckmann

deutscher Maler und Grafiker, * 12.2.1884 Leipzig; † 27.12.1950 New York

Beckmann zählt zu den führenden Malern in der ersten Hälfte des 20. Jahrhunderts. Unter dem Eindruck des Ersten Weltkriegs näherte er sich dem sozialkritischen, veristischen Flügel des Expressionismus und prangerte Militarismus und Zerfall der bürgerlichen Welt an. Ab 1930 schuf er in leuchtenden, klaren Farben Porträts, allegorisch-surreale, dichtgedrängte Figurenbilder und Triptychen, in denen er einen »zeitgenössischen Mythos« zu schaffen suchte.

- 1899-1903: Kunststudium in Weimar
- 1937: Emigration nach Amsterdam
- 1948: Übersiedlung in die USA

Dezember 1950

1	Fr	Eine Volkszählung in der Schweiz ergibt, dass in der Eidgenossenschaft knapp 4,7 Mio. Menschen leben – 10% mehr als 1947.
2	Sa	In Schloss Friedrichsruh östlich von Hamburg wird die Gedenkstätte für den ersten deutschen Reichskanzler, Otto von Bismarck, eingeweiht.
3	So	Im israelisch-jordanischen Grenzgebiet kommt es nach einem Grenzstreit zu einer Schießerei zwischen Soldaten der beiden Länder. → Knatterton
4	Mo	Bundesinnenminister Robert Lehr (CDU) kündigt auf einer Pressekonferenz in Bonn die Bildung von Bundesgrenzschutzeinheiten an.
5	Di	Truppen der Volksrepublik China marschieren in der nordkoreanischen Hauptstadt Pjöngjang ein, die am Tag zuvor von UN-Truppen geräumt worden ist.
6	Mi	In Hamburg wird ein Arzt von dem Verdacht freigesprochen, seine Frau aufgrund falscher Diagnosen in eine psychiatrische Anstalt eingewiesen zu haben.
7	Do	Nachdem Lavamassen aus dem Ätna ausgetreten sind, muss das 600 Einwohner zählende Dorf Rinazzo auf Sizilien geräumt werden.
8	Fr	In West-Berlin kommt es zu Protesten gegen einen Auftritt des Schauspielers Werner Krauss, der 1940 in dem NS-Hetzfilm »Jud Süß« mitspielte.
9	Sa	Eine Lotterie für den Wiederaufbau des Schauspielhauses von Frankfurt am Main erbringt einen Reinerlös von 600 000 DM.
10	So	In Hannover wird der Deutsche Sportbund gegründet. Erster Präsident der Dachorganisation wird Willi Daume. → Nobelpreis
11	Mo	Bei einer Kundgebung gegen die deutschen Pläne zur Wiederbewaffnung kommt es in Paris zu Zusammenstößen zwischen Demonstranten und Polizei.
12	Di	In Düsseldorf hat das neue Programm der Kabarettbühne »Das Kom(m)ödchen« – unter dem Titel »Was blasen die Trompeten?« – Premiere.
13	Mi	Die ersten 47 von 1000 verwaisten Kindern aus Bayern und Österreich starten per Flugzeug nach Venezuela, wo Adoptiveltern auf sie warten.
14	Do	Die Deutsche Verkehrswacht, die sich mit Maßnahmen zur Verhinderung von Verkehrsunfällen befasst, wird in Bonn gegründet.
15	Fr	Der deutsche Bundespräsident Theodor Heuss bezieht seinen offiziellen Amtssitz, die Villa Hammerschmidt in Bonn.
16	Sa	In den USA wird wegen der Koreakrise der Notstand ausgerufen. +++ »Die Verliese des Vatikan«, ein Drama nach André Gide, hat in Paris Premiere.
17	So	Sonja Ziemann und Rudolf Prack werden mit dem »Bambi« als beliebteste deutsche Filmschauspieler des Jahres ausgezeichnet.
18	Mo	Ein sowjetisches Militärgericht in Ost-Berlin verurteilt sechs Deutsche wegen angeblicher Spionage für den US-Nachrichtendienst zum Tode.
19	Di	Für die Bildung einer westeuropäischen Armee sprechen sich die NATO-Staaten in Brüssel aus. Auch bundesdeutsche Soldaten sollen ihr angehören.
20	Mi	Nach Protesten und passivem Widerstand der Arbeiter wird in der DDR das kurz zuvor abgeschaffte Weihnachtsgeld vorerst wieder ausgezahlt.
21	Do	In den westdeutschen Kinos läuft der Film »Das doppelte Lottchen« nach dem gleichnamigen Kinderbuch von Erich Kästner an.
22	Fr	Bundeskanzler Konrad Adenauer beruft einen Sachverständigenrat ein, der Fragen eines bundesdeutschen Verteidigungsbeitrags klären soll.
23	Sa	Die Tschechoslowakei und die Bundesrepublik Deutschland schließen ein Handelsabkommen, das Warentausch im Wert von 126 Mio. DM festlegt.
24	So	Papst Pius XII. beendet das Heilige Jahr. +++ Am Heiligabend liegt nahezu in ganz Deutschland eine geschlossene Schneedecke.
25	Mo	Durch k.o. besiegt in Frankfurt am Main der Boxweltmeister im Weltergewicht, »Sugar« Ray Robinson (USA), den Deutschen Hans Stretz.
26	Di	Schottische Nationalisten stehlen in der Londoner Westminster-Abtei den 650 Jahre alten Krönungsstein, auf dem 27 britische Könige gekrönt wurden.
27	Mi	Im Iran wird die Hochzeit von Schah Mohammad Resa Pahlawi mit Soraya Esfandjari wegen Erkrankung der Braut verschoben. → NS-Regime
28	Do	Indien und die USA schließen ein Abkommen über die Leistung technischer Hilfe an das asiatische Land in Höhe von 1,2 Mio. US-Dollar (5 Mio. DM).
29	Fr	Wegen einer Titelgeschichte über die Besatzungskosten wird die Zeitschrift »Stern« von der alliierten Hochkommission für zwei Wochen verboten.
30	Sa	Vier in Landsberg einsitzende deutsche Kriegsverbrecher werden aufgrund ihres schlechten Gesundheitszustands vorzeitig entlassen.
31	So	Österreichs Bundespräsident Karl Renner stirbt im Alter von 80 Jahren in Wien. Der sozialdemokratische Politiker wurde 1945 einstimmig in sein Amt gewählt

1 Mo In Korea beginnt eine Großoffensive kommunistischer Einheiten. 300 000 Soldaten greifen entlang der Frontlinie Stellungen der UN-Truppen an.

2 Di Ungarns Regierung verkündet die Rationierung von Mehl, Zucker, Benzin und Öl. Diese Produkte sollen vorrangig exportiert werden.

3 Mi John Jay McCloy, Hoher Kommissar für Deutschland, gibt die Verlegung des US-Hochkommissariats von Frankfurt am Main nach Bonn bekannt.

4 Do Kommunistische Truppen nehmen die brennende südkoreanische Hauptstadt Seoul ein. Tausende von Flüchtlingen geraten zwischen die Fronten.

5 Fr Konrad Adenauer erhält an seinem 75. Geburtstag die Ehrenbürgerwürde von Köln, wo er von 1917 bis 1933 sowie 1945 Oberbürgermeister war.

6 Sa Durch heftige Schneestürme sind mehrere italienische Bergdörfer, u.a. der Skiort Cortina d'Ampezzo, von der Außenwelt abgeschnitten.

7 So Die USA nehmen Kontakt mit nichtkommunistischen Mitgliedsstaaten der UNO auf, um die Volksrepublik China als Aggressor im Koreakrieg zu verurteilen.

8 Mo In der Rede zur »Lage der Nation« verkündet US-Präsident Harry S. Truman ein Drei-Punkte-Programm zur »Sicherung der freien Welt«.

9 Di Auf dem Petersberg bei Bonn beginnen Gespräche Bonner Regierungsvertreter mit den Alliierten über einen deutschen Verteidigungsbeitrag.

10 Mi Wegen Spionage für die Tschechoslowakei verurteilt ein US-Militärgericht in Bayreuth drei Deutsche zu fünf Jahren Haft.

11 Do Regierungschef Reinhold Maier (DVP) bildet in Württemberg-Baden eine DVP/SPD-Regierung. Maier war im November gewählt worden.

12 Fr Ezzard Charles, Weltmeister der Profiboxer, verteidigt seinen Schwergewichtstitel in New York gegen Lee Oma durch k.o. in der zehnten Runde.

13 Sa Der italienische Senat billigt die Außenpolitik von Ministerpräsident Alcide de Gasperi, der eng mit Westeuropa zusammenarbeiten will.

14 So Einen Weltrekord im Eisschnelllauf stellt der Norweger Hjalmar Andersen in Trondheim auf. Für 5000 m benötigt er nur 8:07,3 min.

15 Mo Zu lebenslänglichem Zuchthaus verurteilt ein Augsburger Gericht Ilse Koch, die ehemalige »Komandeuse« des Konzentrationslagers Buchenwald.

16 Di Das London Philharmonic Orchestra beginnt mit einem Auftritt in Essen unter Adrian Boult seine erste Deutschlandtournee nach Kriegsende.

17 Mi Serbien nimmt als letzte der jugoslawischen Provinzen das Gesetz über die Abschaffung des Frauenschleiers an.

18 Do Ernst Reuter (SPD) wird erster Regierender Bürgermeister von (West-) Berlin, das den Status eines Bundeslandes beansprucht. → »Die Sünderin«

19 Fr In Oslo beschließt die norwegische Regierung den Beitritt des Landes zur NATO. Diese sieht u.a. eine gemeinsame Truppenführung im Kriegsfall vor.

20 Sa NATO-Oberbefehlshaber Dwight D. Eisenhower beendet seine Reisen durch westeuropäische Staaten mit einem Besuch in der Bundesrepublik Deutschland.

21 So Die italienische Regierung entlässt 5740 Arbeiter, die gegen den Besuch von NATO-Oberfehlshaber Dwight D. Eisenhower in Rom protestiert hatten.

22 Mo Ein fünfjähriger Löwe entweicht nach einer Zirkusvorstellung in Rom. Die Polizei bringt ihn nahe der Via Appia zur Strecke. → Alpen

23 Di Die US-Regierung verlängert die Dienstzeit ihrer Soldaten in der Bundesrepublik Deutschland von dreieinhalb auf vier Jahre.

24 Mi In den Niederlanden tritt die Koalitionsregierung unter Ministerpräsident Wilhelm Drees wegen ihrer umstrittenen Indonesien-Politik zurück.

25 Do In Bonn einigen sich Gewerkschafter und Unternehmer über die Mitbestimmung in der Eisen- und Stahlindustrie. Der geplante Streik findet nicht statt.

26 Fr Die französische Regierung lädt Delegierte der Bundesrepublik Deutschland zu einer Konferenz über die Europäische Verteidigungsgemeinschaft ein.

27 Sa Vertreter Polens und der DDR unterzeichnen in Frankfurt an der Oder ein Abkommen, das die deutsch-polnische Grenze endgültig festlegen soll.

28 So Weltmeister im Zweierbob werden die Ohlstädter Anderl Ostler und Lorenz Nieberl in Alpe-d'Huez bei Grenoble (Frankreich).

29 Mo Das französische Team M.J. Trevoux und M.R. Crovetto gewinnt die Rallye Monte Carlo auf Delahaye. Der Deutsche Petermax Müller erreicht Platz 50.

30 Di Die britisch-amerikanische Schauspielerin Elizabeth Taylor lässt sich von dem Hoteliersohn und Multimillionär Nick Hilton scheiden.

31 Mi Der US-Pilot Charles Blair fliegt die Strecke New York – London nonstop in einer Zeit von 7 Stunden und 48 Minuten und stellt damit einen Weltrekord auf.

12. Februar 1951

Soraya wird Kaiserin von Persien

Im prunkvoll geschmückten Elfenbeinsaal des Marmorpalastes zu Teheran geben sich der persische Schah Mohammad Resa Pahlawi und die deutschstämmige Fürstentochter Soraya Esfandiari Bakthiari das Jawort. Die 18-jährige Soraya, zu deutsch »Siebengestirn«, erscheint in einem Diorkleid aus glänzendem Silberlamée mit einer 10 m langen Schleppe aus weißem Tüll, besetzt mit Goldkörnern, Marabufedern und Diamanten. Schah Resa trägt eine Gala-Uniform mit goldenen Schulterklappen.

Die Traumhochzeit findet nach muslimischem Ritus statt. Allerdings verspätet sich die Zeremonie um 30 Minuten, weil Soraya Schwierigkeiten hat, in ihrem 50 Pfund schweren Kleid den Palast zu erreichen. In der Nacht zuvor fiel in der iranischen Hauptstadt Schnee, was nach alter Regel als gutes Omen für die Ehe gedeutet wird. Schah Resa Pahlawi wünscht im Anschluss an die Trauung keine Bankette, Festlichkeiten und prunkvollen Bälle. Angesichts der kritischen Weltlage soll das damit gesparte Geld für wohltätige Zwecke verwendet werden. 21 Salutschüsse künden dem Volk von der vollzogenen Trauungszeremonie. Soraya stammt aus einer der angesehensten persischen Familien. Fürst Khalil Esfandiari Bakthiari, ihr Vater, lernte als Student in Berlin seine Frau Eva Karl, eine in Moskau geborene Deutsche, kennen. Tochter Soraya, die fließend Deutsch, Englisch, Französisch und Persisch spricht, besuchte Pensionate in Frankreich und England. 1950 fand

Ankunft der Braut im Palast

die Verlobung mit Schah Resa statt. Der 32-jährige Kaiser von Persien geht bereits seine zweite Ehe ein. Im Jahre 1939 hatte er die 16-jährige ägyptische Prinzessin Fawzia geheiratet, eine Schwester des späteren Königs Faruk I. von Ägypten. Aus dieser Ehe, die 1949 geschieden wurde, stammt eine Tochter namens Schahnaz. Was Schah Resa und seiner Frau Fawzia nicht glückte, wird jetzt zur wichtigsten Aufgabe Sorayas: Persien einen männlichen Thronfolger zu geben.

Die Regenbogenpresse aus aller Welt begleitet von nun an das Paar auf Schritt und Tritt. Vor allem die schöne junge Kaiserin erregt das Interesse der Öffentlichkeit. Als 1954 die ersten Gerüchte aufkommen, Soraya könne keine Kinder bekommen, nimmt die bis dahin glückliche Ehe einen tragischen Verlauf. Die Kinderlosigkeit zwingt den Schah dazu, eine Zweitfrau zu nehmen. Weil Soraya dieses Vorhaben

22. Januar 1951

Katastrophe in den Alpen

Eine Jahrhundertkatastrophe sucht die Alpenregionen heim. Ungewöhnlich starke und lang anhaltende Schneefälle verursachen gewaltige Lawinen. Allein in den österreichischen Bergen kommen mindestens 329 Menschen ums Leben. Viele der Opfer ereilt der Tod im Schlaf. Bis zu 45 000 Menschen in über 30 Städten und Dörfern der Alpenregion sind von der Außenwelt tagelang abgeschnitten. Bei Sedrun in der Schweiz wird das Hotel Oberalpsee völlig dem Erdboden gleichgemacht. Mit am schlimmsten betroffen ist der Ort Vals, wo eine einzige, riesige Lawine 19 Menschen auf der Stelle tötet und die Dorfstraßen bis zu fünf Meter unter sich begräbt. Rettungstrupps arbeiten fieberhaft, um Tote und Verletzte zu bergen (Abb.: Suche nach Überlebenden).

15. Februar 1951

10 000 im Bundesgrenzschutz

Unter dem Eindruck des kommunistischen Einmarsches in Südkorea bildet die Bundesregierung den Bundesgrenzschutz (BGS). Mit 10 000 Mann soll die Eingreiftruppe als Gegenstück zur DDR-Volkspolizei agieren (Abb.: Eine der ersten Paraden von Grenzjägern). Im Verteidigungsfall oder während eines innenpolitischen Notstandes kann der Bundesgrenzschutz auch als Polizeitruppe im gesamten Gebiet der Bundesrepublik eingesetzt werden. Die Außenminister der westlichen Besatzungsmächte gaben bereits im September 1950 einem entsprechenden Antrag aus Bonn statt. Da die SPD Bedenken gegen die »Remilitarisierung auf kaltem Weg« äußert, wird die Bundesgrenzschutztruppe zunächst auf eine Stärke von 10 000 Mann begrenzt.

In großer Aufmachung berichtet die Regenbogenpresse über die Traumhochzeit des Jahres.

nicht akzeptieren will, wird im März 1958 die Trennung des Kaiserpaares offiziell bekannt gegeben. Bereits Ende 1959 heiratet der Schah die aus einer angesehenen persischen Familie stammende Farah Diba, die in Paris Architektur studiert hat. Aus dieser Ehe geht nun endlich der ersehnte Thronfolger, Kronprinz Resa Kyros Ali, hervor. Soraya, von allen bemitleidet, steht auch weiterhin im Rampenlicht. Sie lebt fortan in Westeuropa und nimmt am Leben des Jetset teil.

15. Februar 1951

Projekt Europa-Armee

Die westeuropäischen Politiker wollen die europäische Integration vorantreiben. In Paris beginnen Gespräche, die zur Gründung einer Europäischen Verteidigungsgemeinschaft (EVG) führen sollen. Das EVG-Projekt ist quasi die militärische Version des Schumanplans und sieht vor, die Armeen der westeuropäischen Staaten unter teilweisem Verzicht auf staatliche Souveränität zusammenzufassen. An der Spitze soll ein europäischer Verteidigungsminister stehen, so der Plan des französischen Ministerpräsidenten René Pleven, der auch die Bundesrepublik eingebunden wissen will. Auch die USA wollen im sich verschärfenden Ost-West-Konflikt die Ressourcen Westdeutschlands nutzen und bestehen auf einen Wehrbeitrag der Bundesrepublik. Die europäischen Staaten fordern insbesondere, einen isolierten Weg der westdeutschen Remilitarisierung zu verhindern. Besonders in Frankreich herrschen so kurz nach dem Ende des Krieges große Ressentiments gegen eine deutsche Wiederbewaffnung. Neben der EVG ist auch eine Europäische Politische Gemeinschaft (EPG) geplant.

18. Januar 1951

Knef spielt »Die Sünderin«

Die Uraufführung des Spielfilms »Die Sünderin« von Willi Forst löst in der Bundesrepublik heftige Diskussionen über Moral und Anstand aus. Eine kurze Nacktszene mit der Hauptdarstellerin Hildegard Knef ist der Auslöser des bis dahin größten Skandals im deutschen Film. Die Knef spielt eine ehemalige Prostituierte, die aus Liebe zu einem todkranken Maler (Gustav Fröhlich) zu ihrem alten Gewerbe zurückkehrt, um für ihn eine Operation zu bezahlen. Vor allem Kirchenvertreter protestieren gegen den angeblichen Sittenverfall und fordern zu Demonstrationen auf. Die anhaltende öffentliche Auseinandersetzung führt dazu, dass Millionen von Zuschauern mit dem Vorsatz, sich ein eigenes Urteil bilden zu müssen, in die Kinos strömen (Abb.: Plakat). So wird der Film zu einem Kassenschlager.

10. Februar 1951

Ex-Diktator wieder im Amt

Die Brasilianer holen ihren alten Diktator zurück. Getúlio Dornelles Vargas (s. Abb.) übernimmt nach einer überzeugend gewonnenen Wahl zum zweiten Mal das Amt des Präsidenten. Nach seiner ersten Amtszeit und dem von der Opposition erzwungenen Rücktritt gelingt dem Populisten somit ein demokratisch legitimiertes Comeback. Bei wachsenden ökonomischen Problemen setzt der Ex-Diktator sein wirtschaftliches Reformprogramm, aber auch seine autoritäre Innenpolitik fort.

Getúlio Dornelles Vargas

brasilianischer Politiker, * 19.4.1883 São Borja; † 24.8.1954 Rio de Janeiro (Selbstmord)

Vargas ist seit den 20er Jahren der wichtigste Politiker Brasiliens. Der Jurist, der eine steile Polit-Karriere durchlaufen hat, errichtete in seiner ersten, von diktatorischen Vollmachten geprägten Präsidentschaft den »Estado Novo«. Der als »sanfter Diktator« bezeichnete Mussolini-Bewunderer verband Nationalismus mit einer fortschrittlichen Wirtschafts- und Sozialpolitik.

- 1930-45: Präsident, später Diktator
- 1950: Erneute Wiederwahl zum Präsidenten
- 1954: von der Armee erzwungener Rücktritt

Februar 1951

1	Do	DDR-Volkspolizisten besetzen den Stadtteil West-Staaken, der im Verwaltungsbezirk Spandau liegt und damit zum britischen Sektor Berlins gehört.
2	Fr	US-Wissenschaftler setzten ihre Atombombenversuche in Nevada fort. Innerhalb einer Woche explodiert die vierte Bombe auf dem Testgelände.
3	Sa	Nach sechsjähriger Haft verlässt der Industrielle Alfried Krupp von Bohlen und Halbach das Landsberger Kriegsverbrechergefängnis.
4	So	Durch eine weitere Atombombenexplosion in der Wüste von Nevada fällt im 2500 km entfernten New York radioaktiv verseuchter Schnee.
5	Mo	Im Zusammenhang mit dem Tod von Hitlers Geheimdienstchef Wilhelm Canaris steht in München ein ehemaliger NS-Beamter vor Gericht.
6	Di	Im Londoner Unterhaus gerät die Regierung bei einer Abstimmung in Schwierigkeiten, da viele Abgeordnete an Grippe erkrankt sind.
7	Mi	Das dänische Parlament in Kopenhagen beschließt mit 99 gegen 21 Stimmen der Radikalen und Kommunisten den Beitritt des Landes zur NATO.
8	Do	In der Bundesrepublik Deutschland müssen künftig alle einheimischen See- und Binnenschiffe die schwarzrotgoldene Bundesflagge zeigen.
9	Fr	UN-Truppen erreichen den vereisten Fluss Han und stehen damit am Rand der umkämpften südkoreanischen Stadt Seoul.
10	Sa	Die Wahlen in der britischen Kolonie Goldküste (Ghana) gehen zu Ende. Siegerin ist die »Convention People´s Party«. → Ex-Diktator
11	So	2:2 endet der erste internationale Fußball-Städtekampf nach dem Krieg im Berliner Olympiastadion zwischen den Teams aus Zürich und (West-)Berlin.
12	Mo	Zwölf gewaltige Buschbrände wüten im australischen Queensland. Eines der Feuer hat bereits über 2 Mio. Morgen Weideland vernichtet. → Soraya
13	Di	Frankreichs Hoher Kommissar André François-Poncet stellt in Frankfurt die militärische Gleichberechtigung der Bundesrepublik in Aussicht.
14	Mi	Der Vatikan verbietet allen römisch-katholischen Christen, »Das Kapital« von Karl Marx zu lesen. Das Buch verteidige den »atheistischen Kommunismus«.
15	Do	König Tribhuwan Bir Bikram Schah kehrt aus dem Exil nach Nepal zurück, das er wegen des Bürgerkriegs verlassen hatte. → Bundesgrenzschutz → Europa-Armee
16	Fr	Walter Ulbricht, stellvertretender Ministerpräsident der DDR, bezeichnet einen Sturz Konrad Adenauers als Voraussetzung für Einheit und Frieden.
17	Sa	In der Hamburger Kunsthalle öffnet erstmals seit 1933 wieder eine Ausstellung ihre Türen, die sich dem französischen Maler Henri Matisse widmet.
18	So	Vizekanzler Franz Blücher (FDP) appelliert an die bundesdeutsche Bevölkerung, intensiver zu sparen, um eine Inflation zu vermeiden.
19	Mo	Peking fordert die Regierung Thailands auf, mit der »gesetzwidrigen Verfolgung von Chinesen« ein Ende zu machen.
20	Di	Eugène Ionescos Einakter »La Leçon« (Die Unterrichtsstunde) erlebt in Paris seine Uraufführung. Regie führt Marcel Cuvelier.
21	Mi	Saudi-Arabien gestattet den USA die Benutzung des Luftstützpunktes Dharan. +++ Das Bundesinnenministerium stiftet den »Deutschen Filmpreis«.
22	Do	In Norwegen legt die Regierung ihr Rüstungsprogramm vor. Geplant ist u.a. die allgemeine Erhöhung der Wehrkraft zu Lande um 30%.
23	Fr	Die Europameister Ria Baran und Paul Falk aus Dortmund erringen in Mailand erstmals den Weltmeistertitel im Eiskunstlauf der Paare.
24	Sa	Der türkische Außenminister Mehmet Fuat Köprülü gibt bekannt, dass ein Verteidigungssystem mit den USA für das östliche Mittelmeer beschlossen sei.
25	So	Spaniens Diktator Francisco Franco bietet dem französischen Marschall Philippe Pétain, der eine lebenslange Haftstrafe verbüßt, Asyl an.
26	Mo	Die britische Militärregierung in Deutschland gibt bekannt, dass die Insel Helgoland nicht mehr lange als Bombenübungsziel genutzt werden solle.
27	Di	Die Bundesrepublik beantragt die Mitgliedschaft bei der Weltbank. +++ 50 meist ältere Bürger von Wesel am Niederrhein gründen eine »Kaiserpartei«.
28	Mi	Frankreichs Ministerpräsident René Pleven überreicht in Paris Staatspräsident Vincent Auriol sein Rücktrittsgesuch.

März 1951

1 Do Die letzte der sieben Frankfurter Mainbrücken, die während des Krieges zerstört wurden, ist wieder begehbar. Sie erhält den Namen »Friedensbrücke«.

2 Fr In Oberstdorf stellt der Finne Tauno Luiro einen spektakulären Weltrekord im Skifliegen auf: Er legt eine Strecke von 139 m zurück.

3 Sa Ein Frankfurter Gericht verurteilt den ehemaligen SS-Unterscharführer Josef Hirtreiter wegen seiner Verbrechen im KZ Treblinka zu lebenslänglicher Haft.

4 So Im Krefelder Eisstadion sichert sich Preußen Krefeld mit einem 3:2-Erfolg gegen den EV Füssen seine erste deutsche Meisterschaft im Eishockey.

5 Mo John Davis aus den USA verbessert in Buenos Aires seinen eigenen Weltrekord im Gewichtheben der Superschwergewichtsklasse auf 482,5 kg.

6 Di Das alliierte Oberkommando gibt eine Revision des Besatzungsstatuts bekannt. Die Bundesrepublik erhält begrenzte außenpolitische Souveränität.

7 Mi Ein Anhänger der radikal-islamischen Fedajin-Sekte tötet den iranischen Premierminister Ali Razmara, als dieser die kaiserliche Moschee in Teheran verlässt.

8 Do In Wiesbaden wird das Bundeskriminalamt (BKA) eröffnet. Es dient der zentralen Sammlung von polizeilichen Informationen zur Verbrechensbekämpfung.

9 Fr Der britische Außenminister Ernest Bevin tritt aus Gesundheitsgründen zurück. Sein Nachfolger wird Herbert Morrison.

10 Sa Josef Beran, Erzbischof von Prag, wird aus seiner Diözese verbannt, weil er sich gegen die neuen tschechoslowakischen Kirchengesetze ausgesprochen hat.

11 So Demonstranten in Rom fordern die Rückgabe Triests an Italien. Seit Tito-Partisanen die Stadt besetzt halten, ist sie Zankapfel Italiens und Jugoslawiens.

12 Mo Nach Schätzungen sind in den vergangenen zwei Monaten bei Massenexekutionen in der Volksrepublik China rd. 20 000 Menschen getötet worden.

13 Di Israel fordert von Deutschland als Ersatz für die Beschlagnahmung jüdischen Besitzes unter dem NS-Regime 1,5 Mrd. Dollar.

14 Mi Die UNESCO, die Organisation der Vereinten Nationen für Erziehung, Wissenschaft und Kultur, nimmt die Bundesrepublik Deutschland als Mitglied auf.

15 Do Bundeskanzler Adenauer übernimmt zusätzlich das neue Außenministerium. +++ Der Bundestag beschließt die Anhebung der Arbeitslosenunterstützung.

16 Fr In Düsseldorf gründet sich eine »Deutsche Frauenpartei«. Ihr Ziel ist es, die Frau in der Politik mehr zur Geltung zu bringen.

17 Sa Nach Informationen der Nachrichtenagentur Reuter ist Großbritannien entschlossen, eine eigene Atombombe zu bauen. → »Lukullus«

18 So In Frankfurt am Main findet ein Anti-Kriegs-Kongress statt. 200 Teilnehmer sprechen sich gegen die Wiederbewaffnung der Bundesrepublik Deutschland aus.

19 Mo Die 4x100-m-Staffel der USA schwimmt in New Haven im US-Bundesstaat Connecticut mit einer Zeit von 3:47,9 min Weltrekord.

20 Di Soziale Unruhen begleiten die immer stärker werdende Streikbewegung in Frankreich. U.a. streiken Eisenbahner und Metallarbeiter für höhere Löhne.

21 Mi In Pakistan kann die Regierung Liaquat Ali Khan eine Verschwörung vereiteln, die auf die Errichtung einer kommunistischen Militärdiktatur zielte.

22 Do SPD-Chef Kurt Schumacher kritisiert die Bonner Regierung in ungewohnter Schärfe: »Man hat gepumpt und das Gepumpte verschleudert.«

23 Fr Tausende US-Fallschirmjäger springen in Westkorea hinter den kommunistischen Linien ab und bringen Zufahrtsstraßen unter ihre Kontrolle.

24 Sa Der argentinische Präsident Juan Perón gibt bekannt, dass sein Land mit Hilfe eines neuen Verfahrens Kernenergie gewinnen will.

25 So Der Deutsche Gewerkschaftsbund lehnt es ab, den »Tag der Arbeit« vom traditionsgemäßen 1. Mai auf den 2. Mai zu verlegen.

26 Mo Eine Bonner Delegation besucht das als Bombenabwurfziel der britischen Luftwaffe stark zerstörte Helgoland.

27 Di In Kopenhagen beginnen Regierungsvertreter der USA und Dänemarks mit Verhandlungen über die Einbeziehung Grönlands in die NATO.

28 Mi Auf dem Potsdamer Platz in Berlin beschießen DDR-Volkspolizisten vier Busse mit US-Touristen, weil diese angeblich trotz Verbots fotografiert hätten.

29 Do In Hollywood findet die »Oscar«-Verleihung statt. Als bester Film des Jahres erhält »All about Eve« mit Bette Davis gleich sechs Auszeichnungen.

30 Fr Der Deutsche Beamtenbund fordert eine generelle Anhebung der Gehälter um ein Drittel und verkündet die Streikbereitschaft seiner Mitglieder.

31 Sa Die US-Regierung gibt Einzelheiten des Friedensvertrages mit Japan bekannt. Danach soll das Staatsgebiet auf die vier Hauptinseln beschränkt werden.

11. April 1951

Truman feuert General

Kompetenzstreit zwischen militärischer und politischer Führung: Überraschend enthebt US-Präsident Harry S. Truman den Oberkommandierenden der UN-Streitkräfte in Korea, Douglas MacArthur (s. Abb.), seines Amtes. Hintergrund der Entlassung sind kontroverse Ansichten über den Verlauf des Koreakrieges. Während Truman Waffenstillstandsverhandlungen anstrebt, will MacArthur die Kämpfe fortsetzen. Er plant, mit Hilfe der Nationalchinesen unter Chiang Kai-shek eine zweite Front gegen die Volksrepublik China zu bilden. Dabei kritisiert er öffentlich Trumans zögernde Haltung.

Douglas MacArthur

US-Militär, * 26.1.1880 Little Rock (US-Bundesstaat Arkansas); † 5.4.1964 Washington D.C.

MacArthur war einer der umstrittensten Militärs der US-Geschichte. Ab 1941 leitete er den Krieg gegen Japan als Oberkommandierender der US-Streitkräfte. Nach dem Einmarsch nordkoreanischer Einheiten in Südkorea drängte der Antikommunist Chinesen und Nordkoreaner nach Norden zurück.

- 1903: Offizier
- 1917-19: Militärdienst in Europa
- 1930-35: Chef des Generalstabs

17. März 1951

Brechts »Lukullus« zensiert

Die DDR-Führung zensiert die Oper »Das Verhör des Lukullus« von Bertolt Brecht und Paul Dessau. Nach der Uraufführung in der Ost-Berliner Staatsoper bezeichnen die ostdeutschen Kulturorgane das Werk als »nicht linientreu«. In dem Lehrstück führt der römische Feldherr Lukullus einen Angriffskrieg gegen Asien. Danach verurteilt ihn ein Gericht des Schattenreichs (Abb.: Das Totengericht). Vor dem Hintergrund des Koreakrieges stößt Brechts pazifistische Tendenz auf Ablehnung. Nach der Premiere wird das Stück mit Aufführungsverbot belegt. Brecht und Dessau erklären sich daraufhin bereit, ihr Werk umzuarbeiten. Am 12. Oktober kommt die neue Fassung unter dem Titel »Die Verurteilung des Lukullus« auf die Bühne. Brecht bleibt der Premiere fern.

5. April 1951

Operation am offenen Herzen

Mit Hilfe einer Herz-Lungen-Maschine (s. Abb.), die kurzzeitig Organe ersetzen kann, gelingt erstmals eine Operation am offenen Herzen. In Minneapolis (US-Bundesstaat Minnesota) nimmt der Arzt und Konstrukteur Clarence Dennis einen Eingriff an einer sechsjährigen Patientin vor. Obwohl die Operation problemlos verläuft, stirbt das Kind kurz darauf. Nach weiteren Fehlversuchen glückt dem Arzt John Heysham Gibbon am 6. Mai 1953 die erste von Erfolg gekrönte Herzoperation. Eine 18-jährige Patientin kann 45 Minuten lang mit der Herz-Lungen-Maschine am Leben erhalten werden, während der Chirurg ein Loch in ihrer Herzwand schließt.

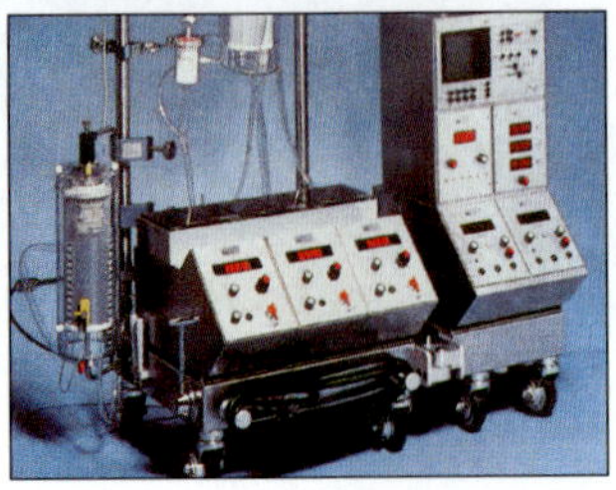

Arm in Arm nicht nur durch die City von Paris, sonde auch ins westliche Lager: Konrad Adenauer (l.) u Frankreichs Hochkommissar André François-Ponce

10. April 1951

Kumpel bestimmen mit

In Deutschland dürfen die Arbeiter in der Montanindustrie künftig mitentscheiden. Der Bundestag verabschiedet das Gesetz über die »Mitbestimmung der Arbeitnehmer in der eisenschaffenden Industrie und im Kohlebergbau«. Zum ersten Mal in der deutschen Geschichte wird damit – in 71 Bergbau- und 37 Eisen- und Stahlgesellschaften – die paritätische Mitbestimmung Realität. Danach sitzen in den Aufsichtsräten der Montanindustrie je fünf Delegierte der Arbeitgeber und der Arbeitnehmer. Der fünfte Mann beider Seiten darf jedoch kein Mitglied einer Gewerkschaft bzw. Arbeitgeberorganisation sein. Die fünf Arbeitnehmervertreter schicken einen Delegierten ihrer Wahl als Arbeitsdirektor in den Betriebsvorstand. Das elfte Mitglied des Aufsichtsrats ist der Vorsitzende, der von den übrigen Mitgliedern gewählt wird. Anders als von Konservativen befürchtet, bleibt die paritätische Mitbestimmung auf die Montanindustrie beschränkt.

5. April 1951

Keine Gnade für Rosenbergs

Ein New Yorker Gericht verurteilt das Ehepaar Julius und Ethel Rosenberg wegen Landesverrats zum Tode. Die Rosenbergs sollen Informationen über die US-Atombombe an Moskau weitergegeben haben (Abb.: Ethel, l., und Julius, 4.v.l., Rosenberg im Gerichtssaal). Trotz weltweiter Proteste gegen das harte Urteil sterben die Eheleute am 19. Juni 1953 auf dem elektrischen Stuhl.

18. April 1951

Montanunion perfekt

Mit Unterzeichnung des Vertrags über die Europäische Gemeinschaft für Kohle und Stahl (EGKS) – kurz Montanunion genannt – beginnt die europäische Integration. Als erster setzt Konrad Adenauer, Bundeskanzler und Außenminister, seinen Namenszug unter das Abkommen. Es geht auf einen Vorschlag des französischen Planungskommissars Jean Monnet zurück, der seinerseits den französischen Außenminister Robert Schuman von den Prinzipien der EGKS hatte überzeugen können. So waren diese in den bereits 1950 veröffentlichten sog. Schuman-Plan eingeflossen.

François-Poncet (r.) versorgt Adenauer mit Süßigkeiten.

An der EGKS sind zunächst Frankreich, die Bundesrepublik, Belgien, die Niederlande und Luxemburg beteiligt. Es ist die erste supranationale Vereinigung, die die kriegswichtigen Industrien unter gemeinsame Kontrolle und Verteilung stellt. Damit werden sie dem nationalen Zugriff weitgehend entzogen. Exekutivorgan der Montanunion ist die Hohe Behörde. Ein Beratender Ausschuss, eine gemeinsame Versammlung als parlamentarisches Organ, ein Ministerrat als Richtlinien- und Legislativorgan und ein Gerichtshof werden flankierend eingerichtet. Die Aufgaben des neuen europäischen Zusammenschlusses sind die Koordinierung der Eisen- und Stahlproduktion sowie der Kohleförderung in Europa. Darüber hinaus sollen in einer gemeinschaftlichen Anstrengung die Produktion modernisiert, die Qualität der Erzeugnisse verbessert und die Lebensbedingungen der Arbeitnehmer im Montanbereich angeglichen werden. Kern der EGKS ist die deutsch-französische Beziehung. Mit der Montanunion begründen die Nachbarn ein neuartiges Verhältnis. Probleme wie die rechtliche Position des Saargebiets sind vor der Vertragsunterzeichnung kein Hindernis. In einem Briefwechsel stellt die französische Regierung klar, dass die Montanunion keine Anerkennung des Status' der Saar bedeute. Aus Sicht der Wirtschaft ist die Beteiligung der Bundesrepublik ganz besonders wichtig. Rd. 80% der gesamten Kohlevorräte der Montanunionstaaten lagern in Deutschland. Auch in der Erzeugung von Rohstahl rangiert die Bundesrepublik an erster Stelle, gefolgt von Frankreich, Belgien, Luxemburg, Italien und den Niederlanden.

Neben den rein ökonomischen Aspekten ist die politische Konsequenz eines Zusammenschlusses auf supranationaler Ebene von ganz besonderer Bedeutung. Adenauer erinnert sich später an den Schuman-Plan als den Beginn der europäischen Einigung. Für Bonn bietet die europäische Gemeinschaft einen Zuwachs an Eigenständigkeit. Obwohl die Bundesrepublik zu diesem Zeitpunkt noch keinesfalls souverän ist, darf Adenauer als quasi gleichberechtigter Partner die Verfügungsgewalt über die kriegswichtigen Industrien einer europäischen Organisation unterstellen. Bereits bei der Formulierung des Grundgesetzes haben die Politiker Vorsorge für den Fall staatlichen Souveränitätsverzichts getroffen. Allerdings stößt die Unterzeichnung des EGKS-Vertrags auch auf Kritik – u.a. von der SPD, die eine französische Dominanz befürchtet.

April 1951

1 So Im Bundesgebiet sind rd. 9,5 Mio. Rundfunkgebührenzahler registriert. Damit ist die Teilnehmerzahl in einem Jahr um rd. 1,7 Mio. gestiegen.

2 Mo 15 Jugendliche verschanzen sich in einem Flakturm auf Helgoland, um erneut gegen die Bombardierung der Insel zu Übungszwecken zu protestieren.

3 Di US-Präsident Harry S. Truman fordert vom Kongress 51,3 Mio. US-Dollar für Forschungs- und Produktionsstätten des Atomsektors.

4 Mi »Gegen die Remilitarisierung« demonstrieren rd. 700 Frauen vor dem Bundeshaus in Bonn. Es kommt zu Auseinandersetzungen mit der Polizei.

5 Do In Miami gelingt »Sugar« Ray Robinson, Box-Weltmeister im Mittelgewicht, ein Punktsieg über Holly Mims. → Rosenberg → Operation

6 Fr Jugoslawiens Ministerpräsident Josip Tito bildet Regierung und Verwaltung des Landes um. 16 Ministerien werden aufgelöst bzw. umgebildet.

7 Sa Die Forderung von Douglas MacArthur, dem UN-Oberbefehlshaber in Korea, nationalchinesische Truppen in China einzusetzen, löst in London Empörung aus.

8 So Im Ludwigshafener Rheinstadion siegt die deutsche Handball-Mannschaft in ihrem ersten Länderspiel seit dem Krieg mit 12:5 gegen Frankreich.

9 Mo Nordkoreanische Truppen öffnen die Schleusen des Staudamms von Hwachon und überfluten weite Landesteile. Sie wollen den UN-Vormarsch stoppen.

10 Di Zwischen den Regierungen der DDR und der Volksrepublik Bulgarien kommt es zum Abschluss eines Kulturabkommens. → Kumpel

11 Mi Zu seiner ersten offiziellen Auslandsreise als deutscher Außenminister trifft Bundeskanzler Konrad Adenauer in Paris ein. → General

12 Do Wilhelm Herz stellt auf einem NSU-Motorad der 500-ccm-Klasse mit 289,796 km/h einen Geschwindigkeits-Weltrekord für Zweiräder auf.

13 Fr Die US-Regierung rationiert wichtige Rohstoffe wie Stahl, Kupfer und Aluminium, um die Versorgung der Rüstungsindustrie sicherzustellen.

14 Sa Im Saarland stellt Ministerpräsident Johannes Hoffmann sein neues Kabinett vor. Erstmals seit 1945 gehören keine Sozialdemokraten der Regierung an.

15 So Die westdeutsche Fußballauswahl gewinnt ihr erstes Auslandsspiel nach Kriegsende in Zürich mit 3:2 gegen die Schweiz.

16 Mo 400 000 Freiwillige sollen in den USA als Beobachter für die Luftverteidigung an der pazifischen und an der atlantischen Küste rekrutiert werden.

17 Di Das britische U-Boot »Affray« sinkt mit 75 Mann Besatzung bei Manövern im Ärmelkanal. Alle Bergungsversuche scheitern, es gibt keine Überlebenden.

18 Mi In Bonn stimmt der Bundestag dem Gesetzentwurf zu, Karlsruhe zum Sitz des Bundesverfassungsgerichts zu bestimmen. → Montanunion

19 Do Das südafrikanische Unterhaus erteilt »Mischlingen« das Wahlrecht. Die Delegierten, die von ihnen gewählt werden dürfen, müssen allerdings Weiße sein.

20 Fr In Cannes enden die Filmfestspiele. Die Jury zeichnet den italienischen Film »Das Wunder von Mailand« aus. +++ In Köln findet die erste Fotokina statt.

21 Sa Nach siebenmonatiger Dauer endet die internationale Zollkonferenz im englischen Torquay. 38 Staaten treffen 147 zweiseitige Abkommen.

22 So Der britische Arbeitsminister Aneurin Bevan und Handelsminister James Harold Wilson treten aus Protest gegen den hohen Rüstungsetat zurück.

23 Mo Eine große Streikwelle erschüttert den Norden Spaniens: 500 000 Arbeiter im Ausstand fordern Lohnerhöhungen um 50%.

24 Di In der japanischen Stadt Yokohama ereignet sich ein schweres Eisenbahnunglück. 97 Menschen kommen dabei ums Leben.

25 Mi Die US-Regierung gibt bekannt, dass 600 Militärberater nach Formosa (Taiwan) geschickt werden sollen, um eine chinesische Invasion zu verhindern.

26 Do Das US-Repäsentantenhaus bewilligt Militärkredite in Höhe von umgerechnet 33 Mrd. DM. Mit dem Geld sollen Panzer und Flugzeuge angeschafft werden.

27 Fr Dänemark räumt den USA das Recht ein, auf Grönland militärische Stützpunkte zu unterhalten. Das Abkommen hat eine Laufzeit von 20 Jahren.

28 Sa Mohammed Mossadegh tritt sein Amt als neuer Ministerpräsident des Iran an. Er ist strikter Gegner jeder ausländischen Aktivitäten in Persien.

29 So Elly Heuss-Knapp, die Ehefrau des deutschen Bundespräsidenten, eröffnet in Hannover die erste Bundesgartenschau.

30 Mo Argentiniens Gewerkschaften erklären sich bereit, die erneute Kandidatur von Präsident Juan Perón und seiner Frau Evita als Vizepräsidentin zu unterstützen.

Mai 1951

1 Di Ein Brand zerstört das Genfer Opernhaus. Das Feuer ist bei den Proben für die »Feuerzauber«-Szene in Wagners »Walküre« ausgebrochen. → Rundfunk

2 Mi Jakob Kaiser, Bundesminister für gesamtdeutsche Fragen, eröffnet in München die Ausstellung »Deutsche Heimat im Osten«. → Europarat

3 Do Der Iran verstaatlicht seine Erdölindustrie. +++ In London beginnt das »Festival of Britain«, eine Leistungsschau von Wirtschaft und Kultur.

4 Fr Das Bundeskabinett verbietet die rechtsradikale Sozialistische Reichspartei (SRP). Deren Ordnungstruppe »Reichsfront« muss aufgelöst werden.

5 Sa Auf ihrer Tagung in Bad Dürkheim spricht die »Gruppe 47« Heinrich Böll den Dichterpreis der MacCann Company in Höhe von 1000 DM zu.

6 So Ein schweres Erdbeben zerstört die Städte Jucuapa und Chinameca in El Salvador. Mindestens 200 Menschen kommen ums Leben.

7 Mo Auf dem Kongress des Internationalen Olympischen Komitees (IOC) in Wien nehmen die Delegierten die Sowjetunion als Mitglied auf.

8 Di Das 1949 in Bonn gegründete Nationale Olympische Komitee für Deutschland wird vom Internationalen Olympischen Komitee anerkannt.

9 Mi Unter der Leitung von Wilhelm Furtwängler starten die Berliner Philharmoniker eine Tournee durch Griechenland, Italien, Ägypten und Frankreich.

10 Do Die Abschaffung der Schülermonatskarten in Hamburg führt zu heftigen Protesten. Die Polizei setzt Wasserwerfer gegen 1700 Demonstranten ein.

11 Fr Bisher sind 228 941 Mann der UN-Streitkräfte Opfer des Koreakriegs geworden – 25 374 Gefallene, 128 394 Verwundete und 75 173 Vermisste.

12 Sa In Malta erringt die italienfreundliche Nationalistische Partei unter Borg Olivier bei den Wahlen zur gesetzgebenden Versammlung die Mehrheit.

13 So Der US-Kongress gibt weitere Atomversuche bekannt. Truppen könnten sofort in das Explosionsgebiet nachrücken, ohne Schaden zu nehmen, heisst es.

14 Mo Michail Botwinnik aus der Sowjetunion verteidigt seinen Schach-Weltmeistertitel gegen seinen Landsmann David Bronstein durch ein 12:12.

15 Di Israel und Syrien folgen einem Aufruf der UNO und schließen im Streit um die von beiden Ländern beanspruchten Huleh-Sümpfe einen Waffenstillstand.

16 Mi Die Bundesrepublik wird in die Weltgesundheitsorganisation (WHO) aufgenommen. +++ In der Hamburger Ernst-Merck-Halle beginnt ein Reklamekongress.

17 Do Ein Attentatsplan gegen Irans Premier Mohammad Mossadegh wird aufgedeckt. Dieser verschanzt sich aus Angst im Parlamentsgebäude.

18 Fr Zwei Männer aus Heidelberg, die den US-Oberkommissar John McCloy öffentlich als »Kohlenklau« bezeichneten, müssen für sechs Monate ins Gefängnis.

19 Sa Attentäter verüben einen Anschlag auf den König von Libyen, Mohammad Idris I. El Senussi. Die Bombe explodiert jedoch zu früh.

20 So Der Boxer Gustav »Bubi« Scholz sichert sich durch einen Punktsieg über Titelverteidiger Walter Schneider die Deutsche Meisterschaft im Weltergewicht.

21 Mo 12 000 französische und nordafrikanische Soldaten suchen im Atlasgebirge nach einem marokkanischen Amokläufer, der sieben Menschen erschossen hat.

22 Di Der ständige Stellvertretende Rat der Atlantikpaktstaaten ernennt den Briten Nigel Sutton zum Generalsekretär der NATO.

23 Mi In einem 17-Punkte-Abkommen erzwingt China die »Rückkehr« Tibets in die Volksrepublik. Peking sichert dem Gebirgsland dabei regionale Autonomie zu.

24 Do Ägypten sichert Syrien im Konflikt gegen Israel bedingungslose Waffenhilfe zu. Die Länder streiten um die Huleh-Sümpfe, in denen u.a. der Jordan entspringt.

25 Fr In der Bundesrepublik Deutschland steigt der Milchpreis von durchschnittlich 34 Pfennig auf 38 bis 42 Pfennig pro Liter, je nach Fettstufe. → Spione

26 Sa Andrew Stanfield läuft in Philadelphia mit 20,6 sec einen Weltrekord über 220 yards, der gleichzeitig als Rekord über 200 m anerkannt wird.

27 So In Österreich wird Theodor Körner von der Sozialistischen Partei Österreichs in einer Stichwahl zum Bundespräsidenten gewählt.

28 Mo 35 000 Mann der kommunistischen Vietminh-Truppen in Indochina setzen zu einer Offensive auf Hanoi und das Delta des Roten Flusses an.

29 Di Hans M. Bongers richtet auf Anordnung der Bundesregierung das »Büro Bongers« ein, um die Deutsche Lufthansa neu zu gründen.

30 Mi Der Schwergewichtsboxer Ezzard Charles (USA) verteidigt in Chicago seinen Weltmeistertitel gegen Joey Maxim durch einen Sieg nach Punkten.

31 Do Die »Deutsche Frauenpartei« will mit dem Kampfruf »Deutsches Gretchen, erwache!« eine Werbeaktion im Bundesgebiet starten.

30. Juni 1951

Kaiserslautern wird Meister

Der 1. FC Kaiserslautern gewinnt im Berliner Olympiastadion die Deutsche Fußballmeisterschaft. Vor 100 000 Zuschauern siegen die Pfälzer mit 2:1 Toren gegen Finalgegner Preußen Münster. Stars des Spiels sind die Brüder Fritz und Ottmar Walter, die in perfektem Zusammenspiel beide Tore für Kaiserslautern erzielen (Abb.: Ottmar Walter mit der Nr. 9 vor dem gegnerischen Tor).

Auf Münsteraner Seite glänzt Felix Gerritzen, der in der 48. Minute das erste Tor des Spiels schießt. In der 61. Minute erzielt Ottmar Walter den Ausgleich, in der 70. Minute vollstreckt er erneut. Damit ist das Spiel entschieden. Die nach ihren Trikots »Rote Teufel« genannten Pfälzer lösen den VfB Stuttgart als Deutschen Fußballmeister ab. In der Vergangenheit hatte weder Kaiserslautern noch Münster bei der seit dem Jahre 1903 ausgetragenen Fußballmeisterschaft jemals den Titel geholt.

6. Juni 1951

Berlinale wird Filmforum

Die ersten Filmfestspiele in Berlin sorgen für großes Aufsehen in der Filmbranche. Gleichzeitig mit der Eröffnung der Festspiele findet die Verleihung der ersten Bundesfilmpreise statt. Den Preis für den besten Film erhält »Das doppelte Lottchen«. Josef von Baky schuf die Literaturverfilmung nach dem Buch von Erich Kästner aus dem Jahre 1949 (Abb. vorn v.r.: Erich Kästner, sein Vater Emil und der Regisseur). Der Film ist Hauptgesprächsthema der Festspiele und erntet überragende Kritiken. Bei den zwölftägigen Filmfestspielen stellen 21 Nationen 34 Spiel- und 80 Kulturfilme vor. Als herausragende Arbeit prämieren die Juroren »Kleine Nachtgespenster« von Klemens Schumacher, einen Film über Fledermäuse. Eine Sonderauszeichnung erhält der Berlin-Film »Herrliche Zeiten« von Günter Neumann. Ihm sprechen US-Juroren den »Silbernen Lorbeer« zu. Der Preis wurde von US-Filmproduzent David O. Selznick für »den größten Beitrag zur Förderung des gegenseitigen Verständnisses unter den Völkern der freien Welt« gestiftet. Neben dem immensen Erfolg des »Doppelten Lottchen« fallen die deutschen Beiträge zur Berlinale beim Publikum durch. Die Streifen »Dr. Holl«, »Talent zum Glück« oder »Das gestohlene Jahr« werden als Dutzendware bewertet.

1. Mai 1951

Rundfunklandschaft erblüht

In München nimmt der Sender Freies Europa seinen Betrieb auf. Die Radiostation sendet u.a. politische Berichte in die östlichen Länder Europas. Seit Kriegsende gedeiht die Rundfunklandschaft in der Bundesrepublik. Sender wie der Nordwestdeutsche Rundfunk (NWDR) übermitteln Informationen und kulturelle Beiträge.

Zu einer der Aufsehen erregendsten Ausstrahlungen des NWDR gehörte das Hörspiel »Träume« am 19. April. Darin macht der Autor Günter Eich einen alptraumhaften Angriff von Termiten nacherlebbar. Die Insekten bedrohen zunächst eine New Yorker Hausfrau. Später töten sie Ehemann und Mutter der Frau, bedrohen das ganze Haus und schließlich die Stadt. Mit der Übertragung von »Träume« schockierte Eich das bundesdeutsche Publikum, das bisher aus dem Radio nur Erlebnisberichte und Features kannte. Das 80-minütige Hörspiel wurde in fünf Episoden ausgestrahlt. Mit Hilfe von technischen Finessen

und Hintergrundgeräuschen machte Eich das Gesprochene direkt erlebbar. Die Ausstrahlung von »Träume« gilt als Geburtsstunde des poetischen Hörspiels (Abb.: Hörspielproduktion im Studio).

2. Mai 1951

Bundesrepublik im Europarat

Nachdem die Bundesrepublik in der Vergangenheit bereits an Sitzungen der Beratenden Versammlung des Europarats teilnehmen durfte, wird sie nun offiziell in die europäische Organisation aufgenommen. Vorausgegangen ist ein einstimmiges Votum des Ministerausschusses. Nach OEED und Montanunion ist der Europarat die dritte europäische Organisation, die den noch jungen, noch nicht souveränen westdeutschen Staat als Vollmitglied aufgenommen hat.

Damit wird Bonn auf internationalem Parkett – sechs Jahre nach Ende des Zweiten Weltkriegs – handlungsfähiger. Bundeskanzler Konrad Adenauer betont in seiner Funktion als Außenminister, dass die Bundesrepublik als loyaler Partner im Europarat mitarbeiten werde. Mit dem heutigen Tag, so Adenauer in einer anschließenden Pressekonferenz, habe Deutschland seine staatliche Souveränität zu »sagen wir mal, 90 Prozent« wieder erlangt (Abb.: Pierre-Henri Teitgen, r., gratuliert Adenauer; 2.v.l. Staatssekretär Walter Hallstein).

Eine der letzten Hinrichtungen von deutschen Kriegsverbrechern im Landsberger Gefängnis

7. Juni 1951

SS-Offiziere gehängt

»Die übrige Welt hat noch nicht vergessen, was da während des Krieges von Hitlers Vertrauensmännern Furchtbares ausgeführt worden ist. Niemand, der vom Wert des Menschenlebens überzeugt ist, darf dies übersehen oder gar gegen ebenso grausame Verbrechen aufrechnen, die, an Deutschen begangen, vorerst ungesühnt bleiben...«, kommentiert die Süddeutsche Zeitung die Hinrichtung von sieben deutschen Kriegsverbrechern im Militärgefängnis in Landsberg/Lech. Damit werden die letzten der im Jahre 1947 vom Nürnberger Militärtribunal und von Landsberger Militärgerichten ausgesprochenen Todesurteile vollstreckt.

Die Hinrichtungen werden in alphabetischer Reihenfolge und in Abständen von 20 Minuten vorgenommen. Die Bundesregierung verweist darauf, dass sie trotz der Intervention von Bundeskanzler Konrad Adenauer die Vollstreckung der Urteile nicht verhindern konnte. Sie habe alles rechtlich Mögliche für die Häftlinge getan und den Verteidigern alle Chancen zur Ausnutzung der Rechtsmittel gegeben. Das Engagement für das Leben der Häftlinge wird im Ausland mit Erstaunen zur Kenntnis genommen. Die »Washington Post« wirft der Regierung Adenauer einen neuen deutschen Nationalismus vor, »... der in erster Linie ein Wiederaufleben des Nazismus darstellt.« Vizekanzler Franz Blücher gibt in seiner Eigenschaft als FDP-Vorsitzender der Befürchtung Ausdruck, dass die Vollstreckung der Todesurteile zwei Jahre nach Inkrafttreten des Grundgesetzes, das die Todesstrafe nicht mehr kennt, in der Bevölkerung ernste Verwirrung auslösen müsse.

25. Mai 1951

Spione Burgess und MacLean setzen sich nach Moskau ab

Zwei britische Diplomaten versetzen die westlichen Geheimdienste in helle Aufregung: Guy Burgess und Donald MacLean verschwinden unter zunächst rätselhaften Umständen und bleiben wochenlang unauffindbar. Nach groß angelegten Suchaktionen von mehreren tausend Agenten bestätigt sich der Verdacht, dass es sich bei den beiden um hinter den »Eisernen Vorhang« geflüchtete sowjetische Agenten handelt.

Erst viel später wird bekannt, dass sie zusammen mit den zu diesem Zeitpunkt noch nicht enttarnten »Superspionen« Kim Philby und Anthony Blunt zu einem aus der englischen Oberschicht stammenden »Spionage-Kleeblatt« gehören. Seit ihrer gemeinsamen Studienzeit an der Elite-Universität Cambridge bildeten die jungen Männer eine verschworene Gemeinschaft. Als Diplomaten oder Geheimdienstmitarbeiter vermochten sie sich Zugang zu vielen Machtzentren der westlichen Welt zu verschaffen. Hintergrund ihres Handelns ist der Glaube an die Überlegenheit des kommunistischen Systems und ein ausgeprägter Anti-Amerikanismus. Bereits in den 30er Jahren lassen sie sich vom sowjetischen Geheimdienst anwerben.

Da Kim Philby beim britischen Geheimdienst arbeitet, kann er seine Freunde im Mai 1951 warnen, die sich, wie erst fünf Jahre später bekannt wird, in die UdSSR absetzen. Während der britische Außenminister Herbert Morrison versichert, die beiden Beamten seien nicht im Besitz von amtlichen Dokumenten, berichtet der übergelaufene sowjetische Nachrichtenoffizier Wladimir Petrow später, MacLean habe Aktentaschen voll Dokumente zum Abfotografieren in die Londoner Sowjetbotschaft gebracht.

Juni 1951

1 Fr Der erste Botschafter der Bundesrepublik Deutschland in Italien, Clemens von Brentano, überreicht Präsident Luigi Einaudi sein Beglaubigungsschreiben.

2 Sa Die tschechoslowakische Regierung lässt den Korrespondenten der französischen Nachrichtenagentur AFP in Prag verhaften.

3 So In Lübeck findet die Wiedereinweihung des Doms statt. Das 800 Jahre alte Bauwerk war 1942 durch Bomben schwer beschädigt worden.

4 Mo Henry F. Grady, US-Botschafter in Teheran, überreicht einen Brief des US-Präsidenten an den britischen Premier versehentlich dem iranischen Kabinettschef.

5 Di Der norwegische König Håkon VII. begibt sich zu einem Staatsbesuch nach Großbritannien, wo ihn das englische Königshaus empfängt.

6 Mi CDU und FDP einigen sich in Rheinland-Pfalz auf die Bildung einer Koalitionsregierung. Ministerpräsident bleibt Peter Altmeier (CDU). → Berlinale

7 Do »Der Teufel und der liebe Gott«, ein Schauspiel von Jean Paul Sartre, kommt im Pariser Théâtre Antoine zur Uraufführung. → SS-Offiziere

8 Fr Der Bundestag erhöht die Umsatzsteuer von 3% auf 4%. +++ In Essen stellt sich das Folkwang-Tanztheater vor. Kurt Jooss leitet die neue Kulturinstitution.

9 Sa Der Münchener Herbert Klein schwimmt in seiner Heimatstadt in 2:27,3 min einen sensationellen Weltrekord über 200-m-Brust.

10 So Der diesjährige Giro d'Italia geht nach fast drei Wochen zu Ende. Den Sieg der 34. Radrundfahrt holt sich der 31-jährige Italiener Fiorenzo Magni.

11 Mo In West-Berlin beginnt die Bundespost mit Versuchssendungen, um der Industrie die Möglichkeit zur Entwicklung serienreifer Fernsehempfänger zu geben.

12 Di 3000 britische Fallschirmjäger treffen auf Zypern ein, um notfalls in den persisch-britischen Ölkonflikt eingreifen zu können.

13 Mi Hinrich Wilhelm Kopf (SPD) wird als niedersächsischer Ministerpräsident bestätigt. Er leitet eine SPD/BHE/Zentrum-Koalition.

14 Do US-Präsident Harry S. Truman gibt bekannt, dass sich die Zahl der Verkehrsopfer in den USA der Millionengrenze nähere.

15 Fr Auf Anweisung des Thüringer Innenministeriums muss in jeder größeren Stadt des Landes eine Straße nach Mao Tse-tung benannt werden.

16 Sa In allen Häfen der USA kommt der Schiffsverkehr zum Erliegen, weil sich rd. 50 000 Seeleute weigern, ohne neuen Tarifvertrag auszufahren.

17 So Vor 90 000 Zuschauern kommt es im Berliner Olympiastadion zu einer überraschenden 1:2-Niederlage der deutschen Fußballelf gegen das Team der Türkei.

18 Mo Die USA bauen auf Okinawa in Japan einen Luftstützpunkt, von dem aus Ziele in Nordost- und Südostasien erreicht werden können.

19 Di Bundeskanzler Konrad Adenauer besucht Papst Pius XII. im Vatikan. Die 70 Minuten dauernde Audienz ist die längste in der Amtszeit des Papstes.

20 Mi Das Norwegische Olympische Komitee lädt 75 Staaten, darunter Deutschland, Japan und die UdSSR, zu den Winterspielen 1952 nach Oslo ein.

21 Do In Bayern spricht sich der Landtag mit 89 gegen 72 Stimmen für die Wiedereinführung der Todesstrafe aus. Die Sozialdemokraten stimmen dagegen.

22 Fr Als Nachfolger von Theodor Körner tritt Franz Jonas das Wiener Bürgermeisteramt an. Körner war zum Bundespräsidenten Österreichs gewählt worden.

23 Sa Mit vier Minuten Vorsprung vor Hugo Koblet gewinnt der Schweizer Ferdinand Kübler zum dritten Mal die Radrundfahrt »Tour de Suisse«.

24 So Box-Weltmeister »Sugar« Ray Robinson wird bei einem Schaukampf in Berlin gegen Gerhard Hecht wegen Nierenschlägen disqualifiziert.

25 Mo Friedrich Wilhelm Lübke (CDU) wird zum Ministerpräsidenten von Schleswig-Holstein gewählt. Er war ohne Gegenkandidat angetreten.

26 Di Die Freie Deutsche Jugend (FDJ) wird in Westdeutschland als verfassungswidrig verboten. In der DDR ist sie die Nachwuchsorganisation der SED.

27 Mi In London verpflichten sich einige Commonwealth-Staaten zur Waffenhilfe für Großbritannien bei dessen Konflikt mit Persien.

28 Do Wegen Spionage verurteilt ein ungarisches Gericht den Erzbischof von Kalosca, Josef Grosz, zu 15 Jahren Haft.

29 Fr Ein Bundestagsausschuss schlägt die Neugliederung des Bundesgebietes vor. Danach soll es künftig nur noch fünf Länder geben.

30 Sa In Frankfurt am Main konstituiert sich die Sozialistische Internationale, ein Zusammenschluss sozialdemokratischer Parteien aus aller Welt. → Kaiserslautern

Juli 1951

1 So Auf der Berliner Avus findet erstmals seit Kriegsende wieder ein Autorennen statt. Paul Greifzu fährt auf BMW als erster durchs Ziel.

2 Mo Nach dem Tod von Hans Böckler tritt Christian Fetter das Amt des Vorsitzenden des Deutschen Gewerkschaftsbundes an.

3 Di In Niedersachsens Landeshauptstadt Hannover beginnt die »Constructa«, die erste große deutsche Bauausstellung nach dem Krieg.

4 Mi Auf der Zeche Radbod in Bockum-Hövel wird der modernste Schacht des Ruhrgebiets eingeweiht. Täglich 4000 t Kohle sollen hier gefördert werden.

5 Do Die Vorkonferenz zur deutschen Auslandsschuldenregelung beginnt in London. Leiter der deutschen Delegation ist Hermann Josef Abs.

6 Fr Unter dem Eindruck wachsender internationaler Spannungen kündigen die USA ihre Handelsabkommen mit der UdSSR, Rumänien und Bulgarien.

7 Sa Im Endspiel von Wimbledon setzt sich Doris Hart glatt mit 6:1, 6:0 gegen Shirley Fry (beide USA) durch. → Farb-TV

8 So Die französische Hauptstadt Paris feiert den 2000. Jahrestag ihrer Gründung. 34 Großstädte haben ihre Bürgermeister zum Fest an die Seine entsandt.

9 Mo Der Iran löst seine Beziehungen zum Haager Schiedsgerichtshof. Die USA bieten Vermittlungen im britisch-iranischen Ölkonflikt an. → Kriegsende

10 Di Der Bonner Bundestag stellt den Kündigungsschutz wieder voll her. +++ In West-Berlin wird das »Denkmal für die Opfer der Berliner Luftbrücke« enthüllt.

11 Mi Die Bundesrepublik tritt der UNESCO bei, der UN-Sonderorganisation für Zusammenarbeit auf den Gebieten Erziehung, Wissenschaft und Kultur.

12 Do Nach Bodenenteignungen kommt es in Guatemala-City zu schweren antikommunistischen Protesten. Regierungstruppen schießen in die Menge.

13 Fr 450 Polizisten und Nationalgardisten sind im Einsatz, um den Einzug einer farbigen Familie in ein »weißes« Wohngebiet Chicagos durchzusetzen.

14 Sa Der Eisenbahnfährverkehr zwischen Großenbrode und Kai-Gedser, der die Bundesrepublik Deutschland mit Dänemark verbindet, wird aufgenommen.

15 So Der Streit um Kaschmir verschärft sich neu. Pakistan wirft dem Nachbarland Indien massive Truppenkonzentration an der Grenze vor.

16 Mo Weil die ägyptische Regierung den Verkehr im Suezkanal behindert, entsendet Großbritannien Kriegsschiffe in das Rote Meer.

17 Di Die größte Eisenhütte Europas nimmt im walisischen Talbot die Produktion auf. Die Anlage stößt jährlich 200 000 t Stahl aus. → Baudouin I.

18 Mi »Jersey« Joe Walcott erkämpft sich in Pittsburgh 37-jährig die Box-Weltmeisterschaft im Schwergewicht. Er schlägt seinen Gegner Ezzard Charles k.o.

19 Do Die Idee eines New Yorker Schneiders, zweifarbige Herrenhosen zu produzieren, führt zu einer Nachfragelawine.

20 Fr Ein nationalistischer Fanatiker erschießt König Abd Allah Ibn Al Husain von Jordanien beim Betreten der Al-Aksa-Moschee in Jerusalem.

21 Sa Die Deutschland-Radrundfahrt beginnt in Hannover. Sie endet nach zwei Wochen und 3096 km mit dem Sieg des Italieners Guido De Santi.

22 So Bundestagspräsident Hermann Ehlers eröffnet das erste europäische Jugendlager auf der Loreley. Etwa 7500 Jugendliche nehmen teil.

23 Mo Im Alter von 95 Jahren stirbt der als Kollaborateur mit den Deutschen verurteilte Philippe Pétain, ehemals Präsident von Vichy-Frankreich, auf der Insel Yeu.

24 Di Ein neues Handelsabkommen zwischen der Bundesrepublik und Frankreich sieht bilaterale Export-Import-Erleichterungen vor.

25 Mi Bundesfinanzminister Fritz Schäffer (CSU) droht Steuersündern mit vollständigem oder teilweisem Berufsverbot. → »Barrikadenkrieg«

26 Do In Moskau läuft die Sowjetrussin Valentina Pomogajewa in Moskau mit 2:12,2 min Weltrekord über die 800-m-Distanz.

27 Fr In München fertigen Angestellte des Hauptmünzamtes den Urstempel für die vor ihrer Einführung stehende neue Fünf-DM-Münze an.

28 Sa Sofoklis Weniselos tritt als griechischer Ministerpräsident zurück, wird jedoch vom König sogleich wieder mit der Regierungsneubildung beauftragt.

29 So Durch seinen Sieg beim Großen Preis von Deutschland gewinnt Juan Manuel Fangio (ARG) die Automobil-Weltmeisterschaft. → Wagner

30 Mo Die israelische Arbeiterpartei von Ministerpräsident David Ben Gurion erhält bei den Parlamentswahlen 42% der Stimmen.

31 Di Wegen Differenzen mit der persischen Regierung legt die britische Werksleitung die Raffinerie Abadan, das Zentrum der iranischen Erdölindustrie, still.

7. Juli 1951

Ära des Farb-TV beginnt

Die US-Fernsehgesellschaft CBS strahlt weltweit das erste Fernsehprogramm in Farbe aus. Eine Stunde lang empfangen Zuschauer in mehreren Städten der USA eine farbige Unterhaltungssendung. Es folgt ein regelmäßig ausgestrahltes »buntes« Programm. In den USA nutzen bereits rd. 10 Mio. Haushalte Fernseher-, die jedoch nur schwarzweiße Bilder übertragen (Abb.: Farbiges Testbild, das per Satellit aus Großbritannien über den Atlantik nach New York gesendet wird). In der Bundesrepublik steckt die Fernsehtechnologie noch in den Kinderschuhen. Der NWDR sendet seit dem 27. November 1950 ein Versuchsprogramm, aber der große Siegeszug der »Mattscheibe« bleibt noch aus. Bedingt durch den Wiederaufbau fehlt es an Geld, um die neue Technik voranzutreiben. In den privaten Haushalten sind kaum Empfangsgeräte vorhanden. Trotzdem wollen die Entwickler für 1952 ein Sendegebiet abdecken, in dem sie 12 bis 15 Mio. Menschen theoretische Empfangsmöglichkeiten bieten. Der Siegeszug des westdeutschen Farbfernsehens beginnt jedoch erst 1967, als Willy Brandt per Knopfdruck den Start für eine »farbige Fernsehzukunft« freigibt.

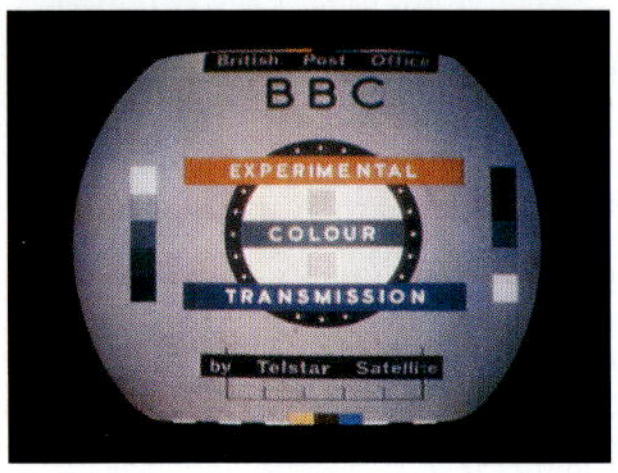

17. Juli 1951

Baudouin I. beendet Krise

Der 20-jährige Baudouin I. ist der neue König der Belgier in der Nachfolge seines Vaters, Leopold III., der am Tag zuvor im Brüsseler Schloss abgedankt hatte (Abb.: Leopold III. unterzeichnet die Abdankungsurkunde, r. Baudouin). Damit endet die belgische »Königskrise«, die das Land an den Rand eines Bürgerkriegs gebracht hatte. Leopold III. war im Zweiten Weltkrieg nicht bereit gewesen, der belgischen Exilregierung nach London zu folgen. Er hatte die Kapitulationsurkunde unterzeichnet und sich in deutsche Kriegsgefangenschaft begeben. Nach seiner Rückkehr im Jahre 1950 sah sich

der Monarch dem Vorwurf der Kollaboration ausgesetzt. Der Streit um den König vertiefte die Kluft zwischen den belgischen Sprachgruppen der Flamen und Wallonen. Die Inthronisierung Baudouins entschärft den Konflikt.

29. Juli 1951

Der neue Wagner

Die ersten Bayreuther Festspiele seit dem Zweiten Weltkrieg bringen spektakuläre Neuerungen. Unter der Leitung von Wieland Wagner, einem Enkel Richard Wagners, erlebt das Publikum die Geburtsstunde eines völlig neuen Wagner-Stils. Wieland Wagner beschränkt sich beim Bühnenbild auf das Notwendigste. Er lässt altbekannte Requisiten entfernen und reduziert das Optische, damit die Musik in den Vordergrund treten könne. Dazu sorgt eine perfekte Lichtregie und die präzise Führung der Sänger für eine überzeugende Einheit von Musik und szenischer Darstellung.
Bei den Inszenierungen von »Parsifal«, »Der Ring des Nibelungen« und »Die Meistersinger von Nürnberg« stehen die Sänger auf einer beweglichen Scheibe, auf der sich das gesamte szenische Geschehen abspielt. Oft deuten nur Beleuchtungsänderungen die Situationswechsel an. Nur

Wieland Wagner

deutscher Regisseur und Bühnenbildner, * 5.1.1917 Bayreuth; † 17.10.1966 München

Wieland Wagner (Abb., l., mit seinem Bruder Wolfgang) »entrümpelt« die Bayreuther Festspiele. Die Abkehr vom Pomp der alten Aufführungen erschließen dem Werk Richard Wagners eine neue Dimension. Der Festspielleiter gibt u.a. auch Beethovens »Fidelio« ein neues Erscheinungsbild.

- 1935: Erste Bühnenbilder für Wagner-Opern in Lübeck
- 1942-44: Erste Wagner-Inszenierungen in Nürnberg
- 1954: »Fidelio« in Stuttgart
- 1959: »Der fliegende Holländer« in Bayreuth
- 1961: »Aida« in Berlin

9. Juli 1951

Kriegsende nun offiziell

Die Bundesrepublik kommt der angestrebten völkerrechtlichen Gleichberechtigung näher. Die drei Westmächte und in der Folgezeit mehr als 40 weitere Nationen beenden formell den Kriegszustand mit Deutschland. Die Alliierten versprechen sich von diesem Schritt vor allem psychologische Wirkungen. Ein Zusammengehörigkeitsgefühl auf der Basis der Gleichberechtigung sei nötig, um Bonn in eine Europäische Verteidigungsgemeinschaft einbinden zu können. Ausgenommen von der Regelung ist das Besatzungsstatut.

+++ Frischer Wind in Bayreuth +++

Der Gralstempel im »Parsifal« entsteht durch Lichteffekte und den Einsatz einer Drehscheibe.

wenige Szenen erinnern an den traditionellen Aufführungsstil der Wagner-Opern. So gibt es im »Scherzo« der »Ring«-Sinfonie einen realistischen Wald, eine komische Bärengestalt und einen Lindwurm – Requisiten, wie sie schon 1876 benutzt wurden. Wieland Wagner setzt die Wiederaufnahme der Bayreuther Festspiele gemeinsam mit seinem Bruder Wolfgang durch. Nach Kriegsende hatten die Alliierten das alte Festspielhaus zunächst für eigene Veranstaltungen genutzt. Mit publikumswirksamen Namen wie Herbert von Karajan und Hans Knappertsbusch machen die Wagner-Brüder auf die Wiedereröffnung des Opern-Mekkas aufmerksam. Bei der Wahl der Sänger greifen die Initiatoren jedoch nicht auf etablierte Größen zurück – vielmehr erhalten junge Talente die Chance, ihr Können unter Beweis zu stellen. Die ungewöhnlichen Inszenierungen spalten das Publikum. Viele sind begeistert von den Ideen Wieland Wagners und befürworten die Abschaffung der landläufigen Illusionsbühne und den Bruch mit allen naturalistischen Bindungen. Hingegen erinnern Kritiker an die szenischen Anweisungen Richard Wagners, die ihrer Meinung nach noch immer Gültigkeit haben. Sie befürchten, dass künftig auch die Originalpartituren des Meisters Modernisierungen zum Opfer fallen könnten.

Insgesamt kommen 40 000 Besucher zur Wiedereröffnung der Wagner-Festspiele. Die Kosten von 1,7 Mio. DM werden zur Hälfte durch Spenden und Steuermittel erbracht, der Rest durch Eintrittsgelder. Der Preis für einen Orchestersitz liegt mit rd. 50 DM höher als der Durchschnitts-Wochenlohn einer Industrie-Facharbeiterin.

25. Juli 1951

Ostberliner Magistrat bricht den »Barrikadenkrieg« vom Zaun

Straßensperren aus Schutt deuten an, was zehn Jahre später mit dem Bau der Mauer Realität wird: Der Ostberliner Magistrat lässt an der Grenze zum amerikanischen Sektor Sperren aus den Trümmern des Berliner Schlosses errichten. Der »Schutzwall« solle dazu dienen, die eigene Bevölkerung vor westlichen Spionen und vor Kriminalität zu schützen. Westliche Beobachter werten die Absperrung als vorbereitende Maßnahme für die in Kürze stattfindenden Weltjugendfestspiele in Ost-Berlin. Sie vermuten, dass durch die Schuttsperren der zu erwartende Zustrom der Jugendlichen nach West-Berlin eingedämmt werden soll. Wütende Westberliner werfen die aufgetürmten Steine in den sowjetischen Sektor zurück (s.Abb.).

August 1951

1 Mi In einer Douglas-»Skyrocket« fliegt der US-Pilot Bill Bridgeman als erster Mensch der Welt zweifache Schallgeschwindigkeit.

2 Do Die norwegische Regierung erhält einen Kredit von 24 Mio. US-Dollar aus der Marshallplanhilfe. Mit dem Geld soll ein Aluminiumwerk errichtet werden.

3 Fr Bei Wolfskehlen nahe Darmstadt explodiert ein Ölbohrturm. Die 70 m hohe Stichflamme steht weithin sichtbar über dem Bohrloch.

4 Sa Per Bundesgesetz wird das Kraftfahrt-Bundesamt eingerichtet. Die Flensburger Behörde soll zentrale Aufgaben des Straßenverkehrs wahrnehmen.

5 So In Ost-Berlin beginnen die dritten Weltjugendfestspiele. Nach Angaben der DDR nehmen rd. zwei Mio. Jugendliche daran teil.

6 Mo Nach Meldungen der britischen Presse haben Wissenschaftler herausgefunden, dass Zitronensaft vor radioaktiver Verstrahlung schütze.

7 Di Eine 5 t schwere Viking-Rakete steigt in den USA auf die Rekordhöhe von 200 km auf. Zuletzt hatte 1946 eine nachgebaute »V2« 182,4 km erreicht.

8 Mi Auf einem Lambretta-Spezialmotorrad stellt der Italiener Romulo Ferri fünf Weltrekorde in der Klasse bis 125 ccm auf.

9 Do In Portugal tritt General Francisco Higino Craveiro Lopes die Nachfolge des verstorbenen Staatspräsidenten António Oscar de Fragoso Carmona an.

10 Fr Mit der Verabschiedung eines Zustimmungsgesetzes tritt die Bundesrepublik Deutschland dem Zoll- und Handelsabkommen GATT bei.

11 Sa US-Senator Joseph McCarthy legt eine Liste mit Namen von Diplomaten und Beamten des Auswärtigen Amtes vor, deren Zuverlässigkeit zweifelhaft sei.

12 So Die US-Meisterschaft im Seifenkistenrennen gewinnt der 15-jährige Darwin Cooper aus Virginia. Siegesprämie ist ein Stipendium über 5000 US-Dollar.

13 Mo Walter Ulbricht appelliert an die westdeutschen Teilnehmer der Weltjugendspiele, eine Militärdienstverweigerung in der Bundesrepublik zu organisieren.

14 Di Die US-Regierung plant, u.a. in Spanien Militärstützpunkte zu errichten. Das vorgelegte Rüstungsprogramm kostet 5,7 Mrd. US-Dollar (29,6 Mrd. DM).

15 Mi Im Alter von 77 Jahren heiratet der US-Multimillionär John D. Rockefeller junior in Providence (Rhode Island) die 56-jährige Martha Baird Allen.

16 Do In Darmstadt stellt der Nordwestdeutsche Rundfunk das erste fahrende Fernseh-Studio in der Bundesrepublik Deutschland vor.

17 Fr Ein Gericht in Peking verurteilt mehrere deutsche, französische, italienische und chinesische Staatsangehörige wegen Spionage zum Tode.

18 Sa Friedel Schirmer gewinnt in Wetzlar die Deutsche Meisterschaft im Fünfkampf. Auch den Zehnkampf entscheidet er mit 6615 Punkten für sich.

19 So Der Bundesgrenzschutz soll 60 gepanzerte Fahrzeuge zum Einsatz gegen Demonstranten erhalten. +++ Ein Tornado verwüstet die Insel Jamaika.

20 Mo Der deutsche Film »Lockende Gefahr« eröffnet die Filmfestspiele in Venedig. Der japanische Film »Rashomon« erhält den »Goldenen Löwen«.

21 Di Die Sowjetunion lehnt es ab, den USA 670 kleinere Seefahrzeuge, die sie während des Zweiten Weltkriegs erhielt, zurückzugeben.

22 Mi In der iranischen Hauptstadt Teheran bricht die britische Delegation die Verhandlungen mit dem Iran über die Ölraffinerien in Abadan ab.

23 Do Deutsche Zeitungen berichten von einer Frau in Wien, die versucht habe, ihren elfjährigen Sohn für 5000 Schilling zu verkaufen.

24 Fr In der Nähe der französischen Stadt Metz ereignet sich ein Zugunglück, als zwei Schnellzüge aufeinander prallen. Zwölf Menschen kommen ums Leben.

25 Sa Auf der Wasserkuppe in der Rhön beginnt das erste große Segelfliegertreffen nach dem Zweiten Weltkrieg.

26 So Das Auswärtige Amt in Bonn teilt mit, dass bis dato 17 von 67 Staaten den Kriegszustand mit Deutschland formell beendet hätten.

27 Mo 50 000 Metallarbeiter in Hessen treten in den Streik, um u.a. ihre Forderungen nach höheren Löhnen durchzusetzen.

28 Di Die USA, Großbritannien und Japan überweisen der jugoslawischen Regierung Wirtschaftshilfe in Höhe von 47,3 Mio. US-Dollar.

29 Mi Der US-Senat billigt die sog. Battle Bill. Sie ermächtigt den Präsidenten, Staaten, die kommunistische Länder unterstützen, jede US-Hilfe zu streichen.

30 Do In Washington unterzeichnen die Außenminister der USA und der Philippinen einen Beistandspakt beider Staaten.

31 Fr Auf der Deutschen Musikmesse in Köln stellt die Deutsche Grammophon-Gesellschaft die erste Langspielplatte mit 33,3 Umdrehungen pro Minute vor.

September 1951

1 Sa Bundesdeutsche Fahrzeuge müssen in der DDR ab sofort eine Gebühr für die Benutzung der Straßen bezahlen.

2 So Bundeskanzler Konrad Adenauer weiht die wieder aufgebaute Lübecker Marienkirche ein. Das 700 Jahre alte Gotteshaus war im Krieg zerstört worden.

3 Mo Pressemeldungen zufolge legt die britische Regierung ein geheimes Tunnelnetz unter der Londoner City zum Schutz vor Atomexplosionen an.

4 Di In der Marktkirche von Hannover heiratet der Welfenprinz Ernst August von Hannover Prinzessin Ortrud von Schleswig-Holstein-Sonderburg-Glücksburg.

5 Mi Kronprinz Talal tritt die Nachfolge des ermordeten Abd Allah Ibn Al Husain als König von Jordanien an. Talal erlitt vor kurzem einen Nervenzusammenbruch.

6 Do Bundespräsident Theodor Heuss eröffnet den »Internationalen Autosalon Berlin 1951«. 626 Fahrzeuge von 280 Firmen aus sieben Ländern sind zu sehen.

7 Fr Die Stiftung des Verdienstordens der Bundesrepublik Deutschland durch Bundespräsident Heuss löst eine Diskussion über den Sinn eines Bundesordens aus.

8 Sa 49 Staaten unterzeichnen in San Francisco den Friedensvertrag mit Japan. Die USA dürfen künftig Truppen auf japanischem Gebiet stationieren.

9 So In Köln beginnt die Textilmesse. Von ca. 1100 Ausstellern kommen 40 Prozent aus dem Ausland. Die Messe dauert drei Tage.

10 Mo Die Sieger der Motorrad-Weltmeisterschaft in Monza stehen fest. U.a. siegen die Italiener Carlo Ubbiali und Bruno Ruffo in der 125- bzw. 250-ccm-Klasse.

11 Di Ein mit hundert Personen besetzter Schnellzug durchbricht bei Selb-Plößberg die Grenze der Tschechoslowakei zu Bayern.

12 Mi Der US-Mittelgewichtsboxer »Sugar« Ray Robinson holt sich durch technischen k.o. gegen Randolph Turpin in New York den Weltmeistertitel zurück.

13 Do Als Generalintendant der »Neuen Schauspiel GmbH« eröffnet Gustaf Gründgens das Düsseldorfer Schauspielhaus mit Schillers »Räubern«.

14 Fr In Fawley (England) nimmt die größte Ölraffinerie Europas den Betrieb auf. Sie soll die Lieferungen des Ölzentrums Abadan (Iran) zu einem Drittel ersetzen.

15 Sa Otto Grotewohl, Ministerpräsident der DDR, fordert freie Wahlen für Gesamtdeutschland und die Bildung eines gesamtdeutschen konstituierenden Rates.

16 So Bundespräsident Theodor Heuss überreicht in Frankfurt am Main dem Arzt und Theologen Albert Schweitzer den Friedenspreis des Deutschen Buchhandels.

17 Mo Die UN-Streitkräfte schlagen Chinesen und Nordkoreanern vor, die unterbrochenen Waffenstillstandsverhandlungen wieder aufzunehmen.

18 Di Der in den USA lebende Ex-Reichskanzler Heinrich Brüning erhält einen Ruf an die Universität Köln. +++ Die »New York Times« feiert 100-jähriges Bestehen.

19 Mi Die Wochenzeitung »Das Parlament« erscheint erstmals. +++ Großbritanniens Premier Clement Attlee kündigt Neuwahlen an. → »Endstation Sehnsucht«

20 Do In Bern lehnt der Schweizerische Ständerat, die Vertretung der einzelnen Kantone, erneut die Einführung des Frauenwahlrechts ab.

21 Fr Der Nordwestdeutsche Rundfunk errichtet auf dem Berliner Funkturm eine 10 m hohe Bild-Ton-Antenne zur Ausstrahlung künftiger Fernsehprogramme.

22 Sa Tausende strömen zur Eröffnung des Oktoberfestes auf die Münchener Theresienwiese. 44 Fahr- und Schaugeschäfte sorgen für Unterhaltung.

23 So In einem Länderspiel besiegt die deutsche Fußball-Nationalmannschaft die Auswahl Österreichs in Wien überraschend mit 2:0.

24 Mo In der hessischen Metallindustrie nehmen die Beschäftigten die Arbeit nach vier Wochen Streik wieder auf. Der Stundenlohn wurde erhöht.

25 Di Mehrere tausend Menschen demonstrieren in Dortmund gegen die geplante Wiederbewaffnung der Bundesrepublik Deutschland.

26 Mi Wegen falscher Signalstellung rast der Schnellzug Wien-Rom bei Langenwang in Österreich in einen Güterzug. Das Unglück fordert 20 Menschenleben.

27 Do Bundeskanzler Konrad Adenauer spricht sich für eine materielle Wiedergutmachung für die jüdischen Opfer des Nationalsozialismus aus. → Abadan

28 Fr In Argentinien kann ein Militärputsch gegen den Präsidenten Juan Domingo Perón niedergeschlagen werden. → Verfassungsgericht

29 Sa Als erster Mensch der Welt läuft der Tschechoslowake Emil Zatopek in Stara Bolexlav in einer Stunde mehr als 20 km.

30 So Bundesernährungsminister Wilhelm Niklas (CSU) dankt der Landbevölkerung in einer Rundfunkrede für die beste Ernte seit Kriegsende.

8. Oktober 1951

Ägypter machen Front gegen britische Präsenz am Suezkanal

Das britische Empire gerät in vielen Teilen der Welt unter Druck. Neben Persien und Indien wird der britische Einfluss auch in Afrika mehr und mehr in Frage gestellt. Der ägyptische Ministerpräsident Mustafa Nahhas Pascha (s. Abb., r.) erklärt die Abkommen mit Großbritannien über die gemeinsame Verwaltung des Sudan und die Stationierung britischer Truppen in der Suezkanal-Zone für nichtig. Zusammen mit König Faruk I. macht der 72-jährige Politiker, der bereits zum siebten Mal Ministerpräsident Ägyptens ist, Front gegen die »Unglück bringenden Fremden« im Land. Londoner Regierungskreise reagieren bestürzt auf den Schritt der ägyptischen Regierung, weil sie die britische Machtposition im islamisch-arabischen Raum gefährdet sehen. London will die Kündigung der Verträge nicht akzeptieren und schließt auch den Einsatz von Militär nicht aus. Die einseitige Aufhebung des im Jahre 1899 vereinbarten Vertrags über die Verwaltung des Sudan ist verbunden mit der Forderung nach der ägyptisch-sudanesischen Einheit. Die Annullierung des Verteidigungspaktes aus dem Jahre 1936, der eine Stationierung britischer Truppen vorsieht, resultiert aus der ägyptischen Forderung nach einem Ende der britischen Besatzung. Die Vorgänge im Iran haben die Ägypter ermuntert, ebenfalls gegen die Briten in ihrem Land vorzugehen. Aufgestaute antibritische Ressentiments entladen sich im Oktober in Ausschreitungen von Demonstranten gegen britische Einrichtungen.

25. Oktober 1951

Churchills Comeback

Die Briten verhelfen ihrem Kriegspremier Winston Churchill zum späten Triumph einer zweiten Amtszeit. Dem vital wirkenden 76-Jährigen trauen sie am ehesten zu, Macht und Einfluss des bedrängten Empire zu bewahren. Aus den Wahlen zum Unterhaus gehen die oppositionellen Konservativen als Sieger hervor. Churchill bildet am 27. Oktober eine neue Regierung.

Neuwahlen mussten erfolgen, nachdem die Labour-Regierung unter Clement Richard Attlee in eine Krise geraten war. Ein Grund war der Konflikt mit der Regierung des Iran um die Verstaatlichung der persischen Erdölindustrie. Zuvor hatten bereits mehrere Minister das Kabinett aus Protest gegen das Rüstungsprogramm verlassen. Die Labour-Politiker hatten sich geweigert, die Aufrüstung in Höhe von umgerechnet 58,8 Mrd. DM mitzutragen. Bei den Neuwahlen erreicht die Labour Party mit 48,8% der Stimmen gegenüber 48% der Stimmen, die auf die Konservativen entfallen, zwar eine prozentuale Mehrheit, nicht aber über eine Mehrheit der Sitze. Churchills Partei verfügt mit 321 Sitzen über die absolute Mehrheit in der Volksvertretung. Die Labour Party schickt 294 Delegierte ins Parlament, die Liberale Partei sechs. Churchills Versuch, seine Regierung auf eine breite Basis zu stellen und auch die Liberalen zum Eintritt in sein Kabinett zu veranlassen, scheitert. So besteht das neue Kabinett ausschließlich aus konservativen Ministern.

Neben Persien entwickelt sich auch die Suezzone mehr und mehr zu einem großen Problem für London. Wegen zunehmender antibritischer Ausschreitungen muss die neue Regierung im Dezember den Ausnahmezustand über Kairo verhängen. Trotz einer Einigung, die einen Teilrückzug britischer Truppen vorsieht, kommt es in der strategisch wichtigen Zone immer wieder zu blutigen Zwischenfällen.

Oben: Churchill, der von 1940-45 die Regierung führte, tritt erneut an und gewinnt die Wahl.
Rechts: Wahlverlierer Attlee baute in seiner Amtszeit den Wohlfahrtsstaat aus.

19. September 1951

»Endstation Sehnsucht«

Elia Kazan setzt mit seinem Filmdrama »Endstation Sehnsucht« das gleichnamige Bühnenstück von Tennessee Williams für die Leinwand um.

Neben Marlon Brando spielt Vivien Leigh die Hauptrolle. Für ihre Leistung erhält sie 1952 den »Oscar«. Die theaternahe und originalgetreue Inszenierung Kazans wird Vorbild vieler Theateradaptionen, die für den Film produziert werden.

Marlon Brando

US-Schauspieler, * 3.4.1924 Omaha (Nebraska)

Als Anführer einer Bande wird Brando in dem Streifen »Der Wilde« zum Idol einer rebellischen Jugend. Der vielfach ausgezeichnete Schauspieler ist einer der vielseitigsten, aber auch exzentrischsten Mimen Hollywoods. Seinen zweiten »Oscar«, der ihm für seine Rolle in dem Mafia-Film »Der Pate« zugedacht wird, nimmt er mit Hinweis auf die Unterdrückung der Indianer nicht an. Er glänzt in Großproduktionen wie »Superman« und »Apocalypse now«.

- 1944: Erstes Hollywood-Engagement
- 1954: »Oscar« (»Die Faust im Nacken«)
- 1972: »Der letzte Tango in Paris«
- 1976: »Duell am Missouri«

28. September 1951

Verfassungsgericht gegründet

Mit der Errichtung des Bundesverfassungsgerichts erreicht der organisatorische Aufbau des westdeutschen Staatswesens seinen Abschluss. Die Gründung des gegenüber allen anderen Verfassungsorganen unabhängigen Gerichts wird mit einem Festakt im Karlsruher Schauspielhaus gewürdigt. Erster Präsident wird Hermann Höpker-Aschoff. Das Bundesverfassungsgericht soll die Einhaltung der Verfassungsbestimmungen – auch gegenüber der Regierung – garantieren. Es ist ein sog. Zwillingsgericht, d.h., es besteht aus zwei Senaten mit je acht Richtern. Diese werden zur Hälfte vom Bundesrat und vom Bundestag gewählt. Der Bundespräsident ernennt und vereidigt die höchsten deutschen Richter. Mit dieser Art der Richterwahl ergibt sich allerdings das Problem der Abhängigkeit von politischen Konstellationen. Das erste Thema, mit dem sich die Karlsruher Richter beschäftigen müssen, ist die Neuordnung der Länder Württemberg-Baden, Württemberg-Hohenzollern und (Süd)-Baden.

4. Oktober 1951

Zukunftsauto »Le Sabre«

Ein »Traum auf vier Rädern« ist der unbestrittene Star des 38. Pariser Autosalons, der seine Pforten im Grand Palais öffnet: »Le Sabre« (s. Abb.), der 300-PS-Vorführwagen von General Motors, besticht vor allem durch seine ausgefeilte Ausstattung. Wenn der Fahrer das Radio einschaltet, wird automatisch die Antenne ausgefahren. Benetzen Wassertropfen die mit »Feuchtigkeitszellen« ausgerüstete Außenwand des schicken Kabrioletts, schließen sich automatisch Scheiben und Verdeck. Elektromotoren bewegen Wagenheber, Kofferraumdeckel und die Sitze.

27. September 1951

Iraner besetzen Abadan

Der Streit um die zwischen London und Teheran umstrittene iranische Ölraffinerie Abadan (s. Abb.) eskaliert. Iranisches Militär besetzt das Gelände und verweigert der britischen Leitung und dem britischen Personal den Zutritt.

Bereits am 25. September verfügt die iranische Regierung die Ausweisung aller britischen Angestellten aus Abadan, der größten Raffinerie der Welt. Großbritannien protestiert gegen das Vorgehen und bringt den Konflikt vor den Sicherheitsrat der Vereinten Nationen. London fordert den Iran auf, sich an den vorläufigen Entscheid des Haager Gerichtshofes vom 5. Juli zu halten. Darin wurden die Konfliktparteien aufgefordert, einen gemeinsamen Aufsichtsrat für die Anglo-Iranian Oil Company zu bilden und nichts zu unternehmen, was einem endgültigen Urteil vorgreife. Das Vorgehen der Briten wird als ein Akt des Einlenkens bzw. der Resignation gewertet, nachdem spektakuläre Aktionen wie eine Blockade des Persischen Golfs oder eine Truppenlandung in Abadan verworfen worden waren. Am 19. Oktober erklärt der Sicherheitsrat zur Enttäuschung der Briten, dass seine Zuständigkeit in diesem Fall erst gutachterlich vom Haager Gerichtshof geklärt werden müsse. Dies kommt einer langfristigen Vertagung gleich. Währenddessen ist London bemüht, den wirtschaftlichen Schaden in Grenzen zu halten. Als Ersatz für Abadan wird in Fawley bei Southampton Europas größte Ölraffinerie eröffnet. Sie soll nach den Vorstellungen der Regierung die Lieferungen aus Abadan, die über eine Kapazität von 25 Mio. t jährlich verfügt, zu einem Drittel ersetzen.

Oktober 1951

1 Mo Die Bundesrepublik tritt dem Zoll- und Handelsabkommen GATT bei. +++ In Berlin wird der Fernsehsender des NWDR in Betrieb genommen.

2 Di Bundeskanzler Konrad Adenauer bezeichnet die Gespräche mit der alliierten Oberkommission über ein Ende der Besatzungsautorität als kontrovers.

3 Mi US-Präsident Harry S. Truman überrascht die Weltöffentlichkeit mit der Mitteilung, die UdSSR habe einen Atombombentest unternommen.

4 Do 6000 Mitglieder der Freien Deutschen Jugend (FDJ) liefern sich wegen des Verbots einer Veranstaltung Kämpfe mit der Westberliner Polizei. → »Le Sabre«

5 Fr Im Wolfsburger Volkswagenwerk läuft der 250 000. Volkswagen vom Band. Das Jubiläumsauto wird unter der Belegschaft verlost.

6 Sa Der sowjetische Diktator Josef W. Stalin bestätigt den zweiten Atombombenversuch seines Landes und kündigt weitere Tests an.

7 So Der Dichter Bertolt Brecht erhält von DDR-Präsident Wilhelm Pieck in Ost-Berlin den Nationalpreis 1. Klasse überreicht.

8 Mo In Köln dirigiert der Komponist Igor Strawinsky mit dem NWDR-Rundfunkorchester seit 15 Jahren erstmals wieder ein deutsches Orchester. → Ägypter

9 Di Ein Gesetzentwurf des Bundeskabinetts sieht vor, für die Benutzung von Autobahnen eine jährliche Gebühr zu erheben. Der Entwurf wird abgelehnt.

10 Mi Die Arabische Liga fordert die Unabhängigkeit Marokkos. Sie beschuldigt die Schutzmacht Frankreich, eine imperialistische Politik zu betreiben.

11 Do Im größten Westberliner Prozess der Nachkriegszeit sind mehrere Geschäftsleute angeklagt, Stahl in den Osten geschmuggelt zu haben.

12 Fr »Die Verurteilung des Lukullus«, eine Oper von Paul Dessau und Bertolt Brecht, kommt in der Deutschen Staatsoper Ost-Berlins zur Uraufführung.

13 Sa Papst Pius XII. beendet das Heilige Jahr mit einer Friedensbotschaft an eine Mio. Gläubige, die im portugiesischen Ort Fatima zusammengekommen sind.

14 So Weinkönigin Gisela I. tauft in Neustadt an der Weinstraße den neuen Wein des Jahrgangs 1951 auf den Namen »Sorgentöter«.

15 Mo Die drei Westmächte äußern sich positiv zur Frage gesamtdeutscher Wahlen. Eine internationale Kommission soll die Voraussetzungen dazu prüfen.

16 Di Bei einem Attentat stirbt der Ministerpräsident von Pakistan, Liaquat Ali Khan, in Rawalpindi. Die erregte Menge lyncht den Mörder.

17 Mi In Dublin verliert die deutsche Fußballnationalmannschaft ein Länderspiel gegen die Auswahl Irlands überraschend mit 2:3.

18 Do DDR-Volkspolizei und sowjetische Soldaten besetzen ohne Ankündigung den Westberliner Vorort Steinstücken bei Zehlendorf.

19 Fr Die Alliierte Hochkommission für Deutschland überträgt ihre Befugnisse bezüglich der Überwachung des Grundgesetzes auf die Bundesregierung.

20 Sa Im Münchener Haus der Kunst werden trotz zahlreicher Proteste Werke von Altmeistern der NS-Kunst ausgestellt.

21 So Auf dem Parteitag der CDU in Karlsruhe sprechen sich die Delegierten für die dritte Strophe des Deutschlandsliedes als Nationalhymne aus.

22 Mo Im US-Bundesstaat Nevada zünden Wissenschaftler auf einem Testgelände eine »kleine Atombombe«, die der Erforschung des taktischen Atomkriegs dient.

23 Di Das Bundesverfassungsgericht legt den Termin der Volksabstimmung über einen »Südweststaat« auf den 16. Dezember.

24 Mi Großbritannien sichert Frankreich in der Marokkokrise seine volle Unterstützung zu. Die Briten bezeichnen Marokko als »innere Angelegenheit Frankreichs«.

25 Do Verhandlungen der Bundesrepublik mit dem Ausland über Handels- und Zahlungsabkommen unterliegen nicht länger alliierter Aufsicht. → Churchill

26 Fr In seinem letzten Kampf unterliegt »der braune Bomber« Joe Louis (USA) durch k.o. in der achten Runde seinem Landsmann Rocky Marciano.

27 Sa US-Präsident Harry S. Truman verbietet allen Ländern, die Hilfe von den USA erhalten wollen, die Lieferung von Waffen an die UdSSR.

28 So Der Argentinier Juan Manuel Fangio gewinnt durch seinen Sieg in Barcelona auf Alfa Romeo die Automobil-Weltmeisterschaft in der Formel 1.

29 Mo 6000 Hafenarbeiter in Hamburg beteiligen sich an einem wilden Lohnstreik. Sie fordern eine Erhöhung des Stundenlohns um 23 Pfennig.

30 Di Eine Freiburger Firma präsentiert einen beweglichen Scheinwerfer für Motorfahrzeuge, der beim Einschlagen des Lenkers dem Winkel der Vorderräder folgt.

31 Mi Vor der Presse erläutert der jugoslawische Ministerpräsident Josip Tito seine Politik eines kommunistischen Sonderweges »zwischen den Blöcken«.

November 1951

1 Do 5000 US-Soldaten nehmen an Atomwaffenmanövern in der Sierra Nevada teil. Einige von ihnen sind nur 1000 m vom Explosionsort entfernt.

2 Fr Der ehemalige Reichskanzler Heinrich Brüning übernimmt in Köln einen Lehrstuhl für Politische Wissenschaften.

3 Sa In Ankara protestiert der sowjetische Botschafter in einer scharfen Note gegen den Beitritt der Türkei zur NATO.

4 So Erich Ollenhauer, stellvertretender Vorsitzender der SPD, wirft der Bundesregierung insbesondere in der Wirtschaftspolitik Versagen vor.

5 Mo Die staatliche iranische Ölgesellschaft nimmt nach dem Abzug der Briten aus Abadan einen Teil der dortigen Raffinerien wieder in Betrieb.

6 Di Bei der Vollversammlung der Vereinten Nationen in Paris beraten die Delegierten u.a. über eine gesamtdeutsche Wahl.

7 Mi Bundespräsident Theodor Heuss lehnt »aus staatsrechtlichen Gründen« eine Einladung von DDR-Präsident Wilhelm Pieck ab.

8 Do Ein schweres Eisenbahnunglück ereignet sich auf der Strecke von München nach Mühldorf. Bei einer Zugkollison sterben 15 Menschen. → »Quo Vadis«

9 Fr Jugoslawien beschwert sich bei den Vereinten Nationen über feindseliges Verhalten der Sowjetunion. +++ Der Bundesrat lehnt eine Autobahngebühr ab.

10 Sa Die Herrenriege des Deutschen Turnerbundes gewinnt in Frankfurt am Main einen Länderkampf gegen die schweizerische Weltmeister-Mannschaft.

11 So In Argentinien gewinnt Präsident Juan Domingo Perón die Wahlen in beiden Häusern. Erstmals durften auch Frauen wählen.

12 Mo Erstmals in der japanischen Geschichte ist der Kaiser Anlassgeber von Studentenprotesten. In Kioto umringen 1000 Rüstungsgegner den Monarchen.

13 Di Auf Norditalien gehen schwere Regenfälle nieder, die die Flusspegel bedrohlich steigen lassen. Die Dämme des Po halten kaum noch stand.

14 Mi 500 000 Menschen demonstrieren in Kairo mit einem Schweigemarsch gegen die Präsenz der Briten in Ägypten.

15 Do Der Bundestag beschließt höhere Beamtenbezüge. Aufgrund des Gesetzes erhalten aktive Beamte und Normal-Pensionäre um 20% höhere Bezüge.

16 Fr Die Bundesregierung stellt einen Verbotsantrag gegen die rechtsradikale Sozialistische Reichspartei (SRP) sowie gegen die KPD.

17 Sa In Düsseldorf wird die neue Brücke über den Rhein eingeweiht. Mit 206 m handelt es sich um die längste Rheinbrücke überhaupt. → Vertriebene

18 So Die ägyptische Regierung erkennt die Bundesrepublik Deutschland an. In Kürze sollen diplomatische Vertreter ausgetauscht werden.

19 Mo Mit Unterzeichnung der UN-Flüchtlingskonvention in New York schreitet die Eingliederung der Bundesrepublik Deutschland in die internationale Politik voran.

20 Di Wegen seiner Verdienste beim Wiederaufbau der Frankfurter Universität erhält der ehemalige Rektor der Hochschule die Goethe-Medaille. → Po

21 Mi Mit einem 2:0 revanchiert sich die deutsche Fußball-Nationalmannschaft in Istanbul für die 1:2 Heimniederlage gegen die Türkei vom 17. Juni.

22 Do Die ARD, der Zusammenschluss der westdeutschen Rundfunkanstalten, beschließt die Aufnahme eines gemeinsamen Kurzwellendienstes.

23 Fr Im Kopenhagener Hafen explodiert ein Munitionslager. Die Katastrophe fordert 18 Tote und 80 zum Teil lebensgefährlich Verletzte.

24 Sa Der französische Tänzer und Choreograph Serge Lifar eröffnet mit einem Gastspiel das neue Haus der städtischen Bühnen in Mainz.

25 So In Nürnberg feiert der »Graf von Ratzeburg« Premiere. Das Drama stammt aus dem Nachlass des 1938 verstorbenen Dichters Ernst Barlach.

26 Mo Die Nationalen Olympischen Komitees beider deutscher Staaten versuchen ergebnislos, eine gemeinsame Olympiamannschaft aufzustellen.

27 Di In Prag lässt Ministerpräsident Klement Gottwald seinen Stellvertreter und langjährigen Rivalen Rudolf Slánsky verhaften.

28 Mi Die Chemischen Werke in Hüls nehmen als erstes deutsches Unternehmen die Produktion von synthetischem Kautschuk (Buna) wieder auf.

29 Do Eine Paketbombe tötet den Chefredakteur der »Bremer Nachrichten«, Adolf Wolfard. Zwei Verdächtige werden am folgenden Tag festgenommen.

30 Fr In New York wird der 76-jährige deutsche Schriftsteller Thomas Mann auf Lebenszeit in die »Academy of Arts and Letters« aufgenommen.

9. Dezember 1951

Votum für Fusion

Wahlplakat der »Südwestler«, die sich für die Errichtung des neuen Bundeslandes einsetzen.

In Deutschland werden die Weichen für die Schaffung eines neuen Bundeslandes gestellt. Ein klare Mehrheit von 69,7% der abgegebenen Stimmen votiert in einer Volksabstimmung im betroffenen Gebiet für einen Südweststaat. Württemberg-Baden, Württemberg-Hohenzollern und (Süd-)Baden sollen danach zu einem neuen Bundesland zusammengefasst werden.
Lediglich in Südbaden lehnen 62,2% einen Zusammenschluss ab und fordern zum wiederholten Mal die Wiederherstellung des alten Landes Baden. Neben den Württembergern spricht sich auch das als wahlentscheidend angesehene Nordbaden mehrheitlich für den Südweststaat aus. Damit ist das Ergebnis, wie vom Gesetzgeber verlangt, in drei von vier Abstimmungsbezirken positiv. Vorausgegangen waren heftige juristische Kontroversen, in deren Verlauf das Land Baden unter Ministerpräsident Leo Wohleb (CDU) die sog. Neugliederungsgesetze des Bundestages durch das neu geschaffene Bundesverfassungsgericht zu Fall bringen wollte. Das erste Neugliederungsgesetz verlängerte, um fällige Neuwahlen zu vermeiden, die Wahlperiode der beiden Landtage bis 31. März 1952. Das zweite Neugliederungsgesetz regelte das Wahlverfahren für die Volksabstimmung und teilte den Südwestraum in vier Abstimmungsbezirke ein.

Nur 58% der Bevölkerung beteiligen sich an der Volksbefragung im Südwesten Deutschlands.

Die ersten Pläne für eine Vereinigung von Baden, Württemberg und dem preußischen Regierungsbezirk Hohenzollern reichen bis zum Ende des Ersten Weltkriegs zurück. Alle Bemühungen scheiterten jedoch, wie auch unmittelbar nach dem Ende des Zweiten Weltkriegs wieder, am Einspruch der Siegermächte. Stattdessen entstanden durch die Anpassung an die jeweilige Besatzungszone die Länder (Nord-)Württemberg-Baden in der US-Zone, sowie (Süd-)Baden

24. Dezember 1951

Libyen wird unabhängig

Als erstes Land, das unter Schirmherrschaft der Vereinten Nationen seine staatliche Souveränität erhält, proklamiert Libyen seine Unabhängigkeit (Abb.: Libyens Außenminister Ali Bei Gerbi, 2.v.l., mit UNO-Vertretern). Seit dem italienisch-türkischen Krieg 1911/12 gehörte das gesamte libysche Territorium als Kolonie zu Italien. Nach der Vertreibung der Italiener im Ersten Weltkrieg eroberte das faschistische Italien das nordafrikanische Land zwischen 1923 und 1931 erneut.

20. Dezember 1951

Erster Brutreaktor liefert Strom

Der erste Brutreaktor der Welt, der EBR-1 in Arco im US-Bundesstaat Idaho, liefert zum ersten Mal elektrischen Strom. Im August wurde er – ebenfalls eine Weltpremiere – erstmals »kritisch«, d.h., die nukleare Kettenreaktion setzte ein. Der Brutreaktor arbeitet im Prinzip wie ein normaler Kernreaktor – jedoch mit Uran-233 oder einem Plutonium-Isotop als Brennstoff. Ein Teil der produzierten Neutronen wird dazu verwendet, Uran-238 in Plutonium-239 oder Thorium-232 in Uran-233 zu verwandeln. Neben der Energielieferung erzeugt dieser Reaktortyp wesentlich mehr Brennstoff, als er selbst verbraucht. Der einzige direkt verwendbare Kernbrennstoff, der in der Natur vorkommt, ist Uran-235. Natururan erhält aber nur geringe Mengen an reaktorgeeignetem Uran.

und (Süd-)Württemberg-Hohenzollern in dem von Frankreich besetzten Gebiet. Pläne zur Bildung eines gemeinsamen Bundeslandes scheiterten zunächst am Widerstand in (Süd-)Baden, das die Wiederherstellung des Freistaats Baden forderte. Als alle politischen Gespräche zur Gründung eines neuen Bundeslandes ergebnislos verlaufen waren, ordnete die Bundesregierung eine Volksabstimmung an. Mit 6,6 Mio. Menschen nimmt das neue Land nach Bevölkerungszahl den vierten Rang unter den Bundesländern ein. Für die Namensgebung gibt es gleich eine Reihe von Vorschlägen, darunter Hohenzollern, Rheinschwaben, Württemberg-Baden und – letztlich erfolgreich – Baden-Württemberg.
Im Jahre 1952 wählt die Verfassunggebende Landesversammlung des Südweststaates den bisherigen Ministerpräsidenten von Württemberg-Baden, Reinhold Maier (FDP), zum ersten Ministerpräsidenten von Baden-Württemberg. Maier bildet ein Koalitionskabinett aus SPD, FDP und BHE. Die CDU, stärkste Fraktion nach den Wahlen vom 9. März, ist an der Regierungsbildung nicht beteiligt. Ausschlaggebend für die Konstellation ist ein überraschendes Koalitionsangebot der FDP an die SPD. Nachdem Koalitionsgespräche zwischen der FDP und der CDU u.a. an der Frage, welche Schulform nach der Vereinigung Gültigkeit haben solle, gescheitert waren, hatte sich die FDP zu einem Bündnis mit den Sozialdemokraten entschlossen. FDP und SPD beabsichtigen die Beibehaltung christlicher Gemeinschaftsschulen. Die CDU will dagegen das Elternrecht zur freien Wahl der Schulform, wie bislang nur in Hohenzollern üblich, auf das gesamte neue Bundesland ausdehnen. Darüber hinaus wollte die FDP mit Reinhold Maier einen Ministerpräsidenten aus den eigenen Reihen durchsetzen. Die CDU, die bei den Wahlen zur Verfassunggebenden Versammlung im März mit 50 von 121 Sitzen als stärkste politische Kraft hervorgegangen war, beanspruchte die Führung selbst. Die FDP/SPD-Koalition stimmt geschlossen für Maier, der damit die erforderliche Mehrheit von 61 Stimmen erhält. Als Maier unmittelbar nach der Wahl sein Kabinett aus FDP, SPD und BHE vorstellt, verlassen die Parlamentarier der CDU empört den Plenarsaal.

17. November 1951

Vertriebene formieren sich

In Deutschland organisieren sich die im Zuge des Zweiten Weltkriegs Vertriebenen (s. Abb.). In Anwesenheit von Bundeskanzler Konrad Adenauer (CDU) wird in Hannover der »Bund der vertriebenen Deutschen« (BvD) gegründet. Mit rd. 10 Mio. Menschen sind 80% der Heimatvertriebenen Mitglieder in der Dachorganisation der Flüchtlingsgruppen. Als starker Wählerblock spielen sie künftig politisch eine wichtige Rolle.

8. November 1951

Berühmtes Monumental-Epos

Mervyn Le Roys Film »Quo vadis« wird in New York uraufgeführt. Der Regisseur inszeniert das Drei-Stunden-Monumentalspektakel nach einem Roman von Henryk Sienkiewicz mit einem gewaltigen Aufwand. Zwei Jahre Drehzeit, 8 Mio. Dollar Produktionskosten, rd. 30 000 Statisten sowie 29 Hauptdarsteller, 115 Dekorationen, 63 Löwen, 450 Pferde, 85 Tauben und zwei Geparden listen die Statistiker auf. Der Kolossalfilm, der alle bisherigen Produktionen in den Schatten stellt und zur Zeit der Christenverfolgung in Rom zur Zeit Kaiser Neros spielt, findet schon vor der Premiere große Beachtung. Bereits während der Dreharbeiten werden Informationen über die horrenden Produktionskosten verbreitet, was beim Publikum gespannte Erwartung auslöst. Mervyn Le Roy wird zum Vorreiter bei der Produktion teurer Filme. Kritiker bemängeln allerdings die unzureichende filmische Umsetzung des literarischen Stoffs – auch ließen die schauspielerischen Leistungen in vieler Hinsicht zu wünschen übrig. Durchweg gelobt wird nur Peter Ustinov (Abb.: mit Patricia Laffan als Kaiserin Poppäa) für seine Darstellung des weinerlich-wahnsinnigen Nero.

20. November 1951

»Land unter« am Po

Eine gigantische Überschwemmungskatastrophe in Norditalien löst eine Welle der Hilfsbereitschaft aus (Abb.: Hilfe aus der Luft). Verheerende Unwetter und anhaltende Regenfälle sorgten dafür, dass die Dämme des Po brechen und die gesamte Region überflutet ist. Nach amtlichen Meldungen sind fast eine halbe Mio. Menschen obdachlos. Die Zahl der Toten wird auf etwa 100 geschätzt. Während eine gewaltige Hilfs- und Spendenaktion anläuft, werden Fragen nach der Vermeidbarkeit der Katastrophe laut: Beobachter beklagen, dass die notwendigen Reparaturarbeiten an Dämmen und Deichen in Oberitalien jahrelang nicht erfolgt seien. Als der Wasserspiegel langsam wieder zu sinken beginnt, bleibt zunächst eine Sumpflandschaft zurück. Schlammseen, unterspülte Akazienwälder und ertrunkenes Vieh prägen das Bild in der Katastrophenregion.

Dezember 1951

1 Sa Die Kritik feiert den Auftritt des NWDR-Sinfonieorchesters in London. Es ist das erste Gastspiel eines deutschen Orchesters seit dem Krieg.

2 So Der Südwestdeutsche Rundfunk strahlt erstmals sein Programm auf Ultrakurzwelle aus. Noch wird überwiegend auf Mittelwellen-Frequenz gesendet.

3 Mo Premierminister Winston Churchill empfängt Bundeskanzler Konrad Adenauer bei dessen erstem offiziellen Besuch in Großbritannien.

4 Di Bei einem Ausbruch des Vulkans Hibokhibok auf der philippinischen Insel Camiguin kommen nach ersten Schätzungen 2000 Menschen ums Leben.

5 Mi Aus dem Universitätskrankenhaus Hamburg-Eppendorf wird erstmals ein operativer Eingriff, eine Blinddarmentfernung, im Fernsehen übertragen.

6 Do Unruhen in Ägypten fordern über 50 Tote. +++ Das Berliner Sechstagerennen endet mit einem Sieg der französischen Radrennfahrer Carrara/Lapebie.

7 Fr Bundeskanzler Konrad Adenauer trifft bei seinem ersten offiziellen Großbritannien-Besuch im Buckingham-Palast ein, wo ihn König Georg VI. empfängt.

8 Sa »Wo warst du, Adam«, der erste Roman Heinrich Bölls, wird von der Zeitung »Die Welt« als bedeutendes Werk zum Thema Kriegserlebnisse gewürdigt.

9 So Die Presse berichtet über Prinz Abbas Halim, den Vetter des ägyptischen Königs Faruk I., der sich auf einer Rundreise durch die Bundesrepublik befindet. → Fusion

10 Mo In Stockholm und Oslo werden die Nobelpreise verliehen. Der französische Gewerkschafter Léon Jouhaux erhält den Friedensnobelpreis.

11 Di Der Belgier Paul Henri Spaak tritt als Präsident des Europarates zurück. Er protestiert damit gegen die Unentschlossenheit der Vollversammlung.

12 Mi Als Folge der britisch-ägyptischen Auseinandersetzungen der letzten Zeit beruft die Regierung in Kairo ihren Botschafter aus London ab.

13 Do Die französische Nationalversammlung in Paris ratifiziert als zweites europäisches Parlament den Schuman-Plan.

14 Fr NATO-Oberbefehlshaber Dwight D. Eisenhower diskutiert in Paris mit dem französischen Ministerpräsidenten René Pleven Frankreichs Stellung in der NATO.

15 Sa Mit Bundespräsident Theodor Heuss an Bord läuft in Kiel das neue Segelschulschiff »Pamir« zur ersten Probefahrt aus.

16 So Die türkische Regierung belegt kommunistische Parteiarbeit per Gesetz mit der Todesstrafe. Die Kommunistische Partei ist in der Türkei verboten.

17 Mo Der britische Premierminister Winston Churchill und sein Außenminister Anthony Eden treffen zu einem Staatsbesuch in Paris ein.

18 Di Weil Frankreich das Autonomiegesuch Tunesiens ablehnt, rufen Nationalisten in Tunesien zu einem Generalstreik auf.

19 Mi Bundesinnenminister Robert Lehr (CDU) kündigt die Verdoppelung der Truppenstärke des Bundesgrenzschutzes auf 20 000 Mann für das nächste Jahr an.

20 Do Verleger Gottfried Bermann Fischer erweitert mit der Gründung der »Fischer Bücherei« das Verlagsprogramm um eine Taschenbuchreihe. → Brutreaktor

21 Fr Die Alliierte Hochkommission und die Bundesregierung veröffentlichen das Abkommen über die Beendigung des Ruhrstatuts.

22 Sa Jaromir Dolansky tritt die Nachfolge des stellvertretenden tschechoslowakischen Ministerpräsidenten Rudolf Slánsky an, der vor kurzem verhaftet wurde.

23 So Gleichzeitig werden das Frankfurter Opernhaus und das Stadttheater in Aachen mit Richard Wagners »Die Meistersinger von Nürnberg« eröffnet.

24 Mo Mit Gian Carlo Menottis »Amahl und die nächtlichen Besucher« wird in New York die erste fürs Fernsehen geschriebene Oper ausgestrahlt. → Libyen

25 Di Jugoslawien meldet die Erfüllung des abgelaufenen Fünfjahresplans. Die amtlichen Erfolgsziffern bewegen sich zwischen 90% und 105%.

26 Mi Die USA veröffentlichen eine Liste von 313 Rohstoffen und Waren, die nicht an Länder des Ostblocks geliefert werden dürfen.

27 Do Die Sowjetunion kündigt ihre erstmalige Teilnahme an Olympischen Spielen an. Die Spiele finden im kommenden Jahr in Helsinki statt.

28 Fr Im Davis-Cup-Endspiel besiegt Australien die USA in Sydney knapp mit 3:2. Die Australier gewinnen damit zum zehnten Mal die begehrte Trophäe.

29 Sa Heftige Winterstürme mit Windgeschwindigkeiten bis zu 175 km/h verwüsten die Küsten Westeuropas von Irland bis Spanien.

30 So Nach Angaben des britischen Innenministeriums leben derzeit in Großbritannien rd. 15 000 ehemalige deutsche Kriegsgefangene.

31 Mo Die beliebtesten männlichen Vornamen des Jahres waren Wolfgang, Klaus und Peter. Töchter wurden am häufigsten Ursula, Renate und Ingrid getauft.

Januar 1952

1 Di Der Münchener Tierpark Hellabrunn muss geschlossen werden, weil dort die Maul- und Klauenseuche ausgebrochen ist.

2 Mi Die Stadt Köln untersagt Lautsprecherwerbung mit der Begründung, dass die Nerven der Bevölkerung nach dem Krieg Anspruch auf Schonung hätten.

3 Do Junge Leute unter 18 Jahren dürfen nach dem neuen Jugendschutzgesetz keinen Branntwein trinken, Jugendliche unter 16 Jahren nicht rauchen.

4 Fr Ein Erdbeben in der Türkei fordert mehr als 100 Todesopfer. Das Zentrum des Bebens liegt zwischen Erzurum und Hasankale im Osten des Landes.

5 Sa In Washington treffen sich US-Präsident Harry S. Truman und der britische Premier Winston Churchill zu Unterredungen über eine Strategie gegen die UdSSR.

6 So Im Hörfunk des Nordwestdeutschen Rundfunks (NWDR) hat der »Internationale Frühschoppen« mit Werner Höfer Premiere.

7 Mo Mit einem Neujahrsempfang in der Villa Hammerschmidt nimmt Bundespräsident Theodor Heuss eine seit 1934 unterbrochene Tradition wieder auf.

8 Di 64% der bundesdeutschen Bevölkerung sprechen sich bei einer Umfrage für einen freiwilligen Arbeitsdienst zum Wiederaufbau aus. → Flüchtlinge

9 Mi Iranische Frauen gründen unter der Schirmherrschaft von Kaiserin Soraya eine »Anti-Nylon-Strumpf-Liga« zur Einsparung von Devisen.

10 Do Der manövrierunfähige US-Frachter »Flying Enterprise« sinkt nach zehntägigem Treiben auf dem Atlantik. Der Kapitän verlässt das Schiff erst in letzter Minute.

11 Fr Der Deutsche Bundestag ratifiziert gegen die Stimmen der SPD und der KPD den Vertrag über die Gründung der Montanunion.

12 Sa Im Kampf um den Europameistertitel im Boxen unterliegt der deutsche Schwergewichtsmeister Hein ten Hoff in Brüssel dem Belgier Karel Sys nach Punkten.

13 So Der finnische Staatspräsident Juho Kusti Paasikivi gibt bekannt, dass 340 000 während des Kriegs vertriebene Karelier wieder eingegliedert seien.

14 Mo In Frankfurt am Main kommt der Film »Nachts auf den Straßen« mit Hans Albers und Hildegard Knef in den Hauptrollen zur Uraufführung.

15 Di Ein bayerisches Gericht verurteilt einen Gastwirt zu 80 DM Strafe, weil er einen Angestellten des Wohnungsamtes als Kommunisten beschimpft hatte.

16 Mi Bundeskanzler Konrad Adenauer gibt bekannt, dass noch 1,3 Mio. ehemalige deutsche Wehrmachtsangehörige vermisst würden.

17 Do US-Behörden setzen 42 bundesdeutsche Firmen auf eine »schwarze Liste«. Sie werden verdächtigt, illegal mit osteuropäischen Ländern gehandelt zu haben.

18 Fr Edgar Faure wird zum französischen Ministerpräsidenten gewählt. +++ Großbritannien beginnt mit der Aufstellung einer 900 000 Mann starken Heimwehr.

19 Sa Theodor Blank, Sicherheitsbeauftragter der Bundesregierung, gibt der Presse Pläne für den Aufbau einer bis 400 000 Mann starken Armee bekannt.

20 So Britische Truppen nehmen die ägyptische Stadt Ismailija ein, obwohl diese außerhalb der von den Briten kontrollierten Suezkanal-Zone liegt.

21 Mo Auf Druck Teherans muss Großbritannien seine Konsulate im Iran schließen. Briten hätten angeblich Einheimische gegen die Regierung aufgehetzt.

22 Di In zahlreichen Orten des Bundesgebietes werden Postsparkassenschalter eingerichtet, die im 24-Stunden-Dienst Ein- und Auszahlungen bearbeiten.

23 Mi Der Rundfunk überträgt die erste Fragestunde des Bundestages. Zehn Abgeordnete melden sich mit aktuellen politischen Fragen an die Regierung zu Wort.

24 Do In der Bundesrepublik tritt das Mutterschutzgesetz in Kraft. Es verbessert u.a. den Kündigungsschutz und die Verdienstsicherung für Mütter.

25 Fr Die Sowjetunion lehnt es ab, sich an der UN-Kommission zur Rückführung der Kriegsgefangenen zu beteiligen, da bereits alle Internierten frei seien.

26 Sa Bei Demonstrationen für einen Abzug der britischen Truppen vom Suezkanal plündert die Menge in Kairo Häuser von Ausländern und brennt sie nieder.

27 So Dänemark erhöht die Wehrdienstzeit von zwölf auf 18 Monate. Norwegen hatte den gleichen Schritt bereits zwei Tage zuvor vollzogen.

28 Mo Auf Wunsch vieler Hörer regt der Arbeitskreis für Rundfunkfragen an, auch nachts ein Programm auszustrahlen.

29 Di Angesichts des wachsenden Übersiedlerstroms hebt die alliierte Kommandantur die Quote für politische Flüchtlinge aus der DDR nach West-Berlin auf.

30 Mi In Argentinien führt die Regierung erstmals eine Fleischrationierung ein und ordnet für Gaststätten und Hotels einen fleischlosen Tag pro Woche an.

31 Do Polizisten durchsuchen auf Anordnung des Bundesverfassungsgerichts Büros der Sozialistischen Reichspartei und der KPD.

8. Februar 1952

Bundestag: Ja zur EVG

Leidenschaftlich und turbulent ist die Debatte im Deutschen Bundestag zur Frage der Beteiligung an der geplanten Europäischen Verteidigungsgemeinschaft (EVG). Nach rd. 20-stündiger Diskussion spricht sich die Bonner Volksvertretung gegen die Stimmen von SPD und KPD mit 204 zu 156 Stimmen für den Beitritt zu einer überstaatlich organisierten und geführten Europaarmee aus. Der Plan dazu stammt vom französischen Ministerpräsidenten René Pleven, der im Jahre 1950 vorgeschlagen hatte, eine europäische Armee unter Beteiligung deutscher Soldaten aufzustellen. Bundeskanzler Konrad Adenauer (s. Abb.) verbindet in der Parlamentsdebatte sechs Bedingungen mit dem Bonner Beitritt. So müsse das Besatzungsstatut aufgehoben und der Bundesrepublik die volle staatliche Souveränität gewährt werden. Zudem solle eine eigene Gesetzgebung ohne ein alliiertes Mitspracherecht garantiert werden. Auch Verhandlungen mit der DDR dürften durch einen Vertragsabschluss nicht gefährdet werden. Zudem müsse die Aufhebung jeglicher Produktionsbeschränkungen und die Sicherung des Berlin-Status unbedingt gewährleistet sein. In einem Rededuell formuliert der stellvertretende Fraktionsvorsitzende der SPD, Erich Ollenhauer, die ablehnende Haltung seiner Partei zur EVG-Teilnahme. Die Sozialdemokraten sprechen sich dabei nicht grundsätzlich gegen einen bundesdeutschen Wehrbeitrag innerhalb einer europäischen Verteidigungsarmee aus. Der finanzielle Aufwand für den Aufbau der Armee gehe jedoch auf Kosten des Lebensstandards der Bevölkerung. In der Bundesrepublik mit ihren großen sozialen Verpflichtungen müsse die soziale vor der militärischen Sicherheit stehen. Ferner befürchtet die SPD, dass eine Remilitarisierung die Wiedervereinigung gefährde. Im Mai gehört die Bundesrepublik zu den Mitunterzeichnern des EVG-Vertrags. Damit würden westdeutsche Streitkräfte in ein übernationales europäisches Bündnis eingebunden und der unmittelbaren Verfügungsgewalt der Bundesregierung entzogen. Die Aufstellung nationaler deutscher Truppen hatte Frankreich stets mit der Begründung abgelehnt, hierdurch könne der deutsche Militarismus wieder aufleben und eine erneute Kriegsgefahr für Europa entstehen.

Erich Ollenhauer

deutscher Politiker, * 27.3.1901 Magdeburg; † 14.12.1963 Bonn

Ollenhauer ist, gemeinsam mit Kurt Schumacher, der führende Oppositionspolitiker in der noch jungen Bundesrepublik. Als Partei- und Oppositionsführer setzt er sich für eine Umwandlung der SPD in eine Volkspartei ein. Sein Ziel wird mit der Annahme des Godesberger Programms weitgehend verwirklicht. Kurz vor seinem Tod wird er zum Präsidenten der Sozialistischen Internationale (SI) gewählt.

- 1933: Mitglied im SPD-Parteivorstand
- 1933: Exil in Prag, Paris (1938) und London (1940)
- 1952-63: Vorsitzender der SPD und der SPD-Fraktion

29. Februar 1952

Briten lassen die Insel Helgoland als Trümmerwüste zurück

Helgoland wird wieder unter deutsche Verwaltung gestellt. Flugzeuge der britischen Luftwaffe hatten die Nordseeinsel nach Kriegsende jahrelang als Übungsziel ihrer Bomber genutzt und völlig zerstört. Als eine Delegation der Bundesregierung am 1. März Helgoland betritt, bietet sich ihr ein Bild der Verwüstung. Die Landschaft ist mit Bombenkratern übersäht. Von den Gebäuden stehen nur noch Trümmer. Dennoch entscheiden die Regierungsvertreter, Helgoland wieder aufzubauen. Die derzeit noch evakuierte Bevölkerung soll auf die Insel zurückkehren, ein Nothafen ihre Versorgung gewährleisten. Zunächst müssen 650 000 m^3 Schutt beseitigt werden. 2000 Bomben der Briten sind beim Aufprall nicht detoniert und gefährden die Aufräumarbeiten. Ersten Schätzungen zufolge wird es fünf Jahre dauern, bis Helgoland seine ursprüngliche Funktion als Seebad wieder aufnehmen kann. Der Wiederaufbau wird mit rd. 60 Mio. DM veranschlagt. Die Einwohner mussten ihre Heimat bereits 1945 verlassen, als die Alliierten gegen Ende des Krieges das strategisch wichtige Ziel unter Beschuss nahmen. 2500 Menschen warten seither darauf, auf die Insel zurückkehren zu können. Entsprechende Bemühungen der deutschen Behörden stießen auf Ablehnung. Bevor die Briten ihr Übungsziel aufgaben, kam es wiederholt zu Protesten der deutschen Bevölkerung gegen die Zerstörungen. Mehrfach wagten sich Demonstranten auf die Insel, um die Militärpiloten an weiteren Bombenabwürfen zu hindern.

8. Januar 1952

Flüchtlinge leben im Elend

Jeder fünfte Bundesdeutsche ist ein Flüchtling. Nach einer Erhebung des Statistischen Bundesamtes in Wiesbaden befinden sich derzeit mehr als acht Mio. Vertriebene im Land, die 17% der Gesamtbevölkerung ausmachen. Viele suchen auch sieben Jahre nach Kriegsende noch nach Wohnung und Arbeit (Abb.: Notdürftige Unterkunft und karge Mahlzeiten bestimmen das Leben der Flüchtlinge). Nur langsam verbessert sich durch die beginnende wirtschaftliche Belebung die Situation der Menschen. Aber Produktionsbeschränkungen, vor allem im Kohle- und Stahlsektor, hemmen einen nachhaltigen Abbau der Arbeitslosigkeit. Hunderttausende strömen aus ihren ursprünglichen Aufnahmeorten in die großen Industrieregionen, vor allem ins Ruhrgebiet, wo sie auf Arbeit und Existenzgründung hoffen. Viele versuchen ihr Glück im Ausland. Seit Kriegsende siedelten 180 000 Menschen aus Deutschland in die USA über. Vor allem junge Menschen unter 25 Jahren wagen den Neuanfang in den Vereinigten Staaten.

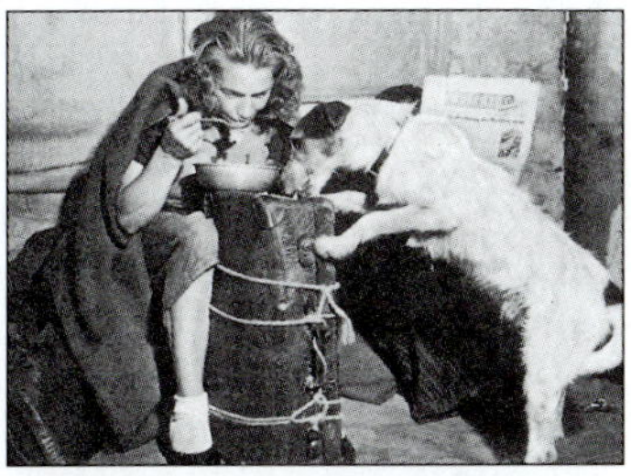

6. Februar 1952

König Georg VI. stirbt

Der Tod von Georg VI., König von Großbritannien und Nordirland, erschüttert die Weltöffentlichkeit. Der Monarch hatte sich wegen eines Lungenleidens bereits vor drei Jahren aus dem öffentlichen Leben zurückgezogen. Die Nachricht seines Todes lähmt Großbritannien. Im Rundfunk herrscht Funkstille, Betriebe und öffentliche Einrichtungen schließen, Veranstaltungen in Theatern und Kinos werden abgesagt. Georg VI. hatte die Krone von seinem Bruder Edward VIII. übernommen, der wegen Heirat mit einer Bürgerlichen auf den Titel verzichtet hatte. Georg VI. erlangte insbesondere durch seine unnachgiebige Haltung gegen die Nationalsozialisten große Popularität. Trotz massiver deutscher Bombardierung der britischen Hauptstadt weigerte sich der König, den Buckingham-Palast zu verlassen. Im Jahre 1948 verzichtete der Monarch auf den Titel eines Kaisers von Indien, nachdem das Land ein Jahr zuvor in die Unabhängigkeit entlassen worden war. Wenige Stunden nach dem Tod Georgs VI. proklamiert der britische Thronfolgerat seine 25-jährige Tochter Elizabeth zur Königin. Neuer Thronfolger ist der dreijährige Prinz Charles. (Abb.: Familienbild mit, v.l., König Georg VI., Prinzessin Elizabeth, Prinz Philip, Prinz Charles).

2. Februar 1952

»Käseglocke« Westfalenhalle

Der Dortmunder Oberbürgermeister Fritz Henßler übergibt die neu erbaute Westfalenhalle ihrer Bestimmung. Das Gebäude ist das größte Sport- und Veranstaltungszentrum Europas (s. Abb). In dem elipsenförmigen Innenraum finden 24 000 Zuschauer Platz. Die 8000 m^2 große Halle wird von einer freitragenden Konstruktion überdacht, so dass keine Stützpfeiler die Sicht versperren. Der Vorgängerbau, ein Veranstaltungszentrum aus Holz, war im Jahre 1944 abgebrannt. Die von Walter Höltje entworfene neue Anlage wird von der Presse als »modernes Amphitheater« betitelt. Der Volksmund nennt den Bau nach seinem Geschäftsführer »Wortelmanns Käseglocke«. An die Haupthalle schließen sich weitere Bauten an, die u.a. für Kongresse und musikalische Veranstaltungen vorgesehen sind. Das erste sportliche Ereignis findet noch am Eröffnungstag statt. Das Dortmunder Welt- und Europameisterpaar im Eiskunstlauf, Ria und Paul Falk, veranstaltet ein Schaulaufen. Am folgenden Tag läutet Bundespräsident Theodor Heuss in der Westfalenhalle das Olympische Jahr 1952 ein.

14. Februar 1952

Winterspiele in Oslo

In der norwegischen Hauptstadt Oslo starten die Olympischen Winterspiele 1952. Erstmals seit Kriegsende beteiligt sich wieder eine deutsche Mannschaft an den Wettkämpfen. Gleich am Eröffnungstag gewinnt Annemarie »Mirl« Buchner eine Bronzemedaille im Riesenslalom. In der Abfahrt holt sie Silber, im Slalom holt sie erneut eine Bronzemedaille, Ossi Reichert gewinnt in dieser Disziplin sogar Silber. Sensationell sind die Siege der deutschen Bobfahrer. Weltmeister Anderl Ostler und Bremser Lorenz Nieberl holen mit einem 17 Jahre alten Bobschlitten die Goldmedaille im Zweier- und Viererbob (Abb.: Nieberl und Ostler, v.l., im Eiskanal in ihrem Bob »Cognac«). Das Dortmunder Weltmeisterpaar Ria und Paul Falk gewinnt die dritte deutsche Goldmedaille der Olympischen Winterspiele – im Eiskunstlauf der Paare.

Februar 1952

1	Fr	Die Verordnung zur Prämienrückvergütung in der Autoversicherung tritt in Kraft. Künftig erhalten westdeutsche Autofahrer Prämien für unfallfreies Fahren.
2	Sa	Der »Sex-Appeal« italienischer Gastarbeiter ist Thema im britischen Unterhaus, da es oft zu Problemen mit englischen Frauen komme. → Westfalenhalle
3	So	Um den Olympia-Tourismus zu erleichtern, hebt die finnische Regierung den Visumszwang für Teilnehmer und Besucher der Sommerspiele in Helsinki auf.
4	Mo	5000 Betriebsangehörige der Daimler-Benz AG in Mannheim beteiligen sich an einem Warnstreik gegen die Remilitarisierung der Bundesrepublik.
5	Di	Der Mönch Antonio R. Antonuzzi dementiert Berichte über den angeblich in einem römischen Kloster untergetauchten »Führersekretär« Martin Bormann.
6	Mi	Nach heftigen Tumulten verabschiedet der Bayerische Landtag in München die Landkreisordnung und das Gemeindewahlgesetz. → Georg VI.
7	Do	Bei den Europameisterschaften im Eiskunstlauf in Wien siegt im Paarlauf das Dortmunder Ehepaar Ria und Paul Falk.
8	Fr	Die französische Nationalversammlung spricht dem radikalsozialistischen Ministerpräsidenten Edgar Faure mit knapper Mehrheit das Vertrauen aus. → EVG
9	Sa	In Offenbach wird die 6. Lederwarenfachmesse eröffnet. Viele Aussteller bekunden ihre Sorge über die zunehmende Konkurrenz durch Plastikprodukte.
10	So	Die Nationale Front des iranischen Ministerpräsidenten Mohammad Mossadegh erringt bei den Parlamentswahlen in Persien die Stimmenmehrheit.
11	Mo	Zum dritten Mal innerhalb von acht Wochen stürzt – diesmal in New Jersey – ein US-Verkehrsflugzeug vom Typ »Convair« ab. 29 Menschen kommen um.
12	Di	Nach einer Umfrage benötigt eine vierköpfige westdeutsche Familie im Durchschnitt monatlich 320 DM für den Lebensunterhalt.
13	Mi	Ein Koblenzer Gericht verurteilt zwei Männer wegen Mordes an der Schwedin Birgit Ahlin zu lebenslanger Freiheitsstrafe.
14	Do	Walter Ulbricht, stellvertretender Ministerpräsident der DDR, spricht sich gegen die Remilitarisierung der Bundesrepublik aus. → Winterspiele
15	Fr	Der Bundestag beschließt, dass der Zahnarztberuf nicht mehr als Ausbildungsberuf zugelassen wird. Künftige Dentisten müssen die Universität besuchen.
16	Sa	Das von Walther Sueßenguth und Rudolf Külüs als Privatbühne betriebene Hebbel-Theater in West-Berlin wird wiedereröffnet.
17	So	Mit der Uraufführung seines lyrischen Dramas »Boulevard Solitude« in Hannover erregt der 25-jährige Komponist Hans Werner Henze Aufsehen.
18	Mo	Auf einer Konferenz der NATO-Staaten in Lissabon beschließen die Delegierten, Griechenland und die Türkei in das Verteidigungsbündnis aufzunehmen.
19	Di	Zwölf Überlebende einer ursprünglich 15-köpfigen internationalen Polarexpedition kommen nach zweijährigem Antarktis-Aufenthalt in Southampton an.
20	Mi	Im Bundestag wird der Abgeordnete Franz Richter verhaftet. Ihm wird vorgeworfen, der ehemalige NSDAP-Gauleiter Fritz Rößler zu sein.
21	Do	Die Filmdiva Elizabeth Taylor heiratet auf der griechischen Insel Kreta den britischen Schauspieler Michael Wilding.
22	Fr	In Amsterdam wird die Wahl der »Miss Europa« durch Auflagen erschwert: Statt Badeanzügen müssen knielange Strandkostüme getragen werden.
23	Sa	Der NATO-Rat billigt in Lissabon einen Rüstungsplan zum Aufbau der Europäischen Verteidigungsgemeinschaft (EVG).
24	So	Um nicht linientreue Parteigenossen aufzuspüren, beschließt das SED-Zentralkomitee, leitende Genossen in DDR-Ministerien überprüfen zu lassen.
25	Mo	Die von Astronomen vorausberechnete Sonnenfinsternis tritt pünktlich ein. In der Bundesrepublik ist sie zwischen 10 Uhr und 10.30 Uhr zu sehen.
26	Di	Großbritanniens Premier Winston Churchill gibt bekannt, dass das Land die Atombombe besitze. Demnächst werde ein Test erfolgen.
27	Mi	In West-Berlin nimmt das Bundesgesundheitsamt seine Arbeit auf. Es ist u.a. zuständig für Forschung und Kontrolle im westdeutschen Gesundheitswesen.
28	Do	Japan und die USA schließen in Tokio ein Abkommen, das die Stationierung von US-Truppen in Japan auf unbegrenzte Zeit verlängert.
29	Fr	An erster Stelle auf der Liste der beliebtesten deutschen Nachwuchs-Filmschauspieler stehen Maria Schell und Dieter Borsche. → Helgoland

März 1952

1 Sa Bei den Wahlen zum indischen Zentralparlament erhält die Kongresspartei des Ministerpräsidenten Jawaharlal Nehru 363 der insgesamt 496 Sitze.

2 So Ein US-Gericht spricht ein Urteil, nachdem Personen, die als subversiv einzustufen seien, nicht mehr an öffentlichen Schulen unterrichten dürften.

3 Mo Mit dem Ruf »Wir wollen keine Nazis in Australien!« empfangen jüdische Demonstranten den deutschen Pianisten Walter Gieseking in Melbourne.

4 Di Die DDR sperrt sämtliche Stromlieferungen von Ost-Berlin in den Westteil der Stadt. Damit ist das Interzonenhandelsabkommen gebrochen.

5 Mi Die Brüsseler Regierung verbietet Hinterbliebenen den Besuch deutscher Soldatenfriedhöfe in Belgien, bis die Frage der Grabpflege mit Bonn geklärt ist.

6 Do Vier Techniker in leitenden Positionen der bundesdeutschen Industrie werden in Kettwig an der Ruhr wegen Spionageverdachtes verhaftet.

7 Fr In Nürnberg endet die dritte deutsche Spielwarenmesse. Die Veranstalter zählten 6500 Besucher, darunter 1800 aus dem Ausland.

8 Sa Der neue französische Ministerpräsident Antoine Pinay stellt in Paris die neue Regierung vor, die um neun Minister kleiner geworden ist.

9 So Heinz Neuhaus gewinnt in der Dortmunder Westfalenhalle gegen den Belgier Karel Sys den Europameistertitel im Schwergewichtsboxen.

10 Mo Die Bundesanstalt für Arbeitsvermittlung und Arbeitslosenversicherung mit Sitz in Nürnberg nimmt die Arbeit auf. → Kuba → Stalin-Note

11 Di In London gibt der britische Schatzkanzler Richard Austen Butler eine Kürzung der Importe um jährlich 100 Mio. Pfund (1,202 Mrd. DM) bekannt.

12 Mi Der Gesetzentwurf zum Pressewesen stößt auf Kritik, weil er den Landesinnenministern die Macht gibt, Zeitungen zu verbieten.

13 Do Ein Gericht in Como (Italien) verurteilt eine italienische Gräfin zu zehn Jahren Haft, weil sie 1948 ihren Geliebten aus Eifersucht erschossen habe.

14 Fr Die Testamentseröffnung des verstorbenen US-Verlegers Sherman Bowles überrascht die 500 Angestellten des Unternehmens: Sie erben 70 Mio. Dollar.

15 Sa Weil er Widerstandskämpfer beleidigt habe, verurteilt ein Gericht den Vorsitzenden der rechtsextremen »Sozialistischen Reichspartei« zu drei Monaten Haft.

16 So In der französischen Botschaft in Bad Godesberg präsentiert der Modeschöpfer Christian Dior seine neue Kollektion, u.a. Kostüme in »Wellenlinie«.

17 Mo Der Bayerische Rundfunk berichtet über die Personalpolitik des Auswärtigen Amtes. Danach seien 95% der leitenden Beamten Ex-Nationalsozialisten.

18 Di In Frankfurt am Main stellt der S. Fischer-Verlag seine Taschenbuchreihe vor: Bücher großer Autoren (u.a. Thomas Mann) gibt es schon für 1,90 DM.

19 Mi Die in der DDR lebende Erzählerin Anna Seghers (»Das siebte Kreuz«) erhält den Internationalen Friedenspreis der UdSSR.

20 Do In Hollywood verleiht die US-Akademie für Filmkunst 29 »Oscars«. Humphrey Bogart und Vivian Leigh werden als beste Hauptdarsteller ausgezeichnet.

21 Fr In Den Haag beginnen die Wiedergutmachungsverhandlungen zwischen Israel und der Bundesrepublik Deutschland.

22 Sa Eine Verkehrsmaschine der Königlich-Niederländischen Luftverkehrsgesellschaft KLM stürzt in einen Wald bei Neu-Isenburg. 45 Menschen sterben.

23 So In der Bundesrepublik benötigen deutsche Arbeitgeber wieder eine Beschäftigungsgenehmigung für ausländische Arbeitnehmer.

24 Mo Die Situation der Nachkriegsjugend ist das zentrale Thema einer Arbeitstagung zum Jugendschutz, die in Düsseldorf beginnt.

25 Di In Basel feiert Rolf Liebermanns »Opera semisera« (halbernste Oper) mit dem Titel »Leonore 40/45« Premiere.

26 Mi »Die Ehe des Herrn Mississippi«, eine Komödie von Friedrich Dürrenmatt, kommt in den Münchener Kammerspielen zur Uraufführung.

27 Do Der Bundestag billigt einen Mietzuschlag von 10% für Altbauwohnungen als Hilfe bei Instandsetzungsmaßnahmen. → Adenauer → Regentanz

28 Fr In Großbritannien billigt das Unterhaus die Einführung von Gebühren im Gesundheitsdienst. Bisher war die Gesundheitsversorgung kostenlos.

29 Sa US-Präsident Harry S. Truman gibt bekannt, dass er bei den Präsidentschaftswahlen im November nicht mehr für das Amt kandidieren werde.

30 So Im Protektorat Französisch-Marokko kommt es zu frankreichfeindlichen Demonstrationen und Auseinandersetzungen.

31 Mo Der jugoslawische Staatschef Josip Tito unterstreicht die Gebietsansprüche seines Landes auf Triest, das wieder an Italien angegliedert werden soll.

10. März 1952

Störfeuer durch Stalin-Not

Helle Aufregung über einen Brief aus Moskau: Kremlchef Josef Stalin bietet dem Westen Verhandlungen über einen gesamtdeutschen Friedensvertrag und die Wiedervereinigung Deutschlands an. Bis heute ist es unter Historikern und Politikern strittig, ob der Vorstoß des sowjetischen Parteichefs lediglich als taktisches Manöver zu werten sei oder als ernstzunehmendes Angebot. Die UdSSR schlägt in ihrem Schreiben, das den Westmächten in gleichlautenden Noten zugestellt wird, die Wiederherstellung der deutschen Einheit in den von der Potsdamer Konferenz im Jahre 1945 festgelegten Grenzen vor, einschließlich dem baldigen Abzug aller Besatzungstruppen, ungehinderter Betätigung demokratischer Parteien und Organisationen, freier Wirtschaftsentfaltung sowie der Schaffung einer nationalen Rüstung und Armee. In einer weiteren Note vom 9. April stimmt Moskau freien Wahlen in ganz Deutschland zu, wenn vorher eine gesamtdeutsche Regierung gebildet werde. Bundeskanzler Konrad Adenauer (CDU) und die Westmächte reagieren ablehnend auf das sowjetische Angebot, weil sie die Ernsthaftigkeit der sog. Stalin-Note, die den Abzug aller Besatzungstruppen und die Neutralität Deutschlands verlangt, bezweifeln. Ein Beitritt zum Nordatlantischen Verteidigungspakt (NATO) oder zur Europäischen Verteidigungsgemeinschaft (EVG) wäre mit Annahme des sowjetischen Angebots für die Bundesrepublik unmöglich – die laufenden Verhandlungen zur Integration in westliche Organisationen Makulatur. Mehrheitlich werten westliche Politiker das sowjetische Angebot als ein »Störmanöver«, das die Westintegration der Bundesrepublik, vor allem auf militärischem Gebiet, im letzten Moment verhindern soll. Die westlichen Alliierten wollen einen Friedensvertrag erst dann abschließen, wenn eine gesamtdeutsche Regierung aus freien Wahlen hervorgegangen ist. Jede andere Politik würde, nach Meinung des Westens, der Sowjetunion einen zu umfangreichen Einfluss auf das Geschehen in Deutschland einräumen. Adenauer steht auf dem Standpunkt, dass ein neutrales Deutschland die Möglichkeit einer russischen Besetzung heraufbeschwören würde, und lehnt daher eine Prüfung des Angebots ab. In seinen Memoiren begründet er seine unmissverständliche

Plakat der DDR-Regierung für die Stalin-Note

27. März 1952

Attentat auf Adenauer

Zwei 13-jährige Jungen retten Bundeskanzler Konrad Adenauer vor einem Sprengstoffattentat. Ein Unbekannter hatte Bruno Bayersdorf und Werner Breitschopp in München ein an Adenauer adressiertes Päckchen mit der Bitte gegeben, es zur Post zu bringen. Als den Jungen auffällt, dass die Sendung nicht korrekt adressiert ist und der Mann ihnen zudem folgt, liefern sie das Paket bei der Polizei ab. Als Sprengmeister Karl Reichert versucht, die verdächtige Post zu öffnen, explodiert ein darin verborgener Sprengsatz. Reichert kommt bei der Detonation ums Leben. Die Presse feiert die beiden Jungen als Helden. Bundeskanzler Adenauer lädt sie zu einem Besuch nach Bonn ein und schenkt jedem von ihnen eine goldene Uhr. Die Attentäter können trotz intensiver Nachforschungen nicht ermittelt werden. Eine »Organisation jüdischer Partisanen« bekennt sich zu dem Attentat. Sie nennt die Wiedergutmachungsverhandlungen mit Israel als Tatmotiv.

1. April 1952

Papst warnt vor Modetanz

Eine Tanzwelle in Europa und den USA bereitet Papst Pius XII. Sorgen. Der Heilige Vater warnt vor Modetänzen, da sie Christen durch eindeutige Stellungen zu sündigem Verhalten verführen könnten. In den Tanzpalästen tanzen die Jugendlichen indessen ganz unbeeindruckt weiter – Boogie-Woogie, Jitterbug und Mambo. (Abb.: Eintänzer feuern die tanzwütigen Paare an).

Plakat der SPD, die mit Stalin verhandeln will

Haltung damit, dass nur ein Anschluss an die Westmächte die Grundlage für eine Wiedervereinigung Deutschlands in Frieden und Freiheit sein könne. Nach seiner Meinung sollte die Stalin-Note die europäische Integration hemmen und den Weg für eine »kommunistische Unterminierung der einzelnen europäischen Staaten« bereiten. Die DDR-Führung hingegen unterstützt die Initiative aus Moskau. Bis zum September kommt es zu weiteren Notenwechseln, ohne dass sich die Standpunkte ändern. Die USA ist strikt gegen ein neutrales Deutschland. Bonn soll ein wichtiger Verbündeter im Kampf gegen den sowjetischen Expansionismus werden.

26. April 1952

Pummerin wieder in Wien

Unter dem Jubel der Wiener Bevölkerung hält die Glocke von St. Stephan wieder Einzug in die Stadt. Mit diesem Ereignis wird der im Krieg zerstörte Stephansdom wieder eingeweiht. Das 137 m hohe Kirchengebäude ist das Wahrzeichen der Stadt. Die Glocke des Doms, die sog. Pummerin, gilt als Freiheitssymbol. 1683 war sie aus dem Metall der Türkenbeute gegossen worden. Beim Brand des Doms stürzte die Glocke in den letzten Kriegstagen aus dem Turm und zerbrach. Der Neuguss der Pummerin ließ nach dem Krieg mehrere Jahre auf sich warten. Erst im zweiten Anlauf gelang es, einen volltönenden Guss herzustellen. Der Transport der neuen Pummerin gestaltet sich zu einem Volksfest. Hinter der von einem Wagen gezogenen Glocke ziehen Tausende durch die Wiener Straßen. Am Dom angelangt, muss die Pummerin zunächst noch an einem Gerüst aufgehängt werden, da viele Teile der Kirche noch nicht wieder aufgebaut sind.

10. März 1952

Machtwechsel auf Kuba

Nach einem erfolgreichen Militärputsch übernimmt General Fulgencio Batista y Zaldívar die Macht auf Kuba (Abb.: Die US-Presse berichtet über den Putsch). Batista stürzt den Ministerpräsidenten Carlos Prios Socarrás, dessen korruptes Regime den Unmut der Bevölkerung erregt hatte. Batista ist kein Unbekannter: Schon 1933 hatte er an der Seite von Ministerpräsident Ramón Grau San Martin das Land regiert und diesen 1940 aus dem Amt gedrängt. Trotz erfolgreicher Sanierung der Wirtschaft Kubas war Batista im Jahre 1944 gestürzt worden.

27. März 1952

Sensationeller Regentanz

Ein Welterfolg wird der Musicalfilm »Du sollst mein Glücksstern sein« unter der Regie von Gene Kelly, der gleichzeitig einer der Hauptdarsteller ist. Der Streifen markiert einen Höhepunkt der Film-Musical-Produktion der 50er Jahre. Sein Titellied »Singin' in the rain« wird zum Evergreen. Kellys romantischer Tanz in strömendem Regen (s. Abb.) geht in die Filmgeschichte ein. Erzählt wird eine Geschichte aus der Zeit, als Hollywoods Filmindustrie vom Stumm- auf den Tonfilm umstellt. In den Hauptrollen sind neben Kelly Debbie Reynolds, Donald O'Connor und Jean Hagen zu sehen. Die eingängigen Songs schrieben Arthur Freed und Herb Nacio Brown.

Gene Kelly

US-Tänzer, -Schauspieler und -Regisseur, * 23.8.1912 Pittsburgh (Pennsylvania), † 2.2.1996 Beverly Hills (Kalifornien)

Kelly ist der Star des Musical-Films der 50er Jahre schlechthin. Seine ausgefallene Choreographie entwickelt er zur Perfektion: Der Tanz wird ein Teil der Handlung und ist nicht länger ein Einschub im Film. Seine parodistische Leichtigkeit macht Kellys Tanzstil unverwechselbar. In den 60er Jahren konzentriert er sich auf die Arbeit als Regisseur.

- 1938: Erste Rolle am Broadway
- 1948: »Die drei Musketiere«
- 1951: »Ein Amerikaner in Paris«
- 1956: »Einladung zum Tanz«

April 1952

1	Di	Ein Sprengstoffattentat auf den Leiter der deutschen Delegation bei den Wiedergutmachungsverhandlungen mit Israel in Den Haag schlägt fehl. → Modetanz
2	Mi	Durch das nordrhein-westfälische Landesschulgesetz haben Eltern die Möglichkeit, die Schulform ihrer Kinder frei zu wählen. Schulaufsicht führt der Staat.
3	Do	In der marokkanischen Hafenstadt Tanger brechen nationalistische Unruhen aus, die sich gegen die Kolonialherrschaft Frankreichs und Spaniens richten.
4	Fr	Auf einer Tagung in Ost-Berlin verurteilen DDR-Pädagogen Schokoladen-Osterhasen und Eiersuchen als bürgerliche Unsitte.
5	Sa	Die UdSSR bricht die diplomatischen Beziehungen zu Kuba ab, nachdem sowjetischen Kurieren die Einreise auf die Insel verweigert wurde.
6	So	Bundesdeutsche Studenten protestieren gegen den Veit-Harlan-Film »Verwehte Spuren«. Harlan hatte in NS-Deutschland antisemitische Filme gedreht.
7	Mo	Nach Angaben des Gesundheitsamtes sind bei einer Grippe-Welle in West-Berlin bisher 71 Menschen gestorben. Einige Schulen bleiben vorerst geschlossen.
8	Di	Das Hermannsdenkmal im Teutoburger Wald wird renoviert. Das nationalsozialistische Monument war im Krieg stark beschädigt worden.
9	Mi	Die bolivianische Oppositionspartei »Revolutionäre Nationalistische Bewegung« gibt den Erfolg ihres Aufstands gegen die Regierung bekannt.
10	Do	Der Rat der Organisation für wirtschaftliche Zusammenarbeit in Europa (OEEC) stimmt Einfuhrkürzungen Frankreichs zu.
11	Fr	Die 53-jährige Therese Neumann aus dem bayerischen Konnersreuth erlebt angeblich erneut die Passion Christi: Ihre Stigmawunden bluten.
12	Sa	General Dwight D. Eisenhower tritt wegen seiner Kandidatur für das US-Präsidentenamt als NATO-Oberbefehlshaber in Europa zurück.
13	So	Bundesarbeitsminister Anton Storch (CDU) appelliert an die Wirtschaft, mehr Lehrstellen zu schaffen, da ein Facharbeitermangel bevorstehe.
14	Mo	Durch päpstlichen Erlass wird der Erzengel Gabriel zum Schutzpatron des Fernmeldewesens und aller dort Beschäftigten bestimmt.
15	Di	Ganz Europa feiert mit zahlreichen Veranstaltungen den 500. Geburtstag des Malers, Erfinders und Forschers Leonardo da Vinci.
16	Mi	Im Kampf um die Box-Weltmeisterschaft im Mittelgewicht verteidigt »Sugar« Ray Robinson in Chicago seinen Titel gegen Rocky Graziano durch k.o.
17	Do	Im Missourital in den USA richten riesige Überschwemmungen schwere Schäden an. Weit über 100 000 Menschen müssen evakuiert werden.
18	Fr	Die neugegründete Agfa AG für die Fotofabrikation wird im Gebäude der Leverkusener Farbenfabriken Bayer eingerichtet.
19	Sa	Hunderttausende, so wird berichtet, unterziehen sich in der Bundesrepublik einer Kur mit angebrüteten Neuntage-Eiern, die u.a. Krebs heilen sollen.
20	So	Die deutsche Fußball-Nationalmannschaft gewinnt im Luxemburger Stadion das Länderspiel gegen die Gastgeber mit 3:0.
21	Mo	Das Internationale Rote Kreuz fordert weltweit die Einrichtung von Sicherheitszonen zum Schutz von Zivilisten im Kriegsfall.
22	Di	Erstmals überträgt das US-Fernsehen live die Explosion einer Atombombe. Millionen Zuschauer verfolgen am Bildschirm die Nuklearzündung in Nevada.
23	Mi	Der Deutsche Bundestag verabschiedet eine Entschließung, in der für das Saarland das Recht auf Selbstbestimmung gefordert wird.
24	Do	In Pariser »Lido« tritt das deutsche »Jonglier-Wunder« Rudy Horn ein einjähriges Engagement an. Horn gilt als weltbester Jongleur.
25	Fr	Die Verfassunggebende Landesversammlung Baden-Württembergs wählt Reinhold Maier zum Ministerpräsidenten des neugegründeten Bundeslandes.
26	Sa	Hinrich Wilhelm Kopf, Ministerpräsident von Niedersachsen, eröffnet den Flughafen Hannover-Langenhagen. → Wien
27	So	Bei einer Kollision des US-Zerstörers »Hobson« mit dem Flugzeugträger »Wasp« ertrinken 176 Seeleute im Atlantik.
28	Mo	US-Präsident Harry S. Truman erklärt den Kriegszustand mit Japan offiziell für beendet. Am heutigen Tag tritt somit der Friedensvertrag von 1951 in Kraft.
29	Di	Über Dessau beschießen zwei sowjetische Düsenjäger eine französische Passagiermaschine. Fünf Fluggäste erleiden leichte Verletzungen.
30	Mi	Eine Umfrage des Instituts für Publizistik der Universität Münster ergibt, dass 24% der Bundesdeutschen mindestens einmal im Monat ins Kino gehen.

Mai 1952

1 Do Der 17-jährige Dalai-Lama, weltlicher und geistlicher Führer der Tibeter, trifft erstmals mit dem von China unterstützten Pantschen-Lama zusammen.

2 Fr Aus Anlass des Eucharistischen Kongresses in Barcelona erlässt die spanische Regierung eine Amnestie. Rd. 10 000 Gefangene sollen entlassen werden.

3 Sa In seiner Rede anlässlich des »Deutschen Studententages« in West-Berlin bezeichnet Bundespräsident Theodor Heuss das Studium als ein Privileg.

4 So 500 000 Vertriebene protestieren in Bonn gegen das Lastenausgleichsgesetz. +++ In Köln siegt die deutsche Fußballnationalmannschaft gegen Irland 3:0.

5 Mo Das Jüdische Komitee der USA gibt in New York bekannt, in der UdSSR und anderen Ostblockstaaten nähmen Judenverfolgungen immer mehr zu.

6 Di Ein Streik von 90 000 Arbeitern in der Erdölindustrie der USA führt zu massiven Einschränkungen im Luftverkehr.

7 Mi Die Intendanten der westdeutschen Rundfunkanstalten beschließen, dass alle Sender allabendlich zum Sendeschluss das Deutschlandlied spielen.

8 Do In der Bundesrepublik beginnen die Landeszentralbanken bundesweit mit der Ausgabe der neuen, silbernen Fünfmarkstücke.

9 Fr Der Bundestag beschließt, dass Bund, Länder und Gemeinden je 250 Mio. DM jährlich als Beitrag zur Unterhaltshilfe für Vertriebene zahlen sollen.

10 Sa Die 5. Internationalen Filmfestspiele in Cannes gehen zu Ende. Als beste Schauspieler werden Marlon Brando und Lee Grant ausgezeichnet.

11 So Auf der Drei-Mächte-Besprechung in London einigen sich Italien, Großbritannien und die USA auf einen verstärkten Einfluss Italiens in Triest.

12 Mo Die indische Politikerin Shrimati Vijaya Lakshimi Pansit, die erste Botschafterin in den USA, tritt in Washington ihr Amt an.

13 Di Weite Gebiete des Nahen Ostens und Nordost-Afrikas werden von der bisher größten Heuschreckenplage der letzten 100 Jahre heimgesucht.

14 Mi In einem Antwortschreiben auf die Kreml-Note vom 9. April betonen die Westmächte ihren Wunsch nach gesamtdeutschen Wahlen.

15 Do Der in den USA wirkende Raketeningenieur Wernher von Braun stellt das Projekt einer bemannten Expedition zum Mars vor. Das Projekt gilt als Sensation.

16 Fr Der Bundestag verabschiedet das Lastenausgleichsgesetz für die Vertriebenen aus den ehemaligen deutschen Ostgebieten.

17 Sa Die Kieler Landesregierung teilt mit, dass in Schleswig-Holstein 184 000 Personen noch immer in menschenunwürdigen Baracken leben.

18 So Der deutsche Automobilkonzern Mercedes-Benz beteiligt sich wieder an internationalen Rennen. Mercedes-Sportwagen siegen beim Großen Preis von Bern.

19 Mo Nach den ersten Wahlen in Indien seit Einführung der Verfassung formieren sich zwei Oppositionsparteien zu den »Vereinigten Nationalisten«.

20 Di Nachdem sich die Pianistin Elly Ney offiziell von der Politik des NS-Regimes distanziert hat, darf sie in Bonn wieder öffentlich auftreten.

21 Mi Juliana, Königin der Niederlande, eröffnet den neuen Amsterdam-Rheinkanal. Er ist 72 km lang und kann von den größten Binnenschiffen befahren werden.

22 Do Der Lohnkonflikt zwischen den US-Eisenbahn-Gewerkschaften und den Eisenbahnunternehmen wird nach drei Jahren durch einen Kompromiss bereinigt.

23 Fr Alain Bombard beendet die Vorbereitungen für ein ehrgeiziges Projekt: Er will mit einem Gummischlauchboot von Monaco nach Westindien fahren.

24 Sa Der Schauprozess gegen die angebliche »Terrorismusbande Burianek« in Ost-Berlin endet mit einem Todesurteil für den Hauptangeklagten.

25 So In Sachsen und Thüringen lässt die DDR-Regierung Störsender errichten, um den Empfang westlicher Rundfunkstationen zu verhindern.

26 Mo Die DDR kündigt die Absperrung der Grenzen zur Bundesrepublik an. Der Verkehr nach West-Berlin wird eingeschränkt. → Souveränität

27 Di Das Parlament der Freien Deutschen Jugend (FDJ) wählt den 39-jährigen Erich Honecker erneut zum ersten Vorsitzenden. → Europaarmee

28 Mi In Stockholm beginnt die erste UKW- und Fernsehkonferenz. Neun europäische Länder entscheiden sich für die 625-Zeilen-Norm.

29 Do Im Ostseebad Niendorf geht die dritte Tagung der »Gruppe 47« zu Ende. Als diesjährige Preisträgerin wird die Schriftstellerin Ilse Aichinger ausgezeichnet.

30 Fr Der britische Außenminister Anthony Eden erklärt, jeder Angriff auf West-Berlin sei als Aggression gegen die westliche Welt anzusehen.

31 Sa Der Bau des Wolga-Don-Kanals in der Sowjetunion ist abgeschlossen. Er vervollständigt die Verbindung zwischen Schwarzem und Kaspischem Meer.

26. Mai 1952

Souveränität für Bonn

In Bonn unterzeichnen die Außenminister der drei Westmächte, Dean Acheson (USA), Anthony Eden (Großbritannien) und Robert Schuman (Frankreich) sowie Bundeskanzler Konrad Adenauer die »Konvention über die Beziehungen der drei Westmächte zur Bundesrepublik«, kurz Deutschland- oder Generalvertrag genannt. Das Abkommen beendet den Besatzungsstatus der Bundesrepublik und räumt ihr Rechte eines souveränen Staates ein.

Adenauer (2.v.l) mit den westalliierten Außenministern

Der Deutschlandvertrag beschränkt die Sonderrechte der Alliierten auf die Stationierung von Truppen, die Ausrufung des Notstands und die Kontroll- und Schutzfunktion in Berlin. Darüber hinaus wird festgelegt, dass Besatzungsstatut und Alliierte Kommission erst dann aufgehoben werden, wenn der Vertrag über die Europäische Verteidigungsgemeinschaft (EVG) in Kraft getreten ist – d.h. nach Einbindung der Bundesrepublik in das politische (West-) Europa. Die Unterzeichnung des Deutschlandvertrags stößt nicht überall auf Zustimmung. Die oppositionelle SPD befürchtet, das Abkommen werde eine Wiedervereinigung Deutschlands für lange Zeit unmöglich machen. Erich Ollenhauer, stellvertretender Vorsitzender der SPD, forderte bereits im April, den Vertrag so lange nicht zu unterzeichnen, bis das Wiedervereinigungsangebot der Stalin-Note geprüft worden sei. Die Sozialdemokraten bestreiten auch, dass die Bundesrepublik durch das Abkommen ihre volle Souveränität erreichen könne. DDR-Ministerpräsident Otto Grotewohl ruft die Arbeiter der Bundesrepublik am 1. Mai zu Massenstreiks gegen den »Generalkriegsvertrag« auf: »Wenn durch die westdeutsche Bevölkerung ... der Generalkriegsvertrag nicht verhindert und damit die erhöhte Gefahr des amerikanischen Krieges gegen den Osten heraufbeschworen wird, so ergibt sich daraus für die Deutsche Demokratische Republik die Notwendigkeit, die bewaffnete Verteidigung unserer Heimat zu organisieren.«

Eine der größten bundesdeutschen Protestveranstaltungen der Freien Deutschen Jugend (FDJ) gegen das Abkommen findet in Essen statt. 30 000 Menschen beteiligen sich an der »Friedenskarawane der Jugend gegen den Generalvertrag«. Als die Polizei versucht, die verbotene Veranstaltung aufzulösen, kommt es zu heftigen Auseinandersetzungen, in deren Verlauf ein Demonstrant ums Leben kommt.

27. Mai 1952

Europaarmee aus der Taufe gehoben

Einen Tag nach Unterzeichnung des Deutschlandvertrags schließen die Bundesrepublik Deutschland, Frankreich, Italien, Belgien, Niederlande und Luxemburg in Paris das Abkommen über die Bildung einer Europäischen Verteidigungsgemeinschaft (EVG). Der französische Ministerpräsident René Pleven hatte 1950 den konkreten Plan für die Europaarmee präsentiert.

Danach sollen alle Streitkräfte der im Abkommen genannten Nationen unter einem europäischen Oberbefehl zusammengefasst werden. Bonn hatte die Unterzeichnung des Deutschlandvertrags zur Bedingung für seine Teilnahme an der EVG gemacht. Nur als gleichberechtigter Partner neben anderen europäischen Staaten könne die Bundesrepublik in der neuen europäischen Organisation vertreten sein. Die zeitlich und inhaltlich aufeinander bezogenen Verträge lösen im Bundestag kontroverse Diskussionen aus. Bundeskanzler Konrad Adenauer (CDU) argumentiert für den Abschluss beider Verträge, weil ohne EVG-Vertrag keine Aufhebung des Besatzungsstatuts zu erreichen gewesen sei. Hintergrund seiner Politik ist die Annahme einer sowjetischen Bedrohung, der die westeuropäischen Staaten geschlossen begegnen müssten. Die SPD hingegen schlägt vor, »... sich dem Westen in Formen zu verbinden, die der Osten nicht bedrohlich zu empfinden braucht.« Dies sei vor allem deshalb von großer Bedeutung, weil nur so die Zustimmung der Sowjetunion zu einer deutschen Wiedervereinigung zu erreichen sei.

7. Juni 1952

Ringrichter k.o. geschlagen

Einen der größten Skandale der deutschen Boxgeschichte verursacht der Kölner Mittelgewichtler Peter Müller in der achten Runde des Meisterschaftskampfes gegen Titelverteidiger Hans Stretz aus Berlin. Mit einem krachenden linken Haken schickt Müller Ringrichter Max Pippow auf die Bretter (s. Abb.), nachdem der ihn mehrfach ermahnt hatte. Pippow stürzt zu Boden und bleibt bewusstlos liegen. Während einer der Zeitnehmer den Kopf des Ringrichters stützt, tobt Müller wie von Sinnen durch den Ring. Trainer Jupp Besselmann will seinen Schützling beruhigen, muss jedoch ebenfalls Attacken des amoklaufenden Müller abwehren. Der Kampf wird abgebrochen und Stretz zum Sieger der 50. Deutschen Meisterschaft erklärt. Von seinen Fans wird Müller »de Aap« (der Affe) genannt, was auf seine lange Reichweite als Boxer ebenso anspielt wie auf sein exzentrisches Verhalten.

Als Müller gebändigt ist, schreitet er mit triumphierend erhobenen Händen durch die erstarrte

Zuschauermenge im Kölner Eisstadion. Der Sportausschuss des Verbandes Westdeutscher Faustkämpfer schließt Müller im Einverständnis mit dem Bund deutscher Berufsboxer (BdB) lebenslänglich vom Boxsport aus. Aber schon nach einem Jahr wird Müller bedingt, im Jahre 1954 vollständig begnadigt. Vor dem Kampf hatten Beobachter kritisiert, dass ausgerechnet Pippow den Kampf zwischen Müller und Stretz leitet. Nach Auffassung einiger Beobachter ist es beim letzten Kampf der beiden zu Benachteiligungen Müllers durch Pippow gekommen. Beim neuerlichen Aufeinandertreffen hatte Stretz den Kampf klar dominiert. Müller war immer nervöser geworden, weil er kaum einen Wirkungstreffer landen konnte. Die Ermahnung des Ringrichters war schließlich der Auslöser für Müllers Attacke.

16. Juni 1952

Warhol stellt aus

In der New Yorker Hugo Gallery wird die erste Einzelausstellung des Grafikers Andy Warhol eröffnet. Gezeigt werden Zeichnungen zu Kurzgeschichten des US-Schriftstellers Truman Capote. Eine Kunstzeitschrift lobt die Arbeiten des 24-jährigen Warhol, dessen »fragile Impressionen« an Toulouse-Lautrec oder Cocteau erinnerten: »Seine besten Kunstwerke verbinden immaterielle Kräfte und ambivalente Empfindungen.«

24. Juni 1952

»Bild« ist Zeitung neuen Typs

Novität am Kiosk: »Täglich im Bild – durch Deutschlands modernste Zeitung«! So wirbt die erstmals erscheinende »Bild-Zeitung« um Kunden. Die Startauflage der überregionalen Tageszeitung aus dem Hamburger Springer-Verlagshaus beträgt 250 000 Exemplare. Viel Bild, wenig Text heißt das Erfolgsmotto des Blattes, das für 10 Pfennig an Kiosken oder bei mobilen Verkäufern zu haben ist. Die schwarz-rot-weiße Aufmachung und das Signet »Bild-Zeitung« geben ihm ein unverwechselbares Äußeres. Mit einer erfolgreichen Werbekampagne (s. Abb.) sichert sich die Tageszeitung einen großen Marktanteil. Zwischen Action-Fotos, Reklameanzeigen, Comics und Horoskop ist die konservative politische Linie des Blattes unübersehbar. Verleger Axel Caesar Springer war bereits im Jahre 1946 mit seiner Funk-Illustrierten »Hör Zu« ein triumphaler Erfolg auf dem Printmedienmarkt gelungen.

18. Juni 1952

Massenflucht aus der DDR

Immer mehr Menschen fliehen aus der DDR in die Bundesrepublik (Abb.: DDR-Flüchtlinge vor einem Registrierungsbüro in West-Berlin). Bundeskanzler Konrad Adenauer (CDU) verurteilt vor dem Deutschen Bundestag die von Ost-Berlin eingeleiteten Sperrmaßnahmen an der innerdeutschen Grenze und in Berlin. Er ruft die Bevölkerung zu Hilfsaktionen für die Flüchtlinge aus der DDR auf. Die Begründung der DDR für die Absperrungen – westliche Spione und Terroristen würden ihre Si-

cherheit bedrohen – weist er als völlig haltlos zurück. Tatsächlich verhärtet sich das Verhältnis zwischen Bonn und Ost-Berlin seit Unterzeichnung des Deutschlandvertrags und des EVG-Abkommens. Die DDR will angesichts des sich verschärfenden Ost-West-Konflikts den Umbau der Gesellschaft nach sowjetischem Vorbild forcieren. DDR-Bürger, die dieser Politik nicht folgen wollen, nutzen ihre vermeintlich letzte Chance zur Flucht.

Juni 1952

1 So Die katholische Kirche setzt die Werke des französischen Schriftstellers André Gide (1869-1951) auf ihren Index verbotener Schriften.

2 Mo Der oberste Gerichtshof der USA erklärt die durch Präsident Harry S. Truman verfügte Verstaatlichung der Stahlindustrie für verfassungswidrig.

3 Di Als Reaktion auf Blockademaßnahmen in Berlin besetzen britisches Militär und Westberliner Polizei den sowjetischen Sender im britischen Sektor.

4 Mi Der 1951 wiedergewählte Präsident Argentiniens, Juan Perón, leistet zu Beginn seiner zweiten sechsjährigen Amtsperiode den Eid auf die Verfassung.

5 Do Wegen des Streiks der Stahlarbeiter stellt die US-Regierung den Stahlexport weitgehend ein, um die eigene Rüstungsproduktion nicht zu gefährden.

6 Fr Dänemark und Schweden protestieren gegen den Anspruch Moskaus auf eine Zwölfmeilenzone vor der sowjetischen Ostseeküste.

7 Sa Unter dem Titel »Der Heiratsschwindler von Paris« wird der Charlie-Chaplin-Film »Monsieur Verdoux« erstmals in Deutschland gezeigt. → Ringrichter

8 So Im Grenzgebiet setzt eine Massenflucht von DDR-Bürgern nach Westen ein. +++ Der Italiener Fausto Coppi gewinnt zum vierten Mal den Giro d'Italia.

9 Mo Die DDR-Regierung lässt die bisher auf den Grenzbereich beschränkten Absperrungsmaßnahmen auf das gesamte Staatsterritorium ausweiten.

10 Di Bei dem Versuch von US-Truppen, die Kriegsgefangenenlager auf der koreanischen Insel Koje zu verkleinern, kommt es zu blutigen Auseinandersetzungen.

11 Mi Im Gegensatz zur UdSSR erklären die Westalliierten, vor einer Friedenskonferenz auf deutsche Reparationen aus der laufenden Produktion zu verzichten.

12 Do Der von Indien besetzte Teil Kaschmirs beschließt die Abschaffung der Erbmonarchie und die Einführung einer eigenen Flagge.

13 Fr Sowjetische Jäger schießen eine Transportmaschine der schwedischen Luftwaffe über dem Ostseeraum ab. Die Besatzung bleibt unverletzt.

14 Sa US-Präsident Harry S. Truman gibt in Groton/Connecticut den Startschuss für den Bau des ersten atomgetriebenen U-Boots der USA, der »Nautilus«.

15 So In Kambodscha entlässt König Norodom Sihanuk das Kabinett Jia Kan Thoul. +++ Durch ein 19:8 über Schweden wird Deutschland Handballweltmeister.

16 Mo Das größte Wasserkraftwerk Europas wird in Nordschweden in Betrieb genommen. Es deckt 10% des schwedischen Energiebedarfs. → Warhol

17 Di Um der UdSSR keinen Überraschungsangriff zu ermöglichen, besetzt die US-Regierung die Flugsicherungstationen an ihren Küsten rund um die Uhr.

18 Mi Die Schauspielerin Ingrid Bergman, Ehefrau des Filmregisseurs Roberto Rosselini, bringt in Rom die Zwillinge Isabel und Ingrid auf die Welt. → DDR

19 Do In London billigt das Unterhaus die Position der Regierung, Werbung im Hörfunk zu verbieten. Privaten Fernsehsendern ist sie hingegen erlaubt.

20 Fr US-Präsident Harry S. Truman unterzeichnet das Auslandshilfegesetz. Europäische Staaten erhalten 6,5 Mrd. US-Dollar zur Beseitigung von Kriegsschäden.

21 Sa Die von der Bayerischen Staatsregierung genehmigte Bierpreiserhöhung führt zu Protesten der Verbraucher. Eine Maß kostet jetzt 91 statt 80 Pfennig.

22 So Bei einem Fluchtversuch von der Gefangeneninsel Anchieta vor Brasilien kommen 100 aufständische Häftlinge und 15 Wärter ums Leben.

23 Mo 500 US-Flugzeuge zerstören bei dem bislang stärksten Bombenangriff auf Nordkorea fünf Wasserkraftwerke.

24 Di In Flensburg wird das Kraftfahrt-Bundesamt eröffnet. Die Behörde prüft Kfz-Typen und führt das Verkehrszentralregister. → »Bild«

25 Mi Norwegen beschließt den Beitritt zum Nordischen Rat, dem bisher Dänemark, Island und Schweden angehören.

26 Do Bei den Wahlen zum niederländischen Parlament verliert die Katholische Volkspartei erstmals seit Bestehen des allgemeinen Wahlrechts ihre Mehrheit.

27 Fr Die DDR-Regierung schränkt die Bewegungsfreiheit der Westberliner weiter ein. Diejenigen, die in der DDR arbeiten erhalten keine Passierscheine mehr.

28 Sa In Dortmund findet die erste Lotterie zum Wiederaufbau der St.-Reinoldi-Kirche statt, die im Zweiten Weltkrieg fast vollständig zerstört wurde.

29 So Werner Lueg stellt bei den Deutschen Leichtathletik-Meisterschaften in Berlin mit 3:43,0 min den Weltrekord über 1500 m ein.

30 Mo Die westalliierten Hochkommissare protestieren gegen die von der Sowjetunion veranlassten Sperrmaßnahmen an der deutsch-deutschen Grenze.

Juli 1952

1 Di Eine Sonderkommission des US-Kongresses beschuldigt die Sowjetunion, während des Krieges 14 600 polnische Offiziere bei Katyn ermordet zu haben.

2 Mi Die USA stellen den Starfighter vor. Das Jagdflugzeug, das erste, das mit Raketen ausgerüstet ist, fliegt 1000 km/h schnell.

3 Do Die britisch-niederländische Shell-AG führt in Deutschland mit den sog. Tankstellenmädchen einen neuen Kundenservice ein.

4 Fr Im Endspiel des internationalen Tennisturniers von Wimbledon setzt sich der Australier Frank Sedgman gegen den Tschechoslowaken Jaroslav Drobny durch.

5 Sa Die letzten Straßenbahnen in London werden durch rote Doppeldeckerbusse ersetzt. +++ In Halle an der Saale (DDR) beginnen die Händel-Festspiele.

6 So Adolf Ruiz Cortines erhält 75% aller abgegebenen Stimmen und ist damit zum neuen Präsidenten Mexikos gewählt.

7 Mo Die »United States« erhält für die schnellste Atlantiküberquerung das »Blaue Band«. Das Passagierschiff benötigte drei Tage, zehn Stunden und 40 Minuten.

8 Di Walter Linse, Mitglied im »Untersuchungsausschuss freiheitlicher Juristen«, wird in West-Berlin auf offener Straße niedergeschlagen und in die DDR entführt.

9 Mi Die Bonner Staatsanwaltschaft lässt den »Spiegel« beschlagnahmen. Das Magazin behauptet, Konrad Adenauer plane im Kriegsfall eine Exilregierung.

10 Do Mit der Annahme des Lastenausgleichsgesetzes sollen die Ersatzansprüche Kriegsgeschädigter mit Hilfe privater Gelder und Steuermittel abgegolten werden.

11 Fr 900 US-Flugzeuge der UN-Truppen bombardieren Eisenbahnlinien und Fabriken in Nordkorea. Der Angriff soll einen Waffenstillstand erzwingen.

12 Sa Die erste direkte Fernsprechverbindung in der Bundesrepublik geht zwischen Frankfurt am Main und Düsseldorf in Betrieb.

13 So Ludwig Hörmann aus München verteidigt in Speyer seinen Titel als Deutscher Meister der Radprofis. Mit 3 min Rückstand belegt Karl Weimer Platz zwei.

14 Mo Mit 2260 km/h und 23 700 m stellt das US-Turbo-Düsenflugzeug »Skyrocket« Geschwindigkeits- und Höhenrekorde auf.

15 Di In der Bundesrepublik dürfen Frauen bei der Heirat künftig ihren Geburtsnamen neben dem Namen des Mannes führen.

16 Mi Die Bundesrepublik erhält im Rahmen der US-Auslandshilfe 113 Mio. US-Dollar Wirtschaftshilfe. Die Zahlen der Militärhilfe bleiben geheim.

17 Do Zur Einsparung von Haushaltsgeldern beschließt der Bayerische Landtag in München, das Verkehrsministerium aufzulösen.

18 Fr Der Münchener Stadtrat fordert die Bevölkerung auf, die in der Bundesrepublik neu eingeführten Zebrastreifen zu benutzen.

19 Sa In Bonn verabschiedet der Deutsche Bundestag gegen die Stimmen von SPD und KPD das Betriebsverfassungsgesetz. → Helsinki

20 So Zum zweiten Mal nach 1949 gewinnt der italienische Radrennfahrer Fausto Coppi die Tour de France. Im Juni hatte er schon den Giro d'Italia gewonnen.

21 Mo Der Nationalkonvent der Demokratischen Partei der USA beginnt. Das Ergebnis ist die Nominierung von Adlai E. Stevenson als US-Präsidentschaftskandidat.

22 Di Die erste Verfassung der Volksrepublik Polen tritt in Kraft. +++ Laut einer Umfrage im süddeutschen Raum haben 67% der Bundesbürger Interesse am Fernsehen.

23 Mi »Tristan und Isolde« in einer Inszenierung von Wieland Wagner beginnen in Bayreuth die Festspiele. Dirigent ist Herbert von Karajan. → Ägypten

24 Do Der DDR-Ministerrat beschließt Vergünstigungen für Landwirtschaftliche Produktionsgenossenschaften (LPG). U.a. sind Steuererleichterungen vorgesehen.

25 Fr Die Kultusministerkonferenz der Länder einigt sich auf eine neunjährige Schulpflicht. DDR-Reifezeugnisse werden ab dem Jahr 1952 nicht mehr anerkannt.

26 Sa Wegen der starken Ausbreitung von Kinderlähmung beschließen die Essener Behörden die Schließung der Standbäder am Baldeneysee. → Mythos

27 So In der UdSSR wird der Wolga-Don-Kanal, die Verbindung von Kaspischem und Schwarzem Meer, unter dem Namen W.-I.-Lenin-Wolga-Don-Kanal eröffnet.

28 Mo Österreich drängt in einem Memorandum auf die Aufhebung des Besatzungsstatus und auf die volle Wiederherstellung seiner Souveränität.

29 Di Zur Überwindung der Finanzkrise in Großbritannien kündigt Schatzkanzler Richard Austen Butler Einfuhrkürzungen um 40 % an.

30 Mi Nach der DDR-Verordnung »zur Sicherung von Vermögenswerten« fällt der Besitz aller DDR-Flüchtlinge automatisch an den Staat.

31 Do Der baden-württembergische Ministerpräsident Reinhold Maier (FDP) wird Präsident des Bundesrates. Er ist damit auch Stellvertreter des Bundespräsidenten.

26. Juli 1952

Mythos der Armen

Eva Perón (s. Abb. mit ihrem Mann), die in aller Welt als »Evita« bekannte Ehefrau von Präsident Juan Domingo Perón, stirbt 33-jährig in Buenos Aires an Leukämie. Vor allem die sog. kleinen Leute verehren die Sozialreformerin und ehemalige Schauspielerin wie eine Heilige. 700 000 Menschen pilgern in die Hauptstadt, um Evita die letzte Ehre zu erweisen. Der Kongress erhebt den 26. Juli zu einem Tag nationaler Trauer.

Eva (»Evita«) Perón

argentinische Politikerin und Schauspielerin, * 7.5.1919 Los Toldos/Buenos Aires, † 26.7.1952 Buenos Aires

Evita hatte als Präsidentengattin großen Einfluss auf die Politik ihres Landes. Schon zu Lebzeiten wird sie zum Mythos. Mit Ehemann Juan Perón organisierte sie 1945 einen Generalstreik, der ihm den Weg zur Macht ebnete. Die Schauspielerin und Rundfunksprecherin setzte sich für soziale und frauenpolitische Maßnahmen ein. Sie plädierte für Lohnerhöhungen und gründete über 1000 soziale Einrichtungen.

- bis 1943: Filmschauspielerin
- 1946: Gründung einer Wohlfahrtsstiftung
- 1949: Gründung der Frauen-Partei

19. Juli 1952

Helsinki feiert das tschechische Laufwunder

Die Olympischen Sommerspiele, die im finnischen Helsinki eröffnet werden, stehen ganz im Zeichen des tschechoslowakischen Ausnahmeathleten Emil Zátopek. Über 5000 und 10 000 m sowie im Marathonlauf sichert er sich die Goldmedaille. Besonders der 5000-m-Lauf bietet den Zuschauern alles, was einen spannenden Wettkampf ausmacht. Bis zur Zielgeraden sind die Läufer dicht zusammen, ehe sich die »tschechische Lokomotive« durchsetzen kann. Neben Zátopek steht in Helsinki ein weiterer »Wunderläufer« im Mittelpunkt. Der schon zu Lebzeiten zur Legende gewordene Finne Paavo Nurmi entzündet die olympische Flamme. Für einen der erfolgreichsten Sportler des 20. Jahrhunderts ist diese Geste vor heimischem Publikum eine späte Rehabilitierung. 1932 war Nurmi in einer umstrittenen Entscheidung der Amateurstatus aberkannt worden, weswegen er fortan nicht mehr an Olympischen Spielen teilnehmen durfte. Herausragende sportliche Leistungen bieten in der finnischen Hauptstadt vor allem die US-Athleten, die die Nationenwertung klar für sich entscheiden. In großartiger Form präsentiert sich u.a. Robert Mathias (USA) den Zuschauern. Als erster Zehnkämpfer verteidigt er seine Goldmedaille. Zudem stellt der »König der Athleten« mit 7887 Punkten einen Weltrekord auf. Gleiches gelingt dem Brasilianer Adhemar Ferreira da Silva (16,22 m im Dreisprung) sowie dem Ungarn József Csermák, der mit 60,34 m im Hammerwurf als erster die 60-m-Marke übertrifft. Überragende Leistungen bei den Frauen zeigt u.a. die Australierin Marjorie Jackson. Sie gewinnt die Rennen auf den Sprintstrecken, stellt über 100 m mit 11,5 sec den Weltrekord ein und steigert die Weltbestleistung über 200 m auf 23,4 sec. In den Turnwettbewerben sind die russischen Muskelmänner das Maß aller Dinge. Sie stellen mit Viktor Tschukarin den Zwölfkampfsieger und ent-

Die dramatische Endphase des 5000-m-Laufs. Zátopek liegt vor dem Franzosen Alain Mimoun und dem Deutschen Herbert Schade in Führung, der Brite Chris Chataway stürzt.

Medaillenspiegel

Land	G	S
USA	40	19
UdSSR	22	30
Ungarn	16	10
Schweden	12	13
Italien	8	9

Maria Gorokhowskaja gewinnt den Mehrkampf im Turnen.

23. Juli 1952

Ägypten: Offiziere entmachten König Faruk

In Ägypten gehen Armee-Einheiten gegen den für sein ausschweifendes Leben bekannten König Faruk I. vor. General Ali Muhammad Nagib lässt die königlichen Paläste in Kairo und Alexandria umzingeln und zwingt den Monarchen zur Abdankung. Nach seinem Sturz lebt Faruk I. im italienischen Neapel. Zum neuen König des Landes wird Faruks Sohn, der sieben Monate alte Fuad II., proklamiert. Während der Zeit bis zu seiner Volljährigkeit kümmert sich ein Regentschaftsrat um die Amtsgeschäfte.

Der unblutige Putsch beendet eine seit längerem andauernde Regierungskrise. Die Misswirtschaft der führenden ägyptischen Wafd-Partei und des als verschwendungssüchtig geltenden Faruk hatte eine »Gruppe der Freien Offiziere« unter Führung von General Ali Muhammad Nagib zum Handeln veranlasst. Mit Nagib betritt ein Militär die politische Bühne Ägyptens, der sich u.a. im Krieg gegen Israel durch Tapferkeit ausgezeichnet hatte. Am 7. September greift Nagib erneut in die Politik ein, indem er die von ihm selbst vorgeschlagene Regierung unter Ali Mahir Pascha zum Rücktritt bewegt und selbst das Amt des Ministerpräsidenten übernimmt. Mit seiner gleichzeitigen Ernennung zum Generalgouverneur hält er sowohl die zivile als auch die militärische Gewalt des Landes in Händen. Er verfügt als eine der ersten Maßnahmen eine Bodenreform zugunsten landloser Bauern und lässt prominente Politiker der korrupten Wafd-Partei verhaften. Die Bevölkerung bejubelt den Anführer des Putsches.

Emil Zátopek

tschechoslowakischer Leichtathlet, * 19.9.1922 Kopřivnice

Zátopek ist der dominierende Langstreckenläufer in den 40er und 50er Jahren. Der Sohn eines Tischlers, der in einer Schuhfabrik arbeitete, absolvierte sein erstes Lauftraining in dicken Schnürstiefeln. Experten meinen, dass Zátopek mit seinem stapfenden, schaukelnden Laufstil eigentlich immer so lief, als ob er schwere Schuhe trüge. Dies und seine bemerkenswerte Sportbilanz machen den Athleten berühmt. Er stellt 19 Weltrekorde auf und läuft als erster die 10 000 m in weniger als 29 Minuten. Zwischen 1948 und 1954 bleibt er auf dieser Distanz ungeschlagen.

- 1948: Olympiasieger in London über 10 000 m
- 1950: Europameister über 5000 m und 10 000 m
- 1954: Europameister über 10 000 m

scheiden auch die Mannschaftswertung für sich. Die Russen spielen ihre Überlegenheit vor allem am Seitpferd und an den Ringen aus. Auch die russischen Damen sind erfolgreich: Sie gewinnen den erstmals ausgetragenen Achtkampf – durch Maria Gorokhowskaja – und die Mannschaftswertung. Die deutsche Mannschaft darf zum ersten Mal nach dem Ende des Zweiten Weltkriegs wieder an Olympischen Sommerspielen teilnehmen. Bereits im Februar hatte ein deutsches Team wieder an den olympischen Winterspielen teilgenommen. In Helsinki können sie keine Goldmedaille gewinnen. Neben Deutschland ist auch Japan wieder dabei.

Die Südafrikanerin Esther Brand gewinnt den Hochsprung mit 1,67 m – 5 cm weniger als der Weltrekord.

11. August 1952

Jordaniens König abgesetzt

Hussein II. wird zum neuen König von Jordanien proklamiert. Bis zur Volljährigkeit des 17-Jährigen führt ein Regentschaftsrat, der aus dem Staatspräsidenten, dem Verteidigungsminister und einem Senator besteht, die Amtsgeschäfte.

Hussein II. ist Nachfolger des nervenkranken Königs Talal, der nach einem Beschluss des jordanischen Parlaments abgesetzt wird. Die Entscheidung, den König abzusetzen, fällt nach mehrstündiger Beratung, bei der mehrere Mediziner Auskunft über den Gesundheitszustand Talals abgeben. Der Geisteszustand des 42-Jährigen, so die Gutachter, sei angegriffen. Dies äußere sich in Tobsuchtsanfällen und Verfolgungswahn. Talal war in der Vergangenheit immer wieder durch peinliche Auftritte in der Öffentlichkeit aufgefallen. So beobachteten Bewohner der Hauptstadt Amman, wie er nackt auf einem Esel durch den Garten seines Palastes geritten war. Königin Zaine soll er mit einem Dolch bedroht haben. Die Regierung nutzte einen Aufenthalt Talals in einem Kurort in der Schweiz, um gegen den Monarchen, der aus der Dynastie der Haschimiden stammt, vorzugehen. Talal kam nach der Ermordung seines Vaters im Vorjahr an die Macht. Während seiner kurzen Regierungszeit suchte er den Anschluss an die übrigen arabischen Nachbarn. Die Annäherung gelang ihm u.a. dadurch, dass er den 1948 gegründeten Staat Israel nicht anerkannte. Die von Talals Vorgängern eingeleitete Aussöhnung mit Israel, die zwar von Großbritannien unterstützt, von den jordanischen Nationalisten jedoch heftig bekämpft wurde, geriet dadurch ins Stocken. Gleiches galt für britische Pläne, Irak, Jordanien und Syrien zu vereinen.

August 1952

1 Fr – Die von den Alliierten nach dem Zweiten Weltkrieg beschlagnahmte Villa Hügel in Essen wird in den Familienbesitz der Firma Krupp zurückgegeben.

2 Sa – US-Präsident Harry S. Truman ratifiziert den Deutschlandvertrag und das Garantie-Zusatzprotokoll zum Atlantikpakt.

3 So – Das iranische Parlament ermächtigt Ministerpräsident Mohammad Mossadegh, sechs Monate lang das Land als Alleinherrscher zu reformieren.

4 Mo – In Berlin (West) wird der Bund der Auslandsdeutschen neu gegründet. Die Organisation will den Kontakt mit im Ausland lebenden Deutschen pflegen.

5 Di – Die schweizerischen Ingenieure August Huber und Peter Steuer stellen in Hamburg »Sabor«, den ersten nach Radarprinzip ferngesteuerten Roboter, vor.

6 Mi – In Ägypten beschlagnahmt die Regierung das gesamte im Land befindliche Vermögen des am 26. Juli gestürzten Königs Faruk I.

7 Do – Der US-Physiker Noel Scott gibt eine neue Erklärung über sog. UFOs ab. Scott macht für die Erscheinungen physikalische Reaktionen verantwortlich.

8 Fr – Die Londoner Schuldenkonferenz geht zu Ende: Die Bundesrepublik übernimmt unter günstigen Konditionen die Auslandsschulden des Deutschen Reichs.

9 Sa – Zur Hundertjahrfeier des Germanischen Nationalmuseums erklärt Theodor Heuss, Nürnberg müsse vom Ruf seiner NS-Vergangenheit befreit werden.

10 So – Die verstorbene argentinische Politikerin und Nationalheldin Eva Perón wird unter großer Anteilnahme der Bevölkerung in Buenos Aires beigesetzt.

11 Mo – Das fünfte internationale Seifenkistenrennen in Akron im US-Bundesstaat Ohio gewinnt der elfjährige Joe Lunn (USA). → Jordanien

12 Di – Der iranische Ministerpräsident Mohammad Mossadegh hebt den Ausnahmezustand in der Hauptstadt Teheran auf, der am 30. März ausgerufen wurde.

13 Mi – In der DDR drängen die Behörden alle Staatsbürger, deren Ehepartner in der Bundesrepublik leben, sich scheiden zu lassen.

14 Do – Bei den Salzburger Festspielen hat die Strauss-Oper »Die Liebe der Danae« Premiere. +++ Die Bundesrepublik tritt dem Internationalen Währungsfonds bei.

15 Fr – Norwegens Regierung weigert sich, die Militärdienstzeit entsprechend dem NATO-Abkommen vom 25. Februar auf zwei Jahre zu erhöhen.

16 Sa – Die UdSSR lehnt den von den Westmächten vorgelegten Vertragsentwurf mit Österreich ab. Dieser sah den sofortigen Truppenabzug der Sowjetunion vor.

17 So – Auf Anfrage Bonns teilt die Bundesregierung der Schweiz mit, dass sie den Visumzwang zwischen beiden Ländern nicht aufheben werde.

18 Mo – Bei einem Versuch, von der Insel Sylt nach Amrum zu schwimmen, ertrinkt der 66-jährige Marathonschwimmer Otto Kemmerich.

19 Di – Nach Beilegung des Stahlarbeiterstreiks durch Lohn- und Gehaltserhöhungen am 24. Juli erhöht die US-Regierung die Preise für Stahl.

20 Mi – Kurt Schumacher, Vorsitzender der SPD, stirbt im Alter von 56 Jahren in Bonn. Schumacher prägte maßgeblich die Politik der Sozialdemokraten nach 1945.

21 Do – Der iranische Ministerpräsident Mohammad Mossadegh ordnet die Bildung einer Kommission an, die alle ausstehenden Steuern der Staatskasse zuführen soll.

22 Fr – Das Verteidigungsministerium in Bonn teilt mit, dass Piloten und Flugpersonal der künftigen Luftstreitkräfte von der britischen Luftwaffe ausgebildet würden.

23 Sa – Nach siebenjährigem Vorführverbot durch die Alliierten wird der Film »Quax der Bruchpilot« mit Heinz Rühmann in der Hauptrolle wieder freigegeben.

24 So – Die Straßenweltmeisterschaft der Radprofis endet in Luxemburg mit einer Sensation: Als erster Deutscher gewinnt der Außenseiter Heinz Müller das Rennen.

25 Mo – Nationalchinesische Freischärler landen auf dem chinesischen Festland nahe der Hafenstadt King Chen Wei. Sie nehmen 125 Gefangene.

26 Di – Zur Wiederaufnahme der Ölförderung inspiziert der Präsident der US-Ölgesellschaft »Cities services«, William Jones, iranische Ölförderungsanlagen.

27 Mi – Auf der Londoner Rundfunk- und Fernsehausstellung werden u.a. das erste Bildtelefon und ein Unterwasserfernseher vorgestellt.

28 Do – Der japanische Kaiser Hirohito verfügt die Auflösung des japanischen Parlaments. Anlass ist der umstrittene Friedensvertrag mit den USA.

29 Fr – Zu der Forderung, die Todesstrafe in der Bundesrepublik wieder einzuführen, findet in Frankfurt am Main eine Diskussion namhafter Juristen statt.

30 Sa – Der Automobilkonzern Daimler-Benz stellt eine neuartige Kehrmaschine vor. Mittels Rechtslenkung kann das Fahrzeug ganz nah an Bordsteine heranfahren.

31 So – Bei einem Autorennen im Rheinland rast der Berliner Helmut Niedermeyer in die Zuschauermenge. Neun Menschen sterben.

September 1952

1 **Mo** In der Bundesrepublik Deutschland tritt ein Lastenausgleichsgesetz in Kraft. Es sieht Sonderleistungen u.a. für Kriegsbeschädigte und Heimatvertriebene vor.

2 **Di** In Belgien löst die Begnadigung zweier zum Tode verurteilter Kollaborateure heftige Proteste aus. Daraufhin tritt Justizminister Joseph Pholien zurück.

3 **Mi** Nach zehn Jahren betritt der spanische Akrobat und Clown Charlie Rivel erstmals wieder die Bühne. Sein Gastspiel beginnt im Münchener Deutschen Theater.

4 **Do** Bei der Ratifikation des Wiedergutmachungsabkommens in Luxemburg kommt es zu ersten Begegnungen führender deutscher und israelischer Politiker.

5 **Fr** Die DDR enteignet alle Westberliner, die in der DDR noch Gewerbebetriebe besitzen. Die Firmen fallen zur treuhänderischen Verwaltung an die SED.

6 **Sa** In Stuttgart findet der 3. Internationale Weltraumforscher-Kongress statt. Das alles beherrschende Thema ist ein bemannter Raketenflug zum Mond.

7 **So** Der stellvertretende Ministerpräsident der DDR, Heinrich Rau, eröffnet die erste offizielle Leipziger Messe, die sog. »Sozialistische Leistungsschau« der DDR.

8 **Mo** Für bestimmte schwerwiegende Fälle befürwortet der Vorstand der CDU/CSU die Wiedereinführung der Todesstrafe.

9 **Di** Der Untergang eines Fährschiffs auf der Donau fordert 90 Tote. In der Nähe der jugoslawischen Hauptstadt Belgrad war die Fähre in einen Sturm geraten.

10 **Mi** 17 000 Metallarbeiter in Schleswig-Holstein treten in einen Lohnstreik, der schon am Folgetag durch einen Kompromiss beendet werden kann. → Israel

11 **Do** In Straßburg wählt die Gemeinsame Versammlung der Montanunion den belgischen Sozialisten Paul Henri Spaak zu ihrem Präsidenten.

12 **Fr** Angesichts eines drohenden Verbots durch das Bundesverfassungsgericht beschließt die neonazistische Sozialistische Reichspartei (SRP) ihre Selbstauflösung.

13 **Sa** Papst Pius XII. bricht seinen Aufenthalt in der Sommerresidenz Castel Gandolfo ab, um 2000 Mitglieder der »Pax-Christi«-Bewegung in Rom zu empfangen.

14 **So** Bei einem Länderkampf gegen Schweden in Düsseldorf stellt Herbert Schade mit 29:24,8 min einen deutschen Rekord im 10 000-Meter-Lauf auf.

15 **Mo** Die USA fordern vom jugoslawischen Staatschef Josip Tito eine stärkere Beteiligung an der Verteidigung Südosteuropas sowie Stützpunkte für US-Flugzeuge.

16 **Di** Im Ostberliner Metropol-Theater findet die feierliche Uraufführung der Operette »Bolero« von Eberhard Schmidt statt.

17 **Mi** In Stuttgart beginnt der Gewerkschaftstag der IG Metall. Thema ist u.a. der wachsende Einfluss der Wirtschaft auf die Politik. → Jugend

18 **Do** Die US-Marine gibt bekannt, dass die US-Streitkräfte in Korea ferngesteuerte Flugzeuge als fliegende Bomben einsetzen würden. → Chaplin

19 **Fr** Über 5000 Aussteller zeigen bei der Münchener Fachmesse »Schalten und Walten der Hausfrau«, wie technische Geräte die Hausarbeit erleichtern. → Airbase

20 **Sa** Der US-Film »Rommel – Der Wüstenfuchs« provoziert in Wien gewalttätige Demonstrationen. +++ Edith Piaf heiratet den Komponisten Jaques Pills.

21 **So** Aufgrund der Diskriminierung von Sportlern aus West-Berlin bricht der Deutsche Sportbund alle Beziehungen zur DDR ab.

22 **Mo** Frauen aus 26 Ländern treffen sich zu einem Weltkongress im königlichen Palast von Neapel. Thema der Tagung ist die Gleichberechtigung der Geschlechter.

23 **Di** Durch einen k.o.-Sieg in der 13. Runde erkämpft sich Rocky Marciano gegen Jersey Joe Walcott den Titel des Boxweltmeisters im Schwergewicht.

24 **Mi** In Dortmund findet der erste SPD-Parteitag nach dem Tod des Parteivorsitzenden Kurt Schumacher statt. Erich Ollenhauer tritt seine Nachfolge an.

25 **Do** Das seit zwei Tagen vermisste französische U-Boot »La Sibylle« wird samt Besatzung vom Pariser Marineministerium als verlorengegangen gemeldet.

26 **Fr** Der Ministerrat der DDR billigt einen Gesetzentwurf über die Wiederherstellung der staatsbürgerlichen Rechte ehemaliger Wehrmachtsangehöriger.

27 **Sa** Die Sowjetregierung lehnt den Vorschlag einer Vier-Mächte-Konferenz ab, auf der ein Staatsvertrag für Österreich paraphiert werden sollte.

28 **So** Karl Storch aus dem hessischen Fulda stellt mit 60,77 m in Karlsruhe einen deutschen Rekord im Hammerwerfen auf.

29 **Mo** In Würzburg findet der Deutsche Fischereitag statt. Thema ist u.a. die zunehmende Verseuchung deutscher Flüsse und Seen durch die Industrie.

30 **Di** Die Frankfurter Buchmesse geht zu Ende. Im Vergleich zum Vorjahr konnte die erhebliche Umsatzsteigerung von 50% erreicht werden.

Unterzeichnung des deutsch-israelischen Abkommens durch die Jerusalemer Delegation

Entschädigung für Flüchtlingshilfe

Bonn verpflichtet sich zur Zahlung von 3 Mrd. DM in Sachwerten an Israel innerhalb von 14 Jahren. Der Betrag gilt als grundsätzliche Erstattung der Kosten, die Israel durch die Aufnahme jüdischer Flüchtlinge aus Deutschland und den ehemals unter deutscher Herrschaft stehenden Gebieten entstanden sind. Weitere 400 Mio. DM erhalten jüdische Weltorganisationen, die besonders die in die USA und nach Großbritannien eingewanderten jüdischen Flüchtlinge unterstützen. Die Arabische Liga protestiert gegen das Abkommen, weil sie befürchtet, das Kräfteverhältnis im Nahen Osten könne durch die bundesdeutschen Zahlungen zugunsten Israels verschoben werden. Die Verhandlungen begannen bereits 1951, als Israel in einer Note die alliierten Siegermächte aufforderte, Ersatzansprüche für das am jüdischen Volk begangene Unrecht in Höhe von 6 Mrd. DM zu unterstützen. Die Westalliierten antworteten auf das Ersuchen mit dem Hinweis, dass sie Bonn nicht zu Zahlungen zwingen könnten. Die DDR fühlt sich als »antifaschistischer Staat« für die Taten des Hitlerregimes nicht verantwortlich, so dass die Sowjetunion gar nicht auf die Note Israels reagierte.

17. September 1952

Politik will Jugend schützen

Kriegsszenen und nackte Tatsachen (s. Abb.) sind nichts für Jugendliche, meint der Deutsche Bundestag und verabschiedet mit 165 Stimmen gegen 133 Stimmen bei sieben Enthaltungen ein Gesetz über den Vertrieb jugendgefährdender Schriften. Danach müssen Landes- und Bundesprüfstellen künftig »unsittliche sowie Verbrechen, Krieg und Rassenhass verherrlichende Schriften«, die unter das sog. Schmutz- und Schundgesetz fallen, in einer Liste zusammenstellen. Die in der Liste aufgeführten Werke dürfen nicht an Jugendliche unter 18 Jahren verkauft werden.

20. Oktober 1952

Mau-Mau-Aufstand in Kenia

Großbritannien verhängt den Ausnahmezustand über seine ostafrikanische Kolonie Kenia. Hintergrund sind Attentate des Geheimbundes Mau-Mau, die sich vor allem gegen Weiße richten. Im Rahmen einer großangelegten Razzia (Abb.: Festnahme eines Mau-Mau-Kämpfers, r.) wird u.a. auch Jomo Kenyatta, Präsident der Kenya African Union (KAU) verhaftet. Er wird von den Briten beschuldigt, Anführer der Unabhängigkeitsbewegung zu sein. In den folgenden Jahren geht die Kolonialmacht hart gegen die Aufständischen vor. Mehr als 100 000 Menschen kommen um.

10. September 1952

Vertrag mit Israel

In betont sachlicher, aber kühler Atmosphäre unterzeichnen Delegierte des Staates Israel und der Bundesrepublik im Luxemburger Stadthaus das sog. Wiedergutmachungsabkommen. Das Treffen verläuft ohne Begrüßungsansprachen, wie sie sonst bei Staatstreffen üblich sind.
Vor der Unterzeichnung betonte Bundeskanzler Konrad Adenauer (CDU), dass der Vertrag für Deutschland nicht nur ein politisches, sondern auch ein menschliches Anliegen darstelle. In Israel waren die Verhandlungen, die im März 1952 in Den Haag aufgenommen wurden, heftig umstritten. Viele Israelis sahen in den direkten Gesprächen mit Bonn eine nicht gerechtfertigte Aufwertung der Bundesrepublik Deutschland. In der Bundestagsdebatte zur Verabschiedung des Wiedergutmachungsabkommens im Jahre 1953 betont der SPD-Politiker Carlo Schmid die moralische Verpflichtung des deutschen Volkes gegenüber Israel. Der Deutsche Bundestag verabschiedet das deutsch-israelische Wiedergutmachungsabkommen am 18. März 1953. 239 Abgeordnete stimmen für das Vertragswerk, 35 votieren dagegen und 86 enthalten sich der Stimme. Die Nein-Stimmen werden von den Kommunisten und den rechtsgerichteten Abgeordneten, aber auch von einigen Mitgliedern der Regierungsparteien abgegeben. Bundeskanzler Adenauer sieht in dem Abkommen auch die Möglichkeit, das Ansehen des deutschen Volkes, das durch die »Verbrechen der nationalsozialistischen Machthaber gegenüber den Juden gelitten hat«, zu verbessern.

19. September 1952

Geheimnis um Airbase im Eis

Die USA lüften den Schleier um einen mysteriösen Flugplatz im ewigen Eis. Im grönländischen Thule haben 7000 Arbeiter die größte Start- und Landeanlage der Welt gebaut (s. Abb.). Der Flugplatz dient vorwiegend militärischen Zwecken und soll Washingtons Trumpf im weltweiten Kampf um strategisch wichtige Standorte sein. Der im Jahre 1950 begonnene Ausbau des im Zweiten Weltkrieg angelegten Luftwaffenstützpunkts unterliegt bis zuletzt strengster Geheimhaltung. Selbst ein Untersuchungsausschuss des US-Kongresses, der das Militärbudget kontrolliert, war nicht eingeweiht.

18. September 1952

USA: Chaplin unerwünscht

Der in den USA lebende britische Schauspieler Charlie Chaplin gerät ins Kreuzfeuer u.a. der Kommunistenjäger. Kurz nachdem der berühmte Komiker zu einer mehrmonatigen Europareise aufgebrochen ist (Abb.: Chaplin mit seinen vier Kindern und Ehefrau Oona auf der »Queen Elizabeth«), weist US-Justizminister James P. McGranery die Einwanderungsbehörde an, Chaplin so lange nicht wieder einreisen zu lassen, bis dessen politische Integrität erwiesen sei.
Hintergrund für den Entzug der Aufenthaltserlaubnis ist eine Kombination aus der von US-Senator Joseph R. McCarthy geschürten Kommunistenhysterie, moralischen Bedenken sowie gekränkter amerikanischer Eitelkeit. Der große Mime wird seit längerem verdächtigt, ein Freund der Kommunisten zu sein, nachdem er im Zweiten Weltkrieg für die Sowjetunion Partei ergriff und sich für eine zweite US-Front einsetzte. Moralisch steht Chaplin u.a. in der Kritik, seit er sich 1926 von seiner zweiten Frau trennte. Nicht zuletzt verzeihen ihm die US-Bürger nicht, dass er mit dem Hinweis, er sei Weltbürger, die US-Staatsbürgerschaft ausschlug. Chaplin lässt sich mit seiner Familie am Genfer See nieder.

9. Oktober 1952

Armstrong begeistert Deutsche

Die Fans liegen »Satchmo« zu Füßen – auch in Deutschland: US-Jazztrompeter und -sänger Louis Armstrong (s. Abb.) begeistert zum Auftakt seiner ersten Deutschlandtournee das Publikum. Sein erstes Konzert gibt »Mr. Jazz« in Düsseldorf. In insgesamt neun deutschen Städten spielt er vor ausverkauften Häusern. Bereits seit vielen Jahren begeistert der 52-Jährige mit seiner Interpretation des New Orleans-Jazz ein Millionenpublikum in der ganzen Welt.
Neben dem Jazz finden Schlager bei deutschen Musikfreunden großen Anklang. Fast 11 Mio. Radiogeräte, dazu Schallplatten und Musikboxen befriedigen den Wunsch nach eingängigen Liedern, die den Arbeitsalltag vergessen lassen.

Oktober 1952

1 Mi In einer Erklärung warnt die Sowjetunion Dänemark davor, die Stationierung von NATO-Truppen auf dänischem Territorium zuzulassen.

2 Do Mit 151 gegen 146 Stimmen lehnt der Bundestag in Bonn die Wiedereinführung der Todesstrafe bei Mord und Menschenraub ab.

3 Fr Auf dem Montebello-Archipel vor Australien erfolgt die von der Regierung in London angekündigte Zündung der ersten britischen Atombombe.

4 Sa In der bulgarischen Hauptstadt Sofia werden Bischof Josaphat Schischkoff und drei Priester wegen angeblicher Spionage zum Tode verurteilt.

5 So Im ersten Aufeinandertreffen nach dem Zweiten Weltkrieg unterliegt die deutsche Fußballnationalmannschaft der französischen Elf in Paris mit 1:3.

6 Mo Die sowjetische Zeitschrift »Bolschewik« veröffentlicht einen Artikel Josef W. Stalins, in dem er eine schwere Krise des Kapitalismus vorhersagt.

7 Di In der DDR werden die militärischen Dienstgrade der Volkspolizei festgelegt. Die neuen, olivgrünen Uniformen sehen den sowjetischen ähnlich.

8 Mi Bei einem Zusammenprall von drei vollbesetzten Zügen auf dem Bahnhof des Londoner Vororts Harrow kommen 110 Menschen ums Leben.

9 Do Ein Organisationsgesetz löst in Bayern das Besatzungsrecht im Polizeiwesen ab. Staat und Gemeinden sind nun Träger der Polizei. → Armstrong

10 Fr Der neue Charlie-Chaplin-Film »Limelight« hat in London Premiere. +++ Wegen steigender Unfallzahlen führt Italien den Motorrad-Führerschein ein.

11 Sa König Paul I. von Griechenland nimmt das Rücktrittsgesuch der Koalitionsregierung unter General Nikolaos Plastiras an und löst das Parlament auf.

12 So In New York wird der erste dreidimensionale Farbfilm gezeigt. Das neue Verfahren ermöglicht mittels Spezialbrille und überbreiter Leinwand räumliches Sehen.

13 Mo Zum »Schutz vor moralischer Verwahrlosung« verbietet Kärnten in Österreich den Verkauf von Wildwest- und Gangstergeschichten an Jugendliche.

14 Di Erstmals tagt die UN im neuen Sitz in New York. +++ Le Corbusiers Wohnhaus für 1700 Menschen, »Unité d'Habitation«, wird in Marseille eingeweiht.

15 Mi Im Freiburger Verlag Witte erscheint das erste Schüler-Lexikon. Die Stichwörter sind durch Abbildungen und leicht verständlichen Stil an junge Leser angepasst.

16 Do Teheran bricht die diplomatischen Beziehungen zu Großbritannien ab. Hintergrund ist der Streit um die Verstaatlichung der Ölgesellschaften im Iran.

17 Fr Die Delegierten des DGB-Bundeskongresses in Berlin stürzen den Vorsitzenden Christian Fette. Der IG-Metall-Vorsitzende Walter Freitag tritt die Nachfolge an.

18 Sa DDR-Volksbildungsminister Paul Wandel betont in Halle, dass es ohne den Marxismus-Leninismus keinen Fortschritt in der Wissenschaft geben könne.

19 So In Hamburg wird das Wahrzeichen der Stadt, die wiederaufgebaute Sankt-Michaelis-Kirche (Hamburger Michel), eingeweiht.

20 Mo Thomas Mann liest in den Münchener Kammerspielen aus seinem noch unveröffentlichten Roman »Bekenntnisse des Hochstaplers Felix Krull«. → Kenia

21 Di In Indochina und auf den Philippinen toben schwere Wirbelstürme. Insgesamt kommen mehr als 1000 Menschen bei der Naturkatastrophe um.

22 Mi Alois Hundhammer (CSU) wirft der UdSSR die Wiedereinführung der Sklaverei vor. Nach wie vor halte sie zahlreiche deutsche Gefangene fest.

23 Do Nach dem Scheitern des Haushaltsentwurfs tritt die österreichische Koalitionsregierung unter Leopold Figl (ÖVP) zurück.

24 Fr Der britische Kautschukkonzern Dunlop stellt den M & S (Matsch und Schnee)-Reifen vor, der Schneeketten im Winter überflüssig machen soll.

25 Sa In Berlin (West) findet die deutsche Erstaufführung des Films »Don Camillo und Peppone« nach dem Roman von Giovanni Guareschi statt.

26 So Nach einer Umfrage des EMNID-Instituts sind 46% der westdeutschen Männer der Ansicht, Frauen sollten sich nicht schminken.

27 Mo Die Chefs der einzelnen Waffengattungen der DDR-Volkspolizei werden zu stellvertretenden Innenministern ernannt.

28 Di Der Historiker Alan Bullock veröffentlicht die erste Hitler-Biographie. +++ In Ost-Berlin wird das Maxim-Gorki-Theater eröffnet.

29 Mi Ägypten gewährt dem Sudan innere Autonomie. Nach drei Jahren soll der Sudan über seine Unabhängigkeit oder den Anschluss an Ägypten frei entscheiden.

30 Do Bonn erkennt den noch zu wählenden saarländischen Landtag im voraus nicht an. Parteien, die den Anschluss an die Bundesrepublik fordern, sind verboten.

31 Fr Der Regierende Bürgermeister von West-Berlin, Ernst Reuter, spricht sich für eine Direktwahl der Berliner Bundestagsabgeordneten aus.

November 1952

1	Sa	Ein in die Bundesrepublik geflüchteter hoher Beamter des DDR-Versorgungsministeriums, erklärt, die DDR stehe vor Versorgungskrisen. → USA
2	So	Erstmals werden britische Truppen, insgesamt fünf Kompanien, in der Kolonie Kenia gegen die Mau-Mau-Geheimorganisation eingesetzt.
3	Mo	Mit einer offiziellen Note an Bonn protestiert Ägypten gegen das Wiedergutmachungsabkommen zwischen der Bundesrepublik und Israel.
4	Di	Elizabeth II., Königin von Großbritannien, hält ihre erste Thronrede und eröffnet die neue Sitzungsperiode des britischen Parlaments. → Erdrutschsieg
5	Mi	Aus einer vom jüdischen Weltkongress veröffentlichten Statistik geht hervor, dass in 97 Ländern der Erde gegenwärtig 11,5 Mio. Juden leben.
6	Do	»Stern«-Reporter werden wegen Berichten über grausame Behandlungsmethoden in einer westdeutschen Heilanstalt zu Geldstrafen verurteilt. → Indochina
7	Fr	Der Parteitag der Kommunistischen Partei Jugoslawiens endet. Der Kongress beriet über die Aufgaben der Partei nach Einführung der Arbeiterselbstverwaltung.
8	Sa	Die Niederlande führen als erstes europäisches Land Massenschutzimpfungen gegen Grippe durch. Über 50 000 Freiwillige lassen sich impfen.
9	So	Thomas Mann spricht in Frankfurt am Main über Gerhart Hauptmann. +++ Der erste Staatspräsident von Israel, Chaim Weizmann, stirbt im Alter von 78 Jahren.
10	Mo	Der norwegische Generalsekretär der Vereinten Nationen (UN), Trygve Lie, tritt »aus persönlichen Gründen« überraschend von seinem Amt zurück.
11	Di	Prinz Akihito wird zum Kronprinzen Japans proklamiert. +++ Ein Gesetz schafft die Basis für eine einheitliche Organisation des deutschen Wetterdienstes.
12	Mi	Nach Angaben des Statistischen Bundesamtes werden durchschnittlich 500 Ehen monatlich zwischen deutschen Frauen und US-Bürgern geschlossen.
13	Do	Die Arabische Liga droht der Bundesregierung bei Unterzeichnung des Wiedergutmachungsabkommens mit Israel mit einem totalen Wirtschaftsboykott.
14	Fr	Das Zentralkomitee der Kommunistischen Partei Rumäniens und der rumänische Ministerrat genehmigen den Bau einer U-Bahn in Bukarest.
15	Sa	Bei der Wahl zur »Miss World« in London wird aus elf Bewerberinnen die Schwedin May-Louise Flodin zur schönsten Frau der Welt gekürt.
16	So	Die US-Regierung in Washington gibt den erfolgreichen Test einer Wasserstoffbombe auf dem Eniwetok-Atoll im Pazifik offiziell bekannt.
17	Mo	In der Bundesrepublik schließen sich die Spitzenverbände der freien Wohlfahrt zu einer gemeinsamen Organisation, der »Deutschen Hilfe«, zusammen.
18	Di	Wegen angeblicher Unterstützung der Mau-Mau-Bewegung wird der schwarze Politiker Jomo Kenyatta in der britischen Kronkolonie Kenia verhaftet.
19	Mi	Die Vollversammlung aller beteiligten Nationen beschließt in Paris, Spanien als neues Mitglied der UN-Organisation UNESCO aufzunehmen.
20	Do	Das polnische Parlament konstituiert sich neu. Aleksander Zawadzki wird zum Vorsitzenden des Staatsrats gewählt.
21	Fr	Die »Süddeutsche Zeitung« berichtet von der geplanten flächendeckenden Einrichtung von Rasthöfen mit Tankanlagen an deutschen Autobahnen.
22	Sa	Während der in Paris tagenden Generalversammlung der UNESCO verkündet der Präsident der Organisation, Jaime Torres-Bodet (Mexiko), seinen Rücktritt.
23	So	Mit einer Großkundgebung in Trier demonstrieren alle demokratischen Parteien gegen die separatistische Politik der Christlichen Volkspartei an der Saar.
24	Mo	In Großbritannien solidarisieren sich Fischgroßhändler mit einer Streikaktion der Hochseefischer gegen eine Ausweitung der isländischen Hoheitsgewässer.
25	Di	Der Film »Der fröhliche Weinberg«, der nach Vorlage des gleichnamigen Lustspiels von Carl Zuckmayer gedreht wurde, hat in Mainz Premiere.
26	Mi	Sven Hedin, der schwedische Entdeckungsreisende, stirbt im Alter von 87 Jahren in Stockholm. Hedin leistete Pionierarbeit bei der Erforschung Zentralasiens.
27	Do	In einem Schauprozess in Prag werden elf Todesurteile gegen ehemalige führende Kommunisten verhängt. Sie standen u.a. wegen Hochverrats vor Gericht.
28	Fr	Die DDR-Regierung enteignet den traditionsreichen »Zirkus Renz«. Direktor Ernst Renz entkommt durch Flucht in den Westen nur knapp der Verhaftung.
29	Sa	Unter Androhung von Geld- und Gefängnisstrafen erlässt die südafrikanische Regierung per Dekret ein Versammlungsverbot für schwarze Afrikaner.
30	So	Nach mehrwöchigen Auseinandersetzungen zwischen der französischen und der bundesdeutschen Regierung finden die Landtagswahlen an der Saar statt.

4. November 1952

Erdrutschsieg für »Ike«

Mit überwältigender Mehrheit gewinnt Dwight D. Eisenhower (s. Abb., Mitte, mit Vizepräsident Richard M. Nixon, l.) die Wahl zum US-Präsidenten. 39 Staaten und damit 442 der 531 Wahlmänner geben dem angesehenen Militär ihre Stimme. Der Demokrat Adlai Ewing Stevenson kann sich lediglich in neun US-Bundesstaaten behaupten.

Nach 20 Jahren zieht damit wieder ein Republikaner in das Weiße Haus ein.

Dwight D. Eisenhower

US-Politiker und -Militär, * 14.10.1890 Dension (Texas); † 28.3.1969 Washington

Als Oberbefehlshaber der alliierten Streitkräfte im Zweiten Weltkrieg koordinierte »Ike« u.a. die Invasion in der Normandie. 1945 nahm Eisenhower die deutsche Kapitulation entgegen. In Nachfolge Harry S. Trumans gewinnt der gemäßigte Republikaner die Sympathien der US-Bürger. Während er mit der Beendigung des Koreakriegs und der Unterstützung der Vereinten Nationen in der Suezkrise Erfolge verbucht, wird er aufgrund ausbleibender Sozialreformen innenpolitisch kritisiert.

- 1945: Oberbefehlshaber in Deutschland
- 1950-52: NATO-Oberbefehlshaber
- 1953-61: 34. Präsident der USA

1. November 1952

USA demonstrieren Stärke

Die erste Wasserstoffbombe explodiert auf dem 1 km breiten und 5 km langen Eniwetok-Atoll im Pazifik, das völlig zerstört wird (s. Abb.). US-Kernphysiker haben diese thermonukleare Waffe konstruiert, die gewaltige Kräfte freisetzt.

Den Befehl zum Bau der Bombe hatte US-Präsident Harry S. Truman bereits 1950 gegeben. Er begründete seinen Schritt damit, als Oberbefehlshaber der Streitkräfte dafür sorgen zu müssen, dass sich die USA gegen jeden Angreifer zur Wehr setzen könnten. »Ich habe deshalb die Atomenergiekommission angewiesen, ihre Arbeiten für die Entwicklung aller Arten von Atomwaffen, auch der Wasserstoffbombe, fortzusetzen«, erklärte Truman. Konkreter Anlass für den Bau der Bombe war der sich verschärfende Kalte Krieg und die Erfolge der Sowjetunion in der Entwicklung einer eigenen Atombombe. Die Wasserstoffbombe soll den USA den Vorsprung in der Waffentechnik sichern. Bedenken von Wissenschaftlern blieben mitten im Kalten Krieg unberücksichtigt. So warnte der Physiker Albert Einstein vor einer Verseuchung der Atmosphäre. Auch Robert Oppenheimer, einer der »Väter« der Atombombe, wollte das Regierungsvorhaben stoppen, konnte sich jedoch – angesichts der angespannten Weltlage – nicht durchsetzen. Während Atombomben auf dem Prinzip der Kernspaltung beruhen, verschmelzen bei der Wasserstoffbombe die Isotope Deuterium und Tritium zu Helium. Die zur Fusion erforderlichen hohen Temperaturen von mehr als 100 Mio. °C können nur durch die vorgeschaltete Zündung einer Atombombe erreicht werden.

Der Zauberspiegel

DONNERSTAG

Fernseh-Programm
KÖLN
Langenberg
Bild: 182,25 Mhz
Ton: 187,75 MHz — Kanal: 6

20.00 Ansage
Eröffnung des westdeutschen Fernsehens
Abendprogramm zum ersten Weihnachtsfeiertag mit Filmen und Original-Reportagen aus den provisorischen Studios im Kölner Hochhaus am Hansa-Ring
Es wirken mit: Reporter und Sprecher der NWDR-Fernseh-Studios Berlin und Hamburg. Programm-Leitung und Zusammenstellung: Walter Tjaden vom Fernseh-Sender Hamburg

HAMBURG
Bild: 182,25 MHz
Ton: 187,75 MHz — Kanal: 6
Hannover
Bild: 196,25 MHz
Ton: 201,75 MHz — Kanal: 8

20.00 Zur Eröffnung des täglichen Programms
Der Intendant des Nordwestdeutschen Rundfunks Fernsehen, Dr. Werner Pleister, und der Technische Direktor des NWDR, Prof. Dr. Werner Nestel

20.10 Stille Nacht, heilige Nacht
Ein Spiel um die Entstehung eines unsterblichen Liedes. Manuskript: Johannes Kai
Kaplan Josef Mohr (Alf Pankarten), Lehrer Franz Gruber (Hans Hemn), Lehrer Höfer (Benno Gellenbeck), Wirt (Hermann Enderlein), Kreszenz (Marga Maasberg), Schnitzer Melchior (Josef Sieber)
Szenenbild: Mathias Matthies
Regie: Hanns Farenburg

20.45 Fernseh-Sender aus aller Welt mit Grüßen zum deutschen Fernseh-Start

21.15 MAX UND MORITZ
Ein Tanzspiel in sieben Streichen von Norbert Schultze, nach dem Bilderbuch von Wilhelm Busch
Choreographie: Helga Swedlund. – Solist: Theo Hermann. – Es spielt das Rundfunk-Orchester des NWDR Hamburg. Ltg. Richard Müller-Lampertz
Regie: Hanns Farenburg

Stille Nacht, heilige Nacht
Ein weihnachtliches Spiel bringen die Fernseh-Sender Hamburg und Hannover um 20.10

BERLIN
Bild: 196,25 MHz
Ton: 201,75 MHz — Kanal: 8
20.00 Nachrichten, Wetter
20.15 Kulturfilm
20.30 Hauptfilm

FREITAG

KÖLN
Langenberg
Bild: 182,25 MHz
Ton: 187,75 MHz — Kanal: 6

14.15 Ansage für die anschließende Original-Übertragung eines Fußballspieles des 1. FC Köln – Roter Stern, Belgrad

20.00 Ansage
Abendprogramm mit Filmsendungen und Reportage-Beiträgen des NWDR Fernseh-Studios Köln

HAMBURG
Bild: 182,25 MHz
Ton: 187,75 MHz — Kanal: 6
Hannover
Bild: 196,25 MHz
Ton: 201,75 MHz — Kanal: 8

14.15 Um den DFB-Pokal
Übertragung des Wiederholungsspieles zwischen dem FC St. Pauli und Hamborn 07 vom Sportplatz des 1. FC St. Pauli in Hamburg
Sprecher: Paul Reymann und Dr. Harry Storz

20.00 Tagesschau, Wetterkarte. – »Wer tippt mit?«. Es wird empfohlen, Totozettel des Nord-Süd-Blocks und Bleistift bereitzuhalten. – »Der Doktor hat Ihnen etwas zu sagen . . .«

20.30 WAS MACHEN WIR HEUTE ABEND?
Wenn Sie nicht wissen, wie Sie sich und Ihre Gäste unterhalten sollen, dann werden Ihnen die Ratschläge von Hannspeter Rieschel willkommen sein

Die kleine Cornelia . . .
. . . singt ihr Lied von der Schneeballschlacht

21.00 Eine nette Bescherung
Ein Weihnachtsstollen – der Teig angerührt von Günter Keil – knusprig gebacken von Erwin Fuchs
Zum Kaffee serviert von: Peter Frankenfeld, Alice Treff, Erna Nitter, Cornelia Proboess, Gisela und Harald Martens. – Beim Verzehr hilft überraschend kommender Besuch: Josef Sieber, Katharina Brauren, Harald Nielsen. – Besonders schmackhafte Zutaten des Weihnachtsstollens: Ilse Werner, Friedel Hensch und die Cyprys, Geschwister Schmid, Olga Iren Fröhlich, Kurt Engel, Helmut Zacharias, Hein Timm, Tanzgruppe Erika Klütz, Willibald Pinguin. – In den Weihnachtsstollen bringen Musik: Das Kleine Unterhaltungsorchester des NWDR Hamburg, Ltg. Walter Günther; Günther Fuhlisch mit seinen Solisten. Tatkräftig unterstützt von: Richard Müller-Lampertz
Die Weihnachtsdekoration besorgt: Karl Herrmann Joksch
In der Backstube regiert: Charlotte Mentzel

BERLIN
Bild: 196,25 MHz
Ton: 201,75 MHz — Kanal: 8
20.00 Nachrichten, Wetter
20.15 Filmprogramm

SAMSTAG

KÖLN
Langenberg
Bild: 182,25 MHz
Ton: 187,75 MHz — Kanal: 6

20.00 Ansage
Abendprogramm zum Wochenende mit Filmen und Original-Reportagen aus dem Fernseh-Studio Köln

HAMBURG
Bild: 182,25 MHz
Ton: 187,75 MHz — Kanal: 6
Hannover
Bild: 196,25 MHz
Ton: 201,75 MHz — Kanal: 6

Übertragung des Berliner Fernseh-Programms

20.00 Wetterkarte. – Wir stellen vor . . .

20.15 ZWISCHEN NYLON UND CHEMNITZ
Ein literarisches Kabarett
Mit Anne Lölling, Edith Hanke, Inge Wolffberg, Cordy Ritter, Wolfgang Neuß, Günter Pätzmann, Günther Gruner, Jo Herbst, Rolf Ulrich, Achim Strietzel
Texte von Jo Herbst, Thierry, Wolf Ulrich, Ekkehard Reinke, Robert T. Odemann
Musik: Paul Milan

Fernsehen Berlin unter dem Zeichen des Bären
Das originelle Sendezeichen werden auch Sie heute sehen

21.00 FRITZ SCHULZ-REICHEL
mit seiner kleinen Besetzung: Rita Paul und Bully Buhlan, Gesang
Conférence: Günter Keil

21.25 Das klingende Film-Mosaik

BERLIN
Bild: 196,25 MHz
Ton: 201,75 MHz — Kanal: 8
Das heutige Abendprogramm siehe unter Fernseh-Sender Hamburg

Die Illustrierte »Hör Zu« veröffentlicht zum Fernsehstart eine umfangreiche Übersicht der Programme.

3. Dezember 1952

Prag fährt harten Kurs

In der tschechoslowakischen Hauptstadt Prag werden führende Kommunisten, die als Abweichler und Verräter bezeichnet werden, hingerichtet. Unter ihnen ist auch der frühere Generalsekretär der Kommunistischen Partei, Rudolf Slánský, und der ehemalige Außenminister Vladimir Clementis. In einem großangelegten, von antisemitischen Tendenzen geprägten Schauprozess hatten sich insgesamt 14 Angeklagte vor dem Prager Staatsgerichtshof zu verantworten. Sie wurden des Versuchs für schuldig befunden, u.a. kapitalistische Strukturen wieder einführen und das Land vom Bündnis mit Moskau abbringen zu wollen. Hintergrund der »Säuberungen« ist das Bestreben Moskaus, seine Satellitenstaaten bedingungslos zu unterwerfen.

6. November 1952

Krieg in Indochina

In Indochina versuchen französisch-vietnamesische Verbände, den Vormarsch der kommunistischen Vietminh unter Ho Chi Minh zu stoppen. Den Einheiten war vor allem in West-Tonkin ein erheblicher Geländegewinn gelungen. Der Gegenangriff in die Flanke und den Rücken der Vietminh durch den Einsatz von Fallschirmjägern und Panzern kann den Vorstoß der kommunistischen Unabhängigkeitsbewegung nur kurz aufhalten. Die Offensive des Vietminh hat zwei Ziele. Zum einen sollen die letzten französisch-vietnamesischen Stützpunkte zwischen dem Schwarzen und dem Roten Fluss beseitigt werden. Das zweite Ziel ist die Eroberung Thailands, das durch seine Grenze zum kommunistischen China große Bedeutung für die Vietminh hat.

25. Dezember 1952

Erster Fernsehabend für wenige Auserwählte

Die Flimmerkiste ist da: Der Nordwestdeutsche Rundfunk (NWDR) nimmt am ersten Weihnachtstag den regelmäßigen Programmbetrieb auf. Für die Bundesbürger beginnt damit das Zeitalter des Fernsehens. Die erste öffentliche TV-Übertragung dauert eine Stunde und 58 Minuten und ist noch ein exklusives Vergnügen: Das Programm kann lediglich an 4000 bis zu diesem Zeitpunkt verkauften Geräten verfolgt werden. Einen Fernseher, der 1150 DM kostet, können sich erst wenige leisten.

Irene Koss ist die erste Programm-Ansagerin.

Nach einer Eröffnungsansprache des NWDR-Intendanten Werner Pleister folgt das weihnachtliche Fernsehspiel »Stille Nacht, heilige Nacht«. Anschließend grüßen Fernsehsender aus aller Welt den bundesdeutschen Programmstart, ehe »Max und Moritz«, ein Tanzspiel mit dem Rundfunkorchester des NWDR unter Leitung von Richard Müller-Lampertz, die Fernsehzuschauer unterhält. Aus den noch beengten Studios des Hamburger Senders wird einen Tag darauf die erste »Tagesschau« übertragen. Die Sprecher informieren über die Koreareise des designierten US-Präsidenten Dwight D. Eisenhower, das Fußballländerspiel Deutschland gegen Jugoslawien sowie über das Wetter. Außer aus der Hamburger Sendezentrale wird zeitversetzt auch aus Köln-Langenfeld und Berlin-Tempelhof übertragen. Die »Tagesschau« steht dreimal in der Woche auf dem Programm. Zu den frühen Stars des neuen Mediums gehören die erste Ansagerin, die 22-jährige Irene Koss, und Showmaster Peter Frankenfeld, der den Zuschauern am zweiten Weihnachtstag eine Unterhaltungssendung mit dem Titel »Eine nette Bescherung« präsentiert. Vor dem offiziellen Start des Fernsehprogramms hatte der NWDR bereits im November 1950 regelmäßig an drei Wochentagen Testprogramme ausgestrahlt. Die britische Militärregierung gab schon 1948 ihre Einwilligung zur Wiederaufnahme der Entwicklung deutscher Fernsehsendetechnik. Und bereits im letzten Jahrhundert erforschten Ingenieure und Tüftler, wie Bilder übertragen werden können. 1884 gelang Paul Nipkow die erste Bildübertragung mittels eines Bildabtasters (Nipkowscheibe). Der Physiker Karl Ferdinand Braun fand 1897 das technische Prinzip zur Konstruktion einer Bildröhre.

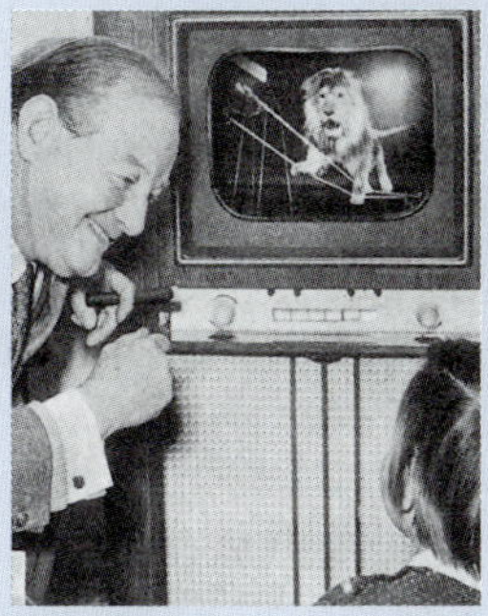

Das Fernsehen lockt junge und alte Zuschauer vor die Bildschirme.

Dezember 1952

1 **Mo** Der finnische Ministerpräsident Urho K. Kekkonen gibt den Rücktritt von zwei Ministern bekannt, denen Missbrauch von Staatsgeldern vorgeworfen wird.

2 **Di** Die Kirchen in der DDR müssen die Kirchensteuer künftig selbst einziehen. Die Finanzämter behielten diese bisher automatisch ein.

3 **Mi** In Ost-Berlin erhält die Volkspolizei die Weisung, alle Fahrzeuge mit westdeutschen Kennzeichen zu beschlagnahmen. → Prag

4 **Do** Bei der Diskussion um ein neues Wahlgesetz kommt es im italienischen Parlament zu einer Saalschlacht, an deren Ende mehrere Verletzte zu verzeichnen sind.

5 **Fr** Die Justizminister der deutschen Bundesländer beschließen, Zentralstellen gegen unzüchtiges Schrifttum zu errichten.

6 **Sa** Der Deutsche Bundestag ratifiziert in zweiter Lesung den Deutschlandvertrag und den Beitritt der Bundesrepublik zur Europäischen Verteidigungsgemeinschaft.

7 **So** Am 2. Advent klingeln die Kassen: Bundesweit dürfen Geschäfte an den drei Sonntagen vor Weihnachten von 10:30 bis 17 Uhr öffnen.

8 **Mo** Die Knesset, das israelische Parlament, wählt Isaac Ben Zwi zum Nachfolger des am 9. November verstorbenen Staatspräsidenten Chaim Weizmann.

9 **Di** Nebel und Luftverschmutzung führen in Teilen Großbritanniens zu dichtem Smog. Die austauscharme Wetterlage fordert 4000 Menschenleben.

10 **Mi** In Stockholm findet die feierliche Übergabe der Nobelpreise statt. Ein Friedensnobelpreis wird in diesem Jahr trotz 31 Anwärtern nicht vergeben.

11 **Do** Spanien wird neues Mitglied der UNESCO, der UN-Organisation für Erziehung, Wissenschaft und Kultur. Polen erklärt seinen Austritt.

12 **Fr** Die Sportverbände der Bundesrepublik und der DDR beschließen die Wiederaufnahme der bilateralen Beziehungen.

13 **Sa** Im Wiener Museum für Kunst und Industrie beginnt die Ausstellung »Soziale Wohnkultur«. +++ Die DDR erlässt Rentnern und Blinden die Rundfunkgebühren.

14 **So** Nach einem Bericht der »Süddeutschen Zeitung« sind im Koreakrieg bislang 2 129 310 Menschen ums Leben gekommen, davon rd. 1,75 Mio. Nordkoreaner.

15 **Mo** Zur »Sozialisierung des Privatlebens« beschränkt die DDR die Reisefreiheit von Einzelpersonen auf einen Umkreis von 100 km.

16 **Di** Der schwedische Film »Eva«, eine Regiearbeit von Gustav Molander feiert in West-Berlin Premiere. Das Drehbuch schrieb Ingmar Bergman.

17 **Mi** Jugoslawien bricht die diplomatischen Beziehungen zum Vatikan ab. Dieser hatte den wegen Kollaboration verurteilten Alojzije Stepinac zum Kardinal ernannt.

18 **Do** Der Bayerische Landtag stimmt einer 20%igen Gehaltserhöhung für Kabinettsmitglieder zu. Das Jahreseinkommen eines Ministers beträgt jetzt 31 800 DM.

19 **Fr** Infolge separatistischer Unruhen werden zehn Bezirke des indischen Bundesstaates Madras zum Bundesstaat Andhra zusammengefasst.

20 **Sa** Bei einem schweren Flugzeugunglück sterben an der US-Pazifikküste 86 Soldaten. +++ Das Leben von 23 Bus-Insassen fordert eine Lawine am Arlberg.

21 **So** »Bürgerlich-kapitalistische« Berufsbezeichnungen wie »Sekretärin« werden in der DDR ab sofort durch den Begriff »Produkthilfsarbeiterinnen« ersetzt.

22 **Mo** Die deutsche Sportpresse wählt den Rennfahrer Karl Kling, den Sieger des Carrera Panamericana im November, zum Sportler des Jahres.

23 **Di** Der neue saarländische Landtag bestätigt Johannes Hoffmann (CVP) als Ministerpräsident. +++ Der französische Ministerpräsident Antoine Pinay tritt zurück.

24 **Mi** In West-Berlin findet die deutsche Erstaufführung des 1942 uraufgeführten Films »Casablanca« mit Ingrid Bergman und Humphrey Bogart statt.

25 **Do** Bei einem Schusswechsel mit sowjetischen Soldaten in West-Berlin kommt der Westberliner Wachtmeister Herbert Bauer ums Leben. → Fernsehen

26 **Fr** Der französische Schwimmer Gilbert Bozon stellt mit 1:03,3 min einen neuen Weltrekord über 100-m-Rücken auf.

27 **Sa** Jugoslawien nimmt mit den neuen NATO-Mitgliedern Griechenland und Türkei Gespräche über eine militärische Zusammenarbeit auf.

28 **So** Bei einem Fußballländerspiel in Madrid trennen sich die Nationalmannschaften der Bundesrepublik Deutschland und Spaniens mit 2:2.

29 **Mo** Japan schließt mit Großbritannien ein Luftverkehrsabkommen. Damit beginnt der erste regelmäßige Flugbetrieb Japans mit dem Westen nach 1945.

30 **Di** Das US-Magazin »Time« wählt die am 6. Februar zur britischen Königin proklamierte Elizabeth II. zur »Frau des Jahres 1952«.

31 **Mi** In seiner Neujahrsansprache betont Bundeskanzler Konrad Adenauer die Bedeutung der bundesdeutschen Westbindung und eines vereinigten Europa.

Januar 1953

1 Do Die UdSSR übergibt der Volksrepublik China die Tschangtschun-Eisenbahn, die wichtigste Verkehrsverbindung zwischen Sibirien und der Mandschurei.

2 Fr Das Volkswagenwerk in Wolfsburg senkt die Preise. Ab sofort kostet das Standardmodell des »Käfers« statt 4600 DM nur noch 4400 DM.

3 Sa In Bremerhaven wird die von der »United States Line« betriebene Schiffsverbindung zwischen den USA und der Bundesrepublik Deutschland eröffnet.

4 So Das Zentralkomitee der SED fordert auf einer Sitzung in Berlin (Ost) zu einer Überprüfung der ideologischen Zuverlässigkeit aller Parteimitglieder auf.

5 Mo Der britische Premierminister Winston Churchill trifft zu einem Besuch in den USA ein. Sein Aufenthalt dauert bis zum 8. Januar. → »Warten auf Godot«

6 Di In Köln wird die Aktiengesellschaft für Luftverkehrsbedarf gegründet. Das Unternehmen soll die Errichtung einer deutschen Fluggesellschaft vorbereiten.

7 Mi Die Pariser Nationalversammlung bestätigt den Radikalsozialisten René Mayer als neuen französischen Ministerpräsidenten.

8 Do In Dänemark verständigen sich die Parteien darauf, durch eine Änderung der Verfassung die weibliche Thronfolge zu ermöglichen.

9 Fr Ein Passagierschiff mit 256 Menschen an Bord kentert während eines Wirbelsturms vor der südkoreanischen Hafenstadt Pusan. 249 Personen kommen um.

10 Sa Der Verband der Entnazifizierungsgeschädigten fordert auf einer Versammlung ehemaliger NSDAP-Funktionäre, die Entnazifizierungsgesetze aufzuheben.

11 So Der zweite von sieben Kriegsverbrechern, die kürzlich aus dem niederländischen Gefängnis Breda ausgebrochen waren, wird gefasst. → Vierschanzentournee

12 Mo Das Geheime Konsistorium der Kardinäle bestätigt im Vatikan die Ernennung von 24 neuen Kardinälen durch Papst Pius XII.

13 Di Die sowjetische Presse meldet die Verhaftung einer angeblich terroristischen Ärztegruppe, denen Mord an Politikern vorgeworfen wird. → Tito

14 Mi Der US-Senat beschließt, alle Bewerber für den Auswärtigen Dienst vom FBI auf politische Zuverlässigkeit überprüfen zu lassen.

15 Do Wegen angeblicher Spionage verhaftet die Staatssicherheit in Ost-Berlin Georg Dertinger (CDU), den Außenminister der DDR.

16 Fr In Ägypten ordnet Ministerpräsident Ali Muhammad Nagib die Auflösung sämtlicher politischer Parteien des Landes an.

17 Sa Aus den ersten direkten irakischen Parlamentswahlen geht die Unionspartei des früheren Ministerpräsidenten Nuri As Said siegreich hervor.

18 So Beim Großen Preis von Argentinien in Buenos Aires sterben zehn Menschen, als der Italiener Giuseppe Farina mit seinem Wagen in die Zuschauer rast.

19 Mo DDR-Staatspräsident Wilhelm Pieck droht der Bundesregierung mit Maßnahmen gegen West-Berlin, falls die EVG realisiert werden sollte.

20 Di Der im November 1952 als Kandidat der Republikanischen Partei gewählte Dwight D. Eisenhower tritt sein Amt als 34. Präsident der USA an.

21 Mi Die Bundesregierung gibt den Entwurf eines neuen Wahlgesetzes bekannt, das die Zahl der Abgeordneten im Bundestag von 400 auf 484 erhöht.

22 Do In der DDR werden die Pflichtablieferungsnormen der Landwirtschaft teilweise erhöht. +++ Das Stück »Hexenjagd« von Arthur Miller hat in New York Premiere.

23 Fr Der ägyptische Ministerpräsident Ali Muhammad Nagib verkündet die Gründung einer Nationalen Befreiungsfront als Ersatz für Parteien.

24 Sa In der Bundesrepublik tritt das Gesetz zur Sicherheit des Straßenverkehrs in Kraft, das u.a. verschärfte Bestimmungen gegen Alkohol am Steuer enthält.

25 So Bei den Eiskunstlauf-Europameisterschaften in Dortmund belegt die deutsche Meisterin Gundi Busch hinter der Britin Valda Osborn den zweiten Platz.

26 Mo 26 Tage nach einer Nierentransplantation stirbt in Paris ein 16-jähriger Junge. Er hat die Transplantation bisher am längsten überlebt.

27 Di US-Präsident Dwight D. Eisenhower gibt in den USA die Gründung eines Amtes für die psychologische Planung im Kalten Krieg bekannt.

28 Mi Ein britisches Düsenflugzeug vom Typ »Canberra« stellt mit einer Zeit von 22,1h einen Geschwindigkeitsrekord auf der Strecke England-Australien auf.

29 Do Ohne Beteiligung der schwarzen Bevölkerung wird in London ein Verfassungsentwurf für eine Zentralafrikanische Union Rhodesien-Nyassaland verabschiedet.

30 Fr Das britische Unterhaus lehnt eine Änderung der bestehenden Gesetze über die Sonntagsruhe ab. Theatervorstellungen sind z. B. am Sonntag untersagt.

31 Sa Der schweizerische Weltmeister im Zweierbob, Felix Endrich, verunglückt bei einem Trainingslauf in Garmisch-Partenkirchen tödlich.

5. Januar 1953

»Warten auf Godot«

Das moderne Theater erlebt mit der Uraufführung von »Warten auf Godot« in Paris eine Revolution. Das Stück des irischen Autors Samuel Beckett bricht mit klassischen Bühnenkonventionen und ruft beim Publikum eine Mischung aus Befremden und Verblüffung, Ablehnung und Begeisterung hervor.
In einem sparsamen Bühnenbild, das nur aus einer Straße und einem Baum besteht, stehen die Landstreicher Wladimir und Estragon. Sie warten auf Godot, mit dem sie sich an dem Baum verabredet haben. Die beiden Akteure versuchen, die Langeweile des Wartens mit Sprachspielen und Clownerien zu überbrücken. Nach einiger Zeit kommen zwei weitere Figuren hinzu: Der Herr Pozzo führt den Knecht Lucky an einer Leine herbei und lässt ihn auf Befehl reden. Ein kleiner Junge gesellt sich zu dem Quartett und teilt mit, Godot werde heute nicht kommen. Auch im zweiten Akt warten die Protagonisten auf Godot. Diesmal führt der verstummte Lucky den erblindeten Pozzo an der Leine. Wieder bringt der Junge die Nachricht, dass Godot nicht kommen werde. Die Erwartung des Zuschauers, Godot schließlich zu treffen, wird nicht erfüllt. In dem Stück geht es nicht um die imaginäre Person des Godot, sondern um den Zustand des Wartens und dessen Leere. Durch Kunstgriffe vermittelt Beckett in seiner Parabel zahlreiche mögliche Deutungsansätze. Der Zuschauer findet jedoch nirgendwo eine Bestätigung. Das Geschehen verläuft im Kreis und wiederholt sich. Sprache erhält eine neue Dimension. Sie wird zum Selbstzweck und füllt die Wartezeit aus. Landstreicher Estragon fasst im Stück selbst die möglichen Empfindungen des Zuschauers zusammen: »Es geschieht nichts. Keiner kommt, keiner geht, es ist schrecklich.«
Die Uraufführung im Théâtre de Babylone findet unter Leitung von Roger Blin statt. Im Herbst hat »Warten auf Godot« im Westberliner Schlossparktheater Premiere. Noch bis Jahresende nehmen insgesamt 20 Theater in der Bundesrepublik das umjubelte Stück in ihren Spielplan auf.

Horst Bollmann und Stefan Wigger (v.l.) warten in einer Inszenierung von 1965 auf Godot.

Samuel Beckett

irisch-französischer Schriftsteller, * 13.4.1906 Dublin; † 22.12.1989 Paris

Samuel Beckett stieg mit seinen absurden Stücken zu einem Dramatiker von Weltrang auf. Der Freund von James Joyce schreibt sowohl in englischer als auch in französischer Sprache von der Hoffnungslosigkeit der menschlichen Existenz.. Seine wortkargen Protagonisten verfolgen Ziele, die sie niemals erreichen können. Beckett erhält für sein Werk im Jahre 1969 den Literaturnobelpreis verliehen.

- 1928-30: Lektor für Englisch in Paris
- 1930-32: Assistent für Französisch in Dublin
- 1956: »Endspiel«
- 1961: »Glückliche Tage«

11. Januar 1953

Sepp Bradl siegt bei der ersten Vierschanzentournee

Die besten Skispringer Mitteleuropas und Skandinaviens messen ihr Können erstmals bei der deutsch-österreichischen Vierschanzentournee, die in Bischofshofen zu Ende geht. Das Sportereignis sorgt nicht nur als Premiereveranstaltung für viel Aufsehen, sondern auch aufgrund seiner ungestümen Wind- und Wetterbedingungen. Die vier Schanzen, die für diesen Wettbewerb ausgesucht worden sind, zählen zu den besten ihrer Art in Europa.
Gegen das Feld der erstklassigen internationalen Konkurrenz behauptet sich der österreichische Skistar Josef »Sepp« Bradl. Beim letzten Sprung von der österreichischen Naturschanze landet er auf dem zweiten Platz und führt damit in der Gesamtwertung den Wettbewerb mit 1,1 Punkten an. Er hat sich als der beständigste Athlet im international hochkarätigen Feld behauptet. Der 34-Jährige zählt seit Mitte der 30er Jahre zu den erfolgreichsten Skispringern der Welt. 1936 sprang Bradl als Erster über die 100-m-Marke, 1939 wurde er im polnischen Zakopane Weltmeister. Hinter Bradl belegen die Norweger Halvor Naes und Asgeir Doelplads den zweiten und dritten Platz. Die besten bundesdeutschen Springer sind Toni Brutscher und Sepp Weiler. In der Mannschaftswertung siegen die Norweger knapp vor dem bundesdeutschen Team.

23. Februar 1953

Höhepunkt der Fluchtwelle

Eine Flut von Flüchtlingen strömt aus der DDR in den Westen und erreicht mit 3200 Personen, die sich an einem einzigen Tag in West-Berlin melden, ihren bisherigen Höhepunkt. Viele Menschen verlassen das Land aus Furcht, die DDR-Regierung könne die Grenzen vollends schließen. Nur noch die S- und U-Bahnstationen sind für Grenzgänger geöffnet. Entsprechend stark werden diese Schlupflöcher frequentiert. 90% aller Flüchtlinge gelangen über Berlin in den Westen. Die meisten kommen in provisorischen Notaufnahmelagern unter (Abb.: Unterkunft in einer Berliner Fabrikhalle). Die Bundesregierung stellt 180 Mio. DM für den Bau von Wohnungen bereit.

10. Februar 1953

Verbot für Rechtsradikale

Die Bundesregierung verbietet die rechtsradikale Organisation »Freikorps Deutschland« wegen Verfassungsfeindlichkeit. Die paramilitärische Organisation orientiert sich in ihrem Programm an den »revidierten 25 Punkten des Parteiprogramms der NSDAP«. Die führenden Funktionäre des »Freikorps Deutschland« werden festgenommen. Rechtsradikale Gruppen tauchen immer wieder in der politischen Landschaft der Bundesrepublik auf. So erhielt die Sozialistische Reichspartei (SRP) 1951 bei den Landtagswahlen in Niedersachsen und Bremen 11 bzw. 7,7% der Wählerstimmen. Wegen offensichtlich nationalsozialistischer Ideologie wurde auch die SRP von der Bundesregierung 1952 verboten. Seither dominiert die Deutsche Reichspartei (DRP) das rechtsextreme Spektrum. Sie bleibt mit nur 1,1% Stimmenanteil bei den Bundestagswahlen im September jedoch erfolg- und bedeutungslos.

13. Januar 1953

Tito wird Staatspräsident

Ein ehemaliger Partisan, der während des Zweiten Weltkriegs erfolgreich gegen die deutschen Besatzer gekämpft hat, steigt zum Staatsoberhaupt auf. Der Kommunist Josip Broz, unter dem Namen Tito berühmter Volksheld und bislang Ministerpräsident (s. Abb.), wird Staatspräsident von Jugoslawien. Die Nationalversammlung verabschiedet in Belgrad einstimmig eine Verfassungsreform und wählt den gebürtigen Kroaten Tito mit 568 gegen eine Stimme an die Staatsspitze. Durch die Reform werden zentrale Elemente des eigenständigen jugoslawischen Weges zum Sozialismus, den das Balkanland seit Titos Bruch mit der Sowjetunion im Jahre 1948 verfolgt, in der Verfassung verankert. U.a. wird das Prinzip der demokratischen Selbstverwaltung der Betriebe festgeschrieben.

1. Februar 1953

Holland in Not

Eine Sturmflut überschwemmt ein Drittel der niederländischen Landfläche und verwüstet die Küsten Englands und Belgiens. Es handelt sich um die schwerste Überschwemmungskatastrophe seit dem 15. Jahrhundert.

Über 2000 Menschen kommen ums Leben. Hunderttausende verlieren ihren Besitz und werden obdachlos (Abb.: Eine Niederländerin konnte nur wenige Habseligkeiten retten). Da die meteorologische Vorhersage keine Warnung aussprach, trifft

der Orkan die Länder völlig unvorbereitet. Unglücklicherweise treffen die 200 km/h schnellen Winde auf den durch die Flut bedingten höchsten Wasserstand der Nordsee. Es entsteht eine Springflut, die viele Deiche sofort niederreißt. Die Niederlande sind besonders schwer betroffen, da zahlreiche Gebiete tiefer als der Meeresspiegel liegen. Vor allem im Mündungsgebiet von Rhein und Maas fordert die Katastrophe viele Todesopfer. Allein das Dorf Stavenisse hat 300 Tote zu beklagen. Die Schäden für die Landwirtschaft sind immens. 10 000 Kühe ertrinken in den Fluten, rd. 200 000 ha kostbaren Ackerlandes sind verwüstet. Um dem eiskalten Nordseewasser zu entkommen, müssen die Menschen auf die Dächer ihrer umspülten Häuser flüchten. Dort harren die Katastrophenopfer meist stundenlang aus, bis endlich Hilfe naht. Als sich das Wasser zurückzieht, zeigt sich ein Bild der Verwüstung. Straßen sind unpassierbar, Häuser zerstört. Es folgt eine Kälteperiode mit heftigen Schneefällen, die den Menschen in den kaum bewohnbaren Gebäuden erneut stark zusetzt.

Februar 1953

1	So	Bei der Viererbob-Weltmeisterschaft in Garmisch-Partenkirchen siegt der Bob USA II vor Deutschland I mit Pilot Anderl Osterl. → Holland
2	Mo	US-Präsident Dwight D. Eisenhower erklärt, er werde die Geheimabkommen mit Staaten kündigen, die zur Versklavung freier Länder beigetragen hätten.
3	Di	Erstmals seit einem halben Jahr kehren wieder Deutsche aus sowjetischer Gefangenschaft in die Bundesrepublik Deutschland bzw. die DDR zurück.
4	Mi	In Bonn beschließt der Bundestag einstimmig, das Anwerben von Deutschen für die französische Fremdenlegion unter Strafe zu stellen.
5	Do	Der US-Außenminister John Foster Dulles trifft im Rahmen seiner Informationsreise durch Westeuropa zu einem Besuch der Bundesrepublik in Bonn ein.
6	Fr	In London beginnen die seit zwei Jahren unterbrochenen Verhandlungen der drei Westmächte und der UdSSR über einen österreichischen Staatsvertrag.
7	Sa	Der Staats-und Parteichef der Volksrepublik China, Mao Tse-tung, ruft das chinesische Volk zum Kampf gegen die USA in Ostasien auf.
8	So	In Bayern hat sich die Zahl der Todesopfer einer grassierenden Grippe-Epidemie auf 226 erhöht. Die Zahl der Neuerkrankungen geht jedoch zurück.
9	Mo	Auf die sowjetische Botschaft in Tel Aviv wird ein Bombenanschlag verübt. Zuvor kam es in Israel zu Protestaktionen gegen den Antisemitismus in der UdSSR.
10	Di	Die Beschlüsse der Montanunion sind in Kraft: Ab sofort entfallen zwischen den beteiligten Ländern alle Zölle auf Kohle und Stahl. → Rechtsradikale
11	Mi	US-Präsident Dwight D. Eisenhower weist das Gnadengesuch von Julius und Ethel Rosenberg zurück, die wegen Spionage für die UdSSR das Todesurteil erwarten.
12	Do	Ein britisch-ägyptisches Abkommen in Kairo regelt die Zukunft des Sudan. 1956 soll das sudanesische Volk selbst über den Status des Landes entscheiden.
13	Fr	Im sog. Oradour-Prozess vor dem Militärgericht in Bordeaux werden 45 frühere SS-Mitglieder zum Tode verurteilt, 43 davon in Abwesenheit.
14	Sa	In einem Rundfunkkommentar lehnt Walter von Cube, Chefredakteur des Bayerischen Rundfunks, die unbegrenzte Aufnahme von DDR-Flüchtlingen ab.
15	So	Bei den Weltmeisterschaften im Eiskunstlaufen in Davos (Schweiz) gewinnt mit Tenley Albright erstmals eine Läuferin aus den USA den Titel.
16	Mo	Trotz eisiger Kälte verfolgen Millionen von Zuschauern die Rosenmontagszüge in den west-und süddeutschen Karnevalshochburgen.
17	Di	Die Südafrikanische Union verabschiedet ein Gesetz, das der Regierung Sondervollmachten bei der Bekämpfung von Gegnern der Apartheid einräumt.
18	Mi	Der US-Hochkommissar James Bryant Conant sichert im Rundfunk der Berliner Bevölkerung Hilfsmaßnahmen für die Flüchtlinge aus der DDR zu.
19	Do	Der Vorstand des Freien Deutschen Gewerkschaftsbundes ruft die Arbeiter in DDR-Privatbetrieben auf, ihre Arbeitgeber auf Systemtreue hin zu überprüfen.
20	Fr	Die französische Nationalversammlung beschließt eine Amnestie für französische Kriegsverbrecher, die zum Dienst in der deutschen Armee gezwungen wurden.
21	Sa	Der nordrhein-westfälische Landesverband der Deutschen Partei (DP) wird vom Bundesvorstand der Partei aufgelöst.
22	So	Bayerisches Duell: Mit einem 5:5 gegen den SC Rießersee gewinnt der EV Füssen den Titel des Deutschen Eishockeymeisters.
23	Mo	Die Regierung von Jugoslawien gibt einen Zehnjahresplan für die landwirtschaftliche Entwicklung des kommunistischen Staates bekannt. → Fluchtwelle
24	Di	Auf einer Konferenz in Rom beraten die Außenminister der Mitgliedsstaaten der Montanunion über die Bildung einer Europäischen Politischen Gemeinschaft.
25	Mi	US-Präsident Dwight D. Eisenhower erklärt seine Bereitschaft, sich mit dem sowjetischen Staatschef Josef W. Stalin zu treffen.
26	Do	Der Bundestag verlängert das Gesetz über das sog. Notopfer Berlin, eine Sondersteuer zur finanziellen Unterstützung der Stadt, bis Ende 1954.
27	Fr	In London erklärt sich die Bundesrepublik Deutschland durch ein Abkommen dazu bereit, die Auslandsschulden des Deutschen Reiches zu übernehmen.
28	Sa	Die Außenminister Jugoslawiens, Griechenlands und der Türkei unterzeichnen in Ankara einen Freundschaftsvertrag zwischen ihren Ländern.

März 1953

1 So Auf der in Dresden eröffneten Dritten Deutschen Kunstausstellung wird ein Querschnitt des »sozialistischen Realismus« gezeigt.

2 Mo Mit 6000 Menschen, die sich an einem Tag bei den Behörden in West-Berlin melden, erreicht die Flüchtlingswelle aus der DDR erneut einen Höhepunkt.

3 Di Bei Gesprächen in Hannover können sich die Vertreter beider deutscher Fußballverbände nicht auf die Austragung einer gesamtdeutschen Meisterschaft einigen.

4 Mi Durch einen Vertrag zwischen der Firma Krupp und der Alliierten Hohen Kommission kommt es zur Herauslösung der Montanbetriebe aus dem Konzern.

5 Do Der Bundestag beschließt die Erhöhung der Gehälter der Bundesbeamten um 20 %. Die Anhebung tritt am 10. April in Kraft. → Stalin

6 Fr Georgij M. Malenkow, bisher stellvertretender Regierungschef, wird als Nachfolger Josef W. Stalins zum Vorsitzenden des Ministerrats der UdSSR ernannt.

7 Sa Die DDR und Ägypten unterzeichnen in Kairo ein Handelsabkommen. +++ In Essen findet die deutsche Erstaufführung der Oper »Lulu« von Alban Berg statt.

8 So Der in mehreren deutschen Bundesländern verbotene rechtsradikale Bund Deutscher Jugend löst seine noch bestehenden Landesverbände auf.

9 Mo Georgij M. Malenkow, neuer Vorsitzender des Ministerrats der UdSSR, betont, er plane ein friedliches Nebeneinander sozialistischer und kapitalistischer Staaten.

10 Di In der Nähe von Regensburg schießen zwei tschechoslowakische Jagdflugzeuge einen Düsenjäger der US Air Force ab. → Montanunion

11 Mi Die französische Nationalversammlung amnestiert Politiker und Beamte, die während des Krieges mit den deutschen Besatzern zusammengearbeitet haben.

12 Do In Hannover wird der Film- und Revuepalast »Aegi«, das größte und modernste Kino der Bundesrepublik Deutschland, eröffnet.

13 Fr Auf Anordnung der Oberbundesanwaltschaft finden im ganzen Bundesgebiet Durchsuchungen von Büros der kommunistischen Freien Deutschen Jugend statt.

14 Sa Nikita S. Chruschtschow wird zum Sekretär des Zentralkomitees der Kommunistischen Partei der Sowjetunion (KPdSU) ernannt.

15 So Auf einer Tagung der Europa-Union in Rhöndorf sprechen sich hohe ehemalige deutsche Offiziere gegen eine nationale und für eine europäische Armee aus.

16 Mo Die US-Luftwaffe setzt erstmals Düsenjäger vom Typ F 86 für Patrouillenflüge zur Überwachung der innerdeutschen Grenze ein.

17 Di Das Zentralkomitee der SED würdigt das Vermächtnis von Josef W. Stalin und ordnet die Reproduktion von Stalinbüsten an. → Atomtest

18 Mi Der Bundestag ratifiziert mit großer Mehrheit das am 10. September 1952 unterzeichnete deutsch-israelische Wiedergutmachungsabkommen.

19 Do Bei der »Oscar«-Verleihung erhält Gary Cooper für in »Zwölf Uhr mittags« die Auszeichnung für die beste männliche Hauptrolle. → Kabinenroller → EVG-Vertrag

20 Fr Die Alliierte Hochkommission in der Bundesrepublik Deutschland beschließt die Aufteilung der I.G. Farben in drei Nachfolgegesellschaften.

21 Sa Ministerpräsident Antonín Zápotocký wird als Nachfolger des verstorbenen Klement Gottwald zum tschechoslowakischen Staatspräsidenten gewählt.

22 So Ein Fußballländerspiel in Köln zwischen Österreich und der Bundesrepublik endet 0:0. Erstmals wird ein Länderspiel live im Deutschen Fernsehen übertragen.

23 Mo Der österreichische Bundeskanzler Leopold Figl (ÖVP) gibt den Auftrag der erneuten Regierungsbildung zurück. Die ÖVP stellt die stärkste Fraktion.

24 Di Das Europäische Kulturzentrum in Genf vergibt erstmals den Europäischen Literaturpreis. Träger sind der Deutsche Werner Warsinsky und der Exilpole Czeslaw Milosz.

25 Mi Ein neues Vertriebenengesetz der Bundesregierung soll die Eingliederung von Vertriebenen und Flüchtlingen aus der DDR bundesweit einheitlich regeln.

26 Do In Kenia ermorden Mitglieder der antikolonialen Mau-Mau-Bewegung etwa 150 farbige Bewohner Nairobis, die angeblich mit den Briten sympathisiert hatten.

27 Fr Die in der ARD zusammengeschlossenen Rundfunksender vereinbaren in Hannover die Ausstrahlung eines gemeinschaftlichen Fernsehprogramms.

28 Sa In der UdSSR wird eine Amnestie für Verurteilte mit geringen Haftstrafen sowie für verurteilte Jugendliche, Frauen mit Kindern und ältere Personen verkündet.

29 So Nelson Mandela, Vorsitzender des ANC in der Provinz Transvaal, fordert die Vereinigung sämtlicher Unabhängigkeitsbewegungen der Schwarzen in Afrika.

30 Mo Die zwangsweise Kollektivierung der Landwirtschaft in Jugoslawien wird wieder rückgängig gemacht. Jugoslawien strebt einen eigenen Weg zum Sozialismus an.

31 Di Vertreter von 17 Staaten unterzeichnen in New York eine Resolution der Vereinten Nationen über die Gleichberechtigung von Mann und Frau.

5. März 1953

Kremlchef Stalin ist tot

Der sowjetische Staats- und Parteichef Josef W. Stalin ist tot. Eine Ära der Weltpolitik geht zu Ende. Offiziellen Verlautbarungen zufolge erlitt Stalin bereits am 2. März in seiner Wohnung einen Gehirnschlag. Erst zwei Tage später erfuhr die Öffentlichkeit, dass Stalin mit dem Tode rang. In der gesamten Sowjetunion wurde öffentlich für das Staatsoberhaupt gebetet. Regelmäßig erschienen Mitteilungen der behandelnden Ärzte über Stalins aktuellen Gesundheitszustand. In den Abendstunden des 5. März stirbt der sowjetische Diktator. Bei der Aufbahrung des Leichnams in der Säulenhalle des sowjetischen Gewerkschaftshauses in Moskau versammeln sich riesige Menschenmengen, um Stalin die letzte Ehre zu erweisen. Im gesamten Land wird Staatstrauer angeordnet. Rote Fahnen mit schwarzen Rändern hängen von allen öffentlichen Gebäuden. Der Rundfunk verbreitet – begleitet von Trommelwirbeln – die Todesnachricht alle 30 Minuten. Am 9. März wird Stalin im Lenin-Mausoleum auf dem Roten Platz in Moskau öffentlich beigesetzt. Mit Stalin stirbt der letzte sowjetische Staatsmann, der noch persönlich an der Oktoberrevolution teilgenommen hat. Der Nachfolger Lenins übte während seiner Regierungszeit eine Terrorherrschaft aus und ließ Millionen von Menschen verfolgen und hinrichten. Im Zweiten Weltkrieg spielte Stalin als Verbündeter der West-Alliierten eine entscheidende Rolle im Kampf gegen das nationalsozialistische Deutschland. Die Regierungen in Bonn und Washington reagieren zurückhaltend auf die Nachricht von Stalins Tod. In ihren offiziellen Stellungnahmen drücken sie Sorge um den künftigen politischen Kurs der UdSSR aus. In Frankreich, wo die kommunistische Partei eine bedeutende Rolle spielt, werden die Flaggen für zwei Tage auf Halbmast gesetzt. Die kommunistischen Länder glorifizieren die Leistungen des Verstorbenen.

Bereits am Tag nach Stalins Tod stehen die personellen Veränderungen in der Führungsriege der Sowjetunion fest. Erster Vorsitzender des Ministerrats wird Georgi M. Malenkow, als Stellvertreter fungieren Lawrenti P. Berija, Wjatscheslaw M. Molotow, Nikolaj A. Bulganin und Lasar M. Kaganowitsch. Das Zentralkomitee der KPdSU umfasst statt 25 nur noch zehn Mitglieder. Am 14. März wird Nikita S. Chruschtschow zum ersten Vorsitzenden ernannt und erlangt damit nach Malenkow die mächtigste Position im Staat. Als kurz darauf bekannt wird, dass Innenminister Berija eine Machtübernahme vorbereitet, schließen sich Malenkow und Chruschtschow zusammen und lassen ihren politischen Gegner verhaften. Sie werfen ihm vor, ein Komplize des stalinistischen Terrors gewesen zu sein. Berija wird zum Tode verurteilt und hingerichtet. Damit ist ein erster Schritt zur Entstalinisierung vollzogen. Die Westmächte befürchten durch die Auseinandersetzungen um die Nachfolge Stalins eine Verschärfung der Fronten im Kalten Krieg. In einer Rede kündigt Malenkow jedoch einen Wechsel des harten Kurses der Sowjetunion an. Er spricht von einem »friedlichen Wettbewerb« zwischen Kapitalismus und Sozialismus und signalisiert damit größere Verständigungsbereitschaft.

Die neue Führungsspitze der UdSSR am Sarg Stalins.

7. April 1953

Neuer UN-Generalsekretär

Dag Hammarskjöld ist neuer Generalsekretär der Vereinten Nationen. Die Vollversammlung der UNO wählte den schwedischen Politiker zum Nachfolger des Norwegers Trygve H. Lie. Lie hatte im November 1952 seinen Rücktritt erklärt. Bei der Wahl stimmt auch die UNO-Vertretung der Sowjetunion für den neuen Generalsekretär. Damit vollzieht die UdSSR nach Stalins Tod eine Wende in der Weltpolitik. Bisher war Moskau nicht bereit gewesen, den Generalsekretär anzuerkennen, da die Vereinten Nationen im Korea-Krieg gegen das kommunistische Nordkorea interveniert hatten. Mit ihrer Zustimmung zur Wahl Hammarskjölds signalisiert die UdSSR den Willen zur besseren Zusammenarbeit und zur Entspannung.

Dag Hammarskjöld

schwedischer Politiker, * 29.7.1905 Jönköping, Südschweden; † 17.9.1961 bei Ndola, Sambia

Dag Hammarskjöld bemühte sich als Generalsekretär der Vereinten Nationen, die Funktion der UNO als friedensstiftende Macht zu stärken. In vertraulichen Gesprächen versteht es der Diplomat, zwischen den Parteien der Weltorganisation zu vermitteln. Als in Belgisch-Kongo nach der Unabhängigkeit 1960 ein Bürgerkrieg ausbricht, organisiert der schwedische Politiker eine 20 000 Mann starke Friedenstruppe, um die Auseinandersetzungen zu schlichten. Hammerskjöld stirbt bei einem mysteriösen Flugzeugabsturz in Afrika.

- 1936: Unterstaatssekretär im Finanzministerium
- 1951-53: Stellvertretender schwedischer Außenminister
- 1961: Postum Verleihung des Friedensnobelpreises

US-Soldaten sind über Stalins Tod erfreut.

Josef W. Stalin

eigtl. Iossif Wissarionowitsch Dschugaschwili, sowjetischer Politiker, * 21.12.1879 Gori, Georgien; † 5.3.1953 Moskau

Stalin regierte die Sowjetunion über 30 Jahre lang. Der Teilnehmer an der Oktoberrevolution schuf sich nach dem Tod Lenins eine starke Machtbasis und schaltete alle politischen Gegner aus. In den 30er Jahren baute der Despot seine Stellung durch »Säuberungen« und Terrorherrschaft aus. Mehrere Mio. Menschen starben in Lagern.

- 1898: Eintritt in die Sozialdemokratische Arbeiterpartei
- 1922: 1. Sekretär des ZK der KPdSU
- 1943: Marschall der Sowjetunion

17. März 1953

Atomtest für Zivilschutz

Die US-Regierung lässt in der Wüste von Nevada eine Atombombe zünden, um Möglichkeiten des Zivilschutzes zu testen. Ungeachtet der noch nicht erkannten Strahlengefahr wohnen US-Soldaten und Journalisten in nur drei Kilometern Entfernung der gewaltigen Detonation bei (s. Abb.). Nach Ansicht der Zivilschutzbehörde ist die Explosion einer Atombombe ab 2800 m Abstand ungefährlich.

6. April 1953

Adenauer in Washington

Als erster deutscher Regierungschef trifft Bundeskanzler und Außenminister Konrad Adenauer zu einem offiziellen Staatsbesuch in den USA ein. Drei Tage lang führt er Gespräche mit der Regierung von US-Präsident Dwight D. Eisenhower über Themen wie die geplante Wiederbewaffnung der Bundesrepublik Deutschland sowie die deutsche Frage. Die US-Regierung bereitet Adenauer einen ausgesprochen herzlichen Empfang und behandelt den Kanzler als gleichberechtigten politischen Partner. Die Presse feiert den Washingtonbesuch als großen politischen und persönlichen Erfolg Adenauers. So verleiht die Georgetown- Universität in Washington dem Bundeskanzler die Ehrendoktorwürde für seine Verdienste als Staatsmann (s. Abb.). Dem Staatsgast wird außerdem die Ehre von 21 Salutschüssen zuteil, die sonst nur den Staatsoberhäuptern vorbehalten ist.

19. März 1953

Parlament billigt EVG-Vertrag

Als erstes europäisches Parlament billigt der Bundestag den Vertrag zur Errichtung der Europäischen Verteidigungsgemeinschaft. In dritter Lesung votieren die Bonner Parlamentarier für den Deutschlandvertrag, der der Bundesrepublik zu einem beinahe völlig souveränen Staat macht. SPD und KPD lehnen die umstrittenen Abkommen ab. Der SPD-Vorsitzende Erich Ollenhauer fordert vor dem Plenum eine Außenpolitik, die der Bundesrepublik Deutschland die volle Gleichberechtigung verschaffe und dem westlichen Sicherheitsbedürfnis Rechnung trage, ohne die deutsche Wiedervereinigung zu erschweren. Dies werde durch die zur Abstimmung stehenden Verträge allerdings nicht erreicht.

19. März 1953

Kabinenroller auf IAA

Die Internationale Automobilausstellung (IAA) zeigt in Frankfurt am Main die neuen Trends auf dem Automobilmarkt. Hoch im Kurs stehen Kleinwagen: Zu den erfolgreichsten Neuheiten zählt der dreirädrige »Messerschmitt-Kabinenroller« mit 9-PS-Motor (s. Abb.). Wegen seiner Plexiglashaube erhält das Vehikel im Volksmund den Beinamen »Schneewittchensarg«. Während revolutionäre technische Neuerungen ausbleiben, sind auf der IAA Trends im Karosserie-Design festzustellen. So setzt sich die Ponton-Form mit gewölbten Windschutzscheiben durch.

April 1953

1 Mi In der Bundesrepublik verlieren alle Gesetzesbestimmungen ihre Gültigkeit, die dem Gleichberechtigungsgrundsatz von Mann und Frau widersprechen.

2 Do Der Ministerrat der DDR erlässt eine »Verordnung über das Lichtspielwesen«. Demnach dürfen nur regimetreue Personen ein Kino betreiben.

3 Fr Dem Präsidenten der Montanunion, Jean Monnet, wird in Aachen der Karlspreis für besondere Dienste um die europäische Vereinigung verliehen.

4 Sa Der italienische Staatspräsident Luigi Einaudi löst auf Antrag von Regierungschef Alcide de Gasperi das Parlament auf und setzt Neuwahlen an.

5 So In Havanna scheitert ein Umsturzversuch gegen die Regierung des kubanischen Diktators Fulgenico Batista y Zaldivar.

6 Mo Ein US-Ausschuss zur Untersuchung »unamerikanischer Umtriebe« beginnt in der Bundesrepublik mit der Überprüfung von US-Angestellten. → Adenauer

7 Di Frankreich bietet Vietnam, Kambodscha und Laos Selbstständigkeit und Gleichberechtigung im Rahmen der französischen Union an. → UN-Generalsekretär

8 Mi Die letzten noch von französischen Truppen besetzten Teile der Stadt Kehl werden an die Bundesrepublik Deutschland zurückgegeben.

9 Do In Luxemburg heiraten Erbgroßherzog Jean von Luxemburg und Prinzessin Josephine Charlotte, die Schwester des belgischen Königs Baudouin.

10 Fr Erstmals wird in Israel das Werk eines deutschen Komponisten öffentlich aufgeführt. Der jüdische Violinist Jascha Heifetz spielt ein Sonate von Richard Strauss.

11 Sa Die kriegführenden Parteien im Korea-Krieg unterzeichnen in Panmunjom ein Abkommen über den Austausch kranker und verwundeter Gefangener.

12 So Solange die Teilung Koreas nicht aufgehoben sei, will der südkoreanische Staatschef Syngman Rhee, wie er heute verkündet, den Krieg fortsetzen.

13 Mo Truppen der gegen die französische Kolonialmacht in Indochina kämpfenden kommunistischen Vietminh-Bewegung beginnen eine Offensive in Laos.

14 Di In Venezuela tritt eine neue Verfassung in Kraft. Sie stärkt die Stellung des Parlaments und führt die Direktwahl des Präsidenten durch das Volk ein.

15 Mi Während einer Rede des argentinischen Präsidenten Juan Domingo Perón in Buenos Aires werden sechs Menschen bei einem Bombenattentat getötet.

16 Do Bei den Parlamentswahlen in Südafrika erringt die für eine strikte Rassentrennung eintretende regierende Nationalistische Partei die Mehrheit der Mandate.

17 Fr Das Internationale Olympische Komitee beschließt in Mexiko-Stadt, die nächsten Olympischen Spiele in Melbourne (Australien) auszutragen.

18 Sa Der Vorsitzende der Freien Deutschen Jugend (FDJ) in der DDR, Erich Honecker, wirft der Evangelischen Jungen Gemeinde staatsfeindliche Aktivitäten vor.

19 So Bei den Parlamentswahlen in Japan verliert die Liberale Partei von Ministerpräsident Shigeru Yoshida im Unterhaus vier Sitze, bleibt aber stärkste Partei.

20 Mo Die UNO bildet einen Ausschuss, der Vorwürfe über die angebliche Verwendung bakteriologischer Waffen im Korea-Krieg untersuchen soll.

21 Di Die Bischöfe der Evangelisch-Lutherischen Landeskirchen protestieren gegen die Verfolgung der evangelischen Christen in der DDR.

22 Mi Mit der Verabschiedung des Programms für die Bundestagswahlen geht in Hamburg der vierte Bundesparteitag der CDU zu Ende.

23 Do In Paris fordert die NATO die Verwirklichung der EVG. +++ Johannes R. Becher wird Präsident der Deutschen Akademie der Künste in der DDR.

24 Fr Königin Elizabeth II. von Großbritannien erhebt den britischen Premierminister Winston Churchill in den Ritterstand. Er trägt künftig den Titel »Sir«.

25 Sa Das Parteiorgan »Prawda« bekundet die Bereitschaft der UdSSR, mit den USA Gespräche über die friedliche Beilegung internationaler Konflikte aufzunehmen.

26 So In Hannover beginnt die Technische Messe. 2554 Aussteller der Maschinenbau- und Elektrobranche aus dem In- und Ausland präsentieren ihre Erzeugnisse.

27 Mo Die britische und die ägyptische Regierung nehmen in Kairo Verhandlungen über den Abzug britischer Truppen aus der Suezkanalzone auf.

28 Di Das Innenministerium der DDR bezeichnet die Evangelische Junge Gemeinde als eine illegale Organisation, die systematisch Hetze gegen die DDR betreibe.

29 Mi Im Rahmen der von den Alliierten beschlossenen Entflechtung der bundesdeutschen Stahlindustrie wird der Thyssen-Konzern neu geordnet.

30 Do Der Bundesvorstand des Deutschen Gewerkschaftsbundes fordert in Düsseldorf den freien Samstagnachmittag für sämtliche Beschäftigte im Einzelhandel.

Mai 1953

1 Fr	Im erstmals seit 1943 ausgetragenen Endspiel um den Vereinspokal des Deutschen Fußballbundes besiegt Rot-Weiß Essen Alemannia Aachen mit 2:1.
2 Sa	In den arabischen Königreichen Irak und Jordanien besteigen der 18-jährige Faisal II. und sein Vetter, der 17-jährige König Hussein II., den Thron.
3 So	Mit einer Ansprache von Bundespräsident Theodor Heuss beginnt in Köln das Programm der Deutschen Welle, des Radiosenders für Deutsche im Ausland.
4 Mo	Für seine Erzählung »Der alte Mann und das Meer« erhält der US-Schriftsteller Ernest Hemmingway in New York den Pulitzer-Preis.
5 Di	Max Frischs Drama »Don Juan oder Die Liebe zur Geometrie« hat gleichzeitig am Schauspielhaus in Zürich und am Westberliner Schiller-Theater Premiere.
6 Mi	Der Bundestag beschließt gegen die Stimmen von SPD und KPD die sog. kleine Steuerreform, die eine Lohn- und Einkommensteuersenkung um rd. 15% vorsieht.
7 Do	Die kommunistischen Vietminh-Truppen stellen ihre Offensive in Laos ein. +++ In New York feiert das Musical »Cancan« von Cole Porter Premiere.
8 Fr	Das Ballett »Die Dame und das Einhorn« von Jean Cocteau kommt im Münchener Theater am Gärtnerplatz zur Uraufführung.
9 Sa	Im kalifornischen Fresno verbessert der US-Leichtathlet Parry O'Brien mit einer Weite von 18 m den Weltrekord im Kugelstoßen um 5 cm.
10 So	Chemnitz in der DDR erhält den Namen Karl-Marx-Stadt. +++ In der Essener Villa Hügel, früherer Wohnsitz der Krupps, findet die erste Kunstausstellung statt.
11 Mo	In den USA verwüstet ein Tornado die texanischen Städte Waco und San Angelo. Der Wirbelsturm fordert etwa 200 Todesopfer.
12 Di	Auf Vorschlag von US-Präsident Dwight D. Eisenhower wird General Alfred M. Gruenther zum neuen NATO-Oberbefehlshaber in Europa ernannt.
13 Mi	Das Zentralkomitee der Sozialistischen Einheitspartei Deutschlands (SED) fordert eine generelle Erhöhung der Arbeitsnormen in der DDR um 10%.
14 Do	Bundeskanzler Konrad Adenauer trifft zu einem dreitägigen Besuch in London ein. Im Mittelpunkt stehen Gespräche mit Premierminister Winston Churchill.
15 Fr	Rocky Marciano (USA) verteidigt in Chicago seinen Titel als Boxweltmeister im Schwergewicht durch einen k.-o.-Sieg über Jersey Joe Walcott (USA).
16 Sa	Die von Max Brod dramatisierte Fassung von Franz Kafkas Roman »Das Schloss« feiert im Westberliner Schlosspark-Theater Premiere.
17 So	In Großbritannien werden zum zweiten Mal im laufenden Jahr die jedem Bürger zustehenden wöchentlichen Fleischrationen erhöht.
18 Mo	Das wieder errichtete Deutsche Eck am Zusammenfluss von Rhein und Mosel in Koblenz wird als Mahnmal zur deutschen Einheit eingeweiht.
19 Di	Die DDR-Justiz weist eine Verleumdungsanzeige des evangelischen Bischofs Otto Dibelius gegen das FDJ-Organ »Junge Welt« ab.
20 Mi	Das heute in Paris von Frankreich und dem Saarland unterzeichnete Status-quo-Abkommen gesteht dem Saarland größere politische Autonomie zu.
21 Do	Nach der Forderung von Sondervollmachten stürzt die französische Nationalversammlung Ministerpräsident René Mayer durch ein Misstrauensvotum.
22 Fr	Das die Aufstellung der Bundeswehr vorbereitende Amt Blank gibt an, wöchentlich würden sich rd. 3000 Freiwillige für deutsche EVG-Einheiten melden.
23 Sa	Im Deutschen Theater in Ost-Berlin feiert unter der Regie von Bertolt Brecht Erwin Strittmatters Schauspiel »Katzgraben« Premiere.
24 So	Auf der Tagung der Schriftstellervereinigung »Gruppe 47« in Mainz erhält die Lyrikerin Ingeborg Bachmann für »Die gestundete Zeit« den Literaturpreis der Gruppe.
25 Mo	Die US-Armee testet erstmals ein Artilleriegeschoss mit atomarer Sprengladung, deren Sprengkraft etwa der Hiroshima-Bombe entspricht.
26 Di	Durch ein vom iranischen Parlament verabschiedetes Gesetz wird Schah Mohammad Resa Pahlawi jede Verfügungsgewalt über die Streitkräfte entzogen.
27 Mi	In zwei sog. volkseigenen Betrieben in Finsterwalde (DDR) kommt es zu Streiks gegen die angekündigte Erhöhung der Arbeitsnormen in der DDR.
28 Do	Mit knapper Mehrheit entscheidet das dänische Volk für eine Verfassungsreform. Durch die Änderung ist u.a. künftig die weibliche Thronfolge möglich.
29 Fr	Der Zapfenstreich für US-Soldaten in Europa wird aufgehoben. Bisher mussten die Soldaten bis 24 Uhr in den Kasernen sein. → Mount Everest
30 Sa	Weil Südkorea die UN-Vorschläge zum Gefangenenaustausch ablehnt, erklärt es den Boykott der Waffenstillstandsverhandlungen im Koreakrieg.
31 So	SED-Parteichef Walter Ulbricht legt auf dem Dresdener Altmarkt den Grundstein für den Neuaufbau des im Krieg zerstörten Stadtzentrums.

2. Juni 1953

Krönung von Elizabeth II. als buntes Medienspektakel

In einer prunkvollen Zeremonie krönt der Erzbischof von Canterbury die 27-jährige Thronfolgerin Elizabeth zur Königin von Großbritannien und Irland. Die Inthronisierung ist ein besonderes Medienspektakel. Erstmals wird ein Ereignis live im Fernsehen als Eurovisionssendung übertragen.
Elizabeth (s. Abb.) fährt in einer von acht Grauschimmeln gezogenen Karosse mit ihrem Ehemann Philip Mountbatten, dem Herzog von Edinburgh, zur Zeremonie in die Londoner Westminster Abbey. Auf den Straßen haben sich hunderttausende Schaulustige versammelt, um dem Spektakel beizuwohnen. Viele verbrachten die Nacht im Freien, um sich einen Platz in den ersten Reihen zu sichern. Um 11.15 Uhr erreicht der von einer mehr als tausendköpfigen Garde eskortierte Zug Westminster Abbey. 7600 Gäste wohnen dort der Zeremonie bei. Die Kirche war wegen der Krönungsvorbereitungen seit Jahresbeginn geschlossen. Im Februar war der Vater der neuen Monarchin, König Georg VI., verstorben. Während seiner Krankheit war Elizabeth bereits häufiger in der Öffentlichkeit als Repräsentantin des Königshauses in Erscheinung getreten. Sie hatte sich u.a. durch ein Studium der Verfassungsgeschichte und der Rechtswissenschaften bei einem Eton-Professor auf ihre zahlreichen Aufgaben als Monarchin vorbereitet.

17. Juni 1953

Sowjetpanzer walzen Arbeiteraufstand nieder

Aus einem Streik gegen die Erhöhung von Arbeitsnormen wird in der DDR ein landesweiter Aufstand gegen das kommunistische Regime. Schnell bestimmen politische Parolen die Szene. Die Demonstranten fordern freie Wahlen, den Rücktritt der SED-Regierung, die Zulassung unabhängiger demokratischer Parteien und die Freilassung aller politischen Gefangenen. Auch der Ruf nach Wiedervereinigung wird laut. Sowjetische Panzer und Truppen schlagen den Aufstand nach kurzer Zeit gewaltsam nieder.
Mit dem Streik der Bauarbeiter in der Ostberliner Stalinallee beginnt am 16. Juni der Aufstand in der DDR. Aus dem Protestzug entwickelt sich eine machtvolle Demonstration, an der sich rasch 10 000 Menschen beteiligen. Die Sozialistische Einheitspartei (SED) versucht, die aufgebrachten Menschen zu beruhigen und nimmt die Normerhöhungen zurück: »Die Erhöhung der Arbeitsnormen darf und kann nicht mit administrativen Methoden durchgeführt werden, sondern einzig und allein auf der Grundlage der Überzeugung und der Freiwilligkeit«, heißt es in dem eilig abgefassten Beschluss.

Das Auto eines SED-Funktionärs ist von der wütenden Menge umgestürzt worden.

Mittlerweile stellen die Arbeiter aber auch politische Forderungen und drohen, den Generalstreik auszurufen. Am 17. Juni fahren Panzer auf und walzen den Protest nieder. Nach westlichen Schätzungen kommen 200 Demonstranten ums Leben, mehrere Beteiligte werden von sowjetischen Standgerichten zum Tode verurteilt und hingerichtet.

Ein Ostberliner, der von einem Panzer getötet wurde, wird geborgen.

Chronik der Ereignisse in Ost-Berlin

Datum	Ereignisse
16. Juni	Arbeiteraufstand beginnt in Ost-Berlin
	SED-Politbüro beschließt Rücknahme der Normerhö
17. Juni	In fast allen Betrieben wird gestreikt
	Erste sowjetische Panzerspähwagen in Ost-Berlin
	Unter den Linden wird ein Arbeiter getötet
	Arbeiter-Demo führt durchs Brandenburger Tor
	Sowjetische Panzer auf dem Alexanderplatz
	Ausnahmezustand über Ost-Berlin verhängt
	Demonstrationszüge werden zerstreut
	Der Aufstand wird niedergeschlagen
18. Juni	SED-Politbüro tritt zu einer beratenden Sitzung zusa

29. Mai 1953

Hillary und Norgay bezwingen den Mount Everest

Als erste Menschen erklimmen der Neuseeländer Edmund P. Hillary und der Nepalese Tenzing Norgay (s. Abb. v.r.) den Mount Everest, den höchsten Berg der Erde. Der jahrzehntealte Traum von der Bezwingung des 8848 m hohen Himalajagipfels ist Wirklichkeit geworden.
Hillary und Tenzing gehören zur britischen Expedition von John Hunt, dem elften britischen Unternehmen am Mount Everest. Am 10. März waren die Teilnehmer mit 350 Trägern und acht Tonnen Gepäck von der nepalesischen Hauptstadt Kathmandu aufgebrochen. Auf 8754 m Höhe musste eine Gruppe wegen Nachschubproblemen und Sauerstoffmangels zurückbleiben. Der 33-jährige Bienenzüchter Hillary und der 39-jährige ortskundige Sherpa Tenzing Norgay setzten den Weg fort. Am 28. Mai errichten die Bergsteiger ihr Lager am Südostgrat, einen Tag später besteigen sie bei gutem Wetter den Südgipfel. Nach der Überwindung des letzten Gipfelgrates erreichen die Männer den höchsten Punkt. Die Bezwinger des Mount Everest werden schlagartig berühmt. Noch in derselben Woche erhebt die britische Königin Elizabeth II. Edmund P. Hillary und John Hunt in den Adelsstand. Hunt versucht, die Leistung von Tenzing Norgay herunterzuspielen, indem er behauptet, dieser habe nur eine »zweitrangige Rolle« bei der Erstbesteigung gespielt. 1999 tauchen Zweifel auf, ob nicht bereits im Juni 1924 der später verunglückte englische Bergsteiger George Mallory den Gipfel erklommen hat.

Streikende Arbeiter ziehen durch das Brandenburger Tor. Die Parole lautet »Freiheit«.

Stalinismus schürt den Volkszorn

Misswirtschaft und die stalinistische Politik der SED haben in weiten Teilen der DDR-Bevölkerung Unmut ausgelöst. Vor allem seit der Proklamierung des »planmäßigen Aufbaus des Sozialismus« auf der zweiten Parteikonferenz der SED 1952 war die Unzufriedenheit stark angewachsen. Die Förderung der Schwerindustrie stand für die Regierung an erster Stelle und ging zu Lasten des Konsumgütersektors – die Folgen sind Engpässe in der Lebensmittelversorgung. Zudem sieht sich die bürgerliche Mittelschicht zunehmenden Repressalien ausgesetzt. Selbstständige müssen hohe Steuern zahlen, die Zwangskollektivierung der Landwirtschaft wird vorangetrieben. Bereits in der Vergangenheit war es aus Protest immer wieder zu vereinzelten Arbeitsniederlegungen gekommen. Die DDR-Führung reagiert nicht auf die zunehmende Verbitterung in der Bevölkerung. Auch die nach dem Tod Stalins und auf Drängen der neuen sowjetischen Führung eingeleiteten Veränderungen in der DDR können die aufgestauten Aggressionen nicht mehr stoppen. Zudem wird die heftig umstrittene Erhöhung der Arbeitsnormen zu lange beibehalten. Als die DDR-Führung endlich doch einen »Neuen Kurs« einleitet, wird dies von vielen als Schwäche interpretiert.

Juni 1953

1 Mo In der DDR wird eine sog. Volkskontrolle eingeführt. Freiwillige Helfer sollen als Haus- und Straßenobleute die Volkspolizei unterstützen.

2 Di Der italienische Radrennfahrer Fausto Coppi gewinnt zum fünften Mal den Giro d'Italia. Nach 4035 km erreicht er das Ziel in Mailand. → Elizabeth II.

3 Mi Die sowjetische Parteiführung wiederholt ihre im April an die Parteispitze der DDR gerichtete Mahnung, den scharfen innenpolitischen Kurs zu lockern.

4 Do In Eisleben (DDR) erzwingen die Bergleute durch eine Arbeitsniederlegung die Rücknahme der Ende Mai beschlossenen Erhöhung der Arbeitsnormen.

5 Fr Der US-Sportler Parry O'Brien verbessert in Compton (Kalifornien) seinen eigenen Weltrekord im Kugelstoßen um vier Zentimeter auf 18,04 m.

6 Sa In Epsom in Großbritannien gewinnt der britische Jockey Sir Gordon Richards auf Pinza das 174. englische Galopp-Derby.

7 So Im schweizerischen Kanton Genf wird die Einführung des Frauenwahlrechts in einer Volksabstimmung mit einer Mehrheit von 57% abgelehnt.

8 Mo Bundesinnenminister Robert Lehr (CDU) eröffnet in Berlin (West) das Bundesverwaltungsgericht und den Bundesdisziplinarhof.

9 Di In der Bundesrepublik tritt das Gesetz über die Verbreitung jugendgefährdender Schriften in Kraft, das die Einrichtung einer Bundesprüfstelle vorsieht.

10 Mi Indien schließt seine Gesandtschaft in Portugal. Die portugiesische Regierung lehnte es ab, Besitzungen Portugals auf indischem Boden zurückzugeben.

11 Do Die drei Westmächte schlagen der Sowjetunion vor, die Verhandlungen über einen Staatsvertrag für Österreich wieder aufzunehmen.

12 Fr Der Physiker Albert Einstein fordert Intellektuelle der USA auf, vor dem Ausschuss zur Untersuchung »unamerikanischer Umtriebe« die Aussage zu verweigern.

13 Sa Christl Schack, ein Mannequin aus West-Berlin, wird im Kurhaus der hessischen Landeshauptstadt Wiesbaden zur Miss Germany gewählt.

14 So US-Präsident Dwight D. Eisenhower spricht sich gegen die Verbrennung von angeblich kommunistischen Büchern in US-Regierungsbibliotheken im Ausland aus.

15 Mo DDR-Parteichef Walter Ulbricht räumt Fehler bei der Parteiführung ein. Die Partei habe nicht erkannt, dass das Tempo der Sozialisierung zu hoch gewesen sei.

16 Di Die Regierungen Jugoslawiens und der Sowjetunion nehmen ihre 1949 abgebrochenen diplomatischen Beziehungen wieder auf.

17 Mi Das von Fritz Kortner in West-Berlin inszenierte Stück »Der Preispokal« ruft wegen angeblich pazifistischer Tendenzen Protest hervor. → Arbeiteraufstand

18 Do Der ägyptische Ministerpräsident Ali Muhammad Nagib erklärt Ägypten zur Republik und übernimmt selbst das Amt des Staatspräsidenten.

19 Fr Das Ehepaar Ethel und Julius Rosenberg wird im Staatsgefängnis von New York wegen Atomspionage für die UdSSR hingerichtet.

20 Sa In der Münchener Innenstadt kommt es zu schweren Unruhen, weil zwei Textilhäuser beabsichtigen, ihre Geschäfte auch am Samstagnachmittag zu öffnen.

21 So Durch ein 4:1 über den VfB Stuttgart wird der 1. FC Kaiserslautern im Berliner Olympiastadion Deutscher Fußballmeister.

22 Mo In Straßburg findet die erste gemeinsame Sitzung der beratenden Versammlung des Europarates und der Versammlung der Montanunion statt.

23 Di Für die sieben Westberliner Bürger, die bei dem Aufstand in der DDR getötet worden sind, findet in West-Berlin eine Trauerfeier statt.

24 Mi Ein vom Bundestag verabschiedetes Gesetz überträgt dem Bund die Kompetenz für den Bau und die Unterhaltung der Autobahnen und Bundesstraßen.

25 Do Der als »Würger von Nottinghill« bekannt gewordene John Reginald Christie wird in London wegen mehrfachen Mordes zum Tod durch den Strang verurteilt.

26 Fr Die jüdischen Waisen Robert und Gerald Finally, die von ihrer Pflegemutter nach Spanien entführt worden waren, kehren nach Frankreich zurück.

27 Sa Den erstmals verliehenen Heinrich-Mann-Preis der Deutschen Akademie der Künste der DDR erhalten die Schriftsteller Stefan Heym und Max Zimmering.

28 So Bei den Leichtathletikmeisterschaften der USA in Dayton verbessert Walter Davis mit 2,12 m den zwölf Jahre alten Hochsprung-Weltrekord um 1 cm.

29 Mo Die Chefs der diplomatischen Missionen der Bundesrepublik bei den Regierungen der drei westlichen Alliierten erhalten den Rang von Botschaftern.

30 Di Justizminister Max Fechner betont die Verfassungsgarantie des DDR-Streikrechts. +++ Die Zahl der Beschäftigten in der Bundesrepublik erreicht 15,81 Mio.

Juli 1953

1 Mi Das seit dem 17. Juni bestehende nächtliche Ausgehverbot in Ost-Berlin wird auf Beschluss des sowjetischen Militärkommandanten wieder aufgehoben.

2 Do Aus Protest gegen den Besuch der britischen Königin Elizabeth II. in Nordirland verüben irische Nationalisten mehrere Bombenanschläge.

3 Fr Bei den offenen Englischen Tennismeisterschaften in Wimbledon holt Maureen Connolly (USA) als Erste den »Grand Slam«. → Nanga Parbat

4 Sa Auf dem Stockholmer Weltkongress des Internationalen Bundes Freier Gewerkschaften wird der Belgier Omar Becu zum Präsidenten gewählt. → Nagy

5 So Verheerende Überschwemmungen westlich der indischen Stadt Kalkutta zerstören 60 Dörfer. Etwa 300 000 Menschen verlieren ihr Obdach.

6 Mo Rumänien erhöht die Rationen für Kartoffeln, Gemüse, Zucker und Obst. Die Brotrationierung wird aufgehoben.

7 Di Mit der Unterschrift der Ratifizierungsurkunde durch Luxemburg tritt die 1950 beschlossene Europäische Konvention der Menschenrechte in Kraft.

8 Mi Die seit dem Aufstand vom 17. Juni geltenden Verkehrsbeschränkungen zwischen dem Ost- und Westteil Berlins werden aufgehoben.

9 Do Der im Juni zurückgetretene finnische Regierungschef Urho K. Kekkonen übernimmt das Amt erneut. Er führt eine Minderheitsregierung.

10 Fr Die sowjetische Nachrichtenagentur TASS meldet, dass der stellvertretende Ministerpräsident und Innenminister Lawrentij P. Berija seiner Ämter enthoben wurde.

11 Sa Der Ausnahmezustand in Ost-Berlin ist aufgehoben. +++ Fortune Gordien (USA) stellt in Pasadena mit 58,10 m einen Weltrekord im Diskuswerfen auf.

12 So Syngman Rhee, Staatspräsident von Südkorea, stimmt nach zweiwöchigen Verhandlungen einem Waffenstillstand im Koreakrieg zu.

13 Mo Der US-Kongress billigt das Auslandshilfeprogramm der Regierung. Von insgesamt 5,6 Mrd. Dollar sind 2,13 Mrd. Dollar Militärhilfe für Europa vorgesehen.

14 Di Das Gesetz über die Bildung einer Zentralafrikanischen Union aus den britischen Kolonialgebieten Rhodesien und Njassaland tritt in Kraft.

15 Mi DDR-Justizminister Max Fechner wird wegen »republikfeindlicher Tätigkeit« verhaftet. Er hatte auf die Verfassungsmäßigkeit des Streikrechts hingewiesen.

16 Do In London findet die Hinrichtung des als »Würger von Nottinghill« bekannt gewordenen Frauenmörders John Reginald H. Christie statt.

17 Fr Der Bundesrat wählt turnusmäßig den hessischen Ministerpräsidenten Georg August Zinn (SPD) zu seinem neuen Präsidenten.

18 Sa 15 000 ehemalige Wehrmachtsoldaten und Angehörige der Waffen- SS nehmen in Hannover am ersten großen Soldatentreffen nach dem Krieg teil.

19 So Im Innenhof des früheren NS-Kriegsministeriums in West-Berlin wird ein Mahnmal für die Widerstandskämpfer des 20. Juli 1944 enthüllt.

20 Mo Britische Militärflugzeuge in der Bundesrepublik Deutschland dürfen künftig Wohngebiete nicht mehr im Tiefflug überqueren.

21 Di Israel und die Sowjetunion nehmen wieder diplomatische Beziehungen auf. Die UdSSR hatte diese nach einem Anschlag auf ihre Botschaft abgebrochen.

22 Mi Die Bundesbahn und die Reichsbahn der DDR vereinbaren, wegen der Überlastung der Züge im Interzonenverkehr zusätzliche Züge einzusetzen.

23 Do Der Ministerrat der DDR beschließt, die Löhne für Arbeiter der volkseigenen Betriebe in den unteren Lohngruppen anzuheben.

24 Fr In Den Haag vereinbaren die Benelux-Staaten (Belgien, Niederlande, Luxemburg) die Einrichtung eines gemeinsam beratenden parlamentarischen Gremiums.

25 Sa Auf der Werft der Hamburger Howaldtswerke läuft die »Tina Onassis« vom Stapel, mit 45242 BRT das größte Tankschiff der Welt.

26 So Mit einem Vorsprung von 11,52 min gewinnt der französische Radrennfahrer Louison Bobet vor Jean Mallejac (Frankreich) die Tour de France. → Kuba

27 Mo In West-Berlin beginnt die Ausgabe von Paketen mit Lebensmittelspenden für die Bevölkerung des Ostteils der Stadt und der DDR. → Korea

28 Di Der italienische Ministerpräsident Alcide de Gasperi tritt zurück, da das Parlament seiner Minderheitsregierung nicht das Vertrauen ausspricht.

29 Mi Auf seiner letzten Sitzung in der laufenden Legislaturperiode beschließt der Bundestag u.a., den gehobenen Wohnungsbau stärker zu fördern.

30 Do In einem »Aufruf an das deutsche Volk« schlägt die DDR vor, mit Vertretern der Bundesrepublik über die Bildung einer gesamtdeutschen Regierung zu beraten.

31 Fr Die UdSSR erklärt, die Wiederaufnahme von Verhandlungen für einen Staatsvertrag mit Österreich bedinge die Ausarbeitung eines neuen Entwurfs.

Noch ist kein Frieden in Sicht

Lange hatten die Konfliktparteien in Korea um einen Frieden gerungen. 1952 waren die Gespräche zum Erliegen gekommen, weil keine Einigkeit über die Frage des Kriegsgefangenenaustauschs erzielt werden konnte. Im Dezember lehnten China und Nordkorea eine UN-Resolution ab, die den Gefangenen eine Rückkehr in die Heimat freigestellt hätte. Beide Staaten sahen darin den Versuch, Angehörige ihrer Armeen gewaltsam festzuhalten. Stattdessen forderten sie, vor der Lösung dieses Problems einen Vertrag über einen Waffenstillstand zu schließen und erst später über Details zu verhandeln.
Erst im März 1953 stimmten Nordkorea und China dem vom UNO-Oberkommando vorgeschlagenen Austausch kranker und verwundeter Gefangener zu. Die beiden Länder deuteten zudem an, dass sie nicht länger auf ihrer Forderung bestehen würden, Kriegsgefangene, die nicht in ihre Heimat zurückkehren wollten, zwangsweise zurückzuführen. Dies hatte bisher ein wesentliches Hindernis für die Waffenstillstandsverhandlungen bedeutet, die im April in Panmunjom wieder aufgenommen worden waren. Das zwischen beiden Parteien vereinbarte Abkommen legt die Demarkationslinie nördlich des 38. Breitengrades fest. Dies entspricht dem Frontverlauf, der sich seit Anfang 1951 nur noch geringfügig verändert hatte. Gegenüber dem Grenzverlauf vor Kriegsausbruch vergrößert sich das südkoreanische Gebiet um 3800 km^2. In den letzten Wochen war es zu heftigen Kämpfen gekommen, in denen Nordkoreaner und Chinesen ihre Position vor Inkrafttreten der Waffenruhe noch verbesserten. Innerhalb von 72 Stunden müssen beide Seiten ihre Truppen entlang der Demarkationslinie um 2 km zurückziehen, so dass eine 4 km breite entmilitarisierte Pufferzone entsteht. Die Einhaltung des Waffenstillstands wird von einer Kommission überwacht, der je fünf Offiziere beider Seiten angehören.

Oben: US-Soldaten marschieren an die Front, während die Zivilbevölkerung aus den Kampfgebieten flieht. Rechts: Südkoreanische Schülerinnen protestieren auf Demonstrationszügen gegen die Waffenruhe.

19. August 1953

Schah gewinnt Machtkampf

Der persische Schah Resa Pahlawi gewinnt den Machtkampf gegen Ministerpräsident Mohammad Mossadegh (s. Abb. r.), der von Einheiten des Militärs gestürzt wird. Nur eine Woche, nachdem der Monarch geflüchtet war, kehrt er am 23. August nach Teheran zurück. Im Hintergrund steht der Konflikt mit London um die Kontrolle der iranischen Erdölvorkommen.

4. Juli 1953

Nagy wird Regierungschef

In Ungarn übernimmt ein als Reformer geltender Politiker das Ruder. Der neue Regierungschef Imre Nagy kündigt einen Kurswechsel in der Innen- und Wirtschaftspolitik des kommunistischen Landes an. In seiner Antrittsrede vor dem Parlament verweist er auf die angespannte Lage in der DDR, wo der Arbeiteraufstand gewaltsam niedergeschlagen wurde. Die Unzufriedenheit der Bevölkerung, die im Rahmen der Unruhen zum Ausdruck gekommen sei, zwinge alle osteuropäischen »Volksdemokratien«, ihre Politik zu überdenken. In erster Linie, so Nagy, der seit 1944 den Führungskreisen der ungarischen KP angehört, sei eine Reform der Wirtschaftspolitik nötig. Nur so könne die Versorgungslage der Menschen nachhaltig verbessert werden. Alle Internierungslager sollen aufgelöst werden.

27. Juli 1953

Ruhe an Korea-Front

Nach drei Jahren endet der Koreakrieg. Zurück bleibt eine der heißesten Grenzen des Kalten Krieges. US-Generalmajor William K. Harrison und der nordkoreanische General Nam Ir unterzeichnen im Grenzort Panmunjom einen Waffenstillstandsvertrag. Zwölf Stunden später werden sämtliche Kampfhandlungen eingestellt.

Eine endgültige Friedensregelung bleibt einer politischen Konferenz vorbehalten, die innerhalb von 90 Tagen einberufen werden soll. Dieses Vorhaben scheitert jedoch bereits in der Vorbereitungsphase. Beide Seiten können sich nicht darüber einigen, ob und mit welchem Status die Sowjetunion an diesen Verhandlungen beteiligt werden soll. Vorgespräche in Panmunjom werden im Dezember abgebrochen. Das Waffenstillstandsabkommen beendet einen Krieg, in dem sich auf der einen Seite das kommunistische Nordkorea, das von Streitkräften der Volksrepublik China unterstützt wurde, und auf der anderen Seite Südkorea, das auf die Unterstützung einer UN-Streitmacht bauen konnte, gegenüberstanden. Das UN-Kontingent bestand zum überwiegenden Teil aus US-Truppen. 43000 Südkoreaner, 24000 Soldaten der USA und mehr als 2000 weitere Angehörige der UN-Truppen kamen ums Leben, etwa 250000 wurden verwundet. Die Verluste der Armeen Chinas und Nordkoreas werden auf 1,7 Mio. Tote und Verwundete geschätzt. Unter der Zivilbevölkerung Südkoreas forderte der Krieg mehr als 1 Mio. Menschenleben, im Norden des Landes fanden Schätzungen zufolge mehr als doppelt so viele Menschen den Tod. Die Nachricht vom Waffenstillstand wird weltweit mit Erleichterung aufgenommen. Vor allem die USA sind zufrieden über das Ende des verlustreichen Konflikts. In Südkorea stößt die Waffenruhe jedoch vielfach auch auf Unverständnis. Viele sind bereit, bis zum Sieg und bis zur Wiedervereinigung des seit dem Ende des Zweiten Weltkriegs geteilten Landes weiter zu kämpfen. Der autoritär regierende Präsident Südkoreas, Syngman Rhee, hatte bis zuletzt versucht, eine Einigung auf diplomatischer Ebene zu verhindern, solange die Einheit des Landes nicht erreicht sei. Mitte Juni wäre es Rhee durch die Freilassung von 27000 nicht heimkehrwilligen chinesischen und nordkoreanischen Gefangenen beinahe noch gelungen, die Verhandlungen zu torpedieren. Nach Zusicherungen Washingtons, dass die USA auch in Zukunft an der Seite Südkoreas stehen würden, akzeptiert Rhee die Vereinbarungen. Der Ausbruch des Koreakriegs geht auf den Konflikt der Systeme in Ost und West zurück. Im Norden des Landes waren nach dem Weltkrieg Sowjettruppen einmarschiert, im Süden die US-Armee.

In Panmunjom verhandeln die Konfliktparteien den Waffenstillstand.

26. Juli 1953

Putsch auf Kuba scheitert

Auf der Karibikinsel Kuba scheitert ein Putschversuch unter Führung des 25-jährigen Fidel Castro (Abb.: Moncada-Kaserne in Havanna zeigt Spuren des Aufstands). Diktator Fulgencio Batista y Zaldívar bleibt im Amt, Castro wird inhaftiert.

3. Juli 1953

Gipfelsturm auf Nanga Parbat

Erstmals steht ein Mensch auf dem neunthöchsten Gipfel der Welt. Der österreichische Bergsteiger Hermann Buhl bezwingt den 8126 m hohen Nanga Parbat im westlichen Himalaja und hisst auf dem Gipfel die pakistanische Flagge – was ihm seine Landsleute verübeln. Der »Schicksalsberg der Deutschen« – in den 30er Jahren kamen mehrere deutsche Bergsteiger und ihre Träger bei Expeditionen ums Leben – ist für den Gipfelstürmer der dritte Achttausender, den er bezwungen hat. Buhl hatte die letzte Etappe der Extremtour im Alleingang zurückgelegt. Ohne Seil und ohne Sauerstoffgerät überwand der Tiroler in 17 Stunden die letzten 1225 m bis zum Gipfel. Auf dem Rückweg musste er bei -20 °C in einer Felswand knapp unterhalb des Gipfels übernachten. Ohne Biwaksack überstand er die Tortur.

August 1953

1 Sa Wegen der Lebensmittelhilfsaktion für die DDR in West-Berlin stellt die DDR den Verkauf von Eisenbahnfahrkarten nach Ost-Berlin vorübergehend ein.

2 So Durch einen Punktsieg über den Belgier Karel Sys verteidigt Heinz Neuhaus in Dortmund seinen Titel als Box-Europameister der Profis im Schwergewicht.

3 Mo Regierung und Parteiführung in Bulgarien beschließen, die Einzelhandelspreise für Lebensmittel und andere Konsumgüter herabzusetzen.

4 Di In der Akademie Calw findet eine Studientagung westeuropäischer Historiker statt. U.a. wird über ein gemeinsames europäisches Geschichtsbild beraten.

5 Mi Das Deutsche Turnfest wird in Hamburg eröffnet. +++ Im Grenzort Panmunjom beginnt der erste Austausch von Gefangenen des Koreakrieges.

6 Do Die DDR fordert von der US-Regierung, die gesperrten Dollar-Konten ihrer Notenbank in den USA ohne Vorbedingungen freizugeben.

7 Fr In der Bundesrepublik tritt ein Versammlungsgesetz in Kraft, das die Teilnahme an Versammlungen in Uniform und mit Kennzeichen des NS-Regimes verbietet.

8 Sa Der Vorsitzende des sowjetischen Ministerrats, Georgij M. Malenkow, betont das Interesse der UdSSR an einem friedlichen Nebeneinander mit den USA.

9 So Pressemeldungen zufolge starben in diesem Sommer in den Alpen bisher 144 Menschen. Die hohe Unfallhäufigkeit ist Ausdruck des zunehmenden Bergtourismus.

10 Mo Die französische Regierung verabschiedet trotz Streikdrohungen der Gewerkschaften mehrere Sparmaßnahmen, u.a. die Heraufsetzung des Rentenalters.

11 Di Bei einem schweren Erdbeben auf den griechischen Inseln Ithaka, Kefallonia und Zakynthos kommen 381 Menschen ums Leben.

12 Mi Die Sowjetunion testet erstmals eine Wasserstoffbombe. +++ In Hamburg beginnt der fünfte Deutsche Evangelische Kirchentag.

13 Do An einem Streik des öffentlichen Dienstes gegen die Sparpolitik der Regierung beteiligen sich in Frankreich rd. 4 Mio. Menschen.

14 Fr In Israel trifft das erste Schiff mit bundesdeutschen Lieferungen ein, die im Rahmen des Wiedergutmachungsabkommens vereinbart worden waren.

15 Sa Der bisherige Finanzminister Giuseppe Pella wird als Nachfolger des gestürzten Alcide de Gasperi neuer italienischer Regierungschef.

16 So In Marokko kommt es zu schweren Zusammenstößen zwischen Arabern und den französischen Sicherheitskräften.

17 Mo Bei den Salzburger Festspielen hat Gottfried von Einems Oper »Der Prozess« – nach Motiven des Romans von Franz Kafka – Premiere.

18 Di Der SPD-Vorsitzende Erich Ollenhauer lehnt den Vorschlag der DDR ab, als ersten Schritt der Wiedervereinigung eine gesamtdeutsche Regierung zu bilden.

19 Mi In einem Qualifikationsspiel zur Fußball-Weltmeisterschaft 1954 trennen sich Deutschland und Norwegen in Oslo mit 2:2. → Schah

20 Do Mit der Uraufführung des US-Films »Roman Holiday« (Ein Herz und eine Krone) mit Gregory Peck und Audrey Hepburn beginnt in Venedig die 14. Biennale.

21 Fr In der Nähe der Stadt Ravensburg im Alpenvorland wird bei Versuchsbohrungen erstmals ein Erdölvorkommen entdeckt.

22 Sa Die sowjetische Regierung verzichtet ab 1954 auf weitere Reparationsleistungen und senkt die von der DDR zu zahlenden Besatzungskosten.

23 So Der US-Diskuswerfer Fortune Gordien verbessert im kalifornischen Pasadena seinen Weltrekord vom Juli um 1,18 m auf 59,28 m.

24 Mo In der Bundesrepublik wirkt sich die jüngste Steuersenkung konkret aus: Ein Pfund Kaffee kostet 5 bis 6 DM weniger als zuvor.

25 Di Die US-Filmgesellschaft 20th Century Fox stellt in der Bundesrepublik das Cinemascope-Verfahren vor. +++ Das Technische Hilfswerk (THW) wird gegründet.

26 Mi Wegen wiederholter Manipulationsversuche wird die bei den Hörern sehr beliebte Schlagerparade des Nordwestdeutschen Rundfunks eingestellt.

27 Do Spanien und der Vatikan unterzeichnen ein Konkordat, das dem spanischen Staatschef u.a. ein Mitspracherecht bei der Ernennung von Bischöfen einräumt.

28 Fr Nach Angaben des bundesdeutschen Auswärtigen Amtes befinden sich noch mindestens 117529 deutsche Soldaten in Kriegsgefangenschaft.

29 Sa In Düsseldorf beginnt die 18. Deutsche Rundfunkausstellung. Erstmals stehen dabei Fernsehgeräte im Mittelpunkt des Interesses.

30 So Der italienische Radrennfahrer Fausto Coppi gewinnt in Lugano in der Schweiz erstmals die Weltmeisterschaft der Profis auf der Straße.

31 Mo Der Bundesgrenzschutz nimmt rd. 3000 Personen fest, die mutmaßlich von der DDR zur Störung der Bundestagswahlen eingeschleust worden sind.

September 1953

1 Di In der Bundesrepublik treten mehrere Änderungen der Straßenverkehrsordnung in Kraft; u.a. wird für Lkw das Tempolimit auf der Autobahn abgeschafft.

2 Mi Die drei Westmächte übermitteln der UdSSR eine Note zur deutschen Frage, in der sie vor einer Wiedervereinigung auf der Abhaltung freier Wahlen bestehen.

3 Do Der französische Staatsminister François Mitterrand tritt aus Protest gegen die Nordafrika-Politik seiner Regierung zurück.

4 Fr Wilhelm Pieck, der Präsident der DDR, ruft die westdeutsche Bevölkerung auf, bei der Bundestagswahl gegen Konrad Adenauer zu votieren.

5 Sa Die USA gewähren der neuen iranischen Regierung unter General Mohammad Fazlollah Zahedi Wirtschaftshilfe in Höhe von 45 Mio. Dollar.

6 So In Korea wird der Austausch der rückkehrwilligen Kriegsgefangenen beendet. Seit Juli kamen 75 799 Nordkoreaner und Chinesen frei. → Adenauer

7 Mo Das Zentralkomitee der KPdSU beschließt, der bisher vernachlässigten Entwicklung der Landwirtschaft stärkeres Gewicht zu geben.

8 Di Unter der Regie von Karlheinz Stroux findet im Westberliner Schlosspark-Theater die deutsche Erstaufführung des Stücks »Warten auf Godot« statt.

9 Mi Weltbank und internationaler Währungsfonds sprechen sich in Washington dafür aus, die Konvertierbarkeit der Währungen wiederherzustellen.

10 Do Ein schweres Erdbeben auf der Insel Zypern fordert 30 Todesopfer. +++ In Jugoslawien werden alle Parteien außer dem Bund der Kommunisten verboten.

11 Fr In Marokko scheitert ein Anschlag auf den neuen Sultan Sidi Muhammad VI. Ben Afra. Der Attentäter wird von dessen Leibgarde erschossen.

12 Sa John F. Kennedy, 36-jähriger demokratischer Senator in Massachusetts, heiratet in Newport die 23-jährige Millionärstochter Jacqueline Bouvier.

13 So Die italienische Regierung schlägt vor, die Bevölkerung Triests über die Zugehörigkeit zu Italien oder Jugoslawien abstimmen zu lassen. → Chruschtschow

14 Mo Der DDR-Ministerrat beschließt, die Konsumgüterproduktion gegenüber den Planzielen des Fünfjahresplans deutlich zu erhöhen. → Kinsey-Report

15 Di In Ägypten gibt die Regierung die Aufdeckung einer angeblich für 1954 geplanten Verschwörung gegen Präsident Ali Muhammad Nagib bekannt.

16 Mi Die Bundesversicherungsanstalt für Angestellte im Westberliner Stadtteil Wilmersdorf wird von Bundesarbeitsminister Anton Storch offiziell eröffnet.

17 Do Der Axel-Springer-Verlag übernimmt die Tageszeitung »Die Welt«, das bisherige Organ der britischen Besatzungsbehörde in der Bundesrepublik.

18 Fr Nach einer von der Bundesregierung veröffentlichten Bilanz fehlen in der Bundesrepublik Deutschland noch etwa 4 Mio. Wohnungen.

19 Sa In Fulda beginnt ein zweitägiges europäisches Jugendtreffen. 5000 Jugendliche aus den Mitgliedsländern des Europarats nehmen daran teil.

20 So Der Niederländer Marius Van der Goes von Naters legt einen im Auftrag des Europarats erarbeiteten Plan für die Europäisierung des Saargebiets vor.

21 Mo Ein nordkoreanischer Pilot flieht mit einem sowjetischen Kampfflugzeug MIG 45 nach Südkorea. Die USA zahlen ihm eine Prämie von 100 000 Dollar.

22 Di In Bonn konstituiert sich der Deutsche Ausschuss für das Erziehungs- und Bildungswesen. Er soll sämtliche staatliche Stellen in pädagogischen Fragen beraten.

23 Mi Nach zweijähriger Bauzeit wird in Bochum das von dem Architekten Gerhard Graubner entworfene neue Schauspielhaus eröffnet.

24 Do Auf der in Frankfurt am Main beginnenden sechstägigen Buchmesse präsentieren 969 Verlage, davon rd. 500 aus dem Ausland, ihr aktuelles Sortiment.

25 Fr Rocky Marciano (USA) verteidigt in New York seinen Titel als Profi-Boxweltmeister im Schwergewicht durch einen Sieg über Roland La Starza (USA).

26 Sa Nach einem vom Bielefelder EMNID-Institut veröffentlichten Umfrage-Ergebnis fühlen sich 41 % der Bundesbürger vor allem vom Straßenlärm belästigt.

27 So Der jüdische Religionsphilosoph Martin Buber erhält auf der Frankfurter Buchmesse den Friedenspreis des Deutschen Buchhandels.

28 Mo Wegen angeblich staatsfeindlicher Aktivitäten verbietet die polnische Regierung dem Erzbischof von Warschau, Stefan Kardinal Wyszyński, die Amtsausübung.

29 Di Der Regierende Bürgermeister Ernst Reuter (SPD) stirbt im Alter von 64 Jahren in West-Berlin an den Folgen einer akuten Bronchitis.

30 Mi Hans Hedtoft wird an der Spitze einer sozialdemokratischen Minderheitsregierung neuer Ministerpräsident von Dänemark. → Piccard

13. September 1953

Chruschtschow steigt auf

Nikita S. Chruschtschow steigt zum wichtigsten Mann in der Sowjetunion neben Regierungschef Georgi M. Malenkow auf. Das Zentralkomitee der Kommunistischen Partei wählt den 59-Jährigen, der in den 30er Jahren als Parteisekretär in Moskau Karriere gemacht hatte, zum Ersten Sekretär der Partei. Seit 1934 gehört er dem Zentralkomitee, seit 1939 dem Politbüro an.

Nach dem Tod des langjährigen Parteichefs Josef W. Stalin hatte Chruschtschow, der sich bis dahin vor allem als Landwirtschaftsexperte einen Namen gemacht hatte, seine Position innerhalb der kollektiven Sowjetführung ausgebaut. Auf seine Initiative geht u.a. das im August von Malenkow vorgestellte Reformprogramm für den Agrarbereich zurück, das vor allem zur Verbesserung der Versorgungslage in der UdSSR beitragen soll. Der neue wirtschaftspolitische Ansatz sieht vor, durch verstärkte materielle Anreize für die Bauern die Produktionsergebnisse zu erhöhen. Malenkows Vorstoß galt als Bekräftigung der von der neuen Sowjetführung eingeleiteten Korrektur der stalinistischen Politik.

Chruschtschow nutzt seine Position als Erster Sekretär der Partei in den folgenden Jahren, um seinen Rivalen innerhalb der sowjetischen Führung auszuschalten. So wird er zum unbestritten mächtigsten Mann des Landes. Obwohl er selbst fast 20 Jahre dem engeren Führungszirkel um Stalin angehört hatte, versucht er in der Folgezeit, die stalinistischen Strukturen zu reformieren, und löst damit eine kurze »Tauwetterperiode« aus.

30. September 1953

Piccard erforscht die Tiefsee

Die Piccards stoßen in bislang unbekannte Dimensionen vor: Der schweizerische Physiker Auguste Piccard und sein Sohn Jacques stellen mit 3150 m einen Tiefsee-Tauchrekord auf. Die Wissenschaftler hatten zuvor die Funktionsfähigkeit des von Auguste Piccard selbst entwickelten und gebauten sog. Bathyscaphes »Trieste« (s. Abb.) wochenlang in niedrigen Tiefen im Golf von Neapel getestet. Der 69-Jährige, der Anfang der 30er Jahre die ersten Stratosphärenflüge mit einem Ballon bis in eine Höhe von 16 200 m gewagt hatte, unternimmt seit 1947 Tiefseetauchversuche. Mit seinen technischen Entwicklungen will er den Ozeanographen die wissenschaftliche Erforschung bislang unzugänglicher Bereiche in großer Meerestiefe ermöglichen.

Konrad Adenauer ist auf dem Gipfel seiner Popularität. »Deutschland wählte Adenauer«, stellt Bundestagspräsident Hermann Ehlers am Wahlabend treffend fest. Die Bevölkerung stimmt der Politik des 77-Jährigen auf breiter Basis zu.

9. Oktober 1953

Gefangene kehren heim

Deutsche Kriegsgefangene aus dem Zweiten Weltkrieg werden von der Sowjetunion freigelassen. Im Aufnahmelager Friedland bei Göttingen treffen 639 Spätheimkehrer ein. Sie gehören dem siebten Transport deutscher Gefangener an, die in den letzten Wochen von Moskau in die Heimat entlassen worden sind. Die Heimkehrer, die sich überwiegend in gutem Gesundheitszustand befinden, berichten, dass sich die Lebensbedingungen in den Arbeitslagern während der letzten Jahre gegenüber der ersten Zeit deutlich verbessert hätten. Vor allem nach dem Tod des Diktators Stalin habe es Gerüchte über die baldige Freilassung gegeben. Die Zahl der noch in der Sowjetunion inhaftierten Deutschen wird von Experten auf 5000 bis 10 000 geschätzt.

6. September 1953

Triumph für Adenauer

Bei den zweiten Wahlen zum Deutschen Bundestag fährt die CDU/CSU einen unerwartet hohen Sieg ein. Die Wähler bestätigen mit ihrem Votum die Politik der Westintegration unter Bundeskanzler Konrad Adenauer (CDU), für den das Ergebnis auch ein persönlicher Vertrauensbeweis ist.

Bei einer hohen Wahlbeteiligung von 85,8% erhält die CDU/CSU 243 Bundestagsmandate. Mit diesem Gewinn von 104 Parlamentssitzen verfehlt sie nur um ein Mandat die absolute Mehrheit. Der große Verlierer der Wahl ist die SPD. Die Sozialdemokraten können zwar ihre Wählerzahl um 1 Mio. erhöhen, doch steht der Gewinn von 20 Mandaten in keinem Verhältnis zum Sieg der Union. Die Verluste der Liberalen halten sich mit vier Mandaten in Grenzen. Die Erwartungen der Flüchtlingspartei BHE dürften sich mit der Wahl von 27 Abgeordneten erfüllt haben. Kommunisten und rechtsextreme Parteien sind in der Volksvertretung nicht mehr vertreten. Der Wahlkampf (Abb.: Wahlplakate) stand über weite Strecken ganz im Zeichen des Arbeiteraufstands in der DDR. Die blutige Niederschlagung der Unruhen verschaffte dem in der CDU/CSU verfolgten Kurs der »Politik der Stärke« gegenüber der Sowjetunion und der DDR erheblichen Aufwind. Am 20. Oktober stellt der in seinem Amt bestätigte Bundeskanzler sein zweites Kabinett vor. Adenauer bildet eine Koalition aus CDU/CSU, FDP, DP und BHE. In seiner Regierungserklärung vor dem Bundestag geht er vor allem auf Fragen und Probleme der deutschen Wirtschaft- und Sozialpolitik ein. Für seine zweite Legislaturperiode kündigt er ein umfangreiches Sozialprogramm an. Nach seinen Worten muss es Ziel der Bundesregierung sein, »die Arbeitslosen einzugliedern und dem Bundestag Maßnahmen vorzuschlagen, durch die die wirtschaftliche Lage der Rentner, Invaliden, Waisen und Hinterbliebenen weiter verbessert wird.« Die Ziele seien nur über eine Steigerung des Bruttosozialprodukts und durch eine umfassende Sozialreform zu erreichen.

Splitterparteien werden künftig nicht mehr in die Volksvertretung einziehen können. Seit Juni bereits gibt es neues Wahlgesetz, das u.a. eine Sperrklausel enthält. Danach können künftig nur noch Parteien, die 5% der abgegebenen Stimmen bei Bundestagswahlen oder in mindestens einem Wahlkreis ein Direktmandat gewinnen, in den Bundestag einziehen. Darüber hinaus erhält der Wähler jetzt zwei Stimmen – für den Wahlkreiskandidaten und die Kandidatenliste einer Partei in seinem Bundesland.

14. September 1953

Kinsey-Report rückt weibliche Sexualität ins Blickfeld

In den USA wird eine Studie des Instituts für Sexualforschung der Universität von Indiana herausgegeben. Die von Alfred C. Kinsey u.a. erstellte Publikation (s. Abb.) widmet sich auf 759 Seiten dem »Weiblichen Sexualverhalten«. Die Ergebnisse der Untersuchung basieren auf Befragungen von 5940 weißen US-Amerikanerinnen. Die Grundlage der statistischen Erhebungen lieferte der im Jahre 1948 publizierte Kinsey-Report über das sexuelle Verhalten des Mannes. Auch mit dem neuen Bericht werden Ergebnisse bekannt, die den Moralvorstellungen weiter Bevölkerungskreise widersprechen. Für Furore sorgen die Aussagen, dass jede zweite US-Amerikanerin vorehelichen Geschlechtsverkehr hatte und 28% der verheirateten Frauen ihrem Partner schon einmal untreu waren. Vertreter der Kirchen äußern Zweifel an den Auswahlkriterien für die Befragung. Der katholische Erzbischof von New Orleans fürchtet, der Kinsey-Report untergrabe die Moral der Gesellschaft. Mit dem Aufkommen der Frauenbewegung werden dem Kinsey-Report Ende der 60er Jahre Untersuchungen aus weiblicher Sicht entgegengesetzt. Die feministische Wissenschaft distanziert sich von dessen patriarchaler Wissenschaftssprache und entwickelt aus ihrer Sicht neue Untersuchungsmethoden.

Der Kinsey-Report wird auf dem US-ame-

Oktober 1953

1 Do Die 40. Internationale Automobilausstellung beginnt in Paris. Erstmals werden in Europa Kunststoffkarosserien für Pkw vorgestellt.

2 Fr Zur Verbesserung der Versorgungslage und als Demonstration des sog. neuen Kurses beschließt die DDR-Regierung, den Volkwirtschaftsplan zu ändern.

3 Sa Papst Pius XII. befürwortet eine strenge Bestrafung von Kriegsverbrechern. Massenhinrichtungen und Angriffskriege sollten völkerrechtlich unter Strafe stehen.

4 So Die Vereinigung der Opfer des Stalinismus fordert, ehemalige DDR-Häftlinge u.a. bei der Zuweisung von Arbeitsplätzen bevorzugt zu behandeln.

5 Mo Britische Truppen landen in Georgetown, der Hauptstadt der britischen Kolonie Guyana, und stürzen die linksgerichtete Regierung unter Cheddy Jagan.

6 Di UNICEF, das Kinderhilfswerk der Vereinten Nationen, wird auf Beschluss der UN-Vollversammlung zu einer ständigen Organisation der UNO erhoben.

7 Mi Die Volks- und Länderkammer der DDR wählt am vierten Gründungstag der Republik erneut Wilhelm Pieck zum Staatspräsidenten.

8 Do Großbritannien und die USA geben bekannt, sich aus der von ihnen verwalteten Zone A in Triest zurückziehen und diese an Italien übergeben zu wollen.

9 Fr In der britischen Kolonie Guyana setzt Großbritannien die Verfassung außer Kraft und verkündet den Ausnahmezustand. → Gefangene

10 Sa In West-Berlin endet die Hilfsaktion für die DDR-Bevölkerung. Seit Ende Juli wurden 5,5 Mio. Lebensmittelpakete an die Menschen verteilt.

11 So Jugoslawien droht mit dem Einmarsch in die Zone A von Triest. +++ Deutschland schlägt die Fußballauswahl des Saarlands mit 3:0.

12 Mo Griechenland und die USA unterzeichnen ein Stützpunktabkommen, das eine gemeinsame Nutzung militärischer Anlagen in Griechenland vorsieht.

13 Di In der DDR wird 42 Arbeiterinnen und Arbeitern aus Anlass des »Tages der Aktivisten« der Titel »Held der Arbeit« verliehen.

14 Mi Schwer bewaffnete Israelis überfallen das jordanische Dorf Qibyah und töten 53 Bewohner. Israels Regierung verteidigt die Tat als Akt der Selbstverteidigung.

15 Do Die Stockholmer Akademie spricht dem britischen Premierminister Winston Churchill für seine historisch-biografischen Werke den Literaturnobelpreis zu.

16 Fr Der vietnamesische Nationalkongress lehnt das Verbleiben in der Französischen Union ab. +++ In Versailles beginnt der erste Europäische Gemeindetag.

17 Sa Erstmals veröffentlicht das Deutsche Rote Kreuz Zahlen über deutsche Kriegsgefangene. Demnach gelten rd. 98 000 Menschen als verschollen.

18 So Die Außenminister der drei Westmächte erneuern die Einladung an die UdSSR, auf einer Viermächtekonferenz über Deutschland und Österreich zu beraten.

19 Mo Belgiens Parlament billigt zwei Verfassungsänderungen, damit Brüssel den Vertrag über die Europäische Verteidigungsgemeinschaft ratifizieren kann.

20 Di In Bonn werden die Minister der von Bundeskanzler Konrad Adenauer gebildeten Koalitionsregierung vereidigt.

21 Mi Im Londoner Wembley-Stadion trennen sich die englische Fußball-Nationalmannschaft und eine Auswahl des europäischen Kontinents mit 4:4.

22 Do Walther Schreiber (CDU) tritt die Nachfolge des verstorbenen ersten Regierenden Bürgermeisters von West-Berlin, Ernst Reuter, an.

23 Fr Die US-Armee stellt in Mainz erstmals ein Geschütz der Öffentlichkeit vor, mit dem Atomgranaten verschlossen werden können.

24 Sa Der DDR-Ministerrat beschließt, die Preise für Lebensmittel und Konsumgüter zu senken. 12 000 Artikel sollen zwischen 10% und 40% billiger werden.

25 So Die Atomenergiekommission der USA gibt bekannt, dass sie den Bau des ersten Kraftwerks zur Gewinnung von elektrischer Energie aus Atomkraft plane.

26 Mo Generalfeldmarschall Friedrich Paulus, der 1943 mit der sechsten Armee vor Stalingrad kapitulierte, kehrt aus sowjetischer Gefangenschaft zurück.

27 Di Der umstrittene ehemalige »Spezialist für Judenfragen« im Reichsinnenministerium, Hans Globke, wird Staatssekretär für Inneres im Bundeskanzleramt.

28 Mi Das Zentralkomitee der KPdSU und der sowjetische Ministerrat erhöhen die Planziele für die Produktion der Konsumgüterindustrie.

29 Do Die letzten vier Deutschen, die in Norwegen wegen Kriegsverbrechen zu lebenslanger Zwangsarbeit verurteilt worden waren, werden begnadigt.

30 Fr Nach Angaben der Gesellschaft für alkoholfreien Verkehr sterben in der Bundesrepublik pro Tag durchschnittlich 40 Menschen bei Verkehrsunfällen.

31 Sa Die UdSSR sichert dem japanischen Roten Kreuz zu, bis zum Jahresende 1320 Japaner freizulassen, die sich noch in sowjetischer Gefangenschaft befinden.

November 1953

1 So Die vier im sog. Hamburg-Block zusammengeschlossenen bürgerlich-konservativen Parteien erringen bei den Bürgerschaftswahlen in Hamburg die Mehrheit.

2 Mo Gegen den Protest der hinduistischen Abgeordneten bezeichnet die Konstituierende Versammlung in Pakistan das Land offiziell als »Islamische Republik«.

3 Di Bei den Gouverneurs- und Bürgermeisterwahlen in zahlreichen Städten und Bundesstaaten der USA verzeichnen die Republikaner hohe Stimmenverluste.

4 Mi Aus Anlass des 35. Jahrestages des Einmarsches italienischer Truppen kommt es in Triest zu Massendemonstrationen für den Anschluss der Stadt an Italien.

5 Do Unter dem Titel »Auf der Suche nach der verlorenen Zeit« erscheint im Suhrkamp-Verlag der erste Teil der deutschen Übersetzung von Marcel Prousts Roman.

6 Fr Die Freiwillige Selbstkontrolle gibt einen Dokumentarfilm über den Nationalsozialismus frei. Der Film trägt den Titel »Bis fünf Minuten nach Zwölf«.

7 Sa Der Hessische Rundfunk strahlt erstmals ein eigenes Fernsehprogramm aus. +++ Die letzte Deichlücke an der niederländischen Nordseeküste wird geschlossen.

8 So König Norodom Sihanuk von Kambodscha kehrt in sein Land zurück. Sein Ziel, die Unabhängigkeit von Frankreich, sei mittlerweile erreicht.

9 Mo Das »Komitee für unamerikanische Umtriebe« lädt den früheren US-Präsidenten Harry S. Truman unter Strafandrohung zur Vernehmung vor.

10 Di Der österreichische Bundeskanzler Julius Raab gibt bekannt, dass die sowjetische Hochkommission die Rundfunk- und Theaterzensur aufgehoben habe.

11 Mi Die Verfassunggebende Landesversammlung von Baden-Württemberg ratifiziert die neue Verfassung und bestätigt den bisher provisorischen Landesnamen.

12 Do In West-Berlin wird der Sender Freies Berlin gegründet. +++ Eine Ausstellung von Werken des expressionistischen Malers Karl Hofer beginnt in West-Berlin.

13 Fr Der saarländische Landtag ratifiziert gegen die Stimmen der Kommunisten die mit der französischen Regierung ausgehandelten Saar-Konventionen.

14 Sa Karl Gruber, der österreichische Außenminister, tritt zurück. Er war wegen der Veröffentlichung seiner Memoiren in die Kritik geraten.

15 So Die westlichen Alliierten heben den Interzonenpasszwang für DDR-Bürger, die in die Bundesrepublik einreisen wollen, auf.

16 Mo Nach Beratungen mit französischen Kardinälen kritisiert der Vatikan das politische Engagement der »Arbeiterpriester« in Frankreich. → Kinderschutzbund

17 Di In der französischen Nationalversammlung beginnt die Debatte über die europäische Integration und die umstrittene Europäische Verteidigungsgemeinschaft.

18 Mi Nach Angaben des Deutschen Weinbauernverbandes wird der Jahrgang 1953 voraussichtlich zu den »großen Weinjahrgängen« gehören.

19 Do In West-Berlin erscheint die vom Ullstein-Verlag herausgegebene Tageszeitung »BZ«. Kritiker tadeln den reinen Boulevard-Charakter des Blattes.

20 Fr Die Innenminister der Länder verbieten die öffentliche Aufführung des Films »Bis fünf Minuten nach Zwölf« wegen angeblicher Verherrlichung des NS-Regimes.

21 Sa Frankreichs Ex-Staatspräsident Charles de Gaulle lehnt vor der Presse die Schaffung einer supranationalen Europäischen Gemeinschaft ab.

22 So In Hamburg besiegt die deutsche Fußball-Nationalmannschaft in einem Qualifikationsspiel für die Fußball-Weltmeisterschaft Norwegen mit 5:1.

23 Mo In West-Berlin wird an bedürftige ältere Bürger aus dem Ostteil der Stadt Butter ausgegeben, die von den USA gespendet wurde.

24 Di Der Sicherheitsrat der Vereinten Nationen verurteilt Israel wegen des Überfalls israelischer Truppen auf ein jordanisches Dorf im Oktober.

25 Mi Im Londoner Wembley-Stadion unterliegt die englische Fußball-Nationalmannschaft Ungarn in einem Länderspiel mit 3:6. → Interzonenpass

26 Do Das sowjetische Außenministerium erklärt sich zur Teilnahme an einer Vier-Mächte-Außenministerkonferenz über die deutsche Frage bereit.

27 Fr Im Aufnahmelager Friedland bei Göttingen treffen erneut freigelassene deutsche Kriegsgefangene aus der Sowjetunion ein.

28 Sa Die britische Regierung fordert vom Iran, Großbritannien für die Verstaatlichung britischer Erdölbetriebe zu entschädigen.

29 So Im Düsseldorfer Schauspielhaus feiert mit »Herrenhaus« ein Stück des 1938 verstorbenen US-Autors Thomas Wolfe Premiere.

30 Mo Vor dem Sozialausschuss der Vereinten Nationen fordert der Staatssekretär im Außenministerium, Walter Hallstein, die Freilassung aller deutschen Gefangenen.

25. November 1953

Interzonenpass fällt weg

Obwohl für den Besucherverkehr zwischen der Bundesrepublik und der DDR ab sofort keine Interzonenpässe mehr erforderlich sind, wird die deutsch-deutsche Grenze nicht durchlässiger (Abb.: »Familientreffen« am Stacheldrahtzaun). Während bundesdeutsche Grenzbeamte bei der Ein- und Ausreise in die DDR künftig lediglich den Personalausweis verlangen, benötigen Bundesbürger jenseits der Grenze neben ihrem Ausweis eine Aufenthaltsgenehmigung der zuständigen DDR-Kreisbehörde. Westberliner brauchen wei-

terhin einen Passierschein. DDR-Bürger müssen vor einer Westreise ihre Ausweise bei der Volkspolizei abgeben. »Von einem ungehinderten Reiseverkehr wird man erst sprechen können, wenn die Kontrollen an den Übergangsstellen eingestellt werden«, kommentiert der Westberliner »Telegraf« die Entscheidung der DDR, die auf Drängen Moskaus zurückgeführt wird.

20. Dezember 1953

Durchbruch für Hepburn

Audrey Hepburn (s. Abb.), 24-jährige Schauspielerin britisch-niederländischer Herkunft, ist für die US-Filmindustrie die Entdeckung des Jahres. Zugleich wird die zierliche Schönheit von Filmkritikern zur besten Darstellerin gewählt. Die Hauptrolle in William Wylers Liebesromanze »Ein Herz und eine Krone« macht Audrey Hepburn, die bis dahin noch weitgehend unbekannt war, über Nacht zum Star. Neben dem etablierten Star Gregory Peck brilliert sie als Prinzessin Anne, die sich inkognito unter das Volk mischt. Dabei gelingt Audrey Hepburn schon mit der ersten Hauptrolle das, wovon die meisten Schauspieler ein Leben lang träumen: 1954 erhält sie für ihre darstellerischen Leistungen den »Oscar«. Die Schauspielerin verkörpert zudem einen neuen Frauentyp, der in der Folgezeit zum Schönheitsideal wird. Ihre mädchenhafte Anmut steht in krassem Gegensatz zum plakativen Sexappeal früherer Hollywood-Göttinnen.

23. Dezember 1953

Berija Opfer des Machtkampfs

Als »Agenten des Imperialismus« werden der frühere sowjetische Innenminister Lawrenti P. Berija und sechs seiner ehemaligen Mitarbeiter zum Tod durch Erschießen verurteilt. Das Urteil wird noch am gleichen Tag vollstreckt. Ein sowjetisches Sondergericht hatte die Angeklagten »einer Reihe schwerster Verbrechen gegen den Staat« für schuldig befunden. Berija, als gefürchteter Geheimdienstchef einer der wichtigsten Stützen Stalins und mitverantwortlich für dessen »Säuberungen«, war im Sommer verhaftet worden. Die Nachricht vom Sturz Berijas war der erste öffentliche Hinweis auf Machtkämpfe in der nach dem Tod des Diktators Josef W. Stalin neu formierten Führung des Landes. Die sowjetischen Sicherheitskräfte waren während der Herrschaft Stalins der Kontrolle von Partei und Regierung entzogen und zu dessen persönlichem Machtinstrument geworden. Berija weigerte sich, den Sicherheitsapparat der kollektiven Führung zu unterstellen.

16. November 1953

Kinderschutzbund gegründet

Dem Wohl der Jüngsten will sich der Deutsche Kinderschutzbund widmen, der in Hamburg aus der Taufe gehoben wird. Erster Präsident wird Initiator Fritz Lejeune. Seine eigenen erschütternden Erfahrungen als Arzt bei der Behandlung von misshandelten Kindern veranlassten ihn, sich für den Schutz der Kinder zu engagieren. In mehreren Städten bildeten sich Gruppen, die ihn bei seiner Aufgabe unterstützten. Nun schließen sie sich in der Hansestadt zu einer bundesweiten Organisation zusammen.

Der Kinderschutzbund versteht sich als Nachfolgeorganisation des im Jahre 1910 gegründeten Deutschen Kinderschutzverbandes, der 1940 von den Nationalsozialisten verboten worden war. Seine Aufgaben sieht der Schutzbund hauptsächlich in der Bekämpfung der »Gefahren, die für Kinder aus dem Missbrauch der elterlichen Gewalt zu übermäßiger Züchtigung sowie körperlicher und seelischer Misshandlung« entstehen. Weitere Schwerpunkte sind die Schäden, die aus »Vernachlässigung in Pflege, Aufsicht und Erziehung sowie sittlicher Verwahrlosung« hervorgehen. Kinderschutz wird bislang vor allem als individuelles moralisches Problem betrachtet, psychische und soziale Ursachen bleiben oft unbeachtet.

6. Dezember 1953

Ben Gurion tritt zurück

David Ben Gurion, der »Vater des modernen Israel«, tritt aus gesundheitlichen Gründen von seinem Amt als Ministerpräsident zurück. Der seit dem Jahre 1948 amtierende 67-jährige Sozialist, der diesen Schritt bereits im November angekündigt hatte, beabsichtigt, sich in einen Kibbuz in der Negev-Wüste zurückzuziehen. Als Nachfolger Ben Gurions wird der bisherige Außenminister Moshe Sharet zum Ministerpräsidenten ernannt. Ben Gurions politische Abstinenz endet jedoch schon im November 1955. Zu diesem Zeitpunkt steht der Staatsgründer erneut an der Spitze der Regierung, die er bis 1963 führt.

1. Dezember 1953

»Playboy« bricht das Nackt-Tabu

Der 27-jährige Verleger Hugh M. Hefner kreiert mit dem »Playboy« einen neuen Zeitschriftentyp und stößt damit in eine lukrative Marktlücke. Die erste Nummer der Illustrierten, die in den USA für einen halben Dollar (2,10 DM) auf den Markt kommt, will – wie es der Untertitel verspricht – »Unterhaltung für Männer« bieten. Der Titel des »Playboy« ist zugleich Programm. Zielgruppe des »Herrenmagazins« sind vor allem jene gutsituierten Großstädter, die »weniger Wert aufs Jagen, Fischen und Bergsteigen als auf gutes Essen und Trinken, schicke Kleidung und attraktive weibliche Gesellschaft legen«, wie ein US-Kritiker formuliert. Auf der ersten Ausgabe des neuartigen Blattes winkt die strahlende Schauspielerin Marilyn Monroe den Käufern zu. Großformatige Fotos attraktiver, leicht oder gar nicht bekleideter Frauen sollen die männliche Kundschaft locken und fesseln. Vor allem werden das ausklappbare »Playmate des Monats« und das Häschen-Signet zum Markenzeichen des Magazins. Seit 1972 erscheint auch in Deutschland eine Ausgabe des Magazins. Das Konzept des »Playboy«, der zu einem großen wirtschaftlichen Erfolg wird und weltweite Verbreitung findet, dient in den nächsten Jahren vielen anderen Zeitschriften-Verlagen als Vorbild für ähnliche Produkte. Während Hefner mit seinem freizügigen Blatt in den USA ein Tabu bricht, müssen die meisten übrigen Länder noch auf einen frischen Wind in ihrem hausbackenen Blätterwald warten. Viele Zeitungen und Zeitschriften sowie Fernseh- und Radiosendungen bieten Nachrichten, Reportagen und seichte Unterhaltung mit Shows und Ratespielen.

Das neue Sex-Idol der Männer, Marilyn Monroe, ziert den Titel.

10. Dezember 1953

Winston Churchill erhält den Nobelpreis für Literatur

Ungewöhnlich: Der diesjährige Literaturnobelpreis geht an einen Mann, der sich in der breiten Öffentlichkeit vorrangig als Politiker einen Namen gemacht hat, der während des Zweiten Weltkriegs die Regierung Großbritanniens geführt hatte und seit 1951 erneut im Amt des Premierministers ist – Winston Churchill. Der vielbegabte Brite, der sich auch als Maler einen hervorragenden Ruf erworben hat, erhält die hohe Auszeichnung für seine historisch-biografischen Schriften. Den Preis nimmt seine Frau aus der Hand des schwedischen Königs Gustav VI. Adolf entgegen – der britische Premierminister ist wegen politischer Gespräche in den USA verhindert. Den Friedensnobelpreis erhält der frühere US-Außenminister George C. Marshall, der im Jahre 1947 das Europäische Wiederaufbauprogramm ins Leben rief. Bei der Verleihung des Preises kommt es zu einem Zwischenfall, als kommunistische Demonstranten mit Sprechchören gegen die Ehrung Marshalls protestieren. Der aus dem Elsass stammende Theologe und Missionsarzt Albert Schweitzer wird nachträglich für das Jahr 1952 mit dem Friedensnobelpreis geehrt. Der 78-Jährige erhält den Preis für sein Engagement in seinem Tropenhospital in Lambarene. Die weiteren Nobelpreise gehen an den Deutschen Hermann Staudinger (Chemie), den Niederländer Frederik Zernike (Physik) und, für die Sparte Medizin, an Hans Adolf Krebs (Großbritannien) und Fritz A. Lippmann (USA).

Dezember 1953

1 Di Der nationale Sicherheitsrat der USA empfiehlt der Regierung, die Präsenz der Westmächte in Berlin nicht freiwillig aufzugeben. → »Playboy«

2 Mi Den Bürgern der UdSSR wird die Eheschließung mit Ausländern wieder erlaubt. +++ Indien und die UdSSR unterzeichnen ein Handelsabkommen.

3 Do Der Regierende Bürgermeister von (West-) Berlin, Walther Schreiber, fordert die stärkere wirtschaftliche und rechtliche Anbindung an das Bundesgebiet.

4 Fr Auf den Bermudas beginnt das Gipfeltreffen der drei Westmächte Frankreich, Großbritannien und USA. Thema sind vor allem die Ost-West-Beziehungen.

5 Sa Der US-Spielfilm »Das Gewand«, der erste nach dem Cinemascope-Verfahren gedrehte Film, läuft in den bundesdeutschen Kinos an.

6 So Durch Plebiszit lehnen die Schweizer die von beiden Kammern verabschiedete Vorlage über die Neuordnung der Bundesfinanzen ab. → Ben Gurion

7 Mo Für Weihnachten kündigt die sog. CARE-Mission die Vergabe von Lebensmittelpaketen an Flüchtlinge, Rentner und andere Bedürftige im Bundesgebiet an.

8 Di Bundeskanzler Konrad Adenauer wird zum Ehrenpräsidenten der Europäischen Bewegung ernannt. +++ Papst Pius XII. eröffnet in Rom das Marianische Jahr.

9 Mi Die Vereinigten Stabschefs der USA empfehlen, die Sowjetunion durch die Drohung mit einem massiven atomaren Anschlag von einer Aggression abzuhalten.

10 Do Der Bundestag räumt seinen Abgeordneten die Möglichkeit ein, während der Debatten Zwischenfragen an den Redner zu stellen. → Churchill

11 Fr Die in Vietnam gegen die kommunistischen Vietminh-Rebellen kämpfenden Streitkräfte der Französischen Union ziehen sich zurück.

12 Sa Mit einem Flugzeug vom Typ »Bell X Ia« verbessert US-Major Charles E. Yeager den Geschwindigkeitsweltrekord um 500 km/h auf 2655 km/h.

13 So In Ägypten erlässt die Regierung eine Verordnung, wonach Männer für öffentliche Flirts mit bis zu sieben Tagen Haft bestraft werden können.

14 Mo Washington gibt bekannt, dass die USA künftig das Schwergewicht ihrer Rüstungsplanung auf die Luftwaffe und die Atomwaffe legen würden.

15 Di Bundesvertriebenenminister Theodor Oberländer erklärt, dass gegenwärtig noch 500 000 Vertriebene und Flüchtlinge in Aufnahmelagern leben würden.

16 Mi Die DDR-Regierung fordert die Bundesregierung auf, direkte Verhandlungen zwischen beiden deutschen Staaten über eine Wiedervereinigung aufzunehmen.

17 Do Angesichts der Spannungen zwischen der katholischen Kirche und dem kommunistischen Regime sichern Polens Bischöfe diesem offiziell ihre Loyalität zu.

18 Fr Das Bundesverfassungsgericht bestätigt, dass die Gleichberechtigung von Mann und Frau seit dem 1. April 1953 rechtsgültig sei.

19 Sa Schah Mohammad Resa Pahlawi löst das iranische Parlament auf. Er begründet diese Maßnahme mit der Beschlussunfähigkeit des Parlaments.

20 So Bei den bulgarischen Parlamentswahlen erhält die allein zugelassene kommunistische Vaterländische Front 98% der Stimmen. → Hepburn

21 Mo In Moskau werden die Stalin-Friedenspreise verliehen. Auszeichnungen erhalten u.a. die Schriftsteller Howard Fast (USA) und Pablo Neruda (Chile).

22 Di Auf Empfehlung deutsch-alliierter Gnadenausschüsse wurden bisher 148 deutsche Häftlinge begnadigt, die wegen Kriegsverbrechen verurteilt worden waren.

23 Mi René Coty (unabhängige Republikaner) wird von beiden Kammern des Parlaments zum neuen französischen Staatspräsidenten gewählt. → Berija

24 Do In seiner Weihnachtsbotschaft ruft Papst Pius XII. zu verstärkten Anstrengungen auf, um die Einigung Europas voranzutreiben.

25 Fr Die kommunistischen Vietminh-Rebellen dringen in Laos bis zur thailändischen Grenze vor und kappen die Verbindung zwischen den französischen Truppen.

26 Sa Nach monatelangen Verhandlungen stimmt die sowjetische Regierung für eine Vier-Mächte-Außenministerkonferenz in Berlin.

27 So Ruth Leuwerik und O.W. Fischer werden als beliebteste Schauspieler des bundesdeutschen Films in Hamburg mit dem »Bambi« ausgezeichnet.

28 Mo Der Gouverneur von Britisch-Guyana, Sir Alfred Savage, setzt eine Übergangsregierung ein. Im Oktober hatten britische Truppen die Regierung gestürzt.

29 Di Die ersten Bewerbungsformulare für die deutschen Streitkräfte in der Europäischen Verteidigungsgemeinschaft werden an Interessenten verschickt.

30 Mi Im Heimkehrerlager Friedland kommen erneut 800 freigelassene Kriegsgefangene aus sowjetischen Lagern an.

31 Do Das Bundesvertriebenenministerium gibt bekannt, dass in diesem Jahr 331 390 Personen aus der DDR in die Bundesrepublik geflüchtet seien.

Januar 1954

1 Fr In einem spannenden Spiel gewinnt Australiens Tennisteam zum vierten Mal in Folge den Davis-Cup. Im Finale werden die USA mit 3:2 besiegt.

2 Sa Bundeskanzler Konrad Adenauer begrüßt 4400 Heimkehrer, die in den letzten Tagen aus sowjetischer Kriegsgefangenschaft entlassen wurden.

3 So Der amerikanische NATO-General Lawton Collins fordert in einem Fernsehinterview die langfristige Integration der Bundesrepublik in die NATO.

4 Mo Eine Sturmflut überschwemmt Küstengebiete u.a. in Deutschland, Dänemark und Holland. +++ Duisburg stellt als erste deutsche Stadt Parkuhren auf.

5 Di In Rom tritt nach fünfmonatiger Amtsdauer das italienische Übergangskabinett von Ministerpräsident Giuseppe Pella zurück.

6 Mi Das Stuttgarter Schöffengericht lässt zum ersten Mal in der Justizgeschichte bei einem Strafprozess Tonbandaufzeichnungen als Beweismittel zu.

7 Do Der Schriftsteller Johannes R. Becher, der in den 20er Jahren zu den führenden Expressionisten zählte, wird erster Kulturminister in der DDR.

8 Fr Die Presse berichtet über eine Rede des US-Präsidenten Eisenhower, in der er die Friedenssicherung als oberstes politisches Ziel benennt. → Siegeszug

9 Sa In der britisch-ägyptischen Kolonie Sudan beginnt die dreijährige Übergangszeit, nach deren Ablauf entschieden werden soll, ob das Land unabhängig wird.

10 So Die zuständigen Sportverbandsgremien der beiden deutschen Staaten beschließen, gemeinsame deutsche Meisterschaften durchzuführen.

11 Mo Das Leben des achtjährigen bluterkranken Österreichers Gottfried Eder wird in einer dramatischen Rettungsaktion mit Hilfe von US-Soldaten gerettet.

12 Di Bei einer Lawinenkatastrophe im österreichischen Bundesland Vorarlberg kommen über 200 Menschen ums Leben. → NATO

13 Mi Bundesvertriebenenminister Theodor Oberländer (BHE) erklärt, dass noch 16 000 deutsche Kriegsgefangene in der UdSSR zurückgehalten würden.

14 Do In San Francisco heiratet die US-Filmschauspielerin Marilyn Monroe den ehemaligen Baseball-Spieler Joe DiMaggio; es ist ihre zweite Ehe.

15 Fr Die USA gewähren Großbritannien 90 Mio. Dollar (rd. 382 Mio. DM) Militärhilfe zur Modernisierung seiner Luftstreitkräfte.

16 Sa Bundespräsident Theodor Heuss überreicht dem »Arzt von Stalingrad«, Othmar Kohler, das Verdienstkreuz des Bundesverdienstordens.

17 So Milovan Djilas, Präsident der jugoslawischen Nationalversammlung sowie stellvertretender Ministerpräsident, wird seiner Ämter enthoben.

18 Mo Der Automobilclub von Deutschland (AvD) setzt erstmals auf Bundesautobahnen »Verkehrshilfswagen« zur Pannenhilfe ein.

19 Di In der britischen Elektroindustrie werden 30 000 Arbeiter ausgesperrt. +++ Der US-Staat New York meldet Temperaturen von bis zu -35°C.

20 Mi Eine neutrale Repatriierungskommission lässt in Südkorea rd. 22 000 nicht rückkehrwillige nordkoreanische und chinesische Kriegsgefangene frei.

21 Do Alle Fraktionen des Bundestages empfehlen übereinstimmend die Ratifizierung der UNO-Konvention zur Verhütung des Völkermordes. → »Nautilus«

22 Fr Das Kultusministerium von Nordrhein-Westfalen führt durch Erlass ein neuntes Volksschuljahr ein, um die Ausweitung der Jugendarbeitslosigkeit zu stoppen.

23 Sa Der US-Schriftsteller Ernest Hemingway überlebt in Afrika den zweiten Flugzeugabsturz innerhalb von zwei Tagen.

24 So In Madrid protestieren etwa 8000 Studenten vor dem britischen Konsulat für die Rückgabe Gibraltars an Spanien durch Großbritannien.

25 Mo In West-Berlin beginnt die Konferenz der Außenminister der USA, Großbritanniens, Frankreichs und der UdSSR zur Deutschlandfrage.

26 Di Aus Protest gegen das harte Vorgehen der Polizei bei antibritischen Demonstrationen in Madrid stürmen Studenten einen Radiosender.

27 Mi Die Nordseeinseln Wangerooge und Juist werden aus der Luft versorgt, da der Schiffsverkehr wegen Vereisung der Nordsee eingestellt werden musste.

28 Do Das jugoslawische Parlament wählt einstimmig Moshe Pijade zum neuen Parlamentspräsidenten. Er tritt damit die Nachfolge von Milovan Djilas an.

29 Fr In Marseille verurteilt ein Militärtribunal zwei ehemalige Angehörige des nationalsozialistischen Reichssicherheitsdienstes in Frankreich zum Tode.

30 Sa Nach nur elftägiger Amtszeit wird in Italien mit Amintore Fanfani der zweite Ministerpräsident innerhalb eines Monats gestürzt.

31 So Bundesfamilienminister Franz-Josef Wuermeling kritisiert die »familienzersetzende« Wirkung einiger Filmproduktionen und fordert eine »echte Volkszensur«.

8. Januar 1954

Siegeszug des Rock 'n' Ro

Der Lastwagenfahrer Elvis Presley begibt sich zur Feier seines 19. Geburtstages in ein Plattenstudio und nimmt gegen vier Dollar Gebühr zwei Songs auf, die er seiner Mutter schenken will. Zufällig hört der Präsident einer Plattengesellschaft zu und bietet ihm einen Vertrag an. Einige Monate später wird der im selben Studio aufgenommene Song »Thats All Right Mama« bereits ein Hit. In wenigen Tagen gehen 5000 Bestellungen für die Platte ein. Es ist der Beginn nicht nur einer Karriere, sondern einer ganzen Ära: Der Siegeszug des Rock 'n' Roll ist unaufhaltsam.

Millionen erliegen dem Charisma von Elvis Presley.

Nachdem die ersten Presley-Songs im Radio gesendet und von den Hörern begeistert aufgenommen werden, geht Elvis auf Tournee und gibt Konzerte. Der aufpeitschende Rhythmus seiner Songs, die lasziv kreisenden Hüftbewegungen und seine »schwarze« Rhythm-and-Blues-Stimme machen ihn zum Medienereignis. Elvis präsentiert sich bei seinen Auftritten in einer Weise, die bei den Jugendlichen zu Begeisterungsstürmen führt. Seine aufreizenden Posen lösen im hauptsächlich weiblichen Publikum Tumulte aus. Mehrfach stürmen seine Anhängerinnen die Bühne und reißen ihm die Kleider vom Leib. Im Herbst 1955 schafft er mit »Heartbreak Hotel« den landesweiten Durchbruch. Meistverkaufte Platte des Jahres 1955 ist allerdings »Rock Around the Clock« von Bill Haley, dem anderen großen Star der frühen Rock 'n' Roll-Ära. Mit dem Rock 'n' Roll tut sich in der Unterhaltungsmusik erstmals eine tiefe Kluft zwischen den Generationen auf. Die Jugendlichen fassen die provokanten Klänge als »ihre« Musik auf, die Erwachsenen lehnen sie einhellig ab. Auch in der Bundesrepublik findet der Rock 'n' Roll, verbreitet von den Rundfunksendern der Besatzungsmächte, schnell Anhänger.

18. Februar 1954

McCarthy beschuldigt Armee

Zwischen US-»Kommunistenjäger« Joseph McCarthy (s. Abb., l., mit Armeeminister Robert T. Stevens) und der Armee kommt es zu einem heftigen Streit. Vor dem Senatsausschuss zur Untersuchung »unamerikanischer Umtriebe« beginnt die Anhörung des Generals Ralph W. Zwicker. Während des Verhörs, das im Zusammenhang mit der Enttarnung angeblicher Kommunisten in der US-Armee steht, beleidigt McCarthy Zwicker u.a. als »Schande in Uniform« und »Ignoranten«. Daraufhin geht die Armee in die Offensive und beschuldigt McCarthy ihrerseits: Mit der Drohung, die Armee auf kommunistische Mitglieder durchleuchten zu wollen, beabsichtige er nur, eine Dienstbefreiung seines zur Armee eingezogenen Assistenten Gerard Schine erzwingen zu wollen. McCarthy bestreitet die Vorwürfe.

12. Januar 1954

NATO baut auf »Vergeltung«

Die US-Regierung stellt der Öffentlichkeit eine neue Militärstrategie vor. Verteidigungsminister John Foster Dulles propagiert in New York den Begriff der »massiven Vergeltung«. Danach soll jeder Angriff auf einen Staat des nordatlantischen Verteidigungsbündnisses NATO mit einem atomaren Gegenschlag beantwortet werden. Das neue US-Verteidigungskonzept bewertet alle möglichen Arten eines Angriffs gleich. Damit soll für den ideologischen Gegner UdSSR, dessen Rüstungsstand von Militärexperten vor allem im konventionellen Bereich als bedrohlich eingestuft wird, das Risiko eines Angriffs gegen die USA oder einen ihrer Verbündeten heraufgesetzt werden. Die neue Strategie löst die im Jahre 1947 eingeführte Truman-Doktrin ab. US-Präsident Harry S. Truman hatte die Unterstützung der Türkei und Griechenlands durch die USA unter dem Motto der »Eindämmung« des Kommunismus zugesagt. Diese Selbstverpflichtung veranlasste die USA darüber hinaus, überall dort politisch oder militärisch einzugreifen, wo kommunistische Kräfte an Einfluss zu gewinnen schienen. So wurde auch der Einsatz von US-Truppen in Korea begründet.

nit Elvis

Elvis Aaron Presley

US-Sänger und -Schauspieler, * 8.1.1935 Tupelo (Missouri); † 16.8.1977 Memphis (Tennessee)

Der »King of Rock 'n' Roll« ist neben Marlon Brando und James Dean das Idol der rebellischen Jugend in den fünfziger Jahren und einer der größten Stars des US-Showbusiness. Die effektvollen, aggressiv-aufbegehrenden Auftritte des jungen Elvis provozieren die Erwachsenen und drücken das Lebensgefühl der Jugendlichen aus. Bis zu seinem Tod verkauft er weltweit 500 Mio. LPs und Singles, mehr als jeder andere Showstar. 1956 dreht Presley mit »Love me Tender« den ersten seiner 34 Kinofilme. Zwischen 1958 und 1960 leistet Elvis seinen Wehrdienst in Deutschland. Allmählich streift er das Image des Rebellen ab und wendet sich gefühlsbetonteren Ausdrucksformen zu. Mit zunehmendem Alter zieht sich Presley, der an Depressionen und Tablettensucht leidet, mehr und mehr vom Showgeschäft zurück. 1969 gibt er in Las Vegas sein erstes Live-Konzert seit 1961 und landet mit »In the Ghetto« erneut einen Top-Ten-Hit. Über die Höhen und Tiefen seiner Karriere hinweg hält ihm sein Publikum jedoch die Treue. Seine Fernsehshow »Aloha from Hawaii«, die 1973 per Satellit ausgestrahlt wird, verfolgen insgesamt 1 Mrd. Zuschauer. Presleys früher Tod löste weltweit Betroffenheit aus. Sein Anwesen Graceland ist bis heute eine Kultstätte.

- 1955: Erste Konzerttournee
- 1956: TV-Auftritt in der Ed-Sullivan-Show
- 1958-60: Wehrdienst in Friedberg (Taunus)
- 1976: Letzter Auftritt im Las Vegas Hilton

26. Februar 1954

Deutsche Armee in Sicht

Das sog. Wehrergänzungsgesetz, das die Wehrhoheit der Bundesrepublik wiederherstellt, passiert den Bonner Bundestag. Diese Ergänzung zum Grundgesetz gibt dem Bund das Recht zur Gesetzgebung über die Landesverteidigung einschließlich der Einführung einer allgemeinen Wehrpflicht.

Die »Keimzelle« der westdeutschen Armee, deren Aufstellung nach der Verabschiedung des Wehrergänzungsgesetzes nunmehr möglich ist, bildet die sog. Dienststelle Blank in Bonn – benannt nach dem Unionspolitiker Theodor Blank, der im Jahre 1950 als »Beauftragter der Bundesregierung für die mit der Vermehrung der alliierten Truppen zusammenhängenden Fragen« eingesetzt worden war. Mit einem Stab von militärischen Fachleuten arbeitete Blank jedoch angesichts der Verschärfung des Kalten Kriegs an Plänen für eine künftige bundesdeutsche Armee. Grundlage aller Pläne zur Wiederaufrüstung ist die Einbindung der künftigen Militärverbände in eine übernationale Organisation, mit der den europäischen Staaten die Angst vor einer deutschen Wiederbewaffnung genommen werden soll.

21. Januar 1954

»Nautilus« hat Atomantrieb

In Croton (USA) läuft das erste U-Boot mit einem Atomreaktor-Antrieb vom Stapel. An der Jungfernfahrt der »Nautilus« (s. Abb.) nehmen – neben der Besatzung – über 100 Journalisten, Wissenschaftler, Politiker und andere von der US-Marine eingeladene Gäste teil.

Die mit Kernenergie betriebene Maschine des U-Boots arbeitet unabhängig von der Sauerstoffzufuhr, so dass die »Nautilus« mit 60 Tagen erheblich länger unter Wasser bleiben kann als herkömmliche U-Boote. Die Ehefrau des US-Präsidenten, Geneva »Mamie« Eisenhower, tauft das umgerechnet 231 Mio. DM teure Schiff, das zunächst den Flottenstützpunkt New London anlaufen soll, um ausgerüstet zu werden. In New

London wird auch der »Treibstoff«, Uran 235, an Bord genommen. Bislang war der Aktionsradius von U-Booten stark eingeschränkt, weil für die Batterien der Maschinen Sauerstoff benötigt wurde. Bei Höchstgeschwindigkeit musste nach einer Stunde Unterwasserfahrt aufgetaucht werden. Die »Nautilus« hingegen legt über 100 000 km in den Weltmeeren zurück, ohne dass sie neues Brennstoffmaterial an Bord nehmen muss.

19. Februar 1954

Gundi Busch holt WM-Titel

Mit der 18-jährigen Gundi Busch (s. Abb.) gewinnt zum ersten Mal eine deutsche Eiskunstläuferin die Weltmeisterschaft in der Einzelkonkurrenz. Mit einer bravourösen Kür zieht sie an der US-Amerikanerin Tenley Albright vorbei, die nach der Pflicht bereits uneinholbar in Führung zu liegen schien. Doch Albright stürzte bei der abschließenden Kür beim doppelten Rittberger, während Gundi Busch eine sichere Kür lief. Sechs

von sieben Kampfrichtern sahen die Kölnerin vor der Titelverteidigerin Albright ganz oben auf dem Siegertreppchen. Den dritten Rang belegt die britische Läuferin Erika Batchelor. Die in Mailand geborene Busch stand schon mit fünf Jahren auf dem Eis und wird von ihrem Vater gemanagt. Im Alter von 15 Jahren wurde sie Dritte der Deutschen Meisterschaften und Sechste bei den Europameisterschaften.

Februar 1954

1	Mo	Als erstes deutsches Passagierschiff nach dem Zweiten Weltkrieg startet die »Gripsholm« von Bremerhaven aus zu einer Reise nach New York.
2	Di	US-Außenminister John Foster Dulles lehnt in Ost-Berlin den sowjetischen Deutschland-Plan ab, der u.a. freie gesamtdeutsche Wahlen ausschließt.
3	Mi	Beim rituellen Badefest der indischen Hindus am Zusammenfluß der heiligen Ströme Dschamna und Ganges werden 300 Menschen zu Tode getrampelt.
4	Do	Washington gibt die Stationierung eines Feldartillerie-Bataillons in der Bundesrepublik bekannt, das u.a. mit Atomgeschützen ausgerüstet ist.
5	Fr	Auf der Internationalen Automobilausstellung in New York stellt Daimler-Benz die neuen Serien-Sportwagen Mercedes 190 SL und Mercedes 300 SL vor.
6	Sa	Nach zwölf Tagen geht der Winterschlussverkauf in der Bundesrepublik zu Ende, der wegen der Kältewelle für die Händler sehr zufriedenstellend verlief.
7	So	Der EV Füssen wird durch einen verdienten 8:2-Sieg über den VFL Nauheim in Bad Nauheim deutscher Eishockeymeister.
8	Mo	Auf den britischen Flugzeugträgern »Eagle« und »Glory« werden Sabotageakte verübt. +++ Norwegen zerschlägt einen sowjetischen Spionagering.
9	Di	Österreichs Außenminister Leopold Figl berät zusammen mit den vier Großmächten in West-Berlin über die Beendigung des Besatzungsregimes in Österreich.
10	Mi	Die neue italienische Regierung unter dem christdemokratischen Ministerpräsidenten Mario Scelba nimmt ihre Arbeit auf.
11	Do	US-Präsident Dwight D. Eisenhower lehnt jede aktive Beteiligung der USA am Indochinakrieg ab. Eine Verwicklung in den Konflikt wäre eine Tragödie.
12	Fr	Auf der Außenministerkonferenz in Berlin verhindert der sowjetische Außenminister Wjatscheslaw M. Molotow die Lösung der Österreichfrage.
13	Sa	Die sowjetischen Behörden erlauben Ausländern das Fotografieren im Land. Verboten bleiben Aufnahmen von militärischen Anlagen.
14	So	In Krefeld wird Frischauf Göppingen durch einen 10:7-Sieg über den PSV Hamburg deutscher Hallenhandball-Meister.
15	Mo	In der Freiburger Universitätsklinik wird zum ersten Mal in der Bundesrepublik ein Patient mit Erfolg an eine künstliche Niere angeschlossen.
16	Di	Das Bundesverfassungsgericht entscheidet, dass die Dienstverhältnisse ehemaliger Angehöriger der deutschen Wehrmacht mit der Kapitulation erloschen seien.
17	Mi	Bundeswirtschaftsminister Ludwig Erhard legt dem Bundeskabinett einen Entwurf für ein Gesetz gegen Wettbewerbsbeschränkung (Kartellgesetz) vor.
18	Do	Die israelische Regierung in Tel Aviv beschließt ein Gesetz, das dieTodesstrafe als Sühne für Mord verbietet. → McCarthy
19	Fr	Um Preiserhöhungen wegen der Anhebung der Mindestlöhne zu vermeiden, verhängt Frankreichs Regierung einen allgemeinen Preis-Stopp. → Gundi Busch
20	Sa	Auf einem Faschingsfest in Nürnberg zündet ein 19-Jähriger eine Wehrmachtsgranate. Drei Menschen sterben, 48 werden verletzt.
21	So	Eine Elektro-Lokomotive der staatlichen französischen Eisenbahn vom Typ CC-7121 stellt bei Dijon einen Geschwindigkeitsweltrekord von 243 km/h auf.
22	Mo	In Paris beginnt der Prozess gegen den ehemaligen SS-Obergruppenführer Karl A. Oberg und seinen Adjutanten Helmut Knochen.
23	Di	Die Deutsche Akademie für Staats-und Rechtswissenschaften in Potsdam (DDR) ruft Jugendliche dazu auf, auch ohne Abitur ein Jurastudium aufzunehmen.
24	Mi	Die Belgrader Boulevardzeitung »Vercenje Novosti« fordert Bonn auf, ehemalige jugoslawische Kriegsgefangene finanziell zu entschädigen.
25	Do	In Ägypten wird Staats-und Ministerpräsident Muhammad Ali Nagib gestürzt. +++ Durch einen Militärputsch wird in Syrien die Regierung abgesetzt.
26	Fr	Die DDR-Regierung verspricht auch denjenigen Bauern, die keiner LPG angeschlossen sind, zukünftig staatliche Förderung. → Deutsche Armee
27	Sa	Radio Peking fordert Frankreich auf, sich vom Einfluss der USA zu lösen, wenn es an einer friedlichen Lösung im Indochina-Konflikt wirklich interessiert sei.
28	So	Mit einem Sieg des Norwegers Stein Eriksen im Slalom endet im schwedischen Aare der erste Wettbewerb der 14. Alpinen Skiweltmeisterschaften.

März 1954

1 Mo Im US-Repräsentantenhaus verüben puertoricanische Nationalisten ein Attentat auf die Abgeordneten. +++ Unruhen im Sudan fordern 30 Tote. → H-Bombe

2 Di Aus verschiedenen Teilen der Bundesrepublik werden neun Selbstmordfälle mit dem Pflanzenschutzmittel E-605 bekannt.

3 Mi US-Präsident Dwight D. Eisenhower übt an den Untersuchungsmethoden des republikanischen Senators Joseph McCarthy scharfe Kritik.

4 Do Drei Jahre nach dem Tod des irischen Schriftstellers George Bernard Shaw wird in Graz sein Stück »Genf« erstmals in deutscher Sprache aufgeführt.

5 Fr Der französische Ministerpräsident Joseph Laniel nennt die Bedingungen für einen sofortigen Waffenstillstand in Indochina. → Attentat → Farbiger

6 Sa Im Zusammenhang mit dem Attentat auf US-Abgeordnete vom 1. März werden in Puerto Rico u.a. zahlreiche Extremisten verhaftet.

7 So Auf dem fünften Bundesparteitag der FDP wird Thomas Dehler als Nachfolger von Franz Blücher zum Parteivorsitzenden gewählt. → Sowjets

8 Mo Der ägyptische Ministerpräsident Gamal Abd el Nasser wird nach nur elftägiger Amtszeit von seinem Vorgänger Muhammad Ali Nagib im Amt abgelöst.

9 Di In Paris verhandelt Bundeskanzler Konrad Adenauer mit dem französischen Außenminister Georges Bidault über die Saarfrage.

10 Mi Bundesinnenminister Gerhard Schröder (CDU) zieht den umstrittenen Gesetzentwurf über die Neuregelung des Ehegesetzes zurück .

11 Do In Genf wird der 24. Internationale Automobilsalon eröffnet. +++ In einer Kampfabstimmung wird Italiens Premier Mario Scelba im Amt bestätigt.

12 Fr Die bundesdeutsche Springreitermannschaft gewinnt beim Internationalen Reitturnier in Dortmund den »Preis der Nationen«. → Schönberg-Oper

13 Sa In Venezuela geht die zehnte Panamerikanische Konferenz zu Ende. Die USA haben eine Resolution zur Eindämmung des Kommunismus durchgesetzt.

14 So Bei dem Kandahar-Skirennen in Garmisch-Partenkirchen gewinnt die Deutsche Mirl Buchner den Abfahrtslauf, die Kombination und den Slalom.

15 Mo US-Verteidigungsminister Charles Wilson gibt die Reduzierung der Heeres- und Marinestreitkräfte um 400 000 Mann bekannt.

16 Di Mit Blick auf die rückläufigen Geburtenzahlen spricht Bundesfamilienminister Franz-Josef Wuermeling von den Deutschen als »sterbendes Volk«.

17 Mi Bei einem Überfall bewaffneter Araber auf einen Bus in der Wüste Negev werden elf Israelis ermordet. Israel macht Jordanien dafür verantwortlich.

18 Do In Kairo werden Angehörige der Organisation »Töchter des Nils« nach einem Hungerstreik für das Frauenwahlrecht ins Krankenhaus eingeliefert. → Bergbau

19 Fr Rom beschließt eine Reihe von Maßnahmen zur Kontrolle kommunistischer Aktivitäten. So soll u.a. die Finanzierung der italienischen KP kontrolliert werden.

20 Sa Die USA erweitern das Sperrgebiet um das bei der H-Bomben-Explosion radioaktiv verseuchte Bikini-Atoll auf einen Radius von 1400 km.

21 So In der Dortmunder Westfalenhalle erreicht die bundesdeutsche Hallenhandball-Nationalmannschaft ein 5:5 gegen den Weltmeister Schweden.

22 Mo Auf der Pazifikinsel Iwo Jima werden in verschütteten Höhlen die Leichen von rd. 2000 japanischen Soldaten aus dem Zweiten Weltkrieg entdeckt.

23 Di Auf Anordnung des Münchener Amtsgerichts wird die Nummer 13 der Illustrierten »Revue« wegen eines Berichts über Tierversuche beschlagnahmt.

24 Mi In New York verleiht die US-Akademie der Schönen Künste dem Schriftsteller Ernest Hemingway ihren Ehrenpreis für 1954.

25 Do Die UdSSR erkennt die DDR offiziell als souveränen Staat an. +++ Audrey Hepburn erhält den »Oscar« als beste Schauspielerin.

26 Fr Mit Unterzeichnung des Wehrverfassungsgesetzes durch Bundespräsident Theodor Heuss ist die Voraussetzung für den Aufbau der Bundeswehr geschaffen.

27 Sa In verschiedenen griechischen Städten demonstrieren Studenten für die Wiedervereinigung der britischen Kronkolonie Zypern mit Griechenland.

28 So Die deutsche Fußball-Nationalmannschaft schafft durch einen 3:1-Sieg über das Saarland die Qualifikation für die Fußball-Weltmeisterschaft.

29 Mo In Kairo wird der Belagerungszustand ausgerufen, nachdem erneut ein Machtkampf innerhalb der ägyptischen Staatsführung ausgebrochen ist.

30 Di Ex-Konteradmiral Robert A. Theobald wirft der US-Regierung Präsident Roosevelts vor, die Flotte in Pearl Harbor bewusst geopfert zu haben.

31 Mi Die UdSSR erklärt sich zum NATO-Beitritt bereit, wenn u.a. die Westeuropäer auf die Verwirklichung der Europäischen Verteidigungsgemeinschaft verzichteten.

12. März 1954

Schönberg-Oper »Moses und Aron« hat in Hamburg Premiere

Die konzertante Uraufführung der Oper »Moses und Aron« von Arnold Schönberg findet in Hamburg statt. Die Premiere durch den Nordwestdeutschen Rundfunk steht unter der musikalischen Leitung von Hans Rosbaud, der einem 300 Personen umfassenden Ensemble den Takt vorgibt (s. Abb.). »Moses und Aron« ist keine Oper im herkömmlichen Sinne, sondern eher ein szenisches Oratorium. Wegen des gewaltigen äußeren Aufwands, der nur durch ein sehr großes Orchester mit einem ebenso großen Chor bewältigt werden kann, scheuen sich viele Musiktheater, die Oper auf den Spielplan zu setzen. 1957 wird das Werk im Rahmen der Zürcher Juni-Festwochen zum ersten Mal auch szenisch aufgeführt und erregt weltweites Aufsehen. Schönberg, dessen atonale Musik für die Zeitgenossen häufig unverständlich blieb, hatte sein Textbuch nach der Vorlage des 2. und 3. Buches Mose selbst geschrieben. Er selbst hielt es zum Teil für nicht aufführbar.

18. März 1954

Krise im Bergbau

Vorübergehend ohne Druck ist der Kessel der Konjunkturlokomotive Bergbau. Erstmals seit 22 Jahren müssen auf den Schachtanlagen im Ruhrgebiet sogar Feierschichten eingelegt werden. Rd. 18 000 Bergarbeiter sind davon betroffen. Grund hierfür ist die sich verschlechternde Absatzlage bei ständig steigender Steinkohleförderung. Händler und Verbraucher zeigen wegen der Ungewissheit über die Veränderung der Kohlepreise Zurückhaltung.

Riesige Kohlehalden prägen die Landschaft im Revier.

In Dortmund liegen die Steinkohlezechen »Gneisenau«, »Scharnhorst«, »Dorstfeld« und »Oespel« still. Auch auf den Schachtanlagen »Hannibal« und »Hannover« in Bochum wird nicht gefördert. Am 22. März müssen auf den Zechen »Lothringen« und »Friedrich der Große« in Bochum und Herne rd. 10 000 Kumpel eine Feierschicht einlegen. Im Laufe des Jahres werden auf den Ruhrzechen rd. 500 000 Feierschichten gefahren, im Durchschnitt 1,3 Schichten pro Belegschaftsmitglied. Für den Einzelnen bedeuten Feierschichten in erster Linie Einkommensverluste. Jede nicht gefahrene Schicht erleichtert die Lohntüte um ca. 16, 35 DM brutto. Das durchschnittliche Jahreseinkommen eines Bergarbeiters beträgt rd. 5400 DM.

Die Fördermenge hat mit 118,7 Mio. t schon fast wieder den Vorkriegsstand (1938: 130 Mio. t) erreicht. Unmittelbar nach Kriegsende wurden nur 33,3 Mio t. gefördert. Auf den Halden des Ruhrgebietes liegen gegenwärtig 4,4 Mio. t Kohle und Koks, für die keine Abnehmer gefunden werden konnten. Hintergrund für die Absatzkrise ist die seit Monaten erwartete, öffentlich diskutierte Preisveränderung. Seit der Bildung der Montanunion 1951 werden die Höchstpreise des Ruhrbergbaus per Mehrheitsbeschluss durch die Gremien der Montanunion bestimmt. Ab 1. April tritt der Beschluss der Montanunion in Kraft, durch den die bundesdeutschen Kohlepreis-Subventionen für Hausbrand, für die Schifffahrt und für die Bundesbahn wegfallen. Gleichzeitig wird ein neuer Höchstpreis festgesetzt, der um zwei DM je Tonne niedriger ausfällt als bisher. Die westdeutsche Kohlewirtschaft, die mit den Verkaufserlösen ihre Produktionskosten nur mühsam decken kann, fürchtet daher eine Abschwächung ihrer Wettbewerbsfähigkeit gegenüber billiger Importkohle.

Als sich die Auftragslage Ende des Jahres bessert, geht die Zahl der Feierschichten zurück. Im Jahre 1956 stößt der Ruhrbergbau mit 124,6 Mio. t sogar an die Grenzen seiner Förderkapazität. Im Wirtschaftswunderland Bundesrepublik wird der chronische Kohlemangel zur Begleiterscheinung einer allgemeinen Hochkonjunktur. Zunehmend drängt Importkohle auf den Markt.

1. März 1954

Protest gegen H-Bombe

Nach einer gewaltigen Wasserstoffbombenexplosion, die von US-Militärs auf dem Bikini-Atoll im Pazifik ausgelöst wird, wächst weltweit die Sorge über unkontrollierbare Gefahren der Waffe. US-Präsident Dwight D. Eisenhower muss einräumen, dass die Wissenschaftler zeitweise die Kontrolle über den H-Bomben-Versuch verloren hätten. Die Waffe mit einer Kraft von 600 Bomben

der Art, wie sie 1945 auf Hiroshima abgeworfen worden ist, entwickelt das Zweifache der vorausberechneten Sprengkraft (s. Abb.). Zu den Folgen des Versuchs zählt die Verseuchung von rd. 300 Menschen, die in einem Umkreis von 250 km nach dem Versuch radioaktiven Niederschlägen ausgesetzt sind. Die USA setzen jedoch trotz weltweiter Proteste in den folgenden Wochen ihre Wasserstoffbomben-Versuchsreihe mit vier weiteren Explosionen im Pazifik fort.

7. März 1954

Sowjets schlagen Kanada

Die Ausgangslage verspricht Spannung: Schweden will den Weltmeistertitel verteidigen, Kanada den 16. WM-Erfolg erringen und die Sowjetunion eine gelungene Premiere beim ersten WM-Auftritt erreichen. Überraschend setzt sich die Sowjetunion durch einen sensationellen 7:2-Sieg über Kanada durch und erringt ihren ersten WM-Titel. Bereits nach dem ersten Drittel liegen die überheblich spielenden Kanadier mit 0:4 zurück. Auch im zweiten Drittel lassen sich die Sowjets von den

körperlichen Attacken ihrer Gegner nicht aus dem Rhythmus bringen (Abb.: Szene aus dem Spiel Deutschland-UdSSR, das 2:6 endet). Kanada gilt als das Mutterland des modernen Eishockeyspiels. Wegen Spielplanüberschneidungen mit der nordamerikanischen Profi-Liga und strenger Amateur-Zulassungsregeln haben die Kanadier nur ein Nachwuchsteam zur WM geschickt.

5. März 1954

Attentat auf Marokkos Sultan

Nur leichte Verletzungen trägt Marokkos Sultan Ben Arafa (s. Abb., r.) bei einem Attentatsversuch in Marrakesch davon. Wenige Minuten später wird der Täter vom Gastgeber des Sultans, dem Pascha von Marrakesch, eigenhändig hingerichtet. Das Attentat ist der zweite Mordanschlag innerhalb eines halben Jahres auf den obersten geistlichen Herrscher der in ein französisches und ein spanisches Gebiet aufgeteilten Kolonie. Als Täter werden marokkanische Nationalisten vermutet. Hintergrund ist die eigenmächtige Absetzung des bisherigen Sultans von Marokko, Sidi Muhammad V. Ibn Jusuf, im Jahre 1953 durch die Kolonialmacht Frankreich. Sultan Ben Arafa gilt bei den Nationalisten in ganz Marokko als »französischer« Sultan. Die spanische Regierung hatte sich nach der Absetzung Ibn Jusufs auf die Seite der arabischen Nationalisten gestellt und betrachtet den alten Sultan als rechtmäßigen Herrscher.

Zudem sagt Madrid Spanisch-Marokko die baldige Unabhängigkeit zu. Neben der politischen Instabilität leiden die Menschen in Marokko auch immer wieder unter folgenschweren Naturkatastrophen. So schädigen gewaltige Heuschreckenschwärme Ende des Jahres die Ernten im Land. Die Insekten ziehen in dichten Wolken von Südmarokko nach Norden. Auf ihrem Weg hinterlassen sie eine breite Spur der Verwüstung. Von der afrikanischen Küste aus überwinden sie die rd. 2000 km bis zu den Kanarischen Inseln und fallen in die dortigen Obst- und Tomatenplantagen ein. Auf den unter einer Dürre leidenden Inseln waren vor der Ankunft der Heuschrecken bereits 40% der Ernte vernichtet. Nach anfänglichen Versuchen, der Plage mit Flammenwerfern Herr zu werden, bekämpft man die Insekten mit Gift.

5. März 1954

Farbiger im Kabinettsrang

Zum ersten Mal in der Geschichte der USA wird ein Farbiger Mitglied der Regierung. Präsident Dwight D. Eisenhower ernennt den 60-jährigen Rechtsanwalt Ernest Wilkins zum stellvertretenden Arbeitsminister. Die Ernennung von Wilkins sowie weitere Beförderungen Farbiger sind nur kleine Schritte zu mehr Gleichheit. Besonders in den Südstaaten ist die Diskriminierung von Farbigen noch weit verbreitet. Im Oktober wird Benjamin Oliver Davis zum Brigadegeneral befördert. Der 41-Jährige hat die Kadettenanstalt West Point absolviert und sich im Zweiten Weltkrieg als Jagdflieger ausgezeichnet. Schon sein Vater war 1940, als erster Schwarzer, zum Brigadegeneral erhoben worden. Im selben Jahr beschloss die US-Regierung, in allen Truppengattungen des Heeres einen bestimmten Anteil von Farbigen zuzulassen und ein Offiziersausbildungslager für farbige US-Amerikaner einzurichten. Zuvor konnten Farbige nur in vier Truppenteilen dienen.

April 1954

1	Do	Die US-Regierung in Washington gibt einen Film frei, der die Wasserstoffbomben-Explosion auf dem Südsee-Atoll Eniwetok vom November 1952 zeigt.
2	Fr	In Zürich verbrennt der Regisseur Veit Harlan öffentlich eine Kopie des Films »Jud Süß«, den er 1940 für die NSDAP-Propaganda gedreht hatte.
3	Sa	Bundespräsident Theodor Heuss eröffnet in Köln die vierte Internationale Photo-und Kinoausstellung »Photokina«.
4	So	Beim 100. traditionellen Ruderwettkampf der Universitäten Oxford und Cambridge auf der Themse gewinnt Oxford zum 45. Mal.
5	Mo	US-Außenminister John Foster Dulles ruft in Washington die westlichen Staaten dazu auf, Frankreich beim Krieg in Indochina zu unterstützen.
6	Di	In Ost-Berlin verabschiedet der Parteitag der SED ein neues Parteistatut und wählt Walter Ulbricht zum Ersten Sekretär des Zentralkomitees der Partei.
7	Mi	Bundesregierung und Bundestag lehnen die Anerkennung der DDR ab und stellen den Alleinvertretungsanspruch der Bundesrepublik fest.
8	Do	Die Pariser »Comédie Française« tritt in der UdSSR auf. +++ In Hamburg feiert die Händeloper »Deidamia« deutschsprachige Premiere.
9	Fr	Der Berliner Gerhard Hecht gewinnt in Hamburg den Box-Europameistertitel im Halbschwergewicht über den Franzosen Jacques Harabedian.
10	Sa	Der US-Staat Texas beschließt ein Gesetz, das die Kommunistische Parte verbietet und Parteimitgliedschaft mit 20 Jahren Gefängnis bestraft.
11	So	Die japanische Tischtennis-Nationalmannschaft gewinnt in London die Mannschafts-Weltmeisterschaften bei den Damen und den Herren.
12	Mo	Der US-Musiker Bill Haley nimmt »Rock around the clock« auf. +++ In Salzgitter demonstrieren 6000 Bergleute für Vollbeschäftigung im Erzbergbau.
13	Di	Die australische Regierung gibt bekannt, dass ein Mitglied der sowjetischen Botschaft in Canberra um politisches Asyl gebeten habe.
14	Mi	In London warnt der Arzt, Philosoph und Friedensnobelpreisträger Albert Schweitzer vor den Gefahren der Wasserstoffbombe.
15	Do	Die französische Regierung begnadigt den seit 1949 als Kriegsverbrecher inhaftierten früheren deutschen Botschafter in Paris, Otto Abetz.
16	Fr	Giovanni Guareschi, Autor von »Don Camillo und Peppone«, wird wegen Beleidigung des italienischen Ministerpräsidenten zu Gefängnis verurteilt.
17	Sa	Durch einen 1:0-Sieg (nach Verlängerung) über den 1. FC Köln gewinnt der VfB Stuttgart vor 60 000 Zuschauern das Pokalfinale des DFB.
18	So	In Rom fordert Papst Pius XII. in seiner Osteransprache an die Christen in aller Welt die Ächtung der Atomwaffen.
19	Mo	Der sowjetische UNO-Delegierte Andrej J. Wyschinski fordert »das Verbot der Wasserstoffbombe, obgleich wir die Wasserstoffbombe gebaut haben«.
20	Di	In einer Erklärung zu ihren wirtschaftspolitischen Zielen spricht sich die SPD für freie Konsumwahl und gegen jede Zwangswirtschaft aus.
21	Mi	Die französische Regierung in Paris hebt den Visumzwang für Bundesbürger auf. +++ Die Sowjetunion tritt der UNESCO bei.
22	Do	Der indische Ministerpräsident Jawaharlal Nehru erklärt die Sperrung des indischen Luftraums für US-Nachschubflüge nach Indochina.
23	Fr	Der NATO-Rat lehnt die Anerkennung der DDR als souveränen Staat ab. +++ Mannheim verleiht der deutschen Tänzerin Mary Wigman den Schiller-Preis.
24	Sa	Rettungsmannschaften bergen im österreichischen Dachstein-Gebirge die Leichen von drei verschollenen Lehrern und zehn Schülern aus Heilbronn.
25	So	In Hannover beginnt die Deutsche Industriemesse. +++ Bei Wahlen in Argentinien wird Juan Domingo Perón als Staatspräsident bestätigt.
26	Mo	Die britische Kolonialregierung in Kenia gibt umfangreiche Verhaftungen von Anhängern der Unabhängigkeitsbewegung Mau-Mau bekannt.
27	Di	In Washington stellen US-Wissenschaftler einen neuartigen Generator vor, der Sonnenstrahlen in elektrischen Strom umwandelt.
28	Mi	Auf der holländischen Nordseeinsel Vlieland wird aus Gründen der Schicklichkeit das Tanzen in kurzen Hosen bei Strandfesten verboten.
29	Do	Der niederländische Schriftsteller Adriaan Morriën erhält in San Felice bei Rom den Literaturpreis des deutschen Schriftstellerzirkels »Gruppe 47«.
30	Fr	Bei einem Erdbeben in der mittelgriechischen Provinz Thessalien werden 24 Menschen getötet und 150 verletzt; 25 000 sind obdachlos.

Mai 1954

1 Sa Der Deutsche Gewerkschaftsbund (DGB) fordert die Einführung der Fünftagewoche und eine Wochenarbeitszeit von 40 Stunden.

2 So Bundespräsident Theodor Heuss eröffnet in München den Deutschen Studententag, an dem etwa 4000 Studenten aus 16 Ländern teilnehmen.

3 Mo Der Atlantiküberflieger Charles Lindbergh erhält für sein Buch »The Spirit of St. Louis« (dt. Titel: Mein Flug über den Ozean) den Pulitzer-Preis.

4 Di Dänemark, Schweden, Norwegen und Island verweigern in einer gemeinsamen Erklärung der DDR die Anerkennung als souveränen Staat.

5 Mi Bei einem verheerenden Bergwerksunglück in der italienischen Provinz Grosseto kommen 43 Bergleute ums Leben.

6 Do Der Bundesgerichtshof in Karlsruhe verurteilt die KPD-Funktionäre Horst Reichel und Herbert Beyer wegen Hochverrats zu drei bzw. eineinhalb Jahren Haft.

7 Fr Die USA, Großbritannien und Frankreich lehnen den von Moskau vorgeschlagenen Beitritt der Sowjetunion zur NATO ab. → Dien Bien Puh

8 Sa Zwei ehemalige Soldaten der Wehrmacht werden in Darmstadt wegen Tötung von mindestens 60 Juden zu Haftstrafen verurteilt. → Armee

9 So In Paris kommt es anläßlich einer Kranzniederlegung von Charles de Gaulle am Grab des unbekannten Soldaten zu schweren Ausschreitungen.

10 Mo Aus Angst vor antikommunistischen Demonstrationen verhängt die französische Regierung über das Moskauer Bolschoi-Ballett Auftrittsverbot in Paris.

11 Di Der ehemalige italienische Ministerpräsident Alcide de Gasperi wird in Straßburg zum Präsidenten der Montanunion gewählt.

12 Mi Die griechische Halbinsel Peloponnes wird von schweren Erdbeben heimgesucht. Besonders betroffen sind u.a. die Städte Patras und Pirgos.

13 Do In Moskau verteidigt der sowjetische Schachspieler Michail M. Botwinnik gegen seinen Landsmann Wassily Smyslow den Weltmeistertitel.

14 Fr Bernhard Grzimek bringt für den von ihm geleiteten Frankfurter Zoo von einer Afrika-Expedition ein Exemplar der seltenen Giraffenart Okapi mit.

15 Sa Die britische Königin Elizabeth II. wird bei der Rückkehr von ihrer fast sechsmonatigen Weltreise von einer riesigen Menschenmenge empfangen.

16 So Vor der chinesischen Küste kommt es zu einem kleineren Seegefecht zwischen nationalchinesischen und rotchinesischen Kriegsschiffen.

17 Mo In Japan registrieren Wissenschaftler der Universitäten Osaka und Niigaka eine starke radioaktive Verseuchung des Regenwassers. → Rassentrennung

18 Di Für 41 000 DM ersteigert die Stadt Frankfurt am Main das von Heinrich Hoffmann verfasste Originalmanuskript des »Struwwelpeter«. → Jugendschutz

19 Mi In der pakistanischen Hauptstadt Karatschi unterzeichnen Vertreter Pakistans und der USA ein gegenseitiges Militärhilfe-Abkommen.

20 Do Das Internationale Olympische Komitee kommt überein, bei künftigen Olympischen Schwimmwettbewerben den Schmetterlingsstil zuzulassen.

21 Fr Die Bundesbahn beschließt die Vereinheitlichung der Zuschlagtarife für Schnellzüge: unabhängig von Wagenklasse und Entfernung sind 2 DM zu zahlen.

22 Sa In London besuchen 120 000 Menschen die Kundgebung des amerikanischen Evangelisten und Predigers Billy Graham im Wembley-Stadion.

23 So Mit einem 5:1-Sieg gegen den favorisierten 1. FC Kaiserslautern wird Hannover 96 in Hamburg Deutscher Fußballmeister.

24 Mo In der Bundesrepublik wird eine Reihe von kommunistischen Politikern verhaftet, darunter auch einige ehemalige Bundestagsabgeordnete.

25 Di Das SED-Zentralorgan »Neues Deutschland« berichtet über die schlechte Versorgungslage vor allem für Haushaltswaren in der DDR. → Fotograf

26 Mi Die »Münchner Illustrierte« darf nicht erscheinen, weil auf dem Titelbild die US-Schauspielerin Jane Russell in »jugendgefährdendem Aufzug« abgebildet ist.

27 Do Ein US-Gericht in München verurteilt den ehemaligen Vize-Lagerkommandanten des tschechischen Internierungslagers Budweis zu acht Jahren Gefängnis.

28 Fr In der Nähe von Gizeh (Ägypten) wird ein über 4000 Jahre altes »Sonnenboot« des Königs Cheop gefunden, das Kultzwecken diente.

29 Sa Der ehemalige Papst Pius X. (Amtszeit von 1903 bis 1914) wird in Rom von Papst Pius XII. vor 40 000 Gläubigen heiliggesprochen.

30 So Bei den Internationalen Tennismeisterschaften von Frankreich gewinnen die Amerikaner Tony Trabert und Maureen Conolly die Einzelwettbewerbe.

31 Mo In Rom warnt Papst Pius XII. seine Bischöfe und Kardinäle davor, die Bewegung der sog. Laientheologen zu tolerieren.

Ein französisches Versorgungsflugzeug im Anflug auf die Dschungelfestung Dien Bien Phu

Frankreich bis ins Mark getroffen

Seit dem Ende des Zweiten Weltkriegs kämpft Frankreich um den Fortbestand des kolonialen Besitzes. Eine Reihe von Unruheherden, u.a. in Afrika und Asien, markieren das in den Kolonien erwachende Streben nach Unabhängigkeit. Frankreich führt – genauso wie Großbritannien – nur noch koloniale Rückzugsgefechte.

Nach der Niederlage bei Dien Bien Phu ist Frankreichs Nationalstolz getroffen. Wut gegen die Regierung und Kommunistenhass bestimmen die öffentliche Diskussion. Bei einer Gedenkfeier am Grab des unbekannten Soldaten werden Ministerpräsident Joseph Laniel und Verteidigungsminister René Pleven von einer Menschenmenge beschimpft. Viele sind verbittert über die als Schmach empfundene Niederlage in Vietnam. Viele fordern eine Rückkehr von Charles de Gaulle. Als sich die Anhänger des Generals trotz polizeilichen Verbots zu einem Demonstrationszug durch Paris formieren, kommt es zu Schlägereien mit der Polizei. Am 10. Mai untersagt die französische Regierung überraschend den Auftritt des in der Hauptstadt gastierenden Moskauer Bolschoi-Balletts, um – wie es heißt – antikommunistisiche Unruhen zu vermeiden.

8. Mai 1954

Armee an der Macht

Unter Führung des Oberkommandierenden der Armee, Alfredo Stroessner (s. Abb.), wird in Paraguay Präsident Federico Chaves gestürzt. Zunächst folgt ihm Tomás Romero Pareira nach, ehe Stroessner auf Druck der Armee und der einzigen legalen Partei, der Colorado-Partei, die Staatsführung übernimmt.

Alfredo Stroessner

paraguayischer Militär und Politiker, * 3.11.1912 Encarnación

Der Sohn eines Einwanderers aus dem fränkischen Hof herrscht mehrere Jahrzehnte mit diktatorischen Vollmachten in dem südamerikanischen Land. Seine repressive, antikommunistische Politik und die brutale Unterdrückung der Opposition ist gekoppelt mit einer weitgehend erfolgreichen Wirtschaftspolitik. 1989 wird Stroessner seinerseits durch einen Militärputsch gestürzt.

- 1932-35: Teilnahme am Chaco-Krieg
- 1953: Oberbefehlshaber der Streitkräfte
- 1954-89: Staatspräsident

18. Mai 1954

Jugendschutz verstärkt

Bonn macht Ernst mit dem Jugendschutz: Nachdem bereits das entsprechende Gesetz die parlamentarischen Hürden genommen hat, wird in Bonn die Bundesprüfstelle für jugendgefährdende Schriften eingerichtet. Vorsitzender wird der Kölner Staatsanwalt Robert Schilling. Die Behörde untersucht »unsittliche, verrohend wirkende, zu Gewalttätigkeit, Verbrechen und Rassenhass anreizende sowie den Krieg verherrlichende« Publikationen. Allerdings sind die Richtlinien oft unklar.

18. Juni 1954

Angriff auf Guatemala

In Guatemala wird die Regierung gestürzt. Eine von den USA, Honduras und Nicaragua unterstützte 4000 Mann starke sog. Befreiungsarmee marschiert in das mittelamerikanische Land ein. Den USA gilt die sozialreformerische guatemaltekische Regierung als »kommunistischer Brückenkopf«, hatte Präsident Jacobo Arbenz Guzmán doch rd. 61 000 ha des US-Bananenproduzenten United Fruit Company zugunsten landloser Bauern enteignet. Das Unternehmen besaß bislang 10% des nutzbaren Bodens und beherrschte die wirtschaftliche Infrastruktur.

7. Mai 1954

Dien Bien Phu fällt

Frankreich verliert seine Machtposition in Indochina. Nach 56-tägiger Belagerung durch die Truppen der kommunistischen Vietminh fällt die französische Festung Dien Bien Phu im Norden Vietnams. 9000 Soldaten – Fremdenlegionäre, Algerier, Vietnamesen und Franzosen – gehen in Gefangenschaft. Die klare Niederlage am Schnittpunkt der Handelsstraße von Laos nach China und des Verbindungsweges nach Hanoi ist eine Zäsur in Frankreichs Indochina-Politik. Der Plan der französischen Militärs, die Vietminh durch Bau einer Festung von ihrer Guerilla-Taktik abzubringen und in einer offenen Feldschlacht stellen zu können, hatte sich nicht erfüllt. Die Lage der Festung in einem Talkessel bot den auf den umliegenden Bergen verschanzten Vietminh stattdessen ein optimales Schussfeld. Zudem war es ihnen gelungen, schwere Artillerie durch den dichten Dschungel nach Dien Bien Phu zu transportieren. Gleichzeitig verfehlten die französischen Versorgungsgüter, von denen täglich bis zu 150 t über Dien Bien Phu abgeworfen wurden, häufig ihr Ziel und landeten auf von Vietminh kontrolliertem Gebiet. Nach der Niederlage zieht die französische Politik die Konsequenzen: Am 21. Juli wird in Genf ein Waffenstillstandsabkommen für Indochina unterzeichnet. Die Truppen sollen in den nächsten Tagen zur Einstellung der Feindseligkeiten aufgefordert werden. Der wichtigste Punkt des Abkommens ist die Teilung Vietnams entlang des 17. Breitengrads. Der nördliche Teil mit rd. 11 Mio. Einwohnern und den Industriezentren Hanoi und Haiphing wird den Vietminh unter ihrem Führer Ho Chi Minh als Einflusssphäre zugeschlagen. Der südlich der Demarkationsgrenze gelegene Teil Vietnams mit rd. 23,5 Mio. Einwohnern und den wichtigsten Reisanbaugebieten des Landes bleibt unter Kontrolle der bisher von Frankreich unterstützten Republik Vietnam.

Frankreichs Soldaten im Schützengraben

Ho Chi Minh

25. Mai 1954

Fotograf an allen Fronten

Einer der weltweit renommiertesten Fotografen kommt in Ausübung seines Berufes ums Leben. Der durch seine Kriegsfotografie bekannt gewordene US-Fotoreporter Robert Capa (s. Abb.) wird in Nordvietnam durch eine Mine getötet.
Seine Arbeiten veröffentlichte Capa u.a. in den US-Zeitschriften »Life« und »Time«. Weltberühmt wurde sein Foto aus dem Spanischen Bürgerkrieg, das einen republikanischen Freiwilligen im Augenblick des Todes zeigt. Immer wieder gab es aber auch Zweifel, ob dieses Bild wirklich authentisch und nicht doch gestellt sei. Bis zu seinem Tod arbeitete Capa an fast allen Kriegsschauplätzen der Welt. Im Zweiten Weltkrieg kam er bei der Landung in der Normandie mit der ersten Angriffswelle an. In Frankreich fotografierte er französische Kollaborateurinnen, die von Landsleuten mit geschorenen Köpfen durch die Stadt getrieben wurden. Neben Kriegsfotos machte Capa auch Porträts und einfühlsame Aufnahmen, u.a. vom ganz alltäglichen Leben.

17. Mai 1954

Rassentrennung aufgehoben

In US-Schulen wird die Rassentrennung aufgehoben. Der Oberste Gerichtshof in Washington erklärt die Trennung von Weißen und Schwarzen an öffentlichen Schulen für verfassungswidrig. Über die ersten Tests mit gemischtrassigen Schulklassen berichtet die amerikanische Zeitschrift »Newsweek« in großer Aufmachung (s. Abb.). Anlass der höchstrichterlichen Entscheidung war die Klage eines schwarzen Vaters gegen die Schulbehörde von Topeka (US-Bundesstaat Kansas), die seinen Sohn nicht in eine nur von Weißen besuchte Schule aufnehmen wollte. Nach dem Urteil müssen die Gesetze in 21 amerikanischen Bundesstaaten angepasst werden.

Juni 1954

1 Di Großbritannien verhängt den Ausnahmezustand über die Provinz Buganda im britischen Protektorat Uganda in Ostafrika.

2 Mi Heinrich Brüning, deutscher Reichskanzler von 1930–32, äußert sich in Düsseldorf gegen eine »dogmatische« Westbindung der Bonner Außenpolitik.

3 Do Eine Frachtmaschine der belgischen Fluggesellschaft Sabena wird über Jugoslawien von MIG-Düsenjägern unbekannter Nationalität beschossen.

4 Fr Im japanischen Parlament kommt es wegen einer Tagesordnungsfrage zu einer Schlägerei zwischen Vertretern der Opposition und der Regierung.

5 Sa Die pakistanische Regierung lässt in der Provinz Ost-Pakistan 564 Menschen verhaften, die in Opposition zur Staatsführung stehen.

6 So In Ost-Berlin beginnt das zweite Deutschlandtreffen der Nachwuchsorganisation »Freie Deutsche Jugend« (FDJ), an dem rd. 500 000 Jugendliche teilnehmen.

7 Mo Französische Truppen rücken in Südtunesien gegen Verbände tunesischer Nationalisten vor, die Anschläge auf französische Siedler verübt haben.

8 Di Der ehemalige DDR-Außenminister Georg Dertinger wird in Ost-Berlin wegen »Verschwörung zum Sturz der DDR« zu 15 Jahren Gefängnis verurteilt.

9 Mi Der außenpolitische Ausschuss der französischen Nationalversammlung missbilligt den Vertrag über die Europäische Verteidigungsgemeinschaft (EVG).

10 Do Auf dem Westberliner Ärztekongress wird erklärt, dass in Deutschland die Sterblichkeit bei Lungenentzündung seit 1934 um fast 25% gesunken sei.

11 Fr Der deutsche Mittelgewichtsboxer Gustav »Bubi« Scholz besiegt in West-Berlin den Belgier Emile Delmine durch k.o. in der vierten Runde.

12 Sa Nachdem die französische Nationalversammlung ihm das Misstrauen ausgesprochen hat, reicht Ministerpräsident Joseph Laniel seinen Rücktritt ein.

13 So Sieger des 24-Stunden-Rennens von Le Mans (Frankreich) werden der Argentinier José Froilan Gonzales und der Franzose Maurice Trintignant.

14 Mo Namhafte Vertreter wichtiger westdeutscher Parteien und Institutionen gründen in Bad Neuenahr das »Kuratorium Unteilbares Deutschland«.

15 Di Die britische Schauspielerin Simone Silva muß die USA verlassen, weil sie sich bei den Filmfestspielen in Cannes mit nacktem Busen fotografieren ließ.

16 Mi Ngo Dinh Diem wird zum Ministerpräsidenten Vietnams berufen. +++ Der nicaraguanische Präsident Anastasio Somoza García überlebt ein Attentat.

17 Do In der Bundesrepublik wird erstmals der »Tag der Deutschen Einheit« begangen. Er soll an den Volksaufstand in der DDR vor einem Jahr erinnern.

18 Fr Die französische Nationalversammlung wählt den radikalsozialistischen Politiker Pierre Mendès-France zum Ministerpräsidenten. → Guatemala

19 Sa In West-Berlin wird ein neuer Gebäudetrakt der Freien Universität eingeweiht, dessen Bau die Henry-Ford-Stiftung (USA) finanziert hat.

20 So Der Deutsche Hans Günter Winkler gewinnt auf der Stute Halla die Weltmeisterschaften der Springreiter, die in Madrid ausgetragen werden.

21 Mo Vor dem Hintergrund von Forderungen aus der FDP, diplomatische Beziehungen mit Ostblockstaaten aufzunehmen, warnen die USA Bonn vor einem Ostkurs.

22 Di Die argentinische Regierung beschließt, dass die Parlamentsabgeordneten an Sitzungstagen Gratismahlzeiten im Parlamentsrestaurant erhalten sollen.

23 Mi Kwame Nkrumah, Führer der nationalistischen Convention People's Party (CCP), bildet die erste schwarze Regierung der britischen Kolonie Goldküste.

24 Do Bonn verspricht, für alle in der sog. Aktion Vulkan als mutmaßliche Ostspione schuldlos Verhafteten Ehrenerklärungen abzugeben.

25 Fr Großbritannien und die USA beraten über die voneinander abweichenden Sicherheitskonzeptionen beider Länder für den südostasiatischen Raum.

26 Sa Zehn amerikanische Länder fordern anlässlich der Rebelleninvasion in Guatemala die Einberufung einer interamerikanischen Friedenskonferenz.

27 So Die Landtagswahl in Nordrhein-Westfalen endet mit Verlusten für die Koalition aus CDU und Zentrum unter Ministerpräsident Karl Arnold.

28 Mo Nach Angaben der italienischen Botschaft in Neu-Delhi sind drei Italiener beim Versuch, den Berg Api im Himalaja zu besteigen, umgekommen.

29 Di Auf Antrag der SPD-Opposition gibt in Bonn Staatssekretär Walter Hallstein Auskunft über Deutsche in der französischen Fremdenlegion.

30 Mi In West-Berlin gehen die Vierten Internationalen Filmfestspiele zu Ende. +++ Über Nordamerika und Teilen Europas wird eine Sonnenfinsternis beobachtet.

Juli 1954

1 Do Die Bundespost erhöht im Postzustellungs- und im Fernsprechdienst die Gebühren. +++ In Japan werden die ersten Soldaten einer neuen Armee vereidigt.

2 Fr Friedrich Paulus, Ex-Kommandeur der 1943 bei Stalingrad zerschlagenen 6. deutschen Armee, äußert sich in Ost-Berlin zu politischen Fragen.

3 Sa In Großbritannien wird nach über 14 Jahren die Rationierung von Fleisch und Speck von der Londoner Regierung aufgehoben.

4 So Beim Großen Preis von Reims (Frankreich) überzeugen die neuen Mercedes-Silberpfeile durch einen Doppelsieg. → Fußballwunder

5 Mo In London beginnen britische und US-Experten mit der konzeptionellen Vorbereitung der bundesdeutschen Souveränität. → »Superbomber«

6 Di Eine wachsende Zahl von Terroranschlägen bewirkt in Tunesien die massenhafte Flucht französischer Siedler nach Frankreich.

7 Mi In Leipzig findet der 6. Deutsche Evangelische Kirchentag statt. Rd. 600 000 Protestanten aus Ost und West nehmen daran teil.

8 Do Einstimmig votiert der Bundestag für den Beitritt zur UNO-Konvention über die Verhütung und Bestrafung des Völkermordes. → Verfassungsschutz

9 Fr Bayern erlebt nach einem 50-stündigen Dauerregen die schwerste Hochwasserkatastrophe seit 1899. Betroffen sind auch Sachsen und Österreich.

10 Sa Die französische Regierung und die Vietminh einigen sich in Nordvietnam grundsätzlich über die Frage eines Austauschs von Kriegsgefangenen.

11 So Beim Motorrad-WM-Lauf in Assen (Niederlande) wird der Deutsche Werner Haas auf NSU Weltmeister der 250-ccm-Klasse.

12 Mo Der britische Premierminister Winston S. Churchill betont in London, dass Großbritannien auch gute Beziehungen zum Ostblock aufbauen müsse.

13 Di Die DDR amnestiert 138 Häftlinge, die 1950 in den sog. Waldheim-Prozessen als »Naziverbrecher« verurteilt worden waren.

14 Mi Das Oberste Gericht der DDR verurteilt den ehemaligen Versorgungsminister Karl Hamann u.a. wegen »Sabotage« zu zehn Jahren Zuchthaus.

15 Do In Großbritannien stürzt ein Militärflugzeug vom Typ Handley Page ab. Die Düsenmaschine gilt als modernster Bomber der britischen Luftwaffe.

16 Fr Der Bundestag stimmt dem Amnestiegesetz zu. Es sieht einen Straferlass für weniger schwere Delikte vor, die vor dem 1. Dezember 1953 begangen wurden.

17 Sa In West-Berlin wird Theodor Heuss (FDP) von der Bundesversammlung mit großer Mehrheit erneut zum Bundespräsidenten gewählt.

18 So In Manchester (Großbritannien) rast ein Bus, dessen Bremsen versagen, in ein Schuhgeschäft. Zwei Menschen werden getötet, 20 schwer verletzt.

19 Mo An der Sektorengrenze in West-Berlin weiht Bundespräsident Theodor Heuss die Ernst-Reuter-Siedlung ein, die mit US-Mitteln finanziert wurde.

20 Di In der Bundesrepublik wird in Veranstaltungen an die »Männer des 20. Juli« erinnert, die 1944 ein Attentat auf Adolf Hitler verübt haben. → Seitenwechsel

21 Mi Fritz Thiedemann erringt beim Internationalen Springturnier in London als erster Deutscher den »King-George-Cup«

22 Do Die Bayreuther Wagnerfestspiele, die bis zum 8. August stattfinden, werden mit Wieland Wagners Neuinszenierung des »Tannhäuser« eröffnet.

23 Fr In Long Beach (Kalifornien) wird die Amerikanerin Miriam Stevenson zur »Miss Universum« gewählt. »Miss Germany« Regina Ernst erreicht den vierten Platz.

24 Sa Etwa 100 000 Menschen protestieren in Lissabon für den Erhalt der portugiesischen Besitzungen in Indien. +++ Ein Busunglück in Worms fordert 26 Tote.

25 So In Salzburg beginnen die Festspiele. +++ Ho Chi Minh sieht die Demarkationslinie in Vietnam, die den Süden vom Norden trennt, nur als Provisorium an.

26 Mo US-Wissenschaftler entdecken rd. 140 km nördlich des Polarkreises in Kanada die Überreste einer etwa 1000 Jahre alten Siedlung.

27 Di Fünfzehn Abgeordnete der CDU legen im Bonner Bundestag einen Gesetzentwurf zur Wiedereinführung der Todesstrafe vor.

28 Mi Während eines Staatsbesuchs schlägt Südkoreas Präsident Syngman Rhee in Washington vor, mit Hilfe der USA die Volksrepublik China anzugreifen.

29 Do Bei Leer wird der Leda-Staudamm eingeweiht. Mit der Regulierung des Nebenflusses der Ems sollen 25 000 ha Grünland geschützt werden.

30 Fr Der Metropolit der serbisch-orthodoxen Kirche von Montenegro (Jugoslawien) wird wegen regimefeindlicher Äußerungen zu elfeinhalb Jahren Haft verurteilt.

31 Sa Frankreich gewährt Tunesien »innere Autonomie«, nimmt aber weiterhin die außenpolitische Vertretung und die Verteidigungspolitik des Landes wahr.

In der rechten unteren Torecke schlägt der Ball an Ungarns Torhüter Gyula Grosics vorbei zum 3:2 ein.

4. Juli 1954

3 : 2 – das Fußballwunder

Sensationell: Den WM-Titel 1954 gewinnt die deutsche Nationalmannschaft unter Bundestrainer Sepp Herberger, die im mit 70 000 Zuschauern ausverkauften Berner Wankdorfstadion die Ungarn mit 3:2 bezwingt. Der Sieg der deutschen Elf über das ungarische Wunderteam bedeutet für viele Deutsche über den sportlichen Erfolg hinaus – zeitgleich mit Wiederaufbau und Wirtschaftswunder – die lang ersehnte Möglichkeit zu einer neuen nationalen Identifikation.

»Toni, Toni, du bist Gold wert ... jetzt Deutschland am linken Flügel, Schäfer flankt nach innen, Kopfball abgewehrt, aus dem Hintergrund müsste Rahn schießen, er schießt, Tor, Tor, Tor, Tor für Deutschland ... 3:2 für Deutschland nach dem Linksschuss von Rahn ... und die Ungarn, wie von der Tarantel gestochen, drehen den siebten oder zwölften Gang auf ... und Kocsis flankt, Puskás abseits, Schuss, aber nein, kein Tor, Puskás abseits ... und die 45. Minute ist vollendet ... aus, aus, aus, aus, das Spiel ist aus!« Berühmt werden die emotionsgeladenen Worte von Rundfunkreporter

Die Weltmeister, v.l.: Fritz Walter, Toni Turek, Horst Eckel, Helmut Rahn, Ottmar Walter, Werner Liebrich, Jupp Posipal, Hans Schäfer, Werner Kohlmeyer, Karl Mai, Max Morlock

Herbert Zimmermann, der die alles entscheidenden Minuten des unvergessenen WM-Finales zwischen dem haushohen Favoriten Ungarn und dem krassen

30. August 1954

Frankreichs Parlamentarier bringen Europa-Armee zu Fall

Die zweijährigen Bemühungen um die Bildung einer europäischen Armee auf supranationaler Ebene unter Einbeziehung bundesdeutscher Kontingente scheitern in der französischen Nationalversammlung. Mit 319 gegen 264 Stimmen lehnen die Parlamentarier den Vertrag über die Europäische Verteidigungsgemeinschaft (EVG) ab. Im Vorfeld hatten die Franzosen mehr als 70 Änderungswünsche an dem Vertragswerk geäußert, das auch die Grundlage für eine Europäische Politische Gemeinschaft (EPG) bilden sollte. Die französischen Vorschläge waren von den übrigen Vertragsstaaten als indiskutabel abgelehnt worden. Entscheidend für die Ablehnung in der französischen Nationalversammlung sind die Stimmen der Gaullisten und der Kommunisten, die vor allem Sorge über eine Wiederbewaffnung Deutschlands geltend machen. Enttäuschung und Verärgerung herrscht in Europa nach dem Nein aus Paris. Während die SPD ihre Ablehnung des EVG-Vertrags bestätigt sieht, fordert die Bundesregierung erneut eine westintegrierte Aufrüstung der Bundesrepublik bei gleichzeitiger Wiederherstellung der vollen Souveränität.

Joseph »Sepp« Herberger

deutscher Fußballtrainer, * 28.3.1897 Mannheim-Waldhof; † 28.4.1977 Weinheim

Grundlage für den Erfolg in Bern ist die taktische Meisterleistung von Trainerfuchs Herberger. Der von seinen Spielern »Chef« genannte Taktiker und Menschenkenner hatte in der Vorrunde nur die zweite Garnitur aufs Feld geschickt und prompt acht Treffer kassiert. Im Finale erwartete Ungarn demnach leichtes Spiel. Herberger ist nicht nur der Vater des deutschen Fußball-Triumphs in Bern, sondern auch ein Quell sportlicher Fußballweisheiten. Bonmots wie »Der Ball ist rund«, »Ein Spiel dauert 90 Minuten« und »Fußball ist deshalb spannend, weil niemand weiß, wie das Spiel ausgeht« gehören zum Zitatenschatz aller Fußballkenner.

- 1906-29: Spieler bei Waldhof Mannheim
- 1921-25: Drei Länderspiele für Deutschland
- 1936-45: Reichsfußballtrainer
- 1949-64: Bundestrainer

on Bern

Außenseiter Deutschland kommentiert. Wichtigster Pfeiler des deutschen Erfolgs ist der 34-jährige Kapitän und Spielgestalter Fritz Walter, der zusammen mit seinem Bruder Ottmar, mit Werner Liebrich, Werner Kohlmeyer und Horst Eckel den Kaiserslauterner »Kern« der Mannschaft bildet. Aufgrund seiner technischen Fähigkeiten, die er ganz in den Dienst der Mannschaft stellt, wird Fritz Walter zum besten Spieler des Turniers. Bundeskanzler Konrad Adenauer hebt in seiner Gratulation die Dimension dieses WM-Sieges hervor: »An Ihrem großartigen Erfolg nimmt das ganze deutsche Volk mit größter Freude Anteil.« Die Rückkehr in die Bundesrepublik gerät zu einem einzigen Triumphzug für die »Helden von Bern«. Bereits in Lindau, wo die Mannschaft auf ihrer Rückreise Station macht, werden Spieler und Trainer von einer begeisterten Menge gefeiert. Die Begrüßungsfeier in München wird zum Volksfest. Eine unüberschaubare Menge säumt die Straßen, als die Spieler im Autokorso zum Rathaus chauffiert werden.

8. Juli 1954

Verfassungsschutz in der Kritik

Kontrovers diskutieren die Bonner Parlamentarier die Aufgabe und Arbeit des Bundesverfassungsschutzes. Anlass sind Vorwürfe des FDP-Abgeordneten Reinhold Maier, der die Behörde u.a. als »unkontrollierbaren Staat im Staate« und als »Geheime Staatspolizei« bezeichnet hatte. Bundesinnenminister Gerhard Schröder (CDU) verteidigt den Verfassungsschutz, der ein wesentlicher Teil der Sicherheitsvorkehrungen der Bundesrepublik sei, um Staatsfeinde abzuwehren. Die SPD übt Kritik, spricht sich aber gegen eine Abschaffung des Verfassungsschutzes aus.

20. Juli 1954

Mysteriöser Seitenwechsel

Ein Spitzenbeamter aus der Bundesrepublik wechselt in die DDR und löst eine undurchsichtige Affäre aus. Otto John (s. Abb.), Präsident des Verfassungsschutzes, verschwindet im Anschluss an Feierlichkeiten zum Gedenken der Opfer des 20. Juli 1944 spurlos. Zunächst wird vermutet, dass John Opfer einer Entführung geworden sein könnte. Am 23. Juli meldet sich John jedoch in einer Rundfunkansprache aus der DDR. Er unterstreicht, dass er mit seinem Übertritt zur Wiedervereinigung Deutschlands beitragen wolle. In der Bundesrepublik sei ihm die Arbeit durch sich »wieder regende Nazis« unmöglich gemacht worden. Nach dem Wechsel Johns in die DDR fordern Konservative die Überprüfung höher gestellter Persönlichkeiten. 1956 taucht John wieder in West-Berlin auf und gibt an, doch in den Osten entführt worden zu sein. 1956 wird er zu vier Jahren Haft verurteilt. Die Hintergründe der Affäre bleiben im Dunkeln. Nach John wechselt auch der CDU-Bundestagsabgeordnete Karlfranz Schmidt-Wittmack im August in die DDR. Er begründet seinen Schritt mit den Bonner Plänen zur Wiederaufrüstung, die eine deutsche Wiedervereinigung unmöglich machen würde.

5. Juli 1954

»Superbomber« vorgestellt

Neue Bomber und Kampfflugzeuge erobern den Himmel: Zum ersten Mal erhebt sich in den USA der schwerste Düsenbomber der Welt, die B 52 (s. Abb.), in die Luft. Der achtstrahlige Gigant läutet eine neue Runde im Wettrüsten der Großmächte ein. Die B 52 hat einen Aktionsradius von mehr als 5000 km, sie kann bis zu einer Flughöhe von rd. 17 000 km operieren und 30 t Bomben transportieren. Der Stolz der US-Militärs über den vermeintlichen Vorsprung in der Aufrüstung ihrer Flugstaffeln ist jedoch nicht ungetrübt. Im Mai wurde bei einer Militärparade in Moskau die für den Langstreckeneinsatz vorgesehene Mjassischtschew Mja-4 der Öffentlichkeit vorgestellt. Der vierstrahlige Bomber soll der B 52 in den Flugleistungen kaum nachstehen. Ebenfalls in diesem Jahr zieht die UdSSR auf einem anderen Sektor gleich. Mit der Tupolew Tu-16a stellt sie einen Bomber in Dienst, der das Gegenstück zur B-47 »Stratojet«, dem ersten Düsenbomber der US Air Force, darstellt.

August 1954

1 So In Paris wird der Radrennfahrer Louis Bobet aus Frankreich zum zweiten Mal hintereinander Sieger der Tour de France.

2 Mo Portugals Regierung schickt Truppen in seine Kolonie Goa, um Protestkundgebungen indischer Nationalisten vorzubeugen.

3 Di Eine 18-köpfige italienische Himalaja-Expedition bezwingt mit dem 8611 m hohen K2 den zweithöchsten Berg der Welt.

4 Mi In New York hat Alfred Hitchcocks Film »Rear Window« (Das Fenster zum Hof) mit James Stewart und Grace Kelly in den Hauptrollen Weltpremiere.

5 Do In Teheran wird ein internationales Öl-Konsortium gegründet, das die Wiederaufnahme der iranischen Ölförderung sicherstellen soll.

6 Fr Als Mahnmal der Erinnerung an den ersten Atombombenabwurf der USA vor neun Jahren wird in Hiroschima die Weltfriedenskirche eröffnet.

7 Sa Bei den Empire-Spielen in Vancouver bricht der führende britische Läufer James Peters in der letzten Runde des Marathonlaufs zusammen.

8 So Bei den Internationalen Tennismeisterschaften von Deutschland in Hamburg gewinnen der Amerikaner Budge Patty und die Britin Joy Mottram.

9 Mo Um höhere Stundenlöhne einzufordern, beginnen in Bayern rd. 200 000 Arbeiter der Metallindustrie mit einem groß angelegten Streik.

10 Di In Lübeck beginnt der Prozess gegen den Maler Lothar Malskat, dem die Fälschung von Fresken in der Marienkirche vorgeworfen wird.

11 Mi Der unter dubiosen Umständen in die DDR übergesiedelte Ex-Chef des Verfassungsschutzes, Otto John, gibt in Ost-Berlin eine Pressekonferenz.

12 Do Aus Protest gegen das Verbot oppositioneller Zeitungen durch die britische Regierung wird in Zypern ein 24-stündiger Generalstreik ausgerufen.

13 Fr Der Chefredakteur der Illustrierten »Stern«, Henri Nannen, kündigt Verfassungsbeschwerde an, nachdem eine Ausgabe beschlagnahmt worden war.

14 Sa Im italienischen Cervinia wird die zur Zeit größte Drahtseilbahn der Welt eröffnet. Sie überwindet einen Höhenunterschied von 2602 m.

15 So In den USA beginnt die 2. Konferenz des Weltkirchenrates. Die Teilnehmer ächten Atomwaffen und erklären Christentum und Kommunismus für unvereinbar.

16 Mo Das erste US-Schiff zur Evakuierung von Flüchtlingen im Indochinakrieg trifft in der nordvietnamesischen Hafenstadt Haiphong ein.

17 Di Bei den Salzburger Festspielen wird Rolf Liebermanns Oper »Penelope« uraufgeführt. +++ Herbert Hoover jr. wird stellvertretender Außenminister der USA.

18 Mi Der US-Senat billigt in Washington ein Gesetz, nach dem Spionage auch in Friedenszeiten mit der Todesstrafe belegt werden kann.

19 Do In den USA wird die Kommunistische Partei für illegal erklärt. +++ Das Münchener Studentenwerk beziffert das Existenzminimum für Studenten mit 169 DM.

20 Fr In Athen kommt es zu Unruhen, als ca. 100 000 Demonstranten vor die britische Botschaft ziehen, um die Rückgabe Zyperns an Griechenland zu fordern.

21 Sa Der CDU-Bundestagsabgeordnete Karlfranz Schmidt-Wittmack bittet in der DDR für sich und seine Familie um politisches Asyl.

22 So Juan Manuel Fangio (Argentinien) siegt beim Großen Automobilpreis der Schweiz auf Mercedes und ist damit vorzeitig Automobilweltmeister 1954.

23 Mo Eine rotchinesische Marinepatrouille landet auf der Insel Quemoy und liefert sich mit nationalchinesischen Truppen ein Feuergefecht.

24 Di In Brasilien begeht Staatspräsident Getúlio Dornelles Vargas nach seinem von den Streitkräften erzwungenen Rücktritt Selbstmord.

25 Mi Der österreichische Schriftsteller Fritz Weber erhebt wegen Urheberrechtsfragen Klage gegen den Filmregisseur, Schauspieler und Bergsteiger Luis Trenker.

26 Do Die Kopenhagener Regierung erklärt gegenüber den Vereinten Nationen, dass Grönland durch eine Verfassungsänderung Bestandteil Dänemarks sei.

27 Fr Der Landrat von Bad Hersfeld (Osthessen) verbietet ein für den 25. September geplantes Treffen ehemaliger SS-Angehöriger.

28 Sa Im Iran werden über 250 oppositionelle Militärangehörige festgenommen, da sie einen Putsch gegen die Regierung geplant haben sollen.

29 So Der bundesdeutsche Sprinter Heinz Fütterer gewinnt bei den Europameisterschaften in Bern den 200-m-Lauf in Europarekordzeit von 20,9 sec.

30 Mo Der Wirtschaftsrat der Vereinten Nationen gibt in New York bekannt, dass in 17 Ländern noch immer kein Frauenwahlrecht existiere. → Europa-Armee

31 Di Unter dem Motto »Ihr sollt mir Zeugen sein« wird in Fulda der 76. Deutsche Katholikentag eröffnet. Er dauert bis zum 6. September.

September 1954

1 Mi Die britische Regierung plädiert, wie aus London verlautet, für die Aufnahme der Bundesrepublik in das Nordatlantische Verteidigungsbündnis NATO.

2 Do Der Irak verabschiedet ein Gesetz, das Kommunisten die sofortige Aberkennung der Staatsbürgerschaft und die Ausweisung androht. → China

3 Fr Im Kampf gegen Verkehrssünder werden in den USA erstmals Radargeräte eingesetzt, die mit Fotoapparaten gekoppelt sind.

4 Sa Der französische Kommandant der gefallenen Dschungelfestung Dien Bien Phu, Christian de la Croix de Castries, wird von den Vietminh freigelassen.

5 So Bei der Schwimm-Europameisterschaft in Turin gewinnt die Dortmunderin Ursel Happe den Titel über 200-m-Brust in 2:54,9 min.

6 Mo Englands Königin Elizabeth II. gibt der Polizei Anweisung, künftig zu verhindern, dass die königlichen Wachen in London von Touristinnen geküsst werden.

7 Di Der französische Generalkommissar in Indochina, Paul Ely, übergibt den Saigoner Norodom-Palast an die vietnamesische Regierung.

8 Mi In Manila schließen die USA, Australien, Frankreich, Großbritannien, Neuseeland, Pakistan, Thailand und die Phillippinen den Südostasienpakt (SEATO).

9 Do Bei einem Erdbeben in Algerien kommen über 1500 Menschen um. +++ Die Karibik-Insel Trinidad wird wegen Gelbfieber-Fällen unter Quarantäne gestellt.

10 Fr Die im Krieg vom US-Militär in die USA verbrachte Handschrift des »Hildebrandsliedes« aus dem 9. Jahrhundert wird der Bundesrepublik zurückgegeben.

11 Sa In Paris gewinnt die deutsche Leichtathletik-Nationalmannschaft den ersten Länderkampf gegen Frankreich nach dem Zweiten Weltkrieg.

12 So Im nordhessischen Kassel eröffnet Bundesarbeitsminister Anton Storch (CDU) das aufgrund eines Gesetzes von 1953 eingerichtete Bundessozialgericht.

13 Mo Das SED-Zentralkomitee kritisiert die Produktionsleistungen in den DDR-Betrieben und fordert die Arbeiter zu größerem Einsatz auf.

14 Di Die zum Tode verurteilten SS-Männer Karl Lenz und Georg Boos werden vom französischen Staatspräsidenten René Coty zu lebenslanger Haft begnadigt.

15 Mi Henri D. Smyth erklärt wegen der Suspendierung des Atomphysikers J. Robert Oppenheimer seinen Rücktritt aus der US-Atomkommission.

16 Do Nach dem Scheitern des Europäischen Verteidigungspaktes treffen sich US-Außenminister John Foster Dulles und Bundeskanzler Konrad Adenauer in Bonn.

17 Fr Ägypten verlangt von Großbritannien die Zahlung von umgerechnet 700 Mio. DM, die zur Versorgung britischer Soldaten aufgewendet wurden.

18 Sa In Italien tritt Außenminister Attilio Piccioni zurück, nachdem sein Sohn verdächtigt wird, in einen Mordfall verwickelt zu sein.

19 So Der US-Schwergewichtsweltmeister Rocky Marciano verteidigt in New York durch einen k.o.-Sieg gegen Ezzard Charles seinen Titel.

20 Mo In Los Angeles fordert die US-Gewerkschaftsorganisation American Federation of Labour (AFL) die Einführung der 35-Stunden-Woche.

21 Di Auf der neunten Vollversammlung der Vereinten Nationen in New York wird die Aufnahme der Volksrepublik China abgelehnt.

22 Mi Die Alliierte Hohe Kommission legt gegen die geplante Produktionsaufnahme der Ufa-Film AG und der Bavaria-Filmkunst GmbH Beschwerde ein.

23 Do In Frankfurt am Main beginnt die sechste Internationale Buchmesse. +++ Die neue irakische Regierung löst alle oppositionellen Parteien auf.

24 Fr Der französische Innenminister François Mitterand entlässt den Pariser Polizeikommissar Jean Dides wegen Verdachts der Weitergabe geheimer Dokumente.

25 Sa Im schweizerischen Bürgenstock heiratet die populäre amerikanische Filmschauspielerin Audrey Hepburn ihren Kollegen Mel Ferrer. → Mao Tse-tung

26 So Das Niedersachsenstadion, das mit einem Fassungsvermögen von 75 000 Zuschauern größte Stadion der Bundesrepublik, wird in Hannover eingeweiht.

27 Mo In London beginnt die Neun-Mächte-Konferenz, auf der die Aufhebung des Besatzungsstatuts und die Aufnahme Bonns in die NATO beraten wird.

28 Di Bei einem Springreiterturnier im italienischen Pinerolo gewinnt Hans Günter Winkler auf Halla den »Giorgio-Bianchetti-Preis«.

29 Mi Das Landesarbeitsgericht in Frankfurt am Main erklärt Gehaltsabschläge für weibliche Angestellte für verfassungswidrig. → Fernsehen

30 Do Eine sowjetische Regierungsdelegation unter Führung des Ersten Sekretärs der KPdSU, Nikita S. Chruschtschow, trifft zu einem Besuch in Peking ein.

2. September 1954

Konflikt vor Chinas Küsten

Im Fernen Osten flammt ein gefährlicher Konflikt neu auf: Truppenverbände der kommunistischen Volksrepublik China beschießen die von Nationalchina besetzte Insel Quemoy in der Straße von Formosa (Abb.: Nationalchinesischer Posten). 1949 waren die Nationalchinesen unter Chiang Kai-shek nach dem verlorenen Bürgerkrieg gegen die Verbände Mao Tsetungs auf die Insel Taiwan geflohen. 1950 rief Chiang die Republik China aus.

25. September 1954

Mao Tse-tung wird Präsident

Nicht erst seit Gründung der Volksrepublik ist Mao Tse-tung der starke Mann im kommunistischen China. Der Nationale Volkskongress bestätigt mit der Wahl Maos zum ersten Staatspräsidenten dessen überragende Stellung. Die Wahl folgt der Verabschiedung der neuen Verfassung, die umfassende Machtbefugnisse für den Präsidenten vorsieht. So proklamiert der Präsident Gesetze und Erlasse, ernennt und entlässt Minister, erklärt den Kriegszustand und ordnet die Mobilmachung an. Außerdem hat er den Oberbefehl über die Streitkräfte. Stellvertretender Präsident wird mit Chu Te der Oberkommandierende der Volksbefreiungsarmee.

Die auf neun Teilnehmer erweiterte Konferenzrunde vor der Presse

23. Oktober 1954

Bundesrepublik bald Teil d

Auf der Pariser Konferenz der 14 NATO-Staaten und der Bundesrepublik wird die Bonner Regierung zum Beitritt in das westliche Bündnis eingeladen. Nachdem die Bildung einer Europäischen Verteidigungsgemeinschaft (EVG) gescheitert ist, wird Bonn am atlantischen Verteidigungsbündnis beteiligt.

Mit dem Eintritt der Bundesrepublik in die NATO, der 1955 erfolgt, finden die jahrelangen Bemühungen um eine gemeinsame westliche Verteidigung unter Beteiligung deutscher Soldaten ihren Abschluss. Auch Bundeskanzler Konrad Adenauer (CDU) erreicht damit sein seit Ende der 40er Jahre verfolgtes Ziel, die Bundesrepublik fest im Westen zu verankern.

Die Pariser Verträge bestehen aus mehreren einzelnen Abkommen, Vereinbarungen und vertraglichen Absprachen, die eine Vielzahl von Problemfeldern aufgreifen. So wird der im Jahre 1948 zwischen Großbritannien, Frankreich und den Benelux-Staaten vereinbarte Brüsseler Pakt unter Einbeziehung der Bundesrepublik zur Westeuropäischen Union – einem militärischen Beistandspakt im Rahmen der NATO – erweitert. Darüber hinaus erhält die Bundesrepublik – unter einigen Vorbehalten – ihre staatliche Souveränität. Truppen der Westalliierten dürfen danach weiterhin auf westdeutschem Gebiet stationiert bleiben, Berlin bleibt unter alliierter Kontrolle. In einem bilateralen Abkommen vereinbaren Frankreich und die Bundesrepublik das Saarstatut. In diesem Teil der Pariser Verträge soll die Zukunft des Saarlandes geregelt werden: Adenauer und der französische Ministerpräsident Pierre Mendès-France einigen sich darauf, dem Saarland im Rahmen der Westeuropäischen Union (WEU) ein europäisches Statut zu geben, über das in einem Referendum abzustimmen sei. Auf internationaler Ebene nimmt ein vom Ministerrat der WEU ernannter Kommissar, der weder Franzose noch Deutscher sein darf, die Interessen des Landes wahr. Innenpolitisch sind die saarländischen Behörden selbstständig. 1955 lehnt die saarländische Bevölkerung in einer Volksabstimmung jedoch die »Europäisierung« ihres Landes ab.

Nach Abschluss der Pariser Verträge verstärkt sich in der Bundesrepublik die Diskussion über Aufbau und Struktur der zukünftigen Streitkräfte. Einer der Vordenker ist Wolf Stefan Traugott Graf von Baudissin, der seit 1951 im sog. Amt Blank das Referat »Inneres Gefüge« aufbaut. Baudissin konzipiert – ausgehend von der negativen Rolle der Reichswehr während der Weimarer Republik – eine Armee auf

Die Bundesrepublik rüstet auf

Datum	Ereignis
1950	Die Bundesregierung richtet die sog. Dienststelle Blank ein (ab 1955 in Verteidigungsministerium umgewandelt)
1952	Bonn stimmt für Europa-Armee
1954	Gründung der WEU innerhalb der NATO unter Beteiligung der Bundesrepublik
1955	Beitritt Bonns zur NATO
1956	Bundestag beschließt Wehrpflichtgesetz gegen die Stimmen von SPD und FDP
1956	Erste Wehrpflichtige rücken ein
1957/58	Verteidigungsetat steigt um 35%

ATO

der Grundlage des »Staatsbürgers in Uniform«. Ausgehend von der Idee des preußischen Militärreformers Gerhard Johann David von Scharnhorst, »Armee und Nation inniger zu vereinen«, soll der neue Soldat ein mündiger, aktiv am politischen Leben beteiligter Bürger sein. Die Einschränkung der Grundrechte während des Wehrdienstes sei auf das »funktionsnotwendige« Minimum zu beschränken. Überlegungen zur Struktur einer künftigen Armee gibt es bereits seit dem Ende der 40er Jahre. General Hans Speidel erstellte u.a. für Bundeskanzler Konrad Adenauer Denkschriften über die Truppenstärke der in der DDR entstehenden Volkspolizei und wies auf die Notwendigkeit bundesdeutscher Streitkräfte hin. Mit dem Ausbruch des Koreakriegs und der damit wachsenden Furcht vor einem bewaffneten Ost-West-Konflikt wurde für viele Politiker die Notwendigkeit zur Bildung einer Armee akut. Ab 1950 wurden mit US-Unterstützung Pläne für eine auf 30000 Mann beschränkte Truppe entwickelt, die ein Gegengewicht zu den Verbänden in der DDR bilden sollte. Im April 1954 begann das Amt Blank mit der Versendung von Fragebögen an 140000 Freiwillige, die sich für eine Europa-Armee gemeldet hatten.

5. Oktober 1954

Triest wieder italienisch

Die italienische Bevölkerung feiert den Abschluss eines Abkommens über die Zukunft der sowohl von Italien als auch Jugoslawien beanspruchten Hafenstadt Triest (s. Abb.). In einer sog. Verständigungsdenkschrift, die nach mehrmonatigen Geheimverhandlungen unter britischer und US-Beteiligung zustande kommt, verpflichten sich Großbritannien, Jugoslawien und die USA, die militärische Besetzung der geteilten Stadt endgültig zu beenden. Die von Amerikanern und Briten besetzte Zone geht an Italien über. Das von Jugoslawien besetzte übrige Gebiet fällt an den Balkanstaat. Der Hafen von Triest wird internationalisiert.

19. Oktober 1954

Briten geben Suezkanal frei

Freude in Kairo: Ein britisch-ägyptisches Abkommen regelt den Abzug der 80000 am Suezkanal stationierten britischen Soldaten innerhalb von 20

Monaten (Abb.: Der ägyptische Ministerpräsident Gamal Abd el Nasser, 2.v.l., wird gefeiert). Im Falle eines militärischen Konflikts in der Region kann Großbritannien militärische Maßnahmen ergreifen, um den Suezkanal zu sichern. Zu diesem Zweck dürfen britische Einheiten auch ägyptische Häfen benutzen. Die freie Schifffahrt auf dem strategisch wichtigen Kanal wird garantiert.

29. September 1954

Fernsehen wird populär

Mit großem Erfolg strahlt das deutsche Fernsehen die erste Folge der Serie »Unsere Nachbarn heute abend: Familie Schölermann« (Abb.: Filmszene) aus. Mit der Darstellung von Alltagsproblemen einer Durchschnittsfamilie können sich viele Bundesbürger identifizieren. Bis 1959 werden insgesamt 111 Folgen der Serie ausgestrahlt. Daneben setzen die Programm-Macher auf Show-Unterhaltung: Nach Hans-Joachim Kulenkampffs »Wer gegen wen« debütiert Peter Frankenfeld im großkarierten Jackett als zweiter Showmaster in der Quiz-Sendung »1:0 für Sie«, die an die Tradition der US-Improvisationsshows anknüpft. Außerdem hat das Ohnsorg-Theater Fernsehpremiere.

Oktober 1954

1	Fr	Der französische Pantomime Marcel Marceau beginnt eine Tournee, die ihn durch insgesamt 23 Städte der Bundesrepublik führen wird.
2	Sa	Adnan Menderes, der türkische Ministerpräsident, trifft zu einem einwöchigen offiziellen Staatsbesuch in Bonn ein. Hauptthema sind Wirtschaftsfragen.
3	So	Die Deutsche Welle beginnt in Köln mit der Ausstrahlung fremdsprachiger Nachrichtensendungen. +++ In Dortmund gibt es bei einem Grubenunglück neun Tote.
4	Mo	Bundesvertriebenenminister Theodor Oberländer (BHE) gibt bekannt, dass täglich mehr als 500 DDR-Flüchtlinge in den Westen übersiedeln würden.
5	Di	In Frankfurt am Main berät der 3. Kongress des Deutschen Gewerkschaftsbundes (DGB) über die Durchsetzung der 40-Stunden-Woche. → Triest
6	Mi	12000 katholische Schulkinder treten in Niedersachsen aus Protest gegen das am 1. Oktober in Kraft getretene Schulgesetz in einen Warnstreik.
7	Do	Am Berliner Ensemble In Ost-Berlin wird »Der kaukasische Kreidekreis« von Bertolt Brecht zum ersten Mal in deutscher Sprache aufgeführt.
8	Fr	Gustav »Bubi« Scholz besiegt in West-Berlin den schottischen Meister Willie Armstrong in der achten Runde durch technischen k.o.
9	Sa	Ho Chi Minh, Führer der kommunistischen Vietminh, ruft Hanoi in Nordvietnam zur Hauptstadt der Demokratischen Republik Vietnam aus.
10	So	Beim Leichtathletik-Länderkampf zwischen Japan und der Bundesrepublik stellt Heiner Will mit 77,12 m einen deutschen Rekord im Speerwerfen auf.
11	Mo	Die Sowjetunion einigt sich mit der Volksrepublik China über den Abzug der sowjetischen Truppen aus dem chinesischen Hafen Port Arthur.
12	Di	Der japanische Ministerpräsident Shigeru Yoshida besucht Bonn. +++ Südafrikas Premierminister Danile François Malan tritt aus Altersgründen zurück.
13	Mi	In Zürich kündigt die Schweizer »Migros«-Genossenschaft an, dass ihre Tochterfirma »Migrol« ihr Tankstellennetz auf das ganze Land ausdehnen will.
14	Do	Der Bundestag trifft zwei wichtige sozialpolitische Entscheidungen: die Einführung der Kinderbeihilfe und die Erhöhung der Renten.
15	Fr	Der Bund der Heimatvertriebenen und Entrechteten (BHE) droht aus Unzufriedenheit mit der Sozialpolitik mit dem Ausstieg aus der Regierungskoalition.
16	Sa	Mit einer 1:3-Niederlage der deutschen Fußball-Nationalmannschaft gegen Frankreich beginnt in Hannover die Karriere von Uwe Seeler.
17	So	In Paris beschließt die Organisation für europäische wirtschaftliche Zusammenarbeit (OEEC) die Bildung eines europäischen Währungsfonds.
18	Mo	Nach Berechnungen der US-Kongressbibliothek hat der Zweite Weltkrieg insgesamt den Gegenwert von 1,9 Billionen DM an materiellen Verlusten gekostet.
19	Di	Die Schutzgemeinschaft Deutscher Wald teilt mit, dass die kriegsbedingt entstandenen Schäden fast völlig aufgeforstet worden seien. → Suezkanal
20	Mi	Frankreich tritt seine indischen Besitzungen an Indien ab. Es handelt sich dabei um fünf größere und ein Dutzend kleinere Siedlungen.
21	Do	Chefredakteure von DDR-Zeitungen beschweren sich bei der SED-Abteilung Presselenkung über die satirische DDR-Zeitschrift »Eulenspiegel«.
22	Fr	Der Intendant des Düsseldorfer Schauspiels, Gustaf Gründgens, löst sein Engagement, um die Leitung des Schauspielhauses in Hamburg zu übernehmen.
23	Sa	Eine österreichische Himalaja-Expedition bezwingt den 8135 m hohen Cho Oyu, den siebthöchsten Berg der Welt. → NATO
24	So	In Pakistan wird der Ausnahmezustand verhängt, nachdem Angriffe auf Ministerpräsident Mohammad Ali zunehmend die Stabilität der Regierung bedrohen.
25	Mo	Delegierte aus acht europäischen Ländern und dem Saargebiet begehen in Venedig den 2. Europäischen Gemeindetag.
26	Di	Der britische Chemienobelpreisträger Frederick Soddy erklärt, dass für die Wetterveränderungen der letzten Monate Atomwaffenversuche verantwortlich seien.
27	Mi	Bundeskanzler Konrad Adenauer trifft zu einem Besuch in den USA ein. +++ In Oberhausen beginnt das erste Festival für Kulturfilme.
28	Do	Die schwedische Akademie der schönen Künste spricht dem US-Schriftsteller Ernest Hemingway den Nobelpreis für Literatur zu.
29	Fr	Im niedersächsischen Oldenburg stirbt Bundestagspräsident Hermann Ehlers (CDU). Er war seit 1949 für die CDU Mitglied des Bonner Bundestages.
30	Sa	Das Bundesverwaltungsgericht in West-Berlin erklärt die rd. 75000 in der Bundesrepublik lebenden Österreicher zu deutschen Staatsbürgern.
31	So	Im Alter von 74 Jahren nimmt der berühmte schweizerische Musikclown Grock, eigentlich Adrian Wettach, seinen Abschied von der Manege.

November 1954

1 Mo Die US-Regierung sichert der Bundesrepublik für die ersten drei Jahre der Wiederaufrüstung umgerechnet 12,6 Mrd. DM Finanzhilfe zu. → Algerienkrieg

2 Di Im Westberliner Kino »Die Kurbel« findet die 1000. Aufführung des Films »Vom Winde verweht« statt. Der Streifen gewann 1939 zehn »Oscars«.

3 Mi Henri Matisse, französischer Maler und Begründer des Fauvismus, stirbt im Alter von 84 Jahren im südfranzösischen Nizza.

4 Do Der Friedensnobelpreisträger Albert Schweitzer hält in Oslo eine viel beachtete Rede über »Das Problem des Friedens«.

5 Fr In der burmesischen Hauptstadt Rangun unterzeichnen die japanische und die burmesische Regierung einen Friedensvertrag.

6 Sa Konstantin Freiherr von Neurath, 1932-1938 deutscher Außenminister und als Kriegsverbrecher verurteilt, wird vorzeitig aus der Haft entlassen.

7 So In Paris schließt der US-Amateurflieger Max Conrad seinen Alleinflug über den Atlantik von New York aus erfolgreich ab.

8 Mo Auf dem Bonner Hauptbahnhof trifft Kaiser Haile Selassie I. von Äthiopien zu einem sechstägigen Staatsbesuch in der Bundeshauptstadt ein.

9 Di Nach Angaben des Düsseldorfer Landtagspräsidiums sind in Nordrhein-Westfalen 1954 insgesamt 391 Bergleute ums Leben gekommen.

10 Mi Im Iran wird Ex-Außenminister Hossein Fatemi hingerichtet. +++ Argentiniens Staatspräsident Juan Domingo Perón nennt Priester »Staatsfeinde«.

11 Do Die UdSSR und Frankreich schließen ein Handelsabkommen, das einen Warenaustausch im Wert von umgerechnet 348 Mio. DM vorsieht.

12 Fr Bundeskanzler Konrad Adenauer erklärt, das von Hitler-Deutschland mit dem Vatikan abgeschlossene Reichskonkordat sei nach wie vor gültig.

13 Sa In Neuseeland gewinnt die Nationalpartei des regierenden Ministerpräsidenten Sydney George Holland erneut die Parlamentswahlen.

14 So Ägyptens Staatspräsident Ali Muhammad Nagib wird verhaftet. Im Kampf um die Macht hat sich Gamal Abd el Nasser durchgesetzt.

15 Mo Im Rahmen einer bundesweiten Polizeiaktion gegen sog. Autobahngangster wird eine unbeteiligte Frau durch Schüsse eines Polizisten getötet. → Abkürzung

16 Di Vor der Küste Perus wird die Walfangflotte des griechischen Reeders Aristoteles Onassis von peruanischen Streitkräften beschossen.

17 Mi In Seoul unterzeichnen die USA und Südkorea ein Abkommen, das dem asiatischen Staat finanzielle Hilfe von umgerechnet 2,8 Mrd. DM gewährt.

18 Do Das britische Unterhaus spricht sich mit 264:4 Stimmen für die Pariser Verträge aus, die u.a. die Aufnahme der Bundesrepublik in die NATO vorsehen.

19 Fr Das Bundesverwaltungsgericht entscheidet, dass der in Kanada lebende ehemalige Hitler-Mitarbeiter Otto Strasser eingebürgert werden muss.

20 Sa Der wegen Spionage verurteilte ehemalige Leiter des Büros für politische Angelegenheiten im US-Außenministerium, Alger Hiss, wird aus der Haft entlassen.

21 So Der deutsche Romanist Ernst Robert Curtius erhält wegen seiner Wegbereiterrolle für die moderne französische Literatur den Ehrendoktor der Sorbonne.

22 Mo In West-Berlin wird die baufällige, rd. 300 t schwere Kuppel des ehemaligen Reichstagsgebäudes zum Einsturz gebracht.

23 Di Vor dem Bundesverfassungsgericht in Karlsruhe beginnt die Verhandlung über die Verfassungswidrigkeit der Kommunistischen Partei Deutschlands.

24 Mi Auf einer Wahlveranstaltung der CSU in Augsburg wird der Sicherheitsbeauftragte der Bundesrepublik, Theodor Blank, von politischen Gegnern verprügelt.

25 Do Das norwegische Parlament billigt die Wiederbewaffnung der Bundesrepublik und ihre Aufnahme in die NATO gemäß den Pariser Verträgen.

26 Fr Die Regierung der USA protestiert bei der Volksrepublik China gegen die Verurteilung von 13 US-Bürgern wegen angeblicher Spionage.

27 Sa Ein Feuer verwüstet den Großen Basar von Istanbul, wobei 34 Verkaufsgassen mit insgesamt 3500 Läden völlig ausbrennen.

28 So Bei den Landtagswahlen in Bayern und Hessen kann die SPD trotz Stimmenverlusten ihre Position halten und die Ministerpräsidenten stellen.

29 Mo In Moskau beginnt die Konferenz der Ostblockstaaten, auf der über Konsequenzen der Pariser Konferenzbeschlüsse beraten wird.

30 Di Im Alter von 68 Jahren stirbt in Baden-Baden Wilhelm Furtwängler, der langjährige Chefdirigent der Berliner Philharmoniker.

15. November 1954

Abkürzung über Grönland

Mit Einweihung einer neuen Flugroute verringert sich die Reisezeit zwischen Europa und Amerika drastisch. Die skandinavische Fluggesellschaft SAS (Abb: Werbeplakat) nimmt den Linienverkehr zwischen Nordeuropa und dem amerikanischen Kontinent über die sog. Polarroute auf. Zwei SAS-Maschinen vom Typ Douglas DC-6B, die zeitgleich in Los Angeles und Kopenhagen starten, begegnen sich auf dem 23 Stunden dauernden Flug über Grönland. Während die traditionelle Atlantikstrecke nach New York über 10 200 km misst, sind es über die Arktis nach Los Angeles nur 8600 km. Die Passagiere sind nicht nur acht Stunden eher am Ziel, auch die Fluggesellschaft spart meh-

rere tausend Liter Brennstoff. Die SAS hat seit 1952 sechs Probeflüge unternommen und ihre Besatzungen gründlich geschult. Schwierig ist vor allem die Navigation, da Kompasse in der Nähe des Pols ihren Dienst versagen. Zudem fehlen bislang detaillierte Landkarten des Gebiets.

1. November 1954

Algerienkrieg beginnt

Chaos in Algerien: 40 gewaltsame Anschläge auf Gebäude und Personen im ganzen Land signalisieren: Der bewaffnete Kampf um die Unabhängigkeit des französischen Départements Algerien hat begonnen. Die »Front der Nationalen Befreiung« (FLN), eine Organisation radikalnationalistischer Algerier um Mohammed Ahmed Ben Bella und Belkassem Krim, erklärt sich für die Attentate verantwortlich.
Algerien ist seit 1870 unter der Kontrolle Frankreichs. Im Gegensatz zu Tunesien wird es nicht als Kolonie betrachtet, sondern ist wirtschaftlich und politisch an Frankreich angegliedert. Zwischen den beiden Weltkriegen hatte es noch keine Anzeichen für die Existenz einer Bewegung gegeben, die auf der Loslösung Algeriens vom Mutterland bestand. Das Jahr 1945 veränderte die Situation: Viele Völker, die am Kampf ihrer Kolonialmächte gegen Hitler-Deutschland teilgenommen hatten, forderten jetzt für sich das Recht auf Selbstbestimmung. Die französische Regierung reagiert auf die neue Terrorwelle in Algerien mit der Entsendung von drei Fallschirmjägerbataillonen, die den Aufstand in dem nordafrikanischen Land niederschlagen sollen. Ministerpräsident Pierre Mendès-France erklärt, dass Algerien ein Teil Frankreichs sei und sich daran niemals etwas ändern werde. Innenminister François Mitterrand bekräftigt: »Algerien ist Frankreich; von Flandern bis zum Kongo gibt es nur ein Gesetz, nur eine Nation, nur ein Parlament... Die einzige Verhandlung ist der Krieg.« Wie die So-

Ernest Hemingway

US-Schriftsteller, * 2.7.1899 Oak Park bei Chicago; † 2.7.1961 Ketchum/Idaho (Selbstmord)

Hemingway gilt als der Erneuerer der amerikanischen Kurzgeschichte. Als Kriegsberichterstatter im Ersten Weltkrieg und Journalist im Paris der zwanziger Jahre pflegte er in Präzision und Nüchternheit einen verknappten Stil. In all seinen Werken beschreibt der Abenteurer eine Männerwelt, in der sich die Helden gegenüber einer oft als feindlich empfundenen Welt bewähren müssen. Tapferkeit vor dem Tod und Haltung in der Niederlage sind Tugenden, die der Nobelpreisträger bewundert und in seinen Geschichten und Romanen beschreibt.

- 1926: »Fiesta« (Roman)
- 1936: Kriegsberichterstatter in Spanien
- 1952: »Der alte Mann und das Meer«

10. Dezember 1954

Nobelpreis für Abenteurer

Ernest Hemingway, der aus Gesundheitsgründen nicht an der Preisverleihung teilnehmen kann, erhält den diesjährigen Literaturnobelpreis u.a. für seine Erzählung »Der alte Mann und das Meer«. Darüber hinaus wird er ausgezeichnet »für seine kraftvolle und innerhalb der heutigen Erzählkunst stilbildende Meisterschaft«. Zu den Preisträgern gehören auch die Bundesdeutschen Max Born und Walter Bothe, die gemeinsam den Preis für Physik erhalten – Born, der an der Universität von Göttingen tätig ist, für »seine grundlegenden Forschungen in der Quantenmechanik« aus dem Jahre 1926, Bothe, Professor in Heidelberg, für den Nachweis des Partikelcharakters der Höhenstrahlung, der ihm 1929 gelang. Die weiteren Preise gehen an Linus Pauling (Chemie) und, im Sektor Medizin, an John Franklin Enders, Thomas Huckle Weller sowie Frederick Chapman Robbins (alle USA).

Freiwillige der algerischen Befreiungsarmee

Mohammed Ahmed Ben Bella

algerischer Politiker, * 25.12.1916 Marnia

Der ehemalige Unteroffizier in Frankreichs Armee ist einer der Befreiungshelden Algeriens und Mitbegründer der Widerstandsbewegung FLN. Nach der Unabhängigkeit seines Landes wird er erster Ministerpräsident. Er betreibt einerseits die Sozialisierung seines Landes, beginnt aber gleichzeitig mit der Einrichtung eines autoritären Präsidialsystems. Anfang 1963 verkündet er einen »arabischen Sozialismus« und lässt eine sozialistische Verfassung ausarbeiten. 1965 wird Ben Bella gestürzt. Ein Revolutionsrat unter Houari Boumedienne übernimmt die Führung. Ben Bella selbst wird 14 Jahre unter Hausarrest gestellt, ehe ihm die Regierung im Jahre 1979 wieder eine beschränkte Bewegungsfreiheit zugesteht.

- 1956-62: Französische Haft
- 1962: Ministerpräsident
- 1963-65: Staatspräsident
- 1965-79: Hausarrest

zialisten lehnen auch die Kommunisten die Unabhängigkeit Algeriens ab. In den folgenden Wochen gehen französische Einheiten gegen die etwa 3000 Mann starken Einheiten der Aufständischen vor, die ihre Stützpunkte in der unzugänglichen, wüstenähnlichen Berglandschaft haben. Im folgenden Jahr eskaliert die Situation. Zunächst erklärt Mendès-France seinen Rücktritt, nachdem ihm das Parlament das Misstrauen ausgesprochen hat. Eine Mehrheit in der Nationalversammlung wirft dem »Radikalsozialisten« eine zu nachgiebige Haltung gegenüber den französischen Kolonien in Nordafrika vor. Trotz einiger Zugeständnisse kommt es in Algerien, aber auch in Marokko und Tunesien immer öfter zu gewalttätigen Auseinandersetzungen. Im August werden die französischen Besitzungen in Nordafrika von einer Terrorwelle überzogen. In Algerien geht Paris mit besonderer Härte gegen die Aufständischen vor. Hier unternimmt die Armee, unterstützt von der Fremdenlegion, einen rücksichtslosen Feldzug gegen die Rebellen. Die algerischen Nationalisten führen ihrerseits einen Guerillakrieg gegen Frankreich.

21. Dezember 1954

London nähert sich Europa

Großbritannien schließt in London ein Assoziierungsabkommen mit der Europäischen Gemeinschaft für Kohle und Stahl (Montanunion). Die wirtschaftliche Bedeutung des Abkommens liegt in der britischen Verpflichtung, gegenüber den Montanunion-Ländern die Faktoren für die Preisbildung bei britischen Kohle- und Stahlerzeugnissen offenzulegen und eine Angleichung mit den »europäischen« Preisen herbeizuführen. Die zukünftige Zusammenarbeit soll von einem mit vier Briten und vier Vertretern der Montanunion besetzten Assoziierungsrat koordiniert werden. 1951 hatten sich die Bundesrepublik, Frankreich und die Benelux-Länder zur Montanunion zusammengeschlossen, um die europaweiten Probleme im Montanbereich zu bewältigen. Großbritannien war dem neuen überstaatlichen Gebilde ferngeblieben, wofür – neben politischen Einwänden – u.a. die britische Furcht vor wirtschaftlichen Einbußen innerhalb des Commonwealth den Ausschlag gegeben hatte.

7. Dezember 1954

Japan: Liberale in der Krise

Der japanische Ministerpräsident Shigeru Yoshida kommt einem Misstrauensvotum zuvor und tritt von seinem Amt zurück. Damit endet eine wochenlange Krise innerhalb der Liberalen Partei. Bereits im November hatte sich die Liberale Partei, deren Vorsitzender Yoshida war, gespalten. Der Gründer der Partei und innerparteilicher Widersacher Yoshidas, Itschiro Hatojama, hatte zusammen mit dem Vorsitzenden der Fortschrittlichen Partei, Nasuaro Shigemitsu, die Schaffung einer neuen konservativen Partei beschlossen. Nach Gründung dieser Neuen Demokratischen Partei verfügte die Liberale Partei nur noch über 189 Abgeordnete im Parlament. Im Dezember wird Itschiro Hatojama mit 257 von 448 abgegebenen Stimmen zum neuen Ministerpräsidenten gewählt. Seinem Kabinett gehört auch Nasuaro Shigemitsu an, der erneut das Außenministerium übernimmt. Shigemitsu kündigt eine stärkere Öffnung seines Landes gegenüber den kommunistisch regierten Staaten der Welt an.

Dezember 1954

1 Mi In London unterliegt die nach der Weltmeisterschaft in der Schweiz neu formierte deutsche Fußball-Nationalmannschaft dem englischen Team mit 1:3.

2 Do DDR-Kulturminister Johannes R. Becher diskutiert in West-Berlin mit Künstlern und Journalisten über die Probleme des Gesamtberliner Kulturlebens.

3 Fr Im Bonner Sitz des für den Aufbau der Bundeswehr zuständigen Amtes Blank werden die Uniformen für die künftigen Soldaten vorgestellt.

4 Sa In New York erklärt der Vorsitzende des Internationalen Olympischen Komitees (IOC), Avery Brundage, die US-Jugend sei verweichlicht.

5 So Bei den Wahlen zum Westberliner Abgeordnetenhaus erreicht die SPD mit 44,6% die absolute Mehrheit der abgegebenen Stimmen.

6 Mo Die Schriftstellerin Simone de Beauvoir, eine der führenden Vertreterinnen des französischen Existenzialismus, erhält den Literaturpreis »Prix Goncourt«.

7 Di Das Deutsche Rote Kreuz beginnt mit dem Aufbau einer zentralen Suchkartei, um mit deren Hilfe Kriegsschicksale aufzuklären. → Japan

8 Mi Das Bundesfinanzministerium legt in Bonn den Bundeshaushalt 1955/56 vor. Der Plan sieht Ausgaben des Bundes in Höhe von 26,2 Mrd. DM vor.

9 Do Die größte Hängebrücke Europas, die 567 m lange Autobahnbrücke in Köln-Rodenkirchen über den Rhein, wird dem Verkehr übergeben.

10 Fr Der Pariser Modeschöpfer Christian Dior wird in Hollywood auf die »schwarze Liste« der am schlechtesten gekleideten Prominenten gesetzt. → Nobelpreis

11 Sa Das größte Kriegsschiff der Welt, der US-Flugzeugträger »Forrestal«, läuft im Hafen von Newport News (USA) vom Stapel.

12 So Der Sprinter Heinz Fütterer, Europameister über 100 und 200 m, wird von bundesdeutschen Sportjournalisten zum Sportler des Jahres gewählt.

13 Mo Der Rechtsausschuss des Bundestages lehnt es ab, unverheirateten Frauen die Anrede »Frau« für den Umgang mit Behörden zuzugestehen.

14 Di Nach Berechnungen der westlichen Alliierten beträgt der Beitrag der Bundesrepublik für den Aufbau ihrer Streitkräfte in den ersten drei Jahren rd. 45 Mrd. DM.

15 Mi Der Bonner Bundestag debattiert über die Pariser Verträge. +++ In London wird zum ersten Mal seit 31 Jahren eine Frau durch den Strang hingerichtet.

16 Do Der jugoslawische Staatspräsident Josip Tito wird bei seinem Staatsbesuch in Indien von einer begeisterten Volksmenge begrüßt.

17 Fr In Paris beschließt die NATO die Reduzierung der konventionellen Streitkräfte und die verstärkte Aufrüstung mit taktischen Kernwaffen.

18 Sa Wolfgang Koeppens Roman »Tod in Rom« erscheint, in dem der Autor die noch weit verbreitete NS-Mentalität im Nachkriegsdeutschland zum Thema macht.

19 So In Lissabon besiegt die deutsche Fußball-Nationalmannschaft Portugal 3:0. Es ist der erste Sieg seit dem Gewinn der Weltmeisterschaft.

20 Mo Dem deutschen Dichter Bertolt Brecht wird in Moskau für »die Festigung des Friedens unter den Völkern« der Stalin-Preis verliehen.

21 Di Der Bundesgerichtshof spricht das Wolfsburger Volkswagenwerk von allen Verpflichtungen gegenüber den einstigen »Volkswagensparern« frei. → London

22 Mi Europa wird von einem schweren Unwetter heimgesucht: Orkanartige Stürme mit bis zu 160 km/h und Überschwemmungen richten schwere Schäden an.

23 Do Das italienische Parlament billigt mit 315:215 Stimmen die Pariser Verträge über den Eintritt der Bundesrepublik in die NATO.

24 Fr Bei einem von antifranzösischen Kreisen verübten Bombenattentat im Armenviertel von Casablanca (Marokko) finden drei Einheimische den Tod.

25 Sa Papst Pius XII. warnt die britischen Katholiken vor dem Christlich-Jüdischen Rat, der eine mit Rom unvereinbare Organisation sei.

26 So Bei einem Großfeuer in der südkoreanischen Stadt Pusan wird ein ganzer Stadtteil zerstört. 1300 Menschen werden obdachlos.

27 Mo Starke Niederschläge und Tauwetter führen in Nordwestdeutschland zu Überschwemmungen. Auf der Weser muss die Schifffahrt eingestellt werden.

28 Di In Sydney sichern sich die US-Amerikaner Tony Trabert und Vic Seixas mit einem Sieg im Doppel den Davis-Cup 3:2 gegen Australien.

29 Mi Zum ersten Mal treffen auf spanischem Boden der spanische Staatschef Francisco Franco und der im Exil lebende Thronanwärter Juan zusammen.

30 Do Die spanische Regierung lehnt die Auslieferung des belgischen Kriegsverbrechers und SS-Führers Leon Degrelle an Belgien ab.

31 Fr In der Bundesrepublik hat der Film »Canaris« von Alfred Weidenmann Premiere. Die Hauptrollen spielen O. E. Hasse und Martin Held.

Januar 1955

1 Sa In Marl wird das Volksbildungswerk »Insel« eröffnet, das erste Zentrum für Erwachsenenbildung in der Bundesrepublik Deutschland.

2 So Der panamesische Präsident José Antonio Ramón Cantero stirbt bei einem Attentat linksgerichteter Rebellen. Nachfolger ist José Ramon Guizado.

3 Mo Die US-Regierung verfügt Reisebeschränkungen für sowjetische Staatsbürger. Reisen innerhalb der USA müssen vorher angemeldet werden.

4 Di Die Westberliner Dienststelle der CARE-Hilfe beginnt mit der Verteilung von 170 000 Lebensmittelpaketen, die von der US-Bevölkerung gespendet wurden.

5 Mi Bei Santa Cruz (Bolivien) wird das letzte Stück der Eisenbahnstrecke Chile-Brasilien fertig gestellt. Damit sind Atlantik und Pazifik miteinander verbunden.

6 Do In Alamogordo (US-Bundesstaat New Mexico) stellt John P. Stapp mit 1012 km/h einen Geschwindigkeitsweltrekord für Landfahrzeuge auf.

7 Fr Nach Angaben der Bundesregierung flüchteten im letzten Jahr ca. 200 000 Menschen aus der DDR, davon 104 000 nach West-Berlin. → Marian Anderson

8 Sa Gefährliche Kreuzungen werden in Hannover mit einem neuartigen gelben Licht ausgeleuchtet, um Autofahrer nachts frühzeitig vor Gefahren zu warnen.

9 So Die DDR-Regierung beschränkt in Ost-Berlin den Lebensmittelverkauf an Westdeutsche, um damit das »Spekulanten-und Schiebertum«zu bekämpfen.

10 Mo US-Präsident Dwight D. Eisenhower kündigt soziale Verbesserungen und die vermehrte Vergabe von öffentlichen Aufträgen an.

11 Di Vor den Folgen des Besorgnis erregenden Anstiegs des Drogenkonsums in den USA und Westeuropa warnt das Opium-Komitee in Genf. → Otto Suhr

12 Mi In Bagdad verhandelt der türkische Ministerpräsident Adnan Menderes mit dem irakischen Ministerpräsidenten Nuri As Said über ein Verteidigungsbündnis.

13 Do Robert Ernst, ehemaliger Bürgermeister von Straßburg, wird in Metz wegen Kollaboration mit den Deutschen zu acht Jahren Zwangsarbeit verurteilt.

14 Fr Bundespräsident Theodor Heuss verleiht den deutschen Pour-le-Mérite-Orden der Friedensklasse u.a. an Hermann Hesse und Albert Schweitzer.

15 Sa Die UdSSR warnt Deutschland vor einem NATO-Beitritt. +++ In München findet unter Beteiligung deutscher Filmprominenz der »Gloria-Filmball« statt.

16 So Tilo Gutzeit wird in Berlin Deutscher Eiskunstlaufmeister. Bei den Damen gewinnt Rosl Pettinger, bei den Paaren siegen Marika Kilius und Franz Ningel.

17 Mo In Groton (US-Bundesstaat Connecticut) startet die »Nautilus«, das erste atomgetriebene Unterseeboot, zu seiner Jungfernfahrt.

18 Di Der spanische Staatschef Francisco Franco stellt den künftigen spanischen Thronfolger, Prinz Juan Carlos, der Öffentlichkeit vor. → Taiwan

19 Mi In den Dingolfinger Hans-Glas-Werken laufen die ersten Exemplare des neu entwickelten Kleinwagens »Goggomobil« vom Band.

20 Do Der Ministerrat der DDR betont in einer Stellungnahme zur Deutschland-Erklärung der UdSSR seine Bereitschaft zur Wiedervereinigung. → Le Corbusier

21 Fr Die Deutsche Bundesbahn nimmt die ersten Diesel-Triebwagen einer neu entwickelten Baureihe für den Nahverkehr in Betrieb.

22 Sa Im Ruhrgebiet, in Niedersachsen und im Aachener Revier streiken ca. 800 000 Bergleute für den Erhalt des Mitbestimmungsrechts.

23 So Der 47-jährige Schweizer Fritz Feierabend wird im schweizerischen St. Moritz zum sechstenmal Weltmeister im Zweierbob.

24 Mo US-Präsident Dwight D. Eisenhower erwägt Maßnahmen zum Schutz Taiwans. +++ Paris vermeldet eine Rattenplage infolge Hochwassers.

25 Di Moskau erklärt den Kriegszustand mit Deutschland für offiziell beendet und will nun auch die Beziehungen zur Bundesrepublik normalisieren.

26 Mi Der französische Ministerpräsident Pierre Mendès-France ernennt in Paris Jacques Soustelle zum Generalgouverneur in Algerien.

27 Do Die britische Regierung erklärt ihre Absicht, die Gleichstellung der im öffentlichen Dienst beschäftigten Frauen und Männer einzuführen.

28 Fr Die US-Armee verlegt Streitkräfte, darunter ein Geschwader mit 75 Düsenjägern, von Militärstützpunkten in Japan nach Taiwan.

29 Sa In der Frankfurter Paulskirche fordern Oppositionspolitiker wie Erich Ollenhauer und Gustav Heinemann die deutsche Einheit.

30 So Die von den US-Besatzungsbehörden 1945 in Berlin gegründete »Neue Zeitung« stellt wegen schwindenden Käuferinteresses ihr Erscheinen ein.

31 Mo Nach Angaben des Bundesministeriums für gesamtdeutsche Fragen ist in der DDR die Kasernierte Volkspolizei auf 100 000 Mann verstärkt worden.

20. Januar 1955

Le Corbusier baut naturnah

Der französisch-schweizerische Architekt, Städteplaner und Maler Le Corbusier unterstreicht mit einem seiner – nach Meinung der internationalen Kritik – eindrucksvollsten Bauwerke seine Vorrangstellung in der modernen Architektur. Im elsässischen Ronchamp bei Belfort wird die Wallfahrtskirche Notre-Dame-du-Haut (s. Abb.) geweiht.
Die Kirche, mit deren Bau 1952 begonnen worden war, passt sich mit ihren geschwungenen

Formen in idealer Weise der hügeligen Vogesenlandschaft an. Mit ihrem siloähnlichen Turm und dem pilzähnlichen Dach ist sie ungewöhnlich expressiv. Die eigenwilligen, für den flüchtigen Betrachter »ungeordnet« wirkenden Fenster sorgen – je nach Richtung der Sonneneinstrahlung – im Innenraum für faszinierende Lichtwirkungen.

27. Februar 1955

Ja zu den Pariser Verträgen

Das Bonner Parlament ringt sich zu einer der entscheidenden Weichenstellungen der Nachkriegszeit durch. Nach einer erbittert geführten parlamentarischen Auseinandersetzung, die sich über insgesamt 40 Stunden hinzieht, verabschiedet der Bundestag gegen die Stimmen der SPD-Opposition die am 23. Oktober 1954 paraphierten Pariser Verträge (Abb.: Bundeskanzler Konrad Adenauer mit Stimmzettel).
Die Aussprache über die Verträge zur Beendigung des Besatzungsregimes in der Bundesrepublik,

über den Beitritt zur NATO, das Abkommen über die Stationierung von alliierten Truppen und das Saarstatut wurde am 24. Februar eröffnet. Die Opposition steht in scharfer Gegnerschaft zur Außen- und Sicherheitspolitik der Adenauer-Regierung. Der Sozialdemokrat Carlo Schmid warnt u.a. davor, dass durch den NATO-Beitritt die deutsche Teilung endgültig werden könne. Ihm hält Kurt Georg Kiesinger (CDU) entgegen: »Wir wissen ganz genau, dass die Sicherheit der Bundesrepublik die einzige Chance für die 18 Millionen im Osten ist, jemals wieder die Freiheit zu sehen.«

11. Januar 1955

Otto Suhr regiert West-Berlin

Das Berliner Abgeordnetenhaus wählt den 60-jährigen SPD-Politiker Otto Suhr mit 126 gegen 18 Stimmen bei drei Enthaltungen zum neuen Regierenden Bürgermeister der Stadt. Suhr löst Walther Schreiber (CDU) ab, der seit dem Tod von Ernst Reuter (SPD) am 29. September 1953 einer Koalition aus CDU und FDP vorstand.
Seit den Wahlen vom 5. Dezember 1954 verfügt die SPD im Berliner Stadtparlament über eine hauchdünne absolute Mehrheit. Dennoch hatten sich die Sozialdemokraten mit der CDU, die 44 Abgeordnete stellt, angesichts der schwierigen politischen Lage der geteilten Stadt auf die Bildung einer großen Koalition verständigt. Der neue Senat wird aus jeweils sechs Vertretern beider Parteien bestehen. Als wichtigstes Ergebnis der Dezemberwahl gilt allgemein die Tatsache, dass die Wähler antidemokratischen Parteien eine Abfuhr erteilt hätten. Die SED, die erstmals seit der Spaltung der Stadt 1948 an Wahlen in West-Berlin teilgenommen hatte, erreichte nur 2,7%.

8. Februar 1955

Malenkow verliert Machtpoker

Nikita S. Chruschtschow, Erster Sekretär des Zentralkomitees der KPdSU, entscheidet den Kampf um die Macht im Kreml für sich. Sein Kontrahent Georgi M. Malenkow tritt als Ministerpräsident zurück. Hauptstreitpunkt der beiden Rivalen war die Wirtschaftspolitik: Malenkow trat dafür ein, die Bevölkerung besser mit Konsumgütern zu versorgen. Chruschtschow hingegen beharrte – wie bereits Stalin – darauf, dass der Schwerindustrie Priorität zukommen müsse. Nachfolger Malenkows wird der bisherige Verteidigungsminister Nikolaj A. Bulganin, einer der erfolgreichsten sowjetischen Befehlshaber im Zweiten Weltkrieg (Abb.: Malenkow-Plakate müssen dem Konterfei Bulganins, u., weichen).

25. Februar 1955

Pakt gegen Kommunismus

In Bangkok enden Beratungen der Staaten des Südostasienpaktes SEATO. Der Beistandspakt ist 1954 verabschiedet worden und trat – nachdem die Philippinen als letztes Land den Vertrag ratifiziert hatten – am 19. Februar 1955 in Kraft. Neben den Philippinen gehören Australien, Neuseeland, die USA, Großbritannien, Frankreich, Thailand und Pakistan der SEATO an. Ihre Gründung ist die Antwort der USA auf das Vordringen kommunistischer Befreiungsbewegungen. Die Entwicklung in Indochina hat Dwight D. Eisenhower zum Anhänger der sog. Domino-Theorie werden lassen, derzufolge der Fall eines Landes unter kommunistische Diktatur zur Ausbreitung des Kommunismus in der gesamten Region führe.

Die USA sind mit Kriegsschiffen präsent, greifen aber nicht in den Konflikt ein.

18. Januar 1955

Mao will Taiwan

Ein neuer Krisenherd bedroht den Weltfrieden: Einheiten der rotchinesischen Befreiungsarmee greifen die Insel Jikiangschan – 375 km nördlich von Taiwan – an und erobern den dort gelegenen nationalchinesischen Militärstützpunkt. Taiwan, die zum nationalchinesischen Machtbereich gehörende Insel – in Europa noch lange als Formosa bezeichnet –, ist dem kommunistisch regierten Festland direkt vorgelagert. Der Konflikt zwischen der Volksrepublik China und dem antikommunistischen Regime auf Taiwan ist nach Monaten relativer Ruhe wieder voll entbrannt.

Nach seiner Niederlage im chinesischen Bürgerkrieg hatte sich Chiang Kai-shek, der Führer der Nationalchinesen, 1950 mit den Resten seiner Armee auf die Insel zurückgezogen, um von dort aus die Rückeroberung des Festlandes vorzubereiten. Die Volksrepublik China unter Mao Tsetung hingegen will Taiwan ihrem Herrschaftsbereich einverleiben. Wichtigster Verbündeter von Chiang Kai-shek sind die USA, die militärische Unterstützung gewähren und sich darüber hinaus zur Entsendung von Truppen im Falle eines kommunistischen Angriffs auf Taiwan verpflichtet haben. Rd. 130 Schiffe der 7. US-Flotte, darunter sieben Flugzeugträger, verfolgen die Kämpfe im Südchinesischen Meer. Da die USA ihre Garantie nur auf die Insel Taiwan selbst beziehen, befiehlt US-Präsident Eisenhower seinen Truppen militärische Zurückhaltung.

7. Januar 1955

Marian Anderson schlägt Bresche für schwarze Opernstars

Als erste dunkelhäutige Sängerin debütiert die Altistin Marian Anderson (s. Abb.) an der Metropolitan Opera in New York. Rudolf Bing, seit 1950 Direktor der »Met«, hat in einer Zeit, in der die Rassendiskriminierung in den USA ein allgegenwärtiges Problem ist, den ersten Auftritt einer Farbigen in seinem Haus durchgesetzt. Die in Philadelphia geborene Anderson hat bereits als Konzertsängerin Karriere gemacht, dabei aber immer Nachteile wegen ihrer Hautfarbe in Kauf nehmen müssen. So wurde sie im Jahre 1939 gezwungen, ein Konzert in der Constitution Hall in Washington abzusagen, weil ihr eine Frauenvereinigung den Zutritt zum Saal verwehrte. Auch ihr

Auftritt an der »Met« hat bereits im Vorfeld für Aufregung gesorgt. Reporter aller größeren US-Zeitungen bemühten sich während der Proben um Interviews und Stellungnahmen von Sängern und Opernfreunden. Der Auftritt Andersons an der Seite von Künstlern wie Zinka Milanov und Richard Tucker wird zu einem großen Erfolg: Obgleich ihre Rolle eher klein ist, erhält sie stürmischen Beifall.

Februar 1955

1 Di Die britischen Eisenbahnen beschließen in London ein umfassendes Programm zur Modernisierung des Schienennetzes innerhalb der nächsten 15 Jahre.

2 Mi In Paris stellt der französische Modeschöpfer Christian Dior seine sogenannte A-Linie vor, die der Silhouette des Buchstaben »A« folgt.

3 Do Die tschechoslowakische Regierung erklärt den Kriegszustand mit Deutschland offiziell für beendet. +++ Peking führt die allgemeine Wehrpflicht ein.

4 Fr Der Nordische Rat beschließt eine Reihe von Abkommen über eine wirtschaftliche und kulturelle Zusammenarbeit der skandinavischen Länder.

5 Sa In Paris tritt Ministerpräsident Pierre Mendès-France nach einer Parlamentsdebatte über die französische Nordafrikapolitik zurück.

6 So Die Alliierten erlassen das Gesetz zum Abschluss der Entflechtung der I.G.-Farben, das die Liquidation des Chemie-Konzerns regelt.

7 Mo In Europa sind Tausende von einer Grippewelle betroffen. Allein in Bayern werden 7000 an der »Influenza B« Erkrankte registriert.

8 Di Der sowjetische Außenminister Wjatscheslaw M. Molotow schlägt eine Viermächtekonferenz zur Klärung der deutschen Frage vor. → Malenkow

9 Mi In Chicago schließen sich die amerikanischen Gewerkschaftsorganisationen zu einer Einheitsgewerkschaft zusammen, die 15 Mio. Mitglieder hat.

10 Do Zwischen Bonn und Washington beginnen Verhandlungen über die Rückgabe von beschlagnahmtem deutschen Eigentum in den USA.

11 Fr Das Deutsche Rote Kreuz gibt in Bayern Erkennungsmarken aus, in die Name und Blutgruppe des Trägers eingraviert sind.

12 Sa In London wird ein Antrag der Opposition, die Todesstrafe für fünf Jahre auszusetzen, von der konservativen Mehrheit im Unterhaus abgelehnt.

13 So Die private US-Organisation »Freie Presse Europas« lässt in Bayern Ballons mit antikommunistischen Flugblättern für Osteuropa aufsteigen.

14 Mo Die tschechoslowakische Regierung übt Kritik am Entwicklungsstand der Landwirtschaft, die die Nachfrage nach Agrarprodukten nicht decken könne.

15 Di Die USA testet über einer »künstlichen Stadt« in Nevada die Atombombe. +++ Tausende Bundesbürger protestieren gegen das neue Mietrecht.

16 Mi Der innenpolitische Ausschuss des US-Repräsentantenhauses beschließt, Alaska und Hawaii als 49. und 50. Staat in die USA aufzunehmen.

17 Do Großbritannien erklärt, in der Lage zu sein, Wasserstoffbomben herzustellen. +++ Ein Bundestagsausschuss billigt das Saarabkommen.

18 Fr Österreichs Außenminister Leopold Figl (ÖVP) erklärt, dass Österreich nicht dem westlichen Verteidigungsbündnis NATO beitreten werde.

19 Sa DDR-Ministerpräsident Otto Grotewohl fordert Bonn auf, gemeinsam mit Ost-Berlin eine Initiative zur deutschen Wiedervereinigung zu starten.

20 So Die deutschen Skimeisterschaften in Berchtesgaden enden mit einem Sieg von Pepi Schwaiger sowohl im Riesenslalom als auch in der Kombination.

21 Mo Nach Angaben der Deutschen Zentrale für Fremdenverkehr stieg die Anzahl der ausländischen Touristen in Deutschland um 20% im Vergleich zum Vorjahr.

22 Di In einem Schreiben an die Bundesregierung fordert die evangelische Kirche, die Wiedergutmachung an den Nazi-Opfern zu beschleunigen.

23 Mi In Hamburg trifft das iranische Kaiserpaar Resa Pahlawi und Soraya zu einem Staatsbesuch ein und wird von der Bevölkerung begeistert empfangen.

24 Do Irak und die Türkei schließen in Bagdad einen Verteidigungspakt. Die Staaten der Arabischen Liga werden aufgefordert, sich dem Pakt anzuschließen.

25 Fr In der »Neuen Medizinischen Wochenschrift« wird über einen erfolgreichen Impfstoff gegen Kinderlähmung berichtet. → Pakt

26 Sa In Nürnberg beginnt die 6. Deutsche Spielwarenmesse. Auf der bis zum 4. März dauernden Leistungsschau zeigen mehr als 700 Aussteller ihre Produkte.

27 So Zwischen israelischen und ägyptischen Soldaten kommt es im Gebiet von Gaza zu einem Gefecht, bei dem 30 Menschen sterben. → Pariser Verträge

28 Mo Bundeskanzler Konrad Adenauer lehnt das Rücktrittsgesuch von Vizekanzler Franz Blücher ab. Blücher wollte wegen des Saarabkommens demissionieren.

März 1955

1 Di Die Berliner Philharmoniker unter Herbert von Karajan gastieren in der New Yorker Carnegie Hall. Es kommt zu antideutschen Demonstrationen.

2 Mi Nachdem der Erzbischof von Sevilla die spanische Regierung mehrfach kritisiert hat, muss er sich in ein Kloster zurückziehen. → Sihanuk → DDR

3 Do Die Lufthansa darf am 1. April ihren Flugdienst aufnehmen.+++ Die Hansestadt Lübeck verleiht Thomas Mann die Ehrenbürgerschaft. → Einstand

4 Fr Das Zentralkomitee der KP Ungarns kritisiert die von Ministerpräsident Imre Nagy vertretene Wirtschaftspolitik als »antimarxistisch«.

5 Sa Auf Hawaii bricht der Vulkan Kilauea aus. Damit die Lavamassen nicht in bewohnte Ortschaften fließen, sprengt die US-Luftwaffe eine Rinne.

6 So Die kanadische Eishockeynationalmannschaft erringt durch einen Sieg über die UdSSR in der Krefelder Rheinlandhalle den Weltmeistertitel.

7 Mo In einem Hirtenbrief an die ostdeutschen Katholiken wendet sich der Berliner Bischof Weskamm gegen die in der DDR praktizierte »Jugendweihe«.

8 Di US-Verteidigungsminister Charles E. Wilson ermächtigt das Pentagon, zukünftig Rüstungsaufträge auch an ausländische Firmen zu vergeben.

9 Mi Der Hauptausschuss der FDP beschließt in Bonn, trotz der Meinungsverschiedenheiten über das Saarabkommen die Regierungskoalition fortzusetzen.

10 Do Der irakisch-türkische Beistandspakt wird von den Regierungen Ägyptens, Syriens und Saudi-Arabiens öffentlich kritisiert.

11 Fr Moskau erklärt, seine Truppen aus Österreich abziehen zu wollen, wenn Wien garantiere, sich keinem Militärblock anzuschließen.

12 Sa Bei Paris stellen die Werksfahrer Wilhelm Noll, Friedrich Hillebrand und Walter Schneider auf BMW-Motorrädern mehrere Weltrekorde auf.

13 So In Köln schließt die Deutsche Hausrats-und Eisenwarenmesse. Große Beachtung findet eine Geschirrspülmaschine zum Preis von 1390 DM.

14 Mo Radio Peking berichtet über die Rückkehr des Dalai Lama nach Tibet, die die regionale Autonomie Tibets innerhalb der VR China gewährleisten soll.

15 Di Der Verband US-amerikanischer Wissenschaftler wendet sich gegen die oberirdischen Atombombenversuche in der Wüste Nevadas.

16 Mi Der Generalmusikdirektor der Ostberliner Staatsoper, Erich Kleiber, tritt von seinem Amt zurück. Der Einfluss der Regierung auf seine Arbeit störe ihn zunehmend.

17 Do Die Veröffentlichung von Dokumenten über die Jalta-Konferenz durch das US-Außenministerium löst Diskussionen und Empörung in der westlichen Welt aus.

18 Fr Die sowjetische Presse berichtet von Verhandlungen zwischen der UdSSR und anderen osteuropäischen Staaten über einen gemeinsamen Verteidigungspakt.

19 Sa In Washington stellt der US-Konzern Bell Telephone Laboratories den ersten mit Transistoren ausgerüsteten Computer der Welt vor.

20 So Die Bundesrepublik tritt dem Weltpostverein bei. Dieser hat die Aufgabe, die internationale Zusammenarbeit im Postwesen zu fördern.

21 Mo Der saarländische Ministerpräsident Johannes Hoffmann beschließt mit Paris ein Abkommen über die künftigen Beziehungen der beiden Länder.

22 Di Die australische Regierung verfügt drastische Einfuhrbeschränkungen, um das hohe Außenhandelsdefizit abzubauen.

23 Mi Im belgischen Wetteren gewinnt der französische Radweltmeister Louison Bobet die über 263 km führende Flandern-Rundfahrt.

24 Do In den bayerischen Alpen fordert ein tragisches Sessellift-Unglück am 1731 m hohen Herzogstand zwei Todesopfer und vier Schwerverletzte.

25 Fr Der 65-jährige, weltberühmte italienische Tenor Beniamino Gigli gibt im Rahmen seiner Abschiedstournee ein Konzert in Hamburg.

26 Sa Die FDP kritisiert die zu starke Westbindung der Bundesregierung.+++ Die französische Nationalversammlung billigt die Pariser Verträge.

27 So Der irische Hengst »Quare Time« gewinnt bei Liverpool in England das »Grand National«, das schwerste Pferderennen der Welt.

28 Mo Boxeuropameister Heinz Neuhaus verteidigt seinen Titel in der Dortmunder Westfalenhalle durch einen Punktsieg über Herausforderer Hein ten Hoff.

29 Di Der UN-Sicherheitsrat verurteilt Israel wegen seines Luftangriffs auf den von Ägypten besetzten Gazastreifen, bei dem 46 Menschen ums Leben kamen.

30 Mi In Stuttgart verliert die deutsche Fußballnationalmannschaft unter Bundestrainer Sepp Herberger gegen die italienische Auswahl mit 1:2.

31 Do In Los Angeles findet die 27. »Oscar«-Verleihung statt. Der Academy Award für die beste Schauspielerin geht an Grace Kelly für »Country girl«.

2. März 1955

Thronverzicht von Sihanuk

Ein ungewöhnlicher Thronwechsel findet in Kambodscha statt. Für seinen Vater Norodom Suramarit (s. Abb. l., mit Gattin) verzichtet König Norodom Sihanuk auf die Monarchenwürde. Sihanuk, ein gewiefter Taktiker, will sich fortan intensiver in die Politik seines Landes einmischen, das erst nach der Genfer Indochina-Konferenz 1954 die volle staatliche Souveränität erhalten hatte. Der Ex-König gründet die Volkssozialistische Gemeinschaft und wird im Jahre 1955 zum Ministerpräsidenten gewählt. Weitere Stationen seiner langen und schillernden Karriere sind das Staatspräsidenten-

amt (1960-70), ein langjähriges Exil in Peking und – im Jahre 1993 – die erneute Inthronisation als König von Kambodscha.

3. März 1955

Triumphaler Einstand

Die Berliner Philharmoniker, die sich auf einer umjubelten US-Tournee befinden, wählen in Pittsburgh (US-Bundesstaat Pennsylvania) Herbert von Karajan (s. Abb., M.) zu ihrem neuen Dirigenten. Karajan tritt die Nachfolge von Wilhelm Furtwängler an, der 1954 verstorben ist. Mit Karajan beginnt für die Berliner Philharmoniker eine mehr als 30 Jahre lang währende Erfolgsgeschichte.

Herbert von Karajan

österreichischer Dirigent, * 5.4.1908 Salzburg, † 16.7.1989 Anif bei Salzburg

Karajan, einer der bedeutendsten Dirigenten des 20. Jahrhunderts, macht sich auch als Regisseur, Theater- und Festivalleiter einen Namen. Über drei Jahrzehnte lang prägt er die Berliner Philharmoniker, die unter seiner Leitung bei vielen Kritikern als das beste Sinfonieorchester der Welt gelten. Karajan, einer der kompetentesten Verdi-Interpreten, beherrscht die große sinfonische Tradition von Beethoven bis Bruckner. Er arbeitet an allen bedeutenden Bühnen, u.a. in Mailand, Salzburg und Wien.

- 1927: Dirigentendebüt
- 1938-44: Leitung der Berliner Staatsoper/Staatskapelle
- 1964-88: Direktoriumsmitglied der Salzburger Festspiele
- 1967: Gründung der Salzburger Osterfestspiele

18. April 1955

Blockfreie als dritte Kraft

»Das Wort haben die stummen Menschen in der Welt...« formuliert der Gastgeber, Indonesiens Präsident Achmed Sukarno, in der Eröffnungsansprache der erstmals einberufenen asiatisch-afrikanischen Konferenz. Tatsächlich repräsentieren die Teilnehmer des Treffens in Bandung auf der Insel Java jene Hälfte der Erdbevölkerung, die bislang immer Gegenstand kolonialer Politik gewesen ist. 29 Staaten, die sich keinem der großen Machtblöcke zurechnen lassen, wollen ihre Interessen gegenüber den Industriestaaten künftig gemeinsam wahrnehmen. Die sog. Blockfreien suchen einen eigenen Weg zwischen den Machtblöcken.

Zu der bis zum 24. April dauernden Konferenz haben u.a. China, Indien, Pakistan und Burma Regierungsvertreter entsandt. Die Delegierten sprechen sich entschlossen gegen jede Form von Kolonialismus und Rassendiskriminierung aus, wobei besonders Frankreich wegen seiner Nordafrikapolitik und Südafrika wegen der Apartheid kritisiert werden. Eine dominierende Rolle spielen auf dem Treffen der indische Premierminister Jawaharlal Nehru, Ägyptens Staatspräsident Gamal Abd el Nasser und vor allem der chinesische Ministerpräsident Chou En-lai, dem es gelingt, gegenüber der Sowjetunion einen eigenständigen Kurs sichtbar zu machen.

Als vorrangiges Ziel der kommenden Jahre bezeichnen die Teilnehmerstaaten die Stärkung der Wirtschaft. Dazu stellen sie einen Forderungskatalog auf, der u.a. gegenseitige Hilfeleistung bei

5. April 1955

Churchill: Ende einer Ära

Großbritanniens Premierminister Winston Churchill gibt im Rahmen eines Diners seinen Rücktritt bekannt. Damit tritt einer der bedeutendsten Politiker des 20. Jahrhunderts, zugleich ein Multitalent, das den Literaturnobelpreis erhielt und Meriten in der Malerei sammelte, von der weltpolitischen Bühne ab. Am Ende einer 50-jährigen politischen Laufbahn übergibt Churchill das Amt des Regierungschefs an Anthony Eden. Zukünftig will sich der »große alte Mann« der britischen Politik seinen Memoiren widmen. Seit der Jahrhundertwende war Churchill in verantwortlichen Positionen für das Empire tätig. Im Zweiten Weltkrieg wurde er als Premierminister zur Symbolfigur des Durchhaltewillens.

In einer Konferenzpause bleibt Zeit für Lektüre und informelle Gespräche.

der Realisierung von Industrieprojekten und die Gewährung von Vorzugszöllen enthält. Rohstoffvorkommen der asiatischen und afrikanischen Staaten sollen künftig nicht mehr nur exportiert, sondern direkt in den Förderländern verarbeitet werden. Eine finanzielle und technologische Hilfeleistung der großen Industriestaaten bezeichnen die Delegierten in ihrer Abschlusserklärung als notwendig und wünschenswert. Ausländische Kapitalgeber sollten daher in stärkerem Maße für Investitionen gewonnen werden. Um die Interessen der Teilnehmerstaaten der Bandung-Konferenz zu koordinieren, will man künftig vor Abschluss von Verträgen und Handelsabkommen miteinander Rücksprache halten. Auf der Konferenz kommt auch der Konflikt zwischen der Volksrepublik China und Nationalchina (Taiwan) zur Sprache. Chou En-lai erklärt sich erstmals bereit, mit den USA, der Schutzmacht Taiwans, in Verhandlungen über den Konflikt zu treten. Allerdings dürfe kein Vertreter der Nationalchinesen an den Verhandlungen teilnehmen. Nur auf diesem Weg könne der Konflikt, der sich in den letzten Wochen zu einem Krieg ausgeweitet habe, friedlich beigelegt werden. Taiwans Staatschef Chiang Kai-shek nimmt wegen der Anwesenheit der rotchinesischen Delegation nicht an der Konferenz von Bandung teil.

Chinas Chou En-lai (l.) und Indiens Nehru

2. März 1955

DDR fordert Volksbefragung

Die DDR-Volkskammer spricht sich für eine gesamtdeutsche Volksbefragung über die Annahme der Pariser Verträge aus. »Für das deutsche Volk ist ein nationaler Notstand entstanden: In Westdeutschland besteht ein Konflikt zwischen Volk und Parlament, der nur durch das Volk beseitigt werden kann«, heißt es in einer offiziellen Proklamation. Die Pariser Verträge, die u.a. den Beitritt der Bundesrepublik in das westliche Verteidigungsbündnis NATO vorsehen, würden eine friedliche Wiedervereinigung beider deutscher Staaten unmöglich machen.

Die Bundesregierung unter Kanzler Konrad Adenauer (CDU) bezeichnet den Aufruf des DDR-Parlaments als reine Propaganda und lehnt ein Referendum strikt ab. Die Ostberliner Politik diene den sowjetischen Interessen und sei einzig von dem Ziel geleitet, in ganz Deutschland sozialistische Verhältnisse einzuführen. Auch die SPD, die sich entschieden gegen die Pariser Verträge gewandt hatte, spricht sich genauso klar gegen den Vorschlag aus Ost-Berlin aus.

12. April 1955

Endlich Impfstoff gegen Polio

Weltweit große Hoffnungen knüpfen sich an einen neu entwickelten Impfstoff gegen Kinderlähmung (Polio).

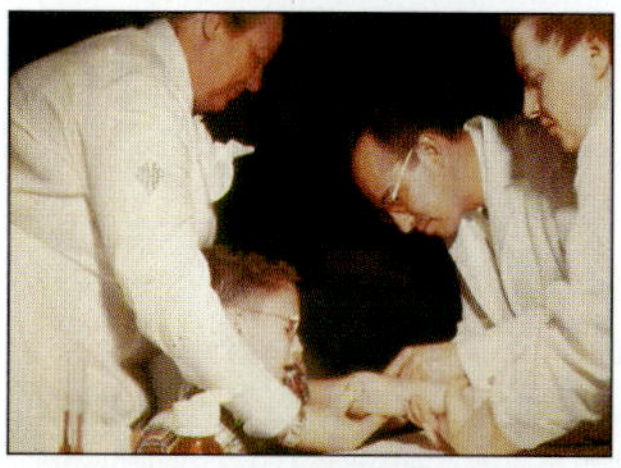

Das US-Regierungsamt für die Entwicklung von Impfstoffen gibt die Freigabe eines Serums gegen die tückische Viruserkrankung des Rückenmarks bekannt. Polio ist noch immer eine der gefährlichsten Krankheiten, an der allein in der Bundesrepublik jährlich fast 9000 Menschen erkranken. Das von Jonas E. Salk (s. Abb., M.) entwickelte Serum ist nach Angaben des Regierungsamtes bereits in einem Großversuch erfolgreich getestet worden. Allerdings gibt es Produktionsengpässe. Um von der US-Produktion unabhängig zu sein, setzen europäische Wissenschaftler ihre Suche nach einem Serum auch weiterhin fort.

April 1955

1 Fr Die Deutsche Lufthansa nimmt den innerdeutschen Flugbetrieb wieder auf. +++ Der Schriftsteller Max Frisch erhält in Zürich den Wilhelm-Raabe-Preis.

2 Sa José Ramon Guizado, Ex-Präsident von Panama, wird wegen Beihilfe zum Mord an seinem Amtsvorgänger José Antonio Ramón Cantero zu Gefängnis verurteilt.

3 So Bei den US-Schwimmmeisterschaften in New Haven (Connecticut) erzielt Albert Wiggins mit 1:01,5 min einen Weltrekord über 100-m-Delphin.

4 Mo Auf einer Pressekonferenz in Los Alamos wird bekannt, dass zwei Wissenschaftler während eines US-Atombombentests an der Strahlung gestorben sind.

5 Di In München stellt das BMW-Werk der Öffentlichkeit den eintürigen Kleinwagen »Isetta« vor. Das 35 km/h schnelle Auto soll 2550 DM kosten. → Churchill

6 Mi Regierungsvertreter Ägyptens und Indiens unterzeichnen in Kairo einen Freundschaftsvertrag. +++ Anthony Eden wird britischer Premierminister.

7 Do Durch einen Erlass des Staatspräsidenten der Volksrepublik China, Mao Tse-tung, wird der Kriegszustand mit Deutschland offiziell beendet.

8 Fr Die Schauspielerin Marlene Dietrich wird von der US-Maßschneider-Vereinigung zur bestgekleideten Frau Amerikas gewählt. Platz zwei belegt Grace Kelly.

9 Sa In Ost-Berlin kündigt die DDR-Regierung den Bau einer Reihe von Atomkraftwerken an. +++ Der Spielfilm »Jenseits von Eden« kommt in die US-Kinos.

10 So Papst Pius XII. ruft die Staatsmänner der Welt zu Frieden und Verständigung auf. Er warnt außerdem vor der verheerenden Wirkung der Atomkraft.

11 Mo Regierungsvertreter Österreichs und der UdSSR treffen sich in Moskau zu Verhandlungen über einen österreichischen Staatsvertrag.

12 Di Nach Angaben des Ministerrates der DDR haben die Sicherheitsorgane in einer Großoperation insgesamt 521 westliche Agenten verhaftet. → Polio

13 Mi In Brüssel veröffentlicht die Nato ein Abkommen über den Austausch von Erkenntnissen der Atomforschung ihrer Mitgliedstaaten.

14 Do 103 deutsche Raketenwissenschaftler, die seit 1945 in den USA arbeiten, werden in einem Festakt zu US-Staatsbürgern erklärt.

15 Fr Nach Abschluss dreitägiger Verhandlungen mit der Wiener Regierung wird in Moskau die Einigung über den österreichischen Staatsvertrag mitgeteilt.

16 Sa In Barcelona beginnen die Richard-Wagner-Festspiele, die auf Wunsch von Staatschef Francisco Franco eine exakte Kopie von Bayreuth darstellen.

17 So Um Zwischenfälle zu vermeiden, empfiehlt der Deutsche Reisebüro-Verband Deutschen, nicht zum Fest der Befreiung in die Niederlande zu fahren.

18 Mo Der ungarische Ministerpräsident Imre Nagy wird von der Regierung abgesetzt. +++Albert Einstein stirbt in Princeton (USA). → Blockfreie

19 Di Das deutsche Abitur wird künftig als Zugangsvoraussetzung für ein Studium in einigen anderen europäischen Staaten anerkannt.

20 Mi An den Kölner Städtischen Kammerspielen findet die deutsche Erstaufführung des Stückes »Leben des Galilei« von Bertolt Brecht statt.

21 Do In London wird Anthony Eden zum Vorsitzenden der Konservativen Partei gewählt. Er tritt damit die Nachfolge von Winston Churchill an.

22 Fr Die chinesische und die indonesische Regierung beschließen, die doppelte Staatsbürgerschaft von 2,5 Mio. in Indonesien lebenden Chinesen aufzuheben.

23 Sa Der polnische Ministerrat verfügt in Warschau die Senkung der Preise für Lebensmittel, Industriewaren und Dienstleistungen.

24 So Die sowjetische Regierung begnadigt 613 während des Zweiten Weltkrieges wegen Kriegsverbrechen verurteilte Österreicher.

25 Mo In der französischen Hafenstadt Cannes werden die 8. internationalen Filmfestspiele eröffnet. Den Preis als bester Film erhält die US-Produktion »Marty«.

26 Di Spanien und die Bundesrepublik unterzeichnen ein Wirtschaftsabkommen, das u.a. Zollerleichterungen im Handel zwischen den Staaten vorsieht.

27 Mi Die Bundespost meldet, dass die Menge der Postsendungen des letzten Jahres die Zahl von 1936 bereits um 60% überschritten habe.

28 Do In Frankfurt am Main stellt der Deutsche Gewerkschaftsbund ein »Aktionsprogramm« vor, das u.a. die Einführung der Fünftagewoche zum Inhalt hat.

29 Fr In Rom tritt der Christdemokrat Giovanni Gronchi die Nachfolge des zurückgetretenen italienischen Staatspräsidenten Luigi Einaudi an.

30 Sa Südvietnamesische Regierungstruppen schlagen einen Putsch politisch-religiöser Sekten nieder. Mehr als 400 Menschen kommen um.

Mai 1955

1 So Der Rock 'n' Roll-Sänger Elvis Presley gibt in Memphis (US-Bundesstaat Tennessee) das Eröffnungskonzert seiner ersten größeren Amerika-Tournee.

2 Mo Untersuchungen der Weltorganisation UNO ergeben, dass 2339 Deutsche im ersten Quartal 1955 aus der Bundesrepublik ausgewandert sind.

3 Di Die US-Regierung sichert Spanien ihre Unterstützung beim Aufbau einer modernen Kriegsmarine zu.+++ In Hannover endet die Deutsche Industriemesse.

4 Mi Das Bundesverfassungsgericht in Karlsruhe erklärt das Saarabkommen für rechtmäßig. Damit ist die Klage der SPD abgewiesen.

5 Do In Anwesenheit von Bundespräsident Theodor Heuss wird in Heidelberg der erste Bahnhofsneubau seit Kriegsende eröffnet. → Bundesrepublik

6 Fr In Brüssel endet eine Tagung der Benelux-Staaten mit der Vereinbarung, einen gemeinsamen Markt für landwirtschaftliche Produkte zu bilden.

7 Sa Die sowjetische Regierung annulliert auf Anfrage des Ministerrates den britisch-sowjetischen und den französisch-sowjetischen Beistandspakt.

8 So In London genehmigt das Exekutivkomitee des Internationalen Fußball-Verbandes (FIFA) die Einführung des Europapokals für Vereinsmannschaften.

9 Mo In Deutschland finden unter dem Motto »Achtgeben – länger leben« bis zum 22. Mai Verkehrserziehungswochen statt. → NATO

10 Di Gustav Adolf Baum fährt auf einem 125-ccm-Motorrad vom Typ DKW 22 mit einer Durchschnittsgeschwindigkeit von 218 km/h Weltrekord.

11 Mi Vor der japanischen Insel Shikoku kommen bei einem Zusammenstoß zweier Fährschiffe 135 Menschen ums Leben.

12 Do Auf einer Gelsenkirchener Zeche können drei seit 125 Stunden verschüttete Bergleute mit Hilfe der neu entwickelten sog. Dahlbuschbombe gerettet werden.

13 Fr In Köln gibt die Deutsche Bundesbahn die geplante schrittweise Abschaffung der 3. Klasse in ihren Personenzügen bekannt.

14 Sa In Kairo schließen sich algerische Rebellengruppen zur Nationalen Befreiungsfront FLN (Front de Libération Nationale) zusammen. → Warschauer Pakt

15 So Die CDU geht aus den Landtagswahlen in Rheinland-Pfalz als stärkste Partei hervor und besitzt künftig die absolute Mehrheit im Landtag. → Österreich

16 Mo Die US-Regierung schließt angesichts kommunistischer Rebellentätigkeit mit Kambodscha einen Vertrag über die Gewährung direkter Militärhilfe ab.

17 Di Im Grenzgebiet von Nepal und Tibet bezwingt eine französische Expedition den 8481 m hohen Gipfel des Makalu.

18 Mi Führende US-Offiziere äußern sich besorgt über den hohen Standard der sowjetischen Rüstungstechnik, insbesondere der neuen Kampfflugzeuge.

19 Do In Paris beschließt die französische Regierung, weitere Truppen nach Nordafrika zu verlegen, um Unruhen in Algerien zu unterdrücken.

20 Fr In Hagen und dem Ennepe-Ruhr-Kreis sind, nach Angaben des Gesundheitsministeriums, in den letzten sechs Wochen 600 Menschen an Typhus erkrankt.

21 Sa Der Karlsruher SC gewinnt in Braunschweig das Finale um den DFB-Pokal gegen Schalke 04 nach spannendem Spielverlauf mit 3:2 Toren.

22 So In Monte Carlo entscheidet der französische Automobil-Rennfahrer Maurice Trintignant auf Ferrari den Großen Preis von Monaco für sich.

23 Mo Der jugoslawische Staatspräsident Josip Tito erörtert in Belgrad mit Vertretern der Bundesregierung Möglichkeiten der deutschen Wiedervereinigung.

24 Di In Paris teilt die französische Regierung die Beendigung des Abzugs der in Südvietnam stationierten französischen Streitkräfte mit.

25 Mi Der in der DDR lebende Dichter Bertolt Brecht nimmt in Moskau den Internationalen Friedenspreis für das Jahr 1954 entgegen.

26 Do In Großbritannien gewinnen die Konservativen die Unterhauswahlen. +++ Der italienische Autorennfahrer Alberto Ascari verunglückt in Monza tödlich.

27 Fr Unter scharfem Protest der US-Regierung erweitern Chile, Peru und Ecuador ihr Hoheitsgebiet auf See von bislang drei auf nunmehr 200 Seemeilen.

28 Sa In Hamburg besiegt die deutsche Fußballnationalmannschaft, der amtierende Weltmeister, die irische Vertretung mit 2:1.

29 So Sudetendeutsche versammeln sich in vielen deutschen Großstädten zu Kundgebungen und fordern die Rückgabe der früheren deutschen Ostgebiete.

30 Mo Der argentinische Autorennfahrer Juan Manuel Fangio gewinnt auf dem Nürburgring vor dem Briten Stirling Moss das Internationale ADAC-Eifelrennen.

31 Di Nach Ausbruch des Lohnstreiks bei der britischen Lokomotivführer-Gewerkschaft ruft Königin Elizabeth II. den nationalen Notstand aus.

12. Juni 1955

Tragische Katastrophe in Le Mans fordert 85 Menschenleben

Bei dem bis dahin schwersten Unglück in der Geschichte des Automobilrennsports kommen in Le Mans 85 Menschen ums Leben (s. Abb.). Der Jaguar-Fahrer Mike Hawthorne überholt Lance Macklin, der bremst und ins Schleudern gerät. Sein Wagen prallt gegen die Leitplanke und wird auf die Fahrbahn zurückgeschleudert. Der mit einer Geschwindigkeit von rd. 280 km/h folgende Mercedes-Fahrer Pierre Levegh kann nicht mehr ausweichen und prallt gegen die Böschung, überschlägt sich und rast in die Zuschauertribüne. Dank eines Handzeichens von Levegh kann der folgende Automobilweltmeister Juan Manuel Fangio noch bremsen. Trotz der Katastrophe bricht der Rennleiter das Rennen nicht ab. Mercedes zieht seine Wagen zurück. In der Bundesrepublik wird in den folgenden Tagen der Rückzug deutscher Marken aus dem Rennsport gefordert.

14. Mai 1955

Warschauer Pakt gegründet

In der polnischen Hauptstadt Warschau unterzeichnen Regierungsvertreter aus sieben osteuropäischen Staaten und der Sowjetunion ein Militärbündnis unter Führung der Sowjetunion. Die Bildung des Warschauer Paktes steht in unmittelbarem Zusammenhang mit der Ratifizierung der Pariser Verträge und der Aufnahme der Bundesrepublik Deutschland in das westliche Verteidigungsbündnis NATO. Nach Abschluss des Warschauer Paktes stehen sich in Europa zwei mächtige und waffenstarrende Militärbündnisse gegenüber, wobei die Trennlinie quer durch Deutschland verläuft.

Vorerst gehören dem Warschauer Pakt die Sowjetunion, Albanien, Bulgarien, Ungarn, Rumänien, Polen, die Tschechoslowakei und die DDR an. Der Beitrag der DDR beschränkt sich bis zur Aufstellung eigener Streitkräfte auf die Mitwirkung in den politischen Gremien. Ihre vollständige Aufnahme soll erst später erörtert werden, um nicht alle Möglichkeiten zu Verhandlungen über die deutsche Frage auszuschalten. Das militärische Führungsorgan des Warschauer Paktes ist das Vereinte Oberkommando der Streitkräfte mit Sitz in Moskau. An der Spitze des vereinten Oberkommandos steht als Oberbefehlshaber immer ein sowjetischer Offizier. Erster Oberkommandierender wird der sowjetische Marschall Iwan Stepanowitsch Konew. Die Signatarstaaten verpflichten sich u.a. zu gegenseitigem militärischem Beistand im Falle eines bewaffneten Konflikts. Die Sowjetunion erhält außerdem eine rechtliche Grundlage für die Stationierung von Truppen in den Staaten Ost-, Mittel- und Südosteuropas. Mit dem Abschluss des Warschauer Paktes verfolgt Moskau die Absicht, Kontrolle über die im sowjetischen Einflussbereich liegenden osteuropäischen Staaten auszuüben und ein Gegengewicht zur NATO zu schaffen. Die Weichen für das Militärbündnis der sozialistischen Staaten – unter Ausschluss Jugoslawiens, mit dem Moskau 1948 wegen politischer Unbotmäßigkeit gebrochen hatte – waren im Dezember 1954 gestellt worden: Auf der Moskauer Sicherheitskonferenz kündigte die Sowjetunion die Schaffung eines östlichen Bündnisses an, falls die Bemühungen um ein Sicherheitssystem für ganz Europa scheitern sollten.

NATO und Warschauer Pakt haben Europa »aufgeteilt«.

5. Mai 1955

Bundesrepublik fast souverän

Um12 Uhr mittags endet – mit Hinterlegung der Ratifizierungsurkunde der Pariser Verträge – in der Bundesrepublik das Besatzungsstatut der drei Westmächte. Die Bundesrepublik wird durch das Inkrafttreten der Pariser Verträge bedingt souverän. Allerdings behalten sich die Westmächte u.a. das Recht vor, bei äußerem und innerem Notstand zum Schutz ihrer in Westdeutschland stationierten Truppen die Regierungsgewalt zu übernehmen. Die Alliierte Hohe Kommission wird aufgelöst. Die bisherigen Hohen Kommissare überreichen nun als Botschafter Bundespräsident Theodor Heuss (FDP) ihre Beglaubigungsschreiben. Berlin behält weiterhin seinen besonderen Status.

Die Vertreter der nunmehr 15 NATO-Staaten

9. Mai 1955

Bonn tritt NATO bei

Auf der Tagung des Nordatlantikrates in Paris wird die Bundesrepublik Deutschland in die Nordatlantische Verteidigungsallianz (NATO) aufgenommen. Die Anbindung an das westliche Verteidigungsbündnis ist ein zentrales Element der durch die Pariser Verträge wiedererlangten Souveränität der Bundesrepublik. Verbunden mit dem Beitritt ist die Verpflichtung, bewaffnete Streitkräfte zu unterhalten. Die Bundesrepublik verfügt derzeit noch nicht über eine Armee. Der NATO-Beitritt ist eine Folge der fehlgeschlagenen Bemühungen um eine eigenständige Europäische Verteidigungsgemeinschaft (EVG). Das Projekt war im August 1954 am Einspruch der französischen Nationalversammlung gescheitert. Die Franzosen fürchteten eine wachsende Dominanz der Bundesrepublik. In Deutschland warnen die Gegner der Westintegration vor einer Zementierung der deutschen Teilung.

15. Mai 1955

Staatsvertrag für Österreich

Nach langwierigen Verhandlungen unterzeichnen die Außenminister der vier alliierten Siegermächte sowie der österreichische Außenminister Leopold Figl im Marmorsaal des Wiener Schlosses Belvedere um 11.30 Uhr den österreichischen Staatsvertrag. Er gibt dem Land zehn Jahre nach Kriegsende die staatliche Souveränität und Unabhängigkeit zurück. Figl dankt seinen Amtskollegen, Antoine Pinay (Frankreich), Harold Macmillan (Großbritannien), Wjatscheslaw M. Molotow (Sowjetunion) und John Foster Dulles (USA), »für die Bereitschaft und den guten Willen, den Sie in dem nunmehr unterzeichneten Vertrag bekundet haben.« Seit 1946 war die politische Zukunft der Republik Österreich immer wieder umstrittener Gesprächsgegenstand vieler Konsultationen der Alliierten. So unterstützte die Sowjetunion zeitweise jugoslawische Gebietsforderungen an Österreich. Am 26. Oktober verabschiedet der österreichische Nationalrat ein Bundesverfassungsgesetz über die »immerwährende Neutralität« des Landes – eine Konzession an die Sowjetunion, die davon ihre Zustimmung zum Staatsvertrag abhängig machte (Abb.: Die Staatsvertrags-Unterzeichnung ist auch ein Medienereignis ersten Ranges).

Extra-Ausgabe

Wiener Zeitung

Staatsvertrag unterzeichnet!

Historisches Ereignis im Wiener Belvedere

Die vier Außenminister der Großmächte, Pinay (Frankreich), MacMillan (Großbritannien), Molotow (UdSSR) und Dulles (Vereinigte Staaten), sowie Außenminister Dr. h. c. Ing. Figl setzten ihre Namen unter das Dokument

Österreich nach siebzehn Jahren endlich frei

3. Juni 1955

Marilyn wird zum Mythos

Ein Bild wird Legende: Die hitzegeplagte Marilyn Monroe kühlt sich über einem Luftschacht ab – und gewährt freizügige Einblicke (s. Abb.). Mit seiner Erotikkomödie »Das verflixte siebte Jahr« setzt Regisseur Billy Wilder, der den Streifen geschickt um die Zensur manövriert, dem 29-jährigen Sexsymbol ein Denkmal. Die Story: Der Durchschnitts-Familienvater Richard Sherman (Tom Ewell) schickt seine Familie in den Sommerurlaub, während er im schwülheißen New York bleibt. Entschlossen, sein Strohwitwer-Dasein gerade im siebten Ehejahr nicht auszunutzen, zieht er sich in seine Wohnung zurück – bis ihm in Gestalt der neuen Nachbarin (Marylin Monroe) die personifizierte Versuchung begegnet. Es entwickelt sich bald ein erotisches Geplänkel zwischen den beiden. Doch als er aufs Ganze gehen will, läuft natürlich alles schief. Als geläuterter Ehemann reist er seiner Familie nach.

Juni 1955

1 Mi Der Christdemokrat Peter Altmeier wird vom neu konstituierten Landtag als Ministerpräsident von Rheinland-Pfalz wiedergewählt.

2 Do In Quincy (US-Bundesstaat Massachusetts) läuft die erste von 30 Meeresplattformen vom Stapel, die der Luftverteidigung dienen sollen.

3 Fr Der Franzose René Meyer wird in Messina (Italien) zum neuen Präsidenten der Hohen Behörde der Montanunion gewählt. → Marilyn

4 Sa In Frankfurt am Main endet nach einwöchiger Dauer das 3. Deutsche Jazzfestival. Musiker aus Europa und den USA hatten daran teilgenommen.

5 So Der italienische Radrennfahrer Fiorenzo Magni gewinnt in Pellegrino die Gesamtwertung des am 14. Mai gestarteten 38. Giro d'Italia.

6 Mo Anlässlich seines 80. Geburtstages wird Thomas Mann in Deutschland als der bedeutendste deutsche Schriftsteller der Gegenwart geehrt.

7 Di Bundeskanzler Konrad Adenauer gibt das bisher von ihm in Personalunion geführte Außenministerium an Heinrich von Brentano ab.

8 Mi Die Deutsche Lufthansa AG nimmt mit einem Flug von Frankfurt am Main nach New York offiziell den internationalen Liniendienst wieder auf.

9 Do Bei einem Schiffsunglück im Ärmelkanal sterben 18 Menschen. Durch auslaufendes Rohöl aus dem Schiffswrack werden Teile der Küste verschmutzt.

10 Fr Der Europäische Wirtschaftsrat setzt eine Arbeitsgruppe zur Prüfung der Möglichkeiten einer gemeinsamen Erforschung der Kernenergie ein.

11 Sa In Casablanca wird Jacques Lemaigre-Debreuil, ein Befürworter der französisch-marokkanischen Verständigung, durch ein Attentat getötet.

12 So Die 24-jährige Kölnerin Margit Nünke wird in Baden-Baden zur »Miss Germany« gewählt. Sie gewinnt u.a. ein Auto und einen Mannequinvertrag. → Le Mans

13 Mo Das belgische Parlament beschließt einen Neuentwurf des Schulwesens. Dieser beinhaltet u.a. die Streichung von Subventionen für kirchliche Schulen.

14 Di In Recklinghausen werden mit einer Aufführung von William Shakespeares »Hamlet« die 9. Ruhrfestspiele eröffnet. Die Titelrolle spielt Will Quadflieg.

15 Mi In Washington beginnt eine dreitägige Großübung zur Evakuierung der Regierungsbehörden im Falle eines atomaren Angriffs.

16 Do Im argentinischen Buenos Aires gelingt es dem Staatspräsidenten Juan Domingo Perón, einen Putschversuch der Luftwaffe zu vereiteln.

17 Fr Das Internationale Olympische Komitee vergibt die Olympischen Sommerspiele 1960 an Rom. Die Winterspiele werden in Squaw Valley (USA) ausgetragen.

18 Sa Die französische Regierung verhängt ein für die gesamte französische Mittelmeerküste geltendes Hupverbot für Autofahrer.

19 So Papst Pius XII. spricht 19 Märtyrer heilig. Sie hatten sich geweigert, während der Französischen Revolution den Eid auf die Republik zu leisten.

20 Mo Auf Ceylon beobachten Wissenschaftler aus aller Welt die längste Sonnenfinsternis seit 1200 Jahren. Sie dauerte sieben Minuten und acht Sekunden.

21 Di Der US-Senat billigt den Beitritt der USA zur International Finance Corporation. Diese Organisation unterstützt unterentwickelte Regionen der Welt.

22 Mi Unter Teilnahme von 2000 Delegierten aus 68 Ländern beginnt in Finnland ein Weltfriedenskongress, der das Wettrüsten in Ost und West verurteilt.

23 Do Auf der 21. Internationalen Luftfahrtausstellung bei Paris wird das erste Passagierflugzeug mit Düsenantrieb der Öffentlichkeit vorgestellt.

24 Fr In Berlin beginnen die 5. Internationalen Filmfestspiele. O. W. Fischer wird für seinen »Ludwig II.« als bester Schauspieler ausgezeichnet.

25 Sa Auf der Gelsenkirchener Zeche »Nordstern« fordert ein Grubenunglück 14 Todesopfer. Der Unfall ereignet sich, als ein schlecht gesicherter Schacht einstürzt.

26 So Rot-Weiß-Essen wird durch einen Sieg über den 1. FC Kaiserslautern Deutscher Fußballmeister.+++ Die UNO feiert ihr zehnjähriges Bestehen.

27 Mo Die kanadische Regierung teilt mit, dass sie der Bundesrepublik zum Aufbau der Luftwaffe 36 Düsenjäger zur Verfügung stellen wolle.

28 Di Nach Angaben des Statistischen Bundesamtes leben zur Zeit rd. 466 000 Ausländer in der Bundesrepublik Deutschland.

29 Mi Die polnische Militärmission in West-Berlin gibt bekannt, dass Deutschen Einreisegenehmigungen nach Schlesien nur in »wichtigen Fällen« erteilt würden.

30 Do In Washington unterzeichnen Regierungsvertreter der Bundesrepublik und der USA ein Abkommen über US-Hilfsleistungen beim Aufbau der Bundeswehr.

Juli 1955

1 Fr Das Bundesverteidigungsministerium teilt mit, dass täglich rd. 1000 Freiwilligenmeldungen für die aufzustellenden bundesdeutschen Streitkräfte eingingen.

2 Sa Der »Wiener Kurier«, offizielle Zeitung der US-Besatzungsmacht in Österreich, stellt nach Erlangung der vollen Souveränität Österreichs sein Erscheinen ein.

3 So Bei den Internationalen Tennismeisterschaften in Wimbledon gewinnen Tony Trabert und Louise Brough (beide USA) die Einzel-Wettkämpfe.

4 Mo Die Londoner Regierung erklärt sich zur Rückgabe des britischen Flottenstützpunktes Simonstown an Südafrika bereit.

5 Di Vertreter der sowjetischen und der chinesischen Regierung unterzeichnen ein Abkommen über gegenseitige wissenschaftliche und technische Hilfe.

6 Mi In Rom stellt der Christdemokrat Antonio Segni seine neue Regierung vor, nachdem das Kabinett von Mario Scelba zurückgetreten war.

7 Do Der Deutsche Hans Günter Winkler gewinnt in Aachen die Weltmeisterschaft der Springreiter vor dem Italiener Raimondo d'Inzeo.

8 Fr Der Bundestag verabschiedet ein Gesetz, das die indirekte Subventionierung der Landwirtschaft durch steuerliche und kreditpolitische Hilfe vorsieht.

9 Sa Die französische Nationalversammlung billigt das im Juni mit Tunesien geschlossene Abkommen, das dem Land weitgehende innere Autonomie garantiert.

10 So Durch einen 25:13-Sieg über die Auswahl der Schweiz erringt in Dortmund die deutsche Feldhandball-Nationalmannschaft die Weltmeisterschaft.

11 Mo Nach Angaben des Instituts für Publizistik in Münster weist die Bundesrepublik im europäischen Vergleich die größte Dichte an Zeitungen auf.

12 Di In Rabat (Marokko) kommt es zu schweren Zusammenstößen zwischen Einheimischen und Angehörigen der französischen Bevölkerungsgruppe.

13 Mi Die wegen Mordes zum Tode verurteilte 28-jährige Britin Ruth Ellis wird in London trotz Protesten der Öffentlichkeit durch den Strang hingerichtet.

14 Do In Budapest verbessert die Ungarin Éva Székely in einer Zeit von 5:40,8 min den Schwimmweltrekord über 400-m-Lagen.

15 Fr Bei einer Zusammenkunft auf der Insel Mainau unterzeichnen 18 Nobelpreisträger einen Appell, in dem sie vor den Gefahren eines Atomkrieges warnen.

16 Sa Der Bundestag in Bonn billigt in dritter Lesung das Freiwilligengesetz und schafft die Grundlage für westdeutsche Streitkräfte. → »documenta«

17 So Nach blutigen Zusammenstößen zwischen Demonstranten und der Polizei wird der Ausnahmezustand über Casablanca (Marokko) verhängt.

18 Mo In Genf treffen sich die vier Siegermächte des Krieges, um über Fragen der internationalen Zusammenarbeit und der Abrüstung zu verhandeln. → Disneyland

19 Di Der 36. Eucharistische Kongress, an dem katholische Würdenträger und rd. 2 Mio. Gläubige aus aller Welt teilnehmen, beginnt in Rio de Janeiro.

20 Mi Auf der Genfer Viermächtekonferenz legt die Sowjetunion einen Entwurf für einen europäischen Sicherheitsvertrag vor.

21 Do Schwere Unwetter fordern in Österreich 13 Menschenleben. Die Wassermassen richten im Salzkammergut Schäden in Millionenhöhe an.

22 Fr In Bonn werden die farblich nach US-Vorbild gestalteten Uniformen der künftigen deutschen Streitkräfte der Öffentlichkeit vorgestellt.

23 Sa Der farbige Student James Ritter protestiert im US-Bundesstaat Virginia mit einer Aktion gegen die Trennung von Weißen und Farbigen in Autobussen.

24 So Die Schwedin Hillevi Rombin erringt im kalifornischen Long Beach den Titel der »Miss Universum«. Margit Nünke, die »Miss Germany«, wird vierte.

25 Mo Bundeskanzler Konrad Adenauer erklärt in Mürren (Schweiz) seine Zufriedenheit über den Ausgang der Genfer Viermächtekonferenz.

26 Di Die UdSSR formuliert nach Abschluss des Genfer Gipfels die »Zwei-Staaten-Theorie«, die von der Existenz zweier deutscher Staaten ausgeht.

27 Mi Eine israelische Passagiermaschine wird über Bulgarien von der bulgarischen Luftabwehr abgeschossen. Alle 58 Insassen kommen dabei ums Leben.

28 Do Der ungarische Läufer Sandor Iharos stellt bei einem Länderkampf zwischen Finnland und Ungarn einen neuen Weltrekord mit 3:40,8 min über 1500 m auf.

29 Fr US-Präsident Dwight D. Eisenhower gibt die Absicht der USA bekannt, 1957 den ersten künstlichen Erdsatelliten in den Weltraum zu schießen.

30 Sa Der US-Kongress verabschiedet ein Gesetz, das die Erhöhung des gesetzlichen Mindestlohns von 0,75 Dollar auf 1 Dollar vorsieht.

31 So Als erster Radrennfahrer gewinnt der Franzose Louis Boubet in Paris zum dritten Mal hintereinander die Tour de France. → Vertriebene

18. Juli 1955

Disneyland begeistert Gro

Der größte Vergnügungspark der Welt öffnet in Kalifornien seine Pforten. Initiator und Betreiber von Disneyland ist der Zeichner und Filmproduzent Walt Disney.

Auf 26 km² ist nahe Los Angeles eine Märchenwelt entstanden, in der Schneewittchen und Peter Pan, Micky Maus, Pluto und Goofy zu Hause sind. 2500 Arbeiter haben für umgerechnet circa 73 Mio. DM eine fantasievolle Erlebnislandschaft gestaltet, in der Kinder und ihre Eltern hautnah Märchen, Disney-Comics und Zukunftswelten erleben können. Donald Duck, seine Neffen Tick, Trick und Track, Gustav Gans und Daisy Duck begrüßen die Besucher. Walt Disney, der außer seinen Trickfilmen überaus populäre Natur- und Dokumentarfilme produziert (»Die Wüste lebt«), hofft, dass auch sein bislang ehrgeizigstes und von vielen belächeltes Projekt ein Erfolg wird. Für das erste Jahr erwartet er rd. 5 Mio. Besucher. Bereits am Eröffnungstag wird der 20000. Gast registriert. Ähnliche Vergnügungsparks entstehen in Florida und in Japan. 1992 wird vor den Toren von Paris das Euro-Disney eröffnet. Attraktionen wie Dornröschen-Schloss, Schaufelrad-Dampfer und Piratengrotte sollen jährlich elf Mio. Besucher anlocken. 500000 Besucher erleben den Start des neuen Unterhaltungszeitalters im US-Stil. Euro-Disney muss jedoch um Akzeptanz kämpfen. Viele Medien beklagen die »Plünderung von Kulturgütern« und bezeichnen den Park als »kulturelles Tschernobyl«.

Teetassen als Karussell locken die Besucher in eine Märchenwelt.

16. Juli 1955

Erste »documenta« weist den Weg aus kultureller Isolation

In Kassel wird die erste »documenta«, eine Ausstellung bildender Kunst des 20. Jahrhunderts, eröffnet (Abb.: Plakat). Über das Konzept der Veranstaltung, die zu einem unerwartet großen Erfolg wird, gibt der Kunsthistoriker Werner Haftmann, neben Arnold Bode künstlerischer Leiter, im Katalog Auskunft. Da die Deutschen während der nationalsozialistischen Herrschaft in erzwungener kultureller Isolation gelebt hätten, bestehe die Notwendigkeit, wieder den Blick für die künstlerische Moderne zu weiten. Die »documenta« etabliert sich als feste Institution innerhalb der Kunstwelt und findet alle vier bis fünf Jahre statt. Im Fridericianum, dem im Zweiten Weltkrieg stark beschädigten zentralen Museumsbau, sind bis zum 18. September Gemälde und Skulpturen von 148 Künstlern aus Deutschland, Frankreich, Italien, Großbritannien, der Schweiz, den Niederlanden und den USA zu sehen. Obwohl für umfangreiche Werbung nur wenig Geld zur Verfügung steht, kommen über 125000 Besucher zur »documenta«. Auch in der Presse findet die Ausstellung fast einhelliges Lob. Von einigen Fachkritikern wird sie als eine der wichtigsten Kunstausstellungen in Deutschland bezeichnet. Initiator der Veranstaltung, deren Schwerpunkt auf der Malerei liegt, ist der Ausstellungsarchitekt Arnold Bode. Neben Haftmann, der im Vorjahr seine viel beachtete Darstellung der »Malerei im 20. Jahrhundert« veröffentlicht hat, steht ihm Herbert von Buttlar als organisatorischer Leiter zur Seite. Die »documenta« will die wichtigsten Strömungen der bildenden Kunst des 20. Jahrhunderts mit repräsentativen Arbeiten dokumentieren. Schwerpunkt sind Kunstrichtungen, die von den Nationalsozialisten verfemt wurden.

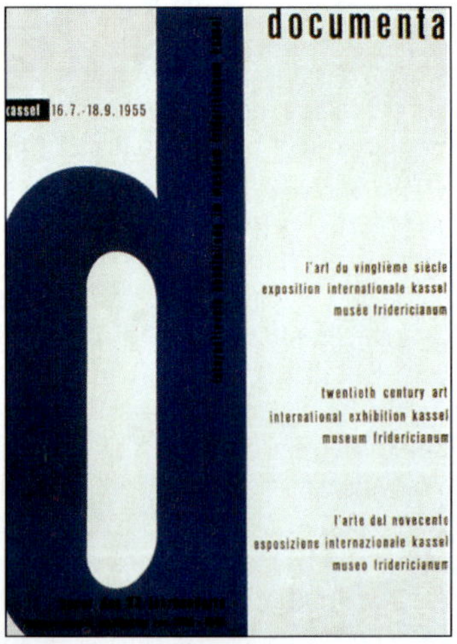

d Klein

Die Ritterburg ist eine der größten Attraktionen.

31. Juli 1955

Vertriebene machen mobil

In Westdeutschland gehen Vertriebene und Flüchtlinge auf die Barrikaden. Auf einer Großkundgebung fordern 40 000 Demonstranten die Rückgabe der ehemaligen deutschen Ostgebiete und die Wiedervereinigung Deutschlands.
Der baden-württembergische Ministerpräsident Gebhard Müller (CDU) fordert in seiner Ansprache die Großmächte auf, alles zu tun, um das den Bewohnern der ehemaligen deutschen Ostgebiete widerfahrende Unrecht zu beseitigen. Die Bundesregierung müsse zudem ihre Anstrengungen verstärken, Vertriebene und Flüchtlinge in die Bundesrepublik Deutschland zu integrieren. Bereits im Mai fanden in mehreren Städten Protestkundgebungen statt. Allein in Nürnberg kamen rd. 300 000 Sudetendeutsche zusammen. Ihr Sprecher betonte, ein dauerhafter Frieden in Europa könne nur mit der deutschen Wiedervereinigung erreicht werden. In Essen forderten rd. 100 000 Pommern die Rückkehr in ihre Heimat. Der Vorsitzende der pommerschen Landsmannschaft, Franz Eggert, erklärte: »...Wir werden uns niemals zufriedengeben, bis Pommern wieder ungeteiltes deutsches Land, Deutschland wieder vereinigt und die Oder-Neiße-Linie gefallen ist.«

20. August 1955

Terror in Nordafrika

In Nordafrika gerät die französische Kolonialmacht in starke Bedrängnis. Ein blutiger Aufstand marokkanischer und algerischer Nationalisten fordert innerhalb von nur einer Woche 1500 Tote. Den Anschlägen und Kämpfen fallen zunächst viele Europäer und franzosenfreundliche Einheimische zum Opfer. Der Aufstand, der in den Slums von Casablanca ausbricht, breitet sich schnell über Marokko und Algerien aus. In dem Dorf Oued Zem richten Stammeskrieger ein Blutbad unter Europäern an. 100 Menschen kommen ums Leben. Erst nach verlustreichen Kämpfen können Einheiten der Fremdenlegion und Fallschirmjäger die marokkanische Ortschaft zurückerobern (Abb.: Posten in Nordafrika).

5. August 1955

»Käfer« feiert Erfolgsstory

Der VW-»Käfer« ist das meistproduzierte Auto in Europa: In Wolfsburg läuft der einmillionste Wagen vom Band. Zur Feier des Jubiläums ist das betreffende Fahrzeug mit Goldfarbe lackiert worden (s. Abb.).
Wesentlichen Anteil am Erfolg hat der 56-jährige Vorstandsvorsitzende Heinrich Nordhoff. Er hält eine kurze Festansprache, in der er den Werksangehörigen für die Arbeit der letzten Jahre dankt. Nordhoff setzt auch den Spekulationen über ein Nachfolgemodell des »Käfers« ein Ende. Über eine grundlegende Änderung der VW-Modellpalette werde er frühestens nach dem zweimillionsten Exemplar nachdenken. Den am Kauf eines Volkswagens interessierten Kunden kündigt Nordhoff eine Preissenkung an. Das Standardmodell VW 1200 kostet ab sofort nur noch 3790 DM statt 3950 DM. Der Preis der besser ausgestatteten Ex-

port-Version beträgt 4600 DM – bislang 4850 DM, das Cabriolet ist für 5990 DM statt bisher 6500 DM zu haben. Die Geburtsstunde des »Käfers« schlug in den 30er Jahren. Ferdinand Porsche hatte das revolutionäre Auto entworfen, das als »KdF-Wagen« die Massenmotorisierung in Deutschland einleiten sollte.

August 1955

1 Mo Die Volksrepublik China lässt elf Piloten der US-Luftwaffe frei, die während des Koreakriegs abgeschossen worden waren.

2 Di Der Rat der Nationalliga des italienischen Fußballs verbannt die Mannschaft des A-Liga Klubs aus Udine wegen Manipulationen aus der obersten Liga.

3 Mi Die Bundesregierung beschließt in Bonn, dass der erste deutsche Atomreaktor in der Nähe von Karlsruhe errichtet werden soll.

4 Do Die UdSSR beginnt auf ihrem Versuchsgelände bei Semipalatinsk (Kasachstan) mit einer mehrtägigen Serie von Atomwaffenversuchen.

5 Fr Paris und Bonn unterzeichnen ein Handelsabkommen, das den gegenseitigen Warenaustausch für den Zeitraum von dreieinhalb Jahren regelt. → »Käfer«

6 Sa Um den inflatorischen Tendenzen in der Bundesrepublik entgegenzuwirken, beschließt die Bank Deutscher Länder, die Leitzinsen zu erhöhen.

7 So Das Deutsche Rote Kreuz teilt mit, dass es Kontakt zum Russischen Roten Kreuz aufgenommen habe, um vermisste deutsche Soldaten ausfindig zu machen.

8 Mo Die »Organisation Gehlen«, der Nachrichtendienst des Ex-Generalleutnants Reinhard Gehlen, wird der direkten Kontrolle des Bundeskanzleramts unterstellt.

9 Di Laut dem US-»Atomindustrie-Forum« sind weltweit 42 Atomreaktoren in Betrieb, davon allein 29 in den Vereinigten Staaten.

10 Mi Aus Moskau verlautet, Sowjetbürger dürften künftig ins Ausland reisen, allerdings nur in Ostblockstaaten, nach China, Schweden und Finnland.

11 Do Die UNO stimmt in New York dem Antrag Japans auf Aufnahme in das Allgemeine Zoll- und Handelsabkommen (GATT) zu.

12 Fr Der Schriftsteller Thomas Mann stirbt im Alter von 80 Jahren. +++ In der DDR wird der Bau der ersten Plattenbausiedlung – für 12 000 Menschen – begonnen.

13 Sa Angehörige der Irisch-Republikanischen Armee, die für die Unabhängigkeit Nordirlands von Großbritannien kämpft, überfallen ein britisches Armeedepot.

14 So Budge Patty (USA) gewinnt die internationalen Tennismeisterschaften von Bayern gegen seinen Landsmann Art Larsen.

15 Mo In der portugiesischen Kolonie Goa kommt es zu blutigen Kämpfen zwischen Polizei und indischen Demonstranten, die Goas Anschluss an Indien fordern.

16 Di Das Parlament in Sudan fordert die Autonomie des Landes und den Abzug der ausländischen Truppen innerhalb von 90 Tagen.

17 Mi Nordrhein-Westfalens Landesregierung stellt für den Bau von Sennestadt als Kleinstadt ohne Straßenkreuzungen Mittel bereit.

18 Do Der Verband Deutscher Mopedhersteller erklärt seine Absicht, die Höchstgeschwindigkeit von Mopeds auf 40 km/h zu begrenzen.

19 Fr Portugal bricht die diplomatischen Beziehungen zu Indien ab.+++ Laut Landesarbeitsamt Nordrhein-Westfalen fehlen im Bergbau rd. 17 000 Kumpel.

20 Sa Im Nordosten der Vereinigten Staaten kommen bei einer Überschwemmungskatastrophe 165 Menschen ums Leben. → Nordafrika

21 So Die deutsche Fußballnationalmannschaft unterliegt in Moskau vor 80 000 Zuschauern der sowjetischen Auswahl mit 2:3.

22 Mo In Hamburg treten rund 11 500 Werftarbeiter in einen Streik, um eine Teuerungszulage von 20 Pfennig pro Stunde zu erzwingen.

23 Di Die Bank Deutscher Länder erlaubt Reisenden vom 1. September 1955 an, bei der Ausreise 1500 DM statt bisher 300 DM mitzuführen.

24 Mi Nach elfjähriger Haft in den USA trifft der deutsche Spion Erich Gimpel in der Bundesrepublik ein. Er hatte während des Weltkriegs für das NS-Regime spioniert.

25 Do Die DDR ersucht den Exekutivausschuss der Interparlamentarischen Union um Aufnahme in die Organisation. Der Antrag wird abgelehnt.

26 Fr In Düsseldorf öffnet die »Große Deutsche Rundfunk-, Fernseh- und Phonoausstellung« ihre Pforten. Firmen aus aller Welt nehmen daran teil.

27 Sa Die Bundesrepublik und die DDR nehmen Verhandlungen auf, um eine gesamtdeutsche Olympiamannschaft zu den Spielen 1956 zu senden.

28 So Der deutschen Schriftstellerin Annette Kolb wird in der Paulskirche der Goethe-Preis der Stadt Frankfurt am Main verliehen.

29 Mo In London treffen sich Vertreter Großbritanniens, Griechenlands und der Türkei, um u.a. über die militärische und politische Frage Zyperns zu verhandeln.

30 Di An der israelisch-ägyptischen Demarkationslinie bei Gaza kommt es zwischen Ägypten und Israelis zu Schießereien, bei denen mehrere Menschen sterben.

31 Mi Das Bundesverteidigungsministerium teilt mit, dass bereits 152 166 Freiwilligenmeldungen für die aufzustellenden deutschen Streitkräfte eingegangen seien.

September 1955

1 Do In der finnischen Hauptstadt Helsinki wird zwischen Finnland und der Bundesrepublik Deutschland ein Handelsabkommen geschlossen.

2 Fr Bundeskanzler Konrad Adenauer bespricht mit den Vorsitzenden der im Bundestag vertretenen Parteien seine anstehende Kanzlerreise nach Moskau.

3 Sa Der Verband der deutschen Automobilindustrie meldet, dass die Autoproduktion im Vergleich zum Vorjahr um 40,4% gestiegen sei.

4 So In Leipzig öffnet die Herbstmesse ihre Tore. Etwa 7500 Aussteller aus 32 Ländern präsentieren bis zum 11. September ihre Erzeugnisse.

5 Mo In Konstanz beginnt ein Kongress von Markt-und Meinungsforschern, an dem auch George H.Gallup, der Begründer der Meinungsforschung, teilnimmt.

6 Di Nach einem Bombenanschlag auf das türkische Konsulat im griechischen Saloniki kommt es in der Türkei zu Übergriffen auf griechische Bevölkerungsgruppen.

7 Mi Das österreichische Parlament billigt einen Gesetzentwurf über die Aufstellung eines Bundesheeres und die Einführung der allgemeinen Wehrpflicht.

8 Do Papst Pius XII. teilt vor einem Kongress in Rom mit, dass das Geheimarchiv des Vatikans bald der Forschung zugänglich gemacht werden solle. → Moskau

9 Fr In Großbritannien setzt der Dachverband der britischen Gewerkschaften eine Satzungsänderung durch, um künftig direkt in Arbeitskämpfe eingreifen zu können.

10 Sa In Süditalien beginnt eine groß angelegte Razzia der italienischen Polizei gegen die Mafia. Dabei kommen mehr als hundert Polizisten zum Einsatz.

11 So In Venedig endet die Biennale mit der Verleihung des Goldenen Löwen. Der Däne Carl Theodor Dreyer wird für seinen Film »Ordet« ausgezeichnet.

12 Mo Die französische Regierung verbietet die Kommunistische Partei Algeriens. +++ In Istanbul tagt der Internationale Währungsfond der Weltbank.

13 Di In Rom beginnt im Goethe-Haus ein einwöchiger Germanisten-Kongress, an dem 250 Wissenschaftler aus 23 Ländern teilnehmen.

14 Mi Zum letzten Mal fahren in Wien Militärpolizisten der Siegermächte gemeinsam Patrouille, nachdem die »Vier im Jeep« jahrelang das Stadtbild geprägt haben.

15 Do Der Mitherausgeber der »Frankfurter Allgemeinen Zeitung« und Adenauer-Kritiker Paul Sethe erklärt, dass er seine Mitarbeit an der FAZ aufgeben werde.

16 Fr Bundeskanzler Konrad Adenauer betont, die Aufnahme diplomatischer Beziehungen zu Moskau beeinträchtige nicht die Westbindung Bonns. → Perón

17 Sa In Tunesien wird gemäß der französisch-tunesischen Vereinbarung die erste rein tunesische Regierung unter Ministerpräsident Tahar ben Ammar gebildet.

18 So Die sowjetische und die finnische Regierung vereinbaren die Rückgabe der seit 1944 von der UdSSR militärisch genutzten Insel Porkkala an Finnland.

19 Mo Die Tschechoslowakei und Ägypten schließen in Prag ein Abkommen über die Lieferung von tschechoslowakischen Waffen an den Nil.

20 Di In der russischen Hauptstadt Moskau wird der »Vertrag über die Beziehungen zwischen der DDR und der UdSSR« unterzeichnet.

21 Mi Der amtierende Boxweltmeister im Schwergewicht, Rocky Marciano (USA), verteidigt seinen Titel gegen Herausforderer Archie Moore (USA) durch k.o.

22 Do In Argentinien bildet der Anführer der Putschisten gegen Präsident Perón, General Eduardo Lonardi, eine erste provisorische Regierung. → Hallstein-Doktrin

23 Fr Pakistan tritt dem sog. Bagdadpakt bei. Dem Verteidigungsbündnis gehören bereits die Türkei, der Irak und Großbritannien an.

24 Sa Nach Angaben der deutschen Botschaft in Rom kam in der Feriensaison 1955 jeder fünfte Tourist in Italien aus der Bundesrepublik.

25 So Der Nationalkongress in Kambodscha erklärt Kambodscha zu einem unabhängigen und souveränen Staat, der nicht mehr Teil der Französischen Union sei.

26 Mo Der frühere Großadmiral Erich Raeder, von 1935 bis 1943 Oberbefehlshaber der deutschen Kriegsmarine, wird aus dem Kriegsverbrechergefängnis entlassen.

27 Di In New York treffen sich die westlichen alliierten Außenminister, um Fragen der anstehenden Genfer Außenministerkonferenz zu erörtern.

28 Mi Der über der karibischen See tobende Hurrikan »Janet« fordert auf Grenada und Barbados mehr als 800 Menschenleben.

29 Do Der deutsche Spielfilm »Schwedenmädel« mit May-Britt Nilsson, Karlheinz Böhm und Walter Giller wird in Hamburg uraufgeführt.

30 Fr Die französische Delegation verlässt die New Yorker UNO-Vollversammlung, nachdem der Algerienkonflikt auf die Tagesordnung gesetzt wurde. → Kultfigur

23. Oktober 1955

Saarländer gegen Saarstatut

Im Saarland votiert die Bevölkerung gegen eine Europäisierung ihrer Heimat. Mit Zweidrittel-Mehrheit von 67,71% der Stimmen stimmen die Saarländer gegen die Annahme des sog. Saarstatuts. 96% haben sich an der Abstimmung beteiligt (Abb.: Freude bei den Gegnern des Statuts).

Ministerpräsident Johannes Hoffmann (CVP) tritt zurück. Entgegen den Befürchtungen von Bundeskanzler Konrad Adenauer, der eine Annahme des Saarstatus befürwortet hatte, um die Spannungen mit Frankreich nicht neu anzuheizen, vermeidet es die französische Regierung, die Saarfrage zu einem zentralen Streitpunkt zu machen. Einer der Gründe für das Umdenken in Frankreich liegt u.a. darin begründet, dass der wirtschaftliche Nutzen des Saarlands für Frankreich inzwischen gering eingeschätzt wird. Nach der Ablehnung des Saarstatuts werden Verhandlungen zwischen den Regierungen in Paris, Bonn und Saarbrücken über die Eingliederung des Saarlandes in die Bundesrepublik aufgenommen.

16. September 1955

Militär stürzt Perón

In Argentinien putschen Teile der Armee und der Luftstreitkräfte gegen den autoritär regierenden Präsidenten, Juan Domingo Perón (s. Abb.). Nach neunjähriger Herrschaft flieht Perón ins Exil. General Eduardo Lonardi, Anführer des Aufstands, verspricht die Wiederherstellung von Freiheit und Demokratie. Den Anstoß zum Staatsstreich gab eine Machtprobe zwischen Perón und der katholischen Kirche. Der Präsident wollte u.a. Ehescheidungen erlauben.

Juan Domingo Perón

argentinischer General und Politiker, * 8.10.1895 Lobos/Buenos Aires; † 1.7.1974 Buenos Aires

Während seiner ersten Präsidentschaft regierte Perón diktatorisch, jedoch – dank seiner charismatischen Frau Evita – auf die breite Masse gestützt. Innen- und außenpolitisch suchte er einen dritten Weg zwischen Kommunismus und Kapitalismus. Nach jahrelangem Exil in Franco-Spanien gelingt ihm im Jahre 1973 die Rückkehr an die Macht.

- 1943: Beteiligung an einem Staatsstreich
- 1945: Mitbegründer der Arbeiterpartei
- 1946-55, 1973/74: Staatspräsident

8. September 1955

Adenauer in Moskau

Bundeskanzler Konrad Adenauer trifft zu einem von vielen Hoffnungen begleiteten Besuch in der Sowjetunion ein. Im Mittelpunkt der Gespräche, u.a. mit Ministerpräsident Nikolaj A. Bulganin, stehen die Aufnahme diplomatischer Beziehungen, die deutsche Teilung sowie die Entlassung der letzten sich im Gewahrsam der UdSSR befindlichen deutschen Kriegsgefangenen.

Eine Mutter versucht, auf einem Heimkehrer-Treffen etwas über ihren Sohn zu erfahren.

Am 12. September unterzeichnen beide Seiten eine Vereinbarung über die Aufnahme diplomatischer Beziehungen. Bulganin sichert gleichzeitig zu, alle deutschen Kriegsgefangenen unmittelbar nach dem Austausch der Botschafter zu entlassen. Der Besuch der deutschen Delegation verläuft in einer insgesamt freundlichen Atmosphäre. Eindruck macht die würdevolle Haltung Adenauers in der Hauptstadt des einstigen Kriegsgegners. Am 7. Oktober treffen die ersten Ex-Soldaten aus der sowjetischen Kriegsgefangenschaft in Friedland bei Göttingen ein. Insgesamt kommen in dem Lager 9628 Spätheimkehrer an. Zehn Jahre nach dem Ende des Weltkriegs werden viele verloren Geglaubte von ihren Angehörigen in die Arme geschlossen. Für andere Familien bringt die Rückkehr der letzten Kriegsgefangenen jedoch die bittere Gewissheit, dass ihre Angehörigen die Gefangenschaft nicht überlebt haben. Zum Ende des Zweiten Weltkriegs befanden sich nahezu 12 Mio. deutsche Soldaten in

22. September 1955

Hallstein-Doktrin ist Leitlinie

Bundeskanzler Konrad Adenauer und – einen Tag später – der Bonner Bundestag bekräftigen den außenpolitischen Grundsatz der sog. Hallstein-Doktrin, benannt nach Walter Hallstein, Staatssekretär im Auswärtigen Amt. Danach ist allein die Bundesrepublik legitimiert, in internationalen Angelegenheiten für ganz Deutschland zu sprechen. Die Hallstein-Doktrin legt fest, dass die Bundesregierung mit allen Staaten bricht – diplomatisch wie wirtschaftlich –, die offizielle diplomatische Beziehungen zur DDR aufnehmen. Die Ausformulierung dieses Grundsatzes vollzieht sich über mehrere Etappen. Aufgrund der wachsenden Stärke der westdeutschen Wirtschaft soll die Bonner Drohung vor allem Entwicklungsländer von der diplomatischen Anerkennung der DDR abschrecken.

Oben: Ergreifende Szenen spielen sich nach der Rückkehr Adenauers auf dem Kölner Flughafen Wahn ab. Die Mutter eines deutschen Soldaten dankt dem Bundeskanzler für seine erfolgreichen Bemühungen um die Freilassung der letzten Kriegsgefangenen.
Rechts: Bulganin, l., und Adenauer schütteln sich die Hände, nachdem die Aufnahme diplomatischer Beziehungen vereinbart wurde.

alliierter Kriegsgefangenschaft, verteilt auf rd. 20 verschiedene Staaten. Zwei Jahre später waren rd. 8 Mio. Gefangene wieder auf freiem Fuß. Polen und die UdSSR waren jedoch nicht bereit, völlig auf die Arbeitskraft der deutschen Kriegsgefangenen zu verzichten. Die Behandlung der deutschen Soldaten war von Land zu Land sehr unterschiedlich. Nach US-Schätzungen kamen in den Kriegsgefangenenlagern rd. 1,2 Mio. Menschen um. Allein in den sowjetischen Lagern starben 1,1 Mio. deutsche Häftlinge.

30. September 1955

Früher Tod einer Kultfigur

Der US-Schauspieler James Dean stirbt bei einem Autounfall. Er prallt mit seinem Porsche mit hoher Geschwindigkeit auf eine Limousine. Während der aus dem Wagen geschleuderte Beifahrer des Schauspielers ebenso wie der Fahrer der Limousine schwer verletzt überleben, kommt für Dean jede Hilfe zu spät. Der Tod des Idols löst vor allem bei Jugendlichen Bestürzung aus (Abb.: Dean mit seinem Porsche).

James Dean

US-Schauspieler, * 8.2.1931 Marian (US-Bundesstaat Indiana), † 30.9.1955 Salinas (US-Bundesstaat Kalifornien)

Drei Filmerfolge genügten James Dean, um zum Idol der Jugend in aller Welt zu werden. In seinen Rollen verkörpert er den verletzlichen Außenseiter und rebellierenden Jugendlichen, der sich von der Welt der Erwachsenen unverstanden fühlt. Dean lebte nach dem Tod seiner Mutter in einer Quäkergemeinde, in der er ohne elterliche Zuwendung und unter strengen religiösen Gesetzen aufwuchs. Als 20-Jähriger kam er nach New York. 1952 gelang ihm die Aufnahmeprüfung am Actor's Studio, an dem auch sein Vorbild Marlon Brando ausgebildet worden war.

- 1955: »Jenseits von Eden«
- 1955: »Denn sie wissen nicht, was sie tun«
- 1956: »Giganten«

Oktober 1955

1 Sa In Schweden tritt die von der Regierung beschlossene Aufhebung der seit 1914 bestehenden Alkoholrationierung in Kraft.

2 So In Frankfurt am Main endet die 37. Internationale Automobilausstellung. 750 000 Menschen sorgten für einen Rekordbesuch.

3 Mo Den Absturz eines peruanischen Verkehrsflugzeugs in den Anden nahe der Hauptstadt Lima überlebt von 33 Insassen nur ein einziger Passagier.

4 Di 24 neue Weltbestleistungen für Motorräder erzielt der Deutsche Wilhelm Noll auf der Autobahnstrecke München-Ingolstadt auf einer 500-ccm-BMW.

5 Mi Der in Rom tagende Internationale Straßenkongress teilt mit, dass sich die Zahl der Kraftfahrzeuge in der Welt seit 1938 auf 84 Mio. verdoppelt habe.

6 Do Auf der im Zweiten Weltkrieg zerstörten Autobahnbrücke über die Elbe bei Magdeburg ist der Verkehr wieder einspurig möglich.

7 Fr Die ersten Spätheimkehrer aus der Sowjetunion treffen ein. +++ SED-Chef Walter Ulbricht bezeichnet die DDR als einzig rechtmäßigen deutschen Staat.

8 Sa Dem 78-jährigen Schriftsteller Hermann Hesse wird auf der Frankfurter Buchmesse der Friedenspreis des Deutschen Buchhandels verliehen.

9 So Premierminister Anthony Eden gibt in Bournemouth bekannt, dass die britischen Streitkräfte bis 1958 um 100 000 Mann reduziert werden sollen.

10 Mo Die weltberühmte Spanische Hofreitschule kehrt nach zehnjährigem Exil in Wels an der Donau wieder in die Wiener Hofburg zurück.

11 Di Der Iran erklärt seinen Beitritt zum Bagdadpakt.+++ Westdeutsche Werften erhalten von der BP einen Großauftrag über den Bau von acht Tankern.

12 Mi In Bonn verabschiedet der Bundestag gegen die Stimmen der SPD das neue Soldatengesetz, das die Rechtsstellung der Soldaten regelt.

13 Do Wegen der in Aussicht gestellten großzügigen finanziellen Unterstützung verlegt das Max-Planck-Institut für Physik seinen Sitz von Göttingen nach München.

14 Fr Das im Krieg zerstörte und nun wiederhergestellte Wiener Burgtheater wird im einer festlichen Zeremonie der Öffentlichkeit übergeben.

15 Sa In Hamburg wird mit einer Inszenierung von Wolfgang Amadeus Mozarts »Zauberflöte« die neu erbaute Staatsoper eröffnet.

16 So Die Schweden sprechen sich in einer Volksabstimmung mit großer Mehrheit für die Beibehaltung des Linksverkehrs aus.

17 Mo Die US-Luftwaffe bestellt für 100 Mio. US-Dollar (ca. 420 Mio. DM) Düsenjagdflugzeuge des Typs Lockheed F-104 A »Starfighter«.

18 Di In Hamburg kommt es bei einem Konzert des US-Jazztrompeters Louis Armstrong zu Ausschreitungen von enttäuschten Besuchern.

19 Mi Erstmals hält der Bundestag eine Plenarsitzung in West-Berlin ab. Die Sitzung findet im Hörsaal der Technischen Universität statt.

20 Do In Leserbriefen an Ostberliner Zeitungen beschweren sich zahlreiche S-Bahn-Benutzer über die Schaukelei der Züge auf den abgenutzten Gleisanlagen.

21 Fr In Bonn wird der bisherige Bundesminister für besondere Aufgaben, Franz-Josef Strauß, zum Minister für das neu gegründete Ressort für Atomfragen ernannt.

22 Sa Wie offiziell gemeldet wird, hat ein Verband der US-Marine als erster Schiffskonvoi die amerikanische Nordwestpassage durchfahren.

23 So Mercedes Benz gibt seinen Rückzug vom Motorsport bekannt. +++ Vier Bundesdeutsche werden Weltmeister im Rollschuhkunstlauf. → Saarstatut

24 Mo In Aachen nimmt die Technische Hochschule den größten Windkanal Europas in Betrieb. Hier soll aerodynamische Grundlagenforschung betrieben werden.

25 Di Anlässlich des 74. Geburtstages von Pablo Picasso wird in München eine Ausstellung mit 256 Arbeiten des spanischen Malers eröffnet.

26 Mi Wien verabschiedet das Bundesverfassungsgesetz, das die immerwährende Neutralität festschreibt. +++ Die Republik Vietnam wird proklamiert.

27 Do In Genf beginnt die bis zum 16. November dauernde Außenministerkonferenz der Vier Mächte, auf der die deutsche Frage auf der Tagesordnung steht.

28 Fr Rund 3000 polnische Offiziere werden aus sowjetischer Kriegsgefangenschaft entlassen. Die UdSSR bezeichnet die lange Haftzeit als einen »Fehler«.

29 Sa Im russischen Leningrad (Sankt Petersburg) wird das Konzert für Violine und Orchester op. 99 von Dmitri D. Schostakowitsch uraufgeführt.

30 So US-Vizepräsident Richard Nixon erklärt, dass Präsident Dwight D. Eisenhower von seinem Herzinfarkt genesen sei und die Amtsgeschäfte wieder aufnehme.

31 Mo In der Städtischen Oper in West-Berlin wird unter der Regie des Komponisten Gian Carlo Menotti dessen eigene Oper »Die Heiligen« uraufgeführt.

November 1955

1 Di Prinzessin Margaret, die Schwester der britischen Königin, verzichtet auf ihre Heirat mit dem geschiedenen Oberst Peter Townsend. → DDR-Flagge

2 Mi Der Deutsche Wetterdienst verbreitet ab sofort seine Wetterkarte über Bildfunk, um die Arbeit der meteorologischen Institute zu vereinfachen.

3 Do Auf dem Sinai kommt es zu Gefechten zwischen israelischen und ägyptischen Truppen. +++ Die Spielbank Wiesbaden nimmt den Betrieb wieder auf.

4 Fr Der erste, 6,2 km lange Abschnitt der neuen Autobahn »Ruhrschnellweg«, die Bochum, Wattenscheid und Essen verbinden soll, wird fertig gestellt.

5 Sa Der 6. Bundesparteitag der Deutschen Partei (DP) diskutiert und verabschiedet 20 Thesen »einer zeitnahen konservativen Politik«. → Wiener Oper

6 So Nach einem Fußballspiel des gastgebenden SC Neapel gegen den FC Bologna kommt es in Neapel zu schweren Ausschreitungen.

7 Mo Der israelische Botschafter in Washington, Abba Eban, bittet die USA um Düsenjäger und schwere Waffen, um mit Ägypten gleichzuziehen.

8 Di In Versailles heiratet der deutsche »Tennisbaron« Gottfried von Cramm die Amerikanerin Barbara Hutton, die Erbin des Woolworth-Konzerns.

9 Mi Das Bundesverfassungsgericht in Karlsruhe erklärt die deutsche Staatsbürgerschaft von in der Bundesrepublik lebenden Österreichern für ungültig.

10 Do Papst Pius XII. entlässt Kardinal Segura aus seinem Amt als Erzbischof von Sevilla, weil dieser die spanische Regierung wiederholt kritisiert hatte.

11 Fr Die Bundesregierung beschließt in Bonn, Mitglieder des Bundesgrenzschutzes auf freiwilliger Basis in die Streitkräfte zu übernehmen.

12 Sa In Bonn überreicht Verteidigungsminister Theodor Blank den ersten 101 Soldaten der westdeutschen Armee die Ernennungsurkunden.

13 So Als Nachfolger des zurückgetretenen argentinischen Staatspräsidenten Eduardo Lonardi übernimmt General Pedro Aramburu die Amtsgeschäfte.

14 Mo Das Fahrgastschiff »Italia« fährt als erstes Schiff nur durch Radar geleitet elbaufwärts in den völlig nebelverhangenen Hamburger Hafen.

15 Di Das SED-Zentralorgan »Neues Deutschland« bezeichnet alle Deutschen, die für freie Wahlen eintreten, als »Verräter an der Nation«.

16 Mi Bundesaußenminister Heinrich von Brentano trifft in der österreichischen Hauptstadt Wien zu einem viertägigen Besuch ein. → Marokko

17 Do Vor einer Teheraner Moschee wird der iranische Premierminister Husain Ala von einem religiösen Fanatiker erschossen.

18 Fr Die Weitspringerin Galina Vinogradowa stellt bei den sowjetischen Leichtathletikmeisterschaften in Tiflis mit 6,31m einen Weltrekord auf.

19 Sa Der Vorsitzende der FDP, Thomas Dehler, kritisiert die zu starke Westorientierung der Bundesrepublik und löst damit eine Krise in der Regierungskoalition aus.

20 So In West-Berlin demonstrieren 50 000 Deutsche gegen den ergebnislosen Ausgang der Genfer Viermächtekonferenz und fordern die Wiedervereinigung.

21 Mo Der Vatikan teilt mit, dass Papst Pius XII. vor einigen Wochen eine Vision Jesu Christi hatte – als erster Mensch seit dem Apostel Paulus.

22 Di Die Montanunion spricht sich im französischen Straßburg einstimmig für die Einführung der Fünftagewoche aus. → UdSSR

23 Mi In Trier wird das Stück »Der Wettlauf mit dem Schatten« von Wilhelm von Scholz uraufgeführt.+++ Die Schweiz erkennt die Neutralität Österreichs an.

24 Do Die sowjetische Regierung verkündet ein Gesetz, das Abtreibungen legalisiert. +++ In New York hat das Musical »No Time for Sergeants« Premiere.

25 Fr Bei der Explosion eines 600 t schweren Hochofens in einem Dortmunder Hüttenwerk werden sieben Arbeiter getötet.

26 Sa Der stellvertretende Außenminister der UdSSR, Valerian Sorin, wird in Moskau zum ersten Botschafter der Sowjetunion in der Bundesrepublik ernannt.

27 So In Brünn gewinnt die tschechoslowakische Eishockey-Nationalmannschaft ein Länderspiel gegen die bundesdeutsche Auswahl mit 8:6.

28 Mo Die Uraufführung des Films »Der Sommer der siebzehnten Puppe« von Ray Lawler gilt als die Geburtsstunde des modernen australischen Kinos.

29 Di Die französische Nationalversammlung in Paris spricht Ministerpräsident George Faure mit 318 gegen 218 Stimmen das Misstrauen aus.

30 Mi Bei einem Staatsbesuch in Italien erklärt Bundeswirtschaftsminister Ludwig Erhard, die wirtschaftliche Zusammenarbeit beider Länder fördern zu wollen.

5. November 1955

Wiener Oper in neuem Glanz

Nach zehnjähriger Bauzeit wird die im Zweiten Weltkrieg durch Bomben zerstörte Wiener Staatsoper am Ring (Abb.: Innenraum) mit »Fidelio« von Ludwig van Beethoven eingeweiht.
Einen Monat vor der glanzvollen Eröffnung hatte das Publikum vom Theater an der Wien, dem Ausweichquartier der Staatsoper seit 1945, bewegt Abschied genommen. Der Direktor des neuen Opernhauses ist Karl Böhm. Er hatte die Bühne schon vom Frühjahr 1943 bis zum Ende des NS-Regimes geleitet. Das Opernhaus wurde nach den Kriegszerstörungen in der alten Hufeisenform mit drei Logenrängen und zwei darüberliegenden offenen Rängen wieder errichtet. Die dominierenden Farben der Innenräume sind nach wie vor Rot, Elfenbein und Gold. Die Architekten Otto Prossinger und Erich Boltenstern hatten sich vorgenommen, den früheren Charakter des Theaters in gemäßigt modernisierter Form zu erhalten.

16. November 1955

Marokko vor Unabhängigkeit

Unter dem Eindruck des Aufstands in Algerien gibt die französische Kolonialmacht ihre unnachgiebige Haltung gegenüber Marokko auf. Der 1953 abgesetzte Sultan Sidi Muhammad V. Ibn Jusuf, der sich für ein unabhängiges Marokko einsetzt, kehrt unter dem Jubel der Bevölkerung in seine Heimat zurück. Mit diesem Zugeständnis will der französische Ministerpräsident Edgar Faure den Aufstand der marokkanischen Berberstämme, die eine Rückkehr Muhammads V. gefordert hatten, beenden. Zudem erhofft sich Paris eine Entspannung im eigenen Land. Immer mehr Franzosen üben wegen der Nordafrikapolitik Kritik an der Regierung. Muhammad V. beschwört in einer ersten Regierungserklärung (s. Abb., 2.v.l.) die Einheit des marokkanischen Volkes und kündigt die staatliche Autonomie an. Die Rückkehr ihres geistlichen und politischen Oberhaupts bedeutet für die einheimische Bevölkerung die seit langem erhoffte Beendigung des bewaffneten Kampfes gegen die französische Armee. Im Februar 1956 löst Frankreich den Vertrag von Fes, der Marokko im Jahre 1912 unter französisches Protektorat gestellt hatte.

1. November 1955

Streit um DDR-Flagge

In der DDR tritt das Gesetz über Staatswappen und Staatsflagge in Kraft. »Das Staatswappen der Deutschen Demokratischen Republik besteht aus Hammer und Zirkel, umgeben von einem Ährenkranz, der im unteren Teil von einem schwarzrotgoldenen Band umschlungen ist (s. Abb.). Die Staatsflagge der Deutschen Demokratischen Republik besteht aus den Farben Schwarz-Rot-Gold.« Das Wappen mit Hammer, Zirkel und Ährenkranz symbolisiert nach Ansicht des SED-Zentralkomitees auf eine besonders gelungene Weise den »Arbeiter- und Bauernstaat« und unterstreicht eindrucksvoll die Souveränität des »rechtmäßigen deutschen Staates.« Gesetz und Flagge stoßen in der Bundesrepublik auf Ablehnung. 1959 kommt es in West-Berlin zum Eklat. Erstmals wird die neue Flagge auf S-Bahnhöfen, die auf Westberliner Gebiet liegen, aber der DDR-Verwaltung unterstehen, gehisst. Die Folge sind Zusammenstöße der Westberliner Polizei mit Angehörigen der DDR-Reichsbahn. Die drei westlichen Stadtkommandanten protestieren scharf gegen das Hissen der DDR-Flagge auf Westberliner Hoheitsgebiet. Der Senat unter Führung des Regierenden Bürgermeisters Willy Brandt (SPD) bezeichnet die Aktion als Provokation der Bevölkerung. Die Lage entspannt sich, nachdem auf sowjetische Weisung sämtliche Flaggen, die mittlerweile auf 131 Gebäuden wehen, wieder eingeholt werden.

22. November 1955

UdSSR mit Nuklearvorsprung

Mit Zündung der weltweit ersten transportablen Wasserstoffbombe schockieren sowjetische Wissenschaftler die USA. Zum ersten Mal gelingt es der UdSSR, in der Kernwaffentechnik einen technologischen Vorsprung gegenüber dem ideologischen Gegner zu dokumentieren.
Über Art und Wirkung der Bombe will die sowjetische Führung keine Stellungnahme abgeben. Nach Messungen der US-Atomkommission hat die Explosion eine Sprengkraft von mehreren Mio. t des herkömmlichen Sprengstoffs TNT. Im Falle eines Krieges könnte eine transportable Wasserstoffbombe von einem Flugzeug über den USA oder Westeuropa abgeworfen werden. Die Amerikaner, die auf dem Bikini-Atoll bereits Wasserstoffbomben getestet haben (s. Abb.), arbeiten schon seit Jahren an einem ähnlichen Waffentyp. Es ist ihnen jedoch bislang nicht gelungen, eine vergleichbare Bombe zu zünden.

23. Dezember 1955

»Sissi« rührt die Welt

Ihre charmant-warmherzige Verkörperung der österreichischen Kaiserin Elisabeth in Ernst Marischkas Heimatfilm »Sissi«, der in München Premiere hat, macht Romy Schneider (s. Abb.) zum Star. Mit mädchenhafter Unschuld rührt die 17-Jährige ein Millionenpublikum zu Tränen. Der Streifen wird zu einem der größten Kassenschlager der Nachkriegszeit. Historische Tatsachen gelegentlich hintanstellend, beschreibt er die Jugend der liebreizenden Tochter des Herzogs Maximilian in Bayern, in die sich Österreichs Kaiser Franz Joseph (Karlheinz Böhm) verliebt. 1854 zur Kaiserin gekrönt, wird sie von den Österreichern bald nur noch liebevoll »Sissi« genannt. Der gefühlsselige Streifen wird nicht nur in Deutschland und Österreich, sondern in ganz Europa ein Erfolg, Die französische Zeitung »Le Figaro« schreibt: »... Ein gepflegter, angenehmer Film. Was Romy Schneider anbelangt – man kann noch viel von ihr erwarten.« Romy Schneider wird so sehr mit ihrer Rolle identifiziert, dass eine Fortsetzung fast zwangsläufig ist. Marischka dreht mit der gleichen Besetzung 1956 »Sissi, die junge Kaiserin« und 1957 »Sissi – Schicksalsjahre einer Kaiserin«. Dem Publikum erschließen sich in diesen Filmen die ersten Ehejahre und -probleme des Paares – bis hin zu Sissis schwerer Krankheit, die sie auf wundersame Weise überwinden kann. Romy Schneider selbst beginnt bald, unter dem Image des »süßen Mädels« zu leiden. Die Persönlichkeit, die sie in »Sissi« verkörpert, wird ihr auch im realen Leben zugeschrieben. Entgegen allen Hoffnungen ihrer Anhänger nabelt sie sich Ende der 50er Jahre von dem Erwartungsdruck ab. Sie geht nach Paris und dreht anspruchsvolle Filme, die erst sehr viel später in Deutschland und Österreich ein Publikum finden.

Romy Schneider

eigtl. Rosemarie Albach, deutsche Schauspielerin,
* 23.9.1938 Wien; † 29.5.1982 Paris

In drei »Sissi«-Filmen erobert Romy Schneider die Herzen des Publikums. Im Bemühen um das Abstreifen des »Sissi«-Images erweist sie sich jedoch als wandlungsfähige Charakterdarstellerin, die vor allem in Frankreich große Anerkennung findet. Ihr Können beweist sie in Filmen an der Seite u.a. von Alain Delon, Yves Montand oder Michel Piccoli.

- 1962: »Der Prozess«
- 1970: »Die Dinge des Lebens«
- 1971: »Das Mädchen und der Kommissar«

10. Dezember 1955

Komitee verleiht keinen Nobelpreis für Erhaltung des Friedens

Der Nobelpreis für die Erhaltung des Friedens wird für das Jahr 1955 nicht verliehen. Rückwirkend für 1954 erhält das Büro des Hohen UN-Kommissars für Flüchtlingsfragen die mit rd. 760 000 schwedischen Kronen (616 000 DM) dotierte Auszeichnung auf einer zeitgleich mit der Preisverleihung in Stockholm stattfindenden Veranstaltung in Oslo. Stellvertretend für die Vereinten Nationen nimmt der Leiter des Flüchtlingskommissariats, Johan van Goedhardt, den Preis entgegen. Der Nobelpreis für Medizin geht an den schwedischen Biochemiker Hugo Theorell für seine grundlegenden Arbeiten über Enzyme. Die US-Wissenschaftler Willis E. Lamb und Polykarp Kusch erhalten zu gleichen Teilen den Physik-Nobelpreis. Der Nobelpreis für Chemie geht ebenfalls an einen US-Forscher: Vincent du Vigneaud gelang erstmals die Synthese eines Polypeptidhormons, das im menschlichen Körper Verdauungsvorgänge steuert. Der Isländer Halldór Kiljan Laxness erhält den Literatur-Nobelpreis für sein schriftstellerisches Gesamtwerk, dessen Kern die großen sozialkritischen Romane über die isländische Gesellschaft ausmachen.

Dezember 1955

1 Do Die DDR gibt bekannt, dass künftig ihre Grenzpolizei die bisher von Sowjettruppen vorgenommene Kontrolle der Zufahrtswege nach Ost-Berlin übernimmt.

2 Fr James B. Conant, Botschafter der USA in Bonn, erklärt in West-Berlin, dass die USA auf dem Viermächte-Status von ganz Berlin bestünden.

3 Sa Britische Physiker, so wird gemeldet, haben einen Ski aus Kunststoff hergestellt, der schnellere Abfahrten als mit herkömmlichen Holz-Ski ermöglichen soll.

4 So Erfolg bei Publikum und Kritik verzeichnet die Uraufführung der Oper »Die Schule der Frauen« von Rolf Liebermann in Louisville (US-Bundesstaat Kentucky).

5 Mo Der britische Außenminister Harold Macmillan erklärt, dass seine Regierung prinzipiell die Entlassung Zyperns in die Unabhängigkeit befürworte.

6 Di Bei den Tarifverhandlungen für den öffentlichen Dienst einigen sich die Arbeitnehmervertreter mit der Regierung auf eine Gehaltserhöhung um 8%.

7 Mi Beim Einsturz eines fünfstöckigen Wohnhauses in der Innenstadt von Frankfurt am Main kommen 25 Bewohner ums Leben. Ursache ist eine Gasexplosion.

8 Do Die UNO lehnt in New York die Aufnahme der DDR in die UNESCO ab. +++ Ein Wirbelsturm fordert in Indien mehr als 300 Todesopfer.

9 Fr In Chicago gewinnt »Sugar« Ray Robinson (USA) den Box-Weltmeistertitel im Mittelgewicht durch k.o. über seinen Landsmann Carl »Bobo« Olson.

10 Sa Nach für ihn siegreich verlaufenen Parlamentswahlen kündigt Australiens Premierminister Robert Menzies eine Verjüngung des Kabinetts an. → Nobelpreis

11 So Israelische Truppen greifen eine syrische Stellung beim See Genezareth an.+++ Der Springreiter Hans Günter Winkler wird Sportler des Jahres.

12 Mo Otto John, der in die DDR übergelaufene Ex-Präsident des Bundesamtes für Verfassungsschutz, stellt sich in West-Berlin überraschend der Polizei.

13 Di Die saarländische CDU fordert die Eingliederung des Saarlandes in die Bundesrepublik und die Aufhebung der bilateralen Verträge mit Frankreich.

14 Mi Der britische Generalgouverneur von Zypern, Sir John Harding, verfügt in Larnaka ein Verbot für die Kommunistische Partei Zyperns.

15 Do Durch die Aufnahme von weiteren 16 Staaten – darunter Italien, Österreich und Ungarn – erhöht sich die Mitgliederzahl der Vereinten Nationen auf 76.

16 Fr In Paris fordert der Atlantikrat der NATO die Wiedervereinigung Deutschlands. Er erkennt die Regierung der DDR nicht als legitime Volksvertretung an.

17 Sa Die Pariser Regierung ernennt den bisherigen französischen Botschafter in Moskau, Louis Joxe, zum neuen Botschafter in der Bundesrepublik.

18 So In Rom unterliegt die deutsche Fußball-Nationalmannschaft vor rd. 100 000 Zuschauern dem Gastgeber Italien mit 1:2.

19 Mo Zum Abschluss seiner Südostasien-Reise unterzeichnet der sowjetische Ministerpräsident ein Wirtschaftshilfe-Abkommen mit Afghanistan.

20 Di Bundesarbeitsminister Anton Storch unterzeichnet ein Abkommen, das die Beschäftigung von 100 000 Italienern in der Bundesrepublik vorsieht.

21 Mi Unter dem Druck von schweren Ausschreitungen in der Hauptstadt Amman erklärt König Hussein II., Jordanien werde nicht dem Bagdadpakt beitreten.

22 Do »Oberst Chabert«, ein Schauspiel von Hans José Rehfisch, wird in Hamburg uraufgeführt. Die Hauptrollen spielen Hilde Krahl und Charles Regnier.

23 Fr Der Bundestag beschließt in Bonn das Finanzverfassungsgesetz, das den Finanzausgleich zwischen Bund und Ländern regelt. → »Sissi«

24 Sa In seiner diesjährigen Weihnachtsbotschaft plädiert Papst Pius XII. in Rom für eine weltweite Abschaffung aller Atomwaffen.

25 So Die chinesische Regierung schließt mit der Regierung in Ost-Berlin einen Vertrag über Freundschaft und wirtschaftliche Zusammenarbeit.

26 Mo Auf einer Konferenz im saudischen Riad wird die Zusammenlegung der Streitkräfte Saudi-Arabiens, Ägyptens und Syriens beschlossen.

27 Di Mit dem Austausch der Ratifikationsurkunde in Bonn und Washington tritt das Abkommen über die Militärhilfe der USA für die Bundesrepublik in Kraft.

28 Mi Tagelange Regenfälle an der Westküste den USA haben zu verheerenden Überschwemmungen geführt. Mehr als 50 000 Menschen sind obdachlos.

29 Do Der südvietnamesische Generalstabschef droht mit dem Einmarsch seiner Truppen in Nordvietnam, falls es nicht gelinge, das Land wieder zu vereinigen.

30 Fr Die Uraufführung des Spielfilms »Der Mann mit dem goldenen Arm« in New York löst wegen seiner Rauschgift-Thematik heftige Proteste aus.

31 Sa Nach Angaben des Bundesministeriums für gesamtdeutsche Fragen sind im Verlauf des Jahres 252 870 Menschen aus der DDR nach Westen geflüchtet.

Januar 1956

1	So	Der Nordwestdeutsche Rundfunk (NWDR) wird in WDR (Köln) und NDR (Hamburg) geteilt.+++ Der Sudan proklamiert seine Unabhängigkeit.
2	Mo	Bei den Wahlen zur französischen Nationalversammlung gewinnt die Kommunistische Partei mit 25,6% vor den Sozialisten (15%). → Armeen
3	Di	Zwischen Peking und Moskau entsteht die erste direkte Eisenbahnverbindung. Damit können Reisende diese Strecke in ca. vier Tagen zurücklegen.
4	Mi	»Radio Free Europe« richtet in Bayern drei neue Sender zur Ausstrahlung seiner antikommunistischen Programme nach Osteuropa ein.
5	Do	In Bonn wird der 80. Geburtstag von Bundeskanzler Konrad Adenauer mit großem Aufwand und viel Prominenz gefeiert. → »Gastarbeiter«
6	Fr	Der jugoslawische Staatspräsident Josip Tito spricht sich bei einem Staatsbesuch in Ägypten für eine stärkere Kooperation aller blockfreien Staaten aus.
7	Sa	Großbritannien startet in Kenia eine Offensive gegen die Mau-Mau-Untergrundorganisation, die für die Unabhängigkeit des Landes kämpft.
8	So	Das Oberkommando der US-Armee verbietet Soldaten, die Kenntnis von Geheiminformationen haben, Reisen in die Staaten des Ostblocks.
9	Mo	In Wien wird die Fluggesellschaft »Air Austria« gegründet. Beteiligt ist auch die niederländische Luftfahrtgesellschaft KLM mit 26% des Aktienkapitals.
10	Di	Ein Westberliner Gericht entscheidet, dass ein der SED angehöriger Kommunist, der vom NS-Regime verhaftet wurde, hierfür keine Entschädigung erhält.
11	Mi	London weigert sich, der Sowjetunion die in Großbritannien deponierten Goldreserven der von der UdSSR annektierten baltischen Staaten auszuhändigen.
12	Do	Max Ophüls' Spielfilm »Lola Montez« über die Tänzerin und Geliebte des Königs Ludwig I. von Bayern wird in München uraufgeführt.
13	Fr	Die neue Regierung Argentiniens enteignet insgesamt 173 Unternehmen und 586 Privatpersonen, weil sie ihren Besitz unrechtmäßig erworben hätten.
14	Sa	Die letzten 450 Kriegsgefangenen aus der UdSSR treffen in der Bundesrepublik ein. +++ Die Deutsche Sonja Sperl gewinnt den Abfahrtslauf in Kitzbühel.
15	So	In Ost-Berlin endet ein Schriftstellerkongress der DDR. Die Regierung fordert die Ausrichtung der Literatur am Stil des »sozialistischen Realismus«.
16	Mo	Die Westeuropäische Union gibt die Einrichtung eines Schiedsgerichts bekannt, das Streitigkeiten zwischen Franzosen und Deutschen im Saargebiet regeln soll.
17	Di	In Culver City (US-Bundesstaat Kalifornien) startet der größte Hubschrauber der Welt, der »XH-17«, zu ersten Testflügen. Er hat 21 m lange Rotorblätter.
18	Mi	Die Polizei in Essen nimmt eine 14-köpfige Kinderbande fest, die über 80 Einbrüche in Lebensmittel- und Sportgeschäfte begangen hat.
19	Do	Laut Verordnung des Ostberliner Innenministeriums müssen Mitarbeiter von DDR-Behörden künftig Angaben über West-Verwandte machen.
20	Fr	Der DDR-Präsident Wilhelm Pieck ernennt in Ost-Berlin den bisherigen Vize-Ministerpräsidenten Willi Stoph zum ersten Verteidigungsminister der DDR.
21	Sa	Der Sudan wird als neuntes Mitglied in die Arabische Liga aufgenommen, der u.a. bereits Ägypten, Irak, Saudi-Arabien, Syrien und der Libanon angehören.
22	So	In den indischen Städten Bombay und Kalkutta kommen bei gewalttätigen Demonstrationen über 50 Menschen ums Leben.
23	Mo	Regierungsvertreter Liberias und der UdSSR vereinbaren die Aufnahme von diplomatischen Beziehungen und die Intensivierung der Zusammenarbeit.
24	Di	In West-Berlin findet die Uraufführung der Filmkomödie »Charleys Tante« statt. In der Hauptrolle glänzt Heinz Rühmann.
25	Mi	Das Bonner Verteidigungsministerium teilt mit, dass von den neu eingezogenen 1500 Soldaten der Bundeswehr nur fünf den Dienst quittiert hätten.
26	Do	Im italienischen Wintersportort Cortina d'Ampezzo werden die VII.Olympischen Winterspiele unter Teilnahme einer gesamtdeutschen Mannschaft eröffnet.
27	Fr	Der 1. Strafsenat der DDR verhängt in einem Spionageprozess gegen zwei Angeklagte die Todesstrafe, weil sie u.a. »eingefleischte Faschisten« seien.
28	Sa	Die DDR stellt auf einer Konferenz in Prag den Antrag auf Aufnahme in das militärische Oberkommando des Warschauer Paktes.
29	So	Im Zürcher Schauspielhaus wird »Der Besuch der alten Dame«, eine Komödie des schweizerischen Dramatikers Friedrich Dürrenmatt, uraufgeführt.
30	Mo	Vor der Westküste Norwegens kommt es zu Auseinandersetzungen zwischen norwegischen Kriegsschiffen und sowjetischen Fisch-Trawlern.
31	Di	Juscelino Kubitschek de Oliveira, neuer Staatspräsident von Brasilien, kündigt die Aufhebung der Zensur für Presse, Rundfunk und Fernsehen an.

25. Februar 1956

Chruschtschows Attacke g

Das Denkmal des 1953 gestorbene Staats- und Parteichefs Josef W. Stalin wird vom Sockel gestoßen: Für viele Teilnehmer des XX. Parteitags der KPdSU und die ausländischen Delegationen völlig überraschend, verurteilt Nikita S. Chruschtschow, Erster Sekretär der KPdSU, in Moskau erstmals die stalinistische Terrorpolitik und bricht mit dem Personenkult um seinen Vorgänger. Seine dreieinhalbstündige Geheimrede leitet eine Periode der Liberalisierung und Entstalinisierung (»Tauwetterperiode«) ein, die jedoch nur wenige Jahre anhält.

Chruschtschow hatte schon zuvor gegen den Widerstand älterer Genossen im Parteipräsidium die Berufung einer Kommission zur Untersuchung der Amtsführung Stalins durchgesetzt. Wenn sich die Partei nicht selbst vom Kult um Stalin distanziere, so Chruschtschow, würde sie bald »den Kontakt zu den Massen verlieren«. Auf dem urteilt er den von Stalin geprägten Begriff des »Volksfeindes«, dessen Anwendung es überflüssig gemacht habe, einer Person oder einer Personengruppe ein Unrecht nachzuweisen. Stattdessen sei der Begriff »Volksfeind« instrumentalisiert worden, um Massenverhaftungen und Deportationen zu veranlassen. Über Stalins Charakter sagt Chruschtschow: »Stalin war ein sehr argwöhnischer, krankhaft misstrauischer Mensch...« Über seine Rolle im Krieg gegen Deutschland heißt es: »Die drohende Gefahr, der unser Vaterland in der ersten Kriegsphase ausgesetzt war, resultiert ... hauptsächlich aus den verfehlten Methoden, mit denen Stalin sowohl die Nation als auch die Partei leitete ... Auch nach dem Kriegsbeginn zeigte Stalin Anzeichen von Nervosität und Hysterie, die, da er sich laufend in die militärischen Operationen einmischte, unserer Armee ernstlichen Schaden zufügten.« Trotz dieser Enthüllungen teilt Chruschtschow den Parteitagsdelegier-

Chruschtschow am Rednerpult; die US-Zeitschrift »Life« veröffentlicht Bilder vom XX. Parteitag.

XX. Parteitag verliest er hinter verschlossenen Türen zunächst das »Testament« Wladimir I. Lenins, in dem der Führer der Russischen Revolution den Charakter Stalins negativ bewertet hatte. Danach setzt sich Chruschtschow mit der Person Stalins selbst auseinander. Besonders scharf verten allerdings nicht den ganzen Umfang der stalinistischen Untaten mit. Unerwähnt bleiben u.a. die zahllosen Opfer, die die von Stalin nach 1930 betriebene Zwangskollektivierung der Landwirtschaft gefordert hatte. Auch die über das ganze Land verteilten Lager, in denen mehrere hunderttausend

5. Januar 1956

Die ersten Gastarbeiter

Die ersten 50 sog. Gastarbeiter aus Italien treffen in Siersdorf am Niederrhein ein. Ihre Ankunft ist das Ergebnis eines Abkommens zwischen den Regierungen der Bundesrepublik und Italiens vom 20. Dezember 1955, nach dem 100 000 Italiener den Arbeitskräftemangel in bundesdeutschen Betrieben ausgleichen sollen. Beide Länder versprechen sich von dem Austausch Vorteile. In Italien soll die Arbeitslosigkeit sinken, die vor allem im Süden des Landes herrscht. Die Bundesrepublik will den Mangel an ungelernten Arbeitskräften ausgleichen (Abb.: Gastarbeiter bei der Müllabfuhr). Die deutsche Bevölkerung nimmt die Italiener überwiegend freundlich auf. Die Bildung sozialer Kontakte scheitert jedoch meist daran, dass kaum ein Eingereister Deutsch spricht.

23. Februar 1956

FDP kündigt Koalition auf

Die FDP tritt aus der Bonner Regierungskoalition mit der CDU/CSU und der DP aus. Damit erreicht der Konflikt zwischen den Parteien seinen Höhepunkt. Dennoch bleibt Bundeskanzler Konrad Adenauer mit einer Mehrheit der Abgeordneten regierungsfähig. Streitpunkt zwischen FDP und CDU/ CSU ist in erster Linie die Deutschlandpolitik. Während Adenauer alle Kontakte mit der DDR ablehnt, sieht der FDP-Fraktionsvorsitzende Thomas Dehler darin die einzige Chance für eine Wiedervereinigung. Die Koalitionskrise hatte sich in den vergangenen Wochen verschärft, als die CDU/CSU für eine Änderung des Wahlrechts plädierte. Durch das sog. Grabensystem sollten 60% der Bundestagsabgeordneten direkt (Mehrheitswahl) und 40% über Listen nach dem Anteil der für eine Partei insgesamt abgegebenen Stimmen (Verhältniswahl) gewählt werden. Da kleine Parteien jedoch kaum Aussicht auf Direktmandate haben, wären sie durch das »Grabensystem« benachteiligt worden. Kurz vor dem Koalitionsbruch zog die CDU/CSU allerdings ihre Pläne für das neue Wahlrecht zurück.

en Stalin

Stalin-Porträts werden entfernt.

politische Gefangene ums Leben kamen, erwähnt er nicht. Zu den Opfern des Stalinismus, deren Gesamtzahl nach groben Schätzungen bei über 15 Mio. Menschen liegt, zählten Angehörige aller Bevölkerungsgruppen: Nationale und religiöse Minderheiten ebenso wie Vertreter der Bourgeoisie, Bauern und Arbeiter. Sogar ehemalige Kampfgefährten des Diktators fielen dem staatlichen Terror zum Opfer. Kern des Unterdrückungsapparats war der sog. Archipel GUlag, ein System von Straflagern, in die mehrere Millionen Menschen verschleppt wurden. Die Geheimrede Chruschtschows, die wenige Wochen nach dem Parteitag von der »New York Times« veröffentlicht wird, führt innerhalb der kommunistischen Parteien zu Irritationen. Einem ersten Schock folgen allmählich Fragen nach den tieferen Ursachen für die Untaten Stalins. Man sieht sie im verbrecherischen Charakter Stalins und im Personenkult, nicht jedoch im sozialistischen System als solchem. Die Entstalinisierung beschränkt sich zunächst auf die Entlassung politischer Gefangener, auf die Rehabilitierung Verurteilter und vorsichtige Korrekturen im Führungsstil.

15. Februar 1956

Kältewelle lähmt Europa

Der kälteste Winter seit 200 Jahren lässt weite Teile Europas im Eis erstarren (Abb.: Eismassen bedecken die Donau bei Vilshofen). In Bonn fällt das Thermometer auf -31,4 °C. Die Kältewelle bricht von der Sowjetunion her über weite Teile Europas ein und fordert über 200 Todesopfer. Allein am vergangenen Wochenende starben in Südfrankreich 50 Menschen. Es kommt zu katastrophalen Versorgungsengpässen. Schulen müssen wegen Brennstoffmangel geschlossen werden. Bis zum Abklingen der Frostperiode gegen Ende Februar sind Sachschäden in Milliardenhöhe entstanden. Allein die Reparatur der beschädigten bundesdeutschen Straßen kostet 100 Mio. DM.

2. Januar 1956

Zwei deutsche Armeen

Die seit 1955 eingeschränkt souveränen deutschen Staaten Bundesrepublik und DDR beginnen mit der Aufstellung von Streitkräften. In Westdeutschland, wo die ersten 800 Freiwilligen in Andernach in die Kaserne einrücken, ist die Wiederbewaffnung heftig umstritten und eines der zentralen innenpolitischen Themen. In Wilhelmshaven und Nörvenich treten 700 Freiwillige ihren Militärdienst an (Abb. oben: Bundeswehrsoldat noch mit US-Helm). Am 20. Januar stattet Bundeskanzler Konrad Adenauer der Truppe einen ersten Besuch ab, die am 6. März offiziell die Bezeichnung Bundeswehr erhält. Fast zeitgleich beginnt die DDR mit dem Aufbau einer eigenen Armee. Am 18. Januar verabschiedet die Volkskammer das Gesetz über die Schaffung der »Nationalen Volksarmee« (NVA) und eines »Ministeriums für nationale Verteidigung. Vorläufer dieser regulären Armee (Abb. unten: NVA-Soldat) ist die Kasernierte Volkspolizei (KVP), die auch über schwere Waffen verfügt. Die 120 000 Mann der KVP bilden den Kern der NVA. Außerdem werden der NVA die seit 1950 getarnt aufgebauten See- und Luftstreitkräfte angehören.

5. Februar 1956

Winterspiele in Cortina

Im italienischen Cortina d´Ampezzo enden die VII. Olympischen Winterspiele. Mit 818 Sportlern aus 32 Staaten verzeichnen die Veranstalter einen neuen Teilnehmerrekord. Herausragender Athlet ist der Österreicher Toni Sailer (s. Abb.). Der Skirennläufer gewinnt sensationell alle drei alpinen Goldmedaillen.

Anton »Toni« Sailer

österreichischer Skirennläufer, * 17.11.1935 Kitzbühel

Als der »weiße Blitz aus Kitz« geht Toni Sailer in die Geschichte des Wintersports ein. Nach seiner einzigartigen Siegesserie bei den Winterspielen gewinnt der ehemalige Spenglergeselle drei Weltmeistertitel. Nach Ende seiner Laufbahn wechselt der Sportler ins Hotelfach und versucht sich als Filmschauspieler.

- 1956: Weltmeister in der Kombination
- 1958: Weltmeister Abfahrt, Riesenslalom und Kombination
- 1960: Film »Herr der weißen Berge«

Februar 1956

1 Mi Die Regierung Südafrikas bricht die konsularischen Beziehungen zur UdSSR ab, da Konsulatsmitglieder zu schwarzen Oppositionellen Kontakt gehabt hätten.

2 Do Die Bonner Koalitionsparteien einigen sich auf einen Modus zur Bundestagswahl, der einen Kompromiss aus Mehrheits-und Verhältniswahlrecht darstellt.

3 Fr Der Stuttgarter Fernsehturm wird mit einer Festveranstaltung eröffnet. Er ist mit 211 m das höchste Bauwerk in der Bundesrepublik.

4 Sa Die Vereinten Nationen veröffentlichen einen Bericht des belgischen Missionspaters La Gravière über die Aktivitäten von Sklavenhändlern in Zentralafrika.

5 So In mehreren Städten Süditaliens kommt es zu gewalttätigen Zusammenstößen zwischen der Polizei und demonstrierenden Arbeitslosen. → Winterspiele

6 Mo Eine aufgebrachte Menge weißer Amerikaner verhindert in Alabama, dass eine Schwarze ihr Studium an der dortigen Universität aufnimmt.

7 Di Die kanadische Regierung gibt die Aufhebung eines im Januar 1956 erlassenen Waffenembargos für die Staaten des Nahen Ostens bekannt.

8 Mi Das Bundeskabinett verabschiedet in Bonn den Entwurf eines Wehrpflichtgesetzes, das die Dauer des Wehrdienstes auf 18 Monate festsetzt.

9 Do Erstmals seit Ende des Zweiten Weltkrieges wird in der Wiener Staatsoper der Opernball, traditioneller Höhepunkt der Ballsaison, veranstaltet.

10 Fr Bundesaußenminister Heinrich von Brentano lehnt die Aufnahme direkter Verhandlungen mit der UdSSR über die Wiedervereinigung Deutschlands ab.

11 Sa Zwei britische Top-Diplomaten, die seit 1951 vermisst wurden, teilen in Moskau mit, sie seien aus politischen Gründen in die UdSSR übergesiedelt.

12 So Die Außenminister der Montanunion beschließen in Brüssel, die Errichtung eines gemeinsamen Marktes in Europa voranzutreiben.

13 Mo Wegen zunehmender Absatzschwierigkeiten legen die Ford-Automobilwerke in Detroit zehn Montagewerke still. Betroffen sind rd. 19 000 Arbeiter.

14 Di Die DDR-Regierung warnt die evangelische Kirche davor, sich in staatliche, wirtschaftliche und das Schulwesen betreffende Belange einzumischen.

15 Mi Indonesien gibt die einseitige Aufhebung der seit 1949 bestehenden Union mit der ehemaligen Kolonialmacht Niederlande bekannt. → Kältewelle

16 Do Paris erklärt, vor allem wirtschaftliche Maßnahmen zur Befriedung der französischen Kolonien in Nordafrika ergreifen zu wollen.

17 Fr Die US-Luftwaffe stellt ihr neuestes Kampfflugzeug, F-104 »Starfighter«, der Öffentlichkeit vor. Es erreicht zweifache Schallgeschwindigkeit.

18 Sa Die Bundesrepublik und die USA unterzeichnen in Washington ein Abkommen zur friedlichen Nutzung der Atomenergie.

19 So In Griechenland gewinnt die konservative Nationale Radikale Union von Ministerpräsident Konstantin Karamanlis die Parlamentswahlen.

20 Mo Durch ein konstruktives Misstrauensvotum von SPD und FDP wird der Ministerpräsident von Nordrhein-Westfalen, Karl Arnold (CDU), gestürzt.

21 Di Dawn Fraser (Australien) stellt mit 1:04,5 min einen Weltrekord über 100-m-Kraul auf. +++ Moskau erklärt die Auflösung der KP Polens als unrechtmäßig.

22 Mi US-Präsident Dwight D. Eisenhower verfügt in Washington die Freigabe von 40 000 kg Uran 235 zur friedlichen Verwendung in Atomreaktoren.

23 Do London und mehrere westindische Inseln schließen einen Vertrag über die Bildung einer Föderation der britischen Besitzungen in der Karibik. → FDP

24 Fr Neue Verkehrsvorschriften für die Bundesrepublik: Künftig müssen u. a. alle Kraftfahrzeuge mit Innen- und Außenspiegel ausgestattet sein.

25 Sa In Neapel wird das einaktige Stück »La guerra« von Renzo Rosselini uraufgeführt und stößt auf ein begeistertes Publikum. → Chruschtschow

26 So In Daytona Beach in Florida kommt es zu gewalttätigen Zusammenstößen zwischen rd. 10 000 Jugendlichen, die ein Autorennen planen, und der Polizei.

27 Mo Südafrika verschärft die Apartheid mit dem Gesetz, den gemischtrassigen Bevölkerungsteil im Parlament nur durch Weiße vertreten zu lassen.

28 Di Der Magistrat von Ost-Berlin erlässt eine Verordnung, nach der an Ostberliner Oberschulen kein Religionsunterricht mehr erteilt werden darf.

29 Mi Die FDP-Fraktion im nordrhein-westfälischen Landtag erstattet gegen den Minister für Atomfragen, Franz Josef Strauß, Strafanzeige wegen übler Nachrede.

März 1956

1 Do Der jordanische König Hussein II. bricht mit Großbritannien, indem er den britischen Oberbefehlshaber der Arabischen Legion entlässt.

2 Fr In Köln wird die Hausrats-und Eisenwarenmesse eröffnet. Bis zum 10. März zeigen 1155 Aussteller ihre Erzeugnisse; 80 davon kommen aus dem Ausland.

3 Sa Ein über Deutschland hinwegfegender Orkan führt zu schweren Überschwemmungen. Ursache ist der Zustrom warmer Meeresluft nach einer Kälteperiode.

4 So In Südvietnam gewinnt die antikommunistische Partei »Bewegung der Nationalen Revolution« die Wahlen zur Nationalversammlung.

5 Mo In West-Berlin stellt die US-Firma IBM ihren modernsten Computer vom Typ 650 vor. Er kann in einer Sekunde 200 zehnstellige Zahlen addieren.

6 Di Bonn billigt Änderungen des Grundgesetzes hinsichtlich der Aufstellung von deutschen Streitkräften der künftigen Bundeswehr.

7 Mi Um inflationären Tendenzen in der Bundesrepublik entgegenzuwirken, erhöht die Bank deutscher Länder die Leitzinsen und verteuert damit die Kredite.

8 Do Die UdSSR beschließt in Moskau eine Verkürzung der Arbeitszeit für Arbeiter und Angestellte vor Sonn-und Feiertagen von acht auf sechs Stunden.

9 Fr In Zyperns Hauptstadt Nikosia wird Erzbischof Makarios III. von britischen Sicherheitskräften festgenommen und auf die Seychellen deportiert.

10 Sa Laut einer Statistik der Londoner Tageszeitung »The Times« halten die Länder des Nahen Ostens einen Anteil an der Welt-Erdölproduktion von 20%.

11 So Das britische Düsenflugzeug »Fairey Delta 2« stellt mit einer Spitzengeschwindigkeit von 1811,2 km/h einen neuen Weltrekord auf.

12 Mo Das britische Unterhaus in London beschließt die Abschaffung der Todesstrafe für Mord. Das Oberhaus lehnt diesen Vorstoß jedoch ab.

13 Di Ein Antrag der SPD, die Berliner Bundestagsabgeordneten direkt von Berliner Wahlberechtigten wählen zu lassen, wird von den Alliierten abgelehnt.

14 Mi 60 000 enttäuschte Zuschauer müssen in Düsseldorf die 1:2-Niederlage der deutschen Fußball-Nationalelf gegen die Niederlande miterleben.

15 Do Die Wiener Philharmoniker geben unter der Leitung des Dirigenten Karl Böhm in West-Berlin ihr erstes Konzert seit Kriegsende. → »My Fair Lady«

16 Fr Der Deutsche Bundesrat, die Vertretung der Länder, tagt erstmals in West-Berlin. Die Sowjetunion protestiert bei den Westalliierten gegen diese Sitzung.

17 Sa In Frankfurt am Main werden die zum dritten Mal stattfindenden deutschen Hallenmeisterschaften der Leichtathleten ausgetragen.

18 So Nach einer Veröffentlichung des Statistischen Bundesamtes erzielte die Bundesrepublik 1955 einen Außenhandelsüberschuss von rd. 1,2 Mio. DM.

19 Mo Die Bundesrepublik vereinbart mit Schweden, die diplomatischen Vertretungen beider Länder in den Rang von Botschaften zu erheben.

20 Di Bonn beschließt die Reduzierung der Zuckersteuer. Dadurch verbilligt sich der Doppelzentner Zucker von 25,50 DM auf 10 DM. → Tunesien

21 Mi In London beginnen internationale Abrüstungsgespräche. +++ Die CDU/CSU stellt die »Demokratische Arbeitsgemeinschaft« als neuen Koalitionspartner vor.

22 Do Das Zentralkomitee der Polnischen Vereinigten Arbeiterpartei (PVAP) wählt den orthodoxen, reformunwilligen Kommunisten Edward Ochab zum Parteichef.

23 Fr In Hollywood werden die »Oscars« für herausragende Leistungen vergeben. Als beste Schauspielerin wird die Italienerin Anna Magnani ausgezeichnet.

24 Sa Das umstrittene »Grand National Steeplechase« in Aintree/Großbritannien, das schwerste Pferde-Hindernisrennen der Welt, gewinnt der Wallach E.S.B..

25 So Bei den Wahlen zur Verfassunggebenden Versammlung in Tunesien erringt die Nationale Front von Habib Burgiba alle 98 Mandate.

26 Mo Die Deutsche Lufthansa AG teilt in München mit, dass die Preise für Inlandsflüge um durchschnittlich 25% gesenkt werden.

27 Di Bei der Abrüstungskonferenz in London schlägt die UdSSR eine weltweite Reduzierung der Landstreitkräfte vor, verneint aber den Verzicht auf Atomwaffen.

28 Mi Das Parlament in Island verlangt in einer mit 31 gegen 18 Stimmen verabschiedeten Entschließung den Abzug aller NATO-Streitkräfte von der Insel.

29 Do In München findet die deutsche Premiere des US-Spielfilms »Denn sie wissen nicht, was sie tun« mit dem 1955 verunglückten James Dean statt.

30 Fr In Ost-Berlin endet die dritte Parteikonferenz der SED. Im Mittelpunkt der Beratungen standen wirtschaftliche Probleme der DDR.

31 Sa London gibt den Abzug von 2200 britischen Soldaten aus Kenia bekannt, die dort gegen die Mau-Mau-Untergrundorganisation kämpften.

+++ 800 000 Arbeitslose weniger +++ Monaco u

27. April 1956

Rücktritt ohne Niederlage

Rocky Marciano, Weltmeister im Schwergewicht, erklärt in New York seinen Rücktritt vom Boxsport. Marciano begründet seine Entscheidung damit, dass er seine Gesundheit nicht länger aufs Spiel setzen wolle. Der 32-Jährige ging aus allen Profi-Kämpfen als Sieger hervor. Da er sich im Ring extrem verausgabt, befürchtet sein Manager Al Weill, dass sich der Athlet mit zunehmendem Alter zu sehr verbraucht, um den Anforderungen noch gewachsen zu sein.

Rocky Marciano

eigtl. Rocco Francis Marchegiano, US-Boxer, * 1.9.1923 Brockton (US-Staat Massachusetts); † 31.8.1969 DesMoines (Iowa)

Rocky Marciano prägte mit seiner ungeheuren Schlagkraft einen völlig neuen Boxstil. Seine Art, nahezu ohne Deckung zu boxen, verhalf ihm zu großer Popularität in den USA. Der ungeschlagene Weltmeister stirbt 1969 bei einem Flugzeugabsturz.

- 1947: Erster Profi-Kampf
- 1952: Weltmeister im Schwergewicht

20. März 1956

Tunesien wird unabhängig

Nach über 70 Jahren endet die französische Kolonialherrschaft über Tunesien. Das nordafrikanische Land ist unabhängig. In Paris unterzeichnen der französische Außenminister Christian Pineau und der tunesische Ministerpräsident Tahar Ben Ammar die Autonomieverträge. In Tunesien löst die Nachricht frenetischen Jubel bei der Bevölkerung aus (Abb.: Im Freudentaumel feiern Anhänger Habib Burgiba, den Führer der radikalen Destur-Partei). Französische Truppen waren bereits 1881 in Tunesien einmarschiert. 1883 hatte Paris das Land zum Protektorat Frankreichs erklärt. Seit 1920 forderte die Destur-Partei die Unabhängigkeit des Landes. Unter der Führung von Habib Burgiba kam es wiederholt zu Ausschreitungen zwischen radikalen Tunesiern und der französischen Kolonialmacht. Da Frankreich durch Militäraktionen in der Kolonie zunehmend belastet wurde, entschied sich die Regierung in Paris schließlich zur Aufgabe der Kolonialherrschaft in Tunesien.

24. April 1956

Urteil gegen Rassentrennung

Ein Gericht im US-Bundesstaat South Carolina erklärt die Rassentrennung in öffentlichen Verkehrsmitteln für verfassungswidrig. Die schwarze Bürgerrechtsbewegung unter Martin Luther King erringt einen bedeutenden Sieg (Abb.: Weiße protestieren gegen die Abschaffung der Rassentrennung in Schulen). Dem Urteil waren zahlreiche Protestaktionen und Bus-Boykotte durch die schwarze Bevölkerung vorausgegangen.

19. April 1956

Fürst heirate Hollywoodst

Ein Medienspektakel ersten Ranges ist die prachtvoll inszeniert kirchliche Trauung der Hollywood-Schönheit Grace Kelly und des Fürsten von Monaco, Rainier III. Für den Auszug des Paares stehen eine englische, eine französische und eine amerikanische Ehrenwache bereit. Zahlreiche TV-Stationen übertragen die »Märchenhochzeit« in alle Welt. Der Fürst hatte die »Oscar«-Preisträgerin bei Dreharbeiten zu dem Film »Über den Dächern von Nizza« kennengelernt.

Grace Kelly, die sich fortan Fürstin Gracia Patricia nennen darf und ein Hochzeitskleid aus feiner Spitze und Perlen trägt, gibt dem in prächtiger Uniform erschienenen Rainier in der St.-Charles-Kathedrale von Monte Carlo das Jawort. Unter den mehr als 1200 Hochzeitsgästen befinden sich Abgesandte aus 25 Staaten. Aufsehen erregt ein Gast, der bislang in Monaco weniger gern gesehen war: Die Familie des 33-jährigen Fürsten, die sich für die Resozialisierung von Straftätern einsetzt, hat den kürzlich aus dem Gefängnis entlassenen Pariser »Einbrecherkönig« René Girier eingeladen. Girier wird auch für zwei Juwelendiebstähle in Monaco verantwortlich gemacht. Eine Enttäuschung für viele Beobachter ist jedoch die Absage zahlreicher Ehrengäste. Zu den wenigen Repräsentanten von Königshäusern zählen nur der ägyptische Ex-Monarch Faruk I. und der frühere Kaiser von Annam, Bao-Dai. US-Präsident Dwight D. Eisenhower schickt den Hotelkönig Conrad Hilton als seinen Vertreter. Zu den Ehrengästen gehören auch US-Filmstars wie Ava Gardner und Gloria Swanson. Angesichts der prachtvollen Vermählungszeremonie fällt das internationale Presse-Echo begeistert aus, die Regenbogenpresse überbietet sich mit Details des

6. April 1956

Arbeitslosenzahl im Sinkflug

In der Bundesrepublik schlägt sich die positive Wirtschaftsentwicklung in den Statistiken der Nürnberger Bundesanstalt für Arbeitsvermittlung und Arbeitslosenversicherung nieder. Danach ist die Zahl der Arbeitslosen im März um rd. 800 000 auf 1,019 Mio. gesunken – der stärkste Rückgang, der bislang innerhalb eines Monats in Westdeutschland registriert wurde. Auch im Vergleich mit dem Vorjahresmonat zeigt sich der positive Trend. Im März 1955 waren noch rd. 1,42 Mio. Bundesbürger ohne Arbeit. Die Entwicklung setzt sich auch in den folgenden Monaten fort. Im August verzeichnet die Bundesanstalt in Nürnberg nur noch 409 000 Arbeitslose. Die gute Lage auf dem Arbeitsmarkt veranlasst die Gewerkschaften, höhe Löhne, kürzere Arbeitszeiten und bessere soziale Leistungen zu fordern.

15. März 1956

Erfolgsmusical »My Fair Lady«

Das Musical »My Fair Lady« erlebt am Broadway in New York seine Uraufführung und wird zu einem sensationellen Erfolg (Abb.: Szene mit Julie Andrews und Rex Harrison). Der Sprachforscher Prof. Higgins wettet, dass er aus dem einfachen Blumenmädchen Eliza Doolittle durch »gute« Sprache eine Dame machen könne. Das Stück lehnt sich an die Komödie »Pygmalion« von George Bernard Shaw an.

Der Fürst und Grace Kelly bei der Trauung

Gracia Patricia

eigtl. Grace Kelly, Fürstin von Monaco, * 12.11.1929 Philadelphia (Pennsylvania); † 14.9.1982 nahe Monte Carlo

Grace Kelly macht eine für viele Bewunderer märchenhafte Karriere. Nachdem die Amerikanerin zunächst als unnahbare Blondine in Hollywood zum umschwärmten Star aufsteigt, wird sie als Gattin von Fürst Rainier III. die nicht nur von ihren Untertanen verehrte monegassische Landesfürstin. Unvergessen bleiben ihre Rollen in Filmen wie »Zwölf Uhr mittags« (1952), »Bei Anruf Mord« (1953) oder »Das Fenster zum Hof« (1954). Die näheren Umstände ihres Todes durch einen Autounfall bleiben ungeklärt.

- 1955: »Oscar« für ihre Rolle in »Das Mädchen vom Lande«
- 1955: »Über den Dächern von Nizza«
- 1956: »Die oberen Zehntausend«

Festes und berichtet in umfangreichen Fotoreportagen von dem Ereignis. In der Bundesrepublik können 360 000 TV-Teilnehmer die Hochzeit des Jahres an ihren Bildschirmen verfolgen. Dabei hatte kurz zuvor das neu gebildete Kuratorium des Nordwestdeutschen Rundfunks bei der Ständigen Programmkonferenz den Antrag gestellt, die Hochzeit aus »Gründen des Geschmacks« nicht zu übertragen. Einige Fernsehdirektoren hatten geltend gemacht, dass dieses Spektakel ihrem kulturellen Anspruch nicht entspreche – vergebens. Obwohl Grace Kelly mit dem Abschluss der Dreharbeiten für die Komödie »Die oberen Zehntausend« ihre Schauspielkarriere beendet, kommt das Fürstenpaar in den folgenden Jahren nicht aus den Schlagzeilen. Dem Film bleibt die neue Landesmutter per Aufsichtsratsposten bei der Twentieth Century Fox treu.

April 1956

1 So Der Bundesnachrichtendienst (BND) mit Sitz in Pullach bei München nimmt offiziell seine Tätigkeit auf. Der BND soll Informationen im Ausland beschaffen.

2 Mo Der nördlich von Bagdad errichtete Tigris-Staudamm, an dessen Bau deutsche und US-Firmen beteiligt waren, wird seiner Bestimmung übergeben.

3 Di Auf ihrem Versuchsgelände in Kasachstan bringt die UdSSR im Rahmen einer Versuchsreihe eine Atombombe zur Explosion.

4 Mi Der Sicherheitsrat der UNO erteilt UN-Generalsekretär Dag Hammarskjöld das Mandat zu einer Friedensmission im Palästina-Konflikt.

5 Do Zu Testzwecken überträgt die niederländische Firma Philips in Eindhoven farbige Fernsehbilder über eine Strecke von 5 km.

6 Fr Bei den Parlamentswahlen in Ceylon (heute Sri Lanka) gewinnt die linksgerichtete Vereinigte Volksfront die absolute Mehrheit. → Arbeitslosenzahl

7 Sa Die Besetzung vieler Führungspositionen der Freiheitlichen Partei Österreichs (FPÖ) mit ehemaligen Nationalsozialisten führt zu einer Krise der jungen Partei.

8 So An der israelisch-ägyptischen Grenze im Gazastreifen kommt es zu militärischen Zusammenstößen, bei denen mehrere Soldaten verletzt werden.

9 Mo In Bremerhaven wird eine größere Ladung Waffen aus den USA gelöscht, die für die Bundeswehr bestimmt ist. U.a. handelt es sich um Panzerfäuste.

10 Di Der Karlspreis 1955 für besondere Verdienste um die Einigung Europas wird in Aachen dem ehemaligen britischen Premier Winston Churchill verliehen.

11 Mi Im US-Bundesstaat Alabama stürmen zu Beginn eines Konzerts des farbigen Musikers Nat »King« Cole rassistisch eingestellte Weiße die Veranstaltungshalle.

12 Do Die Evangelische Kirche Sachsens protestiert gegen die SED-Behauptung, sie lasse sich von »NATO-Kräften zu friedensfeindlichen Plänen missbrauchen«.

13 Fr Paris beschließt angesichts der sich verschärfenden Unruhen in Algerien die Mobilisierung von weiteren 100 000 französischen Soldaten.

14 Sa Bei einem Großbrand wird das Gebäude der Wiener Börse fast völlig zerstört. +++ Der US-Flugzeugträger »U.S.S. Saratoga« wird in Dienst gestellt.

15 So Österreich wird auf einer Sitzung des Ministerkomitees in Straßburg als 15. Mitglied in den Europarat aufgenommen.

16 Mo Der seit 1950 amtierende bulgarische Ministerpräsident Walko Tscherwenkow wird durch Beschluss der Nationalversammlung seines Postens enthoben.

17 Di Die polnische Regierung in Warschau verkündet die Rehabilitierung aller ehemaligen Angehörigen der bürgerlich orientierten sog. Heimatarmee.

18 Mi In Moskau wird die Auflösung des »Informationsbüros der kommunistischen und Arbeiterparteien« (Kominform) bekannt gegeben.

19 Do Durch die Vermittlung der UNO wird zwischen Israel und Ägypten ein unbefristeter Waffenstillstand geschlossen. → Fürst

20 Fr Der US-Botschafter in der UdSSR, Charles E. Bohlen, erklärt gegenüber Präsident Dwight D. Eisenhower, die sowjetische Regierung sei stabil.

21 Sa Die Delegierten des Bundesparteitages der FDP bestätigen mit großer Mehrheit den Bruch der Regierungskoalition mit der CDU/CSU.

22 So Angehörige der »Gruppe der Sowjetischen Streitkräfte in Deutschland« entdecken im Süden Berlins einen von US-Amerikanern angelegten Spionagestollen.

23 Mo Im französischen Badeort Cannes beginnen die 9. Internationalen Filmfestspiele. Bis zum 9. Mai werden hier rd. 80 Filme aus 33 Ländern gezeigt.

24 Di In Moskau wird eine Abteilung gebildet, deren Aufgabe die Überwachung des sowjetischen Geheimdienstes KGB sein soll. → Rassentrennung

25 Mi Das Bundesministerium für gesamtdeutsche Fragen warnt westdeutsche Eltern davor, ihre Kinder an Ferienaktionen in der DDR teilnehmen zu lassen.

26 Do In Bonn gibt das Bundesverkehrsministerium die Freigabe des Rheins für ausländische Binnenschiffe zum 1. Mai bekannt.

27 Fr Das polnische Parlament in Warschau beschließt eine Amnestie für über 80 000 nach 1945 inhaftierte politische Strafgefangene. → Rücktritt

28 Sa Das französische Oberkommando für Indonesien wird offiziell aufgelöst. Damit endet das militärische Engagement Frankreichs in Südostasien.

29 So Das italienische 1000-Meilen-Rennen Brescia-Rom-Brescia, die »Mille Miglia«, endet mit einem Sieg von Eugenio Castelotti auf Ferrari.

30 Mo Der Deutsche Gewerkschaftsbund fordert die Einführung der 40-Stunden-Woche bei vollem Lohnausgleich sowie eine Erhöhung der Renten.

Mai 1956

1 Di In Nepal wird König Mahendra Bir Bikram Schah im Hanuman-Palast der Hauptstadt Katmandu inthronisiert. Er kündigt demokratische Reformen an.

2 Mi Die methodistische Kirche in den USA verurteilt in Minneapolis die Politik der Rassentrennung in den Vereinigten Staaten.

3 Do Die Daimler-Benz AG stellt in Untertürkheim drei neue Pkw vor. Die Modelle »190«, »219« und »220« kosten zwischen 9450 und 12 500 DM.

4 Fr Die Bundesregierung verabschiedet in Bonn eine Gesetzesvorlage, die den Bau von 1,8 Mio. Wohnungen mit staatlicher Unterstützung vorsieht.

5 Sa Die Außenminister der drei Westmächte erklären den UN-Sicherheitsrat für verantwortlich, die Aufrechterhaltung des Friedens im Nahen Osten zu sichern.

6 So Im Londoner Wembley-Stadion gewinnt die Mannschaft von Manchester City den englischen Fußball-Pokal durch einen 3:1-Sieg gegen Birmingham City.

7 Mo Frankreich verstärkt seine Truppen in Algerien mit weiteren 30 000 Soldaten und verschärft damit die Auseinandersetzungen in Nordafrika.

8 Di In München geht die größte Rechenanlage Europas in Betrieb. Herzstück des 2x5 m großen Computers ist eine Magnettrommel zur Datenspeicherung.

9 Mi In Cannes endet das internationale Filmfest. Die »Goldene Palme« erhält Jacques Yves Cousteaus Dokumentarfilm »Die Welt des Schweigens«.

10 Do Auf Zypern werden zwei griechische Mitglieder der dortigen Befreiungsorganisation (EOKA) auf Befehl der britischen Behörden hingerichtet.

11 Fr Die Bank deutscher Länder hebt die sog. Devisenanbietungspflicht auf. Damit können Deutsche uneingeschränkt ausländische Wertpapiere erwerben.

12 Sa Anlässlich seines 100-jährigen Bestehens veranstaltet der Verein Deutscher Ingenieure in West-Berlin einen Kongress, an dem 4000 Besucher teilnehmen.

13 So Bei den Wahlen in Österreich wird die große Koalition von ÖVP und SPÖ bestätigt. +++ Der Brite Stirling Moss gewinnt den Großen Preis von Monaco.

14 Mo Im Rahmen der Entstalinisierung werden in Ungarn rd. 150 seit mehreren Jahren inhaftierte Sozialdemokraten und katholische Würdenträger amnestiert.

15 Di Der FDP-Vorsitzende Thomas Dehler sieht in wirtschaftlichen Zugeständnissen an Moskau eine Erfolgschance für Gespräche über die Wiedervereinigung.

16 Mi Ägypten erkennt die Volksrepublik China diplomatisch an. Im Gegenzug bietet die chinesische Regierung die Lieferung von Waffen an.

17 Do Bundespräsident Theodor Heuss und Außenminister Heinrich von Brentano unterzeichnen ein Kulturabkommen mit Griechenland.

18 Fr In Los Angeles verteidigt »Sugar« Ray Robinson (USA) seinen Weltmeistertitel im Mittelgewichtsboxen gegen seinen Landsmann Carl »Bobo« Olson.

19 Sa Aufgrund von schweren Kämpfen mit der algerischen Befreiungsbewegung werden weitere 25 000 französische Soldaten nach Algerien entsandt.

20 So Nach dem Rücktritt der jordanischen Regierung unter Ministerpräsident Samir el Rafai bildet Said el Mufti ein neues Kabinett.

21 Mo Das US-Verteidigungsministerium gibt den erfolgreichen Test der ersten transportablen Wasserstoffbombe der USA im Pazifik bekannt.

22 Di Der ägyptische Staatsminister Oberst Muhammad Anwar As Sadat beendet einen achttägigen Staatsbesuch in der Bundesrepublik Deutschland.

23 Mi Den Schweizern Jürg Marmet und Ernst Schmied gelingt die Zweitbesteigung des höchsten Berges der Welt, des Mount Everest (8872 m).

24 Do Im schweizerischen Lugano findet der erste »Grand Prix de la Chanson« statt. Siegerin ist die Schweizer Schlagersängerin Lys Assia.

25 Fr In den Westberliner Ausstellungshallen unter dem Funkturm wird die »Große Berliner Kunstausstellung« eröffnet. Rd. 500 Berliner Maler zeigen ihre Werke.

26 Sa Aus Anlass des zehnjährigen Bestehens der ostdeutschen Film-und Fernsehakademie (DEFA) werden erstmals sechs DDR-Filme in West-Kinos gezeigt.

27 So In Zürich findet die größte Flugschau der Welt statt. Die USA zeigt ihren Überschalljäger F-100 »Supersabre« und die UdSSR die neue Tupolew TU-104.

28 Mo Zwei Schweizer besteigen den noch unbezwungenen Berg Lhotse im Himalaja. +++ Die Weltbank gewährt 32 Mio. US-Dollar für den Kraftwerkebau in Europa.

29 Di Die Ostberliner Regierung beschuldigt in einer Regierungserklärung die Bundesregierung der »verbrecherischen Wühlarbeit« gegen die DDR.

30 Mi Vor 5000 Zuschauern wird im schwedischen Stockholm die 25-jährige »Miss Germany« Margit Nünke aus 14 Bewerberinnen zur »Miss Europa« gewählt.

31 Do Die Außenminister der Mitgliedsstaaten der Montanunion stimmen der Errichtung einer »Europäischen Atomgemeinschaft« EURATOM zu.

28. Juni 1956

Posener Aufstand blutig beendet

In der polnischen Stadt Posen schlägt die Armee einen Aufstand gegen die kommunistische Herrschaft blutig nieder. Nach offiziellen Angaben kommen 53 Menschen um.

Die aufgebrachten Posener fordern »Freiheit und Brot«.

Die Demonstranten fordern eine Verbesserung der Versorgungslage, politische Freiheit und den Abzug der sowjetischen Streitkräfte. Die Niederschlagung des Aufstands bedeutet – nach dem XX. Parteitag der KPdSU und dem Beginn einer »Tauwetterperiode« – einen Rückschlag für die politischen Kräfte, die auf eine Liberalisierung der wirtschaftlichen und politischen Kräfte in Osteuropa gesetzt haben. Ausgangspunkt der Unruhen ist eine friedliche Demonstration von rd. 15000 Arbeitern der Posener Lokomotiven-Werke für höhere Löhne. Bald kommt es auch in anderen Teilen der Stadt zu Kundgebungen. Vor allem die anhaltend schlechte Versorgungslage – in erster Linie bei Lebensmitteln und Konsumgütern – steht im Mittelpunkt der Kritik. Im Verlauf der Versammlung werden aber auch bald politische Forderungen laut. So wird eine Einschränkung des Machtmonopols der Kommunistischen Partei gefordert. Als die Menge weiter anwächst, gibt der Militärkommandant von Posen den Befehl zum gewaltsamen Vorgehen. Über die Stadt wird der Ausnahmezustand verhängt, Militäreinheiten riegeln alle Zufahrtswege ab. Es kommt zu Straßenschlachten, bei denen es Demonstranten gelingt, einige Panzer zu stürmen.

12. Juni 1956

Real Madrid gewinnt den ersten Fußball-Europapokal

In einer dramatischen Begegnung besiegt die Mannschaft von Real Madrid den französischen Meister Stade Reims mit 4:3 Toren. Damit gewinnt das Madrider Team den ersten Europapokal der Fußballgeschichte. Viele der 40000 Zuschauer sind in Extrazügen nach Paris angereist, um das Endspiel mitzuerleben. Das Match reißt die Fans im randvollen Stadion mit. Bereits nach zehn Minuten führen die Franzosen 2:0. Der Argentinier Alfredo di Stefano, der Star von Real Madrid, erzielt in der 14. Minute den Anschlusstreffer. In der 30. Minute gelingt Real Madrid der Ausgleich. Kurz nach Beginn der zweiten Halbzeit bringt der Spanier Hidalgo die Franzosen in Führung. Fünf Minuten später gleicht Joseito wieder aus. Erst in der 79. Minute glückt Rial der entscheidende Treffer zum endgültigen Stand von 4:3. Die begeisterten Zuschauer feiern die Spieler wie Helden (Abb.: Fans begleiten die Spieler von Real Madrid bei ihrer Ehrenrunde durch das Stadion). Fast wäre die Idee eines Fußball-Europapokals gescheitert. Die internationale Fußballföderation FIFA hatte sich für ein europäisches Turnier als nicht zuständig erklärt. Kurz darauf wurde die Union Européenne de Football Association (UEFA) gegründet, unter deren Aufsicht das Europapokalturnier stattfand.

10. Juni 1956

Reiterspiele in Stockholm

König Gustaf VI. Adolf von Schweden eröffnet in Stockholm die Olympischen Reiterspiele. Die Wettkämpfe finden getrennt von den Olympischen Sommerspielen in Melbourne statt, da sich die australische Regierung geweigert hatte, die Quarantänebestimmungen für Pferde zu lockern.

Laut Vorschriften hätten die Tiere ein halbes Jahr lang in Quarantäne gehalten werden müssen. So kommt es zu einem einmaligen Intermezzo in der Geschichte der Olympischen Spiele.
In Stockholm sorgt der deutsche Springreiter Hans Günter Winkler auf der Stute Halla für Aufsehen. Beim ersten Durchgang verliert Winkler die Steigbügel und zieht sich beim Sprung über das Riviera-Tor Quetschungen zu (s. Abb.). Unerwartet sitzt er beim zweiten Durchlauf erneut im Sattel. Vor Schmerzen gekrümmt versucht der Reiter, den Parcours zu bewältigen. Das eigentlich aussichtslose Unterfangen gelingt. Halla trägt Winkler fast führungslos zur Goldmedaille in der Einzel- und der Mannschaftswertung.

23. Juni 1956

Präsident mit Vollmacht

In einem Volksentscheid stimmen, wie es heißt, 99,8% der Ägypter für die neue Verfassung von Ministerpräsident Gamal Abd el Nasser (s. Abb.). Bei der gleichzeitig abgehaltenen Präsidentschaftswahl erhält Nasser 99,84% der Stimmen. Nasser war einziger Kandidat der Wahl.

Durch die Verfassung erhält der Staatspräsident diktatorische Vollmachten.

Gamal Abd el Nasser

ägyptischer Politiker und Militär, * 15.1.1918 Beni Mor; † 28.9.1970 Kairo

Nasser gilt als Leitfigur der arabischen Einigungsbewegung. Nach dem Sturz von König Faruk I. erhielt der Offizier einen Sitz im Revolutionsrat. Von dort aus gelang ihm 1954 die Machtübernahme. Als Staatspräsident löst Nasser 1956 die Suezkrise aus.

- 1943: Mitbegründer des Bundes Freier Offiziere
- 1948: Teilnahme am ersten arabisch-israelischen Krieg
- 1967: Auslösung des Sechstagekriegs mit Israel

29. Juni 1956

Miller heiratet Monroe

In New York heiratet der Schriftsteller Arthur Miller die Schauspielerin Marilyn Monroe (Abb.: Das Paar bei einem Benefizball im Waldorf Astoria). Die Verbindung gilt als Sensation. Für beide ist es nicht die erste Ehe. Marilyn Monroe ist bereits zweimal, Arthur Miller einmal verheiratet gewesen. Die Klatschpresse stürzt sich auf das Paar, das nach gängigen Vorstellungen nicht zueinander passt. Miller ist der Prototyp des Intellektuellen, während Marilyn Monroe als Sex-Idol gilt. Kritiker sprechen von der »Verbindung von Körper und Geist«. Die Schauspielerin ist entschlossen, ihr von der Filmindustrie aufgebautes Image abzustreifen. Aber der Versuch des Ehepaares, ein zurückgezogenes Leben zu führen, scheitert. Die Ehe ist durch zwei Fehlgeburten Belastungen ausgesetzt. Bei den Dreharbeiten zu »Misfits« (Nicht gesellschaftsfähig) trennt sich das Paar und lässt sich 1961 scheiden.

4. Juni 1956

Einigung auf Saarvertrag

Nachdem die Saarländer in einer Volksabstimmung im Oktober 1955 eine »Europäisierung« ihrer Heimat und damit das Saarstatut abgelehnt haben, einigen sich Bonn und Paris in Luxemburg auf die Eingliederung des Saargebiets in die Bundesrepublik. Am 27. Oktober wird das von Bundeskanzler Konrad Adenauer und dem französischen Ministerpräsidenten Guy Mollet vereinbarte Vertragswerk unterzeichnet.
Frankreich und die Bundesrepublik verständigen sich in Luxemburg auch über eine Reihe von wirtschaftlichen Fragen. Adenauer ist nicht zuletzt angesichts der bevorstehenden Bundestagswahlen 1957 an einer schnellen Lösung des Saarproblems interessiert. Er sagt u.a. zu, dass sich die Bundesrepublik am Bau des von Frankreich und Luxemburg geplanten Moselkanals finanziell beteiligen werde. Durch den Kanal soll die Region Lothringen wirtschaftlich erschlossen werden. Weiterhin erklärt sich Bonn bereit, Frankreich im Saargebiet die Abbaurechte für die dortigen Kohlevorkommen einzuräumen. Während einer dreijährigen Übergangsphase werde die Zoll- und Währungsunion zwischen dem Saarland und Frankreich bestehen bleiben. In der saarländischen, deutschen und französischen Öffentlichkeit wird die Lösung der Saarfrage mit Zufriedenheit aufgenommen. Im Dezember billigt der Landtag in Saarbrücken die Beitrittserklärung des Saarlandes zur Bundesrepublik. Damit wird das Saargebiet gemäß Artikel 23 des Grundgesetzes ein Land der Bundesrepublik Deutschland.

Juni 1956

1 Fr Der sowjetische Außenminister Wjatscheslaw M. Molotow, der bereits unter Stalin dieses Amt bekleidete, gibt seinen Rücktritt bekannt.

2 Sa Franz Josef Strauß, Bundesminister für Atomfragen, gibt in Bonn die Lieferung von drei Forschungsreaktoren durch die USA bekannt.

3 So Mit der Wiedereröffnung der Gemäldegalerie im wiederhergestellten Zwinger feiert die Stadt Dresden ihr 750-jähriges Bestehen.

4 Mo Die UdSSR dezentralisiert das sowjetische Justizwesen. +++ Zwischen Wien und Moskau wird eine direkte Eisenbahnverbindung eröffnet. → Saarvertrag

5 Di Zur Deckung der Militärausgaben in Afrika kündigt die französische Regierung Steuererhöhungen in Höhe von rd. 100 Mrd. Francs (1,25 Mrd. DM) an.

6 Mi Nach Verhandlungen mit den USA verpflichtet sich die Bundesregierung, die Kosten für die in Deutschland stationierten US-Soldaten zu übernehmen.

7 Do Der nordkoreanische Ministerpräsident Kim Il Sung unterzeichnet mit der DDR ein Abkommen über wirtschaftliche und kulturelle Zusammenarbeit.

8 Fr Auf die unbestätigte Nachricht eines Herzanfalls von US-Präsident Dwight D. Eisenhower hin kommt es an der New Yorker Börse zu starken Kurseinbrüchen.

9 Sa Ein Militärputsch von Anhängern des 1955 gestürzten argentinischen Staatschefs Juan Domingo Perón wird von Regierungstruppen niedergeschlagen.

10 So Der luxemburgische Radrennfahrer Charlie Gaul gewinnt das Rundstreckenrennen Giro d'Italia vor dem Italiener Fiorenzo Magni. → Reiterspiele

11 Mo Die Kommunistische Partei der Tschechoslowakei weist auf Fehler in der Parteiarbeit hin und führt diese auf Stalin zurück.

12 Di In Südafrika wird ein Gesetz verabschiedet, das bei schweren Verbrechen wie Vergewaltigung die Prügelstrafe zwingend vorschreibt. → Real Madrid

13 Mi Der österreichische Dirigent und Leiter des Berliner Philharmonischen Orchesters, Herbert von Karajan, übernimmt die Leitung der Wiener Staatsoper.

14 Do In Kiel beginnt unter Beteiligung von 173 Booten aus zehn Nationen die internationale »Kieler Woche«. +++ In Recklinghausen beginnen die 10. Ruhrfestspiele.

15 Fr In West-Berlin endet die »Berliner Durchreise«, die führende Modenschau der deutschen Couturiers. Ein Trend ist u.a. die Abkehr von der Wespentaille.

16 Sa Ein schweres Erdbeben verwüstet weite Landstriche in Afghanistan. Durch die Erdstöße werden 270 Menschen getötet und Hunderte verletzt.

17 So Otto Strasser, früher zur linken Fraktion der NSDAP gehörend, gründet in Miltenberg in Bayern die Deutsch-Soziale Union (DSU).

18 Mo Mit dem Abzug der letzten Soldaten aus Port Said in der Suezkanalzone endet die 74-jährige britische Besetzung Ägyptens.

19 Di Auf Zypern kommen 19 britische Soldaten bei einem von der griechischen Untergrundorganisation (EOKA) gelegten Waldbrand ums Leben.

20 Mi Drei Monate früher als geplant kann das Inn-Kraftwerk Prutz-Imst im österreichischen Tirol in Betrieb genommen werden.

21 Do In der DDR werden im Rahmen einer umfangreichen Amnestie rd. 11 800 Häftlinge, darunter auch politische Gefangene, entlassen.

22 Fr Am Kernforschungszentrum Los Alamos (US-Bundesstaat New Mexico) entdecken Wissenschaftler ein neues Elementarteilchen, das Neutrino.

23 Sa Der jugoslawische Staatschef Josip Tito beendet seine UdSSR-Reise und spricht sich für eine Normalisierung der Beziehungen aus. → Präsident

24 So Im Endspiel um die Deutsche Fußballmeisterschaft schlägt Borussia Dortmund im Berliner Olympia-Stadion vor 60 000 Zuschauern den Karlsruher SC 4:2.

25 Mo Der Schah des Iran, Mohammad Resa Pahlawi, trifft mit Kaiserin Soraya zu einem offiziellen Staatsbesuch in Moskau ein.

26 Di Bonn verabschiedet einen Gesetzentwurf, der eine allgemeine Geschwindigkeitsbeschränkung von 60 km/h in Städten vorsieht.

27 Mi Die französische Nationalversammlung unterzeichnet in Paris ein Gesetz zur Schaffung eines nationalen Fonds für die Altersversorgung.

28 Do Der Bundestag verabschiedet in Bonn den Haushalt für das Jahr 1956, der mit rd. 35 Mrd. DM ein Rekordvolumen aufweist. → Poser Aufstand

29 Fr In Bremen billigt der Arbeitgeberverband der Metallindustrie die Verkürzung der wöchentlichen Arbeitszeit von 48 auf 45 Stunden. → Monroe

30 Sa In einem Fußballländerspiel trennen sich die Mannschaften der Bundesrepublik Deutschland und Schwedens in Stockholm 2:2.

Juli 1956

1 So In der UdSSR wird das geheime Testament Wladimir I. Lenins veröffentlicht, worin der Revolutionsführer vor der Machtgier Josef W. Stalins warnt.

2 Mo In den Städten und Gemeinden der Bundesrepublik werden die ersten neuen Nummernschilder für Kraftfahrzeuge ausgegeben.

3 Di Wissenschaftler registrieren in Hamburg eine erhöhte radioaktive Belastung der Luft. Als Ursache werden die Atombombenversuche im Pazifik vermutet.

4 Mi Der polnische Ministerrat beschließt die Einsetzung eines Untersuchungsausschusses zur Aufklärung der Revolte in Posen vom 28. Juni.

5 Do Bonn billigt eine Reihe von Steuersenkungen. +++ Papst Pius XII. empfängt Bundeskanzler Konrad Adenauer zu einer Privataudienz.

6 Fr In London endet eine Konferenz der Premierminister der Commonwealth-Staaten. Thema war vor allem die Lage auf Zypern und im Nahen Osten.

7 Sa Der Australier Lewis Hoad gewinnt das Internationale Tennis-Turnier von Wimbledon. Bei den Damen siegt Shirley Fry (USA). → Wehrdienst

8 So In einer Erklärung fordert die SED-Führung zu einer Debatte über die Schwierigkeiten beim Aufbau des DDR-Sozialismus auf.

9 Mo Der Landtag des Saarlandes beschließt in Saarbrücken ein Gesetz, das die Einführung der Bundesflagge im Saarland ab 1957 vorsieht.

10 Di In London lehnt das britische Oberhaus den vom Unterhaus verabschiedeten Gesetzentwurf zur Abschaffung der Todesstrafe ab.

11 Mi Bundeswirtschaftsminister Ludwig Erhard spricht sich für eine Neuregelung der europäischen Währungsparitäten aus. Er schlägt die Aufwertung der Mark vor.

12 Do Das ungarische Justizministerium erlässt eine Amnestie für insgesamt 11 398 Häftlinge, die u.a. aus politischen Gründen inhaftiert waren.

13 Fr Nach Angaben der Bundesanstalt für Arbeit beträgt die Arbeitslosenquote zur Zeit rd. 2,5%. Dies ist der niedrigste Stand seit Gründung der Bundesrepublik.

14 Sa In München endet nach viertägiger Dauer der Bundesparteitag der SPD mit der Forderung nach einem europäischen Sicherheitssystem.

15 So Das Auswärtige Amt in Bonn gibt bekannt, dass die kanadischen Streitkräfte der Bundeswehr 75 moderne Düsenflugzeuge zur Verfügung stellen.

16 Mo Der Oberste Sowjet verabschiedet eine Reform der Rentengesetze sowie die Auflösung der Karelo-finnischen Sowjetrepublik.

17 Di Indiens Ministerpräsident Jawaharlal Nehru beendet seinen Staatsbesuch in der Bundesrepublik. Beide Länder vereinbaren, ihre Beziehungen zu vertiefen.

18 Mi Tunesische Regierungsvertreter brechen in Paris Verhandlungen mit der französischen Regierung über die künftigen politischen Beziehungen ab.

19 Do Die Salzburger Festspiele werden mit der Uraufführung von Max Mells »Jeanne d'Arc« eröffnet. Die Festspiele dauern bis zum 15. August.

20 Fr Nach starken Regenfällen kommt es in Teilen der Bundesrepublik zu Überschwemmungen. Vor allem Osthessen ist stark betroffen.

21 Sa In Recklinghausen wird das Ikonenmuseum eröffnet. Es sind die bedeutendsten Ikonen-Sammlungen der Bundesrepublik zu sehen.

22 So In Panama-Stadt endet eine zweitägige außerordentliche Konferenz der Organisation der Amerikanischen Staaten (OAS).

23 Mo Die Christliche Volkspartei des Saargebiets (CVP) vereinigt sich in Saarbrücken mit der Deutschen Zentrumspartei.

24 Di Mit einer Uraufführung der »Meistersinger von Nürnberg« werden in Bayreuth die Richard-Wagner-Festspiele eröffnet.

25 Mi Franz Josef Strauß, Bundesminister für Atomfragen, stellt in Bonn das erste Programm zur friedlichen Nutzung der Kernenergie vor. → »Andrea Doria«

26 Do Die Regierung in Kairo verkündet die Verstaatlichung des Suezkanals, nachdem London und die USA sich weigern, den Assuan-Staudamm mitzufinanzieren.

27 Fr Auf dem Salzsee von Bonneville in Utah/USA erzielt Wilhelm Herz mit 339 km/h einen Geschwindigkeitsweltrekord für Motorräder. → Kirchenproteste

28 Sa In Paris endet die am 5. Juli gestartete Tour de France mit dem Überraschungssieg des 27-jährigen Franzosen Roger Walkowiak.

29 So Washington billigt ein Auslandshilfeprogramm über rd. 3,8 Mrd. Dollar. +++ Zenta Gastl stellt mit 10,6 sec einen Weltrekord über 80-m-Hürden auf.

30 Mo Nach Angaben der Regierung in Wien hat Österreich 1956 Reparationen im Werte von rd. 120 Mio. DM an die Sowjetunion gezahlt.

31 Di Unter großem Jubel der Bevölkerung wird in Monte Carlo bekannt gegeben, dass Fürstin Gracia Patricia von Monaco ein Kind erwartet.

7. Juli 1956

Wehrdienst wird Pflicht

Der Bundestag verabschiedet mit den Stimmen der Regierungskoalition aus CDU/CSU, Freier Volkspartei (FVP) und Deutscher Partei (DP) gegen die Stimmen von SPD und FDP das Wehrpflichtgesetz. Damit endet eine seit Monaten heftig geführte Debatte über die Struktur der bundesdeutschen Streitkräfte und vor allem über die Frage, ob in der Bundesrepublik eine Berufs- oder eine Wehrpflichtigenarmee eingeführt werden solle.

Nach dem neuen Gesetz sind alle männlichen Deutschen vom vollendeten 18. Lebensjahr an wehrpflichtig. Die Wehrpflicht, die noch verschiedene Nebenpflichten, z.B. die Meldepflicht, umfasst, endet mit der Vollendung des 45. Lebensjahres, bei Offizieren und Unteroffizieren sowie im Verteidigungsfall mit Vollendung des 60. Lebensjahres, bei Berufssoldaten mit Vollendung des 65. Lebensjahres. Diejenigen, die den Dienst mit der Waffe aus Gewissensgründen ablehnen, haben nach Artikel 4 des Grundgesetzes das Recht, den Kriegsdienst zu verweigern und zivilen Ersatzdienst zu leisten.

In vielen Städten der Bundesrepublik finden Protestkundgebungen gegen die Einführung der allgemeinen Wehrpflicht statt. Auch die Synode der Evangelischen Kirche in Deutschland wendet sich dagegen.

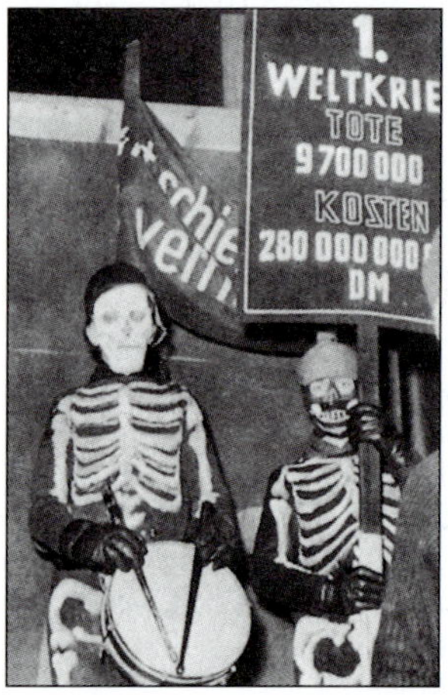

Aufgrund der alliierten Vorbehaltsrechte findet das Wehrpflichtgesetz in West-Berlin keine Anwendung. Nachdem die Volkskammer der DDR am 18. Januar die Schaffung der Nationalen Volksarmee (NVA) beschlossen hatte, marschierten am 1. Mai erstmals NVA-Einheiten in Ost-Berlin auf. In einem Protestschreiben werteten die Westmächte dies als einen Verstoß gegen den entmilitarisierten Status Berlins.

Die allgemeine Wehrpflicht in Deutschland hat ihre Wurzeln im Preußen des frühen 19. Jahrhunderts. Nach der Niederlage bei Jena und Auerstedt sollte ein Bürgerheer von Freiwilligen und Wehrpflichtigen das wenig motivierte Söldnerheer ersetzen. Die von den Reformern um General Gerhard von Scharnhorst seit 1807 befürwortete allgemeine Wehrpflicht konnte allerdings wegen der von den französischen Besatzern auferlegten Beschränkung der Heeresstärke Preußens nicht sofort verwirklicht werden.

Erst 1813 wurde in Preußen die Wehrpflicht eingeführt, ein Jahr später gesetzlich verankert. Nach der Niederlage im Ersten Weltkrieg durfte Deutschland lediglich eine Berufsarmee von 100 000 Mann unterhalten. Hitlers aggressiver Militarismus und die Schrecken des Zweiten Weltkriegs beeinflussten die Einstellung der Bevölkerung zum Soldatentum bis weit in die fünfziger Jahre hinein nachhaltig.

25. Juli 1956

Untergang der »Andrea Doria«

Vor der Ostküste der USA sinkt das italienische Passagierschiff »Andrea Doria«. 50 Menschen kommen bei dem Unglück ums Leben. Von Hubschraubern aus übertragen US-Fernsehgesellschaften die Katastrophe »live« von der Unglücksstelle. Die »Andrea Doria« war 200 Seemeilen vor der Küste bei dichtem Nebel mit dem schwedischen Dampfer »Stockholm« zusammengestoßen. Bei der Kollision wird ein mehrere Meter breites Loch in den Rumpf des italienischen Schiffes gerissen.

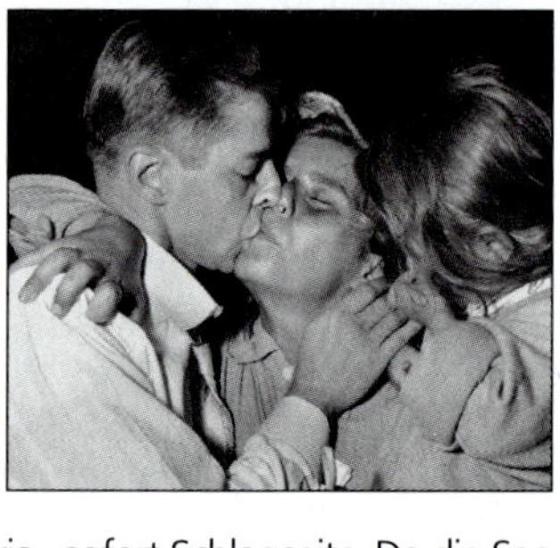

Durch die schnell eindringenden Wassermassen bekommt die »Andrea Doria« sofort Schlagseite. Da die See ruhig ist, können 1692 Passagiere auf den unbeschädigten schwedischen Dampfer gerettet werden (Abb.: Überlebende werden von ihren Angehörigen empfangen). Die »Andrea Doria« war erst wenige Wochen vor der Überfahrt nach New York in Dienst gestellt worden. Nach der Katastrophe gerät das Wrack immer wieder in die Schlagzeilen, da in den versunkenen Tresoren Schmuck und Wertpapiere in Millionenhöhe vermutet werden.

8. August 1956

Viele Tote bei Grubenbrand

273 Tote fordert im belgischen Amercoer das schwerste Grubenunglück nach dem Zweiten Weltkrieg. Die Katastrophe ereignet sich, als in rd. 700 m Tiefe ein Feuer ausbricht. Rd. 300 Kumpel werden von den Flammen eingeschlossen. Nur wenigen gelingt die Flucht aus dem Schacht, da die Kabel der Förderkörbe schmelzen.

Vergeblich versuchen Bergungstruppen zu den Bergleuten vorzustoßen (Abb.: Rettungsmannschaft). Die Leichname der verunglückten Bergleute – unter ihnen rd. 120 italienische Gastarbeiter – können von den Bergungsteams erst nach einer Woche geborgen werden. In Belgien, aber auch in der Bundesrepublik ist die Kohleförderung der Motor des wirtschaftlichen Wachstums. Mit knapp 125 Mio. Jahrestonnen erreicht die Steinkohleförderung an der Ruhr ihren Höchststand seit dem Ende des Krieges.

17. August 1956

Verfassungsrichter verbieten die KPD

Wegen ihrer verfassungsfeindlichen Ausrichtung verbietet das Bundesverfassungsgericht in Karlsruhe die Kommunistische Partei Deutschlands (KPD) und verfügt ihre Auflösung. Das Parteivermögen – u.a. Immobilien, Druckereien und 17 Zeitungen mit einer Auflage von insgesamt rd. 150000 Exemplaren – wird von den Behörden eingezogen und gemeinnützigen Zwecken zugeführt (Abb.: Wahlplakate der KPD).
Noch am Tag der Urteilsverkündung schließen die Strafverfolgungsbehörden Parteibüros und beschlagnahmen KPD-Druckereien. 33 Funktionäre der 75000 Mitglieder starken Partei werden festgenom- men. Die Füh-rungsspitze hat sich jedoch vor der Verkündung des Verbots bereits in die DDR abgesetzt. Der Vorsitzende der KPD, Max Reimann, hält sich schon seit 1954 in Ost-Berlin auf. Nach dem Zweiten Weltkrieg organisierte sich die seit 1933 verbotene KPD in Deutschland neu. In der sowjetischen Besatzungszone ging sie im Jahre 1946 im Rahmen der Zwangsvereinigung mit der SPD in der Sozialistischen Einheitspartei Deutschlands (SED) auf. Mit ihrem Urteilsspruch geben die Karlsruher Verfassungsrichter einer von der Bundesregierung im Jahre 1951 eingereichten Klage statt. Im Verbotsantrag gegen die KPD – Ausdruck des im Kalten Krieg wachsenden Antikommunismus – heißt es: »Die KPD handelt im Rahmen eines von den Machthabern der Sowjetzone entworfenen und seit Jahr und Tag durchgeführten Angriffsplanes, in dem die KPD das Rückgrat der inneren Aggression darstellt.« Die Bundesregierung warf der KPD vor, eine »durch und durch undemokratische Organisation« zu sein, die mit allen Mitteln die »Diktatur des Proletariats« anstrebe. Nahziel der KPD sei es, »die Einigung Deutschlands auf der festen Basis der 'Deutschen Demokratischen Republik' herbeizuführen und die dort herrschende Ordnung auf die Bundesrepublik zu übertragen«. Fazit der Bundesregierung: »Die KPD ist daher in höchstem Maße verfassungsfeindlich und muss von der weiteren Beteiligung an der politischen Willensbildung ausgeschlossen werden.«

14. August 1956

Theaterfreunde trauern: Bertolt Brecht in Ost-Berlin gestorben

Im Alter von 58 Jahren stirbt der Dichter und Dramatiker Bertolt Brecht (s. Abb., M.) in seiner Wohnung in der Ost-Berliner Chausseestraße an den Folgen eines Herzinfarkts. Die Beisetzung findet unter großer Anteilnahme der Bevölkerung auf dem Dorotheenstädtischen Friedhof statt. Brecht gehört zu den bedeutendsten deutschsprachigen Schriftstellern des 20. Jahrhunderts. Seit Mitte der 20er Jahre befasste er sich mit den Lehren des Marxismus, die fortan seine Werke prägten. Die Uraufführung der »Dreigroschenoper« im Jahre 1928 war einer der größten Erfolge in der deutschen Bühnengeschichte. Zu jener Zeit begründete er die Form des »epischen Theaters«, das durch Verfremdung des dramatischen Geschehens die Urteilskraft der Zuschauer aktivieren will. 1933 ging er ins Exil, wo seine wichtigsten Werke (»Mutter Courage«, »Der kaukasische Kreidekreis«, »Leben des Galilei«) entstanden. Brecht kehrte 1948 nach Deutschland zurück, wo er in Ost-Berlin zusammen mit seiner Frau Helene Weigel das »Berliner Ensemble« gründete. Mit den Machthabern der DDR kam es in der Folgezeit mehrfach zu Konflikten. Allerdings vermied Brecht stets eine grundsätzliche Auseinandersetzung mit der SED-Führung.

August 1956

1 Mi In Brüssel erlässt die Regierung ein Gesetz, das Autofahrern den Erwerb eines Führerscheins vorschreibt. Eine Fahrerlaubnis war bis dahin nicht nötig.

2 Do Das US-Verteidigungsministerium kündigt in Washington Truppenreduzierungen an, da Soldaten im Atomzeitalter an Bedeutung verlieren würden.

3 Fr Der US-Leichtathlet Willie Williams läuft bei den NATO-Meisterschaften in Berlin mit 10,1 sec Weltrekord auf der 100-m-Strecke.

4 Sa Die indonesische Regierung erklärt, dass sie ihren Zahlungsverpflichtungen gegenüber der Ex-Kolonialmacht Niederlande nicht mehr nachkommen werde.

5 So Der Karlsruher SC gewinnt im heimischen Wildparkstadion durch einen 3:1-Sieg über den Hamburger SV den DFB-Pokal.

6 Mo Die USA gewähren Brasilien einen Kredit in Höhe von 150 Mio. US-Dollar, um das ehrgeizige Industrialisierungsprogramm der Regierung zu unterstützen.

7 Di Ein Geistesgestörter zerschneidet in der Dresdener Gemäldegalerie das Meisterwerk des italienischen Malers Guido Reni »Ruhende Venus mit Amor«.

8 Mi London droht mit militärischen Interventionen, falls Ägypten die Verstaatlichung des Suezkanals nicht zurücknehme. → Grubenbrand

9 Do In Frankfurt am Main wird der 7. Deutsche Evangelische Kirchentag begangen. An dem Treffen nehmen auch rd. 20000 Besucher aus der DDR teil.

10 Fr Die UdSSR erklärt sich bereit, die Inseln Shikotan und Habomais an Japan zurückzugeben, weigert sich aber, die südlichen Kurilen-Inseln zu räumen.

11 Sa Der Bund der Steuerzahler gibt bekannt, dass in den letzten zwölf Monaten 4 Mrd. DM an Länder-und Bundessteuern eingenommen wurden.

12 So Maurice Trintignant (Frankreich) und Phil Hill (USA) gewinnen auf Ferrari das 1000-km-Langstreckenrennen um den großen Preis von Schweden.

13 Mo Der Präsident des Deutschen Roten Kreuzes gibt bekannt, dass die Regierung in Prag deutschstämmigen Bürgern die Ausreise zugesagt habe.

14 Di Die polnische Regierung verabschiedet den Fünfjahresplan 1956-60 und rehabilitiert eine Reihe von ehemaligen Parteimitgliedern. → Bertolt Brecht

15 Mi Etwa 120 km südlich von Kairo kommen bei einer Explosion eines Versorgungskomplexes mehr als 100 Menschen ums Leben.

16 Do In Köln wird der deutsche Spielfilm »Der Hauptmann von Köpenick« uraufgeführt. Unter der Regie von Helmut Käutner spielt Heinz Rühmann die Hauptrolle.

17 Fr In Berlin beginnen die Deutschen Meisterschaften der Leichtathleten. Dabei geht es auch um die Qualifikation für die Olympischen Spiele 1956. → KPD

18 Sa Im Gazastreifen kommt es zwischen israelischen und ägyptischen Einheiten zu einem Feuergefecht, das zwei Todesopfer fordert.

19 So Der Präsident des Zentralrates der polnischen Gewerkschaften erklärt, dass die Arbeitervertretungen in Polen von Grund auf erneuert werden müssten.

20 Mo Syrien und die Türkei beschließen, ihre Truppen aus dem Grenzgebiet zurückzuziehen, um künftig blutige Auseinandersetzungen zu vermeiden.

21 Di Die Bundesregierung spricht sich gegen die von den USA geplante Truppenreduzierung zugunsten einer atomaren Aufrüstung aus.

22 Mi Bei einer Explosion auf dem Gelände einer Dynamitfabrik in Leverkusen sterben drei Menschen. Es entstehen schwere Schäden an umliegenden Gebäuden.

23 Do Moskau erklärt, dass die Sowjetunion im Falle eines britischen Angriffs auf Ägypten »Freiwillige« entsenden werde, um die »Aggressoren« zu bekämpfen.

24 Fr Die Bundesanwaltschaft erhebt in Karlsruhe Anklage gegen den ehemaligen Präsidenten des Bundesamtes für Verfassungsschutz, Otto John.

25 Sa Nach einer Unterbrechung nehmen die deutsche und die französische Regierung die Verhandlungen über den Bau des Moselkanals wieder auf.

26 So Ein mit Windgeschwindigkeiten bis 120 km/h über die Bundesrepublik fegender Orkan fordert 20 Todesopfer und verursacht Sachschäden in Millionenhöhe.

27 Mo Island erlässt einen Lohn-und Preisstopp, um die Inflationsrate von derzeit 18% zu senken. +++ In Sizilien fallen fünf Menschen der Mafia zum Opfer.

28 Di Die südvietnamesische Marine besetzt die im Chinesischen Meer gelegenen Spratley-Inseln, die früher zum französischen Kolonialreich gehörten.

29 Mi Auf dem 77. deutschen Katholikentag in Köln erklärt Bischof Spülbeck vom Bistum Meißen, die DDR sei für den gläubigen Katholiken »das falsche Haus«.

30 Do In Düsseldorf wird der dramatische Heimatfilm »Die Geierwally« uraufgeführt, eine Neuverfilmung mit Barbara Rütting in der Titelrolle.

31 Fr Die brasilianische Regierung in Rio de Janeiro verfügt die Freigabe der während des Zweiten Weltkriegs beschlagnahmten deutschen Vermögen.

September 1956

1 **Sa** Das Bundesverteidigungsministerium will ehemalige SS-Soldaten in die Bundeswehr aufnehmen. Bundeskanzler Konrad Adenauer widerruft den Beschluss.

2 **So** In Stuttgart wird die Deutsche Fernsehschau eröffnet. Besondere Beachtung findet ein Fernseh-Projektor, der 1,20 m-große Bilder erzeugen kann.

3 **Mo** Papst Pius XII. kritisiert anlässlich des Deutschen Katholikentages in Köln die Unterdrückung der Kirche in den kommunistischen Staaten Osteuropas.

4 **Di** Die Sonderkonferenz der Vereinten Nationen in Genf nimmt eine Konvention zur weltweiten Abschaffung der Sklaverei an.

5 **Mi** Laut einer Studie des Statistischen Bundesamtes sei die Rate der tödlich ausgehenden Verkehrsunfälle in den letzten zwölf Monaten um 15% gestiegen.

6 **Do** Die Bundesregierung bestreitet die von der SED geäußerte Ansicht, die DDR sei ein legitimer Rechtsnachfolger des Deutschen Reiches.

7 **Fr** In einer Note fordert die Bundesregierung die Sowjetunion zu Verhandlungen über die deutsche Wiedervereinigung auf.

8 **Sa** Der pakistanische Ministerpräsident Choudry Mohammad Ali tritt nach Differenzen mit seiner Partei, der Muslim-Liga, von seinem Amt zurück.

9 **So** US-Wissenschaftler entdecken nördlich von Jerusalem Überreste der im alttestamentarischen Buch Josua beschriebenen Stadt Gibeon. → Elvis

10 **Mo** Die UdSSR beschließt die Erhöhung der Mindestlöhne um rd. 10%. Künftig sollen Arbeiter mindestens 300 Rubel (900 DM) im Monat erhalten.

11 **Di** In Hannover wird die deutsche Filmkomödie »Hochzeit auf Immenhof« mit Heidi Brühl und Paul Klinger in den Hauptrollen uraufgeführt.

12 **Mi** Die sowjetische Regierung erklärt vor einer indonesischen Regierungsdelegation, sie werde die Souveränität der blockfreien Staaten respektieren.

13 **Do** Das Bundesverteidigungsministerium in Bonn teilt mit, täglich würden rd. 600 Freiwillige in die Bundeswehr aufgenommen werden.

14 **Fr** Im britischen Unterhaus in London wird die Lage auf Zypern erörtert. Dabei äußert die Labour Party massive Kritik an der Politik der Regierung.

15 **Sa** In der Staatlichen Galerie Moritzburg in Halle wird die Ausstellung »Die deutsche Landschaft« mit Werken ost-und westdeutscher Künstler eröffnet.

16 **So** In Frankfurt am Main beginnt die Internationale Motorradausstellung. +++ Ein US-Forschungsballon erreicht die Rekordhöhe von 43 580 m.

17 **Mo** Anlässlich eines Staatsbesuchs wird dem griechischen Herrscherpaar König Paul I. und Königin Friederike in Bonn ein herzlicher Empfang bereitet.

18 **Di** London gewährt der Goldküste die Unabhängigkeit innerhalb des British Commonwealth of Nations. Das afrikanische Land nimmt den Namen Ghana an.

19 **Mi** Bonn stellt rd. 800 Mio. DM für den sozialen Wohnungsbau bereit. +++ Der Brite Gordon Pirie läuft mit 13:36,8 min Weltrekord über 5000 m.

20 **Do** Der Präsident des Abgeordnetenhauses in Berlin, Willy Brandt, gibt das Eintreffen des millionsten Flüchtlings aus der DDR bekannt.

21 **Fr** Der Arbeitgeberverband Ruhrbergbau und die Gewerkschaft Bergbau einigen sich über die Einführung von zwei bezahlten Ruhetagen im Monat.

22 **Sa** In München eröffnet Oberbürgermeister Thomas Wimmer das Oktoberfest. Auf dem größten Volksfest der Welt kostet eine Maß Bier 1,70 DM.

23 **So** Die Oper »König Hirsch« (»Il Re Cervo«) von Hans Werner Henze wird in West-Berlin uraufgeführt. Das Werk erntet Pfiffe und Buhrufe.

24 **Mo** Bonn verabschiedet einen Gesetzentwurf über die Schaffung einer Deutschen Bundesbank, welche die Bank deutscher Länder ersetzen soll.

25 **Di** In London geht die erste Transatlantik-Telefonleitung in Betrieb. +++ Der Dichter Reinhold Schneider erhält den Friedenspreis des Deutschen Buchhandels.

26 **Mi** Etwa 5000 israelische Soldaten überschreiten die Grenze zu Jordanien und liefern sich mit einer jordanischen Elite-Einheit erbitterte Gefechte.

27 **Do** Die Bonner Regierung verabschiedet einen Gesetzentwurf, der die Dauer des Grundwehrdienstes auf zwölf Monate festlegt. → Peking

28 **Fr** In Südaustralien führt Großbritannien einen Atombombenversuch durch. +++ Die DDR sichert jedem zurückkehrenden Flüchtling Straffreiheit zu.

29 **Sa** Anastasio Somoza García, Staatspräsident von Nicaragua, erliegt seinen bei einem Attentat am 21. September erlittenen Verletzungen.

30 **So** Die von den Städten Düsseldorf und Duisburg gemeinsam getragene »Deutsche Oper am Rhein« nimmt ihren Spielbetrieb auf.

29. Oktober 1956

Israel greift an

Unter dem Vorzeichen des drohenden Konflikts um den Suezkanal zwischen Frankreich und Großbritannien auf der einen sowie Ägypten auf der anderen Seite greifen israelische Einheiten ägyptische Verbände an. In offensichtlicher Abstimmung mit Paris und London überschreiten sie auf der Sinai-Halbinsel die Grenze zu Ägypten und rücken rasch vor.
Israel verfügt über die weitaus bessere Bewaffnung als Ägypten. In den vergangenen Wochen hatte Frankreich die israelischen Truppen zudem mit 60 Düsenjägern vom Typ Mystère verstärkt. Mit dem Angriff hofft Tel Aviv, die im Aufbau befindlichen Streitkräfte des von der Sowjetunion militärisch und finanziell unterstützten Ägypten zerschlagen zu können sowie einem befürchteten Angriff zuvorzukommen. Die israelische Regierung gibt mehrfache Grenzverletzungen und Überfälle ägyptischer Einheiten als Grund für den militärischen Angriff an. Die ägyptische Armee verhält sich nach dem Vorrücken der israelischen Verbände und dem Eingreifen französischer und britischer Streitkräfte zunächst eher defensiv. Da die Luftstreitkräfte des Gegners überlegen sind und die am Suezkanal stationierten ägyptischen Maschinen bereits am Boden zerstören können, zieht das Oberkommando einen Teil der Kampfflugzeuge ins Landesinnere zurück. Der Suezkanal wird von ägyptischen Pionieren blockiert. Minen, versenkte Schiffe und Flugzeugwracks machen die Benutzung der rd. 195 km langen und stellenweise nur 50 m breiten Wasserstraße unmöglich. Im Verlauf der militärischen Aktion erobert Israel nahezu die gesamte Sinai-Halbinsel. Nach dem Eingreifen von UN-Truppen weigert sich die Regierung in Tel Aviv zunächst, ihre Truppen zurückzuziehen. Erst nach einer diplomatischen Note von US-Präsident Dwight D. Eisenhower an Ministerpräsident David Ben Gurion und der Drohung von Ägyptens Staatschef Gamal Abd el Nasser, die Kampfhandlungen wieder aufzunehmen, erklärt sich Israel zum Rückzug bereit. Die letzten Einheiten verlassen im März 1957 die Sinai-Halbinsel.

Versenkte Schiffe im Suezkanal

9. September 1956

Erster TV-Auftritt von Elvis

Der erste Fernsehauftritt von Elvis Presley lockt 54 Mio. Zuschauer, das entspricht 86% aller US-Fernsehteilnehmer, vor den Bildschirm und bricht damit sämtliche bestehenden Zuschauerrekorde. Der 21-jährige Rock 'n' Roll-Sänger entlockt dem vor allem weiblichen Studiopublikum von Ed Sullivans »Toast of the Town«-Show hysterische Schreie durch seinen lasziven Hüftschwung (s. Abb.) und seine Hits »Hound Dog« und »Love me tender«. Presleys Fernsehdebüt löst eine Revolution aus. Im Handumdrehen sind 1,5 Mio. Schallplatten verkauft. Die Jugendlichen in den USA identifizieren sich mit dem »King«, der eine Mischung aus Liebe, Sex und Rock 'n' Roll verkörpert. Seine Songs »Heartbreak Hotel«, »Blue suede Shoes« und »Don't be cruel« stürmen in den folgenden Jahren die Hitparaden.

17. Oktober 1956

Kernkraft liefert Hausstrom

Die britische Königin Elizabeth II. schaltet in Calder Hall das erste zivil genutzte Kernkraftwerk der Welt an (s. Abb.). Mit vier Reaktorblöcken läuft das Kraftwerk mit einer Leistung von 800 Megawatt. Die britische Atomindustrie verwendet das anfallende Plutonium zur Herstellung von Atombomben für die Streitkräfte weiter.

27. September 1956

Peking geht auf Distanz

Die Delegierten des ersten Parteitags der Kommunisten Chinas seit Gründung der Volksrepublik im Jahre 1949 kritisieren die von Nikita S. Chruschtschow eingeleitete »Entstalinisierung«. Peking geht auf Distanz zu Moskau: zwar müsse, meint die chinesische KP, die Parteibürokratie abgebaut, der Staatsapparat dezentralisiert und eine Diskussion um den besten Weg zum Sozialismus gestartet werden, aber nur, wenn dabei die Parteidisziplin nicht gefährdet sei. Auch zur Taiwanfrage nimmt Peking Stellung: Die »Okkupation der Insel Taiwan durch den Imperialismus« sei rechtswidrig, doch wolle man die Wiedervereinigung auf dem Verhandlungsweg erreichen.

30. Oktober 1956

Suezkrise eskaliert

Frankreich und Großbritannien, die sich als Schutzmächte für den strategisch und wirtschaftlich bedeutsamen Suezkanal verstehen, stellen Israel und Ägypten ein Ultimatum zur Beendigung der Kampfhandlungen. Außerdem solle Kairo eine vorübergehende Besetzung der Städte Port Said, Suez und Ismailia durch britisch-französische Truppen gestatten. Wie erwartet lehnt Ägyptens Staatspräsident Gamal Abd el Nasser diese Forderung ab und liefert Paris und London den Vorwand zum militärischen Eingreifen. Die Luftstreitkräfte beider Mächte bombardieren ägyptische Stellungen und Ortschaften am Suezkanal. Am 31. Oktober weitet die alliierte Streitmacht ihre Angriffe auf das Landesinnere aus. Auf Kairo werden Einsätze mit Spreng- und Brandbomben geflogen. Am 5. November springen 7000 britische und französische Fallschirmjäger bei Port Said ab. Von dort soll die gesamte Suezkanal-Zone besetzt werden. Der Suezkrieg droht sich auszuweiten. So erklärt die Sowjetunion ihre Bereitschaft, an der Seite Ägyptens zu kämpfen. Auch die arabischen Staaten bieten Nasser ihre Unterstützung an. Die Volksrepublik China kündigt die Entsendung von »Freiwilligen« an. Um einen Weltkrieg zu verhindern, üben die USA starken politischen Druck auf Großbritannien, Frankreich und Israel aus. Der Schwede Dag Hammarskjöld, Generalsekretär der Vereinten Nationen, hat großen Anteil daran, dass der Konflikt nicht eskaliert. Der massive diplomatische Druck führt am 7. November zu einem Waffenstillstand. Am 15. November treffen die ersten Einheiten der UN-Friedenstruppe in Port Said ein. Unter ihrer Aufsicht wird der Rückzug der alliierten Truppen innerhalb weniger Wochen abgeschlossen: Am 16. Dezember verlassen die letzten britischen und französischen Soldaten ägyptischen Boden. Während der Suezkrise setzen die arabischen Staaten erstmals ihre Rohstoffe als politisches Druckmittel ein. Am Tag der Landung der alliierten Streitkräfte in Ägypten verhängen sie ein Lieferverbot: Danach darf an Gesellschaften, die mit Frankreich oder Großbritannien in Geschäftsbeziehungen stehen, kein Öl mehr verkauft werden. Öl und Benzin werden daraufhin in Großbritannien und Frankreich rationiert.

Israelische Infanterie auf dem Vormarsch

21. Oktober 1956

Polen: Reformen in Sicht

In einer von Versorgungskrisen geprägten innenpolitischen Lage wird der als Reformer geltende Wladyslaw Gomulka zum Ersten Sekretär der Kommunistischen Partei Polens gewählt. Gleichzeitig verlieren stalinistische Politiker ihre Posten. Gomulka stellt weitreichende Reformen in Aussicht und nährt die Hoffnung der Bevölkerung auf einen Wandel hin zur Demokratisierung der politischen Strukturen und zu einer Lockerung der zentralen Wirtschaftslenkung.

22. Oktober 1956

FLN-Chef Ben Bella in Haft

Französische Militärpolizisten nehmen in Algier die gesamte Führungsriege der algerischen Nationalen Befreiungsfront FLN gefangen. Unter den Kämpfern gegen die französische Kolonialmacht befindet sich auch FLN-Chef Mohammed Ahmed Ben Bella (s. Abb., r). Die Festnahme der völlig überraschten Widerstandskämpfer gelingt durch ein Täuschungsmanöver.

15. Oktober 1956

Deutsche wird Miss World

91-51-82 lautet die Zahlenkombination, mit der die amtierende Miss Germany, Petra Schürmann (s. Abb.), die international zusammengesetzte Jury in London zu überzeugen weiß. Lohn der Idealmaße und eines charmanten Auftritts ist der Titel der Miss World 1956 für die deutsche Schönheit, die ihre schärfsten Konkurrentinnen – Miss USA, Miss Israel und Miss Japan – auf die Plätze verweisen kann. Die frischgebackene Miss World erhält als Siegprämie neben dem wertvollen Pokal einen Sportwagen im Wert von 12 000 DM sowie 6000 DM in bar. Außerdem winken Petra Schürmann Werbeverträge mit in- und ausländischen Firmen. Auf die Frage neugieriger Reporter, ob der Titel ihre Berufspläne verändert, antwortet die derzeit schönste Frau der Welt: »Mein Ziel ist es, Lehrerin der Geografie und Philosophie zu werden. Allerdings würde es mir nicht das Geringste ausmachen, sofort nach Hollywood zu gehen, wenn man mir ein entsprechendes Angebot machte.«

Oktober 1956

1 Mo Der frühere Großadmiral Karl Dönitz wird nach zehnjähriger Haft aus dem Kriegsverbrechergefängnis in Berlin-Spandau entlassen.

2 Di »Das Tagebuch der Anne Frank« wird als Theaterstück im Rahmen der Berliner Festwochen erstmals im deutschsprachigen Raum aufgeführt.

3 Mi Delegierte von 15 asiatischen und afrikanischen Staaten fordern die UNO auf, den Algerien-Konflikt in der Vollversammlung zu behandeln.

4 Do Die SED kritisiert die zwischen der Bundesrepublik und Frankreich ausgehandelten Saarverträge, da die DDR dazu nicht konsultiert worden sei.

5 Fr Führende FDP-Politiker treffen sich mit der Führungsspitze der ostdeutschen liberalen Partei LDPD in Weimar. Hauptthema ist die deutsche Frage.

6 Sa Ex-Angehörige des deutschen Afrikakorps veranstalten ein Veteranentreffen. Ehrengast ist die Witwe des früheren Generalfeldmarschalls Erwin Rommel.

7 So Der Bund der deutschen Vertriebenen protestiert in Bonn gegen eine Wiedervereinigung unter Verzicht auf die Gebiete jenseits der Oder-Neiße-Grenze.

8 Mo Der frühere stellvertretende Ministerpräsident der DDR, Hermann Kastner, flüchtet in die Bundesrepublik und bittet um politisches Asyl.

9 Di Der stellvertretende polnische Ministerpräsident Hilary Minc legt seine gesamten Staats- und Parteiämter nieder. Er gilt als reformfeindlich.

10 Mi In Paris wird »Der arme Bitos oder Das Diner der Köpfe« von Jean Anouilh uraufgeführt. Das Stück über die Kollaboration im Krieg löst heftige Proteste aus.

11 Do Der Bundestag beschließt die Einführung einer zentralen »Verkehrssünderkartei« in Flensburg, die Verkehrsverstöße erfassen soll.

12 Fr In Polen endet der Prozess gegen die Angeklagten des Arbeiteraufstandes vom 28. Juni. Mehrere Personen werden zu bis zu sechs Jahren Haft verurteilt.

13 Sa In Wien demonstrieren rd. 15 000 Menschen gegen die »Italienisierung« Südtirols, die das dortige »deutsche Volkstum« gefährde.

14 So Die Kommunistische Partei Ungarns nimmt den früheren Ministerpräsidenten Imre Nagy, der 1955 aus der Partei ausgestoßen worden war, wieder auf.

15 Mo Die japanische Regierung fordert die sich noch auf den Philippinen verbergenden japanischen Soldaten zur Rückkehr in ihre Heimat auf. → Miss World

16 Di Bundeskanzler Konrad Adenauer nimmt eine umfassende Kabinettsumbildung vor. U.a. ernennt er Franz Josef Strauß zum Verteidigungsminister.

17 Mi Bonn erklärt, dass die Bundesrepublik die Terminzusagen über den Aufbau der Bundeswehr nicht einhalten könne. → Kernkraft

18 Do Die Bundesrepublik und Rumänien nehmen erste Gespräche über die Ausreise von rd. 8500 Deutschstämmigen auf, die auswandern wollen.

19 Fr Nahe Goslar wird die große Staumauer der Okertalsperre eingeweiht. Der Stausee, der 47 Mio m^3 Wasser fasst, dient der Trinkwasserversorgung.

20 Sa Auf der Konferenz der Außenminister der Europäischen Gemeinschaft für Kohle und Stahl wird u.a. die zivile Nutzung der Atomenergie diskutiert.

21 So Der honduranische Staatspräsident Julio Lozano Díaz muss seine Regierungsgeschäfte einer rechtsgerichteten Junta übergeben. → Polen

22 Mo In Mainz wird das 1000. gepanzerte Fahrzeug aus Beständen der US-Armee an die Bundeswehr übergeben. → Ben Bella

23 Di Mehrere zehntausend Menschen fordern auf einer von Studenten organisierten Demonstration das Ende der stalinistischen Herrschaft in Ungarn.

24 Mi In Bonn endet der als »herzlich und gutnachbarlich« bezeichnete Staatsbesuch des österreichischen Bundeskanzlers Julius Raab.

25 Do In der britischen Kronkolonie Singapur kommt es zu blutigen Straßenschlachten zwischen Studenten, die die Unabhängigkeit einfordern, und der Polizei.

26 Fr Der sowjetische Außenminister Dimitri T. Schepilow bezeichnet die Demonstranten in Ungarn als »volksfeindliche konterrevolutionäre Elemente«.

27 Sa Frankreich, Luxemburg und Deutschland unterzeichnen die Verträge über die Eingliederung des Saarlandes in die Bundesrepublik Deutschland.

28 So In Warschau wird der Primas der katholischen Kirche, Stefan Kardinal Wyszynski, der 1953 seines Amtes enthoben wurde, aus der Haft entlassen.

29 Mo Auf internationaler Ebene wird der Tanger-Status aufgehoben. Damit wird die Tanger-Zone dem marokkanischen Sultan unterstellt. → Israel

30 Di Der neue ungarische Ministerpräsident Imre Nagy verkündet in Budapest die Abschaffung des Einparteiensystems. → Suezkrise

31 Mi Das Unterhaus in London billigt das Eingreifen in Ägypten, während die Opposition der Regierung Gefährdung des Weltfriedens vorwirft.

November 1956

1 Do Der ungarische Ministerpräsident Imre Nagy erklärt in Budapest den Austritt aus dem Warschauer Pakt und die Neutralität des Landes.

2 Fr Die argentinische Polizei zerschlägt in Buenos Aires einen Schmugglerring, der große Mengen Polio-Impfstoff illegal aus den USA eingeführt hat.

3 Sa In Frankfurt am Main demonstrieren mehrere hundert Studenten gegen die Bombenangriffe Frankreichs und Großbritanniens auf ägyptische Städte.

4 So Unter Beteiligung von Jugendlichen aus dem In- und Ausland findet in Hamburg das erste internationale Rock'n'Roll-Turnier statt. → Ungarn

5 Mo Die Vollversammlung der UNO in New York verurteilt den Einmarsch der Roten Armee in Ungarn und fordert ihren sofortigen Abzug.

6 Di Als Reaktion auf Meldungen, die UdSSR werde in den Suezkonflikt eingreifen, ordnet Washington Alarmbereitschaft für die Armee an. → Eisenhower

7 Mi Bundesverteidigungsminister Franz Josef Strauß stellt seine Pläne zum Aufbau der Bundeswehr vor, der unter dem Motto »Qualität vor Quantität« stehe.

8 Do Auf massiven Druck der USA erklärt sich Israel bereit, seine Truppen von der ägyptischen Sinai-Halbinsel zurückzuziehen.

9 Fr Bonn verabschiedet das Ladenschlussgesetz. Ab 1957 müssen die Geschäfte samstags um 16 Uhr schließen und dürfen montags erst um 10 Uhr öffnen.

10 Sa Das Statistische Bundesamt teilt offiziell mit, während des Zweiten Weltkrieges seien rd. 6,56 Mio. Deutsche ums Leben gekommen.

11 So In Kairo erklärt sich die ägyptische Regierung mit der Entsendung einer UN-Friedenstruppe in die Suezkanal-Zone einverstanden.

12 Mo In Paris hat das Musical «Irma la Douce« Premiere. +++ Die afrikanischen Staaten Marokko, Tunesien und der Sudan werden in die UNO aufgenommen.

13 Di Der britische Kolonialminister Alan Lennox-Boyd erklärt vor dem Unterhaus in London, Großbritanniens Streitkräfte würden Kenia verlassen.

14 Mi Nach der Niederschlagung des ungarischen Volksaufstandes verkündet Ministerpräsident János Kádár die Beibehaltung von politischen Reformen.

15 Do Die französische Regierung sagt die Rückgabe der Röchlingischen Eisen-und Stahlwerke in Völklingen (Saarland) an die früheren Besitzer zu.

16 Fr Als erstes Industrieunternehmen der Bundesrepublik nimmt der Volkswagenkonzern im Werk Hannover sog. Roboterkantinen in Betrieb.

17 Sa Nach der Verhängung eines Öl-Lieferboykotts durch die arabischen Staaten werden in Frankreich und Großbritannien Heizöl und Benzin rationiert.

18 So In Moskau unterzeichnet die Führung der polnischen KP ein Abkommen, das die Stationierung von Sowjet-Truppen in Polen festschreibt. → Zonen

19 Mo Aufgrund seiner kritischen Äußerungen über den jugoslawischen Staatschef Josip Tito wird der frühere Vizepräsident Milovan Djilas verhaftet.

20 Di Der Deutsche Presserat konstituiert sich in Bonn. Ziel der Organisation ist es u.a., Missstände im deutschen Verlagswesen und in der Presse aufzudecken.

21 Mi In Frankfurt am Main unterliegt die deutsche Fußball-Nationalmannschaft, der amtierende Weltmeister, mit 1:3 der schweizerischen Nationalelf.

22 Do In Melbourne in Australien werden die XVI. Olympischen Sommerspiele eröffnet. +++ Die Pekinger Oper gastiert zum ersten Mal in der Bundesrepublik.

23 Fr Die ägyptische Regierung in Kairo verfügt die Ausweisung von britischen, französischen, und israelischen Staatsbürgern.

24 Sa Ein US-Düsenflugzeug vom Typ B 52 stellt bei einem Übungsflug einen Rekord auf. Der Bomber bleibt 31:30 h in der Luft und legt dabei 25 600 km zurück.

25 So In Dublin besiegt Irland vor rd. 45 000 Zuschauern die ersatzgeschwächte deutsche Fußball-Nationalmannschaft mit 3:0.

26 Mo Aus ungeklärter Ursache stürzt in Paris ein Verkehrsflugzeug in ein Wohnhaus und explodiert. Bei dem Unglück kommen 33 Menschen ums Leben.

27 Di Wirtschaftsminister Ludwig Erhard dementiert Gerüchte, wonach die Blockade des Suezkanals auch in der Bundesrepublik zu Benzinrationierung führen werde.

28 Mi Etwa 300 Wissenschaftler aus aller Welt nehmen in Stuttgart an einem Kongress teil, in dessen Mittelpunkt das Thema Raumfahrt steht.

29 Do In Ost-Berlin wird der Herausgeber der Deutschen Zeitschrift für Philosophie, das SED-Mitglied Wolfgang Harich, aus politischen Gründen verhaftet.

30 Fr An bundesdeutschen Tankstellen werden die Benzinpreise zum dritten Mal innerhalb von drei Wochen um einen Pfennig heraufgesetzt. → Patterson

18. November 1956

Handel zwischen den Zonen

Die Bundesrepublik und die DDR vereinbaren im Rahmen des sog. Interzonenhandels einen Austausch von Waren. Die DDR wird vor allem Holz, Eisenwaren, Maschinenteile, Zellstoff, Textilien und Braunkohlebriketts liefern. Dafür erhält sie dringend benötigte Produkte wie Stahl, Maschinen, Dünger, hochwertige Nahrungsmittel und chemische Erzeugnisse. Die Geschäfte werden über zentrale Konten bei der Bank deutscher Länder in Frankfurt am Main und der Deutschen Notenbank in Ost-Berlin abgewickelt. Der Anteil der DDR-Produkte, die im Rahmen des innerdeutschen Handels an West-Berlin geliefert werden, soll im kommenden Jahr steigen. 1956 liefert die DDR rd. 5 Mio. t Güter in die Bundesrepublik, davon 1,7 Mio. t an West-Berlin.

30. November 1956

Patterson holt vakanten Titel

Durch k.o. in der fünften Runde gewinnt der US-Boxer Floyd Patterson (s. Abb. r.) gegen seinen Landsmann Archie Moore den WM-Titel im Schwergewicht. Im April war Rocky Marciano ungeschlagen zurückgetreten. Patterson, Olympiasieger im Mittelgewicht, ist mit 21 Jahren der bis dahin jüngste Schwergewichtsweltmeister. Für einen Schwergewichtler bewegt er sich ausgesprochen schnell und verfügt über eine brillante Technik. Der 42-jährige Archie Moore ist weitgehend chancenlos.

4. November 1956

Volksaufstand der Ungar

Sowjetische Truppen ersticken Ungarns Streben nach Demokratie und staatlicher Souveränität mit Waffengewalt. Die Machthaber im Kreml befürchten, dass die politische Unabhängigkeit Ungarns den Zerfall ihres Herrschaftsbereichs in Osteuropa einleiten könnte. Die westlichen Staaten protestieren zwar in aller Schärfe gegen den Einmarsch, leisten Ungarn jedoch keinerlei militärische Hilfe.

Sowjetische Panzer patroullieren in den Straßen von Budapest.

In den ersten Novembertagen überschlagen sich die Ereignisse in Ungarn. Unter Führung des Reformpolitikers Imre Nagy vollzieht sich die Befreiung des Landes vom stalinistischen Regime in rasantem Tempo. Am 1. November erklärt Nagy den Austritt seines Landes aus dem Warschauer Pakt und gleichzeitig die Neutralität. Parallel zur außenpolitischen Unabhängigkeit schreitet die innenpolitische Liberalisierung mit wachsender Dynamik voran. Die kommunistische Alleinherrschaft wird beseitigt, bislang verbotene antikommunistische Parteien nehmen ihre Arbeit auf. Nach der Aufhebung der Pressezensur erscheinen zahlreiche neue Zeitungen. Der am 3. November von Nagy gebildeten Regierung gehören auch mehrere bürgerliche Politiker an – stalinistische Kommunisten sind nicht mehr im Kabinett vertreten. In diesen Tagen kommt es vor allem in Budapest auch zu Gewaltakten gegen Repräsentanten des stalinistischen Regimes. Aufgebrachte Menschen stürmen kommunistische Parteihäuser und verwüsten die Ein-

12. Dezember 1956

Neues Kabarett in München

Mit ihrem ersten Programm tritt die »Münchner Lach- und Schießgesellschaft« an die Öffentlichkeit. Unter der Überschrift »Denn sie müssen nicht, was sie tun ...« nehmen Ursula Herking, Hans-Jürgen Diedrich, Klaus Havenstein und Dieter Hildebrandt Politik und Gesellschaft der Bundesrepublik unter die Lupe und aufs Korn. Regie führt Sammy Drechsel, die musikalische Leitung hat Fred Kassen. Vor allem Dieter Hildebrandt (s. Abb.) begeistert mit seinen Soloeinlagen das Publikum.

6. November 1956

Eisenhower bleibt Präsident

Zum zweiten Mal nach 1952 muss der demokratische Präsidentschaftskandidat, Adlai E. Stevenson, eine Niederlage einstecken. Der amtierende Präsident Dwight D. Eisenhower geht als klarer Sieger aus den Wahlen hervor. Er kann 457 Wahlmännerstimmen auf sich vereinigen, Stevenson lediglich 74. Für Beobachter ist das Ergebnis nicht überraschend. Während Stevenson im Ruf eines farblosen und arroganten Politikers steht, ist die Popularität des ehemaligen Kriegshelden »Ike« Eisenhower ungebrochen. Neben der Persönlichkeit honorieren die Wähler aber auch die Politik Eisenhowers, der sich während seiner Amtszeit als durchsetzungsfähiger Politiker und strikter Antikommunist erwiesen hat. Pluspunkte brachte ihm u.a. die Beendigung des Koreakriegs.

rschlagen

richtung. Zahlreiche Mitglieder des gefürchteten Staatssicherheitsdienstes werden von hasserfüllten Ungarn gelyncht. In Moskau gibt die Neutralitätserklärung Ungarns den Ausschlag für die Entscheidung zur gewaltsamen Niederschlagung der Freiheitsbewegung. Im Morgengrauen greifen sowjetische Truppen Budapest an. Mehrere hundert Panzer rollen gegen das Stadtzentrum vor, wobei sie wahllos Gebäude und freie Plätze unter Feuer nehmen. In den Straßen entbrennen heftige Kämpfe zwischen Aufständischen und den Invasionstruppen. Mit dem Mut der Verzweiflung werfen sich Angehörige der ungarischen Armee und Freiwilligengruppen den Sowjets entgegen. Die Verteidiger sind den Invasoren hoffnungslos unterlegen. Doch auch als deutlich wird, dass vom Westen keine Unterstützung zu erwarten ist, kämpfen sie mit Karabinern, Maschinenpistolen und Molotow-Cocktails weiter. Zehn Tage lang können die ungarischen Kämpfer den sowjetischen Einheiten Widerstand leisten, ehe der Aufstand am 15. November zusammenbricht. Nach der Kapitulation übernimmt de facto die sowjetische Armee die Regierungsgewalt. Die rechtmäßig gewählte Nagy-Regierung ist entmachtet, ihre Mitglieder befinden sich zum größten Teil in Haft. Die von János Kádár mit Hilfe der Sowjets gebildete »Ungarische Revolutionäre Arbeiter- und Bauernregierung« verfügt noch nicht über genügend Autorität, um das Land zu regieren.

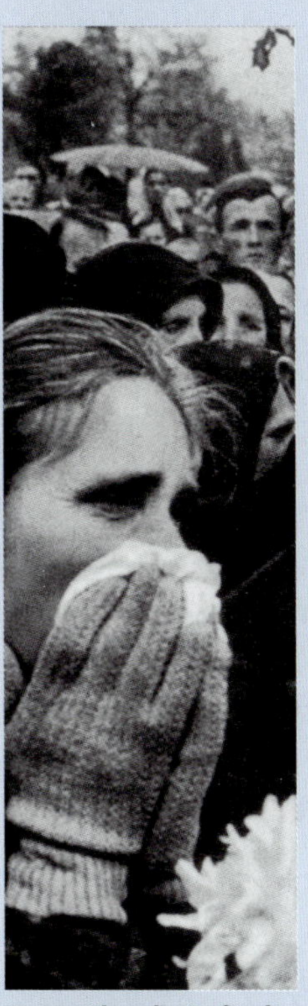

Trauer über die Opfer des Volksaufstands

Nachdem der militärische Widerstand gebrochen ist, verlegt sich die Bevölkerung mehrheitlich auf den passiven Widerstand. Industrie, Handel und Verwaltung sind weitgehend lahmgelegt. In dieser Situation gehen die sowjetischen Besatzer mit Massenverhaftungen und Deportationen gegen die Bevölkerung vor. Nach vorsichtigen Schätzungen sind davon mehr als 5000 Ungarn betroffen. Kádár verkündet ein Regierungsprogramm, das in vielen Punkten mit den Reformplänen von Nagy übereinstimmt, macht jedoch die Einführung eines Mehrparteiensystems und die Neutralitätserklärung Ungarn wieder rückgängig. Darüber hinaus beginnt die Regierung mit dem Wiederaufbau des von Nagy zerschlagenen Sicherheits- und Repressionsapparats. Die neue Politik treibt Zehntausende von Ungarn in den Westen. Im Dezember teilt das österreichische Innenministerium mit, dass seit der Niederschlagung des Volksaufstands rd. 135 000 Ungarn geflohen seien. Mehr als 1000 Flüchtlinge passieren täglich die Grenze. Zahlreiche Staaten erklären ihre Bereitschaft, geflüchtete Ungarn aufzunehmen. Rd. 65 000 Personen sind von Österreich aus in andere Länder weitergereist.

Volkserhebungen im Ostblock (Auswahl)

Datum	Ereignis
1953	DDR: Streik gegen die Erhöhung von Normen weitet sich zum Kampf gegen das SED-Regime aus
1956	Polen: Arbeiteraufstand in Posen Ungarn: Volksaufstand
1968	Tschechoslowakei: Truppen des Warschauer Paktes walzen »Prager Frühling« nieder
1970	Polen: Blutige Auseinandersetzungen von Demonstranten und Militär nach Preiserhöhungen
1989	Ungarn: Grenzöffnung nach Westen DDR: Die Mauer fällt Tschechoslowakei: »Samtene Revolution« Rumänien: Blutiger Umbruch

Dezember 1956

1 Sa Auf Kuba kommen bei Gefechten zwischen linksgerichteten Rebellen und der Armee von Diktator Fulgencio Batista 50 Menschen ums Leben.

2 So In Paris billigt die französische Nationalversammlung Kredite für die ehemaligen Kolonien Marokko und Tunesien in Höhe von umgerechnet 57 Mio. DM.

3 Mo Die ungarische Regierung unter Ministerpräsident János Kádár verweigert einer Delegation der Vereinten Nationen die Einreise.

4 Di In Ostsibirien werden umfangreiche Diamantenvorkommen entdeckt. Geologen behaupten, es sei weltweit die größte Lagerstätte dieser Art.

5 Mi In New York verabschiedet die UNO eine Resolution, in der ein sofortiger Abzug der sowjetischen Truppen aus Ungarn gefordert wird.

6 Do An einige Bedingungen geknüpft, erklärt sich die israelische Regierung bereit, ihre Truppen von der Sinai-Halbinsel zurückzuziehen.

7 Fr Die katholische Kirche Polens einigt sich in Warschau mit der Regierung auf ein Abkommen, das ihr volle Freiheit des religiösen Lebens zusichert.

8 Sa In Melbourne enden die XVI. Olympischen Sommerspiele. Die erfolgreichste Mannschaft stellte die Sowjetunion vor den USA und Gastgeber Australien.

9 So In Dortmund wird das neu erbaute Museum am Ostwall mit der Ausstellung »Spielzeug aus vergangenen Zeiten« eröffnet.

10 Mo Der deutsche Arzt Werner Forßmann nimmt in Stockholm für die Entwicklung des Herz-Katheters den Nobelpreis für Medizin entgegen.

11 Di Die Vollversammlung der Vereinten Nationen wählt den Schweizer August Lindt einstimmig zum Hohen Kommissar für das Flüchtlingswesen.

12 Mi In der Nähe von Bremerhaven entdecken Wissenschaftler eine rd. 2500 Jahre alte Grabanlage aus der Bronzezeit. → Kabarett

13 Do Der saarländische Landtag nimmt die zwischen Paris und Bonn getroffene Erklärung zum Beitritt des Saarlandes zur Bundesrepublik an.

14 Fr Japan und die UdSSR beenden offiziell den Kriegszustand. +++ Die ehemalige Kolonie Goldküste wird unter dem Namen Ghana unabhängig.

15 Sa Nach Angaben des Innenministeriums in Wien sind seit der Niederschlagung des Volksaufstands rd. 135 000 Ungarn nach Österreich geflüchtet.

16 So Die Regierungen Großbritanniens und Frankreichs geben den vollständigen Rückzug ihrer Streitkräfte aus Ägypten bekannt.

17 Mo Bei dem bislang größten Coup der Kriminalgeschichte erbeuten zwei Männer in den USA Edelsteine im Wert von rd. 600 000 US-Dollar (2,5 Mio DM).

18 Di In Berlin wird die 2,60 m hohe und 12 t schwere Olympia-Glocke geborgen, die 1946 vergraben und später nicht mehr wiedergefunden wurde.

19 Mi Vertreter des Landes Nordrhein-Westfalen unterzeichnen mit dem Vatikan einen Vertrag über die Errichtung eines Bistums Essen.

20 Do Die ungarische Regierung erlässt eine Verordnung, die Internierungen von Personen, die sich am Volksaufstand beteiligt hatten, ohne Gerichtsurteil zulässt.

21 Fr In der Bundesrepublik läuft mit großem Erfolg »Giganten« an, der letzte Spielfilm des 1955 tödlich verunglückten US-Jugendidols James Dean.

22 Sa Der ehemalige Leiter des Bundesamtes für Verfassungsschutz, Otto John, wird in Karlsruhe wegen Landesverrats zu vier Jahren Haft verurteilt.

23 So Die US-Filmgesellschaft Metro-Goldwyn-Mayer beginnt in der Nähe von Frankfurt am Main mit dem Bau des ersten Autokinos in Europa.

24 Mo Im Rahmen der Operation »Santa Claus« spenden die rd. 250 000 in Europa stationierten US-Soldaten Waisenkindern Weihnachtsgeschenke.

25 Di Bundeskanzler Konrad Adenauer sagt in seiner Weihnachtsansprache im Rundfunk: »Nur der führt ein bewusstes Leben, der sich seiner selbst bewusst ist«.

26 Mi In Algerien kommen bei Überfällen und Bombenanschlägen der Befreiungsbewegung FLN 22 Menschen ums Leben.

27 Do Im Leningrader Kirow-Theater wird das Ballett »Spartakus« (Szenen aus einem römischen Leben) von Aram Chatschaturjan uraufgeführt.

28 Fr In den USA beginnt der Bau eines »Supertankers«, der nach Ansicht des Reeders Aristoteles Onassis eine neue Ära im Schiffsbau einleiten wird.

29 Sa Sportjournalisten aus 16 europäischen Staaten wählen den britischen Spieler Stanley Matthews zum »Fußballer des Jahres«.

30 So In mehreren deutschen Städten kommt es zu Jugendkrawallen. In Dortmund machen rd. 4000 Jugendliche die Straßen rund um das Kino »Capitol« unsicher.

31 Mo An der Wolga (UdSSR) wird das Wasserkraftwerk »Gorki« seiner Bestimmung übergeben. Es hat eine Kapazität von 400 000 kWh.

Januar 1957

1 Di Ägypten kündigt den britisch-ägyptischen Vertrag von 1954. Damit verliert Großbritannien das Recht, im Kriegsfall die Suezzone zu besetzen. → Jubel

2 Mi Der 25-jährige weiße US-Boxer Gene Fullmer gewinnt gegen seinen farbigen Landsmann »Sugar« Ray Robinson den Weltmeistertitel im Mittelgewicht.

3 Do Bei seiner Musterung in Memphis (US-Bundesstaat Tennessee) wird der US-Rock 'n' Roll-Sänger Elvis Presley für tauglich befunden.

4 Fr Als Vorstufe zur Wiedervereinigung Deutschlands schlägt SED-Chef Walter Ulbricht die Bildung einer Konföderation beider deutscher Staaten vor.

5 Sa Eine Regierungsdelegation der DDR hält sich zu Verhandlungen in Moskau auf. U.a. wird die Lufthoheit der DDR vereinbart. → Nahost

6 So In Bischofshofen endet die internationale Vierschanzentournee. In der Gesamtwertung der Springer belegt der Finne Pentti Uotinnen den ersten Platz.

7 Mo Die seit elf Wochen streikenden Metallarbeiter in Schleswig-Holstein lehnen in einer Urabstimmung einen Schlichtungsvorschlag als unzureichend ab.

8 Di Polen kündigt einen neuen Kurs in der Agrarpolitik an: U.a. soll Landbesitz bis zu 50 ha wieder privat bewirtschaftet werden können.

9 Mi Anthony Eden, der britische Premierminister, tritt aus gesundheitlichen Gründen zurück. In letzter Zeit war er wegen seiner Ägypten-Politik in die Kritik geraten.

10 Do In seiner alljährlichen Rede zur Lage der Nation warnt US-Präsident Dwight D. Eisenhower eindringlich vor den Gefahren der Inflation. → Macmillan

11 Fr Tausende von Arbeitern demonstrieren in Budapest für bessere Lebensbedingungen. Sowjetische Panzereinheiten gehen gegen die Menge vor.

12 Sa Etwa 3000 Gäste feiern in der Festhalle am Funkturm den Berliner Presse- und Funkball. +++ Toni Sailer gewinnt das Lauberhorn-Ski-Rennen in der Schweiz.

13 So Ungarn verkündet die Ausdehnung des Standrechts. +++ Der Neubau des Schiller-Nationaltheaters in Mannheim wird eröffnet.

14 Mo In Hollywood stirbt im Alter von 58 Jahren der US-Schauspieler Humphrey Bogart. Für den Film »African Queen« erhielt er 1951 den »Oscar«.

15 Di Die israelischen Streitkräfte räumen El Arish, die größte Stadt der Sinai-Halbinsel. Damit ist die erste Phase des israelischen Rückzugs aus Ägypten beendet.

16 Mi In Duisburg-Buchholz wird nach zweieinhalbjähriger Bauzeit das modernste Unfallkrankenhaus der Bundesrepublik Deutschland eröffnet.

17 Do Im afrikanischen Königreich Toro soll eine Junggesellensteuer eingeführt werden. Wegen Erhöhung der Brautpreise würden immer weniger Ehen geschlossen.

18 Fr Drei US-Düsenbombern vom Typ B 52 gelingt es in einer Rekordzeit von 45:19 h, die Erde ohne Zwischenlandung zu umfliegen.

19 Sa Der Budapester Rundfunk gibt die Hinrichtung von zwei Führern des Volksaufstands vom Oktober 1956 bekannt. Die Unruhen halten jedoch an.

20 So Bei den scheindemokratischen Wahlen zum polnischen Parlament erringt die Polnische Vereinigte Arbeiterpartei die absolute Mehrheit.

21 Mo Das nordrhein-westfälische Innenministerium kündigt die Einführung von Radargeräten zur Geschwindigkeitskontrolle im Straßenverkehr an.

22 Di In den USA nimmt die Polizei den Werkzeugmacher George Metesky fest, der in den letzten 16 Jahren mindestens 32 Bomben an öffentlichen Plätzen zündete.

23 Mi Im Fürstentum Monaco kommt Prinzessin Caroline als erstes Kind von Fürst Rainier III. und seiner Frau Gracia Patricia zur Welt.

24 Do Auf dem Bundesparteitag der FDP in West-Berlin wird der frühere Ministerpräsident von Baden-Württemberg, Reinhold Maier, zum Parteivorsitzenden gewählt.

25 Fr Mit 544 gegen 32 Stimmen genehmigt die französische Nationalversammlung den Bau des seit Jahren geplanten Straßentunnels durch den Mont Blanc.

26 Sa In der Mailänder Scala wird »Die Dialoge der Karmeliterinnen«, eine Oper des französischen Komponisten Francis Poulenc, welturaufgeführt.

27 So Zum fünften Mal hintereinander erringt der 20-jährige Konrad »Konny« Freundorfer den Titel des Deutschen Tischtennismeisters.

28 Mo Mit der Ernennung Reinhard Gehlens zum Präsidenten des Bundesnachrichtendienstes wird die einstige Geheimorganisation ein offizielles Staatsorgan.

29 Di Ein Westberliner Gericht entscheidet, dass es sich bei der in Württemberg lebenden Anna Anderson nicht um die russische Zarentochter Anastasia handelt.

30 Mi Unter dem Druck französischer Zwangsmaßnahmen nehmen in Algier viele öffentliche Betriebe trotz eines ausgerufenen Generalstreiks die Arbeit wieder auf.

31 Do In Hannover hat der Film »Rose Bernd« von Wolfgang Staudte nach dem gleichnamigen Drama von Gerhart Hauptmann Premiere.

+++ Saarland wird eingegliedert +++ Mehr Geld

1. Januar 1957

Jubel an der Saar

»Adenauer heißt die Saarländer willkommen«, titelt die Frankfurter Allgemeine zur Eingliederung des Saarlandes in die Bundesrepublik Deutschland. Mit einem Festakt in Saarbrücken begrüßt eine Delegation aus Bonn die Bevölkerung an der Saar offiziell als neue Bundesbürger.

WIEDERVEREINIGUNG

DIE SAAR

KEHRT ZURÜCK!

Grundlage für die zum Jahresbeginn vollzogene Eingliederung des Gebietes mit seinen rd. 1 Mio. Einwohnern ist der im Jahre 1956 geschlossene Luxemburger Saarvertrag zwischen Frankreich und der Bundesrepublik. 1955 hatten die Saarländer in einem Referendum die im Saarstatut vereinbarte »Europäisierung« ihrer Heimat abgelehnt. Nach dem Rücktritt des Ministerpräsidenten und den im Dezember folgenden Landtagswahlen konnten sich die erstmals zugelassenen Parteien durchsetzen, die für eine Angliederung des Saarlands an die Bundesrepublik eintreten. Bis zum Ende des Jahres 1959 soll nach der politischen auch die wirtschaftliche Integration des ökonomisch bedeutsamen Gebiets erfolgt sein. Vertraglich festgelegt sind außerdem die Rechte Frankreichs auf ein Drittel der saarländischen Kohleproduktion sowie der Ausbau der Moselkanalisation und des Oberrheins.

Bundeskanzler Konrad Adenauer bezeichnet das Ereignis als einen Schritt zur europäischen Einigung und würdigt die Haltung Frankreichs, das nicht länger auf einer Loslösung des Saargebiets von Deutschland bestanden habe. Im Juni endet mit der Wahl des bisherigen Kultusministers Hans Egon Reinert (CDU) zum neuen Ministerpräsidenten eine seit März andauernde Regierungskrise. Wie die vorhergehende Regierung unter Hubert Ney (CDU) besteht das neue Kabinett aus einer Koalition aus CDU, SPD und DPS (Demokratische Partei Saar). Nach dem Rücktritt der Regierung Ney, die infolge des Austritts der DPS aus der Koalition nur noch über 22 der 50 Abgeordnetensitze verfügte, hatte sich die CDU um ein Bündnis mit der Christlichen Volkspartei (CVP) bemüht. Die Verhandlungen über eine Regierungsbildung und die Möglichkeit eines Zusammenschlusses beider Parteien scheiterten jedoch an der Person Neys. Doch auch dessen Nachfolger Reinert gab die CVP keine Zusage für die Zusammenführung der Parteien. Auf ihrem Delegiertentag in Saarbrücken beschloss sie vielmehr, sich mit der Christlich-Sozialen Union (CSU) Bayerns zu vereinigen. Die neuerliche Koalition der Saar-CDU mit SPD und DPS wird als Prestigeverlust der Bundes-CDU gewertet, die um eine Einigung des christlichen Lagers bemüht war.

10. Januar 1957

Macmillan wird Premier

Harold Macmillan (s. Abb.) übernimmt als Nachfolger von Anthony Eden das Amt des britischen Premierministers. Eden war am 9. Januar überraschend zurückgetreten. Als Begründung nannte er seinen Gesundheitszustand. Die gesamte britische Presse wertet den Rücktritt jedoch als Reaktion auf die international heftig kritisierte Intervention französisch-britischer Streitkräfte am Suezkanal. Macmillan, der schon Außenminister und Schatzkanzler war, wird dem rechten Flügel der Konservativen zugerechnet. Überraschung ruft hervor, dass Außenminister Selwyn Lloyd, Mitverantwortlicher für die Suezaktion, ebenfalls dem neuen Kabinett angehört.

Küsten-Kontrollboot zur Streiküberwachung

Gesetzgeber zieht nach

Die Aufnahme der Lohnfortzahlung im Krankheitsfall in einen Tarifvertrag veranlasst den Gesetzgeber, die Gleichbehandlung von Arbeitern und Angestellten bei Krankheit auch gesetzlich festzuschreiben. Das Gesetz zur Lohnfortzahlung, das am 31. Mai vom Bundestag in dritter Lesung verabschiedet wird, sieht – im allgemeinen vom dritten Tag der Krankheit an – für die ersten sechs Wochen 90% des Nettolohns vor. Das Krankengeld wird zu 65% von den Krankenkassen übernommen, den Rest trägt der Arbeitgeber. Nach Ablauf der sechs Wochen erhalten Arbeitsunfähige wie bisher 50% ihres Nettolohns.

5. Januar 1957

USA blicken auf Nahost

Die Vereinigten Staaten werden sich zukünftig stärker im Nahen Osten engagieren. Diese Wende in der Nahost-Politik deutet Präsident Dwight D. Eisenhower in einer Botschaft an den Kongress an. Danach wollen die USA den Staaten in der Krisenregion militärische und wirtschaftliche Hilfe gewähren sowie die Intervention eigener Truppen möglich machen, sofern Hilfe angefordert wird. Mit Hilfe dieser sog. Eisenhower-Doktrin soll der Einfluss der Sowjetunion im Nahen Osten zurückgedrängt werden. Während die Staaten im Nahen Osten unterschiedlich auf die Eisenhower-Doktrin reagieren, spricht sich Moskau strikt gegen diese Politik aus und regt stattdessen eine gemeinsame Deklaration der drei Westmächte und der UdSSR an. Danach sollen die vier Mächte die Nahost-Staaten wirtschaftlich unterstützen.

27. Februar 1957

Mao ruft zur Parteikritik auf

Als erster Staatsmann eines kommunistisch regierten Landes konstatiert Chinas KP-Chef Mao Tse-tung (s. Abb. l., mit Chou En-lai) Spannungen innerhalb der Bevölkerung sowie Gegensätze zwischen Parteidoktrin und Alltagsleben. Im »Feldzug zur Richtigstellung der Partei«, dem sog. Hundert-Blumen-Feldzug, sollen bis zum 30. September 600 Mio. Menschen ihre Kritik an den herrschenden Verhältnissen äußern.

Februar 1957

treik für Lohnfortzahlung

Der längste Streik in der Geschichte der Bundesrepublik geht zu Ende. Nach der Annahme eines Schlichtungsspruches kehren in 38 Betrieben der schleswig-holsteinischen Metallindustrie 34 000 Arbeiter, die sich seit dem 24. Oktober im Ausstand befanden, wieder an ihre Arbeitsplätze zurück. Ziel dieses Streiks waren weniger Lohnverbesserungen als Veränderungen einiger Rahmenbedingungen der Arbeit. Die Streikenden haben Lohnfortzahlungen für Arbeiter im Krankheitsfall und längeren Urlaub erreicht. Mit ihrer Forderung nach mehr Urlaubsgeld konnte sich die IG Metall jedoch nicht durchsetzen.
Am 13. Februar hatten die Metallarbeiter mit knapp 40% den Schlichtungsspruch angenommen. Zur Ablehnung wären 75% der Stimmen erforderlich gewesen, es stimmten aber nur 58% gegen den Kompromiss. Der neue Rahmentarifvertrag der Metallindustrie in Schleswig-Holstein stellt die Metallarbeiter im Krankheitsfall im Wesentlichen den Angestellten gleich. Im einzelnen ist eine Erhöhung der Urlaubstage je nach Altersgruppe auf zwölf bis maximal 18 Tage vorgesehen. Jugendliche sollen 24 Tage Urlaub erhalten. Weiter sind Verbesserungen für die Leistungen im Krankheitsfall erreicht worden. Erkrankten Arbeitnehmern wird vom vierten Tag an die Differenz zwischen dem Krankengeld der Kassen und 90% des Nettolohns gezahlt. Bei einer Krankheitsdauer von sieben bis 14 Tagen wird die Hälfte der drei Karenztage am Krankheitsbeginn von den Betrieben getragen, bei längeren Erkrankungen alle drei Tage. Bei Arbeitsunfällen hat der Arbeitnehmer ohne Karenzfrist und unabhängig von der Dauer der Erkrankung Anspruch auf vollen Arbeitslohn. Der Vorsitzende des Deutschen Gewerkschaftsbundes (DGB), Willi Richter, wertet die Einigung als großen gewerkschaftlichen Erfolg, auch wenn nicht alle Forderungen erfüllt werden konnten. Nachdem nun aber im Grundsatz anerkannt sei, dass in der Sicherung des Lebensunterhaltes bei Krankheit die Arbeiter nicht anders behandelt werden dürften als die Angestellten, hoffe er auch auf eine baldige gesetzliche Festlegung dieses Tatbestandes. Die nun erreichte Einigung im Tarifstreit war erst nach harten Auseinandersetzungen zustande gekommen. Der am 13. Februar von den Metallarbeitern angenommene Schlichtungsspruch ist bereits der vierte im Verlauf des Streiks. Zuletzt am 18. Januar hatte sich Bundeskanzler Konrad Adenauer in den Tarifkonflikt eingeschaltet und einen Schlichtungsversuch unternommen, bei dem die Tarifparteien auch Einigkeit erzielen konnten. Entgegen der Empfehlung der Metallergewerkschaft votierten jedoch am 30. Januar über 76% der Streikenden gegen den Kompromissvorschlag und für eine Fortsetzung des Streiks.

Vor einem Kieler Betrieb stößt die Streikzeitung auf Interesse.

Februar 1957

1 Fr Als erste deutsche Universität verleiht die Freie Universität in West-Berlin künftig den akademischen Titel eines Magister Artium (M.A.).

2 Sa Mit Ausnahme der arabischen Territorien gewährt die französische Nationalversammlung allen 13 Kolonien in Afrika einen halbautonomen Status.

3 So Der irische Ministerpräsident John A. Costello gibt den Rücktritt seiner Regierung bekannt. Er reagiert damit auf zwei Misstrauensvoten des Parlaments.

4 Mo Eine Umfrage des Divo-Instituts ergibt, dass die meisten Ein-Personen-Haushalte in Großstädten zu finden sind.

5 Di Zur Vermeidung unerwünschter Wortbildungen auf Kfz-Kennzeichen wird der Trennungsstrich zwischen Ortskennzeichen und Buchstaben eingeführt.

6 Mi Die I.G. Farben erklärt sich in Frankfurt am Main bereit, 30 Mio. DM Entschädigung an ehemalige Zwangsarbeiter aus Konzentrationslagern zu zahlen.

7 Do Nach jahrelangem Schweigen teilt die UdSSR der Regierung Schwedens mit, der vermisste schwedische Diplomat Raoul Wallenberg sei 1947 gestorben.

8 Fr Das österreichische Innenministerium bestimmt für den Sohn des letzten österreichischen Kaisers Karl I. den Namen Otto Habsburg-Lothringen.

9 Sa In Frankfurt am Main wird die Wertpapierbörse eingeweiht. Etwa 800 Gäste aus allen Teilen der westlichen Welt nehmen daran teil.

10 So Nach zehntägiger Dauer schließt in West-Berlin die Grüne Woche ihre Pforten. 430 000 Personen haben die Landwirtschaftsmesse besucht.

11 Mo Die UdSSR übermittelt den drei Westmächten einen Gegenentwurf zur Eisenhower-Doktrin, der sich auf eine wirtschaftliche Hilfe im Nahen Osten beschränkt.

12 Di Bei Bremen wird der neue Seenot-Rettungskreuzer der Deutschen Gesellschaft zur Rettung Schiffbrüchiger auf den Namen »Theodor Heuss« getauft.

13 Mi Der britische Verteidigungsminister Duncan Sandys erklärt, die Anzahl der in Deutschland stationierten britischen Truppen müsse gesenkt werden.

14 Do Großbritannien und Jordanien einigen sich auf die Beendigung ihres Militärpaktes von 1948. London zieht daraufhin seine Truppen ab. → Lohnfortzahlung

15 Fr Der sowjetische Außenminister Dimitri T. Schepilow wird seines Amtes enthoben. Sein Stellvertreter Andrej A. Gromyko tritt die Nachfolge an.

16 Sa Bei dichtem Nebel kollidiert vor dem Stockholmer Hafen ein Hamburger Motorschiff mit dem schwedischen Tanker »Tinny«. Elf Menschen sterben.

17 So In Wien endet die Europameisterschaft im Eiskunstlauf. Bei den Damen siegt die Österreicherin Hanna Eigel, bei den Herren der Franzose Alain Giletti.

18 Mo Erstmals seit Kriegsende wird an den Zeitungskiosken in Warschau die internationale Ausgabe der »New York Times« verkauft.

19 Di In der Münchener Städtischen Galerie beginnt eine umfangreiche Ausstellung der Werke des russischen Malers Wassily Kandinsky.

20 Mi Bundeskanzler Konrad Adenauer und der evangelische Bischof Otto Dibelius unterzeichnen einen Vertrag über die Militärseelsorge in der Bundeswehr.

21 Do Der Bundestag in Bonn beschließt einstimmig die Errichtung einer Stiftung Preußischer Kulturbesitz mit Sitz in West-Berlin.

22 Fr Für Abstimmungen in eidgenössischen Angelegenheiten befürwortet der Schweizer Bundesrat die Einführung des Frauenstimm- und -wahlrechts.

23 Sa Nordrhein-Westfalen und die katholische Kirche errichten das Bistum Essen aus Teilen der Erzbistümer Köln und Paderborn sowie des Bistums Münster.

24 So Die skandinavische Luftverkehrsgesellschaft SAS startet ihre reguläre Luftverkehrslinie Kopenhagen–Tokio, die über den geographischen Nordpol führt.

25 Mo In den Münchener Kammerspielen kommt das Stück »Die Schule der Diktatoren« von Erich Kästner zur Uraufführung.

26 Di Bei den Parlamentswahlen in Thailand erringt die Regierungspartei von Ministerpräsident Luang Pibul Songram einen knappen Sieg.

27 Mi Der Bundestag ratifiziert den Grünen Plan 1957, ein Unterstützungsprogramm für die Landwirtschaft. Es sieht u.a. Subventionen für Milchbauern vor. → Mao

28 Do Banknoten im Wert von 1 DM und 2 DM verlieren mit Ablauf des Tages ihre Gültigkeit als gesetzliches Zahlungsmittel. An ihre Stelle treten Münzen.

März 1957

1 Fr Die Straßenbahntarife in Köln werden auf 45 Pfennige je Fahrt angehoben und gehören damit zu den höchsten in der Bundesrepublik.

2 Sa Bei den Eiskunstlauf-Weltmeisterschaften in den USA belegen die Deutschen Marika Kilius/Franz Ningel hinter dem kanadischen Paar den zweiten Platz.

3 So Die Landarbeiter-Partei von Präsident General Carlos Ibanez del Campo erleidet bei den Parlamentswahlen in Chile eine Niederlage. Die Zentrumspartei siegt.

4 Mo In den deutschen Karnevalsmetropolen wird der Rosenmontag gefeiert. Tausende von Schaulustigen verfolgen die Straßenumzüge.

5 Di Durch ein 4:4 im entscheidenden Spiel gegen Titelverteidiger UdSSR gewinnt die schwedische Nationalmannschaft die Eishockey-Weltmeisterschaft.

6 Mi Das israelische Parlament lehnt nach einer scharfen Debatte drei Misstrauensanträge gegen die Regierung David Ben Gurion ab. → Neuer Staat

7 Do Ein Kontingent der UN-Streitmacht rückt in den Gazastreifen ein, der kurz zuvor von den israelischen Truppen geräumt wurde.

8 Fr Der Film »Der Untertan« von Wolfgang Staudte nach dem gleichnamigen Roman von Heinrich Mann läuft in München an.

9 Sa Wegen Staatsverrats werden in der DDR der Dissident Wolfgang Harich und zwei Mitangeklagte zu Zuchthausstrafen verurteilt.

10 So Bei einem Aufeinandertreffen der Fußballnationalmannschaften der Bundesrepublik Deutschland und Österreichs in Wien siegt die deutsche Elf mit 3:2.

11 Mo Die ersten Nachkriegsmusterungen in der Bundesrepublik sind abgeschlossen. +++ Die Kölner Hausrats- und Eisenwarenmesse geht nach vier Tagen zu Ende.

12 Di Das Münchener Landgericht weist eine Klage deutscher Zeitungsverleger gegen Werbespots im Fernsehprogramm des Bayerischen Rundfunks ab.

13 Mi Die achte Deutsche Spielwarenfachmesse in Nürnberg schließt nach siebentägiger Dauer die Tore. U.a. wurden ferngesteuerte Puppen vorgestellt.

14 Do Nach dem Rücktritt der indonesischen Regierung ruft Präsident Achmed Sukarno den Kriegs- und Belagerungszustand aus. Er erhält damit diktatorische Macht.

15 Fr Das Bundesverteidigungsministerium bestätigt, dass die US-Streitkräfte auf dem Gebiet der Bundesrepublik atomare Sprengköpfe stationiert haben.

16 Sa Die UdSSR warnt die Westmächte vor der Errichtung des Gemeinsamen Marktes und legt eigene Pläne für eine europäische Kooperation vor.

17 So Bei den 24. Tischtennis-Weltmeisterschaften in Stockholm gehen fünf der sieben Titel an japanische Sportler. → Horst Buchholz

18 Mo Der Ministerrat der Westeuropäischen Union billigt die Reduzierung der Truppenstärke der britischen Streitkräfte in der Bundesrepublik Deutschland.

19 Di In Großbritannien verabschiedet das Oberhaus eine umstrittene Strafrechtsreform, die eine Verhängung der Todesstrafe auf wenige Vergehen beschränkt.

20 Mi Eine Gruppe von Wissenschaftlern der Weltgesundheitsorganisation (WHO) warnt vor möglichen Erbschäden durch radioaktive Strahlung.

21 Do In New York kommt das Drama »Orpheus steigt herab« (»Orpheus Descending«) von Tennessee Williams zur Uraufführung.

22 Fr Der Plan, die Turmruine der Kaiser-Wilhelm-Gedächtniskirche in West-Berlin abzutragen, ruft in der Bevölkerung und in der Presse heftige Proteste hervor.

23 Sa Das Bundesarbeitsgericht in Kassel stellt fest, dass die im Grundgesetz verankerte Gleichberechtigung von Mann und Frau auch für Tarifverträge gelte.

24 So Eine neuseeländische Südpol-Expedition entdeckt die steinerne Schutzhütte des britischen Polarforschers Robert Scott, der bei einer Expedition 1912 umkam.

25 Mo Die saarländische Regierung unter Hubert Ney (CDU) tritt zurück. Die CDU/SPD-Koalition verfügt nicht über die Mehrheit der Mandate. → Römische Verträge

26 Di UN-Generalsekretär Dag Hamarskjöld und der ägyptische Staatspräsident Gamal Abd el Nasser erzielen eine Übereinkunft über die Suezkanalgebühren.

27 Mi In Stockholm hat Eugene O'Neills Stück »Fast ein Poet« Premiere. +++ Der US-Film »Der König und ich« wird in Hollywood mit drei »Oscars« ausgezeichnet.

28 Do Die britische Regierung hebt die Verbannung des Erzbischofs von Zypern, Makarios III., auf und erlaubt ihm, die Seychellen zu verlassen.

29 Fr Zum 33. Mal spricht die französische Nationalversammlung in Paris der Regierung unter Ministerpräsident Guy Mollet das Vertrauen aus.

30 Sa Bei den indischen Parlamentswahlen erreicht die regierende Kongresspartei des Ministerpräsidenten Jawaharlal Nehru einen deutlichen Sieg.

31 So Nach der aktuellen Arbeitslosenstatistik ist die Zahl der Erwerbslosen im März um 410 099 auf 702 232 Personen gesunken.

25. März 1957

Römische Verträge unter

Europa gewinnt Konturen: Die Regierungschefs aus Frankreich, Italien, Belgien, den Niederlanden, Luxemburg und der Bundesrepublik Deutschland unterzeichnen in der italienischen Haupt-

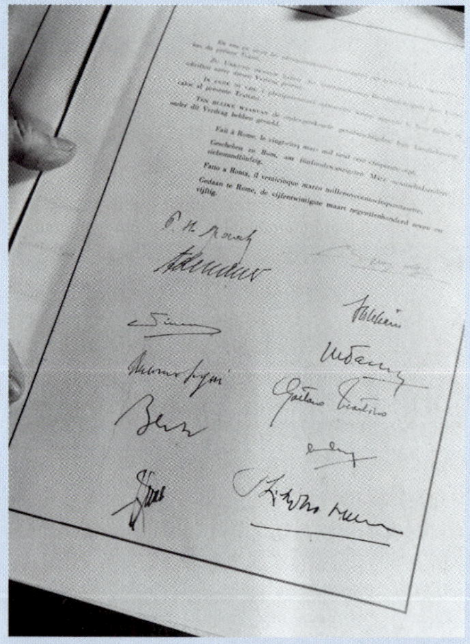

Unterschriften unter den Römischen Verträgen

stadt die sog. Römischen Verträge, die Grundlage für die spätere Europäische Union sind. Das epochale Vertragswerk hebt die Europäische Wirtschaftsgemeinschaft (EWG) und die Europäische Atombehörde (EURATOM) aus der Taufe.
Hintergrund des Zusammenschlusses ist der Wunsch der Europäer, sich gemeinsam zwischen den Supermächten USA und UdSSR wirtschaftlich und politisch zu behaupten. Zudem kann die ökonomisch wieder erstarkende Bundesrepublik in supranationale Strukturen eingebunden werden. Die treibenden Kräfte hinter den Römischen Verträgen sind Frankreich und die Bundesrepublik. Die Franzosen wollen die eigene Wirtschaft schützen und die Kontrolle über die Atompolitik behalten. Die Deutschen versprechen sich politisch-moralische Aufwertung und neue Absatzchancen für ihre aufstrebende Wirtschaft. Im Mittelpunkt des Vertragspaketes steht die EWG. Ihr Ziel ist die Schaffung eines gemeinsamen europäischen Marktes und der Abbau von Zöllen und anderen Handelshemmnissen. Die zwischen den Vertragspartnern bestehenden Zölle und Abgaben sollen im Verlauf einer zwölfjährigen Übergangsfrist abgebaut und gleichzeitig ein gemeinsamer Außenzolltarif in Höhe von 15% des Warenwertes gegenüber Drittländern eingeführt werden. Ferner sind ein freizügiger Zahlungs- und Kapitalverkehr sowie der weitgehende Abbau der Niederlassungsbeschränkungen innerhalb der EWG vorgesehen. Ein besonderes Augenmerk gilt dem Agrarsektor. Durch Mindestpreise und Abnahmegarantien schützt die EWG die Landwirte vor ausländischer Konkurrenz und sichert ihnen ein an den allgemeinen Einkommensentwicklungen orientiertes

4. April 1957

Impfung gegen Polio

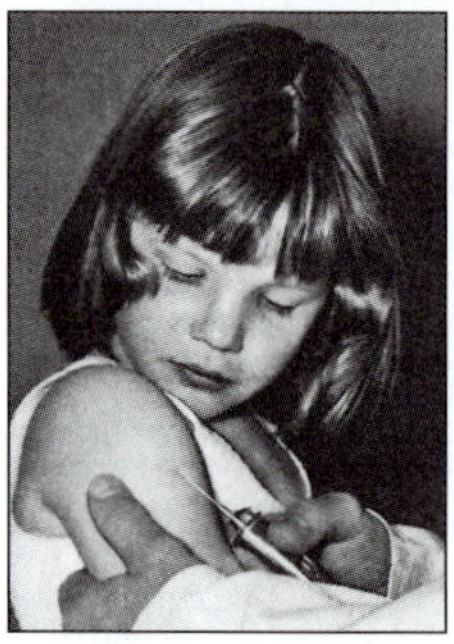

Die erste Massenimpfung (s. Abb.) gegen Kinderlähmung (Polio) in der Bundesrepublik beginnt in Oberhausen. Allein in Nordrhein-Westfalen werden 60 000 Kinder im Alter zwischen zwei und drei Jahren gegen die Krankheit geimpft. Eine weitere krankheitsvorbeugende Aktion läuft in diesem Monat in Hessen an. Unklar ist jedoch, wer die Impfungen bezahlen soll. Während das Land Nordrhein-Westfalen das Impfserum selbst beschafft und finanziert hat, sind in Hessen Land und Kommunen vielerorts übereingekommen, sich die Kosten für den Impfstoff zu teilen. In einigen Fällen müssen jedoch auch die Eltern einen Teil der Kosten übernehmen. Anlass zum Handeln liefert der sprunghafte Anstieg der Erkrankungen. Danach lag im Jahre 1956 die Zahl der Polio-Diagnosen mit 4167 um rd. 40% über der des Vorjahres. Kinderlähmung ist eine durch Tröpfchen- oder Kotinfektion übertragene akute Viruserkrankung.

17. März 1957

»Bambis« für Filmstars

Die Leser der Illustrierten »Film-Revue« haben in einer Umfrage die beliebtesten deutschen Schauspieler gewählt. Maria Schell und Horst Buchholz (s. Abb.) werden in der Karlsruher Schwarzwaldhalle mit den »Bambi«-Trophäen ausgezeichnet. Die Preise für die beliebtesten ausländischen Stars gehen an Italiens Filmdiva Gina Lollobrigida und an Jean Marais aus Frankreich.

Horst Buchholz

deutscher Schauspieler, * 4.12.1933 Berlin

Als aufsässiger Jugendlicher in dem Film »Die Halbstarken« (1956) feierte ihn die Kritik als deutschen James Dean. Für sein Mitwirken in »Himmel ohne Sterne« erhielt Buchholz 1956 den Bundesfilmpreis. International bekannt wird er mit der Titelrolle in »Die Bekenntnisse des Hochstaplers Felix Krull«. Buchholz arbeitet fortan auch in vielen ausländischen Produktionen.

- 1951: Filmdebüt in »Warum?«
- 1957: »Monpti«
- 1960: »Die glorreichen Sieben«

hnet

Einkommen. Die dafür notwendigen, großzügigen Subventionen werden in Zukunft den Haushalt stark belasten. Die EURATOM mit Sitz in Brüssel dient dem Aufbau und der Entwicklung der Kernforschung und der Nuklearindustrie in den sechs Mitgliedsstaaten. Im Rahmen der Verpflichtung, die Kernenergie nur zu friedlichen Zwecken zu nutzen, soll die EURATOM die notwendigen Rohstoffe liefern. Um die Wirtschaftspolitik der EWG-Länder zu koordinieren und ein abgestimmtes Handeln zu ermöglichen, sieht der EWG-Vertrag die Schaffung von gemeinsamen Gremien vor. Dazu gehören u.a. eine beratende Versammlung aus Parlamentariern der sechs Staaten, der Ministerrat aus Regierungsvertretern als beschließendes Organ, die fünfköpfige EWG-Kommission sowie der Europäische Gerichtshof.
Nachdem bislang die Vereinigten Staaten und der 1949 gegründete osteuropäische Rat für gegenseitige Wirtschaftshilfe (COMECON) unter Einschluss der UdSSR die stärksten Kräfte auf dem Weltmarkt darstellten, werden die EWG-Staaten durch ihren wirtschaftlichen Zusammenschluss zu einem dritten bedeutenden Faktor im internationalen Handel. Flächenmäßig der drittgrößte EWG-Staat, hat die Bundesrepublik nach Frankreich das zweitgrößte Bruttosozialprodukt vorzuweisen. Im Außenhandel ist sie führend.

Stationen der europäischen Einigung

Datum	Ereignis
1949	Bildung des Europarates
1950	Schuman-Plan zur Fusion der Montanindustrie
1951	Gründung der Montanunion (EGKS)
1958	Inkrafttreten der Römischen Verträge
1967	Vereinigung von EGKS, EWG und EURATOM zur EG
1968	Verwirklichung der Europäischen Zollunion
1979	Erste Direktwahl zum Europäischen Parlament
1992	Vertrag von Maastricht
1999	Einführung der gemeinsamen Währung Euro

Unterzeichnung des EWG-Vertrags

6. März 1957

Neuer Staat in Schwarz-Afrika

In Westafrika entsteht ein neuer Staat. Ghana, das sich aus der bisherigen Kronkolonie Goldküste und dem britisch verwalteten Teil der ehemals deutschen Kolonie Togo zusammensetzt, feiert seine Unabhängigkeit. In einem feierlichen Zeremoniell in Accra verliest die Herzogin von Kent in Vertretung der britischen Königin Elizabeth II. deren Thronrede, in der sie »meinem neuen Volk von Ghana« eine glückliche Zukunft wünscht. Der Staat unter Führung seines ersten Präsidenten Kwame Nkrumah bleibt Mitglied im britischen Commonwealth. Die Verfassung sichert dem Land vollständige Unabhängigkeit zu und nimmt Rücksicht auf die aus verschiedenen Stämmen bestehende Bevölkerung des Landes. So behalten die Häuptlinge der fünf Regionen Garantien auf einen Großteil ihrer Gewohnheitsrechte, müssen jedoch auf die bisherige Machtfülle verzichten. Ein Parlament war bereits im Juli 1956 gewählt worden. London, das 1821 die Verwaltung des Landes übernommen hatte, verliert mit Ghana eine seiner wirtschaftlich einträglichsten Kolonien. Hauptexportartikel ist Kakao, mit dem das westafrikanische Land nach dem Zweiten Weltkrieg ein Viertel aller Dollareinnahmen des britischen Kolonialreiches erwirtschaftete.

12. April 1957

Warnung aus Göttingen

Im »Göttinger Manifest« sprechen sich 18 führende deutsche Atomwissenschaftler (s. Abb.) gegen Kernwaffen aus. Unter den Wissenschaftlern befinden sich auch die Nobelpreisträger Max Born, Otto Hahn, Werner Heisenberg und Max von Laue. Sie fordern die Bundesregierung zu einem Verzicht auf atomare Aufrüstung auf. Der Appell von Göttingen ist eine Reaktion auf die Aussage Bundeskanzler Konrad Adenauers (CDU), taktische Atomwaffen seien »nichts weiter als die Weiterentwicklung der Artillerie«. Auch andere Politiker befürworten atomare Bewaffnung.

April 1957

1 Mo Die ersten rd. 10 000 Wehrpflichtigen rücken in die Bundeswehrkasernen ein. +++ In Indien wird die Dezimalwährung eingeführt.

2 Di Mit der Oper »Die Walküre« von Richard Wagner gibt der Dirigent Herbert von Karajan sein Debüt als Leiter der Wiener Staatsoper.

3 Mi Der französische Justizminister François Mitterrand bestätigt Pressemeldungen, wonach in der Kolonie Algerien Gefangene misshandelt worden seien.

4 Do Bundeskanzler Konrad Adenauer bezeichnet die taktischen Atomwaffen als eine unverzichtbare Weiterentwicklung der Artillerie. → Polio

5 Fr In der Bundesrepublik und in der Schweiz sinkt der Benzinpreis um einen Pfennig. Ein Liter kostet in Deutschland nun zwischen 64 und 69 Pfennig.

6 Sa US-Vizepräsident Richard M. Nixon kehrt von einer Reise durch afrikanische Länder zurück. +++ In der UdSSR werden die Steuern gesenkt.

7 So Bundesaußenminister Heinrich von Brentano betont, für die deutsche Wiedervereinigung seien die Grenzen von 1937 und nicht die von 1939 anzustreben.

8 Mo Der indonesische Präsident Achmed Sukarno setzt mit der Bildung eines außerparlamentarischen Notstandskabinetts der innenpolitischen Krise ein Ende.

9 Di Die Räumung des seit November 1956 blockierten Suezkanals ist beendet. Mit Ausnahme israelischer Schiffe ist die Passage für alle Flaggen erlaubt.

10 Mi Der SPD-Vorsitzende Erich Ollenhauer wird zum Kanzlerkandidaten seiner Partei für die Bundestagswahl am 15. September nominiert.

11 Do Im Vereinigten Kernforschungsinstitut in Dubna bei Moskau findet die Inbetriebnahme des derzeit größten Teilchenbeschleunigers der Welt statt.

12 Fr Bundesinnenminister Gerhard Schröder gibt Einzelheiten über die neue Wahlordnung bekannt, die u.a. eine Briefwahl ermöglicht. → Göttingen

13 Sa In Frankfurt/Main erringt der deutsche Mittelgewichtsboxer Peter Müller einen Punktsieg über den Franzosen Mickey Laurent. Ringrichter ist Max Schmeling.

14 So Papst Pius XII. warnt in einer Rede in Rom vor weiterer atomarer Aufrüstung. +++ Österreichs Fußballelf schlägt in Wien die Schweiz mit 5:0.

15 Mo Durch ein Truppenstationierungsabkommen zwischen Rumänien und der UdSSR wird der rechtliche Status der sowjetischen Truppen in Rumänien festgelegt.

16 Di In der UdSSR kommt es zur bislang gewaltigsten Atombombenexplosion zu Testzwecken. Dabei werden kaum Strahlenschutzmaßnahmen getroffen.

17 Mi Bundeskanzler Konrad Adenauer und fünf Unterzeichner des »Göttinger Manifests« sprechen sich gemeinsam gegen die Atombewaffnung aus.

18 Do In Marokkos Hauptstadt Rabat unterzeichnen Vertreter des Gastgeberlandes und der Sowjetunion ein Handelsabkommen der beiden Staaten.

19 Fr Die UdSSR kündigt die Ausrüstung des Ostblocks mit Atomwaffen für den Fall an, dass die USA vergleichbare Waffen bei ihren Verbündeten stationieren.

20 Sa Auf Sizilien stößt der Ätna Lava und glühende Asche aus. Aus zwei Kratern werden glühende Gesteinsbrocken bis zu 500 m hoch in die Luft geschleudert.

21 So Erstmals überträgt das Fernsehen die traditionelle Osterbotschaft von Papst Pius XII. aus Rom. Der Papst nimmt erneut zur Atomfrage Stellung.

22 Mo Nahezu in ganz Europa ist der Komet »Arend-Roland« mit bloßem Auge am Nordhimmel zu erkennen.

23 Di Fast 150 Rundfunkanstalten übertragen weltweit eine Ansprache des Friedensnobelpreisträgers Albert Schweitzer, der das Ende der Atomtests fordert.

24 Mi Der Film »Bekenntnisse des Hochstaplers Felix Krull« nach dem Roman von Thomas Mann hat in West-Berlin Premiere. Horst Buchholz spielt die Titelrolle.

25 Do In der Tschechoslowakei bleibt Frauen-Fußball verboten, solange nicht besondere Regeln dafür festgelegt worden sind.

26 Fr Bundeskanzler Konrad Adenauer eröffnet die Bundesgartenschau in Köln. Das 485 000 m² große Gelände bleibt bis zum Herbst geöffnet.

27 Sa Der Herausforderer Wassili W. Smyslow gewinnt in Moskau den Schachweltmeistertitel gegen Titelverteidiger Michail Botwinnik (beide UdSSR).

28 So Wirtschaftsminister Ludwig Erhard lobt auf der Deutschen Industrie-Messe in Hannover die Preispolitik der Wirtschaft, die den Preisauftrieb aufgehalten habe.

29 Mo Eine Untersuchung des Max-Planck-Instituts Dortmund ergibt, dass von 3000 getesteten Schülern zwischen zehn und elf Jahren 60 % nervös sind.

30 Di Gunnar Jarrings, Beauftragter des UN-Sicherheitsrats für die Vermittlung im Kaschmirkonflikt zwischen Indien und Pakistan, erklärt seine Mission für gescheitert.

Mai 1957

1 Mi Durch den Sieg über seinen Landsmann Gene Fullmer wird der US-Mittelgewichtsboxer »Sugar« Ray Robinson in Chicago zum vierten Mal Profi-Weltmeister.

2 Do Der Münchener Physiker Karl Schenk erhält ein Patent auf eine von ihm entwickelte Fernsehbrille, mit deren Hilfe plastisches Sehen möglich ist.

3 Fr Zum Abschluss ihrer Sitzung in Bonn bekräftigen die Außenminister der NATO-Mitgliedsstaaten, dass sie die Teilung Deutschlands nicht hinnehmen würden.

4 Sa Wegen zu hohen Gagenforderungen kündigt die Wiener Staatsoper den Vertrag mit der italienischen Sopranistin Maria Callas.

5 So Vizekanzler Adolf Schärf (SPÖ) wird zum neuen österreichischen Bundespräsidenten gewählt. Er tritt die Nachfolge des verstorbenen Theodor Körner an.

6 Mo Die italienische Koalitionsregierung aus Christdemokraten, Sozialdemokraten und Liberalen unter Ministerpräsident Antonio Segni tritt zurück.

7 Di In einem Bericht über den Energiebedarf Europas fordern die drei »Atom-Weisen« den Bau von Atomkraftwerken in den Montanstaaten. → Büro

8 Mi »Aus moralischen Gründen« lehnt Baden-Württemberg als einziges Land der Bundesrepublik die Zulassung von Zahlenlotto ab.

9 Do In Bremen wird der Grundstein für die Gartenstadt »Neue Vahr« gelegt, das bislang größte Projekt im sozialen Wohnungsbau der Bundesrepublik.

10 Fr Der Oberste Sowjet, das Parlament der UdSSR, verabschiedet das Gesetz über die Dezentralisierung der Wirtschaft der Sowjetunion.

11 Sa Das Bundesarbeitsgericht erklärt die »Zölibatsklauseln« für ungültig, wonach ein Arbeitsverhältnis mit der Eheschließung einer Arbeitnehmerin endet.

12 So Der Oberbefehlshaber der Streitkräfte der NATO in Europa erklärt, in einem Krieg mit der UdSSR wenn nötig als erste Atomwaffen einzusetzen.

13 Mo Theodor Heuss, der Präsident der Bundesrepublik Deutschland, beendet seinen neuntägigen Staatsbesuch in der Türkei.

14 Di Zwei ehemalige Angehörige der SS werden wegen Beihilfe zum Mord an SA-Stabschef Ernst Röhm und sechs SA-Führern zu 18 Monaten Haft verurteilt.

15 Mi Nahe den Weihnachtsinseln im Pazifik zündet Großbritannien trotz japanischer Proteste seine erste Wasserstoffbombe.

16 Do Wegen des steigenden Energiebedarfs will die Schweiz bis 1975 Atomkraftwerke mit einer Jahresleistung von 6 Mrd. kWh errichten.

17 Fr In Cannes wird William Wylers Hollywood-Film »Friendly Persuasion« (Lockende Versuchung) mit der Goldenen Palme ausgezeichnet.

18 Sa Mit einer Aufführung des »Oberon« von Carl Maria von Weber findet die feierliche Eröffnung des Neubaus des Kölner Opernhauses statt.

19 So Der bisherige italienische Budgetminister Adone Zoli bildet eine Minderheitsregierung, an der nur die Christdemokraten beteiligt sind. → Heinemann

20 Mo Die Bundesregierung lehnt die Vorschläge der UdSSR zur Wiedervereinigung Deutschlands ab. Die Sowjetunion hatte u.a. den Austritt aus der NATO gefordert.

21 Di In Frankreich wird das Kabinett unter Ministerpräsident Guy Mollet – mit 22 Regierungsmonaten das bisher langlebigste nach dem Krieg – gestürzt.

22 Mi Der schweizerische Direktor für wirtschaftliche Verteidigung, Fritz Hummler, ruft die Bevölkerung zu Vorratskäufen für den Kriegsfall auf.

23 Do Die SPD fordert die Loslösung beider deutscher Staaten von den jeweiligen Militärblöcken und den Beitritt zu einem europäischen Bündnis.

24 Fr In Großbritannien wird der Lohnkonflikt, bei dem am 23. März 1 Mio. Arbeiter in den Streik getreten waren, durch eine Lohnerhöhung beigelegt.

25 Sa Der libysche Ministerpräsident Mustafa ben Halim tritt aus gesundheitlichen Gründen zurück. Nachfolger wird Abd Al Madschid Kubar. → Köln

26 So Mit dem dritten 1000-Kilometer-Rennen des ADAC feiert die Rennstrecke Nürburgring in der Eifel ihr 30-jähriges Bestehen.

27 Mo In Budapest unterzeichnen die UdSSR und Ungarn ein Abkommen über die »zeitweilige Stationierung« sowjetischer Truppen in Ungarn.

28 Di Großbritannien lockert das Handelsembargo gegen die Volksrepublik China, das nach Ausbruch des Koreakriegs verhängt wurde.

29 Mi Für Bundesbürger wird der Passzwang bei der Einreise nach Österreich aufgehoben. Künftig genügt der Personalausweis. → Algerien

30 Do Im Endspiel um den Fußball-Europapokal der Landesmeister in Madrid besiegt Vorjahressieger Real Madrid den FC Florenz 2:0.

31 Fr Nach mehrstündiger Debatte verabschiedet der Bundestag in Bonn ein Gesetz über die Lohnfortzahlung im Krankheitsfall.

25. Mai 1957

Kölns neue Kunstattraktion

Nach dreijähriger Bauzeit wird in Köln das Wallraf-Richartz-Museum eingeweiht. Es steht zwischen Funkhaus und Minoritenkirche auf dem Gelände des alten Museumshauses, das im Zweiten Weltkrieg bei einem Luftangriff völlig zerstört wurde. Für den Entwurf zeichnen die Architekten Rudolf Schwarz und Josef Bernhard verantwortlich. Sie passten den Neubau (s. Abb. l.), der Gemälde alter Meister und deutscher Expressionisten zeigt, der Gestaltung der bereits vorhandenen Gebäude an. Die Nachbarschaft der Kirche zwang sie z.B., das neue Haus in der Höhe zu begrenzen. Die Architektur des Museums wird vielfach auch kritisiert.

19. Mai 1957

Heinemann-Partei am Ende

Die Gesamtdeutsche Volkspartei (GVP) beschließt in Essen ihre Auflösung. Den Mitgliedern wird der Übertritt zur SPD bzw. die Unterstützung der Sozialdemokraten bei den bevorstehenden Bundestagswahlen am 15. September empfohlen. GVP-Vorsitzender Gustav Heinemann, bis 1950 Bundesinnenminister im Kabinett Adenauer, schließt sich ebenso wie die zweite Vorsitzende Helene Wessel der SPD an. Heinemann erklärt die Selbstauflösung der 1952 gegründeten Splitterpartei, die gegen die deutsche Wiederbewaffnung und die Integration ins westliche Bündnis eintrat, wie folgt: »Zu parlamentarischen Erfolgen ist die GVP nicht gekommen, weil Sperrklauseln des Wahlgesetzes, Behinderung ihrer Propaganda (Rundfunk) und der Ausschluss der steuerfreien Geldspenden ihre Arbeit erschwerten.« Der bekennende Christ Heinemann wird 1969 als erster Sozialdemokrat zum Bundespräsidenten der Bundesrepublik Deutschland gewählt.

7. Mai 1957

Das moderne Büro

Die Automatisierung wird schon bald Einzug in die deutschen Büros halten. Diese Prognose wagen die bundesdeutschen Büromaschinenhersteller auf der Hannover-Messe, die nach zehntägiger Dauer zu Ende geht. Auf der Büromaschinenfachausstellung innerhalb der Messe wurden zwar nur wenige der erstmals präsentierten elektrischen Schreibmaschinen geordert, das Interesse daran aber ist riesengroß. Absatzhemmend wirkt in erster Linie noch der Preis der elektrischen Schreibmaschinen, der derzeit bei rd. 2000 DM liegt. Außerdem werden die Geräte von den potenziellen Käufern zwar als arbeitserleichternd, aber nicht unbedingt als zeitsparend eingeschätzt. Die Hersteller wollen nun versuchen, die elektrische Schreibmaschine als zugkräftigen Anreiz bei der Gewinnung von qualifizierten Schreibkräften auf dem Arbeitsmarkt herauszustellen. Noch beschränken sich die bundesdeutschen Büromaschinenhersteller auf die Produktion von Schreibmaschinen, Buchungsmaschinen und Registrierkassen. Wegen der hohen Investitionskosten und der langwierigen Entwicklungszeit wagen sich nur wenige deutsche Hersteller an die in Hannover viel bestaunten elektronischen Großrechner, die aus den USA stammen. Während sie in Amerika bereits in großen und mittleren Betrieben zum Alltag gehören, werden sich, so schätzen deutsche Experten, derartige Geräte in der Bundesrepublik erst in Betrieben ab 2000 Mitarbeitern wirtschaftlich einsetzen lassen. Außerdem fehlt es hierzulande auch an ausgebildetem Bedienungspersonal für die Rechner.

Büro im Wandel: Schon bald setzen sich die elektrischen Schreibmaschinen durch.

Besonders nachgefragt werden in Hannover Arbeitsgeräte zur Rationalisierung der Büroarbeit, mit denen möglichst viele Arbeitskräfte eingespart werden können. Allerdings sind auch hier, etwa auf dem Gebiet der Hollerith-Maschinen zur Lochkartensortierung, schwedische und US-Firmen führend.

13. Juni 1957

Nostalgietrip der »Mayflower«

Eine geschichtsträchtige Seereise erlebt ihre Neuauflage: Das Segelschiff »Mayflower II« (s. Abb.), das die 1620 erfolgte Fahrt der puritanischen Pilgerväter in die Neue Welt wiederholt, erreicht nach siebenwöchiger Überfahrt die Vereinigten Staaten von Amerika. Die Rekonstruktion der berühmten historischen Zweimastbark wird nach ihrer teils stürmischen Atlantiküberquerung von Schaulustigen aus allen Teilen des Landes erwartet. Zahlreiche kleine Schiffe und Privatjachten geben dem Schiff das Geleit, bevor es an der Reede

festmacht, wo einst die Pilgerväter mit ihren Familien erstmals amerikanischen Boden betreten hatten. Die Pilgerväter, die mit der Gründung von Plymouth die Keimzelle Neuenglands schufen, hatten an Bord die Verfassung für ihr künftiges Gemeinwesen festgelegt.

29. Mai 1957

Massaker in Algerien

Bei einem Massaker in Algerien kommen alle 303 männlichen Einwohner des Dorfes Melouza um. Über die Urheber des Anschlags und die Motive herrscht Unklarheit. Die französische Kolonialmacht, die seit 1954 gegen die einheimische Befreiungsfront FLN vorgeht, beschuldigt diese als Drahtzieher des Attentats. Sprecher der FLN bezichtigen ihrerseits die französischen Behörden, das Massaker angezettelt zu haben. Der Generalsekretär der Algerischen Nationalen Bewegung (MNA) fordert darüber hinaus die Vereinten Nationen auf, eine Untersuchung durch das Internationale Rote Kreuz zu veranlassen.

3. Juni 1957

Rekruten ertrinken bei Übung

Beim ersten großen Unglück seit Bestehen der Bundeswehr kommen 15 Soldaten ums Leben – vier weitere werden leicht verletzt. Die Rekruten werden beim Durchwaten der Iller im Allgäu von der Strömung mitgerissen und ertrinken. Sie sollten auf Anordnung ihres Vorgesetzen den an dieser Stelle etwa 1,30 m tiefen Fluss durchqueren. Am 23. August wird der Vorgesetzte, der den Befehl gab, wegen fahrlässiger Tötung und fahrlässiger Körperverletzung zu einer achtmonatigen Gefängnisstrafe verurteilt, die das Landgericht Kempten zur Bewährung aussetzt. Nach Ansicht der Richter hätte er die Gefahr erkennen müssen, nachdem er als trainiertester Mann der Truppe als erster im Wasser gewesen und von der Strömung abgetrieben worden sei.

23. Juni 1957

Hochwasser fordert Tote

Eine Hochwasserkatastrophe sucht Norditalien heim. Die Überschwemmung im Mündungsdelta des Flusses Po fordert 21 Menschenleben. Auslöser der Naturkatastrophe sind anhaltende Regenfälle in Oberitalien und Südostfrankreich, die den Po übermäßig haben ansteigen lassen. Auch Österreich ist von Hochwasser betroffen.

27. Juni 1957

Tod im Himalaja

Der österreichische Bergsteiger Hermann Buhl verunglückt im Himalaja tödlich. Beim Aufstieg auf den Chogolisa ereignet sich das Drama. Die Leiche des knapp 33-jährigen Tirolers, der einige hundert Meter vor dem 7654 m hohen Gipfel von einem abbrechenden Überhang in die Tiefe gerissen wird, kann nicht geborgen werden. An der Stelle, an der Buhl in den Tod stürzt, errichten Bergsteigergefährten einen Gedenkstein mit deutscher und englischer Inschrift. Die Illustrierten in Deutschland und Österreich berichten ausführlich über den bekannten Alpinisten, der 1953 im Alleingang den 8126 m hohen Nanga Parbat, den höchsten Gipfel des westlichen Himalaja, bezwungen hatte (Abb.: Titelseite der Quick vom 7. September). Wenige Tage zuvor, am 9. Juni, war der österreichischen Karakorum-Expedition, der neben Buhl noch Markus Schmück, Kurt Diemberger und Erwin Wintersteller angehören, der Aufstieg auf den 8047 m hohen Himalaja-Gipfel Broad Peak gelungen. Nach dem Gipfelsturm waren die Männer zu dem auf etwa 6700 m Höhe

gelegenen Lager zurückgekehrt. Von hier aus brachen Buhl und Diemberger zum Chogolisa auf. Kurz vor der tödlichen Katastrophe waren die beiden Bergsteiger auf dem Weg zum Gipfel wieder umgekehrt, weil Nebelwolken und vom Wind aufgewirbelter Pulverschnee die Sicht verschlechtert hatten. Bei diesen Wetterverhältnissen kam Buhl von der Spur seines Begleiters ab und geriet auf das für ihn verhängnisvolle Schneebrett.

Juni 1957

1	Sa	Der österreichische Schriftsteller Johannes Urzidill erhält für seinen Roman »Die verlorene Geliebte« den Schweizer Literaturpreis.
2	So	Auf einer Veranstaltung in Bamberg erklärt Konrad Adenauer, die Bundestagswahl entscheide über eine christliche oder kommunistische Zukunft Europas.
3	Mo	In Düsseldorf wird Giselher Klebes Oper »Die Räuber« nach dem gleichnamigen Drama von Friedrich Schiller uraufgeführt. → Rekruten
4	Di	Mit der Wahl des Kultusministers Egon Reinert (CDU) zum saarländischen Ministerpräsidenten endet eine zweimonatige Regierungskrise im Saarland.
5	Mi	Aus Bonn verlautet, dass die Bundesrepublik für die Stationierung der alliierten Truppen 1,2 Mrd. DM zahlen muss.
6	Do	Am Zürcher Stadttheater kommt die Oper »Moses und Aron« von Arnold Schönberg unter der Leitung von Hans Rosbaud szenisch zur Uraufführung.
7	Fr	Polen erhält von den USA 95 Mio. Dollar Wirtschaftshilfe. +++ Mit einem Staatsakt wird die Alte Pinakothek in München wieder eröffnet.
8	Sa	Die Bundesregierung erklärt, eine Rückführung deutscher Staatsangehöriger aus der UdSSR sei Vorbedingung für den Beginn von Handelsbeziehungen.
9	So	Unter Führung von Markus Schmück besteigt die österreichische Karakorum-Expedition den 8047 m hohen Broad Peak im Himalaja.
10	Mo	Die Nachricht von der Erkrankung des US-Präsidenten Dwight D. Eisenhower löst einen Kurssturz an der New Yorker Börse aus.
11	Di	Der Radikalsozialist und bisherige Verteidigungsminister Maurice Bourgès-Maunoury wird neuer französischer Ministerpräsident.
12	Mi	In La-Chaux-de-Fonds in der Westschweiz versammeln sich 6000 Menschen, die den Verzicht auf alle künftigen Experimente mit Kernwaffen fordern.
13	Do	Anastas I. Mikojan, Mitglied des sowjetischen Politbüros, befürwortet den Vorschlag der USA, Fernsehsendungen auszutauschen. → »Mayflower«
14	Fr	Eine Militärjunta unter Antonio Krebeau übernimmt die Regierung in Haiti, nachdem sie den Präsidenten Daniel Fignolé zum Rücktritt gezwungen hat.
15	Sa	Bundeskanzler Konrad Adenauer beendet seinen dreitägigen Staatsbesuch in Österreich. +++ Der Wahlkongress der SPD geht in Dortmund zu Ende.
16	So	Der US-Sportler Robert Gutowski übertrifft seinen eigenen Weltrekord im Stabhochsprung um zwei Zentimeter. Die Bestmarke liegt nun bei 4,82 m.
17	Mo	Erstmals seit 18 Jahren hält das österreichische Bundesheer wieder ein Manöver ab. +++ Große Teile Europas stöhnen unter einer Hitzewelle.
18	Di	Die Bundesrepublik und weitere Staaten schließen sich der Teilaufhebung des Handelsembargos gegen die Volksrepublik China an.
19	Mi	Der italienische Radrennfahrer Pasquale Fornara gewinnt die 21. Tour de Suisse mit 1:21 min Vorsprung vor dem Belgier Edgar Sorgeloos.
20	Do	In Frankreich hebt die Regierung die seit der Suezkrise bestehende Benzinrationierung auf und erhöht die Literpreise von 81 auf 90 Francs (rd. 1,08 DM).
21	Fr	Bei den Berliner Filmfestspielen verleiht Bundesinnenminister Gerhard Schröder den Deutschen Filmpreis. »Der Hauptmann von Köpenick« erhält sechs Preise.
22	Sa	In Baden-Baden wird die 19-jährige Diplom-Kosmetikerin Gerti Daub aus Hamburg zur »Miss Germany« gekürt. Zweite wird die Bremerin Bianca Brennecke.
23	So	Vor 78 000 Zuschauern gewinnt Borussia Dortmund in Hannover durch ein 4:1 über den Hamburger SV die Deutsche Fußballmeisterschaft. → Hochwasser
24	Mo	US-Wissenschaftler teilen Präsident Dwight D. Eisenhower mit, sie könnten eine Wasserstoffbombe fast ohne radioaktive Ausschüttung herstellen.
25	Di	Italiens Ministerpräsident Adone Zoli erklärt, er wolle entgegen seiner Rücktrittserklärung vom 10. Juni nun doch im Amt bleiben.
26	Mi	Im Alter von 79 Jahren stirbt in Emmendingen der Schriftsteller Alfred Döblin. Als sein berühmtester Roman gilt »Berlin Alexanderplatz«.
27	Do	Das Oberste Schweizer Bundesgericht entscheidet, das Frauenstimmrecht dürfe nicht ohne Verfassungsänderung eingeführt werden. → Himalaja
28	Fr	Der Bundestag verabschiedet ein neues Beamtenbesoldungsgesetz, das die Erhöhung der Gehälter um 10% vorsieht.
29	Sa	Durch einen k.o.-Sieg über den Kölner Peter Müller gewinnt in Berlin Lokalmatador »Bubi« Scholz den Deutschen Meistertitel im Mittelgewicht.
30	So	Mit einem überwältigenden Sieg der pro-westlichen Regierungsparteien enden die am 9. Juni begonnenen Parlamentswahlen im Libanon.

Juli 1957

1 Mo Mit 34,3 °C erlebt Berlin den heißesten Tag seit 54 Jahren. Die anhaltende Hitze führt zu einer Verknappung des Trinkwassers in Deutschland.

2 Di Bei den Londoner Abrüstungsgesprächen legen die Westmächte neue Vorschläge über eine zehnmonatige Pause bei Atomwaffenversuchen vor.

3 Mi Der Bundestag in Bonn verabschiedet u.a. gegen die Stimmen der SPD das Gesetz gegen Wettbewerbsbeschränkungen (Kartellgesetz).

4 Do Die Sopranistin Maria Callas gibt in der neuen Kölner Oper ein Gastspiel. Sie singt die Titelrolle in der Oper »La Somnambula« von Vincenzo Bellini. → Stalinisten

5 Fr Der Generalinspekteur der Bundeswehr, General Adolf Heusinger, unterstellt die ersten drei Bundeswehrdivisionen dem Kommando der NATO.

6 Sa Als erste Farbige gewinnt die US-Sportlerin Althea Gibson das Damen-Einzel bei den Tennismeisterschaften in Wimbledon. → Baukunst

7 So Großbritanniens Premierminister Harold Macmillan beruft angesichts der Autonomiebestrebungen in der Kronkolonie eine Sitzung über die Zypernfrage ein.

8 Mo »Ferienluftbrücke«: Die ersten 125 von 2000 Westberliner Kindern werden von der US-Luftwaffe zu ihren Ferieneltern in der Bundesrepublik geflogen.

9 Di Anlässlich der Eröffnung einer Talsperre im Elsass spricht sich der französische Staatspräsident René Coty gegen die Unabhängigkeit Algeriens aus.

10 Mi Das Bundeskabinett in Bonn beschließt die Senkung der Zölle für gewerbliche Güter um 25% für die Zeit vom 15. August bis zum Ende des Jahres.

11 Do Ein Nürnberger Gericht verurteilt den »Badewannenmörder« aus Fürth zu lebenslanger Haft. Er hatte seine Frau durch Stromschlag in der Wanne getötet.

12 Fr Die US-Regierung bringt zur Information der Öffentlichkeit ein 579 Seiten umfassendes »Handbuch der Atomgefahren« heraus.

13 Sa Polen erlaubt den privaten Landerwerb bis 15 ha. +++ Bundespräsident Theodor Heuss eröffnet in Göttingen das Max-Planck-Institut für Geschichte.

14 So In Ägypten enden die ersten Wahlen zur Nationalversammlung. Alle Kandidaten mussten vor der Wahl von der Regierung gebilligt werden.

15 Mo Der spanische Ministerpräsident Luis Carrero Blanco kündigt an, nach dem Tod von Staatschef Francisco Franco werde die Monarchie eingeführt.

16 Di Österreich lehnt die Forderung des Aachener Domkapitels nach der Rückgabe der Reichskleinodien ab. Diese werden seit 1946 in Wien aufbewahrt.

17 Mi DDR-Ministerpräsident Otto Grotewohl und seine Frau helfen Genossenschaftsbauern in Waltersdorf bei der Maispflege und jäten Unkraut.

18 Do Die Wochenschrift »France Observateur« berichtet, Frankreichs Regierung versuche, mit algerischen Rebellenführern Kontakt aufzunehmen.

19 Fr In Nevada wird erstmals eine atomare Luft-Luft-Rakete abgefeuert. +++ Der Riviera-Paris-Express entgleist in Südfrankreich. 24 Menschen sterben.

20 Sa Der Ministerrat der Sowjetunion sperrt die Gewässer von Wladiwostok, dem bedeutendsten Kriegshafen der UdSSR im Pazifik, für ausländische Schiffe.

21 So Mit 15:16 min Vorsprung gewinnt der französische Radrennfahrer Jacques Anquetil die Tour de France vor dem Belgier Marcel Janssens.

22 Mo Das Bundesverkehrsministerium verkündet, künftig solle der Ausbau des Autobahnnetzes Vorrang vor anderen Straßenbaumaßnahmen haben.

23 Di Mit einer Neuinszenierung der Oper »Tristan und Isolde« durch Wolfgang Wagner werden in Bayreuth die Richard-Wagner-Festspiele eröffnet.

24 Mi Der von Israel gecharterte dänische Frachter »Brigitte Toft« passiert den Suezkanal. Ein israelisches Besatzungsmitglied wird unter Spionageverdacht verhaftet.

25 Do In Tunesien ruft die verfassunggebende Versammlung die Republik aus, an deren Spitze als erster Präsident Habib Burgiba steht.

26 Fr Eine Umfrage ergibt, dass 52 % der Bundesbürger nicht an eine friedliche Wiedervereinigung Deutschlands glauben. → Bundesbank

27 Sa Mit der Aufführung der Oper »Fidelio« von Ludwig van Beethoven beginnen die Salzburger Festspiele. Dirigent ist Herbert von Karajan. → Geburt

28 So In New York verteidigt der Schwergewichts-Weltmeister im Profiboxen, Floyd Patterson (USA), seinen Titel gegen Herausforderer Tommy Jackson.

29 Mo Die drei Westmächte und die Bundesrepublik unterzeichnen in West-Berlin ein Zwölf-Punkte-Programm über die gemeinsame Politik zur Wiedervereinigung.

30 Di Eine offizielle Untersuchung ergibt, dass Jugendliche zwischen zwölf und 14 Jahren gegenüber der Vorgänger-Generation um 10 bis 12 cm größer sind.

31 Mi Laut einer offiziellen Statistik erreicht die Arbeitslosigkeit in der Bundesrepublik Ende Juli mit 390 250 den tiefsten Stand seit Kriegsende.

7. August 1957

Komiker der Korpulenz

In Los Angeles stirbt der US-Schauspieler Oliver Hardy (s. Abb., r.). Zusammen mit Stan Laurel (s. Abb., l.) bildete er das berühmteste, in Deutschland als »Dick und Doof« bekannt gewordene Komikerduo der Filmgeschichte. Hardy verkörperte den stets um Souveränität und Würde bemühten »Dicken« – als Gegenpart zum naiven, weinerlichen »Doofen« Laurel, der tolpatschig die Katastrophen ins Rollen bringt. Das Duo realisierte insgesamt 77 Kurz- und 25 Langfilme. Beide zählen zu den wenigen Komikern, denen der Sprung vom Stumm- zum Tonfilm problemlos glückte. Nach vielen Kurzfilmen entstand 1931 mit »Wir bitten um Gnade« der erste Langfilm. Zu den besten Streifen des Duos zählt der Film »Dick und Doof im Wilden Westen« aus dem Jahre 1937. In 65 Minuten entfalten Laurel und Hardy eine mit umwerfenden Einfällen gespickte Western-Parodie. Ab 1970 wurde in insgesamt 96 Folgen die Serie »Dick und Doof« im Zweiten Deutschen Fernsehen gezeigt.

Oliver Hardy

US-Schauspieler, * 18.1.1892 Harlem ; † 7.8.1957 Los Angeles

Der Sohn eines Rechtsanwalts kam im Jahre 1913 zum Film. Er spielte zunächst als Komparse bei Lubin Motion Pictures, später für verschiedene Studios – vor allem in turbulenten Slapstickkomödien. Er drehte auch mit John Wayne und Bing Crosby.

- ab 1926: Zusammenarbeit mit Stan Laurel
- 1937: »Die Wüstensöhne«
- 1960: postum Ehren-»Oscar«

6. Juli 1957

Baukunst im Meinungsstreit

In West-Berlin eröffnet Bundespräsident Theodor Heuss die Internationale Bauausstellung. Sie leitet eine Wende in der Architektur der 50er Jahre ein. Anhand von Modellbauten demonstrieren Architekten aus mehreren Ländern Ideen zukünftigen Wohnens. Kernstück der Ausstellung ist das Hansaviertel, das im Nordwesten des Tiergartens nach modernen Kriterien wieder aufgebaut werden soll (Abb.: Modell des neuen Viertels mit der Siegessäule im Vordergrund). Im Mittelpunkt des öffentlichen Interesses steht auch die noch im Rohbau befindliche Kongresshalle mit ihrer gewagten Dachkonstruktion.

Die technische Konstruktion bzw. die stilisierte Form entwickelt sich zum wichtigsten Element architektonischen Ausdrucks. Dennoch erntet die zeitgenössische Baukunst Kritik. Die Mehrheit der Architekten bezeichnet den neuen Stil als monoton. Die Entwürfe stünden unter dem Einfluss des

»Amerikanismus«. Gleichzeitig stößt aber auch eine historisierende Architektur für den Wiederaufbau auf Ablehnung. So wird der Versuch, die Stadt Münster anhand des historischen Stadtgrundrisses wieder aufzubauen, von vielen belächelt. Dagegen entwickelt sich der sog. Heimatschutzstil mit aufgelockerten, durchgrünten Kleinstädten. Die neuen Bauten sind durch klare Gliederungen und schlichte Proportionen geprägt. Wichtigste Materialien sind Stahl und Beton.

27. Juli 1957

Geburt live im Fernsehen

In Großbritannien wird zum ersten Mal in der Geschichte der Medizin eine Geburt live im Fernsehen übertragen (s. Abb.). Das Publikum reagiert zwiespältig auf diesen Tabubruch. Die Kameras verfolgen im Withington-Krankenhaus in der westenglischen Industriestadt Manchester die Geburt eines Jungen. Auch als die Ärzte einen Kaiserschnitt für unumgänglich halten, wird die Übertragung fortgesetzt. Presse und Bevölkerung diskutieren lebhaft über das Ereignis. Zwar wird auf der einen Seite der technische Fortschritt, der die die TV-Übertragung ermöglichte, befürwortet. Andererseits lehnen viele Menschen den Einbruch in die Intimsphäre ab. Die britische Rundfunkgesellschaft BBC hatte schon im Februar im Abendprogramm anhand eines Kurzfilms die Geburt eines Kindes dokumentiert.

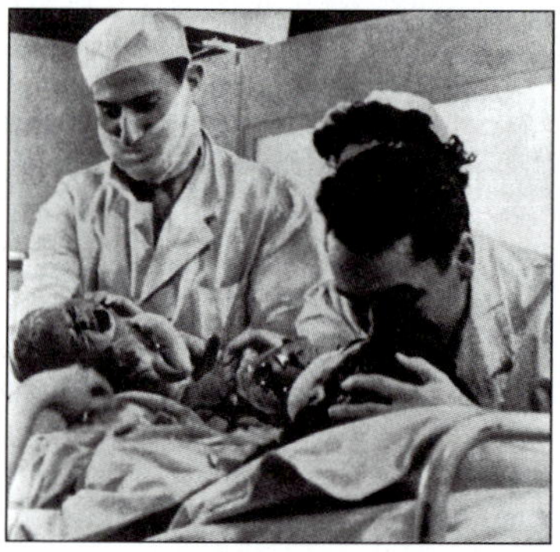

Technische Entwicklungen aus den Bereichen Film und Fotografie erlangen auch im medizinischen Sektor immer größere Bedeutung: Im Jahre 1956 war den französischen Ärzten Charles Debray und E.P. Housset ein spektakulärer Blick ins Innere des menschlichen Körpers gelungen. Mit einer Spezialausrüstung und erheblich verbesserter Technik gewannen sie wichtige neue Erkenntnisse über die inneren Organe. Endoskopische Fotografien spielen seither eine wichtige Rolle in der Medizin.

4. Juli 1957

Stalinisten entmachtet

Der sowjetische Parteichef Nikita S. Chruschtschow gewinnt endgültig den Kampf um die Macht in der UdSSR, der seit dem Tod Stalins weitergeführt worden war. Die Spitzengenossen Georgi M. Malenkow, Wjatscheslaw M. Molotow, Lasar M. Kaganowitsch und Dimitri T. Schepilow werden aus den Führungsorganen der Kommunistischen Partei ausgeschlossen. Malenkow, Molotow und Kaganowitsch verlieren darüber hinaus ihre Ministerposten. Parteigremien werden neu organisiert. Das Zentralkomitee der Partei legt ein umfangreiches Sündenregister der oppositionellen Gruppe vor, die sich gegen die Parteilinie gewandt und einen Wechsel in der Kollektivführung angestrebt haben soll. Chruschtschows Entstalinisierungskampagnen, die angestrebte Annäherung an den Westen und wirtschaftspolitische Reformvorhaben waren bei der Gruppe um Molotow, die den Stalinkult beibehalten wollte, auf erbitterten Widerstand gestoßen. In der US-Hauptstadt Washington werden die Vorgänge als Krisenzeichen gewertet und mit unverhohlener Befriedigung verfolgt.

3. August 1957

Meister heiratet Schülerin

Der 80-jährige weltberühmte Cellovirtuose Pablo Casals heiratet in der puertoricanischen Hauptstadt San Juan die 21-jährige Musikstudentin Marita Montanez. Nach der Trauung starten der Meister und seine vierte Ehefrau an Bord der »Antilles« zu ihrer Hochzeitsreise nach Europa.
Der aus Katalonien stammende umjubelte Musiker, der auf zahlreichen Konzertreisen rund um den Globus triumphale Erfolge feierte, hat Spanien im Jahre 1939 aus Protest gegen Francos Diktatur verlassen und lebt seither im französischen Pyrenäenort Prades, wo seit 1950 alljährlich die nach ihm benannten Musikfestspiele stattfinden. 1957 begründet er auf Puerto Rico die Festivals Casals sowie ein Sinfonie-Orchester.
Casals erhielt seine erste musikalische Ausbildung bereits als Vierjähriger von seinem Vater. Durch seine technische Brillanz und Musikalität erlangte das Violoncello einen neuen Stellenwert im Konzertbetrieb. Ganz besondere Beachtung fand Casals' Interpretation der Suiten von Johann Sebastian Bach. Der Katalane spielt mit allen großen Instrumentalisten des Jahrhunderts zusammen.

26. Juli 1957

Bundesbank gegründet

Die Deutsche Mark bekommt einen Aufpasser. Durch das Bundesbankgesetz konstituiert sich die Deutsche Bundesbank als zentrale Notenbank der Bundesrepublik Deutschland und West-Berlins. Die Institution, zu der die Landeszentralbanken der einzelnen Bundesländer und West-Berlins sowie die Bank deutscher Länder miteinander verschmolzen sind, nimmt am 1. August den Geschäftsbetrieb auf. Der Sitz der Bundesbank ist laut Gesetz der Sitz der Bundesregierung – solange dieser aber außerhalb Berlins liegt, residiert das zentrale Geldinstitut in Frankfurt am Main. Die Aufgaben der Bundesbank sind die Regelung von Geldumlauf und Kreditversorgung der Wirtschaft mit dem Ziel, die Währungsstabilität zu sichern sowie die bankmäßige Abwicklung des Zahlungsverkehrs im Inland und mit dem Ausland. Die Bundesbank gewährt Bund und Ländern im Rahmen bestimmter Höchstgrenzen kurzfristige Kredite. Außerdem hat sie das alleinige Recht zur Ausgabe von Banknoten. Organe der Bundesbank sind der Zentralbankrat, das Direktorium und die Landeszentralbanken. Bei der Ausübung ihrer Tätigkeiten ist die Bundesbank unabhängig von Weisungen der Bundesregierung. Sie ist jedoch verpflichtet, deren Wirtschaftspolitik zu unterstützen. Erster Präsident wird der bisherige Chef der Bank deutscher Länder, Wilhelm Vocke.

Das Bundesbankgebäude in Frankfurt am Main

Präsidenten der Bundesbank

Name	Amtszeit
Wilhelm Vocke	1957
Karl Blessing	1958-69
Karl Klasen	1970-77
Otmar Emminger	1977-79
Karl Otto Pöhl	1980-91
Helmut Schlesinger	1991-93
Hans Tietmeyer	1993-99
Ernst Welteke	ab 1999

August 1957

1 Do Im Wolfsburger Volkswagenwerk läuft eine neue Bauserie für Limousinen an. Auffälligste Veränderung ist die Heckscheibenvergrößerung.

2 Fr Das Bundesverteidigungsministerium richtet infolge eines Bestechungsskandals in Koblenz eine Überwachungsstelle gegen Korruption ein.

3 Sa Eine heftige Debatte löst in Großbritannien Lord John Grigg Altlicham aus. Er hatte Königin Elizabeth II. und ihren Hofstaat öffentlich kritisiert. → Meister

4 So Die Regierung der Volksrepublik China gibt die Einrichtung von »Arbeitsbesserungslagern für soziale Schädlinge und gesetzlose Elemente« bekannt.

5 Mo Acht während der NS-Zeit von Deutschland besetzte europäische Staaten lehnen Entschädigungsvorschläge der Bundesregierung für politische Häftlinge ab.

6 Di Nach der Vorführung des US-Films »Rock around the clock« kommt es in Kopenhagen zu schweren Auseinandersetzungen zwischen Jugendlichen und der Polizei.

7 Mi Der sowjetische Parteichef Nikita S. Chruschtschow trifft mit einer Regierungsdelegation zu einem Besuch in Ost-Berlin ein. → Komiker

8 Do In Frankfurt am Main endet die Tagung des Weltbundes der Lehrer und Erzieher. U.a. kam die Möglichkeit des Unterrichts via Fernsehübertragung zur Sprache.

9 Fr Die FDP wirft der CDU vor, für die Wahlkampfreisen Konrad Adenauers einen nicht ordnungsgemäß bezahlten Sonderzug der Bundesbahn zu nutzen.

10 Sa Mit dem 122. Sieg stellt der von Fritz Thiedemann gerittene Wallach Meteor einen inoffiziellen Weltrekord der erfolgreichsten Springpferde auf.

11 So Im Rahmen der Münchener Opernfestspiele kommt Paul Hindemiths Oper »Die Harmonie der Welt« zur Uraufführung.

12 Mo Bei den 51. Internationalen Tennismeisterschaften von Deutschland in Hamburg gewinnt der Australier Mervyn Rose vor dem Franzosen Pierre Darmon.

13 Di Wegen einer angeblichen Verschwörung gegen Staatspräsident Schukri Al Kuwwatli weist die syrische Regierung drei US-Botschaftsangehörige aus.

14 Mi Ein dreitägiger Lohnstreik der Straßenbahner in der polnischen Stadt Lodz wird von den Behörden mit Gewalt beendet.

15 Do Im Sultanat Oman ziehen sich die britischen Truppen aus der Rebellenfestung Naswa zurück, an deren Eroberung sie vier Tage zuvor beteiligt waren.

16 Fr Die deutsch-sowjetischen Regierungsverhandlungen in Moskau scheitern an der Frage der Repatriierung Deutscher aus der Sowjetunion.

17 Sa Durch einen Wechsel in der syrischen Armeeführung vollzieht sich die Wende zu einem arabisch-nationalistischen Kurs in der syrischen Politik.

18 So Die 57. Deutschen Leichtathletik-Meisterschaften enden in Düsseldorf. Überragende Leistungen zeigten die Läufer Martin Lauer und Manfred Germar.

19 Mo Lewis L. Strauss, Vorsitzender der US-Atomenergiekommission, erklärt, eine Armbanduhr mit leuchtenden Ziffern sei gefährlicher als ein radioaktiver Fallout.

20 Di Der UN-Sicherheitsrat lehnt einen Antrag der arabischen Staaten ab, das britische Eingreifen im Sultanat Oman zu erörtern.

21 Mi US-Präsident Dwight D. Eisenhower schließt eine militärische Intervention in Syrien nach Maßgabe der Eisenhower-Doktrin gegenwärtig aus.

22 Do Alfred Kantorowicz, Leiter des Germanistischen Seminars an der Humboldt-Universität in Ost-Berlin, bittet in der Bundesrepublik um Asyl.

23 Fr In den Vereinigten Staaten wird der Diskontsatz von 3% auf 3,5 % erhöht und erreicht damit den höchsten Stand seit 23 Jahren.

24 Sa Der Deutsche Akademische Austauschdienst erklärt, die Zahl ausländischer Studenten lige im Wintersemester erstmals über 100 000.

25 So In Venedig beginnen die 18. Filmfestspiele. Der bundesdeutsche Beitrag wurde wegen Fristüberschreitung nicht angenommen.

26 Mo Die Sowjetunion gibt den erfolgreichen Test ihrer ersten Interkontinentalrakete bekannt. Ähnliche Versuche der USA scheiterten bisher.

27 Di Wegen einer Bestechungsaffäre in der Bundeswehr wird in Bonn ein Untersuchungsausschuss gebildet. Die CDU verhindert, dass er öffentlich tagt.

28 Mi Frankreich friert die Preise auf dem Stand vom 31. Juli ein und ergreift weitere Maßnahmen zur Stabilisierung des Preisniveaus.

29 Do Bei der UN-Abrüstungskonferenz in London legen die Westmächte ihre Abrüstungsvorschläge vor. Die UdSSR kritisiert die Pläne.

30 Fr Erstmals seit 50 Jahren überqueren drei Heißluftballonfahrer die Alpen. +++ Otto Suhr, der Regierende Bürgermeister von West-Berlin, stirbt.

31 Sa Die Malaiische Föderation in Südostasien wird zu einem unabhängigen Staat innerhalb des Britischen Commonwealth.

September 1957

1 So In der Bundesrepublik tritt eine neue Verkehrsordnung in Kraft: Innerhalb geschlossener Ortschaften darf nicht schneller als 50 km/h gefahren werden.

2 Mo Der Gouverneur des US-Bundesstaates Arkansas lässt die High School in Little Rock abriegeln, um schwarze Kinder am Betreten zu hindern.

3 Di In Hamburg schlägt der Kongress des internationalen Vereins für öffentliches Verkehrswesen innerstädtische Park-und Fahrverbote vor.

4 Mi Das erste Europa-Championat der Springreiter in Rotterdam gewinnt der deutsche Olympiasieger Hans Günter Winkler vor Bernard de Frombelle (Frankreich).

5 Do Ein Berliner Schwurgericht verurteilt Otto Locke, einen ehemaligen Aufseher im Konzentrationslager Auschwitz-Birkenau, zu lebenslangem Zuchthaus.

6 Fr US-Präsident Dwight D. Eisenhower ordnet die beschleunigte Lieferung von militärischen und wirtschaftlichen Gütern in die Nachbarstaaten Syriens an.

7 Sa Das deutsche Fernsehen zeigt den ersten abendfüllenden Spielfilm aus eigener Produktion: »Der Richter und sein Henker« nach Friedrich Dürrenmatt.

8 So Zum Abschluss der Filmfestspiele in Venedig wird mit »Aparajito« zum ersten Mal ein indischer Film mit dem »Goldenen Löwen« ausgezeichnet.

9 Mo US-Präsident Dwight D. Eisenhower unterzeichnet ein neues Bürgerrechtsgesetz. Es soll helfen, das Wahlrecht für die schwarze Bevölkerung durchzusetzen.

10 Di König Saud Ibn Abd Al Asis von Saudi-Arabien trifft mit großem Gefolge in Baden-Baden ein, wo er sich einer mehrwöchigen Rheumakur unterziehen will.

11 Mi Zwei Flugzeuge vom Typ »Ju 52« landen auf dem Flughafen München-Riem und werden als Ausstellungsstücke in das Deutsche Museum überführt.

12 Do In Köln wird der Spielfilm »Vater sein dagegen sehr...« mit Heinz Rühmann und Marianne Koch in den Hauptrollen uraufgeführt.

13 Fr Der französische Ministerrat in Paris beschließt, zur Steuerung des Agrarmarktes langfristige Preise für landwirtschaftliche Produkte festzusetzen.

14 Sa Die UN-Vollversammlung in New York verurteilt die Niederschlagung des ungarischen Volksaufstandes von 1956 durch sowjetische Truppen.

15 So 99,95 % der Wähler stimmen bei den undemokratischen Parlamentswahlen in Bulgarien für die Einheitsliste der Vaterländischen Front. → Bundestagswahl

16 Mo Große Teile des Getränkehandels in der Bundesrepublik verkaufen Wein und Traubensaft ab sofort in Einwegflaschen.

17 Di Die Schauspielerin Sophia Loren und der Produzent Carlo Ponti heiraten in Mexiko per Ferntrauung: Beide lassen sich durch Bevollmächtigte vertreten.

18 Mi In West-Berlin wird die Kongresshalle im Stadtbezirk Tiergarten eröffnet. Sie ist der amerikanische Beitrag zur Internationalen Bauausstellung.

19 Do Auf dem Atomversuchsgelände im US-Bundesstaat Nevada wird die erste unterirdische Atombombe gezündet. → Wahlen

20 Fr Die sowjetische Regierung gibt bekannt, dass der laufende Fünfjahresplan abgebrochen und durch einen Siebenjahresplan ersetzt werden soll.

21 Sa Im Alter von 85 Jahren stirbt der norwegische König Håkon VII., der seit 1905 regiert hatte. Die Nachfolge tritt sein Sohn Olaf V. an. → »Pamir«

22 So Aus den Präsidentschaftswahlen auf Haiti geht der 50-jährige Politiker François Duvalier als eindeutiger Sieger hervor.

23 Mo Aufgrund der asiatischen Grippe, die in Nord- und Westdeutschland um sich greift, werden sämtliche Hamburger Schulen geschlossen.

24 Di Die UN-Vollversammlung spricht sich mit 47 gegen 27 Stimmen bei 7 Enthaltungen gegen die Aufnahme der Volksrepublik China aus.

25 Mi Die SPD wirft der CDU vor, die Wähler schamlos in die Irre geführt zu haben, wie sich an den Preiserhöhungen nach der Wahl zeige. → Rassenkonflikt

26 Do Im New Yorker Broadway-Theater »Winter Garden« wird das Musical »West Side Story« mit der Musik von Leonard Bernstein uraufgeführt.

27 Fr Die Sowjetunion und die DDR schließen ein Handelsabkommen für die Jahre 1958 bis 1960. Die DDR erhält vorwiegend Rohstoffe, die UdSSR Maschinen.

28 Sa In ihrem Bericht stellt die Organisation für europäische wirtschaftliche Zusammenarbeit (OEEC) fest, dass Europa immer mehr auf Energieimporte angewiesen ist.

29 So Durch einen 3:0-Sieg über Luxemburg qualifiziert sich die österreichische Fußball-Nationalelf für die Endrunde der Weltmeisterschaft in Schweden 1958.

30 Mo Die Sparkasse der Stadt Köln eröffnet als erstes Kreditinstitut in der Bundesrepublik auf ihrem Parkplatz einen »Drive In«-Autoschalter nach US-Vorbild.

4. Oktober 1957

Mit »Sputnik 1« beginnt e

Die UdSSR schickt mit »Sputnik 1« den ersten künstlichen Satelliten ins All. Die Erdumrundung des 86,3 kg schweren, kugelförmigen Gebildes mit seinen vier 2,4 bis 2,9 m langen Antennen läutet das Zeitalter der Weltraumfahrt ein. In den USA wird der sowjetische Erfolg als schwere Niederlage empfunden. Der »Sputnik-Schock« erschüttert den Glauben an die Nation. Viele fordern, Amerika müsse den verlorenen Vorsprung mit allen Mitteln aufholen.

Observatorien und Funkstationen in aller Welt verfolgen die Umlaufbahn des »Sputniks«, der mit der ersten russischen Interkontinentalrakete vom Typ Wostok – im Westen SS-6 genannt – in den Orbit befördert wurde. In einer Höhe von 230 km beginnt der künstliche Satellit seine Fahrt. Er wird von der Rakete getrennt und auf 28 000 km/h beschleunigt. Während seines Fluges zieht er eine Ellipsenbahn um die Erde. Der erdnächste Punkt (Perigäum) liegt in einer Entfernung von 229 km, der erdfernste (Apogäum) ist 964 km weit weg von unserem Planeten. »Sputnik« pendelt zwischen 68° nördlicher und 56° südlicher Breite hin und her und umrundet die Erde in 96 Minuten. 21 Tage lang strahlt er auf den Frequenzen 20 und 40 Megahertz – entsprechend den Wellenlängen 15 und 7,5 m – Signale ab, die auch von Funkamateuren empfangen werden können. Die oberen Atmosphärenschichten der Erde verändern allmählich die Flugbahn des »Sputnik«, der schließlich nach 92 Tagen verglüht. Der sowjetische Vorstoß ins All bedeutet einen technologischen Sprung. Durch Beobachtungs- und Messsatelliten lassen sich jetzt neue Erkenntnisse über die Erde und die sie umgebende Atmosphäre gewinnen. Übertra-

Die Presse berichtet über Moskaus Erfolg.

Der Wettlauf ins All

Datum	Ereignis
1957	UdSSR schießt ersten künstlichen Satelliten ins All.
1958	USA starten ersten Satelliten.
1961	Juri Gagarin (UdSSR) ist der erste Mensch im All.
1962	John Glenn ist der erste US-Amerikaner im All.
1969	US-Astronaut Neil Armstrong betritt den Mond.
1975	USA und UdSSR starten erstes Koppelungsmanöver
1978	Sigmund Jähn (DDR) ist der erste Deutsche im All.
1983	Ulf Merbold startet als erster Bundesbürger zum Ra

19. September 1957

Union gewinnt die Wahlen

Die Regierungsparteien CDU und CSU erringen bei den Wahlen zum dritten Deutschen Bundestag einen sensationellen Sieg. Die Union gewinnt mit dem Slogan »Keine Experimente« die absolute Mehrheit. Sie erhält 50,2% der Stimmen und 270 der 497 Mandate. Auch die SPD als zweitgrößte Partei kann Stimmenzuwächse verbuchen. Sie erhält mit 31,8% der Stimmen 3% mehr als bei der Bundestagswahl 1953. Das Ergebnis der Sozialdemokraten wird jedoch von vielen als klare Niederlage interpretiert, weil es ihnen nicht gelungen ist, die Regierung Adenauer abzulösen. Neben Union und SPD sind nur noch die FDP und die Deutsche Partei im Parlament vertreten. Der Wahlkampf wurde vor allem von wirtschaftspolitischen Themen bestimmt. Die Union verwies auf den erreichten Wohlstand, während die SPD eine Verstaatlichung der Schlüsselindustrien forderte. Viele Beobachter werten den Sieg der Union in erster Linie als einen persönlichen Erfolg Adenauers, der zum dritten Mal als Spitzenkandidat seiner Partei antrat. Im Oktober wird »der Alte« erneut zum Bundeskanzler gewählt.

25. September 1957

Rassenkonflikt in USA eskaliert

In Little Rock (US-Bundesstaat Arkansas) schützen Soldaten schwarze Schulkinder vor Übergriffen von Weißen (s. Abb.). Präsident Dwight D. Eisenhower hatte 1000 Mann einer Luftlandedivision angewiesen, die Sicherung von neun farbigen Schülern der örtlichen High School zu übernehmen. Er sieht nur dadurch eine Möglichkeit, einen Beschluss des Obersten Bundesgerichts durchzusetzen: Aufgrund dieses Urteils sollten mit Beginn des neuen Schuljahres farbige und weiße Schüler in gemeinsamen Klassen unterrichtet werden. Der Gouverneur von Arkansas wies jedoch u.a. die Nationalgarde an, farbigen Kindern den Zutritt zur High School zu verwehren.

eues Zeitalter

gungssatelliten können in naher Zukunft Funksignale um die ganze Erde senden. Darüber hinaus hat der geglückte Flug von »Sputnik« auch militärische Bedeutung. Die Sowjetunion stellt unter Beweis, dass sie über Raketen mit großer Reichweite verfügt. Als Moskau im November mit »Sputnik 2« sogar einen Hund ins All schießt, weicht im Westen der »Sputnik«–Schock einer wahren Hysterie. Mit dem neuerlichen Erfolg stellen die Sowjets ihren klaren Vorsprung in der Trägerraketenentwicklung unter Beweis. Die Wissenschaftler staunen vor allem über die Dimensionen von »Sputnik 2«. Der kegelförmige Satellit ist 4 m hoch und hat einen Basisdurchmesser von 1,7 m. Seine Masse beträgt 508 kg. Er ist mit der 3 t schweren Raketenendstufe fest verbunden und umkreist die Erde in einer elliptischen Bahn in 224 bis 1661 km Höhe. Der Satellit enthält neben Messinstrumenten und einem Funksender einen zylindrischen Behälter, in dem die Polarhündin Laika versorgt wird.

»Sputnik« hat nur einen Durchmesser von 58 cm.

3. Oktober 1957

Brandt wird Bürgermeister

Das Westberliner Abgeordnetenhaus wählt den 43-jährigen Willy Brandt (SPD) zum neuen Regierenden Bürgermeister. Der Berliner SPD-Vorsitzende tritt die Nachfolge des verstorbenen Otto Suhr an. Auf Vorschlag von Brandt werden die bisherigen zwölf CDU/SPD-Senatsmitglieder mit der Fortsetzung der Regierungsarbeit betraut. Der neue Regierungschef, vor dessen Nominierung es zu harten Auseinandersetzungen im Vorstand der Berliner SPD gekommen ist, gilt als Vertreter einer undoktrinären Linie innerhalb seiner Partei. Seit 1949 gehört Brandt als Vertreter Berlins dem Bundestag an. Er war einer der engsten Mitarbeiter des Regierenden Bürgermeisters Ernst Reuter. Nach dessen Tod im Jahre 1953 entwickelte er sich zu einem der führenden Köpfe in der Berliner SPD. Brandt trat 1930 in die SPD ein, nachdem er zuvor schon in der sozialistischen Jugendbewegung aktiv gewesen war. Vor einer drohenden Verhaftung durch die Nationalsozialisten emigrierte er 1933 nach Norwegen, wo er Geschichte studierte, journalistisch tätig war und in der norwegischen Arbeiterpartei mitarbeitete.

21. September 1957

Letzte Fahrt der »Pamir«

Das bundesdeutsche Segelschulschiff »Pamir« (s. Abb.) gerät westlich der Azoren in einen Hurrikan

und sinkt. Nur sechs der 86 Seeleute überleben die Katastrophe. Ursprünglich war es noch mehr Matrosen gelungen, sich in die Rettungsboote zu flüchten. Viele verdursten jedoch, weil die Wassertanks im Sturm weggerissen wurden. Die verletzten und erschöpften Männer werden überdies von Haien angegriffen.

Oktober 1957

1 Di Bei einem Zugunglück im Bahnhof Stuttgart-Bad Cannstadt kommen zehn Menschen ums Leben, 30 Personen werden verletzt.

2 Mi Der polnische Außenminister Adam Rapacki regt vor der UN-Vollversammlung in New York die Schaffung einer kernwaffenfreien Zone in Europa an.

3 Do Von Kalifornien kommend trifft eine Maschine des Typs »Lockheed Super-Star« nach einem Nonstop-Flug von über 11 000 km in Hamburg ein. → Brandt

4 Fr Der US-Spielfilm »In 80 Tagen um die Welt« von Michael Todd ist in Düsseldorf in deutscher Erstaufführung zu sehen. → »Sputnik 1«

5 Sa Wegen seines in den USA erschienenen Buches wird der ehemalige jugoslawische KP-Sekretär Milovan Djilas zu sieben Jahren Zuchthaus verurteilt.

6 So In einer Feierstunde in der Frankfurter Paulskirche erhält der US-Dramatiker Thornton Wilder den Friedenspreis des Deutschen Buchhandels.

7 Mo Die Abgeordneten der Volks- und der Länderkammer der DDR beschließen in Ost-Berlin, die Amtszeit von Präsident Wilhelm Pieck zu verlängern.

8 Di Nach zweieinhalbwöchiger Dauer enden die Berliner Festwochen, in deren Rahmen 200 kulturelle Veranstaltungen organisiert wurden.

9 Mi Die Landesregierung Bayerns unter Ministerpräsident Wilhelm Hoegner (SPD) tritt zurück, nachdem Minister anderer Parteien das Kabinett verlassen hatten.

10 Do In Äthiopien finden zum ersten Mal allgemeine Wahlen statt. Aus 491 Kandidaten werden 210 Abgeordnete gewählt, darunter auch zwei Frauen.

11 Fr In München beginnt die Ausstellung »Aktiv-abstrakte Neue Malerei in Deutschland«, u.a. mit Werken von Rolf Cavael und Hans Platschek.

12 Sa Mit der Hinrichtung von drei Algeriern sind in den letzten Tagen von der französischen Kolonialmacht neun Todesurteile vollstreckt worden.

13 So Völlig überraschend führt die DDR neue Banknoten ein. Für den Umtausch der alten Banknoten haben die Bürger nur zehn Stunden Zeit.

14 Mo Eine Gruppe von US-Völkerrechtlern vertritt die Ansicht, eine Sowjetisierung des Mondes sei auch nach dem »Sputnik«-Erfolg nicht zu befürchten.

15 Di Der dritte Deutsche Bundestag tritt zu seiner konstituierenden Sitzung zusammen. Eugen Gerstenmaier (CDU) erhält das Amt des Bundestagspräsidenten.

16 Mi Nach dem Rücktritt der bayerischen Landesregierung vom 9. Oktober wird Hanns Seidel (CSU) zum neuen Ministerpräsidenten von Bayern gewählt.

17 Do Die britische Königin Elizabeth II. und ihr Mann Prinz Philip treffen zu einem viertägigen Staatsbesuch in Washington ein.

18 Fr In der Essener Villa Hügel, dem ehemaligen Familiensitz der Familie Krupp, beginnt eine Ausstellung mit Werken von Vincent van Gogh.

19 Sa Die Deutschlandhalle wird in West-Berlin wieder eröffnet. +++ Der Schriftsteller Erich Kästner erhält den mit 5000 DM dotierten Georg-Büchner-Preis.

20 So In Köln schließt die Bundesgartenschau ihre Tore. Über 4,5 Mio. Menschen besuchten innerhalb eines knappen halben Jahres die Ausstellung.

21 Mo Der Simplon-Orient-Express rast in der Nähe von Istanbul in einen Lokalzug. Das Unglück fordert 89 Todesopfer und über 100 Verletzte.

22 Di Konrad Adenauer (CDU) wird von der Mehrheit des Parlaments zum dritten Mal zum Bundeskanzler der Bundesrepublik Deutschland gewählt.

23 Mi Der Bundesgerichtshof erkennt in einem Urteil die Züchtigungsbefugnis der Lehrer gegenüber ihren Schülern grundsätzlich an.

24 Do Mit 52 Jahren stirbt der französische Modeschöpfer Christian Dior im italienischen Kurort Montecatini. Sein Stil prägte die Mode der letzten Jahre.

25 Fr Der Regierende Bürgermeister von (West-) Berlin, Willy Brandt (SPD), wird einstimmig zum neuen Bundesratspräsidenten gewählt.

26 Sa Überraschend setzt die UdSSR den bisherigen Verteidigungsminister Marschall Georgi K. Schukow ab. Sein Nachfolger ist Marschall Rodion J. Malinowski.

27 So Bei den Wahlen zum türkischen Parlament kann die regierende Demokratische Partei ihre führende Position behaupten.

28 Mo Im US-Magazin »Fortune« erscheint eine Liste der reichsten Männer der USA. Mit einem Vermögen von rd. 1 Mrd. Dollar führt der Ölmagnat J. Paul Getty.

29 Di Eine amerikanische Verkehrsmaschine startet zum ersten planmäßigen Nonstop-Flug von Frankfurt am Main nach New York.

30 Mi Der mit der Regierungsbildung in Frankreich beauftragte Sozialist Guy Mollet scheitert mit seinem geplanten Programm in der Nationalversammlung.

31 Do Die Vollversammlung der Vereinten Nationen debattiert über den Grenzkonflikt zwischen Syrien und der Türkei. Die Versammlung endet ohne Beschluss.

November 1957

1 Fr In Ungarn hebt die Regierung den seit dem 24. Oktober 1956 bestehenden Ausnahmezustand und die Sondergerichtsbarkeit auf. → Skandal

2 Sa Die Teilnehmer eines Fachkongresses der nordwestdeutschen Gesellschaft für Gynäkologie kritisieren die in den USA bereits gelungene künstliche Befruchtung.

3 So Mit der Polarhündin Laika an Bord startet die Sowjetunion ihren künstlichen Erdsatelliten »Sputnik2«. Die Hündin ist das erste irdische Lebewesen im All.

4 Mo Die UdSSR zieht sich aus der UN-Abrüstungskommission zurück. Ihr Vorschlag, eine Abrüstungskommission aus allen UN-Staaten zu bilden, wurde abgelehnt.

5 Di Mit der Wahl des Sozialisten und früheren Wirtschaftsministers Félix Gaillard zum Ministerpräsidenten endet die Regierungskrise in Frankreich.

6 Mi Der sowjetische Parteichef Nikita S. Chruschtschow fordert eine direkte Verständigung mit den USA und die Einberufung einer Gipfelkonferenz.

7 Do Die schwedische Schauspielerin Ingrid Bergman und der italienische Filmregisseur Roberto Rosselini lassen sich in Rom scheiden.

8 Fr Mit einem Acht-Punkte-Programm zur Gesunderhaltung der Familie fordert der Deutsche Hausfrauenbund von Bonn u.a. Maßnahmen zum Lebensmittelschutz.

9 Sa Die Regierung der Sowjetunion beschließt, Indien mit einem umfangreichen Darlehen beim industriellen Aufbau zu unterstützen.

10 So In West-Berlin beginnt am Standort der in der sog. »Reichskristallnacht« zerstörten Synagoge der Aufbau eines jüdischen Gemeindezentrums.

11 Mo Der japanische Ministerpräsident Nobosuke Kishi lehnt die Ausrüstung der in Japan stationierten US-Truppen mit Raketen- und Atomwaffen ab.

12 Di Wegen Mordes an einem Polizisten in Tateinheit mit besonders schwerem Raub verurteilt ein Mannheimer Gericht zwei Bankräuber zu lebenslangen Haftstrafen.

13 Mi Zum zweiten Mal in diesem Jahr kommt es zu erheblichen Überschwemmungen in der italienischen Po-Ebene. Dabei wird die Ernte fast völlig vernichtet.

14 Do Um Rüstungslieferungen der UdSSR zuvorzukommen, beschließen die USA und Großbritannien, Waffen an den nordafrikanischen Staat Tunesien zu exportieren.

15 Fr Der illegal in die USA gereiste Rudolf I. Abel wird zu 30 Jahren Haft verurteilt. Er steht unter dem Verdacht, Chef der sowjetischen Spionage in den USA zu sein.

16 Sa Das Pariser Modehaus Dior gibt bekannt, dass ein Team unter Leitung von Yves Saint-Laurent die künstlerische Verantwortung des Hauses übernehme.

17 So Zehntausende versammeln sich zu einer Kundgebung der Südtiroler Volkspartei auf Schloss Sigmundskron bei Bozen, um für mehr Autonomie zu demonstrieren.

18 Mo Nach fünf Tagen können zwei Bergleute, die in der Schwerspatgrube »Gustav« bei Eschwege in 80 m Tiefe eingeschlossen waren, lebend geborgen werden.

19 Di Antonín Novotný, der Parteichef der Tschechischen KP, wird neuer Staatspräsident. Sein Vorgänger war am 13. November gestorben.

20 Mi In einem Fußballländerspiel im Hamburger Volksparkstadion besiegt die Nationalmannschaft der Bundesrepublik die schwedische Elf mit 1:0.

21 Do Papst Pius XII. ernennt den Weihbischof von Paderborn, Franz Hengsbach, zum ersten Bischof der am 23. Februar gegründeten Diözese Essen.

22 Fr Die Staatsoberhäupter Tunesiens und Marokkos bieten ihre Vermittlungsdienste zur Lösung des französisch-algerischen Konflikts an.

23 Sa In Marokko überfallen Freischärler die spanische Enklave Ifni in Nordafrika. Die Aufständischen fordern, dass Spanien seine Nordafrikabesitzungen aufgibt.

24 So Der ehemalige US-Botschafter in Moskau, George F. Kennan, bezeichnet in einer Rundfunkrede die deutsche Frage als Mittelpunkt der Weltspannungen.

25 Mo US-Präsident Dwight D. Eisenhower erleidet einen Schlaganfall. +++ In den USA geht das erste privat finanzierte Atomkraftwerk der Welt ans Netz.

26 Di Im UNESCO-Institut für Pädagogik in Hamburg diskutieren Fachleute über eine neue Definition des Begriffs »Allgemeinbildung«.

27 Mi Bundespräsident Theodor Heuss beendet seinen Staatsbesuch in Italien, in dessen Verlauf er auch von Papst Pius XII. im Vatikan empfangen wurde.

28 Do Der Internationale Luftverkehrsverband (IATA) billigt die Einführung einer Niedrigpreiskategorie im Transatlantik-Passagierverkehr.

29 Fr Wegen zahlreicher Vergehen verurteilt ein Nürnberger Gericht 16 Mitglieder der Motorradbande »Rote Teufel« zu Jugendstrafen zwischen sechs und 42 Monaten.

30 Sa Die französische Nationalversammlung billigt ein Rahmengesetz über das zukünftige Statut Algeriens. Der afrikanische Staat gehört weiterhin zu Frankreich.

15. Dezember 1957

München ist Millionenstadt

Thomas Seehaus heißt der neue Erdenbürger, durch den München zur Millionenstadt wird. Bereits seit einigen Tagen kontrollieren Beamte die Bevölkerungszahl der Isarstadt, um den millionsten Einwohner mit entsprechendem Jubel begrüßen zu können. Die Eltern des Sonntagskindes Thomas sind aus Schlesien bzw. Hessen nach München gezogen. Sie taufen ihren Sohn nach dem Münchener Oberbürgermeister Thomas Wimmer. Das rd. 800 Jahre alte München (Abb.: Blick auf die Ludwigstraße) ist nach Berlin und

Hamburg die dritte deutsche Millionenstadt. Noch vor 100 Jahren lebten nur 100 000 Einwohner in der bayerischen Metropole.

19. Dezember 1957

US-Raketen für NATO-Staaten

Zum ersten Mal seit Gründung der NATO im Jahre 1949 findet eine Konferenz des westlichen Verteidigungsbündnisses auf der Ebene der Regierungschefs statt. Die Vertreter von 15 Staaten nehmen an der Tagung teil, die in Paris zu Ende geht. »Sputnik 1« war eines der Themen, die auf der Tagesordnung der Politiker standen. Angesichts der sowjetischen Erfolge auf dem Gebiet der Raketen- und Weltraumtechnik wollen die westlichen Bündnispartner Einigkeit und Stärke demonstrieren.

Eines der zentralen Problemfelder der Konferenz ist die Frage einer Stationierung von US-Mittelstreckenraketen in den europäischen Mitgliedsstaaten. Dieser Punkt ist für Washington schon deshalb von großem Interesse, weil die Sowjetunion mit den von ihr erfolgreich erprobten Interkontinentalraketen die USA bedrohen könnten. Ein amerikanischer Gegenschlag wäre dagegen nur von europäischem Territorium aus möglich. Die europäischen Verbündeten stimmen in Paris zwar grundsätzlich einer Stationierung der Raketen zu, betonen jedoch, dass es im konkreten Fall zusätzlich der Billigung des jeweiligen Landes bedürfe. Vorbehalte gegen die Pläne der USA äußern Norwegen und Dänemark. Kurz vor Beginn der Tagung war den USA ein wichtiger Erfolg gelungen: Zum ersten Mal verlief die Erprobung einer US-Interkontinentalrakete erfolgreich. Ein Geschoss vom Typ »Atlas« legte eine Strecke von 500 km zurück und landete nach rd. sechs Minuten im Zielgebiet.

11. Dezember 1957

Republikflucht als Straftat

Die Flucht aus der DDR (Republikflucht) wird künftig mit Freiheitsstrafen von bis zu drei Jahren Dauer geahndet. Die Volkskammer der DDR stimmt einer entsprechenden Änderung des Passgesetzes zu. Gleichzeitig werden im Strafgesetzbuch neue Tatbestände formuliert, mit denen Oppositionelle künftig schärfer verfolgt werden können. Das geänderte Passgesetz sieht vor, dass derjenige sich strafbar mache, »der ohne Genehmigung das Gebiet der Deutschen Demokratischen Republik verlässt oder betritt oder der ihm vorgeschriebene Reiseziele, Reisewege oder Reisefristen oder sonstige Beschränkungen der Reise oder des Aufenthalts hierbei nicht einhält.« Damit wird ein Verfassungsartikel, der den DDR-Bürgern bislang Freizügigkeit garantiert und ihnen das Recht zur Auswanderung einräumt, eingeschränkt. Die Änderung des Gesetzes soll dazu dienen, den in den vergangenen Jahren stark angestiegenen Flüchtlingsstrom in den Westen zu drosseln. Allein im Jahre 1957 verlassen mehr als 260 000 Menschen die DDR. Der Bundestag in Bonn verurteilt das neue Passgesetz als »brutale Knebelung der Freizügigkeit«, die die menschlichen Beziehungen belaste.

10. Dezember 1957

Nobelpreis für Camus

Der französische Romancier und Essayist Albert Camus erhält in Stockholm den Nobelpreis für Literatur verliehen (Abb.: Camus, r., mit Mitgliedern der schwedischen Königsfamilie). Camus gilt neben Jean-Paul Sartre als bedeutendster Vertreter des Existentialismus. Im Mittelpunkt seines Werkes steht die Frage nach dem Sinn des Lebens und der Beweis der Absurdität menschlicher Existenz. Zu den bekanntesten Werken des Autors gehören u.a. »Die Pest« (1947), »Die Gerechten« (1949) und »Das Exil und das Reich« (1957). Neben Camus ehrt das Nobelpreiskomitee die chi-

nesischen Physiker Cheng Ning Yang und Tsung-Dao Lee. Den jungen Wissenschaftlern gelangen entscheidende Erkenntnisse über die Gesetze der sog. Parität, die zu wichtigen Entdeckungen auf dem Wissensressort der Elementarteilchen führten. Der Italiener Daniel Bovet wird mit dem Nobelpreis für Medizin ausgezeichnet. Seine Forschungen ermöglichten die Herstellung von Arzneimitteln, die Gehirnfunktionen beeinflussen können. Der Chemienobelpreis geht in diesem Jahr an den Briten Alexander R. Todd für seine Arbeiten über Nukleotide. In Oslo wird dem Kanadier Lester Bowles Pearson der Friedensnobelpreis verliehen. Als Außenminister seines Landes hatte er maßgeblichen Anteil an der Lösung des Suezkonfliktes.

1. November 1957

Skandal um Rosemarie

Zum größten Sitten- und Gesellschaftsskandal in der bundesdeutschen Nachkriegszeit wächst sich der Mord an der Frankfurter Prostituierten Rosemarie Nitribitt aus. Die 24-Jährige wird erwürgt in ihrer Wohnung aufgefunden. Hinsichtlich Täter und Motiv tappen die Behörden jedoch im Dunkeln. Zwar kommt es zu einem Prozess gegen einen Verdächtigen, dieser wird jedoch von den Richtern freigesprochen.

Der Pudel »Showing« und das berühmte Mercedes-190-SL-Cabriolet waren die Markenzeichen der Rosemarie Nitribitt.

Neben dem Reichtum der Nitribitt, die es mit »Unmoral« zu einem ansehnlichen Vermögen inklusive Statussymbolen wie Luxuswagen, Pelzen, Schmuck und Modellkleidern brachte, steht ein Notizbuch mit Adressen im Mittelpunkt des großen öffentlichen Interesses. Zwar taucht dieses Buch niemals auf, doch gilt als sicher, dass die Freier des Callgirls zu den Spitzen von Wirtschaft und Politik zählten. Schon wenige Tage nach der Entdeckung des Mordfalls kündigt der Filmregisseur Rolf Thiele an, dass er einen Film über die Affäre produzieren will. Schon ein halbes Jahr nach dem Tod des Callgirls kommt »Das Mädchen Rosemarie« in die Kinos – die Titelrolle spielt Nadja Tiller. Bei den Dreharbeiten muss der Regisseur immer wieder gegen den Widerstand von Firmen und einflussreichen Personen ankämpfen, die Angst haben, mit der Affäre in Verbindung gebracht zu werden.

Nitribitt – Ikone der 50er

Die Uraufführung des Streifens kann im August 1958 erst nach einer »Entschärfung« erfolgen, die die Freiwillige Selbstkontrolle der Filmwirtschaft (FSK) durchgesetzt hatte. Die Auflagen der FSK beziehen sich zum einen auf den Vorspann des Films, in dem nach Ansicht der Kontrolleure deutlicher zum Ausdruck kommen müsse, dass der Fall Nitribitt eine Ausnahme darstelle. Zum anderen wurde eine Szene untersagt, in der vor einer Wochenschauaufnahme mit einer Marschkolonne der Bundeswehr zwei Bänkelsänger den Refrain »Wir ha'm den Kanal noch lange nicht voll« schmetterten. Dies stelle, so die FSK, eine Herabwürdigung verfassungsmäßiger und rechtsstaatlicher Grundsätze dar.

5. Dezember 1957

Indonesien weist Holländer aus

Im Streit um das von Indonesien und seiner ehemaligen Kolonialmacht Niederlande beanspruchte West-Neuguinea (Irian Jaya) weist die indonesische Regierung von Ministerpräsident Achmed Sukarno alle niederländischen Staatsbürger aus dem ostasiatischen Inselstaat aus. Für zusätzlichen Zündstoff sorgt die Tatsache, dass sich viele Unternehmen des an Rohstoffen reichen Inselstaates auch nach der Unabhängigkeit noch in niederländischer Hand befinden und auch ein Großteil des Außenhandels mit der ehemaligen Kolonialmacht abgewickelt wird.

14. Dezember 1957

Zypern will los von London

Die griechischen Bewohner Zyperns – etwa 80% der Gesamtbevölkerung – fordern den Anschluss der Mittelmeerinsel an Griechenland. Die von Athen in die Vollversammlung der Vereinten Nationen eingebrachte Resolution, wonach London und die Bevölkerung Zyperns über Autonomie verhandeln sollten, findet jedoch keine Mehrheit. Seit Jahren führt die griechisch-zypriotische Enosis-Bewegung einen Guerillakrieg gegen die britische Kolonialmacht und für den Anschluss an Griechenland. Die türkische Minderheit Zyperns strebt dagegen eine Teilung der Insel an.

Dezember 1957

1 So Der Westdeutsche Rundfunk und der Norddeutsche Rundfunk strahlen zum ersten Mal ein regionales Fernsehprogramm aus.

2 Mo Zu 15 Jahren Zuchthaus verurteilt ein Hagener Gericht den früheren SS-Angehörigen und Leiter eines Lagers für jüdische Zwangsarbeiter, Paul Thomanek.

3 Di Im ersten Prozess um den Bestechungsskandal im Koblenzer Bundeswehrbeschaffungsamt wird ein Amtsrat zu zehn Monaten Gefängnis verurteilt.

4 Mi Bei einem schweren Eisenbahnunglück in der Nähe von Lewisham im Südosten Londons kommen fast 100 Menschen ums Leben, 120 werden verletzt.

5 Do Auf einer Rassenkonferenz in Südafrika fordern Vertreter aller Hautfarben die Gleichberechtigung der 11 Mio. farbigen Einwohner Südafrikas. → Indonesien

6 Fr In Cape Canaveral im US-Bundesstaat Florida scheitert der erste Versuch der USA, einen Erdsatelliten ins All zu schießen.

7 Sa Die griechisch-zyprische Untergrundorganisation EOKA ruft in Zypern zum Generalstreik auf. Damit will sie ihre Forderung nach Autonomie unterstreichen.

8 So In einer Erklärung der iranischen Regierung meldet der Iran Ansprüche auf die unter britischem Protektorat stehenden Bahrain-Inseln an.

9 Mo Der polnische Außenminister Adam Rapacki unterbreitet den Westmächten erneut den Vorschlag zur Schaffung einer atomwaffenfreien Zone in Europa.

10 Di Die UN-Vollversammlung bringt ihre Besorgnis über die Lage in Algerien zum Ausdruck und ruft zu einer friedlichen Lösung des Problems auf. → Nobelpreis

11 Mi In China verfügt der Staatsrat die Einführung des lateinischen Alphabets, um Kindern und Erwachsenen das Lesenlernen zu erleichtern. → Republikflucht

12 Do Die UdSSR bietet Island eine sowjetische Neutralitätsgarantie für den Fall an, dass die US-Stützpunkte auf der Insel aufgelöst werden.

13 Fr Ein schweres Erdbeben im Westen des Iran fordert mehr als 2000 Menschenleben, etwa 100 000 Menschen verlieren ihre Häuser.

14 Sa Im Rheinsaal der Kölner Messehalle wählt die deutsche Sportpresse den Sprinter Manfred Germar zum »Sportler des Jahres«. → Zypern

15 So Der US-Verteidigungsministerium gibt den erfolgreichen Probeabschuss einer Interkontinentalrakete vom Typ »Atlas« bekannt. → München

16 Mo In Rossendorf bei Dresden wird der erste Atomreaktor der DDR, ein Forschungsreaktor, in Betrieb genommen.

17 Di Meteorologen messen in Hannover-Langenhagen und in Magdeburg Temperaturen von -30 °C. Das letzte Mal wurde eine solche Kälte 1876 registriert.

18 Mi Der Film »Sissi – Schicksalsjahre einer Kaiserin« läuft in München an. Es ist der dritte Teil des Kinomelodrams über die österreichische Kaiserin Elisabeth.

19 Do In Düsseldorf übergibt Bundesverkehrsminister Hans-Christoph Seebohm die erste Schrägseilbrücke der Bundesrepublik dem Verkehr. → US-Raketen

20 Fr Nach Angaben des Bundespostministeriums ist die Zahl der Telefonanschlüsse 1957 um 344 000 auf knapp 4,67 Mio. angestiegen.

21 Sa Wegen anhaltender Dürre sind nach den Worten des indischen Landwirtschaftsministers Ajiet Prasat Jain 79 Mio. Inder von einer Hungersnot bedroht.

22 So In seiner Weihnachtsansprache richtet Papst Pius XII. einen Aufruf »an die wahren Freunde des Friedens«, den Rüstungswettlauf einzustellen.

23 Mo Mit der Akkreditierung eines neuen US-Botschafters in Damaskus ist die Auseinandersetzung zwischen Syrien und den USA beigelegt.

24 Di UN-Generalsekretär Dag Hammarskjöld verbringt den Weihnachtsabend bei den Einheiten der Polizeitruppe der Vereinten Nationen im Gazastreifen.

25 Mi In seiner Weihnachtsansprache ruft Bundeskanzler Konrad Adenauer zur inneren Besinnung auf. Politische Themen spricht er nicht an.

26 Do 40 asiatische und afrikanische Länder treffen sich in Kairo zur 1. Afro-Asiatischen Solidaritätskonferenz und gründen den »Afro-Asiatischen Solidaritätsstaat«.

27 Fr In Thailand bestimmt das Parlament General Thanom Kittikachorn zum neuen Ministerpräsidenten. Das Militär hatte am 17. September die Macht übernommen.

28 Sa Italien und die UdSSR schließen ein Handelsabkommen. +++ Im Finale des Tennis-Davis-Cups in Melbourne besiegt die Mannschaft Australiens die USA.

29 So In Augsburg gewinnt im Endspiel um den Pokal des Deutschen Fußballbundes (DFB) der FC Bayern München gegen Fortuna Düsseldorf mit 1:0.

30 Mo Der Ministerpräsident von Malta, Dominic Mintoff, wirft Großbritannien die Vernachlässigung seiner Pflichten gegenüber der Insel vor.

31 Di In Israel tritt Ministerpräsident David Ben Gurion mit seinem Kabinett zurück. Grund dafür sind Differenzen über deutsche Waffenimporte.

Januar 1958

1 Mi Das Schweizer Fernsehen nimmt den offiziellen Sendebetrieb auf. +++ Maharishi Mahesh Yogi gründet in Indien die Schule der Transzendentalen Meditation.

2 Do Das Bundeskartellamt in West-Berlin nimmt seine Tätigkeit auf. Nur knapp ein Drittel der geplanten Stellen sind besetzt. → Opern-Skandal → Kartei

3 Fr Eine neuseeländische Expedition unter Führung von Sir Edmund Hillary erreicht nach 82-tägigem Marsch von fast 2000 km den Südpol.

4 Sa Der am 4. Oktober 1957 gestartete erste künstliche Himmelskörper, der sowjetische Satellit »Sputnik 1«, verglüht in der Erdatmosphäre.

5 So In einer Rundfunkansprache unterstreicht der österreichische Bundeskanzler Julius Raab den Willen seines Landes zur Neutralität.

6 Mo Der niederländische Ministerpräsident Willem Drees bezeichnet die Beschlagnahme niederländischer Firmen in Indonesien als getarnte Enteignung.

7 Di David Ben Gurion, der zurückgetretene israelische Ministerpräsident, übernimmt mit unverändertem Kabinett wieder sein bisheriges Amt.

8 Mi Nach vierjähriger Haft kommt der ehemalige Premierminister von Jammu und Kaschmir, Scheich Mohammed Abdullah (»Löwe von Kaschmir«), wieder frei.

9 Do In seiner Jahresbotschaft vertritt US-Präsident Dwight D. Eisenhower die Ansicht, die effektivste Kriegsprävention sei die strategische Luftwaffe der USA.

10 Fr Der sowjetische Ministerpräsident Nikolaij A. Bulganin schlägt den Mitgliedsstaaten der NATO eine Gipfelkonferenz zur Beendigung des Kalten Krieges vor.

11 Sa Vier Mitglieder der südrhodesischen Regierung unter Ministerpräsident Garfield Todd treten zurück, weil sie sich eine schärfere Rassenpolitik wünschen.

12 So Ein Hirtenwort der deutschen katholischen Bischöfe warnt vor den »Gefahren der Mischehe mit Andersgläubigen«.

13 Mo Bundeswirtschaftsminister Ludwig Erhard (CDU) schlägt eine Verlängerung der Wochen-Arbeitszeit um eine Stunde auf durchschnittlich 47 Stunden vor.

14 Di Die Anzeige einer Hausfrau führt zur Aufdeckung eines Lebensmittelskandals im Raum Stuttgart, an der mindestens 50 Metzgereien beteiligt sind.

15 Mi In der DDR beginnt eine dreitägige FDJ-Aktion »Blitz contra Wattfraß«, mit der in Spitzenbelastungszeiten Strom gespart werden soll.

16 Do Das Landgericht München verurteilt den »Wunderdoktor« Bruno Gröning wegen fahrlässiger Tötung zu acht Monaten Haft auf Bewährung.

17 Fr Die US-Marine gibt die erfolgreiche Erprobung des neuen Raketentyps »Polaris« bekannt, der als Bewaffnung für Atom-U-Boote gedacht ist.

18 Sa Beim traditionellen Filmball in West-Berlin ist auffällig wenig Prominenz zu sehen. Im Mittelpunkt des Interesses steht u.a. die Schauspielerin Hildegard Knef.

19 So Bundesaußenminister Heinrich von Brentano bekundet das Interesse der Bundesregierung an der Aufnahme bilateraler Beziehungen zu Ostblockstaaten.

20 Mo Im Bundestag wird ein Antrag auf Wiedereinführung der Todesstrafe bei Mord eingebracht. +++ Olaf V. besteigt in Oslo den norwegischen Thron.

21 Di Ministerpräsident Hans Christian Svane Hamsen erklärt öffentlich, Dänemark lehne die Errichtung von Raketen-Abschussbasen auf seinem Territorium ab.

22 Mi DDR-Ministerpräsident Otto Grotewohl schlägt einen Volksentscheid in beiden deutschen Staaten über deren Einbeziehung in eine atomwaffenfreie Zone vor.

23 Do Nach mehrtägigen Unruhen in Venezuela flieht Staatspräsident Marcos Pérez Jiménez in die Dominikanische Republik.

24 Fr Die Franzosen Guy Monraisse und Jacques Feret gewinnen auf Renault-Dauphine die am 21. Januar gestartete Rallye Monte Carlo.

25 Sa Das saarländische Innenministerium lässt den bei Berus im Saarland stehenden französischen Fernsehsender stillegen.

26 So Vorjahressieger Eugenio Monti aus Italien sichert sich den Titel bei der Zweierbob-Weltmeisterschaft in Garmisch-Partenkirchen.

27 Mo Der ungarische Ministerpräsident János Kádár gibt seinen Rücktritt bekannt. Nachfolger wird der bisherige Verteidigungs- und Innenminister Ferenc Münnich.

28 Di Bonn zeigt sich verwundert, dass im Päpstlichen Jahrbuch für 1958 auf die Nennung der deutschen Namen für die Diözesen im Osten verzichtet wurde.

29 Mi Radio Moskau gibt bekannt, dass sowjetische Wissenschaftler an einer »elektrischen Schlafmaschine« arbeiten, die das Schlafpensum reduzieren könne.

30 Do Der Suchdienst des Deutschen Roten Kreuzes legt die ersten Bildsuchlisten vor, die zur Aufklärung von Vermisstenschicksalen beitragen sollen.

31 Fr Die französische Nationalversammlung billigt die Rahmengesetzgebung für Algerien, das, wie verlautet, weiterhin zu Frankreich gehöre. → Raumfahrt

6. Februar 1958

Fußballteam fliegt in den Tod

Sieben Spieler des britischen Fußballclubs Manchester United sterben bei einem Flugzeugabsturz in München-Riem (Abb.: Bergungsversuch in dichtem Schneetreiben). Das Team befand sich

auf der Heimreise von einem Spiel in Belgrad. Wegen schlechten Wetters konnte die Maschine erst beim dritten Startversuch abheben, sackte beim Steigflug ab und stürzte in ein Haus. Insgesamt sterben 21 Passagiere. 23 Personen überleben das Unglück zum Teil schwer verletzt.

3. Februar 1958

Union der Benelux-Staaten

Die EWG-Staaten Belgien, Luxemburg und die Niederlande bauen ihre Handelsbeziehungen weiter aus und schaffen die Wirtschaftsunion der Benelux-Länder. Die neuen Regelungen betreffen insbesondere den freien Verkehr von Personen, Waren, Dienstleistungen und Kapital. Ferner sollen wirtschafts- und außenpolitische Angelegenheiten künftig besser koordiniert werden. Die Übereinkünfte der Regierungsvertreter sollen bis 1962 in Kraft treten. Bereits seit 14 Jahren sind die Regierungen Belgiens, Luxemburgs und der Niederlande um ein Zusammenwachsen ihrer Länder bemüht. So bildeten sie 1948 eine Zollunion, deren Inhalte nun durch die neu geschaffene Wirtschaftsunion erheblich erweitert werden. Es entsteht einer der größten Handelsblöcke im Westen. Die Benelux-Union ist auch den Partnern in der Europäischen Wirtschaftsgemeinschaft einen Schritt voraus: Sie verfügt über den ersten international freien Arbeitsmarkt. Insbesondere die Nachbarstaaten halten die Benelux-Union für ein vielversprechendes Experiment, das Vorbild für die europäische Einigung sein könne.

31. Januar 1958

Raumfahrt: USA holen sc

Jubel, Genugtuung und Erleichterung in den USA: Mit dem ersten erfolgreichen Start eines US-Erdsatelliten zieht die westliche Supermacht mit der UdSSR gleich, die im Vorjahr »Sputnik 1« ins All geschickt hatte.

Der künstliche Himmelskörper »Explorer 1« wird von einer modifizierten vierstufigen Rakete vom Typ »Jupiter C« angetrieben, die als Satellitenträ-

William Pickering, James Van Allen und Wernher von Braun (v.l.) zeigen ein Modell von »Explorer 1« in Originalgröße.

ger »Juno 1« heißt. Um 22.45 Uhr Ortszeit startet die Rakete vom Versuchsgelände Cape Canaveral im US-Bundesstaat Florida. Wie geplant erreicht sie die vorbestimmte Umlaufbahn. Der Satellit umkreist die Erde zwölfmal täglich mit einer Geschwindigkeit von rd. 27 000 km/h. Der erfolgreiche Start des Satelliten kann aber nicht darüber hinwegtäuschen, dass die UdSSR nach wie vor einen Vorsprung in der Raketentechnologie hat. »Explorer 1« ist mit einem Gewicht von nur 13,9 kg gegenüber den 83,6 kg des »Sputnik 1« weitaus leichter. Der Direktor der Abteilung Raketenentwicklung in der US-Armee, der gebürtige Deutsche Wernher von Braun, glaubt, dass die Vereinigten Staaten noch immer fünf Jahre bräuchten, um den sowjetischen Vorsprung aufzuholen. Um dieses Ziel zu erreichen, wird im Juli die zivile Luft- und Raumfahrtbehörde NASA mit Sitz in Washington aus der Taufe gehoben. Sie ist für alle nichtmilitärischen Raumfahrtprojekte der USA verantwortlich. Angesichts des »Sputnik-Schocks« und der Zweifel u.a. in der US-Bevölkerung an der wissenschaftlich-technologischen Führungsrolle der USA wird die NASA großzügig mit personellen und finanziellen Mitteln ausgestattet. Allein im ersten Jahr erhält die Behörde einen Etat von umgerechnet 1,1 Mrd. DM – mehr als das Fünffache dessen, was US-Präsident

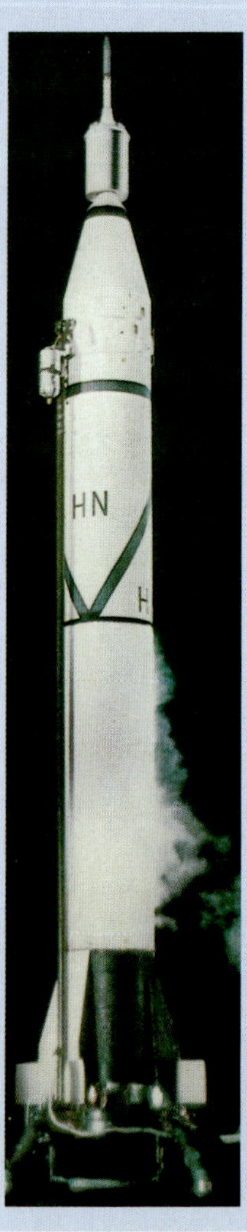

»Jupiter C« bringt »Explorer 1« ins All.

25. Februar 1958

»Halbstarke« proben Aufstand

Die Wiener Presse berichtet von einem Mord an einem 17-jährigen Lehrling durch sog. Halbstarke und löst ein Echo der Entrüstung aus. In den vergangenen zwei Jahren machten jugendliche Banden durch Gewaltaktionen (s. Abb.) immer wieder von sich reden. Bisher blieben Angriffe mit tödlichem Ausgang jedoch die absolute Ausnahme. Jetzt fordert die verschreckte Bevölkerung in Österreich und der Bundesrepublik Durchgreifen und Schutzmaßnahmen. Markenzeichen der »Halbstarken« sind Motorräder oder Mopeds sowie Nietenhosen, Lederjacken und Blousons, unter denen sie karierte Hemden oder weiße T-Shirts tragen. Die Jugendlichen, die in der ungeordneten Nachkriegszeit aufwuchsen, rebellieren gegen Erziehungsideale wie Anpassung und Gehorsam.

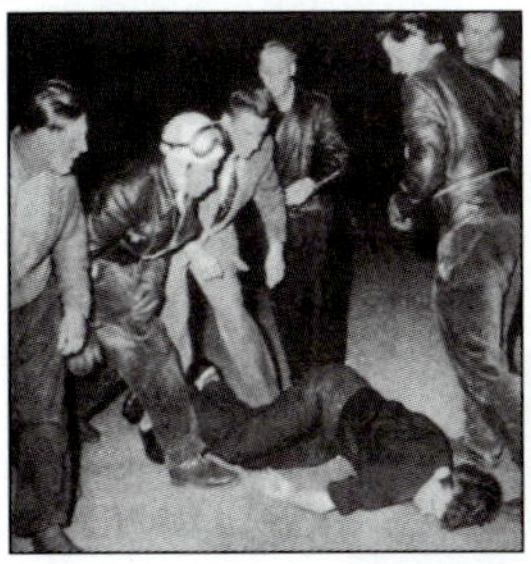

auf

Dwight D. Eisenhower im Parlament beantragt hatte. Neben dem Leiter und einer 17-köpfigen Führungskommission werden 260 Wissenschaftler und Ingenieure am US-Raumfahrtprogramm arbeiten. Die erste Rakete der USA, die bis zum Mond fliegen sollte, explodiert jedoch am 17. August bereits 77 sec nach dem Start in einer Höhe von 20 000 m. Die Endstufe des Geschosses enthielt einen 38,5 kg schweren Satelliten, der den Mond umkreisen und mit Hilfe einer Infrarotkamera Bilder von der erdabgewandten Seite des Himmelskörpers machen sollte. Wie die Amerikaner arbeiten auch die Russen an einem Mondflugprojekt. Vorläufig können sie am 27. August einen weiteren Erfolg bei der Untersuchung von Raumfahrtbedingungen an Tieren verbuchen: Eine 1690 kg schwere Raumkapsel mit zwei Hunden an Bord, die rd. 450 km hoch ins All geschossen wird, kann nach ihrer Rückkehr unbeschädigt geborgen werden.
Ende des Jahres feiern die USA einen Erfolg in der Kommunikationstechnologie. Am 19. Dezember gelingt es, den ersten Nachrichtensatelliten – »Score« – auf eine Umlaufbahn um die Erde zu schicken. Der fast 4 t wiegende künstliche Himmelskörper ist doppelt so schwer wie der bislang größte sowjetische Satellit »Sputnik 3«. Bisher waren die US-Forscher lediglich in der Lage, wesentlich leichtere Satelliten ins All zu schießen. Das nächste Ziel der NASA ist es, einen Beobachtungssatelliten zu entwickeln, der von seiner Umlaufbahn im Weltraum aus größere Kernwaffenexplosionen sowie den Abschuss ferngelenkter Waffen sofort feststellen und die entsprechenden Daten zur Erde übermitteln kann.

2. Januar 1958

Opernskandal um »Norma«

Maria Callas löst in Rom einen Skandal aus. Die Operndiva weigert sich nach dem ersten Akt, die Rolle der »Norma« in Vincenzo Bellinis gleichnamiger Oper weiterzusingen und bricht die Vorstellung ab. Nach der berühmten Arie »Casta Diva« kam es zu Unmutsäußerungen des Publikums. Daraufhin erklärt Maria Callas in der Pause, sie sei erkältet und nicht mehr in der Lage, die Aufführung fortzusetzen. Die erbosten Reaktionen des Publikums, darunter Italiens Staatspräsident Giovanni Gronchi, lassen die Diva kalt; sie ist auch von Demonstrationen am Bühneneingang nicht umzustimmen.

Maria Callas

eigtl. Maria Kalojeropoulos, italienische Sängerin griechischer Herkunft, * 2.12.1923 New York; † 16.9.1977 Paris

Maria Callas gilt mit ihrer mehr als drei Oktaven umfassenden Stimme als unumstrittene Primadonna ihrer Zeit. Nach ihren ersten dramatischen Rollen sang sie unter der Leitung ihres Mentors und Dirigenten Tullio Serafin in der Mailänder Scala Titelpartien. Die teuerste Sopranistin der Welt holte viele vergessene Opern des Belcanto-Fachs wieder auf die Bühne.

- 1937: Studium am Athener Konservatorium
- ab 1950: Karriere an der Mailänder Scala
- 1969: Film »Medea« von Pier Paolo Pasolini

2. Januar 1958

Kartei für Verkehrssünder

In Flensburg wird das Verkehrszentralregister eingerichtet. Die »Verkehrssünderkartei« soll der Reduzierung von Unfällen auf bundesdeutschen Straßen dienen, die zu 90% durch Fehlverhalten der Fahrzeugführer verursacht werden. Die Polizei ist angehalten, insbesondere schwere Verstöße gegen die Straßenverkehrsordnung in Flensburg zu melden. Dazu zählen Trunkenheit am Steuer, überhöhte Geschwindigkeit oder falsches Überholen. Insgesamt werden 84 Delikte meldepflichtig. Da sich darunter auch Bagatellübertretungen befinden, reagiert die bundesdeutsche Bevölkerung mit Kritik auf die Einrichtung in Flensburg. So kommt es wegen »vermeidbarer Geräuschentwicklung«, »unzulässiger Abgabe akustischer Zeichen« oder »Unterlassen von Maßnahmen zur Verhinderung des unbefugten Benutzens von Fahrzeugen« zum Eintrag. Schon das Überfahren des Bordsteins oder falsches Parken kann zum Einzug des Führerscheins führen. Grundsätzlich ist immer dann ein Eintrag möglich, wenn die Polizei es nicht bei einer gebührenpflichtigen Verwarnung bewenden lassen will. Der Führerschein wird ab 18 Punkten eingezogen.

Februar 1958

1 Sa In Kairo wird feierlich ein neuer Staat proklamiert: Syrien und Ägypten schließen sich zur Vereinigten Arabischen Republik (VAR) zusammen.

2 So Der Bob »Deutschland I« mit Pilot Hans Rösch gewinnt die Viererbob-Weltmeisterschaft in Garmisch-Partenkirchen.

3 Mo In Hanoi erklärt der nordvietnamesische Staatspräsident Ho Chi Minh, die Wiedervereinigung mit Südvietnam vorantreiben zu wollen. → Benelux-Staaten.

4 Di Ein Gericht im österreichischen Krems spricht den Schauspieler Paul Hörbiger von dem Verdacht frei, ein 14-jähriges Mädchen vergewaltigt zu haben.

5 Mi In einer Erklärung schlägt Nordkoreas Regierung den Abzug aller ausländischen Truppen aus Nord- und Südkorea sowie die Abhaltung freier Wahlen vor.

6 Do Das Zentralkomitee der SED schließt die Funktionäre Karl Schirdewan, Ernst Wollweber und Fred Oelßner aus dem Politbüro aus. → Fußballteam

7 Fr Saudi-Arabien und Marokko schließen einen Freundschaftspakt, der u.a. die gegenseitige Unterstützung auf internationaler Ebene vorsieht.

8 Sa Französische Flugzeuge bombardieren ein tunesisches Dorf im Grenzgebiet zu Algerien. Bei dem Angriff kommen 79 Menschen ums Leben.

9 So Bei den Ski-Weltmeisterschaften in Bad Gastein gewinnt der 22-jährige Österreicher Toni Sailer den Abfahrtslauf und damit die alpine Kombination.

10 Mo Die DDR-Volkskammer in Ost-Berlin stimmt der Berufung von Max Sefrin zum Stellvertretenden Ministerpräsidenten zu.

11 Di Im französischen Wallfahrtsort Lourdes beginnt offiziell das Jubiläumsjahr zur 100. Wiederkehr der Erscheinung der Mutter Gottes.

12 Mi Eine erste Gruppe deutscher Techniker und Wissenschaftler, die seit 1945 zwangsweise in der UdSSR arbeiteten, trifft im Durchgangslager Friedland ein.

13 Do Der britische Gouverneur von Zypern trifft sich überraschend zu Gesprächen mit dem zyprischen Erzbischof und Separatistenführer Makarios III. in Athen.

14 Fr Irak und Jordanien schließen sich zur Arabischen Föderation zusammen, um ein Gegengewicht zur Vereinigten Arabischen Republik zu bilden.

15 Sa In einem Interview mit der »Süddeutschen Zeitung« erläutert SED-Chef Walter Ulbricht sein Konzept für die Wiedervereinigung Deutschlands.

16 So Mit deutlichem Vorsprung holen bei den Eiskunstlauf-Weltmeisterschaften in Paris die Vorjahressieger Barbara Wagner/Pobert Paul (Kanada) erneut den Titel.

17 Mo Wegen Differenzen in der Rassenfrage tritt der südrhodesische Premierminister Garfield Todd zurück. Sein Nachfolger wird Sir Edgar Whitehead.

18 Di In den USA geht ein Versuch zur Simulation einer Mondfahrt zu Ende. Der Testsoldat verbrachte eine Woche in einer hermetisch abgeschlossenen Kabine.

19 Mi Die Volksrepublik China kündigt an, sie wolle bis Jahresende ihre Truppen aus Nordkorea – etwa 350 000 Mann – zurückziehen.

20 Do Auf dem Versuchsgelände in Cape Canaveral (US-Staat Florida) explodiert eine Interkontinentalrakete; damit schlugen von sieben Probestarts fünf fehl.

21 Fr In einer »Volksabstimmung« wird die Verfassung der Vereinigten Arabischen Republik (VAR) mit 99,9% der abgegebenen Stimmen angenommen.

22 Sa In Melbourne schwimmt der Australier Jon Konrads in 17:28,7 min einen Weltrekord über 1650 yards (1500 m) Kraul.

23 So Bei den allgemeinen Wahlen in Argentinien gewinnt der Politiker Arturo Frondizi (Linksradikale) die absolute Mehrheit und wird Präsident.

24 Mo Der Schweizer Nationalrat und Tankstellenunternehmer Gottlieb Duttweiler bezeichnet die Situation auf dem deutschen Treibstoffmarkt als »Benzinkolonialismus«.

25 Di Nach 25-stündiger Entführung lassen kubanische Rebellen den argentinischen Automobilweltmeister Juan Manuel Fangio wieder frei. → »Halbstarke«

26 Mi Zur Steigerung der Agrarproduktion beschließt die UdSSR die Auflösung der Maschinen-Traktoren-Stationen und deren Verkauf an die Kolchosen.

27 Do Der Sonderausschuss Radioaktivität des Bundestages stellt in seinem ersten Bericht die Zunahme radioaktiver Strahlung infolge von Atomwaffentests fest.

28 Fr Werner Heisenberg, Physiknobelpreisträger von 1932, stellt in Göttingen eine »Weltformel« über die Struktur der kleinsten Teile vor.

März 1958

1 Sa Vor 6000 Zuschauern sichert sich der EV Füssen durch ein 7:3 über den EC Bad Tölz zum sechsten Mal in Folge den Titel des Deutschen Eishockeymeisters.

2 So Nach einem 3360 km langen Marsch beendet die britische Südpol-Expedition unter Leitung von Vivian Fuchs die erste Durchquerung der Antarktis.

3 Mo In Köln wird das Stück »Onkel, Onkel« von Günter Grass uraufgeführt. +++ Nuri As Said wird irakischer Ministerpräsident.

4 Di Zur Belebung der Wirtschaft beschließt das Plenum der Polnischen Arbeiterpartei (PAP), die staatliche Lenkung der einzelnen Betriebe aufzugeben.

5 Mi In den Kammerspielen in Ost-Berlin kommt das Schauspiel »Der Müller von Sanssouci« von Peter Hacks zur Uraufführung.

6 Do Nach Angaben von Besuchern der Leipziger Frühjahrsmesse herrscht gegenüber Gästen aus der Bundesrepublik und Westeuropa ein »eisiges Klima«.

7 Fr Persönlichkeiten aus dem politischen, kulturellen und kirchlichen Leben der Bundesrepublik gründen den Arbeitsausschuss »Kampf dem Atomtod«.

8 Sa In Ost-Berlin endet die Hallenhandball-Weltmeisterschaft mit dem Titelgewinn Schwedens vor der Tschechoslowakei und der gesamtdeutschen Mannschaft.

9 So Laut einer Pressemeldung sind Gartenzwerge der Verkaufsrenner auf der Norddeutschen Gärtnerbörse in Hamburg.

10 Mo Der Boxer Gustav »Bubi« Scholz muss in Paris gegen Charles Humez (Frankreich) die erste Niederlage in seiner Profi-Karriere hinnehmen.

11 Di Ein Düsenbomber der US-Luftwaffe verliert über einem Wohngebiet in South Carolina eine unscharfe Atombombe. Sechs Personen werden verletzt.

12 Mi Die Regierung Kubas unter Nuñez Portuondo tritt zurück, nachdem Staatspräsident Fulgenico Batista y Zaldivar für 45 Tage die Grundrechte aufgehoben hat.

13 Do In Paris heiratet die 22-jährige Schriftstellerin Françoise Sagan, deren Debütroman »Bonjour tristesse« ein Welterfolg ist, den Verleger Guy Schoeller.

14 Fr Der iranische Kaiserhof verkündet die Auflösung der Ehe zwischen Schah Mohammad Resa Pahlawi und Kaiserin Soraya wegen Kinderlosigkeit. → »Stahlnetz«

15 Sa Verteidigungsminister Franz Josef Strauß (CSU) erklärt nach seiner USA-Reise, in der Bundesrepublik würden keine Mittelstreckenraketen-Basen errichtet.

16 So Bei allgemeinen »Wahlen« in der Sowjetunion stimmen 99,98 % der Wahlberechtigten für die Kandidaten der Einheitsliste zum Obersten Sowjet.

17 Mo Zehn Tage nach der letzten Vertrauensabstimmung spricht die französische Nationalversammlung Ministerpräsident Félix Gaillard erneut das Vertrauen aus.

18 Di 1500 junge Frauen der höheren Gesellschaftsschicht Großbritanniens werden Königin Elizabeth II. und Prinz Philip als sog. Debütantinnen vorgestellt.

19 Mi Einen 2:0-Sieg erreicht die deutsche Fußball-Nationalmannschaft im Spiel gegen Spanien im Frankfurter Waldstadion. → Europa

20 Do Das Oberlandesgericht in Bamberg entscheidet, dass außer Frankenwein keine »anderen Flüssigkeiten« in Boxbeutelflaschen abgefüllt werden dürfen.

21 Fr Einen hohen Sieg erringen die konservativen Unionisten bei den Wahlen zum nordirischen Parlament. Sie entsenden künftig 37 der 52 Abgeordneten.

22 Sa DDR-Ministerpräsident Otto Grotewohl droht mit Gegenmaßnahmen der Warschauer-Pakt-Staaten, falls die Bundeswehr mit Atomwaffen ausgerüstet werde.

23 So Der saudi-arabische König Saud Ibn Abd Al Asis ernennt seinen Bruder, Prinz Faisal Ibn Abd Al Asis, zum Ministerpräsidenten und Außenminister des Landes.

24 Mo Der US-Rock'n'Roll-Sänger Elvis Presley wird Soldat. Wie es heißt, soll er nach der Grundausbildung in Deutschland stationiert werden.

25 Di In Chicago gewinnt der farbige US-Boxer »Sugar« Ray Robinson zum fünften Mal die Mittelgewichts-Weltmeisterschaft der Profiboxer. → Atomwaffen

26 Mi Bei den Wahlen zu den niederländischen Provinzialräten erleiden die Sozialisten und die protestantischen Parteien Verluste. → »Die Brücke am Kwai«

27 Do Nach dem Rücktritt von Nikolaj A. Bulganin übernimmt KPdSU-Chef Nikita S. Chruschtschow auch das Amt des Ministerpräsidenten der UdSSR.

28 Fr Das Lünerseekraftwerk, das größte Kraftwerk Österreichs und das größte Hochdruck-Pumpenspeicherkraftwerk der Welt, nimmt seinen Betrieb auf.

29 Sa In Zürich kommt »Herr Biedermann und die Brandstifter«, ein Stück des schweizerischen Schriftstellers Max Frisch, zur Uraufführung.

30 So Die österreichische Luftfahrtgesellschaft Austrian Airlines (AUA) eröffnet mit der Route Wien-London ihren regelmäßigen Flugbetrieb.

31 Mo Der sowjetische Außenminister Andrej A. Gromyko gibt bekannt, »dass die UdSSR einseitig als ersten Schritt Versuche mit allen Atomwaffen einstellt«.

14. März 1958

Erste Folge von »Stahlnetz«

Der Siegeszug des Fernsehens geht weiter: Mit der ersten Folge von »Stahlnetz« beginnt die Ausstrahlung einer der erfolgreichsten Serien der deutschen TV-Geschichte. In der Kriminalsendung vermittelt Regisseur Jürgen Roland den Zuschauern die Arbeit der Polizei anhand authentischer Fälle. Dieses Konzept stammt ursprünglich aus den USA. Dort stellt die Serie »Dragnet« spektakuläre Fälle der Polizei von Los Angeles nach. Von der US-Serie stammt auch das musikalische Motiv, das zu einem Markenzeichen von »Stahlnetz« wird. Im Unterschied zum US-Vorbild lässt Regisseur Roland seine Geschichten nicht nur an einem Ort spielen – er zieht es vor, die Schauplätze über das gesamte Bundesgebiet zu verteilen. In der ersten Folge geht es um einen Mordfall, der 1957 bei Karlsruhe die Polizei beschäftigte. Dort wurden in einer Gaststätte zwei Männer niedergeschossen. Der flüchtige Täter konnte erst vier Wochen später von den Ermittlern gefasst werden.

19. März 1958

Europa hat ein Parlament

Zu seiner konstituierenden Sitzung tritt in Straßburg das Europäische Parlament zusammen. Es ist ein gemeinsames Organ der Europäischen Gemeinschaft für Kohle und Stahl (EGKS), der Europäischen Wirtschaftsgemeinschaft (EWG) und der Europäischen Atomgemeinschaft (EURATOM/EAG). Per Akklamation und einstimmig wählen die 142 Abgeordneten den 72-jährigen Franzosen Robert Schuman (s. Abb., r. mit Bundeskanzler Konrad Adenauer) zum ersten Präsidenten. Schuman ist einer der einflussreichsten Politiker auf der europäischen Bühne und hat maßgeblich, u.a. mit dem nach ihm benannten Plan zur Schaffung einer Montanunion, zum Beginn der europäischen Integration beigetragen.

Die Kompetenzen des Parlaments werden im Laufe der fortschreitenden europäischen Einigung stetig ausgebaut. Im Jahre 1979 werden die Euro-Parlamentarier erstmals direkt gewählt.

Robert Schuman

französischer Politiker, * 29.6.1886 Luxemburg; † 4.9.1963 Scy-Chazelles bei Metz

Schuman gehört zu den Initiatoren der Europäischen Einigung. Der ehemalige französische Ministerpräsident und Außenminister setzte sich für die deutsch-französische Annäherung ein und regte mit dem Schumanplan die Schaffung der Montanunion an.

- 1946/47: Finanzminister
- 1947/48: Ministerpräsident
- 1955: Präsident der Europäischen Bewegung

7. April 1958

Ostermarsch für den Frieden

Trotz winterlichen Wetters brechen in London über 1000 Menschen auf, um mit einem Demonstrationsmarsch gegen nukleare Rüstung zu protestieren. Die Teilnehmer legen über die Osterfeiertage einen 80 km langen Weg zurück und prägen den Begriff »Ostermarsch«, der daraufhin zu einer jährlichen Einrichtung der Friedensbewegung wird (Abb.: Junge Briten wandern für den Frieden). Während des Demonstrationszuges kommt es zu spontanen Sympathiebezeugungen der britischen Bevölkerung.

Die Einwohner der an der Route gelegenen Ortschaften versorgen die Marschierer mit Decken, Lebensmitteln und Regenschirmen. Ziel des Zuges ist die Atomforschungsanlage Aldermaston. Auch in der Bundesrepublik kommt es zu friedlichen Demonstrationen gegen die Nutzung von Kernenergie zu militärischen Zwecken. Am 19. April versammeln sich Zehntausende in zahlreichen deutschen Städten zum Protest. Allein in Hamburg kommen 100 000 Teilnehmer zusammen. Die DDR-Regierung versucht vergeblich, die Massenbewegung für ihre Zwecke zu instrumentalisieren.

25. März 1958

Atomwaffen für Bundeswehr

Zu einer politischen und gesellschaftlichen Zerreißprobe führt in der Bundesrepublik die Frage, ob die Bundeswehr mit Atomwaffen ausgerüstet werden soll. Nach einer leidenschaftlich geführten Debatte im Bundestag billigt das Parlament mit den Stimmen der Regierungsparteien CDU/CSU und DP einen Antrag, der die Ausrüstung der Bundeswehr mit Atomwaffen billigt.

In der Entschließung wird die Regierung aufgefordert, sich für internationale Abrüstungsabkommen einzusetzen. Bis zu einem Abschluss entsprechender Verträge soll die Bundeswehr mit modernsten – also atomaren – Waffen ausgestattet werden.

Bundesverteidigungsminister Franz Josef Strauß (s. Abb., r.) begründet vor dem Plenum die Notwendigkeit von Atomwaffen für die Bundeswehr. Sowohl im Parlament wie in breiten Kreisen der Bevölkerung wächst der Widerstand gegen eine Aufrüstung mit Atomwaffen.Die Gegner der Atomrüstung formieren sich in der von SPD-Politikern und Gewerkschaften initiierten Aktionsgemeinschaft »Kampf dem Atomtod«. Es kommt zu Demonstrationen, Arbeitsniederlegungen und Kundgebungen. Im Juli verbietet das Bundesverfassungsgericht eine Volksbefragung zur atomaren Ausrüstung der Bundeswehr.

17. April 1958

Atomium ziert Brüssel

Der belgische König Baudouin I. eröffnet in Brüssel die erste Weltausstellung nach dem Ende des Zweiten Weltkriegs. Die internationale Schau wird optisch von dem monumentalen Atomium dominiert. Das gewaltige Wahrzeichen der Ausstellung stellt ein Eisenatom dar, das 150 Milliarden Mal vergrößert wurde. Das Atomium symbolisiert den Glauben an den technischen Fortschritt, der die Stagnation der Nachkriegsjahre ablösen soll.
In einem Gerüst aus Stahlrohren liegen neun Kugeln, die mit einer Aluminium-Legierung verkleidet sind. In den zweistöckigen Rundungen befinden sich Ausstellungsräume. In der obersten Kugel ist ein Restaurant untergebracht. Für Besucher stehen ein Fahrstuhl im Mittelmast sowie Rolltreppen in den Stahlrohren zur Verfügung. Die Hauptthemen der Brüsseler Weltausstellung sind auf die Bereiche Kerntechnik und Raumfahrt abgestimmt. Unter dem Titel »Bilanz für eine menschliche Welt« will die Schau dabei vor allem moralischen und sozio-kulturellen Aspekten Rechnung tragen. In ihren Pavillons werben mit aufwändigen Präsentationen vor allem die Großmächte für eine friedliche Nutzung der Kernenergie. Besonderer Anziehungspunkt für viele Zuschauer ist das Modell des sowjetischen Satelliten »Sputnik«. Die UdSSR stellt ihre eindrucksvollen Raumfahrterfolge heraus, um sich gegenüber den Vereinigten Staaten als führende Forschungsmacht dieses Sektors zu präsentieren. Insgesamt beteiligen sich 53 Staaten, acht internationale Organisationen und zahlreiche Unternehmen an der Weltausstellung, die bis zum 19. Oktober geöffnet bleibt.

Das Atomium ragt 110 m hoch in den Brüsseler Himmel und ist bis heute ein Wahrzeichen der belgischen Metropole.

26. März 1958

Hollywood feiert »Die Brücke am Kwai«

Das Kriegsepos »Die Brücke am Kwai« erhält bei der Verleihung der Academy Awards in Hollywood sieben »Oscars«, darunter die Auszeichnung für den besten Film. Regisseur David Lean nimmt als erster Brite die begehrte Filmtrophäe in Empfang. In aller Munde ist darüber hinaus die Filmmelodie, der »River-Kwai-Marsch«. Für »Die Brücke am Kwai« wurde die größte Brückenkulisse der Filmgeschichte errichtet. Die Konstruktion ist 35 m hoch und 110 m lang. Im Film ist der britische Offizier Nicholson mit seiner Einheit in japanische Kriegsgefangenschaft geraten (Abb.: Alec Guinness alias Nicholson als Gefangener, l., mit Bewacher). Er soll eine für die Japaner strategisch wichtige Brücke über den thailändischen Fluss Kwai bauen. Als der britische Offizier die bereits ausgeführten Brückenarbeiten der Japaner besichtigt, bemängelt er deren Schwächen. Schließlich lässt er sich zur Weiterführung der Bauarbeiten hinreißen, um den Japanern britische Überlegenheit zu demonstrieren. Gleichzeitig bereitet ein alliiertes Kommando die Sprengung der Brücke vor. Am Einweihungstag des Bauwerks entdeckt Nicholson die Sprengsätze. Als er versucht, sie zu entfernen, wird ihm bewusst, dass er sich damit auf die Seite des Kriegsgegners Japan stellt. Er löst selbst die Sprengung aus und opfert dabei sein Leben. David Lean und sein Team arbeiteten im Dschungel Ceylons dreieinhalb Monate an dem knapp dreistündigen, weltweit gefeierten Film. Hauptdarsteller Alec Guinness erhält für die Rolle des Offiziers Nicholson einen »Oscar« als bester Hauptdarsteller und etabliert sich damit endgültig als Weltstar.

April 1958

1 Di Das Präsidium des Nationalrats der Nationalen Front der DDR ruft alle Deutschen auf, durch Massenstreiks gegen Atomwaffen-Stationierungen zu protestieren.

2 Mi Truppen der indonesischen Zentralregierung landen auf der Insel Celebes, um die dortige Aufstandsbewegung zu bekämpfen.

3 Do Die UN-Kommission für die Rechtsstellung der Frau verabschiedet eine Resolution über die politische und wirtschaftliche Gleichstellung der Frau in allen Ländern.

4 Fr Der Stuttgarter Autohersteller Daimler-Benz erwirbt 85% der Gesellschaftsanteile an der Auto-Union Ingolstadt/Düsseldorf.

5 Sa Aus dem 104. Ruderrennen der britischen Universitäten Cambridge und Oxford auf der Themse geht die Mannschaft von Cambridge als Sieger hervor.

6 So In seiner Osterbotschaft ruft Papst Pius XII. die Menschheit auf, mit aller Kraft die Wiederherstellung eines gerechten Friedens anzustreben.

7 Mo Der rumänische Regierungschef Chivu Stoica hält sich zu einem mehrtägigen Staatsbesuch in der Volksrepublik China auf. → Ostermarsch

8 Di In den Länderparlamenten der Bundesrepublik beginnen die Debatten über eine Volksbefragung zur atomaren Rüstung der Bundeswehr.

9 Mi Der österreichische Bundeskanzler Julius Raab äußert in einem Interview Zweifel und Kritik an der italienischen Südtirol-Politik.

10 Do Die Presse berichtet vom Deutschen Chirurgentag in München. Am Tag zuvor wurde erstmals in der Bundesrepublik eine Herz-Lungen-Maschine gezeigt.

11 Fr In der nordrhein-westfälischen Stahlindustrie kann der Lohnkonflikt beigelegt und so ein Streik der Stahlarbeiter verhindert werden.

12 Sa Das Bundesverteidigungsministerium dementiert Pressemeldungen über eine angebliche Beteiligung an der französischen Atomwaffenproduktion.

13 So Der Berliner Landesparteitag der SPD beschließt, den Arbeitsausschuss »Kampf dem Atomtod« in West-Berlin zu unterstützen.

14 Mo In Basel hat die Oper »Titus Feuerfuchs« von Heinrich Sutermeister Premiere. +++ Die Bundesregierung erklärt die Volksbefragung zur Atomfrage für unzulässig.

15 Di Die seit dem 6. November 1957 amtierende französische Regierung des Radikalsozialisten Félix Gaillard wird wegen des Konflikts mit Tunesien gestürzt.

16 Mi Bei den Parlamentswahlen in der Südafrikanischen Union, bei denen nur Weiße wahlberechtigt sind, siegt die Nationale Front unter Johannes Strijdom.

17 Do Auf einer NATO-Außenminister-Konferenz in Paris erklären die Teilnehmer, sie wollten an der Strategie der atomaren Abschreckung festhalten. → Atomium

18 Fr Wegen einer Abstimmungsniederlage im Reichstag – es geht um eine Erhöhung der Brotpreise – tritt die finnische Regierung unter Rainer von Fieandt zurück.

19 Sa Die jugoslawische Bundesversammlung wählt zum dritten Mal Josip Tito einstimmig zum Staatspräsidenten des Landes.

20 So Frankreichs Staatspräsident René Coty beauftragt den ehemaligen französischen Ministerpräsidenten Georges Bidault mit der Regierungsbildung.

21 Mo Maltas Premierminister Dominic Mintoff tritt aus Protest gegen die mangelnde finanzielle Unterstützung der Kronkolonie durch Großbritannien zurück.

22 Di Prinzessin Margaret von Großbritannien eröffnet in Vertretung von Königin Elizabeth II. auf Trinidad das erste Parlament der Westindischen Föderation.

23 Mi Der NATO-Generalsekretär Paul-Henri Spaak spricht sich dafür aus, die Mitgliedsstaaten ausnahmslos mit den modernsten Waffen auszurüsten.

24 Do Großbritannien und die Bundesrepublik schließen ein Abkommen über deutsche Unterstützungszahlungen für die britische Rheinarmee in Höhe von 1,3 Mrd. DM.

25 Fr In Bonn werden erstmals deutsch-sowjetische Verträge geschlossen. Sie beinhalten u.a. Handelsabkommen und Regelungen zur Frage der Repatriierung.

26 Sa Österreichs Bundeskanzler Julius Raab übergibt die erste Etappe der Autobahn Salzburg–Wien, das 23,5 km lange Teilstück Salzburg–Mondsee, dem Verkehr.

27 So Die indonesische Zentralregierung meldet die Einnahme von Solok, dem militärischen Hauptquartier der Aufständischen auf Sumatra.

28 Mo Im norwegischen Rundfunk wird der erste Teil einer dreiteiligen Vortragsreihe Albert Schweitzers über die Gefahren von Atomwaffen verlesen.

29 Di In Rom einigen sich die Vereinigte Arabische Republik und die Suezkanalgesellschaft über eine Entschädigung für die Verstaatlichung der Wasserstraße.

30 Mi Die Synode der Evangelischen Kirche in Deutschland endet in Berlin. U.a. standen die Atombewaffnung und die Militärseelsorge zur Debatte.

Mai 1958

1 Do Die Auseinandersetzungen um die Atomrüstung der Bundeswehr sind Hauptthema der Kundgebungen zum Internationalen Tag der Arbeit.

2 Fr Der Jemen protestiert vor der UNO gegen den Aufmarsch britischer Truppen in dem zum Protektoratsgebiet der Kronkolonie Aden gehörenden Lahidsch.

3 Sa Der DDR-Ministerrat beschließt, dass künftig alle nicht in der DDR beheimateten Schiffe eine Wasserstraßengebühr zu entrichten hätten.

4 So Durch ein 2:0 über Manchester United gewinnen die Bolton Wanderers im Londoner Wembley-Stadion den englischen Fußballpokal.

5 Mo Die Regierungspartei von Ministerpräsident Nuri As Said gewinnt bei den Wahlen im Irak 140 der 145 Sitze in der Abgeordnetenkammer.

6 Di Die libanesische Regierung beschließt, weitere Wirtschaftshilfe der USA abzulehnen, sofern diese an Bedingungen geknüpft ist. → Stereo

7 Mi Auf Drängen der staatlichen Fluggesellschaft Alitalia entzieht die italienische Regierung deutschen Charterfluggesellschaften nach Italien die Landeerlaubnis.

8 Do Der mit der Regierungsbildung beauftragte frühere französische Ministerpräsident René Pleven gibt seinen Auftrag zurück.

9 Fr Nach der Beisetzung eines ermordeten Oppositionspolitikers kommt es im Libanon zu Demonstrationen gegen die Regierung und Präsident Kamil Schamun.

10 Sa Durch ein Remis im 23. Spiel sichert sich Michail Botwinnik (UdSSR) den Gewinn der Schachweltmeisterschaft gegen Titelverteidiger Wassili Smyslow.

11 So Im Münchener Haus der Kunst endet eine Ausstellung mit Werken des österreichischen Malers und Grafikers Oskar Kokoschka.

12 Mo Die Bundesregierung beantragt beim Bundesverfassungsgericht eine Einstweilige Verfügung gegen die geplante Volksbefragung zur Atombewaffnung.

13 Di Unter Führung des Generals Jacques Massu putscht die französische Armee in Algier gegen die Zentralregierung in Paris.

14 Mi Das Europäische Parlament, das sich aus 142 Abgeordneten zusammensetzt, tritt in Straßburg zu seiner ersten ordentlichen Sitzungsperiode zusammen.

15 Do Auf einer Pressekonferenz in Paris erklärt sich der französische General Charles de Gaulle bereit, die Macht im Staat zu übernehmen.

16 Fr Die 54. Session des Internationalen Olympischen Komitees in Tokio geht zu Ende. U.a. wurde die Erhebung von Bobfahren zur olympischen Disziplin bestätigt.

17 Sa Bei den Filmfestspielen von Cannes erhält der sowjetische Spielfilm »Wenn die Kraniche ziehen« von Michail Kalatosow die »Goldene Palme«.

18 So Vor 81 000 Zuschauern gewinnt die Mannschaft von Schalke 04 mit 3:0 über den Hamburger SV in Hannover die Deutsche Fußballmeisterschaft.

19 Mo Zahlreiche Todesopfer fordert in der libanesischen Hauptstadt Beirut ein Feuergefecht zwischen Regierungstruppen und Oppositionellen.

20 Di Die französische Nationalversammlung erneuert mit großer Mehrheit die Sondervollmachten der Regierung für Algerien.

21 Mi In Österreich wird ein Preistreibereigesetz verabschiedet. Es ermöglicht einer Lohn-Preis-Kommission die verbindliche Festsetzung eines »üblichen «Preises.

22 Do Die Bundesregierung klagt vor dem Bundesverfassungsgericht gegen Hessen, weil das Land die geplante Atom-Volksbefragung nicht verhindern will.

23 Fr In Stuttgart endet der Bundesparteitag der SPD, in dessen Verlauf Erich Ollenhauer in seinem Amt als Parteivorsitzender bestätigt wurde.

24 Sa Der Putsch französischer Militärs in Algier führt auch auf Korsika zum Umsturz: Demonstranten besetzen die Präfektur in Ajaccio.

25 So Bei den Wahlen zur italienischen Abgeordnetenkammer und dem Senat erreichen die Christlichen Demokraten die Mehrheit.

26 Mo Die US-Nachrichtenagenturen United Press Association (UP) und der International News Service (INS) fusionieren zur United Press International (UPI).

27 Di Moskau sperrt Jugoslawien bereits zugesagte Kredite. +++ Der Internationale Leichtathletikverband verbietet den »Katapultschuh« für Hochspringer.

28 Mi Die französische Regierung unter Ministerpräsident Pierre Pflimlin tritt zurück. +++ Die DDR-Volkskammer beschließt die Abschaffung der Lebensmittelkarten.

29 Do In Brüssel gewinnt Real Madrid mit 3:2 nach Verlängerung über den AC Mailand den Fußballeuropapokal der Landesmeister. → Frankreich

30 Fr Im Rahmen des Bartók-Festes in Basel wird das im Jahre 1907/08 entstandene erste Violinkonzert des ungarischen Komponisten uraufgeführt.

31 Sa Auf dem Bundesparteitag des Gesamtdeutschen Blocks/Bund der Heimatvertriebenen und Entrechteten übernimmt Frank Seiboth den Parteivorsitz.

29. Mai 1958

Frankreich: De Gaulles zw

Der französische Staatspräsident René Coty beugt sich dem Willen der Militärs, die auf dem Höhepunkt der Algerienkrise gegen die Führung in Paris geputscht hatten. Er beauftragt Charles de Gaulle mit der Bildung einer neuen Regierung. General de Gaulle, Führer der französischen Exilregierung während des Zweiten Weltkriegs und Ministerpräsident 1945/46, gilt vielen Franzosen als »Retter« aus einer aussichtslos erscheinenden innen- wie außenpolitischen Situation. Die Wochenzeitung »Die Zeit« titelt bereits: »Das Ende der Vierten Republik«. Am 13. Mai putschten in Algier französische Truppen unter Führung des Fallschirmjägergenerals Jacques Massu gegen die Regierung in Paris. Sie forderten die Bildung einer neuen Regierung, »die einzig und allein fähig ist, Algerien als einen Teil Frankreichs zu erhalten.« Dem Umsturz waren heftige Proteste französischer Siedler in Algerien vorausgegangen, die gegen die Berufung Pierre Pflimlins zum Ministerpräsidenten demonstriert hatten. Ihre Befürchtung ist, dass sich Pflimlin bereit erklärt, mit den algerischen Aufständischen zu verhandeln und dadurch letztendlich die Kolonie preisgibt. Die Putschisten fordern de Gaulle, der sich 1953 aus dem politischen Leben zurückgezogen hatte, auf, selbst eine Regierung zu bilden. Das Kabinett in Paris ruft den Notstand aus.

Französische Militärs putschen in Algier.

Als de Gaulle mit der Regierungsbildung beauftragt wird, ist der Jubel bei den Putschisten groß. In Frankreich äußern jedoch viele ihr Missfallen über die politische Entscheidung, da sie mutmaßen, de Gaulle werde zuviel Macht an sich reißen. Die Befürchtungen sind nicht unbegründet. Der General hatte seine Rückkehr in die aktive Politik unmissverständlich davon abhängig gemacht, dass er umfangreiche Vollmachten erhalte. Nur so könnten die Probleme Frankreichs gelöst werden. Am 1. Juni wird de Gaulle von der französischen Nationalversammlung als Ministerpräsident bestätigt. In seiner Regierungserklärung kündigt er eine Reform der französischen Republik an und entlässt das Parlament für ein halbes Jahr. Wenige Tage nach seinem Amtsantritt reist er nach Algerien, wo ihn die Bevölkerung jubelnd begrüßt. De Gaulle will durch seinen Besuch die politische Lage in Nordafrika entschärfen und die Möglichkeiten zur Lösung der Krise sondieren. Der neue starke Mann Frankreichs appelliert an die algerischen Aufständischen und die französischen Kolonialtruppen, sich zu verständigen.

17. Juni 1958

Aufständische hingerichtet

Mit Empörung reagiert die Weltöffentlichkeit auf die Nachricht, dass der ehemalige ungarische Ministerpräsident Imre Nagy (s. Abb.) hingerichtet worden sei. Nagy hatte während des Aufstandes 1956 den Austritt Ungarns aus dem Warschauer Pakt bekannt gegeben. Nach Niederschlagung des Aufstandes wurde der Reformkommunist unter Ausschluss der Öffentlichkeit wegen Hochverrats zum Tode verurteilt. Das Urteil wurde sofort vollstreckt. Mit Nagy stirbt auch Ex-Armeechef Pal Maléter.

Imre Nagy

ungarischer Politiker, * 7.6.1896 Kaposvár; † 16.6.1958 Budapest

Imre Nagy versuchte als Ministerpräsident nach dem Tod Josef Stalins, Ungarn zu liberalisieren. Dabei erlangte der Reformkommunist große Popularität vor allem bei den Landwirten, denen er entgegen der bisherigen Parteilinie privaten Landbesitz zugestehen wollte. 1955 wurde Nagy abgesetzt. Als ein Jahr später die Revolte gegen die Kommunisten in Ungarn losbrach, forderten die Aufständischen seine Rückkehr ins Amt. Nach anfänglichem Zögern ließ sich der Reformer erneut an die Regierungsspitze setzen. Nachdem der Aufstand niedergeschlagen war, floh Nagy in die jugoslawische Botschaft in Budapest. Von dort aus verschleppte ihn die sowjetische Armee.

- 1916: in russischer Kriegsgefangenschaft
- 1944/45: Landwirtschaftsminister
- 1953-55: Ministerpräsident
- 1989: Ehrenvolle Beisetzung in einer Gedenkstätte

e Chance

Charles de Gaulle

französischer Politiker, * 22.11.1890 Lille; † 9.11.1970 Colombey-les-deux-Eglises

Charles de Gaulle gehört zu den bedeutendsten Staatsmännern des Jahrhunderts. Der Militär ist das Symbol des französischen Widerstands gegen die deutsche Besetzung. Zu den historischen Leistungen des Architekten der V. Republik zählen außerdem die Beendigung des Algerienkriegs und der Beginn der deutsch-französischen Aussöhnung in Kooperation mit Konrad Adenauer.

- 1914-18: Offizier im Ersten Weltkrieg
- 1943: Präsident der Exilregierung des Freien Frankreich
- 1962: Entlassung Algeriens in die Unabhängigkeit
- 1969: Rücktritt als Staatspräsident

Frankreichs nach dem Zweiten Weltkrieg ausgerufene IV. Republik befindet sich schon lange vor der Eskalation in Algerien in einer schweren Krise. Häufige Regierungswechsel führten zu einer instabilen politischen Lage. Hintergrund war u.a. die Finanzkrise des Landes infolge der Doppelbelastung durch Wiederaufbau und Kolonialkriege. Vor allem der Verlust kolonialer Macht setzte das Land einer Zerreißprobe aus. Während einige französische Regierungen die Unabhängigkeit der nordafrikanischen Staaten, u.a. Tunesien, anerkannten, stemmten sich andere gegen eine ähnliche Perspektive für Algerien. De Gaulle strebt nun Verfassungsänderungen an, die dem Präsidentenamt, das er für sich beansprucht, eine größere Machtfülle verleiht.

6. Mai 1958

Stereo ist der letzte Schrei

Die Sensation auf der diesjährigen Hannover-Messe sind Musiktruhen der Firma Grundig, de-

ren neuartiges Stereoverfahren das Interesse der Besucher auf sich zieht. Zwei miteinander gekoppelte Lautsprecher ermöglichen das Erleben von Klangräumen wie z.B. einen durchfahrenden Zug (Abb.: Die Musiktruhe versorgt bald viele Wohnungen mit Stereoklang).

7. Juni 1958

SOS-Kinderdorf eröffnet

Das erste SOS-Kinderdorf in der Bundesrepublik wird im bayerischen Diessen am Ammersee eingeweiht. Rd. 150 elternlose Kinder sollen darin ein neues Zuhause finden. Die Initiative der SOS-Kinderdörfer stammt von dem österreichischen Pädagogen Hermann Gmeiner, der in Diessen den Grundstein für das neue Projekt legt.
Gmeiner hatte den Verein »SOS Kinderdorf« 1949 ins Leben gerufen, 1951 wurde das erste Kinderdorf in Imst (Tirol) eröffnet. Gmeiners Konzept sieht vor, entwurzelten und verlassenen Kindern eine neue Heimat in familienähnlichen Strukturen zu schaffen. Die Kinderdorffamilien in Diessen bestehen aus neun Kindern unterschiedlichen Alters und einer sog. Kinderdorfmutter. Sie muss über eine pädagogische Ausbildung verfügen und unverheiratet sein. Kinder werden vom Säuglingsalter bis zum Alter von zehn Jahren aufgenommen, Geschwister dabei grundsätzlich in den gleichen Familien untergebracht. Nach diesem Prinzip entstehen im ersten bundesdeutschen Kinderdorf 17 Häuser, die in einem sozialen Zusammenhang stehen. Für jedes Gruppenmitglied erhalten die Mütter 63 DM monatlich. Mit diesem Betrag soll jede Familie selbstständig die Kosten für Heizung, Strom und Verpflegung bestreiten. Dem Diessener Kinderdorf folgt eine gleiche Einrichtung in Sulzburg bei Badenweiler, mit deren Bau auch noch in diesem Jahr begonnen wird. Die beiden SOS-Kinderdörfer sollen Waisen konfessionell getrennt aufnehmen und betreuen.

29. Juni 1958

Brasilien wird Weltmeister

Das Fußballteam Brasiliens besiegt in einem spektakulären Endspiel den Gastgeber Schweden und wird Fußballweltmeister. 50 000 Zuschauer verfolgen das Sportspektakel im Stockholmer Rasundastadion. Dank überlegener Technik und brillantem Spielwitz können die Brasilianer die anfängliche Führung des schwedischen Teams aufholen. So fallen gleich innerhalb der ersten zehn Minuten zwei Tore. In der 31. Minute gelingt den Brasilianern das Tor zum 2:1. Als die Südamerikaner mit 4:1 Toren in Führung liegen, zweifelt niemand mehr am Ausgang des Spiels. Mit dem Schlusspfiff stellt das Team vom Zuckerhut schließlich noch den 5:2-Endstand her. Die Fußballweltmeisterschaft in Schweden wird für den 17-jährigen brasilianischen Spieler Pelé (eigtl. Edson Arantes do Nascimento) zum Start einer beispiellosen Karriere. Mit sechs Treffern ist er der erfolgreichste Torschütze des Weltmeisterteams und hat damit entscheidenden Anteil am Erfolg seiner Mannschaft (Abb.: Nach dem Weltmeisterschaftssieg bricht Pelé in Tränen aus).

Juni 1958

1 So Stirling Moss (Großbritannien) und Jack Brabham (Australien) gewinnen auf Aston-Martin das 1000-km-Rennen auf dem Nürburgring in der Eifel.

2 Mo Anlässlich der Ernennung Charles de Gaulles zum Ministerpräsidenten bekräftigt Bonn, das freundschaftliche Verhältnis zu Frankreich fortsetzen zu wollen.

3 Di Nach einer Meldung der DDR-Zeitschrift »Die Volksarmee« ist in der Sowjetunion die Herstellung von Hartbenzin gelungen.

4 Mi Berthold Beitz, Generaldirektor des Krupp-Konzerns, erklärt nach seiner Rückkehr aus der UdSSR, Krupp habe Aufträge im Wert von 50 Mio. DM erhalten.

5 Do Léon Delbecque, stellvertretender Chef des Wohlfahrtsausschusses für Algerien und die Sahara, erklärt, die Rebellion gegen Frankreich werde fortgesetzt.

6 Fr Während eines Staatsbesuchs in den USA betont Bundespräsident Theodor Heuss, die Bundesrepublik gehöre zum Westen.

7 Sa DDR-Behörden lassen die Besatzung eines US-Militärhubschraubers festnehmen, der versehentlich auf ostdeutschem Gebiet gelandet ist. → SOS-Kinderdorf

8 So Der Italiener Ercole Baldini gewinnt den Giro d'Italia, zu dem im Mai 120 Radrennfahrer gestartet waren. Hans Junkermann aus Krefeld belegt den 13. Platz.

9 Mo In seiner Thronrede zur Eröffnung des Parlaments fordert der griechische König Paul die Selbstbestimmung für die zypriotische Bevölkerung.

10 Di Vor dem britischen Unterhaus befürwortet Verteidigungsminister Duncan Sandys ein umfassendes Abrüstungsabkommen unter UN-Kontrolle.

11 Mi Der neu gewählte japanische Reichstag in Tokio bestätigt den bisherigen Ministerpräsidenten Nobosuke Kischi in seinem Amt.

12 Do Auf einer Tagung der deutsch-niederländischen Handelskammer in Wiesbaden wird ein Gutachten vorgelegt, dass die starke Verschmutzung des Rheins belegt.

13 Fr Die Türkei und Griechenland beschuldigen sich in Noten an die Vereinten Nationen gegenseitig, für die Unruhen auf Zypern verantwortlich zu sein.

14 Sa In Rüsselsheim beginnen die Opel-Werke mit der Auslieferung einer neuen Modellreihe. Der »Kapitän« ist vorn und hinten mit Panoramascheiben versehen.

15 So Der jugoslawische Staatschef Josip Tito erklärt, seine Weigerung, ins »sozialistische Lager« einzutreten, sei der Grund für die antijugoslawischen Kampagnen.

16 Mo Die Vereinigten Staaten von Amerika und Japan schließen ein Abkommen über die Zusammenarbeit bei der Nutzung der Atomenergie.

17 Di Tunesien und Frankreich kommen überein, die französischen Truppen aus fast allen Stützpunkten in Tunesien abzuziehen. → Aufständische

18 Mi Mit dem Gesamtsieg des Italieners Pasquale Fornara endet in Zürich die Radrundfahrt Tour de Suisse. Der Krefelder Hans Junkermann wird Zweiter.

19 Do Die ARD-Anstalten beschließen, bis zum Jahre 1960 ein zweites Fernsehprogramm für die Bundesrepublik Deutschland einzurichten.

20 Fr Bonn verabschiedet eine Steuerreform, die u.a. die Möglichkeit des sog. Ehegatten-Splitting vorsieht. Die Steuerzahler werden mit 2,1 Mrd. DM entlastet.

21 Sa Marlies Behrens aus München wird in Baden-Baden zur »Miss Germany 1958« gewählt. +++ Der französische Franc erfährt eine Abwertung von 20%.

22 So Die rumänische Leichtathletin Jolanda Balas überspringt in Bukarest als erste Frau die Höhe von 1,80 m und setzt damit ihre Rekordserie fort.

23 Mo Der libanesische Ministerpräsident Sami as-Sulh erklärt in einem Interview, Syrien und Ägypten führten einen offenen Krieg gegen sein Land.

24 Di Das Bundesverfassungsgericht entscheidet, die Steuerbegünstigungen für private Spenden an politische Parteien seien grundgesetzwidrig.

25 Mi Nach der Wahlniederlage der belgischen Koalitionsregierung bildet Gaston Eyskens eine Minderheitsregierung aus Mitgliedern der Christlich-Sozialen Partei.

26 Do In der Schweizer Bürgergemeinde Riehen im Halb-Kanton Basel-Stadt wird den Frauen per Volksentscheid das Stimmrecht eingeräumt.

27 Fr Frankreichs Ministerpräsident Charles de Gaulle erklärt, zu den wichtigsten Regierungsaufgaben gehörten die Algerienfrage und die Staatsreform.

28 Sa Erfolgreichster Segler bei der Kieler Woche, die am 21. Juni eröffnet wurde und heute zu Ende geht, ist der Schwede Kurt Ribbhagen.

29 So In Düsseldorf stirbt im Alter von 57 Jahren der ehemalige Ministerpräsident von Nordrhein-Westfalen, der Christdemokrat Karl Arnold. → Brasilien

30 Mo Der Senat der Vereinigten Staaten beschließt mit 64 gegen 20 Stimmen, das bisherige Territorium Alaska als 49. Staat in die Union aufzunehmen.

Juli 1958

1 Di US-Außenminister John Foster Dulles erklärt, nur im äußersten Notfall in den Konflikt im Libanon einzugreifen zu wollen. → Frauenrechte

2 Mi Amintore Fanfani von den Christlichen Demokraten wird neuer italienischer Ministerpräsident. In seinem Kabinett sind auch vier Sozialdemokraten vertreten.

3 Do In Aachen wird Fritz Thiedemann aus Elmshorn auf Meteor Europameister der Springreiter. Zweiter ist der Italiener Piero d'Inzeo auf The Rock.

4 Fr Mit den Stimmen der Regierungsparteien CDU/CSU und der DP verabschiedet der Bundestag den Haushalt 1958 mit einem Volumen von 36,8 Mrd. DM.

5 Sa Das Internationale Tennisturnier in Wimbledon endet mit einem Zweisatzsieg der Vorjahressiegerin Althea Gibson (USA) über die Britin Angela Mortimer.

6 So Einen großen Wahlerfolg kann die mexikanische Regierungspartei, die Revolutionäre Institutionelle Partei, bei den Präsidenten- und Kongresswahlen erringen.

7 Mo In der DDR werden zur Stärkung der Kaufkraft der Bevölkerung die Preise für Milch, Quark, verschiedene Käsesorten und Schweinefleisch herabgesetzt.

8 Di Die Internationalen Filmfestspiele in West-Berlin gehen zu Ende. Ingmar Bergman erhält für den Film »Am Ende des Tages« den Goldenen Bären.

9 Mi Dem per Haftbefehl gesuchten Hans Eisele, einem der SS-Ärzte des Konzentrationslagers Buchenwald, gelingt die Flucht nach Ägypten.

10 Do Die Nationalversammlung in Kambodscha billigt einstimmig die Einsetzung von Prinz Norodom Sihanuk als Ministerpräsident.

11 Fr Damit die Neutralität der Schweiz gesichert bleibe, spricht sich der Bundesrat in Bern für eine Ausrüstung der Armee mit Atomwaffen aus.

12 Sa Die EWG-Landwirtschaftsminister beenden eine Konferenz im italienischen Stresa. U.a. wird der Abbau aller Subventionen diskutiert.

13 So Zwischen der ägyptischen Regierung und der Suezkanal-Gesellschaft wird ein Entschädigungsabkommen unterzeichnet.

14 Mo Der algerische Rebellenführer Mohammed Bellounis wird von Franzosen erschossen. +++ Auf Zypern wird der Ausnahmezustand ausgerufen. → Irak

15 Di Auf Ersuchen des libanesischen Präsidenten Kamil Schamun landen 5000 US-Soldaten in Beirut, um für Ruhe und Ordnung zu sorgen.

16 Mi In Ost-Berlin wird zum Abschluss des fünften SED-Parteitags angekündigt, man wolle den Lebensstandard der Bundesbürger bis 1961 überflügeln.

17 Do Auf ein Hilfegesuch König Husseins landen britische Fallschirmjägertruppen in Jordanien. Damit soll ein Staatsstreich verhindert werden.

18 Fr Der Bundesrat in Bonn lehnt einen Gesetzentwurf über den Ehrenschutz für ausländische Staatsoberhäupter – die sog. Lex Soraya – einstimmig ab.

19 Sa Die Besatzung des am 7. Juni in der DDR notgelandeten US-Hubschraubers, die seither gefangen gehalten wurde, ist wieder auf freiem Fuß.

20 So Der Luxemburger Charly Gaul gewinnt die 45. Tour de France. +++ Die USA gewähren Jordanien Wirtschaftshilfe in Höhe von 12,5 Mio. Dollar.

21 Mo Die »Hanseatic«, der erste deutsche Passagierdampfer, der nach Kriegsende den regelmäßigen Liniendienst in die USA aufnimmt, legt in Hamburg ab.

22 Di Israel ersucht – wie drei Tage zuvor Saudi-Arabien – die USA und Großbritannien, keine Militärflugzeuge mehr über sein Territorium fliegen zu lassen.

23 Mi Mit der Oper »Lohengrin« werden die Richard-Wagner-Festspiele in Bayreuth eröffnet, die bis zum 25. August dauern.

24 Do Österreichs Bundeskanzler Julius Raab teilt mit, er habe in Moskau die Reduzierung der österreichischen Reparationsverpflichtungen erreicht.

25 Fr Bundesdeutschen und österreichischen Grenzsoldaten gelingt es, nach vierwöchiger Hetzjagd eine entlaufene Berglöwin einzukreisen und zu töten.

26 Sa Königin Elizabeth II. von Großbritannien ernennt ihren Sohn und britischen Thronfolger, den neunjährigen Prinz Charles, zum Prinzen von Wales.

27 So Der Irak erhält eine provisorische Verfassung, die den Staat als Republik sowie als einen Teil der Arabischen Nation ausweise.

28 Mo Ein besonderes Hinweiszeichen soll künftig Besuchern des Hamburger Vergnügungsviertels St. Pauli ein »preisgünstiges« Lokal signalisieren.

29 Di In den USA wird die zivile Luft- und Raumfahrtbehörde NASA (National Aeronautics and Space Administration) mit Sitz in Washington gegründet.

30 Mi Das Bundesverfassungsgericht erklärt die von Bremen und Hamburg geplanten Volksbefragungen über die atomare Bewaffnung für verfassungswidrig.

31 Do Zum neuen Präsidenten des Libanon wählt das Parlament in Beirut mit großer Mehrheit den Generalstabschef der Armee, Generalmajor Fuad Schihab.

14. Juli 1958

Iraks Militär stürzt den König

Nach einem Umsturz im Irak spitzt sich die politische Situation im Nahen Osten zu. Zum zweiten Mal nach dem Suezkrieg intervenieren die Westmächte. In Bagdad rufen Militärs die Republik aus. König Faisal II., sein Onkel, Kronprinz Abd Allah, und Ministerpräsident Nuri As Said kommen bei dem Putsch ums Leben. Damit endet die Herrschaft der Haschemiten-Dynastie im Irak.

Die Arabische Föderation, zu der sich die haschemitischen Monarchien Irak und Jordanien im Februar als Reaktion auf die Gründung der Vereinigten Arabischen Republik (VAR) durch Ägypten und Syrien zusammengeschlossen hatten, wird einen Tag später aufgelöst. Die neuen Machthaber im Irak wollen brüderliche Beziehungen zu den übrigen arabischen Staaten unterhalten und bestehende Verträge sowie die Charta der Vereinten Nationen anerkennen. Der neue irakische Ministerpräsident Abd Al Karim Kasim erklärt am 22. Juli, sein Land wolle die vereinbarten Öllieferungen fortsetzen und freundschaftliche Beziehungen zum Westen aufbauen.

Auslöser des Putsches vom 14. Juli ist die Weigerung irakischer Offiziere, Truppen ins benachbarte und durch Föderationsvertrag an den Irak gebundene Jordanien zu entsenden. Nach dem Umsturz in Bagdad befürchten die westlich orientierten Nachbarländer Libanon und Jordanien arabisch-nationalistische Aufstände. Auf Bitten der Regierung landen Soldaten der US-Marine im Libanon, kurz darauf britische Fallschirmjägertruppen in Jordanien. Der jordanische König Hussein II. hofft dadurch, einen Staatsstreich verhindern zu können. Das Eingreifen der Briten und US-Amerikaner ruft scharfe Proteste aus Moskau hervor – auch andere Staaten bezeichnen die Intervention als falsches Mittel. Nach Vermittlung der UNO verlassen britische und US-Truppen die Region.

1. Juli 1958

Frauenrechte gestärkt

Das Gesetz über die Gleichberechtigung von Mann und Frau auf dem Gebiet des bürgerlichen Rechts tritt in Kraft. Der Bundestag hat die umstrittenen Bestimmungen des Ehe- und Familienrechts 1957 gebilligt. Als wichtigste Änderungen gelten die Streichung des Alleinentscheidungsrechts des Mannes in der Ehe und die Einschränkung väterlicher Vorrechte in der Kindererziehung. Die Neuregelung spricht den Frauen das Recht zu, ihr in die Ehe eingebrachtes Vermögen selbst zu verwalten. Darüber hinaus sieht das neue Recht auch weiterhin die traditionelle Rollenverteilung vor – der Frau werden die Aufgaben in Haushalt und Kindererziehung zugewiesen, dem Mann der wirtschaftliche Unterhalt der Familie (Abb.: Informationen zum neuen Recht in der Frauenzeitschrift »Constanze«).

23. August 1958

»Gorch Fock« läuft vom Stapel

Bei Blohm & Voss in Hamburg läuft die »Gorch Fock« (s. Abb.) vom Stapel. Das Schulschiff der Bundesmarine erhält seinen Namen nach dem Pseudonym des Seefahrtdichters Hans Kinau. Nach dem Untergang der »Pamir« im September 1957 haben Techniker und Ingenieure ganz besonderen Wert auf die Sicherheitseinrichtungen der über 6 Mio. DM teuren Dreimastbark gelegt. Als Gegengewicht zu den 45 m hohen Masten sind 363 t Ballast im tiefsten Teil des Kiels verankert. Dadurch soll sich das 81 m lange Schiff, das eine Wasserverdrängung von 1700 t hat, auch dann wieder aufrichten können, wenn die Mastspitzen das Wasser berühren. Darüber hinaus verfügt die »Gorch Fock« mit zwei Radaranlagen, meteorologischen und funktechnischen Geräten über modernste seetechnische Ausstattung. Hinzu kommen Rettungsinseln und Schwimmwesten mit eingebauten Notrufsendern. Im August 1959 läuft der Segler von Kiel aus zu seiner ersten Auslandsreise aus. Auf der Fahrt durch das Skagerrak und um Schottland nach Teneriffa muss die 270-köpfige Besatzung des Schiffes – unter ihnen 155 Kadetten – 2800 Seemeilen zurücklegen. In acht Wochen soll die »Gorch Fock« nur einen Hafen anlaufen.

29. August 1958

Sprintstaffel läuft Weltrekord

Die bundesdeutschen Sprinter stellen ihre Extraklasse eindrucksvoll unter Beweis. Beim Kölner Sportfest im Müngersdorfer Stadion läuft die 4x100-m-Staffel in 39,5 sec Weltrekord. Manfred Germar, Heinz Fütterer, Martin Lauer und Manfred Steinbach (s. Abb. v.l.) stellen die von der US-Olympiastaffel im Jahre 1956 aufgestellte Bestmarke ein. Der umjubelte Erfolg gelingt, obwohl die deutsche Staffel zum ersten Mal in dieser Besetzung antritt. Die Läufer Walter Mahlendorf und Armin Hary können nicht an dem Kölner Sportfest teilnehmen. Germar lässt dem Erfolg im heimischen Köln im Oktober einen weiteren Weltrekord folgen. In Wuppertal läuft er die 200 m in 20,6 sec.

+++ China will Industrieland werden +++

29. August 1958

Maos »Großer Sprung«

In der Volksrepublik China diktiert Parteiführer Mao Tse-tung seine neue Wirtschaftsstrategie. Das radikale Konzept namens »Großer Sprung nach vorn« zielt auf eine rasche Industrialisierung des Landes. Darüber hinaus soll die Einrichtung von Volkskommunen den Übergang zur kommunistischen Gesellschaft beschleunigen.

Mao strebt drei Ziele an: Zum einen soll eine allgemeine lebhafte Wirtschaftsentwicklung China innerhalb kürzester Zeit ökonomisch und technologisch unabhängig und konkurrenzfähig mit den Industrieländern machen. Zum anderen müsse die Volksrepublik als erstes Land den Sozialismus überwinden und in den Kommunismus eintreten – damit könnte China der Sowjetunion die Führungsrolle im sozialistischen Lager streitig machen. Drittens soll sich das Land wirtschaftlich und politisch von Moskau abkoppeln.

Um das Programm umsetzen zu können und die gesteckten Ziele zu erreichen, will Mao vor allem die Schwerindustrie fördern. Geplant ist ein Wachstum der Industrieproduktion von jährlich 45% im Zeitraum von 1958 bis 1968. Die Landwirtschaft soll in dieser Zeit pro Jahr um 20% mehr produzieren. Um diese gewaltigen Zuwachsraten erzielen zu können, muss die Agrarwirtschaft umgestaltet werden. Die Landwirtschaftlichen Produktionsgenossenschaften werden deshalb in sog. Volkskommunen umgewandelt, die 4000 bis 5000 Höfe umfassen. Diese Volkskommunen sollen größere Infrastrukturprojekte wie den Bau von Bewässerungsanlagen, Verkehrswegen oder Kleinindustriebetrieben in eigener Regie realisieren. Nach der Verwirklichung dieser Pläne, die – so die chinesische Propaganda – »einige Jahre harte Arbeit erfordert«, sollen für die Bauern dann »zehntausend Jahre Glück« folgen. Die radikalen, traditionszerstörenden Maßnahmen münden in ein wirtschaftliches Chaos, dessen unmittelbarste und schlimmste Folge 1960/61 eine Hungersnot ist. Auch die Industrie wird schwer geschädigt.

Mao will die Führung der Volksrepublik China im Weltkommunismus (Plakat).

Seit dem »Großen Sprung nach vorn« und seinen Folgen ist Maos Position deutlich geschwächt, die politisch Gemäßigten gewinnen in der Volksrepublik die Oberhand. Schon Ende 1958 wird bekannt, dass Mao nicht wieder für das Amt des Staatsoberhauptes kandidieren werde. Der Verzicht Maos, der 1949 erstmals zum Staatspräsidenten bestimmt worden war, löst Spekulationen aus. Beobachter vermuten, dass Mao die von ihm initiierte Kampagne von 1957, in der die Bevölkerung zur Kritik an den bestehenden Verhältnissen aufgerufen wurde, sowie die Folgen des neuen Wirtschaftsprogramms geschadet haben. 1959 löst Liu Shao-ch'i, führender Ideologe und Organisator der Kommunistischen Partei, Mao als Staatschef ab.

5. August 1958

Atom-U-Boot »Nautilus« unterquert den Nordpol

Noch immer sind die beiden Pole Schauplätze ungewöhnlicher Leistungen. Dennoch geht die Zeit der Pioniertaten langsam zu Ende. Nach einer 3385 km langen Tauchfahrt gelingt dem US-Atom-U-Boot »Nautilus« (s. Abb.) die erste Unterquerung des Nordpolpackeises. Die »Nautilus« war am 23. Juli in Honolulu auf Hawaii gestartet und hatte am 1. August ihren Vorstoß in die Tiefe gestartet. US-Präsident Dwight D. Eisenhower bezeichnet die Fahrt als eine Pioniertat zur Einrichtung einer Unterwasserroute zwischen der westlichen und der östlichen Hemisphäre.

Den Südpol hatte eine britische Expedition Anfang des Jahres im Blick. Mit der Ankunft am Stützpunkt »Scott Base« am 2. März beendeten die Forscher die erste Durchquerung der Antarktis. Die Mannschaft war im November 1957 aufgebrochen und legte 3360 km zurück. Das Unternehmen war eine der letzten Entdeckungsreisen, die zu Fuß bewältigt wurden. Auf dem ersten Teil ihres Weges hatte die Crew mit beträchtlichen Schwierigkeiten zu kämpfen. Die britische Königin Elizabeth II. beglückwünscht die Mannschaft telegrafisch zu dem Erfolg. Sie verlieh dem Leiter, Vivian Ernest Fuchs, wenig später den Adelstitel.

August 1958

1 Fr Tschechoslowakische Soldaten überschreiten die Grenze zur Bundesrepublik und führen dort auf der Suche nach einem Deserteur Vernehmungen durch.

2 Sa Der neue italienische Ministerpräsident Amintore Fanfani trifft zu einem zweitägigen Besuch der Bundesrepublik Deutschland in Bonn ein.

3 So Nikita S. Chruschtschow und Mao Tse-tung verurteilen auf einer geheimen Konferenz in Peking das Eingreifen der Westmächte in den Nahost-Konflikt.

4 Mo Eine österreichische Himalaja-Expedition unter Leitung von Heinrich Reiss erreicht den 7400 m hohen Gipfel des Berges Haramosh.

5 Di Wie zuvor schon die griechisch-zypriotische Untergrundbewegung, fordert auch die türkische Gruppe TMT einen Waffenstillstand. → Atom-U-Boot

6 Mi Die vom UN-Sicherheitsrat entsandte Beobachtertruppe im Libanon teilt mit, dass ihre Arbeit von bewaffneten Banden behindert würde.

7 Do Erfolgreich verläuft der erste Weltraumraketenversuch Großbritanniens. In Woomera (Australien) wird eine einstufige Rakete vom Typ »Black Knight« gezündet.

8 Fr Beamte der DDR-Volkspolizei dringen bei der Suche nach einem Flüchtling in die Westberliner Exklave Steinstücken ein.

9 Sa Die Nationale Befreiungsfront Algeriens FLN sagt in einer Erklärung an die Bevölkerung der französischen Regierung unter Charles de Gaulle den Kampf an.

10 So Der sowjetische Ministerpräsident Nikita S. Chruschtschow weiht bei Kuibyschew in der UdSSR das größte Wasserkraftwerk der Welt ein.

11 Mo Premierminister Harold Macmillan erörtert auf Zypern mit dem britischen Gouverneur Sir Hugh Foot Wege zur Lösung der wachsenden Spannungen.

12 Di Die Internationalen deutschen Tennismeisterschaften in Hamburg gewinnt der Schwede Sven Davidson gegen den Belgier Jacques Brichant.

13 Mi In Bonn kommt es zur Unterzeichnung des deutsch-belgischen Ausgleichsplans, durch den u.a. der Grenzverlauf beider Staaten festgelegt wird.

14 Do Beim Absturz einer Maschine der niederländischen Fluggesellschaft KLM vor Irland kommen alle 99 Insassen ums Leben.

15 Fr Die britische Regierung veröffentlicht einen neuen Zypern-Plan, der eine Partnerschaft zwischen griechischen und türkischen Zyprioten herbeiführen soll.

16 Sa Zwei Emigranten dringen aus Protest gegen die politische Lage in Ungarn in die ungarische Botschaft im schweizerischen Bern ein und eröffnen das Feuer.

17 So Die USA scheitern mit ihrem ersten Versuch, eine Mondrakete zu starten. Die Rakete explodiert 77 sec nach dem Start in einer Höhe von 20 000 m.

18 Mo In Los Angeles verteidigt der Schwergewichtsweltmeister der Profiboxer, Floyd Patterson (USA), seinen Titel gegen seinen Landsmann Roy Harris.

19 Di Das bisher größte U-Boot der Welt, die 5900 t große »Triton«, läuft in den USA vom Stapel. Es wird von zwei Atomreaktoren angetrieben.

20 Mi Bei der Weltmeisterschaft der Friseure in Köln gewinnen der Österreicher Hans Kammerer und der Franzose André Gaillard die Titel.

21 Do Zehn Tage vor den Feierlichkeiten zum 400-jährigen Gründungsjubiläum der Universität Jena flieht deren Rektor, Josef Hämel, in die Bundesrepublik.

22 Fr Den Ärzten in der DDR wird die Teilnahme an Fachkongressen im westlichen Ausland untersagt, weil viele Kollegen diese Gelegenheit zur Flucht nutzten.

23 Sa Küstenbatterien der Volksrepublik China beginnen mit der Beschießung der Quemoy-Inseln, die zu Nationalchina (Taiwan) gehören. → »Gorch Fock«

24 So In Kapstadt stirbt der amtierende Ministerpräsident der Südafrikanischen Union, Johannes G. Strijdom. Seine Nachfolge tritt Hendrik Frensch Verwoerd an.

25 Mo In der englischen Stadt Nottingham kommt es zu einer dreistündigen Straßenschlacht zwischen weißen und farbigen Einwohnern.

26 Di Die ersten »großen« Goggomobil-Modelle, »T 600« mit 20 PS und »T 700« mit 30 PS, laufen im niederbayerischen Dingolfing vom Band.

27 Mi Zwei Hunde, die an Bord einer sowjetischen Rakete rd. 450 km weit in All geschossen wurden, kehren unversehrt zur Erde zurück.

28 Do In West-Berlin läuft der Film »Das Mädchen Rosemarie« an. Er erzählt die Geschichte der in Frankfurt am Main ermordeten Prostituierten Rosemarie Nitribitt.

29 Fr Der sozialistische Politiker Karl-August Fagerholm wird in Helsinki zum neuen finnischen Ministerpräsidenten gewählt. → Sprintstaffel → Mao

30 Sa Im französischen Reims gewinnt der Magdeburger Gustav Adolf (»Täve«) Schur den Titel der Radweltmeister der Amateure im Straßenfahren.

31 So In der Frankfurter Paulskirche erhält der Wissenschaftler Carl Friedrich von Weizsäcker den Goethepreis der Stadt Frankfurt am Main.

September 1958

1 Mo Island protestiert dagegen, dass britische Fischer unter Marineschutz innerhalb der von Island beanspruchten Zwölf-Meilen-Fischereizone operieren.

2 Di Die erste Fernsehstation der Volksrepublik China nimmt in der Hauptstadt Peking ihren Sendebetrieb auf.

3 Mi Die SPD beschließt, die Kampagne gegen die Atomrüstung der Bundeswehr fortzusetzen und weiter den Ausschuss »Kampf dem Atomtod« zu unterstützen.

4 Do Willy Brandt, der Regierende Bürgermeister von Berlin, berichtet über die stetige Zunahme der Flüchtlingsströme aus der DDR. → Quemoy-Insel

5 Fr Der frühere sowjetische Ministerpräsident Nikolaj A. Bulganin verliert sein Amt als Präsidiumsmitglied des Zentralkomitees der KPdSU.

6 Sa Wegen zu starkem Gefälle der Bahn in Friedrichshafen wird der 100-m-Weltrekord (10,0 sec) des bundesdeutschen Sprinters Armin Hary nicht anerkannt.

7 So Bei den Internationalen Filmfestspielen von Venedig erhält der japanische Film »Der Rikschamann« den »Goldenen Löwen von San Marco«.

8 Mo In Wien wird das österreichisch-polnische Kohleabkommen unterzeichnet, das bis 1963 polnische Kohlelieferungen in Höhe von 2,3 Mio. t vorsieht.

9 Di Der sog. Münchener Semmelkrieg endet. Demnach darf der Bäckermeister Alfred Krohe seine Brötchen auch unter dem Preis der Konkurrenz verkaufen.

10 Mi Großbritannien und die USA erklären sich zur Teilnahme an einer Konferenz über die Einstellung der Kernwaffenversuche bereit.

11 Do Eine Düsenverkehrsmaschine vom Typ Boeing 707 fliegt die Strecke London – New York in 7:29 h und unterbietet damit den Rekord um fast zwei Stunden.

12 Fr Das Oberste Bundesgericht der USA ordnet die sofortige Einführung der gesetzlich vorgeschriebenen Rassenintegration im Bundesstaat Arkansas an.

13 Sa Die UN-Konferenz über die friedliche Nutzung der Atomenergie endet. U.a wird die Notwendigkeit internationaler Abkommen zum Strahlenschutz betont.

14 So DDR-Ministerpräsident Otto Grotewohl und SED-Parteichef Walter Ulbricht eröffnen im ehemaligen Konzentrationslager Buchenwald eine Gedenkstätte.

15 Mo In Paris entgeht der französische Informationsminister Jacques Suestelle leicht verletzt einem Attentat algerischer Nationalisten.

16 Di Um die weitere Abwanderung von Ärzten aus der DDR zu verhindern, beschließt das Politbüro eine intensive Förderung von Wissenschaft und Lehre.

17 Mi Japan erklärt, es werde von nun an keine gegen die Volksrepublik China gerichteten Positionen einnehmen und die Unabhängigkeit Taiwans nicht fördern.

18 Do Der Bundesminister für gesamtdeutsche Fragen, Ernst Lemmer, befürwortet entgegen bisheriger Praxis direkte Verhandlungen mit der DDR.

19 Fr Die algerische Befreiungsfront gibt die Bildung einer provisorischen algerischen Regierung mit Sitz in der ägyptischen Hauptstadt Kairo bekannt.

20 Sa Der libanesische Ministerpräsident Sami as-Sulh flieht in die Türkei. Der bisherige Führer der Aufständischen in Tripoli, Raschid Karami, übernimmt sein Amt.

21 So Auf seiner Jahrestagung in Baden-Baden lehnt der Verband der Ärzte Deutschlands eine Beteiligung der Patienten an den Krankheitskosten ab.

22 Mo Im Deutschen Fernsehen wird – eine Premiere – mit Hilfe eines Phantombildes nach einem Verbrecher gefahndet, der einen Raubüberfall begangen hat.

23 Di In Venedig dirigiert Igor Strawinsky die Uraufführung seines oratorischen Werks »Threni«, das er im Auftrag des Norddeutschen Rundfunks geschrieben hat.

24 Mi In Kopenhagen endet das Spiel der Fußball-Nationalmannschaft Dänemarks gegen die Bundesrepublik mit 1:1 Toren.

25 Do Die USA erklären, die Bedeutung der von China beanspruchten Küsteninseln Quemoy und Matsu sei für Taiwan vergleichbar mit der Berlins für den Westen.

26 Fr In Moskau unterzeichnen Vertreter Österreichs und der UdSSR ein Abkommen, das die jährliche Lieferung von 0,5 Mio. t Erdöl an Österreich vorsieht.

27 Sa Nach Reparaturarbeiten am Brandenburger Tor in Berlin wird die im Jahr 1794 entstandene Quadriga wieder auf das Tor montiert.

28 So Die algerische Regierung erklärt, sie sei nur bei Anerkennung eines autonomen Algeriens zu Gesprächen mit Frankreich bereit. → Verfassung → Ehrung

29 Mo Die UdSSR nimmt ihre im März eingestellten Atomwaffenversuche wieder auf. Der Westen wertet die Maßnahme vom März als Propaganda-Aktion.

30 Di In der Bundesrepublik wird die Arbeitslosenquote veröffentlicht. Mit 1,7 % ist sie auf dem niedrigsten Stand seit der Währungsreform im Jahr 1948.

+++ Quemoy-Krise alarmiert Großmächte +++

4. Oktober 1958

Strauß will den »Starfighter«

Bundesverteidigungsminister Franz Josef Strauß (CSU) erläutert in einem Vortrag dem Wirtschaftsbeirat seiner Partei den Aufbau der Bundeswehr. Am 24. Oktober entscheidet er, dass US-Düsenjäger vom Typ F 104 »Starfighter« (s. Abb.) für die Luftwaffe angeschafft werden sollen.

Zunächst will Bonn sechs bis zehn Maschinen ankaufen, weitere 300 sollen von bundesdeutschen Firmen in Lizenz gebaut werden. Die Stückkosten eines »Starfighters« liegen bei rd. 4 Mio. DM. Der Flieger gilt als schnellster Abfangjäger der westlichen Rüstungsindustrie, ist allerdings technisch nicht ganz ausgereift. Er ist bis zu 2400 km/h schnell und erreicht eine Höhe von 24 000 m. Zum Auf- und Ausbau der Bundeswehr trägt die Führungsakademie in Hamburg bei, die im Oktober eingeweiht wird. Offiziere aller Waffengattungen werden hier ausgebildet.

28. September 1958

Ehrung für Philosophen

Der Philosoph Karl Jaspers wird mit dem Friedenspreis des Deutschen Buchhandels ausgezeichnet. Die Ehrung des 75-Jährigen findet im Rahmen der Frankfurter Buchmesse in der Paulskirche statt. An der Messe beteiligen sich 7500 Verlage aus 25 Ländern. Die Aussteller zeigen sich mit dem Messeverlauf – sowohl beim Lizenzgeschäft wie beim Buchumsatz – sehr zufrieden. Besonders stark ist die Nachfrage nach Neuerscheinungen; ältere Titel werden kaum noch geordert. Großes Interesse finden Bücher, die anspruchsvoll ausgestattet sind, aber auch Taschenbuchreihen.

Karl Jaspers

deutscher Philosoph und Schriftsteller, * 23.2.1883 Oldenburg; † 26.2.1969 Basel

Jaspers – ursprünglich Psychiater und Psychologe – ist einer der Hauptvertreter der Existenzphilosophie. Seine Versuche zur »Erhellung« der menschlichen Existenz kreisen um die Grenzsituationen von Leid, Kampf, Tod und Schuld. Die ethischen Aspekte seines Denkens führen Jaspers auch zu engagierter Kritik an den politischen Vorgängen in der Bundesrepublik. Er nimmt Stellung zur atomaren Bewaffnung, zur Verlängerung der Verjährungsfrist für NS-Verbrechen und zu den Notstandsgesetzen.

- 1916-48: Professor in Heidelberg
- 1931: »Philosophie« (Hauptwerk)
- 1937-45: Lehrverbot seitens der NS-Behörden
- 1947: »Von der Wahrheit« (Hauptwerk)
- 1958: »Die Atombombe und die Zukunft des Menschen«

Krawalle bei Rock-Konzert

Die sog. Halbstarken sorgen für Schlagzeilen: Zu schweren Ausschreitungen kommt es bei einem Gastspiel des US-Rock 'n' Roll-Sängers Bill Haley am 26. Oktober im Westberliner Sportpalast. 34 Menschen, unter ihnen fünf Polizisten, werden bei den Ausschreitungen verletzt. Die Höhe des bei dem Krawall entstandenen Sachschadens wird auf 50 000 DM geschätzt.

Die Polizei räumt den Sportpalast in der Potsdamer Straße in Schöneberg, nachdem mehrere hundert Jugendliche begonnen haben, das Podium zu stürmen. Die von Haley benutzte Tonanlage und diverse Scheinwerfer gehen zu Bruch, Holzlatten und Stuhlbeine fliegen durch die Luft, die ohne erkennbaren Grund aufgebrachten Zuschauer schlagen auf die Ordner ein. Bill Haley kommentiert die Vorfälle mit den Worten: »Was ich hier erlebt habe, ist eine Schande. So etwas hat es in den Vereinigten Staaten noch nie gegeben.« Eine Folge der Krawalle ist der Beschluss, dass künftig keine Rock 'n' Roll-Veranstaltungen mehr im Sportpalast stattfinden sollen. Die Ausschreitungen bei dem Haley-Konzert waren nicht die ersten Ausbrüche von Gewalt. Bereits am 29. März war es bei einem Gastspiel des US-Schlagersängers Johnny Ray zu Krawallen gekommen. Ray hatte fluchtartig die Bühne verlassen müssen, um sich vor seinen Fans in Sicherheit zu bringen. Die anschließende Räumung der Konzerthalle durch Sicherheitskräfte wurde von tätlichen Auseinandersetzungen begleitet. Große Teile der Öffentlichkeit stehen ratlos vor dem Phänomen sinnloser Gewaltausbrüche durch Jugendliche. Während viele Beobachter fordern, den gewaltbereiten »Halbstarken« mit »starker Hand« entgegenzutreten, verlangen andere mehr Fingerspitzengefühl im Umgang mit der Jugend. Letztere sehen in den Gewalttätern eher frustrierte und illusionslose jüngere Menschen.

28. September 1958

Franzosen billigen Verfassung

Mit einem klaren Votum stellt sich die französische Bevölkerung hinter die neue Verfassung, die dem »starken Mann« General Charles de Gaulle umfangreiche Vollmachten einräumt. In Frankreich selbst sprechen sich 79,25% der Wähler für eine Annahme der Verfassung aus. In Algerien und den überseeischen Gebieten stimmen zwischen 75% und 99% dafür. Lediglich Guinea votiert mit 97% der Wählerstimmen gegen den Entwurf, der in den Kolonien mit der Frage gekoppelt ist, ob das jeweilige Land unter der Herrschaft Frankreichs bleiben wolle.

De Gaulle hatte nach dem Putsch der Militärs in Algerien die Regierungsgeschäfte übernommen und die neue Verfassung einer V. Republik als einzigen Weg aus der Krise verteidigt. Kritiker wie der Philosoph Jean-Paul Sartre kritisieren die Machtfülle, die der Verfassungsentwurf dem künftigen Präsidenten einräumt.

Bill Haley (r.) heizt seinen Zuschauern ein.

1. Oktober 1958

Elvis wird Soldat

76 Frauen küsste Rock 'n' Roll-Star Elvis Presley vor der Abreise in New York. Über 1000 Jugendliche bereiten dem Sänger, der seinen Wehrdienst als Gefreiter der US-Truppen in der Bundesrepublik ableistet, bei seiner Ankunft in Bremerhaven einen stürmischen Empfang. Die Polizei kann die aufgeregten Fans, die ihren Superstar begrüßen wollen, kaum zurückhalten. Elvis verlässt mit geschultertem Seesack das Schiff und verteilt dann Kusshände und Nelken an seine Fans. Nach den Worten seines Vorgesetzten soll er als ganz normaler Soldat behandelt werden. Elvis wird im hessischen Friedberg stationiert.

Auch Elvis Presley (r.), der bis 1960 in Deutschland stationiert ist, muss wie die anderen Soldaten strammstehen.

Bill Haley

eigtl. William John Clifton Haley jr., US-Musiker, * 6.7.1927 Highland Park (US-Bundesstaat Michigan); † 9.2.1981 Harlingen (US-Bundesstaat Texas)

Bill Haley gilt als der »Vater des Rock 'n' Roll«, der u.a. Elvis Presley und Fats Domino inspirierte. Sein Hit »Rock around the clock«, der sich über 20 Mio. Mal verkauft, wird zur Hymne einer ganzen Generation. Mit »See You Later Alligator« und »Crazy Man Crazy« folgten weitere Hits. Schon früh bestimmte die Musik Haleys Leben. Mit 15 Jahren verließ er sein Elternhaus und tingelte mit einer eigenen Band durchs Land. Er spielte Country-Musik und Rhythm & Blues, bis er auf die Idee kam, diese Musikstile zu vermischen. Die Worte »Rock, rock, rock everybody, roll, roll, roll everybody«, die in einem 1952 komponierten Song vorkamen, gaben dem »Rock 'n' Roll« seinen Namen.

- 1943: Erste Schallplattenaufnahme: »Candy Kisses«
- 1954: Gründung der Band »The Comets«
- 1955: »Rock around the clock«

4. Oktober 1958

Scholz wird Europameister

Vor 30 000 begeisterten Zuschauern in der Ostkurve des Berliner Olympiastadions wird Gustav »Bubi« Scholz (s. Abb., l.) Europameister im Mittelgewicht der Berufsboxer. Er gewinnt gegen den Franzosen Charles Humez, der in der zwölften des auf 15 Runden angesetzten Kampfes völlig erschöpft aufgibt. Noch am 10. März hatte Humez den Lokalmatador Scholz nach Punkten bezwingen können. Von der ersten Runde an hält Scholz den Titelverteidiger, der erfolglos den Nahkampf sucht, geschickt auf Distanz und bringt immer wieder gute Treffer an.

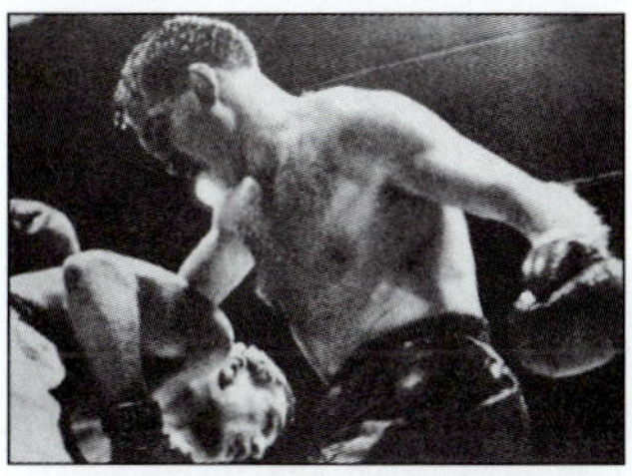

4. September 1958

Krise um Quemoy-Insel

Erneut eskaliert die Krise zwischen der Volksrepublik China und Taiwan (Formosa). Peking erweitert einseitig die Gewässergrenze von drei auf zwölf Seemeilen. Damit unterstreicht die kommunistische Führung nachdrücklich ihre Ansprüche auf die küstennahen Inseln Quemoy, Matsu und andere, die zu Taiwan gehören. Nach dem verlorenen Bürgerkrieg hatten sich die Nationalchinesen unter Chiang Kai-shek nach Taiwan zurückgezogen und 1950 die Republik ausgerufen. Der Konflikt in Asien, der mit einer Beschießung der küstennahen Inseln durch Peking im August begann, ruft auch die Großmächte auf den Plan. Die USA sind mit Taiwan verbündet. Washington betrachtet die Insel im sich verschärfenden Kalten Krieg als einen Stützpunkt gegen die Ausbreitung des Kommunismus. Moskau lässt keinen Zweifel daran, dass es im Falle eines Angriffs auf die Volksrepublik an der Seite Pekings stehen werde.

Oktober 1958

1 Mi Der Bundestag prangert vor der Weltöffentlichkeit die »fortdauernde Verletzung der Gesetze der Menschlichkeit« in der DDR an. → Elvis

2 Do Die afrikanische Kolonie Guinea proklamiert ihre Unabhängigkeit von Frankreich. +++ In den bundesdeutschen Kinos läuft der Film »Der Pauker« an.

3 Fr Bundeskanzler Konrad Adenauer spricht sich für die allmähliche und schrittweise Herstellung von Beziehungen zu den Ostblockstaaten aus.

4 Sa Als erste Fluggesellschaft nimmt die britische BOAC den regelmäßigen Transatlantikverkehr mit Düsen-Passagiermaschinen auf. → »Starfighter« → Scholz

5 So Vor 72 000 Zuschauern schlägt in Wien die französische Nationalmannschaft in einem Länderspiel die österreichische Elf mit 2:1.

6 Mo Die Volksrepublik China legt eine siebentägige Feuerpause bei der Beschießung der von Taiwan beanspruchten Inseln Quemoy und Matsu ein.

7 Di In Brüssel konstituiert sich der Europäische Gerichtshof. +++ In Paris beschließt die französische Regierung die Einführung des Mehrheitswahlrechts.

8 Mi Der pakistanische Präsident Iskander Mirza setzt die Verfassung außer Kraft, löst alle Parlamente und Parteien auf und verhängt den Ausnahmezustand.

9 Do Papst Pius XII. stirbt im Alter von 82 Jahren in Castel Gandolfo. +++ Klaus Bugdahl (BRD)/Gerrit Schulte (Niederlande) gewinnen das Berliner Sechstagerennen.

10 Fr Indien ruft auf der Jahresversammlung der Weltbank und des Weltwährungsfonds in Neu-Delhi dazu auf, die Entwicklungsländer zu unterstützen.

11 Sa Im Deutschen Fernsehen ist die erste Folge der Unterhaltungssendung »Sieben auf einen Streich« mit Hans-Joachim Kulenkampff zu sehen.

12 So Die Volksrepublik China verlängert die am 6. Oktober begonnene Waffenruhe in der Straße von Formosa (Taiwan) um zwei Wochen.

13 Mo Das tschechoslowakische Außenministerium beschuldigt in einer Pressekonferenz die Bundesrepublik Deutschland des Revanchismus.

14 Di Die Sowjetunion beschuldigt Bonn, die Möglichkeiten zur Verbesserung der Beziehungen beider Staaten nicht zu nutzen.

15 Mi Etwa 2,5 Mio. DM erbringt das Gemälde »Knabe mit der roten Weste« von Paul Cézanne bei einer Versteigerung im Londoner Auktionshaus Sothebys.

16 Do Der pro-westlich eingestellte tunesische Staatspräsident Habib Burgiba beschuldigt die Vereinigte Arabische Republik, ein Werkzeug der Sowjetunion zu sein.

17 Fr In der Bundesrepublik Deutschland ist erstmals die Verfilmung von Ernest Hemingways Roman »Der alte Mann und das Meer« zu sehen.

18 Sa Der Rat der Arabischen Liga gewährt der algerischen Exilregierung eine Hilfe in Höhe von 34,4 Mio. Dollar zur Fortsetzung des Unabhängigkeitskampfes.

19 So Durch einen zweiten Platz hinter seinem Landsmann Stirling Moss erringt der Brite Mike Hawthorn auf Ferrari den Automobilweltmeistertitel.

20 Mo Der Oberbefehlshaber der thailändischen Streitkräfte, Marschall Sarit Thanarat, setzt durch einen Putsch die Regierung ab und verhängt das Kriegsrecht.

21 Di DDR-Parteichef Walter Ulbricht betont in Leipzig die Bedeutung des Polytechnischen Unterrichts bei der Weiterentwicklung des Schulwesens.

22 Mi Die Bundesregierung lehnt den Vorschlag der Sozialdemokraten ab, den Regierungssitz von Bonn nach West-Berlin zu verlegen.

23 Do Frankreichs Ministerpräsident Charles de Gaulle kündigt an, auch sein Land werde neben den USA, der UdSSR und Großbritannien in Kürze Atommacht sein.

24 Fr Bundesverteidigungsminister Franz Josef Strauß entscheidet, dass die Bundeswehr mit Jagdbombern vom Typ F 104 »Starfighter« ausgerüstet wird.

25 Sa Die letzten US-Truppen verlassen den Libanon. +++ Die Volksrepublik China zieht ihre noch in Nordkorea befindlichen Soldaten ab.

26 So In Paris trennen sich die Mannschaften der Bundesrepublik Deutschland und Frankreichs in einem Fußballänderspiel mit einem 2:2.

27 Mo Im Londoner Opernhaus Covent Garden hat das Ballett »Undine« mit der Musik des deutschen Komponisten Hans Werner Henze Premiere.

28 Di Das 51-köpfige Kardinalskollegium wählt in Rom Kardinal Angelo Giuseppe Roncalli als Papst Johannes XXIII. zum Oberhaupt der katholischen Kirche.

29 Mi Unter dem Druck der Behörden verzichtet der sowjetische Schriftsteller Boris Pasternak auf die Annahme des ihm zugesprochenen Literaturnobelpreises.

30 Do Die UN-Vollversammlung in New York verurteilt in einer Resolution mit großer Mehrheit die Apartheidspolitik der südafrikanischen Regierung.

31 Fr Das Bundesarbeitsgericht erklärt den Metallarbeiterstreik in Schleswig-Holstein 1956/57 für verfassungswidrig. Die IG Metall muss die Schäden ersetzen.

November 1958

1 Sa Das UN-Büro für Sozialangelegenheiten erwartet laut einer Prognose für das Weltbevölkerungswachstum die Zahl von vier Mrd. Menschen für das Jahr 1980.

2 So Auf der Museumsinsel in Ost-Berlin beginnt eine Ausstellung mit Kunstschätzen, die 1945 in die UdSSR gebracht und nun zurückgegeben wurden.

3 Mo In London erscheinen die Memoiren von Feldmarschall Bernard Law Montgomery, der 1944 die Landung der Alliierten in Frankreich führte. → UNESCO

4 Di Das Fernsehen überträgt die Krönung von Papst Johannes XXIII. +++ Im Pariser Théâtre de l'Athénée hat »Don Juan« von Henri de Montherlant Premiere.

5 Mi Zum vierten Mal zwingen kubanische Rebellen eine Verkehrsmaschine der Fluggesellschaft Cubana zur Landung auf einem von ihnen kontrollierten Flugplatz.

6 Do Der Bundestag verabschiedet eine Novelle zum Lebensmittelgesetz, die u.a. die Zulässigkeit von Fremdstoffen in Lebensmitteln stark einschränkt.

7 Fr Der Bürgermeister von Ost-Berlin, Friedrich Ebert, bietet Westberlinern 10 000 Arbeitsplätze und Reiseerleichterungen in die DDR an.

8 Sa In einer durch die sowjetische Nachrichtenagentur TASS verbreiteten Erklärung wird der Rückzug der US-Truppen aus Südkorea gefordert.

9 So Der schweizerische Schriftsteller Max Frisch erhält in Darmstadt den Georg-Büchner-Preis. +++ Der US-Jazz-Musiker Duke Ellington gastiert in Frankfurt/Main.

10 Mo Am Württembergischen Staatstheater in Stuttgart wird das Stück »Der aufhaltsame Aufstieg des Arturo Ui« von Bertolt Brecht uraufgeführt.

11 Di Um dem andauernden Streik der Erdölarbeiter ein Ende zu setzen, verhängt der argentinische Präsident Arturo Frondizi den Belagerungszustand.

12 Mi Die DDR fordert in einem Memorandum 60 Staaten auf, ihre diplomatischen Beziehungen zu Deutschland nicht auf die Bundesrepublik zu beschränken.

13 Do Nach Angaben der »Rationalisierungsgemeinschaft Mensch und Arbeit« ist die Zahl berufstätiger Frauen seit 1952 in der Bundesrepublik um 37,5 % gestiegen.

14 Fr In den Münchener Kammerspielen ist die Uraufführung des Theaterstücks »Pastorale oder Die Zeit für Kakao« von Wolfgang Hildesheimer zu sehen.

15 Sa Die Hamburger Börse, eine der ältesten deutschen Einrichtungen dieser Art, begeht feierlich ihr 400-jähriges Bestehen.

16 So Durch ein 4:3 nach Verlängerung über Fortuna Düsseldorf gewinnt der VfB Stuttgart in Kassel den Vereinspokal des Deutschen Fußballbundes.

17 Mo Mit einem Staatsstreich reißt der Oberbefehlshaber der sudanesischen Streitkräfte, General Ibrahim Abbud, die Macht im Staat an sich.

18 Di US-Außenminister John Foster Dulles warnt in einer Rede die jungen unabhängigen Staaten vor den »trügerischen Versprechungen des Kommunismus«.

19 Mi In einem Fußballländerspiel im Berliner Olympiastadion trennen sich die Mannschaften der Bundesrepublik Deutschland und Österreichs mit 2:2.

20 Do Bonn und Ost-Berlin vereinbaren die Lieferung von Steinkohle aus dem Ruhrgebiet gegen Braunkohle und Weizen aus der DDR.

21 Fr Arbeiter vom Werk Gelsenkirchen des Hüttenwerks Oberhausen erhalten ihren Lohn erstmals auf ein Bankkonto überwiesen statt bar in der Lohntüte.

22 Sa Bei den Wahlen in Australien erreicht die bisherige Regierungskoalition aus Liberalen und Agrariern unter Ministerpräsident Robert Menzies die Mehrheit.

23 So Am 15. Jahrestag der Zerstörung der Kaiser-Wilhelm-Gedächtniskirche wird auf dem Breitscheidplatz in West-Berlin der Grundstein für den Neubau gelegt.

24 Mo SED-Chef Walter Ulbricht erklärt in einem Interview, dass sogar derjenige, der das Hoheitsgebiet der DDR nur überfliege, die DDR de facto anerkenne.

25 Di Die Territorialversammlung in Saint-Louis proklamiert Senegal zur autonomen Republik innerhalb der Französischen Gemeinschaft.

26 Mi Bei seinem Besuch in London betont US-Vizepräsident Richard M. Nixon die Entschlossenheit der USA, weiterhin in Berlin präsent zu bleiben.

27 Do Die Landesregierung Nordrhein-Westfalens entscheidet, den Flughafen Köln-Wahn zu einem interkontinentalen Flughafen auszubauen. → Berlin

28 Fr Nach Protesten im Parlament zieht der japanische Regierungschef Nobosuke Kischi einen Gesetzentwurf zurück, der umfassendere Rechte für die Polizei vorsah.

29 Sa Ein 2000 m² großes Grundstück bei Perugia in Italien ist der Hauptpreis bei der Tombola auf dem Bundespresseball in Bad Neuenahr.

30 So Die bulgarische Nationalversammlung wählt das Politbüromitglied Dimitar Ganew als Nachfolger des verstorbenen Georgi Damjanow zum Präsidenten.

27. November 1958

Erneut Krise um Berlin

Die Sowjetunion kündigt einseitig das Viermächteabkommen über Berlin. Den drei Westmächten Frankreich, Großbritannien und USA gehen gleichlautende diplomatische Noten zu, worin Moskau ultimativ fordert, über den künftigen Status West-Berlins als einer »entmilitarisierten freien Stadt« zu verhandeln. Mit ihrem Ultimatum leitet die Sowjetunion die zweite Berlinkrise seit Verhängung der Blockade 1948 ein. Der sowjetische Partei- und Regierungschef Nikita Chruschtschow setzt den Westmächten eine sechsmonatige Frist, in der West-Berlins Schicksal bestimmt werden soll. Für den Fall, dass die Verhandlungen scheitern, kündigt die Sowjetunion an, sie werde ihre Rechte an West-Berlin und damit auch die Kontrolle über die Zufahrtswege der Stadt an die DDR übertragen. Bereits am 10. November hatte Chruschtschow den Westmächten vorgeworfen, die Bestimmungen des Potsdamer Abkommens von 1945 nicht eingehalten zu haben. Der sowjetische Vorstoß löst nicht nur in der Berliner Bevölkerung tiefe Besorgnis aus. Frankreich, Großbritannien und die USA lehnen einhellig eine Veränderung des Viermächte-Status ab. Für den Fall, dass die UdSSR ihr Ultimatum zurückzieht, erklären sich die westlichen Regierungen allerdings bereit, über Berlin und Deutschland in Verhandlungen zu treten. In Bonn wird die durch das sog. Chruschtschow-Ultimatum entstandene Situation als »außerordentlich ernst« eingestuft. Die Bundesregierung wendet sich mit der Bitte um Einberufung einer Berlin-Konferenz an die Westmächte. Im Dezember bekräftigen die Außenminister Frankreichs, Großbritanniens und der USA erneut die Entschlossenheit ihrer Länder, ihre Positionen und Rechte in Bezug auf Berlin sowie das Recht auf freien Zugang zur Stadt zu wahren. Die Krise um Berlin hält an.

Reparaturbedürftig: das Brandenburger Tor in Berlin, Symbol der deutschen Teilung. Die in West-Berlin restaurierte Siegesgöttin wird nach Ost-Berlin transportiert.

Nikita S. Chruschtschow

sowjetischer Politiker, * 17.4.1894 Kalinowka; † 11.9.1971 Moskau

Der Bauernsohn und Landwirtschaftsexperte machte rasch Parteikarriere und stieg 1939 in den engsten Kreis um den Diktator Stalin auf. Als dessen Nachfolger prangert er 1956 Stalins Verbrechen an und löst eine kurze »Tauwetterperiode« aus. Berlin-Ultimatum und Kubakrise 1962 leiten seinen Niedergang ein. Wegen der Verschärfung des Konflikts mit China und wirtschaftlicher Misserfolge wird er 1964 gestürzt.

- 1918: Mitglied der Bolschewiken
- 1934: Mitglied des ZK der KPdSU
- 1953-64: 1. Sekretär des ZK

1. Dezember 1958

Ermittlungen gegen nationalsozialistische Verbrechen

In Ludwigsburg bei Stuttgart wird die Zentralstelle zur Verfolgung nationalsozialistischer Gewaltverbrechen eingerichtet. Der Aufbau der Ermittlungsbehörde geht auf einen Beschluss der Länder-Justizverwaltungen zurück. Zum einen sollen nationalsozialistische Straftaten aufgedeckt und ihre Verfolgung koordiniert werden. Zum anderen befasst sich die Zentralstelle mit den Verbrechen, deren Tatort außerhalb des Bundesgebietes liegt und für die es deshalb im Inland keinen Gerichtsstand gibt. Dies gilt insbesondere für die Verbrechen in den Konzentrationslagern Osteuropas und die Tätigkeit von Einsatzkommandos. Die Zentralstelle sammelt Material (s. Abb.), ermittelt Zeit, Ort und Täterkreis. Die Ermittlungsakten werden an die Staatsanwaltschaft weitergeleitet.

21. Dezember 1958

De Gaulle wird Präsident

Nachdem im Rahmen einer Volksabstimmung die neue französische Verfassung gebilligt worden ist, wird der amtierende Ministerpräsident Charles de Gaulle mit 78,5% der Wahlmännerstimmen zum Präsidenten der V. Republik gewählt. General de Gaulle ist damit der mächtigste Mann Frankreichs. Er bestimmt weitgehend die politischen Geschicke des Landes, ist Oberbefehlshaber der Streitkräfte und verfügt in Krisenzeiten über nahezu uneingeschränkte Rechte. De Gaulle wird Nachfolger von René Coty. Die beiden Gegenkandidaten des Generals – der Kommunist Georges Marrane und der von der Union der demokratischen Kräfte aufgestellte Albert Châtelet – erhalten 13,1% bzw. 8,4% der Stimmen. De Gaulle hatte seine Rückkehr auf die politische Bühne von der Gewährung umfassender Vollmachten abhängig gemacht. So trägt die neue Verfassung maßgeblich seine Handschrift. Neben der desolaten Wirtschaftslage steht der Algerienkonflikt im Mittelpunkt der ersten Amtsgeschäfte des auf sieben Jahre gewählte Staatspräsidenten, der 1959 vereidigt wird (Abb.: de Gaulle auf dem Weg zur Amtseinführung).

10. Dezember 1958

Pasternak lehnt Nobelpreis ab

Die Verleihung der diesjährigen Nobelpreise findet ohne den russischen Schriftsteller Boris Pasternak (s. Abb.) statt, der die Auszeichnung in der Sparte Literatur erhalten sollte. Unter politischem Druck hat der Verfasser des Romans »Doktor Schiwago« den Preis im Oktober abgelehnt. Er begründet seinen Schritt damit, dass er durch diese Auszeichnung in den Mittelpunkt einer politischen Kampagne gerückt worden sei und nicht mehr sein literarisches Werk gewürdigt werde. Vor seiner Verzichtserklärung ist Pasternak aus dem sowjetischen Schriftstellerverband ausgeschlossen worden. Außerdem wurde ihm der Titel »sowjetischer Schriftsteller« und »sowjetischer Übersetzer« aberkannt. Viele russische Autoren fordern, Pasternak zusätzlich das Bürgerrecht zu entziehen. Vor allem wegen seines 1956 vollendeten, bislang aber nicht in der UdSSR erschienen Romans »Doktor Schiwago« steht Pasternak in der Schusslinie.

Die übrigen Nobelpreise gehen an Georges Pire (Frieden), George Wells Beadle und Edward Lawrie Tatum (Medizin), Frederick Sanger (Chemie) und Pawel A. Tscherenkow, Ilja M. Frank sowie Igor J. Tamm (Physik).

27. Dezember 1958

Währungen frei konvertierbar

Die Bundesrepublik Deutschland und mit ihr elf weitere europäische Staaten geben ihre Währungen für den Umtausch frei. Sie kündigen damit das seit 1950 gültige Abkommen über die Europäische Zahlungsunion (EZU). An dessen Stelle tritt das am 5. August 1955 unterzeichnete Europäische Währungsabkommen (EWA), das die Ausweitung des Handels und die Liberalisierung des Waren-, Dienstleistungs- und Kapitalverkehrs erleichtern soll.

Bislang waren die europäischen Währungen nur beschränkt konvertierbar. Transaktionen mit dem US-Dollar und anderen »harten« Währungen waren nur in begrenztem Rahmen und nur auf ausdrücklichen Wunsch der Notenbanken möglich. Allerdings bleiben auch nach Inkrafttreten des EWA in vielen Ländern Devisenbeschränkungen für die eigenen Bürger bestehen. Nur in der Schweiz und in der Bundesrepublik dürfen Inländer ungehindert Devisen ins Ausland bringen oder die Auszahlung ihrer Konten in jeder Währung verlangen. Die deutsche Währung ist mit dem EWA erstmals seit der Notverordnung aus dem Jahre 1931 wieder frei von sämtlichen Reglementierungen. Bundeswirtschaftsminister Ludwig Erhard (CDU) begrüßt die freie Konvertierbarkeit der DM.

3. November 1958

Neues UNESCO-Gebäude

Namhafte Architekten und Künstler zeichnen für Bau und Gestaltung des neuen UNESCO-Sitzes (s. Abb.) verantwortlich, das heute in Paris eingeweiht wird. Das schmucke Gebäude der Organisation der Vereinten Nationen für Erziehung, Wissenschaft und Kultur, ein Y-förmiger Bau an der Place Fontenay, wurde multinational konzipiert und realisiert. Zu dem Team, das den umgerechnet fast 38 Mio. DM teuren Bau Wirklichkeit werden ließ, gehören der »Bauhaus«-Gründer Walter Gropius und seine berühmten Architekten-Kollegen Pier Luigi Nervi (Italien), Marcel Breuer, Eero Saarinen (beide USA), Lúcio Costa (Brasilien) und Le Corbusier (Frankreich/Schweiz). Eine Plastik des englischen Bildhauers Henry Moore ziert das Verwaltungsgebäude, der Spanier Pablo Picasso schmückte den Konferenztrakt mit einem Fresko, sein Landsmann Joan Miró malte für den Hof der imposanten Anlage eine »Wand des Mondes«. Außerdem sind u.a. Werke des deutsch-französischen Malers und Bildhauers Hans (Jean) Arp und des Niederländers Karel Appel zu sehen.

Dezember 1958

1 Mo Beim Brand der Lady-of-the-Angels-Schule in Chicago sterben 89 Kinder und drei Nonnen. Das Feuer entzündete sich an Altpapier im Keller. → Verbrechen

2 Di Das als modernstes Hotel Europas geltende »Hilton« an der Budapester Straße in West-Berlin wird seiner Bestimmung übergeben.

3 Mi Das Parlament in Jakarta erlässt ein Gesetz, das die Verstaatlichung aller niederländischen Betriebe in Indonesien ermöglicht.

4 Do Die seit dem 29. August amtierende finnische Regierung unter dem Sozialisten Karl-August Fagerholm tritt zurück.

5 Fr Ein Frankfurter Gericht verurteilt einen kriminell gewordenen Hilfsarbeiter zu zwei Jahren Haft. Er gibt sich als jüngster Sohn von Kaiser Wilhelm II. aus.

6 Sa Den ersten Nikolauswein seit Menschengedenken bringt das Weingut Koch in Wiltingen im Kreis Saarburg ein.

7 So Bei den Wahlen zum Abgeordnetenhaus in West-Berlin erhält die SPD mit 52,6 % der Stimmen die absolute Mehrheit. Die Wahlbeteiligung lag bei 93,7 %.

8 Mo Nach Angaben des Ministerpräsidenten Abd Al Karim Kasim wurde im Irak eine Verschwörung aufgedeckt. Auch ausländische Kräfte waren beteiligt.

9 Di Im Abendprogramm teilt das Deutsche Fernsehen mit, dass die Zahl der in der Bundesrepublik angemeldeten TV-Geräte die Zwei-Mio.-Marke erreicht habe.

10 Mi Wegen grundsätzlicher sozialpolitischer Meinungsverschiedenheiten löst sich die seit 1954 amtierende Regierung in Luxemburg auf. → Pasternak

11 Do Die Bundestagsfraktionen von CDU/CSU und SPD kommen überein, Generalleutnant a.D. Helmuth von Grolman als Wehrbeauftragten vorzuschlagen.

12 Fr Wegen Unstimmigkeiten in der Steuerpolitik treten der niederländische Ministerpräsident Willem Drees und die sozialistischen Regierungsmitglieder zurück.

13 Sa In der UN-Vollversammlung scheitert eine Algerienresolution mit nur einer Stimme unter der erforderlichen Zweidrittelmehrheit.

14 So Auf der Außenministerkonferenz in Paris bekunden die drei Westmächte und die Bundesrepublik ihre Entschlossenheit, ihre Rechte in Berlin zu wahren.

15 Mo Der Regierende Bürgermeister von Berlin, Willy Brandt (SPD), befürwortet eine kontrollierte Volksabstimmung über den künftigen Status der Stadt.

16 Di Mao Tse-tung kandidiert nicht mehr für das Amt des Präsidenten der Volksrepublik China. Er bleibt jedoch Präsident des Zentralkomitees der KP.

17 Mi Das traditionsreiche Café »Kranzler« in West-Berlin eröffnet seine neuen Räume an der Ecke Kurfürstendamm/Joachimsthaler Straße.

18 Do In Rom empfangen Julius Döpfner, Bischof von Berlin, und Franz König, Erzbischof von Wien, gemeinsam mit 21 anderen Geistlichen die Kardinalswürde.

19 Fr Der US-Satellit »Score« wird in Cape Canaveral erfolgreich gestartet. Er dient als Relaisstation für Funksignale zwischen zwei Erdstationen.

20 Sa In Paris fordert der NATO-Oberbefehlshaber in Europa, General Lauris Norstad, einen Mindestwehrdienst von 18 bis 20 Monaten.

21 So In Augsburg besiegt die bundesdeutsche Nationalmannschaft in einem Fußballländerspiel Bulgarien mit 3:0 Toren. → De Gaulle

22 Mo Der Verband der Heimkehrer ruft die Bundesbürger dazu auf, am Heiligabend zum Zeichen der unverbrüchlichen Treue zu Berlin Kerzen ins Fenster zu stellen.

23 Di Beim Einsturz einer stillgelegten Kalkgrube bei dem belgischen Dorf Zichen-Zussen-Bolder kommen 23 Menschen ums Leben.

24 Mi Südkoreas Parlament billigt ein Gesetz, das u.a. die Pressefreiheit einschränkt. Die Opposition wurde vor der Sitzung ausgesperrt.

25 Do Zum Abschluss einer Sitzung in Moskau verabschiedet der Oberste Sowjet den Haushalt für das Jahr 1959. Rd. ein Siebtel entfällt auf Militärausgaben.

26 Fr Zu Beginn seiner Deutschland-Tournee gastiert der Moskauer Staatszirkus in Stuttgart. Vor allem der Clown Oleg Popow begeistert die Besucher.

27 Sa Die Vereinigte Arabische Union und die UdSSR unterzeichnen in Kairo ein Abkommen über den Bau des Assuan-Staudamms. → Währungen

28 So Bei einem Fußballländerspiel unterliegt die bundesdeutsche Nationalmannschaft in Kairo der ägyptischen Nationalelf mit 1:2.

29 Mo Das US-Magazin »Time« erklärt den französischen Staatspräsidenten Charles de Gaulle zum »Mann des Jahres«.

30 Di Der Regierende Bürgermeister von Berlin, Willy Brandt, äußert die Überzeugung, dass es keinen Krieg um Berlin geben werde.

31 Mi In Brisbane/Australien erreicht die Mannschaft der USA im Finale um den Tennis-Davis-Cup einen 3:2-Erfolg über den australischen Titelverteidiger.

Januar 1959

1 Do In seiner Neujahrsansprache fordert Bundespräsident Theodor Heuss Moskau auf, den politischen Druck auf Berlin aufzugeben.

2 Fr In der UdSSR startet die Weltraumrakete »Lunik 1«. Anstatt wie geplant auf dem Mond aufzuschlagen, tritt sie jedoch in eine Umlaufbahn ein. → Kuba

3 Sa Auf Kuba wird eine vorläufige Regierung gebildet. Revolutionsführer Fidel Castro übernimmt das Oberkommando über die Armee. → Alaska

4 So In West-Berlin endet der »Studentenkongress gegen Atomrüstung«. Zentrale Forderung war ein Friedensvertrag zwischen den beiden deutschen Staaten.

5 Mo Die Bundesrepublik lehnt den sowjetischen Entwurf eines Friedensvertrages vom November 1958 ab, weil die Bedingungen unannehmbar seien.

6 Di In der Pfalz wird ein »Drei-Königs-Wein« geerntet – späteste Lese aller Zeiten. +++ Frankreich verlängert die Schulpflicht bis zum 16. Lebensjahr.

7 Mi Die Bundesrepublik Deutschland tritt der Schifffahrtsorganisation IMCO bei, einer Unterorganisation der Vereinten Nationen.

8 Do General Charles de Gaulle wird französischer Staatspräsident. +++ Die Bundesregierung hebt die Haushaltssperre für Studentenförderung auf.

9 Fr Das Oberlandesgericht Hamburg sieht davon ab, einen Verfasser antisemitischer Schriften zu verfolgen, und löst dadurch einen Justizskandal aus.

10 Sa Die Regierung der Sowjetunion legt erneut einen Entwurf für einen Friedensvertrag mit der Bundesrepublik und der DDR vor.

11 So Eine Maschine der Lufthansa stürzt beim Anflug auf Rio de Janeiro ab. 29 Passagiere und sieben Crew-Mitglieder kommen ums Leben.

12 Mo Das Berliner Abgeordnetenhaus wählt Willy Brandt (SPD) zum zweiten Mal zum Regierenden Bürgermeister des Westteils der Stadt.

13 Di Frankreichs Präsident Charles de Gaulle amnestiert algerische Unabhängigkeitskämpfer. Ihre in Frankreich inhaftierten Führer kommen in Festungshaft.

14 Mi Das DDR-Fernsehen zeigt die Transplantation eines Hundekopfes durch den sowjetischen Physiologen Wladimir P. Demichow.

15 Do Der Regierende Bürgermeister von Berlin, Willy Brandt, sagt in seiner Regierungserklärung voraus, die Berlin-Krise werde sich weiter verschärfen.

16 Fr US-Forscher stellen in Washington ein 2,25 kg schweres Atom-Aggregat vor, dass einen Erd-Satelliten ein Jahr lang mit Strom versorgen kann.

17 Sa Der Dortmunder Stadtrat protestiert gegen die geplante Stationierung britischer Truppen: Deren Corporal-Raketen könnten auch Atombomben tragen.

18 So Der 27-jährige Lokalmatador Anderl Molterer gewinnt zum vierten Mal das Internationale Hahnenkamm-Skirennen in Kitzbühel.

19 Mo Die DDR würde einem Friedensvertrag zustimmen, lässt SED-Generalsekretär Walter Ulbricht den sowjetischen Botschafter in Ost-Berlin wissen.

20 Di Russlands stellvertretender Ministerpräsident Anastas Mikojan bricht seine USA-Reise vorzeitig ab. Alle Gespräche seien ergebnislos verlaufen.

21 Mi Die Zahl der Verkehrstoten sei 1958 um 2440 auf 11 017 zurückgegangen, zieht Bundesverkehrsminister Hans-Christoph Seebohm Bilanz.

22 Do Die US-Regierung gewährt der europäischen Atomenergiekommission Kredite für den Ankauf von Reaktoren.

23 Fr Wegen der Absatzkrise des deutschen Kohlebergbaus will die Bundesregierung einen Zoll von 20 DM je Tonne Importkohle erheben.

24 Sa Die national-konservative Deutsche Partei (DP) spricht sich auf einer Sitzung in Hannover für die Wiedereinführung der Todesstrafe aus.

25 So Nahum Goldmann, Präsident des jüdischen Weltkongresses, beklagt vor der Presse in Amsterdam neuerliche antisemitische Auswüchse in Deutschland.

26 Mo Im Winterschlussverkauf werden in Frankfurt am Main Krawatten für drei Pfennige das Stück verkauft, in Hamburg gibt es Kleider für zehn Pfennige.

27 Di Berlins regierender Bürgermeister Willy Brandt droht mit Rücktritt. Der Senat hatte seinen Kandidaten für das Arbeitsressort, Heinrich Albertz, abgelehnt.

28 Mi Verteidigungsminister Franz Josef Strauß stellt Strafantrag gegen den evangelischen Bischof Martin Niemöller – wegen Beleidigung der Bundeswehr.

29 Do Fürst Rainier III. von Monaco setzt die Landesverfassung außer Kraft, nachdem das Parlament den Staatsetat abgelehnt hatte.

30 Fr Südlich von Grönland rammt der dänische Frachter »Hans Hedtoft« einen Eisberg und sinkt. 95 Menschen ertrinken im eisigen Wasser.

31 Sa Der 74-jährige André Le Troquer, 1954-58 Präsident der französischen Nationalversammlung, wird wegen Verführung Minderjähriger angeklagt.

2. Januar 1959

Rebellen ergreifen die Macht auf Kuba

Auf Kuba siegt die Revolution. Diktator Fulgencio Batista y Zaldivar ergreift noch vor dem Einzug von Fidel Castros kommunistischen Truppen die Flucht. Für die Karibikinsel beginnt eine neue Epoche.

Batista war 1933 an die Macht gekommen. Die USA, die rd. 70% der Zuckerbranche – Kubas wichtigster Industriezweig – kontrollieren, unterstützten seine korrupte Militärdiktatur. Nach der Flucht des Diktators in die Dominikanische Republik am Vortag laufen am 2. Januar 1959 Armee und Polizei zu den Rebellen über. Castro ernennt den Richter Manuel Urrutía Lleo zum provisorischen Präsidenten. Die Bevölkerung bereitet den Revolutionstruppen in Havanna einen begeisterten Empfang. Am 16. Februar übernimmt Castro das Amt des Ministerpräsidenten. Bei einem Besuch in den USA am 17. April bekundet er sein Interesse an freundschaftlichen Beziehungen. Er versichert, dass Kuba bei einem Konflikt der USA mit der Sowjetunion strikte Neutralität wahren würde. Gerüchte, wonach US-Eigentum auf Kuba beschlagnahmt und die US-Marinebasis Guantanamo geschlossen werden sollen, weist Castro energisch zurück. Er unterstreicht, auf Kuba keine Diktatur errichten zu wollen.

Castro (2.v.l.) neben seinem Mitstreiter Che Guevara (3.v.l.)

Kubanische Revolutionäre auf dem Weg nach Havanna

15. Februar 1959

Polizei lauert Rasern mit neuartiger Radarfalle auf

Die Düsseldorfer Polizei überführt Verkehrssünder ab sofort per Radargerät. Mit der neuen Technik sind effiziente Geschwindigkeitskontrollen möglich, da die Radarfallen von Autofahrern erst auf kurze Distanz ausgemacht werden können (Abb.: Polizisten bei der Jagd auf Verkehrssünder, hier mit einer Doppelkamera). Das bisherige Messverfahren erwies sich als unzulänglich: Zwei mit Luft gefüllte Schläuche wurden über die Straße gelegt, die die Geschwindigkeit der darüberfahrenden Fahrzeuge erfassten. Die Schläuche wurden jedoch von den Verkehrsteilnehmern häufig bemerkt. Die neue Radartechnik ist unauffälliger und erreicht in kurzer Zeit die gewünschten Erfolge. Während der Hauptverkehrszeiten messen die Beamten vom Straßenrand die Geschwindigkeit der vorbeifahrenden Wagen mit Hilfe eines Apparates, der aus Kamera, Antenne und Messgerät besteht. Das Gerät wirft einen gebündelten Funkstrahl auf die Messobjekte, der von den Karosserien zurückgeworfen wird. Dabei verändert sich die Frequenz in einem messbaren Bereich. Aus dieser Frequenzverschiebung lässt sich die Geschwindigkeit des Fahrzeugs ermitteln. Überschreitet ein Verkehrsteilnehmer die zulässige Höchstgeschwindigkeit, verständigen die messenden Beamten den etwa 300 m entfernt postierten Kollegen, der den entsprechenden Wagen aus dem Verkehr winkt und den Fahrer des Fahrzeugs verwarnt.

Fidel Castro

kubanischer Politiker, * 13.8.1927 Mayari (Provinz Oriente)

Castro ist zum Ende des 20. Jahrhunderts der »dienstälteste« kommunistische Staatschef. Seine Politik bringt den charismatischen Rebellenführer rasch in Gegensatz zu den USA. Der gelernte Rechtsanwalt führt die Planwirtschaft ein und schafft ein Volksbildungssystem, das die Analphabetenrate von 24% (1959) auf 2% (1989) drückt. Nach der Schweinebucht-Invasion 1961 sucht er den Schulterschluss mit Moskau. Auch nach dem Zusammenbruch der Sowjetunion, die Kuba wirtschaftlich über Wasser hielt, hält Castro, der demokratische Freiheiten verweigert, am sozialistischen Kurs fest.

- 1947/48: Anschluss an revolutionäre Gruppen in Lateinamerika
- 1956-59: Guerillakampf auf Kuba
- ab 1976: Staatsoberhaupt

Castros Kampf

Ein erster Versuch Castros im Jahre 1953, den Diktator zu vertreiben, brachte das Regime nicht ernsthaft in Gefahr. Der Aufstand gilt als Beginn der kubanischen Revolutionsbewegung. In Havanna griffen etwa 100 Rebellen eine Kaserne an, während gleichzeitig ein Armeeposten in Bayamo gestürmt werden sollte. Beide Angriffe scheiterten. Bei kurzen Gefechten zwischen Rebellen und Soldaten wurden 53 Menschen getötet. Die Anführer – auch Castro – wurden inhaftiert. Castro, der eigentlich eine 15-jährige Haftstrafe verbüßen sollte, wurde bald begnadigt und ging nach Mexiko. Von hier bereitete er einen neuerlichen Umsturzversuch vor. Im Dezember 1956 landete er mit 81 Anhängern an der Ostküste Kubas. Nur zwölf von ihnen überlebten den Landeversuch und flüchteten sich in die Berge. In der Sierra Maestra gelang Castro der Aufbau einer schlagkräftigen Partisanenarmee, die schließlich rd. 100 000 Mann umfasste.

3. Januar 1959

Alaska wird US-Bundesstaat

Alaska wird zum 49. Bundesstaat der Vereinigten Staaten von Amerika proklamiert. Mit einer Fläche von rd. 1,5 Mio km^2 ist Alaska vor Texas und Kalifornien der größte Staat der USA (Abb.: Große Teile des Territoriums sind kaum erschlossen). Russische Seefahrer entdeckten das Land 1741. Die USA erwarben das Gebiet 1867 für 7,2 Mio. Dollar. Im 19. Jahrhundert kam es während des legendären Goldrausches zu einer Masseneinwanderung, was die Bevölkerungszahl annähernd verdoppelte.

1. Februar 1959

Eis-Traumpaar Kilius/Bäumler

Das bundesdeutsche Paar Marika Kilius und Hans-Jürgen Bäumler gewinnt im schweizerischen Davos die Europameisterschaft im Eiskunstlauf. Damit beginnt eine fantastische Siegesserie der jungen Sportler. Bis 1964 behaupten sie sechsmal ihren Platz an der europäischen Spitze. Im Jahr 1963 gipfelt die Karriere des Eis-Traumpaares in der Weltmeisterschaft.

In Davos überzeugen die 16-jährige Marika Kilius und der 17-jährige Hans-Jürgen Bäumler Publikum und Jury mit einer perfekt gelaufenen Kür. Trotz des außerordentlich hohen Tempos der Melodien von Rossini und Verdi meistert das Paar jeden Sprung mit Perfektion und erntet spontanen Beifall von den 5000 Zuschauern. Die Jury vergibt Noten zwischen 5,3 und 5,8 Punkten. Damit verweisen die Deutschen Meister ihre Konkurrenten, das sowjetische Paar Nina und Stanislaw Schuk, auf den zweiten Platz (Abb.: Das Europameisterpaar Marika Kilius und Hans-Jürgen Bäumler, M., bei der Siegerehrung). Der sensationelle Lauf der jungen Sportler ist das Ergebnis harten Trainings. Täglich üben Kilius/Bäumler vier Stunden.

3. Februar 1959

Rock-Idole fliegen in den Tod

Die Rock 'n' Roll-Idole Buddy Holly, Ritchie Valens und Paul Richardson sterben bei einem Flugzeugabsturz im US-Bundesstaat Iowa. Die Tragödie markiert das Ende der ersten und ursprünglichsten Rock 'n' Roll-Welle in der westlichen Welt. Die Unglücksursache bleibt ungeklärt.

Das Flugzeug sollte die Stars nach Fargo im US-Bundesstaat North Dakota bringen, wo sie gemeinsam auftreten wollten. Vermutlich geriet die viersitzige Maschine beim Start wegen schlechter Sicht in Schwierigkeiten und stürzte ab. Mit Buddy Holly stirbt ein Pionier der Rockmusik. Er nutzte als erster Musiker ausgefeilte Mischtechniken im Tonstudio, die es ihm erlaubten, sich auf seinen Schallplattenaufnahmen selbst zu begleiten. Dazu nutzte der 22-jährige Texaner erstmals Rhythmen aus dem Rhythm & Blues. Ungewöhnliche Sensibilität und Intensität kennzeichnen seine Einspielungen und Auftritte. Hits wie »Peggy Sue« oder »That 'll be the day« erreichen insbesondere nach dem Tod Buddy Hollys jahrzehntelang Kultstatus. Charakteristisch für ihn waren die originellen Schluckauf-Intonationen. Auch Ritchie Valens gehörte zu den populärsten Künstlern des Rock 'n' Roll-Geschäfts. Als erster Sänger mexikanischer Abstammung konnte er – mit »Donna« – einen Hit landen. Auch die B-Seite der Single, »La Bamba«, wurde ein großer Erfolg für den jungen Künstler. Paul Richardson trat in der Öffentlichkeit unter dem Pseudonym »Big Bopper« in Erscheinung. Mit seiner tiefen Stimme gelangen ihm Erfolge wie »Chantily Lace«.

Februar 1959

1 So Die Schweizer Männer lehnen in einer Volksabstimmung mit überwältigender Mehrheit das Wahlrecht für Frauen ab. → Kilius/Bäumler

2 Mo Großbritannien hebt die Verfassung Maltas auf und setzt einen Gouverneur ein. +++ Indira Gandhi wird Vorsitzende der indischen Kongresspartei.

3 Di Aus Protest gegen das Ergebnis der Volksabstimmung vom 1. Februar treten 50 Baseler Gymnasiallehrerinnen in den Streik. → Rock-Idole

4 Mi 80 000 Menschen protestieren in Dortmund gegen die geplante Stationierung einer britischen Raketeneinheit.

5 Do Die Bundesrepublik besitzt laut Bundesbank mit einem Gold- und Devisenschatz von 26 Mrd. DM die zweitgrößten Währungsreserven nach den USA.

6 Fr Das Landgericht Bonn verurteilt zwei ehemalige Aufseher des KZ Sachsenhausen zu einer lebenslänglichen Zuchthausstrafe.

7 Sa US-Außenminister John Foster Dulles erklärt in Bonn, die Alliierten würden eher einen Krieg riskieren, als Berlin zu opfern.

8 So Das Schweizer Frauenkomitee gegen das Frauenstimmrecht bedankt sich bei den Männern des Landes für ihr Votum vom 1. Februar.

9 Mo In Paris protestieren rund 2000 rechtsradikale Algerien-Franzosen. Sie fordern eine Fortsetzung der französischen Oberhoheit in Algerien.

10 Di Das SED-Organ »Neues Deutschland« bringt Berichte von Parteifunktionären über ihre Erfahrungen mit körperlicher Arbeit.

11 Mi Der Regierende Bürgermeister Willy Brandt erhält von US-Präsident Dwight D. Eisenhower das Versprechen, West-Berlin gegen jede Bedrohung zu verteidigen.

12 Do Der Nordwestdeutsche Rundfunk strahlt die erste Folge von Fritz Umgelters Kriegsgefangenen-Epos »Soweit die Füße tragen« aus.

13 Fr In Berlin findet die erste Verleihung des Preises der Deutschen Filmkritik statt. Gewinner sind u.a. Ingmar Bergman, Danny Kaye und Gert Fröbe.

14 Sa Bei den nordischen Skimeisterschaften in Warmensteinach/Fichtelgebirge siegt der 21-jährige Georg Thoma aus Hinterzarten.

15 So Italiens Staatspräsident Giovanni Gronchi ernennt den Christdemokraten Antonio Segni zum neuen Ministerpräsidenten. → Radarfalle

16 Mo Der kubanische Revolutionär Fidel Castro übernimmt das Amt des Regierungschefs. +++ Die Westmächte fordern eine Konferenz zur Deutschland-Frage.

17 Di In Cape Canaveral (US-Bundesstaat Florida) startet der Wettersatellit Vanguard II ins All. 18 Tage lang sendet er Daten, dann gerät er ins Taumeln.

18 Mi Der sowjetische Parteichef Nikita S. Chruschtschow kündigt die Souveränität der DDR an, falls es keine Friedensregelung für Deutschland gebe.

19 Do In London herrscht der dichteste Nebel dieses Winters. In der Nacht verkehrt nur ein einziger Bus – und der verfährt sich wegen schlechter Sicht.

20 Fr Die Streitkräfte in der Bundesrepublik dürfen mit Atomwaffen der USA ausgestattet werden, entscheidet das Bundesverwaltungsgericht in Berlin.

21 Sa Der britische Premierminister Harold Macmillan ruft bei seinem Besuch in Moskau zum Ende des Kalten Krieges auf.

22 So Eine US-Flugabwehr-Rakete macht sich bei einem Testflug selbstständig und schlägt wenige Meter neben einem Farm-Haus in Texas ein.

23 Mo Hessens Kultusminister Ernst Schütte (SPD) verkündet, er wolle genau prüfen, ob die NS-Zeit an den Schulen angemessen thematisiert werde.

24 Di Der KPdSU-Chef Nikita S. Chruschtschow fordert anstelle einer Außenministerkonferenz zur Deutschlandfrage ein Treffen der Regierungschefs.

25 Mi Das Frankfurter Landgericht untersagt einem Möbelhändler vergleichende Werbung. Dieser hatte verkündet, er verkaufe 20% billiger als andere.

26 Do Ein erfolgloser Schriftsteller beschädigt in der Alten Pinakothek in München das Rubens-Bild »Höllenfahrt der Verdammten« durch ein Säure-Attentat.

27 Fr Die fortschreitende Automation in der Küche ist Schwerpunkt der Kölner Hausratmesse. +++ In der Bundesrepublik sind 143 637 Lehrstellen unbesetzt.

28 Sa Bei den deutschen Alpinen Skimeisterschaften in Oberstaufen gewinnt der 28-jährige Beni Obermüller aus Rottach-Egern Riesenslalom und Spezialslalom.

März 1959

1 So In Frankfurt am Main beginnt die Internationale Frühjahrsmesse. Der Trend bei den Konsumgütern geht wieder zu hochwertigeren Waren. → Makarios

2 Mo Karl-Heinz Köpcke tritt erstmals als Sprecher der »Tagesschau« auf. Zugleich erhält die Nachrichtensendung ein neues inhaltliches Konzept.

3 Di Im südfranzösischen Nizza gewinnen zwei Briten und ein Indonesier im Spielcasino 80 Mio. Francs. Daraufhin muss das Casino vorläufig schließen.

4 Mi Während eines Besuchs in Frankreich vereinbart Bundeskanzler Konrad Adenauer mit Staatspräsident Charles de Gaulle eine stärkere Zusammenarbeit.

5 Do Auf Anweisung von Papst Johannes XXIII. bekleiden Handwerker die bislang hüllenlosen Skulpturen im Petersdom mit Lendentüchern aus Gips.

6 Fr Staatschef Josip Tito beschuldigt Albanien und Bulgarien, auf russischen Befehl die Eroberung jugoslawischen Grenzlandes zu planen.

7 Sa Im Rahmen einer Diskussionsveranstaltung in Bonn lehnt Bundesverkehrsminister Hans-Christoph Seebohm ein generelles Tempolimit außerorts ab.

8 So Die deutschen Produktionen »Menschen, Meter und Sekunden« und »Zwischen gestern und morgen« gewinnen den Wettbewerb für Sport im Film in Italien.

9 Mo Wegen des Streits um Südtirol rät Österreichs Regierung Künstlern und Wissenschaftlern von der Teilnahme an Veranstaltungen in Italien ab. → SPD

10 Di Großbritannien und die USA vereinbaren auf der Genfer Konferenz eine Einstellung aller Atom- und Wasserstoffbombenversuche. → Tibet

11 Mi Einem Häftling gelingt in Paris die Flucht mit dem Auto des Gefängnisdirektors. +++ In der Bundesrepublik fehlen laut UNESCO bis zu 10 000 Lehrer. → SPD

12 Do Der Kongress der Vereinigten Staaten stimmt der Aufnahme der Inselgruppe Hawaii in die USA zu. Hawaii ist damit der 50. US-Bundesstaat.

13 Fr Das Bundesverteidigungsministerium bestellt 50 italienische Jagdbomber vom Typ Fiat G-91 und erhält zugleich die Lizenz zum Nachbau.

14 Sa Die SPD schließt drei Mitglieder aus, weil sie der rechtsgerichteten Organisation »Rettet die Freiheit« angehören.

15 So Der Bundesminister für Atomenergie und Wasserwirtschaft, Siegfried Balke (CSU), eröffnet in Berlin das Institut für Kernforschung.

16 Mo 81-mal sollen in den vergangenen drei Monaten sowjetische Flugzeuge den Luftraum des Iran verletzt haben, kritisiert die Regierung in Teheran.

17 Di Sowjetische Forscher behaupten, sie hätten das Element Nobelium schon 1958 nachgewiesen. Auch US-Forscher machen ihren Anspruch geltend. → Tibet

18 Mi Bis 1960 sollen alle Vermittlungsstellen für Telefongespräche automatisiert werden, erklärt Postminister Richard Stücklen (CSU) im Bundestag.

19 Do Die SPD legt in Bonn einen Drei-Phasen-Plan für die Wiedervereinigung vor. +++ Die Sowjetunion hebt das Berlin-Ultimatum vom November 1958 auf.

20 Fr Eine Streikwelle sorgt dafür, dass in Frankreich alle Räder stillstehen. Hintergrund sind Einsparungen der Regierung de Gaulle im Sozialbereich.

21 Sa Das britische Gesundheitsministerium gibt bekannt, die Grippewelle habe auf der Insel bislang 5782 Menschen das Leben gekostet.

22 So Wie in Lugano bekannt gegeben wird, haben sich die deutsche Schauspielerin Romy Schneider und ihr französischer Kollege Alain Delon verlobt.

23 Mo Anlässlich des zehnten Jahrestages der Beendigung der Berlinblockade ruft der Regierende Bürgermeister der Stadt, Willy Brandt, zu Spenden auf.

24 Di Der Irak kündigt den Bagdadpakt zur Sicherung des Friedens im Nahen Osten: Das Land verfolge eine Politik der Neutralität. → Volksaktie

25 Mi Frankreichs Staatspräsident Charles de Gaulle spricht sich in Paris gegen eine Preisgabe Berlins, aber für eine Anerkennung der Oder-Neiße-Grenze aus.

26 Do In Rom beginnt der »Kongress Schwarzer Schriftsteller und Künstler«. Die 200 Teilnehmer fordern die Entkolonialisierung Afrikas und Amerikas.

27 Fr Teilnehmer der »Kampagne für nukleare Abrüstung« brechen zu einem Marsch von der britischen Atomwaffenschmiede Aldermaston nach London auf.

28 Sa Auf Anordnung des chinesischen Ministerpräsidenten Chou En-lai übernimmt in Tibet der Pantschen Lama die Regierung.

29 So DDR-Ministerpräsident Otto Grotewohl kritisiert die Kirche, die »eine fortschrittliche Entwicklung der Jugend« zu verhindern versuche. → »Manche mögen's ...«

30 Mo Der Ex-Vizekommandant der NATO-Truppen, Bernard Law Montgomery, plädiert für den Abzug aller ausländischen Truppen aus der Bundesrepublik.

31 Di Bundeskanzler Konrad Adenauer bringt in seinem Wahlkampf die SPD mit »Aufweicherscheinungen« gegenüber dem Kommunismus in Verbindung.

29. März 1959

»Manche mögen's heiß«

Billy Wilders Komödie »Manche mögen's heiß« (Some like it hot) wird zu einem der größten Kinoerfolge des Jahres. Dem Regisseur gelingt eine unnachahmliche Mischung aus Verbrechen, Sexappeal, Lügen und Humor. Tony Curtis, Jack Lemmon und Marilyn Monroe (Abb. v.r.) erleben turbulente Verwicklungen, welche die beiden Männer auf ihrer Flucht vor finsteren Gangstern heraufbeschworen haben.

Billy Wilder

eigtl. Samuel Wilder, US-Regisseur und -Drehbuchautor österreichischer Herkunft, * 22.6.1906 Wien

Billy Wilder kreierte mit Filmen wie »Manche mögen's heiß« und »Das verflixte siebte Jahr« einen eigenen Komödienstil in Hollywood. Seine ersten Lorbeeren verdiente sich der österreichische Journalist in Berlin mit Drehbüchern u.a. zu »Emil und die Detektive«. Wilder emigrierte 1934 in die USA. Dort fasste er schnell Fuß im Filmgeschäft. Zahlreiche Komödien Billy Wilders sind mit dem Erfolgsduo Jack Lemmon und Walter Matthau besetzt.

- 1951: »Oscar« für »Boulevard der Dämmerung«
- 1957: »Zeugin der Anklage«
- 1960: Drei »Oscars« für »Das Appartement«

1. März 1959

Makarios kehrt zurück

Mehr als 100 000 Landsleute feiern begeistert die Rückkehr von Erzbischof Makarios III., dem Führer der griechischen Bevölkerungsmehrheit auf Zypern. Der orthodoxe Geistliche, der seit 1950 an der Spitze der Bewegung für einen Anschluss der britischen Kolonie an Griechenland steht und ihr politischer Kopf ist, kehrt aus dem Exil zurück. 1956 hatten die britischen Behörden Makarios auf die Seychellen verbannt. Seine Rückkehr war möglich geworden, nachdem Großbritannien, Griechenland und die Türkei einen Vertrag über die Unabhängigkeit Zyperns geschlossen hatten. Das Abkommen verbietet sowohl einen Anschluss an Griechenland als auch an die Türkei. Wahlen sind für 1960 geplant.
Makarios arbeitete ab 1955 mit der nationalistischen Widerstandsbewegung EOKA unter General Georgios Grivas zusammen, die mit Guerilla-Aktionen gegen die britische Herrschaft kämpfte. Schon bald bemühte sich der Kirchenmann aber um einen Ausgleich der Gegensätze zwischen griechischen und türkischen Zyprioten. Nach seiner Rückkehr mahnt Makarios seine Landsleute zur Besonnenheit und fordert sie auf, mit den Türken zu kooperieren.

24. März 1959

Sturm auf die Volksaktie

In der Bundesrepublik beginnt ein Ansturm auf die ersten Volksaktien. Mit der Einführung der Wertpapiere soll auch einkommensschwächeren Schichten der Erwerb von Aktien ermöglicht werden. So ist ein durchschnittliches Jahreseinkommen von weniger als 16 000 DM jährlich Voraussetzung, um als Preussag-Aktionär zugelassen zu werden. Durch Ausgabe der Preussag-Aktie (s. Abb.) beginnt die Privatisierung des Bundesvermögens an der Preußischen Bergwerks- und Hütten AG. Der Nennwert der Aktie beträgt 100 DM. Die Wertpapiere werden zum Kurs von 145% ausgegeben und sind schon nach zwei Tagen ausverkauft. Um eine Konzentration des Aktienkapitals in Privathand zu verhindern, darf jeder Käufer nur maximal fünf Aktien erwerben.

17. März 1959

Spektakuläre

Die innenpolitische Situation in dem seit 1950 von Truppen der Volksrepublik China besetzten Himalajaland Tibet eskaliert: Nach blutigen Unruhen während der Feiern zum tibetanischen Neujahrsfest muss der 14. Dalai Lama, das geistige und weltliche Oberhaupt der Tibeter, das Land verlassen. Er findet in Indien Zuflucht. Mehr als 50 Journalisten und indische Regierungsvertreter empfangen den Dalai Lama an der Staatsgrenze. Auf seiner 18 Tage dauernden Flucht hatte er unerkannt zu Fuß, zu Pferd und mit Hilfe von Booten seinen chinesischen Verfolgern entkommen können. Lamaisten begrüßen den Dalai Lama in Indien mit weißen Tüchern als Zeichen der Verehrung.
Die schweren Unruhen hatten bei Feierlichkeiten zum tibetischen Neujahrsfest begonnen, sich rasch – auch außerhalb der Hauptstadt Lhasa – ausgebreitet und das gesamte Bergland erfasst. Die Aufständischen griffen chinesische Garnisonen an und lieferten sich schwere Kämpfe mit den weitaus besser ausgerüsteten Truppen der Volksrepublik. Tausende fanden den Tod. Als die Straßenkämpfe zwischen bewaffneten tibetischen Mönchen und den chinesischen Besatzern, die das Kriegsrecht verhängen, eskalieren und der Sitz des Dalai Lama, der Potala-Palast, mit Granatwerfern beschossen wird, flieht der 23-jährige Priesterfürst. Auf unbekannten Wegen erreicht er am 3. April Indien und erhält politisches Asyl. Das tibetische Kabinett erklärt die Unabhängigkeit des Landes von China und bezeichnet die 1951 mit Peking getroffenen Vereinbarungen als ungültig. In den Abkommen ist die Oberhoheit Chinas über Tibet festgeschrieben. Als Reaktion auf die Unabhängigkeitserklärung und die

9. März 1959

SPD macht eigene Ostpolitik

Der SPD-Vorsitzende Erich Ollenhauer folgt überraschend einer Einladung des sowjetischen Staatschefs Nikita S. Chruschtschow und reist nach Moskau. Dort beraten Ollenhauer und Chruschtschow u.a. über einen Friedensvertrag mit Deutschland, den Status von West-Berlin und den Abzug der Alliierten aus der Stadt. Beide Seiten sind sich darüber einig, dass die bestehenden Probleme ausschließlich durch Verhandlungen gelöst werden müssten (Abb.: Chruschtschow, 2.v.l., begrüßt Ollenhauer, r.). Der Regierende Bürgermeister von Berlin, Willy Brandt, lehnt die Einladung des UdSSR-Chefs hingegen ab. Brandt kritisiert die Absicht Chruschtschows, den Status von Berlin einseitig abändern zu wollen.

27. April 1959

Mao tritt als Staatschef ab

Die Volksrepublik China erhält mit Liu Shao-ch'i ein neues Staatsoberhaupt. Bereits im vergangenen Jahr hatte Mao Tse-tung erklärt, er werde nicht mehr als »Vorsitzender der Volksrepublik China« zur Verfügung stehen. Der Revolutionsführer war wegen des Scheiterns seines wirtschaftspolitischen Konzeptes in Widerspruch zur Mehrheit der Parteiführung geraten (Abb.: Massenveranstaltung in Peking).

ucht des Dalai Lama

Unruhen löst Chou En-lai, Ministerpräsident der Volksrepublik China, die tibetische Regierung ab und überträgt die Regierungsgeschäfte an den unter Pekings Einfluss stehenden Pantschen Lama, den zweiten der beiden höchsten geistlichen Führer Tibets. Nach der Flucht des Dalai Lama ruhen die Kämpfe zunächst und eine gewaltige Fluchtwelle setzt ein. Nach Schätzungen der indischen Regierung sind bis Mitte 1960 über 30000 tibetische Flüchtlinge in den Nachbarländern eingetroffen. Eine Untersuchung der Internationalen Juristenkommission in Genf kommt zu dem Ergebnis, dass zwischen 1955 und 1959 etwa 65000 Aufständische von den Chinesen getötet worden sind. 1960 flammen die Kämpfe wieder auf. Nach einem Korrespondentenbericht der Londoner »Times« kommt es erneut zu blutigen Aufständen gegen die Besatzungsmacht. Bei den Kämpfen sollen mindestens 3000 Chinesen getötet worden sein. Nachdem sie in die Kämpfe eingegriffen haben, verletzen die Streitkräfte bei der Verfolgung von Flüchtlingen die zur entmilitarisierten Zone erklärte Grenze zu Nepal. Ministerpräsident Chou En-lai entschuldigt sich bei der nepalesischen Regierung für diesen Zwischenfall. 1965 erklärt Peking die Region offiziell zum Autonomen Gebiet im chinesischen Staat und verstärkt die kommunistische Umgestaltung der Gesellschaft. Traditionelle Lebensformen und Einrichtungen – insbesondere die Klöster – werden zerstört. Nach dem Tod Mao Tse-tungs im Jahre 1976 erfolgt eine begrenzte Liberalisierung.

Asyl in Indien: Der Dalai Lama (M.) ist seinen Häschern entkommen.

April 1959

1 Mi Die Tarifpartner des Ruhrbergbaus einigen sich in Essen auf eine Fünftagewoche mit täglichen Acht-Stunden-Schichten.

2 Do Papst Johannes XXIII. untersagt allen Katholiken per Dekret, bei Wahlen für kommunistische Kandidaten oder Parteien zu stimmen.

3 Fr Der Dalai Lama erreicht trotz der Verfolgung durch chinesische Truppen von Tibet aus Indien. Dort wird ihm politisches Asyl gewährt.

4 Sa Der Generalsekretär der SED, Walter Ulbricht, fordert die SPD in einem Brief auf, an gemeinsamen deutschlandpolitischen Beratungen teilzunehmen.

5 So Im US-Bundesstaat Arkansas wird ein Gesetz verabschiedet, das für Bluttransfusionen die Kennzeichnung des Blutes farbiger Spender vorschreibt.

6 Mo Bei der DDR-Reichsbahn startet die Kampagne »Bewegung zur Erhöhung der Reisekultur«. Ihr Ziel ist mehr Sauberkeit auf Bahnhöfen und -strecken.

7 Di Bundeskanzler Konrad Adenauer (CDU) kündigt überraschend an, er wolle 1959 für das Amt des Bundespräsidenten kandidieren.

8 Mi Die britische Zensurstelle verbietet die Aufführung des »Oscar«-prämierten US-Filmes »Lasst mich leben«, der die Todesstrafe zum Thema hat.

9 Do In Oklahoma wird nach 51 Jahren die Alkoholprohibition durch einen Volksentscheid aufgehoben. Sie gilt nur noch in Mississippi.

10 Fr Die französische Polizei verhaftet bei einer Großrazzia in Paris 465 verdächtige Algerier. Begründet wurde die Aktion als Maßnahme gegen Terrorakte.

11 Sa Nach einer Pause von 15 Jahren erscheint in Österreich erstmals wieder die traditionsreiche »Kronen-Zeitung«.

12 So Der deutsche Boxer Erich Schöppner verteidigt in Dortmund seinen Europameistertitel im Halbschwergewicht gegen den Italiener Rocco Mazzola.

13 Mo Die Börsen der Bundesrepublik verzeichnen Kursrekorde. Als Grund wird Konrad Adenauers Interesse am Amt des Bundespräsidenten angesehen.

14 Di Die USA wollen erstmals mit einer Rakete gleich zwei Satelliten ins All befördern. Die Trägerrakete stürzt jedoch kurz nach dem Start in den Atlantik.

15 Mi Ein 13. Monatsgehalt und die Fünftagewoche bei 40-stündiger Arbeitszeit fordert der Angestelltentag des Deutschen Gewerkschaftsbundes in Wiesbaden.

16 Do Bundesverkehrsminister Hans-Christoph Seebohm übergibt in Geesthacht den Seitenkanal der ersten Elbstaustufe dem Verkehr.

17 Fr Kubas Staatschef Fidel Castro trifft zu einem inoffiziellen Besuch in Washington ein. Eingeladen hatte ihn der Verband der US-Zeitungsverleger.

18 Sa In der Grugahalle beginnen die »Essener Jazz-Tage«, das erste internationale Jazz-Festival an Rhein und Ruhr. U.a. tritt Ella Fitzgerald auf.

19 So Bei den Kommunalwahlen in Algerien ist die Wahlbeteiligung niedrig. Algerische und französische Nationalisten hatten zum Boykott aufgerufen.

20 Mo Die US-Marine feuert von ihrem Versuchsgelände in Cape Canaveral (Florida) erstmals eine ferngelenkte Polaris-Rakete erfolgreich ab.

21 Di Der Landtag Nordrhein-Westfalens beschließt, den Jahrestag des Volksaufstandes in der DDR vom 17. Juni 1953 nur als stillen Feiertag zu begehen.

22 Mi Aus dem französischen Kraftwerk Marcoule wird erstmals atomar erzeugter Strom in das französische Überlandnetz eingespeist.

23 Do Die Ständige Konferenz der Kultusminister beschäftigt sich in München mit der Raumnot deutscher Schulen. Es fehlen rd. 11 000 Klassenräume.

24 Fr Bundespräsident Theodor Heuss eröffnet in Frankfurt am Main das neue Gebäude der 1947 gegründeten »Deutschen Bibliothek«.

25 Sa Schwedische Schüler sprechen sich in einer Volksabstimmung mehrheitlich gegen die Einführung einer Fünftagewoche in der Schule aus.

26 So Wirtschaftsminister Ludwig Erhard eröffnet die Deutsche Industriemesse in Hannover. Die Zahl ausländischer Aussteller hat sich um 37% erhöht.

27 Mo Die Außenminister des Ostblocks beraten in Warschau über die Deutschlandfrage. Sie unterstützen die Idee eines neutralen Deutschlands. → Mao

28 Di Bundespräsident Theodor Heuss ruft zu Spenden für das Müttergenesungswerk auf. +++ Der Film »Freddy, die Gitarre und das Meer« hat Premiere.

29 Mi Die Evangelische Kirche in Deutschland protestiert in einem offenen Brief gegen die Propagierung des Atheismus durch die Staatsführung der DDR.

30 Do Am Deutschen Schauspielhaus in Hamburg wird Bertolt Brechts Stück »Die heilige Johanna der Schlachthöfe« uraufgeführt.

Mai 1959

1 Fr Der Salzburger Dom, der im Zweiten Weltkrieg stark beschädigt worden war, wird nach seiner Restaurierung wieder eingeweiht. → Fünftagewoche

2 Sa Gegen Vorlage von Ausweis und Verdienstbescheinigung vergeben drei westdeutsche Banken fortan erstmals Kleinkredite bis zu 2000 DM. → Foto-Finish

3 So Landwirtschaftsminister Heinrich Lübke eröffnet in Frankfurt am Main die 45. Wanderausstellung der Deutschen Landwirtschaftsgesellschaft.

4 Mo Der frühere US-Außenminister George C. Marshall erhält den Aachener Karlspreis. Der »Marshall-Plan« hat den Wiederaufbau Deutschlands beschleunigt.

5 Di Olympiasieger Hans Günter Winkler gewinnt auf Halla das Einzelspringen beim »Großen Preis von Rom« und damit einen der begehrtesten Reitertitel.

6 Mi US-Wissenschaftler erklären, aufgrund von Atomtests werde sich die Radioaktivität nördlich des 40. Breitengrades für einige Monate verdoppeln.

7 Do Vertreter der Länder unterzeichnen in Mainz ein Abkommen zum Finanzausgleich der Rundfunkanstalten und zur Koordinierung des Fernsehprogramms.

8 Fr Nördlich von Kairo sinkt auf dem Nil ein Ausflugsdampfer. 150 Menschen sterben. +++ In London wird ein 25-jähriger Polizistenmörder gehängt.

9 Sa Der Grundstein für den Neubau der Kaiser-Wilhelm-Gedächtniskirche wird gelegt. Das Berliner Gotteshaus war 1943 zerstört worden.

10 So Die Wahlen zum österreichischen Nationalrat bringen keine großen Veränderungen mit sich. Die stärkste Fraktion stellt die Österreichische Volkspartei.

11 Mo Der Stadtrat von Johannesburg in Südafrika beschließt, in Bussen, die von Schwarzen benutzt werden, auch farbige Fahrer einzusetzen. → Konferenz

12 Di In Moskau erscheint eine Neufassung der Geschichte der Kommunistischen Partei der Sowjetunion (KPdSU). Das Buch löst die Ausgabe aus der Stalin-Ära ab.

13 Mi Der erste Jahrestag des Putsches in Algerien wird in der Landeshauptstadt Algier in feierlichem Rahmen begangen.

14 Do Wegen Bestechung und Meineid in der »Spielbanken-Affäre« erhebt die Münchener Staatsanwaltschaft Anklage gegen drei Politiker der Bayernpartei.

15 Fr Das schwedische Parlament beschließt ein Pensionsgesetz, wonach alle Schweden eine Rente bis zu zwei Dritteln ihres höchsten Einkommens erhalten.

16 Sa 300 000 Vertriebene aus Böhmen, Mähren und Schlesien kommen auf dem Sudetendeutschen Tag in Wien zusammen.

17 So Einem 21-jährigen Postangestellten aus Brandenburg gelingt die Flucht in den Westen: Er überquert mit seinem Postbus die Grenze.

18 Mo Laut Pressemeldung gab es an den Pfingstfeiertagen mehr als 100 Verkehrstote auf bundesdeutschen Straßen. → »Nouvelle Vague«

19 Di Der Deutsche Gewerkschaftsbund fordert in Düsseldorf die generelle Einführung eines neunten und zehnten Schuljahres.

20 Mi Eine sowjetische Turboprop-Maschine vom Typ TU 114 verbessert den Langstreckenweltrekord. Sie bewältigt 6800 Kilometer in 8:42 h.

21 Do Die in Großbritannien lebenden Farbigen gründen ein »Verteidigungskomitee«, nachdem in London ein Schwarzer ermordet worden war.

22 Fr Die Zulassung von Selbstbedienungstankstellen, wie es sie in Schweden gibt, lehnt das Bundesarbeitsministerium aus Sicherheitsgründen ab.

23 Sa Mit einer Festansprache von Bundestagsvizepräsident Carlo Schmid (SPD) werden in Recklinghausen die Ruhrfestspiele 1959 eröffnet.

24 So Der Erste Sekretär der SED, Walter Ulbricht, schlägt dem Zentralkomitee seiner Partei in Ost-Berlin einen Nichtangriffspakt mit der Bundesrepublik vor.

25 Mo Der Hamburger Verleger Axel Springer legt im zerstörten alten Zeitungsviertel in West-Berlin den Grundstein für sein neues Verlagsgebäude.

26 Di Auf der Dentalschau in Frankfurt am Main werden Zahnbohrer vorgestellt, die wegen ihrer hohen Umdrehungszahl angeblich keine Schmerzen verursachen.

27 Mi Der Stichtag des sowjetischen Berlin-Ultimatums vom 27. November 1958 verstreicht, ohne dass es zu politischen Konsequenzen kommt.

28 Do In der Nähe der Karibik-Insel Aruba gelingt es der US-Armee erstmals, zwei Affen nach einem Weltraumflug lebend zu bergen.

29 Fr Auf der Deutschlandkonferenz in Genf treten die Delegierten der Siegermächte zu Geheimverhandlungen zusammen, diesmal ohne deutsche Berater.

30 Sa In den lateinamerikanischen Ländern Peru, Paraguay, Ecuador und Nicaragua kommt es zeitgleich zu Streiks und Umsturzversuchen.

31 So Bei den Senatswahlen in Algerien setzen sich die konservativen Kreise der Großgrundbesitzer durch. Sie lehnen eine französisch-algerische Versöhnung ab.

26. Juni 1959

St.-Lorenz-Strom wird Kanal

Nach fünfjähriger Bauzeit ist eines der größten nordamerikanischen Bauprojekte aller Zeiten, der St.-Lorenz-Kanal, fertig gestellt. Die britische Königin Elizabeth II. als kanadisches Staatsoberhaupt und US-Präsident Dwight D. Eisenhower eröffnen in Montreal die Wasserstraße zwischen Kanada und den USA. Der Kanal ermöglicht hochseegängigen Schiffen das Befahren des St.-Lorenz-Stroms.

Hochseeschiffe bis zu 9000 t und Binnenschiffe bis zu 27 000 t Nutzlast können den Kanal künftig nutzen, der die mächtigen Erzlagerstätten Labradors über die großen kanadischen Seen mit dem Atlantik verbindet. Sieben Großschleusen machen die Überwindung des Höhenunterschieds von insgesamt 73 m möglich. Die Wasserstraße hat eine Mindesttiefe von rd. 8 m. Mit weiteren acht Großschleusen steht der 27 Meilen lange Welland-Kanal zischen dem Ontario- und dem Eriesee in direkter Verbindung mit dem St.-Lorenz-Kanal. Das gesamte Schifffahrtsnetz zwischen dem Atlantik und Chicago ist jetzt 2250 Meilen lang und weist einen Höhenunterschied von 175 m auf. Damit verfügt vor allem die Handelsschifffahrt über ein bedeutendes Wasserstraßensystem – insbesondere für den Handel mit Eisenerzen, Holz, Getreide und Kohle.

18. Mai 1959

»Nouvelle Vague« rollt an

François Truffauts Film »Sie küssten und sie schlugen ihn« erhält in Cannes die »Goldene Palme« und bringt dem Regisseur den Durchbruch. Das Kinderdrama (Abb.: Filmszene) steht ganz im Zeichen der »Nouvelle Vague« und führt diese Strömung des französischen Films zur Meisterschaft. Die Filme der »Neuen Welle« zeichnen sich u.a. durch ihren dokumentarischen Charakter aus.

François Truffaut

französischer Regisseur, * 6.2.1932 Paris; † 21.20.1984 Neuilly

Truffaut gilt als führender Vertreter der »Nouvelle Vague«. Zentrale Themen in den Filmen des Hitchcock-Fans sind die Gegensätze zwischen Individuum und Gesellschaft, die Probleme des Erwachsenwerdens sowie die Liebe. Der Meister filmischer Mittel macht sich mit perfekter Schauspielerführung einen Namen.

- 1961: »Jules und Jim«
- 1966: »Fahrenheit 451«
- 1973: »Oscar« für »Eine amerikanische Nacht«

2. Mai 1959

Foto-Finish beim Pferderennen

Mit Hilfe eines Fotos ermittelt die Jury des »Kentucky-Derby« in Churchill Downs (USA) den Sieger beim Zieleinlauf. Damit kommt erstmals in der Geschichte des Pferderennsports die Zielfotografie erfolgreich zum Einsatz. Die Kamera ist auf einem Turm montiert, der 50 m von der Ziellinie entfernt steht. Das Objektiv ist auf ein 5 cm breites Sichtfeld justiert. Der Film in der Kamera bewegt sich in der gleichen Geschwindigkeit wie die Pferde und liefert so ein gestochen scharfes Bild (Abb.: Das erste farbige Zielfoto). Dadurch kommt es nicht mehr zu den störenden Verwischungen, die bisher Zielfotos zum großen Teil unbrauchbar machten. Markierungen auf dem Filmstreifen lassen zudem die Position der Pferde exakt erkennen. Der Sieger des diesjährigen »Kentucky Derby« heißt zweifellos Willie Shoemaker auf Tomy Lee.

11. Mai 1959

Konferenz mit Katzentischen

Fragen der Abrüstung, ein europäisches Sicherheitssystem, die Wiedervereinigung Deutschlands und die Berlin-Frage sind die Themen, die auf der Genfer Konferenz auf der Tagesordnung stehen. Hauptakteure sind die Außenminister Frankreichs, Großbritanniens, der USA und der Sowjetunion. Die Teilnahme je einer Delegation aus der Bundesrepublik und der DDR birgt viel Brisanz, die sich sogar in der Sitzordnung niederschlägt. Während die vier Siegermächte am großen runden Tisch Platz nehmen dürfen, müssen sich die deutschen Diplomaten mit »Katzentischen« (s. Abb., vorne l.

DDR, vorne r. Bundesrepublik) zufrieden geben. Anlass des Treffens ist die einseitige Aufkündigung des Viermächteabkommens für Berlin. Im August endet die Konferenz ohne greifbares Ergebnis. Hervorzuheben immerhin ist die Tatsache, dass die Außenminister der vier Mächte erstmals seit 1955 wieder verhandeln. Die Bonner Vertretung lehnt jeden Schritt ab, der eine Anerkennung der DDR erkennen ließe.

1. Mai 1959

Fünftagewoche kommt

Den Gewerkschaften in der Bundesrepublik gelingt die Durchsetzung der Fünftagewoche. Allerdings gilt die Regelung, die stufenweise eingeführt wird und am 1. Mai 1961 abgeschlossen sein soll, nur im Ruhrbergbau. Die Einführung der Fünftagewoche kann allerdings nur erreicht werden, indem die tägliche Arbeitszeit verlängert wird. Dies und die lange Laufzeit des Abkommens bis zum Jahr 1962 stoßen bei vielen Belegschaften auf heftige Kritik.

Der Vertrag zwischen dem Unternehmerverband Ruhrbergbau und der Industriegewerkschaft Bergbau sieht vor, die Arbeitszeit für Arbeiter unter Tage von bisher 7,5 auf 8 und für Arbeiter über Tage von 8 auf 8,5 Stunden zu erhöhen. Danach beträgt die reine Wochenarbeitszeit der unter Tage Beschäftigten statt bisher 45 Stunden nur noch 40 Stunden. Bundeswirtschaftsminister Ludwig Erhard (CDU) warnt die Gewerkschaften vor einer Arbeitszeitverkürzung. Der Anstieg des Volkseinkommens durch eine gute Konjunktur dürfe nicht gefährdet werden. Stattdessen müsse der Arbeitnehmer sogar zu Überstunden bereit sein. Während die Länge der Arbeitszeit im Wirtschaftswunderland Bundesrepublik auf eher niedrigem Niveau liegt, ist sie in vielen Nachbarstaaten sehr viel länger (s. Tabelle). Industrie und Gewerbe klagen vielfach über Arbeitskräftemangel. Die Hochkonjunktur stellt viele Unternehmen vor das Problem, eingegangene Aufträge nicht in der gewünschten Zeit abwickeln zu können. Im September erreicht die Arbeitslosigkeit mit 187 159 Erwerbslosen ihren tiefsten Stand seit Bestehen der Bundesrepublik. 350 393 offene Stellen werden gemeldet. Da die Arbeitsämter keine Fachkräfte mehr vermitteln können, werben größere Unternehmen in strukturschwachen Gebieten Arbeitskräfte an oder versuchen, Arbeiter von anderen Firmen abzuwerben. Besonders umworben von Industrie und Gewerbe sind die Schulabgänger. Ein Drittel der Lehrstellen kann aufgrund fehlender Nachfrage jedoch nicht besetzt werden.

Bergleute arbeiten nur noch fünf Tage.

Durchschnittliche Wochenarbeitszeit

Land	Stunden
USA	39,9
Kanada	40,8
Italien	41,2
BRD	41,5
Frankreich	45,7
Österreich	46.8
Schweiz	46,8
Großbrit.	47,3
Niederlande	49,0
Japan	50,2

26. Juni 1959

Box-Weltmeister Patterson verliert seinen Titel an Außenseiter

Bei einem spektakulären Boxkampf im New Yorker Yankee-Stadion verliert der US-Athlet Floyd Patterson seinen Weltmeistertitel im Schwergewicht an den Schweden Ingemar Johansson. Patterson hat den Boxerthron seit 1956 inne. In sieben Profijahren verlor der Champion nur einen von 36 Kämpfen. Johansson gilt, obschon Europameister, als chancenloser Außenseiter. 1952 wurde er im olympischen Boxturnier wegen Feigheit disqualifiziert. Die Fachwelt erwartet keine Sensation. Entsprechend enttäuschend beginnt der Kampf. Die Kontrahenten umkreisen sich zwei Runden lang. Erste Treffer Pattersons scheinen den Schweden nicht zu beeindrucken. Als Johansson eine linke Gerade landen kann, zieht sich der Weltmeister überraschend zurück. In der dritten Runde trifft der Schwede Patterson so hart, dass dieser schwer benommen zu Boden geht. Der Ringrichter zählt den Champion an, aber er kommt bei sieben wieder auf die Beine. Jetzt startet der Schwede eine Schlagserie, der der angeschlagene Weltmeister nichts mehr entgegenzusetzen hat. Sechs weitere Male schickt Johansson Patterson auf die Bretter. Schließlich bricht der Ringrichter den Fight ab. Nach dem Kampf kündigt Patterson an, Johansson herausfordern und das eherne Gesetz des Boxsports »They never come back« brechen zu wollen.

Juni 1959

1 Mo Franzosen, die ins Ausland reisen wollen, können wieder Devisen kaufen. Der Höchstwert wird auf umgerechnet 420 DM pro Kopf festgesetzt.

2 Di Das Westberliner Hauptquartier der US-Armee untersagt weiblichen Truppenangehörigen, öffentlich Jeans, Shorts oder enge Badeanzüge zu tragen.

3 Mi Mit einem 2:0-Sieg über Stade Reims gewinnt Real Madrid in Stuttgart zum vierten Mal in Folge den Fußballeuropapokal der Landesmeister.

4 Do Bundeskanzler Konrad Adenauer gibt überraschend seinen Verzicht auf das Amt des Bundespräsidenten bekannt.

5 Fr Syrien schließt die Grenze zu Jordanien, nachdem dieses syrischen Bauern den Zugang zu ihren Feldern im Nachbarland verwehrt hatte.

6 Sa In Karlsruhe wird die Badische Volkspartei gegründet. Ihr Ziel ist die Wiederherstellung des Landes Baden und damit die Spaltung Baden-Württembergs.

7 So Zum fünften Jahrestag der Eurovisionsgründung wird unter deutscher Leitung in zehn Ländern die Sendung »Spaziergang durch Europa« ausgestrahlt.

8 Mo Die USA geben die erste sog. Raketenpost bekannt. Von einem U-Boot befördert ein ferngelenkter Flugkörper 3000 Briefe nach Florida.

9 Di Frankreich weigert sich, Atomwaffen auf eigenem Boden zu lagern, wenn es nicht auch die Kontrolle darüber ausübt.

10 Mi Arbeiterkolonnen beginnen in Ost-Berlin mit dem Abriss des »Führerbunkers«, in dem Adolf Hitler wenige Tage vor Kriegsende Selbstmord begangen hatte.

11 Do Das sowjetische Parteiorgan »Prawda« verkündet die Verkürzung des Siebenjahresplanes auf sechs Jahre. Bis 1964 werde man die US-Wirtschaft einholen.

12 Fr Mit den Stimmen der Koalition aus CDU/CSU und DP verabschiedet der Bundestag den Haushaltsplan 1959/60. Sein Volumen beträgt 39,8 Mrd. DM.

13 Sa Die SPD leitet ein Parteiordnungsverfahren gegen den Ex-Studentenführer Oswald Hüller ein, weil dieser sich für Gespräche mit der DDR eingesetzt hatte.

14 So Mehr als 500 Menschen gedenken in Frankfurt am Main der im KZ Bergen-Belsen umgekommenen Anne Frank. Sie wäre heute 30 Jahre alt geworden.

15 Mo CDU und CSU nominieren nach Konrad Adenauers Verzicht Heinrich Lübke (CDU) als Kandidaten für das Amt des Bundespräsidenten.

16 Di Zwei MIG-Düsenjäger unbekannter Herkunft greifen 136 Kilometer vor der nordkoreanischen Küste ein US-Patrouillenflugzeug an.

17 Mi Der 76-jährige Eamon de Valera wird zum Staatspräsidenten der Republik Irland gewählt. Er war zuvor insgesamt 21 Jahre lang Regierungschef.

18 Do Die schwarze Bevölkerung der südafrikanischen Stadt Durban demonstriert gegen die weiße Regierungsmacht. Die Polizei setzt Tränengas ein.

19 Fr Bundeskanzler Konrad Adenauer deutet in einem Interview an, er halte Wirtschaftsminister Ludwig Erhard als seinen Nachfolger für ungeeignet.

20 Sa In Großbritannien sind 100 000 Drucker im Streik. 1000 Wochen- und 85 Tageszeitungen können vorübergehend nicht erscheinen.

21 So Fritz Walter, langjähriger Kapitän der deutschen Fußballnationalmannschaft, beendet seine sportliche Laufbahn.

22 Mo Die argentinische Armee zwingt die Regierung zum Rücktritt. Sie beschuldigt Präsident Arturo Frondizi, Kommunisten zu Ministern ernannt zu haben.

23 Di Der Physiker Klaus Fuchs wird vorzeitig aus britischer Haft entlassen. Er war wegen Spionage für die Sowjetunion 1950 zu 14 Jahren verurteilt worden.

24 Mi Parlamentspräsident Eugen Gerstenmaier gibt den Berliner Mitgliedern der Bundesversammlung für die Bundespräsidentenwahl volles Stimmrecht.

25 Do In Italien wirbt Frankreichs Präsident Charles de Gaulle für eine Mittelmeerallianz, die Spannungen im Nahen Osten entschärfen soll.

26 Fr Nach dem Bundestag stimmt auch der Bundesrat den Gesetzen zur wirtschaftlichen Eingliederung des Saarlandes zu. → Patterson → St.-Lorenz-Strom

27 Sa Als Spitzenorganisation der christlichen Gewerkschaften wird in Mainz der Christliche Gewerkschaftsbund Deutschlands (CGB) gegründet.

28 So Eintracht Frankfurt ist Deutscher Fußballmeister. Vor 75 000 Zuschauern schlägt die Eintracht im Berliner Olympiastadion die Offenbacher Kickers mit 5:3 n.V.

29 Mo Papst Johannes XXIII. erlässt seine erste Enzyklika. Darin warnt er die Staatsmänner der Welt vor sinnloser Aufrüstung.

30 Di Bei der Bundesanstalt für Arbeitsvermittlung und Arbeitslosenversicherung sind erstmals seit 1949 mehr offene Stellen als Arbeitslose registriert.

Juli 1959

1 Mi Das israelische Parlament stimmt einem Vertrag über die umstrittene Lieferung von Granatwerfern an die Bundesrepublik zu. → Heinrich Lübke

2 Do Mit zwei Hunden und einem Kaninchen an Bord startet eine sowjetische Rakete ins All. Die Besatzung wird nach vier Tagen unverletzt geborgen.

3 Fr Der französische Verteidigungsminister Pierre Guillaumat kündigt im Rundfunk an, Frankreich werde bald über eigene Atomwaffen verfügen.

4 Sa Beim Tennisturnier in Wimbledon siegen der Peruaner Alejandro Olmedo und die Brasilianerin Maria Esther Bueno in den Einzel-Wettbewerben.

5 So Der indonesische Staatspräsident Achmed Sukarno setzt die Verfassung außer Kraft und sichert sich diktatorische Vollmachten.

6 Mo Die Stadtverwaltung von Köln beginnt damit, gegen die immer massiver werdende Taubenplage vorzugehen. → Saarland

7 Di SPD-Chef Erich Ollenhauer verzichtet darauf, als Kanzlerkandidat seiner Partei bei den Bundestagswahlen 1961 anzutreten. → Doppel-Weltrekordler

8 Mi Vor der Küste Nordschleswigs explodiert ein dänisches Motorschiff. Bei dem Unglück kommen 53 Menschen ums Leben.

9 Do Die »Bremen« begibt sich von Bremerhaven aus auf Jungfernfahrt. Der Luxusliner ist das größte bundesdeutsche Passagierschiff.

10 Fr Die CDU bringt einen Gesetzentwurf ein, der eine Übernahme des Volkswagenwerkes durch den Bund und später eine Privatisierung vorsieht.

11 Sa Zum Abschluss des Staatsbesuchs des äthiopischen Kaisers Haile Selassie I. in der UdSSR schließen beide Länder ein Wirtschafts- und Kulturabkommen.

12 So Beim Deutschen Springerderby in Hamburg siegt Fritz Thiedemann auf Retina vor Alwin Schockemöhle auf Ramona.

13 Mo Als Zeichen für Frieden und Freiheit ruht in der Bundesrepublik und West-Berlin für zwei Minuten die Arbeit. Anlass ist die Fortsetzung der Genfer Konferenz.

14 Di In den USA streiken 500 000 Stahlarbeiter für eine Lohnerhöhung. Dadurch werden 90% der US-Stahlindustrie stillgelegt.

15 Mi Als Übergang von der alten Währung zum »harten« Franc werden in Frankreich Banknoten ausgegeben, auf denen beide Werte aufgedruckt sind.

16 Do Der Bundesgerichtshof in Karlsruhe verurteilt sechs Mitglieder der seit 1956 verbotenen KPD zu Freiheitsstrafen bis zu 30 Monaten.

17 Fr Kubas Regierungschef Fidel Castro zwingt Präsident Urrutia Lleo zum Rücktritt. Castro hatte zuvor selbst den Rücktritt angeboten. Lleo lehnte dies jedoch ab.

18 Sa Der spanische Radfahrer Federico Bahamontes gewinnt die 46. Tour de France vor Henri Anglade und Jacques Anquetil aus Frankreich.

19 So Neun Mitglieder eines südafrikanischen Jazz-Orchesters bitten während einer Konzert-Tournee in Schweden um politisches Asyl. → »Heiliger Rock«

20 Mo Vertreter der skandinavischen Staaten, Österreichs, Portugals, der Schweiz und Großbritanniens vereinbaren die Bildung der Freihandelszone EFTA.

21 Di Der US-Luftwaffe gelingt es erstmals, den Kopf einer Interkontinentalrakete aus dem Südatlantik zu bergen. Die Rakete war 9000 Kilometer weit geflogen.

22 Mi Die Süßwarenindustrie ist der erste Wirtschaftszweig in der Bundesrepublik, für den die 42,5-Stunden-Woche bei vollem Gehalt vereinbart wird.

23 Do Ein Sprachengesetz für Südtirol erlaubt den Gebrauch der deutschen Sprache zwischen Behörden. +++ In Bayreuth beginnen die Richard-Wagner-Festspiele.

24 Fr Japanische Wissenschaftler finden Spuren von Cäsium 137 im menschlichen Knochenmark. Der Stoff kann nur bei Kernexplosionen freigesetzt werden.

25 Sa Wegen Versorgungsengpässen übernimmt die DDR von der Bundesrepublik gegen Zahlung von 2 Mio. Verrechnungseinheiten 2000 Rinder.

26 So Die 22-jährige Japanerin Akiko Kojima wird von einer Jury in Long Beach (USA) als erste Asiatin zur »Miss Universum« gekürt. → Luftkissen

27 Mo Im Notaufnahmelager Marienfelde in West-Berlin wird der 50 000. Flüchtling aus der DDR seit Beginn des Jahres gezählt.

28 Di Die SPD mahnt den Sozialistischen Deutschen Studentenbund, zur Parteilinie zurückzukehren. Der SDS hatte Verständnis für Positionen der DDR geäußert.

29 Mi Das Bundesverfassungsgericht in Karlsruhe hebt das Vorrecht des Vaters bei der Kindererziehung auf, da es gegen das Gleichheitsprinzip verstoße.

30 Do Auf einem Kongress des Guttempler-Ordens in Frankfurt am Main wird auf einen erheblich gestiegenen Alkoholkonsum in den Familien hingewiesen.

31 Fr Die polnische Regierung erklärt wegen Engpässen in der Fleischversorgung den Montag auf unbestimmte Zeit zum fleischlosen Tag.

11. August 1959

LPG setzen sich durch

Die DDR-Nachrichtenagentur ADN meldet, dass bereits 40% der gesamten landwirtschaftlichen Nutzfläche des Staates von Landwirtschaftlichen Produktionsgenossenschaften (LPG) bearbeitet würden. Demnach stehen den Genossenschaftsbauern derzeit rd. 2,6 Mio. ha zur Verfügung. Laut ADN sind allein im Juli 2227 Landwirte in die Genossenschaften eingegliedert worden. Die LPG orientieren sich an den sowjetische Kolchosen. Seit 1952 wird die DDR-Landwirtschaft in ein Geflecht von Großbetrieben umstrukturiert (Abb.: Einsatz von Großmaschinen bei der Rübenernte). Dabei bleiben Grund und Boden im Besitz der LPG-Mitglieder. Das Nutzungsrecht muss jedoch an die LPG abgetreten werden. Häufig wird die Enteignung von Privatbesitz durch moralischen und wirtschaftlichen Druck erzwungen.

6. Juli 1959

Saarland voll integriert

Nach der politischen Integration des Saarlandes in die Bundesrepublik Deutschland folgt jetzt auch die wirtschaftliche. Bislang gehörte das Saarland zum französischen Wirtschaftsgebiet. Für die Bevölkerung ergeben sich künftig eher Vor- als Nachteile. Ihre Kaufkraft wird um 7 bis 8% erhöht, Lohn- und Einkommenssteuern liegen um rd. 10% niedriger, die Altersrenten um etwa 50% höher. Auch steigen die Arbeitslöhne, die den bundesdeutschen Arbeitsverträgen angepasst werden, beträchtlich. Einige Konsumgüter, vor allem Autos und Elektrogeräte, werden deutlich billiger. Aber die wirtschaftliche Eingliederung bringt nicht nur Vorteile. Außer der bundesdeutschen Währung werden auch die Gebühren von Bundespost und Bundesbahn eingeführt, die über den französischen Tarifen liegen. Zigaretten, Brot, Zucker und besonders alkoholische Getränke werden ebenfalls teurer. Auch im sozialen Bereich wirkt sich die Rückgliederung finanziell negativ aus. Die bisherigen Familienzulagen wie Verheiratetenzuschlag und Kindergeld sowie Lohnzulage entfallen. Arbeitnehmer müssen zudem höhere Sozialbeiträge zahlen und den Wegfall der Mehrarbeitszuschläge hinnehmen.

1. Juli 1959

Lübke wird Nachfolger vo

Die Bundesversammlung wählt im zweiten Wahlgang den Bundesminister für Ernährung und Landwirtschaft, Heinrich Lübke, zum Bundespräsidenten. Der in der Öffentlichkeit wenig bekannte CDU-Politiker tritt die Nachfolge von Theodor Heuss (FDP) an. Lübke gilt allgemein als Verlegenheitskandidat der Union, da prominente CDU-Politiker kurzfristig ihre Kandidatur zurückgezogen hatten.

Bundeskanzler Konrad Adenauer (3.v.l.) mit dem scheidenden Bundespräsidenten Theodor Heuss (5.v.l.) und dem neuen Staatsoberhaupt Heinrich Lübke (2.v.r.)

So hat Bundeskanzler Konrad Adenauer im Juni zur allgemeinen Überraschung seinen Verzicht auf eine Kandidatur erklärt. Noch im April war der 83-jährige Regierungschef – unter Zustimmung aller Parteien – bereit gewesen, Nachfolger von Heuss zu werden. Seinen Sinneswandel begründete er mit der kritischen außenpolitischen Lage, die einen Kanzlerwechsel unmöglich mache. Die Bundestagsparteien, allen voran die CDU, reagieren mit Bestürzung auf den Beschluss des »Alten« und versuchen, ihn umzustimmen. Auch die SPD-Opposition übt heftige Kritik. SPD-Chef Erich Ollenhauer spricht von einem verantwortungslosen Spiel mit den höchsten Staatsämtern und einem Beispiel hemmungsloser Machtpolitik. So nährte Adenauer in mehreren Interviews die Befürchtung der Opposition, dass er sich als neues Staatsoberhaupt nicht nur an die repräsentativen Pflichten des Amtes zu halten gedenke. Die Stellung und Aufgaben des Bundespräsidenten seien viel umfangreicher und bedeutender als viele in der Öffentlichkeit glaubten, ließ der Kanzler wissen. Politische Beobachter vermuten aber auch, dass Adenauer das Kanzleramt

7. Juli 1959

Doppel-Weltrekordler Lauer

Der Kölner Martin Lauer stellt bei den Internationalen Leichtathletikmeisterschaften in Zürich innerhalb einer Stunde gleich zwei Weltrekorde auf: Er übertrifft die bisherigen Bestleistungen über 110-m-Hürden und 200-m-Hürden. Auf dem Züricher Letzigrund herrschen ideale Bedingungen für den Wettkampf. Bei 30 °C und leichtem Rückenwind gewinnt Lauer (Abb. vorn) die 110-m-Hürden in 13,2 sec vor dem US-Läufer Billy May, dem Münchner Walter Pensberger und dem Schweizer Arnold Tschudi. Damit unterbietet er die alte Rekordmarke um zwei Zehntelsekunden. Eine knappe Stunde später läuft er in 22,5 sec über 200-m-Hürden Europarekord, der gleichzeitig als Weltrekord für 400-m-Bahnen gilt. Lauers Triumph geht um die Welt.

euss

Heinrich Lübke

deutscher Politiker, * 14.10.1894 Enkhausen (Sauerland); † 6.4.1972 Bonn

Lübke ist als Nachfolger von Theodor Heuss der zweite Präsident der Bundesrepublik Deutschland. Er ist ein Mann des Ausgleichs und gilt als Politiker von hoher Integrität. Seine Liebe zur sauerländischen Heimat kann er ebenso wenig verbergen wie seine manchmal etwas schwergängige Rhetorik. Sympathien erwirbt sich Lübkes Frau Wilhelmine als eloquente und engagierte »First Lady«. Der Landwirtschaftsfachmann, der während des Zweiten Weltkriegs stellvertretender Leiter einer privaten, vom Rüstungsministerium dienstverpflichteten Baugruppe war, engagiert sich bei zahlreichen Auslandsreisen für die Entwicklungshilfe. Immer wieder betont der engagierte Katholik die politische Kompetenz des Bundespräsidenten und versucht, die Macht des höchsten Staatsamtes auszudehnen. Aktiv fördert er seit Beginn der 60er Jahre das Zustandekommen der Großen Koalition.

- 1926-33: Direktor der Deutschen Bauernschaft
- 1947-52: NRW-Landwirtschaftsminister
- 1953-59: Bundeslandwirtschaftsminister
- 1959-69: Bundespräsident

nicht räumen will, um die Kanzlerschaft von Bundeswirtschaftsminister Ludwig Erhard (CDU) als seinen Nachfolger zu verhindern.
Neben dem Unionskandidaten Lübke gingen Carlo Schmid für die SPD und Max Becker für die FDP ins Rennen um das höchste Staatsamt.

19. Juli 1959

»Heiliger Rock« lockt Pilger an

Im Trierer Dom wird zum zweiten Mal in diesem Jahrhundert der sog. Heilige Rock Christi gezeigt. Täglich treffen rd. 5000 Personen in Trier ein, um die Reliquie zu besichtigen. Der Überlieferung zufolge soll es sich bei dieser um das ungeteilte Gewand handeln, das Christus auf dem Weg zur Kreuzigung getragen hat. Das bereits stark beschädigte Baumwollgewebe ist aus konservatorischen Gründen von Glasplatten eingefasst (Abb.: Messfeier um den Heiligen Rock). Untersuchungen zufolge stammt die Reliquie tatsächlich aus der Zeit um Christi Geburt. Die römische Kaiserin Helena hatte sie im Jahre 326 aus Palästina in die damalige Kaiserresidenz Trier bringen lassen. Kritiker zweifeln die Echtheit des Gewandes jedoch an.

26. Juli 1959

Auf Luftkissen über den Kanal

Im britischen Dover startet das erste Luftkissenfahrzeug (»Hovercraft«) zur Überquerung des Ärmelkanals in Richtung Calais. Das scheibenförmige Fahrzeug wird von der britischen Presse als »fliegende Untertasse« bezeichnet. Konstrukteur Christopher Cockerell entwickelte das Luftkissenfahrzeug bereits 1955. Düsen im Schiffsboden erzeugen ein 20 cm starkes Luftpolster unter dem 7 t schweren »Hovercraft«. Eine Gummischürze verhindert das seitliche Entweichen der Luft. Das amphibische Gefährt kann sowohl im Wasser als auch auf festem Untergrund eingesetzt werden. So entwickelt der »Hovercraft« selbst auf Sand-

oder Betonflächen dank geringer Untergrundreibung Spitzengeschwindigkeiten von bis zu 60 Knoten (110 km/h). Das als Personenfähre eingesetzte Vehikel legt die etwa 35 km lange Strecke über den Ärmelkanal zwischen Calais und Dover einschließlich Tankzeit auf See in zwei Stunden und drei Minuten zurück. Nachfolgemodelle wie das SRN 6 (s. Abb.) verkürzen die Zeit für die Kanalüberquerung auf weniger als eine Stunde.

August 1959

1 Sa Der Deutsche Fußballbund (DFB) setzt die Höchstgrenze für den Monatsverdienst eines Vertragsspielers von 330 auf 400 DM herauf.

2 So Den Formel-1-Weltmeisterschaftslauf um den »Großen Preis von Deutschland« auf der Berliner Avus gewinnt der Brite Tony Brooks auf Ferrari.

3 Mo US-Präsident Dwight D. Eisenhower teilt mit, Russlands Regierungschef Nikita S. Chruschtschow habe eine Einladung in die USA angenommen.

4 Di Die Regierung von Laos ruft in fünf der zehn Provinzen des Landes den Notstand aus, um kommunistische Rebellen besser bekämpfen zu können.

5 Mi In der DDR wird eine staatliche Untersuchung zur Feststellung des Kundenbedarfs an verschiedenen Kleidergrößen abgeschlossen.

6 Do Verkehrsminister Hans-Christoph Seebohm teilt mit, die Bundesregierung müsse mehrere hundert Mio. DM in den Ausbau der Flughäfen stecken.

7 Fr In der Bundesrepublik beginnt die Stationierung von US-Raketen des Typs »Mace«. Sie können Atomsprengköpfe 1300 Kilometer weit tragen.

8 Sa Im »Spielbankenprozess« verkündet das Landgericht München Freiheitsstrafen wegen Meineids. Drei der fünf Verurteilten sind Politiker der Bayernpartei.

9 So In Stuttgart endet das Katholische Bundesfest, an dem 80 000 Jugendliche teilgenommen hatten. Auf politische Themen wurde bewusst verzichtet.

10 Mo Das Verteidigungsministerium stellt in Bonn den neuen Kampfanzug der Bundeswehr vor. Er besteht aus drei anstatt wie bisher aus zwei Teilen.

11 Di Das Auswärtige Amt dementiert britische Pressebehauptungen, wonach Deutschland am Bau der französischen Atombombe beteiligt sei. → LPG

12 Mi Rudi Altig aus Mannheim gewinnt in Amsterdam die Weltmeisterschaft der Rad-Amateure im Einer-Verfolgungsfahren über 4000 m.

13 Do Das bundesdeutsche Küstenmotorschiff »Christel« wird auf der Ostsee versehentlich von einem sowjetischen Zerstörer gerammt und schwer beschädigt.

14 Fr Bei Chamonix in den französischen Alpen wird der erste Spatenstich zum Bau des Mont-Blanc-Tunnels vorgenommen.

15 Sa Der »stern« berichtet über die von ihm finanzierte Bergung des »Schatzes vom Toplitzsee«, bei dem es sich um Falschgeld aus NS-Beständen handelt.

16 So Die Regierungen von Jordanien und den Vereinigten Arabischen Emiraten nehmen die 1958 abgebrochenen diplomatischen Beziehungen wieder auf.

17 Mo In Moskau gehen nach zwei Wochen die Filmfestspiele zu Ende. Die bundesdeutsche Produktion »Wir Wunderkinder« erhält einen Goldenen Preis.

18 Di Dänemarks Behörden verbieten das Nacktbaden am Strand von Henne, der gerne auch von bundesdeutschen Urlaubern besucht wird.

19 Mi Ein Gesetzentwurf, wonach das Schlachten von Hunden und Katzen zu bestrafen sei, wird vom Bundeskabinett angenommen.

20 Do Der US-Gewerkschaftsbund AFL-CIO beschließt, den anstehenden Besuch des sowjetischen Regierungschefs Nikita S. Chruschtschow zu ignorieren.

21 Fr US-Präsident Dwight D. Eisenhower proklamiert die Inselgruppe Hawaii offiziell zum 50. Bundesstaat der Vereinigten Staaten.

22 Sa Kremlchef Nikita S. Chruschtschow warnt Bundeskanzler Konrad Adenauer in einem Brief davor, die Bundeswehr mit Atomwaffen auszustatten.

23 So Einem Bauern aus Thüringen gelingt die Flucht über die Grenzanlagen in den Westen. Neben seiner Familie nimmt er noch 14 Kühe mit.

24 Mo Mit Hinweis auf den Personalmangel lehnt Bundespostminister Richard Stücklen eine Arbeitszeitverkürzung der Postangestellten ab.

25 Di In Wolfsburg läuft der dreimillionste VW-Käfer seit 1945 vom Band. +++ Der John-Wayne-Film »Rio Bravo« läuft in der Bundesrepublik an.

26 Mi Das Allensbacher Institut veröffentlicht eine Studie, wonach 50% aller befragten Deutschen Deutschland die Schuld für den Zweiten Weltkrieg geben.

27 Do Vor der Küste Floridas gelingt es den USA erstmals, eine Polaris-Mittelstreckenrakete von Bord eines Schiffes zu starten.

28 Fr Die US-Filmbiografie Anne Franks läuft in den bundesdeutschen Kinos an. Der Film orientiert sich eng an dem Tagebuch des jüdischen Mädchens.

29 Sa Im Ruhrgebiet demonstrieren 30 000 Bergleute gegen die Folgen der Absatzkrise in der Kohlewirtschaft.

30 So Die Bundeswehr wird mit US-Raketen der Typen »Nike« und »Matador« bestückt. Sie können auch Atomsprengköpfe tragen.

31 Mo Am Vorabend des 20. Jahrestages des Angriffs auf Polen betont Bundeskanzler Konrad Adenauer den Willen Bonns zu freundschaftlichen Beziehungen.

September 1959

1 Di Polens Ministerpräsident Józef Cyrankiewicz wertet das Freundschaftsangebot der Bundesrepublik als Störung der polnisch-sowjetischen Beziehungen.

2 Mi Die British Motor Corporation stellt in London den Kleinwagen Morris Mini vor, der auch als Austin Seven verkauft wird.

3 Do Belgiens Minister für den Kongo und Ruanda-Urundi, Maurice van Hemelrijk, tritt zurück, weil das Parlament die Demokratisierung der Kolonien ablehnt.

4 Fr In Argentinien kommt es zu einer Militärrevolte gegen die Regierung Arturo Frondizis. +++ Raketenforscher Wernher von Braun erhält das Bundesverdienstkreuz.

5 Sa Auf dem Frankfurter Rhein-Main-Flughafen wird die bislang längste Startbahn Europas eröffnet. Sie misst 3900 m.

6 So Berlins Regierender Bürgermeister Willy Brandt spricht vor 25 000 Vertriebenen von einem Recht auf Heimat in friedlicher Verständigung mit Polen.

7 Mo Wirtschaftsminister Ludwig Erhard argumentiert gegen Arbeitszeitverkürzungen, da es angesichts der guten Auftragslage zu wenig Arbeitskräfte gebe.

8 Di Bundespräsident Theodor Heuss eröffnet die Bonner Beethovenhalle. Das Ereignis wird von einem großen Festakt umrahmt.

9 Mi In einer Stadtverordneten-Versammlung in Ost-Berlin werden offen die schlechte Versorgungslage und der schleppende Wohnungsbau bemängelt.

10 Do Viele bundesdeutsche Taxifahrer fordern einen besseren Schutz vor Verbrechern. Am Vortag war der dritte Fahrer im Jahr 1959 getötet worden.

11 Fr Die sechs kommunistischen Mitglieder des Ersten Deutschen Bundestages (1949-53) fordern in einem offenen Brief die Aufhebung des KPD-Verbotes.

12 Sa Mit Hinweis auf das Waldsterben im Ruhrgebiet kündigt Bundesarbeitsminister Theodor Blank (CDU) ein Gesetz gegen die Luftverunreinigung an.

13 So Die Raumsonde »Lunik 2« landet auf dem Mond. Damit ist es der Sowjetunion gelungen, den ersten Flugkörper auf den Erdtrabanten zu bringen.

14 Mo Angesichts des bevorstehenden Gipfeltreffens unterbricht die UdSSR die Störsendungen gegen das russische Rundfunkprogramm der »Stimme Amerikas«.

15 Di Am Tag des zehnjährigen Bestehens der Bundesrepublik wird Heinrich Lübke (CDU) als neuer Bundespräsident vereidigt. → Chruschtschow

16 Mi Frankreichs Staatspräsident Charles de Gaulle kündigt an, es solle in Algerien vier Jahre nach Herstellung des Friedens freie Wahlen geben.

17 Do Der US-Spielfilm »Manche mögen's heiss« mit Marilyn Monroe, Tony Curtis und Jack Lemmon kommt in die bundesdeutschen Kinos.

18 Fr Wegen der Trockenheit müssen zahlreiche Orte in Niedersachsen mit Trinkwasser aus Tankwagen versorgt werden. Der Kubikmeter kostet 10 bis 20 DM.

19 Sa In der Sowjetunion beschließen das Zentralkomitee der KPdSU und der Ministerrat die Einführung des Siebenstundentages für Arbeiter und Angestellte.

20 So US-Außenminister Christian A. Herter spricht sich in New York für die Einrichtung einer ständigen Sicherheitstruppe der Vereinten Nationen aus.

21 Mo Der DDR-Ministerrat billigt das Gesetz über nationale Embleme, wonach die Staatsflagge einen Hammer und einen Zirkel im Ährenkranz tragen soll.

22 Di Die Bundesbahnverwaltung teilt in Augsburg mit, die Höchstgeschwindigkeit für Güterzüge steige im Sommerfahrplan 1960 von 75 auf 100 km/h.

23 Mi In Polen wird wegen schwerer Versorgungsengpässe die Fleischrationierung eingeführt, nachdem es bereits im Juli »fleischlose Tage« gegeben hatte.

24 Do Der bundesdeutsche Spielfilm »Rosen für den Staatsanwalt«, der sich kritisch mit der Bewältigung der Nazi-Vergangenheit befasst, läuft in den Kinos an.

25 Fr Der niederländische Flugzeugträger »Karel Doorman« kollidiert 15 Meilen südlich Helgolands mit einem belgischen Fischkutter. Fünf Seeleute sterben.

26 Sa Ceylons Ministerpräsident Solomon Bandaranaike stirbt nach einem Revolverattentat, das ein buddhistischer Mönch am Vortag auf ihn verübt hatte.

27 So Hans Günter Winkler gewinnt auf Halla die Deutschen Meisterschaften der Springreiter in Berlin vor Fritz Thiedemann auf Meteor.

28 Mo Der Führer der indischen Sikhs, Tara Singh, fordert in Neu-Delhi die Bildung eines eigenen Staates für Anhänger der Sikh-Religion in der Indischen Union.

29 Di Wegen des anhaltenden Trinkwassermangels gibt die Stadtverwaltung in Siegen Bezugsscheine für Wasser aus Feuerwehrlöschzügen aus.

30 Mi Die Bundesanstalt für Arbeit in Nürnberg gibt bekannt, dass die Arbeitslosenquote der Bundesrepublik erstmals unter die 1%-Marke gesunken sei.

Kreml-Chef und Landwirtschaftsfachmann Chruschtschow als Besucher einer US-Farm

15. September 1959

Chruschtschow in USA

Als erster Kreml-Chef besucht Nikita S. Chruschtschow die USA. Während seiner mehrtägigen Reise durch das »Land der unbegrenzten Möglichkeiten« gibt sich der KPdSU-Vorsitzende als Mann des Volkes.

Für viele politische Beobachter überraschend verhält er sich locker, jovial, schlagfertig und häufig unkonventionell. Er spricht mit Arbeitern, besucht Farmen, stellt sich den Fragen von Journalisten und stattet der Traumfabrik Hollywood einen Besuch ab. Empfindlich reagiert Chruschtschow, sobald er das Gefühl hat, nicht mit gebührender Achtung behandelt zu werden. Während seines Besuchs im Land des »Klassenfeindes« droht er mehrmals mit Abreise. Obwohl er seine Gesprächspartner immer wieder ermutigt, kein Blatt vor den Mund zu nehmen, neigt er zu heftigen Reaktionen, sobald die Diskussionsbeiträge allzu kritisch werden. Mit den Fäusten auf den Tisch schlagend beschimpft er führende Gewerkschafter als »Agenten des Kapitalismus«. 13 Tage weilt Chruschtschow mit seiner Frau Nina Petrowna auf persönliche Einladung von US-Präsident Dwight D. Eisenhower in den USA. Eisenhower hatte bei der Bekanntgabe des Treffens die Hoffnung ausgesprochen, dass der Besuch – auch wenn er rein privaten Charakter habe – der gegenseitigen Verständigung und Annäherung beider Staaten dienen werde. In den letzten drei Tagen des Besuchs führen die beiden mächtigsten Männer der Welt Gespräche in der abgeschiedenen Atmosphäre von Camp David. Allerdings kommt es dabei nicht zu einer Annäherung in der Deutschlandfrage.

1. Oktober 1959

Sexualkunde – neues Pflichtfach für West-Berlins Schüler

In allen Schulen West-Berlins wird Sexualerziehung zur Pflicht. Die Spreemetropole übernimmt damit in der Bundesrepublik eine Vorreiterrolle.

Nach den neuen Richtlinien ist die Sexualerziehung zwar nach wie vor grundsätzlich Aufgabe der Eltern. Die Schulen sollen jedoch durch flankierende Maßnahmen die elterlichen Bemühungen unterstützen. Nach Angaben der Schulverwaltung muss Sexualerziehung in der Schule erfolgen, da die Mehrzahl der Eltern der Aufklärung ihrer Kinder nicht nachkomme oder sich ihr nicht gewachsen zeige. In der Bundesrepublik der 50er Jahre herrscht Prüderie vor. Sexualität und Anstößiges spielen im öffentlichen Leben kaum eine Rolle, obwohl wenige Jahre zuvor der US-Wissenschaftler Alfred C. Kinsey mit seinen Untersuchungen zur Sexualität von Mann und Frau immerhin einen ersten Anstoß zur Überwindung der Sprachlosigkeit gegeben hatte.

Auch in der DDR ist Sex zunächst kein öffentliches Thema. Natürlich soll der »neue, sozialistische Mensch« auch eine bessere Sexualmoral haben – und so werden von offizieller Seite Prostitution und die bildliche Darstellung von Sexualität verboten. Im Vordergrund steht der planmäßige Aufbau des Sozialismus.

7. Oktober 1959

DDR-Flagge ist Zankapfel

Einen heftigen politischen Streit löst das Hissen der DDR-Flagge auf den in West-Berlin gelegenen, aber DDR-Verwaltung unterstehenden S-Bahnhöfen aus. Die Ostberliner Führung will damit die Staatlichkeit und Souveränität der DDR demonstrieren. Die alliierten Westmächte und der

Berliner Senat protestieren aufs Schärfste gegen die Aktion. Die DDR-Führung vertritt jedoch die Auffassung, dass das Gelände ihrer S-Bahn auf dem Boden West-Berlins »Teil der DDR« sei. Die neue Flagge der DDR ist mit Hammer, Zirkel und Ährenkranz versehen, die auf schwarz-rot-goldenem Untergrund stehen (s. Abb.). Im Ausland führen die Bemühungen der DDR, als souveräner Staat aufzutreten, zu Zwischenfällen. So weigert sich die Volleyballmannschaft der DDR, zu einem Spiel in Paris anzutreten, weil die Behörden DDR-Hymne und -Flagge nicht zulassen.

11. Oktober 1959

Heuss und Grass im Blickpunkt

Im Rahmen der Frankfurter Buchmesse erhält Altbundespräsident Theodor Heuss den Friedenspreis des Deutschen Buchhandels. Heuss wird als liberaler Politiker und angesehener Schriftsteller gewürdigt. Bis 1933 veröffentlichte der Geehrte politische Bücher. Schon vor der Frankfurter Buchmesse hat »Die Blechtrommel«, der erste Roman des Nachwuchsautors Günter Grass (s. Abb.), von sich reden gemacht. Viele ausländische Verlage sichern sich die Übersetzungsrechte. Grass erhielt bereits 1958 den Literaturpreis der Gruppe 47. Die grotesk-realistische Schilderung deutschen Kleinbürgerlebens zwischen 1930 und 1950 ruft heftige Reaktionen in der Öffentlichkeit hervor. Großen Erfolg bei Kritik und Publikum hat auch das Erstlingswerk des aus der DDR stammenden, 25-jährigen Autors Uwe Johnson. Thema seines Romans »Mutmaßungen über Jakob« sind die Spaltung Deutschlands und die Schwierigkeit, zwischen beiden Welten zu vermitteln.

Bestimmend für die kulturpolitischen Aktivitäten der DDR-Staatsführung ist das programmatische Ziel der SED, »die Entfremdung zwischen Künstler und Volk zu überwinden«. 150 Berufsschriftsteller und 300 sog. Volkskorrespondenten hatten sich im April zur Bitterfelder Konferenz getroffen, auf der die Schriftsteller eindringlich aufgefordert wurden, die Arbeitsbedingungen der »Werktätigen« zu studieren.

29. Oktober 1959

Start für »Asterix«

»Asterix, der Gallier« schlägt sich erstmals mit römischen Legionären. Die französische Wochenzeitschrift »Pilote« veröffentlicht die erste vierseitige Episode der Comicreihe. Zeichner Albert Uderzo und Texter René Goscinny erzählen in farbenprächtigen Bildern Geschichten um ein gallisches Dorf, dessen Bewohner sich dank eines Zaubertranks (s. Abb.) gegen die römischen Invasoren behaupten können. Die Serie läuft zunächst mit geringem Erfolg an, wird aber bald zu einem der weltweit erfolgreichsten Comics – mit einer nach Millionen zählenden Auflage.

21. Oktober 1959

Museum als Vermächtnis

In New York wird das Solomon-R.-Guggenheim Museum eingeweiht, das wegen seiner Architektur heftig umstritten ist. Die

Schneckenform des Gebäudes (Abb.: Lichtkuppel) wurde von Frank Lloyd Wright entworfen, der vor Fertigstellung des Baus starb.

Frank Lloyd Wright

US-Architekt, * 8.6.1869 Richland Center (US-Bundesstaat Wisconsin); † 9.4.1959 Phoenix (US-Bundesstaat Arizona)

Frank Lloyd Wright gehört zu den Pionieren der modernen amerikanischen Architektur. Im Laufe seines 70-jährigen Schaffens trat er durch Entwürfe von Büro- und Wohnhäusern hervor. Die Spezialität des Baumeisters und Stadtplaners war die Gestaltung von Landhäusern, die er in einzigartiger Weise in die Landschaft einbettete. Wright selbst bezeichnete die ineinander übergehenden Elemente seiner Architektur als »organisch«.

- 1888: Abschluss des Ingenieursstudiums
- 1922: Imperial Hotel, Tokio
- 1937: Fallingwater House, Pennsylvania
- 1958/59: Ben Shalom Synagoge, Philadelphia

Oktober 1959

1 Do In Paris wird Jean Anouilhs »Becket oder die Ehre Gottes« uraufgeführt. +++ Die Niederlassungsfreiheit für Rechtsanwälte wird eingeführt. → Sexualkunde

2 Fr Israels Ministerpräsident David Ben Gurion erklärt, die junge deutsche Generation könne nicht für Nazi-Verbrechen verantwortlich gemacht werden.

3 Sa Der Parteivorstand der SPD fordert die Bundesregierung auf, die Bundeswehr nicht wie bisher geplant mit Atomwaffen auszustatten.

4 So Die Sowjetunion startet die Raumsonde »Lunik 3«, die die ersten Fotos von der stets erdabgewandten Seite des Mondes liefern soll.

5 Mo In den USA wird erstmals die Rakete »Little Joe«, mit der ein Mensch in einer Raumkapsel ins All starten soll, erfolgreich erprobt.

6 Di Italiens Regierung lehnt die Entfernung aller faschistischen Inschriften einschließlich des Namens Benito Mussolinis aus dem römischen Olympiastadion ab.

7 Mi Auf einer Feier zum Gründungstag der DDR schlägt SED-Generalsekretär Walter Ulbricht einen vatikanähnlichen Status für West-Berlin vor. → DDR-Flagge

8 Do Bei den Wahlen zum britischen Unterhaus können die regierenden Konservativen ihren Vorsprung vor der Labour Party verdoppeln.

9 Fr Bundesinnenminister Gerhard Schröder (CDU) gibt Pläne bekannt, wonach Bürger im Verteidigungsfall für den Zivilschutz verpflichtet werden sollen.

10 Sa Im Deutschen Fernsehen hat das »Quiz ohne Titel« Premiere. Hans-Joachim Kulenkampffs Begrüßung der Zuschauer auch in »der DDR« löst Proteste aus.

11 So Bei den Bürgerschaftswahlen in Bremen erringt die SPD erneut die absolute Mehrheit. Wilhelm Kaisen (SPD) bleibt Bürgermeister. → Grass

12 Mo Der US-Kongress legt einen Bericht über die »Verbrechen des Ministerpräsidenten Chruschtschow« vor, als dieser noch Parteichef in der Ukraine war.

13 Di Bei einem Volksentscheid in 18 Städten Norwegens spricht sich eine Mehrheit für die Eröffnung von Verkaufsstellen für Alkohol aus.

14 Mi Das Bundeskabinett legt das Kriegswaffengesetz vor, in dem bestimmt wird, wann die Regierung die Produktion von Kriegswaffen genehmigen darf.

15 Do Frankreichs Ex-Innenminister und derzeitiger Senator François Mitterrand (Sozialistische Partei) überlebt ein Attentat ohne Verletzungen.

16 Fr Wegen der gaullistischen Algerienpolitik stellt Frankreichs Ministerpräsident Michel Debré die Vertrauensfrage. 441 der 464 Abgeordneten stimmen für ihn.

17 Sa Das Hissen der neuen DDR-Flagge wird in Paris unterbunden. Die Volleyball-Nationalmannschaft der DDR tritt daraufhin nicht an.

18 So Elizabeth Taylor unterzeichnet einen Vertrag, der sie zur derzeit höchstdotierten Schauspielerin macht. Die Rolle der »Cleopatra« bringt ihr 4,2 Mio. DM ein.

19 Mo Aus Protest gegen die Festsetzung des Butterpreises durch die französische Regierung errichten Bauern in der Bretagne Straßensperren.

20 Di DDR-Verteidigungsminister Willi Stoph kündigt eine erhöhte Verteidigungsbereitschaft der Nationalen Volksarmee an.

21 Mi Vor 70 000 Zuschauern schlägt die bundesdeutsche Fußballnationalmannschaft in Köln die Auswahl der Niederlande mit 7:0 (2:0). → Museum

22 Do Der Rat der Westeuropäischen Union (WEU) erteilt der Bundesrepublik die Genehmigung zum Bau ferngelenkter Flugabwehrraketen.

23 Fr Baron Hubert Parker of Waddington, höchster Richter Großbritanniens, spricht sich für eine Wiedereinführung der körperlichen Züchtigung als Strafe aus.

24 Sa Der in Bonn erwartete irakische Erziehungsminister Abdel Hamid lässt das Begrüßungskomitee am Flughafen warten und fliegt stattdessen nach Ost-Berlin.

25 So Bei den Kommunalwahlen in Schleswig-Holstein bleibt die CDU mit 39,9 % der Stimmen stärkste Partei, büßt aber gegenüber 1955 4,4 % ein.

26 Mo Das österreichische Verteidigungsministerium untersagt dem Bundesheer das Singen von Liedern, die auch bei der deutschen Wehrmacht üblich waren.

27 Di Ein Londoner Schriftsteller erzielt den bislang höchsten Gewinn im Fußballtoto. Sein Tip brachte ihm umgerechnet 3,1 Mio. DM ein.

28 Mi Bundes- und Länderregierung beschließen, dass das Zeigen der DDR-Fahne künftig als Verfassungsverstoß behandelt werden soll.

29 Do Verteidigungsminister Franz-Josef Strauß (CSU) bezeichnet die Produktion von Atomwaffen in der Bundesrepublik als »politisch falsch«. → »Asterix«

30 Fr Auf ihrem Parteitag in Verden lehnt die Deutsche Partei (DP), die mit 17 Mandaten im Bundestag vertreten ist, eine Fusion mit der CSU ab.

31 Sa In Düsseldorf wird Eugène Ionescos Drama »Die Nashörner« uraufgeführt. +++ Günter Eich erhält in Darmstadt den Georg-Büchner-Preis.

November 1959

1 So In Belgisch-Kongo kommt es zu Zusammenstößen zwischen der Bevölkerung und den belgischen Soldaten. Dabei kommen 24 Menschen ums Leben.

2 Mo Jugendliche demonstrieren in Ost-Berlin und Leipzig unter der Parole »Wir wollen Elvis« gegen die von der SED betriebene Jugend- und Kulturpolitik.

3 Di Nach den Parlamentswahlen in Israel bleibt die sozialdemokratische Mapai-Partei von Ministerpräsident David Ben Gurion die stärkste politische Kraft.

4 Mi Französische Kriegsschiffe beschlagnahmen die Ladung des deutschen Frachters »Bilbao«. Angeblich habe er Munition nach Algerien schmuggeln wollen.

5 Do In London wird der Deutsch-Kanadier Günther Fritz Podola wegen der Ermordung eines Polizisten hingerichtet.

6 Fr Das Bonner Landgericht stellt das Verfahren gegen einen früheren Referenten des Bundeskanzlers im Zusammenhang mit der »Leihwagen-Affäre« ein.

7 Sa In Anwesenheit von Bundeskanzler Konrad Adenauer wird in Köln die Severinsbrücke als sechste Querungsmöglichkeit über den Rhein eröffnet.

8 So US-Präsident Dwight D. Eisenhower ernennt Walter C. Dowling zum Botschafter in der Bundesrepublik Deutschland. Dowling löst David K. E. Bruce ab.

9 Mo Das Oberlandesgericht Celle weist den aus der Vorkriegszeit stammenden Anspruch zweier Volkswagensparer auf einen neuen VW zurück.

10 Di In einer Neuinszenierung der Oper »Carmen« an der Pariser Oper agieren auf der Bühne u.a. 15 Pferde, ein Esel, ein Hund und ein Affe. → Penizillin → Mau-Mau

11 Mi Die Sowjetunion protestiert gegen die Einrichtung des »Deutschlandfunks« in West-Berlin, weil der Sender »subversiver Tätigkeit« dienen werde.

12 Do Bundesschatzminister Hermann Lindrath und Niedersachsens Finanzminister Hermann Ahrens vereinbaren die Teilprivatisierung des Volkswagenwerkes.

13 Fr Der Bundesrat lehnt einstimmig den Entwurf für ein neues Rundfunkgesetz ab, der die Einrichtung eines zweiten Fernsehprogramms beinhaltet.

14 Sa Mittelgewichtsboxer Gustav »Bubi« Scholz verteidigt in Berlin seinen Europameistertitel gegen Peter Müller durch einen k.o.-Sieg in der ersten Runde.

15 So Laut Prager Außenministerium stehen zwei vermisste Piloten der Bundesluftwaffe in der Tschechoslowakei unter Arrest. → Godesberger Programm

16 Mo Bundesfamilienminister Franz-Josef Wuermeling spricht sich gegen die Freikörperkultur aus, die auf die meisten Erholungssuchenden abstoßend wirke.

17 Di In der Bundesrepublik wird 1959 der beste Wein seit 1945 gelesen. Das Statistische Bundesamt rechnet mit der zweitgrößten Ernte seit Kriegsende.

18 Mi Der sowjetische Regierungschef Nikita S. Chruschtschow fordert neue Verhandlungen über West-Berlin und beruft sich auf ein Einverständnis mit Frankreich.

19 Do Bei den Olympischen Spielen1960 soll die gesamtdeutsche Mannschaft eine schwarz-rot-goldene Fahne mit den fünf olympischen Ringen führen.

20 Fr Die algerische Exilregierung erklärt sich in Tunis zu offiziellen Gesprächen mit Frankreich bereit und benennt dafür Repräsentanten.

21 Sa Die USA und die UdSSR schließen in Moskau ein Kultur- und Forschungsabkommen, das auch Projekte zur friedlichen Nutzung der Kernkraft beinhaltet.

22 So Der ehemalige französische Außenminister Robert Schuman und der deutsche Philosoph Karl Jaspers erhalten in Wien den Erasmus-Preis.

23 Mo Die Bundesregierung lehnt den Kompromiss ab, den die Olympischen Komitees beider deutscher Staaten für die gemeinsame Flagge geschlossen haben.

24 Di Im »Wiener Hosenkrieg« wird erneut an einer Schule das Tragen von Blue Jeans verboten, was heftige Diskussionen auslöst. → Wankelmotor

25 Mi Der französische Senat hebt die Immunität François Mitterrands auf. Es soll überprüft werden, ob das Attentat vom 15. Oktober echt oder fingiert war.

26 Do Laut Verteidigungsminister Franz-Josef Strauß müssen 15 000 der 290 000 erfassten Angehörigen des Jahrgangs 1922 mit einer Einberufung rechnen.

27 Fr In West-Berlin wird mit dem Abriss des Anhalter Bahnhofes begonnen, der bis zu seiner Zerstörung im Krieg einer der wichtigsten Bahnhöfe der Stadt war.

28 Sa Das Moskauer Partei-Organ »Prawda« kritisiert das Godesberger Programm der SPD und wirft den Sozialdemokraten »Verleugnung der Arbeiterklasse« vor.

29 So Marlene Dietrich gibt in Paris ein großes Gala-Konzert, das vom Publikum mit Begeisterung aufgenommen wird.

30 Mo Der Deutsche Gewerkschaftsbund erhebt Ansprüche auf Teile des Volkswagenwerkes, da es aus Mitteln der Deutschen Arbeitsfront finanziert worden war.

2. Dezember 1959

400 Tote nach Dammbruch

Nach einem Dammbruch nahe der Stadt Fréjus an der französischen Riviera kommen 412 Menschen ums Leben. Als Folge tagelanger, von orkanartigen Böen begleiteten Regenfällen bricht der 6 km südlich der Stadt erbaute Staudamm von Malpasset unter dem Druck der Wassermassen. Eine gewaltige, 500 m breite und bis zu 20 m hohe Flutwelle überschwemmt das Tal und reißt alles mit. Obendrein ergießt sich eine Schlammlawine, die eine Fläche von 8 km Länge und 3 km Breite bedeckt, in die Stadt. Alle Polizei-Einheiten und Feuerwehren in der Umgebung werden zu der Unglücksstelle beordert. Auch Armee und Marine kommen zum Einsatz, um den von der Außenwelt abgeschnittenen Bewohnern des Unglücksorts Hilfe zu leisten.

15. November 1959

Godesberger Programm

Auf einem außerordentlichen Parteitag in Bad Godesberg bei Bonn verabschiedet die SPD ein neues Parteiprogramm – es ist das fünfte ihrer Geschichte und löst das Heidelberger Programm aus dem Jahre 1925 ab. Mit dem sog. Godesberger Programm vollzieht die älteste Partei in Deutschland den programmatischen Schritt von einer Arbeiterpartei zur Volkspartei. Die Sozialdemokraten gehen auf Distanz zum Marxismus, bekennen sich zu Marktwirtschaft und Westintegration und fordern die öffentliche Kontrolle wirtschaftlicher Machtkonzentration.

Mit dem Godesberger Programm, das mit 340 gegen 16 Delegiertenstimmen angenommen wird, zieht die SPD auch die Konsequenzen aus den verlorenen Bundestagswahlen der Vergangenheit. Unter dem Motto »Wettbewerb soweit wie möglich – Planung soweit wie nötig« soll in Zukunft der Unternehmerinitiative breiterer Spielraum zugebilligt werden. Landesverteidigung wird bejaht, eine atomare Bewaffnung der Bundeswehr jedoch abgelehnt. Die SPD, »aus einer Partei der Arbeiterklasse zu einer Partei des Volkes geworden«, verzichtet auf eine einheitliche programmatische Grundlage., bezeichnet vielmehr christliche Ethik, Humanismus und klassische Philosophie als Richtlinien ihres neuen Kurses. Auf ein Endziel wird verzichtet, der demokratische Sozialismus soll »eine tägliche Aufgabe« sein.

Bei der Verabschiedung des »Godesberger Programms« setzt sich der Parteivorstand gegen den

24. November 1959

Wankelmotor vorgestellt

Der deutsche Automobilhersteller NSU (Neckarsulm) stellt der Öffentlichkeit den nach seinem Erfinder Felix Wankel (s. Abb.) benannten Rotationskolbenmotor vor. Ein rotierender dreieckiger Drehkolben ersetzt den konventionellen Hubkolben. 1964 beginnt die Serienproduktion des NSU Wankel-Spider, des ersten Serienfahrzeugs der Welt, das mit einem Wankelmotor ausgerüstet ist. Fachleute und zukünftige Kunden sollen von der Tauglichkeit des Motors überzeugt werden.

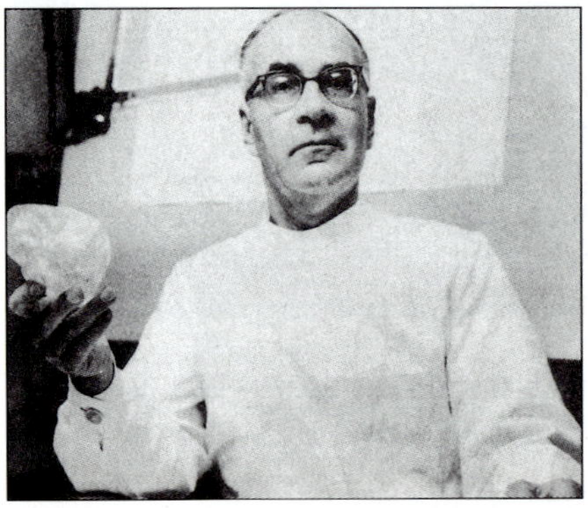

Felix Wankel

deutscher Ingenieur, * 13.8.1902 Lahr, † 9.10.1988 Heidelberg

Der größte Erfolg des Erfinders, sein Wankelmotor, kann sich auch durch das berühmteste mit einem Kreiskolbenmotor ausgestattete Auto, den NSU »Ro 80« (1967), nicht durchsetzen. Wankel, der schon früh auch Scheinwerfer, Heliographen und Rennboote konstruierte, erhält zahlreiche Auszeichnungen.

- 1921-26: Verlagskaufmann in Heidelberg
- 1944: Bau eines Drehkolbenverdichters
- 1976: Gründung eines Motorenmuseums in Lindau

10. November 1959

Briten gegen Mau-Mau

Großbritannien gibt in seiner Kolonie Kenia den Kampf gegen die Widerstandsbewegung Mau-Mau auf. Mit der Ankündigung von Kolonialminister Iain Norman Macleod vor dem Unterhaus, die Notstandsmaßnahmen in Kenia zu beenden und 2000 Gefangene zu entlassen, wird die Kriegsführung nach sieben Jahren praktisch beendet. Allerdings beabsichtigt London nicht, sich aus Ostafrika zurückzuziehen. Der britische Gouverneur in Kenia erhält deshalb erweiterte Kompetenzen und wird angewiesen, Versammlungen streng zu kontrollieren und bei der Zulassung politischer Vereinigungen zurückhaltend zu sein. Das ostafrikanische Land war bereits im Jahre 1887 von der »Imperial British East Africa Company« in Besitz genommen worden. 1895 wurde es als Protektorat und 1920 als Kronkolonie in das britische Kolonialreich eingegliedert. Durch die Ansiedlung von Europäern erlitten in den folgenden Jahren besonders die Stämme der Kikuyu und Massai erhebliche Gebietsverluste. Seit 1948 kämpft der Geheimbund Mau-Mau gegen die Briten.

Die SPD-Delegierten legen in Bad Godesberg den künftigen Kurs der Partei fest.

Widerstand des linken Flügels durch, der für die Beibehaltung marxistischer Positionen eintritt. Energischer Befürworter des Programms ist der stellvertretende Parteivorsitzende Herbert Wehner. Besonders bei den Leitsätzen zur Landesverteidigung muss er sich gegen linke Kritiker zur Wehr setzen. Den Delegierten, die eine Abschaffung der Bundeswehr oder ihren Ersatz durch eine Art Grenzschutz sowie die Ablehnung der allgemeinen Wehrpflicht fordern, entgegnet Wehner: »Das Bekenntnis zur Verteidigung der demokratischen Grundordnung und das Bekenntnis zur Landesverteidigung sind untrennbar miteinander verbunden.« Mit großer Mehrheit setzt der Parteivorstand seinen Entwurf zur Wirtschafts- und Sozialpolitik durch. Die Verstaatlichung der Schlüsselindustrien ist danach nicht mehr das Ziel der SPD. Wirtschaftsexperte Heinrich Deist formuliert den neuen, die Marktwirtschaft akzeptierenden Kurs der Partei. In seinem Schlusswort lobt der SPD-Vorsitzende Erich Ollenhauer das neue Parteiprogramm: »Die Sozialdemokratie hat sich damit eine politische und geistige Grundlage gegeben, die sie ein großes Stück voranbringen wird, damit sie als Partei des Volkes den entscheidenden Einfluss auf die Gestaltung der Zukunft gewinnen kann... Das Programm schlägt zugleich die Brücke zwischen den Traditionen der Partei und den Erfordernissen von heute.«

21. Dezember 1959

Schah braucht Thronfolger

Nach der wegen Kinderlosigkeit aufgelösten Ehe mit Soraya heiratet Mohammad Resa Pahlawi, der Schah von Persien, die 21-jährige Farah Diba (s. Abb.). Sieben Tage lang feiert die Bevölkerung das prunkvolle Ereignis. Das ganze Land erwartet von der neuen Kaiserin nicht mehr und nicht weniger als die Geburt eines Thronfolgers. Nach altem schiitischen Ritus wird die Trauungszeremonie im Spiegelsaal des Palastes in Anwesenheit von nur 30 Personen vorgenommen.

Die dritte Gattin des 40-jährigen Schah stammt aus einer angesehenen iranischen Familie. Sie hatte bis zum Herbst in Paris Architektur studiert. Ein Heiratsvertrag sieht auch eine Abfindung für die junge Herrscherin vor, die ihr im Falle einer Scheidung zukommen soll.

10. November 1959

Neues Penizillin-Präparat

Nach zehnjähriger Laborforschung und klinischer Erprobung kommt das erste synthetisch entwickelte Penizillin auf den Markt. Die US-Bundesprüfstelle für Lebens- und Arzneimittel gibt das Präparat »Syncillin« für den medizinischen Gebrauch frei. Ausgangspunkt für die synthetische Herstellung des in der Natur als Stoffwechselprodukt bestimmter Schimmelpilze anfallenden Penizillin bildet eine Entdeckung von Stephen B. Sheehan an der Technischen Hochschule von Massachusetts (USA). In Versuchen zeigte sich das »Syncillin« dem natürlichen Penizillin überlegen. So bleiben bei dem synthetischen Antibiotikum gewisse Überempfindlichkeitsreaktionen wie Hautausschlag, Übelkeit oder schwere Allergiesymptome aus, die bei natürlichem Penizillin auftreten können. Trotz dieser Nebenwirkungen gilt Penizillin weiterhin als unverzichtbares Medikament bei der Behandlung von Lungenentzündungen, Wundstarrkrampf oder Geschlechtskrankheiten. Entdecker des Penizillins war 1928 der britische Bakteriologe Alexander Fleming.

Dezember 1959

1 Di In einem in Washington unterzeichneten Vertrag verpflichten sich zwölf Staaten, keinerlei Gebietsansprüche auf die Antarktis zu stellen.

2 Mi Die Volkskammer der DDR verabschiedet ein neues Schulgesetz und dehnt die Schulpflicht auf eine zehnte Klasse aus. → Dammbruch

3 Do Unter der Leitung von Gustaf Gründgens führt das Deutsche Schauspielhaus Hamburg Goethes »Faust I« in Leningrad auf.

4 Fr Rhesusäffchen »Sam« übersteht eine Weltraumreise in einer Rakete, die die US-Weltraumbehörde NASA für den bemannten Raumflug konstruiert hat.

5 Sa Die polnischen Behörden verbieten den Verkauf der US-Tageszeitung »New York Times«. Angeblich hat das Blatt in einer Artikelserie Polen verunglimpft.

6 So Aus Protest gegen französische Atomtests starten Kernwaffengegner in Accra (Ghana) einen Demonstrationszug in die Sahara.

7 Mo Die Bundesregierung widerspricht Äußerungen des indischen Regierungschefs Jawaharlal Nehru, wonach niemand ein vereintes Deutschland wolle.

8 Di Ein US-Düsenjäger vom Typ »Phantom II« stellt mit 30 083 m Flughöhe einen Weltrekord auf. Vorheriger Rekordhalter war eine sowjetische TU-431.

9 Mi Gegen die Stimmen der SPD und bei Enthaltung der FDP beschließt der Bundestag die Anschaffung von Atomraketen des Typs »Mace«.

10 Do Der Friedensnobelpreis wird an den britischen Politiker Philip Noel-Baker vergeben, den Literaturnobelpreis erhält der Italiener Salvatore Quasimodo.

11 Fr In der Bundesrepublik wird eine weit verzweigte kommunistische Untergrundorganisation zerschlagen. Es kommt zu insgesamt 49 Verhaftungen.

12 Sa Zu den Sportlern des Jahres werden in der Bundesrepublik Hürdenläufer Martin Lauer, Eisläuferin Marika Kilius und der »Ratzeburger Achter« gewählt.

13 So Zypern wählt Erzbischof Makarios III. zum ersten Präsidenten. +++ Aus dem Museum in West-Berlin wird eine 250 000 DM teure Rembrandt-Studie gestohlen.

14 Mo Mit der Übergabe des Autobahnstückes Landstuhl – St. Ingbert wird das Saarland an das Netz der Bundesautobahnen angeschlossen.

15 Di Der griechische Großreeder Aristoteles Onassis erwirbt die Aktienmehrheit der auf 120 Mio. DM Stammkapital geschätzten Spielbank von Monaco.

16 Mi Der Leiter der indischen Atomenergiekommission, Baldev Bhaba, teilt mit, Indien sei in der Lage, eigene Kernwaffen herzustellen.

17 Do Das Verteidigungsministerium legt einen Bericht vor, wonach die Bundeswehr zum Jahresende eine Stärke von 240 000 Mann erreicht haben soll.

18 Fr Alfred Hitchcocks Film »Der unsichtbare Dritte« mit Cary Grant und Eva Marie Saint in den Hauptrollen läuft in den bundesdeutschen Kinos an.

19 Sa Der 1. Sekretär der SED, Walter Ulbricht, begründet die Versorgungsengpässe in der DDR mit »ideologisch bedingten« Spannungen in der Landwirtschaft.

20 So Zwischen der DDR und Indien wird in Neu-Delhi ein Handelsabkommen geschlossen. Warentransfers sollen in der indischen Währung verrechnet werden.

21 Mo Auf Kuba werden alle Sisal-Pflanzungen, die Kubanern gehören, verstaatlicht. Gleiches plant die kubanische Regierung mit Zuckerrohr. → Schah

22 Di Das Wohnungsbauministerium legt einen Bericht vor, wonach zum Jahreswechsel noch immer 1,2 Mio. Wohnungen in der Bundesrepublik fehlen.

23 Mi Der Zusatz von Fremdstoffen in Lebensmitteln wird in der Bundesrepublik per Gesetz eingeschränkt und kennzeichnungspflichtig gemacht.

24 Do Als Ausdruck ihrer Verbundenheit mit den Menschen in der DDR stellen viele Bundesbürger am Heiligen Abend Kerzen in ihre Fenster.

25 Fr In Köln wird die vor wenigen Wochen eingeweihte Synagoge von zwei Mitgliedern der Deutschen Reichspartei mit Hakenkreuzen beschmiert.

26 Sa Als vierter Expedition gelingt es sowjetischen Forschern, den geografischen Südpol auf dem Landweg zu erreichen. Sie waren drei Monate unterwegs.

27 So Deutscher Fußballpokalsieger wird Schwarz-Weiß Essen durch einen 5:2-Sieg über Borussia Neunkirchen im Kasseler Aue-Stadion.

28 Mo Eine drastische Senkung der Butterpreise in Dänemark belebt den »kleinen Grenzverkehr« zwischen der Bundesrepublik und dem Nachbarstaat.

29 Di Infolge einer Ölpest, die Motorschiffe durch Öl-Abpumpen verursacht hatten, werden tausende von Seevögeln an der Nordseeküste tot angetrieben.

30 Mi Die US-Marine stellt das erste Raketen tragende Atom-Unterseeboot, die »George Washington«, in Dienst. Das Boot besitzt 16 Abschussrampen.

31 Do In Paris, London, Antwerpen und in mehreren Städten der Bundesrepublik kommt es zu Hakenkreuz-Schmierereien.

1960-1969

1

2

3

4

5

6

1 – Ein großer Schritt: Menschenspuren und Sternenbanner auf dem Mond. 2 – Mächtiges Trio der US-Politik: Henry Kissinger, Richard M. Nixon, Richard V. Allen (v.l.). 3 – Europäischer Weltstar: Romy Schneider. 4 – Mitglieder der »Black Panthers« in den USA. 5 – Studenten-Demo mit Rudi Dutschke (mit Ringelpulli) gegen den Vietnamkrieg. 6 – Plastik von Bruno Giorgi auf dem Platz der drei Gewalten in Brasilia, der neuen Hauptstadt Brasiliens.

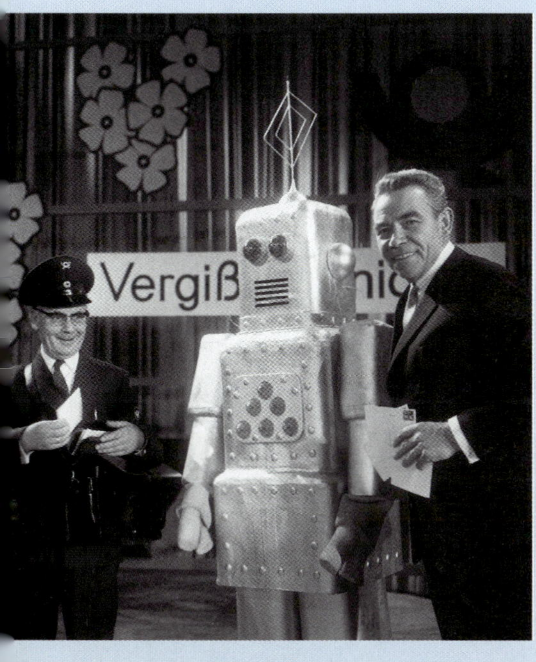

7

8

9

10

11

12

13

7 – Publikumslieblinge: Unterhaltungsshow »Vergißmeinnicht« mit Peter Frankenfeld (r.) und Walter Spahrbier. 8 – Erfrischend: Werbung im Stil der Zeit. 9 – Kinderladen: Antiautoritäre Erziehung wird modern. 10 – Born to be wild: Hippie-Kultfilm »Easy Rider«. 11– Olympische Sommerspiele (Plakat). 12 – Modenschau vor dem Brandenburger Tor. 13 – Die glorreichen Sieben der DDR: »Spur der Steine«, ein DEFA-Film von Frank Beyer mit Manfred Krug (M.).

Die 60er Jahre – Aufbruch zu neuen Grenzen

Die sechziger Jahre sind das Jahrzehnt des unbegrenzten Fortschrittsglaubens und spektakulärer Triumphe in Wissenschaft und Technik. Erstmals gelingt es dem Menschen, seinen Heimatplaneten zu verlassen und einen anderen Himmelskörper zu betreten. Die Menschheit hat zu den Sternen gegriffen, scheinbar ist jetzt alles machbar. In der Politik indessen stehen die Koordinaten auf Konfrontation. Ereignisse wie der Mauerbau, die Kubakrise und die Niederschlagung des »Prager Frühlings« bringen den Ost-West-Konflikt nahe an den Siedepunkt. Deutschland muss sich mit seiner Teilung abfinden, seine beiden Teile sind – wie es scheint auf lange Sicht – Frontstaaten der jeweiligen Machtblöcke. Die Industrieländer stehen vor gewaltigen gesellschaftlichen Umwälzungen. Die Jugend gibt sich nicht mehr mit den Gesellschaftsentwürfen der Vätergeneration zufrieden. Einige versammeln sich unter der Parole »Love and Peace«, ein radikaler Teil stellt die Machtfrage. Die Studentenproteste gegen den als imperialistisch angesehenen Vietnamkrieg der USA drehen das Schwungrad einer Dekade, an deren Ende ein weltweiter Wertewandel eingetreten ist.

Am Rande der atomaren Konfrontation

Jimi Hendrix: Musik, Drogen und Experimentierfreude

Die politischen Krisen der sechziger Jahre führen – erstmals nach dem Ende des Zweiten Weltkrieges – wieder an den Rand einer atomaren Auseinandersetzung. Zunächst stehen die Deutschen im Brennpunkt der Ost-West-Spannungen.
Durch das Fluchtloch West-Berlin strömen Tausende qualifizierter Arbeitskräfte in den Westen. Um den Aderlass zu stoppen, hat Moskau der Führung in Ost-Berlin grünes Licht zur Errichtung einer Mauer quer durch die ehemalige Reichshauptstadt gegeben. Mit dem 13. August 1961 ist die Teilung Deutschlands auf Jahre hinaus zementiert. In Washington, London und Paris fällt die Entscheidung gegen ein militärisches Eingreifen. Während der Kubakrise 1962 ist die Welt jedoch nur einen Wimpernschlag vom Atomkrieg entfernt. US-Präsident John F. Kennedy erzwingt durch eine Seeblockade und ultimative Drohungen den Abbau sowjetischer Raketenstellungen. Ein neuer Krisenherd bahnt sich mit der Einmischung der USA in den Vietnam-Krieg (1964) an. Das US-Engagement richtet sich gegen den kommunistischen Vietcong. Gemäß der »Dominotheorie« würde der Übertritt eines Landes zum Kommunismus den Verlust vieler anderer aus dem westlichen Lager nach sich ziehen. Vietnam, das kleine südostasiatische Land, wird zum Schauplatz eines Stellvertreterkrieges, dem Hunderttausende Vietnamesen und US-Soldaten zum Opfer fallen. Die Sowjetunion konzentriert ihre Kräfte darauf, ihre europäischen Satellitenstaaten gegen westlich-freiheitliche Einflüsse abzuschotten und einem ideologischen Erosionsprozess vorzubeugen. Nach der sog. Breschnew-Doktrin verfügen die sozialistischen Staaten nur über eine begrenzte Souveränität gegenüber Moskau. Die Verfechter eines »Sozialismus mit menschlichem Antlitz« in der Tschechoslowakei bekommen dies am brutalsten zu spüren. 1968 wälzen sowjetische Truppen den »Prager Frühling« nieder. Die Reformsozialisten werden politisch kaltgestellt.

Das Ende des »Prager Frühlings«: Verzweiflung spricht aus der Geste des Mannes vor dem russischen Panzer.

Rebellion – die Lebensform einer Generation

Es beginnt in Amerika. Die energische Einforderung der Bürgerrechte für die Schwarzen, vom jugendlich-dynamischen Präsidenten Kennedy gefördert, setzt Anfang des Jahrzehnts ein Zeichen für die rebellischen Jahre, die noch kommen sollen. Die tragische Ermordung von Symbolfiguren der Zeit, die für das Neue stehen – John F. Kennedy selbst und sein Bruder Robert, Martin Luther King, der charismatische schwarze Bürgerrechtler – trägt zur oppositionellen Haltung der unangepassten Jugend, der »Beat-Generation«, gegenüber dem sog. Establishment bei. Abgelehnt wird, was starr, gewalttätig und rückständig ist oder so wirkt. Von den Universitäten der USA aus breitet sich eine Revolution der Jugendkultur in den westlichen Ländern aus, mündet in Aktionen gegen den Vietnamkrieg, in Drogenexperimente, eine durch die »Pille« mögliche Enttabuisierung der Sexualität. Ein hoher, anarchistisch angehauchter Spaßfaktor prägt die alle Welt mitreißende Botschaft. Im Zeichen der Hippie-Bewegung und ihres »Flower-Power«-Lebensgefühls entdeckt das junge Amerika die Tradition des »schwarzen« Blues neu, verbindet ihn mit Bob Dylans Protestsongs, dem Sound der – allenthalben Massenhysterie auslösenden – Beatles und den Klängen bizarrer Underground-Experimente. Eine neue, eigene Musikkultur entsteht, die im legendären Woodstock-Festival und dem Musical »Hair« ihren markantesten Ausdruck findet. Rebellieren, anders sein wollen und dies auch zeigen, wird zum Leitmotiv der Dekade. Im Trend der Zeit liegen neue Vorstellungen einer freiheitlichen Erziehung – mit antiautoritären »Kinderläden« – und erste Vorboten eines neuen, technikkritisch orientierten Denkens.

Kommunarden-Heirat: Hoher Spaßfaktor und ein Schuss Anarchismus

Enttäuschte Hoffnungen, große Erwartungen

Die Aufbruchstimmung am Ende der sechziger Jahre wirkt sich in den deutschen Staaten ganz unterschiedlich aus. Die DDR, vom greisen Parteichef Walter Ulbricht mit harter Hand geführt, kann den Niedergang ihrer Wirtschaft nach dem Mauerbau tatsächlich abbremsen, entsprechend verbessert sich auch die Versorgungslage der Bevölkerung. Dass diese relative Stabilisierung keineswegs die innere Verkrampfung löst, zeigt sich 1968. Der »Prager Frühling« hat auch bei vielen Ostdeutschen Hoffnungen auf mehr Freiheiten erweckt – Hoffnungen, die mit seiner brutalen Niederschlagung bitter enttäuscht werden. Der Druck verschärft sich, viele Bürgerrechtler sehen sich Repressionen ausgesetzt. Anders stehen die Zeichen in der Bundesrepublik: Die Studentenbewegung der 68er, stark beeinflusst vom Kampf der Kommilitonen in Frankreich und den USA, bündelt die Liberalisierungsforderungen der Zeit und erklärt sich zur Außerparlamentarischen Opposition. Kritik am Vietnamkrieg, den Notstandsgesetz-Vorlagen der großen Koalition und die NS-Verstrickung der Väter sind die Themen. Mit dem Amtsantritt von Willy Brandts sozialliberaler Regierung 1969 scheint ein frischer Wind durch den Staat zu wehen. Viele hoffen auf tiefgreifende Reformen. Schon unter Brandts Amtsvorgänger Kurt Georg Kiesinger hatte es Ansätze zu einem Dialog mit dem Osten gegeben – die neue Koalition schlägt unter dem Motto »Wandel durch Annäherung« den Weg zu einer neuen Ostpolitik ein.

USA gewinnen »Wettlauf zum Mond«

Technik und Wissenschaft stehen in den sechziger Jahren ganz im Zeichen der Weltraumforschung. Es geht um die Eroberung des Mondes, die zweifellos größte Herausforderung, der sich die Menschheit in diesem Jahrhundert gestellt hat. Dabei wetteifern die beiden Supermächte USA und UdSSR um den Triumph, als erste ihre Flagge auf dem Erdtrabanten aufzustellen. Es handelt sich gleichsam um die exterritoriale Fortsetzung ihres globalen Machtkampfes um Einfluss und Prestige. Beflügelt von ihren großartigen »Sputnik«-Erfolgen schießt die Sowjetunion 1961 mit Juri Gagarin den ersten Menschen ins All. Die USA zeigen sich angesichts dieser spektakulären Demonstration sowjetischer Überlegenheit zutiefst schockiert und beginnen mit der Mobilisierung aller finanziellen und technologischen Kräfte. Anfang 1962 zieht Amerika nach, als die erste »Mercury-Kapsel« mit John Glenn an Bord zur Erdumrundung aufsteigt. Jetzt ist das Rennen wieder offen. Mit dem Abschluss des »Gemini«-Programms im November 1966, das ein sicheres Mondlandepatent entwickeln soll, überrunden die USA die Sowjetunion in puncto technischem Know-how. Das Rennen ist entschieden. 1969 betritt der US-amerikanische Astronaut Neil Armstrong, von der ganzen Welt via Fernsehen mit angehaltenem Atem beobachtet, als erster Mensch den Mond. Bei aller Technik-Euphorie über diese Jahrtausendleistung ist ein Faktor zunächst unbemerkt geblieben: Der Blick vom Mond auf unseren »blauen Planeten« hat auch die Einstellung des Menschen zur Erde verändert. Die Erkenntnis, dass wir uns auf dem »Raumschiff Erde« befinden, steht auch am Beginn der Ökologiebewegung.

Entsetzen über den Mauerbau: Die deutsche Teilung wird noch über 28 Jahre lang Bestand haben.

Die Kunst politisiert sich

Die Pop-Art, die bereits in den fünfziger Jahren erprobt worden war, erreicht mit Jasper Johns, Robert Rauschenberg und Andy Warhol ihren Durchbruch. In der Bundesrepublik Deutschland wird die traditionelle Literatur für tot erklärt. Die Beinahe-Eskalation des Kalten Krieges zu einem heißen und die Studentenunruhen politisieren auch die Autoren. Das geschriebene Wort gilt in erster Linie als Waffe gegen die Verdrängung der Vergangenheit und das Versagen der Gegenwart. So widmen sich in den USA zahlreiche Autoren den gesellschaftlichen Brüchen und Rassenkonflikten. Vielfach löst sich die Literatur von allen Zwängen und sucht fern aller Traditionen ihre eigene Formensprache. In Frankreich etabliert sich der »Nouveau Roman«, der die Sprache als Mittel der Verständigung grundsätzlich in Frage stellt.

Am Mini scheiden sich die Geister

Die schrillste Mode der Sechziger kommt aus »Swinging London« – und auch das maßgebliche Schönheitsideal der Dekade wird von einer Britin geprägt, dem jungenhaft-mageren Supermodel Twiggy. Lebhafte bis grelle Muster, hochschaftige Stiefel, wadenlange Röcke oder der Transparent-Look liegen überall voll im Trend. Was den Mädels recht ist, ist den Boys billig. Auch die junge Männerwelt des Westens verlangt es Ende der Sechziger nach modischer Provokation. Beliebter Zierrat sind Ansteck-Plaketten mit schnoddrigen Sprüchen – in Englisch, der internationalen Jugendsprache, versteht sich. Die knallbunten Blechbuttons passen bestens zu den ebenso schockfarbenen Hemden, Schlipsen und Socken der Hippie-Generation. Vor allem aber ist es der Geistesblitz der englischen Stylistin Mary Quant, der das Straßenbild in aller Welt revolutioniert: Kurz, kürzer, am kürzesten heißt die Devise – der Minirock erhitzt die Gemüter. Befreit, so fragen sich viele, das Entblößen der Beine die Frauen, oder macht es sie mehr denn je zu Sex-Objekten? An gegensätzlichen Meinungen fehlt es nicht. Fast schon ist der Mini über seine eigentliche Funktion als Kleidungsstück hinaus ein Symbol des Aufbegehrens und damit der offenkundigen Zeitenwende. Ungeachtet des Unverständnisses der »Spießer«, empfinden die jungen Frauen die Missachtung aller Rocklänge-Diktate als eine willkommene Möglichkeit, gegen überkommene Verhaltensnormen zu rebellieren. Ein Mini-Fan bringt es auf den Punkt: »Je kürzer, desto provozierender ... Hauptsache shocking«.

Birmingham, Alabama: In den USA macht die schwarze Bürgerrechtsbewegung mobil.

++ Zitate +++ Zitate +++ Zitate ++

Alfred Hitchcock zur Arbeit an der legendären Duschmordszene im Thriller »Psycho« (1960):
»Wir haben sieben Tage gebraucht, um sie zu drehen und wir hatten für 45 sec Film 70 Kamerapositionen. Mir stand für diese Szene ein hinreissender künstlicher Frauenkörper zur Verfügung, aus dem das Blut spritzte, wenn man hineinstach... Ich habe doch lieber ein Mädchen genommen, ein nacktes Modell, das Janet Leigh gedoubelt hat.«

Walter Ulbricht, DDR-Staatsratsvorsitzender, zwei Monate vor dem am 13. August 1961 beginnenden Mauerbau in Berlin:
»Die Bauarbeiter unserer Hauptstadt beschäftigen sich hauptsächlich mit Wohnungsbau, und ihre Arbeitskraft wird dafür voll eingesetzt. Niemand hat die Absicht, eine Mauer zu errichten.«

Der Bürgerrechtler Martin Luther King spricht vor einer Massenversammlung in Washington (1963):
»Ich habe einen Traum, dass meine vier kleinen Kinder eines Tages in einer Nation leben werden, in der man sie nicht nach ihrer Hautfarbe, sondern allein nach ihrem Charakter beurteilen wird.«

Der Schwergewichtsboxer Cassius Clay (seit 1965 Muhammad Ali) vor seinem WM-Kampf (1964):
»Ich bin der großartigste, kühnste, schnellste und schönste Berufsboxer der Welt.«

Timothy Leary, Psychologe und »LSD-Papst«, über die Wirkung von halluzinogenen Drogen (1966):
»Aber wenn man unter LSD steht, sprudeln Tonwellen durch das Ohr. Sie scheinen tief in einen einzudringen und dort zu explodieren. Man hört eine Note einer Bach-Sonate, und sie hängt da, funkelnd, pulsend, endlos lange, während man langsam um die Note kreist. Dann, hundert Jahre später, kommt die zweite Note, nach tausend Jahren schließlich die dritte...«

Der Motorjournalist Jean-François Held über den Misserfolg des VW-»Käfer« in Frankreich (1966):
»Und dann ist der Käfer rund, schwerfällig, langsam, bucklig, solide und gut gebaut. Der Franzose denkt dabei an Küche, Häuslichkeit und Sauerkraut, ohne Charme und Fantasie, genauso wie er sich Deutschland schlechthin vorstellt.«

Ronald Haeberle, Zeuge des Massakers von US-Soldaten in dem vietnamesischen Dorf My Lai (1968):
»Sie sahen uns an und flehten um Gnade. Das kleine Mädchen sagte auf englisch: ›Nein, nein.‹ Dann ganz plötzlich ein Feuerstoß, und sie waren niedergemäht.«

Wörter des Jahrzehnts

Antibabypille • APO • Beat • Black Power • Bonanza • Contergan • Dritte Welt • Gammler • Herztransplantation • Hippie • Joint • Kommunarde • Kubakrise • Kulturrevolution • LSD • Mondlandung • Natoplane • Notstandsgesetze • Passierschein • Pop-Art • Prager Frühling • Sexwelle • Sit-in • Vietnamkrieg • Woodstock

Januar 1960

1 Fr Kamerun erklärt seine Unabhängigkeit von Frankreich. Die Republik Kamerun ist damit der elfte freie Staat Afrikas.

2 Sa Der US-Senator John F. Kennedy gibt seine Präsidentschaftskandidatur für die Demokratische Partei bei den Wahlen am 8. November bekannt.

3 So Die Teams aus Polen, der Sowjetunion, der DDR und der Tschechoslowakei boykottieren das dritte Skispringen der Vierschanzentournee in Innsbruck.

4 Mo Der französische Schriftsteller und Nobelpreisträger Albert Camus kommt bei einem Autounfall 160 km südlich von Paris ums Leben. → EFTA

5 Di Bei einem Zugunglück in der Nähe der italienischen Stadt Monza sterben 25 Menschen und 124 werden verletzt.

6 Mi Max Bolkart aus Oberstdorf gewinnt die deutsch-österreichische Internationale Vierschanzentournee mit drei Siegen und einem sechsten Platz.

7 Do In der Bundesrepublik werden laut Bundeskriminalamt Wiesbaden täglich etwa 300 Autos gestohlen. Das sind pro Tag 70 Pkw mehr als 1958.

8 Fr In Karlsruhe wird Karl Hallitschke, Mitbegründer der CDU in der DDR, wegen Spionage für Ost-Berlin zu einer Haftstrafe von 18 Monaten verurteilt.

9 Sa Der ägyptische Staatspräsident Gamal Abd el Nasser eröffnet mit einer Sprengung nahe der Stadt Assuan die Bauarbeiten für den Staudamm am Nil.

10 So Beim Lauberhorn-Rennen in Wengen/Schweiz besiegt der 17-jährige Willy Bogner aus München die gesamte Welt-Elite im Abfahrtslauf.

11 Mo In der indischen Stadt Rourkela wird ein Stahlwerk in Betrieb genommen. Die Anlage ist durch die Zusammenarbeit mit deutschen Firmen entstanden.

12 Di Der indonesische Staatspräsident Achmed Sukarno bildet eine »Nationale Front« und übernimmt die Kontrolle über die politischen Parteien im Land.

13 Mi Der französische Finanzminister Antoine Pinay tritt zurück. +++ Bei -12 °C liegt fast ganz Deutschland unter einer geschlossenen Schneedecke.

14 Do Ein Deichbruch führt im nördlichen Amsterdam zu schweren Überschwemmungen. Die Behörden lassen 11 000 Menschen evakuieren.

15 Fr Die »Süddeutsche Zeitung« berichtet, dass Saunabaden immer beliebter wird. Ca. 1,5 Mio. Bundesbürger besuchen monatlich eines der 1500 Saunabäder.

16 Sa Eine US-Rakete startet 400 km über der Erde einen Wetterraumballon, der die Auswirkungen von Radiowellen in großer Höhe testen soll. → Antisemitismus

17 So Der spanische Maler Salvador Dalí präsentiert in New York sein Gemälde »Die Entdeckung Amerikas durch Christoph Columbus«.

18 Mo US-Präsident Dwight D. Eisenhower plant in seinem Haushaltsentwurf 57% der Gesamtausgaben für den Verteidigungsetat ein.

19 Di Die USA und Japan unterzeichnen einen Sicherheitspakt. Er garantiert Japan militärische Hilfe. Im Gegenzug erhalten die USA Truppenstützpunkte.

20 Mi Ein Münchener Schwurgericht verurteilt Richard Brugdalle wegen Mordes an 14 Insassen des Konzentrationslagers Sachsenhausen zu lebenslanger Haft.

21 Do Gegen Bundeskanzler Konrad Adenauer (CDU) wird Strafanzeige erstattet, weil dieser Prügel für die Urheber antisemitischer Aktionen gefordert hatte.

22 Fr Der Bundestag hebt die Immunität des Abgeordneten Friedrich Zimmermann (CSU) auf. Gegen ihn soll wegen »Eidespflichtverletzung« ermittelt werden.

23 Sa In Ost-Berlin bestimmen die beiden deutschen Olympischen Komitees das Team für die Olympischen Spiele in Squaw Valley. → Rekord

24 So Bei der 29. Rallye Monte Carlo belegen deutsche Fahrer die ersten drei Plätze. Das Duo Moll/Schock aus Stuttgart holt den Gesamtsieg. → Algier

25 Mo In Göttingen wird der laut Polizei dreisteste Bücherdieb aller Zeiten verhaftet. Er hatte in 10 Jahren Literatur im Wert von etwa 20 Mio. Mark entwendet.

26 Di Der Bayerische Landtag wählt seinen bisherigen Präsidenten Hans Ehard (CSU) zum neuen bayerischen Ministerpräsidenten.

27 Mi In Rheinland-Pfalz wird die Deutsche Reichspartei (DRP) aufgelöst. Die DRP ist bundesweit mit 16 000 Mitgliedern die größte rechtsradikale Partei.

28 Do China und Birma einigen sich auf einen neuen Verlauf ihrer gemeinsamen Grenze und schließen einen Freundschafts- und Nichtangriffspakt.

29 Fr Die FDP wählt in Stuttgart Erich Mende zu ihrem Parteivorsitzenden. Mende tritt die Nachfolge des aus Altersgründen zurückgetretenen Reinhold Maier an.

30 Sa Im Zuge der ersten Spionageaffäre der Bundeswehr wird der ehemalige Kapitänleutnant Horst Ludwig zu einer Gefängnisstrafe verurteilt.

31 So Der Schwarzwälder Georg Thoma holt sich in der Nordischen Kombination den dritten deutschen Meistertitel in Folge und siegt erstmals im Skispringen.

4. Januar 1960

EFTA macht EWG Konkurrenz

Als wirtschaftspolitisches Gegengewicht zur EWG entsteht die European Free Trade Association, die EFTA. Als letzter der sieben Mitgliedsstaaten unterzeichnet Schweden das Gründungsabkommen der neuen Freihandelszone. Norwegen, Großbritannien, Portugal, Österreich, Dänemark und die Schweiz hatten bereits zuvor unterschrieben. Vorbehaltlich einer Zustimmung der Parlamente tritt der EFTA-Vertrag in Kraft. Obwohl die EFTA-Länder betonen, dass sie einen späteren Zusammenschluss aller in den europäischen Wirtschaftsgemeinschaften organisierten Staaten befürworten, wird Westeuropa zunächst in zwei wirtschaftliche Blöcke geteilt. Die Mitglieder der EFTA wollen alle Zölle im Handel untereinander beseitigen. Im Gegensatz zur geplanten Praxis in der Zollunion der EWG bleibt die Festsetzung der jeweiligen Außentarife jedoch dem Ermessen jedes einzelnen Landes überlassen.

Vor allem der britischen Regierung war an der Gründung der EFTA gelegen. London verspricht sich damit eine Stärkung der Verhandlungspositionen gegenüber den EWG-Ländern, die ihre Zölle bereits im Jahre 1959 um 10% gesenkt haben. 1958 war eine britische Initiative zur Gründung einer gesamteuropäischen Freihandelszone gescheitert.

13. Februar 1960

Frankreich hat die Bombe

Nach beinahe fünfjähriger Vorbereitungszeit gelingt Frankreich der Sprung in den Kreis der Atommächte. Bislang verfügten nur die USA, die Sowjetunion und Großbritannien über atomare Sprengsätze (s. Abb.).

Die in der Sahara gezündete erste Atombombe löst in Paris Begeisterung aus. Staatspräsident Charles de Gaulle, der den Bau einer Atombombe massiv unterstützt hat, glaubt, dass Frankreich »stärker und stolzer« geworden sei. De Gaulle erhofft sich von dem Aufbau einer eigenen Atommacht ein stärkeres politisches Gewicht in der NATO. Vor allem afrikanische Staaten protestieren gegen den Nuklearwaffentest in der Sahara. Trotz der Kritik zünden die Franzosen in diesem Jahr noch zwei weitere Testbomben. Darüber hinaus kündigt Paris auch den Bau einer Wasserstoffbombe an.

16. Januar 1960

Antisemitismus noch nich

In einer Rundfunk- und Fernsehansprache verurteilt Bundeskanzler Konrad Adenauer die sich häufenden antisemitischen Vorfälle der letzten Wochen. Seit Weihnachten 1959 wurden zahlreiche öffentliche Gebäude, Kirchen und Synagogen mit nationalsozialistischen Symbolen und antijüdischen Parolen verunstaltet. Vor allem im Ausland werden die Vorfälle in Zusammenhang mit einem Wiedererwachen des Nationalsozialismus in der Bundesrepublik gebracht.

Als am Heiligen Abend in Köln die erst wenige Wochen zuvor eingeweihte Synagoge beschmiert wurde, konnten zwei jugendliche Mitglieder der rechtsextremistischen Deutschen Reichspartei (DRP) festgenommen werden. Daraufhin weiteten sich die Schmierereien bundesweit aus. Vereinzelt erhalten jüdische Bürger auch Droh- und Hetzbriefe. Bis zum 28. Januar werden 234 Täter, zumeist Jugendliche, und 470 Delikte ermittelt. In der ausländischen Presse sorgen die Vorfälle für ein heftiges Echo. Die »Basler Nachrichten« fragen »...ob es überhaupt zu den braunen Ausschreitungen hätte kommen können, wenn die maßgeblichen amtlichen Instanzen schon früher energisch gegen die antisemitischen Tendenzen im Lande vorgegangen wären«. Die britische Zeitung »Daily Herald« beschreibt die Konsequenzen der Vorfälle: »Büroarbeiter in Großbritannien werden von britischen Firmen hinausgeworfen, weil sie Deutsche sind ...

Die durch Parolen geschändete Synagoge in Köln

Ein berühmtes Londoner Warenhaus hat alle in Deutschland hergestellten Waren aus seinen Schaufenstern genommen ... Es hat weiter alle Aufträge an deutsche Firmen zurückgezogen«. Auch die Regierung Israels und der Präsident des Jüdischen Weltkongresses, Nahum Goldmann, äußern sich besorgt über das Wiederaufflackern des Nationalsozialismus, erkennen aber das Bemühen der Bundesregierung an, hart gegen die Täter vorzugehen. Am 6. Januar beschließt das Bundeskabinett in Bonn in einer Sondersitzung ein schnelles und entschiedenes Durch-

28. Februar 1960

Erfolge in Squaw Valley

Mit herausragenden Ergebnissen glänzen deutschen Athleten bei den VIII. Olympischen Winterspielen, die in Squaw Valley (US-Bundesstaat Kalifornien) zu Ende gehen. Die gesamtdeutsche Mannschaft landet hinter dem sowjetischen Team auf Platz zwei in der inoffiziellen Nationenwertung. Viermal Gold, dreimal Silber und einmal Bronze erkämpfen die Sportler. Das erste Gold holte Helga Haase aus Ost-Berlin, die im 500-m-Eisschnelllauf gewinnt. Die Oberstaufenerin Heidi Biebl (s. Abb.) sichert sich den Sieg in der Abfahrt. Es ist der erste deutsche Sieg in dieser Disziplin bei Olympischen Spielen. Für eine Sensation sorgt der Postbote Georg Thoma, der die Nordische Kombination für sich entscheidet. Mit dem Außenseiter aus dem Schwarzwald siegt nach sechs norwegischen Olympiasiegen und einem finnischen Erfolg erstmals ein Nicht-Skandinavier in dieser Disziplin.

siegt

greifen bei NS-Aktionen. In seiner Fernsehansprache fordert Adenauer seine Landsleute sogar zur Selbstjustiz auf: »Meinen deutschen Mitbürgern insgesamt sage ich: Wenn Ihr irgendwo einen Lümmel erwischt, vollzieht die Strafe auf der Stelle und gebt ihm eine Tracht Prügel. Das ist die Strafe, die er verdient«. Die beiden am 25. Dezember 1959 festgenommenen Synagogen-Beschmierer werden am 6. Februar vom Landgericht Köln zu Gefängnisstrafen von zehn bzw. 14 Monaten verurteilt.

Als eine Ursache für die antisemitischen Vorfälle sehen die verantwortlichen Politiker u.a. die mangelhafte Behandlung der NS-Zeit in den Schulen. Am 12. Februar beschließen die Kultusminister der Länder, Schulbücher, in denen die Nazi-Zeit verharmlosend dargestellt wird, aus dem Schulgebrauch zu entfernen. Das Internationale Schulbuchinstitut in Braunschweig wird beauftragt, die Unterrichtswerke der einzelnen Bundesländer auf entsprechende Inhalte hin zu untersuchen. Dort wartet viel Arbeit. Die Revisoren stoßen z.B. auf folgenden krass entstellenden Schulbuchtext zur Reichspogromnacht: »Als ein Jude in Paris einen deutschen Diplomaten erschoss, kam es mit Hilfe der Partei zu schweren Ausschreitungen«. In einem anderen Buch heißt es über die Kriegsverbrecher: »Einige wurden in Nürnberg durch den Strang gerichtet, andere zu schwerer, entwürdigender Haft verurteilt«.

23. Januar 1960

Rekord im Marianengraben

Der schweizerische Tiefseetaucher Jacques Piccard und der US-Marineleutnant Don Walsh erreichen mit Hilfe ihres Tiefseetauchgerätes »Trieste« die Rekordmeerestiefe von 10 916 m. Das von Piccard mitentwickelte Tauchfahrzeug besteht aus einem 15 m langen, unterseebootförmigen Tragkörper und einer an der Unterseite befestigten Tauchkugel, deren Wände 12 cm dick sind. Die Forscher benötigen für den Abstieg mehr als vier Stunden. Die US-Marine beteiligt sich an dem Experiment, um die Ausbreitung von Schallwellen in großer Tiefe zu erforschen. Sie verspricht sich davon eine verbesserte Echolotung beim Aufspüren feindlicher U-Boote. Auch für die Geophysik und die Strömungsforschung ist der Tauchgang bedeutsam.

Jacques Piccard

schweizerischer Tiefseeforscher und Ozeanograph, * 28.7.1922 Brüssel

Der Sohn des Physikers Auguste Piccard, der sowohl im Ballonflug als auch in der Tiefseeforschung Pioniertaten vollbrachte, setzt die Arbeit seines Vaters fort. Der Wissenschaftler unternimmt im Jahre 1968 mit dem Tauchboot »Ben Franklin« eine 2500 km lange Unterwasserfahrt im Golfstrom. In den 60er Jahren bietet der Ozeanograph Tauchfahrten für Touristen an. Piccard leitet die von ihm gegründete Stiftung zum Studium und zum Schutz der Meere und Seen in Cully am Genfer See.

- 1953: Tiefseetauchrekord mit 3150 m
- 1961: »Zur tiefsten Tiefe« (Sachbuch)
- 1972: »Tauchfahrt im Golfstrom« (Sachbuch)

24. Januar 1960

Rechtsputsch in Algier

Französische Nationalisten, die gegen die Unabhängigkeit Algeriens eintreten, verüben in Algier den »Barrikadenputsch«. Auslöser ist die Amtsenthebung von Jacques Massu, dem Oberkommandierenden der französischen Armee in Algier. Staatspräsident Charles de Gaulle hatte den Fallschirmjägergeneral von seinem Posten abberufen, nachdem dieser schwere Vorwürfe gegen die Algerienpolitik des Präsidenten erhoben und sich für ein Algerien unter französischer Herrschaft ausgesprochen hatte. Die Putschisten verbarrikadieren sich in zwei Stadtteilen Algiers (s. Abb.) und besetzen die Universität sowie ein Militärgebäude. Französische Reservisten und ehemalige Fallschirmjäger schließen sich den Aufständischen an. Nachdem de Gaulle seinen Standpunkt in der Algerienpolitik bekräftigt hat, kapitulieren die Rebellen.

Februar 1960

1 Mo In Greensboro (USA) demonstrieren vier schwarze College-Studenten in einer nur für Weiße bestimmten Bar gegen die Rassentrennungspolitik.

2 Di Der Verband deutscher Filmproduzenten beklagt einen Rückgang der Kinobesucherzahlen und führt dies auf das Fernsehen zurück.

3 Mi In der Bundesrepublik wollen etwa 80% der männlichen Abiturienten ein Studium aufnehmen. Das ergaben Erhebungen der Arbeitsämter.

4 Do Marika Kilius und Hans-Jürgen Bäumler gewinnen in Garmisch Partenkirchen den Europameistertitel im Eiskunstlauf der Paare.

5 Fr In Genf wird das weltgrößte Protonensynchroton eingeweiht. Zwölf Länder hatten den Teilchenbeschleuniger in Zusammenarbeit entwickeln lassen.

6 Sa Bei dem Versuch, die deutsch-französische Grenze zu überschreiten, wird auf der Rheinbrücke bei Kehl der sog. »Feuerteufel von Lüneburg« gefasst.

7 So Nach einer Woche endet in Bayern das Manöver »Winterschild« des Nordatlantikpaktes (NATO). An der Übung nahmen u.a. 60 000 US-Soldaten teil.

8 Mo Das Flensburger Seeamt spricht den Kapitän des am 8. Dezember 1959 havarierten Schiffes »Merkur« von der Schuld am Tod seiner Mannschaft frei.

9 Di Die freien Tankstellen der Bundesrepublik planen, ihren Einkauf selbst zu organisieren. Sie wollen dadurch die großen Treibstoffkonzerne preislich unterbieten.

10 Mi In der DDR wird der Nationale Verteidigungsrat gebildet. Den Vorsitz übernimmt Walter Ulbricht, der Erste Sekretär der SED.

11 Do In Amiens (Nordfrankreich) endet eine Demonstration von 35 000 Bauern gegen die Regierungspolitik mit einer vierstündigen Straßenschlacht mit der Polizei.

12 Fr Im britischen Unterhaus scheitert der Labour-Antrag, die Regierung dafür zu tadeln, dass sie die atomare Bewaffnung der Bundeswehr befürwortet hatte.

13 Sa Das bundesdeutsche Küstenmotorschiff »Leonore« sinkt bei Helgoland. Von den acht Besatzungsmitgliedern fehlt jede Spur. → Frankreich

14 So Nach Mitteilung der UNESCO gibt es weltweit ca. 30 000 Pressetitel mit einer Auflage von 250 Mio., darunter 8000 Tageszeitungen.

15 Mo Nach Angaben des Bundesfinanzministeriums wurden 1959 für öffentliche und private Entwicklungshilfe 3,45 Mrd. DM ausgegeben.

16 Di Walter Ulbricht, Erster Sekretär der SED, wirft der Bundesrepublik vor, einen Blitzkrieg gegen das Territorium der DDR vorzubereiten.

17 Mi Auf Antrag der SPD legt die Bundesregierung in Bonn ein Weißbuch über die antisemitischen Vorfälle der letzten Wochen vor.

18 Do US-Vizepräsident Richard M. Nixon eröffnet in Squaw Valley (Kalifornien) die VIII. Olympischen Winterspiele. Über 3 000 Schüler inszenieren die bunte Feier.

19 Fr Der zum Tode verurteilte Caryl Chessman erreicht beim Gouverneur von Kalifornien bereits zum achten Mal eine Aufschiebung seiner Hinrichtung.

20 Sa Bei einem der größten Raubüberfälle in der Schweiz erbeuten zwei Männer in Genf Edelsteine im Wert von 250 000 Schweizer Franken.

21 So Der Kölner Rolf Wolfshohl gewinnt im spanischen Tolosa als erster deutscher Radfahrer die Querfeldein-Weltmeisterschaften.

22 Mo Die ersten Pkw-Importe aus der Sowjetunion treffen in München ein. Der Preis für den Mittelklassewagen »Moskwitsch« (45 PS) liegt bei 4 950 DM.

23 Di US-Präsident Dwight D. Eisenhower trifft auf seiner Südamerikareise in Brasilien ein. Zweck des Besuchs sind wirtschaftspolitische Gespräche.

24 Mi Verhandlungen der Bonner Regierung mit Madrid über die Einrichtung von Bundeswehrstützpunkten in Spanien lösen internationale Proteste aus.

25 Do Der US-Außenminister Christian A. Herter schlägt eine gesamtdeutsche Volksabstimmung über die Wiedervereinigung der beiden deutschen Staaten vor.

26 Fr Die Deutsche Bundesbahn (DB) teilt mit, dass die Bahnsteigsperren nicht abgeschafft würden, da sonst die Kontrolle beeinträchtigt wäre.

27 Sa Die Westalliierten erlauben dem Senat von West-Berlin den Bau eines Fernsehturms. Die DDR hatte vergeblich dagegen protestiert.

28 So Wegen der Apartheid in Südafrika ruft der britische Oppositionsführer Hugh Gaitskell zum Boykott südafrikanischer Waren auf. → Squaw Valley

29 Mo Mehrere Mio. Menschen verfolgen in Deutschland die Rosenmontagszüge. Allein in Köln nehmen über eine Mio. Narren am Karnevalstreiben teil.

März 1960

1 Di Der Grenzübergang bei Lübeck/Schlutup wird erstmals seit 1952 wieder geöffnet. Damit besteht eine neue Transitverbindung in die DDR. → Marokko

2 Mi Der Wiesbadener Brockhaus-Verlag veröffentlicht die erste ungekürzte Ausgabe der erotischen Memoiren des Giacomo Casanova.

3 Do Papst Johannes Paul XXIII. ernennt mit dem Bischof von Rutabo in Tanganjika (heute Tansania) erstmals einen schwarzen Geistlichen zum Kardinal.

4 Fr In Havanna explodiert ein französisches Munitionsschiff. Der kubanische Ministerpräsident Fidel Castro beschuldigt die USA der Sabotage.

5 Sa Der US-Rock 'n' Roll-Sänger Elvis Presley kehrt nach Beendigung seines Militärdienstes aus Deutschland in die Vereinigten Staaten zurück.

6 So In Genf erbringt eine Volksabstimmung das Wahlrecht für Frauen. Genf ist damit der dritte von 22 Kantonen, in dem Frauen wählen dürfen.

7 Mo In Hollywood beginnt ein einmonatiger Schauspielerstreik. Die Schauspieler wollen an den Erlösen des Verkaufs von Filmen beteiligt werden.

8 Di In Nürnberg endet nach einwöchiger Dauer die elfte Internationale Spielwarenmesse. Auf der Ausstellung wurden verstärkt Weltraumspiele angeboten.

9 Mi Im Pariser Théâtre de l'Atelier findet die Uraufführung des Stückes »Ein Schloss in Schweden« (»Château en Suède«) von Françoise Sagan statt.

10 Do Laut »Süddeutscher Zeitung« sinkt der Wiederverkaufswert für gebrauchte Volkswagen u.a. wegen ausländischer Konkurrenz derzeit drastisch.

11 Fr Der US-Senat debattiert in einer Mammutsitzung seit über acht Tagen über eine Vorlage gegen die Einschränkung des Wahlrechts für schwarze Bürger.

12 Sa Frischauf Göppingen gewinnt in Paris das Endspiel um den Europapokal im Hallenhandball gegen den dänischen Meister Århus mit 18:13.

13 So In Wien endet die Tagung des Ministerrates der Europäischen Freihandelszone (EFTA) mit dem Beschluss, die Zölle um 20% zu senken.

14 Mo Die Bundesregierung fordert von der Botschaft Tunesiens in Bonn die Auflösung des darin eingerichteten Büros der algerischen Exilregierung. → Ben Gurion

15 Di In Genf beginnt die Ost-West-Abrüstungskonferenz, an der je fünf Länder aus beiden Machtblöcken teilnehmen.

16 Mi Der Bundestag beschließt, das Volkswagenwerk in Wolfsburg zu privatisieren. 60% des Kapitalanteils werden als Volksaktien ausgegeben. → Mord

17 Do Die Deutsche Lufthansa startet den ersten Direktflug in die USA. +++ Die Stadt Braunschweig unterzeichnet den Vertrag über den Abriss der Schlossruine.

18 Fr Laut »Süddeutscher Zeitung« hat sich 1959 der Sektverbrauch in der Bundesrepublik mit 60 Mio. Flaschen gegenüber 1951 nahezu verzehnfacht.

19 Sa Bei den Wahlen in Ceylon (Sri Lanka) erringt die Vereinigte Nationale Partei unter Führung von Dudley Shelton Senanayake eine klare Mehrheit.

20 So In New York treffen sich erstmals Überlebende aus Auschwitz. +++ Helmut Recknagel (DDR) gewinnt das Skispringen am Holmenkollen bei Oslo.

21 Mo Das Parlament des nationalchinesischen Inselstaates Formosa (Taiwan) wählt Chiang Kai-shek zum dritten Mal zum Staatspräsidenten. → Südafrika

22 Di In den italienischen Alpen werden die sechs Leichen der Besatzung eines Bundeswehrtransportflugzeugs gefunden, das am 15. März abgestürzt war.

23 Mi Die deutsche Fußball-Nationalmannschaft besiegt in einem Freundschaftsspiel im Stuttgarter Neckarstadion die Auswahl Chiles mit 2:1.

24 Do In Südafrika wird ein Versammlungsverbot ausgerufen. Bei Angehörigen des Afrikanischen Nationalkongresses (ANC) finden Hausdurchsuchungen statt.

25 Fr Nach seinem USA-Besuch trifft Bundeskanzler Konrad Adenauer zu Konsultationen in Japan ein. +++ Die Fernsehserie »Familie Schölermann« wird eingestellt.

26 Sa Im Hamburger Hafen läuft mit dem Zerstörer »Hamburg« das erste für die Bundesmarine gebaute Kriegsschiff vom Stapel.

27 So Der Hildesheimer Dom wird nach fast neunjähriger Bauzeit wieder eröffnet. Während des Zweiten Weltkrieges war das Gebäude zerstört worden.

28 Mo Das Bundesarbeitsgericht in Kassel schränkt das Anrecht alleinstehender berufstätiger Hausfrauen auf einen bezahlten Hausarbeitstag ein.

29 Di In Glasgow kommen 19 Feuerwehrleute bei Löscharbeiten an einem Lagerhaus ums Leben. Der Brand vernichtet 200 000 l Whisky.

30 Mi Durch schwere Überschwemmungen im Nordosten Brasiliens werden 600 000 Menschen obdachlos. Angeschwemmte Piranha-Fische fallen Menschen an.

31 Do In Frankfurt am Main wird das erste Autokino Mitteleuropas eröffnet. Das 82 000 m² große Gelände auf einer Waldlichtung bietet Platz für 1200 Pkw.

16. März 1960

Mord unter der Dusche

In den USA läuft der Thriller »Psycho« an. Der Schocker des britischen Regisseurs Alfred Hitchcock ist der meistdiskutierte Film des Jahres 1960. In die bundesdeutschen Kinos kommt »Psycho« am 7. Oktober. Auf den Plakaten werden die Zuschauer aufgefordert: »Pünktlich kommen! Nichts verraten!«.

Alle Welt spricht vor allem vom Mord unter der Dusche (s. Abb. o.): In einem Motel wird eine junge Frau (Janet Leigh, s. Abb. u.) auf bestialische Weise erstochen. Die brutale Wirkung wird weniger durch abstoßende Bilder als durch Inszenierung und perfekte Montage erzielt. Hitchcock sagt zu dieser Szene: »Wir haben sieben Tage gebraucht, um sie zu drehen, und wir hatten für 45 Sekunden Film 70 Kamerapositionen...«. In »Psycho« verkörpert Anthony Perkins den Psychopathen Norman Bates, der sich zunächst als harmloser Motelbesitzer präsentiert – mit einem Geheimnis: In seinem Haus bewahrt er den mumifizierten Leichnam seiner von ihm selbst ermordeten Mutter auf, deren Identität der Schizophrene bisweilen annimmt und in deren vermeintlichem Auftrag er zum Mörder geworden ist.

21. April 1960

Brasilia wird eingeweiht

Großflächige Plätze, künstliche Seen, futuristisch geschwungene Gebäudefassaden und avantgardistische Skulpturen prägen eine Stadt, die aus der Retorte stammt und die neue Hauptstadt Brasiliens ist. Staatspräsident Juscelino Kubitschek de Oliveira eröffnet die dreitägigen Feierlichkeiten zur Einweihung des neuen Zentrums Brasilia.

Nach einem Plan des Architekten Lúcio Costa wurde die Hauptstadt inmitten völlig unerschlossenen Hochlandes aus dem Boden gestampft. Durch seine zentrale Lage und seine futuristische Gestaltung soll Brasilia das moderne Brasilien verkörpern. Die das Stadtbild prägenden Regierungsgebäude aus Stahlbeton am »Platz der drei Gewalten« wurden von dem brasilianischen Architekten Oscar Niemeyer entworfen: Innerhalb eines gleichseitigen Dreiecks sind der Oberste Gerichtshof, der Regierungspalast und – an zentraler Stelle – das Parlamentsgebäude angesiedelt. Der von Niemeyer entworfene Palast der Morgenröte, der Sitz des Staatspräsidenten, ist an einem künstlichen See gelegen. Bei kreuzungsfreier Verkehrsführung mit autobahnähnlichen Straßen schließt sich nach Westen eine 6 km lange Monumentalachse mit zahlreichen Bauwerken an. Brasilia kann wegen fehlender Straßen- und Eisenbahnverbindungen nur über eine Luftbrücke erreicht werden. In den zumeist noch unfertigen Gebäuden können vorerst nicht mehr als 50000 Menschen wohnen – die Planungen sehen etwa 600000 Einwohner vor. Die Urteile über die neue Hauptstadt fallen unterschiedlich aus. Sie reichen von der Warnung vor einem »Planungsfaschismus« bis zum Prädikat »perfekte Idealstadt«. Auch das Panorama der europäischen Metropolen wird seit den 50er Jahren zunehmend durch turmhohe Verwaltungsgebäude mit schmucklosen Fassaden geprägt.

14. März 1960

Adenauer trifft Ben Gurion

Als eine politische Sensation wird das Treffen von Bundeskanzler Konrad Adenauer (CDU) mit dem israelischen Ministerpräsidenten David Ben Gurion (s. Abb., v.l.) in New York gewertet. Das 90-minütige Gespräch ist die erste Begegnung der Regierungschefs Israels und der Bundesrepublik. Das Treffen gewinnt noch an Brisanz, weil seit Ende 1959 an zahlreichen Orten in der Bundesrepublik Synagogen und öffentliche Gebäude mit nationalsozialistischen Symbolen und Parolen beschmiert wurden. Adenauer, der sich tief bewegt über die Begegnung mit Ben Gurion zeigt, gibt Zusagen über Waffenlieferungen und weitere wirtschaftliche Hilfen für Israel. Die Möglichkeit einer Aufnahme diplomatischer Beziehungen zwischen beiden Ländern wird von Adenauer jedoch im Hinblick auf die deutschen Kontakte zu den

arabischen Staaten vorerst abgelehnt. Beide Politiker äußern ihre Zufriedenheit über das Gespräch, in dem Adenauer die Verantwortung des deutschen Volkes für den nationalsozialistischen Völkermord übernimmt. Im Verlauf seines Staatsbesuchs in den USA trifft Adenauer auch mit US-Präsident Dwight D. Eisenhower zusammen, der ihm die Beibehaltung des Selbstbestimmungsrechts für West-Berlin zusichert. Der Bundeskanzler nutzt seinen Aufenthalt zu Gesprächen mit weiteren führenden US-Politikern.

21. März 1960

Massaker in Südafrika

Panzerspähwagen fahren in den homelands Patrouille.

Die südafrikanische Polizei richtet unter friedlichen schwarzen Demonstranten ein Blutbad an. Das »Massaker von Sharpeville« geht als Symbol blindwütiger rassistischer Staatsgewalt in die Geschichte ein. Die ziellos in die Menschenmenge schießenden Polizisten töten 71 Männer, Frauen und Kinder, etwa 180 Personen werden verletzt. Die innenpolitische Situation in Südafrika ist zum Zerreißen gespannt.
Dem Aufruf des von Robert Mangaliso Sobukwe geführten Panafrikanischen Kongresses (PAC) zu einem Protestzug sind 20000 Schwarze gefolgt. Die radikale PAC hatte sich 1959 vom gemäßigten African National Congress (ANC) abgespalten. Die Demonstration in Sharpeville richtet sich gegen den von der Regierung eingeführten Ausweiszwang. Danach kann jeder Schwarze jederzeit verhaftet werden, wenn er ohne Ausweispapiere angetroffen wird. Das Verlassen des Wohnortes ist den Schwarzen nur mit einer Unterschrift des Arbeitgebers im Ausweis erlaubt. Die Demonstranten von Sharpeville tragen ihre Pässe nicht bei sich und fordern symbolisch ihre Verhaftung. Entgegen der Regierungsversion bestätigen Journalisten, dass von der Menge keinerlei Gewalttätigkeiten ausgingen.
»Apartheid« bedeutet in Afrikaans, der Sprache der weißen Buren, »Trennung«. Ziel der Apartheidspolitik ist die »getrennte Entwicklung«, d.h. die Einweisung der schwarzen Bevölkerungsmehrheit in sog. Bantustans (homelands) und die strikte Separierung im privaten und öffentlichen Bereich. Die Apartheidspolitik hatte sich 1948 mit dem Wahlsieg der nationalistischen Partei unter Daniel Malan durchgesetzt. Eine Radikalisierung erfährt die Rassentrennung 1958 mit der Übernahme des Ministerpräsidentenamtes durch Hendrik Frensch Verwoerd, der schon vorher eine radikale Apartheidspolitik verfochten hatte. Wie aufgeheizt das politische Klima ist, zeigt sich am 9. April, nur wenige Tage nach dem Massaker von Sharpeville. Durch zwei Kopfschüsse wird Verwoerd während der Begrüßungsansprache zur Eröffnung einer Landwirtschaftsausstellung in Johannesburg schwer verletzt. Als Täter verhaftet die Polizei den weißen Farmer und Millionär David Pratt, der als strikter Gegner der Rassentrennungspolitik gilt. Mit einer Plakette des Organisationskomitees ausgestattet, konnte er sich in die unmittelbare Nähe des Ministerpräsidenten begeben. Der stark religiös geprägte Attentäter, der sich bereits mehrfach in psychiatrischer Behandlung befand, handelte nicht im Auftrag einer politischen Gruppierung. Ministerpräsident Verwoerd überlebt das Attentat schwer verletzt.

14. April 1960

DDR treibt Bauern in die LPG

Die Nachricht, der Bezirk Karl-Marx-Stadt habe als letzter DDR-Bezirk die Kollektivierung der Landwirtschaft vollzogen, signalisiert das Aus für die selbstständigen Bauernhöfe in der DDR. An ihre Stelle sind flächendeckend Landwirtschaftliche Produktionsgenossenschaften (LPG) und staatseigene Güter getreten. Die vorausgegangenen Kollektivierungskampagnen wurden von massiver Propaganda begleitet. Viele Bauern wehrten sich gegen die Zwangsmaßnahmen und weigerten sich, in eine LPG einzutreten. Einige trieben ihr Vieh aus den Ställen und zündeten ihre Höfe an – ehe sie in den Westen flüchteten.

1. März 1960

In Marokko bebt die Erde

12000 Menschen kommen bei einem verheerenden Erdbeben in Marokko ums Leben. Die im Süden des nordafrikanischen Landes gelegene Hafenstadt Agadir wird durch zwei gewaltige Erdstöße nahezu völlig zerstört. Das Beben überrascht gegen Mitternacht die meisten Menschen im Schlaf. Stellenweise verschiebt sich der Erdboden um mehr als einen Meter. Ein Augenzeuge sagt: »Es war, als ob ein knurrendes Untier versuchte, die Stadt abzuschütteln.« Nach der Naturkatastrophe setzt eine weltweite Hilfsaktion ein. Noch zehn Tage nach dem Unglück können Verschüttete lebend geborgen werden.

April 1960

1 Fr Die USA starten mit »Tiros 1« den ersten Wettersatelliten. +++ Frankreich unternimmt in der Sahara seinen zweiten Kernwaffenversuch.

2 Sa Beim 106. Ruderwettbewerb auf der Themse zwischen den Universitäten Oxford und Cambridge siegt der Achter aus Oxford.

3 So Der sowjetische Ministerpräsident Nikita S. Chruschtschow beendet seinen knapp zweiwöchigen Staatsbesuch in Frankreich.

4 Mo Die Deutsche Gesellschaft für Anästhesie in Stuttgart beklagt den Mangel an Narkosefachärzten. Die Bundesrepublik liegt hier an letzter Stelle in Europa.

5 Di In Hollywood gewinnt »Ben Hur« elf »Oscars«. Das sind die meisten Auszeichnungen, die seit der ersten Vergabe 1929 ein Film je bekommen hat.

6 Mi Die norddeutsche Landwirtschaft leidet unter der folgenreichsten Trockenperiode seit Menschengedenken. Schleswig-Holstein ist am schwersten betroffen.

7 Do CDU und CSU befürworten die Beurlaubung von Vertriebenenminister Theodor Oberländer (CDU), dem Beteiligung an Kriegsverbrechen vorgeworfen wird.

8 Fr Die Regierung Singapurs erlässt ein Gesetz gegen die Polygamie. Etwa 100 000 Ehepaare müssen ihre Trauung innerhalb eines Jahres wiederholen.

9 Sa Nach Angaben der sowjetischen Zeitung »Sowjetskaja Rossia« leben in der UdSSR gegenwärtig 9500 Menschen, die älter als 100 Jahre sind.

10 So Auf der 7. Deutschen Camping-Ausstellung in Essen wird mitgeteilt, dass die Nachfrage nach Wohnwagen erheblich gestiegen ist.

11 Mo Die algerische Exilregierung gibt in Tripoli die Gründung einer Fremdenlegion gegen die französischen Truppen in Algerien bekannt.

12 Di In den bundesdeutschen Kinos läuft der Antikriegsfilm »Hiroshima, mon amour« nach dem Roman von Marguerite Duras an. Regie führte Alain Resnais.

13 Mi Eintracht Frankfurt gewinnt das Hinspiel im Halbfinale um den Fußball-Europapokal der Landesmeister gegen die Glasgow Rangers mit 6:1.

14 Do Die »Frankfurter Allgemeine« meldet für März mit 193738 Fahrzeugen einen Produktionsrekord in der bundesdeutschen Autoindustrie. → DDR

15 Fr Nach vier Tagen wird der vierjährige Enkel des französischen Fabrikanten Jean-Pierre Peugeot von seinen Entführern gegen Lösegeld freigelassen.

16 Sa Bei den ersten Wahlen in Kamerun erringt die Partei von Ministerpräsident Ahmadou Ahidjo mit 60 Sitzen die absolute Mehrheit im Parlament.

17 So Der US-Rock 'n' Roll-Star Eddy Cochran stirbt an den Folgen eines Autounfalls. An seinem Wagen war auf dem Weg nach London ein Reifen geplatzt.

18 Mo Auf dem Trafalgar Square in London demonstrieren 50 000 Menschen auf der bislang größten Kundgebung gegen die weltweite Atombewaffnung.

19 Di In der Sowjetunion wird ein Dokumentarfilm über angebliche Kriegsverbrechen des Bundesvertriebenenministers Theodor Oberländer (CDU) gezeigt.

20 Mi In London wird ein Plan zur Untertunnelung des Ärmelkanals veröffentlicht. Ein Gutachten kommt zu dem Ergebnis, dass eine Brücke sinnvoller sei.

21 Do In den USA wird ein Gesetz verabschiedet, dass Schwarzen die ungehinderte Ausübung ihres Wahlrechts garantieren soll. → Brasilia

22 Fr Die DDR verstärkt die Grenzkontrollen, nachdem die Flüchtlingszahl seit der Kollektivierung der Landwirtschaft sprunghaft angestiegen ist.

23 Sa Auf der dritten Deutschen Luftfahrtschau in Hannover wird das neue Bundeswehrflugzeug vom Typ F 104-G »Starfighter« vorgestellt.

24 So Ein schweres Erdbeben verwüstet die südpersische Stadt Lar. Unter den Trümmern der Häuser werden 500 Tote geborgen, 1000 Menschen werden verletzt.

25 Mo 500000 Mütter haben an einer Kur des Müttergenesungswerks teilgenommen, teilt Altbundespräsident Theodor Heuss zum Jubiläum der Organisation mit.

26 Di Die Bundesregierung legt ein Weißbuch vor, in dem die Erpressungsmethoden bei der Kollektivierung der DDR-Landwirtschaft dokumentiert werden.

27 Mi Die ehemalige deutsche Kolonie Togo in Westafrika feiert ihre Unabhängigkeit von Frankreich. +++ Die Auswahl des DFB schlägt Portugal mit 2:1.

28 Do In Frankfurt am Main eröffnet das Institut für Psychoanalyse und psychosomatische Medizin. Erster Direktor wird Alexander Mitscherlich.

29 Fr Das US-Hilfsprogramm CARE (Cooperative for American Remittances to Europe) für die Bundesrepublik ist abgeschlossen.

30 Sa In den Münchener Kammerspielen findet die deutsche Erstaufführung von Jean Paul Sartres Drama »Die Eingeschlossenen« statt.

Mai 1960

1 So Der Deutsche Gewerkschaftsbund (DGB) fordert am Maifeiertag auf zahlreichen Kundgebungen die 40-Stunden-Woche. → U2 → Marlene

2 Mo In den USA findet die Hinrichtung von Caryl Chessman statt. Er hatte 12 Jahre um die Aussetzung seiner Todesstrafe gekämpft.

3 Di Bundesvertriebenenminister Theodor Oberländer (CDU) tritt wegen der Vorwürfe, an Kriegsverbrechen beteiligt gewesen zu sein, zurück.

4 Mi Im Zuge von Umbesetzungen in der Bundeswehrspitze wird Brigadegeneral Albert Schnez zum Chef des Führungsstabes der Bundeswehr ernannt.

5 Do Eintracht Frankfurt erreicht durch ein 6:3 bei den Glasgow Rangers als erstes deutsches Team das Finale um den Fußball-Europapokal der Landesmeister.

6 Fr Die Schwester der britischen Königin Elizabeth II., Margaret Rose, heiratet den bürgerlichen Fotografen Anthony Armstrong-Jones.

7 Sa Leonid I. Breschnew wird Vorsitzender des Obersten Sowjet. +++ Der Bonner Bundestag lockert die Bestimmungen für die Zulassung von Apotheken.

8 So Michail N. Tal erringt nach einem Remis in der 21. Partie gegen Titelverteidiger Michail M. Botwinnik (beide UdSSR) den Titel des Schachweltmeisters.

9 Mo Das wertvollste Zimmer im Beethoven-Haus in Bonn wird durch die Brandstiftung eines Geistesgestörten vollständig zerstört.

10 Di Nach 83-tägiger Nonstop-Tauchfahrt um die ganze Welt taucht das US-Atom-Unterseeboot »Triton« vor der Ostküste der USA wieder auf.

11 Mi Im Hafen von Saint Nazaire läuft vor 100 000 Zuschauern das mit 315,5 m längste Passagierschiff der Welt, die »France«, vom Stapel. → Eichmann

12 Do Die Bundesprüfstelle für jugendgefährdende Schriften erklärt erstmals seit ihrem Bestehen (1953) auch Kriegsbücher für jugendgefährdend.

13 Fr Der französische Schriftsteller und Philosoph Jean Paul Sartre wird vom jugoslawischen Staatspräsidenten Josip Tito empfangen.

14 Sa Bei einem Eisenbahnunglück in Hamburg werden 71 Reisende verletzt. Ein Eilzug aus Lübeck war auf einen stehenden Sonderzug aufgefahren.

15 So Das Theaterstück »Die Sorgen und die Macht« von Peter Hacks wird im Theater der Bergarbeiter in Senftenberg (DDR) uraufgeführt

16 Mo Nach Angaben der Bausparkassenverbände gibt es in der Bundesrepublik 3 Mio. Bausparer mit einer Gesamtsparsumme von 46 Mrd. DM.

17 Di Im oberbayerischen Oberammergau beginnen die Passionsspiele. An der Eröffnungsveranstaltung wirken 1400 Laienschauspieler mit.

18 Mi Im Glasgower Hampden-Park verliert Eintracht Frankfurt das Finale um den Fußball-Europapokal der Landesmeister gegen Real Madrid mit 3:7.

19 Do Im Vorfeld der Ratifizierung des amerikanisch-japanischen Sicherheitsvertrages kommt es im Parlament in Tokio zu einer Schlägerei.

20 Fr Bei den Filmfestspielen von Cannes erhält Federico Fellinis umstrittener Film »Das süße Leben« (»La dolce vita«) die »Goldene Palme«.

21 Sa In West-Berlin und München finden unter großer Anteilnahme der Bevölkerung am »Tag der US-Streitkräfte« Militärparaden statt.

22 So Ein schweres Erdbeben in Chile fordert 6000 Menschenleben. Die sechs Tage dauernde Naturkatastrophe macht rund eine Mio. Menschen obdachlos.

23 Mo Nach Angaben des US-Nachrichtenmagazins »News and World Report« arbeiten die USA und die UdSSR an der Entwicklung einer sog. Neutronenbombe.

24 Di Die USA starten ihren ersten militärischen Satelliten in die Erdumlaufbahn. »Midas II« soll die Früherkennung feindlicher Fernraketen ermöglichen.

25 Mi Nach zweimonatigem Aufstieg erreicht eine chinesische Bergsteigergruppe den Gipfel des Mount Everest erstmals über die Nordseite.

26 Do Der Weltsicherheitsrat der Vereinten Nationen (UNO) lehnt einen Antrag der UdSSR ab, amerikanische Spionageflüge zu verurteilen.

27 Fr In einem unblutigen Putsch stürzt das türkische Militär Ministerpräsident Adnan Menderes. +++ Marlene Dietrich schließt ihre Deutschland-Tournee ab.

28 Sa Das Ostberliner Gesundheitsministerium beschließt die Beschäftigung von 200 ausländischen Ärzten in der DDR.

29 So Zur »Miss Germany 1960« wird in Baden-Baden die 18-jährige Ingrun Möckel gewählt. +++ Der Schauspielerin Sophia Loren wird ihr Schmuck gestohlen.

30 Mo Beim Einsturz einer Zuschauertribüne kommen vor Beginn eines Autorennens in Indianapolis (USA) zwei Menschen ums Leben.

31 Di Eine Angestellte der CDU-Bundesgeschäftsstelle wird wegen Spionage zu 15 Monaten Haft verurteilt. Sie war durch Aktaufnahmen erpressbar geworden.

11. Mai 1960

Eichmann entführt

In der Knesset, dem israelischen Parlament, verkündet Ministerpräsident David Ben Gurion die Entführung Adolf Eichmanns aus Argentinien nach Israel. Stürmischer Applaus brandet auf. Die erfolgreiche und spektakuläre Aktion des israelischen Geheimdienstes Mossad galt dem jahrelang untergetauchten Organisator der sog. Endlösung. Der ehemalige Leiter des Judenreferates im Reichssicherheitshauptamt ist für die Deportation von rd. sechs Millionen Juden in die Vernichtungslager verantwortlich.

Das Haus des »gnadenlosen Bürokraten der Endlösung« in Buenos Aires

Eichmann hatte sich nach dem Ende des Zweiten Weltkriegs über Österreich und Italien nach Südamerika abgesetzt. Der ehemalige SS-Obersturmbannführer lebte seit zehn Jahren unter dem Namen Ricardo Klement unerkannt in Argentinien, arbeitete als Vorarbeiter in einem Mercedes-Benz-Werk und wohnte in einem Vorort von Buenos Aires. Erst 1959 wird er vom Mossad in Zusammenarbeit mit dem »Nazi-Jäger« Simon Wiesenthal aufgespürt und zweifelsfrei identifiziert. Um einem unsicheren und langwierigen Verfahren zu entgehen, entschied sich Ben Gurion gegen ein offizielles Auslieferungsersuchen und für eine Aktion des Geheimdienstes. Eine Verletzung des Völkerrechts nahm er dabei in Kauf.
Am 11. Mai um 18.30 Uhr wird Eichmann, der sich gerade auf dem Nachhauseweg befindet, an einer Bushaltestelle von drei israelischen Agenten angesprochen. Die Entführer zerren ihn in einen Wagen und verschleppen ihn in ein angemietetes Haus. Auf die Frage nach seiner Identität antwortet er bereitwillig: »Ich bin Adolf Eichmann.« Zehn Tage lang halten ihn die Agenten an

20. Juni 1960

Patterson kommt wieder

Der 1959 entthronte Boxweltmeister im Schwergewicht, Floyd Patterson (USA), durchbricht ein ehernes Gesetz: »They never come back«, eine ungeschriebene Regel, nach der kein Boxer seinen verlorenen WM-Titel wiedererlangen kann, gilt nicht mehr. In den New Yorker Polo-Grounds revanchiert sich Patterson (s. Abb., l.) gegen den Schweden Ingemar Johansson durch einen k.o.-Sieg und erobert die Box-Krone zurück. Die Wetten stehen vor dem Kampf 7:5 gegen den Herausforderer, der den Ex-Weltmeister Joe Louis als psychologischen Berater verpflichtet hat. Vor 32 000 Zuschauern kann Patterson in seinem 38. Profikampf dem Schweden bereits in der ersten Runde eine Platzwunde am linken Auge zufügen. Mit einem linken Haken schickt er Johansson in der fünften Runde zum ersten Mal auf die Bretter. Nach einem weiteren schweren Treffer wird der Schwede noch in der selben Runde vom Ringrichter ausgezählt. Am 13. März 1961 unterliegt er Patterson erneut durch k.o.

21. Juni 1960

Hary sprintet Weltrekord

Im Zürcher Letzigrundstadion läuft der deutsche Sprinter Armin Hary (s. Abb.) mit 10,0 sec einen neuen Fabelweltrekord über 100 m. Hary, der als Blitzstarter bekannt ist, unterbietet die bisherige Bestmarke von 10,1 sec an diesem Abend gleich zweimal. Wegen eines angeblichen Frühstarts war das erste Rennen annulliert worden. Den ersten offiziellen Weltrekord über 100 m hatte der US-Athlet Luther Cary im Jahre 1891 mit einer Zeit von 10,8 sec aufgestellt. Die magische 10-Sekunden-Grenze fällt erst im Jahre 1968 in Sacramento.

Armin Hary setzt seine Erfolgsserie bei den Olympischen Sommerspielen in Rom fort. Der Weltrekordhalter holt sich über die 100 m den Olympiasieg sowie – zusammen mit Martin Lauer, Bernd Cullmann und Walter Mahlendorf – auch den Sieg in der 4 x 100-m-Staffel. Damit ist Hary der erfolgreichste Leichtathlet in der deutschen Olympiamannschaft. Weniger Erfolg hat Hary bei der Wahl zum Sportler des Jahres. Die bundesdeutschen Sportjournalisten zeichnen am Ende des Jahres nicht ihn, sondern – mit überraschend klarem Vorsprung – den Skiläufer Georg Thoma mit dem begehrten Titel aus.

ein Bett gefesselt gefangen. Der Rückflug einer israelischen Regierungsdelegation unter Leitung von Unterrichtsminister Abba Eban, der in Argentinien Gespräche führte, bietet am 21. Mai die Möglichkeit zur verdeckten Ausreise Eichmanns. Ohne Wissen der argentinischen Behörden wird der Entführte an Bord der Maschine geschmuggelt und nach Israel ausgeflogen. Dort wird Eichmann unter strengster Geheimhaltung in ein eigens eingerichtetes Fort nördlich von Haifa transportiert, wo er auf seinen für 1961 angesetzten Prozess wartet. Selbst seine Bewacher wissen zunächst nicht, wer in dem sorgfältig gesicherten Gefängnis einsitzt. Der spektakuläre Coup des israelischen Geheimdienstes löst international Kontroversen über die Rechtmäßigkeit des Unternehmens aus. Letztendlich rechtfertigt aber die Einmaligkeit der Eichmann-Verbrechen für einen großen Teil der Weltöffentlichkeit die gesetzeswidrige Aktion. Zwar protestiert Argentinien gegen die Verletzung seiner Souveränität, verzichtet aber dann doch, wie auch die Bundesrepublik, auf ein Auslieferungsgesuch an Israel. Bei seinen Vernehmungen verteidigt sich Eichmann mit dem Argument, lediglich Befehle ausgeführt zu haben. Am 15. Dezember 1961 wird Eichmann von einem israelischen Gericht zum Tode verurteilt und am 31. Mai 1962 hingerichtet.

Adolf Eichmann

1. Mai 1960

Marlene auf Deutschland-Tour

Ihre Fans sind hingerissen, ihre Kritiker brandmarken sie als »Verräterin«. Die Filmschauspielerin und Sängerin Marlene Dietrich (s. Abb.), die als »fesche Lola« im »Blauen Engel« zum Weltstar wurde, beendet in München ihre Tournee durch die Bundesrepublik. Die 59-Jährige war seit 1931 nicht mehr in Deutschland aufgetreten. Publikum und Kritiker sind nach wie vor begeistert, wenn Marlene Dietrich ihren betörenden, von Friedrich Hollaender komponierten Erfolgstitel »Ich bin von Kopf bis Fuß auf Liebe eingestellt« anstimmt. Die Dietrich hatte, nachdem sie mit dem Regisseur Josef von Sternberg nach Hollywood gegangen war, ein Angebot der Nationalsozialisten zur Rückkehr nach Deutschland abgelehnt. Stattdessen führte sie von den USA aus scharfe Angriffe gegen das NS-Regime. Politische Fanatiker beschimpften sie deshalb auf ihrer Tournee durch die Bundesrepublik.

1. Mai 1960

Affäre um U2-Abschuss

Ein Aufklärungsflugzeug vom Typ Lockheed U2 wird über sowjetischem Territorium abgeschossen. US-Außenminister Christian A. Herter bestätigt den Abschuss der einsitzigen Düsenmaschine erst eine Woche später. Der U2-Zwischenfall führt zum Scheitern der von aller Welt mit Spannung erwarteten Gipfelkonferenz der vier Großmächte in Paris. Der sowjetische Ministerpräsident Nikita S. Chruschtschow lässt die Konferenz platzen und nutzt die internationale Aufmerksamkeit für Angriffe auf den »Klassenfeind« USA. Er fordert US-Präsident Dwight D. Eisenhower ultimativ auf, sich für den U2-Zwischenfall zu entschuldigen, was dieser jedoch ablehnt. Vor der Presse lässt sich der Kremlchef zu wüsten Attacken gegen die USA und auch die Bundesrepublik hinreißen. Er kündigt u.a. einen separaten Friedensvertrag mit der DDR an.

30. Juni 1960

Kurswechsel der SPD

In einer Rede vor dem Bundestag signalisiert der stellvertretende Vorsitzende der SPD, Herbert Wehner (s. Abb.), einen Kurswechsel seiner in der Opposition stehenden Partei. Künftig, so der Parteistratege, soll die Westintegration gegenüber der Wiedervereinigung Vorrang haben. Wehner verlangt in seiner viel beachteten, auch vom Regierungslager gewürdigten Rede eine gemeinsame Position von Regierung und Opposition in außenpolitischen Fragen. Wehner bekennt sich eindeutig zum Nordatlantikpakt NATO und bekräftigt damit auch in der Außenpolitik die im Godesberger Programm von 1959 beschlossene Öffnung seiner Partei als Volkspartei. Die SPD empfiehlt sich damit als künftiger Koalitionspartner.

Herbert Wehner

deutscher Politiker, * 11.7.1906 Dresden; † 19.1.1990 Bonn

Wehner gehört zu den Schlüsselfiguren deutscher Nachkriegsgeschichte. Der Mann mit der Pfeife, der den Wandel der SPD zu einer Volkspartei maßgeblich betrieb, ist mitverantwortlich für das Zustandekommen der Großen Koalition und gehört bis 1983 neben Willy Brandt und Helmut Schmidt zur »Führungstroika« der Partei. Immer wieder wird der SPD-»Zuchtmeister« und wortgewaltige Stratege wegen seiner kommunistischen Vergangenheit angegriffen.

- 1927: Mitglied der KPD
- 1937-41: Mitarbeiter der Komintern in Moskau
- 1946: Beitritt zur SPD
- 1966-69: Minister für Gesamtdeutsche Fragen
- 1969-83: SPD-Fraktionsvorsitzender

Juni 1960

1 Mi Vor 250 000 Zuschauern gewinnt der britische Jockey Lester Piggott auf »Saint Paddy« das englische Derby in Epsom.

2 Do Bei der Beisetzung des am 30. Mai gestorbenen Literaturnobelpreisträgers Boris Pasternak in der Sowjetunion wird auf ein offizielles Zeremoniell verzichtet.

3 Fr Der sowjetische Regierungschef Nikita S. Chruschtschow bietet dem Westen einen Abrüstungsplan an und kritisiert US-Präsident Dwight D. Eisenhower.

4 Sa Bei der Einfahrt in den Bahnhof Ingelheim springt der Schnellzug von Basel nach Dortmund aus den Schienen. Zwei Menschen sterben, 37 werden verletzt.

5 So Auf einem US-Luftstützpunkt in Georgia wird der bislang größte Forschungsballon gestartet. Er wiegt 2,5 t und soll in 35 000 m Höhe Strahlungen messen.

6 Mo Im fränkischen Windsheim endet ein Treffen von 1300 ehemaligen Mitgliedern der Waffen-SS, bei dem Nazi-Lieder gesungen wurden.

7 Di Die Arbeitslosenzahl erreicht nach einer Meldung der Bundesanstalt für Arbeit in Nürnberg mit 153 161 Erwerbssuchenden den tiefsten Stand seit 1945.

8 Mi Der 1952 von DDR-Agenten in West-Berlin entführte Rechtsanwalt Walter Linse soll nach Auskünften des sowjetischen Roten Kreuzes gestorben sein.

9 Do In Tibet versuchen Rebelleneinheiten mit Waffengewalt, die chinesischen Besatzungstruppen zum Abzug zu zwingen.

10 Fr Postminister Richard Stücklen beklagt den Personalmangel bei der Bundespost. U.a. in München würden daher Polizisten als Paketboten eingesetzt.

11 Sa Kubas Regierungschef Fidel Castro verfügt die Verstaatlichung ausländischer Hotels in Havanna und kündigt die Beschlagnahmung von Ölfirmen an.

12 So Die sowjetische Parteizeitung »Prawda« widerspricht der chinesischen Ansicht, dass ein Krieg zwischen den beiden großen Machtblöcken unausweichlich sei.

13 Mo Auf dem polnischen Fluss Dunajec kentert ein Ausflugsboot. 21 Menschen, unter ihnen 18 Schulkinder, ertrinken.

14 Di Die Bundesregierung gibt bekannt, dass sie die argentinische Regierung um Auslieferung des KZ-Arztes Josef Mengele ersucht habe.

15 Mi Für seinen Einsatz für Demokratie und Freiheit erhält Berlins Regierender Bürgermeister Willy Brandt in Oslo das Großkreuz des Sankt-Olaf-Ordens.

16 Do Japans Ministerpräsident Nobosuke Kischi sagt den geplanten Japanbesuch von US-Präsident Dwight D. Eisenhower wegen der Unruhen im Land ab.

17 Fr Bundespräsident Heinrich Lübke fordert in einer Rede anlässlich des Jahrestages des Volksaufstandes in der DDR von 1953 die Einheit des Deutschen Volkes.

18 Sa Trotz Einspruchs des Westberliner Senats wird in der Stadt eine Filiale des staatlichen Reisebüros der Sowjetunion eröffnet.

19 So Wegen der vorausgegangenen Feiertage – 17. Juni und Fronleichnam – kommt es auf den Bundesautobahnen zu Rekordstaus und zahlreichen Unfällen.

20 Mo Die westafrikanische Föderation Mali wird unabhängig. Der Staat besteht aus den ehemals französischen Kolonien West-Sudan und Senegal. → Patterson

21 Di In den Industriebezirken Cottbus, Frankfurt an der Oder, Halle und Dresden wird mehr als die Hälfte aller SED-Funktionäre abgelöst. → Hary

22 Mi Der am 20. Mai in Cannes mit der »Goldenen Palme« ausgezeichnete Film »Das süße Leben« (»La dolce vita«) startet in den bundesdeutschen Kinos.

23 Do Chinas Kommunisten widersprechen der These von Kreml-Chef Nikita S. Chruschtschow, dass eine friedliche Koexistenz von Ost und West möglich sei.

24 Fr Eine Novelle zum Wehrpflichtgesetz stattet die Bundesregierung mit Sondervollmachten für Krisensituationen aus.

25 Sa Deutscher Fußballmeister wird der Hamburger Sportverein. Er schlägt den 1.FC Köln im Frankfurter Waldstadion mit 3:2.

26 So Der Antikriegsfilm »Die Brücke« von Bernhard Wicki erhält anlässlich der 10. Internationalen Filmfestspiele in West-Berlin mehrere Preise.

27 Mo Die Genfer Abrüstungskonferenz wird erneut unterbrochen. Vertreter der Ostblockländer werfen dem Westen vor, die Abrüstungspläne zu ignorieren.

28 Di Wegen fahrlässigen Meineids wird der CSU-Generalsekretär Friedrich Zimmermann in München zu vier Monaten Gefängnis auf Bewährung verurteilt.

29 Mi Nach ihrer Weigerung, sowjetisches Öl zu verarbeiten, werden die Raffinerien von Texaco, Esso und Shell auf Kuba verstaatlicht.

30 Do Das ehemalige Belgisch-Kongo wird als Republik Kongo in die Unabhängigkeit entlassen und gerät in eine schwere politische Krise. → Kurswechsel

Juli 1960

1 Fr Mit dem Übertritt von zwei Ministern der nationalkonservativen Deutschen Partei (DP) zur CDU scheidet die DP aus der Regierungskoalition aus.

2 Sa Unmittelbar nach den Unabhängigkeitsfeiern kommt es im Kongo zu blutigen Auseinandersetzungen rivalisierender Stämme und Parteien.

3 So Das Jazzfestival in Newport (USA) wird nach Tumulten abgebrochen. +++ Bei einer Razzia nimmt die Züricher Polizei 174 homosexuelle Männer fest.

4 Mo Vier Pilger werden getötet und 30 verletzt, als auf dem 2400 m hohen Monte Bisalta in Oberitalien der Blitz in ein Holzkreuz einschlägt.

5 Di Der französische Regisseur Jean-Luc Godard erhält für seine Regieleistung im Film »Außer Atem« bei der Berlinale den Goldenen Bären .

6 Mi Als Antwort auf die Verstaatlichung zweier US-Ölraffinerien auf Kuba verfügt Präsident Dwight D. Eisenhower einen Importstopp für kubanischen Zucker.

7 Do In Hamburg werden die erweiterten Norderelbbrücken für den Verkehr freigegeben. Zehn Fahrspuren sollen dem Verkehr fortan mehr Fluss verleihen.

8 Fr Die Tarifpartner der Metallindustrie einigen sich in Bad Homburg auf die schrittweise Einführung der 40-Stunden-Woche (innerhalb von fünf Jahren).

9 Sa Die sowjetische Regierung erklärt in Moskau, dass sie Kuba gegen ein militärisches Eingreifen der USA mit Raketen verteidigen würde.

10 So Nach zwei Tagen endet in Hildesheim der Parteitag der rechtsextremen Deutschen Reichspartei. 5000 Gewerkschafter hatten gegen das Treffen protestiert.

11 Mo Das Außenministerium der Sowjetunion gibt bekannt, dass erneut ein US-Aufklärungsflugzeug über dem Gebiet der UdSSR abgeschossen wurde.

12 Di Über Versorgungsmängel berichtet das SED-Organ »Neues Deutschland«. Auf dem Weg vom Großhandel zum Verbraucher gingen viele Waren verloren.

13 Mi Die Deutsche Bundesbank gewährt der Weltbank einen Kredit von umgerechnet 240 Mio. US-Dollar für die Wirtschaftsförderung in Entwicklungsländern.

14 Do Die Bundesregierung warnt Eltern vor preiswerten Kinderferienlagern in der DDR. Sie dienten der »kommunistischen Indoktrination«.

15 Fr Der kanadische Leichtathlet Harry Jerome stellt in Saskatoon (Kanada) mit 10,0 sec Armin Harys Sprinterweltrekord über die 100 m ein.

16 Sa Acht Fußballer der dänischen Olympia-Auswahl kommen ums Leben, als ihr Flugzeug kurz nach dem Start in Kopenhagen ins Meer stürzt.

17 So Nach sowjetischen Protestnoten gegen das Eingreifen belgischer Truppen im Kongo bricht Belgien die diplomatischen Beziehungen zur UdSSR ab.

18 Mo Das Verteidigungsministerium gibt bekannt, dass seit 1951 an der innerdeutschen Grenze 21 294 DDR- und 161 Bundeswehrsoldaten desertiert seien.

19 Di Bei einem Brand im Erzbergwerk »Hannoversche Treue I« in Salzgitter verlieren 33 Bergleute ihr Leben. Ursache ist der Leichtsinn eines 17-jährigen Knappen.

20 Mi Das US-Atom-U-Boot »George Washington« startet aus einer Tiefe von 15 m zwei Polaris-Mittelstreckenraketen. Sie können auch Atomsprengköpfe tragen.

21 Do Herzog Carl von Württemberg heiratet in Altshausen (Oberschwaben) die französische Prinzessin Diane, Tochter des Grafen von Paris. → Bandaranaike

22 Fr Auf dem Militärflughafen Nörvenich bei Bonn landen die ersten acht für den Einsatz in der Bundeswehr bestimmten F-104-G »Starfighter«-Düsenjäger.

23 Sa Gisela Birkemeyer aus Ost-Berlin stellt bei den Leichtathletikmeisterschaften der DDR in Leipzig mit 10,5 sec einen Weltrekord über 80-m-Hürden auf.

24 So Der deutsche Film- und Bühnenschauspieler Hans Albers erliegt in seinem Haus am Starnberger See einem Leberleiden. Albers wurde 67 Jahre alt.

25 Mo Bundeskanzler Konrad Adenauer unterzeichnet in Bonn den Gesellschaftsvertrag über die Bildung der Deutschland-Fernsehen-GmbH.

26 Di In Salzburg wird das neue Festspielhaus mit einer Aufführung der Richard-Strauss-Oper »Der Rosenkavalier« eröffnet.

27 Mi Nach 74 Verhandlungstagen werden in Aachen 19 Kaffee-Schmuggler zu Freiheitsstrafen zwischen drei und 30 Monaten verurteilt.

28 Do Die DDR-Regierung wirft Hans Globke, dem Staatssekretär im Bundeskanzleramt, vor, an der Formulierung der NS-Rassengesetze mitgewirkt zu haben.

29 Fr Im Hamelner Amtsgericht beginnt ein Modellversuch, bei dem geprüft werden soll, ob sich durch Mikroverfilmung von Archiv-Akten Raum sparen lasse.

30 Sa Der Deutsche Fußballbund (DFB) prüft die Einrichtung einer eingleisigen Liga unter professionellen Bedingungen anstelle des regionalen Oberligasystems.

31 So Der schwedische Autorennfahrer Joakim Bonnier gewinnt auf dem Nürburgring den Großen Preis von Deutschland.

17. August 1960

Afrika wirft Fesseln des Kolonialismus ab

Jubel über die neugewonnene Unabhängigkeit

Die Republik Gabun proklamiert in der Hauptstadt Libreville ihre Unabhängigkeit von Frankreich. Der feierliche Akt stellt einen weiteren Höhepunkt des fundamentalen Transformationsprozesses dar, der den schwarzen Kontinent in diesem Jahr erfasst. Nachdem zuvor seit 1945 nur sechs Staaten ihre Unabhängigkeit erlangt haben, werden allein in diesem Jahr 17 Staaten in die Unabhängigkeit entlassen. Ein Ruck geht durch Afrika. Der Kolonialismus ist auf dem Rückzug.

Die Gründe für die sich rapide beschleunigende Entkolonialisierung sind vielfältig. Keineswegs stehen dabei die Einsicht in die Autonomierechte der afrikanischen Völker oder der Druck der Unabhängigkeitsbewegungen im Vordergrund. Der Zweite Weltkrieg hat die europäischen Kolonialmächte aber wirtschaftlich so nachhaltig geschwächt, dass sie es kaum mehr vermögen, die hohen Verwaltungskosten zu tragen. Teilweise hat auch das Prestige der »Mutterländer« gelitten, da sie – im Falle Frankreichs, der Niederlande und Belgiens – von Deutschland besetzt worden waren oder – wie Italien und Japan – zu den Verlieren des Weltkriegs zählten. Außerdem zwangen der Algerienkonflikt seit 1954 und die Suezkrise von 1956 zum Nachdenken über ein neues Verhältnis zu den geografisch weit entfernt liegenden Territorien.

Der Staatspräsident des Kongo, Joseph Kasawubu (4.v.l.), neben dem künftigen Machthaber, Joseph Desiré Mobutu (3.v.l.)

Der Unabhängigkeitsprozess verläuft in den meisten jungen afrikanischen Republiken friedlich, die innenpolitische Lage bleibt stabil. Eine Ausnahme bildet das ehemalige Belgisch-Kongo. Hier brechen nur wenige Tage nach der Unabhängigkeit blutige Stammeskämpfe aus. Ministerpräsident Patrice Lumumba ruft nach dem Abfall der reichen Minenprovinz Katanga eine Friedenstruppe der Vereinten Nationen

18. August 1960

Neue Freiräume für Frauen: Antibabypille auf dem Markt

In den Vereinigten Staaten kommt ein Empfängnis verhütendes Hormonpräparat (s. Abb.) auf den Markt, das auf den weiblichen Organismus abgestimmt ist. Für umgerechnet 45,80 DM können US-Amerikanerinnen eine Monatspackung der Antibabypille »Enovid« erwerben.

Bei der Antibabypille handelt es sich um ein Präparat, das in den Menstruationszyklus eingreift. Die den natürlichen Körperhormonen nachempfundenen chemischen Mittel sind so aufeinander abgestimmt, dass die Ei-Reifung verhindert wird. Die Östrogen-Gestagen-Kombination bewirkt für die Dauer der vorschriftsmäßigen Einnahme die zuverlässige Schwangerschaftsverhütung. Heftig umstritten sind die Versuchsreihen mit Frauen aus den Slums von Puerto Rico, die seit 1956 durchgeführt wurden. Nach dem zeitweiligen Verzicht auf die Beimengung von Östrogen traten bei ihnen Zyklusstörungen und ungewollte Schwan-

gerschaften auf. Wegen des hohen Preises wird die Antibabypille zunächst zurückhaltend aufgenommen, ehe sie sich in den Industrienationen durchsetzt. In der Bundesrepublik wird das Präparat im Jahre 1962 eingeführt. Im Laufe der 70er Jahre artikulieren viele Frauen ihren Unmut über die chemische Fremdbestimmung ihres Körpers.

Afrika wird unabhängig

Neue Staaten

Die früheren europäischen Kolonialmächte entlassen 17 afrikanische Staaten in die Unabhängigkeit.

Frankreich:
Dahomey (seit 1975 Benin) am 1. August; Elfenbeinküste (Côte d 'Ivoire) am 7. August; Gabun am 17. August; Kamerun am 1. Januar; Kongo am 15. August; Madagaskar am 30. Juli; Mali am 20. Juni; Mauretanien am 28. November; Niger am 3. August; Obervolta (seit 1984 Burkina Faso) am 5. August; Senegal am 20. August; Togo am 27. April; Tschad am 11. August; Zentralafrikanische Republik am 13. August.

Großbritannien:
Somalia am 1. Juli; Nigeria am 1. Oktober

Belgien:
Belgisch-Kongo (seit 1971 Zaire, seit 1997 Demokratische Republik Kongo) am 30. Juni

ins Land. Ende August halten sich fast 15000 UN-Soldaten im Kongo auf. Im weiteren Verlauf des Bürgerkriegs übernimmt schließlich Joseph Desiré Mobutu, der Generalstabschef des Heeres, die Macht in dem zentralafrikanischen Land.
Trotz eines insgesamt gesehen friedlichen Übergangs in die Eigenstaatlichkeit erschweren »Geburtsfehler« die Stabilität der neuen Republiken. Das Konzept des Nationalstaats ist den Afrikanern nicht vertraut. Die Festlegung der Staatsgrenze erfolgt ohne Rücksichtnahme auf die natürlichen Stammesgrenzen. In der Regel verbleiben die jungen Republiken über den britischen Commonwealth oder die Französische Gemeinschaft mit ihrer ehemaligen Kolonialmacht verbunden. So ist in der Regel die wirtschaftliche Abhängigkeit vom einstigen Mutterland noch auf Jahrzehnte hinaus vorprogrammiert.

21. Juli 1960

Bandaranaike wird Ministerpräsidentin von Ceylon

Sirimawo Bandaranaike (s. Abb.) führt, nach einem am Vortag errungenen überwältigenden Wahlsieg, die Regierung Sri Lankas – und ist damit weltweit die erste Frau in der modernen Geschichte, die dieses Staatsamt ausübt. Nach der Ermordung ihres Mannes Solomon Bandaranaike übernahm die 44-jährige Mutter von drei Kindern im September 1959 die Führung der sozialistischen Sri Lanka Freedom Party. Bandaranaikes innenpolitische Ziele stehen unter den Stichworten Nationalisierung und Sozialisierung. Ihre Bemühungen gelten außerdem der Sanierung des Schul- und Gesundheitswesens. Bis 1965 sorgt sie für umfangreiche Aufklärungsprogramme und die Gründung von lokalen Selbsthilfegruppen. Da der Schulbesuch für die Mehrheit ihrer Landsleute bisher unerschwinglich war, veranlasst Bandaranaike die Einführung der kostenlosen Volksschulen. Weitere Programmpunkte

sind die Verstaatlichung der Banken, Versicherungen und Schulen, der natürlichen Rohstoffe sowie der Tee- und Kautschukplantagen. Anstoß erregt der autoritäre Führungsstil der Staatschefin vor allem bei den Großgrundbesitzern, die Enteignungen fürchten.
1965 scheitert ihre Politik an dem Versuch, auch die Presse zu verstaatlichen. Die Bevorzugung der singhalesischen Bevölkerungsmehrheit ruft den erbitterten Widerstand der tamilischen Minderheit hervor, die sich in blutigen Kämpfen für eine Autonomieregelung einsetzt.

August 1960

1 Mo Die ehemalige französische Kolonie Dahomey (heute Benin) wird in die Unabhängigkeit entlassen und tritt aus der Französischen Gemeinschaft aus.

2 Di Bei einem Straßenbahnunglück in Wien sterben 18 Menschen. Der alkoholisierte Fahrer hatte die Kontrolle über die Tram verloren.

3 Mi Die Regierungen Israels und Argentiniens legen den Streit bei, der nach der Entführung von Adolf Eichmann in Buenos Aires entstanden war.

4 Do Ein US-Raketenflugzeug vom Typ X-15 erreicht über dem Luftwaffenstützpunkt Edwards in Kalifornien die Rekordgeschwindigkeit von 3460 km/h.

5 Fr Der Mannheimer Radsportler Rudi Altig gewinnt in Leipzig den Weltmeistertitel im Verfolgungsfahren der Radprofis.

6 Sa In Bolivien übernimmt Victor Paz Estenssoro von der linksstehenden Revolutionären Nationalbewegung das Amt des Staatspräsidenten.

7 So Nach den Ölraffinerien verstaatlicht Kubas Regierungschef Fidel Castro auch alle anderen Besitztümer von US-Firmen auf der Zuckerinsel.

8 Mo Die Leichtathletikverbände beider deutscher Staaten einigen sich in Erfurt auf die Zusammensetzung der deutschen Olympia-Leichtathletikmannschaft.

9 Di Das Gesetz über den Arbeitsschutz für Jugendliche tritt in Kraft. Jugendliche dürfen danach erst ab 14 Jahren erwerbstätig werden.

10 Mi Der Philosoph Karl Jaspers bezeichnet eine deutsche Wiedervereinigung in einem Interview als »irreal« und löst dadurch heftige Diskussionen aus.

11 Do Wegen tagelang anhaltenden Regens muss der afrikanische Staat Tschad die Feiern zur Unabhängigkeit von Frankreich verschieben.

12 Fr In Kassel wird das vierjährige Experiment, an allen Kreuzungen die Regel »rechts-vor-links« gelten zu lassen, wegen zu vieler Staus beendet.

13 Sa Albaniens Parteichef Enver Hodscha schlägt eine Einladung der sowjetischen Regierung aus. Albanien wolle sich von der UdSSR lösen und China annähern.

14 So Mit seinem fünften Grand-Prix-Sieg in Folge gelingt dem australischen Formel-1-Weltmeister Jack Brabham in Portugal die Titelverteidigung.

15 Mo Kongo (Brazzaville) erklärt sich von Frankreich unabhängig. +++ Prinz Suvanna Phuma wird Ministerpräsident von Laos.

16 Di Erzbischof Makarios III. verkündet als Staatspräsident die Unabhängigkeit Zyperns von Großbritannien nach 82 Jahren Kolonialherrschaft.

17 Mi Die Fußball-Auswahl der DDR unterliegt im ersten offiziellen Aufeinandertreffen mit der Sowjetunion in Leipzig knapp mit 0:1. → Afrika

18 Do Im Nachtclub »Indra« auf der Hamburger Reeperbahn geben die Beatles ihr erstes Konzert außerhalb Großbritanniens. → Antibabypille

19 Fr An Bord des sowjetischen Satelliten »Sputnik V« umkreisen zwei Hunde die Erde. Sie überstehen den Versuch ohne Schaden.

20 Sa Die westafrikanische Förderation Mali bricht auseinander, nachdem der Senegal unter Leopold Sédor Senghor seine Loslösung verkündet hatte.

21 So In Hannover endet der Gewerkschaftstag der IG Bau, Steine, Erden mit der Forderung, nur Mitglieder sollten von den Ergebnissen der Tarifrunden profitieren.

22 Mo Das durch Bundestagsbeschluss privatisierte Volkswagenwerk in Wolfsburg wird eine Aktiengesellschaft.

23 Di Das Leipziger Bezirksgericht verurteilt die Verantwortlichen für das Zugunglück vom 15. Mai zu Zuchthausstrafen. Im Leipziger Bahnhof starben 59 Menschen.

24 Mi Sowjetforscher messen in der Antarktis einen Kälterekord von -88,3 °C. +++ Dirigent Herbert von Karajan lehnt die Leitung der Salzburger Festspiele ab.

25 Do Italiens Staatspräsident Giovanni Gronchi eröffnet in Rom die XVII. Olympischen Sommerspiele der Neuzeit. Sie dauern bis zum 11. September.

26 Fr Die Hautkrankheits-Epidemie in den Niederlanden geht, wie heute bekannt wird, auf den Verzehr einer bestimmten Margarinesorte zurück.

27 Sa Vom bayerischen Wirtschaftsministerium wird die Betriebsgenehmigung für das erste deutsche Kernkraftwerk erteilt. 1961 soll es in Kahl ans Netz gehen.

28 So Stefan Kardinal Wyszynski betont den Anspruch der polnischen Katholiken auf Eigenständigkeit innerhalb des sozialistischen Staates.

29 Mo Der jordanische Ministerpräsident Hazza Madschjali wird durch ein Attentat getötet. König Hussein macht Ägyptens Staatsführung dafür verantwortlich.

30 Di In Südafrika wird der Ausnahmezustand beendet, der seit den Unruhen im März bestand. Seither wurden 23000 Schwarze verhaftet.

31 Mi Verschiedene Lehrerverbände wenden sich gegen Pläne des Landes Niedersachsen, Hausfrauen als Lehrkräfte an Volksschulen einzusetzen.

September 1960

1 Do Als erster deutscher Leichtathlet gewinnt Armin Hary bei den Olympischen Spielen in Rom im 100-m-Lauf eine Goldmedaille.

2 Fr 16 Soldaten der 3. US-Panzerdivision werden getötet, als in einem Zeltlager auf dem Übungsgelände Grafenwöhr (Oberpfalz) eine Granate explodiert.

3 Sa Kuba bricht die diplomatischen Beziehungen zu Nationalchina (Taiwan) ab und erkennt die Volksrepublik China an.

4 So In Saarbrücken findet ein Treffen des »Stahlhelms« statt. Der Verband der Veteranen aus dem 1. Weltkrieg gilt als national-konservativ.

5 Mo Außenminister Heinrich von Brentano beendet seine Brasilienreise. +++ Frankreichs Staatspräsident Charles de Gaulle fordert eine Reform der NATO.

6 Di 121 französische Intellektuelle, unter ihnen auch Jean-Paul Sartre, veröffentlichen ein Manifest gegen die Algerienpolitik ihrer Regierung.

7 Mi DDR-Präsident Wilhelm Pieck stirbt 84-jährig an den Folgen eines Schlaganfalls. An die Stelle des Präsidentenamtes tritt nach Piecks Tod der »Staatsrat«.

8 Do Drei Firmen aus Großbritannien und Frankreich legen in London ihre Pläne für den Bau einer Brücke über den Ärmelkanal vor.

9 Fr Die DDR verhängt für Bundesbürger ein Einreiseverbot nach Ost-Berlin. Besuche sind nur noch mit einer Sondererlaubnis der Volkspolizei möglich.

10 Sa Die niederländische Regierung verhängt ein Verkaufsverbot für bestimmte Margarineprodukte des Unilever-Konzerns.

11 So Nach dreiwöchiger Dauer enden die Internationalen Festspiele in Edinburgh. Erstmals hatten auch Künstler aus der UdSSR teilgenommen. → Rom

12 Mo Die zur Borgward-Gruppe gehörenden Lloyd-Motorenwerke in Bremen geben die Entlassung von 900 Arbeitskräften bekannt. → Ulbricht

13 Di Drei Menschen werden getötet und 19 verletzt, als ein dänischer Lkw in das vollbesetzte Wartezimmer eines Flensburger Röntgeninstituts rast.

14 Mi In Bagdad wird die Organisation der Erdöl exportierenden Länder (OPEC) gegründet. Mitglieder sind Irak, Iran, Kuwait, Saudi-Arabien und Venezuela.

15 Do Der Bundesgerichtshof verhängt gegen Spion Günther Kosch eine achtjährige Gefängnisstrafe. Er hatte Wehrgeheimnisse an Polen weitergeleitet.

16 Fr Tageszeitungen berichten über angeblich authentische Dokumente, die auf einen bevorstehenden Angriff der DDR auf die Bundesrepublik hinweisen.

17 Sa Die US-Regierung verfügt, dass am Panamakanal neben der US-Flagge auch die der Republik Panama gehisst wird.

18 So Kubas Regierung gibt die Verstaatlichung aller US-Banken auf der Insel bekannt. +++ Der VFL Wolfsburg wird Mannschaftsmeister der Leichtathleten.

19 Mo In West-Berlin legt der österreichische Dirigent Herbert von Karajan den Grundstein zum Neubau der Berliner Philharmonie am Kemperplatz.

20 Di In New York beginnt die 15. Vollversammlung der Vereinten Nationen. Der irische Chefdelegierte Frederick Boland wird zum Präsidenten gewählt.

21 Mi Bundespräsident Heinrich Lübke überreicht in Frankfurt dem britischen Schriftsteller Victor Gollancz den Friedenspreis des Deutschen Buchhandels.

22 Do US-Präsident Dwight D. Eisenhower fordert auf einer Vollversammlung der Vereinten Nationen in New York ein Verbot der Weltraumrüstung.

23 Fr Der US-Prediger Billy Graham startet eine Tournee durch die Bundesrepublik. +++ Die Europabrücke zwischen Kehl und Straßburg wird eröffnet.

24 Sa In Köln wird die größte Fotomesse der Welt, die Photokina, eröffnet. Im Mittelpunkt stehen Kameras mit abschaltbarer Blendenautomatik. → Größtes Schiff

25 So Im US-Raumfahrtzentrum Cape Canaveral scheitert der Start eines Mondsatelliten wegen einer Fehlfunktion in der »Atlas-Able«-Trägerrakete.

26 Mo In Frankfurt am Main endet die 12. Internationale Buchmesse. Dabei wurde ein Automat vorgestellt, aus dem Leser sich Taschenbücher »ziehen« können.

27 Di Für den Ruhrbergbau wird ein neuer Tarifvertrag geschlossen, wonach die Löhne zum 1. Oktober um 4,5% und im Juli 1961 um weitere 5% steigen.

28 Mi Im Bundestag wird der Entwurf für ein Notstandsgesetz heftig diskutiert. SPD und FDP lehnen die Vorschläge der Regierung ab.

29 Do Erich Kästner erhält für seine Jugenderinnerungen »Als ich ein kleiner Junge war« in Luxemburg den Hans-Christian-Andersen-Preis.

30 Fr Der Bundestag beschließt mit der Zustimmung aller Fraktionen die Aufhebung des Interzonen-Handelsabkommens mit der DDR.

11. September 1960

Gesamtdeutsches Team glänzt in Rom

Ihr bestes Ergebnis bei Olympischen Spielen seit 1936 erzielt die deutsche Mannschaft in Rom. Das gesamtdeutsche Team fährt mit einer überzeugenden sportlichen Bilanz nach Hause. Mit einem prachtvollen Feuerwerk gehen die XVII. Sommerspiele in Rom zu Ende. An den Wettkämpfen haben 5348 Sportlerinnen und Sportler aus 83 Ländern teilgenommen. Die Wettkämpfe erbrachten eine Flut von Höchstleistungen und Überraschungen. Akzente setzen nicht nur die Athleten aus den favorisierten Ländern USA und UdSSR, sondern auch die Repräsentanten kleinerer Sportnationen. Der sensationelle Sieg des barfüßigen Marathonläufers Abebe Bikila aus Äthiopien wird als Symbol für das neue Selbstbewusstsein des afrikanischen Kontinents gedeutet. Als Überraschung gilt auch die Silbermedaille im Zehnkampf für Chuan-kwang Yang aus Taiwan, der mit nur 58 Punkten Rückstand hinter Rafer Johnson (USA) auf Platz zwei kommt. Die gastgebenden Italiener können sich in der Medaillenwertung auf Rang drei platzieren. Sie dominieren vor allem in den Radsportarten und gewinnen alle fünf Bahnwettbewerbe. Der erst 18-jährige Boxer Cassius Clay macht durch seinen

Armin Hary (vorn) gewinnt den dramatischen 100-m-Lauf.

Der Deutschland-Achter

Medaillenspiegel

Land	G	S	B
UdSSR	42	28	29
USA	34	21	16
Italien	13	10	13
Deutschland*	12	19	11
Australien	8	8	6

* gesamtdeutsche Mannschaft

Barfußläufer Bikila (l.)

12. Oktober 1960

Japanischer Oppositionspolitiker von Fanatiker ermordet

Mord vor laufender Kamera: Millionen entsetzte Fernsehzuschauer müssen mit ansehen, wie der japanische Oppositionsführer Inejro Asanuma von einem rechtsradikalen Studenten während einer Rede in Tokio erdolcht wird. Tatzeugen können nicht verhindern, dass der Attentäter nach dem ersten Dolchstoß noch mehrmals auf Asanuma einsticht (s. Abb.). Der 17-Jährige, Mitglied der »Patriotischen Gesellschaft Großjapan«, begründet seine Tat damit, dass »Asanuma sein Land den Kommunisten verkaufen wollte«. Er nimmt sich am 2. November in der Haft das Leben.

Die innenpolitischen Unruhen im Land erhalten durch den Mordanschlag nach den Auseinandersetzungen um den Sicherheitsvertrag zwischen Japan und den USA sowie dem Rücktritt von Ministerpräsident Nobosuke Kischi neue Nahrung. Anfang des Jahres hatten Washington und Tokio einen Sicherheitsvertrag geschlossen, der an die Stelle eines Abkommens aus dem Jahr 1951 tritt. Die USA sichern Japan darin Militärhilfe zu, falls es von einer dritten Macht angegriffen werde. Im Gegenzug erklärt sich Japan bereit, den US-Truppen die Einrichtung von Stützpunkten für die Kontrolle der militärischen Lage im Fernen Osten zu gestatten. Die Besatzungskosten-Erstattungen an die USA in Höhe von jährlich umgerechnet 125

Mio. DM fallen künftig weg. Der Vertrag wird von der Opposition in Japan heftig kritisiert und führt zu schweren innenpolitischen Unruhen. Auch die UdSSR und die Volksrepublik China verurteilen den Vertrag als aggressiven Akt gegen Asien.

Wilma Rudolph

US-Leichtathletin, * 23.6.1940 Clarkesville (US-Bundesstaat Tennessee); † 12.11.1994 Nashville (Tennessee)

Wilma Rudolph ist der Sprintstar der Olympischen Spiele von Rom. Ihr graziöser Laufstil bringt der farbigen Athletin den Beinamen »schwarze Gazelle« ein. Ihre sportlichen Erfolge sind auch ein Sieg über ihre Krankheit. Als Kind erkrankte sie an Kinderlähmung, die sie an den Rollstuhl fesselte. Erst im Alter von sieben Jahren hatte sie Laufen gelernt.

- 1956: Olympia-Dritte mit der 4 x 100-m-Staffel
- 1960: Olympiasiegerin über 100 m, 200 m, 4 x 100 m
- 1961: Weltrekord über 100 m (11,2 sec)

Olympiasieg erstmals auf sich aufmerksam und demonstriert seine Extraklasse.
Die deutschen Sportfans bereiten »ihren« Olympioniken nach der Rückkehr einen herzlichen und begeisterten Empfang. Heidi Schmid, die erste deutsche Olympiasiegerin im Florettfechten seit 1928, wird im offenen Wagen zum Augsburger Rathaus gefahren. Die Sprinter Armin Hary und Carl Kaufmann unterzeichnen nach den Spielen lukrative Verträge mit der Filmwirtschaft. Die DDR-Medien rechnen aus, dass ihre Sportler ohne Mitwirkung im gesamtdeutschen Team den sechsten Rang in der Nationenwertung erreicht hätten.

12. September 1960

Ulbricht mit neuer Machtfülle

SED-Chef Walter Ulbricht übernimmt den Vorsitz des neu geschaffenen Staatsrates der DDR. Als Staatsoberhaupt in der Nachfolge des verstorbenen Präsidenten Wilhelm Pieck gewinnt er damit eine Machtfülle, die selbst in anderen Staaten des Warschauer Paktes ungewöhnlich ist. Der gelernte Tischler steht in der DDR künftig im Mittelpunkt eines Personenkultes bislang unbekannten Ausmaßes.
Die Volkskammer hatte zuvor durch eine Verfassungsänderung die Bildung des neuen Gremiums ermöglicht. Der aus 24 Mitgliedern bestehende Staatsrat kann Beschlüsse mit Gesetzeskraft erlassen und bestehende Gesetze eigenmächtig interpretieren, ist jedoch der Volkskammer rechenschaftspflichtig. Sein Vorsitzender besitzt weitaus mehr Kompetenzen als der bisherige Präsident. Pieck, der vorwiegend repräsentative Aufgaben zu erfüllen hatte, stand seit seiner Amtsübernahme im Jahre 1949 stets im politischen Schatten Ulbrichts. Das Nachrichtenmagazin »Der Spiegel« charakterisiert den Altkommunisten Pieck als »biedermännischen Repräsentanten« mit einer Neigung »zu plüschener Kulisse«.

14. Oktober 1960

Chruschtschow vor der UNO

Ein Bild geht um die Welt und in die Geschichtsbücher ein: Während einer Debatte um Entkolonialisierung versucht der irische Konferenzvorsitzende Frederick H. Boland, für Ruhe zu sorgen. Er schlägt dabei derart heftig auf sein Pult, dass der Ordnungshammer zerbricht. Der sowjetische Ministerpräsident Nikita S. Chruschtschow, der schon mehrfach mit trommelnden Fäusten sein Missfallen über einige Redebeiträge zum Ausdruck gebracht hatte, nutzt die Gelegenheit zu seinem spektakulärsten Auftritt. Er zieht seinen rechten Schuh aus und hämmert mit ihm auf den Tisch (s. Abb.). Boland vertagt die Sitzung. Während seines vierwöchigen Aufenthalts in den USA wirbt Chruschtschow vor allem um die Gunst der blockfreien Staaten. Die Welle der Entkolonialisierung in Afrika hat die Mitgliederzahl der Vereinten Nationen auf 99 ansteigen lassen. Die meisten der neu aufgenommenen Nationen verhalten sich zunächst abwartend und schließen sich dem neutralen Block an, der im Plenum nunmehr über eine Zweidrittelmehrheit verfügt. Die Blockfreien unterstützen die ausgleichende Politik des schwedischen UNO-Generalsekretärs Dag Hammarskjöld.

24. September 1960

Größtes Schiff der Welt

Ein gewaltiger schwimmender Flugplatz läuft in den USA vom Stapel. Der Flugzeugträger »Enterprise« (s. Abb.) ist das größte Schiff der Welt. Er wird von acht Atomreaktoren angetrieben, ist

342 m lang und kann etwa 100 Flugzeuge und über 5000 Mann Besatzung aufnehmen. Theoretisch könnte das gewaltige Schiff 20-mal die Erde umrunden, ohne Treibstoff aufnehmen zu müssen. Mit zwei weiteren Flugzeugträgern, die nahezu fertiggestellt sind, verfügt die US-Marine über eine Flugzeugträgerflotte von 17 Schiffen, die in Krisengebieten eingesetzt werden können.

Oktober 1960

1 Sa Nigeria erhält von Großbritannien seine Souveränität. Der Staat bleibt aber als parlamentarische Monarchie Mitglied des Commonwealth.

2 So Der Botschafter Guatemalas in Belgien und den Niederlanden wird in New York vom FBI verhaftet. Er war im Besitz von 50 kg Heroin.

3 Mo Bundeswirtschaftsminister Ludwig Erhard beendet seine fünftägige Afghanistan-Reise mit der Zusicherung verstärkter Wirtschaftshilfe.

4 Di Ein US-Verkehrsflugzeug stürzt in den Hafen von Boston (US-Bundesstaat Massachusetts). Von den 72 Insassen werden nur elf lebend geborgen.

5 Mi Borussia Mönchengladbach gewinnt im Düsseldorfer Rheinstadion das Endspiel um den deutschen Fußballpokal mit 3:2 gegen den Karlsruher SC.

6 Do Die europäische Atomgemeinschaft EURATOM erlaubt Frankreich, Behälter mit radioaktivem Müll im Mittelmeer zu deponieren.

7 Fr Auf dem Niederrhein kollidieren elf Schiffe miteinander. Zwei Menschen sterben. +++ Alfred Hitchcocks »Psycho« kommt in die bundesdeutschen Kinos.

8 Sa In Südtirol finden anlässlich des 40. Jahrestages der Abtretung an Italien Demonstrationen für eine Autonomie der Teilprovinz Bozen statt.

9 So Martin Lauer, Weltrekordinhaber über 110-m-Hürden, wird vom Deutschen Leichtathletikverband aus disziplinarischen Gründen für Auslandsstarts gesperrt.

10 Mo Die US-Regierung verhängt ein Export-Embargo gegen Kuba. +++ Die Kölner Ford-Werke feiern ihr 30-jähriges Bestehen.

11 Di Im Westberliner Stadtteil Dahlem wird die erste amerikanisch-deutsche Gemeinschaftsschule eröffnet. Es wird in Deutsch und Englisch unterrichtet.

12 Mi Für Aufsehen sorgt die Nachricht, in der Bundesrepublik sei eine Gaszentrifuge für die Herstellung von Uran 235 erfunden worden. → Oppositionspolitiker

13 Do Auf Kuba werden 13 Gegner des Regimes von Ministerpräsident Fidel Castro, darunter auch ein Bürger der USA, durch Erschießen hingerichtet.

14 Fr In einem ehemaligen Bochumer Kino wird die erste vollautomatische Zehn-Bahnen-Bowling-Anlage in der Bundesrepublik eröffnet. → Chruschtschow

15 Sa »Ben Hur«, der mit umgerechnet 67,6 Mio. DM Produktionskosten bisher teuerste Film der Kinogeschichte, läuft in den bundesdeutschen Kinos an.

16 So Das Präsidium des Deutschen Sportbundes fordert seine Mitgliedsverbände auf, keine DDR-Sportler zu empfangen, wenn diese ihr Staatswappen tragen.

17 Mo 45 Rostocker Studenten werden exmatrikuliert, weil sie sich während eines Ernteeinsatzes kritisch über die Kollektivierung in der DDR geäußert hatten.

18 Di Nahe dem niederländischen Groningen stoßen zwei Bundeswehrjets des Typs F-86 »Sabre« zusammen. Nur ein Pilot kann sich mit dem Fallschirm retten.

19 Mi Der schwarze Bürgerrechtler Martin Luther King und 50 seiner Anhänger werden bei einem Sit-in in Atlanta (US-Bundesstaat Georgia) festgenommen.

20 Do Rd. 10 000 Arbeiter des französischen Automobilkonzerns Renault demonstrieren in Paris gegen die geplante Entlassung von 3000 Kollegen.

21 Fr Das erste Atom-Unterseeboot der britischen Marine wird von Königin Elizabeth II. auf den Namen »Dreadnought« getauft.

22 Sa Wegen vier vollendeter und zwölf versuchter Sexualmorde wird der Triebverbrecher Heinrich Pommerenke in Freiburg zu lebenslanger Haft verurteilt.

23 So Der US-Boxer Cassius Clay bestreitet in Louisville (Kentucky) seinen ersten Profi-Kampf über sechs Runden. Er gewinnt nach Punkten.

24 Mo Das größte Spiegel-Teleskop Europas wird in der Sternwarte Tautenburg bei Jena übergeben. Es hat einen Durchmesser von zwei Metern.

25 Di Zwei Bundeswehrjets stoßen beinahe mit einem Passagierflugzeug zusammen, in dem sich das britische Königspaar befindet.

26 Mi Die deutsche Fußballnationalmannschaft gewinnt in Belfast das erste Qualifikationsspiel für die Weltmeisterschaft 1962 gegen Nordirland mit 4:3.

27 Do Bundesratsminister Hans-Joachim von Merkatz übernimmt zusätzlich das Ministerium für Vertriebene, Flüchtlinge und Kriegsbeschädigte.

28 Fr Wegen des Verdachts der Spionage für den Geheimdienst der Tschechoslowakei wird der SPD-Bundestagsabgeordnete Alfred Frenzel festgenommen.

29 Sa Der 24-jährige Mittelstürmer Uwe Seeler vom Hamburger Sportverein wird von den westdeutschen Sportjournalisten zum »Fußballer des Jahres« gewählt.

30 So Pro Familia, die deutsche Gesellschaft für Ehe und Familie, teilt mit, dass in der Bundesrepublik statistisch auf jede Geburt drei Abtreibungen kämen.

31 Mo Nach Angaben des Informationsbüros West hat die DDR für die Soldaten der Bundeswehr einen Musik- und Propagandasender eingerichtet.

November 1960

1	Di	Unter Polizeiaufsicht wird in Madrid »Yerma«, die 1934 entstandene Tragödie von Federico García Lorca, aufgeführt.
2	Mi	Das Bundeskabinett in Bonn legt den Emissionskurs der Volkswagenaktien auf 350 % fest. Ein Anteil im Nennwert von 100 DM kostet demnach 350 DM.
3	Do	Polnische Polizisten verhaften in Breslau die Mitglieder einer weit verzweigten Zuhälterbande, die minderjährige Mädchen als Prostituierte vermittelt hat.
4	Fr	Die Arbeitsminister der Bundesländer setzen sich auf einer Tagung in Hamburg für bessere Wohnverhältnisse der Gastarbeiter ein.
5	Sa	Als beliebteste westdeutsche Nachwuchsschauspieler werden in Frankfurt am Main Sabine Sinjen (19) und Peter Kraus (22) ausgezeichnet.
6	So	Bei den Provinz- und Kommunalwahlen in Italien bleiben die Christdemokraten mit 40,3 % der Stimmen stärkste Partei vor den Kommunisten mit 24,5 %.
7	Mo	Rd. 4000 Menschen sterben bei einem Wirbelsturm in Ostpakistan. +++ Die Sowjetunion wird zum fünften Mal in Folge Mannschaftsweltmeister im Schach.
8	Di	Bundesarbeitsminister Theodor Blank kündigt an, in allen Produktionszweigen außer der Stahlindustrie die Sonntagsarbeit abzuschaffen. → Kennedy
9	Mi	Eine Sonderausgabe des »Eulenspiegels«, des einzigen Satiremagazins in der DDR, wird beschlagnahmt, weil sie die Ärzteflucht humorvoll kommentiert hat.
10	Do	Die Mittelweser ist nach Inbetriebnahme der siebten Staustufe durchgehend kanalisiert. Der Ausbau hatte insgesamt 340 Mio. DM gekostet.
11	Fr	Sieben Westberliner Staatsanwälte erklären, dass sie von Vorgesetzten an Ermittlungen gegen hohe Verwaltungsbeamte gehindert worden seien.
12	Sa	Eine Rebellion gegen Nicaraguas Diktator Luis Somoza Debayale scheitert. Als Initiator des Putschversuches wird Kubas Staatschef Fidel Castro vermutet.
13	So	Marilyn Monroe bestätigt Gerüchte, wonach sie sich von ihrem Mann, dem Schriftsteller Arthur Miller, scheiden lassen will.
14	Mo	Nach dem gescheiterten Staatsstreich in Nicaragua werden auch in Costa Rica und Guatemala Aufstände von Castro-Anhängern niedergeschlagen.
15	Di	Bauarbeiter finden unter den Trümmern des früheren Volksgerichtshofes in West-Berlin einen Tresor mit Akten des berüchtigten NS-Sondergerichts.
16	Mi	Der US-Filmschauspieler Clark Gable, bekannt u.a. durch seine Rolle in »Vom Winde verweht«, stirbt in Los Angeles 59-jährig an einem Herzinfarkt.
17	Do	Nach Aufhebung der Rassentrennung in einer Grundschule von New Orleans müssen Polizisten schwarze Kinder vor weißen Demonstranten schützen.
18	Fr	Der Heidelberger Professor für Staats- und Verwaltungsrecht Ernst Forsthoff wird als Präsident des Obersten Verfassungsgerichtes Zyperns vereidigt.
19	Sa	Die Volksrepublik China erlässt eine Teilamnestie für politische Häftlinge, die mindestens zehn Jahre ihrer Haft verbüßt haben.
20	So	Mit Hinweis auf den Totensonntag wird ein bereits ausverkauftes Konzert mit ernster und sakraler Jazzmusik im Westberliner Sportpalast verboten.
21	Mo	21 bundesdeutsche Schriftsteller, u.a. Heinrich Böll und Günter Grass, rufen zum Boykott gegen den Aufbau des zweiten deutschen Fernsehkanals auf.
22	Di	Der US-Schriftsteller Norman Mailer wird in New York verhaftet, nachdem er seine Frau auf einer Party mit Messerstichen schwer verletzt hatte.
23	Mi	Nach dreitägigen Verhandlungen mit US-Vertretern verweigert die Bundesregierung die Zahlung von Stationierungskosten für die US-Armee.
24	Do	Der Gesamtdeutsche Block/Bund der Heimatvertriebenen und Entrechteten (GB/BHE) vereinbart eine Fusion mit der Deutschen Partei (DP).
25	Fr	In einer Empfehlung an Bundespräsident Heinrich Lübke schlägt der Deutsche Wissenschaftsrat den Bau von vier zusätzlichen Universitäten vor. → Brandt
26	Sa	Bei Bad Reichenhall sterben zwei Soldaten. Sie wurden von ihrem Stabsunteroffizier zum Wegtreten aufgefordert und stürzten in eine 40 m tiefe Schlucht.
27	So	In Frankfurt am Main beginnen die ersten deutschen Meisterschaften im Trampolinspringen. Die Sportart aus den USA gewinnt zunehmend an Beliebtheit.
28	Mo	Der nordwestafrikanische Staat Mauretanien erhält von Frankreich seine Unabhängigkeit und ruft eine islamische Republik aus.
29	Di	Die »Frankfurter Allgemeine Zeitung« berichtet, dass der Chefkonstrukteur der DDR-Luftfahrtindustrie, Fritz Freitag, in die Bundesrepublik geflohen sei.
30	Mi	Großbritanniens Pubs dürfen nach einer Entscheidung des Unterhauses zwei Stunden länger geöffnet sein, wochentags nun bis 23 Uhr.

25. November 1960

Brandt wird Kanzlerkandidat

Die SPD geht mit dem 46-jährigen Willy Brandt als Kanzlerkandidat (Abb.: Titelstory) in die Bundestagswahl 1961. Zum Abschluss ihres Parteitages in Hannover küren die Delegierten den Regierenden Bürgermeister von Berlin.

Die Parteistrategen wollen Brandts Popularität für einen Wahlkampf nutzen, der in vielen Punkten an die erfolgreiche Kampagne für den neuen US-Präsidenten John F. Kennedy erinnert. Trotz seiner jugendlichen Dynamik und seines smarten Auftretens ist Brandt in der Partei nicht unumstritten. Seine Kompromissbereitschaft in vielen außen- und sicherheitspolitischen Fragen trägt ihm oft harsche Kritik ein. Deshalb wird er in Hannover auch mit weniger Stimmen in den Parteivorstand gewählt als die meisten Mitbewerber. Der in seinem Amt als SPD-Vorsitzender bestätigte Erich Ollenhauer lehnt z.B., anders als Brandt, die Ausrüstung der Bundeswehr mit Atomwaffen konsequent ab. Diese Uneinigkeit in der Führungsspitze kostet die Sozialdemokraten viele Sympathien.

15. Dezember 1960

Belgien feiert Königsheirat

In der Brüsseler Kathedrale Sainte-Michel-et-Gundule findet die feierliche Trauung des belgischen Königs Baudouin I. mit der spanischen Gräfin Fabiola de Mora y Aragón statt (Abb.: Hochzeitspaar). Seit dem tödlichen Unfall von Baudouins Mutter, Königin Astrid, im Jahre 1935 hat Belgien damit erstmals wieder eine Königin. Nahezu der gesamte europäische Hochadel hat sich in der belgischen Hauptstadt eingefunden. Sechs Könige, vier Königinnen, 46 Prinzen und Prinzessinnen sowie zahlreiche Prominente aus dem politischen Leben nehmen an dem Ereignis teil, das vom Fernsehen in die meisten europäischen Länder übertragen wird. Das Brautpaar verbringt seine Flitterwochen in Spanien. Der 30-jährige Baudouin, zwei Jahre jünger als Fabiola, ist bereits seit 1950 als belgischer König in Amt und Würden. Sein Vater, König Leopold III., hatte abdanken müssen, weil er 1940 vor den Deutschen kapituliert und nicht ins Exil gegangen war.

8. November 1960

Kennedy ist Präsident

Aufbruchstimmung in den USA: Mit dem knappen Vorsprung von weniger als 120000 Stimmen gewinnt der demokratische Senator von Massachusetts, John F. Kennedy, die Präsidentschaftswahlen. Der Kandidat der Republikaner, Richard M. Nixon, muss sich geschlagen geben. Der 43-jährige Kennedy wird der bis dahin jüngste Präsident in der Geschichte der Vereinigten Staaten. Er löst am 20. Januar 1961 den Republikaner Dwight D. Eisenhower ab, der nach zwei Amtsperioden nicht wieder kandidieren konnte. Vizepräsident wird der texanische Senator Lyndon B. Johnson. Kennedys Wahlsieg wird als politische Sensation gewertet. Schon seine Nominierung innerhalb der demokratischen Partei war umstritten. Kennedy ist nicht nur jung und in der Weltpolitik unerfahren, er ist auch katholisch – nur rd. 25% der Wahlberechtigten aber sind Katholiken. Eine geschickt konzipierte Wahlkampfstrategie ermöglichte es jedoch, bei der Bevölkerung Misstrauen abzubauen. Sein gewandter Umgang mit Journalisten und vor allem seine persönliche Ausstrahlung verschafften Kennedy zusätzliche Sympathien. Seine Familie, ein wohlhabender und einflussreicher Clan irischer Einwanderer, unterstützte ihn mit hohem finanziellem und persönlichem Aufwand. Jeder seiner Auftritte wurde generalstabsmäßig organisiert. Auch seine attraktive Frau Jacqueline unterstützte den Wahlkampf ihres Mannes. Von entscheidender Bedeutung für Kennedys Wahlsieg waren vier – neuartige – Fernsehdebatten mit seinem Kontrahenten Nixon. Der eloquente Demokrat konnte wichtige Pluspunkte für sich verbuchen und sich gegenüber einem unvorteilhaft gekleideten und nervös wirkenden Nixon als souveräner Politiker profilieren. Vor allem aber gelang es

17. Dezember 1960

Absturz auf München

Eine Katastrophe, verursacht durch eine US-Militärmaschine, ereignet sich in der Münchener Innenstadt. Die zweimotorige »Convair«, die kurz nach dem Start mit einem Motorschaden zum Flughafen München-Riem zurückkehren wollte, streift bei einer Rechtskurve den Turm der St.-Pauls-Kirche und stürzt über der Kreuzung Bayer-/Martin-Greif-Straße ab. Trümmer des Flugzeugs, das voll aufgetankt war, fallen auf den Anhänger einer Straßenbahn, die voll besetzt ist. Insgesamt finden bei diesem Unglück 53 Menschen den Tod. Nach der Katastrophe werden vielfach Stimmen laut, die eine Verlegung des Flughafens fordern. Einen Tag zuvor ereignete sich über New York eine der schwersten Flugzeugkatastrophen in der US-Luftfahrtgeschichte. Bei der Kollision zweier Maschinen starben 142 Menschen.

Jubel um John F. und Jackie Kennedy

John F. Kennedy

US-Präsident, * 29.5.1917 Brookline (US-Bundesstaat Massachusetts); † 22.11.1963 Dallas (US-Bundesstaat Texas)

Der jugendlich und dynamisch auftretende Kennedy ist für viele Amerikaner eine Symbolfigur für den Aufbruch in eine bessere Zukunft. Der 35. Präsident der Vereinigten Staaten stammt aus einer einflussreichen Familie. Viele Menschen trauen dem charismatischen Demokraten einen Wandel zu. Sein Slogan von den »neuen Grenzen« vermittelt der Öffentlichkeit neue Ziele in der Sozial- und Wirtschaftspolitik. Vor allem bei Jugendlichen und Intellektuellen trifft die Politik Kennedys auf große Resonanz. Beachtung findet auch sein Kampf gegen die Armut. Kennedy will die gesetzliche Gleichstellung aller Minderheiten durchsetzen und eine umfassende Bildungsreform durchführen. In der Außenpolitik, die überschattet ist von der Kubakrise und dem Vietnamkonflikt, setzt sich Kennedy für einen neuen Kurs der friedlichen Koexistenz mit der UdSSR ein. 1963 fällt er einem Attentat zum Opfer, dessen nie restlos geklärte Umstände bis heute Anlass zu diversen Verschwörungstheorien geben.

- 1941-45: Marineoffizier
- 1947: Kongressabgeordneter für die Demokraten
- 1953: Eheschließung mit Jacqueline Lee Bouvier
- 1956-61: Senator
- 1957: Pulitzer-Preis für sein Buch »Profiles of Courage« (Zivilcourage)
- 1961-63: US-Präsident

Kennedy, Wähler aus allen konfessionellen Schichten anzusprechen. Auch Jungwähler und Arbeiter vertrauten den politischen Zielen Kennedys. Geschickt setzte er sich kurz vor der Wahl für die Freilassung des inhaftierten Bürgerrechtlers Martin Luther King ein. Damit sicherte er sich die für den Sieg ausschlaggebenden Sympathien der schwarzen Bevölkerung in den Südstaaten.
Nixon, der unter Eisenhower Vizepräsident war, konnte seinen Amtsbonus nicht in eine wirkungsvolle Kampagne umsetzen. Im Gegenteil – die U2-Affäre und andere außenpolitische Misserfolge der Eisenhower-Regierung schlugen für den Kandidaten der Republikaner negativ zu Buche. Im Dezember gibt Kennedy sein künftige Kabinett bekannt. Danach wird Dean Rusk, amtierender Präsident der Rockefeller-Stiftung, neuer Außenminister. Adlai E. Stevenson, zweimaliger Präsidentschaftskandidat der Demokraten und Favorit für das State Department, muss mit dem Amt des Botschafters bei den Vereinten Nationen vorlieb nehmen. Neuer Justizminister wird der 35-jährige Bruder des Präsidenten, Robert F. Kennedy, der die Wahlkampagne konzipiert hatte. Robert S. McNamara übernimmt das Verteidigungsministerium. Mit ihm und dem Leiter des Finanzressorts, Clarence D. Dillon, beruft Kennedy überraschend zwei Republikaner.

21. Dezember 1960

Free Jazz sprengt die Grenzen musikalischer Formen

Die mit einem Doppelquartett eingespielte LP des Saxofonisten Ornette Coleman gibt einer neuen Musikrichtung ihren Namen, die den radikalsten stilistischen Bruch in der Geschichte des Jazz darstellt: »Free Jazz« heisst die Platte, deren Name zum Stilbegriff einer radikalen Umwälzung musikalischer Gewohnheiten wird. Eine Kollektiv-Improvisation mit einer Dauer von 36 Minuten löst alle formalen Zwänge der Musik auf. An die Stelle der bis dahin üblichen Formenschemata tritt die offene Form, tonale Bezüge werden verschleiert oder negiert. Der den Rhythmus regulierende Beat wird zu einem großen Teil aufgehoben.

Ein wichtiger Wegbereiter des Free Jazz ist der Trompeter Miles Davis (s. Abb.), der bereits zu den Schöpfern des Cool Jazz zählte. Seine traurig-resignativen Improvisationen geben wesentliche Impulse für den Free Jazz. In der Bundesrepublik sorgt der Posaunist Albert Mangelsdorff für eine europäische Variante der freien Musik. Der Frankfurter Musiker kam über den Cool Jazz zum Hard-Bop. Er bereichert den Free Jazz durch raffinierte, mehrstimmige Tonläufe auf der Posaune um neuartige Klänge.

Dezember 1960

1 Do 20 Stunden nach dem Start verglüht ein sowjetischer Weltraumsatellit mit zwei Hunden an Bord beim Wiedereintritt in die Erdatmosphäre.

2 Fr Der entmachtete Präsident des Kongo, Patrice Lumumba, wird auf der Flucht gefangen genommen und verschleppt.

3 Sa Einer Ärztin, die für medizinische Versuche im Frauen-KZ Ravensbrück verantwortlich sein soll, wird gerichtlich die Ausübung ihres Berufes verboten.

4 So Im Saarland werden die Kommunalwahlen vom 15. Mai wiederholt. Gleichzeitig finden Landtagswahlen statt.

5 Mo Die Flaschenbier-Produzenten in der Bundesrepublik klagen über harten Wettbewerb. Der Preis pro Flasche musste auf 55 Pfennig gesenkt werden.

6 Di Erstmals werden Bilder von den Atombombentypen, die 1945 Japan zerstörten, gezeigt. +++ Friedrich Dürrenmatt erhält in Zürich den Schillerpreis.

7 Mi Zum 125-jährigen Jubiläum der deutschen Eisenbahn fährt eine Nachbildung der historischen »Adler«-Lokomotive von Nürnberg nach Fürth .

8 Do Ein US-Satellit startet mit menschlichen Körperzellen und Knochenmark ins All, um die Wirkung von Weltraumstrahlung auf den Organismus zu testen.

9 Fr Das Wolga-Wasserkraftwerk in Leningrad geht in Betrieb. Es ist nach sowjetischen Angaben das leistungsfähigste der Welt.

10 Sa Saint-John Perse, französischer Diplomat und Verfasser lyrischer Verse, erhält in Stockholm den Nobelpreis für Literatur.

11 So In dichtem Schneetreiben wird eine Gruppe Jugendlicher bei Wunstorf (Niedersachsen) vom Fernschnellzug »Roland« erfasst. Zwei der Jugendlichen sterben.

12 Mo Der künftige US-Präsident John F. Kennedy stellt sein Kabinett vor. Es erhält in der Öffentlichkeit viele Vorschusslorbeeren.

13 Di Die Deutsche Bundesbank teilt mit, dass 1961 neu gestaltete DM-Noten ausgegeben werden. +++ Eine Kältewelle fordert in den USA 200 Todesopfer.

14 Mi Nach einem Zusammenstoß zweier Tanker aus Griechenland und Jugoslawien im Bosporus brennen beide Schiffe völlig aus. 30 Seeleute sterben.

15 Do Der österreichische Nationalrat setzt in Wien das Höchstalter für den Wehrdienst in der Bundesarmee auf 36 Jahre herauf. → Belgien

16 Fr Beim bislang schwersten Unglück der US-Luftfahrt, einer Kollision zweier Flugzeuge über New York, kommen 142 Menschen ums Leben.

17 Sa Mit einer einstweiligen Verfügung stoppt das Bundesverfassungsgericht das vom Bund gegründete privatwirtschaftliche »Adenauer-Fernsehen«. → München

18 So Eine UN-Einheit des Niger befreit im Kongo gewaltsam 52 UN-Soldaten einer österreichischen Sanitätseinheit nach viertägiger Gefangenschaft.

19 Mo Klaus von Bismarck, Großneffe des ersten Reichskanzlers Otto von Bismarck, wird zum Intendanten des Westdeutschen Rundfunks (WDR) gewählt.

20 Di Richard Baer, letzter Kommandant des Konzentrationslagers Auschwitz, wird in der Nähe von Hamburg verhaftet, wo er sich als Waldarbeiter getarnt hatte.

21 Mi Die Bundesregierung übermittelt Frankreich eine Protestnote, die sich gegen Übergriffe der französischen Marine auf deutsche Frachter richtet. → Free Jazz

22 Do Der Bundesrat spricht sich für Maßnahmen gegen die Einreise kommunistischer Agenten und Funktionäre über die innerdeutsche Grenze aus.

23 Fr König Saud Ibn Abd Al Asis von Saudi-Arabien setzt seinen Bruder wegen dessen westlich orientierter Wirtschaftspolitik als Ministerpräsident ab.

24 Sa In der Bundesrepublik tritt die Kennzeichnungpflicht für Fremdstoffe in Lebensmitteln in Kraft. Restbestände dürfen noch bis zum Juli 1961 verkauft werden.

25 So Bundeskanzler Konrad Adenauer (CDU) warnt in seiner Weihnachtsansprache vor den atheistischen Grundlagen des Kommunismus.

26 Mo Die Zeitschrift »Time« wählt alle Wissenschaftler der USA zu den »Männern des Jahres«. Erstmals seit 1937 geht der Titel nicht an nur eine Person.

27 Di Frankreich unternimmt in der Sahara seinen dritten Atomtest. Im Explosionsgebiet werden Ratten und Mäuse in Behältern als Versuchstiere ausgesetzt.

28 Mi Der schweizerische Bundesrat beschließt den Nachbau von 100 französischen Düsenjägern des Typs »Mirage III C« für die eidgenössische Luftwaffe.

29 Do Wegen eines Streiks in Belgien, dem sich 500 000 Arbeitnehmer angeschlossen haben, unterbricht König Baudouin I. seine Flitterwochen.

30 Fr Der Handel reagiert mit Sonderangeboten auf den gestiegenen Bedarf an alkoholischen Getränken. Eine Flasche Sekt ist ab 3,50 DM erhältlich.

31 Sa Kreml-Chef Nikita S. Chruschtschow sendet dem künftigen US-Präsidenten John F. Kennedy eine Friedensbotschaft.

Januar 1961

1 So Kuba verlangt eine sofortige Sitzung des UN-Sicherheitsrates, da ein Angriff der Vereinigten Staaten auf die Insel zu befürchten sei.

2 Mo Die Presse meldet, dass zwischen Weihnachten und Neujahr 2820 Menschen aus der DDR in die Bundesrepublik geflüchtet seien.

3 Di Die USA brechen die diplomatischen Beziehungen zu Kuba ab. +++ Der im Zweiten Weltkrieg nach Kanada verbrachte Staatsschatz Polens wird zurückgegeben.

4 Mi Zwischen Köln und Düsseldorf beginnen die Arbeiten zum sechsspurigen Ausbau der Autobahn. Die Kosten werden mit 35 Mio. DM veranschlagt. → Wörterbuch

5 Do Der türkische Staatschef General Cemal Gürsel, der im Frühjahr 1960 die Regierung Adnan Menderes gestürzt hat, stellt in Ankara sein neues Kabinett vor.

6 Fr In Lüttich/Belgien kommt es zu den bisher schwersten Unruhen seit Beginn des Streiks vor 18 Tagen. Eine Straßenschlacht mit der Polizei fordert 20 Verletzte.

7 Sa Der kubanische Regierungschef Fidel Castro verhängt eine Ausreisesperre für kubanische Bürger. Zahlreiche US-Bürger, die auf Kuba leben, verlassen die Insel.

8 So Eine Volksabstimmung in Frankreich und Algerien ergibt, dass die Mehrheit einen Kurs befürwortet, der zur Selbstbestimmung Algeriens führt.

9 Mo Die SPD erklärt die Mitgliedschaft in der Deutschen Friedens-Union (DFU) für unvereinbar mit den Zielen der SPD. Die DFU fordert u.a. den Austritt aus der NATO.

10 Di Bundespräsident Heinrich Lübke spricht sich bei seinem Neujahrsempfang für eine engere kulturelle Zusammenarbeit mit Entwicklungsländern aus.

11 Mi In einer Aufführung des New York City Ballet feiert »Modern Jazz: Varianten« von George Balanchine in New York Premiere.

12 Do Prinzessin Astrid von Norwegen wird in der Dorfkirche von Askers bei Oslo mit dem Bürgerlichen Johan Martin Ferner getraut.

13 Fr Die »Internationale Vereinigung für Sicherheitsgurte in Pkw« fordert in London von den europäischen Regierungen die Einführung von Gurten.

14 Sa Nach der Wiederzulassung von Parteien in der Türkei konstituiert sich die Republikanische Partei des ehemaligen Präsidenten Ismet Inönü sich neu.

15 So Der ehemalige niedersächsische Ministerpräsident Heinrich Hellwege erklärt seinen Rücktritt als Bundesvorsitzender der Deutschen Partei (DP).

16 Mo Ein Sturm im Atlantik bringt »Texas-Turm 4«, eine künstliche Radarinsel der US-Luftwaffe, zum Sinken. Alle 28 Besatzungsmitglieder ertrinken.

17 Di Der scheidende US-Präsident Dwight D. Eisenhower hält seine Abschiedsrede. Er bedauert, dass ein dauerhafter Friede nicht in Sicht sei. → Lumumba

18 Mi Die Tagung des Zentralkomitees der KPdSU geht in Moskau zu Ende. Hauptthema waren die Probleme in der Landwirtschaft der Sowjetunion.

19 Do Königin Elizabeth II. ernennt den Erzbischof von York, Arthur Michael Ramsey, zum Erzbischof von Canterbury und geistlichen Oberhaupt der anglikanischen Kirche.

20 Fr John F. Kennedy tritt als 35. Präsident der USA sein Amt an. +++ Manfred Schnelldorfer wird zum sechsten Mal deutscher Meister im Eiskunstlauf.

21 Sa In Jugoslawien wird der ehemalige Vizepräsident und Systemkritiker Milovan Djilas aus dem Gefängnis entlassen.

22 So Mit einer 67 Tage langen Unterwasserfahrt stellt das US-amerikanische Atom-U-Boot »George Washington« einen Tauchrekord auf. → Entführung

23 Mo In Steyr/Österreich wird an einer Schule ein schwerer Bestechungsskandal aufgedeckt. Eltern hatten Lehrer bestochen, um ihren Kindern gute Zensuren zu sichern.

24 Di Die deutsche Erstaufführung des Musicals »Irma la douce« findet in Baden-Baden statt. Die Musik stammt von Maguerite Monnet.

25 Mi Ein Umsturz in El Salvador führt zum Regierungswechsel. An die Stelle von Regierungschef Miguel Angel Castillo tritt nun Aníbal Portillo.

26 Do Bei den Eiskunstlauf-Europameisterschaften im Paarlaufen in Berlin gewinnen Marika Kilius und Hans-Jürgen Bäumler aus der Bundesrepublik Deutschland.

27 Fr In Mailand beginnen die österreichisch-italienischen Verhandlungen über Südtirol, das im 1. Weltkrieg an Italien fiel. Die Gespräche führen zu keiner Einigung.

28 Sa Die »Grüne Woche«, die wichtigste landwirtschaftliche Ausstellung auf deutschem Boden, öffnet in West-Berlin ihre Pforten.

29 So Der 1960 mit einem »Oscar« ausgezeichnete US-Western »Alamo« mit John Wayne in der Hauptrolle kommt in die deutschen Kinos.

30 Mo In seiner ersten Botschaft zur Lage der Nation legt der neue US-Präsident John F. Kennedy seinen politischen Kurs fest.

31 Di Paul Henri Spaak (Belgien) kündigt den Rücktritt von seinem Amt als Generalsekretär der NATO an. Als Nachfolger ist Dirk Stikker (Niederlande) im Gespräch.

+++ Deutsches Wörterbuch fertiggestellt +++

Lumumba (r.) wird in Haft genommen.

17. Januar 1961

Lumumba ermordet

In der ehemaligen Kolonie Belgisch-Kongo, heute Kongo (Léopoldville), überstürzen sich die Ereignisse. Patrice Lumumba, der entmachtete erste Ministerpräsident der jungen Republik, wird in das Gefängnis von Elisabethville, der Hauptstadt der abtrünnigen Provinz Katanga, eingeliefert. Da Katanga von Moïse Tschombé, einem Hauptgegner Lumumbas, beherrscht wird, stehen die Chancen für seine Freilassung und für eine friedliche Lösung der Kongokrise schlecht.
Die Kolonialmacht Belgien hatte sich in den vergangenen Jahren wenig um die politische Bildung und Organisation der Kongolesen gekümmert. Brüssel entließ das afrikanische Land völlig unvorbereitet in die Unabhängigkeit. Kurz nach der Unabhängigkeitserklärung am 30. Juni 1960 brach in dem zentralafrikanischen Land ein Bürgerkrieg aus. Lumumba geriet mit seinem Konzept eines kongolesischen Einheitsstaates in Gegensatz zu den föderalistischen Vorstellungen von Staatspräsident Joseph Kasawubu. Zudem rief am 11. Juli Ex-Minister Moïse Tschombé die Unabhängigkeit der rohstoffreichen Provinz Katanga aus. Am 5. September erklärten sich Kasavubu und Lumumba gegenseitig für abgesetzt. Das Machtvakuum nutzte Joseph Desiré Mobutu, Oberbefehlshaber der Armee, der in der

23. Februar 1961

BAT für 500 000 Angestellte

Im hessischen Bad Nauheim wird der Bundesangestelltentarifvertrag (BAT) unterzeichnet. Er löst Dienstordnungen aus dem Jahre 1938 ab. Die Verhandlungen über das umfangreichste Tarifwerk der Bundesrepublik dauerten neun Jahre und betreffen rd. 500 000 Angestellte im öffentlichen Dienst. U.a. legt der Vertrag fest, dass Arbeitnehmer von Bund, Ländern und Gemeinden nach 15 Jahren den Unkündbarkeitsstatus erhalten. Im Krankheitsfall wird die Gehaltsfortzahlung von 16 auf 26 Wochen verlängert. Bestimmungen über Urlaub und Überstundenvergütung werden gelockert. Schon jetzt sind Verhandlungen über Arbeitszeitverkürzungen vorgesehen. Sie sollen in zwei Jahren in Angriff genommen werden.

4. Januar 1961

Jahrhundertwerk Wörterbuch

Das Germanistische Institut der Universität Göttingen und das Institut für Deutsche Sprache und Literatur der Deutschen Akademie der Wissenschaften in Ost-Berlin geben die Fertigstellung der letzten Bände des Deutschen Wörterbuchs bekannt. Das Werk umfasst den gesamten deutschen Wortschatz der Schriftsprache vom 16. Jahrhundert bis zu Gegenwart. Die Brüder Wilhelm und Jacob Grimm (s. Abb., v.l.) begannen mit den Arbeiten an dem Werk bereits 1838. Bis zu ihrem Tod bearbeiteten sie die Buchstaben A bis E.

Patrice Emergy Lumumba

kongolesischer Politiker; * 2.7.1925 Katako-Kombe (Provinz Kasai); † 17.1.1961 Elisabethville

Der erste Ministerpräsident der unabhängigen Republik Kongo entstammt der schwarzen Oberschicht. Im Jahre 1958 war der charismatische Redner Mitbegründer des linksorientierten »Mouvement National Congolais« und schloss sich der panafrikanischen Bewegung an. Seine Partei, die Anhänger in allen Landesteilen besitzt, versuchte er zur einheitlichen Nationalbewegung auszubauen. Nachdem er in Belgien eine dreimonatige Haftstrafe wegen »Aufwiegelung zu Unruhen« abgesessen hatte, nahm er Anfang 1960 an der Brüsseler Kongo-Konferenz teil. Als Ministerpräsident ruft Lumumba zur Beendigung des Bürgerkriegs UN-Truppen ins Land. Die Tatsache, dass er aus Moskau technische Hilfe annimmt, bringt ihn im Westen in Misskredit. Auch nach der Verhaftung durch seine politischen Gegner bleibt der populäre Politiker die zentrale politische Figur des Landes. Fünf Jahre nach seiner Ermordung wird er zum Nationalhelden erklärt. Als Führer und als Opfer im Kampf um die nationale Einheit und die Unabhängigkeit seines Landes ist Lumumba darüber hinaus eine Symbolfigur des anti-imperialistischen Kampfes in Afrika.

- vor 1944: Besuch einer Missionsschule
- 1944-57: Postangestellter
- 1957-59: Verkaufschef einer belgischen Brauerei
- 1960: Ministerpräsident

kongolesischen Hauptstadt Léopoldville die Macht an sich riss. Mobutu ließ sowohl Kasavubu als auch Lumumba verhaften. Daraufhin verbündete sich Kasawubu mit Mobutu – beide waren sich in ihrer pro-westlichen Ausrichtung einig und wurden vom Westen unterstützt – während Lumumba inhaftiert blieb. Der Ex-Premier befindet sich in einer aussichtslosen Lage. Während seines Arrestes bekennt er in einem Interview: »Vielleicht werde ich für die Einheit meines Landes sterben müssen. Vielleicht muss ich dem Kongo durch meinen Opfertod den letzten und größten Dienst erweisen. Afrika braucht einen Märtyrer.« Wie sich später herausstellt, wird Lumumba am 17. Januar, noch am Tag seiner Ankunft in Elisabethville, auf Befehl der Katanga-Regierung ermordet. Der in weiten Bevölkerungskreisen ausgesprochen populäre Politiker, der von zahlreichen afrikanischen und asiatischen Staaten unterstützt worden war, ist seinen Kontrahenten zu gefährlich geworden.

28. Februar 1961

Aus für »Adenauer-Fernsehen«

Das Bundesverfassungsgericht in Karlsruhe verurteilt die Pläne von Bundeskanzler Konrad Adenauer über die Gründung einer Deutschland-Fernseh-GmbH. Das Vorhaben verstoße gegen das Grundgesetz, so die richterliche Entscheidung. Der Bundeskanzler hatte geplant, ein zweites Fernsehprogramm einzurichten, das unter staatlicher Aufsicht, wahrgenommen durch den Bundespostminister, stehen sollte. Die CDU-regierten Länder stimmten diesem Vorhaben unter der Bedingung zu, dass den Ländern das dritte Programm überlassen bleibt. Dieses Abkommen führte zur Klage der SPD-regierten Länder Hamburg, Bremen, Niedersachsen und Hessen beim Bundesverfassungsgericht.

26. Februar 1961

Machtwechsel in Marokko

Im nordafrikanischen Marokko stirbt König Muhammad V. Nachfolger wird sein Sohn Hassan II. (s. Abb.). Er ist der 22. Herrscher der Aloiten-Dynastie, die seit 1660 auf dem Sultanthron in Marokko sitzt. Die Aloiten führen ihr Geschlecht auf Ali, den Vetter und Schwiegersohn des Propheten Mohammed, zurück. Hassan II. will sich in seiner Regierungszeit vorrangig um die wirtschaftliche Entwicklung und die sozialen Probleme seines Landes kümmern. Er erlässt im Jahre 1962 die erste Verfassung des Landes, löst aber nach Unruhen im Jahre 1965 das Parlament auf. Bis in die 70er Jahre verfolgt er einen autoritären Regierungsstil,

der Konflikte mit der reformorientierten Opposition heraufbeschwört. In der Außenpolitik führt sein expansionistischer Kurs 1963 zu einem Grenzkrieg mit Algerien.

Der im Alter von 51 Jahren verstorbene Muhammad V. war im Jahre 1927 Sultan von Marokko geworden. Wegen seiner Forderung nach nationaler Unabhängigkeit wurde er im Jahre 1953 von den französischen Kolonialherren abgesetzt und nach Frankreich gebracht. Nach zwei Jahren im Exil kehrte Muhammad nach Marokko zurück. Ein Jahr später, 1956, wurde Marokko von Spanien und Frankreich in die Unabhängigkeit entlassen. Seit August 1957 ist das Land Königreich.

22. Januar 1961

Entführung der »Santa Maria«

Das portugiesische Luxusschiff »Santa Maria« wird während einer Kreuzfahrt in der Karibik von 40 bewaffneten Männern gekapert. Ihr Anführer ist der 65-jährige Hauptmann Henrique Galvão. Der portugiesische Oppositionspolitiker will mit der Aufsehen erregenden Entführung auf die politische Unterdrückung in Portugal aufmerksam machen. Dort ist Ministerpräsident António de Oliveira Salazar mit uneingeschränkten Vollmachten ausgestattet. Er unterdrückt mit Hilfe der Pressezensur und der gefürchteten Geheimpolizei PIDE (Policia Internacional e de Defesa do Estado) jegliche politische Opposition im Land. Die Entführer

wollen mit der »Santa Maria« nach Angola, der portugiesischen Kolonie in Afrika, fahren, um von dort die Revolution zu entfachen. Die US-Regierung schaltet sich ein, Galvão wird politisches Asyl in Brasilien zugesichert. Nach zwölf Tagen beendet er die Entführung. Die »Santa Maria« läuft in den brasilianischen Hafen Recife ein (Abb.: Galvão salutiert nach Übergabe des Schiffes in Recife).

Februar 1961

1 Mi Vor dem Sommersitz des verstorbenen italienischen Senators Ettore Tolomei südlich von Bozen kommt es zu einem Sprengstoffanschlag.

2 Do US-Präsident John F. Kennedy legt dem Kongress ein umfangreiches Programm gegen die Rezession und die hohe Arbeitslosigkeit vor.

3 Fr Die Regierung der DDR verbietet die in beiden Teilen Berlins geplante Tagung der gesamtdeutschen Synode der Evangelischen Kirche für Ost-Berlin.

4 Sa In Luanda, der Hauptstadt von Portugiesisch-Angola, kommt es zu Überfällen auf staatliche Einrichtungen. Portugal lässt den Aufstand blutig niederschlagen.

5 So Kurz nach der Fertigstellung stürzt eine Betonbrücke der Europastraße 3 bei Schleswig ein. Ein Ölofen hatte die Holzverschalung in Brand gesetzt.

6 Mo Laut Behördenangaben haben die momentan abflauenden Unruhen in der portugiesischen Überseeprovinz Angola bislang 24 Todesopfer gefordert.

7 Di Ein Großbrand zerstört die im Jahre 1755 entstandenen Deckengemälde von Gregorio Guglielmo im Festsaal der alten Universität von Wien.

8 Mi In der Bundesrepublik tritt ein neues Gesetz in Kraft, das strengere Auflagen für die Arzneimittelherstellung vorsieht.

9 Do In New York feiert der Spielfilm »Misfits« (»Nicht gesellschaftsfähig«) Premiere. Unter der Regie von John Huston spielten Marilyn Monroe und Clark Gable.

10 Fr Die Regierungschefs der sechs Länder der Europäischen Wirtschaftsgemeinschaft (EWG) vereinbaren in Paris eine stärkere politische Zusammenarbeit.

11 Sa Erneut kommt es in Luanda, der Hauptstadt von Portugiesisch-Angola, zu einem Gefecht zwischen Aufständischen und der Polizei.

12 So In Winterberg gehen die Deutschen Nordischen Meisterschaften zu Ende. In der Nordischen Kombination und im Skispringen gewinnt Georg Thoma.

13 Mo Der von mehr als 1000 Polizisten gesuchte Chef der pfälzischen »Al-Capone-Bande« wird in Lambrecht (Pfalz) gestellt.

14 Di Französische Behörden melden, dass im vergangenen Jahr 1 963 045 ausländische Touristen die Hauptstadt Paris besuchten.

15 Mi Beim Absturz einer Sabena-Maschine bei Brüssel kommen 73 Menschen ums Leben, darunter die gesamte Eislauf-Elite der USA.

16 Do Für Bundesbürger wird künftig der Besuch von Ost-Berlin erleichtert. U.a. muss der Besuchsgrund nicht mehr angegeben werden.

17 Fr Der niedersächsische Landkreistag teilt mit, dass in Niedersachsen viele Krankenhausabteilungen wegen Ärztemangels schließen müssen.

18 Sa Mit einem Sitzstreik protestieren 5000 Menschen in London gegen die geplante Errichtung eines US-Raketenstützpunktes in Schottland.

19 So Die Deutschen Alpinen Skimeisterschaften enden in Garmisch-Partenkirchen. Im Abfahrtslauf der Herren siegt Fritz Wagnerberger aus Traunstein.

20 Mo Über 100 000 Passagiere sitzen infolge eines wilden Streiks der Flugzeugmechaniker in den USA fest. Der Streik legt fast den gesamten US-Flugbetrieb lahm.

21 Di Moise Tschombé, Präsident der Kongo-Provinz Katanga, ordnet die Mobilmachung aller weißen und schwarzen Bewohner an.

22 Mi »Ein Sommernachtstraum«, eine Oper des britischen Komponisten Benjamin Britten, wird in Hamburg zum ersten Mal in Deutschland aufgeführt.

23 Do Bundeskanzler Konrad Adenauer beendet seinen Besuch in London. Gesprächsthema war u.a. die Funktion der Westeuropäischen Union (WEU). → BAT

24 Fr Staatspräsident Charles de Gaulle eröffnet den neuen Flughafen Paris-Orly. Das Abfertigungsgebäude gilt weltweit als das modernste.

25 Sa Der Zentralverband der elektrotechnischen Industrie gibt bekannt, dass die Bundesrepublik nach den USA der größte Kühlschrankhersteller der Welt ist.

26 So Die Sonntagspresse würdigt den Weltrekord im Skifliegen, den der Jugoslawe Joze Silibar am Freitag in Oberstdorf mit 141 m aufgestellt hat. → Marokko

27 Mo Großbritannien erklärt zum ersten Mal seine Bereitschaft zum Eintritt in die Europäische Wirtschaftsgemeinschaft (EWG).

28 Di US-Präsident John F. Kennedy ernennt Henry Kissinger zum Sonderberater für Fragen der nationalen Sicherheit. → »Adenauer-Fernsehen«

März 1961

1 Mi US-Präsident John F. Kennedy gibt die Errichtung eines Friedenskorps bekannt. Es soll Entwicklungsländer beim wirtschaftlichen Aufbau unterstützen.

2 Do Im Alter von 79 Jahren heiratet der spanische Maler Pablo Picasso in Südfrankreich seine Lebensgefährtin Jacqueline Roque.

3 Fr Die Schweizer Bevölkerung lehnt in einer Volksabstimmung die Erhöhung des Benzinpreises zur Finanzierung von Straßenbauprojekten ab.

4 Sa Der Bundesminister für Gesamtdeutsche Fragen, Ernst Lemmer (CDU), bezeichnet die steigende Zahl von Flüchtlingen aus der DDR als Besorgnis erregend.

5 So In Frankfurt am Main beginnt die Frühjahrsmesse. Gleichzeitig eröffnet der Handelsminister der DDR Heinrich Rau die Leipziger Frühjahrsmesse.

6 Mo Die DM wird um 4,75% aufgewertet, um die Konjunktur in der Bundesrepublik zu dämpfen und die internationale Zahlungsbilanz auszugleichen.

7 Di In London beginnt eine Konferenz der Regierungschefs der Commonwealth-Staaten. Hauptthema der Gespräche ist die Apartheidspolitik in Südafrika.

8 Mi Vor 65 000 Zuschauern besiegt die deutsche Fußball-Nationalmannschaft in Frankfurt am Main die belgische Elf mit 1:0.

9 Do Die Frankfurter Frühjahrsmesse geht zu Ende. Das Inlandsgeschäft war lebhaft, die ausländischen Einkäufer reagierten eher zurückhaltend.

10 Fr Für umgerechnet 32 Mio. DM kauft die US-Zeitung »Washington Post« das auflagenstarke Nachrichtenmagazin »Newsweek«.

11 Sa Eine Umfrage des EMNID-Instituts ergibt, dass jeder zweite Bundesbürger nach eigener Auffassung heute besser lebt als vor dem Zweiten Weltkrieg.

12 So Auf Madagaskar geht die Kongo-Konferenz zu Ende. Aus dem kongolesischen Einheitsstaat soll ein Staatenbund werden.

13 Mo In Miami Beach (Florida) verteidigt der US-Boxer Floyd Patterson seinen Weltmeistertitel im Schwergewicht gegen den Schweden Ingemar Johansson.

14 Di Die Stadt Hamburg begeht mit einem feierlichen Gedenkgottesdienst das 300-jährige Jubiläum der Hauptkirche St. Michaelis, des Michel.

15 Mi Nach dreitägigen Debatten über die Rassenfrage verkünden die Regierungschefs des Commonwealth den Austritt Südafrikas aus dem Staatenbund.

16 Do In Genf wird der 31. Autosalon eröffnet. Die Veranstaltung, bei der die neuesten Automobile gezeigt werden, dauert bis zum 26. März.

17 Fr Eine Konferenz der Ministerpräsidenten der deutschen Bundesländer beschließt in Bonn die Gründung einer zweiten Fernsehanstalt.

18 Sa In Moskau beginnt der Titelkampf zwischen Schachweltmeister Michail N. Tal und seinem Vorgänger Michail Botwinnik. → Strauß

19 So Die Kommunalwahlen in Nordrhein-Westfalen und Niedersachsen enden mit erheblichen Stimmenzuwächsen für die CDU.

20 Mo Drei Monate nach seiner Scheidung von Vivien Leigh heiratet der britische Schauspieler Laurence Olivier seine Kollegin Joan Plowright nahe New York.

21 Di Wegen großer Nachfrage wird die Volkswagen-Aktie um 85,4% überzeichnet. +++ Die Beatles treten erstmals im Liverpooler Cavern Club auf.

22 Mi US-Präsident John F. Kennedy legt einen Plan zur Reform der Auslandshilfe vor und will im neuen Haushaltsjahr umgerechnet 16 Mrd. DM dafür ansetzen.

23 Do Die Intendanten der Landesrundfunkanstalten beschließen die Einführung eines zweiten deutschen Fernsehprogramms.

24 Fr 16 Jahre nach seiner Entstehung kommt »Rom – offene Stadt«, ein Film des italienischen Regisseurs Roberto Rossellini, in die bundesdeutschen Kinos.

25 Sa In Frankfurt am Main endet der 12. Parteitag der FDP. Zum Abschluss stellen die Liberalen ihr Programm für die Bundestagswahl am 17. September vor.

26 So Vor 60 000 Zuschauern unterliegt die deutsche Fußballnationalmannschaft in Santiago de Chile der chilenischen Auswahl mit 1:3.

27 Mo In der Orangerie des Schlosses Charlottenburg in West-Berlin wird eine Ausstellung zum 100-jährigen Jubiläum der Nationalgalerie eröffnet.

28 Di Indiens Ministerpräsident Jawaharlal Nehru eröffnet in Rourkela ein mit deutscher und österreichischer Hilfe erbautes Stahlwerk.

29 Mi Österreich und die USA unterzeichnen ein Abkommen, wonach die Alpenrepublik das freie Verfügungsrecht über Mittel des Marshallplanes erhält.

30 Do In vielen Städten der Bundesrepublik demonstrieren Atomwaffengegner in sog. Ostermärschen gegen die Aufrüstung.

31 Fr Schriftsteller und Journalisten gründen in Dortmund die »Gruppe 61«, die sich künstlerisch mit der industriellen Arbeitswelt auseinandersetzen will.

12. April 1961

Der erste Mensch im All

Der Sowjetunion gelingt ein weiterer Erfolg in der Raumfahrt. Nach 108 Minuten geht der erste Flug eines Menschen im All zu Ende. Damit hat Moskau zum wiederholten Mal im prestigeträchtigen Wettlauf zum Mond gegenüber dem ideologischen Gegner USA die Nase vorn.
Der 27-jährige Kosmonaut Juri Gagarin landet nach seinem Flug wohlbehalten in der Nähe von Saratow an der Wolga. Fallschirme bremsten den Landeanflug der Raumkapsel ab. Um 9.07 Uhr Moskauer Zeit war Gagarin mit dem 4725 kg schweren Raumschiff »Wostok« von der Erde abgehoben. Er umrundete den blauen Planeten auf einer elliptischen Bahn und einer Entfernung zwischen 175 und 327 km. Die Erdumrundung dauerte nur 89,1 Minuten. Während des Fluges stand Gagarin in ständigem Funkkontakt mit der sowjetischen Kontrollstation. Fernsehkameras, die im Raumschiff installiert worden waren, übertrugen live Bilder aus dem All. Laufend kommentierte der Luftwaffenmajor seine Eindrücke: »Der Himmel sieht sehr dunkel aus und die Erde bläulich.« Als ihn der sowjetische Partei- und Regierungschef Nikita S. Chruschtschow nach der Rückkehr zur Erde anruft, berichtet Gagarin: »Ich konnte Seen, Berge, große Städte, Flüsse und Wälder erkennen.« Noch am Tag der Landung finden in Moskau und anderen Städte der Sowjetunion Freudenkundgebungen statt. Chruschtschow gratuliert Gagarin zu seiner »historischen Tat«. Aus aller Welt treffen Glückwunschtelegramme ein. Noch im gleichen Jahr startet Moskau ein zweites bemanntes Raumschiff. »Wostok 2« bringt am 6. August den Kosmonauten German S. Titow in eine Erdumlaufbahn. Titow ist der erste Mensch, der mehr als 24

EXTRABLATT
Proletarier aller Länder vereinigt euch!
NEUES DEUTSCHLAND
ORGAN DES ZENTRALKOMITEES DER SOZIALISTISCHEN EINHEITSPARTEI DEUTSCHLANDS
Sowjetmajor J. A. Gagarin
Erster Mensch im Weltraum
Kommunismus verwirklicht kühnste Träume der Menschheit
Raumschiff „Wostok" glücklich gelandet
TRIUMPH
Die historische Nachricht
Der Siegeszug ins All
Erste Meldungen aus dem Weltraum
Alle Welt blickt
Moskau 10.02 Uhr

Oben: Eine Sonderausgabe der DDR-Zeitung »Neues Deutschland« preist den Erfolg des »großen Bruders«. Rechts v.l.: Die Kosmonauten Gagarin und Tereschkowa in New York

18. März 1961

Strauß wird CSU-Chef

Bundesverteidigungsminister Franz Josef Strauß (s. Abb.) wird Vorsitzender der Christlich-Sozialen Union (CSU). Mit 45 Jahren ist Strauß der bisher jüngste Vorsitzende der Partei und gleichzeitig der Erste, der ein Ministeramt innehat. Er übernimmt den Vorsitz von Hanns Seidel, der aus Krankheitsgründen zurücktreten muss. Der CSU-Vorsitz verstärkt die Diskussion über eine eventuelle Kanzlerkandidatur von Strauß. Diese kann jedoch nicht ohne die nötige Unterstützung aus der Schwesterpartei CDU durchgesetzt werden. Die Sozialdemokraten kritisieren die zusätzliche Übernahme des Parteivorsitzes durch Strauß wegen der erheblichen Machtfülle, die ihm dadurch zufällt.

24. April 1961

Die »Wasa« wird gehoben

Mit einer spektakulären Bergungsaktion hebt ein wissenschaftliches Team das Wrack der »Wasa« aus dem Stockholmer Hafen. Das Flaggschiff des schwedischen Königs Gustav Adolf war vor 333 Jahren, am 10. August 1628, bei seiner Jungfernfahrt gekentert und gesunken. Mit der Bergung endet ein Projekt, das bereits vor sieben Jahren begonnen worden war. Damals war es gelungen, die Reste des Unglücksschiffes ausfindig zu machen. Am 20. August 1959 begannen die Bergungsarbeiten. Zunächst musste das Wrack von den Schlammschichten befreit werden, die sich im Laufe der Jahrhunderte auf ihm abgelagert hatten. Die mehrjährigen Arbeiten wurden unter strengen Vorsichtsmaßnahmen durchgeführt. Experten vermuten in dem Schiffsrumpf Gegenstände von hoher kulturgeschichtlicher Bedeutung und beobachten die Bergung der »Wasa« äußerst gespannt. Der Rumpf des Schiffes, 50 m lang, über 10 m breit und 14 m hoch, wird in ein Trockendock transportiert. Dort werden eingehende Untersuchungen eingeleitet.

Juri Alexejewitsch Gagarin

sowjetischer Kosmonaut, * 9.3.1934 Kluschino bei Smolensk; † 27.3.1968 Nowosjolowo bei Moskau

Gagarin ist der erste Mensch im Weltraum. Seine Pioniertat wird in der Sowjetunion, aber auch in vielen anderen Staaten der Welt als Sieg des Sozialismus gefeiert. Der Luftwaffenmajor – verheiratet, zwei Kinder – hatte zunächst eine Ausbildung zum Gießer absolviert und anschließend am Industrietechnikum in Saratow studiert. 1955 schloss er sein Studium mit Auszeichnung ab. In Saratow besuchte Gagarin die ersten Flugkurse. Nach erfolgreichen Prüfungen wurde er Pilot der sowjetischen Luftflotte. 1968 kommt der berühmte Kosmonaut bei einem Flugzeugabsturz ums Leben.

- 1957: Pilot der sowjetischen Luftflotte
- 1960: Eintritt in die Kommunistische Partei
- 1961: Flug ins All

Stunden im All verbringt. Nach einem Flug von 25:18 h kehrt auch er wohlbehalten zur Erde zurück. Die Sowjetunion feiert in den folgenden Jahren noch weitere Premieren in der Raumfahrt. 1963 fliegt Walentina W. Tereschkowa als erste Frau in den Weltraum. An Bord von »Wostok 6« unternimmt die 26-Jährige, Unterleutnant der Roten Armee, in drei Tagen insgesamt 48 Erdumkreisungen. Mit dem Raumflug von »Woschod 2« im Jahre 1965 gelingt der UdSSR ein spektakulärer Fortschritt in der Weltraumfahrt: Alexej A. Leonow verlässt das Raumschiff durch eine Luftschleuse und schwebt zehn Minuten lang bis zu 5 m von »Woschod 2« entfernt im All. Eine Fangleine verbindet ihn mit der Raumkapsel. Für die USA, die seit 1958 am Merkur-Programm für den bemannten Raumflug arbeiten, bedeutet der Flug Gagarins einen Rückschlag, ähnlich wie der Sputnik-Schock: Im Jahre 1957 gelang es den Sowjets mit »Sputnik 1« zum ersten Mal, einen Erdsatelliten in die Umlaufbahn zu bringen.

USA unter Erfolgsdruck

Nach dem spektakulären Erfolg der Sowjets sehen sich die Vereinigten Staaten in der Weltraumforschung erneut geschlagen. Vor der Presse erklärt US-Präsident John F. Kennedy, er sei es leid, »im Weltraum-Wettlauf mit der Sowjetunion an zweiter Stelle zu stehen.« Immerhin gelingt es den USA, schnell nachzuziehen. Schon am 5. Mai unternimmt mit Fregattenkapitän Alan B. Shepard zum ersten Mal ein US-Amerikaner einen Weltraumflug. In der Satellitenkapsel »Liberty 7« erreicht der 37-Jährige eine Höhe von 185 km. Bereits nach 15 Minuten wassert er etwa 486 km von Cape Canaveral entfernt in der Nähe der Bahamas. Die Höchstgeschwindigkeit der Kapsel betrug rd. 8800 km/h. Während des Fluges befand sich Shepard fünf Minuten lang im Zustand der Schwerelosigkeit. Im Unterschied zu Gagarin kann Shepard bei seinem Flug selbst die Bremsraketen zünden, während die Sowjets die Kapsel vom Boden aus dirigierten. Gagarin hat die Erde einmal komplett umrundet, Shepards Kapsel beschrieb nur eine ballistische Bahn.

Astronauten des US-Weltraumprogramms

17. April 1961

Invasion der Exilkubaner scheitert kläglich

Die USA blamieren sich mit einer desaströs verlaufenden Militäraktion auf Kuba vor der Weltöffentlichkeit, der kubanische Ministerpräsident Fidel Castro geht gestärkt aus dem Konflikt hervor. Eine vom US-Geheimdienst CIA unterstützte Invasion von Exilkubanern in der Schweinebucht scheitert an schlechter Organisation und am Widerstand der Castro-Truppen (Abb.: Zerschossener Kampfpanzer). In falscher Einschätzung der Lage auf Kuba hatte der CIA eine Revolte castrofeindlicher Truppen und das Überlaufen von Teilen der kubanischen Streitkräfte zur Rebellenarmee nach deren Landung vorausgesagt. Da die Invasoren jedoch auf heftigen Widerstand stoßen, bricht der Umsturzversuch nach drei Tagen zusammen. Die Invasion in der Schweinebucht war mit massiver Unterstützung der USA von langer Hand vorbereitet worden. US-Ausbilder trainierten kubanische Rebellen in speziellen Übungscamps. Eine von Kongressabgeordneten und pensionierten Staatssekretären geleitete US-Organisation rüstete die Invasoren mit Waffen und Munition aus. Zudem verstärkte das US-Verteidigungsministerium den an der kubanischen Küste gelegenen US-Militärstützpunkt Guantanamo.

Seit Castros Machtübernahme unterstützt Washington die Exilkubaner, weil die Beispielwirkung der kubanischen Revolution auf andere mittelamerikanische Staaten befürchtet wird. Damit würde der kommunistische Einfluss in dieser Region, die von den USA als wichtige Interessenssphäre betrachtet wird, wachsen. Offiziell distanziert sich die US-Regierung von der Aktion.

April 1961

1 Sa Portugal gibt die Bildung eines Freiwilligenkorps zur Verteidigung seiner überseeischen Besitzungen bekannt.

2 So Die Sozialkommission der Vereinten Nationen gibt bekannt, die Weltbevölkerung werde noch in diesem Jahr auf über 3 Mrd. Menschen anwachsen.

3 Mo In London versammeln sich 40 000 Atomwaffengegner zu einer Kundgebung. +++ In der Bundesrepublik treten die ersten Zivildienstleistenden ihre Arbeit an.

4 Di Zwischen spanischen Grenzwachen und marokkanischen Partisanen kommt es in der Spanischen Sahara zu einem Feuergefecht.

5 Mi Die Regierung der DDR teilt mit, sie wolle das demontierte S-Bahn-Netz um Berlin wieder zweigleisig ausbauen.

6 Do Durch Erlass des Innenministeriums wird in Köln ein Bundesinstitut für die Erforschung des Marxismus-Leninismus (»Sowjetologie«) gegründet.

7 Fr Die Volkswagen-Aktie wird erstmals im freien Börsenverkehr gehandelt. Ihr Kurs beträgt etwa das Siebenfache des Nennwertes.

8 Sa Der erste fugenlose Bau einer Straßendecke von mehr als 10 m Breite wird auf der Bundesstraße 38 bei Mannheim vorgeführt.

9 So Bei einer Brandkatastrophe auf dem britischen Passagierschiff »Dara« im Persischen Golf sterben 212 Menschen.

10 Mo Nepals König Mahendra hebt das traditionelle System der Verwaltung seines Landes durch Vasallenfürsten auf.

11 Di In Jerusalem beginnt der Prozess gegen den ehemaligen SS-Obersturmbannführer Adolf Eichmann, den Organisator der Judenvernichtung.

12 Mi Die Volkskammer der DDR beschließt das »Gesetzbuch der Arbeit«, das betriebliche Mitbestimmung und Streiks ausschließt. → Mensch im All

13 Do Portugals Diktator António de Oliveira Salazar bildet wegen der Unruhen in Angola sein Kabinett um und übernimmt selbst das Verteidigungsressort.

14 Fr Die zweite europäische Kultusministerkonferenz endet in Hamburg mit der Forderung, in Schulen mindestens eine Fremdsprache zu unterrichten.

15 Sa Maschinen rebellierender Einheiten der kubanischen Luftwaffe bombardieren eigene Flughäfen. Regierungschef Fidel Castro ordnet die Mobilmachung an.

16 So Die Deutsche Partei und der Gesamtdeutsche Block/Bund der Heimatvertriebenen und Entrechteten fusionieren zur Gesamtdeutschen Partei (GDP).

17 Mo In der Grugahalle finden zum dritten Mal die Essener Jazztage statt. Mitwirkende sind u.a. Thelonius Monk und Kenny Clarke. → Invasion

18 Di Bundeskanzler Konrad Adenauer kehrt aus den USA zurück. Präsident John F. Kennedy hatte das Verteidigungsversprechen erneuert.

19 Mi Die Regierung Brasiliens teilt mit, sie befürchte einen Zerfall Lateinamerikas in einen Pro- und einen Anti-Castro-Block.

20 Do Angesichts der gescheiterten Gegenrevolution in Kuba erklärt US-Präsident John F. Kennedy, er wolle die Insel nicht den Kommunisten überlassen.

21 Fr Im größten Geldfälscherprozess der Bundesrepublik werden in Osnabrück die drei Angeklagten zu Haftstrafen bis zu zweieinhalb Jahren verurteilt.

22 Sa In der Kolonie Algerien beginnt ein Putsch französischer Generäle gegen die Regierung des Mutterlandes Frankreich.

23 So Über den Rundfunksender UKW-West werden erstmals deutsche Kraftfahrer über Verkehrsstaus in Erholungsgebieten und auf Autobahnen informiert.

24 Mo Institute für Lufthygiene und die Landesanstalt für Bodennutzungsschutz beginnen Untersuchungen zur Luftverschmutzung im Ruhrgebiet. → »Wasa«

25 Di Bundeskanzler Konrad Adenauer lehnt auf dem Kölner CDU-Parteitag jede Zusammenarbeit mit den Sozialdemokraten ab.

26 Mi Der Putsch der französischen Generäle in Algerien bricht zusammen. Anführer Maurice Challe stellt sich den französischen Behörden.

27 Do Die erste Phase des niederländischen Deltaplanes wird abgeschlossen: Das Veersche Gatt in der Provinz Seeland ist nun gegen das Meer abgeriegelt.

28 Fr Das belgische Königspaar trifft zu einem Besuch in Bonn ein. Dies wird als ein Zeichen der Bereitschaft gewertet, sich mit Deutschland zu versöhnen.

29 Sa In Laos setzen pro-kommunistische Truppen der Pathet-Lao-Bewegung ihre Offensive fort. Die SEATO-Staaten beginnen mit einem Flottenmanöver.

30 So Mit 5000 Ausstellern wird die Hannover-Messe als größte Industriemesse der Welt eröffnet. Sie dauert bis zum 9. Mai.

Mai 1961

1 Mo Der kubanische Ministerpräsident Fidel Castro kündigt auf einer Kundgebung in Havanna den Umbau Kubas zu einem sozialistischen Staat an.

2 Di Auf Mallorca wird erstmals der von Verlegern gestiftete Prix Formentor für unveröffentlichte Werke weniger bekannter Schriftsteller vergeben.

3 Mi Zum zweiten Mal binnen 48 Stunden kommt es in Teheran zu Kämpfen zwischen protestierenden Studenten und Lehrern mit der Polizei.

4 Do Der Bundestag verabschiedet gegen die Stimmen von SPD und FDP das Sozialhilfegesetz, das das Fürsorgegesetz aus dem Jahre 1924 ablöst.

5 Fr Alan B. Shepard ist der erste US-Amerikaner im Weltraum. Sein Flug in der Raumkapsel »Liberty 7« dauert insgesamt nur 15 Minuten.

6 Sa Die Berliner SPD wählt Willy Brandt, den Regierenden Bürgermeister der Stadt, mit 225 gegen 21 Stimmen erneut zu ihrem Vorsitzenden.

7 So Im englischen Cup-Finale im Londoner Wembley-Stadion siegt der englische Meister Tottenham-Hotspur mit 2:0 gegen Leicester City.

8 Mo In Oslo beginnt eine Tagung des NATO-Ministerrates. Gleichzeitig wird eine Außenministerkonferenz zur Deutschlandfrage abgehalten.

9 Di Die Außenminister der drei Westmächte erteilen Sowjetchef Nikita S. Chruschtschow in seinem Drängen auf eine Berlin-Konferenz eine klare Absage.

10 Mi Mit 2:1 besiegt in West-Berlin die deutsche Fußball-Nationalmannschaft im Qualifikationsspiel für die Weltmeisterschaft 1962 die Auswahl Nordirlands.

11 Do Ein Sieg gegen Michail N. Tal entscheidet die Schachweltmeisterschaft zugunsten des Herausforderers Michail M. Botwinnik (beide UdSSR).

12 Fr Der FDP-Vorsitzende Erich Mende erklärt in Hamburg, eine Koalition mit der SPD nach der Bundestagswahl sei undenkbar.

13 Sa US-Schauspieler Gary Cooper, bekannt u.a. durch den Film »Zwölf Uhr mittags«, stirbt sechs Tage nach seinem 60. Geburtstag in Hollywood an Krebs.

14 So Rassenfanatiker zünden einen Autobus an, in dem Schwarze und Weiße gemeinsam nach Anniston im US-Bundesstaat Alabama fahren wollten.

15 Mo Die UdSSR droht mit dem Abbruch der Genfer Konferenz zur Rüstungsbeschränkung, falls ein NATO-Staat weitere Atomtests durchführen sollte.

16 Di In Genf beginnt die Konferenz über einen Waffenstillstand in Laos. +++ In Polen wird Ministerpräsident Józef Cyrankiewicz wiedergewählt.

17 Mi Bei dem NATO-Manöver »Wolf orange« kommen auf Borkum vier Bundeswehrsoldaten ums Leben, als ein Schwimmwagen bei der Verladung versinkt.

18 Do Kuba bietet den USA an, die gefangenen Beteiligten der Schweinebucht-Invasion gegen eine Lieferung von 500 Traktoren freizulassen.

19 Fr Am Schlossparktheater in West-Berlin wird »Wände überall« uraufgeführt, ein Schauspiel des französischen Schriftstellers Jean Genet.

20 Sa Bei einem Besuch in Bonn fordert Frankreichs Präsident Charles de Gaulle die Einbeziehung der Landwirtschaft in den Gemeinsamen Markt (EWG).

21 So Der Versuch des kambodschanischen Prinzen Sihanuk, die Führer der zerstrittenen Parteien in Laos nach Genf zu holen, scheitert. → Rassenunruhen

22 Mo Südkoreas Staatsbedienstete müssen künftig auch an Sonn- und Feiertagen arbeiten, beschließt die Militärregierung des Landes.

23 Di Bei seinem Besuch in Rom nennt Dänemarks Ministerpräsident Viggo Kampmann seine Bedingungen für einen EWG-Beitritt. → Globke

24 Mi Der ehemalige Abteilungsleiter Straßenbau des Bundesverkehrsministeriums, Hermann Kunde, wird in Bonn wegen passiver Bestechung verurteilt.

25 Do Die Innenminister der Länder erklären die Organisationen der sog. Ludendorff-Bewegung für verfassungsfeindlich und ordnen deren Auflösung an.

26 Fr US-Präsident John F. Kennedy schlägt dem Kongress die Bildung eines Amtes für Auslandshilfen und die Kreditaufnahme für ein Hilfsprogramm vor.

27 Sa Als erste Mannschaft gewinnt der FC Florenz den Fußballeuropapokal der Pokalsieger. Das Spiel gegen die Glasgow Rangers endet 2:1 (Hinspiel 2:0).

28 So Das 1000-km-Rennen auf dem Nürburgring findet bei Schneeregen und eisigem Wind statt. Sieger wird etwas überraschend das Maserati-Team.

29 Mo Auf der Drei-Mächte-Konferenz in Genf kommen Großbritannien und die USA der UdSSR in Fragen der Atomversuchs-Kontrolle entgegen.

30 Di Ein düsengetriebenes Verkehrsflugzeug vom Typ DC-8 stürzt beim Anflug auf Lissabon mit 62 Menschen an Bord ab.

31 Mi In Pretoria wird die Republik Südafrika proklamiert. +++ In der Bundesrepublik gab es im letzten Jahr 3502 Millionäre, meldet das Bundesfinanzministerium.

Ein Bus der sog. Freiheitsfahrer wird von weißen Rassisten gestoppt und in Brand gesetzt.

21. Mai 1961

Rassenunruhen in USA

Die Vereinigten Staaten werden von Rassenkrawallen erschüttert. Die von John F. Kennedy geführte Regierung greift zum ersten Mal mit energischen Maßnahmen in den Konflikt ein und löst eine Kontroverse zwischen Bundes- und Einzelstaatsbehörden aus. Durch ihr schnelles Eingreifen in Alabama macht die Kennedy-Regierung klar, dass sie es mit dem Kampf gegen die Rassenschranken ernst meint. Anlass der Krawalle sind die Aktionen der sog. Freiheitsfahrer, die Mitglieder des New Yorker Kongresses für Rassengleichheit sind. Die weißen und schwarzen Freiheitsfahrer wollen bei einer Busfahrt im Süden gemeinsam in allen Gaststätten an Busstationen, in denen die Rassentrennung praktiziert wird, gewaltfrei protestieren.

Ort der Unruhen ist Montgomery, die Hauptstadt des US-Bundesstaates Alabama. Die Krawalle beginnen am 20. Mai, als einige Freiheitsfahrer von weißen Rassisten verprügelt werden. Am folgenden Tag weiten sich die Unruhen aus. Mehrere hundert Weiße rotten sich vor einer Kirche in Montgomery zusammen, in der Schwarze um den Bürgerrechtler Martin Luther King versammelt sind. Die Bundespolizei, die gegen den Willen des Gouverneurs von Alabama nach Montgomery entsandt worden war, soll die Kirche vor den aufgebrachten Weißen schützen. Mit Tränengas geht sie gegen die Menge vor. Erst nach mehreren Stunden können die Teilnehmer des Gottesdienstes die Kirche ungefährdet verlassen. Justizminister Robert Kennedy, der die Entsendung von rd. 500 Bundesbeamten und Bundespolizisten nach Alabama angeordnet hatte, wirft Gouverneur John Patterson vor, er habe sich nicht an die Zusicherung gehalten, bei der angekündigten Ankunft eines Omnibusses mit Freiheitsfahrern für deren Sicherheit zu sorgen. Patterson, der sich nachdrücklich gegen die Einschaltung der Bundespolizei zur Wehr setzt, verwahrt sich gegen Kennedy und droht im Gegenzug mit der Festnahme von Bundespolizisten.

24. Juni 1961

Rekordmeister des deutschen Fußballs kommt aus Franken

Vor 82 000 Zuschauern gewinnt der 1. FC Nürnberg im Niedersachsenstadion von Hannover die Deutsche Fußballmeisterschaft. Das Endspiel gegen Borussia Dortmund entscheiden die Franken klar mit 3:0 für sich. Der »Club« erringt zum achten Mal die Meisterschale und ist damit Rekordhalter (Abb.: Max Morlock, r., mit der Trophäe). Schon in der sechsten Minute köpft Kurt Haseneder den Ball ins Dortmunder Tor. Heiner Müller gelingt in der 44. Minute das 2:0. Der Schiedsrichter erkennt ein Dortmunder Tor in der zweiten Halbzeit nicht an, da ein Foul vorausgegangen war. In der 67. Minute gelingt den Nürnbergern

der Treffer zum Endstand von 3:0. Torschütze ist diesmal Heinz Strehl. Trainer Herbert Widmayer hatte die Mannschaft des 1. FC Nürnberg erst zu Beginn der Meisterschaftsrunde übernommen.

13. Juni 1961

USA stützen Südvietnam

Die USA verstärken ihr Engagement in Südvietnam. Zur Unterstützung von dessen Regierung gegen den kommunistischen Vietcong treffen 70 US-Spezialisten für den Guerilla- und Dschungelkrieg in der Hauptstadt Saigon ein.
Seit der Teilung Vietnams in einen nördlichen und einen südlichen Teil regiert in Saigon der autoritäre Präsident Ngo Dinh Diem. Die Unterdrückung der Opposition, die weitgehende Kontrolle der Bevölkerung und der starke Einfluss der regierungstreuen Katholiken führten am 20. Dezember 1960 zur Vereinigung aller oppositionellen Gruppen in der Nationalen Front zur Befreiung des Südens (FNL). Die FNL wird durch die vor allem aus Bauern bestehende Guerilla des Vietcong – zumeist Bauern – unterstützt. Aber auch in den Städten wächst der Unmut über den despotischen Herrscher. US-Vizepräsident Lyndon B. Johnson hatte Ngo Dinh Diem im Mai eine Ausweitung der wirtschaftlichen und militärischen Hilfe zugesichert. Für die USA ist das antikommunistische Saigoner Regime ein wichtiges Demonstrationsobjekt für den Willen Washingtons, seinen Einfluss energisch zu verteidigen. Im Dezember unterstützen die USA den Diktator mit der Lieferung von 36 Hubschraubern und der Entsendung von 370 Soldaten nach Südvietnam.

Hans Globke

deutscher Jurist und Politiker, * 10.9.1898 Düsseldorf; † 13.2.1973 Bonn

Der Jurist gehört zu den umstrittensten Politikern der Adenauerzeit. Er leitet von 1953 bis 1963 als Staatssekretär das Bundeskanzleramt. Wegen seiner Mitwirkung an der Herausgabe eines Kommentars zu den Nürnberger NS-Rassegesetzen von 1935 sieht sich Globke Angriffen von SPD und FDP ausgesetzt. Mehrfach reicht er seine Entlassung ein, doch hält Adenauer an ihm fest. In einem Schauprozess verurteilt das DDR-Regime Globke 1963 in Abwesenheit zu einer lebenslangen Zuchthausstrafe.

- 1925: Stellvertretender Polizeipräsident von Aachen
- 1932: Beamter im Reichsinnenministerium
- 1950: Ministerialdirektor im Bundeskanzleramt
- 1963: Rücktritt

23. Mai 1961

Streit um Staatssekretär

Hans Globke, Staatssekretär im Bundeskanzleramt, wird von dem Verdacht freigesprochen, sich an Judenverfolgungen in Griechenland beteiligt zu haben. Damit enden sechsmonatige Ermittlungen, die die Bonner Oberstaatsanwaltschaft gegen Globke durchgeführt hatte. Der Staatssekretär war während des Zweiten Weltkriegs Kriegsverwaltungsrat im nordgriechischen Saloniki. Bundeskanzler Konrad Adenauer deckt seinen Mitarbeiter mit der Begründung, die Alliierten hätten Globkes politische Vergangenheit überprüft, außerdem habe er zahlreichen Juden zur Flucht verholfen.

3. Juni 1961

Kennedy trifft Chruschtschow

US-Präsident John F. Kennedy und der sowjetische Staats- und Parteichef Nikita S. Chruschtschow kommen in Wien zu ihrem ersten Gipfeltreffen zusammen (s. Abb.). Die beiden mächtigsten Männer der Welt ringen in vertraulichen Gesprächen um den zukünftigen Kurs der Weltpolitik. Kennedys Position ist durch die fehlgeschlagene Invasion in der kubanischen Schweinebucht geschwächt. Beratungen über die Fortsetzung von Atomtests und nuklearer Rüstung bleiben weitgehend ergebnislos.

Auch bei der Berlin-Frage erzielen die Staatsoberhäupter keine Einigung. Im Wesentlichen dient das Gipfeltreffen dem Meinungsaustausch und gegenseitigem Kennenlernen. Die Wiener Begegnung wird für die Öffentlichkeit als Treffen in lockerer Atmosphäre inszeniert. Die Staatsmänner überhäufen sich mit Komplimenten. Nahezu unbemerkt bleibt die gesundheitliche Beeinträchtigung Kennedys. Eine Kriegsverletzung am Rücken schränkt die Gehfähigkeit des US-Präsidenten in erheblichem Maße ein. Nach dem anstrengenden Gipfel muss Kennedy einige Zeit an Krücken gehen.

6. Juni 1961

Fernsehvielfalt durch ZDF

In Stuttgart unterzeichnen die Ministerpräsidenten der Bundesländer den Staatsvertrag über die Gründung des Zweiten Deutschen Fernsehens (ZDF). Damit erweitert sich die TV-Landschaft in der Bundesrepublik beträchtlich. Nach der ARD ist das in Mainz ansässige ZDF die zweite Fernsehanstalt mit öffentlich-rechtlichem Charakter.
Hauptaufgabe des neuen Senders soll es sein, einen Überblick über die deutsche Wirklichkeit und das Weltgeschehen zu vermitteln. Dem ZDF steht ein Intendant vor, der von den 66 Mitgliedern des Fernsehrates hinsichtlich der Gestaltungsrichtlinien beraten wird. Der Fernsehrat soll einstimmig von den Ministerpräsidenten der Länder berufen werden. Ein neunköpfiger Verwaltungsrat überwacht zusätzlich die Tätigkeit des Intendanten. Das ZDF soll mit der Ausstrahlung seines Programms am 1. Juli 1962 beginnen, doch wird die erste Sendung erst am 1. April 1963 ausgestrahlt. Zur Senderfinanzierung dienen Gebühren, die von den Fernsehteilnehmern ab 1. Juli 1962 gezahlt werden müssen. Gelder aus Werbeeinnahmen sollen einen weiteren Teil der Kosten decken. Wie die ARD ist auch das ZDF staatlichem Einfluss entzogen und untersteht nur einer beschränkten staatlichen Rechtsaufsicht. Im Februar 1961 hatte das Bundesverfassungsgericht Pläne von Bundeskanzler Konrad Adenauer über einen staatlich kontrollierten Sender abgelehnt.

Juni 1961

1 Do Der Diktator der Dominikanischen Republik, Rafael Leonidas Trujillo y Molina, stirbt an den Folgen eines Attentats.

2 Fr In Niedersachsen toben schwere Unwetter. Im Landkreis Göttingen erreicht die Leine – bei einem Normalstand von 1,10 m – die Marke von 2,65 m.

3 Sa Bundespräsident Heinrich Lübke legt in Recklinghausen den Grundstein für das neue Haus der 1946 gegründeten Ruhrfestspiele. → Kennedy

4 So Ein Kriegsgericht in Seoul spricht die ersten Todesurteile nach der Machtübernahme der Militärs in Südkorea. Drei Männer werden verurteilt.

5 Mo In der Dominikanischen Republik findet die Polizei den mutmaßlichen Mörder von Rafael Leonidas Trujillo y Molina und erschießt ihn.

6 Di In der Bundesrepublik wird zum zweiten Mal nach 1950 eine Volkszählung durchgeführt. Die Ergebnisse sollen im September 1963 vorliegen. → ZDF

7 Mi Der Weinbauminister von Rheinland-Pfalz Oskar Stübinger schlägt vor, die Tagesrationen der Bundeswehrsoldaten um 0,25 l Wein zu ergänzen.

8 Do Prinz Edward George, Herzog von Kent, heiratet in der Kathedrale von York in Anwesenheit des Königspaares seine Verlobte Catherine Worsley.

9 Fr Der Sicherheitsrat der Vereinten Nationen fordert Portugal auf, die Unterdrückung der Bevölkerung in der ehemaligen Kolonie Angola zu unterlassen.

10 Sa Südafrikas Regierung legt dem Parlament einen Gesetzentwurf vor, der die Abschaffung der Alkoholprohibition für Farbige vorsieht.

11 So Nach anhaltenden Regenfällen wird in mehreren Kreisen und Bezirken Sachsens und Thüringens Hochwasseralarm ausgerufen.

12 Mo Wegen des Mangels an Ausbildungsmöglichkeiten für Mediziner empfiehlt der Deutsche Wissenschaftsrat die Einrichtung von sieben neuen Akademien.

13 Di Wegen der Terroranschläge in Algerien werden die Verhandlungen in Evian über die Zukunft Algeriens auf unbestimmte Zeit unterbrochen. → Südvietnam

14 Mi Großbritanniens Verteidigungsminister Harold Watkinson lässt prüfen, ob die Vorräte der britischen Berlin-Truppen im Fall einer Krise ausreichen würden.

15 Do Die Frage, ob der Bau einer Mauer durch Berlin geplant sei, beantwortet DDR-Staatschef Walter Ulbricht auf einer Pressekonferenz mit »nein«.

16 Fr Vor einem Gastspiel in Paris bittet der sowjetische Balletttänzer Rudolf Nurejew auf dem Flughafen Le Bourget um politisches Asyl.

17 Sa In Kahl am Main geht der erste Kernreaktor der Bundesrepublik in Betrieb. +++ 24 Menschen sterben, als bei Ventry-le-François (Frankreich) ein Zug entgleist.

18 So Mit einem klaren Vorsprung von zehn Punkten wird Servette Genf vor den Young Boys Bern Schweizer Fußballmeister.

19 Mo Das seit 1899 unter britischem Protektorat stehende Emirat Kuwait wird unabhängig. Erstes Staatsoberhaupt ist Abdallah As Salim As Sabah.

20 Di Vier Mio. DM Schaden entstehen bei einem Großfeuer in einer Schuhfabrik bei Northeim. Die Produktionsstätte und das Lager werden fast ganz zerstört.

21 Mi Der sowjetische Regierungschef Nikita S. Chruschtschow kündigt für Ende 1961 den Abschluss eines Separatfriedens mit der DDR an.

22 Do Die Führer der drei verfeindeten Parteien in Laos einigen sich auf der Genfer Indochina-Konferenz auf die Bildung einer »Regierung der nationalen Einheit«.

23 Fr Die Nationalversammlung der Vereinigten Arabischen Republik billigt die Umwandlung der Al-Azahr-Moschee in Kairo zu einer modernen Universität.

24 Sa Für die U-Bahn-Anbindung des Westberliner Bezirks Tempelhof an den Fehrbelliner Platz stellt die Bundesregierung 225 Mio. DM bereit. → Rekordmeister

25 So Der Irak fordert die Eingliederung des unlängst selbstständig gewordenen Kuwait. Großbritannien und Jordanien protestieren.

26 Mo Eine heute veröffentlichte Bilanz der Badeunfälle vom vergangenen Wochenende ergibt sieben Todesfälle allein in Bayern.

27 Di Scheich Abdallah As Salim As Sabah verhängt über Kuwait den Ausnahmezustand und entsendet 6000 Soldaten an die irakische Grenze.

28 Mi Gegen die Stimmen von SPD und FDP verabschiedet der Bundestag das Familienrechts-Änderungsgesetz, mit dem Scheidungen erschwert werden.

29 Do Bundesdeutsche Familien mit einem Jahreseinkommen unter 7200 DM erhalten künftig monatlich für jedes zweite Kind 25 DM Kindergeld.

30 Fr Eine Verordnung, die die Sonntagsarbeit in der Stahl- und Eisenindustrie stark einschränkt, wird vom Bundesrat gebilligt.

Juli 1961

1 Sa Großbritannien und Saudi-Arabien beginnen mit der Entsendung von Truppen nach Kuwait, um eine drohende Annexion durch den Irak zu verhindern.

2 So Der US-Literaturnobelpreisträger Ernest Hemingway (»Der alte Mann und das Meer«) nimmt sich mit einem Jagdgewehr das Leben.

3 Mo Nach der Entmachtung des Führers des südkoreanischen Militärputsches, General Chang Do Yung, wird Park Chung Hee Alleinherrscher.

4 Di Bei den Filmfestspielen in Berlin erhält »Die Nacht«, ein Film des italienischen Regisseurs Michelangelo Antonioni, den »Goldenen Bären«.

5 Mi In Algerien kommen bei Zusammenstößen zwischen Moslems und den französischen Sicherheitskräften rd. 100 Menschen ums Leben.

6 Do Nordkorea und die Sowjetunion schließen in Moskau einen militärischen Freundschafts- und Beistandspakt »für den Fall eines fremden Angriffs«.

7 Fr Rod Laver (Australien) gewinnt das Tennisfinale in Wimbledon gegen Charles McKinley (USA) in drei Sätzen klar mit 6:3, 6:1 und 6:4.

8 Sa Nach 30-jähriger Einparteienherrschaft löst das erste öffentliche Auftreten einer Oppositionspartei in der Dominikanischen Republik Krawalle aus.

9 So Die Verfassung der Türkei als eines »nationalen, demokratischen Rechtsstaates« wird in einer Volksabstimmung mit 62% der Stimmen angenommen.

10 Mo In Norditalien und Südtirol werden Sprengstoffanschläge auf Zuglinien verübt. Italiens Regierung reagiert mit einem Visumzwang für Österreicher.

11 Di Die Funker der niederländischen Armee werden untersucht, weil in den Leuchtmarkierungen ihrer neuen Funkgeräte radioaktive Strahlung entdeckt wurde.

12 Mi Frankreichs Fremdenlegion nimmt wieder die Rekrutierung auf. Ihre Werbebüros waren nach dem Algerienputsch vorübergehend geschlossen worden.

13 Do Einheiten der sowjetischen Marine halten ein großes Manöver im Nordatlantik ab – nach Zeitungsberichten aus Oslo zwischen Island und Großbritannien.

14 Fr Papst Johannes XXIII. veröffentlicht seine Enzyklika »Mater et Magistra«, in der er soziale Gerechtigkeit für Arbeiter fordert.

15 Sa Das Deutsche Industrie-Institut teilt mit, dass etwa die Hälfte aller Erwerbstätigen in Deutschland die Vorzüge einer Fünftagewoche genießen.

16 So Radsportler Jacques Anquetil aus Frankreich gewinnt nach 1957 zum zweiten Mal in seiner Karriere die diesjährige Tour de France.

17 Mo Als Antwort auf ein sowjetisches Deutschlandmemorandum betonen die westlichen Siegermächte, dass Berlin nicht auf dem Territorium der DDR liege.

18 Di Österreich meldet das Südtirol-Problem als Tagesordnungspunkt für die nächste Generalversammlung der Vereinten Nationen in New York an.

19 Mi Der DGB teilt mit, trotz des Prinzips »gleicher Lohn für gleiche Arbeit« würden in vielen bundesdeutschen Betrieben Frauen benachteiligt.

20 Do Nach langen Beratungen wird der Ölstaat Kuwait in die Arabische Liga aufgenommen. Der Irak verlässt daraufhin die Versammlung.

21 Fr Auf einer schwimmenden Bühne beginnen auf dem Bodensee die Bregenzer Festspiele mit einer Aufführung der Strauß-Oper »Der Zigeunerbaron«.

22 Sa Wegen einer erhöhten Konzentration von Kolibakterien im Wasser lässt die Stadtverwaltung Ludwigshafen das einzige Rheinstrandbad der Stadt schließen.

23 So 90 000 Menschen wohnen der Abschlusskundgebung des 10. Deutschen Evangelischen Kirchentages im Olympiastadion in West-Berlin bei.

24 Mo Ein Gericht in Johannesburg (Südafrika) verurteilt einen britischen Offizier und eine farbige Tänzerin wegen »Rassenschande« zu sechs Monaten Haft.

25 Di US-Präsident John F. Kennedy gibt bekannt, dass er die Aufrüstung der konventionellen Truppen der US-Armee beschleunigen werde.

26 Mi In Salzburg beginnen die diesjährigen Festspiele, bei denen u.a. »Das Bergwerk zu Falun«, eine Oper von Rudolf Wagner-Régeny, uraufgeführt wird.

27 Do Der Bremer Automobilhersteller Borgward Werke AG entlässt 16 000 Mitarbeiter und beantragt ein Vergleichsverfahren.

28 Fr In Bremerhaven läuft das größte Schiff der deutschen Handelsflotte, der 50 000 t schwere Turbinentanker »Egmont«, vom Stapel.

29 Sa Nach dem Abbruch der französisch-algerischen Verhandlungen am Vortag kommt es in beiden Ländern zu Terrorakten.

30 So Bei Mühlwald in Südtirol sprengen Attentäter zwei Hochspannungsmasten. Nach Polizeiangaben verwendeten sie dabei Zeitzünderbomben.

31 Mo Die Volkswagen AG kündigt technische Verbesserungen beim »Käfer« an. Er soll serienmäßig Tankuhr, Lenkradschloss und eine Gurtvorbereitung erhalten.

13. August 1961

Ost-Berlin zementiert die deutsche Teilung

Die DDR beginnt mit der Errichtung der Mauer in Berlin. Grenzpolizisten und Betriebskampfgruppen riegeln die Grenzen zwischen dem Westen und dem Osten der Spreemetropole sowie zwischen den drei Westsektoren und der DDR mit Stacheldraht und Sperrzäunen ab. Die Bevölkerung und die Weltöffentlichkeit reagieren mit Fassungslosigkeit.

Das Bild des in letzter Minute in den Westen flüchtenden DDR-Volkspolizisten geht um die Welt.

In Berlin werden von den 81 Übergangsstellen 69 geschlossen. Bewohner der DDR und Ost-Berlins dürfen sie nur noch mit besonderer Genehmigung passieren. Nachdem am 14. August das Brandenburger Tor zum Westen hin abgeriegelt wird, werden am 15. August erstmals Betonplatten zur Absperrung verwendet: Der Bau der eigentlichen Mauer beginnt. Tausende von Ostberlinern und DDR-Bürgern versuchen, noch im letzten Moment in den Westen zu fliehen. Nach Abriegelung der Sektorengrenze zwischen Ost- und West-Berlin ist für die DDR-Bevölkerung der letzte freie Zugang zum Westen versperrt. Seit 1949 hatten aufgrund der politischen und wirtschaftlichen Verhältnisse jährlich Hunderttausende die DDR verlassen. Als 1952 die Grenze zur Bundesrepublik geschlossen wurde, bot Berlin nahezu die einzige Fluchtmöglichkeit. Der Viermächtestatus garantierte Freizügigkeit innerhalb der Stadtgrenzen. Die Führung der Sowjetunion sah in West-Berlin einen Störfaktor bei der Konsolidierung ihres Machtbereichs. 1958 kündigte sie einseitig den Viermächtestatus und forderte die Vertreter der Westmächte auf, die Stadt binnen sechs Monaten zu verlassen. Berlin sollte in eine »entmilitarisierte, freie Stadt« umgewandelt werden. Die DDR-Regierung musste aufgrund ständig steigender Flüchtlingszahlen ein Ausbluten ihres Staates fürchten. SED-Chef Walter Ulbricht drängte angesichts der Situation auf eine gewaltsame Lösung der Berlinfrage. Der sowjetische Ministerpräsident Nikita S. Chruschtschow lehnte dies jedoch ab, weil er wegen der Spannungen zwischen der UdSSR und China keine direkte Konfrontation mit den USA riskieren wollte. US-Präsident John F. Kennedy erläuterte im Juli im Fernsehen den außenpolitischen Kurs seiner Regierung. Für Berlin garantierte er die Präsenz der Westmächte, den freien Zugang zur Stadt und die Freiheit und Lebensfähigkeit der Bewohner West-Berlins. Damit gab er jedoch auch zu verstehen, dass sich die US-Garantien nur auf West-Berlin erstreckten. Als sich vom 3. bis 5. August die Generalsekretäre der kommunistischen Parteien der Warschauer-Pakt-Staaten in Moskau trafen, gaben sie grünes Licht für den Bau der Mauer.

Flüchtlingsströme 1949-62

Jahr	DDR-Flüchtlinge
1949	129 245
1950	197 788
1951	165 648
1952	182 393
1953	331 390
1954	184 198
1955	252 870
1956	279 189
1957	261 622
1958	204 092
1959	143 917
1960	199 188
1961	207 026
1962	21 356

Westberliner Demonstranten sind verbittert über die zurückhaltende Reaktion von Kanzler Konrad Adenauer.

Fast 30 Jahre lang zieht sich die Mauer durch Berlin (Blick auf das Brandenburger Tor).

USA machen Westberlinern Mut

Die Sperrmaßnahmen kommen für die führenden Staatsmänner der westlichen Welt völlig unerwartet. Obwohl sich die Krise um Berlin im Sommer deutlich zugespitzt hatte, rechnete der Westen nicht mit derart einschneidenden Maßnahmen wie dem Bau einer Mauer. Bundesregierung und Berliner Senat appellieren am 14. August an die empörte Bevölkerung, »in Ruhe der Herausforderung des Ostens zu begegnen und nichts zu unternehmen, was die Lage nur erschweren, nicht aber verbessern kann«. Erst zwei Tage nach dem Beginn der Grenzabriegelung protestieren die westalliierten Stadtkommandanten. Sie bezeichnen die Sperrmaßnahmen als eine Verletzung des Viermächtestatus' der Stadt und fordern die Aufhebung der Abriegelung. Willy Brandt, Regierender Bürgermeister von Berlin, fordert in einem Schreiben an US-Präsident John F. Kennedy eine entschlossene Haltung der Westmächte in der Berlin-Frage. Die USA, Frankreich und Großbritannien richten am 17. August eine offizielle Protestnote an die Sowjetunion, die 24 Stunden später formell von der Moskauer Regierung zurückgewiesen wird. Daraufhin kündigen Großbritannien und Frankreich eine Verstärkung ihrer Truppen in der Bundesrepublik an. Bundeskanzler Konrad Adenauer zögert einen Besuch in West-Berlin bis zum 22. August hinaus, da er den Bundestagswahlkampf nicht unterbrechen will. Dieses späte Erscheinen wird in West-Berlin mit Unmut aufgenommen und kostet Adenauer bei der Bundestagswahl viele Wählerstimmen.

US-Vizepräsident Lyndon B. Johnson (l.) besucht nach dem Mauerbau die geteilte Stadt.

Am 19. August trifft US-Vizepräsident Lyndon B. Johnson in Begleitung des ehemaligen US-Militärgouverneurs in Deutschland, Lucius D. Clay, auf dem Flughafen Tempelhof ein. Er überbringt eine Botschaft von US-Präsident John F. Kennedy, in der sich die Vereinigten Staaten verpflichten, die Freiheit West-Berlins und den Zugang zu der Stadt auch weiterhin zu gewährleisten. 500 000 Berliner bereiten Johnson auf seiner Fahrt zum Schöneberger Rathaus einen begeisterten Empfang. Am folgenden Tag empfängt der Vizepräsident eine 1500 Mann starke Kampfgruppe der US-Streitkräfte, die demonstrativ die Autobahn von Helmstedt nach Berlin benutzt hatte, um »Flagge zu zeigen«.

August 1961

1 Di Die DDR-Regierung kündigt Beschränkungen des innerdeutschen Reiseverkehrs an. +++ Irland beantragt die Aufnahme in die EWG.

2 Mi Die Stadt Wiesbaden will künftig in Neubaugebieten behelfsmäßige Schulpavillons aufstellen, um die Raumnot in den Schulen zu lindern.

3 Do Die Regierung der UdSSR übermittelt der Bundesregierung und den Westmächten Forderungen nach einem Friedensvertrag mit Deutschland.

4 Fr In Kanada zünden Wissenschaftler 100 t Dynamit. Die bislang wohl größte nichtatomare Explosion dient Forschungszwecken.

5 Sa DDR-Regierungschef Walter Ulbricht erhält von den Parteisekretären der Ostblockstaaten die Zustimmung zur Abriegelung der Fluchtwege in Berlin.

6 So Der Brite Stirling Moss gewinnt auf Lotus den »Großen Preis von Europa« auf dem Nürburgring vor Wolfgang Graf Berghe von Trips auf Ferrari.

7 Mo In einer Rundfunkrede kündigt der sowjetische Regierungschef Nikita S. Chruschtschow die Verstärkung der Streitkräfte an der Westgrenze an.

8 Di Die USA erhöhen die Zahl ihrer Kampfdivisionen von 14 auf 17. Die Meldungen von Freiwilligen hatten in den vergangenen Wochen stark zugenommen.

9 Mi 1926 DDR-Bürger fliehen über die innerdeutsche Grenze. Damit erreicht die Tagesquote für Flüchtlinge einen Höchststand.

10 Do Großbritanniens Schatzkanzler Selwyn Lloyd verfügt einen mindestens siebenmonatigen Gehaltsstopp für die 650 000 Beschäftigten des öffentlichen Dienstes.

11 Fr Bei einem Straßenbahnunglück in Stuttgart werden 23 Fahrgäste verletzt. Ein moderner Großraumwagen war aus der Kurve getragen worden.

12 Sa Der Ministerrat der DDR beschließt die Sperrung der Sektorengrenze um Berlin zur »Sicherung des europäischen Friedens« und »zum Schutz der DDR«.

13 So Filmkritiker nennen den am Vortag in Venedig uraufgeführten Streifen »Letztes Jahr in Marienbad« ein Schlüsselwerk der neuen Filmsprache. → Teilung

14 Mo Indiens Ministerpräsident Jawaharlal Nehru kündigt die Eingliederung der letzten portugiesischen Enklaven an der Westküste – Goa, Daman und Diu – an.

15 Di Aus Protest gegen die Abriegelung der deutsch-deutschen Grenze wird in vielen Betrieben der Bundesrepublik für zwei Minuten die Arbeit niedergelegt.

16 Mi Der Regierende Bürgermeister von Berlin, Willy Brandt, informiert US-Präsident John F. Kennedy in einem persönlichen Brief über die Lage in der Stadt.

17 Do Die drei Westmächte USA, Frankreich und Großbritannien fordern die Sowjetunion in Protestnoten auf, die Sperrmaßnahmen in Berlin zu beenden.

18 Fr Bundeskanzler Konrad Adenauer beschuldigt den DDR-Staatsratsvorsitzenden Walter Ulbricht der »Verbrechen gegen die Menschlichkeit«.

19 Sa Der US-Vizepräsident Lyndon B. Johnson besucht West-Berlin und bekräftigt in einer Ansprache die Sicherheitsgarantien der USA.

20 So Im Kreis Aschendorf im Emsland herrscht Alarmbereitschaft. Wegen eines Materialfehlers ist die Erdölleitung zwischen Wilhelmshaven und Köln gebrochen.

21 Mo Kubas Wirtschaftsminister Ernesto »Che« Guevara bittet den argentinischen Präsidenten Arturo Frondizi um Vermittlung im Konflikt mit den USA.

22 Di Schwedens Regierungschef Tage Erlander erklärt, dass sein Land aus Neutralitätsgründen nicht der Europäischen Wirtschaftsgemeinschaft beitreten werde.

23 Mi Die SPD löst nach der Schließung des Parteibüros in Ost-Berlin ihren dortigen Kreisverband auf und entlässt die rund 6000 Mitglieder.

24 Do Großbritanniens Heeresministerium kündigt an, zur Stärkung der NATO-Kontingente im September ein Regiment in die Bundesrepublik zu verlegen.

25 Fr Vor 2000 Ehrengästen eröffnet Bundeswirtschaftsminister Ludwig Erhard in der Westberliner Deutschlandhalle die 22. Rundfunk- und Fernsehmesse.

26 Sa US-Vizepräsident Lyndon B. Johnson schlägt den Regierungschefs von Frankreich und Großbritannien vor, zu offiziellen Besuchen nach West-Berlin zu kommen.

27 So Nach dem Rücktritt des bisherigen Staatspräsidenten Jânio da Silva Quadros kommt es in Brasilien zu Machtkämpfen um seine Nachfolge.

28 Mo Das südkoreanische Revolutionsgericht verurteilt drei Journalisten zum Tode, weil sie in ihren Artikeln die Kommunisten unterstützt hätten.

29 Di Rudi Altig gewinnt die Weltmeisterschaft der Berufsradfahrer im 5000-m-Verfolgungsfahren. +++ Ein Seilbahnunglück bei Chamonix fordert neun Tote.

30 Mi 90% der Westberliner S-Bahn-Benutzer boykottieren die unter Ostberliner Betriebshoheit fahrenden S-Bahnen in den Westsektoren.

31 Do Die Sowjetunion beschließt die Wiederaufnahme von Atomtests. +++ Hochspringer Waleri Brumel (UdSSR) verbessert seinen Weltrekord in Sofia auf 2,25 m.

September 1961

1 Fr Auf einer Wahlkampfkundgebung der CDU in Hannover fordert Bundeskanzler Konrad Adenauer die Ausrüstung der Bundeswehr mit Atomwaffen.

2 Sa In Noten an die drei westlichen Siegermächte beanstandet die Sowjetunion den Missbrauch der Luftkorridore nach Berlin zur Einschleusung von Spionen.

3 So Die Berliner Funkausstellung geht zu Ende. Insgesamt hatten sich 400 000 Interessierte aus dem In- und Ausland auf der Messe informiert.

4 Mo Obwohl die Sowjetunion weitere Versuchsreihen angekündigt hat, nimmt sie an der Genfer Konferenz über die Einstellung von Atomtests teil.

5 Di Nachdem bekannt wurde, dass die Sowjetunion im September schon drei Atomsprengköpfe gezündet hat, kündigen auch die USA weitere Tests an.

6 Mi Das Statistische Bundesamt teilt mit, dass der Konsum von Genussmitteln in der Bundesrepublik stark zugenommen habe. → Blockfreie

7 Do Der brasilianische Präsident João Belchior Marques Goulart tritt sein Amt an. Er plant eine Demokratisierung des südamerikanischen Landes.

8 Fr Auf der Fahrt von Paris zu seinem Landsitz in Colombey-les-deux-Eglises entgeht Frankreichs Präsident Charles de Gaulle knapp einem Attentat.

9 Sa Die US-Marine stellt mit dem 216 m langen Kreuzer »Long Beach« das erste Überwasserkriegsschiff mit Atomantrieb in Dienst.

10 So Bei einem Flugzeugabsturz nahe Shannon (Irland) sterben 83 Menschen, darunter 65 deutsche Landwirte, die zu einer Tagung flogen. → Trips

11 Mo Zur Stärkung der Westberliner Wirtschaft erhöht die Bundesregierung ihre Zuschüsse um 500 Mio. auf insgesamt 1,1 Mrd. DM. → Borgward

12 Di Die Bundesregierung beschließt, die Truppenstärke der Bundeswehr u.a. durch weitere Einberufungen auf 350 000 Mann zu erhöhen.

13 Mi Werder Bremen gewinnt in Gelsenkirchen vor 20 000 Zuschauern den DFB-Pokal mit einem 2:1-Sieg über den 1. FC Kaiserslautern.

14 Do Zwei Bundeswehrjets verfliegen sich und landen wegen Treibstoffmangels in West-Berlin. Die Sowjetunion droht für den Wiederholungsfall mit Abschuss.

15 Fr Ein türkisches Sondergericht verurteilt Ex-Ministerpräsident Adnan Menderes und Ex-Präsident Celâl Bayar wegen Verfassungsverstößen zum Tode.

16 Sa Der neue algerische Ministerpräsident Jusuf ibn Chidda fordert die Souveränität über die Sahara, bevor weitere Gespräche mit Frankreich stattfinden.

17 So In der DDR finden Kommunalwahlen statt. Sie enden mit dem programmierten Erfolg der SED, deren Stimmanteil fast bei 100% liegt. → CDU

18 Mo Der Generalsekretär der Vereinten Nationen Dag Hammarskjöld verunglückt in der Nacht bei einem Flugzeugabsturz in Nordrhodesien tödlich.

19 Di Im Deutschen Schauspielhaus in Hamburg wird »Zeit der Schuldlosen«, ein Stück des Schriftstellers Siegfried Lenz, uraufgeführt.

20 Mi Der DDR-Staatsratsvorsitzende Walter Ulbricht wird durch ein Gesetz ermächtigt, formlos den Verteidigungsfall auszurufen.

21 Do Anhaltende Trockenheit führt in Wien zu einer kritischen Lage der Trinkwasserversorgung. Wasserverschwendung wird mit Geldbußen bestraft.

22 Fr Österreichs Außenminister Bruno Kreisky und sein italienischer Kollege Antonio Segni einigen sich in New York auf einen »Burgfrieden« in der Südtirolkrise.

23 Sa Auf einem Versuchsgelände in Kalifornien wird eine Interkontinentalrakete der USA automatisch positioniert, gestartet und in ein Zielgebiet geführt.

24 So Als Höhepunkt der 11. Berliner Festwochen wird die Deutsche Oper in West-Berlin mit einer Aufführung von Mozarts »Don Giovanni« feierlich eröffnet.

25 Mo In West-Berlin konstituiert sich der Stiftungsrat der Stiftung Preußischer Kulturbesitz und beschließt den Ausbau des Dahlemer Museums in zwei Abschnitten.

26 Di Der frühere französische Regierungschef Pierre Mendès-France erklärt, nur ein Rücktritt seines Nachfolgers Charles de Gaulle verhindere einen Bürgerkrieg.

27 Mi In New York werden Verhandlungen der Außenminister der USA und der Sowjetunion zur Berlin-Frage weitergeführt. Ergebnisse werden nicht bekannt.

28 Do Als vierte Bochumer Schachtanlage wird die Zeche Engelsburg stillgelegt. +++ In Jülich wird die neue Kernforschungsanlage eingeweiht.

29 Fr Die Bundesregierung erklärt, sie lehne eine atomwaffenfreie Zone und den Abzug ausländischer Truppen aus der Bundesrepublik weiterhin ab.

30 Sa In Frankfurt am Main geht die 40. Internationale Automobilausstellung zu Ende. Eine Attraktion war der neue Volkswagen 1500.

11. September 1961

Borgward macht Konkurs

Mit der Bremer Firma Borgward meldet einer der renommiertesten Automobilhersteller der Bundesrepublik Konkurs an. Das Unternehmen steht vor einem Schuldenberg von rd. 500 Mio. DM. Bereits seit Juli hatte es Massenentlassungen gegeben. Rd. 16 000 Beschäftige mussten das Unternehmen verlassen. Damit enden die letzten Rettungsversuche für die Automobilfirma. Der Bremer Senat hatte noch im Februar 50 Mio. DM zur Verfügung gestellt, um eine wirtschaftliche Wende zu erwirken. Der Erfolg stellte sich jedoch nicht mehr ein. Innerhalb der nächsten drei Jahre sollen die Werke liquidiert werden. Lediglich im Bremer Goliath-Werk können rd. 1000 Beschäftigte vorerst weiter Ersatzteile herstellen. Zu den bekanntesten Borgward-Modellen der Nachkriegszeit gehören der sog. Leukoplastbomber Lloyd 300, die wegen ihrer Form gerühmte »Isabella« (Abb.: Isabella-Coupé von 1961) sowie der »Borgward Hansa«.

21. Oktober 1961

Nasser reformiert Ägypten

Der ägyptische Staatspräsident Gamal Abd el Nasser holt zu einem Schlag gegen die Oberschicht seines Landes aus: Er lässt 40 einflussreiche Personen verhaften und 167 enteignen. Damit will der Präsident seine Reformpolitik schützen, die laut offizieller Propaganda vor allem dem Wohl der ärmeren Bevölkerungsschichten auf dem Land, den Fellachen, dienen soll (Abb.: Fellachen vor der Stufenpyramide von Sakkara). Nasser befürchtet, dass das Besitzbürgertum seinen »arabischen Sozialismus« zu Fall bringen könnte. Die harte Enteignungspolitik des Staatsoberhaupts stößt jedoch auf den Widerstand nicht nur der Oberschicht: Auch die konservative moslemische Geistlichkeit fühlt sich durch die Reformpolitik Nassers herausgefordert. Dieser hatte seine Maßnahmen bereits am 16. Oktober in einer Radioansprache angekündigt.

17. September 1961

CDU verliert Stimmen

Bei den Wahlen zum vierten Deutschen Bundestag verliert die CDU/CSU ihre absolute Mehrheit, bleibt jedoch stärkste Fraktion. SPD und FDP können erhebliche Gewinne verbuchen, während die Gesamtdeutsche Partei (GDP), die bislang 17 Abgeordnete stellt, an der 5%-Klausel scheitert. Damit gibt es im Parlament erstmals nur noch vier Parteien.
Bei einer Wahlbeteiligung von 87,7% entscheiden sich 45,3% der Wähler für die Unionsparteien CDU und CSU. Die SPD erhält 36,2%, die FDP 12,8% der Stimmen. Die SPD kann 45 Wahlkreise mehr gewinnen als bei den Wahlen von 1957. Erfolge erzielen die Sozialdemokraten vor allem in Hessen. Von den 21 Wahlkreisen können sie 18 direkt gewinnen. Erhebliche Gewinne verzeichnen auch die Freien Demokraten, vor allem in Niedersachsen. Dabei erhalten sie zumeist mehr Zweitstimmen als Erststimmen. Nach der Wahl bemüht sich Bundeskanzler Konrad Adenauer um eine Koalition mit der FDP. Die Freien Demokraten haben jedoch im Wahlkampf angekündigt, sie wollten nur mit der CDU/CSU koalieren, wenn der neue Kanzler Ludwig Erhard heiße. Am 17. Oktober kündigt Adenauer an, er wolle nicht für die ganzen vier Jahre der Legislaturperiode im Amt bleiben. Er lehnt es aber ab, einen Termin festzulegen, an dem er seine Amtsgeschäfte übergeben will. Die Freien Demokraten erklären sich schließlich zu einer Koalition bereit. Am 7. November wird Adenauer mit 258 gegen 206 Stimmen zum vierten Mal zum Bundeskanzler gewählt, am 14. November kann das neue Kabinett in Bonn vereidigt werden.

10. Oktober 1961

Strom für die Transsib

Die Transsibirische Eisenbahn ist zum größten Teil auf elektrischen Antrieb umgestellt. Auf 5500 km der insgesamt 9300 km langen Strecke werden die Züge mit Strom versorgt. Die Transsibirische Eisenbahn (Transsib) gehört zu den längsten Gleisstrecken der Welt. Sie verbindet die sowjetische Hauptstadt Moskau mit Wladiwostok am Pazifik und ist von herausragender wirtschaftlicher und militärischer Bedeutung. Zar Alexander III. hatte den Bau der Eisenbahnlinie 1891 in Auftrag gegeben. Um die Strecke möglichst schnell fertigzustellen, begannen die Arbeiten an mehreren Stellen der Strecke gleichzeitig und liefen dann aufeinander zu. Beim Bau der Strecke durch überwiegend unwegsames Gelände, durch Sumpf und Eiswüsten, wurden hauptsächlich Sträflinge eingesetzt. 1938 begann der Bau der Baikal-Amur-Linie, einer Abzweigung, die nördlich um den Baikalsee herumführt und die Gesamtstrecke um 500 km verkürzt.

Nicht jeden Wähler begeistern die Wahlkampagnen der Parteien zur Bundestagswahl.

Der Wahlkampf und seine Themen

Die Wiedervereinigung Deutschlands, der Mauerbau und das Leben in Freiheit sind die wichtigsten Schlagwörter in der Wahlpropaganda der Parteien. Insgesamt verlief der Bundestagswahlkampf aber ausgesprochen ruhig, da die großen Parteien SPD und CDU/CSU sich vor allem in ihren außenpolitischen Vorstellungen angenähert haben. Im Mittelpunkt standen ganz wesentlich die Personen der beiden Kanzlerkandidaten Konrad Adenauer (CDU) und Willy Brandt (SPD). Während die Sozialdemokraten immer wieder das Alter Adenauers (85) hervorhoben und seine Fähigkeiten anzweifelten, Krisen entschlossen meistern zu können, spielte die CDU/CSU auf die sozialistische Vergangenheit Brandts, insbesondere auf seine Zeit als Emigrant in Norwegen an. Außerdem wurde ihm wirtschaftspolitische Erfahrung abgesprochen. Brandt hat jedoch während der Berlin-Krise viele Pluspunkte für sich verbuchen können. Mit seinem Brief an US-Präsident John F. Kennedy veranlasste er die USA zu einem Bekenntnis zu Berlin. Adenauers Haltung in der Krise und der späte Zeitpunkt seines Besuchs in der geteilten Stadt kosteten den »Alten« viele Sympathien. Die Kriegsfurcht, die durch die Berlin-Krise erneuert wurde und der Wunsch nach Sicherheit sicherten der Union schließlich aber doch eine noch ausreichende Stimmenmehrheit.

6. September 1961

Friedensappell der Blockfreien

In der jugoslawischen Hauptstadt Belgrad endet die Konferenz von 25 blockfreien Staaten. Die Vertreter der teilnehmenden Länder verständigen sich auf eine gemeinsame Außenpolitik. Die Blockfreien, die sich als dritte Kraft zwischen Ost und West verstehen, wollen vor allem auf die Probleme in den Entwicklungsländern aufmerksam machen. Angesichts der Spannungen im Kalten Krieg rufen die Teilnehmer zur friedlichen Zusammenarbeit der Völker auf. Unter den Teilnehmern befinden sich Jugoslawiens Staatspräsident Josip Tito und der indische Premier Jawaharlal Nehru (s. Abb.).

10. September 1961

Trips rast in den Tod

Der deutsche Automobilrennfahrer Wolfgang Graf Berghe von Trips verunglückt beim Großen Preis von Italien in Monza tödlich. Bei dem Unglück werden außerdem 15 Zuschauer getötet. Trips kollidiert in der zweiten Runde auf der Geraden etwa 220 m vor dem Einlauf in die Südkurve mit dem Schotten Jim Clark. Der Ferrari des Grafen überschlägt sich und wird in die auf einem Wall entlang der Strecke stehenden Zuschauer geschleudert. Auch der Lotus des Schotten überschlägt sich, kommt jedoch wieder auf die Räder. Clark bleibt unverletzt. Der 33-jährige Trips, der einer der erfolgreichsten deutschen Rennfahrer aller Zeiten war, stand kurz vor dem größten Sieg seiner Laufbahn. In der Automobil-Weltmeisterschaft lag er mit 33 Punkten an der Spitze. Ein Triumph in Monza hätte ihm bereits die Weltmeisterschaft gesichert. Das Rennen wird nach dem Unfall nicht abgebrochen. Den Sieg holt sich Phil Hill (USA) auf Ferrari.

Oktober 1961

1 So In Paris wird die Organisation für wirtschaftliche Zusammenarbeit und Entwicklung (OECD) gegründet. Ziel ist u.a. eine einheitliche Konjunkturpolitik.

2 Mo Die syrische Regierung verhaftet den ehemaligen Geheimdienstchef der Vereinigten Arabischen Republik, Oberst Abdel Hamid Serradsch.

3 Di Der ehemalige Hoffotograf Anthony Armstrong-Jones, Gatte der britischen Prinzessin Margaret, wird in den Adelsstand erhoben.

4 Mi In der Republik Irland finden Parlamentswahlen statt. Die Fianna-Fáil-Partei des Ministerpräsidenten Sean Lemass siegt, muss aber Verluste hinnehmen.

5 Do Der ägyptische Präsident Gamal Abd el Nasser erklärt, er werde sich einer Aufnahme des verfeindeten Syrien in die UN oder die Arabische Liga nicht widersetzen.

6 Fr Willy Brandt, der Regierende Bürgermeister von Berlin, erhält in New York den Freiheitspreis der privaten US-Organisation Freedom House.

7 Sa Die französische Atomenergiekommission gibt bekannt, vorläufig keine weiteren Atomversuche in der Erdatmosphäre mehr vornehmen zu wollen.

8 So In Warschau endet das Fußballländerspiel Polen gegen die Bundesrepublik Deutschland mit einem 2:0-Sieg für die deutsche Mannschaft.

9 Mo Die rechtsradikale französische Geheimorganisation OAS sprengt in Algier eine Sendeanlage des Rundfunks in die Luft.

10 Di Als erste westliche Macht erkennen die USA die neue Regierung Syriens an. Das Generalkonsulat in Damaskus wird zur Botschaft erhoben. → Transsib

11 Mi Schah Mohammad Resa Pahlawi und seine Frau Farah Diba treffen in Paris ein. Dies ist der erste persische Staatsbesuch in Frankreich seit 75 Jahren.

12 Do Mit einer Konferenz der Landesvorsitzenden der Freien Demokraten beginnt in Bonn die dritte Verhandlungsrunde über die Bildung einer neuen Regierung.

13 Fr In Elisabethville, der Hauptstadt der kongolesischen Provinz Katanga, wird das Waffenstillstandsabkommen zwischen der UNO und Katanga unterzeichnet.

14 Sa Die USA und die UdSSR einigen sich auf Sithu U Thant aus Birma als Nachfolger des tödlich verunglückten UNO-Generalsekretärs Dag Hammarskjöld.

15 So Zwölf Mio. Türken sind aufgerufen, ein neues Parlament zu wählen. Trotz hoher Wahlbeteiligung erhält keine der Parteien eine klare Mehrheit.

16 Mo Im Gebiet um den Mekong-Fluss in Südvietnam kommt es zu einer Hochwasserkatastrophe. Etwa 500 000 Menschen werden obdachlos.

17 Di Vor der CDU/CSU-Bundestagsfraktion gibt Konrad Adenauer seinen Entschluss bekannt, nicht die volle Legislaturperiode Bundeskanzler bleiben zu wollen.

18 Mi Bei den Parlamentswahlen in Südafrika, bei denen nur Weiße stimmberechtigt sind, siegt die Nationalpartei des Ministerpräsidenten Hendrik Frensch Verwoerd.

19 Do Nach Demonstrationen von Algeriern in Paris gegen die französische Regierung beginnt die Massendeportation von unliebsamen Algeriern in ihr Heimatland.

20 Fr Schweden bereitet einen Notstandsplan für die von der Sowjetunion geplante Explosion einer 50-Megatonnen-Atombombe vor.

21 Sa Das erste für die Bundesmarine neu gebaute Unterseeboot wird bei den Howaldtswerken in Kiel zu Wasser gelassen. → Ägypten

22 So Der indische Vizepräsident und Religionswissenschaftler Sarvepalli Radhakrishnan erhält den Friedenspreis des Deutschen Buchhandels.

23 Mo Wegen der seit Jahren andauernden Grenzstreitigkeiten bricht Kambodscha die diplomatischen Beziehungen zu Thailand ab.

24 Di Der Bundesgesundheitsrat erklärt den Schluckimpfstoff gegen die sich ausbreitende Kinderlähmung in der Bundesrepublik für zulässig.

25 Mi Im neu eröffneten Westberliner »Theater des Westens« findet die deutsche Uraufführung des Musicals »My fair Lady« von Frederick Loewe statt.

26 Do General Cemal Gürsel wird neuer türkischer Staatspräsident. +++ Die Koalitionsverhandlungen zwischen CDU/CSU und FDP werden ergebnislos vertagt.

27 Fr Das US-Magazin »World Tennis« gibt die neue Tennis-Weltrangliste bekannt. Die Deutsche Edda Buding wird auf Platz neun geführt.

28 Sa Bei einer Reihe von Überfällen kongolesischer Soldaten auf Grenzdörfer in Katanga kommen rd. 40 Personen ums Leben.

29 So In Bern endet ein Fußballländerspiel der Nationalmannschaften der Schweiz und Schwedens mit einem 3:2- Sieg der Eidgenossen.

30 Mo In Bonn wird der zurückgetretene Bundesaußenminister Heinrich von Brentano (CDU) offiziell aus seinem Amt verabschiedet.

31 Di Der XXII. Parteitag der KPdSU endet in Moskau. U.a. wurde der Kurs bestätigt, an der Politik der friedlichen Koexistenz festhalten zu wollen.

November 1961

1 Mi Ein Flugzeugabsturz nahe des brasilianischen Recife fordert 32 Opfer. +++ Heinrich Hellwege, Ex-Vorsitzender der Deutschen Partei, tritt der CDU bei.

2 Do Zwischen der CDU/CSU und der FDP wird der Koalitionsvertrag geschlossen. Die FDP machte u.a. eine begrenzte Amtszeit Adenauers zur Bedingung.

3 Fr Prinzessin Margaret, Schwester der britischen Königin Elizabeth II., bringt einen Sohn, David Albert Charles, zur Welt. Er erhält den Titel Viscount Linley.

4 Sa Der Führer der Nationalen Radikalen Union, Konstantinos Karamanlis, bildet die neue griechische Regierung. Sein Wahlerfolg gilt als umstritten.

5 So Fallschirmjägereinheiten der separatistischen Provinz Katanga werfen die Truppen der kongolesischen Zentralregierung wieder bis an die Grenzen zurück.

6 Mo Die Vollversammlung der Vereinten Nationen in New York spricht sich mit 71 gegen 20 Stimmen für ein Verbot aller Atomwaffenversuche aus.

7 Di Der französische Staatspräsident Charles de Gaulle erklärt sich zu Gesprächen mit der algerischen Befreiungsfront über die Unabhängigkeit Algeriens bereit.

8 Mi In Paris beginnen die Verhandlungen über einen Beitritt Großbritanniens zur Europäischen Wirtschaftsgemeinschaft.

9 Do Alle 74 Passagiere und drei der fünf Besatzungsmitglieder kommen beim Absturz eines Flugzeugs in der Nähe von Richmond in den USA ums Leben.

10 Fr In Bad Godesberg findet die sechste deutsch-französische Konferenz statt. Im Mittelpunkt der Gespräche steht u.a. die wirtschaftliche Einigung Europas.

11 Sa Die früheren sowjetischen Spitzenfunktionäre Georgi Malenkow und Lasar Kaganowitsch, werden im Zuge der Entstalinisierung aus der KPdSU ausgeschlossen.

12 So Im diktatorisch regierten Portugal und seinen Überseeprovinzen finden Wahlen zur Nationalversammlung statt, an der die Opposition nicht teilnimmt.

13 Mo Der evangelische Bischof von Berlin-Brandenburg, Otto Dibelius, vertritt bei einer Rede in den USA die Ansicht, die Tage des Kommunismus seien gezählt.

14 Di In Helsinki löst Staatspräsident Urho Kaleva Kekkonen den finnischen Reichstag auf und schreibt Neuwahlen aus. → Frau im Kabinett

15 Mi Der politische Spezialausschuss der UN-Vollversammlung in New York berät vorerst ergebnislos über die Südtirol-Frage.

16 Do Das im Jahre 1653 entstandene Rembrandt-Gemälde »Aristoteles betrachtet die Büste Homers« erzielt bei einer Auktion in New York 2,3 Mio. Dollar.

17 Fr Flugzeuge der UN bombardieren drei Stützpunkte meuternder Soldaten im Kongo, wo am 11. November 13 UN-Soldaten ermordet worden sind.

18 Sa Die französische Regierung leitet umfassende Maßnahmen gegen die rechtsgerichtete Organisation OAS ein.

19 So In Neu-Delhi findet unter dem Vorsitz des evangelischen Bischofs von Berlin-Brandenburg, Otto Dibelius, die erste Weltkirchenkonferenz statt.

20 Mo 5000 in Frankreich inhaftierte Algerier beenden ihren Hungerstreik. Sie werden, wie es heißt, in Zukunft als politische Gefangene behandelt.

21 Di Zur Produktion des R 4 gründen die Automobilwerke Renault (Frankreich) und Alfa-Romeo (Italien) die Sviluppo Automobilistico Meridionale (SAM).

22 Mi Bundeskanzler Konrad Adenauer und US-Präsident John F. Kennedy kommen überein: »Eine friedliche Lösung der Berlin-Krise durch Verhandlungen ist möglich.«

23 Do Brasilien nimmt nach 14 Jahren wieder diplomatische Beziehungen zur UdSSR auf. +++ In Somalia sind 600 000 Menschen von einer Hungersnot bedroht.

24 Fr Das Bundesministerium für wirtschaftliche Zusammenarbeit wird errichtet. Ihm obliegt die Koordinierung der Entwicklungspolitik.

25 Sa In Stuttgart kommt es bei einem Folklorefest zu einem blutigen Zusammenstoß zwischen kroatischen Emigranten und jugoslawischen Gastarbeitern.

26 So Finnlands Staatspräsident Urho Kaleva Kekkonen beendet seinen UdSSR-Besuch. Er konnte das Vertrauen in die finnische Neutralitätspolitik wiederherstellen.

27 Mo Die Ministerkonferenz des Allgemeinen Zoll- und Handelsabkommens (GATT) beginnt in Genf. U.a. wird über Zollsenkungen verhandelt. → Contergan

28 Di Zum zweiten Mal innerhalb von drei Monaten verlängert Bonn zur »Stärkung der Verteidigungsbereitschaft« den Grundwehrdienst durch eine Wehrübung.

29 Mi Vizekanzler und Bundeswirtschaftsminister Ludwig Erhard verliest für den erkrankten Bundeskanzler Konrad Adenauer die Regierungserklärung.

30 Do Die Sowjetunion lehnt im UN-Sicherheitsrat die Aufnahme des Ölscheichtums Kuwait in die Vereinten Nationen ab.

27. November 1961

Skandal um Contergan

In der Bundesrepublik kommt es durch das Schlafmittel »Contergan« zum folgenschwersten Arzneimittelskandal der Nachkriegszeit. Der Hamburger Kinderarzt Widukind Lenz stellt fest, dass mehrere Mütter missgebildeter Kinder während ihrer Schwangerschaft »Contergan« eingenommen haben. Er warnt den Hersteller, das Pharma-Unternehmen Chemie Grünenthal, welcher das Präparat augenblicklich vom Markt nimmt. Nach Schätzungen sind allein in Westdeutschland 10000 Kinder mit teils schweren Missbildungen Opfer des »Contergan«-Skandals. Den Säuglingen fehlen Arme, Beine, Zwischenglieder oder Ohren. Durch schwere Schäden am Nervensystem sterben die meisten von ihnen. Nur etwa 3000 können am Leben erhalten werden.

Das Medikament war 1954 bei der Weltgesundheitsorganisation WHO als Patent unter der Bezeichnung »thalidomide« registriert worden. In den folgenden Jahren wurden trotz Tests keine Nebenwirkungen bekannt. Nach der Markteinführung 1957 nahmen rd. 5 Mio. Menschen das Präparat ein. 70000 Bundesbürger, aber auch viele Ausländer schluckten das Mittel regelmäßig. Als Anfang 1961 vermehrt Nebenwirkungen wie starkes Kribbeln in den Extremitäten gemeldet wurden, stellte Chemie Grünenthal »Contergan« unter Rezeptpflicht. Als der Zusammenhang zwischen dem Schlafmittel und den Missbildungen bekannt wird, begeben sich viele Mütter aus Angst, ein geschädigtes Kind zur Welt zu bringen, nach Schweden, um vom dortigen liberalen Abtreibungsrecht Gebrauch zu machen. Der Vermutung, »Contergan« führe zu Kindesmissbildung, folgt kurz darauf der wissenschaftliche Beweis. 1968 kommt es zum »Contergan-Prozess« gegen leitende Angestellte von Chemie Grünenthal. Zwei Jahre später werden die Angeklagten freigesprochen, da ihnen keine persönliche Schuld nachgewiesen werden kann. Erst 1974 wird den Opfern eine monatliche Rente von 370 DM zugesprochen.

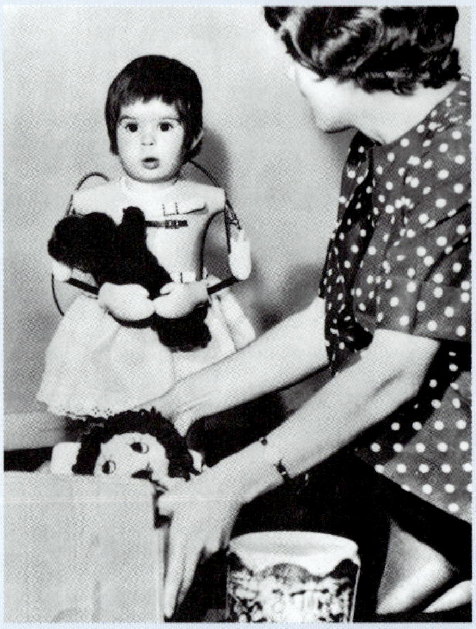

Typische Merkmale »Contergan«-geschädigter Kinder sind fehlende Arme oder Beine.

10. Dezember 1961

Albanien wird zum Vorposten Pekings in Europa

Das kommunistische Albanien ist auf der Suche nach einem eigenen politischen Weg: Die ideologischen Differenzen des albanischen Parteichefs Enver Hodscha mit seinem sowjetischen Kollegen Nikita S. Chruschtschow führen zum Abbruch der diplomatischen Beziehungen zwischen der UdSSR und dem Balkanland. Albanien hatte sich stets gegen den Kurs der Entstalinisierung und der friedlichen Koexistenz von Ost und West gewandt, den der Kreml-Chef verfolgt. Das kleine Balkanland fürchtet zudem eine politische Annäherung zwischen Jugoslawien und der UdSSR, die zur Annexion Albaniens führen könnte. Bereits im Frühjahr hatte die Sowjetunion die Wirtschaftshilfe für Tirana gesperrt. Diese Situation nutzte China aus, das sich ebenfalls im ideologischen Gegensatz zur UdSSR befindet, und zog Albanien durch Gewährung eines Kredits und die Entsendung von Technikern auf seine Seite. In seiner Kontroverse mit Moskau versucht Peking, in Europa weitere Verbündete zu gewinnen. Doch bleiben die beiden größten kommunistischen Parteien im Westen, die von Italien und Frankreich, in diesem Konflikt auf der Seite Moskaus. Allerdings fordert der Führer der italienischen Kommunisten, Palmiro Togliatti, eine stärkere Autonomie der kommunistischen Parteien, während Maurice Thorez für die französischen Kommunisten das Festhalten an der Solidarität der nationalen Parteien mit der Sowjetunion verlangt.

15. Dezember 1961

Organisator des Todes

Ein israelisches Gericht in Jerusalem verurteilt Adolf Eichmann zum Tode (Abb.: Eichmann während der Verhandlung). Der ehemalige hohe SS-Offizier war Hauptorganisator der Judenvernichtung im nationalsozialistischen Deutschland. 1960 war er vom israelischen Geheimdienst in Buenos Aires aufgespürt worden, wo er unter falschem Namen als Vorarbeiter in einem Mercedes-Benz-Werk arbeitete. Das Todesurteil stößt weltweit auf Zustimmung. Auch offizielle Stellen in der Bundesrepublik befürworten den Urteilsspruch. Eichmann wird 1962 hingerichtet.

Adolf Eichmann

deutscher SS-Obersturmbannführer, * 19.3.1906 Solingen; † 31.5.1962 Ramla (Israel)

Adolf Eichmann gilt als Symbolfigur eines sog. Schreibtischtäters in Hitlers Diensten. In einem bürgerlichen Beruf gescheitert, trat er 1932 in die NSDAP und die SS ein und stellte sein Organisationstalent in den Dienst des Nationalsozialismus. 1939 wurde Eichmann Referent im Berliner Reichssicherheitshauptamt, ab 1941 organisierte er den Mord an Europas Juden. Dabei zeichnete sich der SS-Offizier durch gnadenlose Perfektion aus, indem er mitleidslos Millionen von Menschen in die Vernichtungslager schickte. Als Eichmann vor Gericht gestellt wird, spricht er sich von jeglicher Schuld frei. Stattdessen beruft er sich darauf, lediglich Befehle ausgeführt zu haben. Der Eichmann-Prozess rückt neben juristischen und völkerrechtlichen Fragen das Problem von Schuld und Vergeltung in den Vordergrund.

- 1927: Mitglied des dt.-österr. Frontkämpferbundes
- 1934: Referent im Sicherheitsdienst-Hauptamt
- 1942: Teilnahme an der Wannsee-Konferenz
- 1950: Flucht nach Argentinien
- 1960: Entführung durch israelischen Geheimdienst

18. Dezember 1961

Indien überfällt Enklaven

Indische Truppen marschieren in die Enklaven Goa, Daman und Diu ein, die seit 456 Jahren unter portugiesischer Kolonialherrschaft stehen. Die Regierung in Lissabon, die von den USA unterstützt wird, verlangt eine Sondersitzung des Weltsicherheitsrates, die noch am Tag der Invasion zustande kommt. Während Portugal die von der UdSSR unterstützte indische Regierung der nicht provozierten Aggression bezichtigt, verteidigt sich Indien mit der Anschuldigung, Portugal stehe durch seinen Kolonialismus bereits außerhalb der Charta der Vereinten Nationen. Die Kämpfe um die Gebiete an Indiens Westküste dauern nur kurze Zeit an. Zwei Tage nach dem Angriff kapitulieren die portugiesischen Einheiten in Indien.

14. November 1961

Erste Frau im Kabinett

Erstmals wird in der Bundesrepublik Deutschland eine Frau Regierungsmitglied. Elisabeth Schwarzhaupt (s. Abb.) übernimmt das neu eingerichtete Ministerium für Gesundheit. Seit 1953 gehört die Frankfurterin als Abgeordnete dem Deutschen Bundestag an. Seit 1957 ist die Juristin, die im Rechts- und Familienausschuss mitarbeitete, Mitglied des sechsköpfigen Vorstands der CDU/CSU-Fraktion im Bundestag. Außer Schwarzhaupt werden auch die übrigen Minister des vierten Kabinetts unter Bundeskanzler Konrad Adenauer vereidigt.

Neben dem neuen Gesundheitsministerium wird ein Ministerium für wirtschaftliche Zusammenarbeit geschaffen, für das sich die FDP stark gemacht hatte. Am 29. November verliest Ludwig Erhard als Stellvertreter des erkrankten Kanzlers die Regierungserklärung.

13. Dezember 1961

Trauer um Grandma Moses

Im Alter von 101 Jahren stirbt in Hoosick Falls (US-Bundesstaat New York) Anna Mary Robertson-Moses, die als Grandma Moses zu den bekanntesten Vertretern der naiven Malerei zählt.

Die Malerin, die ihr Leben auf dem Lande verbrachte, kam erst im Alter von 70 Jahren zur Malerei. Im Jahre 1940 fand ihre erste Einzelausstellung statt. Ihre rd. 1000 Bilder sind im Stil eines

kindlich naiven Realismus gemalt. Aus der Erinnerung malte Grandma Moses Szenen vom Leben auf der Farm und Landschaften (s. Abb.) oder Episoden aus der US-Geschichte. Postkarten mit ihren Motiven verkauften sich millionenfach in alle Welt. Mit »naiver Kunst« wird eine Stilrichtung der Laienmaler oder -bildhauer ohne akademische Vorbildung, zum Teil auch ohne jede technischen Vorkenntnisse bezeichnet. Oft haben die naiven Maler keinerlei Verbindung zum zeitgenössischen künstlerischen Leben oder dem vergangener Epochen. Naive Künstler kommen aus allen gesellschaftlichen Schichten und allen Berufsgruppen. Erst Anfang des 20. Jahrhunderts wurde die sog. naive Malerei von den Kunstinteressierten wahrgenommen.

Die Gemälde der Autodidaktin erinnern in ihrer Anmut an spätmittelalterliche Stundenbücher. Wie die Werke der meisten naiven Maler sind Grandma Moses' Bilder kräftig in den Farben und sehr detailfreudig. Sie strahlen Optimismus und Heiterkeit aus.

Dezember 1961

1 Fr Zum ersten Mal seit dem Ausscheiden aus der Vereinigten Arabischen Republik (VAR) wählt Syrien ein neues Parlament.

2 Sa Robert Jungk erhält für sein Buch »Strahlen aus der Asche« den internationalen Friedenspreis der Stadt Lüttich. Der Preis ist mit 4000 DM dotiert.

3 So Das Bundeskanzleramt verweigert die Annahme eines Briefes der DDR-Regierung mit Vorschlägen über Gespräche zwischen »beiden deutschen Staaten«.

4 Mo Im kanadischen Toronto verteidigt der US-Boxer Floyd Patterson seinen Weltmeistertitel im Schwergewicht durch k.o. gegen Tom McNeely.

5 Di Mit einem fahrplanmäßigen Personenzug gelingt einer Gruppe von 25 DDR-Bürgern die Flucht nach West-Berlin.

6 Mi Oskar Kokoschkas Porträt von Herwarth Walden erzielt in London mit 250 000 DM den bisher höchsten Preis für ein Werk des deutschen Expressionismus.

7 Do Der indische Premierminister Jawaharlal Nehru gibt die Zusammenziehung von Truppen an der Grenze zur portugiesischen Enklave Goa bekannt.

8 Fr Das Bundeskabinett verabschiedet eine Novelle zum Wehrpflichtgesetz, das eine Verlängerung des Wehrdienstes von zwölf auf 18 Monate vorsieht.

9 Sa In einer farbenfrohen Zeremonie und vor Gästen aus 65 Ländern erhält das britische UN-Treuhandgebiet Tanganjika (Tansania) die Unabhängigkeit.

10 So In Stockholm und Oslo werden die Nobelpreise vergeben. Den Friedenspreis erhält postum der schwedische Politiker Dag Hammarskjöld. → Albanien

11 Mo In Paris treffen sich die Außenminister der drei Westmächte und der Bundesrepublik, um über das Vorgehen in der Deutschland- und Berlin-Frage zu beraten.

12 Di Mit der Entsendung von 370 US-Soldaten und 37 Hubschraubern verstärken die USA ihr Hilfsprogramm für die Regierung in Südvietnam.

13 Mi Paul Nevermann (SPD) wird als 1. Bürgermeister von Hamburg wiedergewählt. Helmut Schmidt (SPD) erhält das Amt des Innensenators. → Grandma Moses

14 Do In West-Berlin findet die deutsche Erstaufführung des US-Spielfilms »Das Urteil von Nürnberg« von Stanley Kramer statt.

15 Fr Die US-Gewerkschaften beschließen, der von Präsident John F. Kennedy geforderten Zurückhaltung bei Lohnforderungen nicht zu folgen. → Adolf Eichmann

16 Sa Amtlichen Meldungen zufolge fließt der Paketstrom aus der Bundesrepublik in die DDR trotz verschärfter Regelungen der DDR-Regierung unvermindert weiter.

17 So 18 Jahre nach der Zerstörung des alten Baus wird die neue, von Egon Eiermann entworfene Kaiser-Wilhelm-Gedächtnis-Kirche in West-Berlin eingeweiht.

18 Mo Die Laos-Konferenz in Genf verabschiedet den Entwurf einer Neutralitätserklärung für das hinterindische Königreich. → Indien

19 Di Um weiterhin Berlins Regierender Bürgermeister bleiben zu können, verzichtet der SPD-Politiker Willy Brandt auf sein Bundestagsmandat.

20 Mi Das Kuratorium Unteilbares Deutschland fordert alle Deutschen auf, am Heiligabend um 19 Uhr zum Zeichen der Hoffnung Kerzen in die Fenster zu stellen.

21 Do Die Regierungschefs der Kongo-Provinz Katanga und der kongolesischen Zentralregierung vereinbaren die Anerkennung der Kongoverfassung durch Katanga.

22 Fr Der indonesische Präsident Achmed Sukarno erhebt Ansprüche auf das benachbarte niederländische Territorium Westneuguinea.

23 Sa In Düsseldorf kommt das erste Bühnenstück des Schriftstellers Heinrich Böll, »Ein Schluck Erde«, zur Uraufführung. Thema ist der Atomkrieg.

24 So Bundeskanzler Konrad Adenauer bringt in seiner Weihnachtsansprache seinen Wunsch nach Sicherung des Weltfriedens zum Ausdruck.

25 Mo Großbritannien versetzt 300 Angehörige der Streitkräfte, die in der Kronkolonie und Seefestung Aden stationiert sind, in Alarmbereitschaft.

26 Di Der Führer des linken Flügels der rechtsgerichteten Volkspartei in Syrien, Maruf ad-Dawalibi, bildet ein Koalitionskabinett mit allen gemäßigten Rechtsparteien.

27 Mi Die britische Regierung setzt angesichts der anhaltenden Spannungen wegen Kuwait Flottenverstärkungen in den Persischen Golf in Marsch.

28 Do Im New Yorker Royal Theatre feiert »Die Nacht des Leguan«, ein Stück des US-Schriftstellers Tennessee Williams, Premiere.

29 Fr Die in der laotischen Hauptstadt Vientiane begonnene Friedenskonferenz der drei kriegführenden laotischen Prinzen scheitert.

30 Sa Der Deutsche Gewerkschaftsbund fordert die Erhöhung der Beamtenbezüge im einfachen und mittleren Dienst und die Einführung eines 13. Monatsgehalts.

31 So Im Libanon kommt es zu einem Putschversuch einer rechtsradikalen Bewegung. Die Revolte wird blutig niedergeschlagen.

Januar 1962

1 Mo Als erstes Inselgebiet Polynesiens erlangt Westsamoa, das 47 Jahre lang unter neuseeländischer Verwaltung stand, seine Unabhängigkeit.

2 Di Die 18. US-Zerstörer-Flottille, die als erste komplett mit Luftabwehrraketen ausgerüstet ist, wird in Portsmouth (Virginia) in Dienst gestellt.

3 Mi Papst Johannes XXIII. exkommuniziert Staatschef Fidel Castro wegen zunehmender Übergriffe auf kirchliche Einrichtungen in Kuba.

4 Do Beim Leichtathletik-Fest im brasilianischen São Paulo erringt der Westberliner Peter Kubicki mit der Zeit von 14:28,7 min über 5000 m den Sieg.

5 Fr In einem TV-Interview kündigt der DDR-Staatsratsvorsitzende Walter Ulbricht eine Visumpflicht für Ausländer beim Besuch von Ost-Berlin an.

6 Sa Die Flugpreise für die Strecke West-Berlin–Bundesrepublik werden nach einem Beschluss des Kabinettsausschusses für Wirtschaft um 20% gesenkt.

7 So »Mirror« und »Examiner«, zwei der vier großen Zeitungen in Los Angeles, stellen ihr Erscheinen wegen anhaltender Unwirtschaftlichkeit ein.

8 Mo Indonesiens Staatschef Achmed Sukarno entgeht einem Attentat unverletzt. +++ Im niederländischen Woerden fordert ein Zugunglück 91 Tote.

9 Di Der von der Gewerkschaft proklamierte »Dienst nach Vorschrift« der Angestellten legt den Postbetrieb in Großbritannien weitgehend lahm.

10 Mi Bundeswirtschaftsminister Ludwig Erhard trifft zu Beratungen mit US-Präsident John F. Kennedy im Weißen Haus in Washington ein.

11 Do Eine Eislawine, die in den peruanischen Anden sechs Bergdörfer verschüttet, fordert mehr als 3000 Todesopfer, in der Mehrzahl Indianer.

12 Fr Die Tankautomaten GmbH in Hagen kündigt an, dass Tanken bald per Selbstbedienung möglich sei. Drei Testsäulen sollen demnächst aufgestellt werden.

13 Sa Albanien und die Volksrepublik China unterzeichnen in Peking ein Abkommen über wirtschaftliche, wissenschaftliche und technische Zusammenarbeit.

14 So In Brüssel beschließt der Ministerrat der EWG die schrittweise Integration der Landwirtschaft der Mitgliedsstaaten in den gemeinsamen Markt.

15 Mo Im Streit um Niederländisch-Westguinea kommt es zwischen der Kolonialmacht Niederlande und Indonesien zum bewaffneten Konflikt.

16 Di Eine Militärjunta übernimmt nach blutigen Demonstrationen gegen Staatsrat und Präsident in der Dominikanischen Republik die Macht. → James Bond

17 Mi Ministerpräsident und Außenminister der ersten selbstständigen Regierung in Kuwait wird Scheich Abdallah As Salim As Sabah. → »Halstuch«

18 Do Nachfolger Joaquín Videla Balaguers als Präsident der Dominikanischen Republik wird der bisherige Vizepräsident Rafael Filiberto Bonnelly.

19 Fr Die Pockenepidemie in Großbritannien fordert das sechste Opfer. +++ Die drei verfeindeten laotischen Prinzen beschließen eine Dreiparteienregierung.

20 Sa »Andorra«, ein Drama von Max Frisch, wird erstmals in Deutschland aufgeführt – in Düsseldorf, Frankfurt am Main und München gleichzeitig.

21 So Drei Wochen nach dem Ausbruch der Pocken in Düsseldorf stirbt eine Krankenschwester an der schweren Infektionskrankheit.

22 Mo In Bonn wird die Karl-Marx-Straße in Maxstraße zurückbenannt. +++ Die für Persien geplante Landreform löst in Teheran Unruhen aus.

23 Di 27 DDR-Flüchtlinge, die bei einer Mittelmeer-Kreuzfahrt das Schiff »Fritz Heckert« verließen, berichten in Bonn über ihre Fluchtgründe.

24 Mi Durch einen selbst gebauten Tunnel flüchten 28 DDR-Bürger nach West-Berlin. +++ In Ghana beginnt der Bau des Volta-Staudamms.

25 Do Erzbischof Iakavos von Athen tritt unter dem Druck des griechischen Parlaments wegen nicht näher bezeichneter »unwürdiger« Handlungen zurück.

26 Fr Die US-Instrumentenkapsel »Ranger III« startet zum Mond, verfehlt jedoch die geplante Umlaufbahn und kann nicht auf dem Erdtrabanten landen.

27 Sa Für seine schauspielerische Leistung im Film »Der Lügner« erhält der populäre deutsche Schauspieler Gustav Knuth den Ernst-Lubitsch-Preis.

28 So Die Universum-Film-AG (Ufa) in Hamburg beschließt, aus Kostengründen in Zukunft auf die Herstellung eigener Filme zu verzichten.

29 Mo Der US-Mafia-Boss Salvatore Luciano, bekannt unter dem Namen »Lucky«, stirbt in Neapel im Alter von 65 Jahren an einem Herzschlag.

30 Di In Garmisch-Partenkirchen gewinnen Franz Schell und seine Teamkollegen für Deutschland den Weltmeistertitel im Viererbob.

31 Mi Kuba wird wegen seiner pro-kommunistischen Haltung aus der Organisation Amerikanischer Staaten (OAS) ausgeschlossen.

17. Februar 1962

Sturmflut in Hamburg

Eine Sturmflut bricht über die Nordseeküste herein und überflutet große Teile Hamburgs. Es handelt sich um die schwerste Flutkatastrophe seit über 100 Jahren. 337 Menschen ertrinken in den tobenden Naturgewalten.
Eine Springflut löst in der Nacht die Katastrophe aus. Elbdeiche und Dämme können der Gewalt des Meeres nicht lange standhalten und brechen an vielen Stellen. Die Elbe aufwärts strömen die Wassermassen auf Hamburg zu. In der Millionenstadt bricht die gesamte Infrastruktur zusammen. Die Telefonleitungen sind nicht mehr funktionstüchtig, die Versorgung mit Wasser, Gas und Strom ist unterbrochen. Im Stadtteil Wilhelmsburg überrascht die Flut die Bewohner im Schlaf. Hier sind die Ausmaße der Katastrophe besonders dramatisch, da Wilhelmsburg von beiden Elbarmen umschlossen ist und die Fluten von zwei Seiten in das Wohngebiet hereinbrechen. Viele Hamburger versuchen, sich auf Dächer oder Bäume zu retten. Dort müssen sie durchnässt und frierend auf Hilfe warten. Zahlreiche Unglückliche werden von der Flutwelle erfasst. Die ersten Schadensmeldungen sind erschreckend. Rd. ein Fünftel Hamburgs steht unter Wasser. Die Flutmarke erreicht den Rekordstand von 5,70 m. Durch die Wassermassen sind metertiefe Krater in Straßen gerissen worden. Die Flut spült Autos, Mülltonnen, Fernsehgeräte und ganze Häuserteile fort. Der Sachschaden beläuft sich auf 2,9 Mrd. DM. Am Tag danach gleichen viele Stadtteile einem Trümmerfeld. Durch den anhaltend hohen Wasserpegel sind große Teile der Stadt unbewohnbar geworden. 75000 Menschen haben kein Dach mehr über dem Kopf. Viele Opfer der Flut stehen vor dem Nichts. Ihre Häuser sind zum Teil völlig zerstört, die Besitztümer durch die verheerende Wassereinwirkung unbrauchbar geworden.
Die Katastrophe trifft die Hansestadt unerwartet. Niemand hatte mit einer Sturmflut derartigen Ausmaßes gerechnet. Innensenator Helmut Schmidt (SPD) beginnt aus dem Stand, improvisierte Maßnahmen in die Wege zu leiten. Die Bundeswehr stellt 40000 Mann ab, um den Katastrophenopfern zu helfen und die Wassermassen einzudämmen. Den Soldaten schließen sich hunderte freiwillige Helfer an. Mit 140 Schlauch- und 200 Sturmbooten sowie 96 Rettungshubschraubern bergen Suchtrupps die Menschen aus den überschwemmten Stadtteilen. Die Deiche werden notdürftig geflickt. Erst nach drei Tagen ist das schlimmste Chaos beseitigt. Die mörderische Flut wurde durch einen kräftigen Tiefdruckwirbel mit Zentrum über Norwegen verursacht. Orkanartige Stürme mit Windstärken zwischen zehn und zwölf trieben von Nordwesten her Wassermassen aus der Deutschen Bucht gegen die Küsten Ost- und Nordfrieslands. Die Fluten stauten sich besonders an den Mündungstrichtern von Elbe, Weser und Ems. Diesem Druck konnten die Deiche nicht lange standhalten. Eine Flut ähnlich verheerenden Ausmaßes hatte es an der Nordseeküste zuletzt im Jahre 1855 gegeben. Damals erreichte das Hochwasser den Pegelstand von 3,57 m.

Soldaten helfen den Flutopfern mit Booten an Land.

16. Januar 1962

Superagent James Bond erobert die Kinoleinwand

Auf Jamaika beginnen die Dreharbeiten zu dem Agentenfilm »007 jagt Dr. No«. Der Film markiert den Beginn der erfolgreichsten Reihe der Kinogeschichte. Sean Connery spielt die Rolle des britischen Geheimagenten James Bond. Bereits in dem ersten Film der Bond-Serie tauchen sämtliche Charakteristika auf, die den Superagenten populär machen. So werden die Kennzahl »007« und der britisch-unterkühlte Charme zu seinem Markenzeichen. Bond erledigt seine Aufträge stets mit Hilfe schöner Frauen, rasanter Autos und spektakulärer Waffentechnologie. Mit Sondervollmachten ausgestattet, erhält Bond den Auftrag, den skrupellosen Großverbrecher Dr. No unschädlich zu machen. Dieser will mit Atomwaffen die Weltherrschaft an sich reißen. Bond gelingt es jedoch in letzter Minute, die Explosion zu verhindern. Der Film wird zu einem der größten Kinoerfolge des Jahres. Die James-Bond-Figur entstammt den Romanen des Briten Ian Fleming (Abb.: Sean Connery mit Ursula Andress).

Helfer retten verzweifelte Menschen aus höherliegenden Etagen und von Dächern.

Katastrophaler Plan

Durch die katastrophalen Auswirkungen der Sturmflut gerät vor allem der Hamburger Katastrophenschutzplan in die öffentliche Kritik. Als dieser nach Einbruch der Wassermassen abgearbeitet wird, stellen die Helfer fest, dass die Evakuierung der Menschen gar nicht vorgesehen ist. Die Katastrophenplaner hatten nicht bedacht, dass Personen gefährdet werden könnten, da das Hochwasser seit 100 Jahren niemanden mehr in wirkliche Bedrängnis gebracht hatte. So sind die Wohnungen der bei Deichbrüchen bedrohten Hamburger auf keinem Plan verzeichnet. Ihre Alarmierung war dementsprechend auch nie eingeplant worden.

17. Januar 1962

»Halstuch« fesselt Millionen

Traum-Einschaltquote 93%: Nach sechs Folgen endet die Ausstrahlung des TV-Krimis »Das Halstuch«. Der Mehrteiler ist einer der sog. Straßenfeger aus der Frühzeit des deutschen Fernsehens. Seit dem 3. Januar verfolgen rd. 25 Mio. Zuschauer den Krimi von Autor Francis Durbridge (Abb., v.l.: Dieter Borsche als John Hopedean, Heinz Drache als Inspektor Yates). Zur Sendezeit sind Plätze, Theater und Gaststätten menschenleer. Der Mörder war übrigens Dieter Borsche.

20. Februar 1962

Glenn umrundet die Erde

John Glenn (s. Abb.) fliegt als erster US-Astronaut um die Erde. Nachdem im Vorjahr der Sowjet-Kosmonaut Juri Gagarin mit seinem Raumflug Furore gemacht hatte, ziehen die USA nun gleich. Glenn startet mit einer »Merkur-Atlas«-Rakete. In 4:55 h umrundet er in einer Höhe von 161 bis 261 km dreimal die Erde. Die Kapsel geht nach dem Wiedereintritt in die Erdatmosphäre im Atlantik nieder. Glenn wird unverletzt geborgen und als Held gefeiert. 1998 unternimmt er, inzwischen 77-jährig, erneut einen Raumflug.

21. Februar 1962

Premiere für »Die Physiker«

In Zürich feiert das Publikum die Uraufführung der »Physiker« von Friedrich Dürrenmatt. In seiner Komödie thematisiert der schweizerische Dramatiker Versuchung und Gefahren der Wissenschaft. In einem Sanatorium treffen sich drei Physiker, die sich als Albert Einstein, Isaac Newton und König Salomo alias Möbius ausgeben. Nachdem in der Anstalt drei Morde verübt wurden, enttarnen sich die »Irren« als Agenten zweier Supermächte. Sie wollen, wie sich herausstellt, Möbius seine »Weltformel« entlocken – der Wissenschaftler war aus Angst vor Missbrauch seiner Erfindung freiwillig in das Sanatorium gegangen. Doch die wahnsinnige Anstaltsleiterin hat die Formel längst an sich gerissen und nutzt sie zur Ergreifung der Weltherrschaft. Möbius erkennt: »Was einmal gedacht wurde, kann nicht mehr zurückgenommen werden.« Unter der Regie von Kurt Horwitz überzeugen Therese Giehse, Gustav Knuth, Hans Christian Blech und Theo Lingen bei der Uraufführung. Das Stück wird zu einem Welterfolg.

Friedrich Dürrenmatt

schweizerischer Schriftsteller, * 5.1.1921 Konolfingen bei Bern; † 14.12.1990 Neuenburg

Friedrich Dürrenmatts Werke sind durch groteske Wendungen und ihre tragikomischen Elemente gekennzeichnet. Der Literat entblößt die verlogene Doppelmoral der Gesellschaft und zwingt sein Publikum zu kritischen Reflexionen. Die Kriminalromane des preisgekrönten Dramatikers und Satirikers lehnen sich an den Existenzialismus an. Seine späteren Werke stoßen nur noch auf geringe Resonanz beim Publikum.

- 1952: »Die Ehe des Herrn Mississippi« (Drama)
- 1952: »Der Richter und sein Henker« (Roman)
- 1956: »Der Besuch der alten Dame« (Drama)
- 1983: Österreichischer Staatspreis

Februar 1962

1 Do Gegen den Piloten einer am 20. Januar nahe Bari (Italien) abgestürzten bulgarischen Militärmaschine wird Anklage wegen Spionage erhoben.

2 Fr Bundesverteidigungsminister Franz Josef Strauß (CSU) erstattet gegen das Nachrichtenmagazin »Der Spiegel« Anzeige wegen Verleumdung.

3 Sa In einer Postwurfsendung rufen Terroristen in Südtirol zum Kampf gegen die vermeintliche Unterdrückung von Deutschen in Süd-, Ost- und Westeuropa auf.

4 So US-Präsident John F. Kennedy beschließt, ein Handelsembargo über das pro-kommunistische Kuba zu verhängen, das am 7. Februar in Kraft treten soll.

5 Mo Der Internationale Skiverband (FIS) erwägt die Absage der Wettkämpfe in Chamonix, weil der DDR-Mannschaft ein Einreisevisum verweigert wurde.

6 Di Der bereits abgesagte Wiener Opernball kann nach einem Lohnkompromiss zwischen Bühnenarbeitern und Direktion nun doch wie geplant stattfinden.

7 Mi 299 Todesopfer fordert eine Schlagwetterexplosion in der Grube Luisenthal bei Völklingen im Saarland, die in 600 m Tiefe 400 Bergleute überrascht.

8 Do Der Verleger und Bundestagsabgeordnete Gerd Bucerius gibt seinen Austritt aus der CDU bekannt, die ihn wegen Artikeln im »stern« attackiert hatte.

9 Fr Spanien ersucht beim Ministerrat um Assoziierung mit der EWG. +++ Argentinien bricht die diplomatischen Beziehungen zu Kuba ab.

10 Sa Die USA und die UdSSR tauschen in Berlin auf der Glienicker Brücke Spione aus, u.a. den U2-Piloten Francis Powers und den Atomspion Rudolf Abel.

11 So Ohne vier Ostblockländer, die das Einreiseverbot für die DDR-Mannschaft kritisierten, beginnen in Chamonix die inoffiziellen Alpinen Skimeisterschaften.

12 Mo Die UdSSR schlägt den Teilnehmern der geplanten Abrüstungskonferenz in Genf vor, die Verhandlungen auf höchster Regierungsebene zu führen.

13 Di In West-Berlin wählt der Vorstand der Freien Volksbühne den Theaterregisseur Erwin Piscator zum künftigen Intendanten.

14 Mi Das SED-Organ »Neues Deutschland« macht für die Kartoffelknappheit in der DDR mangelnden Arbeitseinsatz im Agrarsektor verantwortlich.

15 Do In Helsinki wird Urho Kekkonen von der Agrarpartei für weitere sechs Jahre zum Staatspräsidenten Finnlands gewählt.

16 Fr Der Internationale Skiverband (FIS) erkennt die Wettkämpfe in Chamonix, die teilweise boykottiert wurden, als offizielle Weltmeisterschaft an.

17 Sa Bei heftigen Schneefällen werden im polnischen Zakopane die Nordischen Skiweltmeisterschaften eröffnet; zwei deutsche Teams nehmen teil. → Sturmflut

18 So Der französische Staatspräsident Charles de Gaulle schlägt den USA, Großbritannien und der UdSSR eine Atomwaffenabrüstungskonferenz vor.

19 Mo Im Winterquartier im bayerischen Deggendorf gibt der Zirkus Busch bekannt, dass er mit dem Hamburger Zirkus Hagenbeck fusionieren werde.

20 Di Wegen Beihilfe zum Mord wird der ehemalige KZ-Arzt Hans Baumköter in Münster zu mehrjähriger Haft verurteilt. → Glenn

21 Mi Das französische Kabinett billigt die von Unterhändlern festgelegten Bedingungen für einen Waffenstillstand in Algerien. → »Die Physiker«

22 Do Der erste Abschnitt der COMECON-Erdölleitung von Tartarien in das slowakische Bratislava wird feierlich in Betrieb genommen.

23 Fr Delegierte aus zwölf europäischen Ländern billigen in Paris die Gründung der Europäischen Weltraumorganisation (ESRO).

24 Sa China fordert die USA auf, ihre Intervention in Südvietnam zu stoppen, da der Krieg die Sicherheit ganz Ostasiens bedrohe.

25 So Der Nachlass des Schriftstellers Karl May soll im Bamberger »Hain-Café« ein Domizil finden, wie heute in der oberfränkischen Stadt bekannt wird.

26 Mo Der Oberste Gerichtshof der Vereinigten Staaten erklärt die Rassentrennung in öffentlichen Verkehrsmitteln für verfassungswidrig.

27 Di Der Nationalrat des algerischen Revolutionsrats in Tripolis billigt die Vereinbarungen mit Frankreich über einen Waffenstillstand in Algerien.

28 Mi Bei der Eiskunstlauf-Europameisterschaft entscheiden die Deutschen Marika Kilius und Hans-Jürgen Bäumler zum vierten Mal den Paarlauf für sich.

März 1962

1 Do In Pakistan erlässt General Mohammed Ayub Khan eine neue Verfassung. Die alte wurde 1958 durch Standrecht aufgehoben.

2 Fr Nach einem Putsch der Armee wird in Birma die Regierung aufgelöst. Der neue Machthaber, General U Ne Win, steuert einen sozialistischen Kurs.

3 Sa Zum dritten Mal hintereinander gewinnt die Niederländerin Sjoukje Dijkstra in Genf bei den Europameisterschaften im Eiskunstlauf den Titel der Damen.

4 So Die Deutsche Lufthansa eröffnet am Rhein-Main-Flughafen in Frankfurt am Main ihre erste Afrikalinie, die zweimal wöchentlich Lagos/Nigeria anfliegt.

5 Mo Die Mittelmeerinsel Malta erhält eine Selbstregierung. Unklar ist die staatsrechtliche Haltung der katholischen Kirche, die sich nicht unterordnen möchte.

6 Di Bei den Deutschen Alpinen Skimeisterschaften in Hindelang beenden die Favoritinnen Heidi Biebl und Barbi Henneberger den Abfahrtslauf zeitgleich.

7 Mi In Evian am Genfer See beginnen die abschließenden Verhandlungen zwischen Frankreich und der algerischen Exilregierung über den Frieden in Algerien.

8 Do In Hamburg startet die erste elektronisch gesteuerte U-Bahn Europas. Der Fahrer schaltet lediglich noch auf »Fahren« und »Bremsen«. → First Lady

9 Fr US-Präsidentengattin Jacqueline Kennedy trifft in Rom ein. Teilnehmer der Pressekonferenz müssen ein Pockenimpfzeugnis vorweisen.

10 Sa Das österreichische Unterrichtsministerium gibt die Rückkehr des Dirigenten Herbert von Karajan als künstlerischer Leiter der Wiener Staatsoper bekannt.

11 So Bei den Kommunalwahlen in Schleswig-Holstein wird die CDU stärkste Partei. +++ Der Fernsehrat des ZDF wählt Karl Holzamer zum ersten Intendanten.

12 Mo Die weltberühmte Sängerin Maria Callas tritt eine Konzertreise durch die Bundesrepublik an (bis 23.3.). Erste Station der Operndiva ist München.

13 Di Der sowjetische Außenminister Andrej Gromyko empfängt in Genf Bundesaußenminister Gerhard Schröder zu einem Höflichkeitsbesuch.

14 Mi Die favorisierten deutschen Eiskunstläufer Marika Kilius/Hans-Jürgen Bäumler stürzen bei der Kür der WM in Prag und scheiden aus. → Abrüstungskonferenz

15 Do Der kanadische Eiskunstläufer Donald Jackson gewinnt in Prag den WM-Titel der Herren. +++ In Genf öffnet der 32. Internationale Automobilsalon.

16 Fr In Stuttgart wird der ehemalige SS-Hauptscharführer Felix Landau wegen Mordes an 21 Juden zu zweimal lebenslänglich Zuchthaus verurteilt.

17 Sa Am See Genezareth kommt es zu Artilleriegefechten zwischen Israel und Syrien. Die Israelis bezeichnen dies als Vergeltung für syrische Übergriffe.

18 So Bei den Bundes- und Provinzialwahlen in Argentinien siegen die Peronisten. Daraufhin drängen die Militärs auf Annullierung der Wahl. → Algerien

19 Mo Fürstin Gracia Patricia von Monaco, die ehemalige US-Schauspielerin Grace Kelly, kündigt ihre Mitwirkung in einem Hitchcock-Film an.

20 Di Bei Bauarbeiten am Londoner Amtssitz des britischen Premiers wird der Schädel eines Hingerichteten aus dem 17. Jahrhundert gefunden.

21 Mi In einer Rundfunkrede warnt Bundeswirtschaftsminister Ludwig Erhard vor zu hohen Erwartungen an die Wirtschaft und fordert zum Maßhalten auf.

22 Do Junta-Chef General Park Chung Lee übernimmt in Südkorea nach dem Rücktritt von Amtsinhaber Yun Poson auch das Amt des Staatspräsidenten.

23 Fr Die Suche nach dem am 16. März über dem Pazifik verschollenen US-Flugzeug »Super Constellation« mit 107 Passagieren an Bord wird aufgegeben.

24 Sa Beim Weltmeisterschaftskampf im New Yorker Madison Square Garden schlägt der farbige US-Boxer Emile Griffith den Kubaner Benny »Kid« Paret k.o.

25 So In der DDR wird das »Nationale Dokument« veröffentlicht, in dem u.a. Maßnahmen zur Überwindung der schlechten Wirtschaftslage aufgeführt sind.

26 Mo Die Anerkennung der algerischen Exilregierung durch die UdSSR führt zu einer schweren Krise in den Beziehungen zwischen Paris und Moskau.

27 Di Die erste Phase der Genfer Abrüstungsverhandlungen geht mit der Rückkehr der Außenminister in ihre Heimatländer ohne größere Ergebnisse zu Ende.

28 Mi In Syrien putscht die Armee und kündigt einen sozialistischen Kurs an. +++ Fußball-Bundestrainer Sepp Herberger erhält das Bundesverdienstkreuz.

29 Do Nach elftägiger Regierungskrise übernimmt das Militär in Argentinien die Macht und verhaftet den bisherigen Präsidenten Arturo Frondizi.

30 Fr Die südkoreanische Militärregierung veröffentlicht die Namen von 2904 Oppositionellen, denen politische Aktivitäten für sechs Jahre verboten sind.

31 Sa Die Regierung von Ecuador tritt auf Druck des Militärs zurück, das den Abbruch der Beziehungen zum pro-kommunistischen Kuba fordert.

8. März 1962

First Lady auf Weltreise

Jacqueline Kennedy, elegante Gattin von US-Präsident John F. Kennedy, tritt in Washington eine drei Woche dauernde Reise nach Europa und Asien an. Auf sämtlichen Stationen wird die »First Lady«, die in Kleidung und Auftreten als moderne junge Frau und Botschafterin ihres Landes Maßstäbe setzt, von Fotografen und vielen Schaulustigen empfangen. Vor allem die Regenbogenpresse begleitet »Jackies« Fahrt mit ausführlichen Reportagen und Bildern. In Rom gewährt ihr Papst Johannes XXIII. eine Privataudienz. In der indischen Hauptstadt Delhi wird sie von Ministerpräsident Jawaharlal Nehru empfangen (Abb.: Die französische Illustrierte »Paris Match« berichtet ausführlich über den triumphalen Empfang in Indien.). Den Abschluss ihrer Weltreise bildet ein Treffen mit der britischen Königin in London.

5. April 1962

Geld vom Staat für Parteien

Die politischen Parteien in Westdeutschland erhalten künftig in beschränktem Umfang eine finanzielle Unterstützung vom Staat. Einen entsprechenden Beschluss fasst der Bundestag in Bonn.

Gegen die Stimmen der oppositionellen SPD werden den Parteien in diesem Jahr insgesamt 15 Mio. DM zur Verfügung gestellt. Bislang gab es in der Bundesrepublik lediglich Unterstützung für die politische Bildungsarbeit der Parteien, nicht jedoch für deren übriges Wirken. Die Opposition weist in ihrer ablehnenden Stellungnahme nachdrücklich darauf hin, dass der Beschluss der Parteienfinanzierung nicht auf der Grundlage eines umfassenden Parteiengesetzes gefasst werde. Die Sozialdemokraten betonen, dass die Entscheidung zudem in einer Zeit erfolge, in dem der Bundestag auf allen anderen Gebieten Sparsamkeit verordnet. Darüber hinaus wirft die SPD der Regierung vor, dass es dieser gar nicht um die Finanzierung der Parteien an sich gehe, sondern vielmehr darum, Parteien mit geringer Mitgliederzahl, die nur über ein geringes Beitragsaufkommen verfügen, finanziell zu unterstützen. Sie spielt damit auf den »kleinen« Koalitionspartner der regierenden Union, die FDP, an. Die CDU hält dagegen, dass die Parteien nach Artikel 21 des Grundgesetzes die Aufgabe hätten, an der politischen Willensbildung mitzuwirken. Ihre finanzielle Unterstützung durch den Staat hätte deshalb schon einige Jahre früher erfolgen sollen.

9. April 1962

»Oscars« gehen an Europäer

Die Verleihung der »Oscars« in Hollywood ist eine einzige Enttäuschung für die großen US-Filmgesellschaften. Nicht ein einziger »Academy Award« geht an die Filmmogule. Stattdessen triumphieren die unabhängigen Produzenten Hollywoods. So kürt die Jury »West Side Story« zum besten Film des Jahres. Das Broadway-Musical wurde wegen seines großen Erfolges auf der Bühne filmisch umgesetzt. Weitere unerwartete Ehrungen gibt es auch in der Sparte »Beste Schauspieler«. Mit der Italienerin Sophia Loren und dem Schweizer Maximilian Schell (Abb.) erhalten überraschend Europäer die Trophäe. Sophia Loren überzeugt die Akademie für Filmkunst und -wissenschaft mit ihrer Darstellung einer jungen Mutter in Vittorio de Sicas »Und dennoch leben sie«. Maximilian Schell zeigt eine Glanzleistung in Stanley Kramers Film »Das Urteil von Nürnberg«, in dem er einen deutschen Strafverteidiger bei den Nürnberger Kriegsverbrecherprozessen spielt.

18. März 1962

Waffenstillstand in Algerien

In Algerien schweigen die Waffen: In der französischen Stadt Evian am Genfer See einigen sich nach fast zweiwöchigen Verhandlungen die Delegation Frankreichs unter der Führung von Louis Joxe und die algerische Abordnung, die Belkassem Krim (s. Abb., 4.v.l. mit seiner Delegation) anführt, auf einen Waffenstillstand.

Am 19. März geben der französische Oberkommandierende der Armee, General Charles Ailleret, und der Ministerpräsident der algerischen Exilregierung, Yousouf Ben Khedda, den Befehl zur Waffenruhe. Der Beendigung des blutigen Kon-

flikts, die sich Frankreichs Staatspräsident Charles de Gaulle seit seinem Amtsantritt zum Ziel gesetzt hat, liegen mehrere Bedingungen zu Grunde. Wirtschaftlich bleibt die künftige souveräne Algerische Republik eng mit Frankreich verbunden. Militärisch wird Paris noch auf Jahre hinaus in dem nordafrikanischen Land vertreten sein. Für den Flottenstützpunkt Mers-el-Kébir und die Sahara-Basen existieren Pachtverträge. Die 1,2 Mio. Algerienfranzosen genießen noch drei Jahre lang die algerischen Bürgerrechte, ohne ihre französische Staatsbürgerschaft zu verlieren.

13. April 1962

Beatles im Star-Club

George Harrison, Paul McCartney, John Lennon (v.l.) mit Ringo Starr (vorn).

Die Liverpooler Band »The Beatles« tritt zum ersten Mal in neuer Besetzung im Hamburger »Star Club« auf. Anstelle von Schlagzeuger Pete Best sorgt jetzt Ringo Starr für den Rhythmus der aufstrebenden Truppe. Best war wegen Meinungsverschiedenheiten ausgestiegen. Die Auftritte in Hamburg sind für das Quartett das Sprungbrett zu einer Karriere ohnegleichen. Innerhalb weniger Monate stürmen die Liverpooler die Hitparaden und werden zur erfolgreichsten Popgruppe der Welt. Bereits 1960 traten die Beatles in Hamburg auf. Als sie von Manager Brian Epstein 1961 entdeckt wurden, trugen sie bereits die markante Pilzkopffrisur. Unter Epsteins Regie begannen John Lennon und Paul McCartney mit dem Komponieren eigener Songs. Bis dahin hatte sich die Band hauptsächlich auf die Neuinterpretation von Rock 'n' Roll-Klassikern beschränkt. Nun entpuppt sich das Duo Lennon/McCartney als kreative Goldgrube. Ihre Stücke sind originell und eingängig. Auch auf der Bühne glänzen die Pilzköpfe durch ungezähmte Spielfreude. Damit heben sie sich von den meisten ihrer Konkurrenten ab, die versuchen, sich durch Schmalz und jugendliche Leidenschaft zu verkaufen. Im September veröffentlichen die Beatles ihre erste Single »Love me do«, die auf Platz 17 der britischen Hitparaden landet. Der Nachfolger »Please, please me« schafft es auf Platz 2. Mit »From me to you« landet die Band schließlich ihren ersten Nummer-Eins-Hit. In Europa bricht die »Beatlemania« aus. Tausende Fans empfangen die vier Musiker bei ihren Konzerten mit hysterischen Schreien – und Ohnmachtsanfällen. Auch bei der älteren Generation stoßen die Beatles weitgehend auf Akzeptanz. Sie zeigen sich elegant gekleidet und fallen nicht durch Skandale auf. Als die sensationelle Band 1964 in der »Ed Sullivan Show« auftritt, springt der Beatles-Virus auch auf die Vereinigten Staaten über. Die folgende USA-Tournee markiert den Durchbruch zum Erfolg der »Fab Four«. Der Umsatz ihrer Singles und Langspielplatten bricht alle Rekorde.

14. März 1962

Internationale Abrüstungskonferenz in Genf stagniert

In Genf verhandeln Delegationen aus 17 Ländern über Frieden und Abrüstung. Der Beauftragte des UN-Generalsekretärs Sithu U Thant, der Ägypter Omar Lufti, eröffnet die internationale Abrüstungskonferenz im Palast der Nationen.

Von westlicher Seite nehmen die USA, Großbritannien, Italien und Kanada teil. Für Frankreich, das die Beratungen zunächst wegen Meinungsverschiedenheiten mit den Verbündeten boykottiert, wird ein Stuhl am Konferenztisch freigehalten. Von Seiten des Ostblocks sind die Sowjetunion, Polen, die Tschechoslowakei, Rumänien und Bulgarien vertreten. Auch die blockfreien Nationen Indien, Birma, Schweden, die Vereinigte Arabische Republik, Äthiopien, Nigeria, Brasilien und Mexiko haben Delegationen nach Genf gesandt. Hauptthemen der Sitzung sind Probleme der Abrüstung und deren Kontrolle sowie die Einstellung der Atomwaffenversuche. Die Frage einer Garantie der freien Zufahrtswege nach West-Berlin wird außerhalb des großen Konferenzraumes erörtert. Wichtigster Streitpunkt zwischen der Sowjetunion und den Westmächten bleibt die Frage nach dem Umfang der Kontrollmaßnahmen, wobei der Westen nicht nur eine Kontrolle der tatsächlich vorgenommenen Abrüstungsmaßnahmen, sondern u.a. auch der Rüstungsproduktion des jeweiligen Landes fordert. Die UdSSR lehnt dies jedoch als systematische Spionage ab. Der Gegensatz führt schon bald zu einer Stagnation der Gespräche. Vorschläge, u.a. atomwaffenfreie Zonen in Europa, Asien und Ostasien einzurichten sowie Atomwaffenexperimente, die ohne internationale Kontrollsysteme erfolgen, einzustellen, finden in Genf keine Mehrheit. Lediglich ein Verbot der Weitergabe von Atomwaffen wird befürwortet.

April 1962

1 So In einer Volksabstimmung sprechen sich die stimmberechtigten Schweizer Männer gegen einen Verzicht ihres Landes auf atomare Bewaffnung aus.

2 Mo DDR-Behörden hindern Westberliner Lkw-Fahrer für mehrere Stunden an der Weiterfahrt, weil ihre Durchfahrtberechtigungsscheine ungültig seien.

3 Di In Indien wird Jawaharlal Nehru erneut einstimmig zum Fraktionsführer der Kongresspartei und damit zum designierten Ministerpräsidenten gewählt.

4 Mi Für Kernwaffenversuche in der Atmosphäre sperren die USA und Großbritannien das Gebiet um die Weihnachtsinseln im Pazifischen Ozean.

5 Do Im Straßentunnel am Großen St. Bernhard zwischen Italien und der Schweiz, an dem seit 1958 gebaut wird, erfolgt der Durchstich. → Parteien

6 Fr Der römische Senat verabschiedet ein Gesetz, das jegliche Werbung für Zigaretten und andere Tabakwaren in Italien verbietet.

7 Sa Frischauf Göppingen gewinnt in Paris durch einen 13:11-Sieg im Finale gegen Partizan Bjelover (Jugoslawien) den Europapokal im Hallenhandball.

8 So In Frankreich ergibt ein Referendum zum Frieden zwischen Paris und der algerischen Exilregierung eine Mehrheit für den Regierungskurs der Aussöhnung.

9 Mo Die frühere Ärztin Mahatma Gandhis, Sushila Nayyar, wird als erste Frau Indiens auf einen Kabinettsposten (für Gesundheit) berufen. → »Oscars«

10 Di Nach Mitteilung der Deutschen Bundespost verfügt inzwischen jeder neunte Bürger in der Bundesrepublik über einen Telefonanschluss.

11 Mi US-Präsident John F. Kennedy kritisiert die Stahlpreisanhebung, weil er u.a. den Anstieg von Inflation und Verteidigungsetat befürchtet.

12 Do Anlässlich einer Filmvorführung kommt es in Zürich zu Demonstrationen gegen den ehemaligen NS-Regisseur Veit Harlan.

13 Fr In Indonesien ordnet Präsident Achmed Sukarno angesichts des Streits mit den Niederlanden um West-Neuguinea die Mobilmachung an. → Beatles

14 Sa Infolge der Intervention von Präsident John F. Kennedy nehmen die Stahlkonzerne in den USA die drei Tage zuvor durchgeführte Preiserhöhung zurück.

15 So Präsident Charles de Gaulle nominiert Georges Pompidou zum Ministerpräsidenten Frankreichs. +++ Die Niederlande übergeben Westguinea an Indonesien.

16 Mo Bei den Abrüstungsverhandlungen in Genf schlagen die bündnisfreien Teilnehmer einen Kompromiss zur Überwachung von Atomversuchsverboten vor.

17 Di Bei seinem Besuch in Jugoslawien trifft der Außenminister der UdSSR, Andrej Gromyko, mit Staatspräsident Josip Tito zusammen.

18 Mi Die US-Delegierten legen der Abrüstungskonferenz in Genf einen neuen dreistufigen Plan zur internationalen Abrüstung vor.

19 Do Papst Johannes XXIII. erhebt seine zwölf Kardinäle, die bisher als Kardinaldiakone nur einfache Priester waren, in den Bischofsrang.

20 Fr In Algier gelingt die Verhaftung des Führers der französischen Geheimorganisation OAS, Ex-General Raoul Salan, der für ein französisches Algerien kämpft.

21 Sa In der Bernauer Straße an der Berliner Mauer kommt es zu einem Feuergefecht zwischen DDR-Grenzsoldaten und der Westberliner Polizei.

22 So Die »New York Times« veröffentlicht Details der Berlin-Pläne der USA. Ein internationaler Ausschuss soll den Zugang nach West-Berlin überwachen.

23 Mo Die US-Rakete »Ranger IV« startet. Da die Funkverbindung abreißt, misslingt die weiche Landung auf dem Mond, die Rakete zerschellt am 26. April.

24 Di Der argentinische Staatspräsident José María Guido erklärt alle seit Dezember 1961 durchgeführten Provinzwahlen für ungültig.

25 Mi In der Nähe der Weihnachtsinseln im Pazifischen Ozean beginnen die USA eine Versuchsserie von Atomexplosionen in der Atmosphäre.

26 Do In Cape Canaveral in den USA startet der erste internationale Satellit – von den USA und Großbritannien gemeinsam entwickelt – in den Weltraum.

27 Fr Bis zum 29. April finden in der Hansestadt Lübeck die V. Nordischen Filmtage mit den skandinavischen Filmen des letzten Jahres statt.

28 Sa Norwegens Parlament ermächtigt die Regierung, Verhandlungen über die Aufnahme in die Europäische Wirtschaftsgemeinschaft (EWG) aufzunehmen.

29 So Der sowjetische Kosmonaut German Titow trifft zu einem achttägigen Besuch der USA in New York ein. Er wird an einem Weltraum-Symposion teilnehmen.

30 Mo Bundespräsident Heinrich Lübke wird Ehrenbürger von Berlin. +++ Das niederländische Königspaar eröffnet die Feierlichkeiten zu seiner Silberhochzeit.

Mai 1962

1 Di Der Deutsche Gewerkschaftsbund (DGB) bezeichnet bei Veranstaltungen zum 1. Mai die Sicherung des Friedens als wichtigste Aufgabe der Gegenwart.

2 Mi In Washington versammeln sich 1000 Wissenschaftler und Delegierte aus 18 Nationen zu einer Konferenz zum Thema Weltraumforschung.

3 Do Auf einer Pressekonferenz zur Eröffnung ihrer Frühjahrstagung in Athen lehnt die NATO einen Nichtangriffspakt mit den Warschauer-Pakt-Staaten ab.

4 Fr Trotz des 1961 zwischen den Bürgerkriegsparteien geschlossenen Waffenstillstands besetzen in Laos pro-kommunistische Truppen die Stadt Nam Tha.

5 Sa Das Zentralorgan der KPdSU, die »Prawda«, wird 50 Jahre alt. +++ Ex-Militärgouverneur Lucius D. Clay wird Ehrenbürger von West-Berlin.

6 So Nach dem Ende der Amtszeit von Giovanni Gronchi wird der bisherige Außenminister Antonio Segni nach neun Wahlgängen neuer italienischer Präsident.

7 Mo Die USA zünden im Gebiet der Weihnachtsinseln im Pazifischen Ozean zum ersten Mal eine »Polaris«-Rakete mit einer Atomladung.

8 Di Radio Moskau erklärt, dass die UdSSR angesichts der US-Atomversuche gezwungen sei, wieder eigene Kernwaffenversuche durchzuführen.

9 Mi Französischen Alpinisten gelingt die Erstbesteigung des 7710 m hohen Mount Jannu im Himalaja. +++ Englands Fußballelf schlägt in London die Schweiz 3:1.

10 Do Der über 30 m hohe Felsen des »Wilden Männle« in den Allgäuer Alpen wird von einem heftigen Blitzschlag zum Einsturz gebracht.

11 Fr Erstmals gelingt es US-Wissenschaftlern, einen Lichtstrahl auf den Mond zu senden und die reflektierenden Rotlichtstrahlen 2,5 sec später aufzufangen.

12 Sa Deutscher Fußballmeister wird im Berliner Olympia-Stadion vor 82 000 Zuschauern der 1. FC Köln durch einen 4:0-Sieg im Finale über den 1. FC Nürnberg.

13 So Auf einem Raketenprüfstand bei San Diego in Kalifornien (USA) explodiert eine Interkontinentalrakete vom Typ »Atlas«.

14 Mo Die Bundesregierung billigt eine Soforthilfe für die Saarbergwerke, so dass gewerkschaftliche Lohnforderungen erfüllt werden können. → Juan Carlos

15 Di Die Ständige Konferenz der Kultusminister beschließt die Einführung des Faches Gemeinschaftskunde für die letzten beiden Schulklassen an Gymnasien.

16 Mi In Salzburg beginnt der zweite Kongress für Lärmbekämpfung. +++ In Venedig wird die 31. Internationale Kunstbiennale eröffnet. 33 Länder nehmen teil.

17 Do Der Führer der Kommunistischen Partei, Nen Suan, und 13 Anhänger werden in Phnom Penh/Kambodscha wegen Verschwörung zum Tode verurteilt.

18 Fr Einer Gruppe von zwölf DDR-Bürgern aus Ost-Berlin gelingt es, durch einen selbst gegrabenen Tunnel nach West-Berlin zu fliehen.

19 Sa In fast allen Bundesländern rücken insgesamt etwa 30 000 Mitglieder des Luftschutzhilfedienstes zu zivilen Bevölkerungsschutzübungen aus.

20 So Der zweimalige Olympiasieger im Diskuswerfen, Al Oerter (USA), stellt mit einer Weite von 61,10 m einen Weltrekord auf.

21 Mo Der Staatspräsident von Zypern, Erzbischof Myriathes Makarios, wird in Bonn zu einem Staatsbesuch empfangen.

22 Di US-Präsident John F. Kennedy ersucht den Kongress um Bewilligung zusätzlicher 164,5 Mio. Dollar für Kernwaffenversuche und die Atomwaffenproduktion.

23 Mi Ein Pariser Militärgericht verurteilt den Führer der rechtsradikalen Organisation OAS, Raoul Salan, u.a. wegen Putsch-Beteiligung zu lebenslanger Haft.

24 Do Der US-Astronaut Scott Carpenter umkreist mit dem Raumschiff »Aurora 7« dreimal die Erde. Die zweite bemannte Erdumkreisung der USA endet erfolgreich.

25 Fr USA und UdSSR schlagen auf der Genfer Abrüstungskonferenz gemeinsam vor, den Krieg als Mittel internationaler Konfliktlösung zu ächten.

26 Sa Auf dem zehnten internationalen Hanns-Braun-Sportfest in München erzielt der Finne Penti Nikula mit 4,75 m einen Europarekord im Stabhochsprung.

27 So Die USA unternehmen mit dem Abwurf einer Kernwaffe aus einem Flugzeug ihren 14. Atomwaffenversuch im Gebiet der Weihnachtsinseln im Pazifik.

28 Mo Die New Yorker Börse erlebt den seit dem »Schwarzen Freitag« 1929 größten Kursverlust. Während einer Umsatzflaute kam es zu panikartigen Verkäufen.

29 Di Der Vorsitzende der SPD, Erich Ollenhauer, wird auf dem Bundesparteitag in Köln mit 314 von 328 abgegebenen Stimmen in seinem Amt bestätigt.

30 Mi Australien schießt eine mit Kameras ausgerüstete Forschungsrakete in 130 km Höhe, von wo aus sie die Wolkenformationen erforschen soll.

31 Do Ex-Obersturmbannführer Adolf Eichmann, der für den Tod von Millionen Juden verantwortlich ist, wird im Gefängnis Ramla bei Tel Aviv gehängt.

23. Juni 1962

Laos will Krieg beenden

In der laotischen Hauptstadt Vientiane setzt König Savang Vatthana ein neues Kabinett ein. Die Koalitionsregierung von Rechtsgerichteten, Neutralisten und Kommunisten soll vor allem den seit 1954 andauernden Bürgerkrieg beenden. Zwar war im Jahre 1961 ein Waffenstillstand vereinbart worden, doch wurde dieser im Frühjahr 1962 verletzt. Am 4. Mai fiel im Nordwesten von Laos die seit Tagen umkämpfte Provinzhauptstadt Nam Tha in die Hand der kommunistischen Pathet-Lao-Truppen. Nach dem Willen der internationalen Laos-Konferenz in Genf verpflichtet sich die neue Regierung zu strikter Neutralität. Ministerpräsident Suvanna Phuma legt ein Regierungsprogramm vor, in dem es heißt, man sei entschlossen, den Weg des Friedens und der Neutralität zu gehen, damit ein unabhängiges, vereinigtes und demokratisches Laos entstehen könne. Dieses werde keinem Militärbündnis beitreten und keine Einmischung von außen in seine inneren Angelegenheiten dulden. Die Regierung fordert den Abzug aller ausländischen Truppen und aller im Land befindlichen zivilen Ausländer.

17. Juni 1962

Brasilien wird Weltmeister

Die brasilianische Nationalmannschaft gewinnt erneut die Fußball-Weltmeisterschaft. Als amtierende Weltmeister siegen die Brasilianer im Endspiel gegen die Tschechoslowakei mit 3:1 Toren. 60 000 Zuschauer erleben im Stadion von Santiago de Chile (s. Abb.) eine überlegene brasilianische Mannschaft. Das Endspiel findet nur mäßige Resonanz. Die rasanteste Begegnung fand bereits im Halbfinale statt, als Brasilien die chilenische Gastgeber-Mannschaft mit 4:2 schlug.

4. Juni 1962

Aufsehen erregender Prozess um Vera Brühne

In einem der größten und Aufsehen erregendsten Prozesse der deutschen Nachkriegszeit verurteilt das Schwurgericht München die 52-jährige Vera Brühne und den 49-jährigen Johann Ferbach aufgrund von Indizien wegen Mordes zu lebenslangem Zuchthaus und Aberkennung der bürgerlichen Ehrenrechte.

Der fünf Wochen dauernde Prozess ist in der Öffentlichkeit auf großes Interesse gestoßen. Illustrierte und Boulevardzeitungen beteiligen sich lebhaft an den Spekulationen über einen Doppelmord und seine Hintergründe in einem von Geld und leichtlebiger Erotik geprägten Milieu. Auch seriöse Tageszeitungen räumen der Berichterstattung über den Prozess breiten Raum ein. Nach Auffassung der Strafkammer haben die Münchnerin und der Montageschlosser aus Köln im Jahre 1960 aus Habgier den 46 Jahre alten Münchener Arzt Otto Praun und dessen Haushälterin, die 50-jährige Elfriede Kloo, in der Villa des Mediziners am Starnberger See ermordet. Vera Brühne, die immer wieder ihre Unschuld beteuert, hatte nach eigener Aussage seit Sommer 1957 ein Verhältnis mit Praun und soll – dem Gericht zufolge – Ferbach zum Mord angestiftet haben, um in den Genuss des ihr versprochenen Erbes zu kommen. Der Arzt hatte seiner Geliebten ein wertvolles Grundstück an der spanischen Costa Brava testamentarisch vermacht, es jedoch angeblich später verkaufen wollen. Besonders belastend ist die Zeugenaussage der 20-jährigen Tochter Vera Brühnes, die vor Gericht erklärt, ihre Mutter habe ihr die Mordtat gestanden. In der Urteilsbegründung betont der Vorsitzende Richter, das Beweismaterial sei so umfangreich, dass er in seiner mündlichen Würdigung dem kaum gerecht werden könne. Einen sicheren Beweis für Vera Brühnes Schuld gibt es allerdings nicht. Über 100 Zeugen und zehn Sachverständige wurden während des Verfahrens, dessen Urteil bis zuletzt umstritten blieb, gehört. In dem Augenblick, in dem die zweistündige Urteils-

Spektakuläre Gerichtsverfahren im 20. Jahrhundert

Jahr	Prozess
1924	Der Polizeispitzel Fritz Haarmann erhält in Hannover wegen Mordes in 27 Fällen die Todesstrafe.
1927	Aufgrund zweifelhafter Indizien werden die Anarchisten Nicola Sacco und Bartolomeo Vanzetti in den USA zum Tode verurteilt.
1951	Ethel und Julius Rosenberg werden in den USA wegen Atomspionage für die Sowjetunion zum Tode verurteilt.
1971	Der Sektenführer Charles Manson erhält in Los Angeles wegen siebenfachen Mordes die Todesstrafe (1972 aus verfassungsrechtlichen Gründen in lebenslänglich umgewandelt).
1994	Ex-Football-Star O.J. Simpson vom Mordverdacht freigesprochen.
1999	Kurdenführer Abdullah Öcalan wird in der Türkei zum Tode verurteilt.

2. Juni 1962

Bagdad beansprucht Kuwait

Die Regierung des Irak beschließt, die diplomatischen Beziehungen zu den USA abzubrechen, da Präsident John F. Kennedy am 1. Juni das Beglaubigungsschreiben des ersten Botschafters Kuwaits in den USA entgegengenommen hatte.
Bagdad begründet seinen Schritt damit, dass es Anspruch auf das seit dem Jahre 1961 von Großbritannien unabhängige Nachbarland erhebe. Die Regierung der USA bringt in einem Schreiben an die irakische Regierung ihr Bedauern über den Schritt Bagdads zum Ausdruck.
Unmittelbar nach der Unabhängigkeit Kuwaits am 19. Juni des vergangenen Jahres hatte Bagdad begehrliche Blicke auf das wichtige Erdölland geworfen. Das kuwaitische Staatsoberhaupt, Scheich Abdallah As Salim As Sabah, hatte am 27. Juni den Ausnahmezustand verhängt und die 6000 Mann starke Armee des Landes an die Grenzen zum Irak beordert. Aufgrund seines Ölreichtums ist Kuwait für mehrere Staaten als Einflusssphäre von Interesse. So hatte sich Ägypten bemüht, das Ölscheichtum zum Beitritt in die Arabische Liga zu bewegen.

Vera Brühne im Gefängnis von Aichach in Oberbayern, wo sie ihre Strafe verbüßt.

begründung beginnt, bricht Vera Brühne zusammen und beginnt hemmungslos zu weinen. Mit erstickter Stimme beteuert sie ihre Unschuld. Die Urteilsbegründung wird für zehn Minuten ausgesetzt. Ein halbes Jahr nach der Urteilsverkündung verwirft der Bundesgerichtshof eine Revision, Rechtsmittel gegen den möglichen Justizirrtum können damit nicht mehr eingelegt werden. Im Dezember 1979 wird Vera Brühne nach ihrer Begnadigung durch den bayerischen Ministerpräsidenten Franz Josef Strauß (CSU) aus der Strafanstalt entlassen. Sie wiederholt ihre Aussage nach der Urteilsverkündung: »Ich bin unschuldig.« Für den mitangeklagten Johann Ferbach kommt eine Begnadigung zu spät. Er stirbt 1970 in der Haftanstalt Straubing (Niederbayern).

14. Mai 1962

Juan Carlos heiratet Sophia

In prunkvollen Zeremonien heiraten der spanische Infant Don Juan Carlos und die griechische Prinzessin Sophia. Weil die Brautleute unterschiedlichen Konfessionen angehören, findet die Vermählung zweimal statt. Beide Hochzeiten werden in Athener Kirchen abgehalten (Abb.: Das Brautpaar im Kreis des europäischen Hochadels). Dabei zieht ein Festzug von zwölf Wagen durch die Stadt, den europäische Könige, Prinzen und Fürsten anführen. Nach jeder Zeremonie schießen 21 Kanonen unter dem Geläut der Kirchenglocken den Ehrensalut. Mit der Hochzeit in Athen verbinden sich zwei europäische Königshäuser. Der 24-jährige Juan Carlos ist der Sohn des spanischen Thronprätendenten. Seine Braut, die 23-jährige Sophia, ist die Tochter des griechischen Königs Paul.

23. Juni 1962

Schwabinger Sommerkrawalle

Im Münchener Künstlerviertel Schwabing kommt es zu handgreiflichen Auseinandersetzungen zwischen Jugendlichen und der Polizei. Ein Pulk von rd. 3000 Menschen bringt dabei den gesamten Straßenverkehr zum Erliegen. Als die Polizei am Schauplatz auftaucht, eskaliert die Situation. Die berittenen Beamten treiben die randalierende Menge unter dem Einsatz von Gummiknüppeln auseinander. Zwischen Demonstranten und Polizisten kommt es zu heftigen Kämpfen, bei denen zahlreiche Menschen verletzt werden (Abb.: Ein Randalierer bricht unter den Schlägen eines Polizisten zusammen). Bereits dreimal haben sich Rowdys in Schwabing versammelt. Ein Motiv für die Straßenschlachten ist nicht erkennbar. Münchens Oberbürgermeister Hans-Jochen Vogel macht unter anderem die Studentenschaft dafür verantwortlich. Der Allgemeine Studentenausschuss (AStA) wehrt sich gegen die Vorwürfe und schreibt die Ursache für die Eskalation der Gewalt der rauhen Vorgehensweise der Polizeibeamten zu.

Juni 1962

1	Fr	Der Oberste Sowjet senkt das Wehrpflichtalter in der UdSSR von 18 auf 17 Jahre. +++ Der Juni beginnt in Deutschland kühl, in den Alpen fällt Schnee.
2	Sa	Elizabeth II., Königin von Großbritannien, feiert in London mit einer Truppenparade ihren 36. Geburtstag (eigentlich 21. April). → Kuwait
3	So	Die staatlich beeinflussten Parlamentswahlen in Albanien ergeben eine Stimmenmehrheit von 99,9% für die Einheitsliste der Demokratischen Front.
4	Mo	Die Lissaboner Regierung ersucht den Ministerrat der Europäischen Wirtschaftsgemeinschaft (EWG) um eine Assoziierung Portugals. → Vera Brühne
5	Di	Im Rotterdamer Hafen bricht ein verheerendes Großfeuer aus. Die Ursache ist ungeklärt, der Schaden wird auf mehrere Mio. DM geschätzt.
6	Mi	In Moskau finden Beratungen der Mitgliedsstaaten des COMECON statt. Albanien wurde zu der Konferenz nicht eingeladen.
7	Do	Die Warschauer Behörden setzen infolge von Engpässen die maximalen Kaufmengen von Reis und Nudeln auf 1 kg, von Zucker und Mehl auf 2 kg fest.
8	Fr	14 Ostberliner Bürgern gelingt mit einem Ausflugsdampfer auf der Spree die Flucht in den Westteil der durch die Mauer geteilten Stadt.
9	Sa	Fred Baldasare (USA) durchschwimmt als Erster die wegen der Strömung berüchtigte Meerenge von Messina zwischen Italiens Festland und Sizilien.
10	So	Laut der »Aktion Sturmflut« sind bisher 325 169,52 DM an Opfer der Hamburger Sturmflut vom Februar überwiesen worden.
11	Mo	Dahomey und die Tschechoslowakei vereinbaren zum Abschluss des Besuchs einer Delegation in Prag die Aufnahme diplomatischer Beziehungen.
12	Di	In Laos einigen sich die drei größten politischen Fraktionen auf eine provisorische Koalitionsregierung unter Führung von Prinz Suvanna Phuma.
13	Mi	Das Bundeskabinett in Bonn beschließt gegen die Stimmen der FDP eine 6%ige Gehaltserhöhung für Arbeiter und Angestellte des öffentlichen Dienstes.
14	Do	In Paris wird der Vertrag zur Gründung der Europäischen Weltraumforschungsorganisation ESRO unterzeichnet, die friedlichen Zwecken dienen soll.
15	Fr	Durch Fusion der Türkischen Sozialistischen Partei mit der Türkischen Arbeiterpartei entsteht in Ankara die Vereinigte Arbeiterpartei.
16	Sa	In Würzburg beginnt das 35. Mozartfest mit dem ersten von 14 Konzerten. +++ Bundespräsident Heinrich Lübke eröffnet die 80. Kieler Woche.
17	So	Bundeskanzler Konrad Adenauer appelliert am Tag der Deutschen Einheit an die UdSSR, der DDR größere Freiheiten zu geben. → Brasilien
18	Mo	Bei der Verfolgung flüchtender DDR-Bürger aus Ost-Berlin wird versehentlich ein Grenzpolizist von anderen Grenzposten der DDR erschossen.
19	Di	Auf einem Formationsflug stoßen über Frechen bei Köln vier »Starfighter« der Bundeswehr zusammen und stürzen ab. Alle vier Piloten kommen um.
20	Mi	Der zweite Kernwaffenversuch der USA binnen kurzer Zeit scheitert. Die Rakete muss kurz nach dem Start aus technischen Gründen zerstört werden.
21	Do	Als deutsche Erstaufführung wird der Spielfilm »Lolita« von US-Regisseur Stanley Kubrick mit Sue Lyon, Shelley Winters und James Mason gezeigt.
22	Fr	Ein Tornado führt zum Absturz eines Passagierflugzeugs über der Karibikinsel Guadeloupe. 112 Menschen kommen bei dem Unglück ums Leben.
23	Sa	Die 21-jährige Studentin Gisela Karschuk wird im Ostseebad Travemünde zur diesjährigen »Miss Germany« gekürt. → Laos → Schwabing
24	So	Die USA richten ein Amt ein, das Diskriminierung von Angehörigen der Armee aus rassischen oder anderen Gründen unterbinden soll.
25	Mo	Das Saarbrücker Schwurgericht verurteilt den ehemaligen SS-Oberscharführer Kurt Köllner u.a. wegen Mordes an Juden zu lebenslänglicher Haft.
26	Di	Der Bund und das Land Nordrhein-Westfalen stellen 260 Mio. DM für Rationalisierungsmaßnahmen im Kohlebergbau an der Ruhr bereit.
27	Mi	Vom Raketenversuchsgelände in Vandenberg (Kalifornien) aus starten die USA einen Geheimsatelliten für die militärische Weltraumforschung.
28	Do	In der Bundesrepublik wird erstmals der mit einem »Oscar« gewürdigte schwedische Film »Wie in einem Spiegel« von Ingmar Bergman gezeigt.
29	Fr	Der Bundestag nimmt mit seiner Zustimmung zu vier EWG-Anpassungsgesetzen die letzten Hürden auf dem Weg zum gemeinsamen Markt.
30	Sa	Nach dem Friedensschluss ist der Abzug der französischen Fremdenlegion aus Algerien, ihrem traditionellen Hauptstandort, abgeschlossen.

Juli 1962

1 So Bei einer Volksabstimmung in Algerien, das bisher französisch beherrscht wurde, stimmen 99,9% der Bevölkerung für die Unabhängigkeit.

2 Mo Moskau kritisiert die Absicht der Wiener Regierung, mit der EWG zusammenzuarbeiten. Die UdSSR sieht darin die Neutralität Österreichs verletzt.

3 Di In West-Berlin erhält »Nur ein Hauch Glückseligkeit«, ein Film des britischen Regisseurs John Schlesinger, den »Goldenen Bären« der Berlinale. → Algerien

4 Mi In der tschechoslowakischen Hauptstadt Prag beginnen die 15. Weltmeisterschaften im Kunstturnen. Sie dauern bis zum 14. Juli.

5 Do Die Bundesregierung beschließt, mehr Münzgeld in Umlauf zu bringen, da sich durch Automaten und Parkuhren der Bedarf stark erhöht hat.

6 Fr Die USA geben die Aufhebung der Reisebeschränkungen für Sowjetbürger bekannt. +++ Das Eislaufmeisterpaar Margret Göbl und Franz Ningel heiratet.

7 Sa Vertreter Frankreichs und Algeriens unterzeichnen in Paris ein Abkommen über eine künftige wirtschaftliche Zusammenarbeit ihrer Länder.

8 So Bei der Landtagswahl in Nordrhein-Westfalen verliert die CDU ihre absolute Mehrheit und strebt daher eine Koalition mit der FDP an.

9 Mo Über dem Pazifik explodiert im Rahmen von Kernwaffenversuchen in großer Höhe eine thermo-nukleare US-Bombe.

10 Di In Moskau schlägt die sowjetische Führung vor, die Truppen der Westmächte in West-Berlin durch Truppen anderer Länder zu ersetzen. → Fernsehsatellit

11 Mi Die drei Westmächte lehnen den Vorschlag aus Moskau ab, ihre Truppen aus West-Berlin abzuziehen und Einheiten anderer Länder zu stationieren.

12 Do Die Ruderverbände der Bundesrepublik und der DDR einigen sich darauf, zur WM der Herren im September ein gesamtdeutsches Team zu schicken.

13 Fr Der britische Premier Harold Macmillan bildet sein Kabinett zugunsten von Mitgliedern um, die der EWG gegenüber positiv eingestellt sind.

14 Sa In der spanischen Bad- und Schwimmordnung für 1962 wird das Tragen von zweiteiligen Badeanzügen (Bikinis) ausdrücklich erlaubt.

15 So Der Franzose Jacques Anquetil gewinnt nach 1957 und 1961 zum dritten Mal das schwerste Radrennen der Welt, die Tour de France.

16 Mo Die Genfer Zollsenkungskonferenz der Internationalen Zollvereinigung GATT endet. Die EWG gewährt den USA eine durchschnittliche Zollsenkung um 20%.

17 Di Bei der Staatsanwaltschaft in Aachen gingen bis heute über 60 Anzeigen wegen Gesundheitsschäden nach Einnahme des Schlafmittels »Contergan« ein.

18 Mi Die DDR bietet dem bundesdeutschen Justizminister Wolfgang Stammberger an, Einblick in Originaldokumente über Naziverbrechen zu nehmen.

19 Do Im Buckingham-Palast, dem Wohnsitz der britischen Königin Elizabeth II., wird die »Queen's gallery« mit Kunstschätzen des Königshauses eröffnet.

20 Fr Der Fachverband der bundesdeutschen Wäscheindustrie teilt mit, dass der Anteil an Herrenoberhemden aus Synthetik inzwischen über 50% betrage.

21 Sa Am Potsdamer Platz an der Berliner Mauer verüben Unbekannte auf westlicher Seite einen Sprengstoffanschlag, der ein Loch in die Mauer reißt.

22 So Der Versuch der USA, die Instrumentensonde »Mariner 1« zur Venus zu senden, schlägt fehl. Die Atlas-Agena-Rakete gerät vom Kurs ab und wird zerstört.

23 Mo Die Stadt Danzig feiert ihr 1000-jähriges Bestehen. Im Zweiten Weltkrieg zerstörte historische Gebäude wurden restauriert.

24 Di In einigen Orten der DDR gibt es aufgrund von Versorgungsschwierigkeiten Fleisch und Butter nur noch auf Kundenkarte.

25 Mi Der Bundesausschuss des Deutschen Gewerkschaftsbundes billigt politische Streiks bei Gefährdung von Demokratie und Gewerkschaftsunabhängigkeit.

26 Do Die seit vier Monaten andauernden Auseinandersetzungen zwischen Wiener Ärzten und Krankenkassen führen zu einer Anhebung der Arzthonorare.

27 Fr Verhandlungen des Zeitungsverlegers Axel Springer über den Kauf des Frankfurter Buchverlages S. Fischer werden ergebnislos abgebrochen.

28 Sa Der brasilianische Justizminister Candido Oliveira ordnet die Beschlagnahme der portugiesischen Übersetzung von Adolf Hitlers Buch »Mein Kampf« an.

29 So Die bundesdeutschen Leichtathletikmeisterschaften in Hamburg gehen zu Ende. Star der Veranstaltung war Jutta Heine, die die 100 m in 11,6 sec lief.

30 Mo In einem Bürohochhaus in Boston wird weltweit erstmals ein Fotokopierautomat aufgestellt, an dem nach Münzeinwurf fotokopiert werden kann.

31 Di Die Außenminister von Österreich und Italien treffen in Venedig zusammen, um über die Südtirol-Frage zu sprechen.

17. August 1962

Flüchtling stirbt an der Mauer

Der Fluchtversuch des 18-jährigen Peter Fechter über die Berliner Mauer endet im Kugelhagel der DDR-Grenzer. Der lebensgefährlich Verletzte bleibt unmittelbar hinter der Mauer auf Ostberliner Gebiet liegen. Die Westberliner Polizei muss hilflos zusehen, wie der junge Mann verblutet (Abb.: Abtransport des leblosen Peter Fechter).
Der erschütternde Vorfall ereignet sich gegen 14 Uhr. Fechter, der als Bauarbeiter Unter den Linden eingesetzt ist, versucht zusammen mit einem Kollegen die Mauer an der Zimmerstraße in der Nähe des Checkpoint Charlie zu überwinden. Während seinem Kollegen der Sprung in den Westen gelingt, treffen Fechter die Kugeln der Grenzposten.

Mit zwei Lungen- und einem Bauchschuss bricht der 18-Jährige zusammen und bleibt auf Ostberliner Gebiet liegen. Herbeigeeilte Westberliner Polizisten klettern an der Mauer empor. Sie werfen dem Schwerverletzten Verbandspäckchen zu, wagen aber nicht, die Mauer zu übersteigen. Von Ostberliner Seite kommt keine Hilfe. So bleibt Fechter unmittelbar hinter der Mauer inmitten der Sperranlagen liegen. Auf beiden Seiten der Mauer versammeln sich Menschen, die seine Hilfeschreie hören. Auf Westberliner Seite gelingt es der Polizei nur mit Mühe, die erregte Menge zurückzudrängen. Den Grenzposten auf der anderen Seite werden Anschuldigungen wie »Mörder« und »Banditen« zugerufen. Diese reagieren mit dem Abwurf von Tränengasgranaten. Der US-Stadtkommandant Albert E. Watson bezeichnet die Erschießung Fechters als einen »Akt barbarischer Unmenschlichkeit«. Durch eine solche Tat zeige die DDR der Welt wieder einmal einen Mangel an Verantwortung und Respekt gegenüber den Werten der zivilisierten Welt.

5. August 1962

Tod eines Sex-Idols

Marilyn Monroe ist tot. Die weltberühmte US-Filmschauspielerin wird in ihrer Wohnung in Los Angeles leblos aufgefunden. Eine ärztliche Untersuchung ergibt, dass sie eine Überdosis Schlaftabletten eingenommen hat.
Um ihren Tod ranken sich sofort Gerüchte. Mehrere Umstände lassen Zweifel daran aufkommen, dass Marilyn Monroe wirklich Selbstmord begangen hat. Vermutungen werden geäußert, in ihren angeblichen Affären mit hoch gestellten Persönlichkeiten des politischen Lebens könnte das Geheimnis ihres Todes liegen. In diesem Zusammenhang fallen Namen wie die von US-Präsident John F. Kennedy und seines Bruders Robert.
Marilyn Monroes Filmruhm gründet sich auf Streifen wie »Das verflixte 7. Jahr« (1955), in dem sie über einem Luftschacht stehend freizügige Einblicke gewährt. Schon die ersten Fotos als Pin-up-Girl für die Soldaten der US-Armee betonten ihre Markenzeichen: Blonde Haare, üppige Rundungen, ein verführerischer Mund und ein auffordernder, schutzsuchender Blick. Einmal auf dieses Klischee festgelegt, gelang es der auch sängerisch begabten Marilyn kaum, andere Rollen als die der blonden, dümmlichen Sexbombe zu erhalten.
In gewisser Weise zerbrach die sensible Schauspielerin an ihrem eigenen Image. Kurz nachdem sie begonnen hatte, in Hollywood als Modell zu arbeiten, wurde sie ermuntert, ihre Locken glätten und ihr Haar hellblond zu färben. Im Jahre 1948 unterwarf sie sich einer zahnorthopädischen Behandlung, um einen ihrer vorstehenden Schneidezähne zu korrigieren. Ihr Agent Johnny Hyde bestand darauf, dass sie sich einen kleinen Höcker auf ihrer Nase entfernen ließ. Während

3. Juli 1962

Algerien: Freiheitskämpfer am Ziel ihrer Träume

In einer feierlichen Erklärung gibt Frankreichs Staatspräsident Charles de Gaulle das Ende der 132 Jahre dauernden Herrschaft Frankreichs über Algerien bekannt. Dem Ereignis war am 1. Juli eine Volksabstimmung in Algerien vorausgegangen, bei der 99,9% der Wahlbeteiligten für ein souveränes Algerien bei Zusammenarbeit mit Frankreich gestimmt hatten (Abb.: de Gaulle in Algerien). Bis zur Wahl einer Nationalversammlung soll entsprechend dem in Evian am Genfer See ausgehandelten Friedensvertrag die staatliche Macht von einer vorläufigen Exekutive ausgeübt werden, deren Vorsitz Abderrahman Fares innehat. Sie steht jedoch im Schatten der von Tunis nach Algier übergesiedelten Exilregierung, der Provisorischen Regierung der Algerischen Republik (GPRA) unter Ministerpräsident Yousouf Ben Khedda. Diese ist inzwischen von etwa 40 Staaten anerkannt worden. Kheddas Ziel ist die Bildung eines unabhängigen demokratischen Algerien. Demgegenüber verfolgt der aus langjähriger französischer Haft entlassene und zum stellvertretenden Ministerpräsidenten der GPRA ernannte Mohammed Ahmed Ben Bella die Errichtung eines marxistischen Staates.

Marilyn Monroe: Verführerisch

Marilyn Monroe

eigtl. Norma Jean Baker, US-Schauspielerin, * 1.6.1926 Los Angeles; † 5.8.1962 Los Angeles

Marilyn Monroe zählt zu den attraktivsten Frauen des Jahrhunderts und ist für viele das Sexsymbol schlechthin. Die Männerwelt vergöttert die blonde Schönheit. Norma Jean wuchs im Waisenhaus auf und lebte bei verschiedenen Pflegefamilien. Ihren Vater lernte sie nie kennen, ihre Mutter verbrachte den größten Teil ihres Lebens in Nervenheilanstalten. Den ersten Selbstmordversuch unternahm Norma/Marilyn im Alter von 16 Jahren während ihrer ersten Ehe mit einem Fabrikarbeiter. 1943 nahm sie einen Job als Lackiererin in einer Fabrik an und begann ihr erstes Geld als Mannequin für Pin-up-Fotos zu verdienen. 1948 unterschrieb sie einen Vertrag mit der 20th Century-Fox für winzige Nebenrollen. Die ersten Aktfotos wurden 1949 aufgenommen. Ab 1950 begann ihr Aufstieg zum Hollywoodstar. Dem beruflichen Erfolg standen private Probleme gegenüber. Ihre zweite Ehe mit dem Baseball-Star Joe Di Maggio endete nach neun Monaten. Als Sensation sahen viele ihre Ehe mit dem US-Schriftsteller Arthur Miller.

- 1953: »Niagara«
- 1953: »Fluss ohne Wiederkehr«
- 1956-61: Ehe mit Arthur Miller
- 1958: »Manche mögen's heiß«

dieser Schönheitsoperation wurde auch ihre Kinnlinie den Proportionen ihres Gesichts angepasst. Norma Jean Baker wandelte sich zum Inbegriff weiblicher Schönheit und Vollkommenheit.
Die New York Times schreibt 1953 über den Film »Niagara«: »20th Century-Fox schert sich offenbar nicht darum, dass es nur sieben Weltwunder gibt, denn sie hat zwei weitere entdeckt ... Die Produzenten machen nämlich sowohl von der Pracht der Wasserfälle ... als auch von der Pracht des Namens Marilyn Monroe optimalen Gebrauch. Die Aussicht ist in beiden Fällen atemberaubend. Und wenn einer bemängeln wollte, dass das Melodram, in das die Wasserfälle und die Monroe verstrickt werden, doch wohl nicht gerade von der spektakulärsten Sorte ist, so hätte er da völlig recht. Aus welchem Blickwinkel man sie auch betrachtet – die Wasserfälle und Miss Monroe lassen einem einigermaßen aufmerksamen Zuschauer nichts zu wünschen übrig...«

10. Juli 1962

Start des ersten Fernsehsatelliten läutet neues TV-Zeitalter ein

Der erste Fernsehsatellit umkreist die Erde. Mit der kugelförmigen Raumkapsel (s. Abb.) eröffnen sich neue Dimensionen im Bereich der elektronischen Bild- und Tonübertragung. Am 20. Juli überträgt der auf den Namen »Telstar« getaufte Satellit die ersten Fernsehbilder aus den USA nach Frankreich. Die Sendung kann in einer groß angelegten Ringsendung empfangen werden. Noch im selben Jahr wird »Telstar« auch für die Nutzung von transatlantischen Telefonaten genutzt. Der Erdtrabant ist mit Empfangs-, Sende- und Verstärkereinrichtungen ausgerüstet. Von der Erde aus empfängt er schwache Funksignale und leitet sie zehnmillionenfach verstärkt an den Empfänger weiter. Die Entwicklung der Satellitentechnik steckt jedoch noch in den Kinderschuhen. Da »Telstar« rd. zweieinhalb Stunden benötigt, um die Erde einmal zu umkreisen, bricht sein Signal regelmäßig ab. Kontinuierliche Fernseh-Übertragungen sind nur für jeweils 30 bis 45 Minuten durchführbar. Dann folgt eine stundenlange Zwangspause. Um ein lückenloses Netz zu schaffen, müssten 50 Satelliten derselben Art in die Erdumlaufbahn geschossen werden.

August 1962

1 Mi In Pinneberg (Schleswig-Holstein) stoßen zwei »Starfighter«-Düsenjäger der Bundeswehr zusammen. Die vier Insassen kommen ums Leben.

2 Do Moskau erklärt, die DDR werde nach Abschluss eines separaten Friedensvertrags die ihr Territorium berührenden Verkehrsverbindungen kontrollieren.

3 Fr Das Nürnberger Schwurgericht verurteilt den früheren SS-General Erich von dem Bach-Zelewski nach zweiwöchiger Verhandlung zu lebenslanger Haft.

4 Sa China fordert Indien zu Verhandlungen über die gemeinsame Grenze im Himalaja auf, die zwischen den Ländern umstritten ist.

5 So Großbritannien entlässt die größte und reichste Insel des früheren Britisch-Westindien, Jamaika, nach 300 Jahren in die Unabhängigkeit. → Marilyn Monroe

6 Mo Mehrere Jugendliche, die der DDR-Delegation zu den Weltjugendfestspielen in Helsinki (29.7. bis 6.8.) angehören, setzen sich in den Westen ab.

7 Di Einem US-»Phantom«-Jäger gelingt es erstmals, eine Bodenrakete mit einer Flugrakete abzuschießen. Der Jäger fliegt dabei jenseits der Schallgrenze.

8 Mi Zu insgesamt 57 Jahren Zuchthaus werden neun Jugendliche in Ost-Berlin verurteilt, weil sie gemeinsam eine Flucht in den Westen geplant hatten.

9 Do Der Literaturnobelpreisträger von 1946, der deutsch-schweizerische Schriftsteller Hermann Hesse, stirbt mit 85 Jahren in Montagnola/Schweiz.

10 Fr Das Hamburger Amtsgericht eröffnet ein Konkursverfahren über die Hamburger Werft Willy H. Schlieker KG. Die Banken verweigerten Stützungsaktionen.

11 Sa Der sowjetische Major Andrian G. Nikolajew beginnt im Raumschiff »Wostok 3« mit seinen mehrtägigen Erdumkreisungen.

12 So Bundeskanzler Konrad Adenauer hält im Deutschen Fernsehen eine Ansprache zum ersten Jahrestag des Mauerbaus in Berlin.

13 Mo Laut amtlicher Mitteilung sind seit dem Mauerbau vor einem Jahr 12 316 Menschen aus der DDR in den Westen geflohen.

14 Di Um 11.45 Uhr wird die letzte Sprengung zum Bau des Montblanc-Tunnels vorgenommen, der Italien und Frankreich verbindet.

15 Mi Indonesien und die Niederlande unterzeichnen auf Vermittlung der UNO einen Vertrag über die Abtretung West-Neuguineas an Indonesien.

16 Do NASA-Raketenkonstrukteur Wernher von Braun erklärt, der erste Mensch auf dem Mond werde ein US-Amerikaner sein.

17 Fr In Großbritannien stationierte US-Flugzeuge sollen, wie aus London verlautet, radioaktive Abfälle in der Atmosphäre registrieren. → Mauer

18 Sa Der unbemannte Erdtrabant »Kosmos 8« wird zur Fortführung der sowjetischen Raumforschung von Baikonur aus ins Weltall gestartet.

19 So Das Zentralkomitee der Kommunistischen Arbeiterpartei Ungarns verfügt den Ausschluss von »Stalinisten«, u. a. des Ex-Parteichefs Mátyás Rákosi.

20 Mo Die »Savannah«, erstes atomgetriebenes Handelsschiff der Welt, tritt die Jungfernfahrt an. Die USA bauen aus Kostengründen kein solches Schiff mehr.

21 Di Auf der Westseite der Berliner Mauer wird ein Sanitätswagen der Westmächte stationiert, um im Notfall verletzte Flüchtlinge auch im Ostsektor zu retten.

22 Mi Der französische Staatschef Charles de Gaulle entgeht einem Attentat der Gruppe um Ex-Premier Georges Bidault, der Umsturzpläne hegt.

23 Do Ein Chefarzt der Berliner Uniklinik, Adalbert Loschke, spricht angesichts des »Contergan«-Skandals von einer der »größten medizinischen Katastrophen«.

24 Fr Das Mannheimer Landgericht verurteilt »Das Neue Blatt« zu einer Entschädigungszahlung wegen eines gefälschten Interviews mit Ex-Kaiserin Soraya.

25 Sa Der kubanische Staatschef Fidel Castro macht die USA für einen Feuerüberfall durch Exilkubaner vom Vortag verantwortlich.

26 So Der 79. Katholikentag in Hannover, an dem 200 000 Gläubige teilnahmen, endet. Eines der zentralen Themen war der tätige Dienst am Nächsten.

27 Mo Die USA starten »Mariner 2«, die zweite Sonde zur Venus. Sie soll nach dem Scheitern des ersten Versuchs zu Erkenntnissen über den Planeten verhelfen.

28 Di Ein schweres Erdbeben erschüttert den Süden Italiens und Griechenland. +++ Ein Deichbruch im südkoreanischen Sunchon fordert 131 Menschenleben.

29 Mi Mit einem 2:1-Sieg über Fortuna Düsseldorf wird der 1. FC Nürnberg zum dritten Mal Sieger im Kampf um den deutschen Fußballpokal.

30 Do Die OAS, die Untergrundorganisation radikaler Algerienfranzosen, verstärkt ihre Terroraktionen und legt in Paris mehrere Brände.

31 Fr In Karlsruhe wird die Aktion »Kinderhilfe« ins Leben gerufen. Sie will Kindern helfen, die aufgrund von Medikamenten an Missbildungen leiden.

September 1962

1 Sa Erstmals erscheint in der Bundesrepublik die satirische Zeitschrift »Pardon«. +++ In Persien fordert ein schweres Erdbeben 12 000 Opfer.

2 So Die Sowjetunion erklärt sich zu Waffenlieferungen an Kuba bereit, das sich aufgrund des US-Wirtschaftsembargos enger an den Ostblock anschließt.

3 Mo Nach dem kühlen und regnerischen Sommer startet der September in Deutschland mit Rekordtemperaturen – z. B. 34 °C in Freiburg im Breisgau.

4 Di Der französische Präsident Charles de Gaulle trifft zu einem Besuch in Bonn ein, der zu einer Demonstration der deutsch-französischen Verständigung wird.

5 Mi Mit einem 3:0 über den Titelverteidiger AC Florenz gewinnt Atletico Madrid im Stuttgarter Neckarstadion den Fußball-Europapokal der Pokalsieger.

6 Do Die US-Raumfahrtbehörde NASA erklärt, dass die UdSSR seit 1960 sechsmal vergeblich versucht habe, Sonden zu Venus und Mars zu starten.

7 Fr Wegen der kritischen internationalen Situation fordert US-Präsident John F. Kennedy vom Kongress, die Einberufung von 150 000 Reservisten zu billigen.

8 Sa DDR-Staatschef Walter Ulbricht bezeichnet die Berliner Mauer in einer Rede in Leipzig als »antifaschistischen Schutzwall«.

9 So Das Wissenschaftliche Komitee der UNO warnt nach mehrjährigen Untersuchungen vor der steigenden Gefahr durch atomare Strahlung auf der Erde.

10 Mo Die 11. Konferenz der Staatschefs des Commonwealth beginnt in London. Hauptthema ist der geplante EWG-Beitritt Großbritanniens.

11 Di Vor Aggressionen gegen Kuba warnt die sowjetische Regierung die Vereinigten Staaten. Dies würde einen allgemeinen Krieg auslösen.

12 Mi US-Außenminister Dean Rusk erklärt, dass Kuba angegriffen würde, falls es zum Militärstützpunkt für offensive Zwecke werde.

13 Do Die »New York Times« meldet, die Sowjetunion habe bereits mehr als 200 Düsenjäger vom Typ MIG 15 und MIG 19 an Kuba geliefert.

14 Fr In Portugal wird Prostitution unter Strafe gestellt. Alle Freudenhäuser sollen geschlossen und Ex-Prostituierte sozialisiert werden.

15 Sa Italien hebt den 1961 wegen der Auseinandersetzung um Südtirol eingeführten Visumzwang für Österreicher wieder auf.

16 So Bei den Gemeinde- und Landtagswahlen in Schweden erzielen die Sozialdemokraten mit 57% der abgegebenen gültigen Stimmen bedeutende Gewinne.

17 Mo Die sowjetische Regierung erklärt einseitig den Viermächtestatus von Berlin für beendet und kündigt einen Friedensvertrag mit der DDR an.

18 Di Der US-Wettersatellit »Tiros VI« wird gestartet. Er übermittelt die klarsten Bilder von Wolkenformationen, die bisher zur Erde gefunkt wurden.

19 Mi Am Ende der 11. Commonwealth-Konferenz in London befürchten viele Teilnehmer, dass ihr Staatenbund infolge eines britischen EWG-Beitritts zerfalle.

20 Do Bei den ersten allgemeinen Wahlen in Algerien zur Nationalversammlung siegt die Nationale Befreiungsfront (FLN) mit großer Mehrheit.

21 Fr Das US-Repräsentantenhaus beschließt die Sperrung von Auslandshilfen an die Länder, deren Schiffe Handelsgüter nach Kuba liefern.

22 Sa Nach einem Bombenanschlag in Accra, der Hauptstadt Ghanas, verhängt Präsident Kwame Nkrumah den Ausnahmezustand über das afrikanische Land.

23 So Den diesjährigen Friedenspreis des Deutschen Buchhandels erhält in Frankfurt am Main der protestantische Theologe und Philosoph Paul Tillich.

24 Mo Die Sowjetunion schließt mit dem westafrikanischen Staat Kamerun ein Abkommen über wirtschaftliche und technische Zusammenarbeit.

25 Di Der EWG-Ministerrat berät in Brüssel über die Beziehungen der Gemeinschaft zu Israel, Iran, Irland und den afrikanischen assoziierten Staaten.

26 Mi Störflüge der UdSSR in den Berliner Luftkorridoren gefährden Maschinen der Westmächte. +++ Überschwemmungen nahe Barcelona fordern 800 Tote.

27 Do Nach einem Militärputsch wird im Jemen die Monarchie gestürzt und die Republik ausgerufen, an deren Spitze Oberst Abdullah as-Sallal tritt.

28 Fr US-Justizminister Robert Kennedy droht dem Gouverneur von Mississippi mit Gewalt, falls dieser weiterhin farbige Studenten von Universitäten fernhalte.

29 Sa Die algerische Nationalversammlung billigt das Kabinett von Präsident Ahmed Ben Bella, der Algerien außenpolitisch neutral halten will.

30 So In Washington erörtern US-Präsident John F. Kennedy, Außenminister Dean Rusk und dessen britischer Kollege Alexander Douglas-Home die Kuba-Politik.

24. Oktober 1962

Weltfrieden in Gefahr

Die Welt steht vor einem Nuklearkrieg. Nachdem US-Militärexperten mit Hilfe von Luftaufnahmen auf Kuba sowjetische Angriffswaffen entdeckt haben, droht der Konflikt zwischen den USA und der UdSSR zu eskalieren.

Mit den im Aufbau befindlichen und schon stationierten Mittelstreckenraketen 150 km vor der Küste Nordamerikas wäre jederzeit ein atomarer Angriff auf die Vereinigten Staaten von Amerika möglich. Schon seit geraumer Zeit liefert Moskau militärische Güter auf die Zuckerinsel, jedoch handelte es sich bislang um Defensivwaffen, deren Aufstellung US-Präsident John F. Kennedy tolerierte. Die Sowjetunion hatte mehrfach versichert, an der Lieferung von Angriffswaffen nicht interessiert zu sein. Noch am 18. Oktober, als Kennedy die Gegenbeweise schon in der Hand hat, beharrt der sowjetische Außenminister Andrej Gromyko in einem Gespräch mit dem Präsidenten im Weißen Haus darauf. Zu diesem Zeitpunkt tagt in Washington bereits ein Krisenstab, der mit Kennedy über Gegenmaßnahmen berät. Kennedy spricht sich gegen eine Invasion Kubas oder einen Luftangriff auf die Insel aus. Stattdessen plädiert er für eine Seeblockade. Sie wird als eine Teilblockade definiert, die sich ausschließlich gegen offensive Waffen auf Kuba richtet. Diese begrenzte Aktion lässt Kennedy die Möglichkeit, weitere verschärfende Schritte einzuleiten, falls Moskau nicht einlenkt. Er bezeichnet die Seeblockade als »Quarantäne«, um ihren Verteidigungscharakter zu unterstreichen. Sie tritt am 24. Oktober in Kraft, nachdem Kennedy in der Nacht zum 23. Oktober in einer Fernsehansprache die Maßnahme angekündigt hatte. Darin droht er mit »voller Vergeltung gegen die Sowjetunion« für jede von Kuba aus abgefeuerte Nuklearrakete. Die Blockade der Insel wird durch eine Linie von 16 US-Zerstörern, drei Kreuzern und einem Flugzeugträger gebildet. Noch am selben Tag ordnet der kubanische Ministerpräsident Fidel Castro die Mobilmachung an. Zeitgleich tritt der UN-Sicherheitsrat zusammen. In letzter Minute drehen die sowjetischen Frachter, die zunächst auf die blockierenden US-Schiffe zusteuern, vor Kuba ab – auf der Insel geht einstweilen der Aufbau der Raketen weiter. Am 25. Oktober nehmen die sowjetischen Frachter neuen Kurs auf Europa. Die wahrscheinlich mit Raketen beladenen Schiffe kehren in die UdSSR zurück.

Ein US-Kriegsschiff (l.) zwingt einen Frachter zur Umkehr.

Die Krise verlagert sich aufs diplomatische Parkett. UN-Generalsekretär Sithu U Thant bittet die beiden Großmächte um eine Pause, um das Kriegsrisiko nicht noch weiter zu steigern. Am 26. Oktober schließlich sendet der sowjetische Ministerpräsident Nikita S. Chruschtschow zwei Briefe an Kennedy, die eine politische Lösung andeuten. Nach einem erneuten Schriftwechsel und weiteren diplomatischen Verhandlungen trifft am 28. Oktober aus Moskau überraschend die Nachricht ein, die UdSSR erkläre sich in vollem Umfang mit den Forderungen der USA einverstanden. Die sowjetischen Angriffswaffen auf Kuba werden abgebaut und zurücktransportiert. Die Krise um Kuba konnte eben noch rechtzeitig entschärft werden.

24. Oktober 1962

»Der Spiegel« im Visier

Die »Spiegel«-Affäre erschüttert die Bundesrepublik. Kriminalbeamte besetzen die Redaktionsräume des Nachrichtenmagazins »Der Spiegel« (s. Abb.). Der stellvertretende Chefredakteur Conrad Ahlers, Herausgeber Rudolf Augstein und weitere Redakteure werden festgenommen. Anlass ist ein »Spiegel«-Bericht über ein Herbstmanöver der Bundeswehr, das Zitate enthalten soll, die der Geheimhaltung unterliegen.

Rudolf Augstein

deutscher Publizist, * 5.11.1923 Hannover

Rudolf Augstein hat mit dem »Spiegel« eines der wichtigsten publizistischen Organe in der Geschichte der Bundesrepublik gegründet. In den 50er und 60er Jahren übt er harte Kritik an der Adenauer-Regierung. Augstein zeichnet sich nicht nur als kritischer Journalist aus, sondern verfasst immer wieder bedeutende Essays und Bücher zur deutschen Geschichte.

- 1941: Volontär beim Hannoverschen Anzeiger
- 1942-45: Soldat
- seit 1947: Herausgeber des »Spiegel«
- 1972/73: FDP-Bundestagsabgeordneter

Der Beweis: Luftaufnahme von den sowjetischen Raketenstützpunkten auf Kuba.

Machtpoker der Supermächte

In der Kubakrise stehen sich UdSSR und USA gegenüber. Ihre politischen Führer, Kremlchef Nikita S. Chruschtschow (s. Abb., l.) und US-Präsident John F. Kennedy (s. Abb., r.) pokern dabei um Macht und Einfluss in einer strategisch bedeutsamen Region. Kennedy sieht diesen Teil der Welt als »natürliche« Einflusssphäre der Vereinigten Staaten. Chruschtschow hat in Fidel Castro einen Verbündeten auf Kuba. Erst am 21. November ordnet Kennedy die endgültige Aufhebung der Seeblockade gegen die Insel an. Anlass ist die Zusicherung Chruschtschows, alle auf Kuba stationierten Raketen innerhalb von 30 Tagen abzuziehen. Damit hoffen die beiden mächtigsten Staatsmänner der Welt auf eine dauerhafte Lösung des Kuba-Problems. Eine Lösung bahnte sich schon an, als Ende Oktober UN-Generalsekretär Sithu U Thant nach Kuba geflogen war, um mit Castro die Modalitäten der Kontrolle des Raketenabbaus zu verhandeln. Für die Zeit der Gespräche setzte Kennedy die Blockade außer Kraft und stellte auch die Aufklärungsflüge über Kuba ein. Castro seinerseits spricht sich gegen einen Abbau der Raketen aus.

11. Oktober 1962

Zweites Vatikanisches Konzil soll katholische Kirche reformieren

Beim Zweiten Vatikanischen Konzil bemühen sich die höchsten Vertreter der katholischen Kirche um innere Reformen. Fast ein Jahrhundert nach dem Ersten Vatikanischen Konzil von 1869/70 sieht sich die Kirche enormen gesellschaftlichen Veränderungen gegenüber. Papst Johannes XXIII. erklärt in seiner Eröffnungsansprache im Petersdom, es sei Aufgabe des Konzils, den Weg zur Einheit des Menschengeschlechts vorzubereiten und eine Ordnung zu finden, die ein menschliches Leben für alle und einen gerechten Frieden überall auf Erden ermöglicht. 2850 Kirchenfürsten aus 133 Nationen sind nach Rom gekommen. Bei der Eröffnung erlebt der Petersdom eine gigantische Prozession, als rd. 6000 Menschen über den Petersplatz in das Gotteshaus einziehen. Die Teilnehmer finden auf zwei 100 m langen Tribünen entlang der Kirchenschiffe Platz (s. Abb.). Um dem Andrang gerecht zu werden, wurde die Peterskirche mit aufwändigen Lautsprecheranlagen ausgestattet. Das Zweite Vatikanische Konzil umfasst drei Sitzungsperioden, deren erste am 8. Dezember zu Ende geht.

Oktober 1962

1 Mo In Oxford (US-Bundesstaat Mississippi) kommt es zu Ausschreitungen, als sich der Farbige James H. Meredith an der Hochschule einschreiben will.

2 Di Beim Ausbruch aus dem Gefängnis von Pretoria kommt ein Teil der 61 überwiegend farbigen Häftlinge ums Leben.

3 Mi Die Staatschefs der UdSSR und Jugoslawiens, Leonid Breschnew und Josip Tito, vereinbaren, die Menge gegenseitiger Warenlieferungen um 30% zu erhöhen.

4 Do Der US-Kongress verabschiedet ein Gesetz, das den Präsidenten zur Vereinbarung von Zollsenkungen im Handel mit anderen Ländern berechtigt.

5 Fr Im britischen Badeort Brighton endet die Jahreskonferenz der Labour Party. U.a. wurde der geplante EWG-Beitritt Großbritanniens abgelehnt.

6 Sa Der Beirat des Deutschen Fußball-Bundes (DFB) beschließt die Bildung einer aus 16 Vereinen bestehenden Fußball-Bundesliga ab der Spielzeit 1963/64.

7 So Wegen drastischer Preiserhöhungen bei Butter und Fleisch in der UdSSR kommt es in der Industriestadt Nowotscherkassk (bei Rostow) zu Unruhen.

8 Mo Die Delegierten der UN-Vollversammlung nehmen die ehemalige französische Kolonie Algerien als 109. Mitglied in die Vereinten Nationen auf.

9 Di Premierminister Apollo Milton Obote proklamiert die Unabhängigkeit Ugandas. Das Land ist als konstitutionelle Monarchie Mitglied des Commonwealth.

10 Mi An der umstrittenen indisch-chinesischen Grenze in Tibet kommt es zu Kämpfen. +++ Der Komponist Igor Strawinsky beendet seine UdSSR-Tournee.

11 Do Der farbige US-Student James H. Meredith besucht erstmals seit seiner erzwungenen Einschreibung ohne Eskorte die Universität Oxford (USA). → Konzil

12 Fr Die US-Fernsehgesellschaft NBC erklärt, dass sie den Bau eines Tunnels von Ost- nach West-Berlin mitfinanziert habe, um eine Flucht filmen zu können.

13 Sa Bei Baggerarbeiten im Bremer Hafen wird eine Hanse-Kogge aus dem Mittelalter entdeckt. Diesen Schiffstyp kannte man bisher nur von Abbildungen.

14 So Etwa 100 000 Flamen demonstrieren in der belgischen Hauptstadt Brüssel für die Durchsetzung ihrer nationalistischen Forderungen.

15 Mo Bei der Auswertung von Luftaufnahmen der Insel Kuba vom 14. Oktober entdecken US-Spezialisten stationierte sowjetische Mittelstreckenraketen.

16 Di Der afghanische Außenminister Prinz Mohammed Naim besucht Bonn. +++ US-Präsident John F. Kennedy bildet einen Stab für die Kubakrise.

17 Mi Der algerische Ministerpräsident Ahmed Ben Bella, der einen sozialistischen Kurs verfolgt, führt in Kuba Gespräche mit Staatschef Fidel Castro.

18 Do Frankreichs Staatschef Charles de Gaulle droht mit Rücktritt, falls im bevorstehenden Referendum die Direktwahl des Präsidenten abgelehnt werde.

19 Fr Die DDR-Volkskammer beschließt, die verfassungsgemäß am 15. November endende Wahlperiode aus Organisationsgründen um ein Jahr zu verlängern.

20 Sa Der schwelende indisch-chinesische Grenzkonflikt bricht offen aus. Truppen beider Länder liefern sich im Himalaja schwere Gefechte.

21 So Die am 18. Oktober gestartete US-Sonde »Ranger V« landet nicht wie vorgesehen auf dem Mond, weil die eingebauten Elektrobatterien versagen.

22 Mo Der EWG-Ministerrat akzeptiert Irlands Bewerbung um eine Mitgliedschaft in der Europäischen Wirtschaftsgemeinschaft.

23 Di Die USA, die UdSSR und Kuba beantragen die Einberufung des UN-Sicherheitsrats, weil der Kuba-Konflikt einen Atomkrieg heraufbeschwöre.

24 Mi Der New Yorker Investment-Bankier George G. Woods wird zum neuen Präsidenten der Weltbank ernannt. → Weltfrieden → »Spiegel«

25 Do Wegen der US-Seeblockade vor Kuba drehen sowjetische, mit Raketen beladene Frachter ab. +++ Papst Johannes XXIII. mahnt zum Frieden.

26 Fr Die UdSSR erklärt sich bereit, die Raketenbasen auf Kuba unter UN-Aufsicht zu demontieren, falls die USA ihre Seeblockade aufheben.

27 Sa Auf dem sechsten Kongress des Deutschen Gewerkschaftsbundes (DGB) in Hannover wird Ludwig Rosenberg zum neuen Vorsitzenden gewählt.

28 So Bei einem Referendum in Frankreich wird die von Präsident Charles de Gaulle unterbreitete Direktwahl des Staatsoberhaupts gebilligt.

29 Mo Vor der UN-Vollversammlung in New York unterbreitet Brasilien einen Vorschlag zur Schaffung einer kernwaffenfreien Zone in Südamerika.

30 Di Die UN-Vollversammlung lehnt es ab, die Volksrepublik China anstelle von Nationalchina (Taiwan) in die Vereinten Nationen aufzunehmen.

31 Mi In der Bundesrepublik wird erstmals der mit einem »Oscar« prämierte Film »Süßer Vogel Jugend« von US-Regisseur Richard Brooks gezeigt.

November 1962

1 Do In den Alpen sinken die Temperaturen bei Schneestürmen auf 13 °C unter Null, auf der Zugspitze liegt der Schnee 40 cm hoch.

2 Fr Die USA richten von Frankfurt am Main aus eine Waffenluftbrücke ein, über die Indien im Grenzkonflikt mit China mit Waffen unterstützt werden soll.

3 Sa Der sowjetische Ministerpräsident Nikita S. Chruschtschow schlägt Indien vor, ohne Vorbedingungen in eine Waffenruhe mit China einzuwilligen.

4 So Das Statistische Bundesamt in Wiesbaden teilt mit, dass kinderreiche Ehen in der Bundesrepublik seltener werden, Familien mit zwei Kindern überwiegen.

5 Mo Den Grand Prix von Mexiko der Klasse der Formel-1-Rennwagen gewinnt in Mexico City der britische Weltmeisterschaftsanwärter Jimmy Clark.

6 Di Die UN-Vollversammlung verabschiedet in New York zwei Resolutionen zur allgemeinen Einstellung von Kernwaffenversuchen.

7 Mi Der Führer des Afrikanischen Nationalkongresses (ANC), Nelson Mandela, wird in Pretoria (Südafrika) zu fünf Jahren Gefängnis verurteilt.

8 Do Vom Fernsehstudio des Hessischen Rundfunks in Frankfurt am Main werden erstmals Farbbilder ausgestrahlt.

9 Fr Unter Kontrolle von US-Kriegsschiffen finden die von den USA geforderten Rücktransporte sowjetischer Raketen aus Kuba in die UdSSR statt.

10 Sa Die in Volkach geraubte Renaissance-Holzplastik »Maria im Rosenkranz« von Tilman Riemenschneider wird nach einer Lösegeldzahlung zurückgegeben.

11 So Bei der Landtagswahl in Hessen feiert die Sozialdemokratische Partei Deutschlands (SPD) mit 50,9% der Wählerstimmen einen großen Erfolg.

12 Mo Auf der US-Insel Guam im Pazifik richtet ein Taifun Millionenschäden an. Mehrere hundert Menschen werden verletzt, 95% der Häuser zerstört.

13 Di Ungarn erklärt sich bereit, die politischen Flüchtlinge, die nach dem Aufstand von 1956 in den Westen geflohen sind, wieder aufzunehmen.

14 Mi Der Staatschef der UdSSR, Nikita S. Chruschtschow, kritisiert die mangelnde Organisation der Landwirtschaft, die schlechte Erträge bringe. → Eritrea

15 Do Unbekannte Täter verüben zwei Sprengstoffanschläge auf die von der DDR betriebenen S-Bahn-Wagen im Westteil Berlins.

16 Fr Das Archiv der Akademie der Künste in West-Berlin erhält den Nachlass des österreichischen Dichters Ödön von Horváth.

17 Sa Schwere Regenfälle führen im jugoslawischen Teilstaat Mazedonien zu der größten Überschwemmungskatastrophe seit 150 Jahren.

18 So Die österreichische Volkspartei (ÖVP) gewinnt die Wahl zum Nationalrat mit 81 Sitzen. Die Sozialdemokraten (SPÖ) verlieren zwei Mandate.

19 Mo Als bisher ranghöchster Repräsentant der Bundesrepublik stattet Bundestagspräsident Erwin Gerstenmaier (CDU) Israel einen Besuch ab.

20 Di Der deutsche Arzneihersteller C. H. Boehringer Sohn in Ingelheim warnt werdende Mütter vor übermäßiger Einnahme des Abmagerungsmittels »Preludin«.

21 Mi US-Präsident John F. Kennedy hebt die Seeblockade vor Kuba auf, nachdem die UdSSR den Abzug der Bomber aus Kuba zugesichert hat. → Grenzkonflikt

22 Do Zum ersten Staatspräsidenten der ostafrikanischen Republik Tanganjika (Tansania) wird der bisherige Ministerpräsident Julius K. Nyerere gewählt.

23 Fr In Kiel und Hamburg werden zwei ehemalige SS-Mitglieder unter dem Verdacht verhaftet, während des Krieges in der UdSSR Juden erschossen zu haben.

24 Sa Die spanische Fluggesellschaft Iberia eröffnet eine neue Schnellverbindung zwischen Frankfurt am Main und Palma de Mallorca.

25 So Bei den bayerischen Landtagswahlen gewinnt die CSU die 1950 verlorene absolute Mehrheit zurück. Die SPD verbucht Gewinne in den Städten.

26 Mo Die Bundesanwaltschaft beendet nach vier Wochen die Durchsuchung der Redaktion des Magazins »Der Spiegel«, dem Landesverrat vorgeworfen wird.

27 Di In Idaho Falls (USA) wird der erste mit Plutonium beschickte Atomreaktor in Betrieb genommen. +++ Ein Flugzeugabsturz bei Lima (Peru) fordert 105 Tote.

28 Mi Frankreichs Staatschef Charles de Gaulle begnadigt ein zum Tode verurteiltes Mitglied der OAS, der Geheimorganisation der Algerienfranzosen.

29 Do Der stellvertretende Ministerpräsident der UdSSR, Anastas I. Mikojan, trifft zu Gesprächen über ungeklärte Punkte der Kubakrise in den USA ein.

30 Fr Die UN-Vollversammlung in New York wählt den Birmanen Sithu U Thant für die nächsten vier Jahre zum UNO-Generalsekretär. → »Spiegel«-Affäre

17. Dezember 1962

Verfassung für Monaco

Monaco ist im 20. Jahrhundert angekommen: Das Fürstentum erhält eine neue, moderne Verfassung, die die Macht des Fürsten einschränkt und ihm Rechte und Befugnisse nimmt. Die Verfassung ersetzt die alte aus dem Jahre 1911.
Sie kann – anders als noch ihre Vorgängerin – nicht mehr vom monegassischen Fürsten (Abb.: Rainier III. mit Fürstin Gracia Patricia) außer Kraft gesetzt werden. Diese Möglichkeit besteht jetzt nur nach einem gemeinsamen

Beschluss des Monarchen und des Nationalrates, der sich mit Zweidrittelmehrheit entscheiden muss. Erstmals erhalten auch Frauen das unumschränkte aktive wie passive Wahlrecht. Zudem garantiert die Verfassung das Streikrecht und das Recht auf Arbeit. Die Todesstrafe, die in Monaco nie zur Anwendung gekommen war, wird abgeschafft. Alle Gesetze, deren Initiative beim Fürsten verbleiben, bedürfen der Zustimmung des Nationalrates. Der Rat kann vom Fürsten im Einvernehmen mit dem Kronrat aufgelöst werden. Der Kronrat muss vor der Ausübung aller Hoheitsrechte durch den Fürsten konsultiert werden.

14. Dezember 1962

Sonde überfliegt Venus

In einer Höhe von fast 35 000 km passiert die US-Raumsonde »Mariner 2« (s. Abb.) die Wolkenschicht der Venus. Sie erreicht damit als erstes von Menschenhand geschaffenes Objekt einen anderen Planeten. Am 27. August hatten US-Wissenschaftler die Sonde von Cape Canaveral aus auf ihren Kurs Richtung Venus geschickt. Es war das Ziel, möglichst nahe an der Venus vorbeizufliegen und über Funk Aufschlüsse über den von einer dichten Wolkendecke verhüllten Planeten zu geben. Über die Beschaffenheit der Venus ist den Wissenschaftlern noch nicht allzu viel bekannt. »Mariner 2« soll feststellen, ob es auf der Venus Wasser und Sauerstoff gibt und welche Temperaturen auf ihrer Oberfläche herrschen. Nach dem erfolgreichen Start ergaben sich einige Kursabweichungen, die jedoch korrigiert werden konnten. Die Sowjetunion hatte bereits im Februar 1961 eine Sonde zur Venus geschickt, deren Sender aber vorzeitig verstummt waren.

30. November 1962

Minister stol

Bundesverteidigungsminister Franz Josef Strauß (CSU) muss als Konsequenz aus der »Spiegel«-Affäre und seiner eigenen undurchsichtigen Rolle in dieser Staatsaktion seinen Hut nehmen. Er hatte zu Beginn der polizeilichen Aktionen gegen das Hamburger Nachrichtenmagazin und dessen Redakteure behauptet, keine Ahnung von diesen Maßnahmen gehabt zu haben, verstrickte sich jedoch im Laufe des Novembers bei seinen Darstellungen immer mehr in Widersprüche. Als klar wird, dass er in einigen Punkten offensichtlich nicht die Wahrheit gesagt hat, sehen auch die CDU/CSU-Mitglieder der Regierung das Vertrauen in die Staatsführung erschüttert. Sie schlagen daher den Rücktritt des gesamten Kabinetts vor.
Das Vorgehen offizieller Regierungsstellen gegen das Nachrichtenmagazin »Der Spiegel« hatte im In- und Ausland Empörung ausgelöst und war als eine Verletzung der Pressefreiheit gewertet worden. In einem Artikel hatte der »Spiegel« über das NATO-Herbstmanöver Fallex 62 berichtet. Laut Bundesverteidigungsministerium seien darin über 40 Informationen und Zitate enthalten gewesen, die der Geheimhaltung unterlagen. Dem »Spiegel« und seinem Herausgeber Rudolf Augstein werden deshalb von der Bundesanwaltschaft Landesverrat und – da man annimmt, diese Informationen hätten Offiziere der Bundeswehr für Geld preisgegeben – aktive Bestechung vorgeworfen. Für viele Journalisten liegt der Verdacht nahe, dass die Aktion ein Racheakt von Bundesverteidigungsminister Franz Josef Strauß ist. Er und seine Politik waren immer wieder vom »Spiegel« angegriffen worden. In vielen Städten finden Protestkundgebungen gegen die Gefahren staatlicher Eingriffe statt.

8. Dezember 1962

Smog legt ganz London lahm

Ganz London liegt unter einer aus Rauch, Abgasen und Nebel bestehenden Dunstglocke. Die seit drei Tagen über der britischen Hauptstadt liegende schmutziggelbe Smogdecke fordert bereits das 106. Todesopfer. Weit über 1000 Menschen müssen aufgrund der

extremen Witterung in Krankenhäusern behandelt werden. Aus Furcht vor dem Schwefeldioxydgehalt der Luft trägt die Londoner Bevölkerung Schutzmasken vor Mund und Nase (Abb.: Polizistinnen mit Smogmasken). Der Smog verursacht zudem ein zunehmendes Verkehrschaos. Der Flughafen Gatwick ist lahmgelegt.

rt über »Spiegel«-Affäre

Das neugebildete fünfte Kabinett unter Bundeskanzler Konrad Adenauer (6.v.l.)

Franz Josef Strauß

deutscher Politiker, * 6.9.1915 München; † 3.10.1988 Regensburg

An dem langjährigen bayerischen Ministerpräsidenten scheiden sich die Geister. Die einen loben den CSU-Politiker als die Verkörperung eines bodenständigen Konservatismus christlich-bayerischer Prägung, die anderen werfen ihm autoritäre Denk- und Verhaltensweisen, einen lockeren Umgang mit Recht und Gesetz sowie Sympathien für rechtsgerichtete Diktaturen vor. Seine Reden zählen zu den Glanzpunkten im Parlament. 1980 scheitert Strauß als Kanzlerkandidat der Union.

- 1953-55: Bundesminister für besondere Aufgaben
- 1956-62: Bundesverteidigungsminister
- ab 1978: Ministerpräsident von Bayern

Als Folge der »Spiegel«-Affäre waren bereits am 19. November die fünf FDP-Minister aus der Bundesregierung ausgetreten. Nach der Verabschiedung des vierten Adenauer-Kabinetts strebt der »Alte« zunächst eine große Koalition mit den Sozialdemokraten an. In Gesprächen mit dem SPD-Vorsitzenden Erich Ollenhauer erörtert er am 4. Dezember Aufgaben und Ziele einer neuen Regierung. Unter den Sozialdemokraten kommt es daraufhin zu Protesten gegen die eigene Parteispitze, da eine Regierungsbeteiligung unter Konrad Adenauer nicht akzeptiert wird. Als sich am nächsten Tag bei einer Abstimmung in der SPD-Fraktion die Mehrheit für die Ablehnung einer großen Koalition ausspricht, bricht Adenauer die Verhandlungen ab. Am 14. Dezember werden die neuen Minister der CDU/CSU/FDP-Regierung vereidigt.

14. November 1962

Äthiopien gliedert Eritrea ein

Kaiser Haile Selassie I. von Äthiopien verkündet die endgültige Eingliederung des einst italienischen und bisher autonomen Eritrea als Provinz in den Gesamtstaat Äthiopien. Dieser Entschluss löst den gewaltsamen Widerstand der im Jahre 1961 gegründeten Eritreischen Befreiungsfront (ELF) aus. In den folgenden Jahrzehnten erschüttern bewaffnete Kämpfe, aber auch Dürrekatastrophen und Hungernöte das ostafrikanische Land. Erst im Jahre 1991 endet der mit 30 Jahren Dauer längste Bürgerkrieg auf dem afrikanischen Kontinent mit einem Sieg der Rebellen. Die Volksdemokratische Revolutionsfront nimmt die äthiopische Hauptstadt Addis Abeba ein und stürzt das linksgerichtete Militärregime von Mengistu Haile Mariam. Kurz nach dem Sieg erhält Eritrea das Recht, über seine Unabhängigkeit selbst zu entscheiden. Eritrea war seit 1890 italienische Kolonie. 1941 wurde es von britischen Truppen erobert und 1952 mit Äthiopien vereint.

21. November 1962

Grenzkonflikt am Himalaja

Die Regierung der Volksrepublik China gibt bekannt, dass sie im Grenzkonflikt mit Indien ihren Truppen die Feuereinstellung befohlen habe. Darüber hinaus sei sie bereit, die Einheiten am Himalaja ab dem 1. Dezember auf Stellungen 20 km hinter der tatsächlichen Kontrolllinie zurückzuziehen, die zwischen Indien und China am 7. November 1959 bestanden hat. Auf beiden Seiten schweigen daraufhin am 22. November die Waffen. Mit diesem als Grundlage für erneute Verhandlungen gedachten Vorschlag überrascht Peking die indische Regierung. Die Kämpfe der chinesischen Grenzwachen waren bisher äußerst erfolgreich. China war südlich von Walong etwa 130 km weiter vorgerückt und näherte sich von Bomdila aus der am Brahmaputra gelegenen Stadt Tezpur, der Hauptstadt Assams, die von den Indern bereits evakuiert worden war. Das Einlenken Chinas basiert u.a. auf dem verstärkten westlichen Engagement in Indien.

Dezember 1962

1 Sa Bei der Eröffnung der Seilbahn Eibsee-Zugspitzgipfel bleibt die Gondel mit Ehrengästen wegen eines Defekts eine Stunde in der Streckenmitte hängen.

2 So Die SED-Presse teilt mit, dass in der DDR auch 1963 Butter und Fleisch rationiert würden. Südfrüchte und Kaffee bleiben Mangelware.

3 Mo Das bayerische Innenministerium ordnet eine Rezeptpflicht für alle Meclizin-Präparate an, da der Wirkstoff zu Missbildungen von Embryos führen könnte.

4 Di Rechtsanwalt Josef Augstein, Bruder des »Spiegel«-Herausgebers Rudolf Augstein, wird wegen Verdachts der Beihilfe zum Landesverrat verhaftet.

5 Mi USA und UdSSR geben ihre Pläne für eine Zusammenarbeit in der friedlichen Weltraumforschung bekannt.

6 Do Verhandlungen von CDU/CSU und SPD über eine große Koalition scheitern, weil die SPD eine Regierungsbeteiligung unter Konrad Adenauer ablehnt.

7 Fr Das US-Verteidigungsministerium gibt in Washington bekannt, dass die Sowjetunion ihre 42 »IL-28«-Bomber aus Kuba abgezogen habe.

8 Sa Das Internationale Olympische Komitee (IOC) teilt mit, dass es 1964 keine gesamtdeutsche Olympische Mannschaft geben werde. → Smog

9 So In Daressalam, der Hauptstadt Tanganjikas (Tansania) wird die Republik proklamiert und Präsident Julius K. Nyerere vereidigt.

10 Mo John Steinbeck (USA) erhält in Stockholm den Nobelpreis für Literatur. Zu seinen Werken zählen die Romane »Jenseits von Eden« und »Früchte des Zorns«.

11 Di Bundeskanzler Konrad Adenauer beendet die durch die »Spiegel«-Affäre entstandene Regierungskrise mit der Neubesetzung von Kabinettsposten.

12 Mi Das modernste kombinierte Wal- und Fischfangfabrikschiff der Welt, die »Wladiwostok«, wird von der Kieler Howaldtswerft an die UdSSR geliefert.

13 Do König Mahendra Bir Bikra Schah Deva von Nepal proklamiert eine neue Verfassung, die einen monarchistischen Hindu-Staat vorsieht.

14 Fr Der britische Premierminister Harold Macmillan trifft zu einem zweitägigen Besuch in der französischen Hauptstadt ein. → Venus

15 Sa Im Düsseldorfer Schauspielhaus wird das absurde Drama »Fußgänger der Luft« von Eugène Ionesco unter der Regie von Karl Heinz Stroux uraufgeführt.

16 So Im afrikanischen Senegal stürzt die Opposition unter Führung von Leopold Sédar Senghor die Regierung, die Senghor selbst übernimmt.

17 Mo Der neue sowjetische Botschafter in Ost-Berlin, Pjotr A. Abrassimow, überreicht Staatschef Walter Ulbricht sein Beglaubigungsschreiben. → Monaco

18 Di US-Präsident John F. Kennedy sagt Großbritannien bei Gesprächen auf den britischen Bahamas die Lieferung von »Polaris«-Atomraketen zu.

19 Mi Der hessische Landtag, den die SPD mit absoluter Mehrheit dominiert, wählt Georg August Zinn (SPD) für weitere vier Jahre zum Ministerpräsidenten.

20 Do Die EWG-Länder und 18 Staaten Afrikas unterzeichnen in Brüssel einen Assoziierungsvertrag, der u.a. Zollsenkungen für die Afrikaner vorsieht.

21 Fr »X 15«, das US-Raketenflugzeug, fliegt einen neuen Weltrekord und dringt bis zu einer Höhe von 143 km in den Weltraum vor.

22 Sa Mit zwei Sonderzügen der Bundesbahn fahren 2360 italienische Gastarbeiter des Volkswagenwerks in Wolfsburg zu Weihnachten in ihre Heimat.

23 So In Köln lehnt der Sozialistische Hochschulbund kurzfristige Maßnahmen gegen Lehrermangel ab. Diese würden das Ausbildungsniveau senken.

24 Mo Kubas Staatschef Fidel Castro lässt im Austausch gegen Lebensmittel und Medikamente 1113 bei der Schweinebucht-Invasion gefangene Exilkubaner frei .

25 Di Tunesische Sicherheitsbehörden decken eine Verschwörung der tunesischen Armee gegen Staatschef Habib Burgiba auf.

26 Mi Acht DDR-Bürgern gelingt in einem Reisebus, der am Kontrollpunkt Babelsberg die Schlagbäume unter Schussfeuer durchbricht, die Flucht in den Westen.

27 Do Zwischen Indien und Pakistan beginnen in Rawalpindi/Pakistan Gespräche zur Lösung des seit 15 Jahren schwelenden Konflikts um die Provinz Kaschmir.

28 Fr Die US-Raumsonde »Mariner 2« erreicht auf ihrem Flug mit einem Abstand von 104,8 Mio. km ihre größte Annäherung an die Sonne.

29 Sa Ein DDR-Gericht verurteilt einen Fluchthelfer aus West-Berlin wegen Verbrechens »gegen das Gesetz zum Schutz des Friedens« zu lebenslanger Haft.

30 So Der hessisch-nassauische Kirchenpräsident Martin Niemöller stiftet der Erfurter Thomaskirche eine Glocke, die erstmals an Silvester läuten soll.

31 Mo Fast alle Inseln vor der deutschen Nordseeküste sind durch Eisbarrieren vom Festland abgeschnitten und werden aus der Luft versorgt.

Januar 1963

1 Di In Italien tritt das vom Abgeordnetenhaus verabschiedete Gesetz über die Verstaatlichung der Energiequellen in Kraft.

2 Mi Etwa 33 000 Wehrpflichtige der Geburtsjahrgänge 1942/43 treten in den Bundeswehrkasernen ihren 18-monatigen Grundwehrdienst an.

3 Do In Südvietnam kommt es nahe Saigon zu heftigen Kämpfen zwischen Regierungstruppen und dem kommunistischen Vietcong.

4 Fr Bonn lehnt ein Kreditansuchen der DDR ab und macht die Ausweitung des Interzonenhandels vom freien Passierscheinverkehr in Berlin abhängig.

5 Sa Die Münchener Stadtbibliothek erwirbt den literarischen Nachlass des deutschen Dramatikers und Lyrikers Frank Wedekind.

6 So In Bischofshofen endet die Vier-Schanzen-Tournee. Thorbjörn Yggeseth und Thorgeir Brandtzäg aus Norwegen belegen die beiden ersten Plätze.

7 Mo Der farbige US-Student James Meredith, dessen Zulassung zur Universität von der US-Regierung durchgesetzt wurde, verzichtet auf eine Immatrikulation.

8 Di In einem gemeinsamen Schreiben an den Generalsekretär der UN, Sithu U Thant, ziehen die USA und die UdSSR einen Schlussstrich unter die Kuba-Krise 1962.

9 Mi Kai Uwe von Hassel (CDU) übernimmt in Bonn seine Amtsgeschäfte als Bundesverteidigungsminister. Er tritt die Nachfolge von Franz-Josef Strauß (CSU) an.

10 Do Die Stadt London begeht das 100-jährige Bestehen der U-Bahn, die als weltweit erstes Verkehrsmittel dieser Art 1863 eingeweiht wurde.

11 Fr Belgien führt die Führerscheinpflicht für Autofahrer ein. +++ In Frankfurt am Main feiern die Farbwerke Hoechst AG ihr 100-jähriges Bestehen.

12 Sa Kuba und die DDR geben bekannt, dass sie ihre seit 1961 in Havanna und Ost-Berlin bestehenden Missionen in Botschaften umwandeln werden.

13 So In Lomé, der Hauptstadt der westafrikanischen Republik Togo, wird der Präsident Sylvanus Olympio ermordet aufgefunden. Die Täter sind Aufständische.

14 Mo Bonn beruft seinen Botschafter aus Havanna ab. Die Bundesrepublik reagiert damit auf die Aufnahme diplomatischer Beziehungen Kubas zur DDR.

15 Di Nach Verhandlungen in Damaskus einigen sich Vertreter der Bundesrepublik und Syriens über das gemeinsame Projekt des Euphrat-Staudamms.

16 Mi In Bonn verabschiedet der Bundestag das dritte Besoldungserhöhungsgesetz für Beamte. Ab Januar erhalten diese sechs Prozent mehr Gehalt.

17 Do Die berühmte Brüsseler Brunnenfigur »Manneken Pis« ist in der Nacht vom Sockel gestohlen worden. Antwerpener Studenten sollen dafür verantwortlich sein.

18 Fr Tunis bricht die diplomatischen Beziehungen zu Algier ab. Algerien war angeblich an einem Attentatsversuch auf den tunesischen Staatschef beteiligt.

19 Sa Die US-Firma Polaroid Corporation stellt in Frankfurt am Main nach 15-jährigen Forschungsarbeiten ihr neuestes Produkt, den »Polarcolor-Film«, vor.

20 So Nach elfwöchiger Haft im Zusammenhang mit der »Spiegel«-Affäre wird der Journalist Hans Schmelz ohne Angaben von Gründen entlassen.

21 Mo Die Bergwerkstadt Kolwezi, letzter Stützpunkt von Katanga-Präsident Moise Tschombé, fällt kampflos in die Hand von UN-Truppen.

22 Di Der Bremer Senat beschließt, ein Gelände von 1 Mio.m² als Baugelände für die zu gründende Bremer Universität aufzukaufen. → Elysée-Vertrag

23 Mi Bereits nach fünf Minuten wird in Hamburg der erste deutsche Prozess im Zusammenhang mit dem Medikament Contergan mangels Beweismaterials vertagt.

24 Do In einer Resolution fordert der belgische Senat den britischen Beitritt zur Europäischen Wirtschaftsgemeinschaft (EWG).

25 Fr Der seit 34 Tagen andauernde Streik der US-Hafenarbeiter ist beendet. Die Parteien einigten sich auf eine Lohnerhöhung von 37 Cents pro Stunde.

26 Sa Die Presse der UdSSR berichtet von der Übungsfahrt eines sowjetischen Atom-U-Boots zum Nordpol und den Plänen für eine sowjetische Atom-U-Boot-Flotte.

27 So Bei einer Volksabstimmung im Iran, an der erstmals auch Frauen teilnehmen, votiert die Mehrheit für die Durchführung einer Bodenreform.

28 Mo Der österreichische Bundeskanzler Alfons Gorbach eröffnet die bisher höchste Seilbahn des Vorarlgebirges, die auf den 2433 m hohen Trittkopf führt.

29 Di Die Bundesanwaltschaft veranlasst in drei Bundesländern Wohnungsdurchsuchungen von Kameraleuten und Reportern des DDR-Fernsehens. → EWG-Fiasko

30 Mi Die Regierung der DDR teilt der evangelischen Kirche mit, dass die Ausweisung des Ratsvorsitzenden der EKD, Präses Kurt Scharf, aus Ost-Berlin endgültig sei.

31 Do Aus einem Bericht des Bundesforschungsministeriums in Bonn geht hervor, dass die radioaktive Belastung der Niederschläge deutlich angestiegen ist.

22. Januar 1963

Elysée-Vertrag: Bonn und Paris Hand in Hand

Im Pariser Elysée-Palast wird europäische Geschichte geschrieben. Der französische Staatspräsident Charles de Gaulle und Bundeskanzler Konrad Adenauer unterzeichnen den deutsch-französischen Freundschaftsvertrag, der die jahrhundertealte Rivalität und »Erbfeindschaft« beider Völker beendet. Beide Staatsmänner weisen in einer gemeinsamen Erklärung auf die epochale Bedeutung des Vertragswerkes hin.

Kernstück des Vertrages, der die Beziehungen Bonns zu Paris völlig neu gestaltet, ist die gegenseitige Verpflichtung beider Regierungen, sich in der Außenpolitik vor jeder wichtigen Entscheidung miteinander abzustimmen. Außerdem ist eine intensive Kooperation auf wirtschaftlichem und kulturellem Gebiet vorgesehen. Von zentraler Bedeutung sind regelmäßige Treffen der Staats- und Regierungschefs sowie einzelner Fachminister. Ein weiteres Hauptanlie-

Charles de Gaulle (M.) und Bundeskanzler Konrad Adenauer besiegeln die Aussöhnung.

29. Januar 1963

EWG-Fiasko: Beitritt Großbritanniens scheitert an Paris

Die europäischen Einigungsbestrebungen erleben einen herben Rückschlag. Die unnachgiebige Haltung des französischen Staatspräsidenten Charles de Gaulle verhindert die Integration Großbritanniens in die Europäische Wirtschaftsgemeinschaft (EWG). Bei den Verhandlungen des Ministerrates in Brüssel legt die französische Vertretung entgegen den Wünschen der anderen Mitgliedsstaaten ihr Veto gegen einen Beitritt Londons ein.

Hintergrund ist die Befürchtung de Gaulles, ein Beitritt Großbritanniens könne Frankreich die führende Rolle in Europa streitig machen. Die Tatsache, dass man an ihm in dieser Frage nicht vorbeikann, kleidete der General am 17. Januar in die Worte: »Die Engländer werden eines Tages dem Gemeinsamen Markt beitreten, aber ich werde dann zweifellos nicht mehr da sein.« Wegen seiner kompromisslosen Haltung droht de Gaulle nunmehr die Isolation im westlichen Bündnis. Seine »Kleineuropa-Politik« wird von allen westeuropäischen Staaten sowie den USA verurteilt. Washington sieht in dem Bestreben de Gaulles, gemeinsam mit der Bundesrepublik eine »dritte Kraft« zwischen West und Ost zu bilden, ihren Einfluss in Europa gefährdet. Auch führende Politiker der Bundesrepublik Deutschland, mit Frankreich erst seit kurzem im Elysée-Vertrag verbunden, äußern sich skeptisch. Bundeskanzler Konrad Adenauer bemüht sich um eine abwiegelnde, moderate Haltung und bietet Vermittlerdienste an. In seiner Regierungserklärung vom 6. Februar führt er aus: »Das Brüsseler Geschehen ist außerordentlich bedauerlich. Die Krise ist ernst, aber sie ist heilbar. Alle Beteiligten, insbesondere auch wir, werden uns bemühen, die Verhandlungen wieder in normale Geleise zu bringen ... Auch die britische Regierung hat die Brüsseler Entscheidung nicht dramatisiert und den Weg in die Zukunft offen gehalten. Auf die Zukunft möchte ich auch ihr Augenmerk lenken ... Die Bundesregierung ist der Überzeugung, dass die jetzt eingetroffene Lage konstruktiv überwunden werden muss. Sie wird dahin wirken, dass bald die Einigkeit unter den EWG-Partnern wiederhergestellt und der Beitritt Großbritanniens ermöglicht wird.«

gen des Vertrags ist die Förderung des Jugendaustausches. Ein deutsch-französischer Gemeinschaftsfond finanziert die Begegnung und den Austausch von Schülern, Studenten und Arbeitern. Um den dauerhaften Charakter zu verdeutlichen und um sicherzustellen, dass die Zusammenarbeit auch über die Regierungszeit der Initiatoren hinaus fortgeführt wird, ist eine Kündigungsklausel im Elysée-Vertrag nicht vorgesehen.

nen deutsch-französischer Annäherung

	Ereignis
)	Schumanplan regt deutsch-französische Zusammenarbeit und Schaffung eines gemeinsamen Marktes für Kohle und Stahl an
1	Europäische Gemeinschaft für Kohle und Stahl (Montanunion)
56	Luxemburger Vertrag vereinbart Eingliederung des Saarlandes
	Das Saarland tritt als Bundesland der Bundesrepublik bei
	Aufgrund des Freundschaftsvertrags zwischen Paris und Bonn wird das Deutsch-Französische Jugendwerk errichtet
4	Bundeskanzler Helmut Kohl und Frankreichs Staatspräsident François Mitterrand gedenken in Verdun der Toten des Ersten Weltkriegs

In den westlichen Ländern wird der Elysée-Vertrag mit gemischten Gefühlen aufgenommen – befürchtet man doch, Frankreich wolle dadurch seine Vormachtstellung in Europa ausbauen. Tatsächlich dürften de Gaulles Gedanken in diese Richtung gegangen sein. In Bonn werden Stimmen laut, der enge Zusammenschluss mit Frankreich schlüge die Tür für ein geeintes Europa zu. Außerdem wird auf die möglichen Folgen für das Bündnis mit den USA hingewiesen. Die sog. Atlantiker, die sich für eine westliche Allianz unter Führung der USA aussprechen, weisen darauf hin, dass die französische Atommacht, die »Force de frappe«, keinen Ersatz für den atomaren Schutzschild der USA böte.

4. Februar 1963

Entwicklungshilfe-Forum

Im Genfer Völkerbundspalast beginnt mit der Konferenz über Entwicklungshilfe das erste internationale Forum, das über zweckmäßige Anpassungen und Koordinierungen von Entwicklungsprogrammen berät. Rd. 2000 Wissenschaftler aus 95 Ländern nehmen an 95 Voll- und Kommissionssitzungen teil und diskutieren rd. 2000 im Voraus erstellte Arbeitspapiere.

In den Einzelsitzungen werden u.a. die Erschließung von Bodenschätzen und Energiequellen, die Probleme der Wasserversorgung und der Viehzucht, die Nutzung der Verkehrstechnik und die Verbesserung des Bildungs- und Gesundheitswesens in Entwicklungsländern diskutiert. Ein zentrales Thema der Konferenz ist die Bestimmung der Rolle der modernen Wissenschaft und Technik bei der Entwicklungshilfe. Dazu heißt es im Resümee der Abschlussreferate: »Die Entwicklung ist ein Ganzes und geht alle Nationen an; jedes Land hat seine Form und Art der Entwicklung; Wissenschaft und Technik sind bei der Entwicklung eines Landes von ausschlaggebender Bedeutung, jedoch keine Wundermittel.«

20. Februar 1963

Skandal um »Stellvertreter«

Rolf Hochhuths Stück »Der Stellvertreter« erlangt wegen seines brisanten Inhalts eine breite Öffentlichkeitswirkung. Der 31-jährige Dramatiker bezichtigt darin Papst Pius XII. der Mitschuld an der Judenvernichtung im Nationalsozialismus. Hochhuth klagt das ehemalige Kirchenoberhaupt an, nicht in ausreichendem Maße gegen den Völkermord protestiert zu haben. Nach der Uraufführung im Westberliner Theater am Kurfürstendamm (Abb.: Szene mit Karl-Heinz Kellermann und Günter Tabor, v.l.) kommt es zu einem Proteststurm der Katholiken. Sie bezichtigen Hochhuth der Verleumdung und Verzerrung von historischen Fakten. Der Skandal lässt die Umsatzzahlen der Buchausgabe emporschnellen. »Der Stellvertreter« erscheint parallel zur Premiere im Rowohlt-Verlag und erreicht innerhalb kurzer Zeit Platz eins der »Spiegel«-Bestsellerliste.

28. Februar 1963

Weltmeistertitel für Traumpaar

Vor 4000 jubelnden Schlachtenbummlern gewinnt das bundesdeutsche Paar Marika Kilius und Hans-Jürgen Bäumler (s. Abb.) die Eiskunstlauf-Weltmeisterschaft im italienischen Cortina d´Ampezzo. Das Paar zeigt eine brillante Kür und hebt sich mit einem Notendurchschnitt von 5,8 klar von der Konkurrenz ab. Auf dem zweiten Platz landen Ludmilla Belousowa und Oleg Protopopow. Mit dem Weltmeistertitel befinden sich Kilius/Bäumler auf dem Höhepunkt ihrer Karriere. Vor Beginn der Weltmeisterschaft in Italien gewann das bundesdeutsche Gespann in Budapest zum fünften Mal in Folge die Europameisterschaft. Dreimal konnten Kilius/Bäumler bisher auch die Deutsche Meisterschaft für sich entscheiden. Ihr erster Versuch, den Weltmeistertitel zu gewinnen, endete jedoch in einem Debakel. Als das Paar 1962 in Prag stürzte, platzten alle Träume vom Titel. Um ein Haar hätte das Erfolgsduo nie zueinander gefunden. Hans-Jürgen Bäumler zog es ursprünglich zu einer Solo-Karriere, und Marika Kilius feierte ihre ersten Erfolge mit einem anderen Partner, Franz Ningel. Als die beiden doch zusammenkamen, gewannen sie nach nur sechs Wochen Training die Deutsche Meisterschaft 1958.

Februar 1963

1 Fr Der Springreiter Alwin Schockemöhle gewinnt in der Westberliner Deutschlandhalle auf Freiherr den Preis von Deutschland.

2 Sa Die USA, Großbritannien, Kanada und Australien erklären sich offiziell bereit, Indien gegen einen eventuellen Luftangriff aus China zu verteidigen.

3 So Als erster Stabhochspringer überwindet der Finne Pentti Nikula die 5-m-Grenze. Da der Wettkampf in einer Halle stattfindet, gilt der Rekord offiziell nicht.

4 Mo Die nordrhein-westfälische Landesregierung berät über Maßnahmen bei Smog. U.a. sind Produktionseinschränkungen vorgesehen. → Entwicklungshilfe

5 Di Bundespräsident Heinrich Lübke eröffnet im Kölner Wallraf-Richartz-Museum die Ausstellung »Schätze aus Thailand«.

6 Mi Die Vertreter des Nationalen Olympischen Komitees der Bundesrepublik und der DDR beschließen die Aufstellung einer gemeinsamen Olympiamannschaft.

7 Do Der Herausgeber des Nachrichtenmagazins »Der Spiegel«, Rudolf Augstein, wird aus der Untersuchungshaft entlassen.

8 Fr Junge Offiziere stürzen den irakischen Präsidenten Abd Al Karim Kasim. Die Militärs, die Kasim tags darauf erschießen, verfolgen eine pro-ägyptische Politik.

9 Sa In Las Vegas (USA) heiraten der 37-jährige Hollywoodstar Tony Curtis und die 18-jährige deutsche Schauspielerin Christine Kaufmann.

10 So Marika Kilius und Hans-Jürgen Bäumler gewinnen in der ungarischen Hauptstadt Budapest die Europameisterschaften im Eiskunstlauf der Paare.

11 Mo Die Bundesrepublik, Großbritannien und die USA sowie die Sowjetunion und die DDR erkennen die neue Regierung des Irak an.

12 Di Der Berliner Senator für Inneres, Heinrich Albertz, protestiert gegen eine Mode-Story in der Zeitschrift »Vogue«, die Mannequins vor der Mauer zeigt.

13 Mi Die Oberstaatsanwaltschaft Karlsruhe beginnt mit Ermittlungen gegen den Ex-Generalbundesanwalt Wolfgang Fränkel wegen seiner Tätigkeit in der NS-Zeit.

14 Do Vom US-Raketenstützpunkt Cape Canaveral startet der neuartige stationäre Satellit »Syncom«, der zur Nachrichtenübermittlung dienen soll.

15 Fr Aus Protest gegen das Verbot einer afrikanischen Studentenvereinigung verlässt der Großteil der afrikanischen Gaststudenten Bulgarien.

16 Sa In der Nähe des Grenzübergangs Helmstedt/Marienborn sterben drei junge Männer auf der Flucht im Kugelhagel der DDR-Grenzpolizei.

17 So Die Frühjahrsmesse beginnt in Frankfurt am Main. Die größte Ausstellergruppe der Konsumgütermesse bilden diesmal die Kunsthandwerker.

18 Mo In Rom löst Staatspräsident Antonio Segni das italienische Parlament auf. +++ In Oberhausen beginnen die IX. Westdeutschen Kurzfilmtage.

19 Di Im Bonner Auswärtigen Amt werden dem italienischen Botschafter seit 1944 verschollene Gemälde übergeben, die u.a. den Uffizien in Florenz gehören.

20 Mi Die Moskauer Presse berichtet von fünf zum Tode verurteilten Wirtschaftsfunktionären. Damit soll der Korruption begegnet werden. → »Stellvertreter«

21 Do Gäste aus aller Welt treffen sich zum alljährlich stattfindenden Opernball in Wien. 211 Debütantinnen eröffnen mit ihren Partnern das feierliche Ereignis.

22 Fr Der griechische Reeder Aristoteles Onassis bietet Fürst Rainier III. von Monaco die Aktienmehrheit des Spielkasinos von Monte Carlo an.

23 Sa In vielen Staaten Europas legen die winterlichen Temperaturen den Verkehr lahm. Es handelt sich um einen der strengsten Winter des Jahrhunderts.

24 So In Österreich scheitern die seit Monaten laufenden Koalitionsverhandlungen zwischen der Österreichischen Volkspartei und der Sozialistischen Partei.

25 Mo Der kongolesische Ministerpräsident Cyrille Adoula trifft zu einem Besuch in Brüssel ein, um belgische Technikhilfe zu erbitten.

26 Di Antoine Argoud, Ex-Führer der Algerienfranzosen-Organisation, wird in Paris verhaftet. Die Polizei findet ihn gefesselt in einem Lieferwagen.

27 Mi Der vor 60 Jahren errichtete »Kehrwiederturm« im Hamburger Freihafen wird gesprengt. An seiner Stelle soll ein Lagerhaus errichtet werden.

28 Do Nach den Schwabinger Krawallen verurteilt ein Münchener Gericht einen Polizisten zu Haft, weil er einen Studenten misshandelt hatte. → Traumpaar

März 1963

1 Fr Die Deutsche Bundespost erhöht die Gebühren im Postverkehr. U.a. fallen die ermäßigten Portokosten im innerörtlichen Postdienst weg.

2 Sa In den USA stellt das Unternehmen Western Electric Company einen Telefonapparat vor, der statt einer Wählscheibe Knopftasten hat.

3 So Die Verfassung Senegals wird durch eine Präsidialverfassung ersetzt. Dadurch übernimmt der Staatspräsident die Befugnisse des Ministerpräsidenten.

4 Mo Ein Händeschütteln zwischen Bundeskanzler Konrad Adenauer und Wirtschaftsminister Ludwig Erhard beendet deren Streit über Wirtschaftsfragen.

5 Di Unbekannte verüben auf das sowjetische »Intourist Reisebüro« in West-Berlin einen Sprengstoffanschlag. Menschen kommen nicht zu Schaden.

6 Mi Ein Gericht in Baku verurteilt vier Sowjetbürger zum Tode. Die Angeklagten hatten unrechtmäßig mit Lumpen und Altpapier gehandelt.

7 Do Zum Abschluss zwölf Wochen dauernder Verhandlungen unterzeichnen Polen und die Bundesrepublik in Warschau ein Handelsabkommen.

8 Fr Das Abgeordnetenhaus in West-Berlin wählt Willy Brandt (SPD) zum dritten Mal zum Regierenden Bürgermeister der Stadt. → Syrien

9 Sa Der italienische Regisseur Pier Paolo Pasolini wird wegen Beleidigung der katholischen Kirche – in seinem Film »La Ricotta« – zu vier Monaten Haft verurteilt.

10 So In Bethel bei Bielefeld tagt zum ersten Mal nach dem Bau der Mauer die gesamtdeutsche Synode der Evangelischen Kirche Deutschlands.

11 Mo Der neue Senat in West-Berlin nimmt seine Arbeit auf. Nach den Wahlen vom 17. Februar regiert eine Koalition aus SPD und FDP.

12 Di DDR-Soldaten entdecken an der Grenze zu West-Berlin einen 50 m langen Tunnel, durch den am Sonntag 13 Menschen in den Westen geflüchtet sind.

13 Mi Die sowjetische Regierung stellt ihre Kohlelieferungen nach Frankreich ein. Moskau wolle sich mit den streikenden französischen Bergleuten solidarisch zeigen.

14 Do Der DDR-Schriftsteller Stephan Hermlin wird von seiner Funktion als Sekretär der Sektion Dichtkunst der Akademie der Künste in Ost-Berlin abberufen.

15 Fr Die frühere iranische Kaiserin Soraya schließt in Rom einen Filmvertrag mit dem Produzenten Dino de Laurentiis ab. Ihre Gage beträgt 200 000 US-Dollar.

16 Sa Guatemala erklärt den Kriegszustand mit Deutschland für beendet. Das mittelamerikanische Land hatte dem Deutschen Reich 1942 den Krieg erklärt.

17 So Im Nordosten Balis bricht der Vulkan Gunung Agung aus. 1900 Menschen sterben. +++ Im schweizerischen Winterkurort Zermatt tritt Typhus auf.

18 Mo Französische Wissenschaftler lösen in Reggane in der Wüste Sahara eine unterirdische Atombombenexplosion aus.

19 Di Bewaffnete Exilkubaner greifen von Schnellbooten aus zum ersten Mal die auf der Insel Kuba stationierten sowjetischen Soldaten direkt an.

20 Mi Großbritanniens Außenminister Alexander Douglas-Home erläutert vor der NATO die Notwendigkeit einer eigenen NATO-Nuklearstreitmacht.

21 Do In Frankfurt am Main beschließt die Stadtverordnetenversammlung einstimmig den Bau einer U-Bahn. Der erste Tunnelabschnitt ist 400 m lang.

22 Fr Der Produzent Carlo Ponti und die Schauspielerin Sophia Loren sind in Rom wegen Bigamie angeklagt. Das Verfahren wird in Abwesenheit eröffnet.

23 Sa Nach längeren Verhandlungen einigen sich in Wien die österreichischen Parteien SPÖ und ÖVP auf die Bildung einer Regierungskoalition.

24 So Die Skispringer aus der DDR landen bei der Internationalen Skiflugwoche in Planica (Jugoslawien) auf den ersten vier Plätzen.

25 Mo Sowjetische Ingenieure riegeln den viertgrößten Fluss der Erde, den Jenissei, ab, um das derzeit größte Kraftwerk der Welt errichten zu können.

26 Di US-Außenminister Dean Acheson und der sowjetische Botschafter Anatoli F. Dobrynin nehmen die Berlin-Sondierungsgespräche wieder auf.

27 Mi Der österreichische Bundespräsident Adolf Schärf vereidigt das neue Kabinett unter Bundeskanzler Alfons Gorbach (ÖVP).

28 Do Nach einer achtwöchigen Reise nach Neuseeland und Australien kehren die britische Königin Elizabeth II. und ihr Ehemann Prinz Philip nach London zurück.

29 Fr In Berlin findet die 500. Aufführung des Musicals »My Fair Lady« statt. Seit 1961 sahen fast eine Mio. Zuschauer das Stück. → Hitchcock

30 Sa Nach einem Militärputsch in Guatemala übernimmt Verteidigungsminister Enrique Peralta Azurdia die Macht.

31 So Eine norwegische Regierungsdelegation erklärt in den USA, dass sie eine nationale oder multilaterale Atomstreitmacht für überflüssig halte.

1. April 1963

Premiere für das ZDF

Das Zweite Deutsche Fernsehen (ZDF) geht auf Sendung. Damit können die Fernsehzuschauer in der Bundesrepublik zwei TV-Programme empfangen. Das Programm des Premierenabends ist die Unterhaltungsshow »Berlin-Melodie«. Darin treten u.a. Hildegard Knef, Brigitte Mira, O.W. Fischer, Rudolf Schock und Theo Lingen auf. In Mainz soll in drei bis vier Jahren die Programmqualität der ARD erreicht werden, so ZDF-Programmdirektor Ulrich Grahlmann. Um dieses Ziel zu erreichen, muss der neue Sender zunächst seine Personalprobleme lösen, denn zahlreiche neue Arbeitsplätze für Techniker, Redakteure und Schreibkräfte sind zu besetzen (Abb.: Intendant Karl Holzamer, stehend r., stellt die neuen Moderatorinnen des ZDF vor). Die ARD verliert hunderte Angestellte, die zu dem neuen Sender wechseln. Allein der riesige technische Apparat kostet das ZDF im ersten Jahr 170 Mio. DM.

30. April 1963

Brücke bindet Fehmarn an

Die Fehmarnsundbrücke ist eröffnet (s. Abb.). Das Bauwerk verbindet die Insel Fehmarn mit dem norddeutschen Festland. Die Straßen- und Bahnbrücke ist 963 m lang und kostete 41,7 Mio. DM. Zusammen mit der Fährverbindung zwischen Puttgarden und dem dänischen Rødbyhavn bildet die Fehmarnsundbrücke einen Teil der »Vogelfluglinie«, der kürzesten Verbindung zwischen Nordeuropa und Skandinavien. Sie gilt als Musterbeispiel der sog. Kastenträger- oder Cantileverbauweise, die seit 1948 angewandt wird. Bei diesem Prinzip tragen Kastenträger zwei Röhren mit rechteckigem Querschnitt, auf denen die Brückendecke aufgelagert ist. Die Röhren sind etwa 3 m breit und besitzen eine Versteifung durch Innenwände. Bei der Fehmarnsundbrücke sind diese aus Stahl gefertigt, sie können aber auch aus Stahl- oder Spannbeton bestehen. Bei dem Brückentyp handelt es sich um den Standardtyp im modernen Autobahnbau. Er bringt den Vorteil mit sich, in relativ kurzer Zeit aus Normteilen zusammengefügt werden zu können. Kastenträgerbrücken eignen sich hervorragend sowohl als Tal- wie auch als Hangbrücken.

8. März 1963

Putsch der Offiziere in Syrien

Umsturz in Syrien: In der Hauptstadt Damaskus stürzen Offiziere die Regierung und übernehmen als Nationalrat des revolutionären Militärkommandos die Macht in der Stadt. Die unmittelbar darauf veröffentlichte Proklamation des Nationalrates, der der proägyptischen Bath-Partei nahe steht, vertritt die Losung »Einheit, Freiheit, Sozialismus«. In einem Programm verkünden die neuen Machthaber die Leitsätze ihrer künftigen Politik. Demnach wird u.a. die Armee wieder auf arabischen Kurs gebracht und auf das Streben nach der Einheit aller Araber eingeschworen. Die internationalen Verpflichtungen sollen eingehalten werden. Erst im Januar hatte eine deutsche Regierungsdelegation Syrien besucht. Thema der Gespräche war der Bau eines Euphrat-Staudammes, der von der Bundesrepublik unterstützt wird.

29. März 1963

Thriller mit g

Alfred Hitchcock

englischer Regisseur, * 13.8.1899 London; † 29.4.1980 Los Angeles

Hitchcock ist einer der einflussreichsten Filmregisseure des Jahrhunderts. Ein Schlüsselbegriff für das Verständnis seiner Filme ist der Begriff »Suspense«. Dabei gibt der Thriller-Spezialist dem Zuschauer immer ein Stück Informationsvorsprung, den der Akteur in der Filmszene nicht hat, und erzeugt so Spannung (»Suspense«). In »Der Mann, der zu viel wusste« (1934, 1955) wird z.B. ein zunächst völlig Ahnungsloser in eine unglaublich anmutende Geschichte verwickelt. Unter teilweiser Verwendung von psychoanalytischen Motiven variiert der einstige Jesuitenschüler in seinen Filmen das Thema Identitätsverlust, oder er inszeniert Verfolgungsjagden in alptraumhafter Stilisierung der Wirklichkeit.

- bis 1924: Drehbuchautor und Regieassistent in London
- 1939: Wechsel nach Hollywood
- 1940: »Rebecca«
- 1955: »Über den Dächern von Nizza«
- 1958: »Vertigo«
- 1960: »Psycho«

11. April 1963

Papst spricht »alle Menschen guten Willens« an

Papst Johannes XXIII. (s. Abb., M.) veröffentlicht eine Enzyklika mit dem Titel »Pacem in terris« (»Frieden auf Erden«). Zum ersten Mal wendet sich ein Rundschreiben nicht nur an die Bischöfe, den Klerus und die Gläubigen der katholischen Kirche, sondern an alle Menschen guten Willens in der ganzen Welt.
Den Anstoß zu dieser Friedensenzyklika soll Papst Johannes XXIII. während der Kuba-Krise im Oktober 1962 bekommen haben. Auch die vielfältigen Äußerungen seiner Vorgänger über den Frieden, besonders die von Papst Pius XII., drängten nach einer Gesamtdarstellung der katholischen Lehre zu diesem Thema aus theologischer, philosophischer, rechtlicher, sozialer und wirtschaftlicher Sicht. Der Papst fordert in der Enzyklika u.a. den Aufbau einer überstaatlichen öffentlichen Weltgewalt, zu der die Vereinten Nationen einen Ansatz bilden. Weiterhin verlangt er das Verbot von Atomwaffen und das Ende des Wettrüstens mittels einer alles umfassenden kontrollierten Abrüstung, verurteilt die rassische Diskriminierung, setzt sich für den Schutz der Minderheiten ein und macht sich zum Anwalt politischer Flüchtlinge in aller Welt.

ederten Killern

Das Kinoereignis des Jahres ist die Premiere von Alfred Hitchcocks »Die Vögel«, die nach einer geschickt angelegten Werbekampagne mit Spannung erwartet wird. Tatsächlich wird der Streifen ein Riesenerfolg. Mit handwerklicher Brillanz und durchschlagenden Effekten gelingt es Hitchcock erneut, scheinbar Vertrautes in nacktes Grauen zu verwandeln. Der Thriller wird zum Vorbild für das Genre des »Tierschockers«. In den folgenden Jahren sorgen wechselweise Ameisen, Heuschrecken, Haie oder Spinnen für Angst.
Der britische Meisterregisseur legt es darauf an, langsam größtmögliche Spannung aufzubauen, hält aber immer wieder auch überraschende Schockmomente bereit. Hitchcock perfektioniert dazu das Stilmittel der Ablenkung vom Wesentlichen, so wie er sonst durch Vorinformation für gespannte Aufmerksamkeit sorgt. Der Anwalt Mitch Brenner (Rod Taylor) lernt die unterkühlte, aus besseren Kreisen stammende Blondine Melanie Daniels (Tippi Hedren) kennen, die ihn in seiner Heimatgemeinde Bodega Bay besucht. Aus unerklärlichen Gründen wird Melanie in dem Küstenstädtchen von einer Möwe angefallen; auch Vögel anderer Arten verhalten sich merkwürdig, was eine Atmosphäre ständig wachsender Bedrohung entstehen lässt. Während die Spannungen, die Melanies Ankunft in Mitchs Familie auslösen, im Verborgenen bleiben, brechen die Aggressionen der Vögel voll durch. Die Bewohner einer Farm finden den Tod, eine Schulklasse wird attackiert. Angesichts der sich sammelnden und immer aggressiver werdenden Vögel gerät die Bevölkerung in Panik. Auch Mitchs Elternhaus wird zur Zielscheibe, die Familie kann den Angriff nur mit knapper Not und vereinten Kräften abwehren. Mitch und Melanie finden in der Krise zueinander. In einem seltsamen Moment der Ruhe kann die Familie das Haus verlassen.
Um die bedrohlichen Tierangriffe zu drehen, wurde eigens ein Tiertrainer engagiert. Insgesamt 350 Trickaufnahmen sorgen für täuschend echte Bilder. Die unheimliche Grundatmosphäre des Thrillers geht in neuer, später oft kopierter Weise auf die ungewöhnliche Akustik zurück. Sie ist von verfremdeten Geräuschen und dem elektronisch hergestellten Schwirren und Schreien der Vogelschwärme geprägt.

Vogelangriffe verwandeln das beschauliche Städtchen in einen Alptraum

April 1963

1 Mo Im Süden Bayerns kommt es zu ungewöhnlich starken Schneefällen. Gebiete südlich der Donau verwandeln sich in eine Winterlandschaft. → ZDF

2 Di In Helsinki stellen der 21-jährige Seppo Haltsonen und seine 16-jährige Partnerin Tuula Kaija mit 60 Stunden einen Dauerrekord im Twist-Tanzen auf.

3 Mi Zehn Menschen fliehen auf einem Floß aus der DDR in die Bundesrepublik. +++ Eine Trägerrakete bringt den US-Satelliten »Explorer XVII« in den Weltraum.

4 Do US-Präsident John F. Kennedy erwirkt einen 60-tägigen Aufschub des geplanten Streiks von 200 000 amerikanischen Eisenbahnern.

5 Fr Um einem versehentlich ausgelösten Nuklearkrieg vorzubeugen, beschließen die USA und die UdSSR, eine direkte Nachrichtenverbindung einzurichten.

6 Sa Argentinische Regierungstruppen schlagen den Putschversuch rechsextremer Marineoffiziere nieder, der am 2. April begonnen worden war.

7 So Die neu angenommene Verfassung Jugoslawiens bestimmt den bisherigen Amtsinhaber Josip Tito zum Staatspräsidenten auf Lebenszeit.

8 Mo In Noten an die USA, die Bundesrepublik und Großbritannien protestiert die Regierung der UdSSR gegen den Ausbau der NATO zur Atomstreitmacht.

9 Di Die 27. Tischtennisweltmeisterschaften finden in Prag statt. Die japanische Mannschaft erringt den Titel der Damen, die Chinesen siegen bei den Herren.

10 Mi Winston Churchill, früherer britischer Premierminister, wird zum ersten ausländischen Ehrenbürger der USA ernannt.

11 Do Vor der Atlantikküste der USA sinkt das Atom-U-Boot »Tresher« bei Tauchmanövern. 129 Besatzungsmitglieder ertrinken. → Papst

12 Fr Die Polizei hindert 52 britische Atomwaffengegner am Verlassen eines Flugzeugs in Düsseldorf. Die Briten wollten an den Ostermärschen teilnehmen.

13 Sa Ein sowjetisches U-Boot kollidiert im Skagerrak mit einem finnischen Frachter. +++ Zwei US-Amerikaner überqueren den Ärmelkanal in einem Heißluftballon.

14 So In den Großstädten der Bundesrepublik nehmen Zehntausende an den Ostermärschen gegen die militärische Nutzung der Kernenergie teil.

15 Mo Auf der Insel Isabella, der größten der Galapagos-Gruppe, kommt es zu einem Vulkanausbruch, durch den die Landschaft mit Lavamassen bedeckt wird.

16 Di Großbritanniens Premier Harold Macmillan bricht seinen Urlaub ab, um eine Aktion von Atomwaffengegnern in London zu verhindern.

17 Mi Ägypten, Syrien und der Irak unterzeichnen in Kairo ein Kommuniqué, das die Schaffung einer Vereinigten Arabischen Republik zum Inhalt hat.

18 Do Ein Madrider Gericht verurteilt den Kommunisten Julian Grimau García wegen seiner francofeindlichen Tätigkeit im Spanischen Bürgerkrieg zum Tode.

19 Fr Frankreichs Präsident Charles de Gaulle bezeichnet in einer Fernsehansprache eine unabhängige französische Atomstreitmacht als lebensnotwendig.

20 Sa Der 74-jährige Pianist Arthur Rubinstein gibt ein Konzert in Nimwegen. Mehr als 1000 Bundesbürger reisen über die niederländische Grenze an.

21 So Erich Ollenhauer, Vorsitzender der SPD, leitet mit seiner Eröffnungsansprache in Bochum eine Festwoche zum 100-jährigen Bestehen seiner Partei ein.

22 Mo Die kubanische Regierung entlässt 21 US-Bürger aus der Haft, die wegen konterrevolutionärer Aktivitäten verurteilt worden waren.

23 Di Im US-Hafen Portsmouth läuft ein neues Atom-U-Boot von Stapel. Damit verfügen die USA über sieben Atom-U-Boote mehr als die Sowjetunion.

24 Mi Der 1. FC Nürnberg tritt im Stadion von Madrid zum Europapokalspiel gegen Atletico Madrid an und unterliegt mit 0:2 Toren.

25 Do Lang anhaltende Regenfälle lösen im Westen Afghanistans eine Überschwemmungskatastrophe aus. 107 Menschen kommen ums Leben.

26 Fr Der amtierende Fußballweltmeister Brasilien verliert in Brüssel gegen die belgische Nationalmannschaft überraschend deutlich mit 1:5.

27 Sa Der US-Athlet Brian Sternberg überspringt in Walnut (USA) die Fünf-Meter-Marke und ist damit Weltrekordhalter im Stabhochsprung.

28 So Bei den österreichischen Präsidentschaftswahlen wird Adolf Schärf von der Sozialistischen Partei Österreichs (SPÖ) erneut zum Staatsoberhaupt gewählt.

29 Mo Bolivien, Chile, Ecuador, Brasilien und Mexiko schließen einen Vertrag, in dem sie sich verpflichten, keine Kernwaffen herzustellen oder zu lagern.

30 Di Der Tarifstreik in Baden-Württemberg verschärft sich. 1150 Betriebe sind von Streiks und Aussperrungen betroffen. → Fehmarn

Mai 1963

1 Mi Die Vereinten Nationen übergeben West-Neuguinea an Indonesien. Die ehemalige Kolonie der Niederlande heißt jetzt Westirian.

2 Do Erfolgreich startet bei Cuxhaven die erste in der Bundesrepublik entwickelte Dreistufenrakete. Sie erreicht eine Höhe von mehr als 100 km.

3 Fr Großbritanniens populärer Rennfahrer Stirling Moss gibt nach einem Proberennen in Goodwood offiziell seinen Rücktritt vom Autorennsport bekannt.

4 Sa Nach Schießerein in der haitianischen Hauptstadt Port-au-Prince verhängt Staatspräsident François Duvalier das Standrecht über das Land.

5 So Im US-Bundesstaat Alabama kommt es zu großangelegten Demonstrationen gegen Rassenschranken. Die Polizei verhaftet 1600 Personen.

6 Mo Der ehemalige Verteidigungsminister Franz Josef Strauß (CSU) erklärt, er werde nicht in ein Kabinett unter Ludwig Erhard (CDU) eintreten.

7 Di Bei der Feier zum 40-jährigen Bestehen des Magazins »Time« in New York erhält Herausgeber Henry Luce das Bundesverdienstkreuz verliehen.

8 Mi Der US-Nachrichtensatellit »Telstar«, der sich seit 1962 in einer Umlaufbahn befindet, sendet erstmals farbige Fernsehbilder zur Erde.

9 Do In Baden-Württemberg endet der Metallarbeiterstreik. Bei der Urabstimmung sprechen sich 73% der 220 000 Beteiligten für ein Ende des Streiks aus.

10 Fr Ein neuer Joghurtbecher kommt in Deutschland in den Handel. Er besteht aus Kunststoff statt aus Glas und hat eine nach oben verbreiterte Öffnung.

11 Sa 3000 Zuschauer verfolgen einen Tischtennis-Länderkampf zwischen der Bundesrepublik und China in München. China gewinnt mit 5:2 Punkten.

12 So Mit einem Bus versuchen 15 DDR-Bürger durch die Berliner Mauer zu brechen. Der Fluchtversuch scheitert im Kugelhagel der DDR-Grenzsoldaten.

13 Mo Die Rassenunruhen im US-Bundesstaat Alabama nehmen bürgerkriegsähnliche Formen an. Die US-Regierung sendet Bundestruppen in die Region.

14 Di Bundespräsident Heinrich Lübke und der dänische König Frederik IX. eröffnen die »Vogelfluglinie«, die kürzeste Verkehrsverbindung nach Skandinavien.

15 Mi Premiere: In Manching bei Ingolstadt wird der neu entwickelte deutsche Senkrechtstarter »VJ 1010 x1« der Öffentlichkeit präsentiert.

16 Do Der Bundesrat ratifiziert den deutsch-französischen Vertrag. +++ Der Sender Freies Berlin nimmt seinen neuen, 230 m hohen Sendemast in Betrieb.

17 Fr Bei den ersten freien Parlamentswahlen in Marokko kann die Front für die Verteidigung der verfassungsmäßigen Rechte die absolute Mehrheit gewinnen.

18 Sa Für seinen autobiografischen Roman »Fluchtpunkt« erhält der deutsche Schriftsteller Peter Weiss im schweizerischen Ouchy den Charles-Veillon-Preis.

19 So In Niedersachsen finden Landtagswahlen statt. Die SPD kann mit 44,9% den größten Stimmanteil verbuchen, die CDU erhält 37,7%, die FDP 8,8%.

20 Mo Der Armenier Tigran W. Petrossjan besiegt in Moskau vor 1600 Zuschauern Michail M. Botwinnik (UdSSR) und gewinnt damit die Schachweltmeisterschaft.

21 Di In Düsseldorf legt der Bundesvorstand des Deutschen Gewerkschaftsbundes (DGB) den Entwurf eines neuen Grundsatzprogramms vor.

22 Mi Vor 50 000 Zuschauern gewinnt im Londoner Wembleystadion der AC Mailand den Europapokal der Landesmeister gegen Benfica Lissabon mit 2:1.

23 Do Als erster Ausländer erhält der kubanische Staats- und Parteichef Fidel Castro im Moskauer Lenin-Stadion die Auszeichnung »Held der Sowjetunion«.

24 Fr Luchino Viscontis Film »Der Leopard« erhält bei den 16. Internationalen Filmfestspielen in Cannes die »Goldene Palme«.

25 Sa In Rendsburg stellt die Bundesmarine ihr größtes Schulschiff in Dienst. Die »Deutschland« hat eine Größe von 5000 BRT.

26 So Durch eine Volksabstimmung plädieren die Schweizer dafür, dass die Regierung ohne Volksentscheid über die nationale atomare Aufrüstung entscheiden soll.

27 Mo CSU-Chef Franz Josef Strauß trifft zu einem Israel-Besuch in Tel Aviv ein. Wegen drohender Protestaktionen ist der Flughafen mit Polizisten besetzt.

28 Di Das Stärkungsmittel »Bioprotein« wird in der gesamten Bundesrepublik sichergestellt. Es soll Gesundheitsschäden hervorrufen.

29 Mi Über München gehen wolkenbruchartige Regenfälle nieder. Zahlreiche Straßen, Keller und Hausflure stehen unter Wasser.

30 Do Bei Innsbruck enden die Bauarbeiten an der Europabrücke. Mit einer Gesamtlänge von 815 m überspannt sie das an dieser Stelle 700 m breite Silltal.

31 Fr In Frankreich endet das seit dem Generalputsch von 1961 herrschende Notstandsregime, das dem Staatspräsidenten besondere Vollmachten einräumte.

26. Juni 1963

Kennedy: »Ich bin ein Be

Mit den berühmten, auf deutsch formulierten Worten »Ich bin ein Berliner«, gesprochen auf dem Platz vor dem Schöneberger Rathaus, trifft US-Präsident John F. Kennedy bei seinem Besuch in West-Berlin den Nerv der 400 000 begeisterten Zuhörer und der gesamten freien Welt. Kennedys demonstrative Verbundenheit mit der geteilten und gefährdeten Stadt führt zu nicht enden wollenden Ovationen.

Zum Abschluss und zugleich als Höhepunkt seines viertägigen Deutschland-Besuchs trifft Kennedy um 9.40 Uhr auf dem Flughafen Tegel ein. In seiner Begleitung befinden sich US-Außenminister Dean Rusk und Lucius D. Clay, der ehemalige Militärgouverneur und Organisator der Luftbrücke. Zu den Klängen des Schlagers »Das ist die Berliner Luft, Luft, Luft...« setzt sich die 500 m lange Auto- und Motorradkolonne mit 130 Polizisten in Richtung Innenstadt in

Präsident John F. Kennedy erneuert die Sicherheitsgarantien der USA für West-Berlin.

12. Juni 1963

Monumentalfilm »Cleopatra« bricht alle Rekorde

Der Monumentalfilm »Cleopatra« feiert in New York Premiere. Das Epos gehört zu den bisher aufwendigsten Produktionen der Filmgeschichte und bricht mehrere Rekorde: Mit vier Jahren Dreh- und vier Stunden Spielzeit setzt »Cleopatra« neue Maßstäbe. Der Streifen verschlingt 40 Mio. US-Dollar. Ein Regisseur und mehrere der ursprünglich eingesetzten Hauptdarsteller verließen das Projekt vorzeitig. Die Stars des Films sind Elizabeth Taylor als Cleopatra (s. Abb.), Richard Burton als Antonius und Rex Harrison als Julius Cäsar. Erzählt wird die Dreiecksbeziehung dieses Trios vor dem historischen Hintergrund der Feindseligkeiten zwischen Ägypten und dem Römischen Reich kurz vor der Zeitenwende. Die hinter den Kulissen entstandene Affäre zwischen Richard Burton und Elizabeth Taylor sorgt für zusätzliches Interesse an dem Film. Bei der Gala im New Yorker Rivoli strömen 6623 Besucher zur Premiere. Die mit Spannung erwarteten Stars des Abends, Taylor und Burton, erscheinen jedoch zur Enttäuschung der Gäste nicht. »Cleopatra« wird mit vier »Oscars« für die beste Kamera, die beste Ausstattung, die besten Kostüme und die besten visuellen Effekte ausgezeichnet.

…er«

Bewegung. Auf der 52 km langen Strecke, die Kennedy in Begleitung von Berlins Regierendem Bürgermeister Willy Brandt und Bundeskanzler Konrad Adenauer zurücklegt, säumen jubelnde Berliner in mehreren Reihen hintereinander die Straßen. Überall, wo die Kolonne vorüberfährt, regnet es Konfetti auf den eigens aus den USA eingeflogenen offenen Lincoln des Präsidenten. Erste Station des nur siebenstündigen Aufenthalts ist der Kongress der Industriegewerkschaft Bau, Steine, Erden in der Kongresshalle. Dann besichtigt Kennedy die Mauer. Der Blick durch das Brandenburger Tor bleibt ihm allerdings verwehrt, da die Ostberliner Behörden das Bauwerk mit Sichtblenden und riesigen DDR-Flaggen zugehängt haben.

Höhepunkt des Kennedy-Besuchs ist die Kundgebung vor dem Schöneberger Rathaus. Der US-Präsident führt dabei u. a. aus: »Ich möchte Ihnen im Namen der Bevölkerung der Vereinigten Staaten ... sagen, dass meine amerikanischen Mitbürger sehr stolz darauf sind, mit Ihnen zusammen selbst aus der Entfernung die Geschichte der letzten 18 Jahre teilen zu können. Denn ich weiß nicht, dass jemals eine Stadt 18 Jahre lang belagert wurde und dennoch lebt mit ungebrochener Vitalität, mit unerschütterlicher Hoffnung, mit der gleichen Stärke und der gleichen Entschlossenheit wie heute West-Berlin. Die Mauer ist die abscheulichste und die stärkste Demonstration für das Versagen des kommunistischen Systems. Die ganze Welt sieht dieses Eingeständnis des Versagens ... Alle freie Menschen, wo immer sie leben mögen, sind die Bürger dieser Stadt West-Berlin, und deshalb bin ich als freier Mann stolz darauf, sagen zu können: Ich bin ein Berliner!«

4. Juni 1963

Ein Minister strauchelt

Im Rahmen einer Callgirl-Affäre tritt der britische Heeresminister John Dennis Profumo von seinem Amt zurück und gibt seinen Sitz im Unterhaus auf. In einem Schreiben an Premierminister Harold Macmillan begründet Profumo diese Entscheidung damit, am 22. März vor dem Unterhaus unwahre Angaben über sein Verhältnis zu dem Fotomodell Christine Keeler (s. Abb.) gemacht zu haben. Die Affäre war ins Rollen gekommen, als Mitglieder der oppositionellen Labour Party am 21. März den Verdacht geäußert hatten, Profumo habe die Anwesenheit Christine Keelers als Zeugin in einer Gerichtsverhandlung gegen den farbigen Jazzmusiker John Edgecombe verhindert. Der Musiker hatte am 15. März aus Eifersucht einen Mordversuch an Christine Keeler unternommen. Zu diesem Zeitpunkt kannten sich das 21-jährige rothaarige Modell und der 48 Jahre alte Minister schon fast zwei Jahre, ohne dass die Öffentlichkeit davon Kenntnis gehabt hätte. Nun aber fordert die Opposition, das Verhältnis der beiden vor dem Unterhaus klären zu lassen, da die gleichzeitige Beziehung des Fotomodells zum sowjetischen stellvertretenden Militärattaché Jewgeni Iwanow Fragen der nationalen Sicherheit berühre. Profumo bestreitet in einer Erklärung vor dem Unterhaus ein intimes Verhältnis zu Keeler.

3. Juni 1963

»Papst des Aufbruchs« stirbt

Im Alter von 81 Jahren stirbt in Rom Papst Johannes XXIII. (s. Abb., 2.v.l.). Seine kurze Amtszeit bezeichnet der deutsche Kardinal Julius Döpfner als »Pontifikat des Aufbruchs«. Am 21. Juni wählt das Konklave der Kardinäle den Erzbischof von Mailand, den 66-jährigen Giovanni Battista Montini, als Paul VI. zum 262. Papst. Den Gläubigen auf dem Petersplatz verkündet der aus dem Kamin der Sixtinischen Kapelle aufsteigende weiße Rauch die Wahl des neuen Kirchenoberhaupts.

Johannes XXIII.

eigtl. Angelo Giuseppe Roncalli, * 22.11.1881 Sotto il Monte bei Bergamo; † 3.6.1963 Rom

Papst Johannes XXIII. setzte in seiner Amtszeit neue theologische, politische und soziale Maßstäbe. In seinem kurzen Pontifikat leitete er zahlreiche politische und kirchenhistorische Umwälzungen ein und verschaffte sich damit weltweit Achtung und Anerkennung. Trotz seiner Krankheit arbeitete er bis zuletzt am Zweiten Vatikanischen Konzil mit, das er im Jahre 1962 einberufen hatte und das zu einer Öffnung der Kirche führte. Unter seinem Pontifikat wurden die Bischöfe in ihrer Unabhängigkeit gestärkt. Um seine Kirche für einen Dialog mit nichtkatholischen Kirchen zu öffnen, ließ er das Sekretariat für die Einheit der Christen gründen. Außerdem knüpfte Papst Johannes XXIII. Kontakte zu sozialistischen Staaten. In seinen acht Enzykliken setzte er sich u.a. für die Menschenrechte und den wirtschaftlichen Ausgleich unter den Nationen ein.

- 1944-53: Nuntius in Paris
- 1953-58: Kardinal und Patriarch von Venedig
- 1958-63: Papst

Juni 1963

1	Sa	In Ost-Berlin geht das sog. VII. Parlament der Freien Deutschen Jugend (FDJ) zu Ende. Zu dem Treffen waren 2000 Delegierte angereist.
2	So	Der Ministerrat von Saudi-Arabien verkündet über Radio Mekka den endgültigen Beschluss über die Aufhebung der Sklaverei.
3	Mo	Während der Pfingstfeiertage starben nach einer Polizeibilanz auf bundesdeutschen Straßen 1000 Menschen als Verkehrsopfer. → »Papst des Aufbruchs«
4	Di	UN-Generalsekretär Sithu U Thant eröffnet in der US-Hauptstadt Washington den Welternährungskongress, der bis zum 18. Juni dauert. → Minister
5	Mi	Willy Brandt kritisiert die schleppende Abfertigung im Berliner Reiseverkehr. +++ Schiitenführer Ruhollah Khomeini wird nach Unruhen in Persien verhaftet.
6	Do	Das größte Hotel in der Bundesrepublik, das »Intercontinental«, wird in der Innenstadt von Frankfurt am Main eröffnet.
7	Fr	Frankreichs Staatspräsident Charles de Gaulle eröffnet auf dem Flughafen Le Bourget die 25. internationale Pariser Luft- und Raumfahrtausstellung.
8	Sa	In der Hochebene von Konya (Türkei) finden Archäologen die Überreste einer über 6500 Jahre alten Stadtkultur.
9	So	Auf dem Burschentag in Landau beschließen rd. 2000 Aktive und alte Herren studentischer Verbindungen, an den umstrittenen Mensuren festzuhalten.
10	Mo	Die anarchistische Untergrundorganisation Iberischer Freiheitsrat warnt ausländische Touristen vor einem Besuch in Spanien oder Portugal.
11	Di	Zum zweiten Mal findet in West-Berlin die Grundsteinlegung für die Gropiusstadt statt. Unbekannte hatten die erste Grundstein-Kassette gestohlen.
12	Mi	In Jackson im US-Bundesstaat Mississippi wird der Sekretär des Farbigen-Verbandes NAACP, der 37-jährige Medgar Evers, ermordet. → »Cleopatra«
13	Do	Eine Gesetzesvorlage der US-Regierung über Bundeshilfe für Gebiete mit hoher Arbeitslosigkeit wird vom Repräsentantenhaus zu Fall gebracht.
14	Fr	Das sowjetische Raumschiff »Wostok V« startet in den Weltraum. +++ In Ulm wird Samuel Becketts Einakter »Spiel« uraufgeführt.
15	Sa	Die DDR-Behörden öffnen einen neuen Grenzübergang nach West-Berlin, der speziell für Benutzer des DDR-Flughafens Schönefeld eingerichtet wurde.
16	So	Wegen Auseinandersetzungen in der Regierungspartei Mapai tritt der israelische Ministerpräsident David Ben Gurion von seinem Amt zurück.
17	Mo	Richard Baer, der letzte Kommandant des Vernichtungslagers Auschwitz, stirbt im Alter von 51 Jahren in Untersuchungshaft in Frankfurt am Main.
18	Di	Vertreter der DDR und Chinas vereinbaren den Austausch von Wissenschaftlern und Fachleuten sowie wissenschaftlich-technischer Unterlagen.
19	Mi	Auf dem Messegelände in Frankfurt am Main werden der sechste Welterdölkongress und die Ausstellung »inter-oil« eröffnet.
20	Do	Die sowjetische Regierung droht mit der Einstellung ihrer Hilfe an den Irak, falls die militärischen Aktionen gegen die kurdische Bevölkerung nicht aufhören.
21	Fr	Berlins Regierender Bürgermeister Willy Brandt eröffnet die Internationalen Filmfestspiele, die 13. Berlinale. Sie dauert bis zum 2. Juli.
22	Sa	Das DDR-Außenministerium protestiert bei der chinesischen Botschaft in Ost-Berlin gegen das Verteilen von Schriften zum Konflikt China-UdSSR.
23	So	US-Präsident John F. Kennedy beginnt seine Europareise. Der Staatsmann will die Bundesrepublik, Irland, Großbritannien und Italien besuchen.
24	Mo	In West-Berlin finden anlässlich des 15. Jahrestags der Berliner Luftbrücke von 1948/49 zahlreiche Gedenkveranstaltungen statt.
25	Di	Die Regierung Boliviens bricht ihre diplomatischen Beziehungen zu Südafrika ab. Sie protestiert damit gegen die dort herrschende Apartheidspolitik.
26	Mi	Nach dem Rücktritt des griechischen Ministerpräsidenten Konstantin Karamanlis übernimmt Panajotis Pipinelis die Regierungsgeschäfte. → Kennedy
27	Do	Der Bundestag in Bonn beschließt das Gesetz über den Abbau der Wohnungszwangswirtschaft, das die Mietpreisbindung aufhebt.
28	Fr	Kremlchef Nikita S. Chruschtschow trifft zu den Feiern des 70. Geburtstags des DDR-Staatsratsvorsitzenden Walter Ulbricht in Ost-Berlin ein.
29	Sa	Borussia Dortmund siegt im letzten Endspiel um die deutsche Fußballmeisterschaft vor Einführung der Bundesliga 3:1 über den 1. FC Köln.
30	So	Im Vatikan wird die Krönung des neuen Oberhaupts der katholischen Kirche, Papst Paul VI. (vorher Giovanni Battista Montini), vollzogen.

Juli 1963

1 Mo Die USA führen das Postleitzahlensystem nach dem Vorbild der Deutschen Bundespost ein. +++ In München wird Erich Mende als FDP-Chef bestätigt.

2 Di Der sowjetische Staatschef Nikita S. Chruschtschow schlägt einen Nichtangriffspakt zwischen den Staaten der NATO und des Warschauer Pakts vor.

3 Mi Der belgische König Baudouin I. lehnt das Rücktrittsgesuch der Regierung ab und fordert eine Lösung im Sprachenstreit zwischen Wallonen und Flamen.

4 Do Der Wiener Nationalrat stimmt einem Antrag zu, der die Rückkehr des Kaisersohnes Otto Habsburg-Lothringen als unerwünscht erklärt.

5 Fr In Moskau beginnen Gespräche offizieller Delegationen der Kommunistischen Partei Chinas und der KPdSU. Sie enden ergebnislos.

6 Sa Auf ihrer Landesversammlung in München wählen die Delegierten der CSU Franz Josef Strauß zum Vorsitzenden.

7 So Bei den Wahlen in Argentinien erleiden die Peronisten eine schwere Niederlage. Ihr Stimmenanteil von 1960 sinkt um 10% auf 15%.

8 Mo Das zweimillionste Auto der Firma Ford verlässt das Montageband in Köln. +++ Diesjährige Wimbledon-Siegerin wird die Australierin Margaret Smith.

9 Di In London treffen König Paul von Griechenland und Königin Friederike zu einem dreitägigen Staatsbesuch ein.

10 Mi Der Nationalrat in Wien verabschiedet den Entwurf eines Volksbegehrensgesetzes. +++ Indien schließt mit den USA ein Abkommen über Luftverteidigung.

11 Do Der Arbeitskreis für Jugendschrifttum vergibt in Frankfurt am Main den Jugendbuchpreis an Josef Lada (»Kater Mikesch«) und Scott O'Dell.

12 Fr Ausländische Korrespondenten im Jemen berichten von Giftgaseinsätzen ägyptischer Truppen im jemenitischen Bürgerkrieg.

13 Sa Nigeria nimmt als erstes afrikanisches Land des Commonwealth diplomatische Beziehungen zur Europäischen Wirtschaftsgemeinschaft (EWG) auf.

14 So Im ausverkauften Pariser Prinzenparkstadion gewinnt der Franzose Jacques Anquetil zum vierten Mal die Tour de France.

15 Mo Egon Bahr (SPD) plädiert in einer Rede in Tutzing (Bayern) für ein neues Konzept in der Ostpolitik und entwickelt das Prinzip »Wandel durch Annäherung«.

16 Di Das Pekinger Parteiorgan »Volkszeitung« richtet scharfe Angriffe gegen die von der sowjetischen Regierung angebotene Militärhilfe für Indien.

17 Mi In der südvietnamesischen Hauptstadt Saigon kommt es zu religiösen Unruhen zwischen Buddhisten und der katholischen Regierung.

18 Do Das Foreign-Office in London bestätigt Absprachen der drei Westmächte über eine Lockerung der Visa-Bestimmungen für DDR-Bewohner.

19 Fr Die chinesische Parteiführung gibt ihre ablehnende Haltung zu den Dreimächte-Verhandlungen über das Atomversuchsstopp-Abkommen bekannt.

20 Sa In Jaunde (Kamerun) wird das neue Assoziierungsabkommen der Europäischen Wirtschaftsgemeinschaft (EWG) mit 18 afrikanischen Staaten unterzeichnet.

21 So Der italienische Regisseur Federico Fellini erhält den Großen Preis von Moskau für seinen autobiografisch ausgerichteten Film »8 1/2«.

22 Mo In Las Vegas (USA) verteidigt Sonny Liston seinen Titel als Boxweltmeister im Schwergewicht durch einen k.o.-Sieg gegen Floyd Patterson in der ersten Runde.

23 Di In Bayreuth werden die Richard-Wagner-Festspiele eröffnet, die bis zum 27. August dauern. Am Eröffnungsabend wird die Oper »Parsifal« aufgeführt.

24 Mi US-Vizepräsident Richard Nixon besucht während seines dreitägigen Aufenthalts in Berlin den Ostteil der Stadt und sucht den Kontakt zur Bevölkerung.

25 Do In Moskau schließen UdSSR, USA und Großbritannien ein Abkommen gegen Kernwaffenversuche in der Atmosphäre, im Wasser und im Weltraum.

26 Fr 1070 Todesopfer fordert ein schweres Erdbeben in der makedonischen Hauptstadt Skopje. Die Naturkatastrophe richtet starke Verwüstungen an.

27 Sa Vertreter des Iran und der Sowjetunion unterzeichnen in Teheran ein Abkommen über gemeinsame Projekte, u.a. einen Staudammbau am Fluss Arax.

28 So Erstmals nach dem Zweiten Weltkrieg verlässt ein japanischer Flottenverband Tokio, um zu einem Freundschaftsbesuch nach Europa aufzubrechen.

29 Mo Staatspräsident Charles de Gaulle lehnt die Teilhabe Frankreichs an dem am 25. Juli in Moskau paraphierten Atomteststopp-Abkommen ab.

30 Di Der italienische Staatspräsident Antonio Segni weiht in Anwesenheit von Bundespräsident Heinrich Lübke in Dachau die Kapelle Regina Pacis ein.

31 Mi Arturo Umberto Ilia (Volksradikale Partei) wird zum neuen Staatspräsidenten Argentiniens gewählt. Der Anti-Perónist tritt am 12. Oktober sein Amt an.

27. August 1963

Schwarze fordern Bürgerrechte

Die Proteste der US-Bürgerrechtsbewegung erreichen einen Höhepunkt: In Washington findet ein Marsch gegen die Rassendiskriminierung und für die Durchsetzung des Bürgerrechtsprogramms von US-Präsident John F. Kennedy statt. Der farbige Bürgerrechtler Martin Luther King (s. Abb.) hält eine eindrucksvolle Rede – »Ich habe einen Traum« – über das Ende der Rassendiskriminierung in den USA. An dem Marsch auf Washington, der ohne Zwischenfälle verläuft, nehmen mehr als 200 000 Menschen aller Hautfarben und vieler Religionen teil. Zu den Organisatoren gehören u. a. religiöse Gruppen wie die Nationa-

le Katholische Konferenz für interrassistische Gerechtigkeit und der Nationalrat der Kirchen, daneben Bügerrechtsorganisationen, Gewerkschaften sowie unorganisierte Bürgerrechtskämpfer. Der Demonstrationszug führt vom Washington-Obelisken zum Denkmal Abraham Lincolns, des US-Präsidenten, der im Jahre 1862 den Sklaven die Freiheit verlieh. Präsident Kennedy, der im Weißen Haus eine Delegation der Marschteilnehmer empfängt, erklärt zur Lage der farbigen Bevölkerung in den USA: »Obwohl wir in diesem Sommer bemerkenswerte Fortschritte bei der Verwirklichung der Grundsätze der Bürgerrechte gemacht haben, müssen wir noch einen sehr langen Weg zurücklegen.« Die Bürgerrechtler fordern vor allem eine umfassende und wirksame Bürgerrechtsgesetzgebung durch den Kongress, die Verweigerung von Bundesmitteln für Programme, die rassendiskriminierende Elemente enthalten, und die Aufhebung der Rassentrennung in allen Schuldistrikten noch in diesem Jahr. Ein Busboykott in den Südstaaten im Jahre 1955 war der Beginn der schwarzen Bürgerrechtsbewegung in den USA.

24. August 1963

Start der Bundesliga

Im deutschen Vereinsfußball beginnt eine neue Ära. Der erste Spieltag der neuen Fußball-Bundesliga lockt 282 000 Zuschauer in die acht Stadien. Neben dem Ball rollt jetzt aber auch die Mark. Mit der Bundesliga wird offiziell der Profifußball eingeführt. Den höchsten Erfolg des Tages landet der Meidericher Spielverein, der mit einem 4:1 gegen den Karlsruher SC auch erster Tabellenführer der Bundesliga wird.

In journalistischen Kommentaren wird das neue Spielsystem als »Ende der Steinzeit« und »Durchbruch zum Fortschritt« gefeiert. Mit der Konzentration der besten Clubs auf eine Spitzenliga erwartet der Deutsche Fußball-Bund (DFB) eine Steigerung des Leistungsniveaus. Das Abschneiden deutscher Mannschaften in den Europacup-Spielen hatte gezeigt, dass sie den Profifußballern aus England, Italien und Spanien wenig entgegenzusetzen hatten. Nach dem alten Statut durften Fußballspieler bis 400 DM monatlich verdienen. Zahlreiche Spieler wurden allerdings unter der Hand höher bezahlt. Die Einführung des Profisystems in der Bundesliga hebt die Verdienstmöglichkeiten für Berufsfußballer nunmehr offiziell auf 1500 DM an. Die Spieler gelten als »Lizenzspieler«, d.h. sie werden wie Angestellte eines Unternehmens geführt. Das alte System der Einteilung in fünf Regionalligen, deren Spitzenclubs in zwei Ausscheidungsrunden die Finalgegner ermittelten, gehört der Vergangenheit an. Mit der Einrichtung der neuen Spitzenliga fällt auch das traditionelle Endspiel um die Deutsche Fußballmeisterschaft weg. Neuer Deutscher Fußballmeister ist der Verein, der am Ende der neunmonatigen Spielsaison das beste Punkteverhältnis aufweist. Die beiden Tabellenletzten steigen in die Regionalliga ab. Der Aufstieg ist künftig so geregelt: Die Meister der fünf Regionalligen so-

5. August 1963

Vertrag über Atomteststopp ist Vorbote der Entspannungspolitik

Auf breite internationale Zustimmung stößt das Abkommen über die Einstellung aller Kernwaffenversuche in der Atmosphäre, im Weltraum und unter Wasser. In Moskau unterzeichnen die USA, Großbritannien und die UdSSR entsprechende Vereinbarungen (s. Abb.). Im Anschluss an den gemeinsamen Toast auf »Freundschaft und Frieden« geben die Beteiligten in einem Kommuniqué bekannt, dass der Vertrag von allen Staaten der Erde mitunterzeichnet werden könne. In der Präambel des Moskauer Atomteststopp-Abkommens formulieren die drei Erstunterzeichner das Ziel ihrer Entspannungspolitik. »Schnellstmöglich« sei ein Abkommen über eine vollständige und allgemeine Abrüstung unter strikter internationaler

Kontrolle auszuhandeln, das dem Wettrüsten ein Ende bereiten und den Anreiz zur Produktion und Erprobung von Waffen beseitigen solle.

Oben: HSV gegen Preußen Münster; unten: »Der Spiegel« würdigt die Bundesliga mit einer Titelstory

wie zwei der vier Tabellenzweiten (aus Berlin nimmt nur der Meister teil) erreichen die Aufstiegsrunde direkt. Zwei andere Vizemeister, die jeweils aus wechselnden Regionalligen kommen, bestreiten ein Ausscheidungsspiel um den achten Teilnehmer an der Aufstiegsrunde.

Das Statut sieht vor, dass 16 Vereine in die Bundesliga aufgenommen werden. Sie werden durch ein kompliziertes Punktesystem ermittelt, bei dem die Leistungen der letzten zehn Jahren zugrunde gelegt werden. Dabei werden jeweils Meisterschaft, Vizemeisterschaft, Pokalsieg und Vize-Pokalsieg etc. bewertet. Darüber hinaus müssen die Vereine einen Jahresumsatz von 400 000 DM erreichen und ein Stadion vorweisen können, das 40 000 Zuschauer fasst. Am Ende des Auswahlverfahrens stehen die 16 Gründungsmitglieder der Bundesliga: Hertha BSC Berlin, SV Werder Bremen, Eintracht Braunschweig, Borussia Dortmund, Eintracht Frankfurt, Hamburger SV, 1. FC Kaiserslautern, Karlsruher SC, 1. FC Köln, Meidericher SV, TSV 1860 München, 1. FC Nürnberg, SC Preußen Münster, 1. FC Saarbrücken, FC Schalke 04 und VfB Stuttgart.

8. August 1963

Britische Posträuber landen tollkühnen Millionencoup

In einem der spektakulärsten Verbrechen des Jahrhunderts überfallen 15 mit Eisenstangen bewaffnete Männer den Postzug von Glasgow nach London und erbeuten umgerechnet rd. 30 Mio. DM. Der bis ins Kleinste geplante Coup läuft ohne jede Panne ab. Nachdem der Zug mit Hilfe eines falsch gestellten Signals zum Halten gekommen war und der Waggon mit den Wertsachen abgekoppelt wurde, verluden die Gangster von einer Brücke aus die Postsäcke mit dem Geld in bereitstehende Lastwagen (s. Abb.). Der Überfall verläuft so lautlos, dass die Postbeamten im hinteren Teil des Zuges erst nach 20 Minuten den Überfall bemerken. Durch Zufall werden in den folgenden Tagen mehrere Posträuber verhaftet.

Zwei der Täter, unter ihnen Ronald Biggs, der sich nach Rio de Janeiro absetzt, gehen der Polizei nie ins Netz. In der Bevölkerung entstehen Sympathien für die Gangster, die beinahe ohne Gewalt das Geld erbeuten – lediglich der Hilfslokführer wird leicht verletzt. Der Coup dient auch als Filmvorlage.

August 1963

1 Do Die 30-jährige Norwegerin Ingrid Pedersen überfliegt in einer einmotorigen Maschine vom Typ »Cessna« als erste Frau den Nordpol.

2 Fr Tunesien und Madagaskar geben den Abbruch der diplomatischen Beziehungen zu Portugal aufgrund dessen Kolonialpolitik in Guinea bekannt.

3 Sa Ganz Deutschland leidet unter einer Hitzewelle. In Berlin steigt das Thermometer auf 35,6 °C. Die Bauern fürchten um ihre Ernteerträge.

4 So Mit einem Sieg des Kölner Straßenfahrers Rudi Altig endet die 476 km lange, international bedeutende Radfernfahrt Paris-Reims-Luxemburg.

5 Mo Craig Breedlove (USA) erzielt mit 653,709 km/h bei Bonneville (US-Bundesstaat Utah) einen Geschwindigkeitsrekord für Automobile. → Atomteststopp

6 Di Der spanische Anarchistenführer Ramon Vila wird an der spanisch-französischen Grenze bei einem Zusammenstoß mit der Zivilgarde erschossen.

7 Mi In Wuppertal werden vier ehemalige SS-Führer des Einsatzkommandos C6 wegen Beihilfe zum Mord zu hohen Zuchthausstrafen verurteilt.

8 Do Kairo beschließt die Umorganisierung der Handelsgeschäfte in Genossenschaften. 240 Industriefirmen sollen verstaatlicht werden. → Posträuber

9 Fr Im Kreiskrankenhaus von Nagold stirbt ein Bundeswehrsoldat an den Folgen der zu großen Strapazen während der Ausbildung.

10 Sa Bundeskanzler Konrad Adenauer empfängt den US-Außenminister Dean Rusk in Bonn zu einem Gespräch über den Moskauer Atomteststopp-Vertrag.

11 So In Köln gedenken die Sozialdemokraten des 50. Todestages von August Bebel: Sein Wirken sei ein Teil des Freiheitskampfes des deutschen Volkes.

12 Mo In einem Bericht über das Jahr 1962 legt die Fritz-Thyssen-Stiftung Rechenschaft über die Ausgabe von elf Mio. DM für Forschungszwecke ab.

13 Di Zum zweiten Jahrestag des Berliner Mauerbaus kommt es an der Grenze zu Ost-Berlin zu schweren Konflikten zwischen Demonstranten und Polizei.

14 Mi Im Endspiel um den Vereinspokal des Deutschen Fußballbundes besiegt der Hamburger SV den Deutschen Meister Borussia Dortmund mit 3:0.

15 Do Peking wirft der Sowjetunion vor, mit der Verweigerung einer Modell-Atombombe das Militärhilfe-Abkommen von 1957 verletzt zu haben.

16 Fr Bei der Abrüstungskonferenz in Genf beschließen die USA und die UdSSR, Beobachtungsposten zur Verhinderung eines Überraschungsangriffs einzurichten.

17 Sa Bundesverkehrsminister Hans-Christoph Seebohm (CDU) übergibt die 220 m lange Rheinbrücke bei Neuenburg in Südbaden dem Verkehr.

18 So Bei den Europameisterschaften im Rudern in Kopenhagen ist die Bundesrepublik Deutschland die erfolgreichste Teilnehmernation.

19 Mo Die Bundesrepublik Deutschland unterzeichnet als 68. Staat das Moskauer Abkommen über das partielle Verbot von Kernwaffenversuchen.

20 Di Die Berliner CDU bringt gegen Bürgermeister Heinrich Albertz (SPD) wegen dessen Haltung zum Moskauer Atomteststopp-Vertrag einen Misstrauensantrag ein.

21 Mi Im Zuge des Religionsstreits in Südvietnam veranlasst der katholische Präsident Ngo Dinh Diem die Verfolgung von oppositionellen Buddhisten.

22 Do Die Staatsanwaltschaft Hannover erhebt Anklage gegen den 62-jährigen Otto Bradfisch wegen der Ermordung von 85 000 Juden in der NS-Zeit.

23 Fr Die sozialistische Regierung Norwegens unter Ministerpräsident Einar Gerhardsen wird vom Parlament in Oslo durch ein Misstrauensvotum gestürzt.

24 Sa Mit der Aufführung des britischen Films »Tom Jones« (Regie: Tony Richardson) beginnen die diesjährigen Filmfestspiele in Venedig. → Bundesliga

25 So Die Niederländerin Nina Boesmann überquert als erste Frau in einem Freiballon die Alpen. Mit ihrem 1000 m³-Ballon erreicht sie eine Höhe von 8000 m.

26 Mo Nach drei Tagen geht in Köln die Internationale Herrenmodewoche zu Ende. 514 Herrenkonfektionäre aus 16 Ländern waren an der Ausstellung beteiligt.

27 Di In Caracas endet die Entführung des spanischen Fußballstars Alfredo di Stefano durch venezolanische Revolutionäre mit seiner Freilassung. → Bürgerrechte

28 Mi Auf der Versammlung der Amerikanischen Herzgesellschaft in Los Angeles berichtet der Chirurg Michael De Bakey vom Einsatz eines künstlichen Herzens.

29 Do Das Landgericht von Trient spricht zehn Offiziere der italienischen Staatspolizei frei, die der Folterung von Gefängnisinsassen beschuldigt worden waren.

30 Fr Die 23. Große Deutsche Funkausstellung wird in West-Berlin eröffnet.+++ Wegen Parkplatznot importiert Kairo 200 Parkuhren aus der Bundesrepublik.

31 Sa Der »heiße Draht«, die direkte Nachrichtenverbindung zwischen Moskau und Washington, wird in Betrieb genommen.

September 1963

1 So Der Regierende Bürgermeister von Berlin, Willy Brandt (SPD), lehnt in einer Rede ein separates Kulturabkommen zwischen der UdSSR und West-Berlin ab.

2 Mo Der Literaturprofessor Hans Mayer aus Leipzig erklärt auf einer Pressekonferenz des Rowohlt-Verlags, dass er nicht mehr in die DDR zurückkehren werde.

3 Di In Den Haag teilt die niederländische Regierung mit, man werde sich aus finanziellen Gründen nicht an einer Atomstreitmacht der NATO beteiligen.

4 Mi Robert Schuman, ehemaliger französischer Ministerpräsident und Außenminister, stirbt im Alter von 77 Jahren auf seinem Ruhesitz bei Metz.

5 Do Heinrich Albertz (SPD), Bürgermeister und Polizeisenator von Berlin, übersteht das am 3. September eingebrachte Misstrauensvotum der CDU. → Alabama

6 Fr Der US-Kongress lehnt einen Kredit für Indien ab. +++ Peking beschuldigt Moskau, wegen eines Grenzstreits chinesische Bürger zu verschleppen.

7 Sa In Mexiko-Stadt beginnt der bis 14. September dauernde 13. Internationale Philosophenkongress. Gelehrte aller Denkschulen nehmen teil.

8 So Der Schotte Jim Clark gewinnt auf Lotus mit dem Großen Preis von Italien in Monza die Automobilweltmeisterschaft 1963. → Algerien

9 Mo In Hamburg beginnt der eine Woche dauernde Internationale Physikerkongress mit etwa 2000 Wissenschaftlern und Technikern aus aller Welt.

10 Di Die französische Regierung in Paris ordnet für eine Reihe von Lebensmitteln und Industriegütern einen Preisstopp an.

11 Mi Bundesinnenminister Hermann Höcherl (CSU) weist Vorwürfe gegen das Amt für Verfassungsschutz zurück, das Postgeheimnis missbraucht zu haben.

12 Do In Frankfurt am Main eröffnet Bundeswirtschaftsminister Ludwig Erhard (CDU) die 41. Internationale Automobilausstellung.

13 Fr Die amerikanische Atomenergiekommission unternimmt in der Wüste von Nevada erneut zwei unterirdische Atomversuche.

14 Sa Bundeskanzler Konrad Adenauer (CDU) konferiert in seinem Urlaubsort Cadenabbia (Italien) mit Regierungsmitgliedern.

15 So Der Bürgerrechtler Martin Luther King fordert von US-Präsident John F. Kennedy eine Gesetzgebung zur Verhinderung des »Rassenchaos«.

16 Mo Die UdSSR schließt mit Kanada den größten Weizenlieferungsvertrag der kanadischen Geschichte ab. Moskau hofft, das Erntedefizit auszugleichen.

17 Di Die Kieler Howaldtswerft beginnt mit dem Bau des ersten in Europa in Auftrag gegebenen Handelsschiffs, das mit Kernenergie betrieben wird.

18 Mi In Jakarta stürmen indonesische Demonstranten die britische Botschaft und brennen sie nieder. Der Protest richtet sich gegen die neue Föderation Malaysia.

19 Do Der sowjetische Außenminister Andrej A. Gromyko fordert vor der UN-Versammlung einen Friedensvertrag mit beiden deutschen Staaten.

20 Fr Das Bundesschatzministerium gibt die Bereitstellung von 30 Mio. DM für den Wiederaufbau des Berliner Reichstagsgebäudes bekannt.

21 Sa Im Rahmen der Entstalinisierung wird der umstrittene tschechoslowakische Ministerpräsident Viliam Siroky durch Josef Lenárt abgelöst.

22 So Im Olympiaqualifikationsspiel in Hannover gewinnt die bundesdeutsche Fußball-Amateurauswahl 2:1 gegen die Nationalmannschaft der DDR.

23 Mo Terroristen verüben im Salzkammergut sechs Bombenanschläge. Bei der Entschärfung einer Ladung stirbt ein Polizist. → »Das Schweigen«

24 Di Nach längerer Debatte billigt der US-Senat in Washington das Moskauer Abkommen über die partielle Einstellung der Atomwaffenversuche.

25 Mi Der Abgeordnete Gerhard Stoltenberg (CDU) empört sich über die Behauptung eines TV-Magazins, im Bundestag hätte es eine Abhöranlage gegeben.

26 Do Die Spitzenverbände der deutschen Industrie fordern von der Ständigen Kultusministerkonferenz die allgemeine Einführung des neunten Schuljahres.

27 Fr Bundeskanzler Adenauer trifft zum Abschiedsbesuch in West-Berlin ein. +++ Österreichs Gewerkschaftsbund wählt Anton Benya zum Vorsitzenden.

28 Sa Beim Schwimmländerkampf zwischen den Niederlanden und der Bundesrepublik in Dortmund schwimmt die deutsche 4x100-m-Lagenstaffel Europarekord.

29 So Der 91-jährige britische Philosoph und Mathematiker Bertrand Russell gibt in London die Gründung einer nach ihm benannten Friedensstiftung bekannt.

30 Mo In Bonn tritt der wegen seiner NS-Vergangenheit umstrittene Staatssekretär im Bundeskanzleramt, Hans Globke (CDU), mit 65 Jahren in den Ruhestand.

8. September 1963

Algeriens Verfassung bestätigt

97,84% der wahlbeteiligten Algerier votieren für die neue Verfassung der »Demokratischen Republik des algerischen Volkes«. Die neue Konstitution sieht ein Präsidialregime mit weitgehenden Vollmachten für den Präsidenten vor. In einem Referendum wird Ahmed Ben Bella am 15. September in seinem Amt als Staatsoberhaupt bestätigt. Ben Bella ist zugleich Vorsitzender der Nationalen Befreiungsfront (FNL), der einzigen zugelassenen Partei. Sein Ziel ist der Aufbau des Sozialismus nach kubanischem Vorbild. Die in der Verfassung bestätigte zentralistische Regierungsführung durch Ben Bella stößt sowohl auf Widerspruch der bürgerlichen Opposition als auch auf Protest ehemaliger Genossen aus der Zeit des Befreiungskampfes gegen die französische Fremdherrschaft. Seit der Unabhängigkeit Algeriens von Frankreich war es wiederholt zu Auseinandersetzungen in der algerischen Führung über den politischen Kurs gekommen. Belkassem Krim, ein erbitterter Gegner Ben Bellas, hat zum Wahlboykott aufgerufen.

23. September 1963

Streit um »Das Schweigen«

Der neue Film des schwedischen Regisseurs Ingmar Bergman polarisiert: Während »Das Schweigen« bei den einen wegen allzu deutlicher sexueller Darstellung moralische Entrüstung hervorruft, bewerten die anderen den Streifen als Meilenstein der Filmgeschichte (Abb.: Filmszene mit Ingrid Thulin). Bergman thematisiert die Einsamkeit des Menschen, seine Unfähigkeit zur Kommunikation auf allen Ebenen. Nicht die Handlung, sondern einprägsame, erdrückende Bilder machen die künstlerische Wirkung des Films aus.

16. Oktober 1963

Erhard wird Kanzler

»Der Alte« geht. Nach dem Rücktritt von Bundeskanzler Konrad Adenauer am Vortag wählen die Abgeordneten des Deutschen Bundestags den bisherigen Wirtschaftsminister Ludwig Erhard (CDU) – mit 279 Ja-Stimmen gegen 180 Nein-Stimmen bei 24 Enthaltungen – zum neuen Bundeskanzler.

Nicht immer so einträchtig: Konrad Adenauer (l.) und Ludwig Erhard prägten die bundesdeutsche Nachkriegsgeschichte.

Die Wachablösung im Bundeskanzleramt verlief alles andere als reibungslos. Bereits bei der letzten Regierungsbildung 1961 musste sich der damals bereits 85-jährige Adenauer in der Auseinandersetzung mit dem Koalitionspartner FDP verpflichten, zur Hälfte der neuen Legislaturperiode den Weg für einen jüngeren Nachfolger freizumachen. Adenauer setzte jedoch der allgemein erwarteten Wahl Erhards leidenschaftlichen Widerstand entgegen. Er traute dem Wirtschaftsfachmann das Amt des Bundeskanzlers nicht zu. Dabei richten sich Adenauers Vorbehalte – als strikter Befürworter des deutsch-französischen Vertrages – vor allem gegen die angebliche außenpolitische Unfähigkeit Erhards. Noch im April 1963 trat Adenauer mit den folgenden Worten gegen Erhard auf: »Es ist meine Pflicht, gegen Herrn Erhard zu sprechen, eine Pflicht, die mich hart ankommt. Aber ich tue es für die Partei, für die ich den letzten Tropfen meines Blutes hergeben würde.« Jedoch konnte Adenauer mit dieser Auffassung keine Mehrheit hinter sich bringen. Am 23. April wurde Erhard von der CDU/CSU-Fraktion zum Kanzlerkandidaten nominiert. Erhard gilt als anerkannter Wirtschaftsexperte und hat als »Wahllokomotive« erheblich dazu beigetragen, dass die CDU/CSU unter Adenauer die Bundestagswahlen 1953, 1957 und 1961 gewinnen konnte. An der Spitze eines Kabinetts aus CDU-, CSU- und FDP-Ministern informiert Erhard am 18. Oktober das Parlament in einer Regierungserklärung über die Richtlinien seiner Politik. Ziel sei es u.a., den Kalten Krieg zu beenden, denn »die ganze Welt ist im Begriff, aus der Nachkriegszeit herauszutreten.« Weiterhin messe er der Verbundenheit mit den USA besonders hohen Wert bei. Im innenpolitischen Teil seiner Rede warnt er vor ungezügeltem Widerstreit der Interessen. Es gäbe keine Leistungen des Staates, die nicht auch Opfer an an-

1. Oktober 1963

Nigeria wird Republik

Einer der bevölkerungsreichsten und wirtschaftlich stärksten Staaten Afrikas – das westafrikanische Nigeria – ist Republik. Erster Präsident wird Benjamin Nnamdi Azikiwe, der seit der Unabhängigkeit des Landes von Großbritannien im Jahre 1960 Generalgouverneur der konstitutionellen Monarchie unter britischer Krone war. Auch mit Gründung der Republik bleibt Nigeria im britischen Commonwealth. Nigerias bundesstaatliche Verfassung wird von Experten als eine geglückte Übertragung des parlamentarisch-demokratischen Systems europäischer Staaten auf afrikanische Verhältnisse angesehen. Allerdings zeigen sich schon 1963 erste Risse im bundesstaatlichen Aufbau, der aus drei Regionen mit eigenen Regierungen und Parlamenten, dem Bundesterritorium und der Bundesregierung besteht. Die Parteien der drei Regionen, die faktisch mit den herrschenden Stämmen gleichzusetzen sind, streben jeweils eigenständige Ziele an, Konflikte sind vorprogrammiert.

Ludwig Erhard

deutscher Politiker, * 4.2.1897 Fürth; † 5.5.1977 Bonn

Ludwig Erhard gilt als der geistige Vater des deutschen Wirtschaftswunders. Im Auftrag der USA leitete der Nationalökonom, der an verschiedenen Wirtschaftsinstituten gearbeitet hatte, nach dem Ende des Zweiten Weltkriegs zunächst den wirtschaftlichen Aufbau in Bayern ein. Bis 1946 hatte er das Amt des bayerischen Staatsministers für Handel und Gewerbe inne. Im Jahre 1948 war er als Leiter der Sonderstelle »Geld und Kredit« maßgeblich an der Vorbereitung der Währungsreform in den westlichen Besatzungszonen beteiligt. Als Bundeswirtschaftsminister trieb er den wirtschaftlichen Aufbau durch sein Konzept der sozialen Marktwirtschaft voran. Danach soll der Staat durch ordnungspolitische Eingriffe die sozialen Härten der Marktwirtschaft abfedern. Der Nachfolger von Bundeskanzler Konrad Adenauer und berühmteste Zigarrenraucher der Republik tritt 1966, nach dem Bruch der Koalition mit der FDP, zurück.

- 1942: Leiter des Instituts für Industrieforschung in Nürnberg
- 1949-76: Mitglied des Bundestages
- 1949-63: Bundeswirtschaftsminister
- 1966/67: Vorsitzender der CDU

derer Stelle zur Folge hätten. Er werde die bewährte Politik der sozialen Marktwirtschaft außerdem konsequent weiterführen.
Ungeachtet der Querelen bei der Suche nach einem Nachfolger wird Konrad Adenauer, der das Amt des Bundeskanzlers seit der Gründung der Bundesrepublik innehat, beim Abschied hoch geehrt. Am 15. Oktober hat sich der Bundestag in einer feierlichen Sitzung versammelt, um dem »Alten«, wie er respektvoll genannt wird, für seine politische Tätigkeit zu danken. Der Gründungskanzler der Bundesrepublik stand für klare Grundlinien. Er vertrat ein Primat der Sicherheits- vor der Wiedervereinigungspolitik und strebte eine Integration in das westliche Bündnissystem an. Dafür sah er die Bindung an die USA als ebenso bedeutsam an wie den Ausgleich mit dem Nachbarn Frankreich. Die Wiedergutmachung für Israel betrachtete er als eine moralische Pflicht.

15. Oktober 1963

Neues Haus für Karajan

West-Berlin ist um eine weitere Attraktion reicher: Die Philharmonie wird eingeweiht. Hans Scharoun baute das eigenwillige Haus (s. Abb.), das ein Markenzeichen der Stadt wird.
Der gewaltige Musentempel ist wie eine »begehbare Plastik« aus Foyer, Treppen, Terrassen und Raum von »innen nach außen« gebaut. Im Mittelpunkt der durch großartige Akustik gekennzeichneten Heimstätte der Berliner Philharmoniker und ihres Chefdirigenten Herbert von Karajan steht – natürlich – die Musik. Der Platz für

die Musiker wird umrahmt von Hallen, deren Anordnung auf verschiedenen Ebenen dem Besucher eine ungewöhnliche und oftmals überraschende Spannung vermitteln. Die Philharmonie ist nicht von einem Standort zu erfassen, sondern bietet viele Eindrücke, die, harmonisch zusammengefügt, ein Ganzes entstehen lassen.

5. September 1963

Rassenunruhen in Alabama

In Birmingham (US-Bundesstaat Alabama) brechen erneut schwere Rassenunruhen aus, nachdem das Haus eines farbigen Rechtsanwalts und Bürgerrechtlers durch einen Sprengstoffanschlag weißer Rassenfanatiker beschädigt wurde – bereits der vierte Anschlag dieser Art in der Stadt seit dem Mai 1963. Nach seinem Bekanntwerden versammeln sich über 1000 Farbige nahe der Wohnung des Anwalts. Bei den folgenden Zusam-

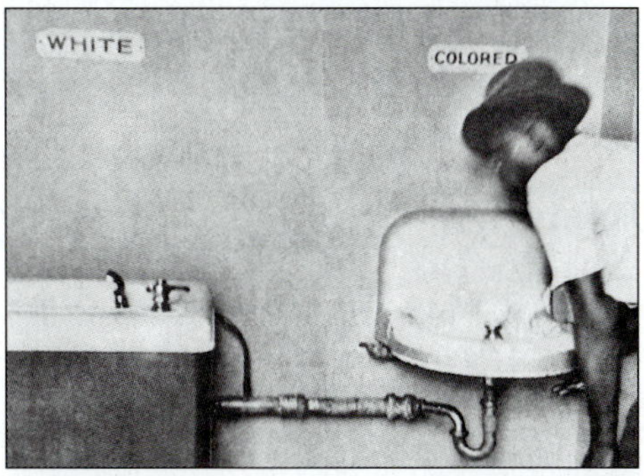

menstößen mit der Polizei stirbt ein Schwarzer durch einen Genickschuss. Anlass für das Attentat ist der Umstand, dass am Vormittag in drei Schulen der Stadt pro forma die Rassenintegration umgesetzt wurde. Schon drei Stunden später reichen weiße Elternpaare vor Gericht eine vom Gouverneur des Staates Alabama, George Wallace, unterstützte Klage ein, in der sie die Beibehaltung der Rassentrennung fordern (Abb.: Waschbecken für Weiße und für Farbige).

Oktober 1963

1 Di Im Bundesgebiet werden die Milchpreise erhöht. Die lose Milch kostet nunmehr 50 Pfennig statt vorher 45 Pfennig. Tütenmilch kostet 63 Pfennig. → Nigeria

2 Mi Die Deutsche Bundesbahn stellt den 5000. Streckenkilometer auf elektrischen Betrieb um. Der Jubiläumsabschnitt liegt im Bahnhof von Recklinghausen.

3 Do Die SED-Parteizeitschrift »Einheit« fordert, die Formulierung »Wiedervereinigung« durch »Vereinigung der beiden deutschen Staaten« zu ersetzen.

4 Fr Eine Militärjunta unter Oberst Osvaldo Lopez erkämpft sich die Macht in Honduras und verhängt das Kriegsrecht über das gesamte Land.

5 Sa In Caracas (Venezuela) kommt es nach der Verhaftung von Kommunisten zu bürgerkriegsähnlichen Ausschreitungen.

6 So Die Zeitung »Neues Deutschland« teilt mit, dass die in der Bundesrepublik lebenden »Bürger der DDR« bei Besuch der DDR an Wahlen teilnehmen können.

7 Mo Mit 63 Jahren stirbt in Manila der Schauspieler und Regisseur Gustaf Gründgens, eine der profiliertesten Persönlichkeiten des deutschen Theaters.

8 Di Der Vorsteher des Börsenvereins des Deutschen Buchhandels, Friedrich Wittig, eröffnet in Frankfurt am Main die 15. internationale Buchmesse.

9 Mi Eine Katastrophe im italienischen Piave-Tal bringt etwa 4000 Menschen den Tod. Wassermassen überfluten die 264 m hohe Staumauer des Vaiont-Sees.

10 Do Kraftprobe: Rotarmisten halten US-Soldaten an der Berliner Grenze auf, weil diese eine Kontrollzählung verweigert hatten.

11 Fr Frankreich muss mit dem Tod der Chansonsängerin Edith Piaf und des Dichters und Filmkünstlers Jean Cocteau einen doppelten Verlust hinnehmen.

12 Sa Bei der internationalen Sportwoche in Tokio schwimmt der Bundesdeutsche Gerhard Hetz in 4:50,2 min einen 400-m-Lagen-Weltrekord.

13 So Dem Physiker und Philosophen Carl Friedrich Freiherr von Weizsäcker wird in Frankfurt am Main der Friedenspreis des Deutschen Buchhandels verliehen.

14 Mo In Baden-Baden beginnt die 60. Session des Internationalen Olympischen Komitees (IOC). Der Antrag der DDR auf Vollmitgliedschaft wird erneut abgelehnt.

15 Di Bundeskanzler Adenauer verabschiedet sich im Parlament. Die Fraktionen danken dem 87-Jährigen für seine lange politische Tätigkeit. → Karajan

16 Mi Der politische Ausschuss der UN-Vollversammlung nimmt eine Resolution an, nach der die Stationierung von Atomwaffen im All verboten wird. → Erhard

17 Do Auf dem Gelände von Cape Canaveral werden zwei US-Satelliten in die Erdumlaufbahn geschossen. Sie sollen Kernexplosionen registrieren.

18 Fr In Großbritannien tritt Premierminister Harold Macmillan zurück. Sein Nachfolger wird der bisherige Außenminister Alexander Frederick Douglas-Home.

19 Sa Der 34-jährige Lyriker und Essayist Hanz Magnus Enzensberger erhält als bisher jüngster Preisträger den Georg-Büchner-Preis der Stadt Darmstadt.

20 So In der DDR finden die Wahlen zur Volkskammer statt. 99,95% der Bürger stimmen erwartungsgemäß für die Liste der Nationalen Front.

21 Mo Das »Weiße Rössl«, viel besungenes Gasthaus am Wolfgangsee in Österreich, wird wegen mangelnder Rentabilität abgerissen.

22 Di Der indische Ministerpräsident Jawaharlal Nehru weiht den für die Bewässerung der trockenen Pandschab-Gebiete wichtigen Bhakra-Staudamm ein.

23 Mi In London spielen anlässlich des 100-jährigen Bestehens des englischen Fußballbundes die Gastgeber gegen eine Weltauswahl und gewinnen 2:1.

24 Do Ein schweres Grubenunglück in der Ilseder Hütte in Lengede hält die gesamte Nation in Atem. 129 Bergleute waren zum Zeitpunkt des Unglücks im Schacht.

25 Fr Das Kriegsgericht in Krasnodar (UdSSR) verurteilt acht Bürger, die freiwillig beim deutschen »Sonderkommando SS 10 A« gedient haben, zum Tode.

26 Sa Das Rote Kreuz besteht seit 100 Jahren. Es wurde 1863 von dem Schweizer Henri Dunant initiiert, um Kriegsverwundete medizinisch zu versorgen.

27 So Die wahlberechtigte männliche Bevölkerung wählt in der Schweiz den Nationalrat. Die Sozialdemokraten bilden mit 53 Sitzen die stärkste Fraktion.

28 Mo Zeitgleich mit dem 40-jährigen Rundfunkjubiläum feiert die Deutsche Grammophon Gesellschaft in Hamburg ihr 65-jähriges Bestehen.

29 Di Der Gesetzesausschuss des Repräsentantenhauses in Washington nimmt den Kompromiss über die Bürgerrechte der farbigen Bevölkerung an.

30 Mi Der Absturz eines Düsenjägers der Bundeswehr auf zwei Häuser im Landkreis Neuburg/Donau fordert vier Todesopfer. Der Pilot kann sich retten.

31 Do Das Bundesinnenministerium legt dem Bundestag den Gesetzentwurf über die Einschränkung des Post- und Fernmeldegeheimnisses vor.

November 1963

1 Fr Die polnische Regierung gibt bekannt, dass Studenten der höheren Priesterseminare einen zweijährigen Militärdienst ableisten müssen.

2 Sa Das südvietnamesische Militär stürzt Präsident Ngo Dinh Diem. +++ Trotz eines Waffenstillstands brechen Gefechte zwischen Algerien und Marokko aus.

3 So In Spanien finden das erste Mal nach der Beendigung des Bürgerkrieges im Jahre 1939 im gesamten Land Gemeinderatswahlen statt.

4 Mo Aus dem österreichischen Toplitzsee bergen Taucher eine Kiste mit gefälschten britischen Pfundnoten aus der Zeit des Nationalsozialismus.

5 Di Das Verwaltungsgericht in München entscheidet, dass der Bayerische Rundfunk keinen Gebührenanteil an das hoch verschuldete ZDF in Mainz zu zahlen hat.

6 Mi US-Wissenschaftler und Techniker der Firma IBM stellen der Öffentlichkeit eine vollautomatische Setzmaschine mit Silbentrennung vor.

7 Do In Protestnoten an die Regierung in Moskau fordern die Westmächte, die Behinderung des alliierten Verkehrs auf DDR-Autobahnen zu beenden. → Lengede

8 Fr Die Vereinigten Staaten von Amerika, Großbritannien, Australien, Japan und die Bundesrepublik Deutschland erkennen die neue Regierung in Südvietnam an.

9 Sa In der Bundesrepublik gedenkt man der sog. Reichskristallnacht, mit der vor 25 Jahren die Verfolgung der Juden einen ersten Höhepunkt erreichte.

10 So Der höchste Vulkan Europas, der 3280 m hohe Ätna auf Sizilien, bricht aus. Gesteinsbrocken werden bis zu 400 m hoch geschleudert.

11 Mo Der Staatsrat der DDR ratifiziert in Ost-Berlin unter dem Vorsitz Walter Ulbrichts das Moskauer Abkommen über den begrenzten Teststopp für Kernwaffen.

12 Di In Brüssel beginnt die Debatte der Mitgliedstaaten der Europäischen Wirtschaftsgemeinschaft über die künftige Agrarpolitik des Gemeinsamen Marktes.

13 Mi Der 70-jährige US-Schriftsteller William Willis erreicht auf einem Floß nach 130-tägiger stürmischer Seereise von Peru aus Westsamoa.

14 Do Das US-Verteidigungsministerium gibt bekannt, die Zahl der in Europa stationierten Transportflugzeuge insgesamt um 40% verringern zu wollen.

15 Fr Der US-Senat verabschiedet das von Präsident John F. Kennedy vorgelegte Auslandshilfegesetz, das starke Einschränkungen vorsieht.

16 Sa Vier Angehörige der DDR-Volksarmee, drei Unteroffiziere und ein Unterfeldwebel schwimmen durch die eiskalte Werra in die Bundesrepublik.

17 So Der österreichische Handelsminister Fritz Bock eröffnet die Europabrücke. Das 815 m lange Teilstück der Tiroler Autobahn überspannt das 700 m breite Silltal.

18 Mo König Hassan II. von Marokko lässt das erste Parlament seines Landes zusammentreten. Es wurde am 17. Mai gewählt.

19 Di Die Bundesregierung beschließt, den Weizenpreis aus dem Etat des Ernährungsministeriums im laufenden Jahr mit 15 Mio. DM zu subventionieren.

20 Mi Bei Straßenkämpfen zwischen kommunistischen Gruppierungen und der Polizei sterben in der venezolanischen Hauptstadt Caracas 22 Menschen.

21 Do 20 Jahre nach der Zerstörung wird das Bayerische Nationaltheater wiedereröffnet. Unter den Gästen ist auch Stardirigent Herbert von Karajan.

22 Fr Weltrekord: Auf der Autorennbahn von Miramas benötigt der Franzose Michel Garamond in einem Ford »12 M« für 300 000 km 117 Tage. → Kennedy

23 Sa Das Zweite Vatikanische Konzil in Rom billigt die Reform der katholischen Liturgie. Künftig ist bei der Messe der Gebrauch moderner Sprachen zulässig.

24 So In Wiesbaden protestiert der Verband der Kriegsgeschädigten gegen die langsame Klärung der Kriegsopferversorgungsfrage durch die Regierung.

25 Mo Der 35. Präsident der USA, John Fitzgerald Kennedy, wird auf dem Heldenfriedhof Arlington bei Washington feierlich beigesetzt.

26 Di In Neu-Delhi besiegelt der Bundesminister für wirtschaftliche Zusammenarbeit, Walter Scheel (FDP), die Wirtschaftshilfe für Indien in Höhe von 398 Mio. DM.

27 Mi Von Cape Canaveral (USA) wird eine Interplanetarische Beobachtungsplattform zur Beobachtung von Gasausbrüchen auf der Sonne ins All gestartet.

28 Do Der Grundstein des Europa-Centers in West-Berlin ist gelegt. Das repräsentative Geschäfts-, Kultur- und Vergnügungszentrum soll etwa 70 Mio. DM kosten.

29 Fr Karl Mildenberger besiegt in der Festhalle in Frankfurt am Main den US-Weltranglistenboxer im Schwergewicht, Billy Daniels, durch k.o. in der dritten Runde.

30 Sa Der Song »She loves you« von den Beatles gelangt zum dritten Mal auf Platz eins der britischen Hitparade. Die Single erschien am 23. August 1963.

Im Fonds des offenen Wagens ist der tödlich getroffene Präsident zusammengesackt.

22. November 1963

Mord an Kennedy erschü

John F. Kennedy ist tot. In der texanischen Stadt Dallas wird der 35. Präsident der Vereinigten Staaten von drei Gewehrkugeln eines Attentäters getroffen. Der Mord ereignet sich, als der Wagen das Zentrum verlässt und durch die Elm Street fährt. Einzelheiten über den Hergang der Tat erfährt die Öffentlichkeit erst nach der polizeilichen Auswertung eines Schmalfilms, den ein Augenzeuge zufällig gedreht hatte. Als mutmaßlicher Mörder wird Lee Harvey Oswald festgenommen. Er soll mit einem italienischen 6,5 mm Marcano-Gewehr aus dem fünften Stock des Schulbuchlagers in der Elm Street auf den Präsidenten geschossen haben. Die ihm aufgrund von Indizien zur Last gelegte Tat bestreitet Oswald jedoch. Am 24. November wird Oswald von dem Nachtklubbesitzer Jack Leon Rubinstein, genannt Jack Ruby, erschossen. Ruby, der als Motiv seiner Tat angibt, er wollte Jacqueline Kennedy ersparen, an einem Prozess gegen den Mörder ihres Mannes teilzunehmen, wird überwältigt und unter Mordanklage gestellt. Später wird er zum Tode verurteilt.

Lee Harvey Oswald

Die Ermordung von US-Präsident John F. Kennedy ist eines der spektakulärsten Verbrechen des 20. Jahrhunderts. Kennedy galt in der ganzen westlichen Welt als Hoffnungsträger auf dem Weg in eine bessere Zukunft. Die genauen Hintergründe des Attentats bleiben im Dunkeln.

7. November 1963

Deutschland freut sich über das »Wunder von Lengede«

Das Unglück von Lengede, das 29 Bergleuten das Leben kostet, hält die gesamte Nation in Atem. Mit der Rettung der letzten überlebenden Kumpel aus der Erzgrube »Mathilde« der Ilseder Hütte in Lengede bei Salzgitter geht eine der größten Rettungsaktionen in der Geschichte des deutschen Bergbaus zu Ende.

In den Abendstunden des 24. Oktobers waren 500 000 m^3 Wasser und Schlamm aus einem Teich in der Nähe der Grube in die Schachtanlage eingedrungen. Innerhalb weniger Minuten war die über 100 m tief liegende Sohle der Grube überflutet. Bis zum Morgen des nächsten Tages meldeten sich 79 der 129 Kumpel, die zum Zeitpunkt des Unglücks unter Tage waren, bei der Grubenleitung. Durch gezielte Bohrungen konnten weitere Bergleute gerettet werden (Abb.: Eine Frau spricht durch ein Rohr mit ihrem verschütteten Ehemann).

Als am 3. November die Hoffnung auf weitere Überlebende bereits aufgegeben worden war, drangen schwache Klopfzeichen zu den Rettern. Elf Bergleute konnten mit Hilfe des Rettungsgeräts »Dahlbuschbombe« noch lebend geborgen werden.

Johnson als US-Präsident vereidigt

Unmittelbar nach dem Attentat auf John F. Kennedy wird Vizepräsident Lyndon B. Johnson als 36. Präsident der Vereinigten Staaten vereidigt. Seinen Amtseid leistet er an Bord der Präsidentenmaschine »Air Force One« vor der Bundesrichterin Sarah T. Hughes. Während der Vereidigung steht die Witwe des ermordeten Präsidenten, Jacqueline Kennedy, neben Johnson. Sie trägt noch immer das himbeerfarbene Kostüm, befleckt mit dem Blut ihres Mannes – im Hintergrund steht der Bronzesarg des Toten. Als am Abend die Maschine in Washington landet, sagt Johnson der Presse: »Das ist ein trauriger Augenblick für alle Menschen. Ich will mein Bestes tun, das ist alles, was ich kann.« Nach den Bestimmungen der US-Verfassung tritt nach dem Tod des Präsidenten der Vizepräsident an die Spitze des Staates. Sein bisheriges Amt bleibt zunächst vakant. Nach der Beerdigung Kennedys trifft der neue Präsident mit vielen Staatschefs und Ministerpräsidenten zusammen, die dem ermordeten Kennedy die letzte Ehre erwiesen hatten. Dabei werden die ersten politischen Gespräche geführt. Johnson, der im Jahre 1952 zum Fraktionsführer der Demokraten gewählt worden war, gilt als Vertreter des rechten Flügels seiner Partei und geschickter politischer Taktiker.

Johnson wird vereidigt – neben ihm Jacqueline Kennedy.

t die ganze Welt

Der ermordete Präsident wird unter tiefer Anteilnahme der Weltöffentlichkeit am 25. November auf dem Heldenfriedhof Arlington bei Washington zu Grabe getragen. Die Trauerfeierlichkeiten hatten bereits am Tag zuvor begonnen, als der Sarg vom Weißen Haus zum Kapitol gebracht worden war. Langsamen Schrittes hatte sich der Trauerzug unter gedämpftem Trommelklang über den gleichen Weg zum Kapitol bewegt, den der Präsident 1961 zu seiner Amtsübernahme vor den Stufen des Parlaments gefahren war. Auf dem Weg zum Friedhof folgen dem Sarg neben der Familie Kennedy und den US-Politikern Delegierte aus mehr als 100 Ländern. Unter ihnen Bundespräsident Heinrich Lübke, Bundeskanzler Ludwig Erhard und der Regierende Bürgermeister von Berlin, Willy Brandt.

Die Kennedys (M.) bei der Trauerfeier

12. Dezember 1963

Kenia wird unabhängig

Das ostafrikanische Land Kenia, 68 Jahre lang Protektorat und Kolonie Großbritanniens, erhält seine Unabhängigkeit. Queen-Gatte Prinz Philip, Herzog von Edinburgh (s. Abb. vorn 2.v.l.), überreicht dem ersten Ministerpräsidenten Jomo Kenyatta (s. Abb. vorn 3.v.l.) die Unabhängigkeitsdokumente. Bei der Feier in dem in Unabhängigkeitsarena umbenannten Stadion der Hauptstadt Nairobi wird die britische Flagge eingeholt und die schwarz-rot-grün-weiße Flagge Kenias gehisst.

10. Dezember 1963

Nobelpreis für Pauling

In Oslo wird der 1962 nicht verliehene Friedensnobelpreis an den US-Chemiker und Atomgegner Linus Pauling überreicht. Den Preis für 1963 erhalten das Komitee des Internationalen Roten Kreuzes und die Internationale Liga der Rotkreuzgesellschaften. Der griechische Schriftsteller Georgios Seferis erhält in Stockholm den Literaturnobelpreis. Den Preis für Physik bekommt zur Hälfte der US-Wissenschaftler Eugen Wigner. Die zweite Hälfte teilen sich die in den USA arbeitende Deutsche Maria Groeppert-Mayer und der Heidelberger Hans D. Jensen. Den Chemiepreis erhalten der Deutsche Karl Ziegler und der Italiener Giulio Natta. Die Briten Alan Lloyd Hodgkin und Andrew Fielding Huxley werden mit dem Nobelpreis für Physiologie und Medizin geehrt.

Dezember 1963

1 So Der Kandidat der Demokratischen Aktion, Raoul Leoni, gewinnt in Venezuela die Wahlen, die in einer bürgerkriegsähnlichen Atmosphäre stattfinden.

2 Mo Ein Erdbeben der Stärke fünf auf der nach oben offenen Richterskala erschüttert 15 Sekunden lang die Stadt Wien.

3 Di Englands Fußballverband setzt durch, Kinder nach dem 13. Lebensjahr für den Nachwuchs von Berufsmannschaften unter Vertrag nehmen zu dürfen.

4 Mi In Rom wird auf dem Zweiten Vatikanischen Konzil die Konstitution über die heilige Liturgie angenommen. Man vertagt sich auf den 14. September 1964.

5 Do In Rom wird die neu gebildete italienische Regierung unter dem Christdemokraten Aldo Moro von Staatspräsident Antonio Segni vereidigt.

6 Fr Das in den Profumo-Skandal verwickelte Fotomodell Christine Keeler wird wegen Meineids und falscher Aussage zu neun Monaten Gefängnis verurteilt.

7 Sa Die USA sind – so das Bezirksgericht der Stadt Tokio – durch den Abwurf der Atombombe auf Hiroschima der Völkerrechtsverletzung schuldig.

8 So Das Eishockey-Team der Bundesrepublik schlägt im Ausscheidungsspiel für die Teilnahme an den Olympischen Spielen 1964 mit 4:3 die Mannschaft der DDR.

9 Mo In London wird ein Lebensmittelzentrum für deutsche Spezialitäten eröffnet. Man hofft auf eine Steigerung des Exports nach Großbritannien.

10 Di 30 000 ehemalige Kriegsheimkehrer demonstrieren in Bonn für eine Entschädigung der Kriegsgefangenen des Weltkriegs. → Nobelpreis

11 Mi Scotland Yard verhaftet nach einer wilden Verfolgungsjagd über die Dächer Londons einen der mutmaßlich am Postraub vom 8. August Beteiligten.

12 Do Im Alter von 79 Jahren stirbt in seinem Stuttgarter Haus der erste Präsident der Bundesrepublik Deutschland, Theodor Heuss (FDP). → Kenia

13 Fr Die Schutzgemeinschaft Deutscher Wald in Frankfurt am Main schätzt den diesjährigen Bedarf an Weihnachtsbäumen in der Bundesrepublik auf 15 Mio.

14 Sa Kurze Zeit nach seiner Einlieferung in ein Bonner Krankenhaus stirbt der SPD-Vorsitzende und Oppositionsführer Erich Ollenhauer an einer Lungenembolie.

15 So Klaus Bugdahl und Sigi Renz gewinnen in der ausverkauften Frankfurter Festhalle mit einer Runde Vorsprung das Sechstagerennen.

16 Mo US-Außenminister Dean Rusk trifft den französischen Staatspräsidenten Charles de Gaulle, der versichert, Frankreich plane keine Anerkennung Chinas.

17 Di Nach zähen Verhandlungen zwischen Behörden aus Ost und West erfüllt sich die Hoffnung der Westberliner auf Passierscheine für die Sektorenübergänge.

18 Mi In Melbourne stellt der Australier Ron Clarke im Langlauf mit 28:15,6 min über 10 000 m und 27:17,6 min über sechs Meilen zwei Weltrekorde auf.

19 Do 35 Gemälde von Pablo Picasso verbrennen in einer Gemäldegalerie in Detroit (US-Staat Michigan). Der Schaden beträgt etwa zwei Mio. DM.

20 Fr Gegen 22 Angehörige der Wachmannschaften im ehemaligen Konzentrationslager Auschwitz beginnt in Frankfurt am Main der Prozess.

21 Sa Anlässlich des 70. Geburtstages von Regisseur Erwin Piscator findet in Frankfurt am Main eine von der Akademie der Künste organisierte Feier statt.

22 So Der griechische Passagierdampfer »Lakonia« treibt brennend auf dem Atlantik. 1032 Passagiere und Besatzungsmitglieder verlassen das Schiff.

23 Mo Nebel führt zu Start- und Landeverboten auf den Flughäfen in Frankfurt am Main und West-Berlin. Der Vorweihnachtsverkehr wird erheblich behindert.

24 Di In West-Berlin bestellen sich 1700 Familien bei der studentischen Arbeitsvermittlung für die abendliche Bescherung einen Weihnachtsmann.

25 Mi An der Berliner Mauer wird der 18 Jahre alte Elektrikerlehrling Paul Schultz bei seinem Fluchtversuch nach West-Berlin von DDR-Grenzern erschossen.

26 Do Die Tschechoslowakei und Ungarn schaffen für ihre Staatsbürger im gegenseitigen Reiseverkehr den Pass- und Visumzwang ab.

27 Fr Bundeskanzler Ludwig Erhard (CDU) trifft zu Gesprächen mit dem US-Präsidenten Lyndon B. Johnson in Texas ein.

28 Sa Der polnische Parteichef Wladislaw Gomulka fordert in einer Rede von der Bundesrepublik die Zustimmung zu einer atomwaffenfreien Zone in Europa.

29 So Kampfhandlungen auf Zypern zwischen griechischen und türkischen Zyprioten veranlassen die griechische Regierung zu militärischer Alarmbereitschaft.

30 Mo Die US-Zeitschrift »Time« wählt den US-Bürgerrechtskämpfer Martin Luther King zum »Mann des Jahres«. King verfolgt seine Ziele mit friedlichen Mitteln.

31 Di König Paul von Griechenland vereidigt ein durch den Rücktritt des Ministerpräsidenten Jeorjios Papandreu notwendig gewordenes Sachwalterkabinett.

Januar 1964

1 Mi Zyperns Präsident Erzbischof Makarios teilt mit, er wolle das 1959 von Großbritannien, der Türkei und Griechenland geschlossene Zypernabkommen kündigen.

2 Do In der DDR beginnt die Ausgabe neuer Personalausweise, die den Vermerk »Bürger der Deutschen Demokratischen Republik« tragen.

3 Fr In Baden-Baden wählen die deutschen Sportjournalisten den Weltrekordschwimmer Gerhard Hetz aus Hof zum »Sportler des Jahres 1963«.

4 Sa Dahomey wird eine demokratisch-sozialistische Republik. Das ergibt eine Volksabstimmung über die neue Verfassung des afrikanischen Landes. → Paul VI.

5 So Das Passierscheinabkommen zwischen dem Berliner Senat und der DDR, das heute abläuft, nutzten 1 242 810 Westberliner zu einem Weihnachtsbesuch.

6 Mo Wegen staatsfeindlicher Aktivitäten verbietet Pakistans Staatspräsident Mohammed Ayub Khan die einzige Oppositionspartei, die Islam-Partei.

7 Di Die britische Kronkolonie Bahama-Inseln und das britische Protektorat Nordrhodesien (heute Sambia) erhalten die innere Selbstverwaltung.

8 Mi In der Jahresbotschaft an den Kongress kündigt US-Präsident Lyndon B. Johnson verringerte Staatsausgaben und einen »Feldzug gegen die Armut« an.

9 Do In der unter US-Verwaltung stehenden Panama-Kanalzone kommt es zu Kämpfen. Auslöser ist das Verbot, in der Zone die panamesische Flagge zu hissen.

10 Fr Der Erste Sekretär der Kommunistischen Partei Deutschlands (KPD), Max Reimann, bittet Bundeskanzler Ludwig Erhard, das KPD-Verbot aufzuheben.

11 Sa Aus Protest gegen die Beteiligung der Sozialisten an der Mitte-Links-Regierung wird in Italien die dritte sozialistische Partei (PSIUP) gegründet.

12 So Die UdSSR und die USA schließen in Moskau einen Vertrag über die Lieferung von 1 Mio. t amerikanischen Weizens in die Sowjetunion.

13 Mo »Malcolm X«, Führer der radikalen US-Schwarzenbewegung »Black Muslims«, ruft zur bewaffneten Selbstverteidigung gegen Diskriminierung auf.

14 Di In New York beginnt eine Ausstellung mit Werken von Jackson Pollock, des Begründers des »Action Painting« in den USA.

15 Mi Die Regierung der UdSSR teilt mit, dass die Wasserstraßenverbindung Wolga-Ostsee für Schiffe bis 50 000 t Wasserverdrängung fertiggestellt sei.

16 Do In den USA wird eine Studie über die gesundheitsschädigenden Wirkungen des Rauchens veröffentlicht. → Jordan

17 Fr Jordaniens Regierung verbietet, den Film »Lawrence von Arabien« zu zeigen, da darin Araber und ihre Geschichte lächerlich gemacht würden.

18 Sa Die New Yorker Behörden genehmigen den Bau des 110 Stockwerke hohen World Trade Centers, das das höchste Gebäude der Welt werden soll.

19 So Josef Kardinal Frings, Erzbischof von Köln, warnt in einem Erlass über das Sakrament der Ehe vor religiösen Mischehen und Ehen mit Geschiedenen.

20 Mo Die Bundesregierung proklamiert den deutschen Anspruch auf Erforschung und Ausbeutung der Bodenschätze vor der eigenen Küste.

21 Di Mit dem bisherigen US-Botschafter in Finnland, Carl T. Rowan, wird erstmals ein Farbiger zum Direktor des US-Informationsamtes ernannt.

22 Mi Die UdSSR und Kuba vereinbaren in Moskau ein langfristiges Handelsabkommen. Ferner sichert die UdSSR Hilfe im Fall eines Angriffs auf Kuba zu.

23 Do Der Hessische Rundfunk bringt Heiner Kipphardts Schauspiel »In der Sache J. Robert Oppenheimer« als Fernsehspiel zur Uraufführung.

24 Fr Der Start des Films »Das Schweigen« von Ingmar Bergman über die bisher tabuisierte lesbische Liebe löst in der Bundesrepublik Diskussionen aus.

25 Sa Mit dem Start des Ballonsatelliten »Echo II« beginnt eine Zusammenarbeit der USA mit der UdSSR auf dem Gebiet der Funktelegrafie.

26 So Die DDR-Schriftstellerin Christa Reinig erhält in Bremen einen Literaturpreis. Zwei Tage später erklärt sie, nicht in die DDR zurückreisen zu wollen.

27 Mo Frankreich erkennt die Volksrepublik China an, die nach dem Bruch mit Moskau wieder ein eigenständiger Faktor im Kräftespiel der Weltpolitik sei.

28 Di Ein US-Düsenjäger, der nach US-Angaben versehentlich in den DDR-Luftraum eindrang, wird von sowjetischen Flugzeugen abgeschossen.

29 Mi Von Cape Kennedy aus schicken die USA mit der Rakete »Saturn I« den mit einem Gewicht von 17,2 t bisher schwersten Satelliten in eine Erdumlaufbahn.

30 Do In Südvietnam führt ein unblutiger Armeeputsch zur Ablösung der Militärjunta. Die neuen Machthaber wollen weiterhin den Kommunismus bekämpfen.

31 Fr In einer Pressekonferenz unterstreicht Frankreichs Präsident Charles de Gaulle Fortschritte auf dem Weg zum »Gemeinsamen Markt«.

4. Januar 1964

Paul VI. im Heiligen Land

Als erster Papst der Geschichte besucht Paul VI. das Heilige Land. Auf den Stationen seiner Reise bereiten die Menschen dem katholischen Kirchenoberhaupt einen begeisterten Empfang. Der Papst fliegt von Rom nach Amman in Jordanien. Dort empfängt König Hussein II. den Heiligen Vater. Paul VI. reist daraufhin im Auto nach Jerusalem und besichtigt die christlichen Gedenkstätten. Am Ölberg kommt es zu einer historischen Begegnung mit Athenagoras, dem Patriarchen von Konstantinopel (Abb.: Papst Paul VI., M., mit Athenagoras, r.). Es ist das erste Treffen der Oberhäupter der römisch-katholischen und der griechisch-orthodoxen Kirche seit dem Jahre 1493 und soll am Beginn einer Annäherung stehen. Eigens für den anschließenden Besuch in Nazareth wird ein israelisch-jordanischer Grenzübergang geschaffen, damit der Papst keine Umwege im Krisengebiet in Kauf nehmen muss.

7. Februar 1964

USA im Beatles-Fieber

Die Liverpooler Band »The Beatles« trifft zu ihrer ersten USA-Tournee auf dem Flughafen von New York ein (Abb.: stehend, v.l., Ringo Starr, John Lennon, George Harrison, und Paul McCartney, sitzend). Tausende Fans empfangen die »Pilzköpfe« mit Plakaten und hysterischen Schreien. Mit dem Flug über den Atlantik weitet sich der Erfolg der Band auf den riesigen US-Markt aus. Als Meilenstein ihrer Karriere gilt der Auftritt in der »Ed Sullivan-Show« vom 9. Februar. 72% der US-Fernsehzuschauer verfolgen den Auftritt der »Fab Four« auf dem Bildschirm. Die folgenden Konzerte sind ausverkauft. Beim ersten Auftritt in der New Yorker Carnegie Hall müssen über 100 Leibwächter die Beatles vor ihren meist weiblichen Fans beschützen. Nach Ende der Konzertreise haben die Liverpooler den Gipfel ihres Ruhms erklommen. Keinem Künstler war es bis dahin gelungen, gleichzeitig die ersten fünf Plätze der US-Hitparade zu belegen. Die Beatles werden zu einem Phänomen der Popgeschichte.

25. Februar 1964

Clay boxt sich durch

Cassius Clay gewinnt in Miami Beach die Boxweltmeisterschaft im Schwergewicht gegen Sonny Liston und läutet damit eine neue Ära des Boxsports ein. 16 000 Zuschauer sind in die Convention Hall geströmt. Gleichzeitig überträgt das US-Fernsehen den Titelkampf für Millionen von Fernsehzuschauern. Viele hoffen darauf, dass der großspurig auftretende Clay eine Niederlage einstecken muss. Clay macht seinem Ruf als »Großmaul« bei dem spektakulären Kampf alle Ehre. Der 22-Jährige treibt seine Arroganz zu Beginn des Kampfes auf die Spitze. Mit hängenden Armen tänzelt er vor dem amtierenden Weltmeister hin und her. Zwei Runden lang versucht Liston vergeblich, seinen herumspringenden Gegner zu treffen. In der dritten Runde geht Clay in die Offensive und schlägt mehrfach so schnell zu, dass Liston keine Gegenwehr aufbauen kann. Nach einer Augenbrauenverletzung gerät etwas von dem brennenden Gerinnungsmittel von Listons Wunde in Clays Augen. Der Herausforderer behauptet, er solle vergiftet werden und ist nur mühsam zur Fortsetzung des Kampfes zu überreden. Als der Gong zur siebten Runde erklingt, bleibt Liston auf seinem Schemel sitzen. Der Arzt stellt eine Schulterverletzung fest. Liston kann nicht weiterkämpfen. Weil Schiebung vermutet wird, bestätigen später acht Ärzte den Befund. Cassius Clay ist Weltmeister. Immer wieder brüllt er »Ich bin der Größte« ins Publikum.

Clay tanzt nach dem Sieg.

16. Januar 1964

Araber wollen Jordan sperren

In Kairo endet die Erste Arabische Gipfelkonferenz. Vertreter von 13 arabischen Nationen vereinbaren dabei Maßnahmen gegen die Pläne Israels, mit Jordanwasser die Negev-Wüste zu bewässern. Die Araber befürchten eine zunehmende Versalzung des Jordan durch das Vorhaben der israelischen Regierung. Um den Plänen entgegenzuwirken, beschließen die Teilnehmer der Gipfelkonferenz, die wichtigen Quellflüsse des Jordan – Banias und Hasbani – umzuleiten. Das Vorhaben wird jedoch nie ausgeführt. Um angedrohten militärischen Interventionen begegnen zu können, vereinbaren die Delegierten die Schaffung eines gemeinsamen Oberkommandos der arabischen Streitkräfte.

Der massige Sonny Liston, r., ist der Schnelligkeit von Herausforderer Cassius Clay nicht gewachsen. Immer wieder landet der »schönste Boxer der Welt« blitzschnelle Treffer bei seinem Gegner, den er als »hässlichen Bär« beschimpft. Listons Schläge verpuffen zum Großteil in der Luft, da Clay seinen Körper immer wieder mit sensationell wendigen Manövern aus der Gefahrenzone bringen kann. Von dem Respekt, der dem bulligen Liston von seinen Gegnern in der Regel entgegengebracht wird, ist bei Clay nichts festzustellen. Hinter der Verletzung Listons, die zum Abbruch des Kampfes führt, vermuten viele trotz mehrerer ärztlicher Atteste Schiebung.

Muhammad Ali

vormals Cassius Clay, US-Boxer, * 17.1.1942 Louisville (US-Bundesstaat Kentucky)

Wie kein Boxweltmeister vor ihm verstand sich Cassius Clay auf publikumswirksame Auftritte. Seine markigen Sprüche tragen ihm schnell den Spitznamen »Großmaul« ein. Allerdings gehört er auch zu den größten Boxern und den markantesten Persönlichkeiten der Sportgeschichte. Clay begann als Zwölfjähriger mit dem Boxen und gewann 1960 bei den Olympischen Spielen in Rom die Goldmedaille im Halbschwergewicht. Mit seinem Sieg über Sonny Liston wird er 22-jährig jüngster Schwergewichts-Weltmeister der Boxgeschichte. Im selben Jahr schließt er sich der Black Muslim Bewegung an und ändert seinen Namen in Muhammad Ali. Als er den Kriegsdienst in Vietnam verweigert, werden ihm Boxlizenz und Weltmeistertitel aberkannt. 1970 rehabilitert der US-Bundesgerichtshof den Spitzensportler. Ali kehrt in den Ring zurück. Beim Versuch, sich erneut mit Weltmeisterehren zu schmücken, scheitert er 1971 an Joe Frazier. Erst drei Jahre später besiegt er Weltmeister George Foreman in einem sensationellen Kampf in Zaire. Ali bricht zweimal das ungeschriebene Gesetz des Boxsports »They never come back«. Während seiner bis 1981 dauernden Karriere steht er im Mittelpunkt des Medieninteresses und liebt es, Gegner und Öffentlichkeit durch spektakuläre Auftritte zu provozieren. Seit Anfang der 80er Jahre leidet er unter der Parkinsonschen Krankheit. Von dem Leiden gezeichnet entzündet Muhammad Ali 1996 unter dem Beifall Zehntausender das Olympische Feuer in Atlanta.

- 1964: Weltmeister gegen Sonny Liston
- 1974: Weltmeister gegen George Foreman
- 1978: Weltmeister gegen Leon Spinks

9. Februar 1964

Gold für Schnelldorfer

Die IX. Olympischen Winterspiele enden in Innsbruck mit einem Medaillenregen für die Mannschaft der UdSSR, die elf Gold-, acht Silber- und sechs Bronzemedaillen holt. Die erstmals bei Olympischen Spielen ausgetragenen Rodelwettbewerbe werden zu einem Triumph für die gesamtdeutsche Mannschaft: Ortrun Enderlein aus Oberwiesenthal und Thomas Köhler aus Leipzig holen Gold – ebenso wie der Münchner Manfred Schnelldorfer (s. Abb.) im Eiskunstlauf.

16. Februar 1964

Brandt wird SPD-Chef

Die Sozialdemokratische Partei Deutschlands (SPD) besetzt den Stuhl des Parteichefs neu. Mit großer Mehrheit wählt der SPD-Parteitag in Bad Godesberg Willy Brandt zum neuen Vorsitzenden. Brandt erhält 320 von 334 Stimmen. Der Regierende Bürgermeister von Berlin wurde als einziger Kandidat für die Ollenhauer-Nachfolge aufgestellt. Amtsinhaber Erich Ollenhauer war im vergangenen Dezember verstorben. Nach repräsentativen Umfragen ist Brandt – noch vor Bundeskanzler Ludwig Erhard – derzeit der beliebteste Politiker der Bundesrepublik . Zu seinen gleichberechtigten Stellvertretern wählen die Teilnehmer des Bad Godesberger Parteitags Herbert Wehner mit 302 und Fritz Erler mit 319 Stimmen.

Februar 1964

1 Sa Die britische Popgruppe »The Beatles« belegt mit dem Titel »I Want to Hold Your Hand« erstmals den Spitzenplatz der US-Hitparade.

2 So Die am 30. Januar gestartete US-Sonde »Ranger VI« schlägt auf dem Mond auf, sendet aber wegen defekter Kameras keine Bilder zur Erde.

3 Mo Die »Warren-Kommission« zur Aufklärung des Mordes an US-Präsident John F. Kennedy am 22. November 1963 beginnt mit den Zeugenvernehmungen.

4 Di In den USA tritt ein Zusatzartikel zur Verfassung in Kraft, der die Wahlsteuern bei Bundeswahlen – zwischen einem und drei Dollar pro Wähler – abschafft.

5 Mi Die Westdeutsche Rektorenkonferenz berät in West-Berlin über Reformvorschläge, die Überfüllung und Qualitätsmängel der Hochschulen beheben sollen.

6 Do Großbritannien und Frankreich vereinbaren, unter dem Ärmelkanal einen Eisenbahntunnel zu bauen, der Großbritannien mit dem Festland verbinden soll.

7 Fr Bundesvertriebenenminister Hans Krüger tritt zurück. Ihm war die Mitwirkung an NS-Sondergerichten vorgeworfen worden. → Beatles

8 Sa Zwischen Somalia und Äthiopien kommt es in der äthiopischen Provinz Ogaden zu gewalttätigen Grenzstreitigkeiten mit mehreren hundert Verletzten.

9 So Alwin Schockemühle gewinnt auf Freiherr beim internationalen Hallenreitturnier den Großen Preis von Hannover. → Schnelldorfer

10 Mo Taiwan bricht die diplomatischen Beziehungen zu Frankreich ab. +++ Zwischen Kurden und dem Irak wird eine Waffenruhe vereinbart.

11 Di Als obszöne Schrift wird der 200 Jahre alte Roman »Fanny Hill – Memoiren einer Lebedame« von John Cleland in Großbritannien eingezogen.

12 Mi In London wird ein Aufsehen erregender Briefmarkenraub entdeckt. Diebe stahlen aus zwei Tresoren Marken im Gesamtwert von 2,8 Mio DM.

13 Do Werner Heyde, der beschuldigt wird, für 100 000 »Gnadentode« unter dem NS-Regime verantwortlich zu sein, erhängt sich im Zuchthaus von Butzbach.

14 Fr In Bonn konstituiert sich der Sachverständigenrat (die »fünf Weisen«) zur Beurteilung der wirtschaftlichen Entwicklung in der Bundesrepublik.

15 Sa Frankreich bietet der Bundesrepublik im Fall eines Krieges um Berlin oder die übrige Republik den Einsatz französischer Atomwaffen an.

16 So Mit einer Weite von 144 m springt der Italiener Nilo Zandanel bei den Internationalen Skiflugtagen in Oberstdorf Weltrekord. → Brandt

17 Mo Bei der Parlamentswahl in Griechenland erzielt die von dem liberalen Politiker Georgios Papandreou geführte »Zentrumsunion« die absolute Mehrheit.

18 Di In Gabun stürzt ein Militärputsch Präsident Léon Mba, der nach dem Eingreifen französischer Truppen am 20. Februar sein Amt wieder antreten kann.

19 Mi Die Bundesrepublik stellt die gesamte Wirtschaftshilfe für Ceylon (heute: Sri Lanka) ein, weil das Land die Errichtung eines DDR-Generalkonsulats zulässt.

20 Do Kronprinz Konstantin von Griechenland wird von seinem erkrankten Vater König Paul I. mit der Verantwortung und den Pflichten des Regenten betraut.

21 Fr Bundesdeutsche Kinos zeigen erstmals den erfolgreichen US-Film »Eine zu viel im Bett« von Michael Gordon mit Doris Day und James Garner.

22 Sa Belgien, Luxemburg und die Niederlande vereinbaren die Gründung eines Gerichtshofs in Brüssel, der die Benelux-Abkommen überwachen soll.

23 So Die am 15. Dezember in Parma eröffnete Ausstellung, die das Gesamtwerk des italienischen Malers und Grafikers Renato Guttuso zeigte, geht zu Ende.

24 Mo Die Bundesregierung teilt mit, dass sie die am 18. Februar proklamierte Volksrepublik Sansibar wegen deren Beziehungen zur DDR nicht anerkenne.

25 Di Der österreichische Bundeskanzler Alfons Gorbach (ÖVP) gibt in Wien wegen parteiinterner Differenzen seinen Rücktritt bekannt. → Clay

26 Mi Bei der US-Premiere des umstrittenen Schauspiels »Der Stellvertreter« von Rolf Hochhuth kommt es zu tumultartigen Szenen vor dem Theater.

27 Do Die Bank von England setzt den Diskontsatz von vier auf fünf Prozent herauf, um das Expansionstempo der britischen Wirtschaft zu drosseln.

28 Fr Das Essener Landgericht verurteilt vier Vorstandsmitglieder des Gelsenkirchener Fußballvereins Schalke 04 wegen Steuerhinterziehung zu Geldstrafen.

29 Sa Eine Propellermaschine der britischen Eagle International Airways stürzt südöstlich von Innsbruck ab. 83 Menschen kommen ums Leben.

März 1964

1 So Der Bund der Vertriebenen wählt den sozialdemokratischen Bundestagsabgeordneten Wenzel Jaksch zu seinem neuen Vorsitzenden.

2 Mo In West-Berlin wird das von der Bundesregierung und der Stadt Berlin getragene »Deutsche Institut für Entwicklungspolitik« gegründet.

3 Di Nahezu 500 000 farbige Schüler boykottieren in New York die öffentlichen Schulen, um gegen die Rassentrennungspolitik zu protestieren.

4 Mi Im Zusammenhang mit dem Auschwitz-Prozess wird in Frankfurt am Main der Auschwitz-Film »Ende unserer Welt« uraufgeführt. → Zypern

5 Do Aufgrund sozialer Spannungen und zunehmender Lohnstreiks erklärt die Regierung in Ceylon (heute: Sri Lanka) den nationalen Notstand.

6 Fr In Athen stirbt König Paul I. von Griechenland im Alter von 62 Jahren. Noch am gleichen Tag wird sein Sohn als König Konstantin II. vereidigt.

7 Sa In Los Angeles werden zwei Männer zu lebenslanger Haft verurteilt, die angeklagt sind, den US-Sänger Frank Sinatra entführt zu haben.

8 So In San Francisco kommt es zu Demonstrationen für Rassengleichheit. +++ Heidi Biebl gewinnt drei Titel bei den Deutschen Alpinen Skimeisterschaften.

9 Mo Als auf Zypern erneut Kämpfe zwischen griechischem und türkischem Bevölkerungsteil ausbrechen, teilt Ankara mit, eine Militärintervention zu erwägen.

10 Di Königin Elizabeth II. von Großbritannien bringt einen Sohn zur Welt. Prinz Edward Anthony Richard Louis ist das vierte Kind des britischen Königspaares.

11 Mi Die Regierung der UdSSR protestiert bei der US-Regierung gegen US-Militärflüge im Luftraum der DDR, den nur die DDR kontrollieren dürfe.

12 Do Das Schauspiel »Die Physiker« von Friedrich Dürrenmatt wird – in Kairo – erstmals in arabischer Sprache aufgeführt. → Kritiker

13 Fr In New York wird eine Frau auf offener Straße erstochen. 37 Menschen beobachten nachweislich das Verbrechen, ohne einzuschreiten.

14 Sa Auf Zypern trifft die erste Abteilung der vom UN-Sicherheitsrat initiierten Friedenstruppe ein. Sie soll den ethnischen Konflikt auf der Insel entschärfen.

15 So Der französische Staatspräsident Charles de Gaulle besucht Mexiko, um eine intensivere Zusammenarbeit beider Länder zu vereinbaren.

16 Mo Das libysche Parlament fordert die vorzeitige Auflösung von Verträgen mit Großbritannien und den USA über militärische Stützpunkte in Libyen.

17 Di In Hannover wird Altbundeskanzler Konrad Adenauer mit 88 Jahren erneut zum Vorsitzenden des CDU-Parteipräsidiums gewählt. → Vietcong

18 Mi Wegen seiner Rassentrennungspolitik wird Südafrika mit 63 gegen 22 Stimmen aus der Weltgesundheitsorganisation (WHO) ausgeschlossen.

19 Do Der Straßentunnel durch den Großen St. Bernhard, der erste große Autotunnel durch die Alpen, wird für den Verkehr freigegeben.

20 Fr Die Filmstars Elizabeth Taylor und Richard Burton, die sich bei den Dreharbeiten zum Kino-Opus »Cleopatra« näher kamen, heiraten in Montreal.

21 Sa Der Belgier Jean Duvieubart wird Präsident des Europaparlaments. +++ Die Europäische Weltraumforschungsorganisation nimmt ihre Tätigkeit auf.

22 So In Indien haben, wie amtlich verlautet, die mehrtägigen Unruhen zwischen Hindus und Moslems bisher mehr als 200 Todesopfer gefordert.

23 Mo Die Welthandelskonferenz der Vereinten Nationen beginnt in Genf. Im Mittelpunkt der Themen steht die wirtschaftliche Förderung der Entwicklungsländer.

24 Di Ein geistesgestörter Mann verübt auf den US-Botschafter in Tokio, Edwin O. Reischauer, ein Messerattentat und verletzt ihn am Oberschenkel.

25 Mi In der österreichischen Hauptstadt Wien erlebt die Operette »Frühjahrsparade« von Robert Stolz ihre Welturaufführung.

26 Do Zwölf der 15 britischen Posträuber, die 1963 fast 30 Mio. DM erbeutet hatten, werden zu Gefängnisstrafen bis zu 30 Jahren verurteilt.

27 Fr Eines der schwersten bisher registrierten Erdbeben (8,7 auf der Richter-Skala) verwüstet weite Teile Alaskas. Etwa 200 Menschen werden getötet.

28 Sa Die birmanische »Revolutionäre Regierung« verbietet alle Parteien mit Ausnahme der von ihr geförderten Partei »Birmanischer Weg zum Sozialismus«.

29 So In Jackson (US-Bundesstaat Mississippi) wird farbigen Geistlichen die Teilnahme an einem Ostergottesdienst in einer Kirche für Weiße verwehrt.

30 Mo Äthiopien und Somalia einigen sich in der sudanesischen Hauptstadt Khartum auf einen Waffenstillstand im umstrittenen gemeinsamen Grenzgebiet.

31 Di Die US-Hitparade meldet, dass fünf Titel der britischen Popgruppe »The Beatles« die ersten fünf Plätze belegen. → Brasilien

13. April 1964

»Oscar« für Sidney Poitier

Bei der »Oscar«-Verleihung in Hollywood erhält Sidney Poitier als erster schwarzer Hauptdarsteller die begehrte Filmtrophäe. Poitier wird für seine Leistung in »Lilien auf dem Felde« ausgezeichnet (Abb.: Filmszene mit Poitier). Den Preis für den besten Film bekommt die britische Produktion »Tom Jones – zwischen Bett und Galgen«. Regisseur Tony Richardson drehte eine Parodie auf den klassischen Abenteuerfilm. Seine Inszenierung ist jedoch so temporeich, dass diese Absicht dem Großteil des Publikums nicht auffällt. Als bester ausländischer Film erhält »8 1/2«, Federico Fellinis Meisterwerk über das Filmemachen, den Academy Award. Mit fünf Preisen ist das Monumental-Epos »Cleopatra« der erfolgreichste Film der diesjährigen »Oscar«-Verleihung.

12. März 1964

Kritiker ausgeschlossen

Robert Havemann, Professor für physikalische Chemie an der Ostberliner Humboldt-Universität, wird von einer außerordentlichen Mitgliederversammlung der SED-Parteiorganisationen der Hochschule aus der Partei ausgeschlossen. Havemann sei »unter der Flagge des Kampfes gegen den Dogmatismus von der Linie des Marxismus-Leninismus abgewichen«, heisst es in der Begründung. Gleichzeitig wird dem renommierten Wissenschaftler der Lehrauftrag entzogen. Havemann hatte in einer Vorlesungsreihe Interpretationen von Freiheitsvorstellungen vorgetragen, die nicht mit der Ideologie der offiziellen DDR übereinstimmen.

Robert Havemann

deutscher Physikochemiker und Philosoph, * 11.3.1910 München; † 9.4.1982 Grünheide, Kr. Fürstenwalde

Robert Havemann war in der DDR der Wortführer einer reformkommunistischen Opposition. Im Zuge der Entstalinisierung in den 50er Jahren versammelte sich ein Kreis Intellektueller um den Experten für Magnetochemie, darunter Ernst Bloch und Wolfgang Harich. Die Gruppe forderte die Reformierung von Partei, Staat und Gesellschaft der DDR auf der Basis einer sozialistischen Demokratie. Wegen seiner Schrift »Dialektik ohne Dogma« (1964) und der darin geübten Kritik an der DDR-Führung wurde er aus der SED und der Akademie der Wissenschaften ausgestoßen.

- 1932: Mitglied der KPD
- 1943: Vom Volksgerichtshof zum Tode verurteilt
- 1947-64: Professor der Humboldt-Universität in Ost-Berlin

Türkische Zyprioten wehren einen Angriff ab.

17. März 1964

US-Soldaten gegen Vietcong

Im Kampf gegen die kommunistischen Vietcong-Rebellen erhält die südvietnamesische Regierung weiterhin die Unterstützung der USA. Washington entschließt sich, dem südvietnamesischen Staatspräsidenten Nguyên Khan mit militärischen und wirtschaftlichen Mitteln verstärkt zur Seite zu stehen. Durchschlagende Erfolge der Rebellen haben bisher rd. 40% aller südvietnamesischen Dörfer in die Hände der Kommunisten fallen lassen. Ohne Hilfe der USA erscheint es nur als eine Frage der Zeit, bis die Regierung Nguyên Khans gestürzt wird. Die US-Regierung gibt dem Drängen ihrer Militärberater nach und schickt erneut Truppen nach Indochina. Das Kontingent der 16 000 dort bereits stationierten Militärberater wird aufgestockt. Ferner sollen 50 000 US-Soldaten die südvietnamesische Armee unterstützen. Einen Krieg wollen die USA bisher allerdings nicht provozieren. Der Einsatz ihrer Truppen soll sich auf südvietnamesisches Territorium beschränken, von dem aus man von Norden einfallende Kommunisten bekämpfen will.

4. März 1964

Bürgerkrieg auf Zypern

Auf Zypern eskaliert die Gewalt. Um den bewaffneten Auseinandersetzungen zwischen griechischen und türkischen Bewohnern der Inselrepublik Einhalt zu gebieten, entschließt sich der UN-Sicherheitsrat zur Entsendung einer internationalen Friedenstruppe. Seit Ausbruch der Kämpfe im Dezember 1963 sind über 1000 Tote zu beklagen.

Erzbischof Makarios III., Staatspräsident der 1960 von britischer Kolonialherrschaft unabhängig gewordenen Republik, stimmt der Stationierung der UN-Truppe zu, deren erste Einheiten am 14. März eintreffen. Während vor Beginn der Feindseligkeiten die beiden Bevölkerungsgruppen mehr oder weniger gemischt zusammenlebten, beginnt sich nun eine Trennung der Insel in einen türkischen Nordteil und einen griechischen Südteil abzuzeichnen. Über 25 000 der insgesamt rd. 100 000 türkischen Zyprioten – sie stellen 18% der Inselbevölkerung – sind im Verlauf der letzten zwei Monate aus Dörfern mit griechischer Mehrheit in Dörfer mit überwiegend türkischer Bevölkerung umgezogen. Die türkische Verteidigungsorganisation TMT unterstützt die territoriale Aufteilung der Insel. Ihr gegenüber steht die griechische Enosis-Bewegung, die einen Anschluss der Republik an Griechenland fordert.

Ein zentraler Ausgangspunkt der Krise auf Zypern ist das Zypernabkommen vom 19. Februar 1959. Es bildet die Grundlage für die Verfassung der Inselrepublik. Großbritannien, Griechenland und die Türkei hatten in dem Vertrag die Rechte der türkischen Minderheit festgeschrieben. Besondere Abstimmungsvorschriften im Repräsentantenhaus und ein weitreichendes Vetorecht ermöglichen es der türkischen Minderheit daraufhin, Entscheidungen der griechischen Regierungsmehrheit zu blockieren und eigene politische Ziele durchzusetzen. In der Praxis war die Regierung dadurch zur Handlungsunfähigkeit verurteilt. So konnte z.B. für die Finanzgesetze drei Jahre lang keine verfassungsmäßige Mehrheit erzielt werden. Am 30. November präsentierte Makarios III. ein 13-Punkte-Memorandum zur Änderung der Verfassung. Kernstück war die Forderung nach einem Abbau der Minderheitsschutzbestimmungen. Erwartungsgemäß lehnten die türkischen Zyprioten den Vorschlag als Provokation ab. Gleichzeitig gab er das Signal für den offenen Ausbruch des Nationalitätenkonflikts. Schnell nehmen die Kämpfe bürgerkriegsähnliche Ausmaße an. Auch nach dem Eintreffen der Friedenstruppe gehen sie unvermindert weiter. Die UN-Soldaten haben die Anweisung erhalten, keine eigene militärische Initiative zu ergreifen. Im August eskaliert die Lage erneut, als die Regierung in Ankara zur Unterstützung der Inseltürken für drei Tage die Bombardierung der umkämpften Gebiete anordnet.

Ein britischer Soldat findet in einem Haus bei Nikosia die Leichen von zwei türkischen Zyprioten.

31. März 1964

Staatsstreich in Brasilien

In einem Staatsstreich stürzt das brasilianische Militär den Präsidenten João Goulart, der nach Uruguay flieht. Das Staatsoberhaupt hatte versucht, radikale Reformpläne durchzusetzen. Sie sahen u.a. vor, das Wahlrecht zu erweitern, die Kommunistische Partei zuzulassen und Land von Großgrundbesitzern entschädigungslos zu enteignen. Mit diesen Vorhaben stieß Goulart auf den Widerstand rechtsorientierter Militärbefehlshaber.

3. April 1964

Moskau beschimpft Peking

Nach mehrfachen ideologischen Attacken der Volksrepublik China auf die UdSSR holen die Sowjets zum verbalen Gegenschlag aus. Sie veröffentlichen eine Rede, in der Chefideologe Michail Suslow den chinesischen Staat mit der Diktatur Stalins vergleicht. Die Rede umfasst 60 000 Worte und wird fünf Stunden lang im sowjetischen Rundfunk ausgestrahlt. Bisher war sie auf Drängen Rumäniens zurückgehalten worden.

4. April 1964

Scholz wird Europameister

Durch Disqualifikation seines Gegners Giulio Rinaldi gewinnt der bundesdeutsche Boxer Gus-

tav (»Bubi«) Scholz die Europameisterschaft im Halbschwergewichtsboxen (Abb.: Bubi Scholz, r., und Giulio Rinaldi in der Dortmunder Westfalenhalle). Der Italiener hatte Scholz mit einem unzulässigen Schlag in die Nieren getroffen. Dieser ist mit dem Disqualifikationssieg nicht zufrieden.

April 1964

1 Mi In der DDR startet die sog. Industriepreisreform mit der Erhöhung zahlreicher Preise für Roh- und Grundstoffe sowie für den Gütertransport.

2 Do Der Präsident des Bundesgesundheitsamtes, Walther Liese, schlägt vor, mit unterirdischen »Luftkläranlagen« verpestete Luft in Großstädten zu reinigen.

3 Fr Haitis Regierung teilt mit, dass François Duvalier Präsident auf Lebenszeit bleibe. +++ USA und Panama erklären, den Kanalkonflikt lösen zu wollen. → Moskau

4 Sa Der US-Leichtathlet Henry Carr läuft in Tempe (US-Bundesstaat Arizona) mit mit 20,2 sec über 200 m neuen Weltrekord. → Scholz

5 So In Washington stirbt US-General Douglas McArthur, während des Zweiten Weltkriegs Oberkommandierender der alliierten Streitkräfte im Pazifik.

6 Mo Zwei belgische Ärzte werden verhaftet, weil sie während eines Ärztestreiks die Lungenentzündung eines Kindes nicht behandelten. Das Kind starb.

7 Di Ein Öltanker rammt die Brücke über den Maracaibo-See in Venezuela. Vier Autos stürzen von der größten Spannbetonbrücke der Welt in die Tiefe.

8 Mi Mit dem Start einer unbemannten Gemini-Kapsel setzen die USA ihr Raumfahrtprogramm fort. Die Kapsel soll die Erde eine Zeit lang umrunden.

9 Do Vor dem Stockholmer Stadtgericht beginnt der Prozess gegen einen schwedischen Luftwaffenoberst, der 15 Jahre lang für die UdSSR spioniert haben soll.

10 Fr Deutscher Meister der Berufsboxer im Mittelgewicht wird in Hamburg der Kölner Peter Müller. Er besiegt Titelverteidiger Heinrich Meinhard durch k.o.

11 Sa Bei der Deutschen Werft in Hamburg läuft der Supertanker »Altanin« vom Stapel. Das Schiff ist 265 m lang, 36 m breit und hat einen Tiefgang von 13 m.

12 So Die deutsche Skisportlerin Barbara Henneberger und ihr Kollege Bud Werner (Kanada) kommen bei einem Lawinenunglück im Oberengadin ums Leben.

13 Mo Die »Pietà« des Michelangelo, das berühmte Standbild aus dem Petersdom, trifft zur Weltausstellung in New York ein. → Sidney Poitier

14 Di Ian Douglas Smith wird Permierminister Südrhodesiens. +++ Das Bundeskabinett verabschiedet einen Gesetzentwurf über Steuersenkungen ab 1965.

15 Mi Die Lufthansa setzt erstmals zwei Maschinen vom Typ Boeing 727 planmäßig ein. Die neuen Mittelstreckenflugzeuge verkehren innerhalb Europas.

16 Do Zwei junge Männer fliehen mit einem Sportflugzeug aus Halle (DDR) in die Bundesrepublik. Erstmals gelingt eine Flucht auf diesem Weg.

17 Fr »The Rolling Stones«, die erste Langspielplatte der gleichnamigen Popgruppe, wird veröffentlicht. Bis Ende April sind 150 000 Exemplare verkauft.

18 Sa In Algerien ist die seit dem 11. April durchgeführte Währungsumwandlung abgeschlossen. An die Stelle des Franc als Zahlungsmittel tritt der Dinar.

19 So Der Ärztestreik in Belgien (ab 1.4.) wird beendet. Er richtete sich gegen Reformen im Gesundheitswesen mit Folgen für die Berufsfreiheit der Ärzte.

20 Mo In Cleveland (US-Bundesstaat Ohio) beteiligen sich 86% aller farbigen Schüler aus Protest gegen ihre Benachteiligung an einem Boykott der Schulen.

21 Di Spektakuläre Flucht aus der DDR: Zwei Männer durchbrechen mit einem Lkw Grenzzäune und schwimmen durch den Teltowkanal in den Westen.

22 Mi In New York öffnet die 32. Weltausstellung ihre Tore. Das Wahrzeichen der Industriemesse ist der 42 m hohe Stahlglobus »Unisphere«.

23 Do US-Sicherheitsbeamte entdecken in der Botschaft in Moskau eine raffiniert installierte Abhöranlage. 40 Mikrofone sind in den Mauern verborgen.

24 Fr Nach dem siebten Bericht der Europäischen Atomgemeinschaft (EURATOM) wird der Energiebedarf in Europa zunehmend mit Atomenergie gedeckt werden.

25 Sa In Kopenhagen wird der bronzene Kopf der »Kleinen Meerjungfrau«, des weltbekannten Wahrzeichens der dänischen Hauptstadt, gestohlen.

26 So Bei den Landtagswahlen in Baden-Württemberg wird die CDU unter Kurt Georg Kiesinger mit 46,2% der Stimmen erneut stärkste Partei.

27 Mo Die unabhängigen Republiken Tanganjika und Sansibar schließen sich zusammen. Der neue afrikanische Staat erhält den Namen Tansania.

28 Di Einem Wahlversprechen folgend, entlässt der griechische Ministerpräsident Georgios Papandreou 425 politische Häftlinge in die Freiheit.

29 Mi In der Basilika Santa Maria Maggiore in Rom werden Prinzessin Irene der Niederlande und Prinz Carlos Hugo von Bourbon-Parma getraut.

30 Do Die Schweizer Landesausstellung »Expo 64« wird in Lausanne eröffnet. Bis zum 25. Oktober können sich Besucher über die Eidgenossenschaft informieren.

Mai 1964

1 Fr Kuba kündigt an, dass die nationale Flugabwehr US-Militärmaschinen auf Kontrollflügen über der Insel beschießen werde.

2 Sa In der DDR werden im Zuge einer Schulreform die Grundzüge für die »Gestaltung des einheitlichen sozialistischen Bildungssystems« veröffentlicht.

3 So Auf der ersten direkten Flugverbindung zwischen der Bundesrepublik und der UdSSR fliegt eine pakistanische Gesellschaft die Strecke Moskau-Frankfurt.

4 Mo Das Moskauer Bolschoi-Ballett tritt eine Tournee durch die Bundesrepublik an. Die Weigerung, auch in West-Berlin aufzutreten, führt am 17. Juni zur Abreise.

5 Di Ein Referendum in der britischen Kronkolonie Malta über die künftige Staatsordnung ergibt eine Mehrheit für eine klerikal bestimmte Verfassung.

6 Mi Israelische Ingenieure leiten erstmals Jordan-Wasser aus dem See Genezareth zur Bewässerung der Negev-Wüste ab, die besiedelt werden soll.

7 Do Der italienische Präsident Antonio Segni trifft in Aachen ein, wo er mit dem Karlspreis für Verdienste um die Einheit Europas ausgezeichnet wird.

8 Fr Herbert von Karajan legt die künstlerische Leitung der Wiener Staatsoper nieder, weil der Kodirektor nicht nach seinem Vorschlag ausgewählt wurde.

9 Sa Der 1. FC Köln ist nach Beendigung der ersten Bundesligasaison 1963/64 Deutscher Fußball-Meister vor dem Meidericher SV und Eintracht Frankfurt.

10 So Seinen eigenen Weltrekord im Kugelstoßen verbessert der US-Athlet Dallas Long in Fresno (US-Bundesstaat Kalifornien) um 20 cm auf 20,30 m.

11 Mo Die tunesische Nationalversammlung beschließt die Verstaatlichung des ausländischen Grundbesitzes, der zum großen Teil Franzosen gehört.

12 Di Die Arabische Liga verhängt einen Importboykott über die Londoner Regenmantelfirma Burberry's, weil ein Vorstandsmitglied jüdischen Glaubens ist.

13 Mi In Cannes enden die XVII. Filmfestspiele. Die »Goldene Palme« erhielt der französische Beitrag »Die Regenschirme von Cherbourg« von Jacques Demy. → Assuan

14 Do Im Moselkreis Bernkastel werden drei Szenen des Ingmar-Bergman-Films »Das Schweigen« aus moralischen Gründen verboten.

15 Fr Einer der größten Mafia-Bosse, Luciano Liggio, genannt »die rote Primel der Mafia«, wird nach 16 Jahren Fahndung in Sizilien gefasst.

16 Sa Ein Angriff der pro-kommunistischen Pathet-Lao-Truppen auf Regierungstruppen in der Ebene der Tonkrüge verschärft die Krise in Laos.

17 So Kritik im In- und Ausland löst die Forderung von Bundesverkehrsminister Hans-Christoph Seebohm nach Rückgabe des Sudetenlandes aus. → Strandschlacht

18 Mo Am Wiener Burgtheater wird ab heute (bis zum 22. Mai) der Königsdramenzyklus von William Shakespeare aufgeführt.

19 Di Ernesto »Che« Guevara, Industrieminister Kubas, warnt die Bevölkerung im Rundfunk vor einer neuerlichen Invasion durch Exilkubaner.

20 Mi Die UN-Friedenstruppe, die seit März auf Zypern stationiert ist, beklagt ihr erstes Todesopfer. Ein Finne wurde von türkischen Zyprioten erschossen.

21 Do Das Königspaar von Nepal besucht die Bundesrepublik. +++ Kuwait und die Bundesrepublik Deutschland nehmen diplomatische Beziehungen auf.

22 Fr Die Präsidenten von Kamerun, Niger, Nigeria und Tschad vereinbaren in Fort Lamy (heute: N'Djamena) die gemeinsame Nutzung des Tschad-Beckens.

23 Sa Über Afrika verliert ein US-Satellit ein Kilo radioaktives Plutonium 238, das laut Pentagon aber nicht auf die Erde gestürzt sein dürfte.

24 So Der erste DDR-Außenminister, Georg Dertinger, der 1954 wegen Landesverrats zu 15 Jahren Haft verurteilt worden war, wird begnadigt. → Massenpanik

25 Mo Südafrika teilt mit, dass der Schwarzenführer und Nobelpreisträger von 1960, Albert Luthuli, für weitere fünf Jahre in seinen Rechten beschränkt wird.

26 Di Die DDR spricht sich erneut für einen Verzicht auf Nuklearwaffen aus. +++ Die Großschifffahrtsstraße Mosel wird für den Verkehr freigegeben.

27 Mi Im Alter von 74 Jahren stirbt in Neu Delhi Indiens Premierminister Jawaharlal Nehru, der das Land seit der Unabhängigkeit 1947 regierte.

28 Do Das Bundesgesundheitsamt weist auf den Zusammenhang von Rauchen und Lungenkrebs sowie die höhere Sterblichkeit von Rauchern hin.

29 Fr Nach einer Studie des ADAC ist Italien das beliebteste Urlaubsland der Bundesbürger. Es folgt Spanien vor Österreich, Frankreich und der Schweiz.

30 Sa Über das vom Typhus heimgesuchte schottische Aberdeen wird eine Teil-Quarantäne verhängt. Wenn möglich, soll niemand die Stadt verlassen.

31 So Als Höhepunkt der 800-Jahr-Feier der Kathedrale Notre Dame in Paris zelebriert der päpstliche Legat Kardinal Morella ein Hochamt.

13. Mai 1964

Start für Assuan-Staudamm

Die erste Baustufe des Assuanstaudamms in Ägypten ist offiziell abgeschlossen (Abb.: Der Damm während der ersten Bauphase). Der ägyptische Staatspräsident Gamal Abd el Nasser und der sowjetische Staatschef Nikita S. Chruschtschow lösen gemeinsam per Knopfdruck die Sprengung aus, mit der der Nil in sein neues Bett umgeleitet wird. Um das gigantische Projekt verwirklichen zu können, wurde u.a. der Tempel von Abu Simbel verlegt.

24. Mai 1964

Massenpanik im Stadion

Im Fußballstadion von Lima in Peru kommt es zu der bisher größten Katastrophe der Sportgeschichte, als unter den 45 000 Zuschauern Panik ausbricht. Vorausgegangen war eine Entscheidung des Schiedsrichters, ein Tor der peruanischen Mannschaft gegen Argentinien nicht gelten zu lassen. Als die protestierenden Zuschauer auf das Spielfeld strömen, müssen sich die Mannschaften in die Kabinen retten. Der Mob versucht, die Spielerunterkünfte zu stürmen. Als in dem Chaos Steine geworfen und Mauern eingerissen werden, setzt die Polizei Tränengas ein. Die Granaten treffen jedoch auch die Unbeteiligten auf den Tribünen. Jetzt greift Panik im gesamten Stadion um sich. Die Zuschauer versuchen, durch die Ausgangstore zu entkommen, aber diese lassen sich nur nach innen öffnen. 328 Menschen werden zu Tode getrampelt, Hunderte verletzt.

1. Juni 1964

PLO führt Widerstand an

Die palästinensische Befreiungsorganisation PLO wird gegründet: In Jerusalem fasst der 1. Palästinensische Nationalrat einen entsprechenden Beschluss. Vorsitzender wird der UN-Diplomat Ahmed Shukeiry. Im Mittelpunkt der Tagung steht die Verabschiedung der von Shukeiry ausgearbeiteten »Palästinensischen Nationalcharta«. Die Charta legt die Grundsätze der PLO fest und proklamiert die Befreiung Palästinas als offizielles Ziel. Sie erklärt Palästina in den Grenzen des britischen Mandats zum »arabischen Heimatland«, in dem auch »Juden palästinensischen Ursprungs« Bürgerrechte besäßen. Der Zionismus allerdings wird als »kolonialistische Bewegung« verurteilt. Nach Gründung des Staates Israel im Jahre 1948 wurde ein Großteil der palästinensischen Araber aus ihrer Heimat vertrieben oder floh in der Hoffnung, bald wieder zurückkehren zu können. Viele Menschen leben seit Jahrzehnten in Flüchtlingslagern. Im Exil formierte sich der Widerstand.

20. Juni 1964

Pop-Art triumphiert

Auf der heute eröffneten Biennale für moderne Kunst in Venedig sorgen Pop-Art-Künstler aus den USA für Aufsehen erregende Eindrücke. Die junge Kunstrichtung versteht sich als revolutionäre Strömung gegen althergebrachte Formen und Themen. So beschäftigt sich die Pop-Art vor allem mit Gegenständen aus der von den Einflüssen der Massenindustrie geprägten Alltagswelt. In Happenings, Collagen, Gemälden und Skulpturen verfremden die Pop-Art-Protagonisten u.a. Suppendosen, Bierflaschen und Comicstrips. Neben den herkömmlichen Materialien dienen jetzt Plastik, Kunstharzschaum und Acrylfarbe dazu, den Werken eine moderne Aura zu verleihen. Die neue Kunstrichtung entstand in den USA als Reaktion auf den abstrakten Expressionismus der 40er und 50er Jahre, der bewusst seinen Abstand von der Realität betonte. Mit der Hinwendung zur Alltagskultur unterstreicht die Pop-Art ihren Anspruch, die Kluft zwischen der Kunst und dem täglichen Leben zu schließen. So entsteht gleichzeitig in Großbritannien und den USA eine kühle Kunst, die vordergründig nichts mehr von der Persönlichkeit ihres Schöpfers zu erkennen gibt. Zu den Pionieren der neuen Richtung gehören Robert Rauschenberg und Jasper Johns, die in den USA bereits Mitte der 50er Jahre durch ihre eigenwilligen Arbeiten auffielen. Johns'

18. Juni 1964

Komiker und »Nuschler«

In Wien stirbt im Alter von 83 Jahren der Schauspieler Hans Moser. Der Tod des österreichischen Originals erschüttert die Öffentlichkeit. Auf dem Wiener Zentralfriedhof nehmen zahlreiche Schauspieler-Kollegen wie Paul Hörbiger Abschied von dem Star.

Hans Moser

eigtl. Jean Julier, österreichischer Schauspieler, * 6.8.1880 Wien; † 18.6.1964 Wien

Hans Moser verkörperte typische Wiener Charaktere im Film und auf der Theaterbühne. Dabei gelang ihm eine unnachahmliche Mischung aus Ergebenheit und Rebellion. Seine genuschelte Sprache wurde als »Mosern« zum Markenzeichen der Filme des populären Komikers.

- 1938: »Dreizehn Stühle«
- 1940: »Wiener G'schichten«
- 1942: »Wiener Blut«
- 1961: »Der verkaufte Großvater«

Andy Warhols Suppendosen gehören zu den bedeutendsten Werken der Pop-Art-Kultur.

Gemälde »Three Flags« (Drei Flaggen) zählt zu den ersten und populärsten Bildern der Pop-Art und lehnt sich an die Dada-Bewegung der 20er Jahre an. Die große Zeit des neuen Stils bricht erst in den 60er Jahren an. Auf der Biennale in Venedig kommen die Ikonen der neuen Kultur zusammen. Claes Oldenburg ist mit seinen hintersinnigen Repliken von Esswaren vertreten. Robert Rauschenberg erhält während der Biennale den Großen Preis für Malerei verliehen. Er stellt seine »combine paintings« vor, wandhohe Montagen aus Plakatfetzen, Inseraten, Zeitungsfotos, Kunstpostkarten und Reklamebildern. Die Bildelemente sind teilweise übermalt und um unterschiedliche Objekte ergänzt. Rauschenberg überträgt damit die Technik der Massenproduktion auf die Kunst.

Einer der bedeutendsten Vertreter der Pop-Art ist Andy Warhol, der mit einem ganz anderen Konzept berühmt wird. Mit Hilfe des Siebdruckverfahrens reproduziert er Cola-Flaschen und Campbells Suppendosen in einer farbverfremdenden Technik. Zu seinen bekanntesten Arbeiten zählen die Vervielfältigungen und Verfremdungen der Porträts populärer Personen: Marilyn Monroe, Elvis Presley, Jackie Kennedy, Liz Taylor, Johann Wolfgang von Goethe oder Mao Tse-tung zieren die Warhol-Drucke. Mit Sonnenbrille und der legendären weißen Perücke stilisiert sich Warhol selbst zum Fleisch gewordenen Ausdruck der Pop-Art. Entsprechend seiner Kunstauffassung nennt er seine New Yorker Wohn- und Arbeitsstätte »Factory« (Fabrik). Auch Roy Lichtenstein zählt zu den bedeutendsten Vertretern der modernen Kunstrichtung. Er produziert Gemälde in Überformaten, die grellfarbige Comicszenen zeigen. Die grobgerasterte Struktur und die Beschränkung auf eine Primärfarbe werden zum Markenzeichen Lichtensteins. Mit einem neuen Medium bereichert Nam June Paik die Szene. Der Koreaner benutzt als erster das Medium Film und Technik, um außergewöhnliche Video-Installationen zu schaffen.

3. Juni 1964

Rolling Stones in den USA

Die britische Rockband »The Rolling Stones« startet ihre erste USA-Tournee. Die in Europa bereits erfolgreichen Musiker versuchen wie die Beatles durch Erfolg in den USA den weltweiten Durchbruch zu schaffen. Obwohl sie bisher noch keinen Nummer-1-Hit in den US-Charts landen konnten, wird die Tournee zum Erfolg. Vor allem Sänger Mick Jagger und Gitarrist Brian Jones sind bei den weiblichen Fans beliebt (Abb.: Die Stones beim Auftritt in der »Ed-Sullivan-Show«). Der oft bemühte Vergleich mit den Beatles geht jedoch fehl. Die Musik der Stones ist aggressiver, ihre Texte sind sexuell eindeutiger als die der Pilzköpfe aus Liverpool. Zahlreiche Eltern, die die Moral ihrer Kinder in Gefahr sehen, protestieren gegen die Band – doch die Musiker nutzen alle Skandale, um ihr Image als Rock-Idole der härteren Art aufzubauen.

17. Mai 1964

Strandschlacht in Seebädern

Schwere Krawalle erschüttern an den Pfingsttagen Großbritannien. In den Badeorten Brighton und Margate versammeln sich tausende von Anhängern der Jugendkulturströmungen Mods und Rocker, um aufeinander einzuschlagen. Nicht nur Fäuste kommen dabei zum Einsatz, sondern auch Messer, Flaschen und Knüppel. Unzählige Schaufenster gehen zu Bruch, die Randalierer stürmen Cafés und Ladenlokale. Die Polizei kann erst nach Stunden Ordnung schaffen und nimmt rd. 100 Personen fest. Die Roller fahrenden Mods und die Motorrad fahrenden Rocker kommen aus den Großstädten in die Seebäder, um ihre Rivalitäten untereinander auszutragen. Während die Mods elegante Kleidung bevorzugen, zeigen sich die Rocker in nietenbesetzter Ledermontur (s. Abb.). Den Pfingstkrawallen waren bereits andere Massenschlägereien, u.a. an Ostern, vorausgegangen.

Juni 1964

1 Mo In der Bundesrepublik räumt eine neue Straßenverkehrsordnung Fußgängern an Zebrastreifen ein Vorrecht gegenüber Kraftfahrern ein. → PLO

2 Di Die Parlamentsfraktion der indischen Kongresspartei wählt Lal Bahadur Shastri zum neuen Vorsitzenden und damit zum Ministerpräsidenten von Indien.

3 Mi Erich Mende wird auf dem Bundesparteitag der Freien Demokraten (FDP) in Duisburg als FDP-Bundesvorsitzender bestätigt. → Rolling Stones

4 Do Bund und Länder einigen sich in Bonn vor dem Hintergrund des viel zitierten Bildungsnotstands auf die Finanzierung neuer Hochschulen.

5 Fr Im Rahmen einer Modernisierung der katholischen Kirche hebt Papst Paul VI. die Kirchenstrafen gegen Christen auf, die eine Feuerbestattung wünschen.

6 Sa Die Vereinigten Staaten von Amerika und die Sowjetunion unterzeichnen in Genf zwei Abkommen über die Zusammenarbeit in der Weltraumforschung.

7 So Zum letzten Mal siegt die Fußball-Nationalmannschaft unter Trainer Sepp Herberger (4:1 gegen Finnland). Zum 30. Juni geht er in Ruhestand.

8 Mo In einem Bunker in Dortmund probt das Bundesamt für Zivilschutz mit 144 Freiwilligen das Überleben nach einem Atomschlag.

9 Di Die Bundesrepublik und Großbritannien einigen sich auf eine Entschädigungszahlung für britische NS-Opfer in Höhe von 11,2 Mio. DM.

10 Mi Die erste Weltbuchmesse wird in der Londoner Ausstellungshalle Earl's Court eröffnet. Die Messe ist als bunte Show für das breite Publikum konzipiert.

11 Do Das Parlament in Norwegen beschließt, für eine Ordnungstruppe der Vereinten Nationen ein ständiges Kontingent bereitzustellen.

12 Fr UdSSR und DDR schließen ein Freundschaftsabkommen. +++ In Südafrika wird Schwarzenführer Nelson Mandela zu lebenslanger Haft verurteilt.

13 Sa Das erste deutsche Schiff mit Atomantrieb, die »Otto Hahn«, läuft in Kiel vom Stapel. Es ist der erste Nuklearfrachter Europas, der dritte weltweit.

14 So In den USA sichern elf Stahlgesellschaften der Stahlarbeitergewerkschaft gleiche Arbeitsbedingungen für alle Rassen in der Stahlindustrie zu.

15 Mo Auf dem Parteitag der Polnischen Vereinigten Arbeiterpartei (bis 20.6.) setzt sich Parteichef Wladyslaw Gomulka mit seinem moderaten Kurs durch.

16 Di An der Hamburger Staatsoper wird »Der Goldene Bock«, eine Oper des aus Österreich stammenden Ernst Krenek, uraufgeführt.

17 Mi Kanzler Ludwig Erhard erklärt am »Tag der Deutschen Einheit«, dass es ohne Selbstbestimmung für die Deutschen dauerhaft keinen Frieden geben könne.

18 Do Das US-Schiff »Savannah«, das erste kernenergiebetriebene Handelsschiff der Welt, trifft zu Beginn seiner Europareise in Bremerhaven ein. → Komiker

19 Fr US-Senator Edward Kennedy, jüngster Bruder des 1963 ermordeten US-Präsidenten John F. Kennedy, wird bei einem Flugzeugabsturz schwer verletzt.

20 Sa Aufgrund der weiterhin angespannten Lage verlängert der UN-Sicherheitsrat das Mandat für die Friedenstruppe auf Zypern um drei Monate. → Pop-Art

21 So Die älteste US-Universität, die Yale-Universität, verleiht dem schwarzen Bürgerrechtler Martin Luther King jr. die Ehrendoktorwürde.

22 Mo UdSSR und DDR protestieren gegen die Direktfluglinie Berlin-New York, die ab 31. Mai von der US-Gesellschaft Pan American Airways bedient wird.

23 Di Papst Paul VI. teilt mit, dass die Kirche ihre Haltung zur Geburtenkontrolle derzeit überprüfe. Bisher lehnte der Vatikan Empfängnisverhütung ab.

24 Mi In Bonn verabschiedet der Bundestag einstimmig eine Änderung der Strafprozessordnung mit dem Ziel, Beschuldigte rechtlich besserzustellen.

25 Do Der US-Spielfilm »Circus World« (Zirkuswelt) wird uraufgeführt. John Wayne spielt die Rolle eines Zirkusdirektors, der eine Wildwest-Show zeigt.

26 Fr Als drittes Land der Welt nach der Bundesrepublik Deutschland und den USA führt die Schweiz Postleitzahlen zur schnelleren Briefbeförderung ein.

27 Sa Die Tarifpartner der Metallindustrie einigen sich auf Schloss Reinhardshausen u.a. auf Lohn- und Gehaltserhöhungen für die Belegschaften.

28 So Den Deutschen Filmpreis erhält der Film »Kennwort: Reiher« (Regie: Rudolf Jugert) über eine Widerstandsgruppe im deutsch besetzten Frankreich.

29 Mo In der Bundesrepublik fällt die Preisbindung für Schokolade. Statt 1,30 DM sollen die Tafeln künftig nur noch 1 DM bzw. 70 Pf kosten.

30 Di Im Londoner Auktionshaus Sotheby's werden 50 Gemälde des russischen Malers Wassily Kandinsky versteigert, die einen Preis von 6 Mio. DM erzielen.

Juli 1964

1 Mi In West-Berlin wählt die Bundesversammlung Heinrich Lübke (CDU) mit 710 von 1042 Stimmen für weitere fünf Jahre zum Bundespräsidenten.

2 Do Richard von Weizsäcker tritt die Nachfolge Reinhold von Thadden-Trieglaffs als Präsident des Deutschen Evangelischen Kirchentags an. → Rassentrennung

3 Fr Im Herrenfinalspiel der internationalen englischen Tennismeisterschaften in Wimbledon siegt Roy Emerson über Fred Stolle (beide Australien).

4 Sa Hafenarbeiter in der kubanischen Hauptstadt Havanna weigern sich, Fleisch für den Export nach Italien zu verladen, da Kuba unter Fleischmangel leidet.

5 So Algerien begeht – begleitet von revolutionären Umtrieben gegen Präsident Mohammed Ahmed Ben Bella – den zweiten Jahrestag der Unabhängigkeit.

6 Mo Das britische Schutzgebiet Njassaland erhält unter dem Namen Malawi als 37. Staat Afrikas die Unabhängigkeit, bleibt aber im Commonwealth.

7 Di Der frühere stellvertretende Pressechef der NATO, der Franzose Georges Pâques, wird wegen Spionage für die UdSSR zu lebenslanger Haft verurteilt.

8 Mi Die 21-jährige Irin Antonia Redgrave erhält als bisher jüngste Ärztin ihre Approbation. Sie begann mit 15 Jahren in Dublin ihr Medizinstudium.

9 Do Der Vatikan und Tunesien einigen sich darauf, von 90 Kirchen in Tunesien sieben zu erhalten, da es nach dem Abzug der Franzosen weniger Gläubige gibt.

10 Fr Der bayerische Kultusminister Theodor Maunz, der wegen juristischer Veröffentlichungen in der NS-Zeit in die Kritik geraten war, tritt zurück.

11 Sa Moskau spricht sich gegenüber NATO-Mitgliedern gegen eine Beteiligung der Bundesrepublik an der multilateralen Kernstreitmacht der NATO aus.

12 So Nahum Goldmann vom »Zionistischen Weltkongress« bezichtigt die UdSSR, ihren 2,5 Mio. Juden die Minderheitenrechte zu versagen. → »Gaullisten«

13 Mo In der UdSSR wird eine Rente für Kolchosemitglieder sowie ein bezahlter Schwangerschafts- und Entbindungsurlaub für Bäuerinnen eingeführt.

14 Di Die 13 Aufsichtspersonen der Grube Luisenthal, wo 1962 bei einem Unglück 299 Menschen umkamen, werden in Völklingen freigesprochen. → Anquetil

15 Mi Leonid I. Breschnew wird als Vorsitzender des Präsidiums des Obersten Sowjet der UdSSR abgelöst; er soll sich der Parteiarbeit in der KPdSU widmen.

16 Do Nach dem Tod eines 20-jährigen Rekruten, der bei einem Marsch an einem Hitzschlag stirbt, werden die Ausbildungsmethoden der Bundeswehr diskutiert.

17 Fr Mit der Dienstaufnahme eines Postfernmeldeturms in West-Berlin ist die Stadt komplett an den Selbstwählferndienst des Bundesgebiets angeschlossen.

18 Sa Die Ruhrland-Halle in Bochum, eine Mehrzweckhalle für sportliche und kulturelle Veranstaltungen, wird ihrer Bestimmung übergeben.

19 So Im tschechoslowakischen Karlsbad endet das 14. Internationale Filmfestival. 28 Spielfilme aus neueren Produktionen waren gezeigt worden.

20 Mo Bei der Eroberung der südvietnamesischen Provinzhauptstadt Cai Be durch den Vietcong kommen 60 Personen ums Leben, die Stadt wird zerstört.

21 Di Die Ursachen der Rassenunruhen im New Yorker Stadtteil Harlem sollen auf Anweisung von Präsident Lyndon B. Johnson untersucht werden.

22 Mi Die Bundesregierung billigt grundsätzlich den vom EWG-Ministerrat vorgelegten Vorschlag über neue Marktverordnungen für einige Lebensmittel.

23 Do Der neuerliche Streik der britischen Postgewerkschaft zur Durchsetzung ihrer Lohnforderungen bringt die Postzustellung im Land nahezu zum Erliegen.

24 Fr Den Vorschlag Frankreichs, eine internationale Konferenz zur Lösung des Vietnamkonflikts einzuberufen, lehnen die USA ab.

25 Sa Die »Sommerlichen Musiktage« (bis 2.8.) in Hitzacker (Niedersachsen) werden eröffnet. Musikalischer Stargast ist der Komponist Ernst Krenek.

26 So In Washington beschließt die Organisation Amerikanischer Staaten (OAS), wirtschaftliche und diplomatische Sanktionen über Kuba zu verhängen.

27 Mo Winston Churchill nimmt letztmals an einer Sitzung des Unterhauses teil. +++ Die Deutsche Bundesbank bringt erstmals eine 1000-DM-Note in Umlauf.

28 Di Bei Kämpfen in Nordrhodesien zwischen der Polizei und Mitgliedern der religiösen Lumpa-Sekte kommen über 40 Menschen ums Leben.

29 Mi Eine Bundestagsabstimmung über die Aussetzung einer beschlossenen Erhöhung der Telefongebühren führt die Regierung an den Rand einer Niederlage.

30 Do Die nordvietnamesischen Inseln Hon Ngu und Hon Mo werden von Kriegsschiffen der US-Flotte und der Flotte Südvietnams beschossen.

31 Fr Die US-Mondsonde »Ranger 7«, die mit sechs Fernsehkameras bestückt ist, sendet erstmals Bilder von der Oberfläche des Erdtrabanten zur Erde.

2. August 1964

»Tonking-Zwischenfall« verschärft Vietnamkrise

Ein folgenschwerer Zwischenfall, dessen genaue Hintergründe nie zweifelsfrei geklärt werden sollen, ereignet sich vor der nordvietnamesischen Küste. Nach der offiziellen Version der US-Regierung greifen nordvietnamesische Patrouillenboote am 2. August »völlig überraschend« den US-Zerstörer »Maddox« und zwei Tage darauf zusätzlich den zu Hilfe geeilten US-Zerstörer »C. Turner Joy« an. Den Zwischenfall nutzt US-Präsident Lyndon B. Johnson, um Vergeltungsbombardements gegen Nordvietnam anzuordnen und sich am 7. August vom Kongress Generalvollmachten für eine Ausweitung des militärischen Engagements geben zu lassen. Damit sind die gesetzlichen Voraussetzungen für ein Eingreifen der Weltmacht USA in den Vietnamkrieg geschaffen.

Der »Tonking-Zwischenfall« ist die erste offiziell bekannte Kriegshandlung zwischen dem kommunistischen Nordvietnam und den USA. Er steht am Beginn einer Eskalation des vietnamesischen Bürgerkriegs und leitet das offizielle Militärengagement der USA ein. Bis dahin hatte Washington in öffentlichen Erklärungen auf seine ausschließliche Beratertätigkeit für das pro-amerikanische Regime in Südvietnam (Abb.: Illustrierten-Titelbild mit dem südvietnamesischen Ministerpräsidenten General Nguyên Khan) gepocht. Jahre später kommt ans Licht, dass die Öffentlichkeit über die Vietnampolitik ihrer Regierung getäuscht worden war. Aus den 1971 veröffentlichten sog. Pentagon-Papieren geht hervor, dass schon seit Frühjahr 1964 ein detaillierter Plan für

12. Juli 1964

»Gaullisten« und »Atlantiker« streiten um die Außenpolitik

In der Union eskaliert der Streit zwischen »Gaullisten« und »Atlantikern« um die außenpolitische Richtung der Bundesrepublik. Auf dem CSU-Parteitag in München kommt es zur offenen Kontro-

verse. Die »Gaullisten« sehen die deutsch-französische Zusammenarbeit als wichtigstes Element deutscher Außenpolitik, wohingegen die »Atlantiker« zuerst auf ein Bündnis mit den USA setzen. Ludwig Erhard (s. Abb., l., mit dem CSU-Vorsitzenden Franz Josef Strauß und dem bayerischen Justizminister Hans Ehard) sieht sich angesichts des direkten Angriffs auf seine »atlantische« Außenpolitik gezwungen, seine Kontrahenten darauf aufmerksam zu machen, dass er als Bundeskanzler über die Richtlinienkompentenz verfügt. Mit diesem deutlichen Verweis kann er den Vorstoß seiner Widersacher zunächst stoppen – der Streit ist damit jedoch nicht beigelegt. Gegen Erhards außenpolitische Linie hat sich um den CDU-Vorsitzenden Konrad Adenauer und CSU-Chef Strauß eine starke Oppositionsgruppe formiert. Beide befürchten, die Bundesrepublik könnte ein Opfer der US-Entspannungspolitik werden. Sie wollen das Gewicht der Bundesrepublik gegenüber den USA durch eine enge deutsch-französische Zusammenarbeit stärken. Die Konfrontation treibt einem Höhepunkt zu, seit der französische Staatspräsident Charles de Gaulle während seines Arbeitsbesuchs am 3. und 4. Juli in Bonn die Bundesregierung aufgefordert hatte, dem Plan für eine politische Union Europas mit einer deutsch-französischen Allianz als Kernzelle zuzustimmen. De Gaulle will Europa als dritte Kraft neben den USA und der UdSSR etablieren.

Ein Teil der US-Flotte, darunter auch ein Flugzeugträger, nimmt Kurs auf den Golf von Tonking.

eine Bombardierung Nordvietnams vorlag. Bekannt wird außerdem, dass die USA bereits seit Anfang 1964 geheime Militäroperationen gegen Nordvietnam durchgeführt hatten. U.a. hatten US-Kräfte am 30. Juli zwei nordvietnamesische Inseln im Golf von Tonking angegriffen. Es ist demnach davon auszugehen, dass der »Tonking-Zwischenfall« eine direkte Reaktion auf die vorausgegangene US-Militäraktion darstellte.

Die US-Regierung engagiert sich seit Beginn der 50er Jahre in Vietnam. Sie betrachtet dies als Bestandteil ihres Kampfes gegen den Weltkommunismus, der, so wird befürchtet, nach einem Sieg in Vietnam auch auf die benachbarten Staaten übergreifen könne (Domino-Theorie). Die Schreckensvision eines kommunistisch beherrschten Südostasiens vor Augen, verstricken sich die Vereinigten Staaten Jahr für Jahr immer stärker in den Krieg in Indochina. Auf Ersuchen der französischen Kolonialverwaltung, die sich in Vietnam im Kampf gegen die Truppen der kommunistisch geführten »Liga für die Unabhängigkeit Vietnams« (Vietminh) befindet, entsendet die US-Regierung 1950 erstmals Militärberater nach Saigon und leistet Finanzhilfe. Nach der Genfer Indochinakonferenz 1954 entschließen sich die USA, ihr Engagement in Vietnam weiter zu verstärken. Die Konferenz hatte das Ende der französischen Herrschaft in Indochina besiegelt und das Land am 17. Breitengrad in eine kommunistisch beherrschte Zone im Norden und eine unter westlichem Einfluss stehende südliche Zone geteilt.

2. Juli 1964

Gesetz gegen Rassentrennung

Der US-Kongress billigt ein Gesetz zur Gleichstellung der Rassen: Präsident Lyndon B. Johnson (s. Abb., händeschüttelnd mit Martin Luther King) unterzeichnet in Washington das neue Bürgerrechtsgesetz. Es wird als das wichtigste Dokument zur Gleichberechtigung der Schwarzen in den USA seit Abschaffung der Sklaverei durch Präsident Abraham Lincoln und der Verankerung der Bürgerrechte für Schwarze in der Verfassung von 1865 bezeichnet. Präsident John F. Kennedy hatte unter wachsendem Druck der Schwarzen die Bürgerrechtsvorlage, die vor allem von vielen Südstaatlern kritisiert worden war, eingebracht.

14. Juli 1964

Anquetil feiert Tour-Triumph

Jacques Anquetil schreibt Radsportgeschichte: Der französische Radrennfahrer (s. Abb.) gewinnt zum vierten Mal hintereinander und zum fünften Mal insgesamt die Tour de France, das schwerste Radrennen der Welt. Die Entscheidung der Tour, die 22 Etappen über 4505 km umfasst, fällt erst beim abschließenden Zeitfahren von Versailles nach Paris. Anquetil kann sich dabei gegen die Verfolger, allen voran Raymond Poulidor, durchsetzen und die »Tour der Leiden« mit 55 sec Vorsprung für sich entscheiden. Der deutsche Fahrer Rudi Altig konnte einen Etappensieg erringen und war vier Tage im Gelben Trikot gefahren.

August 1964

1 Sa Die DDR gibt neue Banknoten mit der Währungsbezeichnung »Mark der deutschen Notenbank« (MDN) heraus.

2 So Die verfeindeten Jugendgangs »Mods« und »Rocker« liefern sich in Hastings an der englischen Südküste erneut schwere Gefechte. → »Tonking-Zwischenfall«

3 Mo Bei Rassenunruhen in den US-Bundesstaaten Kansas und New Jersey werden insgesamt 22 Polizisten und 16 farbige Demonstranten verletzt.

4 Di Bei Philadelphia (US-Bundesstaat Pennsylvania) werden die Leichen von drei Bürgerrechtlern entdeckt, die von Rassisten ermordet wurden.

5 Mi Als Vergeltung für den »Zwischenfall von Tonking« fliegen US-Bomber Angriffe auf nordvietnamesische Stützpunkte und Kriegsschiffe.

6 Do Die Rheinischen Stahlwerke Essen übernehmen für 110 Mio. DM die Henschel-Werke Kassel. Der Jahresumsatz der Essener Firma beträgt nun 3,7 Mio. DM.

7 Fr Die türkische Luftwaffe bombardiert Dörfer in Nordzypern, in denen, wie es heißt, griechische Zyprer bewaffnet gegen türkische vorgingen.

8 Sa Der wegen Sexszenen umstrittene schwedische Kinofilm »491« von Vilgot Sjöman wird in der Bundesrepublik in zensierter Fassung freigegeben.

9 So Papst Paul VI. unterzeichnet in Castel Gandolfo seine Enzyklika »Ecclesia suam« über die Bereitschaft der katholischen Kirche zum Dialog mit der Welt.

10 Mo Das Bundesernährungsministerium appelliert an alle Haushalte, einen Vorrat für 14 Tage anzulegen, um für vorübergehende Krisen gerüstet zu sein.

11 Di Das von US-Präsident Lyndon B. Johnson aufgestellte Programm zur Bekämpfung der Armut passiert den Kongress. 947,5 Mio. Dollar sind vorgesehen.

12 Mi Südafrika wird wegen seiner Rassentrennungspolitik von den Olympischen Sommerspielen 1964 im japanischen Tokio ausgeschlossen.

13 Do Der Irak, Jordanien, Kuwait, Syrien und die Vereinigte Arabische Republik (VAR/Ägypten) unterzeichnen in Kairo einen Vertrag über einen gemeinsamen Markt.

14 Fr Ein Sprecher der Regierung in Ankara teilt mit, dass die Türkei 12 000 Griechen ausweisen werde, wenn Griechenland seine Zypern-Politik nicht ändere.

15 Sa Innerhalb von zwei Wochen nach der drastischen Anhebung der Telefongebühren in der Bundesrepublik haben 3500 Kunden ihre Anschlüsse gekündigt.

16 So Im New Yorker Stadtteil Harlem wird die Forderung der überwiegend farbigen Bevölkerung erfüllt und erstmals ein farbiger Polizeichef eingesetzt.

17 Mo Kongos Ministerpräsident Moise Tschombé bittet angesichts des verschärften Bürgerkriegs fünf afrikanische Länder um militärische Hilfe.

18 Di Die UdSSR bringt mit einer Rakete drei Satelliten der »Kosmos«-Serie in eine Erdumlaufbahn. +++ Ein Hagelsturm wütet zehn Minuten lang in München.

19 Mi Die ersten 14 Entwicklungshelfer des 1963 gegründeten Deutschen Entwicklungsdienstes (DED) starten nach Tansania in Afrika.

20 Do Das neueste sinfonische Werk von Igor Strawinsky, »Abraham und Isaak«, das den Juden gewidmet ist, wird in Caesarea (Israel) uraufgeführt.

21 Fr In einem Erlass sichert die DDR-Regierung all jenen, die das Land vor dem Bau der Berliner Mauer 1961 verlassen haben, Straffreiheit zu.

22 Sa Die durchschnittliche Wachstumsrate der Weltbevölkerung von 2,1% in den Jahren 1958-1962 ist laut Vereinten Nationen die bislang höchste.

23 So Das Olympische Feuer, das traditionell im griechischen Olympia entzündet wird, geht per Flugzeug auf die Reise zu den Sommerspielen nach Tokio.

24 Mo Der Hurrikan »Cleo«, der in den vorherigen Tagen Guadeloupe verwüstete, zerstört in der Dominikanischen Republik zahlreiche Häuser.

25 Di Von Point Arguello aus starten die USA den Forschungssatelliten »Explorer XX«. Er soll Aufschluss über die obere Schicht der Ionosphäre geben.

26 Mi Die südrhodesische Regierung unter Ian Smith verbietet die beiden afrikanischen Parteien des Landes und die einzige Tageszeitung für Farbige.

27 Do Blutige Straßenschlachten liefern sich Buddhisten und Katholiken in der südvietnamesischen Hauptstadt Saigon. Es gibt zahlreiche Tote und Verletzte.

28 Fr Der Sozialistische Deutsche Studentenbund (SDS) beschließt, die Oder-Neiße-Grenze und die Existenz zweier deutscher Staaten anzuerkennen.

29 Sa In den türkischen Städten Ankara, Istanbul und Izmir kommt es zu schweren Ausschreitungen, die sich gegen die Zypern-Politik der USA richten.

30 So Die Olympia-Fahrkarten der deutschen Leichathleten nach Tokio sind vergeben: Bundesdeutsche Sportler erkämpften 59, DDR-Athleten 58 Tickets.

31 Mo In Genf beginnt die dritte internationale Konferenz über die friedliche Nutzung der Atomenergie. Diskutiert werden Wege zur Verbilligung des Energieträgers.

September 1964

1 Di Ein niederländischer »Piratensender«, dessen Sendestation sich auf See außerhalb der Hoheitsgewässer befindet, strahlt sein erstes Programm aus.

2 Mi Indonesien setzt seinen Kampf gegen Malaysia fort und lässt Guerillas ins Dschungelgebiet des benachbarten Landes fliegen.

3 Do Robert F. Kennedy tritt von seinem Amt als US-Justizminister zurück, um im Bundesstaat New York für einen Sitz im Senat zu kandidieren.

4 Fr Die Münchener Sekretärin Daisy Voog durchsteigt als erste Frau der Welt die 1600 m hohe Nordwand des Eiger im Berner Oberland.

5 Sa Die neu erbaute Straßenbrücke über den Firth of Forth in Schottland, die längste Spannbetonbrücke der Welt außerhalb der USA, wird eröffnet.

6 So Bundespostminister Richard Stücklen lässt die sog. Trickschaltungen untersuchen, mit denen man über geheime Vorwahlen kostenlos telefonieren kann.

7 Mo Die Südtirol-Gespräche Österreichs und Italiens in Genf zur Lösung des Nationalitätenkonflikts werden von Terroranschlägen in Südtirol begleitet.

8 Di Die »Kongolesische Befreiungsarmee« proklamiert in Stanleyville eine »Regierung der Volksrepublik Kongo« unter dem Führer Christophe Gbenye.

9 Mi Der Ministerrat der DDR beschließt, dass Rentner künftig einmal pro Jahr in die Bundesrepublik reisen dürfen, um Verwandte zu besuchen.

10 Do Der John-Huston-Film »Die Nacht des Leguan« mit Richard Burton, Ava Gardner und Deborah Kerr läuft in der Bundesrepublik an. → Gastarbeiter

11 Fr Der Leiter des Zentralinstituts für Kernphysik in Rossendorf bei Dresden, Heinz Barwich, flieht in die Bundesrepublik und bittet um Asyl.

12 Sa Die sowjetische Parteizeitung »Prawda« beschuldigt China in einem Artikel, seine internationalen Aktionen mit Opiumschmuggel zu finanzieren.

13 So Der US-Bürgerrechtler Martin Luther King trifft auf Einladung des Regierenden Bürgermeisters Willy Brandt in West-Berlin ein.

14 Mo Der einzige flugfähige Prototyp des deutschen Senkrechtstarters VJ 101 X1 stürzt über der Startbahn von Manching bei Ingolstadt ab.

15 Di In Budapest unterzeichnen die Regierung und der Vatikan einen Vertrag, nach dem ungarischen Geistlichen seelsorgerische Arbeiten erleichtert werden.

16 Mi Die Bundesregierung beschließt die Gründung der »Stiftung Warentest«, eines Prüfungsinstituts, das Verbraucher objektiv über Waren informieren soll.

17 Do Jugoslawien vereinbart mit dem COMECON (Rat für gegenseitige Wirtschaftshilfe) die gleichberechtigte Mitarbeit des Landes ohne Vollmitgliedschaft.

18 Fr In der griechischen Hauptstadt Athen heiraten der 24-jährige König Konstantin II. und die 18-jährige dänische Königstochter Anne-Marie.

19 Sa Laut einer Verfügung können Wehrdienstverweigerer in der DDR künftig vom Militärdienst befreit werden und in nicht bewaffneten Pioniereinheiten arbeiten.

20 So Nach dem Ende der Ausscheidungswettkämpfe reisen 194 DDR-Athleten und 182 aus der Bundesrepublik zu den Olympischen Spielen nach Tokio.

21 Mo Die britische Kronkolonie Malta wird unabhängig. +++ In Ost-Berlin stirbt Ministerpräsident Otto Grotewohl. Willi Stoph wird sein Nachfolger.

22 Di Der Bayerische Rundfunk beginnt als erster Sender mit der Ausstrahlung eines dritten Fernsehprogramms. Die anderen ARD-Anstalten folgen bis 1969.

23 Mi Zur wirtschaftlichen Förderung der Zonenrandgebiete beschließt das Bundeskabinett, für das Jahr 1965 etwa 40-50 Mio. DM zusätzlich bereitzustellen.

24 Do Die USA testen im US-Bundesstaat Florida erstmals mit Erfolg die neue interkontinentale Feststoffrakete »Minuteman II«. → Ost-Berlin

25 Fr Der UN-Sicherheitsrat beschließt die Verlängerung des Mandats für die UN-Friedenstruppe auf Zypern, da die Lage weiterhin angespannt ist.

26 Sa Die Internationalen New Yorker Filmfestspiele gehen zu Ende. Erstmals wurde hier der US-Film »Lilith« von Robert Rossen gezeigt.

27 So Der Report der »Warren-Kommission« zur Klärung des Mordes an John F. Kennedy wird veröffentlicht. Danach war Lee Harvey Oswald alleiniger Täter.

28 Mo Ägypten und Irak beschließen, ihre diplomatischen Dienste zu verschmelzen. +++ Das neue britische Kampfflugzeug »TSR 2« wird erfolgreich getestet.

29 Di »La chasse à l'homme« (Jagd auf Männer), ein französisch-italienischer Film mit Jean-Paul Belmondo und Michel Serrault, wird in Paris uraufgeführt.

30 Mi Das Münchner Schwurgericht verurteilt den ehemaligen SS-General Kurt Wolff wegen Beihilfe zum Mord in 300 000 Fällen zu 15 Jahren Zuchthaus.

10. September 1964

Aufschwung mit Gastarbeitern

Der millionste Gastarbeiter in der Bundesrepublik erhält als Willkommensgruß ein Moped. Das Los ist auf den verdutzten Portugiesen Armando Rodrigues gefallen, der bei seiner Ankunft auf dem Bahnhof Köln-Deutz im Auftrag der Bundesvereinigung der Deutschen Arbeitgeberverbände das Geschenk entgegennimmt (s. Abb.). In einer Ansprache vor den 933 Spaniern und 173 Portugiesen, die zusammen mit Rodrigues in zwei Sonderzügen in die Bundesrepublik gekommen sind, sowie vor Botschaftsvertretern beider Länder und zahlreichen Journalisten erklärt ein Sprecher der Arbeitgeber: »Ohne die Mitarbeit der Ausländer wäre unsere wirtschaftliche Entwicklung der letzten Jahre nicht denkbar gewesen.« Ihre Leistung sei umso höher zu bewerten, als Herkunft, Sprache, Klima und die Umstellung auf eine fremde, hochindustrialisierte Welt mancherlei Schwierigkeiten mit sich brächten. Während des sich ständig verschärfenden Mangels an Arbeitskräften wirbt die Bundesrepublik Deutschland immer mehr Ausländer an. Rd. 70% stammen aus Italien.

10. Oktober 1964

Gesamtdeutsch in Tokio

7000 Sportler aus 94 Nationen ziehen in das Nationalstadion von Tokio ein – gemeinsam mit den 75 000 Zuschauern feiern sie den Beginn der XVIII. Olympischen Sommerspiele. Es sind die ersten, die in Asien stattfinden. Als größter Block unter den Nationen marschiert die aus 376 Athleten bestehende gesamtdeutsche Mannschaft in das Stadion ein. Die schwarz-rot-goldene Fahne mit den Olympischen Ringen trägt Ingrid Engel-Krämer aus Rostock, die Olympiasiegerin im Kunst- und Turmspringen von 1960. Die Sportler aus der Bundesrepublik und der DDR, die in Tokio letztmalig gemeinsam an den Start gehen, schneiden mit einem guten Ergebnis ab. Insgesamt gewinnen sie 50 Medaillen und sichern sich hinter den USA, der UdSSR und Japan den vierten Platz in der Nationenwertung. Die deutschen Leichtathleten sind maßgeblich am Mannschaftserfolg beteiligt. Neben dem spektakulären Zehnkampf-Gold durch Willi Holdorf (s. Abb., M.) erkämpfen sie ein weiteres Mal Gold sowie acht weitere Medaillen.

14. Oktober 1964

Wachablösu Breschnew is

Für die Öffentlichkeit völlig unerwartet, enthebt das Zentralkomitee der KPdSU und das Präsidium des Obersten Sowjet den 70-jährigen Parteichef und sowjetischen Ministerpräsidenten Nikita S. Chruschtschow seiner Ämter. Neuer Vorsitzender der KPdSU wird Leonid I. Breschnew. Das Amt des Regierungschefs übernimmt Alexej N. Kossygin. Hintergrund der Kreml-Rebellion sind zum einen die wirtschaftlichen Misserfolge der UdSSR, zum anderen ist es die Verschärfung des Konfliktes mit der Volksrepublik China.
Unter dem Titel »Die unerschütterliche Leninsche Generallinie der KPdSU« veröffentlicht das Parteiorgan »Prawda« am 17. Oktober eine Generalabrechnung mit dem langjährigen Partei- und Regierungschef. Diesem werden indirekt Personenkult, diktatorische Führung, Sippenwirtschaft, Besserwisserei, übereilte Entscheidungen, mangelnde Selbstbeherrschung und ähnliches vorgeworfen. Chruschtschow wird während seines Urlaubs von seiner Entmachtung überrascht. Am Vormittag des 13. Oktobers führte er, zu diesem Zeitpunkt offensichtlich ahnungslos, eine Unterredung mit dem französischen Minister Gaston Palewski an seinem Ferienort Sotschi. Dann begab er sich nach Moskau. Der Ablauf der folgenden Ereignisse ist nur ungefähr bekannt. Am Abend des 13. Oktober trat er dem Präsidium gegenüber, wo er von dem Parteiideologen Michail A. Suslow angegriffen wurde. Am 14. Oktober stellte er sich dem Plenum des ZK. Das Treffen fand am frühen Morgen statt, nach anderen Darstellungen noch in der Nacht. Hier fiel die endgültige Entscheidung gegen den Kreml-Chef.

24. September 1964

Familienbesuch in Ost-Berlin

Für Westberliner wird die Mauer etwas durchlässiger: DDR-Staatssekretär Erich Wendt und der Westberliner Senatsrat Horst Korber unterzeichnen in Ost-Berlin das zweite Passierschein-Abkommen. Es sieht vier Besuchsperioden innerhalb eines Jahres vor, in denen Westberliner zu ihren Verwandten in den Ostteil der Stadt reisen können. Bereits das erste Abkommen dieser Art ermöglichte zwischen 1963 und 1964 einen Besuch im Ostteil (Abb.: Verwandte treffen sich nach Jahren wieder).

Moskau – euer Kremlchef

Kundgebung in Moskau nach dem Führungswechsel

Leonid I. Breschnew

sowjetischer Politiker; * 19.12.1906 Dneprodserschinsk (Ukraine); † 10.11.1982 Moskau

Die Ära Breschnew erscheint außenpolitisch als von zwei gegenläufigen Tendenzen bestimmt. Einerseits wird jeder Versuch eines einzelnen Moskauer Satelliten-Staates, den gemeinsamen Weg der sozialistischen Staatengemeinschaft zu verlassen, notfalls auch mit Waffengewalt unterbunden. Andererseits bemüht sich der ehemalige Politische Kommissar der Roten Armee (1941-45) um eine Entspannungspolitik gegenüber dem Westen. Er ebnet den Weg zu Abrüstungsabkommen mit den USA und zeigt seine Bereitschaft zur Zusammenarbeit u.a. mit der Bundesrepublik Deutschland. Diese Anstrengungen erleiden allerdings durch den Einmarsch sowjetischer Truppen in Afghanistan im Dezember 1979 einen empfindlichen Rückschlag. Zugleich versucht der Kremlchef die sowjetische Einflusssphäre durch eine Intensivierung der Entwicklungshilfe für die Dritte Welt, aber auch durch die massive Unterstützung von Befreiungsbewegungen, u.a. in Afrika, auszudehnen. Innenpolitisch werden die Repressionen gegenüber Abweichlern während Breschnews Amtszeit eher noch verschärft. Immer wieder verschwinden Oppositionelle in psychiatrischen Kliniken.

- 1931-35: Ausbildung zum Techniker
- 1937: Hauptamtlicher Funktionär der KPdSU
- 1954: KP-Chef in Kasachstan
- 1957: Mitglied des Präsidiums der KPdSU
- 1976: Armeegeneral

15. Oktober 1964

Labour regiert wieder

Nachdem die britische Labour Party 13 Jahre in der Opposition gewesen ist, gelingt ihr nun erneut der Sprung an die Macht. Mit einer knappen absoluten Mehrheit von 317 der 630 Sitze zieht sie ins Unterhaus ein. Premierminister wird Harold Wilson, der mit drastischen handelspolitischen Maßnahmen die schlechte Zahlungsbilanz Großbritanniens wieder ins Gleichgewicht bringen will. Der wichtigste Mann im neuen Kabinett ist – neben dem Regierungschef – George Brown, Vize-Premier und Leiter des neu geschaffenen Ministeriums für wirtschaftliche Angelegenheiten. Die neue Regierung erhebt ab dem 27. Oktober auf alle Einfuhren mit Ausnahme von Nahrungsmitteln, Rohtabak und Rohstoffen einen Zusatzzoll von 15% des Warenwerts. Gleichzeitig werden alle Ausfuhren dadurch steuerlich gefördert, dass der Exporteur eine Rückvergütung von durchschnittlich 1,5% des Warenwerts erhält.

5. Oktober 1964

Tunnelflucht nach West-Berlin

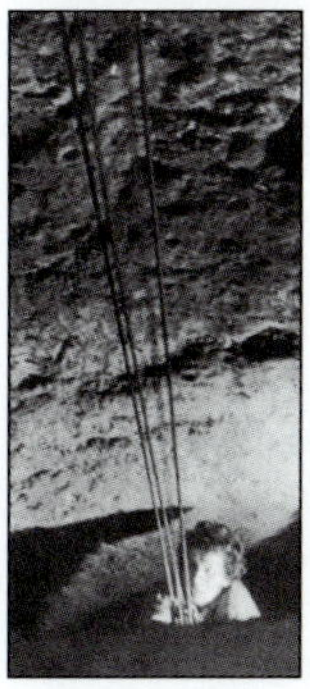

Bei der größten Fluchtaktion seit dem Berliner Mauerbau gelangen 57 Bewohner Ost-Berlins in den Westteil der Stadt. Die Flüchtlinge, die seit dem 3. Oktober durch einen 150 m langen Tunnel in den Westen geflohen sind, bleiben trotz eines dramatischen Zwischenfalls unverletzt: Als DDR-Grenzer auf Fluchthelfer aufmerksam werden, kommt es zu einem Schusswechsel, bei dem ein Grenzer getötet wird. Gerüchte, wonach westliche Medien gegen Sicherung der Exklusivrechte an der Flucht-Story das Unternehmen finanziell unterstützt haben sollen, werden von den Beteiligten bestritten (Abb.: Eine Flüchtende wird mit einem Flaschenzug aus dem Stollen gezogen).

Oktober 1964

1 Do In West-Berlin wird die Passierscheinstelle für Härtefälle eröffnet, die Westberlinern in dringenden Fällen bevorzugt Besuche im Osten ermöglicht.

2 Fr Eine französische DC 6 zerschellt auf dem Flug Paris-St. Etienne (Mauretanien) in der Sierra Nevada (Spanien). Alle 80 Insassen kommen ums Leben.

3 Sa In Tunis gründen Algerien, Libyen, Marokko und Tunesien zur Koordinierung ihrer Wirtschaftspolitik ein »Ständiges Konsultativkomitee des Maghreb«.

4 So Der Hurrikan »Hilda« verwüstet einen breiten Küstenstreifen des US-Bundesstaates Louisiana am Golf von Mexiko. 30 Menschen kommen ums Leben.

5 Mo Im Auschwitz-Prozess gegen 22 SS-Angehörige in Frankfurt am Main sagen erstmals Zeugen aus, die Leichen verbrennen mussten. → Tunnelflucht

6 Di Die »documenta III«, die dritte internationale Ausstellung moderner Kunst in Kassel, geht zu Ende. Etwa 200 000 Besucher sahen die rd. 1500 Werke.

7 Mi Unter der Regie von Peter Zadek erlebt das Drama »Bunbury« von Oscar Wilde in Bremen eine bei der Kritik viel beachtete Premiere.

8 Do Im Münchener Hauptbahnhof kommt ein neues Zentralstellwerk zum Einsatz (Baukosten: 17 Mio. DM). Es spart fast 100 Arbeitskräfte ein.

9 Fr Die 62. Vollversammlung des Internationalen Olympischen Komitees (IOC) endet in Tokio. Avery Brundage wird als IOC-Präsident bestätigt.

10 Sa Der Leiter des Instituts für Organisation und Automation in Köln, Erwin Grocha, fordert die Förderung von Rechenanlagen. → Tokio

11 So In Düsseldorf geht das 10. Deutsche Amateur-Jazzfestival zu Ende. Zudem wurden eine Ausstellung und Dokumentarfilme zum Thema Jazz gezeigt.

12 Mo In der UdSSR startet erstmals eine mit drei Kosmonauten besetzte Raumkapsel, »Woschod 1«, ins All. Nach 24 Stunden landet die Besatzung wieder.

13 Di Königin Elizabeth II. von Großbritannien und Nordirland beendet ihren Besuch in Kanada. Die Kanadier bereiteten ihr einen kühlen Empfang.

14 Mi In Kempten findet der »Kamasutra-Prozess« statt. Dem Verleger des Liebesbuches wird »Verbreitung unzüchtiger Schriften« vorgeworfen. → Breschnew

15 Do Mit 71 Jahren stirbt in Kalifornien der US-Komponist Cole Porter. Einer seiner größten Erfolge war das Musical »Kiss me Kate«. → Labour

16 Fr Die Volksrepublik China bringt ihre erste Atombombe zur Explosion. Sie begründet den Test mit dem Recht auf Selbstverteidigung jedes Staates.

17 Sa Der Ministerpräsident Chinas, Chou En-lai, schlägt den Regierungen der Welt eine Konferenz mit dem Ziel vor, alle Kernwaffen zu vernichten.

18 So Papst Paul VI. spricht in Rom 22 schwarze Märtyrer heilig, die bei einem Christen-Massaker in Uganda 1858 ums Leben gekommen sind.

19 Mo Die französischen Bauern beenden einen vierwöchigen Lieferstreik für Frischmilch. Die Regierung lehnt eine Preiserhöhung um 6 Pf auf 36 Pf pro Liter ab.

20 Di Das kambodschanische Dorf Anlong Krès ist Ziel eines Angriffs von US- und südvietnamesischen Luftstreitkräften. Acht Menschen sterben.

21 Mi »My Fair Lady«, die Filmversion des gleichnamigen Musicals, startet in den US-Kinos. In den Hauptrollen sind Audrey Hepburn und Rex Harrison zu sehen.

22 Do Der Bundestag verabschiedet das Gesetz über die Steuersenkung. Ab 1965 werden die Bundesbürger 3,2 Mrd. DM weniger Lohnsteuern zahlen.

23 Fr Eine engere Zusammenarbeit beschließen die Daimler Benz AG und die Volkswagen AG, die umsatzstärksten deutschen Automobilhersteller.

24 Sa Unter dem Namen Sambia erhält das britische Protektorat Nordrhodesien seine Unabhängigkeit, bleibt jedoch Mitglied im Commonwealth.

25 So Die Kommunalwahlen in Hessen, Rheinland-Pfalz und im Saarland bringen kräftige Gewinne für die SPD. Die CDU behauptet ihre Stellung.

26 Mo Die Rolling Stones treten im Rahmen ihrer zweiten US-Tournee erstmals in der populären Ed-Sullivan-Fernsehshow auf.

27 Di Mit drastischen Maßnahmen zur Importdrosselung will die neue britische Regierung unter Harold Wilson die Handelsbilanz des Landes wieder ausgleichen.

28 Mi In Hamburg unterzeichnen die Regierungschefs der Bundesländer ein Abkommen zur Vereinheitlichung des Schulwesens in Deutschland.

29 Do Fritz Kempe aus Hamburg und der Züricher Emil Schulthess erhalten den Kulturpreis der Deutschen Gesellschaft für Fotografie.

30 Fr Frankreich und die UdSSR schließen einen Handelsvertrag ab. +++ In Sonthofen wird die erste Unteroffiziersschule der Bundeswehr eröffnet.

31 Sa Der Rationalisierungsverband Ruhrbergbau meldet 31 Zechen zur Stilllegung an. In den folgenden Wochen demonstrieren tausende Kumpel dagegen.

November 1964

1 So In der EWG treten Verordnungen für Milch- und Rindfleischproduktion in Kraft. Damit unterliegen 85% der Agrarprodukte EWG-Richtlinien. → Saigon

2 Mo Erstmals seit dem Mauerbau 1961 öffnet sich die Berliner Mauer für DDR-Bürger. Tausende Rentner dürfen die Bundesrepublik Deutschland besuchen.

3 Di Der amtierende demokratische US-Präsident Lyndon B. Johnson gewinnt die Präsidentschaftswahl gegen den Republikaner Barry Goldwater.

4 Mi In Bolivien lösen Streiks der Minenarbeiter eine Militärrevolte aus. Die Regierung wird gestürzt, eine Junta übernimmt am 5. November die Macht.

5 Do Referendum in Rhodesien: Die Mehrheit will Unabhängigkeit unter Beibehaltung der Alleinherrschaft der Weißen. Nur wenige Farbige durften abstimmen.

6 Fr In Bochum wird offiziell das Zeiss-Planetarium eröffnet. Es kann nahezu alle Vorgänge am Sternenhimmel wirklichkeitsgetreu illustrieren.

7 Sa An 24 Stellen der Stadt Ulm findet die Aufführung des Happenings »In Ulm, um Ulm und um Ulm herum« von Wolf Vostell statt.

8 So Altbundeskanzler Konrad Adenauer trifft in Pairs mit dem französischen Staatspräsidenten Charles de Gaulle zusammen. → Jemen

9 Mo Eisaku Sato wird für den aus Krankheitsgründen zurückgetretenen Hajato Ikeda zum neuen Ministerpräsidenten Japans gewählt.

10 Di Prinz Sihanuk, der Staatspräsident von Kambodscha, äußert die Befürchtung, der Vietnamkrieg könnte auch auf sein Land übergreifen.

11 Mi Laut Mitteilung der Bundesregierung würde die Verlängerung der Verjährungsfrist für NS-Verbrechen gegen das Grundgesetz verstoßen.

12 Do Das deutsche Elektronensynchrotron DESY in Hamburg, die derzeit leistungsstärkste Elektronenbeschleunigungsanlage der Welt, geht in Betrieb.

13 Fr Die Bundesregierung gibt eine Europa-Initiative bekannt, die die Einigung u.a. auf den Gebieten der Verteidigungs- und der Wirtschaftspolitik vorsieht.

14 Sa Italienische Wissenschaftler teilen der Öffentlichkeit mit, dass der Schiefe Turm von Pisa ihren Untersuchungen zufolge jederzeit umfallen könne.

15 So Ibrahim Abbud tritt als Regierungschef des Sudan zurück. Im Oktober hatte er das Militärregime aufgelöst und eine zivile Regierung eingesetzt.

16 Mo Vor dem Landgericht Wien beginnt der Prozess gegen den früheren SS-Hauptsturmführer Franz Novak, der am Tod von 400 000 Juden mitschuldig sein soll.

17 Di Die Schließung von US-Militäranlagen in Europa aus Kostengründen kündigt US-Verteidigungsminister Robert McNamara an.

18 Mi USA und UdSSR unterzeichnen in Moskau ein Abkommen über die gemeinsame Entwicklung von Entsalzungsanlagen für Meerwasser.

19 Do Ein Ex-DDR-Bürger wird in Flensburg verurteilt, weil er eine Westdeutsche nach Ost-Berlin lockte und mit ihrem Pass seiner Frau zur Flucht verhalf.

20 Fr Die Bundesrepublik und Peru unterzeichnen in Lima ein Kulturabkommen. +++ Der Taifun »Louise« richtet Verwüstungen auf den Philippinen an.

21 Sa In Rom endet die dritte Phase des Zweiten Vatikanischen Konzils. U.a. wurde engere Kooperation von Papst und Bischöfen festgelegt. → Hängebrücke

22 So Vor allem Jugendliche demonstrieren in Saigon gegen das südvietnamesische Regime. Staatschef Phan Khac Su verhängt das Kriegsrecht.

23 Mo Der bedeutendste französische Literaturpreis, der »Prix Goncourt«, geht an den Schriftsteller Georges Conchon für seinen Roman »L'Etat Sauvage«.

24 Di In London wird das Gemälde »Tahiterin und Knabe« von Paul Gauguin für den Rekordpreis von 1 Mio. DM versteigert. → Kongo

25 Mi Elf Zentralbanken stellen der Bank von England einen Kredit von umgerechnet 12 Mrd. DM zur Verfügung, um den Verfall des Pfund Sterling aufzuhalten.

26 Do In Genf billigen die Mitgliedsstaaten des GATT (Allgemeines Zoll- und Handelsabkommen) Maßnahmen zur Förderung des Handels mit Entwicklungsländern.

27 Fr Auf ihrem XI. Ordentlichen Bundesparteitag in Karlsruhe bestätigt die SPD den Vorsitzenden Willy Brandt mit 314 von 329 abgegebenen Stimmen im Amt.

28 Sa In Hannover wird die rechtsextreme Nationaldemokratische Partei Deutschlands (NPD) gegründet, die zur größten rechtsradikalen Partei wird.

29 So Großbritannien gibt einen 1945 erbeuteten Raketenjäger »Me 163 B Komet« an die Bundesrepublik zurück, der in München ausgestellt werden soll.

30 Mo Etwa 60 000 Karten- und Briefglückwünsche erreichen in London den früheren britischen Premier Winston Churchill zu seinem 90. Geburtstag.

+++ Weltgrößte Hängebrücke eingeweiht +++ I

1. November 1964

Angriff auf US-Basis bei Saigon

Zum ersten Mal überfallen Einheiten des Vietcong einen der großen Flugplätze in Südvietnam. Bei dem Überraschungsangriff auf den US-Luftstützpunkt Bien Hoa 20 km nordöstlich der Hauptstadt Saigon sterben vier US-Soldaten und drei Südvietnamesen. 28 Flugzeuge werden zerstört oder erheblich beschädigt (s. Abb.). Der Vietcong

– nach Schätzungen von US-Militärs waren es kaum mehr als zehn Mann – hatte sich dem Flugplatz unentdeckt bis auf 1,5 km nähern und dort Minenwerfer in Stellung bringen können. Washington bezeichnet den Vorfall als »sehr ernst«. Vergeltungsschläge gegen Nordvietnam, so wird versichert, seien jedoch nicht geplant.

1. Dezember 1964

Zwangsumtausch eingeführt

Die DDR-Regierung führt den Zwangsumtausch ein, der bei Besuchen in ihrem Hoheitsgebiet entrichtet werden muss. Ausgenommen von der Regelung sind lediglich Kinder und Rentner. Nach der Anordnung des DDR-Finanzministeriums müssen pro Person und Aufenthaltstag mindestens 5 Marken der Deutschen Notenbank (MDN) erworben werden, für Westberliner ist der Mindestbetrag auf 3 MDN festgelegt. Der Wechselkurs von West- in Ostmark beträgt 1:1. Die Bundesregierung kritisiert den Zwangsumtausch aufs Schärfste und bezeichnet ihn als Versuch, die »Spaltung Deutschlands zu vertiefen«. Das Recht auf Freizügigkeit sei weiter erheblich eingeschränkt worden. Das Bundeskabinett beschließt daraufhin am 2. Dezember, die Gespräche über eine von der DDR gewünschte Ausweitung des innerdeutschen Handels auf Grundlage eines langfristigen Kredits abzubrechen. Am 2. November hatte sich – erstmals seit dem Mauerbau vom 13. August 1961 – die innerdeutsche Grenze für Rentner geöffnet. Nach einem Beschluss des DDR-Ministerrates dürfen ältere Personen jährlich eine bis zu vier Wochen dauernde Besuchsfahrt in den Westen unternehmen.

24. November 1964

Krisenherd Kongo: Blutige

Blutige Massaker, denen über 80 Ausländer zum Opfer fallen, lenken die Augen der Weltöffentlichkeit auf den Kongo, der durch politische Wirren erschüttert wird. Eingeflogene belgische Fallschirmtruppen können mit knapper Not ein noch größeres Blutbad in dem afrikanischen Land verhindern. Die Rebellenregierung in Stanleyville (heute: Kisangani) hatte am 8. November alle in ihrem Machtbereich lebenden Belgier und US-Amerikaner zu Kriegsgefangenen erklärt und als Geiseln genommen.

Rebellenchef Christophe Gbenye forderte die frühere Kolonialmacht Belgien und die USA auf, ihre Unterstützung für die Zentralregierung in Léopoldville einzustellen. Für den Fall einer Weigerung drohte er die Liquidierung der Geiseln an. Seit Mitte des Monats trafen daraufhin Belgien und die USA Vorkehrungen zur Rettung ihrer Staatsangehörigen. Schließlich bringen US-Transportflugzeuge in den frühen Morgenstunden des 24. November 600 belgische Fallschirmjäger nach Stanleyville. In einer Blitzaktion erobern sie den Flughafen und stoßen in die Stadt vor. Kurz vor ihrer Ankunft im Zentrum machen die Rebellen ihre Ankündigung wahr und beginnen vor dem Lumumba-Denkmal und in dem als Gefangenenlager dienenden Apartmenthaus »Victoria« mit der Tötung ihrer weit über 1000 Geiseln. 30 Menschen sterben im Kugelhagel der Maschinengewehre, 40 erleiden schwere Verwundungen. Erst die Ankunft der belgischen Soldaten bereitet der Mordaktion ein Ende. Die

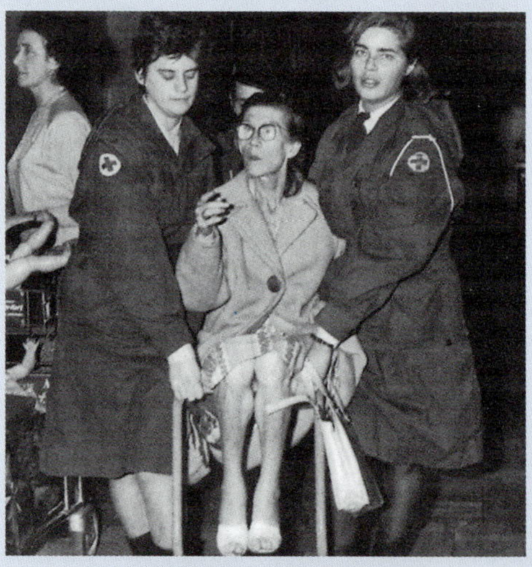

Oben: Befreite Geisel in Brüssel. Rechts: Regierungssoldaten erschießen zwei Einheimische, die für Rebellen gehalten werden.

21. November 1964

Hängebrücke ziert New York

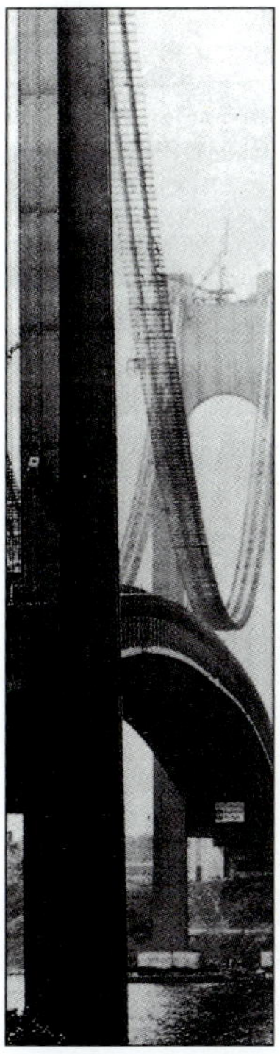

Ein gewaltiges Bauwerk wird seiner Bestimmung übergeben. In New York wird die größte Hängebrücke der Welt, die Verrazano Bridge (s. Abb.), für den Verkehr freigegeben. Sie hat zwischen den Pylonen eine Spannweite von 1295 m, zwischen den Ankerböden misst sie 2033 m. Die untere Fahrbahn liegt 85 m über dem Wasserspiegel. Die beiden portalförmigen Pfeiler sind 207 m hoch – 47 m höher als die Türme des Kölner Doms. Die Kosten für die Verkehrsverbindung betrugen umgerechnet 1,3 Mrd. DM. Die längste Hängebrücke außerhalb der USA überspannt seit September den Meeresarm Firth of Forth bei Queensferry in Schottland.

eiseldrama

teilweise Verletzten und durch die erduldeten Misshandlungen völlig verstörten Überlebenden werden in die Kongo-Hauptstadt Léopoldville ausgeflogen. Noch mit den Spuren der Todesangst im Gesicht, einige in zerrissener und blutverschmierter Kleidung, berichten die Überlebenden: »Hätten die Fallschirmjäger für den Weg vom Flugplatz in die Stadt länger gebraucht, dann wären wir alle tot.« Ein junger Mann erzählt: »Auf dem Wege zum Flugplatz sah ich, was uns hätte geschehen können. Ich sah Leichen ohne Kopf und mit aufgeschlitztem Körper. Ich gehe nie mehr zurück.« Am 26. November wird eine ähnliche Aktion der belgischen Fallschirmjäger auf die Stadt Paulis 350 km nördlich von Stanleyville durchgeführt. Dort halten die Aufständischen etwa 300 Geiseln gefangen. 210 Personen können befreit werden, 21 Geiseln werden vor dem Eintreffen der Fallschirmjäger grausam getötet, die übrigen von den Rebellen verschleppt.

Der Kongo droht vollkommen im Chaos zu versinken. Aufstände, Stammeskämpfe und Massaker sind an der Tagesordnung. Mehrere auch untereinander verfeindete Rebellenführer versuchen, die Macht an sich zu reißen. Der Zentralregierung von Moïse Tschombé, der einst selber die Sezession der Kongo-Provinz Katanga betrieb, ist die Autorität entglitten. Gemeinsam ist den Gegnern der Zentralregierung, dass sie sich mehr oder weniger zu den Ideen des ersten kongolesischen Ministerpräsidenten Patrice Lumumba bekennen, der 1961 ermordet wurde.

15. Dezember 1964

NATO-Streit um Atomflotte

Die Schaffung einer multilateralen Atomstreitmacht (MLF) steht im Mittelpunkt der NATO-Ministerratstagung in Paris. Lediglich die Bundesrepublik zeigt Begeisterung für das US-Atomflotten-Projekt. Die Benelux-Länder und Italien bekunden ihr vages Interesse, die Skandinavier sind dagegen, Großbritannien signalisiert Kompromissbereitschaft. Ein entschiedener Gegner ist die französische Regierung. Sie lehnt jede Form von supranationaler Kontrolle ab und sieht in der MLF eine Zementierung der US-Vormachtstellung in Europa. Der Plan für eine NATO-Nuklearstreitmacht entstand bereits 1959. Als Gegengewicht zu den auf Westeuropa gerichteten sowjetischen Mittelstreckenraketen sollten NATO-Raketen mit Atomsprengköpfen stationiert werden. Derzeit ist geplant, 25 MLF-Frachter mit je acht »Polaris-A 3«-Raketen zu bestücken.

10. Dezember 1964

Sartre lehnt Nobelpreis ab

Zum ersten Mal wird die Annahme eines Nobelpreises aus freien Stücken abgelehnt. Der Franzose Jean Paul Sartre (s. Abb., l.) verweigert die Annahme des Literaturnobelpreises, weil sie seiner Auffassung von einer schriftstellerischen Tätigkeit widerspreche. Der Friedensnobelpreis geht an den schwarzen US-Bürgerrechtler Martin Luther King. Die weiteren Auszeichnungen erhalten Konrad Bloch (USA) und der Münchner Feodor Lynen für Medizin, der US-Amerikaner Charles H. Townes sowie die Sowjetrussen Nikolaj Bassow und Alexander Prochorow für Physik sowie die Britin Dorothy Crowfoot-Hodgkin (Chemie).

8. November 1964

Waffenruhe im Jemen

Seit über zwei Jahren erschüttert ein Bürgerkrieg den Jemen, das entlegene Land auf der Arabischen Halbinsel. Nach Verhandlungen der kriegführenden Parteien gibt es jetzt Hoffnung auf eine Beendigung des Konflikts. Staatspräsident Abdullah as-Sallal teilt mit, dass der am 2. November 1964 zwischen Republikanern und Royalisten vereinbarte Waffenstillstand nunmehr in Kraft trete. Für den 23. November sei eine nationale Konferenz über die Zukunft des Landes geplant. Die Unruhen im Jemen begannen nach dem Tod des Imam Ahmad Ibn Jahja im September 1962. Sein Sohn Mohammed el Badr übernahm das Land. Kurz nach dem Thronwechsel wurde der neue Imam durch einen Staatsstreich junger Offiziere gestürzt. Die Putschisten mit Oberst Sallal an der Spitze riefen die Republik aus. Sie führten überhastete Reformen durch, die bald auf den Widerstand traditionsverhafteter Bevölkerungsgruppen stießen. Daraufhin nahmen die Royalisten den Kampf gegen die Republik auf.

Dezember 1964

1	Di	Das Assoziierungsabkommen der EWG mit der Türkei, das im Dezember 1963 unterzeichnet wurde, tritt in Kraft. → Zwangsumtausch
2	Mi	Die brasilianische Regierung verhindert auf Ersuchen Argentiniens die Rückkehr des Ex-Staatspräsidenten Juan Domingo Perón aus dem spanischen Exil.
3	Do	In Washington vollzieht Präsident Lyndon B. Johnson den ersten Spatenstich für den Bau des John-F.-Kennedy-Zentrums der darstellenden Künste.
4	Fr	Der Haushaltsausschuss des Bundestags beschließt die Zahlung von Weihnachtsgeld an Beamte. Die Zuwendung beträgt ein Drittel des Monatsgehalts.
5	Sa	Als Ergebnis des ersten verkaufsoffenen Samstags im Dezember meldet der Handel eine Umsatzsteigerung von 10% gegenüber dem Vorjahressamstag.
6	So	Die Mitgliedsstaaten des arabischen Wirtschaftsrates beschließen die Bildung eines arabischen Blocks innerhalb des Internationalen Währungsfonds.
7	Mo	Im Cavern Club in Liverpool veranstalten Pop-Artisten und Beatgruppen ein »Bomb« genanntes Happening, das sich gegen Atomwaffen richtet.
8	Di	Der Oberste US-Bundesgerichtshof entscheidet, dass Landesgesetze außereheliche Beziehungen zwischen Farbigen und Weißen nicht verbieten dürfen.
9	Mi	Nach langer Diskussion legt die Bundesregierung eine neue Gebührenordnung für Ärzte und Zahnärzte fest. Die Honorare werden im Schnitt um 28% erhöht.
10	Do	Der vom Amt suspendierte Präsident des Bundesdisziplinarhofes – er soll an »Liebesspielen« teilgenommen haben – erhängt sich in Berlin. → Sartre
11	Fr	In Frankreich legen etwa 2,5 Mio. Arbeitnehmer die Arbeit nieder. Im größten Streik seit mehreren Jahren hat Paris weder Gas noch Licht.
12	Sa	Kenia, bisher konstitutionelle Monarchie unter der britischen Krone, proklamiert sich unter Jomo Kenyatta zur unabhängigen Republik im Commonwealth.
13	So	Im südlichen Mekong-Delta (Südvietnam) kommt es zu verlustreichen Gefechten zwischen dem Vietcong und US- bzw. südvietnamesischen Einheiten.
14	Mo	Der elektrische Zugbetrieb auf der Strecke Hannover-Bremen startet. Damit ist das elektrifizierte Eisenbahnnetz der Bundesbahn fast 5600 km lang.
15	Di	Der EWG-Ministerrat beschließt in Brüssel eine Harmonisierung der Getreidepreise und nähert sich damit dem gemeinsamen Agrarmarkt. → Atomflotte
16	Mi	»Der Sklave«, ein Drama des US-Amerikaners LeRoi Jones, das vom Rassenkampf in den Vereinigten Staaten handelt, wird in New York uraufgeführt.
17	Do	Der außerhalb des niederländischen Hoheitsgebietes von einem Schiff aus operierende Sender »TV Nordsee« wird von der Polizei besetzt.
18	Fr	Im Rahmen einer Amnestie wird der 1957 in der DDR zu zehn Jahren Haft verurteilte Philosoph und Publizist Wolfgang Harich vorzeitig entlassen.
19	Sa	Dem am 14. Oktober entlassenen UdSSR-Partei- und Regierungschef Nikita S. Chruschtschow wird eine Monatsrente von 600 Rubeln (2650 DM) zuerkannt.
20	So	In Südvietnam löst eine Gruppe junger Generäle den zivilen Nationalrat auf und überträgt die legislative Gewalt dem zivilen Präsidenten Phan Khac Su.
21	Mo	Die Volksrepublik China bewilligt der Vereinigten Arabischen Republik (VAR/Ägypten) Kredithilfe in Höhe von 80 Mio. Dollar (320 Mio. DM).
22	Di	Mit großer Mehrheit beschließt das britische Unterhaus die Abschaffung der Todesstrafe für Mord. In der Bevölkerung stößt dies auf ein geteiltes Echo.
23	Mi	Die nordwestlichen US-Bundesstaaten werden von einer Überschwemmung heimgesucht. Ursachen sind Schnee- und Regenfälle sowie die Schneeschmelze.
24	Do	Die Deutsche Presseagentur in Moskau, deren Büros wegen einer Falschmeldung im April 1964 schließen mussten, darf ihre Arbeit wieder aufnehmen.
25	Fr	Auf Ceylon (heute: Sri Lanka) und im indischen Unionsstaat Madras fordern Springfluten insgesamt rd. 7000 Menschenleben.
26	Sa	Beim »Großen Weihnachtspreis« der Radsport-Profis gewinnt der Belgier Léon Proost in der Dortmunder Westfalenhalle den Steher-Wettbewerb.
27	So	Zwischen Nepal und Tibet wird die erste Verbindungsstraße eröffnet. 6000 nepalesische Arbeiter und 100 chinesische Techniker haben sie erbaut.
28	Mo	In Italien wird Außenminister Guiseppe Saragat zum Staatspräsidenten gewählt. Sein Vorgänger Antonio Segni trat aus Gesundheitsgründen zurück.
29	Di	Kongolesische Regierungstruppen unter Führung von 70 Weißen befreien im Kongo erneut 120 Weiße aus der Hand von Rebellen. Zehn Geiseln kommen um.
30	Mi	Laut Resolution der UN-Vollversammlung konstituiert sich die »Konferenz der Vereinten Nationen für Handel und Entwicklung« (UNCTAD).
31	Do	Den 40. Silvesterlauf durch São Paulo (Brasilien) gewinnt der Belgier Gaston Roclants mit einer Zeit von 21:37,7 min auf der 7,4 km langen Strecke.

Januar 1965

1 Fr — Die Vereinigte Arabische Republik Ägypten sowie Irak, Syrien, Jordanien und Kuwait errichten einen gemeinsamen arabischen Wirtschaftsraum.

2 Sa — Bundesdeutschen Verkehrssündern drohen mit dem Inkrafttreten des zweiten Gesetzes zur Sicherung des Straßenverkehrs höhere Strafen. → Vietcong

3 So — Im Rahmen der am 19. Dezember begonnenen Laufzeit der Berliner Passierscheinvereinbarung sind bislang über 820 000 Besuche beantragt worden.

4 Mo — In Peking endet der Dritte Nationale Volkskongress mit dem Bericht von Chinas Ministerpräsident Chou En-lai über den Ausbau der Revolution.

5 Di — Die Regierung der UdSSR veröffentlicht den Erlass von 1964 über die Rehabilitierung der 1941 nach Sibirien zwangsumgesiedelten Wolgadeutschen.

6 Mi — US-General Lucius D. Clay, Initiator der Luftbrücke während der Berlinblockade 1948/49, erhält das Großkreuz des Verdienstordens der Bundesrepublik.

7 Do — Aus Protest gegen die Wahl Malaysias in den Sicherheitsrat erklärt der indonesische Präsident Achmed Sukarno den Austritt aus den Vereinten Nationen.

8 Fr — Der Kanzlerkandidat der SPD, Berlins Regierender Bürgermeister Willy Brandt, kündigt für den Fall eines Wahlsieges eine neue Ostpolitik an.

9 Sa — Die im Bundestag vertretenen Parteien SPD, CDU, CSU und FDP verpflichten sich zu einem fairen Wahlkampf und einer Begrenzung der Wahlkampfkosten.

10 So — Der Sieger im Zehnkampf bei den Olympischen Spielen von Tokio, Willi Holdorf, wird in Baden-Baden als Sportler des Jahres 1964 geehrt.

11 Mo — Die südafrikanische Regierung hebt das »90-Tage-Gesetz« auf, das der Polizei Verhaftungen bis zu 90 Tagen ohne gerichtliche Befugnis ermöglichte.

12 Di — Buddhistische Organisationen fordern in einem Generalstreik den Rücktritt der südvietnamesischen Regierung unter Tran Van Huong.

13 Mi — Der Sekretär des Zentralkomitees der KPdSU, Nicolaj W. Podgorny, beendet seinen am 4. Januar begonnenen Besuch der Türkei.

14 Do — In bundesdeutschen Großstadtkinos läuft der James-Bond-Film »Goldfinger« mit Sean Connery und Gert Fröbe in den Hauptrollen an. → Irland

15 Fr — Der nordrhein-westfälische Sozialminister Herbert Grundmann teilt mit, dass die Luft im Ruhrgebiet trotz Bemühungen nicht sauberer geworden sei.

16 Sa — In Hobart auf der Insel Tasmanien stellt der australische Langstreckenläufer Ron Clarke mit 13:34,8 min einen Weltrekord über 5000 m auf.

17 So — Der Verband Deutscher Studentenschaften (VDS) wehrt sich gegen eine gesetzliche Beschränkung der Studiendauer und fordert eine Studienreform.

18 Mo — Im ersten Programm des Deutschen Fernsehens läuft der dreiteilige Thriller »Die Schlüssel« an, den der britische Krimiautor Francis Durbridge schrieb.

19 Di — Wissenschaftlern in Reno (USA) gelingt es erstmalig, eine 426 m hohe Nebelbank durch Berieselung mit Kohlensäureschnee zum »Abschneien« zu bringen.

20 Mi — US-Präsident Lyndon B. Johnson wird in Washington feierlich für seine zweite Amtsperiode vereidigt. In einer Rede beschwört er die soziale Gerechtigkeit.

21 Do — Der britische Außenminister Gordon Walker scheidet aus dem Kabinett. Zum Nachfolger wird der bisherige Erziehungsminister Michael Stewart ernannt.

22 Fr — Bei den deutschen Eiskunstlauf-Meisterschaften in Köln gewinnen die 20-jährige Sonja Pfersdorf und der 24-jährige Günter Matzdorf den Paarlauf.

23 Sa — Der Lehrermangel an Volks- und Realschulen bewegt die Hamburger Schulbehörde, in Anzeigen um männliche Hochschulabsolventen zu werben.

24 So — Eine Umfrage des Instituts für Demoskopie in Allensbach zeigt, dass sich 13,5 Mio. der bundesdeutschen Erwachsenen übergewichtig fühlen. → Churchill

25 Mo — Das Losverfahren zur Bestimmung der späteren Verwendung von Bundeswehr-Rekruten wird durch einen Eignungstest bei der Musterung ersetzt.

26 Di — Umfragen der Technischen Hochschule Hannover ergeben, dass die Mobilität der bundesdeutschen Hochschüler gering ist.

27 Mi — Ostberliner Zeitungen melden den Besuch Walter Ulbrichts in Ägypten. Die Bundesregierung spricht von einem »Affront« seitens Kairo.

28 Do — In Bonn legt das Bundesforschungsministerium den ersten »Bundesbericht Forschung« vor. Er fasst die Maßnahmen zur Forschungsförderung zusammen.

29 Fr — Die Landesregierung von Nordrhein-Westfalen legt einen »Smog-Plan« vor. Der private Kraftverkehr kann künftig bei Smog-Gefahr stillgelegt werden.

30 Sa — Sog. Alco-Test-Geräte (Atem-Alkohol-Prüfgeräte) gelangen in den Handel. Angeblich können Autofahrer damit den eigenen Alkoholanteil im Blut messen.

31 So — In der laotischen Hauptstadt Vientiane putschen antikommunistische Armee- und Polizeieinheiten unter dem Kommando von General Phoumi Novasan.

21. Februar 1965

Malcolm X erschossen

Während einer Rede im New Yorker Stadtteil Harlem wird der Führer der »Organisation für Afro-Amerikanische Einheit«, Malcolm X, von mehr als zehn Pistolenschüssen niedergestreckt. Der militante Schwarzenführer, der sich Ende 1963 von der islamischen Sekte »Black Muslims« losgesagt hatte, erliegt wenig später seinen Verletzungen. Die Schwarzen in den Slums von New York verehrten Malcolm X als Vorkämpfer gegen die weiße Herrschaft. Den weißen Amerikanern galt er als Inbegriff schwarzer Zerstörungswut.
Unmittelbar nach den Schüssen nimmt die Polizei drei Schwarze fest, die sämtlich Anhänger der Black Muslims sind. Tatsächlich gab es schwerwiegende Differenzen zwischen Malcolm X und den Black Muslims. Bereits Anfang Februar brannte nach einem Brandbombenattentat das Haus ab, das der Schwarzenführer mit seiner sechsköpfigen Familie im Stadtteil Queens bewohnte. Die Black Muslims hatten es vorher als Dienstwohnung für sich reklamiert. Seit seinem Austritt aus der Sekte trat Malcolm X nur noch in Begleitung von Leibwächtern auf. In wessen Auftrag die Täter handelten, bleibt jedoch unklar. Viele Anhänger von Malcolm X glauben, dass der US-Geheimdienst CIA in den Anschlag verwickelt ist. Der Führer der Black Muslims, Elijah Muhammad, erklärt, dass keinerlei Verbindung zwischen seiner Organisation und dem Attentat bestehe. Der Schwarzenführer sei durch die gleiche Gewalttätigkeit gestorben, die er selbst immer gepredigt habe. Tatsächlich wertete Malcolm X – anders als die pazifistische Bürgerrechtsbewegung von Martin Luther King – die Anwendung von revolutionärer Gewalt als legitimes Mittel im Kampf gegen die Unterdrückung.
Auf den sonntäglichen Versammlungen im Audubon Ballroom in Harlem führte er unter dem Beifall seiner Anhänger aus: »So etwas wie eine gewaltlose Revolution gibt es nicht ... die Revolution ist blutig, die Revolution ist feindlich, die Revolution kennt keinen Kompromiss, die Revolution stürzt alles und zerstört alles, was ihr in den Weg tritt.« Mehrfach hatte Malcolm X seine Ermordung durch die Sekte vorausgesagt: »Nur die Black Muslims können mich töten, ich habe es ihnen selbst beigebracht«.

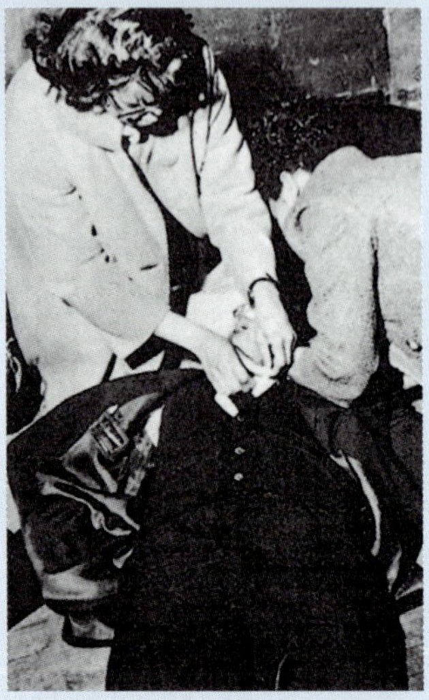

Nach den Schüssen: Der getroffene Malcolm X und seine Frau (r.)

Malcolm X

eigtl. Malcolm Little, US-Bürgerrechtler, * 19.5.1925 Omaha (US-Bundesstaat Nebraska); † 21.2.1965 New York

Der Sohn eines Baptistenpfarrers, der als Kind Zeuge war, wie sein Vater von Ku-Klux-Klan-Mitgliedern zu Tode geprügelt wurde, ist das Symbol des militanten schwarzen Widerstandes. Seine Anhänger hat der Aktivist, der stets in der Kleidung des gepflegten weißen Mittelstandes auftritt, vor allem in den Großstädten. Bis zu seinem Austritt 1963 ist Malcolm X, der seinen »Sklavennamen« Little ablegte, einer der Führer der »Black Muslims«.

- 1946-52: Gefängnisaufenthalt
- 1950: Mitglied der »Black Muslims«
- 1964: Gründung der »Afro-Amerikanischen Einheit«

10. Februar 1965

»Aktuelle Stunde« wird zum »Florett der Opposition«

Im Bundestag muss sich Kanzler Ludwig Erhard (CDU) bei der ersten »Aktuellen Stunde« den Fragen der SPD stellen. Mit der neuen Einrichtung in der bundesdeutschen Politik, die bald das »Florett der Opposition« genannt wird, erhalten die Oppositionsparteien ein öffentlichkeitswirksames Sprachrohr. Bereits 5% der Abgeordnetenstimmen reichen zur Einberufung der »Aktuellen Stunde« aus, in der die Regierung zu Stellungnahmen über ihre Politik gezwungen werden kann. Das Ablesen vorbereiteter Reden ist untersagt. Die zeitliche Begrenzung auf eine Stunde gilt dabei nur für die Redezeit der Opposition. Erst danach ist die Regierung an der Reihe und hat unbegrenzt Zeit, ihre Erklärungen abzugeben. Diese Regelung soll der Gefahr vorbeugen, dass die sich erklärende Bundesregierung die Stunde durch ausgedehnte Zwischenreden in die Länge zieht und keine weiteren Fragen mehr möglich macht. Die Abgeordneten der SPD thematisieren in der ersten »Aktuellen Stunde« den Frankreichbesuch von Kanzler Erhard. Sie befürchten, dass Erhard um der besseren Verständigung mit Frankreich willen der Deutschlandpolitik Charles de Gaulles nicht genügend widerspricht. De Gaulle vertritt die Auffassung, dass die Wiedervereinigung Deutschlands eine europäische Angelegenheit sei. Damit klammert er die USA aus der Debatte aus. Erhard betont die Bedeutung der »Politik der kleinen Schritte«.

2. Januar 1965

Achtungserfolg für Vietcong

Die erste offene Feldschlacht zwischen dem kommunistischen Vietcong und südvietnamesischen Regierungstruppen ist zu Ende. Bei Saigon müssen letztere eine empfindliche Niederlage gegen die Guerillakämpfer einstecken. Etwa 200 Soldaten sind während der sechstägigen Kämpfe auf Seiten der Südvietnamesen gefallen, darunter auch US-Soldaten, die die Regierung im Kampf

gegen die kommunistischen Rebellen unterstützt haben (Abb.: Die Särge mit den Gefallenen werden zum Transport in die USA in ein Flugzeug verladen). Auf Seiten des Vietcong werden 140 Tote gezählt. Die Kämpfe bestärken die US-Militärführung in ihrer Auffassung, dass die südvietnamesischen Truppen allein zu einer wirkungsvollen Bekämpfung der Vietcong-Partisanen nicht fähig seien. Zudem ist der Vietcong mit modernsten Waffen chinesischer und sowjetischer Herkunft ausgerüstet. Vier Wochen nach Südvietnams Niederlage vor Saigon attackieren Vietcong-Einheiten den US-Stützpunkt Camp Holloway an der kambodschanischen Grenze.

14. Januar 1965

Erster Dialog in Irland

Zu einem überraschenden Treffen kommt es zwischen den Regierungschefs der beiden irischen Staaten in Belfast. Mit dem nordirischen Ministerpräsidenten Terence Marne O'Neill und dem Premierminister der Irischen Republik, Seán Lemass, kommen erstmals seit der irischen Teilung 1921 die politischen Führer beider Regierungen zu einem Meinungsaustausch zusammen.

Die Öffentlichkeit ist von dem Treffen überrascht. Die Kabinette haben die Zusammenkunft nicht vorbereitet. Während der Gespräche sparen Lemass und O'Neill alle Diskussionen über die irische Einheit, die Religionsstreitigkeiten zwischen Katholiken und Protestanten oder die Rolle Großbritanniens in Irland aus. Stattdessen versuchen die Regierungschefs, Grenzstreitigkeiten beizulegen und eine effektivere wirtschaftliche Zusammenarbeit herbeizuführen. Dementsprechend begrüßt vor allem die Wirtschaft das Gipfeltreffen. Die irische Republik verspricht sich von der Konferenz den Aufbau einer gesamtirischen Fischfangflotte und die Erneuerung des Straßennetzes, das seit der Teilung der Insel zu verfallen droht. Im britisch kontrollierten Nordirland hofft die Geschäftswelt auf gesteigerte Investitionen aus dem Ausland und auf eine enge Zusammenarbeit im Bereich der Energieversorgung. Weiterhin beschließen die Politiker, künftig den Tourismus auf der Insel verstärkt zu fördern.

24. Januar 1965

Trauer um Winston Churchill

Winston Churchill ist tot. Der britische Staatsmann stirbt in London 90-jährig an den Folgen eines Schlaganfalls. Die Feierlichkeiten zu seiner Beisetzung dauern eine Woche an. Staatsoberhäupter aus Ost und West senden Beileidsschreiben an die britische Königin Elizabeth II. und die Witwe, Lady Clementine Churchill.

Mit Winston Churchill stirbt einer der herausragendsten Politiker des Jahrhunderts. Er begann seine Karriere bereits 1900 als Unterhausabgeordneter. Churchill gilt als maßgeblicher Initiator der Allianz Großbritanniens, der USA und der UdSSR im Krieg gegen Deutschland. Die Trauerfeier in London wird mit allen Ehrungen abgehalten, die sonst nur dem britischen Königshaus vorbehalten sind. Churchills Sarg wird drei Tage lang in der Westminster Abtei aufgebahrt. Am 30. Januar überträgt das Fernsehen die Trauerfeier in alle westliche Staaten. So nehmen rd. 350 Mio. Menschen Abschied von dem Staatsmann, der für viele wegen seiner Rolle im Zweiten Weltkrieg zur Symbolfigur britischen Durchhaltewillens geworden ist. Beim Zug zur letzten Ruhestätte des ehemaligen Premierministers begleiten 7000 Soldaten und zehn Musikkapellen den Sarg an Tausenden vorbei, die Churchill die letzte Ehre erweisen. Gemäß dem Wunsch des Verstorbenen trägt eine Barkasse den Sarg über die Themse. Anschließend transportiert ein Zug die sterblichen Überreste Churchills nach Bladon. Dort findet die Beisetzung im engsten Familienkreis statt.

24. Februar 1965

Ulbricht besucht Ägypten

Der Alleinvertretungsanspruch der Bundesrepublik Deutschland sorgt beim Besuch des DDR-Staatsratsvorsitzenden Walter Ulbricht in der Vereinigten Arabischen Republik (VAR) für diplomatischen Zündstoff. Ulbricht erlebt in Kairo einen Staatsempfang. Damit macht die ägyptische Regierung deutlich, dass sie die DDR als souveränen Staat anerkennt. Die Bundesrepublik droht nunmehr mit dem Abbruch der diplomatischen Beziehungen zu dem nordafrikanischen Land. Mit der Einladung Ulbrichts demonstriert die ägyptische Regierung ihren Protest gegen die Waffenlieferungen der Bundesrepublik an Israel. Der einwöchige Aufenthalt des 71-jährigen DDR-Staatschefs wird von den westlichen Medien entsprechend kommentiert. So kommt es u.a. anlässlich seines Besuchs ägyptischer Sehenswürdigkeiten (Abb.: Walter Ulbricht am Amuntempel) zu sarkastischen und diskriminierenden Berichterstattungen.

Februar 1965

1 Mo Im Fernsehen der Schweiz werden erstmals Werbesendungen gezeigt. Der Minutenpreis für die drei Vierminutenblöcke des Tages beträgt 6000 Franken.

2 Di Die britische Regierung schränkt aus Kostengründen den Bau eigener Militärflugzeuge ein und beschließt den Ankauf von US-Flugzeugtypen.

3 Mi Die Volkskammer der DDR in Ost-Berlin ruft dazu auf, gegen die drohende Verjährung von Nazi- und Kriegsverbrechen in der Bundesrepublik zu kämpfen.

4 Do Martin Luther King wird zusammen mit 2600 Gegnern der Rassentrennung im US-Bundesstaat Alabama verhaftet. Er verzichtet auf seine Entlassung.

5 Fr DDR-Staatssekretär Erich Wendt und Senatsrat Horst Korber regeln Zeiträume für Verwandtenbesuche im Ostteil Berlins zu Ostern und Pfingsten.

6 Sa Erstmals findet der Münchener Volksskilauf für Läufer aller Alters- und Leistungsklassen statt. Von mehr als 700 Teilnehmern halten 600 bis zum Ziel durch.

7 So US-Präsident Lyndon B. Johnson ordnet wegen ihrer zunehmenden Gefährdung die Evakuierung der Familien von US-Soldaten aus Südvietnam an.

8 Mo Tabakwerbung darf im britischen Fernsehen nicht mehr gezeigt werden. Die Regierung versucht, eine Senkung des Zigarettenkonsums zu bewirken.

9 Di Die behördlich angeordnete Suche nach Dokumenten aus der Nazi-Zeit in einem Gipsstollensystem bei Osterode (Harz) endet ergebnislos.

10 Mi Die bargeldlose monatliche Lohnzahlung verdränge, wie die Arbeitgeberverbände mitteilen, die wöchentliche Lohntüte nur langsam. → »Aktuelle Stunde«

11 Do Mit ihrem bisher größten Vergeltungsschlag beantworten die USA und Südvietnam den Vietcong-Angriff auf Qui Nanh vom Vortag.

12 Fr Das neue Ausländergesetz sichert Ausländern alle Grundrechte zu, soweit sie dem Grundgesetz zufolge nicht Deutschen vorbehalten sind.

13 Sa US-Präsident Lyndon B. Johnson ordnet den Bombenkrieg auf Militärziele in Nordvietnam an. US-Bodentruppen greifen zunehmend in den Konflikt ein.

14 So Israel lehnt bundesdeutsche Finanzhilfen als Ausgleich für das Ausbleiben zugesagter Waffenlieferungen aus der Bundesrepublik ab.

15 Mo Im Kölner Opernhaus wird unter der musikalischen Leitung von Michael Gielen die Oper »Die Soldaten« von Bernd Alois Zimmermann uraufgeführt.

16 Di Im New Yorker »Warner's Cinerama Theatre« findet die Uraufführung der Bibelverfilmung »Die größte Geschichten aller Zeiten« statt.

17 Mi Indien führt eine 10%ige Sondersteuer auf alle Einfuhren mit Ausnahme von Getreide, Düngemitteln, Büchern und Hilfsmitteln zur Familienplanung ein.

18 Do Die bisherige britische Kronkolonie Gambia erhält die staatliche Unabhängigkeit und wird 20. unabhängiges Mitglied des Commonwealth.

19 Fr Die in Stockholm lebende 73-jährige jüdische Dichterin Nelly Sachs erhält als erste Frau den Friedenspreis des Deutschen Buchhandels zugesprochen.

20 Sa Die US-Mondsonde »Ranger« sendet vor dem Aufprall auf die Mondoberfläche etwa 7000 Aufnahmen, die unbekannte Felsformationen zeigen.

21 So Der hessische Ministerpräsident Georg August Zinn eröffnet die Frankfurter Frühjahrsmesse, die größte Verbrauchsgütermesse in Europa. → Malcolm X

22 Mo Papst Paul VI. ernennt 27 neue Kardinäle, unter ihnen den Erzbischof von Paderborn, Lorenz Jaeger. Damit wird das Kollegium auf 103 Mitglieder erweitert.

23 Di Die DDR- Grenztruppen experimentieren mit Puppen in Uniform, um eine dichtere Postenkette an der Grenze vorzutäuschen.

24 Mi Als Reaktion auf die Zulassung eines DDR-Hauptkonsulats in Tansania stellt das Bundeskabinett die Militärhilfe für den afrikanischen Staat ein. → Ulbricht

25 Do In der DDR tritt das »Gesetz über das einheitliche sozialistische Bildungswesen« in Kraft.+++Die Rotary-Clubs in aller Welt feiern den 60. Gründungstag.

26 Fr Die niederländische Regierung unter Victor Gérard Marie Marijnen tritt zurück. +++ Niedersachsen und der Vatikan schließen ein Konkordat.

27 Sa Das US-Außenministerium veröffentlicht in Washington ein Weißbuch über die kommunistische Infiltration von Südvietnams von Norden aus.

28 So In Nürnberg wird der jugoslawische Anführer der sog. Operation Z gefasst, die über 2000 Jugoslawen illegal in die Bundesrepublik geschleust hat.

März 1965

1 Mo Buchhandelsfunktionäre der DDR kritisieren in Leipzig die »Diffamierung« der ostdeutschen Buchproduktionen in der Bundesrepublik.

2 Di Die USA verstärken ihr Engagement in Vietnam durch die Entsendung von zwei Bataillonen Marine-Infanterie, sog. Ledernacken.

3 Mi Die Kommissionen der Europäischen Wirtschaftsgemeinschaft, der Europäischen Atomgemeinschaft und der Hohen Behörde der Montanunion fusionieren.

4 Do Bundesinnenminister Hermann Höcherl (CSU) legt einen Verfassungsbericht vor, demzufolge die Zahl rechtsradikaler Organisationen beständig sinkt.

5 Fr In der Bundesrepublik läuft der Italo-Western »Für eine Handvoll Dollar« von Sergio Leone mit Clint Eastwood und Marianne Koch an.

6 Sa Der britische Premierminister Harold Wilson bekräftigt bei einem Staatsbesuch in West-Berlin Londons Sicherheitsgarantien für den Westteil der Stadt.

7 So Mit dem Sieg der von Staatspräsident Eduardo Frei geführten Christdemokraten erringt erstmals in Chile eine Partei die absolute Mehrheit.

8 Mo Laut einer Studie der Wickert-Institute in Tübingen ist bei 52% der bundesdeutschen Bevölkerung die Tageszeitung das beliebteste Informationsmedium.

9 Di Der arabisch-israelische Konflikt um das Wasser des Jordan hält an. Ägypten versetzt seine Streitkräfte in Alarmbereitschaft.

10 Mi Großbritannien und Norwegen unterzeichnen als erste Anrainerstaaten ein Abkommen über die Grenzziehung auf dem Meeresboden in der Nordsee.

11 Do Die Deutsche Bundesbahn beschließt die Abschaffung aller Kontrollen an Bahnsteigzugängen. Befürchtet wird nun ein Anstieg von Schwarzfahrern.

12 Fr Das Münchener Landgericht spricht 14 Pflegerinnen der Anstalt Obrawalde von der Beihilfe zum Mord an Geisteskranken während des Nazi-Regimes frei.

13 Sa In einem mit großer Härte geführten Fußball-Länderspiel trennen sich die Bundesrepublik Deutschland und Italien im Hamburger Volksparkstadion 1:1.

14 So Die israelische Regierung unter Ministerpräsident Levi Eschkol nimmt das Angebot der Budesrepublik zur Aufnahme voller diplomatischer Beziehungen an.

15 Mo Nach Kämpfen zwischen Jugendgangs bleibt im englischen Seebad Clacton von der Strandeinrichtung nur ein Trümmerhaufen übrig. → Bombenkrieg

16 Di Die britische Königin Elizabeth II. hebt am Krankenbett des Herzogs von Windsor den 29-jährigen Hofbann gegen dessen Ehefrau auf.

17 Mi US-Präsident Lyndon B. Johnson legt dem Kongress ein Gesetz vor, das die Diskriminierung schwarzer Wähler in den Südstaaten verhindern soll.

18 Do Bonn versucht, den Außenhandel mit den Ostblockländern durch Bürgschaften mit langen Kreditlaufzeiten zu erleichtern. → Weltraum

19 Fr Im Londoner Auktionshaus Christie´s wird Rembrandts Porträt seines Sohnes Titus für umgerechnet 8,8 Mio. DM versteigert.

20 Sa Als erster US-Showstar tritt das Jazz-Idol Louis Armstrong mit seinen »All Stars« in Ost-Berlin auf. Mehr als 3000 Besucher sind gekommen.

21 So Eine britische Versicherungsgesellschaft führt eine Versicherung gegen Lungenkrebs ein. Eine Untersuchung vor dem Beitritt findet nicht statt. → Marsch

22 Mo Frankreich und die UdSSR vereinbaren die gemeinsame Einführung des in Frankreich entwickelten Farbfernseh-Systems SECAM. → Ceauşescu

23 Di Der US-Astronaut Virgil Grissom ist als erster Mensch zum zweiten Mal im Weltraum. Er startet mit »Gemini III« von Cape Kennedy (Florida) aus.

24 Mi Per Losentscheid scheidet der 1. FC Köln im Europacup gegen Liverpool aus. +++ US-Senator Robert F. Kennedy ersteigt den Mount Kennedy in Yukon.

25 Do NS-Täter können weiter verfolgt werden: Der Bundestag beschließt die Verlängerung der Verjährungsfrist für Verbrechen mit lebenslänglicher Strafandrohung.

26 Fr In Alabama (USA) werden vier Mitglieder des Ku-Klux-Klan verhaftet, die unter dem Verdacht stehen, eine weiße Bürgerrechtlerin ermordet zu haben.

27 Sa Südenglands Strände sind nach der Kollision des Tankers »Nora« (Norwegen) mit einem Frachtschiff von Ölpest bedroht.

28 So Ein Erdbeben führt in Chile zu Verwüstungen. +++ Die Volksrepublik China bietet den südvietnamesischen kommunistischen Guerillakämpfern Hilfe an.

29 Mo Die Deutsche Akademie der Wissenschaften in Ost-Berlin ehrt den Dichter Johannes Bobrowski mit dem Heinrich-Mann-Preis.

30 Di Aus Protest gegen die hohe Besteuerung der Filmproduktion in Frankreich öffnen die Pariser Lichtspielhäuser ihre Tore zum kostenlosen Kinobesuch.

31 Mi Mit 283680 Kraftwagen stellt die bundesdeutsche Automobilindustrie einen neuen Rekord für die Monatsproduktion auf.

22. März 1965

Ceauşescu wird Parteichef

Der 47-jährige Nicolae Ceauşescu wird im kommunistischen Rumänien in das höchste Parteiamt gewählt. Einstimmig votieren die Delegierten der Rumänischen Arbeiterpartei (RAP) für Ceauşescu als Ersten Sekretär der Partei. Der neue Parteichef tritt die Nachfolge des am 19. März verstorbenen Gheorghe Gheorghiu-Dej an.

Ceauşescu kündigt die Fortführung der Industrialisierung seines Landes und die Einführung genossenschaftlicher Unternehmensführungen an. Kurz nach seiner Wahl zum Parteichef beruft er den IV. Parteitag der RAP ein und setzt die Umbenennung in Rumänische Kommunistische Partei durch. Vor den Chefs der Kommunistischen Parteien der Sowjetunion, Chinas und der DDR fordert er die Entwicklung von freundschaftlichen Beziehungen zu allen Staaten mit dem Ziel der Auflösung der Militärblöcke in Ost und West. Schon in seinen ersten offiziellen Äußerungen lässt Ceauşescu die Richtung seiner Politik erkennen. Unter seiner Führung betreibt Bukarest zunehmend eine Außenpolitik der »Öffnung nach allen Seiten«. Vor allem in Moskau wächst die Sorge darüber, dass Rumänien sowohl zu osteuropäischen Ländern, als auch zu China und zu den westlichen Staaten Kontakte aufnimmt. So hält sich 1966 Frankreichs Außenminister Maurice Couve de Murville zu offiziellen Beratungen über die Aufnahme wirtschaftlicher Beziehungen in der rumänischen Hauptstadt auf. Innenpolitisch baut Ceauşescu eine Gewaltherrschaft auf.

21. März 1965

Marsch gegen Diskriminierung

Unter der Führung des populären Bürgerrechtlers Martin Luther King (s. Abb., M.) beginnen rd. 300 weiße und schwarze Bürgerrechtler einen 80 km langen Protestmarsch im Staat Alabama. Der sog.

Alabamamarsch führt die Demonstranten von Selma bis zur Hauptstadt Montgomery. Dort versammeln sich am 25. März 25 000 Menschen und fordern, die Rassenbenachteiligungen – u.a. bei Wahlen – aufzuheben.

Eine entsprechende Petition, in der die Bürgerrechtler ihre Forderungen formuliert haben, wird von Alabamas Gouverneur George Wallace zurückgewiesen. Nach der Massenkundgebung schießen Mitglieder des rassistischen Geheimbunds Ku-Klux-Klan die weiße Bürgerrechtlerin Viola Luzzio auf offener Straße nieder.

15. März 1965

USA verschä

Anflug eines Bombergeschwaders auf ein Ziel in Nor vietnam. An Bord befinden sich auch Napalmbombe Die Weltöffentlichkeit protestiert gegen ihren Einsat

6. April 1965

»Early Bird« fliegt ins All

Mit »Early Bird« schießen die USA den ersten kommerziellen Nachrichtensatelliten der Welt in eine geostationäre Umlaufbahn. Der künstliche Erdtrabant soll der Übermittlung von Fernsehbildern, Telefongesprächen und anderen Daten dienen. »Early Bird« bewegt sich in einer annähernd kreisförmigen Bahn in 34 998 km Höhe um die Erde. Seine Umlaufzeit entspricht der Dauer der täglichen Erdrotation. Dadurch erscheint er von der Erde aus unbeweglich. Die Funkverbindungen müssen nicht mehr unterbrochen werden, wenn der Satellit außer Reichweite gerät. Dieses Problem machte vorausgegangene Satelliten stundenlang unbrauchbar. Mit »Early Bird« sendet der erste einer geplanten Reihe von Satelliten Nachrichten um die Erde. Gemäß der Internationalen Konferenz zur Schaffung eines kommerziellen Systems zur Nachrichtenübermittlung durch Satelliten (COMSAT) soll in den kommenden Jahren ein umfangreiches Satellitennetz in der Erdumlaufbahn geschaffen werden. An COMSAT sind zur Zeit insgesamt 45 Staaten beteiligt, darunter auch der Vatikan. Osteuropäische und südostasiatische Staaten schließen sich jedoch nicht an. Moskau intensiviert seine Anstrengungen, um wieder mit den USA gleichzuziehen. Am 23. April startet die Sowjetunion »Molnija 1 a«, ihren ersten nicht stationären Nachrichtensatelliten.

den Bombenkrieg

Bereits nach wenigen Wochen eskaliert der im Februar aufgenommene US-Bombenkrieg in Vietnam: Bei einem Angriff von mehr als 100 US-Flugzeugen auf ein Waffenlager in Phu Qui, rund 160 km südlich von Nordvietnams Hauptstadt Hanoi, kommen erstmals Napalm-Brandbomben zum Einsatz. Sie erzeugen Brände mit Temperaturen von mehr als 2000 °C und treffen vor allem Zivilisten.
Washingtons Kriegsmaschinerie zur Unterstützung des Regimes in Südvietnam läuft mit voller Kraft an. Im Verlauf des Jahres erhöht sich die US-Militärpräsenz von rd. 20 000 auf 170 000 Mann. Innerhalb von sechs Monaten nach Verkündung des Bombenkrieges durch Präsident Lyndon B. Johnson am 13. Februar werden 1000 Angriffe gegen das kommunistische Nordvietnam geflogen. Johnson und seine militärischen Berater wollen den Nachschub für die in Südvietnam operierenden Guerilla-Einheiten des kommunistischen Vietcong unterbinden. Dabei setzen sie in erster Linie auf den Bombenkrieg gegen Ziele in Nordvietnam. Mit den Bombardierungen bleiben die USA ihrer Strategie treu, den Krieg mit schweren Waffen und in geschlossenen Verbänden zu führen. Trotz aller Luftüberlegenheit zeigt sich schnell die beschränkte Tauglichkeit von Bombardierungen, da das agrarisch geprägte Nordvietnam nur wenige Produktionsanlagen besitzt, deren Beschädigung die Wirtschaft des Landes empfindlich stören könnte. Am 14. April werfen US-Flieger in einer makaber anmutenden Aktion über den größeren Städten Nordvietnams über 3 Mio. Flugblätter ab, auf denen sie die Gründe und Ziele der Bombardierungen erklären und die Bevölkerung auffordern, Bombenziele zu meiden. Anfänglich stößt die US- bzw. südvietnamesische Luftwaffe auf wenig Gegenwehr. Im März nehmen die Abschüsse von Maschinen durch Flugabwehrkanonen zu. Auch werden die Angreifer zusehends in Luftgefechte mit nordvietnamesischen Düsenjägern sowjetischer oder chinesischer Herkunft verwickelt. Die USA reagieren auf die Eskalation des Luftkrieges am 1. Mai mit dem Angebot an den nordvietnamesischen Staatspräsidenten Ho Chi Minh, die Bombenangriffe einzustellen, wenn die Einschleusung von Menschen und Material nach Südvietnam eingestellt werde. Eine probeweise Einstellung der Bombenangriffe führt allerdings zu keiner Verminderung der Vietcong-Aktivitäten. Zahlreiche Vermittlungsaktionen auch dritter Staaten bleiben erfolglos. Die USA beharren auf ihren Schutzverpflichtungen gegenüber Südvietnam, Nordvietnam betrachtet die USA weiterhin als Aggressor. Die kommunistischen Kämpfer agieren – anders als ihre auf einen Frontenkrieg fixierten Gegner – gemäß der Befreiungskriegstheorie des nordvietnamesischen Verteidigungsministers Vo Nguyên Giap in kleinen Verbänden.

18. März 1965

Spazierflug im Weltraum

Zum ersten Mal verlässt ein Mensch eine Raumkapsel und schwebt frei im All. Dem Kosmonauten Alexej A. Leonow gelingt das riskante Manöver mit Hilfe einer Versorgungsleitung, die ihn mit dem bemannten Raumschiff »Woschod 2« verbindet. Leonow fliegt rd. zehn Minuten lang durch den luftleeren Raum und wird dabei von einer Fernsehkamera gefilmt. Die Weltöffentlichkeit nimmt den Weltraumspaziergang bewundernd zur Kenntnis. Mit dem Unternehmen weitet die UdSSR ihren Vorsprung in der Weltraumtechnologie vor den USA aus. Bisher verbrachten Moskaus Kosmonauten 454 Stunden im All, ihre US-Kollegen nur 53 Stunden (Abb.: Deutsche Illustrierte berichten über den Wettlauf zum Mond).

30. April 1965

Bilder aus dem Mutterleib

Faszinierendes Fotomaterial wird der staunenden Öffentlichkeit und einer begeisterten Fachwelt präsentiert: Dem schwedischen Fotografen Lennart Nilsson sind die ersten Bilder von lebenden menschlichen Embryos im Körper der Frau gelungen. Nilsson, der sieben Jahre an dem Projekt gearbeitet hat, fotografierte die Bilder mit Hilfe einer speziellen Superweitwinkelkamera mit Miniblitz, die er auf die Spitze einer chirurgischen Sonde montiert hatte. Die US-Illustrierte »Life« veröffentlicht die bemerkenswerten Bilddokumente eines 15 Wochen alten Embryos in ihrer Ausgabe vom 30. April (s. Abb.). Darüber hinaus sind weitere Fotos des werdenden Lebens im Innenteil abgebildet.

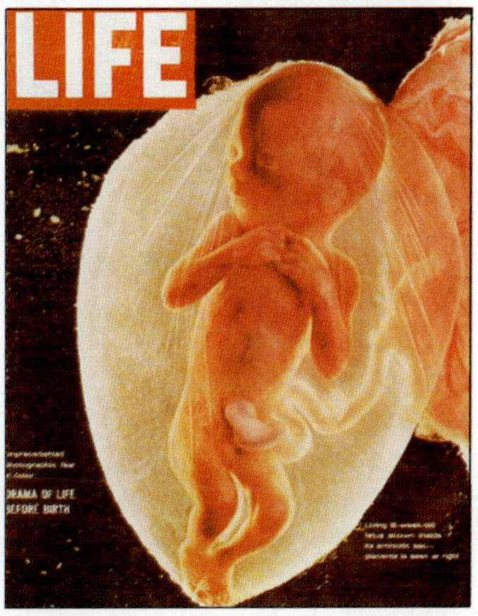

April 1965

1 Do König Hussein II. von Jordanien proklamiert seinen Bruder Hassan ben Talal zum Kronprinzen und schließt damit seine Söhne von der Thronfolge aus.

2 Fr Der tschechoslowakische Staatspräsident und KP-Chef Antonin Novotny fordert die vollständige Annullierung des Münchener Abkommens von 1938.

3 Sa Die DDR schließt die 16 Passierscheinstellen in Berlin. Für die kommenden Feiertage wurden 800 000 Passierscheine an Besucher aus dem Westen ausgestellt.

4 So Der Angriff von 150 südvietnamesischen und US-Militärflugzeugen auf Ziele in Nordvietnam entfesselt den ersten Luftkampf seit Kriegsbeginn.

5 Mo Die Verfilmung des Musicals »My Fair Lady« von George Cukor nach George Bernard Shaws Drama »Pygmalion« erhält in Hollywood acht »Oscars«.

6 Di Im Wilhelm-Busch-Museum in Hannover beginnt eine Ausstellung zum 100. Jahrestag der Erstveröffentlichung von »Max und Moritz«. → »Early Bird«

7 Mi In Wien scheitern die Bemühungen um ein einheitliches Farbfernseh-System. 18 Staaten entscheiden sich für PAL/NTSC und 21 für das SECAM-System.

8 Do Papst Paul VI. richtet ein »Sekretariat für die Ungläubigen« ein.+++ In Warschau wird der sowjetisch-polnische Freundschaftsvertrag verlängert.

9 Fr In Houston (US-Bundesstaat Texas) findet erstmals ein Baseballspiel der US-Nationalliga in der Halle statt. Der »Astrodome« fasst 66 000 Zuschauer.

10 Sa Die 12. Panzerdivision in Würzburg wird dem Kommando der NATO unterstellt. Damit erfüllt die Bundesrepublik Verpflichtungen aus dem Jahr 1955.

11 So Beim 6,6 km langen Autotunnel bei San Bernardino (Schweiz) erfolgt nach dem Aushub von mehr als 600 000 m^3 Gesteins der Durchbruch.

12 Mo Anni Moser übernimmt den Vorsitz der Gewerkschaft Handel, Banken und Versicherungen (HBV). Erstmals führt damit eine Frau eine Einzelgewerkschaft.

13 Di Grenzbeamte der DDR verwehren den Bewohnern der Westberliner Exklave Steinstücken den Zugang ohne Visum.

14 Mi Die USA werfen über Nordvietnam Flugblätter ab, um die Bevölkerung über ihre Kriegsziele der Eindämmung des Kommunismus zu informieren.

15 Do In Italien beginnt eine Streikwelle bei Krankenhauspersonal, Eisenbahn- und Hotelangestellten, die zu Chaos im Tourismusbetrieb führt.

16 Fr Der britische Premierminister Harold Wilson äußert in den USA seine Zustimmung zur Vietnampolitik von US-Präsident Lyndon B. Johnson.

17 Sa Die italienische Abgeordnetenkammer billigt in geheimer Abstimmung den Gesetzentwurf der Regierung zur Bekämpfung der wirtschaftlichen Rezession.

18 So 400 Mods – modisch gekleidete Jugendliche auf Motorrollern – liefern der Polizei im britischen Seebad Brighton eine Schlacht mit Kieselsteinen.

19 Mo Die Ostermarsch-Initiativgruppe »Kampagne für Abrüstung« fordert, dass die Abrüstungsbereitschaft Wahlprüfstein für die Bundestagswahl sein solle.

20 Di China bietet Nordvietnam militärische Unterstützung gegen Südvietnam an. +++ Moskauer Bürger erhalten eine Zuteilung von Weizenmehl.

21 Mi Auf sowjetischen Antrag hin tritt in New York die große Abrüstungskommission der Vereinten Nationen zusammen. Ihr gehören alle UNO-Mitglieder an.

22 Do Tunesien befürwortet die Anerkennung Israels durch die arabischen Länder, wenn Israel die besetzten palästinensischen Gebiete räumt.

23 Fr Die Sowjetunion startet ihren ersten Nachrichtensatelliten. +++ An tschechoslowakischen Schulen wird neben Russisch eine zweite Fremdsprache Pflicht.

24 Sa In Karlsruhe gewinnt die deutsche Fußball-Nationalmannschaft ein Qualifikationsspiel für die Weltmeisterschaft in England gegen Zypern mit 5:0.

25 So In den indisch-pakistanischen Grenzgebieten liefern sich Truppen heftige Feuergefechte. Pakistan ordnet die Generalmobilmachung an.

26 Mo Nach Mitteilung von US-Verteidigungsminister Robert S. McNamara betragen die Kriegskosten der USA in Vietnam täglich 4. Mio. US-Dollar.

27 Di Die britische Labour-Regierung beschließt die Verstaatlichung der bedeutendsten Stahlwerke, die fast 90% der Stahlproduktion des Landes erbringen.

28 Mi Die USA entsenden Truppen in die Dominikanische Republik. +++ Der englische Flügelstürmer Sir Stanley Matthews beendet 50-jährig seine Fußballkarriere.

29 Do Bundespräsident Heinrich Lübke eröffnet in Essen auf dem erweiterten Gelände der bereits 1929 gegründeten Gruga die Bundesgartenschau.

30 Fr Mit den ersten Wahlen zur Nationalversammlung erlangt die britische Kronkolonie Basutoland (Südafrika) die innere Selbstverwaltung. → Mutterleib

Mai 1965

1 Sa Bei der Bundeswehr tritt eine neue Vorschrift für erzieherische Maßnahmen in Kraft: Marschunfähige Soldaten dürfen nicht mehr bestraft werden.

2 So 300 Mio. Menschen verfolgen die erste, über den US-Nachrichtensatelliten »Early Bird« ausgestrahlte europäisch-amerikanische Gemeinschaftssendung.

3 Mo Die USA verstärken ihre Truppen in Vietnam auf 35 000 Mann. US-Flugzeuge bombardieren kambodschanische Dörfer. → Doktrin

4 Di Der American-Press-Bildberichterstatter Horst Faas erhält als erster Deutscher – für seine Fotos vom Vietnamkrieg – den Pulitzerpreis.

5 Mi Das Bundeskabinett in Bonn beschließt neue Richtlinien zur Minderung des Bundesbahndefizits. Eine Modernisierung des Streckennetzes ist geplant.

6 Do Die Artilleriebataillone der Bundeswehr führen neue US-Panzerhaubitzen mit höherer Feuerkraft und größerer Beweglichkeit ein.

7 Fr US-Präsident Lyndon B. Johnson erklärt, dass die Wiedervereinigung Deutschlands eine der dringendsten Aufgaben der atlantischen Allianz sei.

8 Sa Zum 20. Jahrestag des Kriegsendes legen Bundespräsident Heinrich Lübke und Bundeskanzler Ludwig Erhard im Bonner Hofgarten Kränze nieder.

9 So Die rechtsextremistische NPD hält in Hannover ihren ersten Parteitag ab. +++ Nach zwölf Jahren Pause feiert der Pianist Wladimir Horowitz sein Comeback.

10 Mo US-Studien an Bewohnern des Bikini-Atolls bestätigen, dass erhöhte radioaktive Strahlung Knochenschädigungen und Fehlgeburten zur Folge hat.

11 Di Ein Zyklon verwüstet Ostpakistan. Das Unwetter fordert 12 722 Todesopfer und richtet Schäden in Höhe von umgerechnet 800 Mio. DM an.

12 Mi Die Bundesrepublik und Israel nehmen diplomatische Beziehungen auf. +++ Die DFB-Auswahl verliert in Nürnberg im Länderspiel gegen England mit 0:1.

13 Do Als Folge der Aufnahme diplomatischer Beziehungen zwischen der Bundesrepublik und Israel beenden zehn arabische Staaten den Kontakt mit Bonn.

14 Fr Die Volksrepublik China zündet ihre zweite Atombombe. Der Sprengsatz wird oberirdisch zur Explosion gebracht.

15 Sa Mit drei Punkten Vorsprung vor Titelverteidiger 1. FC Köln in der Bundesliga-Abschlusstabelle wird der SV Werder Bremen Deutscher Fußballmeister.

16 So Nach Angaben von »Radio Freies Europa« hören bis zu 20 Mio. Menschen den Münchener Sender, u.a. in Polen, der Tschechoslowakei und Ungarn.

17 Mo Bundesdeutsche Industriefilme gewinnen neun von zwölf Preisen auf den zweiten Wirtschaftsfilmtagen in Wien.

18 Di Hertha BSC wird wegen Verschweigens von Schulden aus der Bundesliga ausgeschlossen. Der Fußballverein muß in der Stadtliga spielen. → Elizabeth

19 Mi In der DDR erinnert ein Schriftstellertreffen an einen Kongress von aus Hitlerdeutschland geflüchteten Autoren, der 1935 in Paris stattfand.

20 Do Eine Linienmaschine der Pakistan Airlines stürzt in der Nähe von Ägyptens Hauptstadt Kairo ab. Dabei kommen 120 Menschen ums Leben.

21 Fr Der Ostberliner Schriftsteller Johannes Bobrowski erhält den Schweizer Charles-Veillon-Preis für Literatur. Ausgezeichnet wird er für das Buch »Levins Mühle«.

22 Sa Borussia Dortmund gewinnt den DFB-Pokal. Im Finale in Hannover besiegt die Mannschaft des Regionalligisten Alemannia Aachen mit 2:0.

23 So Franz Jonas (SPÖ) wird zum österreichischen Bundespräsidenten gewählt. Seit 1951 war Jonas Bürgermeister von Wien.

24 Mo Die bolivianische Polizei geht gegen bewaffnete Arbeiter vor, die Zinnminen besetzt halten. Die Aktion fordert 51 Tote und mehr als 400 Verletzte.

25 Di Der Landtag von Nordrhein-Westfalen beschließt, dass künftig auch Volksschullehrer an wissenschaftlichen Hochschulen ausgebildet werden. → Ali

26 Mi Der Bundestag verabschiedet ein Entschädigungsgesetz, mit dem ein Schlußstrich unter die Wiedergutmachung von NS-Unrecht gezogen werden soll.

27 Do Inter Mailand wird Europacup-Sieger der Landesmeister. Im eigenen Stadion schlägt Inter den portugiesischen Meister Benfica Lissabon mit 1:0.

28 Fr Israelischen Einheiten greifen zwei jordanische Stützpunkte an der Demarkationslinie zwischen den beiden Staaten an.

29 Sa In Saarbrücken beschließt der SPD-Bundesvorstand, den Notstandsgesetzen der Regierung in der laufenden Legislaturperiode nicht mehr zuzustimmen.

30 So Bei den staatlicherseits vorprogrammierten polnischen Parlamentswahlen gewinnt die Polnische Vereinigte Arbeiterpartei die absolute Mehrheit.

31 Mo Nach dem Jahreswechsel und Ostern können Berliner erneut ihre Verwandten in Ost-Berlin besuchen. Das hatten Senat und DDR-Regierung vereinbart.

13. Juni 1965

Schlager machen Furore

»Mit 17 hat man noch Träume« – ein Traum der 17-jährigen Schlagersängerin Peggy March ist auf jeden Fall in Erfüllung gegangen. Ihr Song wird bei der Endausscheidung der 5. Deutschen Schlagerfestspiele im Kurhaus von Baden-Baden zum Schlager des Jahres gewählt. »Mit 17 hat man noch Träume« ist von Heinz Korn komponiert und getextet worden. Zwei Jahre nach ihrem Deutschlanddebüt schafft die blonde Amerikanerin mit dem Titelgewinn den Durchbruch zum Schlagerstar in der Bundesrepublik. Schon vor Jahren feierte die in Gesang, Schauspiel und Tanz ausgebildete Tochter eines Ingenieurs aus Pennsylvania erste Erfolge im US-Showbusiness. Den zweiten Platz auf den Schlagerfestspielen belegt die 18-jährige Norwegerin Wencke Myhre mit ihrem Hit »Sprich nicht darüber«. Die 28-jährige Schwedin Siw Malmkvist belegt mit dem Lied »Das fünfte Rad am Wagen« den dritten Platz. Neben den Newcomern wird die Schlagerszene in der Bundesrepublik immer noch von den Stars der fünfziger Jahre, wie Freddy Quinn, dominiert.

3. Mai 1965

Doktrin zur Außenpolitik

Die USA wollen neben Kuba keinen weiteren kommunistischen Staat in der westlichen Hemisphäre dulden. Mit dieser neuen außenpolitischen Leitlinie wendet sich US-Präsident Lyndon B. Johnson an die Öffentlichkeit. In einer Fernsehansprache rechtfertigt er damit die Intervention von Truppen seines Landes in die Dominikanische Republik am 28. April. Die

Lyndon B. Johnson

US-Politiker, * 27.8.1908 Stonewall (US-Bundesstaat Texas); † 22.1.1973 Austin (US-Bundesstaat Texas)

Der Demokrat übernahm nach der Ermordung John F. Kennedys 1963 das Amt des Präsidenten. Innenpolitisch setzt der »Selfmademan« die Sozial- und Bürgerrechtspolitik seines Vorgängers fort. Das große außenpolitische Thema seiner Amtszeit ist der Vietnamkrieg, in den sich die USA in den 60er Jahren mehr und mehr verstricken. Die wachsende Opposition gegen den Krieg, der mit militärischen Mitteln nicht zu gewinnen war, lässt Johnson, der 1964 mit großer Mehrheit im Amt bestätigt wurde, auf eine weitere Kandidatur verzichten.

- 1937-49: Abgeordneter der Demokratischen Partei im Repräsentantenhaus
- 1949-61: Senator
- 1963-69: 36. US-Präsident

USA hatten den Bürgerkrieg in dem mittelamerikanischen Staat als einen kommunistisch gesteuerten Konflikt gewertet. Johnsons Außenpolitik steht noch immer unter dem Eindruck der Kubakrise von 1962. Damals hatte die Sowjetunion auf Kuba – 150 km vor der Küste der Vereinigten Staaten – atomare Angriffswaffen stationieren wollen und war erst durch die harte Haltung Präsident Kennedys von ihrer Politik abzubringen.

25. Mai 1965

Ali macht kurzen Prozess

Der Weltmeisterschafts-Revanchekampf zwischen den Boxern Cassius Clay alias Muhammad Ali und Sonny Liston endet bereits nach 60 Sekunden. Titelverteidiger Ali schickt Liston mit einer kurzen Rechten auf die Bretter, die nicht einmal in der Zeitlupenwiederholung genau auszumachen ist. Während der Ringrichter den benommenen Liston erst nach 14 Sekunden anzählt, beschimpft Ali seinen am Boden liegenden Gegner (s. Abb.). Nach einiger Zeit kommt Liston wieder hoch. Als der Kampf weitergeht, macht der Zeitnehmer den Ringrichter darauf aufmerksam, das Liston zu lange am Boden gelegen habe. Der Kampf wird daraufhin abgebrochen. Ali ist Sieger durch k.o. Das Publikum in Lewiston im US-Bundesstaat Maine fühlt sich betrogen und protestiert. Viele haben umgerechnet zwischen 100 und 400 DM Eintritt für den Kampf gezahlt, der nur eine knappe Minute gedauert hat. »Großmaul« Ali hatte werbewirksam den Kampfausgang vorausgesagt und k.o. in der ersten Runde prognostiziert. Jetzt wittern viele Betrug. Am 25. Februar 1964 hatte sich Muhammad Ali – noch als Cassius Clay – in einem Fight mit ebenfalls umstrittenen Ausgang von Sonny Liston den Weltmeistertitel geholt.

19. Juni 1965

Putsch gegen Ben Bella

In Algerien wird der populäre sozialistische Präsident Mohammed Ahmed Ben Bella in einem unblutigen Staatsstreich gestürzt (Abb.: Panzer besetzen die strategisch wichtigen Zonen in der Hauptstadt). Gemeinsam mit fünf seiner engsten Mitarbeiter wird er in Haft genommen. Drahtzieher des Umsturzes ist der frühere Verteidigungsminister Houari Boumedienne, ein ehemaliger Kampfgefährte Ben Bellas im algerischen Freiheitskampf gegen die französischen Kolonialherren. Die Macht in dem nordafrikanischen Wüs-

tenstaat übernimmt ein Revolutionsrat, der Ben Bella »persönliches Machtstreben« und die »Verschleuderung öffentlicher Gelder« vorgeworfen hatte. Während sowohl Ben Bella wie Boumedienne eine sozialistische Verfassung mit islamischen Elementen für Algerien favorisieren, gehen ihre Meinungen u.a. zur wirtschaftlichen Entwicklung des Landes weit auseinander. Ben Bella setzt auf Industrialisierung, Boumedienne will landwirtschaftliche Kolchosen einrichten.

18. Mai 1965

Jubel um Elizabeth

Bundespräsident Heinrich Lübke zeigt der Königin Bonn.

Zu einem protokollarisch und gesellschaftlich glanzvollen Ereignis wird der elftägige Staatsbesuch der britischen Königin Elizabeth II. und ihres Gatten Prinz Philip, des Herzogs von Edinburgh, in der Bundesrepublik Deutschland. Es handelt sich um die erste Visite eines britischen Monarchen in Deutschland seit dem Jahre 1909.

Dementsprechend aufwändig und herzlich empfangen die Deutschen das seit 1953 amtierende britische Staatsoberhaupt. Politiker und Bevölkerung bemühen sich, dem Herrscherpaar ihren Besuch zu einem echten Erlebnis werden zu lassen. Auf sämtlichen Stationen ihrer Reise wird die Queen von hunderttausenden begeisterter Menschen mit »Elisabeth, Elisabeth«-Rufen begrüßt. Neben den offiziellen Empfängen bei Bundespräsident Heinrich Lübke und Bundeskanzler Ludwig Erhard trifft Elizabeth II. mit acht Länderregierungen und 15 Stadtoberhäuptern zusammen. U.a. besucht sie Bonn, München, Köln, Duisburg, Berlin, Hannover und Hamburg. Der Ministerpräsident von Rheinland-Pfalz, Peter Altmeier, gibt ihr zu Ehren ein Frühstück auf einem Rheindampfer. In Baden-Württemberg frischt sie alte verwandtschaftliche Kontakte auf, u.a. zum Adelshaus Hohenlohe-Langenburg.

Die Initiative für den Besuch geht auf Prinz Philip zurück, der trotz der Gegnerschaft im Zweiten Weltkrieg die Zeit für eine Annäherung zwischen Großbritannien und der Bundesrepublik Deutschland für gekommen hält. Bereits 1960 gab der Herzog von Edinburgh bekannt: »Mit Deutschenhass allein können wir nicht überleben. Es ist eine öde Beschäftigung, sich über die Geschichte zu ärgern, und sie macht blind für die Aufgaben der Zukunft.«

30. Juni 1965

Ruhr-Universität: Forschung im Herzen des Reviers

Zum ersten Mal seit Schließung der Duisburger Hochschule im Jahre 1818 erhält das Ruhrgebiet wieder eine Universität. Mit einem feierlichen Akt im Schauspielhaus wird die Ruhr-Universität Bochum eröffnet. Der nordrhein-westfälische Kultusminister Paul Mikat (CDU) vereidigt Heinrich D. Greeven als ersten Rektor der neu gegründeten Bildungseinrichtung.

Noch sind nicht alle Bauarbeiten erledigt. Bei Aufnahme des Vorlesungsbetriebs stehen der 19. bundesdeutschen Universität zwei Institutsgebäude mit 25 Hörsälen und 60 Übungs- und Seminarräumen zur Verfügung. An den 50 Lehrstühlen nehmen zunächst 2000 Studenten das Studium auf. Die Gründung der Universität in dieser Industrieregion geht auf einen Beschluss der Landesregierung aus dem Jahre 1965 zurück. U.a. sollten Arbeiterkindern bessere Bildungschancen eingeräumt werden. Viele Jahrzehnte blieb die Montanregion an der Ruhr ohne Hochschule. Von Reichskanzler Otto von Bismarck soll die Äußerung überliefert sein, dass es im Ruhrgebiet weder Kasernen noch Universitäten geben dürfe. Von Offizieren wie von Studenten fürchtete er kritische Stimmen und Unruhe, die der Arbeitsproduktivität dieser für das Deutsche Reich besonders wichtigen Industrieregion abträglich sein könnten. Auf der anderen Seite war der Bedarf an qualifizierten Fach- und Führungskräften im Revier offenkundig, so dass bereits Ende des 19. Jahrhunderts erste Stimmen laut wurden, die eine Technische Universität in der Kohle- und Stahlregion forderten. Nachdem zunächst Dortmund Standort einer neuen Universität werden sollte, entschieden sich die Fachleute aufgrund der zentraleren Lage im Revier doch für die Nachbarstadt Bochum. Das Richtfest für die ersten Gebäude wurde am 21. Januar 1965 gefeiert.

Juni 1965

1 Di Innerhalb der Europäischen Wirtschaftsgemeinschaft (EWG) bleiben Waren für den persönlichen Gebrauch im Wert von bis zu 240 DM künftig zollfrei.

2 Mi Die Bundesregierung aus CDU, CSU und FDP fordert die SPD auf, die Notstandsgesetze noch in dieser Legislaturperiode gemeinsam mit ihr zu verabschieden.

3 Do Die Bonner Staatsanwaltschaft stellt die Ermittlungen gegen Ex-Verteidigungsminister Franz-Josef Strauß im Zusammenhang mit der »Spiegel«-Affäre ein.

4 Fr Der Australier Ron Clarke stellt mit 13:25,8 min zum dritten Mal in diesem Jahr einen Weltrekord im Langstreckenlauf über 5000 Meter auf.

5 Sa Auf dem italienischen Tanker »Lusia« kommt es zu einer Explosion. Bei dem Unglück im persischen Ölhafen Bandar Mashur sterben 30 Menschen.

6 So Mit einem überlegenen Sieg des Italieners Vittorio Adorni endet in Florenz das Radrennen Giro d'Italia. Adorni hat im Ziel 11:23 min Vorsprung.

7 Mo König Hassan II. von Marokko ruft den Notstand aus und regiert per Dekret. Im Parlament hatte es keine Mehrheit für eine Regierung gegeben.

8 Di Die kubanische Regierung sagt dem Rock 'n' Roll, langen Haaren bei Männern und »anderen Überresten des Kapitalismus« den Kampf an.

9 Mi Hamburgs Finanzsenator Herbert Weichmann (SPD) wird als Nachfolger des zurückgetretenen Paul Nevermann (SPD) zum Ersten Bürgermeister gewählt.

10 Do Starke Verbände des Vietcong stürmen die 100 km nördlich von Saigon gelegene Bezirkshauptstadt Dong Xoai. US-Truppen gelingt es, sie zu vertreiben.

11 Fr Der jugoslawische Staatspräsident Josip Tito stimmt in Halle der »Zwei-Staaten-Theorie« des DDR-Staatsratsvorsitzenden Walter Ulbricht zu.

12 Sa Im Rahmen der 19. Ruhrfestspiele wird in Recklinghausen die Ausstellung »Signale – Manifeste – Proteste der Kunst im 20. Jahrhundert« eröffnet.

13 So Zum vierten Mal hintereinander gewinnt der schottische Formel-1-Rennfahrer Jim Clark in Spa den Großen Preis von Belgien. → Schlager

14 Mo Der DDR-Komponist Paul Dessau, der u.a. die Songs zu Bertolt Brechts Stück »Mutter Courage« schrieb, wird Mitglied der Westberliner Akademie der Künste.

15 Di Der 26. Pariser Aero-Salon wird eröffnet. 450 Aussteller aus 16 Ländern nehmen teil. Erstmals werden auch Flugzeuge aus der Sowjetunion gezeigt.

16 Mi Der Regisseur Konrad Wolf wird auf der Tagung der Akademie der Künste der DDR in Ost-Berlin zum neuen Akademie-Präsidenten gewählt.

17 Do Bundespräsident Heinrich Lübke ruft in Helmstedt zu Mut und Beharrlichkeit im Streben nach der Wiedervereinigung Deutschlands auf.

18 Fr In Wien unterzeichnen Israel, Japan und Dänemark das Kontroll-Abkommen der Internationalen Atomenergieorganisation.

19 Sa General Nguyên Van Thiêu wird durch einen Militärputsch Staatspräsident von Südvietnam. Ministerpräsident wird General Nguyên Cao Ky. → Ben Bella

20 So Etwa 30 000 Menschen versammeln sich im Hamburger Stadtpark zur Abschlussfeier des ersten Nordischen Katholikentages.

21 Mo In West-Berlin beginnen Verhandlungen zwischen der Bundesrepublik Deutschland und der DDR zur Verlängerung des Passierscheinabkommens von 1964.

22 Di Otto Hahn, Werner Heisenberg und andere Nobelpreisträger appellieren an Papst Paul VI., seinen Standpunkt zur Geburtenkontrolle zu revidieren.

23 Mi Der Bundestag beschließt Maßnahmen zur Verbesserung des Absatzes und zur Förderung der Rationalisierung im Steinkohlebergbau.

24 Do Die von der Regierung eingebrachte »Notstands-Verfassung« verfehlt wegen des Widerstands der SPD die notwendige Zweidrittelmehrheit im Bundestag.

25 Fr Polens Ministerpräsident Józef Cyrankiewicz macht die Anerkennung der polnischen Westgrenze zur Bedingung für eine Zusammenarbeit mit Bonn.

26 Sa Auf der Bahnstrecke Augsburg-München erreicht erstmals ein fahrplanmäßiger Schnellzug eine Geschwindigkeit von über 200 km/h.

27 So Die Landtagswahl im Saarland bestätigt die CDU/FDP-Koalition. Die FDP verliert 0,7 Prozentpunkte. CDU und SPD gewinnen erheblich dazu.

28 Mo Gyula Kállai wird ungarischer Ministerpräsident. Vorgänger János Kádár tritt zurück, bleibt aber Chef des Zentralkomitees der Kommunistischen Partei.

29 Di In einem Zehn-Punkte-Programm fordert der Verband Deutscher Studentenschaften die Aufhebung des Bildungsnotstandes – u.a. durch höhere Etats.

30 Mi Der Bundestag verabschiedet die als Teil der Notstandsgesetze geplanten Vorschriften über Selbstschutz und Schutzbau. → Ruhr-Universität

Juli 1965

1 Do Die Verleger Gerd Bucerius, John Jahr und Richard Gruner gründen »Gruner und Jahr GmbH und Co.«, den zweitgrößten deutschen Pressekonzern. → EWG

2 Fr Die SED veröffentlicht in Ost-Berlin die Namen von über 1800 ehemaligen NSDAP-Funktionären in Führungspositionen der Bundesrepublik Deutschland.

3 Sa Die US-Regierung zieht 1400 Soldaten aus der Dominikanischen Republik ab. Damit befinden sich noch 10 900 US-Marine-Infanteristen auf der Insel.

4 So Vor 25 000 Vertriebenen aus den ehemaligen deutschen Ostgebieten betont Bundespräsident Heinrich Lübke, dass kein politisches Ziel Gewalt rechtfertige.

5 Mo Auf dem Sahara-Stützpunkt Hammaguir starten französische Techniker eine Rakete, die als Grundstufe eines Trägersystems Satelliten ins All befördern soll.

6 Di Den »Goldenen Bären«, Hauptpreis der Internationalen Filmfestspiele Berlin, erhält der französische Regisseur Jean-Luc Godard für seinen Film »Alphaville«.

7 Mi Der österreichische Nationalrat verabschiedet ein Gesetz, das erstmals selbstständigen Bauern und ihren Familien Versicherungsschutz bei Krankheit gewährt.

8 Do Ab 1967 sollen Erstklässler ihre Schullaufbahn einheitlich am 1. August beginnen. Darauf einigt sich die Kultusministerkonferenz in Kiel.

9 Fr Bundesaußenminister Gerhard Schröder fordert Mitsprache bei Nato-Atomwaffen. +++ Posträuber Ronald Biggs entkommt in London aus dem Gefängnis.

10 Sa Im Volkswagenwerk in Wolfsburg beginnen die Sommerferien. Zwei Sonderzüge bringen 2000 der 5000 italienischen Beschäftigten in ihre Heimat.

11 So Bundeskanzler Ludwig Erhard (CDU) kritisiert die »Versuche intellektueller Snobs«, den Wohlstand in der Bundesrepublik lächerlich zu machen.

12 Mo Der Krieg der arabischen Staaten gegen Israel sei unausweichlich, erklärt der ägyptische Staatspräsident Gamal Abd el Nasser im US-Fernsehen.

13 Di Um die Landflucht zu stoppen, schlagen die kommunalen Spitzenverbände der Bundesrepublik verstärkte finanzielle Förderung kleinerer Gemeinden vor.

14 Mi Drastische Sparmaßnahmen sollen laut Bundesregierung die Währungs- und Preisstabilität wahren. +++ Felice Gimondi (Italien) gewinnt die Tour de France.

15 Do In Griechenland kommt es zur Kraftprobe zwischen der Regierung und König Konstantin II., der die Entlassung des Verteidigungsministers ablehnt. → Mars

16 Fr Der Montblanc-Tunnel zwischen Frankreich und Italien wird nach sechsjähriger Bauzeit eröffnet. Er verkürzt die Strecke Rom-Paris um 150 km.

17 Sa Polen und die UdSSR heben den Visumzwang für Privatreisende aus beiden Ländern auf. +++ Rumänien erlaubt den Verkauf westlicher Zeitungen.

18 So Schwere Gewitter in Ostwestfalen, Nordhessen und Südniedersachsen fordern zehn Menschenleben. Über 150 Menschen werden obdachlos.

19 Mo Der chilenische Staatspräsident Eduardo Frei kommt nach Bonn. Gesprächsthemen sind finanzielle und technische Hilfen der Bundesrepublik für Chile.

20 Di Falls es nicht zu einem europäischen Standard für das Farbfernsehen komme, sei laut Beschluss der Bundesregierung die PAL-Norm einzuführen.

21 Mi Bei den Filmfestspielen in Moskau werden der ungarische Film »Zwanzig Stunden« und die sowjetische Tolstoi-Verfilmung »Krieg und Frieden« prämiert.

22 Do Zwei Schlagwetterexplosionen auf der Zeche »Mont Cenis« in Herne fordern fünf Tote und 13 Verletzte. Hitze und Brände vereiteln Rettungsversuche.

23 Fr Auf Zypern verlängert das Parlament die Amtszeit des griechischstämmigen Staatspräsidenten Makarios und übergeht damit den türkischen Kandidaten.

24 Sa Die jugoslawische Regierung erlässt 30 Gesetze zur Wirtschaftsreform, durch die sie die Landeswährung Dinar abwerten und Preiskorrekturen erreichen will.

25 So Ein Wahlkollegium bestätigt den bisherigen portugiesischen Staatspräsidenten Américo Rodrigues Tomás im Amt. Die Opposition boykottiert die Wahl.

26 Mo »Die Benachrichtigung« von Václav Havel wird in Prag uraufgeführt. ++ Drei Pariser Modehäuser präsentieren für die Wintersaison helle Frühlingsfarben.

27 Di Zu Beginn der Genfer Abrüstungskonferenz fordert US-Präsident Lyndon B. Johnson, alle Nuklearwaffen unter gemeinsame Kontrolle zu stellen.

28 Mi 6,5 Mio. t Kohle sollen auf Beschluss des Bundeskabinetts vom Markt genommen werden, um das Überangebot zu verringern.

29 Do 14 Länder erklären in New York ihre Bereitschaft, einer internationalen Friedensstreitmacht der UNO Truppen zur Verfügung zu stellen.

30 Fr US-Präsident Lyndon B. Johnson unterzeichnet das sog. Medicare-Gesetz, das die medizinische Versorgung älterer Bürger sicherstellt.

31 Sa Die Delegierten der DFB-Versammlung befürworten eine Aufstockung der Bundesliga von 16 auf 18 Mannschaften. Eine 2. Bundesliga wird abgelehnt.

11. August 1965

Straßenkämpfe in Los Angeles

In Los Angeles löst die Festnahme eines Schwarzen durch einen weißen Polizisten wegen Trunkenheit am Steuer blutige Unruhen aus. In dem Schwarzenviertel Watts kommt es zu einer Gewaltorgie (Abb.: Die französische Illustrierte Paris Match berichtet auf den Titelseiten). Fünf Tage lang toben Straßenschlachten zwischen Aufständischen und Ordnungshütern. In dem 77 km² großen Viertel finden Brandstiftungen und Plünderungen statt. 20 000 Männer der Nationalgarde werden in das Krisengebiet geschickt. Bei den Kämpfen sterben 35 Menschen, rd. 800 erleiden Verletzungen.

27. August 1965

Vielseitiges Genie

Der Architekt und Maler Le Corbusier stirbt im Alter von 77 Jahren in Roquebrune-Cap-Martin im französischen Departement Alpes-Maritimes. Zu seinen eindrucksvollsten Schöpfungen gehören u.a. die Wallfahrtskirche in Ronchamp bei Belfort sowie das UN-Gebäude in New York. Le Corbusier hat die Architektur des 20. Jahrhunderts maßgeblich mitgestaltet und viele Städteplaner beeinflusst. In seinen Schriften fordert er eine Erneuerung der Architektur nach den Grundsätzen der unverhüllten Materialwirkung und den Wohnbedürfnissen der Menschen.

Le Corbusier

eigtl. Charles-Edouard Jeanneret-Gris, französisch-schweizerischer Architekt; * 6.10.1887 La Chaux-de-Fonds; † 27.8.1965 Roquebrune-Cap-Martin

Der Städteplaner und Maler ist einer der Mitbegründer des funktionalen Baustils in der Architektur. Er trug maßgeblich zur Durchsetzung des auf kubischen Grundformen aufbauenden International Style bei. In den 20er Jahren schuf Le Corbusier u.a. in der Stuttgarter Weißenhofsiedlung die Grundlagen eines neuen Wohnhaustyps. Er arbeitete als Städteplaner in vielen Ländern der Welt und zeichnete für die architektonische Gestaltung bedeutender Großbauten verantwortlich. Ein monumentaler Stil kennzeichnet den von Le Corbusier »Wohnmaschine« genannten Gebäudekomplex Unités d'habitation in Marseille. In der Malerei setzte Le Corbusier ebenfalls Akzente. 1918 gehörte er zu den Mitbegründern des Purismus, einer Stilrichtung, die mit ihren klaren und einfachen, geometrischen Formen den Kubismus ablösen sollte. Zudem trat Le Corbusier als Verfasser bahnbrechender Schriften hervor und konzipierte Inneneinrichtungen.

- 1925: Stadtplanungsmodell für Paris
- 1927: Entwurf für den Völkerbundpalast in Genf
- 1956/57: Wohnbauten im Berliner Hansa-Viertel

19. August 1965

Prozess gege SS-Schergen

Mit der Urteilsverkündung im sog. Auschwitzprozess geht in Frankfurt am Main das bisher längste und größte Gerichtsverfahren der Bundesrepublik Deutschland sowie der aufwändigste Massenmordprozess der deutschen Rechtsgeschichte zu Ende. Von den 20 angeklagten früheren SS-Aufsehern im Konzentrationslager Auschwitz werden sechs zu lebenslänglicher Freiheitsstrafe und zehn zu Zuchthausstrafen zwischen dreieinhalb und 14 Jahren verurteilt. Ein Beschuldigter erhält eine Jugendstrafe von zehn Jahren, drei Angeklagte werden freigesprochen. Das Verfahren, das sich seit 1963 über 182 Verhandlungstage hinzog, gilt im Ausland als Prüfstein dafür, inwieweit es den Deutschen gelingt, ihre NS-Vergangenheit moralisch und juristisch aufzuarbeiten. Wegen der vergleichsweise milden Strafmaße stößt das Urteil vielfach auf heftige Kritik. Die verhängten Strafen bleiben weit unter den Anträgen der Staatsanwaltschaft, die für 16 Angeklagte lebenslänglich Zuchthaus und für zwei Angeklagte zwölf Jahre Zuchthaus gefordert hatte. An den Prozesstagen sind 359 Zeugen aus 19 Nationen – hauptsächlich aus Polen, Israel und den USA – gehört worden, nachdem in der Vorbereitungsphase bereits 1300 Zeugen vernommen worden waren. Ergreifende Szenen spielten sich im Gerichtssaal ab, wenn Zeugen bei ihren Schilderungen der unglaublichen Misshandlungen und Mordtaten, die sie in Auschwitz mitangesehen oder selbst erlebt hatten, von der Erinnerung übermannt in Tränen ausbrachen. Allerdings war die Beweisaufnahme dadurch er-

1. Juli 1965

EWG streitet um Finanzen

Der Streit um die zukünftige Finanzierung des europäischen Agrarmarktes stürzt die Europäische Wirtschaftsgemeinschaft (EWG) in eine Krise. Die Beratungen des Ministerrats scheitern. Frankreich erklärt daraufhin, nicht mehr in den EWG-Organen mitarbeiten zu wollen. Die »Politik des leeren Stuhls« wird mit der Nichteinhaltung vertraglicher Verpflichtungen seitens der EWG-Partner begründet. Der Kommissionsvorschlag zur Finanzierung sieht eine Neuregelung der Mitgliedsbeiträge der sechs EWG-Staaten, die Schaffung eigener Mittel der Gemeinschaft durch Einnahmen aus sog. Abschöpfungen und Zöllen sowie Haushaltsbefugnisse des Europäischen Parlaments vor. Frankreich, das Eingriffe in seine Souveränität fürchtet, kritisiert, dass die Kommission mit den Vorschlägen ihre Befugnisse überschritten habe. Paris will die Frage eigener Einnahmen der Gemeinschaft und eventueller Haushaltsbefugnisse des Parlaments bis 1970 zurückstellen.

Im Verhandlungssaal des Auschwitz-Prozesses hängen Lagepläne des Vernichtungslagers.

schwert, dass die Geschehnisse 20 Jahre und länger zurücklagen. Am 14. Dezember 1964 hatte das Frankfurter Schwurgericht eine Ortsbesichtigung in Auschwitz, 50 km westlich von Krakau, unternommen. Die Höhe der Strafen wird allerdings unterschiedlich bewertet. Der frühere US-Chefankläger im Nürnberger Kriegsverbrecherprozess, Robert W. Kempner, betont, dass die Strafen zwar nicht der moralischen Schuld der Angeklagten, wohl aber den anhand von Zeugenaussagen eindeutig nachweisbaren Straftatbeständen entsprächen. Demgegenüber erklärt der Präsident des Verbandes der Jüdischen Gemeinden in der DDR, die Urteile sprächen aller Menschlichkeit und Sittlichkeit Hohn. Am 25. August legt die Staatsanwaltschaft gegen acht Urteile Revision ein. Der Frankfurter Auschwitz-Prozess ist das dritte Verfahren gegen die Lagerleitung und das Aufsichtspersonal des Konzentrationslagers. Bereits 1947 war der Lagerkommandant Rudolf Höß in Polen zum Tode verurteilt worden. 1961 fand in Israel der Prozess gegen den mit der »Endlösung der Judenfrage« beauftragten Adolf Eichmann statt. Am 25. März hatte das Bonner Parlament die Verlängerung der Verjährungsfrist für Verbrechen mit lebenslänglicher Strafandrohung beschlossen. Damit wird die Verfolgung von NS-Tätern über den Mai 1965 hinaus ermöglicht. Dem Gesetz zufolge wird die Zeit zwischen dem 8. Mai 1945, dem Tag der deutschen Kapitulation, und dem 31. Dezember 1949, dem Gründungsjahr der Bundesrepublik, bei der Verrechnung der Verjährungsfrist nicht angerechnet. Damit erhalten die Staatsanwaltschaften zur Einleitung neuer Verfahren eine Fristverlängerung.

15. Juli 1965

Fotos vom Mars

Die US-Raumsonde »Mariner IV« übermittelt erstmals Fotografien von der Marsoberfläche zur Erde (s. Abb.). Die Aufnahmen zeigen, dass der »rote Planet« eine mondähnliche Oberfläche hat und keinesfalls der Erde ähnelt.

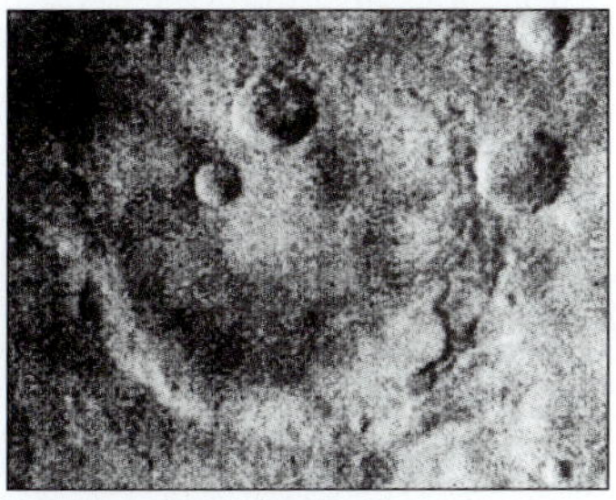

Spekulationen über hoch entwickelte Lebensformen auf dem Planeten erhalten somit einen Dämpfer. »Mariner IV« passiert den Mars in weniger als 10 000 km Entfernung und überträgt 21 Bilder per Funk zur Erde. Außerdem gewinnen die Astronomen physikalische Messdaten über die Mars-Atmosphäre.

9. August 1965

Singapur wird unabhängig

Singapur erklärt seinen Austritt aus der Föderation von Malaysia und wird damit zum unabhängigen Staat. Ministerpräsident Lee Kuan Yew verspricht sich von der Autonomie ein enormes Wirtschaftswachstum. Die Insel war bereits seit dem Mittelalter eines der wichtigsten Handelszentren in Südostasien. Der Austritt aus der malayischen Föderation liegt jedoch hauptsächlich in schwelenden Rassenkonflikten begründet. Die Föderationsregierung stützt sich hauptsächlich auf die malayische Minderheit in den ländlichen Gebieten. Die größte Gruppe der Bevölkerung sind rd. 1,4 Mio. Chinesen. Sie dominieren in Singapur Wirtschaft und Handel, konnten an der politischen Gestaltung der Föderation bisher aber kaum mitwirken. Die mit Malaysia verfeindete Regierung Indonesiens erklärt den Abfall Singapurs als Beweis dafür, dass die malayische Föderation eine neokolonialistische Schöpfung des Mutterlandes Großbritannien sei.

August 1965

1 So Der schottische Rennfahrer Jim Clark gewinnt den Großen Preis von Deutschland. Damit steht er vorzeitig als Formel-1-Weltmeister fest.

2 Mo Die britische Regierung reduziert die Zahl von Arbeitsbewilligungen für farbige Einwanderer aus dem Commonwealth von 25 000 auf 7000 pro Jahr.

3 Di Bei den Genfer Abrüstungsverhandlungen fordert die Sowjetunion vom Westen eine Aufgabe der Pläne für eine multinationale Atomstreitmacht.

4 Mi Im US-Kongress beantragt Präsident Lyndon B. Johnson, für die Verstärkung der US-Truppen in Vietnam umgerechnet 6,8 Mrd. DM zusätzlich zu bewilligen.

5 Do In Südvietnam zerstören Vietcong-Truppen ein Treibstofflager des US-Stützpunkts Da Nang. Mehr als 9 Mio. l Treibstoff gehen in Flammen auf.

6 Fr US-Präsident Lyndon B. Johnson unterzeichnet den »Voting Rights Act«. Damit werden noch bestehende Wahlbeschränkungen für Schwarze aufgehoben.

7 Sa Drei indische und sechs pakistanische Soldaten kommen bei einem Feuergefecht im Grenzgebiet zwischen den beiden Staaten ums Leben.

8 So Die CDU eröffnet ihren Bundestagswahlkampf. In der Dortmunder Westfalenhalle sagt sie der SPD den Kampf an und lehnt eine große Koalition klar ab.

9 Mo Die Organisation Amerikanischer Staaten (OAS) schlägt den Bürgerkriegsparteien in der Dominikanischen Republik allgemeine Wahlen vor. → Singapur

10 Di Das Krupp-Hüttenwerk in Rheinhausen nimmt eine der modernsten Stahlwalzen in Europa in Betrieb. Sie hat eine Kapazität von 45 000 t Stahl im Monat.

11 Mi Im mittelasiatischen Kasachstan beginnt die Sowjetunion mit einer Erdbohrung, die bis in 7000 m Tiefe vorstoßen soll. → Los Angeles

12 Do Die Bundesbank erhöht die Leitzinsen. Der Diskontsatz wird von 3,5 auf 4% angehoben, der Lombardsatz steigt von 4,5 auf 5%.

13 Fr Auf dem Gipfel der Zugspitze wird ein Restaurant eröffnet. In 2950 m Höhe kann dort mit Panoramablick getafelt werden.

14 Sa Mit 18 statt bisher 16 Mannschaften startet die Bundesliga in die dritte Saison. Die Eröffnungsspiele sehen 370 000 Zuschauer an neun Spielorten.

15 So Im Jemen einigen sich die Kriegsparteien auf einen Friedensplan. +++ Steve Krause (USA) schwimmt in 16:58,6 min Weltrekord über 1500-m-Freistil.

16 Mo Die städtische Realschule in Heiligenhausen bei Düsseldorf wird erste UNESCO-Modellschule für internationale Verständigung in der Bundesrepublik.

17 Di Ein Sonderzug startet mit dem sozialdemokratischen Kanzlerkandidaten Willy Brandt zu einer vierwöchigen Wahltour, die durch alle Bundesländer führt.

18 Mi Die Industriegewerkschaft Bau, Steine, Erden beschließt in Frankfurt am Main, Feriendörfer für Bauarbeiter und ihre Familien errichten zu lassen.

19 Do Bundesschatzminister Werner Dollinger erhält aus der VEBA-Privatisierung von einem Bankenkonsortium einen Scheck über 312 Mio. DM. → Prozess

20 Fr Ob künstlicher Regen die Wasserknappheit in New York beseitigen kann, soll eine Untersuchung klären, die Bürgermeister Robert Wagner veranlasst.

21 Sa US-Flugzeuge greifen in Nordvietnam, 128 km südlich von Hanoi, einen Staudamm zur Bewässerung von Reisfeldern sowie ein Kraftwerk an.

22 So Vier von fünf möglichen Titeln gehen bei den Ruder-Europameisterschaften der Damen in Duisburg an Sportlerinnen aus der Sowjetunion.

23 Mo Erstmals legt die Organisation Erdöl exportierender Länder Exportquoten fest. +++ Die Bundeswehr eröffnet in Portugal den ersten Standort im Ausland.

24 Di In Dschidda unterzeichnen Ägyptens Präsident Gamal Abd el Nasser und König Faisal von Saudi-Arabien einen Abkommen für den Frieden im Jemen.

25 Mi Der Roman »Mephisto« von Klaus Mann darf zum ersten Mal nach dem Zweiten Weltkrieg gedruckt werden. Das entscheidet das Landgericht Hamburg.

26 Do Der Schriftsteller Günter Grass tritt für die SPD eine bis zum 14. September dauernde Wahlreise an. Auch Kollege Siegfried Lenz unterstützt die SPD.

27 Fr Auf der Stuttgarter Funkausstellung spricht sich Bundeskanzler Ludwig Erhard (CDU) gegen den Parteienproporz in Rundfunkgremien aus. → Genie

28 Sa In Essen beginnt die 2. Westeuropäische Postwertzeichen-Ausstellung. Die gezeigten Briefmarken sind zusammen für über 80 Mio. DM versichert.

29 So Gold im Einer und im Achter erkämpfen sich die deutschen Herren bei den in Duisburg stattfindenden Ruder-Europameisterschaften.

30 Mo Eine Gerölllawine verschüttet auf einer Staudammbaustelle bei Saas Fee in den Walliser Alpen (Schweiz) 100 Arbeiter.

31 Di In der Dominikanischen Republik einigen sich die Bürgerkriegsparteien auf die freie Wahl eines neuen Präsidenten.

September 1965

1 Mi Für die modebewusste Dame empfiehlt die bundesdeutsche Feinstrumpfindustrie in der Wintersaison die Farben »Muskat« und »Kastanie«. → Kaschmir

2 Do Für eine Fortsetzung der Koalition mit der CDU spricht sich der FDP-Vorsitzende Erich Mende auf dem Bundeswahlkongress seiner Partei in Essen aus.

3 Fr Neun ehemalige Angehörige der Wachmannschaften des KZ Treblinka werden vom Schwurgericht Düsseldorf wegen Massenmordes verurteilt.

4 Sa Der stellvertretende DDR-Ministerpräsident Julius Balkow eröffnet die Leipziger Herbstmesse. Der Anteil westlicher Aussteller ist gestiegen. → Trauer

5 So Der Radrennfahrer Rudi Altig wird bei den Weltmeisterschaften im spanischen Lassarte im Straßenrennen hinter dem Briten Tony Simpson Zweiter.

6 Mo In Hagen beginnt ein Prozess gegen zwölf ehemalige SS-Männer. Sie sollen am Tod von 250000 Juden in Polen mitschuldig sein. → Kaschmir

7 Di Das Gesetz zur beruflichen Fortbildung tritt in der Bundesrepublik in Kraft. Für 1965 stehen noch 50 Mio. DM an Fördermitteln zur Verfügung.

8 Mi Der Wirbelsturm »Betsy« fordert im US-Bundesstaat Louisiana 250 Todesopfer und macht über 200000 Menschen obdachlos.

9 Do Frankreichs Staatspräsident Charles de Gaulle droht, sein Land werde die NATO verlassen, falls das Integrationsprinzip im Bündnis nicht aufgegeben werde.

10 Fr 62 Künstler und Intellektuelle rufen in West-Berlin zur Wahl einer SPD-Regierung auf, darunter Max Born, Günter Grass, Fritz Kortner und Friedrich Luft.

11 Sa Bundeskanzler Ludwig Erhard (CDU) widerspricht polnischen Äußerungen, die Oder-Neiße-Linie sei im Potsdamer Abkommen als Grenze Polens festgelegt.

12 So Bundesforschungsminister Hans Lenz (FDP) greift in Leonberg Forderungen nach einer vorausschauenden Politik gegen Lehrermangel auf.

13 Mo Bei den norwegischen Parlamentswahlen verliert die sozialdemokratische Regierung die Mehrheit an Konservative, Agrarpartei, Christliche Partei und Liberale.

14 Di Niedersachsen, Nordrhein-Westfalen, Schleswig-Holstein und der Bund vereinbaren den Ausbau von sieben wichtigen Binnenschifffahrtskanälen.

15 Mi Während eines Konzerts der Rolling Stones auf der Berliner Waldbühne kommt es zu schweren Auseinandersetzungen zwischen Fans und Polizei.

16 Do Die Vereinigten Elektrizitätswerke Westfalen (VEW) beschließen, im Rahmen einer Teilprivatisierung ihr Aktienkapital auf 360 Mio. DM zu erhöhen.

17 Fr Chiles Senat verabschiedet ein Gesetz, das eine Beteiligung des Staates an den großen ausländischen Kupfergesellschaften vorsieht.

18 Sa Die Berliner Bundestagsabgeordneten dürfen nicht bei der Kanzlerwahl mit abstimmen. Die drei West-Alliierten machen in Bonn Vorbehalte geltend.

19 So Tamara Press aus der Sowjetunion stellt in Kassel mit 18,59 m einen Weltrekord im Kugelstoßen auf. Dabei übertrifft sie die bisherige Weite um 4 cm. → Union

20 Mo Die Prügelstrafe ist an bayerischen Volksschulen bei mangelnder Disziplin eines Schülers erlaubt, entscheidet das Amtsgericht Hengersberg.

21 Di Königin Juliana der Niederlande kündigt die Hochzeit von Kronprinzessin Beatrix mit dem Bonner Diplomaten Claus von Amsberg für das Frühjahr 1966 an.

22 Mi Der SPD-Vorsitzende Willy Brandt erklärt, er werde bei den nächsten Bundestagswahlen nicht mehr als Spitzenkandidat antreten.

23 Do Der Grundstein des von Ludwig Mies van der Rohe entworfenen »Museums für die Kunst des 19. und 20. Jahrhunderts« wird in West-Berlin gelegt.

24 Fr In New York unterbreitet die Sowjetunion der UN-Vollversammlung einen Vertragsentwurf, der die weitere Verbreitung von Atomwaffen verhindern soll.

25 Sa Das Athener Parlament bestätigt die Regierung des von König Konstantin II. ernannten Ministerpräsidenten Stefanos Stefanopoulous mit 152 zu 148 Stimmen.

26 So Tansanias Präsident Julius Kambarage Nyerere wird im Amt bestätigt. +++ Franz Beckenbauer bestreitet in Stockholm gegen Schweden (2:1) sein Debüt.

27 Mo In Yokohama (Japan) läuft der größte Tanker der Welt vom Stapel. Die »Tokio Maru« ist 306 m lang und hat eine Tragfähigkeit von 150000 t.

28 Di Der Vulkan Taal auf der 60 km von Manila entfernten philippinischen Insel Luzon bricht aus. Von 2700 Inselbewohnern kommen 600 zu Tode.

29 Mi Der FDP-Vorsitzende Erich Mende bekräftigt in Bonn seinen Anspruch auf das Bundesministerium für Gesamtdeutsche Fragen.

30 Do »Nackt unter Wölfen«, der KZ-Roman des DDR-Autors Bruno Apitz, hat nach Mitteilung seines Verlags eine Gesamtauflage von über 15 Mio. erreicht.

4. September 1965

Trauer um Humanisten

In dem von ihm gegründeten Urwaldhospital Lambarene im westafrikanischen Gabun stirbt 90-jährig der Mediziner, Musiker und Theologe Albert Schweitzer (s. Abb.). Bis zu seinem Tod hat der universal gebildete Urwaldarzt die Arbeit in seinem Tropenhospital durch Vorträge, Orgelkonzerte sowie als Schriftsteller und Spendeneintreiber finanziert.

Albert Schweitzer

elsässischer Theologe und Missionsarzt; * 14.1.1875 Kaysersberg bei Colmar, † 4.9.1965 Lambarene

Für seine lebenslange Arbeit im Dienst an den Kranken erhielt Schweitzer 1952 den Friedensnobelpreis. Gerühmt wurde die medizinische und soziale Betreuung der Patienten in seinem 1913 am Fluss Ogooué gegründeten Urwaldhospital. Der evangelische Theologe, der radikale Nächstenliebe forderte, lieferte bedeutende Beiträge zur Forschung zum Leben Jesu und wurde durch sein humanitäres Wirken zahllosen Menschen zum Vorbild.

- 1905: Dozent und Professor für Theologie in Straßburg
- 1917: Als Zivilist in Afrika und in Frankreich interniert
- 1927: Erweiterung und Ausbau von Lambarene
- 1951: Friedenspreis des Deutschen Buchhandels
- 1954: »Das Problem des Friedens in der heutigen Welt«

1. Oktober 1965

»Säuberungen« in Indonesien

Rechtsgerichtete Militärs unter General Suharto schlagen in Indonesiens Hauptstadt Jakarta einen Putsch linksnationalistischer Armeeoffiziere nieder. Staatspräsident Achmed Sukarno ruft Armee und Bevölkerung zur Ruhe und Einheit auf. Dennoch kommt es auf Betreiben des Militärs in den folgenden Wochen zu blutigen Ausschreitungen, die sich gegen Kommunisten richten.

Unter dem Vorwand der Beteiligung am Putsch gegen Staatspräsident Sukarno verhaftet das Militär Mitglieder und Funktionäre der chinafreundlichen Kommunistischen Partei Indonesiens (PKI). Mit mehr als 3 Mio. Mitgliedern gilt die PKI als drittgrößte KP der Welt. Mehr als 10 Mio. der 40 Mio. erwachsenen Indonesier sind in kommunistischen Massenorganisationen aktiv.

Bei der »Säuberung« der indonesischen Gesellschaft von Kommunisten kommt es vor allem in Zentraljava und auf Bali zu Pogromen gegen das der PKI verbundene Landproletariat und die chinesische Minderheit. Bis Ende 1965 werden 45 der 50 Mitglieder des Zentralkomitees der PKI hingerichtet. Insgesamt kommen mehr als 500000 Menschen ums Leben. 1 Mio. Verdächtige werden verhaftet und in Konzentrationslager verbracht.

4. Oktober 1965

Erster Papstbesuch in USA

Zum ersten Mal in der Geschichte der katholischen Kirche hält sich mit Paul VI. (s. Abb., r., mit US-Präsident Lyndon B. Johnson) ein Papst in der Neuen Welt auf. Das Kirchenoberhaupt reist nach New York, um dort dem 20-jährigen Jubiläum der Vereinten Nationen beizuwohnen. Bei der Fahrt durch die Stadt begrüßen jubelnde US-Bürger den Heiligen Vater. Nach einem Gespräch mit US-Präsident Lyndon B. Johnson richtet der Papst vor der UNO eine Friedensbotschaft an die Welt.

19. September 1965

Sieg für die Union

Mit einem unerwartet großen Vorsprung vor der SPD gehen CDU und CSU bei den Bundestagswahlen durchs Ziel. Die Unionsparteien erreichen 47,6% der Stimmen, die SPD 39,3% und die FDP 9,5%. Verlierer des Urnengangs ist die FDP, die gegenüber 1961 Verluste von 3,3% hinnehmen muss. Die Union verbessert sich um 2,3%, die Sozialdemokraten verbuchen gegenüber 1961 Stimmengewinne von 3,1%. Noch in der Wahlnacht erklärt Bundeskanzler Ludwig Erhard (CDU), die Koalition mit der FDP fortsetzen zu wollen. Am 26. Oktober wird das zweite Kabinett Erhard vereidigt, dem elf CDU-, fünf CSU- und vier FDP-Minister angehören.

Die SPD zeigt sich trotz der Stimmengewinne – es ist das beste Nachkriegsergebnis bei einer Bundestagswahl – enttäuscht. Am 22. September erklärt der Kandidat für das Amt des Regierungschefs, Willy Brandt, dass er nicht noch einmal für das Amt des Regierungschefs zur Verfügung stehe. Er wolle außerdem sein Bundestagsmandat nicht annehmen. Auf Drängen Brandts legen aber der Berliner Wirtschaftssenator Karl Schiller (SPD) und der Hamburger Innensenator Helmut Schmidt (SPD) ihre Ämter nieder und ziehen in den Bundestag ein. Die FDP erklärt sich zu einer Fortführung der Koalition mit den Unionsparteien bereit, stellt aber als Vorbedingung, dass der CSU-Parteivorsitzende Franz Josef Strauß nicht Mitglied der Regierung wird. Die erstmals zu einer Bundestagswahl angetretene rechtsextreme NPD macht mit einem Stimmenanteil von 2% auf sich aufmerksam. Aufgrund der 5%-Klausel erhält sie allerdings keinen Sitz im Bundestag.

6. September 1965

Grenzkonflikt um Kaschmir

Indische Truppen überschreiten die pakistanische Grenze und rücken auf die Provinzhauptstadt Lahore vor. Der Grenzkonflikt zwischen Indien und Pakistan um die Kontrolle der Provinz Kaschmir droht zu einem Krieg zu eskalieren. Seit der Teilung Indiens schwelt der Kaschmirkonflikt. Beide Staaten beanspruchen das Gebiet für sich und halten je eine Hälfte davon unter eigener Verwaltung. Bereits 1947 war es zu blutigen Auseinandersetzungen zwischen den in Kaschmir ansässigen Moslems und Hindus gekommen. Die erneuten kriegsähnlichen Zustände rufen die Großmächte der UNO auf den Plan. Sie versuchen, auf diplomatischem Wege zu intervenieren. Mitte September kommt es zu ersten Friedensgesprächen zwischen den Konfliktparteien. Am Ende des Monats wird das Feuer eingestellt. Die UNO sendet militärische Beobachter in das Krisengebiet, um den Frieden zu überwachen.

15. Oktober 1965

Rekord für Prototyp

Das US-Testflugzeug XB-70a (s. Abb.) erreicht als erste Maschine dreifache Schallgeschwindigkeit. Bei einem Flug über 3500 km Länge gelingt es

dem Piloten, den Prototypen für zwei Minuten auf 3600 km/h zu beschleunigen. Das Flugzeug war ursprünglich für militärische Zwecke konzipiert worden und sollte als Interkontinentalbomber Nachfolger der legendären B-52 werden. Als die US-Regierung die Mittel kürzte, wurde das Projekt eingefroren.

Die Unionsspitze mit (v.l.) Rainer Barzel, Adenauer und dem erschöpften Erhard

Koalitionsfrage steht im Mittelpunkt

Angesichts des vorhergesagten Kopf-an-Kopf-Rennens der beiden großen Parteien war im Wahlkampf die Frage einer möglichen Koalitionspartnerschaft sowohl Hauptgegenstand parteitaktischer Erwägungen als auch des öffentlichen Interesses. Bundeskanzler Ludwig Erhard vermied im Wahlkampf die Festlegung seiner Partei auf ein zukünftiges Regierungsbündnis, wandte sich jedoch gegen eine große Koalition mit der SPD. Im Gegensatz dazu befürwortete Altbundeskanzler Konrad Adenauer ein Zusammengehen der beiden großen Parteien. Nur in einer großen Koalition sei die Verabschiedung der geplanten Notstandsgesetze möglich. Insgesamt versuchten die Unionsparteien, die Bevölkerung von ihrer ungebrochenen politischen Gestaltungskraft zu überzeugen. Die SPD bemühte sich, die Koalitionsfrage offenzuhalten. Die Sozialdemokraten präsentierten sich als Zukunftspartei mit Schwerpunkt auf der Außenpolitik. Kanzlerkandidat Willy Brandt gab die Richtung vor: »Die CDU/CSU sonnt sich in der Vergangenheit. Zur Wahl steht aber nicht das Erreichte, sondern das in der nächsten Zukunft Erreichbare.« Der Slogan »Sicher ist sicher – darum SPD« resultierte aus den Vorschlägen einer US-Werbeagentur. Politische Reden und Unterhaltung wechselten sich ab. Der volksfestartige Wahlkampfauftakt der SPD mit einem Großfeuerwerk im Dortmunder Westfalenpark zog 200000 Menschen an. Die FDP betont im Wahlkampf ihre Rolle als moderierende Kraft. Auf ihrem Wahlkongress am 2. September sprachen sich die Liberalen eindeutig für eine Fortsetzung der Koalition mit der CDU/CSU aus, warnten aber vor einer großen Koalition von CDU und SPD, da die Politik dann nicht mehr im Bundestag, sondern von Parteizentralen aus bestimmt werde. Der FDP-Wahlkampf war durch Streit mit dem Koalitionspartner geprägt. Die FDP musste u.a. eine Wahlzeitung wegen Verleumdung von CSU-Chef Franz Josef Strauß zurückziehen.

Oktober 1965

1 Fr Genau 5,22 m soll die Spitze des Schiefen Turms von Pisa von der Senkrechten abweichen. Das ergibt eine Messung der Universität von Pisa. → Indonesien

2 Sa Zum ersten farbigen Bischof der USA ernennt Papst Paul VI. Monsignore Harold R. Perry aus Lake Charles im US-Bundesstaat Louisiana.

3 So In Brasilien wird erstmals seit dem Putsch von 1964 gewählt. In sechs von elf Regionen gewinnen Kandidaten, die keine Anhänger der Regierung sind.

4 Mo Bochum und Gelsenkirchen beschließen eine Theater-Kooperation. In Bochum sitzt künftig das Schauspiel, in Gelsenkirchen das Musiktheater. → Papst

5 Di Der ADAC begrüßt in Frankfurt sein millionstes Mitglied. +++ Das neutrale Österreich fordert das Recht zur Bewaffnung mit Flugzeugen und Raketen.

6 Mi In London nimmt der rhodesische Premierminister Ian Smith mit der britischen Regierung Verhandlungen über die Unabhängigkeit seines Landes auf.

7 Do Die Welternährungsorganisation teilt mit, dass eine Hungerkatastrophe nur durch Geburtenkontrolle oder Produktionssteigerung verhindert werden könne.

8 Fr Das Internationale Olympische Komitee (IOC) nimmt in Madrid die DDR als Vollmitglied auf. Sie kann damit eine eigene Olympia-Mannschaft aufstellen.

9 Sa Den mit 10000 DM dotierten Georg-Büchner-Preis verleiht die Deutsche Akademie für Sprache und Dichtung dem Schriftsteller Günter Grass.

10 So Aus den Wahlen in der Türkei geht die Gerechtigkeitspartei unter Süleyman Demirel mit 54,5% der abgegebenen Stimmen als Siegerin hervor.

11 Mo Papst Paul VI. persönlich verhindert in Rom, dass das Zweite Vatikanische Konzil über die Abschaffung des Zölibats für katholische Priester berät.

12 Di Nach den Parlamentswahlen vom 13. September übernimmt in Norwegen erstmals seit dem Jahre 1953 eine bürgerliche Koalition die Regierung.

13 Mi Der 39-jährige Evariste Kimba soll eine Regierung im Kongo bilden. Ministerpräsident Moïse Tschombé wird von Präsident Joseph Kasawubu entlassen.

14 Do König Mohammed Sahir eröffnet das erste demokratisch gewählten Parlament in Afghanistan. Die Mitglieder sind meist Stammesvertreter oder Kaufleute.

15 Fr Der Rat der Evangelischen Kirche in Deutschland (EKD) fordert in einer Denkschrift eine Revision der bundesdeutschen Ostpolitik. → Prototyp

16 Sa Rentnern und Invaliden gewährt die DDR eine jährliche Besuchsreise zu Verwandten in nichtsozialistische Staaten. Sie darf bis zu vier Wochen dauern.

17 So Nelly Sachs, deutsch-schwedische Dichterin, nimmt in der Frankfurter Paulskirche den Friedenspreis des Deutschen Buchhandels entgegen.

18 Mo Nach langem Streit einigen sich CDU/CSU und FDP auf die Fortsetzung ihrer Koalition. Erich Mende (FDP) bleibt Minister für Gesamtdeutsche Fragen.

19 Di Burundi erlebt blutige Stammesfehden, nachdem ein Putsch gegen die von den Watussi dominierte Regierung des König Mwambutsa IV. gescheitert ist.

20 Mi Um den Ausbruch einer Cholera-Epidemie zu verhindern, fordert Malaysia aus Australien, Taiwan und Südkorea Impfstoff an. 94 Fälle sind bereits bekannt.

21 Do Das SED-Organ »Neues Deutschland« verkündet, dass in der DDR im Wintersemester 1965 rd. 75000 Personen studieren. 1955 waren es nur 11000.

22 Fr In Straßburg betont das Europa-Parlament angesichts der französischen Boykotthaltung, dass das EWG-Recht über dem der Mitgliedsstaaten stehe.

23 Sa Nachdem sich die Koalitionspartner ÖVP und SPÖ nicht auf einen Haushaltsentwurf einigen konnten, tritt die österreichische Regierung Klaus zurück.

24 So CSU-Chef Franz Josef Strauß spricht sich im britischen Rundfunk für einen britisch-französischen Atompool als Kern einer künftigen Europa-Armee aus.

25 Mo Österreich gibt sich einen Nationalfeiertag. Am 26. Oktober soll das 1955 in Kraft getretene Gesetz über die immerwährende Neutralität gefeiert werden.

26 Di Die Basis einer neuen Agrarordnung wird in Brüssel vom Ministerrat der Europäischen Wirtschaftsgemeinschaft gelegt. Frankreich nimmt nicht teil.

27 Mi Brasiliens Präsident Humberto de Alecar Castelo Branco löst alle Parteien auf. Der brasilianische Kongress hatte zuvor Verfassungsänderungen abgelehnt.

28 Do Das Vatikanische Konzil verabschiedet in Rom Dokumente zu Bischofsamt, Ordensleben, Erziehung und dem Verhältnis zu den nichtchristlichen Religionen.

29 Fr Vier Spitzenorganisationen der Wirtschaft äußern in Köln wegen Lehrer- und Schulraummangels Bedenken gegen ein zehntes Pflichtschuljahr.

30 Sa Der seit dem Mauerbau 1961 unterbrochene sportliche Kontakt mit der DDR soll wieder aufgenommen werden, beschließt der Deutsche Sportbund.

31 So Das SED-Organ »Neues Deutschland« kündigt eine Verordnung gegen sog. Beat-Bands in der DDR an, weil diese »Rowdytum und Tumulte« auslösten.

November 1965

1 **Mo** Der DGB entscheidet sich mit großer Mehrheit dafür, die Möglichkeiten zur Zusammenarbeit mit dem sowjetischen Gewerkschaftsbund zu überprüfen.

2 **Di** In der neu gewählten Knesset, dem israelischen Parlament, stellt die sozialdemokratische Mapai-Partei 45 von 120 Abgeordneten und wird stärkste Fraktion.

3 **Mi** Die Börsen reagieren nervös auf eine Berechnung der bundesdeutschen Banken, die für 1965 erstmals eine negative Handelsbilanz vorhersehen.

4 **Do** Karl Schiller scheidet aus seinem Amt als Westberliner Wirtschaftssenator aus und wird wirtschaftspolitischer Sprecher der SPD-Fraktion im Bundestag.

5 **Fr** Die bundesdeutschen Arbeitgeberverbände fordern, dass Fernsehsendungen am Vormittag wiederholt werden, damit auch Schichtarbeiter sie sehen können.

6 **Sa** Kuba und die USA vereinbaren Ausreisemöglichkeiten für Kubaner, die ins Exil wollen. Die Flugzeuge dafür sollen die USA zur Verfügung stellen.

7 **So** Die Evangelische Kirche weist die Kritik des Vertriebenenbundes an ihrer Denkschrift zum deutsch-polnischen Verhältnis zurück.

8 **Mo** Port Said in Ägypten soll ein internationaler Freihafen werden. Die Kairoer Regierung verspricht sich davon erhöhte Deviseneinnahmen.

9 **Di** Sieger der philippinischen Präsidentschaftswahlen ist Ferdinand Marcos (Nationalistische Partei). Er schlägt Amtsinhaber Diosdado Macapagal.

10 **Mi** In seiner Regierungserklärung verlangt Bundeskanzler Ludwig Erhard die Verlängerung der Wochenarbeitszeit um eine Stunde. → Stromausfall

11 **Do** Erstmals in der Geschichte des US-Bundesstaates Mississippi verurteilt ein Gericht einen Weißen wegen Vergewaltigung einer schwarzen Frau. → Kolonie

12 **Fr** Bundesaußenminister Gerhard Schröder (CDU) macht seinen Antrittsbesuch in Paris. Thema ist u.a. die Wirtschaftspolitik der EWG.

13 **Sa** Zwischen Miami und den Bahamas sinkt ein unter panamesischer Flagge fahrendes Fährschiff. Das Unglück kostet 82 Menschen das Leben.

14 **So** Deutschland gewinnt in Nikosia mit 6:0 gegen Zypern. Damit kann die Mannschaft an der Fußballweltmeisterschaft 1966 in England teilnehmen.

15 **Mo** Die Bundesanstalt für Arbeit in Nürnberg meldet, dass von 465 000 angebotenen Lehrstellen für Schulabgänger fast 200 000 noch unbesetzt sind.

16 **Di** Aus der medizinischen Akademie in Düsseldorf wird eine Universität. Ab 1966 soll sie über naturwissenschaftliche und philosophische Fakultäten verfügen.

17 **Mi** Taiwan bleibt Alleinvertreter Chinas bei den Vereinten Nationen. Die Vollversammlung lehnt es ab, die Volksrepublik China als Alleinvertreter anzusehen.

18 **Do** Anlässlich der Feier der 1000-jährigen Christianisierung Polens laden die polnischen Bischöfe ihre deutschen Kollegen zur Teilnahme ein.

19 **Fr** Mehrtätige Kämpfe zwischen US-Truppen und dem Vietcong im Grenzgebiet zu Laos und Kambodscha enden mit schweren Verlusten für beide Seiten.

20 **Sa** Der Welt-Fußballverband (FIFA) fordert, dass Ausschreitungen in Fußballstadien mit Spielabbruch und Stadionsperrung bestraft werden.

21 **So** Bayerns Ministerpräsident Alfons Goppel legt in Regensburg den Grundstein zur vierten Landesuniversität, der ersten Neugründung in Bayern seit 1743.

22 **Mo** In Las Vegas verteidigt der US-Boxer Muhammad Ali seinen Weltmeistertitel im Schwergewicht gegen Floyd Patterson (USA) durch technischen k.o.

23 **Di** Die US-Armee verringert ihre Truppenstärke in West-Berlin um 700 auf 6000 Mann. Zusammen haben die Westalliierten 11 000 Soldaten stationiert.

24 **Mi** Die USA teilen mit, dass neun Verbündete, darunter die Bundesrepublik, über Atomwaffen verfügen. Deren Einsatz könne nur der US-Präsidenten befehlen.

25 **Do** Vertreter West-Berlins und der DDR unterzeichnen in Berlin das seit dem Mauerbau dritte Passierscheinabkommen für Verwandtenbesuche. → Kongo

26 **Fr** Frankreich startet in der Sahara seinen ersten Satelliten. Er dient u.a. zur Kontrolle der Trägerrakete, die für das Atomprogramm vorgesehen ist.

27 **Sa** Vor dem Weißen Haus in Washington fordern 20 000 Menschen die US-Regierung auf, den Bombenkrieg in Vietnam zu beenden.

28 **So** Der Gesamtverband der Sowjetzonenflüchtlinge beschließt in Braunschweig, gegen die Gewöhnung an ein geteiltes Deutschland aktiv zu werden.

29 **Mo** Die Ersatzkassen der Bundesrepublik vereinbaren Beitragserhöhungen von bis zu 20%, um die Kosten von Ärzten, Medizin und Krankenhäusern zu decken.

30 **Di** Laut Auskunft der Bundesanstalt für Arbeit ist die Arbeitslosenzahl im November auf 118 968 gestiegen. Die Zahl offener Stellen sank auf 582 000.

8. Dezember 1965

Papst beendet das Zweite

Nach drei Jahren endet im Petersdom in Rom das Zweite Vatikanische Konzil. Das sog. Vatikanum ist das herausragende Ereignis für die Katholiken in diesem Jahrhundert. Es soll die Kirche der gesellschaftlichen und sozialen Realität des 20. Jahrhundert anpassen. Seine Beschlüsse prägen die römische Kirche der nächsten Generationen und eröffnen einen Dialog mit den anderen christlichen Kirchen.
Sichtbarstes Ergebnis des Konzils ist die Reform des katholischen Gottesdienstes. In der Liturgiekonstitution legt das Zweite Vatikanum die Grundlinien für einen Gottesdienst fest, der von nun an verständlicher werden und größere Teilnahme der Gläubigen fördern soll. Eine weitere bedeutende Reform liegt in der Öffnung der katholischen Kirche für die ökumenische Bewegung. Es sollen künftig verstärkt Gespräche und Zusammenarbeit mit Vertretern anderer Religionen stattfinden. Das Konzil verabschiedet insgesamt 16 Dokumente. Papst Johannes XXIII. hatte 1962 alle Kirchenfürsten der Welt zur Teilnahme am Zweiten Vatikanum aufgerufen. Nach seinem Tod setzte Papst Paul VI. das Konzil fort. Er bezeugte seine Toleranz für die Ökumene dadurch, dass er dem Luther-Choral »Nun danket alle Gott« zuhörte. Den Wunsch vieler Bischöfe, Papst

Papst Paul VI. zieht vor 2400 Bischöfen aus dem Petersdom aus.

25. November 1965

Mobutu putscht im Kongo

Joseph Désiré Mobutu übernimmt die Macht im Kongo. Der Oberkommandierende der kongolesischen Armee führt einen unblutigen Staatsstreich gegen das provisorische Kabinett unter Staatspräsident Joseph Kasawubu an. Mobutu selbst übernimmt das Amt des Staatspräsidenten für fünf Jahre. Er verhängt für diese Zeit den Ausnahmezustand über das zentralafrikanische Land. Vorausgegangen war eine Staatskrise, während der Präsident Kasawubu den Ministerpräsidenten Moïse Tschombé aus dem Amt entlassen hatte (Abb.: Mobutu, 2.v.r., als Oberbefehlshaber, mit Tschombé, 3.v.l.). Nach dem Putsch spricht das kongolesische Parlament der neuen Regierung mit überwältigender Mehrheit das Vertrauen aus. Tschombé und Kasawubu werden von Mobutu nicht mit Repressalien bedroht.

11. November 1965

London verliert Kolonie

In einem einseitigen Akt erklärt die Regierung der autonomen britischen Kolonie Rhodesien unter Ministerpräsident Ian Douglas Smith die Unabhängigkeit. Damit kommt es erstmals wieder seit dem Abfall der nordamerikanischen Neuengland-Staaten im Jahre 1776 zum Abfall einer britischen Kolonie.
Mit der Unabhängigkeitserklärung reagiert die Regierung Smith auf die Weigerung Großbritanniens, im Zuge der Entkolonialisierung in Afrika auch Rhodesien die staatliche Unabhängigkeit zu gewähren. Als Grund gibt London die Weigerung der weißen Minderheit an, der schwarzen Bevölkerungsmehrheit die volle Regierungsbeteiligung zu gewähren. Im rhodesischen Parlament stehen den 220 000 Weißen 50 von 65 Sitzen zu. Von 3,9 Mio. Schwarzen sind nur 60 000 mit Schulbildung und einem festgesetzten Mindesteinkommen wahlberechtigt. Westliche und schwarzafrikanische Staaten reagieren mit Empörung auf die Bestrebungen in Rhodesien, einen von Weißen beherrschten Rassistenstaat einzurichten. Das britische Commonwealth verhängt ein Handelsembargo.

onzil

Paul VI.

eigtl. Giovanni Battista Montini, Papst, * 26.9.1897 Concesio bei Brescia; † 6.8.1978 Castel Gandolfo

Paul VI. setzte sich wie sein Vorgänger Johannes XXIII. für die Reform der katholischen Kirche ein. Dem Kirchenoberhaupt gelang die Einrichtung neuer Bistümer in den Ostblockstaaten und die Öffnung zu nichtchristlichen Religionen. Mit seiner Haltung zum Zölibat oder zur Geburtenregelung vertrat Paul VI. jedoch weiterhin den konservativen Führungsstil des Klerus.

- 1921: Priester
- 1954: Erzbischof von Mailand
- 1963: Papst
- 1964: Als erster Papst im Heiligen Land

Johannes XXIII. heilig zu sprechen, kam Paul VI. nicht nach. Er verwies vielmehr auf die sonst übliche Vorgehensweise, Seligsprechungen erst mehrere Jahrzehnte nach dem Tod einer Person vorzunehmen.

10. November 1965

Stromausfall in New York

Durch einen unerwarteten Stromausfall versinkt New York im Chaos. Für 14 Stunden verlöschen die Lichter in der US-Großstadt und den Neuengland-Staaten (Abb.: Zufällig hält ein Fotograf den Stromausfall in einer Bildserie fest). Alle Versorgungseinrichtungen stellen den Betrieb ein. In

den U-Bahnen stecken 800 000 Menschen fest. Im New Yorker Stadtteil Harlem plündern jugendliche Banden die Geschäfte. Grund für den Stromausfall ist ein Computerfehler bei den Niagara-Kraftwerken. 1966 kursiert die Nachricht, der Stromausfall hätte nach neun Monaten zu einem Geburtenanstieg geführt. Die populäre Meldung basiert jedoch auf einer falschen Auslegung der New Yorker Geburtenstatistiken.

15. Dezember 1965

USA feiern erstes Rendezvous im Weltraum

Mit der Annäherung zweier bemannter Raumsonden legen die US-Astronauten Walter Schirra, Thomas Stafford, Frank Borman und James Lovell einen Meilenstein der Raumfahrtgeschichte. Die Schwesternschiffe »Gemini 6« und »Gemini 7« schweben bis auf einen Abstand von eineinhalb Metern aufeinander zu. Die Annäherung erfordert äußerste Präzision. In der knappen Distanz umkreisen die Kapseln die Erde in einem Abstand von 290 km insgesamt viermal, bevor sie wieder auseinander manövriert werden (Abb.: Die beiden Geminikapseln sind auf Mannslänge zusammengerückt). Die Astronauten waren elf Tage zuvor von vom Raumfahrtzentrum Cape Kennedy aus ins All gestartet. Mit ihrem Flug bricht die US-Raumfahrt mehrere Rekorde. Erstmals befinden sich vier Männer gleichzeitig im All. Zudem absolviert »Gemini 7« den bislang längsten bemannten Raumflug. Ferner erhöhen die USA die Zahl ihrer Raumflugstunden auf weit über 1000 und bauen damit ihren Vorsprung vor der Sowjetunion aus, die nur 507 Stunden vorweisen kann. Das sog. Gemini-Rendezvous gilt als letzter Prüfstein für die Durchführung eines Kopplungsmanövers im All. Am 16.

März 1966 führen die US-Astronauten Neil Armstrong und David Scott in einer spektakulären Aktion ihre Raumkapsel »Gemini 8« an eine »Agena«-Rakete heran und klinken sich erfolgreich ein. Dabei kommt es zu einer dramatischen Notsituation. Die Fahrzeuge beginnen zu pendeln und zu rotieren und drohen, außer Kontrolle zu geraten. Aus eigener Initiative meistern die beiden Piloten schließlich die lebensgefährliche Situation.

Dezember 1965

1 Mi In den Vereinigten Staaten tritt ein neues Einwanderungsgesetz in Kraft, das besonders die Familienzusammenführung berücksichtigt.

2 Do In Miami (US-Bundesstaat Florida) landet die erste Maschine der »Luftbrücke ins Exil«, über die mehr als 100 000 Kubaner in die USA übersiedeln wollen.

3 Fr Aus Verzweiflung über die Bedingungen eines Wirtschaftsvertrages mit der Sowjetunion begeht der hohe DDR-Staatsfunktionär Erich Apel Selbstmord.

4 Sa Der »Rat der Fünf Weisen« rügt die Bundesregierung, weil sie nichts gegen den Preisanstieg tue. +++ Der »Bayernkurier« greift Gegner des Vietnamkriegs an.

5 So Die SED beschuldigt den Ostberliner Liedermacher Wolf Biermann wegen systemkritischer Texte in seinem Lyrik-Band »Die Drahtharfe« des Anarchismus.

6 Mo Eine Studie ergibt, dass mehr als ein Drittel der Bundesdeutschen Postkontakt zu Verwandten und Freunden in der DDR hat.

7 Di In Uruguay verhängt die Regierung nach Arbeiterprotesten gegen die Wirtschaftsmisere den Ausnahmezustand und setzt die Bürgerrechte außer Kraft.

8 Mi Zur Abwendung einer Hungersnot beginnt in der indischen Hauptstadt Delhi die Austeilung von Bezugskarten für Grundnahrungsmittel. → Konzil

9 Do Ein Orkan über Westeuropa verursacht schwere Schäden. Die höchste Windgeschwindigkeit wird mit 205 km/h auf dem Brocken im Harz gemessen.

10 Fr Der Friedensnobelpreis 1965 geht an die UNICEF. Literatur-Nobelpreisträger ist der sowjetische Erzähler Michail Scholochow (»Der stille Don«).

11 Sa Joachim Jaenicke wird als erster Deutscher zum Stellvertretenden Generalsekretär des Nordatlantischen Verteidigungsbündnisses (NATO) gewählt.

12 So Drei Bundesbürger verhelfen mit gefälschten US-Uniformen drei DDR-Bürgern zur Flucht. Die Westmächte dringen auf Verfolgung der Fluchthelfer.

13 Mo Der US-Gewerkschaftsbund AFL/CIO fordert alle Mitgliedsorganisationen zum Abbau der Rassenschranken auf und verlangt Rassengleichheit in Schulen.

14 Di In Frankfurt am Main beginnt der zweite Auschwitz-Prozess. +++ Die Illustrierte »Stern« übernimmt die Patenschaft für »Jugend forscht«.

15 Mi Großbritannien und Irland unterzeichnen ein Abkommen über eine Freihandelszone, die gegenseitige Einfuhrzölle beseitigt. → Weltraum

16 Do Die jungen Schriftsteller in der DDR orientierten sich zu sehr an Sex und Gewalt, kritisiert SED-Politbüromitglied Erich Honecker. Das sei unsozialistisch.

17 Fr Die USA teilen mit, in den ersten elf Monaten des Jahres seien 35 000 Vietcong, 10 000 südvietnamesische und 1100 eigene Soldaten getötet worden.

18 Sa Die Deutsche Bundesbahn setzt in der Vorweihnachtszeit 177 Sonderzüge ein, um 390 000 Gastarbeiter in ihre südlichen Heimatländer zu bringen.

19 So Im zweiten Wahlgang wird Charles de Gaulle mit 55,19% erneut französischer Staatspräsident. Gegenkandidat François Mitterrand unterliegt.

20 Mo Bundeskanzler Ludwig Erhard kann in Washington eine stärkere Beteiligung an der gemeinsamen Nuklearstrategie nicht durchsetzen.

21 Di Die DDR-Volkskammer verabschiedet ein neues Familiengesetzbuch, das u.a. das Schuldprinzip bei Scheidungsverfahren abschafft.

22 Mi Die wöchentliche Arbeitszeit in der DDR wird vom Ministerrat von 48 auf 45 Stunden verkürzt. Jede zweite Woche hat künftig nur fünf Arbeitstage.

23 Do Bundespräsident Heinrich Lübke (CDU) spricht sich für eine zeitlich begrenzte Koalition zwischen seiner Partei und den Sozialdemokraten aus.

24 Fr Das Oberkommando der US-Truppen in Vietnam nimmt das Waffenstillstandsangebot des Vietcong an. Die Feuerpause gilt bis zum 25. Dezember.

25 Sa Papst Paul VI. fordert die Vereinigten Staaten, Nordvietnam, Südvietnam, China und die Sowjetunion zum Abbruch der Feindseligkeiten in Vietnam auf.

26 So Der Dortmunder Willy Quator wird Europameister im Super-Leichtgewicht der Profi-Boxer. +++ DDR-Grenzer erschießen in Berlin einen Fluchthelfer.

27 Mo Der Sonderbeauftragte des Bundeskanzlers für Berlin, Ernst Lemmer, verlangt von der DDR-Regierung, den Schießbefehl an der Grenze aufzuheben.

28 Di Trotz umfangreicher Stützungskäufe fällt die VEBA-Volksaktie stark. Die Bundesregierung appelliert vor allem an Kleinanleger, die Nerven zu behalten.

29 Mi Angesichts der hohen Zahl von Abstürzen des Kampfflugzeuges F 104 G »Starfighter« kündigt das Bundesverteidigungsministerium Maßnahmen an.

30 Do Auf den Philippinen wird der Vorsitzende der Nationalistischen Partei, Ferdinand Marcos, als Staatspräsident vereidigt.

31 Fr In der Zentralafrikanischen Republik putscht das Militär. Der Generalstabschef, Oberst Jean Bedel Bokassa, wird Staatspräsident.

Januar 1966

1 Sa Nach einem Militärputsch übernimmt der Oberbefehlshaber der Streitkräfte, Jean Bedel Bokassa, in der Zentralafrikanischen Republik die Macht.

2 So Im Rahmen des dritten Passierscheinabkommens sind laut Bundesregierung 823 904 West-Berliner zu einem Weihnachtsbesuch in den Osten gereist.

3 Mo Die Regierung von Obervolta wird durch einen Armeeputsch gestürzt. Stabschef Sangoulé Lamizana stellt sich an die Spitze des Staates.

4 Di Bei seinem Neujahrsempfang spricht sich Bundespräsident Heinrich Lübke für eine große Koalition von CDU und SPD aus.

5 Mi Bundeskanzler Ludwig Erhard erklärt vor Pressevertretern in Bonn, an der kleinen Koalition aus CDU/CSU und FDP festhalten zu wollen.

6 Do Ceylon (heute: Sri Lanka) schafft den Sonntag als Feiertag ab. Künftig gelten vier aufeinander folgende Vollmondtage pro Monat als Feiertage.

7 Fr 22 000 städtische Bedienstete treten in Rom in den Warnstreik. Sie protestieren für eine Lohnsteigerung, die die Regierung bislang verweigerte.

8 Sa In Südvietnam leiten US-Truppen zusammen mit australischen und neuseeländischen Einheiten die bis dahin größte Offensive gegen den Vietcong ein.

9 So Der Verband der deutschen photographischen Industrie teilt mit, dass ein neues Verfahren Fingerabdrücke schneller und deutlicher sichtbar mache.

10 Mo Aufgrund der Vermittlung der UdSSR vereinbaren Indien und Pakistan nach 18 Jahren Streit um Kaschmir die Wiederherstellung friedlicher Beziehungen.

11 Di Neun Stunden nach Unterzeichnung der Friedensvereinbarung mit Pakistan stirbt der indische Ministerpräsident Lal Bahadur Shastri an einem Herzinfarkt.

12 Mi Die Bundesregierung beschließt, ein deutsches Hospitalschiff zur Versorgung von Verwundeten nach Südvietnam zu entsenden. → »Starfighter«

13 Do Nach 13 Tagen Streik, der das öffentliche Leben lahmlegte, einigt sich die Stadt New York mit der Transportarbeiter-Gewerkschaft auf 15% mehr Lohn.

14 Fr Die IG Metall will die Wochenarbeitszeit von 41,25 Stunden nicht beibehalten, wie es die Arbeitgeber fordern. Die 40-Stunden-Woche kommt zum 1. Juli.

15 Sa In Havanna vereinbaren kommunistische Gruppierungen aus Staaten der Dritten Welt die Bildung einer Einheitsfront gegen den Imperialismus.

16 So Eine Propellermaschine der kolumbianischen Fluggesellschaft Avianca stürzt bei Cartagena ins Meer. Nur 8 von 59 Insassen überleben.

17 Mo Beim Absturz eines US-Bombers vor der spanischen Mittelmeerküste geht eine Wasserstoffbombe verloren, die erst am 7. April wiedergefunden wird.

18 Di Mit Robert C. Weaver übernimmt erstmals ein Farbiger ein US-Ministeramt. Weaver führt das neue Ressort für Wohnungswesen und Stadtentwicklung.

19 Mi In Jerusalem kritisiert der Zionistische Generalrat »milde Urteile«, die in der Bundesrepublik und Österreich gegen NS-Verbrecher gefällt wurden. → Indien

20 Do Aus Altersgründen tritt in Australien Ministerpräsident Robert G. Menzies nach 17 Amtsjahren zurück. Nachfolger wird Harold Holt.

21 Fr Laut Landgericht Konstanz darf die Nationaldemokratische Partei Deutschlands (NPD) »Nachfolgeorganisation der NSDAP« genannt werden.

22 Sa In Hamburg löst ein Lebensmittelhändler Proteste der Konkurrenz aus, weil er seine Brötchen für 4 Pfennig pro Stück anbietet (sonst: 9-11 Pfennig).

23 So Der Österreicher Karl Schranz ist Sieger beim Hahnenkammrennen in Kitzbühel. +++ Ard Schenk (NL) wird in Deventer Eisschnelllauf-Europameister.

24 Mo Das Kieler Ernährungsministerium bewilligt Gelder für eine EDV-Anlage, die durch Selektion der besten Bullen die Nachzucht der Kühe verbessern soll.

25 Di Die tschechoslowakische Regierung teilt mit, dass 1966 wegen Devisenmangels nur 100 000 Westreisen genehmigt werden (bisher: 150 000 pro Jahr).

26 Mi In den USA wird die Juristin Constance Motley als erste Schwarze zur Richterin ernannt. Sie arbeitet am Bundesbezirksgericht für das südliche New York.

27 Do Der US-Bürgerrechtler Martin Luther King zieht im Rahmen einer »Anti-Slum-Kampagne« mit seiner Familie in ein Elendsviertel von Chicago.

28 Fr Beim Landeanflug auf den Flughafen Bremen stürzt eine Lufthansa-Maschine vom Typ Convair ab. Alle 46 Insassen kommen ums Leben.

29 Sa Durch einen Kompromiss zur Finanzierung des Gemeinsamen Agrarmarktes wird der seit sieben Monaten dauernde Streit in der EWG beigelegt.

30 So Großbritannien verhängt ein totales Embargo gegen das rassistische Regime in Rhodesien (heute: Simbabwe), um es in die Knie zu zwingen.

31 Mo Die USA nehmen die Bombardierung von Nordvietnam nach 37 Tagen wieder auf, weil eine diplomatische Offensive zur Konfliktlösung fehlschlug.

21. Februar 1966

Paris verlässt die NATO

Der französische Staatschef Charles de Gaulle kündigt den Austritt seines Landes aus der NATO an. Zwar ist de Gaulle als Kritiker des Nordatlantikbündnisses bekannt, aber sein plötzlicher Entschluss kommt für alle westlichen Staaten überraschend. Der Franzose bricht mit seiner Vorgehensweise alle Regeln. So kommen bei der Erwägung eines Austritts in der Regel die NATO-Mitglieder zu beratenden Gesprächen im Vorfeld zusammen. De Gaulle kündigt hingegen in einem politischen Alleingang an, dass die französischen Truppen ab Juli 1966 nicht mehr an militärischen Aktionen der NATO teilnehmen werden. Auch müssen alle ausländischen Einheiten Frankreich innerhalb eines Jahres verlassen. Die in der Bundesrepublik stationierten französischen Streitkräfte unterstehen bis zum 1. Juli des Jahres noch dem alliierten Oberkommando. Danach soll ein neuer Truppenstatus für die französischen Soldaten festgelegt werden. De Gaulles NATO-Austritt ist die logische Konsequenz der Souveränitätspolitik des französischen Staatschefs. Insbesondere wehrt dieser sich beharrlich gegen die Vorherrschaft der USA in der Weltpolitik. Bereits seit Ende des Algerienkrieges fiel de Gaulle durch einseitige außenpolitische Maßnahmen auf. So weigerte er sich 1963, den Vertrag gegen Atomtests zu unterzeichnen, und zog die französische Marine aus der NATO zurück. 1964 erkannte de Gaulle die Volksrepublik China an. Gleichzeitig griff er politisch in den Indochinakonflikt ein und forderte die Neutralität Süd-Vietnams. In einem Brief an Staatspräsident Ho Chi Minh erklärte er seine Solidarität mit Nordvietnam und verurteilte die US-Intervention in Südostasien. Den Austritt aus der NATO begründet de Gaulle offiziell in einem Schreiben an die US-Regierung. Darin verweist er auf eine veränderte Lage der Weltpolitik, die die allgemeine Kriegsgefahr und die Notwendigkeit eines militärischen Bündnisses deutlich gemindert habe. Die USA reagieren überrascht auf Frankreichs Schritt, beugen sich aber der Entscheidung des französischen Staatschefs. Gemäß dessen Forderungen ziehen die NATO-Verbündeten ihre Truppen innerhalb der gesetzten Frist aus Frankreich ab. Das Hauptquartier der Alliierten Streitkräfte wird von Fontainebleau bei Paris nach Casteau in Belgien verlegt. 30 000 Mann und 800 000 t militärischen Geräts müssen in einer logistisch aufwendigen Operation auf andere Bündnispartner neu verteilt werden. Der Austritt aus der NATO bedeutet für de Gaulle jedoch keine militärische Schwächung, denn die französischen Truppen in der Bundesrepublik und die eigene Atommacht bleiben ihm als strategische Trümpfe erhalten.

De Gaulle betreibt eine eigene Außen- und Sicherheitspolitik.

3. Februar 1966

Erste Sonde auf dem Mond

Die sowjetische Sonde »Luna 9« setzt auf dem Mond auf. Damit ist die erste Landung auf dem Erdtrabanten geglückt. Durch den Erfolg des Projekts rückt eine bemannte Mondlandung in greifbare Nähe. »Luna 9« war nach vier erfolglosen Versuchen am 31. Januar gestartet. Die Landung verläuft wie geplant weich. Drei Tage lang übermittelt »Luna 9« Bilder des Mondes zur Erde. Damit gelingt der sowjetischen Raumfahrt ihr letzter Etappensieg. Noch im selben Jahr starten die Sowjets eine weitere Sonde, die ebenfalls problemlos den Mond erreicht. Die US-Raumfahrtbehörde NASA zieht beim Wettlauf zum Mond am 30. Mai gleich. »Surveyor 1« setzt nach 63 Flugstunden auf der Mondoberfläche auf und übermittelt zweieinhalb Monate lang Aufnahmen von der Oberfläche, die auf der Erde für spätere Mondlandeprogramme ausgewertet werden.

1. Februar 1966

Streik in Belgien eskaliert

In Belgien eskaliert einer der schwersten Bergarbeiterstreiks in der Geschichte des Landes. In der flämischen Provinz Limburg versuchen 3000 Polizisten und Fallschirmjäger den Ausstand der Bergleute mit Gewalt zu beenden. Sie stoßen auf erbitterten Widerstand. Bei den Kämpfen sterben zwei Menschen, über 80 erleiden Verletzungen. Der Streik hatte begonnen, als 2300 Arbeiter auf der Zeche »Zwartberg« gegen die drohende Schließung der Anlage protestierten. Kurz darauf erklärten sich die Kumpel der umliegenden Orte mit den Streikenden solidarisch und gingen ebenfalls in den Ausstand. Die radikale flämische »Volksunion« löst mit dem lancierten Gerücht, die Schließungen in Flandern erfolgten zugunsten der wallonischen Gebiete, die Eskalation aus. Schließlich verschiebt die Regierung die Schließung, bis neue Arbeitsplätze bereitstehen.

5. Februar 1966

Proteste gegen Vietnamkrieg

Bei einer Anti-Vietnam-Demonstration in West-Berlin kommt es zu Ausschreitungen vor dem Amerika-Haus in Charlottenburg. Demonstrationsteilnehmer bewerfen das Gebäude mit Eiern und setzen die US-Flagge auf Halbmast. Die Polizei schreitet ein und treibt die Menge auseinander.

Obwohl die US-Botschaft den Vorfall gelassen kommentiert, zieht er Konsequenzen nach sich. Der Senat der Freien Universität in West-Berlin verbietet alle politischen Veranstaltungen an der Hochschule und entlässt den Politologen Kurt Sontheimer aus seinem Amt als Universitätsbeauftragter für politische Bildungsarbeit. Die Maßnahmen führen zum Eklat. Der Allgemeine Studentenausschuss (AStA) tritt geschlossen zurück. Es kommt zu weiteren Demonstrationen. Seit die Bundesregierung im Januar erklärt hat, dass sie den Krieg der USA in Vietnam unterstützt, formiert sich der Protest in deutschen Städten. Bereits nach dem Tonking-Zwischenfall 1964 hatte es Demonstrationen gegeben, denen sich Studenten, Wissenschaftler, Künstler, Gewerkschafter und Vertreter der Kirche anschlossen (Abb.: Mitglieder des Sozialistischen Studentenbundes mit Rudi Dutschke, 2.v.l., bei einer Demonstration).

Mit vielfältigen Aktionen versuchen die Kriegsgegner aus dem linken Spektrum der Gesellschaft, die Öffentlichkeit auf die Vorfälle in Südostasien aufmerksam zu machen. Der Protest richtet sich nicht allein gegen die Bundesregierung, sondern auch gegen die bundesdeutsche Industrie, die die US-Armee mit chemischen Stoffen und elektronischen Anlagen beliefert. Durch die Demonstrationen kommt es zur Politisierung der Studenten in der Bundesrepublik.

12. Januar 1966

Skandal um »Starfighter«

Die Veröffentlichung brisanter Zahlen schockiert die Bundesrepublik: Die Bundeswehr hat im vergangenen Jahr 26 »Starfighter«, Düsenjäger vom Typ F-104-G, durch Abstürze verloren. Dabei kamen 15 Piloten ums Leben. Als der Luftwaffen-Generalinspekteur Werner Panitzki dies vor dem Verteidigungsausschuss des Bundestages bekannt gibt, kommt ein Skandal ins Rollen. Eine Untersuchungskommission wird eingesetzt, deren Arbeitsergebnisse niederschmetternd sind. Nur wenige Bundeswehrpiloten verfügen demnach über eine genügende Anzahl von Flugstunden, die zum Steuern eines Hochgeschwindigkeitsflugzeuges notwendig sind.

Die aus den USA stammenden »Starfighter« weisen Fertigungsmängel auf. Außerdem verfügt die Bundeswehr nicht über genügend Wartungspersonal und Unterstellplätze, um die Maschinen auf einem sicheren Niveau zu halten. In der Bevölkerung mehrt sich Kritik an den »Starfightern«, die weiter im Einsatz sind (Abb.: Das Nachrichtenmagazin »Der Spiegel« berichtet ausführlich über den Skandal). Bis August stürzen 60 weitere Maschinen ab. Im Verteidigungsministerium müssen hohe Offiziere ihren Hut nehmen. Verteidigungsminister Kai-Uwe von Hassel (CDU) sieht sich schweren Vorwürfen der SPD-Opposition ausgesetzt. Dennoch bleiben die Flugzeuge zunächst im Einsatz. Erst als bis Dezember weitere Abstürze erfolgen, spricht das Verteidigungsministerium ein befristetes Flugverbot für den »Starfighter« aus.

19. Januar 1966

Indiens Premier ist eine Frau

Die Fraktion der regierenden Kongresspartei im indischen Parlament wählt Indira Gandhi zur neuen Premierministerin des Landes. Damit gelangt nach Sirimawo Bandaranaike in Ceylon zum zweiten Mal eine Frau an die Spitze eines Staates. Die Tochter des indischen Staatsgründers Jawaharlal Nehru distanziert sich sofort von allen Gerüchten über einen möglichen politischen Kurs im Sinne der Frauenemanzipation. Es sei purer Zufall, dass sie als Frau geboren worden sei, kommentiert sie Spekulationen der Presse. Die 48-Jährige tritt ihr Amt in einer Krisenzeit an: Indien steht vor einer Hungersnot. Schon bald straft sie alle Kritiker Lügen, die vorhersagten, sie werde Wachs in den Händen der Parteihierarchie sein. Stattdessen übertrifft sie an Härte noch ihren Vater.

Indira Gandhi

indische Politikerin, * 19.11.1917 Allahabad; † 31.10.1984 Delhi

Indira Gandhi bestimmt 20 Jahre lang den politischen Kurs der bevölkerungsreichsten Demokratie der Welt. Die aus einer Politikerdynastie stammende Oxford-Absolventin unterstützt als Premierministerin das Souveränitätsstreben Ost-Pakistans und annektiert später Sikkim. 1975 wird die Staatschefin wegen Korruption verurteilt. Durch ihre rigorose Innenpolitik verschärft sich der Religionskonflikt zwischen Hindus und Sikhs, die einen eigenen Staat gründen wollen. Zwei ihrer Sikh-Leibwächter ermorden Indira Gandhi 1984.

- 1937: Mitglied der Indischen Kongresspartei
- 1938: Abgeordnete im indischen Parlament
- 1964-66: Informationsministerin
- 1977: Wahlniederlage und Rücktritt als Premierministerin
- 1980: Rückkehr ins Amt als Premierministerin

Februar 1966

1 Di Im Alter von 70 Jahren verstirbt in Hollywood der weltberühmte amerikanische Filmkomiker und Regisseur Buster Keaton. → Belgien

2 Mi Das nordrhein-westfälische Kultusministerium beschließt, dass künftig an elf höheren Handelsschulen die allgemeine Hochschulreife erlangt werden kann.

3 Do Washington teilt mit, dass China an der Grenze zu Nordvietnam Truppen konzentriere. Die Aktion lasse aber auf defensive Motive schließen. → Mond

4 Fr Das türkische Innenministerium kündigt an, dass infolge des Zypernkonflikts nach dem 30. April keine Griechen mehr in der Türkei leben dürften.

5 Sa Bei der Bob-Weltmeisterschaft in Cortina d'Ampezzo verunglückt der Bob »Deutschland I«. Steuermann Anton Pensberger stirbt an den Folgen. → Proteste

6 So Eine Tournee westlicher Schlagersänger durch die DDR wird abgebrochen. Die DDR-Kulturbehörden sehen in dem Lied »Yesterday Man« Stalin verunglimpft.

7 Mo 660 DM benötigt ein Durchschnittshaushalt mit vier Personen in der Bundesrepublik nach einer Untersuchung des EMNID-Instituts zum Lebensunterhalt.

8 Di Mit einer Gegendemonstration zur Anti-Vietnam-Kundgebung vom 5. Februar bekunden 500 Berliner ihre Sympathie für die US-Schutzmacht.

9 Mi Nach Angaben des Statistischen Bundesamts in Wiesbaden belief sich der Jahresumsatz der deutschen Industrie 1965 auf 375 Mrd. DM.

10 Do Das Kraftfahrtbundesamt in Flensburg teilt mit, dass in der BRD Ende 1965 insgesamt 12,5 Mio. Autos registriert waren, davon 9 Mio. Pkw.

11 Fr Die belgische Regierung unter Pierre Harmel tritt nach der innenpolitischen Krise durch einen Bergarbeiter- und Ärztestreik geschlossen zurück.

12 Sa Als erstes Oberhaupt der katholischen Kirche sucht Papst Paul VI. eine Arbeiterversammlung auf. Die Kirche hat viele Arbeiter als Gläubige verloren.

13 So Die vatikanische Kommission zur Geburtenkontrolle wird laut Papst Paul VI. umgehend erneuert. Sie soll Richtlinien für die Ehe formulieren.

14 Mo Mit einem Festakt im Opernhaus der nordrhein-westfälischen Landeshauptstadt wird offiziell die Universität Düsseldorf gegründet.

15 Di Kurt Scharf, Vorsitzender des Rats der Evangelischen Kirche in Deutschland (EKD), löst Otto Dibelius als Bischof von Berlin-Brandenburg ab.

16 Mi US-Truppen beginnen mit der Entlaubung des Dschungels entlang des Ho-Chi-Minh-Pfads, des wichtigsten Nachschubwegs für den Vietcong in Südvietnam.

17 Do An der Universität Halle wird ein Medizinstudent exmatrikuliert, weil er angetrunken vor Kommilitonen auf dem Klavier das Deutschlandlied intonierte.

18 Fr Kurdenführer Mustafa Barzani bittet die UN um Entsendung einer Kommission in den Nordirak, wo Bagdads Armee Dörfer von Kurden abbrenne.

19 Sa In Gelsenkirchen demonstrieren mehrere tausend Menschen gegen die Stilllegung der Zeche »Graf Bismarck« und den Verlust von 40 000 Arbeitsplätzen.

20 So US-Senator William J. Fulbright fordert von seiner Regierung die Anerkennung der Vietcong als Bedingung für Verhandlungen über den Vietnam-Konflikt.

21 Mo Nach wochenlanger Auseinandersetzung nimmt die IG Metall das Erbacher Abkommen an, nach dem die 40-Stunden-Woche eingeführt werden soll. → NATO

22 Di Als erste Frau übernimmt Margot Becke die Leitung einer bundesdeutschen Hochschule: Sie wird zur Rektorin der Universität Heidelberg ernannt.

23 Mi Ein Militärputsch bringt in Syrien den linken Flügel der sozialistischen Baath-Partei unter Nur Ad Din Al Atasi an die Macht.

24 Do Nach einem blutigen Putsch übernimmt in Ghana ein Befreiungsrat unter Joseph A. Ankrah die Macht. Staatspräsident Kwame Nkrumah wird abgesetzt.

25 Fr In den USA kündigt der Kongressausschuss für unamerikanische Umtriebe schärfere Maßnahmen gegen den rassistischen Ku-Klux-Klan an.

26 Sa Nach offiziellen Berichten aus Indonesien bereiten sich islamische und kommunistische Studenten auf einen Partisanenkampf gegen die Regierung vor.

27 So Die USA schießen erstmals ein »Apollo«-Raumschiff zu Flugsicherheitstests in den Weltraum. Die »Saturn«-Rakete landet 40 min später im Südatlantik.

28 Mo Die USA verhängen gegen das rassistische Rhodesien ein Exportverbot. +++ In Ostaustralien herrscht eine der schwersten Dürren des Jahrhunderts.

März 1966

1 Di Als erstem Raumflugkörper gelingt es der sowjetischen Sonde »Venus 3« nach sechswöchigem Flug, die Venus zu erreichen.

2 Mi Die Bundesregierung will Arzneimittel für 17 Mio. DM nach Südvietnam schicken. +++ Der US-Kongress stimmt Kriegskrediten für Südvietnam zu.

3 Do Mit einem Festakt wird in Dortmund das Stadttheater eröffnet, dessen moderne Architektur – von Heinrich Rosskotten und Edgar Tritthart – viel Lob erntet.

4 Fr Schwere Wirbelstürme fordern in den US-Bundesstaaten Alabama und Mississippi 58 Todesopfer, mehr als 400 Personen werden verletzt.

5 Sa In Leipzig wird die Frühjahrsmesse eröffnet. Im Mittelpunkt steht das Bemühen der DDR, den Interzonenhandel mit der Bundesrepublik auszubauen.

6 So Nach dem Erringen der absoluten Mehrheit bei den österreichischen Nationalratswahlen übernimmt die ÖVP unter Bundeskanzler Josef Klaus die Regierung.

7 Mo Zwischen West- und Ost-Berlin wird ein Passierscheinabkommen geschlossen, das Westberlinern zu Ostern und Pfingsten Verwandtenbesuche erlaubt.

8 Di Durch einen Anschlag der Untergrundorganisation Irisch-Republikanische Armee (IRA) wird das Nelson-Denkmal in Dublin zerstört.

9 Mi Bei einem »Energie-Spitzengespräch« kommen der Bund und das Land Nordrhein-Westfalen überein, den Ruhrbergbau mit 1 Mrd. DM zu unterstützen.

10 Do Nach Schändungen jüdischer Friedhöfe warnt der Zentralrat der Juden in Deutschland vor einer Bagatellisierung dieser Vorfälle. → Beatrix

11 Fr Bei Neuhütten im Hunsrück stürzt auf einem Übungsflug der 32. »Starfighter« vom Typ F 104 G ab. Der Pilot kommt dabei ums Leben. → Indonesien

12 Sa Auf einer NPD-Kundgebung in Nürnberg kommt es zu Schlägereien, als Gegendemonstranten Schilder mit dem Satz »33 fing's schon mal so an« zeigen.

13 So Laut einem in Neu-Delhi unterzeichneten Abkommen erhält Indien von der Bundesregierung einen Kredit über 12 Mio. DM zum Ankauf von Kunstdünger.

14 Mo Ein »Revolutionstribunal« in Havanna verurteilt fünf Männer, die eines Attentats auf Kubas Staatschef Fidel Castro beschuldigt sind, zu langen Haftstrafen.

15 Di Der Unternehmensverband Ruhrbergbau lehnt jede Arbeitszeitverkürzung ab. Daraufhin kündigt die IG-Bergbau vorzeitig den Tarifvertrag.

16 Mi Premiere im All: Der US-Raumkapsel »Gemini 8« mit Neil Armstrong und David Scott gelingt ein Kopplungsmanöver mit einer Zielrakete.

17 Do Der südvietnamesische Buddhistenführer Thich Tri Quang bezeichnet die Saigoner Militärregierung in einem Interview der US-Presse als »verfault«.

18 Fr Der ehemalige Gestapobeamte Hermann Herz wird in Freiburg aus Mangel an Beweisen von der Anklage des Mordes freigesprochen. → SED/SPD

19 Sa Bei einer Ausstellung in London wird der 1,8 kg schwere Cup Jules Rimet gestohlen, mit dem der Fußball-Weltmeister ausgezeichnet wird.

20 So Die pakistanische Regierung teilt mit, dass bis dato der im Osten des Landes grassierenden Pockenepidemie 1300 Menschen zum Opfer gefallen sind.

21 Mo Chiang Kai-shek wird zum vierten Mal zum Präsidenten der Republik China auf Taiwan gewählt, an deren Spitze er seit 1950 steht.

22 Di In Rom treffen die Oberhäupter der katholischen und der anglikanischen Kirche, Papst Paul VI. und Erzbischof Michael Ramsey, zusammen.

23 Mi Auf dem Bundesparteitag der CDU in Bonn übernimmt Bundeskanzler Ludwig Erhard den Parteivorsitz von Altbundeskanzler Konrad Adenauer.

24 Do In Mailand protestieren tausende Jugendliche gegen die Festnahme von drei Schülern, die eine Umfrage zum Sexualverhalten Gleichaltriger durchführten.

25 Fr Bundeskanzler Ludwig Erhard gibt vor dem Bundestag den Inhalt einer »Friedensnote« bekannt, die an über 100 Staaten gesandt wird.

26 Sa Die Bergarbeiter der Essener Zeche Langenbrahm fahren zum letzten Mal ein. Die Zeche muss infolge der Kohle-Absatzkrise schließen.

27 So Bei der Bürgerschaftswahl in Hamburg erringt die SPD mit 59% der Stimmen die absolute Mehrheit. Überraschend erzielt die NPD 3,9% Stimmenanteil.

28 Mo Die indische Premierministerin Indira Gandhi bittet die USA um Hilfe gegen die Hungersnot in ihrem Land und erreicht entsprechende Zusagen.

29 Di Nach einem Generalstreik in Ecuador tritt die seit dem Jahre 1963 regierende Militärjunta zurück. Clemente Yerovi Indarabú übernimmt die Macht.

30 Mi Laut Bundesvereinigung der Deutschen Arbeitgeberverbände benötigt die deutsche Wirtschaft auf Jahre hinaus ausländische Arbeitnehmer.

31 Do Bei den Wahlen zum britischen Unterhaus erzielt die regierende Labour-Party unter Harold Wilson einen Zuwachs von 46 Sitzen.

18. März 1966

SED und SPD in Kontakt

Die Parteispitzen der westdeutschen SPD und der ostdeutschen SED wagen einen deutsch-deutschen Annäherungsversuch. Nachdem mit dem Berliner Passierscheinabkommen bereits erste

Proletarier aller Länder, vereinigt euch!

NEUES DEUTSCHLAND

Organ des Zentralkomitees der Sozialistischen Einheitspartei Deutschlands

„Neues Deutschland" veröffentlicht heute den bisherigen Briefwechsel zwischen SED und SPD

Offener Brief an die Delegierten des Dortmunder Parteitages der SPD

Offene Antwort der SPD auf den Offenen Brief

Antwort des Zentralkomitees der SED

Kontakte zwischen den beiden deutschen Staaten zustande gekommen sind, findet nun ein Briefwechsel zwischen SPD- und SED-Spitze statt (Abb.: Die DDR-Presse stellt das Ereignis groß heraus). Bisher hatten die Sozialdemokraten sämtliche Briefe der ostdeutschen Kommunisten unbeantwortet gelassen. Jetzt vereinbaren die Parteien einen Redneraustausch.

11. April 1966

Verkehrsfluss wird gesteuert

Eine mögliche Antwort auf die ständig anschwellenden Verkehrsströme heißt Automatisierung. Mitten im Ferien-Rückreiseverkehr, am Ostermontag, geht auf der Autobahn München-Salzburg das erste ferngesteuerte Verkehrssignalsystem in Betrieb.

Das von der Firma Siemens und Halske für 2,5 Mio. DM entwickelte System wird von München aus per Knopfdruck gesteuert und schreibt eine dem Verkehrsaufkommen angepasste optimale Geschwindigkeit vor. Schrittweise wird bei hohem Verkehrsaufkommen z.B. die erlaubte Höchstgeschwindigkeit auf 60 km/h reduziert. Dies soll durch Vermeidung von Staus zu höherer Sicherheit, Zeitersparnis und mehr Umweltverträglichkeit führen. Maßnahmen dieser Art stellen nach Ansicht von Experten im Augenblick nur Übergangslösungen dar. Die Fachleute ziehen den Schluss, dass allein der Ausbau der Autobahnen auf drei- bis vierspurige Fahrbahnen die große Anzahl an Kraftfahrzeugen kanalisieren kann. Derzeit rollen 12 Mio. Kraftfahrzeuge auf bundesdeutschen Straßen. Erst im Vorjahr hatte der Pkw-Bestand die Zehn-Mio.-Grenze überschritten.

10. März 1966

Beatrix heiratet einen De

Die niederländische Kronprinzessin Beatrix heiratet den deutschen Diplomaten Claus von Amsberg. Viele feiern die Verbindung als Traumhochzeit. Die deutsche Abstammung des Bräutigams erregt allerdings auch die Gemüter der Niederländer.

Schon als Königin Juliana im Juni 1965 die Verlobung ihrer Tochter mit dem niedersächsischen Landadligen bekannt gab, protestierte ein Teil der zwölf Mio. Niederländer – in Erinnerung an die Besetzung des Landes durch die deutsche Wehrmacht während des Zweiten Weltkriegs. Von Mai 1940 bis zum Kriegsende starben rd. 123 000 Niederländer, davon 100 000 Juden, in deutschen Konzentrationslagern. Claus von Amsberg war während dieser Zeit als Flakhelfer und Panzerschütze Angehöriger des deutschen Heeres. Nähe zum Nationalsozialismus ist ihm allerdings nicht nachzuweisen. Im Vorfeld der Trauung griff der linkssozialistische Fraktionsvorsitzende Henk Lankhorst den Prinzgemahl an: »Wer zur Gruppe der Durchschnittsdeutschen gehört und wer in einem ehemals von Deutschen besetzten Gebiet leben will, ist als Ehemann des künftigen Staatsoberhauptes unakzeptabel.« Die als eigensinnig geltende Beatrix lässt sich jedoch in ihrer Wahl nicht beirren. Die Hochzeitszeremonie findet in der Amsterdamer

Das glückliche Brautpaar setzt sich über alle Anfeindungen hinweg.

Westerkerk statt. Vertreter von 48 Staaten nehmen daran teil, darunter die Angehörigen der Herrscherhäuser Belgiens, Griechenlands und Luxemburgs, ferner Prinz Juan Carlos und Prinzessin Sophia von

22. April 1966

Chirurgen setzen Kunstherz ein

Im US-Herzzentrum Houston (Texas) gelingt es erstmals, einem Menschen ein künstliches Herz einzupflanzen. Michael DeBakey ist der Mann, der diesen bedeutenden Schritt in der Entwicklung der Gefäßchirurgie vollzieht. Bei der fünfstündigen Operation assistiert ihm ein großes Chirurgenteam (Abb.: Eine Kamera dokumentiert das Ereignis).

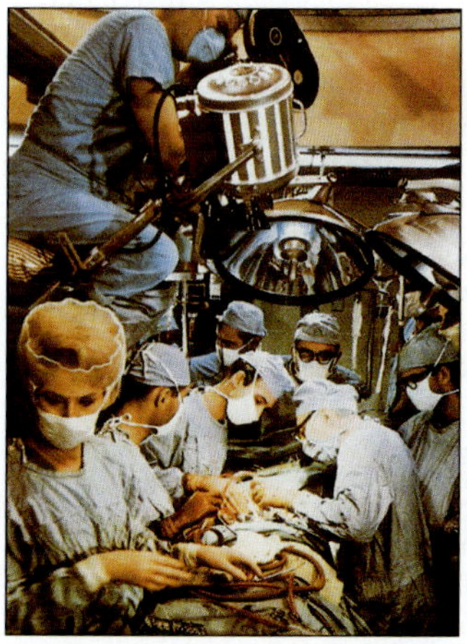

Obwohl der Patient 100 Stunden später an einem Lungenriss stirbt, gilt der Eingriff als erfolgreich. Das künstliche Herz kann die Funktionen eines kranken Herzens ersetzen.

hen

Bourbon – das spätere spanische Königspaar – sowie die Prinzen und Prinzessinnen der skandinavischen Königshäuser. Der Festzug führt die Hochzeitsgesellschaft vom Palast zum Rathaus und danach zur Westerkerk. Statt der erwarteten 250 000 Menschen säumen nur 80 000 den Weg des Brautpaares. Einige drücken dadurch ihr Missfallen über den Bräutigam aus, andere gehen wegen des schlechten Wetters nicht aus dem Haus. Auch einige Amsterdamer Ratsherren sind mit der niederländisch-deutschen Verbindung nicht einverstanden. Von 45 Mitgliedern des Rates bleiben 21 der standesamtlichen Trauung fern. Dabei handelt es sich vor allem um Kommunisten, Pazifisten, Sozialisten und Vertreter der jüdischen Gemeinde der Stadt. Auch kommt es entlang des Hochzeitszuges zu einzelnen Kundgebungen gegen den Bräutigam. Die Amsberg-Gegner betiteln den Prinzgemahl als »Mof«. Dabei handelt es sich um ein niederländisches Schimpfwort für Deutsche. Der Bräutigam erhält durch seine Heirat mit Beatrix den Titel »Jonkheer van Amsberg, Prinz der Niederlande« und wird Mitglied des niederländischen Hauses Oranien. Ihm steht die Anrede »Königliche Hoheit« zu.

Claus von Amsberg wird von seinen neuen Landsleuten erst als Mitglied des Königshauses anerkannt, als er am 27. April 1967 Vater des ersten männlichen Thronfolgers im niederländischen Königshaus seit über 100 Jahren wird. Bereits Beatrix' Mutter, Königin Juliana, heiratete 1937 mit Prinz Bernhard von Lippe-Biesterfeld einen Deutschen.

11. März 1966

Unruhen in Indonesien

Nach blutigen Auseinandersetzungen übernehmen Militärs unter General Suharto die Macht in Indonesien. Suharto entmachtet den prunksüchtigen Staatspräsidenten Achmed Sukarno. Die Unruhen brechen los, als der Neomarxist Sukarno bekannt gibt, dass er eine kommunistische Regierung einsetzen wolle. Zehntausende Studenten gehen gegen die Regierungsumbildung auf die Barrikaden. Während des Aufstandes werden zahlreiche von ihnen bei Kämpfen gegen die Polizei getötet. Schließlich wählt der Volkskongress den Militär Suharto zum provisorischen Präsidenten, um die Unruhen zu beenden. Der neue Regierungschef erklärt umgehend, es habe keinen Staatsstreich gegeben. Um seinen Worten Glaubwürdigkeit zu verleihen, belässt General Suharto Präsident Sukarno formell bis 1967 im Amt.

Achmed Sukarno

indonesischer Politiker, * 6.6.1901 Surabaya; † 20.6.1970 Jakarta

Sukarno, der Indonesien als erster Präsident in die Unabhängigkeit von den Niederlanden führte, orientierte sich politisch an der Sowjetunion und der Volksrepublik China. Wirtschaftliche Hilfe der USA wies er brüsk ab und wurde dadurch in vielen Entwicklungsländern als Held gefeiert. Die konservative Armee verurteilte sowohl Sukarnos Politik als auch seinen ausschweifenden Lebensstil.

- 1927: Mitbegründer der Indonesischen Nationalpartei
- 1929-32: In niederländischer Haft
- 1966-70: Unter Hausarrest

15. April 1966

»LSD-Papst« unter Arrest

Timothy Leary (s. Abb.), ehemaliger Harvard-Professor für Psychologie, wird in seiner New Yorker Villa wegen illegaler Drogenexperimente festgenommen. Leary gilt als Vorkämpfer der LSD-Bewegung. Bereits 1963 wurde ihm die Lehrbefugnis entzogen, als er mit seinen Schülern in der Bostoner Universitätskapelle Drogen geschluckt hatte, um religiöse Erlebnisse hervorzurufen. Seither gilt Leary als Kultfigur der Hippiebewegung. Seine an den Zen-Buddhismus angelehnte Drogenideologie erhebt einen politischen Missionsanspruch, der dem zeittypischen Bewusstseinsstand vieler Jugendlicher entgegenkommt. Erst vereinzelt weisen Soziologen darauf hin, dass der Gebrauch von LSD letztlich zu einer Entpolitisierung führe, weil die Droge in den Lebensmittelpunkt rücke.

April 1966

1 Fr Der systemkritische Naturwissenschaftler und Philosoph Robert Havemann wird aus der Ost-Berliner Akademie der Wissenschaften ausgeschlossen.

2 Sa In Frankreich protestieren Intellektuelle gegen das Verbot des angeblich kirchenfeindlichen Films »Suzanne Simonin, die Nonne Diderots«.

3 So In Moskau wird bekannt gegeben, dass der Fischbestand in zahlreichen Gewässern der Sowjetunion wegen Abwassereinleitung gefährdet sei.

4 Mo Mit der Platzierung der Sonde »Luna 10« in der Mondumlaufbahn gelingt der UdSSR ein weiterer Erfolg nach der ersten weichen Mondlandung.

5 Di Laut Mitteilung der Bundesanstalt für Arbeit nahm die Arbeitslosenzahl in der Bundesrepublik und West-Berlin im März um 94 388 auf 141 428 ab.

6 Mi Bonn wünscht, dass Frankreich nach seinem Ausscheiden aus der NATO seine Truppen nicht aus der Bundesrepublik abzieht.

7 Do Nach einer Mitteilung des Bundeskriminalamts in Wiesbaden werden 40% der Ladendiebstähle in der Bundesrepublik von Kindern verübt.

8 Fr In Moskau endet der 23. Parteitag der KPdSU, auf dem Reformen des Ex-Staatschefs Nikita S. Chruschtschow teilweise widerrufen wurden.

9 Sa Die italienische Schauspielerin Sophia Loren und der Filmproduzent Carlo Ponti feiern in Frankreichs Hauptstadt Paris ihre zweite Hochzeit.

10 So In der Bundesrepublik demonstrieren 145 000 Menschen auf insgesamt 19 Ostermärschen und Kundgebungen für Abrüstung und Frieden.

11 Mo Im Gebiet von Haftaph im südlichen Iran stoßen Archäologen bei Ausgrabungen auf eine 33 500 Jahre alte Stadt. → Verkehrsfluss

12 Di Ein 25-jähriger Ukrainer steckt sich in Moskau selbst in Brand, weil die Behörden sich weigern, ihn als Kriegsfreiwilligen nach Vietnam gehen zu lassen.

13 Mi Bei einem Flugzeugabsturz kommt der irakische Staatspräsident Abd As Salim Muhammad Arif ums Leben. Sein Bruder übernimmt die Nachfolge.

14 Do Zur 1000-Jahr-Feier der Christianisierung Polens werden tausende Bürger zu kommunistischen Großkundgebungen abkommandiert.

15 Fr Der Landtagspräsident von Nordrhein-Westfalen tritt zurück, weil er in angetrunkenem Zustand das Bundesverdienstkreuz verliehen hatte. → »LSD-Papst«

16 Sa Die Niederlande beschließen, den früheren SS-Standartenführer Andreas von Koskull, der Juden erschossen haben soll, an die Bundesrepublik auszuliefern.

17 So Zum ersten Mal seit 1950 landet eine Verkehrsmaschine der Lufthansa in Moskau. Ein Touristikunternehmen bringt 50 Reisende Nonstop in die UdSSR.

18 Mo Bei der erstmals in Farbe im US-TV ausgestrahlten »Oscar«-Verleihung erhalten »Doktor Schiwago« und »Meine Lieder – meine Träume« je fünf Trophäen.

19 Di Jacqueline Kennedy, Witwe von US-Präsident John F. Kennedy, beantragt, ihre Bürospesen zu senken, weil sie weniger Briefe beantworten müsse.

20 Mi In der ARD wird eine fiktive Sendung über die Wiedervereinigung ausgestrahlt. Autor und CDU-Mitglied Rüdiger Altmann wird dafür von der CDU kritisiert.

21 Do US-Präsident Lyndon B. Johnson unterzeichnet eine Resolution des Kongresses, die Indien Lebensmittelhilfen von 500 Mio. Dollar zusichert.

22 Fr Der ukrainische Schriftsteller Iwan Swetlitschny wird verhaftet, weil er Werke »antisowjetischen Inhalts« in den Westen geschmuggelt haben soll. → Kunstherz

23 Sa Der SPD-Vorsitzende Willy Brandt warnt in einem Interview vor zu großen Hoffnungen bezüglich des geplanten Redneraustauschs von SED und SPD.

24 So Auf dem Gelände des Konzentrationslagers Bergen-Belsen weiht der niedersächsische Innenminister Otto Bennemann (SPD) ein neues Dokumentenhaus ein.

25 Mo Das Internationale Olympische Komitee (IOC) wählt in Rom die bayerische Metropole München zum Austragungsort der Olympischen Sommerspiele 1972.

26 Di Rhodesien erklärt sich zu Verhandlungen mit Großbritannien bereit. London hatte ein Embargo gegen das rassistische Regime in Salisbury verhängt.

27 Mi Außenminister Andrej A. Gromyko wird als erstes Mitglied einer Sowjetregierung im Vatikan von Papst Paul VI. zu einer Privataudienz empfangen.

28 Do US-Senator William J. Fulbright kritisiert psychologische Begleitphänomene des Vietnamkriegs. Er konstatiert einen »tödlichen Hochmut« der USA.

29 Fr Im Weißbuch des Auswärtigen Amts über die Bemühungen zur Wiedervereinigung wird die Einheit Deutschlands als oberstes Ziel der Politik bezeichnet.

30 Sa Mit Tätlichkeiten von Saalordnern und Besuchern endet ein NPD-Treffen in Bremen. Die NPD lehnte u.a. Wiedergutmachungszahlungen an Israel ab.

Mai 1966

1 So DGB-Vorsitzender Ludwig Rosenberg fordert auf der Maikundgebung in West-Berlin, auf friedlichem Weg die Wiedervereinigung anzustreben.

2 Mo Den Pulitzer-Preis 1966 vergibt die New Yorker Columbia Universität an Katherine Anne Porter für den Kurzgeschichtenband »Die gesammelten Stories«.

3 Di Erstmals bringt die Londoner »Times« Nachrichten auf ihrer ersten Seite. Seit der Gründung der Zeitung 1785 waren dort nur Kleinanzeigen zu finden.

4 Mi Ein Fußballspiel gegen die Auswahl von Irland gewinnt die bundesdeutsche Nationalmannschaft in Dublin mit 4:0 Toren. → Kulturrevolution

5 Do In Turin vereinbaren die Fiat-Werke mit der UdSSR den Bau einer Autofabrik, die die sowjetische Autoproduktion vervierfachen soll. → Europapokal

6 Fr Wegen des Polizei-Einsatzes gegen Demonstranten beim Israelbesuch Konrad Adenauers wird die Hochschule von Jerusalem bestreikt.

7 Sa Im nordirischen Belfast gewinnt die deutsche Fußballnationalmannschaft ein Länderspiel gegen das Team der Gastgeber mit 2:0 Toren.

8 So Der Film »Mohn ist auch eine Blume« kommt in Wien zur Premiere. Der Ertrag soll der Jugendhilfe der UNO zukommen. Die Stars arbeiteten für 1 Dollar Gage.

9 Mo In Rheinsberg (Kreis Potsdam) wird das erste Atomkraftwerk der DDR in Betrieb genommen. Es dient der Energieversorgung und der Forschung.

10 Di Auf einer Südafrika-Reise verteidigt der CSU-Vorsitzende Franz Josef Strauß die Apartheidpolitik der Regierung in Pretoria. Er sehe keine Unterdrückung.

11 Mi Zum sechsten Mal gewinnt Real Madrid den Fußball-Europapokal der Landesmeister. Die spanische Elf besiegt Partizan Belgrad mit 2:1.

12 Do Um alliierte Hauptquartiere in Frankreich nach dessen Ausscheiden aus der NATO funktionsfähig zu halten, bleiben französische Techniker auf ihren Posten.

13 Fr In einer Kampfabstimmung stimmt der DGB-Kongress in Berlin mit 251 von 431 Stimmen gegen die geplanten Notstandsgesetze.

14 Sa Der Schweizer Bundesgerichtshof genehmigt die Auslieferung des früheren SS-Sturmbannführers Erhard Kröger an die Bundesrepublik.

15 So Nach Angaben des Psychiaters Efren E. Ramirez leben derzeit 30 000 Suchtkranke in New York. Ramirez ist Koordinator der Stadt in Drogenfragen.

16 Mo An der DDR-Grenze bei Tettenborn (Harz) wird beim Fluchtversuch eines jungen Paares die 20-jährige Frau erschossen. Der Mann erreicht den Westen.

17 Di In den größten Warnstreik seit 13 Jahren treten in Frankreich 2,5 Mio. Angestellte des öffentlichen Dienstes. Es geht u.a. um mehr Lohn.

18 Mi Im Rhein bei Duisburg wird ein fünf Meter langer weißer Belugawal gesichtet, der erst nach vier Wochen zurück in die Nordsee findet.

19 Do Die deutschen katholischen Bischöfe geben bekannt, sie hätten aus der »Misereor«-Kollekte eine Soforthilfe von 5 Mio. DM für Indien bereitgestellt.

20 Fr Die Weltgesundheitsorganisation lehnt die Beteiligung der UN an einem weltweiten Programm zur Geburtenkontrolle u.a. aus moralischen Bedenken ab.

21 Sa Durch einen k.o.-Sieg verteidigt Box-Weltmeister Muhammad Ali in London den Titel im Schwergewicht gegen den Briten Henry Cooper.

22 So Mehrere tausend Studenten und linksgerichtete Jugendliche demonstrieren auf dem Frankfurter Römerberg gegen die US-Intervention in Vietnam.

23 Mo Nach der Einsetzung eines neuen Rektors beenden Studenten in Mexico City ihren zweimonatigen Hochschul-Streik.

24 Di Das Schwurgericht Lüneburg verurteilt Polizeihauptmann a.D. Paul Degenhardt zu lebenslanger Haft, weil er 50 polnische Juden ermordet habe.

25 Mi Südafrika verbietet Journalisten die Einreise, die US-Senator und Apartheidgegner Robert Kennedy bei seinem Besuch am Kap begleiten wollten.

26 Do British-Guyana, die einzige Kolonie Großbritanniens in Südamerika, wird als Guyana unabhängig und als 23. Mitglied in den Commonwealth aufgenommen.

27 Fr New Yorker Theaterkritiker wählen das Drama »Die Verfolgung und Ermordung Jean Paul Marats« von Peter Weiss zum besten Broadway-Stück 1965/66.

28 Sa Durch ein 1:1 gegen den Hamburger SV sichert sich der TSV 1860 München erstmals in der Vereinsgeschichte die deutsche Fußballmeisterschaft.

29 So US-Verteidigungsminister Robert McNamara dementiert, seinen Amtskollegen Kai Uwe von Hassel »einen Mann von mittlerer Intelligenz« genannt zu haben.

30 Mo Aus Protest gegen das Militärregime verbrennen sich in Südvietnam vier Buddhisten. +++ Die sowjetische Raumsonde »Luna 10« stellt den Funkverkehr ein.

31 Di In der brasilianischen Provinz Pernambuco kommen bei Überschwemmungen 73 Menschen ums Leben, 10 000 werden obdachlos.

4. Mai 1966

China: Kulturrevolution bringt Terror und Chaos

Mao Tse-tung leitet in Peking die »Große Proletarische Kulturrevolution« ein. Mit der Reformmaßnahme will der Gründer der Volksrepublik

80 000 demonstrieren in Peking den Massenkonsens.

China, der das Amt des Staatspräsidenten bereits 1959 an Liu Shao-ch'i hatte abgeben müssen, seine ungebrochene Macht unter Beweis stellen. Die Kulturrevolution entwickelt jedoch zerstörerische Kräfte, die China in seiner Entwicklung um Jahre zurückwerfen.

Seit mehreren Monaten war der kommunistische Chefideologe Mao nicht mehr in der Öffentlichkeit erschienen. Als sein Widersacher und Kritiker Deng Xiaoping versucht, die marode Wirtschaft zu modernisieren, ruft Mao die Spitzen des Politbüros zusammen und formuliert auf einer dreiwöchigen Sitzung die ideologischen Ziele der Volksrepublik Chinas neu. Mao hofft, mit diesem Schachzug seine politischen Gegner entmachten zu können. Dazu spricht der Kommunistenführer die entscheidende Rolle als Triebkraft der Revolution nun den Schülern und Studenten des Landes zu und nicht mehr den Bauern. Schnell kommen überall in China Gruppen von Begeisterten in »Roten Garden« zusammen. Getreu den Parolen Maos ziehen sie gegen Konfuzius und die Reste »bürgerlich-kapitalistischen Denkens« zu Felde. Die Rotgardisten zerschlagen die Denkmäler der alten chinesischen Kultur, treiben vermeintliche Gegner Maos mit Schandhüten und diffamierenden Schildern durch die Straßen. Liu Shao-ch'i, Deng Xiaoping und mit ihnen hunderttausende von Kadern verlieren ihre Parteiämter. Die Begeisterung der Rotgardisten schlägt in blindem Fanatismus und Terror um. Leitfaden der Säuberungswelle ist das »Kleine Rote Buch«, das Lin Biao aus den Werken Maos zusammengestellt hat. Die sog. Mao-Bibel wird zum alleingültigen Maß der Wahrheit. Zitate aus

Gegner müssen Schandhüte tragen.

5. Mai 1966

Borussia Dortmund holt Europapokal nach Deutschland

Die Mannschaft von BV 09 Borussia Dortmund gewinnt vor 42 000 Zuschauern den Europapokal der Pokalsieger. Damit sind die Borussen die erste deutsche Mannschaft, die einen europäischen Fußball-Cup erringt. Der Wettbewerb wird seit 1960/61 ausgetragen. Im Glasgower Hampden Park hatte kaum jemand der Borussia eine Chance gegen Endspielgegner FC Liverpool ausgerechnet. Die Westfalen lassen sich allerdings auch von den 20 000 tobenden Schlachtenbummlern aus Liverpool nicht aus der Ruhe bringen. Das Spiel verläuft eine Stunde lang ausgeglichen. Die Dortmunder beschränken sich auf wenige Konter. Dann platziert Sigi Held einen gekonnten Flachschuss am Liverpooler Torwart vorbei zum 1:0. Im Stadion herrscht Totenstille. Sieben Minuten später macht Allen Hunt den Vorsprung durch das Tor zum 1:1 zunichte. Der Spielstand gilt bis zur 90. Minute. Es kommt zur Verlängerung. In der 108. Minute gelingt Reinhard »Stan« Libuda der entscheidende Treffer zum 2:1 (Abb.: Ein Liverpooler Abwehrspieler versucht in letzter Sekunde, die Rolle des Torwarts zu übernehmen, aber der Ball ist bereits im Tor.). Die Dortmunder Borussia wird in ganz Deutschland gefeiert. Auf dem Weg ins Endspiel besiegten die Borussen La Valetta, ZSKA Sofia, Atletico Madrid und West Ham United.

Mao-Bilder und rote Fahnen bestimmen das Bild chinesischer Städte in der Kulturrevolution.

dem Werk prangen an Fabriken und Gebäuden. Bildnisse des Ideologen sind in Dörfern und Städten allgegenwärtig. Die Kulturrevolution zerstört die technische, organisatorische und administrative Infrastruktur des Riesenreiches. Staats- und Parteiapparat existieren nicht mehr. Schließlich billigt Mao das Eingreifen der Volksbefreiungsarmee, die Terror und Chaos bald Einhalt gebietet und als einziger Gewinner aus den Wirren hervorgeht. Der Schaden, den die »Große Proletarische Kulturrevolution« in China angerichtet hat, ist immens. Landwirtschaft, Handel und Industrie sind zerrüttet.

Die Wirtschaft des gesamten Landes liegt am Boden. Das Niveau der Schulen und Hochschulen ist innerhalb kürzester Zeit ins Bodenlose gefallen, weil viele »bürgerliche« Akademiker ermordet und durch Partei-Ideologen ersetzt worden waren. Erst im Jahre 1969 erklärt die Kommunistische Partei die Kulturrevolution auch offiziell für beendet.

21. Juni 1966

Polizei fasst »Kirmesmörder«

Eine spektakuläre Tötungsserie ist zu Ende: Die Düsseldorfer Polizei verhaftet den 19-jährigen Jürgen Bartsch, dem vierfacher Kindesmord zur Last gelegt wird. Der Metzgergeselle gesteht die Taten ein. Vor dem Untersuchungsgefängnis versammelt sich eine Menschenmenge, die lautstark nach Lynchjustiz verlangt. Noch über Jahre beschäftigt der Fall Bartsch die bundesdeutsche Justiz und die Öffentlichkeit.

Bartsch beginnt seine Mordserie bereits 1962. Er spricht seine durchweg männlichen Opfer auf Kirmesplätzen an und lockt sie in einen verlassenen Stollen bei Langenberg. Dort vergeht er sich an den Jungen, erdrosselt sie und versteckt sie an Ort und Stelle. Jahrelang sucht die Polizei vergeblich nach dem »Kirmesmörder«. Als der sein letztes Opfer, einen 14-Jährigen, ohne ihn zu töten gefesselt im Stollen zurücklässt, kann der Junge sich befreien und den Beamten entscheidende Hinweise zum Täter geben. Jürgen Bartsch erhält eine lebenslange Zuchthausstrafe, die 1971 in zehn Jahre Gefängnis mit anschließender Einweisung in eine psychiatrische Anstalt umgewandelt wird.

17. Juni 1966

Aufruhr in Amsterdam

Nach drei Tagen blutiger Auseinandersetzungen wird die Amsterdamer Polizei Herr über die Gewaltsituation in der Stadt. Auslöser des Aufruhrs war der Tod eines Demonstranten bei einem Bergarbeiterstreik. Dabei starb ein Mann an den Folgen eines Herzinfarktes. Es verbreitete sich das Gerücht, die Polizei habe den Tod des Demonstrationsteilnehmers verschuldet. Daraufhin trat eine Gruppe von Unruhestiftern auf den Plan und begann, die Amsterdamer Innenstadt zu verwüsten. Irrtümlicherweise berichtet die Presse, die Randalierer gehörten den »Provos« an. Diese jungen niederländischen Anarchisten beschränken sich jedoch auf gewaltfreie Aktionen (Abb.: »Provos« bei einem Schweigemarsch).

Juni 1966

1 Mi Otto von Habsburg, Sohn des letzten österreichischen Kaisers Karl I., darf Österreich besuchen, was den Habsburgern seit 1918 verboten war.

2 Do Der kongolesische Staatspräsident Joseph Mobutu lässt vier ehemalige Minister öffentlich hängen, weil sie angeblich ein Attentat auf ihn unternahmen.

3 Fr Die Raumkapsel »Gemini 9« startet ins All, wo der Astronaut Eugene Cernan einen zweistündigen Weltraumspaziergang unternimmt.

4 Sa Im Süden von Honduras ertrinken 73 Menschen nach sintflutartigen Regenfällen. Verursacht hat sie der Hurrikan »Alma«, der auch Teile Kubas verwüstet.

5 So Die indische Regierung in Neu-Delhi gibt bekannt, dass eine Hitzewelle auf dem Subkontinent bisher mehr als 100 Todesopfer gefordert habe.

6 Mo Der Vorstand der IG Bergbau beschließt in Bochum nach vorheriger Urabstimmung den Streik. Zuvor war eine 8,5%ige Lohnerhöhung abgelehnt worden.

7 Di Auf dem Parteitag in Nürnberg bestätigt die FDP Erich Mende als Vorsitzenden. +++ Auf den US-Bürgerrechtler James Meredith wird ein Attentat verübt.

8 Mi Als das Parlament der Niederlande die Verurteilung der US-Intervention in Vietnam ablehnt, protestieren linke Studenten lautstark im Plenarsaal.

9 Do Überraschend gewinnt der italienische Radprofi Gianni Motta nach 22 Etappen den Giro d'Italia, die über 3976 km führende Italien-Rundfahrt.

10 Fr Einen Monat, nachdem ihm eine Schimpansenniere implantiert wurde, stirbt ein 19-jähriger Italiener in Rom. Ursache ist ein Herz-Kreislauf-Kollaps.

11 Sa Während der Konflikt zwischen Buddhisten und Militärregime eskaliert, demonstriert erstmals die katholische Minderheit in Südvietnam für die Regierung.

12 So Ghana sichert Bonn zu, den Ex-Auschwitz-Arzt Schumann auszuliefern, dem Sterilisationsversuche und Tötung u.a. von Sinti vorgeworfen werden.

13 Mo Südafrikas Regierung beschließt, US-Senator Robert Kennedy künftig die Einreise zu verbieten, da er auf seiner letzten Reise die Apartheid kritisierte.

14 Di Zu schweren Auseinandersetzungen zwischen Puertoricanern und der Polizei kommt es in Chicago. Die Demonstranten fordern bessere Wohnverhältnisse.

15 Mi Kuba protestiert bei UNO-Generalsekretär Sithu U Thant gegen eine Erklärung Nicaraguas, nach der das Land eine Invasion Kubas unterstützen würde.

16 Do Bei der Einfahrt in den Hafen von New York kollidiert der US-Tanker »Texaco Massachusetts« mit dem britischen Tanker »Alva Cape«. 20 Seeleute sterben.

17 Fr In Karlsruhe demonstrieren 1500 Gewerkschafter aus Baden-Württemberg gegen den heute beginnenden Bundesparteitag der NPD. → Amsterdam

18 Sa Stefan Kardinal Wyszynski, der Primas von Polen, kritisiert scharf die Behinderung einer kirchlichen Zeremonie durch die Staatsbehörden.

19 So Vor der Küste Neuschottlands sinkt der kanadische Fischdampfer »Reliance« nach der Kollision mit dem liberianischen Schiff »Bordapian«.

20 Mo Der französische Staatschef Charles de Gaulle reist in die UdSSR, wo er den Ausbau der Beziehungen beider Länder erreichen will.

21 Di Missernten zwingen Moskau zum Handeln: Die UdSSR vereinbart mit Kanada in einen Vertrag die Lieferung von 9 Mio. t Weizen. → »Kirmesmörder«

22 Mi Der für den 25. Mai angekündigte Streik im Ruhrbergbau wird abgewendet. Die Tarifparteien einigen sich in Düsseldorf u.a. auf eine 4%ige Lohnerhöhung.

23 Do Die Beatles treffen in München zu ihrer ersten Deutschland-Tournee seit 1962 ein. Sie geben drei Konzerte – in München, Essen und Hamburg.

24 Fr Schwarze US-Bürgerrechtler geraten auf ihrem »Marsch gegen die Furcht« in Mississippi in schwere Auseinandersetzungen mit der Polizei.

25 Sa Als erstes kommunistisches Land nimmt Jugoslawien wieder Beziehungen zum Vatikan auf, die es 14 Jahre zuvor abgebrochen hatte.

26 So In einer Volksabstimmung beschließt der Schweizer Halbkanton Basel-Stadt, das Wahlrecht auch für Frauen einzuführen.

27 Mo Mit einem unblutigen Militärputsch wird Argentiniens Präsident Arturo Illia gestürzt. Er hatte sich den Peronisten angenähert.

28 Di Das Hamburger Jugendgericht verhandelt gegen 13 Jugendliche, die an den Krawallen nach dem Beatles-Konzert beteiligt waren.

29 Mi Die USA bombardieren erstmals die nordvietnamesische Hauptstadt Hanoi und die Stadt Haiphong, wo sich die Öldepots des Landes befinden.

30 Do Auf Anweisung des Präsidenten des Kongo, Joseph Mobutu, werden aus der belgischen Kolonialherrschaft stammende Städtenamen geändert.

Juli 1966

1 Fr Ein SPD-Bundestagsmitglied erstattet Strafanzeige gegen den Bundesverteidigungsminister: Die »Starfighter« seien mit veralteten Schleudersitzen ausgerüstet.

2 Sa Frankreich führt den ersten Atomwaffenversuch auf dem Mururoa-Atoll im Südpazifik durch. Bis dahin fanden 13 Tests in Algerien statt.

3 So Zum Auftakt seiner Europatournee trifft der US-Evangelist Billy Graham in London ein, wo er im Amüsierviertel Soho zur Abkehr vom Laster aufruft.

4 Mo Der Arzt Kurt Kreismeyer, der 1944-1945 im KZ Neuengamme an Menschen Tuberkulose-Experimente vornahm, wird zu lebenslanger Haft verurteilt.

5 Di Auf der 16. Berlinale wird Roman Polanski für den Film »Wenn Katelbach kommt« mit dem »Goldenen Bären« für die beste Regie ausgezeichnet. → Mao

6 Mi Das frühere britische Protektorat Njassaland erhält die Unabhängigkeit und wird unter dem Namen Malawi in den Commonwealth aufgenommen.

7 Do Die Gipfelkonferenz des Warschauer Pakts endet. Sie machte Differenzen zwischen Moskau und dem nach Eigenständigkeit strebenden Rumänien deutlich.

8 Fr Die Westdeutsche Rektorenkonferenz empfiehlt den Kultusministern eine neue Hochschulordnung, nach der die Dozenten-Ausbildung verbessert würde.

9 Sa Am Institut für Körperbehinderte der Universitätsklinik Montreal (Kanada) wird ein künstlicher Arm für sog. Contergan-Kinder vorgestellt.

10 So Überraschend erzielt die SPD bei den Landtagswahlen in Nordrhein-Westfalen 49,5% der Stimmen. Die CDU erleidet schwere Verluste.

11 Mo 500 Personen werden im indischen Uttar Pradesh verhaftet. Die Maßnahme soll einen gegen die Regierung gerichteten Generalstreik verhindern.

12 Di In Chicago schlagen Nationalgardisten Rassenkrawalle nieder, die aus Protesten gegen die sozialen Probleme in den Slums der Stadt entstanden.

13 Mi Die Verleihung des Bundesverdienstkreuzes an Herbert Wehner nimmt die DDR zum Anlass, scharfe Angriffe gegen den SPD-Vizechef zu richten.

14 Do Die französische Schauspielerin Brigitte Bardot und der deutsche Industrielle und Playboy Gunther Sachs geben sich in Las Vegas das Jawort.

15 Fr Erstmals erscheinen Absolventinnen der traditionsbewussten britischen Universität Oxford im modischen Minirock zur Examensfeier.

16 Sa Der israelische Ärzteverband beschließt in Tel Aviv, alle internationalen Kongresse zu boykottieren, auf denen Deutsch als offizielle Sprache zugelassen ist.

17 So Der nordvietnamesische Staatspräsident Ho Chi Minh ordnet die Teilmobilmachung der Streitkräfte zur verstärkten Unterstützung des Vietcong an.

18 Mo In der Nähe von Helgoland stürzt der 61. »Starfighter« vom Typ F-104 G ab. Der Pilot kann trotz Suchaktion nicht aus der Nordsee geborgen werden.

19 Di In Las Vegas heiratet der US-Sänger und Schauspieler Frank Sinatra im Alter von 50 Jahren seine 30 Jahre jüngere Kollegin Mia Farrow. → Marc Chagall

20 Mi Nach zweitägigen Rassenunruhen, bei denen die Polizei zwei Farbige erschießt, wird in Cleveland (US-Bundesstaat Ohio) der Ausnahmezustand verhängt.

21 Do Staatspräsident Charles de Gaulle versichert, auch nach dem Ausscheiden aus der NATO blieben französische Truppen in der Bundesrepublik.

22 Fr An der britischen Westküste vor Barmouth kentert der Vergnügungsdampfer »Prince of Wales« mit 38 Personen an Bord. 13 Menschen ertrinken.

23 Sa Die Illustrierte »Quick« veröffentlicht eine Umfrage, nach der 68% der Bundesbürger nicht mehr mit Ludwig Erhard als Bundeskanzler zufrieden sind.

24 So Die Mitgliedstaaten der Europäischen Wirtschaftsgemeinschaft einigen sich in Brüssel auf die Errichtung eines gemeinsamen Agrarmarktes zum 1. Juli 1967.

25 Mo In Recife schlägt ein Anschlag auf den brasilianischen Verteidigungsminister und Präsidentschaftskandidaten Arturo da Costa e Silva fehl.

26 Di Präsident Ho Chi Minh teilt in Nordvietnam mit, es sei nicht notwendig, Freiwillige aus Ostblockstaaten im Krieg mit Südvietnam und den USA einzusetzen.

27 Mi In einem Hirtenbrief verurteilen die katholischen Bischöfe Südafrikas die Apartheidpolitik der Regierung als nicht mit dem göttlichen Gesetz vereinbar.

28 Do Die algerische Regierung lässt über 100 Gewerkschaftler festnehmen, um dadurch einen Generalstreik für Lohnerhöhungen zu verhindern.

29 Fr Die USA verschärfen den Luftkrieg gegen Nordvietnam und lassen einen Bombenhagel auf Nachschubwege und Treibstoffdepots niedergehen.

30 Sa Der Schriftstellerverband der UdSSR lehnt die Kooperation mit dem PEN-Club ab, der Sowjetliteraten »unwürdige« Eintrittsbedingungen stelle. → England

31 So In Italien erklären die sozialistischen Parteien PSI und PSDI ihre Fusion zur Vereinigten Sozialistischen Partei. Die PSDI hatte sich 1957 von der PSI abgespalten.

Tor oder kein Tor? Torhüter Hans Tilkowski bleibt nur das Nachsehen.

30. Juli 1966

England ist Weltmeister

In einem denkwürdigen Finale siegt die englische Mannschaft in London mit 4:2 über das bundesdeutsche Team und wird Fußballweltmeister. Der vorentscheidende Treffer zum 3:2 für die Briten bleibt jedoch umstritten und geht als »Wembley-Tor« in die Annalen ein. 97 000 Zuschauer sehen im Wembley-Stadion ein dramatisches Spiel, das durch ein bis zum heutigen Tag diskutiertes Schiedsrichter-Urteil entschieden wird. Bereits in der zwölften Minute gelingt den Deutschen durch Helmut Haller der Führungstreffer zum 1:0. Aber das Team von Bundestrainer Helmut Schön findet kaum Zeit zum Atemholen, denn Geoffrey Hurst köpft den Ball schon sechs Minuten später ins deutsche Netz. Nach der Halbzeit legt Martin Peters das 2:1 für die Briten vor. Die Deutschen können in den dramatischen letzten zehn Spielsekunden zum 2:2 ausgleichen. Das Spiel wird verlängert. In der 100. Spielminute knallt Geoffrey Hurst den Ball unter die deutsche Torlatte. Das Leder prallt auf den Boden. Der Schiedsrichter steht zu weit entfernt und kann nicht erkennen, ob der Ball vor oder hinter der Linie aufgekommen ist. Schließlich entscheidet der sowjetische Linienrichter Tofik Bachramow für die Briten. Mit einem weiteren Treffer stellt Hurst den 4:2-Endstand her.

Weber gleicht zum 2:2 aus.

19. Juli 1966

Marc Chagall verschenkt eigene Werke

Marc Chagall schenkt dem französischen Staat 60 seiner Gemälde. Die Werke werden auf einen Gesamtwert von 10 Mio. Francs (rd. 8 Mio. DM) geschätzt. Der berühmte Maler der klassischen Moderne begründet die überraschende Schenkung damit, dass er Frankreich gegenüber Dankbarkeit empfinde, weil ihm das Land eine zweite Heimat geworden sei. Marc Chagall, der aus Russland stammt, lebt seit 1923 überwiegend in Frankreich. In seinen Bildern verarbeitet der Künstler gern Alltagsthemen seiner russischen Heimat, die er oft mit Bibelszenen verknüpft. Kräftige Farbpartien kennzeichnen die Bildsprache Chagalls. Die Gegenstände scheinen sich auf der Leinwand förmlich in Nebel aufzulösen. Räumlichkeit und Perspektive werden dabei aufgehoben. Dinge und Figuren lösen sich aus ihrem gewohnten Zusammenhang und schweben frei im Raum. Gleichzeitig sind alle Motive von einer unnachahmlichen Leichtigkeit geprägt. Mit derartig fantasievollen Bildern ebnete der Künstler insbesondere der surrealistischen Malerei den Weg. Zum Spätwerk Chagalls zählen vor allem Bibelszenen, denen er sich ab 1957 zuwandte (Abb.: »Abraham und die drei Engel«, 1958-1960).

Die französische Regierung kündigt an, die 60 Gemälde des russisch-französischen Malers zunächst im Pariser Louvre ausstellen zu wollen. Später sollen sie den Grundstock eines Chagall-Museums in Nizza bilden.

Kapitän Bobby Moore präsentiert die Trophäe.

ball-Weltmeisterschaft 1966

elfinale	Datum	Ort	Ergebnis
d-Argentinien	23.7.	London	1:0 (0:0)
hland-Uruguay	23.7.	Sheffield	4:0 (1:0)
al-Nordkorea	23.7.	Liverpool	5:3 (2:3)
-Ungarn	23.7.	Sunderland	2:1 (1:0)
inale			
hland-UdSSR	25.7.	Liverpool	2:1 (1:0)
d-Portugal	26.7.	London	2:1 (1:0)
um Platz drei			
al-UdSSR	28.7.	Liverpool	2:1 (1:1)
iel			
d-Deutschland	30.7.	London	4:2 n.V.

28. August 1966

Rudi Altig wird Weltmeister

Der Kölner Rudi Altig gewinnt auf dem Nürburgring die Straßen-Weltmeisterschaft der Radprofis. Damit befindet sich der Radrennstar auf dem Höhepunkt seiner Karriere. 120 000 Zuschauer verfolgen die Zweiradjagd auf der Rennstrecke, die 273,7 km lang ist. Altig tritt gegen die international besten Radrennfahrer an. Er setzt alles auf eine Karte und wagt einen Ausreissversuch. Der 29-Jährige setzt sich vom Verfolgerfeld ab und greift die Führungsgruppe an. Zur Freude der Zuschauer gelingt ihm das Husarenstück: Der Kölner fährt an die Spitze des Feldes und hält den Vorsprung bis ins Ziel. Im Windschatten Altigs fahren Jacques Anquetil, Raymond Poulidor, Gianni Motta, Jean Stablinski und Italo Zilioli ins Ziel ein. Der frischgebackene Weltmeister kommentiert seinen Sieg: »Ich habe 270 km gelitten, habe mich gequält. Aber in diesem Rennen konnte nur gewinnen, wer sich auch quälen kann.« Altig erhält für seinen Sieg auch das Silberne Lorbeerblatt der Bundesrepublik Deutschland.

5. Juli 1966

Greiser Mao im Jangtsekiang

Ein Propagandafoto geht um die Welt: Der chinesische Parteichef Mao Tse-tung (s. Abb. vorn) durchschwimmt mit Genossen bei Nanking den 6 km breiten Fluss Jangtsekiang. Das Bild des 73-jährigen Schwimmers erscheint in allen Zeitungen der Volksrepublik. Seine propagandistische Zielsetzung liegt klar auf der Hand. In der Öffentlichkeit soll den seit Monaten kursierenden Gerüchten über eine Verschlechterung des Gesundheitszustandes des Revolutionsführers entgegengewirkt werden. Mao befindet sich mitten in einem innerparteilichen Machtkampf und will Vitalität demonstrieren. Angesichts der zunehmenden Kritik im Zentralkomitee der KPCh hatte sich Mao im Herbst 1965 nach Schanghai zurückgezogen. Im Mai 1966 rief er die »Große Proletarische Kulturrevolution« aus. Mit ihr leitet Mao gegen den Widerstand vieler Parteikader und Intellektueller eine ideologische Rückbesinnung auf seine eigenen radikalen politischen Ziele ein.

17. August 1966

US-Justiz gegen Kriegsgegner

Der sich ausweitende Widerstand gegen das US-Engagement in Vietnam provoziert eine harte Antwort der US-Justiz. In Washington beginnt der Ausschuss zur Untersuchung »unamerikanischer Umtriebe« öffentliche Beratungen über Gesetzentwürfe, die Aktionen gegen die Vietnam-Politik der USA unter Strafe stellen sollen. Linke Gruppen protestieren gegen die Sitzungen.
Dem Ausschuss des Repräsentantenhauses liegen mehrere Gesetzesinitiativen zur Beratung vor. U.a. sollen künftig Störmanöver gegen US-Truppen- und Rüstungstransporte unter Strafe gestellt werden. Darüber hinaus wollen die Hüter amerikanischer Interessen private Hilfsleistungen an Nordvietnam verhindern. Erstmals in der US-Geschichte sollen US-Bürger auch dann bestraft werden, wenn sie einen Gegner ihres Landes bei »bewaffneten Feindseligkeiten ohne Kriegserklärung« – dies ist in der militärischen Konfrontation mit Nordvietnam der Fall – unterstützen. Hilfe für den Gegner wurde bisher nur in formell erklärten Kriegen unter Strafe gestellt.
Mit der avisierten Gesetzesänderung will die US-Administration in erster Linie die sog. neue Linke treffen. Die Anti-Vietnam-Bewegung, die sich gegen die Politik Präsident Lyndon B. Johnsons richtet, erlebt immer größeren Zulauf. Ihr Widerstand äußert sich nicht nur in Demonstrationen, sondern auch in Blockaden von Truppentransporten, Geldsammlungen für den Vietcong oder der Verschickung von Blutkonserven nach Nordvietnam.

August 1966

1 Mo Das britische Kolonialministerium wird als »Abteilung für abhängige Territorien« ins Commonwealth-Ministerium eingegliedert.

2 Di Die australische Luftwaffe erlässt nach dem Absturz ihres 39. »Mirage«-Jägers ein Startverbot für alle Maschinen, bis sie überprüft worden sind.

3 Mi Bundespräsident Heinrich Lübke eröffnet in Hamburg den VII. Internationalen Ernährungskongress. Hauptthema ist gerechte Nahrungsverteilung in der Welt.

4 Do USA und UdSSR einigen sich über die Erforschung und Nutzung des Weltraums. Mond und Himmelskörper sollen danach nicht militärisch genutzt werden.

5 Fr Das Bundesverfassungsgericht lehnt eine Verfassungsbeschwerde des »Spiegel« gegen das Vorgehen der Behörden während der »Spiegel«-Affäre ab.

6 Sa In Lissabon wird die 2278 m lange Tejo-Brücke Ponte Salazar eingeweiht, die Südportugal verkehrsgünstig mit der Hauptstadt verbindet.

7 So Bei Rassenunruhen in Chicago wird u.a. Friedensnobelpreisträger Martin Luther King durch einen Steinwurf verletzt.

8 Mo Weil er sich für ein Mehrparteiensystem in Jugoslawien aussprach, wird der Schriftsteller Mihajlo Mihajlov festgenommen.

9 Di In Brüssel endet nach neun Tagen der fünfte Jüdische Weltkongress. Erstmals seit 30 Jahren kam es dort zu einem deutsch-jüdischen Dialog.

10 Mi Das Oberste Gericht der DDR verurteilt drei Bundesdeutsche, die Menschen zur Flucht verhalfen, zu langjährigen Haftstrafen.

11 Do In Jakarta beenden Malaysia und Indonesien ihren seit drei Jahren geführten, nicht erklärten Krieg. Angestrebt ist eine Normalisierung der Beziehungen.

12 Fr Die von der UNESCO ins Leben gerufene Weltjugend-Versammlung findet in Tokio zum sechsten Mal statt. 300 Delegierte aus 95 Ländern nehmen teil.

13 Sa Die Errichtung der Berliner Mauer vor fünf Jahren wird in Ost-Berlin mit einer Parade der »Kampfgruppen der Arbeiterklasse« gefeiert.

14 So Der Stuttgarter Gerhart Mitter gewinnt vor 30 000 Zuschauern den Großen Preis von Hockenheim für Prototypen und Sportwagen.

15 Mo Als 20. Tageszeitung in den USA seit 1945 stellt die »New York Herald Tribune« nach Ankündigung der Verlagsleitung ihr Erscheinen aus Kostengründen ein.

16 Di China lockert die Einreisebedingungen für Touristen aus der Bundesrepublik. Diese benötigen neben dem Visum keine Genehmigung aus Peking mehr.

17 Mi Zum 21. Jahrestag der Unabhängigkeit Indonesiens kündigt der nahezu entmachtete Präsident Achmed Sukarno eine »gelenkte Demokratie« an. → US-Justiz

18 Do Auf dem »Platz des himmlischen Friedens« in Peking findet zur Feier der Kulturrevolution die erste Massenkundgebung der »Roten Garden« statt.

19 Fr Die US-Sonde »Lunar Orbiter I« funkt Fotos vom »Mare Smythii«, das in der Nähe des Mondäquators liegt, zur Erde.

20 Sa Erstmals kritisiert ein Bundeswehr-Spitzenoffizier das Verteidigungsministerium: Luftwaffeninspekteur Werner Panitzki beklagt mangelnde Organisation.

21 So Mit einer Aufführung von »Cantate academica« von Benjamin Britten werden die Edinburgher Festspiele eröffnet, die bis zum 10. September dauern.

22 Mo Verteidigungsminister Kai-Uwe von Hassel entlässt Luftwaffeninspekteur Werner Panitzki nach dessen Kritik an der Arbeitsweise des Ministeriums.

23 Di In Chicago kommt es zu Tumulten, als Schwarze gegen die Rassendiskriminierung auf dem Wohnungsmarkt demonstrieren.

24 Mi Uruguays Parlament billigt die Wiedereinführung des Präsidialsystems. Künftig wird es wieder ein einzelnes Staatsoberhaupt geben.

25 Do In Indonesien stürmen 5000 Studenten das Parlamentsgebäude. Sie fordern u.a. eine weitergehende Entmachtung von Präsident Achmed Sukarno.

26 Fr Ein US-Bomberpilot wirft 45 km nördlich von Saigon versehentlich mehrere Napalm-Bomben auf ein US-Bataillon. Mehrere US-Soldaten werden getötet.

27 Sa Die 27. Filmfestspiele von Venedig werden mit dem wegen Gewaltszenen umstrittenen US-Film »Die wilden Engel« von Roger Corman eröffnet.

28 So Frankreichs Präsident Charles de Gaulle beendet eine Visite im afrikanischen Dschibuti. Der Aufenthalt war von antifranzösischen Tumulten überschattet. → Altig

29 Mo Vor der sowjetischen Botschaft in Peking findet eine Massenkundgebung statt. Die chinesische Kulturrevolution erhält damit einen antisowjetischen Akzent.

30 Di Die bayerischen Automobilfirmen BMW und Hans Glas GmbH vereinbaren eine enge Kooperation, die im Laufe der Zeit weiter intensiviert werden soll.

31 Mi Der französische Präsident Charles de Gaulle trifft in Kambodscha mit einem Vertrauten des nordvietnamesischen Staatschefs Ho Chi Minh zusammen.

September 1966

1 Do UN-Generalsekretär Sithu U Thant erklärt wegen des Unvermögens der UN, den Vietnamkonflikt zu lösen, seinen Verzicht auf eine zweite Amtszeit.

2 Fr Generalleutnant Johannes Steinhoff erhält seine Ernennungsurkunde als Generalinspekteur der Luftwaffe. Wichtigste Aufgabe ist das »Starfighter«-Problem.

3 Sa Die UdSSR protestiert beim türkischen Ministerpräsidenten Suleyman Demirel gegen das Einlaufen eines US-Kriegsschiffs ins Schwarze Meer.

4 So Ein Gutachten von »Amnesty International« stellt fest, in der DDR gebe es zwischen 6000 und 8000 politische Gefangene.

5 Mo Der britische Premier Harold Wilson setzt sich bei den Gewerkschaften für sechs Monate Lohnstopp ein, um das Zahlungsbilanzdefizit auszugleichen.

6 Di Die Bundesregierung plädiert bei den NATO-Verbündeten dafür, das Lieferverbot für Großrohre in die UdSSR zu lockern. → Südafrika

7 Mi Um Fehlbeträge im Haushalt 1966 zu decken, beschließt das Bundeskabinett in Bonn, bei fast allen Einzeletats zu sparen, insgesamt 1,1 Mrd. DM.

8 Do Das Düsseldorfer Wirtschaftsministerium gibt bekannt, dass seit Beginn der Kohlekrise 1958 in Nordrhein-Westfalen 36 Zechen stillgelegt wurden.

9 Fr Die alliierte Stadtkommandantur Berlins teilt mit, sie werde ihre Streifendienste der vielen Grenzzwischenfälle wegen verstärken.

10 Sa Auf der »Interorgtechnika« in Moskau wird ein »Tag der Bundesrepublik Deutschland« veranstaltet, um den Warenaustausch zu verbessern. → Mildenberger

11 So Zwei Ehepaaren und einem Kind gelingt mit einer gepanzerten Planierraupe die Flucht nach West-Berlin. Zwei Flüchtlinge werden durch Streifschüsse verletzt.

12 Mo Die UdSSR gewährt dem früheren Pfarrer Harold M. Koch, der den USA wegen des Vietnamkriegs den Rücken kehrt, politisches Asyl.

13 Di Der neue Bundesluftwaffeninspekteur Johannes Steinhoff gibt die Wiederaufnahme der zuvor eingeschränkten Tief- und Nachtflüge bekannt.

14 Mi In der Debatte um das sog. Stabilitätsgesetz, mit dem die Wirtschaft gestärkt werden soll, bittet die CDU um Mitarbeit der SPD. → Katastrophe

15 Do Im nordenglischen Hafen Barrow-in-Furness läuft das erste britische »Polaris«-U-Boot vom Stapel. Es ist atombetrieben und -bewaffnet.

16 Fr Das Bundesverteidigungsministerium gibt den Absturz eines »Starfighter«-Kampfflugzeugs bekannt. Es ist der 63. → »Met«

17 Sa Zwischen griechischen und türkischen Bewohnern des Dorfes Arsos auf Zypern kommt es zu Feuergefechten.

18 So UN-Generalsekretär Sithu U Thant bezeichnet in seinem Jahresbericht für die 21. Vollversammlung den Vietnamkrieg als Gefahr für den Weltfrieden.

19 Mo Ronald Edwards, der als »Kopf« der legendären britischen Posträuber gilt, stellt sich in London der Polizei. Zwei Posträuber sind noch auf freiem Fuß.

20 Di Das Pariser Théâtre Sarah Bernhardt erlebt die Uraufführung von Peter Weiss' Skandalstück »Die Verfolgung und Ermordung Jean Paul Marats«.

21 Mi Die 18. Internationale Buchmesse wird in Frankfurt am Main eröffnet. 2499 Aussteller, 106 mehr als im Vorjahr, präsentieren ihre Bücher.

22 Do Die Einstellung der Bombardements und den Abzug ihrer Truppen bieten die USA, falls Nordvietnam seine Soldaten aus Südvietnam abziehe.

23 Fr Der dänische Wirtschaftsminister Ivar Noergard erklärt, dass sein Land der EWG beitreten wolle, falls Schweden und Norwegen denselben Schritt täten.

24 Sa Bei der Eröffnung des Wuppertaler Schauspielhauses hält der Schriftsteller Heinrich Böll eine provokative Rede zum Verhältnis von Kunst und Staat.

25 So In Frankfurt am Main erhalten der Kurienkardinal Augustin Bea und der Theologe Willem Visser't Hooft den Friedenspreis des Deutschen Buchhandels.

26 Mo Bundeskanzler Ludwig Erhard besucht Washington, um einen Aufschub der auf dem Bundeshaushalt lastenden Devisenausgleichszahlungen zu erreichen.

27 Di Der Vatikan startet eine diplomatische Offensive zur Beilegung des Vietnamkriegs. Geistliche sollen in Südvietnam zwischen den Gegnern vermitteln.

28 Mi Der Europarat beauftragt die Europäische Transportministerkonferenz, die ökonomischen Auswirkungen eines Tunnels unter dem Ärmelkanal zu prüfen.

29 Do Den von der DDR lancierten Vorwurf, Bundespräsident Heinrich Lübke sei zur NS-Zeit am Bau von KZ beteiligt gewesen, weist Bonn zurück.

30 Fr Das britische Protektorat Betschuanaland wird als Botswana unabhängig. +++ Die über 100 Jahre alte Essener Zeche »Amalie« schließt aus Kostengründen.

10. September 1966

Mildenberger ohne Chance

Box-Weltmeister Muhammad Ali zerstört die Weltmeisterschaftsträume von Europameister Karl Mildenberger. Im Frankfurter Waldstadion schlägt der Schwergewichtschampion derart auf den Deutschen ein, dass der Fight in der 12. Runde ab-

gebrochen wird (Abb.: Kampfszene aus der 6. Runde). Dennoch kann der 29-jährige Mildenberger zufrieden sein, gegen den boxerisch weit überlegenen Favoriten aus den USA unerwartet lange durchgehalten zu haben.

6. September 1966

Premier Südafrikas erdolcht

Im südafrikanischen Parlament stürzt sich ein Parlamentsdiener auf Premierminister Hendrik Verwoerd (s. Abb.) und tötet den Regierungschef mit mehreren Messerstichen. Zeugen des Attentats überwältigen den Mörder, einen griechischstämmigen Südafrikaner. Verwoerd hatte sich durch seine Rassentrennungspolitik starker Kritik

Hendrik Frensch Verwoerd

südafrikanischer Politiker, * 8.9.1901 Oudekerk bei Amsterdam; † 6.9.1966 Kapstadt

Hendrik Verwoerd hielt die Rassentrennung in Südafrika mit polizeistaatlichen Mitteln aufrecht. Um Farbige aus den Städten auszubürgern gründete er die sog. Homelands. Als Großbritannien die Apartheidspolitik in Südafrika kritisierte, setzte der Ministerpräsident den Austritt aus dem Commonwealth durch.

- ab 1937: Herausgeber der Parteizeitung »De Transvaaler«
- 1950-58: Minister für Eingeborenenfragen
- ab 1958: Ministerpräsident

ausgesetzt. Die Hoffnungen auf eine Lockerung der harten innenpolitischen Gangart nach dem Attentat erfüllen sich jedoch nicht. Der neue Premierminister, Balthazar Johannes Vorster, setzt die Apartheidspolitik mit unerbittlicher Härte fort. Der ehemalige »Minister für Justiz, Polizei und Gefängnisse« erlässt u.a. das »90-Tage-Gesetz«, das die Inhaftierung Verdächtiger ohne Gerichtsbeschluss bis zu drei Monaten erlaubt. Vorsters Politik stößt wie die seines Vorgängers auf die Kritik der ganzen Weltöffentlichkeit.

16. September 1966

»Met« neu eröffnet

Im Neubau der New Yorker Metropolitan Opera hebt sich zum ersten Mal der Vorhang. Regisseur Franco Zeffirelli bringt mit seiner Inszenierung von Samuel Barbers »Antonius und Cleopatra« eine Oper zur Uraufführung, die es rasch zu großer Popularität bringen soll. Schon die Premiere wird ein durchschlagender Erfolg. Die Sopranistin Leontyne Price erntet für ihre Hauptrolle als ägyptische Herrscherin Cleopatra tosenden Beifall. Auf begeisterte Zustimmung beim Publikum stoßen auch die Leistungen von Choreograph Alvin Ailey und Dirigent Thomas Schippers.

Die Architektur der neuen »Met« stammt von Wallace K. Harrison. Er entwarf zusammen mit dem Akustiker Cyril Harris ein hufeisenförmiges Gebäude, an dessen Seiten Logenränge die Form aufbrechen. Fünf Stockwerke hoch ragt die Oper in den Himmel. Die beeindruckende Außenansicht findet im Innern ihre Entsprechung. Hier ist die Spielstätte mit unvergleichlicher technischer Raffinesse bestückt. Wandgemälde von Marc Chagall gehören zum Interieur. Foyer, Logen und Ränge zeigen Prunk und Noblesse. Rot-, Weiß- und Goldtöne schaffen Atmosphäre.

Mit dem Neubau beginnt eine neue Ära der Met und der internationalen Opernszene. Der feierlichen Eröffnung wohnt viel Prominenz bei, darunter die Familien Kennedy, Rockefeller, Vanderbilt und Ford. Insgesamt besetzen 3750 Besucher das neue Haus bis auf den letzten Platz. Die alte

27. Oktober 1966

Regierungskoalition zerbricht

Die Bonner Regierungskoalition zwischen CDU und FDP zerbricht an dem Streit über die Deckung des Haushaltsdefizits. Im Etat für 1967 sind Finanzierungslöcher in Höhe von mehreren Mrd. DM sichtbar geworden. Nach Auffassung der Unionsparteien sollen die Deckungslücken über Steuererhöhungen finanziert werden. Die FDP lehnt dies kategorisch ab und schlägt stattdessen den Abbau von Subventionen vor. Ein Kompromiss scheitert an den unversöhnlichen Positionen der Parteien. Schließlich legen vier FDP-Minister ihre Ämter nieder (Abb.: Bundespräsident Heinrich Lübke, Mitte, überreicht Ewald Bucher, Erich Mende, Walter Scheel und Rolf Dahlgrün, v.l., die Entlassungsurkunden).

Abendstimmung an der neuen »Met«, mit fast 4000 Plätzen eines der größten Opernhäuser der Welt.

Met an der 39. Straße hatte ausgedient, nachdem hier 83 Jahre lang Operngeschichte geschrieben worden war – u.a. von Enrico Caruso, Gustav Mahler und Arturo Toscanini. Die Met galt insbesondere als Bühne, deren Intendanten auf große Namen setzten. Uraufführungen fanden in der alten Met fast nie statt. Dieses Rezept kam auf Wunsch des New Yorker Publikums zustande, das in erster Linie internationale Gesangsstars hören und sehen wollte. Zum letzten Gala-Abend am 16. April trafen sich die größten Stars der klassischen Musikszene in der alten Oper. Nach dem triumphalen letzten Konzert wurde das traditionsreiche Gebäude zum Abbruch freigegeben.

14. September 1966

Katastrophe in der Nordsee

Die Bundesmarine wird von einem schweren Unglück getroffen. In der Nordsee sinkt am Ostrand der Doggerbank nach einer Überwasserfahrt mit geöffneter Turmluke das Schul-U-Boot »Hai« (s. Abb). Von den 21 Besatzungsmitgliedern kann nur ein Seemann gerettet werden. Dieser berichtet, dass zunächst der Funkkontakt abgebrochen sei.

Bei vier Meter hohem Wellengang sei plötzlich Wasser in den Maschinenraum und anschließend durch die geöffnete Turmluke eingedrungen und habe das U-Boot innerhalb kurzer Zeit sinken lassen. Die »Hai« wurde im Zweiten Weltkrieg eingesetzt und 1957 reaktiviert. Nach dem Unglücksfall kommt es zu heftiger Kritik am Verteidigungsministerium, dem der Einsatz von veraltetem Gerät vorgeworfen wird.

17. Oktober 1966

Test der Notstandsgesetze

In einem geheim gelegenen Atombunker in der Eifel übt ein Notparlament politisches Handeln nach den sog. Notstandsgesetzen. Dabei prüfen Vertreter der Bundestagsparteien die Effizienz des »Notstandspakets« bei einem Angriff des Ostblocks auf das Gebiet der NATO, dem sog. Ernst-

fall. In der Bundesrepublik wird Protest gegen die Notstandsgesetze laut (Abb.: Demonstranten in der Kleidung von KZ-Häftlingen), da durch ihre Anwendung die Einschränkung von verfassungsmäßigen Grundrechten möglich wird.

Oktober 1966

1 Sa Ex-Reichsjugendführer Baldur von Schirach sowie Ex-Rüstungsminister Albert Speer werden nach 20 Jahren Haft in Spandau aus alliierter Haft entlassen.

2 So Ostpakistan und Ceylon (heute Sri Lanka) werden von verheerenden Unwettern heimgesucht. Ein Hurrikan und eine Sturmflut fordern über 1000 Todesopfer.

3 Mo Arturo da Costa e Silva, bisheriger Verteidigungsminister, wird Präsident Brasiliens. +++ In Nigeria kommt es zu Stammeskämpfen zwischen Haussas und Ibos.

4 Di Ein Rostocker wird zu zehn Monaten Haft verurteilt, weil er ungestempelte DDR-Briefmarken Freunden in der Bundesrepublik schickte.

5 Mi Nach einer Statistik der Deutschen Bank in Frankfurt am Main sendet jeder ausländische Arbeitnehmer im Schnitt monatlich 116 DM in die Heimat.

6 Do In der Westberliner Kochstraße wird das neue 20-stöckige Verlagshaus des Axel Springer Konzerns eingeweiht.

7 Fr Einer Meldung aus Moskau zufolge müssen alle chinesischen Studenten die UdSSR verlassen, weil China zuvor UdSSR-Studenten exmatrikuliert habe.

8 Sa Westlich von Montreal verunglückt ein Omnibus, der Schüler zu einer Tanzveranstaltung bringen sollte. 19 Jugendliche sterben, 21 werden schwer verletzt.

9 So Bei einer Hochwasserkatastrophe im Westen Algeriens werden 50 Menschen getötet. Mehr als 9000 Personen sind obdachlos.

10 Mo Der polnische Parteichef Wladislaw Gomulka reist nach Moskau und bezieht erstmals Stellung gegen die chinesische Kulturrevolution.

11 Di Das US-Amt für Bevölkerungsstatistik gibt bekannt, dass auf der Erde fast 750 Mio. Menschen leben, die nicht oder nur schlecht lesen und schreiben können.

12 Mi Erstmals seit dem Mauerbau 1961 fährt der Regierende Bürgermeister von Berlin, Willy Brandt, zu einer Abendeinladung in den Ostteil der Stadt.

13 Do Auf dem Flughafen von Montreal rauben Unbekannte 15 Postsäcke mit Banknoten im Wert von 1 Mio. kanadischen Dollar (rd. 4 Mio. DM) und entkommen.

14 Fr Die niederländische Koalitionsregierung stürzt durch ein Misstrauensvotum, nachdem keine Einigung über den Staatshaushalt erzielt werden konnte.

15 Sa Da das IOC verlangt, sie solle als »Ostdeutschland« teilnehmen, verlässt die DDR-Mannschaft vorzeitig die vorolympischen Spiele in Mexico City.

16 So In Italien wird eine zweite kommunistische Partei neben der moskautreuen PCI gegründet. Die PCIML strebt eine enge Verbindung mit Peking an.

17 Mo US-Präsident Lyndon B. Johnson bricht zu einer Fernost-Reise auf, um mit pazifischen Verbündeten über den Vietnamkrieg zu beraten. → Notstandsgesetze

18 Di Der Pariser Prozess um die Entführung des marokkanischen Oppositionellen Mehdi Ben Barca im Vorjahr weitet sich zur Politaffäre aus.

19 Mi Der britische Verteidigungsminister Denis Healey erklärt, Großbritannien werde 10 000 Soldaten aus Südostasien abziehen, um Kosten einzusparen.

20 Do Die italienische Regierung schafft ein 26 Jahre altes Gesetz ab, nach dem italienische Kinder nur auf italienische Namen getauft werden dürfen.

21 Fr Eine nach Regenfällen ins Rutschen geratene Kohlenhalde im walisischen Aberfan verschüttet einen Kindergarten und 17 Häuser. 144 Menschen sterben.

22 Sa George Blake, berühmtester Spion der britischen Nachkriegsgeschichte, entkommt aus einem Londoner Gefängnis. Blake spionierte für die UdSSR.

23 So In Laos scheitert ein Putschversuch von Offizieren. Regierungstreue Truppen überwältigen die Rebellen, die den Flughafen der Hauptstadt besetzt hielten.

24 Mo Nachdem Studenten die Gleise der Verkehrsbetriebe wegen angekündigter Fahrpreiserhöhungen besetzt halten, kommt es in Köln zu Ausschreitungen.

25 Di Ein Militärtribunal verurteilt den früheren indonesischen Außenminister Subandrio wegen Beteiligung an einem Putsch im Herbst 1965 zum Tode.

26 Mi Die Dresdener Volkspolizei teilt mit, dass bis Mitte des Jahres 28 777 Sendungen mit »Schundliteratur« aus der Bundesrepublik beschlagnahmt wurden.

27 Do Als Reaktion auf Demonstrationen kommunistischer Studenten untersagt die kolumbianische Regierung u.a. Reisen nach Kuba. → Regierungskoalition

28 Fr Mit großer Mehrheit beschließt die UNo-Vollversammlung, das Mandat Südafrikas für Südwestafrika (heute: Namibia) für beendet zu erklären.

29 Sa Nach Meldungen aus Indien stehen in den Unionsstaaten Bihar und Uttar Pradesch fast 30 Mio. Einwohner in 100 000 Dörfern vor dem Verhungern.

30 So In Frankfurt am Main demonstrieren 21 000 Menschen gegen die geplanten Notstandsgesetze der Bundesregierung.

31 Mo In Bonn protestieren 250 evangelische Pfarrer gegen den Vietnamkrieg. +++ Ein gegen Präsident Raúl Leoni gerichteter Putsch in Venezuela scheitert.

November 1966

1 Di Am südvietnamesischen Nationalfeiertag verüben Vietcong-Guerillas in Saigon zwei Überfälle mit Granaten. 13 Menschen sterben, 38 werden verletzt.

2 Mi In Österreich wird eine Nationaldemokratische Partei ins Vereinsregister eingetragen. Sie soll die »deutschnationale« Partei der Alpenrepublik werden.

3 Do Die Hibernia AG in Herne gibt die Stilllegung ihrer Schachtanlage Möller-Rheinbaben bis Ende März 1967 bekannt. 3300 Beschäftigte sind betroffen.

4 Fr Das höchste Gericht in Ghana beschließt die Auslieferung des ehemaligen KZ-Arztes Horst Schumann an die Bundesrepublik.

5 Sa Nach wochenlangen Regenfällen wird Italien von einem verheerenden Unwetter heimgesucht, bei dem über 200 Menschen ums Leben kommen.

6 So Überraschend zieht die rechtsextreme NPD in den Landtag von Hessen ein. Am 20. November gelingt ihr auch der Einzug ins bayerische Parlament.

7 Mo In Griechenland treten 15 000 Bedienstete der öffentlichen Krankenhäuser für eine 5%ige Lohnerhöhung in einen 48-stündigen Streik.

8 Di In Wien werden zwei frühere SS-Angehörige wegen Beteiligung an der Ermordung von 12 000 Juden zu zwölf bzw. acht Jahren Haft verurteilt. → USA

9 Mi Laut einer Umfrage des Allensbacher Instituts für Demoskopie besitzt jede vierte Frau in der Bundesrepublik ein Kleidungsstück aus Pelz.

10 Do Die CDU-Fraktion im Bundestag nominiert Kurt Georg Kiesinger, Ministerpräsident von Baden-Württemberg, zum Kanzlerkandidaten einer neuen Regierung.

11 Fr Mit großer Mehrheit beschließt die evangelisch-lutherische Landeskirche von Schleswig-Holstein, ab 1967 Frauen für das Pastorenamt zuzulassen.

12 Sa US-Präsident Johnson unterzeichnet ein Gesetz über Ernährungshilfe für bedürftige Länder, nach dem überschüssige Lebensmittel verkauft werden dürfen.

13 So Israel überfällt in einem Vergeltungsanschlag das palästinensische Dorf Samua in Jordanien. 126 Araber sterben, bevor jordanische Truppen eintreffen.

14 Mo Muhammad Ali verteidigt in Houston seinen Weltmeistertitel im Schwergewicht durch k.o.-Sieg gegen Cleveland Williams (beide USA).

15 Di Mit der sicheren Landung der Raumkapsel »Gemini 12« im Pazifik beenden die USA vier Monate früher als erwartet erfolgreich ihr »Gemini«-Programm.

16 Mi Am Buß- und Bettag demonstrieren in Darmstadt mehr als 2000 Menschen gegen die Gefährdung der Demokratie durch die rechtsextreme NPD.

17 Do Bei einem Zugunglück nahe Rio de Janeiro werden 38 Menschen getötet und mehr als 300 schwer verletzt. Ursache war eine falsche Signalstellung.

18 Fr Frankreichs Kulturminister André Malraux eröffnet in Paris die bis dahin größte Retrospektive des Lebenswerks von Pablo Picasso.

19 Sa In Kopenhagen verfügt der Oberste Dänische Gerichtshof, dass Dänemark 2000 mittelalterliche Handschriften an Island zurückgeben muss.

20 So Im Kanton Zürich stimmen die wahlberechtigten Männer gegen das Frauenwahlrecht. +++ Bei den Landtagswahlen in Bayern erhält die CSU 48,2%.

21 Mo Die höchste literarische Auszeichnung in Frankreich, der Prix Goncourt, wird an Edmonde Charles-Roux für ihr Werk »Palermo vergessen« verliehen.

22 Di Der CSU-Vorsitzende Franz Josef Strauß spricht sich für eine Wiederzulassung der 1956 verbotenen KPD aus, weil man sie so besser beobachten könne.

23 Mi Vor dem Parlament in Madrid verliest der Diktator Francisco Franco ein neues Staatsorgangesetz, das einen Schritt zur Liberalisierung darstellen soll.

24 Do Die Staatsanwaltschaft von Novara/Italien beschlagnahmt den Film »Die Beute« von Roger Vadim, weil er »das öffentliche Schamgefühl« verletze.

25 Fr Sprecher aller Fraktionen fordern im Bundestag den Abbau von Zulassungsbeschränkungen an Universitäten, um das Recht auf freie Berufswahl zu sichern.

26 Sa Die UdSSR beschwert sich bei der UNO, westliche Staaten übten »rüde Angriffe« gegen die DDR zu Gunsten der »revanchistischen Bundesrepublik« aus.

27 So Gemeinsam mit den Wahlen zum Nationalrat von Uruguay entscheiden sich 60% der Wähler für die Wiedereinführung des Präsidialsystems.

28 Mo Ein Londoner Galerist wird zu 220 DM Geldstrafe verurteilt, weil er Bilder des US-Pop-Art-Malers Jim Dine ausstellte, die menschliche Genitalien zeigen.

29 Di Die UN-Vollversammlung in New York lehnt mit 57 zu 46 Stimmen den Antrag Albaniens ab, die Volksrepublik China anstelle Taiwans aufzunehmen.

30 Mi Bundeskanzler Ludwig Erhard (CDU) tritt zurück, nachdem seine Partei und die SPD tags zuvor die Bildung einer großen Koalition besiegelten.

1. Dezember 1966

Große Koalition in Bonn: Kiesinger ist Kanzler

Ein Novum und ein Markstein in der Geschichte der Bundesrepublik Deutschland: Der Bundestag wählt nach langwierigen Koalitionsverhandlungen den bisherigen baden-württembergischen Ministerpräsidenten Kurt Georg Kiesinger (CDU) an die Spitze einer großen Koalition aus CDU, CSU und SPD. Vizekanzler und Außenminister wird Willy Brandt (SPD). Erstmals in der Bundesrepublik Deutschland üben Sozialdemokraten auf Bundesebene Regierungsverantwortung aus.

Kiesinger (l.) und Außenminister Brandt, die Architekten der Großen Koalition

Das Bündnis der beiden großen Volksparteien stößt vielfach auf Skepsis und Widerspruch. Bemängelt wird vor allem eine wirksame Kontrolle der Regierungstätigkeit. Den 49 Abgeordneten der einzigen Oppositionspartei (FDP) stehen in erdrückender Übermacht 447 Parlamentarier der Regierung gegenüber. Auch innerhalb der SPD, die sich seit der Verabschiedung des Godesberger Programms 1959 zielgerichtet auf eine Regierungsübernahme vorbereitet hatte, regt sich Widerstand. Schon einen Tag nach der Erklärung zur Koalitionsbereitschaft finden in Bonn Demonstrationen gegen die »miese Ehe« (Günter Grass) statt. Vor allem die Person des Bundeskanzlers wird vor dem Hintergrund seiner Vergangenheit kritisch gesehen. Kiesinger, der bereits 1933 in die NSDAP eintrat, war von 1940 bis 1945 stellvertretender Leiter der Rundfunkabteilung im Auswärtigen Amt. Auch an der Berufung von Franz Josef Strauß (CSU) zum Finanzminister entzündet sich die Kritik. Seit der »Spiegel«-Affäre von 1962 ist Strauß wegen seiner undurchsichtigen Rolle als damaliger Verteidigungsminister umstritten. In seiner Regierungserklärung vom 13. Dezember reagiert Bundeskanzler Kiesinger auf die Vorbehalte, die der Großen

10. Dezember 1966

Autoren teilen Nobelpreis

In Stockholm werden die Nobelpreise verliehen. Die Literatur-Auszeichnung geht an zwei Preisträger: Die deutsch-schwedische Lyrikerin Nelly Sachs und der israelische Erzähler Joseph Agnon nehmen die Urkunde von König Gustav VI. Adolf von Schweden entgegen. Beide beschäftigen sich in ihren Werken mit dem jüdischen Schicksal. Den Nobelpreis für Medizin erhalten die US-Forscher Peyton Ruous und Charles B. Huggins für ihre grundlegenden Arbeiten zur Krebsbekämpfung. Der Physikpreis geht an den Franzosen Alfred Kastler für seine Untersuchungen über das »optische Pumpen« zur Klärung des energetischen Aufbaus der Atome. Robert S. Mulliken wird in der Sparte Chemie geehrt. Der Friedensnobelpreis wird nicht verliehen.

Nelly Sachs

eigtl. Leonie Sachs, deutsch-schwedische Schriftstellerin, * 10.12.1891 Berlin; † 12.5.1970 Stockholm

Aus einer jüdischen Familie stammend, verpflichtete die Dichterin ihr Werk dem Schicksal des jüdischen Volkes. 1940 floh sie aus dem nationalsozialistischen Deutschland nach Schweden. Dort verfasste sie unter dem Eindruck des Holocaust metaphernreiche Lyrik, die in dem Gedichtband »In den Wohnungen des Todes« veröffentlicht wurden. Nach einer Deutschlandreise erlitt die Autorin 1960 einen psychischen Zusammenbruch und musste lange Zeit in Kliniken behandelt werden.

- 1947: »In den Wohnungen des Todes«
- 1959: »Flucht und Verwandlung«
- 1964: »Glühende Rätsel«
- 1965: Friedenspreis des Deutschen Buchhandels.

Der Krisenmonat November

Datum	Ereignis
2.11.	Kanzler Ludwig Erhard erklärt sich zum Rücktritt bereit.
8.11.	SPD und FDP fordern, Erhard solle die Vertrauensfrage stellen.
10.11.	Die CDU nominiert Kurt Georg Kiesinger als Kanzlerkandidaten.
11.11.	SPD und FDP machen in Koalitionsgesprächen »weitgehende Übereinstimmungen« aus. Willy Brandt wird als Kanzlerkandidat vorgeschlagen.
17.11.	Kiesinger hält – nach Gesprächen mit der FDP – wieder eine bürgerliche Koalition für möglich.
24.11.	Gespräche zwischen CDU und FDP scheitern endgültig.
29.11.	Der SPD-Parteirat spricht sich für eine große Koalition aus.

Koalition im In- und Ausland entgegengebracht werden. Er bezeichnet seine Regierung als »nur zeitlich begrenzte Koalition«, die sich zur Bewältigung schwerwiegender innen-, außen- und wirtschaftspolitischer Probleme zusammengetan habe. Als vordringliche Aufgaben nennt er die Reform der Finanz- und Stabilitätspolitik, eine Öffnung gegenüber dem Ostblock, die Normalisierung der Beziehungen zur DDR bei grundsätzlicher Aufrechterhaltung des Alleinvertretungsanspruches sowie die Verabschiedung der Notstandsgesetze. Vor allem die gesellschaftlich höchst kontrovers diskutierten Maßnahmen der sog. Notstandsgesetze, die eine Einschränkung von Grundrechten im Fall eines Notstands befürchten ließen, aber auch das Fehlen einer starken Opposition im Parlament begünstigen das Entstehen der sog. Außerparlamentarischen Opposition (APO). Diese Massenbewegung jenseits von Parlamenten und Parteien strebt eine Veränderung von Staat und Gesellschaft an. Vorreiter und Sammelbecken der APO ist die Studentenbewegung. Zu ihr zählen aber auch nichtstudentische Intellektuelle.

Erhard muss die Segel streichen

Kritik an seinem Führungsstil und koalitionsinterne sowie innerparteiliche Querelen veranlassen die Ikone des deutschen Wirtschaftswunders am 30. November zur Aufgabe. Bundeskanzler Ludwig Erhard (CDU) reicht seinen Rücktritt ein, nachdem bereits im Vormonat die Regierungskoalition aus CDU, CSU und FDP zerbrochen war.

Erhard (l.) mit Nachfolger Kurt Georg Kiesinger

Die großen Erwartungen, die in Erhard gesetzt worden waren, schlugen während der wirtschaftlichen Rezession 1966 in Enttäuschung um. Am 27. Oktober waren die vier FDP-Minister zurückgetreten, nachdem die Koalition keine Einigung über die Deckung des Haushaltsdefizits erzielen konnte. Die FDP lehnte Steuererhöhungen strikt ab. Erhard besetzt die vakanten Ministersessel mit Unionspolitikern und steht nur noch einer Minderheitsregierung vor. Seine Kanzlerschaft war schon zuvor auch aufgrund des guten Abschneidens der SPD bei Landtagswahlen, u.a. in Nordrhein-Westfalen, in Bedrängnis geraten. Kurz vor Erhards Rücktritt, der die Regierungskrise betont indifferent verfolgte, nahmen CDU und SPD Gespräche auf.

8. November 1966

USA: Entscheidende Wahlniederlage für Demokraten

In den USA erleidet die demokratische Partei eine ihrer bislang größten Wahlniederlagen. Bei den Kongresswahlen verlieren die Demokraten die Zwei-Drittel-Mehrheit im Senat. 50% der US-Bevölkerung sprechen sich gegen die Politik von Präsident Lyndon B. Johnson aus. Auf Kritik stößt vor allem das Vietnam-Engagement des Demokraten. Auch das von Johnson favorisierte Sozialprogramm zur Schaffung einer Gesellschaft ohne soziale Ungerechtigkeit findet keine Zustimmung. Die Rassenunruhen der vergangenen Jahre haben ebenfalls zum Popularitätsverlust des Präsidenten beigetragen. Obwohl die Demokraten die nominelle Mehrheit behalten, bedeutet dieser Wahlausgang eine enorme Stärkung der Republikaner. In Kalifornien geht Ronald Reagan als Sieger aus den Kongresswahlen hervor. Der ehemalige Schauspieler gehörte bis 1962 der Demokratischen Partei an und wechselte dann ins Lager der anderen großen US-Partei (Abb: Ronald Reagan setzt im Wahlkampf auf sein Cowboy-Image). In Alabama kommt Lurleen Wallace an die Macht. Sie regiert den US-Bundesstaat als Statthalterin ihres Mannes George C. Wallace, der dort bereits in den letzten vier Jahren als Gouverneur amtierte. Das Wahlgesetz verbot seine erneute Kandidatur.

Dezember 1966

1 Do Die SPD-Fraktion im Landtag von Nordrhein-Westfalen spricht sich mit 73 zu 21 Stimmen für eine Koalition mit der FDP aus. → Große Koalition

2 Fr Verhandlungen, zu denen Großbritannien und Rhodesien zusammentreffen, scheitern. Rhodesien erklärte sich im November einseitig für unabhängig.

3 Sa In Sanaa (Jemen) werden fünf Männer als »Handlanger der Reaktion und des Kolonialismus« erschossen. Sie wurden kurz zuvor verurteilt.

4 So Bei Umbauarbeiten im Braunschweiger Dom wird ein Kirchenschatz aus der Zeit des Welfenherzogs Heinrich des Löwen (um 1129 bis 1195) gefunden.

5 Mo Die Ruhrtalbrücke bei Mintard wird eingeweiht. Sie ist mit 1,8 km die längste Autobahnbrücke der Bundesrepublik.

6 Di Nach dem 65. »Starfighter«-Absturz verhängt der Generalinspekteur der Luftwaffe, Johannes Steinhoff, ein Startverbot für das Kampfflugzeug.

7 Mi Der syrische Staatspräsident Nur Ad Din Al Atasi ruft zum Sturz des jordanischen Königs Hussein wegen dessen Palästinapolitik auf.

8 Do 235 Tote fordert im Mittelmeer der Untergang der Fähre »Heraklion«. +++ 65 Soldaten sterben in Erzurum (Türkei) bei einer Explosion.

9 Fr Der Bundesgerichtshof in Karlsruhe legt nach Gutachten fest, dass Kraftfahrer mit 1,3 Promille Blutalkoholgehalt fahruntüchtig sind (bisher: 1,5 Promille).

10 Sa Derzeit gibt es laut Bundesinnenministerium in der Bundesrepublik elf rechtsextreme Jugendgruppen mit insgesamt rd. 600 Mitgliedern. → Nobelpreis

11 So In einem Interview sagt Chinas Außenminister Tschen Ji für die nahe Zukunft einen koordinierten Angriff der UdSSR und der USA auf sein Land voraus.

12 Mo Nach 107 Tagen allein auf dem Meer erreicht der Brite Francis Chichester, der mit dem Einhandsegler »Gipsy Moth IV« in Plymouth startete, Australien.

13 Di Kurt Georg Kiesinger erklärt als Kanzler der Großen Koalition die Überwindung der Wirtschaftskrise und die Friedenspolitik zu den dringlichen Aufgaben.

14 Mi Der (West-)Berliner Senat wählt Pfarrer Heinrich Albertz (SPD) als Nachfolger Willy Brandts zum neuen Regierenden Bürgermeister.

15 Do Im Alter von 65 Jahren stirbt der weltberühmte US-Zeichner und Filmproduzent Walt Disney in Burbank (US-Bundesstaat Kalifornien).

16 Fr Der Landtag von Baden-Württemberg wählt Hans Filbinger (CDU) als Nachfolger von Kurt Georg Kiesinger zum Ministerpräsidenten.

17 Sa 700 SPD-Mitglieder, darunter die gesamte Bundestagsfraktion, treffen in Bad Godesberg zusammen. Die SPD will ihr Profil in der großen Koalition wahren.

18 So Die UNO bestimmt Wien als Sitz ihrer neu gegründeten Organisation für industrielle Entwicklung (UNIDO) in den Ländern der Dritten Welt.

19 Mo Über die Saale-Brücke bei Hof, erstes gesamtdeutsches Bauprojekt, rollt erstmals der Verkehr. Bonn zahlte 5,5 Mio. DM, die DDR übernahm die Bauarbeiten.

20 Di Das Bundespostministerium teilt mit, dass über Weihnachten bei Telefongesprächen in die DDR mit bis zu 14 Stunden Wartezeit zu rechnen sei.

21 Mi Der Radrennfahrer Rudi Altig wird zum »Sportler des Jahres« gekürt. Die Leichtathletinnen Karin Frisch und Helga Hoffmann teilen sich den Titel der Damen.

22 Do In seiner Weihnachtsansprache plädiert Papst Paul VI. für umgehende Friedensverhandlungen der Konfliktparteien im Vietnamkrieg.

23 Fr Der US-Journalist William F. Pepper stellt in einem Bericht heraus, bisher seien in Vietnam 250 000 Kinder getötet und 750 000 verletzt worden.

24 Sa In Vietnam herrscht für 48 Stunden Waffenruhe. US-Präsident Lyndon B. Johnson hatte eine von Papst Paul VI. geforderte längere Feuerpause abgelehnt.

25 So Über Weihnachten demonstrieren in den Niederlanden Jugendliche, Geistliche und Künstler gegen die militärische Intervention der USA in Vietnam.

26 Mo In Angola überfallen hunderte Eindringlinge aus der kongolesischen Provinz Katanga das Grenzdorf Teixeira de Sousa. 206 Menschen sterben.

27 Di Sechs Sowjetsoldaten, die im Zweiten Weltkrieg überliefen und als SS-Männer KZ-Häftlinge bewachten, werden in Lwow (Ukraine) zum Tode verurteilt.

28 Mi Im Finale um den Tennis-Davis-Cup in Melbourne besiegen Roy Emerson und Fred Stolle (AUS) die Inder Ramathan Krishnan und Jaideep Mukerjea mit 4:1.

29 Do Ein Explosionsunglück auf dem Gelände der Chemiewerke BASF in Ludwigshafen fordert 63 Verletzte und verursacht 5 Mio. DM Sachschaden.

30 Fr Sowjetische Behörden lassen Bilder von Marc Chagall und Wassily Kandinsky aus einer Ausstellung in Moskau entfernen.

31 Sa New Yorker Filmkritiker wählen »A Man For All Seasons« von Fred Zinnemann zum besten Film 1966, Titelheld Paul Scofield zum besten Schauspieler.

Januar 1967

1 So Der inhaftierte jugoslawische Systemkritiker Milovan Djilas wird aufgrund einer Neujahrsamnestie aus der Haft entlassen. → »Kommune 1«

2 Mo Erstmals wird das Telekolleg des Bayerischen Rundfunks ausgestrahlt. Es führt die Teilnehmer bis zur Fachhochschulreife. → Gemälderaub

3 Di Die US-Behörden verhindern die geplante Invasion von Haiti durch Exil-Insulaner, indem sie in Florida 150 Personen verhaften.

4 Mi Nordvietnam, die Volksrepublik China und der Vietcong lehnen erneute Friedensverhandlungen zur Beendigung des Vietnamkriegs ab.

5 Do Als erste deutsche Firma schließt eine Reutlinger Strickwarenfabrik einen Lizenzvertrag mit der Erfinderin des Minirocks, der Britin Mary Quant.

6 Fr Um dem Konjunkturrückgang entgegenzuwirken, senkt die Deutsche Bundesbank den Diskontsatz um einen halben Prozentpunkt auf 4,5%.

7 Sa In Nanking und anderen chinesischen Städten kommt es zwischen Anhängern und Gegnern der maoistischen Kulturrevolution zu Zusammenstößen.

8 So Mehrere deutsche Lebensmittelketten geben die Einstellung der Vergabe von Rabattmarken bekannt. Im Gegenzug versprechen sie Preissenkungen.

9 Mo Der Heilige Stuhl in Rom hält an der Gewährung des Ablasses für Sünden fest. +++ Conrad Ahlers wird stellvertretender Leiter des Bundespresseamts.

10 Di In seiner Rede zur Lage der Nation kündigt US-Präsident Lyndon B. Johnson Steuererhöhungen zur Finanzierung des Vietnamkriegs an.

11 Mi Vom Raumfahrtzentrum Cape Kennedy aus starten US-Wissenschaftler den Nachrichtensatelliten »Intelsat« ins Weltall.

12 Do Im Abgeordnetenhaus in West-Berlin wird erstmals die »Aktuelle Stunde« durchgeführt, in der Probleme außerhalb des Geschäftsgangs besprochen werden.

13 Fr Die DDR wandelt 2800 Landwirtschaftliche Produktionsgenossenschaften in »Vollkolchosen« um. +++ In Togo übernimmt die Armee die Macht.

14 Sa Die skandinavische Fluggesellschaft SAS und die sowjetische Aeroflot schließen ein Abkommen über die gegenseitige Nutzung ihrer Lufträume.

15 So Der britische Premier Harold Wilson trifft in Italien ein, um die Frage eines britischen Beitritts zur Europäischen Wirtschaftsgemeinschaft zu sondieren.

16 Mo Die kubanische Regierung schränkt die Privatwirtschaft weiter ein, indem sie alle Privatländereien enteignet und staatlichen Betrieben angliedert.

17 Di Mit der Stilllegung zweier Zechen der Friedrich-Krupp-Werke in Bochum verlieren 4300 Bergleute ihren Arbeitsplatz.

18 Mi Der Führer der britischen Liberalen, Joe Grimond, tritt wegen des geplanten Beitritts Großbritanniens zur Europäischen Wirtschaftsgemeinschaft zurück.

19 Do Das Bundeskabinett gibt den Ausgleich des Haushalts durch Kürzungen in allen Einzeletats bekannt. +++ In Peking stürmen Rote Garden das Rathaus.

20 Fr Mit der Hoffnung auf spätere Heilung lässt sich in Los Angeles der 93-jährige krebskranke Psychologieprofessor James Bedford auf minus 196° C einfrieren.

21 Sa In Aden protestieren Arbeiter gegen die britische Herrschaft im Südjemen. Im Zuge eines 24-stündigen Streiks kommt es zu schweren Unruhen.

22 So Die Kongregation für Glaubenslehre in Rom verbietet Katholiken die Teilnahme an ökumenischen Gottesdiensten in nichtkatholischen Kirchen.

23 Mo Zu Zusammenstößen von oppositionellen Demonstranten und der regierungstreuen Nationalgarde kommt es im Zuge des Wahlkampfs in Nicaragua.

24 Di US-Präsident Lyndon B. Johnson ersucht den Kongress um eine zusätzliche Bewilligung von 12,3 Mrd. Dollar für den Vietnamkrieg.

25 Mi In West-Berlin empfangen über 1000 Studenten Bundeskanzler Kurt Georg Kiesinger mit Pfiffen. Sie protestieren gegen eine Erhöhung der Studiengebühren.

26 Do In der heute in Offenbach eröffneten ersten »Frischdienst Tag- und Nachtverkaufsstelle« der Bundesrepublik kann nach Ladenschluss eingekauft werden.

27 Fr Ein Vertrag zwischen der USA, der Sowjetunion und Großbritannien über die friedliche Nutzung des Weltraums wird in Moskau unterzeichnet. → Raumkapsel

28 Sa Die Sowjetunion protestiert in einer Note an Bonn gegen ein Wiederaufleben von Nazismus und Militarismus in der Bundesrepublik.

29 So Einer der schwersten Schneestürme des Jahrhunderts fordert in den USA 55 Todesopfer. Plünderer nutzen das Chaos und rauben Geschäfte und Autos aus.

30 Mo Als erstes sozialistisches Staatsoberhaupt wird der sowjetische Staatspräsident Nikolaj W. Podgorny von Papst Paul VI. im Vatikan empfangen.

31 Di Die Bundesrepublik nimmt diplomatische Beziehungen mit Rumänien auf. +++ Otto Dibelius, ehemaliger Bischof von Berlin-Brandenburg, stirbt 86-jährig.

+++ Dreister Gemälderaub +++ Tote in Cape Ken

20. Februar 1967

DDR mit eigenem Bürgerrecht

Zwischen Bonn und Ost-Berlin verhärten sich die Fronten: Als Antwort auf den Alleinvertretungsanspruch der Bundesrepublik erlässt die DDR-Volkskammer das »Gesetz über die Staatsangehörigkeit«: Jeder Mensch, der zur Zeit der Gründung des ostdeutschen Staates die deutsche Staatsangehörigkeit hatte und auf DDR-Territorium lebte, erhält – wie auch die später hier Geborenen – alle verfassungsmäßigen Bürgerrechte und -pflichten. Dafür werde die DDR ihren Bürgern Schutz gewähren und sie bei der Wahrnehmung ihrer Rechte außerhalb der Deutschen Demokratischen Republik unterstützen. Der Erwerb einer anderen Staatsangehörigkeit ist gemäß § 3 des Gesetzes nur mit Zustimmung der zuständigen DDR-Behörden möglich.

Im Westen Deutschlands stößt dieses Gesetz auf heftige Kritik. Diese beruft sich auf ein kaiserliches Gesetz aus dem Jahre 1913, das allen Deutschen eine einheitliche Staatsangehörigkeit zusichert. Bundesdeutsche Zeitungen betiteln das neue DDR-Gesetz als »Spalter-Gesetz«. Die Regierung in Bonn lehnt die Anerkennung des Volkskammerbeschlusses ab: »Es gibt nicht zwei Völker, es gibt nur ein deutsches Volk.«

1. Januar 1967

»Kommune 1« gegründet

Die »Revolutionierung des Alltags« schreiben sich Dieter Kunzelmann, Volker Gebbert, Ulrich und Dagrun Enzensberger, Gertrud Hemmer, Dagmar Seehuber und Dorothea Ridder auf ihre Fahne, als sie in West-Berlin die »Kommune 1« (s. Abb.) gründen. In ihrer Wohn- und Lebensgemeinschaft

wollen sie bürgerliche Abhängigkeitsverhältnisse zwischen Mann und Frau, Eltern und Kind auflösen. Die »Kommune 1«, entstanden aus dem Umfeld des Sozialistischen Deutschen Studentenbunds (SDS), versteht sich als Bestandteil der Außerparlamentarischen Opposition (APO).

14. Februar 1967

Schillers Rezept

Mit einer »Konzertierten Aktion« will Wirtschaftsminister Karl Schiller der sich abzeichnenden Wirtschaftskrise in der Bundesrepublik begegnen. Erstmals setzen sich Mitarbeiter seines Ministeriums mit Vertretern der Arbeitgeberverbände und der Gewerkschaften an einen Tisch, um ihre künftigen Maßnahmen aufeinander abzustimmen. Sachverständige Volkswirte stehen dieser hochrangig besetzten Runde beratend zur Seite. Ziel der Aktion sind ein möglichst stabiles Wirtschaftswachstum, Vollbeschäftigung und Preisstabilität. Die Konzertierte Aktion soll eine von Schwankungen weitgehend freie Wirtschaftsentwicklung der Bundesrepublik sichern. Das Bundeswirtschaftsministerium hatte den Gesprächspartnern im Vorfeld der Treffen eine Globalvorschau für das Jahr 1967 vorgelegt. Die 18 an der Konzertierten Aktion Beteiligten beraten über diese Daten und die daraus entstehenden Konsequenzen für die Volkswirtschaft. Konkret werden dabei auch Gespräche über die Höhe der künftigen Tarifabschlüsse geführt. Nach mehreren Gesprächsrunden verabschieden die Teilnehmer am 3. März ein gemeinsames Kommunikee, in dem sie die vom Wirtschaftsministerium vorgelegten Zahlen lediglich als vage Orientierungsdaten darstellen. Sie könnten nicht für alle Branchen als verbindliche Größen angesehen werden, sollten aber doch von Gewerkschaften, Unternehmerverbänden und dem Staat bei ihren Entscheidungen berücksichtigt werden.

Karl Schiller (M.) mit Arbeitgebern und Gewerkschaften

Vor allem die volkswirtschaftlichen Sachverständigen und die Vertreter der Arbeitnehmer forderten abschließend weitere konjunkturbelebende Maßnahmen seitens des Bundes. Die Unternehmerverbände plädieren dagegen für Zurückhaltung des Staates. Bundeswirtschaftsminister Karl Schiller zeigte sich nach den Gesprächen zufrieden über den Versuch, die ökonomische Lage in der Bundesrepublik zu entspannen. Daher lädt er die Beteiligten der Konzertierten Aktion zu weiteren Gesprächsrunden ein, die am 3. Juni beginnen sollen. Dann will das Wirtschaftsministerium eine Vorausschau bis zum Jahr 1971 präsentieren und zur Diskussion stellen. Aber auch gesetzgeberisch greift die Bundesregierung ein. Das vom Bundeswirtschaftsministerium vorbereitete »Gesetz zur Förderung der Stabilität und des Wachstums der Wirtschaft« wird am 10. Mai vom Bundestag angenommen. Es regelt u.a. das Haushaltswesen und die

2. Januar 1967

Gemälderaub in London

Bei einem der größten Kunstdiebstähle des Jahrhunderts werden in London aus der Kunstgalerie des Dulwich-Colleges Gemälde im Gesamtwert von schätzungsweise mindestens 28 Mio. DM entwendet. Unter den Kostbarkeiten sind Werke von Rembrandt (s. Abb.), Peter Paul Rubens, Gerard Dou und Adam Elsheimer. Die Diebe müssen nach Erkenntnissen der Ermittlungsbehörden genaue Kenntnisse von der Galerie, die durch ein Alarmsystem direkt mit Scotland Yard verbunden ist, gehabt haben. Sie wussten, dass nur der Rahmen einer schweren Seitentür, die nie benutzt wurde, mit dem Alarmsystem verbunden war, und durchschnitten mit einem Drillbohrer die linke untere Türtafel, so dass eine schlanke Person ungehindert in die Galerie eindringen konnte. Einige der Bilder wurden aus ihren Rahmen gelöst.

Karl Schiller

deutscher Politiker und Volkswirtschaftler; * 24.4.1911 Breslau, † 26.12.1994 Hamburg

Mit Hilfe einer engeren Einbindung von Arbeitnehmer- und Arbeitgeberlager in Entscheidungen der Regierung im Rahmen der sog. Konzertierten Aktion überwand der anerkannte Nationalökonom die Wirtschaftskrise der späten 60er Jahre. In der Zeit der großen Koalition (1966-69) hatte er in Zusammenarbeit mit Bundesfinanzminister Franz Josef Strauß (»Plisch und Plum«) das Amt des Wirtschaftsministers inne. 1971 übernahm Schiller zusätzlich das Finanzministerium.

- 1935-41: Tätigkeit am Institut für Weltwirtschaft
- 1946-72 und wieder seit 1980: Mitglied der SPD
- 1961-65: Senator für Wirtschaft in Berlin

Währungspolitik neu. Die Bundesregierung wird verpflichtet, jeweils im Januar einen Jahreswirtschaftsbericht zu veröffentlichen. Außerdem wird durch das Gesetz der sog. Konjunkturrat geschaffen, der als beratendes Gremium die Ausgaben von Bund, Ländern und Gemeinden koordinieren soll. Die Bundesregierung soll durch das Stabilitätsgesetz daran gebunden werden, das sog. Magische Viereck der Konjunkturpolitik – Wachstum, Preisstabilität, Vollbeschäftigung und Außenwirtschaft – optimal auszubalancieren. Die einseitige Orientierung an einem der vier Teilziele, die die anderen beeinträchtigen würde, ist damit nicht erlaubt.

7. Februar 1967

US-Militär entlaubt Dschungel

US-Streitkräfte besprühen den Dschungel Vietnams mit dem giftigen Pflanzenschutzmittel »Agent Orange« (s. Abb.). Ziel der großflächigen Aktion ist die Entlaubung des Urwaldes, um die Vietcong von einem geheimen Vordringen in eine entmilitarisierte Zone abzuhalten und Nachschublager aufzudecken. Die Aktion ruft weltweit Proteste hervor.

Der massenhafte Einsatz von »Agent Orange« schädigt die Natur in den betroffenen Gebieten auf Jahrzehnte. Die artenreiche Fauna und Flora des Regenwaldes wird völlig zerstört. Die Menschen in der Region atmen das Gift direkt ein oder nehmen es durch Nahrung auf. Der Einsatz von »Agent Orange« symbolisiert für viele Vietnamkriegsgegner die ungleiche Kräfteverteilung im Vietnamkonflikt: Ein Bauernvolk kämpfte gegen eine technologisch hoch gerüstete und moralisch skrupellose Supermacht.

27. Januar 1967

Raumkapsel als Todesfalle

Die Astronauten Edward White, Virgil Grissom und Roger Chaffee sterben bei einem Probestart des Apollo-1-Raumschiffes. Als die Kommandokapsel in Brand gerät, können sich die Männer nicht rechtzeitig aus ihrer Lage befreien und ersticken in giftigen Dämpfen. Damit hat die Entwicklung der Raumfahrt erstmals Todesopfer gefordert. Die NASA bricht das Apollo-Programm vorübergehend ab. Eine Untersuchungskommission kann die Ursache des Brandes nicht feststellen (Abb.: Die zerstörte Kapsel). Die Experten kommen jedoch zu dem Schluss, dass die Astronauten unnötigen Risiken ausgesetzt gewesen seien. So gab es in der Kapsel auf der Startrampe keine Schleudersitze für Notsituationen. Die Katastrophe wirft die USA im Wettlauf zum Mond gegen die UdSSR erneut zurück. Auch sehen sich Gegner des Weltraumprogramms bestätigt, die in Raumflügen ein kostspieliges Abenteuer der US-Regierung ohne Nutzwert sehen.

Februar 1967

1 Mi Bruno Kreisky wird in Wien zum neuen Parteivorsitzenden der SPÖ gewählt. +++ Ein Generalstreik legt in Frankreich Verkehr und Wirtschaft lahm.

2 Do Die DDR benennt das Staatssekretariat für gesamtdeutsche Fragen in Staatssekretariat für westdeutsche Fragen um und nennt die SPD nur noch SP.

3 Fr Bei den Eislauf-Europameisterschaften in Ljubljana holt sich Gaby Seyferth aus der DDR den Europameistertitel der Damen.

4 Sa Die Bundesbahn erhöht die Tarife für die Autoreisezüge. +++ Der CDU-Vorsitzende und ehemalige Bundeskanzler Ludwig Erhard wird 70 Jahre alt.

5 So In Nicaragua gewinnt General Anastasio Somoza die Präsidentenwahlen. +++ In West-Berlin endet die Internationale Grüne Woche.

6 Mo Muhammad Ali (USA) verteidigt seinen Boxweltmeistertitel im Schwergewicht durch Punktsieg nach 15 Runden gegen seinen Landsmann Ernie Terrell.

7 Di Auf dem Flug von Kairo nach Hurghada am Roten Meer wird eine ägyptische Verkehrsmaschine entführt. An Bord sind 34 Passagiere. → US-Militär

8 Mi Im Bundesland Baden-Württemberg wird die christliche Gemeinschaftsschule per Gesetz die einzig zugelassene staatliche Schulform.

9 Do Der Ministerrat der Europäischen Wirtschaftsgemeinschaft verabschiedet in Brüssel das erste Programm für mittelfristige Wirtschaftspolitik.

10 Fr Bundesaußenminister Willy Brandt unterzeichnet in New York ein internationales Abkommen zur Beseitigung der Rassendiskriminierung.

11 Sa Die chinesische Armee übernimmt die Kontrolle in Peking. Sie setzt sich damit gegen die Mao-treuen revolutionären Roten Garden durch.

12 So Mit einem 3:1 Sieg über den ERC Mannheim gewinnt die Düsseldorfer EG erstmals die Deutsche Eishockeymeisterschaft.

13 Mo In Tansania kommt es zu Nationalisierungsmaßnahmen. U.a. werden alle Banken und Versicherungen des ostafrikanischen Landes verstaatlicht.

14 Di 14 Länder Mittel- und Südamerikas unterzeichnen in Mexiko City einen Vertrag über die Bildung einer atomwaffenfreien Zone. → Schiller

15 Mi Bei den niederländischen Wahlen für die Provinzialparlamente siegt die neu gegründete linksliberale Partei »Demokraten 1966«.

16 Do US-Verteidigungsminister Robert McNamara kündigt in Washington eine verstärkte Einberufung zu den Streitkräften in Vietnam an.

17 Fr In Tokio wird der bisherige japanische Ministerpräsident Eisaku Sato vom Parlament mit 279 von 486 Stimmen auf weitere vier Jahre wiedergewählt.

18 Sa Sintflutartige Regenfälle richten in Nord- und Mittelitalien Zerstörungen an. Die italienische Regierung spricht für Venedig eine Sturmflutwarnung aus.

19 So Nach einer Umfrage des SED-Organs »Neues Deutschland« zählt Fernsehen zu den liebsten Freizeitbeschäftigungen der DDR-Bevölkerung.

20 Mo Enthüllungen über Zahlungen des CIA an Studentenorganisationen anderer Länder verursachen in Washington einen Skandal. → DDR

21 Di Die National Gallery in Washington kauft vom liechtensteinischen Fürsten Franz Joseph II. ein Gemälde Leonardo da Vincis für mehr als 20 Mio. DM.

22 Mi In Indonesien tritt nach langwierigen innenpolitischen Kämpfen Präsident Achmed Sukarno zurück. An seine Stelle rückt General Suharto.

23 Do Der Bundestag billigt das Kreditfinanzierungsgesetz, durch das über Bundesaufträge die Investitionstätigkeit angekurbelt werden soll.

24 Fr 17 000 Bergarbeiter und Studenten streiken in Spanien für mehr politische Freiheit. Polizeikräfte versuchen die Protestaktionen zu unterbinden.

25 Sa Der »Würger von Boston«, Albert de Salvo, wird einen Tag nach seiner Flucht aus der Nervenheilanstalt Bridgewater (Massachusetts) wieder festgenommen.

26 So US-Kriegsschiffe beschießen Versorgungs- und Munitionsanlagen an der Küste Nordvietnams. Die Verminung von nordvietnamesischen Flüssen beginnt.

27 Mo Die interamerikanische Außenministerkonferenz endet mit der Unterzeichnung des »Protokolls von Buenos Aires« durch 20 amerikanische Staaten.

28 Di Im »Anastasia-Prozess« weist das Oberlandesgericht Hamburg die Berufungsklage der vorgeblichen Zarentochter Anna Anderson zurück.

März 1967

1 Mi Die Bundesrepublik sichert Indien vertraglich 240 Mio. DM Entwicklungshilfe zu.+++ Die Erhöhung der Tabaksteuer in der Bundesrepublik tritt in Kraft.

2 Do Der Kaiser von Äthiopien, Haile Selassie I., beendet seinen Besuch in der Sowjetunion und bekräftigt die traditionelle Freundschaft beider Länder.

3 Fr In Brasilien wird der SS-Hauptmann und Kommandant der Konzentrationslager Treblinka und Sobibor, Franz Paul Stangl, verhaftet.

4 Sa Rund 5000 Studenten demonstrieren in Saigon gegen die neutralistische Haltung des französischen Präsidenten Charles de Gaulle zum Vietnamkrieg.

5 So Die Sowjetunion und Nordkorea schließen ein Verteidigungsabkommen. +++ In Frankreich findet der erste Wahlgang zur Nationalversammlung statt.

6 Mo Göttinger Professoren spenden 25 000 DM als Beitrag zur Behebung der Finanznot der niedersächsischen Landesuniversität.

7 Di Die Bonner Regierung gewährt dem Krupp-Konzern eine Bürgschaft über 300 Mio. DM, mit der Auflage, die Firma in eine Aktiengesellschaft umzuwandeln.

8 Mi Ein Großbrand im Schlosshotel Kronberg im Taunus vernichtet Sachwerte in Höhe von mehreren Mio. DM. Menschen kommen nicht zu Schaden.

9 Do Der wissenschaftliche Beirat für Wahlrechtsfragen prüft in Bonn die Änderung des Verhältniswahlrechts in ein relatives Mehrheitswahlrecht.

10 Fr Der stellvertretende SPD-Fraktionsvorsitzende im Bundestag, Alex Möller, wird als Nachfolger des verstorbenen Fritz Erler in das Parteipräsidium gewählt.

11 Sa Pockenalarm löst eine Frau in Regensburg aus, nachdem sie sich während einer Indienreise infiziert und mehrere Menschen in Deutschland angesteckt hatte.

12 So Die Gaullisten erleiden bei den französischen Wahlen zur Nationalversammlung Verluste. +++ Stalins Tochter Swetlana Allilujewa flieht in die Schweiz.

13 Mo Indira Gandhi wird als Premierministerin Indiens vereidigt. Die Kongresspartei hatte bei den Wahlen im Februar Verluste erlitten.

14 Di Zum neuen Vorsitzenden der SPD-Bundestagsfraktion wird mit 121 gegen 22 Stimmen Helmut Schmidt gewählt.

15 Mi Polen und die DDR unterzeichnen in Warschau einen Freundschafts- und Beistandspakt auf 20 Jahre, der die Oder-Neiße-Linie als Staatsgrenze garantiert.

16 Do Bei Zusammenstößen zwischen Schülern und Polizisten in drei Städten des Libanon werden ein Schüler getötet und mehrere verletzt.

17 Fr Die Kultusminister der westdeutschen Länder beschließen auf ihrer Tagung in Bonn die Einführung der fachgebundenen Hochschulreife.

18 Sa Die sowjetische Regierung weist zwei chinesische Diplomaten wegen »vorsätzlicher sowjetfeindlicher Tätigkeit« aus.

19 So Eine Volksabstimmung in Französisch-Somaliland ergibt eine Mehrheit für den Verbleib des afrikanischen Landes im Verband der Französischen Republik.

20 Mo Minensucher der Bundesmarine fahren in die Nordsee, um den bereits von Minen aus dem Weltkrieg befreiten »Borkum-Terschelling-Weg« zu verbreitern.

21 Di Im westafrikanischen Sierra Leone kommt es zum zweiten Militärputsch innerhalb einer Woche. +++ Lawinen fordern in der Schweiz sechs Todesopfer.

22 Mi Die bundesdeutsche Fußballmannschaft gewinnt das Länderspiel gegen Bulgarien in Hamburg 1:0. +++ Muhammad Ali verteidigt seinen Weltmeistertitel.

23 Do Der sowjetische Außenminister Andrej Gromyko und US-Botschafter Llewellyn Thompson sprechen erstmals über die Beschränkung der Kernwaffenrüstung.

24 Fr Das britische Unterhaus beschließt mit einer Mehrheit von 92 Stimmen die Umstellung der britischen Währung auf das Dezimalsystem für das Jahr 1971.

25 Sa Zum 10-jährigen Jubiläum der Römischen Verträge betont Bundeskanzler Kurt Georg Kiesinger, weiter die politische Einigung Europas anzustreben.

26 So Papst Paul VI. veröffentlicht die Sozialenzyklika »Populorum Progressio«, in der er die Menschen zur Solidarität mit den Benachteiligten aufruft. → Ölteppich

27 Mo Nordvietnam lehnt den Vermittlungsvorschlag des Generalsekretärs der Vereinten Nationen, Sithu U Thant, zur Beendigung des Vietnamkriegs ab.

28 Di Die sowjetische Eishockeymannschaft sichert sich mit dem 2:1 Sieg gegen Kanada im vorletzten Endrundenspiel in Wien den siebten Weltmeisterschaftstitel.

29 Mi In Finnland erscheinen nach dreiwöchiger Zwangspause wegen eines Streiks der Beschäftigten des grafischen Gewerbes erstmals wieder die Zeitungen.

30 Do Ein deutsch-vietnamesisches Abkommen über den Einsatz des Malteser-Hilfsdienstes in Südvietnam wird unterzeichnet.

31 Fr Laut Bundesanstalt für Arbeit in Nürnberg ist die Zahl der Arbeitslosen in der Bundesrepublik um 50 500 auf 623 100 zurückgegangen.

21. April 1967

Hungersnot in Indien

Hunger, Durst und Krankheit führen zu einem Massensterben in der indischen Provinz Bihar. Die Regierung verhängt daher den Hungernotstand über die Region, in der rund 12,37 Mio. Menschen leben. Zu diesem Zeitpunkt sind nach offiziellen Angaben bereits 500 Menschen verhungert, erste Fälle von Ruhr wurden beobachtet. Das Ernährungsministerium der Provinz hatte schon zu Beginn des Monats von der Zentralregierung in Neu-Delhi Getreidelieferungen in Höhe von 300 000 t pro Monat gefordert. Allerdings sind 400 000 t monatlich nötig, um eine Grundversorgung zu gewährleisten. Zudem leiden auch andere indische Provinzen unter Hunger. Grund für die dramatische Lage in Bihar ist eine lang anhaltende Dürre-Periode (Abb.: Inder beten um Regen). Mit Ausrufung des Notstandes sind die Behörden ermächtigt, den Einwohnern Gelegenheit zu geben, sich ihre tägliche Reisration zu erarbeiten. Außerdem werden die Steuern für die Dauer des Notstandes ausgesetzt und sämtliche Kreditrückzahlungen der Provinzen an den Staat gestundet.

29. April 1967

Bier in Einwegflaschen

Die größten Brauereien der Bundesrepublik beginnen unter dem Slogan »Ex und Hopp« (s. Abb.) damit, Bier in Einwegflaschen zu propagieren. Dem Biertrinker wird in erster Linie die Einfachheit des Konsums schmackhaft gemacht. Er muss keine leeren Flaschen mehr in die Kästen einsortieren, geschweige denn diese komplett in den Laden zurücktragen. Totes Kapital, das Jahre lang in Form von Pfandflaschen im Keller schlummert, gehört nach dem Willen der Bierbrauer fortan der Vergangenheit an. Eine finanzielle Mehrbelastung für den Kunden bedeute dies nicht: Nach Angaben der Hersteller kostet die Produktion der dünnwandigen Glasflaschen nur ein Drittel dessen, was für eine Weißblechdose nötig wäre – und angeblich kaum mehr als die Leihflasche mit Pfandrückgabe.

19. April 1967

Adenauer stirbt 91-jährig

Altbundeskanzler und CDU-Politiker Konrad Adenauer (s. Abb.) stirbt an den Folgen einer Grippe. Der Tod des greisen Staatsmannes markiert das Ende einer Ära in der Bundesrepublik. An den Trauerfeierlichkeiten am 25. April nehmen u.a. Vertreter von 54 Staaten teil, darunter US-Präsident Lyndon B. Johnson und der französische Staatspräsident Charles de Gaulle. Am Rande der Trauerfeierlichkeiten kommen die angereisten Staatsmänner zu kurzen politischen Gesprächen zusammen. Der Sarg Adenauers wird im Kölner Dom aufgebahrt. Dort hält eine sechsköpfige Ehrengarde der Bundeswehr die Totenwache für den ersten deutschen Bundeskanzler. Bundespräsident Heinrich Lübke würdigt den Verstorbenen in seiner Trauerrede mit den folgenden Worten: »So geht auch Konrad Adenauer ein in das Bewusstsein anderer Völker als ein großer Europäer.«

29. April 1967

»Hair« wird Kult-Musical

Empörung bei den Zuschauern, Verrisse in der Presse und Begeisterung bei der Jugend – die New Yorker Uraufführung von »Hair«, dem Pop- und Rock-Musical des US-Komponisten Galt Mc Dermot, stößt auf ein gespaltenes Echo. Während nackte Darsteller (s. Abb.) und die Verherrlichung

von freier Liebe, Marihuana-Konsum und Beat-Musik von entsetzten Eltern abgelehnt werden, sehen ihre Kinder in »Hair« ein Kult-Spektakel, das den Geist ihrer Generation und die Suche nach neuen Lebensmustern widerspiegelt. »Hair« versteht sich inhaltlich als radikaler Protest gegen US-Bürgertum, Rassendiskriminierung und Vietnamkrieg. Das schwungvolle Stück führt die Welt und die Ideale der sog. Blumenkinder, die sich Liebe, Friede und Freiheit von Konventionen auf ihre Fahnen geschrieben haben, als alternativen Wertekatalog vor. Die bürgerliche Welt wird grundsätzlich in Frage gestellt.

Das Titellied und der eingängige Song »Aquarius«, der vom Warten auf das bessere, friedliche »Wassermann-Zeitalter« handelt, erlangen auch über das Musical hinaus Bekanntheit.

21. April 1967

Armee putscht in Griechenland

Staatsstreich im Mutterland der Demokratie: In den frühen Morgenstunden übernimmt die Armee die Macht in Griechenland. Alle strategisch wichtigen Punkte werden von Panzereinheiten besetzt. In einer groß angelegten Verhaftungsaktion werden führende Politiker und Gewerkschafter gefangen genommen. Die rechtsgerichteten Militärs setzen elf Artikel der griechischen Verfassung außer Kraft und verhängen die absolute Zensur. Am Abend tritt die neue Regierung an die Öffentlichkeit. Ministerpräsident wird der Staatsanwalt Konstantin Kollias, Innenminister General Stilianos Pattakos (s. Abb. M.), Informationsminister Oberst Georgios Papadopulos. Der Militärputsch beendet eine lange innenpolitische Krise, die begonnen hat, als König Konstantin II. im Juli 1965 das eher rhetorisch gemeinte Rücktrittsangebot von Ministerpräsident und Zentrumsführer Georgios Papandreou annahm. Danach hatten Regierungschefs in rascher Folge gewechselt, weil ihnen der parlamentarische Rückhalt fehlte. König Konstantin II. war es gelungen, die Zentrumsunion zu spalten, indem er ihren untereinander zerstrittenen Führern abwechselnd die Regierung übertrug. Der König wollte damit Neuwahlen aufschieben, weil ein Sieg des Ex-Ministerpräsidenten und Monarchiegegners Papandreou als sicher galt. Nach der Spaltung des Zentrums setzte Konstantin II. schließlich den Rechtsradikalen Panagiotis Kanellopulos als Regierungschef ein und übertrug ihm das Recht, das Parlament aufzulösen. Am 14. April machte Kanellopulos davon Gebrauch und setzte Neuwahlen für den 28. April an. Der Putsch der Generale nutzt die Übergangszeit vor den Wahlen, um dem demokratischen Leben in Griechenland ein Ende zu bereiten.

Die neuen Herren der Akropolis, mit Georgios Papadopulos (3.v.l.)

26. März 1967

Ölteppich vor britischer Küste

Vor der englischen Küste kommt es zur ersten großen Ölpest in Europa. Der Riesentanker »Torrey Canyon« läuft auf ein Riff, schlägt leck und bleibt manövrierunfähig liegen. Die im Bauch des Tankers lagernden 118 000 t Rohöl fließen zum großen Teil ins Meer. Alle Bergungsversuche scheitern. Schließlich muss die britische Luftwaffe das Wrack bombardieren und versenken. Der auf dem Meer treibende Ölteppich wird zur Todesfalle für tausende von Seevögeln. Da sich die Katastrophe zur Brutzeit ereignet, ist der Bestand vieler Arten bedroht.

6. April 1967

Aufregung um den Pudding

»Unter verschwörerischen Umständen« sollen die Mitglieder der »Kommune 1« nach Berichten der West-Berliner Polizei einen Anschlag auf US-Vizepräsident Hubert Humphrey vorbereitet haben. In Wirklichkeit handelt es sich um einen Polit-Ulk. Am Vorabend von Humphreys Berlin-Visite nimmt die Polizei elf Tatverdächtige fest. Einige von ihnen werden überrascht, als sie in Berlin-Grunewald die Wurfeigenschaften ihrer selbst gebastelten Granaten testen. Die vermeintlichen Sprengkörper werden von Feuerwerks-Experten später als Pudding- und Rauchbomben analysiert. Mangels Tatverdachts werden die Mitglieder der »Horror-Kommune« – wie sie eine Boulevard-Zeitung nennt – wieder auf freien Fuß gesetzt. 5000 Polizeibeamte, 80 US-Geheimagenten und ein Hubschrauber werden eingesetzt, um Humphrey bei seinem Zusammentreffen mit dem Regierenden Bürgermeister Heinrich Albertz zu schützen.

April 1967

1 Sa Die Freigabe der Zinsverordnung durch die Deutsche Bundesbank beendet die allgemeinverbindliche Festlegung der Haben-Zinsen durch das Institut.

2 So Die Vereinten Nationen in New York veröffentlichen einen Bericht über die Umwandlung von Meerwasser in Trinkwasser.

3 Mo Die US-Regierung verzichtet auf den seit 1950 bestehenden Registrierzwang, dem Mitglieder der Kommunistischen Partei unterstellt waren.

4 Di Unter starken Sicherheitsvorkehrungen wird – eine bundesdeutsche Premiere – im früheren Salzbergwerk Asse bei Wolfenbüttel Atommüll eingelagert.

5 Mi US-General Earl G. Wheeler übernimmt von seinem Landsmann Lyman L. Lemnitzer den Oberbefehl über die gesamten Streitkräfte der NATO.

6 Do Der bayerische Landesbischof Hermann Dietzfelbinger wird zum Ratsvorsitzenden der Evangelischen Kirche in Deutschland (EKD) gewählt. → Pudding

7 Fr Der französische Ministerpräsident Georges Pompidou stellt sein neues Kabinett vor. +++ Der Bundestag beschließt die umstrittene Notstandsverfassung.

8 Sa Bei Kaprun wird die mit 6200 m längste Seilbahn Österreichs eröffnet. Bis zum Kitzsteinhorngipfel überwindet sie 2101 Höhenmeter.

9 So Die Britin Sandie Shaw ersingt sich mit dem Lied »Puppet on a string« in der Wiener Hofburg den »Grand Prix d'Eurovision de la Chanson«.

10 Mo Bei der »Oscar«-Verleihung in Santa Monica erhält Liz Taylor die begehrte Auszeichnung für ihren Part in »Wer hat Angst vor Virginia Woolf«.

11 Di Als neuer Ministerpräsident Jamaikas und Nachfolger des verstorbenen Donald B. Sangster wird der bisherige Außenminister Hugh Shearer vereidigt.

12 Mi Bundespräsident Heinrich Lübke ernennt die ersten Parlamentarischen Staatssekretäre. Das Amt wurde zur Entlastung der Minister geschaffen.

13 Do Österreich und die Vereinten Nationen unterzeichnen ein Abkommen, wonach Wien Sitz der Industriellen Entwicklungsorganisation der UN (UNIDO) wird.

14 Fr Die Präsidenten von 17 amerikanischen Staaten beschließen in Uruguay, ab 1970 innerhalb von 15 Jahren einen gemeinsamen Markt zu schaffen.

15 Sa Unter der Leitung von Martin Luther King formieren sich in New York 125 000 Gegner des Vietnamkriegs zum größten Protestmarsch seit Jahren.

16 So Der Iran und die Sowjetunion unterzeichnen ein Öllieferungsabkommen. +++ Bei einem Konzert der Rolling Stones kommt es in Zürich zu Saalschlachten.

17 Mo In Cape Kennedy startet die Mondsonde »Surveyor 3«. Die Raumsonde soll das sog. Meer der Stürme auf dem Erdtrabanten erforschen.

18 Di Eine Spende der Bundesrepublik Deutschland wird in Saigon übergeben: 219 t Reis und 5000 Kisten Trockenfisch für Südvietnam.

19 Mi »Mord und Totschlag«, ein Film von Volker Schlöndorff, läuft in den deutschen Kinos an. Anita Pallenberg spielt die Hauptrolle. → Adenauer

20 Do Bei einem Flugzeugabsturz nahe Nikosia (Zypern) kommen 124 Insassen ums Leben, darunter auch 71 bundesdeutsche Touristen.

21 Fr Die US-Mondsonde »Surveyor 3« beginnt mit der Untersuchung des Mondbodens. Bilder davon werden im US-Fernsehen gezeigt. → Griechenland → Indien

22 Sa Die »Südwestdeutsche Allgemeine Zeitung« in Saarbrücken stellt aufgrund wachsender finanzieller Schwierigkeiten ihr Erscheinen ein.

23 So Bei den Landtagswahlen in Rheinland-Pfalz und Schleswig-Holstein schafft die rechte NPD den Sprung in beide Parlamente.

24 Mo Nach seiner Rückkehr aus dem Weltraum zerschellt der sowjetische Kosmonaut Wladimir M. Komarow mit seinem Raumschiff »Sojus 1« auf der Erde.

25 Di Vertreter von 54 Staaten nehmen in Bonn und Köln an den Beisetzungsfeierlichkeiten für Altbundeskanzler Konrad Adenauer teil.

26 Mi Der Bundestag beschließt mit Einführung der Mehrwertsteuer zum 1. 1. 1968 das größte steuerpolitische Gesetzeswerk seit Bestehen der Bundesrepublik.

27 Do Die niederländische Kronprinzessin Beatrix wird in Utrecht vom ersten männlichen Thronerben der Oranier seit 100 Jahren entbunden.

28 Fr Muhammad Ali verweigert aus Gewissensgründen den Dienst in der US-Armee. Daraufhin wird ihm sein Titel als Boxweltmeister aberkannt.

29 Sa Bundeswirtschaftsminister Karl Schiller eröffnet die zweiwöchige Hannover-Messe, Europas größte Industrieschau. → »Hair« → Einwegflaschen

30 So In Düsseldorf wird die neue Kunsthalle eingeweiht. +++ Moskau feiert die Vollendung des 537 m hohen Fernsehturms, des höchsten Bauwerks der Welt.

Mai 1967

1 Mo Die spanische Polizei erstickt die Maidemonstrationen, die in allen größeren Städten stattfinden, mit brutaler Gewalt.

2 Di Swasiland erlangt nach 77 Jahren britischer Herrschaft die innere Unabhängigkeit.+++ Elvis Presley heiratet in Las Vegas Priscilla Beaulieu. → Ankläger

3 Mi Unbekannte Täter erbeuten bei einem Überfall auf einen Geldtransport in der Londoner Innenstadt umgerechnet 8,4 Mio. DM.

4 Do Die rechtsgerichtete griechische Militärregierung verfügt ein Verbot von 260 Organisationen, die als prokommunistisch bezeichnet werden.

5 Fr In New York stellt die Tageszeitung »World Journal Tribune« ihr Erscheinen ein. Das Blatt hatte pro Jahr eine Defizitrate von umgerechnet rd. 33 Mio. DM.

6 Sa Mit Zakir Husain, dem Kandidaten der regierenden Kongresspartei, wird zum ersten Mal ein Moslem Staatsoberhaupt von Indien.

7 So Die britische Cunard-Reederei zieht die berühmten Passagierschiffe »Queen Mary« und »Queen Elisabeth« wegen Unrentabilität aus dem Verkehr.

8 Mo Die DDR erleichtert die Visa-Formalitäten für Gruppenreisen, die von West-Berlin aus über den Ostberliner Flughafen Schönefeld angetreten werden.

9 Di Die Verteidigungsminister der 14 NATO-Staaten ändern in Paris ihre Doktrin der »massiven Vergeltung« in die Strategie der »flexiblen Abwehr« um.

10 Mi Im Irak beendet Staatspräsident Abd ar-Rahman Arif die innenpolitische Krise, indem er das Amt des Ministerpräsidenten übernimmt.

11 Do Der britische Spielfilm »Blow up« von Michelangelo Antonioni erhält bei den Filmfestspielen in Cannes die »Goldene Palme«.

12 Fr Bulgarien und die Sowjetunion schließen einen Freundschafts- und Beistandspakt.+++ Die Deutsche Bundesbank senkt den Diskontsatz auf 3%.

13 Sa Papst Paul VI. besucht den Wallfahrtsort Fatima in Portugal, wo im Jahre 1917 die Mutter Gottes Hirtenkindern erschienen sein soll.

14 So Mit 8319 Punkten stellt der 24-jährige Kölner Sportstudent Kurt Bendlin in Heidelberg einen Weltrekord im Zehnkampf auf.

15 Mo In Genf bringt der Abschluss der Verhandlungen, an denen 50 Industrienationen beteiligt waren, eine Liberalisierung des Welthandels durch Abbau der Zölle.

16 Di Ägypten und Syrien versetzen wegen der sich verschärfenden Spannungen mit Israel ihre Truppen in Alarmzustand.

17 Mi Die französische Nationalversammlung erteilt Charles de Gaulle Sondervollmachten zur Durchführung von sozialen und wirtschaftlichen Reformen.

18 Do Der Generalsekretär der Vereinten Nationen, Sithu U Thant, willigt zu deren Sicherheit in die Evakuierung der UN-Friedenstruppen im Gazastreifen ein.

19 Fr Fast einstimmig wählen Zentralparlament und die Regionalparlamente Josip Tito zum fünften Mal zum jugoslawischen Präsidenten.

20 Sa Griechische Gastarbeiter werden wegen des Militärputsches in ihrem Land nach Ende ihres Arbeitsvertrags nicht aus der Bundesrepublik ausgewiesen.

21 So Die Staatslegislative des US-Bundesstaats Tennessee zieht ein Gesetz zurück, das die Evolutionstheorie von Charles Darwin aus den Schulen verbannt hat.

22 Mo Mehr als 300 Menschen kommen bei einem Brand im großen Brüsseler Warenhaus »A l'innovation« ums Leben.

23 Di Der Bundesparteitag der CDU in Braunschweig wählt Bundeskanzler Kurt Georg Kiesinger mit 423 gegen 16 Stimmen zum neuen Parteivorsitzenden.

24 Mi Das Bundeskabinett verabschiedet den Gesetzentwurf zur Anpassung und Gesundung des krisengeschüttelten Steinkohlebergbaus.

25 Do Der schottische Meister Celtic Glasgow gewinnt durch ein 2:1 gegen Inter Mailand den Fußball-Europapokal der Landesmeister.

26 Fr Ein flüchtender sowjetischer Pilot dringt in den Luftraum der Bundesrepublik Deutschland ein und landet mit seiner Mig-17 im Donauried bei Dillingen.

27 Sa Der Brite Francis Chichester trifft nach seiner erfolgreichen Weltumsegelung, die er am 27. August 1966 begonnen hatte, am Ausgangshafen Plymouth ein.

28 So In der französischen Überseebesitzung Guadeloupe kommt es zu blutigen Unruhen, bei denen 10 Menschen getötet und etwa 100 verletzt werden.

29 Mo Der interimistische Staatspräsident Ecuadors, Otto Arosemana Gómez, wird zusammen mit dem Parlament auf eine neue Verfassung vereidigt.

30 Di General Chukwuemeka O. Ojukwu ruft die Unabhängigkeit der Ostregion Nigerias aus. Das Land gibt sich den Namen Biafra.

31 Mi In Nürnberg gewinnt Bayern München das Finale um den Europacup der Pokalsieger gegen Glasgow Rangers mit 1:0 nach Verlängerung.

2. Mai 1967

Ankläger wider den Krieg

»Als Geschworene, nicht als Richter« fühlen sich nach den Worten des französischen Philosophen Jean-Paul Sartre die elf Mitglieder des »Internationalen Kriegsverbrechertribunals«, das vor 250 geladenen Gästen und 200 Journalisten in Stockholm beginnt. Es werde daher kein Urteil gefällt – dies sei Sache der internationalen Öffentlichkeit.

Hintergrund des Tribunals ist das Vorgehen der US-Truppen in Vietnam. Die Welt sei entsetzt über die »anmaßende Brutalität der amerikanischen Regierung«, die im Begriff sei, in Vietnam Völkermord zu begehen, sagte der Initiator und Literaturnobelpreisträger, der Brite Bertrand Russell, in einer Botschaft. Das Tribunal wolle prüfen, ob die USA gegen Vietnam Akte der Aggression im Sinne einer Verletzung des Völkerrechts begangen habe, ob es Bombardements gegen zivile Einrichtungen gab und ob die Regierungen Australiens, Neuseelands und Südkoreas der Mittäterschaft beschuldigt werden müssten. Nach neuntägiger sorgfältiger Untersuchung von offiziellen US-Dokumenten, nach Anhörung von Zeugen und Sichtung nordvietnamesischer Akten kommt das Tribunal zu dem Ergebnis, dass alle drei Fragen mit »Ja« zu beantworten seien. Die zugrunde liegenden Dokumente und Protokolle werden veröffentlicht. Den USA wird insbesondere vorgeworfen, durch ihre Gewaltanwendungen das Genfer Abkommen von 1954 gebrochen zu haben. Sie hätten überdies bewusst Waffen wie z.B. Splitterbomben gegen die Zivilbevölkerung eingesetzt, die aufgrund internationaler Abkommen verboten sind. Durch aggressive Akte gegen Kambodscha und Laos erzeugten die USA eine zusätzliche Bedrohung des Friedens. In den meisten Medien der Bundesrepublik finden weder das Tribunal noch der abschließende Schuldspruch gegen die Regierung in Washington Beachtung.

Bertrand Russell

britischer Mathematiker und Philosoph, *18.5.1872 Trelleck; †2.2.1970 Plas Penrhyn bei Penrhyndeudraeth (Wales)

Der Pazifist und Sozialist beeinflusste die Philosophie des 20. Jh. durch seine Verbindung von Naturwissenschaften und Erkenntnistheorie. Russell trat nach 1945 öffentlich gegen die atomare Rüstung und gegen den Vietnamkrieg auf. Er wandte sich gegen jede Form von Unterdrückung und organisierte zahlreiche Massenproteste, Sitzblockaden und Friedensbewegungen. In der mathematischen Grundlagenforschung ist Russell ein Hauptvertreter des Logizismus.

- 1916: Aufruf zur Kriegsdienstverweigerung, dafür Haft
- 1946: »Philosophie des Abendlandes« (Schrift)
- 1950: Literaturnobelpreis
- 1963: Gründung des Friedensinstituts in London

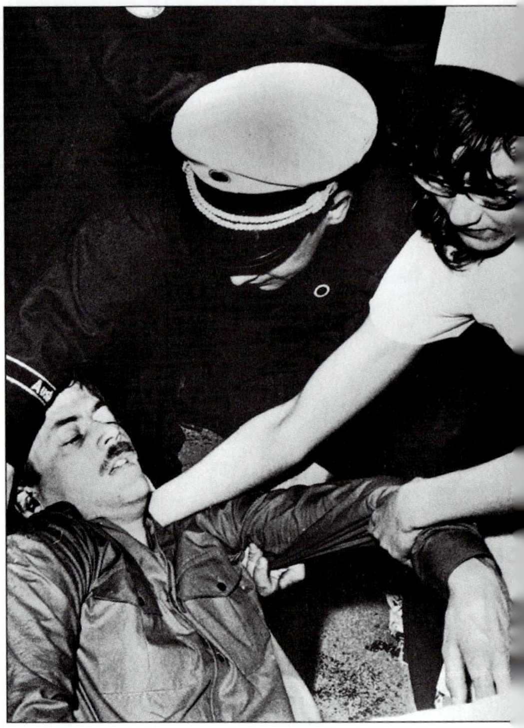

5. Juni 1967

Israel triump

Mit einem überraschenden Luftschlag gegen Stellungen in Ägypten, Syrien und Jordanien beginnt Israel in den frühen Morgenstunden den sog. Sechstagekrieg. Der Waffengang selbst kommt nicht unerwartet, hatte doch der ägyptische Staatspräsident Gamal Abd el Nasser in den vorangegangenen Monaten zur »Vernichtung des Staates Israel« und zum »Heiligen Krieg« der Moslems gegen das Land der Juden aufgerufen. Dass der dritte Krieg mit arabischen Gegnern von dem 1948 gegründeten Staat Israel begonnen wird, erstaunt jedoch die Weltöffentlichkeit. Zahlenmäßig und von der strategischen Ausgangs-

Moshe Dayan

israelischer Militär und Politiker, * 20.5.1915 Deganya (Palästina); † 16.10.1981 Tel Aviv

Als Generalstabschef der Armee (1953-58) wird Dayan im Sinaifeldzug 1956 zum populärsten Armeeführer Israels. Das Gründungsmitglied der Arbeiterpartei (1968) hat im Laufe seiner Karriere verschiedene Kabinettsposten inne und wirkt als Außenminister (ab 1977) entscheidend am Frieden von Camp David mit. Aus Protest gegen die Siedlungspolitik Regierungschef Menachem Begins und dessen Weigerung, den Palästinensern in den besetzten Gebieten Autonomie zu gewähren, legt Dayan seine Regierungsämter nieder.

- 1959-64: Landwirtschaftsminister
- 1967-74: Verteidigungsminister
- 1979: Rücktritt als Außenminister

2. Juni 1967

Benno Ohnesorg von Berliner Polizisten erschossen

Bei einer Demonstration gegen den Schah von Persien, Mohammad Resa Pahlawi, wird in West-Berlin der Student Benno Ohnesorg (s. Abb.) von einem Polizisten erschossen. Sein Tod und der spätere Freispruch des Polizeiobermeisters Karl Heinz Kurras lösen unter den Studenten Wut aus. Für viele steht der Vorfall am Beginn einer Politisierung, teilweise auch Radikalisierung.

Seit dem 27. Mai halten sich der Schah und seine Frau Farah Diba zu einem Staatsbesuch in der Bundesrepublik auf. Einen Auftritt des persischen Herrscherpaares am Nachmittag des 2. Juni in Berlin nehmen zahlreiche Studenten zum Anlass, vor dem Schöneberger Rathaus gegen das diktatorische Regime in Teheran zu protestieren. Dabei werden sie von bestellten Schah-Anhängern, den sog. »Jubelpersern«, mit Stahlruten und Holzlatten angegriffen. Die Perser, von denen ein Teil dem Geheimdienst angehört, warten auch am Abend vor der Deutschen Oper, wo das Kaiserpaar eine Aufführung besucht. 800 Studenten finden sich hier zu Protestdemonstrationen ein. Als sich die Türen der Oper um 19.57 Uhr schließen, gibt Polizeipräsident Erich Duensing den Befehl: »Knüppel frei, räumen!« Ohne Warnung greifen die Einsatzkräfte wahllos Demonstranten und Schaulustige an, nach zehn Minuten gibt es die ersten Verletzten. Nach der – falschen – Lautsprecherdurchsage, ein Polizist sei getötet worden, bricht Panik aus. Benno Ohnesorg, der nach den Worten seiner Kommilitonen Gewalt verabscheute, flieht in einen Hinterhof der Oper. Als Karl Heinz Kurras ihn dort erschießt, hängt der 26-Jährige wehrlos in einer Traube von Kollegen, die ihn zuvor mit Knüppeln verletzt hatten. Der 40-jährige Polizist gibt später an, »in Notwehr von der Schusswaffe Gebrauch gemacht« zu haben.

Ohnesorgs Tod hat Konsequenzen. Die Studenten entfremden sich dem Staat und interpretieren ihn als »faschistisch«, viele rücken dabei weit nach links. Eine kleine Gruppe aus dem Umfeld des Sozialistischen Deutschen Studentenbundes (SDS) und der Außerparlamentarischen Opposition (APO) entwickelt sich zu den Terroristen der späteren »Rote Armee Fraktion« (RAF) und der »Bewegung 2. Juni«.

rt im Sechstagekrieg

lage her sind die Israelis den Gegnern deutlich unterlegen. Israel ist an der schmalsten Stelle nur 14 km breit, hat aber eine 951 km lange Grenze und eine 251 km lange Küste zu verteidigen. So ist der Angriff unter Leitung des erst am 2. Juni ernannten Verteidigungsministers Moshe Dayan als Präventivschlag zu verstehen. Dank minutiöser Planung und moderner westlicher Waffentechnik dringen Israels Truppen in sechs Tagen bis zum Suezkanal vor. 8000 arabische Soldaten werden getötet oder verwundet. Den Israelis fallen Hunderte in der UdSSR gebaute Panzer in die Hände.

Oben: Ein israelischer Soldat (M.) an der Klagemauer in Jerusalem. Unten: Israelis auf dem Weg zur Front

Juni 1967

1 Do Die DDR sagt den Arabern im Falle eines Krieges mit Israel solidarische Hilfe zu. +++ Moshe Dayan wird zum israelischen Verteidigungsminister ernannt.

2 Fr Die sog. Konzertierte Aktion tritt in ihre zweite Phase. Bundeswirtschaftsminister Karl Schiller (SPD) legt eine Vorausschau bis 1971 vor. → Ohnesorg

3 Sa Eintracht Braunschweig beendet die Fußballsaison mit einem 4:1-Sieg über den 1. FC Nürnberg und holt sich den Titel des Deutschen Meisters.

4 So Bei den Landtagswahlen in Niedersachsen kann die NPD 7% der abgegebenen Stimmen auf sich vereinigen und erreicht damit zehn Mandate.

5 Mo Spanien unterzeichnet als erstes nichtamerikanisches Land ein Abkommen mit der Organisation Amerikanischer Staaten (OAS). → Sechstagekrieg

6 Di Frankreich unternimmt über dem Mururoa-Atoll im Pazifik die erste Sprengung im Rahmen einer neuen Kernwaffen-Testserie. Japan protestiert.

7 Mi Der saarländische Rundfunk verabschiedet ein neues Rundfunkgesetz, das die Gründung rein kommerzieller Rundfunkanstalten ermöglicht.

8 Do In Nordkorea finden Wahlen zur Nationalversammlung statt, aus denen die regierende Demokratisch-Republikanische Partei als klarer Sieger hervorgeht.

9 Fr Zum ersten Mal kommt der französisch-schwedische Spielfilm »Masculin-feminin« von Regisseur Jean-Luc Godard in die bundesdeutschen Kinos.

10 Sa »Hochzeit des Jahres« in Kopenhagen: Die dänische Kronprinzessin Margrethe heiratet den französischen Grafen Henri de Laborde de Montpezat.

11 So Bei den Parlamentswahlen in Island gewinnt die Regierungskoalition. +++ Sieger des 24-Stunden-Rennens von Le Mans wird Dan Guerney (USA).

12 Mo Mit einer Trauerkundgebung wird in dem tschechischen Dorf Lidice der Ermordung seiner Einwohner vor 25 Jahren durch Einheiten der SS gedacht.

13 Di Die Bundesregierung erklärt sich nach längerem Zögern bereit, im gesamtdeutschen Sportverkehr die Flagge der DDR zu dulden.

14 Mi Bundeskanzler Kiesinger muss im Bundestag ein Antwortschreiben an DDR-Ministerpräsident Willi Stoph gegen die eigenen Parteifreunde verteidigen.

15 Do Bulgarien wird als letztes Land des Rats für Gegenseitige Wirtschaftshilfe (COMECON) an das Energieverbundnetz der Gemeinschaft angeschlossen.

16 Fr Die Presse-Rundfunk-AG Saarbrücken konstituiert sich als private Rundfunk- und Fernsehgesellschaft und beantragt eine Sendekonzession.

17 Sa China gibt die erfolgreiche Zündung seiner ersten Wasserstoffbombe bekannt. Die Explosion erfolgte über den westlichen Gebieten des Landes.

18 So Außenminister Willy Brandt bekundet anlässlich der Eröffnung der Kieler Woche das Interesse Bonns an verstärkten Beziehungen zu Skandinavien.

19 Mo Indonesien unterzeichnet ein Abkommen, das der Internationalen Atomenergiebehörde (IAEO) Kontrollen über die indonesische Kerntechnologie zugesteht.

20 Di In Gent demonstrieren Textilarbeiter gegen den Niedergang ihres Wirtschaftszweigs. Sie fordern von der belgischen Regierung Schutzmaßnahmen.

21 Mi Studenten der Freien Universität (West-)Berlin treten in einen Hungerstreik, um gegen die Untersuchungshaft des Kommunarden Fritz Teufel zu protestieren.

22 Do Mit einem Subskriptionspreis von 1840 DM unterbietet die Firma Neckermann die Konkurrenz-Preise für Farbfernseher um fast 25%.

23 Fr Franz Paul Stangl, der des Massenmords beschuldigte KZ-Kommandant von Treblinka und Sobibor, wird von Brasilien an die Bundesrepublik ausgeliefert.

24 Sa Der exklusive Sportsmen's Club überreicht dem ehemaligen Weltmeister Max Schmeling in Los Angeles den »World Award« in der Kategorie Boxen.

25 So In der italienischen Provinz Bellemo an der österreichischen Grenze werden vier italienische Soldaten durch Tretminen getötet.

26 Mo Papst Paul VI. beruft 27 neue Kardinäle, darunter den Erzbischof von Krakau, Karol Wojtyla. Damit erhöht sich die Zahl der Kardinäle auf 118.

27 Di Der nordrhein-westfälische Landtag billigt die Verfassungsänderung zur Volksschulreform, den sogenannten Schulkompromiss.

28 Mi Mehr als 6500 Freimaurer aus aller Welt nehmen an der Feier des 250. Jahrestags der englischen Freimaurer-Bewegung in London teil.

29 Do Die US-Schauspielerin Jayne Mansfield kommt bei einem Autounfall in New Orleans im US-Bundesstaat Louisiana ums Leben.

30 Fr Nach 18 Stunden kann ein Großbrand im Hauptbahnhof von Rom unter Kontrolle gebracht werden. Menschen kommen nicht zu Schaden.

Juli 1967

1 Sa In der Sowjetunion erhalten 390 Sowchosen mehr Selbstständigkeit. +++ Kanada feiert den 100. Jahrestag seiner Autonomie. → EG

2 So Mit Alwin Schockemöhle auf Pesgoe gewinnt nach Jahren wieder ein Bundesdeutscher das Meisterspringen des Internationalen Reitturniers in Aachen.

3 Mo Aus Heidelberg wird ein Germanistikstudent aus Südkorea vom südkoreanischen Geheimdienst in sein Heimatland entführt.

4 Di Nach einer stürmischen Debatte im britischen Unterhaus billigen die Abgeordneten eine Liberalisierung des Gesetzes gegen Homosexualität.

5 Mi Der Oberbürgermeister von Ost-Berlin, Friedrich Ebert, tritt aus Gesundheitsgründen von seinem Amt zurück. Sein Nachfolger ist Herbert Fechner.

6 Do Ein Zugunglück bei Langenweddingen (DDR) fordert 94 Tote. +++ König Hassan II. von Marokko ernennt erstmals seit 1965 wieder einen Premier. → Biafra

7 Fr Marschall Iwan Jakubowski wird neuer Befehlshaber der Streikräfte des Warschauer Pakts. +++ Der Australier John Newcombe gewinnt Wimbledon.

8 Sa Billie Jean-King (USA) gewinnt das Damentennisturnier in Wimbledon. +++ Jim Ryun (USA) läuft in 3:33,1 min Weltrekord über 1500 m.

9 So Mit der Ausgabe neuer Münzen, Banknoten und Briefmarken wird in Neuseeland die Dezimalwährung eingeführt.

10 Mo Der Weltsicherheitsrat der Vereinten Nationen in New York beschließt die Entsendung von 32 UN-Beobachtern an den Suezkanal.

11 Di Das Zweite Deutsche Fernsehen entlässt Lou van Burg, den Moderator der Sendung »Der goldene Schuss«, wegen »seines belebten Privatlebens«.

12 Mi Bei einem Seegefecht zwischen israelischen und ägyptischen Einheiten vor der Sinai-Küste werden zwei ägyptische Schnellboote versenkt.

13 Do Die Vereinigten Staaten erhöhen ihre Truppenstärke in Vietnam auf 480 000 Mann. +++ In Bonn tritt erstmals der Konjunkturrat zusammen.

14 Fr Auf der 13. Etappe der Tour de France stirbt der britische Radrennfahrer Tom Simpson. Polizeiliche Ermittlungen ergeben, dass er gedopt war.

15 Sa In Newark an der US-Ostküste kommt es zu bürgerkriegsartigen Auseinandersetzungen zwischen Schwarzen und Weißen. 21 Menschen sterben.

16 So Im Londoner Hyde-Park versammeln sich hunderte Hippies zu einem großen »Love-in« und treten dabei für die Einnahme von Drogen ein.

17 Mo Der Deutsche Gewerkschaftsbund lehnt auf einer Sondersitzung den Entwurf der Bundesregierung für eine neue Notstandsgesetzgebung ab.

18 Di Pakistan und die Bundesregierung unterzeichnen in Bonn ein Hilfsabkommen, das einen Kredit in Höhe von 120 Mio. DM für das asiatische Land vorsieht.

19 Mi Das Bundeskabinett verabschiedet ein Finanzreformprogramm und legt die Richtlinien für Verhandlungen des Bundes mit den Ländern fest.

20 Do In der Nähe von Hendersonville (USA) kollidiert eine Boeing 727 mit einer zweimotorigen Cessna. 120 Menschen kommen dabei ums Leben.

21 Fr Die rechte »Deutsche National-Zeitung und Soldaten-Zeitung« erregt mit einer israelfeindlichen Überschrift die Öffentlichkeit.

22 Sa Großen Anklang bei Presse und Zuschauern findet die diesjährige Herbstschau der italienischen Modeschöpfer in Rom.

23 So Die Einwohner Puerto Ricos entscheiden sich in einer Volksabstimmung für die Beibehaltung der Assoziierung der Insel mit den USA. → Rassenkonflikt

24 Mo In der Londoner Tageszeitung »The Times« erscheint ein von Prominenten unterzeichneter Aufruf, der die Legalisierung des Marihuanakonsums fordert.

25 Di Ecuador bricht die diplomatischen Beziehungen zu Haiti ab, um gegen die dortigen schweren Menschenrechtsverstöße zu protestieren.

26 Mi Für einen Eklat sorgt Frankreichs Präsident Charles de Gaulle, als er während eines Kanada-Besuchs die französischsprachigen Separatisten ermutigt.

27 Do Der 18-jährige US-Schwimmer Mark Spitz erzielt in Winnipeg (Kanada) mit 2:06,4 min einen Weltrekord über 200-m-Delphin.

28 Fr US-Präsident Lyndon B. Johnson setzt eine Sonderkommission zur Untersuchung der Rassenunruhen ein und ruft zur Versöhnung auf.

29 Sa Auf dem US-Flugzeugträger »Forrestal« bricht ein Feuer aus, dem 129 der 4500 Besatzungsmitglieder zum Opfer fallen. 78 Personen werden verletzt.

30 So Autobahnen und Bundesstraßen sind wegen der einsetzenden Sommerferien verstopft, in Richtung Süden kommt es zu etlichen Massenkarambolagen.

31 Mo Die Volksrepublik China unterstützt die in der britischen Kronkolonie Hongkong streikenden chinesischen Arbeiter und spendet rd. 6, 8 Mio. DM.

25. August 1967

Fernsehen wird farbig

Um 10.57 Uhr drückt Außenminister Willy Brandt auf einen roten Knopf und schaltet zum Abschluss der 25. Funkausstellung in Berlin das deutsche Fernsehen auf Farbübertragung um. Schlagartig erstrahlen alle aufgestellten Bildschirme in bunten Farben, ein staunendes »Ah« der Besucher schallt durch die Messehallen.

Das erste offizielle Farbfernsehbild, das die rund 1000 geladenen Gäste zum Abschluss der Jubiläumsfunkausstellung sehen, ist der Daumen Brandts auf dem roten Startknopf. Die nächste Einstellung zeigt die anwesende Prominenz, unter der sich auch der Erfinder des deutschen Farbfernsehsystems PAL, der Telefunken-Ingenieur Walter Bruch, befindet. Als erste richtige Farbsendung strahlen ARD und ZDF am Nachmittag ab 14.30 Uhr gemeinsam den Film »Cartouche, der Bandit« mit Jean-Paul Belmondo aus. Als erste farbige Live-Sendung sendet das ZDF um 20 Uhr die 25. Folge der Unterhaltungsshow »Der goldene Schuss«. Sie wird erstmals von Vico Torriani präsentiert. Die ARD zieht einen Tag später nach und zeigt ab 20 Uhr den »Galaabend der Schallplatte« mit Vivi Bach und Dietmar Schönherr zum ersten Mal bunt. Grundlage für das bundesdeutsche Farbfernsehen ist das Übertragungssystem PAL (Phase alternation line – zeilenweise Phasenveränderung), über das die Bundesrepublik als erster Staat verfügt. Es gleicht dem Prinzip des Schwarzweiß-Fernsehens. Der Unterschied liegt in der Zerlegung des Bildes in der Fernsehkamera in rote, grüne und blaue »Farbauszüge«,

Schlagerstar Manuela mit Vico Torriani

die getrennt in sendefähige Signale umgesetzt werden. Aus den drei Impulsen stellt ein sog. Mischer im Anschluss ein einheitliches Farbsignal her, während ein zweiter Mischer Helligkeit und Kontrast zu einem weiteren Graustufensignal zusammenfasst.

Damit ist die Kompatibilität von Farb- und Schwarzweißfernsehen gewährleistet. Wer keinen Farbfernseher hat, kann trotzdem noch Sendungen empfangen. Das von Walter Bruch erfundene PAL-System wird nach und nach von den meisten Län-

Walter Bruch

deutscher Ingenieur, * 2.3.1908 Neustadt an der Weinstraße; † 5.5.1990 Hannover

Der Fernsehpionier entwickelte mit dem PAL-System die Grundlage des westdeutschen Farbfernsehens. Das PAL-System korrigiert die auf den Übertragungswegen auftretenden Farbfehler automatisch. Außerdem baut Bruch ein Transcodiergerät zur Umsetzung von Farbfernsehsendungen aus dem französischen SECAM-System, das später u.a. beim DDR-Fernsehen eingeführt wird.

- 1937: Vorstellung einer Ikonoskop-Fernsehkamera
- 1963: Erste Vorführung von PAL

1. Juli 1967

EG aus der Taufe gehoben

Mit den Unterschriften des italienischen Außenministers Amintore Fanfani und der Botschafter der Bundesrepublik, Frankreichs und der Beneluxländer schließen sich die europäischen Exekutiven in Rom zur Europäischen Gemeinschaft (EG) zusammen. Die EG vereint die Europäische Wirtschaftsgemeinschaft (EWG), die europäische Atomkommission EURATOM und die Behörde der Montanunion (EGKS). Ihr Sitz ist Brüssel. Präsident der neuen EG-Kommission ist der Belgier Jean Rey. Als vordringliche Aufgaben der Kommission bezeichnet er die Förderung des europäischen Einigungsgedankens, die Suche nach Wegen zur Sanierung des Kohlebergbaus und die Prüfung der Beitrittsgesuche von Großbritannien, Dänemark und Irland.

23. Juli 1967

Rassenkonflikt verschärft sich

Nach blutigen Auseinandersetzungen zwischen Farbigen und der Staatsmacht (s. Abb.) am 15. Juli konstituiert sich in Newark (US-Staat New Jersey) die »Black-Power«-Bewegung. Sie fordert nachdrücklich die Bildung einer eigenständigen schwarzen Nation in den USA und die paramilitärische Ausbildung junger Schwarzer zwecks Bildung einer eigenen Miliz.

Oben: Der »Beat Club« für das junge Publikum
Unten: »Bonanza« für die ganze Familie

dern übernommen. Lediglich Frankreich und die Staaten des Ostblocks verwenden das sog. SECAM-System, das bereits im Jahre 1957 vorgestellt worden war. Es überträgt die Farbdaten nicht gleichzeitig, sondern in schneller Folge abwechselnd. PAL ermöglicht vor allem deshalb eine bessere Bildqualität, weil sich Fehler bei der Übertragung der Farben gegenseitig ausgleichen können.

8. August 1967

Fünf Nationen gründen ASEAN

Die Außenminister von Thailand, Malaysia, Indonesien, Singapur und den Philippinen treffen sich in Bangkok, um die Vereinigung Südostasiatischer Nationen (ASEAN) zu gründen. Sitz des ständigen ASEAN-Ausschusses ist Djakarta (Indonesien). Vorrangiges Ziel der Organisation ist es, zum Zweck ökonomischer Stabilität und einer Erhöhung des Lebensstandards die regionale wirtschaftliche Zusammenarbeit zu stärken. Zum anderen vereinbaren die fünf Länder in der Gründungsdeklaration, dass ausländische Militärstützpunkte in ASEAN-Staaten nur vorübergehend bestehen dürfen. Indonesien hatte – anders als die Partnerstaaten, in denen sich bereits US- oder britische Militärbasen befinden – eine Stationierung ausländischer Truppen stets abgelehnt.

6. Juli 1967

Biafrakrieg erschüttert Nigeria

Truppen Nigerias intervenieren in der Ostregion des Landes, die sich am 30. Mai als Republik Biafra für unabhängig erklärt hatte (Abb.: Oberst Odumegwu Ojukwu präsentiert eigene Briefmarken und eigenes Geld). Mit dem Eingreifen der Armee beginnt in der Region ein blutiger Bürgerkrieg. Die Föderation des 1960 von Großbritannien in die Unabhängigkeit entlassenen Nigeria ist ein kolonialpolitisches Artefakt, das mehrere Stämme mit unterschiedlicher Machtverteilung zusammenzwingt. Vor allem die Ibo, die einen Großteil der Bevölkerung im Osten des Landes ausmachen, sind in der Verfassung und der Verwaltung des Landes benachteiligt. Die Unabhängigkeit Biafras wäre für die Zentralregierung wirtschaftlich nicht tragbar, da die Ostregion über große Erdöl- und Erdgasvorkommen verfügt.

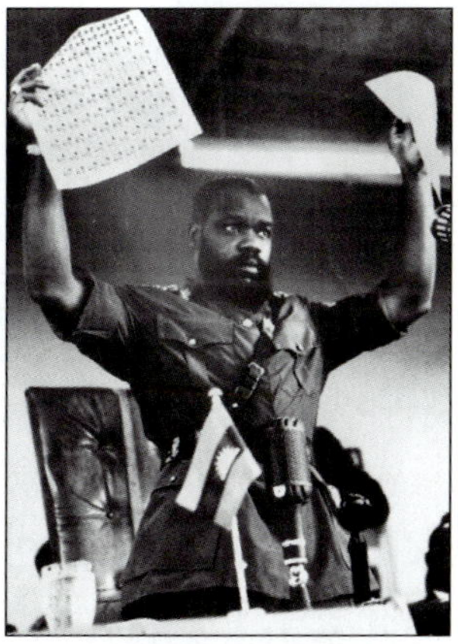

15. August 1967

Mysterien des Alltags

Der belgische Maler René Magritte stirbt im Alter von 69 Jahren in Brüssel. Obwohl er eine tiefenpsychologische Deutung seines Werks (Abb.: »Hegels Ferien«, 1958) stets ablehnte, scheinen u.a. seine Kindheitserlebnisse dafür prägend gewesen zu sein. In seinen an Traumwelten erinnernde Bildern finden sich humoristische Elemente.

René Magritte

belgischer Maler, * 21.11.1898 Lessines, † 15.8.1967 Brüssel

Magritte, der sein Leben mit einer kurzen Pariser Unterbrechung in Belgien zugebracht hat, gilt als einer der bedeutendsten Vertreter des Surrealismus. Seine Bilder faszinieren, weil sie oftmals alltägliche Dinge zeigen, die in einen neuen, fantastischen Zusammenhang gestellt werden. Die Malweise Giorgio de Chiricos, die ebenfalls die Wirklichkeit sprengt, aber im Detail realistische Bilder wiedergibt, hatte großen Einfluss auf Magritte.

- 1916-22: Besuch der Académie des Beaux-Arts in Brüssel
- 1927-30: Kontakte zu den Pariser Surrealisten
- 1943-48: Zeitweilige Hinwendung zum Impressionismus

August 1967

1 Di »Lunar Orbiter 5« beendet als letzter Mondsatellit dieser sowjetischen Baureihe seine Mission. 99% der Mondoberfläche sind jetzt fotografisch erfasst.

2 Mi Laut Weltfußballverband FIFA besteht eine Fußballmannschaft künftig aus maximal 16 Spielern. Erstmals sind damit Auswechslungen möglich.

3 Do Bundesaußenminister Willy Brandt unterschreibt in Bukarest ein Abkommen über die wirtschaftlich-technische Zusammenarbeit mit Rumänien.

4 Fr Die Schauspielerin Cornelia Froboess heiratet in West-Berlin den Intendanten des Braunschweiger Staatstheaters, Helmut Matiasek.

5 Sa Die chinesische Botschaft übermittelt dem Schweizer Bundesrat eine Protestnote gegen die Aufnahme und Betreuung tibetanischer Flüchtlinge in der Schweiz.

6 So Den Großen Preis von Deutschland für Rennwagen der Formel-1 gewinnt auf dem Nürburgring der Neuseeländer Dennis Hulme.

7 Mo Auf dem Flug von Kolumbien nach San Andres im Karibischen Meer wird eine Passagiermaschine von Luftpiraten gezwungen, nach Kuba zu fliegen.

8 Di Ein Großbrand im Zweigwerk der Farbenfabriken Bayer AG in Antwerpen verursacht einen Sachschaden von 80 Mio. DM. → ASEAN

9 Mi Boliviens Präsident Alfredo Ovando Candía bildet ein Kabinett, dessen Mitglieder aus politisch höchst entgegengesetzten Parteien kommen.

10 Do Der Sicherheitsrat der Vereinten Nationen in New York verurteilt jegliche Unterstützung ausländischer Söldner in Afrika.

11 Fr In Bath (Maine) läuft der erste in den Vereinigten Staaten gebaute Lenkwaffenzerstörer der deutschen Bundesmarine vom Stapel.

12 Sa In West-Berlin feiert die anarchische Wohngemeinschaft »Kommune I« mit einem »Love-in« die Entlassung des Kommunarden Fritz Teufel aus der Haft.

13 So Seit dem Bau der Berliner Mauer vor sechs Jahren starben nach Angaben von Behörden 160 Menschen bei dem Versuch, aus dem Ostsektor zu fliehen.

14 Mo Die Beliebtheit des US-Präsidenten Lyndon B. Johnson sinkt immer tiefer. Eine Umfrage ergibt, dass nur mehr 39% der US-Bevölkerung seine Politik billigen.

15 Di Moskau übermittelt Bonn eine Protestnote gegen die versuchte Anwerbung eines Sowjetbürgers durch den Bundesverfassungsschutz. → Mysterien

16 Mi Die Bundesregierung hebt die 1961 eingeführte Widerrufsklausel im Interzonenverkehr mit der DDR auf und erleichtert zudem den Zahlungsverkehr.

17 Do In London kommt ein zunächst von der Zensurbehörde verbotener Film der Happening-Künstlerin Yoko Ono ins Kino, der 365 nackte Gesäße von Stars zeigt.

18 Fr Anhänger Mao Tse-tungs stürmen in Peking das Gebäude der sowjetischen Botschaft und richten dort erheblichen Sachschaden an.

19 Sa 36 von der Bundesrepublik freigekaufte DDR-Häftlinge werden an den Grenzübergängen Herleshausen und Wartha übergeben.

20 So Die Deutsche Lufthansa eröffnet den Linienflug in die osteuropäischen Städte Belgrad, Budapest und Bukarest.

21 Mo Im Kongo schließt die Regierung Joseph Desiré Mobutu mit den aufständischen weißen Söldnern einen Waffenstillstand.

22 Di Demonstranten stürmen die britische Gesandtschaft in Peking. Daraufhin erlässt Großbritannien eine Ausgangssperre für chinesische Diplomaten.

23 Mi Die DDR fordert vom Bundespostministerium als Bezahlung ihrer für die Bundespost erbrachten Leistungen die Summe von 996 Mio. DM.

24 Do Die USA und die Sowjetunion legen auf der Genfer Abrüstungskonferenz gleichlautende Entwürfe über die Nichtverbreitung von Atomwaffen vor.

25 Fr Der schwedische Spielfilm »Persona«, von der US-Filmkritik zum »Film des Jahres« gewählt, kommt in die bundesdeutschen Kinos. → Fernsehen

26 Sa George L. Rockwell, Führer der US-Neonazis, wird in Washington von seinem »Propagandaminister« John Pattler erschossen.

27 So Mit der Annahme eines Appells zur Beseitigung der Rassendiskriminierung beendet der Weltkirchenrat in Iraklion auf Kreta seine zweiwöchige Tagung.

28 Mo In der DDR tritt die Fünftagewoche in Kraft. +++ Bundesratsminister Carlo Schmid (SPD) erhält den Goethe-Preis der Stadt Frankfurt am Main.

29 Di Bei heftigen Regenfällen im Norden Japans kommen 33 Menschen ums Leben, etwa 67 000 Menschen werden durch die Umweltkatastrophe obdachlos.

30 Mi Die US-Fernsehgesellschaft ABC strahlt die Schlussfolge der Fernsehserie »Auf der Flucht« mit David Janssen als Richard Kimble aus.

31 Do Die israelische Verwaltung Westjordaniens meldet die Rückkehr von 14 056 im Sechstagekrieg geflüchteten Jordaniern in ihre Heimatdörfer.

September 1967

1 Fr Die arabischen Staatschefs beschließen die Wiederaufnahme der nach dem Sechstagekrieg unterbrochenen Erdöllieferungen an westliche Staaten.

2 Sa Neuer Straßenweltmeister der Radprofis wird im niederländischen Heerlen nach 265 km der 22-jährige Belgier Eddy Merckx.

3 So In Schweden wird der Straßenverkehr von Links- auf Rechtsverkehr umgestellt. Das Lenkrad in schwedischen Wagen befindet sich schon immer links.

4 Mo Das chinesische Rote Kreuz bricht aus Protest gegen den »US-Imperialismus« die Beziehungen zur internationalen Liga der Rot-Kreuz-Gesellschaften ab.

5 Di Einstimmig verabschiedet das Bundeskabinett den Gesetzentwurf zur Beseitigung der Diskriminierung unehelicher Kinder.

6 Mi Charles de Gaulle stattet als erstes französisches Staatsoberhaupt nach dem Zweiten Weltkrieg Polen einen offiziellen Besuch ab.

7 Do Ein Viertel der Beschäftigten in der US-Automobilindustrie streikt für höhere Sozialleistungen und ein garantiertes Jahreseinkommen.

8 Fr Die August-Thyssen-Hütte-AG und die Hütten-Oberhausen-AG schließen sich zusammen. Die Gesellschaft produziert jährlich 10 Mio. t Stahl. → Dutschke

9 Sa Malta bittet den Ministerrat der Europäischen Gemeinschaft um Aufnahme von Verhandlungen über gegenseitige Beziehungen.

10 So In einer Volksbefragung spricht sich die überwiegend Spanisch sprechende Bevölkerung Gibraltars für die weitere Zugehörigkeit zu Großbritannien aus.

11 Mo Der Oberste Sowjet rehabilitiert die Krimtataren und spricht sie von dem Verdacht des Vaterlandsverrats im Zweiten Weltkrieg frei.

12 Di Das US-Repräsentantenhaus verabschiedet das Verteidigungsprogramm, das Ausgaben von umgerechnet rd. 280 Mrd. DM vorsieht.

13 Mi In Bonn beschließt das Bundeskabinett die Erhöhung der Sozialrenten ab 1968 um 8,1% und der Unfallrenten um 7,2%.

14 Do Bundestagsvizepräsident Walter Scheel (FDP) löst Erich Mende, der in die Privatwirtschaft wechselt, als Parteivorsitzenden ab. → RO 80

15 Fr In West-Berlin wird mit dem Brücke-Museum ein Kunstmuseum eröffnet, das seine Existenz der Initiative privater Spender verdankt.

16 Sa In Frankfurt am Main unterliegt Europameister Karl Mildenberger im Qualifikationskampf zur Boxweltmeisterschaft dem Argentinier Oscar Bonavena.

17 So Wegen einer umstrittenen Schiedsrichterentscheidung kommt es in der türkischen Stadt Kayseri zwischen Fußballanhängern zu blutigen Kämpfen.

18 Mo DDR-Ministerpräsident Willi Stoph übermittelt Bundeskanzler Kiesinger einen Vertragsentwurf über die Normalisierung der innerdeutschen Beziehungen.

19 Di Der rumänische Außenminister Corneliu Manescu wird zum Präsidenten der Vollversammlung der Vereinten Nationen in New York gewählt.

20 Mi Die Mittelwestregion Nigerias erklärt sich zur unabhängigen Republik Benin. +++ In Nordmexiko verwüstet der Hurrikan »Beulah« weite Gebiete.

21 Do Auf ihren Namen tauft die britische Königin Elizabeth II. ein Passagierschiff. Vor 30 000 Zuschauern läuft es in Clydebank (Schottland) vom Stapel.

22 Fr Einen »Prämienbonus« für Nichtraucher in Höhe von 6% räumen mehrere US-Versicherungsgesellschaften nikotinabstinenten Versicherten an.

23 Sa Auf Kuba werden 40 000 Staatsfunktionäre für acht Monate ihrer Ämter enthoben und zur Arbeit in Fabriken und in die Landwirtschaft geschickt.

24 So Die Außenministerkonferenz der Organisation Amerikanischer Staaten (OAS) in Washington legt Wirtschaftssanktionen gegen Kuba fest.

25 Mo Das Bundesinnenministerium gibt bekannt, dass die in Münster ansässige Exilorganisation »Kroatischer Demokratischer Ausschuss« verboten wurde.

26 Di Der Regierende Bürgermeister von (West-)Berlin, Heinrich Albertz, tritt wegen der Vorfälle bei der Anti-Schah-Demonstration von seinem Amt zurück.

27 Mi Das Zweite Deutsche Fernsehen vereinbart mit dem Österreichischen Fernsehen gemeinsame Produktionen. Beide Anstalten senken damit ihre Kosten.

28 Do Die Vereinigten Staaten schicken von Cape Kennedy aus mit einer Delta-Rakete den kommerziellen Nachrichtensatelliten »Pacific 2« ins All.

29 Fr Der US-Spielfilm »Siebenmal lockt das Weib« mit Shirley MacLaine und Michael Caine wird erstmals in bundesdeutschen Kinos gezeigt.

30 Sa Ein Sprengstoffanschlag auf den Alpenexpress bei Trient fordert 2 Tote. Die italienische Regierung macht Extremisten aus Südtirol dafür verantwortlich.

14. September 1967

RO 80 in Design und Technik seiner Zeit weit voraus

Als »ambitioniertestes Auto, das nach 1945 vom Montageband eines deutschen Unternehmens gelaufen ist«, feiert die Fachwelt auf der Internationalen Automobilausstellung (IAA) in Frankfurt am Main den RO 80 von NSU (s. Abb.). Der Wagen mit dem neuartigen Wankelmotor bietet seinen maximal fünf Insassen Komfort und aktive Sicherheit. Der Wankelmotor, der immer ruhiger läuft, je höher er dreht, und die im Windkanal getestete Karosserie senken den Geräuschpegel auf ein Minimum. Völlig perfekt ist das neue NSU-Modell aber nicht: Der Motor verbraucht überdurchschnittlich viel Benzin (11,2 l auf 100 km) und Öl. Der RO 80 bleibt zudem Autofahrern mit einem größeren Budget vorbehalten: 14 150 DM kostet der Wagen der oberen Mittelklasse.

26. Oktober 1967

Schah krönt sich selbst

Mohammad Resa Pahlawi, Schah-in-Schah (»König der Könige«) des Iran, krönt sich selbst und seine dritte Frau Farah Diba in Teheran. Die Zeremonie (s. Abb.) erfolgt erst 26 Jahre nach der Regierungsübernahme, da der Monarch sich nach eigenem Anspruch erst als würdiger Herrscher verdient machen musste.

An diesem Tag scheint in der ältesten Monarchie der Welt noch einmal das Zauberreich aus 1001 Nacht aufzuerstehen: Entlang des 17 km langen Weges vom Marmorpalast des Schahs bis zum historischen Golestan-Palast, in dem die Krönung stattfindet, stehen 15 000 Soldaten Spalier. Das Herrscherpaar legt diesen Weg in einer 300 000 DM teuren Kutsche zurück, die eigens für die Krönung in Wien gefertigt wurde. Gezogen wird sie von acht ungarischen Rappen. In der schwarz-goldenen Uniform des Oberbefehlshabers der Armee empfängt Resa Pahlawi aus den Händen des ältesten Imam, Ayatollah Djomeh, den Koran. Drei Generäle überreichen ihm darauf die Insignien der kaiserlicher Würde: Zuerst legt er sich selbst den goldenen Krönungsgürtel an. Dann wird ihm der goldene Krönungsmantel umgelegt, den schon sein Vater, Resa Schah der Große, bei seiner Krönung am 25. April 1926 getragen hatte. Gleichzeitig greift Resa Pahlawi nach dem Reichsschwert. Behutsam setzt sich der Schah selbst die 14 000 Karat schwere Nadir-Krone mit der schneeweißen Pfauenfeder auf und krönt danach seine Frau. Vom Pfauenthron aus verliest der Schah seine nur zweiminütige Krönungsrede, in der er die Hoffnung ausdrückt, die Souveränität Persiens erhalten und dem iranischen Volk den Fortschritt bringen zu können. Resa Pahlawi erlässt zusätzlich eine Amnestie. 4811 Verurteilte, die sich über das gemeine Recht hinweggesetzt haben, und 2727 weitere, die mindestens ein Drittel ihrer Haft verbüßt haben, erhalten Straffreiheit. Dies täuscht nicht über Schattenseiten des Schah-Regimes hinweg, etwa den Geheimdienst Savak, der mit Folter gegen Oppositionelle vorgeht.

9. Oktober 1967

Ein Mythos entsteht

Che Guevara (s. Abb.) lebt nicht mehr. Nach einem Gefecht zwischen bolivianischen Regierungstruppen und Rebellen wird die Nachricht vom Tod des legendären Guerilla-Kämpfers bekannt. Die Umstände, unter denen der Mitstreiter Fidel Castros umkam, bleiben mysteriös. Erst am Tag nach dem Feuergefecht wird Guevaras Leiche in dem kleinen bolivianischen Ort Vallegrande Journalisten vorgeführt.

An Hals, Brust und Lenden weist sein Körper Einschusslöcher auf, die Beine wurden von einer Maschinengewehrsalve fast vom Rumpf getrennt.

Während die offizielle Mitteilung eines bolivianischen Offiziers besagt, Guevara sei bei einem Schusswechsel verwundet worden, bestätigten sich später Gerüchte, dass Guevara erst gefangen genommen und einen Tag später hingerichtet worden sein muss. Die letzten Worte des Guerilla-Kämpfers lauteten nach Angaben eines Offiziers »Ich bin Che, und ich bin gescheitert.« Der ehemalige Stellvertreter des kubanischen Ministerpräsidenten Fidel Castro lenkte seit März 1965 die Guerilla-Bewegung in Lateinamerika. Er wollte »zwei, drei, viele Vietnams« schaffen, um die Macht der USA zu brechen. Insgesamt viermal war Guevara schon totgesagt worden. Der Tod des 39-Jährigen ruft bei Anhängern in aller Welt tiefe Trauer aus. 500 000 Menschen betrauern ihn am 19. Oktober in der kubanischen Hauptstadt Havanna. Aber auch in Europa und den USA werden – vornehmlich in

8. September 1967

Der Bürgerschreck aus Berlin

Einig in ihren Zielen, aber uneins in der Frage des Weges dorthin erweist sich die 22. Delegiertenkonferenz des Sozialistischen Deutschen Studentenbundes (SDS) in Frankfurt am Main. Während die »Traditionalisten« in Kooperation mit nahe stehenden Verbänden das geringe finanzielle Potenzial des SDS stärken wollen, lehnen die »antiautoritären Anarchisten« dies ab. Wortführer dieses radikaleren Flügels und beherrschende Figur des Kongresses ist Rudi Dutschke. Der 27-Jährige propagiert gezielte politische Aktionen zur »Bewusstwerdung«.

Rudi Dutschke

eigtl. Rudolf Dutschke, deutscher Studentenführer, * 7.3.1940 Schönefeld, † 24.12.1979 Århus (Dänemark)

Der führende Theoretiker der Außerparlamentarischen Opposition (APO) organisierte in West-Berlin zahlreiche studentische Aktionen gegen den Vietnamkrieg und die sog. Notstandsgesetze. U.a. verfocht der charismatische Marxist die These von der »manipulierten Gesellschaft«. Er stirbt an den Spätfolgen eines Attentats.

- 1958: Wehrdienstverweigerung in der DDR
- 1966-68: Leitfigur der Außerparlamentarischen Opposition
- ab 1975: politisches Wirken als unorthodoxer Linker

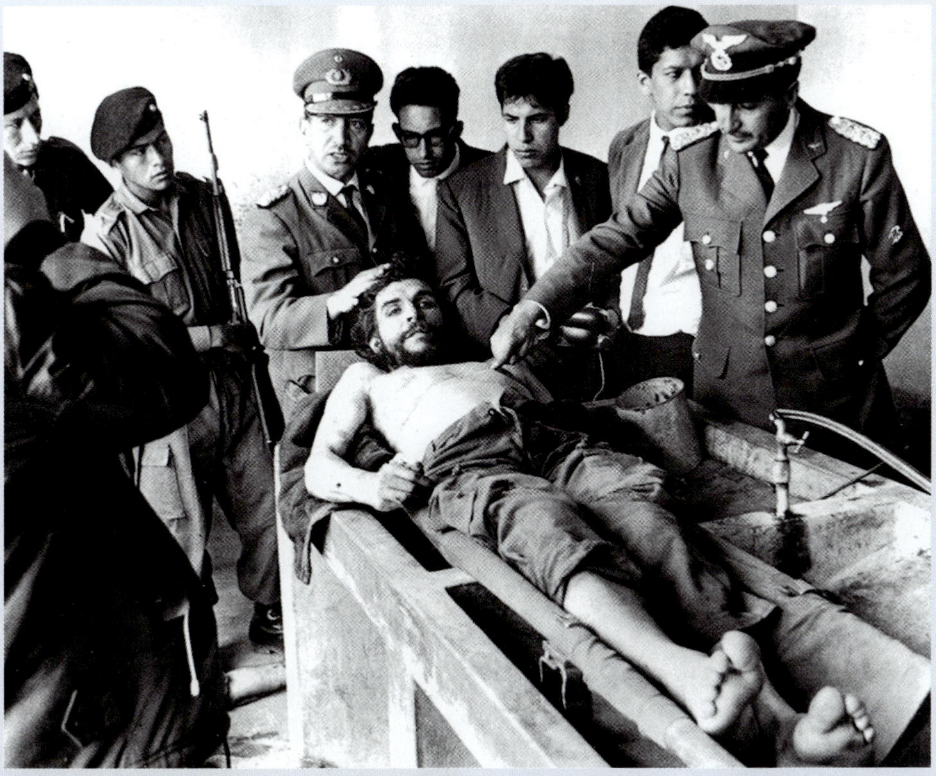

Bolivianische Militärs stellen den toten Revolutionär zur Schau.

Ernesto »Che« Guevara

eigtl. Ernesto Guevara Serna, kubanischer Politiker und Revolutionär argentinischer Herkunft, * 14.6.1928 Rosario (Argentinien), † 9.10.1967 bei Vallegrande (Bolivien)

Als Sohn eines Architekten stammt der promovierte Mediziner aus dem gebildeten Bürgertum Argentiniens. Er flüchtete 1953 vor dem Wehrdienst in der Armee des argentinischen Diktators Juan Perón. In Mexiko lernte er Fidel Castro kennen, mit dem er ab 1956 Aktionen gegen das Batista-Regime auf Kuba durchführte. Nach der Revolution von 1959 übernahm Guevara Regierungsämter, doch trieb sein Tatendrang den Revolutionär, der leidenschaftlich für einen »neuen sozialistischen Menschen« plädierte, wieder in den Kampf. Dabei trat er nicht nur als Führer auf, sondern griff auch selbst zur Waffe.

- 1953: Tätigkeit als Arzt in Bolivien
- 1955: Erste Begegnung mit Fidel Castro
- 1959: Revolution in Kuba, Präsident der Nationalbank
- 1961-65: Kubanischer Industrieminister
- 1965: Guerilla-Aktionen in Lateinamerika
- 1997: Überführung seines Leichnams nach Kuba

Universitätsstädten – Aufschriften wie »Che lebt!« auf Hauswände gesprüht. Guevara, der schon zu Lebzeiten eine Leitfigur der Neuen Linken gewesen ist, wird durch seinen Tod zum Märtyrer im Kampf gegen den »US-Imperialismus«. Das weltbekannte Konterfei des Revolutionsführers schmückt nicht nur Studentenwohnungen, es wird auch auf Demonstrationen wie ein Feldzeichen vorausgetragen. Guevara hatte Gewalt zum legitimen Mittel zur Abschaffung einer ungerechten Gesellschaftsordnung erklärt, falls friedliche Mittel ihren Zweck verfehlten.

»Der Krieg muss dorthin gebracht werden, wohin der Feind ihn bringt: In sein Haus, in seine Vergnügungsviertel – der absolute Krieg«, heißt es in einer seiner Schriften. Guevara betrachtete es aber auch als Aufgabe des Guerillero, auf die Massen ideologisch-erzieherisch zu wirken. Um den bewaffneten Kampf gegen diktatorische Regimes in Lateinamerika zu koordinieren und zu unterstützen, gab er 1965 sein Amt als kubanischer Industrieminister auf.

Oktober 1967

1 So In Paris und 13 französischen Provinzstädten wird mit der Ausstrahlung von Farbfernsehprogrammen nach dem sog. SECAM-System begonnen.

2 Mo Die Bundeskommission zur Untersuchung der Wettbewerbsgleichheit im Bereich Medien spricht sich gegen ein »Verlegerfernsehen« aus.

3 Di Als Ergebnis einer repräsentativen Untersuchung wird bekannt, dass 86% der in Vietnam stationierten US-Soldaten täglich Marihuana rauchen.

4 Mi In der Nähe der belgischen Stadt Lüttich stoßen gleich drei Züge zusammen. Bei dem Unglück verlieren zehn Menschen ihr Leben.

5 Do Eine 18-jährige Schwedin stirbt an Unterernährung. Sie hatte zu Jahresbeginn eine Hungerkur angefangen, weil sie wie das Mannequin Twiggy aussehen wollte.

6 Fr Frankreich überführt sein in Lahr stationiertes Luftkommando nach Metz und gibt damit seinen letzten Fliegerhorst in der Bundesrepublik auf.

7 Sa »Die Zimmerschlacht« von Martin Walser wird in einer Inszenierung von Fritz Kortner an den Münchener Kammerspielen uraufgeführt.

8 So Schlagersänger Roy Black erhält in der Essener Gruga-Halle den »Goldenen Löwen« von Radio Luxemburg für sein Lied »Frag nur Dein Herz«.

9 Mo Die Prototypen des deutsch-amerikanischen Kampfpanzers 70 werden in Washington und Augsburg der Öffentlichkeit vorgestellt. → Mythos

10 Di Um auf Rekordernten und Niedrigpreise hinzuweisen, schenken Bauern vom Bodensee Ernährungsminister Hermann Höcherl einen Waggon voller Äpfel.

11 Mi Finnlands Regierung beschließt als Reaktion auf die schlechte Handelsbilanz eine Abwertung der Finnmark um 30% und einen sofortigen Preisstopp.

12 Do Tierschützer und die schweizerischen Pelzindustrie vereinbaren, dass auf die Verarbeitung der Felle junger Robben aus Kanada verzichtet wird.

13 Fr Außenminister Willy Brandt spricht sich in Bonn für bessere Beziehungen zu den osteuropäischen Staaten, aber gegen eine Anerkennung der DDR aus.

14 Sa In Hamburg wird unter dem Titel »50 Jahre Sowjetstaat« die größte sowjetische Ausstellung in der Bundesrepublik eröffnet.

15 So Fahrzeuge mit einem Gesamtgewicht bis zu 2,8 t dürfen auf bundesdeutschen Straßen wieder mit Spikes fahren. Die Regelung gilt bis zum 30. April 1968.

16 Mo 20 100 Ruhrbergleute müssen eine Feierschicht einlegen. Auf zwölf Schachtanlagen ruht deshalb der Betrieb für einen ganzen Tag.

17 Di Die US-Folksängerin Joan Baez wird in Oakland festgenommen, wo sie mit 800 Wehrdienstverweigerern gegen den Vietnamkrieg protestiert hatte.

18 Mi Die sowjetische Raumsonde »Venus 4« landet vier Monate nach ihrem Start auf der Venus und übermittelt 94 Minuten lang Daten zur Erde.

19 Do Klaus Schütz (SPD) wird neuer Regierender Bürgermeister (West-)Berlins. +++ 500 000 Kubaner geben Che Guevara das letzte Geleit.

20 Fr Das ZDF strahlt die erste Folge von »XY . . . ungelöst« mit Eduard Zimmermann aus. Ein in der Sendung gesuchter Betrüger wird noch in der Nacht verhaftet.

21 Sa Ägyptische Schnellboote versenken vor Port Said mit drei Raketentreffern den israelischen Zerstörer »Eilath«. Die Spannungen in Nahost nehmen zu.

22 So Der Autor Heinrich Böll nimmt in Darmstadt den Georg-Büchner-Preis entgegen. In seiner Ansprache geht er kritisch auf die deutsche Gegenwart ein.

23 Mo Frankreichs Staatspräsident Charles de Gaulle stattet in seiner Eigenschaft als Ko-Prinz von Andorra dem Gebirgsstaat einen Besuch ab.

24 Di Bei einem israelisch-ägyptischen Artillerieduell im Gebiet von Suez gehen zwei ägyptische Erdölraffinerien in Flammen auf.

25 Mi Das Meinungsforschungsinstitut Gallup veröffentlicht eine Studie, nach der 46% aller US-Bürger gegen den Krieg in Vietnam sind.

26 Do In Wittenberg in der DDR beginnen die offiziellen Festveranstaltungen zur 450-Jahr-Feier der Reformation und der evangelischen Kirche. → Schah

27 Fr Die Sowjetunion schaltet sich in den Konflikt in der Suezregion ein und lässt Marineeinheiten in die ägyptischen Häfen Port Said und Alexandria einlaufen.

28 Sa US-Präsident Lyndon B. Johnson und der mexikanische Präsident Gustavo Díaz Ordaz unterzeichnen ein Dokument über den Grenzverlauf am Rio Grande.

29 So Mit der bislang größten Parade von DDR- und Sowjettruppen beginnen in Ost-Berlin die Feiern zum 50. Jahrestag der Oktoberrevolution.

30 Mo Im Vatikan endet die erste Bischofssynode in der Geschichte der katholischen Kirche. Thema war u. a. die »Mischehe« zwischen Katholiken und Protestanten.

31 Di Brian Jones, der 25-jährige Gitarrist der Rolling Stones, wird in London wegen Rauschgiftbesitzes zu neun Monaten Gefängnis verurteilt.

November 1967

1 Mi Die Bundeswehr setzt die Mindestflughöhe für »Starfighter« von 160 auf 250 m herauf, um die Lärmbelästigung für die Bevölkerung zu mindern.

2 Do Die Turiner Autoschau wird eröffnet. 580 Hersteller stellen aus. Attraktion ist ein Elektrofahrzeug, das 320 km mit einer Batterieladung fahren kann.

3 Fr In West-Berlin beginnt der Prozess gegen den Polizisten, der während der Anti-Schah-Demonstration am 2. Juni den Studenten Benno Ohnesorg erschoss.

4 Sa Das dritte britische »Polaris«-U-Boot läuft im nordwestenglischen Barrow vom Stapel. Mehrere hundert Atomwaffengegner protestieren vor der Werft.

5 So Liesel Westermann aus Leverkusen wirft als erste Frau den Diskus über 60 m. Im brasilianischen São Paulo gelingt ihr eine Weite von 61,26 m.

6 Mo Das rhodesische Parlament verabschiedet ein Gesetz, das die Rassentrennung in Parks, Bädern und Sportstätten einführt.

7 Di Im Schweizer Kanton Wallis treten 1,5 Mio. l Öl aus dem Tankbehälter einer Firma aus und sickern ins Grundwasser.

8 Mi Die Bürger der US-Städte Cleveland und Gary wählen Schwarze zu Bürgermeistern und setzen ein Signal für die Präsidentschaftswahlen 1968.

9 Do In den bundesdeutschen Kinos läuft der britische Film »Das dreckige Dutzend« mit Lee Marvin und Charles Bronson an. Regie führte Robert Aldrich.

10 Fr Die US-Weltraumsonde »Surveyor 6« schickt scharfe Fotos vom Mond, mit deren Hilfe mögliche Landeplätze für Astronauten ausgewählt werden können.

11 Sa Im US-Bundesstaat Kalifornien tritt ein neues Abtreibungsgesetz in Kraft. Es legalisiert Eingriffe bei Frauen, die vergewaltigt worden sind.

12 So Rund 800 Mitglieder der SPD versammeln sich in Bad Godesberg zu einer Konferenz über den zukünftigen Kurs ihrer Partei.

13 Mo Nach Kritik seitens der Europäischen Gemeinschaft stellt das Bundesernährungsministerium die Einfuhr von Butter aus der DDR mit sofortiger Wirkung ein.

14 Di Auf einer Auktion bei Sotheby's in London erzielt eine Uhr einen Preis von 18 000 DM. Sie stammt aus der Zeit um 1650 und hat die Form eines Schädels.

15 Mi Das Deutsche Studentenwerk gibt die monatlichen Ausgaben von Studenten mit 380 DM an. Die maximale Studienförderung liegt derzeit bei 290 DM.

16 Do Nach Kämpfen zwischen türkischen und griechischen Bewohnern Zyperns setzen Athen und Ankara ihre Armeen in Bereitschaft.

17 Fr »Miss World« wird in London die 21-jährige Peruanerin Madelaine Hartog Bel. Die Deutsche Ruth Kocher aus Krefeld landet auf Platz sieben.

18 Sa Das britische Pfund wird um 14,3% abgewertet. Die Regierung in London erhofft sich dadurch eine Sanierung der Zahlungsbilanz Großbritanniens.

19 So Erfolgreich absolviert der französische Kampfjet »Mirage G« seinen ersten Testflug. Der Schwenkflügler erreicht eine Geschwindigkeit von 2800 km/h.

20 Mo Finanzminister Franz Josef Strauß legt in Liechtenau bei Weilheim den Grundstein für die erste Satellitenempfangsstation der Bundesrepublik.

21 Di Das Landgericht in West-Berlin spricht den Polizisten Karl Heinz Kurras von der Anklage der fahrlässigen Tötung des Studenten Benno Ohnesorg frei.

22 Mi UN-Generalsekretär Sithu U Thant ersucht die Regierungen in Nikosia, Athen und Ankara, einen Krieg auf Zypern unbedingt zu vermeiden.

23 Do 200 farbige US-Sportler beschließen in Los Angeles, die Olympischen Spiele 1968 zu boykottieren, da sie in den USA ausgebeutet würden.

24 Fr Ein 27-jähriger Kraftfahrer bezieht in einem Miethaus in Kiel die zehnmillionste Wohnung, die seit 1949 in der Bundesrepublik fertig gestellt wurde.

25 Sa Kanada schafft – zunächst versuchsweise für fünf Jahre – die Todesstrafe ab. Ausgenommen von der Regelung werden Morde an Vollzugsbeamten.

26 So Nach extremen Regenfällen kommen nördlich von Portugals Hauptstadt Lissabon 316 Menschen bei Überschwemmungen um.

27 Mo Beim Prozess gegen den Studenten Fritz Teufel in West-Berlin geht die Polizei mit Reitern und Wasserwerfern gegen rd. 1000 Demonstranten vor.

28 Di In Wuppertal beginnt der Prozess gegen Jürgen Bartsch, dem vierfacher Mord, versuchter Mord und Kindesentführung vorgeworfen werden.

29 Mi US-Verteidigungsminister Robert S. McNamara wird zum Präsidenten der Weltbank gewählt. +++ Die USA stellen ihr 81. Atom-U-Boot in Dienst.

30 Do Im Irak lebende Kurden treten in einen Boykott gegen die Regierung in Bagdad, um ihrer Forderung nach Selbstverwaltung Nachdruck zu verleihen.

22. Dezember 1967

Freispruch für Teufel

Das Landgericht in West-Berlin spricht den 24-jährigen Studenten Fritz Teufel (Abb.: Mitte, mit Rudi Dutschke, l.) vom Vorwurf des Landfriedensbruchs frei. Teufel war beschuldigt worden, sich

während der Anti-Schah-Demonstration am 2. Juni als »Rädelsführer« betätigt und selbst Steine auf Polizisten geworfen zu haben. Die Zeugenaussagen der Polizeibeamten erschienen dem Gericht allerdings zu widersprüchlich.

14. Dezember 1967

Konstantin scheitert

Der Versuch des ehemaligen griechischen Königs Konstantin II., sein Land nach knapp acht Monaten von der Militärjunta zu befreien, scheitert schon im Ansatz. Der 27-jährige Monarch, der am 21. April durch einen Staatsstreich entmachtet worden war, verliest am 13. Dezember eine Rundfunkerklärung über einen Kurzwellensender in der makedonischen Hauptstadt Kavalla. Darin bittet er das griechische Volk um Unterstützung bei der Wiederherstellung geordneter Verhältnisse. Die Griechen nehmen von dem Aufruf ihres Königs jedoch kaum Notiz. Viele hören ihn gar nicht, weil die Reichweite des Senders zu gering ist. Die Militärregierung in Athen unterbricht als Gegenmaßnahme alle Nachrichtenleitungen nach Nordgriechenland und lässt die Generäle, die sich auf des Königs Seite gestellt hatten, durch deren Untergebene verhaften.

3. Dezember 1967

Barnards Sensation

Dem Chirurgen Christiaan Neethling Barnard gelingt am Groote-Schuur-Krankenhaus in Kapstadt (Südafrika) erstmals eine Herztransplantation von Mensch zu Mensch. In einer fünfeinhalbstündigen Operation entnimmt er das Herz des 25-jährigen Unfallopfers Denise Ann Derwall und setzt es dem 54-jährigen Lebensmittelhändler Louis Washkansky ein. Die Operation verläuft erfolgreich, der Patient stirbt jedoch 18 Tage später an der Folgen einer Lungenentzündung.

Christiaan Barnard wird mit seiner Leistung über Nacht berühmt. Weil der Tod der Spenderin am späten Abend des 2. Dezembers eintrat, begann der Chirurg früh am Morgen um 1.30 Uhr mit dem Eingriff. Für Washkansky, dessen Herz nach Anfällen in den letzten acht Jahren irreparabel zerstört war, bot die Operation die letzte Hoffnung. Der Körper der Spenderin wird nach der Freigabe durch ihren Vater auf 26° C abgekühlt, anschließend senken die Ärzte die Temperatur des Herzens separat auf 16° C. Innerhalb von zwei Minuten wird es entfernt und in eine Schale mit physiologischer Kochsalzlösung gelegt. Nach einer Ruhephase von nur vier Minuten wird das Organ wieder von Blut durchströmt. Mit einem Elektroschock setzen die Ärzte das Herz um 5.32 Uhr in Washkanskys Körper in Gang. Es erreicht auf Anhieb einen Puls von 120. Transplantationschirurgen in mehreren Ländern der Welt standen Ende 1967 »an der Schwelle zur ersten Herztransplantation«, wie der US-Mediziner Norman E. Shumway schrieb. Dem Erfolg Barnards ging ein – auch von persönlichem Ehrgeiz geprägter – Wettlauf unter verschiedenen Transplantationsteams voraus. Als Siegerpreis winkte ein herausragender Platz in der Medizingeschichte. Bereits drei Tage nach Barnard, also am 6. Dezember, transplantiert der New Yorker Chirurg Adrian Kantrowitz einem neugeborenen Mädchen ein Herz ein. Das Kind stirbt sechs Stunden nach der Operation. Am 2. Januar 1968 führt Barnard an dem Zahnarzt Philip Blaiberg seine zweite Transplantation durch. Blaiberg wird zwei Wochen nach dem Eingriff aus dem Krankenhaus entlassen und überlebt 19 Monate mit dem Herzen eines schwarzen Spinnereiarbeiters. Im Jahre 1968 kommt es zu einem weltweiten Boom der Herztransplantationen. Allerdings überlebt nur jeder fünfte Patient länger als ein Jahr mit dem fremden Organ.

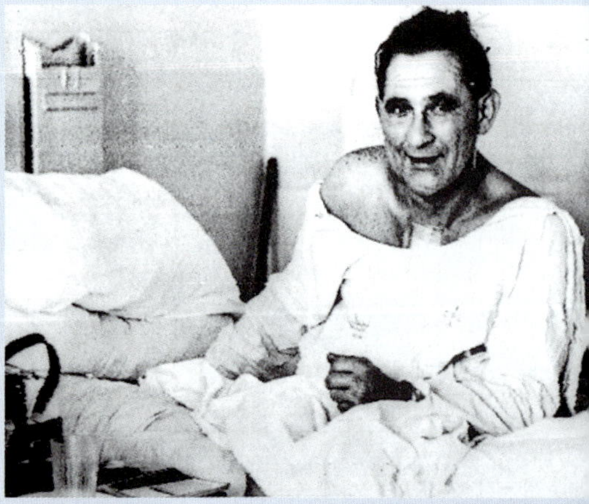

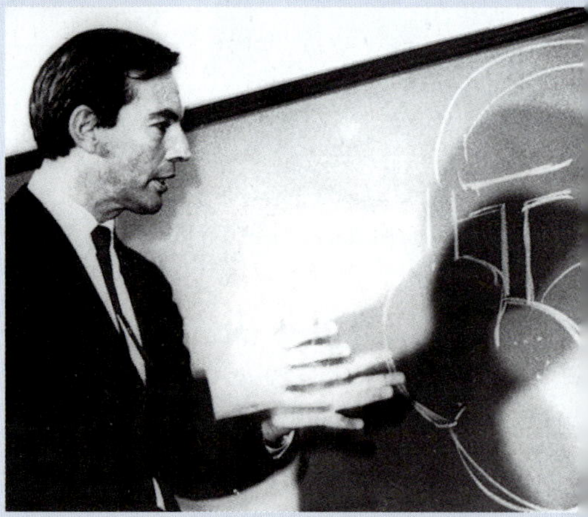

Patient Washkansky (oben) und der Starchirurg

4. Dezember 1967

Aufklärungsfilm »Helga« bricht Tabus

»Helga« ist der erste abendfüllende Aufklärungsfilm in den deutschen Kinos (Abb.: Filmszene). Bei den Aufführungen fallen vereinzelt Männer in Ohnmacht: Sie konnten die zehnminütige Darstellung einer Geburt nicht verkraften.

Der Film, der den Weg der jungen Helga – gespielt von der 27-jährigen Ruth Gassmann – zum Mutterglück nachzeichnet, wurde bereits 1966 mit Unterstützung des Zentralinstituts für gesundheitliche Aufklärung in Köln gedreht. Produzent Karl-Ludwig Ruppel und Regisseur Erich F. Bender wollen nach eigenen Angaben die bundesweite Aufklärungswelle nutzen. Ihr didaktisch angelegter Film richte sich an ein möglichst breites Publikum – doch tatsächlich besteht dieses in der Mehrheit aus heranwachsenden Jugendlichen und neugierigen jungen Paaren. Gezeigt werden u.a. das Vorspiel zum Geschlechtsakt, Follikelsprung und Zellteilung, Geburt und Babypflege. Der Film bleibt in seiner Darstellung »sauber« und erregt daher wenig Anstoß. Verwendet werden in »Helga« auch zwei Kurzaufklärungsfilme, die das Gesundheitsministerium für den Schulgebrauch in Auftrag gegeben hat, und eindrucksvolle mikrobiologische Dokumentaraufnahmen.

Christiaan Barnard

südafrik. Herzchirurg, * 8.11.1922 Beaufort West, Kapprovinz

Der Pionier der Herztransplantation wurde als Sohn eines burischen Predigers der Heilsarmee geboren. Nach seinem Medizinstudium in Kapstadt ging er mit einem Stipendium zu dem Herzchirurgen Clarence Walton Lillehei in die USA. Bereits vor seiner erfolgreichen Herztransplantation hatte Barnard 1958 mit der ersten geglückten Operation am offenen Herzen Aufsehen erregt. 1974 setzte er im sog. Huckepack-Verfahren ein Spenderherz neben dem Herzen des Empfängers ein. Barnard beschäftigte sich in Schriften auch mit den ethischen Aspekten der Medizin, so etwa 1977 in dem Werk »In the night season« (mit S. Stander) über Sterbehilfe. Im Jahre 1984 verließ der Star-Chirurg Kapstadt, um die Leitung einer Klinik auf der griechischen Insel Kos zu übernehmen.

- 1953-55: Chirurgenausbildung in Minnesota
- 1962: Professor für Thoraxchirurgie in Kapstadt
- 1967: Erste Herztransplantation
- 1981: »The body machine« (Schrift)

Der Mensch als Ersatzteillager?

Entwicklungsstationen der Organersatz-Chirurgie

Datum	Ereignis
1812	Erste theoretische Überlegungen zum Herzersatz formuliert Julien-Jean César La Gallois
1902	Der österreichische Chirurg Emmerich Ullmann berichtet, er habe einer Ziege die Niere eines Hundes eingepflanzt
1950	Richard H. Lawler (USA) führt die erste erfolgreiche Nierentransplantation durch
1953	Der US-Chirurg John Heysham Gibbon operiert erstmals erfolgreich mit Hilfe einer Herz-Lungen-Maschine
1960	Albert Starr (USA) transplantiert eine Herzklappen-Prothese
1963	Erste Milz-, Lungen- und Lebertransplantationen

Die erste Herztransplantation von Mensch zu Mensch wirft neben den medizinischen und medizintechnischen Problemen grundsätzliche ethische Fragen auf. Wie kein anderer Eingriff rührt die Herzverpflanzung an ein menschliches Tabu, mit dem die Kulturen fast aller Länder der Erde das von Magie und Mythen umwobene Lebenszentrum des Menschen belegt haben. Bei den Naturvölkern ist der Glaube verbreitet, dass derjenige, der das Herz eines wilden Tieres isst, dessen Stärke gewinnt. Aber auch in der christlichen Religion nimmt das Herz – versinnbildlicht etwa im »Herzen Jesu« – eine besondere Stellung ein. Auf dem Pariser Montmartre erbauten ihm die Gläubigen mit der Kirche »Sacre coeur« eine Weihestätte. Nur angesichts dieser Hintergründe ist es zu erklären, warum trotz ermutigender tierexperimenteller Vorstudien zahlreiche Chirurgen zunächst zögerten, den Eingriff vorzunehmen. Sie fürchteten den Widerstand der Gesellschaft. Hinzu kommen bis heute nicht ausgeräumte Bedenken z.B. in Bezug auf die Todeszeitbestimmung des Spenders. Vor allem in der Anfangszeit der Herztransplantationen versetzen diese Fragen Operateure und Pflegepersonal in schwere Gewissensnöte. So schreckte der US-Chirurg James Daniel Hardy am 23. Januar 1964 davor zurück, die künstliche Beatmung eines möglichen Spenders zu beenden, und implantierte seinem Patienten stattdessen erfolglos ein Schimpansenherz.

Nach Barnards erfolgreicher Herztransplantation taucht außerdem die Frage auf, ob die überlasteten und gehetzten Wohlstandsbürger des 20. Jahrhunderts ihr Herz, das die Lebensbedingungen nicht mehr verkraftet, einfach austauschen sollen. Der Unterschied zwischen einem Menschen und einer reparaturbedürftigen Maschine verwischt zusehends. Der Mensch scheint damit potenziell geradezu unsterblich. Andererseits drängt sich die Vision von Menschen auf, die nur noch als Ersatzteillager dienen.

Dezember 1967

1 Fr Nach sechsjähriger Bauzeit wird der Straßentunnel durch den St. Bernhard im Schweizer Kanton Graubünden freigegeben.

2 Sa Der 26-jährige Lothar Stengel besiegt in Frankfurt am Main den Italiener Piero del Papa durch k.o. und wird Boxeuropameister im Halbschwergewicht.

3 So Der Schriftsteller Peter Handke erhält in West-Berlin den Gerhart-Hauptmann-Preis für die neuen Impulse, die er dem Theater verliehen habe. → Barnard

4 Mo Der Oberste Gerichtshof der USA erlegt der Regierung des Bundesstaates Alabama auf, die Rassentrennung an Schulen zu unterbinden. → »Helga«

5 Di Sportjournalisten aus aller Welt wählen den US-Läufer Jim Ryun zum Weltsportler des Jahres. Zweiter wird sein Landsmann, der Schwimmer Mark Spitz.

6 Mi Aus Protest gegen den Vietnamkrieg versucht ein 20-jähriger US-Bürger, sich vor dem UN-Gebäude in New York selbst zu verbrennen.

7 Do Der Oberste Gerichtshof Spaniens lehnt die Revisionsanträge von 560 Stahlarbeitern aus Bilbao ab, die wegen Streikens entlassen worden waren.

8 Fr Starker Schneefall sorgt in der Bundesrepublik für beste Wintersportbedingungen, verursacht aber auch ein Verkehrschaos in Nordrhein-Westfalen.

9 Sa Der Generalsekretär der Kommunistischen Partei Rumäniens, Nicolae Ceausescu, wird in Bukarest zum Staatsoberhaupt gewählt.

10 So Deutschlands Jungsozialisten fordern die Anerkennung der DDR und der Oder-Neiße-Linie. Den Entwurf zur Notstandsgesetzgebung lehnen sie ab.

11 Mo Der zweite Versuch Großbritanniens, in die Europäische Gemeinschaft (EG) aufgenommen zu werden, scheitert erneut am Veto Frankreichs.

12 Di Schwedens Behörden untersagen den Verkauf von Fischen aus 40 Gewässern, in denen überdurchschnittliche Quecksilberwerte gemessen wurden.

13 Mi Nach achtmonatigen Diskussionen heisst der nach Ex-Bundeskanzler Konrad Adenauer umbenannte Boulevard in West-Berlin wieder »Kaiserdamm«.

14 Do Gegen Stellung einer Kaution wird der unter Spionageverdacht verhaftete Fotogroßhändler Hannsheinz Porst freigelassen. → Konstantin

15 Fr Papst Paul VI. nimmt in einer Botschaft an »alle Menschen guten Willens« gegen Wehrdienstverweigerung und Pazifismus Stellung.

16 Sa An der Universität Stanford (US-Bundesstaat Kalifornien) gelingt zwei Biochemikern die Erzeugung der biologisch aktiven Ursubstanz des Lebens, der DNS.

17 So Die bundesdeutsche Nationalelf kommt im Länderspiel gegen Albanien nicht über ein 0:0 hinaus und scheidet damit aus der Europameisterschaft aus.

18 Mo Die Zahl der Studenten und Professoren, die sich an der Unterschriftenaktion gegen die Notstandsgesetze beteiligt haben, überschreitet die 30 000.

19 Di In den bundesdeutschen Kions läuft der US-Gangster-Film »Bonnie und Clyde« mit Warren Beatty und Faye Dunaway an.

20 Mi 556 Sportjournalisten wählen die Diskuswerferin Liesel Westermann und den Zehnkämpfer Kurt Bendlin zu den deutschen Sportlern des Jahres.

21 Do Der 55-jährige Südafrikaner Louis Washkansky, dem am 3. Dezember ein fremdes Herz eingepflanzt wurde, stirbt an einer Lungenentzündung.

22 Fr Ungarn kündigt die Erhöhung des Verteidigungsetats um 17% an. +++ Die Bundesrepublik und Südjemen nehmen diplomatische Beziehungen auf. → Teufel

23 Sa US-Präsident Lyndon B. Johnson setzt seine Weltreise fort und trifft sich im Vatikan zu Gesprächen mit Papst Paul VI.

24 So Auf die indische Ministerpräsidentin Indira Gandhi wird in der westbengalischen Stadt Santivibetan ein Bombenanschlag verübt.

25 Mo In West-Berlin versuchen Studenten, während des Gottesdienstes in der Gedächtniskirche ein Plakat zu entrollen, das »Frieden für Vietnam« fordert.

26 Di Der Münchener Erhard Keller stellt in Inzell über 500 m einen Weltrekord im Eisschnelllaufen auf. Er bewältigt die Distanz in 39,5 sec.

27 Mi Kambodschas Regierung warnt die USA vor Verletzungen ihres Territoriums im Zuge des Vietnamkrieges und droht mit »verzweifeltem Widerstand«.

28 Do Im heimischen Brisbane gewinnen Australiens Tennisspieler zum vierten Male hintereinander und zum 23. Mal insgesamt den Davis-Pokal.

29 Fr Die katholischen Bischöfe Großbritanniens heben das Verbot auf, freitags Fleisch zu verzehren. +++ Die deutschen Aktienkurse erreichen Rekordstand.

30 Sa Boxprofi Karl Mildenberger verteidigt seinen Europameistertitel Titel in West-Berlin gegen den Deutschen Meister Gerhard Zech nach Punkten.

31 So Das Wickert-Institut präsentiert eine Umfrage über die Silvesterbräuche der Bundesbürger: Jeder vierte verschlafe demnach den Jahreswechsel.

Januar 1968

1 Mo In der Bundesrepublik sind ab heute alle Angestellten versicherungspflichtig, unabhängig von der Einkommenshöhe. → Mehrwertsteuer

2 Di Die zweite Herztransplantation durch den Chirurgen Christiaan Barnard in Kapstadt gelingt. Der Patient Philip Blaiberg überlebt eineinhalb Jahre.

3 Mi Der Radprofi Rudi Altig gewinnt mit seinem Partner Sigi Renz das 16. Kölner Sechstagerennen. Es ist sein 15. Sieg in einem solchen Wettbewerb.

4 Do Flexiblere Ladenöffnungszeiten im Einzelhandel fordert das Lebensmittel-Filialunternehmen Cornelius Stüssgen in Köln. → »Schätzchen«

5 Fr Nordvietnam signalisiert den USA über internationale diplomatische Kontakte seine Bereitschaft zu Friedensverhandlungen im Vietnamkrieg.

6 Sa In Palo Alto (US-Bundesstaat Kalifornien) gelingt erstmals einem Ärzteteam aus den USA eine Herzverpflanzung. Der Patient stirbt jedoch 15 Tage später.

7 So George Harrison, Gitarrist der Beatles, fliegt nach Indien, um sich von dem Sitar-Virtuosen Ravi Shankar in indischer Musik unterweisen zu lassen.

8 Mo Als erstes Versandhaus bietet die Firma Quelle in ihrem Frühjahrskatalog Tiefkühlkost an. Die Artikel werden mit Kühlwagen frei Haus geliefert.

9 Di Die Westdeutsche Rektorenkonferenz in Bonn befürwortet in ihrem Reformplan für Universitäten eine Mitbestimmung der Studenten an den Hochschulen.

10 Mi Weich landet »Surveyor 7«, die letzte Sonde des gleichnamigen Raumfahrtprogramms der Vereinigten Staaten, auf dem Mond.

11 Do Die große Koalition in Bonn gibt den Plan auf, das Mehrheitswahlrecht für die nächsten Bundestagswahlen im kommenden Jahr einzuführen.

12 Fr Die Volkskammer der DDR verabschiedet eine neues Strafgesetzbuch, das Strafverschärfungen für politische Delikte vorsieht. Es tritt am 1. Juli 1968 in Kraft.

13 Sa In der Nacht führt ein Temperaturanstieg von –20 °C bis weit über 0 °C zu Tauwetter und Überschwemmungen in weiten Teilen Europas.

14 So Die USA drängen die Bundesregierung, den Ausgleich der Devisenaufwendungen für stationierte US-Truppen neu zu regeln.

15 Mo 231 Tote fordert ein Erdbeben auf Sizilien. +++ Ein Orkan über Nordwesteuropa tötet mindestens 16 Menschen und richtet großen Sachschaden an.

16 Di Der Verband Deutscher Studentenschaften fordert für die Besetzung universitärer Gremien eine Drittelparität von Professoren, Angestellten und Studenten.

17 Mi Studentenunruhen brechen im belgischen Löwen aus. Flämische Studenten befürchten ein Übergewicht des französischsprachigen Studentenanteils.

18 Do Gegen die Fahrpreiserhöhungen im öffentlichen Nahverkehr demonstrieren etwa 4000 Bremer. Es kommt zu Auseinandersetzungen mit der Polizei.

19 Fr 1000 m unter der Wüste von Nevada wird die bisher schwerste Atomexplosion ausgelöst – mit einer Sprengkraft von 1 Mrd. t herkömmlichen Sprengstoffs.

20 Sa Ralph Pöhland, prominenter Skisportler der DDR, flüchtet bei den vorolympischen Wettkämpfen im schweizerischen Les Bioux in den Westen.

21 So Über Grönland stürzt ein US-Bomber ab und verliert vier Wasserstoffbomben. +++ Als erstes NATO-Land erkennt die Türkei die griechische Diktatur an.

22 Mo Nach Angaben des Bundeswirtschaftsministeriums sind Verteuerungen in Handwerk und Hotelgewerbe nach Einführung der Mehrwertsteuer ungerechtfertigt.

23 Di Das US-Erkundungsschiff »Pueblo«, das im Auftrag des US-Geheimdienstes arbeitet, wird vor Nordkorea von nordkoreanischen Schnellbooten aufgebracht.

24 Mi Nach verlorenen Wahlen übergibt der sozialdemokratische Regierungschef Jens Otto Krag dem dänischen König Frederik IX. sein Rücktrittsgesuch.

25 Do Einer der legendären Posträuber von 1963, Charles Wilson, wird bei Montreal von Scotland Yard verhaftet. Er war 1964 aus der Haft befreit worden.

26 Fr Bei einer Explosion in der Erzgrube »Mathilde« in Lengede kommen zwölf Bergleute zu Tode. Bereits 1963 starben dort 69 Kumpel bei einem Unglück.

27 Sa Mehr als 100 000 l leichten Heizöls fließen in den Rhein. Ursache ist die Kollision eines bundesdeutschen Tankers mit einem niederländischen Schlepper.

28 So Der Münchener Eisschnellläufer Erhard Keller stellt bei den vorolympischen Wettbewerben in Inzell über 500 m in 39,2 sec einen Weltrekord auf.

29 Mo Boy Gobert wird neuer Intendant des Thalia-Theaters in Hamburg, beschließt der Aufsichtsrat der Bühne. Es ist Goberts erste Intendanz. → FDP

30 Di Im Suezkanal kommt es zu einem Schusswechsel zwischen Israelis und Ägyptern, die die Befahrbarkeit des Kanals prüfen wollten. → Tet-Offensive

31 Mi Mit der Forderung nach Öffentlichkeit von Fakultätssitzungen stürmen 500 Studenten eine Professoren-Besprechung an der Freien Universität Berlin.

30. Januar 1968

Vietcong startet Tet-Offensive

Zum buddhistischen Neujahrsfest Tet beginnen Vietcong und nordvietnamesische Truppen eine Großoffensive, die spektakuläre Anfangserfolge aufweist. Zwar scheitert die Tet-Offensive letztlich – unter großem Materialeinsatz können US-Truppen das verlorene Terrain zurückerobern –, dennoch leitet sie aufgrund ihrer starken psychologischen Wirkung die militärische Niederlage der USA in Vietnam ein. Die Aktion straft vor allem die wiederholt aufgestellten Behauptungen der Amerikaner Lügen, die Kampfmoral der Partisanen sei gebrochen.

Angehörige betrauern die in Särgen aufgereihten Opfer der Kämpfe.

Mit der Tet-Offensive versuchen Nordvietnams Präsident Ho Chi Minh und sein General Vo Nguyên Giap, die Entscheidung zu erzwingen. Sie geben die bisherige Guerillataktik auf. Stattdessen soll ein Generalangriff auf die Städte einen Volksaufstand gegen Südvietnams Präsidenten Nguyên Văn Thiêu provozieren, den Vietcong an die Macht bringen und einen Abzug der US-Truppen erzwingen. Die US-Regierung spricht von den bisher schwersten Kämpfen ihrer Kontingente in Südvietnam. Unterschiedliche Angaben gibt es über den Verlauf und das Ausmaß der Gefechte. Offizielle US-Quellen berichten von 2500 gefallenen Vietcong-Kämpfern. Die eigenen Verluste werden mit 68 gefallenen Amerikanern und 178 Südvietnamesen beziffert. Nordvietnamesische Berichte melden dagegen 120 getötete US-Soldaten allein in Saigon. Zu den heftigsten Kämpfen der Tet-Offensive kommt es in Da Nang, der zweitgrößten Stadt Südvietnams. Zeitweilig erobern Vietcong-Verbände sogar das Hauptquartier der alliierten amerikanischen und südvietnamesischen Truppen. Die USA verlieren nach ei-

1. Januar 1968

Ärger um Mehrwertsteuer

Die Mehrwertsteuer löst in der Bundesrepublik Deutschland das bisherige Umsatzsteuersystem ab. Nach der neuen Regelung ist der Steueranteil am Gesamtpreis der Ware, anders als bisher, stets gleich hoch. Er beträgt 10% des Warenwerts bzw. 5% bei Lebensmitteln, Büchern, Zeitschriften und einigen speziellen Dienstleistungen.

Die Steuerreform soll zu mehr Steuergerechtigkeit führen und einen Beitrag zur Angleichung der Steuersätze in der Europäischen Gemeinschaft (EG) leisten. Verbraucher und Geschäftswelt reagieren teils mit Verwirrung auf den neuen Steuermodus. Weil die genaue Berechnung noch weitgehend unbekannt ist, werden oft pauschal 10% auf die bisherigen Preise aufgeschlagen, ohne dass zuvor die alte Umsatzsteuer abgezogen wird. Ungerechtfertigte Preiserhöhungen sind zum Ärger der Verbraucher daher nicht selten. Nützlich erweist sich die Mehrwertsteuer, die letztlich den Endverbraucher belastet, für Unternehmen. Im Rahmen des sog. Vorsteuerabzuges können sie die selbst zu zahlende und die in Rechnung gestellte Steuer miteinander verrechnen.

29. Januar 1968

Kurswechsel in der FDP

Die FDP wählt Walter Scheel in Freiburg zum Parteivorsitzenden. Vorgänger Erich Mende hatte eine erneute Kandidatur abgelehnt, da sein Kurs innerparteilich umstritten war. Scheel ist Vertreter der Entspannungspolitik.

Erich Mende

deutscher Politiker, * 28.10.1916 Groß-Strehlitz (Oberschlesien); † 6.5.1998 Bonn

Erich Mende ist nach dem Krieg maßgeblich am Aufbau der FDP beteiligt. Seit 1949 ist der Nationalliberale Mitglied des Bundestages und des FDP-Vorstands. 1960 wählt ihn der Parteitag zum Parteivorsitzenden. Aus Protest gegen die sozialliberale Koalition tritt Mende 1970 in die CDU ein.

- 1936- 45: Offizier der deutschen Wehrmacht
- ab1945: Studium der Politikwissenschaften
- 1963-66: Vizekanzler

US-Helikopter versorgen die Bodentruppen.

genen Angaben Material im Wert von umgerechnet 48 Mio. DM. Am 31. Januar rückt der Vietcong bis nach Saigon vor und greift 15 strategisch wichtige Punkte in der Stadt an, u.a. das Präsidenten-Palais, den Flughafen und den Rundfunksender. Für sechs Stunden fällt sogar die US-Botschaft in die Hände des Gegners.

Krieg ohne Sieg

Zur Jahreswende 1967/68 besteht zwischen den Konfliktparteien im Vietnamkrieg ein militärisches Patt. Die USA und die südvietnamesische Armee sind trotz modernsten Kriegsgerätes nicht in der Lage, die Aufständischen entscheidend zu schlagen. Andererseits gelingt es Nordvietnam und dem Vietcong nicht, den Amerikanern und dem südvietnamesischen Regime die Kontrolle über die großen Städte zu entreißen. Auch die Tet-Offensive verbuchte nur in ihrer Anfangsphase militärische Erfolge und blieb dann stecken. Die von Ho Chi Minh, dem Präsidenten Nordvietnams, erwartete Solidarisierung der Stadtbevölkerung mit dem Vietcong unterblieb weitgehend.
Dennoch ist das Jahr 1968 für das Ende des Vietnamkrieges von entscheidender Bedeutung. Im ersten Fernsehkrieg der Geschichte reduzierten die Bilder des Napalm-Bombenkriegs und der auch chemischen Kriegsführung gegen die Zivilbevölkerung die Bereitschaft der US-Bevölkerung, den Krieg mitzutragen. Studenten protestierten, viele wollten sich nicht in Amerikas »schmutzigem Krieg« verheizen lassen. Die nach Hause überführten Särge von monatlich rd. 1000 Soldaten ließen die öffentliche Stimmung auf den Nullpunkt sinken. Schließlich wirft Präsident Lyndon B. Johnson entnervt das Handtuch. Er kündigt die Deeskalation an und verzichtet auf eine Wiederwahl. Das Pentagon analysierte die Situation so: »Wir haben mit hohem Einsatz ein Unentschieden erreicht. Nun muss nach einer neuen Strategie gesucht werden.« Am Ende dieser Überlegungen steht der stufenweise Rückzug aus Vietnam, möglichst ohne Gesichtsverlust. Das unter Einfluss des US-Sonderbeauftragten Henry A. Kissinger zustande gekommene Pariser Abkommen vom Januar 1973 bietet dazu die Möglichkeit. Die USA ziehen ihre Truppen ab.

4. Januar 1968

Ein »Schätzchen« für alle

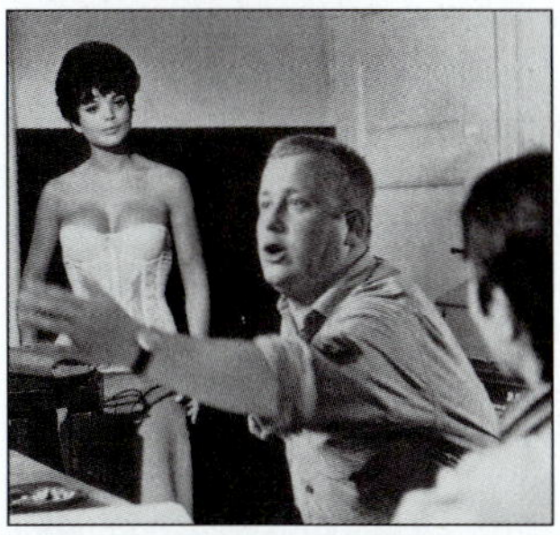

Spontaneität und sprachliche Frische kennzeichnen »Zur Sache, Schätzchen«, den Debüt-Film der 26-jährigen Regisseurin May Spils. Der turbulente Streifen, der im provokativ-legeren Münchener Künstlerviertel Schwabing spielt, gilt als erste witzige Komödie des jungen deutschen Films, die unerwartet gut beim Publikum ankommt. Die Story vom Schlagertexter Martin (Werner Enke), der sich in Barbara (Uschi Glas, s. Abb., l.) verliebt, eine Tochter aus gutem Haus, steckt voller Überraschungen. »Zur Sache, Schätzchen« hebt sich wohltuend aus dem umfangreichen Angebot an Filmen über Generationskonflikte ab. May Spils: »Man sollte endlich die Langeweile aus den Kinos vertreiben ...«

18. Februar 1968

»Killyade« in Grenoble

Im französischen Grenoble enden die X. Olympischen Winterspiele. Star des Spektakels ist der Franzose Jean-Claude Killy, der in den alpinen Ski-Disziplinen sensationell drei Goldmedaillen gewinnt. Die Spiele werden deshalb von den französischen Fans nach ihrem Star »Killyade« getauft.

Mit Investitionen von rd. einer Mrd. DM ist »Grenoble« die bisher teuerste Wintersportveranstaltung. Über 600 Mio. Menschen in aller Welt verfolgen die Wettkämpfe vor dem Fernseher. Erstmals kann ein Teil der Veranstaltungen in Farbe übertragen werden. Für die Bundesrepublik Deutschland geht Eisschnellläufer Erhard Keller (s. Abb.) an den Start – und holt eine Goldmedaille über 500 m.

Februar 1968

1 Do In Saigon dauern die Straßenkämpfe zwischen Vietcong und Südvietnamesen an. Die Gefechte fordern zahlreiche Todesopfer auch unter Zivilisten.

2 Fr Erstmals erkennt ein Gericht einen »Stimmabdruck« als Beweis an: Ein Erpresser wird in Würzburg aufgrund eines Stimmenvergleichs verurteilt.

3 Sa In West-Berlin wird dem bisher höchsten Wohnhaus in Deutschland die Richtkrone aufgesetzt. In dem 80,5 m hohen Gebäude entstehen 220 Wohnungen.

4 So Die Lufthansa erhält ihr erstes zweistrahliges Düsenflugzeug, eine Boeing 737 für 13,9 Mio. DM. Die Maschine landet aus Seattle kommend in Hamburg.

5 Mo Nordvietnamesische Verbände greifen den US-Stützpunkt Khe Sanh im Norden Südvietnams an, wo seit Wochen 5000 US-Soldaten eingekesselt sind.

6 Di Die Regierung in Algier beschließt die Verstaatlichung aller ausländischen Vertriebsorganisationen für Erdgas und Erdöl.

7 Mi Als Folge des Sprachenstreits zwischen Flamen und Wallonen bricht die belgische Koalitionsregierung auseinander. Es war die 18. Regierung in 23 Jahren.

8 Do Im Zusammenhang mit gewalttätigen Auseinandersetzungen prüft der Westberliner Senat ein Verbot des Sozialistischen Deutschen Studentenbundes (SDS).

9 Fr Die italienischen Schauspieler treten in einen achttägigen Streik gegen die nach ihrer Meinung zu hohe Zahl an gesendeten ausländischen Fernsehfilmen.

10 Sa Die am 30. Mai 1967 ausgerufene Republik Biafra erklärt sich zu Friedensgesprächen mit der nigerianischen Zentralregierung bereit.

11 So In Paraguay gewinnt der 56 Jahre alte Staatspräsident Alfredo Stroessner erneut die Präsidentschaftswahl. Er ist seit 1954 ununterbrochen an der Macht.

12 Mo Nur 5,3% der deutschen Studenten kommt laut dem Deutschen Industrie-Institut in Köln aus Arbeiterfamilien, die aber die Hälfte der Bevölkerung ausmachen.

13 Di US-Bomber vom Typ B 52 bombardieren Randbezirke der Hauptstadt Saigon in Südvietnam, um die Straßenkämpfe mit Vietcong-Partisanen zu beenden.

14 Mi Das US-Verteidigungsministerium gibt bekannt, dass derzeit 900 000 NATO-Soldaten etwa 960 000 Mann des Warschauer Pakts gegenüberstünden.

15 Do Israel und Jordanien liefern sich schwere Kämpfe an der Waffenstillstandslinie am Jordan und beschuldigen sich gegenseitig, das Feuer eröffnet zu haben.

16 Fr Industrielle Produktionsweisen und größere Betriebsflächen fordert Bundesernährungsminister Hermann Höcherl (CSU) von den deutschen Landwirten.

17 Sa Das Schloss in Frankreich, in dem die Tänzerin Josephine Baker für ihre zwölf Adoptivkinder ein Heim eingerichtet hatte, wird zwangsversteigert.

18 So Großbritannien führt die Mitteleuropäische Zeit (MEZ) ein. Die British Standard Time (BST) löst die Greenwich Mean Time (GMT) ab. → Grenoble

19 Mo Die britische Pharmafirma, die das Medikament »Contergan« in Großbritannien in Lizenz vertrieb, leistet Entschädigung in über 60 Fällen.

20 Di Wegen ihres Versagens im Sinaikrieg 1967 werden die früheren Chefs der ägyptischen Luftwaffe und Luftabwehr zu 15 bzw. 10 Jahren Haft verurteilt.

21 Mi Das 23 000-Bruttoregistertonnen-Passagierschiff »Hamburg« läuft in Hamburg vom Stapel. Taufpatin ist Kanzlergattin Marie-Luise Kiesinger.

22 Do Im Rahmen der Tet-Offensive des Vietcong wird die südvietnamesische Hauptstadt Saigon von etwa 15 000 Vietcong-Kämpfern eingeschlossen.

23 Fr Bei den Skimeisterschaften in Altenau bezwingt der aus der DDR geflohene Ralph Pöhland in der nordischen Kombination Olympiasieger Franz Keller.

24 Sa Südvietnamesische und US-Streitkräfte erobern nach 25-tägigen verlustreichen Kämpfen die Zitadelle der alten Kaiserstadt Huê vom Vietcong zurück.

25 So Die deutschsprachige Erstaufführung des Musicals »West Side Story« von Leonard Bernstein findet im Theater an der Wien statt.

26 Mo Wegen der Zulassung Südafrikas entschließen sich die 32 Staaten des afrikanischen Sportrats, die Olympischen Spiele in Mexiko zu boykottieren.

27 Di Bahrain, Katar und sieben weitere Emirate an der Südküste des Persischen Golfs unterzeichnen einen Vertrag über die Konföderation ihrer Scheichtümer.

28 Mi In Genf werden die sowjetischen Olympiasieger Ludmilla Belusowa und Oleg Protopopow zum vierten Mal Weltmeister im Eiskunstlauf der Paare.

29 Do DDR-Staatschef Walter Ulbricht begrüßt die Studentenproteste in der Bundesrepublik und bietet die Wiedervereinigung in einem sozialistischen Staat an.

März 1968

1 Fr Im Fernsehen bestreitet Bundespräsident Heinrich Lübke, während des Nationalsozialismus am Bau von Konzentrationslagern beteiligt gewesen zu sein.

2 Sa Auf einer Luftwaffenbasis in Puerto Rico stellen die USA das bisher größte Flugzeug der Welt vor. Die C-5A »Galaxy« ist ein militärisches Frachtflugzeug.

3 So Kritik an der Bundesregierung üben Vertreter der DDR bei der Eröffnung der Leipziger Frühjahrsmesse. Der Interzonenhandel ging 1967 um 7% zurück.

4 Mo Von Cape Kennedy startet das US-Weltraum-Observatorium »OGO 5« ins All. Es soll dazu dienen, den Einfluss der Sonne auf die Erde zu erforschen.

5 Di Schweden gewährt sieben weiteren US-Soldaten Asyl, die nicht im Vietnamkrieg kämpfen wollen. Das Land hat bisher 20 GIs aufgenommen.

6 Mi In Syrien beginnen die Bauarbeiten am Euphrat-Staudamm. Die Hälfte der Kosten für den ersten Abschnitt in Höhe von 500 Mio. DM trägt die UdSSR.

7 Do Die Nuklearmächte USA, UdSSR und Großbritannien bieten in Genf allen Staaten, die auf Kernwaffen verzichten, eine Sicherheitsgarantie an.

8 Fr Gegen Zensur und Einschränkung der geistigen Freiheit demonstrieren in Warschau mehr als 3000 Studenten. Es wird gewaltsam gegen sie vorgegangen.

9 Sa In Nikosia bauen Griechen einseitig ihre Straßensperren ab, die den griechischen vom türkischen Teil der zypriotischen Hauptstadt trennen.

10 So Der Philologenverband Schleswig-Holsteins kündigt eine Werbekampagne an, mit der Gymnasiasten für den Lehrerberuf gewonnen werden sollen.

11 Mo Der Berliner Senat protestiert gegen die Maßnahme Ost-Berlins vom Vortag, nach der u.a. NPD-Mitglieder nicht mehr durch DDR-Gebiet reisen dürfen.

12 Di Die vormals britische Insel Mauritius im Indischen Ozean wird selbstständig und als unabhängige Republik das 27. Mitglied des Commonwealth.

13 Mi Der DDR-Staatsratsvorsitzende Walter Ulbricht kritisiert in scharfer Form den Bericht zur Lage der Nation von Bundeskanzler Kurt Georg Kiesinger.

14 Do Die ARD bringt zum zehnjährigen Jubiläum der Krimiserie »Stahlnetz« den Film »Ein Toter zuviel«. Drehbuchautor ist wie immer Wolfgang Menge.

15 Fr Mit einem Flugzeug treffen in Hamburg 32 verletzte Kinder aus Vietnam ein. Sie sollen nach ihrer Genesung in einem »Terre des Hommes«-Dorf leben.

16 Sa In Washington gibt Senator Robert F. Kennedy seine Bewerbung um die Nominierung als Präsidentschaftskandidat der Demokraten bekannt. → My Lai

17 So Etwa 4000 Demonstranten protestieren in Nürnberg zur Eröffnung des SPD-Parteitages gegen die Regierungsvorlage zur Notstandsverfassung.

18 Mo Der bekannte Schauspieler Wolfgang Kieling siedelt aus Protest gegen die Vietnam-Politik der Bundesregierung aus West-Berlin in die DDR über.

19 Di In der kubanischen Hauptstadt Havanna werden 4300 private Läden nationalisiert. Staatschef Fidel Castro kündigt weitere Enteignungen an.

20 Mi Der Bundesgerichtshof entscheidet, dass Klaus Manns »Mephisto«, ein Schlüsselroman über den Bühnenstar Gustaf Gründgens, nicht erscheinen darf.

21 Do Der mit 276 000 Bruttoregistertonnen bisher größte Tanker der Welt, die »Bulford«, läuft bei einer Werft in Nagasaki (Japan) vom Stapel.

22 Fr Auf öffentlichen Druck hin tritt Antonín Novotny von seinem Amt als Präsident der Tschechoslowakei zurück. Dies trägt dem KP-Reformkurs Rechnung.

23 Sa Der US-Spielfilm »In der Hitze der Nacht« kommt in die bundesdeutschen Kinos. Die Hauptrollen spielen Sidney Poitier und Rod Steiger.

24 So Der FDP-Vorsitzende Walter Scheel teilt in Dortmund mit, die FDP strebe nach der Bundestagswahl 1969 eine Koalition mit der SPD an.

25 Mo Der polnische Hochschulminister entlässt sechs Professoren der Warschauer Universität, weil ihre Lehrstühle »Zentren der politischen Opposition« seien.

26 Di Die hessische Landesregierung erteilt die Genehmigung zum Bau einer dritten Start- und Landebahn für den Frankfurter Rhein-Main-Flughafen.

27 Mi Der Bundestag beschließt eine Altersversorgung für Abgeordnete. Jeder Parlamentarier erhält 35% bis 75% seiner Grundbezüge als Monatsrente.

28 Do Im Anschluss an einen Protestmarsch von 4000 vorwiegend farbigen Demonstranten kommt es in Memphis (US-Bundesstaat Tennessee) zu Rassenunruhen.

29 Fr An den Universitäten werden nach einem Beschluss der Westdeutschen Rektorenkonferenz Zulassungsbeschränkungen für überlastete Fächer eingeführt.

30 Sa In Prag wählt die tschechoslowakische Nationalversammlung den Ex-Verteidigungsminister Ludvík Svoboda zum Staatspräsidenten.

31 So US-Präsident Lyndon B. Johnson verzichtet auf eine weitere Kandidatur und ordnet die weitgehende Einstellung der Bombenangriffe auf Nordvietnam an.

5. April 1968

Liberalisierung in Prag

Das Zentralkomitee der Kommunistischen Partei in der Tschechoslowakei beschließt ein Aktionsprogramm, mit dem es den Reformkurs des entmachteten Parteichefs Antonín Novotný fortsetzt. Das Papier sieht die Gewährung wichtiger Bürgerrechte wie der Meinungs-, Versammlungs- und Koalitionsfreiheit vor. Reformen werden im politischen System, in der Wirtschaft, bei Bildung, Kultur und Wissenschaft sowie in der Außenpolitik anvisiert. Das Aktionsprogramm fordert ferner einen eigenständigen Ausbau einer sozialistischen Demokratie, wobei die bisherigen Schritte – wie die Abschaffung der Pressezensur, die strikte Einhaltung der Rechtsnormen und die freie, öffentliche Diskussion aller politischen Themen – nur als Stationen des Aufbruchs verstanden werden sollen. Die freiwillige Einschränkung des Machtmonopols der KP und das Infragestellen von Lenins Prinzip des »demokratischen Zentralismus« erregt das Missfallen der Sowjetunion.

16. März 1968

Massaker von My Lai

US-Soldaten verüben ein Massaker an den Bewohnern des südvietnamesischen Dorfes My Lai. Die Infanteristen töten 507 Menschen, darunter zahlreiche Frauen, Kinder und Greise. Die Bewohner der Region werden verdächtigt, mit dem Vietcong zu kollaborieren. Als das Massaker 1969 in der Öffentlichkeit bekannt wird, kommt es zu einem Sturm der Entrüstung. Der moralische Bankrott der USA im Vietnamkrieg ist perfekt (Abb.: Brutales Verhör einer Vietnamesin).

4. April 1968

Mord an dem Prediger der Gewaltlosigkeit

Der Führer der gewaltfreien schwarzen Bürgerrechtsbewegung, Martin Luther King, wird in Memphis (US-Bundesstaat Tennessee) Opfer eines Attentats. Um 18.01 Uhr trifft ihn auf dem Balkon des »Lorraine«-Motels die Kugel, die der Attentäter James Earl Ray aus 70 m Entfernung abgefeuert hatte, direkt in den Hals. Der Friedensnobelpreisträger von 1964 stirbt eine Stunde später im Krankenhaus.

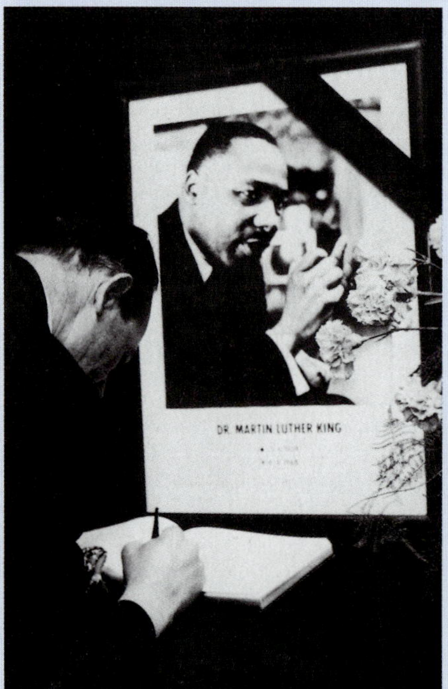

Kondolenzbuch im Münchener Amerikahaus

Der Attentäter flüchtet über Kanada und Portugal nach London, wo er am 8. Juni nach der bislang aufwändigsten Verbrecherjagd in der US-Geschichte gefasst wird. Die Hintergründe seiner Tat werden nie ganz aufgeklärt. Wie auch nach dem Mord an US-Präsident John F. Kennedy 1963 stoßen die Ermittlungsbehörden auf ein Netz von Ungereimtheiten. Fest steht nur, dass die Tat gut vorbereitet war. Ob der 40-jährige Ray ein Einzeltäter war oder von Verschwörern für den Mord gedungen wurde, bleibt im Dunkeln. Die Nachricht vom Tod des Baptistenpfarrers ist für viele Schwarze in den USA ein Schock. Mit ihm verlieren sie den Mann, der sich in den vergangenen Jahren am stärksten für ihre gesellschaftliche Gleichberechtigung eingesetzt hat. Aber auch viele weiße Politiker sind entsetzt, sogar ein erklärter King-Gegner wie der Gouverneur von Alabama, George Wallace, nennt das Attentat »sinnlos«. Martin Luther King hatte gegen die Rassendiskriminierung in den USA zahlreiche Demonstrationen organisiert, aber immer sein Prinzip der Gewaltfreiheit als einzig legitimes politisches Mittel betont. Er hielt sich Anfang April deshalb in Memphis auf, um durch seine Autorität die Streiks der farbigen Müllarbeiter zu unterstützen und gewaltfrei zu halten. Seine Zimmernummer im Motel war durch einen Fernsehbericht bekannt geworden. Nach Kings Tod wird damit gerechnet, dass der radikale Flügel der schwarzen Bürgerrechtsbewegung um die »Black Panthers« weiteren Zulauf erhält. Schwarze und Weiße befürchten nach dem brutalen Mord eine Welle der Gewalt.

1. April 1968

Verdrängung der NS-Zeit

»Die Unfähigkeit zu trauern«, eine Studie des Psychoanalytiker-Ehepaares Margarete und Alexander Mitscherlich, wird ein Verkaufsschlager. Die viel diskutierte Schrift erreicht Platz 3 der »Spiegel«-Bestsellerliste für Sachbücher. Das Buch stellt die Verdrängung der NS-Vergangenheit in der Nachkriegszeit fest und untersucht ihre Ursachen. Diese lägen in der andauernden Indentifikation der Deutschen mit autoritären Vaterfiguren. Die traditionelle Familienstruktur sei eine Ursache für die Unfähigkeit, das Dritte Reich und seine Massenmorde als geschichtliche Schuld anzuerkennen. Wer sich nicht aus der zwischen Hass und Liebe schwankenden Identifikation mit den Eltern lösen kann, werde später versuchen, seine Persönlichkeit durch blinden Gehorsam, z. B. gegenüber einem »Führer«, zu stabilisieren. Nur wer sich aus der Abhängigkeit von absoluten Autoritäten befreit, kann Schuld eingestehen, so lautet die unbequeme Wahrheit des Buches.

Das »Lorraine«-Motel im Visier des Attentäters

Martin Luther King

US-Bürgerrechtler und Geistlicher, * 15.1.1929 Atlanta (US-Bundesstaat Georgia), † 4.4.1968 Memphis (Tennessee)

King wurde als Sohn eines Pfarrers geboren und genoss eine gute Ausbildung. Wie sein Vorbild Mahatma Gandhi tritt der Bürgerrechtler von Anfang an für Gewaltlosigkeit ein. Den Kampf gegen die Unterdrückung der Schwarzen krönte er am 28. August 1963 mit seiner historischen Rede »I have a dream« vor 250 000 Menschen in Washington.

- 1954: Baptistenpfarrer in Montgomery (Alabama)
- 1955: Promotion zum Doktor der Philosophie
- 1955/56: Leitung des Busboykotts in Montgomery
- 1957: Gründung der Bürgerrechtsorganisation SCLC
- 1964: Friedensnobelpreis

3. April 1968

Brillante Effekte in »2001«

Stanley Kubricks Film »2001 – Odyssee im Weltraum« wird in New York uraufgeführt. Das Werk revolutioniert das Genre des Science-Fiction-Films.

Mit spektakulären Trickaufnahmen erzählt »2001« die Geschichte eines rätselhaften Monolithen (Abb.: Astronauten entdecken das Mysterium). In der Schlusssequenz bricht der Regisseur mit allen Regeln und überflutet den Zuschauer mit rasanten Farbeffekten, die keine klare Handlung zeigen.

3. April 1968

Brandanschlag auf Kaufhäuser

Aus Protest gegen die politischen und gesellschaftlichen Verhältnisse in der Bundesrepublik legen vier radikale Anhänger der sog. Außerparlamentarischen Opposition (APO) Brände in zwei Kaufhäusern in Frankfurt am Main. Dabei entsteht ein Sachschaden von 2,2 Mio. DM. Als Täter werden am 5. April Andreas Baader, Gudrun Ensslin, Thorwald Proll und Horst Söhnlein verhaftet. Sie geben zu Protokoll, sie hätten mit ihrer Tat ein Zeichen gegen das kapitalistische System, die angebliche Unterstützung der Bundesrepublik für den Vietnamkrieg der USA, die Wiederbewaffnung und den »Konsumterror« setzen wollen. Bei ihrem Anschlag sei den Attentätern der Umstand vor Augen gewesen, dass die Bundesdeutschen über die 332 Toten bei einem Kaufhausbrand 1967 in Brüssel mehr entsetzt waren als über die vielfache Zahl an Kriegsopfern in Vietnam.

11. April 1968

Anschlag auf Studentenführer

Weil er »keine Kommunisten leiden« könne, schießt der 23-jährige Bauhilfsarbeiter Josef Erwin Bachmann in West-Berlin den Studentenführer Rudi Dutschke nieder. Dutschke wird von drei Kugeln in Kopf und Brust lebensgefährlich verletzt (Abb.: Tatort). Die Polizei stellt Bachmann nach einem Schusswechsel, bei dem der Attentäter verletzt wird. Studenten machen den Berliner Senat und die Springer-Presse als geistige Urheber für das Attentat verantwortlich. In mehreren Städten stören Dutschke-Anhänger die Auslieferung von Springer-Zeitungen.

April 1968

1 Mo Die vereinigte Arbeiterpartei Polens beginnt mit einer Kampagne gegen »reaktionäre« und »zionistische« Kräfte. → Verdrängung

2 Di Neuer Bundesinnenminister ist Ernst Benda (CDU). +++ In Brasilien kommt es zu gewaltsamen Studentenunruhen, die teils anti-amerikanisch motiviert sind.

3 Mi Nordvietnam erklärt sich nach der Ankündigung der USA, ihre Bombenangriffe zu reduzieren, zu Verhandlungen bereit. → »2001« → Brandanschlag

4 Do US-Präsident Lyndon B. Johnson erklärt gegenüber Nordvietnam seine Zustimmung zu einem Treffen von Unterhändlern beider Länder. → Mord

5 Fr In Frankfurt am Main verliert der deutsche Schwergewichtseuropameister Karl Mildenberger gegen den US-Box-Neuling Leotis Martin durch k.o. → Prag

6 Sa Per Referendum »entscheiden« sich 94,54% der DDR-Bürger für die Verfassung, in der die DDR als »sozialistischer Staat deutscher Nation« bezeichnet wird.

7 So Der 32-jährige Schotte Jim Clark, der bisher erfolgreichste Grand-Prix-Autorennfahrer der Formel-1, verunglückt auf dem Hockenheimring tödlich.

8 Mo Die tschechoslowakische Regierung unter Oldrich Černik nimmt ihre Arbeit auf. Das Kabinett will die Reformvorhaben der KP vorantreiben.

9 Di In Atlanta wird der am 4. April ermordete schwarze US-Bürgerrechtler Martin Luther King beigesetzt. Mehr als 50 000 Trauergäste folgen dem Sarg.

10 Mi Auf Grundsätze der Hochschulreform einigen sich die Kultusminister der Länder in Bonn. Ihre Pläne sehen u.a. Mitspracherechte aller universitären Gruppen vor.

11 Do Norman Jewisons »In der Hitze der Nacht« wird in Santa Monica als bester englischsprachiger Film mit einem »Oscar« ausgezeichnet. → Anschlag

12 Fr In Hamburg wird die Aussichtsterrasse des neuen Fernmeldeturms geöffnet. Besucher können aus 127 m Höhe den Blick über den Hafen genießen.

13 Sa Ost-Berlin untersagt bundesdeutschen Ministern und leitenden Beamten die Durchreise »durch das Hoheitsgebiet der DDR nach West-Berlin«.

14 So Für den Fall von Friedenverhandlungen zwischen Nordvietnam und den USA ohne Südvietnam droht Saigon mit einer Generalmobilmachung.

15 Mo Nigeria bricht die diplomatischen Beziehungen zu Tansania ab, weil dieses die abgefallene nigerianische Provinz Biafra als Staat anerkenne.

16 Di Großen Erfolg beim sowjetischen Publikum hat die Dramatisierung des Heinrich-Böll-Romans »Ansichten eines Clowns« bei der Premiere in Moskau.

17 Mi In Paris hat »Die Braut trug Schwarz«, ein Film von François Truffaut, Premiere. In der Hauptrolle ist Jeanne Moreau zu sehen.

18 Do US-Bomber fliegen die bisher schwersten Luftangriffe auf nordvietnamesische Stellungen im A-Shau-Tal in der Nähe von Huê.

19 Fr In Moskau kündigt Parteichef Leonid I. Breschnew schärfere politische Richtlinien an, die Liberalisierungstendenzen in der UdSSR verhindern sollen.

20 Sa Pierre Elliot Trudeau wird Nachfolger des zurückgetretenen kanadischen Ministerpräsidenten Lester Pearson, der aus Altersgründen ausschied.

21 So Die Bundesrepublik erlebt am Wochenende die bisher heißesten Apriltage seit Beginn der regelmäßigen Wetterbeobachtung. Es werden um 30 °C gemessen.

22 Mo In Großbritannien werden erstmals Dezimalmünzen in Umlauf gebracht. Die neuen 5- und 10-Pence-Münzen ersetzen Ein- und Zweishillingstücke.

23 Di Nach massiven Boykottdrohungen afrikanischer Staaten macht das IOC die Einladung Südafrikas zu den Olympischen Sommerspielen in Mexiko rückgängig.

24 Mi Ein Fernfahrer stellt sich der Freiburger Polizei und behauptet, er habe den Auftrag erhalten, Bundeskanzler Kurt Georg Kiesinger zu töten.

25 Do 16 000 Studierende an nordrhein-westfälischen Ingenieursschulen treten in den Streik. Sie fordern die Integration ihrer Fachschulen in den Hochschulbereich.

26 Fr Die Bundesbahn teilt mit, dass künftig Intercity-Züge eingesetzt würden, die mit Geschwindigkeiten von 200 km/h Ballungszentren verbinden sollen.

27 Sa Über 100 000 Menschen demonstrieren in den Straßen von New York gegen die Vietnampolitik von US-Präsident Lyndon B. Johnson.

28 So Bei den Landtagswahlen in Baden-Württemberg erzielt die NPD mit 9,8% der Stimmen und zwölf Mandaten das beste Ergebnis ihrer Parteigeschichte.

29 Mo Im sog. Lemberg-Prozess um die Ermordung von Juden während der NS-Zeit werden in Stuttgart elf Angeklagte zu Zuchthausstrafen verurteilt.

30 Di Nach 13-jähriger Amtszeit tritt der Leiter des Bundesnachrichtendienstes, Reinhard Gehlen, in den Ruhestand. Nachfolger wird Gerhard Wessel.

Mai 1968

1 Mi Knochenfunde an der nördlichen Pazifikküste der USA beweisen, dass schon vor 11 000 bis 13 000 Jahren in Amerika Menschen gelebt haben.

2 Do Israel feiert in Jerusalem seinen 20. Gründungstag mit der bisher größten Militärparade des Landes. Es werden Beutewaffen des Sechstagekrieges gezeigt.

3 Fr Mehrere tausend Menschen, überwiegend Schwarze, starten den »Marsch der armen Leute« auf Washington, um auf ihr Elend aufmerksam zu machen.

4 Sa In Stuttgart wird im Beisein des Bauhaus-Gründers und Architekten Walter Gropius die Ausstellung »50 Jahre Bauhaus« eröffnet.

5 So Vietcong-Verbände greifen 116 Städte und Militäranlagen in Südvietnam an. Unter den Opfern des Angriffs befinden sich auch ausländische Journalisten.

6 Mo Spanien schließt die Landgrenze zur britischen Kronkolonie Gibraltar, um Großbritannien zu Rückgabeverhandlungen zu bewegen.

7 Di Mit dem Einlaufen der Jolle »Kathena« in den Helgoländer Hafen hat Wilfried Erdmann nach 415 Tagen als erster Deutscher die Welt allein umsegelt.

8 Mi Der US-Autor William Styron erhält für seinen Roman »Die Bekenntnisse des Nat Turner« die bedeutendste US-Literaturauszeichnung, den Pulitzer-Preis.

9 Do Im Werk Sindelfingen läuft der zweimillionste Mercedes-Benz-Personenwagen seit Wiederaufnahme der Produktion 1946 vom Band.

10 Fr Ein Taifun mit Windgeschwindigkeiten von bis zu 210 km/h verwüstet die Südwestküste Birmas und fordert über 1000 Menschenleben. → Frankreich

11 Sa Peter Handkes Schauspiel »Kaspar«, das die soziale Macht der Sprache thematisiert, wird in Frankfurt am Main und in Oberhausen uraufgeführt. → Notstand

12 So Die sowjetische Führung will, wie aus Moskau verlautet, vorerst von Sanktionen gegen die nach Liberalisierung strebende Tschechoslowakei absehen.

13 Mo In Paris beginnen offizielle Gespräche zwischen den USA und Nordvietnam zur Beendigung des Vietnamkriegs. Die erste Runde bleibt ergebnislos.

14 Di In der Bundesrepublik werden erstmals Scheibenwischer mit Intervallschaltern angeboten, die das Ein- und Ausschalten der Wischer automatisch regeln.

15 Mi Wegen der zweiten Lesung der Notstandsgesetze im Bonner Bundestag boykottieren tausende Schüler und Studenten ihre Lehrveranstaltungen.

16 Do In Frankreich besetzen streikende Arbeiter aus Sympathie mit den Studenten und deren Forderungen sämtliche Produktionsstätten der Renaultwerke.

17 Fr »Esro II«, der erste europäische Satellit, wird in Vandenberg (US-Bundesstaat Kalifornien) gestartet und in seine Umlaufbahn gebracht.

18 Sa Die Filmfestspiele in Cannes werden abgebrochen, weil Filmschaffende aus Sympathie mit streikenden Studenten und Arbeitern die Vorführhalle besetzen.

19 So Aus Protest gegen die Friedensverhandlungen zwischen Nordvietnam und den USA tritt die südvietnamesische Regierung unter Nguyên Van Loc zurück.

20 Mo Der größte Streik seit 30 Jahren lähmt die französische Wirtschaft fast völlig. Auslöser waren Studentenstreiks, jetzt fordern die Arbeiter mehr Lohn.

21 Di Brian Jones, der 26-jährige Gitarrist der »Rolling Stones«, wird in Großbritanniens Hauptstadt London wegen Marihuanabesitzes verhaftet.

22 Mi Die Pressekommission der Bundesregierung stellt fest, dass der Springer-Konzern mit einem Anteil von 33% am Pressemarkt die Meinungsfreiheit gefährde.

23 Do Im ugandischen Kampala beginnen Friedensverhandlungen zwischen der Zentralregierung Nigerias und der separatistischen Ostprovinz Biafra.

24 Fr Die Bundesregierung beschließt in Bonn die Pflicht zur Offenlegung von Bilanzen auch für Großunternehmen, die keine Aktiengesellschaften sind.

25 Sa Der 1. FC Nürnberg mit Trainer Max Merkel wird Deutscher Fußballmeister 1968. Es ist der neunte Titelgewinn für den fränkischen Traditionsverein.

26 So Auf den Straßen Islands wird der Rechtsverkehr eingeführt. Links fahren somit in Europa nur noch Kraftfahrer in Großbritannien und Irland.

27 Mo In Alsdorf beginnt der sog. Contergan-Prozess um das Arzneimittel, durch dessen Einnahme europaweit zahlreiche Kinder missgebildet zur Welt kamen.

28 Di Das Aktionskomitee Demokratie im Notstand, dem z.T. prominente Intellektuelle angehören, protestiert in Frankfurt am Main gegen die Notstandsgesetze.

29 Mi Der UN-Sicherheitsrat verhängt über Rhodesien ein totales Handelsembargo, um das afrikanische Land zur Aufgabe der Apartheid-Politik zu zwingen.

30 Do Mit 384 gegen 100 Stimmen bei einer Enthaltung billigt der Bundestag in Bonn trotz massiver öffentlicher Proteste die sog. Notstandsgesetze.

31 Fr Sowjetische Truppen rücken zu »Stabsmanövern« in die Tschechoslowakei ein. Die Aktion wird u.a. als Vorbote einer militärischen Intervention gedeutet.

Studenten, aber auch Gewerkschafter protestieren in Bonn gegen die Notstandsgesetze.

Demos gegen Verfassungsänderung

In Bonn (s. Abb.) und Dortmund demonstrieren mehrere zehntausend Menschen friedlich gegen die geplante Notstandsgesetzgebung. Sie befürchten durch die Verfassungsänderung die Einschränkung von Grundrechten und warnen vor der Gewährung von Vollmachten, die einer Regierung den Weg in eine neue Diktatur eröffnen könnten. An dem Sternmarsch auf Bonn beteiligen sich nach Angaben der Polizei 22 000 Menschen, nach Schätzungen der Veranstalter 70 000. Der Schriftsteller Heinrich Böll wendet sich auf der zentralen Kundgebung im Hofgarten gegen die mangelnde Präzision einzelner Gesetzesbestimmungen und sieht darin eine Gefahr für den demokratischen Rechtsstaat.

5. Juni 1968

Robert Kennedy ermordet

Die Tragödie der Kennedys setzt sich fort: Wenige Minuten nach seinem Sieg bei den Vorwahlen zur Präsidentschaftskandidatur der Demokraten fällt auch der US-Senator Robert F. Kennedy in Los Angeles einem Attentat zum Opfer. Der Jordanier Sirhan Bishara Sirhan feuert acht Revolverkugeln auf ihn ab, zwei davon treffen Kennedy in Schulter und Kopf (s. Abb.). Trotz einer Notoperation stirbt der liberale Politiker, wie sein 1963 ermordeter Bruder John F. Kennedy vor allem ein Idol des jungen Amerika, am folgenden Tag. Sirhan begründet die Tat mit der pro-israelischen Haltung seines Opfers.

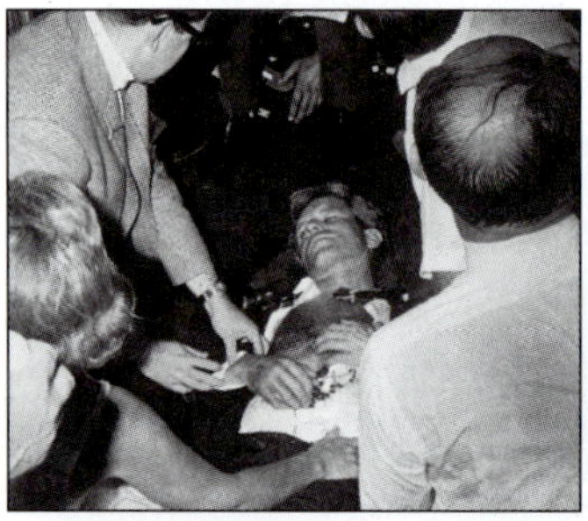

11. Juni 1968

Schikanen im Berlin-Verkehr

Mit der »5. Durchführungsbestimmung zum Passgesetz der DDR« führt die Ostberliner Volkskammer für den Transitverkehr zwischen der Bundesrepublik und West-Berlin den Pass- und Visumzwang ein. Reisende müssen an den Kontrollstellen der innerdeutschen Grenzen fortan Anträge zur Durchreise des DDR-Gebietes stellen. Für die Visa erheben die DDR-Behörden eine Verwaltungsgebühr von 5 DM, die jedoch nach einer Kabinettsentscheidung am 17. Juni 1968 von Bonn übernommen wird.

Durch die erforderlichen Kontrollverfahren ergeben sich an der Grenze längere Wartezeiten. Am Übergang Helmstedt etwa staut sich der Verkehr regelmäßig bis zu 4 km Länge. Die Bundesregierung empört sich über die neuerliche Behinderung des Grenzverkehrs, muss aber zugleich die eigene Machtlosigkeit erkennen. Schon seit dem 10. März verweigert die DDR NPD-Mitgliedern die Durchreise, seit dem 13. April können auch Minister und leitende Beamte der Bundesregierung die Transitstrecken nicht mehr nutzen.

. Mai 1968

esetze für en Notstand

Ungeachtet der heftigen Proteste aus Teilen der Bevölkerung verabschieden Bundestag und Bundesrat sechs sog. einfache Notstandsgesetze und die 17. Änderung des Grundgesetzes. Die Notstandsgesetzgebung soll der äußeren und inneren Sicherheit in Krisenzeiten dienen. Dazu regelt sie u.a. Eingriffe in das Brief- und Fernmeldegeheimnis und ermächtigt die Bundesregierung zu Eingriffen in die Länderhoheit.

Die Gesetze erlauben im Verteidigungs- und im sog. Spannungsfall den Einsatz der Bundeswehr für Aufgaben, die sonst der Polizei vorbehalten blieben. Dazu gehören das Regeln des Straßenverkehrs, aber auch der Einsatz gegen innere Aufstände. Ob ein Spannungsfall vorliegt, muss jeweils der Bundestag entscheiden. In eindeutigen und dringenden Fällen kann die Entscheidung über die Ausrufung des Verteidungsfalles auch von dem Gemeinsamen Ausschuss aus Bundestag und Bundesrat vorgenommen werden. Frauen zwischen dem 18. und dem 55. Lebensjahr können in Krisenfällen zum Lazarettdienst verpflichtet werden, wenn die zivile Versorgung nicht anders gedeckt werden kann. Außerdem schränken die Notstandsgesetze die Freiheit der Berufswahl ein, vornehmlich die Freiheit, gar nicht zu arbeiten. Der Bundestag verabschiedet die Notstandsgesetze am 30. April mit 384 zu 100 Stimmen. Von den Gegenstimmen stammen aus der SPD 53, aus der FDP 46 und aus der CDU eine. Nach Zustimmung des Bundesrates treten sie am 28. Juni in Kraft.

20. Juni 1968

Leistungsexplosion im Sprint

Gleich drei Athleten brechen bei den US-Leichtathletikmeisterschaften in Sacramento den Weltrekord im 100-m-Lauf. Seit 1960 konnte die Bestzeit des deutschen Sprinters Armin Hary nicht unterboten werden. Jetzt durchbrechen gleich drei Läufer die Schallmauer von 10,0 sec und laufen erstmals 9,9 sec. Jim Hines, Ronnie Ray Smith (s. Abb.) und Charlie Greene legen nacheinander die 100-m-Distanz in neuer Rekordzeit zurück. Insgesamt laufen 22 Teilnehmer Zeiten von 10,0 sec und weniger, allerdings werden 11 Zeiten wegen zu starken Rückenwinds nicht anerkannt. Die große Anzahl an Bestleistungen ist Ausdruck einer wahren Leistungsexplosion. Einige Sprinter müssen mit 10,0 sec schon im Zwischenlauf ausscheiden.

10. Mai 1968

Frankreich vor dem Kollaps

Aus Solidarität mit den Studenten rufen Frankreichs Gewerkschaften zum Generalstreik auf. In kürzester Zeit weitet sich die Streikbewegung im ganzen Land aus, nach anderthalb Wochen befinden sich schätzungsweise sieben Mio. Franzosen im Ausstand.

Vorausgegangen waren teils blutige Auseinandersetzungen zwischen Studenten und der Polizei. Am 2. Mai wurde die Philosophische Fakultät in Nanterre wegen wiederholter Studentenproteste gegen die Hochschulgesetze geschlossen. Unter der Führung von Daniel Cohn-Bendit hatten die Studenten radikale Bildungsreformen und eine Abschaffung der »Aussiebungsexamen« gefordert. Erziehungsminister Alain Peyrefitte sperrte mit der Schließung 40 000 Studierende aus. Daraufhin kommt es zu immer größeren Demonstrationen, die von der Polizei mit rigiden Mitteln aufgelöst werden. Ihren Höhepunkt erreicht die Protestbewegung am 6. Mai, als 5000 Demonstranten im Pariser Studentenviertel Quartier Latin von 3000 Beamten eingekesselt und mit Tränengas angegriffen werden (Abb.: Cohn-Bendit spricht vor Kommilitonen). Die Bilder von verletzten und teilweise wehrlosen Studenten, auf die Polizisten wahllos einschlagen, rufen in der Bevölkerung Entrüstung hervor. Eine Welle der Solidarität mit den Studenten setzt ein. Die Streiks legen die französische Wirtschaft lahm. Der Staat steht vor dem Zusammenbruch. Erst die Auflösung der Nationalversammlung am 30. Mai lässt allmählich Ruhe einkehren.

Daniel Cohn-Bendit

deutsch-französischer Politiker, * 1945 Monatauban, Département Tarnet-Garonne

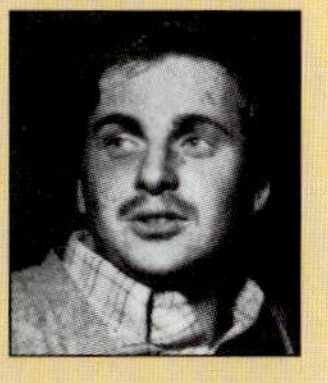

Der charismatische Redner gehörte zu den Hauptakteuren der französischen Mai-Unruhen. Nach der Ausweisung aus Frankreich wird der »anarchistische Marxist« in der bundesdeutschen Studentenbewegung aktiv. In den 80er Jahren schließt sich Cohn-Bendit dem »Realo«-Flügel der Grünen an.

- 1965-68: Soziologiestudium
- ab 1976: Redakteur des Magazins »Pflasterstrand«
- 1989: Wahl in den Stadtrat von Frankfurt am Main
- 1999: Spitzenkandidat der französischen Grünen bei den Europawahlen

Juni 1968

1 Sa Hans Jürgen Wischnewski übernimmt den neu geschaffenen Posten eines Bundesgeschäftsführers der SPD. Er soll die Partei- und Wahlkampfarbeit straffen.

2 So In Quito wird José Maria Velazco Ibarra zum fünften Mal zum Präsidenten Ecuadors gewählt. Dreimal wurde er durch Staatsstreiche gestürzt.

3 Mo Der elf Jahre alte niederländische Sänger Heintje führt mit seiner ersten Langspielplatte die »Spiegel«-Bestsellerliste für Unterhaltungsmusik an.

4 Di Laut US-Oberkommando sind von Februar bis April 1968 im Monat durchschnittlich 9000 südvietnamesische Soldaten zum Vietcong übergelaufen.

5 Mi Wegen der Unterdrückung freier Gewerkschaften in Griechenland boykottieren Hafenarbeiter in aller Welt griechische Schiffe. → Kennedy

6 Do Zum ersten Mal nach dem im Mai ausgebrochenen Generalstreik verkehren in Frankreich wieder Eisenbahnen, Autobusse und die Pariser Metro.

7 Fr Unter dem Eindruck der Ermordung von US-Senator Robert F. Kennedy beschließt der US-Kongress Einschränkungen für den Schusswaffenverkauf.

8 Sa Auf dem Londoner Flughafen Heathrow wird nach zweimonatiger Flucht der Mörder von Martin Luther King, James Earl Ray, verhaftet.

9 So Durch einen 4:1-Sieg über den VfL Bochum holt sich der 1. FC Köln im Ludwigshafener Südweststadion erstmals den Pokal des Deutschen Fußball-Bundes.

10 Mo Italien wird durch einen 2:0-Sieg über Jugoslawien in Rom Fußball-Europameister. Erstmals seit 1938 feiern die Azzurri wieder einen internationalen Titel.

11 Di Mehr als 60 000 Studenten westdeutscher Ingenieursschulen bestreiken zur Durchsetzung besserer Studienbedingungen ihre Vorlesungen. → Schikanen

12 Mi Bei einem Titelkampf im Mittelgewicht gegen den Italiener Carlos Duran erleidet der deutsche Boxer Joseph Elze Gehirnverletzungen. Er stirbt am 20. Juni.

13 Do Die USA schießen von Cape Kennedy aus gleichzeitig acht Fernmeldesatelliten ins All. Sie sollen die Kommunikation mit Truppen in Vietnam verbessern.

14 Fr Die französische Regierung verweist 34 Ausländer wegen unerlaubter politischer Betätigung während der Mai-Unruhen des Landes.

15 Sa Erstmals beschießen nordvietnamesische Hubschrauberverbände Stellungen in Südvietnam. Die Raketenangriffe auf Saigon halten ebenfalls an.

16 So In mehreren japanischen Städten kommt es zu heftigen Protesten gegen die Vietnampolitik der USA und die Rassendiskriminierung in den Vereinigten Staaten.

17 Mo Die ARD sendet den DEFA-Film »Irrlicht und Feuer« nach dem Roman von Max von der Grün und gibt damit den Boykott von DDR-Produktionen auf.

18 Di Rd. 1500 Hochschullehrer haben bis heute das sog. Marburger Manifest unterzeichnet. Sie lehnen damit studentische Mitbestimmung an Universitäten ab.

19 Mi Die südvietnamesische Regierung ordnet die Generalmobilmachung an. Sie will ihre Truppenstärke um 280 000 Mann auf über 1 Mio. Soldaten erhöhen.

20 Do Stabsmanöver von Warschauer-Pakt-Staaten beginnen in der Slowakei. Rund um die Tschechoslowakei stehen weitere Truppen in Bereitschaft. → Sprint

21 Fr Die Olympia-Baugesellschaft beschließt: Das Stadion für die Olympischen Spiele in München erhält ein punktgestütztes Zeltdach.

22 Sa In Venedig wird die 34. Kunst-Biennale unter Polizeischutz eröffnet. Heftige Proteste richten sich gegen die Kommerzialisierung der Ausstellung.

23 So Der Axel Springer Verlag trennt sich von mehreren Publikumszeitschriften. Springer reagiert damit auf den Vorwurf einer marktbeherrschenden Position.

24 Mo Mehr als eine halbe Mio. Flüchtlinge sind im afrikanischen Biafra vom Hungertod bedroht, wie das Internationale Komitee des Roten Kreuzes in Genf mitteilt.

25 Di Die tschechoslowakische Nationalversammlung in Prag rehabilitiert die Opfer der politischen Prozesse seit 1948 und hebt die Pressezensur völlig auf.

26 Mi Papst Paul VI. teilt mit, dass die Knochenreste, die unter Roms Petersdom gefunden wurden, als Überreste des Heiligen Petrus identifiziert worden seien.

27 Do In der Tschechoslowakei fordern 70 Wissenschaftler, Künstler und Sportler im »Manifest der 2000 Worte«, die Demokratisierung fortzusetzen.

28 Fr Das Bundespostministerium teilt mit, dass die Deutsche Bundespost jährlich etwa 2 Mio. DM für die Reparatur mutwillig zerstörter Telefonzellen ausgibt.

29 Sa Ein Streik legt fast den gesamten öffentlichen Verkehr in Großbritannien lahm. Omnibusse verkehren nur unregelmäßig, Eisenbahnen fahren gar nicht.

30 So Seit 1961 hat die Bundeswehr 84 »Starfighter« verloren. Dabei kamen 43 Piloten ums Leben. Der Sachschaden beläuft sich auf 504 Mio. DM.

Juli 1968

1 Mo Die Europäische Gemeinschaft verwirklicht die Zollunion. Zölle für gewerbliche Erzeugnisse und einen Teil der Agrarprodukte entfallen. → Atomwaffen

2 Di Mit der Verleihung des »Goldenen Bären« für den schwedischen Wettbewerbsbeitrag »Raus mit dir« enden die XVIII. Berliner Filmfestspiele.

3 Mi Anlässlich eines sowjetisch-ungarischen Freundschaftstreffens im Kreml warnt der sowjetische Parteichef Leonid I. Breschnew vor Liberalisierungen.

4 Do Der Stadtrat von Passau lockert die Badeordnung von 1952 und gestattet in den öffentlichen Badeanstalten der Bischofsstadt das Tragen von Bikinis.

5 Fr Die Ministerpräsidenten der Länder beschließen, dass Ingenieursschulen künftig als Fachhochschulen in den Hochschulbereich eingegliedert werden.

6 Sa Billie Jean King (USA) gewinnt in Wimbledon gegen die australische Tennisspielerin Judy Tegart mit 9:7 und 7:5 die All England Championships.

7 So Frankreich beginnt auf dem Mururoa-Atoll im Pazifik eine neue Atomwaffentestserie, gegen die die japanische Regierung heftig protestiert.

8 Mo Insgesamt zwölf Länder gewähren Großbritannien zur Stützung des britischen Pfundes einen Kredit in Höhe von umgerechnet 8 Mrd. DM.

9 Di Ein Athener Militärgericht verurteilt acht Angeklagte, die den Sturz des griechischen Militärregimes geplant haben sollen, zu zwei bis zehn Jahren Gefängnis.

10 Mi Der bisherige Wirtschafts- und Finanzminister Maurice Couve de Murville löst Georges Pompidou als Ministerpräsident Frankreichs ab.

11 Do Ein Orkan verwüstet die Stadt Pforzheim. Etwa 200 Menschen werden verletzt, Gebäude schwer beschädigt und hunderte Autos zerstört.

12 Fr Bundesaußenminister Willy Brandt veröffentlicht Dokumente der fast zweijährigen deutsch-sowjetischen Geheimverhandlungen über einen Gewaltverzicht.

13 Sa Filterzigaretten haben einen Anteil von 84% an der Gesamtmenge in der Bundesrepublik verkauften Zigaretten, wie die Tabakindustrie bekannt gibt.

14 So Der am 13. Juli begonnene Abzug sowjetischer Manövertruppen aus der Tschechoslowakei wird ohne Angabe von Gründen eingestellt.

15 Mo Mit der Fusion der bundesdeutschen Forschungsanstalten für Luft- und Raumfahrt will Bonn die Stellung der Bundesrepublik auf diesem Gebiet stärken.

16 Di Bundesdeutsche Verbraucherverbände fordern die EG auf, Agrarüberproduktionen nicht mehr zu vernichten, nur um höhere Preise zu erzielen.

17 Mi Luftwaffenoffiziere um General Ahmad Hasan Al Bakr, die der panarabischen Bath-Partei nahestehen, stürzen im Irak Staatspräsident Abd Ar Rahman Arif.

18 Do Im Züricher Kunsthaus ist die erste Gesamtausstellung des grafischen Werks von Pablo Picasso zu sehen. Sie umfasst über 4000 Blätter.

19 Fr Der anhaltende Konjunkturaufschwung führt bei Bund und Ländern zu erhöhten Steuereinnahmen. Im Vergleich zum Juli 1967 stiegen sie um 9,6%.

20 Sa Der Innenminister Boliviens bittet Chile um Asyl. Er wird verdächtigt, eine Kopie des Tagebuchs von Che Guevara an Kuba verkauft zu haben.

21 So Jan Janssen gewinnt als erster Niederländer die Tour de France. Er erringt den Sieg, ohne zuvor das gelbe Trikot des Spitzenreiters getragen zu haben.

22 Mo Italien gesteht der Witwe des »Duce« Benito Mussolini eine Monatsrente von umberechnet 2250 DM zu. Rund 200 000 DM werden nachgezahlt.

23 Di Radioastronomen an der britischen Universität Cambridge gelingt der zweifelsfreie Nachweis von Neutronensternen, den sog. Pulsaren.

24 Mi Die französische Nationalversammlung beschließt eine Amnestie für politische Verbrechen während des algerischen Unabhängigkeitskrieges 1954-62.

25 Do Die finnische Regierung verzichtet auf den Bau eines Atomkraftwerks. Stattdessen sollen konventionelle Kraftwerke ausgebaut werden. → Papst-Enzyklika

26 Fr Die britische Regierung erwägt ein Verbot der religiösen »Scientology«-Bewegung, deren Methoden seit längerem kritisiert werden.

27 Sa Das US-Repräsentantenhaus verabschiedet ein Wohnungsbauprogramm für sozial Schwache – mit einem Etat von 5,3 Mrd. Dollar in drei Jahren.

28 So Die spanische Regierung verbietet die Abendzeitung »Madrid« aufgrund eines Artikels, der einen Rücktritt von Staatschef Francisco Franco andeutete.

29 Mo Erstmals kommt in der Bundesrepublik »Kunstfleisch« auf den Markt. Das Sojabohnenprodukt firmiert unter dem Namen TVP (Textured Vegetable Protein).

30 Di Beim Ausbruch des Vulkans Arenal in Costa Rica kommen über 60 Menschen um. +++ In Mexiko-Stadt liefern sich Polizei und Schüler Straßenkämpfe.

31 Mi In der Bundesrepublik sind laut Statistischem Bundesamt seit Ende 1966 rd. 3000 minderjährige Mädchen zwischen 13 und 16 Jahren Mütter geworden.

20. August 1968

Sowjetische Panzer walze

Das Experiment eines »Sozialismus mit menschlichem Antlitz« wird von den Panzern der Sowjetunion, der DDR, Polens, Ungarns und Bulgariens überrollt: Mit ihrem Einmarsch in die Tschechoslowakei beendet die Sowjetunion den sog. Prager Frühling.

Die Gegenwehr der Bevölkerung ist angesichts der Übermacht der Warschauer-Pakt-Truppen aussichtslos. 50 Menschen sterben bei der Besetzung ihres Landes. Einem Aufruf der Regierung folgend, verlegt sich die Bevölkerung auf passiven Widerstand. Am 26. August stimmen nach Moskau verschleppte Mitglieder der Prager Regierung einem »Kompromiss« zu. Alle seit April beschlossenen Reformen werden als Gegenleistung für einen schrittweisen Abzug der Besatzungstruppen wieder aufgehoben. Am 5. April hatte das Zentralkomitee der Kommunistischen Partei der Tschechoslowakei ein Aktionsprogramm beschlossen. Es zielte mit den Stationen Abschaffung der Pressezensur, Einhaltung der Rechtsnormen und öffentliche Diskussion nationaler Belange auf den schrittweisen Aufbau einer »sozialistischen Demokratie«. Dass KP-Chef Alexander Dubček die führende Rolle der Partei in Frage stellte, wurde in den Nachbarländern mit Misstrauen registriert. Die Sowjetunion, die DDR und Polen fürchteten ein Übergreifen der Liberalisierungstendenzen auf die eigenen Länder. Dubček wird am Tag nach dem Einmarsch verhaftet und kann nur auf Drängen des tschechoslowakischen Staatspräsidenten Ludvík Svoboda an den Verhandlungen in Moskau teilnehmen. Der KP-Chef wird nach dem Ende des Prager Frühlings politisch kaltgestellt. Am 17. April 1969 muss er das Amt des Parteivorsitzenden an Gustav Husák abgeben, am 26. Juni 1970 schließt ihn die Kommunistische Partei aus ihren Reihen aus. Erst 1989 kehrt Dubček als Parlamentspräsident auf die politische Bühne zurück.

Der Einmarsch der Truppen des Warschauer Pakts in die Tschechoslowakei wird von der Weltöffentlichkeit fast einhellig verurteilt. Selbst Kubas Regierungschef Fidel Castro äußert, dass die Aktion zwar poli-

Der Widerstand der Bevölkerung kann die Invasoren nicht aufhalten. Das Prager Reformmodell wird im Keim erstickt.

Ablauf der Invasion vom 20./21. August

Uhrzeit	Ereignis
22.03	Sowjetische Truppentransporter landen in Prag
23.00	Truppen des Warschauer Pakts überschreiten die Gre
02.00	Sowjet-Panzer besetzen strategisch wichtige Punkte
04.30	Das Präsidium der tschechoslowakischen KP ruft die Bevölkerung dazu auf, keinen Widerstand zu leisten
04.45	Soldaten töten Personen vor dem ZK-Gebäude
04.47	Radio Prag verstummt
09.30	Die tschechoslowakische Führung wird verhaftet
12.00	Aus Protest gegen die Invasion heulen in Prag die Si

1. Juli 1968

Sperrvertrag soll Verbreitung von Atomwaffen verhindern

Die USA, Großbritannien und die Sowjetunion unterzeichnen den Atomwaffensperrvertrag. Das Abkommen über die Nichtverbreitung von Kernwaffen (Abb.: Atompilz) hatten die drei Atommächte auf der Genfer Abrüstungskonferenz im März selbst vorgeschlagen.

Mit den drei Initiatoren treten am gleichen Tag 103 weitere Staaten dem Vertrag bei. Dieser Schritt war erst möglich geworden, nachdem die USA, Großbritannien und die Sowjetunion diesen Staaten Schutzversprechen gegen atomare Bedrohungen gegeben hatten. Die Bundesrepublik spricht sich gegen den Sperrvertrag aus. Ihre Einwände beziehen sich auf NATO-Regelungen, die eine Stationierung von Atomwaffen auf bundesdeutschem Boden gestatten. Außerdem kritisiert die Bundesregierung, dass auch die friedliche Nutzung der Kernenergie eingeschränkt werde. Die Atommächte Frankreich und China lehnen einen Beitritt zu dem Abkommen mit dem Hinweis auf eine Beschneidung ihrer nationalen Souveränität strikt ab. Der Vertrag unterbindet zwar die Weitergabe von Atomwaffen, legt aber keine Produktionsbeschränkung fest. Eine Politik der atomaren Wettrüstung bleibt also auch weiter möglich.

Prager Frühling« nieder

Die Bevölkerung wehrt sich – ein in Brand gesteckter sowjetischer Panzer in Prag.

Alexander Dubček

tschechischer Politiker, * 27.11.1921 Uhrovec (Slowakei); † 7.11.1992 Prag

Dubček ist die Symbolfigur des Reformkommunismus während des Prager Frühlings. Als Befürworter einer Demokratisierung wird er 1968 entmachtet. Erst die demokratische Revolution von 1989 brachte die Rehabilitierung. Als Parlamentsvorsitzender vereidigte er mit Václav Havel den ersten nichtkommunistischen Staatschef seit 1948.

- 1955-58: Besuch der Parteihochschule in Moskau
- 1969/70: Botschafter in der Türkei
- 1989: Parlamentspräsident

tisch richtig, aber trotzdem eine Verletzung des Völkerrechts gewesen sei. Zustimmung gibt es nur von den Staaten, die von der UdSSR materiell abhängig sind, wie etwa Nordkorea oder Nordvietnam. Jugoslawiens Staats- und Parteichef Josip Tito kündigt Verteidigungsmaßnahmen an. Durch seine Lage im südlichen Aufmarschgebiet des Warschauer Paktes fühlt sich das blockfreie Jugoslawien bedroht. Auch Rumänien stellt Bürgermilizen auf. Der Warschauer-Pakt-Staat hatte eine Beteiligung an der Invasion abgelehnt und befürchtet nun einen sowjetischen Revanche-Akt.

25. Juli 1968

Papst-Enzyklika stößt auf Widerspruch

Gegen jede künstliche Geburtenregelung spricht sich Papst Paul VI. (s. Abb.) in seiner Enzyklika »Humanae vitae« aus. Die Schrift richtet sich vor allem gegen die Antibabypille. Nach den Reformbemühungen des II. Vatikanischen Konzils, das sich von 1962 bis 1965 mit der Frage der Überbevölkerung beschäftigt hatte, stößt die Enzyklika auf heftigen Widerspruch innerhalb und außerhalb der katholischen Kirche. Zustimmung kommt fast nur aus Spanien, heftige Kritik dagegen aus den Niederlanden, Frankreich, Großbritannien, der Bundesrepublik und vielen Dritte-Welt-Staaten. Priester und Theologen treten von ihren Ämtern zurück, Kirchenaustritte häufen sich. In Münster schreiben Unbekannte die Parole »Weg mit Pillenpaul« an eine Kirchenmauer. Pressekommentare

werten die Enzyklika als »Sieg der Weltfremdheit«. Seine Entscheidung traf Papst Paul VI. gegen die Empfehlungen der von seinem Vorgänger eingesetzten Fachkommission. Nach Auffassung von Kritikern befürwortet auch der größte Teil des Klerus Verhütungsmittel wie die Pille oder Kondome. Die meisten Katholiken verwenden sie nach innerkirchlichen Schätzungen auch ohne den päpstlichen Segen.

August 1968

1	Do	Für zunächst acht Monate tritt ein bundesdeutsches Gesetz in Kraft, das den Bezug von DDR-Zeitungen erlaubt. Zuvor waren sie als Propaganda verboten.
2	Fr	Erstmals bringt ein Flugzeug des Internationalen Roten Kreuzes Lebensmittel in das Kriegsgebiet im afrikanischen Biafra.
3	Sa	In Kongo (Brazzaville) übernimmt das Militär durch einen unblutigen Putsch die Macht. Präsident Alphonse Massamba-Débat bleibt jedoch im Amt.
4	So	Mit großem Vorsprung gewinnt der Schotte Jackie Stewart auf dem Nürburgring das Formel-1-Rennen um den Großen Preis von Europa.
5	Mo	Madrid verhängt über das Baskenland den dreimonatigen Ausnahmezustand, um die Verfolgung der Separatistenorganisation ETA voranzutreiben.
6	Di	Nach einem Urteil des Bundesverwaltungsgerichts in Berlin können Wehrpflichtige auch aus politischen Gründen den Kriegsdienst mit der Waffe verweigern.
7	Mi	Als Maßnahme gegen die politischen Unruhen in seinem Land verbietet Uruguays Präsident Jorge Pacheco Areco zwei regimekritische Zeitungen.
8	Do	Zu ihrer 50-Jahr-Feier »verpackt« der bulgarischstämmige US-Künstler Christo die Berner Kunsthalle. Sie erscheint jetzt als »vermummter Elefant«.
9	Fr	Auf der Weltkonferenz der Anglikanischen Kirchen in London lehnt der Erzbischof von Sydney Frauen im Priesteramt ab, während die Briten dies befürworten.
10	Sa	500 000 Menschen sehen zwischen Braubach und Koblenz den »Rhein in Flammen« – mit erleuchteten Schiffen, Ufer-Illumination und bengalischem Feuer.
11	So	Das Internationale Rote Kreuz stellt die Hilfsgütersendungen für Biafra ein, weil seine Flugzeuge von nigerianischen Truppen beschossen werden.
12	Mo	Die neuen Volkswagenmodelle des Jahres 1968, unter ihnen der neu entwickelte VW 411, kommen auf den Markt.
13	Di	Washington zufolge ist das Bikini-Atoll, Atomtestgelände der USA bis 1956, wieder frei von Radioaktivität und kann besiedelt werden.
14	Mi	In Mexiko-Stadt protestieren über 100 000 Menschen gegen das brutale Einschreiten der Polizei bei einer Studentendemonstration im Juli.
15	Do	»Play Time«, ein Film des französischen Komikers Jacques Tati, kommt in die bundesdeutschen Kinos. Tati hat darin Effekte des Stummfilms angewendet.
16	Fr	In Cape Kennedy wird erstmals eine Rakete mit mehreren, unabhängig voneinander steuerbaren, atomaren Gefechtsköpfen erfolgreich getestet.
17	Sa	Mit unterdurchschnittlichen Leistungen besteht die britische Prinzessin Anne ihr Abitur. Sie erreicht nur knapp die Studienzulassung für Großbritannien.
18	So	Auf der japanischen Insel Hondo sterben 104 Menschen bei einem Busunglück, das durch einen Erdrutsch ausgelöst wird. Nur drei Fahrgäste überleben.
19	Mo	Das deutsche Forschungsschiff »Meteor« startet eine Reise, die klären soll, ob sich die See zwischen Spanien und den Azoren für die Müllversenkung eignet.
20	Di	Mit dem Appell, die Atomenergie zum Motor des Fortschritts zu machen, wird im Moskauer Kreml der 7. Weltenergiekongress eröffnet. → »Prager Frühling«
21	Mi	Laute Beatmusik schädigt die Ohren. Zu diesem Ergebnis kommen US-Wissenschaftler in Knoxville (Tennessee) nach Versuchen an Meerschweinchen.
22	Do	Regierungen in aller Welt verurteilen die Besetzung der Tschechoslowakei zur Niederschlagung der Prager Reformbewegung.
23	Fr	In Südvietnam beginnt die zweite Großoffensive gegen US- und südvietnamesische Stellungen in diesem Jahr. Alle größeren Städte werden beschossen.
24	Sa	Frankreich zündet über dem südpazifischen Fangataufa-Atoll seine erste Wasserstoffbombe. Damit besitzen weltweit fünf Staaten diese Waffe.
25	So	Rumänien mobilisiert nach dem sowjetischen Einmarsch in Prag seine Volksmiliz, da sich Gerüchte halten, die UdSSR wolle auch Rumänien besetzen.
26	Mo	Auf der lateinamerikanischen Bischofskonferenz in Medellín (Kolumbien) spricht sich die Kirche für eine gewaltlose Revolution im Dienste der Armen aus.
27	Di	Die US-Zigarette »Camel« wird von der Kölner Zigarettenfabrik Hans Neuerburg KG in den bundesdeutschen Markt eingeführt.
28	Mi	Vermutlich auf Anweisung der Sowjetunion dürfen Journalisten und Touristen nicht mehr in die Tschechoslowakei einreisen.
29	Do	Kronprinz Harald von Norwegen heiratet in Oslo Sonja Haraldsen. +++ Die US-Schwimmerin Debbie Meyer bricht in Los Angeles vier Weltrekorde.
30	Fr	Der Beatles-Song »Hey Jude« erscheint. In London werden zeitgleich John Lennon und Yoko Ono wegen des Besitzes von Marihuana verhaftet.
31	Sa	Die Kommunistische Partei der Tschechoslowakei ändert die Zusammensetzung ihres Präsidiums und kommt damit einer Forderung Moskaus nach.

September 1968

1 So Bei einem Erdbeben im Nordosten des Iran kommen schätzungsweise 12 000 Menschen ums Leben, 100 000 werden obdachlos.

2 Mo Die Lockerung der Etiketteregeln empfiehlt der »Kniggerat«, ein vom Allgemeinen Deutschen Tanzlehrerverband gegründeter Ausschuss für Umgangsformen.

3 Di Ein bulgarisches Verkehrsflugzeug stürzt kurz vor der Landung in Burgas am Schwarzen Meer ab. Von den 89 DDR-Touristen an Bord kommen 50 um.

4 Mi Paris hebt die seit den Studentenunruhen und Streiks vom Mai bestehenden Devisenkontrollen auf. Franzosen können wieder ausländische Aktien erwerben.

5 Do Die Bonner Staatsanwaltschaft stellt ihre Ermittlungen zur Schmiergeldaffäre um die Beschaffung des Schützenpanzers HS-30 ein.

6 Fr Als 42. afrikanischer Staat erlangt Swasiland die Unabhängigkeit. Das kleine Königreich wird Mitglied des britischen Commonwealth.

7 Sa Alexander Kluges Film »Die Artisten in der Zirkuskuppel: ratlos« erhält bei den Filmfestspielen von Venedig den »Goldenen Löwen«.

8 So Auf dem Appellplatz des früheren Konzentrationslagers Dachau, das 1933 als erstes KZ eingerichtet wurde, weihen ehemalige Häftlinge ein Mahnmal ein.

9 Mo Seit 18 Wochen hält der Roman »Der achte Schöpfungstag«, ein spätes Werk des Amerikaners Thornton Wilder, Platz eins der »Spiegel«-Bestsellerliste.

10 Di Mitarbeiter der Staatssicherheit der DDR verplomben alle angemeldeten Amateurfunkanlagen und beschlagnahmen die Röhren der Empfänger.

11 Mi In Südvietnam besetzen Vietcong-Einheiten die 70 km nordwestlich von Saigon gelegene Stadt Tay Ninh, ohne auf Widerstand zu stoßen.

12 Do Der US-Amerikaner Bob Seagren verbessert in South Lake Tahoe im US-Bundesstaat Kalifornien den Weltrekord im Stabhochsprung auf 5,41 m.

13 Fr Albanien gibt den Austritt aus dem Warschauer Pakt bekannt. +++ Seit dem Einmarsch der UdSSR haben 30 000 Tschechoslowaken ihr Land verlassen.

14 Sa Der auf den Filmfestspielen von Venedig von den Kritikern gelobte Film »Teorema« von Pier Paolo Pasolini wird in Italien wegen Obszönität beschlagnahmt.

15 So Frauen kritisieren auf der Delegiertenkonferenz des Sozialistischen Deutschen Studentenbundes dessen »patriarchalische« Strukturen. → Nationalgalerie

16 Mo Laut Bundesinnenministerium sind bei den Bundesbehörden 3699 männliche und nur 133 weibliche Beamte im höheren Dienst beschäftigt.

17 Di Coca Cola wird in der Bundesrepublik jetzt auch in der 1-l-Einwegflasche verkauft, die aber nicht mehr die charakteristische Form der Pfandflasche hat.

18 Mi Vor dem Kricket-Match England–Südafrika erklärt Südafrikas Premier Vorster, der im englischen Team spielende Farbige sei am Kap nicht willkommen.

19 Do Zwei Minuten nach dem Start in Cape Kennedy wird der US-Nachrichtensatellit »Intelsat III« per Funkbefehl zerstört, weil die Trägerrakete zu bersten drohte.

20 Fr Im Kampf gegen den Vietcong machen die USA in Vietnam auch Jagd auf Elefanten, die vom Vietcong bei Nachschubtransporten eingesetzt werden.

21 Sa Die Hokkaido-Universität im japanischen Sapporo stellt die erste Minikamera vor, die Bilder aus dem menschlichen Herzen liefern kann.

22 So Der Staatschef Senegals, Léopold Sédar Senghor, erhält in Frankfurt am Main den Friedenspreis des Deutschen Buchhandels. → Grabmal

23 Mo Nach einer Umfrage wenden Frauen in der DDR wöchentlich 48 Stunden für Hausarbeit auf, auch wenn sie berufstätig sind. Männer helfen kaum.

24 Di Die Bundesbahn weiht die jetzt voll elektrifizierte Strecke Osnabrück-Bremen-Hamburg ein. Damit sind 27% des westdeutschen Streckennetzes elektrifiziert.

25 Mi Auf den »1. Internationalen Essener Song-Tagen« stellen sich internationale »Underground«-Rockbands dem jungen Publikum vor.

26 Do Die »Prawda« formuliert erstmals die These von der »beschränkten« Souveränität der Ostblockstaaten, die spätere »Breschnew-Doktrin«. → Portugal

27 Fr Spanien kündigt das Abkommen mit den USA, in dem die Überlassung von Militärstützpunkten auf spanischem Boden geregelt ist.

28 Sa Indonesiens Staatspräsident Kemusu Suharto lässt seinen Amtsvorgänger Sukarno wegen dessen »unerlaubten politischen Aktivitäten« verhaften.

29 So In einem erzwungenen Referendum stimmen 95% der Griechen für eine von der Militärregierung vorgelegte, im Kern undemokratische Verfassung.

30 Mo In Düsseldorf beginnt die dritte Weltfrauenkonferenz des Internationalen Bundes freier Gewerkschaften (IBFG). Sie dauert bis zum 4. Oktober.

15. September 1968

Nationalgalerie in Berlin: Musenhalle der Moderne

Im Westberliner Bezirk Tiergarten wird nach dreijähriger Bauzeit die Neue Nationalgalerie eröffnet, die ein Forum für zeitgenössische Malerei und

Kunst werden soll. Der Stahlskelettbau wurde nach Plänen des Architekten Ludwig Mies van der Rohe errichtet, der von 1930 bis 1933 Leiter des Bauhauses in Dessau war. Schon das Gebäude selbst gilt als künstlerische Meisterleistung (Abb.: Raum im Souterrain der Nationalgalerie mit Fenstern zum Skulpturengarten).
Mit der Neuen Nationalgalerie verfügt auch der Westteil der Stadt über ein repräsentatives Kunsthaus. Es soll die ausgelagerten Bestände der alten Nationalgalerie sowie die Ausstellungsstücke der »Galerie des XX. Jahrhunderts« aufnehmen. Gleichzeitig mit der feierlichen Eröffnung der neuen Galerie, zu der 1200 Ehrengäste geladen sind, wird eine Ausstellung mit Werken des niederländischen Malers Piet Mondrian (1872-1944) eröffnet, deren strenge geometrische Formen mit denen des Hauses harmonieren.

27. Oktober 1968

Sportstars in Mexikos Hö

In Mexiko enden die XIX. Olympischen Sommerspiele. Die ersten Spiele in einem lateinamerikanischen Land waren von zahlreichen Besonderheiten geprägt. So sorgte die Höhenlage von 2000 m für Unsicherheit bei Betreuern und Athleten. Viele befürchteten, dass sportliche Höchstleistungen in der dünnen Höhenluft die Körper lebensgefährlich belasten könnten. Dementsprechend hatten sich viele Olympioniken einem speziellen Höhentraining unterzogen, bevor sie in Mexiko an den Start gingen. Die Höhenluft erwies sich bei vielen Disziplinen wegen des geringen Luftwiderstandes jedoch auch als äußerst

Der zuerst verlachte »Fosbury-Flop« revolutioniert die Hochsprungtechnik.

Bob Beamon bei seinem Jahrhundertsprung

leistungssteigernd. Für die größte Sensation der gesamten Wettkämpfe sorgte der US-Athlet Bob Beamon. Er brach den Weltrekord im Weitsprung mit einer Jahrhundertleistung. Das Ereignis fand beim fast unbeachteten ersten Durchgang statt. Kaum jemand bemerkte, dass der schwarze Athlet auffallend weit gesprungen war, selbst Beamon schien sich seiner Leistung zunächst nicht bewusst zu sein. Die Kampfrichter mussten die Weite eine Viertelstunde lang von Hand nachmessen, weil die elektronische Anlage nicht ausreichte. Das sensationelle Ergebnis betrug 8,90 m. Damit überbietet Beamon den Weitsprung-Weltrekord um sagenhafte 25 cm. Beamons persönliche Bestmarke lag bisher bei 8,39 m.
Zu einer bis dahin einzigartigen politischen Demonstration kam es während der Spiele im Stadion von Mexico City. Nach ihrem Sieg im 200-m-Lauf betraten die schwarzen US-Sprinter Tommie Smith und John Carlos das Siegertreppchen, um eine Gold- und eine Bronzemedaille in Empfang zu nehmen. Dabei nutzten beide die Aufmerksamkeit der Weltöffentlichkeit, um für die »Black Power«-Bewegung in den USA zu demonstrieren. Das Ausstrecken ihrer schwarz behandschuhten Fäuste brachte den Läufern jedoch eine Menge Ärger ein. Die USA schlos-

22. September 1968

Grabmal von Abu Simbel muss Staudammfluten weichen

Die altägyptische Tempelanlage von Abu Simbel (s. Abb.) wird bei der größten »Rettungsaktion« in der Geschichte der Archäologie um 65 m höher verlegt. Das Monument aus dem 13. Jahrhundert v.Chr. muss den Fluten weichen, die seit Fertigstellung des neuen Assuan-Staudamms bei Abu Simbel zusehends steigen. Für 36 Mio. US-Dollar vollbringen Ägypten, die UNESCO und die USA gemeinsam das Meisterstück. Fachleute zersägen die Statuen in 16000 Blöcke. Die rd. 20t schweren Brocken werden mit Hilfe von gigantischen Kränen 180 m von der ursprünglichen Stelle entfernt wieder zusammengefügt. Dabei ist millimetergenaues Arbeiten erforderlich. Um die Einzelteile haltbarer zu machen, injizieren die Fachleute Kunstharz in die Sandsteinblöcke. Am neuen Standort musste im Vorfeld ein neuer Tempelberg aufgeschüttet werden. Abu Simbel wurde von dem Pharao Ramses II. (1290-1224 v.Chr.) als Grabmal für seine Lieblingsfrau Nofretari angelegt und gehört heute zum Weltkulturerbe.

uft

sen Smith und Carlos aus der Mannschaft aus. Die Mexikaner zeigten kein Verständnis für diese Art der politischen Agitation und übten scharfe Kritik an den Sportlern. Bereits im Vorfeld der Spiele war es in Mexico City zu Studentenprotesten gekommen. Die Demonstranten beabsichtigten, mit ihren Aktionen auf die Korruption und die Prestigesucht innerhalb der mexikanischen Staatspartei PRI aufmerksam zu machen. Durch das harte Eingreifen der Polizei kam es zu gewalttätigen Auseinandersetzungen mit mehreren Toten.

Tommie Smith (M.) und John Carlos (r.), nutzen ihren Olympiasieg für politische Propaganda.

Medaillenspiegel

Land	G	S	B
USA	45	28	34
Sowjetunion	29	32	30
Japan	11	7	7
Ungarn	10	10	12
DDR	9	9	7
Frankreich	7	3	5
CSSR	7	2	4
BR Deutschland	5	11	10
Australien	5	7	5
Großbritannien	5	5	3

26. September 1968

Neue Regierung in Portugal

Der portugiesische Ministerpräsident António de Oliveira Salazar tritt von seinem Amt zurück. Damit endet nach 35 Jahren sein diktatorisches Regime. Der Regierungschef hatte sich durch einen Sturz am 16. September schwere Kopfverletzungen zugezogen. Die gesundheitlichen Folgen des Unfalls zwingen den 79-Jährigen nun zum Rücktritt. Salazars Nachfolger wird Marcelo José das Neves Alves Caetano. Der Juraprofessor war lange Jahre einer der politischen Weggefährten Salazars. Er leitet während seiner Amtszeit eine Liberalisierung des Landes ein. In Kolonialfragen setzt Caetano jedoch die harte Gangart seines Vorgängers fort. Sämtliche Unabhängigkeitsbestrebungen in den portugiesischen Kolonien in Afrika, insbesondere in Mosambik und Angola, werden nach wie vor unterdrückt. Erst als Caetano 1974 nach einem unblutigen Putsch abgesetzt wird, gewährt die neue Regierung den Kolonialstaaten nach und nach die Autonomie.

António de Oliveira Salazar

portugiesischer Politiker, * 28.4.1889 Santa Comba-Dão; † 27.7.1970 Lissabon

António de Oliveira Salazar stand 35 Jahre an der Spitze des portugiesischen Staates. Nach einem Militärputsch wurde der Ökonomieprofessor zunächst Finanzminister der neuen Regierung unter General António Oscar Fragoso Carmona. In den 30er Jahren erlangte Salazar die Regierungsgewalt. Als Ministerpräsident setzte er seine Machtansprüche mit diktatorischen Mitteln durch. So führte Salazar eine neue Verfassung ein, die Portugal in einen autoritären Ständestaat umwandelte (Estado Novo). Im sog. Salazarismus war das portugiesische Parlament weitgehend ausgeschaltet und faktisch machtlos.

- 1918: Wirtschaftsprofessor in Coimbra
- 1933: Ministerpräsident
- ab 1936: Unterstützung Francos im Spanischen Bürgerkrieg
- 1936-47: Außenminister
- 1961-68: Verteidigungsminister

Oktober 1968

1 Di Die ARD sendet in poppiger Dekoration die »verrückteste Fernsehshow des Jahres«, die »Hippie Happy Yeah«, mit Musik u.a. von den Beatles.

2 Mi Syriens Regierung ermächtigt die Polizei, langhaarigen männlichen Jugendlichen, die den Friseur verschmähen, einen Kurzhaarschnitt zu verpassen.

3 Do In Peru übernehmen Militärs in einem Linksputsch die Macht. +++ Kohlekraftwerke stoßen laut TÜV Essen nur noch 10% der Staubmenge von 1953 aus.

4 Fr Frankfurt am Main eröffnet als dritte deutsche Stadt nach Berlin und Hamburg eine Untergrundbahn. Auch in Köln und Hannover ist eine U-Bahn im Bau.

5 Sa Griechen, die beim Referendum über die Verfassung der Militärjunta nicht abstimmten, müssen dies nun unter Haftandrohung schriftlich begründen.

6 So Die »documenta IV« in Kassel, die weltweit bedeutendste Schau moderner Kunst, geht nach 100 Tagen zu Ende. 207000 Besucher wurden gezählt.

7 Mo Vertreter Bayerns, des Vatikans und der Evangelischen Kirche einigen sich darauf, dass es ab 1969 in Bayern keine Bekenntnisschulen mehr gibt.

8 Di Die Konferenz der Länderkultusminister empfiehlt die Einführung von Sexualkunde an Schulen, weil sich Eltern mit der Aufklärung oft überfordert fühlten.

9 Mi Der Friedensnobelpreis 1968 wird dem französischen Juristen René Cassin zuerkannt. Er ist Präsident des Europäischen Gerichtshofs für Menschenrechte.

10 Do Erstmals werden auf deutschen Autobahnen – zwischen Wiesbaden und Frankfurt am Main – Richtgeschwindigkeiten zur Verkehrsberuhigung empfohlen.

11 Fr Von Cape Kennedy aus starten die USA »Apollo 7«, das erste bemannte Raumschiff im Rahmen des US-Mondlandeprogramms, in eine Erdumlaufbahn.

12 Sa Die Kolonie Spanisch-Guinea erlangt als Republik Äquatorialguinea die Unabhängigkeit von Spanien. Präsident wird Francisco Macías Nguema.

13 So Das Internationale Olympische Komitee will die DDR künftig mit eigener Flagge und Hymne zu den Olympischen Spielen zulassen.

14 Mo Bundespräsident Heinrich Lübke kündigt seinen vorzeitigen Rücktritt vom Amt des Staatsoberhaupts für den 1. Juli 1969 an.

15 Di Bei den Olympischen Spielen in Mexiko-Stadt brechen erneut Athleten zusammen, die dem Leistungssport in der dünnen Höhenluft nicht gewachsen sind.

16 Mi Die Sowjetunion und die Tschechoslowakei unterzeichnen in Prag einen Vertrag, der die vorläufige Stationierung von Truppen der UdSSR regelt.

17 Do Mit dem Erzähler Yasunari Kawabata erkennt die Schwedische Akademie der Wissenschaften erstmals einem Japaner den Literaturnobelpreis zu.

18 Fr Mit der Operation von William Carl Harrison wird in Houston (US-Bundesstaat Texas) weltweit bereits die 60. Herzverpflanzung des Jahres vorgenommen.

19 Sa Beatle John Lennon und seine Freundin Yoko Ono müssen sich vor einem Londoner Gericht wegen Marihuanabesitzes verantworten.

20 So Die Witwe des ermordeten US-Präsidenten John F. Kennedy heiratet den 62-jährigen griechischen Reeder Aristoteles Onassis auf dessen Insel Scorpios.

21 Mo Die letzten Löwen Asiens in Nordindien sind nach Regierungsangaben vor allem durch Wilderer auf einen Bestand von 177 Tieren zusammengeschrumpft.

22 Di Nach 163-maliger Erdumrundung landet das Raumschiff »Apollo 7« mit drei Astronauten an Bord nur 1 km vom Zielpunkt entfernt sicher im Atlantik.

23 Mi Der US-Chemiekonzern Dow Chemical entscheidet sich für den Bau eines Werks bei Stade an der Unterelbe. Die Investitionen betragen rd. 400 Mio. DM.

24 Do Der Verteidigungsausschuss des Bundestages beschließt den Kauf von 88 Flugzeugen vom Typ »Phantom« für 2,2 Mrd. DM in den USA.

25 Fr Die UN-Vollversammlung fordert Großbritannien auf, seiner Kolonie Rhodesien, wo Rassendiskriminierung herrscht, die Unabhängigkeit weiter zu verweigern.

26 Sa Das sowjetische Raumschiff »Sojus 3« startet ins All. Es soll sich bis auf wenige Meter der Sonde »Sojus 2« nähern, die am Vortag aufgestiegen war.

27 So Die tschechoslowakische Nationalversammlung beschließt die Aufteilung des Landes in einen tschechischen und einen slowakischen Teil. → Mexiko

28 Mo Als erster demokratisch gewählter europäischer Regierungschef nach 1945 trifft Bundeskanzler Kurt Georg Kiesinger zu einem Besuch in Spanien ein.

29 Di In Paris wird eine Haarlocke Kaiser Napoleon Bonapartes, die ihm ein Diener 1815 auf der Insel Elba abschnitt, für umgerechnet rd. 885 DM versteigert.

30 Mi Der Sonderausschuss des Bundestages für die Strafrechtsreform beschließt in West-Berlin, die Bestrafung von Ehebruch ersatzlos zu streichen.

31 Do US-Präsident Lyndon B. Johnson beendet den Bombenkrieg gegen Nordvietnam. +++ Der Präsident Chinas, Liu Shao-ch'i, wird aller Ämter enthoben.

November 1968

1 Fr Die SPD nominiert in West-Berlin Bundesjustizminister Gustav Heinemann als ihren Kandidaten für die Wahl zum Bundespräsidenten.

2 Sa In Dortmund stellen linke Gruppierungen, unter ihnen die kürzlich gegründete DKP, eine gemeinsame Kandidatenliste für die Bundestagswahl 1969 auf.

3 So Der Brite Graham Hill gewinnt in Mexiko-Stadt das Automobilrennen um den Großen Preis von Mexiko und wird damit Formel-1-Weltmeister.

4 Mo Im jordanischen Amman demonstrieren 10 000 Anhänger der palästinensischen Guerilla-Organisation »Al Nasr« gegen König Hussein II.

5 Di Die 43-jährige Demokratin Shirley Chrisholm wird in New York als erste Schwarze ins US-Repräsentantenhaus gewählt. → Nixon

6 Mi Laut Bundesanstalt für Arbeitsvermittlung und Arbeitslosenversicherung sind derzeit 50% der Arbeitslosen über 55 Jahre alt. 1967 waren es nur 30%.

7 Do In Rio gewinnt die Fußball-Nationalmannschaft Brasiliens 2:1 gegen eine Weltelf mit u.a. Franz Beckenbauer und Wolfgang Overath. → Kiesinger

8 Fr Wegen Gerüchten über eine bevorstehende Aufwertung der DM fließen hunderte Mio. Dollar aus den USA in die Bundesrepublik.

9 Sa Im Württembergischen Staatstheater erntet Tankred Dorsts Revue »Toller« (Regie: Peter Palitzsch) bei der Uraufführung ungeteiltes Lob.

10 So Der Staatspräsident Pakistans, Mohammed Ayub Khan, entgeht in Peshawar unverletzt dem Attentat eines jugendlichen Regimegegners.

11 Mo In West-Berlin gehen die Jazztage zu Ende, auf denen internationale Spitzenmusiker wie Count Basie und Dizzy Gillespie auftraten.

12 Di Mit einer Vielzahl von Kontrollen und erforderlichen Bescheinigungen erschweren die Behörden der Tschechoslowakei Reisen ihrer Bürger in den Westen.

13 Mi Österreich setzt das aktive Wahlalter auf 19 und das passive auf 25 Jahre herab. In der Bundesrepublik gibt es Pläne, Bürger mit 18 Jahren wählen zu lassen.

14 Do Auf der Europäischen Weltraumkonferenz in Bonn wird die Errichtung einer europäischen Weltraumbehörde nach dem Vorbild der NASA beschlossen.

15 Fr CDU und CSU stellen Verteidigungsminister Gerhard Schröder als ihren Kandidaten für die Wahl zum Bundespräsidenten auf.

16 Sa Die Sowjetunion bringt die bislang größte Raumstation der Welt in eine Erdumlaufbahn. Der Satellit »Proton 4« hat eine Nutzlast von 17 t.

17 So Auf der Tagung der Kommunistischen Partei in Prag übernehmen bei der Neuverteilung der Aufgaben moskautreue Politiker wieder Schlüsselpositionen.

18 Mo In Paris erhält der Schriftsteller Bernard Clavel für seinen Roman »Les Fruits d'Hiver« den Prix Goncourt, den bedeutendsten französischen Literaturpreis.

19 Di Das Militär der westafrikanischen Republik Mali stürzt Regierungschef Modibo Keita und übernimmt in dem Wüstenstaat selbst die Macht.

20 Mi Erstmals bietet die Reifenindustrie Gürtelreifen mit Spikes an. +++ Schlagwetterexplosionen töten in Mannington (US-Staat West Virginia) 78 Bergleute.

21 Do In München wird der erste deutsche Satellit fertig gestellt. »Heos A« soll exakte Messungen des interplanetaren Magnetfelds vornehmen.

22 Fr Everett Thomas wird in Houston zum zweitenmal ein Herz eingepflanzt, nachdem sein Körper das erste Transplantat abstieß. Er lebt bis zum 28. November.

23 Sa Die Verfilmung von Boris Pasternaks Roman »Doktor Schiwago« läuft im Westberliner Kino »Royal Palast« ununterbrochen seit nunmehr zwei Jahren.

24 So Das Todesurteil gegen den Attentäter von Griechenlands Regierungschef Georgios Papadopoulos wird nach internationalen Protesten nicht vollstreckt.

25 Mo Als Reaktion auf Studentenunruhen in Alexandria schließt die ägyptische Regierung sämtliche Hochschulen des Landes auf unbestimmte Zeit.

26 Di Weil er einen Richter als »Schleimscheißer« bezeichnete, muss ein Student aus dem Umfeld der »Kommune 1« in West-Berlin drei Monate in Haft.

27 Mi Unter Mitwirkung Bonns gründen 19 Bergwerksunternehmen die Holding Ruhrkohle AG. Die Maßnahme soll die Krise des Ruhrbergbaus beenden.

28 Do In Düsseldorf kommt es zum Streit über die Lehrtätigkeit von Joseph Beuys, weil der Künstler und Professor sich für studentische Mitbestimmung einsetzte.

29 Fr Die Kultusminister der Länder beschließen in West-Berlin eine Neuordnung der Berufung von Professoren, deren Stellen nun ausgeschrieben werden.

30 Sa Ein Ausfall der dritten Stufe verhindert den erfolgreichen Flug der ersten europäischen Trägerrakete »Europa 1« vom australischen Woomera aus.

Richard M. Nixon (3.v.r., mit Ehefrau Patricia) schwört den Eid auf die Verfassung.

5. November 1968

Nixon wird US-Präsident

Richard M. Nixon wird neuer Präsident der USA. Der Republikaner gewinnt die Wahl für das höchste Amt der Vereinigten Staaten mit einem knappen Vorsprung von 0,7% vor seinem Konkurrenten, dem Demokraten und amtierenden Vizepräsidenten Hubert Humphrey. Es entfallen 43,4% der abgegebenen Stimmen auf Nixon, 42,7% auf Humphrey und 13,5% auf den dritten angetretenen Kandidaten, den Rassentrennungs-Verfechter George Wallace. Damit steht der Nachfolger Lyndon B. Johnsons als US-Staatsoberhaupt fest. Nixons Amtszeit beginnt am 20. Januar 1969. Der Kalifornier hatte sich innerhalb der republikanischen Partei gegen seine Konkurrenten Nelson Rockefeller und Ronald Reagan als Präsidentschaftskandidat durchsetzen können. Im Wahlkampf versprach Nixon, den Vietnamkrieg zu beenden und mit Nachdruck für Gesetz und Ordnung einzutreten. Damit erreichte er mehr Zustimmung bei der Bevölkerung als Gegenkandidat Humphrey, der Abrüstung und Beseitigung der Rassendiskriminierung propagierte.

Vizepräsident wird der bisherige Gouverneur von Maryland, Spiro Theodore Agnew, den Nixon nach seiner eigenen Nominierung für dieses Amt benannt hatte. Mit der Nominierung des konservativen Agnew sicherte sich Nixon eine Mehrheit der Wähler aus dem Süden der Vereinigten Staaten. Insbeson-

7. November 1968

Ohrfeige für Kiesinger

Bundeskanzler Kurt Georg Kiesinger erhält auf dem CDU-Parteitag in West-Berlin eine kräftige Ohrfeige (Abb.: Kiesinger nach der Tätlichkeit). Die 29-jährige Beate Klarsfeld will mit ihrer Tat auf die Vergangenheit des Politikers hinweisen und einen öffentlichen Prozess erreichen. Kiesinger war von 1933 bis 1945 Mitglied der NSDAP. Die in Frankreich lebende Beate Klarsfeld, die schon seit 1966 in Zeitungsartikeln gegen Kiesinger zu Felde zieht, war eigens für ihr »Attentat« nach Berlin gereist. Der Presseausweis ihres Mannes hatte ihr Zutritt zu der Veranstaltung verschafft.

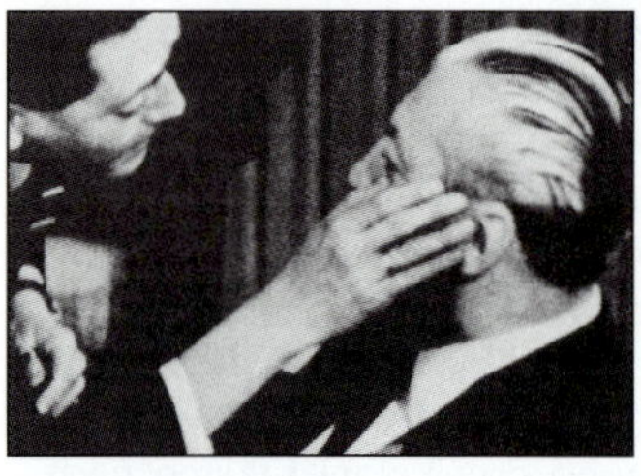

9. Dezember 1968

Zwangsumsiedlung in China

In einer groß angelegten Umsiedlungsaktion zwingt die KP der Volksrepublik China mehrere hunderttausend Studenten und Mittelschulabsolventen zum Umzug aufs Land, wo sie die Erfahrungen von Arbeitern und Bauern teilen sollen. Mit dieser Umsiedlung der sog. Intelligenz strebt die Kommunistische Partei des Mao Tse-tung die Verwirklichung eines Zieles der »Kulturrevolution« an. Um die Entstehung einer »privilegierten Intelligenzlerschicht« zu verhindern, soll die Erziehung der gebildeteren Jugendlichen und jungen Menschen durch harte körperliche Arbeit – meist in den entlegeneren Grenzprovinzen – abgeschlossen werden. Der Parteichef Mao hatte die Intelligenz des Landes bereits 1965 dazu aufgerufen, »sich mit den Arbeitern und Bauern zu integrieren.« Die »Kulturrevolution« wird im April 1969 offiziell für beendet erklärt. Zugleich billigt der IX. Parteitag der chinesischen KP die getroffenen Maßnahmen im Nachhinein.

Richard M. Nixon

US-Politiker, * 9.1.1913 Yorba Linda, Kalifornien; † 22.4.1994 New York

Richard Nixon leitet als 37. Präsident der USA eine Phase der Entspannungspolitik ein. Sein Name steht aber auch für den größten Polit-Skandal der US-Geschichte: »Watergate«. Bereits unter Dwight D. Eisenhower sammelte der Jurist Erfahrungen als US-Vizepräsident. Nach der Wahl zum Präsidenten stattet er als erstes US-Staatsoberhaupt der Volksrepublik China und der Sowjetunion Besuche ab und leitet damit die Normalisierung der Beziehung zu den kommunistischen Staaten ein. Gemäß eines Wahlversprechen beendet der Antikommunist 1973 auch das US-Engagement im Vietnamkrieg. Trotz seiner außenpolitischen Erfolge muss Nixon als erster Präsident der US-Geschichte sein Amt niederlegen, als er 1974 mit der Watergate-Affäre in Verbindung gebracht wird: Bei einem Einbruch in das Wahlbüro der Demokratischen Partei im Washingtoner »Watergate Building« werden die Täter als Handlanger der Regierung enttarnt.

- 1937-42: Rechtsanwalt
- 1942-46: Soldat bei der US-Marine
- seit 1946: Mitglied der Republikaner
- 1950-53: Senator in Kalifornien
- 1953-60: Vizepräsident
- 1961-67: Erneut Rechtsanwalt
- 1969-74: US-Präsident

dere dort hatten Rassenkonflikte in den vergangenen Monaten für zunehmende Probleme gesorgt. Ein Großteil der weißen Bevölkerung hätte ohne Agnew in Nixons Kabinett vermutlich den rassistischen Wallace, den ehemaligen Gouverneur von Alabama, gewählt.
Gleichzeitig mit der Präsidentenwahl finden Wahlen zum US-Repräsentantenhaus statt. Hier bringt das Ergebnis kaum Veränderungen. Die Demokraten behalten nach wie vor die Mehrheit der Sitze. Der Start in seine Präsidentschaft bereitet Nixon deshalb erhebliche Probleme. Im Senat und im Repräsentantenhaus muss er sich gegen eine Mehrheit der Demokraten durchsetzen, die seinen Programmen weitgehend ablehnend gegenüberstehen.

27. Dezember 1968

»Apollo 8« umfliegt den Mond

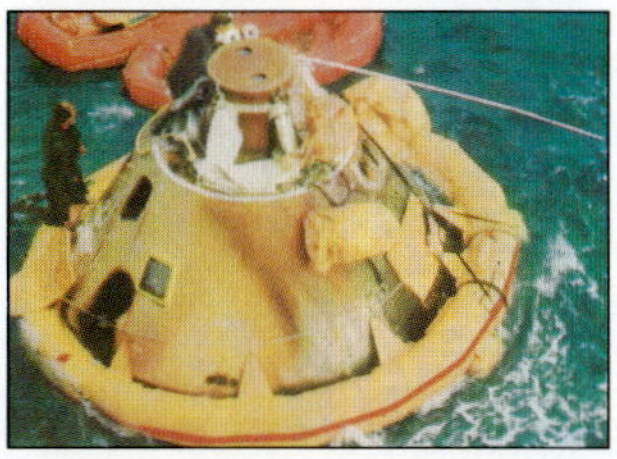

Nach der ersten bemannten Mondumrundung kehren die drei US-Astronauten Frank Borman, William Anders und James A. Lovell wohlbehalten zur Erde zurück. Die »Apollo 8«-Kapsel, mit der sie zehnmal den Mond umflogen haben, geht um 4.51 Uhr Ortszeit planmäßig und von einem Fallschirm getragen rd. 1000 Meilen südwestlich von Hawaii im Pazifik nieder (s. Abb.). Die Astronauten waren am 21. Dezember von einer »Saturn V«-Rakete mit der sagenhaften Schubleistung von 155 Mio. PS ins All befördert worden. Während ihrer Mission nahmen die Raumfahrer u. a. Bilder der Mondoberfläche aus 110 km Höhe auf.

31. Dezember 1968

Premiere für die TU-144

Das sowjetische Überschall-Passagierflugzeug »Tupolew« TU-144 (s. Abb.) startet in der Nähe von Moskau zu seinem Jungfernflug. 38 Minuten lang kreist es über dem Start- und Landeplatz des staatlichen Werkes. Die TU-144 ist das erste Passagierflugzeug, das die Schallmauer durchbricht. Während der folgenden Testflüge erreicht sie Geschwindigkeiten bis zu 2443 km/h. Das Flugzeug, das unter der Leitung des Konstrukteurs Alexej Andrejewitsch Tupolew gebaut wurde, ist 58 m lang und kann 121 Fluggäste befördern.
Im Rennen um den zivilen Überschallflugverkehr kann die Sowjetunion einen kleinen Vorsprung verbuchen. Das britisch-französische Projekt »Concorde« wird aber bald nachziehen: Am

2. März 1969 durchbricht die »Concorde« erstmals die Schallmauer. Sie ist 62 m lang, hat Platz für 144 Passagiere und erreicht eine Spitzengeschwindigkeit von 2333 km/h.

22. Dezember 1968

Brenner-Autobahn ist fertig

Die Brenner-Autobahn zwischen Innsbruck und dem Brennersee ist auf der ganzen Länge für den Verkehr befahrbar. Mit Freigabe der 36 km langen Strecke durch die malerischen Landschaften (s. Abb.) kurz vor der italienisch-österreichischen Grenze sind Autofahrer nicht mehr auf die zumeist überlastete Brennerstraße angewiesen.
Die Fertigstellung der Brenner-Autobahn war gerade von Touristen ungeduldig erwartet worden. Die Fahrt über den Brenner kostet zunächst 20

österreichische Schillinge (etwa 6 DM). Die Steigung des Alpenpasses beträgt maximal 8%. Deshalb ist die Brenner-Autobahn auch im Winter befahrbar. »Freie Fahrt« heißt es auch für das erste, 11 km lange Teilstück der Inntal-Autobahn von Volders bis Innsbruck-Ost. Autofahrer sparen auf dem Weg zum Brennersee künftig rd. eine Stunde Fahrzeit.

Dezember 1968

1 So In Kolumbien entlässt der liberale Präsident Carlos Lleras Restrepo sein Kabinett. Die Regierung scheiterte an der Sozialreform des Präsidenten.

2 Mo Gegen eine Demonstration streikender Landarbeiter in Avola geht die sizilianische Polizei mit Maschinenpistolen vor. Zwei Arbeiter sterben.

3 Di Jordanische und israelische Truppen liefern sich im Jordantal Gefechte. Es sind die schwersten Auseinandersetzungen seit dem Sechstagekrieg 1967.

4 Mi Nachdem die Polizei mit Waffengewalt gegen streikende Landarbeiter in Sizilien vorging, treten vieler ihrer Kollegen in ganz Italien in den Ausstand.

5 Do Die Vereinigten Staaten gewähren Generalmajor Jan Sejna, dem ehemals ranghöchsten Politoffizier der Tschechoslowakei, politisches Asyl.

6 Fr Die Bundesrepublik und die DDR schließen in Ost-Berlin ein Abkommen über die Ausweitung des zinslosen Überziehungskredits im innerdeutschen Handel.

7 Sa Das Ehrenzeichen für Wissenschaft und Kunst der Republik Österreich erhält in Salzburg der deutsche Schriftsteller und Dramatiker Carl Zuckmayer.

8 So Als »Aktion demokratischer Fortschritt« schließen linke Gruppierungen und Parteien in Frankfurt am Main ein Bündnis für die Bundestagswahl 1969.

9 Mo »Erinnerungen an die Zukunft«, ein Buch des umstrittenen Schweizer Autors Erich von Däniken, führt die deutsche Bestsellerliste an. → China

10 Di In Oslo und Stockholm werden die Nobelpreise 1968 vergeben. Die USA schneiden mit fünf preisgekrönten Wissenschaftlern am erfolgreichsten ab.

11 Mi Der künftige US-Präsident Richard Nixon stellt sein Kabinett vor. William P. Rogers wird das Außen-, Melvin Laird das Verteidigungsressort leiten.

12 Do In Bonn treten junge Menschen in einen zehntägigen Hungerstreik, um auf das Sterben im afrikanischen Biafra aufmerksam zu machen.

13 Fr Nach einem Staatsstreich herrscht in Brasilien das Militär. +++ Ein ungewöhnlich strenger Wintereinbruch führt in den Bergen Algeriens zu Lawinengefahr.

14 Sa An der asiatischen Grippe, die seit Anfang Juli in der britischen Kronkolonie Hongkong grassiert, sind bisher 32 Menschen gestorben.

15 So Auf dem Parteitag der CSU in München bestätigen die Delegierten mit 501 von 525 Stimmen Bundesfinanzminister Franz Josef Strauß als Vorsitzenden.

16 Mo »Radio Nordsee«, der erste deutsche Piratensender, startet von See aus sein täglich von 5 Uhr morgens bis 1 Uhr nachts dauerndes Programm.

17 Di Etwa 40 international bekannte Theologen aus mehreren Ländern fordern in einer Erklärung vom Vatikan größere wissenschaftliche Freiheiten.

18 Mi Bundestagspräsident Eugen Gerstenmaier (CDU) kündigt in Bonn an, dass der neue Bundespräsident am 5. März 1969 in West-Berlin gewählt werde.

19 Do Gegen die Militärdiktatur in Brasilien regt sich Widerstand. Journalisten protestieren gegen Pressezensur, katholische Geistliche gegen Kirchenverfolgung.

20 Fr In Baden-Baden werden Franz Keller (Nordische Kombination) und Ingrid Becker (Fünfkampf) zu den (west-)deutschen »Sportlern des Jahres« gewählt.

21 Sa In New York endet die 23. Generalversammlung der Vereinten Nationen. Seit dem 24. September haben die Delegierten 117 Resolutionen ausgearbeitet.

22 So Julie Nixon, Tochter des designierten US-Präsidenten, ehelicht David Eisenhower, einen Enkel des ehemaligen US-Präsidenten Dwight D. Eisenhower. → Brenner

23 Mo Im süditalienischen Cantanzaro werden 73 Männer zu Gefängnisstrafen verurteilt. Sie hatten sich im Zuge von Mafia-Rivalitäten blutige Fehden geliefert.

24 Di Ein neuer Puppentyp liegt unter den Weihnachtsbäumen in den USA: Die schwarze »Soul Doll« gibt es als Sprech-, Lach- oder Laufpuppe.

25 Mi Zum Weihnachtsfest ermöglichen die »Apollo-8«-Astronauten den TV-Zuschauern aus 112 km Höhe einen ersten Blick auf die Mondoberfläche.

26 Do Mitglieder der palästinensischen Untergrundbewegung »Al Fatah« verüben in Athen ein Attentat auf ein israelisches Linienflugzeug. Ein Passagier stirbt.

27 Fr Über dem westlichen Teil der Volksrepublik China wird die zweite chinesische Wasserstoffbombe zur Explosion gebracht. → »Apollo 8«

28 Sa Ein israelisches Kommando setzt auf dem Flughafen von Beirut 13 Verkehrsmaschinen arabischer Gesellschaften in Brand. Es ist ein Vergeltungsschlag.

29 So Zum Auftakt der 17. Vierschanzentournee gewinnt in Oberstdorf der Doppelweltmeister Björn Wirkola das erste internationale Skispringen der Saison.

30 Mo Die Verhandlungen zur Beilegung des US-Hafenarbeiterstreiks um höhere Löhne scheitern erneut. 160 Schiffe liegen unabgefertigt in den Häfen fest.

31 Di In der Silvesternacht brennen die Bundesbürger Feuerwerkskörper für rd. 55 Mio. DM ab. Die Steigerung gegenüber 1967 beträgt 7%. → Premiere

Januar 1969

1 Mi An der DDR-Grenze gelten neue Regeln. U.a. werden Obergrenzen und Einfuhrgebühren für bestimmte Warengruppen festgelegt.

2 Do Israels Verteidigungsminister Abba Eban lehnt eine Einschaltung der Großmächte USA, UdSSR, Großbritannien und Frankreich in den Nahostkonflikt ab.

3 Fr In Nordirland flammen nach einem Demonstrationsmarsch irischer Katholiken von Belfast nach Londonderry erneut schwere Unruhen auf.

4 Sa Frankreichs Staatspräsident Charles de Gaulle verhängt ein Waffenembargo gegen Israel. +++ Spanien tritt die Enklave Ifni an Marokko ab.

5 So Der Norweger Björn Wirkola erringt den Gesamtsieg bei der traditionellen deutsch-österreichischen Vierschanzentournee im Skispringen.

6 Mo Die US-Regierung setzt Höchstmengen für die Einfuhr von Molkereiprodukten wie Milch und Käse fest, um einheimische Erzeuger zu schützen.

7 Di Im schweizerischen Ort Flims (20 km westlich von Chur) geht die längste Drahtseilbahn der Welt in Betrieb. Sie führt über eine Strecke von 3,7 km.

8 Mi Nach heftigen Auseinandersetzungen mit der Polizei werden zwölf Vertreter des Sozialistischen Deutschen Studentenbundes in Heidelberg verhaftet.

9 Do Die Konferenz der jüdischen Weltorganisationen in Jerusalem betont ihre Unterstützung für den Staat Israel in seinem Kampf gegen arabische Gegner.

10 Fr Als erstes westliches Land erkennt Schweden Nordvietnam an. Außenminister Torsten Nilsson schlägt die Aufnahme diplomatischer Beziehungen vor.

11 Sa London und Paris einigen sich auf Details einer geplanten Luft-Boden-Rakete. +++ Ein SPD-Jugendkongress lehnt die Einführung einer Vorbeugehaft ab.

12 So Beim Lauberhorn-Skirennen im schweizerischen Wengen werden sämtliche Rennen von österreichischen Läufern gewonnen.

13 Mo In Garmisch-Partenkirchen treffen die Finanz- und Wirtschaftsminister der EG zu einer zweitägigen Konferenz zusammen.

14 Di Im britischen Aylesbury verurteilt ein Gericht Bruce Reynolds, den Chef der sogenannten Posträuber-Bande, zu 25 Jahren Gefängnis.

15 Mi Das Bundeskabinett bewilligt einen Mehrbetrag von 2,5 Mrd. DM für Militärausgaben, u.a. für 88 »Phantom«- und 50 »Starfighter«-Flugzeuge.

16 Do Die NATO vereinbart eine gemeinsame Marinestreitmacht in Mittelmeer. +++ Zwei sowjetische Sonden bilden die erste bemannte Raumstation. → Palach

17 Fr Der jugoslawische Ministerpräsident Mika Siljak gibt die Unterzeichnung eines Abkommens zur wirtschaftlichen Zusammenarbeit mit Frankreich bekannt.

18 Sa Auf der ersten Kunsteisrodelbahn der Welt in Königssee bei Berchtesgaden werden deutsche Meisterschaftsläufe ausgetragen. → Vietnamkonferenz

19 So Flaminio Piccola wird neuer Generalsekretär der italienischen Christdemokraten. Sein Vorgänger Mariano Rumor ist neuer Ministerpräsident.

20 Mo Richard Nixon wird als US-Präsident vereidigt. +++ Bei einem Überfall auf ein Bundeswehrdepot in Lebach (Saarland) werden vier Soldaten ermordet.

21 Di Der frühere französische Ministerpräsident Georges Pompidou erklärt sich bereit, als Nachfolger Charles de Gaulles für das Präsidentenamt zu kandidieren.

22 Mi Nach einer Unterredung mit Präsident Richard Nixon erklärt US-Finanzminister David M. Kennedy, die USA würden den Goldpreis nicht erhöhen.

23 Do In Ost-Berlin endet die Tagung des Rates für gegenseitige Wirtschaftshilfe. Ungarn plädiert für engere Wirtschafsbeziehungen, Rumänien dagegen.

24 Fr Über das von Diktator Francisco Franco beherrschte Spanien wird nach Studentenunruhen der Ausnahmezustand verhängt.

25 Sa Die Rheinisch-Westfälische-Elektrizitätswerke AG übernimmt das Aktienpaket der Dresdner Bank bei der Gelsenkirchener Bergwerks AG.

26 So Dag Farnaess wird im bayerischen Inzell Europameister im Eisschnelllauf (Vierkampf). Hinter dem Norweger kommt Kees Verkerk (Niederlande) auf Platz 2.

27 Mo In der Westberliner Kongresshalle findet eine Feier zum 100-jährigen Bestehen der deutschen Gewerkschaftsbewegung statt.

28 Di Finnland wird 23. Mitglied der 1961 gegründeten Organisation für wirtschaftliche Zusammenarbeit und Entwicklung (OECD).

29 Mi Gegen die Werkzeugmaschinenfabrik Oerlikon Bührle AG (Zürich) wird wegen illegaler Waffengeschäfte Anklage erhoben.

30 Do Als erster Staat ratifiziert Polen die UN-Konvention über die Nichtverjährbarkeit von Kriegsverbrechen und Verbrechen gegen die Menschlichkeit.

31 Fr Im Frankfurter Theater am Turm wird unter der Regie von Claus Peymann das Stück »Das Mündel will Vormund sein« von Peter Handke uraufgeführt.

9. Februar 1969

»Jumbo« sprengt alle Rekorde

Mit der Boeing 747 absolviert das größte Passagierflugzeug der Welt seinen Jungfernflug. Die Entwicklung des »Jumbo Jets« gilt als Meilenstein in der Geschichte der Luftfahrt und läutet eine neue Generation von Großraumflugzeugen ein (Abb.: Der Riese ist die Hauptattraktion der Pariser Luftfahrtschau). Zwischen 1960 und 1966 hat sich

die Zahl der Fluggäste von 105 auf rd. 200 Mio. jährlich nahezu verdoppelt. Dieser Tendenz versuchen die Flugzeugkonstrukteure mit dem neuen Modell gerecht zu werden. Der »Jumbo Jet« kann 357 Passagiere befördern und eine Strecke von 8000 km zurücklegen.

19. Februar 1969

»Langer Eugen« fertig gestellt

Bonn hat ein neues Wahrzeichen: Das Abgeordnetenhaus am Rheinufer ist nach zweieinhalbjähriger Bauzeit fertig gestellt (s. Abb.). Es überragt die umliegenden Ministerien und das Kanzleramt. Der renommierte Architekt Egon Eiermann hat das 106 m hohe Gebäude errichtet. Der Volksmund ist sich bereits einig, wie das markante Hochhaus genannt werden soll: »Langer Eugen« heißt das Gebäude fortan. Namensgeber ist der Initiator der Abgeordnetenunterkunft, der frühere Bundestagspräsident Eugen Gerstenmaier. Die Büros im »Langen Eugen« werden den Abgeordneten auf ihren Fraktionsetagen zugelost.

3. Februar 1969

Al-Fatah-Chef setzt sich an die Spitze der PLO

Auf einer Sitzung des Palästinensischen Nationalkongresses wird Jasir Arafat zum neuen Vorsitzenden der Palästinensischen Befreiungsorganisation (PLO) gewählt. Arafat ist zugleich Chef der größten palästinensischen Widerstandsorganisation, der Al-Fatah. Unter Arafats Vorsitz wird aus der PLO eine wichtige politische Institution. Zuvor hatte sie als Dachorganisation der Palästinenser nur geringen Einfluss und war von den arabischen Staaten abhängig. In einer Erklärung weist Arafat nach seiner Wahl die Möglichkeit einer friedlichen Koexistenz mit Israel zurück. Er kündigt für die Zukunft verstärkte Aktionen palästinensischer Widerstandskommandos gegen den jüdischen Staat an. Die »Übernahme« der PLO durch die Befreiungsorganisationen mit der Al-Fatah an der Spitze spiegelt die Eskalation im Nahost-Konflikt der vergangenen Jahre wider. Nach der arabischen Niederlage gegen Israel im Juni-Krieg 1967 haben sich die Widerstandsorganisationen mehr und mehr auf Guerillatätigkeit verlegt. Im Gegensatz zu den regulären arabischen Streitkräften sind sie nicht durch militärische Niederlagen in Misskredit geraten. Entsprechend hat ihr Ansehen unter den Palästinensern zugenommen. Seit Juli 1968 sind die Widerstandsor-

Jasir Arafat

palästinensischer Politiker, * 21.3.1929 Jerusalem

Innerhalb von drei Jahrzehnten politischen Wirkens entwickelte sich Arafat von einem radikalen Befürworter des bewaffneten Kampfes gegen Israel zu einem Garanten des Nahost-Friedensprozesses. Als PLO-Chef erreichte er für die Palästinenser eine selbstständige Position unter den arabischen Staaten und 1974 einen Beobachterstatus bei der UNO, nachdem er offiziell dem Terrorismus abgeschworen hatte. Gegen Widerstände im eigenen Lager setzte sich die palästinensische Integrationsfigur für den Ausgleich mit Israel ein. Mit der Gründung einer palästinensischen Exilregierung 1988 erkannte Arafat indirekt den Staat Israel an. 1989 erklärte er die PLO-Charta von 1964, die eine Vernichtung Israels zum Ziel hatte, für hinfällig. Für den Abschluss des Abkommens über die palästinensische Teilautonomie im Gazastreifen und in Jericho erhält Arafat 1994 gemeinsam mit den Israelis Yitzhak Rabin und Shimon Peres den Friedensnobelpreis.

- ab 1951: Studium der Elektrotechnik in Ägypten
- 1956: Krieg gegen Israel als ägypt. Reserveoffizier
- 1965: Gründung der Widerstandsorganisation Al-Fatah
- 1988: Ausrufung des »Unabhängigen Staates Palästina«
- 1994: Chef der Autonomiebehörde in Gaza

18. Januar 1969

Vietnamkonferenz beginnt

Diplomatisches Geplänkel bestimmt den Verhandlungsbeginn über die Zukunft Vietnams: Bei den Gesprächen in Paris einigen sich der stellvertretende Delegationsleiter der USA, Cyrus R. Vance, und der stellvertretende Delegationschef Nordvietnams, Han Van Lau, nach wochenlangem Tauziehen auf eine Sitzordnung der teilnehmenden Gruppen sowie auf Form und Ausstattung des Verhandlungstisches – Verfahrensfragen, denen in angespannter Atmosphäre ein hoher Symbolwert zugemessen wird. Die Teilnehmer der Konferenz nehmen schließlich an einem großen runden Tisch Platz, auf dem es keine Schilder, Embleme oder Trennungslinien gibt. Dolmetscher und Stenografen sitzen an gesonderten Tischen. Auch während der ersten ordentlichen Gesprächsrunde, die am 18. Januar im Hotel »Majestic« stattfindet, verständigen sich die Vertreter der USA, Nord- und Südvietnams sowie der südvietnamesischen Nationalen Befreiungsfront (FNL) über weitere Prozedurfragen. Substanzielle Fortschritte für den Frieden in Vietnam bringen die in den nächsten Wochen folgenden Gesprächsrunden aber nicht. Die ersten Sitzungstage sind gekennzeichnet von programmatischen Propagandaerklärungen der beiden Lager und gegenseitigen Schuldzuweisungen.

Arafat propagiert den bewaffneten Kampf.

ganisationen in der PLO vertreten. Der vierte Palästinensische Nationalkongress der PLO im Juni 1968 hatte bereits ihre politische Linie übernommen, die den bewaffneten Kampf als einziges Mittel zur Befreiung Palästinas von den Israelis ansieht und entsprechend propagiert. Am 18. Februar wird ein gemeinsames militärisches Oberkommando der Widerstandsorganisationen gebildet. Die linksgerichtete »Volksfront für die Befreiung Palästinas« unterstellt sich dem Kommando nicht, weil man ihr zu wenig Mandate im Nationalkongress zugebilligt habe.

16. Januar 1969

Jan Palach setzt ein Fanal

Der 21-jährige Jan Palach setzt sich auf dem Prager Wenzelsplatz selbst in Brand und stirbt drei Tage später an seinen schweren Verletzungen (Abb.: Kranzniederlegung für Jan Palach vor der Wenzelstatue). Der Philosophiestudent protestiert mit seiner demonstrativen Selbstverbrennung gegen die Besetzung der Tschechoslowakei durch sowjetische Truppen.

In seinem Abschiedsbrief hatte Palach u.a. die Abschaffung der Zensur gefordert. Er bezeichnet sich als »Fackel Nr. 1« und kündigt weitere Selbstmorde an. Daraufhin spitzt sich die Krise in Prag zu. Tausende Studenten kommen auf Versammlungen zu Ehren ihres Kommilitonen zusammen. Bei der Beerdigung Palachs folgen 500 000 Menschen in einer friedlichen Prozession dem Sarg durch die Prager Innenstadt. In vielen Schaufenstern stehen Kerzen und Bilder des toten Studenten, der zum Symbol des tschechoslowakischen Protestes wird.

5. Februar 1969

Ära im Eiskunstlauf endet

Bei den Eiskunstlauf-Europameisterschaften in Garmisch-Partenkirchen belegt das sowjetische Paar Irina Rodnina/Alexej Ulanow den ersten Platz und stößt die langjährigen Titelträger Ludmilla Belousowa/Oleg Protopopow vom Thron. Für den Eiskunstlauf endet damit eine glanzvolle Ära. Das sowjetische Paar Belousowa/Protopopow rangierte seit 1962 mit tänzerischen Glanzleistungen an der Weltspitze. Dabei lieferten sich die Sportler immer wieder harte Duelle mit ihren bundesdeutschen Konkurrenten Marika Kilius und Hans-Jürgen Bäumler. Die neuen Titelträger Rodnina/Ulanow zeigen in ihrer eher athletisch angelegten Kür, dass sie den Platz an der Europaspitze verdient haben: Als einziges Paar wagen sie den schwierigsten Sprung, den Doppel-Axel. Mit dem dritten Platz von Tamara Moskwina und Alexej Mischin sind auf dem Siegertreppchen nur sowjetische Paare vertreten (s. Abb.). Beim Wettbewerb der Damen siegt das junge DDR-Talent Gabriele Seyfert. Europameister der Herren wird der 18-jährige Tschechoslowake Ondrej Nepala. Im Eistanz siegt das britische Paar Diane Towler/Bernhard Ford.

Februar 1969

1 Sa Eisenbahner erhalten 6% mehr Lohn oder Gehalt. Darauf einigen sich die Gewerkschaft der Eisenbahner Deutschlands und die Bundesbahn.

2 So Jugoslawiens Präsident Josip Tito und Rumäniens Staatschef Nicolae Ceaușescu wenden sich gegen die sowjetische Intervention in der CSSR.

3 Mo In der Sportpresse wird über den gestrigen Sieg des 26-jährigen Gerhard Zimmermann bei den deutschen Meisterschaften im Eisschnelllauf berichtet. → PLO

4 Di Das 150-jährige Bestehen des Bayerischen Landtages wird in München mit einem Festakt begangen. Hauptredner ist Landtagspräsident Rudolf Hanauer.

5 Mi Als Nachfolger des am 31. Januar zurückgetretenen Eugen Gerstenmaier wird Kai-Uwe von Hassel neuer Bundestagspräsident. → Eiskunstlauf

6 Do Die DDR-Regierung protestiert bei der Bundesregierung gegen den Plan, die Wahl des Bundespräsidenten am 5. März in West-Berlin durchzuführen.

7 Fr Auf den Orkney-Inseln vor der schottischen Küste registrieren Meteorologen den bisher stärksten gemessenen Orkan (Windgeschwindigkeit 217 km/h).

8 Sa Ost-Berlin verbietet den Mitgliedern der Bundesversammlung die Reise durch die DDR nach West-Berlin, um dort den Bundespräsidenten zu wählen.

9 So Im New Yorker Museum of Modern Art endet eine Ausstellung, die der Wechselbeziehung von Kunst und Produktion gewidmet war. → »Jumbo«

10 Mo In Bonn unterzeichnet Wirtschaftsminister Karl Schiller ein Abkommen über wirtschaftliche, industrielle und technische Zusammenarbeit mit Jugoslawien.

11 Di Bei Unruhen im indischen Bombay sind seit dem 8. Februar 41 Menschen ums Leben gekommen und 450 verletzt worden.

12 Mi DDR-Außenminister Otto Winzer beendet einen Besuch in Ägypten und Syrien. Mit Ägypten wurde die Einrichtung eines Konsulats in Alexandria vereinbart.

13 Do An der Chirurgischen Universitätsklinik München findet die erste deutsche Herztransplantation statt. Der Empfänger überlebt nur 22 Stunden.

14 Fr Der wegen Spionage für die UdSSR inhaftierte frühere Bundesnachrichtendienst-Mitarbeiter Heinz Felfe wird gegen drei Bundesbürger ausgetauscht.

15 Sa Der Parteitag der italienischen KP endet. Die größte kommunistische Partei außerhalb des Ostblocks betont, dass sie die Breschnew-Doktrin ablehne.

16 So Zum ersten Mal veröffentlicht die Bundesregierung ein sog. Weißbuch zur Verteidigung. +++ Die Weltmeisterschaft im Zweier-Bob gewinnt Italien.

17 Mo Finnlands Außenminister Ahti Karjalainen reist in die UdSSR. Nach Ansicht von Beobachtern will er die jüngsten Spannungen mit Moskau mildern.

18 Di Arabische Terroristen beschießen auf dem Zürcher Flughafen ein israelisches Flugzeug. Der Copilot und einer der Attentäter werden getötet.

19 Mi Die traditionellen Karnevalsfeiern enden am Aschermittwoch. In diesem Jahr wurden sie erheblich von Schnee und Kälte beeinträchtigt. → »Langer Eugen«

20 Do Der Internationale Gerichtshof in Den Haag erklärt die 1958 vereinbarte »Continental Shelf Convention« über die Aufteilung der Meeresböden für ungültig.

21 Fr Drei Menschen kamen auf einer Münchener U-Bahn-Baustelle ums Leben. In 20 Meter Tiefe war ein Feuer ausgebrochen.

22 Sa Im Alter von 76 Jahren stirbt in Ost-Berlin Johannes Dieckmann, Präsident der DDR-Volkskammer und stellvertretender Staatsratvorsitzender.

23 So Bei den Bob-Weltmeisterschaften in Lake Placid (USA) siegt der bundesdeutsche Viererbob mit Wolfgang Zimmerer am Steuer.

24 Mo Bei einem israelischen Luftwaffenangriff auf Stützpunkte arabischer Widerstandskämpfer in Syrien kommen neun Menschen ums Leben.

25 Di Die US-Sonde »Mariner 6« startet vom Raumfahrtszentrum Cape Kennedy (US-Bundesstaat Florida) zu ihrem Flug zum Mars.

26 Mi Im Alter von 73 Jahren stirbt der israelische Ministerpräsident Levi Eschkol in Jerusalem an den Folgen eines Herzanfalls. Eschkol amtierte seit 1963.

27 Do In Paris beginnt die Verlegung des Großmarktes aus den traditionsreichen Markthallen (»Les Halles«) in einen neu errichteten Komplex im Vorort Rungis.

28 Fr Im Wallraf-Richartz-Museum in Köln wird die Ausstellung »Kunst der sechziger Jahre« eröffnet. Es handelt sich um eine der wichtigsten Privatsammlungen.

März 1969

1 Sa In Syrien sorgen Machtkämpfe rivalisierender Flügel der regierenden sozialistischen Baath-Partei für innenpolitische Unruhen.

2 So Bei den chilenischen Parlamentswahlen verzeichnen die regierenden Christdemokraten unter Präsident Eduardo Frei schwere Verluste. → Grenzfluss

3 Mo Der Verband Deutscher Studentenschaften (VDS) führt rätedemokratische Prinzipien ein. +++ Die US-Mondlandefähre »Apollo 9« ist erfolgreich getestet.

4 Di Der Ministerrat der Europäischen Gemeinschaft einigt sich in Brüssel über den Forschungs- und Investitionshaushalt für die Europäische Arbeitsgemeinschaft.

5 Mi In West-Berlin wird das Haus der sog. Kommune I wegen »Verdachts auf Vorbereitung eines Sprengstoffanschlags« durchsucht. → Heinemann

6 Do Die VW-Tochtergesellschaft Auto-Union (Ingolstadt) und die Neckarsulmer NSU-Werke schließen sich zur Audi NSU Auto Union AG zusammen.

7 Fr Die sowjetischen und ostdeutschen Streitkräfte beenden ihre am 1. März begonnenen Manöver im zentralen und westlichen Teil der DDR.

8 Sa Das atomgetriebene bundesdeutsche Schiff »Otto Hahn« startet zur ersten Atlantikfahrt. Die »Otto Hahn« ist der erste Atomfrachter Westeuropas.

9 So Ägyptens Generalstabschef Abdel Moneim Riad wird bei einem Gefecht zwischen israelischen und ägyptischen Truppen tödlich verwundet.

10 Mo In Memphis (US-Bundesstaat Tennessee) wird James Earl Ray, der Mörder des US-Bürgerrechtlers Martin Luther King, zu 99 Jahren Zuchthaus verurteilt.

11 Di Ein Generalstreik legt fast ganz Frankreich lahm. +++ Parteichef Josip Broz Tito greift in Belgrad (Jugoslawien) die Breschnew-Doktrin scharf an.

12 Mi Im Hamburger Thalia-Theater findet die deutsche Erstaufführung des Tennesse-Williams-Stücks »Königreich auf Erden« statt.

13 Do Mit 83 gegen 15 Stimmen raitifiziert der US-Senat den Vertrag über die Nichtweiterverbreitung von Kernwaffen (sog. Atomwaffensperrvertrag).

14 Fr Ein Westberliner Gericht verurteilt den 24-jährigen Dutschke-Attentäter Josef Bachmann zu einer siebenjährigen Zuchthausstrafe.

15 Sa Der Parteikongress der französischen Sozialisten endet in Dijon. Die Delegierten sprechen sich für einen Boykott der geplanten Volksabstimmung aus.

16 So Rainer Werner Fassbinders Stück »Preparadise sorry now« wird im antiteater München uraufgeführt. Es thematisiert faschistoides Verhalten.

17 Mo Auf einem Gipfeltreffen der Warschauer-Pakt-Staaten kommt es zu Diskussionen bezüglich des sowjetisch-chinesischen Grenzkonflikts. → Golda Meir

18 Di Das Präsidium der SPD beschließt, dem Sozialdemokratischen Hochschulbund die Zuschüsse zu sperren. Der SHB hatte sich von dem Kurs der SPD distanziert.

19 Mi Außenminister Willy Brandt (SPD) spricht sich im Bonner Bundestag für eine Unterzeichnung des Atomwaffensperrvertrags noch vor dem Sommer aus.

20 Do Auf ihrer sog. Ständigen Konferenz vereinbaren die Kultusminister der Bundesländer die grundsätzliche gegenseitige Anerkennung des Abiturs.

21 Fr Der schleswig-holsteinische Wirtschaftsminister Knud Knudsen (CDU) tritt nach Vorwürfen, seine Macht für geschäftliche Vorteile missbraucht zu haben, zurück.

22 Sa In West-Berlin stirbt im Alter von 78 Jahren der in Prag geborene Schauspieler Ernst Deutsch. Deutsch spielte am Deutschen Theater in Berlin.

23 So Der 20-jährige DDR-Skispringer Manfred Wolf stellt im jugoslawischen Planica mit 165 m einen neuen Skiflug-Weltrekord auf.

24 Mo Die jordanische Regierung unter Ministerpräsident Bahjat Talhouni tritt zurück. Der bisherige Außenminister Abdel Moneim tritt die Nachfolge an.

25 Di Nach schweren innenpolitischen Auseinandersetzungen und blutigen Unruhen tritt der pakistanische Staatspräsident Mohammed Ayub Khan zurück.

26 Mi In Bonn billigt der Bundestag einstimmig die Einfuhr von Zeitungen und Zeitschriften aus der DDR für weitere zwei Jahre.

27 Do Der österreichische Nationalrat ratifiziert in Wien den Atomwaffensperrvertrag, der am 1. Juli 1968 von den drei Großmächten unterzeichnet wurde.

28 Fr Der frühere US-Präsident Dwight D. Eisenhower (»Ike«) stirbt in Washington. Der Republikaner wurde 1952 und 1956 in das Amt gewählt.

29 Sa Kurt Georg Kiesinger beendet seinen Besuch in Wien. Es handelt sich um den ersten Staatsbesuch eines deutschen Bundeskanzlers in Österreich seit 1957.

30 So Peter Stein inszeniert in Bremen Goethes Drama »Torquato Tasso«. Konservative Kritiker werfen dem Regisseur eine Verhöhnung der Klassiker vor.

31 Mo Bundesforschungsminister Gerhard Stoltenberg unterzeichnet in Buenos Aires ein Abkommen über technologische Zusammenarbeit mit Argentinien.

5. März 1969

Wahl stellt Weichen auf sozialliberal

Mit Gustav Heinemann übernimmt erstmals in der Geschichte der Bundesrepublik Deutschland ein SPD-Politiker das Amt des Bundespräsidenten. Trotz der Proteste aus Ost-Berlin findet die Bundesversammlung zur Wahl des neuen Bundespräsidenten wie geplant in Berlin statt. Dort müssen sich 1036 Versammlungsmitglieder zwischen zwei Kandidaten entscheiden: Gustav Heinemann tritt als derzeitiger Bundesminister für die SPD an, Bundesverteidigungsminister Gerhard Schröder geht für die CDU ins Rennen. Nach drei Wahlgängen und knapp neun Stunden Hochspannung setzt sich Heinemann knapp durch. Im ersten Wahlgang erhielt er 13 Stimmen mehr als sein Konkurrent, im zweiten vier Stimmen und im dritten Wahlgang sechs Stimmen. Aus dem Ergebnis ist ablesbar, dass rd. 90% der FDP-Abgeordneten für Heinemann votiert haben müssen. Von diesen Stimmen war die Wahl des Bundespräsidenten mithin entscheidend abhängig. Die SPD benötigte 76 Befürworter ihres Kandidaten aus den Reihen der Liberalen, die CDU nur 22 Stimmen. Mit ihrer Entscheidung für den Sozialdemokraten Heinemann signalisiert die FDP-Spitze ihre Bereitschaft zur linksliberalen Neuorientierung der Partei. Ihre Koalition mit der CDU war 1966 zerbrochen. Hans-Dietrich Genscher hatte bereits 1968 erklärt, die Bundespräsidentenwahl würde eine Grundsatzentscheidung der FDP notwendig machen. Durch die FDP-Wende wird Gustav Heinemann zum dritten bundesdeutschen Staatsoberhaupt. Der frischgebackene Bundespräsident kehrt nach der Vereidigung in seine Heimatstadt Essen zurück. Dort bereitet ihm die Bevölkerung einen stürmischen Empfang.

Die SPD-Spitze in der Berliner Ostpreußenhalle v.l.: Gustav Heinemann, Helmut Schmidt, Herbert Wehner und Willy Brandt

Gustav Heinemann

deutscher Politiker, * 23.7.1899 Schwelm; † 7.7.1976 Essen

Der festen moralischen Prinzipien verpflichtete, bisweilen als eigensinnig geltende Protestant geht als »Bürgerpräsident« in die Geschichte der Bundesrepublik ein. Der ehemalige Bergwerksdirektor war an der Gründung der CDU beteiligt. Wegen der Wiederbewaffnungspläne Adenauers trat Heinemann als Innenminister zurück. In der großen Koalition leitete er seit 1966 das Justizministerium.

- 1934-45: Mitglied der Bekennenden Kirche
- 1949/50: Bundesinnenminister
- 1952: Mitgründer der Gesamtdeutschen Volkspartei
- ab1957: Mitglied der SPD

17. April 1969

Dubčeks Entmachtung legt »Prager Frühling« auf Eis

Alexander Dubček verliert sein Amt als erster Sekretär der Kommunistischen Partei der Tschechoslowakei. Auf einer Sitzung in Prag erklärt er »freiwillig« seinen Rücktritt. Nachfolger Dubčeks wird der bisherige Chef der slowakischen KP, der 56-jährige Gustav Husák.

Die Ablösung des Reformkommunisten Dubček geschieht auf Druck der Sowjetunion. Unter Husák beginnt eine »Konsolidierungspolitik«, in deren Verlauf es in Staat und Partei zu umfangreichen Säuberungsaktionen gegen die Anhänger des »Prager Frühlings« und zur Rücknahme von dessen Reformen kommt. Nach tschechisch-russischen Ausschreitungen im Anschluss an ein Eishockeyländerspiel der beiden Staaten hatten sich die Spannungen in der Tschechoslowakei verschärft. Die Sowjetunion drohte für den Fall neuer Demonstrationen einen erneuten Truppeneinsatz an und forderte einen Wechsel in der politischen Führung.

2. März 1969

Kampf um Grenzfluss

Am Fluss Ussuri kommt es zu einem schweren Grenzkonflikt zwischen Truppen der Sowjetunion und Chinas. Die Riesenreiche stehen am Rande eines Krieges. Inmitten des Flusses liegt die Damanski-Insel. Sie ist seit langem Streitobjekt der kommunistischen Rivalen. Ohne Vorwarnung kommt es plötzlich zu Feuergefechten zwischen den Grenztruppen beider Seiten. Mehrere Tage lang dauern die Schießereien. Die Kämpfe fordern zahlreiche Opfer. In diplomatischen Noten beschuldigen sich Moskau und Peking gegenseitig, den Zwischenfall provoziert zu haben. Wer die Kämpfe tatsächlich ausgelöst hat, bleibt umstritten. Die Grenze am Ussuri war seit dem 19. Jahrhundert immer wieder Streitpunkt zwischen China und Russland. Damals gelang es dem Zarenreich, eine politische Schwäche Chinas auszunutzen und die Gebiete im südlichen Sibirien zu annektieren. Seither kommt es häufig zu Grenzscharmützeln. Die erneuten Kämpfe am Ussuri kommen zwar nach einer Woche zum Erliegen, flammen allerdings am 13. August erneut auf. Der sowjetische Ministerpräsident Alexej N. Kossygin trifft daraufhin mit dem chinesischen Regierungschef Chou En-lai zusammen, um über die Krisensituation zu beraten. Beide beschließen in Peking zwar die Aufnahme von Verhandlungen im Oktober, diese führen aber zu keinem Ergebnis.

1. April 1969

»Bed-in« für den Frieden

Beatle John Lennon und seine Frau Yoko Ono beenden in Amsterdam ihr einwöchiges »bed-in«. Nachdem das Paar am 20. März in Gibraltar getraut worden war, flog es über Paris nach Amsterdam. Dort gehen John Lennon und Yoko Ono am 26. März im Hilton Hotel für sieben Tage ins Bett (s. Abb.). Mit dieser Aktion will das Künstler-Ehepaar ein weltweit sichtbares Zeichen setzen. Die internationalen Medien nehmen sich des Ereignisses mit Begeisterung an. Gleichzeitig bringt das Paar bei dem Happening seine Friedensbotschaft an den Mann. Damit ist das Ziel der beiden, höchst spektakulär für den Frieden und die Anti-Kriegsbewegung zu werben, erreicht.

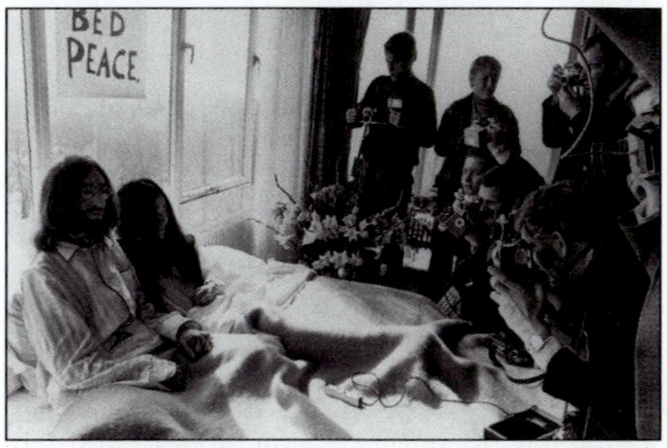

In einem Interview erinnert sich John Lennon Jahre später: »Als wir heirateten, wussten wir, dass unsere Flitterwochen sowieso öffentlich sein würden, also beschlossen wir, sie zu nutzen, um eine Erklärung abzugeben. Unser Leben ist unsere Kunst. Das war das bed-in. Wir saßen im Bett und redeten mit den Reportern. Es war urkomisch. Im Endeffekt machten wir einen Werbespot für den Frieden . . .«

28. April 1969

Charles de Gaulle tritt zurück

Der französische Staatspräsident Charles de Gaulle, einer der bedeutendsten Staatsmänner des Jahrhunderts, tritt von seinem Amt zurück. Damit endet ein wichtiger Abschnitt der Geschichte Frankreichs. De Gaulle hatte ein Referendum über seine Regional- und Senatsreform zur Vertrauensfrage gemacht: 52,41% der Franzosen stimmten gegen den ehemaligen General, dem daraufhin nur der Rückzug bleibt. (Abb.: Der enttäuschte de Gaulle nach Bekanntgabe des Wahlergebnisses). Die geplanten Reformen zielten auf die Dezentralisierung der Verwaltung und ihre Übertragung auf die Regionen, die jedoch nur eine beschränkte Handlungsfähigkeit erhalten sollten. Dazu hätte Frankreich in den kommenden Monaten in 21 Großregionen aufgeteilt werden sollen. Mit der Senatsreform wollte de Gaulle die Rechte der Zweiten Kammer beschneiden. Die Bevölkerung wehrte sich jedoch gegen de Gaulles Pläne.

17. März 1969

Golda Meir führt Israel

Das israelische Parlament, die Knesseth, wählt Golda Meir (s. Abb.) zur Ministerpräsidentin. Von den 96 Abgeordneten stimmten 84 für die Politikerin der Arbeiterpartei, zwölf Mandatsträger der Nationalreligiösen Partei und der Kommunisten gegen sie. Die 70-jährige ehemalige Außenministerin, über die Staatsgründer David Ben Gurion einmal sagte, sie sei der »einzige Mann in der Regierung«, tritt die Nachfolge von Levi Eschkol an, der am 26. Februar verstorben war. In ihrer Regierungserklärung kündigt Meir an, Eschkols Kurs fortsetzen zu wollen. Ein Rückzug aus besetzten Gebieten komme auch unter ihrer Regierung nicht in Frage, bekräftigt die neue Ministerpräsidentin: »Wir werden niemals wieder zu den Waffenstillstandslinien vom 4. Juni 1967 zurückkehren. Denn wir wollen sichere Grenzen, das heißt Grenzen, die den Leuten keine topographischen Vorteile bieten, die uns 20 Jahre von ihren Höhenstellungen beschossen haben.«

April 1969

1 Di In Peking beginnt der neunte Kongress der Kommunistischen Partei Chinas. Lin Piao wird Nachfolger von Parteichef Mao Tsetung. → »Bed-in«

2 Mi Der Iran gibt den Abbruch der diplomatischen Beziehungen zum Libanon bekannt. +++ Der Staatschef von Ghana, Joseph Arthur Ankrah, tritt zurück.

3 Do Der Bundeswehrmajor Hans-Joachim Kruse setzt sich in die DDR ab. Ihm missfalle der zunehmende Einfluss der rechtsextremen NPD in der Bundeswehr.

4 Fr Als erster Mensch der Welt erhält der US-Amerikaner Haskell Karp vorübergehend ein künstliches Herz aus Polyesterfaser eingepflanzt.

5 Sa Eine vierköpfige britische Transarktis-Expedition unter Leitung von Wally Herbert erreicht den Nordpol. Die Gruppe war am 8. Februar 1968 gestartet.

6 So Tausende von US-Bürgern protestieren auf Ostermärschen gegen den Krieg in Vietnam. Zusätzlich wird der 1. Todestag von Martin Luther King begangen.

7 Mo Bei wolkenlosen Himmel und Temperaturen um 22 °C kommt es in der Bundesrepublik zu einem Massenaufbruch ins Grüne – und vielen Verkehrsunfällen.

8 Di Außenminister Willy Brandt beendet einen Besuch in Kanada, bei dem er u. a. Gespräche über den Truppenabzug aus Europa führte.

9 Mi Bei Kämpfen zwischen rund 600 Arbeitern mit der Polizei sterben in Battipaglia (Italien) zwei Menschen. Auslöser war die Einführung der Kurzarbeit.

10 Do Jordaniens König Hussein II. legt einen Friedensplan für den Nahen Osten vor, den er mit Ägyptens Präsidenten Gamal Abd el Nasser abgestimmt hat.

11 Fr US-Präsident Richard Nixon fordert vor dem NATO-Rat die Schaffung einer politischen Planungsgruppe der verbündeten Staaten.

12 Sa Das Stück »August August August« des tschechoslowakischen Dramatikers Pavel Kohout feiert in Wien seine deutschsprachige Premiere.

13 So Das Langstreckenrennen in Brands Hatch gewinnen Joe Siffert/Jim Redmann (Schweiz/Großbritannien) auf Porsche mit durchschnittlich 159,754 km/h.

14 Mo Nordkoreanische Jagdflugzeuge schießen ein US-Aufklärungsflugzeug mit 31 Mann Besatzung ab. Die USA kündigt die Entsendung von Kriegsschiffen an.

15 Di In der Brooklyn Academy in New York wird das Ballett »Canfield« von Choreograph Merce Cunningham und Komponist Pauline Oliveras uraufgeführt.

16 Mi Victoria Eugenia, die Witwe des letzten spanischen Königs Alfonso XIII., stirbt in Lausanne (Schweiz). Spaniens Regierung verfügt drei Tage Staatstrauer.

17 Do In der gesamten Tschechoslowakei führt die Polizei in der Nacht Razzien durch und überprüft insgesamt 3000 Personen. → Dubček

18 Fr Bei Nachwahlen zum britischen Unterhaus wird die 21-jährige nordirische Unabhängigkeitskämpferin Bernadette Devlin ins Parlament gewählt.

19 Sa Der Iran kündigt das 1937 mit dem Irak geschlossene Grenzabkommen für den Schatt al-Arab. Beide Staaten demonstrieren daraufhin militärische Stärke.

20 So Die Westberliner CDU wählt den 46-jährigen Peter Lorenz zu ihrem Vorsitzenden. Er tritt die Nachfolge von Franz Amrehn an.

21 Mo Um die Überproduktion an Milch in der EG absetzen zu können, beschließen die Agrarminister u. a. den Zusatz von Milchpulver in Mischfutter.

22 Di Im Biafra-Krieg erobern nigerianische Regierungstruppen die vorläufige Hauptstadt der abtrünnigen Provinz, Umuahia.

23 Mi Die Bundesregierung spricht sich gegen ein Verbot der rechtsextremen NPD aus. Die Entscheidung über die Zukunft der Partei obliege dem Wähler.

24 Do SPD, CDU, FDP und CSU unterzeichnen ein Abkommen, in dem sie sich zu einem fairen Wahlkampf verpflichten.

25 Fr Im Musée des Beaux-Arts in Lyon beginnt eine Ausstellung mit rund 120 Werken des russischen Bildhauers Alexander Archipenko.

26 Sa »Ein Dorf ohne Männer«, ein Stück des österreichischen Dramatikers Ödön von Horváth, wird in Göttingen erstmals auf einer deutschen Bühne gezeigt.

27 So Der bolivianische Staatspräsident General René Barrientos Ortuño verunglückt bei einem Hubschrauberabsturz tödlich.

28 Mo Laut einer von der EG veröffentlichten Umfrage wünschen sich 62% der Bundesbürger ein vereintes Europa, 19% sind ausdrücklich dagegen. → De Gaulle

29 Di Ernst Wolf, Vorsitzender der Thyssen Röhrenwerke AG, gibt einen Vertragsabschluss mit der Sowjetunion über den Bau von Großröhrenwerken bekannt.

30 Mi Die aktuellen Arbeitslosenzahlen der Bundesrepublik haben zum Ende des Aprils mit 763 300 den höchsten Stand der Nachkriegszeit erreicht.

Mai 1969

1 Do Beim 230 km langen Radrennen rund um den Henninger-Turm (Frankfurt am Main) siegt der Belgier Georges Pintens.

2 Fr Der deutsche Politiker Franz von Papen stirbt 89-jährig in Obersasbach bei Achern. Er hatte 1932 das sog. »Kabinett der Barone« als Reichskanzler geleitet.

3 Sa In Neu-Delhi stirbt der 72-jährige Staatspräsident Zakir Husain an einer Herzattacke. Er war 1967 als erster Muslim in dieses Amt gewählt worden.

4 So Den Großen Preis von Spanien in Montjuich-Barcelona gewinnt der Formel-1-Pilot Jackie Steward (Großbritannien) auf Matra. → Messe

5 Mo Frankreichs Kommunisten nominieren Jacques Duclos als Spitzenkandidaten für die bevorstehenden Präsidentschaftswahlen

6 Di Arthur L Kopits Schauspiel »Indianer« wird in Washington uraufgeführt. Der US-Dramatiker gilt als ein Vertreter des absurden Theaters.

7 Mi Das Bundeskabinett verabschiedet eine Vorlage zur Gründung der Ruhrkohle AG. Sie sieht eine leistungssteigernde Konzentration der Bergbaubetriebe vor.

8 Do Prinz Norodom Sihanuk, Staatschef vom Kambodscha, gibt die diplomatische Anerkennung der DDR durch sein Land bekannt.

9 Fr Nach koalitionsinternen Auseinandersetzungen lehnt das Bundeskabinett aus Unionsparteien und SPD die allgemein erwartete Aufwertung der DM ab.

10 Sa In einem Qualifikationsspiel für die Fußballweltmeisterschaft besiegt die deutsche Nationalelf die Auswahl Österreichs in Nürnberg mit 1:0.

11 So Einem sowjetischen Vorschlag antwortend, stimmt China der Aufnahme von Gesprächen über die Schifffahrt auf dem umstrittenen Grenzfluss Ussuri zu.

12 Mo In Karlsruhe beginnt der Spionageprozess gegen den Fotogroßhändler Hannsheinz Porst. Es wird einer der aufsehenerregendsten Prozesse der Nachkriegszeit.

13 Di Der Bundestag beschließt ein Arbeitsförderungsgesetz, das der Bundesanstalt für Arbeit Maßnahmen zur Sicherung der Vollbeschäftigung eröffnet.

14 Mi Erstmals wird in der DDR ein Museums-Neubau eröffnet. Die Rostocker Kunsthalle wird fortan von Horst Zimmermann geleitet.

15 Do Nichteheliche Kinder werden ehelichen künftig rechtlich gleichgestellt, beschließt der Bundestag durch seine Reform des Nichtehelichenrechts.

16 Fr Das Parlament Tahitis nimmt einen Gesetzesentwurf an, der für kommunistisches Handeln und die Verbreitung kommunistischer Ideen die Todesstrafe vorsieht.

17 Sa Leonard Bernstein leitet sein letztes Konzert als Chefdirigent des New York Philharmonic Orchestra in der Carnegie Hall.

18 So Den Großen Preis von Monaco gewinnt auf dem innerstädtischen Rundkurs Monte Carlos der britische Formel-1-Fahrer Graham Hill auf Lotus.

19 Mo Der rheinland-pfälzische Landtag wählt in Mainz Helmut Kohl (CDU) zum Ministerpräsidenten und somit zum Nachfolger seines Parteifreundes Peter Altmeier.

20 Di Die Bundesrepublik verpflichtet sich im Rahmen eines internationalen Konsortiums zur Wirtschaftshilfe für Pakistan in Höhe von 140 Mio. DM.

21 Mi In einem Qualifikationsspiel zur Fußball-Weltmeisterschaft 1970 in Mexiko besiegt die DFB-Mannschaft Zypern mit 12:0. → Vetter

22 Do 13 contergangeschädigten Kindern in Norwegen wird eine jährliche Entschädigung von umgerechnet 56 000 DM zugesprochen.

23 Fr Der US-Dirigent Leonard Bernstein bekommt in Wien den Kulturpreis der Stadt. Er soll ein Konzert zum 100-jährigen Bestehen der Staatsoper dirigieren.

24 Sa Bereits zwei Spieltage vor Saisonende steht der FC Bayern München als Deutscher Fußballmeister des Jahres 1969 fest.

25 So Nach einem unblutigen Staatsstreich im Sudan übernimmt die Armee die Macht. Die linksorientierten Putschisten bilden einen Revolutionsrat.

26 Mo Die am 18. Mai gestartete Raumsonde »Apollo 10« landet im Pazifik. Die USA werten die Mission als gelungene letzte Vorstufe für eine Mondlandung.

27 Di Während der Pfingsttage sind wieder viele Verkehrstote zu beklagen. Das Wiesbadener Verkehrsministerium nennt die Zahl 17 allein für Hessen.

28 Mi Auf dem VI. Kongress des DDR-Schriftstellerverbandes wird Christa Wolfs Roman »Nachdenken über Christa T.« wegen seines »Individualismus« verurteilt.

29 Do Frankreich und die Bundesrepublik Deutschland unterzeichnen in Paris ein Abkommen über das europäische Airbusprojekt.

30 Fr Die Planungsgruppe der NATO überlegt, wie ein sowjetischer Angriff mit Atomwaffen zurückgeschlagen werden könnte, ohne NATO-Gebiete zu verwüsten.

31 Sa In Belgien wird der neue Schelde-Tunnel eröffnet. Er ist 700 m lang und 47,85 m breit. Der Bau des Tunnels kostete 360 Mio. DM.

10. Juni 1969

Aufklärung in der Schule

Bundesgesundheitsministerin Käte Strobel (SPD) stellt in Bonn den »Sexualkunde-Atlas« (s. Abb.) vor. Er soll an den bundesdeutschen Schulen als einheitliches Lehrbuch für den neu eingeführten Sexualkundeunterricht dienen.

Nach Empfehlungen der Kultusministerkonferenz wurde der »Sexualkunde-Atlas« im Auftrag des Bundesgesundheitsministeriums und der Bun-

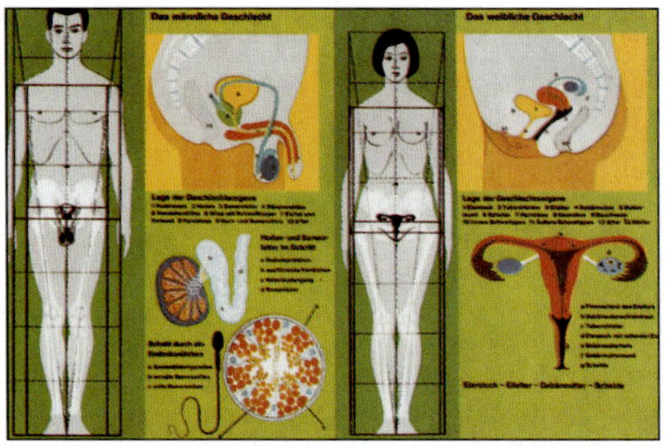

deszentrale für gesundheitliche Aufklärung erarbeitet. Über das Lehrbuch schreibt der ehemalige Vorsitzende des Sozialistischen Deutschen Studentenbundes, Reimut Reiche (Autor von »Sexualität und Klassenkampf«), im »Spiegel«: »Zweieinhalb Zeilen über Onanie, 32 Zeilen über den Geschlechtsverkehr; das ist das einzig Sexuelle an diesem Atlas. Dieser Sexualkunde-Atlas ist keiner.« Dennoch ist das Werk und die Behandlung der Sexualität im Unterricht ein erster Ausdruck einer allgemeinen Liberalisierungstendenz.

12. Juni 1969

Roter Punkt für Selbsthilfe

Nach Demonstrationen gegen eine Tariferhöhung im öffentlichen Nahverkehr wird in Hannover der gesamte Straßenbahn- und Omnibusverkehr eingestellt. Demonstranten organisieren daraufhin in einer Aktion »Roter Punkt« private Mitfahrgelegenheiten (s. Abb.). Begonnen haben die Proteste gegen die Tarife nach einer Fahrpreiserhöhung zum 1. Juni. Getragen wurden sie in ihrer Mehrheit von Schüler-, Studenten- und Gewerkschaftsgruppen. Als es am 9. und 10. Juni bei Blockadeaktionen zu unverhältnismäßig harten Polizeieinsätzen kommt, schlägt den Demonstranten aus der Bevölkerung eine Welle der Solidarität entgegen. Autofahrer, die ihren Wagen durch einen roten Punkt kennzeichnen, nehmen nach einem vorher festgelegten System bisherige Bus- und Straßenbahnkunden mit. So kommt ein regelrechter Liniendienst in Gang.

12. Juni 1969

Gesetz über Lohnfortzahlung

Mit großer Mehrheit verabschiedet der Bundestag das sog. Lohnfortzahlungsgesetz. 388 Abgeordnete votieren dafür und 38 dagegen; sieben enthalten sich der Stimme. Das Gesetz regelt die seit langem umstrittene Form der Entgeltzahlung für Arbeiter im Krankheitsfall neu.

Innerhalb der ersten sechs Wochen einer krankheitsbedingten Arbeitsunfähigkeit bekommen danach auch Arbeiter – anders als bislang – von ihrem Arbeitgeber das volle Gehalt ausgezahlt. Bislang erhielten erkrankte Arbeiter Krankengeld, (von der Krankenkasse) und einen Krankengeldzuschuss (vom Arbeitgeber). Das neue Gesetz soll zum einen die Krankenkassen entlasten. Zum anderen werden die rentenvermindernden Auswirkungen der alten Regelung beseitigt. Denn auf die Krankenbezüge wurden – anders als bei der Lohnfortzahlung – keine Sozialversicherungsbeiträge erhoben. Mit dem neuen Gesetz folgte die große Koalition im Bundestag den Forderungen der Gewerkschaften. Die Neuregelung tritt zum 1. Januar 1970 in Kraft.

23. Juni 1969

Fischsterben im Rhein

Ein bei Bingen in den Rhein eingeleitetes Insektizid vernichtet den gesamten Fischbestand flussabwärts (s. Abb.). Auch in den Niederlanden schädigt die Einleitung die Fauna.

Die Polizei Nordrhein-Westfalens warnt Anlieger und Campinggäste an den Rheinufern davor, Waschwasser aus dem Fluss zu entnehmen, zu baden oder zu angeln. Landwirte werden auf Gefahren für in Ufernähe weidendes Vieh hingewie-

sen. Niederländische Städte wie Amsterdam und Rotterdam, die ihr Trinkwasser großteils aus dem Rhein beziehen, sperren alle Leitungen. Niederländische Behörden kritisieren die verspätete deutsche Informationspolitik. Nach Angaben des nordrhein-westfälischen Landwirtschaftsministers Diether Deneke haben die Holländer das von den Hoechst-Werken in Frankfurt am Main hergestellte Insektengift »Thiodan« als Auslöser identifiziert. Über die Verantwortlichen für die Umweltkatastrophe wird jedoch nichts bekannt.

21. Mai 1969

Vetter wird DGB-Chef

Die Themenbereiche Mitbestimmung und Vermögensbildung nennt Heinz Oskar Vetter, der neue Vorsitzende des Deutschen Gewerkschaftsbundes (DGB), als die Schwerpunkte seines künftigen Wirkens. Die Delegierten des achten ordentlichen Bundeskongresses in München wählen den gebürtigen Bochumer und seit 1964 amtierenden zweiten Vorsitzenden der IG Bergbau und Energie zum Nachfolger von Ludwig Rosenberg.

Der außerhalb von Gewerkschaftskreisen weitgehend unbekannte, 52-jährige Vetter erhält allerdings nur 267 von 427 möglichen Stimmen. Ursprünglich galt der Postgewerkschafter Kurt Gscheidle als aussichtsreichster Kandidat für den DGB-Vorsitz. Er zog seine Bewerbung jedoch zurück, nachdem seine Forderung nach Stärkung der Dachorganisation auf Kosten der 16 Einzelgewerkschaften abgelehnt worden war. Insbesondere der IG-Metall-Vorsitzende Otto Brenner hatte sich gegen einen Machtverlust der Einzelgewerkschaften gewandt.

4. Mai 1969

Vatikan reformiert Messe

Papst Paul VI. legt ein neues Messbuch vor, mit dem das bisher gültige von Papst Pius V. aus dem Jahr 1570 abgelöst wird. Das neue Messbuch trägt allen Veränderungen Rechnung, die während des 2. Vatikanischen Konzils beschlossen wurden. Durch sie will sich die katholische Kirche der modernen Welt öffnen und ein Mitwirken der Gläubigen an der Messe ermöglichen. In diesem Sinne kommen die Landessprachen mehr und mehr zur Geltung. In der Bundesrepublik ist dies bereits seit 1964 der Fall, in vielen anderen Staaten wird die Messe aber nach wie vor in Latein gehalten. Durch die Vereinfachung einiger Zeremonien und einer Aufwertung der Predigt können Laien künftig unmittelbar an der Gestaltung der Gottesdienste mitwirken. Dem bislang einzigen Hochgebet zur Eucharistie werden drei Alternativen zur Seite gestellt. Das »Vater unser« endet künftig mit dem in der protestantischen Kirche üblichen Nachsatz. Die Vorschrift, nach der Frauen beim Kirchenbesuch ihren Kopf bedecken müssen, entfällt im neuen Messbuch vollständig.

15. Juni 1969

Pompidou ist Präsident

Nach dem Rücktritt Charles de Gaulles erhält Frankreich eine neue Staatsführung. Der Gaullist Georges Pompidou wird zum neuen französischen Staatsoberhaupt gewählt.

Die Franzosen müssen zunächst in zwei Wahlgängen einen neuen Präsidenten wählen. Beim ersten Wahlgang am 1. Juni erhält Pompidou mit 44,46% noch nicht die erforderliche Mehrheit. Es kommt zur Stichwahl zwischen ihm und dem Liberalen Alain Poher. Der zweite Urnengang am 15. Juni bringt Klarheit: 58,21% der Stimmen entfallen auf Pompidou, 41,78% auf Poher. Am 19. Juni schwört das neue Staatsoberhaupt den Eid auf die Verfassung. Ministerpräsident Maurice Couve de Murville reicht daraufhin seinen Rücktritt ein.

Georges Pompidou (r.) mit dem britischen Premier Edward Heath.

Pompidou beauftragt Jacques Chaban-Delmas als neuen Ministerpräsidenten mit der Bildung eines neuen Kabinetts. Der Regierungsmannschaft gehören danach u.a. an: Maurice Schumann als Außenminister, Valéry Giscard d'Estaing als Wirtschaftsminister und Michel Debré als Verteidigungsminister. Die Wahl Pompidous ist von einem Boykottaufruf der Kommunistischen Partei Frankreichs überschattet. Tatsächlich beteiligen sich nur 64,43% der Stimmberechtigten an der Wahl des neuen Staatspräsidenten.

Georges Pompidou

französischer Politiker, * 5.7.1911 Montboudif; † 2.4.1974 Paris

Der langjährige Vertraute seines Vorgängers Charles de Gaulle setzt als Staatspräsident eigene Akzente, indem er das Verhältnis zu den USA verbessert und den Widerstand seines Landes gegen einen EG-Beitritt Großbritanniens aufgibt. Im Kulturzentrum Centre Pompidou in Paris, zu dessen Errichtung er den Anstoß gab, lebt sein Name fort.

- 1944-46: Im Stab von Charles de Gaulle
- 1956: Generaldirektor im Bankhaus Rothschild
- 1962-68: Premierminister

Juni 1969

1 So Nach dem ersten Wahlgang bei den französischen Präsidentschaftswahlen wird ein Stechen zwischen Georges Pompidou und Alain Poher notwendig.

2 Mo Der belgische Radprofi Eddy Merckx wird beim Giro d'Italia nach einer positiven Dopingprobe disqualifiziert. Vor seinem Ausschluss hatte er klar geführt.

3 Di In der Nacht auf den 4. Juni erschießen Soldaten der haitianischen Armee in Port-au-Prince 20 Mitglieder der kommunistischen Partei.

4 Mi Die Bundesrepublik Deutschland gewährt Afghanistan 50 Mio. DM als direkte Wirtschafthilfe für konkrete Projekte und als Kreditmittel.

5 Do Erstmals startet ein Prototyp des sowjetischen Passagierflugzeuges TU-144 zu einem Flug mit Überschallgeschwindigkeit.

6 Fr Guerillatruppen im Südvietnam beschließen die Bildung einer provisorischen revolutionären Regierung und die Ausrufung einer Republik Südvietnam.

7 Sa 325 rheinland-pfälzische Gemeinden verlieren durch eine Verwaltungsreform ihre Selbstständigkeit. Die Zahl der Kreise wird von 39 auf 28 reduziert.

8 So In Köln wird der Verband Deutscher Schriftsteller (VS) gegründet. Erster Vorsitzender der Organisation wird Dieter Lattmann.

9 Mo Der Revolutionsrat des Sudans gibt bekannt, dass er den drei südlichen Provinzen des Landes regionale Autonomie gewähren werde.

10 Di Irans Ministerpräsident Amir Abbas Howaida schafft bei einem Türkeibesuch die Grundlagen für den Bau einer Ölpipeline zum Mittelmeer. → Aufklärung

11 Mi Auf Antrag von Minister Horst Ehmke wird Herrmann Maassen zum neuen Staatssekretär im Bundesjustizministerium ernannt.

12 Do Die Städtischen Bühnen Essen bringen »Lux in Tenebris« aus dem Nachlass Bertolt Brechts zur Uraufführung. → Lohnfortzahlung → Roter Punkt

13 Fr Bei Demonstrationen gegen die Bonner Hochschulpolitik kommt es in Göttingen zu Auseinandersetzungen zwischen Studenten und der Polizei.

14 Sa Der Regierende Bürgermeister von Berlin, Klaus Schütz (SPD), beginnt einen dreitägigen Besuch in Polen. Dort wird die Gesprächsbereitschaft begrüßt.

15 So N'Garta Tombalbaye wird für sieben Jahre als Präsident des Tschad wiedergewählt. Als einziger Kandidat bekam er über 90% der Stimmen. → Pompidou

16 Mo US-Präsident Richard M. Nixon ernennt den Industriellen Kenneth Rush zum neuen Botschafter in Bonn. Er war bislang Präsident eines Chemiekonzerns.

17 Di In München kommt es zu Protesten gegen eine Wahlkundgebung der rechtsextremen NPD. +++ Boris W. Spasski (UdSSR) wird Schachweltmeister.

18 Mi Erstmals gelingt in der Bundesrepublik eine Lebertransplantation. Ein 30-Jähriger erhält in Bonn das Organ eines an Hirnblutungen gestorbenen Mannes.

19 Do Nach heftigen Protesten und »Rote-Punkt-Aktionen« zieht der Gemeinderat von Heidelberg die Fahrpreiserhöhungen für den öffentlichen Nahverkehr zurück.

20 Fr Die wahlberechtigte weiße Minderheit in Rhodesien (Simbabwe) beschließt die endgültige Loslösung von Großbritannien.

21 Sa John Pennel erzielt in Sacramento (US-Bundesstaat Kalifornien) einen Weltrekord im Stabhochsprung. Der US-Sportler überwindet 5,44 m.

22 So Bei der Explosion eines Munitionswaggons der Bundeswehr auf dem Bahnhof Hannover-Linden kommen zwölf Menschen ums Leben.

23 Mo US-Schwergewichtsboxer Joe Frazier besiegt seinen Landsmann Jerry Quarry. Die WBA erkennt ihn aber nicht als Weltmeister an. → Fischsterben

24 Di Die Dänen lehnen eine Herabsetzung des Wahlalters von 21 auf 18 Jahre ab. 50,2% sagten in einer Volksabstimmung Nein.

25 Mi Die Bundesrepublik und Frankreich vereinbaren einen Ausbau des Rheins unterhalb von Kehl, um ein Absinken des Grundwasserspiegels zu verhindern.

26 Do In Bad Godesberg wird der Deutsche Verkehrssicherheitsrat gegründet, der Maßnahmen für mehr Sicherheit auf den Straßen koordinieren soll.

27 Fr Während der Sommerferien gilt in der Bundesrepublik erstmals ein Wochenend-Fahrverbot für Lastkraftwagen. Es dauert fünf Wochen.

28 Sa Für eine Sensation sorgt die Ankündigung Richard M. Nixons, als erster US-Präsident einen Ostblockstaat – das Balkanland Rumänien – zu besuchen.

29 So Das Rennpferd Don Giovanni aus dem Gestüt Schlenderhan gewinnt unter dem britischen Jockey Bryan Taylor in Hamburg das 100. Deutsche Derby.

30 Mo In Argentinien wird der Gewerkschaftsführer August Vandor ermordet. Dies führt zu erneuten Spannungen zwischen Gewerkschaften und Militärregierung.

1 Di Der britische Thronfolger Charles wird in Caernarvon zum Prince of Wales gekrönt. +++ In Lübeck wird das Unterwasserlabor »Helgoland« fertig gestellt.

2 Mi Die DDR gewährt dem Irak einen Kredit über rund 335 Mio. DM, u.a. für die Fabrikation von Hochspannungskabeln und den Bau von Schlachthäusern.

3 Do In der Straße von Formosa greifen taiwanesische Marineverbände eine Flottenbasis Chinas an. Die Truppen Chiang Kai-sheks versenken dabei drei Schiffe.

4 Fr Beim Tennisturnier in Wimbledon sorgt der Sieg der Engländerin Ann Jones im Dameneinzel für Begeisterung beim heimischen Publikum.

5 Sa Im Alter von 86 Jahren stirbt in Boston der deutsch-amerikanische Architekt Walter Gropius. Er war 1919 der Gründer des Bauhauses in Weimar.

6 So Kenias Wirtschaftsminister Tom Mboya wird in der Hauptstadt Nairobi erschossen. Das Attentat löst heftige Stammesfehden aus.

7 Mo Bei Orkanen in Westeuropa kommen mindestens 36 Menschen ums Leben. Vor allem die französische Atlantikküste ist schwer betroffen.

8 Di In Karlsruhe wird der Fotogroßhändler Hannsheinz Porst wegen landesverräterischer Beziehungen zu einer 33-monatigen Gefängnisstrafe verurteilt.

9 Mi Vier Kinder ertrinken beim Baden vor Sylt. Sie gehörten zu einer Gruppe, die unter Aufsicht im Flachwasser badete, als eine Welle sie ins Tiefere zog.

10 Do Als erstes nichtkommunistisches Land erkennt Ägypten die DDR diplomatisch an. Die Bundesregierung »bedauert« den Umstand.

11 Fr In der Münchener Neuen Pinakothek beginnt die Ausstellung »Fresken aus Florenz«, die die Ergebnisse florentinischer Restaurierungskunst zeigt.

12 Sa Der Generalrat von Andorra billigt die Einführung des Frauenwahlrechts. Die Zulassung von Frauen in Regierungsämtern wird jedoch weiter abgelehnt.

13 So In der Nacht kommt es in der nordirischen Stadt Londonderry zu weiteren Zusammenstößen zwischen Katholiken und Protestanten.

14 Mo Ein Konflikt zwischen El Salvador und Honduras, der nach einem Fußballspiel ausgebrochen war, mündet in bewaffnete Auseinandersetzungen.

15 Di Als zweites arabisches Land nach Jordanien beschließt die Regierung Jemens die Aufnahme diplomatischer Beziehungen mit der Bundesrepublik.

16 Mi Das US-amerikanische Raumschiff »Apollo 11« startet von Cape Kennedy in Florida aus zur ersten bemannten Mondmission.

17 Do »Easy Rider« mit Dennis Hopper, Peter Fonda und Jack Nicholson läuft in den Kinos an. Trotz des geringen Produktionsbudgets wird der Film ein Welterfolg.

18 Fr Bundeswirtschaftsminister Karl Schiller und Vertreter der Kohle-Industrie unterzeichnen in Essen den Gründungsvertrag der Ruhrkohle AG.

19 Sa Sieger der 56. Tour de France wird der belgische Radrennfahrer Eddy Merckx. Sein Vorsprung zum zweiten Platz beträgt 17.54 min.

20 So Israelische Bomber greifen Ägypten an. +++ Der 14. Evangelische Kirchentag endet in Stuttgart nach Diskussionen um den internen Führungsstil.

21 Mo In der algerischen Hauptstadt Algier wird das erste Panafrikanische Festival eröffnet. Es widmet sich afrikanischer Kunst und Kultur. → Mond

22 Di Die Bonner Koalition beschließt, dass das Abspielen der DDR-Hymne und das Hissen der DDR-Flagge bei Sportveranstaltungen nicht mehr verboten wird.

23 Mi Prinz Juan Carlos wird als künftiger spanischer König und somit als designierter Nachfolger von Diktator Francisco Franco vereidigt.

24 Do Die Besatzung der ersten Mondlandung wassert in ihrem Raumschiff Apollo 11 wohlbehalten im Pazifischen Ozean.

25 Fr Schlägertrupps der rechtsextremen NPD gehen bei einer Wahlkampfveranstaltung in Frankfurt am Main auf Teilnehmer einer Gegendemonstration los.

26 Sa US-Präsident Richard M. Nixon bricht zu einer achttägigen Reise durch sechs südostasiatische Staaten auf. Er wird teils von Protesten empfangen.

27 So Die 31-jährige DDR-Athletin Karin Balzer stellt bei einem Sportfest in Ost-Berlin einen Rekord über 100 m Hürden auf. Sie läuft die Strecke in 13,0 sec.

28 Mo In West-Berlin kommt es zu Kämpfen zwischen linken Studenten aus dem Umfeld der Außerparlamentarischen Opposition (APO) und der Polizei.

29 Di Der bundesdeutsche Rudertrainer Karl Adam gibt die Betreuung des sog. Deutschland-Achters ab. Er gilt als erfolgreichster Rudertrainer der Welt.

30 Mi Der Schriftsteller Anatoli W. Kusnezow erhält in Großbritannien politisches Asyl. Der 39-Jährige wird in seiner Heimat, der Sowjetunion, heftig kritisiert.

31 Do Papst Paul VI. reist als erstes Oberhaupt der Katholiken nach Afrika. 100 000 Menschen begrüßen ihn in der ugandischen Hauptstadt Kampala.

++ »Apollo 11« macht Menschheitstraum wahr -

21. Juli 1969

Mission geglückt: Der erst

Für viele ist es das kühnste Unternehmen und das gewaltigste Ereignis in der Geschichte der Menschheit. Mit den Worten »Ein kleiner Schritt für einen Menschen, ein gewaltiger Sprung für die Menschheit« setzt der US-Astronaut Neil Armstrong als erster Mensch seinen Fuß auf die Oberfläche des Mondes. Nach Armstrong steigt Edwin »Buzz« Aldrin aus der Kapsel. Das dritte Besatzungsmitglied, Michael Collins, steuert die Kommandokapsel, die in einer Umlaufbahn um den Erdtrabanten kreist. Armstrong und Aldrin halten sich insgesamt 22 Stunden auf der Mondoberfläche auf. Etwas über zwei Stunden verbringen sie außerhalb der Landefähre. Dabei stellen die Astronauten Messungen des Sonnenwindes an, nehmen Bodenproben und betreiben vor der Kamera Bewegungsübungen. Mit US-Präsident Nixon führen sie ein Telefonat vom Mond zur Erde. Diese spektakulärste Phase des Experiments wird von mitgeführten Fernsehkameras live zur Erde übertragen. Dort beobachten rd. 600 Mio. Zuschauer live die Aktionen der Astronauten. Am Abend des 21. Juli zünden Aldrin und Armstrong die Rückkehrstufe der Landefähre und docken an das Mutterschiff »Columbia« an. Auf der Mondoberfläche bleiben einige Souvenirs als Andenken an die Pionierleistung zurück: An einem Aluminiumgestell schwebt eine Nylonfahne der USA. Auf einer Edelstahlplatte erinnert eine Inschrift an die denkwürdigen Stunden: »Hier betraten Menschen vom Planeten Erde zum erstenmal den Mond, 1969 A.D. Wir kamen in Frieden für die ganze Menschheit. Neil A. Armstrong, Astronaut, Michael

Edwin Aldrin verlässt die Landefähre. Er wird von Neil Armstrong fotografiert, der Minuten vorher den Mond als erster Mensch betreten hat.

Protokoll des »Apollo 11«-Fluges

16. Juli: »Apollo 11« startet auf dem Raumfahrtgelände von Cape Kennedy in Florida (s. Abb.). 100 t Schubkraft katapultieren das Raumschiff aus der Erdumlaufbahn.
17. Juli: Das Raumschiff hat die Hälfte der 350 000-km-Strecke zum Mond zurückgelegt.
20. Juli: Die Landefähre wird vom Mutterschiff abgetrennt. Um 21.17 Uhr MEZ landet die Kapsel auf dem Mond – im »Meer der Ruhe«.
21. Juli: Um 3.56 Uhr MEZ setzt Neil Armstrong als erster Mensch seinen Fuß auf die Mondoberfläche. Nachdem auch Edwin Aldrin dazugekommen ist, sammeln die Astronauten Bodenproben und führen ein Messprogramm durch. Um 18.54 Uhr MEZ verlässt die Landefähre den Mond wieder.
22. Juli: Der Rückflug zur Erde beginnt.
24. Juli: Um 17.51 Uhr MEZ landet die »Columbia« im Pazifik. Die Astronauten werden vom Flugzeugträger »Hornet« geborgen.

15. August 1969

Woodstock-Festival markiert Höhepunkt der Hippiebewegung

In White Lake bei Bethel nahe New York strömen rd. 500 000 Menschen zu einem dreitägigen Rockkonzert (s. Abb.). Das sog. Woodstock-Festival markiert den Höhepunkt der Hippie-Bewegung. Drei Tage lang feiern junge Leute aus allen Teilen der USA in einem Rausch von Musik, freier Liebe und Drogen sich selbst. Auch andauernder Regen kann ihre Stimmung nicht drücken. Das Woodstock-Festival wird zum Mythos einer ganzen Generation.
Die Organisatoren konnten einige der bekanntesten Rock- und Folkstars der Zeit für das Konzert gewinnen: U.a. locken Joan Baez, Joe Cocker, Jimi Hendrix, The Who, Jefferson Airplane und Grateful Dead die Musikfans nach Woodstock. Das Festival scheint zunächst in einer Katastrophe auszuarten, als statt der erwarteten 60 000 Besucher fast 500 000 Menschen auf das Gelände strömen. Eine weitere Mio. bleibt im ungeordneten Verkehr stecken. Die hygienischen Bedingungen bringen Woodstock an den Rand des Scheiterns. Wasser und Lebensmittel müssen eingeflogen werden, die Polizei riegelt die Straßen ab.
Als die Veranstaltung außer Kontrolle zu geraten droht, erklären die Organisatoren das Festival zum Happening ohne Eintrittsgeld. Kritiker verurteilen später den kommerziellen Erfolg der Woodstock-LP und des Dokumentarfilms von Michael Wadleigh als Ausbeutung der Gegenkultur.

ensch betritt den Mond

Das Astronautenteam der erfolgreichen »Apollo-11«-Mission (v.l.): Neil A. Armstrong, Michael Collins und Edwin E. Aldrin

Collins, Astronaut, Edwin E. Aldrin, Astronaut, Richard Nixon, Präsident der Vereinigten Staaten«. Ferner lassen die Raumfahrer eine Siliziumscheibe von der Größe eines Halbdollarstücks zurück, auf der 73 Staaten Botschaften einätzen ließen. Auch das überflüssig gewordene Landegestell der Mondfähre und die Fernsehkamera kehren nicht wieder zur Erde zurück. Die Astronauten überstehen den Rückflug unbeschadet. Am 24. Juli wassert die »Columbia« rd. 950 Seemeilen südwestlich von Hawaii im Pazifik. Die drei Passagiere können gesund geborgen werden. US-Präsident Richard Nixon begrüßt die Mondheimkehrer an Bord des Flugzeugträgers »Hornet«. Dort müssen Armstrong, Aldrin und Collins allerdings noch einige Zeit in einer Quarantänestation verbringen, um zu verhindern, dass sie eventuell gefährliche Viren von der Mondoberfläche auf die Erde einschleppen. Die Nachricht von der sicheren Rückkehr von »Apollo 11« löst die weltweite Spannung in Jubel auf. In der NASA-Bodenstation feiert der Stab den Erfolg des Projektes. Zahllose Grußbotschaften aus aller Welt treffen ein. Papst Paul VI. gratuliert der Apollo-Mannschaft zu ihrem Einsatz. Die Erde, so der Papst, sei nun keine unüberwindbare Grenze für den Menschen mehr, sondern Schwelle zur Weite des Raumes und zu neuen Geschicken. In den Straßen von New York feiern Hunderttausende den Erfolg von »Apollo 11«. In der Bundesrepublik haben viele Betriebe den Arbeitsbeginn verlegt, da für die bundesdeutschen Fernsehzuschauer die Live-Übertragung in den späten Nachtstunden stattfindet. Das von der »Apollo«-Mission mitgebrachte Mondgestein wird in den folgenden Monaten von zahlreichen Wissenschaftlern akribisch untersucht. Dabei stellt sich heraus, dass der Mond etwa zur gleichen Zeit wie die Erde, also vor rd. 4,5 Mrd. Jahren, entstanden sein muss.

August 1969

1 Fr An der Bayerischen Staatsoper in München wird die Oper »Das Spiel von Liebe und Tod« von Jan Cicker uraufgeführt.

2 Sa Zum vorläufig letzten Mal strahlt die ARD die Quizsendung »Einer wird gewinnen« aus. Rund 25 Mio. Fernsehzuschauer in Europa sind dabei.

3 So Den Großen Preis von Deutschland für Formel-1-Rennwagen gewinnt auf dem Nürburgring der Belgier Jackie Ickx auf Brabham.

4 Mo Pakistans neuer Staatschef Aga-Muhammad Yaha Khan erweitert sein vierköpfiges Militärkabinett um einen Ministerrat aus sieben Mitgliedern.

5 Di Für den Bau eines Flughafens für München bei Erding erteilt der bayerische Ministerrat grünes Licht. Das Vorhaben soll 1,4 Mrd. DM kosten.

6 Mi Die Bundesregierung gewährt der Saarkohle AG eine Bürgschaft über 300 Mio. DM, mit der das Unternehmen sein Produktionsprogramm umstellen soll.

7 Do Ein neues Angebot zu Gesprächen über die Berlin-Frage unterbreiten die drei westlichen Siegermächte des Zweiten Weltkriegs der Sowjetunion.

8 Fr Die Sekte »Manson Family« dringt in eine Villa in Los Angeles ein und ermordet fünf Menschen, darunter die Schauspielerin Sharon Tate.

9 Sa Mit dem Beginn der neuen Fußballsaison führen die deutschen Lotto- und Totogesellschaften die sog. Elferwette ein.

10 So Der 26-jährige Niederländer Harm Ottenbors gewinnt die 36. Straßenweltmeisterschaft der Radsportler in Zolder (Belgien).

11 Mo Sambias Staatschef Kenneth Kaunda gibt einen Regierungsbeschluss bekannt, nach dem 51% der sambischen Kupferminen in Staatsbesitz wechseln.

12 Di In Nordirland eskalieren die Kämpfe zwischen Protestanten und Katholiken. Die Schaffung innerer Sicherheit wird der britischen Armee übertragen.

13 Mi Bei einem Zugunglück bei Meckelfeld nahe Hamburg kommen vier Menschen ums Leben, als ein Eilzug aus Bremen auf einen Fernzug aus München prallt.

14 Do Die Ermittlungen gegen Bischof Matthias Defregger im Zusammenhang mit der Erschießung italienischer Kriegsgeiseln werden eingestellt.

15 Fr DDR-Innenminister Friedrich Dickel kritisiert die Abschiebung von Kriegsdienstgegnern aus West-Berlin in die Bundesrepublik. → Woodstock

16 Sa Mit 776,449 km/h stellt der US-Pilot Darry Greenamyer in Kalifornien einen Geschwindigkeitsweltrekord für Propellerflugzeuge auf.

17 So Rumänien und Israel wollen ihre diplomatischen Vertretungen zu Botschaften aufwerten. Mehrere arabische Staaten brechen daraufhin mit Bukarest.

18 Mo 24 Menschen kommen ums Leben, als auf dem Genfer See ein für Ausflügler umgebauter Schlepper beim Anlegemanöver 70 m vor dem Ufer kentert.

19 Di Der Hurrikan »Camille« fegt über die US-Bundesstaaten Louisiana und Mississippi. Mehrere Hundert Menschen sterben.

20 Mi Irlands Außenminister Patrick Hillery bittet die Vereinten Nationen um die Entsendung von Friedenstruppen nach Nordirland. Eine Entscheidung wird vertagt.

21 Do Der Jahrestag der Besetzung durch den Warschauer Pakt wird in der Tschechoslowakei von Demonstrationen begleitet, gegen die das Militär vorgeht.

22 Fr Ungarn und die UdSSR unterzeichnen einen Vertrag über den Bau einer direkten Erdölleitung aus der Sowjetunion nach Ungarn.

23 Sa In Düsseldorf beginnt die Tennage-Fair, eine Messe mit Waren für jugendliche Konsumenten. Eine Protestdemonstration beendet die Polizei gewaltsam.

24 So Auf der griechischen Insel Santorin wird die prähistorische Stadt Akrotiri freigelegt. Ein Archäologe vermutet in ihr das sagenumwobene Atlantis.

25 Mo In der irakischen Hauptstadt Bagdad werden 15 Menschen hingerichtet. Man hatte ihnen Spionage für Israel und die USA zur Last gelegt.

26 Di Die Sowjetunion und Finnland unterzeichnen in Helsinki ein Handelsabkommen, das die Erhöhung des gemeinsamen Handelsvolumens auf 33% vorsieht.

27 Mi Israelische Truppen greifen ein regionales Hauptquartier der ägyptischen Armee bei Asyut am Nil an. Israel setzt nach eigener Darstellung schwere Artillerie ein.

28 Do Anhänger der Volksfront für die Befreiung Palästinas entführen ein Verkehrsflugzeug der US-Fluggesellschaft TWA nach Syrien.

29 Fr Universitätsprofessoren und -dozenten beschließen in Wien den Aufbau eines Internationalen Universitätszentrums für den Frieden.

30 Sa Ein 4 km langer Ölstreifen verschmutzt die französische Atlantikküste vor Le Havre. Er entstand, als ein griechischer Kapitän seine Schiffstanks reinigen ließ.

31 So Liselott Linsenhoff wird in Wolfsburg Europameisterin im Dressurreiten. Mit Reiner Klimke und Josef Neckermann gewinnt sie auch in der Mannschaft.

September 1969

1 Mo In Bremen wird Rainer Werner Fassbinders Stück »Das Kaffeehaus« uraufgeführt. Regie führt der Autor selbst. → Libyen → Brasilien → § 175

2 Di Mit einem Ausstand Dortmunder Stahlarbeiter beginnt eine von den Gewerkschaften nicht gesteuerte Streikwelle für mehr Gehalt.

3 Mi Der vietnamesische Staatschef Ho Chi Minh stirbt im Alter von 79 Jahren in Hanoi. Er hatte einen schweren Herzanfall erlitten.

4 Do Der Einsatz von bewaffneten Ordnertruppen – wie bei der NPD üblich – soll nach einem Beschluss der Innenministerkonferenz verboten werden.

5 Fr Auf ihrem 8. Gewerkschaftstag fordert die IG Chemie, Papier, Keramik in Wiesbaden die Überführung von Kreditinstituten in Gemeineigentum.

6 Sa In Istanbul beginnt die XXI. Internationale Konferenz des Roten Kreuzes. Die Delegierten fordern eine Weiterentwicklung des humanitären Völkerrechts.

7 So Den Großen Preis von Italien in Monza gewinnt der britische Formel-1-Pilot Jackie Steward auf Matra. Steward steht dadurch vorzeitig als Weltmeister fest.

8 Mo Zu Aufständen kommt es in Caserta (Italien), nachdem der örtliche Fußballverein wegen eines Bestechungsskandals eine Spielklasse herabgestuft wurde.

9 Di Mit einem Sieg bei den offenen Tennismeisterschaften der USA in Forrest Hills gewinnt der Australier Rod Laver zum zweiten Mal den sog. Grand Slam.

10 Mi In den Bergen Colorados lässt die US-Atomenergiekommission eine Atomexplosion auslösen, um ein eingeschlossenes Gasvorkommen zu erschließen.

11 Do Hartmut Langes Stück »Die Gräfin von Rathenow« wird im Kölner Schauspiel uraufgeführt. Die Inszenierung stammt von Hansgünther Heyme.

12 Fr Die Sowjetunion bietet der Bundesregierung in einem Memorandum u.a. die Aufnahme von Gesprächen zum Thema Gewaltverzicht an.

13 Sa Im Amsterdamer Rijksmuseum beginnt eine vielbeachtete Ausstellung mit Werken Rembrandts. Anlass ist dessen 300. Todestag am 6. Oktober.

14 So Nach einer Verfassungsänderung kann der südkoreanische Staatschef Park Chung Hee 1971 für eine dritte Amtszeit kandidieren.

15 Mo Der US-Tanker »Manhattan« durchfährt in Begleitung zweier Eisbrecher die sog. Nordwest-Passage durch den kanadisch-arktischen Archipel.

16 Di Bei einer Demonstration gegen die rechtsextreme NPD werden zwei Teilnehmer durch Schüsse verletzt. Der Täter entkommt unerkannt.

17 Mi Nach einem am Vortag gescheiterten Spitzengespräch zum Tarifabschluss treten in Duisburg 200 Arbeiter der Müllabfuhr in den Streik.

18 Do In New York beginnt die XXIV. Session der UN-Vollversammlung. Die Präsidentschaft übernimmt mit Angie Brooks aus Liberia erstmals eine Frau.

19 Fr UN-Generalsekretär Sithu U Thant bemängelt, dass sich auf dem Gebiet der weltweiten Abrüstung kaum nennenswerte Fortschritte ergeben hätten.

20 Sa Die DDR beendet mit 11 von 38 möglichen Titeln als erfolgreichster Verband die Leichtathletik-Europameisterschaften in Athen.

21 So In einem Qualifikationsspiel für die Fußball-Weltmeisterschaft trennen sich Österreich und die Bundesrepublik in Wien mit einem 1:1 Unentschieden.

22 Mo Delegationen aus 25 islamischen Staaten erörtern in der marokkanischen Hauptstadt Rabat den Schutz islamischer Heiligtümer in Jerusalem.

23 Di In Basel wird »Margarete in Aix«, ein Stück des DDR-Dramatikers Peter Hacks, uraufgeführt. Die bundesdeutsche Premiere findet am 8. November statt.

24 Mi Vertreter der Gewerkschaften und der Wirtschaft in Österreich einigen sich auf eine stufenweise Einführung der 40-Stunden-Woche.

25 Do Wegen einer anhaltenden DM-Spekulation werden die deutschen Devisenbörsen bis zur Bundestagswahl geschlossen.

26 Fr Durch einen Militärputsch wird Boliviens Präsident Luis Adolfo Siles Salina gestürzt. Neuer Machthaber ist General Alfredo Ovando Candia.

27 Sa Beim Ländervergleich zwischen der Bundesrepublik und Großbritannien verbessert Liesel Westermann ihren Diskusweltrekord um 1,26 auf 63,96 m.

28 So Bei den Wahlen zum 6. Deutschen Bundestag bleiben CDU und CSU die stärkste Fraktion, die SPD legt jedoch an Stimmen zu. → Bonn

29 Mo Im Seebad Brighton beginnt eine Konferenz der britischen Labour-Partei, auf der die Rahmenbedingungen für einen Beitritt zur EG besprochen werden.

30 Di Nach der Wiederfreigabe des Wechselkurses steigt der Wert der Deutschen Mark an den internationalen Devisenbörsen durchschnittlich um 4%.

28. September 1969

Neubeginn in Bonn

Auf gute Zusammenarbeit: Brandt (l.) und Scheel

Nach den Wahlen zum 6. Deutschen Bundestag ist die Bildung einer Koalition aus SPD und FDP rechnerisch möglich. Nach einem dramatischen Wahlabend zeichnet sich diese Option erst gegen Mitternacht ab. Während die SPD, die Stimmen dazugewinnt und im Vergleich zum vorigen Bundestag 22 Sitze mehr bekommt, 224 Abgeordnete in den neuen Bundestag entsendet, fällt die FDP in der Wählergunst von 9,5% auf 5,8% und hält nur noch 30 Mandate (-19). Die CDU bleibt mit 46,1% der Stimmen und 242 Sitzen zwar stärkste Partei, aber ihr Verlust von drei Sitzen im Bundestag ermöglicht den Regierungswechsel.

Die rechtsgerichtete NPD verfehlt trotz eines Stimmenzuwachses von 2,3 Prozentpunkten mit 4,3% den Einzug in den Bundestag. Ihr Scheitern wird besonders im Ausland mit großer Erleichterung aufgenommen. Erstmals gewinnt die SPD bei Bundestagswahlen mit 127 mehr Direktmandate als die CDU/CSU (121). Insgesamt nimmt sie der Union 34 Wahlkreise ab. Sowohl CDU/CSU als auch die SPD interpretieren das Wahlergebnis als Regierungsauftrag. Der sozialdemokratische Kanzlerkandidat Willy Brandt nimmt noch in der Wahlnacht Kontakte zur FDP auf. Im Laufe des nächsten Tages stimmen die Führungsgremien der Liberalen der Aufnahme von Koalitionsgesprächen mit der SPD zu. Am 3. Oktober unterrichten Willy Brandt und der FDP-Vorsitzende Walter Scheel Bundespräsident Gustav Heinemann von ihrer Absicht, »zusammen regieren zu wollen«. Die neue Bundesregierung unter Kanzler Brandt wird am 22. Oktober vereidigt.

Die Regierungserklärung, die Bundeskanzler Willy Brandt am 28. Oktober vor dem Parlament abgibt, wird von der Öffentlichkeit mit größter Aufmerksamkeit zur Kenntnis genommen. Vielen gilt sie als Dokument einer bemerkenswerten gesellschaftlichen Wandlung, als Manifest des Neubeginns. In der Erklärung der SPD/FDP-Koalition über ihre Ziele heißt es u.a.: »Wir wollen mehr Demokratie wagen – Wir wollen eine Gesellschaft, die mehr Freiheit bietet und mehr Mitverantwortung fordert.« Unter diesen Leitlinien kündigt Brandt eine Reihe von innenpolitischen Reformen an. Dazu zählen u.a. eine Herabsetzung des Wahlalters, die Neuordnung des Betriebsverfassungsgesetzes und des Bildungswesens, aber auch die Ausweitung sozialstaatlicher Maßnahmen und eine neue Struktur- und Raumordnungspolitik. Als außenpolitisches Ziel nennt der Bundeskanzler ein Verhältnis des »Miteinanders« zur DDR. Aus diesem Grund wird auch das Ministerium für Gesamtdeutsche Fragen in »Ministerium für innerdeutsche Beziehungen« umbenannt – als Ausdruck für die Bemühungen, »ausbaufähige Regelungen« mit der DDR zu erreichen. Bereits Ende des Jahres setzt die neue Regierung erste Akzente in der Außenpolitik. Anfang Dezember beginnen in Moskau Gespräche von Vertretern der Sowjetunion und

14. Oktober 1969

Leitlinie ist Gleichheit

In Stockholm wird der 42-jährige Sozialdemokrat Olof Palme als schwedischer Ministerpräsident vereidigt. Er löst Tage Erlander ab, der am 9. Oktober nach über 23-jähriger Amtszeit aus Altersgründen zurückgetreten ist.

Olof Palme war zuvor Minister für Erziehung und Kultur. Am 1. Oktober hatten ihn die Delegierten auf einem Parteikongress der schwedischen Sozialdemokraten einstimmig zum Nachfolger Erlanders nominiert. Auf dem Parteitag hatte Palme unter der programmatischen Leitlinie »Gleichheit« eine durchgreifende Steuer- und Bildungsreform als wichtigstes Vorhaben nach der Regierungsübernahme bezeichnet.

Olof Palme

schwedischer Politiker, * 30.1.1927 Stockholm, † 28.2.1986 Stockholm (ermordet)

Der populäre Verfechter des sozialen Wohlfahrtsstaates, der Schweden zu einer klassenlosen Gesellschaft machen will, setzt sich außenpolitisch für Abrüstung und eine atomwaffenfreie Zone in Europa ein. Nachdrücklich vertritt er die Interessen der Entwicklungsländer. Palme wird nach einem Kinobesuch auf offener Straße erschossen. Die erfolglose Fahndung nach dem Täter löst eine innenpolitische Krise aus.

- 1948-51: Jurastudium in den USA und in Stockholm
- 1951: Vorsitzender des schwed. Studentenverbandes
- ab 1969: Vorsitzender der Sozialdemokraten
- 1969-76 und ab 1982: Ministerpräsident

Willy Brandt

eigtl. Herbert Ernst Karl Frahm, deutscher Politiker, * 18.12.1913 Lübeck, † 8.10.1992 Unkel bei Bonn

Brandt gehört zu den international geachtetsten Friedenspolitikern und hat als Bundeskanzler maßgeblich zur inneren Demokratisierung der Bundesrepublik beigetragen. Als Sozialist musste Herbert Frahm vor dem NS-Regime fliehen, den Namen Willy Brandt nahm er zur Tarnung an. Für seine Ostpolitik, die bei der Überwindung des Kalten Krieges hilft, erhält er 1971 den Friedensnobelpreis. Brandts Kniefall in Warschau erregte 1970 weltweites Aufsehen. 1972 feierte er einen großen Wahlsieg. Zwei Jahre später tritt er wegen der Affäre um Kanzleramtsspion Guillaume zurück.

- 1933: Flucht nach Norwegen
- 1957-66: Regierender Bürgermeister Berlins
- 1964-87: Vorsitzender der SPD
- 1966-69: Außenminister
- 1969-74: Bundeskanzler

der Bundesrepublik über einen Gewaltverzichtsvertrag. Sie sind ein erster Ausdruck für einen Wandel in den Beziehungen zu den Ostblockstaaten. Bis Ende des Jahres finden zwei weitere Gespräche im Kreml statt, die in einer freundschaftlichen Atmosphäre geführt werden.
Dem ersten sozialliberalen Kabinett in der Geschichte der Bundesrepublik gehören elf SPD-, drei FDP- und ein parteiloser Minister an. Der FDP-Politiker Walter Scheel ist Außenminister und zugleich Vizekanzler, sein Parteikollege Hans-Dietrich Genscher Innenminister. Der dem rechten Flügel der Liberalen zugerechnete Josef Ertl leitet das Landwirtschaftsministerium. Bei der SPD ist der Chef der Bundestagsfraktion und Wehrexperte Helmut Schmidt zum Verteidigungsminister aufgerückt, während Herbert Wehner – bislang Minister für Gesamtdeutsche Fragen – den Fraktionsvorsitz übernimmt. Der bisherige Vorsitzende der IG Bergbau und Energie, Walter Arendt, ist Arbeitsminister. Der Parteilose Hans Leussink – zuletzt Präsident des Wissenschaftsrates – hat das Ministerium für Bildung und Wissenschaft inne.

1. September 1969

Neufassung des § 175

Mit Inkrafttreten des Ersten Strafrechtsreformgesetzes wird u.a. die Homosexualität zwischen männlichen Erwachsenen nach § 175 straffrei gestellt. Der Gesetzgeber geht bei der Aufhebung der Strafbarkeit davon aus, dass homosexuelle Männer eine »irreversible Prägung« aufweisen, weshalb der Umgang mit der Homosexualität nicht Sache des Strafrechts sei. Verboten bleibt jedoch auch in der Neufassung des § 175 die »homosexuelle Verführung Jugendlicher«, die mit Freiheitsstrafen bis zu fünf Jahren geahndet werden kann. Durch die Strafrechtsreform entfallen auch weitere, als »nicht mehr zeitgemäß« empfundene Vorschriften. So wird der Ehebruch straffrei, und auch die »Erschleichung außerehelichen Beischlafs« ist kein Delikt mehr.

1. September 1969

Staatsstreich in Brasilien

In Brasilien übernehmen die Streitkräfte in einem »kalten Putsch« die Regierungsgewalt über das Land. Als Vorwand dient ein Schlaganfall von Staatspräsident Arturo da Costa e Silva. Bereits seit Mitte der 60er Jahre beherrscht das Militär zunehmend die Politik des größten südamerikanischen Landes. Am 13. Dezember 1968 hatte die Armee die wichtigsten Verfassungsorgane entmachtet und praktisch die bundesstaatliche Struktur Brasiliens aufgehoben. Zusätzlich terrorisieren sog. Todesschwadrone die Bevölkerung. Im Oktober wird General Emilio Garrastazu Medici zum Staatspräsidenten ernannt. Zugleich tritt eine neue Verfassung in Kraft, die die Rechte des Parlaments weiter einschränkt. Die Herrschaft des Militärs bleibt bis in die 80er Jahre bestehen. Erst unter João Batista de Oliveira Figueiredo (1979-85) beginnt eine Liberalisierung. Der neue Präsident lockert die Zensurbestimmungen, erlaubt die Bildung von Parteien und ermöglicht die Rückkehr exilierter Oppositionspolitiker.

1. September 1969

Gaddhafi putscht in Libyen

Eine Offiziersbewegung unter Muammar al Gaddhafi (s. Abb.) stürzt Libyens König Idris I. und ruft die Republik aus. Im Verlauf des unblutigen Staatsstreichs in dem nordafrikanischen Land werden in den frühen Morgenstunden der Königspalast, Polizeistationen, militärische Hauptquartiere und Radiostationen besetzt. Repräsentanten der alten Regierung werden verhaftet oder unter Hausarrest gesetzt. König Idris I. hält sich zur Kur in der Türkei auf. Er erhält später in Ägypten politisches Asyl. Am 8. September gibt der Revolutionsrat die Ernennung seines Präsidenten Gaddhafi zum Oberbefehlshaber der Streitkräfte

bekannt. Die 1956 gegründete Offiziersbewegung »Freie Unionistische Offiziere« strebt mit ihrer Machtergreifung eine sozialistische, zugleich aber auch islamische Republik an. Libyens neuer Staatschef Gaddhafi ist bei seiner Machtübernahme 27 Jahre alt. Zu Beginn der 70er Jahre entwickelt Gaddhafi seine sog. Dritte Universaltheorie, die einen Mittelweg zwischen Kapitalismus und Kommunismus markieren soll. Unter seiner Führung mischt sich Libyen u.a. in Bürgerkriege anderer arabischer Staaten ein. Wegen der finanziellen Unterstützung von Befreiungsorganisationen in Afrika wird Gaddhafi mit Terroranschlägen in Verbindung gebracht.

Oktober 1969

1 Mi Ein Prototyp des französischen Düsenverkehrsflugzeugs »Concorde« erreicht beim 45. Testflug erstmals Überschallgeschwindigkeit.

2 Do Peter Stein inszeniert am Zürcher Schauspielhaus die deutschsprachige Erstaufführung von Edward Bonds Stück »Trauer zu früh«.

3 Fr DDR-Staatschef Walter Ulbricht eröffnet ein zweites Fernsehprogramm. Zunächst sind pro Woche 21 Sendestunden vorgesehen.

4 Sa Der Vorstand der rechtsextremen NPD beschließt, das Ergebnis der Bundestagswahlen anzufechten, weil sie in ihrem Wahlkampf behindert worden sei.

5 So Im Zuge einer Regierungsumbildung beschließt Großbritanniens Premierminister Harold Wilson, die Zahl der Minister von 23 auf 21 zu verringern.

6 Mo Die Regierung der Schweiz erklärt den israelischen Militärattaché in Bern, Zvi Alon, zur »unerwünschten Person«. Er sei in einen Spionagefall verwickelt.

7 Di Mit Festakten und Militärparaden feiert die DDR das 20-jährige Bestehen ihres Staates. Namhafte Staatsmänner des Ostblocks nehmen daran teil.

8 Mi In Südafrika spaltet sich ein ultrarechter Flügel von der regierenden National Party ab. Er tritt für eine weitere Verschärfung der Apartheid ein.

9 Do Die irakische Regierung gibt Maßnahmen zugunsten der kurdischen Minderheit bekannt. Die kurdische Sprache soll auch an Schulen gelehrt werden.

10 Fr Rund 100 Menschen protestieren auf der Frankfurter Buchmesse gegen den Stand des Apartheidsstaates Südafrika. Sie reißen Plakate von den Wänden.

11 Sa Im Seebad Brighton endet der Parteitag der britischen Konservativen. U.a. forderten die Delegierten eine Wiedereinführung der Todesstrafe.

12 So Der Psychoanalytiker Alexander Mitscherlich erhält in Frankfurt am Main den Friedenspreis des Deutschen Buchhandels.

13 Mo Die Luftwaffe verliert bei Erkheim (Bayern) ihre 100. Maschine vom Typ »Starfighter« F-104. Der Pilot kann sich mit dem Schleudersitz retten.

14 Di Die Situation an den Schulen Hamburgs wird als »bedrohlich« dargestellt. Allein an den Gymnasien seien 84 angebotene Stellen unbesetzt. → Olof Palme

15 Mi In verschiedenen Städten der USA protestieren Millionen Menschen gegen den Vietnamkrieg, darunter auch viele namhafte Politiker.

16 Do Ein Verbot des Süßstoffes Cyclamat in den USA wird in Deutschland bekannt. Versuche an Ratten hätten ergeben, dass Cyclamat Krebs erregen könne.

17 Fr Bolivianische Militär- und Polizeieinheiten besetzen die Anlagen einer Erdöl- und einer Bohrfirma aus den USA in dem südamerikanischen Land.

18 Sa Der Schriftsteller Helmut Heißenbüttel erhält in Darmstadt den Georg-Büchner-Preis, die bedeutendste Literaturauszeichnung der Bundesrepublik.

19 So Den letzten Lauf der Formel-1-Saison gewinnt in Mexiko der Neuseeländer Denis Hulme. Weltmeister wird jedoch Jackie Steward aus Großbritannien.

20 Mo Die sowjetische Regierung will dem Hilfsersuchen Nordvietnams nachkommen und sichert die Lieferung von Nahrungsmitteln und Waffen zu.

21 Di »Les Hussard« (»Die Husaren«), eine Oper von Joseph Kosma, wird in Lyon (Frankreich) unter musikalischer Leitung von Theodor Guschlbauer uraufgeführt.

22 Mi Durch ein 3:2 über Schottland qualifiziert sich die bundesdeutsche Nationalelf in Hamburg für die Fußballweltmeisterschaft 1970 in Mexiko.

23 Do Im Hessischen Landtag in Wiesbaden wird das Kabinett des neuen Ministerpräsidenten Albert Osswald (SPD) vereidigt.

24 Fr In der Bundesrepublik wird der Ausschluss von Leichtathletik-Idol Emil Zatopek aus der tschechoslowakischen kommunistischen Partei bekannt.

25 Sa General Emilio Garastazu Medici wird zum Präsidenten Brasiliens »gewählt«. Das Militär hat im September durch einen »kalten Putsch« die Macht erlangt.

26 So Jan und Jindrich Pospisil (CSSR) verteidigen in Erfurt ihren Weltmeistertitel im Radball gegen das bundesdeutsche Duo Klaus Bernais/Wolfgang Flackus.

27 Mo In Offenbach wird der Prozess um den 1955 trotz Unschuld wegen Mordes verurteilten Hans Hetzel wieder aufgerollt.

28 Di Der neue Bundeskanzler Willy Brandt (SPD) gibt vor dem 6. Deutschen Bundestag in Bonn seine Regierungserklärung ab.

29 Mi Spaniens Diktator Francisco Franco gibt eine Kabinettsumbildung bekannt, die auf eine Politikwende im Sinne von etwas mehr Liberalität schließen lässt.

30 Do Nach einem in Bonn unterzeichneten Abkommen werden tschechoslowakische Opfer von NS-Menschenversuchen mit 7,5 Mio. DM entschädigt.

31 Fr Der Deutsche Bauernverband fordert angesichts der jüngsten DM-Aufwertung ein Aussetzen der EG-Rechnungseinheit in der Bundesrepublik.

November 1969

1 Sa In Rom endet die abenteuerliche Entführung eines US-Verkehrsflugzeuges durch einen US-Soldaten, dessen Vater in Italien lebt.

2 So Habib Burgiba wird zum dritten Mal Präsident von Tunesien – Resultat einer, wie es heißt, Wahl mit einem Ergebnis von 99,76 % Ja-Stimmen.

3 Mo Nach Angaben des kanadischen Außenministers Mitchel Sharp hat Kanada die Schließung seiner Militärmission in West-Berlin beschlossen.

4 Di Der Regimekritiker Alexander I. Solschenizyn wird aus dem sowjetischen Schriftstellerverband ausgeschlossen. Er hatte u.a. die Zensur in Frage gestellt.

5 Mi Gegen den heftigen Widerstand der SPD-Opposition beschließt der Saarländische Landtag den Verkauf der landeseigenen »Saarbrücker Zeitung«.

6 Do Anhaltende Trockenheit in Jugoslawien begünstigt Waldbrände, beeinträchtigt die Schifffahrt und verordnet Wasserkraftwerken Betriebsferien.

7 Fr Bei einem Explosionsunglück in einer südafrikanischen Goldmine kommen mindestens 65 Bergarbeiter ums Leben, 30 werden verletzt.

8 Sa In Nordrhein-Westfalen geht der Kommunalwahlkampf in seine letzte Phase. Die SPD geht aus den Wahlen am Sonntag als Siegerin hervor. → Satellit

9 So Eine deutsche Literaturmesse in der rumänischen Hauptstadt wird abgesagt, weil die Behörden die Werke von elf Autoren ausgeschlossen haben.

10 Mo Nach der Sowjetunion, China und der DDR verpflichten sich auch Polen, Rumänien und Ungarn zur Unterstützung von Nordvietnam. → Sesamstraße

11 Di Der EG-Ministerrat einigt sich in Brüssel – nach Aufwertung der DM – auf einen Kompromiss zur Unterstützung der bundesdeutschen Bauern.

12 Mi Mit dem Ausschluss aus dem Arbeitskomitee der Kongress-Partei wird Indiens Regierungschefin Indira Ghandi praktisch die Parteimitgliedschaft entzogen.

13 Do Das Bundeskabinett trifft Entscheidungen, die das Einkommen von Rentnern sowie Wehr- und Zivildienstleistenden verbessern sollen.

14 Fr Vom US-Raumfahrtzentrum Cape Kennedy startet mit Apollo 12 die zweite Mondlandemission. An Bord der Raumfähre sind wieder drei Astronauten.

15 Sa Mehrere hunderttausend Menschen demonstrieren in den USA und anderen westlichen Staaten gegen den Krieg in Vietnam.

16 So Studentenproteste gegen die USA-Reise von Japans Regierungschef Eisaku Sato werden in Tokio von massiven Polizeiverbänden aufgelöst.

17 Mo Der libysche Revolutionsrat in Tripolis ordnet die staatliche Übernahme eines jeweils 51% Anteils von vier ausländischen Banken an. → SALT

18 Di Über 80 prominente Personen in der Bundesrepublik fordern von der Regierung eine Amnestie für inhaftierte Demonstranten.

19 Mi Das brasilianische Fußballidol Pelé schießt in Rio de Janeiro das 1000. Tor seiner Karriere. Fans und Journalisten stürmen darauf das Spielfeld.

20 Do Der 60-jährige Karl Klasen wird in der Bundeshauptstadt Bonn als Nachfolger von Karl Blessing zum Chef der Deutschen Bundesbank ernannt. → Desaster

21 Fr Indianer besetzen die frühere Gefängnisinsel Alcatraz vor San Francisco (US-Bundesstaat Kalifornien) und demonstrieren für ihre Rechte.

22 Sa Der italienische Boxer Nino Benvenuti verteidigt den Weltmeistertitel im Mittelgewicht gegen den Exil-Kubaner Luis Rodriguez durch k.o. in der elften Runde.

23 So Eine US-Forschergruppe erzielt einen großen Erfolg für die Genforschung: Erstmals gelingt ihnen die Isolierung eines einzelnen Gens aus einem Bakterium.

24 Mo Die Sowjetunion und die USA ratifizieren den Vertrag über die Nichtverbreitung von Kernwaffen, den sog. Atomwaffensperrvertrag.

25 Di In Bonn verhandeln die Bundesrepublik und die Arabische Republik Jemen (Nordjemen) über wirtschaftliche Zusammenarbeit.

26 Mi Zwischen Saudi-Arabien und der Volksrepublik Jemen brechen bewaffnete Kämpfe aus. Dabei besetzen saudiarabische Truppen Erdölfelder im Südjemen.

27 Do Die Kultusminister der Länder vereinbaren auf ihrer sog. Ständigen Konferenz die Erprobung der Gesamtschule. Ein Versuch mit 40 Schulen wird begonnen.

28 Fr In Italiens Hauptstadt Rom billigt die Abgeordnetenkammer das erste, heftig umstrittene Scheidungsgesetz in der italienischen Geschichte.

29 Sa Mit einer Einigung über einen Liefervertrag mit 20-jähriger Laufzeit endet das fünfte deutsch-sowjetische Spitzengespräch über Erdgaslieferungen.

30 So Bei den bundesdeutschen Kunstturnmeisterschaften gewinnt Walter Mösinger den Olympischen Zwölfkampf vor dem mehrfachen Meister Walter Jaschek.

10. November 1969

Sesamstraße begeistert Kinder

Mit der »Sesamstraße« startet in den USA eine der erfolgreichsten Sendungen in der Geschichte des Fernsehens. Zielgruppe der »Sesamstraße« sind Kinder im Vorschulalter. Das pädagogische Konzept der täglichen Sendereihe ist es, Kinder vor dem Fernsehbildschirm nicht zu berieseln, sondern zum Handeln anzuregen.
Dabei ziehen vor allem die Figuren des Puppenmachers Jim Henson die jungen Zuschauer in ihren Bann. Schon nach kurzer Zeit werden Ernie, Bert, Bibo, das Krümelmonster, Oskar und Grobi zu Kultfiguren (Abb.: Die Helden der Sesamstraße). Die größte Karriere steht jedoch Kermit,

dem Frosch bevor. Jim Henson macht das melancholische, grüne Stoffwesen einige Jahre später zum Star seiner »Muppet-Show«. Beide Sendereihen finden über Jahre hinweg in 50 Ländern ein gleichermaßen begeistertes Publikum und werden zu Klassikern der Fernsehunterhaltung.

10. Dezember 1969

Nobelpreis für Beckett

Der in Paris lebende irische Dichter Samuel Beckett wird vom Nobelpreiskomitee in Stockholm mit dem Literaturpreis ausgezeichnet. Der öffentlichkeitsscheue Autor erscheint allerdings nicht selbst zur Verleihung der Auszeichnung, die sein Verleger für ihn entgegennimmt. Der 63-jährige Beckett ist u.a. Autor des Bühnenstücks »Warten auf Godot«. Den Nobelpreis für Physik er-

hält der US-Forscher Murray Gell-Mann. Der Chemiepreis geht an den Briten Derek Barton und den Norweger Odd Hassel. Die Wissenschaftler Max Delbrück, Alfred Hershey und Salvador Luria (alle USA) werden in der Sparte Medizin ausgezeichnet. Der Niederländer Jan Tinbergen nimmt den erstmals verliehenen Nobelpreis für Wirtschaftswissenschaften in Empfang, den er sich mit dem nicht anwesenden Norweger Ragnar Frisch teilt (Abb.: Die Nobelpreisträger vor der Verleihungszeremonie: Gell-Mann, Barton, Hassell, Delbrück, Hershey, Luria und Tinbergen, v.l.).

20. November 1969

Moralisches Desaster

Der moralische Bankrott der USA scheint perfekt: Presseberichte über das Massaker von My Lai entsetzen die US-Öffentlichkeit und treiben die Demonstrationen gegen den Vietnam-Krieg auf den Höhepunkt. Als die »New York Times« als erste Zeitung über die Greueltaten von US-Soldaten im Kriegsgebiet berichtet, verliert die US-Regierung ihre Glaubwürdigkeit und den Rückhalt in der Bevölkerung.
Die Morde in My Lai ereigneten sich bereits am 16. März 1968. Eine Truppe von US-Soldaten hatte das vietnamesische Dorf überfallen und alle 576 Bewohner getötet. Unter den Opfern befanden sich mehrere hundert Kinder, Frauen und Greise. Wie sich herausstellt, hatte die Infanteriebrigade den Befehl erhalten, das Dorf zu zerstören. In diesem Zusammenhang wird auch bekannt, dass gegen die vermeintlich Verantwortlichen an dem Massaker, Oberleutnant William Calley und Stabsfeldwebel David Mitchell, ein Untersuchungsverfahren läuft. Zu einem weiteren Skandal kommt es, als der ehemalige Vietnamsoldat Ronald Ridenhour der Presse mitteilt, er habe US-Präsident Richard Nixon bereits am 2. April 1969 brieflich von den Greueltaten in Kenntnis gesetzt. Ridenhour informierte damals auch verschiedene Presseorgane, fand jedoch keine Beachtung. Erst als der Journalist Seymour M. Hersh auf den Vorfall aufmerksam wird und Recherchen anstellt, kommt die Greueltat ans Tageslicht. Die Zeitschrift »The Plain Dealer« veröffentlicht Fotografien der Opfer von My Lai. Ein Sturm der Entrüstung erfasst daraufhin die gesamte westliche Welt. Bereits seit Mitte November nehmen die Demonstrationen gegen das Vietnam-Engagement der USA in Europa und den Staaten selber zu. In Paris, London, Rom, Kopenhagen und Frankfurt am Main marschieren Tausende mit Plakaten und Spruchbändern vor die

8. November 1969

Deutscher Satellit im All

Mit »Azur« startet der erste Satellit der Bundesrepublik Deutschland ins All. In einer erdnahen Umlaufbahn soll »Azur« die Verteilung von geladenen Partikelströmen messen. Außerdem erhoffen sich die Projektleiter Erkenntnisse über Polarlichter und die sie begleitenden Änderungen im Magnetfeld der Erde. Der Satellit wurde von der bundesdeutschen Regierung finanziert. Sein Start erfolgt vom US-Luftwaffenstützpunkt Vandenberg in Kalifornien. Verschiedene Kontrollpunkte, u.a. in Oberpfaffenhofen und Weilheim, sind für das Sammeln der Daten verantwortlich. »Azur« wiegt 71,2 kg und ist 1,22 m hoch. Auf seiner Umlaufbahn entfernt sich der Satellit maximal 3145 km von der Erde. Der erdnächste Punkt liegt bei 383 km.

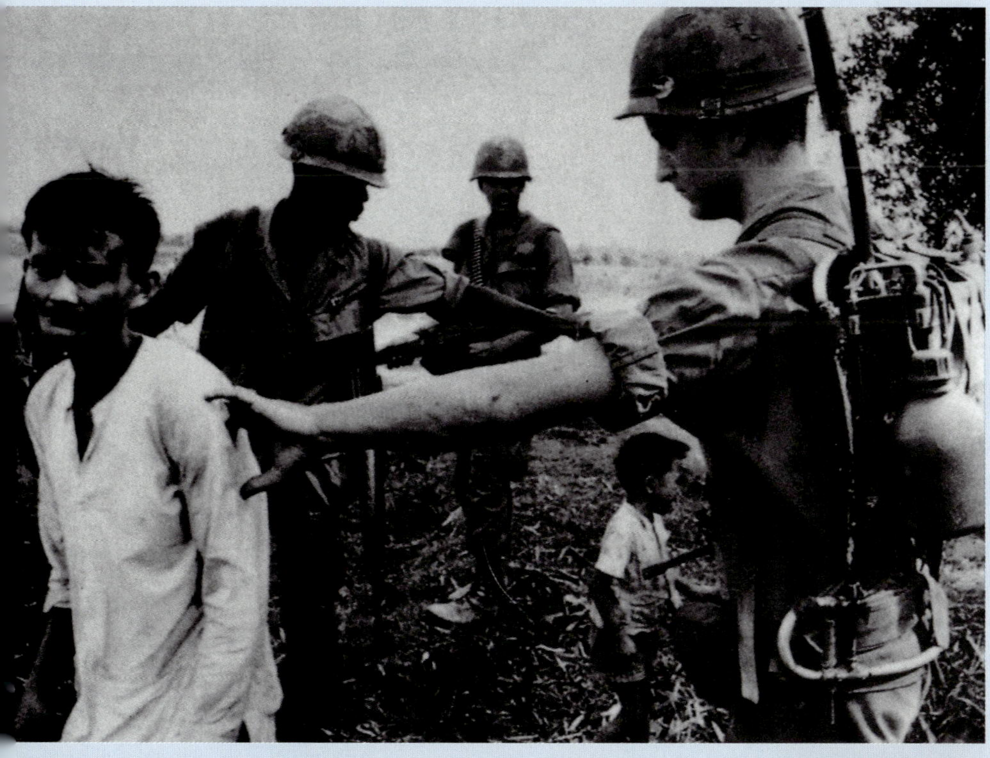

US-Vertretungen und fordern den sofortigen Rückzug der GIs aus dem südostasiatischen Land. In den USA tragen Demonstranten die Namen ihrer gefallenen Landsleute auf Tafeln über den Nationalfriedhof von Arlington. Bereits am 13. und 14. November versammelten sich rd. 250000 Menschen zur bislang größten Demonstration in der US-Hauptstadt Washington, um gegen den Krieg in Südostasien zu protestieren.
Mit der Zunahme der Demonstrationen verlieren die Vereinigten Staaten vor allem in Europa an Ansehen. Hier galten die USA bisher als Verkörperung des Weltgewissens. Seit Fernsehbilder und Fotografien von hilflosen, vor Napalmbomben fliehenden Kindern in den Nachrichten zu sehen sind, erklären die Vietnamgegner US-Soldaten zu »Mördern«. Überall in den USA kommt es zu spektakulären Aktionen. Kriegsdienstverweigerer verbrennen öffentlich ihre Einberufungsbescheide und das Sternenbanner, die US-Nationalflagge. Um nicht als Soldaten nach Vietnam geschickt zu werden, flüchten viele ins Ausland, meist nach Kanada.

Oben: US-Soldaten führen einen Vietnamesen zum Verhör und trennen ihn von seinem Kind. Unten: 250000 Menschen kommen zum Massenprotest in Washington zusammen.

17. November 1969

SALT-Gespräche beginnen

In geheimen Sitzungen beginnen Regierungsvertreter der USA und der Sowjetunion mit den Vorgesprächen zum geplanten SALT(Strategic Arms Limitation Talks)-Abkommen. Die Zusammenkunft in Helsinki steht am Beginn einer Reihe von Übereinkünften zur Rüstungsbegrenzung. Mit SALT soll das Rüstungsgleichgewicht zwischen den USA und der UdSSR auf dem Gebiet der strategischen Waffen stabilisiert werden. In den Gesprächen geht es in erster Linie um Atomwaffen mit interkontinentaler Reichweite. Die Initiative zu SALT-Gesprächen wurde bereits 1967 vom damaligen US-Präsidenten Lyndon B. Johnson ergriffen. Seine Vorschläge stießen bei der Sowjetregierung auf positive Resonanz.

16. Dezember 1969

Mehr Autonomie für Südtirol

Die Regierungen Italiens und Österreichs erweitern per Vertrag die Autonomie Südtirols. Das Vertragswerk kommt auf Initiative der Vereinten Nationen zustande. Es gewährt den Südtirolern insbesondere in der Sprachfrage weitgehende Entscheidungsfreiheit. Das Problem der Nationalitäteneingliederung in Südtirol entstand nach dem Ersten Weltkrieg. Damals wurde die Region Italien angegliedert. Nord- und Osttirol blieben bei Österreich. Die deutschsprachige Bevölkerung im Süden wandte sich jedoch gegen die Abspaltung. Auch nach dem Zweiten Weltkrieg blieb es bei der Teilung. Zahlreiche Tiroler wehren sich seither gegen die Anbindung an Italien. Oft kommt es dabei zu Terroranschlägen.

Dezember 1969

1 Mo Die Volksrepublik China erklärt beliebte Ausflugsziele im Großraum Peking, wie die historischen Gräber der Ming-Kaiser, zum Sperrgebiet.

2 Di Bei der EG-Gipfelkonferenz in Den Haag vereinbaren die Mitgliedstaaten die Gründung einer Plattform für Beitrittsverhandlungen mit Großbritannien.

3 Mi Die NATO-Verteidigungsminister verabschieden in Brüssel die Regelung über den »Ersteinsatz von Nuklearwaffen im taktischen Bereich«.

4 Do Mit der »Revenge« läuft im englischen Birkenhead das vierte und damit vorläufig letzte Atom-U-Boot der britischen Kriegsmarine vom Stapel.

5 Fr Liesel Westermann, die als erste Diskuswerferin die 60-m-Marke übertraf, wird von der internationalen Sportpresse zur »Weltsportlerin des Jahres« gewählt.

6 Sa Bei einem Konzert der Rolling Stones in Altamont (USA) töten Mitglieder der Rockergruppe »Hell's Angels« einen 18-jährigen Farbigen.

7 So In München endet der Bundeskongress der Jungsozialisten (»Jusos«) mit der Wahl von Karsten Voigt zum neuen Vorsitzenden.

8 Mo Bundesdeutsche Diplomaten beginnen in Moskau Gespräche mit der Sowjetregierung über eine Gewaltverzichtserklärung.

9 Di Der erste einsatzbereite Raketenzerstörer der Bundeswehr, die »Lütjens«, läuft nach einer Überprüfung in den USA in seinen Heimathafen Kiel ein.

10 Mi In Dahomey (Benin) putscht das Militär und stürzt den Staatspräsidenten Emile Derlin Zinsou. Neuer Machthaber wird Maurice Kouandété. → Nobelpreis

11 Do US-Zehnkämpfer Bill Toomey verbessert im kalifornischen Santa Barbara den von Kurt Bendlin gehaltenen Weltrekord um 98 Punkte auf 8417 Punkte.

12 Fr Ein Sprengstoffanschlag auf eine Bank in Mailand fordert 14 Todesopfer. Trotz einer groß angelegten Fahndung können die Täter nicht gefasst werden.

13 Sa In verschiedenen bundesdeutschen Städten, u.a. in Hamburg, kommt es zu Protestdemonstrationen gegen den Vietnamkrieg.

14 So Mit dem Sieg von Malcolm Milme bei der Herrenabfahrt in Val d'Isère gewinnt erstmals ein australischer Skiläufer ein Weltpokalrennen.

15 Mo Die früheren Militärs Shimon Peres und Ezer Weizman werden in die Regierung des israelischen Sechs-Parteien-Kabinetts aufgenommen.

16 Di Im Etat für 1970 veranschlagt die Sowjetunion mit 12,4% den anteilsmäßig seit Jahren niedrigsten Verteidigungshaushalt (1969: 13,2%). → Südtirol

17 Mi Das britische Unterhaus billigt einen Antrag der Labour-Regierung, in dem die Abschaffung der Todesstrafe endgültig bestätigt wird.

18 Do Für heftige Proteste sorgt ein Happening des Wiener Aktionskünstlers Otto Muehl in Braunschweig, in deren Verlauf ein Schwein geschlachtet wird.

19 Fr Die USA gibt die teilweise Aufhebung des seit 1950 bestehenden Handelsembargos gegen die Volksrepublik China bekannt.

20 Sa Nach starken Schneefällen sind zahlreiche Ortschaften in Österreich, Ungarn, der Tschechoslowakei und Jugoslawien von der Außenwelt abgeschnitten.

21 So Der Franzose Jean-Noël Augert siegt im Spezialslalom bei den Weltcup-Skirennen im österreichischen Lienz vor dem Österreicher Herbert Huber.

22 Mo In Bonn unterzeichnen die Bundesrepublik und Rumänien ein Abkommen, das die Ausweitung der Wirtschaftsbeziehungen vorsieht.

23 Di Die neue libysche Regierung verständigt sich mit den USA auf eine Auflösung der US-Militärbasis Wheelus in Libyen.

24 Mi Unter ungeklärten Umständen verschwinden fünf für Israel gebaute Militärschnellboote aus dem französischen Hafen Cherbourg.

25 Do Weite Teile Europas werden von einer Grippewelle erfasst. In der Bundesrepublik sterben 39 Menschen an der Infektionskrankheit.

26 Fr Israelische Militärkommandos besetzen eine ägyptische Radarstellung am Golf von Suez, demontieren die Anlage und fliegen sie in ihre Heimat aus.

27 Sa Der französische Radprofi Jacques Anquetil beendet seine aktive Laufbahn. +++ Bei Parlamentswahlen in Japan siegen die regierenden Liberaldemokraten.

28 So Die Thüringische ev. Landeskirche streicht jeden Hinweis auf die Zugehörigkeit zu gesamtdeutschen kirchlichen Vereinigungen aus ihrer Verfassung.

29 Mo Bernhard Grzimek, Zoodirektor in Frankfurt am Main, wird zum Naturschutzbeauftragten der Bundesregierung ernannt.

30 Di Die New Yorker Filmkritik zeichnet den von dem griechischen Regisseur Constantin Costa-Gavras gedrehten Film »Z« als »Film des Jahres« aus.

31 Mi Aus wirtschaftlichen Gründen muss das berühmteste deutsche Beatlokal, der »Star Club« in Hamburg-St. Pauli, seine Pforten schließen.

1970-1979

1

2

3

1 – Heinz Schubert (3.v.l.) geht als »Ekel Alfred« seiner Familie (v.l. Diether Krebs, Elisabeth Wiedemann, Hildegard Krekel) und ganz Fernseh-Deutschland auf die Nerven. 2 – Die Blechmonster kommen: »Der Krieg der Sterne« setzt neue Maßstäbe im Science-fiction-Filmgenre. 3 – Ganz im Stil seiner Zeit: Der englische Rockmusiker Elton John sitzt entspannt auf dem »Walk of Fame« in Hollywood. Er ist der 1662. Star, dessen Stern den berühmten Bürgersteig ziert.

4

5

6

7

8

9

10

4 – Vom Umweltschmutz zum Umweltschutz: Ölpest im Golf von Mexiko. 5 – Der Volksmund nennt ihn »Palazzo Prozzo«: Mitten im Herzen Berlins steht der »Palast der Republik«. 6 – Kultfilm: Szene aus John Landis' »Blues Brothers«. 7 – Konferenz für Frieden und Zusammenarbeit. 8 – Keine Hose ohne Schlag. 9 – Muhammad Ali nimmt sich Joe Frazier vor. 10 – Die ZDF-Hitparade: Dieter Thomas Heck drückt der Sendung seinen Stempel auf.

Die siebziger Jahre – Zwischen Hoffnung und Skepsis

Die siebziger Jahre beginnen hoffnungsvoll und sind doch eine Zeit der Krisen – Krisen, die zum Teil unterschwellig verlaufen, die gleichwohl den psychologischen Zustand unserer Gesellschaft nachhaltig verändern sollen. Neuer Schwung in den Ost-West-Beziehungen, die Herausbildung alternativer Lebensentwürfe, der Aufschwung der Frauenbewegung, das trügerische Wetterleuchten einer freieren Zukunft in der DDR, Aussicht auf Friede in Nahost: All dies sind Ansätze, die auf Fortschritt und Wandel hindeuten. Dagegen charakterisieren Stichworte wie Ölkrise, Vietnam-Trauma, Watergate-Skandal, Biermann-Ausbürgerung und Terroristenbedrohung die andere, die pessimistische Seite der Dekade. Am Ende der Siebziger dominieren Zukunftsängste und das Erschrecken über eine in moralischer und ökologischer Hinsicht scheinbar aus den Fugen geratene Welt. Die Jugend, seit jeher Seismograph gesellschaftlicher (Fehl-)Entwicklungen, bringt die Punk-Bewegung hervor, deren Motto »No future« Ausdruck der tiefen allgemeinen Verunsicherung dieser Jahre ist.

Entspannungsschritte

Jenseits des Protokolls kniet Willy Brandt am 7. Dezember 1970 vor dem Mahnmal für die Opfer des Warschauer Ghettos nieder. Die weltweit beachtete Geste begleitet den Staatsbesuch des Bundeskanzlers zur Unterzeichnung des Warschauer Vertrags, der die Oder-Neiße-Linie als polnische Westgrenze anerkennt. Das Jahrzehnt beginnt somit im Zeichen des großen Erfolgs der sozialliberalen Ostpolitik, die durch die sog. Ostverträge das Verhältnis der Bundesrepublik Deutschland zur DDR, zur Sowjetunion, zu Polen und der Tschechoslowakei auf eine solide realpolitische Grundlage stellt. Unter dem Vorzeichen des noch nicht ausgestandenen Kalten Krieges pendelt die Ost-West-Stimmungslage zwischen Entspannungspolitik und neuer Konfrontation. 1973 ziehen sich die USA aus Vietnam zurück. Erstmals seit 1814 ist Amerika der Verlierer in einem militärischen Konflikt, geschlagen von der Partisanenarmee eines Entwicklungslandes und im zunächst noch nicht eingestandenen Bewusstsein, sich selbst auch moralisch beschädigt zu haben. Das Trauma beeinträchtigt das Handeln der westlichen Führungsmacht. In der 1973 eröffneten Konferenz für Sicherheit und Zusammenarbeit in Europa (KSZE), die 1975 zur Unterzeichnung der Schlussakte von Helsinki führt, verpflichten sich die USA, Kanada und die europäischen Staaten ebenso wie die Sowjetunion und ihre Satelliten zur Unverletzlichkeit der Grenzen, zu gegenseitiger Nichteinmischung und zur Achtung der Menschenrechte. Die erfolgreichen Absprachen von 1974 über die nukleare Abrüstung im geplanten SALT-II-Abkommen werden durch die US-amerikanischen Pläne zum Bau der Neutronenbombe und durch die Stationierung der sowjetischen SS-20-Raketen gefährdet. Die Invasion Afghanistans Ende 1979 und der NATO-Doppelbeschluss verhindern dann aber die Ratifikation von SALT II.

Terroristenfahndungen gehören in der Bundesrepublik fast zum Alltag: Speziell junge Leute, die dem Aussehen nach »verdächtig« sind, werden genau überprüft.

April 1972: Das Misstrauensvotum gegen Bundeskanzler Willy Brandt ist gescheitert. Walter Scheel gratuliert.

Reformansätze in Ost und West

Die innenpolitische Situation in der Bundesrepublik Deutschland steht zunächst im Zeichen des Wortes »Mehr Demokratie wagen«, mit dem Willy Brandt 1969 seine Kanzlerschaft begonnen hatte. Bürgerinitiativen, z.B. gegen den Ausbau der Atomkraftwerke, gegen die Aufrüstung, gegen als unsinnig empfundene Verkehrsprojekte, schießen aus dem Boden, fordern Beteiligung ein und zwingen die Politiker zur stärkeren Rechtfertigung ihres Handelns. Eines der wichtigsten Reformprojekte der sozialliberalen Koalition ist es, Gesetze, die den Geist der fünfziger Jahre atmen, den Realitäten einer gewandelten Gesellschaft anzupassen. Scheidungsrecht, Abtreibungsrecht, Gleichstellung der Frau, Wehrdienst – alle diese Themenkomplexe kommen nacheinander auf den Prüfstand und erfahren eine Neuausrichtung. Die Gefährdung des Staates durch die linksterroristische Rote Armee Fraktion im Herbst 1977 löst jedoch in vielen Bereichen eine Gegenbewegung aus. Der Staat verschärft seine Innenpolitik in einem Ausmaß, dass zeitweise Freiheit und Demokratie in Gefahr scheinen.

Auch in der DDR beginnen die siebziger Jahre mit einer Phase der Liberalisierung, als Erich Honecker 1971 Walter Ulbricht ablöst. Die Weltjugendfestspiele 1973 in Ost-Berlin lassen fast an die Atmosphäre des Woodstock-Festivals von 1969 denken. Zwischen Partei und Jugend herrscht eine Art Waffenstillstand. Einschränkungen beim Einkauf und bei Westimporten nimmt man in Kauf. Insgesamt haben sich die Menschen im System eingerichtet. Die meisten DDR-Bürger genießen die soziale Sicherheit und teilen anscheinend im Großen und Ganzen den offiziellen Zukunftsoptimismus. Die Ausbürgerung des Liedermachers Wolf Biermann dokumentiert 1976 aber, dass es sich um eine falsche Idylle gehandelt hat – und sie markiert das Ende der Geduld der Mächtigen in Pankow mit jeder auch unterschwelligen Opposition. Viele Intellektuelle solidarisieren sich mit Biermann. Eine Ausreisewelle schließt sich an. Nicht wenige datieren den Beginn des Zerfalls der DDR auf dieses Datum. Im Verhältnis der beiden deutschen Staaten zueinander trägt indessen die Bonner Ostpolitik unter dem Motto »Wandel durch Annäherung« Früchte. Der Reiseverkehr wird erleichtert: Westdeutsche können nun in die DDR fahren, sofern sie ihren täglichen Zwangsumtauschbetrag entrichten. DDR-Bürger dürfen »in dringenden Familienangelegenheiten« in den Westen reisen. Dort sehen sie in den neuen Fußgängerzonen und Konsumtempeln ein Stück fremde Welt. Bei vielen Deutschen hat die Teilung inzwischen unübersehbar auch zur Entfremdung geführt.

Politik beeinflusst Ökonomie

Seit Beginn der siebziger Jahre gehen die Wachstumsraten der Weltwirtschaft – zunächst in den USA – in krisenhaftem Ausmaß zurück. Mehr als in den Jahrzehnten zuvor wird die ökonomische Entwicklung dabei von den Ereignissen der internationalen Politik beeinflusst. Die USA leiden unter der enormen Verschuldung, die überwiegend auf das gescheiterte Vietnam-Engagement zurückzuführen ist. Die hohe Verschuldung hat zu einer Abwertung des US-Dollar an den europäischen und japanischen Devisenbörsen geführt und damit zu einer Dollarschwemme, die eine internationale Währungskrise auslöst. Die Talfahrt der US-Wirtschaft – die gut ein Drittel des Welt-Bruttosozialprodukts erwirtschaftet – hat globale Auswirkungen. Wachsende Arbeitslosigkeit und Inflation prägen die Entwicklung in den Industriestaaten und gefährden den sozialen Konsens. Zudem stellen die Ölstaaten durch das Sperren der Energiezufuhr im Zusammenhang mit dem Jom-

Kippur-Krieg die Machtfrage. Schlagartig reift in den Regierungszentralen des Westens die Erkenntnis, dass der Wohlstand der Industrienationen auf nur scheinbar endlos sprudelnden Ölquellen des Nahen Ostens beruht und dass diese – bislang kostengünstige – Energiequelle in einem noch nicht gekannten Ausmaß bedroht ist. Aufgrund des Ölpreisschocks bricht in der Bundesrepublik der Absatz der Automobilindustrie ein. Die Zahl der Insolvenzen erreicht 1975 mit 9195 einen Nachkriegsrekord (1974: 7722). Erstmals überschreitet die Arbeitslosenzahl die 1-Mio.-Grenze. 1975 befindet sich die westdeutsche Wirtschaft in der stärksten Rezession der Nachkriegsgeschichte. Die wirtschaftliche Lage im anderen deutschen Staat ändert sich wenig. Entgegen offiziellen Verlautbarungen des SED-Regimes ist die Kommandowirtschaft der DDR auf den Weltmärkten nicht konkurrenzfähig. Für notwendige Investitionen stehen nicht genügend Mittel zur Verfügung, da auch die DDR-Wirtschaft unter den steigenden Rohstoffpreisen leidet. Der innerdeutsche Handel hat deshalb eine steigende Bedeutung für die Ostberliner Führung. Durch den Wegfall von Zöllen kann die DDR Waren in der Bundesrepublik günstig anbieten und so dringend benötigte Devisen erwirtschaften.

Lernen im Dienst des Sozialismus: Agrotechnische Schule in Nauen (DDR)

Zweifel an der Allmacht des Fortschritts

In den siebziger Jahren werden Umwelt und Technisierung erstmals als konkurrierende Begriffe aufgefasst. Gehörte bislang das nahezu grenzenlose Vertrauen in den naturwissenschaftlich-technischen Fortschritt zu den Glaubensgrundlagen einer entwickelten Gesellschaft, hört man nun immer mehr kritische Stimmen, die von »Umweltzerstörung« und gar von »Grenzen des Wachstums« sprechen. Das »Smog«-Phänomen in den Ballungsräumen, die Entdeckung der Rolle der Fluorkohlenwasserstoffe bei der Zerstörung der Ozonschicht, die Dioxin-Katastrophe von Seveso 1976 machen deutlich, dass dem technischen Fortschritt auch eine neue Dimension der Bedrohung innewohnt. Hinzu kommt, dass die Wissenschaft sich dem Verständnis des Normalbürgers in wachsendem Maße entzieht. In der Physik hat sich die Erkenntnisebene auf subatomare Strukturen verlagert, auch Chemie und Medizin können nicht mehr oft mit Entdeckungen und Erfindungen aufwarten, die sich rasch im Alltag der Bevölkerung bemerkbar machen. Zudem erfasst die moderne Wissenschaft Bereiche, die in ihrer praktischen Ausprägung ethische Grundsatzprobleme berühren. Das erste Retortenbaby, das am 26. Juli 1978 in England auf die Welt kommt, spaltet die öffentliche Meinung. Bei aller Bewunderung für die Ärzte und bei allem Verständnis für die glücklichen Eltern drängen sich Fragen auf wie: Heiligt der Fortschritt alle Mittel? Darf der Mensch sich so weit in die Gesetze der Natur einmischen? Wohin führt diese Wissenschaft, und wer setzt ihr Grenzen?

Schillernd, doch nicht avantgardistisch

Orange, gelb und grün: Schrill leuchten sie, die Trendfarben der Zeit. Echte Durchbrüche jedoch, etwas, das die Bezeichnung avantgardistisch verdiente, finden sich in der populären Kultur der Siebziger im Vergleich zur Dekade davor eher selten – allenfalls, zum Beispiel, bei neuen Ausdrucksformen wie Video-Performances und Laserlight-Happenings. Die internationale Popmusik schwelgt noch ein wenig weiter in den Sechziger-Nachklängen, allerdings ist sie tanzbarer geworden. ABBA, Boney M und Disco-König John Travolta heizen zum »Saturday Night Fever« ein. Die Reggae-Musik Bob Marleys, später der Punk setzen originelle Akzente. Im Städtebau herrschen immer noch Schuhkarton-Hochhäuser vor, die Wohnungen darin sind mit Cordsofas und Flokati-Teppichen ausgestattet. Das Fernsehpublikum liebt Serien wie »Raumschiff Enterprise« und Shows á la »Dalli Dalli« oder »Ein Kessel Buntes«. Zwar erhält Heinrich Böll den Nobelpreis, doch kommt die spannende deutsche Literatur aus der DDR, und ihre Autoren sind Frauen: Christa Wolf und Irmtraud Morgner finden ihre Leser nicht zuletzt im Westen.

Hat den richtigen Hüftschwung raus: Tanzstar John Travolta in »Saturday Night Fever«

Der »Neue deutsche Film« wird im Ausland mit enthusiastischem Lob und Preisen überschüttet. Regisseure wie Rainer Werner Fassbinder, Werner Herzog, Wim Wenders, Margarethe von Trotta und Volker Schlöndorff gelten in den USA als »Cinema's New Wunderkinder«. In ihren von pessimistischer Weltsicht geprägten Filmen thematisieren sie zumeist die Zivilisationsängste und die Seelenqual des in einer rücksichtslosen Gesellschaft verlorenen Einzelnen. Das Gros der deutschen Kinobesucher interessiert sich allerdings – ein Reflex schwindender Fortschrittsgläubigkeit? – mehr für die Welle der Katastrophen- und Horrorfilme, die aus Hollywood nach Europa schwappt. Dazu zählen etwa »Flammendes Inferno« mit Steve McQueen oder Steven Spielbergs wegweisender Schocker »Der weiße Hai«.

++ Zitate +++ Zitate +++ Zitate ++

Aufruf der terroristischen Baader-Meinhof-Gruppe (1970):
»Sitzt nicht auf dem hausdurchsuchten Sofa herum und zählt eure Lieben, wie kleinkarierte Krämerseelen ... lasst die Hosenscheißer liegen, die Rotkohlfresser, die Sozialarbeiter, die sich doch nur anbiedern, dies Lumpenpack. Kriegt raus, wo die Heime sind und die kinderreichen Familien und das Subproletariat und die proletarischen Frauen, die nur darauf warten, den Richtigen in die Fresse zu schlagen...«

Artikel 1 des »Grundlagenvertrages« zwischen der Bundesrepublik Deutschland und der DDR (1972):
»Die Bundesrepublik Deutschland und die Deutsche Demokratische Republik entwickeln normale gutnachbarliche Beziehungen zueinander auf der Grundlage der Gleichberechtigung.«

Die OPEC-Staaten zum Ölboykott 1972:
»... und die Ölförderung wird um den gleichen Prozentsatz der Vormonatsproduktion gekürzt, bis die israelischen Truppen alle im Junikrieg von 1967 besetzten Gebiete geräumt haben und die legitimen Rechte des palästinensischen Volkes wieder hergestellt sind ...«

US-Präsident Richard Nixon in einer Fernsehansprache zu seinem Rücktritt (1974):
»Ich war nie einer, der aufgibt ... Aber als Präsident muss ich das Interesse Amerikas ... berücksichtigen. Amerika braucht einen Präsidenten und einen Kongress, die ihre gesamte Zeit dafür einsetzen können ... Daher werde ich diese Präsidentschaft mit Wirkung von morgen mittag niederlegen.«

Der iranische Revolutionsführer Ajatollah Khomeini über die Rolle der USA (1979):
»Bei dieser Revolution ist der Satan Amerika, das mit lautem Geschrei andere Satane um sich zu versammeln versucht; das gilt sowohl für die Satane im Lande als auch außerhalb Irans. Wie Sie wissen, wurde Iran ... erst von Großbritannien und danach von Amerika versklavt. Dieser große Satan – Amerika – macht ein Geschrei ..., weil ihm der Zugriff auf unsere Bodenschätze abgeschnitten worden ist.«

Aus dem »Übereinkommen zur Regelung der Tätigkeiten von Staaten auf dem Mond und anderen Himmelskörpern« der UNO (1979):
»Die Errichtung militärischer Stützpunkte, Einrichtungen und Befestigungen, das Erproben von Waffen jeglicher Art und die Durchführung militärischer Übungen auf dem Mond sind verboten.«

Wörter des Jahrzehnts

AKW • Charta 77 • Datenschutz • Endlager • Feminismus • Fußgängerzone • Gesamtschule • Grüne • Hardrock • IRA • Jom-Kippur-Krieg • KSZE • Müsli • Öko-Bewegung • Ölkrise • Ostpolitik • Parka • Punk • Rote Armee Fraktion • Retortenbaby • Schneller Brüter • Seveso • Sponti • Umweltschutz • Video • Watergate • WG

Januar 1970

1 Do In Großbritannien treten Gesetzesänderungen in Kraft. U.a. wird die Volljährigkeit von 21 auf 18 Jahre heruntergesetzt. → Gretna Green

2 Fr Der US-Bürger Edward Falk, dem in New York gleichzeitig ein neues Herz und zwei Lungenflügel eingepflanzt wurden, stirbt nach acht Tagen.

3 Sa Nordvietnamesische Einheiten greifen zwei Flüchtlingslager und US-Militärposten im Norden Südvietnams an. 13 Menschen werden getötet, 56 verletzt.

4 So US-Vizepräsident Spiro T. Agnew bekräftigt in Thailands Hauptstadt Bangkok, die USA wollten ihre Bündnispflichten in Südostasien erfüllen.

5 Mo Im niederländischen Noordwijkerhout fordert das Pastorale Landeskonzil der katholischen Kirche Hollands, das Zölibat für Priester aufzuheben.

6 Di Tunesien und Algerien unterzeichnen in Tunis einen Freundschaftsvertrag mit 20-jähriger Laufzeit. Die Länder legen ihren Grenzstreit in der Sahara bei.

7 Mi Israel bombardiert drei ägyptische Militärlager bei Kairo. Seit Ende 1969 mehren sich wieder die Kämpfe zwischen Israel und arabischen Staaten.

8 Do »Nachnull«, ein Ballett von Pina Bausch mit der Musik von Ivo Malec, wird im Münchener Theater an der Leopoldstraße uraufgeführt.

9 Fr Wie aus Regierungskreisen in Frankreich verlautet, will das Land 50 Düsen-Jagdbomber sowie Panzer brechende Waffen an Libyen liefern. Israel protestiert.

10 Sa Nigerianische Truppen erobern die provisorische Hauptstadt der abgefallenen Ostprovinz Biafra, Owerri. Biafras Staatschef Ojukwu flieht ins Ausland.

11 So Die bundesdeutsche Presse meldet, dass wahrscheinlich 6 Mio. von 7 Mio. Schuss ausgesonderter Munition der Bundeswehr illegal nach Nigeria gelangt sind.

12 Mo Der neue »Jumbo-Jet« Boeing 747 startet in New York seinen ersten Passagierflug über den Atlantik. Das Ziel ist London. → Biafra

13 Di Bei seiner Amtseinführung in Frankfurt am Main legt der neue Bundesbankpräsident Karl Klasen ein Bekenntnis zur Unabhängigkeit der Notenbank ab.

14 Mi Bundeskanzler Willy Brandt schlägt der DDR den Austausch von Gewaltverzichtserklärungen vor, um eine deutsch-deutsche Kooperation zu ermöglichen.

15 Do In der Bundesrepublik werden Lohn- und Gehaltserhöhungen von 8% für Arbeiter und Angestellte von Bund, Ländern und Gemeinden vereinbart.

16 Fr Das neue Schauspielhaus in Düsseldorf öffnet seine Pforten. Es kommt zu Protesten gegen den 40 Mio. DM teuren Bau von Architekt Bernhard Pfau.

17 Sa Für Biafra laufen internationale Hilfsaktionen an. +++ Israelische Kommandos zerstören ägyptische Telefon- und Hochspannungsleitungen nahe Kairo.

18 So Das Ballett »Kriegsanleitung für Jedermann« von Marianne Eichholz und Dieter Behne wird in Bremen im Theater am Goetheplatz uraufgeführt.

19 Mo Der DDR-Staatsratsvorsitzende Walter Ulbricht bekräftigt in Ost-Berlin die Bereitschaft der DDR zu Verhandlungen über einen Gewaltverzicht.

20 Di Nach zweijähriger Unterbrechung nehmen die USA und die Volksrepublik China offizielle Kontakte auf. Die USA wollen die Beziehungen verbessern.

21 Mi Der Oberste Sowjet beschließt, der in den USA lebenden Stalin-Tochter Swetlana Allilujewa die sowjetische Staatsbürgerschaft zu entziehen.

22 Do Israelische Soldaten besetzen vorübergehend die ägyptische Insel Schadwan im Roten Meer. Sie erbeuten die dort stationierte Radaranlage.

23 Fr Die 39. Rallye Monte Carlo gewinnen der Schwede Björn Waldegaard und sein Landsmann Lars Helmer mit einem Porsche 911 S.

24 Sa Ägyptische Bomber greifen israelische Ziele am Suezkanal an. Davon unabhängig explodiert ein israelischer Munitionstransport im Hafen von Elat.

25 So Gewinner der Zweierbob-Weltmeisterschaften in St. Moritz ist das bundesdeutsche Team Horst Floth/Josef »Pepi« Bader (Rießersee).

26 Mo Die Investitions- und Handelsbank AG des Münchener Finanzmaklers Rudolf Münemann ist, wie heute bekannt wird, zahlungsunfähig.

27 Di In Mainz konstituieren sich zwei Ausschüsse, die die Errichtung der Zwei-Städte-Universität Trier/Kaiserslautern organisatorisch vorantreiben.

28 Mi Die tschechoslowakische KP entmachtet die letzten noch amtierenden Reformpolitiker und erklärt den »Prager Frühling« für endgültig beendet.

29 Do Nigerias Staatschef General Yakubu Gowon verkündet nach Ende des Biafra-Kriegs eine Generalamnestie für ehemalige Gegner der Zentralregierung.

30 Fr In Moskau führt Staatssekretär Egon Bahr (SPD) erste vertrauliche Gespräche über einen Gewaltverzichtsvertrag zwischen der UdSSR und der Bundesrepublik.

31 Sa Zum Spitzenkandidaten für die Landtagswahl am 14. Juni wählt die nordrhein-westfälische CDU den rheinischen Landesvorsitzenden Heinrich Köppler.

21. Februar 1970

Ebene der Tonkrüge erobert

Nordvietnamesische Truppen erobern die sog. Ebene der Tonkrüge in Laos zurück. Das etwa 170 km nördlich der laotischen Hauptstadt Vientiane gelegene Gebiet ist von enormer strategischer Bedeutung. Es verlaufen dort Nachschubwege, über die Vietcong-Verbände in Südvietnam versorgt werden. Durch die Eroberung des Flughafens Xieng Khouang übernimmt Nordvietnam zusammen mit den in Laos operierenden prokommunistischen Pathet-Lao-Verbänden die Kontrolle über die Ebene. Erst im Sommer 1969 hatten laotische Regierungstruppen in der Region Fuß fassen können, nachdem sie fünf Jahre lang in nordvietnamesischer Hand gewesen war.
In die Kämpfe um die Ebene der Tonkrüge greifen auch die USA ein. Die US-Luftwaffe fliegt von Stützpunkten in Thailand und Südvietnam sowie von zwei Flugzeugträgern im Golf von Tonking massive Bombereinsätze gegen die vorgestoßenen nordvietnamesischen Truppen. Angriffsziel ist nicht zuletzt auch der sog. Ho-Chi-Minh-Pfad. Dieses Netz aus Dschungelwegen führt von Nordvietnam über Laos und Kambodscha nach Südvietnam und gilt als die wichtigste Nachschublinie des Vietcong. Das neutrale Königreich Laos wird immer stärker in den Vietnamkonflikt einbezogen. Weite Teile des Landes werden von den Pathet-Lao-Verbänden kontrolliert und als Aufmarschgebiet für die nordvietnamesische Armee genutzt.

1. Februar 1970

Erdgas gegen Röhren

Im Essener Hotel Kaiserhof werden drei Abkommen über die Lieferung sowjetischen Erdgases in die Bundesrepublik geschlossen. Im Gegenzug sollen deutsche Großrohre in die UdSSR geliefert und ein Kredit für die Zahlung der Röhren gewährt werden. Es handelt sich um das bisher

größte Ost-West-Geschäft. Die Sowjetunion liefert ab Oktober 1973 innerhalb von 20 Jahren Erdgas im Wert von 2,5 Mrd. DM. Die Röhren, die für den Bau von Pipelines (s. Abb.) nötig sind, haben einen Warenwert von 1,2 Mrd. DM und werden durch 17 deutsche Kreditinstitute vorfinanziert. Die Presse weist darauf hin, dass in erster Linie die Sowjetunion durch diesen Handel einen Vorteil erziele. Von Seiten der Bundesrepublik würden eher politische Ziele verfolgt, etwa die Unterzeichnung eines deutsch-sowjetischen Abkommens.

12. Januar 1970

Krieg in Biafra endet

Mit dem Sieg der nigerianischen Bundestruppen endet der Bürgerkrieg um die Unabhängigkeit der Ostregion Biafra. In einer Rundfunkansprache gibt der amtierende Staatschef Biafras, General Philip Effiong, die bedingungslose Kapitulation seiner Truppen bekannt. Zugleich ersucht er den nigerianischen Staatschef Yakubu Gowon, »im Namen der Menschlichkeit« den Vormarsch seiner Einheiten sofort zu stoppen. Während des zweieinhalbjährigen Bürgerkrieges sind nach Schätzungen norwegischer Wissenschaftler rund zwei Mio. Einwohner Biafras ums Leben gekommen, davon ca. 500 000 im Verlauf der Kämpfe und 1,5 Mio. durch Hunger und Krankheit. Nach Meinung von Beobachtern starb während des Bürgerkrieges jedes zweite Kind in der eingeschlossenen Ostregion.

General Yakubu Gowon

Die geschwächten Soldaten Biafras waren zum Jahreswechsel immer stärker unter Druck geraten. Die mit modernen Waffen aus Großbritannien und der UdSSR ausgestatteten nigerianischen Divisionen überschritten am 8. Januar den Imo-Fluss. Damit wurde der Weg in die provisorische Hauptstadt Owerri frei. Am 10. Januar besetzen die Bundestruppen Owerri. Biafras Staatschef, General Chukwuemeka Odumegwu Ojukuwu, flieht in der folgenden Nacht mit Familienmitgliedern und einigen Offizieren in einer beschlagnahmten Maschine vom Flugplatz Uli ins Ausland. Mit der »Super Constellation« sollten ursprünglich verletzte Kinder ausgeflogen werden. In einer am Morgen darauf verkündeten Ansprache begründet Ojukwu seine Abreise mit der Notwendigkeit, im Ausland »Friedensmöglichkeiten zu erkunden«. Die Kapitulation durch seinen Stellvertreter Philip Effiong nimmt Nigerias Staatschef Yakubu Gowon in der Nacht zum 13. Januar an. Zugleich verkündet er eine allgemeine Amnestie für die Einwohner Biafras. In Biafra leben mehrheitlich Angehörige des Ibo-Stammes, die in dem Vielvölkerstaat Nigeria schon vor dem Bürgerkrieg verfassungsrechtlich benachteiligt waren. Die offizielle Kapitulationsurkunde wird von Effiong und Gowon am 15. Januar in der nigerianischen Hauptstadt Lagos unterzeichnet. In einer Erklärung stellt General Effiong abschließend fest, dass Biafra zu existieren aufgehört habe. Yakubu Gowon stellt den Biafranern

1. Januar 1970

Aus für Gretna Green

Mit Inkrafttreten des neuen britischen Eherechts versiegt der stete Zustrom heiratswilliger Jugendlicher aus der ganzen Welt in das südschottische Grenzdorf Gretna Green am Solway Firth. Das weltbekannte »Heiratsparadies« muss seine Pforten schließen. Jahrelang galt Gretna Green als Schlupfloch gegen ausufernde Heiratsbürokratie und als zu streng empfundene gesetzliche Altersauflagen. Gleichzeitig war der Ort in den 60er Jahren das Mekka einer rebellisch gesinnten Jugend, die selbstbestimmt und in Auflehnung gegen autoritäre Strukturen ihren eigenen Lebensentwürfen folgen will.
Bisher durfte der als Friedensrichter fungierende Dorfschmied aufgrund eines Sonderrechtes Minderjährige, auch Ausländer, ohne Einwilligung der Eltern trauen. Junge Briten, aber auch viele bundesdeutsche Jugendliche waren zum Heiraten nach Gretna Green gekommen. Dabei spielten auch – mit Wissen und Einwilligung der Eltern – romantische Motive eine Rolle. Vor allem aber Ausreißer, die sich gegen den Widerstand der Eltern das Ja-Wort geben wollten, nahmen die Dienste des Dorfschmieds in Anspruch. Was viele zu diesem Zeitpunkt noch nicht wussten: In der Bundesrepublik, wo Männer mit vollendetem 21., Frauen mit vollendetem 16. Lebensjahr zum Traualtar schreiten dürfen, durften überrumpelte Eltern die in Gretna Green geschlossenen Verbindungen ihrer minderjährigen Kinder annullieren.

Vor allem Kinder sind Opfer der Hungersnot.

seine Fürsorge in Aussicht. Tatsächlich bleiben die von vielen Beobachtern befürchteten Racheakte aus. Hunger und Krankheit herrschen aber weiter in der nigerianischen Ostregion.

18. Februar 1970

Stratege des Friedens

US-Präsident Richard M. Nixon (s. Abb., l., mit Henry Kissinger) übermittelt dem Kongress in Washington eine Botschaft über »Die amerikanische Außenpolitik für die 70er Jahre«. Das 120 Seiten starke Bulletin trägt nach Ansicht

Henry A. Kissinger

US-Politiker deutscher Abstammung, * 27.5.1923 Fürth

Der Politikwissenschaftler und Harvard-Professor prägt durch seine rastlose Pendeldiplomatie als außenpolitischer Berater und Außenminister die US-Außenpolitik der 70er Jahre. Er schafft die diplomatischen Voraussetzungen für den Rückzug der USA aus Vietnam und vermittelt erfolgreich zwischen Syrien und Israel. Außerdem leitet Kissinger die Annäherung an China ein.

- 1938: Emigration aus Nazi-Deutschland in die USA
- 1943-46: US-Soldat
- 1954-71: Professor an der Harvard Universität
- 1969-73: Sicherheitsberater des Präsidenten
- 1973: Friedensnobelpreis
- 1973-77: Außenminister

von Beobachtern deutlich die Handschrift von Nixons Sicherheitsberater Henry A. Kissinger. Ausgehend von der Erkenntnis, dass die Sowjetunion als gleichstarke Atommacht angesehen werden muss, spricht sich Nixon gegen eine weitere atomare Rüstung aus. Ferner fordert er eine stärkere Selbstverantwortung der NATO-Partner, da die USA nicht mehr die Rolle des Weltpolizisten übernehmen könne. Der dritte Grundsatz der sog. Nixon-Doktrin ist die Bereitschaft zu Verhandlungen.

10. Februar 1970

Lawinenwinter fordert Tote

Der schwerste Lawinenwinter seit 30 Jahren fordert in Europa zahlreiche Tote. Über dem französischen Wintersportort Val d'Isère geht eine gewaltige Pulverschneelawine nieder. Die Schneemassen treffen mit voller Wucht ein dreistöckiges Erholungsheim. In dem Gebäude halten sich über 100 Gäste im Alter zwischen 16 und 30 Jahren auf. Die Katastrophe fordert 39 Tote und 34 zum Teil schwer Verletzte. Eine weitere Lawine verschüttet zwei Tage später eine Bergstraße und fünf Chalets. Menschen kommen diesmal nicht zu Schaden. Die Lawinenserie geht am 24. Februar weiter. Bei Reckingen im Kanton Wallis donnern Tonnen von Schnee und Eis auf eine Offiziersmesse der Schweizer Armee und drei Skihütten. Für 30 Menschen kommt jede Hilfe zu spät.

Februar 1970

1 So Die Schweizer billigen in einem Referendum den sog. Zuckerbeschluss, durch den der Zuckerrübenanbau mittels Staatssubventionen gefördert wird. → Erdgas

2 Mo In München zeigt die erste Transplantation menschlicher Nerven Erfolg. Die im Juli 1969 operierten Patienten können ihre Gliedmaßen wieder bewegen.

3 Di Regierungssprecher Conrad Ahlers beschuldigt die Springer-Zeitungen der Nachrichtenverfälschung und löst eine Debatte um Pressefreiheit aus.

4 Mi Georges Marchais, Chef der Kommunistischen Partei Frankreichs, eröffnet in Nanterre den 19. Parteitag mit einem Treuegelöbnis gegenüber Moskau.

5 Do In Osnabrück wird das Diagnose-Zentrum Osnabrück eröffnet, das nach dem Vorbild der amerikanischen Mayo-Klinik errichtet worden ist.

6 Fr Im Hafen von Elat versenken ägyptische Froschmänner zwei israelische Schiffe. Als Antwort versenkt Israel einen ägyptischen Minenleger im Golf von Suez.

7 Sa Bei seiner mehrtägigen Konferenz in Brüssel fasst der Europäische Ministerrat endgültige Beschlüsse über die Finanzierung der gemeinsamen Agrarpolitik.

8 So Ungarische Forscher entdeckten einer Agenturmeldung zufolge in einer Höhle bei Budapest Überreste eines Menschen, der vor 50 000 Jahren lebte.

9 Mo Auf dem Flughafen München-Riem rast eine Maschine der United Arab Airlines über die Startbahn hinaus und fängt Feuer. Acht Menschen werden verletzt.

10 Di Moskau erklärt sich bereit, mit den drei Westmächten Gespräche über eine Verbesserung der Situation Berlins aufzunehmen. → Lawinenwinter

11 Mi Erstmals bringt Japan mit einer eigenen Trägerrakete einen Forschungssatelliten in die Erdumlaufbahn. Er soll u.a. die kosmische Strahlung untersuchen.

12 Do DDR-Ministerpräsident Willi Stoph schlägt direkte Verhandlungen über deutsch-deutsche Fragen zwischen den Regierungschefs beider Staaten vor.

13 Fr Sieben Menschen sterben bei einem Brandanschlag, den vermutlich arabische Terroristen auf ein jüdisches Altersheim in München verübt haben.

14 Sa US-Präsident Richard Nixon untersagt den Einsatz von Gift als offensive Kriegswaffe. +++ Die israelische Pipeline zwischen Elat und Aschkalon ist fertig.

15 So Kurz nach dem Start in Santo Domingo stürzt ein dominikanisches Verkehrsflugzeug ab. Keiner der 97 Passagiere überlebt das Unglück.

16 Mo Die in Essen tagende deutsche Bischofskonferenz stellt sich im Streit um das Zölibat hinter den Papst und befürwortet die Ehelosigkeit der Priester.

17 Di Der US-Schwergewichtsboxer Joe Frazier verteidigt seinen WM-Titel zum fünften Mal. Er schlägt seinen Landsmann Jimmy Ellis in der vierten Runde k.o.

18 Mi Die erste Neugründung einer hessischen Hochschule nach dem Zweiten Weltkrieg beschließt die Landesregierung. Standort soll Kassel sein. → Stratege

19 Do Laut Berechnung der UN-Bevölkerungskomission wird die Zahl der Menschen auf der Erde bis 1985 um die Hälfte, auf 4,9 Mrd., anwachsen.

20 Fr Bundeskanzler Willy Brandt erklärt sich dazu bereit, die deutsch-deutschen Gespräche auch in Ost-Berlin zu führen. Man einigt sich jedoch auf Erfurt.

21 Sa Auf dem Flug Zürich-Tel Aviv stürzt eine Swissair-Maschine nach einer von Palästinensern ausgelösten Explosion ab. Die 47 Insassen sterben. → Tonkrüge

22 So In Jordanien einigen sich König Hussein II. und PLO-Chef Jasir Arafat über die Rechte und Pflichten der palästinensischen Kampfverbände in Jordanien.

23 Mo Guyana vollzieht den Übergang von der konstitutionellen Monarchie zur Republik. Die frühere britische Kolonie bleibt Mitglied des Commonwealth.

24 Di Über eine Wirtschafts- und Währungsunion in Europa beraten in Paris die Wirtschafts- und Finanzminister sowie die Notenbankchefs der EG-Staaten.

25 Mi In Bonn können sich Regierung und Opposition nicht auf eine gemeinsame Ostpolitik einigen. Die Union lehnt einen Verzicht auf die Wiedervereinigung ab.

26 Do Ein DDR-Spionagering fliegt in Bonn auf. Neben anderen gehört ihm eine Sekretärin im Wissenschaftsministerium an.

27 Fr Der sowjetische Vorschlag, Berlin-Gespräche aufzunehmen, wird von den Westmächten akzeptiert. Sie schlagen vor, auf Botschafter-Ebene zu verhandeln.

28 Sa Guatemalas Außenminister Alberto Fuentes Mohr wird entführt. Nachdem die Regierung einen Guerilla-Führer freilässt, kommt Mohr ebenfalls frei.

März 1970

1 So Per Referendum im Schweizer Kanton Bern wird der Verfassungszusatz über das Selbstbestimmungsrecht des jurassischen Landesteils angenommen.

2 Mo In Salisbury wird die Republik Rhodesien ausgerufen. Damit trennt sich die frühere britische Kolonie einseitig endgültig von Großbritannien.

3 Di Bundeswirtschaftsminister Karl Schiller (SPD) führt wirtschaftspolitische Verhandlungen in Belgrad. U.a. trifft er Jugoslawiens Staatschef Tito.

4 Mi Das mit Kernenergie betriebene Forschungsschiff »Otto Hahn« bringt erstmals Ladung, 9000 t Phosphor aus Marokko, in seinen Heimathafen Hamburg.

5 Do Der Atomwaffensperrvertrag tritt nach Hinterlegung der Ratifikationsurkunde durch Großbritannien, die USA, die UdSSR sowie 40 weitere Länder in Kraft.

6 Fr Mit der Erhöhung des Diskontsatzes von 6% auf 7,5% verschärft die Bundesbank ihren kreditpolitischen Kurs zur Steuerung der Hochkonjunktur.

7 Sa Millionen Nordamerikaner können über ihrem Teilkontinent die »Sonnenfinsternis des Jahrhunderts« beobachten, die dreieinhalb Minuten dauert.

8 So Der zypriotische Staatspräsident Erzbischof Makarios entgeht einem Attentat, hinter dem die rechtsgerichtete Nationale Front vermutet wird.

9 Mo Georg Ferdinand Duckwitz, Staatssekretär im Auswärtigen Amt, setzt in Warschau die vertraulichen Gespräche mit Polens Regierung fort.

10 Di Zwei DDR-Bürger versuchen vergeblich, ein Flugzeug aus Ost-Berlin in den Westen zu entführen. Noch in der Maschine begehen sie Selbstmord.

11 Mi Die Filmförderungsanstalt in Berlin zeichnet u.a. den Film »Katzelmacher« von Rainer Werner Fassbinder mit einer Hauptprämie von 250 000 DM aus.

12 Do Der schwedische Ministerpräsident Olof Palme trifft in West-Berlin ein. Zentrales Gesprächsthema des Aufenthalts ist die Beziehung Schwedens zur EG.

13 Fr Die kambodschanische Regierung unter Lon Nol fordert Nordvietnam und den Vietcong ultimativ auf, ihre Truppen aus dem neutralen Land abzuziehen.

14 Sa Im japanischen Osaka findet mit der Expo 70 die erste Weltausstellung in Asien statt. Motto der Expo ist »Fortschritt und Harmonie für die Menschheit«.

15 So In Köln schließen sich Freundeskreise der CSU, die sich in fast allen Bundesländern gebildet haben, zu einem Bundesverband zusammen. → »Trimm Dich«

16 Mo In der Schweiz wird der Zuzug von Ausländern beschränkt. +++ Die Pockenepidemie im Kreis Meschede (Sauerland) ist besiegt. Vier Menschen starben.

17 Di Unter Polizeischutz verabschiedet Nordrhein-Westfalens Landtag ein Gesetz, nach dem Universitäten selbst über ihre Verfassung entscheiden.

18 Mi Gegen die Stimmen der Opposition verabschieden SPD und FDP das 3. Strafrechtsreformgesetz. U.a. wird das Demonstrationsrecht liberalisiert.

19 Do Als erstes kommunistisches Land unterzeichnet Jugoslawien in Brüssel ein Handelsabkommen mit der Europäischen Gemeinschaft. → Erfurt

20 Fr Auf dem Flughafen Köln/Bonn wird eine der modernsten Abfertigungsanlagen der internationalen Luftfahrt ihrer Bestimmung übergeben.

21 Sa Mit dem Lied »Wunder gibt es immer wieder« belegt Katja Ebstein in Amsterdam beim Grand-Prix d' Eurovision de la Chanson den dritten Platz.

22 So Die Sozialdemokraten müssen bei der Hamburger Bürgerschaftswahl zwar Verluste hinnehmen, behalten aber die absolute Mehrheit.

23 Mo In Kongo (Brazzaville) vereiteln Regierungstruppen einen Putschversuch. Der Putschisten-Führer war 1968 zum Tode verurteilt worden, konnte aber fliehen.

24 Di Am Württembergischen Staatstheater in Stuttgart wird »Poème de l'Exstase« von John Cranko uraufgeführt, ein Ballett in zwei Szenen.

25 Mi Im »Robenstreit« entscheidet das Bundesverfassungsgericht in Karlsruhe, dass Rechtsanwälte in ihrer Amtsrobe vor Gericht auftreten müssen.

26 Do In West-Berlin verhandeln die Bonner Botschafter der drei Westmächte und der sowjetische Botschafter in der DDR über ein Berlin-Abkommen.

27 Fr In Beirut kommt es zu Kämpfen zwischen der rechtsgerichteten Falange-Organisation und palästinensischen Freischärlern. 40 Menschen sterben.

28 Sa In Kambodscha stehende Verbände des Vietcong greifen kambodschanische Regierungstruppen an. Das Land wird immer mehr in den Krieg verwickelt.

29 So In weiten Teilen der Bundesrepublik Deutschland werden »weiße Ostern« gefeiert. Die Schneefälle behindern den Feiertagsverkehr erheblich.

30 Mo Die Sowjetunion wird in Stockholm zum zehnten Mal Eishockey-Weltmeister, zum achten Mal in Folge. Silber gewinnt Gastgeber Schweden.

31 Di Linksgerichtete Guerilla-Kämpfer entführen den bundesdeutschen Botschafter in Guatemala, Karl Graf von Spreti, und fordern Lösegeld.

14. April 1970

Panne bei »Apollo-13«

Die Explosion eines Sauerstofftanks an Bord der US-Raumkapsel »Apollo 13« bringt die drei Besatzungsmitglieder in Lebensgefahr. Zur Zeit der Explosion befindet sich »Apollo 13« rund 335 000 km von der Erde entfernt auf dem Flug zum Mond. Um 4.54 Uhr (MEZ) meldet sich Astronaut James A. Lovell mit den Worten »Hey, wir haben ein Problem«. Da Sauerstoff u.a. auch für die Stromerzeugung an Bord notwendig ist, fallen alle Versorgungssysteme aus und es fehlt an Energie, um die Haupttriebwerke zu zünden. Die angekoppelte Mondlandefähre »Aquarius« wird schließlich zum Rettungsboot. Sie verfügt über genügend Treibstoff, um »Apollo 13« mit einer kurzen Triebwerkszündung auf Erdkurs zu bringen (Abb.: Bergung der Kapsel).

30. April 1970

Einmarsch in Kambodscha

Auf Befehl von US-Präsident Richard M. Nixon marschieren ca. 25 000 amerikanische und südvietnamesische Soldaten in Kambodscha ein (s. Abb.). In einer Fernsehansprache in der Nacht zum 1. Mai erläutert Nixon einer überraschten US-Öffentlichkeit die Gründe für die Invasion: Es müsse verhindert werden, dass Kambodscha zum Aufmarschgebiet der nordvietnamesischen Truppen und des Vietcong wird. Andernfalls sei die Allianz im Süden des Landes umzingelt. Die als zeitlich begrenzt geplante Operation erweist sich jedoch als Fehlschlag. Weder erzielen die USA militärische Erfolge gegen nordvietnamesische Stützpunkte in Kambodscha, noch gelingt es ihnen, die kambodschanische Regierung unter Lon Nol politisch zu stabilisieren. US-Präsident Nixon gerät zudem in die Kritik, weil er den Einmarsch ohne Genehmigung des Kongresses befohlen hat. Für Kambodscha sind die Folgen der Invasion tragisch. Das Land wird endgültig in den Vietnamkrieg hineingezogen. Die nach dem US-Abzug im Juni in Kambodscha verbleibenden südvietnamesischen Truppen verhalten sich gegenüber der Zivilbevölkerung wie eine Besatzungsmacht.

19. März 1970

Willy Brandt in Erfurt

Die Bemühungen um einen innerdeutschen Dialog gipfeln im Besuch von Bundeskanzler Willy Brandt in der DDR. In Erfurt kommt es zum historischen Treffen zwischen Brandt und DDR-Ministerpräsident Willi Stoph. Brandt hatte bereits in seiner Regierungserklärung von 1969 seine Bereitschaft zur Kontaktaufnahme mit der DDR-Führung angekündigt. Seit 1970 wird dieser Ansatz mit ersten Kontakten in die Tat umgesetzt. Im Februar begann der erste Schriftwechsel mit dem DDR-Ministerpräsidenten. In den folgenden Monaten bereiteten Delegationen aus Ost und West das Treffen der deutschen Regierungschefs vor. Die Zusammenkunft wird ein Triumph für den bundesdeutschen Kanzler. In Erfurt bereitet eine riesige Menschenmenge Brandt einen begeisterten Empfang. Das Programm des Treffens umfasst neben politischen Gesprächen auch einen Besuch im ehemaligen Konzentrationslager Buchenwald, um den Brandt ausdrücklich gebeten hatte. Trotz allen Bemühens bleiben die di-

Deutsch-deutsche Treffen (Auswahl)

Datum	Ereignis	Ort
19.03.1970	Erstes Treffen der Regierungschefs (Willy Brandt, Willi Stoph)	Erfurt
21.05.1970	Gegenbesuch von Stoph	Kassel
21.12.1972	Bonn und Ost-Berlin unterzeichnen den Grundlagenvertrag	Ost-Berlin
01.08.1975	Auf dem KSZE-Gipfel verhandeln Helmut Schmidt und Erich Honecker über das Transitabkommen	Helsinki
11.12.1981	Meinungsaustausch zwischen Schmidt und Honecker	Werbellinsee
07.09.1987	Helmut Kohl empfängt Honecker	Bonn

10. April 1970

Trennung der Beatles perfekt

Paul McCartney gibt in einer Pressekonferenz seine Trennung von den Beatles bekannt. Die schon seit längerem im Raum stehende Auflösung der Gruppe löst unter ihren Fans Bestürzung aus. Für Paul McCartney sind »persönliche, geschäftliche und musikalische Differenzen, vor allem aber die Tatsache, dass ich mich besser um meine Familie kümmern kann«, dafür ausschlaggebend. Uneinigkeit über das Management der Firma und Lennons Beziehung zu Yoko Ono hatten für Spannungen in der Band gesorgt. McCartney, John Lennon, George Harrison und Ringo Starr haben sich schon seit Monaten nicht mehr gesehen. Ihr letztes Konzert liegt mehr als ein Jahr zurück. Am 30. Januar 1969 hatten die »Fab Four« auf dem Dach ihrer gemeinsamen Firma »Apple« in London für Freunde gespielt.

Oben: Historischer Händedruck zwischen Willy Brandt (l.) und Willi Stoph
Links: Brandt beim Abschied in Erfurt.

plomatischen Fronten indessen verhärtet. Stoph fordert während der Spitzengespräche die Aufnahme diplomatischer Beziehungen zwischen beiden deutschen Staaten und damit die Anerkennung der DDR durch die Bundesrepublik. Nach den Vorstellungen der ostdeutschen Regierung sollen sowohl die DDR als auch die Bundesrepublik in Kürze gemeinsam den Vereinten Nationen beitreten. Ferner meldet die DDR finanzielle Reparationsforderungen in Höhe von 100 Mrd. DM an. Brandt weist die Forderungen zurück. Das einzig konkrete Ergebnis des Besuchs stellt die Vereinbarung dar, die Gespräche auf bundesdeutschem Boden fortzusetzen. Dazu lädt Brandt den DDR-Regierungschef zu einem Gegenbesuch im Mai nach Kassel ein. Der politische Wert dieser ersten gesamtdeutschen Begegnung bleibt dementsprechend über die Tatsache des Kontaktes hinaus umstritten. Die gelockerte Atmosphäre und der herzliche Empfang für Brandt werden jedoch in der Öffentlichkeit weitgehend als bedeutender Schritt zu einer möglichen deutsch-deutschen Annäherung verstanden.

15. März 1970

Willi Daume startet »Trimm Dich«-Aktion

Der Präsident des Deutschen Sportbundes (DSB), Willi Daume, eröffnet in Berlin die Aktion »Trimm Dich durch Sport« (Abb.: Plakat). Mit dieser auch als »Trimm-Bewegung« bekannten Initiative sollen breite Bevölkerungskreise zu regelmäßiger körperlicher Betätigung angeregt werden. In seiner Rede kritisiert Daume, dass trotz großen Interesses am Sport lediglich 12% der Bevölkerung selbst sportlich aktiv seien. Vor allem die Schulen kommen nach Ansicht des 56-jährigen Sportfunktionärs ihrer Aufgabe im Bereich der Sportbildung nur ungenügend nach. Bundesjugendministerin Käte Strobel, die ebenfalls an der Eröffnung in Berlin teilnimmt, begrüßt die Kampagne des DSB und stellt fest: »Zu viele Bürger halten Gesundheit für etwas Schicksalhaftes, das man nicht wesentlich beeinflussen kann.« Im Mittelpunkt der Aktion steht die sog. Trimmspirale, eine Protokollkarte mit 100 Feldern. Wer die entsprechenden Übungsanforderungen erfüllt, erhält als Auszeichnung eine Anstecknadel und eine Urkunde. Um der Aktion Popularität zu verleihen, wurde eigens ein Maskottchen entwickelt. »Trimmy« fordert stets lächelnd und mit nach oben weisenden Daumen auf: »Lauf mal wieder« oder »Kick mal wieder«.

April 1970

1 Mi Mit Inkrafttreten des 1. Strafrechtsreformgesetzes wird in der Bundesrepublik Deutschland die Abschaffung der Zuchthausstrafe wirksam.

2 Do Für Studien über Schäden an Baudenkmälern durch Abgase erhält das Institut für Werkstoffwissenschaften der Universität Erlangen Mittel der VW-Stiftung.

3 Fr Box-Europameister Peter Weiland (Neumünster) verliert in Madrid seinen Schwergewichtstitel nach k.o. an den Spanier José Miguel Ibar Urtain.

4 Sa In Genf endet die Gipfelkonferenz der Weltreligionen mit der Gründung eines Exekutivrats aus Christen, Buddhisten, Hindus, Juden und Moslems.

5 So Der in Guatemala entführte deutsche Botschafter Karl Graf von Spreti wird nach dem Scheitern von Freilassungsverhandlungen tot aufgefunden.

6 Mo Kanada unterstütze die Entspannungspolitik der Bundesrepublik, so Außenminister Mitchell Sharp. Man wolle keine weiteren Truppen aus Europa abziehen.

7 Di Im Tiefflug durchbricht ein ungarischer Luftwaffenoffizier mit einer Mig 15 das ungarische Radarnetz und landet wohlbehalten in Italien.

8 Mi Bei einem israelischen Luftangriff auf ein ägyptisches Militärlager im Nildelta wird eine Schule getroffen. 31 Kinder sterben. Ägypten protestiert bei der UNO.

9 Do In einer Chemikaliengroßhandlung in Kaiserslautern strömt durch den falschen Anschluss einer Rohrleitung Chlorgas aus. 68 Personen vergiften sich.

10 Fr Bis zum 21. April will die griechische Regierung 350 Regimegegner freilassen, wie Regierungschef Georgios Papadopulos ankündigt. → Beatles

11 Sa Franz Josef Strauß wird erneut mit großer Mehrheit Parteivorsitzender der CSU. +++ Die DDR und Somalia nehmen diplomatische Beziehungen auf.

12 So Im Schweizer Kanton Wallis wird bei einer Volksabstimmung die Vorlage über das Frauenstimmrecht auf kantonaler Ebene angenommen.

13 Mo Der griechische Komponist Mikis Theodorakis, der als Gegner des Militärregimes in Griechenland inhaftiert war, wird freigelassen und fliegt nach Paris.

14 Di Der britische Schatzkanzler Roy Jenkins legt das Budget für 1970/71 vor. Niedrige Einkommen sollen u.a. weniger besteuert werden. → »Apollo 13«

15 Mi In 20 Städten Baden-Württembergs kommt es zu Schülerstreiks, die sich gegen den Numerus clausus richten. Die Aktionen weiten sich sogar noch aus.

16 Do Über eine Begrenzung der beiderseitigen strategischen Rüstung (SALT) verhandeln die USA und die Sowjetunion in zweiter Gesprächsrunde in Wien.

17 Fr Wegen eines Attentats auf den Chef der jugoslawischen Militärmission in Berlin wird ein jugoslawischer Gastarbeiter zu zehn Jahren Haft verurteilt.

18 Sa Eine durchschnittliche Lohnerhöhung von 12,5% erhalten gemäß einer Vereinbarung die rd. 340 000 Beschäftigten der deutschen Bekleidungsindustrie.

19 So Ein bundesdeutsches Sportflugzeug verirrt sich in den Luftraum der DDR und wird zur Landung gezwungen. An Bord sind zwei Erwachsene und zwei Kinder.

20 Mo US-Präsident Richard Nixon kündigt an, dass in den kommenden zwölf Monaten 150 000 US-Soldaten aus Vietnam abgezogen würden.

21 Di Nach dem Wahlerfolg der österreichischen Sozialisten am 1. März bildet deren Vorsitzender Bruno Kreisky nun eine SPÖ-Minderheitsregierung.

22 Mi Bei den Parlamentswahlen in Südafrika kann die regierende Nationalpartei unter Ministerpräsident Balthasar Vorster ihre führende Stellung behaupten.

23 Do Bundeskanzler Willy Brandt trifft in Norwegen ein. Er erläutert im Storting, dem Parlament in Oslo, die Entspannungspolitik der Bundesregierung.

24 Fr Der Start eines Satelliten macht China zur fünften Weltraummacht. +++ Das Musical »Bretter, die die Welt bedeuten« hat in Ost-Berlin Premiere.

25 Sa Neuer Präsident des Deutschen Sportbundes wird in Mainz der Vorsitzende des Deutschen Turner-Bundes, Wilhelm Kregel. Er löst Willi Daume ab.

26 So In Schleswig-Holstein rückt die SPD bei den Kommunalwahlen mit 43,5% bis auf zwei Prozentpunkte an die CDU heran. FDP und NPD erleiden Verluste.

27 Mo Der Deutsche Bildungsrat legt einen Strukturplan für das Bildungswesen vor, der als Grundlage für weitere Planungen und Reformen dienen soll.

28 Di Laut päpstlichem Dekret sollen künftig die Bischöfe anstelle des Vatikans über konfessionelle Mischehen entscheiden.

29 Mi Manchester United gewinnt nach einem 2:1 über Gornik Hindenburg im Wiener Prater-Stadion den Fußball-Europapokal der Pokalsieger.

30 Do Zur Sicherung des innerdeutschen Handels beschließt Bonn die Verteuerung der Waren, die die DDR aus der Bundesrepublik bezieht. → Kambodscha

Mai 1970

1 Fr Die DDR verlangt für Gütertransporte auf ihrem Gebiet eine höhere Steuerausgleichsabgabe von bundesdeutschen Unternehmen.

2 Sa Die 23. Filmfestspiele in Cannes werden eröffnet. Die »Goldene Palme« erhält am 16. Mai der US-Film »M.A.S.H.« von Robert Altman.

3 So In Basel trennen sich die Fußballnationalmannschaften der gastgebenden Schweiz und Frankreichs in einem Freundschaftsspiel mit 2:1.

4 Mo Erstmals gewinnt Borussia Mönchengladbach die Deutsche Fußballmeisterschaft. Der Sieg wird mit einem Triumphzug durch die Stadt gefeiert. → Tote

5 Di US-Präsident Richard Nixon erklärt, dass die in der Öffentlichkeit heftig umstrittene US-Offensive in Kambodscha bis Ende Juni beendet sein soll.

6 Mi Der norwegische Wissenschaftler Thor Heyerdahl startet in Safi/Marokko mit seinem Papyrusboot »Ra II« zum zweiten Atlantiküberquerungsversuch.

7 Do In einem Interview kritisiert der Frankfurter Zoodirektor Bernhard Grzimek den bundesdeutschen Natur- und Landschaftsschutz als rückständig.

8 Fr Zum 25. Jahrestag der deutschen Kapitulation am Ende des Zweiten Weltkriegs hält der Deutsche Bundestag in Bonn eine Gedenkstunde ab.

9 Sa In West-Berlin kommt es bei einer Demonstration gegen die US-Vietnampolitik zu einer Straßenschlacht mit der Polizei. Es gibt hunderte Verletzte.

10 So Die erste Synode der Evangelischen Kirche in Deutschland (EKD) seit Gründung des Bundes der Evangelischen Kirche in der DDR beginnt in Stuttgart.

11 Mo Wolkenbruchartige Regenfälle verursachen im Saarland und in Rheinland-Pfalz zwei Eisenbahnunglücke, die insgesamt sieben Todesopfer fordern.

12 Di Etwa 1000 israelische Soldaten dringen zu einem Vergeltungsschlag in den Libanon vor. Der Weltsicherheitsrat verurteilt die Aktion.

13 Mi In Bonn einigen sich die Bundesrepublik und Polen über den Warenaustausch im Jahre 1970. Die Importmöglichkeiten beider Länder erweitern sich.

14 Do Zwei japanische Seilschaften gelingt die fünfte Besteigung des Mount Everest, des mit 8848 m höchsten Berges der Welt. → Schüsse

15 Fr Wegen seiner Apartheidpolitik wird Südafrika vom Internationalen Olympischen Komitee für unbestimmte Zeit von Olympischen Spielen ausgeschlossen.

16 Sa Am Westufer des Roten Meeres versenken israelische Kampfflugzeuge einen ägyptischen Zerstörer und ein Raketenboot.

17 So Außenminister Walter Scheel tritt eine Südostasienreise an. +++ Joaquín Videla Balaguer wird als Präsident der Dominikanischen Republik bestätigt.

18 Mo David Ben Gurion, erster Regierungschef Israels, legt sein Mandat im Parlament nieder, weil er keine aktive Rolle mehr in der Politik spielen wolle.

19 Di Ägyptens Präsident Gamal Abd el Nasser bestätigt Pressemeldungen über die Stationierung sowjetischer Offiziere und Piloten in Ägypten.

20 Mi Ab heute gilt, dass Bundesbürgern eine Beteiligung an Straftaten im Zusammenhang mit Demonstrationen individuell nachgewiesen werden muss.

21 Do Zum zweiten innerdeutschen Gipfelgespräch treffen in Kassel die beiden Regierungschefs, Willi Stoph und Willy Brandt, zusammen.

22 Fr Der 73. Deutsche Ärztetag beschließt, dass künftig die künstliche Befruchtung verheirateter Frauen mit fremdem Spendersamen erfolgen darf.

23 Sa Im Anschluss an eine Militärparade zum Tag der alliierten Streitkräfte in West-Berlin kommt es zu Ausschreitungen wegen der US-Vietnampolitik.

24 So Ein Volksentscheid senkt in Bayern das aktive Wahlalter von 21 auf 18 Jahre ab. Der entsprechende Beschluss des Bundestages erfolgt im Juni.

25 Mo Bundesaußenminister Walter Scheel erklärt, es sei möglich, dass er in der Schlussphase der Gewaltverzichtsverhandlungen nach Moskau reise.

26 Di Das von ihnen in Köln gefundene Pfeilergrabmal des Lucius Publicius verkaufen junge Amateurarchäologen für 500 000 DM an die Stadt Köln.

27 Mi In Rumänien sterben durch eine Überschwemmung mehr als 200 Menschen. +++ Laut Volkszählung hat die Bundesrepublik 58 528 000 Einwohner.

28 Do Mauricio Kagels »Ludwig van« wird in Wien uraufgeführt. Der satirische Film wird als gegen Beethoven gerichtet missverstanden.

29 Fr Der Ex-Staatspräsident von Argentinien, General Pedro Eugenio Aramburu, wird von einer peronistischen Untergrundorganisation entführt und getötet.

30 Sa Bis 1980 sollen nach dem Willen der EG-Wirtschafts- und Finanzminister Europas Währungsunion vollendet und feste Wechselkurse eingeführt sein.

31 So Die neunte Fußball-Weltmeisterschaft wird im Aztekenstadion von Mexiko-Stadt vor 110 000 Zuschauern feierlich eröffnet. → Peru

Gerd Müller schießt im Viertelfinale das Tor zum 3:2-Sieg gegen die englische Mannschaft.

21. Juni 1970

Brasilien holt WM-Titel

Die brasilianische Nationalmannschaft wird in Mexiko Fußballweltmeister. Viele überragende Spiele kennzeichneten das Turnier. Das Endspiel gegen Italien im Aztekenstadion von Mexiko-Stadt entwickelt sich vor 110 000 Zuschauern zu einem unvergesslichen Fußballfest.
Bereits in der 17. Minute trifft Brasiliens Star Pelé zum 1:0. Vorübergehend stellt Roberto Boninsegna den Gleichstand her. In der zweiten Halbzeit steigern sich die Brasilianer in einen Spielrausch. Dreimal noch zappelt der Ball im Netz. Mit 4:1 gewinnt Brasilien schließlich überlegen den Titelkampf. Die bundesdeutsche Mannschaft erreichte bei der Fußballweltmeisterschaft den dritten Platz. Gerd Müller »bombt« sich mit zehn Toren auf Platz eins der Torschützenliste. Auch für Fußballidol Uwe Seeler wird das Turnier in Mexiko zu einem persönlichen Erfolg. Er stellt mit der vierten WM-Teilnahme einen Rekord auf und überzeugt durch hervorragende Leistungen. Im Vorfeld hatten Kritiker die Aufstellung Seelers in der Nationalmannschaft bemängelt. Am 17. Juni unterlag die deutsche Mannschaft in einem denkwürdigen Halbfinalspiel Italien mit 3:4 nach Verlängerung. Ein weiteres überragendes Spiel hatten die Deutschen im Viertelfinale gezeigt, als sie in der »Revanche für Wembley« Titelverteidiger England mit 3:2 nach Verlängerung aus dem Turnier beförderten. 1966 war die englische Mannschaft durch ein umstrittenes Tor im Londoner Wembley-Stadion Weltmeister geworden.

Pelé

eigtl. Edson Arantes do Nascimento, brasilianischer Fußballspieler, * 21.10.1940 Trés Corações

Der brasilianische Fußballstar, der von Experten als perfektester Spieler aller Zeiten eingeschätzt wird, gewinnt mit seiner Mannschaft dreimal die Weltmeisterschaft. Sein Trikot mit der Nummer 10 wird zum Synonym für Spielkunst.

- 1958: Erste WM-Teilnahme in Schweden
- 1969: Pelé erzielt sein 1000. Tor
- seit 1994: Sportminister Brasiliens

31. Mai 1970

Jahrhundertbeben in Peru fordert 70 000 Menschenleben

Das schwerste Erdbeben des Jahrhunderts in Südamerika zerstört weite Landstriche Perus. In der Andenstadt Yungay bleibt kein Stein auf dem anderen. Die rd. 20 000 Einwohner sind ohne Obdach. Durch Folgeschäden überflutet ein Gebirgssee das Trümmerfeld und macht Aufräumarbeiten unmöglich. Auch die umliegenden Städte und Dörfer sind schwer beschädigt. Mehrere hunderttausend Menschen verlieren ihr Hab und Gut. Vor allem die in Armut lebenden Indios sind von der Katastrophe schwer getroffen. Wegen der zerstörten Verkehrswege können die Opfer nicht aus dem gefährdeten Gebiet evakuiert werden. Die in den Flüssen liegenden Leichen und Tierkadaver vergiften das Trinkwasser. Seuchen drohen sich auszubreiten. In den folgenden Tagen kommt es wiederholt zu beunruhigenden Nachbeben. Insgesamt fordert das Beben rd. 70 000 Todesopfer. Die Regierung in Lima verhängt eine achttägige Nationaltrauer für die Opfer der Katastrophe.

15. Juni 1970

Manson-Family vor Gericht

In Los Angeles (US-Bundesstaat Kalifornien) beginnt der Prozess gegen den 35-jährigen Charles Manson und vier seiner Anhängerinnen. Die jungen Frauen, die zwischen 19 und 24 Jahre alt sind, sollen auf Anstiftung Mansons sieben Menschen getötet haben. In der Nacht auf den 9. August 1969 waren die vier Mitglieder der »Manson-Family« in die Villa des Filmregisseurs Roman Polanski (»Rosemaries Baby«) eingedrungen. Dessen schwangere Verlobte, die Schauspielerin Sharon Tate (s. Abb., mit Polanski), und vier Gäste wurden in einem Mord-Ritual mit unzähligen Messerstichen und Schüssen getötet. Tates Leiche wurde, in eine US-Flagge eingewickelt, in einer Blutlache aufgefunden. Sektenchef Manson und seine ihm willenlos ergebenen Anhängerinnen erhalten am 19. April 1971 das Todesurteil, 1972 werden die Strafen in lebenslängliche Haft umgewandelt.

4. Mai 1970

Tote bei Anti-Kriegs-Demo

Während einer Demonstration gegen die Indochina-Politik der US-Regierung erschießt die Nationalgarde auf dem Gelände der Universität von Kent (US-Bundesstaat Ohio) vier Studenten. Zwölf weitere werden verletzt. Zu dem Zwischenfall kommt es, nachdem die Nationalgardisten im Verlauf der Kundgebung ihre Tränengasvorräte vollständig verschossen hatten (s. Abb.) und sich von den Studenten bedroht fühlten. Die Empörung in der Öffentlichkeit über das unverhältnismäßig harte Vorgehen der Nationalgarde wird von zynischen Äußerungen des US-Präsidenten Richard M. Nixon und seines Stellvertreters Spiro T. Agnew über den Vorfall noch verschärft. Anlass der Demonstration war der Einmarsch den USA in Kambodscha. Nach Bekanntwerden der Invasion kommt es an 441 der etwa 2100 Universitäten in der USA zu Streiks und Demonstrationen. Vielerorts solidarisieren sich die Professoren mit ihren streikenden Studenten. Auch in zahlreichen Städten anderer Länder finden Kundgebungen statt. In West-Berlin entwickelt sich aus einer anfangs friedlichen Demonstration vor dem Amerikahaus eine blutige Straßenschlacht.

14. Mai 1970

Schüsse bei Befreiung

Gesinnungsgenossen befreien den wegen Kaufhausbrandstiftung verurteilten Andreas Baader in West-Berlin mit Waffengewalt aus Justizgewahrsam. Dabei werden zwei ihn begleitende Beamte leicht und ein Angestellter des Zentralinstituts für Soziale Fragen lebensgefährlich verletzt. Baader war in das Institut gebracht worden, um mit der Journalistin Ulrike Meinhof Materialien für ein Buch zu sichten. Gegen 11 Uhr betreten zwei Maskierte das Institut und schießen den Angestellten nieder. Zusammen mit zwei Frauen, die sich bereits in dem Institut aufgehalten hatten, stürmen sie den Arbeitsraum und feuern mehrere Schüsse aus Tränengaspistolen ab. Baader, Meinhof und die Bewaffneten springen aus dem Fenster. Die Befreiung des 1968 zu drei Jahren Haft verurteilten Andreas Baader war von langer Hand vorbereitet. Trotz einer Großfahndung entkommen die Täter.

Ulrike Meinhof

deutsche Journalistin, * 17.10.1934 Oldenburg; † 9.5.1976 Stuttgart (Selbstmord)

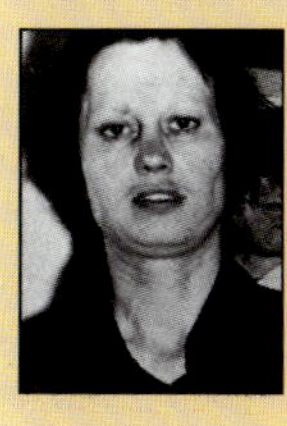

Ulrike Meinhof gehört zum Führungskader der terroristischen Baader-Meinhof-Gruppe. Ihre politische Radikalisierung beginnt mit der Befreiung von Andreas Baader aus dem Gefängnis. Bis zu ihrer Verhaftung lebt sie als Mitglied der Rote-Armee-Fraktion (RAF) im Untergrund. In ihrer Gefängniszelle in Stuttgart-Stammheim begeht sie Selbstmord.

- 1960-68: Redakteurin der Zeitschrift »konkret«
- 1968-70: Filmproduzentin und Drehbuchautorin
- 1970-72: im Untergrund
- ab 1972: in Untersuchungshaft

3. Juni 1970

Meilenstein der Genforschung

Die US-Presse berichtet von der ersten künstlichen Erzeugung eines Gens. Das sensationelle Experiment des Biochemikers Har Gobind Khorana (s. Abb.) ist in Fachkreisen bereits seit einiger Zeit bekannt. Dem Medizin-Nobelpreisträger von 1968 ist es gelungen, ein synthetisches Gen mit 77 Grundbausteinen herzustellen. Der Versuch, das Gen als Träger einer Erbanlage in einer lebenden Zelle zu aktivieren, ist bisher gescheitert, die in der Öffentlichkeit bereits heiß diskutierte Gen-Medizin somit noch nicht in greifbare Nähe gerückt. Kritiker befürchten durch die Erforschung der Erbanlagen eine zu große Manipulierbarkeit des menschlichen Lebens sowie Folgeschäden, die in ihrer Tragweite noch nicht übersehen werden können.

Juni 1970

1 Mo »Sojus 9« wird in der UdSSR in eine Erdumlaufbahn gestartet und landet nach einem Dauerflugrekord von mehr als 17 Tagen in der kasachischen Steppe.

2 Di Probebohrungen eines internationalen Firmenkonsortiums in der Nordsee führen zur Entdeckung reicher Erdölvorkommen vor Norwegen.

3 Mi In der Konjunkturdebatte des Bundestags plädiert die CDU/CSU im Gegensatz zur Regierung für eine Dämpfung der Hochkonjunktur. → Genforschung

4 Do Ein Gesetz zur weiteren Förderung der Vermögensbildung von Arbeitnehmern (624-DM-Gesetz) verabschiedet der Deutsche Bundestag in Bonn.

5 Fr Zu einem Feuergefecht auf dem Washingtoner Flughafen kommt es, als ein Geistesgestörter versucht, eine Maschine zu entführen. Ein Pilot wird verletzt.

6 Sa Der Belgier Eddy Merckx siegt bei der zweitwichtigsten Radrundfahrt des Jahres, dem über 3292 km und 20 Etappen führenden Giro d'Italia.

7 So Die Mehrheit der Einwohner Badens stimmt bei einem Referendum für den Verbleib der Region beim Bundesland Baden-Württemberg.

8 Mo Hans Magnus Enzensbergers »Verhör in Habana« wird in Recklinghausen uraufgeführt. Sowohl das Publikum als auch die Kritiker reagieren zwiespältig.

9 Di In Jordanien kommt es zu blutigen Zusammenstößen zwischen Regierungstruppen und palästinensischen Freischärlern, die einen »Staat im Staate« bilden.

10 Mi Der EG-Ministerrat lädt in Luxemburg die beitrittswilligen Länder Großbritannien, Irland, Dänemark und Norwegen für den 30. Juni zu Verhandlungen ein.

11 Do Gemäß entsprechenden Vereinbarungen verlassen die letzten US-Streitkräfte den libyschen Stützpunkt Wheelus, der an den Staat Libyen übergeben wird.

12 Fr Auf ihrem Parteitag wählen die österreichischen Sozialdemokraten erneut den amtierenden Bundeskanzler Bruno Kreisky zum Parteivorsitzenden.

13 Sa Bei einer Sondersitzung verständigt sich die Bundesregierung über den Haushaltsentwurf 1971, der gegenüber 1970 Mehrausgaben von 12% vorsieht.

14 So Bei den Landtagswahlen in Nordrhein-Westfalen, Niedersachsen und im Saarland kann die CDU Gewinne verbuchen, während die FDP Verluste erleidet.

15 Mo In der Synagoge der israelischen Kultusgemeinde in München werden bei einem Einbruch wertvolle Kultgegenstände beschädigt. → Manson-Family

16 Di In Newark (US-Bundesstaat New Jersey) wird mit Kenneth Gibson der vierte farbige Bürgermeister in den Vereinigten Staaten gewählt.

17 Mi Algerien verstaatlicht fünf ausländische Erdölgesellschaften. +++ Im Halbfinale der Fußball-WM in Mexiko-Stadt unterliegt Deutschland Italien mit 3:4.

18 Do Mit einem Sieg der Konservativen enden die britischen Parlamentswahlen. Nachfolger von Labour-Premier Harold Wilson wird Edward Heath.

19 Fr In Heidelberg kommt es zu Kämpfen zwischen der Polizei und Demonstranten, die die Ausbeutung der Dritten Welt anklagen.

20 Sa Die CDU/CSU-Opposition teilt mit, sie wolle sich nicht an dem für Ende Juli geplanten Moskau-Besuch von Bundesaußenminister Walter Scheel beteiligen.

21 So Die ersten zehn Interkontinentalraketen mit Mehrfachsprengköpfen werden von der US-Luftwaffe in den Dienst gestellt. → Brasilien

22 Mo US-Präsident Richard Nixon unterzeichnet ein Wahlrechtsgesetz, das das aktive Wahlalter für alle US-Bürger auf 18 Jahre herabsetzt.

23 Di Der tschechoslowakische Botschafter in Dänemark, Anton Vasek, bittet um politisches Asyl. +++ Bonn und Warschau paraphieren ein Handelsabkommen.

24 Mi Als neues audiovisuelles Medium wird in West-Berlin die Bildtonplatte vorgestellt, die das Abspielen von Schwarzweiß-Filmen ermöglicht.

25 Do Bundeskanzler Willy Brandt (SPD) und die Länderregierungschefs vereinbaren die Einrichtung einer Bund-Länder-Kommission für die Bildungsplanung.

26 Fr Im nordirischen Belfast kommt es zwischen Protestanten und Katholiken zu blutigen Kämpfen, die bürgerkriegsähnliche Ausmaße annehmen.

27 Sa Zum drittenmal wird der Nanga Parbat bezwungen, der mit 8126 m höchste Berg des westlichen Himalajas. Einer der Gipfelstürmer ist Reinhold Messner.

28 So Der Hengst Alpenkönig aus dem Gestüt Schlenderhan gewinnt unter Peter Kienzler in Hamburg das 101. Deutsche Derby im Galopp-Rennsport.

29 Mo Wie von US-Präsident Richard Nixon angekündigt, werden die letzten US-Truppen aus Vietnams Nachbarland Kambodscha abgezogen.

30 Di In Luxemburg beginnen Beitrittsverhandlungen zwischen der EG und den Staaten Großbritannien, Irland, Dänemark und Norwegen.

Juli 1970

1 Mi Eine liberale Regelung des Schwangerschaftsabbruchs tritt in New York in Kraft. Danach darf bis zur 24. Woche abgetrieben werden. → »Gehalt«

2 Do Beim Untergang der französischen Fähre »Christena« in der Nähe der Antillen kommen über 100 der 250 Passagiere ums Leben.

3 Fr Bei einem Besuch in Bonn sichert der französische Präsident Georges Pompidou Bundeskanzler Willy Brandt Rückendeckung in der Ostpolitik zu.

4 Sa Laut Agenturmeldung zündet Frankreich auf dem Mururoa-Atoll im Pazifik eine Wasserstoffbombe, um dabei einen Raketensprengkopf zu testen.

5 So Die Berliner Filmfestspiele werden abgebrochen. Das US-Jurymitglied wollte den deutschen Antikriegsfilm »o.k.« ausschließen und löste einen Eklat aus.

6 Mo Nach Unstimmigkeiten über ihre Position gegenüber den Kommunisten tritt die italienische Mitte-Links-Regierung unter Mariano Rumor zurück.

7 Di Beim Absturz eines Militärhubschraubers nahe Berchtesgaden kommen acht französische und vier deutsche Soldaten ums Leben.

8 Mi Der Niedersächsische Landtag, in dem nach der Wahl vom 14. Juni nur noch SPD und CDU vertreten sind, wählt Alfred Kubel (SPD) zum Ministerpräsidenten.

9 Do Bei einem Brand in seiner Sommerresidenz bei Reykjavík kommt der isländische Ministerpräsident Bjarni Benediktsson mit Frau und Enkel ums Leben.

10 Fr Überraschend entlässt China den früheren katholischen Bischof von Schanghai, James E. Walsh, der 1959 wegen Spionage verurteilt wurde, aus der Haft.

11 Sa Der erste Tunnel durch den Pyrenäenhauptkamm zwischen Aragnouet (Frankreich) und Bielsa (Spanien) wird für den Verkehr freigegeben.

12 So Beim Hans-Braun-Leichtathletik-Sportfest in München läuft die Taiwanesin Chi Cheng über 200 m mit 22,4 sec Weltrekord. → Heyerdahl

13 Mo Der am 14. Juni im Saarland gewählte Landtag bestätigt Ministerpräsident Franz Josef Röder (CDU) im Amt. Röder ist bereits seit 1959 Regierungschef.

14 Di Der Titel »Dein schönstes Geschenk« von Roy Black wird von Hörern und einer Fachjury mit dem »Goldenen Löwen« von Radio Luxemburg ausgezeichnet.

15 Mi Nach viermonatigen Verhandlungen bildet Regierungschef Ahti Karjalainen (Zentrumspartei) in Finnland eine Koalition aus fünf Parteien.

16 Do Die Volksrepublik Kongo und die Demokratische Republik Kongo (Zaïre) unterzeichnen ein Abkommen zur Normalisierung ihrer Beziehungen.

17 Fr Die Gewerkschaften lehnen ein Stillhalteabkommen in der Lohnpolitik ab. Dies machen sie gegenüber Regierung, Unternehmern und Bundesbank deutlich.

18 Sa Der Formel-1-Fahrer Jochen Rindt gewinnt nach Monaco, Zandvoort und Clermont-Ferrand als vierten Grand Prix 1970 den Großen Preis von England.

19 So Der finnische Staatspräsident Urho Kekkonen weilt zu Gesprächen über die gegenseitigen Beziehungen in der Sowjetunion. → Belgier

20 Mo Die Schweiz und Albanien vereinbaren die Aufnahme diplomatischer Beziehungen und den Austausch von Botschaftern.

21 Di Mit der feierlichen Inbetriebnahme der zwölften und letzten Turbine ist der Bau des Assuan-Kraftwerks in Ägypten abgeschlossen.

22 Mi Um die Freigabe zweier von Guerillas entführter deutscher Techniker zu erreichen, lässt die bolivianische Regierung zehn politische Häftlinge frei.

23 Do Die Leichtathletin Marilyn Neufville aus Jamaika stellt im schottischen Edinburgh mit 51,0 sec einen Weltrekord über 400 m auf. → Lynchmorde

24 Fr Forderungen nach Erhöhung der Höchstgeschwindigkeit auf 60 km/h in Ortschaften lehnt die Bundesregierung mit dem Hinweis auf die Unfallsituation ab.

25 Sa In Paris wird der erste Autotunnel eröffnet. Er verbindet die Champs-Elysées mit der Avenue de la Grande Armée und unterquert die Place de l'Etoile.

26 So Nach einer Meldung der »Times« bietet der kubanische Staatschef Fidel Castro wegen der katastrophalen Wirtschaftslage im Land seinen Rücktritt an.

27 Mo Eine Cholera-Epidemie auf der indonesischen Hauptinsel Java hat nach Behördenangaben bereits 189 Todesopfer gefordert und breitet sich rasch aus.

28 Di Die Aktionärsversammlung der Bremer Reederei Norddeutscher Loyd AG stimmt der Fusion mit der Hapag-Reederei zur Hapag-Lloyd AG zu.

29 Mi In den US-Städten New York und Baltimore wird wegen der gesundheitsschädlichen Anreicherung der Luft mit Abgasen Smog-Alarm gegeben.

30 Do Das Bonner Kabinett verabschiedet einen Gesetzentwurf zur Straffung und wirtschaftlichen Flexibilisierung der Deutschen Bundespost.

31 Fr In Uruguay entführen linksgerichtete Guerillas einen US-Sicherheitsbeamten und den brasilianischen Generalkonsul.

12. August 1970

Entspannung: Der Vertrag

»Die Bundesrepublik Deutschland und die Union der Sozialistischen Sowjetrepubliken betrachten es als wichtiges Ziel ihrer Politik, den internationalen Frieden aufrechtzuerhalten und die Entspannung zu erreichen«, heißt es in Artikel 1 des deutsch-sowjetischen Vertrages, der heute in Moskau unterzeichnet wird. Im Großen Katharinensaal des Kreml setzen Bundeskanzler Willy Brandt (SPD), Bundesaußenminister Walter Scheel (FDP), der sowjetische Ministerpräsident Alexej N. Kossygin und Außenminister Andrej A. Gromyko ihre Namenszüge unter das Abkommen der Bundesrepublik mit der Sowjetunion. Die bis zuletzt geheim gehaltene Anwesenheit von Parteichef Leonid I. Breschnew bei der Unterzeichnung verleiht der Zeremonie besonderes politisches Gewicht.

Der »Moskauer Vertrag«, der in einer freundlichen Atmosphäre ausgehandelt worden ist, kommt in einer Zeit der internationalen Entspannung zustande. Seine Bedeutung liegt u.a. in der faktischen Anerkennung der durch den Ausgang des Zweiten Weltkrieges geschaffenen territorialen Verhältnisse in Ost- und Mitteleuropa. Das Abkommen umfasst den Gewaltverzicht und die Unverletzlichkeit der bestehenden Grenzen, vor allem der Oder-Neiße-Linie und der deutsch-deutschen Grenze. Er ist aber formalrechtlich kein Friedensvertrag zwischen Bonn und Moskau. Vielmehr trägt er dazu bei, einen Zustand der Entspannung und der Normalisierung der Beziehungen zu ermöglichen. Zudem ist mit dem für die neue Bonner Ostpolitik entscheidenden Vertrag die Voraussetzung geschaffen, weitere Abkommen zwischen Bonn und Staaten des Ostblocks zu ermöglichen. Trotz der Grenzanerkennung werden die rechtlichen Möglichkeiten für eine friedliche Wiedervereinigung der beiden deutschen Staaten im »Brief zur deutschen Einheit«, der dem Moskauer Vertrag beigefügt ist, offen gehalten. Für Bonn, aber auch für Moskau

Unterzeichnung durch Scheel, Brandt, Kossygin (vorne v.l.)

WESTDEUTSCHE ALLGEMEINE
WAZ
Unabhängige Tageszeitung
Höchste Auflage im Ruhrgeb

Deutsch-sowjetisches Vertragswerk im Kremlpalast unterze
Brandt und Kossygin für enge Zusammena

Kanzler sprach mit KP-Chef B

Bundeskanzler Brandt wird seinen am Mittwoch Meinungsaustausch mit Sowjetpremier Kossygin he setzen, bevor er um 12.30 MEZ in die Bundesrepu Dabei sollen konkrete Punkte einer wirtschaftlicher schen Zusammenarbeit auf der Grundlage des am zeichneten deutsch-sowjetischen Vertrages behan Vorbereitung dazu diente auch eine vierstündige Brandt am Mittwochnachmittag mit dem sowje Breschnew hatte. Dabei hat Brandt Breschnew auch Bonns zur Berlin-Frage dargelegt.

Schiller und Leussink s schon im September verh

Nach der Unterschrift

Heck: Berliner Mauer Instrument Moskauer Vormachtpolitik

CDU: Einwände gegen Vertrag nicht beseitigt

Auch Strauß und Vertriebene rügen Vertragswerk

Bundesbank wehrt sich gegen Zufluß von Auslandsgeldern

Keine Absagen für Urlaub in Sotschi

Der Vertrag

Bundesbahn: Bis 71 Inter-

Schnelle Verbindung zwischen 72 Städten der

Zwei Weltmeisterschaften

Die Presse – hier die Westdeutsche Allgemeine Zeitung – berichtet ausführlich über den Vertrag.

1. Juli 1970

»Gehalt« für Schüler

Das Gesetz über individuelle Förderung der Ausbildung tritt in Kraft. Unter der Federführung von Jugendministerin Käte Strobel (SPD) konzipiert, soll es durch verstärkte finanzielle Förderung die Bildungschancen für Kinder aus ärmeren Familien erhöhen. Schüler, die über die zehnte Klasse hinaus noch unterrichtet werden – etwa in der gymnasialen Oberstufe, in Berufsfachschulen oder an Abendschulen –, können je nach Einkommen ihrer Eltern monatlich 150 bis 350 DM beziehen. Nach Untersuchungen des Statistischen Bundesamtes werden etwa 250 000 Schüler von dem »Pennäler-Gehalt« profitieren. Das Gesetz wird im Jahre 1979 durch das »BAföG« abgelöst.

23. Juli 1970

Kampf gegen Lynchmorde

In Brasilien beginnt eine offizielle Untersuchung über die sog. Todesschwadronen, nachdem Richter die Lynchjustiz der meist aus Polizisten bestehenden Kommandos kritisiert hatten. Mit diesem Schritt erkennt die Regierung erstmals die Existenz der Esquadro da Morte (EM) an. Bisher wurde immer erklärt, es handle sich bei den aufgefundenen Leichen um Opfer von Bandenkriegen. Die Todesschwadrone verfolgen auf eigene Faust angebliche und tatsächliche Kriminelle, foltern und töten sie. Bei ihren Opfern hinterlassen sie ein Totenkopfemblem und die Initialen EM. In den vergangenen 12 Jahren sollen sie mindestens 1200 Morde verübt haben.

it Moskau

hat der deutsch-sowjetische Vertrag eine herausragende Bedeutung.
In seiner Tischrede beim Festbankett im Facettensaal spricht Kossygin von einer Wende in den deutsch-sowjetischen Beziehungen – hin zu »friedlicher Koexistenz«. Im Hinblick auf die vom Zweiten Weltkrieg herrührenden »Erinnerungen und Wunden«, die »unsere Staaten und nicht zuletzt die Völker bis zum heutigen Tage tragen«, versteht Brandt das Abkommen »als einen Schlussstrich und als einen neuen Anfang, der unseren beiden Staaten gestattet, den Blick nach vorn zu richten in eine bessere Zukunft«. Brandt betont in seiner Rede auch, dass der Vertrag große Möglichkeiten für die politische Praxis biete. Gleichzeitig betont er, dass das Abkommen mit Moskau die Westbindung der Bundesrepublik keinesfalls in Frage stelle. Nur mit Zustimmung der Westmächte nämlich könne die als erste Stufe einer gesamteuropäischen Friedenspolitik konzipierte Bonner Ostpolitik Früchte tragen. Für Moskau ist das Abkommen auch aus wirtschaftlicher Sicht von großer Bedeutung. Um den Abstand zu den westlichen Industrieländern zu verringern, will die UdSSR die Zusammenarbeit mit ihnen intensivieren.
Bereits im Februar war es zu einer spektakulären Ost-West-Kooperation gekommen: In Essen wurden insgesamt drei Abkommen unterzeichnet, in denen die Lieferung sowjetischen Erdgases in die Bundesrepublik gegen deutsche Großröhren in die UdSSR vereinbart worden war. Nach Unterzeichnung des Vertrages wendet sich Willy Brandt direkt aus einem sowjetischen Fernsehstudio an die Bürger der Bundesrepublik und hebt die Bedeutung des Abkommens hervor. U.a. sagt er: »Mit diesem Vertrag geht nichts verloren, was nicht längst verspielt worden war. Wir haben den Mut, ein neues Blatt in der Geschichte aufzuschlagen.« Viele Bundesbürger, die trotz des verlorenen Weltkriegs jeden Verzicht auf die ehemals deutschen Ostgebiete ablehnen, kritisieren die Grenzgarantien des Vertrages.

12. Juli 1970

Heyerdahl überquert Atlantik

Nach 57 Tagen Fahrt über den Atlantik erreicht der norwegische Forscher Thor Heyerdahl mit seinem Papyrusboot »Ra II« die Karibik-Insel Barbados. Die Bevölkerung bereitet ihm und seiner Mannschaft in der Hafenstadt Bridgetown einen begeisterten Empfang. Das nach altägyptischem Vorbild erbaute Schiff, das nach dem Ägyptischen Sonnengott Ra benannt ist, hat seit dem Start vom marokkanischen Hafen Safi aus mehr als 6000 km zurückgelegt. Ein Ziel der Reise war es, zu beweisen, dass die Ägypter schon vor 6000 Jahren theoretisch in der Lage waren, allein durch die Kraft von Wind und Strömung nach Amerika überzusetzen. Der Völkerkundler Heyerdahl hält es für möglich, dass die Ägypter die mittelamerikanischen Kulturen der Maya und der Inka begründet haben. Anzeichen dafür seien der Bau von Pyramiden, die Verwendung von Hieroglyphen und die Verehrung eines Sonnengottes in allen drei Kulturen. Heyerdahls Reise sollte aber auch ein Zeichen für die Völkerverständigung setzen.
Die »Ra II« war von bolivianischen Aymara-Indianern gebaut worden, die noch heute mit Schilfbooten den Titicacasee befahren. In Heyerdahls Crew befanden sich acht Männer unterschiedlicher Herkunft, Rasse und Religion. Der Forscher wollte damit zeigen, dass auch die verschiedensten Menschen unter extremen Bedingungen gut zusammen leben und arbeiten können. Mit ausdrücklicher Genehmigung des UN-Generalsekretärs Sithu U Thant segelte die »Ra II« deshalb auch unter der Flagge der Vereinten Nationen. Die Fahrt verlief zunächst ohne Probleme. Mit der Zeit sank das 12 m lange und 5 m breite Boot aber immer tiefer ein, weil sich der Papyrus mit Wasser vollsog. Bücher, Werkzeuge, Benzinkocher und Teile der Vorräte mussten über Bord geworfen werden, damit das Schiff leichter wurde. Bei einem heftigen Sturm mit Wellenhöhen bis zu 10 m brach am 18. Juni das Backbordsteuerruder. Nach notdürftiger Reparatur konnte die Fahrt jedoch fortgesetzt werden. Heyerdahls erster Versuch, mit einem Papyrusboot den Atlantik zu überqueren, war im Sommer 1969 gescheitert. Sein damaliges Boot, die »Ra«, konnte den Wellen nicht mehr standhalten und musste kurz vor dem Ziel aufgegeben werden. Ein Fischkutter hatte die Mannschaft aufgenommen. Der Völkerkundler und Zoologe war bereits 1947 berühmt geworden, als er mit dem Holzfloß »Kon-Tiki« auf einer 7960 km langen Reise von Südamerika nach Polynesien übersetzte.

19. Juli 1970

Belgier dominiert die Tour

Der Belgier Eddy Merckx gewinnt zum zweiten Mal hintereinander die Tour de France (Abb.: Merckx im gelben Trikot des Spitzenreiters). Damit gelingt es dem Radrennstar, im selben Jahr Sieger der Tour und des Giro d'Italia zu werden.

Eddy Merckx

belgischer Radrennfahrer, * 17.6.1945 Meensel-Kizegem/Flandern

Der Ausnahmeathlet beherrschte in den 60er und 70er Jahren die internationale Radsportszene und gilt als größter Radrennfahrer der Sportgeschichte. Sowohl die Tour de France als auch den Giro d'Italia gewinnt er fünfmal. Auch bei den übrigen Klassikern trägt er sich mehrfach in die Siegerliste ein. 1972 stellt der Belgier mit 49,431 km einen Stundenweltrekord auf.

- 1964: Amateur-Weltmeister
- 1968, 1970, 1972-74: Sieger des Giro d'Italia
- 1969, 1970-72, 1974: Sieger der Tour de France

August 1970

1 Sa In Hamm-Uentrop beginnt der Bau eines Thorium-Hochtemperatur-Kernreaktors. Er arbeitet mit lose geschütteten, graphitummantelten Brennstoffkugeln.

2 So Über die Ursachen der Zunahme von Leukämieerkrankungen in Industrieländern diskutiert der 13. Internationale Kongress für Hämatologie in München.

3 Mo Die bundesdeutschen Tennisspieler gewinnen in Poona das Davis-Cup-Interzonen-Halbfinale gegen Gastgeber Indien unerwartet klar mit 5:0.

4 Di In Ostpakistan fordert eine Hochwasserkatastrophe über 300 Todesopfer. Weite Teile des Landes werden überflutet, zahlreiche Dörfer unbewohnbar.

5 Mi Österreich und die Sowjetunion unterzeichnen ein langfristiges Abkommen über den Waren- und Zahlungsverkehr, das keine Kontingente mehr vorsieht.

6 Do Der DDR-Staatsratsvorsitzende Walter Ulbricht fordert die nichtpaktgebundenen und die NATO-Staaten zur Anerkennung der DDR auf.

7 Fr Israel und Ägypten geben eine dreimonatige Waffenruhe am Suezkanal bekannt. +++ Misael Pastrana Borrero wird neuer Präsident von Kolumbien.

8 Sa Um eine Ausbreitung der Cholera, die u.a. in der Türkei grassiert, zu verhindern, sperrt die UdSSR Gebiete am Schwarzen Meer für den Tourismus.

9 So In den Kirchen im Osten Australiens beten die Gläubigen um Regen. Zwar fallen kurz darauf einige Tropfen, doch ist ein Ende der Dürre nicht abzusehen.

10 Mo Für 20 Tage erhält der Präsident von Uruguay vom Parlament diktatorische Vollmachten, damit er die linksgerichteten Stadtguerillas bekämpfen kann.

11 Di Nach Schätzung des Bundeswissenschaftsministeriums werden im Wintersemester etwa 400 000 Studenten an bundesdeutschen Hochschulen studieren.

12 Mi Der US-Senat in Washington stimmt einer Erweiterung des Raketenabwehrsystems der Vereinigten Staaten zu. → Moskau

13 Do Israel wirft Ägypten Verletzung der Waffenruhe durch Verlegung von Raketen in die Suezkanalzone vor. Die Nahostfriedensgespräche geraten ins Stocken.

14 Fr Die USA und die Sowjetunion vertagen ihre in Wien geführten geheimen Gespräche über eine Begrenzung der strategischen Rüstung (SALT) auf Herbst.

15 Sa Im nordirischen Belfast explodiert eine Bombe in einem Rekrutierungsbüro der Marine. Zwei Menschen werden verletzt.

16 So Staatssekretär Egon Bahr (SPD) informiert die US-Regierung in Washington über den deutsch-sowjetischen Vertrag und seine Folgen.

17 Mo Die sowjetische Raumsonde »Venus 7« startet erfolgreich. Sie soll den sonnennäheren Nachbarplaneten der Erde Mitte Dezember erreichen.

18 Di Die Bundesregierung hebt für rd. 4760 Warenpositionen die bis jetzt erforderliche Genehmigungspflicht beim Import aus Ostblockländern auf.

19 Mi Fünf junge Polen entführen ein polnisches Verkehrsflugzeug auf die dänische Insel Bornholm und bitten um politisches Asyl.

20 Do Die Warschauer-Pakt-Staaten begrüßen auf einer Konferenz in Moskau den deutsch-sowjetischen Gewaltverzichtsvertrag als Schritt zur Entspannung.

21 Fr In meist stummem Protest begehen tschechoslowakische Bürger den zweiten Jahrestag des Einmarsches sowjetischer Truppen in Prag.

22 Sa Der Staatssekretär im Bundespostministerium, Kurt Gscheidle (SPD), deutet an, dass man in Bonn über private Sendeanstalten nachdenke.

23 So Israel bestimmt seinen Außenminister Abba Eban zum Unterhändler bei den Nahost-Friedensgesprächen in New York.

24 Mo Nachdem den Hippies das Übernachten auf dem Dam-Platz verboten wurde, kommt es in Amsterdam zu heftigen Kämpfen zwischen ihnen und der Polizei.

25 Di Das Land Niedersachsen beschließt angesichts wachsender Studentenzahlen den Bau neuer Universitäten in Osnabrück und Oldenburg.

26 Mi Großbritannien beschließt, gemäß einer Zusage an Bonn sein Truppenkontingent in der Bundesrepublik bis Ende August noch zu erhöhen.

27 Do 150 000 Besucher besuchen ein Popkonzert auf der britischen Isle of Wight. Kritik wird an der beginnenden Kommerzialisierung dieser Art von Festivals laut.

28 Fr Als erster Ausländer erhält der ungarische Philosoph und Literaturwissenschaftler Georg Lukács den 29. Goethe-Preis der Stadt Frankfurt am Main.

29 Sa Völlig überraschend wird Außenseiter Kickers Offenbach in Hannover durch einen 2:1-Erfolg gegen den 1. FC Köln DFB-Pokalsieger.

30 So Die DDR siegt beim Europapokalfinale der Leichtathleten mit 102 Punkten vor der UddSR (92,5 Punkte) und der Bundesrepublik (91 Punkte).

31 Mo Beim Davis-Cup-Finale in Cleveland (US-Bundesstaat Ohio) unterliegt die deutsche Tennismannschaft Titelverteidiger USA deutlich mit 0:5 Punkten.

September 1970

1 Di In Hannover beginnt die »Aktion der Straßenkunst« u.a. mit der Enthüllung »Nanas« – bunter Skulpturen der französischen Bildhauerin Niki de Saint Phalle.

2 Mi Das indische Parlament stimmt einer Verfassungsänderung zu, nach der die 279 indischen Maharadschas künftig den übrigen Bürgern gleichgestellt sind.

3 Do Die USA beschuldigen Ägypten, die mit Israel vereinbarte Waffenruhe am Suezkanal zu verletzen. Luftaufklärer hätten Raketenverlegungen entdeckt.

4 Fr Im südindischen Bundesstaat Mysore ertrinken bei einem Fährunglück im Krishna-Fluss etwa 100 Menschen, darunter 90 Schulkinder. → Allende

5 Sa Eine Cholera-Epidemie im westafrikanischen Guinea hat schon über 100 Tote gefordert. Die Behörden melden über 2000 Erkrankungen. → Rindt

6 So Palästinensische Kommandos überfallen innerhalb weniger Stunden vier Flugzeuge. Durch Geiselnahme sollen Gesinnungsgenossen freigepresst werden.

7 Mo Der britische Europaminister Geoffrey Rippon erörtert bei einem Besuch in Bonn mit Bundesaußenminister Walter Scheel den EG-Beitritt Großbritanniens.

8 Di Die CDU verschiebt ihren Parteitag von November auf Januar 1971, weil die Deutschland-Politik im Programmentwurf nicht ausreichend berücksichtigt sei.

9 Mi Guinea nimmt diplomatische Beziehungen zur DDR auf. +++ Die erste europäische Ministerkonferenz für Raumordnung tagt in Bonn. → »Uns Uwe«

10 Do Bei ihrer dritten Gipfelkonferenz im sambischen Lusaka kündigen die blockfreien Staaten Maßnahmen gegen die Apartheid-Politik Südafrikas an.

11 Fr Angesichts der jüngsten Flugzeugentführungen ordnet Washington an, dass Sicherheitsbeamte US-Maschinen auf internationalen Strecken begleiten.

12 Sa Die sowjetische Mondsonde »Luna 16« startet. Sie landet am 20. September auf dem Mond, sammelt Bodenproben und kehrt zur Erde zurück.

13 So Mit ihrem Sieg bei den Internationalen US-Tennismeisterschaften in Forest Hills sichert sich Margaret Court (Australien) den Grand Slam.

14 Mo Laut Entscheidung eines US-Bundesgerichts erhält Muhammad Ali seine Boxlizenz zurück, die ihm wegen Wehrdienstverweigerung entzogen wurde.

15 Di Für höhere Löhne treten 350 000 Arbeiter des US-Automobilkonzerns General Motors in einen unbefristeten Streik.

16 Mi 6000 Kindergärtnerinnen, Sozialpädagogen und Studenten kommen zum ersten deutschen Vorschulkongress nach Hannover.

17 Do Bonn beschließt ein Sofortprogramm für den Umweltschutz, das u.a. Maßnahmen gegen Luft- und Gewässerverschmutzung vorsieht.

18 Fr Israels Ministerpräsidentin Golda Meir macht Friedensgespräche von der Räumung ägyptischer Raketenbasen am Suezkanal abhängig. → Jimi

19 Sa Beim bislang schwersten Unglück dieser Art in der Bundesrepublik fängt in Eschenfelden ein Erdgasspeicher mit 170 Mio. m³ Gas Feuer.

20 So In Schweden verlieren die Sozialdemokraten bei den Wahlen die absolute Mehrheit. Regierungschef Olof Palme ist nun auf die Kommunisten angewiesen.

21 Mo Die Sicherheitsmaßnahmen im Flugverkehr werden in der Bundesrepublik nach weiteren Flugzeugentführungen erneut verschärft.

22 Di Die USA nehmen ihre nach dem Militärputsch von 1967 eingeschränkten Waffenlieferungen nach Griechenland wieder in vollem Umfang auf.

23 Mi »Eisenwichser«, ein Stück des deutschen Arbeiterdichters Heinrich Henkel, wird unter der Regie von Horst Siede am Basler Schauspielhaus uraufgeführt.

24 Do Auf der 22. Internationalen Buchmesse in Frankfurt am Main (bis 29.9.) präsentieren 3306 Aussteller aus 64 Ländern rund 213 000 Titel.

25 Fr Erich Maria Remarque stirbt in Locarno. Der deutsche Autor kam mit seinem 1929 erschienenen Antikriegsroman »Im Westen nichts Neues« zu Weltruhm.

26 Sa Zum zehnten Mal in ununterbrochener Reihenfolge gewinnt die Sowjetunion – in Siegen – die Mannschaftsweltmeisterschaft im Schach.

27 So In Brüssel wird die deutsche Hockeynationalmannschaft der Herren durch ein 3:1 im Endspiel gegen die Niederlande Europameister. → Jordanien

28 Mo Der US-Erzähler John Dos Passos stirbt in Baltimore. Seine berühmtesten Werke sind »Manhattan Transfer« und die Trilogie »USA«.

29 Di Innerhalb weniger Minuten erbeuten Mitglieder der sog. Baader-Meinhof-Gruppe in West-Berlin bei drei Banküberfällen insgesamt 217 000 DM.

30 Mi Im Rahmen seiner zweiten Europareise trifft Richard Nixon als erster US-Präsident in Jugoslawien mit Staatschef Josip Tito zusammen.

27. September 1970

Bürgerkrieg in Jordanien

Ein Waffenstillstand beendet die blutigen Kämpfe zwischen Palästinensern und jordanischer Armee, die am 17. September ausgebrochen waren. Jordaniens König Hussein II. und PLO-Führer Jasir Arafat schließen in Kairo ein entsprechendes Abkommen. Ursache der Auseinandersetzungen, in die auch Syrien eingegriffen hatte, war ein seit längerem bestehender Konflikt zwischen den palästinensischen Flüchtlingen und König Hussein II. um die Macht in Jordanien. Die Spannungen hatten sich verschärft, als der König am 7. August dem von den Palästinensern abgelehnten Friedensvertrag zwischen Ägypten und Israel zustimmte. Nach den Flugzeugentführungen vom 6. September setzte König Hussein II. eine neue Regierung ein. Sie tritt am 16. September ihr Amt an und stellt das Land unter Kriegsrecht. Oberbefehlshaber der Streitkräfte wird Feldmarschall Habes al-Majali, ein erklärter Gegner der Palästinenser. Am selben Tag bestimmen palästinensische Widerstandsorganisationen Jasir Arafat zum »Generalbefehlshaber aller Streitkräfte der palästinensischen Revolution«. Am Tag darauf brechen die Kämpfe in der Hauptstadt Amman und in Nordjordanien aus. Jordanien setzt 150 Panzer gegen die an Zahl und Bewaffnung unterlegenen Palästinenser ein. Am 20. September greift Syrien auf Seiten der Palästinenser ein. Die Syrier ziehen sich schließlich zurück, nachdem die UdSSR auf Drängen der USA Druck auf die Regierung in Damaskus ausgeübt hatte.

18. September/4. Oktober 1970

Der Tod von Jimi und Janis

Mit dem Tod von Jimi Hendrix (s. Abb. o.) und Janis Joplin (s. Abb. u.) verliert die internationale Rockszene zwei ihrer wichtigsten Vertreter. Hendrix stirbt am 18. September – vermutlich an einer Überdosis Schlaftabletten. Der 24-Jährige, der afroamerikanische und indianische Vorfahren hatte, wuchs in den Slums von Seattle (US-Bundesstaat Washington) auf. Das Spiel auf der Gitarre – bisweilen mit den Zähnen – brachte er sich selbst bei. Von Blues und Jazz beeinflusst, sorgte er in den späten 60er Jahren durch gewagte, aber virtuose Klangexperimente für Aufsehen. Beeindruckend waren auch seine ekstatischen Liveauftritte. Janis Joplin gilt als beste weiße Blues-Interpretin ihrer Zeit. Die aus gutbürgerlichem Haus stammende Sängerin (Kult-Song: »Mercedes Benz«) stirbt am 4. Oktober in Hollywood an einer Überdosis Rauschgift. Sie wurde 27 Jahre alt.

9. September 1970

»Uns Uwe« hört auf

Deutschlands Fußballidol Uwe Seeler (s. Abb. l.) nimmt nach dem Länderspiel gegen Ungarn (3:1) in Nürnberg Abschied von der Nationalmannschaft. »Uns Uwe«, wie er vor allem in seiner Hamburger Heimat genannt wird, trug 1954 im Alter von 18 Jahren erstmalig das Trikot der Nationalmannschaft. Im Jahre 1958 nahm er an seiner ersten von vier Weltmeisterschaften teil. Seeler absolvierte 72 Länderspiele und schoss dabei 43 Tore für die DFB-Auswahl. Beim Hamburger SV, mit dem er 1960 Deutscher Meister wurde, bleibt Uwe weiterhin als Spieler aktiv.

7. Oktober 1970

Sadat beerbt Nasser

Muhammad Anwar As Sadat (s. Abb.) wird von der ägyptischen Nationalversammlung einstimmig zum Nachfolger des am 28. September verstorbenen Präsidenten Gamal Abd el Nasser nominiert. In einer Volksabstimmung, mit der diese Entscheidung nach der ägyptischen Verfassung bestätigt werden muss, erhält Sadat am 15. Oktober 90,04% der Stimmen. Am 17. Oktober legt er den Eid für eine sechsjährige Regierungszeit ab. Als Vizepräsident hatte Sadat unmittelbar nach dem Tod Nassers übergangsweise die Aufgaben des Staatschefs wahrgenommen. In einer programmatischen Rede erklärt Muhammad Anwar as Sadat am 8. Oktober, dass er die Regierungspolitik Nassers fortsetzen werde. Der 1918 geborene Sadat ist ein langjähriger Vertrauter

und Weggefährte des verstorbenen Nasser. Wie sein Vorgänger gehörte er zu den Begründern der Geheimorganisation der Freien Offiziere, die 1952 den ägyptischen König Faruk I. stürzte. Mit seiner Zeitung »al Gumhuria« wurde Sadat später zur »Stimme Nassers«. 1954 übernahm er das Informationsministerium. Von 1957 bis 1961 führte Sadat als Generalsekretär die ägyptische Staatspartei. 1964 bis 1969 war er Präsident der Nationalversammlung, bis Nasser ihn Ende 1969 zu seinem Stellvertreter ernannte. In den 70er Jahren setzt sich Sadat für die politische Neuorientierung Ägyptens ein. Nach dem Angriff auf Israel 1973 initiiert er Gespräche über einen Friedensvertrag.

4. September 1970

Allende an der Macht

Zum ersten Mal steht ein frei gewählter Marxist an der Spitze eines lateinamerikanischen Landes: Salvador Allende, Kandidat der Unidad Popular (Volksfront), gewinnt die Präsidentschaftswahlen in Chile. Der Mitbegründer der Sozialistischen Partei setzt sich gegen Radomiro Tomic Romero, Kandidat der regierenden Christdemokraten und Ex-Botschafter in den USA, sowie den früheren Staatspräsidenten Jorge Alessandri Rodriguez durch. Die Amtszeit von Staatsoberhaupt Eduardo Frei endet am 4. November.

Die Unidad Popular besteht aus mehreren linken Gruppierungen, u.a. der Sozialistischen Partei, der Kommunistischen Partei und der Bewegung der Vereinten Volksaktion, einer Abspaltung der Christdemokraten. Der christdemokratische Kandidat erhielt massive finanzielle Unterstützung aus der chilenischen Oberschicht und den USA. Unmittelbar nach den Präsidentschaftswahlen kündigt Allende Sofortmaßnahmen zur Verbesserung der sozialen Lage der Bevölkerung an. Zu seinem Programm für den Aufbau des Sozialismus zählen u.a. die Verstaatlichung der Bodenschätze, die Beschleunigung der Bodenreform, die Nationalisierung aller Monopolunternehmen, die Verstaatlichung von Banken und Versicherungsgesellschaften. Chiles wichtigste Bodenschätze sind Kupfer und Eisen. Ihr Export bringt rd. 85% der Devisen. Dabei wird fast die gesamte Kupferproduktion, deren Anteil an der Weltproduktion 16% beträgt, von drei US-Konzernen kontrolliert. Allende weist nachdrücklich darauf hin, dass er keine ausschließlich marxistische Politik machen wolle und die demokratischen Rechte von Opposition und Presse respektiere. Kurz vor seiner Wahl durch den Kongress befürchten politische Beobachter einen Militärputsch. Die Spannungen steigen, als der Generalstabschef und Putsch-Gegner René Schneider Cherea einem Attentat zum Opfer fällt und der Ausnahmezustand verhängt wird.

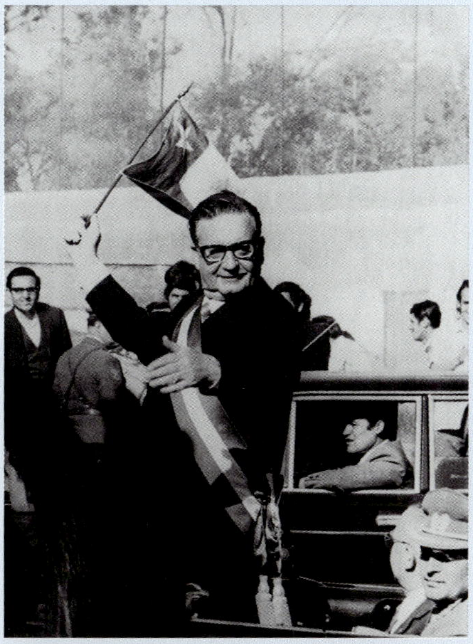

Allende feiert seinen Sieg.

Salvador Allende

chilenischer Politiker, * 26.7.1908 Santiago de Chile; † 11.9.1973 Santiago de Chile

Als Arzt lernte Salvador Allende Gossens das soziale Elend der unteren Bevölkerungsschichten kennen. Für die Sozialistische Partei zog er 1937 ins Parlament ein. Mit seiner Wahl zum Staatschef verbinden weite Kreise der Bevölkerung die Hoffnung auf eine bessere Zukunft. Allende propagiert ein sozialrevolutionäres Programm und will einen demokratischen Weg zum Sozialismus gehen. 1973 setzen rechtsgerichtete Militärs dem Reformkurs Allendes ein Ende. Bei dem blutigen Militärputsch kommt der Präsident ums Leben.

- 1939-41: Gesundheitsminister
- 1945-70: Senator
- ab 1964: Oppositionsführer
- 1970-73: Staatspräsident

5. September 1970

Rennsporttragödie von Monza – Jochen Rindt rast in den Tod

Beim Training zum 41. Großen Preis von Italien in Monza verunglückt der Rennfahrer Jochen Rindt mit seinem Lotus 72 tödlich (s. Abb.). Der Formel-1-Pilot rast mit über 240 km/h am Eingang der steil überhöhten Parabolic-Kurve in die Leitplanken. Der Wagen überschlägt sich mehrfach und bricht in mehrere Teile. Rindt stirbt an einer gerissenen Luftröhre und einem eingedrückten Brustkasten. Als Ursache des Unfalls wird später der Bruch der Bremswelle ermittelt. Jochen Rindt hatte keine Chance, seinen Wagen abzubremsen. Der in Österreich aufgewachsene gebürtige Deutsche wird nach seinem Tod zum Formel-1-Weltmeister des Jahres 1970 erklärt, da er in der Gesamtwertung uneinholbar in Führung lag. Nach dem Unglück wird Kritik an der Leichtbauweise von Formel-1-Rennwagen laut, die nach Ansicht von Experten jeden Defekt zu einer lebensbedrohenden Gefahr macht. Die Frankfurter Allgemeine Zeitung mahnt: »Dass aber nicht allein Veranstalter, sondern auch Renn-Ingenieure die Formel-1-Zukunft überdenken müssen, unterstreicht nachdrücklich der Tod von (...) Rindt.« Jochen Rindt hatte nach Siegen in den ersten fünf Grand-Prix-Rennen der Saison seiner Frau Nina versprochen, seine Rennfahrer-Karriere mit dem Weltmeister-Titel 1970 zu beenden.

Oktober 1970

1 Do In Kairo wird der am 28. September verstorbene ägyptische Staatschef Gamal Abd el Nasser beigesetzt. 4 Mio. Menschen geben ihm das letzte Geleit.

2 Fr Innenminister Hans Dietrich Genscher (FDP) setzt eine zwölfköpfige Sachverständigenkommission zur Neugliederung des Bundesgebietes ein.

3 Sa In Düsseldorf protestieren etwa 1000 Mieter gegen Wohnungsknappheit, Spekulationsgeschäfte mit Wohnungen und überhöhte Mieten.

4 So Der Österreicher Jochen Rindt wird posthum zum Formel-1-Weltmeister erklärt, nachdem seine Punktzahl nicht mehr zu überbieten ist. → Janis

5 Mo In Bonn finden weitere Gespräche zwischen Polen und der Bundesrepublik über die Normalisierung des Verhältnisses beider Länder statt.

6 Di Nach Berechnungen der Gewerkschaft Erziehung und Wissenschaft fehlen an bundesdeutschen Schulen derzeit etwa 170 000 Lehrer.

7 Mi Nach tagelangen Machtkämpfen rivalisierender Militärs wird der linksgerichtete General Juan Torres Gonzáles neuer Präsident in Bolivien. → Ägypten

8 Do Aufgrund eines anonymen Hinweises wird in West-Berlin der zur Baader-Meinhof-Gruppe gehörende ehemalige Rechtsanwalt Horst Mahler verhaftet.

9 Fr Die FDP-Bundestagsabgeordneten Erich Mende und Heinz Starke wechseln zur CDU/CSU. Die Kanzlermehrheit schrumpft auf sechs Stimmen.

10 Sa Die 96 Jahre lang britischen Fidschi-Inseln werden unabhängig. +++ In Island bildet der bisherige Justizminister Johann Hafstein ein neues Kabinett.

11 So Der jugoslawische Präsident Josip Tito kommt als erstes Staatsoberhaupt eines sozialistischen Landes zu einem privaten Besuch in die Bundesrepublik.

12 Mo Bundeskanzler Willy Brandt nimmt seine Äußerung zurück, CDU-Politiker hätten über die Wirtschaft Einfluss auf Landtagswahlen nehmen wollen.

13 Di In New York wird die schwarze Bürgerrechtlerin Angela Davis vom FBI verhaftet. Sie soll an einer Gefangenenbefreiung beteiligt gewesen sein.

14 Mi Bundeswissenschaftsminister Hans Leussink legt dem Bundestag seinen Bildungsbericht vor, der ein Konzept für den Ausbau des Bildungswesens enthält.

15 Do In Frankfurt am Main demonstrieren erstmals in der Bundesrepublik uniformierte Polizeibeamte für bessere Besoldung und Ausbildung.

16 Fr In Kanada wird der Notstand ausgerufen, nachdem die separatistische Front de Libération du Quebec (FLQ) zwei Politiker entführt hat.

17 Sa Das deutsche Fußballteam erreicht in Köln gegen die Elf der Türkei ein 1:1. +++ Die Schweiz und Italien trennen sich in einem Länderspiel in Bern 1:1.

18 So Der Testpilot Gary Gabelich (USA) durchbricht im Bundesstaat Utah in seinem Raketenauto erstmals mit einem Landfahrzeug die 1000-km-Schallmauer.

19 Mo Der türkische Präsident Cerdet Sunay besucht Bonn, wo er und Bundespräsident Gustav Heinemann die Freundschaft beider Länder betonen.

20 Di Der algerische Exilpolitiker Belkassem Krim wird in einem Hotel in Frankfurt am Main erdrosselt aufgefunden. Drei Marokkaner werden der Tat verdächtigt.

21 Mi Nach fünfjähriger Bauzeit wird die zweite Brücke über den dänischen Kleinen Belt eingeweiht. Die 1700 m lange Hängebrücke kostete 130 Mio. DM.

22 Do Bundeswirtschaftsminister Karl Schiller (SPD) rechnet für 1971 mit einem langsameren Wirtschaftswachstum und einem Preisanstieg von 2,5% bis 3%.

23 Fr Die Regierungen von Bonn und Paris vereinbaren die Lieferung von 20 französischen Schnellbooten an die Bundesmarine.

24 Sa Der Grieche Christos Papanikolaou verbessert in Athen mit 5,49 m den Weltrekord im Stabhochsprung um drei Zentimeter.

25 So Die Kunst-Biennale in Venedig schließt nach 124 Ausstellungstagen ihre Tore. 100 000 Besucher sahen Werke aus 30 Ländern.

26 Mo In Daressalam beginnt der von der Volksrepublik China finanzierte Bau der 1800 km langen Eisenbahnstrecke von Tansania nach Sambia.

27 Di Bundesweit legen viele Polizeibeamte aus Protest gegen ihre Besoldungs- und Ausbildungssituation die Arbeit für 30 min nieder.

28 Mi Die Deutsche Gesellschaft für Friedens- und Konfliktforschung (DGFK) wird in Bonn gegründet. Sie soll die wissenschaftliche Friedensforschung fördern.

29 Do Die nach dem Kasseler Gipfel unterbrochenen Gespräche mit Bonn will die DDR-Führung – vermutlich auf Drängen der UdSSR – wieder aufnehmen.

30 Fr Bei seinem Besuch in der Bundesrepublik bekundet der sowjetische Außenminister Andrej A. Gromyko sein Interesse an Fortschritten in der Berlin-Frage.

31 Sa Die Gründung der rechtsradikalen »Aktion Widerstand« in Würzburg gegen den deutsch-sowjetischen Vertrag ruft scharfe Reaktionen hervor.

November 1970

1 So Nur knapp entgeht Polens Staatspräsident Marian Spychalski auf dem Flughafen von Karatschi dem Attentat eines pakistanischen Antikommunisten.

2 Mo Die USA und die Sowjetunion beginnen in Helsinki ihre dritte Gesprächsrunde über die Begrenzung der strategischen Rüstung (SALT).

3 Di Bei den Senats- und Repräsentantenhauswahlen in den USA behaupten die oppositionellen Demokraten ihre Mehrheit in beiden Häusern.

4 Mi Der Bundestag stimmt Gesetzen über die Verbesserung der gesetzlichen Krankenversicherung und die Erhöhung des Wohn- und Kindergeldes zu.

5 Do Die Gewerkschaft Öffentliche Dienste Transport und Verkehr (ÖTV) und die Deutsche Angestellten-Gewerkschaft (DAG) fordern bis zu 14,4% mehr Lohn.

6 Fr Vertreter Israels und Ägyptens verlängern den Waffenstillstand, der um Mitternacht ausläuft, um weitere drei Monate.

7 Sa Am Ehrenmal der UdSSR in West-Berlin wird ein Wachsoldat durch Schüsse verletzt. Der Schütze wollte den deutsch-sowjetischen Vertrag verhindern.

8 So Bei den Landtagswahlen in Hessen verliert die regierende SPD 5,2% der Stimmen gegenüber 1966. Die CDU verbucht Gewinne von 13,4%.

9 Mo In Kairo geben die Staatschefs von Ägypten, Libyen und Sudan bekannt, die Vereinigung ihrer Länder als Föderation vorantreiben zu wollen. → de Gaulle

10 Di Bei der Eröffnung der »Interocean '70« in Düsseldorf drängt Staatssekretär Klaus von Dohnanyi auf Vereinbarungen zur Reinhaltung der Meere.

11 Mi Die erste direkte Flugverbindung der DDR-Gesellschaft Interflug zwischen Ost-Berlin und der österreichischen Hauptstadt Wien wird offiziell eröffnet.

12 Do Durch Dekrete des algerischen Staatspräsidenten Houari Boumedienne werden zwei US-Ölgesellschaften in Algerien verstaatlicht.

13 Fr Als Vorstufe zum Betriebsverfassungsgesetz beschließt der Bundestag die Verlängerung der Amtszeit von Betriebsräten bis April 1972. → Ostpakistan

14 Sa Die SPD lehnt eine »Aktionsgemeinschaft« mit Kommunisten ab. Es kommt zum Bruch mit dem Sozialdemokratischen Hochschulbund.

15 So Der Absturz eines Charterflugzeugs in West Virginia (USA) fordert 75 Opfer. +++ Das Fußballländerspiel der Schweiz gegen Ungarn endet in Basel 1:1.

16 Mo Der frühere sowjetische Regierungschef Nikita S. Chruschtschow bezeichnet seine in den Westen gelangten angeblichen Memoiren als Fälschung.

17 Di Die sowjetische Raumsonde »Luna 17« setzt »Lunochod 1«, das erste Mondfahrzeug in der Geschichte der Raumfahrt, auf dem Erdtrabanten ab.

18 Mi In Fort Benning (Georgia) beginnt der Prozess gegen Leutnant William L. Calley, der das Massaker im südvietnamesischen Dorf My Lai 1968 mitverantwortet.

19 Do Der Rechtsausschuss der UN-Vollversammlung fordert in einer Resolution alle Staaten auf, Flugzeugentführungen mit allen Mitteln zu verhindern.

20 Fr Ein Gesetz über Einfuhrbeschränkungen wird in den USA verabschiedet. Europa und Japan befürchten nun »eine Welle des Protektionismus« im Welthandel.

21 Sa Eine Luftlandeoperation zur Befreiung von US-Soldaten in Nordvietnam scheitert. Das mutmaßliche Gefangenenlager wird verlassen vorgefunden.

22 So Den größten Erfolg seit 1946 bescheren die Landtagswahlen in Bayern der CSU. Sie gewinnt einen Stimmenanteil von 56,4%.

23 Mo Über 80-jährige Kardinäle sind künftig von der Papstwahl ausgeschlossen. Dies sieht ein Dekret von Papst Paul VI. vor. → Sexwelle

24 Di Nach Angaben des Bundeswissenschaftsministeriums steigt das Interesse an einem Informatikstudium in der Bundesrepublik sprunghaft an.

25 Mi Als ein Militärputsch in Tokio scheitert, tötet sich der Schriftsteller und Rechtsextremist Yukio Mishima vor 2500 Soldaten durch Harakiri.

26 Do Zwei deutsche Automobilclubs raten Auto fahrenden Frauen, auf knöchellange Kleider zu verzichten, da diese die Bedienung der Pedale beeinträchtigten.

27 Fr Auf seiner Asienreise entgeht Papst Paul VI. knapp einem Messerattentat. Der Täter, ein kolumbianischer Maler, gibt an, er habe die Menschheit retten wollen.

28 Sa Mit massiven Störungen des Interzonenverkehrs reagiert die DDR auf die geplante Sitzung der CDU/CSU-Bundestagsfraktion in West-Berlin.

29 So Ein von den Jungsozialisten organisierter Lehrlingskongress in Düsseldorf mit 2000 Teilnehmern endet mit tumultartigen Szenen und ohne Ergebnis.

30 Mo Nach einer Umfrage lehnen 49% der Bundesbürger die derzeitige Sex- und Pornowelle ab. 42% nehmen dagegen keinen Anstoß daran.

7. Dezember 1970

Kniefall von Warschau

Bei seinem Besuch in Polens Hauptstadt legt Bundeskanzler Willy Brandt an den Denkmalen für den Unbekannten Soldaten und für die Opfer des Warschauer Ghettos zwei Kränze nieder. Entgegen der vorherigen Protokollvereinbarungen kniet Brandt am Ghetto-Denkmal für eine Gedenkminute nieder. Der »Kniefall von Warschau«, eine symbolische Geste für den Versuch der Vergangenheitsbewältigung und der Aussöhnung mit Polen, geht als Bild millionenfach um die Welt. Das Verhalten des Kanzlers wird in der Bundesrepublik kontrovers diskutiert. »Durfte Brandt knien?« will etwa das Hamburger Nachrichtenmagazin »Der Spiegel« in einer Umfrage ergründen. Brandt selbst schreibt später in seinen Memoiren: »Unter der Last der jüngsten deutschen Geschichte tat ich, was Menschen tun, wenn die Worte versagen; so gedachte ich der Millionen Ermordeter.«

Anlass für den Besuch in Warschau war die Unterzeichnung des deutsch-polnischen Vertrages. Bundeskanzler Willy Brandt und Polens Ministerpräsident Józef Cyrankiewicz sowie die Außenminister der beiden Staaten, Walter Scheel und Stefan Jedrychowski, unterzeichnen im Palais des Ministerrats das Abkommen über die Normalisierung der beiderseitigen Beziehungen. Inhalt des Vertrages sind die Anerkennung der sog. Oder-Neiße-Linie als polnische Westgrenze und die humanitären Fragen, die mit der deutschen Minderheit in Polen verbunden sind. Die Bundesrepublik erkennt in Artikel 1 des Abkommens die in den Potsdamer Verträgen von 1945 gezogene vorläufige Grenzlinie an und verpflichtet sich, auch künftig keine Gebietsansprüche an Polen zu stellen. Artikel 2 enthält den gegenseitigen Gewaltverzicht, Artikel 3 sieht weitere Schritte zur Normalisierung »im Bereich der wirtschaftlichen, wissenschaftlich-technischen und kulturellen« Zusammenarbeit vor. Zugleich vereinbaren die Staaten die Aufnahme diplomatischer Beziehungen. Bezüglich der Aufgabe aller etwaigen Gebietsansprüche erklärt Willy Brandt wie schon beim deutsch-sowjetischen Abkommen, der Vertrag gebe »nichts preis, was nicht längst verspielt worden ist«. Für die Fragen der deutschen Minderheit in Polen können in dem Abkommen keine endgültigen Lösungen festgeschrieben werden. Polen gibt lediglich eine »Information« ab, die die Ausreisefrage, nicht aber die Rechte der Volksgruppe behandelt. Die Familienzusammenführung solle bei »unbestreitbar deutscher Volkszugehörigkeit« erleichtert werden. Allerdings geht Warschau dabei von »einigen zehntausend« Betroffenen aus, während die Listen des Deutschen Roten Kreuzes rund 300 000 Ausreisewillige enthalten.

Der Warschauer Vertrag ist wie der Moskauer Vertrag vom August ein weiterer Meilenstein in der neuen Ostpolitik der seit 1969 regierenden Koalition aus SPD und FDP. Mit diesen Abkommen, die noch vom Parlament ratifiziert werden müssen, zielt die Brandt-Regierung auf eine Entspannung der Beziehungen der Bundesrepublik Deutschland zu den Staaten Osteuropas und langfristig auf die Überwindung der Ost-West-Spaltung.

23. November 1970

Sexwelle rollt und rollt

Ein Sonderausschuss des Bundestages veranstaltet ein Hearing zur geplanten Reform des Sexualstrafrechts. Die Experten begrüßen den Entwurf der Bundesregierung. Die Liberalisierung des 100 Jahre alten Sexualstrafrechts strebt die SPD/FDP-Koalition vor dem Hintergrund des gesellschaftlichen Wandels in den vergangenen zwei Jahren an. Die Bundesrepublik wird seit 1968 von einer »Sexwelle« überrollt. Blätter wie die »St. Pauli Nachrichten« (Auflage 1,1 Mio.) füllen in den Kiosken Regale, Sexshops schießen wie Pilze aus dem Boden. Der Herausgeber der »St. Pauli Zeitung«, Joachim Driessen, gründet schließlich die Deutsche Sex-Partei. Auch die Werbung argumentiert mit »nackten Tatsachen« (Abb.: Artikel zum Thema Sex in der Werbung).

9. November 1970

Trauer um de Gaulle

»General de Gaulle ist tot. Frankreich ist eine Witwe«. Mit pathetischen Worten kommentiert Staatspräsident Georges Pompidou den Tod von Charles de Gaulle auf seinem Landsitz in Colom-

bey-les-deux-Eglises (Abb.: Sarg auf dem Weg zum Friedhof). De Gaulle hatte die Geschicke Frankreichs im 20. Jahrhundert maßgeblich mitbestimmt. Im Zweiten Weltkrieg führte er die Exilregierung, 1958 wurde er erneut mit der Regierungsbildung beauftragt und schuf die verfassungsmäßigen Grundlagen der Fünften Republik.

Bundeskanzler Willy Brandt kniet am Denkmal der Opfer des Warschauer Ghettos nieder – eine symbolträchtige Geste, die als Ausdruck der Menschlichkeit, der Demut und des Versöhnungswillens weltweit Aufmerksamkeit erregt.

13. November 1970

Katastrophe in Ostpakistan

300 000 Menschen kommen bei einer der folgenreichsten Naturkatastrophen des 20. Jahrhunderts ums Leben: Eine schwere Sturmflut sucht die Bevölkerung in Ostpakistan (Bangladesch) heim. Die Flutwelle am Golf von Bengalen und in der Ganges-Mündung verwüstet große Teile des Landes. Insgesamt sind 5 Mio. Menschen an der ostpakistanischen Küste von der Katastrophe betroffen – 3 Mio. von ihnen verlieren ihr Hab und Gut. Nach der Katastrophe treten vielerorts Epidemien auf. Die sofort eingeleiteten Hilfsaktionen erreichen die Betroffenen nur unter großen Schwierigkeiten. Ostpakistan zählt aufgrund seiner Überbevölkerung und häufiger Naturkatastrophen zu den ärmsten Ländern der Welt. Wirtschaftliche und religiöse Konflikte verhinderten jahrzehntelang die Entstehung einer funktionsfähigen Demokratie. Seit Jahren strebt das Land nach staatlicher Unabhängigkeit von Pakistan. Nach gewaltsamen Unruhen wird 1971 die Unabhängigkeit des Landes erklärt. Nachdem daraufhin pakistanische Truppen in die Region einmarschieren, greifen indische Truppen in den Konflikt ein und entscheiden den Konflikt zugunsten des neuen Staates. 1972 tritt Bangladesch dem Commonwealth bei.

14. Dezember 1970

Unruhen erschüttern Danzig

Nach drastischen Preiserhöhungen bei Lebensmitteln und anderen Konsumgütern in Polen kommt es in der Städten Danzig, Zoppot und Gdingen zu Protestdemonstrationen und blutigen Auseinandersetzungen zwischen Demonstranten und Polizei- bzw. Armeeeinheiten. Dabei werden 20 Menschen getötet und mehr als 300 verletzt. Die mit Plünderungen und Brandstiftungen verbundenen Unruhen greifen in den nächsten Tagen auch auf Elbing, Stolp und Stettin über. Infolgedessen tritt Parteichef Wladyslaw Gomulka am 20. Dezember von seinem Amt zurück, sein Nachfolger wird Edward Gierek. Die Regierung hatte die Preiserhöhungen am 12. Dezember angeordnet. Fleisch wurde darauf rd. 20% bis 35% teurer. Die Preise für Heizmaterial stiegen um rd. 10% (Steinkohle) bzw. 20% (Briketts). Angesichts eines Mangels an Produkten sollten so die Konsumgewohnheiten der Bürger verändert werden. Doch gerade in der Vorweihnachtszeit sorgte dies für Verbitterung. Besonders die »kleinen Leute« können von der zugleich beschlossenen geringfügigen Preissenkung für Industriewaren wie Fernseher nicht profitieren.

10. Dezember 1970

Nobelpreis an Dissidenten

Der sowjetische Schriftsteller Alexander I. Solschenizyn erhält den Literaturnobelpreis. Zur Preisverleihung erscheint der Kritiker des Sowjetregimes jedoch nicht, weil er befürchtet, nicht wieder in seine Heimat zurückkehren zu dürfen. Der Friedensnobelpreis wird dem Amerikaner Norman Borlaug verliehen. Er erhält die Auszeichnung für seine Bemühungen um eine Lösung des Welternährungsproblems. Borlaug hat großen Anteil an der Entwicklung ertragreicher und resistenter Weizensorten. Der Chemie-Nobelpreis geht an den Argentinier Luis Leloir. Der Franzose Louis Néel und der Schwede Hannes Alfvén teilen sich den Physik-Nobelpreis. Der Brite Bernard Katz, der Schwede Ulf von Euler und der Amerikaner Julius Axelrod werden mit dem Medizin-Nobelpreis ausgezeichnet. Der Amerikaner Paul Samuelson erhält den Nobelpreis für Wirtschaft.

Alexander I. Solschenizyn

russischer Schriftsteller, * 11.12.1918 Kislowodsk (Nordkaukasus)

Der Verfasser des »Archipel GULag« (1973-75) ist ein vehementer Kritiker des Stalinismus. Der im Westen viel gelesene Romancier entwirft in seinem Spätwerk mehr und mehr eine rückwärtsgewandte, das alte Russland verherrlichende Gegenwelt. Nach seiner Ausbürgerung geht er in die USA und greift auch den Westen wegen dessen angeblicher Neigung zu Dekadenz scharf an.

- 1945-53: Straf- und Sonderlager
- 1969: Ausschluss aus dem sowjet. Schriftstellerverband
- 1974-94: Exil, dann Rückkehr nach Russland

Dezember 1970

1 Di Das italienische Parlament billigt gegen den heftigen Widerstand der katholischen Kirche ein neues Scheidungsgesetz, das die Ehescheidung legalisiert.

2 Mi Für die Arbeiter und Angestellten des öffentlichen Dienstes werden Lohn- und Gehaltserhöhungen um 7% und strukturelle Verbesserungen vereinbart.

3 Do Eine Abkühlung der westdeutschen Konjunktur, jedoch keine Rezession, erwartet der volkswirtschaftliche Sachverständigenrat im Jahresgutachten 1971.

4 Fr Madrid verhängt den Ausnahmezustand über die baskische Provinz Guipúzcoa, wo einem ETA-Mitglied der Prozess wegen Mordes gemacht wird.

5 Sa Dario Fos Stück »Zufälliger Tod eines Anarchisten« wird in Mailand uraufgeführt. +++ Ein Dieb im Nikolausgewand erbeutet in München 300 000 DM.

6 So Um ihre Politik »besser zu verkaufen«, will die SPD in Nordrhein-Westfalen 1971 eine »Kampagne der tausend Veranstaltungen« starten.

7 Mo Arbeiter der britischen Elektrizitätswerke treten in den Streik, um eine 30%ige Lohnerhöhung zu erreichen. Die Regierung ruft den Notstand aus. → Kniefall

8 Di Der britische Europaminister Geoffrey Rippon legt der EG einen Stufenplan über die Anpassung der britischen Wirtschaft an den Gemeinsamen Markt vor.

9 Mi Kurzfristig sagt der jugoslawische Staatschef Josip Tito einen Italienbesuch ab. Zuvor gab es Streitigkeiten um die Grenze bei Triest.

10 Do Das neue Krebsforschungszentrum in Heidelberg feiert Richtfest. Nach der Fertigstellung 1971 sollen hier 25 Institute angesiedelt sein. → Nobelpreis

11 Fr Der Intendant des Deutschen Schauspielhauses in Hamburg, Hans Lietzau, erklärt nach Differenzen mit dem Senat seinen sofortigen Rücktritt.

12 Sa Die polnische Regierung ordnet drastische Erhöhungen der Lebensmittelpreise an. +++ Bundeskanzler Willy Brandt (SPD) wird Ehrenbürger Berlins.

13 So Die Arbeitsgemeinschaft der Jungsozialisten in der SPD strebt mit der Taktik des »begrenzten Konflikts« eine stärkere Verankerung in der Partei an.

14 Mo Bei einem Umtausch der Parteiausweise verlieren über 20% der tschechoslowakischen KP-Mitglieder ihre Mitgliedschaft. → Danzig

15 Di Laut Bundesverfassungsgericht ist die Überwachung des Post- und Fernmeldeverkehrs im Rahmen der Notstandsgesetze nicht verfassungswidrig.

16 Mi Der Regisseur und Theaterleiter Peter Zadek wird vom Kulturausschuss in Bochum zum künftigen Intendanten des Schauspielhauses gewählt.

17 Do In Madrid demonstrieren 300 000 Menschen gegen die Regierung von Diktator Francisco Franco, die die Grundrechte teilweise außer Kraft setzte.

18 Fr Nach zweieinhalb Jahren endet der Aachener Contergan-Prozess. Der Hersteller stellt für missgebildete Kinder 114 Mio. DM bereit.

19 Sa Wegen einer SPD-Konferenz in West-Berlin behindern DDR-Behörden den Verkehr zwischen der Bundesrepublik und West-Berlin erheblich.

20 So Nach blutigen Unruhen in Gdansk (Danzig) und anderen polnischen Städten tritt Polens KP-Chef Wladyslaw Gomulka zurück.

21 Mo Aus den USA wird bekannt, dass bis Juni 1971 die 12 000 in Japan stationierten Soldaten und der größte Teil der Kampfbomber abgezogen werden soll.

22 Di Der frühere Kommandant des KZ Treblinka in Polen, Franz Stangl, wird wegen Beteiligung an der Ermordung von 400 000 Juden zu lebenslänglich verurteilt.

23 Mi Bei einer Amnestie des linksgerichteten neuen Präsidenten Boliviens, Juan Torres Gonzáles, kommt der französische Revolutionstheoretiker Régis Debray frei.

24 Do Die Polizei hebt eine Falschgeldbande aus. Eine Druckerei im Westerwald druckte 100-DM-Scheine im Wert von 2,7 Mio. DM.

25 Fr Ohne Bedingungen lässt die separatistische baskische Untergrundorganisation ETA den von ihr entführten deutschen Wahlkonsul Eugen Beihl frei.

26 Sa Das größte Forschungsschiff der Welt, die »Akademik Sergej Koroljow«, wird der sowjetischen Akademie der Wissenschaften übergeben.

27 So Das oberste Gericht der Türkei lehnt die Auslieferung zweier Sowjetbürger ab, die ein Flugzeug aus der UdSSR in die Türkei entführt haben.

28 Mo Sechs baskische Separatisten werden von einem Militärgericht zum Tode verurteilt, neun weitere zu langer Haft. Die Urteile lösen weltweit Proteste aus.

29 Di Nach einem Urteil des italienischen Verfassungsgerichtshofs müssen uneheliche Kinder künftig ein Drittel vom Erbe der Eltern erhalten.

30 Mi Nach weltweiten Protesten wandelt der spanische Diktator Francisco Franco die sechs Todesurteile im Basken-Prozess in Haftstrafen um.

31 Do Bei einer Umfrage des Meinungsforschungsinstituts Allensbach zum Jahreswechsel äußern sich 54% der Bundesbürger optimistisch für die Zukunft.

Januar 1971

1 Fr Die britische Königin Elizabeth II. zeichnet die Krimiautorin Agatha Christie mit dem Titel »Dame Commander of the British Empire« aus.

2 Sa Unter dem Druck der Zuschauer bricht während eines Fußballspiels in Glasgow ein Geländer zusammen. Dabei werden 66 Menschen getötet.

3 So Der Bundesverband des Deutschen Güterfernverkehrs stellt den »Brummi« vor. Mit der Werbefigur soll das Image der Fernlaster verbessert werden.

4 Mo Das US-Magazin »Time« wählt Bundeskanzler Willy Brandt wegen seiner Verdienste in der Ostpolitik zum »Mann des Jahres 1970«.

5 Di Sonny Liston, ehemaliger US-Boxweltmeister, wird tot in seiner Wohnung in Las Vegas aufgefunden. Die genaue Todesursache kann nicht ermittelt werden.

6 Mi Ein jugoslawisches Gericht verurteilt den »Spiegel«-Korrespondenten Hans Peter Rullmann wegen angeblicher Spionage zu sechs Jahren Gefängnis.

7 Do Der französische Staatspräsident Georges Pompidou spricht sich für die Produktion der Wasserstoffbombe aus. Frankreich hat bereits Tests unternommen.

8 Fr Großbritannien weist den deutschen Studentenführer Rudi Dutschke aus, da er zunehmend ein Risiko für die nationale Sicherheit darstelle.

9 Sa Das Pharmalogische Institut der Universität Hannover gibt bekannt, dass im Fleisch von Zuchtvieh immer öfter Rückstände von Antibiotika gefunden würden.

10 So Der Schweizer Jo Siffert gewinnt mit seinem britischen Beifahrer Derek Bell auf Porsche das 1000-km-Rennen in Buenos Aires.

11 Mo In Nordirland werden vier Gefangene der Irisch-Republikanischen Armee wegen »Verrats« verurteilt und auf offener Straße geteert und gefedert.

12 Di Der Untergang des Frachters »Brandenburg« im Ärmelkanal fordert 21 Tote. Das Hamburger Schiff kollidierte mit einem auf Grund liegenden Tankerwrack.

13 Mi Aus Protest gegen das sog. Anti-Streik-Gesetz werden auf das Haus und das Auto des britischen Arbeitsministers Robert Carr Bombenanschläge verübt.

14 Do In Singapur beginnt eine neuntägige Commonwealth-Konferenz, auf der die 31 Mitgliedsstaaten ihre politische Linie abstimmen wollen.

15 Fr Der britische Filmregisseur und Thriller-Spezialist Alfred Hitchcock wird von der französischen Ehrenlegion zum Ritter ernannt. → Assuan-Staudamm

16 Sa Gerhard Frey, Herausgeber der rechtsradikalen »Deutschen National-Zeitung«, gründet in München die Deutsche Volksunion (DVU).

17 So Der umstrittene Gründer der Investmentgesellschaft »Investors Overseas Services« (IOS), Bernhard Cornfeld, verkauft seine Unternehmensanteile.

18 Mo In Danzig streiken die Arbeiter der Lenin-Werft. Sie fordern die Bekanntgabe der Namen derer, die bei den Unruhen im Dezember 1970 getötet wurden.

19 Di Nach dem Zusammenstoß zweier Tanker in der Bucht von San Francisco kommt es zu einer Ölpest, von der ein 80 km langer Küstenstreifen betroffen ist.

20 Mi In Großbritannien beginnt ein sechswöchiger Poststreik, der den gesamten Brief-, Paket- und Fernsprechdienst lahmlegt.

21 Do Der Bundesgrenzschutz gibt bekannt, dass die DDR ihre Westgrenze mit mehr als zwei Mio. Minen sowie 80 000 km Stacheldraht abgesichert habe.

22 Fr Bei einem Angriff von Selbstmordkommandos des Vietcong auf Phnom Penh wird fast die gesamte kambodschanische Luftwaffe zerstört.

23 Sa Die Sozialistische Partei Belgiens wählt mit dem Flamen Jos van Eynde und dem Wallonen Edmund Leburton erstmals zwei gleichberechtigte Präsidenten.

24 So Die ersten Aussiedler aus den ehemaligen deutschen Gebieten in Polen treffen gemäß des deutsch-polnischen Vertrags in der Bundesrepublik ein.

25 Mo Nahe der iranischen Stadt Susa entdecken Archäologen Überreste eines Palasts, den der Perserkönig Xerxes vor rund 2500 Jahren errichten ließ. → Uganda

26 Di Eine sowjetische Sonde, die im vergangenen Dezember auf der Venus gelandet ist, liefert erstmals von der Oberfläche eines anderen Planeten Messdaten.

27 Mi In Düsseldorf endet der Bundesparteitag der CDU mit dem Beschluss, die paritätische Mitbestimmung in Unternehmen abzulehnen.

28 Do Der Europarat in Straßburg schließt Griechenland aus. Nach Ansicht der Mitgliedsstaaten besteht wenig Hoffnung auf ein Ende der Athener Militärdiktatur.

29 Fr Unter dem Vorwurf der Beteiligung an Umsturzversuchen bricht Guinea die diplomatischen Beziehungen zur Bundesrepublik ab. → Dalí-Werke

30 Sa Beim 24-Stunden-Rennen von Daytona (US-Staat Florida) siegt der Mexikaner Pedro Rodriguez mit seinem britischen Beifahrer Jackie Oliver auf Porsche.

31 So Der seit 1952 unterbrochene Telefonverkehr zwischen Ost- und West-Berlin wird wieder aufgenommen. Dabei kommt es zu einer Netzüberlastung.

15. Januar 1971

Assuan-Staudamm am Netz

Mit dem Assuan-Staudamm wird in Oberägypten ein Meisterwerk der Ingenieurskunst und eines der bedeutendsten Bauwerke des Landes eingeweiht. Der 3,8 km lange und 111 m hohe Damm staut eine Wassermenge von 150 Mrd m³. Seine Kraftwerke erzeugen pro Jahr 10 Mrd. kWh. Die feierliche Einweihungszeremonie nehmen der ägyptische Staatspräsident Muhammad Anwar As Sadat und der sowjetische Staatschef Nikolaj W. Podgorny vor (Abb.: Podgorny, l., und Sadat, M. vor dem Bauwerk). Das Einweihungsdatum fällt auf den 53. Geburtstag des verstorbenen ägyptischen Staatspräsidenten Gamal Abd el Nasser, der das Mammutprojekt in die Wege geleitet hatte. Die Bauarbeiten an dem riesigen Damm begannen 1960. Bereits fünf Jahre später war die erste Bauphase abgeschlossen und der Damm damit funktionstüchtig. Der sich stauende Nassersee bedrohte jedoch die Tempelanlage von Abu Simbel, eines der bedeutendsten Relikte aus der ägyptischen Pharaonenzeit. In einer aufwändigen Rettungsaktion wurde die große Tempelanlage zersägt und auf einer sicheren Höhenlage wieder zusammengesetzt. Mit Fertigstellung des Assuan-Staudamms tauchen auch Umweltprobleme auf. Der fruchtbare Schlamm, der durch die jährlichen Nilhochwasser auf die Felder der Fellachen geschwemmt wurde, bleibt nun aus. Der Damm hält die Fluten im Stausee zurück.

29. Januar 1971

Dalí-Werke in Baden-Baden

In der Bundesrepublik findet die erste große Ausstellung mit Werken des spanischen Künstlers Salvador Dalí statt. Das Publikum strömt in Scharen in die Staatliche Kunsthalle Baden-Baden – schon am ersten Ausstellungstag drängen sich 1500 Besucher, um Gemälde, Zeichnungen und Werke anderer Gattungen aus der Hand dieses Klassikers der Moderne bewundern zu können. Der Meister selbst bleibt der Vernissage fern. Neben Arbeiten aus der Zeit vor dem Zweiten Weltkrieg sind – aus jüngerer Zeit – auch Schmuckstücke zu sehen. Der Künstler ist der prominenteste Vertreter der surrealistischen Malerei. Viele seiner Bilder erinnern an Traumszenen (Abb.: »Die dreieckige Uhr«; 1933). Seine Arbeiten kreisen um die Themen Tod, Zerstörung und Sexualität.

8. Februar 1971

Krieg nun auch in Laos

22 000 südvietnamesische Soldaten eröffnen in Laos die dritte Front des Vietnamkrieges (Abb.: Artilleriestellung). Sie werden von US-Bombern des Typs B-52 unterstützt. Ziel der Großoffensive ist es, den sog. Ho-Chi-Minh-Pfad zu zerstören, der in Nord-Süd-Richtung durch Laos führt. Dieses System aus Dschungelwegen stellt für Nordvietnam den wichtigsten Nachschubkorridor für die Versorgung seiner Truppen in Kambodscha und Südvietnam dar. Gleich nach der Grenzüberschreitung kommt die Offensive der südvietnamesisch-amerikanischen Allianz zum Stehen: Das Oberkommando der nordvietnamesischen Truppen in Hanoi war schon seit einigen Wochen über die Angriffspläne unterrichtet und entsprechend vorbereitet. So wurden rund 35 000 Soldaten zum Schutz der Nachschublinie zusammengezogen. Große Mengen an Kriegsmaterial waren aus den bedrohten Gebieten vorsorglich nach Nordvietnam und Kambodscha verlegt worden. Erst nach vier Wochen erbitterter Kämpfe erreichen die alliierten Truppen ein erstes Ziel, die unter nordvietnamesischer Kontrolle stehende Stadt Tschepone. Zugleich müssen sie feststellen, dass es ihnen nicht gelungen ist, den Ho-Chi-Minh-Pfad zu zerstören. Der Nachschubweg, der an manchen Stellen mehrere Kilometer breit ist, kann stets lediglich kurzfristig unterbrochen werden.

20. Februar 1971

Atomalarm in den USA

Das Warnzentrum für den Nationalen Notstand löst in den USA irrtümlich einen Alarm aus. Tausende von Amerikanern werden in Furcht vor einem Atomkrieg versetzt. Zu dem Zwischenfall kommt es, als ein Zivilangestellter des im Cheyenne-Gebirge in Colorado untergebrachten Warnzentrums ein falsches Codewort veröffentlicht. Statt des Hinweises auf einen Probealarm lässt er eine Meldung, die mit dem Kennwort für einen wirklichen Katastrophenfall versehen ist, durch das Fernschreibernetz laufen. An diese Nachrichtenkanäle sind sämtliche Fernseh- und Radiostationen der USA angeschlossen. Der überwiegende Teil der Rundfunksender reagiert nicht auf die Meldung, da sie zur gleichen Zeit wie der allwöchentliche Probealarm kommt. Sofortige Rückfragen beim Weißen Haus klären den Irrtum auf. In den Gebieten, in denen die Meldung ungeprüft veröffentlicht wird, lebt die Bevölkerung dagegen für 40 Minuten in Angst und Schrecken vor einem Nuklearschlag gegen die USA.

25. Januar 1971

Putsch in Uganda

Errichtet eine Terrorherrschaft in Uganda: Idi Amin Dada

In einem blutigen Staatsstreich reißt Ugandas Generalstabschef Idi Amin Dada die Macht an sich. Er nutzt die Abwesenheit von Staatspräsident Apollo Milton Obote, um sich – gestützt auf die Armee – zum Staatschef aufzuschwingen. Idi Amin errichtet eine Terrorherrschaft, der bereits im ersten Jahr Tausende von Menschen zum Opfer fallen.

Ein Militärsprecher begründet den Putsch damit, dass unter der Regierung Obote Korruption und Misswirtschaft geherrscht hätten. Diese Zustände seien die Ursache für die ökonomischen und sozialen Probleme des ostafrikanischen Landes – Uganda gehört zu den ärmsten Ländern der Welt. Zudem werfen Kritiker Obote vor, er habe freie Wahlen verhindert und zahlreiche politische Gegner inhaftiert. Am 5. Februar wird Idi Amin als Staatschef vereidigt. Zu den ersten Amtshandlungen des neuen Präsidenten gehört es, das Parlament aufzulösen und große Teile der Verfassung außer Kraft zu setzen. Außerdem lässt er verkünden, dass freie Wahlen frühestens in fünf Jahren stattfinden sollen. Idi Amin war 1966 – damals noch auf der Seite Obotes – am Sturz des ersten Präsidenten von Uganda, Mutesa II., beteiligt. Obote, der später zunehmend misstrauisch gegenüber der militärischen Machtkonzentration in den Händen Amins geworden war, ernannte ihn 1970 zum Generalstabschef.

7. Februar 1971

Schweizerinnen dürfen wählen

Per Volksentscheid wird in der Schweiz das aktive und passive Wahlrecht für Frauen auf Bundesebene eingeführt (Abb.: Die »Neue Zürcher Zeitung« berichtet). Mit 621 403 Ja- gegen 323 596 Nein-Stimmen sprechen sich die wahlberechtigten Männer für die politische Gleichberechtigung der Frau aus. Die Stimmbeteiligung lag bei 57%.

Bei den Nationalratswahlen am 31. Oktober 1971 können die Frauen erstmals von ihrem neuen Recht Gebrauch machen. An den Mehrheitsverhältnissen ändert sich aber wenig. Zehn Frauen schaffen den Sprung ins Parlament. Die Schweiz ist eines der letzten Länder Europas, das das Frauenwahlrecht einführt. Noch 1956 hatten zwei Drittel der Männer einen entsprechenden Gesetzesentwurf abgelehnt. In den Kantonen Waadt und Neuenburg ist darauf das Frauenwahlrecht auf kantonaler Ebene eingeführt worden. Weitere Landesteile zogen nach, einige aber erst 1971 – nach einem Plebiszit für das bundesweite Frauenwahlrecht.

4. Februar 1971

Rolls-Royce in Konkurs

Das traditionsreiche britische Automobil- und Motorenunternehmen Rolls-Royce (Abb.: Fahrzeug) ist bankrott. Großbritanniens Minister für Flugzeuglieferungen, Frederick Corfield, gibt in London die Zahlungsunfähigkeit bekannt und kündigt die Aufteilung des Konzerns an. Um die 80 000 bedrohten Arbeitsplätze bei Rolls-Royce und den Zulieferern zu sichern, erklärt sich die Regierung zur Verstaatlichung der defizitären Unternehmenszweige bereit.

Dabei handelt es sich um die Betriebe der Flugzeugtriebwerks- und der Schiffsproduktion. Der Gewinn bringende Automobilzweig soll an private Interessenten verkauft werden. Der Zusammenbruch von Rolls-Royce ist u.a. Ergebnis einer Fehlkalkulation im Jahre 1968. Damals hatte Rolls-Royce mit der US-Flugzeugfirma Lockheed Aircraft Corporation einen Vertrag über die Lieferung von Triebwerken für die Lockheed »Tristar« geschlossen. Die Entwicklungskosten für diese Triebwerke wurden bei Vertragsabschluss mit 408 Mio. DM, im November 1970 aber schon mit 1,2 Mrd. DM beziffert.

Februar 1971

1 Mo In der Bundesrepublik wird die bislang gültige Preisbindung für Trinkmilch aufgehoben. An ihrer Stelle gelten künftig freie Verbraucherpreise.

2 Di In Zürich wird ein 28-Jähriger wegen Kunstdiebstahls zu 18 Monaten Gefängnis verurteilt. Er hatte 653 Bilder u.a. aus der Zentralbibliothek entwendet.

3 Mi Auf der Konferenz der Organisation amerikanischer Staaten in Washington wird erstmals eine Konvention gegen Diplomatenentführungen verabschiedet.

4 Do Der ägyptische Staatspräsident Muhammad Anwar As Sadat gibt die Verlängerung der Waffenruhe am Suezkanal bis zum 7. März bekannt. → Rolls-Royce

5 Fr Die US-Astronauten Alan Shepard und Edgar Mitchell landen auf dem Mond. Damit betreten zum dritten Mal Menschen den Erdtrabanten.

6 Sa Wegen wirtschaftspolitischer Fehler schließt das Zentralkomitee der Vereinigten Polnischen Arbeiterpartei den früheren Parteichef Wladyslaw Gomulka aus.

7 So Europameisterin Nina Statkewitsch (UdSSR) gewinnt im finnischen Helsinki auch die Weltmeisterschaft im Eisschnelllauf. → Schweizerinnen

8 Mo Das Verteidigungsministerium in Bonn kündigt an, dass Soldaten, deren Haare über den Hemdkragen reichen, künftig ein Haarnetz tragen müssen. → Laos

9 Di Ein Erdbeben erschüttert weite Teile Südkaliforniens. Besonders betroffen davon sind Los Angeles und Hollywood. Die Naturkatastrophe fordert 40 Tote.

10 Mi In Frankfurt am Main kommt es zu einem Schusswechsel zwischen der Polizei und zwei Mitgliedern der Baader-Meinhof-Gruppe.

11 Do Die USA, die Sowjetunion und Großbritannien unterzeichnen den »Vertrag über das Verbot der Anbringung von Kernwaffen auf dem Meeresboden«.

12 Fr In Bonn wird nach einer Redeschlacht der Bundeshaushalt für 1971 in dritter Lesung verabschiedet. Er sieht Ausgaben in Höhe von 100 Mrd. DM vor.

13 Sa Die Volksrepublik China verurteilt den Einmarsch südvietnamesischer und US-Truppen in Laos. Sie droht, dem »US-Imperialismus« nicht tatenlos zuzusehen.

14 So Die israelische Regierung löst in der besetzten palästinensischen Stadt Gaza den Stadtrat auf und richtet eine Militärverwaltung ein.

15 Mo In Großbritannien wird das Dezimalsystem für die Währung eingeführt. Bislang war das Pfund in 20 Shilling eingeteilt, jetzt zählt es 100 Pence.

16 Di Bundespostminister Georg Leber eröffnet den Telefon-Selbstwähldienst mit Japan. Damit können bereits 16 Länder direkt angewählt werden.

17 Mi Die katholische Kirche in Rhodesien begrenzt unter dem Druck der Regierung den Anteil der farbigen Schüler in den kirchlichen Schulen auf 6%.

18 Do Aus Protest gegen den Erlass, Vorauszahlungen für die neu eingeführte Mehrwertsteuer zu leisten, bleiben in Brüssel viele Geschäfte geschlossen.

19 Fr Der Bundesrat stimmt dem »Gesetz zum Schutz gegen Fluglärm« zu. Es handelt sich dabei um das erste Umweltschutzgesetz, das in Kraft tritt.

20 Sa Der deutsche Studentenführer Rudi Dutschke verlässt nach drei Jahren London und wird Dozent an der dänischen Universität Århus. → Atomalarm

21 So Erstmals in der Geschichte der französischen Luftfahrt stellt die Fluggesellschaft Air France – nach dreitägigem Lohnstreik – den gesamten Flugverkehr ein.

22 Mo Durch schwere Wirbelstürme und ausgedehnte Überschwemmungen kommen in New Orleans (US-Bundesstaat Louisiana) 74 Menschen ums Leben.

23 Di Das Institut für Demoskopie in Allensbach veröffentlicht eine Umfrage, nach der ein Monatsgehalt von 1600 DM netto als Spitzenverdienst gilt.

24 Mi Die Münchener Volkshochschule kündigt angesichts der Olympischen Spiele im Jahr 1972 für das kommende Semester das Fach »Olympiakunde« an.

25 Do In Brüssel endet der dreitägige jüdische Weltkongress mit dem Apell an die Regierung in Moskau, jüdische Bürger nach Israel auswandern zu lassen.

26 Fr In Belfast (Nordirland) treffen der nordirische Premierminister Robert Chichester-Clark und der römisch-katholische Kardinal William Conway zusammen.

27 Sa In Bonn demonstrieren etwa 50 000 Landwirte aus der ganzen Bundesrepublik gegen die Agrarpolitik der Europäischen Wirtschaftsgemeinschaft.

28 So In Liechtenstein wird die Einführung des Frauenwahlrechts abgelehnt. +++ Die 46. Internationale Frankfurter Frühjahrsmesse beginnt.

März 1971

1 **Mo** In der Bundesrepublik tritt eine neue Straßenverkehrsordnung (StVO) in Kraft. +++ Der Kartenvorverkauf für die Olympischen Spiele in München beginnt.

2 **Di** In Ostpakistan brechen schwere Unruhen aus. Grund ist die Verschiebung der Wiedereröffnung der Nationalversammlung durch den Präsidenten.

3 **Mi** In Polen nehmen Kirche und Staat durch ein Treffen von Ministerpräsident Piotr Jaroszewicz und Kardinal Stefan Wyszynski den Dialog wieder auf.

4 **Do** In einer Petition an die Delegierten des XXIV. Parteitages der KPdSU fordern 200 sowjetische Juden Unterstützung für ihre Ausreisebemühungen.

5 **Fr** Mit der »Aktion Roter Punkt« protestieren in Dortmund Bürger gegen Fahrpreiserhöhungen im öffentlichen Nahverkehr. Die Initiative fordert den Nulltarif.

6 **Sa** Die US-Raumfahrtbehörde NASA gibt bekannt, dass die von der Apollo-14-Besatzung mitgebrachten Mondsteine ca. 3,5-4,5 Mio. Jahre alt sind.

7 **So** In London demonstrieren 3000 Frauen für die Gleichberechtigung der Frau. +++ Die britische Postgewerkschaft beschließt die Beendigung ihres Streiks.

8 **Mo** In Ostpakistan beginnt auf Initiative der Opposition die »Woche des zivilen Ungehorsams« als Protest gegen die Verhängung des Kriegsrechts. → Frazier

9 **Di** Am Hamburger Operettenhaus hat das Musical »Oh! Calcutta« Premiere. Die Presse kündigt das Stück des Briten Kenneth Tynan als »Sex-Spektakel« an.

10 **Mi** Bei den Parlamentswahlen in Indien erringt die von Indira Gandhi geführte Kongresspartei eine Zweidrittel-Mehrheit im Unterhaus.

11 **Do** Vor dem Europäischen Gerichtshof in Brüssel verklagt die Europäische Kommission Frankreich wegen angeblicher Verstöße gegen den EURATOM-Vertrag.

12 **Fr** In der Bundesrepublik Deutschland werden erstmalig reflektierende Kennzeichen an Kraftfahrzeugen zugelassen. → Türkei

13 **Sa** Hafis Asad wird nach seiner Wahl durch den Volksrat am 2. März zum 14. syrischen Präsidenten proklamiert. Seine Amtszeit beträgt sieben Jahre.

14 **So** In Inzell laufen der Bundesdeutsche Erhard Keller mit 38,42 sec über 500 m und der Niederländer Ard Schenk mit 1:19,1 min über 1000 m Weltrekord.

15 **Mo** Die spanische Polizei hebt in Bilbao das Hauptquartier der baskischen Untergrundorganisation ETA aus. 40 Personen werden verhaftet.

16 **Di** Die DDR und Chile nehmen diplomatische Beziehungen auf. Damit ist die DDR bislang von 16 Staaten anerkannt worden.

17 **Mi** In Dormagen am Rhein wird die derzeit leistungsfähigste Kläranlage Europas in Betrieb genommen. Die Anlage soll der Sauberhaltung des Rheins dienen.

18 **Do** In Mannheim erscheint der erste Band von »Meyers Enzyklopädischem Lexikon«. Der »große Meyer« umfasst 25 Bände mit einer Viertelmillion Stichwörtern.

19 **Fr** Der westdeutsche »Konjunkturrat der öffentlichen Hand« gibt bekannt, dass die Lebenshaltungskosten um mehr als 4% höher liegen als vor zwölf Monaten.

20 **Sa** 30 Offiziere kritisieren öffentlich die Situation der Bundeswehr. Die Armee verliere ihr Vertrauen zur militärischen und politischen Führung.

21 **So** Bei den Landtagswahlen in Rheinland-Pfalz siegt die CDU unter Helmut Kohl mit 50,0% der Stimmen. Sie stellt seit 1947 die stärkste Fraktion im Landtag.

22 **Mo** In Bonn werden drei Mitglieder des Sozialdemokratischen Hochschulbunds in den Vorstand des Verbandes Deutscher Studentenschaften gewählt.

23 **Di** Das Militär setzt in Argentinien Präsident Roberto M. Levingston ab. General Alejandro A. Lanusse wird zu seinem Nachfolger ernannt.

24 **Mi** Vor dem Bundestag erläutert Willy Brandt seine Politik der inneren Reformen. Die Opposition hatte den Kanzler zur Stellungnahme aufgefordert.

25 **Do** In Brüssel einigen sich die Landwirtschaftsminister der Europäischen Wirtschaftsgemeinschaft auf eine Anhebung der Agrarpreise.

26 **Fr** Der jugoslawische Staatspräsident Josip Tito hält sich zu einem Staatsbesuch in Italien auf. Geplant ist u.a. eine Audienz bei Papst Paul VI. → Bangladesch

27 **Sa** Der ADAC meldet, dass sich nur jeder hundertste Autofahrer anschnalle, obwohl jedes vierte Fahrzeug mit Sicherheitsgurten ausgestattet sei.

28 **So** US-Außenminister William P. Rogers teilt Bundeskanzler Willy Brandt offiziell mit, dass Washington die aktive Bonner Außenpolitik begrüße.

29 **Mo** Leutnant William L. Calley wird von einem Militärgericht im US-Bundesstaat Georgia des Mordes an 22 Zivilisten in My Lai (Vietnam) für schuldig befunden.

30 **Di** In Los Angeles werden der Sektenchef Charles Manson und drei Mittäterinnen wegen Mordes u.a. an der Schauspielerin Sharon Tate zum Tode verurteilt.

31 **Mi** Im Zuge der neuen Bonner Ostpolitik beginnen in Prag auf politischer Ebene auch Gespräche über ein deutsch-tschechoslowakisches Abkommen.

26. März 1971

Bangladesch kämpft um s

Ein seit langem schwelender Konflikt auf dem indischen Subkontinent treibt auf seinen Höhepunkt zu: In dem nach Unabhängigkeit strebenden Ostpakistan bricht ein blutiger Bürgerkrieg aus. Die Zentralregierung im westlichen Pakistan reagiert auf die Ausrufung der Souveränität mit Härte. Pakistans Staatspräsident Aga Muhammad Yahya Khan wertet den Aufruf einer unabhängigen und souveränen Volksrepublik Bangladesh des Oppostionsführers Mujib Rahman als einen »Akt des Hochverrats«. Der Führer der ostpakistanischen »Awami-Liga« wird verhaftet, die Partei verboten und über den ostpakistanischen Landesteil das Kriegsrecht verliehen. Daraufhin kommt es zu blutigen Unruhen: Mit allen Mitteln versuchen die bengalischen Widerstandskämpfer, den militärischen Einheiten der Zentralregierung zu trotzen. Am 1. April leiten westpakistanische Truppen eine Großoffensive gegen fünf ostpakistanische Städte ein. Im Verlauf des blutigen Bürgerkriegs kommen tausende von Menschen ums Leben, Millionen flüchten ins benachbarte Indien. Militärisch kann die Zentralregierung rasch die Oberhand gewinnen, doch ist der Konflikt damit noch nicht beigelegt. Am 17. April proklamiert eine provisorische Regierung in Ostpakistan unter dem Vorsitz von Tajuddin Ahmed offiziell die neue Republik Bangladesch. Indien sichert im weiteren Kampf um die Unabhängigkeit seine Unterstützung zu.

Kampf um Unabhängigkeit in Ost-Pakistan

Mujib Rahman ist seit 1966 Präsident der Awami-Liga.

Der Konflikt um die Unabhängigkeit des Landesteils schwelt seit Jahren. Durch den Sieg der Awami-Liga bei den ersten freien und direkten Wahlen zur Nationalversammlung am 7. Dezember 1970 sahen sich die ostpakistanischen Politiker in ihrem Kampf um die Un-

8. April 1971

Teil-Rückzug aus Vietnam

US-Präsident Richard Nixon gibt in einer Fernsehansprache bekannt, dass bis zum 1. Dezember 100 000 US-Soldaten aus Vietnam abgezogen werden sollen; 184 000 Mann bleiben. Zu Beginn von Nixons Amtszeit waren noch 543 000 GIs in Indochina im Einsatz gewesen. Mehr als 300 000 Menschen, v. a. Studenten, Gewerkschafter, Bürgerrechtler und Kriegsveteranen, fordern am 24. April auf der größten Antikriegsdemonstration (s. Abb.) der US-Geschichte vor dem Kapitol in der Hauptstadt Washington den vollständigen Rückzug aus Vietnam. Nixon bekräftigt, dass dies auch sein langfristiges Ziel sei. Er lehnt es jedoch ab, einen genauen Zeitpunkt für einen Rückzug zu nennen, da die USA damit einen »wichtigen Trumpf« bei den Gesprächen über die Freilassung amerikanischer Kriegsgefangener aus der Hand geben würden.

8. März 1971

Frazier überwindet Ali

In einem denkwürdigen Boxkampf treffen Joe Frazier und Muhammad Ali in New York aufeinander. Der Madison Square Garden ist mit 20 455 Zuschauern bis auf den letzten Platz ausverkauft. Das Publikum erlebt einen mitreißenden Fight. Ali versucht, seinen Gegner zu provozieren. Noch in der achten Runde legt er einen Arm auf das Ringseil und wehrt Frazier mit nur einer Hand ab. Aber die Haken Fraziers machen dem »Großmaul« im Verlauf des Kampfes schwer zu schaffen. In der 15. Runde wird Ali von einer harten Linken auf die Bretter geschickt (s. Abb.) – Frazier verlässt den Ring als stolzer Sieger.

e Freiheit

r Indische Subkontinent

abhängigkeit bestätigt. Die Awami-Liga gewann in Ostpakistan 150 der insgesamt 153 Sitze. In Westpakistan gingen von 138 Sitzen 82 an die Partei von Zulfikar Ali-Khan Bhutto, der den Forderungen der Awami-Liga ablehnend gegenüber steht. Deren Chef Rahman forderte eine neue Verfassung, die sich auf ein von ihm ausgearbeitetes Sechs-Punkte-Programm stützen sollte. Die Wahlen, so Rahman, stellten quasi ein Referendum für seinen politischen Kurs dar. Nach Rahmans Programm solle Ostpakistan eine Regionalautonomie zugesichert werden. Der Bundesregierung blieben die Bereiche Verteidigung und Außenpolitik sowie Kommunikationswesen vorbehalten. Ostpakistan solle auch eine eigenständige Währungspolitik betreiben dürfen – außerdem sei eine eigene Miliz aufzustellen.

23. April 1971

Filmemacher helfen sich selbst

Deutsche Regisseure ergreifen die Initiative: In Frankfurt am Main gründen 20 Filmemacher den »Filmverlag der Autoren«. Es soll ein Instrument zur Förderung des deutschen Films werden.
Im Einzelnen soll der Filmverlag sowohl Lektoratsaufgaben übernehmen als auch Vertragsbüro und Rechte-Pool sein. Darüber hinaus will er sich der Vermittlung von Rechten, Aufträgen und Produktionsvorhaben sowie dem Vertrieb, Verleih und Export bundesdeutscher Filme widmen.
Der neue Filmverlag entsteht vor dem Hintergrund eines allgemeinen Kinosterbens: Die Besucherzahlen nehmen weiter ab, die Produktion der Filmindustrie ist rückläufig. Der anhaltende Rückgang der Kinobesuche – sie sinken gegenüber 1970 von 167,4 Mio auf 161,4 Mio – bedeutet für viele Filmtheater das endgültige Aus. Die Zahl der Lichtspielhäuser sinkt im Vergleich zum Vorjahr um 937 auf 2509. Schuld an dieser Entwicklung ist in erster Linie das Fernsehen, das immer mehr die Freizeit der Bundesbürger bestimmt. Die Tendenz »weg vom Kinobesuch, hin zum Fernsehabend!« hat auch Auswirkungen auf die Arbeit der Regisseure, die immer mehr Premierenfilme im Fernsehen statt im Kino zeigen.

12. März 1971

Machtwechsel in Türkei

Auf Druck der Generalität tritt die türkische Regierung zurück. Staatspräsident Cerdet Sunay ernennt am 19. März Nihat Erim zum neuen Ministerpräsidenten. Der Regierung seines konservativen Vorgängers Süleyman Demirel war es nicht gelungen, der seit Monaten andauernden Unruhen Herr zu werden: Seit Dezember 1970 kommt es zu blutigen Auseinandersetzungen zwischen meist linksorientieren Studenten und Sicherheitskräften. Erim gehört der rechtsgerichteten Republikanischen Volkspartei an. Beobachter sehen seine »Nationale Koalition« als Militärregierung mit zivilem Anstrich. Die Armee hofft auf eine starke Regierung, die auch bei der Bevölkerung Vertrauen genießt.

14. April 1971

Diplomatie mit Pingpong

Die US-Tischtennisnationalmannschaft macht mit ihrem Besuch in der Volksrepublik China Politik: Der chinesische Ministerpräsident Chou En-lai erklärt, mit der Ankunft der Sportler sei »eine neue Seite« in den Beziehungen beider Länder aufgeschlagen worden. Er nutzt die Gelegenheit zur Annäherung an den Westen – gegen den Widerstand innerparteilicher Hardliner. Die außenpolitische Neuorientierung resultiert nicht zuletzt aus dem wachsenden ideologischen Gegensatz Chinas zur UdSSR. US-Präsident Richard M. Nixon stellt China Handelserleichterungen in

Chou En-lai

chinesischer Politiker, * 1898 Shaohsing; † 8.1.1976 Peking

Chou En-lai gehört in der Volksrepublik China zu den »Männern der ersten Stunde«. Er war Mitbegründer der Kommunistischen Partei, nahm mit Mao Tse-tung am Langen Marsch teil und ist seit Gründung der Volksrepublik in verantwortungsvollen Positionen eingebunden.

- 1920-24: Studium in Frankreich und Deutschland
- 1949-76: Ministerpräsident der Volksrepublik
- 1949-58: Außenminister

Aussicht. Die US-Tischtennisspieler waren am 6. April, zum Abschluss der Weltmeisterschaften im japanischen Nagajo, vom chinesischen Sportbund in die Volksrepublik eingeladen worden. Seit der kommunistischen Machtübernahme 1949 ist dies der erste Besuch einer US-Gruppe im Reich der Mitte.

April 1971

1 Do Die USA stellen das erste mit »Poseidon«-Raketen bestückte Atom-U-Boot in Dienst. Die Raketen dienen als Träger für atomare Mehrfachsprengköpfe.

2 Fr Der ägyptische Präsident Muhammad Anwar As Sadat schlägt die Wiedereröffnung des Suezkanals vor. Bedingung sei der Rückzug der Israelis vom Ostufer.

3 Sa Die UdSSR wird in Genf Eishockeyweltmeister. +++ Die Einakter »Hartnäckig« und »Heimarbeit« von Franz Xaver Kroetz werden in München uraufgeführt.

4 So Der sowjetische Physiker Andrej D. Sacharow protestiert gegenüber dem Innenministerium gegen die Einweisung von Regimekritikern in Psychiatrien.

5 Mo Der Ätna im Nordosten der Insel Sizilien wird wieder aktiv. Die neuerlichen Ausbrüche des 3340 m hohen Vulkans sind die stärksten seit 20 Jahren.

6 Di Der bedeutende russisch-amerikanische Komponist Igor Strawinsky stirbt in New York im Alter von 88 Jahren an Herzversagen.

7 Mi Der Schwede Stellan Bengtsson bricht mit dem Gewinn der Tischtennisweltmeisterschaft im Herren-Einzel die 18 Jahre währende Dominanz der Asiaten.

8 Do In Bonn wird ein 20-jähriger Mann festgenommen, der wegen der neuen Ostpolitik Bundespräsident Gustav Heinemann umbringen wollte. → Vietnam

9 Fr Der XXIV. Parteitag der Kommunistischen Partei der Sowjetunion in Moskau bestätigt am Schlusstag Leonid I. Breschnew als Generalsekretär.

10 Sa Die griechische Militärregierung schließt das letzte Internierungslager für politische Gefangene. Bereits am 8. März wurden 234 politische Häftlinge freigelassen.

11 So Die Lieferung sowjetischer Düsenjäger vom Typ »Mig 23« an Ägypten löst in Israel Besorgnis aus. Israel sieht das strategische Gleichgewicht gefährdet.

12 Mo Eine Volkszählung in Indien ergibt eine Gesamtbevölkerungszahl von 547 Mio. Menschen. Damit steht Indien nach China an zweiter Stelle aller Länder.

13 Di Eine für den 25. April angesetzte Volkszählung löst in Großbritannien heftige politische Kontroversen über den Datenschutz aus.

14 Mi US-Schauspieler George C. Scott lehnt den »Oscar«, den er erhalten soll, wegen der Zeremonie bei der Verleihung ab. → Pingpong

15 Do Laut Berechnungen des Wissenschaftsrats werden die Studentenzahlen in der Bundesrepublik von 495 000 (1971) auf 675 000 (1975) steigen.

16 Fr Ungarns Außenminister Peter spricht mit Papst Paul VI. über den verfolgten Kardinal Mindszentry, der seit 1956 in der Budapester US-Botschaft lebt.

17 Sa In Cannes (Frankreich) beginnt die erste internationale Messe für Videokassetten und Bild-Ton-Platten. 17 Länder zeigen ihre Video-Produkte.

18 So In Worms nimmt erstmals in der Kirchengeschichte ein katholischer Bischof an einer Reformationsfeier zu Ehren Martin Luthers teil.

19 Mo Mit »Saljut 1« bringt die UdSSR die erste Weltraumstation in eine Erdumlaufbahn. Der künstliche Satellit umkreist die Erde in einer Höhe von 200 bis 222 km.

20 Di Klaus Schütz (SPD), Regierender Bürgermeister von Berlin, wird in seinem Amt bestätigt. Die SPD regiert in West-Berlin mit absoluter Mehrheit.

21 Mi Die indischen Behörden teilen mit, dass seit Beginn des pakistanischen Bürgerkriegs 400 000 Ostpakistaner nach Indien geflohen seien.

22 Do Nach dem Tod des haitianischen Diktators François Duvalier tritt sein Sohn Jean-Claude (»Baby Doc«) die Nachfolge als »Präsident auf Lebenszeit« an.

23 Fr Drei Kosmonauten starten mit dem Raumschiff »Sojus 10« zum ersten Kopplungsmanöver mit der Orbitalstation »Saljut1«. → Filmemacher

24 Sa Das DDR-Team schlägt in einem Qualifikationsspiel zur Fußball-Europameisterschaft in Gera die Mannschaft aus Luxemburg mit 2:1. → Vietnam

25 So In Österreich stimmen 52,79% der wahlbeteiligten Bevölkerung für eine zweite Amtszeit von Bundespräsident Franz Jonas (SPÖ).

26 Mo Im dänischen Nyborg wird die 6. Konferenz Europäischer Kirchen eröffnet. Zweck des Treffens ist die Zusammenarbeit der Kirchen in West- und Osteuropa.

27 Di Die »Freiheit«, Parteiblatt der SED, sieht in den »Hot pants«, die auch in den DDR-Städten immer häufiger getragen werden, eine »Waffe im Kalten Krieg«.

28 Mi Das Oberste Militärgericht Jugoslawiens hebt das Urteil gegen den wegen Spionage inhaftierten »Spiegel«-Korrespondenten Hans-Peter Rullmann auf.

29 Do Der Regierende Bürgermeister von Berlin, Klaus Schütz (SPD) fordert in seiner Regierungserklärung stärkere finanzielle Hilfen des Bundes für seine Stadt.

30 Fr Im indischen Ernakulam wurden laut Behördenangaben im April als Maßnahme gegen Überbevölkerung 60 000 Männer auf freiwilliger Basis sterilisiert.

Mai 1971

1 Sa In der spanischen Hauptstadt Madrid demonstrieren 2000 junge Arbeiter gegen das diktatorische Franco-Regime. Die Polizei verhaftet 80 Personen.

2 So US-Außenminister William P. Rogers bricht zu einer Reise in den Nahen Osten auf, um zwischen Arabern und Israelis zu vermitteln.

3 Mo Der schweizerische Kanton Glarus führt das Frauen-Stimmrecht ein. +++ Die bundesdeutschen Benzinpreise steigen um einen Pfennig. → Honecker

4 Di Die Zeitung »Winston-Salem Journal und Sentinel« erhält für ihre Berichterstattung über Probleme des Umweltschutzes den Pulitzer-Preis 1971.

5 Mi Außerordentliche Dollarzuflüsse führen in Westeuropa zu einer Währungskrise. Die bundesdeutschen Devisenbörsen werden bis zum 10. Mai geschlossen.

6 Do Studenten besetzen in Kassel sechs leerstehende Häuser. +++ In Hamburg wird die mutmaßliche Terroristin Astrid Proll verhaftet. → Bahn

7 Fr Die Kreditinstitute in der Bundesrepublik, in Belgien, in den Niederlanden und in Luxemburg beschließen die Verwendung einheitlicher Scheckkarten.

8 Sa Der Versuch der US-Raumfahrtbehörde NASA, einen Forschungssatelliten in eine Mars-Umlaufbahn zu bringen, scheitert wegen eines Triebwerkschadens.

9 So Die Bundesregierung beschließt, den Wechselkurs der DM vorübergehend freizugeben. Ziel der Maßnahme ist es, die starken Dollarzuflüsse zu bremsen.

10 Mo Die US-Armee beginnt mit der Vernichtung ihrer biologischen Waffen. US-Präsident Nixon hatte diesen Schritt vor einem Jahr angekündigt.

11 Di Die Vereinigte Lutheranische Kirche Deutschlands legt ihren Mitgliedskirchen eigene humanitäre Hilfsprogramme für Gebiete mit Rassenkonflikten vor.

12 Mi Mick Jagger heiratet das Fotomodell Bianca Perez Morena de Macias. +++ Charlie Chaplin erhält in Cannes das Kreuz der französischen Ehrenlegion.

13 Do Bundesfinanzminister Alex Möller (SPD) tritt zurück. Bundeswirtschaftsminister Karl Schiller (SPD) übernimmt das Finanzressort.

14 Fr In Bonn wird eine interne Dienstanweisung der SED bekannt, die eine strikte Abgrenzung der Parteimitglieder zur Bundesrepublik Deutschland fordert.

15 Sa In Dortmund geht die dritte »Interschul« zu Ende. Auf der Verkaufsmesse für Schulmedien waren besonders Computer gefragt.

16 So Der Italiener Nico Vaccarella und sein niederländischer Beifahrer Toine Hezemans gewinnen auf Alfa Romeo das Langstreckenrennen Targa Florio.

17 Mo Den anlässlich des 500. Geburtstags des Künstlers erstmals verliehenen Albrecht-Dürer-Preis der Stadt Nürnberg erhält der Graphiker HAP Grieshaber.

18 Di Bundesinnenminister Hans-Dietrich Genscher (FDP) weist die Forderung der Polizeigewerkschaft zurück, den Bundesgrenzschutz aufzulösen.

19 Mi Der US-Senat lehnt den Antrag von Senator Mike Mansfield ab, die US-Truppen in Europa einseitig um die Hälfte zu reduzieren.

20 Do Das Bundeskabinett verabschiedet den ersten Gesetzentwurf zur Reform des Eherechts. Er sieht die Abschaffung des bislang gültigen Schuldprinzips vor.

21 Fr Im Prozess um die gewaltsame Befreiung des mutmaßlichen Terroristen Andreas Baader wird dessen Rechtsanwalt Horst Mahler freigesprochen.

22 Sa Bundeswirtschafts- und Finanzminister Karl Schiller heiratet in Hannover Etta Eckel, Oberregierungsrätin im Düsseldorfer Finanzministerium.

23 So Die Oper »Der Besuch der alten Dame« feiert in Wien Premiere. Gottfried von Einem hat das Drama Friedrich Dürrenmatts als Vorlage benutzt.

24 Mo Bei den Landtagswahlen in Schleswig-Holstein erhält die CDU erstmals die absolute Mehrheit. Gerhard Stoltenberg wird zum Ministerpräsidenten gewählt.

25 Di In Stuttgart schließen sich 21 dem Naturschutz verpflichtete Vereine zur »Aktionsgemeinschaft Natur- und Umweltschutz« zusammen.

26 Mi Der Bundestag verabschiedet das »Gesetz über städtebauliche Sanierungs- und Entwicklungsmaßnahmen«, das sog. Städtebauförderungsgesetz.

27 Do In einem Qualifikationsspiel zur Fußball-Europameisterschaft in Stockholm schlägt die schwedische Elf die Mannschaft aus Österreich mit 1:0. → Zugunglück

28 Fr Der französische Staatspräsident Georges Pompidou eröffnet den Pariser Luftfahrt-Salon, die bedeutendste Ausstellung ihrer Art.

29 Sa Auf Colt-Ford gewinnt der US-Automobilrennfahrer Al Unser das Langstreckenrennen von Indianapolis über 500 Meilen.

30 So Die »Revolutionäre Volksarmee« lässt in Argentinien den entführten britischen Honorarkonsul von Rosario, Stanley Sylvester, frei.

31 Mo Etwa 1000 Besucher eines Rock-Konzerts gehen in San Francisco unfreiwillig auf einen LSD-Trip. Unbekannte Täter mischten die Droge in Apfelsaft.

3. Mai 1971

DDR: Honecker kommt an

In der DDR beginnt die Ära Erich Honecker: Auf der 16. Tagung des Zentralkomitees (ZK) der SED gibt Walter Ulbricht seinen Rücktritt als Erster Sekretär des ZK bekannt. Auf seinen Vorschlag hin wird Honecker der neue »starke Mann«.

Der 77-jährige Ulbricht verzichtet aus Gesundheits- und Altersgründen auf das Amt des Parteichefs, bleibt aber weiterhin Staatsratsvorsitzender und damit auch künftig formelles Staatsoberhaupt der DDR. Am VIII. Parteitag der SED, der vom 15. bis 19. Juni in Ost-Berlin stattfindet, nimmt Ulbricht jedoch nicht teil. In westlichen Kommentaren taucht deshalb gelegentlich die Vermutung auf, dass Ulbrichts Rücktritt doch nicht ganz ohne Zwang geschehen sei. Ulbricht war über 20 Jahre lang maßgeblich – in engem Kontakt mit dem Moskauer Kreml – an der Entwicklung der SED und der DDR beteiligt. Gegenüber der Bundesrepublik vertrat er lange Zeit die Meinung, dass eine Wiedervereinigung erstrebenswert sei, welche die »Aufrechterhaltung der sozialen Errungenschaften« garantiere. Später rückte er von der Vorstellung der Vereinigung beider deutscher Staaten ab. Außenpolitisch setzte sich Ulbricht seit den 60er Jahren besonders für die diplomatische Anerkennung der DDR ein. Der Bundesrepublik bot er im Jahre 1969 als Gegenleistung für die völkerrechtliche Anerkennung der DDR die »friedliche Koexistenz« an. Innenpolitisch gelang es Ulbricht nach dem Mauerbau, die DDR wirtschaftlich zu stabilisieren. Nach der Sowjetunion ist sie inzwischen die zweitstärkste Industriemacht innerhalb des Ostblocks. Durch seine politische und ideologische Loyalität gegenüber der sowjetischen Führung konnte Ulbricht stets auf den »großen Bruder« in Moskau bauen.

Mit der Wahl zum Ersten Sekretär des ZK der SED übernimmt Honecker das höchste Amt der Partei. Seinen ersten großen öffentlichen Auftritt als Erster Sekretär hat der neue Mann am 16. Juni: Auf dem VIII. Parteitag der SED in der Ostberliner Werner-Seelenbinder-Halle hält er vor den Dele-

»Spiegel«-Titel zum Machtwechsel

Gratulation der Pioniere für Honecker

6. Mai 1971

Bahn schwebt auf Magnetfeld

Weltpremiere: Die erste Magnetschwebebahn gleitet in Ottobrunn (Bayern) über eine Testschiene (s. Abb.). Starke elektromagnetische Felder ermöglichen, dass die Bahn schwebend ihr Ziel erreicht. Die Magnetschwebebahn soll eine Höchstgeschwindigkeit von 400 km/h erreichen. Langfristig erhoffen sich die Konstrukteure, mit ihr ein für den Alltag taugliches Verkehrsmittel entwickelt zu haben.

30. Juni 1971

Tod in der Landekapsel

Das sowjetische Raumfahrtprojekt »Sojus 11« endet in einer Katastrophe. Die dreiköpfige Besatzung der Kapsel wird während der letzten 30 Minuten des Fluges plötzlichem Druckabfall ausgesetzt. Die Bergungsmannschaft findet die Kosmonauten tot in ihren Sitzen. Untersuchungen ergeben, dass eine undichte Luke zum Druckabfall in der Kapsel geführt hat. Die sowjetischen Kosmonauten tragen gewöhnlich bei ihren Flügen keine Raumanzüge und waren dadurch völlig unzureichend auf die Katastrophe vorbereitet. Georgi T. Dobrowolski, Wladislaw N. Wolkow und Viktor I. Pazajew verbrachten zuvor die Rekordzeit von 24 Tagen im Weltall. Hunderttausende nehmen an der Trauerfeier in Moskau teil.

e Macht

gierten eine Grundsatzrede. Honecker gewinnt in diesem Jahr auch auf Staatsebene an politischem Einfluss. Am 24. Juni löst der gebürtige Saarländer Ulbricht auch als Vorsitzender des Nationalen Verteidigungsrates ab. Honecker ist bereits als Kind in kommunistischen Organisationen aufgewachsen. 1922-26 war er Mitglied in der kommunistischen Kinderorganisation »Jung-Spartakus-Bund«, trat anschließend in den Kommunistischen Jugendverband Deutschland und 1929 in die Kommunistische Partei ein. Während der NS-Zeit wurde er verhaftet und 1937-45 wegen sog. Hochverrats zu einer Haftstrafe verurteilt, die er im Zuchthaus Brandenburg-Görden verbüßte. Nach dem Ende des Zweiten Weltkriegs schloss sich Honecker der aus Moskau zurückkehrenden Widerstandsgruppe »Ulbricht« an, organisierte die Jugendarbeit der KPD und führte 1946 bis 1955 die »Freie Deutsche Jugend« (FDJ). Honecker übernimmt die Führung der DDR zu einer Zeit der Entspannung. Im Zuge der neuen Bonner Ostpolitik haben sich die beiden deutschen Staaten einander angenähert, wozu die Treffen Bundeskanzler Willy Brandts mit DDR-Ministerpräsident Willi Stoph in Erfurt und Kassel von 1970 entscheidend beitrugen.

Stationen der DDR

Datum	Ereignis
1949	Gründung
1951	Fünfjahresplan setzt ein
1952	Auflösung der Länder
1955	Mitglied des Warschauer Paktes
1960	Landwirtschaft ist kollektiviert
1961	Bau der Mauer
1972	Unterzeichnung des Grundlagenvertrags
1973	Aufnahme in die UNO
1990	Beitritt zur Bundesrepublik

27. Mai 1971

Schüler sterben bei Zugunglück

Wegen Sicherheitsmängeln steht die Deutsche Bundesbahn unter Beschuss: Beim bisher schwersten Zugunglück in der Geschichte der Bundesrepublik sterben nahe Wuppertal im Bergischen Land 45 Menschen. Zu der Katastrophe kommt es, als ein Güterzug in einen falschen Streckenabschnitt einfährt und mit einem Schienenbus zusammenprallt. Viele Schüler, die sich auf der Heimfahrt von einem Schulausflug befinden, kommen um. Bereits einige Monate zuvor entgleiste ein TEE im oberbayerischen Aitrang. In das Wrack war kurz darauf ein Schienenbus gerast – 29 Menschen starben. Weitere Unglücke im Juli führen dazu, dass die Sicherheitsvorkehrungen der Bahn kritisiert werden.

2. Juni 1971

Streit um Abtreibung

Im Heft 24 der Hamburger Illustrierten »stern« (s. Abb.) bezichtigen sich 374 Frauen selbst, abgetrieben und damit gegen den §218 des Strafgesetzbuches verstoßen zu haben. Unter ihnen sind Medienstars wie Romy Schneider, Senta Berger oder Vera Tschechowa. Die Mehrzahl bilden aber »normale« Bürgerinnen. Hausfrauen, Angestellte, Arbeiterinnen und Studentinnen fordern öffentlich die ersatzlose Streichung des Paragraphen, der für illegale Schwangerschaftsabbrüche Freiheitsstrafen bis zu fünf Jahren vorsieht. In der Selbstanzeige heißt es: »Jährlich treiben in der Bundesrepublik rund eine Million Frauen ab. Hunderte sterben, zehntausende bleiben krank und steril, weil der Eingriff von Kurpfuschern vorge-

nommen wurde. Von Fachärzten gemacht, ist die Schwangerschaftsunterbrechung ein einfacher Eingriff.« Die Aktion, die der »stern« und die Frauenrechtlerin Alice Schwarzer nach dem Vorbild einer französischen Illustrierten gestartet hatten, löst in der Bundesrepublik eine Welle von Demonstrationen gegen den §218 aus. Bei Frauengruppen gehen nach und nach weitere Selbstbezichtigungen ein. Insgesamt bekennen rund 3000 Frauen, illegal abgetrieben zu haben. Die Regierungskoalition vereinbart, den §218 neu regeln zu wollen. Ein Mitglied der CDU/CSU-Fraktion erstattet indessen Strafanzeige gegen die Schauspielerin Romy Schneider, auch die katholische Kirche regt Verfahren gegen einzelne Frauen an, die sich im »stern« selbst bezichtigt haben. Die Staatsanwaltschaft München lässt die Räume der »Aktion 218« durchsuchen und beschlag-nahmt alle Abtreibungsbekenntnisse. Die Teilnehmerinnen der Aktion hatten eine mögliche Strafverfolgung bereits ins Kalkül gezogen und teils sogar beabsichtigt: Sie hoffen – neben einer Information der Öffentlichkeit –, dass die deutschen Justizbehörden durch die Welle von Anzeigen überfordert werden. Vor der Prozesslawine müssten die Richter schließlich kapitulieren, so der Plan der Frauen.

Juni 1971

1 Di Die Arbeitsgemeinschaft der Verbraucherverbände appelliert an Einzelhandel und Verbraucher, aus Umweltgründen auf Plastikverpackungen zu verzichten.

2 Mi In London gewinnt Ajax Amsterdam den Europacup der Landesmeister mit einem 2:0-Sieg über Panathinaikos Athen. → Abtreibung

3 Do In Dortmund wird »Wildwechsel« von Franz Xaver Kroetz uraufgeführt. Das Stück schockiert durch seine Außenseiter-Thematik und die sexuelle Offenheit.

4 Fr Josef Neckermann, Vorsitzender der Stiftung »Deutsche Sporthilfe«, stellt in Frankfurt die Olympia-Briefmarkenserie 1971 vor.

5 Sa Mit Abschluss der Bundesligasaison steht Borussia Mönchengladbach nach einem 4:1 bei Eintracht Frankfurt erneut als Deutscher Fußballmeister fest.

6 So Der Präsident des Absteigers Kickers Offenbach, Horst Gregorio Canellas, bringt durch Tonbandaufzeichnungen den Bundesliga-Bestechungsskandal ans Licht.

7 Mo Gegen eine »vollständige Politisierung« der Hochschulen wendet sich der Präsident der Westdeutschen Rektorenkonferenz, Hans Rumpf, in Münster.

8 Di Die Bundesrepublik unterzeichnet den sog. Meeresbodenvertrag. +++ In Österreich wird das Volljährigkeitsalter von 21 auf 19 Jahre herabgesetzt.

9 Mi Ex-Schulsenator Peter Schulz (SPD) wird Bürgermeister von Hamburg. Er tritt die Nachfolge des in den Ruhestand getretenen Herbert Weichmann an.

10 Do Im Rahmen der diplomatischen Annäherung an die Volksrepublik China heben die USA eine Reihe von Handelsbeschränkungen auf.

11 Fr Die in Bonn beschlossenen Grundzüge der Steuerreform sehen eine Senkung der Steuerlast bei kleineren Einkommen und Vermögen vor.

12 Sa In Karlsruhe gewinnt die DFB-Auswahl ein Qualifikationsspiel zur Fußball-Europameisterschaft mit 2:0 gegen Albanien.

13 So Die New York Times veröffentlicht eine geheime Studie, die belegen soll, dass die US-Regierung den Vietnam-Konflikt bewusst habe eskalieren lassen.

14 Mo Bundeskanzler Willy Brandt erhält für seine Ostpolitik die Ehrendoktorwürde der Yale-Universität in New Haven (US-Bundesstaat Connecticut).

15 Di Die ehemalige Wohnung und Praxis des Psychoanalytikers Sigmund Freud in Wien wird als Museum und Gedenkstätte umgestaltet.

16 Mi 600 000 Mitglieder der sieben deutschen Tierschutzverbände schließen sich in Bonn zur Dachorganisation »Deutscher Tierschutz e.V.« zusammen.

17 Do Zur Unterstützung des strukturschwachen Gebietes entlang der deutsch-deutschen Grenze verabschiedet der Bundestag das Zonenrandförderungsgesetz.

18 Fr Zigarettenschachteln mit dem Aufdruck »Das Rauchen kann Ihrer Gesundheit schaden« werden in Großbritannien erstmals in den Handel gebracht.

19 Sa In Ost-Berlin wählen die Delegierten des VIII. SED-Parteitags Erich Honecker zum Nachfolger Walter Ulbrichts in das Amt des Ersten Parteisekretärs.

20 So Der belgische Formel-1-Rennfahrer Jacky Ickx gewinnt im niederländischen Zandvoort auf Ferrari den Großen Preis von Holland.

21 Mo Der Internationale Gerichtshof in Den Haag fordert Südafrika auf, seine Truppen aus dem illegal besetzten Nachbarland Namibia zurückzuziehen.

22 Di In einem Fußballländerspiel in der norwegischen Hauptstadt Oslo besiegt die deutsche Nationalmannschaft die Auswahl der Gastgeber mit 7:1.

23 Mi In der portugiesischen Hauptstadt Lissabon wird das bislang größte Trockendock der Welt in Betrieb genommen.

24 Do Der Bundestag in Bonn verabschiedet ein Gesetz zur Herabsetzung des Bleigehalts in Benzin. Hintergrund ist die zunehmende Luftverschmutzung.

25 Fr Für die Beibehaltung des § 218 spricht sich der Verband der Niedergelassenen Ärzte aus – jeder Schwangerschaftsabbruch sei ein »Akt der Tötung«.

26 Sa Die USA rufen ihren Botschafter aus Madagaskar aus Protest zurück: Die Botschaft habe mit den Unruhen auf der Insel nichts zu tun.

27 So Die deutsche Nationalmannschaft unterliegt in Göteborg in einem Fußballländerspiel der schwedischen Elf mit 0:1 Toren.

28 Mo Durch eine Entscheidung des Obersten Gerichtshofs in Washington wird das Box-Idol Muhammad Ali aus Glaubensgründen vom Wehrdienst befreit.

29 Di Gegen die heftigen Proteste von Denkmalschützern beschließt der Stadtrat von Paris, die berühmten Markthallen abzureißen.

30 Mi In Kopenhagen gewinnt die deutsche Nationalmannschaft ein Fußballländerspiel gegen die dänischen Gastgeber mit 3:1. → Landekapsel

Juli 1971

1 Do – Großbritannien und Argentinien legen ihren Streit um die Falklandinseln vorläufig bei. +++ Die Bundespost erhöht die Gebühren für einen Normalbrief auf 60 Pf.

2 Fr – Das Scheitern von Gewerkschaftsverhandlungen mit den Arbeitgebern führt zum Streik von 15 000 Arbeitern in 24 Häfen an der Westküste der USA.

3 Sa – Das Endspiel in Wimbledon gewinnt die Australierin Evonne Goolagong. +++ Pat Matzdorf (USA) bricht in Berkeley mit 2,29 m den Hochsprung-Weltrekord.

4 So – In Indien überschreitet die Zahl der ostpakistanischen Flüchtlinge die Sechs-Mio.-Grenze. Dies gibt das UN-Flüchtlings-Kommissariat in Genf bekannt.

5 Mo – Frankreichs Staatspräsident Georges Pompidou besucht die Bundesrepublik. Gesprächsthemen mit Bonn sind die europäische Einigung und Währungsprobleme.

6 Di – Das Jazz-Idol Louis Armstrong stirbt zwei Tage nach seinem 71. Geburtstag in New York. Sein Tod wird nicht nur in der Musikwelt betrauert.

7 Mi – Walter Scheel trifft als erster Außenminister der Bundesrepublik Deutschland zu einem offiziellen Besuch in Israel ein. → PLO

8 Do – In Österreich verabschiedet das Parlament eine »Kleine Strafrechtsreform«. Homosexualität und »Ehestörung« werden straffrei.

9 Fr – Als erste bundesdeutsche Hochschule erhält die Universität Münster eine offizielle Vertretung ausländischer Studierender.

10 Sa – Beim Geburtstagsempfang König Hassans II. von Marokko erschießen Putschisten 100 Gäste. Der Putsch scheitert, die Verantwortlichen werden hingerichtet.

11 So – Der »Palästinensische Nationalrat« in Kairo überträgt PLO-Chef Jasir Arafat den Oberbefehl über zwölf Freischärler-Organisationen.

12 Mo – Zum Rektor der Münchener Ludwig-Maximilians-Universität wird Nikolaus Lobkowicz gewählt. Zweimal hatten Studentenproteste die Wahl verhindert.

13 Di – In Gelsenkirchen demonstrieren mehrere Tausend Beschäftigte der Glasindustrie gegen den Abbau von Arbeitsplätzen.

14 Mi – Der österreichische Nationalrat spricht sich mit den Stimmen von SPÖ und FPÖ nur anderthalb Jahre nach den Wahlen für vorzeitige Neuwahlen aus.

15 Do – Bei der Fahndung nach der Baader-Meinhof-Gruppe wird in Hamburg die mutmaßliche Terroristin Petra Schelm von der Polizei erschossen.

16 Fr – Spaniens Diktator General Francisco Franco ernennt Prinz Juan Carlos zu seinem Stellvertreter. +++ Fernseh-Delfin Flipper stirbt in Florida an Herzversagen.

17 Sa – Italien und Österreich unterzeichnen in Rom ein Abkommen zur Beilegung des Konflikts um Südtirol, das seit dem Ersten Weltkrieg zu Italien gehört.

18 So – Der 26-jährige Belgier Eddy Merckx gewinnt zum dritten Mal in Folge die Tour de France. Konkurrent Luis Ocana (Spanien) schied durch Sturz aus.

19 Mo – Der sudanesische Staatschef Dschafar Muhammad An Numairi wird von linksgerichteten Putschisten gestürzt, erobert die Macht aber am 22. Juli zurück.

20 Di – Die Arzneimittelkommission der deutschen Ärzteschaft fordert, sämtliche Appetitzügler wegen Gesundheitsgefährdung zu verbieten.

21 Mi – Das türkische Verfassungsgericht verbietet die einzige im Parlament vertretene sozialistische Partei. +++ In Baden fordert ein Zugunglück 23 Menschenleben.

22 Do – Acht Jungsozialisten werden von der Hamburger SPD ausgeschlossen, weil sie an einer von Kommunisten organisierten Demonstration teilgenommen haben.

23 Fr – Die EG-Kommission veröffentlicht Grundlinien eines Umweltschutzprogramms, insbesondere zur Bekämpfung von Luft- und Wasserverschmutzung.

24 Sa – Der Sudan bricht die diplomatischen Beziehungen zum Irak ab, dessen Regierung den Putschversuch vom 19. Juli positiv bewertet hat. → Bundesliga

25 So – Als Antwort auf die jüngste jordanische Offensive gegen palästinensische Guerillaeinheiten sperrt Syrien seine Grenzen zu Jordanien.

26 Mo – In Cape Kennedy startet »Apollo 15«, das fünfte bemannte Mondlandeunternehmen der US-Raumfahrt. An Bord befindet sich ein »Mondmobil«.

27 Di – Der Ministerrat der EWG beschließt in Brüssel, eine Freihandelszone für gewerbliche Güter mit den EFTA-Staaten einzurichten.

28 Mi – In London stimmt der Vorstand der oppositionellen Labour Party mit 16 zu 6 Stimmen gegen den EWG-Beitritt Großbritanniens.

29 Do – Um den Besuch von Präsident Richard Nixon in China nicht zu gefährden, verkündet Washington, zunächst auf Aufklärungsflüge über das Land zu verzichten.

30 Fr – Auf einer Gipfelkonferenz in Tripolis fordert der libysche Staatschef Muamar al Gaddafi die arabischen Staaten zur Intervention in Jordanien auf.

31 Sa – Der Präsident der bolivianischen Bischofskonferenz verurteilt den Reichtum der katholischen Kirche. Stattdessen sollten die Armen unterstützt werden.

7. Juli 1971

Napalm gegen PLO

Die jordanische Armee startet im Norden des Landes einen Angriff gegen palästinensische Freischärler. König Hussein II. beschuldigt die Palästinenser, den Sturz seiner Regierung zu betreiben. Bei der Offensive gegen die Guerillastellungen in Nordjordanien setzt die Luftwaffe Napalmbomben ein. Hunderte von Palästinensern werden getötet, 2300 geraten in Gefangenschaft. Am 17. Juli erklärt König Hussein II., die palästinensischen Einheiten hätten »aufgehört, ein Problem zu sein«. Einen Tag später kündigt er das Waffenstillstandsabkommen, das er 1970 mit PLO-Chef Jasir Arafat in Kairo geschlossen hatte. Arafat antwortet mit dem Aufruf an alle arabischen Staaten, gegen »das Massaker am palästinensischen Volk« einzuschreiten. Jordanien setzt die Verfolgung der Palästinenser jedoch fort.

1. August 1971

Stars spielen für Flüchtlinge

Im New Yorker Madison Square Garden findet das erste Wohltätigkeitskonzert in der Geschichte der Popmusik statt. Umjubelte Stars wie die Ex-Beatles Ringo Starr und George Harrison, daneben Bob Dylan, Leon Russel (s. Abb.) und Eric Clapton spielen vor 40 000 Zuschauern zugunsten bengalischer Flüchtlinge in Indien. Der Erlös des Abends, der von Harrison und dem indischen Sitar-Virtuosen Ravi Shankar organisiert wurde, beträgt 1 Mio. DM.

Geld regiert offensichtlich auch die Fußballwelt (meint die Illustrierte »stern«).

Der Skandal und seine Folgen

Der Bestechungsskandal beherrscht nicht nur die nachrichtenarme Fußball-Sommerpause, er ruft in der deutschen Öffentlichkeit nachhaltige und heftige Diskussionen über das Verhältnis von Moral und Geld im Profi-Fußball hervor. Die Vorgänge, von Kritikern des »korrupten« Profisports als Indiz der Verkommenheit des »schmutzigen Fußballs« gebrandmarkt, beschäftigen den Deutschen Fußballbund (DFB) länger als fünf Jahre. Die eingeführte Bundesliga, die sich zum Millionengeschäft entwickelt hat, gerät in eine ihrer schwersten Krisen.
Nach den ersten Urteilen des DFB-Sportgerichts wird auch die ordentliche Gerichtsbarkeit aktiv. Arbeitsgerichte bestätigen die Kündigungen gesperrter Spieler durch die Vereine, Staatsanwälte ermitteln wegen versuchter Erpressung, Betrugs oder Meineids, Zivilrichter befassen sich mit Verleumdungsklagen.
Der Schatten des Skandals ist lang und folgenreich: In der Saison geht die Zuschauerzahl in der Fußball-Bundesliga um 900 000 auf 5,4 Mio. zurück. Bis zum Jahre 1974 müssen sich zwölf Funktionäre, drei Trainer und 52 Spieler aus insgesamt neun Vereinen vor der DFB-Justiz verantworten und werden zumeist schuldig gesprochen. Arminia Bielefeld wird 1972 in die Regionalliga zurückgestuft, 1973 steigt Rot Weiß Oberhausen – mit Minuspunkten vorbelastet – ab. Das Essener Landgericht verurteilt 1976 Spieler des FC Schalke 04 – vom DFB zuvor u.a. mit Sperren bestraft – wegen Falschaussage zu hohen Geldbußen.

15. August 1971

Währungssystem außer Kraft

US-Präsident Richard Nixon setzt das Weltwährungssystem außer Kraft: In einer Rundfunkansprache gibt er ein wirtschafts- und währungspolitisches Notprogramm zur Sanierung der angeschlagenen amerikanischen Wirtschaft bekannt. Als weitreichendste Entscheidung zum Abbau des Defizits beschließt die US-Regierung, die Funktion des Dollars als Leit- und Reservewährung aufzuheben. Damit erlischt die amerikanische Selbstverpflichtung, ausländischen Notenbanken Dollars zu einem festgelegten Kurs in Gold umzutauschen. Dies war wichtigster Bestandteil des im Jahre 1944 in Bretton Woods vereinbarten Weltwährungssystems. Der jederzeit in Gold umtauschbare Dollar erhielt damit neben dem Edelmetall die Funktion einer internationalen Währungsreserve.

4. Juli 1971

Bundesliga im Zwielicht

Der Boom-Sport Fußball wird von einem schweren Skandal in seinen Grundfesten erschüttert: Im Abstiegskampf wurde manipuliert, Spieler sind, wie sich herausstellt, bestochen, Spielergebnisse durch Schiebung verfälscht worden. Das Sportgericht des Deutschen Fußball-Bundes (DFB) verurteilt nach langwierigen Ermittlungen mehrere Spieler wegen ihrer Verstrickung in die Vorgänge.

Der Skandal kam am 6. Juni nach dem spannenden Finale der Bundesligasaison ins Rollen: Horst Gregorio Canellas, Präsident des Absteigers Kickers Offenbach, macht Tonbandprotokolle öffentlich, die beweisen sollen, dass im Abstiegskampf manipuliert worden sei. Canellas behauptet, dass Manfred Manglitz, Torwart beim 1. FC Köln, für 100 000 DM Bestechungsgeld für eine Niederlage seines Vereins gegen Offenbach sorgen sollte. Außerdem habe Waldemar Klein, Vorstandsmitglied der Kickers, in Berlin mit den Hertha-Spielern Bernd Patzke und Tasso Wild über eine Siegprämie im letzten Saisonspiel gegen Arminia Bielefeld in Höhe von 140 000 DM verhandelt. Bielefeld seinerseits hätte aber 250 000 DM für eine Hertha-Niederlage geboten. Tags darauf bestätigen Manglitz und Patzke Kontakte zu Canellas, jedoch sei die Initiative von ihm ausgegangen. Patzke beschuldigt überdies Offenbachs Geschäftsführer Walter Konrad. Dieser habe ihm eine hohe Prämie angeboten, falls er für ein Unentschieden oder eine Niederlage Herthas gegen die Kickers sorge. In der Folgezeit veröffentlichen die Medien fast täglich neue Enthüllungen, Dementis und Rechtfertigungen. Der Vorsitzende des DFB-Kontrollausschusses, Hans Kindermann, ermittelt.

26. August 1971

Rührstück »Love Story«

Der US-Spielfilm »Love Story« sorgt für lange Schlangen vor den bundesdeutschen Kinokassen. Die Verfilmung des Bestsellers von Erich Segal rührt Millionen von Kinobesuchern zu Tränen. Oliver (Ryan O'Neal, s. Abb., l., mit Filmpartnerin), der Sohn reicher Eltern, verliebt sich in die Studentin Jennifer (Ali McGraw), die aus einfachen Verhältnissen stammt. Um Jennifer zu heiraten, bricht Oliver mit seinem Vater. Das junge Glück erfährt einen herben Schlag, als Jennifer unheilbar an Blutkrebs erkrankt und stirbt. Die rührselige Geschichte und die einschmeichelnde Filmmusik verhelfen dem Streifen weltweit zum Erfolg. Die Kritik hingegen verreißt »Love Story«: Der »Spiegel« spricht von »aufdringlichen 99 Minuten« und einem »tränentreibenden Rührstück«.

12. August 1971

Streit um Klick-Klack-Kugeln

Die sog. Klick-Klack-Kugeln sind der Verkaufsschlager der Spielwarenbranche. Aber nicht überall lösen sie Begeisterung aus: An den Hamburger Schulen werden die Kugeln verboten, da sich Kinder an dem Geschicklichkeitsspiel häufig verletzen. Hansjoachim Prahl, der Erfinder des Spiels, versteht das Verbot nicht: »Die Leute tun, als gäbe ich den Kindern Handgranaten.« Das als »Prallis« oder »Klicker« bekannte Spielgerät besteht aus zwei schweren Kugeln, die durch ein Seil miteinander verbunden sind. In der Mitte des Seils befindet sich ein Plastikring als Haltegriff. Durch geschicktes Auf- und Abbewegen des Armes schlagen die Kugeln mit hoher Geschwindigkeit über und unter der Hand aneinander und erzeugen einen maschinengewehrartigen Knatter-Ton (Abb.: Kinder an einer Schule in Quickborn bei Hamburg führen die »Prallis« vor). Die Beherrschung des Spiels erfordert Übung – sonst sind blaue Flecken oder sogar Platzwunden vorprogrammiert. Trotz der Gefahren sind die Kugeln ein Verkaufsrenner: Innerhalb weniger Wochen gehen über 1 Mio. Klick-Klack-Kugeln über die Ladentische.

August 1971

1 So Der pakistanische Staatschef Aga Muhammad Yahya Khan droht Indien im Falle einer Annexion Ostpakistans mit »totalem Krieg«. → Stars

2 Mo Auf der Krim findet überraschend ein Gipfel kommunistischer Staaten (ohne Rumänien) zum Thema einer gesamteuropäischen Sicherheits-Konferenz statt.

3 Di Zur Unterstützung der in München ansässigen Osteuropa-Sender »Radio Free Europe« und »Radio Liberty« bewilligt der US-Senat 120 Mio. DM.

4 Mi Joe Kachingwe aus Malawi wird als erster farbiger Diplomat von Südafrika akkreditiert. +++ Ein Banküberfall in München endet mit zwei Toten.

5 Do Nach Angaben des Pentagon in Washington verfügt die Volksrepublik China über 20 Mittelstreckenraketen mit einer Reichweite von 1000 bis 2800 km.

6 Fr König Hassan II. von Marokko ernennt eine provisorische Regierung, die ein umfangreiches Wirtschafts- und Sozialprogramm umsetzen soll.

7 Sa Die Mitgliedsstaaten der Ostblock-Wirtschaftsorganisation COMECON beschließen, eine kollektive Währung einzuführen, die auf dem Rubel basieren soll.

8 So In Nordirland entbrennen Straßenschlachten zwischen Sicherheitskräften und IRA-Anhängern. In den folgenden Tagen kommen 26 Menschen ums Leben.

9 Mo Der nordirische Premierminister setzt ein Sondergesetz in Kraft, das die Internierung verdächtiger Personen ohne Gerichtsurteil erlaubt.

10 Di Chinas Ministerpräsident Chou En-lai verkündet der »New York Times«, dass sein Land nicht in die UNO eintrete, solange Taiwan dort vertreten sei.

11 Mi Die Sowjetunion ermahnt Rumänien, das als einziges Ostblockland gute Beziehungen zur VR China unterhält, es möge sich dem Kurs Moskaus anpassen.

12 Do Der ehemalige australische Premierminister John G. Gorton wird vom amtierenden Premier William McMahon aus dem Kabinett entlassen. → Streit

13 Fr Jack Lynch, irischer Premierminister, macht die nordirische Regierung für die neuerliche Gewaltwelle in Nordirland verantwortlich.

14 Sa Der sowjetische Autor Alexander Solschenizyn protestiert gegen den KGB: Agenten hatten sein Haus durchsucht und einen Anwesenden misshandelt.

15 So Der Brite Jackie Stewart steht nach dem Großen Preis von Österreich in Zeltweg vorzeitig als Formel-1-Weltmeister fest. → Währungssystem

16 Mo In Guadalajara trennen sich die Mannschaften Mexikos und der DDR bei einem Fußballspiel mit einem 0:1.

17 Di Bonn rechnet nach einer Analyse des aktuellen US-Wirtschaftsprogramms mit schweren Behinderungen für die westdeutsche Exportwirtschaft.

18 Mi Australien kündigt den Abzug seiner Truppen aus Vietnam an. Nach Regierungsangaben endet eine sechsjährige Verpflichtung gegenüber Südvietnam.

19 Do Bemühungen um eine gemeinsame Währungspolitik der EG-Staaten scheitern in Brüssel wegen des Sonderkurses Frankreichs.

20 Fr Die rumänische KP-Führung verteidigt in Bukarest die freundschaftlichen Beziehungen ihres Landes zur VR China gegen Vorwürfe aus Moskau.

21 Sa In Manila sterben acht Menschen bei einem Attentat auf eine Wahlversammlung der oppositionellen Liberalen Partei der Philippinen.

22 So Nach mehrtägigen Kämpfen wird in Bolivien die linksgerichtete Regierung von rechten Militärs gestürzt. Oberst Hugo Banzer Suarez ist neuer Präsident.

23 Mo Starke Regenfälle während des Monsuns fordern in Indien tausende von Todesopfern. Besonders die Flüchtlinge aus Bangladesch sind betroffen.

24 Di An der Grenze zwischen Uganda und Tansania kommt es zu Gefechten. Tansania beschuldigt das Nachbarland einer Aggression.

25 Mi Der Schwimmer Mark Spitz verbessert bei den US-Meisterschaften den Weltrekord über 100-m-Schmetterling um sechs Zehntelsekunden auf 55,00 sec.

26 Do Auf dem Messegelände unter dem Funkturm in West-Berlin laufen die letzten Vorbereitungen für die Funkausstellung, die tags darauf beginnt. → »Love Story«

27 Fr Die japanische Regierung gibt den Yen-Wechselkurs frei. Die Bank von Japan hatte zuvor zur Stützung der US-Währung 1,2 Mrd. Dollar gekauft.

28 Sa In Hamburg scheitern die Fusionsverhandlungen zwischen den Werften Howaldtswerke-Deutsche Werft und Blohm & Voss.

29 So Bei den südvietnamesischen Parlamentswahlen erreichen die Anhänger von Staatspräsident Nguyên Van Thiêu 60% der Stimmen.

30 Mo Der Freundschaftsvertrag mit der Sowjetunion bedeute kein Abweichen Indiens von der Blockfreiheit, erklärt Premierministerin Indira Ghandi.

31 Di In Nicaragua setzt der Kongress die Verfassung außer Kraft und überträgt die Macht an Präsident Anastasio Somoza Debayle.

September 1971

1 Mi Bei Volksabstimmungen in Ägypten, Libyen und Syrien sprechen sich die Bewohner für eine Föderation Arabischer Republiken aus. → BAföG

2 Do US-Präsident Richard Nixon ordnet einen Lohnstopp für alle Regierungsangestellten an. Vor dem 1. Juli 1972 soll es keine Erhöhungen mehr geben.

3 Fr In Leipzig schwimmt Roland Matthes aus der DDR Weltrekord über 200-m-Rücken. Tags darauf wird er auch Weltmeister über 100-m-Rücken. → Berlin

4 Sa Das Überschallflugzeug »Concorde« überquert zum ersten Mal den Atlantik. +++ In Alaska kommen bei einem Flugzeugabsturz alle 111 Insassen ums Leben.

5 So Tour de France-Sieger Eddy Merckx wird in Mendrisio mit einem klaren Spurtsieg zum zweiten Mal Straßenweltmeister der Radprofis.

6 Mo Irlands und Großbritanniens Regierungen verkünden, sie wollten sich für mehr Mitspracherechte der Katholiken in Nordirland einsetzen.

7 Di Bundesverkehrsminister Georg Leber kündigt an, dass ab Juni 1972 außerhalb geschlossener Ortschaften »Tempo 100« gelten soll.

8 Mi Ein Staatsstreich des stellvertretenden chinesischen Ministerpräsidenten Lin Piao gegen Parteichef Mao Tse-tung scheitert.

9 Do Meinungsverschiedenheiten über den deutschen Text des Viermächteabkommens bringen die innerdeutschen Verhandlungen ins Stocken.

10 Fr Finnland schlägt Bonn und Ost-Berlin vor, offizielle Beziehungen mit beiden deutschen Staaten zu vereinbaren. Bonn lehnt gemäß der Hallstein-Doktrin ab.

11 Sa Der ehemalige sowjetische Partei- und Regierungschef Nikita S. Chruschtschow stirbt im Alter von 77 Jahren nach einem Herzanfall.

12 So Sambia schließt die DDR-Handelsmission in Lusaka, weil sie u.a. sambische Studenten ohne Erlaubnis in die DDR geschickt habe.

13 Mo Eine Meuterei im Gefängnis von Attica (US-Bundesstaat New York) wird blutig beendet. 32 Häftlinge und neun Geiseln kommen ums Leben.

14 Di Das DFB-Bundesgericht bestätigt die lebenslänglichen Sperren für den Spieler Manfred Manglitz und den Vereinspräsidenten Horst Gregorio Canellas.

15 Mi Perus Außenminister Edgardo Mercado Jarrin trifft in Bonn ein, um über verstärkte wirtschaftliche Investitionen der Bundesrepublik in Peru zu verhandeln.

16 Do In Monschau (Eifel) verpackt der US-Künstler Christo das Schloss, die Burgruine und weitere historische Gebäude mit 6000 qm Plastikbahnen. → Brandt

17 Fr US-Präsident Richard Nixon schlägt vor, Taiwan solle seinen Sitz im UN-Sicherheitsrat an China abtreten, aber in der Vollversammlung weiter vertreten sein.

18 Sa In Madrid endet eine Konferenz spanischer Bischöfe und Priester, auf der die Menschenrechtsverletzungen in Spanien scharf kritisiert wurden.

19 So Vor dem SED-Zentralkomitee gibt Parteichef Erich Honecker die schwersten landwirtschaftlichen Ertragsausfälle seit Gründung der DDR 1949 bekannt.

20 Mo Französische Zeitungen werten den Moskaubesuch von Bundeskanzler Willy Brandt als Zäsur in der Entwicklung des politischen Status quo in Europa.

21 Di Bei den Neuwahlen zum dänischen Parlament werden die Sozialdemokraten mit 37,3% der Stimmen stärkste Partei.

22 Mi Nach einer Mitteilung der Bundesärztekammer nehmen gegenwärtig in der Bundesrepublik 2 Mio. Frauen regelmäßig die Pille.

23 Do Kreml-Chef Leonid Breschnew bestreitet in Belgrad die Existenz der sog. »Breschnew-Doktrin« über die beschränkte Souveränität der Staaten Osteuropas.

24 Fr Großbritannien weist 90 Sowjetdiplomaten wegen angeblicher Spionage aus. +++ Rudolf Leiding wird Vorstandsvorsitzender der Volkswagen AG.

25 Sa Die belgische Regierung ruft vorzeitige Neuwahlen aus. Begründet wird dies mit der internationalen Lage in der Wirtschafts- und Währungspolitik.

26 So In Saigon unterdrückt das Militär eine Demonstration gegen die Präsidentschaftswahlen, zu denen nur Amtsinhaber Ngûyen Van Thiêu antritt. → Intercity

27 Mo Kaiser Hirohito von Japan trifft beim ersten Auslandsbesuch eines Monarchen in der Geschichte des Kaiserhauses in Alaska US-Präsident Richard Nixon.

28 Di Ungarn erlaubt dem seit 1956 in der Budapester US-Botschaft lebenden Kardinal József Mindszenty, das Land zu verlassen.

29 Mi In einem von der Bundesregierung vorgelegten Umweltschutzprogramm wird als Grundsatz das Verursacherprinzip für Schadensfälle eingeführt.

30 Do Die Supermächte USA und UdSSR schließen in Washington zwei Abkommen, u.a. zur Vermeidung eines irrtümlich ausgelösten Atomkriegs.

10. Oktober 1971

Absolute Mehrheit für SPÖ

Bei der Nationalratswahl in Österreich überwindet die Sozialistische Partei (SPÖ) mit 50,04% der Stimmen erstmals die 50%-Marke. Die Österreichische Volkspartei (ÖVP) muss gegenüber der Wahl von 1970 Verluste hinnehmen. Ihr Stimmenanteil sinkt von 44,69% auf 43,11%. Die Freiheitliche Partei Österreichs (FPÖ) erhält 5,45% – gegenüber der letzten Wahl ein Verlust von 0,07% der Stimmen. Die Neuwahlen sind auf Initiative der SPÖ erfolgt. Die Partei von Bundeskanzler Bruno Kreisky, die seit 1970 eine Minderheitsregierung führt, versprach sich dadurch eine Verbesserung ihrer parlamentarischen Situation. Am 14. Juli hatte sich der Nationalrat für die vorzeitige Parlamentsauflösung und Neuwahlen entschieden.

Bruno Kreisky

österreichischer Politiker, * 22.11.1911 Wien, † 29.7.1990 Wien

Der charismatische Jurist und Diplomat ist – vor allem in den 70er Jahren – die herausragende Politikerpersönlichkeit Österreichs. Als Außenpolitiker, der sich u.a. im Nahost-Konflikt engagiert, wird er auch international hoch geachtet. Geprägt von der Sozialdemokratie Skandinaviens, stellt Kreisky in seiner Zeit als Bundeskanzler Sozialreformen in den Vordergrund seiner Politik. Während seiner Amtszeit als Kanzler erringt die SPÖ dreimal in Folge die absolute Mehrheit.

- 1938-46: Exil in Schweden
- 1959-66: Außenminister
- 1970-83: Bundeskanzler

1. September 1971

BAföG für Chancengleichheit

In der Bundesrepublik tritt das Bundesausbildungsförderungsgesetz (BAföG) in Kraft, das erstmals einheitlich die Förderung von Schul- und Hochschulbesuchern regelt. Hauptziel des BAföG ist es, finanziell bedingte Ungleichheit der Bildungschancen zu verringern. Für viele Schulabgänger eröffnet sich durch die Einführung der Ausbildungsförderung die Möglichkeit, ein kostenintensives Studium aufzunehmen. Insbesondere der Anteil der Arbeiterkinder unter den Studenten soll wachsen. Zur Zeit beträgt er nur 7%. Auch die Zahl der Schulabschlüsse mit Beendigung der zehnten Klasse soll nach dem Willen der Regierung steigen: Bislang absolvieren 45% die Mittlere Reife, bis 1975 soll diese Zahl auf 60% anwachsen. Förderungsberechtigt sind Besucher von Gymnasien, Real-, Fach- und Hochschulen sowie Teilnehmer von Fernunterrichtslehrgängen. Die Höhe der Förderung richtet sich nach dem Einkommen der Unterhaltspflichtigen. BAföG-Anspruch kann auch dann geltend gemacht werden, wenn die Eltern sich weigern, die Ausbildung ihrer Kinder zu unterstützen. Die Zuschüsse sollen in regelmäßigen Abständen an die Lebenshaltungskosten angepasst werden. Die Kosten der neuen Ausbildungsförderung tragen zu 65% der Bund und zu 35% die Länder.

16. September 1971

Brandt trifft Breschnew

Die sozialliberale Regierungskoalition macht Ernst mit ihrer neuen Ostpolitik: Überraschend trifft Bundeskanzler Willy Brandt zu einem dreitägigen offiziellen Besuch auf der Krim ein.

In nahezu entspannter Urlaubsatmosphäre erörtert er mit dem Ersten Sekretär des Zentralkomitees der KPdSU, Leonid I. Breschnew (Abb., l., mit Brandt und einem Dolmetscher), aktuelle politische, wirtschaftliche und militärische Probleme. Die Umstände, unter denen der Kanzler die Reise antritt, führen zu heftiger Kritik, vor allem von seiten der CDU/CSU-Opposition. Brandt ist einer

ausgesprochen kurzfristigen Einladung der sowjetischen Regierung gefolgt. Der Besuch ist nicht diplomatisch vorbereitet, und auch vorherige Konsultationen der westlichen Verbündeten fanden nicht statt. Brandt reist mit nur wenigen Mitarbeitern, darunter Staatssekretär Egon Bahr, und trifft sich lediglich zu einem Gespräch mit Breschnew. Die internationale Presse hingegen wertet das Treffen als einen Erfolg für die deutsch-sowjetischen Beziehungen.

12. Oktober 1971

2500 Jahre alte Monarchie

Im Iran feiert Schah Mohammad Resa Pahlawi das 2500-jährige Bestehen der persischen Monarchie. In Persepolis kommen Vertreter des Hochadels und Staatsoberhäupter aus aller Welt zusammen, was umgerechnet 55 Mio. DM gekostet hat. Unter den Iranern und in der Weltöffentlichkeit werden Proteste gegen die teuren Feierlichkeiten laut.

Mohammad Resa Pahlawi

Schah von Persien; * 26.10.1919 Teheran, † 27.7.1980 Kairo

Während seiner Herrschaft von 1941 bis zu seiner Vertreibung im Jahre 1979 versucht der autoritär regierende Monarch, den Iran mit ausländischem Kapital zu industrialisieren. Sein aufwendiger Lebensstil und seine Politik bringen ihn mehr und mehr in Gegensatz zu linken und liberalen Intellektuellen. Seine laizistischen Reformen tragen ihm zudem den Zorn der schiitischen Geistlichkeit ein.

- 1941: Thronbesteigung
- 1963: »Weiße Revolution« zur Modernisierung Irans
- ab 1973: verstärkte Industrialisierungspolitik
- 1979: Sturz durch die »Iranische Revolution«

3. September 1971

Klarheit für Berlin

Im Gebäude des Alliierten Kontrollrates am Schöneberger Kleistpark unterzeichnen die Botschafter der USA, Großbritanniens und Frankreichs in der Bundesrepublik sowie der sowjetische Botschafter in der DDR das Viermächteabkommen über Berlin. Die Vereinbarung regelt den freien Zugang zwischen dem Bundesgebiet und dem Westteil der Stadt, die Aufrecherhaltung und Entwicklung seiner Bindungen mit der Bundesrepublik, die Verbesserung der Besuchsmöglichkeiten für Westberliner im Ostteil der Stadt und in der DDR sowie die Vertretung der Westberliner durch die Bundesregierung im Ausland. Den Bestimmungen des Abkommens entsprechend werden daraufhin von der Bundesrepublik bzw. dem Senat von West-Berlin und der DDR mehrere Vereinbarungen getroffen. Ein am 11. Dezember in West-Berlin paraphiertes Abkommen regelt Erleichterungen im Besuchs- und Reiseverkehr. Am gleichen Tag wird in Ost-Berlin das Transitabkommen unterzeichnet. Daraufhin tritt das Viermächteabkommen 1972 in Kraft.

Die Botschafter der Siegermächte des Zweiten Weltkriegs unterzeichnen das Berlinabkommen.

Das erste Treffen der vier Botschafter Jean Victor Sauvagnargues (Frankreich), Sir Roger Jackling (Großbritannien), Kenneth Rush (USA) und Pjotr A. Abrassimow (UdSSR) hatte bereits im März 1970 stattgefunden. Die Verhandlungen zogen sich über insgesamt 33 Gesprächsrunden hin. Ein Zugeständnis der UdSSR ist vor allem die Anerkennung der engen Beziehungen zwischen West-Berlin und der Bundesrepublik. Im Gegenzug akzeptierten die Westmächte innerdeutsche Verträge, die de facto die Anerkennung der DDR bedeuten.

26. September 1971

Bundesbahn in der Offensive – Premiere für Intercity-Zug

Mit dem Winterfahrplan nimmt die Deutsche Bundesbahn den Schnellverkehr mit den neuen Intercity-Zügen (IC) auf. Die schnellen Züge verkehren im Zwei-Stunden-Takt auf vier Strecken und fahren 33 Städte an (Abb.: Werbeplakat). Die Bundesbahn trägt mit dem neuen Angebot dem Trend zum Komfort Rechnung, denn eine zweite Klasse gibt es dabei vorerst nicht. Die IC ergänzen die bisher laufenden TEE-Züge und erhöhen die Zahl der Fernschnellzüge in Deutschland von 60 auf 100. Sie verfügen über ein Bordrestaurant und sollen bald mit Zugpostfunk und Zugsekretariat aufgerüstet werden. Die ersten vier IC-Linien sind die Strecken Hamburg-München, Hannover-München, Hamburg-Basel und Bremen-München. Die IC verkehren zunächst vor allem an den Wochentagen. Ihre Höchstgeschwindigkeit ist vorerst auf 160 km/h festgelegt, die durchschnittliche Reisegeschwindigkeit einschließlich der Stopps beträgt 100 km/h bis 120 km/h. Eine Erhöhung der Geschwindigkeit auf 200 km/h, wie von der Bundesbahn angestrebt, kann erst durch eine Modernisierung des Schienennetzes erreicht werden. Diese soll nach den Plänen der Bahn 1973 abgeschlossen sein. Dann sollen weitere 44 Städte an das IC-Netz angeschlossen werden.

Oktober 1971

1 Fr In Florida öffnet »Disney World«, der größte Freizeitpark der Welt, seine Tore. +++ Der Niederländer Joseph Luns wird NATO-Generalsekretär.

2 Sa Bundesaußenminister Walter Scheel nimmt die Beziehungen zur Arabischen Liga wieder auf. In New York trifft er deren Generalsekretär.

3 So Bei den Präsidentschaftswahlen in Südvietnam wird Staatspräsident Ngûyen Van Thiêu mit 94,3% der Stimmen im Amt bestätigt.

4 Mo Die Labour Party spricht sich auf ihrem Kongress in Brighton mit großer Mehrheit gegen Großbritanniens Beitritt zur EWG aus.

5 Di Rainer Barzel wird nach einer Kampfabstimmung gegen den rheinland-pfälzischen Ministerpräsidenten Helmut Kohl zum CDU-Vorsitzenden gewählt.

6 Mi Der deutsch-schwedische Dramatiker Peter Weiss darf nicht in die DDR einreisen. Die Ostberliner Regierung erklärt ihn zur »unerwünschten Person«.

7 Do Die Mitgliedsstaaten der OPEC verlangen in einer Resolution, an den in ihren Ländern tätigen westlichen Erdölgesellschaften beteiligt zu werden.

8 Fr Als Reaktion auf die Ausweisung sowjetischer Diplomaten aus Großbritannien weist Moskau fünf Briten aus und sagt alle Ministerbesuche auf der Insel ab.

9 Sa In Argentinien scheitert ein Putschversuch gegen den erst im März an die Macht gelangten Präsidenten General Aljandro Agustin Lanusse.

10 So Bei den Wahlen zur Bremer Bürgerschaft erringt die SPD mit 55,3% der Stimmen die absolute Mehrheit. Die NPD scheidet aus dem Parlament aus. → SPÖ

11 Mo Japans Kaiser Hirohito trifft zu einem Staatsbesuch in Bonn ein. +++ Das Tennisteam der USA siegt im Davis-Cup-Finale gegen Rumänien mit 3:2.

12 Di In New York wird das Rock-Musical »Jesus Christ Superstar« uraufgeführt. Die Vorstellungen der ersten sechs Wochen sind bereits ausverkauft. → Monarchie

13 Mi Die griechische Regierung veröffentlicht ein geplantes Pressegesetz, das Verstöße gegen die Berufsregeln oder die »allgemeine Moral« streng bestraft.

14 Do »Die Welt« (Hamburg) vereinbart mit »Le Monde« (Frankreich), »The Times« (England) und »La Stampa« (Italien) regelmäßige gemeinsame Sonderteile.

15 Fr Der Bundestag beschließt eine Verschärfung des »Opiumgesetzes«. Die Höchststrafe für Rauschgifthandel wird auf zehn Jahre heraufgesetzt.

16 Sa In Wien einigen sich Experten aus der Bundesrepublik, der DDR, der Schweiz und Österreich auf eine neue Blindenkurzschrift der deutschen Sprache.

17 So Der Publizistin Marion Gräfin Dönhoff wird in der Frankfurter Paulskirche der Friedenspreis des Deutschen Buchhandels verliehen.

18 Mo In der SEAT-Automobilfabrik im spanischen Barcelona kommt es zu einer Schießerei zwischen Polizei und Arbeitern, die sich im Werk verschanzt haben.

19 Di Der sowjetische Schriftsteller Alexander Solschenizyn fordert die bislang ausstehende öffentliche Verleihung seines Literaturnobelpreises in Moskau.

20 Mi Der Bundestag verabschiedet die Reform der gesetzlichen Rentenversicherung, die u.a. eine flexible Altersgrenze einführt und Kleinrenten verbessert.

21 Do Der DDR-Ministerrat beschließt, in kleinen und mittleren Städten sowie in Dörfern den privaten Wohnungsbau ab 1972 wieder zu erlauben.

22 Fr Bundesjustizminister Gerhard Jahn (SPD) legt einen Entwurf zur Änderung des Abtreibungsparagraphen 218 vor, der eine »soziale Indikation« vorsieht.

23 Sa Vor dem Volksgerichtshof in Tripolis beginnt der Prozess gegen den exilierten libyschen König Mohammad Idris I. El Senussi wegen »Machtmissbrauchs«.

24 So Der 35-jährige schweizerische Rennfahrer Jo Siffert verunglückt beim Formel-1-Rennen in Brands Hatch (Großbritannien) tödlich.

25 Mo In Kassel wird die erste Gesamthochschule der Bundesrepublik eröffnet. +++ Die »Sauerlandlinie« (A 45) ist mit Eröffnung des letzten Stücks fertig gestellt.

26 Di Die UN-Vollversammlung in New York erkennt die Volksrepublik China als einzige legitime Vertretung Chinas an. Taiwan wird ausgeschlossen.

27 Mi Mit der Verabschiedung der Freiburger Thesen öffnet sich die FDP linksliberalem Gedankengut. +++ Der afrikanische Staat Kongo benennt sich in »Zaire« um.

28 Do Das britische Unterhaus stimmt für den Beitritt Großbritanniens zur Europäischen Wirtschaftsgemeinschaft zum 1. Januar 1973.

29 Fr Als Reaktion auf den UN-Ausschluss Taiwans streichen die USA ihre Auslandshilfe für die UNO in Höhe von umgerechnet 10,15 Mrd. DM.

30 Sa Als Fazit seines Besuchs bei Kubas Staatschef Fidel Castro sieht der sowjetische Ministerpräsident Alexej Kossygin »vollständige Übereinstimmung«.

31 So Bei den Nationalratswahlen in der Schweiz dürfen erstmals auch Frauen wählen. Im neuen Parlament sitzen zehn weibliche Abgeordnete.

November 1971

1 Mo Zum 6. Parteikongress der albanischen Kommunisten in Tirana ist erstmals keine Abordnung der Volksrepublik China erschienen.

2 Di Bundesaußenminister Walter Scheel (FDP) und seine Frau Mildred adoptieren einen bisher namenlosen Indiojungen aus Bolivien.

3 Mi Hamburg beginnt als erstes Bundesland mit der Vergabe von Spenderausweisen für Organtransplantationen.

4 Do Der Bundestag verabschiedet das Gesetz über die Errichtung eines Hilfswerks für behinderte Kinder, das hauptsächlich Contergangeschädigten helfen soll.

5 Fr Britische Sportjournalisten wählen die Reiterin Prinzessin Anne, die Tochter von Königin Elizabeth II., zur Sportlerin des Jahres.

6 Sa Der Rhein hat den niedrigsten Wasserstand seit 153 Jahren. +++ Die UdSSR vereinbart mit der Beiruter Regierung Waffenlieferungen an den Libanon. → Kampf

7 So Die chinesische Regierung sichert Pakistan für einen erneuten Waffengang mit Indien »entschlossene Unterstützung« zu.

8 Mo In der VR China läuft ein Programm zur Geburtenkontrolle an. Der Staat will das rapide Wachstum der Bevölkerung (derzeit rd. 800 Mio.) verlangsamen.

9 Di Die bayerische Regierung beschließt eine Gebietsreform. Die Zahl der Kreise soll von 143 auf 71, die der kreisfreien Städte von 48 auf 25 verringert werden.

10 Mi Der Bundestag verabschiedet die Reform des Betriebsverfassungsgesetzes. +++ In Koblenz stürzt bei Bauarbeiten ein Teil der Südbrücke in den Rhein.

11 Do In Bonn wird das Abkommen über die Aufnahme des Linienflugverkehrs zwischen der Bundesrepublik und der Sowjetunion unterzeichnet.

12 Fr Der Berliner Rechtsanwalt und ehemalige Bundesinnenminister Ernst Benda (CDU) wird zum Präsidenten des Bundesverfassungsgerichtes berufen.

13 Sa Die US-Raumsonde »Mariner 9« schwenkt nach einer 400 Mio. km langen Reise als erster künstlicher Satellit in eine Umlaufbahn um den Mars ein.

14 So 99,85% der Stimmen fallen laut offiziellen Angaben bei den Wahlen zur Volkskammer und den Bezirkstagen der DDR auf die Kandidaten der Einheitslisten.

15 Mo Die beiden DDR-Funkanstalten »Deutschlandsender« und »Berliner Welle« werden zusammengefasst und senden künftig als »Stimme der DDR«.

16 Di In Libyen wird Ex-König Mohammad Idris I. in Abwesenheit wegen Korruption zum Tode verurteilt. Der anwesende Kronprinz erhält eine Gefängnisstrafe.

17 Mi Thailands Ministerpräsident Thanom Kittikachorn verkündet wegen einer »kommunistischen Bedrohung« das Kriegsrecht und hebt die Verfassung auf.

18 Do Die Siemens AG und das sowjetische Staatskomitee für Wissenschaft und Technik vereinbaren technologische Zusammenarbeit.

19 Fr Das Politbüro der SED und der Ministerrat der DDR verkünden einen Preisstop für Konsumgüter, Dienstleistungen und Gaststätten von 1971 bis 1975.

20 Sa Auf dem Parteitag der NPD in Holzminden tritt der Vorsitzende Adolf von Thadden wegen partei- und vorstandsinterner Differenzen zurück.

21 So Auf ihrem Parteitag in Husum wählt die schleswigholsteinische CDU den Ministerpräsidenten Gerhard Stolzenberg zum Landesvorsitzenden.

22 Mo In den Tarifgebieten Nordwürttemberg-Nordbaden streiken die Metallarbeiter für Lohnerhöhungen. Es kommt zu Massenaussperrungen.

23 Di Die USA und Honduras unterzeichnen ein Abkommen über die Rückgabe der Schwanen-Inseln, die 1856 von den USA annektiert worden waren.

24 Mi Großbritannien erkennt die einseitige Unabhängigkeitserklärung Rhodesiens aus dem Jahr 1965 an. Damit ist der seitdem andauernde Konflikt beendet.

25 Do Vor der UN in New York kommt es zum ersten Zusammenstoß der UdSSR mit China. Peking störe sowjetischen Abrüstungsbemühungen, klagt Moskau.

26 Fr Die DDR-Volkskammer wählt Willi Stoph zum Ministerpräsidenten und Erich Honecker zum Vorsitzenden des Nationalen Verteidigungsrats.

27 Sa Die Unterzeichnerstaaten des GATT-Abkommens vereinbaren mit 16 Entwicklungsländern den gegenseitigen Abbau von Zöllen.

28 So Der jordanische Ministerpräsident Wasfi at-Tall wird in Kairo von Palästinensern erschossen. Nachfolger wird Finanzminister Achmed Lauzi.

29 Mo Bei den Wahlen im südamerikanischen Uruguay erhält die bürgerliche Regierungspartei mit 41,19% der Stimmen die Mehrheit.

30 Di Die Türkei und Griechenland stimmen dem Vorschlag von UN-Generalsekretär Sithu U Thant zu, die im August unterbrochenen Zypern-Gespräche fortzusetzen.

Jim Bohlen (unten, 3.v.l.) im Kreis der Mannschaft des Greenpeace-Schiffes

6. November 1971

Kampf für die Natur

Die Umweltschutzorganisation Greenpeace, u.a. vom ehemaligen Raketenkonstrukteur Jim Bohlen gegründet, startet ihre erste Aktion: Mit einer Schiffsfahrt zu der Aleuten-Insel Amchitka protestieren Mitglieder gegen einen unterirdischen Atombombenversuch der USA auf dem abgelegenen Eiland im Nordpazifik.
Als erster Termin für die bislang größte unterirdische Atomexplosion war zunächst Ende September vorgesehen gewesen. Ein unter großen finanziellen Anstrengungen gechartertes Greenpeace-Schiff war »vor Ort«, wurde jedoch von einem US-Schiff aufgebracht und zur Rückkehr gezwungen. Getragen von einer Welle der Zustimmung, konnte Greenpeace innerhalb weniger Wochen Geld für eine weitere Protestfahrt sammeln. Als der 6. November als neuer Termin für die Explosion bekannt wird, stechen die Umweltschützer sofort in See – verlieren jedoch den Wettlauf gegen die Zeit. Als die Bombe explodiert, sind sie noch 1100 km von ihrem Ziel entfernt. Der Greenpeace-Protest und die vielfältige öffentliche Kritik an den Atombombenversuchen tragen jedoch dazu bei, dass die US-Regierung 1972 beschließt, keine weiteren Tests im Amchitka-Gebiet zu unternehmen.

16. Dezember 1971

Entführter Aldi-Besitzer frei

Mit der Freilassung von Aldi-Besitzer Theo Albrecht (s. Abb.) endet nach 18 Tagen eine spektakuläre Entführung. Albrecht war am 29. November vor seinem Unternehmen in Herten von zwei bewaffneten Männern gekidnappt worden. Die Täter forderten 7 Mio. DM Lösegeld für die Freilassung des Millionärs. Nach der Übergabe des Geldes durch Ruhr-Bischof Franz Hengsbach kann die Polizei Theo Albrecht unbeschadet in Empfang nehmen. Die Täter werden nach einer Großfahndung im Jahre 1972 gefasst und zu achteinhalb Jahren Freiheitsstrafe verurteilt. Sie hatten ihr Opfer aus dem Buch »Die Reichen und die Superreichen« ausgewählt.

11. Dezember 1971

Berlin-Transit geregelt

Mit dem innerdeutschen Transitabkommen schließen die Bundesrepublik und die DDR ihren ersten gemeinsamen Vertrag auf Regierungsebene ab. Im Amtssitz des Berliner Senats paraphieren Senatsdirektor Ulrich Müller und DDR-Staatssekretär Günter Kohrt Verträge, die den Besucherverkehr in der geteilten Stadt erleichtern sollen. Am selben Tag unterzeichnen auch die Staatssekretäre Egon Bahr und Michael Kohl im Haus des Ministerrates der DDR in Ost-Berlin eine Vereinbarung, die den Verkehr von zivilen Personen und Gütern zwischen der Bundesrepublik und West-Berlin regeln soll. Nach den Bestimmungen dürfen Reisende prinzipiell nicht mehr festgenommen oder zurückgewiesen werden. Fahrzeuge können nur noch bei konkreten Verdachtsmomenten durchsucht werden. Transporte von Gütern nach oder von West-Berlin müssen künftig verplombt werden. Bonn zahlt eine Gebühr für die Nutzung der Transitwege.

10. Dezember 1971

Auszeichnung für Ostpolitik

Bundeskanzler Willy Brandt (SPD) wird in Oslo mit dem Friedensnobelpreis ausgezeichnet. Brandt ist nach Gustav Stresemann, Ludwig Quidde und Carl von Ossietzky der vierte Deutsche, der diese Auszeichnung erhält. Das Nobelpreiskomitee begründet die Preisvergabe mit Brandts Bemühungen um Entspannung zwischen den Machtblöcken in Europa. Die Entscheidung für den deutschen Bundeskanzler sei leicht gewesen, man habe ihn mit großer Freude gewählt, so die Komiteemitglieder. Die Nachricht von Brandts Ehrung hatte im Oktober für eine Überraschung im Bundestag gesorgt. Als die Meldung in Bonn eintraf, ließ Bundestagspräsident Kai-Uwe von Hassel (CDU) die laufende Sitzung unterbrechen, um dem Bundeskanzler zu gratulieren. In Oslo nimmt Willy Brandt (s. Abb.) den Friedensnobelpreis mit den Worten entgegen: »Der Friedensnobelpreis ist die höchste, aber auch die am meisten verpflichtende Ehrung, die einem Mann in politischer Verantwortung zuteil werden kann. Ich ... will alles tun, um in meiner weiteren Arbeit dem nahe zu kommen, was viele von mir erwarten.« In Stockholm überreicht der schwedische König Gustav VI. Adolf von Schweden die weiteren Nobelpreise. Auf dem Gebiet der Medizin wird Earl W. Sutherland ausgezeichnet. Simon Kuznets (ebenfalls USA) erhält den Preis für Wirtschaftswissenschaften. Für die Erfindung der Holografie wird der britische Physiker Dennis Gabor geehrt. Für Chemie nimmt Gerhard Herzberg aus Kanada den Preis entgegen. Den Literaturnobelpreis erhält der Chilene Pablo Neruda.

22. Dezember 1971

Waldheim an UNO-Spitze

Der Österreicher Kurt Waldheim (s. Abb.) übernimmt das Amt des Generalsekretärs bei den Vereinten Nationen. Die Vollversammlung der UNO spricht sich mit 11:1 Stimmen bei einer Stimmenthaltung für den bisherigen Vertreter Österreichs bei den UN in New York aus. Der ehemalige Außenminister seines Landes übernimmt das Amt von Sithu U Thant, der nach zehnjährigem UN-Vorsitz nicht mehr zur Wiederwahl zur Verfügung steht.

3. Dezember 1971

Indien gibt Schützenhilfe

Indien mischt sich in den pakistanischen Bürgerkrieg ein und entscheidet den Konflikt zu Gunsten Ostpakistans, das als Bangladesch die Unabhängigkeit anstrebt.
Indiens Ministerpräsidentin Indira Gandhi erklärt vor dem Parlament, dass sich ihr Land im Krieg mit Pakistan befinde. Der Ausnahmezustand wird verhängt und ein Verteidigungsgesetz erlassen. Seit Tagen wüten an der Grenze zwischen Indien und Ostpakistan schwere Kämpfe. Am 3. Dezember startet Pakistan einen Luftangriff, der in den dritten indisch-pakistanischen Krieg mündet. Auslöser des Konfliktes sind die 10 Mio. bengalischen

Flüchtlinge, die im Verlauf des Bürgerkriegs um die Unabhängigkeit Ostpakistans nach Indien geflohen sind – für die indische Regierung eine auf Dauer wirtschaftlich und sozial untragbare Situation. Wiederholt hatte Gandhi erklärt, das Flüchtlingsproblem nur mit friedlichen Mitteln lösen zu wollen. Sie forderte Pakistan auf, Bangladesch nicht länger besetzt zu halten und dem Land die Unabhängigkeit zu garantieren. Ende November eskaliert der Konflikt. Indien und Pakistan beschuldigen sich gegenseitig, mit der militärischen Aggression begonnen zu haben. Am 24. November ordnet Pakistan die Mobilmachung an. Indische Einheiten dringen daraufhin »aus Gründen der Selbstverteidigung« in Ostpakistan ein. Bei den Kampfhandlungen, die sich auch auf die indisch-pakistanische Westgrenze ausdehnen, sind die Inder überlegen: Sie besetzen gemeinsam mit den bengalischen Soldaten alle großen Städte und strategisch wichtigen Stützpunkte (Abb.: Indische Soldaten feiern ihren Sieg). An der Westfront vereinbaren die Militärs einen Tag später einen Waffenstillstand. Im UN-Sicherheitsrat wird erst am 21. Dezember nach tagelangen Debatten eine Kompromissresolution zum indisch-pakistanischen Krieg verabschiedet.
Mit dem Sieg Indiens ist die Teilung Pakistans endgültig besiegelt. 1972 wird Bangladesch von weiteren Regierungen als unabhängiger Staat anerkannt, u.a. von der UdSSR, Großbritannien und der Bundesrepublik. Die Niederlage hat für Pakistans Regierung ebenfalls Konsequenzen. Präsident Aga Muhammad Yahya Khan tritt Ende 1971 zurück. Nachfolger wird Zulfikar Ali-Khan Bhutto. In der neuen Regierung, die am 23. Dezember vorgestellt wird, übernimmt Bhutto u.a. auch die Funktionen des Außen-, Innen- und Verteidigungsministers. Der Präsident tritt auch nach Kriegsende für ein ungeteiltes Pakistan ein: Zwar habe Westpakistan den Ostteil des Landes benachteiligt, durch eine neue Verfassung sollen jedoch demokratische Verhältnisse geschaffen werden.

Dezember 1971

1 Mi In Frankfurt am Main, Bonn, Hannover, Berlin und München kommt es zu Studentenprotesten gegen das geplante Hochschulrahmengesetz.

2 Do Sechs Scheichtümer und Emirate am Persischen Golf schließen sich zur Föderation der Vereinigten Arabischen Emirate zusammen.

3 Fr Die türkische Regierung tritt zurück. Zur Begründung heißt es, konservative Kräfte hätten die Durchführung notwendiger Reformen verhindert. → Indien

4 Sa Bei einer Großfahndung im Westberliner Stadtteil Schöneberg erschießt die Polizei den 24-jährigen mutmaßlichen Terroristen Georg von Rauch.

5 So Das erste Kommunale Kino der Bundesrepublik wird in Frankfurt am Main eröffnet. Gespielt werden u.a. Dokumentarfilme und Klassiker.

6 Mo Südkorea verhängt den Ausnahmezustand und kündigt eine Einschränkung der Grundrechte an. Begründet wird dies mit Kriegsvorbereitungen Nordkoreas.

7 Di Der Arbeitskampf in der Metallindustrie zwingt die VW-Werke Wolfsburg zur Produktionseinstellung. Ein Schlichtungsversuch des Bundeskanzlers scheitert.

8 Mi Außenminister Walter Scheel teilt in Bonn mit, dass die Bundesrepublik angesichts des Krieges keine Entwicklungshilfe mehr an Indien und Pakistan leiste.

9 Do Durch 55 neue Leitungen können Ostberliner zum ersten Mal seit Teilung der Stadt ohne Vermittlung nach West-Berlin telefonieren.

10 Fr Die Tarifpartner in der Metallindustrie des Bezirks Nordwürttemberg-Nordbaden einigen sich auf eine Lohnerhöhung von 7,5%. → Auszeichnung

11 Sa In Hannover legen die Jungsozialisten die Kernpunkte ihrer künftigen Politik fest. Dazu gehört die Verstaatlichung der Schlüsselindustrien. → Berlin-Transit

12 So Bei einer Abstimmung im Schweizer Kanton Bern wird Frauen mit 78 656 gegen 16 298 Stimmen das Stimmrecht in Kantonsangelegenheiten zugesprochen.

13 Mo Südvietnamesische Truppen beginnen eine Offensive gegen das nordvietnamesische Divisionshauptquartier auf der Plantage Chup im Osten Kambodschas.

14 Di Der Europäische Gerichtshof in Brüssel urteilt, dass Frankreich durch den Export von spaltbarem Material gegen den Euratom-Vertrag verstoßen habe.

15 Mi Die Bundesanstalt für Arbeitsschutz und Unfallforschung (Sitz: Dortmund) wird gegründet. Sie soll der Verbesserung der Arbeitsbedingungen dienen.

16 Do Der CDU-Vorsitzende Rainer Barzel erklärt nach einer Moskau-Reise, seine Bedenken gegen den Moskauer Vertrag seien bestätigt worden. → Aldi-Besitzer

17 Fr Das Bundesverwaltungsgericht entscheidet, dass bei der Bewertung von Nacktszenen in Filmen veränderte gesellschaftliche Normen zu berücksichtigen seien.

18 Sa Zum Abschluss ihrer Washingtoner Finanzkonferenz beschließen die zehn größten westlichen Industrieländer die Neufestsetzung der Währungsparitäten.

19 So Das Bundesverteidungsministerium gibt bekannt, dass zum 1. April 1972 Admiral Armin Zimmermann neuer Generalinspekteur der Bundeswehr wird.

20 Mo In Islamabad wird Zulfikar Ali-Khan Bhutto, der Führer der Volkspartei, als neuer pakistanischer Staatspräsident vereidigt.

21 Di Die Bonner Regierung legt den Wechselkurs der DM gegenüber dem US-Dollar auf 3,22 DM fest. Damit wird das sog. Floating der DM beendet.

22 Mi Die neue pakistanische Regierung ordnet die Entlassung des inhaftierten ostpakistanischen Politikers Mujib Rahman an. → Waldheim

23 Do Der Christdemokrat Giovanni Leone wird im 23. Wahlgang zum sechsten italienischen Staatspräsidenten gewählt.

24 Fr In der ungarischen Hauptstadt Budapest werden bei einer erbitterten Straßenschlacht um die letzten Christbäume 40 Menschen verletzt.

25 Sa Bei einem Großbrand in einem Luxushotel in der südkoreanischen Hauptstadt Seoul kommen über 160 Menschen ums Leben.

26 So An den Übergängen nach Ost-Berlin herrscht großer Andrang. Zahlreiche Bundesdeutsche und Westberliner besuchen ihre Verwandten im Ostteil der Stadt.

27 Mo In New York wird die erste Samenbank für menschliche Spermien eröffnet. Begründet wird dies mit der wachsenden Ausbreitung der Sterilisation.

28 Di In Bonn bestätigt das Außenministerium Berichte, nach denen die Bundesrepublik Rüstungsmaterial an Griechenland liefern wolle.

29 Mi Im saarländischen Baltesweiler stellt die Polizei drei Männer, die am 27. Dezember eine Kölner Bank überfallen hatten und mit zwei Geiseln geflohen waren.

30 Do Die US-Luftwaffe beendet ihren schwersten Angriff auf Nordvietnam seit November 1968. Dabei wurden mehr als 1000 Einsätze geflogen.

31 Fr In München wird das renovierte Residenztheater mit Shakespeares »Der Widerspenstigen Zähmung« in der Inszenierung von Otto Schenk wieder eröffnet.

Januar 1972

1 Sa In Inzell verbessert der 27-jährige Eisschnellläufer Erhard Keller seinen eigenen 500-m-Weltrekord von 38,42 sec auf 38,30 sec.

2 So Für Reisen zwischen der Bundesrepublik und West-Berlin entfallen künftig individuelle Gebühren für Visa und Straßenbenutzung.

3 Mo Als einzige Überlebende des Flugzeugabsturzes im peruanischen Urwald vom 24. Dezember 1971 wird die Bundesdeutsche Juliane Koepcke gefunden.

4 Di Bei den Reichstagswahlen in Finnland verbessern die Sozialdemokraten ihre Position und bleiben mit 25,8% Stimmenanteil die stärkste Kraft im Parlament.

5 Mi Ein Moskauer Gericht verurteilt den sowjetischen Schriftsteller Wladimir Bukowski wegen »Untergrabung der Staatsmacht« zu 12 Jahren Gefängnis.

6 Do Die Volksrepublik China führt ihren 13. Kernwaffentest durch. Damit forciert sie die Entwicklung von Kernsprengköpfen für Mittelstreckenraketen.

7 Fr Beim Anflug auf den Flughafen von Ibiza rast eine spanische Düsenmaschine gegen einen Berg. Keiner der 104 Menschen an Bord überlebt den Absturz.

8 Sa Als erstes rein kommerziell betriebenes Atomkraftwerk in der Bundesrepublik nimmt das Großkraftwerk Stadersand an der Unterelbe den Betrieb auf.

9 So Ein Großbrand zerstört die im Hafen von Hongkong liegende »Queen Elizabeth«, das einst größte Passagierschiff der Welt.

10 Mo Im Magazin »Der Spiegel« wendet sich der Schriftsteller Heinrich Böll gegen die Vorverurteilung der Baader-Meinhof-Gruppe durch die »Bild«-Zeitung.

11 Di Das Bundesamt für Verfassungsschutz sieht laut seinem neuen Jahresbericht weder im Links- noch im Rechtsradikalismus eine akute Gefahr für den Staat.

12 Mi Wegen gestiegener Materialkosten erhöht die Ford AG in Köln die Preise für einen Teil ihrer Modelle um durchschnittlich 3,3%.

13 Do US-Präsident Richard Nixon kündigt einen weiteren Truppenabzug aus Vietnam an. Insgesamt sollen 70 000 Soldaten in die Heimat zurückkehren.

14 Fr Nach über 100-jährigem Bestehen als deutsches Unternehmen fusioniert der Hoesch-Konzern mit dem niederländischen Stahlproduzenten Hoogovens.

15 Sa Die älteste Tochter des verstorbenen dänischen Königs Frederik IX. wird von Ministerpräsident Jens Otto Krag zur Königin Margrethe II. proklamiert.

16 So Im Zuge einer Regierungsumbildung in Ägypten übernimmt der bisherige stellvertretende Ministerpräsident Aziz Sidky das Amt des Regierungschefs.

17 Mo Vor dem sozialpolitischen Ausschuss des Bundestages sprechen sich Renten-Sachverständige für die Einführung der flexiblen Altersgrenze aus.

18 Di Präsident Gustav Heinemann betont beim Neujahrsempfang für das diplomatische Korps die Notwendigkeit, die Einheit der deutschen Nation zu wahren.

19 Mi Die baskische Untergrundorganisation ETA entführt den spanischen Fabrikdirektor Lorenzo Zabala. Vier Tage später wird er wieder freigelassen.

20 Do Peter Brückner, Ordinarius für Psychologie an der Universität Hannover, wird wegen angeblicher Unterstützung der Baader-Meinhof-Gruppe suspendiert.

21 Fr Der österreichische Nationalrat billigt eine Regierungsvorlage über die Einrichtung eines Bundesministeriums für Gesundheit und Umweltschutz.

22 Sa In Brüssel unterzeichnen Großbritannien, Irland, Norwegen und Dänemark Verträge über den Beitritt zur Europäischen Gemeinschaft.

23 So Die ersten massiven Schneefälle des Jahres verursachen vor allem in Süddeutschland erhebliche Verkehrsprobleme und zahlreiche Autounfälle.

24 Mo Einstimmig beschließen die Führungsgremien der CDU, die Ostverträge (Warschauer und Moskauer Vertrag) im Bundestag abzulehnen.

25 Di US-Präsident Richard Nixon gibt in einer Fernsehansprache überraschend einen Acht-Punkte-Plan zur Beendigung des Vietnamkriegs bekannt.

26 Mi Die Angeklagten im sog. »Schneemordprozess« werden in Bonn zu lebenslanger Haft verurteilt. Ein von ihnen nackt an einen Baum gefesselter Mann erfror.

27 Do Peter Peterson wird Nachfolger von US-Handelsminister Maurice Stans, der die Kampagne für die neue Präsidentschaftskandidatur Richard Nixons leitet.

28 Fr Der Italiener Sandro Munari gewinnt auf einem Lancia die 41. Rallye Monte Carlo. Von 264 gestarteten Autos erreichen nur 24 das Ziel. → Radikale

29 Sa Klaus Altmann, der mit dem gesuchten Gestapo-Chef von Lyon, Klaus Barbie, identisch sein soll, wird an der Grenze zwischen Peru und Bolivien verhaftet.

30 So Angesichts der Anerkennung Bangladeschs durch Australien, Neuseeland und Großbritannien tritt Pakistan aus dem Commonwealth aus. → Londonderry

31 Mo Das IOC schließt den österreichischen Skiläufer Karl Schranz wegen Verstoßes gegen das Amateur-Statut von den Olympischen Winterspielen in Sapporo aus.

Chou En-lai und Nixon beim festlichen Bankett

21. Februar 1972

Nixon in China

Als erster Präsident der Vereinigten Staaten stattet Richard Nixon dem Reich der Mitte einen Besuch ab. Der einwöchige Besuch des Staatsoberhauptes in der Volksrepublik China leitet eine Phase der Entspannung ein.
Der US-Präsident wird mit allen Ehren empfangen: Chinas Ministerpräsident Chou En-lai begrüßt ihn am Flughafen. Gemeinsam mit Nixon schreitet er die Ehrenformationen aus Angehörigen aller Waffengattungen ab. Schon wenige Stunden nach seiner Ankunft wird Nixon vom Parteivorsitzenden Mao Tse-tung in dessen Privathaus in der »Verbotenen Stadt« in Peking empfangen. Betont freundschaftlich reichen sich – vor den Augen zahlreicher Journalisten – die ehemals unversöhnlichen Gegner die Hände. Die politischen Gespräche finden jedoch nicht im Scheinwerferlicht der Medien statt. Vielmehr erörtern Chou En-lai und Nixon in Vier-Augen-Gesprächen die politische Lage. »Die führenden Politiker der VR China und der USA fanden es nützlich, nach so vielen Jahren ohne Kontakt die Möglichkeit zu haben, einander ihre Ansichten über eine Vielzahl von Fragen offen darzulegen«, heißt es in einem zurückhaltend formulierten Kommunikee. Beide Seiten betonen ihren Willen zur friedlichen Koexistenz. Für beide Regierungen ist das Zusammentreffen ein Erfolg. Der als politischer Hardliner geltende US-Präsident kann sich als flexibler Außenpolitiker profilieren und mit Blick auf die anstehende Präsidentschaftswahl Punkte sammeln. Sein Gastgeber Chou sieht sich in seiner auf eine vorsichtige Öffnung zum Westen ge-

3. Februar 1972

Skandale und Sensationen bei Winterspielen in Sapporo

Japans Kaiser Hirohito eröffnet in Sapporo die XI. Olympischen Winterspiele. Damit kämpfen erstmals Wintersportler in Asien um olympische Medaillen. Die 1600 Sportler kommen aus 35 Nationen. Im Vorfeld der Spiele war es zu Irritationen gekommen: Das Internationale Olympische Komitee schloss das österreichische Ski-Idol Karl Schranz von der Teilnahme aus. Schranz habe sich in den vergangenen Jahren zu sehr vermarkten lassen, um noch als Amateur anerkannt zu werden, hieß es in der Begründung. Während der Wettkämpfe sorgt vor allem Francisco Fernandez Ochoa für eine Sensation. Der Spanier gewinnt die Goldmedaille im Slalom. Im bundesdeutschen Team bieten vor allem die Eisschnellläufer herausragende Leistungen: Der 27-jährige Erhard Keller (s. Abb.) sichert sich im 500-m-Sprint den Sieg. Monika Pflug stellt mit 1:31,40 min über 1000 m eine neue olympische Rekordmarke auf. Für die ostdeutsche Mannschaft trumpfen die Rodler auf: Wolfgang Scheidel und Ann-Maria Müller gewinnen die Einsitzer-Wettbewerbe. Der Skiläufer Ulrich Wehling siegt in der Nordischen Kombination.

Das Sternenbanner weht in Peking.

richteten Außenpolitik bestätigt. Seit der Proklamation der Volksrepublik 1949 hatten die USA Maos China als Gegner angesehen und Taiwan (Nationalchina) unterstützt. Die Volksrepublik ihrerseits versicherte sich in den 50er Jahren bei ihrem »Sprung nach vorn« sowjetischer Unterstützung. In der Folgezeit gerieten Moskau und Peking aber immer stärker in Gegensatz. 1971 wurde völlig überraschend eine US-Tischtennismannschaft zu einem einwöchigen Besuch nach China eingeladen. Der Ausschluss Taiwans aus der UNO beseitigte ein weiteres Hindernis für Peking, sich mit Washington zu verständigen.

17. Februar 1972

Käfer bricht alle Rekorde

Der VW »Käfer« bricht einen historischen Rekord (s. Abb.): Mit über 15 Mio. Exemplaren übertrifft der kugelige Erfolgswagen die Verkaufszahlen des legendären Ford »Tin Lizzie«. Als »KdF-Wagen« rollte der erste Käfer 1934 im Auftrag des Hitler-Regimes. Trotz zahlreicher Veränderungen wird der Kleinwagen seither von dem bewährten Boxermotor mit Luftkühlung angetrieben.

28. Januar 1972

Gesetz gegen Radikale

Das Bundeskabinett und die Regierungschefs der Länder beschließen in Bonn die »Grundsätze über die Mitgliedschaft von Beamten in extremen Organisationen«. Mit Rücksicht auf die gereizte öffentliche Atmosphäre in der Bundesrepublik im Zusammenhang mit der terroristischen Baader-Meinhof-Gruppe stimmen auch die sozialdemokratischen Ministerpräsidenten für den Beschluss, der vor allem linksextreme Verfassungsgegner aus dem öffentlichen Dienst fernhalten soll. Der sog. Radikalenerlass, der u.a. Berufsverbote zur Folge haben kann, ruft Kritiker aus dem In- und Ausland auf den Plan.
Zwar sind auch NPD-Anhänger in die Sanktionen einbezogen, doch die zur Zeit in Deutschland herrschende Hysterie gegen Links lässt den Erlass eher zu einem Verdikt gegen Kommunisten im öffentlichen Dienst werden. Konkret sind vor allem Mitglieder der im Jahre 1968 gegründeten Deutschen Kommunistischen Partei (DKP) und der aus der außerparlamentarischen Opposition (APO) hervorgegangenen linksextremen Gruppierungen betroffen. Gegner des Radikalenerlasses kritisieren vor allem die Einführung eines nach dem Grundgesetz unzulässigen Berufsverbots und die politischen Folgen, wie z.B. Einschränkung der Freiheitsrechte. Bei der zunehmend umstrittenen Anwendung des Radikalenerlasses halten SPD und FDP im Unterschied zu CDU und CSU die bloße Mitgliedschaft in einer verfassungsfeindlichen Organisation nicht für ausreichend, um ein Berufsverbot zu verhängen.

30. Januar 1972

Blutsonntag von Londonderry

Der Bürgerkrieg in Nordirland eskaliert: Britische Fallschirmjäger eröffnen in Londonderry das Feuer auf eine verbotene Demonstration katholischer Bürgerrechtler. 13 Menschen kommen ums Leben, 16 werden verwundet. Das Ereignis geht als

»Blutsonntag von Londonderry« in die Geschichte ein (Abb.: Demonstranten erinnern an die Toten). Über die Ereignisse gibt es widersprüchliche Aussagen: Während ein Armeesprecher behauptet, die Fallschirmjäger seien beschossen worden und somit gezwungen gewesen, das Feuer zu erwidern, berichten Augenzeugen, die Briten hätten ohne nennenswerte Provokation in die Menge geschossen. Ein nach dem Ereignis erstellter Untersuchungsbericht legt nahe, dass es nicht zu ernsten Zwischenfällen gekommen wäre, wenn sich die Armee stärker zurückgehalten hätte. Die Irisch Republikanische Armee (IRA) reagiert mit einer Serie von Attentaten.

Februar 1972

1 Di Die Polizei stellt einen Teil des Lösegeldes sicher, das die Familie des 1971 entführten Großkaufmanns Theodor Albrecht (Aldi) gezahlt hatte.

2 Mi Eine aufgebrachte Menge von 25 000 Personen brandschatzt aus Protest gegen den Militäreinsatz in Londonderry die britische Botschaft in Dublin.

3 Do SED-Generalsekretär Erich Honecker beendet einen »Freundschaftsbesuch« in Ungarn. Haupt-Gesprächsthema war der Ausbau der Kooperation. → Sapporo

4 Fr Die US-Raumsonde »Mariner 9« sendet erste Fotos von der Marsoberfläche. Die Aufnahmen zeigen Vulkane und ausgetrocknete Flüsse.

5 Sa Ceylon erlässt ein Einreiseverbot für Hippies, da diese angeblich den Pockenerreger einschleppen und verbreiten würden.

6 So In Brühl werden fünf Gastarbeiter aus Jordanien von zwei mit Maschinenpistolen bewaffneten Männern erschossen. Die Täter können entkommen.

7 Mo Ugandas Diktator Idi Amin kommt zu einem Staatsbesuch in die Bundesrepublik. Er wird u.a. von Außenminister Walter Scheel empfangen.

8 Di Das Politbüro der SED in der DDR beschließt die Sozialisierung von Betrieben mit staatlicher Beteiligung sowie privaten Industrie- und Baufirmen.

9 Mi Im Bundesrat beginnt die erste Lesung der Ostverträge. Dabei werden die ostpolitischen Gegensätze zwischen Regierung und Opposition deutlich.

10 Do Bundeskanzler Willy Brandt trifft in Paris mit dem französischen Präsidenten Georges Pompidou neue Vereinbarungen in der Währungspolitik.

11 Fr Tausende Bauern protestieren in der Bundesrepublik gegen die von der EG-Kommission vorgeschlagene Erhöhung der Erzeugerpreise für die Landwirtschaft.

12 Sa Schwere Schneestürme im Nordwesten Irans haben nach offiziellen Angaben aus Teheran 23 Menschenleben gefordert.

13 So Mit einem Appell, den »Freiheitskampf Indochinas gegen die USA zu unterstützen«, endet in Versailles die »Weltversammlung für den Frieden Indochinas«.

14 Mo Stromausfälle im Zuge eines Bergarbeiterstreiks tauchen Teile Großbritanniens in Dunkelheit. Viele Betriebe müssen ihre Produktion einstellen.

15 Di In Ecuador wird Präsident José Maria Velasco Ibarra durch einen unblutigen Militärputsch gestürzt. General Guillermo Rodríguez Lara übernimmt die Macht.

16 Mi Bundesverteidigungsminister Helmut Schmidt einigt sich mit seinem Pariser Kollegen über die Serienfertigung des Kampfflugzeugs »Alpha Jet«.

17 Do Nach dem Rücktritt der Mitte-Links-Regierung in Italien bildet Giulio Andreotti eine christlich-demokratische Regierung. → Käfer

18 Fr Auf großes Publikumsinteresse stößt das US-Erfolgs-Musical »Jesus Christ Superstar«, das erstmals in der Bundesrepublik aufgeführt wird.

19 Sa Als erstes kommunistisches Land Asiens nimmt die Mongolische Volksrepublik diplomatische Beziehungen mit Japan auf.

20 So Der Holländer Ard Schenk, dreifacher Eisschnelllauf-Olympiasieger von Sapporo, gewinnt in Oslo die Weltmeisterschaft im Großen Vierkampf.

21 Mo Palästinensische Terroristen entführen einen »Jumbo-Jet« der Lufthansa in den Jemen. Bonn kauft die Passagiere für 16 Mio. DM frei. → China

22 Di Bei einem Bombenanschlag der IRA während einer Offiziersmesse im englischen Aldershot kommen sieben Menschen ums Leben.

23 Mi Nach den Reichstagswahlen in Finnland ernennt Präsident Urho Kekkonen eine von dem Sozialdemokraten Kustaa Paasio geführte Minderheitsregierung.

24 Do Der Bayerische Landtag verabschiedet eine umstrittene Novelle zum Rundfunkgesetz. Durch sie wird die Macht der CSU im Rundfunkrat deutlich gestärkt.

25 Fr In Großbritannien endet der seit dem 9. Januar andauernde Streik der Bergarbeiter. Die Arbeitsniederlegungen stürzten die Insel in ein Wirtschaftschaos.

26 Sa Am Landestheater Darmstadt findet die Uraufführung des Bühnenstücks »Der tollste Tag« von Peter Turrini statt. Regie führt Gerd Heinz.

27 So Erneut stoßen israelische Streitkräfte auf südlibanesisches Gebiet vor. +++ Die Eisschnellläuferin Monika Pflug (Inzell) wird Weltmeisterin im Sprint-Vierkampf.

28 Mo Die Außenminister der sechs EG-Staaten und die vier Beitrittskandidaten einigen sich in Brüssel auf eine gemeinsame Gipfelkonferenz im Oktober.

29 Di Im Zusammenhang mit der Zypern-Krise beschließt der österreichische Ministerrat, den UN-Streitkräften eine bewaffnete Einheit zur Verfügung zu stellen.

März 1972

1 Mi Innenminister Hans-Dietrich Genscher (FDP) begründet vor dem Bundestag das Einreiseverbot für den marxistischen belgischen Ökonomen Ernest Mandel.

2 Do Nach einem Schusswechsel nimmt die Polizei in Hamburg zwei RAF-Angehörige fest. Ein dabei schwer verletzter Polizist stirbt drei Wochen später.

3 Fr Der Abgeordnete Herbert Hupka, der wegen seiner Ablehnung der Ostverträge aus der SPD ausgetreten war, wird in die CDU/CSU-Fraktion aufgenommen.

4 Sa In Leipzig kommt es zur Uraufführung von Volker Brauns Bühnenstück »Die Kipper«. Inszeniert wird das Schauspiel von Gotthard Müller.

5 So Bundeskanzler Willy Brandt trifft zu einem offiziellen Besuch im Iran ein. Bei den Gesprächen geht es um die Sicherung der deutschen Ölversorgung.

6 Mo Die bundesdeutsche Charterfluggesellschaft Calair muss wegen Überschuldung und zu geringer Auslastung ihren Betrieb einstellen und Konkurs anmelden.

7 Di Die Wirtschafts- und Finanzminister der EG-Länder einigen sich in Brüssel auf wichtige Grundsätze für die Startphase der Wirtschafts- und Währungsunion.

8 Mi Nach fast 6-jährigem Einsatz vor Vietnam kehrt das Hospitalschiff »Helgoland« in seinen Heimathafen Hamburg zurück. Es soll nun als Fährschiff dienen.

9 Do Die Volkskammer der DDR verabschiedet ein Gesetz über die sog. Fristenlösung, wonach eine Abtreibung innerhalb der ersten drei Monate erlaubt ist.

10 Fr Erich Honecker, Erster Sekretär der SED, spricht sich für die Ostverträge und damit für ein friedliches Nebeneinander der beiden deutschen Staaten aus.

11 Sa Mit dem Satelliten TD-1A startet die europäische Weltraumorganisation ESRO das bisher größte Raumfahrzeug Westeuropas.

12 So Bei den Hallen-Europameisterschaften im französischen Grenoble gewinnt die Mannschaft des Deutschen Leichtathletik-Verbands sechs Titel.

13 Mo Der US-Schriftsteller Clifford Irving gesteht ein, dass die angebliche Autobiografie des US-Milliardärs Howard Hughes aus seiner, Irvings, Feder stamme.

14 Di Die »Empfangsanlage West« des Frankfurter Rhein-Main-Flughafens wird eröffnet. Das neue Terminal kann jährlich 30 Mio. Passagiere abfertigen.

15 Mi König Hussein II. von Jordanien veröffentlicht einen Plan zur Lösung des Palästina-Problems. Er sieht die Vereinigung Jordaniens mit dem Westjordanland vor.

16 Do Das Etappenrennen Paris-Nizza gewinnt der fast 36-jährige Radprofi Raymond Poulidor mit nur sechs Sekunden Vorsprung vor dem Belgier Eddy Merckx.

17 Fr Der 13. Parteitag der Kommunistischen Partei Italiens wählt in Mailand Enrico Berlinguer zum Nachfolger von Luigi Longo als Parteichef.

18 Sa In mehreren Städten der Bundesrepublik startet der Bund der Vertriebenen (BDV) eine Welle von Protestaktionen gegen die Ostverträge.

19 So Im Zentrum der nordirischen Hauptstadt Belfast kommt es zum bisher schwersten Bombenanschlag der IRA. Sechs Personen werden getötet, 147 verletzt.

20 Mo KPdSU-Chef Leonid I. Breschnew erkennt in einer Rede erstmals die Existenz der Europäischen Wirtschaftsgemeinschaft als eine Realität an.

21 Di Griechenlands Vizekönig Georgios Zoitakis wird abgesetzt. Zuvor hatte ihm die Militärjunta mangelnde Zusammenarbeit vorgeworfen.

22 Mi Der US-Senat in Washington billigt einen Zusatzartikel zur Verfassung der Vereinigten Staaten, der die Gleichberechtigung der Frau gewährleisten soll.

23 Do Uganda weist alle israelischen Militärberater aus. Grund dafür ist eine Finanzhilfe Libyens, die an den Abbruch der Beziehungen zu Israel geknüpft ist.

24 Fr Der Rhein führt infolge anhaltender Trockenheit nur noch 630 m^3 Wasser pro Sekunde. Der Rheinfall von Schaffhausen ist lediglich ein Rinnsal. → Nordirland

25 Sa In El Salvador scheitert ein Putschversuch des bei den Präsidentschaftswahlen unterlegenen Kandidaten José Napoleon Duarte.

26 So Der 21-jährige Schweizer Walter Steiner gewinnt im jugoslawischen Planica die erste Weltmeisterschaft im Skifliegen vor Heinz Wosipiwo (DDR).

27 Mo Nach 17 Jahren Bürgerkrieg unterzeichnen Vertreter der sudanesischen Regierung und der südsudanesischen Anya-Nya-Bewegung ein Friedensabkommen.

28 Di Die Pockenerkrankung eines aus dem Kosovo eingereisten Bauarbeiters löst in Hannover umfangreiche Quarantänemaßnahmen aus.

29 Mi Eine internationale Konvention über die Haftung für durch Objekte der Weltraumforschung verursachte Schäden wird in Washington unterzeichnet.

30 Do Im vor kurzem nach West-Berlin umgezogenen Bauhaus-Archiv endet eine Werkschau des Bauhaus-Künstlers László Moholy-Nagy. → Vietnam

31 Fr US-Präsident Richard Nixon bewilligt die Weiterfinanzierung der beiden in München ansässigen Osteuropa-Sender »Radio Free Europe« und »Radio Liberty«.

30. März 1972

Luftkrieg in Vietnam

Nordvietnamesische Streitkräfte beginnen ihre groß angelegte sog. Osteroffensive mit einem massiven Einmarsch in die nördlichste Provinz Südvietnams, Quang Tri. Im Gegenzug nehmen die USA den uneingeschränkten Luftkrieg gegen Nordvietnam wieder auf und verminen den Zugang zu gegnerischen Seehäfen. In den USA und Westeuropa protestieren mehrere hunderttausend Demonstranten, vor allem Studenten, gegen den Krieg.

Truppen aus Nordvietnam und Vietcong-Einheiten dringen unter dem Oberbefehl von General Vo Nguyên Giap zunächst in den Norden Südvietnams vor. Ab dem 4. April weiten sie die Angriffe auf Gebiete nordwestlich Saigons aus. Eine dritte Front wird ab dem 24. April im zentralen Hochland der Provinzen Kontum und Pleiku eröffnet. Am 1. Mai nehmen die Nordvietnamesen die Stadt Quang Tri ein. Die südvietnamesischen Regierungstruppen müssen sich bis zur alten Kaiserstadt Hue zurückziehen. Die Provinzhauptstadt An Loc wird am 12. Mai von Nordvietnam eingenommmen. Die US-Luftwaffe weitet daraufhin den Luftkrieg wieder aus (Abb.: Vietnamesische Kinder fliehen in Panik aus ihrem brennenden Dorf, das die US-Luftwaffe mit Napalm-Bomben zerstört hat). Erstmals seit November 1968 bombardiert sie die Städte Hanoi und Haiphong in Nordvietnam sowie Eisenbahnlinien und Straßen, um den Nachschub des Gegners zu unterbrechen. Am 9. Mai werden sieben Häfen durch den Abwurf von Seeminen unpassierbar gemacht. Die Offensive kann durch die Luftangriffe jedoch erst im Juni zum Stehen gebracht werden. An Loc und Kontum werden zurückerobert. Die Kämpfe um die Zitadelle der völlig zerstörten Stadt Quang Tri gehen bis zum 17.

September weiter. Insgesamt werden bei der Offensive schätzungsweise über 100 000 nordvietnamesische Soldaten getötet oder verwundet.

In den USA kommt es an zahlreichen Universitäten zu Protesten gegen den Krieg. In New York und anderen Städten demonstrieren am 23. und 24. April über 300 000 Menschen gegen den Krieg. Bei einer Kundgebung in West-Berlin bezeichnet der Theologe Helmut Gollwitzer die Bombenangriffe vor mehr als 100 000 Demonstranten als »ein Verbrechen ohne jeden politischen Sinn«.

27. April 1972

Votum für Brandt

Der Bundestag in Bonn und mit ihm der deutsche Parlamentarismus erlebt einen seiner dramatischsten Augenblicke. In die Totenstille im Plenarsaal hinein verkündet Bundestagspräsident Kai-Uwe von Hassel das Ergebnis der geheimen Abstimmung zum Misstrauensvotum gegen Bundeskanzler Willy Brandt: »Die absolute Mehrheit der Abgeordneten beträgt ... 249 Stimmen. Ich stelle fest, dass der von der Fraktion der CDU/CSU vorgeschlagene Abgeordnete Dr. Barzel die Stimmen der Mehrheit der Mitglieder des Deutschen Bundestages nicht erreicht hat.« Das erste konstruktive Misstrauensvotum in der Geschichte der Bundesrepublik ist damit gescheitert.

Kanzler-Befürworter in Hamburg

Der Oppositionsführer erhält 247 der 260 abgegebenen Stimmen und verpasst die erforderliche Stimmenzahl um zwei. Für die SPD hatte Fraktionschef Herbert Wehner bestimmt, der Abstimmung fernzubleiben. Barzel schüttelt ungläubig den Kopf über das Ergebnis, denn rein rechne-

29. April 1972

Bürgerkrieg in Burundi

Im ostafrikanischen Burundi scheitert ein monarchistischer Putschversuch gegen Staatspräsident Oberst Michel Micombero. Daraufhin kommt es zu einem blutigen Bürgerkrieg zwischen den Hutu- und Tutsi-Stämmen. Westliche Schätzungen gehen von bis zu 200 000 Toten aus. Hoffnungsträger der Putschisten ist der frühere König Ntare V., der im Juni 1966 seinen Vater Mwanbutsa gewaltsam abgesetzt hatte, im November 1966 aber selber während eines Auslandsaufenthalts von Micombero entmachtet worden war. Der ehemaliger Polizeioffizier Micombero stützt sich vor allem auf die Armee und die UPRONA (Union für nationalen Fortschritt), die einzige zugelassene Partei. Er und seine Vertrauten gehören dem Stamm der Tutsi an, die nur 14% der Gesamtbevölkerung stellen, aber die Mehrheit des Hutu-Volkes beherrschen. Im Bürgerkrieg leben die alten Stammesfehden mit blutigen Massakern wieder auf.

SPD-Fraktionsmitglieder jubeln Willy Brandt (M.) zu.

Rainer Barzel

deutscher Politiker, * 20.6.1924 Braunsberg (Ostpreußen)

Nach dem gescheiterten Misstrauensvotum und der verlorenen Bundestagswahl 1972 scheidet der glücklose und parteiintern umstrittene CDU-Oppositionsführer (1969-73) aus seinen Ämtern. 1962 hatte er unter Bundeskanzler Adenauer das Ressort für Gesamtdeutsche Fragen übernommen und wurde jüngster Minister der bundesdeutschen Geschichte. Von seinem Amt als Bundestagspräsident tritt der geschliffene Redner im Jahre 1984 wegen umstrittener Honorare aus Beratertätigkeiten zurück.

- 1957-87: Mitglied des Deutschen Bundestages
- 1964-73: Vorsitz. der CDU/CSU-Fraktion im Bundestag
- 1983/84: Bundestagspräsident

risch verfügt die Opposition über die Mehrheit. Parteiaus- und -übertritte sowie die Zusage von zwei FDP-Abgeordneten, für Barzel stimmen zu wollen, hatten die ursprüngliche Koalitionsmehrheit von 254 zu 242 in eine Minderheit von 247 zu 249 zu Gunsten des Unionskandidaten verwandelt. Von den 260 Abgeordneten, die ihre Stimme abgegeben haben, votieren zehn gegen Barzel, drei enthalten sich. Die FDP hatte ihre »sicheren« Brandt-Wähler zu einem Votum gegen Barzel ermutigt, um es der CDU/CSU zu erschweren, ihre Dissidenten aufzuspüren. Sofort nach Bekanntwerden des Debakels beginnt die Suche nach den Schuldigen. Zwei Unionsabgeordnete haben offensichtlich gegen Barzel votiert. Einer von ihnen, Julius Steiner, beschuldigt sich später öffentlich, vom Parlamentarischen Geschäftsführer der SPD-Fraktion, Karl Wienand, 50000 DM erhalten zu haben. Wer noch gegen Barzel gestimmt hat, wird nie geklärt.

24. März 1972

London stellt Nordirland unter Regierungskontrolle

Die britische Regierung übernimmt die Regierungsgewalt in Nordirland und enthebt den bisherigen Premierminister Brian Faulkner seines Amtes. Mit der drastischen Maßnahme hofft London, die blutigen Krawalle in der irischen Provinz beenden zu können. Der konservative Abgeordnete William Whitelaw wird als neuer Premier an die Spitze der Provinz gestellt. Der abgesetzte Faulkner ruft währenddessen die Nordiren zum zivilen Ungehorsam auf. Er veranlasst die Protestanten, in einen Generalstreik zu treten. Am 27. und 28. März folgen rd. 300 000 irische Arbeiter Faulkners Aufruf. Bei einer der größten Massenkundgebungen Irlands kommen in Belfast rd. 100 000 Menschen zusammen. Faulkner ruft in die Menge: »Wir fühlen uns von London verraten.« Die katholische Untergrundorganisation IRA droht nach der britischen Machtübernahme mit der massiven Fortsetzung ihrer Terroraktivitäten, bietet jedoch einen Waffenstillstand gegen die Freilassung in-

haftierter Terroristen an. Whitelaw gibt den Forderungen nach und erreicht einen kurzzeitigen Waffenstillstand zwischen der IRA und der protestantischen UDA. Am 9. Juli werden die Kämpfe jedoch fortgesetzt. Die Unruhen in Irland (s. Abb.) waren in den vergangenen Monaten eskaliert, nachdem bei einer Bürgerrechtsdemonstration in Londonderry britische Soldaten in die Menge gefeuert und ein Blutbad angerichtet hatten.

April 1972

1 Sa Eine Regierungsdelegation der DDR führt in Moskau Gespräche u.a. über die Koordinierung der Wirtschaftsplanung.

2 So Mit der Unterzeichnung eines Fünf-Jahres-Vertrages bei der PR-Firma Mark McCormack wird der österreichische Skiläufer Karl Schranz offiziell Profisportler.

3 Mo Überraschend empfängt der sowjetische Ministerpräsident Alexej N. Kossygin den scheidenden Botschafter der Bundesrepublik, Helmuth Allardt.

4 Di Der Präsident von Zypern, Erzbischof Makarios III., erklärt seine Bereitschaft zu erneuten Verhandlungen mit Vertretern der rd. 140000 Türken auf Zypern.

5 Mi Als Reaktion auf die nordvietnamesische Invasion Südvietnams nehmen die USA den 1968 unterbrochenen Luftkrieg gegen Nordvietnam wieder auf.

6 Do Altbundespräsident Heinrich Lübke stirbt 77-jährig in Bonn. Der Christdemokrat wird in seinem sauerländischen Heimatort Enkhausen beigesetzt.

7 Fr Das argentinische Bundesgericht hebt die Verrats-Anklage gegen den früheren Staatspräsidenten Juan Domingo Perón auf, der im spanischen Exil lebt.

8 Sa Im nordirischen Belfast wird eine schwangere Frau von IRA-Angehörigen wegen angeblicher Kollaboration mit der Polizei geschlagen, geteert und gefedert.

9 So Das südamerikanische Land Guyana erhält von der Volksrepublik China einen zinslosen Fünfjahreskredit in Höhe von 26 Mio. US-Dollar.

10 Mo Für seine »unschätzbaren Verdienste um die Filmkunst« erhält der 83-jährige Charlie Chaplin in Hollywood einen »Ehren-Oscar«.

11 Di Die USA und die Sowjetunion unterzeichnen in Moskau ein Abkommen über den Austausch auf wissenschaftlichem, technischem und kulturellem Gebiet.

12 Mi Bundeskanzler Willy Brandt (SPD) empfängt den Fraktionsvorsitzenden der CDU/CSU, Rainer Barzel, zu Gesprächen über die Ratifizierung der Ostverträge.

13 Do Vertreter eines internationalen Bankenkonsortiums unterzeichnen in Kairo ein Abkommen über den Bau einer Erdölpipeline von Suez nach Alexandria.

14 Fr US-Präsident Richard Nixon ernennt Martin Hillenbrand zum Nachfolger von Kenneth Rush als Botschafter der USA in der Bundesrepublik.

15 Sa In einem DFB-Urteil im Zusammenhang mit dem Bundesliga-Bestechungsskandal wird Arminia Bielefeld in die Regionalliga zurückgestuft.

16 So Der japanische Literaturnobelpreisträger Jasunari Kawabata begeht Selbstmord. +++ Das US-Raumschiff »Apollo 16« startet zu seiner Mondmission.

17 Mo Bernadette Devlin, nordirische Abgeordnete des britischen Unterhauses, wird wegen Teilnahme an einem Protestmarsch zu einer Haftstrafe verurteilt.

18 Di Auf einem Inlandflug entführen zwei Tschechoslowaken ein Verkehrsflugzeug nach Nürnberg, wo sie von der Polizei festgenommen werden.

19 Mi Auf dem in Villach tagenden Parteitag der Sozialistischen Partei Österreichs wird Bundeskanzler Bruno Kreisky als Vorsitzender bestätigt.

20 Do US-Studenten protestieren gegen die Wiederaufnahme des Bombenkriegs der USA gegen Nordvietnam. Es kommt zu schweren Ausschreitungen.

21 Fr Der Hafen Thanh Hoa (Nordvietnam) wird von US-Flugzeugen angegriffen. +++ An der Harvard-Universität werden 360 Antikriegsdemonstranten verhaftet.

22 Sa Bundeskanzler Willy Brandt beendet einen Besuch beim Londoner Regierungschef Edward Heath. Thema war die EG-Mitgliedschaft Großbritanniens.

23 So Patt in Bonn: Durch den Austritt eines FDP-Bundestagsabgeordneten verliert die sozialliberale Regierunskoalition faktisch ihre Bundestagsmehrheit.

24 Mo Nordvietnamesische Truppen rücken im zentralen Hochland von Südvietnam gegen die Provinzhauptstadt Kontum vor. Tausende Bewohner fliehen.

25 Di Mit 17 gegen 16 Stimmen billigt der Auswärtige Ausschuss des Bundestages die Ostverträge und empfiehlt dem Plenum die Ratifizierung.

26 Mi In Berlin werden die Verhandlungen über einen Verkehrsvertrag zwischen der Bundesrepublik und der DDR erfolgreich abgeschlossen.

27 Do Die Sportpresse feiert den Überraschungssieg von Adolf Seeger (Freiburg) bei den Europameisterschaften der Freistilringer in Kattowitz (Polen). → Brandt

28 Fr DDR-Spitzengremien beschließen sozialpolitische Verbesserungen vor allem für berufstätige Mütter, kinderreiche Familien und Rentner.

29 Sa Im zentralafrikanischen Burundi scheitert ein Putsch monarchistischer Kreise, in dessen Verlauf Ex-König (Mwami) Ntare V. ums Leben kommt. → Burundi

30 So Erstmals gewinnt eine deutsche Fußballnationalmannschaft auf englischem Boden. Das Spiel gegen England im Londoner Wembley-Stadion endet 3:1.

Mai 1972

1 Mo Im Hamburger Volksparkstadion verabschiedet sich der deutsche Rekord-Nationalspieler Uwe Seeler (»Uns Uwe«) mit einem Abschiedsspiel.

2 Di US-Sicherheitsberater Henry Kissinger trifft mit einem Vertreter Nordvietnams zusammen. Ergebnisse zur Lösung des Vietnamkonflikts gibt es jedoch nicht.

3 Mi Kubas Regierungschef Fidel Castro tritt eine bis zum 6. Juli dauernde Reise an, die ihn durch elf Staaten Afrikas und Osteuropas führt.

4 Do Rolf Hochhuths Komödie »Die Hebamme« wird zeitgleich in München, Essen, Göttingen, Wiesbaden, Kassel und Zürich uraufgeführt.

5 Fr Eine italienische Verkehrsmaschine stürzt beim Anflug auf Palermo ab. Im bis dahin schwersten Unglück der italienischen Zivilluftfahrt sterben 115 Menschen.

6 Sa Im nordrhein-westfälischen Lindlar stellt die Polizei falsche Dollarnoten im Wert von 32 Mio. DM sicher. Die mutmaßlichen Fälscher werden in Köln gefasst.

7 So Der Landesparteitag der bayerischen SPD wählt in München Hans-Jochen Vogel – bisher Oberbürgermeister von München – zum Vorsitzenden.

8 Mo Palästinensische Terroristen der Gruppe »Schwarzer September« kapern eine belgische Passagiermaschine und nehmen die 101 Insassen als Geiseln.

9 Di Eine von allen Bundestagsfraktionen gebildete Redaktionskommission einigt sich auf den Entwurf einer Entschließung zu den Ostverträgen.

10 Mi In der Republik Irland findet eine Volksabstimmung über den Beitritt des Landes zur EG statt. Eine große Mehrheit der Stimmberechtigten votiert dafür.

11 Do Ein Bombenanschlag der sog. Rote Armee Fraktion auf das Hauptquartier der US-Armee in Frankfurt am Main fordert ein Menschenleben und 13 Verletzte.

12 Fr Nach Angaben der belgischen Regierung sind bei blutigen Stammeskämpfen in Burundi bereits mehrere tausend Menschen getötet worden.

13 Sa In einem Fußballländerspiel trennen sich die Nationalmannschaften (West-)Deutschlands und Englands in Berlin unentschieden 0:0.

14 So In Kaunus (Sowjetrepublik Litauen) verbrennt sich ein Arbeiter, um gegen die Unterdrückung der Katholiken in der UdSSR zu protestieren.

15 Mo Im US-Bundesstaat Maryland wird der demokratische Präsidentschaftskandidat George Wallace durch ein Attentat schwer verletzt.

16 Di Die SPD schließt den Bundestagsabgeordneten Günther Müller aus der Partei aus. Er hatte in Bayern eine eigene Wahlliste gegründet.

17 Mi Der Bundestag verabschiedet ein Gesetz, wonach alle Gütertransporte nach West-Berlin verplombt sein müssen. → Ostverträge

18 Do Der internationale Vertrag über das Verbot, Kernwaffen und andere Massenvernichtungswaffen auf dem Meeresboden zu stationieren, tritt in Kraft.

19 Fr Bundeskanzler Willy Brandt (SPD) und Außenminister Walter Scheel (FDP) erklären ihr Einverständnis zur Ansetzung von Neuwahlen.

20 Sa US-Präsident Richard Nixon macht auf seiner Reise in die Sowjetunion Station in Österreich. Er trifft mit Bundeskanzler Bruno Kreisky zusammen.

21 So Mit einem Hammer beschädigt ein Geisteskranker im Petersdom in Rom die berühmte Marmorskulptur »Pietà« von Michelangelo.

22 Mo In der Türkei kommt es nach Studentenunruhen und Terrorakten zu einem Regierungswechsel. Ferit Melen wird neuer Ministerpräsident. → Nixon

23 Di Bundeskanzler Willy Brandt stattet Österreich einen offiziellen Besuch ab. Eines der Gesprächsthemen mit der Wiener Regierung ist die deutsche Frage.

24 Mi Vor dem Heidelberger Europa-Hauptquartier der US-Armee explodieren zwei Sprengsätze der Rote Armee Fraktion, die drei Soldaten töten und fünf verletzen.

25 Do Das Bundeskriminalamt appelliert in den Hauptnachrichtensendungen an die Bürger, bei der Aufklärung terroristischer Verbrechen zu helfen.

26 Fr Der polnische Staatsrat ratifiziert den mit der Bundesrepublik Deutschland geschlossenen »Warschauer Vertrag« von 1970.

27 Sa In Leipzig endet das Fußballländerspiel DDR-Uruguay mit einem 1:0. Am 31. Mai trennen sich die beiden Mannschaften in Rostock 0:0.

28 So Im katholischen Viertel des nordirischen Belfast tötet eine Bombe sechs Menschen. Nach Polizeiangaben handelt es sich um einen Sprengsatz der IRA.

29 Mo Auf dem ÖTV-Gewerkschaftstag in West-Berlin betont der Vorsitzende Heinz Kluncker die Unabhängigkeit der Gewerkschaften.

30 Di Auf dem Flughafen Lod bei Tel Aviv feuern drei japanische Terroristen in die Menge und töten 28 Menschen, 75 werden verletzt.

31 Mi Die NATO-Außenminister beschließen, dem Ostblock Gespräche über eine Konferenz über Sicherheit und Zusammenarbeit in Europa anzubieten.

1. Juni 1972

Terroristen hinter Gittern

Nach fast zweijähriger Fahndung verhaftet die Polizei Andreas Baader, Holger Meins und Jan-Carl Raspe. Zwei weitere führende Mitglieder der Rote Armee Fraktion (RAF), Gudrun Ensslin und Ulrike Meinhof, werden kurz darauf gefasst.

Die RAF hatte im Mai fünf Attentate auf Einrichtungen der Justiz, der US-Armee und des Springer-Konzerns verübt, bei denen vier Menschen getötet und 41 verletzt wurden. Daraufhin wurden am 31. Mai in der bisher größten Fahndungsaktion der Bundesrepublik Massenkontrollen an den Autobahnen durchgeführt, die den Verkehr weitgehend lahmlegten. Ein Erfolg gelingt erst tags darauf: Gegen 6 Uhr kommen Andreas Baader, Holger Meins und Jan-Carl Raspe zu einer von ihnen gemieteten Garage in Frankfurt. Die Polizei observiert das Gelände, nachdem sie durch einen Hinweis dort ein Sprengstofflager entdeckt hatte. Raspe wird von den Polizisten nach einem kurzen Schusswechsel überwältigt.

Bild
Freitag, 2. Juni 1972
Baader im Bomben-Lager überwältigt!
Exklusiv: Die besten Bilder sind in BILD
Nachrichten
SENSATION
Ein nackter Terrorist flößt keinen Schrecken mehr ein

Die anderen Gesuchten verschanzen sich in der Garage. Mit Tränengas versucht die Polizei, die mutmaßlichen Terroristen zur Aufgabe zu bewegen. Ein längerer Schusswechsel folgt, bei dem ein Scharfschütze Baader am Oberschenkel trifft. Daraufhin stellt sich Meins, Baader muss aus der Garage herausgetragen werden. Die Presse berichtet in großer Aufmachung über den Fahndungserfolg der Polizei (s. Abb.).

Gudrun Ensslin wird am 7. Juni in einer Hamburger Boutique nach einem Handgemenge verhaftet. Eine Verkäuferin hatte in der Jacke der Kundin einen Revolver entdeckt und die Polizei gerufen. Ulrike Meinhof geht den Fahndern am 15. Juni nahe Hannover ins Netz. Sie hatte bei einem Lehrer Unterschlupf gesucht, der die Polizei verständigte. Die Beamten können Meinhof, die sich stark verändert hat, erst mit einiger Mühe eindeutig identifizieren. Bei ihr findet die Polizei einen Kassiber Gudrun Ensslins. Deren Anwalt Otto Schily wird verdächtigt, die Nachricht aus dem Gefängnis geschmuggelt zu haben. Ein Beweis bleibt aus.

22. Mai 1972

Nixon besucht die UdSSR

Als erster Präsident der USA trifft Richard Nixon (s. Abb. r.) zu einem Staatsbesuch in der Sowjetunion ein. Trotz des Konflikts in Vietnam unterzeichnen der US-Präsident und der KP-Chef Leonid Breschnew (s. Abb. M.) am 26. Mai das Rüstungskontrollabkommen SALT. Am 28. Mai spricht Nixon als erster US-Präsident via Fernsehen zum sowjetischen Volk.

18. Juni 1972

»Traumelf« holt Titel

Mit einer erneuten Glanzleistung sichert sich die deutsche Fußballnationalmannschaft in Brüssel mit einem 3:0 gegen die UdSSR den Titel des Europameisters. Die Deutschen haben als beste Mannschaft des Turniers zeitweise »Traumfußball aus dem Jahr 2000« zelebriert (die französische

Gerd Müller

deutscher Fußballspieler, * 3.11.1945 Nördlingen

Für viele Fußballexperten ist Müller der Inbegriff des Torjägers. Seine »Abstaubertore« und die oft unspektakuläre, aber effiziente Spielweise machen den Mittelstürmer zum erfolgreichsten Torschützen der Nationalmannschaft (68 Tore in 62 Spielen) Für den FC Bayern München erzielt der sechsmalige Bundesliga-Torschützenkönig in 427 Spielen insgesamt 365 Tore.

- 1967, 1969: Fußballer des Jahres
- 1970: WM-Torschützenkönig in Mexiko (10 Treffer)
- 1974: Schütze des Siegtores im WM-Finale

Günter Netzer

deutscher Fußballspieler, * 14.9.1944 Mönchengladbach

Als Mittelfeld-Regisseur der Nationalelf und bei Borussia Mönchengladbach prägt Netzer den deutschen Fußball. 1967-75 bestreitet er insgesamt 37 Länderspiele. Mit Real Madrid wird er zweimal spanischer Meister. In den 80er Jahren arbeitet er als Manager beim HSV, später in der freien Wirtschaft und – gelegentlich – als Fußballkommentator.

- 1972: Dt. Fußballer des Jahres
- 1973-76: Real Madrid

17. Mai 1972

Ostverträge gebilligt

Mit der einfachen Mehrheit von SPD und FDP stimmt der Bundestag den Ostverträgen mit Polen und der UdSSR zu. Fast alle Parlamentarier der CDU/CSU enthalten sich der Stimme. Bundeskanzler Willy Brandt (SPD) hatte u.a. wegen unsicherer Mehrheitsverhältnisse die Unterstützung der Opposition gesucht, sie jedoch nicht erhalten. Oppositionsführer Rainer Barzel (CDU) war es nicht möglich, eine Zustimmung seiner Parteikollegen zu erreichen. Eine überwältigende Mehrheit stimmt hingegen dem Text einer gemeinsamen Entschließung zur Ostpolitik zu. Im Ausland, vor allem in der Sowjetunion, löst die Ratifizierung der Ostverträge große Erleichterung aus.

4. Juni 1972

Freispruch für Angela Davis

Die US-Bürgerrechtlerin Angela Davis (s. Abb.) wird in einem viel beachteten Prozess u.a. von der Anklage des Mordes freigesprochen. Davis hatte sich zu ihrem eigenen Schutz Waffen gekauft, die später bei dem Versuch einer Gefangenenbefreiung verwendet wurden. Dabei starben drei Menschen.

Eine ideale Mischung aus Ausnahmespielern und »Wasserträgern« v.l.: Beckenbauer, Maier, Schwarzenbeck, Heynckes, Netzer, Wimmer, Müller, Höttges, Kremers, Breitner, Hoeneß

Sportzeitung »L'Equipe«). Nach Ansicht vieler Experten geht der Titel an ein Team, dessen Kreativität, Ausgeglichenheit und Spielstärke in diesem Jahrhundert von keiner anderen deutschen Mannschaft mehr erreicht wird.

Den zweiten großen internationalen Titel nach dem Erfolg bei der Weltmeisterschaft 1954 gewinnt eine Mannschaft, die sich aus sechs Bayern-Spielern, der »Gladbach-Achse« (Günter Netzer, Jupp Heynckes, Herbert Wimmer) sowie Horst Dieter Höttges (Bremen) und Erwin Kremers (Schalke) zusammensetzt. Das Spiel der Deutschen prägt weniger eine so herausragende Spielerpersönlichkeit wie Franz Beckenbauer, als vielmehr der 28-jährige Spielmacher von Borussia Mönchengladbach, Günter Netzer. Bereits im Viertelfinale gegen England führte der langmähnige Individualist mit kreativem Spiel und millimetergenauen Pässen auf eine Art und Weise Regie, die den Gegner zeitweise wie einen Anfänger aussehen ließ. Der spektakuläre 3:1-Sieg im Londoner Wembley-Stadion und vor allem die Art und Weise wie er herausgespielt worden ist, macht die deutsche Elf, nach einem 2:1-Erfolg über Belgien, auch zum klaren Favoriten für das Finale. Bei Heimspiel-Atmosphäre – 30 000 der 50 000 Zuschauer sind Deutsche – setzt das Team von Bundestrainer Helmut Schön in Brüssel die Sowjetunion von Beginn an unter Druck. Nach zahlreichen Torchancen führt in der 27. Minute eine Kombination Beckenbauer-Müller-Netzer-Heynckes-Müller zum 1:0. Jetzt verschärfen die Osteuropäer die Gangart vor allem gegenüber Spielmacher Netzer und versuchen, dessen Kreise auch durch unfaire Mittel einzuengen. Dafür gewinnt Netzers Vereinskamerad »Hacki« Wimmer Raum und erhöht in der 62. Minute nach Zuspiel von Heynckes auf 2:0. Das 3:0 ist wiederum eine rein Münchener Kombination von Vorstopper Georg Schwarzenbeck über den Mittelfeld-Jungstar Uli Hoeneß zum sicheren Vollstrecker Gerd Müller. In der deutschen Elf, von Torwart Sepp Maier bis zum Linksaußen Erwin Kremers, gibt es nach Meinung vieler Fußballexperten keine Schwachpunkte. Dabei sind Spitzenspieler wie Wolfgang Overath oder Berti Vogts nicht einmal dabei. Die Fachpresse schwärmt vom »deutschen Traumfußball«. Die Lütticher Zeitung »La Meuse« schreibt: »Die ganze deutsche Mannschaft und ihr Trainer verdienen ein Lob. Sie haben aus dem Fußball ein großartiges Schauspiel gemacht«. Der britische »Sunday«-Korrespondent kabelt vor dem Finale an seine Zeitung: »Wenn die Deutschen das Finale verlieren, dann wird der internationale Fußball um fünf Jahre zurückgeworfen.«

Juni 1972

1 Do Irak verstaatlicht alle Anlagen der Iraq Petroleum Company (IPC), an der mehrere westliche Mineralölkonzerne beteiligt sind. → Terroristen

2 Fr Der französische Staatspräsident Georges Pompidou erklärt, er werde den EG-Gipfel im Oktober nur dann einberufen, wenn Ergebnisse zu erwarten seien.

3 Sa Die Siegermächte des Zweiten Weltkriegs unterzeichnen das Schlussprotokoll zum Berliner Viermächte-Abkommen.

4 So Der am 28. Mai verstorbene frühere britische König Eduard VIII., Herzog von Windsor, wird in Windsor Park feierlich beigesetzt. → Davis

5 Mo Wegen fehlender parlamentarischer Grundlagen der Regierungskoalition fordert die CDU erneut den Rücktritt von Bundeskanzler Willy Brandt (SPD).

6 Di SED-Chef Erich Honecker sagt in einem Interview, durch die Ostverträge sei eine neues Verhältnis der beiden deutschen Staaten zueinander möglich.

7 Mi In einem Geschäft in der Hamburger Innenstadt wird Gudrun Ensslin verhaftet, die zum Kern der terroristischen Baader-Meinhof-Gruppe gehört.

8 Do Zehn Tschechoslowaken entführen ein Verkehrsflugzeug. Ihr Ziel ist die Bundesrepublik. Bei dem Gewaltakt wird der Pilot erschossen.

9 Fr Eine durch schwere Regenfälle ausgelöste Flutwelle zerstört die Stadt Rapid City im US-Staat South Dakota. Mehrere tausend Menschen werden vermisst.

10 Sa Der jugoslawischen Präsident Josip Tito wird bei seinem Besuch in der Sowjetunion mit dem Lenin-Orden ausgezeichnet.

11 So In Nordirland kommen bei Feuergefechten vier Menschen ums Leben. +++ Radrennfahrer Eddy Merckx (Belgien) gewinnt zum vierten Mal den Giro d'Italia.

12 Mo Die CDU spricht sich für Neuwahlen aus. Vorher müsse aber Bundeskanzler Willy Brandt (SPD) »sein Scheitern eingestehen«.

13 Di 14 deutsche Schriftsteller solidarisieren sich mit Heinrich Böll, den ein CDU-Politiker der geistigen Mittäterschaft des Terrorismus beschuldigt hatte.

14 Mi Der Bundestag beschließt die Einführung eines »Bibliotheksgroschens« für Schriftsteller, deren Werke in öffentlichen Bibliotheken stehen.

15 Do In Ost-Berlin beginnt der Meinungsaustausch über den deutsch-deutschen Grundvertrag. Die offiziellen Verhandlungen starten am 16. August.

16 Fr Bei einem schweren Eisenbahnunglück im Tunnel von Vierzy, rd. 80 km nördlich von Paris, kommen 108 Menschen ums Leben, 88 werden verletzt.

17 Sa Fünf Einbrecher werden im Wahlkampfhauptquartier der Demokraten im Washingtoner »Watergate«-Hotel ertappt – Ursprung des Watergate-Skandals.

18 So Kurz nach dem Start in London stürzt eine britische Verkehrsmaschine ab. Alle 118 Insassen kommen bei dem Unglück ums Leben. → »Traumelf«

19 Mo Königin Juliana der Niederlande trifft in Begleitung Prinz Bernhards und Außenminister Norbert Schmelzers zu einem offiziellen Besuch in Frankreich ein.

20 Di An der Ostküste der USA tobt seit Tagen der Regensturm »Agnes«. 370 000 Menschen müssen evakuiert werden, mindestens 110 sterben.

21 Mi Bundesregierung und Länder legen ein Programm zur inneren Sicherheit vor, wonach die Polizei um 15 000 Mann aufgestockt werden soll.

22 Do US-Präsident Richard Nixon dementiert Behauptungen der Presse, es gebe Verbindungen zwischen dem Watergate-Einbruch und dem Weißen Haus.

23 Fr Durch Beschluss des deutschen Bundestages wird die Wehrdienstzeit von bisher 18 auf 15 Monate, der Zivildienst auf 16 Monate verkürzt.

24 Sa In Hamburg wird »Stallerhof«, ein Drama von Franz Xaver Kroetz, uraufgeführt. Mit ihrer Rolle als debile Bäuerin gelingt Eva Mattes der Durchbruch.

25 So Ingrid Matthäus wird zur Bundesvorsitzenden der Deutschen Jungdemokraten gewählt. +++ Frankreich testet erneut Kernwaffen über dem Muroroa-Atoll.

26 Mo Ein Waffenstillstand zwischen den nordirischen Bürgerkriegsparteien tritt in Kraft. Er wird jedoch bereits am 9. Juli von der IRA aufgekündigt.

27 Di In der Nacht auf den 27. Juni unterzeichnen Sozialisten und Kommunisten in Frankreich ein gemeinsames Programm für die Parlamentswahlen 1973.

28 Mi Bayern München wird Deutscher Fußballmeister. Der Tabellenzweite Schalke 04 unterliegt am letzten Spieltag in München den Bayern mit 1:5.

29 Do Der Oberste Gerichtshof der USA erklärt die Todesstrafe mit fünf zu vier Stimmen für verfassungswidrig. Dies bedeutet jedoch nicht ihre Abschaffung.

30 Fr Die fünfte »documenta« wird in Kassel eröffnet. Die Ausstellung hat das Motto »Befragung der Realität – Bildwelten heute«.

Juli 1972

1 Sa Der FC Schalke 04 gewinnt durch ein 5:0 gegen den 1. FC Kaiserslautern im Niedersachsen-Stadion von Hannover den DFB-Pokal.

2 So Indien und Pakistan unterzeichnen ein Friedensabkommen, das u.a. eine gewaltfreie Lösung des schwelenden Kaschmir-Problems vorsieht.

3 Mo Der Sachverständigenrat zur gesamtwirtschaftlichen Entwicklung kritisiert die Beschränkung des Devisenverkehrs durch die Bundesregierung.

4 Di Wie bekannt wird, haben Nord- und Südkorea in Geheimgesprächen ein Abkommen zur Förderung der Wiedervereinigung vereinbart.

5 Mi Der französische Ministerpräsident Jacques Chaban-Delmas tritt zurück. +++ In Botswana wird die erste Diamantenmine in Betrieb genommen.

6 Do In Düsseldorf vereinbaren die Bundesrepublik und die Sowjetunion die Lieferung sowjetischen Erdgases gegen deutsche Großröhren und einen Kredit.

7 Fr Die Kultusministerkonferenz vereinbart die Neugestaltung der gymnasialen Oberstufe durch ein System aus Grund- und Leistungskursen. → Schiller

8 Sa Washington gibt den Abschluss eines Dreijahresabkommens über die Lieferung von Getreide im Wert von rd. 2,4 Mrd. DM an die UdSSR bekannt.

9 So Stan Smith im Herren- und Billie Jean King im Damen-Einzel (beide USA) sind die diesjährigen Sieger des Tennisturniers in Wimbledon.

10 Mo Bundesverteidigungsminister Georg Leber (SPD) versetzt Staatssekretär Günter Wetzel in den Ruhestand, der daraufhin von der SPD zur CDU wechselt.

11 Di Kuba wird Vollmitglied des COMECON und ist damit als erster lateinamerikanischer Staat in das sog. sozialistische Lager aufgenommen.

12 Mi Die Zeitung »Washington Daily News« gibt die Einstellung ihres Erscheinens bekannt. Sie fusioniert mit der Washingtoner Abendzeitung »Evening Star«.

13 Do In dritter Lesung stimmt das britische Unterhaus in London dem Gesetz zum Beitritt Großbritanniens zur Europäischen Gemeinschaft zu.

14 Fr Nach dem Ende des Waffenstillstands in Nordirland kommt es vor allem in Belfast und Londonderry zu bürgerkriegsähnlichen Zuständen.

15 Sa »Ernani«, eine Oper von Giuseppe Verdi, wird erstmals in der Arena von Verona aufgeführt. Franco Corelli singt die Titelrolle.

16 So Die Sozialistische Partei der Proletarischen Einheit, eine linke Splitterpartei, beschließt in Rom den Anschluss an die Kommunistische Partei Italiens (KPI).

17 Mo Das jugoslawische Außenministerium erlaubt der Bank von Ljubljana die Einrichtung einer Filiale in Frankfurt am Main.

18 Di Die Finanzminister und Notenbankchefs der EG-Mitgliedsländer einigen sich in London auf währungspolitische Richtlinien. → Ägypten

19 Mi UN-Generalsekretär Kurt Waldheim teilt dem Sicherheitsrat mit, Südafrika sei bereit, Südwestafrika (Namibia) weitgehende Selbstbestimmung zu gewähren.

20 Do Bundesaußenminister Hans-Dietrich Genscher (FDP) erklärt, die FDP sei zu einer Fortsetzung der Koalition mit der SPD nach den Bundestagswahlen bereit.

21 Fr Durch 26 Bombenanschläge der IRA innerhalb weniger Minuten sterben beim »blutigen Freitag« in Nordirland 26 Menschen, 130 werden verletzt.

22 Sa Die EWG und die Montanunionsstaaten schließen in Brüssel mit den sechs EFTA-Ländern ein Freihandelsabkommen, das 16 Staaten umfasst.

23 So Eddy Merckx gewinnt zum vierten Mal in Folge die Tour de France. Zuvor hatte der belgische Radrennfahrer auch den Giro d'Italia gewonnen.

24 Mo Erstmals sind innerdeutsche Ferngespräche im Selbstwähldienst möglich – zunächst nur von West-Berlin aus in 32 Ortsnetze des DDR-Bezirks Potsdam.

25 Di Japan kündigt im Zusammenhang mit den sich verbessernden Beziehungen zur Volksrepublik China die Aufhebung der Beschränkungen für Kredite an.

26 Mi Israels Ministerpräsidentin Golda Meir begrüßt Ägyptens Entscheidung, die sowjetischen Berater auszuweisen, und fordert Kairo zum Dialog auf.

27 Do Der Westberliner Senat protestiert gegen das Verhalten von DDR-Grenzern, die in der Nacht auf einen Flüchtling geschossen haben.

28 Fr Der Vorsitzende des Auswärtigen Ausschusses des Bundestages, Gerhard Schröder (CDU), beendet seinen Besuch in China.

29 Sa Bei den Salzburger Festspielen wird das Thomas-Bernhard-Stück »Der Ignorant und der Wahnsinnige« uraufgeführt.

30 So Das nach sowjetischen Angaben größte Wasserkraftwerk der Welt geht in Sibirien in Betrieb. Jeder der zwölf Generatoren leistet 500 000 kW.

31 Mo Britische Truppen beseitigen die Barrikaden in den bisher von der IRA kontrollierten katholischen Distrikten der nordirischen Stadt Londonderry.

Das Olympia-Stadion mit dem futuristisch anmutenden Zeltdach von Günter Behnisch setzt Akzente.

Publikum liebt Spitz und Spatz

Unbestrittener Star der Spiele und ein Liebling der Medien ist der 22-jährige US-Schwimmer Mark Spitz (s. Abb.), über den ein wahrer Goldregen niedergeht. Mit sieben Goldmedaillen im Kraul- und Delfin-Stil wird er der erfolgreichste Athlet der Spiele in München. Zusammen mit seinen Medaillen aus Mexiko 1968 katapultiert sich Spitz (neunmal Gold, einmal Silber, einmal Bronze) auf Platz drei der Olympia-Rekordgewinner. Als er erfährt, dass es im olympischen Dorf zwei Tote gegeben hat, verlässt Spitz, der jüdischen Glaubens ist, München fluchtartig.

Zum absoluten Publikumsliebling in München wird jedoch die sowjetische Turnerin Olga Korbut. Der blonde »Spatz von Minsk« wirkt trotz ihrer 17 Jahre mit 1,55 m und 38 kg wie ein Kind. Allerdings sprüht sie vor Temperament und Charme, wenn sie ihre Übungen antritt. Als erste Turnerin der Welt wagt sie auf dem Schwebebalken den Salto rückwärts. Für ihre spektakuläre Übung am Stufenbarren erhält sie »nur« 9,80 Punkte, was 11 000 Menschen mit einem wütenden Pfeifkonzert quittieren. Dennoch erturnt sich der »Spatz« drei Gold- und eine Silbermedaille.

7. Juli 1972

»Superminister« Schiller nimmt seinen Hut

Bundeswirtschafts- und -finanzminister Karl Schiller (Abb.: l. mit Bundespräsident Gustav Heinemann) reicht seinen Rücktritt ein, weil er sich mit seinen währungs- und finanzpolitischen Vorstellungen im Kabinett seit längerer Zeit nicht mehr durchsetzen konnte. Der SPD-Politiker wollte im Bundeshaushalt rd. 2,5 Mrd. DM einsparen, um Haushaltslöcher zu stopfen. Höhere Steuern oder Neuverschuldung lehnte er ab. Der Konflikt eskaliert, als nach der Kursfreigabe für die britische und die italienische Währung Spekulationsgelder nach Deutschland fließen. Die Bundesbank hält verstärkte Devisenkontrollen für sinnvoll. Gegen Schillers erbitterten Widerspruch folgt die Bundesregierung diesem Vorschlag. Daraufhin teilt Schiller am 2. Juli Bundeskanzler Willy Brandt (SPD) brieflich seinen Rücktritt mit: »Ich bin nicht bereit, eine Politik zu unterstützen, die nach außen hin den Eindruck erweckt, die Regierung lebe nach dem Motto: Nach uns die Sintflut!«. Da die Regierung das Parlament nicht aus der Sommerpause zurückrufen will, um Attacken der Opposition gegen ihre Finanzpolitik zu vermeiden, müssen die Ministerien aus dem bestehenden Kabinett besetzt werden. Verteidigungsminister Helmut Schmidt wird Nachfolger Schillers. Georg Leber (Verkehr) wechselt auf die Hardthöhe. Dessen Amt übernimmt zusätzlich Lauritz Lauritzen (Städtebau). Nationalökonom Schiller war seit 1965 Wirtschaftsminister und übernahm in der sozialliberalen Koalition 1969 auch das Finanzressort. Er entwickelte mit der »Globalsteuerung« und der »Konzertierten Aktion« von Gewerkschaften und Arbeitgebern Instrumente zur staatlichen Beeinflussung der Wirtschaft.

26. August 1972

»Heitere Spiele« eröffnet

Mit einer glanzvollen Eröffnungsfeier beginnen in München die XX. Olympischen Spiele, die bis zum 11. September dauern. Die Welt freut sich auf ein Sportfest der Superlative. 7863 Teilnehmer aus 122 Ländern kämpfen in 22 Sportarten und 195 Wettbewerben um olympischen Lorbeer. 5000 Journalisten aus aller Welt berichten bei den »Spielen der kurzen Wege« von den Wettkämpfen. 4,4 Mio. Zuschauer sorgen für ausverkaufte Ränge.

Erfolgreichste Mannschaft wird die UdSSR, die erstmals seit 1960 wieder die USA überflügelt. Das als die »heiteren Spiele« apostrophierte Spektakel wird seinem Anspruch voll und ganz gerecht, bis ein Anschlag palästinensischer Terroristen am 5. September die Wettkämpfe überschattet. Die sportliche Bilanz der Spiele, die nach dem Anschlag fortgesetzt werden, ist herausragend. Die Mannschaft der Bundesrepublik nutzt erwartungsgemäß ihren Heimvorteil. Allerdings zittern die deutschen Zuschauer sechs Tage lang der ersten Goldmedaille entgegen, ehe die Weitspringerin Heide Rosendahl endlich den Knoten platzen lässt. Ihre Siegerweite liegt bei 6,78 m. Mit einem Schlag populär wird die erst 16-jährige Hochspringerin Ulrike Meyfarth, die völlig überraschend mit 1,92 m die Konkurrenz hinter sich lässt. Es ist der erste Höhepunkt einer Karriere, die die Athletin 1984 in Los Angeles mit einer weiteren Goldmedaille krönt. In die Geschichte der Leichtathletik geht auch der Zweikampf zwischen dem bundesdeutschen Speerwerfer Klaus Wolfermann und Janis Lusis aus der Sowjetunion ein. Mit einer Weite von 90,48 m und letztlich 2 cm Vorsprung behält Wolfermann – unterstützt von kräftiger Unterstützung des Publikums – die Oberhand und entscheidet den Wettkampf für sich.

Die derzeit schnellste Frau der Welt kommt aus Jena. Renate Stecher deklassiert die Konkurrenz im 100-m- und 200-m-Sprint. Dem Thüringer Schwimmer Roland Matthes gelingt die Wiederholung seines Coups bei den Olympischen Spielen von Mexiko vier Jahre zuvor. Erneut gewinnt der hagere Stilist, der in der DDR siebenmal zum Sportler des Jahres gewählt wird, die 100- und 200-m-Rücken. In der Medaillenwertung belegen die beiden deutschen Mannschaften Platz drei und vier.

Medaillenspiegel

Land	G	S	B
Sowjetunion	50	27	22
USA	33	31	30
DDR	20	23	23
BR Deutschl.	13	11	16
Japan	13	8	8
Australien	8	7	2
Polen	7	5	9
Ungarn	8	13	16
Bulgarien	6	10	5
Italien	5	3	10

Hoch hinaus: Ulrike Meyfarth

14. August 1972

Mit DDR-Maschine in den Tod

In der DDR ereignet sich die bislang schwerste Flugzeugkatastrophe auf deutschem Boden, als eine Verkehrsmaschine kurz nach dem Start abstürzt. Bei dem Unglück sterben alle 156 Passagiere. Die Iljuschin-62 der DDR-Gesellschaft Interflug war in Ost-Berlin gestartet, um Touristen zum bulgarischen Urlaubsort Burgas zu fliegen. Kurz nach dem Start stürzt die Maschine plötzlich ab und explodiert beim Aufprall. Die Retter können nur noch die in Königs Wusterhausen niedergegangenen Trümmer bergen. Für die Passagiere kommt jede Hilfe zu spät.

Die DDR-Regierung gibt die Katastrophe erst drei Stunden später öffentlich bekannt. Über die Ursache des Unglücks wird nur wenig bekannt. Die Sicherheit des Flugzeugtyps wird in der Öffentlichkeit stark angezweifelt, da bereits bei seiner Einführung Probleme mit den Triebwerken gemeldet worden waren. Die Iljuschin-62 wird seit Ende 1965 in Serie gebaut. Am 13. Oktober 1972 kommt es zu einem weiteren Absturz einer Maschine des gleichen Typs.

18. Juli 1972

Ägypten löst sich von Moskau

Ägyptens Staatspräsident Anwar As Sadat weist alle sowjetischen Militärberater aus seinem Land aus. Das bedeutet eine grundsätzliche Neuorientierung der ägyptischen Außenpolitik, obwohl Sadat betont, auch künftig »kräftige Bande« mit der UdSSR – die das Land seit der Suez-Krise von 1956 militärisch und wirtschaftlich unterstützt – beibehalten zu wollen. Noch 1971 war ein 15 Jahre gültiger Freundschaftsvertrag unterzeichnet worden. Jetzt befürchtet Ägypten im Zuge der weltweiten Entspannung eine Einschränkung der Militärhilfe – für einen erneuten Krieg gegen Israel ist es darauf jedoch angewiesen. Unmittelbaren Anlass zu der Ausweisung gibt ein Streit um die Verfügungsrechte über die sowjetischen Militärbasen im Land. Nach diesem Bruch nähert sich Kairo wieder seinen arabischen Nachbarn an. Innenpolitisch hat es der von Sadat und seinem Vorgänger Gamal Abd el Nasser betriebene »Militärsozialismus« nicht geschafft, aus eigener Kraft die wirtschaftliche Entwicklung im Land in ausreichendem Maße zu fördern.

August 1972

1 Di Die Gesamthochschule Essen wird gegründet. Weitere Hochschul-Neugründungen dieser Art sind in Siegen, Wuppertal, Paderborn und Duisburg geplant.

2 Mi Ägypten und Libyen kündigen an, ihre Staaten schrittweise bis zum 1. September 1973 zu einem sozialistisch-islamischen Staat verschmelzen zu wollen.

3 Do Die schwedische Automobilfirma Volvo führt neue Fertigungsmethoden ein, die nach und nach die Fließbandarbeit ersetzen sollen.

4 Fr Ugandas Präsident Idi Amin verkündet, dass alle 55 000 im Land lebenden Asiaten mit britischen Pässen ausgewiesen werden sollen.

5 Sa Brasiliens Regierung verkündet eine Bodenreform für drei Bundesstaaten, die vorsieht, dass Großgrundbesitzer bis zu 50% ihres Landes verkaufen müssen.

6 So In Moskau wird ein Vertrag über die Lieferung von einer Mio. t französischen Getreides an die Sowjetunion unterzeichnet.

7 Mo SPD und FDP vereinbaren eine Marschroute für Neuwahlen zum Bundestag, die spätestens am 3. Dezember 1972 stattfinden sollen.

8 Di Die brasilianische Regierung gibt die Entdeckung des bislang größten Uranlagers im Bundesstaat Minas Gerais bekannt.

9 Mi Die Regierungskrise in den Niederlanden wird beigelegt. Das Minderheitskabinett von Barend Biesheuvel bleibt bis zu den Neuwahlen im November im Amt.

10 Do Der aus Bulgarien stammende US-Künstler Christo spannt im Tal des Colorado-Flusses einen 380 m breiten und bis zu 150 m hohen Vorhang.

11 Fr Die letzte Infanterieeinheit der US-Armee zieht aus Vietnam ab. Damit sei die Phase der Bodenkämpfe beendet. Die US-Luftwaffe bleibt aber im Einsatz.

12 Sa Die Außenminister der blockfreien Länder fordern die Großmächte auf, die Entspannungspolitik auf alle Teile der Welt auszudehnen.

13 So UNO-Generalsekretär Kurt Waldheim wirft den USA vor, ein Engagement der Weltorganisation im Vietnamkonflikt verhindert zu haben.

14 Mo Radprofi Eddy Merckx, vor einer Woche Vierter der Straßen-WM, ist als Sieger des Dortmunder Union-Rennens der Held der Sportpresse. → DDR-Maschine

15 Di Ein überraschender Hagelsturm in Stuttgart fordert Tote und Verletzte. Es entstehen Sachschäden in Höhe von mehreren Millionen DM.

16 Mi König Hassan II. von Marokko entgeht unverletzt einem Attentat durch Jagdflieger seiner eigenen Luftwaffe.

17 Do Der Internationale Gerichtshof in Den Haag entscheidet, dass Island seine Fischereizone nicht eigenmächtig von 12 auf 50 Seemeilen ausdehnen darf.

18 Fr Sri Lankas Nationalversammlung verabschiedet ein Gesetz über eine Bodenreform, wonach eine Einzelperson nicht mehr als 12,5 ha Land besitzen darf.

19 Sa US-Sicherheitsberater Henry Kissinger trifft in Tokio mit dem japanischen Ministerpräsidenten Kakuei Tanaka zusammen.

20 So Das Observatorium im schwedischen Uppsala registriert einen weiteren unterirdischen Kernwaffenversuch der Sowjetunion.

21 Mo Der parteiintern heftig kritisierte ehemalige Bundeswirtschafts- und -finanzminister Karl Schiller legt seine SPD-Ämter nieder.

22 Di Nach massivem Druck afrikanischer Staaten schließt das Internationale Olympische Komitee Rhodesien von den Sommerspielen 1972 aus.

23 Mi Frankreichs Außenminister Maurice Schumann stattet der Bundesrepublik im Zuge der Vorbereitung der geplanten EG-Gipfelkonferenz einen Besuch ab.

24 Do Auf dem Parteitag der Republikaner wird US-Präsident Richard Nixon als Kandidat für die bevorstehende Präsidentschaftswahl nominiert.

25 Fr Bangladeschs Antrag auf eine UN-Vollmitgliedschaft scheitert nach einem Veto der Volksrepublik China im Sicherheitsrat der Vereinten Nationen.

26 Sa Das indische Unterhaus billigt ein Gesetz, das den Herrschern der ehemaligen Fürstentümer ihre Privilegien entzieht. → »Heitere Spiele«

27 So In Karlsruhe warnt der Mediziner Hans-Eberhard Bock vor dem »Terror der Leistungserwartungen im Sport« und verurteilt leistungssteigernde Präparate.

28 Mo Die UNO definiert den Status von Puerto Rico als den einer Kolonie der USA und fordert von Washington die Unabhängigkeit des lateinamerikanischen Landes.

29 Di Die Militärregierung von Madagaskar verhängt das Kriegsrecht über die Insel – wegen der »gegenwärtigen allgemeinen Unsicherheit«.

30 Mi Die zu West-Berlin gehörende Enklave Steinstücken erhält eine durch DDR-Territorium führende Straßenverbindung nach Zehlendorf.

31 Do US-Präsident Richard Nixon spricht mit dem japanischen Ministerpräsidenten Kakuei Tanake auf Hawaii u.a. über den Abbau des Handelsdefizits.

September 1972

1 Fr Der US-Schwimmer Rick Demont, Olympiasieger über 400-m-Kraul, wird wegen Dopings disqualifiziert. → Schachkrone

2 Sa Bei den Parlamentswahlen in Singapur gewinnt die regierende Partei der Volksaktion (PAP) alle 65 Sitze. Die Opposition hatte sich zerstritten präsentiert.

3 So Die 800-m-Läuferin Hildegard Falck, der 50-km-Geher Bernd Kannenberg und der Speerwerfer Klaus Wolfermann gewinnen in München Goldmedaillen.

4 Mo Die neue finnische Regierung aus Sozialdemokraten und Zentrum unter dem bisherigen Außenminister Kalevi Sorsa tritt ihr Amt an.

5 Di In einer Sondersitzung beschließt das IOC, die unterbrochenen Olympischen Spiele am Nachmittag des 6. Septembers fortzusetzen. → Blutbad

6 Mi Finnland und die DDR paraphieren einen Vertrag über die Aufnahme diplomatischer Beziehungen. Die DDR erkennt Finnlands Neutralität an.

7 Do Südkorea gibt den Abzug seiner Streitkräfte aus Südvietnam bekannt. Der Abzug soll ab dem 1. Dezember innerhalb von sechs Monaten erfolgen.

8 Fr Die israelische Luftwaffe bombardiert als Reaktion auf den Münchener Terrorakt syrische Dörfer, in denen palästinensische Stützpunkte vermutet werden.

9 Sa Der neue Intendant der Staatlichen Schauspielbühne Berlin, Hans Lietzau, beginnt die neue Spielzeit mit Heinrich von Kleists »Prinz von Homburg«.

10 So Der Brasilianer Emerson Fittipaldi gewinnt in Monza den Großen Preis von Italien. Der 25-jährige Lotus-Fahrer sichert sich damit die Weltmeisterschaft.

11 Mo Im »Preis der Nationen« gewinnt die Springreiter-Equipe Gold für die Bundesrepublik. +++ Die Olympischen Spiele in München enden mit einer Feier.

12 Di In der CSSR beginnt das Warschauer-Pakt-Manöver »Schild 72«. Es beteiligen sich die Streitkräfte der CSSR, der UdSSR, der DDR, Polens und Ungarns.

13 Mi Bundesinnenminister Hans-Dietrich Genscher gibt bekannt, Bonn werde eine Spezialtruppe des Bundesgrenzschutzes als Antiterror-Einheit aufstellen.

14 Do Laut Mitteilung von US-Landwirtschaftsminister Earl Butz haben die USA 400 000 t Weizen an die Volksrepublik China verkauft.

15 Fr Die Bundesregierung spendet 1 Mio. Dollar (rd. 3,2 Mio. DM) für die Hinterbliebenen der Opfer des Massakers in München.

16 Sa 60 Freischärler und 17 libanesische Soldaten sterben bei einem Angriff Israels auf Stützpunkte der palästinensischen Freischärler im südlichen Libanon.

17 So Uganda meldet eine Invasion tansanischer Truppen. Für die Militäraktion sei der ugandische Ex-Präsident Apollo Milton Obote verantwortlich.

18 Mo Der englische Rekordnationalspieler Bobby Charlton (106 Spiele, 49 Tore) beendet seine Fußballkarriere. Charlton spielte 19 Jahre lang für Manchester United.

19 Di Der neue Leiter der Metropolitan Opera New York, Schuyler Chapin, eröffnet die Saison mit Georges Bizets »Carmen«. Dirigent ist Leonard Bernstein.

20 Mi In seinem letzten Profikampf unterliegt der 37-jährige US-Boxer Floyd Patterson in New York gegen Muhammad Ali durch k.o. nach der siebten Runde.

21 Do Der Deutsche Bundestag billigt die Reform der gesetzlichen Rentenversicherung. Sie sieht die flexible Altersgrenze und eine höhere Mindestrente vor.

22 Fr Der Weg für die Auflösung des Bundestages und Neuwahlen ist frei: Die Vertrauensfrage von Kanzler Willy Brandt (SPD) wird negativ beantwortet.

23 Sa Die Rumänin Argentina Menis verbessert in Constanza den Diskus-Weltrekord auf 67,32 m. +++ Führende Bundespolitiker rüsten zum Wahlkampf.

24 So Der frühere Bundeswirtschafts- und -finanzminister Karl Schiller tritt aus der SPD aus. Der Grund sei die Wirtschaftspolitik der SPD/FDP-Bundesregierung.

25 Mo In Frankfurt am Main schließen die DDR und die Bundesrepublik ein Abkommen über den Eisenbahnverkehr zwischen den Grenzbahnhöfen ab.

26 Di Bundesgesundheitsministerin Käte Strobel eröffnet das Deutsche Krebsforschungszentrum Heidelberg. Es umfasst sieben Einzelinstitute. → Norwegen

27 Mi Durch ein 3:0 gegen Indepediente Buenos Aires (Hinspiel 1:1) gewinnt Ajax Amsterdam den Fußball-Weltpokal.

28 Do Auf der Jahrestagung des Internationalen Währungsfonds (IWF) wird ein Gremium eingesetzt, das eine Reform des Währungssystems vorbereiten soll.

29 Fr Die Volksrepublik China und Japan beenden den seit Jahrzehnten formal bestehenden Kriegszustand und normalisieren ihre Beziehungen.

30 Sa Der schwedische Kronprinz Carl Gustav weiht die – mit 6,07 km – längste Brücke Europas ein. Sie verbindet die Insel Öland mit dem Festland.

26. September 1972

Norwegens Nein zu Europa

54% der Norweger lehnen bei einer Volksabstimmung den Beitritt zur Europäischen Gemeinschaft ab. Die Skeptiker (s. Abb.) kommen vor allem aus den von Landwirtschaft und Fischerei geprägten Gegenden des Landes. Befürwortet wurde der Beitritt hingegen in den industriell geprägten Regionen. Obwohl die Abstimmung formal nur beratenden Charakter hat, folgt die Regierung von Ministerpräsident Trygve Bratteli dem Wählervotum, tritt aber am 18. Oktober zurück. Norwegens Regierung hatte bereits wie Großbritannien, Irland und Dänemark am 22. Januar einen Beitrittsvertrag unterzeichnet. Die letztgenannten Länder treten zum 1. Januar 1973 der EG bei. In Dänemark und Irland hatte das Volk für einen Beitritt gestimmt.

1. September 1972

Schachkrone für Exzentriker

Der 29-jährige US-Amerikaner Bobby Fischer (s. Abb.) gewinnt die Schachweltmeisterschaft. Der Titelkampf gegen den Russen Boris Spasski ist ein reiner Nervenkrieg, der zu einem Kampf Ost gegen West stilisiert wird. Fischer bringt Organisatoren und Gegner an den Rand der Verzweiflung. Er lässt Partien platzen, fordert 30% aller Einnahmen, das Verbot von Fernsehübertragungen und ein kontrastreicheres Schachbrett.

Bobby Fischer

eigtl. Robert James F., US-Schachspieler, * 9.3.1943 Chicago

Der wahrscheinlich exzentrischste Spieler der Schachgeschichte bricht mit seinem Sieg über Weltmeister Spasski in die Phalanx der sowjetischen Schachspieler ein, die seit den 30er Jahren die Szene dominieren. Als Fischer sich weigert, seinen Titel gegen Anatoli Karpow zu verteidigen, wird ihm der Titel aberkannt. Daraufhin zieht sich Fischer aus der Öffentlichkeit zurück.

- 1958: Als jüngster Spieler Internationaler Großmeister
- 1972: WM-Sieg mit 12,5: 8,5 über Spasski
- 1975: Aberkennung des Weltmeistertitels

5. September 1972

Blutbad in München

Die friedvolle Atmosphäre der Olympischen Spiele in München wird durch einen blutigen Terrorakt jäh unterbrochen: Arabische Freischärler der Gruppe »Schwarzer September« dringen in den frühen Morgenstunden in das Quartier der israelischen Mannschaft ein, töten zwei Athleten und nehmen neun Geiseln.

Als Gegenleistung für das Leben ihrer Geiseln fordern die Terroristen die Freilassung von über 200 Häftlingen aus israelischen Gefängnissen. Sie setzen zunächst ein Ultimatum bis 12 Uhr, verlängern die Frist im Laufe des Tages auf Drängen der Bundesregierung aber immer wieder. Alle Verhandlungsversuche der Regierung in Bonn, der Münchener Polizei und des Internationalen Olympischen Komitees scheitern. Die Geiselnehmer beharren auf ihrer – von Israel zurückgewiesenen – Forderung. Ägypten lehnt das Ansinnen ab, die Geiselnehmer in Kairo aufzunehmen. Gegen 22 Uhr werden die Terroristen mit ihren Geiseln auf den Militärflugplatz Fürstenfeldbruck gebracht, wo eine Boeing 727 bereitsteht. Der Versuch der Polizei, die Geiseln zu befreien, en-

Der ausgebrannte Hubschrauber in Fürstenfeldbru

28. Oktober 1972

Airbus fliegt für Europa

In Südfrankreich absolviert der »Airbus A 300« (s. Abb.) seinen Jungfernflug. Der Passagierjet ist das Ergebnis langjähriger europäischer Entwicklungsarbeit im Bereich des Flugzeugbaus. Der Airbus bietet 336 Passagieren Platz. Er weist eine Spannweite von 44,8 m und eine Länge von 53,6 m auf.

Mit dem neuen Verkehrsflugzeug wollen die europäischen Entwickler die Marktherrschaft der US-Konkurrenz beenden.

Ein vermummter arabischer Terrorist verhandelt auf dem Balkon des israelischen Olympiaquartiers.

det in einer Schießerei, die über eine Stunde andauert und erst nach Mitternacht endet. Gegen 23 Uhr sprengen die Terroristen zwei Hubschrauber mit Handgranaten. Dabei sterben alle neun Geiseln, sofern sie nicht schon vorher getötet worden waren.

Nach dem Blutbad, bei dem außerdem fünf der acht Araber und ein Polizist umkommen, wird heftige Kritik am Vorgehen der Polizei laut. Die Sicherheitsvorkehrungen im Olympischen Dorf werden im Nachhinein als nicht ausreichend bemängelt. Nach Beginn der Geiselnahme verhinderte zudem das Kompetenzgerangel vor Ort eine klare Führung. Außerdem wird die Aktion in Fürstenfeldbruck als äußerst mangelhaft vorbereitet bewertet. Um die acht Attentäter außer Gefecht zu setzen, standen nur fünf Scharfschützen zur Verfügung. Der Überfall löst weltweit Empörung und Trauer aus. Viele fordern aus Respekt vor den Toten einen sofortigen Abbruch der Spiele. Im Einvernehmen mit israelischen Stellen verkündet IOC-Präsident Avery Brundage jedoch am 6. September, dass die Spiele fortgeführt werden. Es sei nicht hinnehmbar, dass man sich einer Handvoll Terroristen beuge. Auf der Trauerfeier am Morgen des 6. September, zu der 80 000 Menschen ins Olympiastadion kommen, sind die Meinungen über die Fortführung der Spiele geteilt. Die meisten Olympioniken sind der Auffassung, dass die Wettkämpfe weitergehen müssen.

Ein Bilddokument der tiefsten Erschütterung zeigt die Zeitschrift »Paris Match«.

14. Oktober 1972

Beifall und Buhrufe für Bertoluccis Skandalfilm

Bernardo Bertoluccis Film »Der letzte Tango in Paris« sorgt bei den New Yorker Filmfestspielen für einen Skandal. Wegen der freizügigen Szenen wird das Werk als »pornografisch« bezeichnet. In Italien verbietet die Staatsanwaltschaft die Aufführung in der Öffentlichkeit.

Regisseur Bertolucci erzählt die Geschichte des alternden Amerikaners Paul (Marlon Brando), der durch den Selbstmord seiner Frau aus der Bahn geworfen wird. Bei einer Wohnungsbesichtigung in Paris trifft er die 19-jährige Französin Jeanne (Maria Schneider) und beginnt mit ihr eine heftige, vor allem aufs Sexuelle beschränkte Liebesbeziehung. Beide geben sich rückhaltlos hin, wobei sie einander ihre Lebensumstände und sogar die Namen verschweigen. Als Paul Jeanne vorschlägt, mit ihm zusammenzuziehen, trennt sie sich von ihm (Abb.: Szenenfoto mit Marlon Brando und Maria Schneider).

Oktober 1972

1 So In der Bundesrepublik tritt eine neue Geschwindigkeitsbegrenzung in Kraft: Auf Landstraßen darf ab heute maximal 100 km/h gefahren werden.

2 Mo Die Mehrheit der Dänen stimmt in einer Volksabstimmung für den Beitritt des Landes zur Europäischen Gemeinschaft (EG).

3 Di Eine sowjetische Verkehrsmaschine stürzt kurz nach dem Start vom Flughafen des Schwarzmeer-Badeortes Sotschi ab – alle 100 Insassen kommen um.

4 Mi Der britische Premierminister Edward Heath trifft im Vatikan mit Papst Paul VI. zusammen. Hauptthema der Gespräche ist der Nordirlandkonflikt.

5 Do US-Präsident Richard M. Nixon dementiert erneut Verbindungen zwischen der Watergate-Affäre und dem Weißen Haus.

6 Fr Im Zuge des deutsch-deutschen Grundlagenvertrags beschließt die DDR als Geste des guten Willens die Amnestie tausender Häftlinge.

7 Sa In der Zagreber Zeitung »Vjesnik« kündigt der jugoslawische Präsident Josip Tito »Säuberungen« in der Kommunistischen Partei an.

8 So Bei Verhandlungen in Paris vereinbaren die USA und Nordvietnam, bis Oktober ein Abkommen zur Beendigung des Vietnamkriegs zu unterzeichnen.

9 Mo Die sowjetische Zeitung »Prawda« berichtet über schlechte Ernteergebnisse infolge der sommerlichen Dürre in weiten Teilen der UdSSR.

10 Di Der Künstler und Professor Joseph Beuys besetzt mit Studenten das Sekretariat der Düsseldorfer Kunstakademie. Daraufhin wird er fristlos entlassen.

11 Mi Bei einem Angriff auf die nordvietnamesische Hauptstadt Hanoi zerstören US-Bomber die dortige französische Botschaft.

12 Do Tirol und Bayern gründen die »Arbeitsgemeinschaft der Alpenländer« zu den Themen Umweltschutz, Verkehr, Tourismus und Kultur.

13 Fr In der Nähe von Moskau stürzt ein sowjetisches Flugzeug vom Typ Iljuschin-62 ab. Das Unglück fordert 176 Todesopfer.

14 Sa In Blackpool endet der Parteitag der britischen Konservativen, in dessen Mittelpunkt Kritik an der Nordirland-Politik der Regierung stand. → Skandalfilm

15 So In Bukarest (Rumänien) gewinnt das Tennis-Team der USA zum 24. Mal den Davispokal. Den entscheidenden Punkt holt der Wimbledonsieger Stan Smith.

16 Mo Aus Ost-Berlin verlautet: DDR-Bürger, die vor 1972 das Land verlassen haben, werden ausgebürgert und strafrechtlich nicht mehr verfolgt.

17 Di Der sog. Verkehrsvertrag der Bundesrepublik mit der DDR, der am 26. Mai in Ost-Berlin geschlossen worden war, tritt in Kraft.

18 Mi Nach dem US-Senat billigt nun auch das Repräsentantenhaus in Washington ein Gesetz zur Reinhaltung der Gewässer.

19 Do Das polnische Parlament verabschiedet ein langfristiges Wohnungsbauprogramm. Danach sollen bis 1990 bis zu 7,3 Mio. Wohnungen gebaut werden.

20 Fr SED-Chef Erich Honecker teilt in Ost-Berlin mit, dass der Grundlagenvertrag »den tiefen Graben zwischen der DDR und der BRD einebnen« soll.

21 Sa Die britische Königin Elizabeth II. beendet ihren Besuch in Jugoslawien – die erste Visite der Monarchin in einem kommunistischen Land.

22 So Bei den Kommunalwahlen in Hessen und Niedersachsen können SPD und CDU Gewinne verbuchen. FDP und NPD müssen starke Verluste hinnehmen.

23 Mo Die Botschafter der vier Siegermächte treffen sich in West-Berlin zu Gesprächen über einen möglichen Beitritt der Bundesrepublik und der DDR zur UNO.

24 Di Die britische Währung befindet sich in ihrer bislang tiefsten Krise. Das Pfund Sterling ist nur noch 2,3760 Dollar – umgerechnet 7,62 DM – wert.

25 Mi Der Belgier Eddy Merckx verbessert in Mexiko-Stadt auf der Olympiabahn den Stundenweltrekord der Radsportler auf 49,431 km.

26 Do Radio Hanoi informiert die Weltöffentlichkeit über bisher geheim gehaltene Einzelheiten des Friedensabkommens zwischen Nordvietnam und den USA.

27 Fr Bundeswirtschafts- und -finanzminister Helmut Schmidt (SPD) legt ein 15-Punkte-Programm für eine gemeinsame europäische Stabilitätspolitik vor.

28 Sa Italiens Ministerpräsident Giulio Andreotti bereist die UdSSR. Beide Staaten vereinbaren im Laufe des Besuchs regelmäßige Kontakte. → Airbus

29 So Arabische Terroristen entführen eine Lufthansa-Maschine. +++ Rainer Werner Fassbinders Fernsehserie »Acht Stunden sind kein Tag« läuft an.

30 Mo Bei den kanadischen Parlamentswahlen verliert die regierende Liberale Partei unter Premierminister Pierre Elliott Trudeau die absolute Mehrheit.

31 Di Chiles sozialistische Regierung tritt angesichts zahlreicher Streiks zurück. Am 3. November bildet Präsident Salvador Allende ein neues Kabinett.

November 1972

1 Mi 165 Personen werden aufgrund einer Amnestie aus DDR-Gefängnissen entlassen und treffen in der Bundesrepublik und West-Berlin ein.

2 Do Die Bundesbank beschließt zur Geldwertstabilisierung eine Erhöhung des Diskontsatzes um 0,5 % und des Lombardsatzes um 1%.

3 Fr In Warschau eröffnen die USA ein Handelsentwicklungs- und -informationsbüro. Es ist die erste Einrichtung dieser Art in Osteuropa.

4 Sa Wie aus Moskau verlautet, liegt der Ertrag der sowjetischen Getreideernte aufgrund der lang anhaltenden Dürre um rd. 30 Mio. t unter dem Plansoll.

5 So Indianer besetzen das Amt für Indianische Angelegenheiten in Washington, um gegen ihre Diskriminierung zu demonstrieren.

6 Mo In West-Berlins Neuer Nationalgalerie endet eine viel beachtete Ausstellung von Werken des englischen Landschaftsmalers William Turner.

7 Di Das Politbüro der SED verabschiedet ein Programm der »Agitation und Propaganda zugunsten des Sozialismus und gegen den Imperialismus«. → Nixon

8 Mi Der Vertrag über die Grundlagen der Beziehungen zwischen der Bundesrepublik Deutschland und der Deutschen Demokratischen Republik wird paraphiert.

9 Do Die vier Siegermächte veröffentlichen eine Grundsatzerklärung zur Unterstützung einer UN-Mitgliedschaft beider deutscher Staaten. → Spuren

10 Fr In der Bundesrepublik Deutschland tritt ein Gesetz in Kraft, das Einfuhr, Ausfuhr und Anwendung des Schädlingsbekämpfungsmittels DDT verbietet.

11 Sa Der älteste regierende Monarch Europas, König Gustav VI. Adolf von Schweden, feiert seinen 90. Geburtstag.

12 So Im norwegischen Sognefjord wird ein U-Boot geortet, das, wie sich später erweist, polnischer oder sowjetischer Herkunft ist.

13 Mo Ein Orkan mit Spitzengeschwindigkeiten bis zu 200 km/h wütet in weiten Teilen West- und Mitteleuropas. Mindestens 54 Menschen kommen zu Tode.

14 Di Regierungssprecher Conrad Ahlers gibt in Bonn die Einrichtung einer ständigen direkten Telefonleitung zwischen Bonn und Ost-Berlin bekannt.

15 Mi Die deutsche Fußball-Nationalmannschaft besiegt in Düsseldorf vor 70 000 Zuschauern die Mannschaft der Schweiz mit 5:1 Toren.

16 Do In Neu-Delhi wird die Ordensschwester Mutter Theresa für ihre Arbeit für Slum-Bewohner in Kalkutta mit dem Jawaharlal-Nehru-Preis ausgezeichnet.

17 Fr Der frühere argentinische Staatschef Juan Domingo Perón kehrt nach über 17-jährigem Exil in sein Heimatland zurück.

18 Sa In Mannheim fordert der »Ärztliche Arbeitskreis Rauchen und Gesundheit« Maßnahmen gegen den Zigarettenmissbrauch.

19 So Finnland erkennt die beiden deutschen Staaten an. +++ IRA-Generalstabschef Sean MacStiofain wird in Dublin verhaftet. → Koalition

20 Mo Die geplante europäische Sicherheitskonferenz (KSZE) steht im Mittelpunkt eines zweitägigen EG-Außenministertreffens in Den Haag.

21 Di Die DDR wird Mitglied der UNESCO. +++ In Genf beginnt eine Verhandlungsrunde über die Begrenzung strategischer Offensivwaffen.

22 Mi »Die Hypochonder« von Botho Strauß wird im Deutschen Schauspielhaus in Hamburg unter der Regie von Claus Peymann uraufgeführt.

23 Do Der bolivianische Präsident Hugo Banzer verhängt wegen eines Generalstreiks, der sich gegen die Regierung richtet, den Ausnahmezustand.

24 Fr Die Bundesregierung ehrt mit einem Empfang die ausscheidende bisherige Bundesministerin für Jugend, Familie und Gesundheit, Käthe Strobel.

25 Sa Arthur Ashe (USA) gewinnt in Rom die Weltmeisterschaft der Tennis-Profis gegen seinen Landsmann Bob Lutz.

26 So Nach Öffnung der Grenze zwischen Polen und der DDR erlässt Warschau drastische Beschränkungen für den Geldumtausch bei Reisen in das Nachbarland.

27 Mo Die Christlich-Demokratische Partei Italiens erleidet bei Wahlen Verluste, so dass die Parlamentsmehrheit der Regierung schrumpft.

28 Di Beim Start vom Moskauer Flughafen stürzt eine japanische DC 8 ab. Das Unglück fordert 63 Menschenleben, 13 Personen werden verletzt.

29 Mi Bei den niederländischen Parlamentswahlen kommt es zu einem Linksrutsch: Sozialisten und Liberale verbuchen deutliche Gewinne.

30 Do Der sowjetische Botschafter in Bonn, Valentin M. Falin, betont die Bereitschaft seiner Regierung zu Gesprächen über Truppenreduzierungen.

7. November 1972

US-Präsident Richard Nixon feiert Wahlerfolg

US-Präsident Richard Nixon erlebt einen der größten Wahlsiege in der Geschichte der USA. In 49 von 50 Bundesstaaten bestätigen ihn die Wähler im Amt (Abb.: Richard Nixon wird von seinen Anhängern gefeiert). Nachdem sein Gegenkandidat, der Demokrat George McGovern, lange Zeit vor allem bei Minderheiten aussichtsreich im Rennen lag, stieg Nixons Popularität in den letzten Wochen vor der Wahl. Nur im Bundesstaat Massachusetts und im District of Columbia mit der US-Hauptstadt Washington erreicht McGovern die Mehrheit.

Schlüssel für Nixons Erfolg ist sein Sieg im Süden der USA. Bei einem auf 18 Jahre herabgesetzten Wahlalter beteiligen sich 56% der Abstimmungsberechtigten am Urnengang – die niedrigste Wahlbeteiligung seit 1948. Trotz des überwältigenden Wahlsieges muss Präsident Nixon weiterhin gegen eine Mehrheit der Demokraten in beiden Häusern des Kongresses regieren.

Gelöste Stimmung nach dem Wahlsieg: Günter Grass (l.), Walter Scheel (2.v.l.) und Willy Brandt (4.v.l.)

Künstler engagieren sich für Brandt

Der Wahlkampf 1972 steht unter besonderen Vorzeichen. Im Unterschied zu den bisherigen Wahlschlachten tritt neben die Kampagnen der Parteien auch der Wahlkampf der Bürger. Das Wort »Wählerinitiative« ist in aller Munde. Allerorts schießen solche Vereinigungen – in der Regel für die Sozialdemokraten – wie Pilze aus dem Boden. Die sog. Willy-Wahlen sind für eine ganze Generation das Schlüsselerlebnis für den Beginn eines manchmal lebenslangen parteipolitischen Engagements. Die SPD erlebt eine noch nie da gewesene Eintrittswelle. Bedruckte T-Shirts und Meinungssticker mit dem Aufdruck »Willy wählen« haben Hochkonjunktur. Auch prominente Bürger, vorwiegend Künstler und Intellektuelle, engagieren sich für Brandt und seine Politik. Dazu zählen u.a. die Schriftsteller Günter Grass, Heinrich Böll und Bernt Engelmann oder der Grafiker Klaus Staeck. Erstmals in der Bundesrepublik trifft das Sendungsbewusstsein der intellektuellen Elite mit dem politischen Klimawandel zusammen – die Dichter und Denker der Nation stehen Seite an Seite mit der politischen Führung des Landes. Die Person Willy Brandts verkörpert die neue Einheit von Macht und Geist.

Neuwahlen waren notwendig geworden, da die Regierung im Verlauf des Jahres durch Überläufer ihre parlamentarische Mehrheit verloren hatte. Angesichts der Patt-Situation versprechen sich alle Parteien von der Wahl eine Stärkung der eigenen Position im Parlament. Am 20. September hatte Bundeskanzler Brandt im Parlament die Vertrauensfrage gestellt, bei der ihm durch die vorher verabredete Enthaltung des Kabinetts das Vertrauen verweigert wird. Daraufhin löst Bundespräsident Gustav Heinemann den sechsten Deutschen Bundestag auf. Erstmals in der Geschichte der Bundesrepublik ist damit eine Legislaturperiode vorzeitig zu Ende gegangen.

21. Dezember 1972

Bonn und Ost-Berlin einig

In Ost-Berlin wird der Grundlagenvertrag zwischen den beiden deutschen Staaten unterzeichnet (Abb. v.l.: Bundesminister Egon Bahr und DDR-Staatssekretär Michael Kohl). Darin gibt Bonn seinen Alleinvertretungsanspruch auf. Die DDR erkennt die »nationale Frage« der deutschen Teilung an. Es wird vereinbart, »Ständige Vertretungen« einzurichten. Die Vertragspartner wollen künftig »normale gutnachbarliche Beziehungen« pflegen.

10. Dezember 1972

Nobelpreis für Moralisten

In Stockholm erhält Heinrich Böll den Nobelpreis für Literatur. Die Laudatio würdigt ihn als Beispiel für eine neue deutsche Generation von Schriftstellern, Denkern und Forschern, die im aktuellen Geistesleben eine wichtige Rolle ausfüllt. In Vertretung des erkrankten schwedischen Königs Gustav VI. überreicht dessen Enkel, Kronprinz Carl Gustav, die Nobelpreise. In seiner Dankesrede verweist Böll auf den Zusammenhang seiner Entwicklung mit der bundesdeutschen Nachkriegsgeschichte: »Diese 27 Jahre waren ein langer Marsch, nicht nur für den Autor, auch für den Staatsbürger, durch einen dichten Wald von Zeigefingern, die aus der vertrackten Dimension der Eigentlichkeit stammten, innerhalb deren verlorene Kriege zu eigentlich gewonnenen werden. Gar mancher Zeigefinger war scharf geladen und hatte seinen Druckpunkt an und in sich selbst.«

Heinrich Böll

deutscher Schriftsteller, * 21.12.1917 Köln; † 16.7.1985 Langenbroich

Der meistgelesene deutsche Nachkriegsautor problematisiert restaurative Tendenzen in der Bundesrepublik und – als gläubiger Katholik – die Scheinmoral des Klerus. Ab 1968 engagiert sich Böll gegen Notstandsgesetze und Aufrüstung.

- 1959: »Billard um halb zehn« (Roman)
- 1963: »Ansichten eines Clowns« (Roman)
- 1971: Präsident des Internationalen PEN-Zentrums

. November 1972

oalition klar estätigt

Bei den Bundestagswahlen erringt die SPD unter Bundeskanzler Willy Brandt einen triumphalen Sieg. Mit 45,8% geht sie gegenüber der Wahl von 1969 um 3,1% Prozentpunkte gestärkt aus dem Urnengang hervor. Mit 230 Mandaten stellen die Sozialdemokraten künftig die stärkste Fraktion im Bundestag. Quasi im Windschatten der SPD legt auch der Koalitionspartner FDP mit nunmehr 8,4% (1969: 5,8%) klar zu. CDU/CSU sacken von 46,1% auf 44,9% ab. Die sozialliberale Koalition verfügt nunmehr im Bundestag über eine stabile Mehrheit von 271:225 Mandaten.

Der SPD-Wahlkampf ist ganz auf Willy Brandt zugeschnitten.

Die Bedeutung der Wahl liegt darin, dass sie einer Art Volksabstimmung über die Person des Kanzlers und der Ostpolitik gleichkommt. Den Ausgang der Wahl bewerten viele Kommentatoren als Mandat für Willy Brandt, die Aussöhnung mit den östlichen Nachbarn weiter voranzutreiben. Der Wahlkampf hat die Gesellschaft hochgradig polarisiert. Wie stark die Wahl emotional besetzt war, zeigt u.a die Rekordwahlbeteiligung von 91,1%.

9. November 1972

Frühmenschliche Spuren

Der britische Anthropologe Richard Leakey (s. Abb. r.) präsentiert in Washington einen Schädel, der seiner Ansicht nach beweist, dass der Mensch rd. 2,5 Mio. Jahre alt ist. Leakey hatte den Schädel und weitere Knochen östlich des Rudolf-Sees in Kenia gefunden. Nach seinen Worte seien die Schenkelknochen fast identisch mit denen des heutigen Menschen. Bereits Leakeys am 1. Oktober verstorbener Vater Louis hatte in Ostafrika frühmenschliche Knochen gefunden, die er auf ca. 2 Mio. Jahre alt datierte.

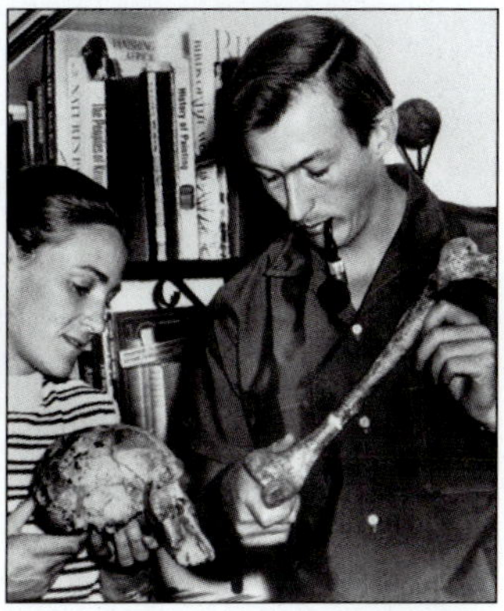

Dezember 1972

1 Fr Per Gesetz wird in Italien ein Ersatzdienst für Militärdienstverweigerer eingeführt. +++ In Genf tagt eine Konferenz über internationale Container-Transporte.

2 Sa Die Parlamentswahlen in Australien enden mit einem Linksruck. Die bislang oppositionelle Labour Party erringt 67 Sitze im Unterhaus.

3 So Beim Absturz einer Passagiermaschine auf Teneriffa sterben 148 deutsche Urlauber und sieben Besatzungsmitglieder.

4 Mo CDU und CSU einigen sich auf die Fortsetzung ihrer Fraktionsgemeinschaft, die nach einer Wahlniederlage von der CSU in Frage gestellt worden war.

5 Di Die Schweiz schafft trotz nachhaltiger Proteste aus der Bevölkerung als letztes westliches Land die Kavallerie ab.

6 Mi Der chilenische Präsident Salvador Allende trifft zu seinem ersten offiziellen Besuch der Sowjetunion in Moskau ein.

7 Do Imelda Marcos, Frau des philippinischen Präsidenten Ferdinando E. Marcos, wird bei einem Attentat in der Hauptstadt Manila verletzt.

8 Fr Sieben Luftpiraten werden von Sicherheitskräften bei dem Versuch erschossen, eine äthiopische Boeing 707 in ihre Gewalt zu bringen.

9 Sa Die 16-jährige Pamela Behr aus Sonthofen gewinnt zum Auftakt der alpinen Ski-Saison im französischen Val d 'Isère den Weltcup-Slalom.

10 So Die NASA startet in Kalifornien den bislang größten Wettersatelliten: »Nimbus 5« wird in eine kreisförmige Erdumlaufbahn geschossen. → Nobelpreis

11 Mo Der Präsident des »Bundes jüdischer Verfolgter des Naziregimes«, Simon Wiesenthal, kündigt in Wien Entschädigungsforderungen an die DDR an.

12 Di Südvietnam schlägt eine Feuerpause über Weihnachten und Neujahr vor. Der Vorschlag wird von Nordvietnam zurückgewiesen.

13 Mi Annemarie Renger (SPD) wird in der konstituierenden Sitzung des 7. Deutschen Bundestages zur ersten Bundestagspräsidentin gewählt.

14 Do Der Deutsche Bundestag wählt Willy Brandt erneut zum Bundeskanzler. +++ Die Bundesrepublik gewährt Indien 280 Mio. DM Kapitalhilfe.

15 Fr Der Verband Deutscher Sportjournalisten vergibt seine diesjährige Fair-Play-Trophäe an das Münchener Olympiapublikum.

16 Sa US-Sicherheitsberater Henry A. Kissinger wirft Nordvietnam vor, den Abschluss eines Waffenstillstandabkommens verzögert zu haben.

17 So Das Ministerium für innerdeutsche Beziehungen soll nach Ansicht von SPD-Fraktionschef Herbert Wehner auch in Zukunft Bestand haben.

18 Mo US-Präsident Nixon ordnet nach dem vorläufigen Scheitern der Friedensverhandlungen die Wiederaufnahme der Bombardierung Nordvietnams an.

19 Di Die CDU/CSU-Fraktion im Deutschen Bundestag beschließt endgültig die Ablehnung des deutsch-deutschen Grundlagenvertrages.

20 Mi In einem gemeinsamen Kommuniqué beschließen die Schweiz und die DDR die Aufnahme diplomatischer Beziehungen.

21 Do Die schwedische Regierung verhängt einen Preisstopp für Milchprodukte und Fleischwaren, der bis Ende 1973 gelten soll. → Bonn und Ost-Berlin

22 Fr Die UdSSR feiert den 50. Jahrestag ihrer Gründung. +++ In den chilenischen Anden werden 16 Insassen eines abgestürzten Flugzeugs gerettet.

23 Sa Die Hauptstadt von Nicaragua, Managua, wird von einem schweren Erdbeben fast vollständig zerstört. Die Zahl der Toten wird auf 5000 geschätzt.

24 So In einer Petition fordern 40 tschechoslowakische Intellektuelle und Künstler eine Amnestie für politische Häftlinge.

25 Mo In Moskau wird ein Gesetz verabschiedet, das Sowjetbürgern die Weitergabe »falscher und verleumderischer Informationen über die UdSSR« untersagt.

26 Di Karl Meiler aus München besiegt bei den Internationalen Tennis-Meisterschaften in Australien den Favoriten Ken Roswell.

27 Mi In Australien wird die Einwanderungsquote von 140 000 jährlich zugelassener Immigrationen auf 110 000 herabgesetzt.

28 Do Die israelische Botschaft in Thailand wird von palästinensischen Terroristen besetzt. Gegen die Zusicherung freien Geleits lassen sie die sechs Geiseln frei.

29 Fr Der Waffenexport aus der Schweiz soll künftig stark eingeschränkt werden. Ein entsprechendes Gesetz tritt heute in Kraft.

30 Sa Mehr als 200 US-Wissenschaftler richten einen Appell an Präsident Richard Nixon, den Krieg in Vietnam zu beenden.

31 So Im Britischen Museum in London endet nach neun Monaten die Tutanchamun-Ausstellung. 1,6 Mio. Besucher wollten die ägyptischen Grabschätze sehen.

Januar 1973

1 Mo Roger Bonvin von der Konservativen Volkspartei wird turnusgemäß zum neuen Bundespräsidenten der Schweiz gewählt. → EG

2 Di In Wien endet der Prozess um die Eigentumsverhältnisse bei der »Kronen-Zeitung« mit der Anerkennung der Rechte des Verlags Dichand & Falk GmbH & Co.

3 Mi Aufgrund von Verhaftungen am Vortag kommt es in Kairo und Alexandria zu Straßenschlachten zwischen ägyptischer Polizei und Studenten.

4 Do Australien hebt formell die »White Australia Policy« auf. Damit wird erstmals die Einwanderung von Farbigen, z.B. aus dem asiatischen Raum, möglich.

5 Fr Die Regierungen der bundesdeutschen Nachbarländer Luxemburg und Niederlande nehmen diplomatische Beziehungen zur DDR auf.

6 Sa In Brüssel konstituiert sich unter Teilnahme Großbritanniens, Dänemarks und Irlands die erweiterte Kommission der Europäischen Gemeinschaft.

7 So Anlässlich einer Versteigerung in den USA geht Adolf Hitlers Paradewagen für rd. 470 000 DM in den Besitz zweier jüdischer Geschäftsleute über.

8 Mo Israelische Kampfflugzeuge bombardieren Gebiete jenseits der syrisch-israelischen Waffenstillstandslinie und töten dabei 125 Zivilisten.

9 Di Das Zentralkomitee der KPdSU beschließt in Moskau die Einleitung verstärkter Maßnahmen, u.a. in der Abgasreinigung, zum Schutz der Umwelt.

10 Mi Aufgrund eines eklatanten Versorgungsengpasses muss in Chile ein Großteil der Grundnahrungsmittel rationiert werden.

11 Do KPdSU-Generalsekretär Leonid I. Breschnew betont in Minsk sein Interesse an einer gesamteuropäischen Konferenz über Fragen der Sicherheit.

12 Fr Der Betrieb der traditionsreichen Howaldtswerke Deutsche Werft AG in Hamburg-Finkenwerder wird aus Rationalisierungsgründen stillgelegt.

13 Sa Die Sozialistische Internationale tagt in Paris. Themen sind u.a. der Krieg in Vietnam und die Verbesserung der europäischen Zusammenarbeit.

14 So Mehr als 15 000 Menschen nehmen »am Marsch durch Bonn« teil, einer Großdemonstration, die sich gegen den Vietnamkrieg richtet.

15 Mo Erstmals empfängt Papst Paul VI. mit Ministerpräsidentin Golda Meir einen israelischen Regierungschef im Vatikan.

16 Di Die sowjetische Mondsonde »Luna 21« landet auf dem Erdtrabanten und setzt dort ein Fahrzeug für wissenschaftliche Erkundungen ab.

17 Mi Wegen beruflicher Verpflichtungen legt der Gründer und Herausgeber des Magazins »Der Spiegel«, Rudolf Augstein, sein FDP-Bundestagsmandat ab.

18 Do Die DDR nimmt diplomatische Beziehungen zu Uganda, Finnland, Costa Rica, Spanien, Dänemark, Island, Italien, Norwegen und Afghanistan auf.

19 Fr Beim Eisschnelllauf-Meeting im schweizerischen Davos verbessert die US-Sportlerin Sheila Young den Weltrekord über 500 m auf 41,8 sec.

20 Sa Amilcar Cabral, Führer der afrikanischen Partei für die Unabhängigkeit Guinea-Bissaus und Cap Verdes, wird vor seinem Haus in Conakry erschossen.

21 So Gegner des Diktators François Duvalier entführen auf Haiti den US-Botschafter. Sie erzwingen ein Lösegeld von umgerechnet 224 000 DM.

22 Mo Ex-US-Präsident Lyndon B. Johnson erliegt einem Herzanfall. +++ In Nigeria sterben bei einem Flugzeugabsturz 192 Menschen. → Foreman

23 Di Mit einer gewaltigen Explosion bricht auf der isländischen Insel Heimaey der seit 5000 Jahren ruhende Vulkan Helgafjell (»Heiliger Berg«) aus.

24 Mi US-Wissenschaftlern unter der Leitung des Biochemikers R. P. Geyer ist in Boston die Entwicklung von künstlichem Blut gelungen.

25 Do Der belgische Ministerpräsident Edmont Leburton bildet eine neue Regierung. +++ An der Wiener Universität wird ein Friedensforschungsinstitut eingerichtet.

26 Fr Ein Gericht in Bologna klagt Bernardo Bertolucci, Regisseur des Films »Der letzte Tango in Paris«, und die Hauptdarsteller wegen Obszönität an.

27 Sa Im südöstlichen Abschnitt des Nordatlantiks dauert »Sunny Seas 73«, das Marinemanöver der Staaten des Nordatlantikpakts, an. → USA

28 So Ohne Gegenkandidat wird Leopold Senghor, Präsident der Republik Senegal, bei Wahlen im Amt bestätigt. Die Wahlbeteiligung liegt bei 97,05%.

29 Mo Mit dem Erlass der Zentralen Dienstvorschrift 12/1 wird verstärkt politische Bildung in das Ausbildungsprogramm der Bundeswehrsoldaten aufgenommen.

30 Di Ein zwischen Sierra Leone und der Bundesrepublik geschlossenes Abkommen über eine Kapitalhilfe für das afrikanische Land von 4,2 Mio. DM tritt in Kraft.

31 Mi Der syrische Volksrat verabschiedet eine neue Verfassung, die den Islam als staatstragende Kraft durch den Sozialismus ersetzt.

21. Februar 1973

Streit um Kunstprofessor

Der Künstler Joseph Beuys darf weiter als Professor an der Kunstakademie Düsseldorf lehren. Mit dem Urteil endet ein Rechtsstreit zwischen Beuys und Wissenschaftsminister Johannes Rau (SPD), der die Kündigung ausgesprochen hatte. Beuys hatte die Aufnahme von Studenten in seine Klasse erzwungen, die den Numerus clausus nicht erreicht hatten.

Joseph Beuys

deutscher Künstler, * 12.5.1921 Kleve; † 23.1.1986 Düsseldorf

Der Objekt- und Aktionskünstler war der international bedeutendste deutsche Avantgardist nach 1945 – und auch ein wichtiger Kunsttheoretiker. Als Materialien verwendete er u.a. Kupfer als leitende bzw. Fett und Filz als speichernde Elemente. Der politisch aktive Künstler bezog archetypische, mythische und magisch-religiöse Elemente in sein Werk mit ein.

- 1941-45: Soldat
- 1973: Gründung der Freien Hochschule für Kreativität
- 1977: Objekt »Honigpumpe« (documenta Kassel)

27. Februar 1973

Sioux-Aufstand in USA

Rd. 200 Indianer besetzen Wounded Knee in South Dakota, 1890 Schauplatz eines Massakers von US-Soldaten an Sioux-Indianern. Mit dieser

Aktion wollen die Sioux auf ihre schlechten Lebensumstände aufmerksam machen (s. Abb.). Sie fordern die Regierung auf, die Entrechtung der Nachfahren von Amerikas Ureinwohnern rückgängig zu machen. Als die Indianer Geiseln nehmen, kommt es zu Schießereien mit dem Militär. Schließlich verspricht Washington die Einrichtung einer Indianerbehörde.

1. Januar 1973

EG wird zum Club der Neun

Mit Jahresbeginn wird der Beitritt Dänemarks, Großbritanniens und Irlands zur Europäischen Gemeinschaft (EG) wirksam. Die Mitgliedschaft Großbritanniens, die vor allem Frankreich blockiert hatte, war erst nach dem Rücktritt von Präsident Charles de Gaulle 1968 und Regierungswechseln in Bonn und London möglich geworden. Auf der Pariser Gipfelkonferenz am 22. Januar 1972 hatten Großbritannien, Dänemark, Irland und Norwegen die Verträge unterzeichnet. Die Regierungen in Kopenhagen, Oslo und Dublin stellten den Beitritt jedoch noch unter den Vorbehalt einer Volksabstimmung.

Als einzige düpierten die Norweger ihre Regierung und stimmten am 26. September 1972 mit 54% gegen den Beitritt. Ausschlaggebend waren Agrar- und Fischereiinteressen.

27. Januar 1973

USA ziehen Truppen ab

Nach fast fünfjährigen und mehrfach unterbrochenen Friedensverhandlungen unterzeichnen die vier in Vietnam Krieg führenden Parteien einen Waffenstillstand, der am folgenden Tag in Kraft tritt. Die Welt hofft darauf, dass damit einer der längsten Kriege des Jahrhunderts zu Ende geht. In Paris setzen US-Außenminister William P. Rogers und die Vertreter Nord- und Südvietnams sowie der Provisorischen Revolutionsregierung Südvietnams ihre Unterschrift unter einen Vertrag, der den vollkommenen Rückzug der US-Truppen aus Vietnam sowie die Verpflichtung Washingtons vorsieht, die territoriale Unabhängigkeit und das Selbstbestimmungsrecht beider Teile Vietnams zu respektieren. Das in sechstägigen Verhandlungen ausgearbeitete Pariser Abkommen ist sowohl ein militärischer als auch ein politischer Vertrag. Er soll nicht nur den Krieg beenden, sondern auch die politische Zukunft des ideologisch geteilten Landes regeln. Diese Absichten erweisen sich jedoch in vielen Punkten als undurchführbar. Vor allem beendet das Abkommen nicht den ursächlichen Konflikt zwischen dem westlich orientierten Süd- und dem kommunistischen Nordvietnam. Für die USA bedeutet die Übereinkunft, die unter wesentlichem Einfluss des US-Sonderberaters Henry A. Kissinger zustande gekommen ist, die angestrebte »Vietnamisierung« des Konflikts. Daraus ergibt sich ohne weiteren Prestigeverlust die Gelegenheit zum Rückzug aus einem Krieg, der sich politisch, militärisch und moralisch zu einem Desaster für die Supermacht entwickelt hat.

Trotz unzähliger Verletzungen des Waffenstillstands beginnen die US-Truppen sofort mit dem Abzug aus Vietnam. Bereits im März verlassen

28. Februar 1973

Streit um Trikotwerbung

Die Fußballer von Eintracht Braunschweig tragen als Erste in der Bundesliga Werbung auf ihren Trikots. Auftraggeber ist Günter Mast (s. Abb.), Hersteller von »Jägermeister«. Das Hirschlogo der Spirituose erregt den Unmut des DFB. Die Fußballfunktionäre drohen den Kickern von Eintracht Braunschweig mit Spielverbot. Da der Verein sich in großen wirtschaftlichen Schwierigkeiten befindet, erlaubt der DFB schließlich die Werbung in kleinem Format.

22. Januar 1973

Foreman ist Boxweltmeister

Ein kurzer Schlagabtausch macht George Foreman zum neuen Boxweltmeister im Schwergewicht. Der 24-jährige US-Boxer steigt in Kingston/Jamaika gegen den fünf Jahre älteren Titelverteidiger Joe Frazier in den Ring. 36 000 Zuschauer werden Zeuge des Kampfes. Frazier muss bereits nach einer Minute eine krachende Linke des hünenhaften und schlagstarken Foreman einstecken und geht zu Boden. Von diesem Schlag kann sich »Smokin' Joe« nicht mehr erholen. Nach eineinhalb Runden rettet ihn der Ringrichter vor gesundheitlichen Schäden und bricht den Kampf ab. Die Geschwindigkeit, mit der Foreman seinen Landsmann ausschaltet, ist eine Sensation, denn Frazier hat von 30 Profikämpfen bislang noch keinen verloren. Das Preisgeld will der neue Weltmeister für ein College-Studium nutzen.

Februar 1973

1 Do Die Fluggesellschaft Japan Air Lines storniert ihre Bestellungen des Überschallverkehrsflugzeugs »Concorde« wegen dessen mangelnder Wirtschaftlichkeit.

2 Fr Die DDR tritt der Wiener Konvention über diplomatische Beziehungen bei. +++ Hermann Volk, bisher Bischof von Mainz, wird zum Kardinal ernannt.

3 Sa Mit der Journalistin Carmen Thomas moderiert im Zweiten Deutschen Fernsehen zum ersten Mal eine Frau das »Aktuelle Sportstudio«.

4 So Das vom ägyptischen Staatspräsidenten Muhammad Anwar As Sadat gegründete Disziplinarkomitee gegen linke Intellektuelle nimmt seine Arbeit auf.

5 Mo Irlands Staatspräsident Eamon de Valera löst das Parlament auf. Durch Neuwahlen sollen klare Mehrheitsverhältnisse geschaffen werden.

6 Di Auf der August-Thyssen-Hütte in Duisburg wird der größte Hochofen der westlichen Welt mit einer täglichen Produktionsleistung von 10 000 t angeblasen.

7 Mi Der US-Senat beschließt die Bildung einer Untersuchungskommission, die sich mit dem Einbruch in das Watergate-Gebäude beschäftigen soll.

8 Do In der Inselhauptstadt Nikosia wird Erzbischof Makarios III. für weitere fünf Jahre in seinem Amt als zypriotischer Staatspräsident bestätigt.

9 Fr Auf ihrem Kongress in Brüssel schließen sich 17 Gewerkschaftsverbände aus 15 Ländern zum Europäischen Gewerkschaftsbund (EGB) zusammen.

10 Sa Bei Isolierarbeiten im Inneren eines entleerten Erdgastanks sterben auf Staten Island bei New York 43 Arbeiter durch eine Explosion.

11 So Bei einer Volksabstimmung in Liechtenstein sprechen sich die Männer des Fürstentums gegen die Einführung des Frauenwahlrechts aus.

12 Mo Nach Absprache mit den europäischen Handelspartnern wertet die US-Regierung den Dollar um 10% ab. Der neue Dollarkurs beträgt 2,90 DM.

13 Di Die CDU/CSU-Bundestagsfraktion beschließt, keine Klage gegen den Grundlagenvertrag mit der DDR beim Bundesverfassungsgericht zu erheben.

14 Mi Der Schweizer Nationalrat beschließt einstimmig, die Volljährigkeit von 21 auf 19 Jahre herabzusetzen. Das Gesetz tritt am 1. Juli in Kraft.

15 Do Der Nationalrat in Wien beschließt die Fusion der österreichischen staatlichen Eisen- und Stahlwerke. Es entsteht der zehntgrößte Stahlerzeuger der Welt.

16 Fr In der ostafrikanischen Republik Ruanda beginnen blutige Auseinandersetzungen zwischen den verfeindeten Stämmen der Hutus und Tutsis.

17 Sa Die Bundesregierung beschließt eine Anhebung der Mineralölsteuer um fünf Pfennig pro Liter sowie den Abbau von Steuervergünstigungen.

18 So Frankreich bietet Regierungsvertretern Australiens und Neuseelands an, die Sicherheitsmaßnahmen von Atombombentests im Pazifik zu überprüfen.

19 Mo Der US-Sonderbeauftragte Henry Kissinger vereinbart mit der chinesischen Regierung in Peking die Einrichtung von gegenseitigen Verbindungsbüros.

20 Di Die UdSSR und die DDR schließen erstmals ein zeitlich unbefristetes Abkommen über eine jährliche Erdöllieferung in Höhe von 12,9 Mio. t ab.

21 Mi In Laos schließen die Regierung unter Prinz Suvanna Phuma und die kommunistische Pathet-Lao-Bewegung einen Friedensvertrag. → Streit

22 Do Nach Protesten des Berliner Senats beschließt die Bundesregierung, Visagebühren für DDR-Besucher aus West-Berlin weiter zu erstatten.

23 Fr In Syrien brechen bei der Verkündung der neuen Verfassung durch die sozialistische Bath-Regierung gewalttätige Proteste aus.

24 Sa Der Kölner Sportstudent Klaus-Peter Thaler wird in London als erster deutscher Rad-Amateur Weltmeister im Querfeldeinfahren.

25 So Zwei Wochen vor den Präsidentschaftswahlen erlässt die türkische Regierung eine Pressezensur, um die Verbreitung kommunistischer Ideen zu verhindern.

26 Mo Wegen terroristischen Aktivitäten bei der »Rote Armee Fraktion« verurteilt das Berliner Kammergericht den Juristen Horst Mahler zu zwölf Jahren Haft.

27 Di Die Daimler Benz AG schließt in Moskau ein Abkommen über den gegenseitigen Erfahrungsaustausch im Automobilbau. → Sioux-Aufstand

28 Mi Bei einem Flugzeugabsturz in der Nähe von Stettin kommen sowohl der polnische als auch der tschechische Innenminister ums Leben. → Trikotwerbung

Oben: Das US-Magazin »Newsweek« (Ausgabe 1.1.1968) berichtet seit Jahren über den Krieg. Rechts: Lê Duc Tho und Henry A. Kissinger

die letzten Einheiten Indochina. Lediglich einige Marinesoldaten bleiben zur Bewachung der US-Botschaft in Saigon zurück. Die innervietnamesischen Kampfhandlungen dauern jedoch über den Abzug der Amerikaner hinaus an. Das von den USA aufgerüstete südvietnamesische Regime, das über die viertstärkste Luftwaffe der Welt verfügt, versucht mit Hilfe der von den US-Truppen zurückgelassenen Kriegsausrüstung vergeblich, an den kommunistischen Vietcong verlorenes Terrain zurückzuerobern. Erst 1975 – mit der Kapitulation Südvietnams – endet der Krieg.

Die Bilanz des Krieges fällt für die USA niederschmetternd aus. Zwischen 1965 und 1973 starben 58 000 US-Soldaten, ohne dass ein durchschlagender militärischer Erfolg errungen worden wäre. Auf vietnamesischer Seite gab es rd. 1,5 Mio. Todesopfer. Die US-Air Force warf über Südvietnam 3,7 Mio. t Bomben ab, über Nordvietnam sogar 9,4 Mio. t ab. Der Einsatz des Kampfmittels »Agent orange« zur Entlaubung der Wälder führte zu Folgeschäden bei Menschen und machte Teile des Landes unbewohnbar.

März 1973

1 Do Ein Kommando der palästinensischen Guerillaeinheit Schwarzer September überfällt die saudische Botschaft in Khartum (Sudan) und nimmt acht Geiseln.

2 Fr In Paris unterzeichnen die 12 Außenminister der Vietnamkonferenz-Teilnehmerstaaten die Schlussakte zur Einhaltung des Waffenstillstands.

3 Sa König Hassan II. kündigt eine Ausdehnung der nationalen Fischereizone Marokkos bis in spanisches Hoheitsgebiet hinein an.

4 So Die Malteser-Helfer Monika Schwimm und Bernhard Diehl werden nach 4-jähriger Vietcong-Gefangenschaft auf freien Fuß gesetzt.

5 Mo Zum ersten Mal seit Bestehen der DDR werden Korrespondenten der Fernsehsender ARD und ZDF in Ostdeutschland akkreditiert.

6 Di Die US-amerikanische Schriftstellerin und Nobelpreisträgerin Pearl S. Buck stirbt im Alter von 81 Jahren in Danby (US-Bundesstaat Vermont).

7 Mi Bei den ersten Präsidentschaftswahlen seit Erlangung der Unabhängigkeit erringt die in Bangladesch regierende Awami-Liga 291 der 300 Mandate.

8 Do Bei einer Volksabstimmung in Nordirland entscheidet sich die Mehrheit der Bevölkerung für den Verbleib bei Großbritannien.

9 Fr In Paris beraten die Finanzminister der zehn wichtigsten westlichen Industriestaaten über eine Stützung des Dollarkurses.

10 Sa Robert Siodmak, deutsch-amerikanischer Regisseur (»Die Wendeltreppe«), stirbt im Alter von 72 Jahren im schweizerischen Locarno.

11 So In Argentinien werden erstmals seit der Machtübernahme des Militärs im Jahre 1966 Wahlen durchgeführt. → Dollar

12 Mo Die syrische Bevölkerung spricht sich mehrheitlich für die Annahme einer neuen Verfassung aus, in der erstmals keine Staatsreligion festgelegt ist.

13 Di Malaysia beschließt, aus der Asian and Pacific Cooperation (ASPAC) auszutreten. Als Begründung gibt die Regierung deren antikommunistischen Kurs an.

14 Mi Die USA beenden ihr seit 1972 bestehendes Waffenembargo gegen Pakistan. +++ Liam Cosgrave, Sieger der irischen Wahlen, bildet sein neues Kabinett.

15 Do Die chinesische Regierung entlässt die letzten drei US-Gefangenen. Einer von ihnen war seit dem Koreakrieg 1952 in Gefangenschaft.

16 Fr Die Hauptverkehrsverbindung zwischen der Innenstadt und dem Themse-Südufer, die neue London-Bridge, wird von Königin Elizabeth II. freigegeben.

17 Sa Der bisherige tunesische UNO-Botschafter in Genf, Tahar Belkhodja, wird vom tunesischen Staatspräsidenten Habib Burgiba zum Innenminister ernannt.

18 So Fast einhellig loben Rezensenten die am Vortag in Bochum erfolgte Uraufführung der »Eiszeit« von Tankred Dorst in der Inszenierung von Peter Zadek.

19 Mo In beiden Teilen Deutschlands feiern Musikliebhaber mit zahlreichen Gedenkkonzerten den 100. Geburtstag des 1916 verstorbenen Komponisten Max Reger.

20 Di Polen und Großbritannien schließen ein Abkommen über die Zusammenarbeit in Wirtschaft, Industrie, Wissenschaft und Technologie. → Eiderdamm

21 Mi Auf ihrer Europatournee gibt die US-Protestsängerin Joan Baez in der Essener Gruga-Halle vor rund 5000 Besuchern ihr einziges Deutschlandkonzert.

22 Do Die USA stoppen den Abzug der letzten 5300 Soldaten aus Südvietnam. Sie fordern die Freilassung von US-Kriegsgefangenen in Nordvietnam und Laos.

23 Fr Eines der größten Forschungszentren dieser Art in Europa, das Max-Planck-Institut für Biochemie, wird in München eingeweiht.

24 Sa Delegierte aus 31 Ländern beenden die vierte Islamkonferenz im libyschen Bengasi mit einer Resolution, die sich gegen Israel richtet.

25 So Die internationale Presse berichtet über den aufgrund innerpolitischer Unruhen erfolgten Rücktritt des ägyptischen Ministerpräsidenten Aziz Sidky.

26 Mo Bundespräsident Gustav Heinemann trifft in Begleitung von Außenminister Walter Scheel zu einem zweitägigen Besuch im Vatikan ein.

27 Di Um auf die Diskriminierung von Indianern aufmerksam zu machen, verweigert Marlon Brando die Annahme des »Oscar« für seine Rolle in »Der Pate«.

28 Mi Das Bundeskabinett in Bonn verabschiedet den Entwurf des ersten Gesetzes zur Reform des Ehe- und Familienrechts. → Frankfurt am Main

29 Do Die letzten US-Truppen verlassen Südvietnam. Allein 2500 Soldaten ziehen aus Saigon und der Basis Da Nang ab.

30 Fr Über 100 Menschen sterben in Algerien und Tunesien durch Überschwemmungen. Nach langer Dürre führten starke Regenfälle zu der Naturkatastrophe.

31 Sa Die jordanische Regierung beschließt auf der Grundlage der schriftlichen Befürwortung durch König Hussein II. die Einführung des Frauenwahlrechts.

28. März 1973

65 Verletzte bei Häuserkampf in Frankfurt am Main

Im Rahmen von Protesten gegen die Räumung eines besetzten Hauses im Frankfurter Stadtteil Westend kommt es in der Innenstadt zu Straßenschlachten zwischen Demonstranten und der Polizei. Die Auseinandersetzungen fordern 65 Verletzte. Im ehemals vornehmen Frankfurter Westend tobt schon seit längerem ein »Krieg« um Wohnraum und Boden.
Stein des Anstoßes ist das Wohnhaus im Kettenhofweg 51. Das zum Abbruch freigegebene Gebäude wird seit gut einem Jahr mit Billigung der Besitzer von Schülern und Studenten mietfrei bewohnt, die Räumungsfrist vor der jetzigen Klage war vom Magistrat zweimal verlängert worden. Übergriffe militanter Demonstranten provozieren schließlich die gewalttätigen Auseinandersetzungen mit der Polizei. Nach Bekanntwerden der Polizeiaktion in Frankfurt kommt es während der folgenden Tage in mehreren deutschen Großstädten zu spontanen Solidaritätskundgebungen. Die Proteste bleiben jedoch ohne greifbares Ergebnis: Mit massivem Polizeieinsatz wird das Haus im Kettenhofweg am 4. April geräumt. Die Besetzung leerstehender Häuser ist in der Bundesrepublik zu einem Phänomen geworden, das in nahezu allen Großstädten anzutreffen ist. Sie wird vor allem als Reaktion auf die um sich greifende Bodenspekulation gesehen. Immer mehr sanierungsbedürftige Wohnhäuser in den alten Vierteln der Großstädte werden aufgekauft und abgerissen. In den anschließend errichteten Neubauten entstehen entweder Büroräume oder teure Komfortwohnungen, die von den ehemaligen Mietern nicht mehr bezahlt werden können.

8. April 1973

Trauer um Picasso

Pablo Picasso ist tot. Im Alter von 91 Jahren stirbt der gebürtige Spanier, einer der größten Künstler dieses Jahrhunderts, auf seinem Alterssitz an der Côte d'Azur an Herzversagen. Die Beisetzung findet auf Wunsch der Familie im engsten Kreis auf dem Grundstück seines Villenbesitzes Vauvenargues statt. In den Nachrufen der Presse wird Picasso u.a. als der populärste, vielseitigste und fleißigste Künstler aller Zeiten gerühmt.
Aufgrund seiner bis ins hohe Alter anhaltenden Schaffenskraft hinterlässt er schätzungsweise 14000 Gemälde und Zeichnungen – viele von ihnen befinden sich im Privatbesitz des Künstlers. Picasso, der zweimal verheiratet war, hinterlässt vier Kinder und zwei Enkelkinder sowie seine Witwe Jacqueline. Picassos Malerei zeigt einen großen Variantenreichtum der Farbstile und Formexperimente. Blaue und Rosa Periode, Kubismus und surreale Anklänge sind Wegmarken. Das Malergenie pflegte aber auch die Porträt- und Aktzeichnung, beschäftigte sich mit der iberischen Plastik oder der Kunst der Naturvölker. Stark fesselte Picasso das Problem, alles Gegenständliche auf eine organisierte Struktur einfacher geometrischer Formen zurückzuführen.

Pablo Picasso mit Freundin Françoise Gilot

Stationen aus Leben und Werk

Datum	Ereignis
1896	Aufnahme in die Kunstschule »La Lonja« in Barcelona
1897	Aufnahme in die Kunstschule Madrid
1900	Erste Einzelausstellung in Barcelona
1902	Beginn der »Blauen Periode« (bis 1904)
1907	Zusammen mit Georges Braque Entwicklung des analytischen Kubismus (Gemälde »Les Demoiselles d'Avignon«)
1909	Kubistische Plastik (»Frauenkopf«)
1912	Entwicklung der Collagetechnik, synthetischer Kubismus
1925	Beteiligung an der ersten Surrealisten-Ausstellung
1937	Gemälde »Guernica«
1944	Eintritt in die Kommunistische Partei Frankreichs
1947	Erste keramische Arbeiten

30. April 1973

Nixon gerät ins Zwielicht

Die Watergate-Affäre entwickelt sich zum größten Politskandal in der Geschichte der USA. Wie sich herausstellt, sind enge Vertraute von US-Präsident Richard Nixon in die Angelegenheit verstrickt. Im Juni 1972 waren Unbekannte in das Wahlkampfbüro von Nixons Konkurrenten im Washingtoner Watergate-Gebäude eingebrochen. Nachforschungen decken ein Netz von Ver-

strickungen auf. In den Dunstkreis von Watergate geraten nun FBI-Chef Patrick L. Gray, Justizminister Richard Kleindienst, Präsidentenberater John D. Ehrlichman und der Stabschef des Weißen Hauses, Harry R. Haldeman. Sie alle sind der Vertuschung des Einbruchs verdächtig und müssen zurücktreten. Damit zieht der Skandal immer weitere Kreise und bringt nun auch den Präsidenten selbst in Bedrängnis. Nixon muss bei einer im Fernsehen übertragenen Rede (s. Abb.) Stellung beziehen. Dabei bekräftigt der Präsident seine Absicht, die Schuldigen zu finden und zu bestrafen.

20. März 1973

Eiderdamm schützt Küste

Die Konstruktion des Eidersperrwerks an Schleswig-Holsteins Westküste ist abgeschlossen. Der gigantische Damm ist mit 4,8 km Länge und 8,5 m Höhe das größte Wasserbauwerk in Europa (s. Abb.).

Seine Errichtung dauerte rd. sechs Jahre. Der Damm verbindet die Halbinsel Eiderstedt mit dem Kreis Dithmarschen und soll das dahinter liegende Land vor Überschwemmungen schützen. Das

Küstenschutzprojekt entstand nach der großen Flutkatastrophe von 1962. Damals wurden weite Gebiete überschwemmt. Die Wassermassen der Nordsee konnten ungehindert in das tiefer gelegene Marschland eindringen. Der neu errichtete Damm verfügt über vier Segmentverschlüsse, die bei Bedarf abgeriegelt werden und sich erst mit der einsetzenden Ebbe wieder öffnen. Damit werden 60 km Deiche überflüssig. Auf dem Damm verläuft eine Straße, die eine schnelle Verbindung zum Binnenland gewährleistet.

11. März 1973

Leitwährung Dollar abgesetzt

Der US-Dollar verliert seinen Status als internationale Leitwährung. Mit einem entsprechenden Beschluss reagieren die Finanzminister der EG-Staaten auf eine drohende Finanzkrise. Seit Wochen schwemmen große Mengen von Devisen nach Europa. Weltweite Spekulationen mit dem US-Dollar bringen das Weltwährungssystem in Bedrängnis.

Am 1. März mussten alle westeuropäischen und japanischen Devisenbörsen schließen, als eine Dollarflut von 2,7 Mrd. (rd. 8,5 Mrd. DM) die Börsen an einem einzigen Tag zu überfluten drohte. Wie andere Länder, muss auch die Bundesrepublik den US-Dollar als Leitwährung jedoch akzeptieren. An den Börsen genießt die Währung allerdings kein Vertrauen mehr. So entscheiden sich die europäischen Regierungen, den gemeinsamen Wechselkurs freizugeben. Vom 12. März an brauchen die Zentralbanken der Bundesrepublik, Frankreichs, Dänemarks und der Benelux-Länder sowie Schwedens und Norwegens Dollars nicht mehr zu Festpreisen zu kaufen. Bei Schwächung ihrer eigenen Währung sind die Staaten aber weiterhin zu Stützkäufen verpflichtet. Die DM erhält innerhalb des neuen Währungsblocks die Funktion der Leitwährung. Mit Hilfe der Wechselkursfreigabe können die Banken flexibler auf Währungsschwankungen reagieren. Da sich jedoch Italien, Großbritannien und Irland nicht beteiligen, bleibt Europa währungspolitisch geteilt.

23. April 1973

Krieg in Kambodscha

Im Bürgerkrieg in Kambodscha erringen die Truppen der Roten Khmer einen militärischen Erfolg: Sie schließen einen Ring um die Hauptstadt Phnom Penh und zerstören einige der dortigen Sendestationen.

Die USA, die das antikommunistische Regime Präsident Lon Nols unterstützen, errichten eine Luftbrücke zur Versorgung der Bevölkerung in der Hauptstadt und führen erste Evakuierungsmaßnahmen durch. Schon seit dem 17. März herrscht in Kambodscha der Ausnahmezustand, nachdem auf Lon Nol mit einem Flugzeug der kambodschanischen Luftwaffe ein Anschlag verübt worden war, den ein Schwiegersohn des 1970 gestürzten Prinzen Norodom Sihanuk ausgeführt haben soll. Eine Entscheidung im seit drei Jahren andauernden Bürgerkrieg ist bis auf weiteres nicht in Sicht (Abb.: Verwundete Kambodschanerin).

April 1973

1 So US-Präsident Richard Nixon erteilt den Mitarbeitern des Weißen Hauses die Erlaubnis zur Aussage vor dem Watergate-Untersuchungsausschuss.

2 Mo Erstmals erhalten Journalisten aus der Bundesrepublik und West-Berlin von der DDR Pressekarten, die sie als Ostkorrespondenten in der DDR legitimieren.

3 Di Die unbemannte sowjetische Raumstation »Saljut 2« startet in eine Erdumlaufbahn. Die Sonde wiegt 19 t und ist 20 m lang.

4 Mi Die Akademie der Künste der DDR verleiht den Heinrich-Kleist-Preis an die Schriftsteller Ulrich Plenzdorf und Helga Schütz.

5 Do In Hamburg wird dem Handelsschiff »Otto Hahn« ein neuer, 235 kg schwerer Reaktorkern eingesetzt. Damit kann das Schiff fünf Jahre angetrieben werden.

6 Fr In der Türkei wird nach 15 Wahlgängen Admiral Fahri Korutürk von der Nationalversammlung zum neuen Staatspräsidenten gewählt.

7 Sa US-Verbraucher beenden ihren Fleischboykott. Der Streik richtete sich gegen die Überhöhung der Fleischpreise. Der Verkauf ging um 30% zurück.

8 So Trotz des Waffenstillstandsvertrags vom 28. Januar werden in Südvietnam vier Mitglieder der UN-Kontrollkommission getötet. → Picasso

9 Mo In Pretoria (Südafrika) findet erstmals ein Boxkampf zwischen einem Schwarzen und einem Weißen statt. Sieger wird der Schwarze Mzukisis Skweyiya.

10 Di Ein zweitägiger Druckerstreik verhindert in der Bundesrepublik Deutschland das Erscheinen beinahe aller Tageszeitungen.

11 Mi Das Frankfurter Oberlandesgericht erklärt Martin Bormann, den ehemaligen Sekretär Adolf Hitlers, nach zwölfjähriger Ermittlungstätigkeit für tot.

12 Do Der polnische Sejm beschließt die neue gesetzliche Regelung des Erziehungs- und Bildungswesens. Der Militärdienst wird wichtigster Erziehungsfaktor.

13 Fr In der Rekordzeit von 500 Arbeitstagen wird in Österreich der 5,4 km lange Katschbergtunnel der Tauernautobahn fertiggestellt.

14 Sa Der Fernsehpreis »Bambi« geht an die ARD-Reihen »Recht, Geld, Technik und Gesundheit«, »Expedition ins Tierreich« und »Die Sendung mit der Maus«.

15 So Die UdSSR wird in Moskau zum zwölften Mal Eishockeyweltmeister. +++ Italien erlässt ein Gesetz zur Sanierung des von Abwässern bedrohten Venedig.

16 Mo Die US-Luftstreitkräfte beenden ihre Angriffe auf die von der kommunistisch orientierten Pathet-Lao-Bewegung in Laos kontrollierten Gebiete.

17 Di Die Regierung Kambodschas tritt zurück. +++ Die Westafrikanische Wirtschaftsgemeinschaft wählt Nigerias Präsidenten Diori Hamani zum Vorsitzenden.

18 Mi Der ehemalige US-Justizminister Richard Mitchell und Ex-Präsidentenberater John Dean werden der Mitwisserschaft am Watergate-Einbruch beschuldigt.

19 Do In Nairobi (Kenia) beginnt die 21. Ostafrika-Rallye. Von 89 Wagen erreichen 21 das Ziel. Schektar Mehta (Kenia) und Lofty Drews (Tunesien) gewinnen.

20 Fr In Brasilien verbietet die Zensurbehörde den Vertrieb von 64 Zeitungen. Darunter sind 52 ausländische Publikationen.

21 Sa Das bulgarische Gesundheitsministerium erschwert die Bedingungen für den Schwangerschaftsabbruch. Kinderlosen Frauen wird die Abtreibung verboten.

22 So Die Neueinstudierung der ältesten erhaltenen Ballett-Choreographie, Vincenzo Geleottis »Die Launen Cupidos«, feiert in Amsterdam Premiere.

23 Mo Henry A. Kissinger schlägt eine Vertiefung der Beziehungen zu den europäischen Verbündeten unter Einbeziehung Japans vor. → Kambodscha

24 Di Japan erlebt den größten Streik seiner Nachkriegsgeschichte. 68 Gewerkschaften mit 3,1 Mio. Mitgliedern beteiligen sich an der Arbeitsniederlegung.

25 Mi Die bundesdeutschen Alpinisten Sigfried Hupfauer und Gerhard Schmatz ersteigen den 8156 m hohen Manalu im Himalajagebirge.

26 Do Brasiliens Präsident Emilio Garratazu Medici und der Präsident Paraguays, Alfredo Stroessner, schließen einen Vertrag zum Bau des Kraftwerks Itaipu.

27 Fr In Kenia wird die christliche Sekte der Zeugen Jehovas verboten. Die Sektenmitglieder würden die wirtschaftliche Entwicklung des Landes behindern.

28 Sa Bobby Charlton beendet nach seinem 751. Spiel für Manchester United und 106 Länderspielen seine Karriere als britischer Profi-Fußballer.

29 So Bundeskanzler Willy Brandt trifft sich mit US-Präsident Richard M. Nixon zu Gesprächen über eine neue Atlantik-Charta und den Indochina-Konflikt.

30 Mo In West-Berlin geht die 3. Freie Kunstausstellung zu Ende. Aufsehen erregten die sog. Malerpoeten, Künstler mit Doppelbegabungen. → Nixon

Mai 1973

1 Di In Dortmund nimmt die Zentralstelle für die Vergabe von Studienplätzen (ZVS) ihren Betrieb auf. Sie wurde mit der Einführung des Numerus clausus notwendig.

2 Mi Der bislang im Familienbesitz befindliche Nachlass des Komponisten Richard Wagner wird in Bayreuth in eine öffentliche Stiftung umgewandelt.

3 Do Präsident Richard Nixon betont, der Sicherheitsvertrag der USA mit Japan verpflichte beide Länder zur Schlichtung internationaler Wirtschaftskonflikte.

4 Fr Der US-Staat Connecticut führt die Todesstrafe wieder ein. +++ Die UdSSR-Regierung beschließt, arbeitsfähige Personen zur Erntearbeit zu zwingen.

5 Sa Klaus Wolfermann stellt in Leverkusen mit 94,08 m einen Weltrekord im Speerwurf auf. +++ Japan lehnt eine Beteiligung an der neuen Atlantik-Charta ab.

6 So Gegen die von Frankreichs Regierung geplanten Atomversuche im Südpazifik kommt es in Paris, Toulouse und Lyon zu Großdemonstrationen.

7 Mo Israel feiert sein 25-jähriges Staatsjubiläum. Die Festlichkeiten beginnen mit einer Gedächtniszeremonie an der Jerusalemer Klagemauer.

8 Di Wegen Konflikten mit palästinensischen Freiheitskämpfern erklärt der libanesische Ministerpräsident, Amin Al Hafis, in Beirut seinen Rücktritt.

9 Mi Rainer Barzel, Vorsitzender der CDU/CSU-Fraktion im Bundestag, legt sein Amt wegen einer Abstimmungsniederlage in der Fraktion nieder.

10 Do Der bundesdeutsche Versicherungsverband HUK und die Staatliche Versicherung der DDR vereinbaren einen Schadensausgleich bei Pkw-Unfällen.

11 Fr Der Bundestag in Bonn stimmt dem deutsch-deutschen Grundlagenvertrag und dem Gesetz über den Beitritt der Bundesrepublik zur UNO zu.

12 Sa In einem Fußballländerspiel schlägt die bundesdeutsche Elf die bulgarische Mannschaft in Hamburg klar mit 3:0 Toren.

13 So In London endet der Kongress der Europäischen Bewegung. Die Organisation hat sich die Schaffung der Vereinigten Staaten von Europa zum Ziel gesetzt.

14 Mo Die Londoner Regierung ermöglicht den in Großbritannien lebenden Pakistani, binnen sechs Monaten britische Staatsbürger zu werden. → Raumstation

15 Di Die britische Rockgruppe »Roxy Music« beginnt mit einem Auftritt in der Jahrhunderthalle in Frankfurt am Main ihre erste Deutschlandtournee.

16 Mi Bundespräsident Gustav Heinemann weiht in Marbach am Neckar das Deutsche Literaturarchiv der Deutschen Schiller-Gesellschaft ein.

17 Do Karl Carstens übernimmt den CDU-Fraktionsvorsitz von Rainer Barzel. +++ Im Bundestag beginnen die ersten Beratungen über die Reform des § 218.

18 Fr In Bonn beginnt die konstituierende Sitzung der vom Bundestag eingesetzten Enquete-Kommission zur Verfassungsreform. → Kreml-Chef

19 Sa Entgegen seiner Rücktrittserklärung vom 8. Mai beschließt der libanesische Ministerpräsident Amin Al Hafis, weiter im Amt zu bleiben.

20 So In der Bremer Kunsthalle wird eine Picasso-Retrospektive eröffnet. Ausgestellt sind Werke des Künstlers aus der Schaffensperiode von 1905 bis 68.

21 Mo Der britische Unterstaatssekretär im Verteidigungsministerium, Anthony F. Lambton, tritt wegen seiner Verwicklung in eine Sexaffäre zurück.

22 Di Die bayerische Staatsregierung klagt beim Bundesverfassungsgericht in Karlsruhe gegen den Grundlagenvertrag mit der DDR.

23 Mi In Griechenland verhindert der Oberbefehlshaber der Marine, Odysseus Angelis, einen Putschversuch der Marine gegen den Diktator Georgios Papadopulos.

24 Do Der Astrologe Arwied Imiela wird in Lübeck wegen vierfachen Frauenmordes zu lebenslanger Haft verurteilt.

25 Fr Die USA und Schweiz regeln das Abkommen in Strafsachen. Zur Aufklärung organisierter Verbrechen erfolgt die Lüftung des Schweizer Bankgeheimnisses.

26 Sa Bei den syrischen Parlaments- und Gouverneurswahlen gewinnt die Nationale Progressive Front in 10 der 15 Bezirke die Gouverneursposten.

27 So Italien gewährt dem Kommandanten Nikolas Pappas und 30 weiteren Beteiligten am griechischen Marineputsch vom 23. Mai politisches Asyl.

28 Mo Großbritannien und Syrien beschließen die Wiederaufnahme ihrer diplomatischen Beziehungen, die seit dem Sechstagekrieg 1967 unterbrochen waren.

29 Di DDR-Verteidigungsminister Heinz Hoffmann begründet öffentlich den von Ost-Berlin beschlossenen weiteren Ausbau der Nationalen Volksarmee.

30 Mi Durch ein 1:0 in Belgrad über Juventus Turin gewinnt Ajax Amsterdam zum dritten Mal den Fußball-Europapokal der Landesmeister.

31 Do Das Weltraumforschungsgelände Cape Kennedy (US-Bundesstaat Florida) wird umbenannt. Zukünftig heißt es wieder Cape Canaveral. → Lotsenstreik

1. Juni 1973

Griechenlands Monarchie

Der Ministerrat der Athener Militärjunta unter Vorsitz von Vizekönig und Ministerpräsident Georgios Papadopulos gibt die Abschaffung der Monarchie und die Ausrufung der Republik Griechenland bekannt. Vorläufiger Präsident der Republik ist Papadopulos, der den im römischen Exil lebenden König Konstantin II. absetzt. Gleichzeitig gibt er eine neue Verfassung bekannt.

Mit dieser Verfassung festigt Papadopulos, Führer der Militärputschisten von 1967, seine Macht. Die Verfassung sieht vor, dass der Präsident in alleiniger Verantwortung verteidigungs-, außen- und innenpolitische Aufgaben übernehmen kann. Damit will Papadopulos das Regime der Militärobristen, dem eine massive Opposition auch aus den eigenen Reihen erwachsen ist, konsolidieren. Zugleich gibt ihm der eigene Machtzuwachs Gelegenheit, sich der Kontrolle der Militärs zu entziehen und gegen Widersacher vorzugehen. Ausschlaggebend für die weit reichenden Schritte Papadopulos war ein Putschversuch der Marine am 22./23. Mai. Eine Gruppe von Offizieren dieser Waffengattung hatte durch das Auslaufen aller Kriegsschiffe und die Besetzung einer griechischen Insel versucht, Papadopulos zum Rücktritt zu zwingen. Dieser kann sich jedoch erfolgreich gegen den Umsturzversuch wehren und macht den König sowie den früheren Ministerpräsidenten Konstandinos Karamanlis, der das Militärregime von seinem Pariser Exil aus bekämpft, dafür verantwortlich. König Konstantin erklärt in Rom, er werde sich für seine Rückkehr auf den Thron auch mit Waffengewalt einsetzen.

Ministerpräsident Georgios Papadopulos votiert beim Referendum zur Verfassungsänderung mit »Ja«.

Mit der Etablierung einer präsidialen parlamentarischen Republik, die am 29. Juli im Rahmen einer Volksabstimmung vom griechischen Volk angenommen wird, gerät der Präsident jedoch immer mehr ins Abseits. Neben einer erstarkenden Opposition innerhalb der Militärs äußert auch die Bevölkerung verstärkt ihre Unzufriedenheit mit dem Diktator. So kam es im Februar dieses Jahres – erstmals seit dem Putsch von 1967 – zu Protesten der Studenten in Athen, die die Wiedereinführung freiheitlich-demokratischer Strukturen forderten. Die Studentenproteste stoßen in der Bevölkerung auf große Zustimmung. Papadopulos versucht, durch die Ver-

30. Juni 1973

Längste Sonnenfinsternis

Die längste Sonnenfinsternis des Jahrhunderts kann in Südamerika und Zentralafrika beobachtet werden. Sieben Minuten lang schiebt sich der Mond vor die Sonne und verdunkelt das Tageslicht. Astronomen berechnen, dass es sich um die zweitlängste Sonnenfinsternis seit Beginn der Zeitrechnung handelt. Erst im Jahr 2150 soll es zu einer weiteren totalen Sonnenfinsternis kommen, die noch länger andauern wird. Um das Phänomen zu beobachten, reisen zahlreiche Wissenschaftler nach Zentralafrika. Dort registrieren sie nicht nur astronomische Daten, sondern auch ein auffallend verändertes Verhalten der Bevölkerung. Obwohl die Regierungen u.a. in Kenia versucht haben, zurückgezogen lebende Eingeborenenstämme über das Naturschauspiel aufzuklären, reagieren viele mit panischer Angst auf die plötzlich eintretende Dunkelheit. Die beste Aussicht auf das Ereignis haben die Insassen des Überschallflugzeugs Concorde, das eine Höhe von 18 000 Metern erreicht. Oberhalb der störenden Erdatmosphäre bietet sich den Passagieren eine ungehinderte Sicht auf die Sonnenfinsternis.

18. Mai 1973

Kreml-Chef besucht Bonn

Leonid I. Breschnew, der Staats- und Parteichef der UdSSR, besucht die Bundesrepublik (Abb. v.l.: Leonid I. Breschnew und Bundeskanzler Willy Brandt). Der fünftägige Aufenthalt des Sowjetführers gilt als Markstein der Bemühungen um ein besseres Verhältnis von Ost und West. Vor allem in wirtschaftlicher Hinsicht ist die Bundesrepublik erster Gesprächspartner der Sowjetunion in Westeuropa. Moskau hofft auf ein Zusammenspiel von bundesdeutscher Technologie und sowjetischen Rohstoffquellen. Das Hauptanliegen der Gastgeber ist hingegen die Weiterführung der Entspannungspolitik. Bonn besteht u.a. auf Einhaltung des Berlinabkommens.

geschafft

Das Schicksal des entmachteten griechischen Königs und seiner Familie beschäftigt natürlich auch die Illustrierten.

haftung von Studentenführern, Rechtsanwälten, Professoren und Verlegern der Situation Herr zu werden. Jedoch kann auch der Einsatz von Gewalt das abgewirtschaftete Papadopulos-Regime nicht mehr retten: Die Ein-Mann-Diktatur dauert nur noch bis zum Ende des Jahres.

14. Mai 1973

Erste Raumstation gestartet

Mit »Skylab 1« schießt die US-Raumfahrtbehörde NASA die erste Raumstation in eine Umlaufbahn (s. Abb.). An Bord befindet sich ein Labor mit Lebens- und Arbeitsraum für drei Astronauten. »Skylab 1« startet unbemannt ins All. Am 25. Mai folgt die erste Besatzung nach. Die Astronauten halten

sich 28 Tage im Weltraumlabor auf. Insgesamt umkreist die Station acht Monate lang die Erde. In dieser Zeit wechseln sich zwei weitere Besatzungen im All ab. Das Projekt vermittelt zahlreiche physikalische Erkenntnisse.

31. Mai 1973

Lotsenstreik lähmt Flughäfen

Auf den bundesdeutschen Flughäfen treten die Fluglotsen in einen Streik und legen den Luftverkehr weitgehend lahm. Für 5 Mio. Fluggäste wird der Streik zum Alptraum. In den Wartehallen der Flughäfen müssen die Passagiere oft stunden- und tagelang auf den Abflug warten. Häufig fallen die Flüge ersatzlos aus.

Mit über 500 Mio. Mark Schaden wird der Streik zu einem der kostspieligsten Arbeitskämpfe in der Geschichte der Bundesrepublik. Allein die Touristik-Unternehmen verzeichnen bis Ende Juli Einbußen von über 36 Mio. DM. Die Fluglotsen waren vor rd. zehn Jahren in den Beamtenstatus gehoben worden. Durch zunehmenden Flugverkehr fühlen sich die Lotsen überlastet und sehen die Flugsicherheit dadurch gefährdet. Von der Bundesregierung fordern sie Erschwerniszulagen, in der Entlohnung wollen sie den Co-Piloten gleichgestellt werden. Als den Ansprüchen nicht nachgegeben wird, reduzieren die Lotsen ihre Tätigkeit auf Dienst nach Vorschrift, den sog. Bummelstreik. Trotz der unhaltbaren Zustände auf bundesdeutschen Flughäfen gibt die Regierung den Forderungen nicht nach und versucht, den Streik durch Suspendierung einiger Fluglotsen zu beenden.

Diese Maßnahmen führen jedoch nur zu noch weiterer Verhärtung der Fronten. Der Arbeitskampf dauert bis September an. In dieser Zeit lassen 1200 Fluglotsen 50 000 Flüge ausfallen. Weitere 80 000 können nur mit zum Teil extremen Verspätungen durchgeführt werden.

12. Juni 1973

Kohl übernimmt das Ruder

In der CDU beginnt die Ära Helmut Kohl: Als Nachfolger des zurückgetretenen Rainer Barzel wird der 43-jährige Ministerpräsident von Rheinland-Pfalz auf dem Parteitag der CDU mit 520 gegen 51 Stimmen bei 29 Enthaltungen zum Vorsitzenden gewählt. Rainer Barzel steht seit seiner Wahlniederlage als Kanzlerkandidat im November 1972 im Kreuzfeuer der parteiinternen Kritik. Nachdem er bei der Frage des Beitritts der Bundesrepublik zur UNO, den er befürwortete, in der Fraktion am 9. Mai eine Niederlage erlitten hatte, zog er die Konsequenzen und trat von seinen Ämtern zurück. Eine politische Kursänderung innerhalb der Partei wird von Beobachtern durch den Führungswechsel zunächst nicht erwartet (Abb.: Poster der satirischen Zeitschrift »Pardon«, das auf die innerparteilichen Querelen und Barzels Rücktritt anspielt).

Juni 1973

1 Fr Der frühere CDU-Abgeordnete Julius Steiner erklärt der Presse, er sei vor dem Misstrauensvotum gegen Willy Brandt bestochen worden. → Griechenland

2 Sa In Amsterdam eröffnet die niederländische Königin Juliana das Rijksmuseum Vincent van Gogh mit Werken des bedeutenden Malers.

3 So Das Bundesverfassungsgericht in Karlsruhe lehnt die Klage der bayerischen Staatsregierung gegen die Unterzeichnung des Grundlagenvertrags ab.

4 Mo Bonn stimmt dem Bau einer Erdölpipeline aus der DDR nach West-Berlin zu. +++ Die bundesdeutschen Fernsehanstalten stellen sich in der UdSSR vor.

5 Di Der osteuropäische Rat für gegenseitige Wirtschaftshilfe (COMECON) beschließt, Kontakte mit der Europäischen Gemeinschaft zu knüpfen.

6 Mi Bundespräsident Gustav Heinemann unterschreibt den deutsch-deutschen Grundlagenvertrag und das Gesetz über den UN-Beitritt der Bundesrepublik.

7 Do Im tschechischen Ostrava läuft Renate Stecher (DDR) mit 10,9 sec Weltrekord über 100 m. +++ Bonn beschließt die Reform des Sexualstrafrechts.

8 Fr Der spanische Staatschef und Diktator General Francisco Franco ernennt Admiral Luis Carrero Blanco zum neuen Ministerpräsidenten.

9 Sa Die Mannschaft von Bayern München wird zum vierten Mal deutscher Fußballmeister. +++ Der belgische Radprofi Eddy Merckx gewinnt den Giro d'Italia.

10 So Von Cape Canaveral aus startet die US-Sonde »Explorer« ins All. Der Satellit wiegt 250 kg und soll in eine Kreisbahn um den Mond gelenkt werden.

11 Mo Die Aussage einer Sekretärin des Auswärtigen Amtes in Bonn deckt einen Spionagefall auf. Acht Jahre lang habe sie der DDR Geheiminformationen geliefert.

12 Di In Italien tritt Ministerpräsident Giulio Andreotti und seine Mitte-Rechts-Koalitionsregierung wegen mangelnden Rückhalts im Parlament zurück. → Kohl

13 Mi Die Bundesregierung bewilligt weitere 700 Mio. DM für die Produktion und den Absatz des deutsch-französischen Airbus A 300 B.

14 Do Das in Bonn verabschiedete Ausbildungsförderungsgesetz bezieht die Förderung von Berufsfachschülern ab Klasse 11 und ausländische Auszubildende ein.

15 Fr Gemäß dem deutsch-deutschen Grundlagenvertrag vereinbaren Bonn und Ost-Berlin die Einrichtung von grenznahen Pendelverkehrsverbindungen.

16 Sa Der sowjetische Parteichef Leonid I. Breschnew trifft zu einem einwöchigen Staatsbesuch in den USA ein. Der Besuch dient der Annäherung der Supermächte.

17 So Im Emdener Hafen wird der erste Luftblasenschleier als Waffe gegen eine Ölpest installiert. Die Anlage kann den Hafen in einer dreiviertel Minute absperren.

18 Mo In der UdSSR werden Pipelines zur Beförderung von Erdgas und Erdöl über Distanzen bis zu 2000 km in Betrieb genommen.

19 Di Die Plenartagung des Zentralkomitees der Kommunistischen Partei Rumäniens endet in Bukarest. Das Thema der Konferenz war die Rolle der Frau.

20 Mi Die Rückkehr des ehemaligen Staatspräsidenten Juan Domingo Perón nach Argentinien wird von Schießereien begleitet. Perón lebte 18 Jahre im Exil.

21 Do Der italienische Staatspräsident Giovanni Leone beauftragt den christdemokratischen Politiker Mariano Rumor mit der Bildung einer neuen Regierung.

22 Fr Der sog. Kleine Grenzverkehr zwischen der DDR und der Bundesrepublik Deutschland beginnt. Mehrere Grenzübergänge wurden bereits geöffnet.

23 Sa DFB-Pokalsieger wird Borussia Mönchengladbach. Im Düsseldorfer Rheinstadion schlägt das Team vom Bökelberg den 1. FC Köln mit 2:1 Toren.

24 So In München läuft der Südafrikaner Daniel Malan Weltrekord über 1000 m. Er legt die Distanz in 2:16,0 min zurück.

25 Mo Die Kriminalpolizei und das Bundeskartellamt führen in der Bundesrepublik eine Aktion gegen Preisabsprachen in der Bauindustrie durch.

26 Di Der aus Südafrika stammende Choreograph John Cranko stirbt im Alter von 45 Jahren. Cranko arbeitete an der Württembergischen Staatsoper in Stuttgart.

27 Mi Unter dem Motto »Nicht vom Brot alleine« wird der 15. Deutsche Evangelische Kirchentag in Nordrhein-Westfalens Landeshauptstadt Düsseldorf eröffnet.

28 Do Frankreichs Regierung verbietet nach Straßenschlachten die neofaschistische Organisation Ordre Nouveau und die trotzkistische Bewegung Ligue Communiste.

29 Fr Im Zürcher Kunstgewerbemuseum beginnt die Ausstellung »Die Zwanziger Jahre – Kontraste eines Jahrzehnts«.

30 Sa Der Wiederaufbau des Reichstags in West-Berlin ist beendet. Das Gebäude wird dem Deutschen Bundestag übergeben. → Sonnenfinsternis

Juli 1973

1 So Der US-Kongress in Washington beschließt einen Stopp der Bombardierung Kambodschas zum 15. August. → Berufsarmee → Zivildienst

2 Mo In Magdeburg scheitern Gespräche über eine Zusammenarbeit zwischen den Sportverbänden der DDR und der Bundesrepublik an der Berlin-Frage.

3 Di Der österreichische Nationalrat setzt die Altersgrenze für das passive Wahlrecht herab. Künftig müssen Kandidaten 21 statt bisher 24 Jahre alt sein. → KSZE

4 Mi Der Gründungsvertrag der Karibischen Wirtschaftsgemeinschaft wird von Barbados, Guyana, Jamaika und Trinidad/Tobago unterzeichnet.

5 Do Die DDR nimmt die UNESCO-Konvention über die Bekämpfung von Diskriminierung im Bildungswesen an. +++ Ein Militärputsch stürzt Ruandas Regierung.

6 Fr Tunesiens Präsident Habib Burgiba erklärt, Jordanien sei ein künstlich geschaffenes Gebilde und durch einen palästinensischen Staat zu ersetzen.

7 Sa Ein Woche nach ihrem gescheiterten Putschversuch werden in Bagdad der irakische Staatssicherheitschef und 22 Mitverschwörer verurteilt und hingerichtet.

8 So Jan Kodes aus der Tschechoslowakei und Billie Jean King (USA) gewinnen die Einzeltitel beim Tennis-Turnier von Wimbledon.

9 Mo Heinrich Böll, Günter Grass und zahlreiche Wissenschaftler klagen öffentlich die Repressionen gegen Wissenschaftler und Künstler in der UdSSR an.

10 Di Die Bahamainseln erhalten von Großbritannien den Status einer unabhängigen Monarchie im Britischen Commonwealth.

11 Mi Der Hochspringer Dwight Stones (USA) überquert in München die Weltrekordhöhe von 2,30 m. Es ist der erste im sog. Fosbury-Flop gesprungene Weltrekord.

12 Do Der Internationale Gerichtshof in Den Haag bestätigt, dass britische und bundesdeutsche Schiffe in der von Island beanspruchten 50-Meilen Zone fischen dürfen.

13 Fr Argentiniens Präsident Héctor José Cámpora tritt zurück, um eine Kandidatur des früheren Präsidenten Juan Domingo Perón zu ermöglichen.

14 Sa Israel gibt die Verkürzung der Wehrpflicht für Männer bekannt. Ab dem 1. Juli 1974 müssen diese nur noch 33 statt 36 Monate dienen, Frauen weiterhin 20.

15 So Paul Getty III., Enkel des US-Ölmilliardärs, wird in Italien entführt. Am 27. Juli fordern die Entführer umgerechnet 44,45 Mio. DM Lösegeld.

16 Mo Vor dem Watergate-Ausschuss in Washington wird bekannt, dass US-Präsident Richard Nixon seit 1970 Gespräche im Weißen Haus heimlich aufzeichnete.

17 Di Fischer legen durch eine Blockade eine der größten Chemiefirmen Japans lahm. Sie protestieren gegen Quecksilbereinleitungen in Flüsse. → Afghanistan

18 Mi Das britische Unterhaus lehnt einen Misstrauensantrag gegen die Regierung ab. +++ Briten demonstrieren in London gegen Portugals Kolonialpolitik.

19 Do Polizei und Militär stoppen den Marsch zehntausender Libyer auf Kairo. Die Demonstranten fordern die staatliche Vereinigung Libyens und Ägyptens.

20 Fr Die DDR-Sprinterin Renate Stecher verbessert in Dresden ihren Weltrekord über 100 m um eine Hundertstelsekunde. Die neue Bestzeit liegt bei 10,8 sec.

21 Sa Trotz internationaler Proteste unternimmt Frankreich erneut fünf Kernwaffenversuche über dem Mururoa-Atoll im Südpazifik.

22 So Luis Ocaña (Spanien) siegt bei der Tour de France. +++ Der 40-jährige Brite Paddy McMahon gewinnt die Europameisterschaft der Springreiter.

23 Mo Der Vatikan passt die Kirchengrenzen an die innerdeutsche Grenze an und ernennt drei apostolische Administratoren für neue Bezirke in der DDR.

24 Di Italiens Regierung erlässt mehrere Dekrete, um die Inflation zu bekämpfen. +++ Ein entführter Jet wird nach der Freilassung der Geiseln in Libyen gesprengt.

25 Mi Im kroatischen Zagreb wird eine Ausstellung naiver Kunst eröffnet, bei der bis zum 1. September 900 Arbeiten internationaler Künstler zu sehen sind.

26 Do Über österreichischem Gebiet wird ein Sportflugzeug von einer tschechischen Militärmaschine zum Absturz gebracht. Zwei Menschen kommen ums Leben.

27 Fr 91% der Wähler stimmen auf den Philippinen dafür, die Amtszeit von Präsident Ferdinand Marcos über das Jahr 1973 hinaus zu verlängern.

28 Sa In Zandvoort (Niederlande) bereiten sich die Formel-1-Fahrer auf den morgigen Grand Prix vor. Roger Williamson verunglückt dabei tödlich. → Weltfestspiele

29 So In Griechenland sprechen sich 78,5% der Wähler für eine Abschaffung der Monarchie aus. Georgios Papadopulos wird für sieben Jahre als Präsident bestätigt.

30 Mo Der Chef des Bundeskanzleramtes, Horst Grabert, widerspricht dem Vorwurf Ost-Berlins, Bonn dulde kommerzielle Fluchthilfeunternehmen.

31 Di Das Bundesverfassungsgericht stellt fest, dass der Grundlagenvertrag mit der DDR vom 21. Dezember 1972 nicht gegen das Grundgesetz verstoße.

3. Juli 1973

KSZE: Europa trifft sich in

Gruppenbild der KSZE-Außenminister mit Walter Scheel (vorn 5.v.l.)

Zum ersten Mal sitzen Vertreter aller europäischen Staaten, also auch der neutralen und blockfreien Länder, zusammen an einem Tisch: In der finnischen Hauptstadt Helsinki wird die erste Phase der Konferenz über Sicherheit und Zusammenarbeit in Europa (KSZE) eröffnet. An der Mammut-Tagung nehmen die Außenminister und 400 Delegierte aus 33 europäischen Ländern sowie aus den USA und Kanada teil.

Ziel der Konferenz ist es, Schritt für Schritt eine Annäherung der beiden politischen Blöcke in Europa zu erreichen, Prinzipien für die europäische Sicherheit zu formulieren und Richtlinien für eine intensivere Zusammenarbeit auszuarbeiten. Dabei geht es sowohl um die Kooperation in den Bereichen Wirtschaft, Wissenschaft, Technik und Umwelt als auch um die Verbesserung der kulturellen und menschlichen Beziehungen. In der nur vier Tage dauernden ersten Konferenzphase finden jedoch noch keine Verhandlungen statt. Zunächst geht es lediglich um die Zustimmung der Außenminister zu den in den Vorbereitungskonferenzen ausgearbeiteten Empfehlungen über den Ablauf der KSZE sowie um die Planung von weiteren Tagungen. Bei allen Außenministern herrscht vor allem im Hinblick auf eine Erweiterung der humanitären Beziehungen große Übereinstimmung. Der britische Außenminister Sir Alexander Douglas-Home bezeichnet die Frage der menschlichen Kontakte sogar als das Schlüsselproblem der Verhandlungen. Einzig der sowjetische Minister Andrej A. Gromyko hebt die Notwendigkeit hervor, auch im Bereich menschlicher Kontakte Sitten und Traditionen anderer strikt zu achten. Im gleichen Sinn betont er in seiner Ansprache die große Bedeutung der Prinzipien der Souveränität und der Nichteinmischung in die inneren Angelegenheiten eines Staates. Damit greift er auf Positionen zurück, die während der Vorbereitung des Treffens bereits aufgegeben worden waren. Neben den Aussprachen im Plenum kommt es während der Konferenz zu zahlreichen bilateralen

17. Juli 1973

Königssturz in Afghanistan

Nach einem Staatsstreich wird Afghanistan zur Republik erklärt. In Abwesenheit von König Mohammed Sahir Schah schwingt sich der frühere Ministerpräsident Sardar Mohammed Daud Khan zum neuen Machthaber auf. Er ruft die Republik aus und übernimmt selbst die Ämter des Präsidenten, des Ministerpräsidenten und des Ministers für Äußeres sowie Verteidigung. Daud Khan, der das alte Regime als korrupt bezeichnet, verspricht die Errichtung eines demokratischen Systems sowie grundlegende Reformen. Die gestürzte Regierung habe Afghanistan an den Rand des Ruins gebracht. Vor allem für die katastrophalen Lebensbedingungen der unteren Bevölkerungsschichten trage die Monarchie die Verantwortung. Daud Khan betont, sein Land werde künftig eine Politik der Blockfreiheit verfolgen.

28. Juli 1973

Weltfestspiele in Ost-Berlin

Die X. Weltfestspiele der Jugend und Studenten locken 5 Mio. Menschen nach Ost-Berlin. SED-Chef Erich Honecker eröffnet das Großereignis mit 1500 Einzelveranstaltungen (Abb.: Mitglieder der FDJ). Unter den Gästen aus 140 Ländern, die in der Regel von linkssozialistischen Organisationen delegiert wurden, befindet sich auch Prominenz wie Palästinenserführer Jasir Arafat oder die US-Bürgerrechtlerin Angela Davis. Auch kommen Besucher aus der Bundesrepublik.

elsinki

Kontakten der Außenminister – darunter zum ersten Mal auch zu Gesprächen der Außenminister der Bundesrepublik und der DDR, Walter Scheel und Otto Winzer. Schwierigkeiten tauchen auf, als Malta fordert, auch den arabischen Mittelmeerstaaten Algerien und Tunesien die Teilnahme an der Konferenz zu gestatten. Als Israel daraufhin Gleichbehandlung verlangt, wird das Problem im Schlussdokument protokolliert und vertagt. Zu konkreten Ergebnissen kommt es auf dem Treffen in Helsinki noch nicht. Es wird jedoch eine Vielzahl von Kommissionen und Unterkommissionen eingesetzt, die konkrete Verhandlungen führen sollen. Die Minister selbst bestimmen zunächst nur die Richtlinien für die folgenden Gespräche der KSZE.

Die Initiative zur Einberufung der KSZE ging ursprünglich von der Sowjetunion aus. Schon in den 50er Jahren setzte sie sich dafür ein, ein Sicherheitssystem in Europa aus der Taufe zu heben. Den Vorschlägen lag – aus westlicher Sicht – die Absicht zugrunde, den Zusammenhalt zwischen den USA und Westeuropa zu schwächen und die Eingliederung der Bundesrepublik Deutschland in die NATO zu verhindern. Trotz dieser skeptischen Haltung des Westens nahm Moskau das Thema einer europäischen Sicherheitskonferenz wieder auf.

Erst im Zuge des sich intensivierenden Entspannungsprozesses wich die westliche Skepsis allmählich einer aufgeschlosseneren Haltung. Maßgeblichen Anteil daran hatte die neue, auf Versöhnung zielende Ostpolitik der im Jahre 1969 gewählten bundesdeutschen Regierung unter Bundeskanzler Willy Brandt (SPD). Durch den Moskauer Vertrag und den Warschauer Vertrag von 1970 sowie den Grundlagenvertrag mit der DDR konnte eine Belastung der Vorgespräche durch die »deutsche Frage« verhindert werden.

1. Juli 1973

Nixon führt Berufsarmee ein

US-Präsident Richard M. Nixon löst ein Wahlversprechen ein und hebt die Wehrpflicht in den USA auf. Bisher mussten alle männlichen US-Bürger im Alter zwischen 21 und 35 Jahren Dienst mit der Waffe leisten. Künftig soll sich die US-Armee aus Freiwilligen zusammensetzen. Kritiker befürchten, dass bald nur noch junge Leute aus den unteren Schichten und Außenseiter zum Militär einrücken könnten. Die Wehrpflicht wurde von Präsident Franklin D. Roosevelt unter dem Eindruck des Zweiten Weltkrieges eingeführt. Wegen anhaltender Konflikte der USA in Südostasien behielt das Wehrpflichtgesetz auch nach 1945 Gültigkeit. In der sich abzeichnenden Ära der Entspannungspolitik erkennt Nixon Freiräume zu neuem Handeln und erklärt die ohnehin oft kritisierte Wehrpflicht für abgeschafft.

28. August 1973

China attackiert Sowjetunion

Das angespannte Verhältnis zur Sowjetunion ist eines der Hauptthemen auf dem X. Parteitag der Kommunistischen Partei Chinas, der in Peking zu Ende geht. Unter Vorsitz von Mao Tse-tung waren 1300 Delegierte in die Große Halle des Volkes gekommen (Abb.: Präsidiumstribüne mit einem Mao-Bild im Hintergrund).

Ministerpräsident Chou En-lai ruft zum entschlossenen Kampf gegen das »sowjetische Hegemoniestreben« und den »modernen Revisionismus von Chruschtschow bis Breschnew« auf. Ideologischer Hintergrund des Konflikts ist der Streit um die Auslegung des Marxismus-Leninismus.

1. Juli 1973

Zivildienst aufgewertet

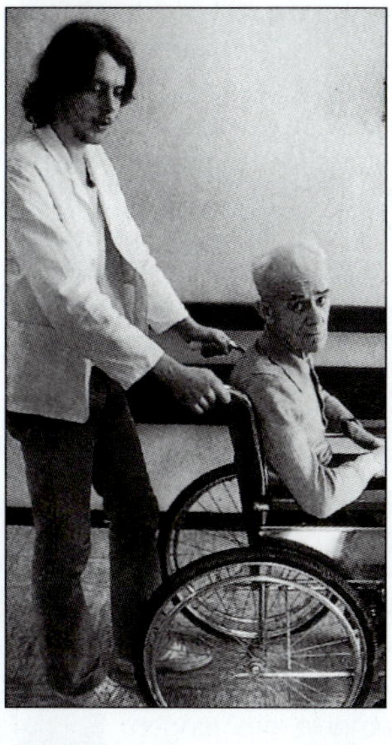

Das Gesetz zur Gleichstellung von Wehr- und Zivildienst tritt in der Bundesrepublik in Kraft. Es regelt die Rechtsstellung und Versorgung des Zivildienstes (Abb.: Einsatz im Altenheim). U.a. wird der Lohn der Zivildienstleistenden steigerungsfähig. Bisher wurden die Ersatzdienstler konstant mit dem Rekrutensatz von 4,50 DM pro Tag besoldet. Von nun an können sich Zivildienstleistende bis zum Obergefreiten-Tagegeld hochdienen. Auch die Dienstverhältnisse werden an die von Wehrdienstleistenden angelehnt. Um die Gleichstellung im rechtlichen Sinne zu gewährleisten, wird das Amt eines Bundesbeauftragten für den Zivildienst geschaffen.

Das neue Gesetz soll das Arbeitsfeld der Zivildienstleistenden besser organisieren. Damit trägt der Gesetzgeber der wachsenden Zahl von Kriegsdienstverweigerern Rechnung. Das Problem der Finanzierung von immer mehr Zivildienststellen ist allerdings noch nicht gelöst.

August 1973

1	Mi	Der DDR-Staatsratsvorsitzende Walter Ulbricht stirbt im Alter von 80 Jahren. +++ Die USA kürzen ihren Rüstungsetat um rd. 3,7 Mrd. DM auf 48 Mrd. DM.
2	Do	Das libanesische Parlament spricht Ministerpräsident Takkiedin Solh das Vertrauen aus. Auslöser der Regierungskrise war Israels Überfall auf Beirut im April.
3	Fr	28 Separatisten aus dem Kanton Jura besetzten in Bern drei Stunden lang die Botschaft Belgiens. +++ In Gelsenkirchen wird das neue Parkstadion vorgestellt.
4	Sa	Die am 27. Juli beschlossenen Richtlinien über die Subventionierung von Erdöl- und Erdgasexploration in der Bundesrepublik werden veröffentlicht.
5	So	In Indonesien kommt es zu Rassenunruhen. Opfer ist die chinesische Minderheit. +++ Ein Anschlag palästinensischer Terroristen tötet in Athen drei Menschen.
6	Mo	Die US-Luftwaffe bombardiert versehentlich den Ort Neak Luong bei Phnom Penh in Kambodscha. Mehrere hundert Menschen werden getötet oder verletzt.
7	Di	In Texas werden die Leichen von 27 innerhalb von drei Jahren ermordeten Jungen entdeckt. +++ Günter Netzer wird zum zweiten Mal Fußballer des Jahres.
8	Mi	13 Mio. Menschen in der Sahel-Zone und Äthiopien droht der Hungertod. +++ Der Oppositionelle Kim Dae Jung wird aus dem Exil nach Südkorea entführt.
9	Do	Chiles Präsident Salvador Allende nimmt die Oberbefehlshaber der Streitkräfte in sein Kabinett auf, um die innenpolitische Lage zu entschärfen.
10	Fr	Israelische Jäger zwingen eine libanesische Passagiermaschine zur Landung. Der gesuchte Palästinenserführer Georges Habasch ist jedoch nicht an Bord.
11	Sa	Libyen verstaatlicht 51% des auf seinem Staatsgebiet liegenden Besitzes der US-Ölgesellschaft Occidental Petroleum Company.
12	So	Überschwemmungen fordern in Indien, Pakistan und Bangladesch etwa 2000 Todesopfer. Hunderttausende Menschen werden evakuiert.
13	Mo	Das US-Justizministerium gibt die Bildung einer Behörde bekannt, die die Bürgerrechte der indianischen Ureinwohner schützen soll.
14	Di	Die Polizei räumt in Besançon (Frankreich) die seit Mitte Juni aus Furcht vor Massenentlassungen von Arbeitern besetzte und verwaltete Uhrenfabrik Lip.
15	Mi	Die USA beenden den Luftkrieg gegen Kambodscha. In zwölf Jahren gelang es nicht, die Kampfkraft der Roten Khmer entscheidend zu schwächen.
16	Do	Eine weitere westliche Ölgesellschaft, die Gruppe Oasis, wird Opfer der libyschen Verstaatlichungspolitik und muß 51% ihres Eigentums abtreten.
17	Fr	»Die Welt« meldet, dass die DDR sich verpflichtet habe, der Palästinensischen Befreiungsorganisation militärisch, wirtschaftlich und humanitär zu helfen.
18	Sa	Die israelische Regierung gibt Pläne für die weitere Besiedlung der während des Sechstagekrieges 1967 besetzten Gebiete bekannt.
19	So	US-Verteidigungsminister James Rodney Schlesinger berichtet von ersten erfolgreichen Versuchen der UdSSR mit Mehrfachsprengköpfen.
20	Mo	In Laos scheitert ein Putschversuch gegen die Koalition aus Neutralisten und Pathet Lao. Auch in Bolivien schlägt ein rechtsextremistischer Putsch fehl.
21	Di	DDR-Außenhandelsminister Horst Sölle spricht sich dafür aus, die wirtschaftliche Zusammenarbeit mit den kapitalistischen Staaten auszuweiten.
22	Mi	Der ZDF-Sonderkorrespondent Peter Scholl-Latour gerät zusammen mit seinem Kamerateam vorübergehend in die Gefangenschaft des Vietcong.
23	Do	Vertreter Brasiliens und Venezuelas legen den 1859 vereinbarten Grenzverlauf zwischen beiden Staaten »endgültig« fest.
24	Fr	In den Kölner Ford-Werken streiken 10 000 türkische Arbeiter gegen die Entlassung von 300 Landsleuten. Zahlreiche deutsche Kollegen solidarisieren sich.
25	Sa	In Neapel bricht eine Choleraepidemie aus. Ursache ist vermutlich der Verzehr von Muscheln, die durch Abwasser verunreinigt waren.
26	So	Als Reaktion auf jüngste Angriffe Chinas wirft die Sowjetunion der chinesischen Führung vor, sich auf die Seite des Kapitalismus zu stellen.
27	Mo	Vertreter der DDR und der Vereinigten Staaten beginnen Gespräche zur Vorbereitung diplomatischer Beziehungen zwischen ihren Staaten.
28	Di	Nach Protesten in der bundesdeutschen Öffentlichkeit wird der Leiter der für die Abhörung von Bundesbürgern zuständigen US-Behörde versetzt. → China
29	Mi	US-Präsident Richard Nixon wird in Zusammenhang mit der Watergate-Affäre verurteilt, Tonbänder mit Gesprächen aus dem Weißen Haus herauszugeben.
30	Do	In Istanbul wird die Bosporusbrücke eröffnet. +++ Das ZDF strahlt die erste Folge der Serie »Rappelkiste« für Kinder im Vorschulalter aus.
31	Fr	Nach dreijähriger Dauer endet die erste Phase des »Experiments Straßenkunst Hannover«, das öffentliche Plätze durch Kunstwerke verschönern soll.

September 1973

1 Sa Die zur Bekämpfung schwerster Gewaltstraftaten aufgestellte GSG 9, eine Spezialeinheit des Bundesgrenzschutzes, ist einsatzbereit.

2 So Die Leipzig Herbstmesse wird eröffnet. Finanzminister Helmut Schmidt besucht am 7. September als erstes Mitglied einer Bundesregierung die Messe.

3 Mo Die Mongolei erhebt schwere Vorwürfe gegen China wegen Grenzverletzungen, Einmischung in innere Angelegenheiten und Religionsverfolgung.

4 Di Im Bezirk Rostock wird von der deutsch-deutschen Grenzkommission der erste Grenzstein zwischen der Bundesrepublik und der DDR gesetzt.

5 Mi In der Pariser Botschaft Saudi-Arabiens nehmen palästinensische Guerillas Geiseln. Sie bekommen ein Flugzeug gestellt und ergeben sich später in Kuwait.

6 Do Air France eröffnet den Luftverkehr Paris-Peking. +++ Der Entwurf des Bundeshaushalts sieht eine Steigerung um 10,5% auf 134 Mrd. DM vor.

7 Fr Im schottischen Edinburgh stellen Faina Melnik (Sowjetunion) und Ruth Fuchs (DDR) neue Weltrekorde im Diskus- (69,48 m) bzw. Speerwurf (66,10 m) auf.

8 Sa Der Internationale Währungsfonds kritisiert die Inflation als Ergebnis falscher Wirtschaftspolitik v.a. in den USA, Japan, Italien und der Bundesrepublik.

9 So Der britische Rennfahrer Jackie Stewart wird durch seinen Sieg in Monza beim Großen Preis von Italien zum dritten Mal Weltmeister in der Formel-1.

10 Mo Bei den norwegischen Parlamentswahlen bleibt die Sozialistische Arbeiterpartei mit 62 von 155 Sitzen stärkste Fraktion, muss aber 12 Sitze abgeben.

11 Di Island droht London mit dem Abbruch der Beziehungen, weil die britische Marine isländische Fischer in der 50-Meilen-Zone attackiere. → Chile

12 Mi Nach 29 Monaten hebt die Türkei das Kriegsrecht auf. +++ Sechs afrikanische Staaten vereinbaren Sofortmaßnahmen gegen die Dürre in der Sahel-Zone.

13 Do Vor der syrischen Küste bekämpfen sich israelische und syrische Militärflugzeuge. Die Angaben über die Verluste beider Seiten sind widersprüchlich.

14 Fr Der griechische Ministerrat richtet einen Verfassungsgerichtshof ein, der zur Normalisierung des politischen Lebens beitragen soll.

15 Sa Der City-Ring in Bonn wird für den Verkehr freigegeben. Ein System von Einbahnstraßen soll die Innenstadt von Lärm und Abgasen frei halten.

16 So Bei den schwedischen Reichstagswahlen erhält erneut keine Partei die Mehrheit. Der Sozialdemokrat Olof Palme regiert wiederum mit einer Minderheit.

17 Mo 3000 Gelehrte aus 60 Ländern nehmen im bulgarischen Varna am 15. Internationalen Philosophiekongress teil. Er dauert sechs Tage.

18 Di Bei der 28. Vollversammlung der UNO werden die DDR und die Bundesrepublik als 133. und 134. Mitglied in die Vereinten Nationen aufgenommen.

19 Mi Henry A. Kissinger wird Außenminister der USA. Kissinger war bereits Vorsitzender des Nationalen Sicherheitsrates. → Carl XVI. Gustav

20 Do Die Regierungen der beiden deutschen Staaten in Bonn und Ost-Berlin einigen sich auf Grundsätze zur Instandhaltung ihrer Grenzgewässer.

21 Fr CDU/CSU bezeichnen einen 300-Mio.-DM-Kredit der Bundesregierung an Jugoslawien als »verschleierte Wiedergutmachung«.

22 Sa Auf ihrem Jahreskongress beschließt die britische Liberale Partei u.a., das Oberhaus durch eine Kammer mit gewählten Abgeordneten zu ersetzen.

23 So Der bundesdeutsche Gewichtheber Rudolf Mang gewinnt bei den Weltmeisterschaften in Havanna (Kuba) die Silbermedaille. → Argentinien

24 Mo Die nationale Volksversammlung der portugiesischen Überseeprovinz Guinea-Bissau ruft die Unabhängigkeit aus und verkündet eine Verfassung.

25 Di Die Delegationen der USA und der Sowjetunion setzen in Genf ihre seit Juni unterbrochenen Abrüstungsgespräche (SALT II) fort.

26 Mi Die Bundesregierung verabschiedet ein Energieprogramm: Vermehrt sollen Kohle und Atomkraft statt Erdöl genutzt sowie Energie gespart werden.

27 Do Der US-Senat beschließt überraschend, die überseeischen Bodentruppen um 23% zu reduzieren. Am Vortag hatte er eine 40%ige Verminderung verneint.

28 Fr Palästinensische Terroristen überfallen in Österreich einen Zug mit jüdischen Emigranten aus der UdSSR und nehmen vier Geiseln.

29 Sa In Köln und Düsseldorf werden zwei miteinander konkurrierende Kunstmessen eröffnet. Beide widmen sich der Kunst des 20. Jahrhunderts.

30 So Die nordrhein-westfälische SPD wählt Werner Figge zu ihrem Vorsitzenden. Vorgänger Heinz Kühn hatte auf eine Wiederwahl verzichtet.

6. Oktober 1973

Überfall zu Jom Kippur

Am jüdischen Feiertag Jom Kippur (Versöhnungsfest) starten ägyptische und syrische Truppen einen Überraschungsangriff auf Israel (Abb.: Panzergefecht). Sie können rasch große Geländegewinne erzielen und bringen Israel an den Rand einer militärischen Niederlage.

Erst nach 48 Stunden beginnt die israelische Gegenoffensive, die von Luftangriffen auf Kairo und Damaskus begleitet wird. Während es den Israelis auf den Golanhöhen nach schweren Gefechten gelingt, die syrischen Truppen hinter die Waffenstillstandslinie von 1967 zurückzudrängen, rücken die ägyptischen Einheiten auf der Sinaihalbinsel weiter vor. Erst als israelische Verbände einen Keil zwischen die beiden ägyptischen Armeen treiben und sich in deren Rücken festsetzen, kann der Vormarsch zum Stehen gebracht werden. Ägypten und Syrien erhalten von der UdSSR Waffen und Munition, auf der anderen Seite liefern die USA über eine Luftbrücke Kriegsgerät nach Israel. Als sich die Lage an den Fronten verfestigt, stimmen Ägypten und Israel einem vom UN-Sicherheitsrat geforderten Waffenstillstand zu, den Israel jedoch wieder bricht. Erst als die UNO die Entsendung einer Friedenstruppe zur Überwachung des Waffenstillstands beschließt, schweigen die Waffen. Die Araber feiern den Kriegsausgang als einen Sieg. Nach dem Jom-Kippur-Krieg bemühen sich USA und UdSSR um einen dauerhaften Frieden im Nahen Osten.

11. September 1973

Putsch in Chile

Der Demokratie in Chile wird ein blutiges Ende gesetzt. Ein Militärputsch gegen Präsident Salvador Allende beendet den innenpolitischen Reformkurs. Bei dem blutigen Umsturz kommt der Sozialist Allende ums Leben. Die Regierungsgewalt übernimmt eine rechtsgerichtete Junta unter Führung des Oberbefehlshabers des Heeres, General Augusto Pinochet.
Die Junta verhängt über das ganze Land den Ausnahmezustand, löst Parlament und Senat auf

Salvador Allende scheitert mit seinem »chilenischen Weg zum Sozialismus«.

und setzt Teile der Verfassung außer Kraft. Rd. drei Jahre, nachdem Allende zum Präsidenten Chiles gewählt wurde, ist der Versuch einer radikalen gesellschaftlichen Umwälzung unter strikter Wahrung aller politischen Freiheitsrechte gescheitert. Auf dem Höhepunkt einer schweren ökonomischen und politischen Krise entschließt sich die Führung des nun herrschenden Militärs, das im Unterschied zu den meisten anderen

19. September 1973

Carl XVI. Gustav besteigt den schwedischen Thron

Im Alter von 27 Jahren wird Carl XVI. Gustav schwedischer König. Er tritt damit die Nachfolge seines verstorbenen Großvaters Gustav VI. Adolf an. Der alte Monarch war vier Tage zuvor 90-jährig verstorben. Die Trauerfeier und die Krönungszeremonie des jungen Königs finden in Anwesenheit des europäischen Hochadels statt (Abb.: Der Sarg Gustav VI. Adolfs mit Trauergästen und dem neuen schwedischen König, 4.v.r.). Gustav VI. Adolf genoss bei der schwedischen Bevölkerung große Popularität. Während seiner Regierungszeit trat der König nur selten politisch in Erscheinung. Er sah seine Hauptaufgabe darin, das Land zu repräsentieren. In Fachkreisen machte sich das schwedische Staatsoberhaupt als Archäologe einen Namen. Neben aktiver Teilnahme an zahlreichen Ausgrabungen gründete Gustav VI. Adolf die schwedischen archäologischen Institute in Rom und Athen. Mit seiner zweiten Frau, Lady Louise Mountbatten, hatte der König einen Sohn. Als dieser 1947 bei einem Flugzeugabsturz ums Leben kam, stieg Enkel Carl Gustav zum Kronprinzen auf. Wie sein Großvater möchte er nach eigenem Bekunden wenig in die Staatsführung eingreifen. Vielmehr befürwortet Carl XVI. Gustav eine Verfassungsreform, die seine Rechte und Pflichten auf repräsentative Aufgaben beschränken soll. Daneben sorgt die Liebesbeziehung zwischen dem König und der Deutschen Silvia Sommerlath für Schlagzeilen.

Bei dem Putsch wird der Präsidentenpalast La Moneda in Santiago de Chile bombardiert.

Augusto Pinochet

chilenischer Militär und Politiker, * 25.11.1915 Valparaiso

Augusto Pinochet Ugarte bestimmt als Chef einer rechtsgerichteten Militärjunta fast 20 Jahre lang die Geschicke seines Landes. Der streng antikommunistisch orientierte General will einen katholisch geprägten faschistischen Ständestaat. Mit brutalen Mitteln schaltet er die Opposition aus. Auf außenpolitischen und kirchlichen Druck hin werden 1988 Parteien und Wahlen zugelassen. Auch nach seiner Präsidentenzeit behält Pinochet Einfluss.

- 1956: Militärattaché in Washington
- 1973-98: Oberbefehlshaber der Streitkräfte
- 1980-90: Staatspräsident
- ab 1998: Senator auf Lebenszeit; Hausarrest in London

Staaten Lateinamerikas in Chile traditionell regierungstreu und eher unpolitisch ist, zum gewaltsamen Eingreifen.

Die Junta unter Pinochet sichert in den folgenden Wochen ihre Herrschaft mit brutaler Gewalt. Es kommt zu Folterungen und Erschießungen von zahlreichen Oppositionellen. Vielfach werden verdächtige Personen von Armee oder Polizei verschleppt, ohne dass ihre Angehörigen etwas über ihren Verbleib erfahren. In den ersten Tagen und Wochen nach dem Putsch dient das Fußballstadion von Santiago als Sammel- und Durchgangslager für verhaftete Regimegegner, da die Gefängnisse überfüllt sind. Angesichts des brutalen Vorgehens der Militärs distanzieren sich große Teile der Kirche und der Christdemokraten von den neuen Machthabern, deren Eingreifen gegen Allende sie zunächst begrüßt hatten.

23. September 1973

Argentinien: Perón nach 18 Jahren erneut Präsident

Ein Politiker, der in Argentinien schon zu Lebzeiten ein Mythos ist, kehrt auf die politische Bühne zurück: Juan Domingo Perón gewinnt mit über 60% Zustimmung die Präsidentschaftswahlen in dem südamerikanischen Land. Bereits von 1946 bis 1955 hatte er dieses Amt inne. Zur Vizepräsidentin wird seine Ehefrau Isabel Perón gewählt.

Anfang des Jahres hatte die regierende Junta nach 19 Jahren Militärdiktatur die Abhaltung von freien Wahlen zugesagt. Eine Kandidatur von Perón, der seit seinem Sturz im spanischen Exil lebte, wurde jedoch nicht gestattet. Die peronistisch orientierte Befreiungsfront stellte daraufhin Héctor José Cámpora als Spitzenkandidaten für die Wahlen vom März 1973 auf. Cámpora erhielt 49,5% der Stimmen, doppelt so viele wie sein schärfster Rivale Ricardo Balbín von der rechtsgerichteten Radikalen Partei. Der neue Präsident blieb jedoch nur wenige Monate im Amt. Nachdem sich eine Aktionsgemeinschaft verschiedener politischer Kräfte mit dem Ziel gebildet hatte, Perón nach Argentinien zurückzuholen und an die Macht zu bringen, schrieb Cámpora Neuwahlen aus und trat zurück. Perón, der schon in den 40er Jahren die argentinische Politik bestimmte und dessen 1952 verstorbene Frau »Evita« vom Volk wie eine Heilige verehrt wird, kann jedoch nicht an seine frühere Machtposition anknüpfen. Vor allem gelingt es ihm nicht, die Streitigkeiten innerhalb seiner Anhängerschaft zu schlichten. Auch die katastrophale wirtschaftliche Lage Argentiniens – ein Erbe der jahrzehntelangen Militärdiktatur – kann er nicht zum Guten wenden. Am 1. Juli 1974 stirbt der Präsident, an den sich in Argentinien so viele Hoffnungen geknüpft hatten. Seine Nachfolge tritt Isabel Perón an, der es kurzfristig gelingt, an den »Evita«-Mythos anzuknüpfen. Auch ihre Bemühungen, die sozialen und politischen Spannungen des südamerikanischen Landes zu bewältigen, scheitern jedoch. 1976 wird »Isabelita« abgesetzt und bis 1981 unter Hausarrest gestellt.

Oktober 1973

1 Mo Israel fordert Österreich auf, die von palästinensischen Guerillas erzwungene Schließung eines Lagers für jüdische Emigranten rückgängig zu machen.

2 Di Das SED-Zentralkomitee beschließt ein Wohnungsbauprogramm, das bis 1990 das Problem des Wohnungsmangels in der DDR beheben soll.

3 Mi Willi Stoph wird auf der 10. Tagung der DDR-Volkskammer als Nachfolger von Walter Ulbricht zum Staatsratsvorsitzenden gewählt.

4 Do Syrien nimmt die diplomatischen Beziehungen zu Jordanien wieder auf. Sie waren 1971 nach einem bewaffneten Grenzzwischenfall abgebrochen worden.

5 Fr Finnland unterzeichnet ein Freihandelsabkommen mit der EG. +++ Die Labour Party befürwortet eine Volksabstimmung über den britischen EG-Beitritt.

6 Sa 24 000 Rockfans feiern in Frankfurt am Main die Rolling Stones. Die Band ist nach drei Jahren Pause erstmals wieder auf Tournee. → Jom Kippur

7 So Auf einem Kongress in Frankfurt am Main fordert die Gewerkschaft Erziehung und Wissenschaft (GEW) die Einführung der gemäßigten Kleinschreibung.

8 Mo Die iranische Regierung nimmt das Angebot des Irak vom Vortag an, die 1971 unterbrochenen diplomatischen Beziehungen wieder aufzunehmen.

9 Di Der Vorsitzende der Kommunistischen Partei Italiens, Enrico Berlinguer, spricht sich für eine Beteiligung seiner Partei an der Regierung aus.

10 Mi US-Vizepräsident Spiro T. Agnew tritt zurück. Wegen Steuerhinterziehung war er zu einer Geldstrafe von umgerechnet 24 000 DM verurteilt worden.

11 Do Die EFTA, die EG sowie Spanien, Griechenland und die Türkei beschließen den Bau eines Europäischen Zentrums für mittelfristige Wettervorhersagen.

12 Fr Gerald R. Ford, seit 1965 Führer der republikanischen Mehrheit im US-Repräsentantenhaus, wird Nachfolger von Vizepräsident Spiro T. Agnew.

13 Sa Die DDR tritt der internationalen Organisation für die ökonomische und technische Zusammenarbeit auf dem Gebiet der elektrotechnischen Industrie bei.

14 So Bei den türkischen Parlamentswahlen werden die Sozialdemokraten mit 180 von 450 Sitzen stärkste Partei. Die Konservativen erreichen 156 Sitze.

15 Mo Die USA kündigen an, Israel mit militärischem Gerät zu unterstützen, da die arabische Seite im Nahostkonflikt von der UdSSR Hilfe erhalte.

16 Di Jean Bedel Bokassa, Präsident der Zentralafrikanischen Republik von eigenen Gnaden, übernimmt drei weitere Ministerien. Fünf leitet er bereits.

17 Mi Die arabischen Erdölexporteure erhöhen den Rohölpreis um 17%. Sie wollen Druck auf westliche Staaten ausüben, die Israel im Nahostkrieg unterstützen.

18 Do Das britische Unterhaus billigt ein Waffenembargo gegen den Konfliktherd Naher Osten. Bei Gefährdung der Existenz Israels soll es überprüft werden.

19 Fr Griechenland wertet die Drachme um 10% auf. Der neue Wechselkurs gegenüber dem US-Dollar beträgt 27 (bisher 30) Drachmen.

20 Sa In Anwesenheit von Königin Elizabeth II. wird im australischen Sydney das muschelförmige Opernhaus des dänischen Architekten Jörg Utzon eingeweiht.

21 So Bei den Landtags- und Gemeindewahlen in Wien erzielt die SPÖ ihr bestes Ergebnis seit 1945. In Oberösterreich siegt dagegen die konkurrierende ÖVP.

22 Mo Der UN-Sicherheitsrat fordert ein Ende des Nahostkrieges. Trotz eines vereinbarten Waffenstillstands gehen die Kampfhandlungen anderntags weiter.

23 Di DDR-Außenminister Otto Winzer erklärt, durch den UNO-Beitritt von Bundesrepublik und DDR sei klar, dass es keine offene deutsche Frage mehr gebe.

24 Mi Im Europapokal der Landesmeister trifft erstmals ein bundesdeutsches auf ein DDR-Team. Bayern München gewinnt das Spiel gegen Dynamo Dresden 4:3.

25 Do Tansania verstaatlicht 50 europäische Großfarmen. Der Sozialismus lasse keinen Großgrundbesitz zu, sagt die Regierung, verspricht aber Entschädigungen.

26 Fr Der südkoreanische Oppositionspolitiker Kim Dae Jung erklärt der Presse, er bedauere seine »schädlichen« Aktivitäten. Sein Hausarrest wird aufgehoben.

27 Sa Das Zentralkomitee der Partei der Arbeit des Kongo erlässt eine generelle Amnestie für alle politischen Gefangenen des Landes.

28 So Bei den Wahlen in Portugal gewinnt die regierende Nationale Union alle Parlamentssitze. Die Opposition hatte die Wahlen boykottiert.

29 Mo Das US-Außenministerium gibt die Aufrüstung der Pazifikflotte bekannt. +++ In Heidelberg wird das Institut zur Erforschung des Herzinfarkts eröffnet.

30 Di In Washington läuft im Zusammenhang mit der Watergate-Affäre das Verfahren zur Amtsenthebung von US-Präsident Richard Nixon an.

31 Mi In West-Berlin beginnt mit einem Konzert von Albert Mangelsdorff und Peter Brötzmann ein Free-Jazz-Festival – als Alternative zu den Jazz-Tagen.

November 1973

1 Do Mitglieder der katholischen Untergrundorganisation IRA befreien in einer spektakulären Aktion drei ihrer Führer aus dem Dubliner Mountjoy-Gefängnis.

2 Fr Der UN-Sicherheitsrat beschließt die Verstärkung der Friedenstruppe im Nahen Osten. Eingesetzt werden sollen Soldaten aus elf statt bisher vier Nationen.

3 Sa Bundesaußenminister Walter Scheel erreicht in Moskau eine Einigung über die Frage der Vertretung von West-Berlin durch die Bundesrepublik.

4 So In Athen kommt es zu blutigen Auseinandersetzungen zwischen mehreren tausend studentischen Gegnern der Militärregimes und der Polizei.

5 Mo Die DDR verdoppelt den Mindestumtauschsatz für Besucher aus dem Westen. Vom 15. November an müssen DDR-Besucher 20 Mark täglich tauschen.

6 Di Die EG-Staaten unterbreiten den Kriegsparteien im Nahen Osten einen Friedensvorschlag. Danach soll Israel die besetzten Gebiete räumen.

7 Mi Auf Vorschlag von Bundesarbeitsminister Walter Arendt beschließt die Bundesregierung Rentenerhöhungen von mehr als 11%.

8 Do Regierungskoalition und Opposition billigen in erster Lesung im Bonner Bundestag die Ratifizierung des Atomwaffensperrvertrages.

9 Fr Als 28. Staat bricht die Elfenbeinküste die diplomatischen Beziehungen zu Israel ab. Sierra Leone, Gabun und Kenia hatten dies bereits am 1. November getan.

10 Sa Der EG-Haushalt für 1974 sieht Ausgaben von 18,4 Mrd. DM vor, 14 Mrd. davon für die Landwirtschaft. Die EG will die Inflation stärker bekämpfen.

11 So An der Straße von Kairo nach Suez schließen Vertreter Ägyptens und Israels ein Sechs-Punkte-Abkommen, das einen Waffenstillstand sicherstellen soll.

12 Mo In Wiesbaden beginnt der dreitägige FDP-Bundesparteitag. Verabschiedet werden u.a. neue medienpolitische Leitlinien.

13 Di Zwei Ölgesellschaften geben illegale Zahlungen an den Fonds zur Wiederwahl von US-Präsident Richard Nixon zu. Weitere Firmen folgen zwei Tage später.

14 Mi Evelyn Jahn, Tochter des Besitzers der Restaurant-Kette »Wienerwald«, wird entführt. Gegen Zahlung von 3 Mio. DM kommt sie frei. → Tochter

15 Do In Frankreich streiken die Einzelhändler gegen die Festpreiskontrolle der Regierung. 580 000 Läden, Cafés und Tankstellen bleiben geschlossen.

16 Fr Taiwan darf nicht an den Asiatischen Spielen teilnehmen, beschließen die asiatischen Sportverbände. Zugleich wird die Volksrepublik China Mitglied.

17 Sa Frankreich und Großbritannien unterzeichnen ein Abkommen über den gemeinsam Bau und Betrieb eines Tunnels unter dem Ärmelkanal. → Griechenland

18 So Zwei Taifune wüten in den südvietnamesischen Küstenprovinzen. Dabei sterben 70 Menschen, 150 000 werden obdachlos.

19 Mo Argentinien unterzeichnet ein Abkommen, in dem die seit dem 19. Jahrhundert umstrittene Grenze zu Uruguay festgelegt wird. → Scheichs

20 Di Die Regierung von Bahrain kündigt zum 1. Oktober 1974 das 1971 geschlossene Abkommen über einen US-Marinestützpunkt auf dem Gebiet des Emirats.

21 Mi Die Generalversammlung der OPEC gibt in Wien bekannt, der Rohölpreis solle künftig stärker von Angebot und Nachfrage bestimmt werden.

22 Do In der Nahostkrise unterstützt Japans Ministerpräsident Kakuei Tanaka die Araber. Tokio vereinbart mit den arabischen Staaten weitere Öllieferungen.

23 Fr Bonn verfügt einen Anwerbestopp für Gastarbeiter aus Nicht-EG-Ländern. +++ Der Bummelstreik der Fluglotsen endet nach sechs Monaten.

24 Sa 16 afrikanische Staaten drohen mit wirtschaftlichen und diplomatischen Maßnahmen, sollte der Westen weiterhin Südafrika unterstützen.

25 So Das griechische Militär stürzt Präsident Georgios Papadopulos. Neuer Staatschef wird Phädon Gisikis, Ministerpräsident Adamantios Androutsopulos.

26 Mo Die 6. Arabische Gipfelkonferenz in Algier erklärt, die Feuereinstellung bedeute kein Ende des Kampfes gegen Israel, das die besetzten Gebiete räumen müsse.

27 Di Ein heute verkündetes Bundesgesetz verbietet Vertrieb und Herstellung Gewalt verherrlichender und zum Rassenhass aufstachelnder Darstellungen.

28 Mi Drei arabische Terroristen, die am 26. November in Beirut eine niederländische Boeing 747 gekapert hatten, ergeben sich in Dubai den Behörden.

29 Do Verteidigungsminister Georg Leber gibt eine Umstrukturierung der Bundeswehr bekannt. Sie soll Kosten sparen, ohne die Kampfkraft zu mindern.

30 Fr Die UN-Vollversammlung ächtet die Apartheid und verurteilt NATO-Staaten, die Portugal und andere rassistische Regimes in Afrika unterstützen.

19. November 1973

Scheichs drehen uns den Ö

Ein Segen für Radfahrer, ein Graus für Automobilisten – Fahrverbot und autofreie Straßen

Auf Initiative von Bundeswirtschaftsminister Hans Friderichs (FDP) verfügt die Bundesregierung ein auf vier Wochen befristetes Fahrverbot am Sonntag. Sie reagiert damit auf die durch den Lieferboykott der Erdöl exportierenden Staaten entstandene Energiekrise. Die arabischen Staaten hatten am 17. Oktober in Kuwait beschlossen, ihre Erdölausfuhren zu mindern und die Abgabepreise zu erhöhen. Sie wollten damit erreichen, dass sich Israel aus den seit 1967 besetzten arabischen Gebieten zurückzieht und die Rechte der Palästinenser anerkennt. Betroffen von den Maßnahmen sind alle Länder, die als Freunde Israels gelten oder – wie die USA – den jüdischen Staat im Jom-Kippur-Krieg unterstützt hatten. Während zunächst nur eine Drosselung der Produktion um monatlich 5% vorgesehen war, stellten Libyen und die Vereinigten Arabischen Emirate wenige Tage später die Lieferungen an die USA und an die Niederlande völlig ein. Dem Boykott schlossen sich in der Folgezeit sieben weitere Ölförderstaaten an. Auch die Maßnahmen gegen die übrigen »israelfreundlichen« Staaten, unter ihnen die Bundesrepublik, wurden verschärft: Am 5. November senkten die arabischen Staaten ihre Ölexporte um 25%. Die Bundesrepublik wird von dem Boykott hart getroffen, da sie 75% ihres Rohölbedarfs aus den arabischen Staaten importiert. Umgehend wird in Bonn ein Energiesicherungsgesetz verabschiedet, das u.a. Sofortmaßnahmen zur Einsparung von Benzin vorsieht. Neben einem Sonntagsfahrverbot wird u.a. auch eine Begrenzung der Höchstgeschwindigkeit beschlossen. Am 25. November tritt in der Bundesrepublik erstmals das Sonntagsfahrverbot in Kraft. Überall im Land sind die Straßen Radfahrern und Fußgängern vorbehalten. Allerdings erteilt die Polizei Ausnahmegenehmigungen für bestimmte

14. November 1973

Tochter der Queen heiratet bürgerlichen Offizier

In der Londoner Westminster Abbey stehen Prinzessin Anne und Hauptmann Mark Phillips vor dem Traualtar. Zum zweiten Mal heiratet ein Bürgerlicher in die britische Königsfamilie ein. Prinzessin Anne verzichtet jedoch auf die Erhebung ihres Ehemannes in den Adelsstand. Diese Entscheidung bringt ihr bei der Bevölkerung viele Sympathien ein. Das traditionelle Hochzeits-Zeremoniell wird von rd. 500 Mio. Menschen am Fernsehbildschirm verfolgt. Weitere 45 000 Schaulustige haben sich in den Londoner Straßen eingefunden, um einen Blick auf den Hochzeitszug zu erhaschen. Das Brautpaar gibt sich in Anwesenheit von 1500 erlesenen Gästen das Jawort. Unter den Anwesenden befindet sich ein Großteil des europäischen Hochadels: Kronprinzessin Beatrix und Prinz Claus der Niederlande, der spanische Thronanwärter Juan Carlos mit seiner Ehefrau Sophia sowie das Fürstenpaar Rainier und Gracia Patricia von Monaco (Abb.: Anne und Mark mit den Angehörigen der Königsfamilie).

ahn zu

Titelstory zum Ölboykott

Personenkreise. Neben der Bundesrepublik haben fünf weitere europäische Länder ein Sonntagsfahrverbot verhängt.
Erst Ende des Jahres zeichnet sich eine leichte Entspannung ab. Mehrere arabische Staaten beschließen, die Ölproduktion wieder um 10% anzuheben. Allerdings werden die Abgabepreise drastisch erhöht. Der Boykott sowie die Preiserhöhungen haben die westlichen Industriestaaten an den Rand einer Wirtschaftskrise gebracht. Sie führen u.a. dazu, dass intensiv nach Möglichkeiten gesucht wird, die Abhängigkeit von den Erdöl exportierenden Staaten zu reduzieren. Die Suche nach Öl-Lagerstätten in der Nordsee wird intensiviert, Sparmöglichkeiten werden erforscht sowie die umstrittene Kernenergie gefördert.

17. November 1973

Griechenland unter Kriegsrecht

Nach schweren Zusammenstößen von Militärangehörigen und mehreren tausend regierungsfeindlichen Studenten verhängt die griechische Regierung das Kriegsrecht. Die Studenten fordern die Rückkehr zur Demokratie.
Bei der Erstürmung der Technischen Universität durch das Militär und Schießereien kommen zwölf Menschen ums Leben. 40 Tage nach Einsetzung der ersten Zivilregierung als Nachfolgerin der rechtsgerichteten Militärjunta herrscht in Griechenland wieder eine offene Diktatur. Machtkämpfe innerhalb der noch immer tonangebenden Militärs gipfeln wenige Tage nach Niederschlagung des Studentenprotests am 25. November im Putsch des stramm rechtsgerichteten Brigadegenerals Ioannidis gegen einstige Weggefährten. Der ehemalige »starke Mann«, Georgios Papadopulos, wird festgenommen.

10. Dezember 1973

Eklat um Friedensnobelpreis

Die Verleihung des Friedensnobelpreises an US-Außenminister Henry Kissinger und den Nordvietnamesen Lê Duc Tho sorgt für einen Eklat. Zwei Mitglieder des Nobelpreiskomitees treten von ihren Ämtern zurück. Sie protestieren gegen das Verfahren, zwei vormals Krieg führende Parteien mit dem renommierten Preis auszuzeichnen. Zudem erscheinen weder Kissinger noch Le Duc Tho, um den Preis in der norwegischen Hauptstadt in Empfang zu nehmen. Die Vergabe der anderen Nobelpreise in Stockholm findet einmütigen Beifall. Der Preis für Medizin geht an die Verhaltensforscher Konrad Lorenz, Karl von Frisch und Nikolaas Tinbergen.

Konrad Lorenz

österreichischer Verhaltensforscher, * 7.11.1903 Wien; † 27.2.1989 Altenberg

Lorenz begründete die moderne Verhaltensforschung. Als »Vater der Graugänse« erregte er in den 30er Jahren großes Aufsehen: Frisch geschlüpfte Graugänse folgten dem Wesen, das sie als Erstes erblickten – in diesem Fall Lorenz, der damit den Begriff der Prägung veranschaulichte. Die These des jahrzehntelang in Seewiesen (Obb.) forschenden Lorenz, das Verhalten von Tier und Mensch hänge weitgehend von sozialen Faktoren ab, fand weltweite Beachtung.

- 1940: Professor in Königsberg
- 1963: »Das sogenannte Böse« (Abhandlung)
- 1965: »Über tierisches und menschliches Verhalten«

11. Dezember 1973

Ostpolitik Richtung Prag

In Prag unterzeichnen Bundeskanzler Willy Brandt und sein tschechoslowakischer Amtskollege Lubomir Strougal ein Abkommen, das die Grundlagen für eine Normalisierung des Verhältnisses der Bundesrepublik und der Tschechoslowakei schaffen soll. Der Prager Vertrag ist nach dem Moskauer Vertrag und dem Warschauer Vertrag (beide 1970) das dritte große Vertragswerk der sozialliberalen Ostpolitik.
Kernpunkt des Prager Vertrags ist, dass beide Seiten das Münchener Abkommen von 1938, das die Abtretung der Sudetengebiete an das nationalsozialistische Deutsche Reich festlegte, »als nichtig« betrachten. Die Bundesrepublik Deutschland und die Tschechoslowakei verpflichten sich weiterhin zum Gewaltverzicht und erklären, dass sie »gegeneinander keine Gebietsansprüche« haben. Aus der tschechoslowakischen Hauptstadt wendet sich Brandt in einer Fernsehansprache an die westdeutsche Bevölkerung. Den vertriebenen Sudetendeutschen versichert der Kanzler, dass er sich ihrer Leiden bei der Unterzeichnung bewusst war, auch der Leiden, die »Tschechen und Slowaken durch die Brutalität der vermeintlichen Übermenschen traf«. Die Vertreibungen würden nicht nachträglich legitimiert. Wie der Moskauer und der Warschauer Vertrag gebe auch dieser Vertrag, so Brandt, »nichts preis, was nicht tatsächlich lange verloren war«.

Dezember 1973

1	Sa	Uruguay verbietet zehn marxistische und kommunistische Zeitungen und den Studentenverband FEUU. +++ Israels Mitbegründer David Ben Gurion stirbt.
2	So	Ägypten und Libyen brechen offiziell ihre diplomatischen Beziehungen ab. +++ Australien gewinnt den Tennis-Davis-Cup mit 5:0 gegen die USA.
3	Mo	Eine vom Vietcong abgefeuerte Rakete zerstört ein Öldepot südwestlich von Saigon. Dort lagerte etwa ein Drittel der Ölreserven Südvietnams.
4	Di	Herbert Wehner wird mit 172 gegen 47 Stimmen als SPD-Fraktionschef bestätigt. Nein-Stimmen hatten ihm vor allem seine Kritik an der Regierung beschert.
5	Mi	In Bonn unterzeichnen Belgien und die Bundesrepublik ein Abkommen, das die Renten aus dem Kriegsopfervertrag von 1963 aneinander angleicht.
6	Do	Die drei US-Professoren Stephan Feinstone, Albert Kapikiak und Robert Purcell geben die Entdeckung des Hepatitis-Erregers bekannt.
7	Fr	Unter Ausschluss der Öffentlichkeit werden in Stockholm zwei Journalisten angeklagt, Details über Schwedens Geheimdienst veröffentlicht zu haben.
8	Sa	US-Präsident Richard Nixon legt seine finanziellen Verhältnisse offen. Er will Vorwürfe entkräften, er habe unrechtmäßigen Profit aus seinem Amt gezogen.
9	So	Carlos Andrés Pérez Rodriguez, Kandidat der ersten Massenpartei Venezuelas, wird mit fast 49% der Stimmen zum Präsidenten gewählt.
10	Mo	Als sechstes Opfer innerhalb weniger Wochen wird in Italien Ettore Amerio, Personalchef des Auto-Herstellers Fiat, entführt. → Friedensnobelpreis
11	Di	Das US-Repräsentantenhaus billigt die von US-Präsident Richard M. Nixon beantragte Militärhilfe für Israel in Höhe von 5,8 Mrd. DM. → Ostpolitik
12	Mi	Das Arbeitssicherheitsgesetz verpflichtet die Arbeitgeber in der Bundesrepublik, Betriebsärzte und Sicherheitsfachkräfte einzustellen.
13	Do	Der britische Premierminister Edward Heath kündigt in London wegen der zahlreichen Streiks im Land drastische Maßnahmen zur Energieeinsparung an.
14	Fr	Der FDP-Bundesvorstand nominiert seinen Vorsitzenden, Bundesaußenminister Walter Scheel, für die Wahl zum Bundespräsidenten.
15	Sa	Auf der Gipfelkonferenz in Kopenhagen definieren die EG-Mitglieder die europäische Identität: Die EG sei eine Friedens- und keine Supermacht.
16	So	Der entführte Milliardärsenkel Paul Getty III. wird nach Zahlung von umgerechnet 6,8 Mio. DM Lösegeld in Süditalien freigelassen.
17	Mo	Ein Anschlag auf ein US-Passagierflugzeug fordert in Rom 32 Opfer. Die palästinensischen Täter kapern ein zweites Flugzeug, ergeben sich aber in Kuwait.
18	Di	Großbritannien und die DDR unterzeichnen ein Abkommen zur Zusammenarbeit. Eine Kommission soll Vorschläge zur praktischen Umsetzung erarbeiten.
19	Mi	In Dänemark wird Paul Hartling (Liberale Partei) Ministerpräsident einer Minderheitsregierung. Vorgänger Anker Jørgensen konnte keine Mehrheit bilden.
20	Do	Durch ein Sprengstoffattentat in Madrid wird Spaniens Ministerpräsident Luis Carrero Blanco getötet. Die baskische ETA übernimmt die Verantwortung.
21	Fr	In Genf wird die Nahost-Friedenskonferenz der UN eröffnet, an der Israel, Jordanien und Ägypten teilnehmen. Sie vertagt sich ohne Ergebnis.
22	Sa	Japan ruft den Wirtschaftsnotstand aus. Die Regierung erlässt Maßnahmen zur Energieeinsparung und zur Sicherung der Lebensmittelversorgung.
23	So	Beim Absturz eines Passagierflugzeugs in Marokko sterben 105 Menschen. Am Vortag hatte es beim Absturz einer Maschine in Tanger 105 Tote gegeben.
24	Mo	In Bukarest wird einer der modernsten Theaterbauten Europas eingeweiht. In zwei Sälen finden insgesamt 1500 Menschen Platz.
25	Di	Der Staatspräsident von Bangladesch, Abu Sayed Chowdhury, tritt zurück, um stärker in die Politik einzugreifen. Nachfolger wird Mahmud Ullah.
26	Mi	Der kambodschanische Außenminister Long Boret übernimmt die Amtsgeschäfte des bisherigen Ministerpräsidenten In Tam.
27	Do	Das spanische Parlament verabschiedet ein Gesetz, das Kriegsdienstverweigerer Deserteuren gleichstellt und bis zu 12, im Kriegsfall 31 Jahre Haft vorsieht.
28	Fr	Trotz monatelanger Proteste für mehr Demokratie kündigte der südkoreanische Präsident Park Chung Hee neue Einschränkungen der Pressefreiheit an.
29	Sa	Spaniens Diktator Francisco Franco ernennt Innenminister Carlos Arias Navarro zum Nachfolger des ermordeten Ministerpräsidenten Luis Carrero Blanco.
30	So	Für umgerechnet eine halbe Mrd. DM übernimmt die staatliche Energieholding ENI Betrieb und Vermögen des Mineralölkonzerns Shell in Italien.
31	Mo	Für die Rekordsumme von 6,6 Mio. DM wechselt Europas Fußballer des Jahres, Johan Cruyff, von Ajax Amsterdam zum FC Barcelona.

Januar 1974

1 Di Die Preisbindung für Markenartikel ist in der Bundesrepublik aufgehoben. +++ In Belfast bildet Brian Faulkner eine Koalitionsregierung.

2 Mi Carlos Arias Navarro tritt als Nachfolger des ermordeten Luis Carrero Blanco sein Amt als neuer spanischer Ministerpräsident an. → Lohnstreit

3 Do In Chicago beginnt der US-Sängerpoet Bob Dylan seine erste Tournee nach achtjähriger Konzertpause. Er gibt in 21 Städten 40 umjubelte Konzerte.

4 Fr Erstmals seit 1967 werden wieder US-Diplomaten nach Syrien entsandt. Dies gibt das US-Außenministerium in Washington bekannt.

5 Sa Bei der Auslosung zur X. Fußballweltmeisterschaft in der Bundesrepublik werden die bundesdeutsche und die DDR-Auswahl der selben Gruppe zugeteilt.

6 So Die Einnahme von Hustenmitteln könne das Fahrverhalten negativ beeinflussen, teilt der Hamburger »Bund gegen Alkohol im Straßenverkehr« mit.

7 Mo Als erste bundesdeutsche Versicherung honoriert die Alte Leipziger Versicherungs-AG die Benutzung des Sicherheitsgurtes mit einer Leistungserhöhung.

8 Di Nach dem amtlichen Endergebnis der israelischen Parlamentswahlen vom 31. Dezember 1973 bleibt der Arbeiterblock mit 51 Sitzen stärkste Fraktion.

9 Mi Die Bundesregierung entschließt sich gegen das im Dezember 1973 geplante Wochenendfahrverbot für die Monate Januar und Februar.

10 Do Der Zentralrat der Freien Deutschen Jugend (FDJ) wählt in Ost-Berlin den 37-jährigen Egon Krenz zum neuen Vorsitzenden des Jugendverbandes.

11 Fr Als Reaktion auf die drastische Erhöhung der Rohölpreise gibt die französische Regierung die Verteuerung von Erdölprodukten bekannt.

12 Sa Um ihre Forderung nach kostenloser Arbeitskleidung zu unterstreichen, treten Straßenkehrer im sizilianischen Villabate ihren Dienst in Unterhosen an.

13 So Der Verband der Chemischen Industrie richtet für drei Monate eine Vermittlungsstelle für erdölabhängige Rohstoffe aus bundesdeutscher Produktion ein.

14 Mo Wegen des Öl-Lieferboykotts der arabischen Länder müssen in Österreich ab sofort alle privaten Pkw einen Tag pro Woche unbenutzt bleiben.

15 Di Ein Wahlkollegium bestätigt General Ernesto Geisel als neuen Staatspräsidenten Brasiliens. Bereits 7 Monate zuvor war er hierzu bestimmt worden.

16 Mi Die Polizei kann in der süditalienischen Region Kalabrien drei der zwölf Entführer des US-Milliardärs Paul Getty III. verhaften.

17 Do Zu zwölf Jahren Haft verurteilt das DDR-Bezirksgericht in Frankfurt an der Oder einen Fluchthelfer aus West-Berlin. → Uri Geller

18 Fr Der Bundestag verabschiedet ein Immissionsschutzgesetz, wonach die Bevölkerung nicht durch Umwelteinflüsse belästigt werden darf. → Nahost

19 Sa Nach dreijähriger Bauzeit wird der 6,4 km lange Tunnel der Tauernautobahn in Österreich für den Verkehr freigegeben.

20 So Das bundesdeutsche Team Peter Utzschneider und Wolfgang Zimmerer gewinnt in St. Moritz in der Schweiz die Weltmeisterschaft im Zweierbob.

21 Mo Einen Vertrag über Touristenreisen von Westberlinern nach Ost-Berlin beschließen das Deutsche Reisebüro und das staatliche Reisebüro der DDR.

22 Di Die bundesdeutschen Mineralölgesellschaften kündigen aufgrund der Rohölverteuerung eine drastische Erhöhung der Benzinpreise an.

23 Mi In zahlreichen bundesdeutschen Großstädten demonstrieren Schüler und Studenten für eine Erhöhung der Ausbildungsförderung.

24 Do Bundeskanzler Willy Brandt legt dem Parlament den Bericht zur Lage der Nation vor. Er warnt die DDR vor Störungen der Entspannungsbemühungen.

25 Fr Der Verwaltungsrat der Bundespost beschließt in Bonn u.a. eine Gebührenerhöhung für Inlandsbriefe von 40 auf 50 Pfennig ab 1. Juli.

26 Sa Ein Flugzeugabsturz fordert in Izmir (Türkei) 63 Todesopfer. +++ Der US-Horrorfilm »Der Exorzist« wird mit dem »Golden Globe« ausgezeichnet.

27 So Die Jungsozialisten wählen auf ihrem Bundeskongress in München Heidemarie Wieczorek-Zeul zur neuen Vorsitzenden.

28 Mo Im Abendprogramm der ARD wird die erste Folge der Fernsehserie »Ein Herz und eine Seele« von Wolfgang Menge ausgestrahlt.

29 Di Der Koblenzer Polizeipräsident Peter Malmen verordnet seinen Beamten einen Haarschnitt, der 2 cm über dem Kragen zu enden hat.

30 Mi Zum ersten Mal fliegt eine chinesische Maschine nonstop von Peking nach Moskau. Einmal wöchentlich soll diese Route künftig bedient werden.

31 Do Nach dreijähriger Pause bricht der mit 3340 m höchste europäische Vulkan erneut aus. Die glühenden Lavamassen des Ätna sind kilometerweit zu sehen.

18. Januar 1974

Truppenentflechtung in Nahost

In der Krisenregion Nahost ziehen sich die verfeindeten Truppen Israels und Ägyptens zurück: Die Generalstabschefs beider Staaten unterschreiben am Kilometerstein 101 der Straße von Suez nach Kario in Assuan ein Abkommen über die Truppenentflechtung an der Suezfront.
Das Abkommen ist nach mühseligen Verhandlungen zustande gekommen. Der Erfolg geht vor allem auf das Konto der diplomatischen

Bemühungen von US-Außenminister Henry A. Kissinger. Die vertragliche Vereinbarung ist ein wichtiger Schritt zur endgültigen Beilegung des vierten israelisch-arabischen Konfliktes, des Jom-Kippur-Krieges. Es gab zwar schon seit einiger Zeit ein Waffenstillstandsabkommen, das jedoch durch schwere Kämpfe immer wieder verletzt wurde. Die Vereinbarung zur Truppenentflechtung sieht vor, dass sich die israelischen Soldaten auf eine Linie etwa 30 km östlich des Suezkanals bis zu den Sinaipässen zurückziehen. Die dadurch entstehende Pufferzone soll von Friedenstruppen der Vereinten Nationen kontrolliert werden (Abb.: Die erste Phase des Rückzugs ist beendet, UN-Soldaten beziehen ihre Posten).

27. Februar 1974

Schwedens König entmachtet

Der schwedische Reichstag nimmt die bereits Mitte 1973 beschlossene neue Verfassung an und legt damit endgültig die parlamentarische Regierungsform fest. Die Rechte des Monarchen werden stark eingeschränkt. Die Reform gilt der ältes-

ten noch gültigen Verfassung Europas – sie stammt aus dem Jahr 1809. Zwar bleibt das monarchische Prinzip formal erhalten, jedoch werden König Carl XVI. Gustav (s. Abb. M.) fast sämtliche politischen Vollmachten entzogen. Wie seine europäischen Amtskollegen hat er künftig nur noch repräsentative Aufgaben.

12. Februar 1974

Solschenizyn ausgebürger

In seiner Moskauer Wohnung nehmen Polizeibeamte in Zivil den sowjetischen Schriftsteller und Regimekritiker Alexander Solschenizyn fest. Bei einem sich anschließenden Verhör durch die Staatsanwaltschaft, in dessen Verlauf dem Literaturnobelpreisträger von 1970 »Beleidigung der Sowjetunion« und »Hochverrat« vorgeworfen werden, weigert sich Solschenizyn kategorisch, die Sowjetunion freiwillig zu verlassen. Am folgenden Tag entziehen ihm die Behörden die Staatsbürgerschaft und schieben ihn in die Bundesrepublik ab.
Schon seit geraumer Zeit versuchte der sowjetische Geheimdienst, den Schriftsteller, der sich für die Rechte der Autoren und gegen die staatliche Zensur einsetzte, durch Publikationsverbote und Ausschluss aus dem Schriftstellerverband einzuschüchtern. Unter dem Druck der Behörden hatte eine Mitarbeiterin des Dichters im August 1973 das Versteck seines neuesten Manuskripts preisgegeben: Der »Archipel GULAG«, eine authentische Darstellung von Leben und Arbeit in sowjetischen Straflagern. Dazu schöpfte Solschenizyn aus biografischen Erfahrungen. Als Stalin-Kritiker hatte er nach 1945 acht Jahre in Straflagern, u.a. in Kasachstan, verbracht. Nachdem das Manuskript im Westen veröffentlicht worden war, versuchten die staatlich gelenkten sowjetischen Medien mit einer beispiellosen Hetzkampagne, den Autor als Verleumder und Verräter zu verunglimpfen. Auf diese Weise wurde die Verhaftung

17. Januar 1974

Uri Geller verbiegt Deutschland

Ein junger Israeli mit angeblich magischen Kräften verblüfft in der ZDF-Unterhaltungssendung

Morgenpost

Wieder Hoffnung für Hamburgs Altbaumieter

SPD-Abgeordnete kämpfen für „grauen Kreis" / Seite 4

Zuschauer verklagen das ZDF:

Biegt unsere Gabeln wieder gerade!

Die Rentner bekommen mehr Geld

»Drei mal Neun« die gesamte Fernsehnation (Abb.: Boulevard-Schlagzeile). Ohne Gewaltanwendung verbiegt Uri Geller vor laufenden Kameras Gabeln und lässt kaputte Uhren wieder laufen. Aus dem gesamten Sendebereich melden sich Zuschauer, in deren Schubladen sich ebenfalls Besteck verbogen haben soll. Mit einem Schlag scheint Parapsychologie gesellschaftsfähig zu werden. Einer wissenschaftlichen Überprüfung hält der »Geller-Effekt« allerdings nicht stand. Ein Gutachten der Bundesanstalt für Materialprüfung stellt fest, dass die Gabeln vorher mit einer Quecksilbernitratlösung bestrichen worden waren.

Zwischenstopp in der Eifel: der ausgebürgerte Dissident (l.) mit Schriftstellerkollege Heinrich Böll

praktisch vorbereitet und vor der Weltöffentlichkeit gerechtfertigt. Die Ehefrau des Schriftstellers, Nataljia Swedlowa, verbreitet unter westlichen Korrespondenten eine Erklärung, die ihr Mann für den Fall einer Verhaftung vorbereitet hatte. Darin heißt es: »Ich erkläre im Voraus jedes Tribunal über russische Literatur ... für inkompetent. falls irgendein solches Tribunal gegen mich einberufen werden sollte, werde ich dorthin nicht auf meinen eigenen Füßen gehen. Man wird mich dorthin mit gefesselten Händen in einem Polizeiauto bringen müssen ... Sollte ich zu Kerker verdammt werden, beuge ich mich nur in Handschellen diesem Urteil. Ich ... werde nicht einmal eine halbe Stunde für meine Unterdrücker arbeiten. Auf diese Weise lasse ich ihnen nur eine Möglichkeit offen: mich schnell umzubringen, da ich die Wahrheit über die russische Geschichte geschrieben habe.« Am 13. Februar muss Solschenizyn – ohne sich von seiner Familie verabschieden zu dürfen – mittags eine Linienmaschine der Aeroflot besteigen. Um 16.30 Uhr landet er auf dem Frankfurter Rhein-Main-Flughafen.

Bis zur Ankunft habe er selbst nicht gewusst, wohin er geflogen werde, berichtet Solschenizyn später in einem ersten Interview westlichen Journalisten. Unmittelbar nach der Landung wird er nach Kreuzau bei Langenbroich in der Eifel gefahren. Dort empfängt ihn sein Schriftstellerkollege Heinrich Böll in seinem Wochenend-Landhaus. Nach zwei Tagen Aufenthalt reist Solschenizyn in die Schweiz und lässt sich vorerst in Zürich nieder.

2. Januar 1974

Lohnstreit in England

In Großbritannien spitzt sich der Konflikt zwischen Gewerkschaften und Regierung zu: Das Kabinett von Premierminister Edward Heath beschließt die Einführung der Dreitagewoche für rd. zwei Drittel aller Betriebe des Landes. Hintergrund sind die anhaltenden Bergarbeiterstreiks für höhere Löhne. Der Regierungsbeschluss soll dazu beitragen, Brennstoff einzusparen, um einen Kollaps der Wirtschaft zu vermeiden. Der Streik der Bergleute trifft die britische Wirtschaft an empfindlicher Stelle, denn allein von 174 Kraftwerken des Landes werden 120 mit Kohle betrieben. 70% des gesamten Strombedarfs hängen somit vom Bergbau ab. Von der verordneten Kurzarbeit sind 16 Mio. Arbeitnehmer betroffen. Brot und Milch werden knapp, die Bevölkerung reagiert auf die Versorgungsengpässe mit Hamsterkäufen. Angesichts der harten Regierungshaltung ermächtigen 81% der Bergarbeiter am 4. Februar ihre Gewerkschaft, den Generalstreik auszurufen. Edward Heath löst in Reaktion auf diese Entwicklung das Parlament auf und setzt Neuwahlen an.

5. Februar 1974

Papst entlässt Mindszenty

Erstmals in der Geschichte der römisch-katholischen Kirche entlässt ein Papst einen seiner Kardinäle. Nachdem der 82-jährige Primas von Ungarn, József Mindszenty (s. Abb.), seinen freiwilligen Rücktritt verweigert hatte, greift Papst Paul VI. aus »seelsorgerischer Notwendigkeit« zu diesem letzten Mittel. Im Jahre 1956 war Mindszenty während des ungarischen Volksaufstandes in die Budapester US-Botschaft geflohen, wo er Asyl erhielt. Nach 15-jährigem Zwangsaufenthalt durfte er 1971 nach Wien ausreisen und übte seither von dort aus sein Amt aus. Er bestand darauf, dass kein neuer Kardinal von Ungarn berufen werden dürfe, bevor er nicht das 85. Lebensjahr vollendet hätte.

Februar 1974

1 Fr Mehr als 200 Menschen sterben beim Brand eines Büro- und Bankgebäudes in der brasilianischen Metropole São Paulo.

2 Sa In Saigon nehmen Südvietnam und der kommunistische Vietcong nach einer sechsmonatigen Pause den Kriegsgefangenenaustausch wieder auf.

3 So Die Ausstellungsleitung vermeldet zum Abschluss der Internationalen Grünen Woche in West-Berlin mit 500 000 Menschen einen Besucherrekord.

4 Mo Die Terrorgruppe »SLA« entführt in Berkeley (Kalifornien) die 19-jährige Verlegerstochter Patricia Hearst und fordert Lebensmittel für Arme.

5 Di Im schweizerischen Lausanne und im Tessin findet die Polizei gefälschte Dollarnoten im Wert von umgerechnet mehr als 5,2 Mio. DM. → Mindszenty

6 Mi Der FC Barcelona versichert die Beine seines niederländischen Stars Johan Cruyff für umgerechnet insgesamt 6,1 Mio. DM.

7 Do US-Außenminister Henry A. Kissinger legt in Panama die geplanten Vertragsänderungen für den Panamakanal vor. Die USA verzichten auf ihre Rechtshoheit.

8 Fr Nach 84 Tagen kehren die drei US-Besatzungsmitglieder der Raumstation »Skylab« aus dem All zurück und stellen damit einen Weltrekord auf.

9 Sa Hamburg verabschiedet die »Maxim Gorki«. Die ehemalige »Hanseatic« wird unter sowjetischer Flagge als Kreuzfahrtschiff im Schwarzen Meer eingesetzt.

10 So Iranische und irakische Truppen bekämpfen sich trotz der 1973 vereinbarten »provisorischen Versöhnung« erneut an der gemeinsamen Grenze.

11 Mo In der Bundesrepublik streiken mehr als 400 000 Mitarbeiter des Öffentlichen Dienstes. Ihre Hauptforderung ist die Erhöhung der Löhne.

12 Di Die britische Labour Party veröffentlicht ihr Wahlmanifest. Darin sichert sie u.a. eine erneute Prüfung der EG-Mitgliedschaft zu. → Solschenizyn

13 Mi In der US-Hauptstadt Washington geht die dreitägige Erdölkonferenz der wichtigsten Verbraucherstaaten ohne konkretes Ergebnis zu Ende.

14 Do Udo Lindenberg beginnt seine erste Tournee. Der Rockmusiker feiert mit dem »Panik-Orchester« und deutschsprachigen Texten große Erfolge.

15 Fr Auf dem 22. Parteikongress in Wien wird der Vorsitzende der Sozialistischen Partei Österreichs, Bundeskanzler Bruno Kreisky, wiedergewählt.

16 Sa An der Staatsoper »Unter den Linden« in Ost-Berlin erfolgt die Uraufführung der Oper »Einstein« von Paul Dessau.

17 So Auf einem eintägigen Laienkongress in München informieren Mediziner die Bevölkerung erstmals direkt über den aktuellen Stand der Krebsforschung.

18 Mo Zur Durchsetzung ihrer Forderungen nach höheren Erzeugerpreisen in der Europäischen Gemeinschaft demonstrieren in Frankreich 30 000 Bauern.

19 Di Im italienischen Arezzo endet der Prozess gegen das »Nationale Institut für die Einziehung der Konsumsteuer« mit 103 Schuldsprüchen wegen Korruption.

20 Mi Die Mehrheit der Abgeordneten des Deutschen Bundestages in Bonn genehmigen den Vertrag zur Nichtverbreitung von Kernwaffen.

21 Do Die seit 1972 ständig in Bonn vertretenen DDR-Journalisten werden in den Verein der ausländischen Presse aufgenommen.

22 Fr Nach 6-jähriger Bauzeit kann in Anwesenheit von Bundeskanzler Willy Brandt der neue Hamburger Elbtunnel der Bevölkerung präsentiert werden.

23 Sa Die chilenische Regierung vereinbart mit der Bundesrepublik Deutschland, Frankreich, Großbritannien und den USA einen Teilerlass ihrer Auslandsschulden.

24 So Die USA sichern nach Abschluss der 4-tägigen Außenministerkonferenz der Organisation Amerikanischer Staaten die weitere Hilfe für Lateinamerika zu.

25 Mo Der Frankfurter Studentenausschuss erhält nach einem Beschluss der hessischen Landesregierung vorläufig keine Demonstrationsgenehmigung mehr.

26 Di Nach Studentenunruhen wird die Universität der kenianischen Hauptstadt Nairobi auf unbestimmte Zeit geschlossen.

27 Mi Bernard Marie Guillier de Chalvron ist erster französischer Botschafter in Ost-Berlin. Die DDR-Vertretung in Paris übernimmt Ernst Scholz. → Schweden

28 Do Bei den vorgezogenen britischen Parlamentswahlen verliert die regierende Konservative Partei mit 296 von 635 Sitzen die Mehrheit im Unterhaus.

März 1974

1 Fr Frankreichs Ministerpräsident Pierre A. J. Messmer stellt in Paris sein Kabinett vor. Ex-Landwirtschaftsminister Jacques Chirac übernimmt das Innenressort.

2 Sa Das Londoner Geologische Institut teilt mit, dass in North Oxfordshire ein großes Kohlefeld entdeckt worden sei.

3 So Der Absturz einer türkischen DC-10, das bisher schwerste Unglück in der Geschichte der Luftfahrt, fordert bei Paris 346 Todesopfer.

4 Mo In Großbritannien tritt das konservative Kabinett nach gescheiterten Koalitionsverhandlungen zurück. Die Labour Party übernimmt die Regierung. → Köln

5 Di Ecuadors Regierung stellt die Lama-Jagd unter Strafe. +++ In Brasilien wird nahe Rio de Janeiro die drittlängste Brücke der Welt eröffnet.

6 Mi Bei den Eiskunstlauf-Weltmeisterschaften in München siegen im Paarlauf Irina Rodnina und Alexander Saizew aus der UdSSR.

7 Do Christa Zechmeister holt den Slalom-Weltcup. Sie ist die erste Starterin des Deutschen Ski-Verbandes, die diesen Wettbewerb für sich entscheiden kann.

8 Fr In 25 km Entfernung von Paris wird der dritte Flughafen der französischen Hauptstadt, der »Aéroport Charles de Gaulle«, eröffnet.

9 Sa Die Deutsche Bundesbahn teilt mit, dass sie auf der Strecke Hannover-Bremen erstmals Computer für die Steuerung ihrer Signalanlagen einsetzt.

10 So Der stellvertretende Kultusminister der DDR, Klaus Höpcke, eröffnet die Internationale Leipziger Buchmesse. Verlage aus mehr als 20 Ländern nehmen teil.

11 Mo Die ARD-Intendanten nehmen eine Dokumentation des Magazins »Panorama« zum Schwangerschaftsabbruch kurz vor der Sendung aus dem Programm.

12 Di In Venezuela stellt der neue Präsident Carlos Andrés Pérez Rodríguez, Sieger der Wahlen vom Dezember 1973, sein Kabinett vor.

13 Mi Der US-Senat in Washington verabschiedet ein neues Gesetz, das festlegt, bei welchen Straftaten die Verhängung der Todesstrafe möglich ist.

14 Do Staatssekretär Günter Gaus und der stellvertretende DDR-Außenminister Kurt Nier unterzeichnen ein Protokoll zur Einrichtung Ständiger Vertretungen.

15 Fr Mit der Schließung des 1,2 Mrd. Franc teuren Pariser Schlachthofes »La Villette« erlebt die französische Wirtschaft den größten Konkurs seit 20 Jahren.

16 Sa Die US-Gesundheitsbehörde gibt die »Pille danach« frei. +++ Zehntausende demonstrieren in der Bundesrepublik für die Streichung des § 218.

17 So In Honduras zerstören 15 000 wütende Fußball-Fans das Stadion von San Pedro Sula. Grund für die Ausschreitung war der Abbruch eines Spiels.

18 Mo Die Organisation der arabischen Erdöl exportierenden Staaten OAPEC beschließt die Aufhebung des Ölembargos gegen die USA.

19 Di 700 Soldaten und 2000 Aufständische sterben bei Kämpfen zwischen kambodschanischen Truppen und den Roten Khmer um die Stadt Oudong.

20 Mi In Frankfurt am Main paraphieren die Sportbundpräsidenten der DDR und der Bundesrepublik ein Protokoll über die deutsch-deutschen Sportbeziehungen.

21 Do Der Bundestag verabschiedet ein Gesetz, wonach die Kosten für Schwangerschaftsabbrüche und Sterilisation von der Krankenkasse bezahlt werden.

22 Fr Laut Beschluss des Bundestages soll das Volljährigkeitsalter ab dem 1. Januar 1975 auf 18 Jahre herabgesetzt werden.

23 Sa Der Schriftsteller Viktor P. Nekrassow wird wegen seines Engagements für den ausgebürgerten Kollegen Alexander Solschenizyn aus Moskau verbannt.

24 So Nach sechsjähriger Dürre und Hungersnot überschwemmen Regenfluten Äthiopien. Tausende werden obdachlos, viele ertrinken in den Fluten.

25 Mo In Ankara wird das Verbot zum Anbau von Mohn aufgehoben. Das Gesetz war 1971 anlässlich vermehrten Opiumschmuggels erlassen worden.

26 Di Die ARD strahlt den Fernsehfilm »Die Verrohung des Franz Blum« nach dem autobiografischen Roman von Burkhard Driest aus.

27 Mi Die Geschäftsführung des italienischen Autokonzerns Fiat gibt bekannt, dass das Unternehmen im vergangenen Jahr erstmals rote Zahlen geschrieben habe.

28 Do Die US-Sonde »Mariner 10« sendet die ersten Bilder vom Planeten Merkur zur Erde. +++ Die Bonner Regierung gibt ein Ratgeberheft für Frauen heraus.

29 Fr Papst Paul VI. verbietet erneut empfängnisverhütende Mittel und fordert eine gerechtere Verteilung der natürlichen Reichtümer der Erde.

30 Sa Bei den Landeswahlen in Westaustralien besiegt die liberalkonservative Partei die regierende Labour Party unter Premierminister John Tonkin.

31 So In Johannesburg (Südafrika) gewinnt in der Formel-1 der Argentinier Carlos Reutemann auf Brabham den Großen Preis von Afrika.

24. April 1974

Günter Guillaume entlarvt

Angesichts der Aufdeckung des spektakulärsten Spionagefalls in der bundesdeutschen Nachkriegszeit geraten Bonner Politiker und bundesdeutsche Öffentlichkeit in helle Aufregung: Günter Guillaume, persönlicher Referent von Bundeskanzler Willy Brandt (SPD), wird unter dem Verdacht der Spionage für die DDR festgenommen. Bei seiner Inhaftierung bezeichnet sich Guillaume (s. Abb., M., mit den Eheleuten Willy und Rut Brandt) selbst als »Bürger der DDR und ihr Offizier«.

Die Entlarvung eines Ost-Agenten, der neben Brandt Kontakt zu vielen Spitzenpolitikern hat, bringt dem Bundesamt für Verfassungsschutz harsche Kritik ein. Wie sich herausstellt, hatte das Bundesamt bereits im Jahre 1970 wegen früherer Aktivitäten Guillaumes von Ost-Berlin aus Bedenken gegen seinen Eintritt in das Kanzleramt geäußert. Obwohl der Spion zudem unter Beobachtung der Sicherheitsbehörden stand, konnte er aber bis ins Kanzleramt vordringen und Einsicht in wichtige Dokumente nehmen. Bundeskanzler Brandt war im Mai 1973 von Innenminister Hans-Dietrich Genscher (FDP) über

den Verdacht gegen Guillaume unterrichtet worden, hatte der Angelegenheit jedoch offensichtlich keine allzu große Bedeutung beigemessen. Guillaume begleitete Brandt anschließend sogar noch auf eine Urlaubsreise nach Norwegen. Dort konnte der Spitzel geheime Akten einsehen, die Differenzen zwischen Europa und den USA über die Ziele der NATO offen legten.

Guillaume war im Jahre 1956 als angeblicher Flüchtling in die Bundesrepublik gekommen. Zusammen mit seiner Ehefrau Christel ließ er sich zunächst in Frankfurt am Main nieder und eröffnete ein Café. Die Verbindung zur Staatssicherheit der DDR konnte über Verbindungsmänner gehalten werden. Mit dem Eintritt in die SPD 1957 begann Guillaumes politische Karriere. 1968 wurde er Geschäftsführer der SPD-Fraktion im Frankfurter Stadtrat und unterhielt enge Kontakte zum damaligen Bundesverkehrsminister Georg Leber (SPD). Dessen Vermittlung sowie die Fürsprache von Herbert Ehrenberg (SPD), dem späteren Bundesarbeitsminister, führten 1970 zu Guillaumes Anstellung im Bundeskanzleramt, wo er zunächst in der Wirtschaftsabteilung arbeitete. Trotz der bereits bestehenden Vorbehalte des Verfassungsschutzes gelang ihm 1972 der Aufstieg zum persönlichen Referenten des Kanzlers. Willy Brandt zeigt sich nach Aufdeckung der Spionagetätigkeit betroffen und auch menschlich tief enttäuscht über den Vertrauensbruch.

10. April 1974

Regierungswechsel in Israel

Golda Meir legt ihr Amt als israelische Ministerpräsidentin nieder. Die Sozialistin zieht damit die Konsequenzen aus anhaltenden Auseinandersetzungen innerhalb der Regierung. Stein des Anstoßes ist vor allem der Jom-Kippur-Krieg vom Vorjahr. Kritiker werfen Golda Meir vor, die Armee sei nicht ausreichend auf den Überfall der Araber vorbereitet gewesen. Als Nachfolger der Premierministerin wird der bisherige Arbeitsminister Yitzhak Rabin mit der Kabinettsumbildung beauftragt.

Golda Meir

israelische Politikerin, * 3.5.1898 Kiew; † 8.12.1978 Jerusalem

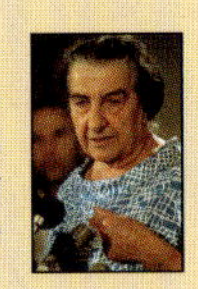

Über mehrere Jahrzehnte ist Golda Meir in verantwortungsvollen Positionen am Aufbau des Staates Israel beteiligt. 1906 war sie mit ihren Eltern aus Russland in die USA ausgewandert. Nach ihrer Übersiedlung nach Palästina im Jahre 1921 wurde sie Mitglied der Arbeiterpartei Mapai, hauptamtliche Funktionärin der Gewerkschaftsbewegung Histadrut und Mitglied des Zionistischen Weltkongresses. Nach Gründung Israels übernahm sie mehrfach hohe Staatsämter.

- 1949-74: Parlamentsabgeordnete für Arbeiterpartei Mapai
- 1956-65: Außenministerin
- 1969-74: Ministerpräsidentin

25. April 1974

Putsch in Portugal

Linksliberale Militärs stürzen den portugiesischen Ministerpräsidenten Marcelo José das Neves Alves Caetano und beenden die seit 1933 währende Parteiendiktatur, die Caetanos Vorgänger António de Oliveira Salazar begründet hatte. Die sog. Nelkenrevolution ebnet den Weg für die soziale und wirtschaftliche Neugestaltung des Landes und leitet die Herstellung demokratischer Verhältnisse ein.

Die Machtübernahme erfolgt an nur einem Tag und geht weitgehend unblutig vonstatten. In den frühen Morgenstunden besetzt die Bewegung der Streitkräfte (MFA) unter General Sebastiao Ribeiro de Spínola die Radiostation in Lissabon. Garnisonen im ganzen Land schließen sich den Putschisten an. Zuletzt verteidigt nur noch die Republikanische Nationalgarde das alte Regime. Am Abend kapituliert Regierungschef Caetano und überträgt Spínola sämtliche Amtsvollmachten. Die Bevölkerung von Lissabon begrüßt die Soldaten spontan mit Beifall und Blumen – die Nelken geben der Revolution ihren Namen.

Seit Ende der 50er Jahre geriet die autoritäre Herrschaft Salazars zunehmend unter den Druck der Opposition. Mitte der 60er Jahre vereinigten

6. April 1974

Jubel über »Waterloo«

Mit deutlichem Abstand zu ihren Konkurrenten gewinnt die schwedische Popgruppe »ABBA« im englischen Brighton den Grand Prix d'Eurovision de la Chanson (Abb. v.l.: Benny Andersson, Anni-Frid Lyngstad, Agnetha Fältskog und Björn Ulvaeus). Für die Skandinavier ist ihr Siegertitel »Waterloo« das Sprungbrett zu einer internationalen Karriere. Innerhalb von vier Jahren setzen ABBA über 50 Mio. Schallplatten ab. Damit werden sie zur erfolgreichsten Popgruppe nach den Beatles. Die Musiker gaben 1970 unter dem Namen »Festfolk« ihren Debütauftritt in einem Göteborger Restaurant. Seit 1972 nennt sich das Quartett nach den Initialen seiner Mitglieder Agnetha, Björn, Benny und Anni-Frid: ABBA. In den Songs der Band verbinden sich Pop- und Schlagerelemente.

4. März 1974

Köln stellt Römisches aus

Nach siebenjähriger Bauzeit wird in Köln das neue Römisch-Germanische Museum (s. Abb.) seiner Bestimmung übergeben. In seiner Eröffnungsrede verkündet Oberbürgermeister John van Nes Ziegler, der Bau solle »ein offenes Haus für die gesamte Bevölkerung sein« und den Menschen den Alltag im antiken Köln näherbringen. Die schlichte Architektur von Heinz Röcke und Klaus Renner an der Südseite des Doms beherbergt auf 4450 m^2 eine Sammlung von rd. 10 000 Fundstücken

aus der alten Kölner Römersiedlung. Prunkstück der Ausstellung ist das 15 m hohe Grabmal des Lucius Poblicius (um 40 n. Chr.), das erst 1965 von Amateurarchäologen unter einem Geschäft am Chlodwigplatz entdeckt wurde. Um das Museum herum postierte alte Steindenkmäler sollen die Neugier der Passanten wecken.

Mario Soares (r.) vollendet die »Nelkenrevolution«.

sich Monarchisten, Liberale, Sozialisten und Kommunisten mit der Kirche zum Widerstand gegen das Regime, das Portugal in eine tiefe ökonomische Krise geführt hatte. Allein 40% des Staatshaushaltes wandte das Land für die Sicherung seiner afrikanischen Kolonien auf. So bildete sich in der Armee eine Gruppe heraus, die eine Beendigung der Kolonialkriege anstrebte. Eine führende Rolle unter den Offizieren spielten die Generäle Spínola und Francisco da Costa Gomes. Spínola, der für die Autonomie der Kolonien eintrat, hatte sich vor allem durch einen Verhandlungsfrieden in Guinea einen Namen gemacht. Die Veröffentlichung seines kritischen Buches »Portugal und die Zukunft« führte am 14. März zu seiner Entlassung und löste den Militärputsch mit aus.

Nach ihrer Machtübernahme entlässt die Militärjunta 99 Oppositionelle aus den Haftanstalten. In den nächsten Wochen erkennt sie sieben neu gegründete Parteien an. Vor der Diktatur geflohene Exilpolitiker kehren nach Portugal zurück. Unter ihnen befindet sich Mario Soares, der 1973 in der Bundesrepublik Deutschland die Sozialistische Partei Portugals gegründet hatte. Er wird zu einer der prägenden Figuren des demokratischen Portugal und übernimmt nach mehreren Regierungsfunktionen, u.a. des Außenministers, im Jahre 1976 das Amt des Ministerpräsidenten.

Die MFA leitet ein Reformprogramm ein, das u.a. eine demokratische Verfassung, freie Wahlen, Selbstbestimmung für die Kolonien und die politische und soziale Neugestaltung Portugals vorsieht. Das Amt des Staatspräsidenten übernimmt Spínola. Er kündigt seinen Rücktritt für den Zeitpunkt an, zu dem eine frei gewählte Nationalversammlung Präsidentschaftswahlen ausruft. Als die MFA jedoch gegen den Willen Spínolas einen sozialistischen Kurs einschlägt, tritt er im September zurück und überlässt das Amt seinem Weggefährten da Costa Gomes.

April 1974

1 Mo – Hamburg führt für Arbeitnehmer den sog. Bildungsurlaub ein. +++ Das neue Personalvertretungsgesetz der Bundesrepublik tritt in Kraft.

2 Di – In Paris stirbt der französische Staatspräsident Georges Pompidou im Alter von 63 Jahren. +++ In Dortmund wird das Westfalenstadion eingeweiht.

3 Mi – Die US-Filmakademie vergibt sieben »Oscars« an den Film »Der Clou« von George Roy Hills. Die Hauptrollen spielen Robert Redford und Paul Newman.

4 Do – In der belgischen Hauptstadt Brüssel feiern die ständigen Vertreter der 15 NATO-Mitgliedstaaten den 25. Gründungstag der Organisation.

5 Fr – Der Bundesrat gibt den Mitbestimmungsentwurf für Arbeitnehmer wegen inhaltlicher Mängel zur Verbesserung an die Koalitionsregierung zurück.

6 Sa – Libyens Staatschef Muammar al Gaddafi tritt auf eigenen Wunsch von allen politischen Ämtern zurück, bleibt aber Chef der Armee. → »Waterloo«

7 So – Der 1. FC. Magdeburg wird Fußballmeister der DDR. +++ In Paris endet das 3. Internationale Festival des Fantastischen und Sciencefiction-Films.

8 Mo – Die Arbeitsgemeinschaft der wirtschaftswissenschaftlichen Forschungsinstitute werfen der Bundesregierung eine verfehlte Finanzpolitik vor.

9 Di – Die Stadt München teilt mit, dass der Viktualienmarkt im Zentrum der Landeshauptstadt zur Fußgängerzone umgebaut werden soll.

10 Mi – Schweden gewinnt bei den Tischtennis-Europameisterschaften im jugoslawischen Novi Sad zum sechsten Mal den Titel. → Regierungswechsel

11 Do – In Lausanne schließt Edmund Kaiser, Gründer des schweizerischen Kinderhilfskomitees »Terre des Hommes«, den Bauvertrag für ein Kinderdorf ab.

12 Fr – Im Norden Israels ruft der blutige palästinensische Terroranschlag des Vortages heftige Proteste hervor. Dem Libanon wird eine Mitschuld angelastet.

13 Sa – In Istanbul (Türkei) demonstrieren 20 000 Menschen gegen die griechische Regierung. Zwischen beiden Ländern gibt es Streit um Ölbohrrechte in der Ägäis.

14 So – Christen in Ost und West feiern Ostern am selben Tag, da der Gregorianische und der orthodoxe Julianische Kalender in diesem Jahr zusammenfallen.

15 Mo – Das nigerianische Militär entmachtet unter Führung von Stabschef Seyni Kountché die Zivilregierung des amtierenden Präsidenten Hamani Diori.

16 Di – In Paris bricht die südvietnamesische Regierung wegen Waffenstillstandsverletzungen die Gespräche mit dem Vietcong über die Zukunft Südvietnams ab.

17 Mi – Der tunesische Staatschef Habib Burgiba gibt bekannt, dass die im Januar vertraglich geplante Fusion seines Landes mit Libyen nichtig sei.

18 Do – Zwei Todesopfer – unter ihnen der Täter – und zwei Verletzte fordert ein bewaffneter Banküberfall in der Innenstadt von Hamburg.

19 Fr – Erstmals in der Geschichte Belgiens können Sprachparteien wie z.B. die flämische Volksunie an den Beratungen zur Regierungsbildung teilnehmen.

20 Sa – Bei der Eishockey-Weltmeisterschaft in Helsinki gewinnt die sowjetische Nationalmannschaft das Endspiel gegen Schweden mit 3:1.

21 So – In West-Berlin werden zwei neue Grenzstationen für in Ost-Berlin akkreditierte Diplomaten eröffnet, die »Checkpoint Charlie« ergänzen sollen.

22 Mo – In Addis Abeba (Äthiopien) demonstrieren bei der bisher größten Massenkundgebung rd. 250 000 Christen gegen eine Trennung von Kirche und Staat.

23 Di – In Belgien bilden die Christlich-Soziale Partei und die Liberalen unter Ministerpräsident Leo Tindemans eine Minderheitsregierung.

24 Mi – In Wien stirbt der österreichische Bundespräsident Franz Jonas. Bundeskanzler Bruno Kreisky übernimmt bis zur Neuwahl dessen Amt. → Guillaume

25 Do – Die Bundesrepublik und die DDR beschließen die kostenlose medizinische Versorgung von Reisenden im jeweils anderen Land. → Portugal

26 Fr – Der israelische Staatspräsident Ephraim Katzir beauftragt Yitzhak Rabin von der Arbeiterpartei mit der Bildung einer neuen Regierung.

27 Sa – Bei einem Diebstahl in der Nähe Dublins (Irland) werden 19 Bilder aus einer Privatsammlung entwendet. Der Schaden beträgt umgerechnet ca. 50 Mio. DM.

28 So – In Bolivien verlängert Präsident Hugo Banzer wegen vermeintlicher Umsturzpläne linker Gruppen den Ausnahmezustand um drei Monate.

29 Mo – Der österreichische Formel-1-Rennfahrer Niki Lauda gewinnt in Jarama auf Ferrari den Großen Preis von Spanien.

30 Di – In Italien streikt das Personal der staatlichen Radio- und Fernsehanstalt RAI. Der Ausstand soll Reformen und Modernisierungen bewirken.

Mai 1974

1 Mi Wegen der steigenden Inflationsrate erlässt die italienische Regierung ein Dekret, das den Warenimport erheblich einschränkt.

2 Do In Münster öffnet der erste »Allwetterzoo« der Welt seine Pforten. Die Besucher können von überdachten Wegen aus mehr als 2000 Tiere beobachten.

3 Fr Erstmals in der Bundesrepublik gelingt es, einer Kuh »minderer Qualität« die befruchtete Eizelle einer sog. Hochleistungskuh einzupflanzen.

4 Sa Als erste Frau der Welt erreicht die Japanerin Masaku Uchida den Gipfel eines Achttausenders. Sie bezwingt den Manaslu im Himalaja-Gebirge.

5 So Mit einem Volksfest und zahlreichen kulturellen Veranstaltungen feiert der Zwergstaat Monaco das 25-jährige Regierungsjubiläum seines Fürsten Rainer III.

6 Mo Die CDU/CSU-Fraktion der Bundesversammlung nominiert Richard von Weizsäcker (CDU) als Kandidaten für die Wahl zum Bundespräsidenten. → Brandt

7 Di Kanadas Premierminister Pierre Trudeau löst wegen der Niederlage seiner liberalen Minderheitsregierung bei einem Misstrauensvotum das Parlament auf.

8 Mi Am Heumarer Dreieck bei Köln wird die erste Ampelanlage auf einer bundesdeutschen Autobahn in Betrieb genommen.

9 Do Der isländische Ministerpräsident Ólafur Jóhannesson tritt zurück, da er das stetige Ansteigen der Inflationsrate in dem Inselstaat nicht stoppen konnte.

10 Fr Griechisches Militär verhaftet den Schriftsteller Günter Wallraff nach einer Protestaktion in Athen. +++ Siegfried Buback wird Generalbundesanwalt.

11 Sa Bei einem Erdbeben der Stärke sieben auf der Richter-Skala kommen im Südwesten Chinas 20 000 Menschen ums Leben, 30 000 werden verletzt.

12 So In Nivelles gewinnt der brasilianische Formel-1-Fahrer Emerson Fittipaldi auf McLaren-Ford den Großen Preis von Belgien.

13 Mo In einem Volksentscheid stimmen 59,1% der stimmberechtigten Italiener für die Beibehaltung des im Jahr 1970 eingeführten Scheidungsgesetzes.

14 Di In Großbritannien wird erstmals die Fernsehsendung »Kind auf Anruf« ausgestrahlt, bei der zur Adoption freigegebene Kinder vorgestellt werden.

15 Mi Streiks von Protestanten bringen die nordirische Regierung zu Fall. +++ Palästinenser überfallen eine Schule in Nordisrael und töten 16 Kinder. → Scheel

16 Do Die jugoslawische Bundesversammlung bestätigt Josip Tito als Staatsoberhaupt. Damit ist er Präsident mit »unbegrenzter Amtsdauer«. → Koalition

17 Fr Mit einem 4:0-Sieg über Atletico Madrid holt Bayern München als erste deutsche Fußballmannschaft den Europapokal der Landesmeister.

18 Sa Indien unternimmt in der Provinz Rajasthan seinen ersten unterirdischen Kernwaffentest und wird damit sechste Atommacht der Welt.

19 So Die Mitglieder des internationalen PEN-Clubs wählen den britischen Literaturkritiker Victor Pritchett als Nachfolger Heinrich Bölls zum Präsidenten. → Giscard

20 Mo In Österreich nimmt die 283 km lange Trans-Austria-Gasleitung, durch die sowjetisches Erdgas nach Italien transportiert wird, ihren Betrieb auf.

21 Di Die DDR-Führung erklärt sich zu Gesprächen mit der Bonner Regierung über Fragen des zwischenstaatlichen Verhältnisses bereit.

22 Mi Der Bundestag verabschiedet in namentlicher Abstimmung mit 261 gegen 177 Stimmen den Haushaltsplan der SPD/FDP-Koalition.

23 Do 481 niederländische Firmen und Privatpersonen fordern von der DDR Kriegsentschädigung. Ost-Berlin hatte bislang alle Forderungen abgelehnt.

24 Fr Bei den Filmfestspielen in Cannes erhält der US-Regisseur Francis Ford Coppola für den Streifen »The Conversation« (»Der Dialog«) die »Goldene Palme«.

25 Sa Der westeuropäische Gewerkschaftsdachverband wählt den bundesdeutschen Gewerkschaftsvorsitzenden Heinz Vetter zu seinem Präsidenten.

26 So Bei den Parlamentswahlen in Luxemburg verliert die Christlich-Soziale Volkspartei 3 ihrer bislang 21 Sitze und damit die Regierungsmehrheit.

27 Mo Wegen Fahrpreiserhöhungen im öffentlichen Nahverkehr kommt es in Frankfurt am Main zu tagelang andauernden blutigen Straßenschlachten.

28 Di Sechs Wochen nach dem Rücktritt von Golda Meir stellt Israels neuer Regierungschef Yitzhak Rabin in Jerusalem sein neues Kabinett vor.

29 Mi Die Bundesregierung ernennt UN-Botschafter Walter Gehlhoff zum Staatssekretär des Auswärtigen Amtes.

30 Do Die Schadensersatzansprüche der durch »Contergan« geschädigten Kinder werden, so die Presse, durch das »Hilfswerk für behinderte Kinder« abgewickelt.

31 Fr Im Rahmen der Genfer Friedenskonferenz wird das von Israel und Syrien gebilligte Abkommen zur Truppenentflechtung unterzeichnet.

6\. Mai 1974

Brandt tritt zurück

»Ich übernehme die politische Verantwortung für Fahrlässigkeiten im Zusammenhang mit der Agentenaffäre Guillaume und erkläre meinen Rücktritt vom Amt des Bundeskanzlers.« Mit diesen Worten zieht Regierungschef Willy Brandt (SPD) Konsequenzen aus der Entlarvung seines persönlichen Referenten als Spion für die Staatssicherheit der DDR.

Willy Brandt verabschiedet sich von seinen Ministern Georg Leber und Katharina Focke.

Am 7. Mai händigt Bundespräsident Gustav Heinemann Brandt und seinem Kabinett die Entlassungsurkunden aus, beauftragt die Bundesminister jedoch mit der vorläufigen Fortführung ihrer Geschäfte. Die Aufgaben des Kanzlers übernimmt bis zur Wahl des Nachfolgers sein Stellvertreter Walter Scheel. SPD und FDP reagieren auf den Rücktritt Brandt mit Bestürzung, drücken jedoch ihre Anerkennung für die politische Leistung des Ex-Regierungschefs aus. SPD-Fraktionsvorsitzender Herbert Wehner äußert »Schmerz über das Ereignis«, Helmut Schmidt, Bundesfinanzminister und künftiger Bundeskanzler, versuchte noch, die Amtsniederlegung zu verhindern. Genugtuung herrscht hingegen bei der CDU/CSU-Opposition, die den Rücktritt als Eingeständnis einer gescheiterten Politik wertet. Nicht aufgrund der Guillaume-Affäre, sondern aus verfehlten Strategien gegenüber Inflation und Extremismus sowie einer auf Illusionen beruhenden Außenpolitik habe der bisherige Bundeskanzler die Konsequenzen gezogen. Der CSU-Vorsitzende Franz Josef Strauß fordert sofortige Neuwahlen zum Bundestag. Im westlichen Ausland wird die Nachricht vom Rücktritt Brandts allgemein mit Bestürzung aufgenommen. Medien und Politiker würdigen die politische Leistung Brandts, dessen Ostpolitik zur Entspannung beigetragen habe. Man hoffe, dass auch die neue Regierung unter Schmidt die von Brandt in die Wege geleitete Annäherung der Machtblöcke zukünftig fortsetzen werde. Der Außenpolitiker Brandt feierte seine größten Erfolge mit Unterzeichnung der Ostverträge mit der UdSSR und Polen im Jahre 1970 sowie mit dem Abschluss des Grundlagenvertrags mit der DDR zwei Jahre später.

19\. Mai 1974

Giscards knapper Sieg

Ein Kopf-an-Kopf-Rennen entscheidet der Unabhängige Republikaner Valéry Giscard d'Estaing bei der Wahl zum französischen Staatsoberhaupt mit 50,8% der Stimmen für sich. Im zweiten Wahlgang, der eine Stimmbeteiligung von 88% verzeichnete, setzt sich der 48-jährige Minister für Wirtschaft und Finanzen gegen den Kandidaten der Sozialisten, François Mitterrand, durch.
Am 27. Mai übernimmt Giscard d'Estaing im Pariser Elysée-Palast die Nachfolge des am 2. April verstorbenen Georges Pompidou. Im Bündnis mit den Gaullisten kündigt der neue Präsident ein ehrgeiziges wirtschafts- und sozialpolitisches Reformprogramm an. Er ernennt den Gaullisten und bisherigen Innenminister Jacques R. Chirac zum Ministerpräsidenten. Seinen Wahlkampf hatte Giscard d'Estaing ganz unter das Thema »Generationenwechsel« gestellt. Bis auf vier Minister tauscht er das gesamte Kabinett aus. Simone Veil als Gesundheitsministerin ist die einzige Frau in der Regierung. Sie tritt für eine Liberalisierung des Abtreibungsrechts ein.

15\. Mai 1974

Scheel wird Bundespräsident

Der neue Präsident der Bundesrepublik Deutschland heißt Walter Scheel (FDP). Der ehemalige

Außenminister der sozialliberalen Koalition übernimmt das oberste Staatsamt von Gustav Heinemann (SPD), der aus Altersgründen nicht mehr kandidieren wollte (Abb.: Scheel, l., verabschiedet Heinemann, r., in Bonn). Der neue Bundespräsident kann sich bei der Wahl durch die Bundesversammlung gegen seinen Konkurrenten Richard von Weizsäcker (CDU) durchsetzen.

Helmut Schmidt (l.) wird von Parlamentspräsidentin Annemarie Renger als neuer Kanzler vereidigt.

16. Mai 1974

Koalition bleibt bestehen

Mit 267 von 492 Stimmen wählt das Parlament den bisherigen Finanzminister Helmut Schmidt (SPD, s. Abb.) zum neuen Bundeskanzler. Der Hanseat versichert in seiner Regierungserklärung, die sozialliberale Koalition und ihre Politik fortführen zu wollen. In der neuen Regierungsmannschaft wechselt u.a. Hans-Dietrich Genscher (FDP) vom Innen- ins Außenministerium, Hans Apel (SPD) erhält das Finanzressort.

Helmut Schmidt

deutscher Politiker, * 23.12.1918 Hamburg

Zusammen mit Herbert Wehner und Willy Brandt gehört Schmidt seit Mitte der 60er Jahre zu den prägenden Politikern der deutschen Sozialdemokratie. Schon während der Flutkatastrophe in Hamburg 1962 hatte er sich als Krisenmanager einen Namen gemacht. Im Bundestag setzt »Schmidt-Schnauze« als scharfzüngiger Redner Akzente. Während seiner Kanzlerschaft erwirbt er sich den Ruf eines pragmatischen Politikers mit hohem ökonomischem Sachverstand.

- 1946: Eintritt in die SPD
- 1972-74: Finanzminister
- 1974-82: Bundeskanzler

26. Juni 1974

Milliardendefizite bei Herstatt

Die bundesdeutsche Finanzwelt erlebt die größte Bankenpleite seit der Weltwirtschaftskrise 1929: Wegen Defiziten in Milliardenhöhe untersagt das Bundesaufsichtsamt für Kreditwesen dem privaten Kölner Bankhaus Iwan D. Herstatt die Fortführung der Geschäfte. Aufgebrachte Bankkunden belagern die Filialen der zweitgrößten Privatbank der Bundesrepublik Deutschland und fordern ihr Geld zurück. Ursache der Pleite waren sowohl ungenügend abgesicherte Devisenspekulationen als auch betrügerische Aktivitäten seitens einiger leitender Angestellter der Bank. Eine Prüfung der Bücher legt groß angelegte Bilanzfälschungen offen. Statt der seitens der Bank angebenen Schuldensumme von 480 Mio. DM beträgt die tatsächliche Höhe der Verbindlichkeiten rd. 1,2 Mrd. DM. Die Forderungen der Einleger richten sich an den Hauptaktionär der Bank, den Versicherungskonzern Gerling. Um die Kleinsparer zu entschädigen, gründen die deutschen Banken einen Fonds, aus dem Guthaben unter 20000 DM voll ersetzt werden.

9. Juni 1974

Radsportlegende Eddy Merckx

Eddy Merckx gewinnt zum dritten Mal in Folge und zum fünften Mal insgesamt den Giro d'Italia. Damit zählt der belgische Ausnahmeathlet end-

gültig zu den Sportlerlegenden dieses Jahrhunderts (Abb.: Eddy Merckx, Mitte, bei der Straßenweltmeisterschaft in Kanada). Die Erfolgserie des 29-Jährigen reißt auch in der Folgezeit nicht ab. Zwei Wochen nach dem Giro fährt er bei der »Tour de Suisse« als Erster über die Ziellinie – und auch bei der »Tour de France« kontrolliert »der Kannibale«, wie ihn die Kollegen nennen, die Konkurrenz.

Juni 1974

1 Sa An der Göttinger Universität erkranken mehr als vierzig Studenten nach dem Verzehr von Mensaessen an Typhus.

2 So Die Ölminister aus neun arabischen Staaten beschließen die Aufrechterhaltung des Erdölembargos gegen die Niederlande.

3 Mo Ärzte des Londoner »Royal-Marsden«-Krankenhauses stellen ein Ultraschallgerät zur Krebsfrüherkennung vor, das Tumore ab 2 mm Durchmesser ortet.

4 Di In der Bundeshauptstadt Bonn findet die Eröffnung der Ausstellung »Kunst zu Franz Kafka« zum 50. Todestag des Schriftstellers statt.

5 Mi Der Bundestag billigt die Neufassung des § 218, die einen Schwangerschaftsabbruch in den ersten drei Monaten außer Strafe stellt (sog. Fristenlösung).

6 Do 20000 Menschen begrüßen in Damaskus die aus Israel heimkehrenden syrischen Kriegsgefangenen des Jom-Kippur-Krieges vom Oktober 1973.

7 Fr Die Regierung Südvietnams erklärt sich zur Wiederaufnahme der Friedensgespräche mit dem kommunistischen Vietcong bereit.

8 Sa Der saudiarabische Prinz Ibn Fahd und US-Außenminister Henry A. Kissinger unterzeichnen einen Vertrag über eine wirtschaftliche und militärische Allianz.

9 So Bei den Landtagswahlen in Niedersachsen wird die CDU mit 48,9% der Stimmen vor der SPD mit 43% erstmals stärkste Fraktion. → Eddy Merckx

10 Mo In Rom tritt nach zweimonatiger Regierungszeit das Kabinett unter dem christdemokratischen Ministerpräsidenten Mariano Rumor zurück.

11 Di Die Delegierten der FIFA wählen in Frankfurt am Main den Brasilianer João Havelange zum Vorsitzenden des Internationalen Fußballverbandes.

12 Mi Tausende Ägypter bereiten dem US-Präsidenten Richard Nixon in Kairo, der ersten Etappe seiner Nahostreise, einen begeisterten Empfang.

13 Do Die Volkswagen AG bietet Mitarbeitern, die noch in diesem Monat kündigen, eine Extrazahlung an, um so Überproduktion ohne Entlassungen abzubauen.

14 Fr Mit der Einführung von Sondersteuern versucht die französische Regierung, die Inflationsrate von jährlich 20% auf 6% zu senken.

15 Sa Die jüngste Schwester des schwedischen Königs Carl XVI. Gustav, Prinzessin Christina, heiratet in Stockholm den Geschäftsmann Tord Magnusson.

16 So In Paris gewinnt der Schwede Björn Borg das Herreneinzel der internationalen Tennismeisterschaften von Frankreich gegen Manuel Orantes (Spanien).

17 Mo Die Irisch-Republikanische Armee verübt einen Sprengstoffanschlag auf das britische Parlamentsgebäude in London. Elf Menschen werden verletzt.

18 Di Der Bundestag verabschiedet ein Verbraucherschutzgesetz, das u.a. die Rundfunk- und Fernsehwerbung für Tabakwaren verbietet.

19 Mi Um soziale Ungleichheiten abzubauen, hebt die französische Regierung den Mindestlohn von 1128 Franc auf monatlich 1200 Franc (ca. 648 DM) an.

20 Do Die Bundesrepublik und Jugoslawien schließen ein Kapitalhilfeabkommen, wonach der Balkanstaat Kredite in Höhe von 700 Mio. DM erhält.

21 Fr Die Fördersätze für Schüler und Studenten erhöhen sich um 20% durch das vom Bundestag verabschiedete Änderungsgesetz zur Ausbildungsförderung.

22 Sa Der Schweizer Regisseur Maximilian Schell erhält für seinen Film »Der Fußgänger« den höchstdotierten bundesdeutschen Filmpreis, die »Goldene Schale«.

23 So In der Schweiz beschließen die jurassischen Bewohner des Kantons Bern in einem Volksentscheid die Gründung eines eigenständigen Kantons Jura.

24 Mo Die französischen Automobilhersteller Peugeot und Citroën vereinbaren – wegen der Auswirkungen der Ölkrise – die Fusion der beiden Unternehmen.

25 Di In der chilenischen Hauptstadt Santiago ernennt die rechtsgerichtete Militärjunta General Augusto Pinochet zum neuen Staatschef.

26 Mi Die Vertreter der 15 NATO-Staaten unterzeichnen in Brüssel die »Erklärung über die Atlantischen Beziehungen«. → Herstatt

27 Do Auf Grund der starken Verschmutzung der Adria untersagen die italienischen Gesundheitsbehörden das Baden an der Küste südlich von Salerno.

28 Fr Als erstes Bundesland richtet Nordrhein-Westfalen eine mobile Beratungsstelle der Kriminalpolizei ein, die über den technischen Diebstahlselbstschutz aufklärt.

29 Sa Die Bundespost eröffnet den Selbstwähl-Ferndienst mit dem Ortsnetz Ost-Berlin, das von 116 westdeutschen Ortsnetzen direkt angewählt werden kann.

30 So Bei Parlamentswahlen in Island wird die konservative Unabhängigkeitspartei unter Geir Hallgrímsson mit 25 von 60 Mandaten stärkste Partei.

Juli 1974

1 Mo Nach längerer Krankheit stirbt in Buenos Aires der 78-jährige argentinische Staatspräsident Juan Domingo Perón an Herzversagen.

2 Di In Manchester (England) werden die Manuskripte von zwölf z. T. noch unveröffentlichten Sonaten des italienischen Komponisten Antonio Vivaldi gefunden.

3 Mi Unter dem Druck der Armee stimmt der äthiopische Kaiser Haile Selassie I. der Umwandlung seines Staates in eine konstitutionelle Monarchie zu.

4 Do Wegen drastischer Kürzungen seines Ressort-Etats tritt der Bundesminister für wirtschaftliche Zusammenarbeit, Erhard Eppler (SPD), zurück.

5 Fr An der Bochumer Sternwarte gelingen sensationelle Aufnahmen von einer partiellen Mondfinsternis, die vielerorts in Mitteleuropa beobachtet werden kann.

6 Sa Mit der Erhöhung des Benzinpreises sowie der Einführung von Sondersteuern will Italien seine Wirtschaftskrise überwinden.

7 So Bei den Wahlen zum japanischen Oberhaus kann die regierende Liberal-Demokratische Partei ihre absolute Mehrheit nur knapp verteidigen. → Weltmeister

8 Mo Als erste bundesdeutsche Hochschule richtet die Universität Kiel eine Berufsberatungsstelle ein, die über das gesamte Arbeitsplatzangebot informiert.

9 Di Das Kölner Landgericht verurteilt die Journalistin Beate Klarsfeld wegen versuchter Entführung eines ehemaligen Gestapo-Chefs zu zwei Monaten Gefängnis.

10 Mi In Großbritannien tritt ein neues Preisgesetz in Kraft, das die Subventionierung einzelner Nahrungsmittel durch den Staat ermöglicht.

11 Do Bangladeschs Premierminister Mujib Rahman entlässt neun Minister, um die Regierungsarbeit zu effektivieren. Er selbst leitet sechs Ressorts.

12 Fr Autofahrer, die über Bulgarien in die Türkei reisen wollen, bekommen ihr Transitvisum wieder ohne Kauf von Hotelgutscheinen direkt an der Grenze.

13 Sa Auf den Fernstraßen des Bundesgebiets führt die stärkste Urlaubsreisewelle dieses Jahres zu Staus von bis zu 40 km Länge.

14 So Die DDR-Behörden eröffnen den Rostocker Überseehafen als neuen Grenzübergang für Güterfahrzeuge im Transitverkehr.

15 Mo Die von griechischen Offizieren befehligte griechisch-zyprische Nationalgarde stürzt die Regierung Zyperns unter Erzbischof Makarios III.

16 Di Françoise Giroud, Chefredakteurin der Wochenzeitschrift »L'Express«, wird erste Staatssekretärin für Frauenrechte in Frankreich.

17 Mi Mit dem Einstieg des Iran bei der Friedrich-Krupp-Hüttenwerke AG kommt es zur ersten ausländischen Beteiligung am Krupp-Konzern.

18 Do Das Land Berlin und der Bund beschließen die Finanzierung eines zentralen deutschen Filmarchivs mit Sitz in West-Berlin.

19 Fr Spaniens Staatsoberhaupt General Franco übergibt wegen Krankheit seinem designierten Nachfolger Prinz Juan Carlos interimistisch die Amtsgeschäfte.

20 Sa Zwei der führenden norddeutschen Banken, die Hamburger Vereinsbank und die Westbank in Hamburg/Husum, fusionieren.

21 So Mit der Einführung eines provisorischen Regionalisierungsgesetzes in Belgien gibt es künftig für Flandern und Wallonien eigene Regionalparlamente.

22 Mo Griechenland und die Türkei stellen auf UN-Vermittlung die Kampfhandlungen auf Zypern ein.+++ In West-Berlin wird das Umweltbundesamt eröffnet.

23 Di Die griechische Militärführung zieht sich aus der Regierung zurück. Der frühere Premierminister Konstantin Karamanlis wird erneut Regierungschef.

24 Mi Der Oberste US-Gerichtshof fordert Präsident Richard Nixon auf, alle im Zusammenhang mit der Watergate-Affäre stehenden Tonbänder herauszugeben.

25 Do Mit der Aufführung der Oper »Tristan und Isolde« unter Leitung von Dirigent Carlos Kleiber beginnen in Bayreuth die Richard-Wagner-Festspiele.

26 Fr Nach der Einstellung der Unabhängigkeitskämpfe in Mosambik übernimmt das portugiesische Militär die Regierung.

27 Sa Das US-Repräsentantenhaus billigt einen Amtsenthebungsantrag gegen Präsident Richard Nixon auf Grund seiner Verstrickung in die Watergate-Affäre.

28 So Die französische Nationalversammlung teilt die bis dahin staatliche Rundfunk- und Fernsehgesellschaft ORTF in sechs autonome Gesellschaften auf.

29 Mo Aus Protest gegen die staatliche Gesundheitsreform, durch die eine verstärkte Bürokratisierung drohe, streiken in Italien über 100 000 Ärzte.

30 Di Bei den die Weißen von vornherein begünstigenden Wahlen in Rhodesien behält Regierungschef Ian Smith im Parlament die Mehrheit.

31 Mi Der 41-jährige Robert Murphy, bislang als Missionschef in Mauretanien tätig, wird neuer US-Botschafter in Syrien.

7. Juli 1974

Deutsche Elf wird Weltmeister

Durch einen 2:1-Sieg über die Niederlande holt sich das Team der Bundesrepublik Deutschland unter Trainer Helmut Schön vor 80 000 Zuschauern im Münchener Olympiastadion zum zweiten Mal nach 1954 den WM-Titel. Nach zwei Elfmetern bringt der »goldene Schuss« von Torjäger Gerd Müller die Entscheidung.

Zu Beginn eines dramatischen Finales versetzen die leicht favorisierten Niederländer der DFB-Auswahl und dem Publikum bereits in der ersten Spielminute einen gewaltigen Schock: Spielmacher Johan Cruyff bricht im Strafraum durch und kann von Uli Hoeneß nur durch ein Foul gestoppt werden. Neeskens verwandelt den fälligen Strafstoß unhaltbar zum 1:0. Doch statt die Deutschen weiter unter Druck zu setzen, beginnen die

Holländer allzu früh, auf Zeit zu spielen. So erhält die DFB-Auswahl unter Führung von Kapitän Franz Beckenbauer Gelegenheit, zu ihrem Spiel zu finden. Und – Duplizität der Ereignisse – in der 25. Minute kommt im niederländischen Strafraum Bernd Hölzenbein zu Fall. Schiedsrichter John Taylor zeigt erneut auf den Punkt. Paul Breitner übernimmt die Verantwortung und verwandelt kaltblütig. Im Gegensatz zu den Holländern setzen die Deutschen nach, und in der 43. Minute gelingt Gerd Müller nach einer Hereingabe von Rainer Bonhof der Treffer zum 2:1. Nach der Halbzeitpause kommen die Niederländer entschlossen aus der Kabine und ziehen ihr intelligentes Angriffsspiel auf, mit dem sie souverän ins Finale gestürmt waren. Nur die Paraden von Torwart Sepp Maier und die Leistung von Manndecker Berti Vogts, der Cruyff kaum Möglichkeiten der Entfaltung lässt, sowie eine starke kämpferische Vorstellung der gesamten Mannschaft verhindern den Ausgleich. Bis zum Schlusspfiff können die Deutschen ihren knappen Vorsprung verteidigen und den Titel holen (Abb.: Grenzenloser Jubel bei Paul Breitner, l., und Sepp Maier).

Auch die DDR-Mannschaft hinterlässt einen unauslöschlichen Eindruck bei der WM: durch ihren spektakulären 1:0-Sieg gegen den späteren Weltmeister Bundesrepublik. Der Name des Torschützen, Jürgen Sparwasser, bleibt lange unvergessen. Das bislang größte Fußballereignis auf deutschem Boden zieht insgesamt mehr als 1,7 Mio. Zuschauer in die Stadien. In den 38 Begegnungen sehen sie 97 Tore. Der DFB erwirtschaftet einen Gewinn von rd. 10 Mio. DM.

8. August 1974

Der Fall Wate

Der größte innenpolitische Skandal der US-Geschichte, die sog. Watergate-Affäre, endet mit dem Rücktritt des Präsidenten. Um einem unmittelbar bevorstehenden Amtsenthebungsverfahren zuvorzukommen, gibt der Republikaner Richard M. Nixon im Fernsehen seine Demission bekannt. Zum Verhängnis wurde ihm der Einbruch in das Hauptquartier der Demokratischen Partei im Washingtoner Watergate-Hotelkomplex im Sommer 1972.

Die Einbrecher waren dabei überrascht worden, wie sie sich mit Kameras, Abhörgeräten und Mikrofonen in dem Gebäude zu schaffen machten. Hintermänner dieser Aktion waren zum Teil engste Vertraute Nixons. Hartnäckig geführte Recherchen von Journalisten und Untersuchungsbehörden hatten ergeben, dass der dies leugnende Präsident nicht nur frühzeitig über die Aktion informiert war, sondern auch Order gegeben hat, »die Angelegenheit um jeden Preis zu vertuschen«. Als dies misslingt und dazu kompromittierende Tonbandprotokolle in die Untersuchungen mit einbezogen werden, verfestigt sich die Gewissheit, dass das Weiße Haus den Einbruch gedeckt hat. Den Recherchen insbesondere der Reporter der »Washington Post« Carl Bernstein und Robert Woodward ist es zu verdanken, dass sich der Nebel in dem Polit-Krimi nach und nach lichtet und die Verbindungen ins Weiße Haus sichtbar werden. Bei Vernehmungen gesteht Nixons Rechtsberater John Dean, dass Tonbandaufzeichnungen von allen im Weißen Haus geführten Gesprächen existierten. Das Untersuchungsgericht spricht dem Präsidenten, der die Herausgabe der Tonbänder verweigert, das ihm zustehende Recht ab, alle Akte der Regierungsführung vertraulich zu halten. Derart unter Druck, versucht Nixon zunächst die Entlassung des Sonderstaatsanwalts Archibals Cox durchzusetzen, der auf der Herausgabe der Tonbänder besteht. Schließlich gibt der Präsident manipulierte Fassungen der Bänder frei. Am 24. Juli 1974 entscheidet der Oberste Gerichtshof, dass alle Original-Tonbänder herausgegeben werden müssen. Die erdrückenden Beweise zwingen Nixon am 6. August, seine Schuld einzugestehen.

Aufsehen erregende Polit-Skandale

Jahr/Land	Ereignis
1963 (GB)	Der britische Heeresminister John Profumo muss ir Zuge einer Affäre mit einem Callgirl zurücktreten.
1976 (NL).	Prinz Bernhard der Niederlande gerät in Verdacht, Flugzeug-Firma Lockheed Gelder angenommen z
1981 (I).	Drei italienische Minister sind Mitglieder der illega maurerloge »P-2«, die u.a. der Korruption verdäch
1985 (F)	Der französische Geheimdienst verübt einen Sabc gegen ein Greenpeace-Schiff.
1987 (D)	Die Affäre um die Bespitzelung von Björn Engholn führt zum Selbstmord von Ministerpräsident Uwe

ate fällt Nixon

»Nixon tritt zurück« lautet die Schlagzeile. Die Politik hat massiv an Glaubwürdigkeit eingebüßt.

Gerald Ford ist neuer Präsident

Am Tag nach dem Rücktritt Nixons wird Vizepräsident Gerald Ford im Weißen Haus als 38. Präsident der Vereinigten Staaten vereinigt. Der 61-jährige Republikaner tritt ein schweres Erbe an.

Zum ersten Mal in der Geschichte der USA gelangt ein Staatsoberhaupt nicht durch freie Wahlen ins

Amtsübergabe: Die Fords (l.) und die Nixons

Weiße Haus – ausgenommen die Fälle, wo Tod oder Krankheit des Amtsvorgängers zum Machtwechsel führten. Die unlautere Haltung Nixons hat das politische System der Vereinigten Staaten in eine tiefe Vertrauenskrise gestürzt und die politische Klasse des Landes als Ganzes diskreditiert. Gerald Ford, dessen persönliche Integrität außer Frage steht, wächst in erster Linie die Aufgabe zu, den Ansehensverlust der amerikanischen Demokratie wieder rückgängig zu machen. Der politische und moralische Bankrott des Präsidentenamtes erfordert behutsames Werben um verloren gegangenes Vertrauen und die Fähigkeit zur Integration. Bei seiner ersten Rede vor beiden Häusern des Kongresses betont Ford deshalb seinen festen Willen, durch Wiederherstellung der Einheit der Nation die »Wunden der zweijährigen Watergate-Tragödie« zu heilen. Den Verbündeten in der Atlantischen Gemeinschaft und in Japan verspricht er »die Kontinuität loyaler Zusammenarbeit«. Am 20. August nominiert Ford den ehemaligen Gouverneur von New York, Nelson A. Rockefeller, zum Vizepräsidenten. Der 66-jährige vielfache Millionär kann sein Amt aber erst am 20. Dezember antreten. So lange dauert es, bis sich Senat und Repräsentantenhaus von der Integrität des Politikers überzeugt haben und der Entscheidung Fords zustimmen. Kritiker hatten Bedenken geäußert, ob es vertretbar sei, ein gewaltiges Privatvermögen mit großer politischer Macht zu verbinden. In die Kritik gerät Ford, als er am 8. September seinem Amtsvorgänger »volle, freie und absolute Begnadigung« gewährt. Diese Entscheidung entfacht in der US-Bevölkerung einen Sturm der Entrüstung. Auf weitgehende Zustimmung stößt hingegen seine auf Versöhnung zielende Entscheidung, die 40 000 Männer, die während des Vietnamkrieges den Wehrdienst verweigert hatten oder von ihren Einheiten desertiert waren, zu amnestieren.

August 1974

1 Do Nach Personalstreiks in zahlreichen Gefängnissen reformiert die französische Regierung den seit 1945 unveränderten Strafvollzug.

2 Fr Aus Anlass des 75. Geburtstags des britischen Regisseurs Alfred Hitchcock zeigt das ZDF als deutsche Erstaufführung sein Frühwerk »Das Rettungsboot«.

3 Sa PLO-Chef Jasir Arafat und Regierungsvertreter der UdSSR vereinbaren die Errichtung einer ständigen Vertretung der PLO in Moskau.

4 So Bei einem Bombenanschlag der rechtsextremistischen Gruppe »Ordine Nero« auf den Italicus-Express werden bei Bologna zwölf Menschen getötet.

5 Mo Als erster westlicher Staat erkennt die australische Regierung die sowjetische Souveränität über die baltischen Republiken Lettland, Estland und Litauen an.

6 Di Die niedersächsische Landesregierung beschließt die Besprühung großer Waldflächen, die von Borkenkäfern befallen sind, mit Chemikalien.

7 Mi In New York sorgt ein Stuntman, der zwischen den 412 m hohen Türmen des World Trade Centers auf einem Drahtseil balanciert, für Verkehrsstaus.

8 Do Das Kernkraftwerk im bayerischen Niederaichbach wird eineinhalb Jahre nach Inbetriebnahme wegen technischer Probleme geschlossen. → Watergate

9 Fr In Washington wird der Republikaner Gerald Ford als 38. Präsident der Vereinigten Staaten von Amerika vereidigt.

10 Sa Im Zuge des »Kampfes gegen das Verbrechen« nimmt die chilenische Polizei in Santiago innerhalb von 24 Stunden 1700 Personen fest.

11 So Nach dem Urteil eines Madrider Gerichts darf die Spanierin Angela Hernández als erster weiblicher Torero professionell Stierkämpfe betreiben.

12 Mo Auf Anweisung der italienischen Regierung werden 33 000 Geheimdienstdossiers über Staatsgegner und prominente Staatsbürger verbrannt.

13 Di Israelische Truppen zerstören im Libanon einen Palästinenserstützpunkt. +++ Die Türkei erklärt die Zypernverhandlungen in Genf für gescheitert.

14 Mi Über der bayerischen Stadt Manching bei Ingolstadt findet der Erstflug des europäischen Kampfflugzeugs »MRCA Tornado« statt.

15 Do Bei einem Attentat auf Südkoreas Staatspräsidenten Park Chung Hee in Seoul wird dessen Frau durch Schüsse getötet, er selbst bleibt unverletzt.

16 Fr Die US-Amerikanerin Shirley Temple Black, in den 30er Jahren ein populärer Kinderstar, wird zur Botschafterin der USA in Ghana ernannt.

17 Sa Eintracht Frankfurt gewinnt das Finale um den DFB-Pokal. Wegen massiver »Werbung am Mann« wird das Spiel nicht im Fernsehen übertragen.

18 So In Indien wählen die Abgeordneten des Zentralparlaments und der 21 Landtage Fakhruddin Ali Ahmed von der Kongresspartei zum Staatspräsidenten.

19 Mo US-Botschafter Rodger Davies wird in Zyperns Hauptstadt Nikosia bei einer antiamerikanischen Kundgebung griechischer Zyprioten erschossen.

20 Di US-Präsident Gerald Ford ernennt den ehemaligen Gouverneur des Staates New York, Nelson Rockefeller, zum Vizepräsidenten der Vereinigten Staaten.

21 Mi Bei den Schwimm-Europameisterschaften in Wien gewinnt Ulrike Tauber aus der DDR die 400-m-Lagen in der Weltrekordzeit von 4:52,42 min.

22 Do Der Verwaltungsrat der Bundesanstalt für Arbeit in Nürnberg erhöht die Berufsausbildungsbeihilfe von bisher 285 DM monatlich auf 305 DM.

23 Fr Park Chung Hee, Präsident Südkoreas, hebt zwei Notstandsgesetze auf, die Kritik an der Regierung mit 15 Jahren Haft bzw. mit dem Tod bestraften.

24 Sa Im Zuge der Unabhängigkeitsverhandlungen mit Portugal gründen die Einheimischen in Mosambik die »Partei des nationalen Zusammenschlusses«.

25 So Im Irak erlässt der regierende Revolutionäre Kommandorat eine Amnestie für aufständische Kurden, die von den Rebellen jedoch abgelehnt wird.

26 Mo Die Probefahrt des ersten mit Atomkraft betriebenen japanischen Schiffes muss wegen einer Blockade durch Fischer abgebrochen werden.

27 Di Der baden-württembergische Justizminister Traugott Bender lässt zehn Mannheimer Strafvollzugsbeamte wegen Gefangenenmisshandlung verhaften.

28 Mi Frankreich hebt das Waffenembargo gegen die Nahost-Staaten auf, das seit dem israelisch-arabischen Sechstagekrieg 1967 bestand.

29 Do Die schweizerische Post erhöht die seit 1923 unveränderten Telefongebühren um durchschnittlich 40%. Damit soll ein Defizit verhindert werden.

30 Fr Franz Beckenbauer, Kapitän der Nationalmannschaft, wird von den bundesdeutschen Sportjournalisten zum »Fußballer des Jahres« gewählt.

31 Sa Wegen überhöhter Geschwindigkeit entgleist im Bahnhof von Zagreb der Sonderzug Belgrad-Dortmund. Dabei kommen 150 Menschen ums Leben.

September 1974

1 So Auf dem Flug von New York zum südenglischen Luftstützpunkt Farnborough überquert ein US-Aufklärer erstmals in weniger als zwei Stunden den Atlantik.

2 Mo Die Saarbrücker Straßenbahngesellschaft richtet als erster kommunaler Nahverkehrsbetrieb einen grenzüberschreitenden Linienverkehr nach Frankreich ein.

3 Di Um die Drogenkriminalität bekämpfen zu können, verhängt die kolumbianische Regierung über die Hauptstadt Bogotá den Ausnahmezustand.

4 Mi Bei den Leichtathletik-Europameisterschaften in Rom siegt der 23-jährige Stuttgarter Karl Honz auf der 400-m-Strecke in 45,04 sec.

5 Do Beim Chemiewerk BASF in Ludwigshafen wird nach zweijähriger Bauzeit eine der – mit 40 ha Fläche – größten Kläranlagen der Welt fertig gestellt.

6 Fr In Pretoria (Südafrika) wird mit -1 °C der kälteste Tag seit 53 Jahren registriert. +++ Der portugiesische Ministerrat verstaatlicht die drei Notenbanken.

7 Sa Portugal und Mosambik schließen einen Vertrag, der die Entlassung des afrikanischen Staates in die Unabhängigkeit für den 25. 6. 1975 festlegt.

8 So US-Präsident Gerald Ford gewährt seinem Vorgänger Richard Nixon völlige Amnestie für alle Vergehen, die er während seiner Amtszeit begangen hat.

9 Mo Bei den internationalen US-Tennismeisterschaften in Forest Hills schlägt Jimmy Connors (USA) im Finale den Australier Ken Rosewall in drei Sätzen.

10 Di Der zyprische Präsident Glawkos Kleridis einigt sich mit dem Führer der türkischen Minderheit auf die Freilassung aller Kriegsgefangenen. → Portugal

11 Mi In Chile erklärt Staatschef Augusto Pinochet den seit dem Militärputsch im September 1973 herrschenden »inneren Kriegszustand« für beendet.

12 Do Aus Protest gegen die Stilllegung der »France« bringt die Besatzung den Dampfer in ihre Gewalt und blockiert den Hafen von Le Havre. → Äthiopien

13 Fr Die griechische Regierung beschließt die Wiedereinsetzung aller politischen Amtsträger, die während der Militärdiktatur abgelöst worden waren.

14 Sa Die tunesische Einheitspartei PSD ermöglicht Präsident Habib Burgiba mit Hilfe einer Verfassungsänderung die Ausübung seines Amtes auf Lebenszeit.

15 So Ein südvietnamesisches Verkehrsflugzeug explodiert, nachdem ein Entführer an Bord zwei Handgranaten gezündet hat. Alle 71 Insassen kommen ums Leben.

16 Mo Der NATO-Rat in Brüssel beschließt die Ernennung des US-Generals Alexander Haig zum neuen Oberkommandierenden der NATO-Streitkräfte in Europa.

17 Di In Den Haag lassen Terroristen der japanischen »Roten Armee« alle Geiseln frei, die sie in der französischen Botschaft vier Tage gefangen gehalten hatten.

18 Mi Der türkische Ministerpräsident Bülent Ecevit kündigt die Koalition mit der konservativen Nationalen Heilspartei auf und gibt seinen Rücktritt bekannt.

19 Do Der Hurrikan »Fifi«, der mit bis zu 230 km/h über Mittelamerika hinwegfegt, fordert 8000 Tote und richtet Sachschäden in Milliardenhöhe an.

20 Fr Mit einem Volksfest wird die mit 135 m höchste Straßenbrücke der Bundesrepublik, die Köhlbrandbrücke in Hamburg, eingeweiht.

21 Sa Die dänische Minderheitsregierung unter Paul Hartling wehrt im Parlament vier Misstrauensvoten ab und setzt ihr rigides Sparprogramm durch.

22 So Den vorletzten Formel-1-Lauf der Saison gewinnt im kanadischen Mosport der brasilianische Rennfahrer Emerson Fittipaldi.

23 Mo Die neue Großsendeanlage auf dem Kahlenberg bei Wien wird von Gerd Bacher, Generalintendant des Österreichischen Rundfunks, eingeweiht.

24 Di Ägypten und Syrien erkennen bei einer Konferenz in Kairo die PLO als »alleinige legitime Vertretung des palästinensischen Volkes« an.

25 Mi Auf Initiative der bundesdeutschen Präsidentengattin Mildred Scheel konstituiert sich in Bonn der Verein der »Deutschen Krebshilfe«.

26 Do Die Osloer Regierung beschließt die Fischereizone vor Norwegens Küste von 12 auf 50 Seemeilen auszuweiten.

27 Fr Die DDR-Volkskammer billigt die neue Staatsverfassung, worin der Begriff der deutschen Nation ausgeklammert und die Eigenstaatlichkeit betont wird.

28 Sa Der argentinische Kongress in Buenos Aires billigt unter dem Eindruck der Ermordung von Militärführern ein Gesetz zur Terrorbekämpfung.

29 So Spaniens Prinz Juan Carlos eröffnet in Figueras, dem Geburtsort des surrealistischen Malers, ein Salvador-Dalí-Museum.

30 Mo Der portugiesische Präsident António Sebastião Ribeiro de Spínola tritt zurück. Sein Nachfolger wird Francisco Gomes.

30. Oktober 1974

Alis großes Comeback

Die Entscheidung: Ali (r.) knockt Foreman aus.

In einem der sensationellsten Fights der Boxgeschichte gelingt Muhammad Ali (USA) in Kinshasa (Zaire) zehn Jahre nach seinem ersten Weltmeistertitel und sieben Jahre nach dessen Aberkennung wegen Wehrdienstverweigerung ein großartiges Comeback als Boxweltmeister im Schwergewicht: Ali schlägt seinen Landsmann George Foreman in der achten Runde k.o. Im als größtes Spektakel der Sportgeschichte angekündigten sog. »Rumble in the Jungle« setzt sich Ali mit einer waghalsigen und spektakulären Ringstrategie gegen den gefürchteten Schläger und 3:1-Wettfavoriten Foreman durch.

Fast von Beginn des Kampfes an drischt der kraftstrotzende 25-jährige Champion auf den sieben Jahre älteren Ali ein, der ihn scheinbar gewähren lässt und sich – mit dem Rücken am Seil stehend – überwiegend darauf konzentriert, den harten Schlägen Foremans auszuweichen oder sie zu parieren. Ununterbrochen spricht er jedoch mit Foreman und verhöhnt ihn, was diesen zu immer blindwütigeren Attacken reizt. Dazwischen setzt Ali immer wieder zu hart geschlagenen, verdeckten Konterattacken an, die Foreman nur noch mehr reizen. Foreman – längst verwirrt darüber, dass er Ali nicht entscheidend zu treffen vermag – kann in Runde acht vor Erschöpfung kaum noch die Arme heben. In diesem Augenblick ergreift Ali entschlossen die Initiative und knockt den Weltmeister mit einer blitzschnellen Links-Rechts-Links-Kombination aus.

Ali (l.) bleibt am Seil Herr der Lage.

Vor 50 000 Zuschauern im »Stadion 20. Mai« und Millionen Fernsehzuschauern in aller Welt ist die Sensation perfekt. Allein in der Bundesrepublik sind ab 3.15 Uhr morgens 1,5 Mio. Haushalte zugeschaltet. Der spektakuläre, offensichtlich von Ali bewusst herbeigeführte Kampfverlauf ist am nächsten Tag in aller Munde. Der US-Schriftsteller Norman Mailer widmet der Auseinandersetzung sogar ein ganzes Buch (»Der Kampf«, 1976). Ali nutzt den in Schwarzafrika stattfindenden Kampf auch zur Verbreitung seines politischen Anliegens. Vor der internationalen Presse betont er selbstbewusst seine schwarze Identität und die afrikanische Brüderlichkeit. Er betont die Notwendigkeit von Siegen außerhalb der eigenen Eitelkeit: »All dies hat George Foreman nicht erkannt«, dozierte er.

10. Oktober 1974

Briten stimmen für Labour

Die britische Labour Partei gewinnt die Parlamentswahlen mit einer knappen absoluten Mehrheit. Es ist bereits der zweite Urnengang in diesem Jahr. Am 28. Februar hatte keine der Parteien eine Mehrheit erhalten: Zum ersten Mal seit 1931 regierte daraufhin ein Minderheitskabinett.

Mit Harold Wilson kehrt jetzt ein »alter Fahrensmann« in den Londoner Dienstwohnsitz Downing Street 10 und ins Amt des Premierministers zurück, das er bereits von 1964 bis 1970 innehatte. Er ruft die Parteien zur Kooperation auf, um die schwer wiegenden wirtschaftlichen Probleme des Landes in den Griff zu bekommen. Zudem will er mit der Europäischen Gemeinschaft über einen Beitritt verhandeln.

3. Oktober 1974

Pelé verlässt Santos

Der nach Ansicht vieler Experten perfekteste Fußballspieler seiner Zeit nimmt Abschied von seinem Heimatverein. Der Brasilianer Edson Arantes do Nascimento, genannt Pelé (s. Abb.), streift zum über tausendsten und endgültig letzten Mal das berühmte schwarz-weiß gestreifte Trikot des FC Santos mit der Nummer zehn über. Nach 20 Minuten Kurzeinsatz dreht er eine Ehrenrunde und bedankt sich mit den Worten »Obrigado, meu povo« (ich danke dir, mein Volk) bei seinem in Tränen aufgelösten Publikum.

12. September 1974

Äthiopien ohne Kaiser

Haile Selassie I. ist abgesetzt. Zahlreiche Revolten in Äthiopien gipfeln im Sturz des Kaisers (s. Abb.), der das Land 44 Jahre lang regiert hat. Bis zum Inkrafttreten einer Verfassung übt das Militär die Staatsgewalt aus.
Seit langem erschüttern wirtschaftliche und politische Krisen sowie Naturkatastrophen den ostafrikanischen Staat. Haile Selassie erkannte die Notwendigkeit politischer Reformen zu spät. Streiks und Demonstrationen von Armee und Bevölkerung Anfang des Jahres brachten die Herrschaft des Negus in immer stärkere Bedrängnis.

Hinzu kamen Korruptionsvorwürfe gegen mehrere Regierungsmitglieder. Immer mehr Menschen lehnten das System ab, forderten Lohnerhöhungen, eine Landreform und die Absetzung korrupter Beamter. Im Juni übernahmen die Streitkräfte faktisch die Macht, betonten jedoch noch ihre Loyalität gegenüber dem Kaiser. Dieser akzeptierte am 3. Juli, dass der Ministerpräsident künftig nicht mehr dem Monarchen, sondern direkt dem Parlament verantwortlich sein sollte. Durch Auflösung des Kronrats und des Königlichen Appellationsgerichts verlor Haile Selassie schließlich die letzten Befugnisse.

10. September 1974

Portugals Kolonialstaat zerfällt

Portugal entlässt seine Kolonie Guinea-Bissau in die volle Unabhängigkeit. Bereits im Juli hatte Lissabon seinen Überseeprovinzen das Recht auf Selbstbestimmung zugebilligt.
Die einheimische Bevölkerung des westafrikanischen Landes führte seit 1961 einen Guerillakrieg gegen die Portugiesen. Im Jahre 1973 riefen Rebellen die Republik Guinea-Bissau aus. Nach dem Putsch in Portugal Ende April 1974 und der einsetzenden Demokratisierung kam für die afrikanischen Kolonien das Ende der Fremdherrschaft in Sicht. Bereits am 13. Mai erklärten die Aufständischen in Bissau ihre Bereitschaft zu Verhandlungen mit der neuen Lissaboner Regierung, die im August zur Unterzeichnung eines Vertrages über die Unabhängigkeit führten. Auch für die übrigen vier portugiesischen Afrika-Provinzen – Angola, Kapverdische Inseln, Mosambik und São Tomé und Príncipe – wird noch in diesem Jahr die Dekolonisation eingeleitet.
In Angola schließt die Befreiungsbewegung MPLA einen Waffenstillstand mit der portugiesischen Regierung und nimmt Verhandlungen auf. Im Jahre 1975 werden alle vier Kolonien unabhängig.

14. Oktober 1974

IKEA nun auch in Deutschland

In Eching bei München öffnet der schwedische Möbelkonzern »Ikea« die Pforten seiner ersten Niederlassung in der Bundesrepublik Deutschland. Auf 9000 m² werden vorwiegend aus Kiefernholz gearbeitete Möbel bis zu 50% preiswerter angeboten als bei anderen, »normalen« Möbelhäusern. Mit der Verkaufsstrategie von Firmengründer Ingmar Kamprad unter dem Motto »Selbst abholen und selbst aufbauen« revolutioniert IKEA den traditionellen Möbelvertrieb. Bisher war ein Möbelkauf auch stets mit langen Liefer- und Wartezeiten verbunden. In Schweden besitzt die Firma bereits einen Marktanteil von 18%. In der Bundesrepublik Deutschland sind weitere Niederlassungen des »unmöglichen Möbelhauses« bereits in Planung (Abb.: Werbung).

2. Oktober 1974

Anklage gegen Terroristen

Generalbundesanwalt Siegfried Buback erhebt vor dem Oberlandesgericht Stuttgart Anklage gegen den sog. harten Kern der Rote Armee Fraktion (RAF). Andreas Baader, Gudrun Ensslin, Ulrike Meinhof, Holger Meins und Jan-Carl Raspe werden die Bildung einer kriminellen Vereinigung und die Beteiligung an mehreren schweren Verbrechen vorgeworfen.

Gegenstand der Untersuchung sind u.a. die Anschläge auf den Karlsruher Ermittlungsrichter Wolfgang Buddenberg, auf das Frankfurter Hauptquartier des 5. US-Corps sowie auf das Hamburger Springer-Gebäude im Mai 1972. Eigens für den Prozess gegen die fünf RAF-Angeklagten wird auf dem Gelände der Vollzugsanstalt Stuttgart-Stammheim ein Gerichtsgebäude errichtet (s. Abb.). Trotz umfangreichen Aktenmaterials befindet sich die Anklagevertretung in dem 1975 beginnenden Prozess in Beweisschwierigkeiten. Zwar kann die Täterschaft der RAF im Allgemeinen in den meisten Fällen belegt werden, wer jedoch im Einzelnen für die Straftaten verantwortlich ist, ist schwer zu ermitteln.

Oktober 1974

1 Di Die UN-Vollversammlung in New York lehnt aufgrund der Apartheidpolitik Südafrikas die Akkreditierung der Delegation aus Pretoria ab.

2 Mi Das bundesdeutsche Firmenkonsortium Klöckner-Humboldt-Deutz liefert Lastwagen im Wert von über 1 Mrd. DM an die Sowjetunion. → Terroristen

3 Do In Italien bricht die Koalitionsregierung aus Christdemokraten, Sozialisten und Sozialdemokraten unter Premier Mariano Rumor auseinander. → Pelé

4 Fr Ein Erdbeben der Stärke 6,6 fordert in Peru mehr als 50 Menschenleben. Die Regierung in Lima ruft für einige Regionen den Notstand aus.

5 Sa Im Zuge der politischen Dezentralisierung Tansanias wird die 20 000 Einwohner große Stadt Dodoma anstelle von Daressalam zur Hauptstadt erklärt.

6 So Beim letzten Formel-1-Lauf der Saison in Watkins Glen (New York) belegt der Brasilianer Emerson Fittipaldi Platz vier und wird damit Weltmeister.

7 Mo Mit der bisher größten Militärparade, die Ost-Berlin je erlebte, feiert die DDR den 25. Jahrestag ihrer Staatsgründung.

8 Di US-Präsident Gerald Ford kündigt in Washington ein Antiinflationspaket an. Es sieht u.a. einen Konjunkturzuschlag von 5% für Unternehmen vor.

9 Mi Die Fluggesellschaft Swissair richtet eine Flugbrücke für Schwalben, die von den kalten Temperaturen überrascht worden waren, nach Südeuropa ein.

10 Do Mit Beginn der Kurzarbeit beim italienischen Autokonzern Fiat beteiligen sich in Rom rund 80% der 70 000 Beschäftigten an einem Streik. → Labour

11 Fr Das Deutsche Krebsforschungszentrum in Heidelberg wird als Großforschungseinrichtung anerkannt und somit künftig durch den Bund finanziert.

12 Sa Absender von Telegrammen, die den Adressaten nicht schnell erreichen, bekommen von der Bundespost künftig ihr Geld zurück.

13 So Die bundesdeutschen Rallye-Fahrer Jochen Berger und Walter Röhrl sichern sich mit dem Sieg des Rennens von Lugano die Europameisterschaft.

14 Mo Der CDU-Vorsitzende Helmut Kohl warnt die Unionsparteien vor personalpolitischen Diskussionen vor der Bundestagswahl 1976. → IKEA

15 Di In Boston brechen Rassenkrawalle aus, als weiße Kinder per Gesetz gezwungen werden, mit dem Bus in Schulen der schwarzen Bezirke zu fahren.

16 Mi Nordirische Häftlinge revoltieren gegen schlechte Haftbedingungen und den Umstand, dass Personen ohne Gerichtsurteil interniert werden können.

17 Do Das Parlament in Luxemburg schafft den Strafgesetzparagraphen zum Ehebruch ab. Künftig stellt ein »Seitensprung« kein Vergehen mehr dar.

18 Fr Die Stadtautobahn von Bremerhaven, Teil der sich im Bau befindlichen Nordseelinie zwischen Bremen und Cuxhaven, wird für den Verkehr freigegeben.

19 Sa Der DDR-Ministerrat beschließt eine Verlängerung der Urlaubszeiten. Arbeiter und Angestellte erhalten danach mindestens 18, Schichtarbeiter 21 freie Tage.

20 So US-Finanzminister William Simon sichert der UdSSR die Lieferung von 2,2 Mio. t Futtergetreide bis zum nächsten Sommer zu.

21 Mo Während eines offiziellen Besuchs im Libanon spricht der Franzose Jean Sauvagnargues als erster westlicher Außenminister mit PLO-Chef Jasir Arafat.

22 Di Die Niederländisch-Reformierte Kirche in Südafrika veröffentlicht einen Bericht, in welchem sie die Apartheidpolitik in den Grundzügen unterstützt.

23 Mi Wegen Verschlechterung der Arbeitsmarktslage verschärft Kanada die Einwanderungsbestimmungen. +++ Der Flughafen Berlin-Tegel wird eingeweiht.

24 Do Die UNO verlängert das Mandat der Friedenstruppe im Nahen Osten, die die Pufferzone zwischen ägyptischen und israelischen Streitkräften sichert.

25 Fr In Italien scheitert der Führer der Christdemokraten, Amintore Fanfani, beim Versuch der Bildung eines Mitte-Links-Kabinetts.

26 Sa Im niederländischen Scheveningen bringen vier bewaffnete Häftlinge 22 Personen in ihre Gewalt. Nach fünf Tagen gelingt die Befreiung der Geiseln.

27 So Bei Landtagswahlen in Hessen und Bayern verzeichnen CDU bzw. CSU Gewinne. +++ Bundestagspräsidentin Annemarie Renger besucht Polen.

28 Mo In Botswana gewinnt die regierende Demokratische Partei unter Staatspräsident Seretse Khama bei allgemeinen Wahlen die absolute Mehrheit.

29 Di Der Tennis-Davis-Cup-Pokal geht kampflos an Südafrika, da der Finalgegner Indien aus Protest gegen die Apartheidpolitik nicht zum Spiel antritt.

30 Mi Die Gipfelkonferenz der arabischen Staaten im marokkanischen Rabat beschließt Unterstützungszahlungen u.a. an die PLO. → Comeback

31 Do Der Hamburger Bürgermeister Peter Schulz (SPD) tritt wegen Differenzen mit der Führungsspitze seiner Partei, u.a. über finanzpolitische Fragen, zurück.

November 1974

1 Fr In München erscheint der Roman »5 Tage im Juni«, in dem sich der in Ost-Berlin lebende Autor Stefan Heym mit dem 17. Juni 1953 auseinander setzt.

2 Sa N'Garta Tombalbaye, Präsident des Tschad, lehnt US-Lebensmittelhilfe für sein von einer Dürrekatastrophe heimgesuchtes Land ab.

3 So Ein Brand, der durch eine weggeworfene Zigarette verursacht wurde, fordert in einem mehrstöckigen Hotel im südkoreanischen Seoul 88 Todesopfer.

4 Mo Im indischen Bundesstaat Bihar fordern Demonstranten den Rücktritt der Regierung, da diese sich der Korruption schuldig gemacht habe.

5 Di In Rom beginnt die Welternährungskonferenz der UNO, die sich in erster Linie mit der Möglichkeit der Selbsthilfe von Dritte-Welt-Ländern beschäftigt.

6 Mi Die Volksrepublik China eröffnet die erste direkte Fluglinie Peking-Paris. +++ Argentiniens Präsidentin Isabel Perón verhängt den Ausnahmezustand.

7 Do Die jugoslawische Regierung lockert die Devisenbestimmungen. Ab sofort dürfen bei der Einreise 1500 und bei der Ausreise 1000 Dinar mitgeführt werden.

8 Fr Die EU-Umweltminister verabschieden eine Richtlinie, welche die Ableitung von Altölen in natürliche Gewässer oder die Kanalisation verbietet.

9 Sa Um eine Wirtschaftskatastrophe abzuwenden, wertet die Regierung in Jerusalem das israelische Pfund um rund 43% ab. → Hungertod

10 So Jordaniens Parlament verabschiedet eine Verfassungsänderung, wonach auf die israelisch besetzten Gebiete westlich des Jordans verzichtet wird. → Richter

11 Mo Bei einer Kabinettsumbildung ernennt der irakische Präsident Ahmad Hasan Al Bakr den bisherigen Erdölminister Saadoun Hamadi zum Außenminister.

12 Di Die bundesdeutsche Publizistin Esther Vilar fordert in einem an die Bundesregierung gerichteten »Manifest« die Wehrpflicht für Frauen.

13 Mi Der französische General Paul Stehlin wird pensioniert, weil er die Überlegenheit von US-Kampfflugzeugen gegenüber der »Mirage« hervorhob. → Arafat

14 Do Der Bundestag verabschiedet das neue Bundes-Waldgesetz. Danach sind Waldbesucher verpflichtet, Rücksicht auf wild lebende Tiere zu nehmen.

15 Fr Die DDR-Regierung setzt den Zwangsumtausch-Satz für Besucher aus der Bundesrepublik von bisher 20 DM auf 13 DM pro Tag herab.

16 Sa Da die Pariser Müllabfuhr seit vier Tagen streikt, beginnen Soldaten mit der Beseitigung des Unrats in den Straßen der französischen Hauptstadt.

17 So Der türkische Präsident Fahri Korutürk billigt die Parlamentsliste von Ministerpräsident Sadi Irmak und beendet damit eine Regierungskrise. → Griechenland

18 Mo US-Präsident Gerald Ford wird bei seinem Besuch in Japan von Kaiser Hirohito empfangen. Insgesamt beschützen 25 000 Polizisten den Staatsgast.

19 Di Arabische Terroristen verüben in der nordisraelischen Stadt Bet Shean einen Anschlag auf ein Wohnhaus, bei dem vier Menschen getötet werden.

20 Mi Beim Absturz einer »Boeing 747« der Deutschen Lufthansa in Nairobi (Kenia) sterben 59 Menschen. 98 Passagiere können sich aus den Trümmern retten.

21 Do Bei insgesamt sieben Bombenattentaten in der englischen Stadt Birmingham kommen 19 Menschen ums Leben. Die IRA distanziert sich von den Anschlägen.

22 Fr Die UN-Generalversammlung in New York erteilt der Palästinensischen Befreiungsorganisation PLO Beobachterstatus bei den Vereinten Nationen.

23 Sa In Wladiwostok beginnt das erste Abrüstungsgespräch des Generalsekretärs der KPdSU, Leonid I. Breschnew, mit US-Präsident Gerald Ford.

24 So Durch Schüsse stoppt ein isländisches Boot das deutsche Fischereischiff »Arcturus«, das sich innerhalb der von Island beanspruchten 50-Meilen-Zone befand.

25 Mo Pioniertat der Medizin: Der südafrikanische Chirurg Christiaan Barnard pflanzt in Kapstadt einem Menschen ein zusätzliches Herz ein.

26 Di Nach 20-jährigem Zusammenspiel gibt das berühmte US-Ensemble »Modern Jazz Quartet« in New York sein Abschiedskonzert.

27 Mi In London wird die 22-jährige Britin Helen Morgan zur »Miss World« gewählt, tritt aber wegen Manipulationsvorwürfen vier Tage später wieder zurück.

28 Do Die Quandt-Gruppe verkauft knapp 15% ihrer Aktien am Stuttgarter Automobilkonzern Daimler-Benz an den Emir von Kuwait.

29 Fr Der türkische Ministerpräsident Sadi Irmak tritt zurück, nachdem das Parlament seiner Regierung bei einer Abstimmung das Vertrauen verweigert hatte.

30 Sa Walter Leisler Kiep, Bundesschatzmeister der CDU, entgeht in seinem Heimatort Kronberg einem Anschlag. Ein Unbekannter feuerte Schüsse auf ihn ab.

13. Dezember 1974

Malta macht sich unabhängig

Das maltesische Parlament erklärt die Mittelmeerinsel als vollkommen unabhängig von Großbritannien, schafft die Monarchie ab und proklamiert als Maltas neue Staatsform die parlamentarische Republik. Damit stellt die auf Malta regierende Labour Party in dem seit Jahren schwelenden Konflikt mit der ehemaligen Kolonialmacht Großbritannien Klarheit her. Ständiger Streitpunkt ist u.a. das Thema der Pachtverträge für die britischen Militärstützpunkte auf der Insel. Im Jahre 1802 hatte sich die maltesische Nationalversammlung Großbritannien unterstellt. Malta liegt 288 km von der nordafrikanischen Küste und 93 km von Sizilien entfernt. Nacheinander war die Insel phönizische, römische und byzantinische Kolonie, bevor der normannische Graf Roger I. im Jahre 1091 die Regentschaft der muslimischen Aghlabiden beendete. 1530 begann die Herrschaft des Johanniter- bzw. Malteserordens, der 1798 von Napoleon vertrieben wurde.

17. November 1974

Freie Wahlen in Griechenland

Die ersten freien Wahlen nach fast elf Jahren gewinnt mit 55,5% der Stimmen die konservative »Neue Demokratie« unter Ministerpräsident Konstandinos Karamanlis (Abb.: Mitte, bei der

Vereidigung). Die Rückkehr zur Demokratie nach sieben Jahren Militärdiktatur hatte sich unspektakulär vollzogen. Die Militärs selbst riefen nach dem gescheiterten Staatsstreich auf Zypern Karamanlis, der schon einmal, 1955-63, Griechenlands Regierungschef gewesen war, aus dem Pariser Exil zurück.

Protestzug nach der Beerdigung von Holger Meins mit (v.r.) Anwalt Otto Schily und Rudi Dutschke

9. November 1974

Hungertod in der Haft

Die Konfrontation von Staat und Terrorismus nimmt immer gnadenlosere Züge an: Der Untersuchungshäftling und mutmaßliche RAF-Terrorist Holger Meins stirbt in der rheinland-pfälzischen Haftanstalt Wittlich an Unterernährung.

Zusammen mit 39 Gesinnungsgenossen in verschiedenen Haftanstalten der Bundesrepublik befand er sich im Hungerstreik gegen die Haftbedingungen, u.a. gegen die als unmenschlich empfundene Isolationshaft. In einer Pressekonferenz zum Tod von Meins erheben dessen Anwälte schwere Vorwürfe gegen die Justiz. Sie stellen fest, dass es trotz mehrfacher Hinweise auf den Besorgnis erregenden Zustand des kurz vor seinem Tod auf 39 kg abgemagerten Häftlings versäumt wurde, diesen rechtzeitig in ein Krankenhaus zu verlegen. Meins sei zwar zwangsernährt worden, jedoch nur mit unzureichenden Nahrungsmengen. Die Umstände des Todes von Holger Meins schürt u.a. eine kontroverse Diskussion um die Zwangsernährung. Umstritten ist die Frage, ob dieses meist schmerzhafte Verfahren bei Gefangenen, die Nahrungsaufnahme strikt ablehnen, angewendet werden dürfe oder vielleicht sogar müsse.

7. Dezember 1974

Makarios kehrt zurück

Aus seinem Londoner Exil trifft Erzbischof Makarios III. auf Zypern ein. Am 15. Juli hatte das Staatsoberhaupt die Insel verlassen müssen, als die zyprische Nationalgarde unter Führung griechischer Offiziere und auf Initiative der Athener Militärregierung einen Putsch durchführte. Als fünf Tage später türkische Truppen auf Zypern landeten, um die Interessen des türkischen Bevölkerungsteils zu wahren bzw. einen Anschluss an Griechenland zu verhindern, brach auf der Insel offener Krieg aus, der zur faktischen Teilung Zyperns führte.
100 000 griechische Zyprioten bereiten Makarios III. bei seiner Rückkehr in der Hauptstadt Nikosia einen begeisterten Empfang. In seiner ersten Ansprache betont der Kirchenmann, dass er seinen Feinden und Gegnern, auch den Putschisten vom Juli, Amnestie gewähren will. Die inzwischen faktisch erfolgte Teilung der Insel würde er allerdings niemals hinnehmen.

10. November 1974

Richter ermordet

In seiner Westberliner Wohnung fällt Kammergerichtspräsident Günter von Drenkmann einem linksterroristischen Mordanschlag zum Opfer. Das Attentat steht offensichtlich im Zusammenhang mit dem Hungerstreik von 40 inhaftierten Mitgliedern der »Rote Armee Fraktion« (RAF), den am Vortag der mutmaßliche RAF-Angehörige Holger Meins mit dem Leben bezahlte.
Unter einem Vorwand verschaffen sich am Abend sieben unbekannte Personen Einlass in Drenkmanns Wohnung und versuchen, den Juristen zu entführen. Bei einem sich anschließenden Handgemenge wird der 63-jährige Richter erschossen. Die Verantwortung für den Anschlag übernimmt in einer Mitteilung an das Düsseldorfer dpa-Büro eine Aufbauorganisation der RAF. Später gerät auch die »Bewegung 2. Juni«, eine andere militante Gruppierung, ins Visier der Ermittler. Für sie gehört der Präsident des Kammergerichts zum »harten Kern der Verantwortlichen« für den staatlichen Umgang mit den RAF-Gefangenen – ein Irrtum, denn Drenkmann war als Richter ausschließlich mit Fällen des Zivilrechts befasst.

Günter von Drenkmann

13. November 1974

Arafat spricht vor der UNO

Die Palästinensische Befreiungsorganisation PLO erhält Anerkennung auf höchster internationaler Ebene: PLO-Führer Jasir Arafat (s. Abb., am Rednerpult) darf zum ersten Mal vor den Delegierten der UNO-Vollversammlung eine Rede halten. Damit verbucht die PLO, die als politische Interessenvertretung der Palästinenser akzeptiert werden will, einen wichtigen Erfolg. Die israelische Regierung protestiert heftig gegen den Auftritt Arafats vor der Weltorganisation. Bislang durften nur Vertreter von Regierungen regulärer Staaten vor der UNO sprechen. In seiner Rede fordert Arafat einen neuen Staat in Palästina, in dem Christen, Juden und Muslime gleiche Rechte erhalten sollen. Voraussetzung dafür sei eine Auflösung des Staates Israel. Bereits im September war die PLO gegen den Einspruch Israels und der USA zu den Beratungen der UNO über den Nahostkonflikt zugelassen worden.

25. Dezember 1974

»Heiliges Jahr« eröffnet

Mit drei Schlägen eines silbernen Hammers an die vermauerte Heilige Pforte der Peterskirche in Rom eröffnet Papst Paul VI. das Heilige Jahr (s. Abb.). Tausende von Menschen verschiedener Nationen und Angehörige auch unterschiedlicher Religionen wohnen der nächtlichen Zeremonie bei. In seiner Ansprache appelliert der Papst an alle Menschen, in Frieden miteinander zu leben. Auch zwischen den verschiedenen Glaubensrichtungen des Christentums sollen Brücken geschlagen werden. Das alle 25 Jahre wiederkehrende Jubeljahr dient der Festigung und der inneren Erneuerung des Glaubens. So verkündet Papst Paul VI. »Wir sind alle Sünder. Gestehen wir es ein, demütig, aber in heilsamer Offenheit«.
Erstmals wurde im Jahre 1300 von Bonifatius VIII. ein Heiliges Jahr verkündet. Alle Katholiken haben in diesem Zeitraum die Möglichkeit, durch den Besuch der vier Hauptkirchen Sankt Peter, Sankt Paul, San Giovanni in Laterano und Santa Maria Maggiore eine umfassende Schuldvergebung zu erhalten. Mit Schließung der Goldenen Pforte am Weihnachtstag 1975 endet das Heilige Jahr. Bis dahin reisen mehr als 6 Mio. Pilger in die Ewige Stadt.

Dezember 1974

1 So In Stuttgart wird der CDU-Politiker Manfred Rommel mit 58,9% der Stimmen zum neuen Oberbürgermeister der Landeshauptstadt gewählt.

2 Mo In Bochum findet die Premiere von Peter Zadeks »Professor Unrat oder das Ende der Tyrannen« nach dem Roman von Heinrich Mann statt.

3 Di Dänemarks Ministerpräsident Paul Hartling legt in Kopenhagen ein »Krisenpaket« zur Verbesserung der Wirtschaftslage vor.

4 Mi Der französische Schriftsteller und Philosoph Jean-Paul Sartre besucht im Gefängnis Stuttgart-Stammheim den RAF-Terroristen Andreas Baader.

5 Do Der Bundestag stellt der Bonner Regierung einstimmig eine fünfjährige »Blankovollmacht« für Gegenmaßnahmen im Fall einer neuen Energiekrise aus.

6 Fr Die thailändische Nationalversammlung in Bangkok hebt das vor 15 Jahren ausgesprochene Verbot für Handelsbeziehungen mit China auf.

7 Sa Der Dirigent Herbert von Karajan vereinbart mit dem designierten Direktor Egon Seefehlner seine Rückkehr an die Wiener Staatsoper. → Makarios

8 So Bei einem Volksentscheid in Griechenland stimmen 69,2% der Wähler für die bereits im Vorjahr erfolgte Einführung der Republik.

9 Mo Mit dem gegenseitigen Austausch von Botschaftern nehmen die USA und die DDR diplomatische Beziehungen auf.

10 Di Der sowjetische Exilschriftsteller Alexander Solschenizyn nimmt in Stockholm den Literaturnobelpreis entgegen, der ihm 1970 zugesprochen wurde.

11 Mi Die schwarzafrikanischen Widerstandskämpfer Rhodesiens stellen im Konflikt mit der weißen Minderheitsregierung alle Kampfhandlungen ein.

12 Do Der Bundestag verabschiedet das Hochschulrahmengesetz, das Richtlinien für die Organisation und die rechtliche Stellung der Universitäten festlegt.

13 Fr James E. Carter, Gouverneur des US-Bundesstaates Georgia, gibt seine Bewerbung um die Nominierung zur Präsidentschaftswahl bekannt. → Malta

14 Sa Die griechische Nationalversammlung spricht der Regierung unter Ministerpräsident Konstandinos Karamanlis das Vertrauen aus.

15 So Der argentinische Tennisspieler Guillermo Vilas besiegt im Masters-Finale von Melbourne den rumänischen Titelverteidiger Ilie Nastase in fünf Sätzen.

16 Mo In Washington ratifiziert der US-Senat das Genfer Protokoll von 1925. Danach ist der Einsatz von Giftgasen im Kriegsfall verboten.

17 Di Der spanische »Nationalrat der Bewegung« billigt ein neues Parteiengesetz. Erstmals seit 1939 können wieder politische Vereinigungen gebildet werden.

18 Mi Der Bundestag verabschiedet eine Verschärfung des Strafprozessrechts. Danach besteht künftig die Möglichkeit, Verteidiger von Verfahren auszuschließen.

19 Do Von Cape Canaveral aus wird der erste europäische Nachrichtensatellit, das deutsch-französische Gemeinschaftsprojekt »Symphonie«, gestartet.

20 Fr In der amerikanischen Bundeshauptstadt Washington wird der Multimillionär Nelson Rockefeller als US-Vizepräsident vereidigt.

21 Sa Wegen angeblicher verfassungswidriger Berichterstattung verbietet Argentiniens Staatspräsidentin Isabel Perón das Erscheinen zweier Tageszeitungen.

22 So Im Fernmeldetechnischen Zentralamt in Darmstadt wird ein elektronisch gesteuertes Wahlsystem installiert, wobei eine Tastatur die Wählscheibe ersetzt.

23 Mo Der Goldpreis erreicht einen neuen Höchststand. Am Londoner Markt kostet die Feinunze Gold 192,25 Dollar, umgerechnet 497,93 DM.

24 Di Im Rahmen einer Weihnachtsamnestie entlässt Südkoreas Regierung rund 3000 Häftlinge vorzeitig aus dem Gefängnis.

25 Mi Der Wirbelsturm »Tracy« fordert mehr als 44 Tote und zerstört die Hafenstadt Port Darwin im Norden Australiens fast vollständig. → »Heiliges Jahr«

26 Do Noch vor der offiziellen Eröffnung dürfen sich ab heute Fußgänger fünf Tage lang einen Eindruck vom neuen Hamburger Elbtunnel verschaffen.

27 Fr Angehörige der »Nationalen Sandinistischen Befreiungsfront« bringen in Nicaragua 33 Personen, darunter Außenminister Miguel Montiel, in ihre Gewalt.

28 Sa Bei einem Erdbeben der Stärke 6,2 auf der Richter-Skala sterben im Norden Pakistans mehr als 5500 Menschen, rd. 60 000 werden obdachlos.

29 So Ein Orkan der Windstärke 12 zieht über Norddeutschland hinweg und verwüstet in Hamburg ganze Straßenzüge.

30 Mo James Angleton, Chef der US-Spionageabwehr, tritt wegen des Verdachts zurück, der Geheimdienst CIA habe kritische Bürger überwachen lassen.

31 Di Der von US-Präsident Franklin Roosevelt 1934 eingeführte »Gold Reserve Act« wird aufgehoben. US-Bürger können wieder beliebig viel Gold kaufen.

Januar 1975

1 Mi Das von der UNO proklamierte »Jahr der Frau« beginnt. +++ Baden-Württemberg rüstet seine Polizei mit sog. chemischen Keulen aus. → Mit 18

2 Do Um den wirtschaftlichen Niedergang der westlichen Industriestaaten durch die arabische Ölpolitik zu verhindern, drohen die USA mit einem Militäreinsatz.

3 Fr Die argentinische Präsidentin Isabel Perón erhebt Sozialminister José Lopez Rega formal zu ihrem engsten Berater und Sekretär.

4 Sa Auf einer Konferenz in Kairo schließen Jordanien und die PLO einen Burgfrieden und einigen sich auf eine gemeinsame Strategie gegenüber Israel.

5 So Auf dem Dreikönigstreffen der Liberalen wird Martin Bangemann als Vorsitzender der baden-württembergischen FDP bestätigt.

6 Mo In Bischofshofen endet die Internationale Vier-Schanzen-Tournee mit einem dreifachen Sieg der österreichischen Skispringer.

7 Di Nordvietnamesische Truppen erobern die südvietnamesische Stadt Phouc Binh. Es ist die erste Provinzmetropole, die in die Hand der Kommunisten fällt.

8 Mi Ägyptens Präsident Muhammad Anwar As Sadat teilt mit, dass die Sowjetunion sich geweigert habe, Kredite in Höhe von rd. 10,5 Mrd. DM zu verlängern.

9 Do Bei Parlamentswahlen in Dänemark erreicht das Parteienbündnis, das den liberalen Ministerpräsidenten Paul Hartling stützt, nicht die erforderliche Mehrheit.

10 Fr Mit Benedicta Olowo aus Uganda wird erstmals eine Frau Botschafter beim Vatikan. +++ Toni Schmücker wird Chef des VW-Konzerns. → Tunnel

11 Sa Im südlichen Thailand sterben 131 Menschen bei sintflutartigen Regenfällen. Plantagen und Bergbauanlagen werden völlig zerstört.

12 So Bei den Deutschen Eiskunstlauf-Meisterschaften in Garmisch-Partenkirchen siegen Erich Reifschneider und Isabell de Navarre. → Strauß

13 Mo Erstmals seit zehn Jahren tritt in Peking der Nationale Volkskongress, das höchste gesetzgebende Gremium der Volksrepublik China, zusammen.

14 Di Um den Verkauf ins Ausland zu verhindern, erwirbt die Deutsche Bank von der Friedrich Flick KG 29% der Anteile an der Daimler-Benz AG.

15 Mi Portugal und drei angolanische Befreiungsbewegungen schließen einen Vertrag über die Unabhängigkeit Angolas, die am 11. November in Kraft tritt.

16 Do Die Irisch-Republikanische Armee (IRA) erklärt in Belfast den von ihr selbst verkündeten 25-tägigen Waffenstillstand in Nordirland für beendet.

17 Fr Streikende kanadische Stahlarbeiter akzeptieren einen Regierungsvorschlag und setzen ihre Arbeit am Park für die Olympischen Spiele in Montreal fort.

18 Sa Die Bundesrepublik nimmt nach 12-jähriger Unterbrechung diplomatische Beziehungen zu Kuba auf. +++ 27 Menschen sterben bei einem Zugunglück in Kairo.

19 So In Paris scheitert ein Anschlag arabischer Terroristen auf einen israelischen »Jumbo-Jet«. Durch Geiselnahmen erzwingen die Araber jedoch freien Abzug.

20 Mo Oskar Fischer wird als Nachfolger von Otto Winzer, der auf eigenen Wunsch hin pensioniert wurde, Außenminister der DDR.

21 Di Die Sportkommission des US-Bundesstaates New York lehnt es grundsätzlich ab, Frauen eine Boxlizenz zu erteilen.

22 Mi Um den Dollar-Zustrom zu bremsen, hebt die Schweizer Nationalbank die Steuer auf neu eingerichtete ausländische Anlagen von 12% auf 40%.

23 Do Der österreichische Nationalrat beschließt einstimmig ein neues Lebensmittelgesetz, das strengere Bestimmungen und Kontrollen vorsieht.

24 Fr Zehn Jahre nach seiner Ermordung durch den Geheimdienst wird der portugiesische General Humberto Delgado feierlich in Lissabon beigesetzt.

25 Sa Beim Zusammenstoß einer Fähre mit einem Dampfer auf dem Burigangafluss in Bangladesch ertrinken mindestens 100 Menschen.

26 So Bei den Wahlen zur thailändischen Nationalversammlung erhalten 21 Parteien Sitze im Parlament, ohne dass eine Gruppierung dominiert.

27 Mo In der Bundesrepublik tritt eine Lockerung des Pornographiegesetzes in Kraft. Verboten bleibt jetzt nur noch die sogenannte harte Pornographie.

28 Di Der ehemalige tschechoslowakische Parteichef und Staatspräsident Antonín Novotny stirbt im Alter von 70 Jahren in Prag.

29 Mi Der Zeichner und Graphiker Horst Janssen wird mit dem mit 10 000 DM dotierten Schillerpreis der Stadt Mannheim ausgezeichnet.

30 Do Bundeskanzler Helmut Schmidt (SPD) warnt in seinem Bericht zur Lage der Nation die DDR, das innerdeutsche Verhältnis zu belasten.

31 Fr In Genf wird zwischen den USA und der UdSSR eine neue SALT-Verhandlungsrunde über die Begrenzung der Interkontinentalraketen-Kontingente eröffnet.

27. Februar 1975

Peter Lorenz entführt

Der Westberliner CDU-Vorsitzende und Spitzenkandidat für die bevorstehenden Wahlen zum Abgeordnetenhaus, Peter Lorenz, wird von Terroristen entführt, die inhaftierte Gesinnungsgenossen freipressen wollen.

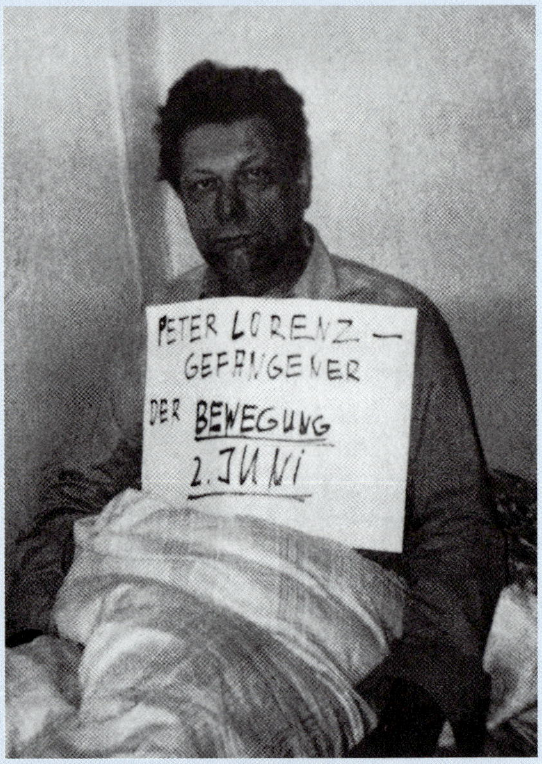

Lorenz als Gefangener der Terroristen

Der 52-jährige Rechtsanwalt ist morgens um 9 Uhr auf dem Weg zu seinem Büro, als sein Dienstwagen am Quermatenweg in Zehlendorf von drei Tätern mit einem quergestellten Lastwagen zum Halten gezwungen wird. Nach einem kurzen Handgemenge, bei dem der Chauffeur niedergeschlagen wird, flüchten zwei Männer und eine Frau mit Lorenz in dessen Wagen. Am folgenden Tag stellen die Entführer, die sich »Bewegung 2. Juni« nennen, ihre Bedingungen: So sollen binnen 72 Stunden sechs wegen terroristischer Straftaten verurteilte Häftlinge auf freien Fuß gesetzt und in Begleitung des Pfarrers und ehemaligen Regierenden Bürgermeisters Heinrich Albertz in ein Ziel ihrer Wahl ausgeflogen werden. Zudem verlangen die Entführer die Veröffentlichung einer »Mitteilung«, in der Lorenz u.a. als »Vertreter der Reaktionäre und Bonzen« bezeichnet wird. Bundeskanzler Helmut Schmidt (SPD) gibt am Morgen des 2. März bekannt, das Leben von Lorenz über die Staatsräson stellen zu wollen und den Forderungen der Entführer nachzugeben. Einer der Häftlinge, die freigepresst werden sollen, lässt mitteilen, er wolle nicht ausgeflogen werden, da er die von der »Rote Armee Fraktion« (RAF) verfolgte Strategie des individuellen Terrors nicht gutheiße. Die übrigen fünf Terroristen starten am 3. März vom Flughafen Frankfurt am Main mit Albertz zu einem zunächst unbekannten Ziel. Nachdem Syrien und Libyen der Maschine die Landeerlaubnis verweigern, landet sie im Jemen. Nach der Rückkehr von Albertz wird Lorenz, der in einem Kellerraum in Berlin-Kreuzberg gefangen gehalten wurde, freigelassen.

1. Januar 1975

Mit 18 an die Wahlurne

In der Bundesrepublik tritt das am 22. März 1974 verabschiedete Gesetz zur Herabsetzung des Volljährigkeitsalters von 21 auf 18 Jahre in Kraft (Abb.: Titelstory zum Thema). Von nun an gelten ab dem 18. Lebensjahr für jeden Bundesbürger die volle Rechts- und Geschäftsfähigkeit sowie das aktive und passive Wahlrecht. Lediglich das Strafrecht gewährt eine Schonfrist: Bis zum Alter von 21 Jahren kommt noch das Jugendstrafrecht zur Anwendung. Für Männer bedeutet die Herabsetzung allerdings auch, dass sie künftig früher ihren Wehrdienst ableisten müssen.

10. Januar 1975

Tunnel entlastet Stadtverkehr

Bundeskanzler Helmut Schmidt gibt in seiner Heimatstadt Hamburg den neu gebauten Elbtunnel für den Verkehr frei. Bereits am 26. Dezember wurde der Tunnel schon einmal für fünf Tage geöffnet, allerdings nur für Fußgänger. Als Teil von Hamburgs westlicher Autobahnumgehung gräbt sich der etwa 3,3 km lange Tunnel unter der Elbe hindurch und soll der Entlastung der Elbbrücken dienen. Der Elbtunnel soll die Hälfte der rd. 110 000 Fahrzeuge aufnehmen, die täglich über die Elbbrücken rollen. An seinem tiefsten Punkt erreicht das Bauwerk eine Tiefe von 27 m unter dem Wasserspiegel der Elbe. Ein orangefarbener Pfeil markiert diese Stelle. Die Kosten nach sechseinhalbjähriger Bauzeit belaufen sich auf über eine Mrd. DM, die laufenden jährlichen Betriebskosten werden auf 2,5 Mio. DM geschätzt. Zunächst sind für den Verkehr nur zwei Röhren freigegeben; nach Fertigstellung der dritten Röhre wird in der Nacht auf den 17. Mai 1975 der letzte Abschnitt des Tunnels seiner Bestimmung übergeben.

13. Februar 1975

Zypern nun zweigeteilt

In der Chronik des Konflikts zwischen den griechischen und den türkischen Bewohnern der Mittelmeerinsel Zypern wird ein neues Kapitel aufgeschlagen: Die türkisch-zyprische Führung proklamiert in Nikosia einseitig den Türkischen Föderationsstaat von Zypern. Zum Präsidenten des Teilstaates wird der bisherige zyprische Vizepräsident und Unterhändler der türkisch-zyprischen Bevölkerungsgruppe, Rauf Denktas, ernannt. Wie es in einer Erklärung heißt, sei die Teilung der Insel die einzige Möglichkeit zur Lösung des Zypernproblems. Nach der Unabhängigkeit von Großbritannien im Jahre 1960 und einem Bürgerkrieg zwischen beiden Volksgruppen entsandte die UNO 1964 eine Friedenstruppe. Dadurch wurden die Kämpfe zwar beendet, eine Lösung des Konflikts jedoch nicht erreicht. 1974 putschte die griechisch-zyprische Nationalgarde und setzte Nikos Sampson, Führer der griechisch-nationalistischen Organisation EOKA, die für den Anschluss der Insel an Griechenland kämpft, als Präsidenten ein. Wenig später landeten türkische Truppen auf der Insel und besetzten deren nördlichen Teil. Die Griechen unter Erzbischof Makarios III. protestieren zwar in scharfer Form gegen die Proklamation des Teilstaates, erreichen aber keine Rücknahme der Erklärung.

12. Januar 1975

Strauß überraschend bei Mao

CSU-Chef Franz Josef Strauß sorgt auf außenpolitischem Parkett für eine Sensation: Auf Einladung des Chinesischen Volksinstituts für Auswärtige

Angelegenheiten stattet er der Volksrepublik China einen 14-tägigen Besuch ab. Überraschend wird der Gast aus der Bundesrepublik auch von Parteichef Mao Tse-tung (Abb., r., mit Strauß) empfangen. Das Zusammentreffen der beiden Politiker gilt als Sensation, weil Mao nur äußerst selten Personen empfängt, die nicht Staats- oder Regierungschefs sind. Darüber hinaus ist Strauß der erste offizielle Besucher aus der Bundesrepublik bei Mao. Nach seiner Rückkehr zeigt sich Strauß von seiner Begegnung mit Mao, den er als »eine der großen Gestalten des 20. Jahrhunderts«, als einen »Führer und Wegweiser, einen Propheten seines Volkes« bezeichnet, tief beeindruckt. Der CSU-Vorsitzende war auch mit Ministerpräsident Chou En-lai zusammengetroffen – eine Begegnung, die ebenfalls nicht geplant war. Strauß' Besuch wird als Beleg der weiteren Öffnung Chinas gewertet. Nach dem Beginn der Kulturrevolution im Jahre 1966 hatte sich die Volksrepublik vorübergehend selbst isoliert.

25. Februar 1975

Fristenregelung abgelehnt

Mit sechs gegen zwei Stimmen lehnt das Bundesverfassungsgericht in Karlsruhe die von der sozialliberalen Koalition angestrebte Reform des Abtreibungsparagraphen 218 ab. Die Mehrheit der Richter sieht die in dem Gesetz vorgesehene Fristenregelung als nicht verfassungskonform an. Das Urteil ruft unter den Frauen, die sich seit Anfang der 70er Jahre für eine Reform bzw. ersatzlose Streichung des § 218 einsetzen, Empörung aus. In vielen Städten kommt es zu Demonstrationen (s. Abb.). Die Verfassungshüter stellen fest, dass der Staat grundsätzlich auch das ungeborene Leben zu schützen habe. Dabei genieße der Lebensschutz des Ungeborenen für die gesamte Schwangerschaftsdauer Vorrang vor dem Selbstbestimmungsrecht der Schwangeren. Die Neufassung des § 218 werde dieser Aufgabe nicht gerecht. Mit dem Urteil bleibt zunächst die alte Fassung des Abtreibungsparagraphen in Kraft, der den Schwangerschaftsabbruch grundsätzlich unter Strafe stellt.

6. Februar 1975

Streit um Geschlechterrollen

Der Westdeutsche Rundfunk in Köln strahlt in seinem Fernsehprogramm ein Streitgespräch der Frauenrechtlerin Alice Schwarzer mit der »Männerschützerin« Esther Vilar aus. Die beiden Kontrahentinnen führen eine hitzige Diskussion über die Rolle der Geschlechter, in denen die Grenzen der Sachlichkeit häufig überschritten werden. Die 32-jährige Journalistin und engagierte Feministin Alice Schwarzer vertritt die Meinung, die unterwürfige Rolle der Frau sei ein gesellschaftliches Konstrukt und keinesfalls eine biologisch zu rechtfertigende Notwendigkeit. Die gesellschaftliche Benachteiligung der Frau diene als Instrument zur Erhaltung der Macht des Mannes. Schwarzers Idealvorstellung einer Gesellschaft ist die eines gleichberechtigten Miteinanders von Männern und Frauen, deren Rollenverteilung nicht durch traditionsorientierte Erziehung festgelegt wird. Im Gegensatz dazu kämpft die 39-jährige Buchautorin Esther Vilar (»Der dressierte Mann«) gegen die Unterdrückung des Mannes. Ihrer Ansicht nach dominiere die Frau den Mann, indem sie seine Ernährer- und Beschützerfunktion verlange. Auf diese Weise kostet sie den Wohlstand aus, den ihr Mann mühsam erwirtschaftet. Als Beleg hierfür führt sie die höhere Lebenserwartung und das niedrigere Renteneintrittsalter von Frauen sowie ihre Befreiung vom Wehrdienst an. In der Fernsehdiskussion zeigt sich Schwarzer als die Angriffslustigere, der eine gefasste Gesprächspartnerin gegenüber sitzt. Auf ihre Attacken reagiert Vilar oft mit einem Lächeln.

Februar 1975

1 Sa In der äthiopischen Provinz Eritrea beginnen Kämpfe um die Unabhängigkeit. +++ In der Bundesrepublik wird ein neues 5-DM-Stück in Umlauf gebracht.

2 So Bankiers aus den USA, der Schweiz und der Bundesrepublik vereinbaren in London ein gemeinsames Engagement, um den Kursverfall des Dollar zu stoppen.

3 Mo Bei einem Tennis-Schaukampf in Las Vegas besiegt der 22-jährige Jimmy Connors (USA) den zweimaligen Grand-Slam-Sieger Rod Laver aus Australien.

4 Di Die internationale Konferenz zum Schutz des Mittelmeeres endet in Barcelona mit der Vorstellung eines Aktionsplanes durch die Delegierten.

5 Mi 24 Häftlinge der linksterroristischen Baader-Meinhof-Gruppe brechen ihren fast fünfmonatigen Hungersowie den zweitägigen Durststreik ab.

6 Do Vertreter Österreichs und der DDR unterzeichnen ein Konsularabkommen, mit dem die Staatsbürgerschaft der DDR quasi anerkannt wird. → Streit

7 Fr Kurt Waldheim besucht als erster Generalsekretär der Vereinten Nationen die DDR. Zuvor hatte er sich in der Bundesrepublik Deutschland aufgehalten.

8 Sa Die erste Rohstoffkonferenz der Entwicklungsländer endet in Dakar (Senegal). +++ In Valladolid (Spanien) wird die Universität nach Protesten geschlossen.

9 So Das bislang schwerste Flugzeugunglück in der Geschichte der Bundeswehr ereignet sich auf Kreta. Beim Absturz einer Transall sterben 42 Soldaten.

10 Mo Die Bonner UN-Vertretung in Genf wird durch eine Bombe verwüstet. +++ »Die Eiche und das Kalb«, ein Buch von Alexander Solschenizyn, erscheint in Paris.

11 Di Auf der Autobahn bei Bad Homburg fahren im Nebel 112 Fahrzeuge ineinander. Bei der Massenkarambolage kommt ein Fahrzeuginsasse ums Leben.

12 Mi Der CSU-Vorsitzende Franz Josef Strauß bezeichnet in seiner Aschermittwochsrede in Passau die Bundesrepublik Deutschland als »Saustall ohnegleichen«.

13 Do Erstmals nach 50 Tagen zeigt sich der sowjetische Parteichef Leonid I. Breschnew wieder in der Öffentlichkeit. → Zypern

14 Fr »Das Geheimnis des entwendeten Briefes«, ein Opern-Einakter von Boris Blacher, wird in West-Berlin uraufgeführt.

15 Sa Die äthiopische Regierung verhängt über Eritrea den Ausnahmezustand, nachdem die Provinzhauptstadt Asmara Schauplatz der Kämpfe geworden war.

16 So In Schweden sorgen Wolfram Fiedler, Margit Schumann sowie Bernd und Ulrich Hahn bei den Rodelweltmeisterschaften für einen DDR-Dreifacherfolg.

17 Mo Tariferhöhungen von 6% sind das Ergebnis der Tarifverhandlungen für die Beschäftigten des Öffentlichen Dienstes in der Bundesrepublik.

18 Di Der Verfassungsgerichtshof in Italien legitimiert die Abtreibung, wenn sie dem Schutz von Leben und Gesundheit der Mutter dient.

19 Mi Die Polizei räumt den Bauplatz für den Neubau des Atomkraftwerks bei Wyhl (Baden), der zwei Tage zuvor von Atomkraftgegnern besetzt worden war.

20 Do Die Parteiversammlung der britischen Konservativen bestätigt die 49-jährige Margaret Thatcher offiziell als Nachfolgerin von Parteichef Edward Heath.

21 Fr Vier enge Mitarbeiter des früheren US-Präsidenten Richard Nixon erhalten wegen ihrer Beteiligung am Watergate-Skandal Gefängnisstrafen.

22 Sa Das schlimmste Zugunglück in der Geschichte Norwegens fordert nördlich von Oslo insgesamt 27 Menschenleben.

23 So Die österreichische Skisportlerin Annemarie Moser-Pröll gewinnt in Naeba (Japan) den Riesenslalom. Damit holt sie zum fünften Mal den Weltcup.

24 Mo In der Europäischen Gemeinschaft ist die Zahl der Arbeitslosen innerhalb eines Jahres von 3,05 Mio. auf 4,2 Mio. angestiegen.

25 Di Yigal Allon, israelischer Außenminister, trifft zu einem dreitägigen Besuch in der Bundesrepublik Deutschland ein. → Fristenregelung

26 Mi Der US-Kongress in Washington stimmt Steuerkürzungen in Höhe von umgerechnet rund 60 Mrd. DM zu.

27 Do Nigeria kündigt an, aus Gründen der Solidarität afrikanischen Staaten Erdöl unter dem Weltmarktpreis verkaufen zu wollen. → Lorenz

28 Fr Die Arbeitslosenzahl in der Bundesrepublik Deutschland liegt im Februar bei über 1,8 Mio., die Zahl der Kurzarbeiter erreicht 956 000.

März 1975

1 Sa Olivia Newton-John und Stevie Wonder werden in den USA als beste Pop-Sänger des vergangenen Jahres mit dem »Grammy« ausgezeichnet.

2 So Als erster Deutscher gewinnt Dietmar Klause aus der DDR den 85 km langen Wasa-Skilanglauf von Selen nach Mora in Schweden.

3 Mo Ecuador entlässt nach Zahlung einer hohen Strafe sieben US-Fischer aus der Haft, die innerhalb der ecuadorianischen 200-Meilen-Zone gefischt hatten.

4 Di Die britische Königin Elizabeth II. schlägt den 86-jährigen Schauspieler und Regisseur Charlie Chaplin in London zum Ritter.

5 Mi Nach 14-monatiger Pause nehmen die Bundesrepublik Deutschland und die DDR ihre Verhandlungen über ein Kulturabkommen wieder auf.

6 Do Der 500. Geburtstag des italienischen Malers, Bildhauers und Baumeisters Michelangelo wird in seinem Geburtsort Caprese nahe Arezzo gefeiert.

7 Fr Nach drei Monaten endet in Rom die 32. Generalkongregation der Jesuiten. Papst Paul VI. hat die Veröffentlichung der Abschlussdokumente verboten.

8 Sa Blutige Zusammenstöße politischer Gegner überschatten den Wahlkampf in Portugal. +++ Die irakische Regierung stellt den Kurden ein Ultimatum.

9 So Der DDR-Außenhandelsminister Horst Sölle eröffnet die Frühjahrsmesse in Leipzig. 802 der 9000 Aussteller kommen aus der Bundesrepublik.

10 Mo Die linken Gruppierungen festigen entgegen den Erwartungen ihre Position bei den Wahlen zu den bundesdeutschen Studentenparlamenten.

11 Di Die EG-Regierungschefs senken in Dublin den britischen Finanzierungs-Beitrag und sichern damit den Verbleib Großbritanniens in der Gemeinschaft.

12 Mi England schlägt bei einem Fußballländerspiel im Londoner Wembley-Stadion das Team von Weltmeister Bundesrepublik Deutschland mit 2:0.

13 Do Die Internationale Automobil-Ausstellung IAA wird in Genf eröffnet. Volkswagen stellt seinen neuen Kleinwagen Polo vor. → Erfolg

14 Fr Zu sechs Monaten Gefängnis verurteilt ein US-Gericht den ehemaligen Nixon-Wahlhelfer Frederic LaRue wegen seiner Watergate-Verstrickungen.

15 Sa Der griechische Großreeder und Multimillionär Aristoteles Onassis stirbt im Alter von 69 Jahren im American Hospital in Paris.

16 So Die Führerin der sezessionistischen Basana-Bewegung, Josephine Abaijah, ruft eine freie und unabhängige Republik Papua aus.

17 Mo Die ersten Diplomaten verlassen Phnom Penh (Kambodscha) aufgrund heftiger Kämpfe. +++ Ein Wintereinbruch führt zum Chaos auf deutschen Autobahnen.

18 Di Das Aufführungs-Verbot des Musicals »Hair« in Chattanooga (Tennessee) verstößt nach Gerichtsauffassung gegen die freie Meinungsäußerung.

19 Mi Zum Wehrbeauftragten wählt der Bundestag Karl-Wilhelm Berkhan (SPD). Sein Parteifreund Werner Buchstaller fand zuvor keine Mehrheit.

20 Do Der hessische Ministerpräsident Albert Osswald kehrt aus Erfurt zurück. Er beendet den ersten Besuch eines bundesdeutschen Landeschefs in der DDR.

21 Fr Das Freiburger Verwaltungsgericht veröffentlicht seine Entscheidung zum Baustopp des Atomkraftwerks Wyhl vom 14. März.

22 Sa Beim Fernsehfilmfestival »Prix Futura« in West-Berlin wird das Fernsehspiel »Smog« von Wolfgang Menge mit dem ersten Preis ausgezeichnet.

23 So In einem spannenden Finale gewinnt in Gröden (Südtirol) der Italiener Gustav Thöni zum vierten Mal den Weltcup der alpinen Skirennläufer.

24 Mo Der saudiarabische König Faisal wird in seinem Palast von einem psychisch kranken Neffen ermordet. Neuer König wird Faisals Bruder, Prinz Chalid.

25 Di Einen Konsularvertrag unterzeichnen in Ost-Berlin Österreich und die DDR. Österreich erkennt als erstes westliches Land die DDR-Staatsbürgerschaft an.

26 Mi Die 1972 beschlossene Genfer Konvention über das Verbot der Entwicklung, Produktion und Lagerung von bakteriologischen und toxischen Waffen tritt in Kraft.

27 Do Die britische Regierung rät der Bevölkerung, in der bevorstehenden Volksabstimmung für den Verbleib in der Europäischen Gemeinschaft zu stimmen.

28 Fr Dichtes Schneetreiben führt auf der Autobahn München-Salzburg zu langen Staus und somit zu schweren Behinderungen im Österreiseverkehr.

29 Sa Der mexikanische Boxer José Napoles verteidigt in Acapulco seinen Weltmeistertitel im Weltergewicht gegen Armando Muniz.

30 So Die Türkei steht vor der Beendigung ihrer sechsmonatigen Regierungskrise. Die Bildung einer rechtsgerichteten Koalition aus vier Parteien ist geplant.

31 Mo In der Türkei bildet Süleyman Demirel, der Führer der Konservativen Gerechtigkeitspartei, eine rechts gerichtete Koalition.

25. April 1975

Sozialisten siegen in Portugal

Bei den ersten Wahlen nach fast einem halben Jahrhundert Diktatur setzen sich in Portugal die Sozialisten durch. Bei einer Wahlbeteiligung von 91,7% wird die Sozialistische Partei (PSP) unter Führung ihres Generalsekretärs Mario Soares (s. Abb., mit erhobener Faust) mit 37,9% und 115 der 248 Sitze stärkste Kraft in der verfassungsgebenden Versammlung. Außerdem sind die bürgerlich-liberale Demokratische Volkspartei (80 Sitze), die Kommunisten (30), das bürgerliche Demokratisch-Soziale Zentrum (16), die moskauorientierte Portugiesische Demokratische Bewegung (5) und die maoistische Volksdemokratische Union (1) im Parlament vertreten.

17. April 1975

Sieg für die Roten Khmer

Die Guerilla-Armee der kommunistisch orientierten Roten Khmer geht als Siegerin aus dem fünfjährigen Bürgerkrieg in Kambodscha hervor. Nach dreimonatiger Belagerung nimmt sie die Hauptstadt Phnom Penh ein. Der Bürgerkrieg war im Jahre 1970 ausgelöst worden, als eine antikommunistische Gruppe unter Führung Lon Nols das Staatsoberhaupt Prinz Norodom Sihanuk gestürzt hatte.

Pol Pot

kambodschanischer Politiker, * 19.5.1928 Provinz Kompong Thom; † 15.4.1998 nahe der Grenze zu Thailand

Unter der brutalen Diktatur des Rote-Khmer-Führers, der einen archaisch-sozialistischen Bauernstaat (»Steinzeit-Kommunismus«) anstrebt, starben rd. 2 Mio. Menschen. Der Sohn eines reichen Bauern – 1960 Mitbegründer der Kommunistischen Partei seines Landes – führt seit seinem Sturz 1979 einen Guerillakampf gegen die Regierung.

- 1949-52: Studium der Elektrotechnik in Paris
- 1976-79: Regierungschef
- seit 1997: Unter Hausarrest

Angesichts der Kriege in den Nachbarstaaten Laos und Vietnam war dieser – letztlich vergeblich – um die Unabhängigkeit seines Landes bemüht gewesen. Bald nahmen südvietnamesische Kommunisten ihren Weg durch Kambodscha. Das Land wurde daraufhin mehr und mehr zum Ziel der US-Flugzeuge, die hier bis 1973 insgesamt 539 000 t Bomben abluden.

30. April 1975

Saigon kapituliert

Mit der Kapitulation Saigons vor dem Vietcong endet der Vietnamkrieg. Die kommunistischen Guerillas und ihre nordvietnamesischen Verbündeten übernehmen die Macht. Südvietnams Staatspräsident Duong Van Minh gibt die bedingungslose Kapitulation bekannt.
Zwei Jahre nach dem militärischen Teilabzug der USA geht damit ein fast 30 Jahre währender blutiger Konflikt zu Ende – mit einer für die USA niederschmetternden Bilanz: Die Weltmacht, die den Krieg als Kreuzzug gegen den Kommunismus verstanden hatte, verlor außenpolitische Reputa-

Letzter Evakuierungsflug mit US-Helikopter

24. April 1975

Terroristen erpressen Bonn

In der schwedischen Hauptstadt Stockholm wird die Botschaft der Bundesrepublik Deutschland Ziel eines Terroraktes. Sieben Terroristen dringen in das Gebäude ein, nehmen mehrere Botschaftsangehörige als Geiseln und fordern ultimativ die Freilassung von 26 der Baader-Meinhof-Gruppe zugerechneten Häftlingen – unter ihnen die führenden Köpfe Andreas Baader, Ulrike Meinhof, Gudrun Ensslin und Jan-Carl Raspe. U.a. um die Polizei zum Rückzug vom Botschaftsgelände zu zwingen, erschießen die Geiselnehmer einen Militärattaché.
In Abstimmung mit der Opposition und den Ländervertretern beschließt die Bundesregierung unter Bundeskanzler Helmut Schmidt (SPD), den Forderungen der Terroristen nicht nachzugeben. Daraufhin töten diese ein weiteres Mitglied der Auslandsvertretung. Kurz vor Mitternacht wird das Gebäude der Botschaft von einer Reihe von Explosionen erschüttert, Polizei und Feuerwehr greifen ein. Die zum Teil verletzten Geiseln werden befreit, die Terroristen festgenommen. Einer der Botschaftsbesetzer ist von einer Sprengladung getötet worden, ein weiterer erliegt wenig später seinen Brandverletzungen.

Südvietnamesische Zivilisten fliehen vor den neuen Machthabern.

tion und stand innenpolitisch – durch massive Proteste von Kriegsgegnern – vor einer Zerreißprobe. Am Abend vor der Kapitulation werden die letzten der in Saigon stationierten US-Soldaten mit Hubschraubern vom Dach der Botschaft aus evakuiert. Insgesamt haben die USA seit Ende März etwa 6000 Menschen über diese Luftbrücke außer Landes gebracht. Zehntausende weitere Südvietnamesen befinden sich bereits seit Wochen auf der Flucht vor den vorrückenden kommunistischen Truppen. Da auch im benachbarten Kambodscha die Kommunisten gesiegt haben, versuchen viele Flüchtlinge sich über das Meer abzusetzen. Wenige Tage vor dem endgültigen militärischen Zusammenbruch Südvietnams musste am 21. April der seit acht Jahren amtierende Präsident Nguyên Văn Thiêu unter dem Druck der Vietcong seinen Rücktritt erklären. Diese hatten zuvor klargemacht, dass sie einen solchen Schritt als Vorbedingung für Verhandlungen über eine Regelung des Vietnamkonflikts betrachteten. Van Thiêu hatte bis 1954 auf Seiten der früheren französischen Kolonialherren gegen die Vietminh, die von Ho Chi Minh gegründete, kommunistisch geführte Unabhängigkeitsbewegung, gekämpft. 1965 putschte er sich in Südvietnam an die Macht. Mit massiver militärischer und wirtschaftlicher Hilfe der USA gelang es ihm, den Widerstand gegen den Vietcong aufrechtzuerhalten. Eine politische Lösung des Vietnamkonflikts – wie im Pariser Waffenstillstandsabkommen von 1973 vorgesehen – hintertrieb er planmäßig. Bei seinem Rücktritt erhob Van Thiêu heftige Vorwürfe gegen den Bündnispartner USA, den er als Verräter bezeichnete. Nach dem Fall Saigons übernimmt die Provisorische Revolutionsregierung der Republik Südvietnam, die im April 1969 von der Nationalen Befreiungsfront von Südvietnam gegründet worden war, die Macht. Sie delegiert die Regierung an eine Militärverwaltung, zu deren Vorsitzenden am 3. Mai General Tram Van Tra ernannt wird. Nordvietnam öffnet seine Grenzen für Südvietnamesen und verkündet ein Wiederaufbauprogramm. Kurz darauf beginnen Verhandlungen über eine Wiedervereinigung.

13. März 1975

Erfolg für Ehedrama

In der Bundesrepublik läuft der Ingmar-Bergman-Film »Szenen einer Ehe« an. Der im Jahre 1973 entstandene Streifen, der bei Kritik und Publikum großen Anklang findet, ist eine verkürzte Version der sechsteiligen Fernsehfassung. Die Hauptrollen spielen Liv Ullmann und Erland Josephson.

Ingmar Bergman

schwedischer Regisseur, * 14.7.1918 Uppsala

In seinen mehr als 50 oft autobiografisch geprägten Filmen befasst sich der Sohn eines Pastors mit den Fragen menschlicher Beziehungen, dem Leben in der bürgerlichen Gesellschaft und dem Sinn des Lebens. Der Durchbruch gelang ihm 1957 mit »Wilde Erdbeeren«. Wegen freizügiger Szenen sorgte »Das Schweigen« 1963 für einen Skandal.

- 1938-40: Studium der Literatur- und Kunstgeschichte
- 1945: Debütfilm »Krise«
- 1960: »Oscar« für »Die Jungfrauenquelle«
- 1976-85: Regisseur am Münchener Residenztheater

3. April 1975

Karpow beerbt Fischer

Der Russe Anatoli Karpow (s. Abb.) wird zum neuen Schachweltmeister erklärt. Der knapp 24-jährige linientreue Kommunist und Liebling der Schachfunktionäre erhält den Titel zugesprochen, weil der amtierende Weltmeister Bobby Fischer nach Aussage des Weltschachbundes FIDE nicht zu der am 1. Juni in Manila angesetzten Titelverteidigung antreten wird. Der exzentrische US-Amerikaner und die FIDE konnten keine Einigkeit über den Austragungsmodus erzielen. Der als genial, aber auch als »launische Diva des Schachsports« geltende Fischer hatte u.a. verlangt, die Anzahl der Partien nicht mehr zu begrenzen. Sieger sollte derjenige sein, der als erster zehn Partien gewonnen habe. Bei einem Stand von 9:9 müsse der Weltmeister im Amt bleiben. Karpow gilt als Spieler mit eisernen Nerven, der sich durch kühl kalkulierendes Spiel auszeichnet.

April 1975

1 Di US-Forscher veröffentlichen einen Bericht, nach dem Treibgase, die u.a. in Spraydosen verwendet werden, den Ozonmantel der Erde nachhaltig angreifen.

2 Mi Laut UN-Generalsekretär Kurt Waldheim sind Maßnahmen der UNO angesichts des vietnamesischen Flüchtlingsstroms nicht geplant.

3 Do Bundesforschungsminister Hans Matthöfer (SPD) löst mit seiner Bezeichnung »Mörderbande« für Chiles Militärregime einen Parteienstreit aus. → Karpow

4 Fr Beim Absturz einer US-Großraummaschine der sog. Kinder-Luftbrücke Saigon-USA kommen 178 Menschen, darunter zahlreiche Waisenkinder, ums Leben.

5 Sa Nach dreijähriger schwerer Krankheit stirbt in Taipeh der 87-jährige Gegenspieler Mao Tse-tungs, Taiwans Staatspräsident Chiang Kai-shek.

6 So Zu heftigen Schneefällen, Lawinen und Erdrutschen kommt es im gesamten Alpenraum. Bei der Unwetterkatastrophe sterben über 40 Menschen.

7 Mo Der französische Komponist Oliver Messiaen erhält den Ernst-von-Siemens-Musikpreis. Diese Auszeichnung ist mit rund 185 000 DM dotiert.

8 Di Zwei Jahre nach dem ersten »Oscar«-Erfolg für Francis Ford Coppolas »Der Pate« wird die Fortsetzung, »Der Pate II«, mit sechs Auszeichnungen honoriert.

9 Mi Der Iran erwirbt eine Beteiligung von 25,04% an dem bundesdeutschen Unternehmen Babcock & Wilcox AG in Oberhausen.

10 Do In einem Schreiben an die Europäische Sicherheitskonferenz KSZE fordern tausende Sowjetdeutsche, leichter ausreisen zu können.

11 Fr Der Parteitag der Hamburger Freien Demokraten wählt die Bundestagsabgeordnete Helga Schuchardt zur FDP-Landesvorsitzenden.

12 Sa Im Alter von 68 Jahren stirbt in Paris die weltberühmte Sängerin und Tänzerin Joséphine Baker. Zwei Wochen zuvor feierte sie ihr 50. Bühnenjubiläum.

13 So Mit einer Radlänge Vorsprung besiegt der Belgier Roger de Vlaeminck seinen Landsmann Eddy Merckx beim Straßenradrennen Paris-Roubaix.

14 Mo Zwischen beiden Teilen Berlins wird der vollautomatische Fernsprechverkehr aufgenommen. +++ Die DDR und die Firma Krupp vereinbaren Zusammenarbeit.

15 Di Das Ende 1974 in Betrieb genommene Kernkraftwerk Biblis A, bislang der größte Atommeiler der Welt, wird offiziell eingeweiht.

16 Mi Nach monatelangen Diskussionen verabschiedet die Bundesregierung den Entwurf zur Neuordnung der beruflichen Bildung.

17 Do US-Außenminister Henry A. Kissinger formuliert neue Grundsätze der innen- und außenpolitischen Orientierung der USA. → Rote Khmer

18 Fr Die Bundesgartenschau beginnt in Mannheim. +++ Die Equipe der Bundesrepublik Deutschland gewinnt beim Reitturnier in Genf den Preis der Nationen.

19 Sa Bei Zusammenstößen zwischen Rechts- und Linksextremisten werden in Italien drei Menschen getötet und mehr als 100 verletzt.

20 So Der erste indische Satellit erreicht mit Hilfe einer sowjetischen Rakete die Erdumlaufbahn. Er soll im All Strahlenmessungen vornehmen.

21 Mo Südvietnams Präsident Nguyên Văn Thiêu tritt zurück und beschuldigt die USA, sein Land im Krieg gegen Nordvietnam im Stich gelassen zu haben.

22 Di In Honduras setzt die Armee den Präsidenten General Osvaldo Enrique López Arellano ab und ernennt Oberst Juan Alberto Melgar Castro zum Nachfolger.

23 Mi US-Präsident Gerald Ford erklärt, der Vietnamkrieg sei beendet, »soweit er Amerika betrifft«. +++ Paris kündigt ein 9,7 Mrd. DM-Wirtschaftsprogramm an.

24 Do Klaus Schütz (SPD) wird im Westberliner Abgeordnetenhaus erneut zum Regierenden Bürgermeister einer SPD-FDP-Koalition gewählt. → Terroristen

25 Fr Die DDR und die Hoechst AG unterzeichnen in Ost-Berlin eine Vereinbarung über langfristige wirtschaftliche und technische Zusammenarbeit. → Portugal

26 Sa Die britische Labour Party spricht sich im Gegensatz zur von ihr getragenen Regierung für einen EG-Austritt Großbritanniens aus.

27 So Beim Großen Preis von Spanien sterben fünf Menschen, als der bundesdeutsche Formel-1-Pilot Rolf Stommelen in eine Zuschauertribüne rast.

28 Mo Die DDR und Finnland unterzeichnen in Ost-Berlin einen Konsularvertrag, der von einer eigenständigen DDR-Staatsbürgerschaft ausgeht.

29 Di In Basel wird ein Anschlag auf das Generalkonsulat der Bundesrepublik Deutschland verübt. Die Täter sind vermutlich RAF-Sympathisanten.

30 Mi In der Frankfurter Paulskirche findet die bundesdeutsche 150-Jahr-Feier des Börsenvereins des Deutschen Buchhandels statt. → Saigon

Mai 1975

1 Do Hauptthemen der Maikundgebungen in der Bundesrepublik Deutschland sind Arbeitsplätze, Mitbestimmung und die innere Sicherheit. → Protestanten

2 Fr Bei den seit fünf Tagen andauernden Kämpfen zwischen rivalisierenden Rebellen sind in Angola über 500 Menschen getötet und 700 verletzt worden.

3 Sa Palästinensische Guerillas feuern zwei Raketen auf das israelische Parlament in Jerusalem ab. Es entsteht nur geringer Sachschaden, niemand wird verletzt.

4 So Bei den Landtagswahlen in Nordrhein-Westfalen verteidigt die sozialliberale Koalition trotz Gewinnen der CDU ihre Regierungsmehrheit.

5 Mo In Peking enden Verhandlungen der Sowjetunion mit der Volksrepublik China über strittige Grenzfragen ohne greifbares Ergebnis.

6 Di Die DDR erlaubt drei westlichen Banken, in Ost-Berlin ständige Dependancen einzurichten. Die Geldinstitute kommen aus Frankreich und Italien.

7 Mi Nach fast achtjährigem Zwangsaufenthalt können zwei Hamburger Frachter den wieder befahrbaren Suezkanal Richtung Heimat verlassen.

8 Do Die Bundesregierung beschließt, das Bundeskriminalamt um eine Abteilung zur Bekämpfung des Terrorismus zu erweitern.

9 Fr Die spanische Regierung in Madrid gesteht den Industriearbeitern das Recht auf Streik zu – allerdings unter streng kontrollierten Auflagen.

10 Sa Das Oberste Gericht in Boston legt fest, dass künftig Kinder nicht mehr in nach Rassen getrennten Schulbussen fahren dürfen.

11 So In Berlin ertrinkt ein fünfjähriges türkisches Kind in der Spree, weil DDR-Grenzposten die Rettung durch Westberliner Polizei und Feuerwehr verhindern.

12 Mo Helmut Kohl wird einstimmig zum CDU-Kanzlerkandidaten gewählt. +++ Ein US-Frachter wird von einem kambodschanischen Patrouillenboot geentert.

13 Di Nach schweren antivietnamesischen Demonstrationen will Thailand die rund 40 000 nordvietnamesischen Flüchtlinge im Land nach Hause schicken.

14 Mi Den Fußball-Europapokal der Pokalsieger gewinnt in Basel die Mannschaft von Dynamo-Kiew durch einen 3:0-Sieg über Ferencvaros Budapest.

15 Do György Lázár, Generalsekretär des Zentralkomitees der Kommunistischen Partei, wird ungarischer Ministerpräsident. Er löst Jenö Fock ab.

16 Fr Als erste Frau bezwingt Junko Tabei (Japan) den Mount Everest. +++ Die USA verhängen ein Handelsabkommen gegen Kambodscha und Südvietnam.

17 Sa Chinas stellvertretender Regierungschef Deng Xiaoping beendet einen Besuch in Frankreich, bei dem bilaterale Handelsgespräche vereinbart wurden.

18 So Die USA erkennen die De-Facto-Zugehörigkeit der baltischen Republiken Lettland, Estland und Litauen zur Sowjetunion an, die 1940 eingegliedert wurden.

19 Mo Der Trierer Leichtathlet Karl-Hans Riehm erzielt in Rehlingen einen Weltrekord im Hammerwerfen. Die neue Bestmarke liegt bei 78,50 m.

20 Di In Wien einigen sich die Außenminister der USA und der UdSSR darauf, gemeinsam eine Fortsetzung der Nahost-Friedensgespräche in Genf zu bewirken.

21 Mi Der Parthenon-Tempel auf der Akropolis in Athen wird gesperrt, um das Bauwerk vor Beschädigungen zu schützen. → Stammheim → »Fohlenelf«

22 Do Das Bundesverfassungsgericht empfiehlt eine schärfere Anwendung des Radikalenerlasses. +++ Der italienische Auto-Hersteller Maserati wird liquidiert.

23 Fr Der libanesische Präsident Suleiman Farandschija ernennt ein Militärkabinett, um die Kämpfe zwischen Christenmilizen und Palästinensern zu beenden.

24 Sa Österreichs Bundespräsident Rudolf Kirchschläger beendet einen fünftägen Besuch in Polen, in dessen Verlauf ein Konsularvertrag ratifiziert wurde.

25 So Israelische Einheiten liefern sich im Südlibanon heftige Kämpfe mit libanesischen Truppen. Angriffsziel waren palästinensische Guerilleros. → Mosambik

26 Mo In der englischen Grafschaft Yorkshire kommt ein Bus von der Fahrbahn ab und stürzt in eine Schlucht. 32 der 45 Passagiere sterben bei dem Unfall.

27 Di Der Iran bestellt in Großbritannien Panzer im Wert von 1,06 Mrd. DM. +++ In Peru wird die Indianersprache Quechua neben Spanisch Amtssprache.

28 Mi Südafrika lehnt es ab, die Verwaltung Namibias an die UNO zu übergeben. +++ Bayern München wird erneut Europapokalsieger der Landesmeister.

29 Do Der Führer der tschechoslowakischen Kommunisten, Gustav Husák, wird als erster Slowake Präsident der Tschechoslowakei.

30 Fr Bei einer Rede in Hamburg fordert Bundeskanzler Helmut Schmidt die Bevölkerung auf, mehr zu konsumieren, um die Konjunktur anzukurbeln.

31 Sa Am drittletzten Spieltag der Fußball-Bundesliga steht Borussia Mönchengladbach wegen eines nicht mehr einholbaren Punktevorsprungs als Meister fest.

5. Juni 1975

Suezkanal wieder offen

Acht Jahre nach seiner Schließung im arabisch-israelischen Krieg von 1967, dem sog. Sechstagekrieg, wird der Suezkanal erstmals wieder für die internationale Schifffahrt geöffnet. Der zwischen 1859 und 1869 gebaute, 195 km lange Kanal verbindet das Mittelmeer mit dem Roten Meer und gilt als einer der wichtigsten Schifffahrtswege der Erde. Die ägyptische Regierung hatte den Suezkanal aus Protest gegen das Vordringen Israels auf die Sinaihalbinsel sperren lassen. Versuche der Ägypter, die verlorenen Territorien zurückzuerobern, scheiterten. Erst die Vermittlung durch die Vereinten Nationen führte 1973 zum Waffenstillstand zwischen Israel und Ägypten und ein Jahr später zum Vertragsschluss über die Truppenentflechtung am Suezkanal. Damit die Wasserstraße ihre ehemalige Bedeutung zurückgewinnen kann, bedarf es allerdings des Ausbaus der Fahrrinne. Seit der Schließung haben sich die Ausmaße der Schiffstypen verändert: viele Supertanker und Containerschiffe können wegen ihrer Größe den Kanal nicht befahren.

1. Mai 1975

Mehrheit für Protestanten

Ein protestantisches Wahlbündnis geht als Sieger aus den Wahlen zur verfassunggebenden Versammlung im zu Großbritannien gehörenden Nordirland hervor. Die United Ulster Unionist Coalition, ein Zusammenschluss der Vanguard Party von William Craig und den Democratic Unionists

des radikalen Protestantenführers und Geistlichen Ian Paisley (s. Abb.), gewinnt mit 47 von 78 Sitzen die absolute Mehrheit. Die Koalition lehnt eine Zusammenarbeit mit den Katholiken ab.

Oben: Prozessbeginn hinter Stacheldraht; Jan-Carl Raspe auf dem Weg in den Stammheimer Gerichtssaal.
Links: Während des Prozesses angefertigte Zeichnung mit Angeklagten und Anwälten; erst am 19. August kann die Anklageschrift verlesen werden.

Gerichtssaal zur Festung ausgebaut

Umfassend wie noch nie in der bundesdeutschen Justizgeschichte sind die Sicherheitsmaßnahmen für den Prozess in Stammheim. Grund ist die Sorge, dass die Angeklagten während der Verhandlungen befreit werden könnten. Daher wurde eigens ein schuss- und detonationssicheres Gebäude errichtet, das rund um die Uhr bewachte Gelände durch zahlreiche Sperren, Betonmauern, Stacheldrahtverhaue und Alarmanlagen von der Außenwelt abgeschirmt.

Unter Beobachtung stehen auch die Anwälte der Angeklagten, die z.T. selbst unter Verdacht geraten. Kurz vor Prozessbeginn werden Klaus Croissant, Kurt Groenewold und Christian Ströbele, die Wahlverteidiger von Andreas Baader, von dem Verfahren ausgeschlossen. Das Gericht beruft sich auf die neue Strafprozessordnung, die dies ermöglicht, wenn der Anwalt unter dem Verdacht steht, an der Straftat des Mandanten beteiligt zu sein oder diesen zu begünstigen.

11. Juni 1975

Griechenland im Wandel

Nach dem Zusammenbruch des Militärregimes im Juli 1974 tritt in Griechenland eine neue Verfassung in Kraft. Sie ist bereits am 7. Juni mit den Stimmen der Regierungspartei Neue Demokratie im Parlament verabschiedet worden. Die Abgeordneten der Oppositionsparteien blieben der Abstimmung u.a. aus Protest gegen die in der Verfassung verankerte Machtfülle des Staatspräsidenten fern. Zum Staatsoberhaupt wird am 19. Juni der 76-jährige Konstandinos Tsatsos gewählt. Auch juristisch erfolgt eine Abrechnung der Zeit der Diktatur: Den Hauptverantwortlichen wird in Athen der Prozess gemacht. Der ehemalige Ministerpräsident Georgios Papadopulos und seine Stellvertreter Stilianos Pattakos sowie Nikolaos Makaresos werden am 23. August zum Tode verurteilt. Die Strafe wird später in lebenslange Haft umgewandelt. 1967 hatten rechtsgerichtete Obristen um Papadopulos nach einer innenpolitischen Krise geputscht und die Macht übernommen. In den folgenden Jahren stand Griechenland unter einem autoritären Militärregime.

21. Mai 1975

Prozess in Stammheim

Die führenden Köpfe der terroristischen Baader-Meinhof-Gruppe, die sich selbst »Rote Armee Fraktion« (RAF) nennt, werden in Stuttgart-Stammheim vor Gericht gestellt. Das Oberlandesgericht wirft ihnen u.a. Mord, Mordversuch, Raub, Diebstahl, Sprengstoffverbrechen und Gründung bzw. Mitgliedschaft in einer kriminellen Vereinigung vor. Zu Prozessbeginn geht es vor allem um Verfahrensfragen. Im Hinblick auf diesen Prozess ist die Strafprozessordnung dahingehend geändert worden, dass für jeden Angeklagten maximal drei Wahlverteidiger zugelassen werden.

Seit Beginn der 70er Jahre hat die Baader-Meinhof-Gruppe eine Vielzahl von Straftaten verübt, die das politische und gesellschaftliche Klima in der Bundesrepublik Deutschland zunehmend erschüttern und nachhaltig belasten. Hervorgegangen aus einem radikalisierten Teil der Studentenbewegung, die Ende der 60er Jahre zunächst gegen den Vietnamkrieg, später u.a. gegen Notstandsgesetze und allgemeine gesellschaftliche Missstände protestierte, will die Baader-Meinhof-Gruppe das »System« mit Gewalt bekämpfen. Bis 1972, als die Führungsgruppe der RAF festgenommen wurde, verübten die Terroristen Attentate, u.a. auf Einrichtungen der US-Armee in der Bundesrepublik. Seit 1974 werden die Angeklagten im Hochsicherheitstrakt des Gefängnisses Stammheim gefangen gehalten. Am 5. Februar 1975 beendeten die Inhaftierten einen Hungerstreik, mit dem sie ein Ende der sog. Isolationsfolter erreichen wollten.

21. Mai 1975

Triumph für »Fohlenelf«

Borussia Mönchengladbach, frischgebackener Deutscher Fußballmeister, gewinnt als erster Bundesligaverein den UEFA-Pokal. Nach dem 0:0 im ersten Endspiel vor 14 Tagen im Düsseldorfer Rheinstadion glänzt die »Fohlenelf« (s. Abb.), die von Hennes Weisweiler trainiert wird, bei Twente

Enschede mit einem 5:1-Erfolg. Den stürmischen Angriffen der Holländer setzen die Gladbacher eine klassische Kontertaktik entgegen – und das mit Erfolg. Schon nach zwei Minuten bringt der bei Gladbach spielende Däne Allan Simonsen den Ball im Tor von Enschede unter. Der Erfolg in dem europäischen Pokal ist auch ein Abschiedsgeschenk für den scheidenden Trainer. Weisweiler hat in elf Jahren die »Fohlenelf vom Bökelberg« zu einer europäischen Spitzenmannschaft geformt. Jetzt wechselt er zum FC Barcelona. Sein Nachfolger in Gladbach wird Udo Lattek.

25. Juni 1975

Mosambik wird unabhängig

Portugal entlässt seine afrikanische Kolonie Mosambik in die volle Unabhängigkeit (Abb.: Briefmarke). Staats- und Regierungschef der Volksrepublik wird der 41-jährige Samora Moises Machel, Führer der Befreiungsbewegung FRELIMO. Diese war im Jahre 1962 als ein Zusammenschluss mehrerer Befreiungsbewegungen entstanden und kämpfte ab 1964 mit Guerilla-Aktionen für die Unabhängigkeit des Landes. Nach militärischen Erfolgen der Rebellen gewährte Lissabon Mosambik bereits Anfang 1973 die innere Autonomie. Nach dem Umsturz in Portugal und der folgenden Demokratisierung des Landes fand auch ein Wandel der Kolonialpolitik statt. Lissabon legte mit der FRELIMO den Weg zur Unabhängigkeit fest. In der Folgezeit kam es, vor allem im Herbst 1974, in Mosambiks Hauptstadt Maputo, zu blutigen Auseinandersetzungen um den künftigen Kurs des Landes. Die FRELIMO setzte sich mit ihrem Plan eines sozialistischen Staats- und Gesellschaftsmodells durch, bei dem die Lösung wirtschaftlicher und sozialer Probleme im Vordergrund steht.

Juni 1975

1 So Die Polizei erschießt in Rhodesien bei Unruhen in schwarzen Townships elf Menschen. +++ In Uganda wird aller Grund und Boden verstaatlicht.

2 Mo Der erste Besuch eines europäischen Monarchen in der UdSSR endet. Königin Margrethe II. von Dänemark hielt sich acht Tage in der Sowjetunion auf.

3 Di Die seit 1885 bestehende französische Militärpräsenz auf Madagaskar geht zu Ende. Die letzten drei Kriegsschiffe verlassen den Hafen von Diego Suarez.

4 Mi Nach Norwegen, Dänemark und den Niederlanden kauft auch Belgien beim sog. Waffengeschäft des Jahrhunderts F16-Kampfflugzeuge in den USA.

5 Do Bei einer Volksabstimmung in Großbritannien stimmen 67,2% der Bürger für den Verbleib ihres Landes in der Europäischen Gemeinschaft. → Suezkanal

6 Fr Washington, Paris und London blockieren im UN-Sicherheitsrat eine Resolution, die ein Waffenembargo gegen den Apartheidstaat Südafrika fordert.

7 Sa Der CSU-Landesausschuss spricht sich für den Parteivorsitzenden Franz Josef Strauß als Kanzlerkandidaten der Unionsparteien aus.

8 So Ein schweres Eisenbahnunglück bei Warngau/Oberbayern fordert 38 Todesopfer. +++ Radprofi Fausto Bertoglio (Italien) gewinnt den 58. Giro d' Italia.

9 Mo Die Bundesregierung verabschiedet 25 Thesen zur Zusammenarbeit mit Entwicklungsländern und vereinbart mit Israel Wirtschaftshilfe über 140 Mio. DM.

10 Di Der brasilianische Fußballspieler Pelé unterzeichnet einen Dreijahresvertrag bei Cosmos New York, der ihm rd. 11 Mio. DM einbringt.

11 Mi Die Bundesrepublik Deutschland und die Sowjetunion vereinbaren die Einrichtung von Touristikbüros in Frankfurt am Main bzw. Moskau. → Griechenland

12 Do Ein Gericht verurteilt Indiens Ministerpräsidentin Indira Gandhi wegen Korruption. Sechs Jahre lang darf sie kein öffentliches Amt ausüben.

13 Fr Wegen Ausschreitungen seiner Fans in Paris schließt die UEFA den englischen Verein Leeds United für zwei Jahre vom UEFA-Cup aus.

14 Sa Der Außenminister des Vatikan, Kardinal Agostino Casaroli, beendet einen sechstägigen Besuch in der DDR.

15 So Im Libanon flammen Kämpfe zwischen Israelis und Arabern auf. +++ Schweizer Atomgegner beenden die Besetzung des Baugeländes in Kaiseraugst.

16 Mo Die RAF-Anwälte Klaus Croissant und Christian Ströbele werden wegen des Verdachts auf Unterstützung einer kriminellen Vereinigung verhaftet.

17 Di Die Bewohner der Marianeninseln im Pazifik sprechen sich bei einer Volksabstimmung für einen Commonwealth-Status unter US-Flagge aus.

18 Mi In Riad wird Prinz Faisal Ibn Musaed Abd Al Asis öffentlich hingerichtet. Er hatte im März seinen Onkel, den saudi-arabischen König Faisal, ermordet.

19 Do Der Bundestag beschließt das Zeugnisverweigerungsrecht für Journalisten. +++ CDU und CSU nominieren CDU-Chef Helmut Kohl als Kanzlerkandiat.

20 Fr Der Bundesrat akzeptiert ein Gesetz, mit dem Studenten in die gesetzliche Krankenversicherung aufgenommen werden.

21 Sa Das Bundesstrafgericht in Lausanne verurteilt die DDR-Bürger Hans-Guenther und Gisela Wolf wegen Spionage zu je sieben Jahren Zuchthaus.

22 So Die drei verfeindeten Befreiungsbewegungen Angolas einigen sich auf einen Friedensplan. Dennoch kommt es in den folgenden Tagen zu Kämpfen.

23 Mo In Ankara erklärt Außenminister Hans-Dietrich Genscher, die Bundesrepublik werde im Gegensatz zu den USA die Türkei weiterhin mit Waffen beliefern.

24 Di Madrid kündigt an, zu den nächsten Parlamentswahlen Parteien zuzulassen. +++ Die DDR installiert an der Grenze zu Bayern Selbstschussanlagen.

25 Mi Auf dem Mannheimer CDU-Parteitag, der nach drei Tagen zu Ende geht, wird der Parteivorsitzende Helmut Kohl in seinem Amt bestätigt. → Mosambik

26 Do Indiens Regierungschefin Indira Gandhi verhängt den Ausnahmezustand, führt die Pressezensur ein und lässt 700 politische Gegner verhaften.

27 Fr Niedersachsen Wissenschaftsminister Joist Grolle (SPD) verbietet der Universität Oldenburg, sich nach dem Publizisten Carl von Ossietzky zu benennen.

28 Sa André Bord wird zum Generalsekretär der Gaullisten gewählt. Jacques Chirac war wegen seiner Wahl zum französischen Premier zurückgetreten.

29 So In Heidelberg werden bei Krawallen gegen die 25%ige Preiserhöhungen im öffentlichen Nahverkehr 120 Menschen verletzt.

30 Mo Der sambische Präsident Kenneth Kaunda kündigt die Verstaatlichung des privaten Landbesitzes, von Kinos, Krankenhäusern und größeren Zeitungen an.

Juli 1975

1 Di Die indische Premierministerin Indira Gandhi kündigt Reformen zur Verringerung der Armut an und bittet das Volk um Mithilfe bei der Bewältigung der Krise.

2 Mi Bauernverbandspräsident Constantin Freiherr von Heeremann fordert mehr Teilhabe der Bauern an der bundesdeutschen Einkommensentwicklung.

3 Do Der portugiesische Revolutionsrat kündigt die Verstaatlichung des Rundfunks und die Enteignung geflüchteter Unternehmer an.

4 Fr Ein Terroranschlag fordert in Jerusalem 13 Todesopfer. +++ Ludwig Hahn, Ex-Gestapo-Chef von Warschau, wird in Hamburg zu lebenslanger Haft verurteilt.

5 Sa Portugal entlässt die Kapverdischen Inseln nach 515 Jahren in die Unabhängigkeit. +++ Unwetter richten in Bayern Millionenschäden an. → Ashe

6 So Die Komoren erklären sich für unabhängig. Frankreich erkennt nur die Unabhängigkeit von drei der vier Inseln an und behält die Oberhoheit über Mayotte.

7 Mo Präsident Ferdinand Marcos erklärt, die Philippinen beanspruchten die Kontrolle über die US-Militärbasen im Land. Die USA dürften sie aber weiter nutzen.

8 Di Argentiniens Präsidentin Isabel Perón beugt sich nach einem zweitägigen Generalstreik den Lohnforderungen der kommunistischen Gewerkschaft.

9 Mi DDR-Kultusminister Hans-Heinrich Hoffmann bezeichnet die Vorstellung von einer einheitlichen deutschen Kultur als »chauvinistisches Schlagwort«.

10 Do Der wegen Kritik an Ugandas Präsident Idi Amin zum Tode verurteilte britische Lehrer Dennis Hills wird von dem Diktator überraschend begnadigt.

11 Fr Portugals Sozialisten ziehen sich aus Protest gegen den Beschluss linker Militärs, ein Rätesystem einzuführen, aus der Regierung zurück. → Armee

12 Sa Die beiden Inseln Sao Tomé und Principe vor der afrikanischen Westküste erklären ihre Unabhängigkeit von der portugiesischen Kolonialmacht.

13 So Bundesverteidigungsminister Georg Leber (SPD) erklärt, dass die Nato bereit sei, als erste Atomwaffen einzusetzen, wenn ein Mitglied angegriffen werde.

14 Mo Die USA kritisieren die Entwicklungsländer. Diese würden in der UN-Vollversammlung oft gegen die Industrieländer stimmen, obwohl diese ihnen hälfen.

15 Di Kämpfe zwischen rivalisierenden Befreiungsbewegungen in Angola fordern hunderte von Toten. Die Kommunisten nehmen die Hauptstadt Luanda ein.

16 Mi Ein Zusammenschluss von 16 Parteien in Spanien verlangt die Absetzung des Diktators Francisco Franco und eine Demokratisierung.

17 Do In Wien stagnieren die Gespräche zwischen Warschauer Pakt und Nato zur Truppenreduzierung. Jede Seite gibt dafür der anderen die Schuld. → Weltraum

18 Fr In Lissabon versuchen Kommunisten, Massendemonstrationen der aus der Regierung ausgetretenen Sozialisten durch Barrikaden zu verhindern.

19 Sa Der erstmals ausgeschriebene Petrarca-Preis wird in München postum dem Autor Rolf Dieter Brinkmann verliehen, der am 23. April bei einem Autounfall starb.

20 So Der französische Radrennfahrer Bernard Thevenet gewinnt vor dem fünffachen Toursieger Eddy Merckx aus Belgien die Tour de France.

21 Mo US-Präsident Gerald Ford entschuldigt sich bei der Witwe eines Mannes, der sich 1953 getötet hatte, nachdem ihm die CIA heimlich LSD verabreicht hatte.

22 Di Das indische Parlament billigt den von Regierungschefin Indira Gandhi verhängten Ausnahmezustand. Viele Oppositionsabgeordnete befinden sich in Haft.

23 Mi Kanada sperrt seine Atlantikhäfen für sowjetische Fischer, weil diese sich nicht an die vorgeschriebenen Fangquoten hielten.

24 Do Der Weltsicherheitsrat verlängert das UNO-Mandat auf dem Sinai bis zum 26. Oktober – mit Zustimmung Ägyptens und Israels.

25 Fr In Portugal beschließt die Bewegung der Streitkräfte (MFA), dass künftig ein Direktorium aus drei Personen das Land regieren soll.

26 Sa Zu Beginn eines dreitägigen Besuchs in der Bundesrepublik Deutschland bekräftigt US-Präsident Gerald Ford die Verpflichtungen der USA für West-Berlin.

27 So Bei den zu Ende gehenden Schwimmweltmeisterschaften in Cali (Kolumbien), die am 23. Juli begonnen haben, gewinnen die USA und DDR je elf Titel.

28 Mo In Kampala eröffnet der ugandische Präsident Idi Amin Dada die 12. Gipfelkonferenz der afrikanischen und arabischen Staats- und Regierungschefs.

29 Di Die Organisation amerikanischer Staaten (OAS) hebt mit Zustimmung der USA die seit 1964 bestehende Blockade gegen Kuba auf.

30 Mi Neuer Staatschef und Oberbefehlshaber von Nigeria wird nach einem Putsch der Streitkräfte Murtula Ramat Mohammed. Er löst Yakubo Gowon ab.

31 Do Die österreichische Volkspartei wählt den 42-jährigen Josef Taus zum Vorsitzenden. Sein Vorgänger Karl Schleinzer war am 17. Juli tödlich verunglückt.

1. August 1975

KSZE-Schlussakte eröffnet

V.l. vorn: Kissinger, Breschnew, Ford, Gromyko

In der Geschichte der Entspannungspolitik beginnt ein entscheidendes Kapitel. 35 Staaten aus Europa und Nordamerika unterzeichnen in Helsinki die Schlussakte der Konferenz über Sicherheit und Zusammenarbeit in Europa (KSZE). Erstmals im Europa der Nachkriegszeit regelt eine internationale Charta das friedliche Zusammenleben von Staaten mit unterschiedlicher Gesellschaftsordnung. Im Laufe der mehr als zweijährigen Verhandlungen hat sich ein Dialog entwickelt, der zu Abrüstungsfortschritten und mehr Vertrauen führt.

Die KSZE-Unterzeichnerstaaten – bis auf Albanien alle europäischen Staaten sowie Kanada und die USA – verpflichten sich unverbindlich auf zehn Prinzipien: Achtung der Souveränität aller Staaten, Verzicht auf Gewaltandrohung und -anwendung, Unverletzlichkeit der Grenzen, Achtung der territorialen Integrität der Staaten, friedliche Beilegung von Streitfällen, Nichteinmischung in innere Angelegenheiten der Staaten, Achtung der Menschenrechte und Grundfreiheiten, Gleichberechtigung und Selbstbestimmungsrecht der Völker, internationale Zusammenarbeit und Erfüllung völkerrechtlicher Verpflichtungen. Weiterhin sollen vertrauensbildende Maßnahmen auf militärischem Gebiet sowie die Zusammenarbeit in Wirtschaft, Wissenschaft, Technik, Umwelt und humanitären Bereichen vorangetrieben werden. Darüber hinaus vereinbaren die Delegierten Folgekonferenzen zur Überprüfung der Einhaltung der Prinzipien und zur Fortführung des Entspannungsprozesses.

Das Gipfeltreffen in der finnischen Hauptstadt, das am 30. Juli eröffnet wurde, ist die Abschlussphase von Verhandlungen, die am 3. Juli 1973 aufgenommen worden waren. Die KSZE ist zunächst auf Initiative der osteuropäischen Länder zustande gekommen. Sie versprachen sich eine Durchsetzung ihrer Sicherheitswünsche, u.a. den Rückzug der USA aus Europa, die Anerkennung der Unveränderlichkeit der Grenzen und die Einrichtung eines ständigen Kontrollorgans über Europa. Trotz anfänglicher Skepsis griff der Westen die Idee einer Konferenz auf, erweiterte sie jedoch um die Erörterung wissenschaftlich-technischer sowie humanitärer Aspekte. Dank ihres geschlossenen Auftretens können sich die EG-

15. August 1975

Brände verwüsten Heide

Bei einem verheerenden Feuer in Niedersachsen kommen sechs Menschen um, 8000 ha Wald werden zerstört (Abb.: Bericht des ZEIT-Magazins). Betroffen sind die Kreise Celle, Lüchow-Dannenberg und das Gebiet um Gifhorn. Am 9. August brachen die ersten Brände in der Heide aus – einige offenbar durch Brandstiftung. In den folgenden Tagen musste die Bevölkerung aus 30 Ortschaften evakuiert werden. Auf dem Höhepunkt der Katastrophe waren 14000 Helfer im Einsatz.

14. August 1975

Bürgerkrieg in Angola

Der blutige Bürgerkrieg rivalisierender Befreiungsbewegungen in Angola ruft die Kolonialmacht Portugal erneut auf den Plan: Lissabon übernimmt wieder die Regierungsgewalt in dem Land, das Ende des Jahres in die Unabhängigkeit entlassen werden soll. Im Januar hatte sich Portugal mit den drei angolanischen Befreiungsbewegungen – der marxistisch orientierten MPLA und den antikommunistischen, westlich orientierten Gruppen FNLA und Unita – auf die Bildung einer gemeinsamen Übergangsregierung geeinigt. Die im Februar zwischen MPLA und FNLA ausgebrochenen Kämpfe bedeuteten jedoch schon bald das Ende des Experiments. Die blutigen Auseinandersetzungen haben bereits mehrere 1000 Menschen das Leben gekostet und Zehntausende in die Flucht getrieben. Mehr und mehr entwickelt sich der Krieg in Angola zu einem Stellvertreterkrieg der Machtblöcke: Die MPLA wird u.a. von Moskau unterstützt, FNLA und Unita erhalten Geld und Unterstützung aus dem Westen.

…hten Dialog

Staaten mit ihrem Sicherheitskonzept weitgehend durchsetzen. Dieses sieht zwar ebenfalls die Anerkennung des Status quo vor, räumt aber zugleich die Möglichkeit einer friedlichen Veränderung ein. Es baut außerdem darauf, dass dauerhafte Entspannung nicht allein durch die Garantie staatlicher Souveränitäts- und Unabhängigkeitsrechte entstehen könne, sondern auch individuelle Selbstbestimmungs- und Freiheitsrechte einschließen müsse.
Vor der Unterzeichnungszeremonie würdigen die Teilnehmer des Gipfeltreffens die Ergebnisse. Ein versöhnliches Fazit zieht der sowjetische Parteichef Leonid I. Breschnew: »Die Ergebnisse der langwierigen Verhandlungen sind derart, dass es keine Sieger und keine Besiegten gibt, keine, die etwas erworben oder verloren haben. Das ist ein Sieg der Vernunft. Alle haben gewonnen.« Allerdings wird in den Schlussworten auch die unterschiedliche Gewichtung der erreichten Ergebnisse deutlich. Während SED-Generalsekretär Erich Honecker »die Anerkennung des Prinzips der Unverletzlichkeit der Grenzen« als entscheidende Übereinkunft ansieht, stellen die westlichen Staatsführer die humanitären Vereinbarungen in den Vordergrund. Der sog. Korb drei, die Beratungen über die Achtung der Menschenrechte, gewann im Verlauf der Verhandlungen immer größere Bedeutung. Tatsächlich berufen sich später osteuropäische Regimekritiker und Menschenrechtsgruppen, wie etwa die tschechoslowakische »Charta 77«, auf die in Helsinki von ihren Regierungen eingegangenen Verpflichtungen. Am Rande des offiziellen Ablaufs wurde der KSZE-Gipfel zu einem Forum für informelle politische Gespräche.

11. Juli 1975

Armee der tönernen Krieger

Die chinesische Nachrichtenagentur Hsinhua meldet den Fund der Grabanlage des ersten Kaisers von China, Shih Huang Ti († 206 v. Chr.). Demnach

wurde das Grab bereits 1974 bei Brunnenbohrungen in der Nähe von Xian entdeckt. Die Freilegung brachte eine Armee von über 7000 Tonfiguren – bestehend aus Soldaten, Pferden und Kampfwagen (s. Abb.) – zu Tage, die vermutlich der Bewachung der Grabanlage dienen sollte.

17. Juli 1975

Rendezvous im Weltraum

Astronauten und Kosmonauten treffen sich zum ersten »Rendezvous der Supermächte« im Weltall: 225 km über der Erde reichen sich Thomas Stafford (USA) und Alexej A. Leonow (UdSSR) die Hände, nachdem sie ihre Raumkapseln »Apollo 18« und »Sojus 19« aneinander gekoppelt haben (s. Abb., Zeichnung). Das Koppelmanöver von »Sojus« und »Apollo« ist in erster Linie als eine politische Aktion geplant, die den Kurs der Verständigung und Entspannung der beiden Supermächte dokumentieren soll. Darüber hinaus gewinnen die Raumfahrer und Wissenschaftler beider Seiten aber auch neue Erkenntnisse über technische Abläufe. Das gilt vor allem für das Kopplungsstück und die Schleuse zwischen den beiden Raumschiffen.

5. Juli 1975

Ashe gewinnt Wimbledon

Zum ersten Mal gewinnt ein farbiger Tennisspieler das altehrwürdige Turnier von Wimbledon: Der 32-jährige Arthur Ashe (USA, s. Abb.) lässt seinem Landsmann und Vorjahressieger Jimmy Connors im Endspiel keine Chance und gewinnt mit 6:1, 6:1, 5:7 und 6:4.

Im Dameneinzel setzte sich am Vortag zum sechsten Mal Billie Jean King durch. Gegen die entfesselt Aufspielende ist die Australierin Yvonne Cawley-Goolagong ohne Chance und verliert mit 0:6 und 1:6.

Arthur Ashe

US-Tennisspieler, * 10.7.1943 Richmond (US-Bundesstaat Virginia); † 6.2.1993 New York

Schon mit 19 Jahren spielte der politisch und sozial engagierte Sportler im Davis-Cup-Team. Neben seinem außergewöhnlichen Ballgefühl sind die gewaltigen Aufschläge des 1,85 m großen Athleten gefürchtet. Nach einem Herzinfarkt beendet er 1979 seine Laufbahn, engagiert sich aber u.a. als Davis-Cup-Teamchef.

- 1968: Sieger der US Open
- 1970: Davis-Cup-Sieger
- 1976: Platz zwei der Weltrangliste (beste Platzierung)

August 1975

1 Fr Als letztes NATO-Land nimmt Kanada diplomatische Beziehungen zur DDR auf. +++ Die Schweiz will 1976 21% weniger Gastarbeiter aufnehmen. → KSZE

2 Sa In Panama gründen 25 lateinamerikanische Staaten eine Wirtschaftsgemeinschaft, die unabhängig von den USA arbeiten soll.

3 So Beim Absturz eines jordanischen Verkehrsflugzeugens bei Agadir kommen alle 188 Insassen, vorwiegend marokkanische Gastarbeiter, ums Leben.

4 Mo Fünf japanische Linksextremisten nehmen im US-Konsulat in Kuala Lumpur 52 Geiseln und pressen fünf in Japan inhaftierte Gesinnungsgenossen frei.

5 Di Der Vatikan benennt zwei Bischöfe für Bulgarien. Die beiden Ämter werden in dem sozialistischen Staat zum ersten Mal seit 1944 besetzt.

6 Mi Bei Gesprächen in Tokio versichert US-Präsident Gerald Ford, sein Land werde trotz der Niederlage in Indochina in Asien weiter eine führende Rolle spielen.

7 Do In Bonn unterzeichnen die Bundesrepublik und Polen Vereinbarungen, die u.a. die Ausreise von 125 000 Deutschstämmigen aus Polen ermöglichen.

8 Fr Der Torwart des FC Bayern München, Sepp Maier, wird von bundesdeutschen Sportjournalisten zum »Fußballer des Jahres« gewählt.

9 Sa Auf Zypern beginnt der am 2. August in Wien vereinbarte Bevölkerungsaustausch zwischen dem griechischen und dem türkischen Teil der Insel.

10 So Harry Boldt, Karin Schlüter und Ilsebill Becher aus der Bundesrepublik Deutschland werden in Kiew Mannschafts-Europameister im Dressurreiten.

11 Mo In Bonn wird ein Abkommen über die kostenlose Abgabe von überschüssigem Material der Bundeswehr an Griechenland und die Türkei unterzeichnet.

12 Di Die Bundesanstalt für Straßenwesen empfiehlt nach Tests eine generelle Geschwindigkeitsbegrenzung von 100 km/h auf Landstraßen.

13 Mi Erzbischof Guido Del Mestri wird Vertreter des Vatikans in Bonn. +++ Eine Regierungsumbildung in Kambodscha stärkt die Unterstützer Nordvietnams.

14 Do In Frankfurt am Main verbessert der bundesdeutsche Leichtathlet Walter Schmidt den Weltrekord im Hammerwerfen auf 79,30 m. → Angola

15 Fr Der Staatspräsident von Bangladesch, Scheich Mujib Rahman, wird von Putschisten gestürzt und mit 200 Anhängern und Angehörigen ermordet. → Heide

16 Sa Der südafrikanische Premierminister Balthazar Johannes Vorster sagt Paraguay einen Kredit über 23,6 Mio. DM für Wohnungsbau und Landwirtschaft zu.

17 So Ein US-Hubschrauberpilot fliegt drei Ostdeutsche unter Beschuss aus der Tschechoslowakei nach Bayern. Sein zurückgelassener Co-Pilot wird inhaftiert.

18 Mo Auf Korsika kommt es zu gewalttätigen Aktionen der Autonomiebewegung ARC und Auseinandersetzungen mit Sicherheitskräften, die drei Todesopfer fordern.

19 Di Fast drei Monate nach Beginn des Stammheimer RAF-Prozesses wird die Anklageschrift gegen die vier Angeklagten verlesen.

20 Mi Der Vorsitzende der jüdischen Gemeinde in West-Berlin, Heinz Galinski, entgeht unverletzt einem Sprengstoffanschlag, zu dem sich die RAF bekennt.

21 Do Die Volkswagen AG kündigt an, sie werde die Produktion durch Überstunden erhöhen. Im Frühjahr war der Abbau von 25 000 Stellen beschlossen worden.

22 Fr Syrien und Jordanien vereinbaren, einen gemeinsamen Kommandorat für politische und militärische Aktionen gegen Israel einzurichten.

23 Sa Als Verantwortliche für den Putsch von 1967 werden Griechenlands Ex-Ministerpräsident Georgios Papadopulos und zwei Stellvertreter zum Tode verurteilt.

24 So Jim Montgomery aus den USA bleibt mit 50,59 sec über 100-m-Freistil als erster Schwimmer unter der 51-sec-Marke.

25 Mo Das Bundeskabinett beschließt die Aufhebung der Pocken-Impfpflicht bei Kleinkindern. Die Krankheit gilt als nahezu ausgerottet.

26 Di Gespräche zwischen der weißen Minderheitsregierung von Rhodesien (Simbabwe) und schwarzen Nationalistenführern scheitern.

27 Mi In Spanien wird angesichts zunehmender Terrorakte ein Gesetz erlassen, das u.a. die Todesstrafe für Mord an Staatsfunktionären und Polizisten vorsieht.

28 Do Die dänische Regierung schlägt ein Wirtschaftsprogramm vor, das die Mehrwertsteuer für fünf Monate auf 9,25 % senkt, um Investitionen zu fördern.

29 Fr In Peru stürzt die Armee den linksgerichteten Staatspräsidenten Juan Velasco Alvarado. Nachfolger wird Morales Bermudez, ein gemäßigter Offizier.

30 Sa Linksgerichtete Rebellen erklären, sie kontrollieren die gesamte portugiesische Kolonie Timor. In den folgenden Monaten gibt es dort schwere Kämpfe.

31 So In Pakistan werden mehr als 100 000 Menschen durch eine schwere Überschwemmungen ihre Wohnung. +++ In Leipzig beginnt die Herbstmesse.

September 1975

1 Mo Beim Absturz einer Interflug-Maschine kommen in Leipzig 27 Menschen ums Leben. Die meisten sind Messebesucher aus der Bundesrepublik.

2 Di In Kaiserslautern beginnt der sog. kleine Baader-Meinhof-Prozess. Die drei Angeklagten müssen sich u.a. wegen Mordes verantworten. → Komödie

3 Mi Das Klecks-Theater in Hamburg bringt das Jugendstück »Mensch Mädchen« heraus. +++ Die bundesdeutschen Fußballer schlagen Österreich in Wien 2:0.

4 Do Die französische Regierung verkündet ein Programm zur Ankurbelung der Wirtschaft mit einem Umfang von umgerechnet rd. 17 Mrd. DM. → Sinai

5 Fr In Sacramento (Kalifornien) scheitert ein Attentat auf US-Präsident Gerald Ford. +++ Bei einem Erdbeben im Südosten der Türkei sterben 2300 Menschen.

6 Sa In Damaskus demonstrieren Palästinenser und syrische Gewerkschaftler gegen das israelisch-ägyptische Sinai-Abkommen.

7 So Die tschechoslowakische Tennisspielerin Martina Navratilova bittet in den USA um Asyl. +++ Die Britin Lucinda Prior-Palmer wird Europameisterin im Military.

8 Mo Die verfassunggebende Versammlung in Nordirland lehnt jede Regierungsbeteiligung der katholischen Minderheit ab.

9 Di Nach fünfjährigem Exil kehrt Prinz Norodom Sihanuk, das offizielle Staatsoberhaupt von Kambodscha, aus Peking in seine Heimat zurück.

10 Mi Papst Paul VI. empfängt den ugandischen Diktator Idi Amin, dem schwere Menschenrechtsverletzungen vorgeworfen werden. → Libanon

11 Do Zum fünften Mal in diesem Jahr senkt die Bundesbank den Diskont- und den Lombardsatz. +++ Frankreich belegt Weine aus Italien mit Sondersteuern.

12 Fr Ein Gericht in Athen verhängt hohe Zuchthausstrafen gegen ehemalige Angehörige der Militärpolizei, die während der Diktatur gefoltert hatten.

13 Sa Argentiniens Präsidentin Isabel Perón übergibt die Amtsgeschäfte vorübergehend an Senatspräsident Italo Luder, offiziell aus gesundheitlichen Gründen.

14 So Das Rembrandt-Gemälde »Die Nachtwache« wird im Amsterdamer Rijksmuseum von einem Geistesgestörten mit einem Messer schwer beschädigt.

15 Mo Palästinensische Terroristen überfallen die ägyptische Botschaft in Madrid und nehmen drei Diplomaten einen Tag lang als Geiseln.

16 Di Das bisher von Australien verwaltete Papua-Neuguinea wird unabhängig. Ministerpräsident ist Michael Thomas Samore.

17 Mi Bundesverteidigungsminister Georg Leber (SPD) wird aus seiner eigenen Partei heftig für seine Zustimmung zum Erstschlagsrecht der NATO kritisiert.

18 Do Die Millionärstochter Patty Hearst wird in den USA festgenommen. Sie war 1974 entführt worden, hatte sich dann aber ihren Kidnappern angeschlossen.

19 Fr In Portugal wird die Regierung von Admiral José Pinheiro de Azevedo vereidigt. Sie besteht v.a. aus Zivilisten und Militärs der gemäßigten Linken.

20 Sa Nachdem Kairo bilateralen Friedensverhandlungen mit Israel zugestimmt hat, erwägt die Regierung der USA, Ägypten Militärhilfe zu gewähren.

21 So In Kuala Lumpur tritt der Wahlkönig von Malaysia, Tungku Al Marhum Sultan, seine fünf Jahre dauernde Amtsperiode an.

22 Mo In San Francisco wird zum zweiten Mal innerhalb weniger Wochen ein Attentat auf US-Präsident Gerald Ford verübt. Er bleibt unverletzt.

23 Di Die Fraktionen des Bundestages in Bonn beschließen, für 1976 auf eine Erhöhung der Abgeordneten-Diäten zu verzichten.

24 Mi Die Bundesregierung beschränkt die Menge von Textilimporten aus der DDR, um den Abbau von Stellen in der eigenen Textilindustrie zu verhindern.

25 Do Die Bonner SPD/FDP-Koalition legt einen neuen Gesetzentwurf zur Abtreibung vor. Die bereits verabschiedete Fristenregelung hatte das BVG abgelehnt.

26 Fr Die 21. NATO-Vollversammlung lehnt in Kopenhagen die Aufnahme Spaniens in das Bündnis wegen der dort herrschenden Franco-Diktatur ab.

27 Sa Die Organisation Erdöl exportierender Länder (OPEC) beschließt in Wien, die Rohölpreise ab dem 1. Oktober um 10% zu erhöhen. → Todesurteile

28 So Gewinner der Bremer Bürgerschaftswahl ist die FDP, die ihre Mandate fast verdoppelt. Regierungschef bleibt mit absoluter Mehrheit Hans Koschnick (SPD).

29 Mo Nach dreimonatiger Pause gehen die innerdeutschen Verhandlungen über die Transitpauschale und den Ausbau der Verkehrswege nach Berlin weiter.

30 Di Der japanische Kaiser Hirohito trifft zu einer 14-tägigen Visite in den USA ein. +++ Bei einem Flugzeugabsturz nahe Beirut sterben 60 Menschen.

4. September 1975

Friede auf dem Sinai

Die verfeindeten Nachbarn im Nahen Osten, Ägypten und Israel, erklären einen gegenseitigen Gewaltverzicht. Vertreter beider Seiten unterzeichnen ein Truppenentflechtungsabkommen für die Sinai-Halbinsel, das u.a. einen Verzicht auf Anwendung und Androhung von Gewalt umfasst. Weiterhin ist vorgesehen, dass Ägypten die Durchfahrt nicht-militärischer Frachten von und nach Israel erlaubt. Im Gegenzug verlegt Israel seine Truppen vom 1967 besetzten Sinai bis hinter die strategisch wichtigen Pässe Gidi und Mitla. Zudem gibt Israel die Erdölfelder von Abu Rodeis, aus denen das Land seit 1967 einen Großteil seines Rohölbedarfs deckte, an Ägypten zurück.

Das Abkommen der beiden Staaten hat insofern eine neue Qualität, als sich erstmals in der Geschichte des Nahostkonflikts ein arabischer Staat zur friedlichen Konfliktlösung bereit findet. Ägypten geht dabei allerdings ein Risiko ein: Das Land am Nil läuft Gefahr, sich innerhalb des arabischen Lagers zu isolieren. So kritisieren Syrien und die Palästinensische Befreiungsorganisation PLO das Abkommen u.a. als Spaltung der arabischen Solidarität. Auch mit Gewalt wird gegen den Vertrag vorgegangen. Am 15. September dringen vier Palästinenser in die ägyptische Botschaft in Madrid ein, nehmen Geiseln und fordern, dass das Sinai-Abkommen nicht umgesetzt wird. Einen Tag darauf geben die Geiselnehmer ihre Gefangenen jedoch bedingungslos wieder frei.

Das israelisch-ägyptische Abkommen ist unter maßgeblicher Vermittlung der Vereinigten Staaten zustande gekommen. US-Außenminister Henry Kissinger, der schon 1974 am ersten Truppenentflechtungsabkommen für die Suezkanalzone und an einer entsprechenden Vereinbarung über die Golanfront beteiligt war, brachte die Kontrahenten an den Verhandlungstisch.

1. Oktober 1975

»Ringschlacht« in Manila

Zum dritten Mal stehen sich (s. Abb., v.l.) Joe Frazier und Muhammad Ali im Ring gegenüber. In einem Kampf im Philipine Coliseum in Manila, der als »Ringschlacht« in die Geschichte des Schwergewichtsboxens eingeht, behauptet sich Ali und verteidigt seinen Weltmeistertitel durch technischen k.o. in der 14. Runde. 1974 hatte er durch seinen legendären k.o.-Sieg in der 8. Runde über den um sieben Jahre jüngeren George Foreman

in Kinshasa den Titel zurückgewonnen und ihn 1975 bereits dreimal verteidigt. Der auf 15 Runden angesetzte Kampf der beiden »alten Rivalen« hält, was der Weltmeister zuvor vollmundig versprochen hatte. Beide Boxer schenken sich nichts. In den ersten sechs Runden dominiert Ali vor allem wegen seiner größeren Reichweite. Allerdings kann Frazier den Weltmeister vor allem mit schweren Körpertreffern immer wieder beeindrucken. Auch sein gefürchteter linker Haken kommt mehrfach ins Ziel. Nach der 14. Runde – beide Kämpfer sind stark angeschlagen – muss der Ringarzt Frazier untersuchen. Dann wirft Fraziers Manager Eddi Futch das Handtuch als Zeichen der Aufgabe. Als Ali zur Ringmitte gehen will, knicken ihm vor Erschöpfung die Beine ein.

2. September 1975

Beklemmende Komödie

Im Kleinen Haus der Württembergischen Staatstheater in Stuttgart wird die Komödie »Bekannte Gesichter, gemischte Gefühle« von Botho Strauß (s. Abb.) unter der Regie von Niels-Peter Rudolph uraufgeführt. Ebenso wie Strauß' erstes Stück »Die Hypochonder« stößt auch sein zweites bei der Kritik wie beim Publikum weitgehend auf Ablehnung bzw. Zurückhaltung. In den 80er Jahren wird das Drama mehrfach neu inszeniert. »Bekannte Gesichter, gemischte Gefühle« zeigt eine öde Alltagswirklichkeit von Hotelbewohnern, die am Ersten Weihnachtstag zusammensitzen und über Beziehungen, Vergangenes und die Zukunft sprechen. Das Stück schildert die traurig-komische Beziehungslosigkeit der Personen und weitgehend sinnentleerte Lebensentwürfe. Immer wieder stockt die Kommunikation der handelnden Akteure und läuft ins Leere. Teils absurde und surreal wirkende Szenen zeigen Gefühlskälte und Trostlosigkeit. Ein kitschig-heiler Traum, der eine lang gesuchte Harmonie vorgaukelt, zerplatzt wie eine Seifenblase.

Botho Strauß

deutscher Schriftsteller, * 2.12.1944 Naumburg/Saale

Strauß ist einer der bekanntesten und umstrittensten Autoren des deutschen Gegenwartstheaters. Geprägt von der Studentenrevolte, setzt er sich in seinen Stücken immer wieder mit menschlicher Kommunikation in einer modernen Massengesellschaft auseinander. In einer der Schnitttechnik des Films entlehnten Darstellungsform löst Strauß lineare Handlungsverläufe auf und ersetzt sie durch bruchstückhafte Szenen. Sein drittes Stück, »Trilogie des Wiedersehens«, bringt ihm 1977 breite Anerkennung. Auch als Romanautor und Essayist macht sich Strauß einen Namen. In den 90er Jahren, u.a. mit Veröffentlichung seines kulturkritischen Textes »Anschwellender Bocksgesang«, stoßen seine politischen Äußerungen, die ihm den Vorwurf des Nationalismus einbringen, auf Widerspruch.

- 1967-70: Redakteur bei der Zeitschrift »Theater heute«
- 1971-75: Dramaturg und Mitarbeiter von Peter Stein an der Schaubühne am Halleschen Ufer in (West-)Berlin
- 1972: »Die Hypochonder« (Drama)
- 1989: Georg-Büchner-Preis
- 1991: »Angelas Kleider« (Drama)
- 1993: »Anschwellender Bocksgesang«

10. September 1975

Krieg im Libanon

Mit dem erstmaligen Einsatz von libanesischen Regierungstruppen im Nordosten des Landes eskaliert der Bürgerkrieg zwischen den sich dort seit neun Tagen bekämpfenden maronitischen Christen und den sunnitischen Moslems. Der Krieg im Libanon entwickelt sich in der Folge zu einer der unüberschaubarsten Auseinandersetzungen im Nahen Osten. Neben rivalisierenden Gruppen im Land selbst spielen zunehmend auch ausländische Mächte eine Rolle.

Der Einsatz der regulären Armee kann den Bürgerkrieg weder beenden noch dessen Ausweitung verhindern. Noch im September greifen die Kämpfe auch auf die einst blühende Mittelmeermetropole Beirut über. Im Laufe des Monats fordern die blutigen Kämpfe rd. 1000 Opfer. Die einzelnen Kriegsparteien verschanzen sich in unterschiedlichen Vierteln. Nur unter dem Schutz der jeweiligen Milizen gibt es für die geschundene Bevölkerung ein zeitweise normales Leben. Der Konflikt ist eine Folge der veränderten demographischen Entwicklung, die den 1943 vereinbarten Konfessionsproporz für Regierung und Verwaltung in Frage stellt. Damals wurde den Christen ein politisches Übergewicht eingeräumt, ihnen standen 53 der 99 Parlamentssitze sowie das Amt des Staatspräsidenten zu. Die Moslems, die mittlerweile 60% der Bevölkerung stellen, fordern eine stärkere Beteiligung an der politischen Macht sowie am wirtschaftlichen Leben. Verstärkt werden die Reihen der Moslems durch Palästinenser, die seit ihrer Vertreibung aus Jordanien 1970 eine wichtige Rolle in der innenpolitischen Auseinandersetzung spielen. Ihnen geht es vorrangig um Aktionen gegen Israel. 1976 mischen sich auch Syrien, der Irak, Israel und Libyen in den Krieg ein.

Kindersoldat beim militärischen Drill

Straßenkämpfe zwischen schwer bewaffneten Milizionären in Beirut prägen das Bild dieses Krieges.

27. September 1975

Madrid vollstreckt Todesurteile gegen Regimegegner

Wegen Polizistenmordes werden in Spanien fünf Regimegegner hingerichtet. Die Verurteilten gehören Untergrundorganisationen an, die das diktatorische Regime von Staatschef Francisco Franco bekämpfen.

Weltweit erhebt sich Protest gegen die Urteile und deren Vollstreckung. Zahlreiche Staaten ziehen ihre Botschafter aus Spanien zurück, Mexikos Präsident Luis Echeverria Alvarez fordert den Ausschluss Spaniens aus den Vereinten Nationen. Schon vor den Exekutionen hatte es Proteste des Auslands gegeben, die dazu führten, dass sechs weitere Todesurteile in langjährige Haftstrafen umgewandelt wurden. So protestierten u.a. in Rom viele Arbeiter gegen die Todesurteile. In Spanien selbst kommt es ebenfalls zu Protestkundgebungen, aber auch zu einer Solidarisierung mit dem Regime, weil die Reaktionen des Auslands von Franco-Anhängern als Einmischung in die inneren Angelegenheiten des Landes gewertet werden.

Oktober 1975

1	Mi	Jugoslawien und Italien einigen sich endgültig über den Grenzverlauf bei der Hafenstadt Triest, die seit 1954 wieder zu Italien gehört. → »Ringschlacht«
2	Do	Nach sieben Monaten Pause werden die Verhandlungen über ein Post- und Fernmeldeabkommen zwischen der Bundesrepublik und der DDR fortgesetzt.
3	Fr	In Frankreich demonstrieren 100 000 Jugendliche gegen Arbeitslosigkeit. +++ In Bonn wird die neue SPD-Parteizentrale, das Erich-Ollenhauer-Haus, eröffnet.
4	Sa	Die DDR bricht ihre diplomatischen Beziehungen zu Spanien ab. Grund ist die Hinrichtung von Regimegegnern durch das Franco-Regime am 27. September.
5	So	Die SPÖ unter Bruno Kreisky erzielt bei den Parlamentswahlen in Österreich mit 50,6% erneut die absolute Mehrheit. Die Regierung bleibt unverändert.
6	Mo	Die EG-Außenminister erklären, dass die Verhandlungen über engere Handelsbeziehungen mit Spanien bis zu dessen Demokratisierung ausgesetzt würden.
7	Di	Am 26. Jahrestag der DDR-Gründung, der erstmals als Nationalfeiertag begangen wird, schließt die DDR einen neuen Freundschaftsvertrag mit Moskau.
8	Mi	Bei Straßenkämpfen in der argentinischen Stadt Tucumán kommen mehr als 30 Menschen, darunter sieben Soldaten, ums Leben.
9	Do	Die Bundesrepublik und Polen schließen einen Vertrag über einen Bonner Kredit und Rentenzahlungen sowie die Ausreise Deutschstämmiger aus Polen.
10	Fr	Die Heinrich-Böll-Verfilmung »Die verlorene Ehre der Katharina Blum« von Volker Schlöndorff und Margarethe von Trotta läuft in den Kinos an.
11	Sa	Die Schweizer Sozialdemokraten werden bei den Nationalratswahlen stärkste Fraktion im Parlament, müssen aber mit drei anderen Parteien koalieren.
12	So	In der Frankfurter Paulskirche wird der französische Publizist Alfred Grosser mit dem Friedenspreis des Deutschen Buchhandels ausgezeichnet.
13	Mo	Frankreich beginnt mit dem Abzug von etwa 2000 Soldaten aus seiner ehemaligen Kolonie Tschad, den die Regierung des afrikanischen Staates fordert.
14	Di	Der baden-württembergische Verwaltungsgerichtshof erlaubt den Bau des Atomkraftwerks Whyl. Bürgerinitiativen hatten dagegen geklagt.
15	Mi	Die Regierung in Reykjavik kündigt die Ausweitung der isländischen Fischereizone von bisher 50 auf 200 Seemeilen an.
16	Do	Die Außenminister der Arabischen Liga bemühen sich bei einem Treffen in Kairo vergeblich um eine Vermittlung zwischen Christen und Moslems im Libanon.
17	Fr	Der Bundestag billigt mit den Stimmen der Opposition das Gesundheitsabkommen mit der DDR. Es regelt u.a. medizinische Hilfe im Reiseverkehr.
18	Sa	In Indien ermächtigt eine Gesetzesergänzung die Regierung, rückwirkend zum 29. Juni ohne Angabe von Gründen Verhaftungen von Bürgern anzuordnen.
19	So	In Teheran unterzeichnen Vertreter Londons ein Abkommen, das dem Iran britische Hilfe bei der Verwirklichung seines Kernenergieprogramms zusichert.
20	Mo	Die fünf führenden wirtschaftswissenschaftlichen Institute der Bundesrepublik äußern sich optimistisch über einen neuen Wirtschaftsaufschwung.
21	Di	Die etwa 22 000 Mitglieder der kanadischen Postgewerkschaft beginnen einen Streik. Er endet am 3. Dezember mit einer 37%igen Lohnerhöhung.
22	Mi	Das Bundesverfassungsgericht weist acht Verfassungsbeschwerden gegen die 1970 geschlossenen Ostverträge mit Polen und der UdSSR zurück.
23	Do	In Warschau beschließen die Mitglieder des osteuropäischen Wirtschaftsbündnisses COMECOM ein Programm zum Bau von 150 Atomreaktoren.
24	Fr	Der Bundestag verabschiedet den Regierungsentwurf zur Abwehr Radikaler im öffentlichen Dienst, der zu Berufsverboten führen kann.
25	Sa	Alle 70 Insassen sterben beim Absturz einer Transportmaschine der bolivianischen Luftwaffe in den Anden. +++ Hermann Neuberger wird DFB-Präsident.
26	So	Ägyptens Staatspräsident Muhammad Anwar As Sadat besucht die USA. Washington gewährt Ägypten einen Kredit über knapp 2 Mrd. DM.
27	Mo	Auf dem FDP-Parteitag kündigt der Parteivorsitzende Hans-Dietrich Genscher eine eindeutige Koalitionsaussage seiner Partei für die Bundestagswahl an.
28	Di	Der Ex-Vorsitzende der rechtsgerichteten NPD, Adolf von Thadden, tritt aus der Partei aus. Die NPD hatte bei Landtagswahlen 1975 jeweils rd. 1% erhalten.
29	Mi	Der Westberliner Senat und die DDR vereinbaren nach fast zweieinhalbjährigen Verhandlungen Regeln für Hilfseinsätze bei Unglücken in Grenzgewässern.
30	Do	Die Académie Française verzichtet wegen der mangelnden Qualität der Neuerscheinungen 1975 auf die Verleihung des Großen Literaturpreises.
31	Fr	Die Jungsozialisten in der SPD wollen Monatseinkommen generell auf 5000 DM netto begrenzen und den Spitzensteuersatz von 56% auf 80% erhöhen.

November 1975

1 Sa	Der italienische Schriftsteller und Regisseur Pier Paolo Pasolini wird im römischen Vorort Ostia ermordet aufgefunden.
2 So	Weinskandal in Frankreich: In Bordeaux sollen Exportweine mit dem hochgiftigen Natriumnitrit haltbar gemacht worden sein.
3 Mo	Per Knopfdruck eröffnet die britische Königin Elizabeth II. die erste Pipeline zwischen einem britischen Nordsee-Ölfeld und Schottland.
4 Di	41 jüngere, vorwiegend der SPD und der FDP nahe stehende Wissenschaftler kritisieren die Konjunkturpolitik der Bundesrepublik als »unsozial«.
5 Mi	Die Diäten der Bundes- und Landtagsabgeordneten sind steuerpflichtig. Dies geht aus einer Entscheidung des Bundesverfassungsgerichts hervor.
6 Do	Nach 5-wöchiger Geiselnahme lassen irische Terroristen den niederländischen Betriebsdirektor Tiede Herrema frei. → Westsahara
7 Fr	Indische Forscher teilen mit, sie hätten ein Nasenspray entwickelt und in Tierversuchen getestet, das zur Empfängnisverhütung eingesetzt werden könne.
8 Sa	Baden-Württembergs FDP beschließt gegen den Vorschlag ihres Vorsitzenden Martin Bangemann, eine Koalitionsaussage zugunsten der SPD zu treffen.
9 So	In Paris demonstrieren 1000 Filmschaffende gegen die Filmzensur. +++ Zusammenstöße politischer Gegner verschärfen die krisenhafte Lage Portugals.
10 Mo	Die Vollversammlung der Vereinten Nationen verabschiedet mehrheitlich eine Resolution, in der Zionismus als Form des Rassismus bezeichnet wird.
11 Di	Nach fast 500-jähriger portugiesischer Kolonialherrschaft ruft die marxistische Befreiungsorganisation MPLA die Volksrepublik Angola aus.
12 Mi	In Nordirland stirbt der 1000. Zivilist seit Ausbruch der Unruhen im Jahre 1969.+++ Marokko, Mauretanien und Spanien einigen sich über die Westsahara.
13 Do	Bei einer Bombenexplosion auf dem Zions-Platz in Jerusalem sterben sechs israelische Jugendliche. 42 Menschen werden verwundet.
14 Fr	US-Präsident Gerald Ford tritt per Videoaufzeichnung als Zeuge bei der Gerichtsverhandlung gegen eine Frau auf, die ein Attentat auf ihn verübt hatte.
15 Sa	Die kommunistischen Parteien Frankreichs und Italiens einigen sich in Rom auf eine gemeinsame klare Absage an die politische Linie der sowjetischen KP.
16 So	Mindestens 10 000 Menschen sind, wie Amnesty International berichtet, in der Sowjetunion aus politischen oder religiösen Gründen inhaftiert.
17 Mo	In Rambouillet bei Paris beenden die Staats- und Regierungschefs der sechs führenden westlichen Industrienationen ihren dreitägigen Wirtschaftsgipfel.
18 Di	An der Staatsgrenze am nördlichen Mekong nahe Vientiane liefern sich thailändische und laotische Truppen schwere Gefechte.
19 Mi	Bei einem Qualifikationsspiel zur Fußball-Europameisterschaft 1976 besiegt die bundesdeutsche Nationalelf in Stuttgart das rumänische Team mit 1:0.
20 Do	Nach dreijährigem Streit einigen sich Island und die Bundesrepublik Deutschland auf ein neues Fischereiabkommen für die Nordsee. → Psychiatrie
21 Fr	Die Regierungssprecher von Nord- und Südvietnam kündigen für die erste Jahreshälfte 1976 gemeinsame Wahlen an.
22 Sa	Auf dem Deutschlandtag der Jungen Union wird Mattias Wissmann als Bundesvorsitzender der CDU-Nachwuchsorganisation bestätigt. → Juan Carlos
23 So	Der letzte Film des ermordeten italienischen Regisseurs Pier Paolo Pasolini, »Die 120 Tage von Sodom«, wird in Paris uraufgeführt.
24 Mo	Die britische Regierung beschließt die Entsendung von drei Fregatten zum Schutz britischer Fischerboote in isländische Gewässern.
25 Di	Die niederländische Kolonie Surinam im Norden Südamerikas erhält die Unabhängigkeit. In der Hauptstadt Paramaribo finden Feierlichkeiten statt.
26 Mi	Das Bundeskabinett beschließt energiepolitische Maßnahmen. Der Beschluss beinhaltet auch die sofortige Bildung einer nationalen Steinkohlereserve.
27 Do	Bundesaußenminister Hans-Dietrich Genscher reist nach Israel. Gesprächsthema sind u.a. die unterschiedlichen Auffassungen in der Palästina-Frage.
28 Fr	Der Streik der japanischen Beschäftigten im öffentlichen Dienst sorgt vor allem im Verkehrssektor für chaotische Zustände.
29 Sa	Bei den Wahlen in Neuseeland erreicht die konservative Nationalpartei die absolute Mehrheit. Robert David Muldoon wird neuer Premierminister.
30 So	Israel übergibt vertragsgemäß die 1967 eroberten Erdölfelder von Abu Rodeis an die UNO, die ihrerseits das Gebiet tags darauf an Ägypten überantwortet.

22. November 1975

Juan Carlos führt Spanien zur Demokratie

Zwei Tage nach dem Tod des Diktators Francisco Franco, nach jahrzehntelanger Unterdrückung demokratischer Freiheiten und internationaler Isolation, beschreitet Spanien den Weg zur Demokratie. Der Prinz von Spanien, Don Juan Carlos de Borbon y Borbon, wird als Juan Carlos I. vom Regentschaftsrat zum König proklamiert. Der eben gekürte Monarch kündigt – für viele überraschend – einen demokratischen Reformkurs an.

Spanien während der Franco-Ära

Jahr	Ereignis
1939-45	Im Zweiten Weltkrieg bleibt Spanien neutral, hegt aber Sympathien für die Achsenmächte
1941-44	Säuberungswellen richten sich gegen innenpolitische Gegner. Nach Schätzungen rd. 190 000 Hinrichtungen.
1946	Boykottaufruf der Vereinten Nationen; Rücknahme 1950
1947	Volksentscheid stimmt für Monarchie nach Franco.
1951	Arbeiterstreiks erschüttern Katalonien und das Baskenland
1975	Vollstreckung von Todesurteilen gegen fünf Regimegegner führt zu internationalen Protesten

Mit der Einsetzung des 37-jährigen Königs, eines Enkels des 1931 gestürzten letzten Königs Alfons XIII., wird Spanien wieder zur Monarchie. Wegen des langen Todeskampfes Francos hatte Juan Carlos das Amt des Staatschefs bereits am 30. Oktober übernommen. Sein Handlungsspielraum ist jedoch klein. Nicht nur das von Franco formulierte Grundgesetz legt ihm Ketten an, auch stoßen bereits kleine Reformansätze auf den Widerstand konservativer Kreise. Zudem wird Juan Carlos als schwacher, politisch unerfahrener und zögerlicher Herrscher eingeschätzt. Die Aussichten für eine Fortführung der Monarchie gelten angesichts des Widerstands der mächtigen Anhänger und Nutznießer des alten autoritären Systems und der durch die Autonomiebestrebungen im Land aufgeworfenen Probleme als eher gering. Nach dem Sieg der Falangisten im Spanischen Bürgerkrieg baute Franco ab 1939 einen korporativen Staat auf, der vollkommen auf seine Person zugeschnitten war. Es existierte kein eigentliches Parlament, stattdessen gab es eine von der Exekutive kontrollierte Ständeversammlung. Die vom Staat abhängigen Gewerkschaften dienten der Kontrolle der Arbeiterschaft. Presse und intellektuelles Leben unterstanden der Zensur. Die von Madrid zentral gelenkte Verwaltung beaufsichtigte besonders streng jene Provinzen, die eigene sprachliche, kulturelle und historische Traditionen besaßen, wie etwa Katalonien, das Baskenland und Galizien.

Juan Carlos hatte sich von seinem mit dem Tode ringenden politischen Ziehvater allerdings schon so weit emanzipiert, dass er am 15. November als erste überraschende Maßnahme die Anerkennung der Regionalsprachen verfügte. Sie waren 1939 verboten worden. Offizielle Sprache in Franco-Spanien war kastilisch, das jedoch für ein Drittel der 36 Mio. Spanier nicht die Muttersprache ist. Nach der Amtsübernahme von Juan Carlos tritt am 1. Dezember die Regierung zurück. Bei der Auswahl der neuen Minister macht der König seinen Einfluss geltend. So besteht das neue Kabinett überwiegend aus reformwilligen Technokraten. Als starker Mann gilt Innenminister Manuel Fraga Iribarne, der als ent-

21. Dezember 1975

OPEC als Ziel des Terrors

Ein Terrorkommando, das sich »Arm der arabischen Revolution« nennt, überfällt das Verwaltungszentrum der Organisation Erdöl exportierender Länder (OPEC) in Wien. Die sechs Männer nehmen die dort tagenden Delegationen, darunter zehn Minister, als Geiseln. Drei Sicherheitsbeamte werden getötet, ein Terrorist, der aus der Bundesrepublik stammt, wird angeschossen. Die Geiselnehmer verlangen, in ein arabisches Land ausgeflogen zu werden, sowie die Verlesung einer politischen Erklärung. Nach Verhandlungen, in deren Verlauf die österreichischen Geiseln freikommen, werden die Forderungen der Terroristen erfüllt. Noch am Abend bringt der Rundfunk eine Erklärung der Terroristen. Am 22. Dezember werden die Geiselnehmer ausgeflogen.

6. November 1975

Marsch in die Westsahara

Mit einem sog. Grünen Marsch (s. Abb.) unterstreicht Marokko seinen Anspruch auf die spanische Überseeprovinz Spanische Sahara (Westsahara). Rd. 350 000 Menschen brechen – mit Ministerpräsident Ahmed Osman sowie Kabinettsmitgliedern und führenden Parteipolitikern an der Spitze – zu dem Protestzug auf. Die Westsahara ist die letzte spanische Besitzung in Afrika.

Der junge Regent bei seiner Thronrede

schlossener Verfechter einer Demokratisierung angesehen wird. Ministerpräsident Carlos Arias Navarro kündigt in seiner Regierungserklärung am 15. Dezember umfassende Reformen an, die allerdings nur zögerlich vorankommen. Erst mit Adolfo Suaréz, der auf Wunsch von Juan Carlos im Juli 1976 das Amt des Regierungschefs übernimmt, laufen substanzielle Reformen in Richtung Demokratie und Parlamentarismus an. Seine Regierung erkennt die Menschenrechte an, schafft eine unabhängige Justiz und gewährt den Regionen größere Autonomie. Immer wieder werden die Reformen der Regierung von zwei Seiten angegriffen: Dem demokratischen Zentrum und der marxistischen Linken führen sie nicht weit genug, den Ultrarechten gehen sie zu weit.

20. November 1975

Satire aus der Psychiatrie

In den USA hat der US-Spielfilm »Einer flog über das Kuckucksnest« Premiere. Unter der Leitung des aus der Tschechoslowakei emigrierten Regisseurs Milos Forman spielen Jack Nicholson (s. Abb. r.) und Louise Fletcher die Hauptrollen.
Der Film geht auf einen Roman von Ken Kesey zurück, den dieser während der Arbeit in einem »Veteran's Hospital« schrieb. Er handelt von dem Gauner McMurphy (Jack Nicholson), der vortäuscht verrückt zu sein, damit er seine Haftstrafe nicht im Arbeitslager, sondern in der vermeintlich bequemeren psychiatrischen Anstalt absitzen kann. Schon bald jedoch kommt es zwischen ihm und der tyrannischen Oberschwester Ratched (Louise Fletcher) zu Konflikten. McMurphy versucht, durch Witz und Einfallsreichtum den monotonen Tagesablauf der Insassen aufzulockern, stößt aber beim Anstaltspersonal auf Unverständnis und Misstrauen. Er muss sich einer psychiatrischen Behandlung unterziehen. Durch eine Gehirnoperation wird er endgültig ruhiggestellt. Sein bester Freund, ein hünenhafter Indianer, erstickt ihn, um ihm dieses menschenunwürdige Dasein zu ersparen. Nach seiner Musicalverfilmung »Hair« beendet Forman mit »Einer flog über das Kuckucksnest« seine zweite Regiearbeit in den USA. Kritiker und Publikum sind von der bitteren Satire begeistert. Bei der »Oscar«-Verleihung 1976 wird der Film für die beste Regie und das beste Drehbuch ausgezeichnet. Auch für die beiden Hauptdarsteller bedeutet der Film eine wichtige Station in ihrer Karriere. Nicholson und Fletcher werden mit je einem »Oscar« ausgezeichnet.

10. Dezember 1975

Kampf gegen Unrecht

Das Nobelkomitee überreicht in Oslo den Friedensnobelpreis für den sowjetischen Atomphysiker und Bürgerrechtler Andrej D. Sacharow. Der designierte Preisträger wird bei der Verleihung durch seine Frau Jelena Bonner vertreten. Nur sie hatte von den Sowjetbehörden eine Ausreisegenehmigung erhalten. Das Nobelkomitee honoriert damit den »kompromisslosen und kraftvollen Kampf« des Physikers »gegen den Machtmissbrauch und die Verletzung der Menschenwürde in jeder Form und seinen Einsatz für die Ideale eines Staates, der auf dem Prinzip der Gerechtigkeit für alle basiert«. Die Ostblockstaaten boykottieren die Zeremonie.

Andrej D. Sacharow

sowjetischer Physiker, * 21.5.1921 Moskau, † 14.12.1989 Moskau

Der Atomphysiker zählt neben dem Schriftsteller Solschenizyn zu den bekanntesten Bürgerrechtlern der Sowjetunion. Nach mehreren hohen Auszeichnungen für seine wissenschaftlichen Leistungen setzt er sich verstärkt für die Rechte politischer Gefangener ein. Er trägt wesentlich dazu bei, mit Hilfe von ausländischen Journalisten das Unrecht in der UdSSR international anzuprangern.

- 1970: Gründung des Komitees zur Durchsetzung der Menschenrechte
- 1980: Verbannung nach Gorki
- 1986: Rehabilitation durch Michail S. Gorbatschow

Dezember 1975

1 Mo US-Präsident Gerald Ford trifft zu einem viertägigen Besuch in der Volksrepublik China ein. Danach besucht er Indonesien und die Philippinen.

2 Di Angehörige der südmolukkischen Volksgruppe bringen nahe der niederländischen Stadt Assen einen Nahverkehrszug in ihre Gewalt und nehmen Geiseln.

3 Mi Rumäniens Präsident Nicolae Ceaușescu sichert den Vertretern der deutschen und der ungarischen Minderheit Gleichbehandlung aller Bürger zu.

4 Do Südmolukkische Terroristen besetzen das indonesische Konsulat in Amsterdam und bringen zahlreiche Geiseln in ihre Gewalt.

5 Fr Die fünftägige Nahostdebatte der Vereinten Nationen endet mit einer Resolution, in der Israel wegen der Besetzung arabischer Gebiete verurteilt wird.

6 Sa Zwei Tage nach seinem schweren Sturz beim Weltcup-Skirennen in Val d 'Isère stirbt der 19-jährige Franzose Michel Dujon an seinen Verletzungen.

7 So Indonesische Militäreinheiten besetzen die portugiesische Kolonie Timor. +++ Vier irische Terroristen nehmen ein britisches Ehepaar in ihre Gewalt.

8 Mo Der DFB belegt den Trainer von Kickers Offenbach, Otto Rehhagel, mit einer Sperre, weil er einem Schiedsrichter Bestechlichkeit vorgeworfen hatte.

9 Di Erstmals seit Beginn des Bürgerkriegs im Libanon greift die libanesische Armee in die Kämpfe zwischen Moslems und Christen in Beirut ein.

10 Mi Die Bundesvereinigung der Deutschen Arbeitgeberverbände bestätigt Hanns Martin Schleyer in seinem Präsidentenamt. → Kampf

11 Do Der Bundestag verabschiedet ein Gesetz zur Reform des Ehe- und Familienrechts. Kernpunkte sind das Zerrüttungsprinzip und der Versorgungsausgleich.

12 Fr In Portugal verhandeln Militärs und Politiker über einen größeren Einfluss der politischen Parteien auf die Führung des Landes.

13 Sa Bei Parlamentswahlen in Australien siegt die Konservative Partei. +++ Das Mandat der UN-Truppen auf Zypern wird um sechs Monate verlängert.

14 So Die Westberliner Schaubühne am Halleschen Ufer zeigt die Uraufführung der Hölderlin-Montage »Der Tod des Empedokles«.

15 Mo Günter Guillaume, Referent von Bundeskanzler Willy Brandt, wird wegen seiner Tätigkeit als Agent des DDR-Geheimdienstes zu 13 Jahren Haft verurteilt.

16 Di Evi Mittermaier aus Reit im Winkel erringt bei der alpinen Ski-Abfahrt im italienischen Cortina d'Ampezzo ihren ersten Weltcupsieg.

17 Mi Die bundesdeutschen Sportjournalisten wählen den Ruderer Peter Michael Kolbe und die Leichtathletin Ellen Wellmann-Tittel zu den »Sportlern des Jahres«.

18 Do Die Sozialminister der EU-Staaten erlassen eine Direktive, die Geschlechtsdiskriminierungen in Arbeitsverhältnissen verbietet.

19 Fr Ein Konvolut von Manuskripten des Philosophen Georg Wilhelm Friedrich Hegel, die als verschollen galten, wird in Berlin wiederentdeckt.

20 Sa Die Regierung von Gabun übernimmt das von Albert Schweitzer gegründete Urwaldhospital in Lambarene und verhindert damit dessen drohende Schließung.

21 So Sieben Monate nach Beendigung des Vietnamkriegs wird in den USA das letzte noch bestehende Lager für Flüchtlinge aus Indochina geschlossen. → OPEC

22 Mo In Stockholm erringt das Tennis-Team aus Schweden durch einen 3:2-Sieg über die Spieler aus der Tschechoslowakei den Davis-Cup.

23 Di Fünf Kinder, die in einem vergitterten Raum mit Streichhölzern spielen, kommen in einem Westberliner Kinderladen durch einen Brand ums Leben.

24 Mi Papst Paul VI. beendet mit der Schließung der Heiligen Pforte im Petersdom das Heilige Jahr. Es hat mehr als sechs Mio. Pilger nach Rom geführt.

25 Do Nach 21 Monaten Haft lässt die Volksrepublik China die Besatzung eines sowjetischen Hubschraubers frei, die auf chinesischem Gebiet festgenommen wurde.

26 Fr Eine »Tupolew« 144 eröffnet den Flugverkehr auf der ersten Überschallroute der Welt. Sie verbindet Moskau mit der Hauptstadt Kasachtans, Alma-Ata.

27 Sa 370 Bergarbeiter werden durch eine Schlagwetterexplosion im überfluteten Stollen eines indischen Kohlebergwerks verschüttet.

28 So In Guernica konstituiert sich die Demokratische Versammlung des Baskenlandes, die die politische Autonomie der spanischen Region erreichen will.

29 Mo Bei einem Bombenanschlag in der Gepäckausgabe des New Yorker Flughafens La Guardia sterben elf Menschen. Die Attentäter bleiben unerkannt.

30 Di Nach der Volksabstimmung über eine neue Verfassung vom 21. Dezember wird heute die Demokratische Republik Madagaskar proklamiert.

31 Mi Die Sowjetunion gestattet dem ukrainischen Dissidenten und Mathematiker Leonid Fiusch und seiner Familie die Ausreise.

Januar 1976

1 Do Eine Gesetzesänderung bestimmt in Österreich, dass Frauen nach der Heirat ihren Geburtsnamen weiterhin führen können. → Anschnallen

2 Fr Bei Restaurationsarbeiten an der San-Lorenzo-Basilika in Florenz werden Fresken aus der Renaissance entdeckt, die von Michelangelo stammen könnten.

3 Sa Die bislang französischen Komoren vor der Ostküste Afrikas erhalten die Unabhängigkeit. +++ Ein Orkan über Nordwesteuropa fordert 80 Menschenleben.

4 So US-Präsident Gerald Ford erklärt, dass in den USA keine Söldner für den Kampf gegen die marxistische MPLA in Angola ausgebildet würden.

5 Mo Der ständige Vertreter der Bundesrepublik in der DDR, Günter Gaus, erhebt Protest gegen die Ausweisung des Ostberliner »Spiegel«-Korrespondenten.

6 Di Die Deutsche Lufthansa, die derzeit 58 Länder anfliegt, feiert auf dem Berliner Flughafen Tempelhof mit einer Festveranstaltung ihr 50-jähriges Jubiläum.

7 Mi Bundesverkehrsminister Kurt Gscheidle genehmigt den Bau einer neuen Eisenbahnstrecke zwischen Mannheim und Stuttgart.

8 Do In Peking stirbt im Alter von 78 Jahren der chinesische Ministerpräsident Chou En-lai. Als wahrscheinlichster Nachfolger gilt derzeit Deng Xiaoping.

9 Fr Bei Kämpfen in Beirut (Libanon) kommen über 50 Menschen ums Leben. +++ 26 Tote fordert die Explosion eines Frachtschiffs im Hamburger Hafen.

10 Sa Der sowjetische Mathematiker und Regimekritiker Leonid Pljuschtsch trifft nach seiner Entlassung aus einer psychiatrischen Anstalt in Österreich ein.

11 So Das US-Wirtschaftsministerium teilt mit, dass Datsun (Japan) 1975 die meisten ausländischen Pkw in den USA verkaufte und VW auf Rang zwei verwies.

12 Mo Erstmals tagt in New York der Sicherheitsrat der Vereinten Nationen unter Beteiligung von Vertretern der Palästinensischen Befreiungsorganisation PLO.

13 Di Als erste Frau dirigiert Sarah Caldwell an der New Yorker Metropolitan Opera. Aufgeführt wird »La Traviata« von Giuseppe Verdi.

14 Mi Joseph Beuys erhält von der Stadt Wuppertal 165 000 DM Schadensersatz wegen der Zweckentfremdung eines seiner Kunstwerke als Bierkühler.

15 Do Der Vatikan veröffentlicht eine »Erklärung zu einigen Fragen der Sexualmoral«, die sich u.a. gegen vorehelichen Geschlechtsverkehr richtet. → Albrecht

16 Fr Auf einem Militärflughafen nahe Stockholm nimmt die Polizei nach dem Fund von 33 kg Haschisch die Insassen einer pakistanischen Militärmaschine fest.

17 Sa Das in Rom tagende zweite Russell-Tribunal verurteilt mehrere südamerikanische Regierungen wegen schwer wiegender Verletzungen der Menschenrechte.

18 So Renato Curcio, Anführer der italienischen Terrororganisation »Rote Brigaden«, kann in Mailand von der Polizei gestellt werden.

19 Mo Die Bundesregierung teilt mit, dass die Zahl der Reisen in die DDR im Jahr 1975 gegenüber dem Vorjahr um 63% angestiegen ist.

20 Di Das DDR-Außenministerium protestiert gegen die Arbeit der Zentralen Erfassungsstelle in Salzgitter, die Rechtsverstöße auf dem Gebiet der DDR registriert.

21 Mi Der 32-jährige SPD-Politiker Oskar Lafontaine wird zum Oberbürgermeister von Saarbrücken, der Hauptstadt des Saarlandes, gewählt.

22 Do Die Deutsche Bundesbahn gibt Pläne zur Kürzung des Streckennetzes und zur Reduzierung des Personalbestandes bekannt.

23 Fr US-Außenminister Henry A. Kissinger beendet nach drei Tagen seinen Besuch in Moskau. Gesprächsthema waren u.a. Abrüstungsfragen.

24 Sa Die Regierungen der USA und Spaniens schließen ein Stützpunktabkommen, wonach die US-Armee spanische Militärbasen nutzen darf.

25 So Der bundesdeutsche Radamateur Klaus-Peter Thaler gewinnt im französischen Lyon die Weltmeisterschaft im Querfeldeinfahren.

26 Mo DDR-Diplomaten in Bonn erhalten per Gerichtsentscheid die Erlaubnis, das wegen Spionage für Ost-Berlin angeklagte Ehepaar Guillaume zu besuchen.

27 Di Der US-Senat bestätigt offiziell die Ernennung von George W. Bush zum Direktor des Geheimdienstes CIA durch Präsident Gerald Ford.

28 Mi Knapp 100 britische Söldner fliegen von London nach Angola, um gegen die marxistisch orientierte Befreiungsorganisation MPLA zu kämpfen.

29 Do Die australische Weizenbehörde teilt mit, dass mit Indien und China Verträge über die Lieferung von Getreide abgeschlossen wurden.

30 Fr Der Bundestag in Bonn verabschiedet eine Gesetzesvorlage, nach der Opfer von Gewaltverbrechen in bestimmten Fällen Anspruch auf Entschädigung haben.

31 Sa 119 Bilder von Pablo Picasso werden im südfranzösischen Avignon aus dem Palast der im 14. Jahrhundert hier residierenden Päpste entwendet.

1. Januar 1976

Anschnallen wird Pflicht

In der Bundesrepublik Deutschland tritt eine neue Verordnung zur Verkehrssicherheit in Kraft. Danach ist künftig jeder Autofahrer, dessen Fahrzeug nach dem 1. April 1970 zugelassen wurde,

verpflichtet, einen Sicherheitsgurt zu benutzen und gegebenenfalls sein Auto nachzurüsten. Diese öffentlichkeitswirksam verkündete Maßnahme (s. Abb.) soll dazu beitragen, bei Verkehrsunfällen schwere Verletzungen zu verhindern.

24. Februar 1976

Streit um Eurokommunisten

In einer fünfstündigen Rede beschreibt Kreml-Chef Leonid I. Breschnew auf dem XXV. Parteitag der KPdSU in Moskau die politische und wirtschaftliche Entwicklung. Nicht verhehlen kann er Versorgungsprobleme. Zum wichtigsten Thema des Parteitags aber werden die Spannungen zwischen der KPdSU und den einzelnen kommunistischen Parteien in Europa. Vor allem die italienische und die französische KP melden unter dem Stichwort »Eurokommunismus« ihre Ansprüche auf Eigenständigkeit an. Sie wollen sich nicht länger dem uneingeschränkten Diktat aus Moskau beugen. Gastredner Enrico Berlinguer, Chef der italienischen Kommunisten (KPI), weist in seiner Rede auf die Autonomie jeder Partei hin. Vor allem das Bekenntnis der KPI zur parlamentarischen Demokratie stößt bei den Staatskommunisten in Moskau auf Unverständnis. Auch die französische kommunistische Partei unter Generalsekretär Georges Marchais, der nicht nach Moskau gekommen ist, wehrt sich zunehmend gegen eine Bevormundung durch die KPdSU.

Enrico Berlinguer

italienischer Politiker, * 25.5.1922 Sassari/Sardinien; † 11.6.1984 Padua

Der einer aristokratischen Familie entstammende Kommunist löst die KPI unter dem Schlagwort »Eurokommunismus« von sowjetischem Einfluss. Berlinguer tritt für die Zugehörigkeit zur NATO ein und sucht den »historischen Kompromiss« mit den Christdemokraten.

- 1943: Eintritt in die Kommunistische Partei
- 1968-84: Mitglied der Abgeordnetenkammer
- 1972-84: Generalsekretär der Kommunistischen Partei

15. Februar 1976

Alle lieben »Gold-Rosi«

In Innsbruck enden die XII. Olympischen Winterspiele. Star der Spiele ist Rosi Mittermaier von der Winklmoos-Alm nahe Reit im Winkl in Oberbayern, die unerwartet zwei Gold- und eine Silbermedaille für das deutsche Team holt.
Die alpinen Skiwettbewerbe beginnen mit der Königsdisziplin, dem Abfahrtslauf. Noch nie konnte Rosi Mittermaier eine Weltcup-Abfahrt gewinnen – als Favoritin gilt Brigitte Totschnig aus dem Gastgeberland. Vor 50 000 Zuschauern, die in die Axamer Lizum gekommen sind, legt die Österreicherin auch gleich die beste Zeit vor und wird im Ziel schon stürmisch gefeiert. Aber Rosi Mittermaier findet auf der schwierigen, 2515 m langen Hoadl-Piste die Ideallinie, übertrumpft die Zwischenzeiten von Totschnig und fährt mit neuem Streckenrekord zum Olympiasieg. Drei Tage später siegt die 25-jährige »Gold-Rosi« auch in ihrer Paradedisziplin, dem Slalom, und holt sich

Der »Austria-Express« Franz Klammer

19. Februar 1976

»Kabeljaukrieg« eskaliert

Die Spannungen zwischen Island und Großbritannien um die Erweiterung von Fischereizonen spitzen sich zu. Die Regierung in Reykjavík bricht die diplomatischen Beziehungen zu London ab. Hintergrund des Konflikts ist, dass Island seine Fischereizone einseitig auf 200 Seemeilen ausgedehnt hat. Dieser Beschluss richtet sich vor allem gegen britische Trawler, die den isländischen Fischern zunehmend die Existenzgrundlage entziehen. Die rd. 220 000 Einwohner Islands leben zu einem großen Teil vom Fischfang und sehen ihre wirtschaftliche Basis durch britische Fischer gefährdet. London war jedoch nicht bereit, die Ausdehnung der Fischereizone zu akzeptieren. Daraufhin eskalierte der Konflikt zum »Kabeljaukrieg«: Isländische Kanonenboote hinderten die britischen Fischtrawler mit Waffengewalt am Fischfang. Am 1. Juni lenkt die britische Regierung schließlich ein. Für eine begrenzte Zeit dürfen britische Fischer noch in den umstrittenen Bereichen fischen. Im Anschluss daran ist die 200-Meilen-Zone Islands für britische Trawler tabu.

Slalom-Siegerin Mittermaier (M.) mit Claudia Giordani (l.) und Hanni Wenzel (r.) auf dem Siegerpodest

im Riesenslalom die Silbermedaille. Keine alpine Skiläuferin war bei Olympischen Winterspielen je erfolgreicher.
Enormer Erfolgsdruck, der schon Wochen vor dem Rennen von den Medien kräftig angeheizt wird, lastet auf dem Österreicher Franz Klammer, Weltcup-Seriensieger in der Abfahrt. Von ihm wird nicht mehr und nicht weniger als der Sieg erwartet – der Ruf der Alpenrepublik als Ski-Nation stehe auf dem Spiel, heißt es. Für zusätzliche Spannung und auch Skepsis sorgt der von Klammer mehrmals gefahrene »Loch-Ski«, bei dem die Skispitzen durchbrochen sind. Wochenlang diskutiert die ganze Ski-Nation das Für und Wider dieser Neuentwicklung. Der 22-jährige Bauernsohn aus Kärnten hält dem Druck im entscheidenden Augenblick stand und rast auf der kurvenreichen Abfahrtstrecke am Patscherkofel vor 60 000 Zuschauern zur umjubelten Goldmedaille.
Eine Premiere hat der US-Eiskunstläufer Terry Kubicka bei den Winterspielen zu bieten: Er zeigt erstmals einen Salto rückwärts, landet aber doch nur auf Platz sieben. Im Bob- und Rodelsport präsentieren sich die Athleten aus der DDR als neue Großmacht. Der Lohn akribischer Vorbereitung ist eine Medaillenausbeute, die ohne Beispiel ist: Fünfmal Gold, einmal Silber, einmal Bronze aus fünf Wettbewerben lautet das stattliche Resultat.
In der Nationenwertung siegen die UdSSR (13-mal Gold, 6-mal Silber, 8-mal Bronze) vor der DDR (7/5/7), den USA (3/3/4), Norwegen (3/3/1) und der Bundesrepublik (2/5/3).

15. Januar 1976

Albrechts Polit-Coup

Sensationell wird der CDU-Politiker Ernst Albrecht (s. Abb., M.) zum neuen Ministerpräsidenten Niedersachsens gewählt. Obwohl die regierende SPD/FDP-Koalition im Landtag mit 78 Mandaten rein rechnerisch über die absolute Mehrheit verfügt, entfallen – in geheimer Abstimmung – auf Albrecht 78, auf den SPD-Kandidaten Helmut Kasimir 74 Stimmen. Albrecht bildet eine Minderheitsregierung, die zunächst von der FDP in »konstruktiver Opposition«, wie es bei den Liberalen heißt, toleriert wird. Erst nach der Bundestagswahl am 3. Oktober tritt die FDP in die Regierung Albrecht ein. Mit der Wahl Albrechts kann die Union ihre Mehrheit im Bundesrat ausbauen.

9. Februar 1976

MPLA siegt im Bürgerkrieg

Die marxistische Befreiungsbewegung MPLA entscheidet den Bürgerkrieg in Angola zu ihren Gunsten. Ihre Truppen erobern die Stadt Huambo und besetzen das Hauptquartier der westlich orientierten Gruppierungen FNLA und UNITA. Diese kündigen jedoch an, ihren Kampf im Untergrund fortsetzen zu wollen. Die MPLA, in deren Reihen rd. 15 000 kubanische Soldaten kämpfen (Abb.: MPLA-Kämpfer und Kubaner im Manöver),

wird als neue Macht auch international akzeptiert. Einige westliche Staaten, darunter die Bundesrepublik, erkennen die MPLA-Regierung an. Südafrika, das FNLA und UNITA unterstützt hat, beschließt, seine Truppen abzuziehen.

Februar 1976

1 So Am Ende ihres dreitägigen Kongresses fordern christlich-demokratische Gruppen in Madrid in einer Erklärung die politische Freiheit Spaniens.

2 Mo Der Bundesgrenzschutz teilt in seinem Jahresbericht mit, dass 1975 insgesamt 248 DDR-Bürger in die Bundesrepublik geflohen seien.

3 Di Die Leiter der gemeinsamen Grenzkommission der Bundesrepublik und der DDR unterzeichnen eine Vereinbarung über Forstarbeiten im Grenzbereich.

4 Mi In dem mittelamerikanischen Staat Guatemala fordert ein schweres Erdbeben mehr als 23 000 Todesopfer.

5 Do Der Österreicher Franz Klammer gewinnt bei den Olympischen Winterspielen in Innsbruck die Goldmedaille im Abfahrtslauf.

6 Fr Der niedersächsische Ministerpräsident Ernst Albrecht (CDU) bildet in Hannover ein Minderheitskabinett, dem nur Mitglieder der CDU angehören.

7 Sa In Nordwürttemberg streiken 66 000 Metaller, um der Forderung der IG Metall nach 8,5% Lohnerhöhung Nachdruck zu verleihen.

8 So In Saint-Quen bei Paris endet nach vier Tagen der XXII. Parteikongress der französischen KP. Die Delegierten fordern mehr Unabhängigkeit von Moskau.

9 Mo Weltmeister Ulrich Wehling aus der DDR wiederholt in Innsbruck seinen Olympiasieg von 1972 in der Nordischen Kombination. → MPLA

10 Di Der Landesvorstand und die Landtagsfraktion der niedersächsischen FDP beschließen in Hannover, keine Koalition mit der CDU einzugehen,

11 Mi Die Organisation für Afrikanische Einheit (OAU) erkennt die kommunistische MPLA als Regierung Angolas an und nimmt Angola als 47. Mitglied auf.

12 Do Der Bundestag verabschiedet in Bonn ein Reformgesetz zum § 218. Danach ist in bestimmten Fällen der Abbruch in den ersten drei Monaten straffrei.

13 Fr »Vom Werden der Vernunft«, ein Stück von Hartmut Lange, wird in der Werkstatt des Berliner Schiller-Theaters uraufgeführt.

14 Sa Durch einen 4:1 Sieg über das Team der USA gewinnt die Eishockey-Auswahl der Bundesrepublik bei den Olympischen Spielen in Innsbruck Bronze.

15 So Die staatliche iranische Ölgesellschaft gibt die Senkung des Preises für 1 Barrel schweres Erdöl auf umgerechnet 29,64 DM bekannt. → »Gold-Rosi«

16 Mo Aufgrund einer Regierungsverordnung dürfen in Südafrika 16 Hotels ohne Sondergenehmigung Zimmer an Schwarze »mit gutem Leumund« vermieten.

17 Di Als erster westlicher Staat erkennt Frankreich die aus Mitgliedern der kommunistischen Befreiungsbewegung MPLA gebildete Regierung Angolas an.

18 Mi Am Grenzübergang Herleshausen trifft ein Transport von 25 politischen Häftlingen aus der DDR ein, die von der Bundesregierung freigekauft wurden.

19 Do Der Bundestag billigt mit den Stimmen auch einiger Oppositionspolitiker den am 9. Oktober 1975 mit Polen geschlossenen Vertrag. → »Kabeljaukrieg«

20 Fr Die Bundesrepublik gewährt im Rahmen des Besuchs von Ministerpräsident Zulfikar Ali-Khan Bhutto Pakistan eine Kapitalhilfe von 234 Mio. DM.

21 Sa Im mittelamerikanischen Staat Costa Rica werden auf Anordnung der Regierung sämtliche Nachrichtenmedien unter staatliche Kontrolle gestellt.

22 So Gemäß dem ägyptisch-israelischen Truppenabkommen verlassen die letzten israelischen Soldaten ihre Stellungen auf der Sinai-Halbinsel.

23 Mo In Stuttgart wird der Pasolini-Film »Die 120 Tage von Sodom« wegen des Vorwurfs der Pornographie und Gewaltverherrlichung beschlagnahmt.

24 Di US-Außenminister Henry A. Kissinger beendet eine Südamerikareise, bei der es um die Lösung wirtschaftlicher Probleme ging. → Eurokommunisten

25 Mi In Washington stimmt der US-Senat der Assoziierung der im Pazifik gelegenen Nordmarianen an die Vereinigten Staaten zu.

26 Do Die französische Regierung gewährt Indien einen Kredit in Höhe von umgerechnet 110 Mio. DM, mit dem Güter in Frankreich gekauft werden sollen.

27 Fr Der österreichische Außenminister Erich Bielka sagt den Vertretern der Südtiroler Volkspartei weitreichende Unterstützung ihrer Autonomieforderungen zu.

28 Sa Nach 91-jähriger Kolonialherrschaft zieht sich Spanien aus der Westsahara zurück. Marokko und Mauretanien teilen das Gebiet unter sich auf.

29 So An der CDU/CSU-Mehrheit im Bundesrat scheitert der Versuch der sozialliberalen Koalition, den sog. Radikalenerlass zu liberalisieren.

März 1976

1 Mo Beim Kölner Rosenmontagszug kommt es zu Protesten gegen beteiligte Festwagen, deren Gestaltung Arbeitslose und Gastarbeiter verunglimpft.

2 Di Wegen Unzufriedenheit über den Linkskurs seiner Partei tritt der ehemalige britische Außenminister Lord George Brown aus der Labour Party aus.

3 Mi Die EU-Landwirtschaftsminister verständigen sich auf die Erhöhung der Agrarpreise. +++ Mosambik schließt die Grenzen zum Nachbarstaat Rhodesien.

4 Do Um auf ihre schlechte Ertragslage hinzuweisen, überfallen rund 1000 aufgebrachte Weinbauern nahe der französischen Stadt Narbonne einen Güterzug.

5 Fr In Moskau endet der XXV. Parteitag der KPdSU. Westeuropäische kommunistische Parteien hatten mehrfach Moskaus Führungsanspruch kritisiert.

6 Sa Bei den Vorstandswahlen der Münchener SPD unterliegt Oberbürgermeister Georg Kronawitter gegen Max von Heckel vom linken Parteiflügel.

7 So Der Österreicher Anton Innauer stellt in Oberstdorf einen Skiflug-Weltrekord auf. Er verbessert die alte Bestmarke von 169 m um 7 m.

8 Mo Im spanischen Baskenland legt ein aus Protest gegen einen brutalen Polizeieinsatz ausgerufener Streik das öffentliche Leben lahm.

9 Di Im italienischen Wintersportort Cavalese löst sich eine Seilbahnkabine aus der Verankerung, stürzt in die Tiefe und reißt dabei 42 Menschen in den Tod.

10 Mi Die NATO installiert ein neues Kommunikationsnetz, das bei einem Überraschungsangriff aus dem Osten die Verständigung aufrechterhalten kann.

11 Do Bewaffnete Täter erbeuten bei einem Überfall auf dem Londoner Flughafen Heathrow Bargeld, Goldbarren und Schmuck im Wert von rd. 2,5 Mio. DM.

12 Fr Der Bundesrat billigt die deutsch-polnischen Verträge. +++ Schwedens König Carl XVI. Gustav verlobt sich mit der Deutschen Silvia Sommerlath.

13 Sa In Inzell verbessert der Niederländer Piet Kleine den Eisschnelllauf-Weltrekord über 10 000 m um 7 sec auf 14:43,92 min.

14 So Bei den Kantonalwahlen in Frankreich erzielen die Sozialisten starke Stimmengewinne. Verluste müssen hingegen die Gaullisten hinnehmen.

15 Mo Das ägyptische Parlament billigt ein Gesetz zur vorzeitigen Aufhebung des seit fünf Jahren bestehenden Freundschaftsvertrages mit der UdSSR.

16 Di Der britische Premierminister Harold Wilson gibt in London seinen Rücktritt bekannt. Als Motiv nennt er gesundheitliche Gründe und Amtsmüdigkeit.

17 Mi Indien verweigert Ägypten wegen dessen Aufkündigung des Freundschaftsvertrages mit Moskau die Lieferung von Ersatzteilen für sowjetische Düsenjäger.

18 Do Der Bundestag stimmt für das neue Mitbestimmungsgesetz, welches den Arbeitnehmern mehr Mitsprache in Unternehmen zusichert.

19 Fr Prinzessin Margaret, Schwester der britischen Königin Elizabeth II., trennt sich nach Aussage eines Sprechers von ihrem Ehemann Lord Anthony Snowdon.

20 Sa In San Francisco spricht ein Geschworenengericht die wegen bewaffneten Bankraubs angeklagte Verlegerstochter Patricia Hearst schuldig.

21 So Bei Parlamentswahlen in Polen entfallen nach offiziellen Angaben 99,46% der abgegebenen Stimmen auf die Liste der nationalen Einheitsfront.

22 Mo Eine Delegation der Sozialistischen Internationale beendet eine Reise durch sechs arabische Staaten, die der Lösung des Nahost-Konflikts dienen sollte.

23 Di Tunesien beruft seinen Botschafter aus Tripolis ab, nachdem Libyen in den vergangenen Wochen über 1000 tunesische Arbeiter ausgewiesen hatte.

24 Mi Mit der Wahl Maurizio Ferraras zum Präsidenten der Provinz Latium werden in Italien sechs Regionalregierungen von Kommunisten geführt. → Argentinien

25 Do Die letzten britischen Soldaten verlassen Singapur. Damit endet nach über 100 Jahren das militärische Engagement Großbritanniens in dem Stadtstaat.

26 Fr Das Parlament von Trinidad/Tobago verabschiedet eine Verfassung, wonach die bisherige konstitutionelle Monarchie in eine Republik umgewandelt wird.

27 Sa Konservative Sozialdemokraten gründen die »Fritz-Erler-Gesellschaft«, die linksextreme und neomarxistische Tendenzen innerhalb der SPD bekämpft.

28 So Bei der Auszählung der vortägigen Teilwahlen zum Oberhaus in Indien wird der Sieg der regierenden Kongresspartei festgestellt. → Flucht

29 Mo Mehrere CDU/CSU-Abgeordnete reißen auf einer Ausstellung in Bonn unionskritische Plakate des Grafikers Klaus Staeck von den Wänden.

30 Di Im Norden Israels kommt es zu den bislang schwersten Zusammenstößen zwischen der arabischen Minderheit und Sicherheitskräften.

31 Mi Die Städtischen Bühnen Wuppertal bringen die Uraufführung von Alfred Bergmanns Theaterstück »Nina und Georg« heraus.

Slum im indischen Bombay: Die Landbevölkerung siedelt am Rand der großen Metropolen.

28. März 1976

Flucht in die Städte

Die Zahl der auf der Erde lebenden Menschen hat sich seit dem Jahr 1930 verdoppelt – die Weltbevölkerung überschreitet die Vier-Milliarden-Grenze: Diese Entwicklung wird vom US-Population Reference Bureau in Washington bekannt gegeben. Die in den letzten Jahrzehnten sprunghaft gestiegene Kopfzahl der Weltbevölkerung bereitet immer mehr Wissenschaftlern und Politikern in allen Erdteilen Sorge. Wenn dieser Trend weiter anhielte, würden, so die Meinung der Experten, im Jahr 2000 rd. 6,5 Mrd. Menschen auf der Erde leben. Da von der Bevölkerungsexplosion in erster Linie die sog. Entwicklungsländer betroffen sind – hier ist die jährliche Wachstumsrate der Bevölkerung mit z.T. über 3% weit höher als der Weltdurchschnitt –, werden sich die Probleme und Auswirkungen von Hunger und Armut drastisch verschärfen. Vor allem die Metropolen in der Dritten Welt wachsen unkontrolliert. In der Hoffnung auf Arbeit, sozialen Aufstieg und bessere Bildungschancen strömen die Menschen vom Land in die Städte und stranden oft in Elendsvierteln. Nicht weniger alarmierend sind die weltweit zunehmenden ökologischen Probleme als eine der Folgen der Bevölkerungsexplosion. Rücksichtsloser Umgang mit der Natur vernichtet die Lebensgrundlagen künftiger Generationen.

23. April 1976

Ein Palast für die Republik

Ost-Berlin hat ein neues Wahrzeichen: In Anwesenheit der gesamten Partei- und Staatsführung wird der Palast der Republik (s. Abb.) eingeweiht. Zusammen mit dem Fernsehturm beherrscht das Kongress- und Veranstaltungsgebäude, in dem künftig auch die DDR-Volkskammer tagt, das Zentrum Ost-Berlins. Es ist der aufwendigste Neubau in der Geschichte der DDR. Die Kosten werden offiziell nicht bekannt gegeben. Nach Schätzungen westlicher Experten belaufen sie sich auf über 1 Mrd. DM. Aufgrund der gewaltigen Dimensionen erhält der Palast im Berliner Volksmund bald den Beinamen »Palazzo Prozzo«. Er beherbergt drei Restaurants, sieben Gaststätten und Bars sowie ein Theater. Ein sechseckiger Saal

bietet 5000 Besuchern Platz. Der Palast der Republik, als Veranstaltungszentrum von der Bevölkerung gern genutzt, steht an der Stelle des früheren Berliner Schlosses, das 1950 auf Befehl von SED-Chef Walter Ulbricht abgerissen worden war.

24. März 1976

Militärputsch in Argentinien

Für viele politische Beobachter kommt das Eingreifen der Militärs in Argentinien nicht unerwartet. In einem offenbar von langer Hand vorbereiteten Putsch, der unblutig verläuft, wird Staatspräsidentin Isabel Perón abgesetzt und unter Hausarrest gestellt. Eine Junta unter General Jorge Rafael Videla übernimmt die Regierungsgeschäfte. Die Militärs verhängen den Ausnahmezustand, die Pressefreiheit wird eingeschränkt. Die restriktive Politik der Junta löst eine Welle der Gewalt aus. Isabel Perón, die Witwe des ehemaligen Staatschefs Juan Domingo Perón, ist mit ihrem Versuch gescheitert, die wirtschaftlichen Probleme des südamerikanischen Landes in den Griff zu bekommen und die sozialen Spannungen abzubauen. Argentiniens Wirtschaft steckt in einer tiefen Krise, die Inflationsrate im Jahre 1975 lag bei rd. 335% – Tendenz steigend. Die Reallöhne sind in den vergangenen Jahren gesunken, das Loch im Staatshaushalt ist kontinuierlich gewachsen. Innenpolitische Probleme tragen zudem zur Eskalation bei: So ist die peronistische Regierungspartei auseinander gebrochen, der linke Flügel hat sich zu einer eigenen Partei formiert. Isabel Perón, die seit November 1974 mit Hilfe von Notstandsgesetzen regierte, konnte sich im Parlament nicht mehr auf eine Mehrheit stützen.

21. April 1976

Größter Bagger der Welt

Die Rheinischen Braunkohlenwerke AG nehmen im Braunkohletagebau Hambach bei Bergheim im Rheinland den größten Schaufelradbagger der Welt in Betrieb (s. Abb.). Der Koloss wiegt bei einer Höhe von 84 m und einer Länge von 220 m etwa 13 000 t und kann von nur fünf Arbeitern bedient werden. Seine Tagesleistung von 240 000 m³ entspricht einer Menge, die rd. 45 000 Menschen am Tag mit Hacke und Schaufel be-

wegen könnten. Der von der Firma Krupp Industrie- und Stahlbau in Duisburg-Rheinhausen hergestellte Bagger ist zugleich Teil des größten Fördersystems der Welt: Es umfasst fünf Transportraupen, einen sog. Absatzer, acht Umkehrstationen und sechs Antriebsstationen. Das Fördersystem soll vornehmlich dazu dienen, die durch den Tagebau entstandenen Hohlräume in der Erde wieder zu füllen. Damit soll dem Umweltschutz Rechnung getragen werden: In Zukunft soll der neue Bagger verhindern helfen, dass der Tagebau in der rheinischen Landschaft auf Dauer größere Zerstörungen hinterlässt als unbedingt notwendig.

7. April 1976

Richtungsstreit in Peking

Der zwischen Linken und Rechten tobende Machtkampf in der politischen Führung der Volksrepublik China spitzt sich zu: Ministerpräsident Deng Xiaoping, der als Vertreter des rechten Parteiflügels gilt, wird aus allen Staats- und Parteiämtern entlassen. Auf Vorschlag Mao Tsetungs, des Führers der Kommunistischen Partei, ernennt das Politbüro den bisherigen Sicher-

heitsminister Hua Guo-feng (s. Abb.) zum Regierungschef. Deng Xiaoping, der in den letzten Wochen u.a. als Revisionist gebrandmarkt wurde, war bereits 1966 unter dem Vorwurf, Kapitalist zu sein, in die Verbannung geschickt worden. Der neue Ministerpräsident Hua, der auch zum stellvertretenden Parteivorsitzenden gewählt wird, gilt hingegen als ein Mann der Mitte. In den folgenden Wochen muss er sich jedoch immer häufiger den Linken beugen, die u.a. eine Kampagne gegen die Bildungs- und Wirtschaftspolitik starten. Kurzzeitig scheint der innerparteiliche Kampf zu Gunsten der Linken entschieden zu sein.

5. April 1976

Tod eines Phantoms

Howard Hughes (s. Abb.), eine der schillerndsten Persönlichkeiten der USA, stirbt während

eines Fluges von Acapulco nach Houston an Herzversagen. Der Industrielle, Flugzeugkonstrukteur und Filmproduzent, der mit einem Vermögen von umgerechnet 6,5 Mrd. DM als reichster Mann der Welt gilt, lebte seit Jahrzehnten völlig zurückgezogen und war schon zu Lebzeiten ein Mythos.

Howard Hughes

US-Unternehmer, * 24.12.1905 Houston (US-Bundesstaat Texas); † 5.4.1976 auf dem Flug von Acapulco nach Houston

Der Erbe großer Ölfelder in Texas war sowohl als Industrieller und Flugzeugkonstrukteur als auch als Filmproduzent in Hollywood erfolgreich. Er produzierte u.a. Filme wie »Scarface« und »The Outlaw« und machte Jean Harlow sowie Jane Russell zu Stars. Hughes stellt zwischen 1935 und 1938 mehrere Flugweltrekorde auf und gründete die Hughes Aircraft Co.

- 1923: Erbe einer Ölgesellschaft
- 1938: Weltrekordflug um die Erde
- 1954: Rückzug aus dem öffentlichen Leben
- 1966: Kauf zahlreicher Hotels in Las Vegas

April 1976

1 Do In Bonn wird der Neubau des Bundeskanzleramts fertig gestellt und dem ersten Hausherrn, Bundeskanzler Helmut Schmidt, übergeben.

2 Fr Die Verfassunggebende Versammlung Portugals verabschiedet eine neue Konstitution, auf deren Grundlage am 25. April freie Wahlen stattfinden.

3 Sa Den Grand Prix d'Eurovision de la Chanson in Den Haag gewinnt die britische Band »Brotherhood of Men«. mit »Save all your Kisses for me«.

4 So Bei den Landtagswahlen in Baden-Württemberg baut die regierende CDU unter Ministerpräsident Hans Filbinger mit 56,7% ihre absolute Mehrheit aus.

5 Mo Als Nachfolger Harald Wilsons (Labour Party) übernimmt dessen Parteifreund James Callaghan das Amt des britischen Premierministers. → Phantom

6 Di Der UN-Sicherheitsrat beschließt einstimmig verstärkte Wirtschaftssanktionen gegen das von der weißen Bevölkerungsminderheit regierte Rhodesien.

7 Mi Mit großem technischen Aufwand wird in Düsseldorf eine 590 m lange Rheinbrücke mittels hydraulischer Pressen um 47,5 m verschoben. → Peking

8 Do Die Schweiz verfügt die Ausweisung des ehemaligen portugiesischen Präsidenten António Spinola wegen verbotener politischer Tätigkeit.

9 Fr Syrische Truppen marschieren in den bürgerkriegsgeschüttelten Libanon ein, um als Ordnungsmacht einen Waffenstillstand zu erreichen.

10 Sa In Burma kommt es zu Kämpfen zwischen Regierungstruppen und kommunistischen Guerilla-Kämpfern, die vom Nachbarland China unterstützt werden.

11 So Die Regierung von Laos verkündet den Beginn einer landesweiten antiwestlichen Kampagne nach dem Vorbild der chinesischen Kulturrevolution.

12 Mo Der sowjetische Dissident Andrej Amalrik und seine Frau erhalten von den sowjetischen Behörden ein Visum zur Ausreise aus der UdSSR.

13 Di US-Präsident Gerald Ford unterzeichnet ein Gesetz über die Ausdehnung der von den USA beanspruchten Fischereizone von 12 auf 200 Meilen.

14 Mi Die Sowjetunion und Kuba schließen in Moskau ein Abkommen über wirtschaftliche und technische Zusammenarbeit.

15 Do Die indische Regierung teilt mit, dass sie die vor 15 Jahren abgebrochenen diplomatischen Beziehungen zur Volksrepublik China wieder aufnehmen will.

16 Fr In Bangkok spricht das neu gewählte thailändische Parlament der von Ministerpräsident Seni Pramoj gebildeten Regierung das Vertrauen aus.

17 Sa Der libanesische Staatspräsident Sulaiman Farandschija unterzeichnet eine Verfassungsänderung, die den Weg zur Neuwahl des Präsidenten freimacht.

18 So 30 000 Israelis marschieren durch das von Israel besetzte Westjordanland und fordern dessen Annexion. Dies löst gewalttätige arabische Proteste aus.

19 Mo Die UdSSR erklärt der UNO in einer offiziellen Note, dass sie zu Verhandlungen über das Verbot von Kernwaffenversuchen grundsätzlich bereit wäre.

20 Di Ab sofort dürfen in die Schweiz ausländische Banknoten nur noch bis zu einem Gegenwert von höchstens 20 000 sfr pro Person eingeführt werden.

21 Mi Großbritannien stellt dem südkoreanischen Regime umfangreiche Waffenlieferungen und Mithilfe beim Ausbau der Rüstungsindustrie in Aussicht. → Bagger

22 Do Bei einem Bombenanschlag auf die kubanische Botschaft in der portugiesischen Hauptstadt Lissabon kommen zwei Menschen ums Leben.

23 Fr Der Vorstand des Volkswagenwerks billigt in Wolfsburg Pläne zur Errichtung von Produktionsstätten in den Vereinigten Staaten. → Palast

24 Sa Mit 1:1 trennen sich in Madrid die Fußball-Nationalmannschaften Spaniens und der Bundesrepublik Deutschland.

25 So Bei den ersten freien Parlamentswahlen seit 50 Jahren wird die Sozialistische Partei mit rd. 35% der Stimmen stärkste politische Kraft in Portugal.

26 Mo Die Interparlamentarische Union schließt auf einer Tagung in Mexiko-Stadt Argentinien, Bahrain, Bangladesch und die VR China aus ihren Reihen aus.

27 Di Großbritannien produziert das für die Herstellung von Wasserstoffbomben notwendige Tritium künftig selbst, um von US-Lieferungen unabhängig zu sein.

28 Mi Mit großer Mehrheit ratifiziert das japanische Parlament in Tokio den Vertrag über die Nichtweiterverbreitung von Atomwaffen.

29 Do Zum Nachfolger des verstorbenen UdSSR-Verteidigungsministers Marschall Andrej A. Gretschko wird Dimitri F. Ustinow ernannt.

30 Fr Nach dem Scheitern der Tarifverhandlungen treten in der Bundesrepublik 16 000 Drucker in einen Streik. Viele Zeitungen können dadurch nicht erscheinen.

Mai 1976

1 Sa In Madrid kommt es zu schweren Auseinandersetzungen zwischen der Polizei und Demonstranten, die größere politische Freiheit fordern.

2 So Das Orchester des Leipziger Gewandhauses beginnt unter Leitung von Kurt Masur seine erste Gastspielreise durch die Bundesrepublik.

3 Mo US-Außenminister Henry A. Kissinger beendet eine zehntägige Afrikareise. Hauptgesprächsthema war die Apartheidpolitik Südafrikas.

4 Di Beim Zusammenstoß eines Vorortzuges mit dem »Rhein-Express« der Deutschen Bundesbahn sterben nahe Rotterdam 24 Menschen.

5 Mi Sechs Bombenanschläge korsischer Separatisten verursachen auf der französischen Mittelmeerinsel Korsika erheblichen Sachschaden.

6 Do Ein schweres Erdbeben zerstört in der norditalienischen Region Friaul 20 Dörfer. Dabei kommen über 1000 Menschen ums Leben.

7 Fr Wegen der Tätlichkeit eines spanischen Fußballfans gegen Gerd Müller sperrt die UEFA Real Madrid vom kommenden Europapokal-Wettbewerb aus.

8 Sa Der Münchner Franz Xaver Kroetz wird für sein Stück »Das Nest« mit dem erstmals vergebenen Mülheimer Dramatikerpreis ausgezeichnet.

9 So Die Regierungen Islands und der Sozialistischen Volksrepublik Albanien vereinbaren die Aufnahme diplomatischer Beziehungen. → Meinhof

10 Mo Nach dem Erscheinen von Berichten über sein Privatleben tritt Jeremy Thorpe, Vorsitzender der britischen Liberalen Partei, von seinem Amt zurück.

11 Di Linksgerichtete Terroristen einer »Brigade Che Guevara« erschießen in Paris den bolivianischen Botschafter in Frankreich, General Joaquin Zenteno Anaya.

12 Mi Zum dritten Mal in Folge gewinnt Bayern München – durch einen Sieg über den französischen Fußballklub St. Etienne – den Europapokal der Landesmeister.

13 Do Vor der nordwestspanischen Küste läuft der Tanker »Urquiola« auf ein Riff und gerät in Brand. Bei dem Unfall laufen über 50 000 t Rohöl ins Meer.

14 Fr Das Bundeskartellamt untersagt den Verkauf des Schweinfurter Unternehmens Fichtel & Sachs AG an den britischen Maschinenbaukonzern GNK.

15 Sa Auf ihrer Tagung in Istanbul fordern die Außenminister der islamischen Staaten den Ausschluss Israels aus den Vereinten Nationen.

16 So Bei der Premiere einer »Othello«-Inszenierung von Peter Zadek kommt es im Schauspielhaus Hamburg zu lautstarken Protesten zahlreicher Zuschauer.

17 Mo Im libanesischen Beirut fordern schwere Kämpfe zwischen der christlichen und der moslemischen Bürgerkriegspartei über 400 Menschenleben.

18 Di Als Folge des schweren Erdbebens vom Vortag sind in der Sowjetrepublik Usbekistan nach Schätzungen über 10 000 Menschen obdachlos. → »Roncalli«

19 Mi In Ost-Berlin schließen Vertreter beider deutscher Staaten ein Abkommen über den Abbau von grenznahen Braunkohlevorkommen bei Helmstedt.

20 Do Die US-Behörden erlauben der Air France, im Liniendienst zum Internationalen Flughafen Washington das Überschallflugzeug »Concorde« einzusetzen.

21 Fr Der Vorsitzende der italienischen Bischofskonferenz, Antonio Poma, warnt vor einer politischen Zusammenarbeit von Christen und Kommunisten.

22 Sa Mit der Neuwahl eines Teils der Führungsgremien sowie der Verabschiedung eines neuen Parteiprogramms endet in Ost-Berlin der IX. Parteitag der SED.

23 So Sechs philippinische Terroristen sprengen ein Verkehrsflugzeug auf dem Flughafen Zamboanga. 13 Passagiere kommen dabei ums Leben.

24 Mo Durch k.o. in der vierten Runde über den Briten Richard Dunn verteidigt Muhammed Ali in München seinen Boxweltmeistertitel im Schwergewicht.

25 Di In der griechischen Hauptstadt Athen kommt es zu gewalttätigen Auseinandersetzungen zwischen streikenden Arbeitern und der Polizei.

26 Mi Der führende Vertreter der deutschen Existenzphilosophie, Martin Heidegger, stirbt im Alter von 86 Jahren in Freiburg im Breisgau.

27 Do Syrien stimmt der sechsmonatigen Verlängerung des Mandats für die auf den Golanhöhen stationierten UN-Truppen zu.

28 Fr US-Präsident Gerald Ford unterzeichnet ein amerikanisch-sowjetisches Abkommen über die gegenseitige direkte Kontrolle von zivilen Atomtests.

29 Sa Die DDR-Regierung stellt einige soziale Verbesserungen in Aussicht. So sollen etwa die Mindestlöhne und -renten erhöht werden.

30 So An der Volksbühne in Ost-Berlin findet die Uraufführung von Heiner Müllers Theaterstück »Die Bauern« statt.

31 Mo Eine nicht genehmigte Ausstellung von Gemälden nonkonformistischer Künstler wird in Leningrad von der Polizei kurz nach der Eröffnung geschlossen.

Südafrikanische weiße Polizisten gehen gegen schwarze Jugendliche vor.

16. Juni 1976

Rebellion der Schüler von

Rassenunruhen in Südafrika: Mit Gewalt beenden südafrikanische Sicherheitskräfte in Soweto, einer Schwarzensiedlung 15 km südlich von Johannesburg, eine Demonstration jugendlicher Schwarzer. Sechs Demonstranten kommen ums Leben, über 30 Personen werden zum Teil schwer verletzt. Anlass der Demonstration ist eine neue Schulverordnung der Regierung. Danach soll ein Teil der Unterrichtsfächer zukünftig in Afrikaans, der Sprache der weißen Buren, gelehrt werden. Rasch formiert sich der Widerstand der englischsprachigen schwarzen Jugendlichen. Mitte Mai treten 800 Schüler in Soweto in den Streik, im Juni schließen sich über 3000 schwarze Jugendliche der Protestaktion an. In den folgenden Tagen weiten sich die Unruhen aus. Die Proteste erfassen die Arbeiterghettos im Oranjefreistaat, am

Stationen des Konflikts in Südafrika
(Auswahl)

Jahr	Ereignis
1948	Nationalisten unter Daniel François Malan gewinnen die Parlamentswahl und setzen ein kompromissloses Apartheidsprogramm um.
1960	Massaker von Sharpeville: Demonstration von Schwarzen gegen den sog. Ausweiszwang endet in einem Blutbad.
1964	Bürgerrechtler und ANC-Führer Nelson Mandela wird zu lebenslanger Haft verurteilt.
1992	Massaker von Boipatong: 42 Menschen kommen um.

20. Juni 1976

Nervensache: Deutschland verliert Elfmeter-Krimi von Belgrad

Uli Hoeneß, der während der gesamten Fußball-Europameisterschaft eine gute Leistung geboten hat, stößt Fußball-Deutschland in ein Tal der Tränen: Im Finale gegen das tschechoslowakische

Team jagt der Pechvogel im Elfmeterschießen den Ball über das Tor (s. Abb.) – als Panenka zum 5:3 trifft, steht mit der Tschechoslowakei der Überraschungssieger der EM fest. Die reguläre Spielzeit zwischen Titelverteidiger Deutschland und der gegnerischen Elf endete 2:2 unentschieden. In einem kampfbetonten und ausgeglichenen Spiel waren die Tschechoslowaken mit 2:0 in Führung gegangen. Der Kölner Torjäger Dieter Müller und – kurz vor dem Schlusspfiff – Bernd Hölzenbein sorgten für den Ausgleich. In der Verlängerung suchte das Team von Helmut Schön die Entscheidung, die diszipliniert spielende Mannschaft aus der Tschechoslowakei hielt jedoch geschickt das Remis. Erstmals wurde ein internationaler Meister per Elfmeterschießen ermittelt.

Unter den Opfern sind viele Kinder.

weto

Kap und in Natal. Studenten mehrerer »schwarzer« Universitäten stecken ihre Lehranstalten in Brand, um gegen die Verordnung der Rassentrennung im Bildungswesen zu protestieren. Südafrikas weiße Minderheitsregierung unter Premierminister Balthazar J. Vorster gibt Anweisung, die Unruhen mit aller Härte zu unterdrücken. Bis Ende Juni 1976 fordern die Auseinandersetzungen mindestens 176 Tote. Zahlreiche Schwarzenführer, darunter mehrere Aktivisten des verbotenen Afrikanischen Nationalkongresses (ANC), werden verhaftet. Erst 1977 flauen die Unruhen ab. Innenpolitisch schaffen sie ein Klima der Unsicherheit und Angst, außenpolitisch bedeutet der Gewaltausbruch einen herben Imageverlust für die Regierung.

9. Mai 1976

Meinhof tot aufgefunden

Die 41-jährige Mitgründerin der sog. Baader-Meinhof-Gruppe, Ulrike Meinhof, begeht Selbstmord. Sie hat sich in ihrer Zelle der Haftanstalt Stuttgart-Stammheim erhängt. Im In- und Ausland werden Zweifel laut, ob es sich wirklich um einen Selbstmord handelt. Vor allem linksgerichtete Kreise sind der Ansicht, Polizei, Geheimdienst oder Gefängniswärter seien für den Tod der Terroristin verantwortlich. Auch Meinhofs Anwälte weisen die Schuld dem Staat zu. Eine in ihrem Auftrag durchgeführte Obduktion bestätigt jedoch das amtliche Untersuchungsergebniss, dass es sich um Selbstmord gehandelt hat. In Berlin und Frankfurt am Main liefern sich Demonstranten Straßenschlachten mit der Polizei. In den folgenden Tagen kommt es zu Bombenanschlägen.

19. Juni 1976

Traumhochzeit in Schweden

Zur Freude der bundesdeutschen Illustrierten hat Deutschland wieder eine »eigene« Königin: Vor dem Oberhaupt der schwedischen Staatskirche, Erzbischof Olof, geben sich die 30-jährige Heidelberger Kaufmannstochter Silvia Renate Sommerlath und der 32-jährige schwedische König Carl XVI. Gustav im Stockholmer Dom das Jawort. Der feierlichen Zeremonie wohnen zahlreiche Angehörige des internationalen Hochadels bei. Nach der Trauung fahren die Frischvermählten in einem vierspännigen Galawagen unter dem Jubel von mehr als 200 000 Menschen zum Hochzeitsmahl ins Schloss. Die Königin trägt ein elfenbeinfarbenes Kleid aus dem Pariser Modehaus Dior mit einer drei Meter langen Schleppe (s. Abb.). Am Brautschleier glitzert ein Diadem, das aus dem Besitz der ersten Gemahlin Kaiser Napoleons stammt. Der König ist mit einer blauen Admiralsuniform bekleidet. Braut und Bräutigam lernten sich bei den Olympischen Sommerspielen 1972 in München kennen, als Silvia dort als Hostess prominente Gäste und gekrönte Häupter betreute.

18. Mai 1976

Zirkuszauber im »Roncalli«

In Bonn feiert der neu gegründete »Zirkus Roncalli« seine Weltpremiere (Abb.: Plakat). Die erste Vorstellung im Rahmen der Veranstaltungsreihe »Bonner Sommer« wird zu einem überwältigenden Erfolg. Gründer und Leiter des Zirkusunternehmens ist der Wiener Grafiker Bernhard Paul. Zusammen mit dem österreichischen Sänger und Literaten André Heller hat er ein Programm gestaltet, das den Zuschauer in die Zirkusatmosphäre der Jahrhundertwende zurückversetzen soll. Anders als die hoch technisierten modernen Zirkusunternehmen will »Roncalli« die Romantik der Vergangenheit wiederbeleben. Nach dem Gastspiel in Bonn folgt eine Deutschlandtournee durch die Städte Wiesbaden, Köln und München. In München sind die Vorstellungen zwei Monate lang ausverkauft. Nach einem Zerwürfnis mit Paul steigt Heller noch 1976 aus dem Unternehmen aus.

Juni 1976

1 Di — Bei einem Sprengstoffanschlag auf das Hauptquartier der US-Streitkräfte in Frankfurt am Main werden 16 Menschen verletzt.

2 Mi — Nach monatelangen Verhandlungen beenden Großbritannien und Island ihren Fischereistreit und nehmen die diplomatischen Beziehungen wieder auf.

3 Do — Der ehemalige Präsident Boliviens, Juan José Torres Gonzales, wird in seinem argentinischen Exil von Terroristen entführt und erschossen.

4 Fr — Der Bundesrat billigt die Erhöhung der Tabaksteuer. +++ Borussia Mönchengladbach wird durch ein 1:1 in Offenbach Deutscher Fußballmeister.

5 Sa — Nach schweren Ausschreitungen gegen die ägyptische Botschaft in Damaskus zieht die Regierung in Kairo ihre Diplomaten aus Syrien ab.

6 So — Im US-Staat Idaho bricht bei der Inbetriebnahme der Teton-Staudamm. 40 000 Menschen müssen evakuiert werden, mehr als 150 ertrinken.

7 Mo — Großbritannien erhält von den zehn großen westlichen Industrienationen einen Kredit von umgerechnet 12,5 Mrd. DM zur Stützung seiner Währung.

8 Di — »Die Berühmten«, ein Stück des österreichischen Dramatikers Thomas Bernhard, kommt im Theater an der Wien zur Uraufführung.

9 Mi — Um der kommunistischen Untergrundbewegung Herr zu werden, verhängt die bolivianische Regierung den Belagerungszustand über das Land.

10 Do — Nach einem missglückten Attentatsversuch auf den ugandischen Staatspräsidenten Idi Amin werden als Repressalie ca. 200 Oppositionelle getötet

11 Fr — Die NATO beschließt, auf die verstärkten Rüstungsanstrengungen der UdSSR mit Qualitätsverbesserungen in den eigenen Streitkräften zu reagieren.

12 Sa — Der wegen seiner Unterdrückungspolitik zunehmend kritisierte Staatspräsident Uruguays, Juan M. Bordaberry, wird vom Militär abgesetzt.

13 So — Der US-Senat beschließt in Washington die Einstellung von Waffenlieferungen an Chile. +++ Felice Gimondi (Italien) gewinnt den Giro d' Italia.

14 Mo — Der Bundestag verabschiedet das erste Gesetz zur Reform des Ehe- und Familienrechts. Es enthält u.a. den Versorgungsausgleich im Scheidungsfall.

15 Di — In Helsinki empfängt der finnische Staatspräsident Urho Kaleva Kekkonen Bundespräsident Walter Scheel und Außenminister Hans-Dietrich Genscher.

16 Mi — Bei der Stadt Paestum in Süditalien entdecken Archäologen eine antike Grabstätte mit 64 Gräbern aus dem 6. und 5. Jh. v. Chr. → Soweto

17 Do — Die bundesdeutsche Fußballauswahl schlägt im Halbfinale der Fußball-Europameisterschaft Jugoslawien mit 4:2 nach Verlängerung.

18 Fr — Eckhard Dagge siegt im Junior-Mittelgewicht über Elisha Obed (Bahamas) und wird nach Max Schmeling zweiter deutscher Weltmeister im Profiboxen.

19 Sa — »Das Mädchen von Domrémy«, eine Oper von Giselher Klebe, wird in Stuttgart unter der Regie von Kurt Horres uraufgeführt. → Schweden

20 So — Der UN-Sicherheitsrat verurteilt die massive Gewaltanwendung der Polizei in Südafrika gegenüber schwarzen Demonstranten. → Elfmeter-Krimi

21 Mo — Bei den Parlamentswahlen in Italien kann sich die konservative Democrazia Cristiana als stärkste politische Kraft behaupten.

22 Di — Die USA nehmen nach zehn Jahren die Waffenlieferungen an Portugal wieder auf, die wegen dessen Kolonialkonflikten unterbrochen waren.

23 Mi — Nach sechsjähriger Bauzeit beginnt der Atomreaktor in Brunsbüttel an der Unterelbe (Sollleistung: 805 Megawatt) den ersten Probelauf.

24 Do — In Hanoi tritt die in Nord- und Südvietnam gewählte Nationalversammlung zu ihrer konstitutionierenden Sitzung zusammen.

25 Fr — Aus Protest gegen angekündigte Preiserhöhungen kommt es in mehreren polnischen Städten zu spontanen Arbeitsniederlegungen.

26 Sa — In Frankfurt am Main gewinnt der Hamburger SV durch einen 2:0-Sieg über den 1. FC Kaiserslautern den deutschen Fußballpokal.

27 So — Ein »Airbus« der Air France wird von palästinensischen Terroristen entführt und zur Landung in Entebbe (Uganda) gezwungen.

28 Mo — Nach 182-jähriger britischer Kolonialherrschaft wird die Inselgruppe der Seychellen im Indischen Ozean in die Unabhängigkeit entlassen.

29 Di — Als Angestellte einer Geldtransportfirma verkleidet, erbeuten zwei Männer auf dem Londoner Flughafen Heathrow umgerechnet neun Mio. DM.

30 Mi — Die Entführer der Air-France-Maschine verlangen im ugandischen Entebbe die Freilassung von 53 in der Bundesrepublik und in Israel inhaftierten Terroristen.

Juli 1976

1 Do In der Bundesrepublik tritt ein neues Namensrecht in Kraft. Es räumt Eheleuten mehrere Alternativen bei der Wahl des Familiennamens ein.

2 Fr Die 21-jährige Chris Evert (USA) schlägt im Finale der Tennismeisterschaften von Wimbledon die Australierin Yvonne Cawley mit 6:3, 4:6, und 8:6.

3 Sa Nach jahrelangen Unruhen ergeben sich die sog. Mizorebellen in der indischen Provinz Mizoram den Regierungstruppen.

4 So Die USA feiert ihr 200-jähriges Bestehen. +++ In Wimbledon gewinnt der Schwede Björn Borg erstmals das Herrenfinale. → Entebbe

5 Mo Die DDR-Behörden geben neue Grenzformulare heraus, in denen Besucher aus der Bundesrepublik als »Staatsbürger der BRD« bezeichnet werden.

6 Di Die südafrikanische Regierung in Pretoria schafft nach heftigen Protesten die Burensprache Afrikaans als Unterrichtssprache an Schulen für Schwarze ab.

7 Mi Vier mutmaßlichen Terroristinnen gelingt die Flucht aus einer Haftanstalt in West-Berlin. Sie überwältigen dabei zwei Vollzugsbeamtinnen.

8 Do In Brüssel wird der belgische Premierminister Leo Tindemans zum Präsidenten der Europäischen Volkspartei (EVP) gewählt.

9 Fr Nach zweitägiger Dauer endet in Ost-Berlin eine Tagung der im Rat für gegenseitige Wirtschaftshilfe (COMECON) organisierten Ostblock-Staaten.

10 Sa Hunderttausende von Demonstranten fordern in mehreren spanischen Städten die sofortige Freilassung aller politischen Gefangenen. → Seveso

11 So Im von Israel besetzten Westjordanland gelingt der Armee die Festnahme von mehr als 50 arabischen Terroristen.

12 Mo Die Regierungschefs der EG-Mitgliedsstaaten einigen sich in Brüssel auf Direktwahlen zum Europäischen Parlament.

13 Di Bangladesch wird von sintflutartigen Regenfällen heimgesucht. Rund ein Viertel der Fläche des Landes ist überschwemmt.

14 Mi Das kanadische Unterhaus in Ottawa beschließt mit 130 gegen 124 Stimmen die Abschaffung der Todesstrafe für Zivilpersonen.

15 Do In New York nominiert die Demokratische Partei Jimmy Carter zu ihrem Kandidaten für das Amt des Präsidenten der Vereinigten Staaten.

16 Fr Der Ingenieur Werner Brocke erhält den Umweltpreis der Stadt Duisburg für die Entwicklung eines Verfahrens zur Entschwefelung von Rauchgas.

17 Sa Bundeskanzler Helmut Schmidt zieht Kreditvergaben an Italien in Zweifel, falls dort Kommunisten an der Regierung beteiligt würden. → Montreal

18 So Bei Lüneburg bricht vier Wochen nach Inbetriebnahme der Damm des Elbeseitenkanals. Die Schäden durch Überflutung belaufen sich auf 100 Mio. DM.

19 Mo Bei einem Einbruch in eine Bank in Nizza erbeuten unbekannte Täter 29 Mio. DM. Die Diebe hatten einen Tunnel unter den Tresorraum gegraben.

20 Di Die auf dem Mars gelandete US-Sonde »Viking I« übermittelt an die Bodenstationen auf der Erde sensationelles Bildmaterial über den »roten Planeten«.

21 Mi In Dublin wird der britische Botschafter in Irland, Christopher Ewart-Biggs, bei einem Bombenanschlag der Untergrundorganisation IRA getötet.

22 Do Die deutsche Kraftwerks-Union schließt mit Brasilien ein Abkommen über die Lieferung von Kernkraftwerken im Wert von rd. 6,5 Mrd. DM.

23 Fr In Bayreuth werden die 100. Richard-Wagner-Festspiele eröffnet. Aufsehen erregt die Inszenierung von »Der Ring des Nibelungen« → Demokratie

24 Sa Der frühere Bundeswirtschaftsminister Karl Schiller wird von der saudiarabischen Regierung zum Sonderberater für Währungsfragen ernannt.

25 So In Albuquerque im US-Bundesstaat New Mexico wird ein Versuchs-Sonnenkraftwerk in Betrieb genommen.

26 Mo Der kubanische Ministerpräsident Fidel Castro erklärt, die in Angola stationierten Streitkräfte Kubas würden auf unbestimmte Zeit in dem Land verbleiben.

27 Di In Tokio wird der frühere japanische Ministerpräsident Kakuei Tanaka wegen seiner Verstrickung in die sog. Lockhead-Affäre verhaftet. → Jahrhundertbeben

28 Mi Großbritannien bricht wegen der Willkürpolitik des Diktators Idi Amin die diplomatischen Beziehungen zu Uganda ab.

29 Do Die syrische Regierung schließt mit der Palästinensischen Befreiungsfront (PLO) ein Abkommen zur Beilegung der Streitigkeiten beider Seiten im Libanon.

30 Fr In Rom wird die 39. Nachkriegsregierung Italiens vereidigt. +++ Spaniens König Juan Carlos erlässt eine Amnestie für alle politischen Gefangenen.

31 Sa Ägypten beschuldigt Syrien, die im Libanon ansässigen Palästinenser liquidieren und die Macht in dem Land an sich reißen zu wollen.

17. Juli 1976

Sommerspiele in Montreal

Als Staatsoberhaupt von Kanada eröffnet die britische Königin Elizabeth II. in Montreal die XXI. Olympischen Sommerspiele. Von den 119 gemeldeten Mannschaften nehmen nur 94 an der Eröffnungsfeier teil. 24 afrikanische Nationen boykot-

tieren die Spiele, weil das Internationale Olympische Komitee (IOC) eine Rugby-Tournee Neuseelands durch den Apartheid-Staat Südafrika nicht ahndete. Bemerkenswerte Bilanz der Spiele: Die DDR nimmt, hinter der UdSSR und vor den USA, mit 40 Goldmedaillen den 2. Rang der Nationenwertung ein (Abb.: Die rumänische Turnerin Nadia Comaneci ist der Star von Montreal).

23. Juli 1976

Der Kurs heißt Demokratie

Mario Soares (s. Abb.), der Vorsitzende der Sozialistischen Partei, wird neuer portugiesischer Ministerpräsident. Er führt ein Minderheitskabinett, dem neben vier parteilosen Ministern lediglich Mitglieder seiner Partei angehören. Soares will sich vordringlich um die wirtschaftlichen Probleme des Landes kümmern. Den Eintritt Portugals in die Europäische Gemeinschaft (EG) bezeichnet der Sozialisten-Chef als eine der vordringlichsten Aufgaben. Mit Bildung der Regierung ist Portugals langer Weg in die parlamentarische Demokratie weitgehend abgeschlossen. Nach dem Sturz des diktatorischen Regimes 1974 vergingen zwei Jahre, ehe im April 1976 eine neue Verfassung verabschiedet werden konnte.

Mario Soares

portugiesischer Politiker, * 7.12.1924 Lissabon

Der Jurist ist einer der Vorkämpfer der portugiesischen Demokratiebewegung. Nach der unblutig verlaufenen »Nelkenrevolution« im Jahre 1974 wird er – u.a. als Außenminister, Ministerpräsident und Staatspräsident – einer der maßgeblichen Politiker seines Landes, dessen Aufnahme in die EG er forciert.

- 1973: Gründung der Sozialistischen Partei
- 1976-78, 1983-85: Ministerpräsident
- 1986-96: Staatspräsident

10. Juli 1976

Das Gift von Seveso

In der oberitalienischen Gemeinde Seveso ereignet sich ein Giftgasunfall, der sich zu einer der folgenschwersten Umweltkatastrophen des Jahrhunderts entwickelt. Das Unglück wird zu einem Symbol für die bislang unterschätzten Gefahren, die u.a. die Chemieindustrie mit sich bringt.

Durch eine Explosion in dem Chemie-Werk der ICMESA wird eine Wolke des hoch giftigen Tetrachloridbenzo-p-dioxin (TCDD) freigesetzt. Die tägliche Aufnahme von nur fünf Millionstel Gramm dieses Stoffes führte in Tests an Rhesusaffen zu einer drastischen Verkürzung des Lebens, verbunden mit gestörter Fortpflanzung, Magengeschwüren sowie Schäden an Knochenmark, Herz und Leber.

Tagelang steht die giftige Wolke über dem Ort Seveso mit seinen 8000 Einwohnern. Erst nach zehn Tagen informiert die Firmenleitung Behörden und Bevölkerung über den Unfall und die Gefahren, die von der grauschwarzen Wolke drohen. Über 200 Menschen müssen mit Verätzungen und akuten Vergiftungserscheinungen in Krankenhäuser eingeliefert werden. Ein Gebiet von mehr als 320 ha wird verseucht. In der Nähe des Unfallortes verenden zahlreiche Tiere auf den Weiden. Die Behörden geben Katastrophenalaram und evakuieren die Einwohner. Das besonders stark verseuchte Gebiet wird zur Sperrzone erklärt.

Zahlreiche schwangere Frauen aus der Umgebung der Chemiefabrik lassen in den folgenden Wochen und Monaten eine Abtreibung vornehmen, da Ärzte schwer wiegende Missbildungen der Kinder befürchten. Wegen der Verseuchung

26. August 1976

Prinz im Zwielicht

Im Zuge der sog. Lockheed-Bestechungsaffäre tritt Prinz Bernhard der Niederlande, Ehemann von Königin Juliana, von allen öffentlichen Ämtern

zurück. Der niederländische Ministerpräsident Joop den Uyl erklärt bei der Vorstellung eines 240 Seiten starken Untersuchungsberichts, es seien keine Beweise für eine direkte Bestechung gefunden worden, doch habe Prinz Bernhard grob fahrlässig gehandelt. Der Prinz soll der US-Firma Lockheed, die den F-104 »Starfighter« (s. Abb.) produziert – im Falle der Überweisung einer Spende für den von ihm geleiteten World-Wildlife-Fund – Kaufaufträge in Aussicht gestellt haben.

Chemiearbeiter untersuchen das Gelände im verseuchten Seveso.

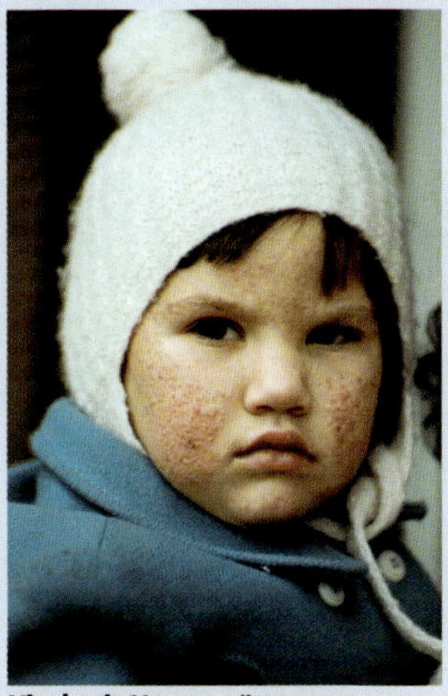

Kind mit Hautverätzungen

des Bodens müssen über 50 landwirtschaftliche Betriebe ihre Produktion einstellen. Rd. 5000 Stück Vieh, die mit Dioxin in Berührung gekommen sind, werden getötet.
Der Schock in der Öffentlichkeit über die Katastrophe, deren ganzes Ausmaß erst in den folgenden Wochen bekannt wird, ist groß. Rd. fünf Wochen nach der Explosion erklärt sich der Vorstand des schweizerischen Chemieunternehmens Hoffmann-La Roche, zu dem das ICMESA-Werk in Seveso gehört, bereit, sämtliche Schäden finanziell abzudecken. Gleichzeitig versichert die Unternehmensleitung, dass die Sicherheitsvorkehrungen in ihren Betrieben gründlich überprüft und, falls nötig, verschärft würden. Auch andere europäische Chemiekonzerne betonen, dass die Sicherheit in ihren Werken allerhöchste Priorität genieße. Umweltschützer geben sich mit diesen Erklärungen jedoch nicht zufrieden: Die Katastrophe von Seveso habe gezeigt, dass die chemische Industrie – ebenso wie andere Großtechnologien – enorme Gefahren für Mensch und Umwelt in sich berge.

27. Juli 1976

Jahrhundertbeben in China

In der chinesischen Stadt Tangschan fordert ein verheerendes Erdbeben mehr als 650 000 Todesopfer und fast 780 000 Verletzte. Dies ist die höchste Zahl an Opfern, die jemals bei einem Erdbeben gezählt wurde. Die gewaltige Naturkatastrophe, bei der eine Energie von 30 Mrd. Kilowattstunden freigesetzt wurde, macht die Industriestadt rd. 150 km östlich von Peking dem Erdboden gleich. Am nächsten Tag folgt ein weiteres, nahezu gleich starkes Beben. Als Ursache der Eruption nennen Geologen enorme Spannungen der Erdkruste zwischen dem indischen Subkontinent und der eurasischen Platte. Aufgrund der zerstörten Verkehrswege kommen die Rettungsmannschaften erst vier Tage später zum Unglücksort. Trotz des gewaltigen Ausmaßes der Katastrophe erfährt das Ausland zunächst sehr wenig, da die Regierung der Volksrepublik China der Weltöffentlichkeit genaue Angaben über die Tragweite des Bebens verschweigt.

4. Juli 1976

Geiselbefreiung in Entebbe

Ein israelisches Kommando befreit im ugandischen Entebbe Passagiere (s. Abb.) und Besatzung eines von deutschen und irakischen Terroristen entführten Flugzeugs. 31 Menschen kommen dabei ums Leben. Am 27. Juni hatten die Terroristen das französische Flugzeug mit 248 Passagieren, unter ihnen 70 Israelis, in ihre Gewalt gebracht. Sie verlangten die Freilassung von Gesinnungsgenossen, die in mehreren Staaten wegen Terrorismus verurteilt worden waren.

August 1976

1 So Der österreichische Formel-1-Rennfahrer Niki Lauda erleidet bei einem Unfall auf dem Nürburgring schwere Verbrennungen.

2 Mo Zwischen Griechenland und der Türkei kommt es zu Spannungen, nachdem Athen ein Schiff zur Erforschung von Erdölvorkommen in die Ägäis entsendet.

3 Di Die vietnamesische Regierung in Hanoi beschließt die Einführung einer dreijährigen allgemeinen Wehrpflicht in dem wiedervereinigten Land.

4 Mi In der sudanesischen Hauptstadt Khartum werden 81 Soldaten wegen ihrer Beteiligung an einem Militärputsch hingerichtet.

5 Do Bei einer Grenzkontrolle erschießen Angehörige der Grenztruppen der DDR einen italienischen Lastwagenfahrer.

6 Fr Italienische Astronomen am Observatorium Bendani entdecken einen der größten Sonnenflecken. Er hat einen Durchmesser von rd. 50 000 km.

7 Sa Nordwestlich der peruanischen Stadt Cuzco entdecken Wissenschaftler die Überreste der letzten Hauptstadt der Inkas.

8 So Nach britischen Berichten haben ugandische Truppen auf Befehl von Diktator Idi Amin mehr als 100 Studenten der Universität Makerere getötet.

9 Mo In der nordirischen Hauptstadt Belfast kommt es bei einer Demonstration gegen die britische Militärpräsenz zu schweren Ausschreitungen.

10 Di Der Kommunist Giulio Carlo Argan wird in Rom zum Bürgermeister gewählt. Damit stellt die KPI erstmals das Stadtoberhaupt in der italienischen Metropole.

11 Mi Bei einem Sprengstoffattentat der PLO auf dem Flughafen der türkischen Stadt Istanbul kommen vier Menschen ums Leben.

12 Do Christliche Milizen erobern in der libanesischen Hauptstadt Beirut nach zwei Monaten Belagerung das palästinensische Flüchtlingslager Tall Satar.

13 Fr In der Hauptstadt Jakarta erklärt die indonesische Regierung den Anschluss der portugiesischen Provinz Ost-Timor an ihr Staatsgebiet.

14 Sa Über 8000 Frauen demonstrieren in der nordirischen Hauptstadt Belfast unter dem Motto »Mothers for Peace« (Mütter für den Frieden).

15 So Der britische Automobilrennfahrer Tom Watson gewinnt auf Penske in Zeltweg den Großen Preis von Österreich.

16 Mo Der ehemalige Kommandeur der schweizerischen Luftschutztruppen, Jean-Louis Jeanmaire, wird in Lausanne unter Spionagevorwurf verhaftet.

17 Di Moskau erlässt ein Dekret zur Reinhaltung der Ostsee. Es sieht u.a. vor, dass ab 1980 die Einleitung ungeklärter Abwässer verboten wird.

18 Mi Bei einem Zwischenfall an der Grenze zwischen Nord- und Südkorea werden zwei US-Offiziere von nordkoreanischen Soldaten erschlagen.

19 Do Nach sechsjähriger Bauzeit wird die Ölpipeline in Ägypten zwischen dem Golf von Suez und dem Mittelmeer fertig gestellt.

20 Fr Athen verweigert das Gesuch der bundesdeutschen Staatsanwaltschaft zur Auslieferung des mutmaßlichen Terroristen Rolf Pohle.

21 Sa Sieben der neun »schwarzen« Stammesgebiete in Südafrika lehnen die von der Regierung in Pretoria geplante Unabhängigkeit der sog. Homelands ab.

22 So In Halle (DDR) erliegt der evangelische Pfarrer Oskar Brüsewitz seinen Brandverletzungen, die er sich aus Protest gegen den SED-Staat selbst zugefügt hatte.

23 Mo Arabische Terroristen entführen ein ägyptisches Flugzeug nach Luxor. Nach wenigen Stunden befreien ägyptische Soldaten die 100 Geiseln.

24 Di Die französische Regierung in Paris bewilligt angesichts der Dürre der letzten Monate eine Soforthilfe von rund 1 Mrd. DM für die Landwirtschaft.

25 Mi Frankreichs Premierminister, der Gaullist Jacques Chirac, gibt in Paris seinen Rücktritt bekannt. Zu seinem Nachfolger wird Raymond Barre (parteilos) ernannt.

26 Do Laut den US-Gesundheitsbehörden sind in Philadelphia 28 Menschen an der bis dahin unbekannten »Legionärskrankheit« gestorben. → Prinz

27 Fr In Paris wird die neue französische Regierung unter Raymond Barre gebildet. Er wird auch das Wirtschafts- und Finanzministerium übernehmen.

28 Sa Bei zwei Abstürzen von US-Militärflugzeugen über Großbritannien und Grönland kommen insgesamt 39 Menschen ums Leben.

29 So Der britische Automobilrennfahrer James Hunt gewinnt auf McLaren in Zandvoort (Niederlande) den Großen Preis von Europa.

30 Mo In Richland (US-Bundesstaat Washington) kommt es zu einem schweren Unfall in der Aufbereitungsanlage eines Kernkraftwerks.

31 Di Die Mehrheit der afrikanischen Staaten lehnen den Vorschlag Südafrikas ab, Namibia erst Ende des Jahres 1978 in die Unabhängigkeit zu entlassen.

September 1976

1 Mi Beide Häuser des irischen Parlamentes billigen in Dublin den von der Regierung im Kampf gegen die IRA verhängten Ausnahmezustand.

2 Do London bestätigt Presseberichte, nach denen britische Sicherheitskräfte in Nordirland bei Vernehmungen die Folter anwenden würden.

3 Fr Die US-Sonde »Viking II« setzt auf dem Mars einen Gas-Chromatographen ab, der nach Spuren von organischem Material auf dem Planeten suchen soll.

4 Sa In Zürich trifft US-Außenminister Henry A. Kissinger den südafrikanischen Ministerpräsidenten Balthazar J. Vorster. Gesprächsgegenstand ist u.a. Namibia.

5 So Der vom Vatikan von seinen geistlichen Ämtern suspendierte französische Erzbischof Marcel Lefèbvre hält in Besançon eine Messe nach altem Ritus ab.

6 Mo Die Flucht eines sowjetischen Piloten nach Japan ermöglicht dem Westen erstmals die Untersuchung des neuesten sowjetischen Kampfflugzeugs Mig 25.

7 Di Der in der Schweiz im Exil lebende sowjetische Schriftsteller und Regimekritiker Alexander Solschenizyn erhält politisches Asyl in den USA.

8 Mi In Ajaccio sprengen korsische Nationalisten eine Boeing 707 der Air France, nachdem sie Passagiere und Besatzungsmitglieder freigelassen haben.

9 Do Die Regierung der DDR sagt der Bundesrepublik Deutschland Verbesserungen beim Reise-, Zahlungs- und Postverkehr zu. → »Großer Vorsitzender«

10 Fr Bei Zagreb (Jugoslawien) fordert ein Zusammenstoß zweier Verkehrsflugzeuge 176 Todesopfer, unter denen sich 107 Deutsche befinden.

11 Sa Auf dem Flug von New York nach Chicago bringen fünf kroatische Nationalisten eine US-Passagiermaschine mit 86 Insassen in ihre Gewalt.

12 So In Barcelona demonstrieren rund 100 000 Menschen für ein unabhängiges Katalonien. +++ Ein Taifun fordert in Japan über 100 Todesopfer.

13 Mo In Washington verabschiedet der US-Senat den Verteidigungshaushalt für das kommende Rechnungsjahr. Er umfasst umgerechnet 245,1 Mrd. DM.

14 Di Im US-Bundesstaat Michigan treten ca. 165 000 Beschäftigte des Automobilkonzerns Ford in Streik, um u.a. höhere Löhne durchzusetzen.

15 Mi Im Rahmen des Programms gegen die Bevölkerungsexplosion haben sich, wie Indiens Regierung mitteilt, bereits ca. 2 Mio. Inder sterilisieren lassen.

16 Do Muhammad Anwar As Sadat wird bei den ägyptischen Präsidentschaftswahlen für weitere sechs Jahre in seinem Amt bestätigt.

17 Fr Ein Exemplar des bislang streng geheim gehaltenen US-Kampfflugzeugs »F 14 Tomcat« stürzt vor der Küste Schottlands ins Meer.

18 Sa In Palmdale (USA) wird das erste Exemplar der Weltraumfähre »Space Shuttle« fertig gestellt. Erste Versuchsflüge sind für Anfang 1977 geplant.

19 So Nach Angaben aus Bonn ist die Zahl der Gastarbeiter seit Jahresanfang um 106 000 auf 1 932 000 zurückgegangen. → Friedenspreis → Wohlfahrtsstaat

20 Mo Die Regierungen der drei westlichen Besatzungsmächte untersagen die Direktwahl Westberliner Abgeordneter zum Europaparlament.

21 Di In Washington fällt der im Exil lebende frühere chilenische Außen- und Verteidigungsminister Orlando Letelier einem Attentat zum Opfer.

22 Mi Joseph Kardinal Höffner wird in Fulda zum Vorsitzenden der Deutschen Bischofskonferenz gewählt. Er wird Nachfolger des verstorbenen Julius Döpfner.

23 Do Nach achttägigem Flug landet das sowjetische Raumschiff »Sojus 22« mit den Kosmonauten Valeri Bikowski und Wladimir Axionow in Kasachstan.

24 Fr US-Präsident Gerald Ford und sein Herausforderer Jimmy Carter nehmen an einer landesweit übertragenen Fernsehdiskussion teil. → Machtverzicht

25 Sa Der Spielfilm »Novecento« von Bernardo Bertolucci wird in Italien beschlagnahmt, da er – so ein Gericht in Salerno – unzüchtige Darstellungen enthalte.

26 So Die gegen die Millionärstochter Patricia Hearst verhängte Haftstrafe wird von einem US-Berufungsgericht von 35 auf 7 Jahre verkürzt.

27 Mo Eine Untersuchung ergibt, dass in den USA die Zahl der Menschen, die unter der Armutsgrenze leben, gegenüber dem Vorjahr um 2,5 Mio. gestiegen ist.

28 Di In Hamburg werden acht Mitglieder der sog. Baader-Meinhof-Gruppe zu langjährigen Haftstrafen verurteilt.

29 Mi Großbritanniens Schatzamt ersucht den Internationalen Währungsfonds (IWF) um einen Kredit in Höhe von rund 9,7 Mrd. DM.

30 Do Muhammad Ali (USA) verteidigt in New York seinen Weltmeistertitel im Schwergewichtsboxen durch einen Punktsieg über Ken Norton (USA).

30. Oktober 1976

»Bürgerkrieg« in Brokdorf

Der Protest gegen Kernkraftwerke eskaliert: Im Anschluss an eine Demonstration gegen das Atomkraftwerk Brokdorf an der Unterelbe kommt es zu gewalttätigen Auseinandersetzungen zwischen der Polizei und militanten Demonstranten. Einige der Kernkraft-Gegner durchschneiden den Zaun, der um das Baugelände gezogen ist, und dringen auf den Bauplatz vor. Die Polizei setzt Wasserwerfer und Schlagstöcke gegen die Eindringlinge ein. Den Sicherheitskräften gelingt es erst nach mehreren Stunden, die gewalttätigen Demonstranten vom Bauplatz zu vertreiben.

Die Auseinandersetzungen sind der Auftakt zu einer Reihe weiterer Konfrontationen zwischen Staatsmacht und Gegnern der Kernenergie. Am 13. November spielen sich in der Wilstermarsch in der Nähe des Kernkraftwerks bürgerkriegsähnliche Szenen ab. Bis zu 3000 militante Kernkraftwerkgegner, zum Teil vermummt und mit Steinen bewaffnet, liefern sich regelrechte Schlachten mit mehreren Hundertschaften der Polizei. Die Polizei setzt zahlreiche Wasserwerfer ein, Hubschrauber werfen Tränengas-Granaten in die Menge. Rd. 100 Demonstranten und 81 Polizisten werden verletzt.

24. September 1976

Machtverzicht der Weißen

In Rhodesien, das von einem weißen Minderheitskabinett regiert wird, deutet sich ein Wandel an: Ministerpräsident Ian Smith erklärt, dass er die Übergabe der Macht an eine schwarze Mehrheitsregierung innerhalb von zwei Jahren akzeptiere. Damit gibt das Land im südlichen Afrika innen- und außenpolitischem Druck nach.

Die Unabhängigkeit der afrikanischen Staaten Angola und Mosambik sowie das Ausbleiben der

Unterstützung durch die südafrikanische Regierung führte zu einer wachsenden Isolierung der weißen Regierung in Salisbury. Gleichzeitig verstärkte die schwarze Befreiungsorganisation unter der Führung von Joshua Nkomo und Robert Mugabe (s. Abb. l. und r.) ihren bewaffneten Kampf. Die im April 1976 von US-Außenminister Henry A. Kissinger eingeleiteten Verhandlungen mit Rhodesien und Südafrika bewegten die Smith-Regierung schließlich zum Einlenken. Im Oktober findet eine Rhodesien-Konferenz statt, die zwar noch keine konkreten Ergebnisse bringt, den Weg zu einer schwarzen Mehrheitsregierung jedoch schon vorzeichnet.

19. September 1976

Friedenspreis für Schweizer

Der Schriftsteller Max Frisch wird in der Frankfurter Paulskirche mit dem Friedenspreis des Börsenvereins des Deutschen Buchhandels ausgezeichnet. Ein zentrales Thema seiner Arbeiten ist die Frage nach der Identität des Menschen in einer überwiegend als fremd empfundenen Welt. In seiner Dankesrede kritisiert Frisch u.a. die zunehmend technokratische Ausrichtung der westlichen Industriegesellschaften. Die Auszeichnung findet im Rahmen der Frankfurter Buchmesse statt. 4139 Verlage – und damit 100 mehr als im Vorjahr – aus 67 Ländern präsentieren 278 000 Buchtitel. Erstmals hat die Buchmesse mit Lateinamerika ein Schwerpunktthema.

Max Frisch

schweizerischer Schriftsteller, * 15.5.1911 Zürich; † 4.4.1991 Zürich

Der Autor von »Homo faber« (1957) ist einer der bekanntesten deutschsprachigen Dramatiker und Romanciers nach dem Ende des Zweiten Weltkriegs. In seinen Bühnenstücken, die sich am epischen Theater Bertolt Brechts orientieren, hält der Georg-Büchner-Preisträger (1958) dem braven Bürger den Spiegel vor.

- 1954: »Stiller« (Roman)
- 1961: »Andorra« (Theaterstück)
- 1971: »Mein Name sei Gantenbein« (Roman)

19. September 1976

Kritik am Wohlfahrtsstaat

Zur allgemeinen Überraschung gewinnen die bürgerlichen Parteien, die bislang in der Opposition waren, die Parlamentswahlen in Schweden. Die Sozialdemokraten des seit 1969 amtierenden Ministerpräsidenten Olof Palme müssen nach 44 Jahren fast ununterbrochener Regierungszeit die Sessel räumen. Konservative, Liberale und das Zentrum vereinigen 50,8% der abgegebenen Stimmen auf sich, die Sozialdemokraten, die bislang mit Unterstützung der Kommunisten regierten, erhalten 42,8%.

Das Wahlergebnis ist nach Meinung von Beobachtern eine »gelbe Karte« für das System des schwedischen Wohlfahrtsstaats und die damit verbundene Steuerlast, mit der das engmaschige soziale Netz in dem skandinavischen Land finanziert wird. Schon viele Prominente sind in der Vergangenheit gegen die hohe Steuerlast zu Felde gezogen. Der Regisseur Ingmar Bergman rechnete im April mit der Steuergesetzgebung ab und verließ sein Heimatland. Die Schriftstellerin Astrid Lindgren protestierte öffentlich gegen die schwedische Steuerpolitik. Auch stößt die wachsende Bürokratisierung in der Bevölkerung auf Widerstand. Thorbjörn Fälldin, Vorsitzender der Zentrumspartei, sammelte im Wahlkampf mit seiner Kampagne gegen die zivile Nutzung der Kernenergie wichtige Pluspunkte. Fälldin wird am 7. Oktober zum Ministerpräsidenten gewählt.

9. September 1976

Tod des »Großen Vorsitzenden« löst Nachfolgekämpfe aus

Im Alter von 82 Jahren stirbt in Peking Mao Tse-tung, der »Große Vorsitzende« der Kommunistischen Partei Chinas. Tausende erweisen ihm die letzte Ehre (s. Abb.). Der Tod Maos, der 1949 die Volksrepublik ausgerufen hatte, stürzt das Land in eine schwere Führungskrise. So meldet seine Witwe Chiang Ch'ing, Führerin des radikalen Parteiflügels, Anspruch auf den Parteivorsitz an. Drei Spitzenfunktionäre, die u.a. eine Fortführung der sog. Kulturrevolution fordern, unterstützen die 68-Jährige. Dabei beruft sich diese – von ihren Gegnern so bezeichnete – »Viererbande« auf angeblich noch zu Lebzeiten erfolgte Weisungen Maos. Hauptrivale im Kampf um die Macht ist Ministerpräsident Hua Guo-feng, der als ein Mann der Mitte gilt. Mit Hilfe der Volksbefreiungsarmee gelingt es ihm rasch, den Kampf um die Macht für sich zu entscheiden. Am 7. Oktober wird er zum neuen Vorsitzenden der Partei gewählt, Maos Witwe und ihre Anhänger werden verhaftet und aller Staats- und Parteiämter enthoben.

3. Oktober 1976

Schmidt bleibt Kanzler

Mit deutlichen Stimmengewinnen für die Union enden die Bundestagswahlen. CDU/CSU-Kanzlerkandidat Helmut Kohl verfehlt jedoch sein Ziel, die sozialliberale Koalition unter Bundeskanzler Helmut Schmidt (SPD) abzulösen. Mit 214 Mandaten verliert die SPD ihre Position als stärkste Fraktion, kann aber gemeinsam mit der FDP, die 39 Sitze erhält – zwei weniger als bisher –, die Regierungskoalition fortsetzen.

Die CDU/CSU gewinnt 18 Mandate hinzu und schickt 243 Abgeordnete ins neue, 496 Mitglieder starke Parlament. Mit 48,6% der abgegebenen Stimmen verzeichnet die Union einen Zuwachs von 3,9% und erzielt damit das zweitbeste Ergebnis seit ihrem Bestehen. Die Wahlbeteiligung lag bei 90,7%. Der Wahlkampf war geprägt von Polemik, Sachthemen traten in den Hintergrund. Am 15. Dezember bestätigt der 8. Deutsche Bundestag Helmut Schmidt als Bundeskanzler. Das Wahlergebnis fällt äußerst knapp aus. Schmidt wird mit 250 gegen 243 Stimmen bei einer Enthaltung und einer ungültigen Stimme wiedergewählt. Damit erhält er nur eine Stimme mehr als die für seine Kanzlerwahl erforderliche absolute Mehrheit. Vor Abgabe seiner Regierungserklärung gesteht Schmidt Fehler in den Koalitionsverhandlungen ein. Die öffentliche Kritik an der von der Regierung erwogenen Verschiebung der Rentenanpassung sei von ihm in dieser Heftigkeit nicht erwartet worden. Man habe beschlossen, den Fehler zu korrigieren und die Renten zum 1. Juli 1977 um 9,9% anzuheben. Die Opposition hatte von einem »Rentenbetrug« gesprochen und der Koalition vorgeworfen, den Wähler vorsätzlich getäuscht zu haben. Auch in den Regierungsparteien SPD und FDP selbst wurde die Entscheidung über die Zukunft der Renten kritisiert. Dem Ansehen der sozialliberalen Regierung fügt das Gerangel um die Rentenerhöhung schweren Schaden zu. Vor allem Bundeskanzler Helmut Schmidt, der nach den Analysen der Wahlforscher maßgeblichen Anteil an dem – wenn auch knappen – Wahlsieg der Koalititonsparteien hatte, verliert bei vielen Bundesbürgern an Glaubwürdigkeit.

Aggressive Töne prägen den Kampf um Wählerstimmen.

Vor der Wahl treten die Spitzenkandidaten zum Fernsehduell an; sitzend, v.l.: Helmut Schmidt (SPD), Hans-Dietrich Genscher (FDP), Helmut Kohl (CDU) und Franz Josef Strauß (CSU).

Oktober 1976

- **1** Fr – Durch radioaktive Bestrahlung retten französische Wissenschaftler die 3200 Jahre alte Mumie des ägyptischen Pharao Ramses II. vor dem Verfall.
- **2** Sa – General Jorge Rafael Videla, Argentiniens Staatspräsident, entgeht in Buenos Aires nur knapp einem Mordanschlag.
- **3** So – Der 29-jährige britische Automobilrennfahrer James Hunt gewinnt auf McLaren den Großen Preis von Kanada. → Schmidt
- **4** Mo – Der African National Congress (ANC) lehnt den Plan von US-Außenminister Henry A. Kissinger zur Lösung der Rhodesien-Frage ab.
- **5** Di – Der schwedische König Carl XVI. Gustav beauftragt Thorbjörn Fälldin (Zentrum) mit der Bildung der ersten bürgerlichen Regierung seit 40 Jahren.
- **6** Mi – Nach blutigen Unruhen in der thailändischen Hauptstadt Bangkok übernimmt das Militär die Macht und beendet damit die parlamentarische Demokratie.
- **7** Do – Helmut Kohl (CDU) legt sein Amt als Ministerpräsident von Rheinland-Pfalz nieder und wird Oppositionsführer im Bundestag.
- **8** Fr – Sowjetische Archäologen entdecken bei Ausgrabungen in Sibirien die Überreste einer rund 34 000 Jahre alten menschlichen Siedlung.
- **9** Sa – US-Wissenschaftler veröffentlichen Forschungsergebnisse, nach denen vor 3 Mrd. Jahren eine Durchschnittstemperatur von 70 °C auf der Erde herrschte.
- **10** So – In Kuba finden zum erstenmal seit 17 Jahren Parlamentswahlen statt. Zugelassen sind nur Kandidaten einer Einheitsliste.
- **11** Mo – Die Regierung in Laos verfügt die Schließung sämtlicher buddhistischer Tempel und Kultstätten des Landes, um dort künftig Lebensmittel zu lagern.
- **12** Di – Der hessische Landtag wählt Holger Börner (SPD) zum Nachfolger des am 3. Oktober zurückgetretenen Ministerpräsidenten Albert Osswald.
- **13** Mi – Die Regierung in Moskau ernennt den sowjetischen General Anatoli Gribkow zum Generalstabschef des Warschauer Paktes.
- **14** Do – In Neu-Delhi erklärt die indische Regierung unter Ministerpräsidentin Indira Gandhi, dass sie die Streitkräfte mit Atomwaffen ausrüsten wolle.
- **15** Fr – Ein Orkan, der über weiten Teilen der Nordsee und dem Ärmelkanal tobt, fordert mehr als 30 Todesopfer und bringt zahlreiche Schiffe in Seenot.
- **16** Sa – Nach der gescheiterten Ankopplung an die Raumstation »Saljut 5« kehrt die sowjetische Raumkapsel »Sojus 23« vorzeitig zur Erde zurück.
- **17** So – Bei den Wahlen zur Volkskammer der DDR erhalten nach offiziellen Angaben die von der SED geführten Parteien der Nationalen Front 99,86% der Stimmen.
- **18** Mo – Die arabischen Staaten einigen sich auf einen Friedensplan für den Libanon. +++ Der verstorbene Mafioso und »Pate« Carlo Gambino wird beigesetzt.
- **19** Di – Die iranische Regierung erwirbt 25,01% der Essener Fried. Krupp GmbH. Damit hat der Iran die Sperrminorität inne und erhält das Vetorecht.
- **20** Mi – Nahe der US-Hauptstadt Washington beginnen Wissenschaftler der NASA mit dem Bau einer Versuchsanlage zur Nutzung von Windenergie.
- **21** Do – Die Bundesrepublik Deutschland wird von der UN-Vollversammlung in New York für zwei Jahre in den Sicherheitsrat der Vereinten Nationen gewählt.
- **22** Fr – »1900«, das fünfeinhalb Stunden dauernde Filmepos des italienischen Regisseurs Bernardo Bertolucci, läuft in den bundesdeutschen Kinos an.
- **23** Sa – Angehörige der IRA stören in Belfast einen Demonstrationszug von ca. 15 000 Frauen, die für eine friedliche Lösung des Nordirland-Konfliktes eintreten.
- **24** So – Der vom Vatikan suspendierte Erzbischof Marcel Lefèbvre ruft in Friedrichshafen am Bodensee zum Kampf gegen den Papst auf.
- **25** Mo – In Kairo findet eine gesamtarabische Gipfelkonferenz statt. Die Delegierten billigen den am 18. Oktober ausgehandelten Friedensplan für den Libanon.
- **26** Di – In Südafrika erklärt sich das von der weißen Regierung unterstützte sog. Homeland Transkei zu einem unabhängigen Staat.
- **27** Mi – Bei einem Länderspiel unterliegt die Fußball-Auswahl der DDR in Hiwen der bulgarischen Nationalmannschaft mit 0:4.
- **28** Do – In Genf beginnt eine Konferenz über die Zukunft Rhodesiens, auf der über einen Plan von US-Außenminister Henry A. Kissinger verhandelt werden soll.
- **29** Fr – Die spanische Regierung in Madrid hebt ein Dekret aus dem Jahre 1937 auf, das die Sonderrechte der Basken suspendiert hatte.
- **30** Sa – Die EG beschließt in Brüssel, die Fischereizonen der Mitgliedsländer zum 1. Januar 1977 auf 200 Seemeilen zu erweitern. → Brokdorf
- **31** So – Im afrikanischen Burundi putschen linksgerichtete Militärs gegen Staatspräsident Michel Micombero. Die Regierung übernimmt ein Revolutionsrat.

November 1976

1 Mo Der im Libanon am 18. Oktober vereinbarte Waffenstillstand wird gebrochen. Palästinenser und christliche Milizen liefern sich Gefechte. → Frauenhaus

2 Di In Essen wird der DDR-Flüchtling Werner Weinhold vom Vorwurf des Totschlags freigesprochen. Er hatte zwei Grenzsoldaten der DDR erschossen. → USA

3 Mi In einem Interview erklärt der Leiter der Bremer Verkehrsfliegerschule, dass die Lufthansa Frauen im Cockpit weiterhin strikt ablehne.

4 Do Peking bestreitet Gerüchte, wonach die Mitglieder der im Oktober verhafteten sog. Viererbande um die Witwe Mao Tse-tungs hingerichtet worden seien.

5 Fr Der am 3. November in Münster entführte Springreiter Hendrik Snoek wird gegen Zahlung von fünf Mio. DM Lösegeld freigelassen.

6 Sa In Trapani auf Sizilien kommt es infolge sintflutartiger Regenfälle zu Überschwemmungen. Die Naturkatastrophe fordert 13 Todesopfer.

7 So Der 7. Parteitag der albanischen Partei der Arbeit bestätigt in Tirana einstimmig Enver Hodscha in seinem Amt als Parteichef.

8 Mo In London wird eine Bestechungsaffäre bei Scotland Yard aufgedeckt. Eine Abteilung habe seit 20 Jahren Bestechungsgelder von Bordellbesitzern erhalten.

9 Di Der ehemalige EG-Kommissar John Patrick Hillary wird in Dublin zum Präsidenten der Republik Irland vereidigt.

10 Mi Die Bundesregierung verabschiedet in Bonn ein Programm zur Unterstützung von Arbeitslosen. Es hat ein Volumen von 1,6 Mrd. DM.

11 Do Italiens Justiz gibt bekannt, dass der erkrankte ehemalige römische Polizeichef Heinrich Himmlers, Herbert Kappler, frühzeitig aus der Haft entlassen wird.

12 Fr In der kanadischen Stadt Oakville erzielt ein Zuchtbulle den sensationellen Kaufpreis von umgerechnet 550 000 DM.

13 Sa Vor mehr als 10 000 Zuschauern gibt der DDR-Liedermacher Wolf Biermann in Köln sein erstes öffentliches Konzert seit 1965.

14 So In Brokdorf demonstrieren rund 30 000 Menschen gegen die Errichtung eines Kernkraftwerkes. Dabei kommt es zu Auseinandersetzungen mit der Polizei.

15 Mo Die Deutsche Bundespost stellt in West-Berlin die ersten Tastentelefone vor, die bald die herkömmlichen Apparate mit Wählscheibe ersetzen sollen.

16 Di Rund 5000 Metallarbeiter demonstrieren in Mülheim für den Bau des Kernkraftwerks Brokdorf. Sie fürchten um den Erhalt ihrer Arbeitsplätze. → Kritik

17 Mi Im Niedersachsen-Stadion von Hannover schlägt die Fußball-Auswahl der Bundesrepublik den Europameister Tschechoslowakei mit 2:0.

18 Do Die Jamaikanerin Cynthia Jean Breakspeare wird zur »Miss World 1976« gewählt. +++ Äthiopische Behörden lassen 27 Putschisten hinrichten.

19 Fr In Dessau (DDR) wird die Rekonstruktion des Bauhauses abgeschlossen. Das Gebäude war 1925 von Walter Gropius entworfen worden. → CSU

20 Sa Anhänger des verstorbenen spanischen Diktators Francisco Franco demonstrieren in Madrid gegen die Durchführung freier Parlamentswahlen.

21 So In den libanesischen Städten Tripoli und Sidon ziehen Einheiten der vor allem aus syrischen Soldaten bestehenden arabischen Friedenstruppen ein.

22 Mo Der Generalsekretär der KPdSU, Leonid I. Breschnew, trifft in Sofia mit Rumäniens Staatschef und KP-Führer Nicolae Ceauşescu zusammen.

23 Di Die US-Armee unternimmt in Yucca Plat/Nevada einen unterirdischen Kernwaffentest. Es ist bereits der 13. US-Atombombenversuch im laufenden Jahr.

24 Mi In Toronto appelliert der kanadische Premierminister Pierre Elliot Trudeau an die Bevölkerung, sich für die Einheit Kanadas einzusetzen.

25 Do Ein von 19 bundesdeutschen Banken gebildetes Konsortium gewährt in Frankfurt am Main Argentinien einen Kredit in Höhe von rund 210 Mio. DM.

26 Fr Der SPD-Vorsitzende Willy Brandt wird im schweizerischen Genf zum Vorsitzenden der Sozialistischen Internationale gewählt. → Punk

27 Sa Die EG droht Strafzölle auf Waren aus Japan an, falls die Regierung in Tokio nicht Maßnahmen zur Eindämmung von Exporten in die EG-Länder treffe.

28 So 72 Todesopfer fordert der Absturz einer sowjetischen Passagiermaschine vom Typ »Tupolew« Tu-104 in Moskau.

29 Mo Der FC Zürich wird zum achten Mal schweizerischer Fußballmeister. Es ist für den Club der dritte Titelgewinn in Folge.

30 Di In Argentinien legen trotz eines von der Militärregierung erlassenen Streikverbotes Tausende von Menschen ihre Arbeit nieder.

16. Dezember 1976

Oetker freigelassen

Zwei Tage nach seiner Entführung wird der 25-jährige Industriellen-Sohn Richard Oetker gegen ein Lösegeld von 21 Mio. DM von seinen Kidnappern freigelassen. Unbekannte hatten das Mitglied der Backwaren- und Lebensmitteldynastie auf einem Parkplatz in Freising mit einer Pistole gezwungen, in einen bereitstehenden Wagen zu steigen. Über 45 Stunden musste der 188 cm große Student der Agrarwissenschaft in einer nur 120 cm langen und 79 cm breiten Holzkiste auf seine Befreiung warten. Später stellen Ärzte Brüche an beiden Oberschenkeln, zwei gebrochene Wirbelknochen, schwere Herzstörungen und Lungenschäden fest.
Aufgrund der geschickt geplanten Lösegeldübergabe in der Münchener Innenstadt können die Täter unerkannt entkommen. Erst nach mehreren Monaten wird der dringend tatverdächtige Dieter Zlof verhaftet und in einem Aufsehen erregenden Indizienprozess – Zlof bestreitet die Tat energisch – von einem Münchener Gericht zu zwölf Jahren Haft verurteilt.

19. November 1976

CSU droht mit eigenem Weg

Nach der verlorenen Bundestagswahl vom 3. Oktober geht die CSU auf Konfrontationskurs zur Schwesterpartei CDU. In Wildbad Kreuth beschließen die von Franz Josef Strauß (s. Abb., l., mit

CDU-Chef Helmut Kohl) geführten bayerischen Unionspolitiker die Fraktionsgemeinschaft mit der CDU aufzukündigen. Nach dem »Paukenschlag« von Wildbad Kreuth nähern sich CDU und CSU aber doch wieder an und beschließen im Dezember eine Fortsetzung der Fraktionsgemeinschaft.

2. November 1976

USA: Carter schlägt Amts

Jimmy Carter, Kandidat der Demokraten, entscheidet die Wahl um das Amt des US-Präsidenten für sich. Er erhält rd. 50,4% der Stimmen, das entspricht der Unterstützung von 297 Wahlmännern. Sein Kontrahent, der amtierende republikanische Präsident Gerald R. Ford, kann lediglich 241 Wahlmänner hinter sich bringen. Ford war 1974 nach dem Rücktritt von Richard M. Nixon im Zusammenhang mit der »Watergate«-Affäre als dessen Vizepräsident ins Weiße Haus nachgerückt. Jimmy Carter, Erdnussfarmer aus Georgia, überzeugter Baptist und Laienprediger, ist vor allem im Süden und im Nordosten der Vereinigten Staaten erfolgreich. Zu einem großen Teil ist der Wahlsieg des Senators und Gouverneurs von Georgia auf die Stimmen der schwarzen Bevölkerung zurückzuführen, die sich zu fast 90% für Carter entscheiden. Der künftige Präsident gilt als engagierter Streiter für Menschenrechte und die Gleichberechtigung der Rassen. Am 15. Juli 1976 war Carter von den Dele-

Strahlender Wahlsieger: Jimmy Carter mit zum Victory-Zeichen erhobenen Fingern

26. November 1976

Punk wird zum Jugendtrend

Die Punk-Band »Sex Pistols« bringt die Single »Anarchy In The UK« auf den Markt. Respektlos, provokativ und aggressiv sind das Image und der neue Sound, mit der sie die Musikszene durcheinander wirbeln. Mit hämmernden Rhythmen und rüden Texten schockieren die jungen Briten das Establishment. Viele Jugendliche, vor allem Arbeitslose in sozialen Problemgebieten, sind begeistert von den Konzerten der »Sex Pistols«, bei denen es immer wieder zu Krawallen kommt. Die Anhänger des Punk unterstreichen ihre Verachtung und Ablehnung der bestehenden Ordnung durch schrilles Outfit und provokantes Auftreten (s. Abb.).

...ber Ford

gierten des Parteitags der Demokraten in New York zum Präsidentschaftskandidaten nominiert worden. Mit der Niederlage von Ford wird zum ersten Mal seit 1932 ein amtierender Präsident abgewählt. Im Wahlkampf zeigte Ford Schwächen, Carter hingegen punktete im direkten Kontakt mit den Wählern. In einer Anfang Oktober von rd. 100 Mio. Zuschauern verfolgten Fernsehdiskussion zwischen den Präsidentschaftskandidaten präsentierte sich Carter als der eloquentere und überzeugendere Kandidat.

Der neue Mann im Weißen Haus, der international noch weitgehend unbekannt ist, tritt am 20. Januar 1977 sein Amt an. In seiner Antrittsrede stellt der Demokrat die Durchsetzung der Menschenrechte und den Schutz der Umwelt in den Mittelpunkt seiner Politik: »Unsere Verpflichtung gegenüber den Menschenrechten muss absolut sein, unsere Gesetze müssen fair sein, die Schönheit unserer Natur muss erhalten bleiben. Der Starke darf nicht den Schwachen verfolgen, und die Menschenwürde muss hochgehalten werden ...« Darüber hinaus bekennt er sich zu internationaler Kooperation: »Die USA können der Welt nicht das schreckliche Gespenst der nuklearen Vernichtung nehmen. Wir können und werden mit anderen zusammenarbeiten, um dies zu erreichen. Die USA allein können das grundlegende Recht eines jeden Menschen, frei von Armut und Hunger, Krankheit und politischer Unterdrückung zu leben, nicht garantieren.« Mit Carters Amtsübernahme endet auch die Karriere vieler profilierter Politiker: Einer von ihnen ist der bisherige Außenminister Henry A. Kissinger, der von der politischen Bühne abtritt.

16. November 1976

Kritik unerwünscht

Während einer Konzerttournee durch die Bundesrepublik wird dem in Ost-Berlin leben-

den Liedermacher Wolf Biermann (s. Abb., M., bei seinem Auftritt in Köln) die Staatsbürgerschaft entzogen und die Rückkehr verweigert. Die Ausbürgerung löst Proteste aus, auch in der DDR regt sich Widerstand. Prominente Künstler verfassen einen offenen Brief.

Wolf Biermann

deutscher Liedermacher und Lyriker, * 15.11.1936 Hamburg

Der Liedermacher, der seine Stücke mal eindringlich, mal nachdenklich vorträgt, schreibt und singt gegen Unterdrückung in kapitalistischen wie in sozialistischen Staaten. In der DDR erregte der lange Zeit überzeugte Kommunist durch seine Songs den Unmut der Parteifunktionäre, die ihm Auftrittsverbot erteilten. Seine Ausbürgerung provozierte eine breite Ausreisewelle aus der DDR.

- 1953: Übersiedlung aus Hamburg in die DDR
- 1965: Berufs- und Ausreiseverbot
- 1989: Konzert in Leipzig und Ost-Berlin

1. November 1976

Frauenhaus für Misshandelte

In West-Berlin wird das erste Frauenhaus in der Bundesrepublik Deutschland eröffnet. Die Initiative zur Einrichtung einer Zufluchtstätte für misshandelte Frauen und Kinder ergriffen Mitglieder der autonomen Frauenbewegung. Unter dem Motto »Frauen helfen Frauen« soll die Einrichtung Hilfe Suchenden vorübergehend Schutz und Beratung, z.B. bei der Klärung von Unterhaltsansprüchen, bieten. Nach langen Verhandlungen hatte der Senat dem Modellprojekt, das von Bund und Land finanziert werden soll, zugestimmt.

Bereits am Eröffnungstag finden sich rd. 20 Frauen im Frauenhaus ein, bis zum Jahresende werden 615 Frauen und 730 Kinder die Anlaufstelle genutzt haben. Die Adresse wird zum Schutz vor gewalttätigen Männern, die aus Rache in das Gebäude eindringen könnten, geheim gehalten. Die Anschrift ist bei der Telefonseelsorge, in Frauenzentren und bei den Westberliner Bezirksämtern zu erfahren. Die Öffentlichkeit reagiert zunächst zurückhaltend bis entsetzt auf die Konfrontation mit der Gewalt an Frauen als gesellschaftlicher Realität. Trotz der Tatsache, dass die meisten Vergewaltigungen an Frauen von ihren Ehemännern verübt werden, stellt die Vergewaltigung innerhalb der Ehe in der Bundesrepublik erst ab dem Jahre 1997 einen Straftatbestand dar.

Dezember 1976

1 Mi Die internationale Sportpresse wählt die Turnerin Nadia Comaneci (Rumänien) und den Leichtathleten Alberto Juantorena (Kuba) zu den Sportlern des Jahres.

2 Do Der rheinland-pfälzische Landtag wählt Bernhard Vogel (CDU) zum Ministerpräsidenten. Er wird Nachfolger von Helmut Kohl.

3 Fr Der designierte US-Präsident Jimmy Carter gibt in Washington bekannt, dass künftig Cyrus Vance das Amt des Außenministers innehaben wird.

4 Sa In Bangui (Zentralafrikanische Republik) proklamiert Jean Bedel Bokassa das Kaiserreich Zentralafrika und lässt sich zum Kaiser krönen.

5 So Bei den Parlamentswahlen in Japan büßt die seit 21 Jahren allein regierende Liberal-Demokratische Partei (LDP) ihre absolute Mehrheit ein.

6 Mo Auf ihrem Parteitag in Paris beschließen die Gaullisten, ihre Partei in »Rassemblement pour la République« (RPR) umzubenennen.

7 Di Der Sicherheitsrat der Vereinten Nationen in New York empfiehlt, UN-Generalsekretär Kurt Waldheim für weitere fünf Jahre in seinem Amt zu bestätigen.

8 Mi Die Koalitionsrunde von SPD und FDP lehnt entgegen ihrer Wahlaussage die Erhöhung der Renten um 10% zum 1. Juli 1977 ab.

9 Do In Mainz erhalten die Kabarettisten Emil Steinberger und Ortrud Beginnen sowie der Chansonier Christof Stählin den Deutschen Kleinkunstpreis.

10 Fr In Stockholm werden die Nobelpreise verliehen. Mit Ausnahme des Friedensnobelpreises, der nicht vergeben wird, gehen alle Ehrungen an US-Amerikaner.

11 Sa »Casanova«, ein Spielfilm des italienischen Regisseurs Federico Fellini, wird in Rom uraufgeführt. Die Titelrolle spielt Donald Sutherland.

12 So Die Vorsitzenden von CDU und CSU, Helmut Kohl und Franz Josef Strauß, einigen sich in Bonn auf die Fortsetzung der Fraktionsgemeinschaft.

13 Mo Der Demokrat Jimmy Carter wird in Washington von dem Wahlmänner-Gremium offiziell zum 39. Präsidenten der USA gewählt.

14 Di In Bonn konstituiert sich der am 3. Oktober gewählte 8. Deutsche Bundestag. Zum Parlamentspräsidenten wird Karl Carstens (CDU) gewählt.

15 Mi Die spanische Bevölkerung spricht sich in einem Volksentscheid mit überwältigender Mehrheit für die Abhaltung von freien Wahlen aus.

16 Do Die Vollversammlung der UNO verurteilt die chilenische Militärjunta unter Augusto Pinochet wegen Verletzung der Menschenrechte. → Oetker

17 Fr Die Organisation der Erdöl exportierenden Länder (OPEC) beschließt auf ihrer Tagung in Doha (Katar) zum 1. Januar 1977 eine Erhöhung der Ölpreise.

18 Sa Der inhaftierte sowjetische Bürgerrechtler Wladimir Bukowski wird in Zürich gegen den inhaftierten chilenischen KP-Chef Luis Corvalán ausgetauscht.

19 So Im Hafen von Long Beach (Kalifornien) explodiert der unter liberianischer Flagge fahrende Supertanker »Sansinema«. Mehrere Menschen kommen zu Tode.

20 Mo In Hamburg wird Fritz Honka wegen Mordes an vier Frauen in einem spektakulären Prozess zu 15 Jahren Gefängnis verurteilt.

21 Di Der FC Bayern München erringt in Rio de Janeiro durch ein 0:0 (Hinspiel 2:0) gegen den brasilianischen Club Cruzeiro Belo Horizonte den Weltpokal.

22 Mi Ost-Berlin entzieht dem ARD-Korrespondenten Lothar Loewe wegen »Diffamierung des Volkes und der Regierung der DDR« die Akkreditierung.

23 Do In New York beschließt die Vollversammlung der Vereinten Nationen, das Jahr 1979 zum »Jahr des Kindes« auszurufen.

24 Fr Nach Angaben von Vertretern des bundesdeutschen Einzelhandels hat das diesjährige Weihnachtsgeschäft die Erwartungen nicht erfüllt.

25 Sa Erstmals seit sieben Jahren können die Deutschen wieder eine »weiße Weihnacht« feiern. In nahezu allen Teilen des Landes liegt Schnee.

26 So Bei Kämpfen zwischen Schwarzen und der Polizei kommt es in Südafrika zu blutigen Auseinandersetzungen. Dabei sterben 137 Menschen.

27 Mo Auf dem Delaware-River (USA) läuft der liberianische Tanker »Olympic Games« auf Grund. Rd. 134 000 Gallonen Rohöl laufen aus.

28 Di In Washington erläutert der künftige US-Präsident Jimmy Carter seine außenpolitischen Vorstellungen und setzt einen Schwerpunkt auf Abrüstung.

29 Mi In Seoul werden der ehemalige Staatspräsident Südkoreas, Yun Poson, und der Oppositionsführer Kim Dae Jung zu fünf Jahren Gefängnis verurteilt.

30 Do Nach offiziellen Angaben aus Peking wird in Paoting ein letzter Aufstand von Anhängern der »Viererbande« um die Mao-Witwe niedergeschlagen.

31 Fr Die spanische Regierung verfügt die Auflösung der politischen Gerichtshöfe. Die Armee darf künftig nicht mehr über politische Gewalttäter zu Gericht sitzen.

Januar 1977

1 Sa Die DDR bestätigt Berichte, nach denen die Kontrollstellen zwischen Ost-Berlin und dem Umland beseitigt wurden. → »Charta 77«

2 So Saudi-Arabien will in den nächsten Wochen die Ölförderung um 40% erhöhen und so die Preispolitik der OPEC beeinflussen, berichtet die »Arab News«.

3 Mo Israels Wohnungsbauminister Avraham Ofer begeht Selbstmord. Ihm war die Veruntreuung öffentlicher Gelder zu Last gelegt worden.

4 Di In Soweto (Südafrika) endet ein sechsmonatiger Schulboykott, mit dem die Einführung von Afrikaans als Unterrichtssprache abgewendet wurde.

5 Mi In der libanesischen Hauptstadt Beirut werden bei einem Anschlag in einem von Christen bewohnten Stadtbezirk 35 Menschen getötet.

6 Do Jochen Danneberg (DDR) gewinnt in Bischofshofen vor dem Schweizer Walter Steiner die deutsch-österreichische Vierschanzentournee.

7 Fr Die Europäische Organisation für Kernforschung (CERN) nimmt in Genf den leistungsstärksten Teilchenbeschleuniger der Welt in Betrieb.

8 Sa Unbekannte rauben bei einem nächtlichen Einbruch in die Kathedrale von Murcia im Nordosten Spaniens Kirchenschätze im Wert von etwa 10 Mio. DM.

9 So Vertreter der sog. Frontstaaten beschließen, die schwarze Befreiungsorganisation »Patriotische Front« in Rhodesien weiterhin militärisch zu unterstützen.

10 Mo Beim Ausbruch des Vulkans Nyiragongo in Zaire sterben über 2000 Menschen. +++ Zwei große bundesdeutsche Kaffeeröstereien erhöhen die Preise um 8%.

11 Di Angehörige des Staatssicherheitsdienstes hindern DDR-Bürger daran, die Ständige Vertretung der Bundesrepublik in Ost-Berlin zu betreten.

12 Mi In der Tschechoslowakei beginnen Repressalien gegen die Unterzeichner der »Charta 77«. Die Regimekritiker werden wiederholt zu Verhören geladen.

13 Do Erstmals nimmt der UNO-Botschafter der Bundesrepublik Deutschland, Rüdiger von Wechmar, in New York an einer Sitzung des UNO-Sicherheitsrates teil.

14 Fr »Sterntaler«, ein Stück von Franz Xaver Kroetz, wird unter der Regie von Kai Braak im Staatstheater Braunschweig uraufgeführt.

15 Sa In der nigerianischen Hauptstadt Lagos beginnt ein vierwöchiges »Afrikanisches Kulturfestival«, an dem rund 25 000 Menschen teilnehmen.

16 So Der Schwede Ingemar Stenmark gewinnt beim traditionellen Hahnenkamm-Skirennen in Kitzbühel vor Piero Groß aus Italien den Slalom.

17 Mo Rund 50 Mio. Pilger nehmen an einem heiligen Ort in der Nähe der indischen Stadt Allahabad an dem mehrtägigen Fest »Kumbh Mela« teil. → Hinrichtung

18 Di Die ägyptische Regierung teilt mit, dass der frühere Bundesfinanzminister Alex Möller künftig Staatspräsident Mohammad Anwar As Sadat berät.

19 Mi In dem von Südafrika verwalteten Namibia werden von katholischen Schulen – gegen die Apartheidgesetze – schwarze Kinder angenommen.

20 Do Der Vorsitzende Richter im Baader-Meinhof-Prozess in Stuttgart-Stammheim, Theodor Prinzing, wird wegen des Verdachts der Befangenheit abgelöst.

21 Fr Physiker einer Pariser Universität entdecken ein neues subatomares Teilchen aus der Gruppe der Quarks. Quarks sind die kleinsten Bausteine der Materie.

22 Sa Gegen Lieferung von 40 »Phantom«-Kampfjets erlaubt Ankara der US-Luftwaffe, ihre 20 Militärstützpunkte in der Türkei wieder zu nutzen.

23 So Die Lyriker Reiner Kunze (DDR) und Friederike Mayröcker (Österreich) sind, wie in Salzburg bekannt gegeben wird, Preisträger des Georg-Trakl-Preises 1977.

24 Mo Ein bundesdeutsches Bankenkonsortium gewährt dem Iran zum Bau von Kraftwerken und Straßen einen Kredit über 1,5 Mrd. DM.

25 Di In der spanischen Hauptstadt Madrid werden fünf Gewerkschaftsanwälte von vermutlich rechtsgerichteten Terroristen ermordet. → Sonnenenergie

26 Mi Als Wiedergutmachungsgeste gibt die Regierung in Canberra ein weites Gebiet im Nordosten Australiens an die Ureinwohner, die Aborigines, zurück.

27 Do In einer in Rom veröffentlichten Erklärung lehnt die katholische Kirche die Zulassung von Frauen zum Priesteramt kategorisch ab.

28 Fr Nach einem Überfall von etwa 5000 kambodschanischen Soldaten auf ein Dorf in Thailand schließt die thailändische Regierung die Grenze.

29 Sa Polens KP-Chef Edward Gierek stellt in einer Rede in Warschau eine Lockerung der Zensurbestimmungen für literarische Werke in Aussicht.

30 So In Washington werden -30 °C gemessen. Infolge der Kältewelle kommt es in weiten Teilen der USA zu einer Energiekrise.

31 Mo Nach dreijähriger Geiselhaft wird die französische Archäologin Françoise Claustre von Rebellen im Tschad freigelassen. → Museumsbau

22. Februar 1977

Peking: Nur noch zwei Kinder

Angesichts des raschen Bevölkerungswachstums beginnt die Regierung der Volksrepublik China eine Kampagne zur Familienplanung. Chinesische Ehepaare werden angehalten, höchstens noch zwei Kinder zu haben. Damit will der mit rd. 852 Mio. Einwohnern bevölkerungsreichste Staat der Erde der Bevölkerungsexplosion begegnen, die nach Expertenmeinung den wirtschaftlichen Aufschwung und die Hebung des Lebensstandards verhindert. Zur Durchsetzung des Programms operieren die Behörden mit Aufklärungsfeldzügen und drohen bei Nichtbeachtung der sog. Zwei-Kind-Ehe mit erheblichen finanziellen und sozialen Nachteilen. Eine später durchgesetzte Verschärfung der Kampagne macht sogar die Ein-Kind-Familie zur Regel. Viele Familien erfüllen jedoch trotz des öffentlichen Drucks die staatlichen Vorgaben nicht. Um Sanktionen zu entgehen, sehen sich viele Eltern vielmehr gezwungen, die Existenz »überzähliger« Kinder vor den chinesischen Behörden geheim zu halten.

31. Januar 1977

Museumsbau erregt Anstoß

Nach vierjähriger Bauzeit wird in Paris das »Centre National d'Art et de Culture Georges Pompidou« eröffnet. In dem Bau des italienisch-britischen Architektenduos Renzo Piano und Richard Rogers sind u.a. ein Museum und eine Bibliothek

untergebracht. Besonders die rohe, technizistische Fassade der multimedialen Kunst- und Kulturstätte mit ihren außen verlegten Versorgungsleitungen (s. Abb.) sorgt für kontroverse Diskussionen.

1. Januar 1977

»Charta 77« gegründet

Unter Berufung auf die im August 1975 in Helsinki unterzeichnete KSZE-Schlussakte und die UN-Menschenrechtskonvention schließt sich in Prag eine Gruppe tschechoslowakischer Bürgerrechtler zur »Charta 77« zusammen.

Ex-Außenminister Jiři Hájek

Die 242 Gründungsmitglieder der Gruppe sind international anerkannte Künstler und Wissenschaftler wie der Dramatiker Pavel Kohout, der Lyriker Jaroslav Seifert oder der Historiker Karel Bartosek. Als Sprecher treten Vádav Havel, Jiři Hájek und Jan Patočka auf. In ihrer ersten Verlautbarung protestiert die Gruppe gegen die fortgesetzte Verletzung elementarster Menschen- und Bürgerrechte durch das kommunistische Regime und fordert politische Freiheiten. Ihre Hauptaufgabe sieht die »Charta 77« darin, derartige Verstöße zu dokumentieren und der Weltöffentlichkeit bekannt zu machen.

Philosoph Jan Patočka

Dabei kommt es der Bürgerrechtsbewegung vor allem darauf an, immer wieder auf die Widersprüche zwischen bestehenden Gesetzen und der real ausgeübten Praxis hinzuweisen. Formal garantieren die Gesetze in der Tschechoslowakei nämlich eine Reihe bürgerlicher Freiheiten, die in der Realität allerdings mit Füßen getreten werden. Eine Konfrontation mit der Staatsmacht strebt die Gruppe nicht an. Sie versteht sich als eine politisch und weltanschaulich offene Plattform für verschiedene Gruppen und Einzelpersonen, die sich für politische Freiheiten in der Tschechoslowakei einsetzen. Von dieser Basis aus bietet die »Charta 77« dem Regime sogar einen »konstruktiven Dialog« über den Zustand der Gesellschaft an. Die Staatsmacht reagiert jedoch mit großer Härte auf die Gründung der Gruppe. Unmittelbar nach Erscheinen des »Dokuments Nr. 1« werden führende Mitglieder, darunter Vádav Havel, in Haft genommen. Erst im Mai kommen sie nach langen Verhören wieder frei. Trotz aller Repressionen setzen die Mitglieder der »Charta 77« ihre Arbeit unbeirrt fort. Im Verlauf des Jahres bringen sie 15 Dokumente zur Menschenrechtssituation heraus. Bis Ende 1977 bekennen sich etwa 850 Personen zu der Gruppe.

Dramatiker Václav Havel

26. Februar 1977

Abhörskandal in Deutschland

Der »Lauschangriff« gegen den Atomphysiker Klaus Traube löst in der Bundesrepublik einen handfesten Skandal aus. Das Nachrichtenmagazin »Der Spiegel« deckt in einem vorab veröffentlichten Bericht seiner aktuellen Ausgabe die Abhöraktion auf, die in Bonn für Wirbel sorgt.

Der Verfassungsschutz hat Traube, den ehemaligen Leiter der an der Entwicklung des »Schnellen Brüters« in Kalkar beteiligten Interatom GmbH, mit Hilfe von sog. Wanzen abgehört. Das Bundesinnenministerium rechtfertigt den »Lauschangriff« mit dem Hinweis, gegen Traube habe der Verdacht auf Kontaktnahme zu einer terroristischen Vereinigung bestanden. Bereits Ende 1975 hörten Mitarbeiter des Kölner Bundesamtes für Verfassungsschutz Telefongespräche des Atomwissenschaftlers ab, brachen später sogar in dessen Wohnung ein und installierten Wanzen. Der Verfassungsschutz stellte bei der Interatom weitere Nachforschungen über den Physiker an. Traube, dem keinerlei Kontakte zu terroristischen Gruppen nachgewiesen werden konnten, wurde entlassen. Nach Ansicht vieler Juristen ist die Handlungsweise des Verfassungsschutzes rechtswidrig. Die Erklärung von Bundesinnenminister Werner Maihofer (FDP), es habe im Fall Traube eine »unmittelbare Gefahr von äußerster Brisanz« bestanden, ist nach Ansicht von Beobachtern kaum haltbar. Die Verwicklung des Innenministers in die Abhöraktion ist einer der Gründe für seinen Rücktritt im Jahre 1975.

25. Januar 1977

Strom aus Sonnenenergie

Das erste Sonnenkraftwerk der Welt (s. Abb.) geht in den französischen Pyrenäen bei Odeillo ans Netz. Aufgrund seiner günstigen geografischen Lage und den klimatischen Gegebenheiten gehen Experten davon aus, dass die intensive Sonneneinstrahlung die Produktion von Strom an rd. 180 Tagen im Jahr ermöglicht. Mittels großer Spiegel wird die Sonnenstrahlung gebündelt und auf einen mit Flüssigkeit gefüllten Kessel gelenkt. Der

dabei erzeugte Dampf treibt einen Generator an. Vorerst erreicht die Anlage eine Kapazität von 64 kW, in einer für die nächsten Jahre geplanten zweiten Ausbaustufe soll die Stromproduktion noch erhöht werden. Der Bau des Kraftwerks stößt auf internationales Interesse. Gerade infolge der Ölkrise von 1973 und den wachsenden Umweltschäden erkennen immer mehr Industriestaaten die Notwendigkeit, alternative und regenerative Energiequellen zu erschließen.

1. Februar 1977

»Emma« neu am Kiosk

Mit der Zeitschrift »Emma« kommt in der Bundesrepublik – nach dem Blatt »Courage« – das zweite der Frauenbewegung verbundene Frauenjournal auf den Markt. Herausgeberin ist die Feministin Alice Schwarzer. Mit einer Startauflage von 200 000 Exemplaren tritt »Emma« offensiv für die gesellschaftliche und politische Emanzipation der Frau ein.

Alice Schwarzer

deutsche Journalistin, * 3.12.1942 Wuppertal

Die Feministin gehört seit Beginn der bundesdeutschen Frauenbewegung in den 60er Jahren zu deren prägenden Gestalten. In zahlreichen Publikationen (z.B. »Der kleine Unterschied und seine große Wirkung«, 1975), mit gelegentlich provokativen Auftritten und in öffentlichkeitswirksamen Kampagnen kämpft sie für das Recht der Frauen auf Selbstbestimmung und Gleichberechtigung.

- 1970-74: freie Korrespondentin in Paris
- 1971: Kampagne gegen § 218 (»Wir haben abgetrieben«)
- 1978: »Sexismus«-Klage gegen die Illustrierte »stern«

17. Januar 1977

Hinrichtung in den USA

Das erste Mal seit zehn Jahren wird in den USA wieder ein Todesurteil vollstreckt. Im Staatsgefängnis von Utah erschießen fünf Freiwillige den wegen zweifachen Raubmordes zum Tode verurteilte Gary Mark Gilmore. Die trotz zahlreicher öffentlicher Proteste vollzogene Hinrichtung gibt das Signal dafür, dass nun auch weitere der insgesamt 453 zum Tode verurteilten Häftlinge in den USA mit der Exekution rechnen müssen.

Der 36-jährige Gilmore hatte 1976 einen jungen Hotelangestellten ausgeraubt und getötet und gestand nach seiner Festnahme einen weiteren Mord. Für die Polizei war er kein Unbekannter. Insgesamt 18 Jahre hatte Gilmore wegen verschiedener Straftaten schon in Gefängnissen der USA verbracht. Sein umfangreiches Vorstrafenregister und seine Auftritte vor Gericht, die von keinerlei Reue zeugten, führten zu dem harten Urteilsspruch. Seine Anwälte erwirkten in der Folgezeit mehrmals die Aufschiebung der Hinrichtung und forderten eine Revision des Urteils. Gilmore erklärte jedoch öffentlich, dass er eine weitere Verschiebung der Exekution ablehne und lieber sterben wolle, als den Rest seines Lebens hinter Gittern verbringen zu müssen.

Februar 1977

1 Di Am Soho Poly Theatre in London findet die Uraufführung des Stücks »Gimme Shelter« von Barrie Keeffe statt. → »Emma«

2 Mi Aus Protest gegen die zunehmend autoritäre Politik von Ministerpräsidentin Indira Gandhi tritt der indische Landwirtschaftsminister J. Ram zurück.

3 Do Die türkische Regierung erteilt der Palästinensischen Befreiungsorganisation (PLO) die Genehmigung, in Ankara ein ständiges Büro zu eröffnen.

4 Fr Der sowjetische Bürgerrechtler Alexander Ginsburg wird in Moskau unter dem Vorwurf »geheimdienstlicher Tätigkeit« von der Polizei verhaftet.

5 Sa Nach drei Wochen schließt in Ost-Berlin die bundesdeutsche Ausstellung »Fotografie in Wissenschaft und Technik«. Sie zählte rund 150 000 Besucher.

6 So Der Viererbob DDR I mit Meinhard Nehmer am Steuer siegt bei der Weltmeisterschaft in St. Moritz (Schweiz) vor Schweiz II und Deutschland II.

7 Mo Bundesjustizminister Hans-Jochen Vogel sagt Warschau Rechtshilfe bei der Aufarbeitung von Verbrechen aus der Zeit der NS-Herrschaft in Polen zu.

8 Di Das Bundesverfassungsgericht bemängelt die derzeitige Praxis der Studienplatzvergabe und ordnet an, ein gerechteres Verfahren einzuführen.

9 Mi Spanien und die UdSSR vereinbaren die Wiederaufnahme der diplomatischen Beziehungen. Damit steht Madrid mit allen Ostblockstaaten in Verbindung.

10 Do Nach offiziellen Angaben billigen 99,4% der wahlberechtigten Ägypter in einem Referendum die im Februar erlassenen Grundrechtseinschränkungen.

11 Fr Aus Protest gegen Honorarbegrenzungen durch das geplante Kostendämpfungsgesetz schließen in Hannover rund 100 Ärzte für einen Tag ihre Praxen.

12 Sa US-Präsident Jimmy Carter ernennt den als liberal angesehenen Politiker und Vietnamkriegsgegner Paul Warnke zum Chef der US-Abrüstungsbehörde.

13 So Zyperns Staatschef, Erzbischof Makarios III., und der Führer der Zypern-Türken, Rauf Denktaş, vereinbaren die Bildung eines förderalen Staates.

14 Mo Die spanische Polizei gibt bekannt, dass sie die Führungsgruppe der linksgerichteten Terrororganisation GRAPO verhaftet habe.

15 Di Schiffe aus der Europäischen Gemeinschaft dürfen fortan gegen eine Gebühr in der 200-Meilen-Zone der USA Fischfang betreiben.

16 Mi Die US-Zeitung »Washington Post« berichtet, dass Südafrika über die technischen Voraussetzungen für den Bau einer Atombombe verfüge.

17 Do SED-Chef Erich Honecker gibt der »Saarbrücker Zeitung« ein Interview, in dem er u.a. die Anerkennung der DDR-Staatsbürgerschaft verlangt.

18 Fr Aus Sorge vor Gewalttaten verbietet das Verwaltungsgericht Schleswig eine für morgen geplante Demonstration auf dem Baugelände des KKW Brokdorf.

19 Sa Die Brokdorf-Demonstranten weichen nach Itzehoe aus. 15 000 Menschen protestieren friedlich gegen den im Bau befindlichen Atommeiler.

20 So Auf dem Rücken einer Boeing 747 startet die US-Raumfähre »Enterprise« zu ihrem ersten Test. Erst in 8000 m Höhe löst sie sich zum Alleinflug.

21 Mo Indiens Verteidigungsminister Bansi Lal bestätigt, dass in den vergangenen Monaten im Land Zwangssterilisierungen vorgenommen worden seien.

22 Di Die niedersächsische Landesregierung schlägt als Standort einer Wiederaufbereitungsanlage für Kernbrennstäbe die Gemeinde Gorleben vor. → Peking

23 Mi Starke Regenfälle und Tauwetter lassen die Pegel von Rhein und Mosel ansteigen. An den Ufern der beiden Flüsse entstehen schwere Sachschäden.

24 Do Das rhodesische Innenministerium weist den katholischen Bischof Donal Lamont aus. Er soll die schwarzen Untergrundkämpfer unterstützt haben.

25 Fr Wegen anhaltender Menschenrechtsverletzungen in Argentinien, Uruguay und Äthiopien kürzen die USA ihre Militärhilfen für diese Länder.

26 Sa US-Präsident Jimmy Carter bestätigt Berichte, nach denen Jordaniens König Hussein II. auf der Honorarliste des Geheimdienstes CIA steht. → Abhörskandal

27 So Annegret Richter stellt bei den deutschen Hallenmeisterschaften der Leichtathleten in Dortmund mit 23,22 sec einen Weltrekord über 200 m auf.

28 Mo Fast zwei Jahre nach den Landtagswahlen bildet sich in Saarbrücken eine Koalitionsregierung aus CDU und FDP, die das politische Patt im Saarland beendet.

März 1977

1 Di DDR-Grenzposten kassieren an den Übergängen zwischen beiden Teilen Berlins von Autofahrern aus dem Westen erstmals Straßenbenutzungsgebühren.

2 Mi SPD und FDP sollen ihren Wahlkampf 1976 zum Teil aus Staatsgeldern finanziert haben, bemängelt das Bundesverfassungsgericht in Karlsruhe.

3 Do Den Weltmeistertitel im Eiskunstlauf der Paare gewinnen in Tokio Irina Rodnina und Alexander Saizew aus der Sowjetunion.

4 Fr Bei einem Erdbeben in Rumänien sterben 1500 Menschen. +++ Ein Mitarbeiter der Unionsfraktion wird in Bonn als mutmaßlicher DDR-Spion festgenommen.

5 Sa Mehrere Entwicklungsländer, deren Einnahmen überwiegend aus Bananenexporten stammen, gründen in Panama eine gemeinsame Vermarktungsgesellschaft.

6 So Ein vom früheren britischen Premierminister Winston Churchill gemaltes Bild wird in London für 81 600 Dollar (etwa 189 000 DM) versteigert.

7 Mo Die Delegierten des CDU-Parteitages in Düsseldorf bestätigen Helmut Kohl als Parteivorsitzenden. Heiner Geißler wird neuer Generalsekretär.

8 Di Joseph Lawson Howze wird zum katholischen Bischof von Biloxi (US-Bundesstaat Mississippi) berufen. Er ist der zweite schwarze Bischof in den USA.

9 Mi US-Präsident Jimmy Carter kündigt die Aufhebung der Reisebeschränkungen für Kuba, Vietnam, Kambodscha und Nordkorea an.

10 Do In Warschau finden erstmals seit Ende der sechziger Jahre Kundgebungen gegen »revanchistische Tendenzen« in der Bundesrepublik statt.

11 Fr Die spanische Regierung beschließt – als weiteren Schritt zurück zur Demokratie – eine Teilamnestie für politische Häftlinge des Franco-Regimes.

12 Sa General Augusto Pinochet, der beim Militärputsch im September 1973 die Macht in Chile ergriffen hat, verbietet alle bislang noch legalen Parteien.

13 So In Leipzig wird die Internationale Frühjahrsmesse eröffnet, auf der auch 750 Firmen aus der Bundesrepublik und West-Berlin vertreten sind.

14 Mo Auf Antrag mehrerer Privatleute und Gemeinden hebt das Verwaltungsgericht Freiburg im Breisgau die Teilbaugenehmigung für den Atommeiler in Wyhl auf.

15 Di Die britische Regierung ordnet in London an, dass Zigarettenpäckchen künftig die Aufschrift »ernsthaft gesundheitsschädigend« tragen müssen.

16 Mi Im Libanon wird der linksgerichtete Drusenführer Kamal Dschumblat von Angehörigen der Christen-Milizen erschossen.

17 Do US-Präsident Jimmy Carter bezeichnet die »Schaffung einer Heimstätte für die Palästinenser« als Voraussetzung für einen Frieden im Nahen Osten.

18 Fr Wegen des Aufmalens »antisowjetischer Parolen« auf Mauern und Fassaden werden in Moskau zwei Dissidenten zu acht Jahren Arbeitslager verurteilt.

19 Sa Bei einer Demonstration gegen den Bau des Atomkraftwerkes in Grohnde (Niedersachsen) kommt es zu Kämpfen zwischen Demonstranten und Polizei.

20 So Bei den Parlamentswahlen in Indien verliert die seit 1952 regierende Kongresspartei von Ministerpräsidentin Indira Gandhi ihre Mehrheit.

21 Mo Die französische Spionageabwehr nimmt fünf Personen fest, die militärische Geheimnisse Frankreichs und der NATO an die Sowjetunion geleitet haben sollen.

22 Di Wegen der anhaltenden Trockenheit erlässt die Regierung des US-Bundesstaats Kalifornien ein Verbot, Autos zu waschen und Swimming-Pools zu füllen.

23 Mi In West-Berlin erscheint die erste Ausgabe der Stadtillustrierten »zitty«, die sich als Sprachrohr der linksalternativen Szene versteht.

24 Do Der Vorsitzende der bei den Parlamentswahlen in Indien erfolgreichen Janata-Partei, Moraji Ranchhodji Desai, wird zum Ministerpräsidenten gewählt.

25 Fr 6000 Frauen demonstrieren vor einem Gericht in Rom wegen der Milde, mit der zuvor sechs Vergewaltiger abgeurteilt wurden. → Staufer

26 Sa US-Außenminister Cyrus Vance trifft in Moskau zu viertägigen Gesprächen über eine Begrenzung der strategischen Rüstung ein.

27 So Zum Schluss der alpinen Weltcup-Saison erreicht Christa Zechmeister in Sierra Nevada (Spanien) den einzigen deutschen Sieg – im Slalom. → Teneriffa

28 Mo Alt-Fußballbundestrainer Sepp Herberger wird 80 Jahre alt. Seinen Geburtstag feiert er im Rittersaal des Mannheimer Schlosses. → »Oscar«

29 Di Die in Stuttgart-Stammheim einsitzenden Mitglieder der Baader-Meinhof-Gruppe treten in Hungerstreik, um gegen ihre »Isolationshaft« zu protestieren.

30 Mi Bei den Tischtennisweltmeisterschaften in Birmingham (England) erreicht das bundesdeutsche Herrenteam den fünften Platz.

31 Do Zu einem zweitägigen Besuch trifft Muhammad Anwar As Sadat, Ägyptens Staatspräsident, in der Bundesrepublik ein.

+++ 575 Tote bei Jumbo-Unglück +++ Neuer

26. April 1977

Historischer Vatikan-Besuch

Erstmals treffen der Erzbischof von Canterbury und Primas der anglikanischen Kirche, Donald Coggan, und Papst Paul VI. zu einer offiziellen Unterredung im Vatikan zusammen. Die offizielle Aussöhnung der katholischen mit der orthodoxen Kirche fand bereits Anfang der 60er Jahre statt. Das heutige Treffen soll einen weiteren Schritt der Annäherung zwischen einstmals zusammengehörigen christlichen Glaubensgemeinschaften dokumentieren. Als Zeichen für die Aussöhnung tauschen der Papst und der anglikanische Primas am folgenden Tag vor der Sixtinischen Kapelle einen Friedenskuss. Anschließend erklären beide Kirchenoberhäupter, auf der Grundlage der Gemeinsamkeiten beider Lehren den Einigungsprozess vorantreiben zu wollen.
Die Abspaltung der »Church of England« von der römisch-katholischen Kirche geht auf das Jahr 1534 zurück, als der englische König Heinrich VIII. vom damaligen Papst Klemens VII. aus politischen Gründen die Auflösung seiner Ehe mit Katharina von Aragon verlangte. Die ablehnende Haltung des Papstes führte zum Bruch mit Rom und zur Gründung einer unabhängigen Kirchenorganisation. Weltliches Oberhaupt der anglikanischen Kirche ist der britische König bzw. die Königin.

7. April 1977

Todesschüsse auf Buback

Generalbundesanwalt Siegfried Buback fällt in Karlsruhe einem Attentat zum Opfer. Zu dem Anschlag bekennt sich ein Kommando der terroristischen Rote Armee Fraktion (RAF). Die Täter lauern Buback auf, als er sich mit seinen Begleitern auf dem Weg in sein Büro befindet. Von einem

Motorrad eröffnet der Attentäter mit einer Maschinenpistole das Feuer. Buback und sein Fahrer werden tödlich getroffen, ein weiterer Begleiter so schwer verwundet, dass er am 13. April seinen Verletzungen erliegt (Abb.: Tatort). Zum Nachfolger Bubacks als Generalbundesanwalt wird Mitte Juni Kurt Rebmann ernannt.

25. März 1977

Staufer ziehen Besucher an

Im Württembergischen Landesmuseum in Stuttgart beginnt die Ausstellung »Die Zeit der Staufer« (Abb.: Plakat). Zahlreiche Ehrengäste, darunter Ministerpräsident Hans Filbinger, finden sich zu den Eröffnungsfeierlichkeiten im Alten Schloss, dem Sitz des Museums, ein. Über 1000 Exponate, darunter Buchmalereien, Goldschmiedearbeiten, Tafelbilder, Glasmalereien, Urkunden sowie Skulpturen aus der Zeit der Kaiser Friedrich I. Barbarossa und

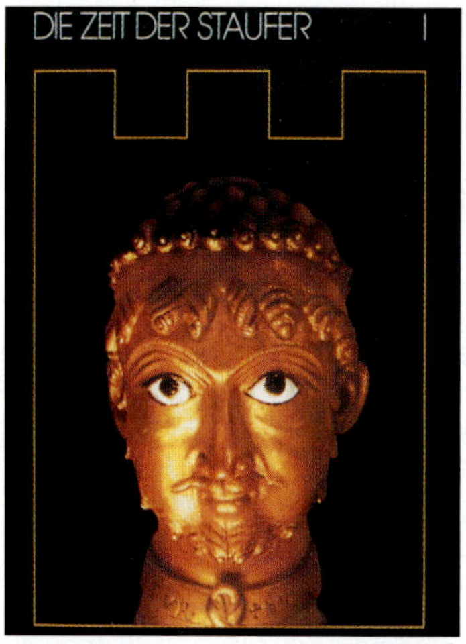

Friedrich II. eröffnen dem Publikum Einblicke in Politik und Kultur des 12. und 13. Jahrhunderts. Die Organisatoren verwirklichten das Prestige-Objekt des Landes Baden-Württemberg mit dem ungewöhnlich hohen Etat von rd. 4,3 Mio. DM innerhalb von drei Jahren. Zur Überraschung aller Beteiligten entwickelt sich die Ausstellung über das deutsche Herrschergeschlecht zu einem Publikumsmagneten. Bis zum 5. Juni 1977 werden über 500 000 Besucher gezählt, mehr als je zuvor bei einer bundesdeutschen Kunstausstellung. An den Wochenenden kommt es beim Einlass zu Wartezeiten bis zu einer Stunde.

27. März 1977

Unglück auf Teneriffa

Beim bisher schwersten Unglück in der Geschichte der zivilen Luftfahrt, einem Zusammenstoß zweier Passagierflugzeuge vom Typ »Jumbo Jet« auf der Rollbahn des Flughafens in Santa Cruz auf Teneriffa, kommen 575 Menschen ums Leben. Eine nach der Katastrophe eingeleitete Untersuchung ermittelt menschliches Versagen als Ursache, die eigentliche Schuldfrage kann aber nicht zweifelsfrei geklärt werden. Das Desaster wirft weltweit die Frage nach einer Verbesserung der Flugsicherung auf.
Wenige Stunden vor dem Unglück war der Flughafen der Nachbarinsel Gran Canaria wegen einer Bombendrohung geschlossen worden. Zahlreiche Flugzeuge mussten deshalb auf den Flughafen Los Rodeos in Santa Cruz umgeleitet werden. Dabei erschwerte neben dem starken Flugverkehr auch dichter Nebel die Starts und Landungen der Maschinen. Die Katastrophe nimmt ihren Lauf, als ein »Jumbo« der niederländischen Fluggesellschaft KLM auf die Startbahn rollt. Nach Angaben des spanischen Towers hatte die Maschine zu diesem Zeitpunkt noch keine offizielle Startfreigabe erhalten. Auf der Piste befindet sich bereits ein vollbesetzter Jet der US-Fluggesellschaft PanAm, der zweifelsfrei vom Kontrollturm die Aufforderung erhalten hatte, sich auf die Startbahn zu begeben. Beide Piloten

19. April 1977

Beckenbauer zu Cosmos

Der beste deutsche Fußballer, Rekordnationalspieler Franz Beckenbauer, wechselt zum Entsetzen seiner Fans in die als »Operettenliga« verspottete US-Division. Der Deutsche Fußball-Bund (DFB) gibt die Entscheidung des 31-jährigen Fußball-»Kaisers« bekannt, der künftig für Cosmos New York gegen das Leder treten wird. Cosmos versucht schon seit Jahren, durch öffentlichkeitswirksame Kampagnen und Verpflichtungen ausländischer Fußball-Stars (Abb.: Beckenbauer, r., neben Pelé) den Fußballsport, der in den USA als Soccer ein eher klägliches Dasein führt, im Land der unbegrenzten Möglichkeiten heimisch zu machen. Beckenbauer macht am 21. Mai sein letztes Spiel für Bayern München und unterschreibt am 25. Mai in New York einen mit rd. sieben Mio. DM dotierten Dreijahresvertrag.

28. März 1977

»Oscar« für Boxer-Epos

In Los Angeles ehrt die US-Akademie für Film-Kunst und Wissenschaft die diesjährigen »Oscar«-Preisträger. Zum besten Film des Jahres 1976 wird Sylvester Stallones Boxer-Märchen »Rocky« gewählt. Das von Stallone (s. Abb., l.) selbst verfasste Drehbuch handelt von einem unbekannten jungen Boxer, dem es durch hartes Training gelingt, in einem Aufsehen erregenden Kampf 15 Runden lang gegen den Schwergewichtsweltmeister zu bestehen. Der besonders in den USA erfolgreiche Film bedeutet für Stallone den Durchbruch. Bis 1990 erscheinen noch vier weitere »Rocky«-Filme mit Stallone in der Hauptrolle.

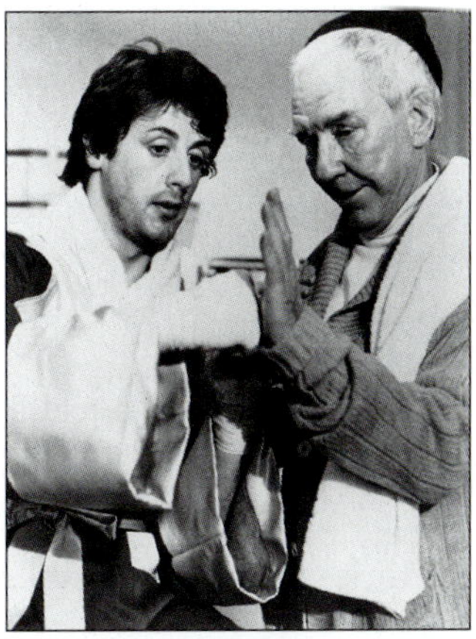

Der Ort des Unglücks: Völlig ausgebrannt liegt das Wrack des KLM-Jumbos neben der Rollbahn.

beginnen mit dem Start, die Großraumflugzeuge rasen aufeinander zu und prallen mit hoher Geschwindigkeit zusammen. Die Maschinen geraten sofort in Brand. In der KLM-Maschine kommen alle 249 Passagiere um. Aus dem brennenden US-Flugzeug können 70 Passagiere – die meisten schwer verletzt – von den Rettungsmannschaften geborgen werden. Für die übrigen 326 Insassen kommt jede Hilfe zu spät.

Da beide Maschinen ihren Flug erst antreten wollten, sind sie mit hochbrennbarem Kerosin vollgetankt. Den Helfern bietet sich ein Bild des Grauens. Nach dem Flammeninferno liegen auf dem Rollfeld überall verkohlte Wrackteile. Die Katastrophe von Teneriffa ist der Höhepunkt in einer nicht abreißenden Kette von Flugzeugunglücken, die jedem die Notwendigkeit schärferer Sicherheitsbestimmungen vor Augen führt.

April 1977

1 Fr US-Astronomen entdecken, dass der Uranus ähnlich wie der Saturn ein System von Ringen besitzt. +++ In Rhodesien wird die Rassentrennung aufgehoben.

2 Sa Kubas Staatspräsident Fidel Castro trifft in Ost-Berlin ein. Anlass des Besuches sind Gespräche über einen Ausbau der wirtschaftlichen Zusammenarbeit.

3 So Die sowjetische Fluggesellschaft Aeroflot nimmt zwischen München und Moskau den direkten Linienflugdienst auf.

4 Mo Als eine ihrer ersten Maßnahmen hebt die neu gewählte indische Regierung die von Indira Gandhi eingeführten Beschränkungen der Pressefreiheit auf.

5 Di In Warschau werden die lange verschollenen Originalpartituren der Mozart-Opern »Die Zauberflöte« und »Die Hochzeit des Figaro« wiedergefunden.

6 Mi Marie Schlei (SPD), Bundesministerin für wirtschaftliche Zusammenarbeit, wird nach einer Afrikareise wegen politischer Äußerungen von der Union kritisiert.

7 Do US-Präsident Jimmy Carter erklärt, dass in den USA kein atomwaffentaugliches Plutonium mehr für Kernkraftwerke benutzt werde. → Buback

8 Fr Mit Hilfe einer Luftbrücke schickt Marokko Truppen nach Zaïre, um die Regierungstruppen im Kampf gegen die Rebellen in Shaba zu unterstützen.

9 Sa Vor der Küste von Massachusetts bringen Boote der US-Küstenwache zwei sowjetische Trawler auf, die die zulässigen Fangmengen überschritten hatten.

10 So Bei einem nächtlichen Einbruch in die Wertzeichenzentrale der Bundespost in Düsseldorf werden Briefmarken im Wert von 10 Mio. DM gestohlen.

11 Mo Der Schwede Björn Waldegaard wird in Nairobi (Kenia) auf Ford Escort Gesamtsieger der 25. Ostafrika-Safari-Rallye.

12 Di Truppen des Sudan dringen in Äthiopien ein, um die Rebellen in der Provinz Eritrea zu unterstützen. Regierungstruppen drängen die Sudanesen zurück.

13 Mi Der Schriftsteller Reiner Kunze, der in der DDR Repressionen ausgesetzt war, siedelt mit seiner Familie in die Bundesrepublik über.

14 Do In Tel Aviv besetzen zwei bewaffnete Israelis die Botschaft der Bundesrepublik, um eine energischere Verfolgung von NS-Verbrechern zu erwirken.

15 Fr Nach einem Bericht der Illustrierten »stern« haben im Raum Passau mehrere Baufirmen unrechtmäßig rund 60 Mio. DM Finanzhilfe kassiert.

16 Sa »Epitaph für einen Mächtigen«, ein Chorwerk von Armin Schibler, wird vom Süddeutschen Rundfunk in Stuttgart uraufgeführt.

17 So Rund 50 junge Menschen besetzen die Peterskirche in Frankfurt am Main, um gegen die Haftbedingungen von RAF-Mitgliedern zu protestieren.

18 Mo Der mit 20 000 DM dotierte Lessing-Preis des Hamburger Senats wird dem österreichischen Schriftsteller und Essayisten Jean Améry zuerkannt.

19 Di Für seinen Roman »Roots«, die Geschichte einer Sklaven-Familie, erhält der schwarze US-Schriftsteller Alex Haley den Pulitzerpreis. → Beckenbauer

20 Mi Arbeiter der in Konkurs gegangenen Textilfirma Schlumpf in Mulhouse (Elsass) besetzen den Betrieb und entdecken dabei eine wertvolle Autosammlung.

21 Do US-Präsident Jimmy Carter legt einen Gesetzentwurf zur Energieeinsparung vor, der eine Benzinpreiserhöhung und höhere Steuern für große Autos vorsieht.

22 Fr Die in Genf tagende Konferenz über Kriegsvölkerrecht ruft dazu auf, gefangen genommene Guerillas wie reguläre Kriegsgefangene zu behandeln.

23 Sa Ein Leck an der norwegischen Bohrinsel »Bravo« führt zu einer Ölpest in der Nordsee. US-Experten um Paul »Red« Adair schließen das Leck nach einigen Tagen.

24 So Mit der Schließung von mehreren westlichen Konsulaten reagiert die linksgerichtete Regierung Äthiopiens auf die Einstellung der US-Militärhilfe.

25 Mo Bundesaußenminister Hans-Dietrich Genscher trifft zu Gesprächen über den Ausbau der Wirtschaftsbeziehungen in Indonesien ein.

26 Di Auf Bülent Ecevit werden in Istanbul Schüsse abgegeben. Der Vorsitzende der türkischen Sozialdemokraten bleibt jedoch unverletzt. → Vatikan-Besuch

27 Mi Der Innensenator von West-Berlin, Kurt Neubauer, tritt wegen des Vorwurfs finanzieller Unkorrektheiten von seinem Amt zurück.

28 Do Ein zynischer Nachruf auf Generalbundesanwalt Siegfried Buback in einer Göttinger Studenten-Zeitung löst bundesweit Empörung aus.

29 Fr Als Reaktion auf den Vorwurf der »Filzokratie« und Streitigkeiten innerhalb der SPD tritt Berlins Regierender Bürgermeister Klaus Schütz zurück.

30 Sa Indiens Ministerpräsident Morarji Ranchhodji Desai löst die Parlamente von neun Provinzen auf, in denen noch die Kongresspartei die Mehrheit hatte.

Mai 1977

1 So Erstmals verzichtet die Führung der DDR bei den traditionellen Kundgebungen zum 1. Mai auf die sonst übliche Militärparade in Ost-Berlin.

2 Mo Elisabeth Blumschy wird als erste Frau an die Spitze des Nationalrates in Bern gewählt. Sie übernimmt damit das höchste Amt der Schweiz. → »Dichter«

3 Di Nach einem Schusswechsel nimmt die Polizei bei Singen im Schwarzwald zwei mutmaßlich am Buback-Attentat beteiligte Personen fest.

4 Mi Der SPD-Vorsitzende Willy Brandt lehnt in einer Rede in Trier eine Zusammenarbeit mit »euro-kommunistischen Parteien« Italiens, Frankreichs und Spaniens ab.

5 Do Altbundeskanzler Ludwig Erhard stirbt im Alter von 80 Jahren. +++ Claudio Abbado übernimmt die künstlerische Leitung der Mailänder Scala.

6 Fr Der international erfolgreiche deutsche Springreiter Alwin Schockemöhle aus Warendorf bei Münster erklärt seinen Rücktritt vom aktiven Sport.

7 Sa In London gewinnt die französische Schlagersängerin Marie Myriam mit dem Titel »L'Oiseau et l'Enfant« den »Grand Prix Eurovison de la Chanson«.

8 So Am Baugelände des neuen Flughafens von Tokio kommt es zu Zusammenstößen zwischen Gegnern des Flughafenprojekts und der Polizei.

9 Mo Die rumänische Regierung erlässt eine Amnestie für rund 19 000 Häftlinge. Unter den Freigelassenen befinden sich auch mehrere politische Gefangene.

10 Di Auf der in London stattfindenden Tagung des NATO-Rates erklären die USA, verstärkt in Europa produzierte Waffen kaufen zu wollen.

11 Mi Der Hamburger SV gewinnt in Amsterdam durch einen 2:0-Sieg über den RSC Anderlecht den Fußball-Europapokal der Pokalsieger.

12 Do Der Armee von Zaïre gelingt es mit marokkanischer Unterstützung, in der Provinz Shaba einen Aufstand linksgerichteter Rebellen zu beenden.

13 Fr Mit den Stimmen der Regierungskoalition aus SPD und FDP billigt der Bundestag die Gesetzesentwürfe zur Sanierung der Renten- und Krankenversicherung.

14 Sa Eva Wilms aus Fürth stellt bei einem Leichtathletikwettbewerb in Göttingen mit 4794 Punkten einen neuen Weltrekord im Fünfkampf auf.

15 So Der finnische Sozialdemokrat Kalevi Sorsa stellt seine neue Regierung vor, der auch Vertreter der Kommunistischen Partei Finnlands angehören.

16 Mo Beim einem Hubschrauber-Unfall auf dem Landeplatz des Pan-Am-Hochhauses in New York kommen fünf Menschen ums Leben.

17 Di In Polens Hauptstadt Warschau verhaftet die Polizei sechs Mitglieder des regimekritischen »Komitees zur Verteidigung der Arbeiter«. → Begin

18 Mi Am Deutschen Schauspielhaus in Hamburg findet die Uraufführung des Theaterstücks »Trilogie des Wiedersehens« von Botho Strauß statt.

19 Do Die kenianische Regierung erlässt ein Verbot der Großwildjagd, da die Wildbestände in dem ostafrikanischen Land dramatisch zurückgegangen sind.

20 Fr Von Paris aus startet der »Orient-Express«, einer der berühmtesten und luxuriösesten Züge der Eisenbahngeschichte, zu seiner letzten Fahrt nach Istanbul.

21 Sa Borussia Mönchengladbach sichert sich in München durch ein 2:2 gegen den FC Bayern München zum fünften Mal die Deutsche Fußballmeisterschaft.

22 So Vor dem Hintergrund schwerer Unruhen im Baskenland beschließt die spanische Regierung die Freilassung sämtlicher politischer Gefangener.

23 Mo Nach monatelangen Ermittlungen nimmt die Polizei in Norddeutschland zehn Personen fest, die für die DDR spioniert haben sollen. → Personenzug

24 Di Der sowjetische Staatspräsident Nikolaj W. Podgorny wird entmachtet. +++ In Italien gelingt der Polizei die Zerschlagung eines internationalen Fälscherrings.

25 Mi Die Mannschaft des FC Liverpool gewinnt in Rom durch einen 3:1-Sieg über Borussia Mönchengladbach den Fußball-Europapokal der Landesmeister.

26 Do Moshe Dayan, Ex-Verteidigungsminister Israels, wechselt von der Arbeiterpartei in die Rechts-Regierung Menachem Begins und wird Außenminister.

27 Fr Der Bundestag verabschiedet eine Novelle zum Wehrdienstgesetz, mit der die Gewissensprüfung für Kriegsdienstverweigerer abgeschafft wird.

28 Sa Bundeskanzler Helmut Schmidt erörtert in Belgrad mit der jugoslawischen Regierung Fragen der wirtschaftlichen Zusammenarbeit.

29 So Der US-Autorennfahrer Anthony Joseph Foyt jr. gewinnt das 500-Meilen-Rennen von Indianapolis im US-Bundesstaat Indiana.

30 Mo Trotz ausdrücklichen Verbots durch den Vatikan zelebriert der traditionalistische Erzbischof Marcel Lefèbvre in Genf eine lateinische Messe.

31 Di Wegen seiner Verstrickung in eine Affäre um illegale Waffenexporte muss der österreichische Verteidigungsminister Karl Lütgendorf zurücktreten.

17. Mai 1977

Begin an der Macht

Machtwechsel in Israel: Zum ersten Mal in der Geschichte des jüdischen Staates stellt der rechtsgerichtete Likud-Block mit seinem Spitzenkandidaten Menachem Begin im Parlament, der Knesset, die stärkste Fraktion. Der Likud gewinnt gegenüber den Wahlen von 1973 vier Sitze hinzu und erringt 43 Mandate. Die seit Gründung Israels regierende Arbeiter-Partei wird von den Wählern abgestraft. Sie verliert 19 Sitze und entsendet nur noch 32 Abgeordnete in die 120 Parlamentarier umfassende Knesset.

Hintergrund für das Wahldebakel der Arbeiterpartei des erst seit einem Monat regierenden Premiers Shimon Peres ist die anhaltende Wirtschaftskrise des Landes. Darüber hinaus trugen zahlreiche Affären dazu bei, dass viele Wähler das Vertrauen in die Regierungspartei verloren haben. So musste Ministerpräsident Yitzhak Rabin am 8. April 1977 wegen illegaler Devisengeschäfte seiner Frau zurücktreten. Wahlsieger Begin bildet zusammen mit Politikern zweier rechtsgerichteter Gruppierungen eine Koalitionsregierung, die am 20. Juni von der Knesset bestätigt wird. In seiner Regierungserklärung verspricht er einen wirtschaftlichen Aufschwung. Er will den staatlichen Einfluss auf die Wirtschaft eindämmen. Darüber hinaus kündigt er einen klaren Kurs in der Palästina-Frage an. »Keinen Fußbreit« Boden werde er den Arabern überlassen, so der 64-jährige Begin, der in den 40er Jahren die zionistische Organisation »Irgun Zwai Leumi« anführte. Seine Rechts-Regierung unterstützt daher auch Siedlungsprojekte radikaler Zionisten in den besetzten Gebieten.

Wahlsieger Begin

Der Ministerpräsident mit Familie

Menachem Begin

israelischer Politiker, * 16.8.1913 Brest-Litowsk (Weißrussland); † 9.3.1992 Jerusalem

Der Ex-Führer der terroristischen Untergrundorganisation »Irgun Zwai Leumi«, die in den 40er Jahren gegen die Mandatsmacht Großbritannien kämpfte, vertritt gegenüber der arabischen Bevölkerung eine kompromisslos-nationalistische Haltung. Als Ministerpräsident bemüht er sich aber um eine Verständigung mit Ägypten und schließt 1978 das Camp-David-Abkommen.

- 1948: Mitgründer der rechten Cherut-Partei
- 1977-83: Ministerpräsident
- 1978: Friedensnobelpreis

15. Juni 1977

Nach 41 Jahren: Erste freie Wahlen in Spanien

Nach jahrzehntelanger Diktatur und einer kurzen Übergangsphase entscheidet sich Spanien unzweideutig für die Demokratie: Aus den ersten Parlamentswahlen nach dem Tode von General Franco geht die Union des Demokratischen Zentrums (UCD) unter dem amtierenden Ministerpräsidenten Adolfo Suárez González als stärkste politische Kraft hervor. Die erst vor wenigen Wochen aus verschiedenen liberalen, christlichen und sozialdemokratischen Parteien gebildete Union erhält 33,86% der Stimmen. Die sozialistische Partei PSOE (s. Abb., Wahlhelfer) unter Felipe González überzeugt 28,73% der Wähler.

Drittstärkste Kraft in der Cortes wird die kommunistische PCE, die 9,22% der Stimmen erringt. Nur 8,16% der Wähler entscheiden sich für die konservative Volksallianz VP. Weit abgeschlagen ist die ehemalige Staatspartei Francos – sie erhält nur 0,35% der Stimmen.

23. Mai 1977

Personenzug als Geiselpfand

Mit zwei Geiselnahmen versuchen ambonesische Terroristen in den Niederlanden Gesinnungsgenossen frei zu pressen. Nahe Groningen bringen zehn von ihnen einen Personenzug mit mehr als 50 Insassen in ihre Gewalt. Gleichzeitig überfällt ein zweites Kommando in Bovensmilde bei Assen eine Schule und nimmt 115 Kinder und sechs Lehrer als Geiseln.

Die niederländische Regierung lehnt die Forderungen der Geiselnehmer ab und versucht, sie zur Aufgabe zu bewegen. Nach vier Tagen gibt es einen Teilerfolg: Die Schulkinder kommen frei. Am 11. Juni ordnet die Regierung die gewaltsame Befreiung der restlichen Geiseln an. Der Personenzug wird unter Beteiligung tief fliegender Kampfflugzeuge von Marineinfanteristen gestürmt. Dabei kommen sechs Terroristen und zwei Geiseln ums Leben.

In den Niederlanden leben rd. 35 000 Ambonesen. Sie stammen aus dem ehemaligen niederländischen Kolonialgebieten in Indonesien, den drei südlichen Inseln der Molukken – Buru, Ceram und Ambon. Anders als sie es zugesagt hatte, konnte die ehemalige Kolonialmacht die Autonomie der südmolukkischen Inseln nicht durchsetzen, als sich nach Rückzug der Niederländer ein indonesischer Einheitsstaat bildete. 1950 erhoben sich die Süd-Molukken gegen die Regierung in Jakarta, die den Aufstand niederschlagen ließ. Zu Tausenden siedelten sie daraufhin in die Niederlande über.

20. Juni 1977

Pipeline durch Alaska

Vier Jahre später als geplant wird die 1280 km lange Alaska-Pipeline (s. Abb.) in Betrieb genommen. Die größtenteils unterirdisch verlegten Rohrleitungen verlaufen von der arktischen Prudhoe Bay bis zum südlich gelegenen, eisfreien Hafen von Valdez. Für diese Strecke benötigt das Öl eine Transportzeit von etwa acht Tagen. Die Verlegung der Pipeline gilt als eine der größten Ingenieurleistungen der letzten Jahrzehnte. Da normaler Stahl bei den in Alaska herrschenden Temperaturen brüchig wird, mussten Werkstoffe und Maschinen speziell für ihren Einsatz unter Po-

larbedingungen angefertigt werden. Um überhaupt Arbeitskräfte nach Alaska locken zu können, wurden ungewöhnlich hohe Löhne gezahlt. Für die nächsten Jahre ist der Bau einer weiteren Pipeline für Erdgas geplant.

24. Juni 1977

Spektakel mit Honigpumpe

In Kassel wird die »documenta 6«, die größte und umfassendste Ausstellung zeitgenössischer Kunst, eröffnet. Der neue Direktor Manfred Schneckenburger präsentiert unter dem Titel »Die Kunst in den Medien, die Medien in der Kunst« dem Publikum rd. 1400 Arbeiten von 492 internationalen Künstlern. Bis zum 2. Oktober 1977 besuchen rd. 250 000 Kunstinteressierte das Fridericianum, die Orangerie, die Neue Galerie und den Auepark in Kassel. Einer der beachtetsten bundesdeutschen Beiträge stammt von dem Künstler Joseph Beuys. Mit seiner Installation »Honigpumpe« (s. Abb.) befördert er Bienenhonig durch ein 18 m hohes Rohrsystem im Treppenhaus des Fridericianums.

2. Mai 1977

»Dichter-Präsident« in Bonn

Der als »Dichter-Präsident« apostrophierte Léopold Senghor, Staatschef der westafrikanischen Republik Senegal, besucht die Bundesrepublik. Der 70-Jährige, der sich auch als Literat einen Namen gemacht hat, erhält u.a. die Zusicherung wirtschaftlicher Unterstützung für sein Land. Senghor ist es gelungen, in dem seit dem Jahr 1960 unabhängigen Senegal ein vergleichsweise liberales und stabiles Regierungssystem zu etablieren. Während seines sechstägigen Aufenthalts in Deutschland führt er Gespräche u.a. mit Bundeskanzler Helmut Schmidt (SPD) und Außenminister Hans-Dietrich Genscher (FDP). Beide Seiten kritisieren, dass ausländische Mächte, allen voran die UdSSR und Kuba, verstärkt in Afrika militärischen Einfluss nehmen.

Léopold S. Senghor

senegalesischer Politiker und Schriftsteller, * 9.10.1906 Joal

Der Hochschullehrer, Dichter und Philosoph ist einer der Vorkämpfer für die Unabhängigkeit der französischen Kolonien, plädierte jedoch für eine Aufrechterhaltung der kulturellen und wirtschaftlichen Bindungen. Als Mitbegründer und neben Aimé Césaire bedeutendster Repräsentant der Négritude, einer kulturphilosophischen Bewegung, die die Eigenständigkeit der Afrikaner betont, wies er den Schwarzafrikanern einen Weg zur Selbstfindung. Während seiner Amtszeit als Staatschef versuchte er mit einem gemäßigt-sozialistischen Programm, den Lebensstandard vor allem der ländlichen Bevölkerung des Senegal zu heben.

- 1945-58: Senegalesischer Abgeordneter in der französischen Nationalversammlung
- 1960-80: Staatspräsident
- 1968: Friedenspreis des Deutschen Buchhandels
- 1984: Aufnahme in die Académie Française

Juni 1977

1 Mi Die US-Raumfahrtbehörde NASA stellt die erfolglosen Versuche ein, mittels Raumsonden nach Spuren von Leben auf dem Planeten Mars zu suchen.

2 Do Die deutschen Bundesländer heben die Pflicht zur Pocken-Schutzimpfung, die im Jahr 1874 eingeführt wurde, auf.

3 Fr Auf der Pariser Luftschau wird neben vielen anderen Neuerungen der Prototyp des europäischen Mehrzweckkampfflugzeuges »Tornado« vorgestellt.

4 Sa Sowjetische Zeitungen veröffentlichen den Entwurf für eine neue Verfassung. Sie soll die noch unter Stalin entworfene Konstitution ersetzen.

5 So Bei den vorgezogenen Wahlen zur türkischen Nationalversammlung verfehlt die Republikanische Volkspartei knapp die absolute Mehrheit.

6 Mo Die Kommunistische Partei Spaniens nimmt den von der DDR-Regierung ausgebürgerten Dichter und Sänger Wolf Biermann als Mitglied auf.

7 Di Zur Stabilisierung des Schillings beschließt die österreichische Nationalbank in Wien die Erhöhung des Diskontsatzes von 4,0% auf 5,5%.

8 Mi Mit einer Veranstaltung vor der Gedächtniskirche beginnt in West-Berlin der 17. Evangelische Kirchentag – unter dem Motto: »Einer trage des anderen Last«.

9 Do Bundespräsident Walter Scheel verleiht dem Verleger Axel Springer das Große Bundesverdienstkreuz mit Stern und Schulterband.

10 Fr Im Zuge des allmählichen Abbaus der Rassentrennung werden in Rhodesien die ersten schwarzen Soldaten zu Offizieren ernannt.

11 Sa Herbert Achternbusch, Preisträger des Petrarca-Preises, verlässt nach einem Streit mit Laudator Peter Handke die Verleihungsfeier in Tusculum nahe Rom.

12 So Der belgische Radrennfahrer Michel Pollentier gewinnt vor den favorisierten Italienern Francesco Moser und Gianbattista Baronchelli den Giro d'Italia.

13 Mo Zdeněk Mlynař, Historiker und führendes Mitglied der tschechoslowakischen Bürgerrechtsbewegung »Charta 77«, geht nach Österreich ins Exil.

14 Di In der zur Gemeinde Seveso gehörenden norditalienischen Ortschaft Nova Milanese müssen drei Schulen wegen Dioxinverseuchung geschlossen werden.

15 Mi Als Nachfolger des Sozialdemokraten Rudi Arndt wird Walter Wallmann (CDU) zum Oberbürgermeister von Frankfurt am Main gewählt. → Spanien

16 Do Mit der Ausweisung der letzten britischen Diplomaten vollzieht der Diktator von Uganda, Idi Amin Dada, den völligen Bruch mit Großbritannien.

17 Fr Ein Militärgericht in Lausanne verurteilt Jean-Louis Jeanmaire, Brigadier der schweizerischen Armee, wegen Spionage für die UdSSR zu 18 Jahren Haft.

18 Sa Auf einer Boeing 747 verankert, absolviert die US-Raumfähre »Enterprise« einen ersten Probeflug mit Besatzung.

19 So Der Wiener Polizei gelingt es in ihrem größten Einsatz nach dem Zweiten Weltkrieg, einen brennend durch die Stadt rasenden Tankwagen zu stoppen.

20 Mo Manfred Krug, einer der beliebtesten Schauspieler und Sänger der DDR, siedelt mit seiner Familie in die Bundesrepublik über. → Alaska

21 Di Das Bundesverfassungsgericht in Karlsruhe erklärt die lebenslange Freiheitsstrafe bei Mordfällen für verfassungskonform.

22 Mi In einem Interview mit der US-Journalistin Barbara Walters bestätigt Kubas Staatspräsident Fidel Castro, dass es in seinem Land politische Gefangene gebe.

23 Do Ein römisches Gericht verurteilt den Anführer der Terrorgruppe »Rote Brigaden«, Renato Curcio, wegen mehrerer Anschläge zu sieben Jahren Haft.

24 Fr Nach seinem Sieg beim Giro d'Italia gewinnt der belgische Radprofi Michel Pollentier nun auch die Tour de Suisse. → Honigpumpe

25 Sa Mit einer feierlichen Grundsteinlegung beginnt in Dresden der Wiederaufbau der im Zweiten Weltkrieg fast völlig zerstörten Semper-Oper.

26 So Auf dem Landesparteitag der nordrhein-westfälischen SPD in Duisburg wählen die Delegierten Wissenschaftsminister Johannes Rau zum Vorsitzenden.

27 Mo Nach rund 115 Jahren Fremdherrschaft erlangt Dschibuti als letzte französische Kolonie in Afrika die staatliche Unabhängigkeit.

28 Di Bei einem Treffen von Vertretern der OPEC in Wien kann keine Einigung über die umstrittene Preisgestaltung für Rohöl erzielt werden.

29 Mi In einer Nahosterklärung erkennen die Regierungschefs der neun EU-Staaten das Recht der Palästinenser auf einen eigenen Staat an.

30 Do US-Präsident Jimmy Carter stoppt den Bau des strategischen Bombers »B-1«. Das eingesparte Geld geht in die Entwicklung von Fernlenk-Raketen.

Juli 1977

1 Fr Marlies Oelsner (DDR) läuft mit 10,88 sec als erste Frau die 100-m-Strecke unter 11 Sekunden. +++ Im EU-Gebiet tritt die Zollunion in Kraft. → Scheidung

2 Sa In Madrid erklärt die spanische Regierung ihre Bereitschaft, der Region Katalonien eine begrenzte Autonomie zuzugestehen. → Björn Borg

3 So Der aus der DDR in die Bundesrepublik übergesiedelte Lyriker Reiner Kunze erhält in Frankfurt am Main den Georg-Büchner-Preis.

4 Mo In Teilen der Schweiz richten Unwetter schwere Verwüstungen an. Der Kanton Uri wird nach mehreren Erdrutschen zum Katastrophengebiet erklärt.

5 Di Weil die Arbeitgeber gegen das Mitbestimmungsgesetz klagen, nimmt der DGB erstmals nicht an einer Sitzung der »Konzertierten Aktion« teil. → Pakistan

6 Mi Der sowjetische Staatschef Leonid I. Breschnew erklärt, ein von US-Präsident Jimmy Carter mehrfach gewünschtes Gipfeltreffen sei »nicht sinnvoll«.

7 Do Ein Pilot der chinesischen Luftwaffe flüchtet nach Taiwan und übergibt der dortigen Regierung streng geheime Militärunterlagen aus Peking.

8 Fr In Süditalien beginnen 4 Mio. Arbeitnehmer einen Lohnstreik. +++ Palästinensische Terroristen entführen ein kuwaitisches Flugzeug mit 50 Passagieren.

9 Sa Die 16-jährige Petra Thuemer verbessert bei den DDR-Schwimmmeisterschaften ihren Freistil-Weltrekord um 2,10 sec auf 8:35,04 min.

10 So Der Verteidiger von Andreas Baader, Klaus Croissant, bittet in Frankreich um politisches Asyl. Gegen ihn wird wegen Unterstützung von Terroristen ermittelt.

11 Mo Gegen ein Lösegeld von 8 Mio. DM wird der von Terroristen entführte französische Fiat-Direktor Luchino Revelli-Beaumont freigelassen.

12 Di Die tschechoslowakische Bürgerrechtsgruppe »Charta 77« gibt bekannt, dass seit 1969 fast 700 Schriftsteller Arbeitsverbot erhielten. → Neutronenbombe

13 Mi In New York führt ein Gewitter zu einem mehrstündigen totalen Stromausfall. Währenddessen kommt es zu zahlreichen Plünderungen und Raubüberfällen.

14 Do In Schweden bringt Königin Silvia ihr erstes Kind zur Welt. Da es ein Mädchen ist, wird das Thronfolgerecht geändert, um es zur Thronfolgerin zu machen.

15 Fr Rebellen der UNITA erobern die angolanische Stadt Cuangar. Es ist ihr erster größerer Erfolg seit der Machtübernahme der MLPA im Januar 1976.

16 Sa Ägypten erklärt sich zu einem Frieden bereit, wenn Israel die besetzten Gebiete räumt und ein Palästinenserstaat im Westjordanland entsteht.

17 So Der Ostberliner Autor Jurek Becker tritt aus dem DDR-Schriftstellerverband aus. Sein neuester Roman war mit einem Publikationsverbot belegt worden.

18 Mo Die Ruhrkohle AG beschließt, fünf Großkokereien stillzulegen. +++ Janell Penny Commisiong (Trinidad) wird erste schwarze »Miss Universum«.

19 Di Israels Ministerpräsident Menachem Begin erklärt sich zu einem Teilrückzug aus den besetzten Gebieten bereit, lehnt aber eine vollständige Räumung ab.

20 Mi In Düsseldorf werden vier Terroristen zu je zweimal lebenslänglichen Haftstrafen verurteilt. 1975 hatten sie die deutsche Botschaft in Stockholm überfallen.

21 Do Die 3. Plenartagung der KP Chinas rehabilitiert den früheren Ministerpräsidenten Deng Xiaoping und billigt die Zerschlagung der sog. Viererbande.

22 Fr In Prag verfügt die Regierung eine Preiserhöhung um bis zu 34% für Importwaren. Zum Ausgleich werden einheimische Konsumgüter billiger.

23 Sa Ägypten stellt das Feuer an der Grenze zu Libyen ein. Die Nachbarn hatten sich seit dem 21. Juli heftige Gefechte geliefert. Äypten behielt die Oberhand.

24 So Bernard Thevenet (Frankreich) gewinnt die Tour de France. Der mehrfache Etappensieger Dietrich Thurau aus der Bundesrepublik Deutschland wird Fünfter.

25 Mo Albanien weist alle chinesischen Berater aus. Die Regierung in Tirana wirft dem einst engen Verbündeten China Abweichung vom Sozialismus vor.

26 Di An der Börse in Frankfurt wird mit 2,249 DM ein Rekordtief des Dollars notiert. Die Bundesbank fürchtet Einbußen für die deutsche Wirtschaft.

27 Mi Grenzsoldaten setzen auf der vollständig zur Bundesrepublik gehörenden Elbe Hoheitszeichen der DDR. Nach Protest aus Bonn werden sie wieder entfernt.

28 Do Nahe Paris wird ein Sattelschlepper mit frisch geprägten Zehn-Franc-Münzen gestohlen. Der Wert der Ladung beträgt umgerechnet rund 7 Mio. DM.

29 Fr In der Schwarzensiedlung Soweto (Südafrika) protestieren Tausende gegen die Apartheid im Erziehungswesen. Die Polizei reagiert mit äußerster Härte.

30 Sa Der Parteilinke Jochen Steffen will nicht mehr für den SPD-Vorstand kandidieren. Er hatte Willy Brandt und Helmut Schmidt scharf kritisiert. → Terroristen

31 So Der Große Preis von Deutschland wird erstmals auf dem Hockenheimring ausgetragen. Nach Meinung der Rennfahrer ist der Nürburgring zu gefährlich.

16. August 1977

Trauer um den »King of F

Wie ein Lauffeuer verbreitet sich die Meldung um die ganze Welt: Der »King« ist tot. In Memphis (US-Bundesstaat Tennessee) stirbt das Rock 'n' Roll-Idol Elvis Presley im Alter von 42 Jahren an Herzversagen. Das ganze Land versinkt in tief empfundene Trauer. Für Millionen von Fans bricht eine Welt zusammen.

Der junge Elvis – ein Rebell

Auch im Tod pulverisiert Elvis Presley noch einmal alle Rekorde. Innerhalb von 32 Stunden nach dem Bekanntwerden der Todesnachricht gehen allein in den Vereinigten Staaten mehr als 20 Mio. Schallplatten und Kassetten mit seinen Songs über den Ladentisch. Nahezu alle Radiostationen unterbrechen ihre Programme und bringen Sondersendungen. Zahlreiche Fabriken müssen ihre Produktion stoppen, weil sich die Arbeiter um die Radiogeräte versammeln. Über 100 000 zutiefst bewegte Menschen strömen innerhalb weniger Stunden vor dem Anwesen Presleys, der Villa »Graceland« in Memphis, zusammen. Um ein komplettes Chaos zu verhindern, müssen Einheiten der Nationalgarde die Polizei unterstützen. Am 18. August erhalten die Fans für wenige Stunden Gelegenheit, am offenen Sarg von ihrem Idol Abschied zu nehmen. Tags darauf wird Elvis in »Graceland« in einem Mausoleum beigesetzt. Der Gouverneur von Tennessee ordnet Staatstrauer an. US-Präsident Jimmy Carter erklärt, der Tod Presleys habe »unser Land eines Teils seines selbst« beraubt. Wie kein anderer hätte der Rock 'n' Roll-Sänger die »Vitalität, das Rebellentum und den guten Humor« der Vereinigten Staaten verkörpert.

Die Umstände von Elvis' Tod werfen allerdings auch ein bezeichnendes Licht auf die Schattenseiten des Showbusiness. Der Star hatte seit Beginn der siebziger Jahre mit großen seelischen Problemen zu kämpfen, die er allein offensichtlich nicht bewältigen konnte. Nach der Trennung von seiner Frau Priscilla im Jahre 1973 litt Elvis zunehmend unter Fettsucht und schweren Depressionen, die er mit maßlosem Tabletten- und Drogenkonsum bekämpfte. Seine Gesundheit war seit langem schwer angegriffen.

1. Juli 1977

Scheidung ohne Schuldprinzip

Nach fast zehnjähriger Vorbereitungszeit tritt in der Bundesrepublik Deutschland ein neues Ehescheidungsgesetz in Kraft. An die Stelle des zum Teil noch aus dem 19. Jahrhundert stammenden Scheidungsrechts, das die Feststellung einer Schuld (z.B. durch Ehebruch) bei beiden oder nur einem Ehepartner erforderlich machte, tritt nun das Zerrüttungsprinzip.

Künftig kann eine Scheidung bereits dann erfolgen, wenn ungeachtet der jeweiligen Ursachen eine objektiv feststellbare Zerrüttung das Scheitern der Ehe offenbar macht. Kriterium hierfür ist, dass die Ehepartner mindestens seit einem Jahr getrennt lebten. Stimmt ein Partner der Scheidung nicht zu, gilt ein Trennungszeitraum von mindestens drei Jahren. Für Kritik bei den jeweils besser verdienenden Ehepartnern sorgt die Bestimmung, dass der geschiedene Ex-Lebensgefährte künftig wirtschaftlich besser gestellt werden soll. Gemeinsam erworbene Vermögenswerte müssen geteilt, die gewohnten Lebensverhältnisse des Ex-Partners weiterhin gewährleistet werden. Der geschiedene Ehepartner mit den höheren Renten- oder Pensionsansprüchen muss die Hälfte der während der Ehezeit angelaufenen Anwartschaften dem Ex-Partner überschreiben lassen. Über das Sorgerecht der Kinder sollen sich die Eltern im Regelfall untereinander einigen.

2. Juli 1977

Triumph in Wimbledon

Der 21-jährige Titelverteidiger Björn Borg gewinnt das Turnier von Wimbledon. In einem hochklassigen Match bezwingt er den vier Jahre älteren Jimmy Connors (USA) mit 3:6, 6:2, 6:1, 5:7 und 6:4. Die Spieler liefern sich über weite Strecken ein technisch brillantes Grundlinien-Duell mit häufigen Rhythmuswechseln und sensationellen Passierbällen.

Björn Borg

schwedischer Tennisspieler, * 6.6.1956 Södertälje

Borg ist der erste Superstar im Tennis-Zirkus. In der zweiten Hälfte der 70er Jahre dominiert er den »weißen Sport«, gewinnt u.a. – bislang einzigartig – fünfmal in Folge das Turnier von Wimbledon und sechsmal die French Open. Markenzeichen des langmähnigen Schweden sind sein abwartendes Grundlinienspiel und die perfekten Topspin-Bälle. Nach seinem Rücktritt versucht er 1991 aufgrund finanzieller Probleme ein – allerdings erfolgloses – Comeback.

- 1974-76, 1978-80: Sieger der French Open
- 1976-80: Sieger in Wimbledon
- 1984: Rückzug vom Tennissport

'n' Roll«

Die Fans sind ihrem Idol treu geblieben: Comeback in den Siebzigern

5. Juli 1977

Putsch in Pakistan

In Pakistan übernimmt das Militär die Macht. In einem unblutigen Putsch setzt sich General Mohammad Zia ul-Haq (s. Abb.) an die Spitze des mittelasiatischen Staates und verhängt das Kriegsrecht. Angesichts monatelanger Unruhen war Regierungschef Zulfikar Ali-Khan Bhutto mehr und mehr unter Druck geraten. Neben Minderheitenkonflikten spitzt sich die wirtschaftliche Lage Pakistans bedrohlich zu. Nach der Parlamentswahl am 7. März dieses Jahres, aus der die Pakistan People's Party von Ministerpräsident Bhutto als Sieger hervorgegangen war, eskalierte die Situation. Die oppositionelle Pakistan National Alliance erkannte das Wahlergebnis unter dem Vorwurf der Wahlfälschung nicht an. Hunderttausende schlossen sich regierungskritischen Demonstrationen an. Gewalttätige Auseinandersetzungen forderten mehr als 400 Todesopfer. Bhutto verhängte den Ausnahmezustand und ließ zahlreiche Oppositionelle verhaften.

12. Juli 1977

Neutronenbombe umstritten

US-Präsident Jimmy Carter gibt in Washington die Finanzmittel für die Entwicklung der Neutronenbombe frei. Eine endgültige Entscheidung über den Bau der im In- und Ausland stark umstrittenen Strahlenwaffe behält Carter sich jedoch noch vor. Viele Menschen verurteilen die Entwicklung der Bombe, die zwar Lebewesen tötet, aber aufgrund geringer Sprengwirkung im Vergleich zu herkömmlichen Atombomben eine eher geringe materielle Zerstörungskraft hat. Neben dieser Entscheidung stoßen auch andere Politik-Schwerpunkte Carters auf Missfallen. Außenpolitisch sorgt seine Kampagne für die Verwirklichung der Menschenrechte für Wirbel. Anders als Vorgänger Gerald Ford, der im Interesse der Ost-West-Entspannung die Frage der Menschenrechte gegenüber der UdSSR weitgehend ausgeklammert hatte, verfolgt Carter eine »offensivere Menschenrechtspolitik«.

30. Juli 1977

Terroristen ermorden Bankier

Jürgen Ponto, Vorstandssprecher der Dresdner Bank, wird Opfer eines terroristischen Mordanschlags. Der Bankier wird in seinem Haus in Oberursel (Taunus) niedergeschossen und erliegt wenig später in der Universitätsklinik Frankfurt am Main seinen schweren Verletzungen. Es ist das erste Mal, dass ein führender Vertreter der deutschen Wirtschaft zur Zielscheibe des Terrors der Rote Armee Fraktion (RAF) wird. Erst 14 Jahre später gelingt es, den Tathergang zu klären. Die in der DDR untergetauchte Susanne Albrecht, das Patenkind des Bankiers, wird nach der deutschen Vereinigung festgenommen und vor Gericht gestellt. Am 26. April 1991 sagt sie vor dem Oberlandesgericht Stuttgart aus, sie hätte zusammen mit den RAF-Mitgliedern Christian Klar und Brigitte Mohnhaupt eigentlich eine Entführung Pontos geplant. Nachdem sie ihre Begleiter als Freunde vorgestellt hätte, habe Klar eine Waffe gezogen.

17. August 1977

Eisbrecher am Nordpol

Erstmals gelingt einem Überwasserschiff die Passage zum geografischen Nordpol. Der atomgetriebene sowjetische Eisbrecher »Arktika« (s. Abb.), der eigens für diese Expedition gebaut wurde, erreicht nach mehrwöchiger Fahrt durch das bis zu 3,5 m dicke Polareis sein Ziel. Die Expedition soll geophysikalischen Forschungszwecken dienen. 1959 hatte das US-U-Boot »Skate« erstmals unter Wasser das Eis zum Nordpol durchbrochen.

August 1977

1 Mo Der chinesische Verteidigungsminister Yeh Chien-ying bezeichnet in Peking die »Befreiung« Taiwans als vorrangiges Ziel der kommenden Jahre.

2 Di In Südangola kommen bei Kämpfen zwischen Regierungstruppen und der prowestlichen UNITA-Bewegung über 100 Menschen ums Leben.

3 Mi In Sibirien startet ein sowjetisches Raumschiff mit einem biolgischen Labor an Bord ins All. An dem Projekt sind auch französische und US-Forscher beteiligt.

4 Do Der Wirtschafts- und Sozialrat der UNO verurteilt in einer Resolution die Apartheidpolitik. Westliche Firmen dürften nicht in Südafrika tätig sein.

5 Fr US-Präsident Jimmy Carter unterstellt alle Nachrichtendienste der USA dem CIA-Direktor. Ziel ist eine bessere Koordination und Kontrolle.

6 Sa Die rhodesische Befreiungsorganisation Patriotische Front verübt in Salisbury einen Anschlag auf ein Kaufhaus, der 11 Todesopfer und 76 Verletzte fordert.

7 So In der Lombardei werden Felsmalereien aus dem 4. Jahrtausend v. Chr entdeckt. Sie beweisen, dass damals in Italien bereits Ackerbau betrieben wurde.

8 Mo Zehntausende nehmen in Nikosa Abschied von Erzbischof Makarios III., dem langjährigen zypriotischen Staatspräsidenten.

9 Di Bei seinem Besuch in Israel spricht sich US-Außenminister Cyrus Vance dafür aus, dass auch die PLO an Nahost-Friedensgesprächen teilnehmen solle.

10 Mi Nach elf Jahren besucht die britische Königin Elizabeth II. wieder Nordirland. 32 000 Polizisten und Soldaten sollen Anschläge verhindern.

11 Do Mit großer Mehrheit beschließt das kalifornische Parlament, die Todesstrafe wieder einzuführen. +++ In Polen zerstören Überschwemmungen 1600 Häuser.

12 Fr In Ost-Berlin beginnen innerdeutsche Gespräche über Reiseerleichterungen und Verbesserungen der Transitwege nach West-Berlin.

13 Sa Bei einer Demonstration der rassistischen Nationalen Front in London werden 110 Menschen verletzt. Die Randalierer fordern, Ausländer sofort auszuweisen.

14 So In Berlin wird unter dem Titel »Tendenzen der zwanziger Jahre« die 15. Europäische Kunstausstellung eröffnet, u.a. mit Werken deutscher Expressionisten.

15 Mo Der in Italien inhaftierte NS-Kriegsverbrecher Herbert Kappler flüchtet mit Hilfe seiner Frau in die Bundesrepublik. Rom verlangt seine Auslieferung.

16 Di In Düsseldorf verübt ein Geistesgestörter einen Säurenanschlag auf das Gemälde »Der Herzog« von Peter Paul Rubens. → »King«

17 Mi Die Europäische Gemeinschaft beginnt mit der Lieferung von 30 000 t Lebensmitteln in den von einer Hungersnot bedrohten Norden Ghanas. → Nordpol

18 Do In Indonesien kommen bei einem Erdbeben mehr als 70 Menschen ums Leben. Die Erdstöße erreichen eine Stärke von 8,9 auf der Richterskala.

19 Fr Die Steinkohlevorräte der DDR sind erschöpft, teilt die Ostberliner Regierung mit. Die letzten Zechen sollen bis Ende 1977 geschlossen werden.

20 Sa Der erste Kongress der KP Chinas seit dem Tod Mao Tse-tungs endet. Hua Guo-feng wird als Parteichef bestätigt, die sog. Viererbande scharf verurteilt.

21 So Die von Moskau unterstützte Regierung Äthiopiens ruft die Generalmobilmachung aus. Sie kämpft gegen Befreiungsbewegungen im Süden des Landes.

22 Mo Sowjetische Archäologen entdecken bei Ausgrabungen am Dnjepr die Überreste einer jungsteinzeitlichen Siedlung mit zweistöckigen Häusern.

23 Di In Ost-Berlin wird der SED-Funktionär Rudolf Bahro verhaftet. »Der Spiegel« hatte Auszüge aus seinem systemkritischen Buch »Die Alternative« gedruckt.

24 Mi Indien kündigt den Vertrag über die Lieferung eines sowjetischen Stahlwerks. Beobachter vermuten als Grund eine stärkere Hinwendung zum Westen.

25 Do In Karlsruhe scheitert ein Anschlag der RAF auf das Gebäude der Bundesanwaltschaft. Die Terroristen hatten einen Raketenwerfer installiert.

26 Fr Die DDR schiebt die Liedermacher Gerulf Pannach, Christian Kuhnert und weitere Regimekritiker in die Bundesrepublik Deutschland ab.

27 Sa Nach Bonner Regierungsangaben stellt die Bundesrepublik Deutschland Polen einen Kredit in Höhe von zwei Mrd. DM zur Verfügung.

28 So In Ost-Berlin stellen Schwimmer aus der DDR und den USA mehrere Weltrekorde auf. Christiane Knacke wird in 59,78 sec Weltbeste über 100-m-Delfin.

29 Mo Der syrische Staatschef Hafis Al Asad erklärt in Damaskus, er sei grundsätzlich zum Abschluss eines Friedensvertrags mit Israel bereit.

30 Di In Peking wird der jugoslawische Staatschef Josip Tito von KP-Chef Hua Guo-feng empfangen. Beide betonen die Blockfreiheit ihrer Staaten.

31 Mi Bei den rhodesischen Parlamentswahlen erhält die weiße Regierungspartei rund 80% der Stimmen. Die schwarze Bevölkerung hatte die Wahlen boykottiert.

September 1977

1	Do	In London legen Großbritannien und die USA einen Rhodesien-Plan vor. Er sieht den Rücktritt der weißen Regierung und freie Wahlen vor.
2	Fr	In Stuttgart, West-Berlin und Hamburg inhaftierte RAF-Mitglieder beenden ihren Hungerstreik. +++ Die USA lehnen Waffenlieferungen an Somalia ab.
3	Sa	In Ost-Berlin verurteilen Kulturpolitiker die DDR-Literatur der letzten Jahre scharf. Die Unzufriedenheit der Autoren sei unberechtigt und nicht konstruktiv.
4	So	Die Arabische Liga bezeichnet die israelische Siedlungspolitik in den besetzten Gebieten als die für sie »bisher gefährlichste Herausforderung«.
5	Mo	In Köln entführen RAF-Terroristen den Arbeitgeberpräsidenten Hanns Martin Schleyer. Sein Fahrer und drei Polizisten werden dabei erschossen.
6	Di	Die dänische Regierung beschließt eine Erhöhung der Mehrwertsteuer von 15% auf 18%. Damit soll ein dreijähriges Wirtschaftsprogramm finanziert werden.
7	Mi	In Washington vereinbaren die USA und Panama, dass die Verwaltung des Panamakanals im Jahre 2000 an das mittelamerikanische Land übergeht.
8	Do	In Emden wird die mit 440 km längste Gas-Pipeline der Welt eröffnet. Sie beginnt in der norwegischen Nordsee und soll Mitteleuropa mit Erdgas versorgen.
9	Fr	Bundeswirtschaftsminister Hans Friderichs (FDP) teilt seinen Rücktritt zum 7. Oktober mit. Sein Nachfolger wird Otto Graf Lambsdorf (FDP).
10	Sa	Chris Evert (USA) und Guillermo Vilas (Argentinien) gewinnen in New York die offenen US-Tennismeisterschaften im Einzel.
11	So	Aus den norwegischen Parlamentswahlen gehen die regierenden Linksdemokraten als Sieger hervor. Sie erringen 78, die Oppositionsparteien 77 Sitze.
12	Mo	Im Nahen Osten breitet sich eine Cholera-Epidemie aus. In Jordanien und Syrien sind bereits mehrere tausend Menschen infiziert.
13	Di	Der südafrikanische Schwarzenführer Steve Biko stirbt im Gefängnis. Polizisten hatten den Oppositionellen zu Tode gefoltert.
14	Mi	In Cape Canaveral (US-Staat Florida) muss die Trägerrakete eines Nachrichtensatelliten wegen eines Defekts gesprengt werden.
15	Do	Bundeskanzler Helmut Schmidt erklärt vor dem Bundestag, seine Regierung werde gegen Terrorismus alle Möglichkeiten des Rechststaats ausschöpfen.
16	Fr	Künftig soll ein Zeittakt-System für Telefongebühren bei Ortsgesprächen eingeführt werden. Das kündigt Bundespostminister Kurt Gscheidle in Bonn an.
17	Sa	Nach Angaben der »Arbeitsgemeinschaft 13. August« hat die Bundesregierung 90 politische Gefangene von der DDR freigekauft. Bonn schweigt dazu.
18	So	Im Libanon greifen christliche Milizen nach längerer Waffenruhe wieder einen Palästinenser-Stützpunkt an. Israelische Luftwaffe und Panzertruppen helfen.
19	Mo	Die SPD schließt den suspendierten Juso-Vorsitzenden Klaus-Uwe Benneter aus der Partei aus. +++ Die Literaturvereinigung »Gruppe 47« löst sich auf.
20	Di	Die EG beschließt einen Verhaltenskodex zur Gleichberechtigung von Schwarzen und Weißen in europäischen Unternehmen in Südafrika.
21	Mi	Die Mengenbeschränkungen für Genussmittel bei Reisen und Geschenksendungen in die DDR werden von der Ostberliner Regierung aufgehoben.
22	Do	Das US-Repräsentantenhaus genehmigt gegen den Willen von Präsident Jimmy Carter umgerechnet 348 Mio. DM für den Bau eines Kernreaktors.
23	Fr	Der mutmaßliche deutsche Terrorist Knut Folkerts wird in Utrecht (Niederlande) verhaftet. Es kommt zu einem Schusswechsel, bei dem ein Polizist stirbt.
24	Sa	In Kalkar (Niederrhein) protestieren mehr als 35 000 Menschen gegen den geplanten Atomreaktor vom Typ »Schneller Brüter«. Es kommt zu Tätlichkeiten.
25	So	Per Volksabstimmung lehnt die Mehrheit der Schweizer die Einführung der Fristenlösung beim Schwangerschaftsabbruch ab.
26	Mo	In Madrid wird eine Ausstellung von Werken Pablo Picassos eröffnet. Es ist die erste Ausstellung im Geburtsland des 1973 Verstorbenen seit 40 Jahren.
27	Di	PLO-Führer Jasir Arafat kündigt einen Truppenrückzug aus dem Libanon an. Daraufhin kommt es zu einer Waffenruhe in dem Bürgerkriegsland.
28	Mi	Im besetzten Westjordanland verhindert die israelische Armee die Errichtung einer nicht genehmigten Siedlung durch religiös-nationalistische Israelis.
29	Do	Der Bundesgerichtshof in Karlsruhe erklärt Verträge zwischen DDR-Bürgern und Fluchthelfern für rechtsgültig. Die Ostberliner Regierung protestiert scharf.
30	Fr	In Paris nimmt die Polizei Klaus Crossaint, den früheren Verteidiger von Andreas Baader, wegen mutmaßlicher Terroristenunterstützung fest.

18. Oktober 1977

Terrorismus: Der Staat am

Die Lufthansa-Maschine »Landshut« in Mogadischu

GSG 9 stürmt Lufthansa-Jet

Eine Spezialeinheit des Bundesgrenzschutzes, die »GSG 9«, befreit auf dem Flughafen der somalischen Hauptstadt Mogadischu die Geiseln aus einer von palästinensischen Terroristen entführten Lufthansa-Maschine. Drei der vier Luftpiraten kommen bei der Aktion um, die Geiseln bleiben unversehrt.

Am 13. Oktober hatten zwei Männer und zwei Frauen die »Landshut« auf einem Flug von Frankfurt am Main nach Mallorca in ihre Gewalt gebracht. Sie drohten mit der Tötung der 82 Passagiere und fünf Besatzungsmitglieder, falls die Bundesregierung nicht elf RAF-Häftlinge, unter ihnen die Stammheimer Gefangenen Andreas Baader, Gudrun Ensslin, Jan-Carl Raspe und Irmgard Möller, freiließe. Für die »Landshut« begann ein mehr als 9000 km langer Irrflug mit Zwischenlandungen in Rom, Larnaca (Zypern), Bahrain, Dubai und schließlich Aden. Hier verließ der Flugkapitän kurzzeitig das Flugzeug, um es auf Schäden zu untersuchen. Als er wieder an Bord kam, beschimpften die Terroristen ihn als Verräter und töteten ihn durch einen Kopfschuss. Darauf zwangen sie den Co-Piloten, nach Mogadischu zu fliegen.

Ankunft der befreiten Geiseln in Frankfurt

Die Bundesregierung war nicht bereit, auf die Forderungen der Luftpiraten einzugehen. Um Zeit zu gewinnen, versorgte Staatsminister Hans-Jürgen Wischnewski die Terroristen mit gezielten Falschinformationen. Zunächst erreichte er eine Verlängerung des Ultimatums, dann signalisierte er den Luftpiraten, dass sich die Bundesregierung um ein Aufnahmeland für die RAF-Terroristen bemühe. In Wirklichkeit versuchte Wischnewski jedoch, beim somalischen Präsidenten Mohammad Siyad Barre die Genehmigung für einen »GSG 9«-Einsatz zu erhalten. Nachdem dies erreicht war, teilte er den Entführern wahrheitswidrig mit, die Freigepressten befänden sich bereits auf dem Weg nach Mogadischu. Wenig später beginnt im Schutz der Dunkelheit die Befreiungsaktion. Somalische Soldaten entzünden rd. 100 m vor der entführten Maschine als Ablenkungsmanöver ein Feuer. Währenddessen schleichen sich rd. 30 Männer der deutschen Einsatztruppe an das Heck der Maschine an. Die Truppe, die 1972 nach dem missglückten Einsatz von Fürstenfeldbruck gegründet worden war, ist u.a. mit Leitern und hochempfindlichen Horchgeräten ausgerüstet. Schließlich beziehen die Männer Posten unter dem Rumpf der Maschine. Elektronik-Experten bringen die Lauschgeräte an, durch die jede Regung innerhalb des Flugzeugs registriert und lokalisiert werden kann.

Auf das Kommando »Go!« werden vor dem Cockpit Blendgranaten gezündet. Gleichzeitig stürmen die Männer über ihre Leitern auf die Tragflächen, brechen die Notausstiege auf und eröffnen das Feuer. Den sich anschließenden Schusswechsel überlebt von den Luftpiraten nur die Terroristin Suhailah Sayeh. Ein »GSG 9«-Mann erleidet bei der Befreiungsaktion einen Halsdurchschuss.

and der Katastrophe

Der Oktober des Jahres 1977 geht als »Deutscher Herbst« in die Geschichte ein: Die Kaperung der Lufthansa-Maschine »Landshut« in Mogadischu, die Entführung von Arbeitgeberpräsident Hanns Martin Schleyer und der Selbstmord dreier Top-Terroristen bringen den Staat an den Rand seiner Belastbarkeit. Die Bundesrepublik durchlebt schicksalhafte Tage. Die politisch Verantwortlichen in den Krisenstäben geraten unter dem Zwang der Wahrung rechtsstaatlicher Grundsätze in schwerste politisch-ethische Entscheidungskonflikte. Zweifellos hätte die Aufgabe der Rechtsstaatlichkeit den denkbar größten Triumph des Terrorismus bedeutet. Schließlich warfen die Terroristen der Bundesrepublik latenten Faschismus vor und waren u.a. darauf aus, den »sog. Rechtsstaat zu demaskieren«. Die »Süddeutsche Zeitung« schreibt dazu: »Die Grundsatzentscheidung, den Menschen mordenden Erpressern nicht nachzugeben, war richtig; denn das Eingehen auf die Forderungen hätte die Terroristen vollends zur triumphalen Hybris getrieben, hätte sie zu immer neuen Taten ermuntert ...«. Bundeskanzler Helmut Schmidt gibt am 20. Oktober im Bundestag eine Regierungserklärung ab. Darin bekennt er, dass sich die Koalition der Demokraten gegen den Terror im Entführungsfall Schleyer »unausweichlich im Bereich von Schuld und Versäumnis« befand.

18. Oktober 1977

Selbstmorde in Stammheim – RAF-Geisel ermordet

Nach der Erstürmung der entführten Lufthansa-Maschine in Mogadischu überschlagen sich in der Bundesrepublik die Ereignisse. Die zu lebenslanger Haft verurteilten Terroristen Andreas Baader, Gudrun Ensslin und Jan-Carl Raspe begehen wenige Stunden nach den dramatischen Ereignissen in Stammheim Selbstmord. Irmgard Möller bringt sich mit einem Messer vier Stiche in die Brust bei, die jedoch keine lebensgefährlichen Verletzungen zur Folge haben. Baader und Raspe erschießen sich mit Pistolen, die sie in ihren Zellen in einem Plattenspieler bzw. hinter einer Fußleiste versteckt hatten. Ensslin erhängt sich mit einem Lautsprecherkabel am Fenstergitter ihrer Zelle.

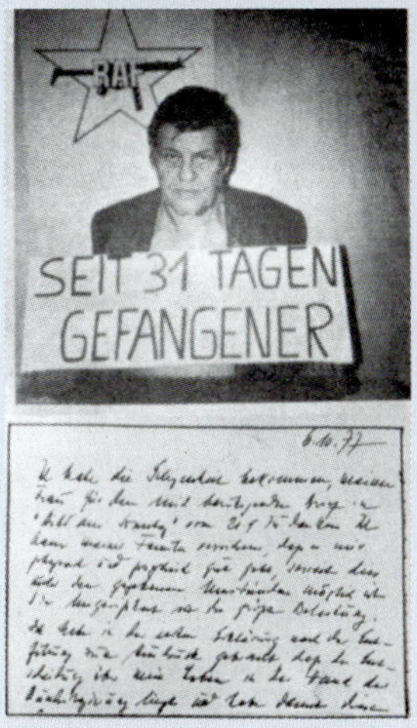

Lebenszeichen des entführten Schleyer

Untersuchungen des baden-württembergischen Landes- und des Bundeskriminalamtes ergeben, dass die Gefangenen trotz der strengen Kontaktsperre mittels Drähten ein Kommunikationssystem zwischen ihren Zellen eingerichtet hatten. Raspe, so die Erkenntnisse, hielt in seiner Zelle ein Radio versteckt. Politiker und Justizbehörden befürchten, dass der Tod der Terroristen im In- und Ausland Spekulationen über eine »Hinrichtung« auslösen könnte. Um derartigen Verdächtigungen den Boden zu entziehen, lässt Bundesjustizminister Hans-Jochen Vogel (SPD) die Leichen auch von ausländischen Gerichtsmedizinern obduzieren. Die fünf Gutachter kommen übereinstimmend zu dem Ergebnis, dass die Inhaftierten Selbstmord begangen haben. Einen Tag nach den drei Selbstmorden von Stammheim wird der bereits am 5. September von der Rote Armee Fraktion entführte bundesdeutsche Arbeitgeberpräsident Hanns Martin Schleyer im elsässischen Mülhausen tot im Kofferraum eines Autos gefunden.

Wenige Stunden zuvor hatte das Stuttgarter dpa-Büro telefonisch eine Erklärung der RAF erhalten, in der die Entführer mit zynischen Worten die Ermordung Schleyers bekanntgeben. Die Obduktion des Toten ergibt, dass Schleyer kurz nach Bekanntwerden der Geiselbefreiung und des Selbstmordes der Terroristen durch drei Schüsse in den Kopf getötet wurde.

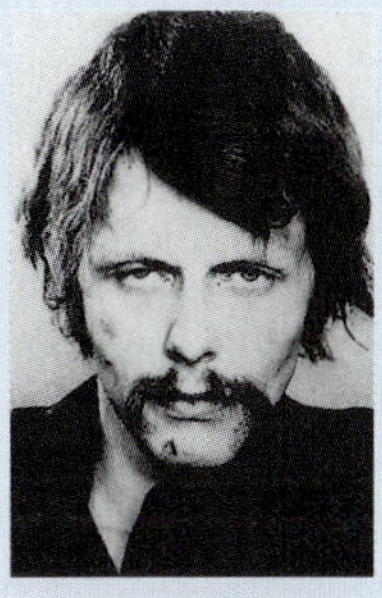

Jan-Carl Raspe

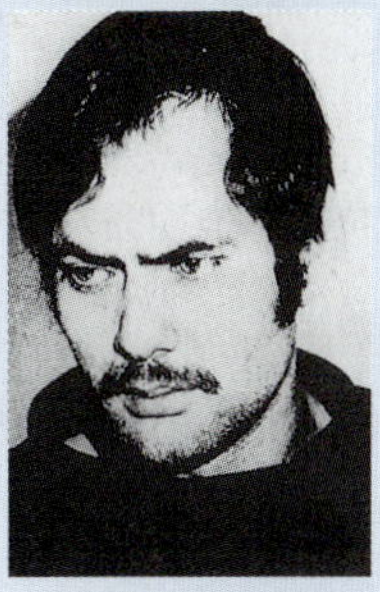

Andreas Baader

Gudrun Ensslin

Oktober 1977

1 Sa USA und UdSSR fordern in einer gemeinsamen Nahost-Erklärung u.a. die Aufgabe der von Israel besetzten Gebiete und die Lösung der Palästinenserfrage.

2 So Die argentinische Küstenwache beschießt sowjetische und bulgarische Trawler, die in Argentiniens 200-Meilen-Zone fischen. Ein Matrose wird getötet.

3 Mo In Algier lassen die Entführer eines japanischen Verkehrsflugzeugs ihre letzten Geiseln frei. Japan hatte dafür inhaftierte Terroristen auf freien Fuß gesetzt.

4 Di In Belgrad beginnt das Folgetreffen der Konferenz für Sicherheit und Zusammenarbeit in Europa (KSZE). Streitpunkt sind die Menschenrechte in Osteuropa.

5 Mi US-Präsident Jimmy Carter und Israels Außenminister Moshe Dayan einigen sich darauf, die PLO von Nahost-Friedensverhandlungen auszuschließen.

6 Do Das italienische Parlament beschließt den Bau von acht Kernkraftwerken. +++ In Zürich wird die Komödie »Die Frist« von Friedrich Dürrenmatt uraufgeführt.

7 Fr In Ost-Berlin kommt es bei der Feier zum Gründungstag der DDR zu schweren Auseinandersetzungen zwischen Polizei und jugendlichen Demonstranten.

8 Sa In Guernica (Spanien) erschießen Attentäter der Baskenorganisation ETA den Präsidenten der Provinzkammer, Augusto Guillermo Unceta-Barrenechea.

9 So Günter Wallraff präsentiert in Bonn sein Buch »Der Aufmacher«, in dem er Arbeitsmethoden und Sensationsgier der »Bild«-Zeitung entlarvt.

10 Mo In London verurteilt die Menschenrechtsorganisation Amnesty International die Menschenrechtsverletzungen in der DDR scharf.

11 Di Schwere Auseinandersetzungen zwischen Regierungsgegnern und der Armee fordern in Äthiopien mehr als 350 Menschenleben.

12 Mi In einem Fußballländerspiel trennen sich die Auswahlmannschaften Österreichs und der DDR in Leipzig 1:1 unentschieden.

13 Do Vier palästinensische Terroristen entführen die Lufthansa-Maschine »Landshut« auf dem Weg von Mallorca nach Frankfurt am Main.

14 Fr Die ersten Bewohner des durch Dioxin vergifteten Landstrichs bei Seveso (Italien) können nach dem Austausch des Bodens in ihre Heimat zurückkehren.

15 Sa In Peking unterzeichnet Bundesaußenminister Hans-Dietrich Genscher eine Reihe von Wirtschaftsabkommen. U.a. wird ein Stahlwerk an China geliefert.

16 So Die argentinische Polizei nimmt in Buenos Aires hunderte von Regimegegnern und mehrere ausländische Korrespondenten fest.

17 Mo In Kapstadt (Südafrika) stirbt ein Patient, dem der Chirurg Christiaan Barnard kurz zuvor ein Schimpansenherz eingepflanzt hatte.

18 Di In Prag werden mehrere Mitglieder der »Charta 77«, darunter der Schriftsteller Václav Havel, zu Haftstrafen verurteilt. → Terrorismus → Selbstmorde

19 Mi Gegen sechs Bundeswehroffiziere wird wegen Duldung antisemitischer Ausfälle bei einer Feier ein Disziplinarverfahren eingeleitet.

20 Do Der baden-württembergische Justizminister Traugott Bender erklärt wegen der Selbstmorde der in Stammheim inhaftierten Terroristen seinen Rücktritt.

21 Fr 110 Regimegegner geben in Warschau gegenüber der West-Presse die Gründung einer Bewegung für die Einhaltung der Menschenrechte in Polen bekannt.

22 Sa In Italien kommt es nach den Selbstmorden der Terroristen in Stammheim zu antideutschen Ausschreitungen. +++ In Thailand putscht das Militär.

23 So Der chinesische KP-Chef Hua Guo-feng ruft in Peking dazu auf, die Partei von Anhängern des verstorbenen Vorsitzenden Mao Tse-tung zu »säubern«.

24 Mo Auf einer gemeinsamen Sitzung vereinbaren die Parlamente von Ägypten und dem Sudan eine stärkere Zusammenarbeit, vor allem in der Wirtschaft.

25 Di Der EG-Ministerrat beschließt in Brüssel, in Culham bei Oxford (England) eine Versuchsanlage zur Entwicklung der Kernfusion zu errichten.

26 Mi In Ost-Berlin beginnen Verhandlungen der beiden deutschen Staaten über Transitfragen. +++ Die US-Regierung verhängt Sanktionen gegen Südafrika.

27 Do Der Bundestag verabschiedet in Bonn ein Steuerpaket, das umfangreiche Entlastungen für Arbeitnehmer und Arbeitgeber vorsieht.

28 Fr Die im März von der »Charta 77« in Prag gegründete »Jan Patočka Universität« wird als illegale Bildungsstätte von den Behörden aufgelöst.

29 Sa In Warschau treffen sich Stefan Kardinal Wyszynski und Staatschef Edward Gierek zur ersten Begegnung der Spitzen von KP und Kirche seit 20 Jahren.

30 So »Als gefährliches Hindernis« bei der Lösung des Nahost-Konflikts bezeichnet die UN-Vollversammlung Israels Siedlungspolitik in den besetzten Gebieten.

31 Mo Nach der Rekordzeit von 54 Stunden und sieben Minuten landet eine Boeing 747 nach einer Weltumrundung wieder in San Francisco.

November 1977

1 Di Der 82-jährige Nahum Goldmann, Präsident des von ihm 1949 gegründeten Jüdischen Weltkongresses, tritt zurück. Nachfolger ist Philip Klutznick (USA).

2 Mi Moskau schlägt einen weltweiten Produktionsstopp für Atomwaffen vor, um die Entwicklung der Neutronenbombe in den USA zu verhindern.

3 Do Dem spanischen KP-Führer Santiago Carillo wird in Moskau die Redeerlaubnis bei den Feiern zum 60. Jahrestag der Oktoberrevolution verweigert.

4 Fr In New York verhängt die UNO ein Waffenembargo gegen Südafrika, um die weiße Regierung zur Abschaffung der Rassentrennung zu bewegen.

5 Sa Chris Evert (USA) gewinnt in Palm Springs das Tennis-Masters-Turnier der Damen in zwei Sätzen gegen Billie Jean King (ebenfalls USA).

6 So US-Präsident Jimmy Carter nutzt erstmals sein Veto und verbietet den vom Kongress geplanten Bau eines Kernkraftwerks vom Typ »Schneller Brüter«.

7 Mo König Hassan II. von Marokko droht Algerien mit Krieg, falls Algier weiterhin die Rebellengruppe »Polisario« in der Westsahara unterstütze.

8 Di In New York wird Ed Koch zum Bürgermeister gewählt. Der Demokrat muss die Millionenmetropole aus einer tiefen Finanzkrise führen.

9 Mi Israels Armee bombardiert PLO-Stellungen im Libanon. Die PLO hatte am Vortag einen Raketenangriff auf die israelische Stadt Naharija unternommen.

10 Do In Bonn weist die CDU/CSU-Fraktion in einem Weißbuch auf zahlreiche Menschenrechtsverletzungen in der DDR und Osteuropa hin.

11 Fr In Amsterdam nimmt die Polizei nach einem Schusswechsel zwei mutmaßliche Angehörige der deutschen Rote Armee Fraktion (RAF) fest.

12 Sa Die Außenminister der Arabischen Liga können sich auf einer Konferenz in Tunis nicht auf eine Linie für eine Nahost-Friedenskonferenz einigen.

13 So Die somalische Regierung bricht die diplomatischen Beziehungen zu Kuba und der UdSSR ab, weil beide Staaten Äthiopien militärisch unterstützten.

14 Mo Der World Wildlife Fund ehrt den Schweizer Zoologen Rudolf Schenkel in Basel für seine Bemühungen um das vom Aussterben bedrohte Java-Nashorn.

15 Di Schah Mohammad Resa Pahlawi erbittet in den USA weitere umfangreiche Waffenlieferungen für den Iran. Dafür bietet er einen Preisstopp für Erdöl.

16 Mi In Nordgriechenland entdecken Archäologen das Grab des Mazedonierkönigs Philipps II., des Vaters von Alexander dem Großen.

17 Do Das ehemalige Atelierhaus des Malers und Bildhauers Ernst Barlach bei Güstrow (DDR) wird als Museum zum Andenken an den Künstler umgewandelt.

18 Fr Der SPD-Parteitag in Hamburg bestätigt Willy Brandt als Vorsitzenden. Bundeskanzler Helmut Schmidt wird als stellvertretender Parteichef wiedergewählt.

19 Sa Beim Absturz eines äthiopischen Flugzeugs bei Rom und einer portugiesischen Verkehrsmaschine auf Madeira sterben insgesamt 130 Menschen. → Sadat

20 So Einen Antrag des Stadtrats der Schwarzensiedlung Soweto, an die Stromversorgung angeschlossen zu werden, lehnt Südafrikas Regierung ab.

21 Mo Die Fluggesellschaft Air France eröffnet mit dem britisch-französischen Überschallflugzeug »Concorde« den Linienverkehr Paris-New York.

22 Di Ein Orkan und eine verheerende Flutkatastrophe fordern in Ostindien über 20 000 Todesopfer. Mehr als 50 000 Menschen werden obdachlos.

23 Mi In Ost-Berlin werden drei Bundesbürger wegen angeblicher Spionage für den Bundesnachrichtendienst (BND) zu langjährigen Haftstrafen verurteilt.

24 Do Vom Irak aus startet der Norweger Thor Heyerdahl mit einem Schilfboot nach Indien, um zu beweisen, dass bereits die Sumerer diesen Seeweg kannten.

25 Fr In München erklärt der CSU-Vorsitzende Franz Josef Strauß seine Kandidatur für das Amt des bayerischen Ministerpräsidenten.

26 Sa Die südafrikanische Regierung gibt zu, dass der inhaftierte Schwarzenführer Steve Biko am 13. September an den Folgen von Folter gestorben ist.

27 So Einheiten der rhodesischen Armee überschreiten die Grenze zu Mosambik und greifen einen Stützpunkt linksgerichter Rebellen an.

28 Mo Die Innenminister der elf Bundesländer einigen sich in Bonn auf ein einheitliches Polizeigesetz des Bundes und der Länder.

29 Di Nach Angaben der US-Handelskammer ist das Außenhandelsdefizit der USA auf die Rekordsumme von umgerechnet 71,85 Mrd. DM gestiegen.

30 Mi Die sowjetische Regierung lehnt die ägyptische Friedensinitiative für den Nahen Osten ab und will nicht an einer Nahostkonferenz teilnehmen.

19. November 1977

Sadat wagt Israel-Visite

Die seit Jahrzehnten verfeindeten Nachbarstaaten Ägypten und Israel betreten den Weg der Verständigung: Ägyptens Staatspräsident Muhammad Anwar As Sadat stößt das Tor zum Frieden mit Israel auf und reist nach Jerusalem. Noch vor wenigen Monaten undenkbar: Ministerpräsident Menachem Begin begrüßt Sadat in Israel (s. Abb.).

Anfang des Monats hatte der Ägypter eine viel beachtete Rede gehalten, in der er sich dafür aussprach, direkten Kontakt mit dem langjährigen Kriegsgegner aufzunehmen. Sadat erklärte sich bereit, im Bemühen um eine friedliche Regelung der Nahost-Fragen auch vor der Knesset, dem israelischen Parlament, zu sprechen. Daraufhin übermittelte Begin dem ägyptischen Präsidenten eine offizielle Einladung.

Bei seinem Eintreffen auf dem Flughafen Lot wird Sadat von der gesamten israelischen Regierungsspitze erwartet. Noch am selben Tag führt er ein erstes Gespräch mit Begin. Am 20. November erläutert Sadat in einer Rede vor der Knesset seine Bedingungen für einen umfassenden Friedensvertrag. Er fordert u.a. den Rückzug Israels aus den seit 1967 besetzten arabischen Gebieten, die Schaffung eines Palästinenserstaates und das Recht aller Staaten des Nahen Ostens auf gesicherte und garantierte Grenzen. Ein bilaterales Friedensabkommen zwischen Ägypten und Israel, wie es von Begin favorisiert wird, lehnt Sadat ab. Nach einer gemeinsamen Pressekonferenz der beiden Staatsmänner reist Sadat zurück nach Kairo, wo er von Tausenden Ägyptern begeistert empfangen wird. Im arabischen Lager stößt der Besuch Sadats in Israel allerdings auch auf heftige Kritik. Vor allem die Regierungen Syriens und Libyens werten Sadats Besuch beim »Erzfeind« als Verrat an der arabischen Sache.

9. Dezember 1977

Nord-Süd-Kommission

Die Entschärfung des Nord-Süd-Konfliktes mit seinen weit reichenden Folgen für den Weltfrieden und das Überleben der gesamten Menschheit – dies ist das Ziel der »Unabhängigen Kommission für internationale Entwicklungsfragen«, die sich unter dem Vorsitz von SPD-Chef Willy Brandt auf Schloss Gymnich bei Bonn konstituiert. Auf politischer Ebene wächst das Bewusstsein über die Gefahren, die von der faktischen Teilung der Welt in einen industrialisierten Norden mit relativem Wohlstand und eine arme und unterprivilegierte Südhälfte ausgehen.

Der sog. Nord-Süd-Kommission, die auf Anregung von Weltbank-Präsident Robert McNamara gebildet wird, gehören 18 Mitglieder aus allen Teilen der Welt an, darunter die früheren Regierungschefs von Großbritannien und Schweden, Edward Heath und Olof Palme. Zehn Kommissionsmitglieder kommen aus sog. Entwicklungsländern, die Staaten des Ostblocks und China sind nicht vertreten. Bundespräsident Walter Scheel fordert in seiner Begrüßungsansprache die Bürger der demokratischen Industrieländer

Todgeweihtes Kind in Afrika

4. Dezember 1977

Ein Diktator lässt sich zum Kaiser krönen

In einer pompösen Zeremonie lässt sich Jean Bédel Bokassa zum Kaiser von Zentralafrika krönen (s. Abb.). Vor genau einem Jahr hatte er sein Land zum Kaiserreich ausgerufen. Die offiziellen Krönungsfeierlichkeiten können erst in diesem Jahr stattfinden, weil die Vorbereitung der Zeremonie viele Monate in Anspruch nahm. 3500 Gäste nehmen an der Kaiserkrönung teil.

Die von »Bokassa I.« eingeladenen Staatsoberhäupter sind jedoch zum überwiegenden Teil nicht in dem afrikanischen Land erschienen. Lediglich der Prinz von Liechtenstein sowie die Präsidenten von Mauritius und Kamerun wohnen dem Spektakel bei. Auch Bokassas Wunsch, die Krone vom Papst aufgesetzt zu bekommen, erfüllt sich nicht – Paul VI. hat dem Operettenmonarchen einen Korb gegeben. Seit 1966 herrscht Bokassa mit diktatorischer Gewalt über Zentralafrika: Politische Morde, Folter und Korruption sind in dem Land, das zu den ärmsten Staaten der Welt zählt, an der Tagesordnung.

Bundespräsident Walter Scheel (r.) begrüßt die Nord-Süd-Kommission auf Schloss Gymnich.

Reicher Norden – Armer Süden

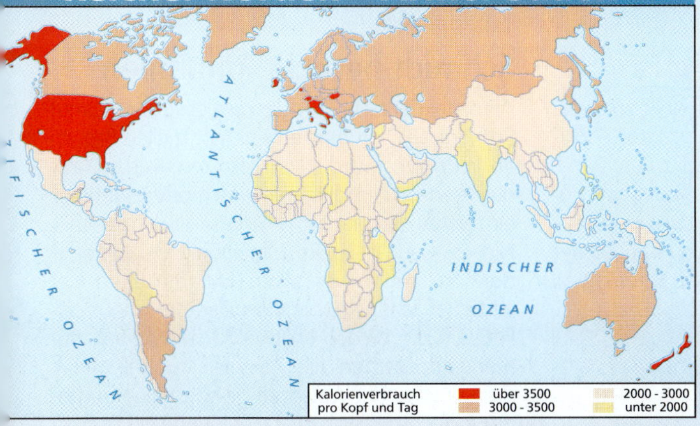

Der Armutsgürtel zieht sich von Südamerika über Afrika nach Asien.

dazu auf, Entwicklungsfragen nicht nur als Problem unschuldig leidender Menschen in anderen Ländern zu begreifen. Stattdessen gehe es um die eigene wirtschaftliche Zukunft, um den Weltfrieden und um die Bewohnbarkeit dieser Erde.

Zu den gravierendsten Problemen der sog. Entwicklungsländer zählen die Verschuldung sowie die Bevölkerungsexplosion. Mit dem rapiden Wachstum ihrer Bevölkerung kann die wirtschaftliche, soziale und kulturelle Entwicklung der Dritte-Welt-Länder nicht Schritt halten. Viel versprechende Entwicklungsprojekte wurden durch das ungebremste Bevölkerungswachstum wieder zunichte gemacht. Fachleute sprechen deshalb von einem Teufelskreis aus Armut und Bevölkerungswachstum. Eine der Hauptursachen für die Misere der Entwicklungsländer sehen deren Vertreter im Ungleichgewicht der Wirtschaftsbeziehungen. Eine »Neue Weltwirtschaftsordnung«, die Ungerechtigkeiten und Abhängigkeiten vermeidet, gehört deshalb zu ihren zentralen Forderungen. Im März 1980 legt die Nord-Süd-Kommission den sog. Brandt-Bericht vor. Er schließt sich der Forderung nach gleichberechtigter Partnerschaft in den Handelsbeziehungen an. Darüber hinaus betont er nachdrücklich den engen Zusammenhang von Rüstung und Unterentwicklung. Eine neue Weltwährungsordnung soll zudem zum Abbau des Schuldenbergs beitragen.

10. Dezember 1977

Nobelpreis für Gefangenenhilfsorganisation Amnesty

Die Gefangenenhilfsorganisation »Amnesty International« wird mit dem Friedensnobelpreis ausgezeichnet. (Abb.: Amnesty-Kampagne gegen Folter). Die Vereinigung, die sich als unparteiisch und finanziell unabhängig versteht, setzt sich für die Freilassung von Menschen in aller Welt ein, die aus politischen, weltanschaulichen, rassischen und ethnischen Gründen inhaftiert sind. Amnesty wurde im Jahre 1961 von dem britischen Rechtsanwalt Peter Benenson aus der Taufe gehoben.

Den Physiknobelpreis erhalten Philip Warren Anderson und John Hasbrouck Van Vleck (USA) sowie der Brite Nevill Francis Mott. Der Preis für Chemie geht an den Belgier Ilya Prigogine. Die US-Wissenschaftler Roger Guillemin und Andrew Victor Schally sowie Rosalyn Yalow werden mit dem Nobelpreis für Medizin ausgezeichnet. Bertil Ohlin aus Schweden und James Meade aus Großbritannien erhalten die Ehrung für die Sparte Wirtschaftswissenschaften. Der spanische Lyriker Vicente Aleixandre wird für sein Schaffen mit dem Literaturnobelpreis ausgezeichnet.

Dezember 1977

1 Do Die DDR bestellt beim Wolfsburger Volkswagenwerk 10 000 Pkw vom Typ Golf. Die Autos sollen in der DDR in den freien Verkauf gelangen.

2 Fr Die weiße Minderheitsregierung von Rhodesien nimmt in Salisbury erste Gespräche mit Führern der Schwarzen über das Ende der Rassentrennung auf.

3 Sa Mitglieder der tschechoslowakischen Bürgerrechtsbewegung »Charta 77« legen den Behörden in Prag eine Denkschrift über künstlerische Freiheit vor.

4 So Ein malaysisches Flugzeug, das von japanischen Terroristen entführt worden war, stürzt mit 100 Menschen an Bord bei Singapur ins Meer. → Diktator

5 Mo In weiten Teilen der Bundesrepublik führt Eisregen zu einem Verkehrschaos. +++ Ägypten bricht die Beziehungen zu mehreren arabischen Staaten ab.

6 Di Zum Abschluss einer NATO-Tagung in Brüssel äußern sich die Teilnehmer besorgt über die steigende militärische Stärke des Warschauer Paktes.

7 Mi Das portugiesische Parlament spricht Ministerpräsident Mario Soares, der seit den ersten freien Wahlen eine Minderheitsregierung führt, das Misstrauen aus.

8 Do In Indonesien protestieren linksgerichtete Studenten gegen Staatspräsident Suharto. Die Polizei schlägt die Demonstrationen blutig nieder.

9 Fr Der frühere dänische Ministerpräsident Poul Hartling wird Hochkommissar der Vereinten Nationen für das Flüchtlingswesen. → Nord-Süd-Kommission

10 Sa Aus den Parlamentswahlen in Australien geht die bürgerliche Koalition unter Premierminister Malcolm Fraser als Siegerin hervor. → Nobelpreis

11 So In der DDR wird ein »Wörterbuch der deutschen Gegenwartssprache« veröffentlicht – zum Zweck einer sprachlichen Abgrenzung der deutschen Staaten.

12 Mo 40 Staaten unterzeichnen in Genf zwei Zusatzprotokolle zum Genfer Rot-Kreuz-Abkommen, worin u. a. Flächenbombardements untersagt werden.

13 Di Die UdSSR verstärkt die Luftbrücke, über die pausenlos Kriegsmaterial nach Äthiopien für den Kampf gegen Somalia geliefert wird.

14 Mi Der Bau von Kernkraftwerken soll stark eingeschränkt werden. Dazu legt die Bundesregierung die Überarbeitung des Energieprogramms von 1973 vor.

15 Do In Essen demonstrieren 15 000 Jugendliche gegen die in den letzten Monaten in der Bundesrepublik drastisch gestiegene Jugendarbeitslosigkeit.

16 Fr Delegierte aus 24 in der OECD vertretenen Staaten treffen in Paris zusammen. Im Mittelpunkt der Gespräche steht die Jugendarbeitslosigkeit.

17 Sa Ein schweizerisches Verkehrsflugzeug stürzt beim Anflug auf Madeira ins Meer. Dabei kommen 36 Flugzeuginsassen ums Leben.

18 So Durch eine Volksabstimmung wird der philippinische Präsident Ferdinand Marcos mit großer Mehrheit in seinem Amt bestätigt.

19 Mo Die spanische Regierung erlässt ein Gesetz, das erstmals Verkauf und Verwendung von Empfängnisverhütungsmitteln erlaubt.

20 Di Nach einem Feuergefecht verhaftet die schweizerische Polizei bei Delsberg mutmaßliche deutsche RAF-Terroristen.

21 Mi In New York erhält der US-Regisseur Woody Allen für seinen Film »Annie Hall« (»Der Stadtneurotiker«) den Preis der US-Filmkritiker.

22 Do Bei einer Razzia in Wales beschlagnahmt die britische Polizei 13 Mio. LSD-Tabletten. Das Rauschgift hat einen Marktwert von rund 450 Mio. DM.

23 Fr Der ehemalige CDU-Bundestagsabgeordnete Julius Steiner wird wegen Meineids zu einer Geldstrafe von 1500 DM verurteilt.

24 Sa Im Zuge einer Weihnachtsamnestie kommen auf den Philippinen 858 politische Gefangene frei. +++ Die argentinische Staatsführung entlässt 432 Häftlinge.

25 So Im Alter von 88 Jahren stirbt in der Schweiz der vielleicht größte Filmkomiker aller Zeiten, der britische Schauspieler und Regisseur Charlie Chaplin.

26 Mo Linksgerichtete Terroristen verüben in der französischen Hauptstadt Paris drei Sprengstoffanschläge. Menschen kommen dabei nicht zu Schaden.

27 Di Bundeskanzler Helmut Schmidt trifft in Kairo zu einem Staatsbesuch Ägyptens ein. Im Mittelpunkt stehen dabei die Friedensverhandlungen mit Israel.

28 Mi Der chinesische Staatsverlag veröffentlicht erstmals seit der Kulturrevolution Werke westlicher Schriftsteller, darunter die Stücke von William Shakespeare.

29 Do Im Hafen von New York beschlagnahmt die Polizei auf zwei Frachtschiffen 90 t Marihuana mit einem Schwarzmarktpreis von rd. 125 Mio. DM.

30 Fr Das Nachrichtenmagazin »Der Spiegel« veröffentlicht ein Manifest hochrangiger DDR-Funktionäre, das die Politik der Ostberliner Staatsführung kritisiert.

31 Sa Die spanische Regierung gewährt dem Baskenland entsprechend den Forderungen der gemäßigten Separatisten die »vorläufige Autonomie«.

Januar 1978

1 So Nach einer fünfjährigen Übergangsphase werden Dänemark, Großbritannien und Irland Vollmitglieder der Europäischen Gemeinschaft.

2 Mo Der ehemalige Fußball-Nationalspieler Günter Netzer wird zum Manager der Profi-Abteilung des Hamburger SV berufen.

3 Di Das spanische Parlament gewährt den baskischen Provinzen Alava, Guipúzcoa, Vizcaya und Navarra weitgehende Autonomie.

4 Mi In einer von der chilenischen Militärjunta inszenierten Volksabstimmung stimmen 75% der Wähler der Politik von Diktator Augusto Pinochet zu.

5 Do Nach Angaben der schwedischen Akademie der Wissenschaften ist das Baden im Mittelmeer, u.a. wegen Cholera-Erregern, gesundheitsgefährdend.

6 Fr US-Außenminister Cyrus Vance gibt Ungarn die Stephanskrone zurück, die nach Kriegsende von der US-Armee in die USA gebracht worden war. → Schmidt

7 Sa Bei einem Anschlag auf Mitglieder des rechtsextremistischen »Movimento Sociale Italiano« in Rom werden zwei Personen getötet.

8 So Der US-Tennisspieler Jimmy Connors schlägt im Finale des Masters Turniers in New York den Schweden Björn Borg.

9 Mo Die indische Regierung verfügt in Delhi eine Lockerung der Filmzensur. Danach dürfen auch Kussszenen im Film gezeigt werden. → Schulmedizin

10 Di Nach der Veröffentlichung eines Manifestes oppositioneller DDR-Bürger im »Spiegel« schließen die DDR-Behörden das Ostberliner »Spiegel«-Büro.

11 Mi UN-Generalsekretär Kurt Waldheim verzichtet unter dem Druck arabischer Staaten auf die Teilnahme an den Friedensverhandlungen Ägyptens mit Israel.

12 Do Der israelische Außenminister Moshe Dayan erörtert im Vatikan mit Papst Paul VI. das Problem der heiligen Stätten in Jerusalem.

13 Fr In Oslo wird dem Lyriker Kjartan Floestad der Literaturpreis des Nordischen Rates verliehen. +++ Österreichs letzte Dampflok wird ausgemustert.

14 Sa Nach Presseberichten wurde ein Telefongespräch des CSU-Vorsitzenden Franz Josef Strauß mit der Redaktion des »Bayernkurier« abgehört.

15 So Die DDR-Grenzpolizei verweigert dem CDU-Vorsitzenden Helmut Kohl am Übergang Friedrichstraße die Einreise nach Ost-Berlin.

16 Mo Die tschechoslowakischen Schriftsteller Pavel Kohout und Václav Havel erhalten von den Prager Behörden keine Ausreiseerlaubnis in die Bundesrepublik.

17 Di Das türkische Parlament in Ankara spricht der neuen Regierung unter dem sozialdemokratischen Ministerpräsidenten Bülent Ecevit das Vertrauen aus.

18 Mi Die Friedensverhandlungen zwischen den langjährigen Kriegsgegnern Ägypten und Israel in Jerusalem drohen bereits am zweiten Tag zu scheitern.

19 Do Die Gefangenenhilfsorganisation Amnesty International wirft in London dem Apartheidstaat Südafrika systematische Folterung politischer Häftlinge vor.

20 Fr Der unbemannte Raumtransporter »Progress I« startet mit Verpflegung und Treibstoff zur sowjetischen Raumstation »Saljut 6«. → »Käfer«-Ära

21 Sa Auf ihrem Parteitag in Blackpool beschließt die Liberale Partei Großbritanniens mit großer Mehrheit, die regierende Labour Party weiterhin zu unterstützen.

22 So Gutachten belegen, dass die Terroristen, die am 18. Oktober 1977 tot in ihren Zellen in Stuttgart-Stammheim aufgefunden wurden, Selbstmord begingen.

23 Mo Der Verwaltungsrat der Württembergischen Staatstheater wählt in Stuttgart den Regisseur Hansgünther Heyme zum neuen Schauspieldirektor.

24 Di Der mit einer Nuklearanlage ausgerüstete sowjetische Spionagesatellit »Kosmos 954« stürzt in einer Waldregion des nördlichen Kanada ab.

25 Mi In der Bundesrepublik treten 16000 Hafenarbeiter in den Streik. Sie verlangen um 6% bis 7% höhere Löhne. Der Streik endet am 2. Februar.

26 Do Eine Gruppe sowjetischer Arbeiter kündigt in Moskau vor ausländischen Journalisten die Gründung einer unabhängigen Gewerkschaft an.

27 Fr Der Staatsminister im Bundeskanzleramt, Hans-Jürgen Wischnewski (SPD), trifft überraschend zu Gesprächen in Ost-Berlin ein.

28 Sa Vor mehr als 30000 Zuschauern eröffnet Bundespräsident Walter Scheel in Garmisch-Partenkirchen die 25. Weltmeisterschaft im alpinen Skisport.

29 So In Clayton (US-Bundesstaat New Mexico) nimmt die erste kommerziell genutzte Windanlage zur Stromerzeugung ihren Betrieb auf.

30 Mo In einem Aufsehen erregenden Fernsehinterview fordert die britische Oppositionsführerin Margaret Thatcher einen Einwanderungsstopp für Großbritannien.

31 Di Der Vorstand der SPD wählt in Bonn Antje Huber und Johannes Rau als neue Mitglieder in das Parteipräsidium.

9. Januar 1978

Kritik an der Schulmedizin

Der 57-jährige Chirurg Julius Hackethal, »Enfant terrible« der deutschen Ärzteschaft, darf nicht mehr praktizieren.

Die Kassenärztliche Vereinigung verweigert dem Mediziner die Zulassung zu den gesetzlichen Krankenkassen. Hackethal hatte scharfe Kritik am Gesundheitswesen und an der Ärzteschaft in der Bundesrepublik geübt. Bereits im Jahre 1963 war der Professor für Chirurgie und Orthopädie in Erlangen in die Schlagzeilen geraten, als er einen Kollegen öffentlich mehrfacher Kunstfehler bezichtigte. In mehreren Büchern erhob Hackethal immer wieder Vorwürfe gegen die Schulmedizin, vor allem die – seiner Meinung nach – relativ nutzlose Krebsvorsorge (Abb.: Hackethal ruft mit diesem Schild vor seiner Praxis zum kritischen Umgang mit Ärzten auf).

Julius Hackethal

deutscher Mediziner, * 6.11.1921 Reinholterode/Eichsfeld; † 17.10.1997 Riedering/Chiemgau

Der Mediziner macht sich mit seiner Kritik am eigenen Berufsstand viele Feinde. Er tritt u.a. als Sachverständiger in Kunstfehlerprozessen auf. Sein Einsatz für Sterbehilfe brachte ihn mit der Justiz in Konflikt. 1989 eröffnete Hackethal eine Privatklinik.

- 1965-74: Chefarzt in Lauenburg
- 1976: »Auf Messers Schneide« (Sachbuch)
- 1978: »Keine Angst vor Krebs« (Sachbuch)

20. Januar 1978

»Käfer«-Ära geht zu Ende

Eine Ära der Automobilgeschichte geht zu Ende: Der letzte in der Bundesrepublik hergestellte VW-Käfer rollt im Volkswagenwerk Emden vom Band. Rd. 50 Jahre lang wurde der Dauerbrenner mit der kugeligen Karosserie hergestellt. Nach den Vorstellungen von Volkswagen soll von nun an der VW-Golf den Käfer von der Straße verdrängen.

Käferfreunde müssen jedoch nicht auf das Kultauto verzichten. In den Volkswagen-Fabriken in Nigeria, Mexiko, Brasilien und Südafrika werden weiterhin Käfer montiert und u.a. in der Bundesrepublik zum Kauf angeboten. Zum Abschluss der bundesdeutschen Produktionsgeschichte bietet VW 2400 Käfer mit besonderer Ausstattung an, die schnell Liebhaber finden (Abb.: Der letzte Käfer »made in Germany«). Der VW Käfer wurde Mitte der 30er Jahre von Ferdinand Porsche als »KdF-Wagen« entwickelt. Die Produktion musste jedoch während des Krieges eingestellt werden. Insgesamt 19,25 Mio. Exemplare wurden nach 1945 verkauft. Davon verrichten derzeit noch rd. 13 Mio. ihren Dienst auf den Straßen.

6. Januar 1978

Schmidt besucht Rumänien

Als erster deutscher Bundeskanzler stattet Helmut Schmidt (SPD) Rumänien einen offiziellen Besuch ab. In Bukarest wird er von Ministerpräsident Manea Manescu empfangen. Anschließend führt er ein erstes Gespräch mit Staats- und Parteichef Nicolae Ceauşescu. Im Mittelpunkt der Unterredungen stehen vor allem Möglichkeiten der wirtschaftlichen Kooperation. Darüber hinaus diskutieren die beiden Politiker Möglichkeiten, Rumäniendeutschen die Ausreise zu gewähren. Zum Ausbau der Wirtschaft gewährt die Bundesrepublik dem Balkanstaat eine Bundesbürgschaft von 700 Mio. DM. Im Gegenzug verpflichtet sich Bukarest, pro Jahr rd. 11000 Deutschstämmige ausreisen zu lassen. Nach den Erkenntnissen der Bundesregierung wollen von den rd. 350000 Rumäniendeutschen 80% ausreisen.

10. Februar 1978

Schröder wird Juso-Chef

Die Jungsozialisten haben einen neuen Vorsitzenden: Auf dem Bundeskongress der in Turbulenzen geratenen SPD-Nachwuchsorganisation übernimmt der 34-jährige Rechtsanwalt Gerhard Schröder (s. Abb.) die Führung. Er tritt die Nachfolge von Klaus-Uwe Benneter an, der als Vertreter des radikal-linken »Stamokap«-Flügels im Juni 1977 unter dem Vorwurf »parteischädigenden Verhaltens« aus der SPD ausgeschlossen wurde.

Schröder gilt als Mann der Mitte, der für einen Ausgleich zwischen dem linken und rechten Flügel der Jungsozialisten steht. Mit seiner Wahl erhoffen sich die Jusos auch ein besseres Verhältnis zur Mutterpartei SPD.

5. Februar 1978

Deutsche im Handball-Himmel

Die Mannschaft der Bundesrepublik gewinnt erstmals nach 40 Jahren die Weltmeisterschaft im Handball. In Kopenhagen schlagen die Deutschen den Finalgegner UdSSR mit 20:19 Toren. Zu den Vätern des Erfolges gehören u.a. Manfred Hofmann und Joachim Deckarm (Abb.: beim Torwurf im Spiel gegen die DDR) sowie Bundestrainer Vlado Stenzel.

13. Februar 1978

Angst vor »gläsernem Bürger«

Hans-Peter Bull tritt sein Amt als erster Datenschutzbeauftragter der Bundesrepublik an. Die Durchsetzung des Datenschutzgesetzes ist damit vollzogen. Das Gesetz trat am 1. Januar in Kraft. Es soll das Recht jedes Bürgers garantieren, von datenverarbeitenden Stellen Auskunft über die zu seiner Person gespeicherten Informationen zu erhalten. Diese Regelung bezieht sich auf öffentliche und private Stellen wie z.B. Auskunfteien, Rechenzentren, Markt- und Meinungsforschungsinstitute usw. Ferner garantiert das Datenschutzgesetz das Recht auf Löschung, Sperrung und Berichtigung persönlicher Daten. Das Gesetz gilt als politische Reaktion auf die zunehmende Anwendung elektronischer Datenverarbeitung und die Debatte um den »gläsernen Bürger«.

1. Februar 1978

Stühlerücken in Bonn nach Leber-Rücktritt

Bundesverteidigungsminister Georg Leber (SPD) zieht die Konsequenzen aus den in den letzten Wochen bekannt gewordenen umstrittenen Abhöraktionen des Militärischen Abschirmdienstes (MAD) und nimmt seinen Hut.

Die sozialliberale Koalition droht in schweres Fahrwasser zu geraten, da auch bereits seit längerem Kritik an der Amtsführung anderer Minister laut geworden ist. In dieser Situation entschließt sich Bundeskanzler Helmut Schmidt zum raschen Handeln. Er nimmt den Rücktritt Lebers zum Anlass für ein umfassendes Kabinettsrevirement, von dem jedes zweite sozialdemokratische Ressort betroffen ist: Der bisherige Finanzminister Hans Apel zieht in das Bundesverteidigungsministerium ein. Sein Nachfolger wird Hans Matthöfer, bislang Forschungsminister, dessen Amtssessel Volker Hauff übernimmt. Entwicklungshilfeministerin Marie Schlei scheidet ganz aus dem Kabinett aus. Ihre Nachfolge tritt Rainer Offergeld an. Bildungsminister Helmut Rohde räumt seinen Sessel auf eigenen Wunsch und macht Jürgen Schmude Platz. Auch Wohnungsbauminister Karl Ravens verlässt die Regierung und zieht als Spitzenkandidat in den niedersächsischen Landtagswahlkampf. An seine Stelle tritt der parlamentarische Staatssekretär Dieter Haack. Mit einer Kabinettsumbildung war bereits seit längerem gerechnet worden. Während die Koalitionspartner SPD und FDP lediglich von einer Verjüngung des Kabinetts sprechen, bezeichnet die Opposition das Revirement als einen letzten verzweifelten Versuch, die Koalition an der Macht zu halten.

Alt und neu im Gruppenbild vereint, v.l.: Hans Matthöfer, Bundeskanzler Helmut Schmidt, Bundespräsident Walter Scheel, Hans Apel, Jürgen Schmude, Marie Schlei, Volker Hauff, Georg Leber, Dieter Haack, Karl Ravens und Helmut Rohde

Der Rücktritt Lebers steht u.a. im Zusammenhang mit rechtlich umstrittenen MAD-Abhöraktionen gegen seine Sekretärin und gegen das »Soldaten- und Reservistenkomitee des Kommunistischen Bundes Westdeutschland«. Vor allem die letztgenannte Aktion aus dem Jahre 1976 verstieß laut einer juristischen Überprüfung eindeutig gegen das Grundgesetz.

Februar 1978

1 Mi In mehreren europäischen Ländern wird der Import von Orangen aus Israel gestoppt, nachdem vergiftete Früchte entdeckt worden waren. → Bonn

2 Do Ehebruch von Frauen und das Zusammenleben von Mann und Frau in sog. wilden Ehen werden in Spanien künftig nicht mehr strafrechtlich verfolgt.

3 Fr In Brüssel unterzeichnen Vertreter der Europäischen Gemeinschaft und der Volksrepublik China einen Handelsvertrag.

4 Sa Die DDR-Eiskunstläuferin Anett Pötzsch gewinnt in Straßburg vor ihrer bundesdeutschen Konkurrentin Dagmar Lurz die Europameisterschaft.

5 So US-Präsident Jimmy Carter und der ägyptische Präsident Mohammad Anwar As Sadat treffen zu vertraulichen Gesprächen zusammen. → Deutsche

6 Mo Auf dem Frankfurter Rhein-Main-Flughafen landet eine von einem Tschechoslowaken auf dem Flug von Ost-Berlin nach Prag entführte Verkehrsmaschine.

7 Di Im Libanon kommt es zu blutigen Zusammenstößen von Angehörigen der arabischen Friedenstruppen mit der libanesischen Armee.

8 Mi In mehreren bundesdeutschen Verlagshäusern treten die Drucker in den Ausstand, um Beschäftigungsgarantien durchzusetzen.

9 Do Ägyptens Präsident Muhammad Anwar As Sadat trifft zu einem Staatsbesuch in Hamburg ein. +++ Somalia gibt die Mobilmachung bekannt.

10 Fr Die Ostberliner Führung beschließt eine Preissenkung um rd. ein Drittel für den in der DDR erstmals angebotenen VW-Golf. → Schröder

11 Sa Der Film »Das Schlangenei« von Ingmar Bergman gewinnt das »Goldene Siegel« des 8. Internationalen Belgrader Filmfestivals.

12 So Elisabeth Demleitner aus dem bayerischen Schlehdorf wird im schwedischen Hammarstrand erneut Europameisterin im Rennrodeln.

13 Mo Im Grenzgebiet zwischen Kambodscha und Vietnam kommt es zu Gefechten. Beide Staaten beschuldigen sich der Grenzverletzung. → Angst

14 Di Nach Angaben aus Washington wollen die USA sowohl Israel als auch Ägypten und Saudi-Arabien Jagdflugzeuge liefern.

15 Mi Bei einem palästinensischen Bombenanschlag auf einen vollbesetzten Bus in Jerusalem werden zwei Menschen getötet und 48 verletzt.

16 Do Mit den Stimmen der Regierungsparteien SPD und FDP beschließt der Bundestag in Bonn Maßnahmen zur Bekämpfung des Terrorismus.

17 Fr Im Baskenland wird die erste Regierung gebildet, die von der spanischen Zentralmacht in Madrid – mit Einschränkungen – unabhängig ist.

18 Sa In der iranischen Stadt Täbris kommt es zu blutigen Zusammenstößen von Demonstranten mit der Polizei. Dabei sterben neun Menschen.

19 So Zyprische Nationalgardisten eröffnen auf dem Flughafen Larnaka das Feuer auf eine ägyptische Eliteeinheit, die ein gekapertes Flugzeug befreien will.

20 Mo Staats- und Parteichef Leonid J. Breschnew erhält in Moskau den »Orden des Sieges«, die höchste militärische Auszeichnung der UdSSR.

21 Di In Bonn spricht sich die CDU/CSU-Bundestagsfraktion für die in den USA vorangetriebene Einführung der umstrittenen Neutronenwaffe aus.

22 Mi Bei einem WM-Vorbereitungsspiel besiegt die deutsche Fußball-Nationalmannschaft im Münchener Olympiastadion England mit 2:1.

23 Do Nach Angaben des ersten Berliner Frauenhauses haben seit dessen Gründung vor einem Jahr 615 von Männern misshandelte Frauen hier Zuflucht gesucht.

24 Fr Nach 81 Tagen endet der Streik der US-Bergarbeiter. Der Aufstand, der zu Lohnerhöhungen führte, hatte das Land in eine tiefe Krise gestürzt.

25 Sa Bei Regionalwahlen in fünf indischen Bundesstaaten gewinnt überraschend der von Ex-Ministerpräsidentin Indira Gandhi geführte Flügel der Kongresspartei.

26 So In der Großen Halle des Volkes in Peking tritt der 5. Nationale Volkskongress der Volksrepublik China zusammen.

27 Mo Auf einer Umweltschutzkonferenz gibt Bundesinnenminister Werner Maihofer die Einführung eines Gütezeichens für umweltverträgliche Produkte bekannt.

28 Di Bauarbeiter entdecken bei Ausschachtungsarbeiten in der Hauptstadt Mexiko-Stadt einen 20 t schweren »Kalenderstein« der Azteken.

März 1978

1 Mi Der Mittelkurs des US-Dollars wird an der Devisenbörse in Frankfurt am Main mit 1,9920 DM – und damit erstmals unter der 2-DM-Grenze – notiert.

2 Do In einem Kölner Hochhaus wird eine »konspirative Wohnung« der terroristischen Rote Armee Fraktion entdeckt.

3 Fr Die Presse berichtet über den Diebstahl des Sargs von Charlie Chaplin in Corsier sur Vevey (Schweiz). Der Komiker war im Vorjahr gestorben. → Weiße

4 Sa Nach umfangreichen Restaurierungsarbeiten öffnet das berühmte Goethehaus in Weimar wieder seine Pforten.

5 So Bei den Kommunalwahlen in Bayern erhält die CSU 53% der Stimmen und stellt mit Erich Kiesl erstmals seit 1948 den Oberbürgermeister von München.

6 Mo Zum Nachfolger des 1977 von Terroristen ermordeten Arbeitgeberpräsidenten Hanns Martin Schleyer wird in Köln Nikolaus Fasolt gewählt. → DDR

7 Di Mit Funksignalen setzen NASA-Techniker das stillgelegte Weltraumlabor »Skylab« wieder in Betrieb, um einen unkontrollierten Absturz zu verhindern.

8 Mi In Remagen am Rhein beginnt der Verkauf von Bruchstücken der legendären, im Zweiten Weltkrieg hart umkämpften »Brücke von Remagen«.

9 Do Bei den Weltmeisterschaften im Eiskunstlauf in Ottawa (Kanada) gewinnt der US-Amerikaner Charles Tickner den Titel. → KSZE-Folgetreffen

10 Fr Zwei sowjetische Kosmonauten kehren nach einem Rekordaufenthalt von 96 Tagen und 10 Stunden mit dem Raumschiff »Sojus 28« zur Erde zurück.

11 Sa Ein palästinensisches Terrorkommando bringt in Jerusalem zwei Busse mit israelischen Ausflüglern in seine Gewalt. 37 Menschen sterben im Kugelhagel.

12 So Mit der Hochsprung-Weltbestleistung von 2,35 m durch Wladimir Jaschtschenko (UdSSR) endet die Europäische Hallenmeisterschaft der Leichtathletik.

13 Mo Bei einem Aufstand im Villa-Devoto-Gefängnis in der argentinischen Hauptstadt Buenos Aires kommen 55 Menschen ums Leben.

14 Di In der niederländischen Stadt Assen stürmen Armee- und Polizeieinheiten ein von südmolukkischen Terroristen besetztes Verwaltungsgebäude.

15 Mi Die kommunistisch geführte italienische Gewerkschaft CGIL erklärt in Rom ihren Austritt aus dem Weltgewerkschaftsbund.

16 Do Der frühere italienische Ministerpräsident Aldo Moro wird in Rom von einem Kommando der terroristischen »Roten Brigaden« entführt. → Ölpest

17 Fr Im Potsdamer Hans-Otto-Theater wird »Des Teufels Luftschloss« uraufgeführt, eine Oper, die Franz Schubert als 17-Jähriger schrieb.

18 Sa Pakistans 1977 durch einen Putsch gestürzter Ministerpräsident Zulfikar Ali-Khan Bhutto wird von einem pakistanischen Gericht zum Tode verurteilt.

19 So Frankreich wählt bürgerlich: Bei der Wahl zur Pariser Nationalversammlung müssen die Linksparteien eine empfindliche Niederlage einstecken.

20 Mo Der UNO-Sicherheitsrat beschließt die Entsendung einer Friedenstruppe in den südlichen Libanon und verlangt von Israel die Räumung der Region.

21 Di Nach Angaben der UNO hat Mexiko-Stadt mit rd. 12 Mio. Einwohnern die japanische Hauptstadt Tokio als bevölkerungsreichste Stadt der Welt abgelöst.

22 Mi In Madrid wird Jesús Haddad, Generaldirektor der spanischen Gefängnisse, von Mitgliedern der Untergrundorganisation Grapo erschossen.

23 Do Mit Beethovens »Fidelio« in einer Inszenierung von Herbert von Karajan werden die Salzburger Osterfestspiele eröffnet.

24 Fr Die Gefangenenhilfsorganisation Amnesty International legt in Bern einen Bericht über Menschenrechtsverletzungen in Argentinien vor.

25 Sa Nach Verhaftung eines der Täter zeichnet sich die Freilassung des vor 62 Tagen entführten belgischen Industriellen Baron Edouard-Jean Empain ab.

26 So In seiner Osteransprache ermahnt Papst Paul VI. die Gläubigen, festgefahrene Ideologien zu überwinden und zum wahren Glauben vorzustoßen.

27 Mo Aufgebrachte Demonstranten zerstören in Tokio die wichtigsten technischen Einrichtungen im Kontrollturm des neuen Großflughafens Narita.

28 Di Das Bundesverkehrsministerium verfügt eine Geschwindigkeitsbegrenzung für den unteren Luftraum bis 3000 Meter auf max. 250 Knoten (460 km/h).

29 Mi Unter starker öffentlicher Beachtung tagt in Frankfurt am Main das »III. Internationale Russell-Tribunal zur Situation der Menschenrechte in der BRD«.

30 Do In Wien kündigt die Organisation der Erdöl exportierenden Länder (OPEC) Preiserhöhungen in einer Größenordnung von rund 10% an. → Kanzler

31 Fr In mehreren iranischen Städten kommt es zu Demonstrationen gegen die autoritäre Politik von Schah Reza Pahlawi.

30. März 1978

Wiener Kanzler besucht DDR

Ost-Berlin empfängt den österreichischen Bundeskanzler Bruno Kreisky (SPÖ), der als erster westlicher Regierungschef zu einer Visite in die DDR reist. Auf dem Flughafen Schönefeld wird Kreisky von dem Vorsitzenden des Ministerrats, Willi Stoph, mit allen Ehren begrüßt.

Der Besuch des österreichischen Kanzlers soll der DDR eine weitere internationale Aufwertung bringen, so die Hoffnung der SED-Funktionäre. Seit Anfang der 70er Jahre haben mehr und mehr westliche Staaten die DDR diplomatisch anerkannt. Österreich unterhält seit 1972 offizielle Beziehungen zur DDR. Im Gespräch mit DDR-Staats- und Parteichef Erich Honecker erörtert Kreisky Fragen der wirtschaftlichen Beziehungen. Beide Seiten vereinbaren u.a., dass Österreich der DDR einen Kredit in Höhe von umgerechnet 860 Mio. DM gewährt. Österreichs Bundeskanzler äußert sich auch kritisch über die zunehmenden Repressionen gegen Oppositionelle in der DDR. Zur Entschärfung dieses für Ost-Berlin heiklen Themas sind im Vorfeld der Kreisky-Visite mehrere Österreicher, die z.T. wegen politischer Delikte inhaftiert waren, freigelassen worden. Auf außenpolitischem Gebiet spricht das Abschluss-Kommunikee von zahlreichen Übereinstimmungen zwischen Österreich und der DDR. So träten beide Seiten für Fortschritte bei den Wiener Abrüstungsgesprächen ein.

3. März 1978

Weiße verlieren die Macht

Rhodesiens weißer Premierminister Ian Smith und vier gemäßigte Schwarzenführer unterzeichnen ein Abkommen zur Übergabe der

Macht an die schwarze Bevölkerungsmehrheit. Im künftigen Parlament erhalten die Schwarzen 72 Sitze, die Weißen 28 (Abb.: Erste schwarze Offiziere in der Armee).

Ian Smith

rhodesischer Politiker, * 8.4.1919 Selukwe

Smith gilt als politischer Hardliner, der als Premierminister die Vorrechte der Weißen gegenüber der schwarzen Bevölkerungsmehrheit stets zäh verteidigte. 1965 proklamierte er einseitig die Unabhängigkeit seines Landes – bislang eine Kolonie – von Großbritannien. Mit Stärkung der Unabhängigkeitsbewegungen im gesamten südlichen Afrika bröckelte auch seine Macht.

- 1961: Gründer der Rhodesischen Front
- 1964-79: Premierminister
- 1979/80: Minister ohne Geschäftsbereich
- seit 1983: britischer Staatsbürger

16. März 1978

Ölpest vor Frankreich

Die bislang größte Umweltkatastrophe der Geschichte verursacht der unter liberianischer Flagge fahrende Supertanker »Amoco Cadiz«, der vor der Bretagne mit 234000 t Rohöl an Bord auf Grund läuft. Auf einer Länge von 200 km überzieht ein Ölfilm mit tödlicher Wirkung auf Tier- und Pflanzenwelt die Küste.

Die Havarie der 334 m langen »Amoco Cadiz« lenkt das Augenmerk auf die Probleme, die der Bau immer größerer Tanker aufwirft. Erst ihre ungeheuren Ladekapazitäten machen im Fall eines Unglücks Katastrophen dieses Ausmaßes möglich. Die zweite große Gefahr stellt die sog. Ausflaggung der Schiffe dar. Westliche Reedereien lassen ihre Schiffe zunehmend unter sog. Billigflaggen laufen, um aus Kostengründen den strengen Sicherheitsauflagen in ihren Ländern zu entgehen.

Ein qualvoller Tod mit ölverklebtem Gefieder

9. März 1978

KSZE-Folgetreffen in Belgrad

Die Menschenrechte sind eines der zentralen Themen auf dem ersten Nachfolgetreffen der Konferenz für Sicherheit und Zusammenarbeit in Europa (KSZE). Nach mehrmonatiger Dauer endet die Großveranstaltung in der jugoslawischen Hauptstadt Belgrad mit der Verabschiedung eines »Abschließenden Dokuments«. Darin unterstreichen die Vertreter von 33 europäischen Staaten sowie Kanadas und der USA die Bedeutung des KSZE-Prozesses für die Entspannung zwischen Ost und West, vereinbaren Termine für die nächste Zusammenkunft und dokumentieren die Meinungsverschiedenheiten der Teilnehmer.

Während des Treffens war es immer wieder zu Auseinandersetzungen zwischen den westlich orientierten und den kommunistischen Staaten gekommen. Vor allem die USA und die UdSSR bezichtigten sich gegenseitig, bereits getroffene Vereinbarungen nicht eingehalten zu haben. Die USA werfen den kommunistischen Staaten vor, durch fortgesetzte Verletzung der Menschenrechte gegen die Schlussakte von Helsinki zu verstoßen.

Das havarierte Unglücksschiff »Amoco Cadiz«: Noch nach Wochen läuft Rohöl in den Atlantik.

Die »Amoco Cadiz« befindet sich auf dem Weg vom Persischen Golf in den Ärmelkanal. Als schlechtes Wetter aufkommt, bricht bei Windstärke zehn und bis zu 15 m hohen Wellen eine hydraulische Leitung der Ruderanlage. Trotz aller Reparaturversuche strandet das manövrierunfähige Schiff zwei Kilometer vor dem bretonischen Ort Portsalle auf dem Men Gaulven genannten Felsen. Der Rumpf des Tankers reißt auf. Innerhalb weniger Stunden bildet sich ein kilometerlanger Ölteppich. Der Versuch, das Leck zu dämmen und das Öl abzupumpen, misslingt wegen des schweren Seegangs und der unzureichenden technischen Ausrüstung der verfügbaren Bergungsschiffe. Nach sechs Tagen sind 180 000 t Öl ausgelaufen. Der Ölteppich bedeckt inzwischen eine Fläche von der Größe des Saarlandes. Die Auswirkungen der Ölpest sind katastrophal. Zehntausende Seevögel verenden mit verschmiertem Gefieder qualvoll in der bräunlichen Masse. Der stechende Petroleumgeruch ist noch in weit von der Küste entfernten Orten wahrnehmbar. Den Bewohnern der Küstenregion entzieht die Ölpest die Lebensgrundlage, sie leben in der Regel vom Tourismus und vom Fischfang.

Gegen Besatzung und Eigner der »Amoco Cadiz« werden schwere Vorwürfe erhoben. Der Kapitän sei zu nahe an die Küste herangefahren und habe die Behörden zu spät informiert. Außerdem sei die technische Ausrüstung des Schiffes unzureichend gewesen.

6. März 1978

Dialog in der DDR

Zum ersten Mal trifft sich DDR-Staats- und Parteichef Erich Honecker mit den führenden Repräsentanten der evangelischen Kirchen in der DDR (s. Abb.). Die Kirchen-Leitung mit Bischof Albrecht Schönherr an der Spitze fordert eine Verbesserung der Arbeitsbedingungen und der gesellschaftlichen Stellung der Christen. Erich Honecker stellt bei dem Gespräch die Erfüllung einzelner Forderungen in Aussicht.

27. April 1978

Putsch in Afghanistan

In Afghanistan übernimmt ein linksgerichteter »Revolutionsrat der Streitkräfte« nach einem blutigen Putsch die Macht. Präsident Sardar Mohammed Daud Khan, Angehörige seiner Familie und 500 weitere Menschen kommen ums Leben.

An der Spitze der neuen Regierung, die nach Annullierung der republikanischen Verfassung mit Militärdekreten regiert, steht der Führer der kommunistischen »Demokratischen Volkspartei«, Nur Mohammed Taraki. Er lässt in den folgenden Wochen mehrere hundert Politiker, Beamte und Wirtschaftsvertreter verhaften. Die ersten politischen Maßnahmen der neuen Machthaber deuten an, dass Afghanistan sozialistisch werden soll. So sieht eine Landreform vom November 1978 die Enteignung allen Grundbesitzes ab einer bestimmten Größe vor. Außenpolitisch lehnt sich das zentralasiatische Land eng an die Sowjetunion an. Als erster Staat erkennt die UdSSR die neue Regierung in Kabul an, bestreitet aber jegliche Verwicklung in den Putsch gegen die früheren Machthaber.

April 1978

1 Sa Gegen den Willen der Bundesregierung setzt die US-Regierung einen Billigtarif für Linienflüge zwischen West-Berlin und den USA in Kraft.

2 So Der DDR-Wirtschaftsexperte Wolfgang Seiffert, der einen Lehrauftrag an der Universität Kiel wahrnimmt, gibt bekannt, er wolle in der Bundesrepublik bleiben.

3 Mo In Hollywood werden zum 50. Mal die »Oscars« vergeben. Der Film »Der Stadtneurotiker« von Woody Allen wird als bester Film ausgezeichnet.

4 Di Der chinesische Außenhandelsminister Li Chiang trifft in Bonn anlässlich eines Arbeitsbesuches mit Bundeskanzler Helmut Schmidt zusammen.

5 Mi Ein geistesgestörter Attentäter beschädigt in der niederländischen Hauptstadt Amsterdam durch Messerstiche ein Gemälde von Vincent van Gogh.

6 Do In Saarbrücken treffen sich 1000 Gewerkschaftler zu einem »europäischen Aktionstag gegen Arbeitslosigkeit«.

7 Fr Die Stadt Mainz ersteigert eine Gutenberg-Bibel für 3,6 Mio. DM. +++ Ferdinand Marcos gewinnt die Präsidentschaftswahlen auf den Philippinen.

8 Sa Bei einem Leichtathletik-Wettkampf in San Francisco läuft der Kenianer Henry Rono mit 13:08,4 min Weltrekord über 5000 m.

9 So In der Hauptstadt Mogadischu scheitert ein Militärputsch gegen den somalischen Staatspräsidenten Mohammed Siad Barre.

10 Mo Das ehemalige südafrikanische Homeland Transkei bricht die diplomatischen Beziehungen zu Südafrika wegen nicht anerkannter Gebietsforderungen ab.

11 Di Der Verwaltungsgerichtshof Mannheim befindet, die Ziele der rechtsgerichteten NPD seien nicht erwiesenermaßen verfassungsfeindlich.

12 Mi In der königlichen Oper der schwedischen Hauptstadt Stockholm wird die Oper »Le Grand Macabre« von György Ligeti uraufgeführt.

13 Do Das Bundesverfassungsgericht erklärt die 1977 beschlossene Abschaffung der Gewissensprüfung von Kriegsdienstverweigerern für verfassungswidrig.

14 Fr Der DFB streicht Franz Beckenbauer aus dem Aufgebot für die Fußball-Weltmeisterschaft, da dieser keine Freigabe von Cosmos New York erhalten hatte.

15 Sa Im Gelsenkirchener Parkstadion gewinnt der 1. FC Köln unter Trainer Hennes Weisweiler durch ein 2:0 gegen Fortuna Düsseldorf den DFB-Vereinspokal.

16 So In Tel Aviv demonstrieren rund 40 000 Menschen gegen den Rückzug der israelischen Streitkräfte aus den besetzten arabischen Gebieten.

17 Mo Bundespräsident Walter Scheel trifft zu einem Staatsbesuch Japans in Tokio ein. Im Mittelpunkt seiner Gespräche stehen u.a. Fragen der Friedenssicherung.

18 Di Die University of Washington gibt die Entwicklung eines sog. Laserskalpells bekannt, das Blutungen bei chirurgischen Eingriffen weitgehend verhindern soll.

19 Mi Zum 85. Geburtstag von Joan Miró wird in Madrid eine umfassende Ausstellung von Gemälden des berühmten spanischen Surrealisten gezeigt.

20 Do In Washington gibt das US-Schatzamt umfangreiche Goldverkäufe aus staatlichen Beständen zur Stützung des Dollarkurses bekannt.

21 Fr In Aschaffenburg werden die Urteile im sog. Exorzisten-Prozess um den Tod der Studentin Anneliese Michel gefällt. U.a. waren zwei Priester angeklagt.

22 Sa Auf dem Parteitag der Kommunistischen Partei Spaniens in Madrid wird Generalsekretär Santiago Carrillo in seinem Amt bestätigt.

23 So Soldaten zerstören in Burma sechs Großlabore zur Herstellung von Heroin. Bei der Aktion werden 20 Mitglieder der sog. Drogenmafia getötet.

24 Mo Zehn konservative und christdemokratische Parteien schließen sich zur Europäischen Demokratischen Union (EDU) zusammen.

25 Di In Moskau gibt der sowjetische Staats- und Parteichef Leonid I. Breschnew bekannt, die UdSSR plane keine Verstärkung ihrer Truppen in Zentraleuropa.

26 Mi Der DDR-Schriftstellerverband beschließt den Ausschluss u.a. von Stefan Heym und Christa Wolf von der Teilnahme am nächsten Schriftstellerkongress.

27 Do Beim Einsturz eines Gerüsts für den Bau eines Kraftwerks in West-Virginia (USA) kommen 51 Menschen ums Leben. → Afghanistan

28 Fr Die Zahl der in Polen frei lebenden Wisente und Biber hat sich in den letzten Jahren nach Angaben von Warschauer Zoologen stark erhöht.

29 Sa Der 1. FC Köln wird in Hamburg durch ein 5:0 gegen St. Pauli Deutscher Fußballmeister. Verfolger Borussia Mönchengladbach gewinnt in Dortmund mit 12:0.

30 So In Ismaning bei München wird mit der Verteilung von Medikamenten gegen die Ruhr begonnen, nachdem hunderte von Einwohnern erkrankt waren.

Mai 1978

1 Mo Der 37-jährige Japaner Naomi Uemura erreicht als erster Mensch den Nordpol im Alleingang. Der Wissenschaftler führt nur einen Hundeschlitten mit sich.

2 Di Die Palästinensische Befreiungsorganisation (PLO) eröffnet in der US-Hauptstadt Washington ein Informationsbüro.

3 Mi Der belgische Fußballverein RSC Anderlecht gewinnt in Paris durch einen 4:0-Sieg über Austria Wien den Europapokal der Pokalsieger.

4 Do Der sowjetische Staats- und Parteichef Leonid I. Breschnew trifft zu einem offiziellen Staatsbesuch der Bundesrepublik Deutschland in Bonn ein.

5 Fr Spanien und Portugal unterzeichnen in Guimaraes ein für zehn Jahre gültiges Freundschafts- und Kooperationsabkommen.

6 Sa Bei einem Schiffsunglück vor Südostengland laufen größere Mengen Erdöl ins Meer. Die Küste wird auf einer Länge von ca. 40 km verschmutzt.

7 So Der französische Automobilrennfahrer Patrick Depailler gewinnt auf Tyrell in Monte Carlo den Großen Preis von Monaco.

8 Mo Bei einem U-Bahn-Unglück in Spaniens Hauptstadt Madrid, dem zweiten innerhalb weniger Tage, werden mehr als 100 Menschen verletzt. → Everest

9 Di Um Programme gegen die Arbeitslosigkeit finanzieren zu können, erhöht die französische Regierung die Benzinpreise um 10%. → Aldo Moro

10 Mi Bundesdeutsche Wissenschaftler in Hamburg entdecken ein bislang unbekanntes sog. Quark. Das Elementarteilchen erhält die Bezeichnung »Ugly«.

11 Do In Paris wird der mutmaßliche Terrorist Stefan Wisniewski festgenommen und an die Bundesrepublik Deutschland ausgeliefert.

12 Fr Die Landwirtschaftsminister der EG-Mitgliedsstaaten einigen sich in Brüssel auf eine Erhöhung der Agrarpreise um durchschnittlich 2%.

13 Sa Beim 18. Internationalen Wettbewerb für Fernsehunterhaltung in Montreux (Schweiz) gewinnt der US-Beitrag »The Shirley MacLane Special«.

14 So In Zaïre treffen belgische und französische Fallschirmjäger ein, um der Regierung des Landes im Kampf gegen kommunistische Rebellen zu helfen.

15 Mo Papst Paul VI. ernennt im Vatikan in Rom den schwarzen Bischof Peter Buthelezi zum Erzbischof von Bloemfontein in Südafrika.

16 Di In Budapest treffen sich die Vertreter der sieben Mitgliedstaaten des Warschauer Paktes zur Jahrestagung. Hauptthema ist die Sonderstellung Rumäniens.

17 Mi Der unter mysteriösen Umständen gestohlene Sarg mit der Leiche des Filmidols Charlie Chaplin wird in Genf (Schweiz) von der Polizei gefunden.

18 Do Das italienische Parlament stimmt einem als liberal geltenden Abtreibungsgesetz zu. +++ Der Belgier Eddy Merckx erklärt seinen Rücktritt als Radprofi.

19 Fr In Genf endet die 7. Internationale Seerechtskonferenz ohne Ergebnis. 142 Staaten konnten sich u.a. nicht auf eine Erweiterung von Hoheitszonen einigen.

20 Sa Nach jahrelangen Auseinandersetzungen nimmt der umstrittene Großflughafen Narita nahe der japanischen Hauptstadt Tokio seinen Betrieb auf.

21 So Auf dem 11. DGB-Kongress wird der Vorsitzende des Deutschen Gewerkschaftsbundes, Heinz Oskar Vetter, in seinem Amt bestätigt.

22 Mo Königin Elizabeth II. von Großbritannien und Nordirland trifft zu einem fünftägigen Staatsbesuch in der Bundesrepublik ein.

23 Di In Ost- und Zentralanatolien kommt es zu gewalttätigen Unruhen ethnischer Minderheiten, die von der türkischen Polizei niedergeschlagen werden.

24 Mi Prinzessin Margaret von Großbritannien wird von Lord Snowdon geschieden. +++ In Süddeutschland kommt es zu schweren Überschwemmungen.

25 Do Ägypten beschuldigt in einer Note an die Vereinten Nationen Israel, auf der besetzten Sinai-Halbinsel widerrechtlich Erdöl zu fördern.

26 Fr In New York hält Bundeskanzler Helmut Schmidt eine Rede vor der UNO und weist auf die Gefahren der sowjetischen Hochrüstung hin.

27 Sa Die spanische Regierung billigt der Region Andalusien die vorläufige Autonomie zu. An der Spitze der Landesregierung steht Placido Fernandes Vargas.

28 So In einer Volksabstimmung spricht sich die schweizerische Bevölkerung gegen eine Liberalisierung des Schwangerschaftsabbruchs aus.

29 Mo Der Automobilrennfahrer Al Unser (USA) gewinnt auf Lola-Cosworth das 500-Meilen-Rennen von Indianapolis (US-Bundesstaat Indiana).

30 Di In Washington treffen sich die Staats- und Regierungschefs der 14 Mitgliedsstaaten zum 5. Gipfeltreffen des westlichen Verteidigungsbündnisses NATO.

31 Mi Der ehemalige Oberaufseher des Konzentrationslagers Sobibor in Polen, Gustav Franz Wagner, wird in Brasilien verhaftet.

25. Juni 1978

Die »Schmach von Cordoba«

Zum Endspiel treffen sich die Teams der Niederlande und Argentiniens in Buenos Aires. Unter frenetischem Jubel ihrer Landsleute gewinnen die südamerikanischen Gastgeber die Fußball-Weltmeisterschaft mit 3:1. Die bundesdeutsche Mannschaft enttäuscht. Das Team von Helmut Schön scheitert in Cordoba nach nur einem Sieg und vier Unentschieden in der zweiten Finalrunde an Österreich (Abb.: der entscheidende Treffer zum 3:2 durch Hans Krankl).

13. Juni 1978

»Strafexpedition« im Libanon

Die israelische Armee zieht aus den besetzten Gebieten im Süd-Libanon ab. Die Invasion des Nachbarstaates begann vor rd. 12 Wochen. Auslöser für den israelischen Einmarsch war ein palästinensisches Attentat auf einen Bus. Israels Verteidigungsminister Ezer Weizmann erklärte, er wolle in dem Gebiet »aufräumen«, um weiteren derartigen Angriffen vorzubeugen. Der Einmarsch empört die Weltöffentlichkeit. Erst als die UNO interveniert, beginnt Israel mit dem Rückzug seiner Truppen (Abb.: Israelische Invasionstruppe).

9. Mai 1978

Aldo Moro ermordet

Eine ähnliche Terrorwelle wie die Bundesrepublik Deutschland erlebt Italien. Auch hier richten sich die Aktionen von Linksterroristen gegen hohe Repräsentanten des Staates. In Rom wird der am 16. März von den sog. Roten Brigaden entführte ehemalige Ministerpräsident Aldo Moro in einem abgestellten Wagen tot aufgefunden.

Mit der Entführung und Ermordung Moros führen die Roten Brigaden – in vieler Hinsicht das Gegenstück zur bundesdeutschen Rote Armee Fraktion – ihren spektakulärsten Schlag gegen den italienischen Staat. Bereits bei der Entführung selbst hatten die Terroristen unter Beweis gestellt, dass sie über Leichen gehen. Die fünf Leibwächter des Parteivorsitzenden der Democrazia Cristiana wurden sämtlich erschossen. Am 5. Mai machten die Terroristen ihre in einem Kommunikee übermittelte Drohung wahr, das von einem sog. Volksgericht verhängte Todesurteil gegen den christdemokratischen Politiker zu vollstrecken. Der Entführte hatte vergeblich gehofft, dass die Verantwortlichen einlenken und sein Leben retten würden. Aus der Geiselhaft schrieb er: »Andere höchst zivilisierte Völker haben in ähnlich schmerzlichen Umständen aus Gründen der Menschlichkeit und Klugheit jene vernünftige Flexibilität bewiesen, die Italien ablehnt...«. Die italienische Regierung, aus Parteifreunden Moros zusammengesetzt, hatte sich 51 Tage lang geweigert, auf die Forderungen der Entführer einzugehen

Italien trauert um Aldo Moro.

Terrororganisationen im 20. Jahrhundert (Auswahl)

Name	Land und Gründung	Ziele
Schwarze Hand	Serbien (um 1908)	Schaffung v. Groß-Jugoslawien unter Einschluss Kroatiens und Bosniens
IRA	Irland (1919)	Anschluss Nordirlands an Irland
Al Fatah	Naher Osten (1959)	Schaffung eines Staates Palästina
ETA	Spanien (1959)	Unabhängigkeit des Baskenlandes
RAF	BRD (1970)	Kampf gegen den Staat
Leuchtender Pfad	Peru (1970)	Errichtung eines maoistischen Systems
Hisbollah	Libanon (1975)	Bildung eines schiitischen Staates

6. Juni 1978

Maihofer tritt zurück

Der bundesdeutsche Innenminister Werner Maihofer tritt zurück. Der Freidemokrat zieht mit diesem Schritt die Konsequenzen aus Versäumnissen und Fehlern der Polizei im Zusammenhang mit der Entführung und Ermordung von Arbeitgeberpräsident Hanns-Martin Schleyer durch die Rote Armee Fraktion (RAF). Die Fehlleistungen bei der Fahndung nach dem Entführten wurden am Tag vor Maihofers Rücktritt im sog. Höcherl-Bericht offen gelegt. Besonders schwer wiegt in dem Untersuchungsprotokoll die Tatsache, dass einem entscheidenden Hinweis über den Aufenthaltsort des entführten Schleyer nicht nachgegangen worden war. Wegen Koordinationsproblemen erkannten die Ermittler die Bedeutung der Mitteilung nicht. Maihofer übernimmt einen Tag nach Veröffentlichung des »Höcherl-Berichts« die politische Verantwortung für die Vorfälle.

Moro als Gefangener der Roten Brigaden

– die Freilassung von 13 inhaftierten Gesinnungsgenossen. Stattdessen begann eine Großfahndung, an der rd. 50 000 Polizisten beteiligt waren, die aber erfolglos blieb. Die italienische Öffentlichkeit übt daraufhin scharfe Kritik an den Fahndungsbehörden. Innenminister Francesco Cossiga übernimmt die Verantwortung für den Fehlschlag und tritt zurück.

Das letzte Lebenszeichen Moros datiert vom 24. April. In einem vermächtnisartigen Brief äußerte er seine Verbitterung darüber, dass die Democrazia Cristiana sein Leben opfern will. Er verfügt, dass kein Parteifreund seinem Sarg folgen dürfe. In vielen Städten Italiens bekunden die Menschen mit Blumen und Kränzen ihre Betroffenheit über den Tod des populären Politikers.

8. Mai 1978

Messner auf dem Everest

Ohne Sauerstoffgerät gelingt Reinhold Messner und Peter Habeler (s. Abb. v.l.) die Besteigung des Mount Everest, des höchsten Berges der Erde. Der Aufstieg ohne Beatmungshilfe wird vor allem ab 7500 m Höhe gefährlich. In der darüber gelegenen sog. Todeszone nimmt der Anteil der roten Blutkörperchen zu – das Blut wird zunehmend dickflüssiger. Um diesen Gefahren zu begegnen, haben sich Messner und Habeler mit speziellem Konditionstraining auf die Besteigung vorbereitet. Sie legen die letzten 900 m Höhenunterschied in nur sechs Stunden zurück. Der Mount Everest wurde erstmals 1953 von Edmund Hillary bestiegen.

Reinhold Messner

italienischer Bergsteiger, * 17.9.1944 Brixen

Der Südtiroler Abenteurer und publicitybewusste Bergsteiger bezwang zwischen 1970-86 als erster Mensch alle 14 Achttausender des Himalaja. Neben der Besteigung des Mount Everest vollbringt Messner noch weitere herausragende Leistungen, u.a. Erstbesteigungen und Alleingänge. Zahlreiche Vorträge und Bücher machen den »Grenzgänger« populär.

- 1970: Besteigung des Nanga Parbat
- 1983: »Alle meine Gipfel« (Buch)
- 1989/90: Marsch durch die Antarktis mit Arved Fuchs

30. Juni 1978

Willkür-Urteil gegen Bahro

Acht Jahre Haft lautet das Urteil gegen den DDR-Regimekritiker Rudolf Bahro. Das Ostberliner Stadtgericht verurteilt den ehemaligen SED-Funktionär und Wirtschaftsfachmann wegen »landesverräterischer Sammlung von Nachrichten« und »Geheimnisverrats«. In den westeuropäischen Staaten löst das als Willkür-Akt eingeschätzte Urteil große Empörung aus. Bahro war im August 1977 verhaftet worden, nachdem das Hamburger Nachrichtenmagazin »Der Spiegel« Auszüge aus seinem im Westen erschienenen Buch »Die Alternative« veröffentlicht hatte. Der Marxist Bahro rechnet in seiner Schrift schonungslos mit der ökonomischen und gesellschaftlichen Misere der DDR und der Unterdrückungspolitik der SED ab. Nach rd. zweijähriger Haft wird Bahro im Oktober 1979 im Zuge einer allgemeinen Amnestie freigelassen. Er siedelt in die Bundesrepublik über und wird dort ein Exponent der Friedens- und Umweltbewegung.

Juni 1978

1 Do Der argentinische Staatspräsident Jorge Rafael Videla eröffnet im River-Plate-Stadion von Buenos Aires die 11. Fußballweltmeisterschaft.

2 Fr In der US-Botschaft in Moskau entdecken Spezialisten elektronische Abhöranlagen des sowjetischen Geheimdienstes KGB.

3 Sa Im Irak werden auf Befehl des Vizepräsidenten Saddam Hussein 21 Soldaten hingerichtet, die angeblich versucht hatten, kommunistische Zellen zu bilden.

4 So Ostafrika wird von einer schweren Heuschreckenplage heimgesucht. In Somalia und Äthiopien verursachen die Insekten eine Hungersnot.

5 Mo In Canberra verfügt die australische Regierung eine Erhöhung der Einwanderungsquote von 75 000 auf 100 000 Menschen pro Jahr.

6 Di Nach einer in New York veröffentlichten Untersuchung der UNO werden neun von zehn Verbrechen von Männern begangen. → Maihofer

7 Mi Offizielle Sprecher der katholischen Kirche in Rom drohen Ärzten und Schwestern, die Abtreibungen vornehmen, die Exkommunikation an.

8 Do Der schleswig-holsteinische Ministerpräsident Gerhard Stoltenberg (CDU) kündigt den Staatsvertrag über den Norddeutschen Rundfunk (NDR).

9 Fr In Las Vegas wird der US-Boxer Larry Holmes durch einen Punktesieg über seinen Landsmann Ken Norton Schwergewichtsweltmeister.

10 Sa Zwischen rechts- und linksgerichteten Demonstranten kommt es in Lissabon (Portugal) zu schweren Auseinandersetzungen.

11 So Die Regierung in Santiago erklärt ihre Bereitschaft, die Einhaltung der Menschenrechte in Chile durch eine UNO-Sonderkommission untersuchen zu lassen.

12 Mo DDR-Staats- und Parteichef Erich Honecker empfängt in Ost-Berlin den Ständigen Vertreter der Bundesrepublik Deutschland, Günter Gaus.

13 Di Der portugiesische Ministerpräsident Mario Soares trifft in Bonn zu einem Staatsbesuch ein. +++ In Japan fordert ein Erdbeben 21 Tote. → Libanon

14 Mi In Athen werden die Karyatiden am Erechtheion, rund zweieinhalbtausend Jahre alte Steinfiguren, von der Akropolis in ein Museum überführt.

15 Do Der italienische Staatspräsident Giovanni Leone erklärt in Rom seinen Rücktritt. Die Amtsnachfolge tritt der Sozialist Sandro Pertini an.

16 Fr Der spanische König Juan Carlos trifft mit seiner Frau Sofia zu einem offiziellen Besuch in der chinesischen Hauptstadt Peking ein.

17 Sa Bei einer Demonstration gegen eine NPD-Versammlung kommt es in Frankfurt am Main zu schweren Zusammenstößen der Polizei mit Demonstranten.

18 So Randalierende Rockfans richten bei einem Open-Air-Konzert auf der Loreley (nahe Koblenz) einen Sachschaden von mehr als 2 Mio. DM an.

19 Mo Nach 524 Tagen Gefangenschaft wird der italienische Filmproduzent Nicolo de Nora gegen Lösegeld von seinen Entführern freigelassen.

20 Di In der jugoslawischen Hauptstadt Belgrad eröffnet Staatspräsident Josip Tito den 11. Kongress des Bundes der Kommunisten Jugoslawiens.

21 Mi In London wird Andrew Lloyd Webbers Musical »Evita« uraufgeführt. +++ Bei einem Erdbeben in Griechenland sterben 40 Menschen.

22 Do Die Organisation für Afrikanische Einheit (OAU) verurteilt Frankreich und Belgien wegen ihrer Intervention im zentralafrikanischen Zaire.

23 Fr Im norditalienischen Turin werden 29 Mitglieder der terroristischen »Roten Brigaden« zu langjährigen Gefängnisstrafen verurteilt.

24 Sa Der Staatspräsident der Arabischen Republik Jemen, Ahmad Husain Al-Ghaschmi, kommt durch einen Bombenanschlag ums Leben.

25 So Trotz hoher Verluste bei den Parlamentswahlen kann die bürgerliche Regierungskoalition auf Island ihre Mehrheit behaupten. → »Schmach von Cordoba«

26 Mo In der Demokratischen Volksrepublik Jemen wird der Staatspräsident Salem Rubajji Ali im Verlauf eines Putsches hingerichtet.

27 Di Bei einem Sportfest in Oslo stellt der kenianische Leichtathlet Henry Rono mit 7:32,1 min einen Weltrekord über 3000 m auf.

28 Mi In Mexiko-Stadt vertreibt die Polizei ca. 18 000 Menschen aus ihren Elendssiedlungen am Rande der Stadt und steckt die Hütten in Brand.

29 Do Die 21-jährige Prinzessin Caroline von Monaco heiratet in der Kapelle des Fürstenpalastes den 38 Jahre alten Finanzmakler Philippe Junot.

30 Fr Die Terroristen Gabriele Kröcher-Tiedemann und Christian Möller werden in der Schweiz wegen Mordversuchs zu 11 bzw. 15 Jahren Haft verurteilt. → Bahro

Juli 1978

1 Sa Aus Protest gegen die von Österreich eingeführte Straßenbenutzungsgebühr blockieren Tausende von Lastzügen die Zollstationen des Landes.

2 So Mehr als 100 000 Fans haben nach Angaben des Veranstalters die Konzerte des US-Musikers Bob Dylan in der Bundesrepublik besucht.

3 Mo China stellt seine wirtschaftliche und technische Unterstützung für Vietnam wegen zunehmender politischer und militärischer Spannungen ein.

4 Di Der Emil-von-Behring-Preis der Stadt Marburg wird dem Immunologen Peter Perlmann für seine Erforschung des lymphalen Systems verliehen.

5 Mi Die in Genf eröffnete neue Session des Wirtschafts- und Sozialrats der UNO (ECOSOC) soll u.a. der Weltwirtschaft neue Impulse geben.

6 Do Der autoritär regierende südkoreanische Präsident Park Chung Hee wird in Seoul für eine weitere fünfjährige Amtsperiode gewählt.

7 Fr Zum Abschluss der Gipfelkonferenz in Brüssel einigen sich die EG-Regierungschefs auf die Grundzüge eines künftigen europäischen Währungssystems.

8 Sa Der Schwede Björn Borg und die staatenlose Exil-Tschechoslowakin Martina Navratilova gewinnen das Tennisturnier von Wimbledon.

9 So Ein auf einem Magnetkissen schwebender japanischer Verkehrszug stellt mit 290 km/h einen Geschwindigkeitsrekord für diese Antriebstechnik auf.

10 Mo Ein von Daimler-Benz und Bosch entwickeltes neues Bremssystem für Autos, das Anti-Blockier-System (ABS), geht in Produktion.

11 Di An der Grenze zwischen Papua-Neuguinea und dem zu Indonesien gehörenden Teil der Insel Neuguinea kommt es zu militärischen Spannungen. → Explosion

12 Mi Im Pariser Georges-Pompidou-Kulturzentrum eröffnet Frankreichs Premierminister Raymond Barre die Ausstellung »Paris-Berlin«.

13 Do Der frühere CDU-Bundestagsabgeordnete Herbert Gruhl gründet in Bonn als erste bundesweite Umweltschutzpartei die »Grüne Aktion Zukunft«.

14 Fr Der europäische Forschungssatellit »Geos-2« startet von Cape Canaveral aus ins All. Er soll neue Erkenntnisse u.a. über das Magnetfeld der Erde sammeln.

15 Sa Der belgische Radprofi Michel Pollentier wird wegen versuchten Dopingbetrugs als Sieger der 15. Etappe der Tour de France disqualifizert.

16 So In Bonn beginnt der 4. Weltwirtschaftsgipfel der sieben größten Industriestaaten, unter ihnen die USA, die Bundesrepublik und Japan. → »Retortenbaby«

17 Mo Ein Bus der städtischen Verkehrsbetriebe von Kairo stürzt in den Nil. Bei dem Unglück kommen 55 Fahrgäste ums Leben. → Navajo

18 Di Im Khartum, der Hauptstadt des Sudan, treffen Delegierte aus 33 Staaten zum 15. Gipfeltreffen der Organisation Afrikanischer Einheit (OAU) zusammen.

19 Mi US-Präsident Jimmy Carter erlässt wegen der jüngsten Dissidentenprozesse Sanktionen gegen die UdSSR. U.a. wird ein Großcomputer nicht ausgeliefert.

20 Do Der 23-jährige Alexander Pusch aus Tauberbischofsheim wird in Hamburg zum zweiten Mal Weltmeister im Degenfechten.

21 Fr Der bolivianische Wahlgerichtshof annulliert den Urnengang vom 9. Juli, weil systematische Wahlfälschungen festgestellt worden sind.

22 Sa Durch schwere Überschwemmungen in Indien werden mehr als 2 Mio. Einwohner obdachlos. Fast 200 000 Menschen sind an Malaria erkrankt.

23 So Gesamtsieger der Tour de France wird der Franzose Bernard Hinault. Er hat zum ersten Mal am berühmtesten Radrennen der Welt teilgenommen.

24 Mo Der für Reformen eintretende Luftwaffenchef General Gustavo Leigh verliert seinen Posten als Mitglied der chilenischen Militärjunta.

25 Di Bei Neu-Ulm stürzt während eines Übungsflugs ein Jagdbomber vom Typ F-104 G ab. Damit hat die Bundeswehr bereits ihren 175. »Starfighter« verloren.

26 Mi Ein Hamburger Gericht weist die »Sexismus«-Klage von zehn Frauen – unter ihnen die Schauspielerin Inge Meysel – gegen die Illustrierte »stern« ab.

27 Do Der portugiesische Ministerpräsident Mario Soares muss drei Tage nach dem Rückzug der Konservativen aus der Regierung zurücktreten.

28 Fr Die Deutsche Akademie für Sprache und Dichtung in Darmstadt spricht dem Schriftsteller Hermann Lenz den Georg-Büchner-Preis zu.

29 Sa Den Großen Preis von Deutschland gewinnt auf dem Hockenheimring der Formel-1-Pilot Mario Andretti. Es ist bereits sein fünfter Saison-Sieg.

30 So Bei einem Einbruch in die Hamburger Kunsthalle werden 22 Bilder im Gesamtwert von ca. 2 Mio. DM, darunter Werke von Edgar Degas, gestohlen.

31 Mo Reguläre libanesische Truppen rücken erstmals seit Beginn des Bürgerkrieges vor drei Jahren in den Südlibanon ein.

16. Juli 1978

Erstes »Retortenbaby« ge

In Oldham, 30 km nördlich von London, kommt acht Tage vor dem errechneten Termin per Kaiserschnitt Louise Brown zur Welt. Das Mädchen ist gesund – alles scheint ganz normal. Dennoch löst die Geburt einen einzigartigen Medienrummel aus. Vor dem Krankenhaus warten Journalisten, Kamerateams und Fotoreporter, um die Hintergründe einer Weltsensation zu erfahren: Louise ist der erste im Reagenzglas künstlich gezeugte Mensch.

Die Mediziner sind zuversichtlich, mit der in Oldham angewandten Methode Millionen von unfruchtbaren Frauen den Wunsch nach einem eigenen Kind erfüllen zu können. Auch Louises Mutter konnte auf herkömmlichem Weg nicht schwanger werden, da ihre Eileiter undurchlässig sind. Deshalb schlugen die Mediziner Patrick Steptoe und Robert Edwards die künstliche Befruchtung vor. Dabei gingen sie folgendermaßen vor: Durch einen Einschnitt in der Bauchdecke wurde ein biegsames sog. Laparoskop eingeführt. Unter direkter Sicht wurden aus dem Eierstock die durch Hormongaben gereiften Eier entnommen. In einer Nährlösung wurde am 11. November 1977 ein reifes Ei mit dem Samen von Mr. Brown zusammengebracht. Sobald ein Ei befruchtet war, ließen die Ärzte es in einer zweiten Schale mit Nährlösung einige Tage reifen. Das befruchtete Ei begann in dieser Phase bereits mit der Zellteilung. Schließlich wurde die befruchtete Eizelle in die Gebärmutter eingebracht, deren Schleimhautwände zuvor durch wiederholte Hormongaben empfängnisbereit gemacht worden waren.

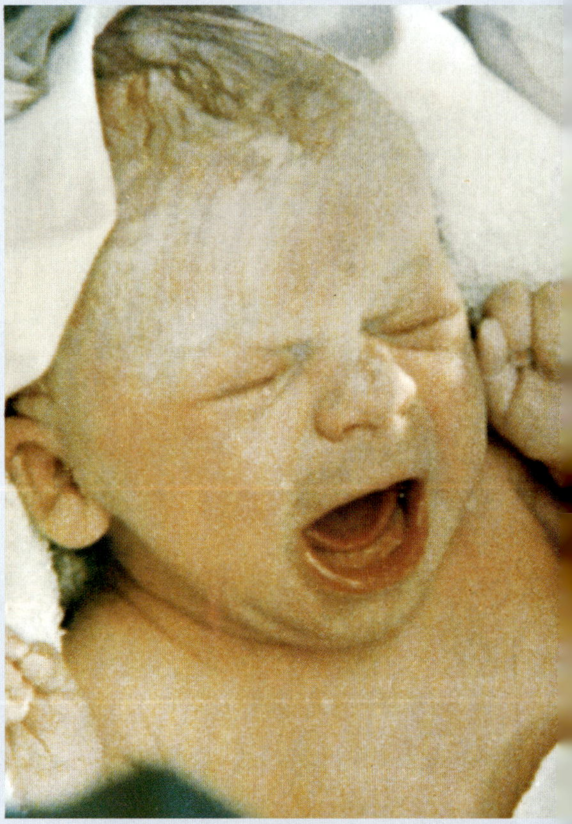

»Lovely Louise«, wie die Daily Mail titelt, wird kurzzeitig weltb

Von diesem Zeitpunkt an verlief die Schwangerschaft normal – die sog. Invitro Fertilisation, die sich als neue Methode der Reproduktionsmedizin schon bald weltweit durchsetzen soll, ist erstmals erfolgreich angewendet worden.

17. Juli 1978

Der Marsch der Navajo

Vor dem Kapitol der US-Hauptstadt Washington versammeln sich rd. 1000 Navajo-Indianer, um für ihre Rechte zu demonstrieren (s. Abb.).

Die Nachfahren der nordamerikanischen Ureinwohner waren in einem Aufsehen erregenden Marsch aus ihren Reservaten in Arizona, New Mexico und Utah nach Washington marschiert. Für den 4300 km weiten Fußweg benötigten sie 151 Tage. Die Navajo fordern u.a. die Rückgabe von Land, Wasser- und Fischereirechten sowie die Nutzungsmöglichkeit von Bodenschätzen in den Reservaten.

26. August 1978

Der erste Deutsche im All

Prestigeerfolg für die DDR: Der 41-jährige NVA-Oberstleutnant Sigmund Jähn startet vom sowjetischen Weltraumbahnhof Baikonur aus als erster Deutscher in den Weltraum. Am zweiten Tag des Unternehmens koppelt die »Sojus 31« an die bemannte Raumstation »Saljut 6« an. Dort führen die Raumfahrer zahlreiche wissenschaftliche Untersuchungen und Experimente durch. Nach acht Tagen im All kehren die Kosmonauten mit »Sojus 29« zur Erde zurück und landen sicher in der kasachischen Steppe. »Sojus 31« bleibt an der Orbitalstation angekoppelt, um die Langzeitbesatzung von »Saljut 6« für den Rückflug im September aufzunehmen. Damit ist es der sowjetischen Raumfahrt erstmals gelungen, ein Umkoppelungsmanöver zweier in einer Umlaufbahn befindlichen Raumflugkörper durchzuführen. Die DDR-Presse begleitet die Mission des »Flieger-Kosmonauten« Jähn mit großem Aufwand. Das Unternehmen wird als Beweis für die Überlegenheit des sozialistischen Systems gewürdigt.

…ren

Risiken und Belastungen für die Frau sind bei dem neuen medizinischen Verfahren gleichwohl nicht unerheblich. Bei einer künstlichen Befruchtung ist die Wahrscheinlichkeit von Fehl-, Mehrlings- und Frühgeburten größer als bei natürlichen Schwangerschaften. Hinzu kommen belastende Faktoren wie wiederholte Hormonbehandlungen, Narkosen, Bauchpunktionen etc.
Die künstliche Befruchtung wirft außerdem zahlreiche juristische und ethische Fragen auf, angefangen bei der Problematik der Samenspende über die der »Leihmutter« bis hin zur sog. Mehrlingsreduktion. Hinter diesem Begriff verbirgt sich die gezielte Tötung überzähliger Embryonen in der Gebärmutter. U.a. bestehen auch Bedenken gegen die technisch möglichen Genmanipulationen beim Fötus oder Embryo. Ein Missbrauch der Embryonen zu Forschungszwecken wird in der Bundesrepublik durch das Embryonenschutzgesetz verboten. Es untersagt u.a. die Manipulation menschlicher Keimbahnzellen und die Erzeugung genetisch identischer Menschen (Klonen).
Wie umstritten der ethische Aspekt ist, zeigen allein die Stellungnahmen der Kirchen. Vertreter der katholischen Kirche verweisen auf eine Erklärung des Papstes. Paul VI. hat bereits vor längerer Zeit jede Art der künstlichen Befruchtung als »gegen das Gesetz der Natur« bezeichnet, die »im Gegensatz zum Recht von Heirat und Moral« stehe. Die anglikanische Kirche will »nicht voreilig über die Moral einer neuen Technologie« urteilen. Unter Umständen sei es möglich, »der Natur zu helfen, einen natürlichen Akt zur Erfüllung zu bringen.« Die Evangelische Kirche in Deutschland erkennt keinen »Vorgang von grundsätzlich neuer sittlicher Qualität«.

7. August 1978

Politskandal um Filbinger

Der baden-württembergische Ministerpräsident Hans Filbinger tritt von seinem Amt zurück. Der Jurist zieht damit die Konsequenz aus Verdächtigungen um seine Vergangenheit. Im Laufe der

letzten Monate ist bekannt geworden, dass der Politiker im Zweiten Weltkrieg als Marinerichter tätig war. Noch während der letzten Kriegstage soll Filbinger an Todesurteilen über Soldaten mitgewirkt haben. Der 64-Jährige hatte das Amt des baden-württembergischen Ministerpräsidenten seit 1966 inne. Sein Nachfolger wird Lothar Späth (Abb. v.l.: Filbinger und Späth).

11. Juli 1978

Explosion tötet Camper

Der Unfall eines Tankwagens löst im spanischen Urlaubsort San Carlos de la Rápida (Costa Blanca) eine Katastrophe aus. Das mit Flüssiggas beladene Fahrzeug rast in die Begrenzungsmauer des Campingplatzes »Los Alfaques« und explodiert. Eine Feuerwand wälzt sich über den Platz, die eine Kettenreaktion in Gang setzt: Durch die unge-

heure Hitze explodieren auch die Benzintanks und Campinggasflaschen der Urlauber. Das Feuer breitet sich in wenigen Sekunden aus und vernichtet einen Großteil der Anlage (Abb.: Den Helfern bietet sich ein Bild der Verwüstung). 180 Menschen sterben in den Flammen. 600 Personen tragen zum Teil schwere Verletzungen davon.

6. August 1978

Wachablösung im Vatikan

Papst Paul VI. ist tot. Der 80-Jährige, der nach außen als Papst des Ausgleichs und der Vermittlung, in innerkirchlichen Streitfragen autoritär auftrat, erliegt in seiner Sommerresidenz Castel Gandolfo den Folgen eines Herzanfalls.

Das Konklave wählt – zur Überraschung der meisten Beobachter – am 26. August den Kardinal von Venedig, Albino Luciani (s. Abb.), zum Oberhaupt der katholischen Kirche.

Johannes Paul I.

eigtl. Albino Luciani, Papst, * 17.10.1912 Forno di Canale; † 28.9.1978 Rom

In nur 33 Tagen, einem der kürzesten Pontifikate der Kirchengeschichte, konnte der heiter gestimmte Reformer keine eigenen Akzente setzen, erwarb sich aber weltweit die Sympathien der Gläubigen. Der frühe Tod des »lächelnden Papstes« gab Anlass zu zahlreichen Mordtheorien.

- 1958: Bischof von Vittorio Veneto
- 1969: Patriarch von Venedig
- 1973: Ernennung zum Kardinal

August 1978

1	Di	Die griechische Milliardärin Christina Onassis heiratet in Moskau den ehemaligen sowjetischen Wirtschaftsfunktionär Sergej Kausow.
2	Mi	Für das Jahr 1978 stellt die Bundesregierung zur Förderung von Sport und Leibesübungen 250 Mio. DM zur Verfügung.
3	Do	Die Schweizer Regierung wandelt rückwirkend zum 1. Januar 1978 die Schulden von sieben Entwicklungsländern in nicht rückzahlbare Zuschüsse um.
4	Fr	Der in den Westen übergelaufene rumänische Geheimdienst-Funktionär General Ion Pacepa beschuldigt Bonner Bundestagsabgeordnete der Spionage.
5	Sa	Mohammad Resa Pahlawi, Schah des Iran, verspricht am Verfassungstag ein Maximum an politischen Freiheiten nach dem Muster westlicher Demokratien.
6	So	Im Rahmen seiner Nahost-Mission führt US-Außenminister Cyrus Vance in Jerusalem Gespräche mit Israels Premierminister Menachem Begin. → Vatikan
7	Mo	Mit fünf Siegen ist Tracy Caulkins die überragende Sportlerin bei den US-Schwimmmeisterschaften in Woodlands. → Filbinger
8	Di	Das SED-Zentralorgan »Neues Deutschland« dementiert einen Aufsehen erregenden Bericht der »Bild«-Zeitung über Prostitution in Ost-Berlin.
9	Mi	Der Südtiroler Alpinist Reinhold Messner besteigt im Alleingang und ohne Sauerstoffgerät den Gipfel des 8126 m hohen Nanga Parbat.
10	Do	Peugeot-Citroën kauft die europäischen Produktionsanlagen der Chrysler Corp. Die Gruppe wird damit zum größten Automobilkonzern Europas.
11	Fr	Die iranischen Behörden verhängen den Ausnahmezustand über vier Städte, nachdem es dort zu Ausschreitungen gekommen war.
12	Sa	Nach langwierigen Verhandlungen unterzeichnen der japanische und der chinesische Außenminister in Peking einen Friedens- und Freundschaftsvertrag.
13	So	Durch eine Regierungsverordnung wird erstmals seit der Französischen Revolution der Brotpreis in Frankreich freigegeben.
14	Mo	In Genf beginnt die Weltkonferenz für den Kampf gegen »Rassismus und Rassendiskriminierung«. Die USA und Israel bleiben der Versammlung fern.
15	Di	An der Devisenbörse in Frankfurt am Main wird der Dollar mit 1,9290 DM notiert. Damit erreicht er seinen bisher niedrigsten Stand.
16	Mi	Ein Streik der Polizei und Feuerwehr in Memphis (US-Bundesstaat Tennessee) führt zu Sabotageakten und Plünderungen von Geschäften.
17	Do	Bejubelt von einer großen Menschenmenge landen drei US-Amerikaner nach der ersten Überquerung des Atlantiks in einem Ballon nahe Paris.
18	Fr	Nach 16-jähriger Unterbrechung wird der regelmäßige kommerzielle Flugverkehr zwischen den USA und Kuba wieder aufgenommen.
19	Sa	Bei einem Anschlag auf ein Kino in der iranischen Hafenstadt Abadan kommen nach amtlichen Angaben 430 Menschen ums Leben.
20	So	Der 24-jährige Schwimmer Walter Kusch vom SV 05 Würzburg gewinnt in Berlin über 100-m-Brust in 1:03,56 min den Weltmeistertitel.
21	Mo	In Moskau findet der 14. Internationale Genetikerkongress statt. Er steht unter dem Motto »Das Wohl des Menschen und die Genetik«.
22	Di	Das Bundeskriminalamt bestätigt einen Bericht des »stern«, dass drei der meistgesuchten deutschen Terroristen der Polizei kürzlich entkommen seien.
23	Mi	In Nicaragua nehmen 25 Angehörige der linksgerichteten Sandinistischen Befreiungsfront fast 600 Geiseln, darunter zahlreiche Politiker.
24	Do	Südafrikanische Truppen dringen nach einem Angriff der namibischen Befreiungsbewegung SWAPO tief in das Staatsgebiet Sambias ein.
25	Fr	Syrische Einheiten der arabischen Friedenstruppen greifen im Libanon von Christen bewohnte Bergdörfer nördlich der Hauptstadt Beirut an.
26	Sa	Kardinal Albino Luciani, Patriarch von Venedig, wird im 4. Wahlgang des Konklaves zum Papst gewählt. Er gibt sich den Namen Johannes Paul I. → All
27	So	Der schnellste Eisenbahnzug der Welt, ein Prototyp des »TGV«, wird in Frankreich erfolgreich getestet. Er erreicht eine Geschwindigkeit von 260 km/h.
28	Mo	Ein Putschversuch von Teilen der Nationalgarde gegen den nicaraguanischen Staatspräsidenten Anastasio Somoza misslingt.
29	Di	Hissene Habré, Chef einer der Befreiungsbewegungen im Tschad, wird von Staatspräsident Felix Malloum zum Ministerpräsidenten ernannt.
30	Mi	Der baden-württembergische Landtag wählt Innenminister Lothar Späth (CDU) zum Nachfolger des als Ministerpräsident zurückgetretenen Hans Filbinger.
31	Do	US-Präsident Jimmy Carter erzielt mit bislang opponierenden US-Gouverneuren einen Kompromiss über die umstrittene Erhöhung der Erdgas-Preise.

September 1978

1 Fr Gegen den Protest der evangelischen Kirche wird in den Schulen der DDR das Fach »Wehrunterricht« für die 9. und 10. Klasse eingeführt.

2 Sa Ein brasilianisches Unternehmen erteilt einem europäischen Konsortium Aufträge mit einem Gesamtvolumen von umgerechnet 500 Mio. DM.

3 So Vor dem Petersdom in Rom eröffnet Papst Johannes Paul I. vor einer riesigen Menschenmenge mit einer Messe sein Pontifikat.

4 Mo Bei einer Luftfahrtschau in Farnborough (Großbritannien) wird das französische Kampfflugzeug »Mirage 2000« erstmals der Öffentlichkeit vorgestellt.

5 Di In Rumänien beginnt eine »Säuberungswelle« innerhalb des Sicherheitsapparates. Auch der rumänische Innenminister Teodor Coman wird entlassen.

6 Mi Der mutmaßliche Terrorist Willy Peter Stoll wird in einem Düsseldorfer Lokal bei einem Festnahmeversuch von einem Polizeibeamten erschossen.

7 Do Minister und Mediziner aus 140 Staaten nehmen an der Weltgesundheitskonferenz in Alma Ata (Sowjetrepublik Kasachstan) teil.

8 Fr Nach monatelangen Protesten gegen das Regime von Schah Mohammad Resa Pahlawi wird über Irans Hauptstadt Teheran das Kriegsrecht verhängt.

9 Sa Die Führungsgremien der Westberliner CDU wählen Richard von Weizsäcker zum Spitzenkandidaten für die Wahlen zum Abgeordnetenhaus.

10 So Auf einer Konferenz in Brüssel beschließen die EG-Mitgliedstaaten ein fünfjähriges Programm zur Klima- und Wetterforschung.

11 Mo Der Bundesminister für Raumordnung, Bauwesen und Städtebau, Dieter Haack (SPD), trifft in Ost-Berlin seinen DDR-Amtskollegen Wolfgang Junker.

12 Di Im Rahmen einer Welttournee verliert der nordamerikanische Fußballmeister Cosmos New York mit 1:7 gegen Bayern München.

13 Mi Unter der Losung »Ich will euch Zukunft und Hoffnung geben« versammeln sich in Freiburg die Besucher des 85. Deutschen Katholikentags.

14 Do Die portugiesische Regierung unter Ministerpräsident Alfredo J. Nobre da Costa wird 17 Tage nach ihrer Vereidigung gestürzt. → Somoza

15 Fr In New Orleans holt sich Muhammad Ali mit einem Punktsieg über Titelverteidiger Leon Spinks zum dritten Mal den Weltmeistertitel aller Klassen.

16 Sa Bei einem Erdbeben im Nordosten des Iran kommen rund 25 000 Menschen ums Leben. Die Stadt Tabas und 40 Dörfer werden zerstört.

17 So Die rhodesische Übergangsregierung in Salisbury beschließt, die allgemeine Wehrpflicht auch auf Schwarze auszudehnen. → Frieden

18 Mo In Norddeutschland, Hessen und Nordbayern beginnen die Herbstmanöver, an denen sich insgesamt 15 000 NATO-Soldaten beteiligen.

19 Di Die Regierung von Saudi-Arabien weist in Riad das Friedensabkommen von Camp David als für arabische Staaten unannehmbar zurück.

20 Mi Der nordrhein-westfälische Landtag wählt den SPD-Landesvorsitzenden Johannes Rau mit 104 gegen 95 Stimmen zum Ministerpräsidenten.

21 Do Der französische Ministerrat beschließt eine Rettungsaktion zugunsten der Stahlindustrie, die dadurch praktisch verstaatlicht wird.

22 Fr Mehrere bundesdeutsche Firmen unterzeichnen mit China ein langfristig angelegtes Kreditgeschäft in Höhe von 8 Mrd. DM.

23 Sa Die Organisation der amerikanischen Staaten (OAS) fordert bei einem Treffen in Washington Nicaragua zu einer friedlichen Lösung seiner Probleme auf.

24 So Mit großer Mehrheit (82,3%) entscheiden sich die schweizerischen Stimmbürger für die Schaffung des neuen Kantons Jura.

25 Mo Der Zusammenstoß einer Boeing 727 mit einem Sportflugzeug über San Diego (US-Bundesstaat Kalifornien) fordert 150 Menschenleben.

26 Di Nach gescheiterten Gesprächen über den Abbau zwischenstaatlicher Spannungen ruft China seine Delegation aus Vietnams Hauptstadt Hanoi zurück.

27 Mi In Indonesien werden ca. 1300 mutmaßliche Kommunisten freigelassen, die seit dem gescheiterten kommunistischen Aufstand von 1965 in Haft waren.

28 Do Die regierende »weiße« Nationalpartei wählt in Pretoria den bisherigen Verteidigungsminister Pieter Willem Botha zum Premierminister.

29 Fr Nach einer der kürzesten Amtszeiten eines Papstes stirbt im Vatikan Papst Johannes Paul I., der erst vor rund vier Wochen sein Pontifikat angetreten hatte.

30 Sa Die südpazifische Inselgruppe Tuvalu wird von der früheren Kolonialmacht Großbritannien in die Unabhängigkeit entlassen.

17. September 1978

Tor zum Frieden ist offen

Auf dem Landsitz des US-Präsidenten Jimmy Carter in Camp David (US-Bundesstaat Maryland) gelingt ein sensationeller Durchbruch für den Frieden im Nahen Osten. Der ägyptische Staatschef Muhammad Anwar As Sadat und der israelische Ministerpräsident Menachem Begin unterzeichnen nach 13-tägigen intensiven Verhandlungen zwei Dokumente, die den Weg zu einem regulären Friedensvertrag ebnen sollen. Die Annäherung der ehedem unversöhnlichen Feinde, die sich innerhalb dreier Jahrzehnte in insgesamt vier Kriegen gegenüberstanden, kam unter Vermittlung von Jimmy Carter zustande.

Die Friedenspartner (v.l.) Sadat, Carter und Begin

Eines der beiden Dokumente, das der US-Präsident »als Zeuge« mit unterschreibt, ist ein Rahmenabkommen über den Abschluss eines endgültigen Friedensvertrages zwischen Ägypten und Israel innerhalb von drei Monaten. Darin soll sich Israel verpflichten, in den folgenden drei Jahren seine Streitkräfte von der Sinai-Halbinsel zurückzuziehen. Nach Beginn des Truppenabzuges ist die gegenseitige Aufnahme von diplomatischen Beziehungen vorgesehen.

Das zweite Dokument behandelt die Voraussetzungen für eine umfassende Friedenslösung im Nahen Osten. So soll Israel u.a. eine autonome Verwaltung für die besetzten Gebiete im Westjordanland und im Gazastreifen einrichten und die dort stationierten Truppen abziehen. Außerdem ist geplant, in die Verhandlungen auch Vertreter Jordaniens und der Palästinenser mit einzubeziehen. Während dieser Verhandlungen soll Israel auf den Bau weiterer jüdischer Siedlungen in den besetzten arabischen Gebieten verzichten. Der künftige Status des zwischen Arabern und Juden umstrittenen Jerusalem wird aus den Verträgen von Camp David ausgeklammert, weil darüber keine Einigung erzielt werden konnte. Auch die Palästinenserfrage bleibt offen. Sowohl in Israel als auch in Ägypten nehmen die Menschen die Übereinkunft jedoch überwiegend mit Erleichterung auf. Allerdings interpretieren ägyptische Nationalisten und die meisten anderen arabischen Staaten den Kompromiss als Verrat an der arabischen Sache. Die Arabische Liga schließt Ägypten aus ihren Reihen aus. Die arabischen Staaten beschließen u.a. die Bildung eines gemeinsamen Militärkommandos und den Abbruch der politischen und wirtschaftlichen Beziehungen zu Ägypten. Für eine Abkehr von der Verständigungspolitik bieten 22 arabische Staaten der Regierung in Kairo rd. 30 Mrd. DM an. Sadat weist das Angebot zurück. Am 26. März 1979 schließen Ägypten und Israel einen formellen Friedensvertrag.

10. Oktober 1978

Neue Ära für Kenia

Neuer Präsident Kenias wird Daniel Arap Moi. Er folgt dem am 22. August verstorbenen Staatsgründer Jomo Kenyatta nach, einem der herausragendsten Führer Schwarzafrikas.

Jomo Kenyatta

eigtl. Johnstone Kama Ngengi, * 20.10.1891 (?) Ichaweri; † 22.8.1978 Mombasa

Der Vorkämpfer für die Befreiung des afrikanischen Kontinents von der Kolonialherrschaft wurde 1953 als ein Führer des sog. Mau-Mau-Aufstandes von den britischen Behörden in Haft genommen. Von der Unabhängigkeit Kenias 1963 bis zu seinem Tod regierte er das Land und hielt dabei politisch einen gemäßigt prowestlichen Kurs.

- 1931-46: Aufenthalt in Europa, Studium u.a. in London
- 1960: Gründung der kenianischen Einheitspartei KANU
- 1963: Regierungschef (ab 1964 auch Staatspräsident)

14. September 1978

Somoza verhängt Kriegsrecht

Das Regime von Nicaraguas Diktator Anastasio Somoza Debayle steht mit dem Rücken zur Wand. Im Bürgerkrieg mit den linksgerichteten Rebellen der sandinistischen Befreiungsbewegung FSLN, die immer mehr an Boden gewinnt, verhängt der Staatschef das Kriegsrecht und gibt somit seiner Nationalgarde freie Hand. Erst wenige Wochen zuvor hatten die Sandinisten einen spektakulären Erfolg errungen. Am 22. August war ein schwer bewaffnetes FSLN-Kommando in den Nationalpalast in der Hauptstadt Managua eingedrungen und hatte mehrere hundert Geiseln genommen, darunter 60 Abgeordnete und zwei Minister. Die Sandinisten forderten ultimativ die Freilassung von inhaftierten Oppositionellen, mehrere Millionen Dollar Lösegeld und die Bereitstellung eines Flugzeugs. Der Somoza-Clan, der das Land seit über vier Jahrzehnten ausbeutet, musste sich den Forderungen beugen. Nach drei Tagen flog das FSLN-Kommando mit 59 Freigelassenen nach Panama aus. Der Erfolg der Sandinisten führt zu einer Welle von Sympathiestreiks im ganzen Land.

US-Präsident Carter (r.) applaudiert in Camp David der Versöhnungsgeste von Sadat und Begin.

Ehrung für Begin und Sadat

Am 10. Dezember nimmt Israels Ministerpräsident Menachem Begin in Oslo den Friedensnobelpreis entgegen, der ihm und dem ägyptischen Staatspräsidenten Muhammad Anwar As Sadat für die Friedensvereinbarung von Camp David zuerkannt worden war. Sadat, der erklären lässt, die angespannte Lage in Ägypten lasse seine Anwesenheit in Oslo nicht zu, entsandte einen Vertreter. Allerdings gibt er auch zu verstehen, dass er von der Haltung Israels enttäuscht sei und deshalb keine Veranlassung sehe, zusammen mit Begin den Preis in Empfang zu nehmen. Israel hatte mit der Ankündigung, die Siedlungspolitik fortsetzen zu wollen, den Friedensprozess ins Stocken gebracht.

16. Oktober 1978

Gerüchte um Papst-Tod

Das Konklave wählt Kardinal Karol Wojtyla zum Kirchenoberhaupt. Der Wechsel im Vatikan wird überschattet von hartnäckigen Gerüchten, die wissen wollen, Wojtylas Amtsvorgänger Johannes Paul I. (Abb.: Sarg auf dem Petersplatz) sei einem Mordkomplott zum Opfer gefallen. Finanzjongleure innerhalb der Vatikanmauern hätten eine Aufdeckung ihrer ominösen Praktiken durch den redlichen Kirchenmann befürchten müssen, so die These u.a. des US-Journalisten David A. Yallop (»Im Namen Gottes«, 1984), der allerdings gerichtsrelevante Beweise schuldig blieb.

Johannes Paul II.

eigtl. Karol Wojtyla, Papst, * 18.5.1920 Wadowice bei Krakau

Der erste polnische und (seit 1522) erste nichtitalienische Papst stellt die Idee der universalen Bedeutung des Heiligen Stuhls mit absoluter Lehrautorität wieder in den Vordergrund. Kompromisslos vertritt der hochgebildete und vielsprachige Theologe sein Nein zur Empfängnisverhütung, zu Frauen im Priesteramt sowie zur Aufgabe des priesterlichen Zölibats. Dadurch geraten Reformströmungen im Katholizismus immer wieder in Gegensatz zur teilweise als erstarrt empfundenen päpstlichen Autorität. Seine Reise- und Kontaktfreudigkeit hat Johannes Paul II. weltweit populär gemacht.

- ab 1942: Teilnahme an einem Untergrund-Priesterseminar
- 1964: Erzbischof von Krakau
- 1979: Polen-Reise (erneut 1983, 1987, 1999)
- 1981: Bei einem Attentat auf dem Petersplatz verletzt
- 1987: Enzykl. »Redemptoris mater« zum Marianischen Jahr

Oktober 1978

1 So Der italienischen Polizei gelingt es in Mailand, eine Gruppe von Mitgliedern der Terrororganisation »Rote Brigaden« festzunehmen.

2 Mo Die weiße Minderheitsregierung in Rhodesien verbietet die »Zimbabwe Times«, die einzige »schwarze« Tageszeitung des Landes.

3 Di An den Städtischen Bühnen in Freiburg wird »Christophorus«, eine Oper des Österreichers Franz Schreker, mit großem Erfolg uraufgeführt.

4 Mi Das Bundeskabinett beschließt, den 30 ärmsten Ländern der Welt ihre Bonner Schulden in Höhe von insgesamt 4,3 Mrd. DM zu erlassen.

5 Do Eine ehemalige Sekretärin im Bonner Bundeskanzleramt wird wegen Spionage für die DDR zu drei Jahren Gefängnis verurteilt.

6 Fr Für ihre humanitäre Arbeit für die Armen Kalkuttas erhält Mutter Teresa den mit 500 000 Schweizer Franken dotierten Preis der Berner Balzan-Stiftung.

7 Sa Francesco Moser (Italien) gewinnt die Lombardei-Rundfahrt und wird damit erfolgreichster Radrennfahrer des Jahres.

8 So Der Große Preis von Kanada endet mit einem Sieg des Kanadiers Gilles Villeneuve auf Ferrari. Formel-1-Weltmeister wird Mario Andretti (USA) auf Lotus.

9 Mo Mit Ansprachen von Ministerpräsident Alfons Goppel (CSU) und Kultusminister Hans Maier (CSU) wird in Passau die achte Landesuniversität Bayerns eröffnet.

10 Di Aufgrund der Ölpest nach der Tanker-Havarie im März 1978 müssen an der bretonischen Küste rd. 4600 t Muscheln vernichtet werden. → Kenia

11 Mi In Brüssel bricht die von Leo Tindemanns geführte belgische Regierungskoalition aus Christlich-Sozialen und Sozialisten auseinander.

12 Do Der Taifun »Nina« fordert auf den philippinischen Inseln 68 Menschenleben und richtet verheerende Schäden an.

13 Fr Die Volkskammer der DDR beschließt ein neues Gesetz über die Landesverteidigung. Es erweitert die Rechte des Nationalen Verteidigungsrates.

14 Sa Das ägyptische Parlament in Kairo stimmt den Vereinbarungen von Camp David über einen Friedensvertrag mit Israel mit großer Mehrheit zu.

15 So Bei den Landtagswahlen in Bayern behält die CSU mit 59,1% der Stimmen ihre absolute Mehrheit. Franz Josef Strauß wird neuer Ministerpräsident.

16 Mo In Hamburg wechselt der berühmteste Fehldruck der Welt, eine schwedische Briefmarke von 1855, für 1 Mio. DM ihren Besitzer. → Papst-Tod

17 Di Bundesfamilienministerin Antje Huber eröffnet in Frankfurt am Main die 30. Buchmesse. Die Veranstaltung steht unter dem Motto »Kind und Buch«.

18 Mi Anatoli Karpow (UdSSR) verteidigt seinen Titel als Schach-Weltmeister. +++ US-Präsident Jimmy Carter genehmigt Kredite zum Bau der Neutronenbombe.

19 Do Bei der Europameisterschaft der Steher in Frankfurt am Main gewinnt der deutsche Radrennfahrer Dietrich Thurau den Titel.

20 Fr Turnusgemäß wird Berlins Regierender Bürgermeister Dietrich Stobbe (SPD) zum neuen Bundesratspräsidenten gewählt.

21 Sa Israelische und ägyptische Diplomaten stellen in Washington den Entwurf für einen Friedensvertrag zwischen beiden Ländern fertig.

22 So In der Frankfurter Paulskirche wird der schwedischen Schriftstellerin Astrid Lindgren der Friedenspreis des Deutschen Buchhandels verliehen.

23 Mo Den beiden Physikochemikern Hans H. Günthard und Edgar Heilbronner wird in Bern für ihre Arbeiten zur Quantenchemie der Marcel-Benoist-Preis verliehen.

24 Di In Frankreich treten die Seeleute der Handelsmarine und das Post- und Fernmeldepersonal zur Durchsetzung von Lohnerhöhungen in den Ausstand.

25 Mi Auf ihrem 26. Bundesparteitag verabschiedet die CDU in Ludwigshafen ein Grundsatzprogramm unter dem Titel »Freiheit, Solidarität, Gerechtigkeit«.

26 Do Anlässlich der »Oscar«-Verleihung wird der britische Regisseur Alfred Hitchcock mit dem »Life Achievement Award« für sein Lebenswerk ausgezeichnet.

27 Fr Im Zuge der anhaltenden politischen Spannungen kommt es an der Grenze zwischen Uganda und Tansania zu Gefechten.

28 Sa Der tschechoslowakische Schriftsteller und Regimegegner Pavel Kohout trifft in Wien ein, um eine Dramaturgenstelle am Burgtheater anzutreten.

29 So Bei der Kunstturn-Weltmeisterschaft in Straßburg holt der Sportlehrer und Sprachenstudent Eberhard Gienger aus Künzelsau zwei Silbermedaillen.

30 Mo Ein Generalstreik im Iran legt die gesamte Erdölindustrie des Landes lahm. In Teheran und im Ost-Iran finden regimefeindliche Demonstrationen statt.

31 Di Die neue spanische Verfassung, die die Demokratie im Land festschreibt, wird vom Parlament in Madrid verabschiedet.

November 1978

1 Mi Verteidigungsminister Hans Apel teilt den Regierungsbeschluss mit, die Bundesluftwaffe mit dem US-Frühwarnsystem AWACS auszurüsten.

2 Do Die Kosmonauten Wladimir Kowaljonok und Alexander Iwantschenkow beenden den mit über 139 Tagen bisher längsten bemannten Raumflug.

3 Fr Die Karibikinsel Dominica wird nach mehr als 200 Jahren britischer Herrschaft unabhängig, verbleibt aber im Commonwealth.

4 Sa Auf dem 14. Kongress der Sozialistischen Internationale ruft Schwedens Ex-Ministerpräsident Olof Palme zum Kampf gegen die Apartheid in Südafrika auf.

5 So Der bundesdeutsche Ruderer Peter Michael Kolbe gewinnt die Goldmedaille im Einer-Rennen bei der Ruder-Weltmeisterschaft in Neuseeland. → Österreich

6 Mo König Hussein II. von Jordanien trifft zu einem sechstägigen Staatsbesuch in der Bundesrepublik Deutschland ein. → Iran

7 Di Der FC Bayern München besiegt Ajax Amsterdam im Abschiedsspiel für Johan Cruyff in Amsterdam mit 8:0. Ajax-Fans sprechen von »Taktlosigkeit«.

8 Mi Bei den Nachwahlen zum indischen Unterhaus erringt die ehemalige indische Ministerpräsidentin Indira Gandhi einen triumphalen Sieg.

9 Do In der Bundesrepublik und in West-Berlin finden zahlreiche Gedenkveranstaltungen zum 40. Jahrestag der Reichspogromnacht von 1938 statt.

10 Fr Die US-Regierung beschließt, die finanzielle, wirtschaftliche und militärische Hilfe für das Regime von Anastasio Somoza in Nicaragua einzustellen.

11 Sa Die UNO wählt Norwegen, Portugal, Bangladesch, Sambia und Jamaika für die Dauer von zwei Jahren zu neuen Mitgliedern des Weltsicherheitsrats.

12 So Laut Bericht des städtischen Denkmalamtes stehen die berühmten Giotto-Fresken in Padua wegen zunehmender Luftverschmutzung vor dem Zerfall.

13 Mo Chinesische Agenturberichte melden eine verheerende Dürre-Katastrophe. +++ Hans Dietrich Genscher wird im Amt des FDP-Vorsitzenden bestätigt.

14 Di In Nordirland werden bei den seit Jahren schwersten Bombenanschlägen der Untergrundorganisation IRA 24 Personen verletzt.

15 Mi Bei einem Flugzeugabsturz der indonesischen Fluggesellschaft Garuda unweit von Colombo (Sri Lanka) sterben 183 Menschen. → Bundestrainer

16 Do Vertreter der Bundesrepublik und der DDR einigen sich in Ost-Berlin über den Bau einer neuen Transitautobahn zwischen Hamburg und Berlin.

17 Fr Ein Belgrader Gericht verfügt, dass vier im Mai in Jugoslawien verhaftete mutmaßliche Terroristen nicht an Bonn ausgeliefert werden.

18 Sa Nachdem bereits 4000 Amerikaner den Iran verlassen haben, kehren auch sowjetische Experten wegen der heftigen Unruhen im Land in ihre Heimat zurück.

19 So Der äthiopische Revolutionsführer Haile Mariam Mengistu hält sich zur Unterzeichnung eines Freundschaftsvertrages in Moskau auf. → Sektenselbstmord

20 Mo Der angesehene französische Literaturpreis »Prix Goncourt« wird in Paris dem 33-jährigen Schriftsteller Patrick Modiano verliehen.

21 Di Die Menschenrechtsorganisation Amnesty International appelliert an die rumänische Regierung, in Lagern und Kliniken festgehaltene Dissidenten freizulassen.

22 Mi In Portugal wird das neu gewählte Kabinett vereidigt. Das Amt des Ministerpräsidenten übernimmt der parteilose Jurist Carlos Alberto da Mota Pinto.

23 Do Auf einem Gipfeltreffen des Warschauer Paktes in Moskau kommt es zu einem offenen Konflikt zwischen der UdSSR und Rumänien.

24 Fr Bei dem 190. Staatsstreich in der Geschichte Boliviens übernimmt General David Padilla Arancibia die Macht.

25 Sa Im Londoner Ambassador Theater feiern Darsteller und Publikum das 26-jährige Bühnenjubiläum von Agatha Christies Kriminalstück »Die Mausefalle«.

26 So Die 43-jährige Amerikanerin Elaine Esposito stirbt nach 37-jährigem Koma in Holiday (Florida). Sie war nach einer Blinddarmoperation nicht mehr erwacht.

27 Mo Aufgrund einer Wahlschlappe innerhalb der eigenen Partei legt der japanische Ministerpräsident Takeo Fukuda sein Amt als Regierungschef nieder.

28 Di Die IG Metall beginnt mit umfassenden Streikaktionen, um u.a. die Einführung der 35-Stunden-Woche bei vollem Lohnausgleich durchzusetzen.

29 Mi Die Bundesrepublik und die DDR unterzeichnen ein Regierungsprotokoll, in dem der Verlauf der innerdeutschen Grenze festgelegt wird.

30 Do Die in London herausgegebene Tageszeitung »The Times« stellt aufgrund wirtschaftlicher Schwierigkeiten bis auf weiteres ihr Erscheinen ein.

Vietnamesische Soldaten nehmen Angehörige der Roten Khmer gefangen.

Ganz Kambodscha ein Massengrab

Auch nach dem Sturz der Roten Khmer, die über eine Mio. Kambodschaner ermordet haben, geht das Leiden der Bevölkerung weiter. Mehr als 40 000 Menschen versuchen, vor dem Dschungelkrieg ins benachbarte Thailand zu fliehen, werden jedoch vom Militär zurückgetrieben. Der Flüchtlingsstrom in das Grenzgebiet schwillt bis zum Ende des Jahres auf mehr als eine Mio. Menschen an. Hunderttausende Kambodschaner sind vom Hungertod bedroht, da der Krieg die ohnehin unzureichende landwirtschaftliche Produktion völlig zum Erliegen bringt. Unmittelbar nach ihrer Machtübernahme am 17. April 1975 hatten die Roten Khmer mit der erbarmungslosen Ermordung und Verfolgung tatsächlicher oder vermeintlicher Regimegegner begonnen. Die gesamte Bevölkerung Phnom Penhs, drei Mio. Menschen, musste im Rahmen eines Umerziehungsprogramms in Notunterkünfte aufs Land ziehen. Die Landeswährung wurde abgeschafft. Angehörige der Intelligenz wurden deportiert. Das Gesundheits- und Schulwesen brach zusammen.

3. Dezember 1978

»Boat people« finden Heimat

Die ersten 163 vietnamesischen Flüchtlinge erreichen Hannover. Auf Initiative von Ministerpräsident Ernst Albrecht (CDU) sollen insgesamt 1000 sog. Boat-People in Niedersachsen eine neue Heimat finden. Auf dem Seeweg, in kleinen Booten, sind die Menschen vor politischer Verfolgung geflohen (s. Abb.).

5. November 1978

Österreich gegen Kernenergie

Eine knappe Mehrheit der Österreicher erteilt der zivilen Nutzung der Kernenergie eine Absage. In einem von Bundeskanzler Bruno Kreisky anberaumten Referendum sprechen sich 50,47% der Wahlbürger gegen die Inbetriebnahme des umstrittenen Kernkraftwerks Zwentendorf in Niederösterreich aus. Die Diskussion um Zwentendorf hatte die Österreicher und die politischen Parteien das ganze Jahr über zu heftigen Diskussionen bewegt. Atomkraftgegner hatten im Vorfeld wiederholt vor den Gefahren der Kernenergie gewarnt und vor allem auf die ungeklärte Frage der Atommüllbeseitigung verwiesen. Sie weiteten ihre Protestaktionen aus, als am 18. Januar die ersten acht Uranbrennstäbe in Zwentendorf angeliefert wurden. Die Regierung war allerdings nicht ohne weiteres bereit, auf das mit Milliardenaufwand errichtete Kernkraftwerk zu verzichten. Die Befürworter der zivilen Nutzung der Kernenergie argumentierten, ein Verzicht auf Atomstrom könne Einbußen in Bezug auf den Lebensstandard zur Folge haben.

25. Dezember 1978

Angriff auf Rote Khmer

Rund 100 000 vietnamesische Soldaten überschreiten die Grenze Kambodschas. Mit dem Einmarsch der Streitkräfte aus dem Nachbarland, die von rd. 20 000 Guerilla-Kämpfern der kambodschanischen Einheitsfront für die Nationale Rettung unterstützt werden, endet die fast vierjährige Schreckensherrschaft der Roten Khmer. Diese kambodschanische Dschungelkämpfer-Bewegung praktizierte unter ihrem Führer Pol Pot einen Menschen verachtenden »Steinzeit-Kommunismus«, dem mindestens eine Mio. Menschen zum Opfer gefallen sind.
In den letzten Monaten war es wiederholt zu kleineren Gefechten an der Grenze zwischen den Nachbarländern gekommen. Vietnam beansprucht u.a. mehrere Inseln im Golf von Thailand. Hinzu kommt der ideologische Konflikt zwischen den beiden kommunistischen Staaten. Während in Vietnam ein Regime Moskauer Prägung herrscht, verfolgt Kambodscha mit chinesischer Unterstützung einen eigenen politischen Kurs.
Die Roten Khmer sind den gut gerüsteten und kampferfahrenen Angreifern unterlegen. Bereits am 8. Januar 1979 nehmen Hanois Truppen die kambodschanische Hauptstadt Phnom Penh ein und installieren ein Marionettenregime unter Heng Samrin. Die Roten Khmer geben sich jedoch nicht geschlagen. Sie ziehen sich vorerst zurück, beginnen aber in der Folge mit chinesischer Waffenhilfe einen für beide Seiten verlustreichen Dschungelkrieg.

19. November 1978

Sektenselbstmord in Guyana

In der Siedlung »Jonestown« im Dschungel von Guyana (Südamerika) nehmen sich 900 Mitglieder der Sekte »Tempel des Volkes« kollektiv das Leben. Der Massenselbstmord war seit Monaten vorbereitet und wurde von Sektenführer Jim Jones über Lautsprecher befohlen. Die meisten Opfer schluckten freiwillig Giftkapseln. Wer sich dem Befehl widersetzte, wurde erschossen (Abb: Leichen im Dschungel-Camp).

6. November 1978

Protestwelle im Iran

Im Iran zeichnet sich ein Ende der Pahlawi-Herrschaft ab: Nach blutigen Unruhen setzt der Schah von Persien, Mohammad Resa Pahlawi, eine Militärregierung ein. Zum Nachfolger des zurückgetretenen Jaffar Sharif-Emani wird Generalstabschef Gholam Riza Azhari ernannt.

Die iranische Regierung war in den vergangenen Tagen angesichts der gewalttätigen Demonstrationen (s. Abb.) zurückgetreten. Vor allem in der Hauptstadt Teheran war es zu bürgerkriegsähnlichen Ausschreitungen gekommen. Der Protest gegen das autoritäre Schah-Regime hat seinen vorläufigen Höhepunkt erreicht – das öffentliche Leben kommt nahezu völlig zum Erliegen.

15. November 1978

Bundestrainer tritt zurück

Fußball-Bundestrainer Helmut Schön nimmt seinen Abschied. Der Deutsche Fußball-Bund (DFB) bereitet seinem dritten und bislang erfolgreichsten Nationaltrainer ein rauschendes Fest – natürlich im Rahmen eines Fußballspiels. 45 000 Zuschauer jubeln Schön zu, der eine Kopie der Weltmeisterschaftstrophäe von 1974 als Geschenk erhält. DFB-Präsident Hermann Neuberger verabschiedet den 63-jährigen Erfolgstrainer. Nachfolger Schöns wird Jupp Derwall, der bereits zweimal seinen grippekranken Chef vertreten hatte. Das zu Ehren Schöns veranstaltete Länderspiel gegen Ungarn wird in der 60. Minute wegen Nebels abgebrochen.

Helmut Schön

deutscher Fußballspieler und Bundestrainer, * 15.9.1915 Dresden; † 23.2.1996 Wiesbaden

Der »Mann mit der Mütze« prägt als Bundestrainer eines der glanzvollsten Kapitel des deutschen Nachkriegsfußballs. Mit Spielern wie Franz Beckenbauer, Sepp Maier und Uwe Seeler holt Schön die Europa- und die Weltmeisterschaft. Schön, der eigentlich Medizin studieren wollte, spielte 16-mal für die Nationalmannschaft. 1950 wechselte er an der Spitze der SG Dresden-Friedrichstadt in den Westen über.

- 1930-46: Spieler beim Dresdner SC
- 1956-64: Assistent von Bundestrainer Sepp Herberger
- 1964-78: Bundestrainer

Dezember 1978

1 Fr Der 14 km lange Arlbergtunnel, der eine Verbindung zwischen den österreichischen Bundesländern Vorarlberg und Tirol herstellt, wird dem Verkehr übergeben.

2 Sa In einer Volksabstimmung sprechen sich die wahlberechtigten Schweizer mit einer Mehrheit von 56% gegen die Schaffung einer Bundespolizei aus.

3 So Der Christdemokrat Luis Herrera Campins besiegt bei den Präsidentschaftswahlen in Venezuela den Amtsinhaber Luis Pinerua Ordaz. → »Boat people«

4 Mo Zum ersten Mal seit 1945 wird mit Theo Vondano ein CDU-Politiker Oberbürgermeister im traditionell sozialdemokratisch regierten Kaiserslautern.

5 Di Eine EG-Gipfelkonferenz in Brüssel beschließt ein »Europäisches Währungssystem« (EWS), das die Stabilität der europäischen Währungen gewährleisten soll.

6 Mi Bei einer Volksabstimmung votieren 88% der spanischen Wahlberechtigten für die neue Verfassung, die Spanien zu einer konstitutionellen Monarchie erklärt.

7 Do Die kenianische Regierung beschließt in Nairobi ein Jagdverbot auf Elefanten, Nashörner und andere bedrohte Tierarten.

8 Fr Bei den von der UNO nicht anerkannten Wahlen in Namibia erlangt die konservative »Demokratische Turnhallenallianz« einen deutlichen Sieg.

9 Sa Die US-Raumsonde »Pioneer Venus 2« landet weich auf der Venus und sendet wissenschaftliche Daten an die NASA-Bodenstation.

10 So In Stockholm erhalten der israelische Ministerpräsident Menachem Begin und Ägyptens Präsident Mohammad Anwar As Sadat den Friedensnobelpreis.

11 Mo Anlässlich des Ashura-Festes kommt es in der iranischen Hauptstadt Teheran zu der bisher größten regierungsfeindlichen Protestaktion.

12 Di Ein Prototyp des französischen Superschnellzugs TGV stellt mit 282 km/h einen Geschwindigkeitsweltrekord auf.

13 Mi Die Polizei von Malaysia verhindert an der Ostküste des Inselstaates die Landung von zwei Booten mit rund 300 vietnamesischen Flüchtlingen.

14 Do Das US-Männermagazin »Playboy« feiert sein 25-jähriges Jubiläum. +++ Die bundesdeutsche Popband »Boney M.« gibt in Moskau ein umjubeltes Konzert.

15 Fr US-Präsident Jimmy Carter gibt bekannt, die USA und die Volksrepublik China würden am 1. Januar 1979 volle diplomatische Beziehungen aufnehmen.

16 Sa Bei Neuwahlen in Belgien ergeben sich keine wesentlichen Veränderungen im politischen Kräfteverhältnis. Stärkste Partei bleibt die Christlich-Soziale Partei.

17 So Die Ministerkonferenz der 13 Erdöl exportierenden Länder (OPEC) beschließt in Abu Dhabi eine stufenweise Erhöhung des Rohölpreises bis Oktober 1979.

18 Mo Überraschend gewinnt die 17-jährige Christa Kinshofer aus Miesbach im französischen Val d'Isère den Weltcup-Riesenslalom der alpinen Ski-Damen.

19 Di Papst Johannes Paul II. kündigt an, dass jede katholische Frau, die eine Abtreibung vornehmen lässt, von der Kirche exkommuniziert werde.

20 Mi Der Coca-Cola-Konzern stellt in Atlanta (US-Bundesstaat Georgia) die erste Coca-Cola-Flasche mit chinesischem Schriftzug vor.

21 Do Nach mehrwöchigen Verhandlungen wird in Brüssel die Aufnahme Griechenlands in die Europäische Gemeinschaft vereinbart. Der Beitritt soll 1981 erfolgen.

22 Fr Ein US-Gericht in Illinois erhebt gegen einen 36-jährigen Bauunternehmer Anklage, der gestanden hat, 32 junge Männer ermordet zu haben.

23 Sa Ohne konkrete Ergebnisse beenden die USA und die Sowjetunion in Genf eine Verhandlungsrunde über strategische Abrüstung (SALT).

24 So In dem zentralafrikanischen Staat Ruanda wird General Juvénal Habyarimana nach offiziellen Angaben mit 98,9% der Stimmen zum Präsidenten gewählt.

25 Mo Papst Johannes Paul II. fordert in seiner ersten Weihnachtsansprache die Wahrung des Weltfriedens und die Achtung der Menschenrechte. → Rote Khmer

26 Di Die türkische Regierung verhängt nach blutigen Unruhen in Südanatolien über mehrere Provinzen das Kriegsrecht.

27 Mi Der britische Fußball-Profi Kevin Keegan (Hamburger SV) wird von Sportjournalisten zum europäischen »Fußballer des Jahres 1978« gewählt.

28 Do Auf den Kanarischen Inseln beenden die Hotel-Angestellten einen mehrtägigen Streik, nachdem ihnen Lohnerhöhungen zugesagt wurden.

29 Fr Ein heftiger Wintereinbruch mit Schneestürmen und Temperaturen bis -20 °C führt in Norddeutschland zum Zusammenbruch des Verkehrs.

30 Sa Nach dem vorläufigen Bericht eines US-Untersuchungsausschusses gibt es zahlreiche Hinweise, dass John F. Kennedy Opfer einer Verschwörung wurde.

31 So Das Verteidigungsministerium in Peking gibt bekannt, dass China gegenüber Taiwan keine militärischen Aktionen mehr plane.

Januar 1979

1 Mo Der Visazwang zwischen Österreich und Ungarn wird aufgehoben. +++ Hans Hürlimann ist neuer Bundespräsident der Schweiz. → Frauenrechte

2 Di Der farbige Politiker Marion Barry wird als Oberbürgermeister der US-Bundeshauptstadt Washington D. C. vereidigt.

3 Mi Guillermo Vilas (Argentinien) und Chris O'Neill (Australien) gewinnen die Einzeltitel bei den Internationalen Tennismeisterschaften von Australien.

4 Do Mohammad Resa Pahlawi, Schah von Iran, ernennt den bisherigen Oppositionspolitiker Schahpur Bachtiar zum Ministerpräsidenten des Landes.

5 Fr Auf der Antilleninsel Guadeloupe beginnt eine Gipfelkonferenz. Neben den USA, Frankreich und Großbritannien ist erstmals auch die Bundesrepublik geladen.

6 Sa Der finnische Skispringer Pentti Kokkonen ist Gesamtsieger der deutsch-österreichischen Vierschanzentournee.

7 So Nach 44 Tagen Streik einigen sich in Krefeld die Tarifparteien der nordrhein-westfälischen Stahlindustrie auf einen neuen Tarifvertrag. → Kambodscha

8 Mo Durch Vermittlung von Papst Johannes Paul II. gelingt die Beilegung des chilenisch-argentinischen Streits um zwei Inseln im Beagle-Kanal.

9 Di In Peru bricht ein Generalstreik aus, der nahezu das gesamte öffentliche Leben lahm legt. Die Streikenden kämpfen u.a. für höhere Löhne.

10 Mi Der von Heng Samrin geführte Revolutionsrat proklamiert in Phnom Penh eine vietnamfreundliche Volksdemokratische Republik Kambodscha.

11 Do In seinem Regierungsprogramm gibt der iranische Ministerpräsident Schahpur Bachtiar u.a. die Gewährleistung des Rechts auf Meinungsfreiheit bekannt.

12 Fr Die rechtsextreme Wehrsportgruppe Hoffmann hält in Bayern eine »Wehrübung« ab. Die Genehmigung der Übung löst zwischen CSU und SPD Kontroversen aus.

13 Sa Der im Exil lebende Schiitenführer Ajatollah Ruhollah Khomeini verkündet die Bildung eines Islamischen Revolutionsrates, der die Regierung im Iran ablösen soll.

14 So Im Finale des Tennis Grand Prix Masters Turniers im New Yorker Madison Square Garden gewinnt der 19-jährige John McEnroe gegen Arthur Ashe (USA).

15 Mo Die argentinische Liga für Menschenrechte fordert von Präsident Jorge Rafael Videla die Aufklärung der Schicksale von 4881 Verschwundenen.

16 Di Nach fast 37-jähriger unumschränkter Herrschaft verlässt Schah Mohammad Resa Pahlawi den Iran. Erste Station seines Exils ist Ägypten.

17 Mi Die Bundesregierung revidiert den »Radikalenerlass«, der den öffentlichen Dienst vor verfassungsfeindlichen Bewerbern schützen sollte. → Dicke Luft

18 Do Zur Begrenzung des Preisauftriebs erhöht die Deutsche Bundesbank gegen den Willen der Bundesregierung den Lombardsatz von 3,5% auf 4%.

19 Fr Werner Stiller, Oberleutnant des DDR-Geheimdienstes, flüchtet in den Westen. +++ Der Rock-Sänger Udo Lindenberg startet seine »Dröhnland«-Tournee.

20 Sa Der spanische Außenminister Marcelino Oreja Aguirre besucht als erstes spanisches Regierungsmitglied seit dem Ende des Bürgerkrieges 1939 die UdSSR.

21 So Seyyed Jamaleddin Tehrani, der zum Vorsitzenden eines iranischen Regentschaftsrates berufen wurde, tritt nach Gesprächen mit Ajatollah Khomeini zurück.

22 Mo In Beirut fällt Ali Hassan Salameh, Adoptivsohn und enger Mitarbeiter von PLO-Chef Jasir Arafat, einem Attentat zum Opfer. → »Holocaust«

23 Di US-Präsident Jimmy Carter fordert zur Bekämpfung der Inflation in den USA eine Begrenzung der Ausgaben für das Gesundheitswesen.

24 Mi In Genf beginnt eine neue Runde der UN-Abrüstungskonferenz. Nach 16-jähriger Abwesenheit nimmt auch Frankreich wieder daran teil.

25 Do Papst Johannes Paul II. tritt seine erste Auslandsreise an. Sie führt ihn in die Dominikanische Republik, nach Mexiko und auf die Bahamas.

26 Fr Am Widerspruch einiger Aktionäre der schwedischen Automobilwerke Volvo scheitert die Beteiligung Norwegens am Volvo-Konzern.

27 Sa Der kommunistische Parteichef Albaniens, Enver Hodscha, wirft den USA und der Volksrepublik China ein Komplott zur Beherrschung der Welt vor.

28 So Bei den Rodel-Weltmeisterschaften in Königssee (Oberbayern) siegen die bundesdeutschen Teilnehmer Hans Brandner/ Balthasar Schwarm im Doppelsitzer.

29 Mo Der Hamburger Senat entscheidet, dass der Lehrer Peter Gohl trotz seiner Mitgliedschaft in der DKP weiterhin im öffentlichen Dienst beschäftigt bleiben darf.

30 Di Mehr als zwei Jahre nach der Entführung des Industriellensohns Rudolf Oetker wird in München ein 37-Jähriger als mutmaßlicher Täter verhaftet.

31 Mi Herbert Wehner, Fraktionsvorsitzender der SPD, äußert sich in einem Interview zu den Perspektiven einer deutschen Wiedervereinigung.

1. Februar 1979

Revolution im Iran – Khomeini kehrt zurück

Die islamische Revolution setzt dem prowestlichen Kurs des Iran ein Ende. Der greise Schiitenführer Ajatollah Ruhollah Khomeini kehrt nach 15 Jahren aus dem Pariser Exil zurück und übernimmt die Macht. Schah Mohammad Resa Pahlawi hatte den Iran bereits am 16. Januar fluchtartig verlassen. Die mit über 2500 Jahren älteste Monarchie der Welt ist am Ende.

Mehr als eine Mio. begeisterte Menschen bevölkern die Straßen, als der 76-jährige Khomeini auf dem Teheraner Flughafen landet. Unmittelbar nach seiner Ankunft spricht der geistliche Würdenträger der noch vom Schah eingesetzten Regierung unter Ministerpräsident Schahpur Bachtiar die Legitimität ab. Auf dem Teheraner Friedhof Behest-e-Sara erklärt er: »Von jetzt an bin ich es, der die Regierung ernennt. Ich werde dieser Regierung die Faust ins Gesicht schlagen. Alle diese Leute werde ich vor Gericht stellen lassen.« In weniger als zwei Wochen entscheidet Khomeini den Machtkampf für sich. Die Revolution wandelt das Land von einem angehenden Industriestaat westlicher Prägung in einen »islamischen Gottesstaat« um, in dem die Religion zum bestimmenden Faktor wird. Der Westen reagiert auf den militanten Islamismus zutiefst verunsichert.

Brennendes Sternenbanner: Die USA sind der »Satan Nr. 1«.

Die Unzufriedenheit mit dem seit 1941 währenden autokratischen Herrschaftssystem des Schah war Ende 1978 in bürgerkriegsähnlichen Unruhen eskaliert. Der Herrscher auf dem Pfauenthron hatte zudem mit Hilfe des unerschöpflich scheinenden Ölreichtums die Modernisierung des Landes vorangetrieben, ohne auf die Traditionen und die sittlichen und religiösen Überzeugungen des Volkes Rücksicht zu nehmen. Von dem Ölreichtum des Landes profitierte jedoch nur die Oberschicht. Der Großteil der Bevölkerung lebte weiterhin in Armut und musste in einem Klima der Repression und der politischen Unfreiheit ums nackte Überleben kämpfen. Ein Generalstreik in der Ölpro-

1. Januar 1979

Frauenrechte werden gestärkt

In Hamburg nimmt die »Leitstelle Gleichstellung der Frau« als erste Einrichtung ihrer Art die Arbeit auf. Sie soll sämtliche geltenden Gesetze und alle neuen Gesetzesvorhaben auf die Gleichbehandlung von Frauen überprüfen. Darüber hinaus ist die Leitstelle, die von der Psychologin Eva Rühmkorf geleitet wird, als Anlaufstelle für Beschwerden und Kritik zum Themenkomplex Frauendiskriminierung gedacht und soll Anregungen zur Gleichstellung geben. Die neuartige Einrichtung in der Hansestadt wird zum Vorbild für viele andere Institutionen dieser Art in den Ländern, Kommunen und Kreisen der Bundesrepublik. Nach dem Willen des Hamburger Senats soll ihre Arbeit dafür sorgen, die Diskrepanz zwischen dem im Grundgesetz formulierten Anspruch auf Gleichstellung der Geschlechter und der im Alltag noch häufig anzutreffenden Diskriminierung von Frauen zu verringern. In der Bundesrepublik stellen Frauen die Bevölkerungsmehrheit, werden im Arbeitsleben jedoch noch immer erheblich benachteiligt. So verdienen Frauen – bei gleichwertiger Arbeit – meist weniger als Männer.

17. Januar 1979

Dicke Luft im Ruhrgebiet

Im Ruhrgebiet herrscht »dicke Luft« (s. Abb.). Zum ersten Mal seit Bestehen der Bundesrepublik muss im Industrierevier an der Ruhr und am Niederrhein wegen eines zu hohen Schwefeldioxidgehalts in der Luft Smogalarm ausgelöst werden.

In Duisburg, später auch in Essen, Bottrop und Mülheim überschreiten die gemessenen Werte die Schadstoffgrenzen. Ein Krisenstab im nordrhein-westfälischen Arbeits- und Sozialministerium appelliert an die Bevölkerung, die Autos stehen zu lassen. Kreislaufkranken wird empfohlen, zu Hause zu bleiben.

Khomeini genießt im Volk messianische Verehrung.

Ruhollah Mussawi Khomeini

iranischer Religionsführer (Ajatollah) und Politiker, * 24.9.1902 (17.5.1900?) Khomein bei Isfahan; † 4.6.1989 Teheran

Ohne ein politisches Amt zu bekleiden ist das geistliche Oberhaupt der Schiiten die zentrale Figur der fundamentalistischen Revolution im Iran. Er lehnt die Trennung von Staat und Religion ab und treibt stattdessen die Errichtung eines islamischen Gottesstaates voran. Vom Schah, seinem Todfeind, war er 1964 ins Exil gezwungen worden.

- 1914-27: Theologische und juristische Studien
- 1927-63: Ajatollah in der heiligen Stadt Ghom
- 1979: Rückkehr aus dem Exil; Revolutionsführer

vinz Chusestan legte am 29. Oktober 1978 die Wirtschaft des Landes weitgehend lahm und führte zur kompletten Einstellung der Ölexporte. Nach weiteren Streiks und Demonstrationen verhängte die Militärregierung über Teheran und elf weitere Städte das Kriegsrecht. Am 4. Januar 1979 setzte der Schah Bachtiar als Regierungschef ein. Mit der Ernennung des ehemaligen Oppositionsführers versuchte der Monarch, der Opposition den Wind aus den Segeln zu nehmen. Bachtiar setzte vor allem auf die von den USA hochgerüstete Armee, um die militanten Anhänger Khomeinis von der Macht fern zu halten. Als jedoch am 11. Februar die Militärführung ihre Neutralität erklärt, ist auch dieser Machtfaktor ausgeschaltet. Damit hat Khomeini freie Hand.

Die neue Führung verstaatlicht die Banken, woraufhin sich ausländische Investoren aus dem Iran zurückziehen. In den ersten Monaten nach dem Umsturz kommt die Wirtschaft des Landes fast ganz zum Erliegen. Die islamische Revolution verändert auch die gesellschaftlichen Zustände. Die Rechte der Frauen – unter dem Schah erhielten diese das Wahlrecht – werden entsprechend der islamischen Tradition beschnitten. U.a. müssen sie muslimische Kleidung tragen. Sog. Revolutionsgerichte verurteilen Prostituierte, Homosexuelle und Ehebrecher zum Tode.

22. Januar 1979

»Holocaust« wühlt auf

Eine US-Fernsehserie über den Judenmord im nationalsozialistischen Deutschland erschüttert die Nation: »Holocaust«, ein Film in vier Teilen, ist die bislang ausführlichste und anschaulichste Fernsehproduktion über die Verbrechen des NS-Regimes. Der Film verzichtet weitgehend auf eine Analyse der Verhältnisse und veranschaulicht den NS-Terror am persönlichen Schicksal weniger Menschen (Abb.: »Spiegel«-Titel zum Film).

7. Januar 1979

Vietnam erlöst Kambodscha

Pol Pots Schreckensherrschaft in Kambodscha hat ein Ende: Truppen des Nachbarlandes Vietnam erobern nach einem zweiwöchigen Krieg die Hauptstadt Phnom Penh und beenden damit die Gewaltherrschaft, der – nach Schätzungen von Experten – zwischen ein und drei Millionen Menschen zum Opfer gefallen sind (Abb.: Grabstätte). Am 10. Januar proklamiert die wenige Wochen zuvor gegründete »Nationale Einheitsfront Kampuchea für die nationale Rettung« die vietnamfreundliche sog. Volksrepublik Kambodscha. An deren Spitze steht als Vorsitzender des Revolutionsrates Heng Samrin. Während sich die Regierung darum bemüht, die wirtschaftlichen und politischen Folgen des Pol-Pot-Regimes zu beseitigen, tobt im Land ein blutiger Bürgerkrieg.

Februar 1979

1 Do US-Präsident Jimmy Carter begnadigt die im Jahr 1976 wegen Bankraubs zu sieben Jahren Haft verurteilte Millionärstochter Patricia Hearst. → Iran

2 Fr Der britische Punk-Rocker Sid Vicious, früherer Bassist der Gruppe »Sex Pistols«, stirbt im Alter von 21 Jahren in New York an einer Überdosis Heroin.

3 Sa Auf ihrem Europa-Parteitag in Aachen wählen die Freidemokraten Martin Bangemann zu ihrem Spitzenkandidaten für die Wahl zum Europa-Parlament.

4 So Die belgischen Ermittlungsbehörden nehmen in Brüssel eine Sekretärin bei der NATO-Vertretung der Bundesrepublik unter Spionageverdacht fest.

5 Mo Hans-Ulrich Lenzlinger, der kommerziell Fluchthilfe aus dem Ostblock in den Westen organisierte, wird in seinem Büro in Zürich ermordet aufgefunden.

6 Di Bei einem Brand nach einer Mehlstaubexplosion in der Rolandmühle in Bremen kommen 14 Menschen ums Leben, elf Personen werden verletzt.

7 Mi In Hamburg endet eine Partie zwischen dem schottischen Schachspieler David Levy und dem US-Großrechner »Chess 4.8« mit einem Remis.

8 Do Die Volksrepublik China und Portugal nehmen diplomatische Beziehungen auf. +++ Die USA brechen die militärische Hilfe für Nicaragua ab.

9 Fr Das Land Niedersachsen und der Bund treffen eine Verwaltungsvereinbarung über den Bau eines Atommüll-Entsorgungszentrums in Gorleben.

10 Sa Das New Yorker Metropolitan Museum of Art meldet den ersten schweren Diebstahl seit Bestehen: eine griechische Büste (Wert: 150 000 Mio. Dollar) fehlt.

11 So Nach zweitägigen bürgerkriegsähnlichen Unruhen in Teheran tritt der iranische Ministerpräsident Schahpur Bachtiar zurück.

12 Mo In der Westberliner Schaubühne erlebt »Death, Destruction and Detroit«, ein Stück des US-Dramatikers Robert Wilson, seine deutsche Erstaufführung.

13 Di Norddeutschland wird zum zweitenmal seit Beginn des Jahres von Schneemassen und orkanartigen Stürmen heimgesucht.

14 Mi In der afghanischen Hauptstadt Kabul entführen und ermorden vermutlich schiitische Extremisten den US-Botschafter Adolphe Dubs.

15 Do Das Militärobergericht der DDR verurteilt in Ost-Berlin eine Hamburger Bürgerin aufgrund angeblicher Spionage zu lebenslanger Haft.

16 Fr Wegen Unterstützung von Terroristen verurteilt das Stuttgarter Landgericht den Rechtsanwalt Klaus Croissant zu zweieinhalb Jahren Haft.

17 Sa Chinesische Truppen dringen ins Landesinnere der Volksrepublik Vietnam ein. +++ Die Evakuierung von US-Bürgern aus dem Iran beginnt.

18 So In der kambodschanischen Hauptstadt Phnom Penh unterzeichnen die verbündeten Staaten Kambodscha und Vietnam einen Freundschaftsvertrag.

19 Mo Privatpersonen wird in Bulgarien die weitgehend freie wirtschaftliche Betätigung im Gast- und Beherbergungsgewerbe erlaubt.

20 Di Der Bundesgerichtshof ordnet gegen Kaution die Freilassung eines Abgeordneten der bayerischen SPD an, dem Spionage für die DDR vorgeworfen wird.

21 Mi Drohende Massenentlassungen in der Stahlindustrie führen im französischen Lothringen zu Auseinandersetzungen von Arbeitern mit der Polizei.

22 Do Aus Protest gegen die Aufführung des US-Kriegsfilms »The Deer Hunter« zieht die UdSSR sämtliche Beiträge von der Westberliner »Berlinale« zurück.

23 Fr In Teheran demonstrieren 50 000 Anhänger der linksextremen Fedayin e Khalq für eine Beteiligung linker Kräfte an der künftigen iranischen Regierung.

24 Sa Die von Friedrich Cerha komplettierte Fassung von Alban Bergs Oper »Lulu« kommt in der Pariser Opéra zur Uraufführung.

25 So Bei den Viererbob-Weltmeisterschaften in Königssee (Oberbayern) gewinnt der von Stefan Gaisreiter gesteuerte Bob »Deutschland I« den Weltmeistertitel.

26 Mo Das Sportgericht des DFB verurteilt den Fußballer Felix Magath (Hamburger SV) im ersten »Fernseh-Urteil« wegen Tätlichkeit zu sechs Wochen Sperre.

27 Di Der US-Staat Süd-Dakota führt – zur Sühnung von Mord und anderen schweren Verbrechen – die Todesstrafe durch den elektrischen Stuhl wieder ein.

28 Mi In Burgas verliert die Fußball-Auswahlmannschaft der DDR gegen die Nationalmannschaft von Gastgeber Bulgarien mit 0:1.

März 1979

1 Do Bei den spanischen Parlamentswahlen siegt die von Ministerpräsident Adolfo Suárez González geführte Union des demokratischen Zentrums.

2 Fr Die niederländische Regierung beschließt den Kauf von 425 Kampfpanzern des Typs »Leopard 2« von der Bundesrepublik Deutschland.

3 Sa Israels Ministerpräsident Menachem Begin konferiert in Washington mit US-Präsident Jimmy Carter über den Friedensvertrag mit Ägypten.

4 So Laut einer Meinungsumfrage rangiert Ronald Reagan auf Platz eins der republikanischen Bewerber für die kommenden Präsidentschaftswahlen.

5 Mo Mit einem ganzseitigen Inserat wirbt die DDR in der Tageszeitung »Frankfurter Rundschau« für die Leistungsfähigkeit ihrer Importindustrie. → Jupiter

6 Di Laut einer Meldung der DDR-Nachrichtenagentur ADN hat sich die bundesdeutsche NATO-Sekretärin Ursel Lorenzen aus Brüssel in die DDR abgesetzt.

7 Mi US-Präsident Jimmy Carter bricht nach Ägypten und Israel auf. In beiden Staaten drückt er seine Genugtuung über den erreichten Friedensschluss aus.

8 Do In Teheran demonstrieren rd. 15 000 Frauen gegen die von der Regierung erlassenen Kleidervorschriften, die u.a. das Tragen eines Schleiers vorsehen.

9 Fr Ein Gericht in Baden-Baden verurteilt den als »Monsieur X« bekannt gewordenen Bundesbahn-Erpresser zu lebenslanger Haft.

10 Sa Zum zweiten Mal gewinnt die Mannschaft des Kölner EC die bundesdeutsche Eishockeymeisterschaft. Titelverteidiger SC Rießersee wird Zweiter.

11 So Die im Vorjahr gegründete Grüne Aktion Zukunft (GAZ) bestätigt auf ihrem ersten Bundesparteitag in Würzburg Herbert Gruhl als Vorsitzenden.

12 Mo Mit dem Austritt von Pakistan, des Iran und der Türkei wird das 1959 gegründete westorientierte Verteidigungsbündnis CENTO praktisch aufgelöst.

13 Di Auf der Antilleninsel Grenada entmachtet der Oppositionsführer und Rechtsanwalt Maurice Bishop den bisherigen Regierungschef Eric M. Gairy. → ECU

14 Mi Unter dem Protest von Kernkraftgegnern beginnen auf dem Gelände des geplanten Atom-Entsorgungszentrums Gorleben die ersten Baumaßnahmen.

15 Do Papst Johannes Paul II. veröffentlicht seine erste Enzyklika. »Redemptor hominis« erklärt u.a. kirchliches Engagement gegen das Wettrüsten als vorrangig.

16 Fr Der schwedische Reichstag billigt eine Gesetzesvorlage der Regierung, wonach jede körperliche Züchtigung von Kindern durch die Eltern untersagt ist.

17 Sa Im Württembergischen Staatstheater findet die Uraufführung des Balletts »Orpheus« von Hans Werner Henze statt.

18 So Mit einem Schaulaufen enden die Eiskunstlauf-Weltmeisterschaften in Wien. Bei den Damen siegte Linda Fratianne (USA). → Moser-Pröll

19 Mo Im Nachrichtenmagazin »Der Spiegel« berichtet die 1977 in den Westen geflohene frühere DDR-Sprinterin Renate Neufeld über Doping im DDR-Sport.

20 Di Nach einem Spiel seines Vereins Dynamo (Ost-)Berlin in Kaiserslautern setzt sich der sechsfache DDR-Auswahlspieler Lutz Eigendorf in den Westen ab.

21 Mi In Rom wird die von dem Christdemokraten Giulio Andreotti geführte, neue italienische Minderheitsregierung vereidigt. Sie scheitert bereits am 31. März.

22 Do Unbekannte Täter ermorden im niederländischen Den Haag den britischen Botschafter in den Niederlanden, Sir Richard Sykes.

23 Fr Die Bundesregierung erwirbt das Hotel auf dem Petersberg bei Bonn als künftiges Gästehaus. Es soll für diesen Zweck repräsentativ umgebaut werden.

24 Sa In Kronberg (Taunus) treffen die Finanzminister der Bundesrepublik, Österreichs und der Schweiz zu Beratungen über Währungsfragen zusammen.

25 So Etwa 3000 Demonstranten beginnen im Landkreis Lüchow-Dannenberg ihren Treck zum nuklearen Entsorgungszentrum in Gorleben.

26 Mo Die Friedrich Krupp AG in Essen gibt bekannt, sie habe von der UdSSR den Auftrag zum Bau eines Stahlwerks bei Kursk erhalten. → Frieden

27 Di Ägypten friert seine Mitgliedschaft in der Arabischen Liga ein und kommt damit dem wegen des Friedensschlusses mit Israel drohenden Ausschluss zuvor.

28 Mi Die DDR-Auswahlmannschaft unterliegt in einem Fußballländerspiel in Budapest der ungarischen Nationalelf mit 0:3 Toren. → Nuklearunfall

29 Do In Ost-Berlin wird die Gründung eines 9. Ostberliner Stadtbezirks bekannt gegeben. Er umfasst das Neubauviertel Marzahn.

30 Fr Im Iran beginnt ein Referendum über die künftige Staatsform. Nach offiziellen Angaben fordern 99,3% der Wähler eine Islamische Republik. → Jo Deckarm

31 Sa Die letzten Soldaten der britischen Garnison verlassen die Mittelmeerinsel Malta. Damit endet dort die 179-jährige Militärpräsenz der Briten.

13. März 1979

Europageld heißt jetzt ECU

Der Zusammenschluss der europäischen Staaten erhält eine weitere Klammer: Auf Beschluss des Europäischen Rates tritt rückwirkend zum 1. Januar das Europäische Währungssystem (EWS) in Kraft. An dem Währungsverbund mit klaren Wechselkursen innerhalb festgelegter Bandbreiten beteiligen sich alle EG-Partner mit Ausnahme der Briten. Das EWS umfasst mehrere Elemente: Die Europäische Währungseinheit (ECU) – eine Rechengröße im Interventions- und Kreditmechanismus des EWS –, einen Wechselkurs- und einen Interventionsmechanismus sowie Kredit- und Transferregelungen. Wichtigstes Ziel ist es, u.a. durch feste Wechselkurse stabile Währungsverhältnisse in Europa zu garantieren. In der Währungspolitik bestand dringender Handlungsbedarf, nachdem im Jahre 1971 der bisherige Dollar-Gold-Standard aufgehoben war und die westlichen Währungen je nach Angebot und Nachfrage schwankten – die Europäer setzten den Europäischen Wechselkursverbund dagegen.

11. April 1979

Putsch in Uganda

Ugandas Diktator Idi Amin, der selbst durch einen Putsch an die Macht gekommen war, wird von tansanischen Truppen vertrieben. Er findet in Libyen Asyl. Damit endet eine achtjährige Gewaltherrschaft, der nach Schätzungen der Gefangenenhilfsorganisation Amnesty International rd. 300 000 Menschen zum Opfer gefallen sind. Der Sturz des Despoten ist Folge anhaltender Grenzstreitigkeiten zwischen Uganda und Tansania. Im Oktober

Idi Amin Dada

ugandischer Militär und Politiker, * 1924 (1925?) Koboko

Seine Gewaltherrschaft brachte Uganda, das einst zu den reichsten Ländern des afrikanischen Kontinents zählte, an den Rand des Ruins. Idi Amin stützte seine Diktatur fast ausschließlich auf die Armee. Ungeachtet internationaler Proteste vertrieb er im Jahre 1972 rd. 50 000 Inder und Pakistani aus dem Land. Außenpolitisch wandte sich der Diktator, den die Menschenrechtsorganisation Amnesty International des Mordes an mindestens 100 000 Menschen bezichtigt, verstärkt der UdSSR und Libyen zu.

- 1967: Oberbefehlshaber der Armee
- 1971: Putsch gegen Präsident Apollo Milton Obote
- 1976: »Präsident auf Lebenszeit«

1978 mündeten die Spannungen in einen regelrechten Grenzkrieg. Neuer ugandischer Regierungschef wird am 13. April der als prowestlich geltende Exilpolitiker Yusufu Lule, der sich jedoch nicht durchsetzen kann. Auf Intervention des tansanischen Staatschefs Julius Nyerere muss Lule seinen Platz an Godfrey Binaisa abtreten, der als Freund des im Exil lebenden früheren Präsidenten Milton Obote gilt und sich vor allem auf das Nachbarland Tansania stützt.

26. März 1979

Carter vermittelt Frieden

Erfolg für Jimmy Carters Nahostpolitik: Im Beisein des US-Präsidenten unterzeichnen der ägyptische Staatspräsident Muhammad Anwar As Sadat und der israelische Ministerpräsident Menachem Begin in Washington ein Friedensabkommen (Abb. sitzend v.l.: Sadat, Carter, Begin). Der Vertrag, dessen Grundzüge im September 1978 in Camp David festgelegt wurden, sieht u.a. vor, dass der Kriegszustand zwischen den bislang verfeindeten Nachbarstaaten beendet wird. Israel soll bis März 1982 seine Streitkräfte und Zivilisten aus dem Si-

nai schrittweise zurückziehen. Zudem erklären sich Begin und Sadat zur Aufnahme von Verhandlungen über das von Israel besetzte Westjordanland und den Gazastreifen bereit. Ziel soll die »Errichtung einer Selbstverwaltungskörperschaft auf dem Westufer des Jordans und in Gaza« sein. Nach Zustimmung der Parlamente beider Staaten am 25. April werden auf der Halbinsel Sinai die Ratifizierungsurkunden ausgetauscht. Eine abschließende Lösung des Nahostkonflikts wird nicht erreicht.

18. März 1979

Großer Sieg für Moser-Pröll

Österreich feiert ein triumphales Wintersport-Wochenende: Annemarie Moser-Pröll, eine der dominierenden Skirennläuferinnen der 70er Jahre, feiert einen neuerlichen Sieg: Zum sechsten Mal gewinnt die »Abfahrtskönigin« aus Österreich den Gesamt-Weltcup. Im letzten Rennen kann sie die Vorjahressiegerin Hanni Wenzel noch abfangen. Im Endklassement führt Moser-Pröll mit 243 Punkten knapp vor der Liechtensteinerin mit 240 Punkten. Moser-Pröll sichert sich auch den Gewinn des Weltcups in der Abfahrt. Der Gesamtsieg im Slalom geht mit Regina Sackl ebenfalls an eine Österreicherin, den ersten Rang im Riesenslalom belegt Christa Kinshofer. Die 18-jährige Deutsche gewinnt in ihrem ersten Weltcup-Winter gleich fünf Rennen.
Am selben Tag triumphiert auch in einer anderen Disziplin ein Österreicher über die Konkurrenz. Im tschechoslowakischen Planica wird der erst 19 Jahre alte Armin Kogler Weltmeister im Skifliegen. Mit Weiten von 168 m und 169 m erreicht er eine Gesamtnote von 741,5 Punkten und kann sich damit gegen den DDR-Springer Axel Zitzmann durchsetzen (736 Punkte). Dritter wird der Pole Pjotr Fijas (704 Punkte). Als bester bundesdeutscher Springer erreicht der Oberstdorfer Peter Leitner mit 648 Punkten den zwölften Rang. Für eine Sensation sorgt jedoch ein 21 Jahre alter »Nobody« aus Klingenthal im Erzgebirge: Der Vorspringer Klaus Ostwald egalisiert mit beeindruckenden 176 m den Skiflug-Weltrekord des Österreichs Toni Innauer.

Die vier Luftkühltürme der gewaltigen Anlage Three Mile Island auf einer Insel im Fluss Susquehanna

28. März 1979

Nuklearunfall in USA

Ein »Beinahe-GAU« (GAU, größter anzunehmender Unfall) führt – sieben Jahre vor Tschernobyl – der Weltöffentlichkeit die unkalkulierbaren Risiken der Kernkraft vor Augen. Im Atomkraftwerk Three Mile Island im US-Bundesstaat Pennsylvania kommt es aufgrund technischer Mängel und menschlichen Versagens zum bisher schwersten Störfall in der Geschichte der friedlichen Nutzung der Kernkraft.
Der Reaktorblock 2 arbeitet mit 98% seiner Maximalleistung, als um 4.00 Uhr morgens das Kühlsystem ausfällt. Zusätzliches Kühlwasser wird für die Notkühlung herangeführt, doch bleiben die Ventile zu den Dampfgeneratoren noch acht Minuten fehlerhaft geschlossen. Durch das in offener Stellung klemmende Überdruckventil entweicht weiteres Primärkühlwasser. Der zuständige Kontrollingenieur verliert die Übersicht, schaltet die Automatik ab und verwechselt Messinstrumente. Nach weiteren Pannen fließt radioaktiv verseuchtes Wasser in das den Reaktor umgebende Gebäude. Radioaktive Isotope der Edelgase Xenon und Krypton werden frei, etwa 1,5 Mio. l schwach aktives Wasser gelangen in den Susquehanna-Fluss. Die Nachricht vom Nuklearunfall löst in der Bevölkerung eine Massenflucht aus. Autokolonnen verstopfen die Straßen, das Telefonnetz bricht teilweise zusammen. Die Behörden spielen die von dem defekten Kernkraftwerk für die Bevölkerung ausgehende Gesundheitsgefahr herunter. Es werde im Umkreis von 80 km in den nächsten Jahren nur zehn Krebstote mehr geben. Eine Untersuchung ergibt u.a., dass das Personal schlecht ausgebildet war.

5. März 1979

Fotos vom Jupiter

Ansichten einer faszinierenden Welt begeistern Wissenschaftler und Hobby-Astronomen. In 278 000 km Entfernung passiert die US-Raumsonde »Voyager 1« den Jupiter und funkt Bilder des größten Planeten im Sonnensystem und seiner Monde Io, Europa, Ganymed und Kallisto zur Erde (s. Abb.). Für die Fachwelt überraschend ist u.a., dass auf Io acht Vulkane aktiv sind. Im Juli erreicht auch »Voyager 2« den Planeten.

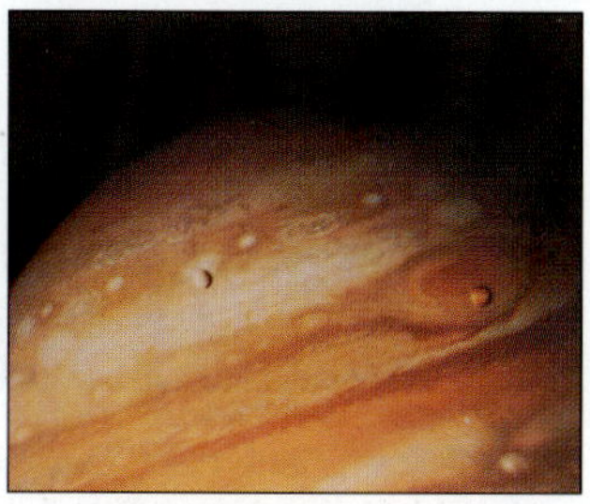

30. März 1979

Jo Deckarm im Koma

Nach einem schweren Sportunfall fällt der bundesdeutsche Handballer Joachim »Jo« Deckarm ins Koma. Im Europapokal-Halbfinale beim ungarischen Club Banyasz Tatabanya stürzt der 104-fache Nationalspieler bei einem Tempo-Gegenstoß und einem Zusammenprall mit einem gegnerischen Spieler so unglücklich auf den Betonboden der Sporthalle, dass er einen Schädelbasisbruch und eine schwere Gehirnquetschung erleidet. Er fällt ins Koma. Die sofortige Hilfe durch einen Arzt in der Halle und eine Notoperation im 60 km entfernten Budapest retten Deckarm das Leben. Nach 131 Tagen Koma zeigt der Weltmeister von 1978 wieder Lebenszeichen. Seine Familie und ein Freund helfen Deckarm, sich wieder im alltäglichen Leben zurechtzufinden, und unterstützen nachhaltig seine Rehabilitation.

April 1979

1 So In Izmir endet das Qualifikationsspiel zur Fußball-Europameisterschaft des Gastgebers Türkei gegen die Bundesrepublik Deutschland mit einem 0:0.

2 Mo Das rd. 800 Mio. DM teure Internationale Congress Centrum (ICC) auf dem Messegelände in West-Berlin wird eingeweiht.

3 Di Die Düsseldorfer Beton- und Monierbau, der sechstgrößte deutsche Baukonzern, meldet Konkurs an. Hauptgläubiger ist die Westdeutsche Landesbank.

4 Mi Trotz weltweiter Proteste wird Zulfikar Ali-Khan Bhutto, der frühere pakistanische Staats- und Regierungschef, auf Befehl der Militärregierung hingerichtet.

5 Do Der israelische Geheimdienst Mossad sprengt nahe der französischen Stadt Toulon Bauelemente, die für ein irakisches Nuklearzentrum bestimmt waren.

6 Fr Die US-Navy stellt das erste Atom-U-Boot der Welt, die »Nautilus«, nach 24 Jahren außer Dienst. Es wird einem Museum in Kalifornien übergeben.

7 Sa Amir Abbas Howaida, Irans Regierungschef von 1965 bis 1977, wird in Teheran zum Tode verurteilt und erschossen.

8 So In Göteborg gewinnt der Österreicher Hugo Simon im zweiten Stechen vor der US-Amerikanerin Catie Monahan den Weltcup der Springreiter.

9 Mo Zwei Generale und ein früherer Minister des Schah-Regimes werden in Teheran wegen angeblicher Korruption zum Tode verurteilt und hingerichtet.

10 Di In Los Angeles findet die 51. Verleihung der »Oscar«-Filmpreise statt. Film des Jahres ist »The Deer Hunter« (Die durch die Hölle gehen) von Michael Cimino.

11 Mi Bis zum 4. Juni zeigt die Kölner Kunsthalle eine groß angelegte Werkschau von Paul Klee aus den Jahren 1919 bis 1933. → Uganda

12 Do Die Republik Südafrika verweist drei US-Diplomaten des Landes. Sie stehen im Verdacht, Spionage betrieben zu haben.

13 Fr Ein Kommando der rhodesischen Armee zerstört in Lusaka (Sambia) das Hauptquartier des Guerillaführers Joshua Nkomo. Er selbst ist nicht anwesend.

14 Sa Die DDR beschränkt die Arbeitsmöglichkeiten westlicher Korrespondenten. U.a. müssen künftig Interviews vorher angemeldet werden.

15 So Bei einem Erdbeben an der südlichen Adriaküste kommen in Jugoslawien mehr als 200 und in Albanien 35 Menschen ums Leben.

16 Mo Aus Protest gegen den Einfluss radikaler Moslems auf die Politik des Landes tritt der iranische Außenminister Karim Sandschabi zurück.

17 Di In West-Berlin erscheint die erste Ausgabe der Tageszeitung »taz«. +++ Der US-Tennisstar Chris Evert heiratet den britischen Tennisprofi John Lloyd.

18 Mi Die Fußballelf der DDR schlägt in Leipzig das Team der Volksrepublik Polen 2:1. +++ China und Vietnam nehmen in Hanoi Friedensgespräche auf.

19 Do Der Prozess gegen vier der Beihilfe zum Mord im Konzentrationslager Majdanek angeklagte ehemalige SS-Angehörige endet in Düsseldorf mit Freisprüchen.

20 Fr Ein Anschlag der nordirischen Untergrundorganisation IRA auf ein Frauengefängnis in Armagh kostet eine Beamtin das Leben, drei weitere werden verletzt.

21 Sa Aus den ersten »gemischtrassigen« Wahlen in Rhodesien geht die Partei des Schwarzenführers Bischof Abel Tendekayi Muzorewa als Sieger hervor.

22 So Der britische Rockmusiker Keith Richards von den Rolling Stones gibt in Ottawa (Kanada) ein Konzert zugunsten des Nationalen Blindeninstituts.

23 Mo Die USA geben bekannt, dass die Sowjetunion auf dem Gebiet der DDR neue taktische Atomraketen mit der Bezeichnung SS 21 stationiert habe.

24 Di Mit Woody Allen und Diane Keaton in den Hauptrollen läuft in New York der Spielfilm »Manhattan« an, bei dem Allen auch Regie führte.

25 Mi Bundesinnenminister Gerhart Baum (FDP) bestätigt die Existenz umfangreicher Datensammlungen von über 3 Mio. Bürgern im Bundeskriminalamt.

26 Do In Hamburg wird die weltweit größte Positron-Elektron-Speicherringanlage eingeweiht. Die Anlage dient der Erforschung der Bauteile der Materie.

27 Fr Bundespräsident Walter Scheel eröffnet in Bonn die rd. 60 Mio. DM teure Bundesgartenschau. Ursprünglich wurde mit Kosten von 23,5 Mio. DM gerechnet.

28 Sa Mit der Unterzeichnung mehrerer Abkommen in Moskau erweitern Frankreich und die UdSSR ihre wissenschaftliche und wirtschaftliche Zusammenarbeit.

29 So Bei den Landtagswahlen in Schleswig-Holstein behauptet die CDU mit 48,3% der Wählerstimmen ihre absolute Mehrheit.

30 Mo Wie zuvor bereits 16 arabische Staaten, bricht der Iran die diplomatischen Beziehungen zu Ägypten wegen dessen Friedensschlusses mit Israel ab.

Mai 1979

1 **Di** Nach 258 Jahren dänischer Herrschaft erhält entsprechend der Volksabstimmung vom 17. Januar Grönland die innere Selbstverwaltung.

2 **Mi** Als erster Regierungschef der Bundesrepublik Deutschland besucht Bundeskanzler Helmut Schmidt die Volksrepublik Bulgarien.

3 **Do** Wegen des geplanten Autobahnbaus durch ein Naturschutzgebiet tritt der nordrhein-westfälische Landwirtschaftsminister Dieter Deneke zurück. → Thatcher

4 **Fr** In Nürnberg erschießen Kriminalbeamte in einer sog. konspirativen Wohnung die als mutmaßliche Terroristin gesuchte Elisabeth van Dyck.

5 **Sa** Mit dem Revierpark in Wischlingen wird in Dortmund die vierte Einrichtung dieser Art im Ruhrgebiet errichtet. Der Park soll als Naherholungsgebiet dienen.

6 **So** Bei den Parlamentswahlen in Österreich erringt die seit neun Jahren allein regierende SPÖ unter Bundeskanzler Bruno Kreisky wieder die absolute Mehrheit.

7 **Mo** Der finnische Staatspräsident Urho Kaleva Kekkonen trifft zu einem viertägigen Staatsbesuch der Bundesrepublik Deutschland in Bonn ein.

8 **Di** Auf einer »Ruhrkonferenz« in Castrop-Rauxel kündigt Nordrhein-Westfalens Ministerpräsident Johannes Rau (SPD) Strukturhilfen für das Ruhrgebiet an.

9 **Mi** In Paris beginnt der XXIII. Parteitag der Kommunistischen Partei Frankreichs. U.a. wird beschlossen, den Begriff »Diktatur des Proletariats« zu streichen.

10 **Do** Gegen die Stimmen von CDU/CSU billigt der Bundestag mehrere familienpolitische Gesetze. Sie regeln u.a. das elterliche Sorgerecht und den Kindsunterhalt.

11 **Fr** Elf farbige südafrikanische Studenten werden wegen ihrer Beteiligung an Unruhen im Jahr 1976 zu Freiheitsstrafen von bis zu vier Jahren verurteilt.

12 **Sa** Im englischen Fußball-Pokalfinale wird Arsenal London im Londoner Wembley-Stadion durch einen 3:2-Sieg über Manchester United Cup-Sieger.

13 **So** Schwedens Königin Silvia bringt ihr zweites Kind zur Welt: Prinz Carl Philip. Thronfolgerin ist jedoch die erstgeborene Tochter Viktoria.

14 **Mo** Die DDR verweist den ZDF-Korrespondenten Peter von Loyen des Landes. Er hatte mit dem kritischen DDR-Autor Stefan Heym ein Interview geführt.

15 **Di** Der 96-fache Fußballnationalspieler Hans Hubert »Berti« Vogts beendet in Mönchengladbach seine aktive Sportlerkarriere.

16 **Mi** In Basel gewinnt der FC Barcelona mit einem 4:3 nach Verlängerung gegen Fortuna Düsseldorf den Europapokal der Pokalsieger.

17 **Do** Das Parlament des Großherzogtums Luxemburg beschließt die Streichung der Todesstrafe aus dem Strafgesetzbuch.

18 **Fr** Die DDR-Behörden verweigern den Westberlinern Einreisevisa für die Pfingstfeiertage – wegen, wie es heißt, »touristischer Überfüllung«.

19 **Sa** Erfolgreichste Nation bei den Kunstturn-Europameisterschaften der Männer in Essen ist die UdSSR mit insgesamt fünf Titeln.

20 **So** Die Schweizer Stimmbürger billigen in einem Referendum eine Erschwerung der Baugenehmigungsverfahren für neue Kernkraftwerke.

21 **Mo** In Paris beginnt ein zweitägiges Ministertreffen der Internationalen Energieagentur (IEA). Sie fordert den vermehrten Ersatz von teurem Erdöl durch Kohle.

22 **Di** Elton John tritt in Leningrad auf. Als erster westlicher Rockstar unternimmt der britische Popsänger eine Solo-Tournee durch die UdSSR.

23 **Mi** Borussia Mönchengladbach siegt in Düsseldorf gegen Roter Stern Belgrad 1:0 und gewinnt damit den Fußball-UEFA-Pokal. → Bundespräsident

24 **Do** Der bayerische Ministerpräsident und CSU-Vorsitzende Franz Josef Strauß meldet seinen Anspruch auf die Kanzlerkandidatur im Jahr 1980 an.

25 **Fr** Hans-Günther Winklers »Wunderstute« Halla stirbt 34-jährig. +++ In Cannes erhält der deutsche Film »Die Blechtrommel« die Goldene Palme. → Chicago

26 **Sa** In einem Fußballländerspiel im isländischen Reykjavik besiegt die deutsche Nationalmannschaft die Auswahl der Gastgeber mit 3:1.

27 **So** Der Ministerpräsident von Mauretanien, Achmed Ould Bouceif, kommt bei einem Flugzeugabsturz ums Leben. Nachfolger wird Mohamed Ould Haydallah.

28 **Mo** Griechenland tritt als zehnter Staat der Europäischen Gemeinschaft bei. +++ Der CDU-Bundesvorstand favorisiert Ernst Albrecht als Kanzlerkandidat für 1980.

29 **Di** In Rhodesien werden Josiah Gumede und Bischof Abel Tendekayi Muzorewa als erste schwarze Staats- bzw. Regierungschefs vereidigt.

30 **Mi** Den Fußball-Europapokal der Landesmeister gewinnt in München der englische Klub Nottingham Forest durch einen 1:0-Erfolg über Malmö FF (Schweden).

31 **Do** Im Pariser Centre Georges Pompidou wird die 2500 Exponate umfassende Ausstellung »Paris-Moskau 1900 bis 1930« eröffnet.

3. Mai 1979

Thatcher führt England

Großbritannien bekommt den ersten weiblichen Premier in der Geschichte des Landes, Europa die erste Regierungschefin. Margaret Thatcher führt die Konservativen mit 43,9% der Stimmen und 339 Mandaten zur absoluten Mehrheit.

Labour-Premierminister James Callaghan, dessen Partei 51 Sitze im Unterhaus eingebüßt hat, gibt sich geschlagen und teilt im Buckingham-Palast Königin Elizabeth II. seinen Rücktritt mit. Ursache für das Debakel der amtierenden Regierung – es handelt sich um das schlechteste Labour-Ergebnis seit 1945 – ist die tiefe ökonomische Krise des Landes und der Missmut der Menschen über die streiklustigen Gewerkschaften. Arbeiter der Müllabfuhr, Lastkraftwagenfahrer und Eisenbahner sowie die Beschäftigten im Gesundheitsdienst hatten die britische Wirtschaft zeitweise lahm gelegt. Deren Wachstum hinkt den übrigen europäischen Zuwachsraten hinterher, dafür erreichen die Lohn- und Lebenshaltungskosten Spitzenwerte. Als Antwort auf diese »britische Krankheit« vertritt Thatcher, die seit 1974 den Parteivorsitz der Tories innehat, im Wahlkampf ihr Konzept einer konservativen Revolution. Mit Hilfe eines radikalen Reformprogrammes will sie das Königreich umkrempeln und im Eiltempo modernisieren. Darüber hinaus tritt »die Eiserne Lady«, wie sie wegen ihrer manchmal schneidenden Härte und Prinzipientreue genannt wird, mit dem er-

Parlamentseröffnung: Die Dame mit Hut verfolgt ein klares Ziel.

25. Mai 1979

Absturz über Chicago

273 Tote fordert der Absturz einer DC 10 der American Airlines kurz nach dem Start auf dem O'Hara-Flughafen von Chicago. Es ist die bislang größte Katastrophe in der US-Luftfahrt.

Ursache des Unglücks ist die mangelhafte Aufhängung eines Triebwerks an der linken Tragfläche. Einer der insgesamt vier Bolzen, mit denen die 8 t schwere Turbine am Flügel befestigt ist, reißt aus seiner Halterung. Dadurch löst sich das Aggregat in 170 m Höhe, kippt nach oben und zerstört die Hydraulikleitungen im Flügel, so dass der Pilot die Maschine nicht mehr auf dem geplanten Kurs halten kann. Die Katastrophe von Chicago hat weltweit Konsequenzen für die zivile Luftfahrt. Nachdem zwei Kontrollen an den 275 im Einsatz befindlichen DC 10 den Verdacht auf schwer wiegende Konstruktionsschwächen erhärten, spricht die US-Luftfahrtbehörde FAA ein Flugverbot aus. Auf vielen Flughäfen kommt es daraufhin kurzfristig zu chaotischen Zuständen.

10. Juni 1979

Europa wählt sein Parlament

In Belgien, der Bundesrepublik Deutschland, Frankreich und Luxemburg finden die ersten Direktwahlen zum Europäischen Parlament in Straßburg

(s. Abb.) statt. Dänemark, Großbritannien und Irland wählten bereits am 7. Juni. In der Bundesrepublik werden CDU und CSU mit 49,2% stärkste Gruppierung. Die größte Fraktion in der 410-köpfigen Kammer stellen jedoch die Sozialisten mit 112 Abgeordneten.

Margaret Thatcher

britische Politikerin, * 13.10.1925 Grantham (Linconshire)

Die machtbewusste Konservative drückte in zehn Jahren Regierungsverantwortung Großbritannien ihren Stempel auf (»Thatcherismus«). Mit ihrem harten wirtschaftlichen Sanierungskurs, der Propagierung des Leistungsgedankens auf allen Ebenen und klar anti-europäischem Auftreten gewinnt sie drei Unterhauswahlen. Große Popularität erwirbt sich die ausgebildete Chemikerin 1982 mit dem kompromisslosen Einsatz der Flotte im Falklandkrieg.

- 1947-51: Chemikerin, ab 1954 Rechtsanwältin
- 1959-92: Mitglied des Unterhauses
- 1979-90: Premierministerin

klärten Ziel an, den wirtschaftlichen Niedergang Großbritanniens zu stoppen, die Macht der Gewerkschaften zu brechen und zu beweisen, dass der Sozialismus als System überholt sei. Ihr Programm sieht u.a. die Senkung der Einkommensteuer, die Förderung des Wohnungseigentums, die Re-Privatisierung der verstaatlichten Industrie, den Bau gesonderter Haftanstalten für jugendliche Straftäter sowie eine Initiative zur Wiedereinführung der Todesstrafe vor. Im finanz- und wirtschaftspolitischen Bereich bedient sie sich des Monetarismus, der einen weitgehenden Rückzug des Staates aus der Wirtschaft, insbesondere eine Senkung der öffentlichen Ausgaben, propagiert. Thatchers rigorose Modernisierungspolitik nimmt hohe Arbeitslosenzahlen in Kauf, um die Inflationsrate abzusenken. Tatsächlich gelingt es ihr, den Widerstand der aufbegehrenden Bergarbeiter zu brechen und die Labour-Party auf Jahre hinaus in die Opposition zu verbannen. Ihren Beinamen »Eiserne Lady« verdient sich Thatcher u.a. auch aufgrund ihrer außenpolitischen Durchsetzungskraft, die darauf abzielt, das Prestige der einstigen Großmacht Großbritannien aufzupolieren.

3. Juni 1979

Kommunisten verlieren Wähler

Italiens Kommunisten gehen als Verlierer aus den Parlamentswahlen hervor. Zum ersten Mal seit 1946 müssen sie Stimmeneinbußen hinnehmen. Sie verlieren 4% der Stimmen und damit 26 Sitze. Die regierenden Christdemokraten büßen zwar 0,4% der Stimmen ein, bleiben allerdings mit 262 Mandaten stärkste Fraktion in der 630-köpfigen Kammer. Zu den Gewinnern der Wahl gehört die Radikale Partei von Marco Pannella: Mit 1,2 Mio. Wählerstimmen steigert sie die Zahl ihrer Mandate von 4 auf 18. Den Kommunisten, deren Programmatik sich immer mehr sozialdemokratischem Gedankengut annähert, hat ihre Kooperation mit den Christdemokraten offenkundig nichts genützt. Mit seiner Weigerung, die Minderheitsregierung Giulio Andreottis weiter parlamentarisch zu unterstützen, hatte Kommunisten-Chef Enrico Berlinguer am 26. Januar die Regierungskrise ausgelöst. Neuer Ministerpräsident wird der Christdemokrat Francesco Cossiga.

9. Juni 1979

Chaos auf HSV-Meisterfeier

Triumph in der Hansestadt: Der Hamburger Sportverein holt nach 19 Jahren wieder die Deutsche Fußballmeisterschaft an die Elbe. Es ist der vierte Titel für den HSV. Trotz einer 1:2-Niederlage im letzten Saisonspiel gegen den FC Bayern München behaupten sich die Hanseaten mit Kevin Keegan an der Spitze. Platz zwei belegt der VfB Stuttgart mit einem Rückstand von einem Punkt.

Die Meisterfeier im Hamburger Volksparkstadion muss jedoch ausfallen, weil vor dem offiziellen Ende des Spiels HSV-Fans den Zaun durchbrechen und auf das Spielfeld strömen. Die Begeisterung über den Titelgewinn schlägt in Gewalt um (Abb.: Umgerissenes Tor). Die Bilanz: 73 teils schwer verletzte Personen, von denen 62 beim Sturm auf das Spielfeld Blessuren davontrugen.

23. Mai 1979

Neuer Bundespräsident

Mit 528 von 1032 abgegebenen Stimmen wählt die Bundesversammlung in Bonn Karl Carstens (CDU) ins höchste Staatsamt. Er tritt die Nachfolge von Walter Scheel (FDP) an, der – angesichts der Mehrheitsverhältnisse in der Bundesversammlung – auf eine neuerliche Kandidatur verzichtet hatte. Schon im ersten Wahlgang erreicht der bisherige Bundestags-

Karl Carstens

deutscher Jurist und Politiker, * 14.12.1914 Bremen, † 30.5.1992 Meckenheim

In seine Amtszeit als Bundespräsident fällt die Auflösung des Bundestages und die Ansetzung von Neuwahlen nach dem Bruch der Regierungskoalition 1982. Der wertkonservative Christdemokrat bemüht sich vor allem um den Dialog mit den Bürgern, bei denen er besonders auf Grund seiner Wanderungen durch ganz Deutschland an Beliebtheit gewinnt. Vor seiner Wahl ins höchste Staatsamt hat der Staats- und Völkerrechtler eine steile politische Karriere gemacht, u.a. im Auswärtigen Amt und im Bundeskanzleramt. Als Gegner der neuen Ostpolitik führte Carstens 1973 die Opposition gegen die sozialliberale Koalition an.

- 1966/67 Staatssekretär im Bundesverteidigungsministerium
- 1973-76: Fraktionsvorsitzender der CDU/CSU
- 1979-84: Bundespräsident

präsident Carstens die erforderliche absolute Mehrheit, seine Gegenkandidatin Annemarie Renger (SPD) erhält 431 Stimmen. Im Frühjahr 1979 hatte sich an Carstens' früherer NSDAP-Zugehörigkeit ein Streit um die Kandidatur des Christdemokraten entzündet.

Juni 1979

1 Fr Die linksextreme Volksfront für die Befreiung Palästinas ermordet Scheich Hasham Hussendair, einen Befürworter des Friedens zwischen Israel und Ägypten.

2 Sa Papst Johannes Paul II. trifft zu einem neuntägigen Besuch in seiner Heimat Polen ein. Es ist die erste Visite eines Papstes in einem kommunistischen Land.

3 So Die Bohrinsel Ixtoc I im Golf von Mexiko explodiert. Das Unglück führt zur bisher schwersten Umweltkatastrophe in Mittelamerika. → Kommunisten

4 Mo Balthazar Johannes Vorster tritt wegen der Aufdeckung von Pressemanipulationen als Präsident von Südafrika zurück.

5 Di Zum jährlichen »Tag der Umwelt« demonstrieren Radfahrer in vielen Städten der Bundesrepublik für autofreie Tage.

6 Mi Sieger bei dem am 17. Mai gestarteten Giro d'Italia wird nach 19 Etappen der Italiener Giuseppe Saronni vor seinem Landsmann Francesco Moser.

7 Do Wegen angeblicher Verletzung der Statuten werden neun Autoren aus dem DDR-Schriftstellerverband ausgeschlossen, u.a. Stefan Heym und Rolf Schneider.

8 Fr Die Internationale Verkehrsausstellung (IVA) beginnt in Hamburg. Im Mittelpunkt des Publikumsinteresses steht die Magnetschwebebahn Transrapid.

9 Sa Beim Betreten einer konspirativen Wohnung in Frankfurt am Main wird der mutmaßliche Terrorist Rolf Heißler durch eine Polizeikugel verletzt. → Chaos

10 So Als erste Frau der Welt läuft die Rostocker Sprinterin Marita Koch mit 21,71 sec die 200-m-Strecke in einer Zeit unter 22 sec. → Europa

11 Mo Regierungssoldaten verüben in der nicaraguanischen Hauptstadt Managua einen Brandanschlag auf das Haus der Oppositionszeitung »La Prensa«.

12 Di Der US-Radsportler Bryan Allen überfliegt mit einem Tretkurbelflugzeug den Ärmelkanal und gewinnt das ausgesetzte Preisgeld von 400 000 DM.

13 Mi Die Volksgruppe der Sioux-Indianer erhält als Entschädigung für ihr 1877 durch die US-Regierung beschlagnahmtes Land umgerechnet rd. 181 Mio. DM.

14 Do Spaniens König Juan Carlos I. trifft zu einem Staatsbesuch in Marokko ein. König Hassan II. erlaubt Spanien die Nutzung marokkanischer Küstengewässer.

15 Fr Die Regierung von Malaysia kündigt an, dass die etwa 76 000 im Lande lebenden Flüchtlinge aus Vietnam abgeschoben würden.

16 Sa In Aleppo (Syrien) ermorden Angehörige der radikalen Moslem-Brüderschaft 63 Kadetten der dortigen Artillerieschule.

17 So Der Parteivorstand der konservativen Österreichischen Volkspartei wählt in Wien Alois Mock zum Bundesparteiobmann.

18 Mo In Wien ratifizieren die Staatsoberhäupter der USA und der UdSSR den zweiten Vertrag zur Begrenzung der strategischen Waffen (SALT II).

19 Di Libyen erklärt sich nach Verhandlungen mit Bundesaußenminister Hans Dietrich Genscher bereit, in Zukunft mehr Erdöl an die Bundesrepublik zu liefern.

20 Mi Das britische Unterhaus verwirft die einst von der Labour-Regierung eingebrachten Vorlagen für die Regionalautonomie von Schottland und Wales.

21 Do Der Bundestag in Bonn wählt den CDU-Politiker Richard von Weizsäcker als Nachfolger von Richard Stücklen (CSU) zum Vizepräsidenten des Parlaments.

22 Fr In Las Vegas verteidigt Schwergewichtsboxer Larry Holmes seinen – nicht von allen Verbänden anerkannten – Weltmeistertitel gegen Mike Weaver.

23 Sa Fortuna Düsseldorf gewinnt in Hannover das Finale um den Deutschen Fußball-Vereinspokal durch einen 1:0-Sieg über Hertha BSC Berlin.

24 So Als Vergeltung für einen Bombenanschlag palästinensischer Freischärler in Tel Aviv bombardiert die israelische Luftwaffe acht Dörfer im Libanon.

25 Mo Vier Tage vor seiner Ablösung als NATO-Oberbefehlshaber wird auf US-General Alexander M. Haig in Belgien ein Sprengstoffanschlag verübt.

26 Di In Genf beginnen die Beratungen der OPEC-Staaten über den künftigen Rohölpreis. Am 28. Juni wird eine Preisanhebung um rd. 24% vereinbart.

27 Mi Der Oberste Gerichtshof der Vereinigten Staaten erklärt die Bevorzugung farbiger Arbeitnehmer bei betriebsinternen Förderungsprogrammen für zulässig.

28 Do Das polnische Parlament billigt die Einführung eines zweijährigen Ersatzdienstes für Wehrpflichtige anstelle des gleich langen Militärdienstes.

29 Fr In der Volksrepublik Mosambik wird die letzte Ausbaustufe des Cabora-Bassa-Staudamms fertig gestellt. Der Bau wurde 1966 begonnen.

30 Sa US-Präsident Jimmy Carter inspiziert am 49. Breitengrad die Einheiten der US-Armee an der entmilitarisierten Zone zwischen Süd- und Nordkorea.

Juli 1979

1 So Als Nachfolger von Alexander M. Haig wird der ebenfalls der US-Armee angehörige General Bernard W. Rogers neuer NATO-Chef in Europa.

2 Mo Die CDU/CSU-Bundestagsfraktion nominiert Bayerns Ministerpräsidenten Franz Josef Strauß zum Kanzlerkandidaten der Union für die Wahlen 1980.

3 Di Der Bundestag hebt die Verjährbarkeit von Mord auf. +++ Der vietnamesische Spitzenpolitiker Hoang Van Hoan flieht nach China.

4 Mi Bundeskanzler Helmut Schmidt fordert vor dem Bundestag erhöhte Anstrengungen zur Einschränkung des Energieverbrauchs, lehnt aber ein Tempolimit ab.

5 Do Die in Ost-Berlin zu Ende gehende »Ideologiekonferenz« der kommunistischen Parteien Osteuropas und Asiens verurteilt die chinesische Invasion in Vietnam.

6 Fr Bei einer Plutoniumexplosion auf dem zu Frankreich gehörenden Südsee-Atoll Mururoa kommt ein Kerntechniker ums Leben.

7 Sa Der Schwede Björn Borg gewinnt bei den Internationalen Tennismeisterschaften von England in Wimbledon zum vierten Mal in Folge.

8 So Ein Treffen von PLO-Chef Jasir Arafat mit den führenden europäischen Sozialdemokraten Willy Brandt und Bruno Kreisky endet in Wien.

9 Mo Die FDP ernennt Walter Scheel zu ihrem Ehrenvorsitzenden. Scheel war von 1974 bis 1979 Bundespräsident, davor fünf Jahre lang Außenminister.

10 Di Bundesinnenminister Gerhart Baum (FDP) legt den Verfassungsschutzbericht 1978 vor. Erstmals ist auch von Terroraktivitäten Rechtsradikaler die Rede.

11 Mi Ein Rechtsanwalt aus dem Umfeld der sog. Baader-Meinhof-Gruppe wird in Stuttgart zu 14 Jahren Haft verurteilt. → Weltraumlabor

12 Do Der Südtiroler Reinhold Messner besteigt ohne Sauerstoffgerät den 8611 m hohen, als schwierigsten Gipfel der Welt geltenden K 2 im Himalaya.

13 Fr In Portugal löst Staatspräsident António dos Santos Ramalho Eanes das Parlament auf, nachdem alle Versuche einer Regierungsbildung gescheitert waren.

14 Sa Bei einem Autounfall in der Nähe von München wird der Fußball-Nationaltorhüter Sepp Maier schwer verletzt und muss seine Karriere beenden.

15 So Angesichts der Abhängigkeit der USA von Ölimporten appelliert US-Präsident Jimmy Carter an die Amerikaner, Energie einzusparen.

16 Mo Der katholische Primas von Belgien, Kardinal Leo Jozef Suenens, erklärt an seinem 75. Geburtstag seinen Rücktritt. → Saddam

17 Di Alle US-Minister bieten dem innenpolitisch in Bedrängnis geratenen Präsidenten Jimmy Carter zur Kabinettsumbildung ihren Rücktritt an. → Somoza-Clan

18 Mi Der Goldpreis übersteigt erstmals in der Geschichte des freien Goldmarktes die 300-Dollar-Marke und erreicht einen Kurs von 302,15 Dollar pro Unze Feingold.

19 Do Portugals Präsident António dos Santos Ramalho Eanes beauftragt die Diplomatin Maria da Lurdes Pintassilgo mit der Bildung einer Übergangsregierung.

20 Fr Zum neuen Botschafter der USA in Moskau wird der frühere IBM-Manager Thomas Watson ernannt. Er gilt als Kritiker des SALT-II-Abrüstungsvertrags.

21 Sa Mit einem Freundschaftsspiel des VfL Bochum gegen Wattenscheid 09 (3:0) wird das vollständig überdachte Ruhrstadion in Bochum eingeweiht.

22 So Der 24-jährige Franzose Bernard Hinault gewinnt – mit einem Vorsprung von 3:07 min – wie im Vorjahr die Tour de France.

23 Mo Unter der Bezeichnung »Homolulu« findet in Frankfurt am Main ein internationales Treffen von Homosexuellen-Initiativen statt.

24 Di Das Bundesverfassungsgericht in Karlsruhe erklärt einstimmig eine begrenzte steuerliche Abzugsfähigkeit von Parteispenden für zulässig.

25 Mi In Bayreuth beginnen die Richard-Wagner-Festspiele mit der Neuinszenierung des »Lohengrin« durch Götz Friedrich. Peter Hofmann singt die Titelrolle.

26 Do Der US-Senat in Washington billigt die Regierungsvorlage zur Übergabe des von der USA verwalteten Panama-Kanals an Panama.

27 Fr In Spanien werden zwei führende Mitglieder der Terrororganisation GRAPO verhaftet. Ihnen wird ein Bombenanschlag in Madrid am 26. Mai vorgeworfen.

28 Sa Polens Regierung gibt ein Energiesparprogramm bekannt: Danach werden die Preise für Kraftstoffe um bis zu 25 % angehoben.

29 So Fünf Tote und 113 Verletzte fordert ein Bombenanschlag der baskischen Untergrundorganisation ETA auf zwei Bahnhöfe und den Flughafen in Madrid.

30 Mo Die Bundesregierung weist Vorwürfe des Iran zurück, in der Bundesrepublik herrsche eine »beleidigende Haltung« gegenüber der Revolution im Iran vor.

31 Di Ex-US-Außenminister Henry Kissinger äußert Bedenken gegen den SALT-II-Vertrag, der das militärische Gleichgewicht zugunsten der UdSSR verschöbe.

12. August 1979

Kämpfe um die Westsahara

Trotz vertraglicher Vereinbarungen bleibt der Konflikt um die Westsahara ungelöst. In einem Vertrag mit der »Volksfront zur Befreiung des westafrikanischen Gebietes« (FPOLISARIO) verzichtet Mauretanien auf seinen Teil der einst spanischen Westsahara. Das Abkommen bedeutet für die mit Unterstützung Algeriens und Libyens kämpfende Volksfront jedoch nicht den Sieg, denn Marokko gliedert am 12. August die Region als 40. Provinz dem Königreich an. In der Westsahara stehen den rd. 60 000 marokkanischen Soldaten etwa 15 000 Kämpfer der FPOLISARIO gegenüber. Der militärische Konflikt begann, als Spanien im Jahre 1976 seine Soldaten aus der Region abzog und Marokko und Mauretanien das Gebiet untereinander aufteilten.

11. Juli 1979

Weltraumlabor stürzt ab

Sechs Jahre nach seinem Start ins All stürzt das US-Weltraumlabor »Skylab« auf die Erde. Die Trümmer gehen vor und über Australien nieder. Mit 77,5 t Gewicht und einer Länge von 36 m ist es die bislang größte Raumstation (Abb.: Astronaut Edward G. Gibson an Bord von »Skylab«).

Pressekonferenz der Junta-Mitglieder mit Daniel Ortega (2.v.l. vorn) und Violeta Chamorro (3.v.l vorn)

Sandinisten regieren Nicaragua

Grenzenloser Jubel in Managua über den Sieg der Revolution

Nach der Vertreibung Anastasio Somoza Debayles übernimmt eine Junta, die das ganze Spektrum der Opposition gegen die Diktatur abdeckt, die Macht. Das bürgerliche Lager vertritt die Verlegerin Violeta Barrios de Chamorro, die Witwe des ermordeten Oppositionsführers Pedro Joaquín Chamorro Cardenal, sowie der Fabrikant Alfonso Robelo Callejas. Die Linke wird durch den Ex-Studentenführer und Sandinisten Daniel Ortega Saavedra und den Hochschullehrer Moises Hassan Morales repräsentiert. Der Rechtsanwalt Sergio Ramirez Mercado gilt als Vermittler zwischen den rivalisierenden Flügeln. Am 20. Juli nimmt eine neue Regierung mit dem einzigen noch überlebenden Gründungsmitglied der Sandinisten, Tomás Borge – als Innenminister –, die Arbeit auf.

Die 1962 gegründete Sandinistische Befreiungsfront FSNL betrieb von Beginn an – angesichts der US-Dominanz im Land – die Wiedergewinnung der nationalen Souveränität und die sozialistische Umgestaltung Nicaraguas. Diese Ziele verfolgte sie mit Überfällen auf Regierungssoldaten und dem allmählichen Aufbau einer sog. befreiten Zone. Der Diktator Somoza reagierte darauf mit der Verhängung des Ausnahmezustands. Der offene Bürgerkrieg zwischen den Sandinisten und der Nationalgarde Somozas brach im Januar 1978 aus, als der katholisch-konservative Oppositionspolitiker Chamorro Cardenal von Somoza-Anhängern ermordet wurde. Zu den ersten Maßnahmen der Junta gehört die Verstaatlichung aller 51 Unternehmen des Somoza-Clans sowie der Banken und Bodenschätze. Die Junta betont zwar ihre enge Bindung zu Kuba, sucht aber auch Kontakte zu Sozialdemokraten und bittet die westlichen Staaten um Hilfe beim Wiederaufbau.

13. August 1979

Hospitalschiff vor Vietnam

Letzte Hoffnung für die »boat-people«: Der zum Hospital-Schiff umgebaute deutsche Frachter »Cap Anamur« erreicht die Gewässer vor Vietnam, um verzweifelte Vietnamesen, die in kleinen Booten aus ihrem Land geflüchtet sind und sich in prekärer Lage befinden, an Bord zu nehmen. Der Initiator der Rettungsaktion, der Journalist Rupert Neudeck, sieht sich allerdings sogleich dem Vorwurf ausgesetzt, durch die Aussicht auf Hilfe viele Menschen erst zur Flucht übers Meer zu ermutigen. Immer mehr Vietnamesen kehren aus wirtschaftlichen und politischen Gründen ihrem Land den Rücken. Nur die wenigsten erreichen allerdings westliche Asylländer, viele werden Opfer von Piraten oder in Lagern in verschiedenen asiatischen Ländern untergebracht.

Juli 1979

Somoza-Clan am Ende

Sieg der Revolution in Nicaragua: Am Ende eines 18-monatigen blutigen Bürgerkriegs zwischen der Sandinistischen Befreiungsfront FSNL und der Nationalgarde flieht Diktator Anastasio Somoza Debayle ins Exil nach Florida. Mehr als 42 Jahre lang hat der Somoza-Clan das mittelamerikanische Land beherrscht, zu seinem privaten Vorteil ausgebeutet und große Reichtümer angehäuft. Die Bevölkerung feiert mit dem Sturz des Diktators nicht zuletzt die Entmachtung der Nationalgarde, die für willkürliche Festnahmen und Folterungen verantwortlich ist.
Dem Somoza-Clan gehörte rd. ein Viertel der gesamten landwirtschaftlichen Nutzfläche des Landes, mitsamt Tabak-, Zuckerrohr- und Kaffeeplantagen. Außerdem kontrolliert er rd. ein Drittel der Industrie. Der Vater des jetzt vertriebenen Diktators, Anastasio Somoza García, hatte seiner Familie als Befehlshaber der Nationalgarde zu Beginn der 30er Jahre diese beherrschende Stellung verschafft. 1937 erklärte er sich selbst zum Präsidenten und übte – mit nur einer Unterbrechung zwischen 1946 und 1950 – bis zu seiner Ermordung im September 1956 die Regierungsgewalt aus. Sein erstgeborener Sohn Luis Anastasio Somoza Debayle leitete als Nachfolger politische und wirtschaftliche Reformen ein. Ab 1963 wurde das Land für vier Jahre von Strohmännern der Somozas regiert. Anastasio Somoza Debayle übernahm 1967 die Präsidentschaft, übertrug sie 1972, da die Verfassung keine Wiederwahl zuließ, einer Junta und ließ sich nach Änderung der Verfassung 1974 erneut wählen. Wenige Jahre später flammte der Bürgerkrieg auf – mit verheerenden Folgen: Insgesamt 20000 Menschen haben ihr Leben verloren, rd. ein Viertel der Einwohner ist obdachlos, hat keine Arbeit und leidet Hunger.

14. August 1979

17 Tote bei »Admiral's Cup«

Was als sportlicher Höhepunkt gedacht war, endet in einer Tragödie: 17 Menschen kommen vor der englischen Südküste beim »Fastnet Race«, dem Abschluss der internationalen Hochseeregatta um den »Admiral's Cup«, ums Leben.

Bei orkanartigen Stürmen bis Windstärke zwölf und schwerem Seegang kentern 23 Boote. In der Irischen See spielen sich dramatische Szenen ab: Selbst 10 t schwere Boote halten den Wetterverhältnissen nicht stand. Die Rettungsaktion der Royal Navy und der Royal Air Force dauert mehrere Tage (s. Abb.). Über die Ursache der Katastrophe sind sich die Experten einig: Die Sturmwarnung der Wetterstation kam zu spät und wurde überdies von vielen Booten mangels ausreichender Funkanlagen nicht empfangen. Die relativ geringe Wassertiefe von höchstens 180 m verstärkte zudem die Gewalt der Wellen.

16. Juli 1979

Saddam Hussein an der Macht

Saddam Hussein (s. Abb.) wird als Nachfolger von Ahmad Hasan Al Bakr neues Staatsoberhaupt des Irak. Der Amtswechsel erfolge, wie es von offizieller Seite heißt, wegen des schlechten Gesundheitszustandes von Al Bakr, der seit Juli 1968 an

der Spitze des Staates stand. Saddam Hussein, der sich erst Ende September zum ersten Mal an die Öffentlichkeit wendet, übernimmt die Führung des Landes in einer Zeit innerer Unruhen und außenpolitischer Unsicherheiten. Neben den Kurden werden im Irak Kommunisten und zunehmend auch Schiiten verfolgt. Nach der Machtübernahme der Schiiten im benachbarten Iran befürchtet die irakische Baath-Partei, dass sich auch die Schiiten im Irak gegen ihr vor allem vom sunnitischen Teil der Bevölkerung (Anteil: 25%) getragenes Regime erheben könnten. Im Juni wurden bereits über 200 Schiiten verhaftet.

August 1979

1	Mi	Nach zweieinhalbjährigem Bestehen wird die hessische Großgemeinde Lahn wieder in die Städte Gießen und Wetzlar aufgelöst.
2	Do	Der bayerische Ministerpräsident Franz Josef Strauß (CSU) und die CSU-Landtagsfraktion beenden einen dreitägigen Besuch in Ungarn.
3	Fr	Als erste farbige Frau erhält Patricia Harris in den USA einen Kabinettsposten. Sie übernimmt das Ministerium für Gesundheit und soziale Dienste.
4	Sa	Nach sechsmonatiger Regierungskrise in Italien bildet der frühere christdemokratische Innenminister Francesco Cossiga in Rom eine neue Regierung.
5	So	In Turin enden die Europapokalwettbewerbe der Leichtathleten mit zahlreichen Erfolgen für die Mannschaft der DDR.
6	Mo	Der Ätna bricht zum zweitenmal innerhalb von drei Tagen aus – die erste Aktivität des Vulkans auf Sizilien nach achtjähriger Pause. → Westsahara
7	Di	Bei einem durch Brandstiftung verursachten Feuer an der spanischen Costa Brava in der Nähe von Lloret de Mar kommen 22 Urlauber ums Leben.
8	Mi	Im Irak werden 21 Personen wegen angeblicher Verschwörung gegen die Regierung hingerichtet. Sie waren am Tag zuvor für schuldig befunden worden.
9	Do	Für einen Skandal sorgt die Rock-Sängerin Nina Hagen bei einem Auftritt im österreichischen Fernsehen, als sie Praktiken der Selbstbefriedigung demonstriert.
10	Fr	Das Bundeskriminalamt gibt bekannt, dass seit Jahresbeginn in der Bundesrepublik 335 Personen infolge von Drogenmissbrauch gestorben seien.
11	Sa	Der nigerianische Politiker Shehu Shagari wird zum neuen Präsidenten des Landes gewählt. Er tritt sein Amt am 1. Oktober an.
12	So	Nach Inkrafttreten eines Gesetzes zur Pressezensur kommt es in Teheran (Iran) zu Zusammenstößen zwischen Demonstranten und der Polizei. → Westsahara
13	Mo	Presseagenturen melden, dass Rechtsradikale auf dem alten Nürnberger Reichsparteitagsgelände eine Hakenkreuzflagge gehisst hätten. → Hospitalschiff
14	Di	Laut einer Studie über die Sicherheit der bundesdeutschen Kernkraftwerke ist ein Reaktorunglück nur alle 10000 Jahre zu erwarten. → »Admiral's Cup«
15	Mi	Anlässlich des Unabhängigkeitstages werden in Südkorea 871 Häftlinge freigelassen. Darunter befinden sich auch 53 politische Gefangene.
16	Do	Als letztes Mitgliedsland der Europäischen Gemeinschaft nimmt die Bundesrepublik Deutschland diplomatische Beziehungen zur Volksrepublik Angola auf.
17	Fr	Bei der Kollision von zwei Passagierflugzeugen der sowjetischen Luftfahrtgesellschaft Aeroflot über der Ukraine kommen 173 Menschen ums Leben.
18	Sa	Der schiitische Religionsführer Ajatollah Ruhollah Khomeini erklärt den rebellierenden Kurden im westlichen Iran den Krieg.
19	So	In Abwesenheit wird Kambodschas Ex-Diktator Pol Pot zum Tode verurteilt. +++ Nach 175 Tagen beendet die UdSSR den längsten bemannten Raumflug.
20	Mo	Nach nur dreiwöchiger Amtszeit tritt die indische Regierung unter Ministerpräsident Charan Singh wegen mangelnder Unterstützung im Parlament zurück.
21	Di	In Nicaragua stellt die Regierung des Nationalen Wiederaufbaus nach dem Sturz von Diktator Anastasio Somoza die wichtigsten Bürgerrechte wieder her.
22	Mi	Der Oberste Verwaltungsgerichtshof Griechenlands erklärt die vereinbarte Aufnahme diplomatischer Beziehungen Athens zum Vatikan für unzulässig.
23	Do	In West-Berlin beginnt die Internationale Funkausstellung. Besonderes Interesse finden die Demonstrationen neuer Medien wie z.B. Bildschirmtext.
24	Fr	Die Baufirma Dyckerhoff AG räumt erstmals ein, dass aus ihrem Zementwerk nördlich von Münster bereits seit Jahren hochgiftiger Staub entweiche.
25	Sa	In Venedig beginnen die bis zum 4. September dauernden Filmfestspiele. Wie im Vorjahr wird auf die Verleihung des Goldenen Löwen verzichtet.
26	So	Bei den Rad-Weltmeisterschaften im niederländischen Valkenburg gewinnt der Niederländer Jan Raas den Weltmeistertitel der Profi-Straßenfahrer.
27	Mo	Der ehemalige Vizekönig von Indien, Lord Louis Mountbatten, kommt bei einem Bombenanschlag der Irisch Republikanischen Armee (IRA) ums Leben.
28	Di	Bei den Fechtweltmeisterschaften im australischen Melbourne wird die Offenbacherin Cornelia Hanisch überraschend Siegerin im Florettfechten.
29	Mi	Gespräche des israelischen Außenministers Moshe Dayan mit Anhängern der Befreiungsorganisation PLO in Gaza lösen in Israel heftige Kontroversen aus.
30	Do	In New York werden an einem Tag elf Banken ausgeraubt. Die Zahl der Banküberfälle in diesem Monat erhöht sich damit in New York auf 137.
31	Fr	Ohne konkrete Ergebnisse enden in Genf die am 16. Juli begonnen Gespräche zwischen den USA und der Sowjetunion über ein Verbot chemischer Waffen.

September 1979

1 Sa Die US-Raumsonde »Pioneer 11« nähert sich dem Saturn. Zur Erde gefunkte Daten bestätigen die Existenz eines elften Saturn-Mondes.

2 So Über 1200 Menschenleben fordert der Hurrikan »David« in der Dominikanischen Republik und auf den Kleinen Antillen.

3 Mo Als erstes Regierungsmitglied seines Landes besucht der niederländische Außenminister Christoph van der Klaauw die DDR. → Blockfreie → Kurden

4 Di Die DDR und die USA unterzeichnen einen Konsularvertrag, worin die formelle Anerkennung einer eigenen DDR-Staatsbürgerschaft vermieden wird.

5 Mi Die Bundesregierung beschließt einen Gesetzentwurf über einen einmaligen Zuschuss für einkommensschwache Haushalte zu den gestiegenen Heizkosten.

6 Do In Hamburg stirbt bei einem Explosionsunfall ein achtjähriger Junge. Er hatte mit anderen Kindern auf dem Gelände einer stillgelegten Chemiefabrik gespielt.

7 Fr Der Bischof von St. Albans, Robert Runcie, wird zum 102. Bischof von Canterbury und damit geistlichen Oberhaupt der anglikanischen Kirche gewählt.

8 Sa In Paris findet die Polizei die 40 Jahre alte US-Schauspielerin Jean Seberg tot in ihrem Auto auf. Die Behörden gehen von Selbstmord aus.

9 So Als bislang jüngste Spielerin gewinnt in New York die 16-jährige Tracy Austin die Internationalen Tennismeisterschaften der USA.

10 Mo Unter dem Protest von Atomkraftgegnern beginnen in Gorleben Untersuchungen über die Eignung des Geländes für die geplante Atommülldeponie.

11 Di Frankreichs Premierminister Raymond Barre bekräftigt sein Festhalten an nuklearer Abschreckung als wesentlichem Bestandteil der Verteidigungspolitik.

12 Mi Ein 31-jähriger Mann kapert mit Hilfe einer Spielzeugpistole einen in Frankfurt am Main gestarteten Lufthansa-Jet und erzwingt eine Landung in Köln/Bonn.

13 Do In einem Prozess gegen rechtsextreme Gewalttäter verurteilt das Oberlandesgericht Celle sechs junge Neonazis zu vier bis elf Jahren Haft.

14 Fr Über der italienischen Mittelmeerinsel Sardinien stürzt ein Passagierflugzeug ab. Das Unglück fordert 31 Todesopfer.

15 Sa In Addis Abeba unterzeichnen Vertreter der UdSSR und Äthiopiens ein Abkommen über erweiterte sowjetische Hilfe für das ostafrikanische Land.

16 So Die erste sog. Rap-Single gelangt in den USA in die Hitparaden. Der Titel der Gruppe »Sugar Hill Gang« heißt »Rappers' Delight«. → Ballon

17 Mo Beim Besuch des chilenischen Außenministers Hernan Cubillas in Bonn verurteilt Bundesaußenminister Genscher Menschenrechtsverletzungen in Chile.

18 Di Der Bundesgerichtshof entscheidet, dass eine Leugnung der Judenvernichtung im Dritten Reich einen Beleidigungstatbestand bildet.

19 Mi Vor dem Bonner Bundeskanzleramt wird die Großplastik »Large Two Forms«, eine Bronzearbeit des britischen Bildhauers Henry Moore, aufgestellt.

20 Do Drei unbekannte Täter ermorden in der französischen Hauptstadt den linksorientierten jüdischen Schriftsteller Pierre Goldman.

21 Fr In Mexiko City unterzeichnen Vertreter der USA und Mexikos ein Abkommen über die Lieferung von mexikanischem Erdgas an die USA. → Bokassa

22 Sa Die UN-Vollversammlung spricht den Sitz Kambodschas dem gestürzten Pol-Pot-Regime zu, nicht der neuen, Vietnam-freundlichen Regierung.

23 So In historischen Trachten demonstrieren Boxberger Bauern gegen den Bau einer Teststrecke durch Daimler-Benz zwischen Heilbronn und Würzburg.

24 Mo Die sowjetischen Eiskunstläufer Ludmilla Beloussowa und Oleg Protopopow, Olympiasieger der Jahre 1964 und 1968, bitten in der Schweiz um politisches Asyl.

25 Di In Fulda bekräftigt die Deutsche Bischofskonferenz ihre Ablehnung des Indikationsmodells beim Abtreibungsparagraphen § 218.

26 Mi Bonn beschließt, vor Einführung neuer Medien – etwa des Kabelfernsehens – deren Auswirkungen auf die »Struktur der demokratischen Gesellschaft« zu prüfen.

27 Do Das Repräsentantenhaus billigt den Vorschlag von US-Präsident Jimmy Carter, ein Erziehungsministerium zu gründen.

28 Fr Durch ein k.o. über Ernie Shavers in der elften Runde verteidigt Larry Holmes in Las Vegas den WM-Schwergewichtstitel des Weltboxverbandes WBC.

29 Sa Auf Ministerebene beginnen in Moskau sowjetisch-chinesische Gespräche zur Normalisierung der beiderseitigen Beziehungen.

30 So Der österreichische Formel-1-Fahrer Niki Lauda erklärt seinen Rücktritt vom Automobilsport. Er wolle nicht mehr »im Kreis herumfahren«.

16. September 1979

Spektakuläre Flucht im Ballon

Mit einem selbst gebastelten Heißluftballon glückt zwei Familien die Flucht aus Thüringen nach Bayern. 28 Minuten lang schweben die acht Menschen – zwei Männer, zwei Frauen und vier Kinder – in 2500 m Höhe über die gefährliche innerdeutsche Grenze und landen in einem Getreidefeld nahe dem oberfränkischen Ort Naila. Als Gondel dient eine in der heimischen Waschküche zusammengeschweißte Eisenplattform, in deren Mitte vier Propangasflaschen (s. Abb.) installiert sind. Die Ballonhülle hatten die Frauen aus Regenmänteln und Nylonbahnen zusammengenäht. Als Motiv geben die Flüchtlinge die Bevormundung in der DDR an. Selbst Hollywood interessiert sich für die abenteuerliche Flucht und dreht einen Film darüber.

17. Oktober 1979

SED-Dissident darf ausreisen

Die DDR weist Systemkritiker aus dem Land: Im Rahmen einer Amnestie zum 30. Jahrestag der Staatsgründung lässt Ost-Berlin den Regimekritiker Rudolf Bahro (s. Abb. mit seiner Frau in der Bundesrepublik) und den Wehrdienstverweigerer Nico Hübner mit ihren Familien in die Bundesrepublik ausreisen. Außer diesen beiden bekannten DDR-Bürgern kommen bis Mitte Dezember noch 21 298 Inhaftierte frei, mehr als 35 000 Strafen werden nicht vollstreckt oder im Strafmaß reduziert. Allerdings dürfen nur wenige der Amnestierten in die Bundesrepublik oder nach West-Berlin ausreisen.

Rudolf Bahro

deutscher Sozialwissenschaftler und Politiker, * 18.11.1935 Bad Flinsberg; † 5.12.1997 Berlin

Der Marxist und SED-Funktionär äußerte nach der Niederschlagung des »Prager Frühlings« öffentlich Kritik am DDR-Regime. Sein 1977 in der Bundesrepublik veröffentlichtes Buch »Die Alternative – Zur Kritik des real existierenden Sozialismus« führte zu seiner Verurteilung wegen Spionage- und Landesverrats. Nach seiner Ausreise aus der DDR schließt sich der unorthodoxe Denker der Ökobewegung und zeitweise den Grünen an.

- 1954: Beitritt zur SED
- 1965-67: Chefredakteur des FDJ-Organs »Forum«
- 1978: Verurteilung zu fünf Jahren Haft
- 1982-84: Mitglied des Bundesvorstands der Grünen

3. September 1979

Blockfreie streiten um Kurs

In der kubanischen Hauptstadt Havanna suchen die nicht paktgebundenen Länder ihren Standort zwischen den Machtblöcken. Dabei wird vor allem die Spaltung der Blockfreien in zwei Lager deutlich. Strittig ist u.a. der Ausschluss Ägyptens nach dem israelisch-ägyptischen Friedensvertrag und die Frage der rechtmäßigen Vertretung Kambodschas. Hauptkontrahenten sind Gastgeber Fidel Castro und Jugoslawiens Staats- und Parteichef Josip Tito (Abb.: Tagungspräsident Castro und der mittlerweile 87-jährige Tito, der seine Rede verliest). Als Wortführer der prosowjetischen Position setzt sich Castro dafür ein, die Blockfreien im Ost-West-Konflikt klar auf »antiimperialistischen« Kurs zu bringen. Demgegenüber erinnert Tito, einziges noch lebendes Gründungsmitglied der seit 1961 bestehenden Blockfreienbewegung, an deren ursprünglichen Grundsatz, zu beiden Blöcken den gleichen Abstand zu wahren. Vielfach kritisiert wird in Havanna das militärische Engagement Kubas in 18 Staaten Afrikas. Die Betonung der Ablehnung jedes Hegemoniestrebens im Schlussdokument gilt als Erfolg Titos. Aktuelle Hauptforderung der Blockfreien ist die Schaffung einer neuen Weltwirtschaftsordnung zum Vorteil der sog. Dritten Welt.

6. Oktober 1979

Truppenabzug angekündigt

Am Vorabend der Feierlichkeiten zum 30. Jahrestag der DDR-Gründung (Abb.: Militärparade in Ost-Berlin) kündigt der sowjetische Staats- und Parteichef Leonid I. Breschnew einen Truppenabzug aus Ostdeutschland an. Die UdSSR werde 20 000 Militärangehörige und bis zu 1000 Panzer und gepanzerte Fahrzeuge aus der DDR abziehen.

Aktueller Anlass für diese sog. Breschnew-Initiative ist der bevorstehende NATO-Nachrüstungsbeschluss. Um diesen zu verhindern, erklärt sich Breschnew außerdem bereit, die Zahl der Mittelstreckenraketen im Westen der Sowjetunion einseitig zu verringern – unter der Voraussetzung, dass die NATO ihrerseits keine zusätzlichen Kernwaffenträger stationiert. US-Präsident Jimmy Carter hält dem entgegen, eine zahlenmäßige Verringerung bedeute noch keine Entlastung, da die bereits installierten sowjetischen SS-20-Raketen höchst leistungsfähig seien und pro Abschussrampe drei Atomsprengköpfe trügen.

Parlamentsfrust: Ein Antrag der Bremer Grünen-Fraktion (l.) wird mit SPD-Mehrheit abgelehnt.

7. Oktober 1979

Die Grünen kommen

Im Zuge des Aufschwungs der Friedens- und Umweltbewegung gerät die bundesdeutsche Politiklandschaft in Bewegung. Die etablierten Parteien erhalten Konkurrenz. Bei den Wahlen zur Bremer Bürgerschaft gelingt bundesweit erstmals einer grünen Gruppierung der Sprung in ein Landesparlament. Mit 5,14% Stimmenanteil entsendet die Bremer Grüne Liste (BGL) vier Abgeordnete in die Bürgerschaft.
Bisher waren Grüne stets an der Fünf-Prozent-Hürde gescheitert, so die »Bunte Liste Wehrt Euch« in Hamburg mit 3,5% und die Alternative Liste in West-Berlin mit 3,7%. Auch in Bremen hatten die Etablierten die Ökopartei zunächst weitgehend ignoriert. Das Wahlergebis überrascht auch die Grünen selbst. Mit einem stabilen Sockel von rd. 3% der Wähler – selbst in SPD-Hochburgen – und Spitzenergebnissen sowohl im »Szeneviertel« als auch in Schwachhausen, dem Wohnort vieler gut betuchter Bürger, erreichen die Grünen sogar acht Sitze in Stadtteilbeiräten. Die sog. grüne Bewegung entstand um 1977, als sich u.a. im niedersächsischen Gorleben der Protest gegen die Bonner Atompläne formierte. Sie hat ihre Wurzeln u.a. in anthroposophisch-naturverbundenen Gruppen sowie in der linken Alternativszene und ist zunächst lokal organisiert. Schnell bilden die Grünen ein Sammelbecken unterschiedlichster Gruppierungen, denen allein der Kampf gegen die Umweltzerstörung gemein ist. Unter dem Dach der neuen Bewegung finden sich so unterschiedliche Persönlichkeiten wie der »Bio-Bauer« Baldur Springmann, der ehemalige CDU-Abgeordnete Herbert Gruhl oder der SED-Dissident Rudolf Bahro zusammen. Diese Vielfalt birgt erheblichen Zündstoff. Bald schon beginnen innerhalb der grünen Bewegung heftige Richtungskämpfe.

3. September 1979

Krieg gegen Kurden im Iran

Ein unerbittlich geführter Krieg rückt ins Blickfeld der Weltöffentlichkeit. Die iranische Armee besetzt die Stadt Mahabad, das Zentrum der kurdischen Rebellen im Nordiran. Dennoch gelingt es nicht, den Widerstand der Kurden zu brechen. Im Iran gibt es rd. 6 Mio. Kurden, sie stellen fast ein Sechstel der Gesamtbevölkerung. Insgesamt leben in der Türkei, dem Iran, Irak und Syrien rd. 20 Mio. Kurden, die in ihrer Mehrheit staatliche und kulturelle Autonomie fordern. Nach der Flucht des Schah aus dem Iran im Januar proklamierten militante Kurden den Kampf für ein freies Kurdistan. Ajatollah Khomeini forderte daraufhin die »Vernichtung« der Führer der Rebellen.

21. September 1979

Kaiser Bokassa gestürzt

Nach fast 14 Jahren geht die Diktatur des selbst ernannten Kaisers von Zentralafrika, Bokassa I., zu Ende. Der frühere Regierungschef David Dacko stürzt mit französischer Unterstützung den zu teilweise grotesker Prachtentfaltung neigenden Gewaltherrscher, der sich zur Zeit in Libyen aufhält. Nach der Machtübernahme ruft Dacko die Republik aus. Tags darauf werden alle politischen Häftlinge entlassen. Bokassa war u.a. Beteiligung an der Ermordung von Kindern sowie Kannibalismus vorgeworfen worden. Weltweite Schlagzeilen machte der bizarre Potentat, der fünf Putschversuche überstand, auch mit seiner prunkvollen Kaiserkrönung am 4. Dezember 1976.

Oktober 1979

1 Mo Die USA übergeben verabredungsgemäß die Panamakanalzone an den Staat Panama, behalten sich jedoch noch Hohheitsrechte vor.

2 Di Wegen unterschiedlicher Fleischbeschau-Vorschriften verweigert der bundesdeutsche Zoll die Einfuhr von niederländischem Schweinefleisch.

3 Mi Die Hamburgische Bürgerschaft billigt die Einführung der Gesamtschule als gleichberechtigte Regelschule neben dem dreigliedrigen Schulsystem.

4 Do Nach einjährigem Aufenthalt Pavel Kohouts in Österreich verweigern die tschechoslowakischen Behorden dem regimekritischen Autor die Wiedereinreise.

5 Fr Der achtwöchige Arbeitskampf in der britischen Metallindustrie geht zu Ende. Die Streikenden setzen eine Lohnerhöhung von bis zu 14% durch.

6 Sa Die Notenbank der Vereinigten Staaten von Amerika beschließt eine einprozentige Anhebung des Diskontsatzes auf 12%. → Truppenabzug

7 So Mit dem Großen Preis der USA in Watkins Glen endet die Formel-1-Weltmeisterschaft. Sieger ist der Südafrikaner Jody Scheckter auf Ferrari. → Die Grünen

8 Mo Aufgrund der Anhebung des Diskontsatzes am 6. 10. stabilisiert sich der Kurs des Dollars auf 1,79 DM. Eine Unze Feingold kostet bis zu 380 Dollar.

9 Di In Turin entlässt die italienische Automobilfirma Fiat 61 Mitarbeiter wegen des Verdachts der Zusammenarbeit mit den terroristischen Roten Brigaden.

10 Mi Die Presse beschuldigt den französischen Staatschef Valéry Giscard d'Estaing, vom zentralafrikanischen Kaiser Bokassa I. Geschenke erhalten zu haben.

11 Do Der Bundestag billigt den zweiten Nachtragshaushalt des Bundes für 1979, der Mehrausgaben von 1,4 Mrd. DM vorsieht.

12 Fr In Island tritt die Regierung zurück, nachdem die Sozialdemokraten das Mitte-Links-Kabinett von Ministerpräsident Olafur Jóhannesson verließen.

13 Sa Die DDR-Auswahlmannschaft gewinnt ein Fußballländerspiel gegen die schweizerische Nationalmannschaft in Ost-Berlin mit 5:2.

14 So In der Frankfurter Paulskirche erhält der Geiger Yehudi Menuhin den Friedenspreis des Deutschen Buchhandels, der mit 25 000 DM dotiert ist.

15 Mo Eine Gruppe von Offizieren stürzt den Staatspräsidenten von El Salvador, Carlos Humberto Romero. Trotzdem geht der Bürgerkrieg weiter.

16 Di Als erstes DDR-Regierungsmitglied besucht der Minister für Bauwesen, Wolfgang Junker, für drei Tage die Bundesrepublik Deutschland.

17 Mi In einem Qualifikationsspiel zur Fußball-Europameisterschaft 1980 gewinnt die deutsche Nationalmannschaft in Köln 5:1 gegen Wales. → SED-Dissident

18 Do Der iranische Schiitenführer Ajatollah Khomeini ordnet ein Ende der Hinrichtungen im Iran an. Seit dem 15. Februar wurden 652 Menschen getötet.

19 Fr Polens KP-Chef Edward Gierek äußert sich besorgt über die wachsende Auslandsverschuldung und die sich ständig verschlechternde wirtschaftliche Lage.

20 Sa Mehrere hundert Frauen besetzen das Justizministerium in Madrid, um gegen das in Spanien geltende Abtreibungsverbot zu demonstrieren.

21 So Aus Protest gegen die starre Haltung der Regierung bei den Autonomiegesprächen mit den Palästinensern tritt Israels Außenminister Moshe Dayan zurück.

22 Mo Die USA gewähren dem ehemaligen Schah von Persien, Mohammad Resa Pahlawi, einen befristeten Aufenthalt, um sich medizinisch behandeln zu lassen.

23 Di In Prag werden sechs namhafte tschechoslowakische Bürgerrechtler wegen sog. staatsfeindlicher Tätigkeit zu mehrjährigen Haftstrafen verurteilt.

24 Mi Großbritannien schafft die Kapitalverkehrskontrollen ab. Nun kann jeder britische Staatsbürger ausländische Währungen und Wertpapiere erwerben.

25 Do Bei Volksabstimmungen in Katalonien und im spanischen Baskenland billigen 90% der Wahlberechtigten die Autonomiestatuten der Regierung in Madrid.

26 Fr Südkoreas Staatspräsident und Diktator Park Chung Hee wird in der Hauptstadt Seoul von seinem eigenen Geheimdienstchef erschossen.

27 Sa Die frühere britische Kolonie Saint Vincent erhält unter dem Namen Saint Vincent and the Grenadines die Unabhängigkeit im Rahmen des Commonwealth.

28 So Nach einem Besuch in der Bundesrepublik beurteilt der iranische Regierungssprecher Sadegh Tabatabai die deutsch-iranischen Beziehungen als positiv.

29 Mo Als erstes französisches Staatsoberhaupt besucht Valéry Giscard d'Estaing West-Berlin. Er bekräftigt die Sicherheitsgarantien seines Landes.

30 Di Aufgrund seiner angeblichen Verwicklung in einen Immobilienskandal begeht der französische Arbeitsminister Robert Boulin nahe Paris Selbstmord.

31 Mi Vertreter beider deutscher Staaten unterzeichnen in Ost-Berlin einen Verkehrsvertrag über Erleichterungen im Transitverkehr nach West-Berlin.

November 1979

1 Do Die bolivianische Armee stürzt den seit drei Monaten amtierenden zivilen Präsidenten Walter Guevara Arze. Das Parlament lehnt die Putschisten jedoch ab.

2 Fr Im New Yorker Guggenheim Museum beginnt eine groß angelegte Werkschau des deutschen Künstlers Joseph Beuys.

3 Sa Ein Kongress mehrerer ökologisch orientierter Gruppen in Offenbach bereitet die Gründung einer bundesweiten Partei »Die Grünen« für Anfang 1980 vor.

4 So Ein Anschlag auf das Kernkraftwerk Gösgen in der Schweiz zerstört einen 110 m hohen Stahlmast mit meteorologischen Instrumenten. → US-Botschaft

5 Mo Auf einer UN-Konferenz in New York bewilligen die Teilnehmerstaaten eine finanzielle Hilfe in Höhe von 210 Mio. Dollar für Flüchtlinge aus Kambodscha.

6 Di Der iranische Ministerpräsident Mehdi Basargan tritt mit seinem Kabinett zurück. +++ In Japan wird Regierungschef Masajoschi Ohira in seinem Amt bestätigt.

7 Mi In Boston meldet der demokratische Senator Edward M. Kennedy seine Bewerbung zur US-Präsidentschaftskandidatur für 1980 an.

8 Do Die Westberliner Polizei löst im Gatower Forst eine Demonstration von Naturschützern auf, die gegen eine geplante Flugplatzerweiterung protestierten.

9 Fr Der Intendant des WDR, Friedrich-Wilhelm von Sell, vereinbart mit der Pekinger Regierung die Zulassung eines ARD-Korrespondenten in China.

10 Sa Unmittelbar vor Ankunft der Autokolonne von Italiens Staatspräsident Alessandro Pertini werden an einer Autobahn in Sizilien drei Carabinieri erschossen.

11 So Nach der Explosion von acht mit Propangas gefüllten Tankwagen eines Güterzugs müssen im kanadischen Mississauga 250 000 Menschen evakuiert werden.

12 Mo DDR-Staats- und Parteichef Erich Honecker tritt eine Reise nach Äthiopien und Südjemen an. Mit beiden Staaten werden Freundschaftsverträge geschlossen.

13 Di 15 000 Lehrer in Hamburg, Hessen und Niedersachsen treten für ihre Forderung nach Arbeitszeitverkürzung in einen zweistündigen Streik.

14 Mi Der rheinland-pfälzische Justizminister Otto Theisen (CDU) tritt nach achtjähriger Amtszeit aufgrund einiger Justizaffären zurück.

15 Do Die israelischen Truppen räumen vorzeitig das Gebiet um das Katharinenkloster am Fuß des Berges Sinai, den südlichen Teil der sog. Räumungszone V.

16 Fr In Frankreich wird die Deutsche Christina von Opel wegen Rauschgiftschmuggels zu zehn Jahren Haft verurteilt. In der Berufung wird die Strafe halbiert.

17 Sa Der iranische Religionsführer Ajatollah Khomeini ersucht die Besetzer der US-Botschaft in Teheran um die Freilassung von 18 Geiseln.

18 So In München gründet der als »schöner Konsul« bekannte Hans-Hermann Weyer die Deutsche Freiheitspartei und kandidiert für die Bundestagswahl 1980.

19 Mo Nach einem Überfall auf eine Filiale der Schweizerischen Volksbank in Zürich wird der mutmaßliche deutsche Terrorist Rolf Clemens Wagner verhaftet.

20 Di Etwa 250 schiitische Extremisten richten in der al-Haram Moschee mit der Kaaba in Mekka, der heiligsten Stätte des islamischen Glaubens, ein Blutbad an.

21 Mi Der Außenminister der UdSSR, Andrej A. Gromyko, trifft zu Gesprächen über Sicherheitspolitik in Bonn ein. Er will die NATO-Nachrüstung verhindern.

22 Do Nach sechs Jahren endet im Zweiten Deutschen Fernsehen Dieter Hildebrandts satirische Sendereihe »Notizen aus der Provinz«.

23 Fr Der frühere langjährige Vorsitzende der SPD in Schleswig-Holstein, Joachim Steffen, verlässt seine Partei u.a. aufgrund umweltpolitischer Differenzen.

24 Sa Die US-Behörden räumen erstmals ein, dass mehrere tausend US-Soldaten im Vietnamkrieg mit dem Entlaubungsgift »Agent Orange« in Berührung kamen.

25 So Der Bundesligaklub 1. FC Köln gibt bekannt, dass der englische Nationalspieler Tony Woodcock für die Rekordsumme von 2,5 Mio. DM an den Rhein wechselt.

26 Mo In Venezuela werden 500 Mrd. Barrel (79 500 Mrd. l) Erdöl entdeckt, was die bisher bekannten Reserven der OPEC-Staaten verdoppelt. → Häuser

27 Di Auf einer Plenartagung des Zentralkomitees der KPdSU rückt der 48-jährige Michail S. Gorbatschow in den Rang eines Kandidaten des Politbüros auf.

28 Mi Eine neuseeländische DC-10 zerschellt auf einem Antarktisflug am Hang des Vulkans Erebus. Alle 257 Flugzeuginsassen kommen ums Leben.

29 Do Mexiko verweigert dem früheren Schah des Iran, Mohammad Resa Pahlawi, ein Rückreisevisum. Er war für eine medizinische Behandlung in die USA gereist.

30 Fr Frankreich billigt das Gesetz über den Schwangerschaftsabbruch. Innerhalb der ersten zehn Wochen darf sich die Frau frei für den Abbruch entscheiden.

12. Dezember 1979

Streit um NATO-Doppelb

US-Soldaten vor einer Mittelstreckenrakete vom Typ Pershing II

Die Außen- und Verteidigungsminister der NATO konfrontieren die Sowjetunion mit dem sog. NATO-Doppelbeschluss: Für den Fall, dass Gespräche über eine kontrollierte Begrenzung der sog. eurostrategischen Waffen nicht zustande kommen oder scheitern, will die NATO die in Westeuropa stationierten Mittelstreckenraketen modernisieren. Ab Ende 1983 sollen 108 Pershing-II-Raketen und 464 bodengestützte Marschflugkörper in Westeuropa stationiert werden, um das bestehende militärische Ungleichgewicht der Machtblöcke zu beseitigen.

Hintergrund ist eine Initiative von Bundeskanzler Helmut Schmidt, der im Oktober 1977 vor dem Internationalen Institut für Strategische Studien in London auf die sog. Raketenlücke hinwies. Angesichts der sich abzeichnenden Verringerung des strategischen US-Waffenpotentials im Rahmen von SALT II und der Stationierung neuer sowjetischer SS-20-Mittelstreckenraketen in Europa schlug Schmidt Alarm. Die SS 20 stellen gegenüber den bisher stationierten SS 4 und SS 5 durch ihre größere Treffgenauigkeit, Beweglichkeit und Reichweite sowie durch ihre Ausrüstung mit Mehrfachsprengköpfen eine bedeutende Verbesserung dar. Sie unterliegen – ebenso wie die US-Mittelstreckenraketen vom Typ Pershing I A – nicht den Abrüstungsvereinbarungen SALT I und SALT II. Schmidt forderte daher entweder eine westliche Nachrüstung im Bereich der nuklearen Mittelstreckenwaffen oder

26. November 1979

Erste Häuser »instandbesetzt«

Eine neue Form des zivilen Widerstandes gegen die zunehmende Spekulation mit leer stehendem Wohnraum und Luxussanierungen sorgt für Aufsehen. Mitglieder der Westberliner »Bürgerinitiative SO 36« besetzen drei Wohnungen im Bezirk Kreuzberg. Ziel der sog. Instandbesetzer ist es nach eigenem Bekunden, leer stehenden Wohnraum wieder bewohnbar zu machen (s. Abb.), um dadurch Altbauten zu erhalten und billige Unterkünfte zu schaffen. Der SPD/FDP-Senat entscheidet sich im Umgang mit den meist jugendlichen Besetzern für eine »weiche Linie«: Keine Räumung, dafür aber vertragliche Regelungen.

4. November 1979

Iran: US-Botschaft gestürmt

In einem völkerrechtswidrigen Akt stürmen radikalisierte Khomeini-Anhänger die US-Botschaft in Teheran und bringen rd. 100 Menschen, darunter 62 US-Bürger, in ihre Gewalt. Sie fordern die Auslieferung des gestürzten Schah Mohammad Resa Pahlawi, der sich seit fast zwei Wochen zu einer medizinischen Behandlung in den USA aufhält. Ohnmächtig muss die Weltmacht mit ansehen, wie Iraner die US-Flagge auf der Straße verbrennen bzw. Carter-Puppen öffentlich aufhängen.

18. Dezember 1979

Kirche kanzelt Küng ab

Rom hat gesprochen: Die vatikanische Glaubenskongregation entzieht Hans Küng wegen Abweichung »von der vollständigen Wahrheit des katholischen Glaubens« die Lehrerlaubnis. Der Schweizer Theologe ist seit 1960 Professor für Fundamentaltheologie, dogmatische und ökumenische Theologie in Tübingen. Küng, der sich dem Gedanken der Ökumene verpflichtet fühlt, geriet durch kritische Fragen zur Unfehlbarkeit des Papstes ins Visier der Glaubenshüter.

luss

Rüstungsbeschränkungen auch in diesem Sektor. Nach Ansicht der NATO sind »konkrete Maßnahmen« erforderlich, wenn die Strategie der »flexiblen Reaktion« glaubwürdig bleiben soll. Der sog. Doppelbeschluss verknüpft die Aufrüstungsankündigung mit dem Angebot zu Abrüstungsgesprächen. Der UdSSR wird vorgeschlagen, über eine Begrenzung der Mittelstreckenraketen zu verhandeln, die jeweils dem »Grundsatz der Gleichheit zwischen beiden Seiten« entspreche und wirksam überprüft werden könne.
Bis zur endgültigen Einigung über die NATO-Entschließung gilt es noch Hürden zu überwinden. Vor allem die kleineren NATO-Partner machen aufgrund politischer Widerstände im eigenen Land Vorbehalte geltend. Die belgische Regierung will erst 1980 über die Stationierung von 48 Cruise Missiles befinden. Um die angestrebte Einstimmigkeit zu erreichen, werden auch die Bedenken der Niederlande berücksichtigt, die über die Stationierung der auf ihrem Territorium vorgesehenen 48 Marschflugkörper erst im Dezember 1981 entscheiden will, wenn die Ergebnisse der Gespräche mit der UdSSR bekannt sind. Die Stationierung neuer Waffensysteme soll aber in jedem Fall die schon bestehenden Kapazitäten im nuklearen Bereich vermindern.
Auch in der Bundesrepublik regt sich gegen den NATO-Doppelbeschluss breiter Widerstand. Die Verhinderung der Stationierung von Pershing II-Raketen und Cruise Missiles wird zu einem Mobilisierungsfaktor der Friedensbewegung.

24. Dezember 1979

»Ariane« auf Jungfernflug

Europas Raumfahrtindustrie steigt ins Geschäft um den Transport von Satelliten ins Weltall ein. Im Raumfahrtzentrum Kourou in Französisch-Guayana gelingt der Start der Trägerrakete »Ariane« (s. Abb.).
Die 202 t schwere Mehrstufenrakete kann Nutzlasten von 900 kg auf bis zu 36 000 km Höhe bringen. Die Zukunftsaussichten einer von US-Technologie unabhängigen, wettbewerbsfähigen Trägerrakete sind recht günstig. Nach Expertenschätzungen sollen in den achtziger Jahren mehr als 100 nichtmilitärische Nachrichten- und Rundfunksatelliten in eine Umlaufbahn gebracht werden. Hauptgeldgeber des 1,5 Mrd. DM teuren »Ariane«-Projektes ist Frankreich, das knapp zwei Drittel der Kosten trägt. Die Bundesrepublik steuert rd. 20% bei.

27. Dezember 1979

Einmarsch in Afghanistan

Die Rote Armee marschiert in Afghanistan ein (Abb.: Widerstandskämpfer beobachten einen Militärtransport) und erobert den Präsidentenpalast. Das afghanische Staatsoberhaupt Hafizullah

Amin wird ermordet. Nach Moskauer Lesart handelt es sich um eine Intervention aufgrund eines angeblichen Hilfeersuchens Amins. Zudem drohe eine von den USA organisierte »Konterrevolution«, die die Südgrenze der UdSSR bedrohe. Moskau installiert ein Marionettenregime unter Babrak Karmal. Der Westen protestiert.

10. Dezember 1979

Ein Leben für die Armen

Die Ordensschwester Mutter Teresa, die in Kalkutta (Indien) ein Armen- und Sterbehaus leitet, erhält in Oslo den Friedensnobelpreis. Das Nobelpreiskomitee hebt hervor, sie habe sich der Aufgabe geweiht, »der leidenden Menschheit Hilfe zu bringen«, und würdigt ihren »Respekt vor dem individuellen menschlichen Wesen, vor seiner Würde und seinem angeborenen Wert«. Den Nobelpreis für Chemie teilt sich Georg Wittig (Bundesrepublik Deutschland) mit Herbert Charles Brown (USA), den Literaturnobelpreis erhält der griechische Lyriker Odisseas Elitis. In der Sparte Medizin werden Allan MacLeod Cormack (USA) und der Brite Godfrey Newbold Hounsfield geehrt. Sheldon Lee Glashow, Steven Weinberg (beide USA) und Abdus Salam (Pakistan) erhalten den Physik-Nobelpreis, Theodore W. Schultz (USA) und Sir W. Arthur Lewis (Großbritannien) teilen sich die Auszeichnung im Bereich Wirtschaftswissenschaften.

Mutter Teresa

eigtl. Agnes Gondscha Bojadscho, indische Ordensfrau albanischer Herkunft, * 27.8.1910 Skopje; † 5.9.1997 Kalkutta

Die als »Engel der Armen« apostrophierte katholische Nonne gründete 1950 in Kalkutta einen Orden, der sich in den Dienst der Hungernden, Kranken und Sterbenden der Millionenstadt stellte. Mittlerweile unterhalten die »Missionarinnen der Nächstenliebe« in 126 Ländern 568 soziale Einrichtungen. Mit 18 Jahren ging die Missionsschwester nach Indien, wo sie 1931 in Darjeeling ihr Gelübde ablegte.

- 1928-48: Schulleiterin und Lehrerin in Kalkutta
- 1948: Umzug in das Elendsviertel Tiljala
- 1971: Friedenspreis des Papstes

Dezember 1979

1 Sa Als erstes Land der Welt schränkt Schweden den Verkauf von Kriegsspielzeug ein. Alles, was an Kriege seit 1914 erinnert, darf nicht verkauft werden.

2 So Bei den vorgezogenen Parlamentswahlen in Portugal erringen die in der sog. Demokratischen Allianz vereinigten Parteien die absolute Mehrheit.

3 Mo Im Iran endet ein zweitägiges Referendum über die neue Verfassung des Landes. Bei einer Beteiligung von 65% stimmen 99% für den Verfassungsentwurf.

4 Di Elf Tote und acht Verletzte sind die traurige Bilanz eines Konzerts der britischen Rockgruppe »The Who« in Cincinnati (US-Bundesstaat Ohio).

5 Mi Der irische Ministerpräsident John Mary Lynch gibt seinen Rücktritt bekannt. Die regierende Fianna-Fáil nominiert Charles James Haughey zum Nachfolger.

6 Do Choi Kyu-ha, seit dem 26. Oktober provisorischer Staatschef von Südkorea, wird zum neuen Staatsoberhaupt gewählt.

7 Fr In Paris ermorden unbekannte Täter Scharia Mustapha Chafik, einen Neffen des früheren Schah des Iran, Mohammad Resa Pahlawi.

8 Sa Die Pekinger Stadtverwaltung legt die sog. Mauer der Demokratie, ein Zentrum der freien Meinungsäußerung, durch Entfernen der Plakate still.

9 So Im Finale des World Championship Tennis Challenge Cup schlägt der Schwede Björn Borg den US-Spieler Jimmy Connors.

10 Mo Die 20 führenden westlichen Industriestaaten beschließen auf einer Ministerkonferenz in Paris die Reduzierung ihrer Erdölimporte. → Armen

11 Di Mit 84 Jahren stirbt in Bad Honnef der SPD-Politiker Carlo Schmid, Mitglied des Parlamentarischen Rates und Bundestagsabgeordneter von 1949 bis 1972.

12 Mi Bis zur avisierten Lösung der Rhodesien-Frage wird Simbabwe-Rhodesien vorübergehend wieder britische Kolonie. → Doppelbeschluss

13 Do In Sindelfingen werden die Skiläuferin Christa Kinshofer und der Leichtathlet Harald Schmid zu »Sportlern des Jahres« gewählt.

14 Fr Das Verwaltungsgericht Schleswig weist die Klagen mehrerer Gemeinden gegen die Teilerrichtungsgenehmigung für das Kernkraftwerk Brokdorf zurück.

15 Sa Die 1962 in einem Indizienprozess wegen Doppelmordes zu lebenslanger Haft verurteilte Vera Brühne wird begnadigt.

16 So In Los Angeles (USA) schlägt das Tennis-Team der USA im Finale des Davis-Cups die Mannschaft Italiens und wiederholt so seinen Vorjahreserfolg.

17 Mo Conrad Ahlers, SPD-Bundestagsabgeordneter, wird zum Intendanten der Deutschen Welle gewählt. Er tritt sein Amt am 1. März 1980 an.

18 Di Der Bundesgerichtshof untersagt den Zusammenschluss des Axel-Springer-Verlags mit dem Hamburger »Elbe Wochenblatt«. → Küng

19 Mi Ein Münchener Gericht erklärt den geplanten Proteststreik der Mitarbeiter des öffentlich-rechtlichen Rundfunks gegen die NDR-Auflösung für unzulässig.

20 Do Gegen Mitarbeiter der »Bild«-Zeitung wird Anzeige wegen Diebstahls in besonders schwerem Fall erhoben. Sie hatten eine Wohnung aufgebrochen.

21 Fr Das Abkommen über die künftige Verfassung von Simbabwe-Rhodesien wird in London unterzeichnet. U.a. ist darin ein Waffenstillstand vereinbart.

22 Sa Die deutsche Fußball-Nationalelf gewinnt in Gelsenkirchen gegen die Türkei 2:0. Damit steht sie in der Endrunde der Europameisterschaft in Italien 1980.

23 So In Dortmund gewinnt die deutsche Handball-Auswahl durch ein 15:13 über Rumänien den Handball-Supercup für Nationalmannschaften.

24 Mo Während eines Besuchs in Dänemark stirbt der frühere Studentenführer Rudi Dutschke an den Spätfolgen eines 1968 verübten Attentats. → »Ariane«

25 Di Das israelische Parlament hebt ein Gesetz auf, das Abtreibungen aus sozialen und wirtschaftlichen Gründen erlaubt.

26 Mi Der Preis für eine Feinunze Gold übersteigt erstmals 500 Dollar. +++ Der englische Fußball-Nationalspieler Kevin Keegan wird Europas Fußballer des Jahres.

27 Do Nicaragua bildet die Regierung des Nationalen Wiederaufbaus um. Humberto Ortega Saavedra wird neuer Verteidigungsminister. → Afghanistan

28 Fr US-Präsident Jimmy Carter nennt die sowjetische Intervention in Afghanistan eine »flagrante Verletzung anerkannter internationaler Verhaltensregeln«.

29 Sa In London findet das letzte von vier Benefizkonzerten zugunsten kambodschanischer Flüchtlinge statt. Mitwirkende sind u.a. Paul McCartney und Elvis Costello.

30 So Bei der bisher größten Anti-Mafia-Razzia im Italien der Nachkriegszeit werden in Kalabrien und Norditalien 78 Personen von der Polizei verhaftet.

31 Mo Der Weltsicherheitsrat beschließt, dem Iran Sanktionen anzudrohen, falls er die Geiseln in der Teheraner US-Botschaft nicht bis zum 7.1.1980 freilassen sollte.

1980-1989

1

2

3

1 – Die Zeichen stehen auf Abrüstung: Ein Prosit auf den Abzug von Mittelstreckenraketen in der Heilbronner Waldheide. Quer durch alle Gesellschaftsschichten mobilisiert die Friedensbewegung Millionen Menschen. 2 – Das »schönste Gesicht des Sozialismus«: Eisprinzessin Katarina Witt feiert triumphale Erfolge. 3 – Entspannung in der Privatsphäre: Viele DDR-Familien verbringen ihre Freizeit in der Gartenidylle von Datschen-Siedlungen.

4

5

6

7

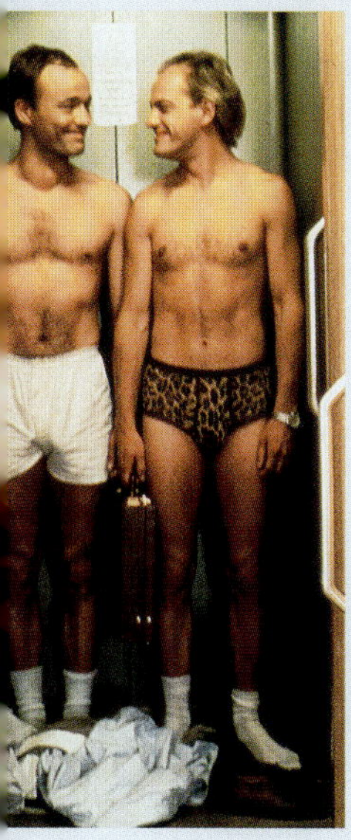

8

9

10

4 – Nervenkitzel Bungee-Sprung: Immer mehr Freizeitsportler suchen den ultimativen Kick. 5 – Die Dallas-Familie begleitet das Jahrzehnt. 6 – Boris Becker macht Tennis zum Trendsport. 7 – Todesurteil gegen Schriftsteller: Das iranische Mullah-Regime lässt Salman Rushdie jagen. 8 – Komödianten: Heiner Lauterbach und Uwe Ochsenknecht (v.l.) in »Männer«. 9 – Man gönnt sich ja sonst nichts: Werbung mit Günter Strack. 10 – Ganz schön schick: DDR-Mode.

Die achtziger Jahre – Das Ende der Nachkriegsordnung

»Wind of Change« – der berühmte Song der Rockgruppe »Scorpions« über den Wandel der Zeiten bringt es auf den Punkt: Am Ende eines wahrhaft weltbewegenden Jahrzehnts ist nichts mehr so, wie es über vierzig Jahre lang fest zementiert schien. Binnen weniger Monate wird im Jahr 1989 die europäische Nachkriegsordnung über den Haufen geworfen. Für die Deutschen geht das Jahrzehnt mit Jubel und Freudentränen zu Ende. Die Protestbewegung in der DDR und Moskaus neuer Kurs haben die Berliner Mauer zum Einsturz gebracht. Zeitlich gesehen noch vor den sich überschlagenden politischen Ereignissen sorgte das größte Fanal der Technikgeschichte für traurige Schlagzeilen: Der Super-GAU von Tschernobyl im Jahre 1986 verdeutlicht das tödliche Restrisiko sogar der friedlichen Nutzung der Kernenergie. Die Ausbreitung von AIDS verändert überdies in den achtziger Jahren die zwischenmenschlichen Beziehungen.

Das Ende der Hochkonjunktur bringt in vielen westlichen Staaten konservative Regierungen an die Macht, ein Ausdruck der Veränderung der Wertesysteme. Auf Gemeinschaftlichkeit und Solidarität gegründete Ideale weichen mehr und mehr individualistischem Erfolgs- und Leistungsstreben. Gleichzeitig leitet der technische Fortschritt in der Mikroelektronik die dritte industrielle Revolution ein. In den Büros und immer mehr Privathaushalten tritt der Personalcomputer seinen Siegeszug an.

Ein lange gehegter Traum wird wahr: Westberliner bejubeln den Abbau eines Mauerteils.

Die Mauer fällt

Der Wunsch nach demokratischen Reformen, verbrieften Bürgerrechten, besseren materiellen Lebensverhältnissen und Reisefreiheit ist zum Zeitpunkt des 40. Jahrestags der DDR im Oktober 1989 unüberhörbar geworden. Monatelange Demonstrationen (»Wir sind das Volk«) und die Massenflucht vieler DDR-Bürger erzwingen im November 1989 den Fall der Mauer. Bange Stunden verstreichen, ehe klar ist, dass die Panzer in den Kasernen bleiben werden. Eine Revolution ereignet sich, bei der kein Tropfen Blut vergossen wird. Das Tempo der Auflösung der DDR ist atemberaubend, und die Entwicklung verläuft ohne irgendein Zutun von außen – vielfach wird der Zusammenbruch des östlichen deutschen Staates deshalb auch mit dem Begriff »Implosion« gekennzeichnet. Im Taumel der Ereignisse des 9. November 1989 ist noch nicht von der künftigen Staatsform und vom Verhältnis der beiden deutschen Staaten die Rede. Per Trabbi in den Westen, zum Bummel auf dem Kudamm, erscheint für den Augenblick viel wichtiger. Aber schon kurz danach ändert sich der Slogan der Demonstrierenden in »Wir sind ein Volk«. Am Ausgang des Jahrzehnts steht die deutsche Frage ganz oben auf der weltpolitischen Agenda. Dem Augenblick des Mauerfalls folgt die Stunde der Diplomatie.

Aufweichung alter Fronten

Mit der Mauer fällt endgültig auch der Eiserne Vorhang, der Ost- und Westeuropa voneinander trennt. Die kommunistischen Regime in Polen, der Tschechoslowakei, Ungarn und Rumänien befinden sich 1989 in Auflösung. Einer der Väter des Umbruchs ist Kremlchef Michail S. Gorbatschow. Er hat durch seine Politik der Öffnung (»Glasnost«) und des Umbaus (»Perestroika«) die starren Fronten in Bewegung gebracht. Schon 1985 unterbreitet er erste Abrüstungsvorschläge und leitet in der Folge tiefgreifende politische Reformen ein. Den Durchbruch bei der Annäherung der Supermächte bringt das Gipfeltreffen von Washington Ende 1987 mit der Vereinbarung, beiderseits atomare Mittelstreckenraketen zu verschrotten. Fortan gibt Gorbatschow Stück für Stück Positionen auf, die vorher als unabänderlich galten. US-Präsident Ronald Reagan, der die Sowjetunion zuvor noch als »Reich des Bösen« bezeichnet hatte, wandelt sich aus einer Position der Stärke heraus zum Friedenspräsidenten. Sichtbare Erfolge sind darüber hinaus der Abzug der Sowjets aus Afghanistan und die schrittweise Entlassung der osteuropäischen Reformstaaten aus der Vormundschaft Moskaus. Doch wird auch die Kehrseite der Medaille deutlich. Gorbatschow gerät zu Hause zusehends zwischen die Fronten der kommunistischen Traditionalisten und der Radikalreformer. Nationalitätenkonflikte gefährden den Zusammenhalt der Sowjetunion. Es stellt sich die Frage, ob die Perestroika schon nach fünf Jahren am Ende ist. Auch anderswo blitzen Warnsignale auf. Die Pekinger Führung lässt die studentische Demokratiebewegung auf dem Platz des Himmlischen Friedens blutig niederschlagen. Im Vielvölkerstaat Jugoslawien haben sich nach dem Tod des Staatsgründers Josip Tito 1980 die Zentrifugalkräfte immer mehr verstärkt. Konflikte in der Provinz Kosovo zwischen christlich-orthodoxen Serben und moslemischen Albanern weisen auf die Reaktivierung religiös-nationaler Spannungen hin.

Der letzte Bruderkuss: Gorbatschow zu Besuch bei Honecker

Bürger contra Staatsmacht

In der Bundesrepublik formiert sich – unberührt vom Ende der sozialliberalen Koalition unter Bundeskanzler Helmut Schmidt und dem Beginn der Ära Helmut Kohl – eine breite Front gegen die als autoritär, verantwortungslos und unflexibel empfundene Regierungspolitik. Die Friedens- und Umweltbewegung mobilisiert Hunderttausende. Friedliche Demonstranten wollen mit kilometerlangen Menschenketten deutlich machen, dass die Regierenden in Bonn den NATO-Doppelbeschluss gegen die Mehrheit der Bevölkerung durchsetzen. An den Bauzäunen von Wackersdorf und Brokdorf kommt es wegen der Atompolitik teilweise zu äußerst gewalttätigen Auseinandersetzungen mit der Staatsmacht. An der Ausbaustufe Startbahn West des Frankfurter Flughafens gibt es sogar Todesopfer. Erstmals seit Bestehen der Bundesrepublik bricht im Zuge dieser gesellschaftspolitischen Auseinandersetzungen das westdeutsche Drei-Parteien-System auf. Mit den Grünen schafft die Friedens- und Umweltbewegung als vierte Kraft den Sprung ins Parlament.

In der DDR formiert sich die unabhängige Friedensbewegung unter dem Schutzschirm der Kirche. »Schwerter zu Pflugscharen« heißt die Losung. Die SED kontert mit der Parole »Frieden schaffen ohne NATO-Waffen«. Mit Argusaugen beobachtet die DDR-Führung seit jeher jedes Anzeichen aufkeimender Opposition. Ein Überwachungssystem, das sich durch das Zusammenspiel

Parteivorsitzender als Identifikationsfigur: SPD-Veteran Willy Brandt

von Polizei, freiwilligen Informanten und Staatssicherheit gebildet hat, macht es möglich.
Vor allem kirchliche Gruppen, Öko-Aktivisten und die Friedensbewegung befinden sich im Visier der Staatsmacht. Bespitzelung und Gängelung vieler Jugendlicher durch den Apparat der Staatssicherheit werden alltäglich. Es sind deshalb besonders viele junge Menschen unter denen, die im Sommer 1989 über die durchlässig gewordenen Grenzen Richtung Westen flüchten.

Nischengesellschaft – am Ende der Geduld

1988 wird in Ost-Berlin die dreimillionste Neubauwohnung eingeweiht, die im Rahmen eines zu Beginn der siebziger Jahre aufgelegten staatlichen Wohnungsbauprogramms gebaut worden ist. Neubauwohnungen sind begehrt, auch wenn der schmucklose und wenig individuelle Plattenbau optisch nicht immer gefällt und der Volksmund die Wohnsituation gelegentlich als »Arbeiterintensivhaltung« schmäht. Der Wunsch nach einer eigenen Wohnung steht seit der Staatsgründung ganz oben auf der Wunschliste der Bevölkerung. Die eigenen vier Wände bedeuten einen weitgehend staatsfreien Raum, in dem keine äußeren Anforderungen an den Einzelnen gestellt werden – die dringend ersehnte private Rückzugsmöglichkeit. Die Mieten sind niedrig, sie machen in der Regel nicht mehr als 10% des Einkommens aus.
Der Weg zur eigenen Bleibe führt in der DDR über die Gründung einer Familie. Nur durch Heirat besteht in der Regel die Chance auf eine Neubauwohnung. Allerdings halten die oft jung und aus pragmatischen Gründen geschlossenen Ehen nicht immer. Eine Erhebung aus den achtziger Jahren weist aus, dass 43% aller dieser Verbindungen wieder geschieden werden. Am Ende des Jahrzehnts zeigt sich endgültig: Der Rückzug ins Private allein kann den angesammelten Unmut der DDR-Bürger gegen ihren Staat nicht kanalisieren. Die sog. Nischengesellschaft will die grundlegende politische Veränderung.

Yuppies und Skins: Jugendkultur als Geschmackssache

Zum Prototyp einer neuen Generation wird im Westen der karriere- und konsumbewusste »Yuppie«. Das Präsentieren teurer Statussymbole, die Betonung eines luxuriösen Lebensstils und ein angepasst wirkendes Auftreten gehören zum Repertoire dieser jungen Berufstätigen. In den achtziger Jahren bestehen mehrere Jugendkulturen gleichzeitig, von den »Poppern« über »Punks«, »Skins« und »Autonome« bis hin zu den sanften Streitern der Alternativszene. Die meisten dieser Ausprägungen bauen auf Lebensmodellen der sechziger und siebziger Jahre auf, die Achtziger sind nicht wirklich schöpferisch. Unverwechselbarkeit gewinnen sie jedoch durch ihre Toleranz. Die Vorliebe für einen bestimmten Stil ist weniger ein Glaubensbekenntnis als eine Sache des persönlichen Geschmacks. Insgesamt gehen die Jugendlichen spielerischer und experimentierfreudiger mit unterschiedlichen Lebensmodellen um als Generationsgenossen früherer Jahre.

Kaschmirschal und Postmoderne

Die Vielfalt von Geschmacksrichtungen und Lebensstilen spiegelt sich außer im Musiksektor – von der Neuen Deutschen Welle bis zu Madonna ist vieles drin – auch in der Mode wider. So werden etwa Modeschöpfer von Punkern genauso inspiriert wie von Kultfilmen, die bestimmte Wellen auslösen. Jeans mit Rissen und Löchern, nietengespickte Lederjacken und Springerstiefel gehören ebenso zum Spektrum wie das klassische Kostüm und der elegante Markenanzug mit Kaschmirschal. Kids hüllen sich in überlange T-Shirts und Hosen, die die Turnschuhe – von der gerade angesagten Marke, versteht sich – kaum noch sichtbar sein lassen. Dazu passt gut eine umgekehrte Baseballkappe. Zudem schreitet die Angleichung der männlichen an die weibliche Mode und umgekehrt weiter fort. In der DDR sind die West-Jeans noch immer begehrte Schwarzmarkt-Ware und ersehnte Tauschobjekte. Den Jugendlichen gelten sie als Symbol für Freiheit und Weltoffenheit, vor allem ältere Funktionäre lehnen das Kleidungsstück kategorisch ab und verteufeln es als Auswuchs westlicher Dekadenz.
Auch in der bildenden Kunst kommen die auffälligsten Anstöße für neue Darstellungsformen direkt von der Straße bzw. aus den U-Bahnschächten. Die Graffiti-Bilder eines Keith Haring erzielen auf dem Kunstmarkt Höchstpreise. Neue Wilde in der Malerei, Postmoderne in Architektur und Design verdrängen vorübergehend die funktionalen Formen der klassischen Moderne.

Nach dem GAU von Tschernobyl: Demonstration gegen die Nutzung von Kernenergie.

++ Zitate +++ Zitate +++ Zitate ++

Der SPD-Politiker Erhard Eppler auf der Bonner Friedensdemonstration gegen den NATO-Doppelbeschluss und die Aufrüstung der Supermächte (1981):
»Es kann doch kein Naturgesetz sein, dass Ost und West in gleicher Weise die eigene Rüstung immer als unvermeidliche Nachrüstung deklarieren, während die Rüstung des anderen der größenwahnsinnige Versuch sein soll, ein ohnehin gewaltiges Übergewicht noch weiter auszubauen ... Die Friedensbewegung zeigt, dass die alten Nationen Europas mehr sind als Schachfiguren auf dem Brett der Weltmächte, beider Weltmächte.«

Bundespräsident Richard von Weizsäcker zum 40. Jahrestag des Kriegsendes (1985):
»Der 8. Mai war ein Tag der Befreiung. Er hat uns alle befreit von dem menschenverachtenden System der nationalsozialistischen Gewaltherrschaft. Niemand wird um dieser Befreiung willen vergessen, welche schweren Leiden für viele Menschen mit dem 8. Mai begannen und danach folgten. Aber wir dürfen nicht im Ende des Krieges die Ursache für Flucht, Vertreibung und Unfreiheit sehen. Sie liegt vielmehr in seinem Anfang und im Beginn jener Gewaltherrschaft, die zum Krieg führte. Wir dürfen den 8. Mai 1945 nicht vom 30. Januar 1933 trennen..«

Kremlchef Michail S. Gorbatschow zur Reformpolitik in der Sowjetunion (1986):
»Die Situation erforderte Veränderungen, doch sowohl in den zentralen Organen als auch an der Basis gewann eine eigenartige Mentalität die Oberhand: Wie könnte man der Sache abhelfen, ohne etwas zu verändern? Das aber gibt es nicht, Genossen. Wie es so heißt, braucht man nur einen Augenblick stehenzubleiben, und schon ist man kilometerweit zurückgeblieben.«

DDR-Staatschef Erich Honecker auf der zentralen Festveranstaltung zum 40. Jahrestag der DDR (1989) in Ost-Berlin:
»Die zügellose Verleumdungskampagne, die derzeit, international koordiniert, gegen die DDR geführt wird, zielt darauf ab, Menschen zu verwirren und Zweifel in die Kraft und die Vorzüge des Sozialismus zu säen.«

Flugblatt der DDR-Oppositionsgruppe »Neues Forum« zum Fall der Mauer (1989):
»Auf diesen Tag haben wir fast 30 Jahre gewartet! Mauerkrank haben wir an den Gitterstäben des Käfigs gerüttelt. Die Jugend wuchs mit dem Traum auf, einst frei zu werden und die Welt zu erfahren. Dieser Traum wird jetzt erfüllbar sein: es ist ein Festtag für uns alle...«

Wörter des Jahrzehnts

Airbus • Bhagwan • CD • Dallas • Digitalisierung • Esoterik • Friedensbewegung • Glasnost • Hightech • Hooligan • Kabelfernsehen • Katalysator • Intifada • Mauerfall • Mikrochip • Montagsdemo • New Wave • Ozonloch • PC • Perestroika • Postmoderne • Solidarność • Tschernobyl • Yuppie

Januar 1980

1	Di	Die DDR wird für zwei Jahre Mitglied im UN-Sicherheitsrat. +++ Karl Otto Pöhl übernimmt die Präsidentschaft der Deutschen Bundesbank.
2	Mi	Mehr als 100 000 gewerkschaftlich organisierte Arbeiter in den verstaatlichten britischen Stahlwerken treten in Streik für höhere Löhne.
3	Do	Francisco Sá Carneiro wird als neuer portugiesischer Ministerpräsident vereidigt und führt eine Mitte-Rechts-Koalition.
4	Fr	Der mauretanische Ministerpräsident Muhammad Khouna Ould Haydallah übernimmt auch das Amt des Staatspräsidenten.
5	Sa	In der Volksrepublik China werden 2,1 Mio. Bücher, die während der Kulturrevolution beschlagnahmt wurden, an die Besitzer zurückgegeben.
6	So	Aus den vorgezogenen Kongresswahlen in Indien geht die Partei der Ex-Ministerpräsidentin Indira Gandhi, die Kongresspartei, als Siegerin hervor.
7	Mo	Nach 28-jähriger Pause wird der Schiffsverkehr zwischen der britischen Kronkolonie Hongkong und der chinesischen Stadt Shanghai wieder aufgenommen.
8	Di	In den bundesdeutschen Kinos läuft eine Dokumentation über den indischen Sektenführer Bhagwan Shree Rajneesh an, die zum Kassenschlager wird.
9	Mi	In Ajaccio überfallen Angehörige einer korsischen Separatistengruppe ein Hotel, nehmen zehn Personen als Geiseln und fordern eine Pressekonferenz.
10	Do	Die niederländische Regierung verhängt einen zweimonatigen Lohnstopp, nachdem die Tarifverhandlungen gescheitert sind. → Afghanistan
11	Fr	Der kubanische Regierungschef Fidel Castro bildet seine Regierung um. Er selbst übernimmt künftig neun Ressorts.
12	Sa	In einigen iranischen Provinzen kommt es zu Gefechten zwischen Oppositionellen und der Revolutionären Garde der Islamischen Republik.
13	So	Nach 3-jährigem Exil kehrt der Schwarzenführer Joshua Nkomo nach Simbabwe-Rhodesien zurück, wo ihn Anhänger begeistert empfangen. → Grüne
14	Mo	Mit großer Mehrheit fordert die UN-Vollversammlung in einer Resolution den unverzüglichen Abzug der sowjetischen Truppen aus Afghanistan.
15	Di	Das 1977 eingerichtete Europäische Patentamt in München erteilt in einer feierlichen Zeremonie die ersten 13 Europa-Patente.
16	Mi	Die Hauptversammlung des angeschlagenen Elektrokonzerns AEG Telefunken beruft den Stuttgarter Unternehmer Heinz Dürr zum Vorstandsvorsitzenden.
17	Do	In der DDR hat der DEFA-Film »Solo Sunny« mit Renate Krößner in der Hauptrolle Premiere. Der Streifen findet auch im Westen viel Anerkennung.
18	Fr	Ein libanesischer Tanker rammt bei dichtem Nebel nördlich der schwedischen Stadt Göteborg eine Brücke. Acht Menschen kommen dabei ums Leben.
19	Sa	Bundesinnenminister Gerhart Baum zeichnet Volker Schlöndorffs Film »Die Blechtrommel« mit der »Goldenen Leinwand« aus.
20	So	Dem jugoslawischen Staatschef Josip Tito muss das linke Bein amputiert werden. +++ Baskische Nationalisten verüben in Bilbao einen Bombenanschlag.
21	Mo	Mit 850 Dollar (umgerechnet 1660 DM) je Feinunze erreicht der Goldpreis den höchsten Stand seit seiner Freigabe im Jahre 1968.
22	Di	20 Menschen, die an einer Demonstration gegen die Militärjunta teilnehmen, werden in San Salvador von der Polizei erschossen. → Sacharow
23	Mi	In seiner Rede zum Stand der Nation erklärt US-Präsident Jimmy Carter, die USA würden ihre Interessen in der Golfregion mit Waffengewalt verteidigen.
24	Do	Durch eine Dürreperiode und Bürgerkriegsfolgen sind nach Berichten von Hilfsorganisationen in Uganda etwa 2 Mio. Menschen vom Hungertod bedroht.
25	Fr	Aus den Präsidentschaftswahlen im Iran geht Abol Hassan Banisadr mit 75,7% der Stimmen als klarer Sieger hervor. → Röhrl
26	Sa	Da die Frage der Entsorgung radioaktiver Abfälle ungeklärt ist, stellt die dänische Regierung den Einstieg in die friedliche Nutzung der Atomenergie zurück.
27	So	Die Verleihung des Bremer Literaturpreises löst einen Skandal aus, da der Preisträger Peter Paul Zahn wegen versuchten Mordes im Gefängnis sitzt.
28	Mo	Die Hamburgischen Elektrizitäts-Werke bestätigen, dass sie gerichtlich gezwungen wurden, Kundendaten zur Terroristenfahndung herauszugeben.
29	Di	Das Bundesverfassungsgericht entscheidet, dass allein stehenden Männern ebenso wie Frauen pro Monat ein Hausarbeitstag zugestanden werden muss.
30	Mi	Bundesinnenminister Gerhart Baum verbietet die rechtsextreme »Wehrsportgruppe Hoffmann«, weil sie gegen das Grundgesetz gerichtete Ziele verfolge.
31	Do	Ex-Boxweltmeister Muhammad Ali erhält von US-Präsident Jimmy Carter den Auftrag, in afrikanischen Staaten für einen Olympiaboykott zu werben.

13. Januar 1980

Grüne werden Bundespartei

Eine neue Partei betritt die politische Bühne der Bundesrepublik: Die Grünen, die sich in Karlsruhe zur Bundespartei formieren, entstehen aus lokalen und regionalen Gruppen, deren gemeinsame Ziele im Umweltschutz und in der Friedenspolitik liegen (Abb.: Wahlplakat).

Um ihre Forderungen politisch wirksamer durchsetzen zu können, organisieren sich diese überaus vielfältigen Gruppierungen erstmals auf Bundesebene. Politisch wollen sich die Grünen als eine »Alternative zu den herkömmlichen Parteien« verstanden wissen. In Saarbrücken formuliert der erste Parteitag im März sein Programm. Darin kennzeichnet die Partei ihre politische Identität mit den Attributen: ökologisch, sozial, basisdemokratisch und gewaltfrei. Vor allem das basisdemokratische Prinzip soll die Grünen von den anderen Parteien abheben: »Wir gehen davon aus, dass den Entscheidungen der Basis prinzipiell Vorrang eingeräumt werden muss ... Kerngedanke ist dabei die ständige Kontrolle aller Amts- und Mandatsinhaber und Institutionen durch die Basis ... und die jederzeitige Ablösbarkeit, um Organisation und Politik für alle durchschaubar zu machen.« Hinter diesem Programm verbirgt sich ein Schmelztiegel verschiedenster politischer Richtungen. Da sich sowohl umweltorientierte Konservative als auch alternative Linke in der Partei heimisch fühlen, mangelt es nicht an Konfliktpotential. Schon kurz nach der Gründung deutet sich eine Spaltung an: Auf der einen Seite vertreten die sog. Fundamentaloppositionellen die Meinung, die Grünen müssten eine radikale Veränderung der Gesellschaft anstreben. Im Gegensatz dazu wollen die sog. Radikalreformer die Partei in eine gemäßigtere Richtung steuern. Sie sind bereit, von Maximalforderungen abzurücken, um wenigstens einen Teil des grünen Programms durchsetzen zu können. Mit ihren Zielen und Vorstellungen stoßen die Grünen schnell auf Resonanz in der Bevölkerung.

Am 16. März treten sie bei den Landtagswahlen in Baden-Württemberg an und erhalten auf Anhieb 5,3% der Wählerstimmen. Damit sind die Grünen zum ersten Mal – mit sechs Abgeordneten – im Parlament eines Flächenstaates vertreten. Bei den Bundestagswahlen im Oktober des Jahres schneiden die Polit-Neulinge mit 1,5% zur eigenen Enttäuschung allerdings verhältnismäßig schlecht ab.

10. Januar 1980

Afghanen im Widerstand

Der afghanische Staatspräsident Babrak Karmal verteidigt auf seiner ersten internationalen Pressekonferenz den russischen Einmarsch zum Ende des letzten Jahres. Dieser sei auf Ersuchen des von ihm geführten Revolutionsrates erfolgt. Eine weitere Grundlage sei der sowjetisch-afghanische Beistandspakt vom 5. Dezember 1978.

Widersprüchlich bleibt die Erklärung insofern, als laut Beistandsvertrag nur die amtierende afghanische Regierung um Beistand hätte ersuchen dürfen, Karmals Revolutionsrat jedoch noch nicht an der Macht war. Fünf sowjetische Divisionen in einer Gesamtstärke von 50 000 Mann waren am 27. Dezember 1979 in Afghanistan eingerückt. Staatschef Hafizullah Amin wurde bei den Kämpfen getötet. An seine Stelle trat der moskautreue Karmal.

Wichtigste Säule im Kampf gegen die sowjetischen Besatzer sind die moslemischen Widerstandsgruppen. Neben der gemeinsamen Religion verbindet die in viele Stämme und

Motorisierte afghanische Rebelleneinheit

13. Februar 1980

Medaillenkönig Eric Heiden

Der Star der XIII. Olympischen Winterspiele in Lake Placid heißt Eric Heiden. Der US-Eisschnellläufer erkämpft sich mehr Goldmedaillen als jemals ein olympischer Einzelathlet vor ihm. Fünfmal holt er Gold. Außerdem siegt der Medizinstudent als erster Eisschnellläufer auf allen Strecken. Damit überflügelt er Bahnlegenden wie den Niederländer Ard Schenk. An den Spielen im US-amerikanischen Lake Placid nehmen insgesamt 1283 Sportler aus 37 Nationen teil. Der Ort im Staat New York war bereits 1932 Schauplatz der III. Olympischen Winterspiele. Damals sorgten ungünstige Witterungsbedingungen für Schneemangel. Um diesmal nicht in Verlegenheit zu geraten, haben die Organisatoren Schneekanonen auffahren lassen: Die XIII. Olympischen Winterspiele finden erstmals auch auf Kunstschnee statt.

Gemeinsames Gebet: 99% der Afghanen bekennen sich zum Islam.

Volksgruppen aufgespaltenen sog. Mudschaheddin der Hass gegen den Kommunismus und das Misstrauen gegenüber einer Zentralregierung in Kabul. Sie verfügen über breite Rückendeckung in der Bevölkerung und haben vor allem in den unwegsamen Bergregionen Vorteile. Zuerst treten sie mit völlig veralteten Waffen gegen die Invasoren an. Später erhalten sie über pakistanische Nachschubwege besseres Gerät. Die militärische Situation stellt sich bald wie folgt dar: Die sowjetischen Truppen kontrollieren die großen Städte, während Hinterland und Bergregionen in der Hand der Mudschaheddin sind. Bis der letzte sowjetische Soldat 1989 das Land verlässt, ändert sich nichts an dieser strategischen Grundkonstellation, die einem militärischen Patt gleichkommt. Seit April 1978 ist das zentralasiatische Land nach einem Militärputsch eine kommunistische »Demokratische Republik«. Erster Staatspräsident wurde der Führer der marxistischen DVPA, Nur Mohammed Taraki. Für ihre »Revolution von oben« fand die Regierung keine Basis in der Bevölkerung, die vielmehr bereitwillig die moslemischen Oppositionsgruppen unterstützte. Das Regime reagierte mit der Bombardierung von Dörfern und brutalen Unterdrückungsmaßnahmen. Am 21. Februar 1979 begann in der Provinz Herat der bewaffnete Widerstand. Viele Militär- und Polizeieinheiten liefen – je länger die Auseinandersetzungen andauerten – zu den Aufständischen über. Im September wurde Präsident Taraki vom damaligen Außenminister Amin gestürzt. Dieser setzte die Politik seines Vorgängers mit brutalen Mitteln fort. Es gelang ihm jedoch nicht, den Bürgerkrieg zu beenden – für Moskau offenbar Grund genug, selbst in den Konflikt an der strategisch verletzlichen Südseite des Riesenreiches einzugreifen.

Mudschaheddin – schlecht ausgerüstet, aber entschlossen

25. Januar 1980

Röhrl wird »Monte«-Sieger

Das Fahrergespann Walter Röhrl und Christian Geistdörfer gewinnt mit einer Gesamtzeit von 8:43,10 h souverän die Rallye Monte Carlo. Die französischen Verfolger und Vorjahressieger Bernard Darniche und Alain Mahe (Lancia Stratos) kommen 10:41 min später ins Ziel. Das Team Röhrl/Geistdörfer lenkt einen Fiat Abarth 131 über die »Monte«-Strecke. Von den 29 Sprint-Sonderprüfungen gewinnen sie elf. Die Rallye Monte Carlo wurde 1911 ins Leben gerufen. Sie gilt als motorsportliche Spezialdisziplin. Die Fahrer haben zunächst die »Anfahrt« über 2000 bis 3000 km zu bewältigen. Danach geht es in die 1500-km-Schleife Rhônetal, Savoyen und schließlich in der berüchtigten »Nacht der langen Messer« über die Seealpen. Beim letzten Abschnitt finden Tempo-Sonderprüfungen statt.

22. Januar 1980

UdSSR verbannt Sacharow

Der sowjetische Physiker und Bürgerrechtler Andrej Sacharow wird zusammen mit seiner Frau Jelena Bonner (s. Abb.) aus Moskau in die Industriestadt Gorki verbannt. Sacharow hatte heftige Kritik am Einmarsch der sowjetischen Truppen in Afghanistan geäußert. Der Atomwissenschaftler engagiert sich seit 1968 nachdrücklich für die Durchsetzung der Menschenrechte in der UdSSR.

Februar 1980

1 Fr Das italienische Parlament billigt ein Antiterrorgesetz, das u.a. für die Ermordung eines Polizisten oder Richters lebenslange Haftstrafen vorschreibt.

2 Sa Die afghanische Presse kritisiert erstmals seit seinem Amtsantritt Staatschef Babrak Karmal: Seine Regierung verfüge über keine ausreichende Basis.

3 So Eine Meuterei von über 1000 Häftlingen im Staatsgefängnis Santa Fé (US-Bundesstaat New Mexico) fordert 33 Menschenleben.

4 Mo Die Gefangenenhilfsorganisation Amnesty International legt in London einen Bericht über die Misshandlung politischer Gefangener in Argentinien vor.

5 Di Auf der japanischen Insel Hokkaido wird der mit einer Leistung von 1100 Megawatt größte Atommeiler der Welt, Fukushima I, in Betrieb genommen.

6 Mi Zwei Mitglieder des russischen Bolschoi-Balletts setzen sich auf einer Tournee durch Japan von der Truppe ab und beantragen in den USA politisches Asyl.

7 Do In Los Angeles hat das Rock-Oratorium »The Wall« Premiere. Thema des aufwendigen Spektakels der britischen Popband Pink Floyd ist die Vereinsamung.

8 Fr In London protestieren Hunderte von Frauen gegen die Pläne der Regierung, das relativ liberale Abtreibungsgesetz von 1967 zu verschärfen.

9 Sa In Nürnberg wird als erste Einrichtung dieser Art in der Bundesrepublik das Institut für Gerontologie eröffnet.

10 So Robert Mugabe, Führer der Patriotischen Front in Simbabwe-Rhodesien, entgeht zum zweiten Mal innerhalb weniger Tage einem Mordanschlag.

11 Mo Im sog. Lischka-Prozess um die Deportierung von Juden aus Frankreich während der NS-Zeit spricht das Kölner Schwurgericht drei Angeklagte schuldig.

12 Di In New York übergibt der SPD-Vorsitzende Willy Brandt UN-Generalsekretär Kurt Waldheim den Abschlussbericht der Nord-Süd-Kommission.

13 Mi Der Popmusiker Udo Lindenberg ist Star einer Veranstaltung in Hamburg, die sich gegen Unions-Kanzlerkandidat Franz Josef Strauß richtet. → Heiden

14 Do Die türkische Armee stürmt eine von streikenden Arbeitern besetzte Fabrik in Izmir. Mehrere Menschen werden dabei getötet.

15 Fr Auf dem Kongress der Polnischen Vereinigten Arbeiterpartei tritt Regierungschef Piotr Jaroszewicz zurück. Sein Nachfolger wird Edward Babiuch.

16 Sa Die Irische Republikanische Armee (IRA) verübt in Bielefeld einen tödlichen Anschlag auf einen Oberst der britischen Armee.

17 So Bei den Parlamentswahlen in Kanada erringen die Liberalen unter Führung des früheren Premierministers Pierre Elliot Trudeau 146 der 281 Sitze.

18 Mo Israel eröffnet in der ägyptischen Hauptstadt Kairo eine Botschaft. Es ist die erste Vertretung des jüdischen Staates in einem arabischen Land.

19 Di Das Bibliographische Institut in Mannheim bringt zum 100-jährigen Jubiläum eine neue Auflage des »Duden« auf den Markt.

20 Mi Wenige Tage vor ihrer geplanten Einstellung kaufen zwei Schweizer Verleger die SPD-eigene »Hamburger Morgenpost«.

21 Do In Los Angeles werden die 60 Jahre alten Goldwyn-Studios, in denen u.a. Mary Pickford und Charlie Chaplin ihre Filme drehten, geschlossen.

22 Fr Das israelische Parlament beschließt die Umbenennung der Währung von Pfund in Schekel, der Bezeichnung eines Silbergewichts in biblischer Zeit.

23 Sa In der iranischen Hauptstadt Teheran tritt ein dreitägiges Fahrverbot in Kraft. Die Behörden hoffen, damit das Verkehrschaos in den Griff zu bekommen.

24 So In der UdSSR finden Wahlen zu den Obersten Sowjets der 15 Unions- und 20 Autonomen Republiken sowie zu den örtlichen Volksvertretungen statt.

25 Mo Durch einen Militärputsch wird der Premierminister von Surinam, Henck Arron, gestürzt, der das südamerikanische Land seit 1975 regiert hatte.

26 Di Israel und Ägypten tauschen Botschafter aus. +++ Die niederländische Regierung beschließt, alle Elektrizitätswerke des Landes auf Kohle umzustellen.

27 Mi Bei den Wahlen zum Parlament von Simbabwe-Rhodesien stimmt die schwarze Bevölkerungsmehrheit für die Nationale Union unter Robert Mugabe.

28 Do Um die Nachfrage nach Krediten zu dämpfen, erhöht die Bundesbank den Diskontsatz von 6% auf 7% und den Lombardsatz von 7% auf 8,5%.

29 Fr Die Nationalversammlung in Ankara verabschiedet ein Gesetz, das im Ausland lebenden Türken erlaubt, sich mit 12 000 DM vom Militärdienst freizukaufen.

März 1980

1 Sa Der Sicherheitsrat der Vereinten Nationen verurteilt einstimmig Israels Siedlungspolitik in den besetzten arabischen Gebieten.

2 So Die Schweizer sprechen sich in einer Volksabstimmung mehrheitlich gegen einen Gesetzesentwurf zur vollständigen Trennung von Kirche und Staat aus.

3 Mo In Hollands Hauptstadt Amsterdam liefern sich Angehörige der Hausbesetzerszene, sogenannte Kraaker, Straßenschlachten mit der Polizei.

4 Di Franco Evangelisti, italienischer Handelsminister, tritt zurück, nachdem er zugegeben hatte, aus Wirtschaftskreisen Schmiergeld angenommen zu haben.

5 Mi In Überlingen stirbt im Alter von 82 Jahren Winifred Wagner, die Leiterin der Bayreuther Festspiele von 1930 bis 44 und Schwiegertochter Richard Wagners.

6 Do Die Académie française verkündet, die Schriftstellerin Marguerite Yourcenar in ihre Reihen aufnehmen zu wollen.

7 Fr Der Tanker »Tanio« bricht bei schwerer See im Ärmelkanal auseinander. Ein Teil des auslaufenden Öls wird an der Küste der Bretagne angeschwemmt.

8 Sa Vor der japanischen Insel Iki schlachten Fischer innerhalb einer Woche 1500 Delphine ab, weil diese angeblich die Fischgründe leerfressen.

9 So Nach zehnjährigem Bestehen löst sich die maoistisch orientierte Kommunistische Partei Deutschlands (KPD) auf.

10 Mo Das deutsche Rettungsschiff »Cap Anamur« nimmt im Chinesischen Meer 214 Vietnamflüchtlinge aus einem sinkenden Boot auf.

11 Di Ein US-Gericht spricht den Autokonzern Ford von der Anklage der fahrlässigen Tötung frei. Drei Frauen starben bei einem Unfall, als ihr Auto Feuer fing.

12 Mi Der seit der Unabhängigkeit von Papua-Neuguinea im Jahre 1975 amtierende Regierungschef Michael Somare wird durch ein Misstrauensvotum gestürzt.

13 Do In München wird die Staatsgalerie moderner Kunst mit Werken aus dem 20. Jahrhundert von Bayerns Kultusminister Hans Maier feierlich eröffnet.

14 Fr Beim Landeanflug auf Warschau stürzt eine polnische Verkehrsmaschine ab. Dabei kommen alle 87 Insassen ums Leben.

15 Sa Etwa 200 mit Eisenstangen und Hämmern bewaffnete Jugendliche verwüsten die Londoner U-Bahn-Station Neasden.

16 So Bei den Landtagswahlen in Baden-Württemberg kann die regierende CDU mit 53,4% der Stimmen ihre absolute Mehrheit behaupten.

17 Mo US-Präsident Jimmy Carter unterzeichnet ein Asylgesetz, das die Zahl der Flüchtlingsimmigranten von jährlich 290 000 auf 320 000 erhöht.

18 Di Die sog. Selbstmörderbrücke in München wird abgerissen. Seit ihrer Errichtung im Jahr 1857 haben sich von hier 250 Menschen in den Tod gestürzt.

19 Mi Italiens christdemokratischer Ministerpräsident Francesco Cossiga tritt zurück, weil seine Regierung die Mehrheit im Parlament verloren hat.

20 Do Die kambodschanische Regierung führt wieder eine Währung ein, nachdem unter dem Pol-Pot-Regime eine reine Tauschwirtschaft bestand.

21 Fr Der britische Gouverneur Lord Christopher Soames setzt das vor 16 Monaten verhängte Kriegsrecht in Simbabwe-Rhodesien außer Kraft.

22 Sa Da der philippinische Präsident Ferdinand Marcos den Staatschef Chiles, Augusto Pinochet, nicht empfängt, bricht dieser seine Asienreise vorzeitig ab.

23 So Eine Gruppe, die sich »Revolutionäre Zellen in der IG Metall« nennt, verübt einen Sprengstoffanschlag auf das Bundesarbeitsgericht in Kassel.

24 Mo Im Golf von Mexiko kann das Bohrloch Ixtoc I, aus dem seit 10 Monaten große Mengen von Rohöl ins Meer geströmt sind, geschlossen werden. → Mord

25 Di In der Kathedrale von Canterbury wird der neue Primas der Kirche von England, Erzbischof Robert Runcie, feierlich inthronisiert.

26 Mi Der italienische Staat und die Firma Givaudan einigen sich auf Schadenersatzzahlungen für die ökologischen Folgen der Giftgaskatastrophe von Seveso.

27 Do Bei schweren Sturm kentert in der Nordsee die norwegische Bohrinsel »Alexander Kielland«. 123 Arbeiter kommen bei dem Unglück ums Leben.

28 Fr Nach dem Besuch von Bundeskanzler Helmut Schmidt überdenkt die britische Regierung ihre Haltung zur Reduzierung ihres EU-Beitrags.

29 Sa Der TV Großwallstadt verteidigt gegen den isländischen Titelträger Valur Reykjavik den Handball-Europapokal der Landesmeister.

30 So Ton Duc Thang, seit 1969 amtierender Staatspräsident Vietnams, stirbt 91-jährig in Hanoi. Sein Nachfolger wird Nguyen Huu Tho.

31 Mo Ein 24-stündiger Generalstreik lähmt das öffentliche Leben in den syrischen Städten Aleppo und Hama. Die Streikenden verlangen demokratische Wahlen.

24. März 1980

Mord beim Gottesdienst

Bei einem Gottesdienst in San Salvador erschießen Angehörige einer rechtsgerichteten terroristischen Vereinigung den Bischof der Stadt, Oscar Arnulfo Romero y Galdamez (Abb.: Das Opfer kurz nach der Tat). Romero war der in El Salvador herrschenden Junta seit langem unbequem, weil er in seinen Sonntagspredigten immer wieder die Verletzung der Menschenrechte im Land anprangerte.

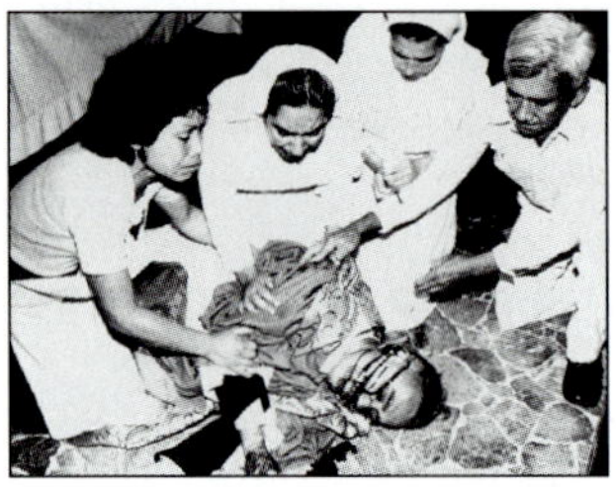

Oscar Arnulfo Romero

salvadorianischer Geistlicher, * 15.8.1917 Barrios ; † 24.3.1980 San Salvador (ermordet)

Ursprünglich eher konservativ eingestellt, schwenkte Romero in den siebziger Jahren zur »Theologie der Befreiung« über. Er wurde zur Integrationsfigur des Widerstands gegen die Militärdiktatur in El Salvador und setzte sich maßgeblich für soziale Gerechtigkeit und die Menschenrechte ein. U.a. bekämpfte er die Oligarchie der herrschenden »14 Familien«.

- 1970: Weihbischof
- 1975: Konsultor d. päpstlichen Kongregation f. Lateinam.
- 1977: Erzbischof von San Salvador

18. April 1980

Simbabwe wird unabhängig

Nach langen Kämpfen wird Simbabwe als letzte britische Kolonie auf dem afrikanischen Kontinent in die Unabhängigkeit entlassen. Erster Regierungschef des früheren Rhodesien ist Robert G. Mugabe, Führer der Afrikanischen Nationalunion (ZANU).

In Harare nimmt der britische Kronprinz Charles die britische Fahne entgegen, die zuvor zum letzten Mal vor dem Regierungssitz in Harare eingeholt wurde – eine Ära geht zu Ende. Regierungschef Mugabe war als Sieger aus den ersten international anerkannten Parlamentswahlen hervorgegangen. Seine Partei errang 57 der 80 Sitze. Auf die Afrikanische Volksunion (ZAPU) von Joshua Nkomo entfielen 20 Mandate, der Vereinigte Afrikanische Nationalrat (UANC) schickt drei Abgeordnete ins Parlament. Die übrigen 20 Sitze sind für die weiße Minderheit reserviert, die bislang die Regierung gestellt hatte. Alle weißen Mandate gingen an die Rhodesische Front des früheren Premiers Ian Smith. Wahlsieger Mugabe, der ebenso wie Nkomo erst im Januar 1980 aus dem Exil in seine Heimat zurückgekehrt war, bildet trotz der absoluten Mehrheit eine Koalitionsregierung. Neben Nkomo und weiteren ZAPU-Politikern sind in ihr auch zwei Weiße vertreten. Mit diesem Schritt will der Ministerpräsident seiner Regierung breite Zustimmung sichern.

14. April 1980

»Oscar« für Grass-Verfilmung

Als erste deutsche Produktion erhält »Die Blechtrommel« in Hollywood einen »Oscar« als »bester ausländischer Film«. Regisseur Volker Schlöndorff wagte sich an die Bearbeitung des gleichnamigen Romans von Günter Grass, der lange als unverfilmbar galt. Der kleinwüchsige David Bennent spielt die Hauptfigur des Oskar Matzerath, der aus Protest gegen die Erwachsenenwelt mit drei Jahren sein Wachstum einstellt. Aus der bisweilen dämonischen Perspektive des Dreijährigen zeigt Schlöndorff das Kleinbürgermilieu im Danzig der Vorkriegszeit und das Aufkommen des Nationalsozialismus. Neben Bennent brillieren Mario Adorf, Angela Winkler und Katharina Thalbach in weiteren Hauptrollen. »Die Blechtrommel« wurde bereits 1979 bei den Filmfestspielen in Cannes mit der »Goldenen Palme« ausgezeichnet. Noch 1997 gerät Schlöndorffs Film in die Schlagzeilen, als in Oklahoma City (USA) wegen einiger freizügiger Szenen Videokopien beschlagnahmt werden.

25. April 1980

Iran: Desaste

Der Versuch der Vereinigten Staaten, im Rahmen eines Luftlandeunternehmens die seit November 1979 in der US-Botschaft in Teheran gefangen gehaltenen Geiseln zu befreien, nimmt einen für die USA schmählichen Ausgang. Acht Soldaten kommen bei einem Unfall in der Wüste ums Leben. Die Besatzungen von sechs Transportmaschinen und acht Hubschraubern der US-Luftwaffe waren in Marsch gesetzt worden, um 320 km südöstlich von Teheran eine Basis zu errichten. Als drei der Helikopter ausfallen, ordnet US-Präsident Jimmy Carter den Abbruch der Aktion an. Beim Start für den Rückflug kollidiert einer der Hubschrauber mit einem Flugzeug.

Der gescheiterte Befreiungsversuch ist ein irreparabler Imageverlust für die Weltmacht und ihren Präsidenten. Im eigenen Land, aber auch von den

James Earl »Jimmy« Carter

US-Politiker, * 1.10.1924 Plains (US-Bundesstaat Georgia)

Carter hat sich bei seinem Amtsantritt die Förderung der Menschenrechte auf die Fahne geschrieben. Der tief gläubige Christ gilt jedoch vielen als entscheidungsschwacher und vom Pech verfolgter Präsident, der die Vereinigten Staaten in die Krise führt. Nach der gescheiterten Geiselbefreiung in Teheran muss der Erdnussfarmer die schwerste Niederlage für die Demokraten hinnehmen.

- 1943-53: Dienst bei der Marine
- 1971-75: Gouverneur von Georgia
- 1977-81: US-Präsident
- 1994: Vermittlungsmission in Bosnien

30. April 1980

Beatrix auf dem Thron

Die Niederländer haben eine neue Königin. Kronprinzessin Beatrix übernimmt die Krone von ihrer Mutter Juliana, die im Alter von 71 Jahren abdankt. Juliana hatte 32 Jahre lang den niederländischen Staat als Oberhaupt repräsentiert. Mit Beatrix steht nun zum vierten Mal hintereinander eine Frau an der Spitze der niederländischen Monarchie. Auch die neue Königin gehört dem Haus Oranien-Nassau an, das seit 1815, dem Entstehungsjahr der Niederlande, die Geschicke der Nation bestimmt. Wie ihre Mutter Juliana ist auch Beatrix mit einem Deutschen verheiratet.

23. April 1980

Vertrag sichert Kohleförderung

In der westfälischen Metropole Dortmund unterzeichnen Vertreter der Vereinigung Deutscher Elektrizitätswerke und des Gesamtverbandes des deutschen Steinkohlebergbaus den zweiten Kohle-Strom-Vertrag. Darin verpflichten sich die Stromerzeuger zur Abnahme von jährlich steigenden Mengen heimischer Steinkohle. Diesem sog. Jahrhundertvertrag liegen energiepolitische Überlegungen zu Grunde. Danach soll die Bundesrepublik ihren Energiebedarf so weit wie möglich aus heimischen Quellen decken, um u.a. die Abhängigkeit von Importen zu drosseln. Darüber hinaus werden durch das Abkommen voraussichtlich etwa 100 000 Arbeitsplätze gesichert. Kritiker des Jahrhundertvertrags bemängeln, dass die Nutzung der Energiereserve nur noch durch enorme Unterstützungszahlungen gewährleistet sei: Bei einem Jahresumsatz von knapp 15 Mrd. DM verschlinge der Steinkohlebergbau Subventionen in Höhe von 12 Mrd. DM.

ei Geiselbefreiung

Ausgebrannter US-Helikopter: Im Wüstensand zerschellt die Präsidentschaft Jimmy Carters.

westeuropäischen Partnern handelt sich Carter herbe Kritik ein. NATO-Generalsekretär Joseph Luns erklärt, der Befreiungsversuch habe die ohnehin kritische Situation im Nahen Osten zugespitzt. In den USA selbst hat die Aktion auch personelle Konsequenzen. US-Außenminister Cyrus Vance tritt zurück, weil die Entscheidung für das Luftlandeunternehmen gegen seinen Willen getroffen wurde.

Irans Revolutionsführer Ajatollah Khomeini erklärt, weitere derartige Versuche könnten das Leben der Geiseln in der Botschaft gefährden. Verhandlungen über die Freilassung der festgehaltenen US-Bürger werden nach dem gescheiterten Befreiungsversuch noch schwieriger. Bislang gestalteten sich die Gespräche u.a. deshalb problematisch, weil bei den Machthabern im Iran keine einheitliche Haltung zu erkennen war. Während Khomeini die Geiselnehmer unterstützt, lehnt Staatspräsident Abol Hassan Banisadr die Geiselnahme als völkerrechtswidrig ab. Hauptanliegen der Geiselnehmer sind die Auslieferung des gestürzten Schahs Mohammad Resa Pahlawi sowie seines Auslandsvermögens und eine öffentliche Entschuldigung der USA für ihre Iran-Politik.

April 1980

1 Di Der Deutsche Städtetag erklärt in einer Adresse an Bundesinnenminister Gerhart Baum, dass die Städte nicht noch mehr Asylsuchende aufnehmen könnten.

2 Mi Bei einem Freundschaftsspiel in München besiegt die bundesdeutsche Fußball-Nationalmannschaft die Elf aus Österreich mit 1:0.

3 Do Der neue Moskauer Flughafen Scheremetjewo 2, der eigens für die Olympischen Sommerspiele gebaut wurde, wird eingeweiht.

4 Fr Zwölf Sinti treten auf dem Gelände des ehemaligen KZ Dachau in den Hungerstreik, um auf die Diskriminierung ihres Volkes aufmerksam zu machen.

5 Sa In Toulouse verübt die französische Untergrundorganisation Action directe einen Anschlag auf eine Niederlassung des Elektrokonzerns Phillips.

6 So In beiden Teilen Deutschlands gilt erstmals seit 1945 wieder die Sommerzeit. Ihre Einführung soll Energie einsparen.

7 Mo Die USA brechen ihre diplomatischen Beziehungen zum Iran ab.+++ In New York endet eine weitere Runde der UN-Seerechtskonferenz ergebnislos.

8 Di Der iranische Revolutionsführer Ajatollah Khomeini fordert die islamischen Nationen dazu auf, den ägyptischen und den irakischen Präsidenten zu töten.

9 Mi Im iranisch-irakischen Grenzgebiet kommt es zum wiederholten Mal zu bewaffneten Auseinandersetzungen zwischen Truppen beider Länder.

10 Do Gestiegene Treibstoffkosten sind der Grund für die Einstellung der Inlandsflüge der DDR-Luftfahrtgesellschaft Interflug.

11 Fr Der sowjetische Außenminister Andrej A. Gromyko legt UN-Generalsekretär Kurt Waldheim einen Katalog mit umfassenden Abrüstungsvorschlägen vor.

12 Sa In der seit 1847 unabhängigen afrikanischen Republik Liberia wird Präsident William Tolbert durch einen blutigen Militärputsch gestürzt.

13 So Bundeskanzler Helmut Schmidt erklärt, dass die Bundesrepublik sich an Boykottmaßnahmen westlicher Nationen gegen den Iran beteiligen werde.

14 Mo Die indische Ministerpräsidentin Indira Gandhi entgeht in Neu-Delhi knapp einem Mordanschlag durch einen geschleuderten Dolch. → »Oscar«

15 Di In Paris stirb der Philosoph und Schriftsteller Jean-Paul Sartre. +++ Die Action directe verübt einen Anschlag auf das Verkehrsministerium in Paris.

16 Mi Hennes Weisweiler, Fußballtrainer des 1. FC Köln, trennt sich von seinem Arbeitgeber, um ein Angebot des US-Clubs Cosmos New York anzunehmen.

17 Do Die Gefangenenhilfsorganisation Amnesty International berichtet über systematische Folter an politischen Gefangenen in Kolumbien.

18 Fr Der führende DDR-Wirtschaftspolitiker Günter Mittag beendet einen dreitägigen Besuch in der Bundesrepublik Deutschland. → Simbabwe

19 Sa Die iranischen Behörden wollen die Universitäten »islamisieren«. Diese Anordnung löst in der Bevölkerung schwere Krawalle aus.

20 So Drei Wochen vor der Landtagswahl in Nordrhein-Westfalen stirbt der Spitzenkandidat der CDU, Heinrich Köppler, an den Folgen eines Herzinfarkts.

21 Mo Die USA trifft mit dem Sultanat Oman und Kenia eine Vereinbarung zur Benutzung von militärischen Flug- sowie Marinebasen in diesen Ländern.

22 Di Die Bundesrepublik und Argentinien einigen sich über die Lieferung eines zweiten Atomkraftwerkes an das südamerikanische Land.

23 Mi Die Bundesregierung empfiehlt dem Nationalen Olympischen Komitee den Boykott der Olympischen Spiele in Moskau. → Kohleförderung

24 Do Die DDR und Frankreich schließen ein Zehn-Jahres-Abkommen über wirtschaftliche, technische und industrielle Zusammenarbeit.

25 Fr Eine britische Chartermaschine zerschellt beim Anflug auf den Flughafen von Teneriffa. Alle 146 Insassen sterben bei dem Unglück. → Geiselbefreiung

26 Sa Wegen der gescheiterten Geiselbefreiung im Iran tritt US-Außenminister Cyrus Vance zurück. Sein Nachfolger wird Edmund Muskie.

27 So Bei den Landtagswahlen im Saarland wird die vom Saarbrücker Oberbürgermeister Oskar Lafontaine geführte SPD erstmals stärkste Partei.

28 Mo Auf dem Gipfeltreffen der EG-Staaten in Luxemburg scheitern erneut Verhandlungen über den britischen Beitrag zum gemeinsamen Haushalt.

29 Di In Los Angeles stirbt der britische Produzent und Filmregisseur Alfred Hitchcock. Er zählte zu den bedeutendsten Vertretern des Thriller-Genres.

30 Mi Die Bundesrepublik und die DDR schließen eine Vereinbarung über Verbesserungen der Verkehrsverbindungen nach West-Berlin. → Beatrix

Mai 1980

1 Do Die Vertreter der meisten westlichen Länder nehmen aus Protest gegen die sowjetische Afghanistan-Invasion nicht an der Moskauer Maifeier teil.

2 Fr Papst Johannes Paul II. beginnt seine elftägige Reise durch sechs schwarzafrikanische Staaten mit nur geringem katholischem Bevölkerungsanteil.

3 Sa Rund 2000 Kernkraftgegner besetzen das Gelände der geplanten Atommülldeponie bei Gorleben im Landkreis Lüchow-Dannenberg (Niedersachsen).

4 So Der TV Großwallstadt gewinnt in München nach einem 19:15 über den spanischen Club Calpisa Alicante den Supercup im Hallenhandball. → Tito

5 Mo Mehr als 250 000 sowjetische Automobilarbeiter treten aus Protest gegen die allgemeine Lebensmittelknappheit in Streik.

6 Di Bei der öffentlichen Vereidigung von 1200 Bundeswehrrekruten im Bremer Weserstadion kommt es im Zuge einer Protestdemonstration zu Krawallen.

7 Mi Bei einem Angriff der israelischen Armee auf zwei Palästinenserlager im Südlibanon werden sieben Menschen getötet.

8 Do Bundeskanzler Helmut Schmidt und DDR-Staatschef Erich Honecker treffen sich am Rande der Trauerfeier für Jugoslawiens Präsidenten Josip Tito.

9 Fr Bei starkem Gewitter rammt ein liberianischer Tanker im US-Bundesstaat Florida eine Brücke und bringt sie zum Einsturz. Dabei sterben 35 Menschen.

10 Sa Dynamo Dresden wird Fußballmeister der DDR. +++ Zweitligist Westham United gewinnt durch ein 1:0 gegen Arsenal London den englischen Fußballpokal.

11 So Bei den Landtagswahlen in Nordrhein-Westfalen erringt die SPD die absolute Mehrheit. FDP und Grüne scheitern an der Fünf-Prozent-Hürde.

12 Mo Die libyschen Botschaften in Bern und Ankara werden auf Geheiss des Revolutionsführers Muammar Al Gaddafi in »Volksbüros« umgewandelt.

13 Di Nach heftigen Auseinandersetzungen in den vergangenen Tagen räumt die Polizei die Pariser Universität. Hierbei kommt ein Student ums Leben.

14 Mi Die afghanische Führung unterbreitet Vorschläge zur Beendigung der sowjetischen Truppenpräsenz in ihrem Land.

15 Do Das Nationale Olympische Komitee der Bundesrepublik Deutschland entscheidet sich gegen die Teilnahme an den Olympischen Spielen in Moskau.

16 Fr US-Außenminister Edmund Muskie und sein sowjetischer Amtskollege Andrej A. Gromyko treffen sich in Wien zu einem ersten Gespräch.

17 Sa Bei den schwersten Rassenunruhen in den USA seit 1967 werden in Miami (Florida) 16 Menschen getötet und 370 Menschen verletzt.

18 So Die Volksrepublik China testet erstmals eine Interkontinentalrakete. Der Probelauf findet im Südpazifik statt. → Mount St. Helens

19 Mo Der mexikanische Staatspräsident José López-Portillo y Pacheco trifft zu einem viertägigen Staatsbesuch in der Bundesrepublik Deutschland ein.

20 Di Der CSU-Vorsitzende und Kanzlerkandidat der Union, Franz Josef Strauß, richtet heftige Vorwürfe gegen die SPD und Bundeskanzler Helmut Schmidt.

21 Mi Materialermüdung ist die Ursache für den Einsturz von Teilen der frei tragenden Dachkonstruktion der Kongresshalle in West-Berlin.

22 Do Personelle Veränderungen im Ministerrat und im Politbüro stärken die Position von SED-Chef Erich Honecker. U.a. rückt Horst Dohlus ins Politbüro auf.

23 Fr Der zweite Teststart einer europäischen Rakete vom Typ »Ariane« in Französisch-Guayana misslingt. Kurz nach dem Start stürzt der Flugkörper ins Meer.

24 Sa Die Wirtschaftssanktionen der Europäischen Gemeinschaft gegenüber dem Iran treten in Kraft. Der Beschluss hierzu wurde vier Wochen zuvor gefällt.

25 So In Teheran scheitern Versuche führender europäischer Sozialdemokraten, die Freilassung der in Geiselhaft gehaltenen US-Bürger zu erreichen.

26 Mo Die Presse meldet, das innerhalb einer Woche im Iran 60 Menschen hingerichtet worden seien – u.a. wegen Rauschgiftdelikten.

27 Di Erstmals besucht mit Hua Guo-feng ein chinesischer Regierungschef Japan. +++ Südkoreanische Regierungstruppen schlagen einen Aufstand nieder.

28 Mi Im Endspiel um den Fußball-Europapokal der Landesmeister unterliegt der Hamburger SV in Madrid dem englischen Club Nottingham Forest mit 0:1.

29 Do Die US-Regierung sagt der Volksrepublik China die Lieferung von Radaranlagen, Militärfahrzeugen und nachrichtentechnischem Gerät zu. → Kuba

30 Fr Papst Johannes Paul II. trifft zu einem viertägigen Besuch in Frankreich ein. Es ist der erste Papstbesuch in dem Land seit 1814.

31 Sa Bei den indischen Regionalwahlen erringt die Kongresspartei von Regierungschefin Indira Gandhi in acht von neun Regionen die Mehrheit.

Das Hüttendorf über dem Gorlebener Salzstock muss auf Beschluss der Landesregierung weichen.

4. Juni 1980

Aus für Protest-Camp

Polizei und Bundesgrenzschutz räumen die »Republik Freies Wendland«, ein von Kernkraftgegnern besetztes Gelände über einem als Atommülldeponie vorgesehenen Salzstock im Landkreis Lüchow-Dannenberg (Niedersachsen). Innerhalb von vier Wochen hatten die Besetzer eine Siedlung aus einfachen Holzhütten mit funktionierender Infrastruktur errichtet. Zum Camp gehörten u.a. eine Kirche, ein Radiosender sowie ein Meditations- bzw. Freundschaftshaus. Die rd. 300 Bewohner der »Republik Freies Wendland«, deren Zahl an Wochenenden auf über 1000 anschwoll, entwarfen für ihr kleines Staatswesen eine Fahne und gaben Pässe aus (Lebenseinstellung: positiv; Denkfähigkeit: gut; gültig: solange der Inhaber noch lachen kann). Ziel der Platzbesetzer war neben der Verhinderung von Probebohrungen die Erprobung alternativer Lebensformen und Technologien. Ihr friedlicher Protest beeindruckte auch die Bevölkerung. Während der Räumungsaktion, an der rd. 3500 Beamte beteiligt sind, fliegen Hubschrauber in geringer Höhe über das Gelände, das mit einem hohen Stacheldrahtzaun umgeben worden ist. Journalisten werden vom Ort des Geschehens abgedrängt. Die Atomkraftgegner leisten allenfalls passiven Widerstand, indem sie das Gelände nicht freiwillig verlassen und weggetragen werden müssen. Nachdem dies geschehen ist, wird das Hüttendorf mit Bulldozern abgeräumt.

29. Mai 1980

Massenflucht aus Kuba spült Zehntausende an die US-Küste

Die US-Küstenwache berichtet, das in den vergangenen zwei Monaten 88 000 Kubaner in die USA geflüchtet seien. Der Massenexodus aus Kuba begann am 1. April. Damals baten sechs Menschen um Asyl in der peruanischen Botschaft in Havanna. Als der kubanische Staatschef Fidel Castro die Bewacher von der Botschaft abziehen lässt, gibt es für viele Menschen kein Halten mehr. Innerhalb weniger Tage strömen 7000 Kubaner in die Vertretung Perus, um Asyl zu beantragen. Als die Ausreisebeschränkungen weiter gelockert werden, machen sich die Kubaner in Booten auf die Reise ins 150 km entfernte Florida. Insgesamt fliehen 125 000 Menschen in die USA (Abb.: Ein Emigrant küsst erleichtert US-Boden). Die meisten versuchen durch ihr freiwilliges Exil den wirtschaftlich unhaltbaren Zuständen in ihrer alten Heimat zu entkommen. Die kubanische Wirtschaft stützt sich hauptsächlich auf den Anbau

von Zuckerrohr und Tabak. Wegen Schädlingsbefall sind im Erntejahr 1979/80 rd. 90% der Tabak- und 25% der Zuckerrohrernte vernichtet worden. Zehntausende haben ihren Arbeitsplatz verloren. Auch Fehlentwicklungen in der staatlich gelenkten Planwirtschaft haben zu der Krise in Kuba beigetragen. Fidel Castro hält das Land seit 1959 auf streng sozialistischem Kurs.

4. Mai 1980

Jugoslawien trauert um Tito

Mit dem Tod von Jugoslawiens Staatspräsident und KP-Chef Josip Tito endet für den Balkanstaat eine Ära. Der 87-jährige Mitgründer der Blockfreien-Bewegung stirbt nach schwerer Krankheit in der slowenischen Hauptstadt Ljubljana. In Ost und West wird der Politiker als herausragender Staatsmann geehrt. Unter großer Anteilnahme der Bevölkerung wird der Leichnam Titos am 8. Mai in Belgrad beigesetzt.
Zu der Trauerfeier erscheinen zahlreiche Regierungschefs, die am Rande der Feierlichkeiten zu Gesprächen zusammenkommen. Die Presse spricht von einem »Arbeitsbegräbnis«. So treffen in Belgrad Bundeskanzler Helmut Schmidt und der DDR-Staatsratsvorsitzende Erich Honecker zusammen, um die stockenden Gespräche über eine Entspannungspolitik zwischen Ost und West wieder in Gang zu setzen. Ein Gipfel der Supermächte kommt in Belgrad allerdings nicht zustande. Zwar erscheint der sowjetische Staatschef Leonid I. Breschnew persönlich zur Trauerfeier, US-Präsident Jimmy Carter schickt jedoch lediglich seinen Vizepräsidenten Walter Mondale. Tito hat den Vielvölkerstaat seit 40 Jahren zusammengehalten. Nach dem Tod der Integrationsfigur werden die Ämter des Vorsitzenden im Präsidium der Republik im jährlichen Turnus von Vertretern der einzelnen Bundesstaaten besetzt. Der Zerfallsprozess Jugoslawiens hat jedoch bereits begonnen. Zehn Jahre nach Tito versinkt das Land im Krieg.

30. Juni 1980

Japan beherrscht Automarkt

Japan steigt laut einer Halbjahresstatistik zum weltweit führenden Automobilhersteller auf und verdrängt den bisherigen Marktführer USA auf Platz zwei. In den USA stammt jeder vierte neu zugelassene Wagen aus Japan, in der Bundesrepublik jeder zehnte. Die Wagen aus Fernost locken die Kundschaft mit geringem Benzinverbrauch und niedrigen Anschaffungskosten. Die günstigen Preise erklären sich aus den längeren Arbeitszeiten, niedrigeren Löhnen und dem höheren Grad der Automatisierung in japanischen Automobilwerken. Zwar sind die asiatischen Wagen technisch weniger ausgefeilt als die europäische und US-Konkurrenz, dafür verfügen sie über größere Robustheit und geringere Reparaturanfälligkeit. Ihr Erfolg setzt den europäischen Herstellern wirtschaftlich zu (Abb.: »Spiegel«-Titel zum Thema). Wegen Absatzschwierigkeiten kommt es u.a. bei Ford zu Entlassungen.

22. Juni 1980

Derwall-Elf ist Europameister

Die bundesdeutsche Nationalmannschaft gewinnt die Fußball-Europameisterschaft. Sie feiert damit ihren ersten großen Erfolg seit Amtsantritt von Bundestrainer Jupp Derwall im Jahre 1978. Im Finale von Rom treffen die Deutschen auf Belgien. Star des Spiels wird Horst Hrubesch. Noch kurz vor dem Anpfiff war sich Trainer Derwall nicht sicher, ob er den Hamburger überhaupt aufstellen sollte. Seine Entscheidung für den kantigen Mittelstürmer erweist sich als spielentscheidend. Bereits zehn Minuten nach Spielbeginn schießt Hrubesch das 1:0. In der zweiten Halbzeit nutzt Belgien einen umstrittenen Strafstoß zum Ausgleich. Wieder ist es Hrubesch, der sein Team erlöst: In der 89. Minute wuchtet er den Ball mit dem Kopf ins belgische Netz und zum 2:1. (Abb.: Die Sieger v.l. Karl-Heinz Rummenigge, Harald »Toni« Schumacher, Bernd Cullmann, Bernd Schuster, Hans-Peter Briegel, Hrubesch, Hans Müller, Jupp Derwall, davor Klaus Allofs, Manfred Kaltz, Bernhard Dietz, Karl-Heinz Förster).

18. Mai 1980

Mount St. Helens bricht aus

Der seit 1857 ruhende Vulkan Mount St. Helens bricht in einer gewaltigen Explosion aus und löst im US-Bundesstaat Washington eine Naturkatastrophe aus. Aus dem Berginnern strömen heiße Gase und verbrennen in Sekundenschnelle die nähere Umgebung. Die Detonation ist von einer derartigen Wucht, dass mehr als 400 Meter Gestein von dem 2950 m hohen Gipfel abgesprengt werden. Dann bricht die gesamte Nordflanke des Berges ab. Die Trümmer rutschen in den nahe gelegenen Spirit-See und lösen eine Schlammlawine aus, die sich über 400 km² Landfläche ergießt. Eine Aschewolke steigt 20 km hoch in die Stratosphäre auf und verdunkelt für Tage den Himmel (s. Abb.). Unter den 57 Todesopfern befinden sich vor allem Touristen. Die Landschaft um den Krater ist zerstört. Zehn Mio. Bäume zerbrechen unter der Druckwelle.

Juni 1980

1 So Erstmals in der 60-jährigen Geschichte des Deutschen Spring-Derbys gibt es durch Peter Luther auf dem Wallach Livius einen Hamburger Heimsieg.

2 Mo In West-Berlin und Düsseldorf beginnen Feldversuche mit Bildschirmtext. +++ Guerilla-Anschläge zerstören drei Energieversorgungsanlagen in Südafrika.

3 Di In Fort Chaffee (US-Bundesstaat Arkansas) kommt es zu schweren Auseinandersetzungen kubanischer Flüchtlinge mit der Polizei.

4 Mi Auf dem Kölner Neumarkt beginnt der von Bernhard Paul geleitete »Circus Roncalli« seine erfolgreiche Deutschland-Tournee. → Protest-Camp

5 Do Um künftigen Guerilla-Angriffen auf den Norden Israels vorzubeugen, greifen israelische Militäreinheiten die Stadt Sidon im Südlibanon an.

6 Fr Ein technischer Defekt löst in den USA Atomalarm aus. Militärische Reaktionen bleiben jedoch aus, da der Fehler binnen 3 Minuten entdeckt wird.

7 Sa Unter großer Medienpräsenz treten in Garmisch-Partenkirchen die bundesdeutschen Ski-Asse Rosi Mittermaier und Christian Neureuther vor den Traualtar.

8 So Der autofreie Sonntag, zu dem Umweltorganisationen aufgerufen haben, findet in der Bundesrepublik kaum Resonanz.

9 Mo In der Freiburger Innenstadt kommt es zu gewalttätigen Auseinandersetzungen zwischen Besetzern abrissgefährdeter Häuser und der Polizei.

10 Di Das Bundesarbeitsgericht erklärt Aussperrungen als Mittel der Tarifauseinandersetzungen unter bestimmtem Voraussetzungen für rechtmäßig.

11 Mi Die Teilnehmer der OPEC-Konferenz in Algier beschließen einen neuen Erdöl-Richtpreis. Demnach soll ein Barrell Öl zukünftig umgerechnet 62 DM kosten.

12 Do Bundespostminister Kurt Gscheidle gibt den ersten Telebrief auf. Damit ist ein weiterer Schritt zur Einführung neuer Kommunikationstechniken getan.

13 Fr Südafrikanische Truppen dringen nach Angola ein und greifen Lager der namibischen Befreiungsorganisation SWAPO an. Über 215 Menschen sterben.

14 Sa Ein Dorf mit Übersiedlern aus Bengalen im indischen Bundesstaat Assam wird überfallen. 350 Einwohner kommen ums Leben, die Häuser werden zerstört.

15 So Spanien bemüht sich um eine Aufnahme in die NATO. Dies geht aus einem Interview mit dem spanischen Außenminister Marcelino Oreja Aguirre hervor.

16 Mo Die Beratungsstelle von »Pro Familia« in Bremen ist das Ziel zweier Bombenanschläge. Die Polizei kann den geständigen Täter nach kurzer Zeit stellen.

17 Di Mehr als 100 Beschäftigte des britischen Atomkraftwerks Windscale erkranken, weil versehentlich verseuchtes Kühlwasser als Trinkwasser benutzt wurde.

18 Mi Die schlimmste Hitzewelle seit 40 Jahren sucht Amerika heim. Im Südwesten der USA sind bereits 33 Menschen an den Folgen der Hitze gestorben.

19 Do Im Bundestag kommt es zu Auseinandersetzungen um die geplante Türkeihilfe. Das Parlament bewilligt am Ende 1,6 Mio. DM Finanz- und Militärhilfe.

20 Fr Im griechischen Olympia wird die olympische Flamme entzündet. +++ Bei den ersten freien Wahlen im Irak seit 22 Jahren siegt Saddam Husseins Baath-Partei.

21 Sa Auf ihrer Bundesversammlung in Dortmund beschließen die Grünen, sich an den kommenden Bundestagswahlen zu beteiligen.

22 So Die SPD erzielt bei den Kommunalwahlen in Baden-Württemberg leichte Gewinne. Die CDU bleibt jedoch die stärkste Partei. → Europameister

23 Mo In Rom wird auf offener Straße ein Staatsanwalt erschossen, der sich überwiegend mit rechtsextremistischen Straftaten befasste.

24 Di Die polnische Regierung ordnet einschneidende Maßnahmen zur Sanierung der Wirtschaft an. Importe sollen gekürzt, Exporte gesteigert werden.

25 Mi Baskische Separatisten starten eine Terrorwelle, durch die Touristen vom Besuch der spanischen Costa Blanca abgeschreckt werden sollen.

26 Do Der syrische Präsident Hafis Assad entgeht leicht verletzt einem Mordanschlag, für den die radikale Moslembruderschaft verantwortlich gemacht wird.

27 Fr Die DDR-Schriftstellerin Christa Wolf erhält den Georg-Büchner-Preis der Deutschen Akademie für Sprache und Dichtung.

28 Sa Die Außenminister Griechenlands und der Türkei treffen zu einem Gespräch über die schwierigen Beziehungen beider Länder in Ankara zusammen.

29 So Bei den Präsidentschaftswahlen in Bolivien erreicht keiner der Kandidaten die Mehrheit. Dadurch ist die Machtübergabe an eine zivile Regierung gefährdet.

30 Mo Der Oberste Gerichtshof der USA spricht den Sioux-Indianern eine Entschädigung für ein 1877 beschlagnahmtes Landstück zu. → Automarkt

Juli 1980

1 Di In Hamburg wird bekannt, dass die Polizei jahrelang heimlich Benutzer öffentlicher Toiletten überwachte, um homosexuelle Betätigungen zu unterbinden.

2 Mi Der Bundestag verabschiedet ein neues Asylgesetz. +++ Der italienische Fiat-Konzern kündigt die Entlassung von rd. 15 000 Mitarbeitern an.

3 Do 20 Rumänen gelingt in einem alten Verkehrsflugzeug die Flucht nach Wien. Im Tiefflug war der Pilot der Radar-Grenzüberwachung ausgewichen.

4 Fr Niedersachsens Ministerpräsident Ernst Albrecht gibt seine Zustimmung zum Bau eines Zwischenlagers für abgebrannte Kernbrennstäbe in Gorleben.

5 Sa Der Schwede Björn Borg gewinnt zum fünften Mal in Folge das Herren-Einzel der All-England-Tennismeisterschaften von Wimbledon.

6 So In der Schweiz wird vor dem Verzehr von Wildpilzen gewarnt, da diese hohe Mengenanteile von Schwermetallen enthalten.

7 Mo Eine Passagiermaschine der Deutschen Lufthansa startet zum offiziellen Eröffnungsflug der Linie Frankfurt am Main-Peking.

8 Di Zahlreiche Menschen sterben bei bewaffneten Auseinandersetzungen zwischen zwei christlichen Milizen in der libanesischen Hauptstadt Beirut.

9 Mi Bundeskanzler Helmut Schmidt wird vom Jüdischen Weltkongress für seine Verdienste um Frieden und Menschlichkeit mit der Goldmann-Medaille geehrt.

10 Do Ein Wintereinbruch sucht mitten im Hochsommer die Schweizer Alpen heim. Der Sustenpass wird wegen Lawinenabgängen vorübergehend gesperrt.

11 Fr Im Iran werden mehrere Militärs wegen angeblicher Putschpläne hingerichtet. +++ Eine der im Iran festgehaltenen US-Geiseln wird freigelassen.

12 Sa Der Ferienbeginn in mehreren Bundesländern löst auf den bundesdeutschen Autobahnen ein Chaos aus. Die Hauptstrecken Richtung Süden sind verstopft.

13 So Der Präsident von Botswana, Seretse Khama, erliegt 59-jährig einer schweren Krankheit. Zu seinem Nachfolger wird Quett Masire bestimmt.

14 Mo Ein Großangriff der sowjetischen Luftwaffe auf afghanische Dörfer fordert unter der Zivilbevölkerung tausende von Opfern.

15 Di Am Oberrhein wird ein Erdbeben mit einer Stärke von 5,5 registriert. +++ Der amtierende Formel-1-Weltmeister Jodie Scheckter (Südafrika) tritt zurück.

16 Mi Die Schülerin eines Gymnasiums in Regensburg wird wegen Tragens einer »Anti-Strauß-Plakette« von der Schule verwiesen.

17 Do In Bolivien übernehmen die Militärs erneut die Macht. Die amtierende Präsidentin Lidia Gueiler Tejada wird gefangen genommen.

18 Fr Indien wird durch den Start eines eigenen Satelliten mittels einer im eigenen Land gebauten, vierstufigen Rakete zur sechsten Weltraumnation.

19 Sa Wegen der seit Wochen anhaltenden Hitze wird die Stadtverwaltung in New York zur Rationierung des Trinkwassers gezwungen. → Moskauer Spiele

20 So Nach neunjähriger Militärherrschaft erhält Honduras wieder eine zivile Regierung. Die Macht wird an die verfassunggebende Versammlung übergeben.

21 Mo Nach der Wiedereinführung der Wehrpflicht durch Präsident Jimmy Carter beginnt in den USA die Registrierung von etwa vier Mio. Wehrpflichtigen.

22 Di Wladimir Salnikow aus der UdSSR schwimmt bei den Olympischen Spielen in Moskau die 1500 m als erster Mensch in weniger als 15 Minuten.

23 Mi Als erste Frau wird Marjorie Matthews in das Bischofsamt berufen. Sie leitet die Methodistenkirche im US-Bundesstaat Wisconsin. → »Global 2000«

24 Do In London erliegt der britische Filmschauspieler Peter Sellers einem Herzinfarkt. Er wurde bekannt durch die Streifen »Der rosarote Panther« und »Ladykillers«.

25 Fr Die beiden Töchter und ein Neffe des bundesdeutschen Fernsehjournalisten Dieter Kronzucker werden an ihren Ferienort in der Toskana entführt.

26 Sa Im 800-m-Finale der Olympischen Spiele in Moskau besiegt der Brite Steve Ovett seinen Landsmann Sebastian Coe, den Weltrekordhalter.

27 So Mohammad Resa Pahlawi, ehemals Schah des Iran, erliegt im ägyptischen Exil im Alter von 60 Jahren einem Krebsleiden.

28 Mo Nach zwölfjähriger Militärherrschaft übernimmt Fernando Belaunde Terry das Präsidentenamt in Peru. Er hatte die Wahlen am 15. Mai gewonnen.

29 Di Ein Misstrauensantrag gegen die britische Premierministerin Margaret Thatcher wird im Unterhaus mit großer Mehrheit zurückgewiesen.

30 Mi Das israelische Parlament billigt ein Gesetz, das Jerusalem verfassungsrechtlich den Status der Hauptstadt verleiht.

31 Do Der 2. Strafsenat des Stuttgarter Oberlandesgerichts verurteilt ein 28-jähriges Mitglied der Roten Armee Fraktion zu lebenslänglicher Haft.

31. August 1980

Polen im Wandel

In Polen setzen die streikenden Arbeiter weitreichende Gewerkschaftsrechte durch. Der stellvertretende Ministerpräsident Mieczyslaw Jagielski und der Führer der überbetrieblichen Vereinigten Streikkomitees (MKS), Lech Walesa, einigen sich auf ein Abkommen, das die Forderungen der Arbeiter zu einem überwiegenden Teil erfüllt.

Der Kompromiss zwischen Regierung und Streikbewegung mutet für ein sozialistisches Land sensationell an: Die Arbeiter erhalten das Recht zur Gründung »neuer unabhängiger und sich selbst verwaltender Gewerkschaften« sowie das Streikrecht. Zudem werden die Zensurbestimmungen eingeschränkt und das Recht auf Meinungsfreiheit ausgeweitet. Darüber hinaus sind Entlassungen zu überprüfen, sofern sie aus politischen Gründen erfolgt waren. Hinzu kommen Regelungen über Lohnerhöhungen, Preiskontrolle, Versorgung mit Lebensmitteln und weitere soziale Verbesserungen.

Zweimonatige, erbittert geführte Streiks waren dem Verhandlungserfolg vorausgegangen – ausgelöst durch nicht angekündigte Preiserhöhungen für Fleisch um bis zu 100%. Daraufhin

»Solidarität« heißt die Losung der Arbeiter der Danziger Leninwerft.

Leszek (Lech) Walesa

polnischer Gewerkschaftsführer und Politiker, * 29.9.1943 Popowo

Der schnauzbärtige Elektromonteur und gläubige Katholik ist die wichtigste Persönlichkeit im Kampf um Demokratie und Gewerkschaftsrechte in Polen. Zweimal wird Walesa zum Chef der Gewerkschaft Solidarität gewählt und hat maßgeblichen Anteil am Sturz des kommunistischen Regimes. Der Friedensnobelpreisträger ist fünf Jahre lang Staatsoberhaupt Polens.

- ab 1966: Monteur auf der Danziger Leninwerft
- 1981: Verhaftung
- 1983: Friedensnobelpreis
- 1990-95: Staatspräsident

19. Juli 1980

Wegen Afghanistan: 60 Staaten boykottieren Moskauer Spiele

Der sowjetische Einmarsch in Afghanistan führt zum bisher größten Boykott in der Geschichte der modernen Olympischen Spiele. 60 Nationen folgen der Aufforderung von US-Präsident Jimmy Carter und senden keine Athleten zu dem sportlichen Großereignis in Moskau. Einige westliche Nationen beteiligen sich nicht an dem Boykott, darunter Großbritannien, Frankreich, Italien und Schweden. Insgesamt kommen 5353 Athleten aus 81 Nationen nach Moskau. Viele der teilnehmenden Sportler verleihen ihrem Protest Ausdruck, indem sie der Eröffnungszeremonie fern bleiben (Abb.: Die Feierlichkeiten im Leninstadion mit dem Maskottchen der Spiele, dem Bären Mischka). Im Verlauf der Spiele kommt es mehrfach zu Verstimmungen, als bei der Medaillenverleihung statt der jeweiligen Nationalhymne die Olympische Hymne abgespielt wird. Boykottbedingt fallen zudem zahlreiche Wettkämpfe in den Sparten Leichtathletik, Schwimmen, Turnen und Boxen aus. In der Nationenwertung liegt die UdSSR mit 195 Medaillen, davon 80 Goldmedaillen, an der Spitze. Sehr erfolgreich ist auch das Team aus der DDR, das 47-mal den Sieger stellt und Platz zwei der Nationenwertung belegt. Erfolgreichster Teilnehmer

der Spiele ist der Turner Alexander Ditjatin. In Moskau werden einige neue Sportarten – wie Frauenhockey oder Star-Boot – ins Programm aufgenommen, ferner einige Gewichtheber- und Judo-Klassen. Das 50-km-Gehen findet nach längerer Olympia-Pause ebenfalls wieder statt.

Walesa führt Polens Arbeiter.

kam es zunächst u.a. in Lodz zu Protesten und Streiks, mit denen Lohnerhöhungen erzwungen werden sollten. Obwohl mehrere Betriebe den Forderungen der Arbeiter nachkamen, weitete sich die Streikbewegung aus. Im August traten die 17000 Beschäftigten der Danziger Leninwerft in den Streik, der eine neue politische Dimension erhielt. Die Arbeiter forderten neben Lohnerhöhungen nun auch die Zulassung unabhängiger Gewerkschaften.

Erfolg in Gefahr

Die polnischen Arbeiter haben sich das Recht erstreikt, freie Gewerkschaften zu gründen. Am 24. September organisieren sich viele von ihnen in der »Solidarität«, die bald zur bestimmenden Kraft des Landes und zum starken Gegner der Regierung wird. Der Dachverband der neuen unabhängigen Gewerkschaften beantragt beim Warschauer Gericht seine Registrierung unter dem Namen »Solidarität«, die einen Monat später erfolgt.

Das zuständige Gericht ändert jedoch einseitig die Statuten, nach denen die Führungsrolle der Kommunistischen Partei anerkannt wird. Außerdem sind die Möglichkeiten zur Ausrufung eines Streiks beschränkt. Die Führer der Gewerkschaftsbewegung reagieren auf die Eingriffe mit Protest und drohen mit Streik, falls die ursprüngliche Satzung der »Solidarität« nicht genehmigt werden sollte. Schließlich lenkt die Regierung weitgehend ein.

In die Freude über den Erfolg mischt sich in Polen, aber auch im westlichen Ausland, die Sorge über mögliche sowjetische Reaktionen auf die dramatischen Veränderungen. Viele Beobachter befürchten, Moskau könne – wie schon 1956 in Ungarn und 1968 in der Tschechoslowakei – mit militärischen Mitteln die herrschende Regierung unterstützen. Bei Duldung der Entwicklung in Polen müsse die Sowjetunion befürchten, dass auch in anderen Staaten des Ostblocks die demokratischen Kräfte gestärkt würden. Auch in Ost-Berlin befürchten die Regierenden, dass die Forderungen nach Liberalisierung lauter werden.

23. Juli 1980

»Global 2000« schlägt Alarm

Die Studie »Global 2000« über die Entwicklung der Welt bis zum Jahrtausendende ist fertig gestellt. Die an dem Projekt beteiligten Wissenschaftler fordern eine neue Ära der internationalen Zusammenarbeit, da insbesondere die Entwicklungsländer ihre Schwierigkeiten nicht allein bewältigen könnten. Die Erkenntnisse der Forscher sind alarmierend: Bei unveränderter Politik und gleich bleibendem Fortschritt in Forschung und Wissenschaft bis zur Jahrtausendwende prognostiziert »Global 2000« Bevölkerungsexplosion, Energieknappheit, Klimaveränderung und die weitgehende Abholzung der Tropenwälder.

Die Weltbevölkerung soll der Untersuchung zufolge von 4 Mrd. im Jahre 1975 auf 6,35 Mrd. im Jahr 2000 anwachsen. 90% dieses Wachstums entfielen auf die ärmsten Länder der Erde. Das Weltklima soll sich bis zum Jahr 2050 durch die hohe Konzentration von Kohlendioxyd und Ozon abbauenden Chemikalien in der Atmosphäre entscheidend verändern. Die Studie »Global 2000« war von US-Präsident Jimmy Carter in Auftrag gegeben worden und soll als Grundlage für langfristige Politikentwürfe dienen.

2. August 1980

Bombenanschlag in Bologna

Eine Bombe explodiert im Hauptbahnhof der norditalienischen Großstadt Bologna und richtet ein Blutbad an. 83 Menschen werden bei der Detonation getötet, 200 weitere zum Teil schwer verletzt. Die rechtsradikale Terrororganisation »Bewaffnete Revolutionäre Stoßtrupps« erklärt sich für den Anschlag verantwortlich. Die Neofaschisten legen die Bombe an dem Tag, an dem in Italien gegen mehrere rechtsradikale Attentäter, die sich in Haft befinden, Anklage erhoben wird.

Die Terroraktion löst in der Weltöffentlichkeit Entsetzen und Betroffenheit aus. Die Regierung in Rom erklärt den 6. August zum nationalen Trauertag. In der Kathedrale von Bologna wird eine offizielle Totenfeier für die Opfer abgehalten. An der Gedenkveranstaltung nehmen insgesamt 200000 Menschen teil. Nur acht der Ermordeten werden jedoch im Anschluss an den Staatsakt beigesetzt – die meisten Familien ziehen eine private Trauerfeier vor. Die Verantwortlichen in Rom sehen sich nach dem Anschlag heftiger Kritik und dem Vorwurf ausgesetzt, den rechtsradikalen Terrorismus verharmlost und seine Bekämpfung vernachlässigt zu haben.

August 1980

1 Fr In West-Berlin werden zwei in der DDR akkreditierte irakische Diplomaten festgenommen, die einen Sprengstoffanschlag vorbereitet haben sollen.

2 Sa Vier französische Sportler überreichen dem Olympischen Komitee in Moskau Forderungen zur Einhaltung der Menschenrechte. → Bologna

3 So Die XXII. Olympischen Sommerspiele in Moskau gehen mit einer perfekt durchinszenierten Abschlussfeier zu Ende.

4 Mo Die britische Königinmutter Elizabeth, das populärste Mitglied des Königshauses, feiert unter großer Anteilnahme der Bevölkerung ihren 80. Geburtstag.

5 Di Die USA und Kanada beschließen gemeinsame Maßnahmen zur Reduzierung der Luftverschmutzung, um vor allem den sauren Regen zu bekämpfen.

6 Mi Die Verschuldung der Entwicklungsländer liegt nach Auskunft der Organisation für wirtschaftliche Zusammenarbeit in Europa bei ca. 450 Mrd. US-Dollar.

7 Do Das erste ausschließlich mit Sonnenenergie betriebene Flugzeug der Welt absolviert in Kalifornien seinen Jungfernflug.

8 Fr Etwa 700 Teilnehmer einer pro-islamischen Demonstration in Washington werden von Passanten wegen der Teheraner Geiselaffäre beschimpft.

9 Sa In Nordirland sterben vier Menschen bei Bombenanschlägen. +++ Griechenland und die Türkei nehmen ihre Gespräche über die Zypernfrage wieder auf.

10 So Im nordindischen Bundesstaat Uttar Pradesh fordern schwere Überschwemmungen etwa 400 Menschenleben. Acht Mio. Menschen sind obdachlos.

11 Mo »Allen«, der bislang zweitstärkste Wirbelsturm des Jahrhunderts, zieht zwischen Mexiko und Texas eine Spur der Verwüstung.

12 Di In Nordindien brechen Kämpfe zwischen Moslems und Hindus aus. Die Unruhen fordern im Verlauf der nächsten sechs Tage insgesamt 142 Todesopfer.

13 Mi Ein westdeutsches Bankenkonsortium stellt der Volksrepublik Polen eine Kredithilfe in Höhe von 1,2 Mrd. DM zur Verfügung.

14 Do Im südspanischen Andalusien treten Hunderte von Menschen in den Hungerstreik, um gegen die Arbeitslosigkeit zu demonstrieren.

15 Fr Die US-Luftfahrtbehörde verschärft aufgrund sich häufender Flugzeugentführungen durch Exil-Kubaner die Sicherheitsbestimmungen.

16 Sa Der südkoreanische Präsident Choi Kyu Ha tritt zurück. +++ In den Niederlanden wird die Frankfurterin Birgit Friedmann Weltmeisterin im 3000-m-Lauf.

17 So 50 Bischöfe und Kardinäle aus aller Welt feiern gemeinsam mit den Kölnern den 100. Jahrestag der Vollendung des Kölner Doms.

18 Mo Der Kurs des US-Dollar zieht an. Zum ersten Mal seit zwei Jahren übersteigt sein Wert wieder die 1,80-DM-Marke.

19 Di Die schwedische Regierung kündigt eine Erhöhung der Mehrwertsteuer um 1,9% auf 22,53% an. Dies ist die weltweit höchste Rate.

20 Mi Der Bergsteiger Reinhold Messner schafft als Erster im Alleingang und – wie schon 1978 – ohne Sauerstoffgerät den Aufstieg zum Mount Everest.

21 Do Auf einem sowjetischen Atom-U-Boot im Ostchinesischen Meer bricht ein Feuer aus. Der Brand fordert neun Todesopfer.

22 Fr Wegen der Ereignisse in Polen sagt Bundeskanzler Helmut Schmidt das geplante Treffen mit DDR-Staats- und Parteichef Erich Honecker ab.

23 Sa Im Zuge des Preiskampfes bei Transatlantikflügen bietet eine britische Fluggesellschaft Stand-by-Flüge von London nach New York für 332 DM an.

24 So Israels Armee schießt über dem südlichen Libanon ein syrisches Kampfflugzeug ab, das einen Routineflug der israelischen Luftwaffe gestört haben soll.

25 Mo Bei Krawallen anlässlich einer Wahlkampfveranstaltung des Kanzlerkandidaten der Union, Franz Josef Strauß, stirbt in Hamburg ein Demonstrant.

26 Di Der stellvertretende DDR-Kulturminister Werner Rackwitz wird zum Intendanten der Komischen Oper in Ost-Berlin berufen.

27 Mi Zur Beendigung der Blockade wichtiger Ölhäfen geht die französische Marine gegen streikende Hochseefischer vor.

28 Do US-Präsident Jimmy Carter stellt sein »Wirtschaftsprogramm für die 80er« vor. Kernpunkt sind Steuersenkungen zum Abbau der Arbeitslosigkeit.

29 Fr Das Atomkraftwerk Brunsbüttel wird wegen technischer Defekte abgeschaltet. Acht Tage zuvor war es nach längerer Pause wieder angefahren worden.

30 Sa Nach sechsjährigen Verhandlungen erreichen die über 150 Teilnehmer an der UN-Seerechtskonferenz Übereinstimmung in den wesentlichen Fragen.

31 So Der Franzose Bernard Hinault gewinnt im französischen Alpenort Sallance die Straßen-Weltmeisterschaft der Radprofis. → Polen

September 1980

1 **Mo** Während in den Werften der polnischen Ostseeküste die Arbeit wieder aufgenommen wird, setzen die schlesischen Bergarbeiter ihren Streik fort.

2 **Di** Der tschechische Journalist Jiří Lederer, einer der Gründer der »Charta 77«, trifft in der Bundesrepublik ein. Er war zur Ausreise gezwungen worden.

3 **Mi** Österreichs Kanzler Bruno Kreisky droht mit Rücktritt für den Fall, dass der durch eine Affäre belastete Finanzminister Hannes Androsch nicht zurücktrete.

4 **Do** In der Züricher Innenstadt kommt es nach Schließung des Autonomen Jugendzentrums durch die Polizei zu heftigen Straßenschlachten.

5 **Fr** Das Düsseldorfer Oberlandesgericht verurteilt zwei Mitglieder der Roten Armee Fraktion zu jeweils 15 Jahren Gefängnis. → Straßentunnel

6 **Sa** Die Verwaltung des Norddeutschen Rundfunks (NDR) stimmt der Einführung von Hörfunkwerbung zum 1. Januar 1981 zu.

7 **So** 24 000 Beschäftigte der Turiner Fiat-Werke müssen für ein Jahr in den Ruhestand und erhalten in dieser Zeit 87,5% ihres Nettolohnes.

8 **Mo** Bundeskanzler Helmut Schmidt und Bayerns Ministerpräsident Franz Josef Strauß eröffnen in München die 11. Weltenergiekonferenz.

9 **Di** Bei einem Freundschaftsspiel in Basel schlägt Fußball-Europameister Bundesrepublik Deutschland die Mannschaft der Schweiz mit 3:2 Toren.

10 **Mi** Der Nationale Volkskongress der Volksrepublik China ernennt Chao Tzu-yang zum Ministerpräsidenten. Er ist Nachfolger des zurückgetretenen Hua Guo-feng.

11 **Do** Der Innenausschuss des Bundestages befasst sich auf einer Sondersitzung mit angeblichen Pannen bei der Terroristenfahndung.

12 **Fr** In Wien wird eine unabhängige Abrüstungskommission unter der Leitung des früheren schwedischen Ministerpräsidenten Olof Palme gegründet. → Türkei

13 **Sa** Der iranische Revolutionsführer Khomeini nennt erstmals die Bedingungen für die Freilassung der US-Geiseln, u.a. eine Nichteinmischungserklärung der USA.

14 **So** Erich Mielke, Minister für Staatssicherheit der DDR, warnt seine Landsleute vor »polnischen Träumen«. In Polen werden freie Gewerkschaften gebildet.

15 **Mo** Die NPD fordert für Nordrhein-Westfalen ein Volksbegehren über eine verstärkte Rückführung von Ausländern. Die Landesregierung lehnt den Antrag ab.

16 **Di** Im Alter von 84 Jahren stirbt in Genf der Schweizer Psychologe Jean Piaget. Er gilt als Begründer der modernen Kinderpsychologie.

17 **Mi** Der Ex-Diktator Nicaraguas, Anastasio Somoza, wird in seinem Exil in Paraguay ermordet. Die Nachricht löst in Nicaragua Freudenfeste aus.

18 **Do** In Wien einigen sich die Mitglieder der OPEC auf einen einheitlichen Rohölpreis. Dazu muss Saudi-Arabien sein Öl verteuern.

19 **Fr** Bei der Explosion einer unterirdisch stationierten Atomrakete in den USA kommt ein Techniker ums Leben. Der Sprengkopf bleibt unbeschädigt.

20 **Sa** US-Militärs melden sowjetische Truppenbewegungen an der polnischen Grenze. Sie befürchten eine Niederschlagung der Liberalisierungstendenzen.

21 **So** Westberliner Angestellte der DDR-Reichsbahn legen während eines Streiks den Eisenbahnverkehr von und nach West-Berlin lahm.

22 **Mo** »Die unendliche Geschichte«, ein Fantasy-Roman von Michael Ende, wird mit dem Jugendbuchpreis »Buxtehuder Bulle« ausgezeichnet. → Iran

23 **Di** US-Präsident Jimmy Carter erklärt, dass die Wahl seines republikanischen Herausforderers Ronald Reagan zu einem Krieg führen könne.

24 **Mi** Der Dachverband der unabhängigen Gewerkschaften Polens beantragt bei einem Warschauer Gericht seine Registrierung unter dem Namen »Solidarität«.

25 **Do** In Herne wird der Film »Theo gegen den Rest der Welt« uraufgeführt. Der Streifen mit Marius Müller-Westernhagen wird ein Kassenschlager.

26 **Fr** Die Deutsche Forschungsgemeinschaft warnt vor dem Gebrauch des chemischen Stoffes Formaldehyd, der Krebs auslösen könne. → Bombenanschlag

27 **Sa** Nach nur 178 Tagen im Amt tritt die italienische Regierung unter Francesco Cossiga zurück, weil das Parlament ihr Wirtschaftsprogramm abgelehnt hat.

28 **So** Der UN-Sicherheitsrat ruft den Iran und den Irak zu einem Waffenstillstand auf, verzichtet aber auf die Forderung nach einem irakischen Truppenrückzug.

29 **Mo** Die Metropolitan Opera in New York sagt die komplette Saison 1980/81 ab, weil keine Einigung mit der Musikergewerkschaft erzielt worden sei.

30 **Di** Wegen des iranisch-irakischen Krieges verlegt die US-Luftwaffe Aufklärungsflugzeuge vom Typ »AWACS« nach Saudi-Arabien.

22. September 1980

Iran und Irak im Krieg

Um die Vormachtstellung am Golf ringen die beiden Nachbarstaaten Iran und Irak in einem blutigen Krieg: Nach monatelangen Gefechten an der Grenze bricht der Konflikt offen aus. Irakische Truppen fallen auf breiter Front in den Iran ein.

Was nach Ansicht von Beobachtern von Bagdad offensichtlich als schneller Militärschlag mit erheblichem territorialem Zugewinn gedacht war, wächst sich in den folgenden Wochen zu einem

zermürbenden Stellungskrieg aus (s. Abb.). Der besseren irakischen Bewaffnung setzen die Iraner vor allem Menschenmassen entgegen. Dabei werden nicht nur reguläre Soldaten an die Front geschickt, sondern auch Greise und Jugendliche, die offensichtlich über keinerlei Ausbildung verfügen. Zudem zerstören beide Seiten Ölanlagen und Industriezentren auf gegnerischem Gebiet. Bei Bombardements von Städten kommen zahlreiche Zivilisten ums Leben.

9. Oktober 1980

DDR erhöht Mindestumtausch

Die DDR erhöht den Mindestumtauschsatz für Besucher aus dem Westen von 13 DM auf einheitlich 25 DM pro Tag. Auch Rentner, die bislang von der Umtauschpflicht befreit waren, und Tagesbesucher in Ost-Berlin, die bisher lediglich einen Betrag von 6,50 DM in DDR-Währung zu wechseln hatten, müssen den vollen Satz umtauschen. Für Kinder zwischen 6 und 16 Jahren sind neuerdings 7,50 DM zu wechseln. Westliche Politiker reagieren empört auf die neuen Regelungen. Die CDU beschuldigt zudem die Bundesregierung, sie habe eine Vereinbarung über den Zwangsumtausch leichtfertig versäumt.

Mit der Einführung der neuen Regelung geht die Zahl privater Reisen in die DDR schlagartig zurück. Offiziell macht Werner Schmieder, Finanzminister der DDR, die Erhöhung der Kaufkraft der DDR-Mark für diese überraschende Maßnahme verantwortlich. Westliche Medien vermuten jedoch gerade auch im Zusammenhang mit den jüngsten Vorfällen in Polen, die Erhöhung habe den Zweck verfolgt, den unkontrollierbaren Meinungsaustausch zwischen Ost und West eindämmen zu können.

Tatsächlich scheinen in der Folgezeit weitere restriktive Maßnahmen seitens der DDR diese Annahme zu bestätigen. Am 28. Oktober wird die seit acht Jahren gültige Visumsfreiheit im Reiseverkehr mit dem Nachbarland Polen aufgehoben. Etwa einen Monat später stellen die Behörden einen Großteil der Zugverbindungen nach Polen ein.

12. September 1980

Militärputsch in der Türkei

In der Türkei übernehmen erneut die Militärs das politische Ruder. Mit dem Umsturz – dem dritten seit 1960 – reagieren die Generale auf den wachsenden politischen Terrorismus und die chaotische Wirtschaftslage ihres Landes.

Neuer Staatspräsident ist ab sofort Generalstabschef Kenan Evren, Admiral Bülent Ülüsü übernimmt am 21. September das Amt des Ministerpräsidenten. Das Parlament wird aufgelöst, das Kriegsrecht, das bislang schon in etlichen Provinz galt, auf das gesamte Land ausgedehnt. Über 100 Politiker, unter ihnen die Chefs der drei größten Parteien, werden unter Hausarrest gestellt. Schon seit mehr als sechs Jahren schwelt die politische und wirtschaftliche Krise des Landes. Seit 1974 konnte sich keine der großen Parteien auf eine ausreichende parlamentarische Mehrheit stützen. Zuletzt versah Süleyman Demirel von der konservativen Gerechtigkeitspartei das Amt des Ministerpräsidenten. Seither hat sich die wirtschaftliche Lage in der Türkei dramatisch verschlechtert. Um das rapide Wachstum der Auslandsverschuldung so rasch wie möglich zu stoppen, wurden drastische Sparmaßnahmen beschlossen, die u.a. die Arbeitslosenquote auf 20% ansteigen ließen. Die Inflationsrate kletterte auf 100%.

26. September 1980

Bombenanschlag in München

Vor dem Haupteingang des Münchener Oktoberfests detoniert eine Bombe. 13 Menschen, unter ihnen vier Kinder, kommen ums Leben, über 200 werden zum Teil schwer verletzt (Abb.: Tatort). Unter den Toten befindet sich auch der mutmaßliche Attentäter Gundolf Köhler, ein 21-jähriger Geologiestudent und Sympathisant der verbotenen rechtsextremistischen »Wehrsportgruppe Hoffmann«. Die Bombe explodiert um 22.19 Uhr, als sich ein Großteil der Wiesnbesucher

auf den Heimweg macht, also eine hohe Zahl an potenziellen Opfern zu erwarten ist. Die Tatsache, dass der Attentäter selbst unter den Getöteten ist, deutet laut Polizei darauf hin, dass die Explosion früher als erwartet ausgelöst wurde.

Das Attentat ist der bislang folgenreichste Terrorakt in der Geschichte der Bundesrepublik. Zwei Monate nach dem Anschlag auf den Bahnhof im norditalienischen Bologna, bei dem insgesamt 84 Menschen ums Leben kamen, wird die Gefahr, die international von Rechtsradikalen ausgeht, immer deutlicher. Während der Trauerfeier im alten Rathaussaal in München ruht der Festbetrieb für 24 Stunden.

5. September 1980

Längster Straßentunnel der Welt eröffnet

Nach zehnjähriger Bauzeit rollt der Verkehr durch den St. Gotthard-Tunnel in der Schweiz, der Göschenen mit Airolo verbindet. Mit 16,3 km Strecke ist das neue Bauwerk der längste Straßentunnel der Welt (Abb.: Blick in das Tunnelinnere). Es entlastet die Pass-Straße über den St. Gotthard, über die bisher der gesamte Verkehr abgewickelt wurde. Wer mit dem Auto über den Pass fuhr, benötigte für die 2108 m hohe Strecke rd. zwei Stunden.
Durch den Bergdurchstich hat sich die Fahrzeit auf 15 bis 20 Minuten verkürzt. Im St. Gotthard-Tunnel können 1800 Fahrzeuge stündlich durch das Bergmassiv geschleust werden. Der Bau der Nord-Süd-Verbindung kostete umgerechnet 750 Mio. DM. Rd. 700 Arbeiter waren daran beteiligt gewesen. 19 von ihnen kamen während der zehnjährigen Bauzeit ums Leben.

5. Oktober 1980

Koalition gewinnt Bundestagswahl

Bundeskanzler Schmidt (SPD) kann sich behaupten ...

Die sozialliberale Koalition geht gestärkt aus der Bundestagswahl hervor. Sie kann ihre Mehrheit im Parlament von 10 Mandaten auf 45 erhöhen. Der Zugewinn geht vor allem auf das Konto der FDP, die 10,6% der Stimmen – und damit 2,7% mehr als 1976 – erhält. Die SPD gewinnt 0,3% hinzu, während die CDU/CSU Verluste von 4,1% hinnehmen muss. Die Wahlbeteiligung lag mit 88,7% um 2% niedriger als im Jahre 1976. Im November wird Bundeskanzler Helmut Schmidt (SPD) erneut zum Regierungschef gewählt.
Dem Wählervotum ist ein ausgesprochen emotional geführter Wahlkampf vorausgegangen, der weitgehend auf die beiden Spitzenkandidaten zugeschnitten war. Die sozialliberale Koalition ging mit Schmidt ins Rennen, die Union mit dem bayerischen Ministerpräsidenten Franz Josef Strauß (CSU). SPD und FDP setzten schon früh auf eine Anti-Strauß-Stimmung in der Bevölkerung. Der wortgewaltige CSU-Politiker betreibt in den Augen vieler Wähler eine rechtslastige Politik und erscheint manchen als unberechenbar. Zahlreiche Anti-Strauß-Initiativen suchten diesen Eindruck zu festigen. Auf der anderen Seite wurden die Unionsparteien nicht müde, die Fähigkeiten des SPD-Kandidaten Helmut Schmidt in Zweifel zu ziehen. Er wurde als von Moskau gesteuerte Figur dargestellt, nicht in der Lage, die Freiheit der Bundesrepublik zu garantieren. Zudem habe der Regierungschef in der Wirtschafts- und Sozialpolitik versagt. Neben Schmidt gerät nicht zuletzt Innenminister Gerhart Baum (FDP) in die Schusslinie, dem Versagen in der Sicherheitspolitik vorgeworfen wird.

... Strauß (CSU) hat das Nachsehen.

Oktober 1980

1 Mi Die in der Toskana entführten Töchter und der Neffe des deutschen Journalisten Dieter Kronzucker werden gegen ein Lösegeld in Millionenhöhe freigelassen.

2 Do Die chinesische Regierung gibt zu, dass es in weiten Teilen des Landes Menschenrechtsverletzungen gibt, und kündigt Korrekturen an.

3 Fr Bei einem Sprengstoffanschlag auf eine Pariser Synagoge kommen vier Menschen ums Leben. Zu dem Anschlag bekennt sich eine rechtsextreme Gruppe.

4 Sa 2000 Schüler und Studenten fordern in Tallin Freiheit für Estland und einen Zuzugsstopp für Russen. Die Demonstration wird von der Polizei aufgelöst.

5 So »Mord in der Mohrengasse«, ein Stück des österreichischen Schriftstellers Ödön von Horváth, wird am Wiener Akademietheater uraufgeführt. → Koalition

6 Mo Nach dreitägiger Debatte setzen sich im Zentralkomitee der polnischen Staatspartei die Reformer durch. Acht Politiker werden aus dem ZK ausgeschlossen.

7 Di Den 31. Jahrestag ihrer Gründung feiert die DDR mit einer Militärparade in Ost-Berlin. +++ In Brighton beginnt der Parteitag der britischen Konservativen.

8 Mi Syrien und die Sowjetunion schließen einen Freundschaftsvertrag, der beide Seiten im Krisenfall zur sofortigen Kontaktaufnahme verpflichtet.

9 Do In Österreich wird ein neuer Minister für Arbeit und Soziales eingesetzt. Das Amt übernimmt Alfred Dallinger (SPÖ). → Mindestumtausch

10 Fr Bei einem Erdbeben in Algerien sterben etwa 22 000 Menschen. Rd. 44 000 werden verletzt, 380 000 macht die Naturkatastrophe obdachlos.

11 Sa Zwei sowjetische Kosmonauten beenden den bislang längsten Aufenthalt von Menschen im All: Sie waren 185 Tage an Bord der Raumstation »Saljut 6«.

12 So Der Friedenspreis des Deutschen Buchhandels wird in Frankfurt am Main dem nicaraguanischen Lyriker und Priester Ernesto Cardenal verliehen.

13 Mo Umweltschützer hindern in Nordenham (Unterweser) ein Abfallschiff am Auslaufen. Es ist die erste Aktion der deutschen Greenpeace-Sektion.

14 Di Kim Jung Il, der älteste Sohn des nordkoreanischen Präsidenten Kim Il Sung, wird zum Nachfolger seines Vaters designiert.

15 Mi Frankreichs Staatspräsident Valéry Giscard d'Estaing nimmt bei einem Staatsbesuch in China die Bestellung für zwei Atomreaktoren entgegen.

16 Do Aus Protest gegen die geplante Startbahn West des Frankfurter Flughafens treten Lokalpolitiker der Gemeinde Mörfelden-Walldorf in einen Hungerstreik.

17 Fr Papst Johannes Paul II. empfängt im Vatikan das weltliche Oberhaupt der Anglikanischen Kirche, die britische Königin Elizabeth II.

18 Sa In West-Berlin liefern sich rivalisierende Jugendgruppen – Popper und Punker – eine etwa sechsstündige Straßenschlacht.

19 So Der Australier Alan Jones gewinnt in Watkins Glen (US-Bundesstaat New York) das letzte Formel-1-Rennen der Saison und wird Weltmeister.

20 Mo Das Oberste Gericht der USA bestätigt ein Urteil, in dem einer Frau das Sorgerecht für ihre Kinder entzogen wurde, weil sie bei einem anderen Mann lebte.

21 Di Michail S. Gorbatschow wird auf einer Sitzung des Zentralkomitees der KPdSU zum Mitglied des Politbüros ernannt.

22 Mi Aus gesundheitlichen Gründen legt der sowjetische Regierungschef Alexej Kossygin sein Amt nieder. Nachfolger wird Nikolaj Tichonow.

23 Do Der britische Gouverneur von Hongkong kündigt eine Verschärfung der Einreisebestimmungen an, um die illegale Einwanderung aus China zu stoppen.

24 Fr Das griechische Parlament billigt die Rückkehr des Landes in die militärische Struktur des westlichen Verteidigungsbündnisses NATO.

25 Sa In Rom endet eine Bischofskonferenz über Familienfragen. Papst Johannes Paul II. hatte dabei das begehrliche Betrachten einer Frau als Ehebruch kritisiert.

26 So Zur ersten offiziellen Visite eines israelischen Staatsoberhauptes in einem arabischen Land trifft Präsident Yitzhak Navon in Ägypten ein.

27 Mo Führende Wirtschaftsinstitute der Bundesrepublik veröffentlichen ihre Prognose für 1981. Es werde kein Wachstum geben und eine Inflationsrate von 4%.

28 Di Bei einem Rededuell im Fernsehen kann Herausforderer Ronald Reagan gegen den amtierenden US-Präsident Jimmy Carter Pluspunkte sammeln.

29 Mi Das US-Finanzministerium teilt mit, dass das Haushaltsdefizit im laufenden Jahr mit 59 Mrd. Dollar (rund 115 Mrd. DM) doppelt so hoch sei wie 1979.

30 Do Produktionsbeschränkungen bis zu 18% sieht ein Krisenplan für die Stahlindustrie vor, den der EG-Ministerrat für die Zeit bis Juni 1981 verabschiedet.

31 Fr Der Vatikan legt Richtlinien für die Rückführung von Priestern in den Laienstand fest. Papst Johannes Paul II. will diese nur noch in Ausnahmen genehmigen.

November 1980

1 Sa In Ankara legen die herrschenden Militärs einen Acht-Punkte-Plan für die Rückkehr der Türkei zu einer zivilen Regierungsform vor.

2 So Indische Korrespondenten melden, dass die Rebellen in den Bergen Afghanistans einen sowjetischen Munitionskonvoi zerstört hätten.

3 Mo Die zuständige Behörde in Mainz nimmt die Ermittlungen gegen 1800 Winzer auf, die ihren Wein gesetzeswidrig gezuckert haben sollen.

4 Di Laut US-Presseberichten wollen Lehrer in San Diego (Kalifornien) ihren Schülern Anwesenheitsprämien zahlen, um Fehlstunden zu verringern. → Reagan

5 Mi Einen Tag nach seiner konstituierenden Sitzung wählt der Bundestag mit der Mehrheit von SPD und FDP Helmut Schmidt (SPD) erneut zum Bundeskanzler.

6 Do In Ankara endet eine Konferenz von 23 islamischen Staaten. Die Delegierten vereinbarten u.a. Kooperation in Wirtschaft, Wissenschaft, Technik und Medizin.

7 Fr Der sowjetische Verteidigungsminister Dmitri Ustinow beschuldigt die USA und die NATO, einen neuen Kalten Krieg vorzubereiten.

8 Sa Der iranische Ex-Außenminister Sadegh Ghotbsadeh wird verhaftet, nachdem er den Einfluss der Fundamentalisten auf das Fernsehen kritisiert hatte.

9 So »Ärztinnen«, ein Stück von Rolf Hochhuth, wird am Mannheimer Nationaltheater unter der Regie von Jürgen Bosse uraufgeführt.

10 Mo In Athen streiken fast 1,5 Mio. Arbeiter für die Einführung der Fünf-Tage-Woche und eine wöchentliche Arbeitszeit von maximal 40 Stunden. → Honecker

11 Di Vertreter von 35 Staaten nehmen in Madrid am zweiten Folgetreffen der KSZE teil. Kontrovers diskutiert werden Menschenrechtsfragen.

12 Mi Der sowjetische Dissident Lew Kopelew erhält eine Ausreisegenehmigung in die Bundesrepublik. +++ Eine US-Sonde übermittelt erste Bilder vom Mars.

13 Do In Nürnberg konstituiert sich die Deutsche Gesellschaft für Humanes Sterben, die sich für das »Recht auf Erlösungstod« auch durch Sterbehilfe einsetzt.

14 Fr Das Hanse-Viertel, eine mit hohem Aufwand gestaltete Einkaufpassage in Hamburg, wird nach zweieinhalb Jahren Bauzeit eröffnet.

15 Sa Nach seiner Rückkehr von Cosmos New York feiert Franz Beckenbauer in der Fußball-Bundesliga im Trikot des Hamburger SV ein Comeback. → Papst

16 So Iranische Flugzeuge greifen kuwaitische Einheiten an der Grenze zum Irak an, werden aber von Flugabwehrstellungen zum Rückzug gezwungen.

17 Mo US-Behörden verbieten die Einfuhr eines Spezialstahls aus Frankreich, weil die Legierung auch Nickel aus dem von den USA boykottierten Kuba enthält.

18 Di Personalaufstockungen in australischen Behörden will Ministerpräsident Malcolm Fraser von einer Effizienzuntersuchung abhängig machen.

19 Mi Wegen Östrogenfunden in Kalbfleisch erklären bundesdeutsche Hersteller von Babynahrung, vorerst keine Kalbfleischprodukte herstellen zu wollen.

20 Do In Peking beginnt der Prozess gegen den ultralinken Flügel der Kommunistischen Partei, die sog. Viererbande um die Mao-Witwe Chiang Ch'ing.

21 Fr Die neue Episode der TV-Serie »Dallas« bricht in den USA alle Zuschauerrekorde. 83 Mio. Menschen verfolgen die Episode »Wer schoß auf J.R.?«.

22 Sa Im Alter von 87 Jahren stirbt in Hollywood die US-Schauspielerin Mae West. Sie war einer der großen Film- und Theaterstars der 30er Jahre.

23 So In Rotterdam beginnt das vierte Russell-Tribunal. Es beschäftigt sich mit Verbrechen gegen Indianer in Kanada, den USA und Lateinamerika. → Erdbeben

24 Mo Durch die Explosion eines Gasbehälters während einer Verlobungsfeier werden in einem türkischen Dorf 97 Menschen getötet.

25 Di Mit einem k.o.-Sieg in der 8. Runde holt sich der Weltergewichtsboxer Sugar Ray Leonard seinen Weltmeistertitel von Roberto Duran zurück.

26 Mi Syrien zieht an der Grenze zu Jordanien Truppen zusammen, nachdem es zu erheblichen Spannungen zwischen beiden Ländern gekommen ist.

27 Do Amnesty International berichtet, dass in der Türkei seit dem Militärputsch politische Häftlinge gefoltert würden. Acht Gefangene seien bereits gestorben.

28 Fr In Mainz wird der Deutsche Kleinkunstpreis verliehen. Preisträger sind u.a. der Münchner Satiriker Gerhard Polt und das Kölner Politkabarett Floh de Cologne.

29 Sa Guerillas verbrennen in El Salvador als Kampfaktion gegen die Regierung 1,8 Mio. kg Kaffee. Das Staatseinkommen stammt zu 70% aus dem Kaffeeexport.

30 So Die Deutsche Sporthilfe zahlt 1,8 Mio. DM an 129 Sportler, die wegen des Boykotts nicht an den Olympischen Spielen in Moskau teilnehmen konnten.

4. November 1980

Reagan setzt auf die Stär

Überraschend klar setzt sich der konservative Republikaner Ronald Reagan bei der Präsidentschaftswahl in den USA gegen den demokratischen Amtsinhaber Jimmy Carter durch. 489 der vom Volk bestimmten Wahlmänner votieren für Reagan, nur 49 für Carter. Auch bei den Kongress- und Gouverneurswahlen können die Republikaner Zugewinne verbuchen. Im Repräsentantenhaus gewinnen sie 33 Sitze hinzu. Die Demokraten stellen jedoch mit 243 gegenüber 192 Abgeordneten die Mehrheit. Anders im Senat: Dort verfügen die Republikaner mit 53 gegenüber 47 Sitzen erstmals seit 25 Jahren wieder über die Mehrheit.

Im Wahlkampf hatte Amtsinhaber Carter mit seinen persönlichen Angriffen gegen den Herausforderer wenig Glück. Er versuchte, Reagan als außenpolitisch unerfahren, verantwortungslos und kriegslüstern, sich selbst aber als Garanten für den Weltfrieden zu stilisieren. Reagans rechtskonservativer Politikentwurf kam hingegen bei den Wählern besser an. Der Gouverneur von Kalifornien warf Carter vor, mit seiner inkonsequenten Haltung außenpolitisch versagt und den USA einen Imageverlust beschert zu haben. Zudem übte er scharfe Kritik an der Wirtschafts- und Sozialpolitik der Regierung, die zum drastischen Anstieg von Inflation und Arbeitslosigkeit sowie zu einer hohen Staatsverschuldung geführt habe. Viele Beobachter werteten obendrein die direkte Konfrontation der beiden Kandidaten in einer

Wahlkampfveranstaltung in New York, v.l. Nancy und Ronald Reagan mit Show-Star Frank Sinatra

Fernsehsendung als mit wahlentscheidend. Reagan habe sich dem Publikum sympathischer und weniger verbissen präsentiert als Carter. In Pressekommentaren werden vor allem die wirtschaftlichen Probleme des Landes für Carters Wahlschlappe verantwortlich gemacht. Zudem habe dieser vergeblich

8. Dezember 1980

Fan erschießt Ikone des Pop

Der offensichtlich geistesgestörte Mark David Chapman erschießt den Ex-Beatle John Lennon vor dessen Wohnung in New York. Das 40-jährige Popidol stirbt noch am Tatort. Seine ihn begleitende Frau Yoko Ono bleibt unverletzt. Wie sich herausstellt, ist der 25-jährige Täter ein Fan Lennons. Noch am Tag zuvor hatte ihm sein Idol einen Autogrammwunsch erfüllt. Die Nachricht vom gewaltsamen Tod John Lennons löst in der ganzen Welt Entsetzen aus. Die Telefone der Radiostationen sind stundenlang blockiert, da tausende Hörer anrufen, um Informationen über den Mord zu erhalten. Menschenmengen pilgern zum Ort des Attentats, um ihrer Trauer über den Tod des Künstlers mit Blumen und Kerzen Ausdruck zu verleihen.

Viele Radiosender in den USA spielen tagelang Lennons Musik. Für viele Fans stirbt mit John Lennon auch der Traum von der Wiedervereinigung der Beatles. Die Band hatte sich rd. zehn Jahre zuvor wegen persönlicher und musikalischer Differenzen aufgelöst. Kurz vor dem Attentat veröffentlichte Lennon sein letztes Album, »Double Fantasy«.

John Lennon

englischer Musiker, * 9.10.1940 Liverpool; † 8.12.1980 New York (ermordet)

Zusammen mit Paul McCartney bildete Lennon den Kern der Beatles, die in den 60er Jahren mit ihrer Musik zum Symbol für den Umbruch im Leben und Denken der Jugendlichen in der westlichen Welt wurde. Vor allem als Texter überzeugte der Liverpooler seine zahlreichen Fans. Seine engagierten Songs (u.a.: »Give peace a chance«, 1970) beeinflussten eine ganze Generation. Nach Trennung der Beatles engagierte sich Lennon zusammen mit seiner Ehefrau Yoko Ono für den Frieden und die Rechte von Minderheiten. In zahlreichen Aktionen und medienwirksamen Happenings provozierte der Künstler die Öffentlichkeit.

- 1955-60: Gitarrist und Sänger bei den »Quarrymen«
- 1960-70: Mitglied der Beatles
- 1969: »Bed-In« in Amsterdam für den Frieden
- 1971: Übersiedlung nach New York

merikas

Ronald Reagan

US-Politiker, * 6.2.1911 Tampico (US-Bundesstaat Illinois)

Der 40. Präsident der Vereinigten Staaten hat eine ungewöhnliche Karriere hinter sich. Als Schauspieler spielte er in 54 Filmen mit. Anfang der 50er Jahre wurde er Repräsentant und Werbeträger eines Elektro-Konzerns. In dieser Zeit wandelten sich seine politischen Ansichten. Der liberale Demokrat entwickelte sich mehr und mehr zum Konservativen, trat in die Republikanische Partei ein und wurde 1966 zum Gouverneur von Kalifornien gewählt. Nach zwei vergeblichen Versuchen gelingt ihm der Sprung ins Präsidentenamt. Während seiner achtjährigen Amtszeit schafft es der sendungsbewusste Reagan – nach Vietnamkrieg, Watergate-Affäre und Geiseldrama in Teheran –, das Selbstbewusstsein der Nation zu stärken. Sein rigider Abbau von Steuern und Staatsausgaben bei gleichzeitiger Senkung der Sozialleistungen (»Reaganomics«) wird von vielen kritisiert. Außenpolitisch setzt er auf ein starkes Amerika, fördert die Aufrüstung, aber auch den Dialog mit Moskau.

- 1962: Eintritt in die Republikanische Partei
- 1966-73: Gouverneur von Kalifornien
- 1980-88: US-Präsident
- 1987: Unterzeichnung des INF-Abrüstungsvertrags

darauf spekuliert, dass die im Iran festgehaltenen Geiseln noch vor der Wahl freigekommen wären. Reagans Kurs hingegen habe einer weit verbreiteten Stimmung in der Bevölkerung entsprochen. Der Wahlgewinner versichert, er werde versuchen, »den alten großen Geist Amerikas wieder zu erwecken ...«.

10. November 1980

Honecker besucht Österreich

DDR-Staatsratsvorsitzender Erich Honecker trifft zu einem Staatsbesuch in der österreichischen Hauptstadt Wien ein. Es ist seine erste Reise in ein westliches Land. Honecker verfolgt mit dem Besuch in Wien das Ziel, der eigenen Bevölkerung zu zeigen, dass die DDR im Westen ein anerkannter Staat sei. Durch die strengen Reisebeschränkungen gegenüber Polen und der Bundesrepublik Deutschland hat sich Ost-Berlin in den vergangenen Jahren immer mehr in die Isolation manövriert. Der österreichischen Regierung unter dem sozialdemokratischen Bundeskanzler Bruno Kreisky kommt der Honecker-Besuch gelegen. Die neutrale Alpenrepublik hat seit langem eine Vorreiterrolle in den Ost-West-Beziehungen übernommen.

Während Honeckers viertägigem Aufenthalt in Österreich vereinbaren die politischen Führungspersonen beider Länder u.a. ein Luftverkehrsabkommen und mehrere Wirtschaftsverträge. Beide Seiten wollen die Handelsbeziehungen in Zukunft verstärken. Bei den Verhandlungen stehen Erich Honecker DDR-Außenminister Oskar Fischer und der Wirtschaftspolitiker Gerhard Beil beratend zur Seite. Alle Beteiligten zeigen sich mit dem Ergebnis des Besuchs zufrieden.

23. November 1980

Schweres Erdbeben in Italien

Ein schweres Erdbeben stürzt Süditalien ins Chaos – 3100 Menschen sterben durch die Naturkatastrophe, 9000 weitere erleiden Verletzungen. Die heftigen Erdstöße bringen Tausende von Gebäuden zum Einsturz. Betroffen ist vor allem die Region südlich von Neapel, die zu den ärmsten den Landes gehört. Zahlreiche Ortschaften wer-

den durch die Naturkatastrophe vollständig zerstört. Auch Neapel selbst und die Ausgrabungsstätten von Pompeji sind stark in Mitleidenschaft gezogen. Nachdem sich die Erde beruhigt hat, stehen viele Überlebende vor dem Nichts: rd. 300 000 Menschen sind obdachlos (Abb.: Eine alte Frau sucht Trost bei einer unversehrten Madonnenstatue). Der Gesamtschaden wird auf umgerechnet 35 Mrd. DM beziffert. Die Bergungs- und Hilfsarbeiten gehen wegen ungenügender Koordination nur schleppend voran.

15. November 1980

Der Papst in Deutschland

Papst Johannes Paul II. trifft zu einem fünftägigen Besuch in der Bundesrepublik ein. Es ist der erste Besuch eines Papstes im Mutterland der Reformation seit 1782. Bei seiner Ankunft auf dem Kölner Flughafen wird das Oberhaupt der katholischen Kirche vom Vorsitzenden der deutschen Bischofskonferenz, Joseph Kardinal Höffner, sowie von Bundespräsident Karl Carstens und Außenminister Hans-Dietrich Genscher begrüßt. Offizieller Anlass für die Papstvisite ist der 700. Todestag des Philosophen Albertus Magnus, dessen Grab in der Domstadt Köln auf dem Besuchsprogramm steht. In den folgenden Tagen reist der Heilige Vater nach seinem Aufenthalt in Bonn und

Köln (s. Abb.) nach Osnabrück, Mainz, Fulda, Altötting und München. Während seiner öffentlichen Auftritte nimmt er immer wieder Stellung zu Fragen der Empfängnisverhütung, außerehelichen Sexualbeziehungen und Abtreibung und bezieht dabei eine erwartungsgemäß konservative Position. Zudem trifft er mit Vertretern anderer Konfessionen zusammen und ruft die Katholiken zur Aussöhnung mit den Protestanten auf.

Dezember 1980

1 Mo Kanadische Indianer beenden ihren 7000 km langen Marsch nach Ottawa, mit dem sie auf ihre schlechte soziale Lage aufmerksam machen wollten.

2 Di Das Bundesverwaltungsgericht bestätigt das vom Bundesinnenministerium ausgesprochene Verbot der rechtsradikalen »Wehrsportgruppe Hoffmann«.

3 Mi Die Volkswagen AG und der japanische Automobilhersteller Nissan veröffentlichen Pläne über eine gemeinsame Produktion in Japan.

4 Do Portugals Ministerpräsident Francisco Sá Carneiro kommt bei einem Flugzeugabsturz in der Nähe von Lissabon ums Leben.

5 Fr Auf dem Gipfeltreffen des Warschauer Paktes in Moskau wird Polen »Solidarität und Unterstützung« auf seinem »sozialistischen Weg« zugesichert.

6 Sa Eine in Bonn veröffentlichte Untersuchung stellt Versäumnisse bei der Finanzplanung des »Tornado«-Kampfflugzeuges fest. Es fehlten über 1,33 Mrd. DM.

7 So Der Tennis-Daviscup geht erstmals an eine Mannschaft aus einem Ostblockstaat. In Prag besiegt das Team der Tschechoslowakei Italien mit 4:1.

8 Mo Großbritanniens Premierministerin Margaret Thatcher besucht die Republik Irland. Dublin spricht von einem »historischen Durchbruch«. → Fan

9 Di Sowjetchef Leonid I. Breschnew trifft zu einem Besuch in Indien ein. Gastgeberin Indira Gandhi kritisiert dabei den sowjetischen Einmarsch in Afghanistan.

10 Mi Die USA verlegen vier mit dem Aufklärungssystem AWACS ausgerüstete Flugzeuge in die Bundesrepublik. Sie sollen u.a. die DDR und Polen beobachten.

11 Do An der Frankfurter Devisenbörse steigt der Dollarkurs erstmals seit 1978 auf über zwei DM. Experten begründen dies mit dem Machtwechsel in den USA.

12 Fr Nach der Zwangsräumung eines besetzten Hauses in Berlin-Kreuzberg kommt es im Westteil der Stadt zu zweitägigen Straßenschlachten.

13 Sa Im Slowacki-Theater in Krakau wird das Stück »Unseres Gottes Bruder« uraufgeführt. Autor ist Karol Woytila, der jetzige Papst Johannes Paul II.

14 So Israels Regierung erlässt Beschränkungen für Presseberichte aus den besetzten Gebieten. Journalisten dürfen nur in Militär-Begleitung in die Sperrzonen.

15 Mo Ein Westberliner Gericht hebt den Schuldspruch gegen Marinus van der Lubbe auf, der wegen des Reichstagsbrandes 1933 hingerichtet worden war.

16 Di Ägyptens Präsident Muhammad Anwar As Sadat gibt den ausgebauten Suezkanal frei. Künftig können Öltanker einer Ladung bis zu 150 000 t passieren.

17 Mi Die FDP-Politikerin und Ex-Ministerin Liselotte Funcke wird in Bonn zur Beauftragten der Bundesregierung für Ausländerfragen bestellt.

18 Do Trotz eines gerichtlichen Verbots aus dem Jahr 1968 veröffentlicht der Rowohlt-Verlag Klaus Manns Roman »Mephisto«.

19 Fr Nur wenige Wochen nach seinem Rücktritt stirbt der ehemalige sowjetische Ministerpräsident Alexej N. Kossygin 76-jährig in Moskau.

20 Sa Nach zehnjährigen Diskussionen wird in den Niederlanden ein Abtreibungsgesetz verabschiedet, das die Entscheidungsmacht der Frauen stärkt.

21 So Rund 6000 Menschen nehmen an einer Demonstration gegen das geplante Kernkraftwerk Brokdorf teil. Am Bauplatz kommt es zu Ausschreitungen.

22 Mo In Bremen läuft der Luxusliner »Europa«, das künftige Flaggschiff der Reederei Hapag Lloyd, vom Stapel. Das Schiff bietet Platz für 600 Passagiere.

23 Di Israel läßt zwei Bundesdeutsche frei, die 1979 wegen terroristischer Aktivität zu zehn Jahren Haft verurteilt worden waren.

24 Mi Der deutsche Rechtsextremist Frank Schubert erschießt an der deutsch-schweizerischen Grenze zwei Schweizer Zollbeamte und anschließend sich selbst.

25 Do Pekings katholische Gemeinde weiht ein neues Gotteshaus ein. Die Joseph-Kirche war während der Kulturrevolution geplündert worden.

26 Fr Der gestürzte zentralafrikanische Kaiser Bokassa I. wird in Abwesenheit wegen Mordes, Kannibalismus und weiterer Vergehen zum Tode verurteilt.

27 Sa Am Jahrestag des sowjetischen Einmarsches in Afghanistan versuchen etwa 5000 Afghanen, die Botschaft der UdSSR in Teheran zu stürmen.

28 So Mexiko gibt bekannt, alle Fischereiabkommen mit den USA kündigen zu wollen, weil eine Regelung der Fischereirechte nicht zustandegekommen ist.

29 Mo Karl-Heinz Rummenigge wird als dritter Deutscher nach Gerd Müller und Franz Beckenbauer zum europäischen Fußballer des Jahres gewählt.

30 Di Spaniens Regierung gesteht der Regierung des Baskenlandes das Recht zu, selbst Steuern zu erheben und nur ein Drittel davon nach Madrid abzuführen.

31 Mi Nach 20-jähriger Amtszeit tritt der »Dichterpräsident« des Senegal, der 74-jährige Léopold Sédar Senghor, als Staatsoberhaupt zurück.

Januar 1981

1 Do Die Europäische Gemeinschaft (EG) führt offiziell den ECU (European Currency Unit) als einzige EG-Verrechnungseinheit ein. → Griechenland

2 Fr Der bundesdeutsche Segelflieger Hans-Werner Grosse stellt in Alice Springs (Australien) einen Strecken-Weltrekord auf. Er bewältigt 1306 km.

3 Sa Mit 7:5, 7:6, 6:3 besiegt Brian Teacher (USA) bei den offenen australischen Tennismeisterschaften in Melbourne den Australier Kim Warwick.

4 So Die britische Polizei nimmt bei der Fahndung nach dem Massenmörder »Yorkshire Ripper« den Lkw-Fahrer Peter Sutcliffe als mutmaßlichen Täter fest.

5 Mo Auf der Sinai-Halbinsel vollendet der französische »land-art«-Künstler Jean Verame sein umstrittenes »Wüstengemälde« auf Granitfelsen.

6 Di Starke Verbände der Armee El Salvadors stürmen zwei Stellungen linksgerichteter Guerilleros und töten dabei mindestens 30 Freischärler.

7 Mi Mit einem 1:4 gegen Brasilien muss die deutsche Fußballnationalelf bei der Mini-WM in Uruguay die höchste Niederlage seit 23 Jahren hinnehmen.

8 Do Mitarbeiter der »Bild«-Zeitung werden wegen illegaler Beschaffung und Veröffentlichung von Fotos zu Freiheitsstrafen auf Bewährung verurteilt.

9 Fr Das neu renovierte Westberliner Schiller-Theater wird mit der Dramatisierung des Hans-Fallada-Romans »Jeder stirbt für sich allein« wiedereröffnet.

10 Sa Im Rahmen einer Kampagne der Gewerkschaft »Solidarität« für die Einführung der Fünf-Tage-Woche bleibt in Polen ein Teil der Fabriken geschlossen.

11 So Griechenland wird von einer Schneekatastrophe heimgesucht. 20 Personen erfrieren, zahlreiche Bergdörfer sind von der Außenwelt abgeschnitten.

12 Mo Die Deutsche Gesellschaft für humanes Sterben fordert in München ein gesetzlich abgesichertes Recht auf Tod und Gnadentod.

13 Di Der polnische Gewerkschaftsführer Lech Walesa reist zu einem einwöchigen Besuch nach Italien, um dort u.a. Papst Johannes Paul II. zu treffen.

14 Mi »Lili Marleen«, Rainer Werner Fassbinders melodramatischer Film, wird in West-Berlin uraufgeführt. Die Titelrolle spielt Hanna Schygulla.

15 Do Im Zusammenhang mit der sog. Garski-Affäre tritt der Berliner SPD/FDP-Senat unter dem Regierenden Bürgermeister Dietrich Stobbe (SPD) zurück.

16 Fr Die Adam Opel AG und das Volkswagenwerk kündigen Kurzarbeit an. +++ Wegen Störfällen wird das französische Kernkraftwerk La Hague stillgelegt.

17 Sa Der philippinische Präsident Ferdinand Marcos hebt das seit 1972 bestehende Kriegsrecht in seinem Land auf. Er behält sich jedoch Sonderrechte vor.

18 So Im New Yorker Madison Square Garden gewinnt der Schwede Björn Borg das Finale des Masters-Tennisturniers gegen den Tschechoslowaken Ivan Lendl.

19 Mo Ein Berliner Gericht verurteilt den Anwalt Christian Ströbele wegen Unterstützung einer terroristischen Vereinigung zu 18 Monaten Haft auf Bewährung.

20 Di Im Rechtsstreit zwischen dem Axel-Springer-Verlag und dem Journalisten Günter Wallraff entscheidet der Bundesgerichtshof zugunsten Wallraffs. → Iran

21 Mi Bonn beschließt die Aufhebung der Wirtschaftssanktionen, die wegen der Teheraner Geiselaffäre im Mai 1980 gegen den Iran verhängt worden waren.

22 Do Nach einem Marsch auf die US-Hauptstadt Washington nehmen 60 000 Frauen an einer Anti-Abtreibungskundgebung teil. → Yourcenar

23 Fr Nach internationalen Protesten wird das Todesurteil gegen den südkoreanischen Oppositionspolitiker Kim Dae Jung in lebenslange Haft umgewandelt.

24 Sa Südkoreas Regierung hebt das Kriegsrecht im Land auf. +++ Bundespräsident Karl Carstens eröffnet in Dortmund das »Jahr der Behinderten«.

25 So Ein Sondergericht in Peking verhängt im Prozess gegen die sog. Viererbande die Todesstrafe über die Mao-Witwe Chiang Ch'ing.

26 Mo In der saudi-arabischen Stadt Taif fordern 37 islamische Staaten auf der Dritten Islamischen Gipfelkonferenz einen »Heiligen Krieg« gegen Israel.

27 Di Nördlich der Insel Java sinkt nach einem Brand an Bord ein indonesisches Passagierschiff. Dabei sterben 512 Menschen, 672 werden gerettet.

28 Mi In Bonn wird das Kabinett umgebildet: Neuer Justizminister wird Jürgen Schmude (SPD), Björn Engholm (SPD) übernimmt das Bildungsressort.

29 Do Der konservative spanische Ministerpräsident Adolfo Suárez Gonzáles tritt wegen parteiinterner Kritik an seiner Politik von seinem Amt zurück.

30 Fr Die Bundesregierung verabschiedet einen Gesetzentwurf über die befristete Fortdauer der Montan-Mitbestimmung von 1951 für weitere sechs Jahre.

31 Sa In Frankfurt am Main demonstrieren 20 000 Menschen gegen das Militärregime von Staatspräsident José Napoleón Duarte in El Salvador.

23. Februar 1981

Spanien: Militärputsch k

In Spanien steht der Erhalt der noch jungen Demokratie in der Nach-Franco-Ära auf des Messers Schneide: Rd. 200 Mitglieder der paramilitärischen Polizeiorganisation Guardia Civil stürmen am frühen Abend das Parlament, die Cortes, und nehmen die Abgeordneten als Geiseln. Die Putschisten unter Oberleutnant Antonio Tejero Molina, der mit gezückter Pistole am Rednerpult steht, fordern die Auflösung des Parlaments und die Bildung einer Militärregierung zur Bekämpfung des Terrorismus.

Vor den laufenden Kameras des spanischen Fernsehens, das gerade live aus dem Parlament überträgt, schießen die Umstürzler wild um sich und zwingen die Abgeordneten auf den Boden. Tejero verkündet den Belagerungszustand in der Militärregion Valencia, den Generalleutnant Jaime Milans del Bosch mit seinen Truppen kontrolliert. Soldaten besetzen den staatlichen Rundfunk und das Fernsehen. Anstelle der Abendnachrichten wird Militärmusik gespielt.

Erst in den frühen Morgenstunden des 24. Februar erscheint König Juan Carlos mit einer kurzen Ansprache im Fernsehen. Dabei wird deutlich, dass die Putschisten vergeblich auf seine Unterstützung gehofft hatten. Der Monarch fordert die Spanier energisch zur Verfassungstreue und zur Verteidigung der Demokratie auf. Die Streitkräfte habe er angewiesen, die notwendigen Maßnahmen zur Wiederherstellung der verfassungsmäßigen Ordnung zu ergreifen. Kurz darauf zieht Milans del Bosch seine Truppen aus Valencia ab. Große Teile des Militärs erklären daraufhin ihre Loyalität gegenüber dem König und der demokratischen spanischen Verfassung.

Zu diesem Zeitpunkt befinden sich die Parlamentarier jedoch noch immer in Geiselhaft. Um 2.30 Uhr dringen Armeeangehörige in den Innenhof der Cortes ein. Nach langwierigen Verhandlungen ergeben sich um 9.40 Uhr die ersten 31 Putschisten. Gegen Mittag gibt der Rest auf, der Putsch geht unblutig zu Ende. Im-

Putschführer Tejero mit gezückter Waffe im Parlament

3. Februar 1981

Brundtland führt Norwegen

Mit Gro Harlem Brundtland tritt erstmals in der Geschichte Skandinaviens eine Frau das Amt der Ministerpräsidentin an. Die 41-jährige Ärztin und stellvertretende Vorsitzende der sozialdemokratischen Partei Norwegens wird Nachfolgerin von Odvar Nordli, der im Januar dieses Jahres nach parteiinternen Richtungskämpfen um die Anlage von US-Waffendepots seinen Rücktritt angekündigt hatte. Der Rückhalt der norwegischen Sozialdemokraten in der Bevölkerung ist durch parteiinterne Richtungskämpfe stark gesunken. Durch einen Führungswechsel erhofft man sich, die Sympathien der Wähler wiedergewinnen zu können. Die am 13. September 1981 stattfindenden Parlamentswahlen bestätigen diese Hoffnung jedoch nicht. Mit einem Wahlsieg der konservativen Hoyre-Partei wird die achtjährige Herrschaft der Sozialdemokratischen Arbeiterpartei und damit auch ihre Ministerpräsidentin Brundtland bis auf weiteres abgelöst. Unter dem Vorsitz von Kaare I. Willoch übernimmt ein konservatives Minderheitskabinett die Regierung Norwegens.

22. Januar 1981

Ehrung für Yourcenar

Als erste Frau wird Marguerite Yourcenar (s. Abb.) Mitglied der Académie française. In einer feierlichen Zeremonie erfolgt in Paris die bereits im März 1980 beschlossene Aufnahme der Schriftstellerin in den illustren Gelehrtenkreis. Die in Brüssel geborene und in den USA lebende Yourcenar erlangte vor allem durch ihren Roman »Ich zähmte die Wölfin« (1951) und die Lebensgeschichte des Renaissancegelehrten Zenon (»Die schwarze Flamme«, 1968) Weltruhm. Die Académie française, die angesehene staatliche Institution zur Pflege der französischen Sprache, zählt insgesamt 40 Mitglieder; frei gewordene Plätze werden durch Wahl wiederbesetzt.

König Juan Carlos rettet die Demokratie +++

vereitelt

Juan Carlos I.

eigtl. Don Juan Carlos Victor Maria de Borbon y Borbon, König von Spanien, * 5.1.1938 Rom

Der Garant für die demokratische Entwicklung Spaniens wurde nach dem Tod von Diktator Franco 1975 zum König proklamiert. Juan Carlos I. begann unverzüglich mit der Auflösung franquistischer Strukturen. Außenpolitisch machte er sich u.a. für den Eintritt seines Landes in die EG stark.

- ab 1947: militär. und wissenschaftl. Ausbildung
- 1962: Eheschließung mit Sophia von Griechenland
- 1969: offizielle Berufung als künftiger König

mer wieder hatten in den Jahren zuvor linke wie rechte Extremisten versucht, den Demokratisierungsprozess zu stören. Als Reaktion auf den aktuellen Umsturzversuch gehen in ganz Spanien die Menschen auf die Straße, um für den Erhalt der Demokratie zu demonstrieren. Das energische Eintreten für die demokratische Ordnung bringt Juan Carlos zu Hause wie auch im Ausland viele Sympathien und Respekt ein. Letztlich war es sein Einsatz, der das Land vor einem Rückfall in die Militärdiktatur bewahrt hat.

28. Februar 1981

Massenprotest in Brokdorf

Zu einer Aufsehen erregenden Demonstration kommt es in dem nordwestlich von Hamburg gelegenen Ort Brokdorf. Rd. 100 000 Menschen aus der ganzen Bundesrepublik sind angereist, um gegen den Weiterbau des hier entstehenden

Atomkraftwerks zu protestieren. Nie zuvor kamen so viele Kernkraftgegner zu einer Demonstration zusammen. Ihnen stehen 10 000 Polizisten gegenüber. (Abb.: Konfrontation zwischen Demonstranten und Polizei am Bauzaun). Die Veranstaltung war zuvor richterlich verboten worden. Entgegen allen Befürchtungen verläuft die Kundgebung vor der Atombaustelle friedlich.

20. Januar 1981

Iran lässt US-Geiseln frei

Nach 444 Tagen in iranischer Geiselhaft erlangen 52 US-Bürger ihre Freiheit wieder. Eine der längsten Geiselnahmen des Jahrhunderts findet so ein glückliches Ende. Am 4. November 1979 waren die Botschaftsangehörigen in der US-Vertretung im Iran überwältigt worden. Die Freilassung konnte nach zähen Verhandlungen erst erreicht werden, als Algerien eine Vermittlerrolle zwischen den beiden Staaten übernommen hatte. Teheran lenkt ein, als die USA Ersatzteile für die iranischen Waffen im Krieg gegen den Irak in Aussicht stellen. Washington erklärt sich gegen Freilassung der Geiseln außerdem bereit, die auf US-Bankkonten eingefrorenen Gelder des Iran auf ein algerisches Treuhandkonto zu überweisen. Auch sagt die US-Regierung zu, die Wirtschaftssanktionen gegen den Iran aufzuheben und sich künftig nicht in dessen Angelegenheiten einzumischen. Von einer Klage vor dem Internationalen Gerichtshof in Den Haag wollen die USA ebenfalls Abstand nehmen. Nach diesen Vereinbarungen öffnet sich für die Geiseln nach fast eineinhalb Jahren das Tor zur Freiheit. Unter dem Jubel der US-Bevölkerung kehren die Freigelassenen in ihre Heimat zurück (Abb.: Die Iran-Geiseln machen Station in Frankfurt am Main, bevor sie in die USA geflogen werden). In vielen Orten der Vereinigten Staaten hat-

te die Bevölkerung als Zeichen der Verbundenheit und der Hoffnung gelbe Bänder an Bäume und Häuser gehängt.

1. Januar 1981

Griechenland erweitert EG

Griechenland wird zehntes Mitglied der Europäischen Gemeinschaft (EG). Der erste Schritt innerhalb des Wirtschaftsbündnisses soll eine Zollunion für industrielle Waren sein, die in einem Zeitraum von fünf Jahren zu verwirklichen sei. Auch mit Spanien und Portugal wurden bereits Verhandlungen über die Modalitäten eines EG-Beitritts aufgenommen. Die zur Zeit zehn EG-Staaten umfassen eine Fläche von rd. 1,66 Mio. km². 270 Mio. Menschen leben in den Grenzen der Gemeinschaft. Der Wert aller jährlich erwirtschafteten Waren und Dienstleistungen liegt mit 4,5 Billionen DM ungefähr auf dem Niveau der USA. Dort schaffen allerdings 50 Mio. Menschen weniger das Bruttosozialprodukt. Griechenland rangiert hinsichtlich seiner Wirtschaftskraft in der Liste der EG-Staaten mit einem Bruttoinlandsprodukt von 82 Mrd. DM auf Platz 8 vor Irland und Luxemburg. An erster Stelle behauptet sich die Bundesrepublik (1544 Mrd. DM).

Februar 1981

1	So	Paris bestätigt die Auslieferung von 60 Kampfflugzeugen an den Irak. +++ Die deutsche Hockey-Nationalmannschaft der Damen wird Europameister.
2	Mo	Im Konflikt um den Besitz von Erdölvorkommen in der Grenzregion der Nachbarstaaten Peru und Ecuador wird ein Waffenstillstand geschlossen.
3	Di	US-Verteidigungsminister Caspar Weinberger spricht sich in Washington für die Stationierung der Neutronenbombe in Europa aus. → Norwegen
4	Mi	Christina Riegel und Andreas Nischwitz aus Stuttgart gewinnen bei der Eiskunstlauf-Europameisterschaft in Innsbruck die Silbermedaille im Paarlauf.
5	Do	Die DDR lockert ihre Vorschriften zum Mindestumtausch bei der Einreise westlicher Besucher für Begleitpersonen von Schwerstbehinderten.
6	Fr	Im Ostasiatischen Museum in West-Berlin wird die bis zum 16. April dauernde Ausstellung »Kunstschätze aus China« eröffnet.
7	Sa	Im griechischen Piräus kommt es nach einem Fußballspiel unter den Zuschauern zu Gedränge und einer Panik, die 19 Tote und 52 Verletzte fordert.
8	So	Im Europacenter in West-Berlin rauben Unbekannte die Berliner Spielbank aus. +++ Ex-Königin Friederike Luise von Griechenland stirbt 63-jährig in Madrid.
9	Mo	Der US-Sänger und Gitarrist Bill Haley, der als Begründer des Rock 'n' Roll gilt, stirbt im Alter von 53 Jahren in Harlingen (US-Bundesstaat Texas)
10	Di	Ägyptens Staatspräsident Muhammad Anwar As Sadat hält als erster arabischer Staatschef eine Rede vor dem EG-Parlament in Luxemburg.
11	Mi	Nachdem der polnische Ministerpräsident Józef Pinkowski zurückgetreten ist, wird Wojciech W. Jaruzelski mit der Führung der Amtsgeschäfte betraut.
12	Do	Die Bayerische Staatsbibliothek in München erwirbt die verschollen geglaubte Jugendsinfonie (KV 19 A) von Wolfgang Amadeus Mozart.
13	Fr	Die britische Rockgruppe »Pink Floyd« gastiert an acht Tagen hintereinander in der ausverkauften Dortmunder Westfalenhalle mit ihrer Show »The Wall«.
14	Sa	In mehreren Städten der Bundesrepublik demonstrieren insgesamt über 100 000 Bauern gegen die Agrarpolitik der Bundesregierung und der EG.
15	So	Bei tagelangen Kämpfen zwischen Regierungsanhängern und Parteigängern der Opposition sterben in Simbabwe mehrere 100 Menschen.
16	Mo	An der Frankfurter Devisenbörse erreicht der US-Dollar mit einem Mittelkurs von 2,25 DM seinen Höchststand seit November 1977.
17	Di	Der österreichische Bundeskanzler Bruno Kreisky trifft bei seinem Staatsbesuch in Ägypten mit Staatspräsident Muhammad Anwar As Sadat zusammen.
18	Mi	Dem Tübinger Rhetorikprofessor Walter Jens wird der mit 25 000 DM dotierte Heine-Preis der Landeshauptstadt Düsseldorf zugesprochen.
19	Do	Präsident Ronald Reagan legt dem US-Kongress sein Programm zur Sanierung der Wirtschaft vor. Kernpunkt ist die Verringerung der Staatsausgaben.
20	Fr	Die Konsuln Österreichs, Uruguays und El Salvadors werden im spanischen Baskenland von Mitgliedern der Untergrundorganisation ETA entführt.
21	Sa	Bei einem Bombenattentat auf das Haus der US-Sender »Radio Free Europe« und »Radio Liberty« in München werden acht Menschen verletzt.
22	So	Bei der Hallen-Leichtathletik-EM in Grenoble holen bundesdeutsche Leichtathleten drei Goldmedaillen und werden erfolgreichste Mannschaft.
23	Mo	»Züst oder die Aufschneider«, ein Stück von Urs Widmer, wird im Kammerspiel der Städtischen Bühnen in Frankfurt am Main uraufgeführt. → Spanien
24	Di	Der Buckingham-Palast in London gibt die Verlobung des britischen Thronfolgers Prinz Charles mit Lady Diana Spencer bekannt.
25	Mi	Hessens Ministerpräsident Holger Börner (SPD) spricht sich vor dem Landtag für den Bau der geplanten Startbahn West des Frankfurter Flughafens aus.
26	Do	Bei den Skiflug-Weltmeisterschaften im bayerischen Oberstdorf stellt der Österreicher Armin Kogler mit 180 m einen sensationellen Weltrekord auf.
27	Fr	Am Wiener Burgtheater wird Peter Shaffers Drama »Amadeus« unter der Regie von Peter Wood als deutschsprachige Erstaufführung gezeigt.
28	Sa	In Tunis wird die Interafrikanische Sozialistische Gemeinschaft gegründet. Ehrenvorsitzender ist Tunesiens Staatspräsident Habib Bourguiba. → Brokdorf

März 1981

1 So In vielen Städten Spaniens demonstrieren Millionen von Menschen für die Erhaltung der Demokratie und gegen den Militärputsch vom 23. Februar.

2 Mo Bei einem Banküberfall mit Geiselnahme erbeuten zwei Unbekannte im Heidelberger Rosenmontagstrubel die Rekordsumme von 2,8 Mio. DM.

3 Di In der Bibliothek der Erzdiözese Breslau wird das Manuskript zu Ludwig van Beethovens Werk »Exaudi Deus« entdeckt.

4 Mi Bundespräsident Karl Carstens und Außenminister Hans-Dietrich Genscher treffen zu einem fünftägigen Staatsbesuch in Indien ein.

5 Do Nach einer Hausbesetzerdemonstration nimmt die Polizei im Nürnberger Jugendzentrum »Komm« 172 Personen fest. Gegen 141 ergeht Haftbefehl.

6 Fr In Bonn findet eine Rüstungsklausurtagung statt. Thema ist u.a. die Anschaffung von 1800 »Leopard«-Kampfpanzern. → Selbstjustiz

7 Sa »Maria kämpft mit den Engeln«, ein Schauspiel des tschechischen Schriftstellers Pavel Kohout, feiert am Wiener Akademietheater eine bejubelte Premiere.

8 So Am Westberliner Schlosspark-Theater wird »Das Treibhaus«, ein Stück des englischen Dramatikers Harold Pinter, als deutsche Uraufführung gezeigt.

9 Mo Auf dem Mannheimer Bundesparteitag der CDU wird Helmut Kohl für weitere zwei Jahre als Parteivorsitzender bestätigt.

10 Di In Abidjan, der Hauptstadt des afrikanischen Staates Elfenbeinküste, ersticken in einer Zelle des Polizeigefängnisses 46 Häftlinge.

11 Mi General Augusto Pinochet, Chef der chilenischen Militärjunta, wird für eine zweite achtjährige Amtsperiode als Staatspräsident vereidigt.

12 Do Der Deutsche Gewerkschaftsbund (DGB) beschließt auf seinem vierten außerordentlichen Bundeskongress ein neues Grundsatzprogramm.

13 Fr Zum 200. Geburtstag Karl Friedrich Schinkels wird im Westberliner »Martin-Gropius-Bau« eine Ausstellung von Werken des Architekten und Malers eröffnet.

14 Sa Bei einem Überfall auf das Hauptpostamt in Gütersloh werden 667 000 DM geraubt. Die Polizei ermittelt zwei Postbeamte als mutmaßliche Täter.

15 So In Leipzig beginnt die Frühjahrsmesse. Rund 9000 Aussteller aus mehr als 60 Ländern nehmen an der Messe teil, die bis zum 21. März andauert.

16 Mo Bei einem misslungenen Staatsstreich in Mauretanien kommen 85 Beteiligte ums Leben. Hintergrund des Putsches ist das offene Westsahara-Problem.

17 Di In Polen beginnt ein gemeinsames Manöver des Warschauer Paktes. Es wird u.a. als Versuch gewertet, die polnische Demokratiebewegung einzuschüchtern.

18 Mi Auf Sizilien bricht nach mehreren kleineren Erdstößen der Ätna aus. +++ Laut einer Volkszählung leben in Indien derzeit 683 Mio. Menschen.

19 Do Im Austausch gegen Häftlinge aus der DDR lässt die Bundesregierung DDR-Spione frei, darunter auch die Ehefrau des Kanzleramtsspions Günther Guillaume.

20 Fr Die frühere argentinische Staatspräsidentin Isabel Perón wird wegen betrügerischer Aneignung öffentlicher Gelder zu acht Jahren Haft verurteilt.

21 Sa Demonstranten dringen in das Frankfurter Schauspielhaus ein und verlesen auf der Bühne eine Erklärung zum Hungerstreik inhaftierter Terroristen.

22 So Die italienische Regierung in Rom beschließt, die Lira innerhalb des europäischen Währungssystems um 6% abzuwerten.

23 Mo Aus Protest gegen das schwedische Steuersystem verbrennt sich der 60-jährige Schauspieler Per-Axel Arosenius vor dem Stockholmer Finanzamt.

24 Di Das Bundesverfassungsgericht spricht das Sorgerecht für nichteheliche Kinder allein der Mutter zu. Drei Väter hatten Verfassungsklage eingereicht.

25 Mi Nach vierjährigen Verhandlungen unterzeichnen Norwegen und Schweden ein Rahmenabkommen über wirtschaftliche und industrielle Zusammenarbeit.

26 Do Vier aus der britischen Labour Party ausgetretene Politiker gründen die Sozialdemokratische Partei Großbritanniens (SDP).

27 Fr Mehr als 25 000 Bauern demonstrieren in Bonn für eine Erhöhung der EG-Agrarpreise um 15%. Zahlreiche Landwirte befinden sich in wirtschaftlicher Not.

28 Sa Im letzten Rennen der Saison, beim Riesenslalom in Laax (Schweiz), kann Phil Mahre (USA) den alpinen Ski-Weltcup für sich entscheiden. → Neue Pinakothek

29 So In der BRD und in den meisten anderen europäischen Ländern beginnt die Sommerzeit. Bis zum 27. September werden die Uhren um eine Stunde vorgestellt.

30 Mo Der seit 1971 amtierende Chef des Bundeskriminalamtes, Horst Herold, tritt von seinem Amt zurück. Sein Nachfolger wird Heinrich Boge. → Reagan

31 Di Bundeswirtschaftsminister Otto Graf Lambsdorff (FDP) eröffnet die Hannover-Messe, an der über 6100 Firmen aus 52 Ländern teilnehmen.

6. März 1981

Selbstjustiz einer Mutter

Im Saal des Lübecker Schwurgerichts ereignet sich ein spektakulärer Fall von Selbstjustiz. Marianne Bachmeier zieht während der Verhandlung eine Pistole und erschießt den mutmaßlichen Mörder ihrer Tochter, Klaus Grabowsky. Der war beschuldigt worden, die siebenjährige Anna Bachmeier sexuell missbraucht und anschließend erwürgt zu haben. Der Angeklagte ist Wiederholungstäter. Er wurde bereits 1975 wegen Kindesmissbrauchs zu einem Jahr Freiheitsstrafe verurteilt, jedoch wegen

»geringer Wiederholungsgefahr« aus der psychiatrischen Betreuung entlassen. Der Mord im Gerichtssaal spaltet die deutsche Öffentlichkeit und zieht einen Sensationsprozess nach sich. Marianne Bachmeier wird zu sechs Jahren Gefängnis verurteilt (Abb.: Die 31-Jährige im Gerichtssaal von Fotografen umringt). Nach zwei Jahren kommt sie wegen Selbstmordgefahr frei. Der »Fall Bachmeier« wird von Hark Bohm und Burkhard Driest in zwei Versionen verfilmt.

28. März 1981

Neue Pinakothek eröffnet

In der bayerischen Landeshauptstadt München wird der Neubau der Neuen Pinakothek an der Barer Straße feierlich eröffnet. Nach fast sechsjähriger Bauzeit fertig gestellt, beherbergt er einen Großteil der bayerischen Staatsgemäldesammlungen, beginnend mit der Britischen Schule des ausgehenden 18. Jahrhunderts bis zur deutschen und französischen Malerei des 19. Jahrhunderts. Der alte Bau war im Zweiten Weltkrieg zerstört, die Kunstschätze seit 1947 im Haus der Kunst provisorisch untergebracht worden. Im Jahre 1975 erfolgte die Grundsteinlegung für den von Alexander von Branca entworfenen Neubau.

Das Konzept des Münchener Architekten fußt auf dem Zusammenspiel einer repräsentativen, ornamentreichen Fassadengliederung – die sich an die Architektur der Alten Pinakothek anlehnt – mit einer modernen, funktionalistischen Ausgestaltung des Innenraums. Die stufenweise wechselnden Ebenen sind durch große Fenster vom Tageslicht durchflutet (s. Abb.).

3. April 1981

Ausnahmezustand im Kosovo

Die jugoslawische Regierung verhängt den Ausnahmezustand über die Provinz Kosovo. Vorausgegangen waren Unruhen in der Provinzhauptstadt Priština sowie in Podujevo. Der Kosovo wird hauptsächlich von Menschen albanischer Abstammung bewohnt. Sie fordern die Unabhängigkeit von der jugoslawischen Teilrepublik Serbien, der sie formal angehören, und die Gründung einer eigenständigen Republik. Die Auswirkungen des Ausnahmezustandes sind drastisch: Durch Priština patrouilliert die Armee, Schützenpanzer rollen durch die Straßen, es herrscht striktes Ausgeh- und Versammlungsverbot. Die Schulen sind geschlossen, Journalisten aus dem Ausland müssen den Kosovo verlassen. Hauptauslöser der blutigen Unruhen ist die schlechte wirtschaftliche Situation, unter der die Kosovaren mehr als andere Bewohner Jugoslawiens zu leiden haben. Das Bruttosozialprodukt liegt weit unter dem Durchschnitt der anderen Regionen. Die Unzufriedenheit der Kosovo-Albaner entlud sich erstmals im März bei einer Studentenrevolte, die sich im Laufe mehrerer Wochen zu einem ernsten Nationalitätenkonflikt ausweitete.

12. April 1981

Erstes »Space Shuttle« hebt ab

Mit der »Columbia« startet das erste »Space Shuttle« ins All. Der Jungfernflug der neuartigen Raumfähre markiert den Beginn einer Ära der Weltall-Erkundung. Bisher verschliss die Raumfahrt bei jeder Mission das komplette System. Nach dem neuen System können künftig bis zu 100 Flüge mit derselben Fähre durchgeführt werden. An der ersten Mission des neuartigen Typs sind die Astronauten John W. Young und Robert Crippen beteiligt. Sie umkreisen in zwei Tagen 36-mal die Erde und landen anschließend sicher auf einem Salzsee in der kalifornischen Mojave-Wüste. Die Effizienz des »Space Shuttle« ist damit erwiesen.

Der Mehrzweckraumgleiter kann Nutzlasten bis zu 30 000 kg Gewicht transportieren. Sieben Besatzungsmitglieder finden in der »Columbia« Platz. Das im Huckepack-Verfahren von einer Rakete ins All getragene Shuttle (s. Abb.) weist Tragflächen auf, die durch Gleiten antriebslose Landungen bei der Rückkehr zur Erde ermöglichen. Das neue Raumfahrzeug ist in der Lage, Satelliten im All zu stationieren oder zu bergen. Trotz der hohen Entwicklungskosten gilt das »Space Shuttle« als kostengünstige Alternative zu den »Einweg-Raketen«.

25. April 1981

Tischtennis-Asse aus Peking, Puck-Artisten aus Moskau

Die chinesischen Tischtennis-Spieler bestätigen auf eindrucksvolle Weise ihre frappierende Überlegenheit »am grünen Tisch«: Bei den Weltmeisterschaften im jugoslawischen Novi Sad gewinnen sie sämtliche Titel. Zum ersten Mal gelingt es damit einem Land, eine Sportart derart zu dominieren.

Den großen Abstand zur Konkurrenz verdeutlicht bereits der Umstand, dass sämtliche Endspiele von chinesischen Spielern bestritten werden. Schon das Viertelfinale offenbarte die Dominanz der Asiaten in dieser Sportart. Bei den Männern spielten außer einem Schweden, einem Jugoslawen und einem Ungarn ausschließlich Chinesen. Bei den Frauen stellte das Land sogar sechs von acht Viertelfinal-Teilnehmerinnen. Weltmeister im Einzel wird der Ballartist Guo Yue-Hua, der bereits 1977 und 1979 im Finale stand, damals jedoch unterlag. Tong Ling gewinnt überlegen die Frauenkonkurrenz. Mit ihrem Erfolg brechen die Chinesen den Rekord, den die Japaner 1959 und 1967 mit jeweils sechs Titelgewinnen aufstellten.

Ebenfalls am 25. April sichert sich das Eishockey-Team der UdSSR den Weltmeistertitel. Durch einen überlegenen 13:1-Sieg über die Mannschaft von Gastgeber Schweden stehen die »Eis-Sputniks« bereits zwei Tage vor dem Ende des Turniers in Göteborg als Champions fest. Die UdSSR macht mit ihrem Triumph die Niederlage bei den Olympischen Winterspielen in Lake Placid im Vorjahr wett, als sie – hinter der Mannschaft der USA – nur Zweiter wurde.

30. März 1981

Attentat auf Reagan

US-Präsident Ronald Reagan wird Opfer eines Anschlags: Beim Verlassen eines Hotels in Washington, wo der Republikaner vor Gewerkschaftsführern gesprochen hatte, feuert ein Attentäter sechs Schüsse auf ihn ab. Ein Schuss trifft den Präsidenten in der Brust, sein Pressesprecher James Brady wird schwer am Kopf verletzt. Zwei Leibwächter tragen leichte Verletzungen davon. Unmittelbar nach dem Anschlag stürzen sich Sicherheitsbeamte auf den Schützen John Hinckley und nehmen ihn fest.

Die amerikanische Öffentlichkeit reagiert schockiert auf das Attentat. Reagan ist bereits der vierte US-Präsident, der Opfer eines Anschlags wird. Erinnerungen an die Kennedy-Ermordung werden wach. Unmittelbar nach dem Attentat wird Reagan in das George-Washington-Hospital gebracht. Schon nach kurzer Zeit kommen beruhigende Nachrichten aus der Klinik, die einen rasch fortschreitenden Genesungsprozess meldet. Bereits wenige Tage später wird Reagan wieder mit seinen bekannt lockeren Sprüchen zitiert: »Ich habe nur vergessen, mich zu ducken.« Die vollständige Genesung können die Ärzte dem Präsidenten jedoch erst im Herbst bescheinigen. Pressesprecher Brady wird im November halb gelähmt und sprachbehindert aus dem Krankenhaus entlassen.

Titelblatt des US-Magazins »Time«, das den Präsidenten in der Sekunde des Anschlags zeigt.

Der Attentäter ist ein 25-Jähriger, der sich wegen seiner Neigung zu Gewalttätigkeit bereits in psychiatrischer Behandlung befindet. Nach seiner Festnahme gibt er an, er habe der Schauspielerin Jodie Foster, seinem Idol, imponieren wollen. Die Tatwaffe hatte er in einem Pfandhaus in Dallas gekauft.

Das Attentat löst in den USA erneut eine Debatte über den freien Verkauf von Handfeuerwaffen aus. Statt dessen Einschränkung fordern konservative Politiker eine Verschärfung des Strafrechts.

Attentate auf US-Präsidenten

Datum	Opfer
1865	Abraham Lincoln
1881	James Abraham Garfield
1963	John F. Kennedy
1981	Ronald Reagan

April 1981

1 Mi In Los Angeles (USA) werden die Preise der Filmakademie verliehen. Robert Redfords Film »Eine ganz normale Familie« erhält vier »Oscars«.

2 Do In den libanesischen Städten Beirut und Sahla brechen zwischen syrischen Truppen und christlichen Milizen die schwersten Kämpfe seit 1978 aus.

3 Fr US-Außenminister Alexander Haig tritt eine Reise in den Nahen Osten an, um über einen »strategischen Konsens« in der Krisenregion zu reden. → Kosovo

4 Sa Die britische Gruppe »Bucks Fizz« gewinnt den 26. Schlagerwettbewerb »Grand Prix d'Eurovision«. Zweite wird Lena Valaitis für die Bundesrepublik.

5 So Bei einer Volksabstimmung in der Schweiz lehnen fast 84% der Bürger die sog. Mitenand-Initiative für mehr Rechte der Gastarbeiter ab.

6 Mo US-Verteidigungsminister Caspar Weinberger trifft zu einem Staatsbesuch in Bonn ein und nimmt an der Tagung der Nuklearen NATO-Planungsgruppe teil.

7 Di Bei einer Volksabstimmung auf den Philippinen votiert die Mehrheit der Wähler für Verfassungsänderungen zugunsten einer Demokratisierung.

8 Mi Bei einem Bombenanschlag auf den Kölner U-Bahnhof Neumarkt werden sieben Menschen verletzt. Es entsteht Sachschaden in Millionenhöhe.

9 Do Bundeskanzler Helmut Schmidt trägt den Bericht zur Lage der Nation vor. Die wirtschaftliche Entwicklung wird darin positiv beurteilt.

10 Fr Der zu 14 Jahren Gefängnis verurteilte IRA-Terrorist Bobby Sands wird bei einer Nachwahl in Nordirland in das britische Unterhaus gewählt.

11 Sa Auf dem 10. SED-Parteitag in Ost-Berlin bestätigt das Zentralkomitee der Partei Erich Honecker in seinem Amt als Generalsekretär.

12 So Der 18-jährige DDR-Gewichtheber Andreas Letz stellt in Meißen mit 277,5 kg einen Zweikampf-Weltrekord im Reißen und Stoßen auf. → »Space Shuttle«

13 Mo Das erste europäische Solar-Kraftwerk nimmt auf Sizilien den Betrieb auf. Die Forschungsanlage hat eine Leistung von einem Megawatt.

14 Di Mitglieder der Mafia-Organisation »Camorra« erschießen im süditalienischen Somma Vesuviana einen mutmaßlichen Kindesmörder auf offener Straße.

15 Mi Die Bundesregierung verabschiedet die 7. Novelle zum Bundesausbildungs-Förderungsgesetz (BAföG). Ab 1982 werden u.a. die Förderungssätze erhöht.

16 Do Der Bayerische Verwaltungsgerichtshof in München verfügt einen Baustopp für das umstrittene Flughafenprojekt München II im Erdinger Moos.

17 Fr Die US-Tageszeitung »Washington Post« gibt den ihr verliehenen Pulitzer-Preis für Journalistik zurück. Eine Reportage hatte sich als frei erfunden erwiesen.

18 Sa Zu Ostern begnadigt der Befehlshaber der Militärregion Madrid 51 Soldaten und Mitglieder der Guardia civil, die am Putsch vom 23. Februar beteiligt waren.

19 So In verschiedenen Städten der Bundesrepublik finden die traditionellen Ostermärsche statt. +++ Der Bremer Dom wird nach Restaurierung wiedereröffnet.

20 Mo Anlässlich der Feiern zum Gedenken an den Osteraufstand von 1916 kommt es in Nordirland zu Kämpfen zwischen Demonstranten und der Polizei.

21 Di Bei ihrem Aufenthalt in Riad bekräftigt die britische Premierministerin Margaret Thatcher ihre Bereitschaft, Waffensysteme an Saudi-Arabien zu liefern.

22 Mi Der spanische Ministerpräsident Calvo Sotelo unternimmt seine erste Auslandsreise seit seinem Amtsantritt und trifft in der Bundesrepublik ein.

23 Do Mit Rücksicht auf die eigene Landwirtschaft heben die USA das nach der Afghanistan-Invasion verhängte Getreideembargo gegen die UdSSR wieder auf.

24 Fr In der westlichen Ostsee beginnt das NATO-Seemanöver »Blue Harrier«, an dem dänische, norwegische und deutsche Marine-Einheiten teilnehmen.

25 Sa Die Tarifpartner im Ruhrgebietsbergbau einigen sich in Essen auf eine Anhebung der Löhne um 4,6% für die 140 000 Beschäftigten. → Tischtennis-Asse

26 So Den ersten Wahlgang zur Wahl des französischen Präsidenten gewinnt Amtsinhaber Valéry Giscard d'Estaing vor dem Sozialisten François Mitterand.

27 Mo Bundeskanzler Helmut Schmidt teilt bei seinem Besuch in Saudi-Arabien König Chalid mit, vorerst keine deutschen Waffen an das Königreich liefern zu wollen.

28 Di In einem Gutachten warnt der Sachverständigenrat für Umweltfragen die Bundesregierung vor dem zu starken Ausbau von Kohle- und Kernkraftwerken.

29 Mi Bei Parlamentswahlen in Südafrika, bei denen nur Weiße wahlberechtigt sind, behauptet die regierende Nationale Partei ihre führende Position.

30 Do In München einigen sich die Tarifpartner der Druckindustrie auf eine Anhebung der Löhne und Gehälter für die 185 000 Beschäftigten um 5,0%.

Mai 1981

1 Fr In deutschen Städten finden unter dem Motto »Vollbeschäftigung–Mitbestimmung–Soziale Sicherheit« Gewerkschaftskundgebungen statt. → Speiseöl

2 Sa Vor 65 000 Zuschauern gewinnt Eintracht Frankfurt im Stuttgarter Neckarstadion mit einem 3:1 gegen den 1. FC Kaiserslautern den DFB-Vereinspokal.

3 So Bei den Europameisterschaften in Madrid holt die 16-jährige DDR-Turnerin Maxi Gnauck vier der fünf möglichen Titel.

4 Mo 102 Mitglieder der neofaschistischen belgischen Vereinigung »Vlaamse Militante Orde« werden in Antwerpen zu Haft- und Geldstrafen verurteilt.

5 Di Nach 66-tägigem Hungerstreik für die Anerkennung als politischer Gefangener stirbt der nordirische Terrorist Robert Sands in einem Gefängnis nahe Belfast.

6 Mi Dem russischen Schriftsteller Lew Kopelew (UdSSR) wird der diesjährige Friedenspreis des Deutschen Buchhandels zugesprochen.

7 Do Zwölf Jahre nach der letzten Herzverpflanzung in der Bundesrepublik nimmt der Chirurg Fritz Sebening in München wieder eine Transplantation vor.

8 Fr In der Deutschen Oper in West-Berlin wird Mauricio Kagels Oper »Aus Deutschland – Eine Liederoper« unter der Regie des Komponisten uraufgeführt.

9 Sa Der TV Großwallstadt gewinnt durch einen 15:13-Sieg über den TuS Hofweier zum vierten Mal in Folge die bundesdeutsche Hallenhandball-Meisterschaft.

10 So Starke Stimmengewinne verzeichnet die CDU bei den Wahlen zum Westberliner Abgeordnetenhaus, verfehlt jedoch die absolute Mehrheit. → Die Linke

11 Mo Der 61-jährige hessische Wirtschaftsminister Heinz Herbert Karry (FDP) wird vor seinem Haus in Frankfurt am Main von Terroristen ermordet.

12 Di Nach Robert Sands stirbt in Nordirland der zweite IRA-Terrorist, Francis Hughes, an den Folgen seines – 59-tägigen – Hungerstreiks.

13 Mi Der FC Carl Zeiss Jena unterliegt im Finale des Fußball-Europapokals der Pokalsieger in Düsseldorf der Mannschaft von Dynamo Tiflis mit 2:1. → Attentat

14 Do Unmittelbar nach ihrer Verurteilung zum Tode durch ein islamisches Revolutionsgericht werden in Teheran 10 Rauschgifthändler hingerichtet.

15 Fr Im mexikanischen Volkswagenwerk in Puebla läuft der zwanzigmillionste »Käfer« vom Band. Das Ereignis wird mit einem großen Fest begangen.

16 Sa Bundeskanzler Helmut Schmidt spricht vor SPD-Funktionären im Zusammenhang mit dem NATO-Doppelbeschluss eine indirekte Rücktrittsdrohung aus.

17 So 3150 Läufer im Alter von 12 bis 79 Jahren nehmen in Frankfurt am Main am ersten bundesdeutschen Stadtmarathon teil.

18 Mo Der Australier Peter McNamara gewinnt gegen Jimmy Connors (USA) die Internationalen Deutschen Tennismeisterschaften in Hamburg.

19 Di In Trier beginnt der 84. Deutsche Ärztetag. Im Mittelpunkt der Beratungen stehen u.a. die Probleme des Gnadentodes und der Zwangsernährung.

20 Mi Mit großer Mehrheit empfiehlt eine Kommission der Weltgesundheitsorganisation (WHO) in Genf ein Werbeverbot für künstliche Säuglingsnahrung.

21 Do Der Bayerische Verfassungsgerichtshof in München erklärt das generelle Verbot politischer Werbung an Schulen für verfassungswidrig.

22 Fr Im Londoner Prozess gegen den »Yorkshire-Ripper« Peter Sutcliffe wird der Angeklagte wegen Mordes an 13 Frauen zu lebenslanger Haft verurteilt.

23 Sa In einer Bank in Barcelona nehmen zehn Bewaffnete rd. 200 Geiseln und verlangen die Freilassung von Offizieren, die am Putsch im Februar beteiligt waren.

24 So Bei einem Rennen zur Langstrecken-Weltmeisterschaft verunglückt der Schweizer Porsche-Fahrer Herbert Müller auf dem Nürburgring tödlich.

25 Mo Hans-Ulrich Klose, Erster Bürgermeister von Hamburg, tritt wegen Differenzen mit dem SPD-Landesvorstand über die Atompolitik von seinem Amt zurück.

26 Di Die italienische Regierung unter Ministerpräsident Arnaldo Forlani tritt zurück. +++ In Holland gewinnen die Christdemokraten die Parlamentswahlen.

27 Mi Der erfolgreichste Jockey aller Zeiten im Galopprennsport, Bill Shoemaker, gewinnt im kalifornischen Inglewood seinen 8000. Wettkampf.

28 Do Auf Druck des internationalen Währungsfonds (IWF) hebt die marokkanische Regierung die Preise für Grundnahrungsmittel um ca. 30% an.

29 Fr Wegen der schwierigen Lage der Stahlindustrie beschließen die Aufsichtsräte des Dortmunder Hoesch-Konzerns die Schließung zweier Hüttenwerke.

30 Sa Der Staatspräsident von Bangladesch, Ziaur Rahman, wird bei einem Putschversuch in der Hafenstadt Chittagong ermordet.

31 So Hunderttausende Gläubige nehmen an der Beisetzung des verstorbenen Primas der katholischen Kirche in Polen, Stefan Kardinal Wyszynski, teil.

7. Juni 1981

Israel bombardiert Reaktor

Israelische Jagdflugzeuge bombardieren das Kernforschungszentrum Tamuz im Irak. Nach einem zehnminütigen Angriff ist das noch im Bau befindliche Atomkraftwerk völlig zerstört. Bei dem Angriff kommt ein französischer Techniker ums Leben. Die Weltöffentlichkeit ist entsetzt (Abb.: Der Angriff ist Pressethema Nummer eins). Die meisten westlichen Staaten verurteilen den Gewaltakt Israels. Dessen Regierung begründet den Überfall mit der Gefahr, die der Atomreaktor für das Land dargestellt hätte: Der Irak habe in Tamuz Atomraketen herstellen wollen, um damit Israel zu bedrohen. Die irakische Regierung protestiert vor dem UN-Sicherheitsrat und verlangt schwer wiegende Sanktionen gegen Israel. Obwohl die meisten Ratsmitglieder den vorsätzlichen Gewaltakt verurteilen, kann man sich nicht auf Strafmaßnahmen einigen. Der Angriff verschlechtert die gespannten Beziehungen zwischen Israel und den arabischen Staaten noch weiter. Ein dauerhafter Frieden im Nahen Osten scheint damit in weite Ferne gerückt.

13. Mai 1981

Attentat auf Heiligen Vater

Auf dem Petersplatz in Rom wird ein Attentat auf Papst Johannes Paul II. verübt. Drei Schüsse treffen den katholischen Oberhirten, als er im offenen Wagen stehend zu seiner wöchentlichen Generalaudienz fährt (s. Abb.). Er wird sofort in das nahe gelegene Gemelli-Krankenhaus eingeliefert, wo man neben leichteren Verletzungen an der linken Hand und am rechten Arm auch eine schwere Bauch- und Darmverletzung diagnostiziert. Nach einer fünfstündigen Operation bezeichnen die Ärzte den Gesundheitszustand des Papstes als »Besorgnis erregend«. Der Attentäter, der rechtsextreme Türke Mehmet Ali Agca, wird verhaftet und am 22. Juli 1981 zu lebenslanger Haft verurteilt. Bereits in seiner ersten Botschaft aus dem Krankenhaus vergibt der nur langsam genesende Johannes Paul II. dem Attentäter.

10. Mai 1981

Die Linke an der Macht

Die Grande Nation hat ein neues Staatsoberhaupt: François Mitterrand geht als Sieger aus den Präsidentschaftswahlen hervor. Der Führer der Sozialistischen Partei erhält im zweiten Wahlgang 51,75% der Stimmen und kann den Kandidaten des bürgerlichen Lagers, den bisherigen Amtsinhaber Valéry Giscard d'Estaing, klar bezwingen. Der Sieg eines Sozialisten bedeutet einen Machtwechsel in Frankreich, das seit 1958 von einer gaullistisch-liberalen Regierungsmehrheit geführt wird.

Mitterrand beruft den sozialistischen Bürgermeister von Lille, Pierre Mauroy, zum neuen Premierminister. Außenminister wird Claude Cheysson, Gaston Deferre übernimmt das Innenressort. Um eine größtmögliche Unterstützung für seine Reformpläne zu garantieren, geht Mitterrand ein Regierungsbündnis mit den Kommunisten ein. In der aus 30 Ministern und zwölf Staatssekretären bestehenden Kabinettsmannschaft erhält Frankreichs KP die vier Ressorts Gesundheit, Verwaltung, Berufsausbildung und Verkehr. Der Wahlerfolg Mitterrands rührt u.a. daher, dass sich das bürgerliche Lager zerstritten präsentierte. Im ersten Wahlgang hatten sich die Bürgerlichen auf keinen gemeinsamen Kandidaten einigen können. Neben Giscard d'Estaing waren auch Jacques Chirac und Michel Debré angetreten. Diese Uneinigkeit führte u.a. dazu, dass der amtierende Präsident auch im zweiten Wahlgang nur halbherzige Unterstützung fand.

Den Kurswechsel in Paris unterstützen die Franzosen bei den Neuwahlen zur Nationalversammlung am 14. und 21. Juni mit einem eindrucksvollen Votum: Von den insgesamt 491 Sitzen der Volksvertretung gehen 289 an die Sozialistische Partei. Wie in seinem Wahlprogramm

20. Juni 1981

Urteile im Majdanek-Prozess

Die Urteile im Prozess gegen Leitung und Aufseher des Konzentrationslagers Majdanek fallen trotz langwieriger und gründlicher Verhandlungsführung unerwartet milde aus. Das Düsseldorfer Gericht begründet dies damit, dass nach mehr als 35 Jahren kaum Schuldnachweise erbracht werden könnten (Abb.: Die ehemalige Aufseherin Hermine Ryan-Braunsteiner). Es kommt zu zahlreichen Protesten.

Wahlveranstaltung der Sozialisten – am Rednerpult die rote Rose, Symbol der Linkspartei

François Mitterrand

französischer Politiker, * 26.10.1916 Jarnac bei Charente; † 8.1.1996 Paris

14 Jahre lang steht der gelernte Jurist, der seit Gründung der Sozialistischen Partei zu deren gemäßigten, linksdemokratischen Flügel zählt, an der Spitze Frankreichs und drückt dem Land seinen Stempel auf. Innenpolitisch scheitert er mit mehreren seiner Sozialreformen. In der Außenpolitik wird Mitterrand – bei betont unabhängiger Position, die er effektvoll zu inszenieren versteht – zusammen mit Helmut Kohl zum Motor der europäischen Integration.

- 1947-57: mehrere Ministerämter
- 1965: Präsidentschaftskandidat
- 1971-80: 1. Sekretär der Sozialistischen Partei
- 1981-95: Staatspräsident

versprochen, beginnt Mitterrand mit der Umsetzung eines umfangreichen wirtschafts- und finanzpolitischen Reformprogramms. Ziel ist die Bekämpfung der anhaltenden Inflation und der steigenden Arbeitslosigkeit. So werden bis Ende 1982 im öffentlichen Dienst 150 000 neue Stellen geschaffen. Zusätzliche öffentliche Investitionen und massive Subventionserhöhungen sollen darüber hinaus die Zahl der Arbeitslosen reduzieren. Zudem verabschiedet die Regierung ein sozialpolitisches Sofortprogramm, das die Anhebung der niedrigsten Lohngruppen um 10% und eine allgemeine Verbesserung der Sozialleistungen vorsieht. Auch für den Wohnungsbau kündigt die neue Regierung eine Erhöhung der Ausgaben an. Durch die Verstaatlichung führender Unternehmen und neue Steuern auf Großvermögen und Grundbesitz will Mitterrand die »Mauer der Geldes« einreißen und soziale Gerechtigkeit herstellen.

1. Mai 1981

100 Tote durch Speiseöl

In Spanien treten die ersten Fälle von Vergiftungen durch gepanschtes Speiseöl auf. Die auffallend große Anzahl gleichartiger Erkrankungen führt die Ärzte zunächst zu dem Schluss, dass es sich um eine durch Bakterien oder Viren hervorgerufene »atypische Lungenentzündung« handle. Erst nach wochenlangem Rätselraten verdichten sich die Hinweise, dass die Menschen an einer Lebensmittelvergiftung – verursacht durch Speiseöl – leiden. Die Untersuchungen führen u.a. auf die Spur einer Firma in Madrid, die unter dem Verdacht steht, ein mit Acetylanilin vergälltes und ausschließlich für die Verwendung in der Eisen- und Stahlproduktion bestimmtes Rapsöl als Olivenöl vertrieben zu haben. Der Skandal fordert allein in diesem Jahr über 100 Todesopfer, mehr als 10 000 Menschen erkranken.

28. Juni 1981

Schimanski räumt auf

Die ARD zeigt den ersten Fall aus der populären Krimireihe »Tatort«, den Götz George (Abb., r.) als Kommissar Schimanski löst. Der unkonventionelle Kriminalist setzt seine Ziele notfalls auch mit Gewalt durch. Die negative Darstellung des Schauplatzes Duisburg sorgt allerdings für Proteste.

Juni 1981

1	Mo	Im Rahmen der Wiener Festspiele wird »Flic Flac«, ein poetisches Varieté des österreichischen Aktionskünstlers André Heller, uraufgeführt.
2	Di	Der Bundestag berät den Bundeshaushalt 1981, der ein Volumen von 231,155 Mrd. DM bei einer Neuverschuldung von ca. 33,78 Mrd. DM vorsieht.
3	Mi	Die Mannschaft der Bundesrepublik Deutschland gewinnt erstmals die Fußball-Europameisterschaft der Junioren. Sie besiegt Polen in Düsseldorf mit 1:0.
4	Do	In Moskau wird die Avantgarde-Ausstellung »Paris – Moskau« eröffnet, die bereits 1979 im Pariser Centre Pompidou gezeigt wurde.
5	Fr	Die US-Regierung beschließt, die Marine mit Marschflugkörpern auszurüsten, die von Unterseebooten und Schiffen aus Ziele in der UdSSR treffen können.
6	Sa	Im indischen Bundesstaat Bihar kommen in einem völlig überfüllten Zug bei einem Eisenbahnunglück 235 Menschen ums Leben.
7	So	Der Italiener Giovanni Battaglin gewinnt mit 38 Sekunden Vorsprung vor dem Schweden Tommy Prim die Radrundfahrt Giro d'Italia. → Israel
8	Mo	In Teheran werden 11 Rauschgiftschmuggler, bei denen es sich angeblich um Rückfalltäter handeln soll, zum Tode verurteilt und hingerichtet.
9	Di	Das Bundesgesundheitsamt verbietet alle Arzneimittel, die den Wirkstoff Aristolochiasäure enthalten, da dieser im Verdacht steht, Krebs erregend zu sein.
10	Mi	Ein sechsjähriger Junge stürzt in der Nähe Roms in einen rd. 80 m tiefen Brunnen und kann trotz mehrtägiger Rettungsaktionen nicht geborgen werden.
11	Do	Im Südiran sterben ca. 2000 Menschen bei einem Erdbeben. +++ Bei den Parlamentswahlen in Irland erringt keine der Parteien eine klare Mehrheit.
12	Fr	In Köln wird das Festival »Theater der Welt«, an dem sich fast 30 Gruppen beteiligen, mit der Straßenrevue »Das Geheimnis der 11 000 Jungfrauen« eröffnet.
13	Sa	Während der traditionellen Geburtstagsparade in London gibt ein Jugendlicher aus einer Schreckschusspistole sechs Schüsse auf Königin Elizabeth II. ab.
14	So	Bei einer Volksabstimmung in der Schweiz wird ein Zusatzartikel zur Bundesverfassung über die gleichen Rechte von Mann und Frau angenommen.
15	Mo	Der CDU-Bundesausschuss beschließt die Resolution »Für Frieden und Freiheit«, worin der NATO-Doppelbeschluss ausdrücklich verteidigt wird.
16	Di	In Karlsruhe erklärt das Bundesverfassungsgericht das saarländische Rundfunkgesetz aus dem Jahre 1967 für »in Teilen« verfassungswidrig.
17	Mi	Der Anführer der verbotenen rechtsextremistischen »Wehrsportgruppe Hoffmann«, Karl-Heinz Hoffmann, wird auf dem Frankfurter Flughafen festgenommen.
18	Do	Mit großer Mehrheit spricht sich das Europäische Parlament für die Abschaffung der Todesstrafe in der Europäischen Gemeinschaft aus.
19	Fr	Beim »Deutschlandtreffen« der schlesischen Landsmannschaft in Hannover demonstrieren 140 000 Menschen für die Selbstbestimmung der Schlesier.
20	Sa	Im marokkanischen Casablanca kommt es im Zuge eines wegen der hohen Lebensmittelpreise ausgebrochenen Generalstreiks zu Unruhen. → Majdanek
21	So	Der gemäßigte Staatspräsident des Iran, Abol Hassan Banisadr, wird von Revolutionsführer Ajatollah Khomeini wegen »Amtsunfähigkeit« abgesetzt.
22	Mo	In West-Berlin lässt der CDU-Senat ein besetztes Haus räumen. +++ Der Schriftsteller Martin Walser erhält den mit 20 000 DM dotierten Büchner-Preis.
23	Di	Die für ihre melancholischen Lieder bekannte schwedische Sängerin und UFA-Schauspielerin Zarah Leander stirbt im Alter von 74 Jahren in Stockholm.
24	Mi	Der SPD-Landesvorsitzende von Rheinland-Pfalz, Klaus von Dohnanyi, wird zum Ersten Bürgermeister der Freien und Hansestadt Hamburg gewählt.
25	Do	Josef Neckermann, dreifacher Weltmeister und Gewinner von sechs Olympischen Medaillen im Dressurreiten, nimmt seinen Abschied vom aktiven Reitsport.
26	Fr	Erstmals seit 1963 ruft der Bundesrat aufgrund von Differenzen über den Bundeshaushalt 1981 den Vermittlungsausschuss an.
27	Sa	Der Parteitag der nordrhein-westfälischen SPD bestätigt in Köln Johannes Rau mit 292 gegen 20 Stimmen als Landesvorsitzenden.
28	So	Der Schweizer Schriftsteller Urs Jaeggi erhält in Klagenfurt den mit 14 000 DM dotierten Ingeborg-Bachmann-Preis. → Schimanski
29	Mo	In Rom werden die beiden antiken griechischen Bronzestatuen »Krieger von Riace« 14 Tage lang unter großem Besucherandrang ausgestellt.
30	Di	Der bisherige Oppositionsführer Garret FitzGerald (Fine Gael) wird in Dublin zum neuen Premierminister von Irland gewählt.

Juli 1981

1 Mi Bonn billigt den von der Europäischen Kommission in Luxemburg gefundenen Kompromiss für die EG-Stahlindustrie, der u.a. Subventionen festschreibt.

2 Do West-Berlins Regierender Bürgermeister Richard von Weizsäcker (CDU) betont in seiner Regierungserklärung den Willen zu politischer Erneuerung.

3 Fr Chris Evert-Lloyd (USA) gewinnt zum drittenmal das Tennisturnier von Wimbledon. Im Finale schlägt sie die Tschechoslowakin Hana Mandlikova 6:2, 6:2.

4 Sa In London kommt es zu Schlägereien von Rechtsradikalen mit farbigen Jugendlichen. +++ John McEnroe gewinnt das Tennisturnier in Wimbledon.

5 So Das 15. Internationale Jazz-Festival beginnt in Montreux. Zu den Höhepunkten gehören u.a. Konzerte von James Brown und Ella Fitzgerald.

6 Mo Nach fünfjährigem Hausarrest wird die zu einer Haftstrafe verurteilte frühere argentinische Staatspräsidentin Isabel Perón auf freien Fuß gesetzt.

7 Di Eine Rembrandt-Zeichnung erzielt bei einer Versteigerung im Londoner Auktionshaus Christie's mit 1,4 Mio. DM einen Rekordpreis.

8 Mi Der italienische Schriftsteller Umberto Eco wird für seinen Roman »Der Name der Rose« mit dem italienischen Strega-Literaturpreis ausgezeichnet.

9 Do Nach einem Grundsatzurteil des Bundesgerichtshofs muss bei Mord in Zukunft nicht mehr zwangsläufig eine lebenslange Haftstrafe verhängt werden.

10 Fr Der Bundesrat billigt den Bundeshaushalt 1981, nachdem im Vermittlungsausschuss ein Kompromiss über die Hochschulfinanzierung gefunden wurde.

11 Sa Zum 450. Todestag des Künstlers wird in Würzburg das Historienspiel »Tilmann Riemenschneider« von Joachim Tettenborn uraufgeführt.

12 So Heftige Gewitterstürme richten in Süddeutschland Schäden in Millionenhöhe an. In Bayern wird Katastrophenalarm ausgelöst.

13 Mo Nach 45 Tagen ohne Nahrungsaufnahme stirbt in Belfast der IRA-Terrorist L. Martin Hurson – das sechste Todesopfer des Hungerstreiks der Häftlinge.

14 Di Als erste Landesregierung beschließt der bayerische Ministerrat, die Polizei mit dem umstrittenen Reizgas CS auszustatten.

15 Mi Nach einer Meinungsumfrage der Vertretung der EG-Kommission in Bonn sinkt die Zustimmung zur Gemeinschaft in den Mitgliedsländern deutlich.

16 Do Bundeskanzler Helmut Schmidt trifft in Kanada ein. Er wird am Weltwirtschaftsgipfel der sieben wichtigsten Industrieländer in Ottawa teilnehmen.

17 Fr Ein Jahr nach Fertigstellung eines Luxushotels in Kansas City (USA) stürzen zwei Galerien des Gebäudes in die Hotelhalle und töten 113 Menschen.

18 Sa Der iranische Rundfunk ruft über seine Sender öffentlich zur Denunziation von Regimegegnern auf. Dabei dürfe niemand geschont werden.

19 So Nach 24 Tagen und 3740 km endet in Paris die Tour de France mit dem Gesamtsieg des 26-jährigen Franzosen Bernard Hinault.

20 Mo Die US-Fregatte »Fanning« birgt im Südchinesischen Meer ein vietnamesisches Flüchtlingsboot, auf dem 57 Menschen verhungert sind.

21 Di Ein 21-jähriger Pole entführt eine Maschine der polnischen Luftfahrtsgesellschaft LOT und zwingt sie zur Landung auf dem Flughafen Berlin-Tempelhof.

22 Mi Der Bundesgerichtshof in Karlsruhe stellt in einem Urteil strenge Kriterien dafür auf, wann der Straftatbestand der Vergewaltigung vorliegt.

23 Do Die italienische Terrororganisation »Rote Brigaden« lässt den vor drei Wochen entführten christdemokratischen Politiker Ciro Cirillo frei.

24 Fr In München kündigt der 86-jährige Generalmusikdirektor Karl Böhm aus gesundheitlichen Gründen seinen Rücktritt vom öffentlichen Musikleben an.

25 Sa Zu Beginn der neuen Fußballsaison wird die zweite Bundesliga in eine »eingleisige« Klasse mit 20 statt 42 Vereinen umgestaltet.

26 So Mit der Aufführung der Oper »Falstaff« von Giuseppe Verdi werden die bis zum 31. August andauernden Salzburger Festspiele eröffnet.

27 Mo Der kubanische Präsident Fidel Castro beschuldigt die USA, einen »bakteriologischen Krieg« gegen sein Land zu führen.

28 Di Der europäische Wettersatellit »Meteosat 2« sendet von seiner Position über der Küste von Ghana erste Wetterbilder.

29 Mi Der im Juni abgesetzte iranische Staatspräsident Abol Hassan Banisadr flüchtet nach Frankreich und bittet dort um politisches Asyl. → Märchenhochzeit

30 Do Bei einem Schwimm-Dreiländerkampf in Heidelberg stellt der Kanadier Alex Baumann mit 2:02,78 min einen Weltrekord über 200-m-Lagen auf.

31 Fr Der Ex-Regierungschef von Panama, General Omar Torrijos Herrera, stirbt bei einem Flugzeugabsturz 100 km westlich von Panama-Stadt.

Das Paar beim Verlassen der Kathedrale

29. Juli 1981

Windsors feie

Die Hochzeit des britischen Thronfolgers Charles mit Lady Diana Spencer ist »der Stoff, aus dem Märchen gemacht sind«. So jedenfalls beschreibt es Robert Runcie, der Erzbischof von Canterbury, der das Liebespaar in der Londoner St.-Pauls-Kathedrale traut. Angesichts der Fernsehbilder des Windsor-Sprosses in seiner stattlichen Marineuniform und der 20-Jährigen, etwas scheu wirkenden Braut, die in einer Wolke aus weißem Tüll fast verschwindet, schließen sich rd. 750 Mio. Menschen in der ganzen Welt dieser Interpretation an.
Diana trägt ein diamantenbesetztes Diadem und ein Blumenbukett aus weißen und gelben Gardenien, Orchideen und Rosen. Die Schleppe ihres Hochzeitskleides ist fast acht Meter lang. Unter den Gästen der Trauungszeremonie, die zweieinhalb Stunden dauert, befinden sich der europäische Hochadel, 15 Staatschefs aus Commonwealth-Ländern und fünf europäische Staatsoberhäupter, darunter Bundespräsident Karl Carstens. Sie alle werden amüsiert Zeuge, wie die Brautleute ihre Eheversprechen mit leiser Stimme und beide mit kleinen Versprechern abgeben. Lady Diana verzichtet darauf, ihrem Mann »Gehorsam« zu geloben, weil dieser Passus nicht mehr zeitgemäß sei. Dann begibt sich das frisch vermählte Paar in einer offenen Hochzeitskutsche vorbei an einer jubelnden Menschenmenge zum Hochzeitsfrühstück in den Buckingham-Palast. Auf der vier km langen Strecke sorgen Balustraden und Maschendrahtabsperrungen dafür, dass die Begeisterung der Zaungäste unter Kontrolle bleibt. Viele Schaulustige haben seit Tagen auf diesen Augenblick

19. August 1981

Läuferduell der Superlative

Der britische Leichtathlet Sebastian Coe schraubt in Zürich die Rekordmarke für die Meile (1609 m) auf 3:48,53 min. Damit entfacht Coe eine Rekordjagd mit seinem Landsmann Steve Ovett. Ovett tritt sieben Tage später in Koblenz an den Start und unterbietet Coes Leistung um 49 Hundertstelsekunden. Nun ist die Reihe wieder an Sebastian Coe. Er zeigt sich bei einem Sportfest in Brüssel in Topform und kontert mit der Rekordzeit von 3:47,33 min.
Mit dem Duell erreicht die Rivalität zwischen den beiden Läufern ihren Höhepunkt. Coe und Ovett traten zum ersten Mal 1978 in Prag gegeneinander an – und hetzten sich gegenseitig in einem mörderischen Tempo über die 800 m. Dabei verausgabten sich beide so sehr, dass schließlich Olaf Beyer aus der DDR an den erschöpften Kontrahenten vorbeizog und als Erster die Ziellinie überquerte. Seither sorgte das gespannte Verhältnis der Leichtathletikstars für Schlagzeilen. Bei den Olympischen Spielen in Moskau 1980 war Coe Favorit über die 800-m-Distanz, Ovett über 1500 m. Am Ende jedoch staunte die Welt: Ovett gewann Gold über 800 m und ließ Coe das Nachsehen. Hingegen bot Coe im 1500-m-Lauf ein eindrucksvolles Finish und siegte vor Ovett.

24. August 1981

Südafrika attackiert Angola

Südafrikanische Truppen überqueren die Grenze nach Südangola und führen heftige Gefechte mit der angolanischen Armee. Bei den Kämpfen kommen mehrere hundert Soldaten ums Leben. Die Südafrikaner verwüsten zahlreiche Dörfer, die sie für Stützpunkte der Guerillaorganisation SWAPO halten. Ziel der SWAPO ist die Vertreibung der in Namibia stationierten südafrikanischen Truppen. Namibia befindet sich geografisch zwischen Südafrika und Angola. Bis 1966 war das Land Mandatsgebiet Südafrikas. Seitdem ist es von südafrikanischen Truppen besetzt. Die SWAPO erhält bei ihrem Befreiungskampf gegen Südafrika Unterstützung von Angola. Oft stoßen SWAPO-Einheiten über die angolanische Staatsgrenze nach Namibia vor. Diesem Vorgehen versucht Südafrika nun mit seiner Intervention in Angola einen Riegel vorzuschieben. Zudem unterstützt Südafrika die Rebellenorganisation UNITA in Angola. Die prowestliche UNITA kämpft dort gegen die herrschende Volksbefreiungsbewegung MPLA. Mit ihrem Engagement für die UNITA versuchen die Südafrikaner, den inneren Konflikt in Angola zu schüren, um die widerrechtliche Besetzung Namibias zu festigen. Der Einmarsch in Angola stellt den Höhepunkt dieser Entwicklung dar.

ärchenhochzeit

Der Hochzeitskuss von Charles und Lady Diana

Charles

britischer Thronfolger, * 14.11.1948 London

Der älteste Sohn von Königin Elizabeth II. studierte Geschichte und absolvierte eine militärische Ausbildung. »Der ewige Thronfolger« nimmt zahlreiche repräsentative Aufgaben wahr, interessiert sich für Kunst, Architektur und Umweltschutz, betreibt alternativen Landbau und frönt seiner Jagdleidenschaft. Ins Visier der britischen Sensationspresse gerät er, als sich mehr und mehr das Scheitern seiner Ehe mit Prinzessin Diana abzeichnet.

- 1952: britischer Thronerbe
- 1969: Investitur zum Prinzen von Wales
- 1996: Scheidung von Lady Di

gewartet und sich – ausgerüstet mit Schlafsack, Transistorradio und Gaskocher – einen guten Platz reserviert. Auch in den hinteren Reihen will man einen Blick auf die königliche Prachtkutsche erhaschen. Von fliegenden Händlern angebotene Papp-Periskope finden deshalb reißenden Absatz. Nach dem Hochzeitsfrühstück zeigt sich das Paar auf dem Balkon des Palastes. Endlich kommt es auch zum lang ersehnten Hochzeitskuss, der als Bild millionenfach um die Welt geht. Der unbefangene Zuneigungsbeweis der beiden gilt vielen Briten als Zeichen dafür, dass mit Diana ein frischerer, jugendlicher Wind Einzug in das steife Königshaus hält.

»Lady Di« ist 13 Jahre jünger als Charles. Sie hat nach der frühen Scheidung ihrer Eltern eine schwierige Kindheit verlebt und hofft nun auf ein eigenes Familienglück. Erst später wird bekannt, dass die königliche Familie beim Arrangement dieser Ehe eine nicht unwichtige Rolle gespielt hat. Dianas Familie steht dem Hof traditionell nahe. Das Familienglück scheint perfekt, als 1982 und 1984 die Prinzen William und Henry auf die Welt kommen. Doch scheint es so, als ob Diana mit der Sicherung der Thronfolge ihre wichtigste Aufgabe erfüllt hat. Prinz Charles wendet sich ab und nimmt Kontakt zu seiner Jugendliebe auf.

26. August 1981

Planet der Ringe: sensationelle Bilder vom Saturn

Die Raumsonde »Voyager 2« erreicht den Saturn und sendet spektakuläre Bilder des Planeten zur Erde. Dadurch erhält die Astronomie zahlreiche neue Erkenntnisse. So zeigen die übermittelten Daten, dass Saturn nicht von einigen hundert, sondern von Tausenden von Ringen umgeben ist (Abb.: Ein »Voyager«-Foto). Die Ringe bestehen aus Eis- und Gesteinsbrocken, die um den Planeten kreisen. »Voyager 2« liefert auch neue Erkenntnisse über einige der 17 Monde des Planeten. Auf dem Mond Enceladus werden Krater, Talformen und Ebenen entdeckt, die wie vereist wirken. Auf Thetys weist der größte Krater einen Durchmesser von 400 km und 16 km Tiefe auf.

Die Raumsonde »Voyager« wurde am 20. August 1977 gestartet und bewegt sich auf einer exakt vorausberechneten Route durch das Sonnensystem. Fast parallel mit der im selben Jahr gestarteten »Voyager 1« passierte »Voyager 2« im Juli 1979 den Jupiter. Die übermittelten Messdaten und Fotografien zeigten Wolkenformationen über dem gigantischen Planeten und vulkanische Aktivität auf dem Mond Io. Nachdem »Voyager 2« mit einem Abstand von 23 000 km am Saturn vorbeigeflogen ist, setzt die Sonde ihren Weg Richtung Uranus fort. Von dort soll sie im Januar 1986 weitere Messdaten liefern. Schätzungen zufolge kann das Projekt bis zum Jahr 2020 fortgesetzt werden. Dann soll »Voyager 2« das Sonnensystem verlassen haben und Erkenntnisse über die äußersten Magnetfelder der Sonne liefern. Die Sonde legt eine Gesamtstrecke von mindestens elf Mrd. km zurück.

August 1981

1 Sa Bei Duderstadt erschießt ein DDR-Grenzsoldat während seiner Flucht über die innerdeutsche Grenze einen Kameraden.

2 So Den »Großen Preis von Deutschland« auf dem Hockenheimring gewinnt der brasilianische Formel-1-Pilot Nelson Piquet.

3 Mo In Bolivien putschen Exilgeneräle gegen Staatspräsident Luis García Meza Tejada. Es ist der 195. Militärputsch in der Geschichte des Landes.

4 Di Durch eine Verordnung des Volksbildungsministeriums wird für bestimmte Schülergruppen in der DDR eine vormilitärische Ausbildung zur Pflicht.

5 Mi Während einer Übung bei Haltern ertrinken drei Bundeswehrsoldaten, als sie den Datteln-Hamm-Kanal in Kampfanzügen durchschwimmen sollen.

6 Do US-Präsident Ronald Reagan kündigt den Bau der umstrittenen Neutronenwaffe an. Die Entscheidung stößt auf massive Kritik u.a. in der UdSSR.

7 Fr In Bonn legt Bundesinnenminister Gerhart Baum den Verfassungsschutzbericht 1980 vor, der erhöhte Gewaltbereitschaft bei Rechtsextremisten feststellt.

8 Sa Der Hungerstreik der IRA-Häftlinge in Belfast fordert ein neuntes Todesopfer. Daraufhin kommt es in Nordirland zu gewalttätigen Unruhen.

9 So Ein mehr als 24 Stunden anhaltender Dauerregen verursacht in Teilen Hessens und Süddeutschlands Sachschäden in Millionenhöhe.

10 Mo Die Aral-AG erhöht die Benzinpreise um drei Pfennig je Liter. Andere Mineralölgesellschaften schließen sich dieser achten Preiserhöhung seit Jahresbeginn an.

11 Di »Die Bergwerke von Falun«, ein verschollen geglaubter Opernentwurf von Richard Wagner, wird im Staatsarchiv von Dresden wiederentdeckt.

12 Mi Beamte des Bundeskriminalamts durchsuchen den Rheinmetall-Konzern in Düsseldorf, der illegaler Waffengeschäfte mit Argentinien verdächtigt wird.

13 Do Berlin gedenkt des 20. Jahrestags des Mauerbaus. Während im Ostteil der Stadt eine Staatsfeier stattfindet, kommt es im Westteil zu Demonstrationen.

14 Fr Der Dirigent Karl Böhm stirbt im Alter von 86 Jahren in Salzburg. +++ Auf den Weihbischof Matthias Defregger wird in München ein Attentat verübt.

15 Sa Bei einem Karussellunglück auf dem Volksfest »Hamburger Dom« kommen sieben Menschen ums Leben, 16 Personen werden verletzt.

16 So Die Bulgarin Antoanetta Todorowa stellt beim Leichtathletik-Europacup in Zagreb mit 71,88 m einen Weltrekord im Speerwurf der Frauen auf.

17 Mo Über Sri Lankas Hauptstadt Colombo wird wegen Kämpfen zwischen Singhalesen und Tamilen der Ausnahmezustand verhängt.

18 Di Außenminister Hans-Dietrich Genscher diskutiert mit seinem polnischen Amtskollegen Jozef Czyrek in Bad Reichenhall über Polens Wirtschaftskrise.

19 Mi Vor der Küste Libyens schießen US-amerikanische Kampfflugzeuge vom Flugzeugträger »Nimitz« zwei libysche Militärmaschinen ab. → Läuferduell

20 Do 150 europäische Autoren, darunter Heinrich Böll, fordern in einem gemeinsamen Appell ein Ende des Aufrüstens und den Verzicht auf die Neutronenwaffe.

21 Fr Auf einer Konferenz in Genf wird Hamburg als Sitz des Internationalen Seerechts-Gerichtshofs gewählt. Es entsteht die erste UNO-Institution in Deutschland.

22 Sa Während eines Inlandflugs explodiert ein taiwanesisches Verkehrsflugzeug. Alle 110 Passagiere und die Besatzungsmitglieder kommen ums Leben.

23 So In den Niederlanden wird bekannt, dass das Entsorgungsunternehmen »Unicer Holding« 72 000 t Chemiemüll illegal in die Nordsee geleitet hat.

24 Mo Der Mörder von Ex-Beatle John Lennon, Mark David Chapman, wird in New York zu einer lebenslangen Haftstrafe verurteilt. → Angola

25 Di Das nordrhein-westfälische Gesundheitsministerium verbietet dem Produktionschef einer Firma in Velbert wegen wiederholter Umweltverstöße die Tätigkeit.

26 Mi Acht Menschen sterben bei einem Grubenunglück in der Preussag-Zeche in Ibbenbüren. +++ Der 200. Starfighter der Bundeswehr stürzt ab. → Saturn

27 Do Vor der amerikanischen Atlantikküste bergen Taucher zwei Tresore des 1956 gesunkenen italienischen Passagierschiffs »Andrea Doria«.

28 Fr Bundeskanzler Helmut Schmidt reist nach Dänemark und Norwegen, um den Vorschlag Moskaus über eine atomwaffenfreie Zone in Nordeuropa zu beraten.

29 Sa Bei einem Anschlag arabischer Terroristen auf eine Synagoge in der Wiener Innenstadt kommen zwei Menschen ums Leben, zwanzig werden verletzt.

30 So Ein Bombenattentat im Iran tötet sieben Menschen, darunter den iranischen Staatspräsidenten Ali Radschai und Ministerpräsident Jawad Bahonar.

31 Mo In Ramstein bei Kaiserslautern werden 20 Menschen bei einem Sprengstoffanschlag auf das Hauptquartier der US-Luftstreitkräfte verletzt.

September 1981

1 **Di** Durch einen Putsch gegen Präsident David Dacko übernimmt in der Zentralafrikanischen Republik das Militär unter Stabschef André Kolingba die Macht.

2 **Mi** In Venedig beginnt die Filmbiennale. Margarethe von Trottas Film »Die bleierne Zeit« erhält als deutscher Wettbewerbsbeitrag den »Goldenen Löwen«.

3 **Do** Die Bundesregierung verabschiedet Maßnahmen zur Haushaltssanierung, die die Finanzlage des Bundes bis 1985 um 78 Mrd. DM verbessern sollen.

4 **Fr** Frankreichs Botschafter im Libanon, Louis Delamare, wird in Beirut erschossen. +++ Die UdSSR beginnt mit Manövern in der Nähe der polnischen Grenze.

5 **Sa** In München gewinnt der Ruderer Peter Michael Kolbe aus Hamburg zum dritten Mal nach 1975 und 1978 den Weltmeistertitel im Einer.

6 **So** In Leipzig wird die Herbstmesse eröffnet. Die Bundesrepublik stellt mit knapp 600 Firmen nach der DDR die stärkste Gruppe aller Aussteller.

7 **Mo** Bei den schwersten Überschwemmungen seit Menschengedenken ertrinken in China über 700 Personen, 200 000 werden obdachlos.

8 **Di** Die DDR-Schwimmerin Ute Geweniger stellt bei den Europameisterschaften im jugoslawischen Split mit 1:08,6 min einen Weltrekord über 100-m-Brust auf.

9 **Mi** Das Bundesarbeitsgericht in Kassel spricht den Mitarbeiterinnen eines Fotolabors die gleichen übertariflichen Zulagen wie ihren männlichen Kollegen zu.

10 **Do** »Guernica«, das Bild, das Pablo Picasso anlässlich der Zerstörung der gleichnamigen Stadt im Spanischen Bürgerkrieg malte, trifft in Madrid ein.

11 **Fr** Bundeskanzler Helmut Schmidt reist zu Konsultationen nach Rom. Im Rahmen des Besuchs wird er auch von Papst Johannes Paul II. empfangen.

12 **Sa** Bei den Europameisterschaften der Springreiter in München gewinnt die deutsche Equipe den Titel im Mannschaftswettkampf.

13 **So** US-Außenminister Alexander Haig trifft zu einem Besuch in Deutschland ein. 50 000 Menschen demonstrieren in Berlin gegen seinen Aufenthalt.

14 **Mo** Die schwedische Regierung verkündet ein Programm zur Stabilisierung der Wirtschaft, durch das u.a. ein Preisstopp bis zum Jahresende verfügt wird.

15 **Di** Papst Johannes Paul II. veröffentlicht seine Enzyklika »Laborem exercens«, in der er die katholische Soziallehre auf die moderne Arbeitswelt anwendet.

16 **Mi** Im spanischen Albacete verletzt ein Stier einen 27-Jährigen tödlich. Der Mann war während eines Kampfes in die Arena hinabgestiegen.

17 **Do** Bei einem Bombenanschlag auf die Zentrale der Palästinensischen Befreiungsbewegung (PLO) in der libanesischen Hafenstadt Sidon sterben 30 Menschen.

18 **Fr** Die Entführer einer Maschine der polnischen Fluggesellschaft LOT landen in West-Berlin und beantragen dort politisches Asyl. → »Das Boot«

19 **Sa** Bei den größten Demonstrationen seit Jahren protestieren in Washington rd. 250 000 US-Amerikaner gegen die nationale Wirtschafts- und Sozialpolitik.

20 **So** Im Iran werden nach den jüngsten Demonstrationen 198 Menschen hingerichtet, vor allem Angehörige der linksgerichteten »Mudschahedin-e-Chalq«.

21 **Mo** Unter dem Namen Belize wird mit Britisch-Honduras die letzte britische Kolonie auf dem amerikanischen Festland unabhängig.

22 **Di** Der Westberliner Senat lässt acht besetzte Häuser räumen. Bei den anschließenden Krawallen stirbt der Demonstrant Klaus Jürgen Rattay. → TGV

23 **Mi** Auf dem in Baden-Baden beginnenden Olympischen Kongress werden die Sommerspiele des Jahres 1988 an Seoul und die Winterspiele an Calgary vergeben.

24 **Do** Die USA und die UdSSR vereinbaren in New York die Aufnahme von Verhandlungen in Genf über die Begrenzung atomarer Mittelstreckenwaffen in Europa.

25 **Fr** Polens Ministerpräsident Wojciech Jaruzelski spricht sich für eine Verständigung zwischen der Gewerkschaft »Solidarität« und der Regierung aus.

26 **Sa** Die Internationale Atomenergiebehörde (IAEO) wählt in Wien den Schweden Hans Blix für die nächsten vier Jahre zu ihrem Generaldirektor.

27 **So** Bei der ersten Kommunalwahl nach dem Drei-Stimmenwahlrecht in Niedersachsen erhält die CDU mit 50,2% die absolute Mehrheit der Stimmen.

28 **Mo** Einen Misstrauensantrag der Alternativen Liste gegen Innensenator Heinrich Lummer (CDU) lehnt das Berliner Abgeordnetenhaus ab.

29 **Di** Die EG billigt Verträge Bonns mit Kanada, Schweden und den Färöer-Inseln, durch die deutsche Hochseefischer Teile ihrer alten Fanggründe zurückerhalten.

30 **Mi** Bei der größten Fusion der US-Wirtschaftsgeschichte schließen sich die Erdölgesellschaft Conoco und der Chemiekonzern Du Pont de Nemours zusammen.

6. Oktober 1981

Attentat auf Staatschef A

Der ägyptische Staatspräsident Muhammad Anwar As Sadat fällt während eine Militärparade in Kairo einem Attentat zum Opfer. Die Ermordung Sadats destabilisiert die gesamte Nahost-Region. Zu der Tat bekennt sich in Beirut die »Unabhängige Organisation für die Befreiung Ägyptens« – eine Gruppe radikaler Muslime.
Zahlreiche ausländische Staatsgäste und Mitglieder der ägyptischen Regierung verfolgen den Vorbeimarsch von Elitetruppen anlässlich des achten Jahrestages des »Blitzkrieges« gegen Israel auf dem Paradeplatz der Hauptstadt. Gemeinsam mit Vizepräsident Muhammad Hosni Mubarak steht Sadat auf der Ehrentribüne. Die Aufmerksamkeit der Menge gilt Mirage-Jagdflugzeugen, die im Formationstiefflug über das Paradefeld ziehen, als – von vielen unbemerkt – eine Zugmaschine der vorbeifahrenden Artillerie hält und zwei Soldaten herunterspringen. Die beiden Männer eröffnen sofort das Feuer, Scharfschützen feuern aus 25 m Entfernung auf den Präsidenten, den ein Querschläger trifft. Viele versuchen, sich hinter Stühlen zu verbarrikadieren. Leibwächter werfen sich auf den Präsidenten, um ihn mit ihren Körpern vor dem Kugelhagel zu schützen. Erst nach 20 Sekunden schießen die Sicherheitskräfte zurück. Im allgemeinen Tumult wird der getroffene Präsident zu einem Hubschrauber gebracht und in ein Hospital geflogen. Die Ärzte können dem Staatschef jedoch nicht mehr helfen. Die Bilanz des Anschlags ist erschütternd: Sieben Menschen sind ums Leben gekommen, 28 wurden verletzt.
Der ermordete Sadat hatte sich durch seine Entspannungspolitik im Nahen Osten einen herausra-

Der Moment des Anschlags: Die Attentäter eröffnen das Feuer.

22. September 1981

TGV rollt durch Frankreich

Frankreichs Ministerpräsident François Mitterrand übergibt den neuen französischen Hochgeschwindigkeitszug TGV (Train à Grande Vitesse, s. Abb.) seiner Bestimmung. Künftig soll der Zug die französischen Städte Paris und Lyon verbinden. Eine Durchschnittsgeschwindigkeit von 260 km/h verkürzt die Fahrtzeit um 70 Minuten auf 2:40 h.

19. Oktober 1981

Papandreou ist Regierungschef

Die panhellenische sozialistische Bewegung PASOK erringt einen überraschend hohen Sieg bei den Parlamentswahlen in Griechenland. Sie gewinnt 174 von 300 Sitzen. Die bisherige Regierungspartei der konservativen »Neuen Demokratie« erhält nur 113 Sitze. Regierungschef Georgios Rallis muss sein Amt an den Sozialisten Andreas Papandreou abgeben. Papandreou verhält sich gegenüber Griechenlands Annäherung an EG und NATO zurückhaltend. Sein Regierungsprogramm sieht die Verstaatlichung der Schlüsselindustrien und den Aufbau von Gewerkschaften vor. Die bisher vorherrschende Kunstzensur und die Todesstrafe sollen abgeschafft, Ehescheidung und Abtreibung liberalisiert werden. Kultusministerin der neuen Regierung wird die populäre Schauspielerin Melina Mercouri.

ar As Sadat

genden Ruf als Friedenspolitiker erworben. Seine Bereitschaft, mit Zugeständnissen an Israel den Friedensprozess zu fördern, brachte ihm internationale Anerkennung ein. In Camp David traf er sich 1978 mit Israels Ministerpräsident Menachem Begin zu Verhandlungen und öffnete damit das Tor zum Frieden. Die Ergebnisse des Abkommens stießen in vielen arabischen Ländern auf heftigen Widerstand. Auch innenpolitisch geriet Sadat mehr und mehr unter Druck. Vor allem sah er sich Angriffen der militanten islamischen Fundamentalisten gegenüber. Bei einer Polizeiaktion Anfang September waren 1500 Oppositionelle verhaftet und das Oberhaupt der koptischen Kirche abgesetzt worden. Außerdem trugen wirtschaftliche Schwierigkeiten dazu bei, dass sich Unzufriedenheit im Volk ausbreitete.

Muhammad Anwar As Sadat

ägyptischer Politiker, * 25.12.1918 Mit Abu Al Kaum; † 6.10.1981 Kairo

Sadat trug mit seiner Verhandlungsbereitschaft wesentlich zum Friedensprozess im Nahen Osten bei und wurde für das Abkommen von Camp David mit dem Friedensnobelpreis 1978 ausgezeichnet. Des Weiteren löste der politische Weggefährte und enge Freund Nassers, der sich als Mitglied des »Komitees der freien Offiziere« 1952 am Sturz der Monarchie beteiligte, die Bindung Ägyptens an das sozialistische Lager. Im Innern trat Sadat für einen aufgeklärten und liberalen Islam ein.

- 1942-48: von britischen Behörden mehrfach verhaftet
- 1960-69: Präsident der Nationalversammlung
- 1977: Historischer Besuch in Jerusalem
- 1979: Frieden von Camp David

18. September 1981

»Das Boot« füllt Kinokassen

In den bundesdeutschen Kinos läuft der Film »Das Boot« von Wolfgang Petersen an. Vorlage des Drehbuchs war der 1973 entstandene, gleichnamige Roman von Lothar-Günther Buchheim, in dem der Autor seine Erlebnisse als Kriegsberichterstatter im U-Boot »U 96« im Zweiten Weltkrieg beschreibt. Der mit 25 Mio. DM bisher teuerste Film der deutschen Filmwirtschaft wird auch international erfolgreich. In den Hauptrollen sind u.a. Jürgen Prochnow (s. Abb., r.) und Herbert Grönemeyer zu sehen.

10. Oktober 1981

Friedensdemo in Bonn

Angereist in über 3000 Bussen, 41 Sonderzügen und rd. 4000 Pkw, finden sich in Bonn etwa 300 000 Menschen aus allen Teilen Westdeutschlands zu einer Kundgebung für den Frieden ein. Dies ist die bisher größte Friedensdemonstration seit Bestehen der Bundesrepublik Deutschland. Die »Aktion Sühnezeichen« und die »Aktionsgemeinschaft Dienst für den Frieden«, beide der evangelischen Kirche nahe stehend, hatten unter dem Motto »Für Abrüstung und Entspannung in Europa« zu der Demonstration aufgerufen. Der Protestmarsch durch die Stadt und die anschließende vierstündige Kundgebung auf der Bonner Hofgartenwiese (s. Abb.) verlaufen friedlich.

Zu den Rednern gehören ehemalige und aktive Politiker wie Heinrich Albertz und Erhard Eppler (beide SPD), William Borm (FDP) und Petra Kelly (Die Grünen), ferner der Friedensforscher Alfred Mechtersheimer (CSU), der Ex-General Gert Bastian sowie die Schriftsteller Robert Jungk und Heinrich Böll. Einstimmig wenden sich alle gegen die Rüstungspolitik von US-Präsident Ronald Reagan und den NATO-Doppelbeschluss. Ihnen gemeinsam ist die Angst, Mitteleuropa und besonders Deutschland könne durch den anhaltenden Wettstreit um die modernsten und effektivsten Waffen zum Kriegsschauplatz der ideologischen Auseinandersetzungen zwischen den USA und der Sowjetunion werden.

Auch in anderen europäischen Städten wie Paris, London, Rom, Amsterdam und Madrid kommt es im Herbst zu Demonstrationen für Frieden und Abrüstung, an denen zwischen 200 000 und 300 000 Menschen teilnehmen. Laut NATO-Doppelbeschluss sollen ab 1983 in Europa Raketen und Marschflugkörper aufgestellt werden. Der Entschluss zur Nachrüstung erfolgte 1979 vor dem Hintergrund der Stationierung von verbesserten sowjetischen SS-20-Raketen, die nach Meinung der Außen- und Verteidigungsminister der NATO das Kräftegleichgewicht zwischen Warschauer Pakt und dem westlichen Militärbündnis verschoben hätte.

Die Friedensbewegung entstand als heterogene außerparlamentarische Basisbewegung um 1980 in den USA und mehreren europäischen Ländern. In der Bundesrepublik Deutschland setzt sie sich vor allem aus Kreisen der Kirche, der Sozialdemokratie und Gewerkschaftern sowie grünen und marxistischen Gruppen zusammen. In gemeinsamen Aktionen wie Demonstrationen, Appellen, Sitzblockaden oder Menschenketten sowie durch eine breite Öffentlichkeitsarbeit wendet sich die Bewegung gegen die atomare Bedrohung und das Wettrüsten der Großmächte.

Oktober 1981

1 Do Der ehemalige Kanzleramtsspion Günter Guillaume wird am DDR-Grenzübergang Herleshausen gegen mehrere westdeutsche Agenten ausgetauscht.

2 Fr US-Präsident Ronald Reagan gibt ein 395 Mrd. DM-Programm zur Modernisierung der strategischen Streitkräfte der USA bekannt.

3 Sa Bundesdeutsche Segler belegen bei den Weltmeisterschaften vor Palamos in Spanien den ersten und zweiten Platz in der Flying-Dutchman-Klasse.

4 So Die Grünen verabschieden auf ihrem Bundesparteitag in Offenbach ein Friedensmanifest und bestätigen Petra Kelly als Sprecherin des Bundesvorstandes.

5 Mo Die britischen Sozialdemokraten (SDP) veranstalten ihren ersten Parteitag. +++ Der niederländische Gulden und die DM werden um 5,5% aufgewertet.

6 Di Die Bauarbeiten zur Erweiterung des Frankfurter Rhein-Main-Flughafens beginnen unter dem Schutz von mehreren tausend Polizisten. → Attentat

7 Mi Eine Änderung des Arbeitsförderungsgesetzes gibt die Bundesanstalt für Arbeit bekannt. Sie zahlt künftig Beiträge zur Altersvorsorge u.a. für Arbeitslose.

8 Do Bundeskanzler Helmut Schmidt und der französische Staatspräsident François Mitterand beraten im französischen Latche Fragen der Sicherheitspolitik.

9 Fr Der US-Neurobiologe Roger W. Sperry erhält für seine Forschungen über die Eigenständigkeit der Gehirnhälften den Medizinnobelpreis zugesprochen.

10 Sa Mit der Französin Michele Mouton und der Italienerin Fabrizia Pons gewinnt zum ersten Mal ein Frauenteam die Rallye San Remo. → Friedensdemo

11 So Bei schweren Ausschreitungen während eines Fußballspiels in Kolumbien werden vier Menschen getötet und 40 verletzt.

12 Mo Die Menschenrechtsorganisation Amnesty International gibt bekannt, dass im Iran seit Juli dieses Jahres mehr als 1800 Menschen hingerichtet worden seien.

13 Di In Frankfurt am Main wird die 33. Buchmesse eröffnet. Der Russe Lew Kopelew erhält (am 18. Oktober) den Friedenspreis des Deutschen Buchhandels.

14 Mi In Wien gewinnt die deutsche Fußball-Nationalelf 3:1 gegen Österreich und qualifiziert sich damit für die Endrunde der Weltmeisterschaft in Spanien.

15 Do Der Nobelpreis für Literatur wird dem aus Bulgarien stammenden und in London lebenden Schriftsteller Elias Canetti zugesprochen.

16 Fr Das türkische Militärregime unter General Kenan Evren löst alle politischen Parteien auf. +++ 93 Menschen kommen bei einer Gasexplosion in Japan um.

17 Sa Der Brasilianer Nelson Piquet belegt beim Grand Prix in Las Vegas den fünften Platz und wird vor Carlos Reutemann aus Argentinien Formel-1-Weltmeister.

18 So Klaus von Dohnanyi (SPD), Erster Bürgermeister von Hamburg, eröffnet auf dem Gelände des ehemaligen KZ Neuengamme ein Dokumentenhaus.

19 Mo Mit Gründung der »Programmgesellschaft für Kabel- und Satellitenrundfunk« ist das öffentlich-rechtliche Rundfunkmonopol gebrochen. → Papandreou

20 Di Die DDR verliert gegen Polen 2:3 und scheitert damit an der Qualifikation zur Fußball-WM. Die Niederlage kostet Trainer Georg Buschner den Posten.

21 Mi In Darmstadt eröffnet die Deutsche Akademie für Sprache und Dichtung ihre Herbsttagung. Den diesjährigen Georg-Büchner-Preis erhält Martin Walser.

22 Do Auf der Nord-Süd-Gipfelkonferenz in Cancún/Mexiko treten 22 Staats- und Regierungschefs für eine UN-Übereinkunft zum Abbau des Wirtschaftsgefälles ein.

23 Fr Der Lehrer und Gewerkschaftsführer Devan Nair wird zum Staatspräsidenten Singapurs gewählt. Er ist Nachfolger des verstorbenen Benjamin H. Sheares.

24 Sa Anlässlich des 100. Geburtstags des Malers Pablo Picasso wird eine Ausstellung in Madrid eröffnet. Das Anti-Kriegsgemälde »Guernica« steht im Mittelpunkt.

25 So Alberto Salazar (USA) stellt beim New York-Marathon mit 2:08,13 h eine Weltbestzeit über die 42,195 km lange Strecke auf.

26 Mo Bundespräsident Karl Carstens (CDU) trifft zu seinem ersten Staatsbesuch in einem kommunistischen Land in Rumänien ein.

27 Di Der 81-jährige finnische Staatspräsident Urho Kaleva Kekkonen tritt nach einem Krankenurlaub aus gesundheitlichen Gründen von seinem Amt zurück.

28 Mi Der Bundestag beschließt eine Erhöhung der Beiträge zur Arbeitslosenversicherung um 4%, um das Haushaltsdefizit von 7,8 Mrd. DM abzubauen.

29 Do Der US-Senat billigt den Verkauf von fünf Flugzeugen mit dem AWACS-Frühwarnsystem im Wert von 12 Mrd. Dollar an Saudi-Arabien.

30 Fr Das spanische Parlament spricht sich mit 186 gegen 146 Stimmen für den NATO-Beitritt aus. Am 2. Dezember beantragt Madrid die Aufnahme.

31 Sa Der Mainzer Bundestagsabgeordnete Hugo Brandt wird auf dem Parteitag der SPD in Rheinland-Pfalz zum Landesvorsitzenden gewählt.

November 1981

1 So Bei den ersten Wahlen unter Beteiligung mehrerer Parteien seit 1959 gewinnt die sozialistische Destur-Partei in Tunesien sämtliche Parlamentssitze .

2 Mo Delegierte aus 103 Ländern beraten zum Abschluss des Weltjahres der Behinderten in Torremolinos (Spanien) Maßnahmen zur wirtschaftlichen Integration.

3 Di Libyen beginnt mit dem Rückzug seiner im Tschad stationierten Truppen. Ein 1973 annektierter Grenzstreifen bleibt unter seiner Kontrolle.

4 Mi Das DDR-Außenministerium verbietet westlichen Korrespondenten, über die Herbsttagung der ev. Kirchensynode Sachsen in Halle zu berichten.

5 Do Der Internationale Kunstmarkt beginnt in Köln. Er zeigt eine Gesamtschau vom Ende der klassischen Moderne bis zu den »Neuen Wilden«.

6 Fr Schwedens Regierung gibt das sowjetische U-Boot frei, das 10 Tage zuvor bei Karlskrona auf Grund gelaufen war und Atomtorpedos an Bord haben soll.

7 Sa In Stuttgart demonstrieren 70 000 Menschen gegen die wachsende Arbeitslosigkeit, die als Folge von Sparbeschlüssen der Bundesregierung gewertet wird.

8 So Belgiens christliche Parteien verlieren bei den vorgezogenen Parlamentswahlen 21 Sitze. Die Sozialisten werden stärkste Fraktion.

9 Mo Die »Deutsche Gesellschaft für humanes Sterben« gibt eine Broschüre mit Ratschlägen für die Selbsttötung im Falle einer unheilbaren Krankheit heraus.

10 Di Staatspräsident Dschafar An Numairi entlässt das gesamte sudanesische Kabinett »wegen Unfähigkeit« und kündigt einschneidende Reformen an.

11 Mi Zahlreiche Städte Polens folgen dem Aufruf der Gewerkschaft »Solidarität« und feiern zum ersten Mal seit 1945 wieder den Unabhängigkeitstag.

12 Do Die US-Raumfähre »Columbia« startet ihren zweiten Weltraumflug. Er muss nach wenigen Tagen wegen technischer Probleme abgebrochen werden.

13 Fr Einem Japaner und drei US-Bürgern gelingt erstmals eine Pazifiküberquerung in einem Ballon. Sie waren gemeinsam im japanischen Nagashima gestartet.

14 Sa IRA-Terroristen erschießen in Belfast den Pfarrer Robert Bradford, der seit 1974 Nordirlands (protestantische) Unionisten im Londoner Unterhaus vertrat.

15 So Etwa 500 000 Menschen demonstrieren in Madrid für Frieden und Abrüstung sowie gegen den geplanten NATO-Beitritt Spaniens.

16 Mo In Kairo beginnt der Prozess gegen die Sadat-Attentäter und 20 Mitverschwörer. Er endet 1982 mit dem Todesurteil gegen fünf Angeklagte.

17 Di Die Hundertjahrfeier der deutschen Sozialgesetzgebung findet in Anwesenheit von Bundespräsident Karl Carstens im Berliner Reichstag statt.

18 Mi US-Präsident Ronald Reagan gibt ein Abrüstungsprogramm für Mittelstreckenraketen bekannt. Der Kreml lehnt den Vorschlag zum Abbau als Propaganda ab.

19 Do Im vollbesetzten Fußballstadion der kolumbianischen Stadt Ibague stürzt eine Tribüne ein. Bei der Katastrophe sterben 18 Menschen, 20 werden verletzt.

20 Fr Der Sowjetrusse Anatoli Karpow verteidigt seinen Titel als Weltmeister mit einem 6:2-Sieg über den Schachgroßmeister Viktor Kortschnoi.

21 Sa 300 000 Atomwaffengegner versammeln sich zu einer Demonstration in Amsterdam. Die Menge fordert »Keine neuen Atomwaffen in Europa«.

22 So Das ZDF startet die Erfolgsserie »Das Traumschiff«. +++ Kremlchef Leonid I. Breschnew trifft zu einem Besuch in der Bundesrepublik ein. → Tanzabend

23 Mo Das Land Niedersachsen gründet das erste Institut für Frauenforschung. Es hat die Aufgabe, die gesellschaftliche Situation der Frau zu erforschen.

24 Di An der deutschen und dänischen Ostseeküste toben orkanartige Stürme mit Windgeschwindigkeiten bis 150 km/h. Sturmfluten überschwemmen das Land.

25 Mi Ägyptens Präsident Hosni Mubarak lässt 31 prominente politische Gefangene frei. Damit will er seine Verständigungspolitik mit der Opposition fortsetzen.

26 Do Der deutsche Frachter »Elma Tres« sinkt bei einem schweren Sturm vor den Bermudas. Von der 24-köpfigen Besatzung überlebt nur der erste Offizier.

27 Fr Auf einer Tagung in West-Berlin fordern die Umweltminister der Länder ein Verbot des Krebs erregenden Stoffes Asbest bis spätestens 1990.

28 Sa Mehr als 150 000 Menschen kommen im italienischen Florenz zu einer Demonstration für Frieden und Abrüstung zusammen.

29 So Zum Abschluss seiner Karriere wird der Tübinger Eberhard Gienger bei den Kunstturn-Weltmeisterschaften in Moskau Vizeweltmeister am Reck.

30 Mo Die CSU schließt den Friedensforscher und Rüstungskritiker Alfred Mechtersheimer wegen »fortgesetzten parteischädigenden Verhaltens« aus der Partei aus.

31. Dezember 1981

Erste AIDS-Fälle gemeldet

In den USA werden die ersten Fälle einer Krankheit diagnostiziert, die später als AIDS weltweit Schrecken verbreitet. Die ersten Meldungen über »eine schwere Immunschwäche« mit tödlichen Auswirkungen wurden bereits Mitte des Jahres von der US-Gesundheitsbehörde veröffentlicht. Auffallend ist, dass sich die Krankheit hauptsächlich unter Homosexuellen und Drogenabhängigen ausbreitet. Es wird daher vermutet, dass die Ansteckung auf dem Blutweg erfolgt. Verantwortlich für den Ausbruch von AIDS ist die Infizierung mit dem HIV-Virus (s. Abb.), der die körpereigene Immunabwehr zerstört.

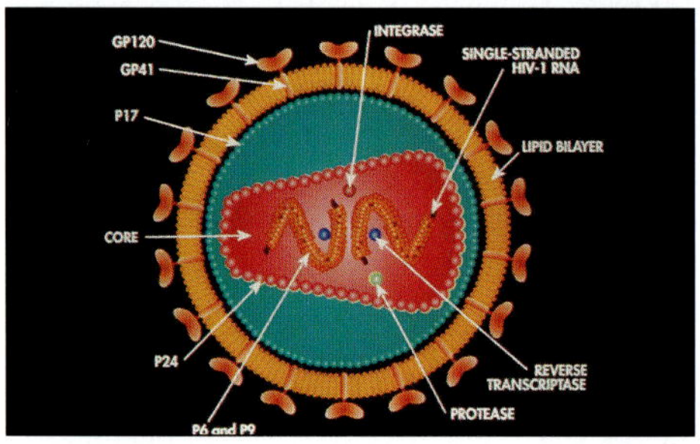

22. November 1981

Erfolg für »Tanzabend I«

An den Wuppertaler Bühnen wird »Tanzabend I« von Pina Bausch uraufgeführt. Die Produktion gehört zu den herausragenden zeitgenössischen Tanztheater-Vorstellungen des Jahres.
Seit die Ballettdirektorin an den Wuppertaler Bühnen arbeitet, ist das Haus – nicht zuletzt durch Gastspiele im In- und Ausland – zum Vorbild für die internationale Tanzszene geworden. Die Anlehnung der aufgeführten Tanzstücke an Alltagssituationen ist ebenso unverkennbar wie die Nähe zu Modern Dance, Step und ethnischen Tänzen. Die Produktionen von Pina Bausch haben experimentellen Charakter. Vielfach erhalten die Choreographien als »work in progress« erst nach mehrmaligen Aufführungen ihre endgültige Gestalt und ihren Namen.

Pina Bausch

eigtl. Philippine Bausch, deutsche Tänzerin und Choreographin, * 27.7.1940 Solingen

Ihre eigenwillige Schöpfung aus Ballett und Sprechtheater – das Tanztheater – macht sie zu einer der prägenden Gestalten der internationalen Tanzszene. Pina Bausch knüpft zwar an die Tradition des Ausdruckstanzes an, hat diesen aber rigoros entschlackt. Dabei setzt sie verschiedene stilistische Mittel aus den Bereichen Film, Musiktheater sowie der Performance Art ein. Ein charakteristisches Merkmal ihrer Arbeit ist die Distanz zum klassischen Ballett mit seinem starren Bewegungskodex. Gefragt sind vielmehr Improvisation und Verfremdung.

- ab 1955: Ausbildung an der Folkwang-Schule in Essen
- ab 1958: U.a. beim New American Ballett in New York
- ab 1973: Ballettdirektorin an den Wuppertaler Bühnen

13. Dezember 1981

Polen am Abgrund

Die monatelang schwelende Krise in Polen strebt ihrem Höhepunkt zu. Ganz Europa blickt besorgt nach Warschau, als Staats- und Parteichef General Wojciech Jaruzelski über sein Land das Kriegsrecht verhängt. Das Militär besetzt alle wichtigen Straßen und Plätze. Versammlungen und Aktivitäten der freien Gewerkschaft »Solidarität« werden verboten, ihr Führer Lech Walesa und zahlreiche andere Funktionäre in Haft genommen. Mit der Ausrufung des Kriegsrechts werden die Aktivitäten der Gewerkschaftsbewegung, deren Ziel die Errichtung einer demokratischen und selbstverwalteten Gesellschaft ist, schlagartig zunichte gemacht. Die Folgen für die Bevölkerung sind drastisch. So werden alle Telefonverbindungen von Warschau in andere polnische Städte sowie der internationale Telefonverkehr unterbrochen. In den Straßen der Hauptstadt Warschau patrouillieren Miliz und Armee. Arbeitsverweigerung in

General Jaruzelski

15. Dezember 1981

Neuer UN-Generalsekretär

Javier Pérez de Cuellar wird von der UN-Vollversammlung zum neuen Generalsekretär der Vereinten Nationen gewählt. Der peruanische Diplomat übernimmt das Amt von seinem Vorgänger, dem Österreicher Kurt Waldheim. Dieser war bereits zweimal zum Generalsekretär gewählt worden und konnte das Amt nicht noch einmal übernehmen, da China ein Veto gegen seine Wiederwahl eingelegt hatte.
Der 61-jährige Pérez de Cuellar ist der fünfte Generalsekretär in der Geschichte der UNO. Vor seinem Amtsantritt vertrat er die peruanische Regierung als Botschafter in der Schweiz, in der UdSSR und bei den Vereinten Nationen. Erste Erfahrungen als UNO-Diplomat sammelte er 1977, als er die friedenserhaltende Mission der UN-Truppen auf Zypern leitete. Seit 1979 hatte Pérez de Cuellar die Funktion des stellvertretenden UN-Generalsekretärs inne. Zu den Befugnissen des UN-Generalsekretärs gehört es, im eigenen Ermessen Entscheidungen zu treffen und Fälle der Friedensbedrohung vor den Sicherheitsrat zu bringen. Das Hauptaugenmerk der Vereinten Nationen liegt auf dem Erhalt und der Förderung des Weltfriedens. Zur Zeit von Pérez de Cuellars Amtsantritt hat die UNO 157 Mitglieder.

Vor dem Sitz der Gewerkschaft »Solidarität« in Warschau riegelt ein Polizeikordon den Zugang ab.

Betrieben des Transportwesens, der Post- und Telekommunikationseinrichtungen sowie der Energiewirtschaft steht unter Todesstrafe. Sämtliche unabhängige Presseorgane werden verboten.
Das Kriegsrecht ist die Antwort der kommunistischen Führung auf anhaltende Streiks und Proteste. Jaruzelski begründet seinen Schritt damit, dass Polen am Rande des Abgrunds stehe. Außerdem untermauert die Regierung das Verbot der Gewerkschaft »Solidarität« mit der Behauptung, die Gewerkschaftsführung werde von der antisozialistischen Opposition dominiert und strebe zur politischen Macht im Lande. Die Gewerkschaft reagiert mit der Ausrufung eines Generalstreiks. Fast ganz Polen beteiligt sich an Besetzungsstreiks in Fabriken, Zechen und Werften. Die Miliz geht brutal gegen Streikende vor, es gibt Verletzte und Tote. Zahlreiche Arbeiter werden von ihren Betrieben entlassen, von den Behörden vor Gericht gestellt und zu Haftstrafen verurteilt.
Die Ausrufung des Kriegsrechts fällt in eine Zeit, als in Polen und im Westen Befürchtungen laut werden, die zunehmende Destabilisierung des Landes könne Moskau zu einem Einmarsch verleiten. Jaruzelski argumentiert später, nur seine harte Maßnahme hätte dem Land ein ähnliches Schicksal wie Ungarn 1956 und der Tschechoslowakei 1968 erspart.

11. Dezember 1981

Gipfel am Werbellinsee

Das deutsch-deutsche Gipfeltreffen von (s. Abb. v.l.) Bundeskanzler Helmut Schmidt und DDR-Staats- und Regierungschef Erich Honecker im

Schloss Hubertusstock am brandenburgischen Werbellinsee verläuft enttäuschend. Während Schmidt die Meinung vertritt, eine Entspannung zwischen den deutschen Staaten könne sich positiv auf die internationale Lage auswirken, ist Honecker der Ansicht, dass sich umgekehrt die internationale Politik auf die deutsch-deutschen Beziehungen auswirken werde.
Auch das Klima des Schmidtbesuchs in der DDR ist eisig: In Güstrow verhindert ein Massenaufgebot an Volkspolizisten, dass die Bevölkerung den Bundeskanzler begrüßen kann.

26. Dezember 1981

Rettung durch »Cap Anamur«

Das unter deutscher Flagge fahrende Schiff »Cap Anamur« nimmt im Golf von Thailand 48 vietnamesische sog. Boat People an Bord. Die Flüchtlinge waren vor dem kommunistischen Regime aus ihrem Land geflüchtet. Wie Hunderte andere versuchten sie, über das Südchinesische Meer in eines der benachbarten Länder zu gelangen. 50% der Flüchtlinge sterben bei diesen dramatischen Aktionen durch Nahrungsmangel, Ertrinken oder Piratenüberfälle. Auch das von der »Cap Anamur« gerettete Boot befindet sich bereits im Schlepptau von Piraten, die ihre Beute jedoch wieder freigeben. Vier Tage später kann die Besatzung weitere 41 Vietnamesen an Bord holen. Die Flüchtlinge trieben seit mehr als zwei Tagen ohne Trinkwasser auf dem Meer. Die »Cap Anamur« kreuzt seit 1979 in südchinesischem Gewässer. Initiator des Hilfsprojekts unter dem Vorsitz von Rupert Neudeck ist das deutsche Notärzte-Komitee. Bisher konnten rd. 8400 Menschen aus dem Meer gerettet werden. Zur Aufgabe der »Cap Anamur«-Besatzung gehört es auch, für die Flüchtlinge eine neue Heimat zu finden. Die Regierungen von Niedersachsen, Nordrhein-Westfalen und Baden-Württemberg erklären sich bereit, jeweils 200 Menschen aufzunehmen.

Dezember 1981

1 Di Beim Anflug auf den Flughafen Ajaccio auf Korsika stürzt eine jugoslawische Chartermaschine in dichtem Nebel ab. 180 Menschen sterben.

2 Mi Mit zahlreichen Empfehlungen an die Bundesländer will die Bundesregierung den Zuzug von Ausländern, die nicht aus EG-Ländern kommen, einschränken.

3 Do Zur Sanierung der AEG Telefunken AG unterzeichnen die AEG, die Mannesmann AG und die Robert Bosch GmbH einen Kooperationsvertrag.

4 Fr In Düsseldorf wird Ex-Terrorist Stefan Wisniewski zu lebenslanger Haft verurteilt. Er war 1977 an der Entführung Hanns Martin Schleyers beteiligt gewesen.

5 Sa Als Beste von 530 Kandidaten besteht die zehnjährige Schülerin Ruth Lawrence die Aufnahmeprüfung für Mathematik an der Universität Oxford.

6 So Beim ersten alpinen Ski-Weltcuprennen der Männer in Val d'Isere gelingt dem österreichischen Olympiasieger Franz Klammer mit seinem Sieg ein Comeback.

7 Mo Drei militante Schiiten entführen ein libysches Verkehrsflugzeug nach Beirut (Libanon). Zwei Tage später lassen sie ihre Geiseln frei und ergeben sich.

8 Di Bei den dänischen Parlamentswahlen verliert die Sozialdemokratische Partei von Ministerpräsident Anker Jörgensen 9 ihrer bisher 68 Sitze.

9 Mi Sowjetische Behörden erteilen der Schwiegertochter des im Hungerstreik befindlichen Regimekritikers Andrej Sacharow die Ausreiseerlaubnis in die USA.

10 Do In Stockholm und Oslo werden die Nobelpreise verliehen. Der diesjährige Friedenspreis geht an das UN-Flüchtlingskomissariat.

11 Fr Die argentinische Militärjunta ersetzt Präsident Roberto Eduardo Viola durch Heeres-Oberbefehlshaber Leopoldo Fortunato Galtieri. → Gipfel

12 Sa Ex-Boxweltmeister Muhammad Ali unterliegt Trevor Berbick (Kanada). Damit misslingt Alis zweiter Comeback-Versuch seit seinem Rücktritt 1979.

13 So Auf Einladung des Schriftstellers Stephan Hermlin diskutieren Literaten aus Ost und West in Ost-Berlin über Fragen der Friedenssicherung. → Polen

14 Mo Nach wochenlangen Protesten stimmt die hessische Landesregierung einem befristeten Baustopp für die Frankfurter Startbahn West zu.

15 Di Ein Bombenanschlag zerstört die irakische Botschaft in West-Beirut. Bei dem Attentat kommen 40 Menschen ums Leben. → UN-Generalsekretär

16 Mi Die italienische Polizei deckt einen Skandal im Pferderennsport auf. Rennergebnisse sollen jahrelang durch Doping von Pferden manipuliert worden sein.

17 Do Terroristen der italienischen Roten Brigaden entführen in Verona den US-Brigadegeneral James Dozier. Erst Ende Januar 1982 kommt er frei.

18 Fr In West-Berlin muss zum dritten Mal in diesem Jahr Smog-Alarm der Stufe eins (Vorwarnstufe) ausgerufen werden.

19 Sa Laut New Yorker Schulbehörde gehen immer mehr Kinder bewaffnet zur Schule. 254 Schülern wurden seit September Waffen abgenommen.

20 So Eine Europa-Rakete vom Typ »Ariane« startet von Französisch-Guayana aus zu ihrem letzten Probeflug. Die Nachfrage nach der Rakete ist weltweit groß.

21 Mo Tracy Austin (USA) gewinnt in East Rutherford (USA) das »Masters«-Tennis-Turnier der Damen gegen Martina Navratilova (USA) mit 2:6, 6:4, 6:2.

22 Di Die Deutsche Sporthilfe gibt bekannt, sie habe in den letzten 15 Jahren 11 000 Spitzen- und Nachwuchssportler mit insgesamt 110 Mrd. Mark gefördert.

23 Mi Die polnische Armee räumt das Stahlwerk »Huta Katowice«, das von 2000 streikenden Hüttenarbeitern besetzt gehalten wird.

24 Do In seiner Weihnachtsansprache verspricht General Wojciech Jaruzelski die baldige Aufhebung des Kriegsrechts in Polen.

25 Fr Anlässlich des Weihnachtsfestes entlässt die argentinische Militärjunta 50 politische Häftlinge. Rd. 600 Gefangene bleiben weiterhin in Haft.

26 Sa Der Streik von 900 polnischen Arbeitern der Kohlengrube »Piast« bei Kattowitz dauert auch über die Weihnachtstage an. → »Cap Anamur«

27 So In Tansania droht eine Insektenplage die Getreideernte in weiten Teilen des Landes zu vernichten und die herrschende Hungersnot zu verschärfen.

28 Mo Das erste Retortenbaby der USA kommt in Norfolk (Bundesstaat Virginia) zur Welt. Die 28-jährige Mutter wird durch Kaiserschnitt entbunden.

29 Di US-Präsident Ronald Reagan verlangt drastische Wirtschaftssanktionen gegen die UdSSR, weil diese die Unterdrückungspolitik in Polen unterstütze.

30 Mi Das Oberverwaltungsgericht in Lüneburg bestätigt die Genehmigung für Erd- und Bauarbeiten am geplanten nuklearen Entsorgungszentrum Gorleben.

31 Do In Ghana stürzt das Militär die Zivilregierung von Präsident Hilla Limann. Fliegerleutnant Jerry Rawlings übernimmt die Regierungsgewalt. → AIDS

Januar 1982

1 Fr In mehreren Bundesländern kommen im Rahmen eines Modellversuchs erstmals Frauen im Dienst der Schutzpolizei zum Einsatz. → Skandalstück

2 Sa Walisische Nationalisten verüben in mehreren englischen Städten Bombenanschläge auf öffentliche Einrichtungen. Personen werden nicht verletzt.

3 So Eine irakische Pipeline wird durch einen Sabotageakt unterbrochen. Mit dem Export von Erdöl finanziert der Irak u.a. den Krieg mit dem Iran.

4 Mo Bundeskanzler Helmut Schmidt trifft zu Gesprächen mit Präsident Ronald Reagan in den USA ein. Anlass ist die Verhängung des Kriegsrechts in Polen.

5 Di Die seit dem 3. Januar amtierende neue Regierung hebt die seit 36 Jahren in Südkorea geltende nächtliche Ausgangssperre mit sofortiger Wirkung auf.

6 Mi Der Skispringer Manfred Deckert (DDR) gewinnt die deutsch-österreichische Vier-Schanzen-Tournee. Der Westdeutsche Christoph Schwarz wird Vierter.

7 Do Die französische Regierung kündigt an, dass sie das linksgerichtete Regime in Nicaragua mit Defensivwaffen beliefern werde.

8 Fr In Hessen finden Experten Spuren von Östrogen in kalbfleischhaltigen Konserven. Der Einsatz des Hormons ist in der Kälbermast untersagt.

9 Sa Die US-Armee beginnt mit der Spezialausbildung salvadorianischer Soldaten. Washington unterstützt damit die Regierung El Salvadors im Bürgerkrieg.

10 So CSU-Landesgruppenchef Friedrich Zimmermann erklärt, er erwarte noch in diesem Jahr das Auseinanderbrechen der sozialliberalen Koalition.

11 Mo Die NATO-Außenminister fordern in Brüssel wegen der Verhängung des Kriegsrechts in Polen Maßnahmen gegenüber Warschau und Moskau .

12 Di Das Bundesverwaltungsgericht in West-Berlin untersagt die Einrichtung neuer Peep-Shows, da diese die Menschenwürde verletzten. → Katholiken

13 Mi Beim Absturz einer Boeing 737 der US-Fluggesellschaft Air Florida unmittelbar nach dem Start in Washington kommen 74 Menschen ums Leben.

14 Do Adil Carcani, der als gemäßigter Wirtschafts- und Verwaltungsfachmann gilt, wird zum neuen albanischen Ministerpräsidenten gewählt.

15 Fr Ein Anschlag auf ein jüdisches Lokal in West-Berlin fordert ein Menschenleben. Eine arabische Gruppe zur Befreiung Palästinas bekennt sich zu dem Attentat.

16 Sa Nach mehr als 400 Jahren, seit der Gründung der anglikanischen Kirche, nimmt der Vatikan wieder diplomatische Beziehungen mit London auf.

17 So Heiko Fischer (Stuttgart) und Manuela Ruben (Mannheim) sichern sich bei den Deutschen Meisterschaften im Eiskunstlaufen die Einzeltitel.

18 Mo Der französische Atomreaktor »Superphoenix« an der Rhône wird durch einen Anschlag von Umweltschützern und Pazifisten leicht beschädigt.

19 Di Erstmals wird der Arno-Schmidt-Preis verliehen. Erster Träger der Auszeichnung ist der Autor und James-Joyce-Übersetzer Hans Wollschläger.

20 Mi Eine gegen die israelische Annexion der Golanhöhen gerichtete Resolution des Weltsicherheitsrates scheitert am Veto der USA.

21 Do Ein Wiener Gericht verurteilt zwei arabische Terroristen zu lebenslanger Haft. Sie hatten 1981 bei einem Anschlag zwei Menschen getötet.

22 Fr Im bayerischen Oberpfaffenhofen übernimmt die NATO das erste von 18 mit dem AWACS-Frühwarnsystem ausgerüsteten Flugzeugen. → Röhrl

23 Sa Frankreich und die UdSSR schließen in Paris einen Vertrag über die Lieferung von sowjetischem Erdgas. +++ Sambia verbietet für fünf Jahre die Elefantenjagd.

24 So Der ägyptische Außenminister Kamal Hassan Ali teilt mit, sein Land habe für mehrere Industrieprojekte sowjetische Techniker angefordert.

25 Mo In Moskau stirbt der 79-jährige Parteifunktionär Michail A. Suslow. Er galt als Chefideologe der UdSSR und hat die Politik des Landes entscheidend geprägt.

26 Di Das polnische Parlament billigt nachträglich die Verhängung des Kriegsrechts am 13. Dezember 1981. +++ Mauno Koivisto wird finnischer Staatspräsident.

27 Mi Bei einer Protestkundgebung gegen das geplante Atommülllager in Gorleben überschreiten rd. 70 Demonstranten die Grenze zur DDR.

28 Do Ein Sonderkommando der italienischen Polizei befreit den am 17. Dezember 1981 von den Roten Brigaden entführten NATO-General James Dozier.

29 Fr Als erstes arabisches Land erlaubt das Scheichtum Kuwait Abtreibungen, wenn die Gesundheit der Mutter gefährdet oder das Kind schwer geschädigt ist.

30 Sa Am »Tag der Solidarität mit Polen«, zu dem die USA aufgerufen hatte, kommt es in vielen Städten des Westens zu Sympathiekundgebungen. → Startbahn

31 So 13 Skiwanderer, darunter zehn Jugendliche aus der Bundesrepublik Deutschland, werden bei einem Lawinenunglück in Österreich getötet.

13. Februar 1982

DDR-Opposition gegen M

Unter dem Schutzschirm der evangelischen Kirche gewinnt die unabhängige Friedensbewegung in der DDR an Fahrt. Zum 37. Jahrestag der Bombardierung Dresdens versammeln sich 5000 meist junge DDR-Bürger in der Kreuzkirche der Stadt zu einem Friedensforum. Die Veranstaltung wird zu einer Demonstration gegen Rüstung und Militarismus im eigenen Land.

DDR stellen die Teilnehmer eine Reihe von Forderungen. Sie verlangen die Einführung eines zivilen Wehrersatzdienstes sowie die Abschaffung der Wehrerziehung, die seit 1979 Pflichtfach an den Schulen ist. Der sächsische Landesbischof Johannes Hempel betont auf der Veranstaltung, dass das Friedensengagement der Jugendlichen nicht als Opposition gegen den Staat aufzufassen sei. Von einer Unterzeichnung des »Berliner Appells – Frieden schaffen ohne Waffen«, der Ende Januar von dem Jugendpfarrer Rainer Eppelmann in Umlauf gebracht worden ist, rät Hempel ab. Zwar hat die Kirchenleitung das Anliegen des Aufrufs gutgeheißen, durch die Sammlung von Unterschriften könnten jedoch »Missverständnisse und Gefährdungen hervorgerufen werden, die das notwendige sachliche Gespräch nicht fördern«. Die Staatsführung reagiert auf die immer aktiver werdende Friedensbewegung zunächst verunsichert, ergreift dann aber Gegenmaßnahmen. Das Emblem mit dem Motto vieler friedensbewegter junger Christen – »Schwerter zu Pflugscharen« – wird verboten. Außerdem soll eine FDJ-nahe Friedensbewegung mit Parolen wie »Frieden schaffen ohne NATO-Waffen« Jugendliche anziehen.

Teilnehmer des Friedensforums auf der Empore der Kreuzkirche

Die in der Kreuzkirche versammelten Christen wenden sich vor allem gegen die Militarisierung der Jugendlichen. Mit Wehrkundeunterricht in den Schulen, aber auch durch den Ausbau des »Wehrkampfsportes« sollen diese systematisch auf den Militärdienst vorbereitet werden. Angesichts der wachsenden »Wehrbereitschaft« in der

30. Januar 1982

Kampf um Startbahn West

Bei einer Kundgebung gegen den Bau der Startbahn West am Frankfurter Rhein-Main-Flughafen kommt es zu den bislang heftigsten Zusammenstößen von Demonstranten mit der Polizei (Abb.: Stacheldraht riegelt das Baugelände ab). Die Auseinandersetzungen werden zunehmend gewalttätiger. 10 000 Menschen waren zusammengekommen, nachdem der hessische Staatsgerichtshof den Antrag über ein Volksbegehren abgelehnt hatte. Die Startbahngegner befürchten durch die Flughafenvergrößerung eine unerträgliche Zunahme der Lärmbelästigung. Außerdem würde durch die großflächige Baumaßnahme eines der letzten großen Waldgebiete der Region zerstört werden. Die hessische Landesregierung unter Ministerpräsident Holger Börner (SPD) will jedoch unbedingt an dem Projekt festhalten.

12. Januar 1982

Katholiken in der Mehrzahl

Das Verhältnis der Konfessionszugehörigkeiten in der Bundesrepublik hat sich verschoben: Mit einem Bevölkerungsanteil von 44% bilden die Katholiken erstmals die stärkste Religionsgemeinschaft – gegenüber einem Anteil von 43% Protestanten. Seit Beginn des Jahrhunderts war Deutschland mehrheitlich protestantisch. Für die Verschiebung der jahrelangen Dominanz werden niedrigere Geburtenraten und Kirchenaustritte bei den Protestanten verantwortlich gemacht.

22. Januar 1982

Triumph für Walter Röhrl

Mit einem Vorsprung von 3:49 min vor dem Finnen Hannu Mikkola gewinnt der Regensburger Walter Röhrl mit seinem Münchener Beifahrer Christian Geistdörfer die 50. Rallye Monte Carlo. Das Rennen endet mit einem außergewöhnlich deutlichen Erfolg für deutsche Autos: Das bayerische Siegerteam fährt mit einem Opel Ascona 400 ins Ziel, Mikkola steuert einen neuen, allradgetriebenen Audi Quattro. Die Plätze drei und vier sichern sich zwei französische Teams auf Porsche. Röhrl gewinnt die Rallye durch die französischen Seealpen bereits zum zweiten Mal.

risierung

Symbolisches Umschmieden eines Schwertes

17. Februar 1982

Schneller Brüter wird teuer

Mit einem neuen Finanzierungskonzept der Bundesregierung soll der bereits seit 1973 im Bau befindliche sog. Schnelle Brüter in Kalkar am Niederrhein (s. Abb.) endgültig fertig gestellt werden können. Bis zum Jahr 1985 soll dieses Ziel, so der Beschluss des Bonner Kabinetts, durch eine stärkere Beteiligung der Elektrizitätswirtschaft und mit Unterstützung der Nachbarstaaten Belgien und Holland erreicht sein. Ursprünglich waren für den Reaktorbau 1,5 Mrd. DM veranschlagt. Nun stockt die Bundesregierung das Finanzierungsbudget auf 5 Mrd. DM auf. Wegen der entstandenen Mehrkosten kündigen die beteiligten Elektrizitätsunternehmen eine Erhöhung der Energiepreise an. Die Bauarbeiten verzögerten sich immer wieder, u.a. auch, weil die Sicherheit der Brütertechnologie umstritten ist. Erst im Jahre 1991 wird die Anlage endgültig fertig gestellt. Der Brüter geht jedoch nie ans Netz.

8. Februar 1982

Skandal um Neue Heimat

Ein Skandal um den Baukonzern Neue Heimat erschüttert die Bundesrepublik. Der gewerkschaftseigene Konzern arbeitet seiner Satzung gemäß gemeinnützig. Umso schwerer wiegen die Enthüllungen, die das Nachrichtenmagazin »Der Spiegel« vornimmt. Den Recherchen des Hamburger Blattes zufolge haben sich die Vorstandsmitglieder der Neuen Heimat mit Hilfe von Strohmännern und Tarnfirmen persönlich bereichert. Die Vorwürfe treffen vor allem den Vorstandsvorsitzenden Albert Vietor. Er soll u.a. den Mietern in den Neue-Heimat-Wohnhäusern zu überteuerten Preisen Fernwärme verkauft haben. Dazu diente ihm seine eigene Firma »teletherm«. Ferner habe die Führung der Neuen Heimat Subventionen für Projekte eingestrichen, die nie durchgeführt worden seien. Der Skandal zieht immer weitere Kreise. Eine Woche nach Bekanntwerden der Missstände enthebt der Aufsichtsrat der Neuen Heimat die drei Vorstandsmitglieder Albert Vietor, Wolfgang Vormbrock und Harro Iden ihrer Ämter. DGB-Chef Heinz Oskar Vetter muss sich vom »Spiegel« Vernächlässigung seiner Aufsichtspflicht vorwerfen lassen. Er besetzt die nun vakante Position des Vorstandsvorsitzenden mit Dieter Hoffmann, der bisher Vorstandssprecher der gewerkschaftseigenen Bank für Gemeinwirtschaft war und sich einem Berg von Problemen gegenübersieht. Die Ex-Leitung der Neuen Heimat hat nicht nur sich selbst bereichert, sondern auch einen Schuldenberg hinterlassen.

1. Januar 1982

Wettlauf um Skandalstück

Die Komödie »Reigen« von Arthur Schnitzler erlebt auf deutschsprachigen Bühnen eine Renaissance (Abb.: Programmheft des Bayerischen Staatsschauspiels). Erst 50 Jahre nach dem Tod Schnitzlers ist das von ihm verfügte Aufführungsverbot nicht mehr rechtsgültig. Diesen Umstand nutzen am Neujahrstag zahlreiche deutschsprachige Bühnen. Es kommt zu einem regelrechten Wettlauf um die erste »Reigen«-Inszenierung. In Basel beginnt die Premiere der Komödie deshalb bereits eine halbe Stunde nach Mitternacht. Das Stück war 1903 und, als Ganzes, 1920 uraufgeführt worden. Wegen seines als unmoralisch empfundenen gesellschaftskritischen Inhalts geriet »Reigen« in die Mühlen der Zensur. Zwar wurden alle Beteiligten vom Vorwurf der Unsittlichkeit freigesprochen, der Autor zeigte sich jedoch über die Behörden derart verbittert, dass er weitere Aufführungen untersagte.

Februar 1982

1 Mo Ein Kampfflugzeug der US-Armee verliert über dem Schwarzwald eine mit Sprengstoff bestückte Rakete. Später wird diese in einem Heuschober entdeckt.

2 Di Ein Arbeitsschlichter in Kanada gesteht einer schwangeren Frau das Recht zu, Bildschirmarbeit aus Angst vor schädlicher Strahlung zu verweigern.

3 Mi Die Bundesregierung verabschiedet ein Programm mit einem Umfang von 12,5 Mrd. DM zur Bekämpfung der Arbeitslosigkeit.

4 Do Der Oberstdorfer Eiskunstläufer Norbert Schramm wird in Lyon Europameister. +++ Italien senkt die staatlich festgesetzten Benzinpreise um 50 Lire je Liter.

5 Fr Bundeskanzler Helmut Schmidt stellt im Bundestag die Vertrauensfrage und wird mit den Stimmen der SPD/FDP-Koalition im Amt bestätigt.

6 Sa US-Präsident Ronald Reagan legt seinen Haushaltsentwurf 1982/83 vor. Ausgabensteigerungen soll es in erster Linie auf dem Rüstungssektor geben.

7 So Ägyptens Staatschef Hosni Mubarak beendet seine Europa- und USA-Reise, auf der er für die Unterstützung seiner Friedensinitiativen in Nahost warb.

8 Mo Das britische Unterhaus verabschiedet ein Beschäftigungsgesetz, das die Rechte der Gewerkschaften in einigen Punkten beschneidet. → Neue Heimat

9 Di Der Absturz eines Verkehrsflugzeuges der Japan Airlines kurz vor der Landung in Tokio fordert 24 Menschenleben.

10 Mi Die vier größten Guerillagruppen Guatemalas, die nach eigenen Angaben 60% des Landes kontrollieren, schließen sich zu einer Einheitsfront zusammen.

11 Do Beim ersten Opernball in der wieder aufgebauten Alten Oper in Frankfurt am Main stören einige Gegner der Startbahn-West die Veranstaltung.

12 Fr Die Nationale Front zur Befreiung Korsikas verübt insgesamt 13 Bombenanschläge auf Korsika, in Südfrankreich und in Paris.

13 Sa US-Verteidigungsminister Caspar Weinberger beendet eine Reise durch arabische Staaten. U.a. wurden Gespräche über Waffenexporte geführt. → DDR

14 So Der »Zentralrat deutscher Sinti und Roma« wird als Zusammenschluss von neun Einzelvereinigungen gegründet. Den Vorsitz übernimmt Romani Rose.

15 Mo Die als größte Ölbohrinsel der Welt geltende »Ocean Ranger« kentert vor der Küste Neufundlands. Alle 84 Besatzungsmitglieder kommen ums Leben.

16 Di Zur Begrenzung des Bevölkerungswachstums kündigt China drastische Strafen für Ehepaare an, die sich nicht an die Regel der Ein-Kind-Ehe halten.

17 Mi Der Bayerische Verwaltungsgerichtshof entscheidet, dass eine Frau als »Zimmermann« auf dem Bau arbeiten darf. → Schneller Brüter

18 Do Die Nationale Aborigine-Konferenz appelliert an die Menschenrechtskommission der UN, sich für die Rechte der australischen Ureinwohner einzusetzen.

19 Fr Papst Johannes Paul II. beendet einen einwöchigen Besuch in vier überwiegend von Moslems bewohnten Staaten Westafrikas.

20 Sa Die USA und Großbritannien geben der Tschechoslowakei 18,4 t Gold zurück, die 1938 von deutschen Besatzungstruppen beschlagnahmt worden waren.

21 So Israels Kabinett beschließt nach monatelangen Debatten den Etat für 1982/83. Rd. zwei Drittel der Gelder entfallen auf Militärhaushalt und Schuldendienst.

22 Mo Die DDR erhöht die Zollfreigrenzen im Reiseverkehr. Besucher aus dem Westen dürfen Geschenke im Wert von bis zu 200 DM (zuvor 100) zollfrei einführen.

23 Di Rainer Werner Fassbinders Film »Die Sehnsucht der Veronika Voss« wird zum Abschluss der Berliner Filmfestspiele mit dem Goldenen Bären ausgezeichnet.

24 Mi Zum zweiten Mal innerhalb weniger Tage kommt es in Teheran (Iran) zu einem Attentat auf Repräsentanten des Staates. 15 Menschen werden getötet.

25 Do Die Staatsanwaltschaft Bonn teilt mit, dass sie gegen führende Politiker sowie Wirtschaftsmanager wegen des Verdachts der Vorteilnahme ermittele.

26 Fr Japan kündigt Maßnahmen zur Einfuhrerleichterung an. Damit soll verhindert werden, dass die USA Importbeschränkungen für japanische Waren verhängt.

27 Sa Mit Andreas Papandreou besucht erstmals ein griechischer Ministerpräsident Zypern. Seit der Spaltung 1974 ist die Insel teils türkisch, teils griechisch.

28 So Im deutschen Fernsehen wird erstmals eine im 3-D-Verfahren aufgenommene Sendung ausgestrahlt. Mit Hilfe von Spezialbrillen erscheinen die Bilder plastisch.

März 1982

1 Mo Die niederländische Königin Beatrix trifft zu einer offiziellen Visite in der Bundesrepublik ein. Während ihres Besuchs betont sie die Verbundenheit beider Länder.

2 Di Das Bundesarbeitsgericht in Kassel entscheidet, dass Lehrer in der Schule keine Plaketten mit Meinungsäußerungen tragen dürfen.

3 Mi Jordaniens Regierung gibt bekannt, dass sie ein erstes Kontingent von Freiwilligen entsandt hat, um den Irak im Krieg gegen den Iran zu unterstützen.

4 Do Die Polizei klärt die Spukerscheinungen in einer bayerischen Zahnarztpraxis auf. Mit »Geisterstimmen« hatte sich das Praxispersonal einen Scherz erlaubt.

5 Fr Der Vorsitzende des sowjetischen Gewerkschaftsbundes, Alexej I. Schubajew, wird abgesetzt. Er galt lange Zeit als Vertrauter Leonid I. Breschnews.

6 Sa In Bad Honnef gründen konservative Umweltschützer um den ehemaligen CDU-Abgeordneten Herbert Gruhl die Ökologisch-Demokratische Partei (ÖDP).

7 So Bei den Kommunalwahlen in Schleswig-Holstein erzielen die CDU und die Grünen Gewinne, während die SPD schwere Verluste hinnehmen muss.

8 Mo Die USA wirft der UdSSR den Einsatz chemischer Waffen in Afghanistan vor. +++ Die Ausstellung »Die Pferde von San Marco« beginnt in West-Berlin.

9 Di Irlands Parlament wählt den Sieger der Neuwahlen am 18. Februar, den bisherigen Oppositionsführer Charles Haughey, zum Premierminister.

10 Mi Der libysche Revolutionsführer Muammar Al Gaddafi stattet auf Einladung von Bundeskanzler Bruno Kreisky Österreich einen offiziellen Besuch ab.

11 Do Die Magirus Deutz AG in Ulm kündigt die Stilllegung der Omnibusproduktion im Zweigwerk Mainz an. 1600 Arbeitsplätze sind davon betroffen.

12 Fr Der bundesdeutsche Eiskunstlauf-Europameister Norbert Schramm wird bei der WM in Kopenhagen hinter Scott Hamilton (USA) überraschend Zweiter.

13 Sa Zum fünften Mal innerhalb von fünf Monaten gewinnt der italienische Ministerpräsident Giovanni Spadolini eine Vertrauensabstimmung im Parlament.

14 So Bei den ersten Departementswahlen in Frankreich seit dem Sieg der Sozialisten 1981 verzeichnen die bürgerlichen Oppositionsparteien klare Stimmengewinne.

15 Mo Dieter Stolte, bisher Programmdirektor beim Zweiten Deutschen Fernsehen, wird als Nachfolger von Karl-Günther von Hase ZDF-Intendant. → Nicaragua

16 Di Ein Sprecher der türkischen Regierung räumt ein, dass seit 1980, der Machtübernahme der Armee, 15 Häftlinge durch Folter gestorben seien.

17 Mi In der jugoslawischen autonomen Provinz Kosovo kommt es zu Zusammenstößen zwischen albanischen Demonstranten und der Polizei.

18 Do Abgeordnete des Deutschen Bundestages und der DDR-Volkskammer kommen erstmals zu offiziellen Gesprächen, u.a. über Umweltschutz, zusammen.

19 Fr Die US-Regierung teilt mit, dass sie die Zahl der US-Militärberater in Honduras seit Jahresbeginn auf 100 erhöht habe.

20 Sa Um den Preisverfall von Öl zu stoppen, beschließen die Ölminister der Organisation der Erdöl exportierenden Länder (OPEC) die Drosselung der Ölförderung.

21 So Bei den Landtagswahlen in Niedersachsen erreicht die seit 1976 regierende CDU die absolute Mehrheit. Die Grünen ziehen erstmals in den Landtag ein.

22 Mo Das Familienministerium legt eine Studie über Gewalt in der Ehe vor. Danach werden in der Bundesrepublik rd. 4 Mio. Frauen von ihren Männern misshandelt.

23 Di In Paris fordern Zehntausende Bauern auf einer Protestkundgebung, die Europäische Gemeinschaft müsse die Agrarpreise um 16,3% erhöhen.

24 Mi Das Bundeskabinett in Bonn bewilligt die Aufstockung der Bürgschaften für das Airbus-Programm von bisher 2,85 Mrd. DM auf 4,1 Mrd. DM.

25 Do Die DDR verabschiedet ein Gesetz, das die vormilitärische Ausbildung von Jugendlichen und für den Verteidigungsfall die Rekrutierung von Frauen vorsieht.

26 Fr Der Weltpokal der alpinen Skiläufer für die Saison 1981/82 geht an Phil Mahre (USA) und an die Schweizerin Erika Hess.

27 Sa Als Alternative zu umweltbelastenden Inlandflügen nimmt der Lufthansa Airport-Express zwischen Düsseldorf und Frankfurt am Main seinen Betrieb auf.

28 So Durch den Ausbruch des Vulkans Chinchonal in Mexiko kommen über 200 Menschen ums Leben, im Umkreis von 150 km wird die Ernte vernichtet.

29 Mo Die Münchnerin Sylvia Hanika schlägt im Finale des Damen-Masters-Turniers in New York Martina Navratilova (USA) in drei Sätzen. → »Mephisto«

30 Di Tausende Argentinier demonstrieren in Buenos Aires und anderen Städten des Landes gegen die Militärjunta. Die Polizei greift hart durch.

31 Mi Bonn billigt neue Zumutbarkeitsregeln für Arbeitslose. Demnach erlischt der Anspruch auf Unterstützung, wenn zwei Vermittlungsangebote abgelehnt wurden.

29. März 1982

Hollywood ehrt »Mephisto«

In Los Angeles wird der ungarische Film »Mephisto« als bester ausländischer Film mit einem »Oscar« ausgezeichnet. Regisseur István Szabó ist eine brillante Umsetzung der gleichnamigen Romanvorlage von Klaus Mann aus dem Jahre 1939 gelungen. Der Österreicher Klaus Maria Brandauer spielt darin den erfolgsbesessenen Theatermann Hendrik Höfgen, dem die Nationalsozialisten eine atemberaubende Bühnenkarriere ermöglichen. Höfgens Paraderolle ist die des Mephisto aus Goethes »Faust«. Obgleich kein überzeugter Faschist, nutzt der durch eigenen Ruhm verblendete, geniale Schauspieler die Spielregeln der NS-Ära für seinen Aufstieg aus. Erst spät wird er sich seiner Schuld, seines Pakts mit dem Teufel, bewusst.

Film und Buch zielen nicht in erster Linie auf eine reale Person – obwohl Parallelen zu Gustaf Gründgens nicht von der Hand zu weisen sind –, sondern spiegeln die Verhältnisse im nationalsozialistischen Deutschland wider. Angeklagt wird allgemein der Karrierist und Intellektuelle, der für persönlichen Erfolg seine Seele verkauft und damit den Faschismus erst ermöglicht. Für den Regisseur Szabó bedeutet »Mephisto« den bis dahin größten Erfolg. Auch für Brandauer ist dies der internationale Durchbruch als Filmstar.

15. März 1982

Notstand in Nicaragua

Nicaraguas innenpolitische Lage spitzt sich zu: Die linksgerichtete Junta unter Führung von Daniel Ortega verhängt für 30 Tage den Ausnahmezustand über das Land. Die Frente Sandinista de Liberación Nacional (FSLN) begründet den Schritt damit, dass Terror und Destabilisierung verhindert werden müssten, die konterrevolutionäre Gruppen mit Hilfe der USA und einiger lateinamerikanischer Staaten herbeiführen wollten. Seit dem Sturz des Diktators Anastasio Somoza 1979 regiert in Nicaragua dessen einstige Opposition. Der »Junta des nationalen Widerstands« gehörten zu- nächst verschiedene Oppositionsgruppen an, bis sich die FSLN durch Verfassungsänderungen die Führung sicherte und die übrigen Gruppen die Regierung verließen.

Daniel Ortega

nicaraguanischer Politiker, * 11.11.1945 La Libertad

Als Junta-Chef und Staatspräsident versucht Daniel Ortega Saavedra aus dem von Diktatur und Bürgerkrieg zerrütteten mittelamerikanischen Land eine sozialistische Republik nach Vorbild Kubas zu machen. 1963 trat der Berufsrevolutionär den Sandinisten bei, wurde verhaftet und gefoltert, später nach Kuba abgeschoben. Nach seiner Rückkehr führte er den Aufstand gegen Diktator Somoza an. 1990 unterliegt er bei den Präsidentschaftswahlen.

- 1967-74: Haft
- seit 1985: Vorsitzender der Sandinisten
- 1985-90: Staatspräsident

2. April 1982

Ringen um die Falklands

Verwundert reibt sich die Weltöffentlichkeit die Augen. Völlig überraschend landen 5000 argentinische Soldaten auf den zu Großbritannien gehörenden Falklandinseln im Südpazifik. Als Reaktion entsendet die britische Regierung unter der »Eisernen Lady« Margaret Thatcher einen starken Flottenverband mit 36 Kriegsschiffen und 50000 Mann Besatzung. Es kommt zu einem bewaffneten Konflikt, der fast 1000 Menschenleben fordert und mit der Rückeroberung der entlegenen Inseln endet.

Nach einer jahrzehntelangen Friedensperiode befindet sich wieder ein europäischer Staat in einem vielfach als unzeitgemäß empfundenen Krieg. Er kostet 712 argentinischen und 256 britischen Soldaten das Leben. Außerdem sterben bei den Luftangriffen drei Inselbewohnerinnen. Die Kosten für die Rückeroberung werden in London auf umgerechnet 7 Mrd. DM beziffert. Noch einmal rd. 2 Mrd. DM kostet die Wiederbeschaffung von zerstörtem Kriegsgerät. Dennoch ste-

Sechs Wochen Krieg im Südatlantik

Datum	Ereignis
02.04.	Argentinische Soldaten überwältigen die 79 auf de stationierten britischen Marinesoldaten.
05.04.	London lässt 36 Kriegsschiffe auslaufen.
01.05	Brit. Flugzeuge greifen die Hauptstadt Port Stanley
02.05.	Brit. U-Boot versenkt den Kreuzer »General Belgra
04.05	Argent. Raketen versenken den Zerstörer »Sheffiel
21.05.	Brit. Elitetruppen landen auf den Ost-Falklands.
01.06	Brit. Truppen schließen Belagerungsring um Port St
14.06.	Die argentinischen Truppen kapitulieren.

7. April 1982

Schutz der Antarktis

Das 1980 in Australien geschlossene Abkommen zum Schutz der antarktischen lebenden Meeresschätze tritt in Kraft. Durch verschärfte Kontrollen soll das sensible ökologische Gleichgewicht in der Antarktis gesichert werden. Für heftige Kontroversen sorgt der Plan, den krebsartigen, eiweißreichen Krill (s. Abb.) für die Ernährung der Weltbevölkerung zu nutzen. Durch einen Rückgang der Krill-Population befürchten Umweltschützer erhebliche Beeinträchtigungen des ökologischen Gleichgewichts.

Das von argentinischen Geschossen schwer beschädigte britische Kriegsschiff »Sir Galahad«

Argentinisches Tarngeschütz auf den Falklands

hen die Briten in ihrer Mehrzahl hinter der Regierung. Die Besetzung der Falklands weckt sogar unerwartet starke patriotische Gefühle. Die Inseln zählen zu den 13 Kolonien, die Großbritannien von seinem früheren Weltreich verblieben sind. Premierministerin Thatcher versteht es insofern, die Rückeroberung zur nationalen Frage zu erheben. Offenbar sieht sie die Chance, das internationale Ansehen der einstigen Großmacht zu heben und dabei gleichzeitig von innenpolitischen Schwierigkeiten abzulenken.

Buenos Aires erhebt bereits seit Jahrzehnten Anspruch auf die in Argentinien »Malvinen« genannte Inselgruppe. 1833 waren die vor der argentinischen Küste liegenden Falklands wegen ihrer strategischen Bedeutung von den Briten in Besitz genommen worden. In jüngerer Zeit hatten geologische Bohrungen die Vermutung nahe gelegt, dass neben anderen Bodenschätzen auch Erdölvorkommen bei den Inseln zu finden seien. Großbritannien leitet vom Besitz der Inseln, die vorrangig von Schafzüchtern bewohnt werden, auch seine Auffassung ab, es gehöre zu den Anrainerstaaten der rohstoffreichen Antarktis.

24. April 1982

»Ein bisschen Frieden«: Grand-Prix-Hit liegt im Trend der Zeit

In Harrogate gewinnt als erste Deutsche die 17-jährige Nicole Hohloch (s. Abb.) aus Neunkirchen im Saarland den internationalen Schlagerwettbewerb »Grand Prix d'Eurovision de la Chanson«. Mit ihrem pazifistischen Lied »Ein bisschen Frieden«, komponiert von Ralph Siegel und getextet von Bernd Meinunger, sticht sie überraschend 18 Konkurrenten aus und landet vor den Beiträgen aus Israel und der Schweiz auf Platz eins. Bereits vor der Austragung des »Grand Prix« in dem nordenglischen Badeort konnte der Schlager die Charts erklimmen und auf Platz eins der deutschen Hitparaden landen. Nach dem sensationellen Sieg wird der Hit in kurzer Zeit 700 000 Mal in acht europäischen Sprachen verkauft.

Nicole kann schon auf eine lange Sängerkarriere verweisen. Bereits mit fünf Jahren trat sie zum ersten Mal auf. Ihren ersten Hit hatte sie mit »Flieg nicht so hoch, mein kleiner Freund«. Komponist Ralph Siegel hatte in den letzten Jahren schon durch mehrere »Grand Prix«-Erfolge von sich Reden gemacht: Die Gruppe Dschingis Khan kam 1979 mit dem gleichnamigen Song auf den vierten Platz, 1980 eroberte Katja Ebstein mit ihrem Lied »Theater« den zweiten Rang, 1981 erreichte Lena Valaitis mit »Johnny Blue« ebenfalls Platz zwei.

April 1982

1 Do Die ersten Abteilungen des umstrittenen Großklinikums Aachen werden eröffnet. Die enormen Ausmaße und die technisch-kühle Einrichtung stoßen auf Kritik.

2 Fr Die bundesdeutsche Sektion des P.E.N.-Zentrums wählt den 55-jährigen Schriftsteller Martin-Gregor Dellin zu ihrem Präsidenten. → Falklands

3 Sa Wirtschaftsminister Otto Graf Lambsdorff trifft zu einem Besuch in Japan ein. Gesprächsthema ist u.a. eine mögliche Kooperation zwischen Japan und der EG.

4 So In seinem dritten Formel-1-Rennen nach zweieinhalb Jahren Pause erringt der Österreicher Niki Lauda in Long Beach (USA) wieder einen Sieg.

5 Mo In Luxemburg legt ein Generalstreik das öffentliche Leben vollständig lahm. Die Gewerkschaften protestieren damit gegen unzureichende Lohnerhöhungen.

6 Di Jugoslawien und Albanien schließen ein Abkommen über eine Eisenbahnverbindung zwischen beiden Ländern, die 1984 fertig gestellt werden soll.

7 Mi Die Bundesregierung beschließt, den Waffenexport nach Argentinien wegen der Besetzung der Falklandinseln zu stoppen. → Antarktis

8 Do Indien und Frankreich einigen sich über die Lieferung von 40 französischen Kampfflugzeugen vom Typ Mirage 200 an das asiatische Land.

9 Fr In Grünheide stirbt der Naturwissenschaftler Robert Havemann. Der überzeugte Kommunist zählte zu den bekanntesten Regimekritikern in der DDR.

10 Sa Syrien schließt seine Grenzen zum Nachbarstaat Irak. Angeblich würden von dort Saboteure und Waffen ins Land eingeschleust.

11 So Ein Amok laufender israelischer Reservist erschießt im Jerusalemer Felsendom, einem moslemischen Heiligtum, zwei Araber. 15 Menschen werden verletzt.

12 Mo Fast eine halbe Mio. Menschen beteiligen sich an den traditionellen Ostermärschen für Frieden und Abrüstung im ganzen Bundesgebiet und in West-Berlin.

13 Di Die unabhängige polnische Gewerkschaft »Solidarität« wendet sich erstmals über einen Privatsender an ihre Anhänger.

14 Mi In Paris berichtet die linksgerichtete iranische Widerstandsorganisation der Volksmudschahedin von 13 000 hingerichteten Oppositionellen im Iran.

15 Do Das mit einer Leistung von 10 Megawatt bislang größte Solarkraftwerk der Erde nimmt in der kalifornischen Mohave-Wüste seinen Betrieb auf.

16 Fr In Erlangen kommt das erste deutsche sog. Retortenbaby zur Welt. Das weltweit erste wurde 1978 in England geboren.

17 Sa 51 Jahre nach Erlangung der Unabhängigkeit innerhalb des britischen Commonwealth erhält Kanada seine erste eigenständige Verfassung.

18 So Am zweiten Jahrestag der Unabhängigkeit des afrikanischen Staates Simbabwe (ehemals Rhodesien) wird die Hauptstadt Salisbury in Harare umbenannt.

19 Mo Die US-Regierung erlässt Reisebeschränkungen für US-Reisende nach Kuba. Touristische Besuche sind nach dem 15. Mai nicht mehr erlaubt.

20 Di In Hamburg wird eine Gedenkstätte für 20 jüdische Kinder eingeweiht, die am 20. April 1945 von der SS ermordet wurden.

21 Mi Erstmals seit dem Waffenstillstand vom Juli 1981 greifen israelische Kampfflugzeuge palästinensische Stellungen im Südlibanon an.

22 Do Nach einem Bombenanschlag auf die Redaktion einer arabischen Zeitung in Paris weist die französische Regierung zwei syrische Diplomaten aus.

23 Fr Rd. 200 bewaffnete Anhänger des iranischen Schiitenführers Ajatollah Khomeini überfallen in einem Mainzer Wohnheim regimekritische iranische Studenten.

24 Sa Britische Truppen bereiten den ersten Angriff auf die zu den Falklands gehörende und von Argentinien besetzte Insel Südgeorgien vor. → »Ein bisschen Frieden«

25 So Israel gibt den letzten Teil der 1967 besetzten Sinai-Halbinsel an Ägypten zurück. Der Rückzug wurde im Friedensvertrag von 1979 vereinbart.

26 Mo In West-Berlin kommt es nach der Räumung eines besetzten Hauses durch die Polizei zu Krawallen. Die Polizei geht mit Tränengas gegen die Besetzer vor.

27 Di Erstmals in der Geschichte der Bundeswehr kommen Soldaten zu einer Protestkundgebung zusammen. Sie fordern eine verbindliche Regelung ihrer Dienstzeiten.

28 Mi Bundeskanzler Helmut Schmidt bildet sein Kabinett um: Anke Fuchs, Heinz Westphal und Manfred Lahnstein sind die neuen Minister auf der Regierungsbank.

29 Do Zum 18. Mal gewinnt die Sowjetunion den Eishockey-Weltmeistertitel. Bei den Titelkämpfen in Finnland besiegte die UdSSR die Tschechoslowakei.

30 Fr Die UN-Seerechtskonferenz nimmt den Entwurf für eine Internationale Seerechtskonvention an. Die USA, Israel, die Türkei und Venezuela stimmen dagegen.

Mai 1982

1 Sa Mit einer Galaveranstaltung in der Westberliner Philharmonie feiert das Berliner Philharmonische Orchester sein 100-jähriges Bestehen.

2 So Ein britisches U-Boot versenkt außerhalb der von Großbritannien um die Falklandinseln verhängten 200-Meilen-Sperrzone einen argentinischen Kreuzer.

3 Mo In Polen kommt es zu den bisher schwersten Zusammenstößen zwischen der Polizei und Demonstranten seit der Verhängung des Kriegsrechts.

4 Di Rheinland-Pfalz veranlasst die Ausweisung von 86 iranischen Anhängern von Ajatollah Khomeini, die in Mainz regimekritische Landsleute überfallen haben.

5 Mi Bei seiner Flucht in die Bundesrepublik Deutschland erschießt ein Grenzsoldat der DDR seinen Streifenführer.

6 Do Die Wahlen in 183 englischen und schottischen Gemeinden und Städten ergeben einen überraschenden Sieg der regierenden Konservativen.

7 Fr In Wilhelmshaven stellt die Bundesmarine die neue Mehrzweckfregatte »Bremen« in Dienst. Bis 1984 sollen fünf weitere Schiffe dieses Typs gebaut werden.

8 Sa Die erste bundesdeutsche Unternehmerdemonstration findet in Nürnberg statt. Rd. 300 Chefs protestieren gegen die Wirtschaftspolitik der Bundesregierung.

9 So Im Mainzer Stadttheater wird mit der szenischen Collage »Die verbrannte Zeit« Hanns Dieter Hüschs an die Bücherverbrennung in der NS-Zeit erinnert.

10 Mo Die Sowjetunion sichert in einem Vertrag Nicaragua wirtschaftliche und technische Hilfe in einem Umfang von rd. 390 Mio. DM zu.

11 Di Mit dem Fregattenkapitän Friedrich Jacobi übernimmt erstmals ein deutscher Marineoffizier das Kommando über einen multinationalen Verband der NATO.

12 Mi Die Mannschaft des FC Barcelona, die von dem Deutschen Udo Lattek trainiert wird, gewinnt den Fußball-Europapokal der Pokalsieger.

13 Do Das Landgericht Itzehoe verurteilt zwei Atomkraftgegner, die auf einen Polizisten eingeschlagen haben, zu drei bzw. fünfeinhalb Jahren Haft.

14 Fr Frankreichs Staatspräsident François Mitterrand trifft zu einem privaten Besuch in Hamburg ein. U.a. führt er Gespräche mit Bundeskanzler Helmut Schmidt.

15 Sa Am Jahrestag der Unterzeichnung des österreichischen Staatsvertrags 1955 demonstrieren in Wien 70 000 Menschen für Frieden und Abrüstung.

16 So In Belgrad wählt das jugoslawische Parlament mit der Kroatin Milka Planinć erstmals eine Frau an die Spitze der Zentralregierung.

17 Mo Das Nachrichtenmagazin »Der Spiegel« veröffentlicht neue Vorwürfe gegen frühere Spitzenmanager der gemeinnützigen Wohnungsbaugesellschaft Neue Heimat.

18 Di Die Landwirtschaftsminister der Europäischen Gemeinschaft beschließen gegen das britische Veto eine Erhöhung der Agrarpreise um 10,7%.

19 Mi Im süditalienischen Caserta tritt die italienische Filmschauspielerin Sophia Loren eine 30-tägige Haftstrafe wegen einer Steuerschuld an.

20 Do In Aachen wird der spanische König Juan Carlos I. für seine besonderen Verdienste um die Einigung Europas mit dem Internationalen Karlspreis ausgezeichnet.

21 Fr Britische Truppen landen auf den von Argentinien besetzten Falklandinseln. +++ Der rumänische Ministerpräsident Ilie Verdet wird aus seinem Amt entlassen.

22 Sa Die Organisation der Erdöl exportierenden Länder (OPEC) beschließt, den Richtpreis für Rohöl von 34 Dollar je Barrel bis zum Jahresende einzufrieren.

23 So In Tokio demonstrieren 400 000 Kriegsgegner für eine Beendigung des Wettrüstens und gegen die Stationierung von Atomwaffen in Japan.

24 Mo Nach 20-monatiger Besatzung müssen die irakischen Truppen die südiranische Hafenstadt Chorramschahr räumen. Dies bedeutet eine Wende im Golfkrieg.

25 Di Bei einem Brand in einem Heim für geistig behinderte Jugendliche im französischen Aire kommen 23 Menschen ums Leben.

26 Mi Im Endspiel um den Fußball-Europapokal der Landesmeister unterliegt Bayern München in Rotterdam dem englischen Club Aston Villa mit 0:1.

27 Do Der argentinische Fußballspieler Diego Maradona wechselt für die Rekord-Transfersumme von rd. 19 Mio. DM zum spanischen Erstligisten FC Barcelona.

28 Fr Die Kultusminister der Bundesländer schließen in Bremerhaven eine Rahmenvereinbarung zur gegenseitigen Anerkennung von Gesamtschulabschlüssen.

29 Sa In Paris stirbt die deutsche Schauspielerin Romy Schneider im Alter von 43 Jahren. +++ Der Hamburger SV wird Deutscher Fußballmeister 1981/82.

30 So Erstmals seit der Kirchenspaltung vor fast 450 Jahren besucht mit Papst Johannes Paul II. wieder ein katholischer Kirchenführer Großbritannien. → Spanien

31 Mo Der konservative Politiker Belisario Betancur Cuartas wird als Nachfolger des Liberalen Julio César Turbay Ayala Staatspräsident von Kolumbien.

Israelische Truppen bekämpfen PLO-Einheiten, die in West-Beirut eingeschlossen sind.

6. Juni 1982

Israelis vor Beirut

Die Krisenregion Nahost treibt auf einen neuen, dramatischen Höhepunkt zu: Unter dem Namen »Frieden für Galiläa« marschieren israelische Truppen im Südlibanon ein. Der Angriff gilt zunächst den Stellungen palästinensischer Freischärler, wird jedoch rasch ausgeweitet.

Unter den Bomben leidet vor allem die Zivilbevölkerung.

Anlass für den Einmarsch der Israelis ist ein Anschlag auf den israelischen Botschafter in London am 3. Juni, bei dem der Diplomat schwer verletzt wurde. Die israelische Regierung macht die palästinensische Befreiungsorganisation PLO für die Tat verantwortlich. Die bestreitet jedoch eine Verwicklung in das Attentat. Am 4. Juni flogen israelische Militärflugzeuge massive Vergeltungsangriffe gegen palästinensische Stellungen und Lager im Libanon. Die Forderung der UNO, den Waffenstillstand vom Vorjahr einzuhalten, bleibt vergeblich. Die rd. 40 000 Soldaten rücken rasch auf Beirut vor und beginnen mit der Belagerung des Westteils der libanesischen Hauptstadt, wo über 6000 PLO-Kämpfer, aber auch rd. 2000 syrische Soldaten und 500 000 Zivilisten eingeschlossen werden. Nach Vermittlung der USA müssen die Palästinenser Beirut und den übrigen Libanon verlassen. Bei den Kämpfen sterben rd. 18 000 Menschen.

30. Mai 1982

Neues NATO-Mitglied Spanien sichert Europas Südflanke

Spanien tritt als 16. Mitglied dem Nordatlantikpakt (NATO) bei. Die Vertreter der übrigen 15 NATO-Staaten haben zuvor einstimmig die Aufnahme des südeuropäischen Landes in das Militärbündnis beschlossen. Weniger einhellig verlief die Debatte über den NATO-Beitritt in Spanien selbst. Die sozialistische Opposition befürchtet, dass durch die Anbindung an die NATO-Länder das traditionell gute Verhältnis Spaniens zu den Staaten Lateinamerikas getrübt werde. So tobt zwischen Großbritannien und Argentinien derzeit der Falklandkrieg, die USA halten am Boykott Kubas fest. Außenminister José Pedro Pérez Llorca sieht in der Entscheidung für die NATO hingegen die Chance, die neuen Verbündeten zu mehr Verständnis für Lateinamerika zu bewegen. Mit Spanien gewinnt die NATO eine geostrategisch wichtige Station zwischen dem Kern Europas und Afrika. Gemäß den Aufnahmebedingungen werden auf spanischem Boden keine Atomwaffen stationiert. Madrid darf außerdem ein Veto gegen NATO-Beschlüsse einlegen.

21. Juni 1982

Elternglück an Königshöfen

Das britische Thronfolgerpaar Prinzessin Diana und Prinz Charles bekommen Nachwuchs. In einem Londoner Krankenhaus kommt William Arthur Philip Louis (s. Abb. o.) zur Welt. Als Erstgeborener hat er nach seinem Vater Prinz Charles Anspruch auf den britischen Königsthron.

Kurz zuvor wurde in Schweden eine Prinzessin geboren. Am 10. Juni erblickte Madeleine Therese Amelie Josephine (s. Abb. u.), Tochter des schwedischen Königs Carl XVI. Gustav und seiner Frau Königin Silvia, das Licht der Welt. Als drittes Kind der schwedischen Königsfamilie hat sie allerdings wenig Aussicht auf den Thron. Dieser ist, nach einem 1980 erlassenen Gesetz, für die Erstgeborene, Prinzessin Victoria, reserviert. Als einzige europäische Monarchie hat in Schweden auch dann eine erstgeborene Prinzessin Anspruch auf den Thron, wenn ein jüngerer männlicher Thronfolger zur Verfügung steht. In Großbritannien scheiterte ein solcher Gesetzentwurf.

1. Juni 1982

Ein Kaiser dankt ab

Mit einem Freundschaftsspiel des Hamburger SV gegen die deutsche Nationalmannschaft beendet Fußballlegende Franz Beckenbauer seine Karriere. Im Hamburger Volksparkstadion feiern 30 000 Zuschauer Abschied von »Kaiser Franz« (Abb.: Franz Beckenbauer, Mitte, mit Fritz Walter, l., und Uwe Seeler). Beckenbauer hat als Libero weltweit Maßstäbe gesetzt. Zu den Höhepunkten seiner 18 Jahre währenden Laufbahn zählt der Weltmeistertitel von 1974. Viermal wurde er zum deutschen, zweimal zum europäischen Fußballer des Jahres gekürt. Vier Jahre lang schnupperte er bei Cosmos New York die Luft der großen, weiten Welt und gewann mit dem Verein dreimal die US-Meisterschaft. Anschließend spielte der Bayer beim HSV, mit dem er zum würdigen Abschluss seiner Laufbahn die Deutsche Meisterschaft gewann. Im Abschiedsspiel ist jedoch von der Topform der Hamburger nicht viel zu spüren. Die Beckenbauer-Elf verliert mit 2:4 – »Kaiser Franz« schießt ein Eigentor.

13. Juni 1982

Fahd regiert Saudi-Arabien

Nach dem Tod von König Chalid Ibn Abd Al Asis Ibn Saud wird Fahd Ibn Abd Al Asis König von Saudi-Arabien. Der Halbbruder des verstorbenen Königs vertritt eine eher progressive und prowestliche Politik. In Saudi-Arabien gibt es weder ein Parlament noch freie Wahlen. Der neue König Fahd will dennoch versuchen, seinem Land ein demokratisches Gepräge zu verleihen. Dabei stößt er jedoch auf Widerstand innerhalb der königlichen Familie. Insbesondere Kronprinz Abd Allah Ibn Abd Al Asis, sein Halbbruder, sieht durch die Politik des neuen Königs die traditionellen Werte des Landes gefährdet. Mit Fahd übernimmt ein regierungserfahrener Politiker den saudi-arabischen Thron. Da sein Vorgänger bereits bei seinem Amtsantritt 1975 unter einer schweren Krankheit litt, regelte Fahd für ihn zahlreiche Regierungsgeschäfte. Ferner hatte Fahd bereits mehrere Ministerämter inne. Er konnte sich als Erziehungsminister, als Innenminister und als stellvertretender Ministerpräsident bewähren, so dass er 1975 zum Kronprinzen ernannt wurde. Fahd gilt vor allem als Wirtschaftsfachmann.

10. Juni 1982

Rastloses Filmgenie

In seiner Münchener Wohnung wird Rainer Werner Fassbinder tot aufgefunden. Der Regisseur, einer der prägendsten Persönlichkeiten des deutschen Films, stirbt an einer Überdosis Kokain, vermischt mit Barbituraten. Fassbinders Filme erzählen von Proletariern, Kleinbürgern, Kriminellen – von Außenseitern der Gesellschaft. Oft stellen sie Menschen in ihrer verständnislosen und feindlichen Umwelt dar. Vor allem anhand von Frauengestalten zeichnete er Entwicklungen in Deutschland nach – u.a. in »Die Ehe der Maria Braun« (1978), »Lili Marleen« (1980) und »Die Sehnsucht der Veronica Voss« (1982). Von sich reden machte Fassbinder auch durch seine TV-Produktionen wie die Serie »Acht Stunden sind kein Tag« (1972) und dem 14-teiligen »Berlin Alexanderplatz« (1979/80) nach dem Roman von Alfred Döblin.

Rainer Werner Fassbinder

deutscher Regisseur, Autor und Schauspieler, * 31.5.1945 Bad Wörishofen; † 10.6.1982 München

Fassbinder gehört zu den wenigen Ausnahmeerscheinungen des neuen deutschen Films, der auch internationale Ausstrahlung besitzt. In nur 14 Jahren drehte er in rastloser Folge 42 Spiel- und Fernsehfilme. Er wird bekannt als provozierender und innovativer Regisseur. Mit »Liebe ist kälter als der Tod« drehte er 1969 seinen ersten Spielfilm.

- ab 1967: Mitglied des Münchener Action-Theaters
- 1969: »Katzelmacher«
- 1974: »Angst essen Seele auf«

Juni 1982

1	Di	Die linksgerichteten »Revolutionären Zellen« verüben Sprengstoffanschläge auf Einrichtungen der US-Armee in Hessen. → Kaiser
2	Mi	Heinz Kluncker, seit 1964 Vorsitzender der Gewerkschaft Öffentliche Dienste, Transport und Verkehr, tritt überraschend von seinem Amt zurück.
3	Do	Der oberste Militärgerichtshof von Spanien verurteilt in Madrid die Beteiligten am Putschversuch vom 23. Februar 1981 zu Haftstrafen von bis zu 30 Jahren.
4	Fr	Die Rolling Stones starten in Rotterdam ihre zweimonatige Europa-Tournee. 40 Konzerte in zehn Ländern stehen auf dem Programm.
5	Sa	Rd. 100 000 Menschen beteiligen sich an einer von der CDU veranstalteten Friedensdemonstration in Bonn, die die Verbundenheit mit den USA betonen soll.
6	So	Bei den Bürgerschaftswahlen in Hamburg verliert die SPD ihre absolute Mehrheit. Sie erringt 42,7% der Stimmen, die CDU 43,2%. → Israelis
7	Mo	Das weltweit erste Aufwindkraftwerk zur Nutzung von Sonnenenergie nimmt im spanischen Manzanares seinen Betrieb auf.
8	Di	Im Nordosten Brasiliens prallt ein Verkehrsflugzeug vom Typ Boeing 727 bei tief hängenden Regenwolken gegen einen Berg. Alle 135 Insassen sterben.
9	Mi	Der Vorsitzende der Militärjunta in Guatemala, General Efrain Ríos Montt, wird zum Staatspräsidenten seines Landes erklärt.
10	Do	In Budapest fordert der Rat für gegenseitige Wirtschaftshilfe (COMECON) den Westen zu verstärkter Zusammenarbeit auf. → Filmgenie
11	Fr	Steven Spielbergs Film »E.T. – der Außerirdische« läuft in den Kinos der USA an. +++ Papst Johannes Paul II. trifft zu einem Besuch in Argentinien ein.
12	Sa	In Las Vegas verteidigt Larry Holmes, Boxweltmeister im Schwergewicht, seinen Titel gegen Gerry Cooney (beide USA) durch technischen k.o.
13	So	Der spanische König Juan Carlos I. eröffnet im Nou-Camp-Stadion in Barcelona die zwölfte Fußballweltmeisterschaft. → Saudi-Arabien
14	Mo	Mit der Kapitulation der argentinischen Truppen endet der Falklandkrieg zwischen Argentinien und Großbritannien.
15	Di	Vor der UNO in New York erklärt der sowjetische Außenminister Andrej Gromyko, Moskau werde im Konfliktfall nicht als erstes Atomwaffen einsetzen.
16	Mi	In Rom werden zwei Palästinenser bei Mordanschlägen getötet. Die Täter können unerkannt die Flucht ergreifen.
17	Do	Der argentinische Staatspräsident General Leopoldo Fortunato Galtieri tritt wegen der Niederlage im Falklandkrieg von seinem Amt zurück.
18	Fr	Im Alter von 66 Jahren erliegt der deutsche Schauspieler Curd Jürgens in einem Wiener Krankenhaus einem Herzleiden.
19	Sa	In Kassel wird die documenta 7 eröffnet. 100 Tage lang präsentieren 167 internationale Künstler ihre avantgardistischen Werke.
20	So	Der VfL Gummersbach gewinnt durch einen Sieg über den TV Großwallstadt das Finale um den Pokal des Deutschen Handballbundes.
21	Mo	Ein Washingtoner Gericht erklärt John Hinckley, der einen Anschlag auf Präsident Ronald Reagan verübt hatte, für unzurechnungsfähig. → Elternglück
22	Di	Im Tschad, der seit Monaten von einem blutigen Bürgerkrieg erschüttert wird, erklärt sich Hissène Habré zum neuen Staatschef.
23	Mi	Auf einer Tagung des ZK der SED in Ost-Berlin räumt SED-Generalsekretär Erich Honecker ein, dass sein Land wirtschaftliche Schwierigkeiten habe.
24	Do	Bei einem Amoklauf in der Nürnberger Innenstadt tötet ein 26-jähriger Rechtsradikaler drei Ausländer und erschießt sich dann selbst.
25	Fr	US-Außenminister Alexander Haig tritt wegen Meinungsverschiedenheiten mit US-Präsident Ronald Reagan von seinem Amt zurück.
26	Sa	Der Bundesparteitag der NPD in Nürnberg fordert einen »sofortigen Ausländerstopp« und verabschiedet das Manifest »Deutschlands Wiedergeburt«.
27	So	Etwa 200 000 Zuschauer an den Ufern der Kieler Förde sehen die große Windjammer-Parade zum Abschluss der Jubiläumsfeier »100 Jahre Kieler Woche«.
28	Mo	Ein Stuttgarter Gericht verurteilt vier Rechtsextremisten wegen mehrerer Anschläge mit Todesfolge zu Haftstrafen zwischen sechs Jahren und lebenslänglich.
29	Di	In Genf beginnen die sog. START-Verhandlungen der USA mit der Sowjetunion über eine beiderseitige Reduzierung der Strategischen Atomwaffen.
30	Mi	Die sozialliberale Koalition einigt sich nach zweiwöchigen Debatten, an denen das Bündnis fast zu zerbrechen drohte, auf die Eckwerte für den Haushalt 1983.

Juli 1982

1 Do Bei einer Volkszählung in der Volksrepublik China wird eine Einwohnerzahl von über 1 Mrd. Menschen ermittelt.

2 Fr In New York werden bei einer Massenhochzeit 2075 Brautpaare der »Vereinigungskirche« von ihrem Sektenführer Sun Myung Mun gemeinsam getraut.

3 Sa Gemeinsam mit ihren Schülern demonstrieren in Bonn Studienreferendare gegen ihre mangelhaften Berufsaussichten. → Martina Navratilova

4 So Die US-Raumfähre »Columbia« kehrt von ihrem Testflug zur Erde zurück. +++ Israel verhängt eine Hungerblockade über West-Beirut.

5 Mo Eine höhere Besteuerung alkoholischer Getränke, vor allem von Bier und Wein, fordert die Deutsche Hauptstelle gegen die Suchtgefahren in München.

6 Di Beim Absturz einer sowjetischen Passagiermaschine kurz nach dem Start in Moskau kommen etwa 90 Insassen ums Leben.

7 Mi Die Wirtschaftsminister der Bundesländer erklären, in Fragen der Energieversorgung hätten ökonomische Kriterien Vorrang vor dem Umweltschutz.

8 Do Nürnbergs Oberbürgermeister Andreas Urschlechter erklärt seinen Austritt aus der SPD. Er kritisiert die »klassenkämpferischen Tendenzen« der Partei.

9 Fr Ein 31-jähriger Brite dringt nachts ungehindert in den Buckingham Palast und dort in das Schlafzimmer von Königin Elizabeth II. ein.

10 Sa Nach der Amokfahrt eines US-Soldaten mit einem Kampfpanzer durch die Mannheimer Innenstadt stürzt der Panzer in den Neckar, der Soldat ertrinkt.

11 So Bei einem schweren Zugunglück an der mexikanischen Pazifikküste sterben 129 Menschen, weitere 115 werden verletzt. → Italien

12 Mo Als Nachfolger von Neelam Sanjiva Reddy wird der bisherige Innenminister Ginail Zail Singh zum indischen Staatspräsidenten gewählt.

13 Di In Wien beginnt die 27. Runde der Abrüstungsverhandlungen zwischen der NATO und dem Warschauer Pakt. → Gasleitung

14 Mi Portugals Parlament schafft den Revolutionsrat ab. Das Organ zur Überwachung der Demokratisierung wird durch einen zivilen Staatsrat ersetzt.

15 Do Oskar Lafontaine, Mitglied des SPD-Bundesvorstands, übt heftige Kritik an Bundeskanzler Helmut Schmidt und fordert den Austritt der Partei aus der Koalition.

16 Fr Medienunternehmer vereinbaren in München ein Kabelpilotprojekt für die Erprobung neuer Übertragungsformen von Radio- und Fernsehprogrammen.

17 Sa Die englische Altistin Janet Baker beendet mit einem Auftritt in der Gluck-Oper »Orpheus und Eurydike« in Glyndebourne (England) ihre Opernkarriere.

18 So Zum dritten Mal in Folge wird der Kölner Freddy Schmidtke in drei Disziplinen Champion bei den Deutschen Bahnmeisterschaften der Radamateure.

19 Mo Auf zwei an den Arbeiten für die umstrittene Startbahn West des Frankfurter Flughafens beteiligte Firmen werden Sprengstoffanschläge verübt.

20 Di Bei Bombenanschlägen der Irisch-Republikanischen Armee kommen in London neun britische Soldaten ums Leben, 50 Personen werden verletzt.

21 Mi Die DDR verweigert ohne Begründung dem rheinland-pfälzischen Ministerpräsidenten Bernhard Vogel (CDU) die Einreise für einen Privatbesuch.

22 Do Der erste Test für die US-Mittelstreckenrakete »Pershing II«, die in Europa stationiert werden soll, endet in Florida mit der Selbstzerstörung der Rakete.

23 Fr Bei der schwersten Unwetterkatastrophe in Japan seit 25 Jahren sterben in Nagasaki mehr als 300 Menschen. 52 000 Personen werden obdachlos.

24 Sa Die Internationale Walfangkommission beschließt auf einer Sitzung in Brighton (England), den kommerziellen Walfang von 1985 an weltweit zu verbieten.

25 So Der 27-jährige französische Radrennfahrer Bernard Hinault gewinnt zum vierten Mal die Tour de France. Auf Platz zwei landet Joop Zoetemelk (Niederlande).

26 Mo Das Rettungsschiff »Cap Anamur« kehrt nach drei Jahren nach Hamburg zurück. Es hatte über 9000 vietnamesische Bootsflüchtlinge gerettet.

27 Di Die »Flora«, ein Schiff des Deutschen Roten Kreuzes, das bei Beirut vor Anker liegt, wird durch einen Granatenanschlag schwer beschädigt. Ein Matrose stirbt.

28 Mi Rumänien und seine westlichen Gläubigerländer einigen sich in Paris auf die Umschuldung der 1982 fälligen Kredite und Zinsen in Höhe von 900 Mio. Dollar.

29 Do Nach wochenlangen Verhandlungen erklärt sich die palästinensische Befreiungsorganisation PLO bereit, ihre Kämpfer aus West-Beirut abzuziehen.

30 Fr Nach blutigen Kämpfen zwischen Moslems und Singhalesen in der Stadt Galle wird über Sri Lanka der Ausnahmezustand verhängt.

31 Sa Sieben Menschen erleiden bei einer Bombenexplosion auf dem Münchener Flughafen zum Teil schwere Verletzungen.

3. Juli 1982

Sieg in Wimbledon

Wachablösung im Damen-Tennis: Im Endspiel von Wimbledon besiegt Martina Navratilova (s. Abb.) die dreimalige Wimbledon-Gewinnerin Chris Evert-Lloyd. Damit beginnt für die in Prag geborene Sportlerin die 1981 in die USA eingebürgert wurde, eine grandiose Siegesserie: Sechsmal in Folge gewinnt sie in Wimbledon. Im Endspiel der Herren am 4. Juli gewinnt Jimmy Connors (USA) gegen seinen Landsmann und Titelverteidiger John McEnroe.

Martina Navratilova

tschechoslowakisch-amerikanische Tennisspielerin, * 18.10.1956 Prag

In den 80er Jahren dominiert die Linkshänderin das Damen-Tennis. Ihr kraftvolles Spiel sichert ihr zahlreiche Titel, u.a. die US Open und sechsmal in Folge das Turnier in Wimbledon.

- 1978: Sieg in Wimbledon (erneut 1979, 1982-87, 1990)
- 1982: French Open (erneut 1984)
- 1983: Australian Open (erneut 1985, 1986)

20. August 1982

CD löst Schallplatte ab

Auf der Fachmesse »hifivideo 82« in Düsseldorf werden die ersten CD-Player vorgestellt (s. Abb.). Die Geräte revolutionieren den Markt für Unterhaltungselektronik. Durch die CD (Compact-Disc)-Technologie ist es möglich, digital gespeicherte Tonaufnahmen abzuspielen, was eine deutlich

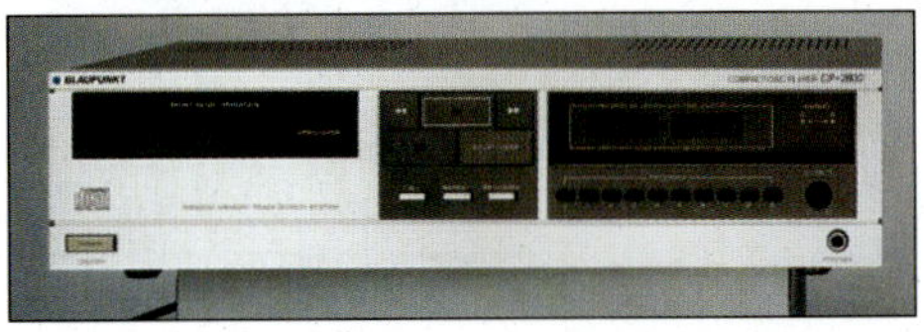

bessere Qualität gewährleistet. Das ist jedoch nicht der einzige Vorteil gegenüber den bisherigen Schallplatten aus Vinyl. Die CD erweist sich gegenüber der in Analogtechnik speichernden, mechanisch abgetasteten Rillenplatte als wesentlich robuster. Die silbernen Scheiben sind mit Kunststoff beschichtet und dadurch deutlich widerstandsfähiger. Da die eingebrannten Rillen mittels Laser abgetastet werden, sorgen auch kleine Verunreinigungen auf der CD-Oberfläche nicht für eine Verminderung der Tonqualität.

Die Spieldauer einer CD beträgt etwa eine Stunde. Die ersten Abspiel-Geräte kosten rd. 2200 DM. Die Vorteile der neuen Technologie sind derart überzeugend, dass die CD die Schallplatte schon nach kurzer Zeit vom Markt verdrängt hat.

11. Juli 1982

Italien wird Weltmeister

Die Nationalelf Italiens gewinnt in Madrid das Finale gegen die Bundesrepublik mit 3:1 und wird Fußballweltmeister. Die Italiener holen sich damit nach 1934 und 1938 zum dritten Mal den Titel der weltbesten Fußballer. Abgesehen von dem Ehrentreffer durch Paul Breitner in der 83. Minute ist das Spiel nur der Schlusspunkt eines enttäuschenden Auftretens der von Jupp Derwall trainierten Deutschen in Spanien. Das 1:0 gegen Österreich in Gijon (s. Abb.), das den Weg in die zweite Finalrunde ebnete, ging wegen offensichtlichen bewusst herbeigeführter Passivität beider Mannschaften als unrühmliches Kapitel in die Fußballgeschichte ein.

9. August 1982

Die AEG mus

Mit dem Zusammenbruch des nach Siemens zweitgrößten deutschen Elektrokonzerns erreicht die Pleitewelle in der Bundesrepublik ihren Höhepunkt. Der Vorstand der AEG-Telefunken AG muss in Frankfurt am Main die Eröffnung eines gerichtlichen Vergleichsverfahrens beantragen. Der Elektro-Riese, der im Inland rd. 100 000 Mitarbeiter beschäftigt und für den rd. 30 000 mittelständische Zulieferer tätig sind, hat schon seit 1974 rote Zahlen geschrieben. Weltweit steht er mit rd. 5 Mrd. DM in der Kreide. Ein im Jahre 1979 angelaufenes Sanierungskonzept ist u.a. an Finanzknappheit gescheitert. Als Ursache für den Niedergang des Traditionsunternehmens gelten u.a. Managementfehler noch aus den 60er Jahren. Damals hatte sich die AEG durch Zukauf mittelständischer Unternehmen wie Küppersbusch, Zanker, Linde u.a. die Marktführerposition im Bereich der Hausgeräte gesichert. Die einzelnen Firmen bleiben in ihrer Struktur jedoch weitgehend erhalten, so dass eine Rationalisierung durch Zusammenlegung der Produk-

Konkurse und Vergleichsverfahren in der Bundesrepublik Deutschland

Jahr	Insolvenzen
1972	4574
1973	5515
1974	7722
1975	9195
1976	9362
1977	9562
1978	8722
1979	8319
1980	9140
1981	11 653
1982	15 876

13. Juli 1982

Gigantische Gasleitung soll Sibirien mit Bayern verbinden

Zwischen der Bundesrepublik und der UdSSR wird ein bedeutendes Wirtschaftsabkommen geschlossen. Die Sowjetunion verpflichtet sich danach, Erdgas in großen Mengen nach Bayern zu liefern. Von dort soll der Rohstoff an weitere westeuropäische Staaten geleitet werden. Um die regelmäßige Versorgung gewährleisten zu können, muss eine gewaltige Erdgasleitung von der Halbinsel Jamal in Sibirien quer durch die UdSSR bis ins bayerische Waidhausen gebaut werden. Der Bau der 5500 km langen Pipeline wird mit Hilfe westeuropäischer Firmen vorgenommen (Abb.: Riesige Röhren werden unter extremen Witterungsbedingungen verschweißt). Das Zustandekommen des Erdgas-Röhren-Geschäfts stößt auf den heftigen Widerstand der US-Regierung. Sie lehnt den Handel ab, da sie eine zu starke Abhängigkeit Westeuropas von der UdSSR befürchtet. US-Präsident Ronald

Reagan verbietet US-Firmen, sich am Bau der Pipeline zu beteiligen. Aus den Vereinigten Staaten dürfen keine Teile zum Bau der Leitung in die UdSSR geliefert werden.

rgleich anmelden

Die Sorge um ihren Arbeitsplatz treibt die Mitarbeiter der AEG in West-Berlin auf die Straße.

tion versäumt wurde. Ebenso verlustreich verlief der Versuch des Konzerns, sich im Kraftwerksbereich zu etablieren.

Nach Anmeldung des Vergleichsverfahrens ist ein Überleben des Konzerns nur mit staatlicher Hilfe möglich. Am 1. September sagt die Bundesregierung eine Bürgschaft in Höhe von 1,1 Mrd. DM zu, mit der die Abwicklung des Vergleichsverfahrens abgesichert werden soll. Dafür wird vom AEG-Vorstand ein schlüssiges Sanierungskonzept verlangt. Vor allem im defizitären Hausgerätesektor sei ein umfassender Kapazitätsabbau notwendig. Ihren Eingriff in die Wirtschaft begründet die Bundesregierung damit, dass die volkswirtschaftlichen Gründe, die für eine Stützung der AEG sprächen, so überragend seien, dass ordnungspolitische Bedenken in den Hintergrund treten müssten. Im Ausland wird die AEG-Pleite als prägnantes Beispiel für die schlechte Wirtschaftslage in der Bundesrepublik Deutschland gewertet. Tatsächlich erreicht die Zahl der Insolvenzen einen Nachkriegsrekord. Vor allem Unternehmen mit geringem Eigenkapital und hohen Krediten geraten in schweres Fahrwasser.

August 1982

1 So Der Anhausener Golfprofi Bernhard Langer gewinnt in Mönsheim bei Stuttgart die 48. offenen Meisterschaften von Deutschland.

2 Mo Bei den Schwimm-Weltmeisterschaften in Guayaquil (Ecuador) gewinnt der 18-jährige Michael Groß die erste von insgesamt fünf Medaillen.

3 Di Das US-Außenministerium veröffentlicht einen Bericht, wonach die Sowjetunion der größte Waffenexporteur für die Entwicklungsländer sei.

4 Mi Obwohl sich die PLO mit der Evakuierung ihrer Kämpfer einverstanden erklärt hat, versucht die israelische Armee nach West-Beirut einzudringen.

5 Do In Wien wird das erste österreichische Retortenbaby geboren. +++ Der deutsche Schauspieler Dieter Borsche stirbt 72-jährig in Nürnberg.

6 Fr Die größte italienische Privatbank, die in einen Betrugsskandal verwickelte Banco Ambrosiano, wird auf Anordnung der Behörden aufgelöst.

7 Sa Beim Überfall einer armenischen Terrorgruppe auf den Flughafen von Ankara (Türkei) sterben neun Menschen. 71 Personen werden verletzt.

8 So Die Wahl zur ersten Regionalversammlung auf Korsika gewinnen die gemäßigten Parteien, die für einen Sonderstatus der französischen Insel eintreten.

9 Mo In der hessischen Gemeinde Sechshelden/Manderbach lehnt ein evangelischer Pfarrdiakon die Taufe eines unehelichen Kindes ab. → AEG

10 Di Südafrikanische Truppen greifen Lager der namibischen Befreiungsorganisation SWAPO im Süden Angolas an.

11 Mi Moskau und Ost-Berlin beschließen, die Bundesrepublik zu mehr Engagement bei der Lösung der europäischen Sicherheitsprobleme aufzufordern.

12 Do Der US-Schauspieler Henry Fonda stirbt 77-jährig in Los Angeles. +++ Portugals Parlament schließt jede Beteiligung von Militärs an der Regierung aus.

13 Fr In Danzig wird eine Kundgebung von rd. 10 000 Anhängern der verbotenen Gewerkschaft »Solidarität« durch die Polizei gewaltsam aufgelöst.

14 Sa Das Bundesgesundheitsamt widerruft die Zulassung für 80 pyrazolonhaltige Schmerzmittel. Die Medikamente sollen u.a. Blutbildveränderungen hervorrufen.

15 So Bei den deutschen Mehrkampfmeisterschaften in Ulm stellt der Zehnkämpfer Jürgen Hingsen mit 8723 Punkten einen Weltrekord auf.

16 Mo US-Präsident Ronald Reagan fordert in einer Fernsehansprache die US-Bürger auf, sein Programm für Steuererhöhungen zu unterstützen.

17 Di Der Bundesgerichtshof erklärt, dass ein Wohnungsvermieter die vom Mieter gezahlte Kaution grundsätzlich verzinsen müsse.

18 Mi In der indischen Hafenstadt Bombay brechen blutige Kämpfe zwischen streikenden Polizeibeamten und Armeeangehörigen aus.

19 Do Bundesinnenminister Gerhart Baum (FDP) äußert sich in Bonn besorgt über wachsende Aktivitäten von Rechtsextremisten.

20 Fr Karl-Heinz Förster vom VfB Stuttgart wird von den bundesdeutschen Sportjournalisten zum »Fußballer des Jahres« 1982 erkoren. → CD

21 Sa Etwa 2000 Menschen nehmen an der Gründungsversammlung der Marxistisch-Leninistischen Partei Deutschlands (MLPD) in Düsseldorf teil.

22 So In Vevey am Genfer See, dem letzten Wohnort des 1977 verstorbenen Charlie Chaplin, wird ein Denkmal des englischen Film-Idols eingeweiht.

23 Mo Béchir Gemayel, Führer der rechtsgerichteten christlichen Milizen, wird zum libanesischen Staatspräsidenten gewählt.

24 Di Die französische Tochtergesellschaft eines US-Unternehmens durchbricht das US-Embargo gegen das europäisch-sowjetische Erdgas-Röhren-Geschäft.

25 Mi Ein Verkehrsflugzeug der polnischen Fluglinie LOT wird auf dem Flug von Budapest nach Warschau entführt und zur Landung in München gezwungen.

26 Do In Oberbayern stürzt der 250. »Starfighter« der Bundeswehr ab. Der Pilot der Maschine kann sich mit dem Schleudersitz retten.

27 Fr Spaniens König Juan Carlos I. löst das Parlament auf und ordnet Neuwahlen an, nachdem die Regierungspartei nur noch über 40% der Parlamentssitze verfügt.

28 Sa Ernst Jünger erhält den Goethe-Preis der Stadt Frankfurt am Main. Die Auszeichnung stößt auf Kritik: Der Schriftsteller wird als »antidemokratisch« bezeichnet.

29 So An ihrem 67. Geburtstag stirbt in London die durch Filme wie »Casablanca« und »Wem die Stunde schlägt« berühmte Schauspielerin Ingrid Bergman.

30 Mo Die Wienerwald AG stellt beim Amtsgericht München Vergleichsantrag. Durch Investitionen im Ausland ist der Konzern in finanzielle Schwierigkeiten geraten.

31 Di In Nairobi präsentieren kenianische und japanische Anthropologen den Oberkieferknochen eines 8 Mio. Jahre alten »menschenähnlichen Geschöpfs«.

September 1982

1 Mi Kurz vor dem Staatsbankrott verkündet die mexikanische Regierung die Verstaatlichung von 50 Banken, um eine weitere Kapitalflucht zu verhindern.

2 Do Aus »technischen Gründen« wird der Selbstwählfernverkehr zwischen der Bundesrepublik und Moskau nach zweijähriger Dauer eingestellt.

3 Fr Der Präfekt von Palermo, Carlo Alberto dalla Chiesa, fällt einem vermutlich auf das Konto der Mafia gehenden Mordanschlag zum Opfer.

4 Sa Bei den Military-Weltmeisterschaften in Luhmühlen stürzt der Schweizer Ernst Baumann im Geländeritt vom Pferd und erliegt seinen Verletzungen.

5 So Im englischen Goodwood wird der Italiener Giuseppe Saronni mit knappem Vorsprung vor Greg Lemond (USA) Straßen-Weltmeister der Rad-Profis.

6 Mo Mitglieder der »Polnischen Aufständischen Heimatarmee« nehmen in Polens Botschaft in Bern 13 Geiseln und fordern die Aufhebung des Kriegsrechts.

7 Di In Bonn demonstrieren rd. 50 000 Beamte gegen die von der Regierung beschlossene dreimonatige Verschiebung ihrer Besoldungserhöhungen.

8 Mi Beim Filmfestival in Venedig wird der Film »Der Stand der Dinge« von dem deutschen Regisseur Wim Wenders mit dem »Goldenen Löwen« ausgezeichnet.

9 Do Mit der Verabschiedung der »Charta von Fes«, eines Friedensplans für den Nahen Osten, geht in Marokko das Gipfeltreffen der Arabischen Liga zu Ende.

10 Fr Die Europarakete »Ariane« stürzt bei ihrem ersten kommerziellen Flug wegen eines technischen Defektes ab.

11 Sa Mehr als 100 Künstler, u.a. Joseph Beuys und Udo Lindenberg, beteiligen sich an der Veranstaltung »Künstler für den Frieden« im Bochumer Ruhrstadion.

12 So Beim Zusammenprall eines deutschen Reisebusses mit einem Nahverkehrszug kommen in der Schweiz 39 Ausflügler aus Baden-Württemberg ums Leben.

13 Mo Der seit anderthalb Jahren flüchtige Chef der verbotenen italienischen Freimaurerloge »P 2«, Licio Gelli, wird in Genf verhaftet.

14 Di Bei einem Bombenanschlag auf das Büro der Phalange-Partei in Beirut stirbt der designierte libanesische Staatspräsident Béchir Gemayel. → Gracia Patricia

15 Mi Der Führer der palästinensischen Befreiungsorganisation PLO, Jasir Arafat, trifft zu einer Audienz bei Papst Johannes Paul II. in Rom ein.

16 Do Die brasilianische Regierung kündet die Einführung einer Touristenwährung und die Beschränkung der Auslandsreisen für Brasilianer an. → Blutbad

17 Fr Bei einem Sprengstoffanschlag in Paris werden ein israelischer Diplomat, seine Frau, sein Fahrer sowie zwei Kinder schwer verletzt. → Koalition

18 Sa Am Tage des jüdischen Neujahrsfestes feuert ein Mann mit einer Maschinenpistole auf eine vor der Brüsseler Synagoge versammelte Menschengruppe.

19 So Nach sechs Jahren Opposition bringen die Reichstagswahlen in Schweden die Sozialdemokraten unter Olof Palme erneut an die Regierung.

20 Mo Die CDU/CSU-Bundestagsfraktion nominiert Helmut Kohl zum Kanzlerkandidaten für das Misstrauensvotum gegen Bundeskanzler Helmut Schmidt (SPD).

21 Di Der 40-jährige Amin Gemayel wird an Stelle seines ermordeten Bruders zum libanesischen Staatspräsidenten gewählt.

22 Mi In München endet vor 20 000 Zuschauern ein Fußballländerspiel der bundesdeutschen Mannschaft gegen die belgische Elf mit 0:0.

23 Do Mit großer Mehrheit lastet der Politische Ausschuss des Europaparlaments Israel »politisch und moralisch« die Schuld an dem Massaker in Beirut an.

24 Fr Die vom Bundestag eingesetzte Enquete-Kommission Energiepolitik empfiehlt mehrheitlich die Inbetriebnahme des schnellen Brutreaktors in Kalkar.

25 Sa Ein offenbar geistesgestörter Russe entführt auf dem Flug von Algier nach Rom eine Boeing 727 der italienischen Fluggesellschaft Alitalia .

26 So Der Finne Keke Rosberg wird Automobilweltmeister in der Formel-1. +++ Der Aufruf zu einem autofreien Sonntag findet in der Bundesrepublik keine Resonanz.

27 Mo Bei Köln beginnt die Überführung eines 7600 t schweren Braunkohlebaggers in ein 47 km entferntes Abbaugebiet. Der Transport dauert rd. zwei Monate.

28 Di CDU/CSU und FDP schließen in Bonn eine Koalitionsvereinbarung. Die FDP-Fraktion stimmt dem Papier mit 32 gegen 20 Stimmen zu.

29 Mi Monika Wulf-Mathies wird überraschend als erste Frau zur Vorsitzenden der Gewerkschaft Öffentliche Dienste, Transport und Verkehr gewählt.

30 Do Der Vorstandsvorsitzende der Hoechst AG, Rolf Sammet, gibt bekannt, dass das Emirat Kuwait ca. 25% des Grundkapitals des Konzerns erworben habe.

16. September 1982

Blutbad in Beirut

In den palästinensischen Flüchtlingslagern Sabra und Schatila in Beirut verüben christliche Milizen ein Massaker, bei dem über 1000 Menschen umkommen. Die schwer bewaffneten Libanesen dringen in die Lager ein und schießen auf Menschen und Tiere. Zahlreiche Häuser werden mit Bulldozern dem Erdboden gleichgemacht, oft befinden sich noch Menschen in den Gebäuden. Das Blutbad dauert 36 Stunden. Während dieser Zeit bitten unzählige Opfer die israelische Armee um Hilfe, doch diese verhält sich teilnahmslos. Dem Massaker war die Ermordung von Béchir Gemayel vorausgegangen, dem Oberkommandierenden der christlichen Falange-Milizen und designiertem Präsidenten des Libanon. Gemayel war am 14. September bei einem Bombenattentat ums Leben gekommen, für das die PLO verantwortlich gemacht wird. Beweise für die Mitwirkung der »Palästinensischen Befreiungsorganisation« gibt es jedoch nicht. Das Massaker der Falange-Milizen an den palästinensischen Flüchtlingen ist offenbar eine blutige Vergeltungsmaßnahme für den Tod Gemayels.

28. Oktober 1982

Triumph der Sozialisten

Spaniens Sozialisten (PSOE) unter Führung von Felipe González Márquez (s. Abb.) holen bei vorgezogenen Parlamentswahlen die absolute Mehrheit. Sie lösen das bürgerliche Wahlbündnis ab, González wird neuer Ministerpräsident.

Felipe González

spanischer Politiker, * 5.3.1942 Sevilla

Als Premier stabilisiert Felipe González Márquez Spaniens noch junge Demokratie und führt sein Land in die EG und in die NATO. In der Wirtschaftspolitik setzt er auf Industrialisierung und nimmt dabei eine hohe Arbeitslosigkeit in Kauf.

- 1964: Mitglied des im Untergrund tätigen PSOE
- 1966: Rechtsanwalt in Sevilla
- 1996: als Ministerpräsident abgewählt

17. September 1982

Die FDP sprengt die sozialliberale Koalition

Die Verschleißerscheinungen im Getriebe der Macht waren schon seit längerem unübersehbar: Mit dem Rücktritt der vier FDP-Minister ist der Bruch des 13 Jahre währenden sozialliberalen Bonner Regierungsbündnisses perfekt. Die Minister Hans-Dietrich Genscher (Äußeres), Otto Graf Lambsdorff (Wirtschaft), Gerhart Baum (Inneres) und Josef Ertl (Landwirtschaft) sind mit ihrem Schritt offenbar ihrer unmittelbar bevorstehenden Entlassung durch Bundeskanzler Helmut Schmidt (SPD) zuvorgekommen.

Helmut Schmidt (r.) gratuliert seinem Nachfolger Helmut Kohl.

Schon seit Monaten zeichnete sich der Bruch der Koalition ab. Gerüchte über einen Austritt der FDP aus der Regierung machten die Runde. Schon der Haushalt des kommenden Jahres war in dieser Atmosphäre nur unter großen Schwierigkeiten zustande gekommen. Bei den Beratungen über den Etat wurden die unterschiedlichen Vorstellungen der Partner deutlich: Die FDP verlangte Einsparungen im Sozialbereich, um die Neuverschuldung des Bundes auf 28,5 Mrd. DM drücken zu können. Die SPD setzte sich angesichts der Massenarbeitslosigkeit für beschäftigungsfördernde Maßnahmen ein. Als die hessische FDP am 17. Juni mit Blick auf die Landtagswahlen am 26. September eine Koalitionsaussage zugunsten der CDU abgab, sahen viele Sozialdemokraten darin ein Signal für eine Wende auch in Bonn. Nachdem Wirtschaftsminister Graf Lambsdorff ein wirtschaftspolitisches Konzept veröffentlicht hatte, das von den Sozialdemokraten als »Scheidungsbrief« aufgefasst wurde, war der Bruch der Koalition vorprogrammiert. Bundeskanzler Schmidt wirft der FDP vor, seit Sommer 1981 auf eine Wende – den Wechsel des Koalitionspartners – hingearbeitet zu haben. Als Ausweg aus der gegenwärtigen Lage schlägt Schmidt Neuwahlen vor, die allein die volle Legitimität für eine neue Regierung brächten.

14. September 1982

Gracia Patricia stirbt nach tragischem Autounfall

Einen Tag nach ihrem schweren Autounfall stirbt die monegassische Fürstin Gracia Patricia (s. Abb.) kurz vor Vollendung ihres 53. Lebensjahres an den Folgen ihrer Verletzungen. Der Unfall der beliebten Landesfürstin und ehemaligen Hollywood-Schauspielerin ereignete sich in einer scharfen Kurve auf einer Küstenstraße in der Nähe von Monte Carlo. Ihre jüngste Tochter, Prinzessin Stéphanie, saß ebenfalls im Wagen, überlebte das Unglück jedoch trotz schwerer Verletzungen. Die in Philadelphia/USA geborene Schauspielerin Grace Kelly heiratete am 19. April 1956 den fünf Jahre älteren Fürst Rainier III. von Monaco und trug als Fürstin seither den Namen Gracia Patricia.
Die Umstände ihres Todes erinnern an Szenen aus dem 1955 entstandenen Film »Über den Dächern von Nizza«, einer Gaunerkomödie des englischen Regisseurs Alfred Hitchcock. Bei einer Verfolgungsjagd rast Grace Kelly in einem Sportwagen durch die engen Haarnadelkurven an der französischen Rivieraküste. Im Film endet die gefährliche Jagd jedoch mit einem Picknick, zusammen mit Filmpartner Cary Grant.

Vizekanzler Genscher (vorn, mit Ministerkollegen)

1. Oktober 1982

Kohl wird Kanzler

In einem gegen Bundeskanzler Helmut Schmidt (SPD) gerichteten konstruktiven Misstrauensvotum wählt der Deutsche Bundestag mit einer Mehrheit von 256 Stimmen (von 495) den CDU-Vorsitzenden Helmut Kohl zum Bundeskanzler. Nach dem Bruch der Regierungskoalition sind laut Grundgesetz Neuwahlen nicht zwingend erforderlich, wenn der neu gewählte Kanzler offensichtlich über eine handlungsfähige Parlamentsmehrheit verfügt. Das konstruktive Misstrauensvotum, mit dem Kohl an die Macht gelangt, ist das zweite in der Geschichte der Bundesrepublik. 1972 hatten die Unionsparteien vergeblich versucht, den damaligen Kanzler Willy Brandt (SPD) zu stürzen. Die nun vollzogene Wende bedeutet vor allem für die FDP eine Zerreißprobe. Prominente Exponenten einer sozialliberalen Ausrichtung, wie Ingrid Matthäus-Maier oder Günter Verheugen, wenden sich den Sozialdemokraten zu.

Helmut Kohl ist am Ziel.

Oktober 1982

1 Fr In der DDR werden die Strafen für Fahren unter Alkoholeinfluss drastisch erhöht. In schweren Fällen droht der lebenslange Führerscheinentzug. → Kohl

2 Sa Ein für den 27. Oktober geplanter Putschversuch in Spanien wird aufgedeckt. Die Polizei nimmt drei hohe Offiziere fest, die den Putsch vorbereitet hatten.

3 So Bei den Landtagswahlen im österreichischen Burgenland erreicht die SPÖ die absolute Mehrheit und ihr bestes Ergebnis seit 1945.

4 Mo Aus Protest gegen den Koalitionswechsel ihrer Partei legt die FDP-Abgeordnete Ingrid Matthäus-Maier den Vorsitz im Finanzausschuss des Bundestages nieder.

5 Di Ex-Bundeskanzler Helmut Schmidt eröffnet in Frankfurt am Main die 34. Internationale Buchmesse, die diesmal unter dem Sonderthema »Religion« steht.

6 Mi Die USA und die Bundesrepublik Deutschland unterzeichnen in Brüssel ein Abkommen über eine engere Zusammenarbeit bei der Beseitigung von Atommüll.

7 Do Dieter Stolze, Mitherausgeber der Wochenzeitung »Die Zeit«, wird zum Pressesprecher der Bundesregierung berufen.

8 Fr Das polnische Parlament beschließt ein neues Gewerkschaftsgesetz, das u.a. die Auflösung der unabhängigen Gewerkschaft »Solidarität« vorsieht.

9 Sa Bei einem Anschlag auf die Synagoge im ehemaligen Ghetto von Rom kommt ein zweijähriges Kind ums Leben. Die Täter entkommen unerkannt.

10 So Papst Johannes Paul II. spricht den polnischen Minoritenpater Maximilian Kolbe heilig. 1941 ging Kolbe im KZ Auschwitz für einen Familienvater in den Tod.

11 Mo Das im Jahre 1545 vor der südenglischen Hafenstadt Portsmouth gesunkene Kriegsschiff »Mary Rose« wird gehoben.

12 Di Überraschend kündigt der japanische Ministerpräsident Senko Susuki seinen Rücktritt als Vorsitzender der Regierungspartei LPD und als Regierungschef an.

13 Mi In seiner ersten Regierungserklärung kündigt Bundeskanzler Helmut Kohl u.a. ein Sofortprogramm zur Belebung der Wirtschaft an.

14 Do Der Kieler Landtag wählt den bisherigen Innenminister Uwe Barschel (CDU) zum Ministerpräsidenten von Schleswig-Holstein.

15 Fr Die Deutsche Akademie für Dichtung und Sprache verleiht dem verstorbenen Schriftsteller Peter Weiss in Darmstadt postum den Georg-Büchner-Preis.

16 Sa In Rom proklamiert die UN-Sonderorganisation für Ernährung und Landwirtschaft das Jahr 2000 als anzustrebenden Termin für das Ende des Welthungers.

17 So Bundespräsident Karl Carstens beendet einen einwöchigen Staatsbesuch in der Volksrepublik China, den ersten eines deutschen Staatsoberhaupts.

18 Mo Zur besseren Kontrolle der Drogenszene wird im Jugendzentrum der niederländischen Stadt Enschede der begrenzte Verkauf von Haschisch zugelassen.

19 Di 20 Polen, unter ihnen fünf Kinder, flüchten mit einem 30 Jahre alten Doppeldecker aus ihrer Heimat in die südschwedische Stadt Malmö.

20 Mi Die Bundesregierung beschließt eine Visumspflicht für Ausländer, die für mehr als drei Monate in die Bundesrepublik einreisen wollen.

21 Do Hissène Habré, der 42-jährige Führer der Forces Armées du Nord (FAN), wird als Staatspräsident des Tschad vereidigt.

22 Fr Die Mainzer Zentralstelle für Lebensmittelstrafsachen ermittelt gegen mehrere Fleischhändler, die u.a. Känguruh-Fleisch als Wild verkauft haben sollen.

23 Sa Ein Gericht in Mineola (US-Bundesstaat New York) gesteht einem hochgradig zuckerkranken 41-jährigen Mann das Recht auf den Tod zu.

24 So In Osaka demonstrieren etwa eine halbe Million Japaner für Abrüstung, Frieden und die völlige Abschaffung der Atomwaffen.

25 Mo Führende westdeutsche Konjunkturforschungsinstitute kritisieren die Sparpläne der Bundesregierung und fordern ein »Umdenken« in der Wirtschaftspolitik.

26 Di Aus wirtschaftlichen Gründen verzichtet Kolumbien auf die Ausrichtung der Fußball-Weltmeisterschaft 1986, die dem Land übertragen worden war.

27 Mi Das Bonner Kabinett verabschiedet den Haushaltsentwurf 1983. Die Gesamtausgaben erhöhen sich gegenüber dem Vorjahr um 2,9%.

28 Do El Salvadors Präsident Alvaro Alfredo Magaña weist einen Friedensplan der Opposition zur Beendigung des Bürgerkriegs zurück. → Sozialisten

29 Fr Der Fotohersteller Agfa-Gevaert gibt die Schließung seiner Kamerawerke in München und Coimbra (Portugal) bekannt. 3800 Mitarbeiter werden entlassen.

30 Sa In Nigeria werden bei Unruhen fast 500 Menschen getötet. Die Kämpfe begannen, als die Polizei Mitglieder einer radikalen Moslem-Sekte verhaften wollte.

31 So Papst Johannes Paul II. trifft zu einer zehntägigen Spanienreise in Madrid ein, wo ihn König Juan Carlos und Königin Sofia begrüßen.

November 1982

1 Mo Die Deutschen Walter Röhrl und sein Co-Pilot Christian Geistdörfer gewinnen mit einem Opel Ascona die Rallye Elfenbeinküste und werden Rallye-Weltmeister.

2 Di In Lübeck beginnt der Prozess gegen Marianne Bachmeier, die 1981 den mutmaßlichen Mörder ihrer siebenjährigen Tochter im Gericht erschossen hatte.

3 Mi Das Bundeskabinett beschließt, dass die finanzielle Förderung für Studenten künftig nur noch als Darlehen gezahlt werden soll.

4 Do Die irische Regierung unter Ministerpräsident Charles Haughey wird durch ein Misstrauensvotum im Parlament gestürzt.

5 Fr Nach einer Bauzeit von knapp neun Jahren nimmt das bislang größte Wasserkraftwerk der Welt in Itaipu (Brasilien) den Betrieb auf.

6 Sa Die Regierung in Athen sagt das NATO-Manöver »Apex Express 82« ab, das in Nordgriechenland stattfinden sollte.

7 So Mit überwältigender Mehrheit billigen die Wähler in der Türkei eine neue Verfassung und bestätigen Staatspräsident General Kanan Evren in seinem Amt.

8 Mo In München beginnt die »electronica 82«, die weltweit größte Messe für Elektronikbauteile. Innerhalb von fünf Tagen werden 83 000 Besucher gezählt.

9 Di Afghanische Flüchtlinge berichten von einer Brand-Katastrophe im Salang-Tunnel nördlich von Kabul, bei dem mindestens 1100 Menschen gestorben seien.

10 Mi In Washington beginnen fünftägige Feierlichkeiten zur Einweihung des Denkmals für die gefallenen US-Soldaten im Vietnam-Krieg. → Breschnew

11 Do Beim Einsturz des israelischen Hauptquartiers in Tyrus (Südlibanon) sterben 75 Israelis und 14 palästinensische Gefangene. → Top-Terroristen

12 Fr Lech Walesa, Vorsitzender der verbotenen polnischen Gewerkschaft »Solidarität«, wird nach elfmonatiger Haft freigelassen.

13 Sa Die 90-jährige Ex-Kaiserin Zita, Witwe des letzten österreichischen Kaisers Karl I., besucht nach 64 Jahren im Exil erstmals wieder ihre Heimat.

14 So Zum Abschluss ihres Parteitags in Hagen beschließen die Grünen, sich an der Bundestagswahl am 6. März 1983 zu beteiligen.

15 Mo In einem Staatsakt wird der verstorbene sowjetische Staats- und Parteiführer Leonid I. Breschnew an der Kreml-Mauer in Moskau beigesetzt.

16 Di Ein Ostberliner Verlag beginnt mit einer Neuausgabe der Erzählungen von Karl May. Bisher galt der Autor in der DDR als »bürgerlich-dekadent«.

17 Mi Fußball-Europameister (West-)Deutschland verliert in Belfast das erste Qualifikationsspiel für die EM 1984 gegen Nordirland mit 0:1.

18 Do Der französische Verfassungsrat verbietet die Festlegung einer Frauenquote für die Kandidatenkür bei allgemeinen Wahlen.

19 Fr In der Hamburger Kunsthalle beginnt eine Ausstellung mit Werken des preußischen Architekten, Städteplaners und Malers Karl Friedrich Schinkel.

20 Sa Die Verkehrsminister der Bundesrepublik und der DDR, Werner Dollinger und Otto Arndt, eröffnen das letzte Teilstück der Transitautobahn Hamburg-Berlin.

21 So Der CSU-Vorsitzende Franz Josef Strauß erklärt, er halte eine große Koalition von CDU/CSU und SPD für möglich, falls die FDP bei den Wahlen ausscheide.

22 Mo Im Londoner Stadtteil Greenwich wird das bisher größte bewegliche Hochwasserwehr der Erde, die Thames Barrier, in Betrieb genommen.

23 Di Die Aktionäre der israelischen Fluggesellschaft El Al beschließen die Auflösung des defizitären Staatsunternehmens. Geplant ist eine Neugründung.

24 Mi Der Bundestag entscheidet, die Grunderwerbssteuer ab 1983 von 7% auf 2% zu senken. Steuerbefreiungen für Grundstückskauf werden aufgehoben.

25 Do Das Bundesverteidigungsministerium bestimmt Wolfgang Altenburg als Nachfolger von Jürgen Brandt zum Generalinspekteur der Bundeswehr.

26 Fr In Japan wird der bisherige Verwaltungsminister Jasuhiro Nakasone am Tag nach der Ernennung zum Vorsitzenden der Regierungspartei Ministerpräsident.

27 Sa Schwergewichts-Boxweltmeister Larry Holmes (USA) verteidigt in Houston (Texas) seinen Titel erfolgreich gegen seinen Landsmann Randy Copp.

28 So In Bochum gründen ehemalige FDP-Abgeordnete die linksliberale Partei Liberale Demokraten. Den Vorsitz übernimmt der 40-jährige Ulrich Krüger.

29 Mo Eine Tagung des Allgemeinen Zoll- und Handelsabkommen GATT geht in Genf zu Ende. Die Gespräche enden ohne konkrete Beschlüsse.

30 Di Im Amtssitz der britischen Premierministerin Margaret Thatcher in London wird ein Mitarbeiter bei der Explosion einer Paketbombe verletzt.

10. Dezember 1982

E.T. hat Heimweh

Der in den USA schon äußerst erfolgreich gelaufene Film »E.T. – Der Außerirdische« kommt in die deutschen Kinos. Regisseur Steven Spielberg verfilmte das Märchen von einem Außerirdischen, der von seinen Artgenossen bei einer Expedition zur Erde dort vergessen wird. Der Zehnjährige Elliot findet E.T. (Extra Terrestrial) und freundet sich mit ihm an. Mit seinen Freunden versucht Elliot, dem Schrumpelwesen aus dem All die Heimkehr zu ermöglichen. E.T. gelingt es schließlich, mit seinem Heimatplaneten in Kontakt zu treten. Aber die US-Raumfahrtbehörde ist bereits auf das Alien aufmerksam geworden. Eine dramatische Jagd beginnt. Schließlich müssen Elliot und E.T. voneinander Abschied nehmen. Die rührigen Szenen mit dem heimatlosen Fremden und das Zitat »E.T. nach Hause telefonieren« werden weltberühmt. »E.T.« spielt die sagenhafte Summe von 650 Mio. US-Dollar ein. Der Film rangiert zehn Jahre lang an Position eins der Zuschauerrekordliste. Erst 1993 wird er von »Jurassic Park« auf Platz zwei verdrängt. Das Dinosaurierepos stammt ebenfalls aus der Werkstatt von Steven Spielberg.

10. Dezember 1982

Meister des Fantastischen

Für herausragende Leistungen werden in Oslo und Stockholm die Nobelpreise überreicht. Der Friedensnobelpreis wird geteilt: Zu einem Teil geht er an die schwedische Friedensforscherin und Abrüstungsexpertin Alva Myrdal, deren unermüdlicher Einsatz vom Nobelkomitee ebenso gewürdigt wird wie ihr literarisches Werk. Der zweite Friedenspreisträger ist Alfonso García Robles, ein 71-jähriger mexikanischer Diplomat und Spezialist für Abrüstungsfragen. In der Würdigung des Literaturnobelpreisträgers Gabriel García Marquez heißt es, der Kolumbianer werde »für seine Romane und Kurzgeschichten, in denen das Fantastische und Realistische verbunden wird mit einer von Fantasie reich ausgestatteten Welt, die das Leben und die Konflikte eines Kontinents widerspiegeln«, ausgezeichnet.

Gabriel García Marquez

kolumbianischer Schriftsteller, * 6.3.1928 Aracataca

Sein bedeutendster Roman ist »Hundert Jahre Einsamkeit«, der über mehrere Generationen hinweg die Geschichte des imaginären Ortes Macondo und damit zugleich das Schicksal Lateinamerikas verfolgt. Márquez, der aus politischen Gründen auch immer wieder journalistisch arbeitet, ist einer eindrucksvollen plastischen Bildsprache mächtig.

- 1967: »Hundert Jahre Einsamkeit« (Roman)
- 1975: »Der Herbst des Patriarchen« (Roman)
- 1989: »Der General in seinem Labyrinth« (Roman)

10. November 1982

Kremlchef B

Leonid I. Breschnew, der als Kremlchef 18 Jahre lang die Geschicke der Sowjetunion bestimmt hat, stirbt im Alter von 75 Jahren an Herzversagen. Sein Nachfolger wird Juri W. Andropow. Die Amtszeit Breschnews ist von gegenläufigen Tendenzen gekennzeichnet. Innenpolitisch ver-

Der neue starke Mann im Kreml: Juri Andropow

folgte der von seinem Vorgänger Chruschtschow geförderte Parteichef einen restriktiven Kurs gegen Abweichler. Viele zuvor eingeleitete Reformansätze wurden unter seiner Ägide wieder

17. Dezember 1982

Kohl setzt auf Neuwahlen

Der Deutsche Bundestag macht – in einem von vielen kritisierten Verfahren – den Weg frei für Neuwahlen. Bei der Abstimmung über die von ihm gestellte Vertrauensfrage findet Bundeskanzler Helmut Kohl (CDU), wie geplant, keine Mehrheit. Damit ist der erste Schritt zur Auflösung des Parlaments und zur Ausschreibung von Neuwahlen getan.

Vor der Abstimmung hat Kohl versichert, dass er den eingeschlagenen Weg zur Auflösung des Bundestages für »überzeugend und verfassungsrechtlich einwandfrei« halte. Alle im Bundestag vertretenen Parteien und die große Mehrheit der Bevölkerung wollten Neuwahlen. Die folgende Debatte verdeutlicht, dass dennoch nicht alle Zweifel an der Verfassungsmäßigkeit der Prozedur ausgeräumt sind. Immerhin habe die Regierung bei der Verabschiedung des Bundeshaushalts 1983 am 16. Dezember unter Beweis gestellt, dass sie über eine breite parlamentarische Mehrheit verfüge. Nachdem der Bundestag Kohl das Vertrauen versagt hat, kann der Bundespräsident binnen 21 Tagen die Volksvertretung auflösen. Bundespräsident Karl Carstens (CDU) macht aus seinen Bedenken gegenüber dem eingeschlagenen Weg kein Hehl. Dennoch löst er den Bundestag am 7. Januar, 21 Monate vor dem Ende der Legislaturperiode, auf und ordnet Neuwahlen an. Vier Organklagen gegen das Vorgehen scheitern vor dem Bundesverfassungsgericht.

hnew gestorben

Juri W. Andropow

sowjetischer Politiker, * 15.6.1914 Nagutskaja (Nordkaukasus), † 9.2.1984 Moskau

Andropow war Chef des Geheimdienstes KGB und in dieser Funktion u.a. für die Ausbürgerung von Dissidenten und andere Unterdrückungsmaßnahmen in der UdSSR verantwortlich. Eine führende Rolle spielte der Komsomol-Funktionär bei der Unterdrückung des Aufstands in Ungarn 1956. Als nur kurz amtierender Kremlchef versucht er vergeblich, die westliche Nachrüstung mit Mittelstreckenraketen zu verhindern. Andropow gilt als Förderer und Wegbereiter von Michail S. Gorbatschow.

- 1953-57: Diplomatischer Dienst
- 1967-82: KGB-Chef
- 1982-84: Generalsekretär der KPdSU
- 1983: Vorsitz im Präsidium des Obersten Sowjets

zurückgenommen. Die unter Chruschtschow aufgelösten Zwangsarbeiterlager wurden wieder in Betrieb genommen, immer wieder verschwanden Oppositionelle in psychiatrischen Kliniken.
Außenpolitisch war Breschnew zum einen um eine weltweite Stärkung des sowjetischen Einflusses bemüht. So förderte er im Rahmen der Entwicklungshilfe viele Länder der sog. Dritten Welt und unterstützte, u.a. in Afrika, die Befreiungsbewegungen.
Zum zweiten ging er erste Schritte auf dem Weg einer Entspannung mit dem Westen. Er setzte sich für Abrüstungsabkommen mit den USA ein und zeigte seine Bereitschaft zur Zusammenarbeit u.a. mit der Bundesrepublik Deutschland. Sein außenpolitischer Kredit erlitt 1979 mit dem Einmarsch sowjetischer Truppen in Afghanistan einen empfindlichen Wertverlust.
Auf wirtschaftlichem Gebiet wollte Breschnew Reformen vorantreiben. So versuchte er u.a., der Konsumgüterproduktion Vorrang vor der Rüstungsproduktion einzuräumen, scheiterte damit aber an den Parteigremien. Am Ende seiner Regierungszeit steht die UdSSR vor einer schweren Versorgungskrise.
Sein 68-jähriger Nachfolger Andropow gilt im sozialistischen, aber auch im westlichen Ausland als reformwilliger Realist. Andererseits hatte er als KGB-Chef gezeigt, dass er durchaus einen harten innenpolitischen Kurs gegen Dissidenten befürwortete. Obwohl Beobachter die relative Unerfahrenheit Andropows als problematisch einstufen, gelingt dem Kremlchef die Einleitung von Reformen, die u.a. ein Wirtschaftswachstum zur Folge haben. So werden in ausgewählten Betrieben Versuche eingeleitet, die u.a. die unternehmerische Selbstständigkeit fördern sollen.

11. November 1982

Top-Terroristen verhaftet

Dem Bundeskriminalamt gelingt ein entscheidender Schlag gegen die linksterroristische Vereinigung Rote Armee Fraktion (RAF). Mit Brigitte Mohnhaupt, Adelheid Schulz und Christian Klar können drei der führenden Köpfe der RAF festgenommen werden (Abb.: Christian Klar, Mitte, in Handschellen). Einen entscheidenden Hinweis lieferten Pilzesammler, die in einem Waldstück bei Frankfurt am Main ein Depot der RAF entdeckt hatten. Darin stellte die Polizei u.a. mehrere Hundert gefälschte Ausweise und zahlreiche Waffen sicher. Unter den Waffen befanden sich auch diejenigen, mit denen Hanns Martin Schleyer und Jürgen Ponto erschossen worden waren. Ferner fanden die Beamten Hinweise auf ein weiteres Depot im Sachsenwald bei Hamburg. Die Terroristen werden verhaftet, als sie die Depots aufsuchen.

4. Dezember 1982

Dengs Reformkurs für China

Mit einer neuen Verfassung leitet die chinesische Regierung einen tief greifenden Reformkurs ein. An der Spitze des Staates steht der 78-jährige Deng Xiaoping (s. Abb.). Obwohl er offiziell keines der höchsten Regierungsämter innehat, leitet der pragmatisch orientierte Politiker die Geschicke des Landes. Die neue Verfassung verzichtet auf die bisherigen Bestandteile aus dem politischen Programm Mao Tse-tungs. In der Nationalhymne wird die Zeile »Unter Maos Banner schreiten wir voran« gestrichen. Das 1975 eliminierte Amt des Staatspräsidenten wird wieder eingerichtet und mit repräsentativen Pflichten ausgestattet. Den Oberbefehl über die chinesischen Streitkräfte übt künftig ein Militärrat aus, die von Mao eingerichteten Volkskommunen verlieren ihre politische Funktion. Stattdessen will die Regierung das Privateigentum fördern. Insgesamt leitet Deng Xiaoping eine politische Öffnung seines Landes zum Westen ein. Die neue Verfassung definiert China als »sozialistischen Staat der demokratischen Diktatur des Volkes«.

Dezember 1982

1 Mi Der demokratische Senator des US-Bundesstaates Massachussetts, Edward Kennedy, verzichtet auf seine Präsidentschaftskandidatur für das Jahr 1984.

2 Do In Salt Lake City (US-Bundesstaat Utah) pflanzen Ärzte einem Patienten erstmals ein künstliches Herz ein. Der Mann stirbt 112 Tage nach der Operation.

3 Fr Der Bundestag hebt den seit Ende 1978 bestehenden Vorbehalt gegen die Inbetriebnahme des sog. Schnellen Brüters in Kalkar auf.

4 Sa Erstmals geht der Europapokal der Landesmeister im Wasserball an eine bundesdeutsche Mannschaft – das Team der Wasserfreunde Spandau 04. → China

5 So Der weiße südafrikanische Schriftsteller und Apartheid-Gegner Breyten Breytenbach trifft nach der Abschiebung aus seiner Heimat in Paris ein.

6 Mo In Argentinien legt der landesweite Streik von etwa 6 Mio. Arbeitern und Angestellten einen Großteil des öffentlichen Lebens lahm.

7 Di Im US-Bundesstaat Texas findet erstmals in den USA die Hinrichtung eines zum Tode Verurteilten mit einer Giftspritze statt.

8 Mi Bundesverkehrsminister Werner Dollinger (CSU) stellt seine Konzeption für die nächsten Jahre vor: Das Autobahnnetz soll um 3000 km erweitert werden.

9 Do Südafrikanische Truppen überfallen das benachbarte Königreich Lesotho, um dort vermutete Stützpunkte der Befreiungsbewegung ANC auszuheben.

10 Fr Nach 211 Tagen im All kehren die UdSSR-Kosmonauten Anatoli Beresowoi und Walentin Lebedew zur Erde zurück. → E.T. → Meister

11 Sa In West-Berlin werden die bundesdeutschen Sportler des Jahres geehrt. Zu den Preisträgern zählen Ulrike Meyfarth, Michael Groß und die 4x400-m-Staffel.

12 So Polens Partei- und Regierungschef General Wojciech Jaruzelski verkündet in einer Fernsehansprache die Aussetzung des Kriegsrechts zum Jahresende.

13 Mo Etwa 2800 Menschen sterben bei einem Erdbeben in der Arabischen Republik Jemen. +++ In Mali wird der Niger-Staudamm eingeweiht.

14 Di Garret FitzGerald, Vorsitzender der konservativen Fine Gael Partei, wird zum neuen irischen Regierungschef gewählt.

15 Mi Nach 13-jähriger Sperre öffnet die spanische Regierung die Grenzen zwischen Spanien und dem britischen Dominion Gibraltar.

16 Do In den USA übertragen Wissenschaftler erstmals Erbfaktoren von einem Tier auf ein anderes und züchten mit diesem Verfahren übergroße Mäuse.

17 Fr Reinhard Furrer und Ernst Willi Messerschmid werden als Astronauten für die deutsche »Spacelab«-Mission 1985 vorgestellt. → Neuwahlen

18 Sa Der portugiesische Ministerpräsident Francisco Pinto Balsemao tritt nach der Niederlage seiner Partei bei den Kommunalwahlen zurück.

19 So In Brüssel wird ein umfangreicher Betrug mit EG-Subventionen bekannt. Italienische Produzenten sollen Millionen für nichtexistentes Olivenöl kassiert haben.

20 Mo Die Mitglieder der Organisation Erdöl exportierender Länder OPEC einigen sich auf die Anhebung der täglichen Gesamtfördermenge um eine Mio. Barrel Öl.

21 Di Der 63-jährige Eberhard Blum wird zum Präsidenten des Bundesnachrichtendienstes berufen. Sein Vorgänger Klaus Kinkel wechselt ins Justizministerium.

22 Mi Durch die erste Volksabstimmung in Sri Lanka wird die Amtszeit des Parlaments gegen den Widerstand der Opposition bis 1989 verlängert.

23 Do In Polen veranlasst die Regierung die Auflösung aller Internierungslager. Nur sieben Führer der verbotenen Gewerkschaft »Solidarität« bleiben in Haft.

24 Fr Der französische Schriftsteller Louis Aragon stirbt im Alter von 85 Jahren in Paris. Er gehört zu den Begründern des literarischen Surrealismus.

25 Sa In seiner traditionellen Weihnachtsansprache im Petersdom ruft Papst Johannes Paul II. die Christen in aller Welt zur Einheit auf.

26 So Das Weihnachtsfest in der Bundesrepublik verläuft ungewöhnlich ruhig. Bei milden Temperaturen von 8 °C bleibt eine »weiße Weihnacht« aus.

27 Mo »Wegen seines großen Einflusses auf das Alltagsleben« wählt das US-Nachrichtenmagazin »Time« den Computer zum »Mann des Jahres«.

28 Di Israel und der Libanon beginnen Verhandlungen über den Abzug der israelischen Truppen und eine Grenzregelung zwischen beiden Staaten.

29 Mi Nachdem zwei junge Schwarze von Polizisten erschossen worden sind, brechen in Miami (USA) Kämpfe zwischen Jugendlichen und der Polizei aus.

30 Do Das japanische Kabinett verabschiedet den Haushalt für 1983. Er hat einen Umfang von umgerechnet rd. 504 Mrd. DM.

31 Fr Wenige Stunden nach dem Rücktritt seiner bisherigen Regierungsmannschaft bildet Finnlands Ministerpräsident Kalevi Sorsa ein neues Kabinett.

Januar 1983

1 Sa Zu Jahresbeginn treten in der Bundesrepublik zahlreiche neue Gesetze in Kraft, darunter die Kürzung des Kindergeldes und eine Mietrechtsänderung.

2 So Das amtliche sowjetische Parteiorgan »Prawda« macht den Vorschlag, die Gesamtzahl der strategischen Trägerwaffen bis 1990 um 25% zu verringern.

3 Mo »Lisa«, der erste mit einer sog. Maus als Eingabegerät ausgestattete Computer, wird von der US-Firma Apple der Öffentlichkeit vorgestellt.

4 Di Die französische Regierung verbietet die korsische Separatistenorganisation FLNC, die für viele Terroranschläge auf der Insel Korsika verantwortlich ist.

5 Mi Im Abschlusskommunikee ihrer Gipfelkonferenz in Prag schlagen die Staaten des Warschauer Paktes der NATO ein Gewaltverzichtsabkommen vor.

6 Do Matti Nykänen aus Finnland gewinnt die Vierschanzentournee der Skispringer. Bester bundesdeutscher Teilnehmer ist Thomas Klauser auf Platz 21.

7 Fr Der Kaiserring der Stadt Goslar, ein jährlich vergebener Kulturpreis, geht in diesem Jahr an den Bildhauer Günther Uecker. → Bundestag

8 Sa Die britische Premierministerin Margaret Thatcher reist zu den Falklands, um mit den Bewohnern die Rückeroberung der Inseln von Argentinien zu feiern.

9 So US-Astronomen entdecken erstmals ein schwarzes Loch außerhalb der Milchstraße. Der gravitationsstarke Stern liegt in der Großen Magellanschen Wolke.

10 Mo Unter dem Motto »Trimming 130 – Bewegung ist die beste Medizin« startet eine bundesweite Aktion zur Vorbeugung von Herz-Kreislauf-Erkrankungen.

11 Di US-Präsident Ronald Reagan entlässt den Chef der Abrüstungsbehörde, Eugene Rostow, den er als zu kompromissbereit einschätzt. → Wehner

12 Mi Wegen seines Berichts über ein angebliches Attentat auf Staatschef Erich Honecker wird der »stern«-Korrespondent Dieter Bub aus der DDR ausgewiesen.

13 Do Eine Beschwerde und zwei Anträge auf einstweilige Anordnungen gegen die Bundestagswahlen am 6. März lehnt das Bundesverfassungsgericht ab.

14 Fr Neuer Präsident des Bundesnachrichtendienstes wird Eberhard Blum. Sein Vorgänger Klaus Kinkel war als Staatssekretär ins Justizministerium gewechselt.

15 Sa Der Deutsche Darstellerpreis wird in München der Schauspielerin Eva Mattes und ihrem Kollegen Armin Müller-Stahl überreicht. → Zündholzmonopol

16 So Die Grünen beschließen in Sindelfingen ein Wirtschaftsprogramm zur Überwindung der Arbeitslosigkeit, u.a. durch Einführung der 35-Stunden-Woche.

17 Mo Als Reaktion auf die Billigmarken der Lebensmittelketten senkt der Zigarettenhersteller Reemtsma den Preis für die Marke »West«. → Nigeria

18 Di Die Finanzminister der zehn wichtigsten Industrienationen der Welt stimmen in Paris der Aufnahme der Schweiz in ihren Kreis zu.

19 Mi Namibia wird wieder der Verwaltung Südafrikas unterstellt. Generaladministrator Danie Hough hatte zuvor die sog. Generalversammlung aufgelöst.

20 Do Als erstes französisches Staatsoberhaupt spricht Frankreichs Präsident François Mitterrand vor dem Bundestag in Bonn.

21 Fr In West-Berlin erscheint die erste Ausgabe des Anzeigenblattes »Zweite Hand«. Sie hat keinen redaktionellen Teil und besteht nur aus Kleinanzeigen.

22 Sa Die Landesdelegiertenversammlung der CSU nominiert in München Franz Josef Strauß zum Spitzenkandidaten für die Bundestagswahlen.

23 So Beim Eintritt in die Erdatmosphäre verglüht der Hauptteil des atomgetriebenen sowjetischen Beobachtungssatelliten »Kosmos 1402«. → Borg

24 Mo Bei Protestaktionen gegen die Stationierung von Interkontinentalraketen werden in Kalifornien über 200 Demonstranten festgenommen.

25 Di Nach sechsjährigen Verhandlungen einigen sich die EG-Staaten auf eine gemeinsame Fischereipolitik, u.a. durch Festlegung von Fangquoten.

26 Mi Die Bundesregierung legt den Jahreswirtschaftsbericht vor. Sie erwartet kein Wachstum, eine Arbeitslosenzahl von 2,35 Mio. und eine Inflation von 4%.

27 Do Bundesforschungsminister Heinz Riesenhuber (CDU) spricht auf einer Tagung in Jülich von einer »dramatischen Zuspitzung« des Waldsterbens.

28 Fr Rallyeweltmeister Walter Röhrl und sein Beifahrer Christian Geistdörfer gewinnen zum dritten Mal die legendäre Rallye Monte Carlo.

29 Sa In Freiburg wird der zweitägige Wahlparteitag der FDP eröffnet. Die Teilnehmer bekräftigen ihr Bekenntnis zur Koalition mit den Unionsparteien.

30 So Mit zahlreichen Demonstrationen und Gedenkfeiern wird in beiden Teilen Deutschlands der Machtergreifung Adolf Hitlers vor 50 Jahren gedacht.

31 Mo Im Aachener Dom werden die Gebeine Karls des Großen umgebettet, weil der Goldschrein des Kaisers restauriert werden soll.

20. Februar 1983

Massaker bei Wahlen in Indien

Bei blutigen Auseinandersetzungen im nordostindischen Bundesstaat Assam fallen mehr als 3500 Menschen einem Massaker zum Opfer. Anlass der religiös motivierten Zusammenstöße zwischen hinduistischen Einheimischen und muslimischen Einwanderern aus dem Nachbarstaat Bangladesch sind die von Ministerpräsidentin Indira Gandhi ausgerufenen Wahlen. Einheimische hatten gefordert, die Einwanderer von dem Urnengang auszuschließen. Als die indische Zentralregierung nicht auf die Forderungen reagierte, brach die Welle der Gewalt aus. Nur mit verstärkter militärischer Präsenz können die Wahlen dennoch durchgeführt werden. Sie enden mit einer klaren Zweidrittelmehrheit für die regierende Kongresspartei.

15. Januar 1983

Ende des Zündholzmonopols

Mit der Rückzahlung der letzten Rate läuft nach fast 53 Jahren das staatliche Zündwaren-Monopol in Deutschland aus. Für einen 125-Mio.-Dollar-Kredit an das Deutsche Reich hatte sich 1930 der schwedische Zündholzkonzern Svenska Tändsticks AB das alleinige Verkaufsrecht an Zündwaren in Deutschland gesichert. Die seither in einheitlicher Verpackung (s. Abb.) erschienenen »Welthölzer« stehen nun wieder im freien Wettbewerb.

11. Januar 1983

Wehner verlässt die politische Bühne

Der »Zuchtmeister« der SPD-Bundestagsfraktion, Herbert Wehner, will bei den im März anstehenden Wahlen nicht mehr für den Bundestag kandidieren. Das gibt der große alte Mann der Sozialdemokraten, der die Fraktion 14 Jahre lang geführt hat, in Bonn bekannt. Nach 34-jähriger Tätigkeit verlässt der 77-jährige gebürtige Dresdener damit die parlamentarische Bühne. Mit dem Rücktritt Wehners scheidet einer der letzten »Vollblutpolitiker« in Deutschland aus der aktiven Politik aus – und einer der letzten vier Abgeordneten, die dem Bundestag seit der ersten Sitzung im Jahre 1949 ununterbrochen angehörten. Wehners Temperament, seine beißend-scharfe Rhetorik sowie seine unbestrittenen, wenn auch oft gefürchteten Führungsqualitäten prägten die SPD über Jahrzehnte. Seine Temperamentsausbrüche bei Bundestagsdebatten gelten bereits als legendär, die Wortattacken auf politische Gegner brachten ihm immer wieder Rügen ein. Wehners Verzichterklärung überrascht die Partei. In seinem Wahlkreis in Hamburg-Harburg erzielte er jedesmal überdurchschnittlich hohe Stimmenanteile für seine Partei – zuletzt holte »Onkel Herbert« im Jahre 1980 knapp 60% der Erststimmen. Nachfolger Wehners als Fraktionsvorsitzender wird im März Hans-Jochen Vogel.

»Der Mann mit der Pfeife« nimmt seinen Abschied.

Seit den 60er Jahren gehörte Wehner zu den wichtigsten politischen Köpfen der SPD. Mit Willy Brandt und Helmut Schmidt bildete er das sog. Dreigestirn. Wehner, der stets als Stratege im Hintergrund die Fäden zog, verfügt über eine zerrissene und teils widersprüchliche Biografie, für die er vielfach angefeindet wurde: 1927 trat er in die KPD ein, ab 1937 war er für die Kommunistische Internationale tätig. 1946 vollzog er den Bruch mit der KPD und trat der SPD bei. Auf dem SPD-Parteitag in Dortmund am 21. Januar 1983 würdigt Ex-Bundeskanzler Helmut Schmidt Wehner mit den Worten: »Es ist nicht nur Respekt und Solidarität, was wir empfinden, sondern auch Zuneigung und – ja – Liebe ist es auch.«

6. Februar 1983

Eskalation am Golf

Der Krieg zwischen Iran und Irak dauert mit unverminderter Heftigkeit an. Iranische Truppen beginnen mit der Operation »Morgenröte«, der größten Offensive seit Ausbruch des Krieges 1980. Ziel des Angriffs im Südabschnitt der Front ist die wichtige irakische Verbindungsstraße zwischen Bagdad und Basra. Bereits 1982 versuchten die Iraner vergeblich, diesen Nachschubweg des Feindes abzuschneiden. Auch diesmal scheitern die Versuche, den Irak strategisch ins Hintertreffen zu bringen. Der quantitativen Übermacht der Ira-

ner steht die technische Überlegenheit der irakischen Armee gegenüber. Der Krieg fordert bis Mitte 1984 zwischen 200 000 und 500 000 Menschenleben (Abb.: Gefallene Soldaten).

17. Januar 1983

Nigeria weist Einwanderer aus

Aufgrund ökonomischer Probleme weist Nigeria, das bevölkerungsreichste Land Afrikas, 2 Mio. Einwanderer aus. Innerhalb von zwei Wochen müssen die vom Ölboom der letzten Jahre angelockten Gastarbeiter aus Ghana, Togo, Kamerun, Tschad, Niger und Benin das Land verlassen. Skrupellose Geschäftemacher verdienen am Elend der Ausgewiesenen. Wer mit einem der großen Lkw, »Mammy-Lorry« genannt (s. Abb.), nach Obervolta gebracht werden will, muss dafür umgerechnet 140 DM bezahlen. Bis zu 100 Personen werden auf einen Wagen verfrachtet.
Offiziell wird die rigide Maßnahme mit den kürzlich im Norden des Landes ausgebrochenen religiösen Unruhen begründet, an denen Ausländer beteiligt sein sollen. Beobachter verweisen jedoch auf die wirtschaftlichen Schwierigkeiten des Landes. Das einst durch seine Ölvorkommen reichste

Land Schwarzafrikas geriet durch den Preisverfall für das »schwarze Gold« auf den Weltmärkten unter Druck. Innerhalb von zwei Jahren sank die tägliche Ölproduktion von 2,2 Mio Barrel auf unter 1 Mio. Barrel.

7. Januar 1983

Carstens löst Bundestag auf

Bundespräsident Karl Carstens (CDU) löst den Deutschen Bundestag auf. Neuwahlen finden am 6. März statt. Ursache für diese ungewöhnliche Entwicklung ist der Bruch der sozialliberalen Koalition und der Regierungswechsel vom Vorjahr. Am 1. Oktober hatten die Abgeordneten des Bundestages Helmut Schmidt (SPD) das Misstrauen ausgesprochen und Helmut Kohl (CDU) zum neuen Regierungschef gewählt. Kohl erklärte, so rasch wie möglich Neuwahlen anzustreben, um einer Regierung die notwendige Legitimität zu verschaffen. Eine vorzeitige Auflösung des Bundestages und anschließende Neuwahlen sind jedoch nach Artikel 68 des Grundgesetzes nur dann möglich, wenn die Mehrheit der Abgeordneten dem Kanzler ihr Vertrauen entzieht. Kohl stellte daraufhin im Dezember die Vertrauensfrage, die – wie vorher verabredet – negativ ausfiel und damit den Weg zur Auflösung des Parlaments freimachte. Viele Verfassungsjuristen kritisierten dieses Manöver, doch hatten auch Klagen vor dem Bundesverfassungsgericht keinen Erfolg.

23. Januar 1983

Björn Borg tritt zurück

Während seines Urlaubsaufenthaltes in Bangkok kündigt der schwedische Tennisprofi Björn Borg seinen Rücktritt vom aktiven Tennissport an. Sein

Trainer Lennart Bergelin vermutet, Borgs abnehmende Bereitschaft, sich »bis zur Selbstaufgabe zu quälen«, habe ihn diese Entscheidung treffen lassen. Über die Zukunftspläne des bislang erfolgreichsten Tennisspielers aller Zeiten gibt es vorerst keine Auskünfte. Im März eröffnet der erst 26 Jahre alte Borg, der es durch Preisgelder und Werbeverträge zum Millionär gebracht hat, an seinem Wohnort Monaco ein eigenes Sportartikelgeschäft (s. Abb.). Trotz seiner triumphalen Siegesserie in Wimbledon von 1976 bis 1980 und seiner sechs Gewinne der French Open in Paris gelang ihm der Sieg in allen vier Grand-Slam-Turnieren bislang noch nicht. Finanzielle Probleme bewegen den Schweden – in seiner Glanzzeit wegen seines verhaltenen Temperaments »Eis-Borg« genannt – 1991 zu einem Comeback; wegen ausbleibender Erfolge zieht er sich jedoch schnell wieder zurück.

Februar 1983

1 Di – Die Grünen reichen beim Bundesverfassungsgericht in Karlsruhe Klage gegen die staatliche Mittelzuweisung an parteinahe Stiftungen ein.

2 Mi – Nach zweimonatiger Pause werden in Genf die sowjetisch-amerikanischen Gespräche über die Verringerung strategischer Rüstung wieder aufgenommen.

3 Do – Der bundesdeutsche Eiskunstläufer Norbert Schramm wird in Dortmund zum zweiten Mal Europameister. Bei den Damen gewinnt Katarina Witt (DDR).

4 Fr – Klaus Barbie, der ehemalige Gestapo-Chef von Lyon, wird aus Bolivien ausgewiesen und am 5. Februar den französischen Behörden übergeben.

5 Sa – Auf ihrem »kleinen Parteitag« in München eröffnet die CSU die heiße Phase des Wahlkampfes. Das Wahlprogramm wird einstimmig verabschiedet.

6 So – Mit 90% der Stimmen bestätigt die Bevölkerung Paraguays die rechtsgerichtete Militärregierung für weitere fünf Jahre im Amt. → Golf

7 Mo – Bis zu seiner Gesundung wird der inhaftierte tschechoslowakische Schriftsteller und Oppositionelle Václav Havel in ein Krankenhaus verlegt.

8 Di – Die Vollversammlung des Deutschen Industrie- und Handelstages wählt erneut den Kölner Unternehmer Otto Wolff von Amerongen zum Präsidenten.

9 Mi – Bundesinnenminister Friedrich Zimmermann (CSU) verbietet die als linksextremistisch geltenden türkischen Vereine »Devrimici Sol« und »Halk Der«.

10 Do – Ein Geologenteam aus Göttingen entdeckt in der Antarktis im westlichen Neuschwabenland Kohle führende Schichten, die 285 Mio. Jahre alt sind.

11 Fr – Bei der Eröffnungspolonaise des Wiener Opernballs werfen Rechtsradikale Flugblätter mit der Parole »Ausländer raus« auf die Tanzfläche.

12 Sa – In Tokio einigen sich Japan und die Europäische Gemeinschaft auf eine dreijährige Beschränkung japanischer Exporte in die EG.

13 So – Der Nordosten der Vereinigten Staaten wird von dem schwersten Schneesturm seit 40 Jahren heimgesucht. Das Unglück fordert 71 Menschenleben.

14 Mo – Ariel Scharon tritt aufgrund seiner Mitverantwortung an den Massakern in zwei Beiruter Flüchtlingslagern als israelischer Verteidigungsminister zurück.

15 Di – In Frankfurt am Main werden drei Mitglieder einer rechtsextremistischen Gruppe festgenommen. Sie sollen Terroranschläge auf US-Siedlungen verübt haben.

16 Mi – Königin Elizabeth II. übergibt in Kingston auf Jamaika das vorläufige Hauptquartier der Internationalen Meeresbodenbehörde seiner Bestimmung.

17 Do – Im Rahmen der Verhandlungen zum Abbau der Truppen zwischen NATO und Warschauer Pakt bietet die UdSSR den Abzug von Soldaten aus Europa an.

18 Fr – Laut einem neuen Gesetz der Regierung unter Andreas Papandreou herrscht in Griechenland die Gleichberechtigung der Geschlechter.

19 Sa – Die brasilianische Regierung wertet die Landeswährung um 30% ab. Demnach kostet ein US-Dollar nun 381,44 Cruzeiro.

20 So – Zwei libysche Entführer bringen eine libysche Boeing 727 mit 160 Passagieren an Bord auf einem Inlandflug in ihre Gewalt. → Massaker

21 Mo – Der sowjetische Ministerpräsident Nikolaj S. Tichonow trifft zu einem viertägigen offiziellen Besuch in Athen ein. Zentrales Thema sind Wirtschaftsfragen.

22 Di – Die Fernsehserie »Ein Stück Himmel« von Franz Peter Wirth nach dem Roman von Janina David wird mit dem Adolf-Grimme-Preis ausgezeichnet.

23 Mi – In einem Fußball-Länderspiel unterliegt die bundesdeutsche Elf Portugal mit 0:1.+++ Die größte spanische Privatfirma, Holding Rumasa, wird verstaatlicht.

24 Do – US-Präsident Ronald Reagan erklärt, das Angebot an Moskau über eine Null-Lösung bei atomaren Mittelstreckenwaffen in Europa sei kein »Ultimatum«.

25 Fr – Eine Kältewelle im Libanon fordert 195 Menschenleben. +++ Im Westen Simbabwes töten bewaffnete Banditen über 1000 Menschen.

26 Sa – Im New Yorker Metropolitan Museum wird eine Ausstellung ausgewählter Kunstwerke aus den Vatikanischen Museen in Rom eröffnet.

27 So – Das Oberverwaltungsgericht Münster verbietet auf Antrag der SPD die Ausstrahlung eines CSU-Werbespots außerhalb von Bayern.

28 Mo – Laut der iranischen Oppositionsgruppe »Volksmudschaheddin« sind 100 politische Gefangene in einem Teheraner Gefängnis hingerichtet worden.

März 1983

1 Di Die EG-Umweltminister einigen sich in Brüssel auf ein Einfuhrverbot von Jungrobbenfellen. Damit soll die blutige Jagd auf Robben unterbunden werden.

2 Mi Das Lübecker Schwurgericht verurteilt Marianne Bachmeier, die den Mörder ihrer Tochter erschossen hatte, zu einer Freiheitsstrafe von sechs Jahren.

3 Do Sintflutartige Niederschläge fordern im US-Staat Kalifornien 19 Menschenleben. +++ Südaustralien wird von Überschwemmungen heimgesucht.

4 Fr In New York beginnt die erste Deutsche Buchmesse. Insgesamt 17 000 Titel werden auf der knapp vierwöchigen Ausstellung präsentiert.

5 Sa Bei den Parlamentswahlen in Australien erringt die oppositionelle Labor Party einen klaren Sieg und stellt zum zweitenmal seit 1949 die Regierung.

6 So Bei der Landtagswahl in Rheinland-Pfalz erreicht die CDU die absolute Mehrheit. FDP und Grüne sind im neuen Landtag nicht vertreten. → Wende

7 Mo Die deutschen Aktien- und Effektenmärkte reagieren auf den Sieg der christlichliberalen Koalition bei der Bundestagswahl mit Kursanstiegen.

8 Di Nach fünf Todesfällen in den USA wird das Schmerzmittel »Zomax« in der Bundesrepublik und in mehreren anderen Ländern aus dem Handel genommen.

9 Mi Das Bundeskabinett bestätigt seinen Entschluss, trotz Protesten und Boykottdrohungen an der geplanten Volkszählung festzuhalten.

10 Do Der Versuch von Bundestrainer Jupp Derwall, den Hamburger Felix Magath zur Rückkehr in die Fußball-Nationalmannschaft zu bewegen, schlägt fehl.

11 Fr Auf dem VI. Kongress des Verbandes deutscher Schriftsteller wird Bernt Engelmann in seinem Amt als Vorsitzender des Verbandes bestätigt.

12 Sa Zum Abschluss der 7. Gipfelkonferenz der blockfreien Staaten in Neu-Delhi plädieren die Vertreter der Mitgliedsländer für eine neue Weltwirtschaftsordnung.

13 So Zur Eröffnung der Leipziger Frühjahrsmesse reisen bundesdeutsche Politiker in die DDR, darunter Niedersachsens Wirtschaftsministerin Birgit Breuel (CDU).

14 Mo In London beschließen die Erdölminister der 13 in der OPEC zusammengeschlossenen Erdöl exportierenden Länder eine Herabsetzung der Rohölpreise.

15 Di Die polnische Regierung erhöht die Preise für Genussmittel. So werden Waren wie Kaffee oder Zigaretten um bis zu 120% teurer.

16 Mi König Hussein II. von Jordanien trifft zu einem Arbeitsbesuch in Bonn ein. Mit führenden Politikern erörtert er die Nahost-Problematik.

17 Do Das Bundesarbeitsgericht (BAG) präzisiert in einem Urteil die Voraussetzungen für Kündigungen bei lang anhaltender Arbeitsunfähigkeit.

18 Fr Ein Großbrand vernichtet die Versuchshalle im Forschungszentrum der deutschen Stahlindustrie in Düsseldorf. Der Schaden beträgt über 15 Mio. DM.

19 Sa Der Rückgang der Rohölpreise und die daraus resultierende Wirtschaftskrise zwingt das OPEC-Land Ecuador zur Abwertung seiner Währung um 27%.

20 So Bei den finnischen Parlamentswahlen baut die Koalition aus Sozialdemokraten, Zentrum und Schwedischer Volkspartei ihre knappe Mehrheit aus.

21 Mo Nach dreitägigen Verhandlungen einigen sich Vertreter der EG-Staaten in Brüssel auf eine Neuordnung des europäischen Währungssystems.

22 Di Niedersachsens Landesregierung erklärt ihr Einverständnis zum Bau einer Wiederaufbereitungsanlage für Kernbrennstoffe im Kreis Lüchow-Dannenberg.

23 Mi Die Unions-Bundestagsfraktion bestätigt Alfred Dregger als Vorsitzenden und Wolfgang Schäuble als Parlamentarischen Geschäftsführer. → Reagan

24 Do 112 Tage nach der Operation stirbt in Salt Lake City Barney Clark, dem als ersten Menschen auf Dauer ein künstliches Herz eingepflanzt wurde.

25 Fr Die französische Regierung legt ein Zehnpunkte-Programm vor, mit dem sie gegen Inflation und Staatsverschuldung vorgehen will.

26 Sa In Oberhausen eröffnen die Jungsozialisten einen zweitägigen außerordentlichen Bundeskongress. Schwerpunkte sind Abrüstung und Friedenspolitik.

27 So Auf der 86. Vollversammlung des Internationalen Olympischen Komitees in Neu-Delhi beschließen die Delegierten liberalisierte Zulassungsbedingungen.

28 Mo Der Aufsichtsrat der Howaldtswerke-Deutsche Werft AG billigt einen Sanierungsplan, wonach knapp ein Drittel der Mitarbeiter entlassen werden soll.

29 Di Der 10. Deutsche Bundestag wählt Helmut Kohl (CDU) erneut zum Kanzler. Rainer Barzel (CDU) wird neuer Bundestagspräsident.

30 Mi Zwei Männern aus Ost-Berlin gelingt an einem über die Grenzsicherungsanlagen geschossenen Stahlseil die Flucht in den Westen.

31 Do Der 1971 in Bonn gegründete Deutsche Depeschen Dienst (ddp) stellt seine Sendungen vorläufig ein und meldet Konkurs an.

25. April 1983

Presseskandal um »Hitlers

Das Magazin »stern« präsentiert auf einer Pressekonferenz in Hamburg die angeblichen Tagebücher Adolf Hitlers. Was als größte journalistische Sensation der Nachkriegsgeschichte angekündigt wird, erweist sich schon bald als plumpe Fälschung. Der Skandal fügt dem Ruf des Hamburger Verlages Gruner & Jahr, in dem der »stern« erscheint, großen Schaden zu. Die internationale Presse kritisiert das verantwortungslose und journalistisch unprofessionelle Verhalten der »stern«-Redaktion.

»stern«-Reporter Heidemann mit den Tagebüchern

Die Geschichte des »Dritten Reiches« müsse in weiten Teilen neu geschrieben werden, erklärt »stern«-Chefredakteur Peter Koch auf der Pressekonferenz. Reporter Gerd Heidemann habe in einer dreijährigen Recherche in der Bundesrepublik, der DDR, in Spanien und Südamerika insgesamt 60 Hitler-Tagebücher entdeckt sowie zwei Sonderbände über den England-Flug von Hitler-Stellvertreter Rudolf Heß und das Attentat vom 20. Juli 1944. Die Kladden mit den handschriftlichen Notizen, die den »stern« angeblich rd. 10 Mio. DM gekostet haben, sollen aus einem Flugzeug stammen, das am 21. April 1945 im sächsischen Bönnersdorf abgestürzt war. Mehrere Experten, darunter der britische Historiker und Hitler-Biograf Hugh Trevor-Roper, hatten die Tagebücher nach kurzer Durchsicht für authentisch erklärt. Wie sich jedoch bei genauerer Untersuchung von Papier, Tinte und Einbänden herausstellt, handelt es sich um schlichte Fälschungen. Das Bundesarchiv und das Bundeskriminalamt kommen in einem am 5. Mai veröffentlichten Gutachten zu dem vernichtenden Urteil, dass es sich bei den Tagebüchern um eine »grotesk oberflächliche« Fälschung handele. Zwei der drei »stern«-Chefredakteure, Peter Koch und Felix Schmidt, erklären daraufhin ihren Rücktritt. Heidemann wird am 26. Mai wegen Betrugsverdachts verhaftet. Nach der Festnahme des »stern«-Reporters gesteht der Stuttgarter Militaria-Händler Konrad Kujau, Urheber der Fälschung zu sein. Heidemann und Kujau werden 1985 zu Haftstrafen verurteilt.

12. April 1983

Großer Erfolg für »Gandhi«

In Los Angeles findet die 55. »Oscar«-Verleihung statt. Die Akademie für Filmkunst würdigt in diesem Jahr den »Gandhi«-Film des britischen Regisseurs Richard Attenborough mit acht Auszeichnungen und macht ihn damit zum erfolgreichsten Beitrag des diesjährigen Wettbewerbs. Die Vorbereitungen zu dem dreistündigen Filmepos, das die Lebensgeschichte des indischen Freiheitskämpfers Mohandas Karamchand (»Mahatma«) Gandhi erzählt, dauerten 20 Jahre. Die Produktionskosten beliefen sich auf rd. 22 Mio. Dollar. Die Rolle Gandhis verkörpert der englische Schauspieler Ben Kingsley (Abb.: in einer Gerichtsszene), der eine verblüffende Ähnlichkeit mit der historischen Gestalt aufweist. Er wird als bester Hauptdarsteller ausgezeichnet.

24. April 1983

Rücktritt nach Wahlschlappe

Nachdem die Sozialistische Partei Österreichs (SPÖ) bei den Parlamentswahlen ihre absolute Mehrheit verloren hat, tritt Bundeskanzler Bruno Kreisky nach 13 Jahren im Amt zurück. Schon vor dem Urnengang hatte der international renommierte Politiker erklärt, nicht mit einem Koalitionspartner regieren zu wollen. Kreiskys pragmatischer und gemäßigter Regierungsstil hatte in Österreich die tief verwurzelte »Angst vor den Roten« beseitigt. Zu seinen innenpolitischen Erfolgen gehörten die Reform des Straf- und Familienrechts und die Demokratisierung der Hochschulen. Internationales Ansehen erwarb sich Kreisky vor allem durch sein Engagement in der Nahost-Frage. 1979 empfing er PLO-Chef Jasir Arafat.

Bei den Wahlen müssen die Sozialisten einen Verlust von 3,4% der Stimmen hinnehmen und erringen 47,7% der Stimmen. Die konservative Österreichische Volkspartei (ÖVP) kann ihren Stimmenanteil auf 43,2% steigern, während die Freiheitliche Partei Österreichs (FPÖ) bei geringen Verlusten knapp 5% erreicht. Da die SPÖ eine Koalition mit der ÖVP ablehnt, nehmen die Sozialisten mit der FPÖ Koalitionsverhandlungen auf. Beide Parteien einigen sich auf ein Programm, das u.a. in der Wirtschaftspolitik Akzente setzen will. Neuer Kanzler wird Fred Sinowatz (SPÖ).

agebücher«

»stern«-Titel: Statt journalistischen Ruhm erntet das Magazin Hohn und Kritik.

23. März 1983

Reagan setzt auf Sternenkrieg

Die USA planen ein weltraumgestütztes militärisches Abwehrsystem. Präsident Ronald Reagan stellt in einer Fernsehansprache (s. Abb.) ein umfassendes Forschungsprogramm zur Entwicklung eines strategischen Verteidigungssystems (SDI = Strategic Defense Initiative) vor. Mit Hilfe neuer Technologien soll im All ein Abwehrsystem gegen ballistische Raketen installiert werden. Nach

offizieller Darstellung gehören der Schutz der Bevölkerung vor nuklearen Angriffen, strategische Stabilität und letztlich allgemeine Abrüstung zu den Zielen des Programms. Kritiker von SDI weisen vor allem auf die immensen Kosten sowie auf eine Verschärfung des Wettrüstens hin.

6. März 1983

Wähler bestätigen Wende

Die Wähler erteilen den Unionsparteien CDU und CSU einen klaren Regierungsauftrag: Mit 48,8% fährt die Union unter Führung von Kanzler Helmut Kohl (s. Abb., Mitte, mit Generalsekretär Heiner Geißler) einen deutlichen Sieg ein – die absolute Mehrheit verfehlt sie

jedoch knapp. Entgegen vielen Wahlprognosen schafft die FDP den Sprung über die 5%-Hürde und behauptet sich mit einem Stimmenanteil von 7%. Die SPD muss einen Dämpfer hinnehmen und rutscht mit 38,2% der Stimmen erstmals seit 1965 wieder unter die 40%-Marke. Die Grünen (s. Abb., v.l: Petra Kelly, Lukas Beckmann, Otto Schily) ziehen mit 5,6% der Stimmen zum ersten Mal in den Bundestag ein. Die seit 1980 bestehende Partei tritt für einen an ökologischen, sozialen, basisdemokratischen und gewaltfreien Prinzipien orientierten, grundlegenden Wandel in Gesellschaft und Politik ein. Die Grünen sehen sich als Alternative zu den etablierten Parteien. Am 29. März wählt der Bundestag CDU-Chef Helmut Kohl zum Bundeskanzler. Im Zentrum des innenpolitischen Programms von CDU/CSU und FDP steht die Belebung der Wirtschaft, außenpolitisch soll die bisherige Ostpolitik fortgeführt werden.

Helmut Kohl

deutscher Politiker, * 3.4.1930 Ludwigshafen

Der promovierte Historiker geht als »Kanzler der Einheit« in die Geschichtsbücher ein. Nach dem Fall der Mauer 1989 nutzt er die Gunst der Stunde und treibt die Wiedervereinigung Deutschlands voran. In seiner Amtszeit, der bisher längsten eines deutschen Bundeskanzlers, wird vor allem die Wirtschaftspolitik neu ausgerichtet. Kohls großes Anliegen ist die Einigung Europas, der er im Schulterschluss mit Frankreich Konturen verleiht.

- 1948: Eintritt in die CDU
- 1969-76: Ministerpräsident von Rheinland-Pfalz
- 1973-1999: CDU-Vorsitzender
- 1982-1998: Bundeskanzler

April 1983

1 Fr Muhammad Hosni Mubarak reist als erster ägyptischer Staatspräsident zu einem dreitägigen Staatsbesuch in die Volksrepublik China.

2 Sa Die Sowjetunion weist die US-Abrüstungsvorschläge für die Genfer Abrüstungsverhandlungen als unannehmbar zurück.

3 So Maneka Gandhi, Schwiegertochter der indischen Ministerpräsidentin Indira Gandhi, gründet die Partei »Rashtriya Sanjay Manch«.

4 Mo In elf bundesdeutschen Städten beteiligen sich über 700 000 Menschen an Ostermärschen, die sich u.a. gegen die Stationierung von US-Raketen richten.

5 Di Die französische Regierung weist 47 Sowjetbürger, darunter hohe Diplomaten, wegen des Verdachts militärischer Spionage aus.

6 Mi In München beginnt die internationale Baumaschinenfachmesse »bauma '83«, die mit 1225 Ausstellern die weltweit größte Messe dieser Art ist.

7 Do Die Außenminister der Warschauer-Pakt-Staaten beenden mit einem gemeinsamen Angebot zum Gewaltverzicht ihre zweitägigen Beratungen in Prag.

8 Fr Die Nachrichtenagentur Deutscher Depeschen Dienst (ddp) nimmt ihre Tätigkeit in der Bundesrepublik vorläufig wieder auf.

9 Sa Starke Regenfälle führen zu Überschwemmungen im Westen der Bundesrepublik. Besonders schwer betroffen sind die Städte Köln, Bonn und Trier.

10 So Am Grenzübergang Berlin-Drewitz stirbt der 43-jährige Transitreisende Rudolf Burkert während der Vernehmung durch DDR-Beamte an Herzversagen.

11 Mo Die Literaturredaktion der »Frankfurter Allgemeinen Zeitung« erhält den Alfred-Kerr-Preis für Literaturkritik des Börsenvereins des Deutschen Buchhandels.

12 Di Die größte Industriemesse der Welt, die Hannover-Messe, öffnet mit rund 6000 Ausstellern aus 47 Ländern für neun Tage ihre Tore. → »Gandhi«

13 Mi Gegen die geplante Volkszählung am 27. April erlässt das Bundesverfassungsgericht in Karlsruhe eine einstweilige Verfügung.

14 Do Die Regierung in Washington stimmt der Ernennung von Kenneth Adelman zum neuen Chef der US-Abrüstungsbehörde zu.

15 Fr Der Schweizer Nestlé-Konzern meldet einen Jahresgewinn von umgerechnet 1,372 Mrd. DM und erhöht die Dividende.

16 Sa Außenamtsstaatsminister Jürgen Möllemann informiert sich in Libyen über das Befinden von acht Deutschen, die wegen Spionageverdachts inhaftiert sind.

17 So SED-Politbüromitglied Günter Mittag trifft sich in Bonn mit Bundeswirtschaftsminister Otto Graf Lambsdorff und Vertretern der westdeutschen Wirtschaft.

18 Mo Ein Sprengstoffanschlag zerstört die US-Botschaft in Beirut weitgehend. Zu dem Anschlag bekennt sich eine extremistische Moslemgruppe.

19 Di In Madrid beginnt die letzte Verhandlungsrunde des zweiten Folgetreffens der Konferenz über Sicherheit und Zusammenarbeit in Europa (KSZE).

20 Mi Die französische Regierung verbietet alle Geldspielautomaten. +++ In Schanghai rollt der erste in China montierte VW, ein »Santana«, vom Band.

21 Do Die aus Anlass des 500. Geburtstags von Martin Luther restaurierte Wartburg wird in Anwesenheit des DDR-Staatsratsvorsitzenden Erich Honecker eröffnet.

22 Fr Schriftsteller aus Ost und West treffen sich in Ost-Berlin zur »2. Berliner Begegnung«. Gegenstand des Treffens ist der Komplex Frieden und Abrüstung.

23 Sa In einem Qualifikationsspiel zur Fußball-Europameisterschaft besiegt die bundesdeutsche Mannschaft in Izmir die Türkei klar mit 3:0.

24 So Beim Sechsstundenrennen von Riverside (US-Bundesstaat Kalifornien) verunglückt der Kölner Automobil-Rennfahrer Rolf Stommelen tödlich. → Rücktritt

25 Mo Aus den vorgezogenen Parlamentswahlen in Portugal geht die Sozialistische Partei (PSP) unter Mario Soares als Siegerin hervor. → »Hitlers Tagebücher«

26 Di Die Bundesregierung beschließt die Fertigstellung und Inbetriebnahme des Schnellen Brüters in Kalkar und des Hochtemperatur-Reaktors in Uentrop.

27 Mi In Afghanistan ist der fünfte Jahrestag der kommunistischen Machtübernahme Anlass für Feierlichkeiten der sowjetfreundlichen afghanischen Regierung.

28 Do Erich Honecker sagt den geplanten Besuch in der Bundesrepublik nach dem Tod von zwei westdeutschen Transitreisenden an der Grenze ab.

29 Fr Heinrich Böll erhält die Ehrenbürgerwürde seiner Heimatstadt Köln. +++ Italiens Ministerpräsident Amintore Fanfani tritt mit seiner Regierung zurück.

30 Sa Die türkische Militärregierung verbietet 242 z.T. prominenten Mitgliedern der früheren Parteien die politische Betätigung.

Mai 1983

1 So Polnische Bürger demonstrieren in mehr als 20 Städten für die seit Verhängung des Kriegsrechts verbotene Gewerkschaft »Solidarität«.

2 Mo John McEnroe (USA) wird in Denver durch seinen Finalsieg in vier Sätzen über den Tschechoslowaken Ivan Lendl zum dritten Mal WCT-Tennisweltmeister.

3 Di Ein Militärgericht in der südostanatolischen Stadt Diyarbakir verhängt über sieben Mitglieder der verbotenen Kurdischen Arbeiterpartei das Todesurteil.

4 Mi Der iranische Generalstaatsanwalt in Teheran gibt die Auflösung der seit 1941 bestehenden kommunistischen Tudeh-Partei bekannt.

5 Do In Bonn debattiert der Bundestag über eine Reform des Abtreibungsparagrafen 218. Im »stern« fordern zahlreiche Prominente »Hände weg vom § 218«.

6 Fr Das Bundesinnenministerium erklärt, dass die von der Illustrierten »stern« veröffentlichten Auszüge der Hitler-Tagebücher Fälschungen sind.

7 Sa Zahlreiche Prominente aus Film und Fernsehen erscheinen zur Eröffnung der 36. Internationalen Filmfestspiele von Cannes. → Christo

8 So Diether Stolze, Regierungssprecher und Leiter des Bundespresseamtes, tritt nach einem Jahr Amtszeit zurück.

9 Mo China gewinnt bei den 37. Tischtennis-Weltmeisterschaften in Tokio sechs von sieben möglichen Titeln. Im Herrendoppel siegt Jugoslawien.

10 Di Die sandinistische Regierung in Managua beschuldigt die USA, zusammen mit Honduras einen unerklärten Krieg gegen Nicaragua zu führen.

11 Mi Den Fußball-Europapokal der Pokalsieger gewinnt in Göteborg (Dänemark) der FC Aberdeen durch ein 2:1 nach Verlängerung gegen Real Madrid.

12 Do Fünf Bundestagsabgeordnete der Grünen demonstrieren auf dem Alexanderplatz in Ost-Berlin für Abrüstung in Ost und West.

13 Fr Der Kroate Mika Špiljak tritt die Nachfolge des Serben Petar Stambolić im Amt des jugoslawischen Staatspräsidenten an.

14 Sa Der Militaria-Händler Konrad Kujau, der dem »stern«-Reporter Gerd Heidemann die gefälschten Hitler-Tagebücher verkauft haben soll, wird festgenommen.

15 So Nach der Kritik eines rumänischen Funktionärs am Marxismus und an der UdSSR kommt es zu schweren Verstimmungen zwischen Moskau und Bukarest.

16 Mo Der diesjährige Friedenspreis des Deutschen Buchhandels wird dem in Frankreich lebenden Schriftsteller Manès Sperber zuerkannt.

17 Di Die USA und die Sowjetunion nehmen in Genf ihre Gespräche über die Reduzierung der Mittelstreckenraketen in Europa wieder auf. → Libanon

18 Mi Teilnehmer der »Jugend«-Fragestunde im Deutschen Bundestag werfen mit Farbbeuteln auf den Bundesadler im Plenarsaal.

19 Do Peter Boenisch, ehemaliger Chefredakteur der »Bild«-Zeitung, übernimmt als Nachfolger Diether Stolzes das Amt des Regierungssprechers in Bonn. → Dioxin

20 Fr Das Exekutivkomitee des Internationalen Fußballverbandes FIFA vergibt in Stockholm die Fußball-Weltmeisterschaft für das Jahr 1986 nach Mexiko.

21 Sa 5000 Menschen, darunter das Ensemble der Bad Hersfelder Festspiele, demonstrieren in Bad Hersfeld gegen ein Ehemaligentreffen der Waffen-SS.

22 So Beim Absturz eines kanadischen »Starfighters« auf einen Autobahnzubringer nahe Frankfurt am Main kommen fünf Menschen ums Leben.

23 Mo Der bayerische Ministerpräsident Franz Josef Strauß erörtert in Bukarest mit Rumäniens Staatschef Nicolae Ceauşescu u.a. Wirtschaftsprobleme.

24 Di Das Bundesverfassungsgericht entscheidet, dass die Mitgliedschaft in einer verfassungsfeindlichen Partei kein Hindernis für die Zulassung als Rechtsanwalt sei.

25 Mi Der Hamburger SV gewinnt in Athen durch ein 1:0 im Finale gegen Juventus Turin den Fußball-Europapokal der Landesmeister. → Paris

26 Do Im Grenzgebiet zum Irak führen türkische Sondereinheiten militärische Strafaktionen gegen kurdische Freischärler durch.

27 Fr Mehr als 14 Mio. Arbeitnehmer beteiligen sich in Italien an einem Generalstreik und legen damit das öffentliche Leben im ganzen Land für Stunden lahm.

28 Sa Der SPD-Fraktionsvorsitzende Hans-Jochen Vogel und der Staats- und Parteichef der DDR, Erich Honecker, beraten bei Ost-Berlin Abrüstungsfragen.

29 So Auf Einladung des früheren Bundeskanzlers Helmut Schmidt (SPD) kommt bei Hamburg eine international besetzte wirtschaftspolitische Runde zusammen.

30 Mo Hochwasser an Rhein, Neckar, Saar und Mosel führt zu schweren Überschwemmungen, die im Bundesgebiet sieben Menschenleben fordern.

31 Di Bundesaußenminister Hans-Dietrich Genscher erreicht in Rumänien die Milderung der finanziellen Auflagen für ausreisewillige Deutschstämmige.

19. Mai 1983

Erneut Skandal um Dioxin

In der französischen Ortschaft Anguilcourt-le-Sart bei Saint Quentin entdecken Polizisten in einem Schlachthaus die seit September 1982 verschwundenen Dioxin-Fässer aus dem norditalienischen Seveso. Aus der dortigen Chemiefabrik Icmesa, einer Tochtergesellschaft des Schweizer Chemiekonzerns Hoffmann La-Roche, waren die 41 Behälter mit hochgiftigem, dioxinverseuchtem Schlamm von einem französischen Spediteur zur Endlagerung abgeholt worden. Da sich aber keine staatliche Deponie bereit erklärte, die Fässer anzunehmen, wurde das Gift in Frankreich zwischengelagert.

Der Skandal ruft die Erinnerung an das Unglück von Seveso im Jahre 1976 wach, als durch eine zunächst geheimgehaltene Explosion in der Chemiefabrik tagelang eine Giftwolke über dem Ort schwebte. Mehr als 200 Menschen erlitten Hautverätzungen und Vergiftungen, teilweise mit Folgeschäden. Tausende von Tieren mussten notgeschlachtet werden, der verseuchte Boden war landwirtschaftlich nicht mehr nutzbar.

25. Mai 1983

Studenten-Randale in Paris

In der französischen Hauptstadt kommt es wegen der geplanten Hochschulreform zu Straßenschlachten zwischen Polizei und Studenten (s. Abb.). Mehr als 200 Personen werden verletzt. Erziehungsminister Alain Savary hatte von den Universitäten eine strengere Auslese durch erschwerte Leistungsnachweise gefordert.

29. Juni 1983

Strauß fädelt Kredit für di

Überraschend gewährt die Bundesrepublik der DDR einen Kredit in Höhe von 1 Mrd. DM. Eine nicht an konkrete Gegenleistungen gebundene Finanzspritze hat es bislang im innerdeutschen Verhältnis noch nicht gegeben. Die Kreditzusage kam maßgeblich unter Vermittlung des CSU-Vorsitzenden Franz Josef Strauß zustande.

Der bayerische Ministerpräsident hatte schon vor einiger Zeit über eine heimische Fleischfabrik und ein Import-Export-Unternehmen der DDR Kontakte zu DDR-Offiziellen aufgenommen. Hauptverhandlungspartner war Alexander Schalck-Golodkowski, der als stellvertretender Minister und Staatssekretär für Außenwirtschaft zugleich der DDR-Außenhandelsorganisation Kommerzielle Koordinierung (KoKo) vorsteht. Die Hauptaufgabe der KoKo ist die Beschaffung von Devisen. Die Rolle von Strauß entfacht zwischen den Parteien, aber auch innerhalb der CSU heftige Auseinandersetzungen.

Kreditgeber ist ein Bankenkonsortium unter Führung der Bayerischen Landesbank. Das Geld wird der DDR in zwei Raten zur Verfügung gestellt. Die Laufzeit beträgt fünf Jahre. Offizielle Kreise betonen, dass die Bundesrepublik keine Bürgschaft im eigentlichen Sin-

Der bayerische Ministerpräsident Franz Josef Strauß (l.) bei DDR-Staats- und Parteichef Erich Honecker

17. Mai 1983

Truppenabzug aus Libanon

Israel will seine Truppen aus dem Nachbarland Libanon zurückziehen. Vertreter beider Staaten unterzeichnen ein unter US-Vermittlung zustande gekommenes Truppenrückzugsabkommen, das den Kriegszustand zwischen Beirut und Jerusalem für beendet erklärt. Die Übereinkunft soll dazu beitragen, dass sich die innenpolitische Situation im Bürgerkriegsland Libanon entspannt. Seit 1975 tobt ein blutiger Konflikt zwischen Moslems, Drusen und Christen. Israelische Truppen waren 1982 in den Libanon einmarschiert, um gegen Stellungen der Palästinensischen Befreiungsfront PLO vorzugehen. Die israelisch-libanesische Einigung stößt in Teilen der arabischen Welt auf Widerstand. Syrien droht mit einer Schließung seiner Grenze zum Libanon und behält sich militärische Aktionen vor. Zudem tritt Damaskus für eine Stärkung der moslemischen Fraktion in der von Christen beherrschten libanesischen Regierung ein. Auch Libyen und die PLO kritisieren das Abkommen. Libyen ruft seinen diplomatischen Vertreter aus Beirut zurück.

23. Juni 1983

Papst stärkt Polen den Rücken

Während seiner zweiten Polen-Reise nutzt Papst Johannes Paul II. einen privaten Ausflug zu einem Treffen mit Gewerkschaftsführer Lech Walesa. In mehreren Gottesdiensten und Ansprachen bekundet der aus Polen stammende Oberhirte immer wieder seine Verbundenheit mit dem polni-

schen Volk und der verbotenen Gewerkschaft »Solidarität« (Abb.: Demonstrierende Gewerkschaftsangehörige). Seine Äußerungen sind der kommunistischen Führung ein Dorn im Auge.

DR ein

ne übernehme. Vielmehr habe »die DDR ihr vertraglich zustehende Forderungen an die Bundesrepublik abgetreten«. Bei Nichteinhaltung der Rückzahlung durch die DDR würde die Bundesregierung die fehlenden Beträge an die Banken überweisen. Diese würden sie gleichzeitig von den Leistungen an die DDR abziehen, zu denen die Bundesrepublik vertraglich verpflichtet sei. Als erste positive Folge des Milliardenkredits begrüßt Bonn im September den Abbau einiger Selbstschussanlagen an der innerdeutschen Grenze sowie die Aufhebung des Mindestumtauschsatzes für Kinder zwischen sieben und 14 Jahren.
Hintergrund der Finanzspritze für Ost-Berlin ist der schlechte Zustand der DDR-Wirtschaft. Die Bruttoverschuldung Ost-Berlins bei westlichen Gläubigern beträgt rd. 32,5 Mrd. DM. Ursache für ein stetiges Anwachsen des Schuldenberges ist die Preisexplosion in der DDR und den übrigen Ostblockstaaten als Folge der Ölkrise von 1973/74. Stiegen die Rohstoffpreise von 1975 bis 1981 um 135%, so erreichten die Erlöse für die industriellen Fertigungsprodukte im gleichen Zeitraum nur ein Wachstum von 60%. Um die teuren Rohstoffe importieren zu können, muss die Führung in Ost-Berlin den eigenen Export ausweiten und zugleich Importe aus dem Westen einschränken.
Folge: Viele Konsumgüter werden in der DDR noch mehr als bislang zu Mangelware, der Lebensstandard bleibt niedrig. Eine weitere Belastung des DDR-Etats sind die langfristig garantierten Sozialleistungen. Die Subventionierung von Grundnahrungsmitteln, Mieten sowie der allgemeinen Energie- und Wasserversorgung reißt Löcher in den Staatssäckel.

7. Mai 1983

Christo umhüllt Inseln

Der amerikanische Künstler Christo präsentiert der Weltöffentlichkeit sein neues Projekt, die »Surrounded Islands« vor der Küste Floridas. In Zusammenarbeit mit seiner Frau Jeanne-Claude hat er elf kleine Inseln mit einem mehrere Meter breiten, im Wasser schwimmenden Kunststoffgewebe umgürtet, dessen leuchtendes Pink einen harten Kontrast zur natürlichen Umgebung bildet (s.

Abb.). Der Künstler wählte Pink, weil diese die »allerkünstlichste Farbe« sei und den Gegensatz zwischen Natur und den Produkten des Menschen am besten veranschauliche. Wie auch bei den bisherigen Arbeiten Christos bleibt dem Kunstwerk nur eine kurze Dauer beschieden. Nach 14 Tagen beginnen seine Helfer bereits mit dem Abbau. Danach existiert das Projekt nur noch in Form von Fotos und Zeichnungen des 1935 in Bulgarien geborenen Künstlers.
Die Realisierung des ganzen Projektes bedurfte einer dreijährigen Vorbereitungsphase und kostete rd. 7,56 Mio. DM. Die Finanzierung bestreitet Christo allein mit dem Verkauf seiner an Planungsskizzen erinnernden Zeichnungen und Collagen sowie der nur durch ihn autorisierten Fotos. Mit ähnlichen Mitteln arbeitete er bereits 1969 bei seinem Projekt »Wrapped Coast« an der australischen Küste, wo er einen zerklüfteten Küstenstreifen in der Nähe von Sydney verhüllte.

Juni 1983

1	Mi	Die Bundesregierung beschließt, bis 1987 für die von der DDR-Reichsbahn betriebene S-Bahn in West-Berlin 253 Mio. DM zur Verfügung zu stellen.
2	Do	Die britische Premierministerin Margaret Thatcher kündigt einen Gesetzentwurf zur Wiedereinführung der 1969 abgeschafften Todesstrafe an.
3	Fr	Bundeswirtschaftsminister Otto Graf Lambsdorff (FDP) nimmt an der sechsten Tagung der deutsch-arabischen Wirtschaftskommission in Riad teil.
4	Sa	Italien gewinnt in Paris das Finale der Basketball-Europameisterschaften gegen Spanien mit 105:96. +++ Der Hamburger SV wird Deutscher Fußballmeister.
5	So	Der bundesdeutsche Leichtathlet Jürgen Hingsen stellt in Bernhausen bei Stuttgart mit 8779 Punkten einen Weltrekord im Zehnkampf auf.
6	Mo	Die sechste Welthandelskonferenz der Vereinten Nationen wird in Belgrad eröffnet. Etwa 3000 Delegierte nehmen daran teil.
7	Di	Die bundesdeutsche Fußball-Auswahl besiegt in einem Länderspiel die Mannschaft von Jugoslawien mit 4:2.
8	Mi	Die DDR-Behörden schieben Roland Jahn, ein führendes Mitglied der sog. Jenaer Friedensgemeinschaft, in die Bundesrepublik Deutschland ab.
9	Do	Die Konservative Partei von Premierministerin Margaret Thatcher erringt bei den britischen Unterhauswahlen einen klaren Sieg.
10	Fr	In der Türkei befinden sich nach offiziellen Angaben aus Ankara derzeit 22 271 Personen aus politischen Gründen in Haft.
11	Sa	Der Chinese Zhu Jianhua verbessert den 1980 von Gerd Wessig (DDR) aufgestellten Hochsprung-Weltrekord um einen Zentimeter auf 2,37 m.
12	So	90 000 Menschen beteiligen sich an einem Festakt, mit dem der 20. Deutsche Evangelische Kirchentag im Niedersachsenstadion von Hannover endet.
13	Mo	Zur Erforschung der Immunschwächekrankheit AIDS setzt das Bundesgesundheitsamt in Berlin eine Expertengruppe von 15 Professoren ein.
14	Di	Die Bundesregierung beschließt eine Hilfe für die deutsche Stahlindustrie in Höhe einer Einmalzahlung von 3 Mrd. DM.
15	Mi	Bei den Wildwasser-Kanu-Weltmeisterschaften in Italien ist die Bundesrepublik mit drei Gold-, drei Silber- und vier Bronzemedaillen erfolgreichste Nation.
16	Do	Vom Raketenzentrum in Französisch-Guyana startet die europäische Trägerrakete »Ariane«, um zwei Satelliten in eine Erdumlaufbahn zu bringen.
17	Fr	Das Deutschlandtreffen der Schlesier wird in Hannover eröffnet. Es steht unter dem Motto »Heimat Schlesien – Vaterland Deutschland«.
18	Sa	Die Raumfähre »Challenger« startet mit der Astronautin Sally Ride an Bord. Die Physikerin ist die erste »Frau im All« der US-Raumfahrtgeschichte.
19	So	Das chilenische Militärregime unter Augusto Pinochet übernimmt die Kontrolle über die Kupferminen. 1800 streikende Arbeiter werden entlassen.
20	Mo	In Prag beginnt unter dem Motto »Für Frieden und Leben, gegen den Atomkrieg« der Kongress des kommunistisch orientierten Weltfriedensrates.
21	Di	Der Rat der EG-Außenminister beschließt eine Finanzhilfe für Portugal und Spanien als Vorbereitung auf den Beitritt beider Länder zur EG.
22	Mi	Die Bundesregierung verabschiedet ein Gesetz zur befristeten finanziellen Förderung der Rückkehrbereitschaft ausländischer Arbeitnehmer.
23	Do	Auf Kritik u.a. von Ausländerpfarrern stößt der am Vortag in Bonn beschlossene Gesetzentwurf über Rückkehrprämien für ausländische Arbeiter. → Polen
24	Fr	Die Ausstellung »Martin Luther und die Reformation in Deutschland« wird im Germanischen Nationalmuseum in Nürnberg eröffnet.
25	Sa	Michael Groß stellt bei den deutschen Schwimm-Meisterschaften in Hannover mit 1:48,22 min einen Weltrekord über 200-m-Freistil auf.
26	So	Bei den vorgezogenen Parlamentswahlen in Italien verlieren die Christdemokraten 6% der Stimmen, bleiben aber vor den Kommunisten stärkste Partei.
27	Mo	In Culham bei Oxford nimmt die europäische Kernfusionsanlage JET den Probebetrieb auf. Das 740 Mio. DM teure Projekt war fünf Jahre im Bau.
28	Di	Auf der Hauptversammlung der Bayer AG in Leverkusen protestieren Umweltschützer unter den Kleinanlegern gegen die Firmenpolitik.
29	Mi	In Bremerhaven startet das Forschungsschiff »Polarstern« in die Arktis, um die Ursachen der Packeisausdehnung zu erforschen. → DDR-Kredit
30	Do	Die EG-Kommission reduziert die Stahlkapazitäten der Mitgliedsstaaten. Dadurch gehen in Europa vermutlich 100 000 Arbeitsplätze verloren.

Juli 1983

1 Fr – In München unterzeichnen Vertreter der DDR und westdeutscher Banken die Vereinbarung über die erste Hälfte eines Milliardenkredits von Bonn.

2 Sa – Die UN-Handelskonferenz bringt nur vage Ergebnisse. Die USA und die Ostblockländer garantieren den Dritte-Welt-Staaten keine stabilen Rohstoffpreise.

3 So – Der US-Tennisspieler John McEnroe gewinnt durch einen Sieg über Chris Lewis (Neuseeland) die offenen englischen Meisterschaften von Wimbledon.

4 Mo – Bundeskanzler Helmut Kohl (CDU) und Außenminister Hans-Dietrich Genscher FDP) treffen zu einem dreitägigen offiziellen Besuch in Moskau ein.

5 Di – Spandau 04 Berlin wird zum fünften Mal hintereinander Deutscher Wasserballmeister und bricht damit den Vorkriegsrekord von Hellas Magdeburg.

6 Mi – Mit einem fast auf Lichtgeschwindigkeit beschleunigten Protonenstrahl erreichen US-Physiker bei Chicago die Rekordenergie von 512 Mrd. Elektronenvolt.

7 Do – Nach schweren Kämpfen zwischen Arabern und jüdischen Siedlern setzen die israelischen Behörden Bürgermeister und Stadtrat der Stadt Hebron ab.

8 Fr – Die elfjährige US-Amerikanerin Samantha Smith trifft auf Einladung von KPdSU-Chef Juri W. Andropow zu einem Besuch in Moskau ein.

9 Sa – Die Explosion eines Leichtbenzintanks löst einen Großbrand im Hamburger Hafen aus, bei dem zwei Menschen getötet und elf Personen verletzt werden.

10 So – Der Kirchentag der sächsischen Ev. Landeskirche, an dem 100 000 DDR-Bürger teilgenommen haben, endet in Dresden mit einer Großveranstaltung.

11 Mo – Beim Absturz einer ecuadorianischen Linienmaschine vom Typ Boeing 737 in der Nähe von Cuenca in Südecuador kommen alle 119 Insassen ums Leben.

12 Di – AEG-Telefunken nimmt auf der Nordseeinsel Pellworm das größte europäische Sonnenkraftwerk in Betrieb. Das Projekt wurde von der EG gefördert.

13 Mi – Die Bundesregierung stimmt Änderungen zum Bundessozialhilfegesetz zu, durch die 20 Mio. DM im Jahr eingespart werden sollen. → Vermummungsverbot

14 Do – Nach einer sechsstündigen Debatte lehnt das britische Unterhaus in London mit großer Mehrheit die Wiedereinführung der Todesstrafe ab.

15 Fr – Die Bank für Internationalen Zahlungsausgleich im schweizerischen Basel stundet Brasilien eine Schuld von 400 Mio. Dollar.

16 Sa – Auf dem CSU-Parteitag wird Franz Josef Strauß mit 77% der Stimmen – seinem bisher schlechtesten Ergebnis – als Parteivorsitzender wieder gewählt.

17 So – Das sozialistisch orientierte Nicaragua erklärt sich zu multilateralen Verhandlungen über einen Friedensplan für Mittelamerika bereit.

18 Mo – Bundesaußenminister Hans-Dietrich Genscher erneuert in der Auseinandersetzung um die Raketen-Nachrüstung noch einmal Begrenzungsvorschläge.

19 Di – Zu Gesprächen über Abrüstungsfragen treffen sich Bundeskanzler Helmut Kohl und der französische Staatspräsident François Mitterrand in den Vogesen.

20 Mi – Die sowjetische Parteizeitung »Prawda« berichtet von einem schweren Unfall in einer vor zwei Jahren eröffneten Reaktorfabrik bei Wolgodonsk.

21 Do – Im Werk Poissy bei Paris streiken 16 000 Peugeot-Arbeiter. Sie reagieren damit auf die Ankündigung des Autokonzerns, 7371 Beschäftigte zu entlassen.

22 Fr – In Bonn geht die internationale Antarktiskonferenz nach zweiwöchiger Dauer ohne eine Einigung über die Nutzung der Rohstoffe des Erdteils zu Ende.

23 Sa – Im Libanon gründet der Drusenführer Walid Dschumblat eine pro-syrische »Nationale Rettungsfront«, die in Opposition zu Präsident Amin Gemayel steht.

24 So – Die 70. Tour de France gewinnt der Franzose Laurent Fignon vor dem Spanier Angel Arroyo und dem Niederländer Peter Winnen.

25 Mo – Die Hamburger Polizei beschlagnahmt auf dem panamesischen Containerschiff »Golden Wave« etwa 100 kg Marihuana im Wert von rund 1,2 Mio. DM.

26 Di – Die Europäische Gemeinschaft einigt sich auf eine Verlängerung des Stahlkrisenplans mit Produktionshöchstquoten und obligatorischen Preisen bis 1984.

27 Mi – Beim Attentat einer armenischen Untergrundorganisation auf die türkische Botschaft in Lissabon kommen sieben Menschen ums Leben.

28 Do – In Panama treffen sich die Außenminister von neun mittelamerikanischen Staaten, um die Probleme der Region ohne Einmischung von außen zu lösen.

29 Fr – Die Abgeordneten der Grünen fordern im Bundestag, dass der für 1984 geplante neue fälschungssichere Personalausweis nicht eingeführt wird.

30 Sa – Regierungstruppen des Tschad erobern die von Einheiten des Ex-Präsidenten Goukouni Oueddei besetzte Stadt Faya Largeau zurück. → Sri Lanka

31 So – Paul Schockemöhle aus der Bundesrepublik Deutschland wird im britischen Hickstead auf seinem Pferd Deister Europameister der Springreiter.

21. August 1983

Politischer Mord in Manila

Der aus dreijährigem US-Exil in seine Heimat zurückkehrende philippinische Oppositionsführer Benigno Aquino wird bei seiner Ankunft in Manila erschossen (s. Abb.). Er wollte bei den Wahlen im Frühjahr 1984 gegen den diktatorisch regierenden Präsidenten Ferdinand Marcos antreten.

Marcos lässt nach dem Anschlag bekannt geben, dass es sich bei dem Attentäter um einen Kriminellen gehandelt habe, doch lastet eine Untersuchungskommission den Mord staatlichen Sicherheitskräften bzw. hohen Militärs an. Der Mord an Aquino verschärft den Druck auf das Marcos-Regime. Die katholische Kirche bezieht gegen die Regierung Stellung, die kommunistische Guerilla erhält enormen Zulauf. Der Freispruch aller Angeklagten im Jahre 1985 führt zu einer weiteren Radikalisierung der Massen. Die Witwe Aquinos, Corazon, tritt in der Folgezeit das politische Erbe ihres Mannes an. Sie tritt als Kandidatin bei den Präsidentschaftswahlen 1986 an.

13. Juli 1983

Vermummungsverbot geplant

Die Zunahme gewalttätiger Demonstrationen (Abb.: teilweise vermummte Demonstranten) veranlasst die Bundesregierung, Maßnahmen zu ergreifen: Das Kabinett beschließt einen Gesetzentwurf zur Verschärfung des Demonstrationsstrafrechts, der jedoch erst nach langen koalitionsinternen Auseinandersetzungen 1985 verab-

schiedet wird. Nach dem Willen der Regierung sollen sich künftig nicht nur die Personen strafbar machen, die innerhalb einer Menschenmenge Straftaten begehen oder dazu anstiften, sondern auch diejenigen, die sich trotz Aufforderung nicht aus einer solchen Menschenmenge entfernen. Bundesinnenminister Friedrich Zimmermann (CSU) kündigt auch eine Änderung des Versammlungsrechts an: Es soll um ein Vermummungsverbot und ein Verbot »passiver Bewaffnung« ergänzt werden. Bislang gelten solche Verbote nur dann, wenn die öffentliche Ordnung und Sicherheit gefährdet ist. Die Forderung nach einer Verschärfung des Demonstrationsstrafrechts und vor allem das Vermummungsverbot lassen Kritiker eine Eskalation der Gewalt befürchten.

9. August 1983

Titelkämpfe in Finnland

Goldener Tag für die deutschen Leichtathleten in der finnischen Hauptstadt Helsinki: Der zehnfache deutsche Meister Willi Wülbeck gewinnt in 1:43,65 min den 800-m-Lauf, Patriz Ilg holt sich in 8:15,06 min den Titel im 3000-m-Hindernis-

Hürdenläufer Edwin Moses dominiert auf der 400-m-Strecke die Konkurrenz.

lauf. Allerdings bleiben die beiden Erfolge die einzigen Goldmedaillen für das DLV-Team bei diesen erstmals ausgetragenen Welttitelkämpfen der Leichtathleten. Dominiert wird die Veranstaltung von den Sportlern aus den USA und der DDR.

Über dem Olympiastadion wehen mehr Nationalfahnen als vor dem Gebäude der Vereinten Nationen in New York. Nicht einmal bei Olympischen Spielen waren bislang mehr als 158 Nationen vertreten. Unumstrittener Star der Wettbewerbe ist Carl Lewis (USA), der über 100 m, im Weitsprung und mit der 4 x 100-m-Staffel triumphiert. Einen beeindruckenden Sieg feiert auch

30. Juli 1983

Unruhen auf Sri Lanka

Der Konflikt zwischen buddhistischen Singhalesen und hinduistischen, für einen autonomen eigenen Staat kämpfenden Tamilen auf Sri Lanka eskaliert: Die Regierung in Colombo verbietet drei marxistisch orientierte Oppositionsparteien, die Rassenunruhen zwischen Singhalesen und Tamilen geschürt haben sollen. Die Auseinandersetzungen brachen am 23. Juli aus, als tamilische Guerilleros in der Stadt Jaffna 13 Regierungssoldaten erschossen. Bei Ausschreitungen gegen die tamilische Minderheit – ihr Anteil an der Bevölkerung liegt bei 20% – kommen mehr als 300 Menschen um. Nach Verhängung einer Ausgangssperre kommt der Inselstaat allmählich wieder zur Ruhe. Innenpolitisch bleibt die Lage labil, die tamilische Befreiungsbewegung TULF kämpft weiterhin für einen autonomen Tamilenstaat. Das Parlament verabschiedet im August eine Verfassungsänderung, nach der jede Form von Separatismus unter Strafe gestellt wird.

Carl Lewis Superstar – mit 8,55 m entscheidet der Ausnahmeathlet den Weitsprung-Wettbewerb für sich.

Willi Wülbeck (Nr. 311) gewinnt die 800 m.

Edwin Moses über die 400-m-Hürden. Obwohl sich an der sechsten Hürde die Schnürsenkel seiner Schuhe lösen und der Wind böig ist, wird er in 47,50 sec Weltmeister und distanziert Harald Schmid aus der Bundesrepublik um über 1 sec. Die DDR-Sprinterin Marita Koch gewinnt über 200 m, wird über die 100-m-Distanz Zweite und läuft in den siegreichen 4 x 100-m- und 4 x 400-m-Staffeln. Geschlagen geben muss sich der westdeutsche Zehnkämpfer Jürgen Hingsen, der erneut dem Briten Daley Thompson den Vortritt lassen muss. Thompson zeigt sich in Helsinki außerordentlich nervenstark und wird der erste Weltmeister in der Königsdisziplin der Leichtathleten. Enttäuschung herrscht auch bei den bundesdeutschen Hochspringern: Ex-Weltrekordler Dietmar Mögenburg und Carlo Thränhardt schaffen nicht den Sprung aufs Treppchen. Bei den Frauen setzt u.a. die Tschechoslowakin Jarmila Kratochvilova Maßstäbe: Die kraftvolle Athletin wird Weltmeisterin über 400 m und 800 m, wobei sie über 400 m mit 47,99 sec als erste Frau der Welt unter 48 Sekunden bleibt.

4. August 1983

Sozialist regiert in Rom

Zum ersten Mal steht ein Sozialist an der Spitze einer italienischen Regierung. In Rom vereidigt Staatspräsident Sandro Pertini das Kabinett von Bettino Craxi. Es ist die 42. Regierung der Republik, Christdemokraten, Sozialisten, Republikaner, Sozialdemokraten und Liberale sind darin vertreten. Nachdem das vorherige Kabinett unter Amintore Fanfani (Democrazia Cristiana) an unterschiedlichen Auffassungen in der Wirtschaftspolitik auseinander gebrochen war, hatten die Neuwahlen am 26. Juli eine ungewohnte Machtverteilung ergeben: Die Christdemokraten mussten das bisher schlechteste Ergebnis ihrer Geschichte einstecken, blieben jedoch stärkste politische Kraft. Hatten sie bei den Wahlen 1979 noch gut 38% der Stimmen gewinnen können, so waren es diesmal nur knapp 33%. Damit ist die langjährige Regierungspartei nur unwesentlich stärker als die Kommunistische Partei unter Enrico Berlinguer, die fast 30% der Stimmen erhielt.

30. August 1983

Selbstmord statt Auslieferung

Mit einem Sprung aus dem sechsten Stockwerk des Berliner Verwaltungsgerichts begeht der türkische Asylbewerber Kemal Altun Selbstmord. Der 23-Jährige, der für den Fall der Abschiebung in seine Heimat dort mit der Todesstrafe rechnete, saß fast 14 Monate in Auslieferungshaft. Nachdem er sich in Gewerkschafts- und Hochschulgruppen engagiert hatte, verließ er nach dem Militärputsch 1981 seine Heimat. Während er auf seine Anerkennung als politischer Flüchtling wartete, stellte die Türkei einen Auslieferungsantrag, dem das Berliner Kammergerichts stattgab. Im Februar 1983 billigte auch die Bundesregierung Altuns Auslieferung. Dass er nicht sofort abgeschoben wurde, war dem Protest von Menschenrechtsorganisationen zu verdanken. Nach 13 Monaten Abschiebehaft wurde Altun 1983 vom zuständigen Bundesamt als »politisch verfolgt« anerkannt. Bundesinnenminister Friedrich Zimmermann (CSU) legte dagegen Beschwerde ein.

August 1983

1 Mo Das Bundesfinanzministerium lehnt eine Gesetzesinitiative des Landes Hessen für den Bundesrat zur Steuererleichterung für bleifreies Benzin ab.

2 Di Der Irak einigt sich mit Jordanien auf eine Grenzkorrektur. Jordanien erhält ein seit 1958 vom Irak besetztes Gebiet zurück.

3 Mi Bei einem Empfang im hessischen Landtag bespritzt der grüne Abgeordnete Frank Schwalba-Hoth den US-General Paul S. Williams mit Blut.

4 Do An der tschechoslowakisch-polnischen Grenze wird 17 Friedensmarschierern auf dem Weg nach Moskau die Einreise nach Polen verweigert. → Rom

5 Fr Das US-Luftfahrtunternehmen McDonnell Douglas gibt die Einstellung der Produktion des unfallanfälligen Verkehrsflugzeugs DC-10 bekannt.

6 Sa Bei den Weltmeisterschaften im modernen Fünfkampf in Warendorf (Westfalen) belegen die UdSSR, Ungarn und Frankreich die Plätze eins bis drei.

7 So Beim »Flugtag '83« auf dem US-Militärflughafen Ramstein gehen US-Militärpolizisten brutal gegen Friedensdemonstranten vor.

8 Mo In Honduras treffen die ersten US-Truppen zu den bisher größten Manövern in Mittelamerika ein. Nicaragua wertet die Manöver als Invasionsdrohung.

9 Di Türkische Politiker kritisieren in einem Memorandum die Unterstützung der Militärregierung unter General Kenan Evren durch Europa und die USA. → Finnland

10 Mi Frankreich greift mit Fallschirmjägern und Kampfflugzeugen in den Bürgerkrieg in der ehemals französischen Kolonie Tschad ein.

11 Do In Chile werden beim vierten »Nationalen Protesttag« gegen die Militärdiktatur von General Augusto Pinochet mindestens 24 Menschen getötet.

12 Fr Die Regierung in Tokio verabschiedet ein Langzeitprogramm zur Begrenzung von Inflation und Arbeitslosigkeit für die japanische Wirtschaft.

13 Sa Liberia beschließt, die diplomatischen Beziehungen zu Israel wieder aufzunehmen, die 1973 wegen des Jom-Kippur-Kriegs abgebrochen worden waren.

14 So Die polnische Bereitschaftspolizei löst in Danzig eine Demonstration von mehreren tausend Anhängern der verbotenen Gewerkschaft »Solidarität« auf.

15 Mo In einer Rede vor Parteiveteranen kündigt der sowjetische Staats- und Parteichef Juri Andropow in Moskau drastische Wirtschaftsreformen an.

16 Di Die Europäische Gemeinschaft veröffentlicht eine Studie, derzufolge weltweit jährlich 450 Mrd. Dollar (1224 Mrd. DM) für Waffen ausgegeben werden.

17 Mi Die USA geben erstmals öffentlich zu, die Flucht des ehemaligen Gestapo-Chefs von Lyon, Klaus Barbie, nach Bolivien ermöglicht zu haben.

18 Do Aus Honduras eingedrungene antisandinistische Rebellen, die von der US-Armee ausgebildet wurden, greifen die Stadt Rafael del Norte in Nicaragua an.

19 Fr Das Internationale Arbeitsamt in Genf bezeichnet in einer Studie Schwarzarbeit als eine Art soziales Ventil für viele Menschen.

20 Sa In Rom wird Mamun Mreisch, ein Vertrauter und Mitstreiter des PLO-Vorsitzenden Jasir Arafat, auf offener Straße von zwei Unbekannten erschossen.

21 So In Buenos Aires protestieren mehr als 50 000 Menschen gegen ein Amnestiegesetz für Menschenrechtsverletzer der Militärdiktatur. → Manila

22 Mo UN-Generalsekretär Javier Pérez de Cuellar spricht mit Südafrikas Premier Pieter Willem Botha über die Unabhängigkeit Namibias.

23 Di Auf einer Massenkundgebung in Peking wird die Hinrichtung von 30 Kriminellen als Teil einer Kampagne gegen Kriminalität in China angekündigt.

24 Mi Die Bundesregierung in Bonn verabschiedet einen Bericht, demzufolge die Entsorgung von radioaktivem Müll langfristig gesichert sei.

25 Do Die Umweltorganisation Robin Wood macht mit einer Aktion zum 138. Geburtstag des bayerischen Königs Ludwig II. auf das Waldsterben aufmerksam.

26 Fr Bundespräsident Karl Carstens gibt bekannt, dass er aus terminlichen Gründen die Einladung der DDR zur Luther-Jubiläumsfeier nicht annehmen könne.

27 Sa Bundesdeutsche Schwimmer, darunter der 19-jährige Michel Groß, gewinnen bei den Schwimm-Europameisterschaften in Rom vier Goldmedaillen.

28 So Der als »Sprayer von Zürich« bekannte und international gesuchte Schweizer Künstler Peter Nägeli wird von Grenzbeamten in Puttgarden festgenommen.

29 Mo Der chilenische Diktator Augusto Pinochet gibt dem Druck der Opposition nach und hebt den Ausnahmezustand über das Land auf.

30 Di Nach heftigen Regenfällen und Überschwemmungen im Baskenland ziehen die spanischen Behörden eine Opferbilanz von 39 Toten. → Selbstmord

31 Mi Ein Bericht des US-Amtes für Statistik meldet für die Zeit von Mitte 1982 bis Mitte 1983 das bislang stärkste Wachstum der Weltbevölkerung.

September 1983

1 Do Das Deutsche Hydrographische Institut verbietet ab sofort die Verklappung grünsalzhaltiger Abfälle in die Nordsee. → Raketen → Sowjets

2 Fr Der Franzose Thierry Vigneron stellt in Rom mit 5,83m einen Weltrekord im Stabhochsprung auf. Er verbessert die Bestleistung um einen Zentimeter.

3 Sa Bei einer Blockade des US-Militärstützpunkts Bitburg kommt es zu Auseinandersetzungen zwischen Polizei und Friedensdemonstranten.

4 So Bei den Ruder-Weltmeisterschaften in Duisburg gewinnt die Bundesrepublik Deutschland eine Bronze- und drei Goldmedaillen.

5 Mo Der frühere Bundeskanzler Helmut Schmidt trifft während eines Privatbesuches in der DDR mit Staats- und Parteichef Erich Honecker zusammen.

6 Di Die Howaldtswerke-Deutsche Werft AG kündigt die Entlassung von 1354 Mitarbeitern im für den Bau von Großschiffen ausgelegten Hamburger Werk an.

7 Mi In Tunis beginnt die Ratssitzung der arabischen Liga. Die Teilnehmerstaaten beschließen die Isolierung Liberias, weil dieses Kontakte zu Israel pflege.

8 Do Griechenland verlängert sein Stützpunktabkommen mit den USA um fünf Jahre. Dann sollen die Stützpunkte in der Ägäis geräumt werden. → Pinochet

9 Fr Die argentinische Regierung gibt der Ex-Präsidentin Isabel Perón die politischen und bürgerlichen Rechte zurück, die ihr 1976 vom Militär genommen wurden.

10 Sa Papst Johannes Paul II. trifft anlässlich des Österreichischen Katholikentages zu einem viertägigen Besuch in der Alpenrepublik ein.

11 So In der Frankfurter Paulskirche wird dem Schriftsteller und Philosophen Günther Anders in Abwesenheit der Adorno-Preis verliehen.

12 Mo Algerien bewilligt Obervolta einen Kredit in Höhe von fünf Mio. Dollar, weil im Norden des Landes nach anhaltender Dürre die gesamte Ernte ausgefallen war.

13 Di Der umstrittene Hochtemperatur-Reaktor THTR-300 im westfälischen Uentrop-Schmehausen wird erstmals mit Brennelementen beschickt.

14 Mi Der Schweizer Künstler Jean Tinguely erhält den Kunstpreis der Stadt Zürich. +++ Das Kernkraftwerk Krümmel nahe Hamburg nimmt seinen Betrieb auf.

15 Do 900 000 belgische Arbeiter und Angestellte treten für zehn Tage in den Streik, um gegen die Sparpolitik der christlich-liberalen Regierung zu protestieren.

16 Fr Vertreter der Sowjetunion und der USA unterzeichnen in der ukrainischen Stadt Charkow ein Abkommen über den Gewässerschutz.

17 Sa Auf dem Parteitag der rheinländischen CDU bezeichnet Familienminister und CDU-Generalsekretär Heiner Geißler die SPD als »fünfte Kolonne« Moskaus.

18 So Afghanische Kampfflugzeuge vom Typ MIG-21 bombardieren ein pakistanisches Dorf bei Parachinar an der Grenze zu Afghanistan.

19 Mo Die Universität Greifswald (DDR) verleiht dem Vorsitzenden der Krupp-Stiftung, Berthold Beitz, die Ehrendoktorwürde der medizinischen Fakultät.

20 Di Die »Revolutionären Zellen« bekennen sich zum Sprengstoffanschlag auf das Rechenzentrum des Rüstungsproduzenten MAN in Ginsheim-Gustavsburg.

21 Mi Die Athener Regierung verbietet den USA die Nutzung der griechischen Flughäfen für den Transport von Kriegsmaterial in den Libanon.

22 Do In Nevada wird in einer unterirdischen Vakuumröhre eine Atombombe gezündet. +++ Der Chinese Zhu Jianhua ist neuer Hochsprung-Weltrekordler (2,38m.)

23 Fr Die sowjetische Erdgasleitung nach Westeuropa ist soweit fertig gestellt, dass die UdSSR ab sofort fünf Mrd. m³ Gas jährlich liefern kann.

24 Sa Das Strafgericht von Monza (Italien) verurteilt Verantwortliche des Giftskandals von Seveso zu Haftstrafen zwischen zweieinhalb und fünf Jahren.

25 So Bei den Wahlen zur Bremer Bürgerschaft erringt die SPD die absolute Mehrheit. Bei den Landtagswahlen in Hessen wird sie mit 46,2% stärkste Partei.

26 Mo Die Besetzung der existenzgefährdeten Bremer Großwerft AG »Weser« durch die eigene Belegschaft wird erfolglos abgebrochen.

27 Di Ost-Berlin schafft den Zwangsumtausch bei Reisen in die DDR für Kinder unter 14 Jahren ab und lässt Grenz-Selbstschussanlagen abbauen.

28 Mi Griechenland zieht seine Flottenverbände wegen Unstimmigkeiten im Verhältnis zur Türkei von den NATO-Manövern im östlichen Mittelmeer zurück.

29 Do Das Bundeskartellamt verhängt gegen 77 Bauunternehmen, die Preisabsprachen vorgenommen haben, Bußgelder in Höhe von insgesamt 54 Mio. DM.

30 Fr Die Bundesregierung warnt vor Gesundheitsschädigungen durch asiatische Rheuma- und Asthmamittel, die in der Bundesrepublik nicht zugelassen sind.

8. September 1983

Chilenen gegen Pinochet

Anlässlich des »Nationalen Protesttages« gegen die Militärdiktatur von General Augusto Pinochet gehen die Chilenen in vielen Städten des Landes auf die Straße. In Santiago werden bei Unruhen vier Menschen von der Polizei getötet.
Immer mehr Chilenen schließen sich der Widerstandsbewegung an und protestieren in aller Öffentlichkeit gegen Pinochets Militärdiktatur. In den vergangenen Monaten gab es Arbeiterstreiks und Studentendemonstrationen. Frauen organisierten Protestzüge, Slumbewohner errichteten brennende Barrikaden. Polizei und Sicherheitskräfte gehen mit aller Härte gegen die Demonstranten vor. Seit Mai starben bei den fünf Protesttagen 100 Menschen. Die Proteste der Menschen richten sich einerseits gegen soziale und wirtschaftliche Missstände, andererseits gegen die Verletzung der Menschenrechte, gegen Folter und Hinrichtungen. Von den rd. 150 000 während der Militärdiktatur verhafteten Chilenen sollen mindestens 10 000 umgekommen sein. Seit zehn Jahren regiert Pinochet das Land mit eiserner Hand. Nach seiner Machtübernahme wurde die Verfassung weitgehend außer Kraft gesetzt, viele Politiker der Linken kamen in Haft.

30. Oktober 1983

Wahl in Argentinien

Die sozialdemokratisch orientierte Radikale Bürgerunion (UCR) geht als Siegerin aus den ersten Parlamentswahlen seit Machtübernahme der Militärs im Jahre 1973 hervor. Neuer Staatschef wird Raúl Alfonsin, der unmittelbar nach seinem Sieg einschneidende Veränderungen in der Wirtschaft ankündigt. Die Reformen sollen vor allem die hohe Auslandsverschuldung des südamerikanischen Landes senken und die bei 400% liegende Inflation drosseln. Bei seiner Vereidigung übergeben die Militärs, deren Position nach dem verlorenen Falklandkrieg gegen Großbritannien geschwächt war, offiziell die Macht an die neue Zivilregierung. Alfonsin erklärt, er wolle in seiner Amtszeit für eine Untersuchung der Menschenrechtsverletzungen sorgen. Gegen ehemalige Junta-Mitglieder werden in der Folgezeit gerichtliche Schritte eingeleitet.

Raúl Alfonsin

argentinischer Politiker, * 13.3.1927 Chascomus (Provinz Buenos Aires)

Der Ex-Rechtsanwalt ist nach dem Zusammenbruch der Militärdiktatur der erste frei gewählte Staatspräsident Argentiniens, setzt sich für die Wiederherstellung demokratischer Verhältnisse und die Menschenrechte ein. Nachhaltige Reformen zum Abbau sozialer Spannungen, in Wirtschaft und Bürokratie gelingen ihm jedoch nicht.

- 1944: Eintritt in die Unión Civica Radical (UCR)
- 1958-62: Provinzabgeordneter
- 1983-89: Staatspräsident

Böll (l.) und Lafontaine (r.) in Mutlangen

Prominentenprotest

An den Protestaktionen gegen die geplante Nachrüstung nehmen auch viele Prominente teil. Anlässlich des Antikriegstages am 1. September, der an den Beginn des Zweiten Weltkriegs erinnert, blockieren Mitglieder der Friedensbewegung u.a. die Zufahrt zum Militärdepot im schwäbischen Mutlangen. Mit dabei sind u.a. der Literaturnobelpreisträger Heinrich Böll, der Ex-Politiker und Pfarrer Heinrich Albertz, der Grafiker Klaus Staeck und der saarländische Ministerpräsident Oskar Lafontaine.

1. September 1983

Sowjets schießen »Jumbo« ab

Sowjetische Abfangjäger schießen eine südkoreanische Verkehrsmaschine ab, als diese vermutlich irrtümlich von ihrem regulären Kurs abweicht und in den sowjetischen Luftraum eindringt. Daraufhin stürzt die Boeing 747 (»Jumbo Jet«) südwestlich der Insel Sachalin ins Meer. Alle 269 Insassen, darunter 51 US-Bürger, kommen ums Leben. Die Welt reagiert mit Entsetzen auf das Vorgehen des UdSSR-Militärs. Moskau gibt zu dessen Verteidigung an, es hätten Hinweise auf einen Spionageauftrag vorgelegen (Abb.: Pressekonferenz zum »Jumbo«-Abschuss).

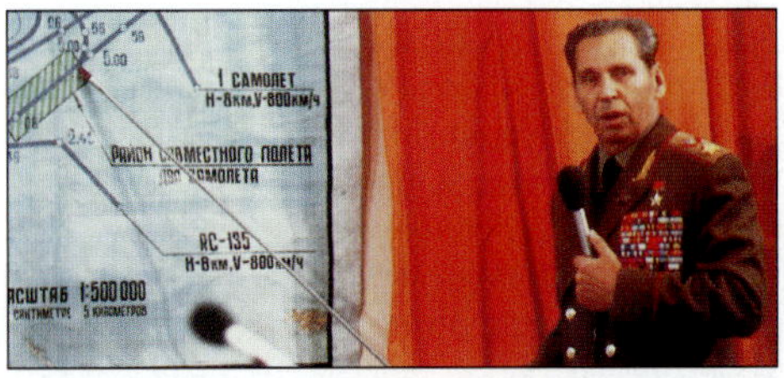

1. September 1983

Bürger gegen Raketen

Die sich ankündigende Stationierung von US-Mittelstreckenraketen in der Bundesrepublik führt zu einer Welle des Protestes in der deutschen Bevölkerung. Viele Menschen befürchten ein Weiterdrehen der Rüstungsspirale und engagieren sich in der Friedensbewegung. Im Herbst erleben die Demonstrationen und Protestaktionen einen Höhepunkt: Die Zufahrten zum US-Militärdepot im schwäbischen Mutlangen und zum US-Militärflugplatz in Bitburg werden blockiert – viele Prominente beteiligen sich an diesen Aktionen der Friedensbewegung, die der Regierung in Bonn einen »heißen Herbst« versprochen hat.

Um sechs Uhr morgens marschieren einige hundert Demonstranten in zwei Kolonnen auf die beiden Eingänge des Militärdepots in Mutlangen zu, um mit einer symbolischen Blockade auf die vermutlich hier vorgesehenen Stationierung von Pershing-II-Raketen aufmerksam zu machen. Drei Tage lang wachen sie – gewaltfrei – vor den Toren des Depots. Bei der Blockade des Militärflugplatzes in Bitburg kommt es während der Abschlusskundgebung am 3. September zu einer Konfrontation mit der Polizei: Um die Versammlung aufzulösen, setzen die Ordnungshüter Wasserwerfer ein. Mehr als 300 Demonstranten, unter ihnen mehrere Bundestagsabgeordnete, werden festgenommen.

Höhepunkt der Protestkundgebungen gegen die Nachrüstung sind Großdemonstrationen und Protestaktionen u.a. in Hamburg, Bonn und West-Berlin. Zwischen Stuttgart und Neu-Ulm bilden rd. 200 000 Demonstranten eine Menschenkette. Insgesamt beteiligen sich rd. 1,3 Mio. Menschen in der Bundesrepublik an den Aktionen der Friedensbewegung.

Menschenkette: Protest gegen die geplante Stationierung von neuen Raketen

25. Oktober 1983

Reagan zeigt Flagge: US-Truppen besetzen Grenada

Nach dem Sturz der Regierung auf Grenada besetzen US-Truppen die Karibikinsel (Abb.: US-Landungsboot). Linksradikale Armeeangehörige hatten in einem Putsch die Macht an sich gerissen und damit die USA auf den Plan gerufen. Nach offiziellen Verlautbarungen aus dem Weißen Haus ist die militärische Intervention auf Wunsch karibischer Staaten veranlasst worden. Ziel sei die Wiederherstellung von Recht und Ordnung sowie der Schutz der etwa 1000 US-Bürger, die auf Grenada leben. US-Präsident Ronald Reagan erklärt, dass die Soldaten auf der Insel riesige Waffenlager entdeckt und sich zahlreiche sowjetische Militärberater auf der Insel aufgehalten hätten. Die Opposition im US-Kongress wirft Reagan einen Bruch des Völkerrechts vor. Die Sowjetunion sieht in der militärischen Intervention eine neue Form des »Yankee-Imperialismus«. Die Meinungen in Westeuropa über die Aktion sind geteilt. Viele vermuten, Reagan habe einen außenpolitischen Erfolg vorweisen wollen. London reagiert verärgert, weil die Amerikaner ihr Vorhaben, das Commonwealth-Land anzugreifen, nicht zuvor mitgeteilt hatten.

Oktober 1983

1 Sa Innerhalb der EG tritt das Einfuhrverbot für Jungrobbenfelle in Kraft. +++ In Moskau findet eine staatlich gelenkte Friedensdemonstration statt.

2 So Der 41-jährige Neil Kinnock übernimmt auf dem Parteitag der britischen Labour Party den Parteivorsitz. Sein Vorgänger Michael Foot hatte zuvor verzichtet.

3 Mo Bei einer öffentlichen Übung der Bundeswehr auf dem Truppenübungsplatz in Münsingen kommen bei einer Granatenexplosion drei Soldaten ums Leben.

4 Di Die Bundesregierung beschließt ein Sonderprogramm zur Schaffung von 7000 bis 8000 überbetrieblichen Ausbildungsplätzen.

5 Mi DDR-Staats- und Parteichef Erich Honecker kündigt die Demontage sämtlicher Selbstschussanlagen an der innerdeutschen Grenze an.

6 Do Der Tennisspieler Mats Wilander erhält die Fair-Play-Trophäe der UNESCO. Der Schwede hatte auf einen ihm irrtümlich zuerkannten Punkt verzichtet.

7 Fr Der Pforzheimer Boxer René Weller wird in Frankfurt am Main durch einen k.o.-Sieg über James Ortega (USA) Weltmeister im Superfedergewicht.

8 Sa Im schweizerischen Zürich demonstrieren mehrere hundert Tierschützer gegen die Tierversuche in der Pharmaindustrie.

9 So Frankreich unterstützt den Irak mit der Lieferung von fünf Kampfflugzeugen des Typs »Super Etendard« im Krieg gegen den Iran.

10 Mo Israels neuer Ministerpräsident Yitzhak Schamir, Vorsitzender der konservativen Parteienallianz Likud-Block, kündigt ein drastisches Sparprogramm an.

11 Di Die 35. Frankfurter Buchmesse wird eröffnet: 5800 Verlage aus 77 Ländern präsentieren knapp 300 000 Buchtitel.

12 Mi Der 14. Ordentliche Gewerkschaftstag der IG Metall wählt in München Hans Mayr zum Nachfolger von Eugen Loderer als Vorsitzenden.

13 Do Israels Finanzminister Joram Aridor tritt wegen Ablehnung der von ihm geplanten Ankopplung der israelischen Wirtschaft an den US-Dollar zurück.

14 Fr US-Präsident Ronald Reagan kündigt seine Kandidatur für eine zweite Amtszeit an. Zuvor muss er von der Republikanischen Partei nominiert werden.

15 Sa Tibetische Organisationen demonstrieren in Zürich gegen Massenverhaftungen und Hinrichtungen von Tibetern in der Volksrepublik China.

16 So Der Brasilianer Nelson Piquet wird durch seinen Sieg beim Großen Preis von Südafrika auf dem Kyalami-Kurs auch Formel-1-Weltmeister.

17 Mo Ein südafrikanischer Kampfverband zerstört Einrichtungen des Afrikanischen Nationalkongresses (ANC) in Maputo, der Hauptstadt von Mosambik.

18 Di Bundeslandwirtschaftsminister Ignaz Kiechle (CSU) gibt bekannt, dass sich das Waldsterben im Vergleich zu 1982 vervierfacht habe.

19 Mi Der diesjährige Nobelpreis für Physik wird den US-Astrophysikern Subrahmanyan Chandrasekhar und William Fowler zuerkannt.

20 Do Auf der Karibikinsel Grenada übernimmt nach der Ermordung von Präsident Maurice Bishop am Vortag das Militär unter General Austin Hudson die Macht.

21 Fr Die Regierungen Großbritanniens und Frankreichs teilen mit, ihre Atomwaffen seien nicht Gegenstand der Genfer Abrüstungsverhandlungen.

22 Sa Im Rahmen der Aktionswoche gegen die Nachrüstung beteiligen sich 1,3 Mio. Bundesbürger an einem bundesweiten Massenprotest.

23 So Bei Selbstmord-Bombenanschlägen auf die Beiruter Hauptquartiere der US-und französischen Friedenstruppen im Libanon kommen fast 300 Soldaten um.

24 Mo In ihrem Herbstgutachten sagen die bundesdeutschen Wirtschafts-Forschungsinstitute den Anstieg der Arbeitslosenzahl auf 2,4 Mio. voraus.

25 Di Der westdeutsche Rockmusiker Udo Lindenberg darf mit seinem »Panikorchester« 20 Minuten lang vor FDJ-Publikum in Ost-Berlin auftreten. → Grenada

26 Mi CDU, CSU, SPD und FDP geben bekannt, dass Parteien künftig wie gemeinnützige Vereine behandelt werden sollen, um Spendenskandale zu vermeiden.

27 Do Der Bundesgrenzschutz meldet, dass überall dort, wo DDR-Selbstschussanlagen abgebaut worden sind, neuartige Zäune aufgestellt würden.

28 Fr Ein türkisches Militärgericht verurteilt 94 Kurden wegen der Forderung nach einem eigenen Staat zu Haftstrafen bis zu 24 Jahren.

29 Sa Als Nachfolger von Bruno Kreisky übernimmt der österreichische Bundeskanzler Fred Sinowatz den Vorsitz der Sozialistischen Partei Österreichs (SPÖ).

30 So Ein schweres Erdbeben mit der Stärke sechs erschüttert den Osten der Türkei. Mehr als 1200 Menschen kommen ums Leben. → Argentinien

31 Mo DDR-Staats- und Parteichef Erich Honecker empfängt in Ost-Berlin eine Delegation des Bundesvorstandes und der Bonner Fraktion der Grünen.

November 1983

1 Di Auf Antrag der Regierung billigt das britische Unterhaus mit 362 gegen 218 Stimmen die Stationierung von Marschflugkörpern in Großbritannien.

2 Mi In der Türkei tritt das »Gesetz über Familienplanung« in Kraft. Damit ist ein Schwangerschaftsabbruch bis zur 10. Schwangerschaftswoche legal.

3 Do In Los Angeles wird ein Student unter dem Verdacht verhaftet, sich unrechtmäßig Zugang zu einem internationalen Computernetz verschafft zu haben.

4 Fr Drei Mitglieder der unabhängigen Friedensbewegung der DDR werden in Ost-Berlin vorübergehend festgenommen.

5 Sa 50 000 Menschen nehmen in Bern an einer Friedensdemonstration teil. Eine Menschenkette verbindet die Botschaften der USA und der Sowjetunion.

6 So Bei Demonstrationen gegen die Militärregierung, an der sich 8000 Menschen beteiligen, kommt es in Montevideo (Uruguay) zu Straßenschlachten. → Özal

7 Mo Bundesinnenminister Friedrich Zimmermann nimmt in München die erste öffentliche Zapfsäule für bleifreies Benzin in Betrieb.

8 Di Die Bundesregierung beschließt eine öffentliche Soforthilfe in Form einer Finanzspritze für den vom Konkurs bedrohten Konzern Arbed Saarstahl.

9 Mi Der britische Generalgouverneur von Grenada, Paul Scoon, bildet eine Übergangsregierung, die bis zu den Neuwahlen im Amt bleiben soll.

10 Do Die evangelische Kirche in der DDR feiert den 500. Geburtstag von Martin Luther in dessen Geburts- und Sterbeort Eisleben.

11 Fr Wegen der Lieferung von »Super-Etendard«-Kampfflugzeugen an den Kriegsgegner Irak verhängt der Iran Wirtschaftssanktionen gegen Frankreich.

12 Sa In München beginnt der Bundeskongress der Jungen Union. Christoph Böhr tritt als Bundesvorsitzender die Nachfolge von Matthias Wissmann an.

13 So Bei den Fecht-Europameisterschaften in Lissabon gewinnt die bundesdeutsche Mannschaft durch Cornelia Hanisch und Alexander Pusch zwei Goldmedaillen.

14 Mo Ein chinesischer Luftwaffenpilot flüchtet nach Taiwan, wo er nach dem Prämiensystem für Deserteure eine Belohnung von rund 1,4 Mio. Dollar erhält.

15 Di Bonn und Ost-Berlin unterzeichnen ein neues Postabkommen, worin sich die DDR u.a. zu einer schnelleren Beförderung verpflichtet. → Nord-Zypern

16 Mi Die Ruhrkohle AG in Essen gibt bekannt, dass sie ihre Beschäftigtenzahl und ihre Förderkapazitäten bis 1988 um rund ein Achtel verringern wolle.

17 Do Die Regierungen von Tansania und Kenia beschließen, die seit 1977 geschlossene Grenze zwischen beiden Staaten ab sofort wieder zu öffnen.

18 Fr Die UNO-Generalversammlung erklärt die Unabhängigkeitserklärung von Nordzypern für nichtig. +++ In Köln beginnt ein Sonderparteitag der SPD.

19 Sa Der »kleine Parteitag« der CSU in Hof spricht sich mit Mehrheit für die Aufstellung der umstrittenen US-Raketen in der Bundesrepublik aus.

20 So Mit einem 2:1-Sieg über Albanien qualifiziert sich die bundesdeutsche Fußball-Nationalmannschaft in Saarbrücken für die Europameisterschaft.

21 Mo Zeitgleich mit der Nachrüstungsdebatte im Bundestag finden in vielen westdeutschen Städten Demonstrationen der Friedensbewegung statt.

22 Di Das norwegische Parlament in Oslo spricht sich mit knapper Mehrheit für die Aufstellung neuer Mittelstreckenwaffen in Europa aus. → Bundestag

23 Mi Das Bundeskabinett in Bonn billigt die von Bundesverkehrsminister Werner Dollinger vorgelegten Leitlinien zur Sanierung der Bundesbahn. → Moskau

24 Do Bemühungen des Internationalen Komitees vom Roten Kreuz enden mit einem Gefangenenaustausch zwischen Israel und der PLO.

25 Fr Die ersten »Pershing-II«-Teile treffen auf dem Militärflugplatz Ramstein ein und werden anschließend in das US-Depot Mutlangen transportiert.

26 Sa Unbekannte Täter rauben aus einem Sicherheitsdepot nahe dem Londoner Flughafen Heathrow Goldbarren und Diamanten im Wert von 100 Mio. DM.

27 So In München wird die Partei »Die Republikaner«, die als Abspaltung von der CSU gilt, unter dem Vorsitz von Franz Handlos gegründet.

28 Mo Als erster Bundesdeutscher startet der Stuttgarter Ulf Merbold – zusammen mit fünf US-Astronauten – an Bord der Raumfähre »Columbia« ins All.

29 Di In Neu-Delhi endet die 24. Commonwealth-Konferenz. +++ Die Bonner Staatsanwaltschaft erhebt Anklage in der Flick-Spendenaffäre.

30 Mi Das Bundesgesundheitsministerium teilt mit, dass bislang in der Bundesrepublik 14 Menschen an der Immunschwächekrankheit AIDS gestorben seien.

15. November 1983

Nord-Zypern spaltet sich ab

Der türkische Teil Zyperns erklärt sich zur »Türkischen Republik Nord-Zypern« und damit zu einem vom Rest der Insel unabhängigen Staat. Die Erklärung ist einseitig. Weder mit der UNO noch mit dem griechischen Teil der Insel wurden im Vorfeld Gespräche über eine eigenständige türkische Republik auf Zypern geführt. Seit mehreren Jahren hatte der Führer der türkischen Zyprioten, Rauf Rasit Denktas, eine derartige Erklärung angekündigt. Ursache hierfür war die Forderung der Vereinten Nationen, alle türkischen Truppen von der Insel abzuziehen, damit wieder Gespräche der griechischen mit der türkischen Volksgruppe zustande kommen können. Die Unabhängigkeitserklärung trägt jedoch keine Früchte. Bis auf die Türkei erkennt kein anderes Land Nord-Zypern als eigenständigen Staat an. Die USA und die EG-Länder verurteilen die Erklärung, weil sie eine dauerhafte Lösung des Zypern-Konfliktes erschwere. Noch im August hatte die UNO versucht, eine griechisch-türkische Föderation auf Zypern einzurichten. Denktas begründet seinen Schritt damit, dass die Zypern-Griechen sich bei allen derartigen Annäherungsversuchen unnachgiebig zeigten.

22. November 1983

Bundestag: Ja zu Raketen

Der Deutsche Bundestag in Bonn billigt die Stationierung der neuen US-Mittelstreckenraketen in der Bundesrepublik. Der Antrag der Regierungsparteien CDU/CSU und FDP wird mit 286 gegen 226 Stimmen bei einer Enthaltung angenommen. Damit entspricht der Bundestag der Entschließung zum NATO-Doppelbeschluss vom 28. Mai 1981.

Gegner der Nachrüstungsmaßnahme finden sich vor allem in den Reihen der SPD und der Grünen, letztere nehmen geschlossen Abstand von dem Vorhaben der Bundesregierung. Otto Schily, Sprecher der Grünen, bezeichnet die Nachrüstung als einen »Akt der Unterwerfung unter die zunehmend aggressive Militärstrategie« der Vereinigten Staaten von Amerika. Alternativ schlägt die Opposition eine Fortsetzung der Abrüstungsverhandlungen mit der Sowjetunion vor. Besonders die SPD (Abb.: Parteichef Willy Brandt im Bundestag) befindet sich in einer schwierigen politischen Lage. Während SPD-Fraktionschef Hans-Jochen Vogel die Stationierung ablehnt, befindet sich Ex-Bundeskanzler Helmut Schmidt unter den wenigen Befürwortern des NATO-Doppelbeschlusses. Als damaliger Regierungschef hatte er 1981 dem Doppelbeschluss zugestimmt. Trotz des Regierungswechsels, so Schmidt, müsse die Bundesrepublik weiterhin zu ihrer Zusage stehen.

6. November 1983

Özal gewinnt Wahlen

Sieger der ersten türkischen Parlamentswahlen nach der Machtübernahme der Militärs vor drei Jahren wird der Vertreter der konservativen Mut-

terlandspartei (AnaP), Turgut Özal (s. Abb.). In seiner Regierungserklärung verkündet der Wirtschaftsexperte marktwirtschaftliche Maßnahmen zur Verbesserung der ökonomischen Situation.

9. Dezember 1983

Erfolg für Spacelab

Die Raumfähre »Columbia« landet nach zehntägigem Flug sicher in der kalifornischen Mojave-Wüste. An Bord befindet sich der erste bundesdeutsche Astronaut Ulf Merbold. Vor ihm war es, im Jahre 1978, bereits DDR-Oberstleutnant Sigmund Jähn vergönnt gewesen, als erster Deutscher in den Weltraum zu fliegen. Der Physiker Merbold gehört zur sechsköpfigen Besatzung der US-Raumfähre »Columbia«. Die »Columbia«-Mission diente vor allem der Erprobung des europäischen Weltraumlabors »Spacelab«.
166-mal umkreisten Merbold und seine Kollegen den blauen Planeten, 72 Experimente in der Schwerelosigkeit sollen Wissenschaft, Forschung und Industrie neue Wege weisen. Mit 36 Versuchen stand dabei die Werkstoffforschung an erster Stelle. Hauptziel der Forscher war die Herstel-

Ulf Merbold

deutscher Physiker und Astronaut, * 20.6.1941 Greiz (Thüringen)

Ulf Merbold ist nach Sigmund Jähn aus der DDR der zweite Deutsche, der an einer Weltraummission teilnimmt. Der Physiker ist an Bord der Raumfähre »Columbia« für zahlreiche wissenschaftliche Experimente zuständig. Mit dem Flug von Merbold untermauert die Bundesrepublik ihren Anspruch, sich in der Weltraumfahrt engagieren zu wollen.

- 1960: Einreise nach West-Berlin
- 1976: Promotion zum Dr. rer. nat.
- 1994: Flug zur Raumstation Mir

23. November 1983

Moskau stoppt Gespräche

Die Bemühungen um weltweite Abrüstung erleiden einen Rückschlag. Moskau bricht die Genfer Gespräche über die Begrenzung der Mittelstreckenraketen in Europa (INF) ab. Wenig später setzt die Sowjetunion auch die Genfer Verhandlungen über die Begrenzung der strategischen Rüstung (START) aus. Hintergrund ist die Stationierung bodengestützter Mittelstreckenraketen in Europa. Die westeuropäischen Staaten unterstützen – trotz starken Protests der Friedensbewegung – diesen Schritt weitgehend einhellig. Nur das dänische Parlament billigt einen Antrag der Sozialdemokraten, der die konservative Regierung von Poul Schlüter verpflichtet, sich bei der nächsten NATO-Tagung gegen die Raketenstationierung auszusprechen. Noch im November werden die ersten Waffenteile von der US-Luftwaffe zu den Stationierungsorten in Europa geflogen.

10. Dezember 1983

Walesa erhält Nobelpreis

In Vertretung ihres Mannes, des polnischen Gewerkschaftsführers Lech Walesa, nimmt in Oslo Danuta Walesa den Friedensnobelpreis entgegen. Mit der Auszeichnung würdigt das Nobel-Komitee Walesas mutigen Einsatz für die »Sicherung der Rechte der Arbeiter«. Walesa, der Vorsitzende der verbotenen Gewerkschaft »Solidarität«, hatte auf die Teilnahme an dem Festakt in Oslo freiwillig verzichtet. Er befürchtete, die kommunistischen Machthaber in Warschau würden seinen Auslandsaufenthalt nutzen, ihm die Wiedereinreise nach Polen zu verweigern.

Am gleichen Tag findet in Stockholm die Übergabe der übrigen Nobelpreise statt. Den Preis für Literatur erhält der 72-jährige englische Schriftsteller William Golding, der u.a. durch seinen Roman »Lord of the Flies« (Herr der Fliegen) von 1954 zu Weltruhm gelangte.

Arbeit im All: Ulf Merbold wechselt im Weltraumlabor »Spacelab« Werkstoffproben.

lung neuartiger Legierungen, wie sie nur unter den Bedingungen der Schwerelosigkeit möglich ist. Von den zahlreichen biomedizinischen Experimenten, die ebenfalls an Bord von »Spacelab« durchgeführt wurden, erhofft sich die Wissenschaft neue Erkenntnisse über das menschliche Gleichge wichtsorgan, den Hormonhaushalt und die Rolle der weißen Blutkörperchen bei der Abwehr von Krankheiten. Die endgültige Auswertung aller Versuchsreihen und gewonnenen Daten wird noch Monate in Anspruch nehmen. Die »Columbia«-Mission war der bislang längste Flug eines US-Raumtransporters und gleichzeitig eine Premiere für Europa, denn »Spacelab« wurde im Auftrag der europäischen Weltraumorganisation ESA entwickelt. Weil »Spacelab« kein eigenes Energieversorgungs- und Steuerungssystem besitzt, ist es auf den Transport durch ein Raumschiff angewiesen. Die USA verfügen über insgesamt drei Raumfähren. Die Weltraumorganisation NASA plant ab 1985 jährlich 25 Flüge mit »Columbia«, »Challenger« und »Discovery«. Für Ulf Merbold ist der Flug mit »Columbia« nicht der einzige Ausflug in die unendlichen Weiten des Weltraums. Im Jahre 1992 startet er an Bord der Raumfähre »Discovery« zu einer weiteren, diesmal einwöchigen Mission. Zwei Jahre später hebt Merbold zum dritten Mal ab, nun allerdings vom russischen Raumfahrtzentrum in Kasachstan: An Bord des Raumschiffs »Sojus TM-20« startet der Deutsche gemeinsam mit den Kosmonauten Alexander Viktorenko und Elena Kondakova zur russischen Raumstation »Mir«.

Dezember 1983

1 Do Als einziges NATO-Land stimmt Dänemark gegen die Stationierung neuer US-Mittelstreckenwaffen in Westeuropa.

2 Fr Die deutschen Sportjournalisten wählen Michael Groß, Ulrike Meyfarth und die Handballer des VfL Gummersbach zu den »Sportlern des Jahres 1983«.

3 Sa 50 000 Menschen demonstrieren in Paris gegen die gesellschaftliche und soziale Diskriminierung nordafrikanischer Einwanderer in Frankreich.

4 So Bei einer Volksabstimmung in der Schweiz lehnen die Stimmberechtigten Erleichterungen bei der Einbürgerung junger Ausländer und Flüchtlinge ab.

5 Mo Aus den Parlaments- und Präsidentschaftswahlen in Venezuela geht der Sozialdemokrat Jaime Lusinchi als Sieger hervor.

6 Di In London ersteigern Vertreter der Bundesregierung für 32,5 Mio. DM das Evangeliar Heinrichs des Löwen aus dem 12. Jahrhundert.

7 Mi Das Bundesinnenministerium verbietet die von Michael Kühnen angeführte rechtsradikale »Aktionsfront Nationaler Sozialisten/Nationale Aktivisten«.

8 Do Die Sowjetunion bricht die Genfer Abrüstungsverhandlungen über die Begrenzung der strategischen Rüstung (START) ab.

9 Fr Die 13 OPEC-Staaten einigen sich auf das Einfrieren der Rohölpreise. Der Basispreis für ein Barrel Öl beträgt 29 Dollar. → Spacelab

10 Sa In Argentinien wird Präsident Raúl Alfonsín vereidigt. Er verspricht die Achtung der Menschenrechte und die Verteidigung der Demokratie. → Walesa

11 So Vor dem US-Raketenstützpunkt Mutlangen und dem US-Militärdepot in Frankfurt-Hausen demonstrieren mehrere tausend Anhänger der Friedensbewegung.

12 Mo In Kuwait sterben bei Bombenattentaten der schiitischen Organisation »Islamischer Heiliger Krieg« sechs Menschen, 60 werden verletzt.

13 Di Turgut Özal, dessen Mutterlandspartei bei den als undemokratisch kritisierten Parlamentswahlen die Mehrheit errang, wird türkischer Ministerpräsident.

14 Mi Nach Angaben des US-Verteidigungsministers Caspar Weinberger baut die Sowjetunion in Sibirien drei neue Stellungen für Mittelstreckenraketen.

15 Do Das Bundesverfassungsgericht in Karlsruhe erklärt das Gesetz zur Volkszählung in wesentlichen Teilen für verfassungswidrig.

16 Fr Die letzten 80 US-Soldaten werden von Grenada abgezogen und kehren zu ihrem Stützpunkt in Fort Bragg (North Carolina) zurück.

17 Sa Ein Bombenanschlag der Irisch-Republikanischen Armee (IRA) auf das Londoner Kaufhaus Harrods tötet fünf Menschen, 91 Personen werden verletzt.

18 So Bei den Wahlen zum japanischen Unterhaus verliert die regierende Liberaldemokratische Partei unter Ministerpräsident Yasuhiro Nakasone die Mehrheit.

19 Mo Die Bundespost teilt mit, dass von der Bundesrepublik aus weitere 240 Ortsnetze der DDR im telefonischen Selbstwähldienst erreicht werden können.

20 Di Der PLO-Vorsitzende Jasir Arafat und 4000 seiner Anhänger verlassen auf fünf griechischen Passagierschiffen die nordlibanesische Hafenstadt Tripoli.

21 Mi Das nordrhein-westfälische Wissenschaftsministerium erteilt dem nach zwölf Jahren fertig gestellten Aachener Klinikum die Betriebserlaubnis.

22 Do Das Bundesverfassungsgericht in Karlsruhe lehnt drei Anträge auf Erlass einer einstweiligen Verfügung gegen die Stationierung von Mittelstreckenraketen ab.

23 Fr Laut Internationaler Gesellschaft für Menschenrechte hat die Bundesrepublik 1983 insgesamt 1034 politische Häftlinge aus der DDR freigekauft.

24 Sa Nach Zahlung von umgerechnet 6,6 Mio. DM werden die entführte Juweliersgattin Anna Bulgari und ihr Sohn in Rom aus der Geiselhaft entlassen.

25 So Der weltberühmte spanische Maler und Bildhauer Joan Miró stirbt im Alter von 90 Jahren in seiner Villa auf der Insel Mallorca.

26 Mo Japans Ministerpräsident Yasuhiro Nakasone wird in Tokio von den beiden Parlamentskammern in seinem Amt bestätigt.

27 Di Das Bundeswirtschaftsministerium widerruft Steuervergünstigungen in Höhe von 450 Mio. DM, die dem Flick-Konzern 1976 und 1978 gewährt wurden.

28 Mi Im Finale des Davis-Pokals in Melbourne besiegt die Mannschaft Australiens das Team aus Schweden mit 3:2 und gewinnt damit zum 25. Mal die Trophäe.

29 Do Vertreter des Berliner Senats und der DDR-Reichsbahn unterzeichnen eine Vereinbarung über die Betriebsrechte der S-Bahn in West-Berlin.

30 Fr Nach Angaben der westdeutschen Botschaft in Moskau ist die Zahl der deutschen Aussiedler aus der UdSSR auf den tiefsten Stand seit 1972 gesunken.

31 Sa Eine ungewöhnliche Kältewelle fordert in den USA 451 Menschenleben.+++ Das Kabelfernseh-Pilotprojekt Ludwigshafen startet den Sendebetrieb.

Januar 1984

1 So Zwei im Dezember 1983 verhaftete Mitglieder der DDR-Friedensbewegung, Bärbel Bohley und Ulrike Poppe, treten in den Hungerstreik. → Fernsehen

2 Mo Die »Frankfurter Allgemeine Zeitung« beginnt mit dem Abdruck einer Neuübersetzung des Romans »1984« von George Orwell.

3 Di Nach schweren Unruhen infolge einer drastischen Brotpreiserhöhung verkündet die tunesische Regierung den Ausnahmezustand.

4 Mi Die Premiere von »Warten auf Godot« von Samuel Beckett in der Inszenierung von George Tabori erhält in den Münchener Kammerspielen großen Beifall.

5 Do Vor der niederländischen Küste stürzt ein »Tornado«-Kampfflugzeug der Bundeswehr ab. Beide Piloten kommen ums Leben. → Affäre

6 Fr Mit dem Sieg in Bischofshofen gewinnt der 19-jährige Jens Weißflog aus Oberwiesenthal (DDR) die deutsch-österreichische Vierschanzentournee.

7 Sa Tschechoslowakische Oppositionelle übermitteln der französischen Presse eine geheim gehaltene Studie der Prager Regierung über Umweltschäden.

8 So Die Contadora-Gruppe (Mexiko, Venezuela, Kolumbien, Panama) sowie fünf weitere Länder einigen sich in Panama auf einen Friedensplan für Mittelamerika.

9 Mo Eine Untersuchungskommission zur Ernährungslage in den USA stellt fest: Hunger sei keine verbreitete Erscheinung, neue Hilfsprogramme wären nicht nötig.

10 Di Nach mehr als 100-jähriger Unterbrechung nehmen der Vatikan und die Regierung der USA wieder diplomatische Beziehungen auf.

11 Mi Frankreichs Außenminister Pierre Mauroy verspricht bei seinem Besuch im Senegal eine Verdopplung der Nahrungsmittelhilfe für den westafrikanischen Staat.

12 Do Spaniens Regierung veranlasst die Neubesetzung aller Posten der Militärführung. Um einem Putsch entgegenzuwirken, wird die Zahl der Militärregionen verringert.

13 Fr Die ab dem 15. Januar geplante DDR-Tournee der Kölner Rockgruppe BAP wird abgesagt. Die Band hatte sich nicht auf Zensurmaßnahmen eingelassen.

14 Sa Südafrika gibt den Rückzug seiner letzten in Süd-Angola stationierten Truppen auf das Territorium Namibias bekannt.

15 So Im Rahmen einer feierlichen Veranstaltung bekommt Bundeskanzler Helmut Kohl vom Deutschen Theater in München den Karl-Valentin-Orden verliehen.

16 Mo US-Präsident Ronald Reagan bietet in einer Fernsehansprache der sowjetischen Führung einen umfassenden Dialog an.

17 Di Großbritanniens Regierung bestätigt, dass die Apanage für die Königsfamilie erhöht wird. Insgesamt stehen dem Königshaus jährlich rd. 15 Mio. DM zu.

18 Mi Einer Meldung der amtlichen sowjetischen Nachrichtenagentur TASS zufolge beginnt die UdSSR mit der Stationierung neuer Nuklearraketen in der DDR.

19 Do Der deutsche Filmregisseur Wolfgang Staudte stirbt mit 78 Jahren in Jugoslawien. Postum wird ihm am 30. Januar der Helmut-Käutner-Preis verliehen.

20 Fr Sechs Bürger der DDR bitten in der US-Botschaft in Ost-Berlin um politisches Asyl. Zwei Tage später können sie nach West-Berlin ausreisen.

21 Sa »Der Schein trügt«, ein Stück des österreichischen Schriftstellers Thomas Bernhard, hat am Bochumer Schauspielhaus Premiere. Regie führt Claus Peymann.

22 So Länger andauernde Unruhen infolge geplanter Preiserhöhungen für Grundnahrungsmittel eskalieren in mehreren Städten Marokkos zu Straßenschlachten.

23 Mo Österreichs Bundeskanzler Fred Sinowatz trifft in Jugoslawien ein. In Gesprächen mit führenden Politikern werden die freundschaftlichen Beziehungen betont.

24 Di Der Schwede Ingemar Stenmark gewinnt in Kirchberg (Tirol) das 77. Weltcuprennen im Riesenslalom vor dem für Luxemburg startenden Marc Girardelli.

25 Mi Mit der Zustimmung zum Haushaltsentwurf der SPD-Minderheitsregierung in Hessen signalisieren die Grünen ihre Bereitschaft zur Zusammenarbeit.

26 Do Frankreichs Außenminister Claude Cheysson trifft zu einem offiziellen Besuch in Ost-Berlin ein, um dort ein französisches Kulturzentrum zu eröffnen.

27 Fr Am Bochumer und am Düsseldorfer Schauspielhaus findet gleichzeitig die Uraufführung des Franz-Xaver-Kroetz-Stückes »Furcht und Hoffnung der BRD« statt.

28 Sa Der 22-jährige Sprint-Weltmeister über 100 m, Carl Lewis (USA), springt bei den Millrose-Spielen im New Yorker Madison Square Garden 8,79 m weit.

29 So Erstmals seit 24 Jahren finden in Ecuador verfassungsgemäße allgemeine Präsidentschafts- und Parlamentswahlen statt.

30 Mo Im Rahmen einer Friedensinitiative besucht mit Kanada das Ministerpräsident Pierre Elliot Trudeau erstmals der Regierungschef eines NATO-Staats die DDR.

31 Di Die kommunistischen kambodschanischen Roten Khmer melden, dass sie die strategisch bedeutsame Stadt Siem Reap eingenommen hätten.

5. Januar 1984

Affäre um General bringt

Ein Skandal hält die Republik in Atem: Das Bonner Verteidigungsministerium bestätigt umlaufende Meldungen über die vorzeitige Versetzung eines der ranghöchsten Bundeswehroffiziere in den Ruhestand: Mit Wirkung vom 1. Januar an sei Günter Kießling, Vier-Sterne-General und Stellvertretender NATO-Kommandeur für Europa, pensioniert. Die Bombe platzt, als Verteidigungsminister Manfred Wörner am 11. Januar in einer Kabinettssitzung seine Entscheidung mit eindeutigen Beweisen für homosexuelle Kontakte des Generals rechtfertigt. Dieser sei dadurch zu einem Sicherheitsrisiko geworden.

General Kießling (l.) und Minister Wörner beim Zapfenstreich

Nach Erkenntnissen des Militärischen Abschirmdienstes (MAD) und des Landeskriminalamtes (LKA) Nordrhein-Westfalens, so erläutert Wörner, sei der 52-jährige Junggeselle in einschlägigen Kölner Lokalen zweifelsfrei identifiziert worden. Der General selbst streitet jegliche homosexuelle Neigung ab. Er hatte gegenüber Wörner bereits am 15. und am 19. September in persönlichen Gesprächen sein Ehrenwort gegeben, niemals homosexuelle Kontakte gehabt zu haben. Trotzdem stimmte er der von Wörner vorgeschlagenen Versetzung in den Ruhestand zu. Den Dienst im belgischen Casteau quittierte er auf Wunsch seines obersten Dienstherrn bis dahin krankheitshalber.

Im Lichte der Öffentlichkeit stellen sich die Recherchen und die Ergebnisse des MAD bald schon als äußerst fragwürdig und oberflächlich heraus. Bei einer Überprüfung des Sachverhalts durch Journalisten werden Zeugen unsicher und relativieren ihre Aussagen. Zwar meint man im »Café Wüsten«, den Mann schon einmal gesehen zu haben, und im »Tom-Tom« erkannte man ihn als »Günther von der Bundeswehr«. Bei entsprechend genauer Nachfrage stellt sich jedoch heraus, dass die Aussagen keineswegs stichhaltig sind und genauso gut auf andere Personen zutreffen könnten.

Als bekannt wird, mit welchem Dilettantismus die Untersuchungen geführt worden waren, stellt Kießling am 16. Januar Strafanzeige gegen unbekannt und klagt beim Oberverwaltungsgericht gegen seine vorzeitige Entlassung. Aus der Affäre Kießling wird eine Affäre Wörner. Dem Verteidigungsminister wird vorgeworfen, sich ohne ausreichende Prüfung auf den MAD-Bericht verlassen zu haben. Nicht nur aus den Reihen der Opposition, auch aus der eige-

7. Februar 1984

Im freien Flug durchs All

Zum ersten Mal schwebt ein Mensch ohne Anbindung an ein Raumschiff im All. Astronaut Bruce McCandless (s. Abb.), der von der US-

Raumfähre »Challenger« zu einem »Weltraumspaziergang« aufgebrochen war, trägt auf seinem Rücken ein Manövriergerät, mit dem er seine Bewegungen steuern kann.

1. Januar 1984

Fernsehen aus dem Kabel

Die Fernsehzuschauer im Raum Ludwigshafen können als erste in Deutschland Kabelfernsehen empfangen. Im Rahmen eines Pilotprojektes werden acht neue TV-Sender ins Netz gespeist. Darunter befinden sich ein Musikkanal des ZDF, ein offener Kanal für jeden Bürger und der englischsprachige Sender »Satellite Television«. Die Bewohner der Luxemburger Grenzregion können etwa zur gleichen Zeit den mit »RTL plus« ersten deutschsprachigen Privatsender empfangen.

Das Pilotprojekt weitet sich schnell aus. Ab April ist München mit dabei, 1985 folgen Berlin und Dortmund. Mit Einführung des Kabelfernsehens verlieren die öffentlich-rechtlichen Anstalten ARD und ZDF ihre Monopolstellung. Während sich die seit Jahrzehnten etablierten TV-Institutionen über Rundfunkgebühren finanzieren, leben die Privatsender von Werbeeinnahmen. In regelmäßigen Abständen wird das Programm von Werbeblöcken unterbrochen. Die Umformung der bundesdeutschen Medienlandschaft sorgt für Diskussionen. Befürworter des Kabelfernsehens preisen eine neue Informationsvielfalt, Kritiker prognostizieren geistige Verflachung.

örner in Not

nen Partei hagelt es Rücktrittsforderungen. So spricht sich die »Frankfurter Rundschau« unter dem Titel »Bonner Schmierentheater« dafür aus, dass Wörner nun endlich seinen Hut nehmen müsse. Bayerns Ministerpräsident Franz Josef Strauß (CSU) drängt in einem Interview mit der »Welt« auf eine rasche Kabinettsumbildung. Bundeskanzler Helmut Kohl (CDU) wehrt alle Angriffe auf Wörner ab, empfiehlt diesem jedoch den Abbruch des Verfahrens. Die »Süddeutsche Zeitung« kommentiert dies mit den Worten: »Der Tag, an dem die Affäre Wörner so ... zum Abschluss gebracht wurde, wird eingehen in die Annalen als der Augenblick, in dem sich Kohls politischer Stil endgültig durchgesetzt hat: Arrangieren und Aussitzen«.

Dem Rat des Regierungschefs folgend und um die Regierung endlich aus den negativen Schlagzeilen herauszubringen, ordnet Wörner die Einstellung aller Ermittlungen an. Stattdessen werden die dubiosen Aufklärungspraktiken des MAD Gegenstand einer Untersuchung des Verteidigungsausschusses. Als deren Ergebnis feststeht, veranlasst das Gremium am 1. Oktober die Ablösung von MAD-Chef Helmut Behrendt. Wörner leitet indessen die Rehabilitierung des zu Unrecht verdächtigten Generals ein. Die Anwälte der CDU und des Generals handeln einen Briefwechsel zwischen den Kontrahenten aus, durch den die Ehre Kießlings wiederhergestellt werden soll. Teil der Vereinbarung ist die ehrenvolle Entlassung Kießlings und die Verabschiedung von der Truppe mit Großem Zapfenstreich.

9. Februar 1984

Neuer Chef im Kreml

Der sowjetische Staats- und Parteichef Juri W. Andropow stirbt nach langer Krankheit im Alter von 69 Jahren in Moskau. Andropow hatte erst zwei Jahre zuvor als Nachfolger von Leonid Breschnew das Amt des Staatschefs angetreten. In der Öffentlichkeit war Andropow wegen seines

Gesundheitszustandes schon seit 1983 nicht mehr aufgetreten. Während seiner 15-monatigen Amtszeit hatte er einen vorsichtigen Reformkurs eingeschlagen. Die Wahl seines Nachfolgers wird in der gesamten Welt mit Spannung erwartet. Schließlich gibt das Politbüro die Ernennung Konstantin Tschernenkos zum neuen Staats- und Parteichef der UdSSR bekannt (Abb.: Die KPdSU-Führung mit Konstantin Tschernenko und Michail S. Gorbatschow, 8. und 7. v.r.).

19. Februar 1984

Winterspiele in Sarajevo

In Sarajevo enden die XIV. Olympischen Winterspiele. Das sportliche Großereignis fand erstmals in einem sozialistischen und zugleich blockfreien Land statt. Im Vorfeld der Veranstaltung war Kritik an der Wahl des Austragungsorts laut geworden. Viele befürchteten, dass die jugoslawischen Ausrichter der Aufgabe nicht gewachsen sein würden. Mit großem organisatorischen Talent nahmen die Veranstalter jedoch geschickt alle Hürden.

Das Fazit von Juan Antonio Samaranch, dem Präsidenten des Internationalen Olympischen Komitees (IOC), fällt entsprechend positiv aus. Der 63-Jährige lobt die Winterspiele in Sarajevo als »die besten und schönsten Spiele«. Auch die sportlichen Leistungen überzeugen Veranstalter, Aktive, Journalisten und Besucher. Auf Platz eins der Mannschaftswertung steht, für viele überraschend, am Ende das Team aus der DDR. Die ostdeutschen Athleten bringen neun Gold-, neun Silber- und sechs Bronzemedaillen nach Hause. Von diesem Medaillenregen gehen allein je zwei Gold- und zwei Silbertrophäen auf das Konto von

Eisschnelllaufstar Karin Enke (s. Abb.). Die 22-Jährige lief während der Spiele sogar einen sensationellen Weltrekord. Sie legte die 1500 m in 2:03,42 min zurück. Auf dem zweiten Platz der Mannschaftswertung landete die UdSSR vor den USA. Die internationale Presse feiert während der Spiele ihr »Traumpaar von Sarajevo«. Zu den Klängen von Maurice Ravels »Boléro« ließen die Eisläufer Jayne Torvill und Christopher Dean alle anderen Darbietungen verblassen. Das britische Paar riss mit seinem Lauf die Zuschauer zu Begeisterungsstürmen hin.

Die Teilnehmer aus der Bundesrepublik kamen während der Spiele kaum über Mittelmaß hinaus. Nur zweimal erkämpften westdeutsche Sportler Gold: Im Biathlon dominierte Bundeswehr-Gebirgsjäger Peter Angerer die 20-km-Strecke am Berg Igman. Das Rodler-Duo Stangassinger/Wembacher errodelte sich eine weitere Goldmedaille. Insgesamt nahmen 1590 Athleten aus 49 Ländern an den Olympischen Winterspielen in Sarajevo teil. 4000 Journalisten und 15 000 Besucher wohnten den Wettkämpfen bei.

Februar 1984

1 Mi Vor dem Oberlandesgericht Stuttgart beginnt der Prozess gegen die mutmaßlichen Terroristen Brigitte Mohnhaupt und Christian Klar.

2 Do Die britische Premierministerin Margaret Thatcher trifft zu einem zweitägigen Besuch in der ungarischen Hauptstadt Budapest ein.

3 Fr Etwa 300 Vertreter von insgesamt 28 Ländern nehmen an einer Konferenz der internationalen Friedensbewegung in Griechenlands Hauptstadt Athen teil.

4 Sa An der Berliner Schaubühne findet die Premiere des Anton-Tschechow-Stücks »Drei Schwestern« in der Inszenierung von Peter Stein statt.

5 So Nach erneuten schweren Kämpfen der verfeindeten Bürgerkriegsparteien in Beirut tritt die libanesische Regierung unter Schafik al-Wassan zurück.

6 Mo Frankreichs Staatspräsident François Mitterrand besucht Königin Beatrix der Niederlande und die Regierung in Den Haag.

7 Di Der frühere Generalstabschef der iranischen Armee unter der Herrschaft des Schahs, Gholan Ali Oveissi, wird in Paris ermordet. → All

8 Mi Ein Untersuchungsausschuss der Hamburger Bürgerschaft deckt auf, dass auf der Mülldeponie Georgswerder das Gift Dioxin lagert. → Sarajevo

9 Do Ex-General Gert Bastian tritt aus der Grünen-Fraktion im Bundestag aus. +++ Eberhard Diepgen wird Regierender Bürgermeister von Berlin. → Kreml

10 Fr Bei einem Sprengstoffattentat auf das türkische Konsulat in Köln, zu dem sich die Terrorgruppe Revolutionäre Zellen bekennt, entsteht schwerer Sachschaden.

11 Sa Ajatollah Khomeini ruft in Teheran die Armee und die Polizei des Iran dazu auf, geschlossen gegen die »Feinde des Landes« vorzugehen.

12 So Die bundesdeutsche Hockey-Nationalmannschaft der Herren gewinnt zum vierten Mal hintereinander die Hallen-Hockey-Europameisterschaft.

13 Mo DDR-Staatschef Erich Honecker und Bundeskanzler Helmut Kohl treffen bei der Trauerfeier für Juri Andropow in Moskau erstmals persönlich zusammen.

14 Di Der Europäische Gerichtshof verbietet die sog. Butterfahrten. Die auf Schiffen erworbenen Waren unterlägen unzulässigen Steuerbegünstigungen.

15 Mi Ihr erstes Länderspiel des Jahres gewinnt die bundesdeutsche Fußball-Auswahl in Varna am Schwarzen Meer gegen Gastgeber Bulgarien mit 3:2.

16 Do Bei einem Grubenunglück auf der Zeche »Consolidation« in Gelsenkirchen werden zehn Kumpel verschüttet. Fünf von ihnen kommen ums Leben.

17 Fr In Berlin beginnen die 34. Internationalen Filmfestspiele. Den Goldenen Bären erhält der US-Spielfilm »Love Streams« von Regisseur John Cassavetes.

18 Sa Die Leitung der Frankfurter Allgemeinen Zeitung teilt mit, dass sie sich nicht wie geplant am privaten »Verleger-Fernsehen« beteiligen werde.

19 So Italien und der Vatikan schließen ein neues Konkordat, das die rechtlichen Beziehungen der katholischen Kirche zum italienischen Staat regelt. → Sarajevo

20 Mo Der Volker-Schlöndorff-Film »Eine Liebe von Swann« nach Motiven des Proust-Romans »Auf der Suche nach der verlorenen Zeit« hat in Paris Premiere.

21 Di Griechenlands Ministerpräsident Andreas Papandreou fordert die albanische Regierung auf, die Unterdrückung der griechischen Minderheit zu beenden.

22 Mi In der Schweiz wird eine Untersuchung über das Waldsterben veröffentlicht. Demnach seien bereits 4% der Bäume tot oder unheilbar krank.

23 Do Die baskische Untergrundorganisation ETA verübt in Madrid ein tödliches Attentat auf den gemäßigten baskischen Senator Enrique Casas.

24 Fr Bei einem Hochsprung-Meeting in der Schöneberger Sporthalle in West-Berlin erreicht Carlo Thränhardt mit 2,37 m einen neuen Hallen-Weltrekord.

25 Sa Über 80 Menschen werden Opfer einer Ölpipeline-Explosion im dicht besiedelten Elendsviertel der brasilianischen Metropole São Paulo.

26 So Eine Nichte von DDR-Ministerpräsident Willi Stoph versucht mit weiteren DDR-Bürgern in der Prager Botschaft der Bundesrepublik, die Ausreise zu erreichen.

27 Mo Der neue Generalsekretär der KPdSU, Konstantin U. Tschernenko, übernimmt zusätzlich den Vorsitz im Nationalen Verteidigungsrat.

28 Di Angehörige des öffentlichen Dienstes in Großbritannien protestieren gegen das Verbot für Geheimdienst-Mitarbeiter, sich gewerkschaftlich zu organisieren.

29 Mi Die Bundesregierung verabschiedet eine Änderung des Jugendschutzgesetzes. Die Arbeitszeiten für Jugendliche können nun flexibler gestaltet werden.

März 1984

1 Do Mit Anzeigen in allen Tageszeitungen der Mainmetropole beginnt die Stadtverwaltung von Frankfurt eine Kampagne zur »Säuberung« des Rotlichtviertels.

2 Fr Das US-Außenministerium verweigert dem Attaché der sowjetischen Olympiamannschaft, Oleg Jermischkin, wegen Verdachts auf Spionage die Einreise.

3 Sa Mit einem offenen Brief an Bundeskanzler Helmut Kohl protestiert die Beate Uhse AG gegen das Verbot des Verleihs pornografischer Schriften.

4 So In Karlsruhe geht der am Vortag begonnene Parteitag der Grünen zu Ende. Die Mehrheit entscheidet sich für die Beibehaltung des Rotationsprinzips.

5 Mo Nigerias Diktator Mohammed Buhari gibt bekannt, dass die Niederschlagung von religiösen Unruhen im Nordosten des Landes rd. 500 Opfer gefordert hat.

6 Di Theaterregisseur Peter Stein gibt bekannt, dass er die künstlerische Leitung der Berliner Schaubühne zum Ende der Spielzeit 1984/85 aufgeben möchte.

7 Mi Im Streit um Fangquoten entert die französische Marine zwei spanische Fischerboote im Golf von Biskaya. Zwei Fischer werden durch Schüsse verletzt.

8 Do Bei Bauarbeiten für ein Kraftwerk in der Provinz Honan werden die Überreste von Xibo, der mit 3700 Jahren ältesten chinesischen Hauptstadt, freigelegt.

9 Fr Im Kampf um die Leichtgewichts-Europameisterschaft im Profiboxen besiegt der Deutsche René Weller in Frankfurt am Main Lucio Cusma aus Italien.

10 Sa Zehntausende Motorradfahrer protestieren mit Massen-Fahrten durch Frankreichs Innenstädte gegen die geplante Erhöhung der Versicherungsprämien.

11 So »Yerma«, ein Stück von Federico García Lorca, hat in den Münchener Kammerspielen in der Inszenierung von Peter Zadek Premiere.

12 Mo Karl-Heinz Rummenigge vom FC Bayern München gibt bekannt, dass er zum Ende der Saison 1983/84 zu Inter Mailand wechseln werde.

13 Di Die EG-Staaten stimmen dem von Grönland angestrebten Austritt aus der EG ab 1985 zu. Grönland fühlt sich durch EG-Fangquoten übervorteilt.

14 Mi In unmittelbarer Nähe des Brandenburger Tores wird in Ost-Berlin mit der Errichtung einer parallel verlaufenden zweiten Mauer begonnen.

15 Do Die Kaffeefirma Tchibo kehrt zum Verkauf von 500-g-Packungen zurück. Die Kunden lehnten 400- und 600-g-Packungen ab. → Parteispenden

16 Fr Südafrikas Ministerpräsident Pieter Willem Botha und Mosambiks Präsident Samora Moises Machel unterzeichnen einen Vertrag über gute Nachbarschaft.

17 Sa In Paris heiratet die griechische Großreederin und Millionen-Erbin Christina Onassis den Franzosen Thierry Roussel.

18 So Einige Teile des schon 1884 stillgelegten Hamburger Bahnhofs in West-Berlin werden als Bau- und Verkehrsmuseum wieder eröffnet.

19 Mo Die in der vorausgegangenen Woche begonnenen Warnstreiks der Druckergewerkschaften zur Durchsetzung der 35-Stunden-Woche werden fortgesetzt.

20 Di In Brüssel finden Verhandlungen über die Höhe der Beitragszahlungen Großbritanniens an die EG statt. Die Mitgliedsstaaten finden keinen Konsens.

21 Mi US-Finanzminister Donald T. Regan unterzeichnet in Peking ein Abkommen, das die Wirtschaftsbeziehungen der USA zu China intensivieren soll.

22 Do Die US-Regierung erlässt neue Richtlinien für den Export von Produkten der Spitzentechnologie und von Gütern mit strategischem Wert.

23 Fr Mehr als 15 000 Landwirte demonstrieren in der Dortmunder Westfalenhalle gegen die Brüsseler Beschlüsse zur Begrenzung der Milchproduktion.

24 Sa Bei dem Eisschnelllauf-Länderkampf DDR gegen UdSSR in Alma Ata stellt Andrea Schöne (DDR) einen Weltrekord im Großen Vierkampf auf.

25 So Die Präsidentschaftswahlen in El Salvador enden ergebnislos, da kein Kandidat die absolute Mehrheit erhält. → Traumkür

26 Mo Mit einem Großen Zapfenstreich für NATO-General Günter Kießling wird der zu Unrecht der Homosexualität verdächtigte Offizier pensioniert.

27 Di Vier Demonstranten kommen durch den brutalen Polizei-Einsatz am ersten sog. Nationalen Protesttag des Jahres 1984 in Chile ums Leben.

28 Mi Bei seinem Staatsbesuch in Lissabon spricht sich Bundeskanzler Helmut Kohl für eine baldige Aufnahme Portugals in die Europäische Gemeinschaft aus.

29 Do Der Bonner Bundestag beschließt ein befristetes Vorruhestandsgesetz, das Arbeitnehmern mit 58 Jahren das Ausscheiden aus dem Arbeitsleben ermöglicht.

30 Fr Heinrich Franke (CDU), bisher Parlamentarischer Staatssekretär im Bundesarbeitsministerium, wird Präsident der Bundesanstalt für Arbeit in Nürnberg.

31 Sa Eine Westberliner Ausstellung zeigt Werke des Malers Willem de Kooning. +++ Die Presse meldet den Tod des deutschen Theologen Karl Rahner. → EG

26. April 1984

Mudschaheddin behaupten sich gegen sowjetische Übermacht

In Afghanistan rücken die sowjetischen Besatzungstruppen mit einer Großoffensive gegen die einheimischen Widerstandskämpfer vor. Die islamischen Mudschaheddin konnten sich bislang gegen die technisch überlegenen Rotarmisten behaupten. Die afghanischen Krieger müssen mit erbeuteten Waffen kämpfen (Abb.: Kämpfer mit Waffe und Koran). Dennoch halten sie erfolgreich u.a. die Bergregion zwischen Kabul und der sowjetischen Grenze. Durch diese Region führt einer der wichtigsten Nachschubwege der Sowjets. Die neuerliche Großoffensive soll künftige Gefahren für Nachschubkonvois ausschalten. Doch in den afghanischen Bergen erweisen sich die Panzereinheiten der Besatzer als ungeeignet. Die Offensive verpufft ohne Wirkung.

15. März 1984

Parteispenden-Affäre erschüttert Bonn

Das Vertrauen in die Bonner Demokratie steht auf dem Spiel: Bei seiner Vernehmung vor dem Parteispenden-Untersuchungsausschuss des Bundestages bestreitet der Industrielle Friedrich Karl Flick, jemals Einfluss auf Regierungsentscheidungen genommen zu haben. Im Mittelpunkt der Ermittlungen stehen von Bonn befürwortete Steuervergünstigungen für Geschäfte des Konzerns.

Flick-Zeuge Otto Graf Lambsdorff

Nach Aufzeichnungen des Unternehmens flossen während der siebziger Jahre – diskret und unversteuert – 25 Mio. DM in die Kassen der Bonner Parteien.

Die Entdeckung von Spendenlisten des Flick-Buchhalters Rudolf Diehl 1981 zog umfangreiche Untersuchungen der Bonner Staatsanwaltschaft nach sich. Firmen, Parteibüros und Wohnungen wurden überprüft, rd. 200 Zeugen vernommen. Dabei stießen die Staatsanwälte und Steuerfahnder auf ein kaum zu überschauendes Netz von Scheinfirmen und gemeinnützigen Organisationen, die letztlich alle einer von der Steuer unbehelligten Finanzierung der Parteien dienten. Innerhalb der kommenden zwei Jahre eröffnen die Staatsanwälte 1700 Verfahren gegen verdächtige Spender.

Diehl hatte in seinen Kassenbüchern jede Zahlung eingetragen und mit einem Vermerk versehen, auch jene aus der sog. schwarzen Kasse, die ohne Quittung der Empfänger vergeben wurden. Auf den nach Parteien geordneten Listen trug er die Summe und in einer Spalte »wg.« auch den Zahlungsgrund ein. Diese Listen liegen nun dem Untersuchungsausschuss vor.

Als Kontaktmann zu den Parteien fungierte der Flick-Vertraute Eberhard von Brauchitsch. Im Zuge der Flick-Affäre tritt im Juni Bundeswirtschaftsminister Otto Graf Lambsdorff (FDP) zurück.

Friedrich Karl Flick

deutscher Unternehmer, * 3.2.1927 Berlin

Der milliardenschwere Unternehmer, jüngster der drei Söhne des Montanindustriellen Friedrich Flick, erhielt im Jahre 1975 das alleinige Verfügungsrecht über den Konzern. Geschickt investiert Flick in den folgenden Jahren sein Vermögen. Mit dem Erlös von 2 Mrd. DM aus dem Verkauf von Daimler-Benz-Aktien an die Deutsche Bank bringt er die Flick-Affäre ins Rollen. 1985 verkauft Flick den Konzern und zieht sich ins Privatleben zurück.

- ab Mai 1945: Studium der Betriebswissenschaften in München
- 1957: Eintritt in die Familienholding Friedrich Flick KG
- 1965: Promotion (summa cum laude) zum Dr. rer. pol.

29. April 1984

Ausnahmezustand im Sudan

Der sudanesische Präsident Dschafar Muhammad An Numairi verhängt den Ausnahmezustand über sein Land. Damit erreicht der Bürgerkrieg in dem afrikanischen Staat einen neuen Höhepunkt. Der Konflikt zwischen dem islamischen Norden des Sudan und dem wirtschaftlich benachteiligten Süden begann bereits Mitte der 50er Jahre. Die christliche, vorwiegend schwarzafrikanische Bevölkerung des Südens forderte die Unabhängigkeit vom Norden und wehrte sich gegen dessen Islamisierungsversuche. 1972 erreichte Präsident Numairi durch Zugeständnisse an die Rebellen eine vorübergehende Beendigung der Kampfhandlungen. Im Jahre 1983 brach der Konflikt jedoch aufs Neue aus, als der Präsident das islamische Recht, die Scharia, auf den Süden auszudehnen versuchte. Seither kommt es immer wieder zu bewaffneten Überfällen, u.a. auf ausländische Industrieunternehmen. Mit der Verhängung des Ausnahmezustands versucht Numairi nun, die Scharia durchzusetzen, deren Strafkatalog u.a. das Abhacken von Händen bei Diebstahl vorsieht. Die Behörden ordnen ein Versammlungsverbot an und untersagen Streiks. Sondergerichte verhängen Strafen.

25. März 1984

Traumkür zu »Boléro«

Mit einer Traumkür verabschiedet sich nach einem sensationellen Jahresauftakt das britische Eistanz-Paar Jayne Torvill und Christopher Dean (s. Abb.) bei den Eiskunstlauf-Weltmeisterschaften in Ottawa vom Amateursport. 13-mal vergibt die 18-köpfige Jury für den künstlerischen Gesamteindruck die Höchstnote von 6,0 Punkten. Damit holen die Briten nach den Siegen bei den Europameisterschaften in Budapest im Januar und den Olympischen Spielen in Sarajevo im Februar nun auch den Weltmeistertitel und steigern ihren Punkte-Weltrekord in der Sparte Eistanzen auf

29-mal 6,0. Die in Sarajevo schon eindrucksvoll unter Beweis gestellte Ausdruckskraft und Harmonie bei der Kür zu Maurice Ravels »Boléro« kann in Kanadas Hauptstadt sogar noch perfekter inszeniert werden. Mit ihrer Geschichte von Liebe und Leidenschaft, Lust und Tod verzaubern Torvill und Dean das Publikum. Als weitere Höhepunkte sind zu verzeichnen: Im Eiskunstlauf der Damen holt die DDR-Läuferin Katarina Witt den Titel. Bei den Herren siegt Scott Hamilton (USA). Der Oberstdorfer Norbert Schramm beendet die Wettkämpfe vorzeitig: Aus Ärger über öffentliche Kritik steigt er mitten in der Pflicht aus.

18. April 1984

Diskussion um Sterbehilfe

In der Klinik des deutschen Chirurgen Julius Hackethal (Abb.: »Spiegel«-Titel) am Chiemsee stirbt eine 69-jährige Krebspatientin durch die Einnahme von Zyankali. Das Gift hatte der Arzt der unheilbar kranken Frau über ihre Verwandten zukommen lassen und damit aktive Sterbehilfe geleistet. Nach Bekanntwerden des Falles erstattet ein Marburger Internist Strafanzeige. Trotz der Versicherung, er habe im Sinne der Patientin gehandelt, wird Hackethal von seinen Kollegen heftig attackiert. Aufgabe der Ärzte sei es, das Leiden und Sterben zu erleichtern, nicht aber den Wunsch nach einem vorzeitigen Eintritt des Todes zu erfüllen. Rechtlich wird »aktive« Sterbehilfe als vorsätzliche Tötung betrachtet, wobei »passive« Sterbehilfe, z.B. die Unterlassung lebensverlängernder Behandlungen durch Gerätemedizin, in besonderen Fällen durch den Arzt verantwortet werden kann. Die Grenze zwischen aktiver und passiver Hilfe ist in der Praxis jedoch schwer zu ziehen. Auch mehren sich in der Öffentlichkeit Stimmen für ein humanes Sterben.

31. März 1984

Agrarmarkt belastet die EG

Unter der Zielvorgabe, die Ausgaben für Europas Landwirtschaft zu senken, verständigen sich die Agrarminister der Europäischen Gemeinschaft (EG) auf einen Kompromiss. Sie einigen sich in Brüssel auf die Festsetzung der Agrarpreise, den Abbau von Währungshemmnissen und die Neuregelung der gemeinsamen Agrarpolitik.

Die Ausgaben für den Agrarsektor betragen rd. 65% des Gesamtetats der Gemeinschaft. Sie brachten die EG 1983/84 an den Rand der Zahlungsunfähigkeit. Eine der wesentlichen Ursachen für die die katastrophale Lage ist u.a. die Preisstützungspolitik der Gemeinschaft. Durch sie wird den Landwirten der Mitgliedsländer unabhängig von der Nachfrage die Abnahme ihrer Produkte zu festen Preisen garantiert. Nach den neuen Sparbeschlüssen werden nicht nur die Preise für landwirtschaftliche Erträge gesenkt, die landwirtschaftliche Erzeugung als Ganzes wird reduziert. Bislang hatten die Bauern in Europa mehr produziert als in der Gemeinschaft benötigt wurde. So lag ihre Milchproduktion im Jahre 1983 mit 104 Mio. t rd. 20% über dem Verbrauch. Allein der »Milchsee« und marktregulierende Eingriffe in diesem Wirtschaftszweig beanspruchen die Kassen in Brüssel mit rd. 37,7 Mrd. DM. Die Bundesrepublik muss nach den Sparbeschlüssen ihre Milchproduktion um 7,6% reduzieren. Demnach bekommt jeder Betrieb eine bestimmte Milchquote zugeteilt. Wird diese überschritten, fällt eine Abgabe je Liter an.

April 1984

1 So Zum neuen Präsidenten des deutsch-schweizerischen PEN-Clubs in der internationalen Schriftstellervereinigung wird der Schweizer Silvio Blatter gewählt.

2 Mo Nach der Aufhebung des Baustopps durch den Bayerischen Verwaltungsgerichtshof werden die Arbeiten am Kernkraftwerk Isar II wieder aufgenommen.

3 Di Eine Woche nach dem Tod des Staatspräsidenten Sékou Touré übernimmt in Guinea die Militärführung in einem unblutigen Putsch die Macht.

4 Mi In Ost-Berlin beginnt eine Ausstellung mit Werken des britischen Bildhauers Henry Moore – die erste Präsentation seiner Werke in der DDR.

5 Do In Kenia wird die ca. fünf Millionen Jahre alte Versteinerung eines menschlichen Kiefers entdeckt – das vermutlich älteste bislang bekannte menschliche Fossil.

6 Fr In den bundesdeutschen Kinos läuft der Spielfilm »Die unendliche Geschichte« nach dem gleichnamigen Roman von Michael Ende an.

7 Sa In Kamerun scheitert ein Putschversuch moslemischer Militärs. +++ Die Notenbank der Vereinigten Staaten erhöht den Diskontsatz um 0,5%.

8 So Der österreichische Rennfahrer Niki Lauda gewinnt in Kyalami den Großen Preis von Südafrika vor dem Franzosen Alain Prost.

9 Mo In Los Angeles findet die »Oscar«-Verleihung statt. Der Film »Zeit der Zärtlichkeit« erhält fünf Preise, u.a. für das beste Drehbuch und die beste Regie.

10 Di In der englischen Hafenstadt Liverpool wird ein Beatles-Museum eröffnet. Etwa 1000 Exponate erinnern an die weltberühmte Pop-Gruppe.

11 Mi Der KPdSU-Vorsitzende Konstantin U. Tschernenko übernimmt zusätzlich das Amt des Staatsoberhaupts der Sowjetunion.

12 Do Die Bundesrepublik und die DDR paraphieren eine Vereinbarung über den grenzüberschreitenden Kali-Abbau in Hessen und Thüringen.

13 Fr Etwa 30 000 Stahlarbeiter aus Lothringen protestieren in Paris gegen geplante Massenentlassungen in dem französischen Stahlrevier.

14 Sa Zwei Tage nach der Inbetriebnahme der Startbahn West am Frankfurter Flughafen liefern sich Polizei und Demonstranten blutige Auseinandersetzungen.

15 So Mehr als 250 000 Australier demonstrieren gegen das nukleare Wettrüsten und gegen den Abbau und Transport von australischem Uran.

16 Mo Vietnamesische Truppen besetzen im Zuge einer Großoffensive gegen kambodschanische Rebellen eine strategisch wichtige Position in Thailand.

17 Di Während einer anti-libyschen Demonstration in London stirbt eine Polizistin durch Schüsse aus dem libyschen »Volksbüro«.

18 Mi Die bundesdeutsche Fußball-Auswahl verliert in Straßburg ein Länderspiel gegen die französische Nationalmannschaft mit 0:1. → Sterbehilfe

19 Do Großbritanniens Premierministerin Margaret Thatcher führt in Lissabon mit der portugiesischen Regierung Gespräche über den Beitritt Portugals zur EG.

20 Fr In Hongkong bestätigt der britische Außenminister Geoffrey Howe erstmals, dass sein Land die Souveränität über die Kronkolonie 1997 an China abgibt.

21 Sa In Ottawa endet eine Umweltkonferenz von zehn Staaten. Die Schwefeldioxid-Emission, so das Ergebnis, soll bis 1993 um rd. 30% gesenkt werden.

22 So Etwa 350 000 Gläubige empfangen auf dem Petersplatz in Rom nach der feierlichen Ostermesse von Papst Johannes Paul II. den Segen.

23 Mo An den Abschluss-Kundgebungen der Ostermärsche für Abrüstung und Frieden in neun bundesdeutschen Großstädten nehmen rd. 600 000 Menschen teil.

24 Di Harald Naegeli, bekannt als der »Sprayer von Zürich«, wird von den bundesdeutschen Behörden zur Verbüßung einer Haftstrafe in die Schweiz ausgeliefert.

25 Mi Der als Wagner-Interpret bekannte Heldentenor Peter Hofmann startet in der Alten Oper von Frankfurt eine Deutschlandtournee als Rockmusiker.

26 Do In Hollywood stirbt 80-jährig der Jazzpionier und Bandleader Count Basie. +++ DDR-Außenminister Oskar Fischer besucht Österreich. → Mudschahedin

27 Fr US-Präsident Ronald Reagan trifft zu einem Besuch in der Volksrepublik China ein. U.a. finden Gespräche über den Status der Insel Taiwan statt.

28 Sa Die Fecht-Equipe aus Tauberbischofsheim gewinnt zum sechsten Mal als beste europäische Vereinsmannschaft den Europacup der Fechter.

29 So Seit dem 3. April streikt die IG Druck und Papier für die 35-Stunden-Woche. Derzeit befinden sich über 15 000 Drucker im Ausstand. → Sudan

30 Mo Der Senat von West-Berlin gibt bekannt, dass seit Beginn des Jahres etwa 4000 DDR-Bürger in den Westteil der Stadt ausgereist seien.

Mai 1984

1 Di In mehreren Städten Polens geht die Polizei mit Gewalt gegen die von der verbotenen Gewerkschaft »Solidarität« veranstalteten Demonstrationen vor.

2 Mi Papst Johannes Paul II. beginnt eine Reise nach Ostasien. Bei einer Zwischenlandung in Alaska trifft er US-Präsident Ronald Reagan. → Sacharow

3 Do Der deutsche Schlagersänger Peter Maffay bekommt für die 500 000. verkaufte Platte seines Erfolgstitels »Carambolage« eine Platin-Scheibe überreicht.

4 Fr Am Bayerischen Staatsschauspiel in München hat das Per-Olov-Enquist-Stück »Aus dem Leben der Regenwürmer« Premiere. Ingmar Bergman führt Regie.

5 Sa Im mainfränkischen Elsenfeld gewinnt der TV Großwallstadt mit 18:16 Toren gegen den VfL Gummersbach die deutsche Handballmeisterschaft.

6 So Die Stichwahlen für das Präsidentenamt in El Salvador gewinnt der Christdemokrat José Napoléon Duarte mit 53,6% der Stimmen.

7 Mo In den USA müssen sieben Hersteller des Entlaubungsgiftes »Agent Orange« an ehemalige Vietnamsoldaten insgesamt rd. 495 Mio. DM Schadenersatz zahlen.

8 Di Das Nationale Olympische Komitee der UdSSR beschließt, nicht an den kommenden Sommerspielen in Los Angeles teilzunehmen.

9 Mi Der Bayerische Landtag hebt die Immunität des CSU-Generalsekretärs Otto Wiesheu auf. Er hatte unter Alkoholeinfluss einen tödlichen Autounfall verursacht.

10 Do In Den Haag fordert der Internationale Gerichtshof die Regierung der USA auf, die Blockade nicaraguanischer Häfen zu beenden.

11 Fr Am neunten nationalen Protesttag in Chile kommt es zu gewalttätigen Übergriffen auf Demonstranten durch die Polizei.

12 Sa Mit einem Wettrennen zwischen Oldtimern und modernen Tourenwagen wird der Nürburgring in der Eifel nach seinem Umbau wieder eröffnet.

13 So Ein Tanzfestival im Ruhrgebiet beginnt in Wuppertal mit der Premiere von Pina Bauschs Stück »Auf dem Gebirge hat man ein Geschrei gehört«.

14 Mo Als Reaktion auf die Stationierung von US-Mittelstreckenraketen in Europa beschließt die UdSSR die Aufstellung weiterer Raketen in der DDR. → Philippinen

15 Di In Belgrad werden die Mitglieder der kollektiven jugoslawischen Staatsführung vereidigt. Den Vorsitz des Gremiums übernimmt Veselin Djuranovic.

16 Mi Aufgrund der Wetterlage muss der Südtiroler Reinhold Messner erneut einen Besteigungsversuch des Dhaulagiri (8167 m) im Himalaja abbrechen.

17 Do Bei Zusammenstößen von moslemischen mit hinduistischen Bevölkerungsgruppen im indischen Bhiwandi sterben etwa 230 Menschen.

18 Fr Das »Time Magazine« behauptet in seiner letzten Ausgabe, der US-Geheimdienst habe den Wahlkampf José Napoléon Duartes in El Salvador unterstützt.

19 Sa US-Präsident Ronald Reagan zeichnet den Popstar Michael Jackson mit einer Anerkennungsmedaille für dessen Einsatz gegen Alkohol am Steuer aus.

20 So Isabel Perón, zweite Frau und Nachfolgerin des verstorbenen argentinischen Präsidenten Juan Domingo Perón, kehrt aus dem Exil nach Argentinien zurück.

21 Mo In Oberammergau beginnen die Passionsspiele. Die Premiere ist zugleich Auftakt des 350-jährigen Jubiläumsfestes der alle zehn Jahre veranstalteten Spiele.

22 Di Auf den am 14. Mai begonnen Metallarbeiterstreik in Nordwürttemberg/Nordbaden reagieren die Unternehmer mit ersten Aussperrungen.

23 Mi Im französischen Cannes enden die Filmfestspiele. Wim Wenders' Film »Paris, Texas« erhält die Goldene Palme. → Richard von Weizsäcker

24 Do Königin Elizabeth II. beginnt eine dreitägige Reise durch die Bundesrepublik, um den hier stationierten britischen Truppen einen Besuch abzustatten.

25 Fr Das US-Repräsentantenhaus in Washington genehmigt einen Betrag von 62 Mio. Dollar als Militärhilfe für El Salvador.

26 Sa Erst am letzten Spieltag der Saison 1983/84 fällt in der Fußball-Bundesliga die Entscheidung: Der VfB Stuttgart ist Deutscher Fußballmeister.

27 So In Sotschi (UdSSR) gelingt der sowjetischen Athletin Natalja Lissowskaja mit einer Weite von 22,53 m ein Weltrekord im Kugelstoßen.

28 Mo Während eines Tiefflugs streift eine niederländische Militärmaschine eine Wohnanlage in Linz am Rhein. Der Pilot kommt bei dem Unglück ums Leben.

29 Di Mit einer Sondervollmacht von Präsident Ronald Reagan liefern die USA an Saudi-Arabien 400 »Stinger«-Flugabwehrraketen und zwei Tankflugzeuge.

30 Mi Der staatliche Rundfunksender von Mosambik meldet, dass infolge einer Dürreperiode allein in der Provinz Tete 5000 Menschen verhungert seien.

31 Do Der noch bis zum 1. Juli amtierende Bundespräsident Karl Carstens wird mit dem Internationalen Karlspreis der Stadt Aachen ausgezeichnet.

5. Juni 1984

Unruhen im Pandschab

Im indischen Bundesstaat Pandschab kommt es zu blutigen Auseinandersetzungen zwischen Regierungstruppen und Angehörigen der Sikhs. Das Militär besetzt im Zuge einer Waffenrazzia 38 ihrer Kulturstätten. Als auch das Hauptheiligtum der Sikhs, der Goldene Tempel in Amritsar, zum Ziel der Attacken wird, kommt es zu schweren Kämpfen, in deren Verlauf 1200 Sikhs getötet werden (Abb.: Proteste gegen Indiens Regierungschefin Indira Gandhi).

14. Mai 1984

Wahlen auf den Philippinen

Massive Wahlfälschung wirft die Opposition dem amtierenden Präsidenten der Philippinen, Ferdinand Marcos, vor. Seine Partei hatte, entgegen den Erwartungen der Beobachter, einen Sieg davongetragen. Obwohl zahlreiche Indizien für eine Fälschung der Wahlergebnisse sprechen, sieht sich die regierungsamtliche Wahlkommission außerstande, entsprechende Beweise vorzulegen. Bereits im Vorfeld der Abstimmung war es zu heftigen Auseinandersetzungen der Opposition mit Anhängern der Regierung und den Sicherheitskräften gekommen. Die Unruhen, in deren Verlauf 300 Menschen ihr Leben verloren, sind Ausdruck des wachsenden Widerstands gegen die Alleinherrschaft der von den USA unterstützten Marcos-Familie. Die Proteste erreichten bereits 1983 einen Höhepunkt, als der Oppositionspolitiker Benigno Aquino bei seiner Ankunft aus dem US-Exil ermordet wurde. Viele machten das Militär für den Anschlag verantwortlich.

Ferdinand Marcos

philippinischer Politiker, * 11.9.1917 Sarrat, Luzon, † 28.9.1989 Honolulu, Hawaii (USA)

Marcos, der die Philippinen 20 Jahre lang mit diktatorischen Mitteln regierte, war zu Beginn seiner Amtszeit als Präsident angetreten, sein Land von der Korruption zu befreien, ohne jedoch die Oligarchie der Großgrundbesitzer anzutasten. Ab 1973 begann er damit, seine Herrschaft mit sog. Volksbefragungen zu legitimieren. 1986 wird er gestürzt.

- 1949: Mitglied der Abgeordnetenkammer
- 1965-86: Staatspräsident
- 1973-81: Regierungschef

23. Mai 1984

Weizsäcker ist Präsident

Zum höchsten Repräsentanten der Bundesrepublik Deutschland wählt die Bundesversammlung mit großer Mehrheit Richard von Weizsäcker (CDU). Der ehemalige Regierende Bürgermeister von Berlin übernimmt das Amt des Bundespräsidenten am 1. Juli von seinem Parteifreund Karl Carstens, der kurz vor Vollendung seines 70. Lebensjahres steht und nicht mehr kandidierte.
Weizsäcker wird aufgrund seiner persönlichen Autorität und seinen erst jüngst wieder in Berlin unter Beweis gestellten integrativen Fähigkeiten als idealer Kandidat angesehen. Er erhält 832 von 1028 abgegebenen Stimmen. Auf die von den Grünen vorgeschlagene Schriftstellerin Luise Rinser entfallen 68 Stimmen. Der 64-jährige Weizsäcker verfügt nicht nur über die Unterstützung der Christdemokraten und ihres liberalen Koalitionspartners – er erhält auch Zuspruch aus den Reihen der SPD. Die Sozialdemokraten hatten sich darauf verständigt, keinen eigenen Kandidaten für das Präsidentenamt zu benennen.
Richard von Weizsäcker kam erst spät zur Politik. Der Jurist war lange Zeit in der Wirtschaft tätig. Über mehrere Perioden gehörte er außerdem dem Präsidium des Evangelischen Kirchentages an. Schon einmal, 1974, hatte er sich – als Konkurrent Walter Scheels – um das Bundespräsidentenamt beworben, doch galt seine Kandidatur damals von vornherein als aussichtslos.

17. Juni 1984

Europawahl in zehn Ländern

Das Europäische Parlament in Straßburg wird zum zweiten Mal in seiner Geschichte direkt gewählt. Zwar bringt das Wahlergebnis keine spektakulären Verschiebungen der Machtverhältnisse, trotzdem ist die Stimmverteilung Gegenstand sorgfältiger Analysen. So erhält die rechtsradikale Partei von Jean Marie Le Pen unerwartete 11% der französischen Stimmen. In allen zehn EG-Ländern müssen die Regierungsparteien Verluste hinnehmen. In der Bundesrepublik können einzig die Grünen einen Stimmenzuwachs verzeichnen. Die junge Partei liegt mit 8,2% deutlich über dem Ergebnis von 1979, als sie weniger als 5% der Wählerstimmen erhielt. Die FDP bleibt weit hinter dem erwarteten Wahlergebnis zurück. Sie erhält erstmals in der Parteigeschichte weniger als 5% der Stimmen. Insgesamt bilden die Sozialisten mit zusammen 130 Abgeordneten die stärkste Fraktion in der europäischen Volksvertretung. Die Christdemokraten folgen mit 110 Sitzen. Die 434 Abgeordneten werden von den Bürgern der Mitgliedsländer auf fünf Jahre gewählt. Das Europa-Parlament verfügt nur über geringe Befugnisse und übt keine eigentliche Kontrolle der EG-Kommission aus.

Bundespräsident Karl Carstens (M.) mit Amtsvorgänger Scheel (l.) und Nachfolger Weizsäcker (r.)

Richard von Weizsäcker

eigtl. Richard Freiherr von Weizsäcker, deutscher Politiker
* 15.4.1920 Stuttgart

Als Bundespräsident erwarb sich Weizsäcker als moralische Instanz höchstes Ansehen. Seine Rede zum 40. Jahrestag des Kriegsendes, das er als »Befreiung« bezeichnete, stieß auch international auf Resonanz. Über dem Parteienstreit stehend, suchte er vor allem das Gespräch mit der Jugend. 1989 wurde er mit 86,2% der Stimmen im Amt bestätigt (bis 1994).

- 1937/38: Jurastudium in Oxford und Grenoble
- 1969-81: Mitglied des Deutschen Bundestages
- 1981-84: Regierender Bürgermeister von Berlin

Richard von Weizsäcker ist der sechste Bundespräsident. Für die Wahl des Staatsoberhaupts tritt die nur für diese Aufgabe vorgesehene Bundesversammlung zusammen. Sie besteht aus allen Bundestagsabgeordneten und einer gleichen Anzahl von Mitgliedern, die von den Volksvertretern der Länder nach den Grundsätzen der Verhältniswahl gewählt werden. Die Wahl des Bundespräsidenten geht ohne Aussprache vor sich. Seine Amtsperiode beträgt fünf Jahre, eine Wiederwahl ist einmal möglich. Der Charakter des Amtes ist zwar vornehmlich repräsentativer Natur, doch hat der Präsident keinen unbeträchtlichen politischen Einfluss.

27. Juni 1984

Frankreich wird Europameister

Die französische Nationalmannschaft gewinnt das Endspiel der Fußball-Europameisterschaft gegen Spanien mit 2:0. Im Pariser Prinzenparkstadion feiern 47 000 Zuschauer den ersten Titel der Franzosen in der 83-jährigen Geschichte der Nationalelf (Abb.: Frankreichs Spielmacher Michel Platini, Mitte, ist der Star des Turniers). Die Europameisterschaft 1984 erlebte eine Wiedergeburt

des Offensivfußballs. In 15 Spielen fielen 41 Tore. Die Bundesrepublik Deutschland schied als Titelverteidiger bereits in der Vorrunde aus. Das schwache Abschneiden führt zum Rücktritt von Bundestrainer Jupp Derwall. An seine Stelle rückt Ex-Nationalspieler Franz Beckenbauer, der die Mannschaft künftig als »Teamchef« betreut.

2. Mai 1984

Sacharow im Hungerstreik

Der sowjetische Bürgerrechtler und Atomphysiker Andrej D. Sacharow tritt in den Hungerstreik. Sacharow will mit der Aktion die Ausreise seiner Ehefrau Jelena Bonner durchsetzen. Das Ehepaar Sacharow lebt seit 1980 in der Verbannung im sowjetischen Gorki. Der Bürgerrechtler hatte in zahlreichen Aufrufen auf die Missstände in der Sowjetunion aufmerksam gemacht. In den 70er Jahren klagte er u.a. in einem offenen Brief die Demokratisierung der UdSSR ein. Darauf antwortete das sowjetische Regime mit zahlreichen Repressalien. So durfte Sacharow den ihm verliehenen Friedensnobelpreis 1975 nicht persönlich in Empfang nehmen. In der Verbannung in Gorki erkrankte Jelena Bonner an einem Herzleiden. Um die Krankheit behandeln zu lassen, beantragten die Sacharows die Reise zu ausländischen Spezialisten. Als der Antrag abgewiesen wird, beginnt Sacharow mit dem Hungerstreik. Nach wenigen Wochen wird er in das Gebietskrankenhaus Gorki gebracht und dort auf qualvolle Weise zwangsernährt. Die Repressalien dauern bis zum Oktober 1985 an. Erst in der Reform-Ära unter Michail S. Gorbatschow können die Eheleute ihren Verbannungsort verlassen.

Juni 1984

1 Fr Die niederländische Regierung vertagt ihre Entscheidung über die Stationierung von Marschflugkörpern bis zum November 1985.

2 Sa Sonja Sterzinger erleidet beim Sturz ihres Pferdes während der bundesdeutschen Military-Meisterschaften in Achselschwang tödliche Verletzungen.

3 So Alain Prost wird zum Sieger beim Großen Preis von Monaco erklärt, nachdem das Formel-1-Rennen wegen Regens abgebrochen werden musste.

4 Mo In Bonn kommt es anlässlich des Besuchs des südafrikanischen Ministerpräsidenten Pieter Willem Botha zu Anti-Apartheid-Kundgebungen.

5 Di Während seiner Europareise wird US-Präsident Ronald Reagan im Londoner Buckingham-Palast von Königin Elizabeth II. empfangen. → Pandschab

6 Mi Der Landtag von Baden-Württemberg wählt den seit 1978 amtierenden Lothar Späth (CDU) erneut zum Ministerpräsidenten.

7 Do In seinem Abschlussbericht kritisiert der Untersuchungsausschuss zur Affäre um General Günter Kießling die Arbeit des Militärischen Abschirmdienstes.

8 Fr Der Bundestag stimmt der Einführung der sog. Milchrente zu, wodurch die von EG-Sparbeschlüssen betroffenen deutschen Bauern entlastet werden sollen.

9 Sa Der Zehnkämpfer Jürgen Hingsen erzielt bei den Olympia-Qualifikationswettkämpfen in Mannheim mit 8798 Punkten einen neuen Weltrekord.

10 So Der Italiener Francesco Moser gewinnt nach dem letzten Etappenziel in Verona vor Laurent Fignon aus Frankreich den Giro d' Italia.

11 Mo US-Techniker haben, wie gemeldet wird, erstmals ein Raketensystem entwickelt, mit dem ein Geschoss außerhalb der Erdatmosphäre zerstört werden kann.

12 Di Das libanesische Parlament ermächtigt den Ministerpräsidenten Raschid Karame, neun Monate lang per Dekret zu regieren.

13 Mi Als Ausgleich für die Abschaffung des Schüler-BAFöG beschließt Nordrhein-Westfalens Landtag die Förderung von Kindern aus sozial schwachen Familien.

14 Do In Moskau berät der Rat für gegenseitige Wirtschaftshilfe (COMECON) Maßnahmen der Ostblockländer zur Senkung ihrer Auslandsverschuldung.

15 Fr Wegen des Druckerstreiks erscheinen in zahlreichen Städten der Bundesrepublik Deutschland keine Tageszeitungen.

16 Sa Der chinesische Ministerpräsident Chao Tzu-yang beendet seine Europareise, auf der Fragen der wirtschaftlichen Kooperation erörtert wurden.

17 So Die Gewerkschaft »Solidarität« ruft zum Boykott der ersten Kommunalwahlen in Polen seit Verhängung des Kriegsrechts im Jahre 1980 auf. → Europawahl

18 Mo Das Hamburger Verwaltungsgericht untersagt der Firma Boehringer, weiterhin dioxinhaltige Abfälle auf dem Werksgelände zu lagern.

19 Di Bundespräsident Karl Carstens eröffnet die diesjährige Kieler Woche. Die Segelregatta steht unter dem Motto »Frieden erleben, erhalten, gestalten«.

20 Mi Der US-Senat lehnt den teilweisen Abzug der in Europa stationierten Truppen auch für den Fall ab, dass Bündnispartner ihre Pflichten nicht erfüllen.

21 Do Elf lateinamerikanische Länder fordern auf einer Konferenz in Cartagena (Kolumbien) von den internationalen Banken eine sofortige Zinssenkung.

22 Fr Marianne Strauß, die Ehefrau des bayerischen Ministerpräsidenten Franz-Josef Strauß, kommt durch einen Verkehrsunfall ums Leben.

23 Sa Frankreichs Staatspräsident François Mitterrand beendet seinen zweitägigen Besuch in der Sowjetunion. Gesprächsthema waren u.a. Wirtschaftsfragen.

24 So Bundesinnenminister Friedrich Zimmermann (CSU) eröffnet in München die Multilaterale Umweltkonferenz, an der Vertreter von 31 Nationen teilnehmen.

25 Mo Der Brite Peter Alexander Lord Carrington übernimmt das Amt des NATO-Generalsekretärs in Brüssel. Er löst den Niederländer Joseph Luns ab.

26 Di Otto Graf Lambsdorff (FDP) tritt von seinem Amt als Bundeswirtschaftsminister zurück. Er zieht damit die Konsequenzen aus der Flick-Spendenaffäre.

27 Mi In Ost-Berlin schließt die Ständige Vertretung der Bundesrepublik ihre Tore, um den Zustrom ausreisewilliger DDR-Bürger zu stoppen. → Frankreich

28 Do Die Bundesregierung beschließt die Gründung der Stiftung »Mutter und Kind – Schutz des ungeborenen Lebens« zur Unterstützung schwangerer Frauen.

29 Fr DDR-Staatschef Erich Honecker und der schwedische Ministerpräsident Olof Palme mahnen in einer Erklärung die Fortführung der Entspannungspolitik an.

30 Sa John Naptier Turner wird in Montreal als neuer Ministerpräsident Kanadas vereidigt. Er löst Pierre Elliott Trudeau als Regierungschef ab.

Juli 1984

1 So Der argentinische Fußballspieler Diego Maradona wechselt für die Rekordsumme von umgerechnet 22 Mio. DM vom FC Barcelona zum AC Neapel.

2 Mo Sechs mutmaßliche Mitglieder der Roten Armee Fraktion (RAF) werden in einer Wohnung in Frankfurt am Main festgenommen.

3 Di Ein Warschauer Gericht erhebt Anklage gegen den polnischen Pater Jerzy Popieluszko – wegen »Missbrauchs des geistlichen Amtes«. → Protest

4 Mi Bundeskanzler Helmut Kohl besucht als erster deutscher Regierungschef Argentinien. Daran schließt sich ein Aufenthalt in Mexiko an.

5 Do Nach Einigung der Tarifparteien im Bauhauptgewerbe wird ein seit Mitte Juni andauernder Streik von Akkordarbeitern in West-Berlin beendet.

6 Fr Joseph Kardinal Höffner, Vorsitzender der Bischofskonferenz, kritisiert auf dem Katholikentag die Oppositionsgruppe »Kirche von unten«. → 35-Stunden

7 Sa Der Rekord-Nationalspieler Franz Beckenbauer übernimmt als Teamchef die Leitung der bundesdeutschen Fußball-Nationalmannschaft.

8 So Martina Navratilova (USA) gewinnt bei den All-England-Tennismeisterschaften zum fünften Mal den Titel im Einzelwettbewerb der Damen.

9 Mo Die EG-Kommission verklagt die Bundesrepublik Deutschland vor dem Europäischen Gerichtshof, weil diese am deutschen Reinheitsgebot für Bier festhält.

10 Di Beim Absturz eines »Starfighters« der Bundeswehr auf ein Wohnhaus in Stade stirbt eine Frau. Vier weitere Personen werden schwer verletzt.

11 Mi Bundesverteidigungsminister Manfred Wörner (CDU) unterzeichnet ein neues Rüstungsabkommen mit den USA über den Kauf von Flugabwehrraketen.

12 Do Ein Unwetter mit schwerem Hagelsturm richtet in München und Umgebung schwere Schäden an und verletzt mehr als 300 Menschen.

13 Fr In Polens Hauptstadt Warschau beginnt unter Ausschluss der Öffentlichkeit ein Prozess gegen vier Gründer der Gewerkschaft »Solidarität«.

14 Sa Die oppositionelle Labour Party erringt bei vorgezogenen Parlamentswahlen in Neuseeland mehr Stimmen als die regierende konservative Nationalpartei.

15 So Der Grünen-Politiker Otto Schily rät in einem Zeitungsinterview seinen Parteifreunden, auf eine Koalition mit den Sozialdemokraten hinzuarbeiten.

16 Mo Im Rahmen seiner Reise in die USA und nach Europa besucht der im Juni gewählte Präsident von El Salvador, José Napoleón Duarte, die Bundesrepublik.

17 Di Das Bundesverfassungsgericht verpflichtet die Regierung, dem Flick-Untersuchungsausschuss alle gewünschten Akten zu übergeben. → Fabius

18 Mi Auf ihrem Parteikonvent in San Francisco nominieren die Demokraten mit Geraldine Ferraro erstmals eine Frau für das Amt des Vizepräsidenten der USA.

19 Do Als Nachfolger des Luxemburger Gaston Thorn wird der Franzose Jacques Delors zum neuen Präsidenten der EG-Kommission ernannt.

20 Fr Großherzog Johannes von Luxemburg vereidigt den Vorsitzenden der Christlich-Sozialen Volkspartei, Jacques Santer, als Ministerpräsidenten.

21 Sa Anlässlich des polnischen Nationalfeiertages befürwortet das Parlament in Warschau eine Amnestie, die auch für 632 politische Häftlinge gilt.

22 So Vor seinem Landsmann Bernard Hinault gewinnt der französische Radsportler Laurent Fignon in Paris die diesjährige Tour de France.

23 Mo Gustav »Bubi« Scholz, der frühere Box-Europameister, wird in West-Berlin unter dem Verdacht verhaftet, seine Frau erschossen zu haben .

24 Di Der Franzose Pierre Pflimlin löst den Niederländer Piet Dankert im Amt des Präsidenten des Europa-Parlaments in Brüssel ab.

25 Mi Die Bundesregierung in Bonn gewährt eine Bürgschaftsgarantie für einen Kredit in Höhe von 950 Mio. DM an die DDR.

26 Do Die sowjetische Presse greift die Bundesregierung scharf an. Die Annäherung der beiden deutschen Staaten unterhöhle die sozialistische Ordnung.

27 Fr Die Salzburger Festspiele werden mit der Premiere der Oper »Macbeth« von Giuseppe Verdi in der Inszenierung von Piero Faggioni eröffnet.

28 Sa Im Ostberliner Stadtbezirk Prenzlauer Berg werden drei Industrie-Denkmäler gesprengt, um Platz für eine Wohnanlage zu schaffen. → Kommerz

29 So Eine seit mehreren Wochen anhaltende Dürreperiode zwingt die Behörden der englischen Grafschaften Cornwall und Devon, das Trinkwasser zu rationieren.

30 Mo Nach fünfwöchiger Schließung wird die Ständige Vertretung der Bundesrepublik in Ost-Berlin wieder für den Publikumsverkehr geöffnet.

31 Di Die sowjetische Parteizeitung »Prawda« gibt die Erprobung von Marschflugkörpern durch die Rote Armee bekannt.

30. August 1984

»Discovery« hebt ab

In Cape Canaveral im US-Bundesstaat Florida gelingt nach drei missglückten Versuchen im Juni und August der Start des US-Raumtransporters »Discovery«. Die Besatzung besteht aus fünf Astronauten der staatlichen Luft- und Raumfahrtbehörde (NASA), darunter eine Frau, sowie einem zahlenden Gast: Für eine Summe von 88 000 Dollar ermöglicht der Luft- und Raumfahrtkonzern McDonnell die Aufnahme seines Chefingenieurs in die »Discovery«-Crew.
Aufgabe der Raumfähre wird es in den kommenden sechs Tagen sein, drei kommerzielle Nachrichtensatelliten in eine Erdumlaufbahn zu bringen und ein neues Großsegel mit Solarzellen, das für die Energieversorgung getestet wird, im All auszusetzen. Die Mission der »Discovery« wird in aller Welt mit Spannung verfolgt. Bei ähnlichen Versuchen hatte es zuletzt mehrfach Schwierigkeiten gegeben, die das Vertrauen in das Prestige-Objekt der NASA erheblich minderten.
Hier liegen Gefahren für die kommerzielle US-Raumfahrt, seit sie durch das europäische Gemeinschaftsprojekt »Ariane 3« Konkurrenz bekommen hat – einer Trägerrakete, die bereits drei Wochen zuvor in Französisch-Guyana gestartet war und das Absetzen zweier Nachrichtensatelliten im All erfolgreich durchgeführt hatte. In der Vergangenheit konnte sich die »Ariane« bereits mehrfach als zuverlässig erweisen: Von insgesamt zehn Unternehmungen im All waren acht erfolgreich abgeschlossen worden.

6. Juli 1984

Streik für 35-Stunden-Woche

In Düsseldorf endet durch eine Kompromisslösung der seit 13 Wochen andauernde Arbeitskampf für die Einführung der 35-Stunden-Woche in der bundesdeutschen Druckindustrie. Nach zähen Verhandlungen zwischen der Gewerkschaft IG Druck und Papier und den Arbeitgeberverbänden wird mit Hilfe von Ex-Minister Georg Leber (SPD) ein Schlichtungsvertrag ausgearbeitet, der eine stufenweise Herabsetzung der Arbeitszeit auf vorerst 38,5 Stunden vorsieht. Die Gewerkschaft hatte zur Schaffung neuer Arbeitsplätze eine Verkürzung auf 35 Wochenarbeitsstunden bei vollem Lohnausgleich gefordert. Der Vorschlag stieß bei den Arbeitgebern aus wirtschaftlichen Gründen auf vehementen Widerstand (Abb.: Gewerkschaftsforderung 35-Stunden-Woche).

28. Juli 1984

Die Komme

Zum zweiten Mal nach 1932 finden in der kalifornischen Metropole Los Angeles Olympische Sommerspiele statt. Erneut führt Hollywood Regie, erstmals aber sind die Spiele rein privat finanziert. US-Präsident Ronald Reagan spricht die Eröffnungsformel, Hürden-Weltrekordler Edwin Moses den Eid der Athleten. Sportlich gesehen dominieren die Gastgeber, deren Triumph allerdings durch den dritten Olympiaboykott in Folge relativiert wird. Diesmal sagten die UdSSR und 15 ihr nahe stehende Verbände – u.a. die DDR – offiziell wegen »ungenügender Sicherheitsvorkehrungen« ab. Tatsächlich handelte es sich jedoch um einen Revancheakt für den Boykott der Spiele in Moskau im Jahre 1980. Allerdings wiegt die Rückkehr Chinas in die olympische Familie für viele das Fernbleiben anderer Nationen auf.
Der Sportler mit der größten Ausstrahlung ist der US-Leichtathlet Carl Lewis, der mit Gold über

»Albatros« Michael Groß siegt über 200-m-Freistil und über 100-m-Delfin.

17. Juli 1984

Fabius bildet Regierung

In Paris erklärt der sozialistische französische Ministerpräsident Pierre Mauroy seinen Rücktritt. Staatspräsident François Mitterrand ernennt daraufhin den 38-jährigen Laurent Fabius zu dessen Nachfolger. Mauroy sah sich zum Aufgeben gezwungen, als Mitterrand öffentlich Kritik an der Regierungspolitik verlauten ließ und im Besonderen die geplanten Schulgesetze von Erziehungsminis-ter Alain Savary verurteilte. Im Jahr zuvor hatte Savary bereits durch die Ankündigung von verschärften Hochschulgesetzen negative Schlagzeilen gemacht. In Paris brachen daraufhin aus Protest gegen die bevorstehenden Reformen gewalttätige Studentenunruhen aus. Mit der Demission Mauroys treten neben Savary auch die vier kommunistischen Kabinettsmitglieder zurück. Sie bringen damit ihren Unmut über die Ernennung von Fabius zum Ausdruck, der als Industrieminister u.a. die mit Massenentlassungen verbundene Umstrukturierung der französischen Industrie, die als arbeiterfeindlich kritisiert wird, zu verantworten habe.

piele von Los Angeles

100 m, 200 m, 4x100 m und im Weitsprung die Siegesserie von Jesse Owens aus dem Jahre 1936 wiederholt. Noch mehr Medaillen als Lewis sammelt allerdings die rumänische Turnerin Ecaterina Szabo, die mit viermal Gold und einmal Silber die erfolgreichste Athletin der Spiele ist.

Aus bundesdeutscher Sicht ragt Michael Groß heraus, der zu je zwei Gold- und Silbermedaillen krault bzw. schmettert. Auch der Dressurreiter Reiner Klimke dekoriert sich und seinen Wallach Ahlerich mit zwei Goldmedaillen. Sensationell ist außerdem das Abschneiden der inzwischen 28-jährigen Hochsprung-Seniorin Ulrike Meyfarth, die mit einer Goldmedaille ihren Schulmädchen-Erfolg von 1972 wiederholen kann.

Gag mit NASA-Unterstützung: Der Raketenmann fliegt ins Stadion ein.

Für eine Rekord-Teilnehmerzahl sorgen 140 von 162 IOC-Mitgliedsverbänden. Zu den 7078 Athleten gesellen sich rd. 4000 Trainer und Betreuer, 30000 Offizielle und 3000 Journalisten. Das Olympiaprogramm ist auf 221 Wettbewerbe in 21 Sportarten angewachsen. In Los Angeles finden nach einer Entschärfung des Amateurparagrafen die ersten »offenen« Spiele statt. So sind zum olympischen Fußballturnier erstmals auch Profispieler zugelassen. Gold gewinnt Frankreich.

Die Kommerzialisierung der Spiele stößt bei vielen Sportlern und Journalisten auf Kritik. Ganz Olympia wird zu einem riesigen Geschäft. 30 finanzkräftige Hauptsponsoren, darunter Coca-Cola und McDonalds, vermarkten die offiziellen Olympia-Symbole. Die Fernsehgesellschaft ABC zahlt 225 Mio. Dollar für die TV-Rechte. Dafür erzielt sie in 180 Sendestunden Werbeeinnahmen im Wert von 615 Mio. Dollar. Olympia-Manager Peter Ueberroth verbucht einen Gewinn von 225 Mio. Dollar.

Medaillenspiegel

Land	G	S	B
USA	83	61	30
Rumänien	20	16	17
Bundesrepublik	17	19	23
VR China	15	8	9
Italien	14	6	12
Kanada	10	18	16
Japan	10	8	14
Neuseeland	8	1	2
Jugoslawien	7	4	7
Südkorea	6	6	7

3. Juli 1984

Protest gegen Robbentöten

Aufgrund des Urteils eines Washingtoner Gerichts beginnt auf den zu Alaska (USA) gehörenden Inseln der Aleuten die alljährliche Robbenjagd. Tierschützer aus aller Welt (Abb.: Brigitte Bardot) hatten mit einer Klage schon mehrmals den Termin hinausgeschoben, letztendlich aber die Tötung von rd. 220 000 männlichen Robben nicht verhindern können. Das Fleisch der Tiere wird unter den Inselbewohnern aufgeteilt, der Großteil der Felle geht an die US-Pelzindustrie.

6. August 1984

Erde platzt aus allen Nähten

In Mexiko-Stadt eröffnet der mexikanische Präsident Miguel de la Madrid Hurtado die zweite Bevölkerungskonferenz der Vereinten Nationen. Etwa 3000 Delegierte aus 145 Ländern beraten über Maßnahmen zur Eindämmung des Geburtenüberschusses. Erstmals wird auf der Konferenz der globale Charakter des Bevölkerungsproblems diskutiert. Obwohl die Zahl der Einwohner in den westlichen Industriestaaten kaum zunimmt oder stagniert, wächst die Bevölkerung in den Entwicklungsländern zwischen zwei und drei Prozent jährlich. Experten prognostizieren deshalb zunehmende Hungerkatastrophen, verbunden mit einer immer stärker werdenden Abhängigkeit der Dritten Welt von der Unterstützung der Industrieländer. Ein praktikables Ergebnis zur Lösung der drängenden Probleme bleibt die Konferenz jedoch mangels Einigkeit schuldig. Möglichkeiten zur Geburtenkontrolle wie z.B. Empfängnisverhütungs- und Abtreibungsprogramme stoßen unter den Delegierten vor allem auf ethische und religiöse Barrieren.

August 1984

1 Mi In der Bundesrepublik gilt ab heute die Anschnallpflicht für Pkw-Fahrer. Verstöße werden ab dem 1. September mit einer Geldbuße geahndet.

2 Do Ein religiös motivierter Bombenanschlag im Flughafen der indischen Stadt Madras tötet in der Wartehalle für Passagiere aus Sri Lanka 32 Menschen.

3 Fr US-Präsident Ronald Reagan gibt die Aufhebung der Wirtschaftssanktionen gegen Polen bekannt, die wegen des dortigen Kriegsrechts verhängt worden waren.

4 Sa In Hannover führt ein internationales »Punker«-Treffen zu gewalttätigen Auseinandersetzungen zwischen Punkern und rechtsextremen Skinheads.

5 So Der französische Formel-1-Pilot Alain Prost gewinnt auf dem Hockenheimring vor Niki Lauda (Österreich) den Großen Preis von Deutschland.

6 Mo Moskau kündigt erstmals seit 1982 wieder eine Serie von Raketentests im Pazifik an. Das Testgebiet hat einen Radius von 278 km. → Erde

7 Di Ein Schiff der Marine Sri Lankas beschießt den Küstenort Valvettiturai im Norden der Insel, der als Stützpunkt tamilischer Untergrundkämpfer gilt.

8 Mi Die Regierung Nordrhein-Westfalens erhebt wegen Mängeln am Großklinikum Aachen Klage gegen Baufirmen der Unternehmensgruppe Neue Heimat.

9 Do Im Niedersächsischen Landtag in Hannover ist das Vorgehen der Polizei gegen das »Punker«-Treffen Thema einer Anfrage der Fraktion der Grünen.

10 Fr Der deutsche Motorradhersteller Zündapp stellt beim Amtsgericht in München einen Antrag auf Eröffnung eines Vergleichsverfahrens.

11 Sa US-Präsident Ronald Reagan löst internationale Proteste aus, als er bei einer Mikrofonprobe scherzhaft die Bombardierung der Sowjetunion ankündigt.

12 So Der Vatikan fordert drei Priester, die in der sozialistischen Regierung Nicaraguas Ministerämter übernommen haben, zum Rücktritt von diesen Ämtern auf.

13 Mo In Oujda (Marokko) beraten Libyens Revolutionsführer Muammar al Gaddafi und König Hassan II. von Marokko über eine mögliche Union beider Staaten.

14 Di Deutsche und US-Filmfirmen schließen in München einen Vertrag über Abonnentenfernsehen (Pay-TV) in der Bundesrepublik ab.

15 Mi Johannes Rau (SPD), Ministerpräsident Nordrhein-Westfalens, schlägt zur Bekämpfung der Lehrerarbeitslosigkeit eine Arbeitszeitverkürzung vor.

16 Do Die US-Regierung teilt mit, sie werde 1,6 Dollar Mio. Dollar zur Behebung von Schäden bereitstellen, die bei der Invasion Grenadas 1983 entstanden sind.

17 Fr Als erstes deutsches Bundesland stellt Nordrhein-Westfalen Haushaltsmittel zu Unterstützung von Arbeitsloseninitiativen zur Verfügung.

18 Sa DDR-Staatschef Erich Honecker bezeichnet in einem Interview die Freundschaft zur UdSSR als »Herzenssache«, die »unzerstörbar« sei.

19 So Der Österreicher Niki Lauda gewinnt in Zeltweg den Großen Preis von Österreich. Es ist sein vierter Sieg im zwölften von insgesamt 16 Formel-1-Rennen.

20 Mo Die Magnetschwebebahn der Firma Messerschmitt-Bölkow-Blohm erreicht auf der Testanlage im Emsland mit 302 km/h einen neuen Rekord.

21 Di In Hamburg beginnt der Prozess gegen Konrad Kujau, den Fälscher der Hitler-Tagebücher, und den Ex-»stern«-Reporter Gerd Heidemann.

22 Mi US-Präsident Ronald Reagan bekräftigt die Unterstützung für die Junta El Salvadors durch eine Militärhilfe in Höhe von 70 Mio. Dollar.

23 Do Schahtreue iranische Terroristen töten bei einem Bombenanschlag auf dem Teheraner Hauptbahnhof 18 Menschen und verletzen über 300 weitere.

24 Fr Harald »Toni« Schumacher, Torwart der Nationalmannschaft und des 1. FC Köln, wird zum bundesdeutschen »Fußballer des Jahres« gewählt.

25 Sa Schwere Unruhen sind die Folge eines Generalstreiks gegen die Absetzung des Regierungschefs im südindischen Staat Andhra Pradesh.

26 So Der französische Frachter »Mont Louis« sinkt mit 225 t hochgiftigem Uranchlorid an Bord nach dem Zusammenstoß mit einer deutschen Fähre.

27 Mo Die Regierung des Tschad berichtet der internationalen Öffentlichkeit von den verheerenden Folgen der Hungersnot im Süden des afrikanischen Staates.

28 Di Der Oppositionspolitiker Paul Semogerere gibt bekannt, dass bei den Aufständen in Uganda in den letzten Jahren 500 000 Menschen umgekommen sind.

29 Mi Die westdeutschen Tandemfahrer Jürgen Greil und Frank Weber gewinnen bei den Radweltmeisterschaften in Barcelona/Spanien den Titel.

30 Do In Düsseldorf endet die Unterhaltungselektronik-Messe »Hifivideo 84«. Das Publikumsinteresse gehörte in erster Linie der Compact Disc (CD). → »Discovery«

31 Fr Die traditionsreiche Juwelierfirma »Tiffany's« in New York wird für 135 Mio. Dollar an eine Investorengruppe verkauft.

September 1984

1 **Sa** Afghanische Widerstandskämpfer töten bei einem Anschlag auf den Flughafen von Kabul 42 Menschen, darunter auch sowjetische Frauen und Kinder.

2 **So** Insgesamt 6000 Aussteller aus der ganzen Welt sind auf der Leipziger Herbstmesse vertreten, die heute eröffnet wird.

3 **Mo** In Cartagena (Kolumbien) beginnt die 3. Konferenz der sog. Gruppe 77 über wirtschaftliche Zusammenarbeit. Länder der sog. Dritten Welt nehmen teil.

4 **Di** Der Staatsratsvorsitzende der DDR, Erich Honecker, sagt einen für Ende September geplanten Besuch in der Bundesrepublik Deutschland ab.

5 **Mi** Zum Auftakt der 34. (West-)Berliner Festwochen gastiert die Martha Graham Dance Company aus den USA an der Spree. → Apartheid

6 **Do** Südkoreas Präsident Chun Doo Hwan trifft zu einem als historisch bezeichneten Staatsbesuch in Japan ein. Es geht um die Aussöhnung der beiden Länder.

7 **Fr** Die Filmfestspiele in Venedig enden mit der Verleihung des Goldenen Löwen an den polnischen Regisseur Krzysztof Zanussi. → Boff

8 **Sa** NATO-Oberbefehlshaber Bernard William Rogers wendet sich gegen den Plan, an der innerdeutschen Grenze Rohre mit flüssigem Sprengstoff zu verlegen.

9 **So** Auf dem Festzug zum Andenken des Freiheitshelden Andreas Hofer fordern 35 000 Österreicher die Wiedervereinigung Tirols mit dem italienischen Südtirol.

10 **Mo** Martina Navratilova und John McEnroe (beide USA) gewinnen die Einzelwettbewerbe der diesjährigen offenen US-Tennismeisterschaften in New York.

11 **Di** DDR-Staatschef Erich Honecker nimmt in Äthiopiens Hauptstadt Addis Abeba an den Feierlichkeiten zum zehnten Jahrestag der Revolution teil.

12 **Mi** Die erstmals von Franz Beckenbauer trainierte deutsche Fußballnationalmannschaft verliert in Düsseldorf mit 1:3 gegen Argentinien.

13 **Do** Die US-Fluggesellschaft PanAm gibt bekannt, dass sie 28 Airbus-Maschinen kaufen und Leasingverträge für weitere 63 Flugzeuge abschließen werde.

14 **Fr** In Saragossa (Spanien) kommt es wegen der geplanten Ansiedlung von Roma-Familien in einer Wohnsiedlung zu Krawallen.

15 **Sa** Prinzessin Diana bringt im St. Mary's Krankenhaus in London ihren zweiten Sohn, Henry Charles Albert David, zur Welt.

16 **So** Die ARD beginnt mit der Ausstrahlung des Fernsehfilms »Heimat« von Edgar Reitz. Der von der Kritik gelobte Elfteiler spielt in einem Dorf im Hunsrück.

17 **Mo** Auf der 39. Generalversammlung der Vereinten Nationen in New York übernimmt Paul John Firmino Lusaka aus Sambia die Präsidentschaft.

18 **Di** Mit einer 84-stündigen Fahrt gelingt dem Amerikaner Joe Kittinger die erste Alleinüberquerung des Atlantiks im Ballon. Er landet in der Nähe von Genua.

19 **Mi** Das Bundeskabinett verabschiedet nach monatelangen Beratungen einen Maßnahmenkatalog zur Einführung des Katalysator-Autos.

20 **Do** Ein Bombenanschlag auf die US-Botschaft in der libanesischen Hauptstadt Beirut tötet sechs Menschen. 35 erleiden Verletzungen.

21 **Fr** Mit einem Kurs von 3,17 DM erreicht der Dollar an der Frankfurter Devisenbörse seinen höchsten Stand seit elfeinhalb Jahren.

22 **Sa** Hand in Hand gedenken Bundeskanzler Helmut Kohl und Frankreichs Staatspräsident François Mitterrand bei Verdun der Toten des Ersten Weltkriegs.

23 **So** Bei einer Volksabstimmung in der Schweiz spricht sich die Mehrheit der Bevölkerung für den weiteren Ausbau der Atomenergie aus.

24 **Mo** In Bonn legt die Gewerkschaft Erziehung und Wissenschaft (GEW) einen Bericht vor, wonach jeder zehnte ausgebildete Lehrer arbeitslos ist.

25 **Di** Die Menschenrechtsorganisation »amnesty international« veröffentlicht einen Bericht über eine im August eingeleitete Hinrichtungswelle in China.

26 **Mi** Vertreter Pekings und Londons paraphieren das Abkommen zur Übergabe der britischen Kronkolonie Hongkong an China im Jahre 1997.

27 **Do** Die sowjetischen Behörden verweigern den in den USA lebenden Stiefkindern des russischen Atomphysikers und Dissidenten Andrej Sacharow die Einreise.

28 **Fr** Nach zehnjähriger Bauzeit wird die neue Transsibirische Eisenbahn zwischen Ust-Kut am Baikalsee und Komsomolsk am Pazifik früher fertig als geplant.

29 **Sa** Zum Abschluss der diesjährigen Aktionswoche der Friedensbewegung demonstrieren 30 000 Kriegsgegner im Manövergebiet bei Fulda.

30 **So** Im Rahmen der ersten Gemeinschaftsaktion nach der Teilung Koreas 1953 liefert Nordkorea Hilfsgüter für Opfer einer Überschwemmung nach Südkorea.

31. Oktober 1984

Indiens Premierministerin

Zwei ihrer eigenen Leibwächter, die der Religionsgemeinschaft der Sikhs angehören, ermorden die indische Premierministerin Indira Gandhi. Die Regierungschefin befindet sich gerade auf dem Weg in ihr Büro, wo der britische Schauspieler Peter Ustinov ein Interview mit ihr führen will, als die Attentäter 22 Schüsse auf sie abfeuern. Wenig später stirbt die 67-Jährige im Krankenhaus. Der indische Subkontinent versinkt daraufhin in einer Welle des Terrors.

Nach vorsichtigen Schätzungen werden als Reaktion auf den Mord 4000 Sikhs von fanatischen Hindus abgeschlachtet, erschlagen oder verbrannt. Erst nach 48 Stunden schreitet die Regierung ein. Motiv des tödlichen Attentats ist u.a. die Religions- und Minderheitenpolitik der Ministerpräsidentin. Bei der Erstürmung des Goldenen Tempels von Amritsar am 5. Juni durch die indische Armee kamen mehr als 1000 Sikhs, die das bedeutendste Heiligtum der Sikhs besetzt hielten, ums Leben. Das Massaker hatte den Zorn der Sekte geschürt.

Indira Gandhi, Tochter des ehemaligen Ministerpräsidenten Jawaharlal (»Pandit«) Nehru, bestimmte die Geschicke Indiens seit 1966. Sie galt als eine der führenden Persönlichkeiten der Blockfreienbewegung. Allerdings rückte sie 1971 durch den Abschluss eines Freundschaftsvertrags mit der Sowjetunion vom Prinzip der Blockfreiheit ab. In ihre Amtszeit fiel ebenfalls der Krieg gegen Pakistan zur Durchsetzung der Unabhängigkeit Bangladeschs (1971). Innenpolitisch war Indira Gandhis von Pragmatismus und Machtbewusstsein bestimmte Politik von Beginn an umstritten. 1975 wurde sie wegen

Nach indischem Brauch wird Indira Gandhis Leiche verbrannt.

Wahlkorruption verurteilt, verhängte daraufhin aber den Ausnahmezustand und ließ zahlreiche politische Gegner verhaften. 1977 trat sie nach der Wahlniederlage der von ihr geführten Kongresspartei

5. September 1984

Apartheid bleibt bestehen

In der Republik Südafrika bestätigt das Wahlmännergremium der drei Parlamentskammern die Wahl des bisherigen Ministerpräsidenten Pieter Willem Botha zum amtierenden Staatspräsidenten. Die drei neu geschaffenen Kammern repräsentieren nach einer Verfassungsreform, die Botha bereits bei seinem Amtsantritt 1978 angekündigt hatte, jeweils die Bevölkerungsgruppe der Weißen, der Mischlinge und der Inder. Damit gewährt die Apartheidsregierung den Farbigen ein geringfügiges parlamentarisches Mitspracherecht, schließt aber nach wie vor die schwarze Bevölkerungsmehrheit von allen politischen Aktivitäten aus. Gegner der Rassendiskriminierung riefen im Vorfeld der Wahlen zu den Farbigen-Parlamenten zum Boykott auf, wodurch die Wahlbeteiligung noch unter 20% blieb.

Begleitet werden die Reformen von den schwersten Schwarzen-Unruhen seit dem Soweto-Aufstand von 1976. Außerdem bieten Miet- und Strompreiserhöhungen zusätzlichen Zündstoff. In mehreren südafrikanischen Städten bekunden in den folgenden Tagen Bergarbeiter und Schüler durch Streiks ihre Opposition zum Apartheidstaat. Durch einen massiven Militäreinsatz, bei dem mehr als 400 Menschen sterben, schlägt die Regierung den Protest nieder.

7. September 1984

Theologie der Befreiung

Die offizielle katholische Kirche geht gegen die vor allem in Südamerika verbreitete sog. Befreiungstheologie vor. Einer ihrer Hauptvertreter, Leonardo Boff, muss sich im Vatikan einer Befragung der obersten kirchlichen Glaubensbehörde stellen. Im Mittelpunkt stehen die Thesen, die er in seinem Buch »Charisma und Macht« aufgestellt hat. Boff wird zu einem einjährigen Bußschweigen verurteilt.

Leonardo Boff

brasilianischer Theologe, * 14.12.1938 Concórdia (Provinz Santa Catarina)

Der Franziskanerpater und Theologieprofessor ist einer der einflussreichsten Vertreter der sog. Befreiungstheologie. Mit seinem auch politischen Engagement erregt er mehrfach den Unmut des Vatikan.

- seit 1970: Professor in Petrópolis
- 1980: »Die Neuentdeckung der Kirche« (Schrift)
- 1985: Preis der Schweizer Stiftung für Freiheit in der Kirche

mordet

zurück, schaffte aber 1980 einen spektakulären Wahlsieg und kehrte an die Macht zurück. In letzter Zeit hatte das Autonomiestreben religiöser Minderheiten die Position der Zentralregierung deutlich geschwächt.
Bereits zwölf Stunden nach dem Attentat übernimmt Indira Gandhis Sohn Rajiv die Regierungsgeschäfte. An der Spitze eines aus vier Ministern bestehenden Notkabinetts verkündet er eine zwölf Tage dauernde Staatstrauer und ordnet die Beisetzung für den 3. November an. An der Zeremonie, die am Ufer des heiligen Jamuna in Delhi stattfindet, nehmen zahlreiche Politiker aus aller Welt teil. Die rasche Vereidigung von Indira Gandhis Sohn ohne Zustimmung der Abgeordneten stößt allgemein auf Kritik. Vor allem für die Opposition ist die Ernennung Rajiv Gandhis durch Staatspräsident Giani Zail Singh deutlicher Ausdruck einer geradezu dynastischen Bindung der Regierungspartei an die Herrschaft der Nehrus. Die Politik der Indischen Union wird seit ihrer Gründung im Jahre 1947 von der Nehru-Familie geprägt. Die Nehrus genießen im Volk höchstes Ansehen. Rajiv, der gemäß dem Willen seiner Mutter nun die Führung übernimmt, konzentrierte sich bisher auf seine berufliche Tätigkeit als Pilot. Politisch gilt er als nicht vorbelastet. Er wird durch Wahlen im Dezember mit überzeugender Mehrheit in seinem Amt bestätigt: Die regierende Kongresspartei erhält 401 von 508 Mandaten, die stärkste Oppositionspartei nur 28 Sitze.

12. Oktober 1984

Attentat auf Thatcher

In der südenglischen Stadt Brighton verübt die irische Untergrundbewegung IRA ein Bomben-Attentat auf führende Politiker der britischen Konservativen. Bei dem Anschlag sterben vier Menschen, unter den Verletzten befindet sich Industrieminister Norman Tebbit. Premierministerin Margaret Thatcher bleibt unversehrt. Die Bombe detoniert im Grand-Hotel (s. Abb.), wo die Politiker anlässlich des 101. Parteitags untergebracht sind. Mit dem Gewaltakt unterstreicht die IRA ihre Forderung einer Wiedervereinigung der Republik Irland mit der zu Großbritannien gehörenden nordirischen Provinz Ulster und protestiert gleichzeitig gegen die Annäherungspolitik der Regierungen in London und Dublin.

Auf Anordnung von Premierministerin Thatcher wird der Parteitag zum Zeichen des Sieges der Demokratie über den Terrorismus fortgesetzt. Der irische Ministerpräsident Garret FitzGerald bekundet als einer der ersten europäischen Regierungschefs sein Bedauern.

21. Oktober 1984

Lauda wieder Weltmeister

Fahrtechnisch präzise und taktisch klug steuert der österreichische Rennfahrer Niki Lauda im portugiesischen Estoril seinen McLaren-Porsche auf die Siegerstraße und gewinnt zum dritten Mal die Weltmeisterschaft in der Formel 1. Im letzten Grand-Prix-Rennen kommt er 13 Sekunden nach seinem Teamkollegen Alain Prost über die Ziellinie. In der Gesamtwertung liegt er damit 1,5 Punkte vor dem Franzosen. Die Entscheidung fällt erst kurz vor Schluss: Eine imponierende Aufholjagd sichert Lauda den Titelgewinn.

Nikolaus »Niki« Lauda

österreichischer Automobilrennfahrer, * 22.2.1949 Wien

Der dreifache Formel-1-Weltmeister erlitt im Jahre 1976 einen spektakulären Unfall auf dem Nürburgring, bei dem er sich schwere Brandverletzungen zuzog. Schon 42 Tage später saß der Österreicher wieder im Cockpit. 1979 stieg er kurzzeitig aus dem Rennzirkus aus. Begründung: Er habe keine Lust mehr, im Kreis zu fahren. 1982 war er jedoch wieder dabei. Nach seinem endgültigen Rücktritt betreibt Lauda eine eigene Fluglinie, zudem ist er u.a. als Sportkommentator tätig.

- 1975, 1977-78: Formel-1-Weltmeister
- 1976: Schwerer Unfall auf dem Nürburgring
- 1979: Zeitweise Ausstieg aus der Formel 1

30. Oktober 1984

Polnischer Priester getötet

In einem Weichsel-Stausee bei Wloclawek wird die Leiche des am 19. Oktober entführten regimekritischen Priesters Jerzy Popieluszko (s. Abb.) entdeckt. Wie bekannt wird, hatten Mitglieder des polnischen Geheimdienstes den katholischen Geistlichen verschleppt, misshandelt und schließlich ermordet. Als Priester der Warschauer Stanislaw-Kosta-Kirche betreute Popieluszko auch die Arbeiter der Warschauer Stahlwerke und unterstützte die verbotene Gewerkschaft »Solidarität«. Die Trauerfeierlichkeiten für den Ermordeten am 3. November, an der hunderttausende teilnehmen, werden zu einer politischen Demonstration gegen Polens Militärregierung unter General Wojciech Jaruzelski. Kardinal Józef Glemp und der Gewerkschaftsführer Lech Walesa rufen die Trauernden zu Ruhe und Gewaltlosigkeit auf. In einigen Städten kommt es zur Gründung der ersten Oppositionsgruppen seit Verhängung des Kriegsrechts 1981.

Oktober 1984

- **1 Mo** Die größte von der Bundesrepublik betriebene Sternwarte ist mit der Inbetriebnahme des 3,5-m-Teleskops auf dem Calar Alto in Spanien fertig gestellt.
- **2 Di** Drei sowjetische Kosmonauten kehren nach einem Aufenthalt von 238 Tagen im Weltraum und 160 Mio. zurückgelegten Kilometern zur Erde zurück.
- **3 Mi** Der saudi-arabische Ölminister Scheich Achmed Saki Jamani trifft in Kairo zu Gesprächen mit dem ägyptischen Präsidenten Hosni Mubarak zusammen.
- **4 Do** Im Hamburger Tropeninstitut ist es gelungen, bei einem an Sichelzellenanämie erkrankten Patienten eine Knochenmark-Transplantation vorzunehmen.
- **5 Fr** Der in Frankreich festgenommene deutsche Rechtsextremist Michael Kühnen wird auf dem Flughafen Köln/Bonn den deutschen Behörden übergeben.
- **6 Sa** In Belgrad enden die Verhandlungen über ein Kulturabkommen zwischen Albanien und Jugoslawien ohne Ergebnis. Streitpunkt war die Provinz Kosovo.
- **7 So** Mit der bisher größten Militärparade seit ihrem Bestehen feiert die DDR in Ost-Berlin den 35. Jahrestag ihrer Staatsgründung.
- **8 Mo** Der nordrhein-westfälische FDP-Landesvorsitzende Jürgen Möllemann verzichtet auf die Spitzenkandidatur für die Landtagswahl im Mai 1985.
- **9 Di** Der ägyptische Staatspräsident Hosni Mubarak trifft zu einem offiziellen Besuch in der jordanischen Hauptstadt Amman ein.
- **10 Mi** Papst Johannes Paul II. tritt eine zwei Tage dauernde Karibikreise an, die ihn in die Dominikanische Republik und nach Puerto Rico führt.
- **11 Do** Der mittelamerikanische Staat Panama erhält mit der Vereidigung von Nicolas Ardito Berletta erstmals seit 16 Jahren wieder ein gewähltes Staatsoberhaupt.
- **12 Fr** Dem deutschen Journalisten Günter Wallraff wird von der schwedischen Universität Uppsala der »Preis für Meinungsfreiheit« verliehen. → Attentat
- **13 Sa** Das sowjetische Verteidigungsministerium gibt den Beginn der Ausrüstung von U-Booten und strategischen Bombern mit Marschflugkörpern bekannt.
- **14 So** Bei Brunsbüttel an der Unterelbe (Schleswig-Holstein) wird die größte Windenergieanlage der Welt in Betrieb genommen.
- **15 Mo** Der SPD-Vorsitzende Willy Brandt trifft auf Kuba zu Gesprächen über die Krisenregion Mittelamerika mit Staats- und Parteichef Fidel Castro zusammen.
- **16 Di** Landwirtschaftsminister Ignaz Kiechle (CSU) legt den Waldschadensbericht vor: 50% der bundesdeutschen Wälder sind von sichtbaren Schäden betroffen.
- **17 Mi** Die Bonner Koalition billigt den Vorschlag von Verteidigungsminister Manfred Wörner (CDU), den Wehrdienst von 15 auf 18 Monate zu verlängern.
- **18 Do** Der Iran beginnt im Golfkrieg eine sechstägige Offensive gegen den Irak. Während der Kämpfe kann keine Partei entscheidende Erfolge erringen.
- **19 Fr** Nach einem Beschluss der Regierungschefs der Bundesländer erhalten neben den öffentlichen auch private Fernsehsender eine Sendegenehmigung.
- **20 Sa** Am Aktionstag der Friedensbewegung demonstrieren rd. 400 000 Menschen in mehreren westdeutschen Städten gegen die Aufrüstung in Ost und West.
- **21 So** In Neuilly bei Paris stirbt der französische Filmregisseur François Truffaut, einer der Hauptvertreter der »Nouvelle Vague«. → Niki Lauda
- **22 Mo** Bundesinnenminister Friedrich Zimmermann beginnt eine Reise in europäische Hauptstädte, um über Maßnahmen gegen die Luftverschmutzung zu beraten.
- **23 Di** Der österreichische Schriftsteller Ernst Jandl beginnt an der Universität Frankfurt am Main seine Poetik-Vorlesung »Das Öffnen und Schließen des Mundes«.
- **24 Mi** Das Römisch-Germanische Museum in Köln zeigt die Sonderausstellung »Der Schatz von San Marco« mit Kunstwerken aus der venezianischen Basilika.
- **25 Do** Bundestagspräsident Rainer Barzel (CDU) tritt wegen Anschuldigungen im Zusammenhang mit der Flick-Spendenaffäre von seinem Amt zurück.
- **26 Fr** Die Produktionsanlagen des in Konkurs gegangenen Zweiradherstellers Zündapp in München werden für 16 Mio. DM an die Volksrepublik China verkauft.
- **27 Sa** Der im September in afghanische Gefangenschaft geratene französische Journalist Jacques Abouchar trifft nach seiner Abschiebung in Paris ein.
- **28 So** Bei den Kommunalwahlen in Baden-Württemberg verzeichnen CDU, SPD und FDP Verluste, die Grünen und die Freien Wählervereinigungen Gewinne.
- **29 Mo** Um den weiteren Verfall der Ölpreise aufzuhalten, beschließt die Organisation Erdöl exportierender Länder die Kürzung der Fördermengen um 1,5 Mio. Barrel.
- **30 Di** Bei Auseinandersetzungen mit der Polizei sterben während eines Generalstreiks in Chile nach offiziellen Angaben sieben Menschen. → Priester
- **31 Mi** In Stuttgart wird das renovierte Haus des Württembergischen Staatstheaters mit einer feierlichen Veranstaltung wieder eröffnet. → Indien

November 1984

1 Do Die erste Nordsee-Schutzkonferenz geht in Bremen nach acht Tagen ohne eine Einigung über Maßnahmen gegen die Nordseeverschmutzung zu Ende.

2 Fr Nach 17-jährigem Exil im westlichen Ausland kehrt die Tochter von Josef W. Stalin, Swetlana Allilujewa Peters, in die UdSSR zurück.

3 Sa Unter Teilnahme hunderttausender Menschen wird in Warschau der von Sicherheitskräften ermordete Arbeiterpriester Jerzy Popieluszko beigesetzt.

4 So Mit dem Sieg bei der Rallye Elfenbeinküste steht das schwedische Fahrer-Duo Björn Cederberg und Stig Blomkvist als Weltmeisterteam fest. → Sandinisten

5 Mo Wegen Steuerhinterziehung bei Spendenzahlungen an die CDU verurteilt ein Kölner Gericht einen Pharmaunternehmer zu 420 000 DM Geldstrafe.

6 Di Das Bundesverfassungsgericht erklärt die 1983 eingeführte Zwangsanleihe für Besserverdienende für verfassungswidrig. → Reagan

7 Mi In Hamburg beginnt der Prozess gegen 14 Mitglieder der Rockergruppe »Hell's Angels«, denen Erpressung und Begünstigung der Prostitution vorgeworfen wird.

8 Do Die US-Raumfähre »Discovery« startet zu einer achttägigen Weltraummission, in deren Verlauf zwei defekte Satelliten an Bord genommen werden.

9 Fr »Judith«, ein Schauspiel des deutschen Autors Rolf Hochhuth, hat am Citizen's Theatre im schottischen Glasgow Premiere.

10 Sa Die Europa-Rakete »Ariane« startet ihren dritten kommerziellen Flug, um zwei Nachrichtensatelliten in die Erdumlaufbahn zu bringen.

11 So Im niederländischen Amersfoort endet die Billard-Europameisterschaft mit einem unerwarteten Sieg der bundesdeutschen Mannschaft im Fünfkampf.

12 Mo Der neue indische Ministerpräsident Rajiv Gandhi wird einstimmig zum Vorsitzenden der regierenden Kongresspartei gewählt.

13 Di Bundesinnenminister Friedrich Zimmermann (CSU) gibt als neuen Termin für die umstrittene und verschobene Volkszählung den 23. April 1986 bekannt.

14 Mi Die Grünen im Bundestag fordern zur Eindämmung der Armut ein Sofortprogramm der Bundesregierung in Höhe von 15 Mrd. DM.

15 Do Wolfgang Schäuble (CDU) wird neuer Chef des Bundeskanzleramts in Bonn. +++ Sultan Machmud Iskandar erhält den Königstitel von Malaysia.

16 Fr Auf Malta werden 17 katholische Privatschulen, die wegen ungeklärter Finanzierungsfragen geschlossen worden waren, wieder eröffnet.

17 Sa Polen tritt aus der Internationalen Arbeiterorganisation (ILO) aus. Die ILO hatte von Warschau u.a. die Freilassung von Gewerkschaftern gefordert.

18 So Die dänische Nachrichtenagentur »Ritzau« meldet, dass das grönländische Regionalparlament die Insel zur atomwaffenfreien Zone erklärt habe.

19 Mo Dem Hamburger »Chaos Computer Club« gelingt es, über das Bildschirmtextsystem Btx 135 000 DM von einer Bank auf das eigene Konto zu überweisen.

20 Di Die hessische Landesgruppe der Grünen gibt bekannt, dass sie nicht länger zu einer Zusammenarbeit mit der SPD-Landesregierung bereit sei.

21 Mi Als Reaktion auf einen blutigen Bombenanschlag auf ein Polizeirevier verhängt die Regierung in Colombo eine landesweite Ausgangssperre über Sri Lanka.

22 Do Die USA und die UdSSR verkünden, dass ihre Außenminister im Januar zur Vorbereitung von Rüstungskontrollverhandlungen zusammentreffen werden.

23 Fr In Den Haag beschließen die Verteidigungsminister der europäischen NATO-Staaten eine verstärkte Zusammenarbeit bei der Rüstungsproduktion.

24 Sa Erstmals findet in Wien eine Ausstellung zur Modeproduktion der Wiener Werkstätten aus den Jahren 1911-32 statt.

25 So Julio Maria Sanguinetti von der gemäßigten »Colorado«-Partei gewinnt mit 39% der Stimmen die Präsidentschaftswahl in Uruguay.

26 Mo Frankreichs Staatspräsident François Mitterrand trifft zu einem Besuch in Syrien ein. U.a. will er in Damaskus die Lage im Nahen Osten erörtern.

27 Di Die Bonner Regierung beschließt, der UN-Seerechtskonvention wegen »ordnungspolitischer Bedenken« in Bezug auf den Tiefseebergbau nicht beizutreten.

28 Mi Das in Amman tagende Exilparlament der Palästinenserorganisation PLO, der Nationalrat, bestätigt PLO-Chef Jasir Arafat mit großer Mehrheit in seinem Amt.

29 Do Im Vatikan unterzeichnen die Außenminister Chiles und Argentiniens ein Abkommen zur Beilegung des Grenzstreits um den Beagle-Kanal.

30 Fr Als erster ausländischer Besucher seit der Wiederwahl von US-Präsident Ronald Reagan reist Bundeskanzler Helmut Kohl nach Washington.

6. November 1984

Grandioser Wahlsieg für R

Mit einem grandiosen Wahlsieg gewinnt Amtsinhaber Ronald Reagan die Präsidentschaftswahlen. Der Kandidat der Republikaner kann 525 von 538 Wahlmännerstimmen auf sich vereinen. Sein Gegenkandidat Walter Mondale ist lediglich in seinem Heimatstaat Minnesota und in Washington erfolgreich.
Ursache für den Triumph Reagans ist nach Meinung von Beobachtern seine erfolgreiche Wirtschaftspolitik. Obwohl nicht unumstritten, hat sie zu einem deutlichen Aufschwung der USA geführt. Das Bruttosozialprodukt stieg z.B. im Jahre 1983 um 3,7% und 1984 um 6,8%. Da zudem die Arbeitslosenquote seit dem Höhepunkt der Rezession bis Ende 1984 von 10,4% auf 7,2% und die Inflationsrate von 13,5% (1980) auf 4,3% (1984) zurückgegangen sind, profitierten von der Wirtschaftsentwicklung auch viele Arbeitnehmer, deren Realeinkommen erstmals seit Jahren wieder zugenommen hat. Allerdings ist auch die Zahl der Armen in den USA seit Wirksamwerden der neuen Wirtschaftspolitik (»Reaganomics«) gestiegen. Weitere Probleme sind die hohen Zinsen und die gewaltige Verschuldung des Staates. Neben seinem glücklichen Agieren im Ökonomiesektor hat Reagan auch mit seiner Außenpolitik offensichtlich Pluspunkte bei den Wählern gesammelt. Unmissverständlich hält er an einer Politik der Stärke gegenüber der UdSSR fest,

Eheplausch im Hightech-Zeitalter: Nancy Reagan bejubelt im August die Präsidentschafts-Nominierung.

19. Dezember 1984

London gibt die Wirtschaftsmetropole Hongkong preis

In Peking wird zwischen Großbritannien und der Volksrepublik China das Hongkong-Abkommen unterzeichnet. Premierministerin Margaret Thatcher und ihr chinesischer Amtskollege Chao Tzuyang legen darin fest, dass die britische Kronkolonie nach Ablauf des Pachtvertrags mit China ab dem 1. Juli 1997 unter die Oberherrschaft der Volksrepublik fällt. Für die kommenden 50 Jahre vereinbaren beide Seiten, Hongkong ein hohes Maß an Autonomie zu gewähren. Das Wirtschafts-, Gesellschafts- und Rechtssystem sowie der freie Warenverkehr und die Besitzverhältnisse sollen unangetastet bleiben. Hongkong entwickelte sich nach Abschluss des Pachtvertrages mit Großbritannien im Jahre 1842 zu einer westlich geprägten Enklave in Ostasien und gilt derzeit als eines der wichtigsten Finanz-, Handels- und Dienstleistungszentren der Welt (s. Abb.).

ald Reagan

Bildschirme überall: »Der große Kommunikator« in seinem Element

signalisiert jedoch auch Verhandlungsbereitschaft in der Frage der Abrüstung. In der kommenden Zeit wird mit einer Wiederaufnahme der Abrüstungsverhandlungen gerechnet. In den Mittelpunkt seiner zweiten Amtszeit will Reagan u.a. die Steuerpolitik stellen. Bei dieser »Zweiten Amerikanischen Revolution« soll das bisher 14 Klassen umfassende System durch ein dreistufiges Modell ersetzt und die Steuersätze deutlich gesenkt werden.

Die Republikaner feiern auch bei den Wahlen zum Repräsentantenhaus einen Erfolg und gewinnen 14 Mandate hinzu. Allerdings bleiben sie mit 182 Abgeordneten schwächer als die Demokraten, die 253 Delegierte ins Parlament schicken. In dem zu einem Drittel neu gewählten Senat können die Republikaner allerdings trotz des Zugewinns von zwei Stimmen für die Demokraten eine Mehrheit von 53:47 behaupten.

4. November 1984

Wahlsieg für Sandinisten

Die Wahlen in Nicaragua enden mit dem Sieg der linksgerichteten sandinistischen Regierung unter Daniel Ortega. Die Sandinisten setzen sich gegen sieben Parteien durch (Abb.: Wahlkampf für Ortega). Die rechtskonservative Oppositionspartei »Coordinadora Democrática« hatte die Wahl boykottiert, weil die von den USA unterstützten »Contras« nicht an den Wahlen teilnehmen durften.

3. Dezember 1984

Chemie-Unglück in Indien

Aus dem undichten Tank einer Chemiefabrik in Bhopal, der Hauptstadt des zentralindischen Unionsstaates Madhya Pradesh, strömt das hochgiftige Gas Methylisocyanid aus. An den Folgen des Unfalls in der mitten im Armenviertel gelegenen Fabrik (s. Abb.) sterben 3000 Menschen, 200 000 werden verletzt. Das Giftgas, das zur Herstellung von Insektenvernichtungsmitteln benötigt wird, führt zu schweren Schädigungen an den Augen. Viele Menschen erleiden den Verlust ihrer Sehkraft. Das Werk gehört zu 5 % dem US-Konzern Union Carbide, einem der größten Chemieunternehmen der Welt, und zu 49% dem indischen Staat. Nach dem Unglück häufen sich die Vorwürfe der Presse gegen die Konzernleitung, der mangelnde Sicherheitsvorkehrungen vorgeworfen werden.

10. Dezember 1984

Ehrung für Verdienste

In Stockholm und Oslo werden die diesjährigen Nobelpreise verliehen. Traditionsgemäß findet in der norwegischen Hauptstadt die Übergabe des Friedensnobelpreises statt. Preisträger ist in diesem Jahr Desmond Tutu. Das Nobelkomitee würdigt den anglikanischen Bischof aus Südafrika als »leitende und einigende Figur im Kampf um die Lösung des Apartheid-Problems«. Die feierliche Zeremonie in der Aula der Osloer Universität muss wegen einer Bombendrohung für zwei Stunden unterbrochen werden. Bei der Verleihung in Stockholm wird erstmals seit 1973 wieder ein deutscher Forscher ausgezeichnet. Der Münchener Biologe Georges Jean Franz Köhler erhält zusammen mit dem Argentinier Cesar Milstein und dem Dänen Niels Kai Jerne den Nobelpreis für Medizin.

Desmond Tutu

südafrikanischer Bischof, * 7. 10. 1931 Klerksdorp/Südafrika

Der südafrikanische Geistliche wurde als Sohn eines Lehrers geboren und entstammt dem Volk der Zulu. Als anglikanischer Priester kämpft er mit friedlichen Mitteln für die Abschaffung des Apartheid-Regimes. Wiederholt fordert er die Unterstützung der westlichen Industriestaaten, um z.B. durch die Verhängung eines Wirtschaftsembargos die südafrikanische Wirtschaft und das Ansehen der Regierung im Ausland zu schwächen.

- 1961: Priesterweihe
- 1962-66: Theologiestudium in England
- 1976-78: Bischof in Lesotho
- 1984: erster schwarzer Bischof in Johannesburg

Dezember 1984

1 Sa Auf der zu Frankreich gehörenden Inselgruppe Neukaledonien ruft die Unabhängigkeitsbewegung FLNKS den unabhängigen Staat Kanaky aus.

2 So Etwa 100 Menschen sterben bei Kämpfen zwischen Tamilen und Singalesen im Nordosten der mittelasiatischen Inselrepublik Sri Lanka.

3 Mo Um den Export iranischen Erdöls zu verhindern, bombardiert die Luftwaffe des Irak im Persischen Golf einen zyprischen Tanker. → Chemie-Unglück

4 Di Bei dem EG-Gipfeltreffen in Dublin einigen sich die Teilnehmerstaaten über die Bedingungen für den Beitritt Spaniens und Portugals zur EG.

5 Mi Sieger der Schacholympiade in Saloniki wird die UdSSR. Die Damen aus der Bundesrepublik erreichen den vierten, die Herren den fünften Platz.

6 Do Das Londoner Unterhaus billigt das Abkommen mit der Volksrepublik China über die Rückgabe der britischen Kronkolonie Hongkong im Jahre 1997.

7 Fr In Hamburg wird die bis zum 9. Dezember dauernde siebte Ordentliche Bundesversammlung der Grünen eröffnet.

8 Sa Die EG und 65 Staaten der sog. Dritten Welt unterzeichnen in Lomé (Togo) ein drittes Abkommen über Handel und Entwicklungshilfe.

9 So Iranische Sicherheitskräfte überwältigen vier iranische Luftpiraten, die am 4. Dezember ein kuwaitisches Verkehrsflugzeug in ihre Gewalt gebracht hatten.

10 Mo Der Verband der Theaterschaffenden in der DDR wählt auf seiner Tagung in Ost-Berlin den Schauspieler Hans-Peter Minetti zum Präsidenten. → Tutu

11 Di Forscher aus der UdSSR entdecken ein rd. 105 Mio. Jahre altes Dinosaurier-Ei. +++ Die Schweiz beschließt den Kauf von 380 deutschen »Leopard«-Panzern.

12 Mi Mohamed Khouna Ould Haydallah, Regierungschef von Mauretanien, wird während eines Auslandsaufenthaltes für abgesetzt erklärt.

13 Do Der Bundestag verabschiedet eine Vorabregelung zur Reform des Insolvenzrechts. Künftig werden Forderungen aus Sozialplänen vorrangig befriedigt.

14 Fr Die italienische Polizei verhaftet die Terroristen Adriana Faranda und Valerio Morucci als mutmaßliche Mörder des entführten Politikers Aldo Moro.

15 Sa Um vier Uhr morgens wird der neue Grenzübergang zwischen dem hessischen Herleshausen und dem thüringischen Wartha für den Verkehr freigegeben.

16 So Die bundesdeutsche Fußball-Auswahl gewinnt in Valletta ihr zweites Qualifikationsspiel zur Weltmeisterschaft mit 3:2 gegen Gastgeber Malta.

17 Mo Bei einem Überfall auf einen Geldtransporter auf dem Frankfurter Flughafen-Gelände erbeutet ein Mann 2,9 Mio. DM. Der Täter kann unerkannt entkommen.

18 Di Schweden gewinnt in Göteborg den Tennis-Davis-Pokal. +++ In West-Berlin stirbt im Alter von 80 Jahren der Volksschauspieler Rudolf Platte.

19 Mi Der Aufsichtsrat der Hamburgischen Electricitätswerke AG (HEW) billigt einen Teilausstieg aus dem Kernkraftwerk Brokdorf. → Hongkong

20 Do In Ost-Berlin geht die erfolgreiche Ausstellung »Design – Vorausdenken für den Menschen« zu Ende. Gezeigt wurden Exponate aus der Bundesrepublik.

21 Fr Eine Delegation des Obersten Sowjets der UdSSR unter Leitung des ZK-Sekretärs Michail S. Gorbatschow beendet einen Besuch in Großbritannien.

22 Sa Der Ministerpräsident von Malta, Dominic Mintoff, tritt aus Altersgründen zurück. Zu seinem Nachfolger wird Carmelo Mifsud Bonnici gewählt.

23 So Ein Bombenanschlag vermutlich rechtsextremer Gruppen auf den Schnellzug Neapel-Mailand fordert bei Bologna 15 Tote und 180 Verletzte.

24 Mo Mit einem feierlichen Hochamt in St. Maria im Kapitol wird das »Jahr der Romanischen Kirchen – Köln 1985« offiziell eingeleitet.

25 Di Der sudanesische Ministerpräsident Dschafar Muhammad An Numairi gibt in der Hauptstadt Khartum die Umbildung seines Kabinetts bekannt.

26 Mi Japan und die USA unterzeichnen nach sechsjährigen Verhandlungen in Tokio einen Plan für die gemeinsame Abwehr eines eventuellen Angriffs auf Japan.

27 Do Zum ersten Mal wird mit Hilfe eines Satelliten – den das Max-Planck-Institut in Garching entwickelt hat – ein sichtbarer künstlicher Komet erzeugt.

28 Fr Der Sieger der indischen Parlamentswahlen steht fest: Mit 401 von 508 Mandaten gewinnt die Kongresspartei unter Regierungschef Rajiv Gandhi.

29 Sa Nach einem Bericht des Deutschen Kinderhilfswerks werden in der Bundesrepublik jährlich 30 000 Kinder von der Organisation betreut.

30 So In Bolivien endet nach 24 Stunden die Rebellion eines Teils der Streitkräfte, die sich gegen die Absetzung von Heereschef General José Olvis Arias richtete.

31 Mo Die USA vollziehen ihren lange zuvor angekündigten Austritt aus der UNO-Sonderorganisation für Bildung, Kultur und Erziehung, der UNESCO.

Januar 1985

1 Di Das erste kommerzielle Satelliten-Fernsehprogramm Deutschlands – SAT 1 – geht auf Sendung. Sitz des Privatsenders ist Mainz.

2 Mi In Polen wertet die Regierung die Landeswährung Zloty gegenüber dem Dollar ab. Warschau reagiert damit auf die anhaltende Wirtschaftskrise.

3 Do Nach Preiserhöhungen für Benzin und bei den öffentlichen Verkehrsmitteln brechen in Ecuador Unruhen aus, bei denen sechs Menschen sterben. → Israel

4 Fr Das erste von einer Leihmutter ausgetragene Baby in Europa kommt in London zur Welt. Die Geburt führt zu weltweiten Diskussionen über Leihmutterschaft.

5 Sa In Stuttgart beginnt das sog. Dreikönigstreffen der FDP Baden-Württembergs. Walter Döring löst Jürgen Morlok als Landesvorsitzenden ab.

6 So Anhaltendes Winterwetter lässt die Temperaturen in Norditalien auf unter -20 °C sinken. In Rom liegt erstmals seit 14 Jahren wieder Schnee.

7 Mo Der Franzose Jacques Delors tritt sein Amt als Präsident der EG-Kommission an. +++ In Genf sondieren die beiden Großmächte neue Abrüstungsschritte.

8 Di In Paris bleiben nachts alle Metro-Stationen geöffnet, um den rd. 7500 Clochards Schutz vor den arktischen Temperaturen zu gewähren.

9 Mi Der nordrhein-westfälische Ministerpräsident Johannes Rau (SPD) trifft zu Gesprächen mit Staats- und Parteichef Erich Honecker in der DDR ein.

10 Do Nach einem Schwimmfest in Fayetteville (USA) bittet der 20-jährige DDR-Schwimmer Jens-Peter Berndt in den Vereinigten Staaten um Asyl.

11 Fr Beim Brand einer Pershing-II-Rakete auf dem Militärgelände in der Heilbronner Waldheide kommen drei US-Soldaten ums Leben.

12 Sa In Rio de Janeiro (Brasilien) findet ein mehrtägiges Rockfestival statt, auf dem namhafte europäische Musiker vertreten sind. → Unabhängigkeit

13 So Bei schweren Eisenbahnunglücken in Äthiopien und Bangladesch kommen insgesamt mehr als 700 Menschen ums Leben.

14 Mo Der kambodschanische Außenminister Hun Sen übernimmt auch das Amt des Ministerpräsidenten. Regierungschef Chan Si war im Dezember verstorben.

15 Di Die letzten sechs von insgesamt 168 DDR-Flüchtlingen verlassen nach über drei Monaten Aufenthalt die Botschaft der Bundesrepublik in Prag. → Brasilien

16 Mi Auf ausgewählten bundesdeutschen Autobahnen beginnt ein befristeter Großversuch über die Auswirkungen eines Tempolimits von 100 km/h.

17 Do Vertreter der griechischen und der türkischen Volksgruppe beginnen in New York Gespräche über eine mögliche Wiedervereinigung Zyperns.

18 Fr Indiens Ministerpräsident Rajiv Gandhi gibt die Aufdeckung eines CIA-Spionagerings im Regierungsapparat bekannt. → Smog-Alarm

19 Sa Ungarns Regierung verkündet drastische Preisanhebungen für Konsumgüter (7%), Energie (bis 30%), Verkehrsmittel (bis 60%) und Postgebühren (85%).

20 So In Washington tritt Ronald Reagan seine zweite Amtszeit als US-Präsident an. +++ In der Schweiz wird der Enkel des Verlegers Axel Springer entführt.

21 Mo Kurz nach ihrem Start in Reno (US-Bundesstaat Nevada) stürzt eine Chartermaschine ab. 69 Menschen kommen ums Leben.

22 Di Der Verwaltungsrat des Westdeutschen Rundfunks (WDR) in Köln wählt den parteilosen Journalisten Friedrich Nowottny zum Intendanten.

23 Mi Der von 18 Hilfswerken unterstützte »Tag für Afrika« bringt in der Bundesrepublik Deutschland rd. 100 Mio. DM Spenden zur Linderung des Hungers ein.

24 Do Der Deutsche Bundestag billigt eine rückwirkende Anhebung der Abgeordnetenbezüge zum 1. Juli 1984 um 2,3% auf 8000 DM.

25 Fr Als erstes Bundesland nimmt das Saarland sowohl den Umwelt- als auch den Datenschutz in die Landesverfassung auf.

26 Sa Der Jüdische Weltkongress tagt erstmals in der Nachkriegszeit wieder in Wien. +++ Papst Johannes Paul II. bricht zu einer Reise nach Südamerika auf.

27 So Hermann Weinbuch aus Berchtesgaden gewinnt bei den Nordischen Skiweltmeisterschaften in Seefeld (Österreich) Gold in der Nordischen Kombination.

28 Mo Günther Sonnenberg bricht als erster der seit Dezember 1984 im Hungerstreik befindlichen RAF-Häftlinge seine Aktion ab.

29 Di Das Bundesarbeitsgericht in Kassel bestätigt ein Urteil von 1984, wonach kurzfristige Warnstreiks bei laufenden Tarifverhandlungen zulässig sind.

30 Mi In Genf beschließt die Organisation Erdöl exportierender Länder (OPEC) Preissenkungen um durchschnittlich einen Dollar (3,06 DM) je Barrel (159 l) Erdöl.

31 Do Zwei Düsenjäger der Bundeswehr vom Typ »Phantom« F-4 F stoßen bei Bremerhaven zusammen. Das Unglück fordert zwei Tote und fünf Verletzte.

3. Januar 1985

Israel rettet äthiopische Juden

Die israelische Regierung gibt bekannt, dass seit eineinhalb Monaten rd. 10 000 äthiopische Juden per Luftbrücke nach Israel gebracht worden seien. Die sog. Falaschen waren in ihrem Heimatland starker Diskriminierung und menschenunwürdigen Lebensverhältnissen ausgesetzt. Israel inszenierte die »Operation Moses« unter strengster Geheimhaltung, da Gegenmaßnahmen der arabischen Nachbarländer zu befürchten waren (Abb.: Äthiopische Juden erhalten in Israel Einweisung in die neue Kultur und Sprache).

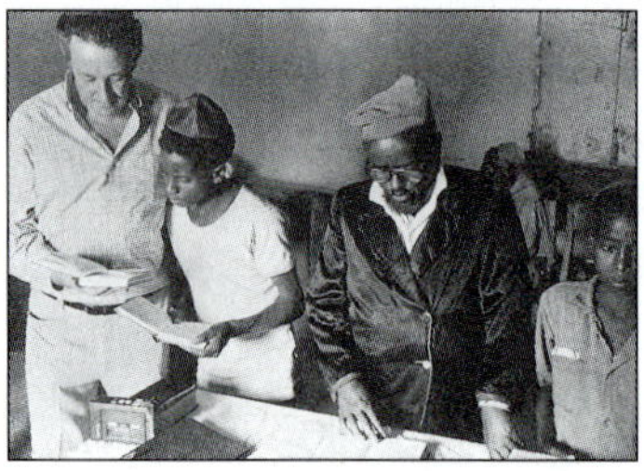

1. Februar 1985

RAF erschießt Konzernchef

Ein Kommando der terroristischen Rote Armee Fraktion (RAF) verübt einen Mordanschlag auf Ernst Zimmermann, den Chef der Motoren-Turbinen-Union (MTU). Die beiden Täter dringen am frühen Morgen in das Privathaus Zimmermanns bei München ein, fesseln den Manager und seine Frau und feuern mehrere Schüsse auf ihr Opfer ab. Zimmermann erliegt noch am selben Abend seinen schweren Verletzungen. Der Manager steht einem Konzern vor, der mit 2,2 Mrd. DM Jahresumsatz der fünftgrößte deutsche Rüstungskonzern ist und u.a. Motoren für Panzer produziert. Die Täter schicken ein Bekennerschreiben, das von der Polizei als authentisch eingestuft wird. Darin nennen sich die Täter »Kommando Patrick O'Hara der Roten Armee Fraktion«. Der IRA-Terrorist Patrick O'Hara war 1981 bei einem Hungerstreik in Haft gestorben.

18. Januar 1985

Smog-Alarm im Ruhrgebiet

In der Bundesrepublik wird erstmals Smog-Alarm der Stufe III ausgerufen. Betroffen ist vor allem das westliche Ruhrgebiet (Abb.: Die Polizei hindert Autofahrer am Benutzen der Bundesstraße 1, der Hauptverkehrsader des Ruhrgebiets). Die Benutzung von privaten Kraftfahrzeugen wird zeitweise untersagt. Kraftwerke werden z. T. stillgelegt oder auf schwefelarme Kohle umgestellt.

13. Februar 1985

Dresden feie

Vor geladenen Gästen erlebt die wieder erstandene Semper-Oper in Dresden mit Carl Maria von Webers »Freischütz« ihre erste Aufführung. Die offizielle Eröffnung folgt am nächsten Tag mit dem »Rosenkavalier« von Richard Strauss.

Zur »Freischütz«-Gala hat sich viel Prominenz angesagt. Der Führung in Ost-Berlin gilt der Festakt – auf den Tag genau 40 Jahre nach der Bombardierung Dresdens durch alliierte Fliegerstaffeln und mit demselben Werk, das als letztes vor der Schließung aller Theater 1944 auf dem Spielplan stand – als Herzensanliegen und besonderer Ausdruck eigener kultureller Identität. Er soll nach den Jahrzehnten der deutsch-deutschen Teilung Demonstration des staatlichen Selbstverständnisses sein und aller Welt den »Friedenswillen« der DDR vor Augen führen. Die gesamte Staats- und Parteiführung, an der Spitze der Staatsratsvorsitzende und SED-Generalsekretär Erich Honecker, sitzt in der Ehrenloge. Aus der Bundesrepublik sind der ehemalige Bundeskanzler Helmut Schmidt (SPD), der niedersächsische Ministerpräsident Ernst Albrecht (CDU) und der seit langem im Ostgeschäft tätige Krupp-Manager Berthold Beitz ins ehemalige »Elbflorenz« gekommen.

Zur offiziellen Eröffnung am folgenden Tag sind Gäste und Journalisten aus aller Welt angereist, die den »Rosenkavalier« in der Inszenierung von Joachim Herz und in der Bühnenausstattung nach Entwürfen von Rudolf Heinrich genießen können. Neben der künstlerischen Darbietung steht vor allem der penibel rekonstruierte Bau der Spielstätte selbst im Mittelpunkt des Zuschauer-Interesses. Die Premierengäste sind von der ausgezeichneten Akustik – gerade in den oberen

12. Januar 1985

Kampf um Unabhängigkeit

Das französische Übersee-Territorium Neukaledonien, eine Inselgruppe zwischen Neuguinea und Neuseeland, ist in der Frage der Unabhängigkeit von Paris in sich zerstritten. Nach Zusammenstößen zwischen links gerichteten Separatisten, die der Urbevölkerungsgruppe der Kanaken entstammen, und weißen Einwohnern verhängt der französische Regierungsbeauftragte Edgard Pisani den Ausnahmezustand. Die Weißen lehnen jede Lösung von Frankreich ab, die Separatisten wollen die volle Unabhängigkeit. Ende 1984 hatte eine Unabhängigkeitsbewegung eine Sozialistische Republik Kanaky proklamiert und eine provisorische Regierung gebildet, die von Paris nicht anerkannt wurde. Stattdessen präsentierte Pisani einen Terminplan für die Erreichung der Unabhängigkeit. Wichtigster Punkt ist die Abhaltung eines Referendums im Juli über die Frage, ob die Region ein Überseegebiet mit Territorialverwaltung oder ein unabhängiger, mit Frankreich assoziierter Staat werden solle.

e neue Semper-Oper

Rängen – überwältigt, ebenso wie vom Prunk der Ausstattung des nach Plänen von Gottfried Semper im Stil des 19. Jahrhunderts errichteten Theaters mit seinen fünf Rängen. Das wieder aufgebaute Opernhaus war bereits der zweite Theaterbau, den der Architekt Semper in der Elbmetropole baute. Die erste zwischen 1837 und 1841 errichtete Semper-Oper brannte 1869 nieder. Die Pläne für ein neues Haus entwarf der schon über 70 Jahre alte Baumeister noch selbst, überließ die Bauleitung aber seinem Sohn Manfred. Der im Stil der italienischen Hochrenaissance errichtete Opernbau wurde im Jahre 1878 eröffnet. Unter Leitung von Ernst von Schuch, der bis zum Ersten Weltkrieg die Geschicke der Semper-Oper leitete, entwickelte sich das Haus zum reinen Musiktheater. Im Zweiten Weltkrieg wurde der Musentempel bei den alliierten Bombenangriffen am 13./14. Februar 1945 nahezu völlig zerstört. Nach Diskussionen entschloss sich die DDR, die Oper im alten Stil wieder zu errichten – acht Jahre Bauzeit und 255 Mio. Mark waren notwendig.

Lichtblick in Dresden: Die Semper-Oper erstrahlt in neuem Glanz und lockt die Opernfreunde.

4. Februar 1985

Entscheidung für Wackersdorf

Im oberpfälzischen Wackersdorf soll die erste kommerzielle Wiederaufbereitungsanlage in der Bundesrepublik entstehen. Dafür entscheidet sich

die Deutsche Gesellschaft für Wiederaufbereitung von Kernbrennstoffen. In Wackersdorf stoßen die Planungen auf heftigen Widerstand (Abb.: Polizei kontra Kernkraftgegner). Der Ort im Landkreis Schwandorf wird in den folgenden Jahren zum Schauplatz schwerer Auseinandersetzungen.

15. Januar 1985

Brasiliens Opposition siegt

Militärs abgewählt: In Brasilien wird Tancredo de Almeida Neves, Kandidat der oppositionellen Demokratischen Bewegung, zum ersten zivilen Präsidenten des Landes seit 1964 gewählt. Sein Sieg besiegelt die Niederlage der Militärs, die das größte Land Südamerikas in die schwerste Krise seiner Geschichte geführt haben. Die mit umgerechnet rd. 306 Mrd. DM ausufernde Auslandsverschuldung, eine Arbeitslosenquote von bis zu 40% und die galoppierende Inflation sind die Hinterlassenschaften der Junta. Der gesundheitlich schwer angeschlagene Neves kann sein Amt allerdings nicht antreten und stirbt nach sieben Operationen am 21. April. Sein Nachfolger José de Ribamar Sarney, der erst 1984 der Partei von Neves beitrat und bis dahin führendes Mitglied der Regierungspartei der Militärs war, kündigt an, er wolle das Regierungsprogramm von Neves umsetzen. Im Mai 1985 wird eine Verfassungsreform gebilligt, die eine Direktwahl des Präsidenten vorsieht und die Bildung von Parteien erleichtert.

Februar 1985

1 Fr Dem Ergebnis einer Volksabstimmung folgend verlässt Grönland die Europäische Gemeinschaft, bleibt mit der EG aber in einer Zollunion verbunden. → RAF

2 Sa Die in deutschen Gefängnissen inhaftierten verurteilten oder mutmaßlichen RAF-Terroristen brechen ihren im Dezember begonnenen Hungerstreik ab.

3 So Bundespräsident Richard von Weizsäcker trifft als erstes bundesdeutsches Staatsoberhaupt zu einem Besuch in Jordanien ein.

4 Mo Die Bundesanstalt für Arbeit in Nürnberg gibt den höchsten Stand der Arbeitslosenquote seit 1948 bekannt: 10,6%. → Wackersdorf

5 Di Spanien öffnet die Grenze zu Gibraltar wieder für den Waren- und Personenverkehr. Damit ist die 1969 verhängte Blockade endgültig aufgehoben.

6 Mi George Gershwins Oper »Porgy and Bess« wird 50 Jahre nach ihrer Uraufführung in Boston erstmals in der New Yorker Metropolitan Opera gespielt.

7 Do In Torún (Polen) werden vier Polizeioffiziere wegen Entführung und Ermordung des oppositionellen Paters Jerzy Popieluszko zu Haftstrafen verurteilt.

8 Fr Nach zweijährigem Exil in den USA kehrt der südkoreanische Oppositionsführer Kim Dae Jung in seine Heimat zurück. Er wird zunächst unter Arrest gestellt.

9 Sa Die 28. alpinen Ski-Weltmeisterschaften im italienischen Bormio gehen zu Ende. Markus Wasmeier aus Schliersee gewinnt die Goldmedaille im Riesenslalom.

10 So In Augsburg wird eine Gedenkstätte für Bertolt Brecht eröffnet. +++ Der Parteitag der KP Frankreichs bekräftigt den Bruch mit den Sozialisten.

11 Mo 20 Tote fordert auf der Autobahn Nürnberg-München der Zusammenstoß eines mit britischen Militärmusikern besetzten Busses mit einem Tanklastzug.

12 Di Bei den Parlamentswahlen in Südkorea erringt die im Januar gegründete oppositionelle Neue Demokratische Partei auf Anhieb knapp ein Viertel der Sitze.

13 Mi Das Amtsgericht Bochum spricht den Textilfabrikanten Klaus Steilmann vom Vorwurf der Steuerhinterziehung durch illegale Parteispenden frei. → Dresden

14 Do Die kambodschanische Regierung gibt bekannt, dass während der dreimonatigen »Trockenzeit-Offensive« 4000 Regierungsgegner getötet worden seien.

15 Fr Am Rechenzentrum der Universität Hamburg wird die viertgrößte bekannte Primzahl ermittelt. Sie umfasst 7067 Stellen.

16 Sa In Frankfurt am Main beschließt der Kommunistische Bund Westdeutschland (KBW) als eine der letzten maoistischen Splitterparteien seine Auflösung.

17 So Frank-Peter Roetsch (DDR) gewinnt bei den Biathlon-Weltmeisterschaften im bayerischen Ruhpolding den Titel über die 10-km-Distanz.

18 Mo Das Organisationskomitee des Europäischen Fußballverbandes UEFA wählt die Bundesrepublik Deutschland als Austragungsort für die Fußball-EM 1988.

19 Di Beim Absturz einer Boeing 727 der spanischen Fluggesellschaft Iberia in der Nähe von Bilbao kommen alle 148 Insassen ums Leben.

20 Mi Das irische Parlament billigt mit knapper Mehrheit ein Gesetz, das den Verkauf bestimmter Empfängnisverhütungsmittel an alle Personen über 18 Jahre erlaubt.

21 Do Die Internationale Atomenergiebehörde IEAO und die UdSSR unterzeichnen in Wien ein Sicherheitskontrollabkommen für zivile Atomkraftwerke.

22 Fr In Australien werden zum ersten Mal Zwillinge geboren, die sich aus Tiefkühl-Embryonen entwickelt haben.

23 Sa Der FDP-Bundesparteitag in Saarbrücken wählt Bundeswirtschaftsminister Martin Bangemann zum neuen Bundesvorsitzenden.

24 So Antimarokkanische Befreiungskämpfer schießen über der Westsahara versehentlich das bundesdeutsche Expeditionsflugzeug »Polar III« ab.

25 Mo 22 Todesopfer fordert eine Explosion in einer Kohlegrube in Forbach (Lothringen). Es ist das schwerste Grubenunglück in Frankreich seit zehn Jahren.

26 Di Israels Außenminister Yitzhak Shamir besucht die Bundesrepublik. +++ Der Dollar-Kurs erreicht mit 3,4960 DM den höchsten Stand seit Juli 1971.

27 Mi Zwei aus West-Berlin abgeschobene Syrer entführen eine Maschine der Deutschen Lufthansa nach Wien. Dort werden die Luftpiraten in Haft genommen.

28 Do Angehörige der Untergrundorganisation IRA überfallen eine Polizeistation in Newry (Nordirland). Neun Polizisten werden getötet.

März 1985

1 Fr Uruguays Staatspräsident Julio Maria Sanguinetti tritt sein Amt an – nach fast zwölf Jahren Militärherrschaft hat das Land wieder eine Zivilregierung.

2 Sa In Montevideo treffen US-Außenminister George Shultz und Nicaraguas Staatspräsident Daniel Ortega zu – ergebnislosen – Gesprächen zusammen.

3 So Ein schweres Erdbeben in Zentral-Chile fordert 151 Todesopfer. 2000 Menschen werden verletzt, etwa 50 000 sind obdachlos.

4 Mo Zu politischem Streit führt die Veröffentlichung eines Briefes der Grünen-Bundestagsabgeordneten Christa Nickels und Antje Vollmer an RAF-Häftlinge.

5 Di Der Iran beginnt mit der Bombardierung irakischer Städte. Der seit 1980 andauernde Golfkrieg erreicht eine neue Eskalationsstufe. → Thatcher

6 Mi Die DDR-Presse berichtet in großer Aufmachung, dass rd. 20 000 in die Bundesrepublik übergesiedelte DDR-Bürger angeblich wieder zurückkehren wollten.

7 Do Das Hamburger Arbeitsgericht gibt der Klage einer Kauffrau statt, die bei einer beruflichen Bewerbung ihres Geschlechts wegen diskriminiert worden war.

8 Fr Bei der Explosion einer Autobombe in einem vornehmlich von Schiiten bewohnten Vorort Beiruts kommen mehr als 80 Menschen ums Leben.

9 Sa Der sog. Dooge-Bericht, der in Brüssel vorgelegt wird, empfiehlt eine Regierungskonferenz über die Chancen einer politischen Europäischen Union.

10 So Bei den Landtagswahlen im Saarland erringt die SPD die absolute Mehrheit. In West-Berlin wird die CDU/FDP-Koalition bestätigt.

11 Mo Vietnamesische Truppen erobern Tatum, den letzten größeren Stützpunkt der kambodschanischen Opposition an der thailändischen Grenze. → Gorbatschow

12 Di Der UN-Sicherheitsrat protestiert gegen die von den südafrikanischen Behörden nach rassischen Gesichtspunkten betriebene Umsiedlungspolitik.

13 Mi In Düsseldorf werden die Terroristen Adelheid Schulz und Rolf-Clemens Wagner wegen Mordes zu lebenslanger Haft verurteilt.

14 Do Fußball-Bundesligist Eintracht Braunschweig scheitert vor Gericht erneut mit dem Versuch, sich nach seinem Hauptsponsor in »SV Jägermeister« umzubenennen.

15 Fr Im jugoslawischen Planica springt der Finne Matti Nykänen mit einer Weite von 191 m einen Skiflug-Weltrekord.

16 Sa »Republikaner«-Gründer Franz Handlos lässt seinen Kollegen Franz Schönhuber, den er des Rechtsextremismus bezichtigt, aus der Partei ausschließen.

17 So Wegen der seit Ende Februar um sich greifenden Großfeuer auf den Galápagos-Inseln ruft die Regierung von Ecuador den Notstand aus.

18 Mo In einem Vorort der südafrikanischen Stadt Uitenhage werden bei Unruhen sechs schwarze Bürgerrechtler von der Polizei getötet.

19 Di Mit 55 gegen 45 Stimmen billigt der US-Senat die Freigabe von 1,5 Mrd. Dollar für den Bau von 21 atomaren MX-Langstreckenraketen.

20 Mi Die Delegierten des 33. Bundesparteitages der CDU bestätigen in Essen Helmut Kohl für weitere zwei Jahre als Bundesvorsitzenden der Christdemokraten.

21 Do Der hessische Staatsgerichtshof verneint in einem Urteil den Anspruch von Schülern, sich vom Sexualkunde-Unterricht befreien zu lassen.

22 Fr 20 Staaten unterzeichnen die sog. Wiener Konvention, in der gemeinsame Maßnahmen zum Schutz der Ozonschicht vereinbart werden.

23 Sa In Bolivien endet ein am 8. März ausgerufener Generalstreik, nachdem die Regierung eine Erhöhung der Mindestlöhne um 300% angeboten hat.

24 So Ein sowjetischer Soldat erschießt im Bezirk Schwerin einen US-Major, nachdem dieser ein Gebäude der Roten Armee fotografiert hat.

25 Mo »Amadeus«, ein Hollywoodfilm des tschechoslowakischen Regisseurs Milos Forman, wird in Los Angeles mit acht »Oscars« ausgezeichnet.

26 Di Die Bundesregierung beschließt einen Gesetzentwurf zur Neuregelung der steuerlichen Förderung selbst genutzten Wohnungseigentums.

27 Mi In New York wird Anklage gegen Bernhard Goetz erhoben: Er hatte vier Farbige, von denen er sich in der U-Bahn bedroht fühlte, niedergeschossen.

28 Do Im Wiener Künstlerhaus wird die Ausstellung »Traum und Wirklichkeit« eröffnet, die einen Überblick über die Welt des Jugendstils gibt. → Schöpfer

29 Fr Das griechische Parlament wählt den von der sozialistischen PASOK-Partei nominierten Christos Sartzetakis im dritten Wahlgang zum Staatspräsidenten.

30 Sa Mit Zurückhaltung nehmen Publikum und Kritik bei den Salzburger Osterfestspielen die Aufführung von Georges Bizets »Carmen« auf.

31 So Aus den Parlamentswahlen in El Salvador gehen die regierenden Christdemokraten als Sieger hervor. Damit bleibt Präsident José Napoleon Duarte im Amt.

15. April 1985

Langer siegt beim Masters

Golfprofi Bernhard Langer (s. Abb.) gelingt ein Triumph, der ihm und seinem Sport eine in der Bundesrepublik noch nie da gewesene Popularität verleiht: Als erster Deutscher gewinnt er auf dem National Course im US-Bundesstaat Georgia das 48. Masters-Golfturnier und erhält dafür umgerechnet 381 000 DM. Jahrelang in der Bundesrepublik alles andere als ein Massensport, erlebt Golf nach Langers Erfolg einen ersten Boom.
Das Masters in Augusta ist das wichtigste Turnier seiner Art. Golfspieler können sich für die Teilnahme nicht qualifizieren, sondern müssen vom veranstaltenden Augusta National Golf Club eingeladen werden. Neben dem Siegerscheck ist vor allem das Symbol des Erfolges, ein grüner Blazer, der größte Anreiz für die Sportler. Der 27-jährige Langer hatte bereits zweimal an dem Turnier teilgenommen. Im Jahre 1982 qualifizierte er sich jedoch nicht für das Hauptfeld, 1984 erreichte er den 31. Platz. Der Anhausener ist seit zehn Jahren Profi-Golfer. Im Jahre 1979 wurde er Junioren-Weltmeister, 1981 und 1984 erreichte er bei den Offenen Britischen Meisterschaften jeweils Rang zwei.

5. März 1985

Thatcher bezwingt Kumpel

Die britischen Bergarbeiter müssen eine bittere Niederlage hinnehmen, die sie auf Jahre hinaus schwächt. Nach fast einjährigem Streik nehmen die Kumpel die Arbeit wieder auf. Der Ausstand wird abgebrochen, ohne dass es zwischen der Bergarbeitergewerkschaft National Union of Mineworkers (NUM) und der Nationalen Kohlebehörde zu einer Einigung gekommen wäre. Die konservative Premierministerin Margaret Thatcher hat sich als harte und kompromisslose Verhandlungspartnerin erwiesen.
Am 12. März 1984 hatte der Ausstand, mit dem die Kumpel 20 von der Nationalen Kohlebehörde als unrentabel eingestufte Zechen retten wollten, begonnen. Mit Schließung der Bergwerke wären 20 000 Arbeitsplätze abgebaut worden. Der Kampf um den Erhalt der Zechen und der Arbeitsplätze wuchs sich rasch zu einem grundsätzlichen Kräftemessen aus. Der als Kommunist geltende NUM-Chef Arthur Scargill führte den Ausstand als politischen Kampf mit dem Ziel, der »Eisernen Lady« um jeden Preis eine Niederlage zuzufügen. Bei Auseinandersetzungen mit der Polizei kamen im Verlauf des Arbeitskampfes zwei Kumpel und ein Unbeteiligter ums Leben. Obwohl Scargill scheitert, wird er von der Bergarbeitergewerkschaft zum »Präsidenten auf Lebenszeit« gewählt.

14. April 1985

Albanien bleibt stalinistisch

Nach dem Tod von Enver Hodscha, der 42 Jahre lang das kommunistische Albanien unumschränkt geführt hatte, übernimmt Ramiz Alia, Parlamentspräsident und langjähriger Weggefährte Hodschas, das Ruder. Damit hat das Land, das sich radikal von der Außenwelt abschottet, eine neue Führung – der politische Kurs soll zunächst jedoch beibehalten werden. Albanien hält als einziger Staat in Europa am Stalinismus fest. Nach dem Zweiten Weltkrieg war es zunächst Weggefährte der Sowjetunion, später der Volksrepublik China.

11. März 1985

Die Ära Gorb

Mit Michail S. Gorbatschow übernimmt in Moskau ein Mann das Ruder, dessen Reformpolitik der folgenden Jahre der Welt ein neues Gesicht verleiht. Das Zentralkomitee der Kommunistischen Partei der Sowjetunion (KPdSU) wählt – einen Tag nach dem Tod von Staats- und Parteichef Konstantin U. Tschernenko – den mit 54 Jahren

Kremlchef Michail S. Gorbatschow

Michail S. Gorbatschow

sowjetischer Politiker, * 2.3.1931 Priwolnoje bei Stawropol

Perestroika und Glasnost – wirtschaftliche sowie soziale Umgestaltung und Transparenz im politischen Prozess – das waren die zentralen Begriffe in Gorbatschows Programm. Mit seiner Politik setzt er den Wandel in den kommunistischen Staaten Osteuropas in Gang, beendet den Kalten Krieg, ermöglicht die deutsche Vereinigung sowie die Auflösung des Warschauer Paktes. Innenpolitisch gerät Gorbatschow seit 1990 zwischen die Fronten radikaler Reformer und der Kräfte des alten Parteiapparats. Mit der Selbstauflösung der Sowjetunion 1991 legt er alle Staatsämter nieder.

- 1950-55: Jurastudium
- 1970-78: Erster Sekretär des Gebietes Stawropol
- 1985-91: Generalsekretär der KPdSU
- 1990-91: Staatspräsident der UdSSR
- 1990: Friedensnobelpreis

m Kreml +++ Deutscher gewinnt Golf-Masters ++

28. März 1985

Schöpfer bizarrer Bilderwelten

Der russisch-jüdische Maler und Grafiker Marc Chagall (s. Abb.) stirbt im Alter von 97 Jahren in Saint-Paul-de-Vence nahe Nizza.
Seine poetisch-träumerischen, oft großformatigen Gemälde machten den weltberühmten Künstler zu einem der bekanntesten Vertreter der klassischen Moderne. Die Bilderwelten des bis zuletzt produktiven Meisters verbinden Einflüsse russischer Volkskunst mit Motiven aus Lebenswelt und Mystik des Judentums sowie surrealen Elementen.

chow beginnt

noch relativ jungen Gorbatschow zum Generalsekretär. Der neue starke Mann im Kreml soll nach dem Willen der Funktionäre die Wirtschaft des Landes effizienter und moderner gestalten, aber auch dafür sorgen, dass die führende Rolle der Partei erhalten bleibt. Zu den größten Problemen der östlichen Supermacht zählt die längst überfällige Reform der Wirtschaft. Der UdSSR ist es in den vergangenen Jahrzehnten nie gelungen, eine ökonomische Struktur aufzubauen, die mit der Wirtschaftskraft westlicher Staaten hätte konkurrieren können. Seit der Amtszeit von Nikita S. Chruschtschow versuchten alle Parteichefs mehr oder weniger erfolgreich, neue Akzente in der Wirtschaftspolitik zu setzen. Mit der Wahl Gorbatschows sind diesbezüglich neue Hoffnungen verbunden.
Entscheidend für das Votum des Zentralkomitees ist die Unterstützung von KGB-Chef Viktor Tschebrikow und von Außenminister Andrej A. Gromyko. Dieser beschwört die Politbüromitglieder, sich für Gorbatschow einzusetzen. Gromyko charakterisiert Gorbatschow, der gegen den 70-jährigen Viktor Grischin antritt, als ein im Stillen gereiftes Genie, dem jetzt Gelegenheit gegeben werden müsse, seine Fähigkeiten zu zeigen. Im Gegensatz zu einigen seiner Vorgänger gilt Gorbatschow nicht nur als ein glänzender Organisator, sondern auch als ein volkstümlicher Politiker. In seiner Antrittsrede vor dem Plenum des Zentralkomitees erklärt der neue Mann, er wolle der strategischen Linie seiner Vorgänger treu bleiben. Vor allem aber in der Wirtschaftspolitik werde es einen Wandel geben. Das Wachstum müsse beschleunigt, die Struktur- und Investitionspolitik erneuert werden. Für diese Reformpolitik Gorbatschows wird schon bald der Begriff »Perestroika« geprägt. Bei allem Bestreben, der sowjetischen Wirtschaft neuen Schwung zu verleihen, erhält das Programm des neuen Kremlchefs noch keine Gedanken an Meinungsfreiheit, Parlamentarismus oder Marktwirtschaft. So wird zunächst auch keine Liberalisierung erwartet, sondern vor allem die Wiederaufnahme der unter Andropow begonnenen Wirtschaftsreformen. »Glasnost«, das Bemühen um eine stärkere Liberalisierung der politischen Öffentlichkeit, formuliert Gorbatschow erst in den folgenden Jahren.
Personell setzt Gorbatschow sehr schnell Akzente. In den ersten Monaten seiner Amtsperiode entlässt er ein Drittel aller Minister und 60 der 158 Gebietsparteisekretäre. Dabei stützt er sich vor allem auf den Geheimdienst KGB, der auch mit drei Personen im mächtigsten Gremium der Partei, dem Politbüro, vertreten ist. Eine der augenfälligsten Veränderungen ist die Ernennung des früheren Parteichefs von Georgien, Eduard A. Schewardnadse, zum Außenminister, für den Gromyko den Sessel räumen muss. Außenpolitisch setzt die neue Moskauer Führung auf eine Politik des Dialogs. Gorbatschow ist entschlossen, die abgebrochenen Abrüstungsverhandlungen mit dem Westen wieder aufzunehmen. Schon am 12. März wird in Genf wieder über eine Beschränkung der Rüstung verhandelt. Am 19. November kommt es zu einem Treffen Gorbatschows mit US-Präsident Ronald Reagan.

Fingerzeig für Kreml-Astrologen: Bei der Trauerfeier für den verstorbenen Kremlchef Konstantin U. Tschernenko folgt Gorbatschow (r.) als Erster dem Sarg des 73-Jährigen.

April 1985

1 Mo In der Bundesrepublik wird für alle benzinbetriebenen Autos eine regelmäßige Abgassonderuntersuchung (ASU) eingeführt.

2 Di Die Terroristen Christian Klar und Brigitte Mohnhaupt werden in Stuttgart zu jeweils fünfmal lebenslänglich und 15 Jahren Haft verurteilt.

3 Mi Bei einem Unfall auf der Autobahn Freiburg-Basel schlägt ein Chemikalientransporter leck, wodurch giftige Gase freigesetzt werden.

4 Do Im Hamburger Freihafen explodiert ein Schuppen, in dem 300 Fässer Kaliumchlorat lagerten. Es kommt zum größten Brand in der Hansestadt seit 1948.

5 Fr Für Aufsehen sorgt US-Tennisstar John McEnroe. In Chicago erklärt er, Männer seien Frauen in jeder Sportart überlegen, vor allem im Tennis.

6 Sa Sudans Staatschef Muhammad An Numairi wird in Abwesenheit durch einen Militärputsch entmachtet. Im Land herrscht Hungersnot.

7 So Bei den Tischtennisweltmeisterschaften im schwedischen Göteborg gehen sechs der sieben Titel an die Volksrepublik China.

8 Mo In Paris wird der mutmaßliche Neonazi Otfried Hepp festgenommen. Er wird in der Bundesrepublik wegen Bildung einer terroristischen Vereinigung gesucht.

9 Di Zwei Verkehrspolizisten erhalten in Dillenburg Bewährungsstrafen, weil sie sich von Lkw-Fahrern u.a. mit Fleischrationen bestechen ließen.

10 Mi Der Geschäftsträger der Bundesrepublik Deutschland in Bagdad wird wegen »Einmischung in innere Angelegenheiten« aus dem Irak ausgewiesen.

11 Do Beim Landeanflug auf den französischen Flughafen Bordeaux-Marignac stürzt ein Bundeswehr-Kampfjet ab. Pilot und Co-Pilot kommen ums Leben.

12 Fr Nach einem Anschlag auf eine Autobahnraststätte in Spanien bezichtigen sich sowohl die baskische ETA als auch eine libanesische Terrorgruppe der Tat.

13 Sa Die Benefiz-Platte »We are the world«, an der zahlreiche Rockstars zugunsten der Afrika-Hilfe mitgewirkt haben, steht auf Platz eins der US-Hitliste.

14 So Bei den Wahlen in Peru erhält die Partei des sozialdemokratischen Präsidentschaftskandidaten Alan García Pérez die meisten Stimmen. → Albanien

15 Mo Der wegen seiner Geschäftspraktiken umstrittene Kölner Wohnungsspekulant Günter Kaußen wird tot aufgefunden. Er hat Selbstmord begangen. → Langer

16 Di DDR-Staats- und Parteichef Erich Honecker erlaubt dem Hamburger Nachrichtenmagazin »Der Spiegel« die Wiedereröffnung seines Büros in Ost-Berlin.

17 Mi Kriegsschiffe mit Atomwaffen an Bord dürfen nicht mehr isländische Gewässer durchfahren, beschließt die Regierung in Reykjavik.

18 Do Als erstes NATO-Land lehnt Norwegen die Beteiligung am US-Projekt der Installierung eines Raketenabwehrsystems im Weltraum (SDI) ab.

19 Fr Der Bonner Bundestag billigt mit den Stimmen der Regierungsfraktionen ein sog. Beschäftigungsförderungsgesetz.

20 Sa Santiago Carillo, einer der führenden Vertreter des sog. Eurokommunismus, wird aus der Kommunistischen Partei Spaniens ausgeschlossen.

21 So Bundeskanzler Helmut Kohl und Bundespräsident Richard von Weizsäcker nehmen an einer Gedenkfeier im ehemaligen KZ Bergen-Belsen teil.

22 Mo Die westindische Stadt Ahmedabad wird unter Militärkontrolle gestellt. Bei Unruhen waren in dem Ort zuvor 59 Menschen zu Tode gekommen.

23 Di Sein erster Besuch in einem NATO-Land führt DDR-Staatschef Erich Honecker nach Italien. In Rom wird er auch von Papst Johannes Paul II. empfangen.

24 Mi Auf Einladung von Nancy Reagan treffen sich in Washington »First Ladies« aus 18 Staaten. Das Treffen ist dem Kampf gegen Drogenmissbrauch gewidmet.

25 Do Der Bundestag verabschiedet ein Gesetz, mit dem das Leugnen von NS-Straftaten künftig als Beleidigung gerichtlich verfolgt werden kann.

26 Fr In Südafrika werden rund 17 000 Grubenarbeiter entlassen, die sich laut Erklärung der Minengesellschaften an spontanen Streiks beteiligt haben sollen.

27 Sa Den Georg-Büchner-Preis, die bedeutendste bundesdeutsche Literaturauszeichnung, erhält in diesem Jahr der DDR-Dramatiker Heiner Müller.

28 So In den von der israelischen Armee aufgegebenen Küstenstreifen südlich von Beirut rücken drusische Milizen sowie moslemische und christliche Einheiten ein.

29 Mo Terroristen in Düsseldorf bzw. Köln verüben Bombenanschläge auf Gebäude der Deutschen Bank, der Hoechst-Werke und der Metallarbeitgeber.

30 Di Die deutsche Fußballnationalmannschaft schlägt in einem Qualifikationsspiel für die Weltmeisterschaft die Auswahl der Tschechoslowakei in Prag mit 5:1.

Mai 1985

1 Mi US-Präsident Ronald Reagan trifft auf dem Köln-Bonner Flughafen zu einem sechstägigen Staatsbesuch in der Bundesrepublik ein.

2 Do In Bonn beginnt der Weltwirtschaftgipfel der sieben führenden Industrienationen. Die Teilnehmer verabschieden nur allgemein gehaltene Erklärungen.

3 Fr Hessens Wirtschaftsminister Ulrich Steger ordnet die Schließung der Reaktor-Brennelemente Union in Hanau wegen Verstoßes gegen das Atomgesetz an.

4 Sa Mit dem Lied »La det swinge« gewinnt das norwegische Duo »Bobbysocks« den 30. Grand Prix d'Eurovision de la Chanson im schwedischen Göteborg.

5 So Verteidigungsminister Sergej Sokolow gibt in einem Interview zu, dass auch die Sowjetunion militärische Weltraumforschung betreibe. → Bitburg-Besuch

6 Mo In unmittelbarer Nähe der Universität wird in Dortmund das erste Technologiezentrum im Ruhrgebiet eröffnet. Es umfasst 4000 m².

7 Di Der heute vorgelegte Verfassungsschutzbericht für 1984 registriert eine Zunahme der Zahl der neonazistischen Organisationen von 16 auf 34.

8 Mi In Hamburg wird das von Alfred Hrdlicka entworfene sog. Gegendenkmal zum umstrittenen 76er Kriegerehrenmal von 1936 enthüllt. → Weizsäcker

9 Do Der Vatikan erteilt dem brasilianischen Franziskaner Leonardo Boff, einem Hauptvertreter der Befreiungstheologie, ein einjähriges Schreib- und Redeverbot.

10 Fr In West-Berlin dürfen Geschäfte im Bereich Kurfürstendamm, Tauentzienstraße und Europacenter künftig bis 21 Uhr geöffnet bleiben.

11 Sa Papst Johannes Paul II. bereist die Beneluxländer. Vor allem in den Niederlanden wird ihm ein kühler Empfang bereitet.

12 So Bei den Landtagswahlen in Nordrhein-Westfalen erringt die SPD unter Ministerpräsident Johannes Rau mit 52,1% die absolute Mehrheit.

13 Mo Im Pariser Museum für moderne Kunst wird eine Ausstellung eröffnet, die sich dem Künstlerehepaar Robert und Sonia Delaunay widmet.

14 Di Bei einem Einsatz gegen die radikale »Move«-Sekte setzt die Polizei von Philadelphia (USA) eine Brandbombe ein. Elf Sektenjünger sterben in den Flammen.

15 Mi Daimler-Benz übernimmt 66% des Luftfahrtunternehmens Dornier. +++ Österreich feiert den 30. Jahrestag der Erlangung seiner Souveränität.

16 Do Die Regierung in Moskau beschließt harte Strafen für Alkoholmissbrauch und Einschränkungen bei der Alkoholproduktion.

17 Fr In Stuttgart beginnt eine Tagung der 16 NATO-Staaten. Dabei fordern die Teilnehmer eine bessere Koordinierung ihrer Wirtschaftspolitik.

18 Sa Zum zehnten Mal wird der VfL Gummersbach Deutscher Meister im Hallenhandball. Gummersbach liegt in der Tabelle einen Punkt vor dem THW Kiel.

19 So Bei den Internationalen deutschen Tennismeisterschaften in West-Berlin unterliegt die 16-jährige Steffi Graf der US-Spitzenspielerin Chris Evert-Lloyd.

20 Mo Auf dem Genfer Flughafen Cointrin werden drei israelische Soldaten gegen rund 1150 Palästinenser ausgetauscht.

21 Di Indiens Ministerpräsident Rajiv Gandhi unterzeichnet bei einem Staatsbesuch in der UdSSR zwei Verträge über wirtschaftliche Zusammenarbeit.

22 Mi Das Kernkraftwerk Grohnde in der Nähe von Hameln geht ans Netz. +++ Bei der Explosion einer Autobombe sterben in Beirut 50 Menschen.

23 Do Das Bundeskartellamt in West-Berlin kündigt an, dass es die geplante Fusion der beiden Reiseveranstalter NUR und ITS untersagen werde.

24 Fr Gegen die Stimmen der Opposition beschließt die Koalition aus CDU/CSU und FDP eine Steuerreform, die die Bürger um 20 Mrd. DM entlasten soll.

25 Sa Ein verheerender Wirbelsturm an der Küste von Bangladesch kostet nach Schätzungen des Deutschen Roten Kreuzes 40 000 Menschen das Leben.

26 So Bayer 05 Uerdingen gewinnt mit einem überraschenden 2:1 über Bayern München im Berliner Olympiastadion den DFB-Pokal.

27 Mo Das britisch-chinesische Abkommen, das Hongkong ab 1997 wieder unter chinesische Herrschaft stellt, tritt formell in Kraft.

28 Di US-Präsident Ronald Reagan legt seine Pläne für eine Einkommens-Steuerreform vor. Danach würde das Steuerwesen stark vereinfacht.

29 Mi Im Großraum München nehmen mehr als ein Dutzend privater Rundfunksender ihren Betrieb auf. Sie teilen sich drei Frequenzen. → Hooligan-Randale

30 Do Bundespräsident Richard von Weizsäcker reist zu einem Staatsbesuch in die Niederlande. Er wird sich drei Tage lang im Nachbarland aufhalten.

31 Fr Mit der Premiere des Films »Ran« von Akiro Kurosawa beginnt in Tokio das erste japanische Filmfestival. Es dauert bis zum 6. Juni.

15. Juni 1985

SOS gegen Rassismus

»Touche pas à mon pote!« (»Rühr meinen Kumpel nicht an!«) fordert der Slogan der Bewegung gegen Rassismus in Frankreich. Mit einem von rd. 300 000 Menschen besuchten Freiluftkonzert in Paris beginnt die Aktion »S.O.S. – Racisme« (s. Abb.). Anlass für die Veranstaltungen, die das friedliche Zusammenleben von Menschen aus verschiedenen Kulturen fördern sollen, sind mehrere Morde an Einwanderern – vor allem aus den Maghreb-Staaten – in den vergangen Wochen. Erst am 30. März war im südfranzösischen Miramas der 18-jährige Noureddine Hassan – Sohn eingewanderter Algerier – ermordet worden. Die Aktion »S.O.S. – Racisme« hat Harlem Désir initiiert, dessen Vater aus Martinique stammt und dessen Mutter Elsässerin ist. Über 1 Mio. Mal verkauft sich das Abzeichen der Bewegung, eine offene rechte Hand mit der Parole »Touche pas à mon pote!« im Handteller. Es wird zum Markenzeichen einer nationalen Kampagne gegen den Rassismus. Vor allem die Rechtsextremisten unter Jean Marie Le Pen polemisieren gegen Ausländer und Einwanderer, die sie für die schlechte Wirtschaftslage verantwortlich machen.

12. Juni 1985

EG macht das Dutzend voll

Die Europäische Gemeinschaft (EG) wächst: Spanien und Portugal treten zum 1. Januar des kommenden Jahres der EG bei, die damit zwölf Staaten umfasst. Bereits ab 1. Juli können Vertreter der beiden iberischen Staaten an den Sitzungen der Gemeinschaft teilnehmen. Die volle Integration in den europäischen Agrarmarkt soll in Etappen und über einen Zeitraum von zehn Jahren vollzogen werden. Zum dritten Mal bekommt die Europäische Gemeinschaft Zuwachs: 1973 kamen Großbritannien, Dänemark und Irland, 1981 Griechenland hinzu. Die Zahl der EG-Bürger wächst mit dem Beitritt Spaniens und Portugals von 270 Mio. auf 320 Mio. Gesellschaftsstruktur und Wirtschaftskraft der EG-Staaten sind mittlerweile sehr heterogen. Beispielsweise gehören kulturelle und ethnische Konflikte in Spanien und Belgien zum Alltag, wohingegen sie in der Bundesrepublik, in Dänemark oder Portugal keine Rolle spielen. Während die sechs Gründungsstaaten – die Bundesrepublik, Frankreich, Italien und die Benelux-Staaten – einander in sozio-ökonomischer Hinsicht relativ ähnlich waren, wird insbesondere durch die Angliederung der Länder im äußersten Südwesten und -osten ein Wohlstandsgefälle offenbar. Vor allem Portugal und Griechenland weisen ein vergleichsweise niedriges Pro-Kopf-Einkommen auf. Einzelne Regionen gelten als »Armenhäuser« Europas.

Unmittelbar nach den Ausschreitungen bietet sich den Helfern im Heysel-Stadion ein Bild des Grauens.

5. Mai 1985

Konflikt um Bitburg-Besuch

Der Besuch von US-Präsident Ronald Reagan und Bundeskanzler Helmut Kohl (s. Abb. 2. und 3. v.r.) auf dem Soldatenfriedhof Bitburg stößt weltweit auf Kritik. Der Grund: Auf der Ruhestätte für Gefallene des Zweiten Weltkriegs sind auch Angehörige der Waffen-SS beerdigt. Mit einem würdigen Zeremoniell hatte Kohl in Bitburg an sein Zusammentreffen mit Frankreichs Staatspräsident

François Mitterrand 1984 bei Verdun anknüpfen wollen. Diese »Versöhnung über Gräbern« sollte der Ausgleich dafür sein, dass Kohl als Vertreter des einstigen Kriegsgegners den Feiern zum 40. Jahrestag der alliierten Invasion in der Normandie im Jahre 1984 hatte fern bleiben müssen.

29. Mai 1985

38 Tote in Brüssel nach Hooligan-Randale

Zu einem für viele Fußballfans unfassbaren Ausbruch von Gewalt kommt es beim Europapokal-Finale der Landesmeister, das der 1. FC Liverpool und Juventus Turin im Brüsseler Heysel-Stadion bestreiten. Bei Ausschreitungen vorwiegend englischer Hooligans sterben 38 Menschen, fast 400 Zuschauer erleiden zum Teil schwere Verletzungen.
Kurz vor Anpfiff der Partie bereits eskaliert die Situation auf den Rängen. Stark alkoholisierte Liverpool-Fans durchbrechen die Drahtabsperrung zum Turiner Block und prügeln mit Flaschen, Messern und Bierdosen auf die Italiener ein. Unter den Zuschauern bricht Panik aus. Mehr als 20 von ihnen werden beim Versuch, vor den Hooligans zu fliehen, zwischen dem Gitter und einer Tribünenmauer eingekeilt, erdrückt oder zu Tode getrampelt, als die Mauer einstürzt. Die belgische Polizei steht den völlig außer Kontrolle geratenen Ereignissen hilflos gegenüber. Später werden schwere Vorwürfe gegen die Sicherheitskräfte laut: Das Polizeiaufgebot sei mit 1000 Gendarmen für die rd. 60 000 Zuschauer viel zu gering gewesen. Zudem hätte man Eingangskontrollen nur nachlässig durchgeführt. Darüber hinaus wäre ein Alkoholverbot nicht nur für den engeren Bereich des Stadions, sondern auch für die umliegenden Kneipen notwendig gewesen. Der Hauptfehler nach Meinung vieler Beobachter war jedoch die Platzierung der verfeindeten Fan-Gruppen in nebeneinander liegenden Blocks. Dadurch sei eine direkte Konfrontation erst möglich geworden. Trotz der entsetzlichen Ausschreitungen wird das Stadion nicht geräumt. Die Kapitäne der beiden Mannschaften tauschen vor dem Spiel ihre Vereinswimpel – die Veranstaltung nimmt ihren normalen Verlauf, als ob nichts geschehen wäre. Mit 85 Minuten Verspätung pfeift Schiedsrichter André Daina das Spiel an. Der für die italienische Mannschaft spielende Franzose Michel Platini entscheidet mit dem einzigen Treffer das Finale für Juve. Der 1. FC Liverpool verliert nicht nur das Spiel, sondern wird – zusammen mit allen englischen Mannschaften – wegen der Ausschreitungen seiner Fans von der UEFA für unbestimmte Zeit, mindestens aber für zwei Jahre, von allen europäischen Fußballwettbewerben ausgeschlossen. Die Fernsehsender, die sich auf eine Live-Übertragung eingerichtet hatten, reagieren unterschiedlich auf die Gewalt im Heysel-Stadion. Das ZDF bricht die Live-Berichterstattung ab. Das österreichische Fernsehen sendet eine Live-Übertragung, die sie mit der Einblendung »Dies ist keine Fußballübertragung, sondern ein Bericht über die Verhinderung eines weiteren Massakers« versieht.

8. Mai 1985

Viel Lob für Weizsäcker-Rede

Vor allem im Ausland erntet Bundespräsident Richard von Weizsäcker (CDU) viel Anerkennung für seine Rede anlässlich der Feiern zum 40. Jahrestag des Kriegsendes. Bei der zentralen Veranstaltung der Bundesrepublik sagt Weizsäcker im Bundestag, dass dieser Tag auch für die Deutschen ein Tag der Befreiung gewesen sei. Kritik an seiner Rede wird von rechts stehenden Organisationen und seitens der Vertriebenenverbände geübt – nicht zuletzt wegen des darin gegebenen Bekenntnisses zum Gewaltverzicht und zur Anerkennung der bestehenden Grenzen. Neben den Abgeordneten des Bundestages sind auch zahlreiche weitere Politiker und Repräsentanten des öffentlichen Lebens nach Bonn geladen. Aus Protest gegen die Anwesenheit des früheren baden-württembergischen Ministerpräsidenten Hans Filbinger (CDU), dessen Rolle als Marinerichter eine Kontroverse hervorgerufen hatte, verlassen vier SPD-Abgeordnete sowie Otto Schily von den Grünen den Saal. Die übrige Fraktion der Grünen war zu einer Gedenkveranstaltung in das KZ Auschwitz gefahren. In der DDR wird der 8. Mai als »Tag des Sieges der Sowjetunion über den Hitler-Faschismus und der Befreiung des deutschen Volkes von der Nazi-Herrschaft« gefeiert.

10. Juni 1985

Israel zieht Truppen ab

Nach dreijähriger militärischer Präsenz im Libanon zieht Israel seine letzten Kampftruppen aus dem nördlichen Nachbarland ab (Abb.: Israelischer Panzer beim Abzug). 1982 waren rd. 60 000 Soldaten einmarschiert, um gegen die palästinensischen Stellungen im Süden des Libanon vorzugehen. Nach raschem Vormarsch auf Beirut und einem Bombardement des Westteils der Stadt, wo sich 6000 PLO-Kämpfer verschanzt hatten, zogen die Palästinenser ab. Die umstrittene Aktion »Frieden für Galiläa«, die nun endet, hatte u.a. die Einsetzung einer israelfreundlichen Regierung in Beirut zum Ziel.

Juni 1985

1 Sa Bei einem Bombenanschlag auf das Verwaltungsgebäude der Hannover-Messe kommt der mutmaßliche Attentäter ums Leben.

2 So Bei vorgezogenen Parlamentswahlen in Griechenland erreicht die sozialistische PASOK-Partei von Ministerpräsident Andreas Papandreou die absolute Mehrheit.

3 Mo Mit dem Abschluss eines Konkordats zwischen Italien und dem Vatikan ist der Katholizismus nicht mehr offizielle Staatsreligion in Italien.

4 Di In Dortmund wird ein Mitglied des rechtsradikalen Fußball-Fanclubs »Borussenfront« wegen Tätlichkeiten gegen einen Türken zu einem Jahr Haft verurteilt.

5 Mi Der 21. Evangelische Kirchentag wird in Stuttgart eröffnet. Rund 140 000 Gläubige besuchen die Veranstaltungen, die bis zum 9. Juni dauern.

6 Do In der Nähe von São Paulo in Brasilien wird die Leiche des als NS-Verbrecher weltweit gesuchten Auschwitz-Arztes Josef Mengele exhumiert.

7 Fr In Estoril bei Lissabon endet eine NATO-Tagung. Das raketengestützte US-Weltraumabwehr-Programm SDI wurde kontrovers diskutiert.

8 Sa Durch ein 1:0 gegen Eintracht Braunschweig sichert sich der FC Bayern München im letzten Saisonspiel die Deutsche Fußballmeisterschaft.

9 So Rund zwei Drittel der Schweizer Stimmberechtigten lehnen in einem Referendum eine Initiative gegen die Liberalisierung von Abtreibung und Sterbehilfe ab.

10 Mo Der dänische Finanzmakler Claus von Bülow wird in Providence (USA) vom Vorwurf des Mordversuches an seiner Ehefrau freigesprochen. → Israel

11 Di Auf der Glienicker Brücke in Berlin kommt es zum bislang größten Agentenaustausch. 25 West- werden gegen vier Ostagenten ausgetauscht.

12 Mi Die USA stellen den rechts gerichteten nicaraguanischen »Contras« umgerechnet 82 Mio. DM für nichtmilitärische Zwecke zur Verfügung. → EG

13 Do 1200 Bundeswehr-Offiziere zwischen 46 und 52 Jahren sollen vorzeitig in den Ruhestand versetzt werden, beschließt der Bonner Bundestag.

14 Fr Regierungssprecher Peter Boenisch tritt zurück, weil gegen ihn Anklage wegen Steuerhinterziehung erhoben wurde.

15 Sa In West-Berlin wird der Deutsche Bundesfilmpreis vergeben. Gewinner sind u.a. Ursela Monn, Klaus Maria Brandauer und Götz George. → SOS

16 So Der bundesdeutsche Rennfahrer Klaus Ludwig gewinnt auf einem privaten Porsche zum dritten Mal die »24 Stunden von Le Mans«.

17 Mo In Chile wird der im November 1984 verhängte Belagerungszustand wieder aufgehoben. Der Ausnahmezustand aus dem Jahre 1973 bleibt jedoch bestehen.

18 Di 40 Theologinnen aus fünf Ländern treffen im Taunus zur Gründung eines Netzwerkes Feministische Theologie zusammen.

19 Mi SPD und SED stellen auf einer gemeinsamen Pressekonferenz in Bonn Entwürfe für ein Abkommen über ein Europa ohne chemische Waffen vor.

20 Do Der ehemalige norwegische Diplomat Arne Treholt wird wegen Spionage für die UdSSR und den Irak zu 20 Jahren Haft verurteilt.

21 Fr Nach heftigen Debatten beschließt der Bundestag eine neue Hinterbliebenenrente für Mann und Frau bei Anrechnung des jeweils eigenen Einkommens.

22 Sa Auf ihrem Bundeskongress in Lahnstein fordern die Jungsozialisten eine Anerkennung der DDR-Staatsbürgerschaft.

23 So In der Gemäldegalerie Eremitage in Leningrad (heute St. Petersburg) wird das Rembrandt-Gemälde »Danae« durch ein Säureattentat schwer beschädigt.

24 Mo Das Nachrichtenmagazin »Der Spiegel« veröffentlicht einen Bericht, wonach die Pharmaindustrie jahrelang Politiker und Beamte bestochen haben soll.

25 Di In der Schweiz beginnt die erste Rallye für Solarmobile. Mit ihr soll die Verwendung der Sonnenenergie populär gemacht werden.

26 Mi Der Irak bricht die diplomatischen Beziehungen zu Libyen ab. Bagdad vermutet ein Bündnis Libyens mit dem irakischen Kriegsgegner Iran.

27 Do An der Autobahn Frankfurt am Main–Darmstadt wird auf dem Gelände der Rhein-Main-Airbase eine Kopie des Berliner Luftbrückendenkmals enthüllt.

28 Fr Gegen die Stimmen der Grünen beschließt der Bundestag das sog. Vermummungsverbot. Gewalttätige Demonstranten sollen künftig besser erkennbar sein.

29 Sa Bei den deutschen Meisterschaften in Remscheid verbessert der Schwimmer Michael Groß die Weltrekorde über 400-m-Freistil und 200-m-Schmetterling.

30 So Die 39 im Libanon entführten US-Bürger werden freigelassen. Sie waren 17 Tage lang in der Hand schiitischer Geiselnehmer.

Juli 1985

1 Mo Eine niedersächsische Hausfrau erzielt mit 6,97 Mio. DM den höchsten Lotto-Gewinn, der in Europa je einer Einzelperson zugefallen ist.

2 Di Der bisherige Außenminister der UdSSR, Andrej A. Gromyko, übernimmt das Amt des Staatspräsidenten. Außenminister wird Eduard Schewardnadse.

3 Mi In einem offenen Brief an Bundeskanzler Helmut Kohl lehnen 350 deutsche Wissenschaftler eine Mitarbeit am US-Weltraumrüstungsprogramm SDI ab.

4 Do Mitglieder des US-Repräsentantenhauses fordern in Tokio eine stärkere Öffnung des japanischen Marktes für Produkte aus den USA.

5 Fr Der Bundesrat billigt in Bonn die Erhöhung der Ausgaben für das Wohngeld um 900 Mio. DM auf jährlich 3,2 Mrd. DM.

6 Sa Mit einem Drei-Satz-Sieg über Chris Evert-Lloyd gewinnt Martina Navratilova (beide USA) zum sechsten Mal das Tennis-Turnier in Wimbledon.

7 So Boy Gobert verlässt nach fünf Jahren Intendanz das Schiller-Theater in West-Berlin. Zum Abschied schlüpft er selbst in die Rolle des »Wallenstein«. → Wimbledon

8 Mo Im Prozess um die gefälschten Hitlertagebücher wird der Fälscher und Militaria-Händler Konrad Kujau in Hamburg zu viereinhalb Jahren Haft verurteilt.

9 Di Das Bonner Gesundheitsministerium warnt vor dem Genuss österreichischer Weine, nachdem bei Proben Spuren eines Frostschutzmittels gefunden wurden.

10 Mi Frankreichs Regierung beschließt eine zehnmonatige Lohnfortzahlung für aus wirtschaftlichen Gründen entlassene Arbeitnehmer. → »Rainbow Warrior«

11 Do In Kuwait kommen bei zwei Bombenanschlägen arabischer Extremistenorganisationen elf Menschen ums Leben. 89 werden verletzt.

12 Fr Nach siebenjähriger Bauzeit wird in Stuttgart das Linden-Museum für Völkerkunde eröffnet. +++ 93 Opfer fordert ein Grubenunglück in Südchina.

13 Sa Der sowjetische Stabhochspringer Sergej Bubka überspringt in Paris als Erster 6,00 m und übertrifft damit seinen Weltrekord um 6 cm. → Live Aid

14 So Bei den Wahlen in Bolivien erhält der ehemalige Diktator Hugo Banzer mit 28,11% zwar die meisten Stimmen, verfehlt aber die Mandatsmehrheit.

15 Mo In Kenias Hauptstadt Nairobi findet zum Abschluss des Frauenjahrzehnts der UN die Weltfrauenkonferenz statt. 15 000 Frauen nehmen daran teil.

16 Di Als erster Leichtathlet läuft in Nizza der Brite Steve Cram die 1500 m unter dreieinhalb Minuten. Er benötigt für die Strecke 3:29,67 min. → Böll

17 Mi In Paris unterzeichnen die Minister von 17 europäischen Ländern Verträge über eine Zusammenarbeit in der Spitzentechnologie.

18 Do Die jugoslawische Regierung in Belgrad verkündet wegen der Inflationsrate von 76% drastische Preiserhöhungen für Grundnahrungsmittel.

19 Fr Der Dammbruch eines Stausees in den Dolomiten löst bei Trient eine Überschwemmungskatastrophe aus, die über 200 Todesopfer fordert.

20 Sa Vor Florida entdeckt der US-Schatzsucher Mel Fisher die Wracks zweier Schiffe der spanischen Silberflotte, die 1622 im Sturm gesunken waren. → Südafrika

21 So Bei den Fecht-Weltmeisterschaften in Barcelona gewinnt die Offenbacherin Cornelia Hanisch zum dritten Mal den Einzeltitel. → Tour

22 Mo Durch Bombenanschläge werden in Kopenhagen eine Synagoge sowie das Büro einer US-Luftfahrtgesellschaft schwer beschädigt.

23 Di 40 Jahre nach Kriegsende treffen Parlamentarier aus Nord- und Südkorea zu Gesprächen über Möglichkeiten einer Wiedervereinigung zusammen.

24 Mi Das Bundeskabinett beschließt eine neue technische Anleitung (TA Luft), die eine umfassende Sanierung der besonders problematischen Altanlagen vorsieht.

25 Do In Paris wird bekannt, dass der US-Schauspieler und Hollywoodstar Rock Hudson an der Immunschwächekrankheit AIDS erkrankt ist.

26 Fr In Salzburg werden die Festspiele eröffnet. Für den 17. August ist die Uraufführung des Thomas-Bernhard-Stücks »Die Theatermacher« vorgesehen.

27 Sa Durch einen Militärputsch wird in Uganda nach viereinhalbjähriger Herrschaft Staatspräsident Milton Obote gestürzt.

28 So Peru will für die Rückzahlung seiner Auslandsschulden nur 10% der Ausfuhrerlöse ausgeben und erhöht damit den Druck auf die Gläubigerländer.

29 Mo Vor dem Hintergrund des österreichischen Giftwein-Skandals kündigt Bundeskanzler Fred Sinowatz in Wien verschärfte Qualitätskontrollen an.

30 Di Die japanische Regierung beschließt ein auf drei Jahre angelegtes Aktionsprogramm zur Verbesserung des Marktzugangs für ausländische Produkte.

31 Mi Südafrikas Regierung erlässt für einige Schwarzen-Wohnbezirke Beschränkungen bei Beisetzungs-Feiern, da diese oft zu Anti-Apartheidskundgebungen wurden.

7. Juli 1985

Sieg in Wimbledon

Sensation auf dem »heiligen Rasen von Wimbledon«: Der erst 17-jährige Boris Becker gewinnt die 99. All-England-Tennismeisterschaften und sorgt damit für die größte Sensation in der Geschichte des deutschen Tennissports. Er schlägt den aus Südafrika stammenden Amerikaner Kevin Curren in vier Sätzen mit 6:3, 6:7, 7:6, 6:4 und holt als erster Deutscher, erster ungesetzter und bislang jüngster Spieler den Titel im Herreneinzel. Mit diesem Triumph beginnt eine beispiellose Karriere, die das Publikum jahrelang in ihren Bann zieht und Tennis in Deutschland zum Massensport macht.

Das Finale dauert drei Stunden und 18 Minuten und wird allein in der Bundesrepublik von 11 Mio. Fernsehzuschauern verfolgt. Bei seinem Weg ins Finale war Becker vom Glück und vom Wetter begünstigt: Mehrfach konnte er nach einer Regenunterbrechung einen Rückstand aufholen. Spätestens nach dem hart umkämpften Halbfinalsieg gegen den Schweden Anders Jarryd wurde der wegen seines gewaltigen Aufschlags »Bumm-bumm-Boris« genannte, kräftig gewachsene Leimener ernst genommen. Im Finale gegen Curren, der immerhin John McEnroe und Jimmy Connors besiegt hatte, erweist sich Becker als der bessere Aufschläger. Vor ihm ist es überhaupt erst zwei deutschen Tennisspielern gelungen, bis in das Wimbledon-Finale vor-

Voller Einsatz mit Becker-Hecht

Boris in Triumphator-Pose

20. Juli 1985

Ausnahmerecht in Südafrika

Mit der Verhängung des Ausnahmezustands geht die Regierung in Pretoria gegen die anhaltenden Rassenunruhen in Südafrika vor. Seit September 1984 sind rd. 500 Menschen bei blutigen Unruhen ums Leben gekommen.

Beobachter sehen u.a. in der schlechten Wirtschaftslage einen Grund für die zunehmenden Konflikte zwischen Weißen und Schwarzen, aber auch der Schwarzen untereinander. Von der abflauenden Konjunktur ist die politisch entrechtete schwarze Mehrheit ganz besonders hart betroffen. Nach einem Preisverfall für das wichtigste Exportgut des Landes – Gold – reagierten die Minenbesitzer mit Massenentlassungen. Die Streiks der Arbeiter nehmen zunehmend politischen Charakter an. Zudem hält die weiße Regierung unter Ministerpräsident Pieter Willem Botha, der seit September 1984 zugleich Staatspräsident ist, trotz vorsichtiger Reformen an der Apartheid-Politik fest. Mit Demonstrationen, Streiks, Schulboykott und auch mit Gewalt setzen sich die Schwarzen gegen die Rassentrennungspolitik vehement zur Wehr.

21. Juli 1985

Erneuter Sieg bei der Tour

Zum fünften Mal gewinnt der Franzose Bernard Hinault das schwerste Radrennen der Welt, die Tour de France. Nach 22 Etappen und 4107 km liegt er in der Gesamtwertung 1:42 min vor Greg Lemond (USA). Der Tour-Erfolg ist Hinaults letzter großer Sieg.

Bernard Hinault

französischer Radrennfahrer, * 15.11.1954 Yffiniac (Bretagne)

Mit seinem fünften Erfolg bei der Tour de France steigt Hinault in den »Olymp des Radsports« auf. In der ewigen Bestenliste zieht der Bretone mit seinem Landsmann Jacques Anquetil und dem Belgier Eddy Merckx gleich. Viermal (1979-82) gewann Hinault die Super-Prestige-Wertung als bester Straßenfahrer.

- 1977, 1980: Sieger Lüttich-Bastogne-Lüttich
- 1978-79, 1981-82, 1985: Sieger der Tour de France
- 1980, 1982-83: Sieger beim Giro d'Italia

zudringen. »Tennisbaron« Gottfried von Cramm verlor 1935-37 dreimal hintereinander das Finale (gegen Fred Perry bzw. Donald Budge), und Wilhelm Bungert scheiterte 1967 an John Newcombe. Dass sein Sieg kein Zufall war, beweist Becker in den Folgejahren. 1986 und 1989 siegt er erneut in Wimbledon, 1988, 1990 und 1991 steht er im Finale. Boris Beckers Karriere wurde professionell geplant: Sein Manager ist der frühere rumänische Weltklassespieler Ion Tiriac, der zusammen mit Trainer Günther Bosch das Talent entdeckt und über Jahre gefördert hat.
War Tennis bislang in Deutschland eher ein Freizeitvergnügen für Betuchte, so wird der »weiße Sport« nach dem Erfolg Beckers zum Magneten für Zuschauer und Aktive. Auch andere deutsche Spieler – allen voran Steffi Graf und Michael Stich – schaffen in der Folgezeit den Sprung ins Spitzenfeld des internationalen Profitennis und verstärken den Tennisboom in Deutschland noch weiter.

Boris Becker

deutscher Tennisspieler, * 22.11.1967 Leimen

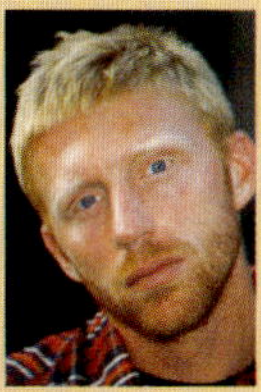

Beckers leidenschaftliche Spielweise und seine grandiosen Erfolge schlagen das Publikum in den Bann. Der erfolgreichste deutsche Tennisspieler aller Zeiten zählt mehr als zehn Jahre lang zu den Weltbesten seines Fachs, erobert sogar kurzzeitig die Spitzenposition der Weltrangliste. 1999 gibt er seinen Rücktritt vom aktiven Sport bekannt.

- 1985, 1986, 1989: Wimbledon-Sieg
- 1988-89: Davis-Cup-Sieg mit der Mannschaft
- 1989: Sieg bei den US Open
- 1991, 1996: Sieg bei den Australian Open
- 1992, 1995: ATP-Weltmeister

16. Juli 1985

Trauer um Heinrich Böll

Im Alter von 67 Jahren stirbt in Kreuzau bei Düren der Schriftsteller Heinrich Böll. Familienangehörige und Schriftsteller-Freunde geben ihm das letzte Geleit.
Durch seine christlich-ethisch geprägten Erzählwerke und sein persönliches Engagement war der Literaturnobelpreisträger eine moralisch-politische Institution – hoch angesehen, aber auch immer wieder angefeindet. Böll protestierte nicht nur gegen Missstände in der Bundesrepublik – er trat auch entschieden für Dissidenten in den Staaten des Warschauer Paktes ein, etwa die russischen Dichter Alexander Solschenizyn und Lew Kopelew. In den 50er Jahren setzte sich Böll gegen die Atombewaffnung der Bundeswehr ein, später kämpfte er gegen Notstandsgesetze und Radikalenerlass sowie die NATO-Nachrüstung. Noch im Herbst 1983 nahm Böll an Aktionen gegen die Stationierung von Pershing-II-Raketen teil. Längere Zeit war er Präsident des deutschen und internationalen PEN-Clubs. Seine Bücher haben eine Gesamtauflage von rd. 31 Mio. Exemplaren und wurden in 45 Sprachen übersetzt.

10. Juli 1985

»Rainbow Warrior« versenkt

Die »Rainbow Warrior«, ein Schiff der Umweltschutzorganisation Greenpeace, wird im neuseeländischen Hafen Auckland versenkt (s. Abb.). Dabei kommt ein Greenpeace-Mitarbeiter ums Leben. Der Anschlag mit zwei Haftminen verhindert ein Auslaufen des Schiffes zum Mururoa-

Atoll, wo es nach Greenpeace-Absicht einen der dort geplanten französischen Atomwaffentests behindern sollte, die Frankreich trotz internationaler Proteste in der Region immer wieder durchführt. Obwohl Paris dementiert, wird bekannt, dass der französische Geheimdienst hinter der Versenkungsaktion steckt. Am 17. Juli verhaftet die neuseeländische Polizei zwei französische Geheimagenten, die später zu zehn Jahren Haft verurteilt werden. Wegen der Affäre treten im September Frankreichs Verteidigungsminister Charles Hernu und Geheimdienstchef Pierre Lacoste zurück. Im Jahre 1986 zahlt Frankreich an den neuseeländischen Staat pauschal Schadenersatz.

13. Juli 1985

Live-Aid-Konzert für Afrika

Im Londoner Wembley-Stadion und im John-F.-Kennedy-Stadion von Philadelphia findet in zwei zeitgleichen Veranstaltungen das von Bob Geldof initiierte »Live-Aid-Concert« statt (s. Abb.). Die bis-

her größte Show in der Geschichte der Popmusik wird von einem Millionenpublikum in 50 Ländern 16 Stunden lang am Bildschirm verfolgt. Nach den Benefiz-Aktionen »Band Aid« in Großbritannien Ende 1984 (»Do They Know It's Christmas?«) und »USA For Africa« 1985 (»We Are The World«) ist dies der dritte große Versuch, mit Rockmusik Spenden für die Not leidende Bevölkerung Afrikas zu sammeln. In London singen und spielen u.a. Paul McCartney, David Bowie und Elton John, in Philadelphia u.a. Mick Jagger, Tina Turner und Eric Clapton. Phil Collins fliegt während der Veranstaltung mit der »Concorde« von London nach Philadelphia und tritt in beiden Stadien auf. Der Konzert-Erlös beträgt 128 Mio. DM.

August 1985

1	Do	Die deutschen Sportjournalisten wählen Hans-Peter Briegel, der mit Hellas Verona italienischer Meister geworden ist, zum Fußballer des Jahres.
2	Fr	In Dallas (US-Bundesstaat Texas) kommen beim Absturz eines US-Großraumflugzeuges 134 Menschen ums Leben.
3	Sa	Der Frontalzusammenstoß eines Triebwagens mit einem Schnellzug fordert in Südwestfrankreich 32 Todesopfer und viele Verletzte.
4	So	Der italienische Formel-1-Pilot Michele Alboreto gewinnt auf dem Nürburgring vor dem Franzosen Alain Prost den Großen Preis von Deutschland.
5	Mo	Bei den Schwimm-Europameisterschaften in Sofia wird der Offenbacher Michael Groß mit sechs Titeln erfolgreichster Teilnehmer.
6	Di	Das vom sowjetischen Parteichef Michail S. Gorbatschow angekündigte einseitige Atomtest-Moratorium tritt in Kraft.
7	Mi	Ted Turner, Gründer und Eigentümer des Nachrichten-Kanals CNN, scheitert bei dem Versuch, den Fernsehsender CBS zu übernehmen.
8	Do	Auf dem US-Luftwaffenstützpunkt am Frankfurter Rhein-Main-Flughafen werden ein US-Soldat und eine Frau durch ein Bombenattentat getötet.
9	Fr	In Düsseldorf vereinbaren die Vertreter der CDU-Landesverbände Rheinland und Westfalen-Lippe ihren Zusammenschluss.
10	Sa	Im Zuge der Salzburger Festspiele werden zwölf Lieder des Komponisten Gottfried von Einem nach Texten von verschiedenen Dichtern uraufgeführt.
11	So	Der deutsche Dressurreiter Dr. Reiner Klimke gewinnt bei den Europameisterschaften in Kopenhagen die Goldmedaille. Auch die Mannschaft holt Gold.
12	Mo	520 Menschen sterben beim Absturz eines japanischen »Jumbo-Jets« nahe des Berges Fudschijama. Vier Überlebende können geborgen werden.
13	Di	Als Reaktion auf den »Weinskandal« tritt der Staatssekretär im Landwirtschaftsministerium von Rheinland-Pfalz, Ferdinand Stark, zurück.
14	Mi	Die bundesdeutschen Segler gewinnen zum dritten Mal den Admiral's Cup, das Rennen für Hochseejachten vor der Isle of Wight.
15	Do	Der Zentralbankrat der Deutschen Bundesbank senkt die Leitzinsen um jeweils 0,5%. Damit betragen der Diskontsatz 4% und der Lombardsatz 5,5%.
16	Fr	In Wien wird die UN-Organisation für Industrielle Entwicklung (UNIDO) in eine selbstständige UN-Sonderorganisation umgewandelt.
17	Sa	Der Irak bombardiert mit französischen »Exocet«-Raketen die iranische Ölverladestation auf der Insel Khark im Persischen Golf.
18	So	Zum Abschluss des Filmfestivals von Locarno erkennt die Jury dem Film »Höhenfeuer« des Schweizer Regisseurs Fredi Murer den »Goldenen Leoparden« zu.
19	Mo	Hansjoachim Tiedge, für die Spionageabwehr zuständiger Regierungsdirektor im Bundesamt für Verfassungsschutz, setzt sich in die DDR ab.
20	Di	Mitglieder der terroristischen Gruppierung »Ägyptische Revolution« erschießen in Kairo einen israelischen Botschaftsattaché.
21	Mi	Der seit 1932 wieder verliehene Kleist-Preis geht an den Schriftsteller und Filmemacher Alexander Kluge aus München.
22	Do	Eine britische Chartermaschine fängt beim Start in Manchester Feuer. Dabei kommen 55 Menschen ums Leben, weitere 82 werden verletzt.
23	Fr	Die griechische Regierung in Athen erklärt den seit dem Jahre 1940 formell bestehenden Kriegszustand mit Albanien für beendet.
24	Sa	Ein Erdbeben der Stärke 7,4 auf der nach oben offenen Richter-Skala fordert in der westchinesischen Provinz Sinkiang 65 Todesopfer.
25	So	Der Finne Timo Salonen gewinnt auf einem Peugeot 205 Turbo die 1000-Seen-Rallye in seinem Heimatland und wird damit zugleich Rallye-Weltmeister.
26	Mo	Die Landesregierung von Rheinland-Pfalz verzichtet auf eine Verfassungsklage gegen die sog. Abtreibung auf Krankenschein.
27	Di	Insgesamt 2,4 t Marihuana können von der Hamburger Polizei an Bord des nigerianischen Frachters »River Oil« sichergestellt werden.
28	Mi	Golo Mann erhält in der Frankfurter Paulskirche den Goethepreis.+++ In West-Berlin startet das vierte bundesdeutsche Kabelfernseh-Pilotprojekt.
29	Do	In Bonn beginnt der Parteispenden-Prozess, u.a. gegen die früheren Bundeswirtschaftsminister Otto Graf Lambsdorff und Hans Friderichs (beide FDP).
30	Fr	Die Dortmunder Pädagogik-Professorin Rita Süssmuth übernimmt als Nachfolgerin von Heiner Geißler (beide CDU) das Bundesfamilienministerium.
31	Sa	Bei den Gewichtheber-Weltmeisterschaften im schwedischen Södertälje wird Bulgarien mit sechs Titeln erfolgreichste Nation.

September 1985

1 So In einem Interview mit dem US-Magazin »Time« unterstreicht der sowjetische Parteichef Michail S. Gorbatschow den Friedenswillen seines Landes.

2 Mo Auf Grund der schwierigen Wirtschaftslage setzt die Regierung von Südafrika die Tilgung von Auslandsschulden bis zum Jahresende aus.

3 Di Der SPD-Politiker und versierte Krisenmanager Hans-Jürgen Wischnewski (»Ben Wisch«) gibt seinen Rücktritt als Schatzmeister seiner Partei bekannt.

4 Mi Als Nachfolger des verstorbenen Alois Mertes wird Lutz G. Stavenhagen zum Staatsminister im Auswärtigen Amt in Bonn ernannt.

5 Do Frankreichs Regierung erteilt die Genehmigung für den Probelauf des »Superphénix«, eines Kernreaktors vom umstrittenen Typ »Schneller Brüter«.

6 Fr Bei einem Bombenanschlag auf eine US-Militärbasis im saarländischen Freisen-Reitscheid werden drei mobile Radarstationen zerstört.

7 Sa In der Kegelgasse im 3. Wiener Bezirk wird ein von dem Maler Friedensreich Hundertwasser entworfenes Wohnhaus (»Hundertwasserhaus«) fertig gestellt.

8 So In der thailändischen Hauptstadt Bangkok scheitert der Putschversuch einer Gruppe von Offizieren gegen die Regierung von Prem Tinsulanonda.

9 Mo Im englischen Birmingham kommen bei nächtlichen Straßenschlachten von Jugendlichen mit der Polizei zwei Menschen ums Leben.

10 Di Mit der »Erklärung von Genua« sprechen sich 15 Anrainerstaaten des Mittelmeers für Maßnahmen zum Schutz der Gewässer aus.

11 Mi Beim Zusammenstoß eines Schnellzuges mit einem Nahverkehrszug sterben unweit der portugiesischen Stadt Viseu 49 Menschen.

12 Do Großbritannien weist 25 sowjetische Diplomaten und Vertreter sowjetischer Organisationen wegen Spionagetätigkeit aus.

13 Fr ASAT, die neue Anti-Satellitenwaffe der USA, zerstört bei ihrem ersten Test einen defekten Satelliten in 555 km Höhe über dem Pazifik.

14 Sa Ein Gericht in Piräus verurteilt einen griechischen Kapitän zu zehn Jahren Haft. Er hatte vor Kenia elf illegal mitreisende Afrikaner über Bord werfen lassen.

15 So Bei den Parlamentswahlen in Schweden erreichen die Sozialdemokraten zusammen mit den Kommunisten knapp die absolute Mehrheit im Reichstag.

16 Mo Südafrikanische Truppe dringen in Angola ein, um dort Stützpunkte der namibischen Untergrundorganisation SWAPO anzugreifen.

17 Di Hans Koschnick (SPD) tritt von seinem Amt als Bremer Bürgermeister zurück. Seine Nachfolge übernimmt der SPD-Fraktionsvorsitzende Klaus Wedemeier.

18 Mi Die Pekinger Delegiertenkonferenz der Kommunistischen Partei Chinas steht im Zeichen der Jüngeren: 131 Funktionäre treten aus Altersgründen zurück.

19 Do Als Maßnahme zur Beendigung des seit zwei Wochen andauernden Generalstreiks wird in Bolivien der Ausnahmezustand verhängt. → Mexiko

20 Fr Im Zusammenhang mit der Versenkung des Greenpeace-Schiffs »Rainbow-Warrior« tritt Frankreichs Verteidigungsminister Charles Hernu zurück.

21 Sa In Las Vegas besiegt Michael Spinks den bisherigen Schwergewichtsweltmeister Larry Holmes (beide USA) über 15 Runden nach Punkten.

22 So Bei einem internationalen Sportfest in Ost-Berlin stellen DDR-Leichtathleten drei Weltrekorde auf. U.a. erreicht Heike Drechsler im Weitsprung 7,44 m.

23 Mo Terroristen aus dem Umfeld der Rote Armee Fraktion verüben in der Nähe von Limburg ein Sprengstoff-attentat auf eine NATO-Pipeline.

24 Di Nach neunmonatiger Pause setzt die ARD die Ausstrahlung der US-Fernsehserie »Dallas« fort. Erstmals ist in der Rolle der Miss Ellie Donna Reed zu sehen.

25 Mi Durch ein 2:2 gegen Schweden sichert sich die deutsche Fußball-Nationalelf die Teilnahme an der Weltmeisterschaft 1986 in Mexiko.

26 Do Der Bundestag beschließt, dass die 1983 aus datenschutzrechtlichen Gründen verschobene Volkszählung am 25. Mai 1987 stattfinden soll.

27 Fr Das bayerische Umweltministerium erteilt die erste Teilerrichtungsgenehmigung zum Bau der atomaren Wiederaufbereitungsanlage in Wackersdorf.

28 Sa Bei der Demonstration gegen eine NPD-Veranstaltung in Frankfurt am Main wird ein Teilnehmer von einem Polizeifahrzeug überfahren und getötet.

29 So Severiano Ballesteros, spanischer Golfprofi, gewinnt wie im Vorjahr das »World Match Play« im englischen Wentworth.

30 Mo Mitglieder der Organisation Islamischer Heiliger Krieg entführen in Beirut vier Angehörige der sowjetischen Botschaft. Eine Geisel wird dabei erschossen.

21. Oktober 1985

Enthüller »Ganz unten«

Der Journalist Günter Wallraff veröffentlicht sein Buch »Ganz unten«. Die Story über die Ausbeutung sog. Leiharbeiter wird zu einem der größten Bucherfolge in der Bundesrepublik und löst eine heftige Debatte über die Arbeitsbedingungen von ausländischen Arbeitnehmern aus. Getarnt mit Perücke, gefärbtem Schnurrbart sowie dunklen Kontaktlinsen und gebrochenes Deutsch sprechend, hatte Wallraff 1983 als vermeintlicher Türke mit seiner Recherche begonnen. Er berichtet über schlechte Behandlung, Unterbezahlung und die Umgehung gesetzlicher Schutzvorschriften in deutschen Firmen. Nach der Veröffentlichung seines Buches ermittelt die Staatsanwaltschaft.

Günter Wallraff

deutscher Schriftsteller, * 1.10.1942 Burscheid

Wallraffs oft angewandte Arbeitsmethode ist die Recherche unter einer falschen Identität. Sein Debüt als Autor gab er 1966 mit einem Erfahrungsbericht über die Arbeitsbedingungen in Industriebetrieben (»Industriereportagen«, »13 unerwünschte Reportagen«). Weitere Beispiele für die Dokumentarliteratur Wallraffs, der gerichtlich verfolgt wurde, sind seine Enthüllungsbücher über den Gerling-Konzern und die »Bild«-Zeitung.

- 1970: Mitbegr. d. Werkkreises Literatur der Arbeitswelt
- 1973: »Ihr da oben – wir da unten« (m. B. Engelmann)
- 1977: »Der Aufmacher. Der Mann, der bei BILD Hans Esser war«

19. September 1985

Schweres Beben in Mexiko

Mehr als 5000 Menschen kommen bei einem fürchterlichen Erdbeben in Mexiko ums Leben. Nachbeben erschüttern noch 36 Stunden später das Land. Seismologen messen eine Bebenstärke

von 8,1 auf der nach oben offenen Richter-Skala. In Mexiko-Stadt werden 35% aller Gebäude, die mehr als vier Stockwerke haben, von den Erdstößen zerstört (s. Abb.). Mexikos Präsident Miguel de la Madrid Hurtado verhängt den Notstand über die Hauptstadt und die am stärksten betroffenen Gebiete in den anderen Landesteilen. Der Sachschaden wird von Experten auf umgerechnet rd. 13 Mrd. DM geschätzt.

28. Oktober 1985

Bhagwan in USA verhaftet

Ein Idol in Handschellen: Sektenführer Shree Rajneesh (s. Abb.), besser bekannt als Bhagwan, wird in den USA festgenommen. Ein Gericht in Portland (Oregon) verurteilt ihn am 14. November wegen Verstoßes gegen die Einwanderungsgesetze zu zehn Jahren Haft auf Bewährung und eine Geldstrafe. Bhagwan hatte 1981 die Zentrale seiner Religionsgemeinschaft vom indischen Poona in den US-Bundesstaat Oregon verlegt, wo eine Kommune mit mehreren tausend aus aller Welt angereisten Anhängern entstand.

16. Oktober 1985

Grüne steller

In Hessen einigen sich die regierende SPD unter Ministerpräsident Holger Börner und die Grünen auf die Bildung einer Koalitionsregierung. Es handelt sich um die erste rot-grüne Liaison auf Regierungsebene. Am 12. Dezember sorgt ein symbolgeladener Auftritt für Furore. Zu seiner Vereidigung im hessischen Landtag erscheint der künftige Umweltminister Joschka Fischer in Fischgrät-Sakko, Jeans und Turnschuhen. Die Botschaft lautet: Die Protestgeneration ist im Zentrum der Macht angekommen.

Durch das Zustandekommen der rot-grünen Koalition verfügt Hessen nunmehr wieder über eine Regierung, die sich auf eine Mehrheit im Landtag stützen kann. Bei den Landtagswahlen am 26. September 1982 hatte die von Regierungschef Börner geführte SPD mit 42,8% der Stimmen ihre Stellung behaupten können. Nach dem Ausscheiden der FDP konnte Börner allerdings nur als geschäftsführender Ministerpräsident amtieren. Die Neuwahlen am 25. September 1983 führten zu einem Anstieg des SPD-Anteils auf 46,2%, was den Sozialdemokraten 51 der 110 Landtagssitze eintrug. Noch immer konnte Börner nicht alleine regieren. Vielmehr war er auf eine Zusammenarbeit mit den sieben Abgeordneten der Grünen angewiesen. Schritt für Schritt bewegten sich die beiden Parteien aufeinander zu. Gemeinsam verabschiedeten sie rückwirkend den Landeshaushalt für 1983. Am 7. Juni 1984 wählte der Landtag Börner mit 57 Stimmen zum Ministerpräsidenten einer SPD-Minderheitsregierung. Damit endete die 18-monatige Phase einer geschäftsführenden Regierung. Einen vorübergehenden Rückschlag erlitt die gegenseitige Annäherung, als die Grünen am 20. November die Tolerierungsgespräche wegen Börners Weigerung, die Hanauer Nuklearbetriebe stillzulegen, aufkündigten. Dennoch wurde aus der To-

7. Oktober 1985

Palästinenserkommando kapert die »Achille Lauro«

Erneut wird die Weltöffentlichkeit mit einer Terrortat konfrontiert, deren Wurzeln in der Unruheregion Naher Osten liegen: Vier palästinensische Terroristen kapern vor der ägyptischen Küste das italienische Kreuzfahrtschiff »Achille Lauro« (s. Abb.) und bringen die 545 Passagiere und Besatzungsmitglieder in ihre Gewalt. Die Entführer drohen mit der Ermordung der Geiseln und verlangen ultimativ die Freilassung von 50 palästinensischen Häftlingen aus israelischen Gefängnissen.

Die Terroristen bezeichnen sich als Mitglieder der Front zur Befreiung Palästinas (PLF), einer kleinen Gruppe innerhalb der PLO. Jasir Arafat, Chef der PLO, bestreitet dies allerdings. Auf Befehl der Hijacker fährt die »Achille Lauro« zunächst nach Tartus (Syrien). Während die Israelis eine Auslieferung strikt ablehnen, schaltet sich die PLO ein. Am 9. Oktober begeben sich die Entführer vor Port Said (Ägypten) auf ein ägyptisches Schiff. Die Geiseln kommen frei. Gleichzeitig wird bekannt, dass die Terroristen offensichtlich einen 69-jährigen Passagier, einen jüdischen US-Bürger, ermordet haben.

sten Minister

Holger Börner (l.) vereidigt Joschka Fischer

sowie durch die Staatssekretäre Karl Kerschgens (Umwelt) und Marita Haibach (Frauenfragen) vertreten. In beiden Parteien ist das Experiment umstritten. Börner, der noch 1982 das Problem der Startbahn-West Gegner »mit Dachlatten« lösen wollte, äußert sich mittlerweile differenzierter. In einem »Spiegel«-Interview führt er aus: »Wenn ich vor der Frage stehe als Politiker, einen Teil der Protestgeneration, die sich innerlich korrigiert hat

Joseph »Joschka« Fischer

deutscher Politiker, * 12.4.1948 Gerabronn (Württ.)

Als Außenminister (ab 1998) der rot-grünen Regierung schlägt der Exponent des pragmatischen Flügels der Grünen ein neues Kapitel seiner bewegten Biografie auf. Die Studentenbewegung prägte den politischen Autodidakten, der sich in den sechziger Jahren in Frankfurt am Main als Taxifahrer und Straßenkämpfer durchschlug. Als Abgeordneter der Grünen in Hessen und im Bundestag setzte Fischer in zähem innerparteilichen Ringen eine Zusammenarbeit mit der SPD durch.

- 1968-75: Mitglied d. Gruppe »Revolutionärer Kampf«
- 1985-87: hess. Umweltminister (erneut 1991-94)
- 1994-98: Fraktionssprecher im Bundestag

lerierung allmählich eine de-facto-Mitregierung. Die Übereinkunft zur Bildung einer rot-grünen Koalition am 16. Oktober 1985 stößt vielfach auf Kritik. Hessens CDU-Chef Walter Wallmann wirft Börner vor, das »Gemeinwohl der Machterhaltung zu opfern.« In der neuen Regierung, die am 12. Dezember schließlich das SPD-Minderheitskabinett ablöst, sind die Grünen neben Joschka Fischer als Chef des neu geschaffenen Ministeriums für Umwelt und Energie

und in unserem Staat mitarbeiten will, zu integrieren oder sie in die Ecke zu stellen, sie auszugrenzen, dann entscheide ich mich für das Erstere. Unsere Demokratie braucht den Impuls der jungen kritischen Generation ... Ich habe den Differenzierungsprozess der Grünen in den letzten zwei Jahren sehr genau beobachtet. Wir müssen dem kritischen Teil der jungen Generation ein Angebot machen.«

Oktober 1985

1 Di Bei einem Luftangriff der Israelis auf das PLO-Hauptquartier in Chamman südlich von Tunis kommen rd. 60 Menschen ums Leben.

2 Mi Der US-Filmschauspieler Rock Hudson stirbt kurz vor seinem 60. Geburtstag an der Immunschwächekrankheit AIDS.

3 Do Auf Antrag der SPD setzt der Bundestag in Bonn einen Untersuchungsausschuss zur Prüfung der aktuellen Vorgänge im Bereich der Spionageabwehr ein.

4 Fr Ein Gericht in Hagen verurteilt den ehemaligen SS-Oberscharführer Karl Frenzel wegen Mordes an mindestens 150 000 Menschen zu lebenslanger Haft.

5 Sa Die Arbeitsgemeinschaft sozialdemokratischer Frauen erhebt auf ihrem Bundeskongress in Hannover die Forderung nach einer Quotierung der Parteiämter.

6 So Bei den vorgezogenen Parlamentswahlen in Portugal verlieren die Sozialisten fast die Hälfte ihrer Mandate. Stärkste Partei wird die Sozialdemokratie.

7 Mo In Düsseldorf wird bekannt, dass deutsche Unternehmen mit Saudi-Arabien ein umfangreiches Rüstungsgeschäft planen. → »Achille Lauro«

8 Di Das Landgericht München verurteilt drei der Entführer, die im Januar den Enkel des Verlegers Axel Springer gekidnappt hatten, zu mehrjährigen Haftstrafen.

9 Mi Beim Staatsbesuch des DDR-Staats- und Parteivorsitzenden Erich Honecker in Griechenland stehen Fragen der Entspannungspolitik im Mittelpunkt.

10 Do Die Deutsche Bundespost beschließt Änderungen bei Anschlussgebühren für Kabelfernsehen. Einzelhaushalte müssen kräftige Tariferhöhungen hinnehmen.

11 Fr Wegen Dopings werden sechs Sportler aus verschiedenen Ländern vom Internationalen Leichtathletik-Verband auf Lebenszeit gesperrt.

12 Sa Mehrere zehntausend Atomkraftgegner protestieren in München gegen die geplante Wiederaufbereitungsanlage für Brennelemente in Wackersdorf.

13 So Teddy Kollek, Bürgermeister von Jerusalem, erhält in Frankfurt am Main den Friedenspreis des Deutschen Buchhandels.

14 Mo Die Daimler-Benz AG gibt bekannt, dass sie 24,9% der Aktien des Elektronikkonzerns AEG erworben habe und die Aktien-Mehrheit anstrebe.

15 Di Präsident Daniel Ortega ruft wegen der Bedrohung Nicaraguas durch die vom US-Geheimdienst CIA unterstützten sog. Contras den Notstand aus.

16 Mi Die (west-)deutsche Fußball-Nationalelf verliert in Stuttgart ein WM-Qualifikationsspiel 0:1 gegen Portugal. Die DDR spielt in Schottland 0:0. → Grüne

17 Do Ein halbes Jahr nach den Ausschreitungen englischer Fans in Brüssel genehmigt die UEFA die Teilnahme Englands an der Fußball-Europameisterschaft.

18 Fr Auf Grund des akuten Strommangels ruft die rumänische Regierung den Notstand aus. Die Elektrizitätsversorgung kommt unter militärische Verwaltung.

19 Sa Die Sängerin Jennifer Rush liegt mit ihrem Titel »The Power of Love« auf Platz eins der US-Hitparade. Sie kann sich fünf Wochen lang an der Spitze halten.

20 So In Nassau auf den Bahamas einigen sich die Regierungschefs der Commonwealth-Staaten auf Wirtschaftssanktionen gegen die Republik Südafrika.

21 Mo Mit einem öffentlichen Konzert in den Limehouse Studios in London wird das Werk des US-Rock 'n' Roll-Sängers Carl Perkins gewürdigt. → »Ganz unten«

22 Di Das ZDF beginnt mit der Ausstrahlung der Krankenhausserie »Schwarzwaldklinik«. Die Auftaktsendung erreicht eine Sehbeteiligung von rd. 60%.

23 Mi Als erstes deutsches Staatsoberhaupt stattet Bundespräsident Richard von Weizsäcker dem Europäischen Parlament in Straßburg einen Besuch ab.

24 Do Nach 44-tägiger Geiselhaft wird die Tochter des salvodorianischen Präsidenten José Napoleon Duarte von ihren linksgerichteten Entführern freigelassen.

25 Fr Nach einer Serie von Bombenanschlägen und Morddrohungen verhängt die argentinische Regierung für 60 Tage den Belagerungszustand über das Land.

26 Sa Der Uluru-Nationalpark mit dem berühmten Monolithen Ayers Rock wird einer Gruppe von 120 australischen Ureinwohnern zurückgegeben.

27 So Mit 92,2% der Stimmen gewinnt der Kandidat der Einheitspartei CCM, Ali Hassan Mwinyi, die Präsidentenwahlen in Tansania.

28 Mo In Israel scheitert ein Misstrauensantrag gegen Ministerpräsident Shimon Peres. Anlass war sein Gesprächsangebot an Jordaniens König. → Bhagwan

29 Di In Wien wird offiziell bestätigt, dass in österreichischen Weinen neben Glykol auch die Stoffe Natriumazid und Monobromessigsäure gefunden wurden.

30 Mi Reinhard Furrer und Ernst Messerschmid starten mit der US-Fähre »Challenger« zu einer unter deutscher Leitung stehenden wissenschaftlichen Mission ins All.

31 Do Mitglieder der jüdischen Gemeinde in Frankfurt/Main verhindern die Uraufführung eines aus ihrer Sicht antisemitischen Dramas von Rainer Werner Fassbinder.

November 1985

1 Fr Die DDR-Regierung teilt der Bundesrepublik mit, dass alle Selbstschussanlagen und Bodenminen an der deutsch-deutschen Grenze beseitigt seien.

2 Sa Südafrikas Regierung untersagt jegliche Bild- oder Tondokumentation von Unruhen in Schwarzensiedlungen, über die der Ausnahmezustand verhängt wurde.

3 So Den Großen Preis von Australien gewinnt zum Saisonschluss der Finne Keke Rosberg. Neuer Formel-1-Weltmeister ist der Franzose Alain Prost auf McLaren.

4 Mo Die Moskauer Zeitung »Iswestija« veröffentlicht ein Gespräch mit Ronald Reagan – das erste Interview eines US-Präsidenten in der Sowjet-Presse seit 1961.

5 Di Vor dem Landgericht in Krefeld beginnt nach einer Ermittlungszeit von 23 Jahren der Prozess gegen den ehemaligen SS-Oberscharführer Wolfgang Otto.

6 Mi General Wojciech Jaruzelski beerbt Henryk Jablonsky als Staatsoberhaupt Polens. Jaruzelskis Nachfolger als Ministerpräsident wird Zbigniew Messner.

7 Do In namentlicher Abstimmung lehnt der Bundestag einen Antrag der SPD-Fraktion ab, den Bau des sog. Schnellen Brüters in Kalkar zu stoppen.

8 Fr Die lebenslange Haftstrafe des früheren US-Boxers Rubin Carter wegen Mordes wird ausgesetzt, weil das Urteil von 1967 rassistische Hintergründe habe.

9 Sa Die 23. Generalkonferenz der UNESCO endet in Sofia. Das Budget der Organisation muss nach dem Austritt der USA um 30% gekürzt werden. → Schach-WM

10 So Bei den Kunstturnweltmeisterschaften in Montreal (Kanada) erringt die UdSSR elf Goldmedaillen und wird damit erfolgreichste Teilnehmernation.

11 Mo Die Bundesregierung bestätigt, dass der Bundesnachrichtendienst (BND) 1979/80 einen Mitarbeitervertrag mit einer privaten Detektei geschlossen habe.

12 Di Ein Gericht in Norfolk (USA) verurteilt einen ehemaligen Marineoffizier wegen Spionage für die UdSSR zu dreimal lebenslänglich und 40 Jahren Haft.

13 Mi Die Sozialistische Partei Österreichs (SPÖ) beschließt, künftig 25% aller Funktionen, ausgenommen Regierungsämter, mit Frauen zu besetzen. → Kolumbien

14 Do Unter Vorsitz des Schlichters Georg Leber (SPD) gelingt es den Tarifparteien, den Arbeitskampf bei der Deutschen Lufthansa beizulegen.

15 Fr Durch ein neues Abkommen mit Großbritannien erhält die Republik Irland erstmals seit 1921 Mitspracherecht bei Nordirland-Angelegenheiten.

16 Sa In Karl-Marx-Stadt (heute Chemnitz) besiegt die Fußball-Auswahl der DDR die bulgarische Nationalmannschaft mit 2:1.

17 So Im letzten WM-Qualifikationsspiel erreicht die bundesdeutsche Fußball-Elf durch ein 0:0 gegen die Tschechoslowakei den Gruppensieg.

18 Mo Das Westberliner Kammergericht hebt die vom Bundeskartellamt verfügte Auflösung der Aral AG (Bochum) aus formaljuristischen Gründen auf.

19 Di Die Bundesregierung entscheidet sich nach einem Großversuch des TÜV gegen ein generelles Tempolimit auf Bundesautobahnen. → Gipfel

20 Mi Aus einem Geldtransporter werden im Hamburger Stadtteil Niendorf 5,9 Mio. DM entwendet. Die Täter sind Mitarbeiter der Transportfirma.

21 Do Niedersachsen, Schleswig-Holstein und Hamburg einigen sich für den NDR und private Anbieter auf ein Konzept zur Nutzung der Satellitentechnik.

22 Fr Die SED-Politbüromitglieder Herbert Häber und Konrad Naumann, der auch Berzirkschef von Berlin ist, verlieren ihre Ämter.

23 Sa Mit seiner 16. Deutschen Meisterschaft nimmt der 37-jährige Super-Schwergewichtler Peter Hussing in Mainz Abschied vom Amateurboxsport.

24 So Bei dem in der Bundesrepublik ausgetragenen Handball-Supercup für Nationalmannschaften gewinnt die UdSSR im Finale mit 23:22 gegen die DDR.

25 Mo Der Hochgeschwindigkeitszug der Deutschen Bundesbahn, der »Intercity Experimental«, stellt mit 317 km/h einen deutschen Geschwindigkeitsrekord auf.

26 Di In Moskau billigt der Oberste Sowjet der UdSSR auf seiner zweitägigen Herbstsitzung den Plan- und Haushaltsentwurf für 1986.

27 Mi Der Halleysche Komet erreicht auf seinem Weg zur Sonne mit der Entfernung von 92,9 Mio. km seinen erdnächsten Punkt.

28 Do Generalmajor Joseph Momoh wird Nachfolger des aus Altersgründen zurückgetretenen Staatspräsidenten von Sierra Leone, Siaka Stevens.

29 Fr Unter der Leitung von Bundestagspräsident Philipp Jenninger bereist erstmals seit zwölf Jahren eine Delegation des Bundestages die UdSSR. → Drogen

30 Sa Die Mannschaft der Wasserfreunde Spandau 04 Berlin gewinnt zum zweiten Mal nach 1982 den Europapokal der Landesmeister im Wasserball.

10. Dezember 1985

Nobelpreis für Klitzing

Zum ersten Mal seit 22 Jahren erhält wieder ein deutscher Wissenschaftler den Nobelpreis für Physik. Klaus von Klitzing (s. Abb.), Direktor am Max-Planck-Institut für Festkörperphysik in Stuttgart, wird für die Entdeckung des sog. Quanten-Hall-Effekts, der künftig Klitzing-Effekt heißt, mit dem Preis ausgezeichnet. Die Königlich-Schwedische Akademie begründet die Vergabe u.a. damit, dass Klitzings Forschungsergebnisse schnell praktische Bedeutung erlangt hätten. Die weiteren Preise gehen an die US-Forscher Herbert Hauptmann und Jerome Karle (Chemie). Den Nobelpreis für Medizin erhalten zu gleichen Teilen die US-Wissenschaftler Michael Brown und Joseph Goldstein. Nobelpreisträger für Literatur ist der Franzose Claude Simon – Hauptvertreter des sog. nouveau roman, der sich gegen traditionelle Erzählmuster wendet. Der Nobelpreis für Wirtschaft geht an den US-Wissenschaftler Franco Modigliani. In Oslo wird der Friedensnobelpreis verliehen – zu gleichen Teilen an Bernard Lown (USA) und Jewgeni Tschasow (UdSSR), die 1980 die Internationale Ärztevereinigung zur Verhinderung eines Atomkriegs gegründet haben.

13. November 1985

Katastrophe in Kolumbien

Bei einem Vulkanausbruch kommen in Kolumbien mehr als 23 000 Menschen ums Leben. Geologen hatten vergebens auf die Gefahr einer gewaltigen Eruption des Nevado del Ruiz hingewiesen. Der 160 km nordwestlich der Hauptstadt Bogota liegende Vulkan ist 1984 – nach 140-jähriger Ruhe – wieder aktiv geworden.

Eine Evakuierung der in Nähe des Berges wohnenden Menschen erfolgte jedoch nicht, zumal sich auch die Bewohner in dem Baumwoll- und Kaffeeanbaugebiet dem widersetzten. So trifft die Katastrophe die Menschen unvorbereitet. Nach dem Ausstoß der Lavamassen, der einen Teil des Gletschereises zum Schmelzen bringt, ergießt sich eine mit Vulkanasche vermengte, bis zu 1,5 km breite Lawine ins Tal. Die Stadt Armero wird fast völlig zerstört. (Abb.: Verzweifelte Hilfsaktion).

27. Dezember 1985

Blutbad im Flughafen

Bei zwei Terroranschlägen auf den Flughäfen in Wien und Rom kommen insgesamt 19 Menschen ums Leben. Nahezu zeitgleich stürmen Palästinenserkommandos wenige Minuten nach 9 Uhr die Abfertigungsschalter der israelischen Fluggesellschaft El Al in Wien und Rom, werfen Handgranaten und feuern mit Maschinenpistolen auf die dort wartenden Passagiere. In Rom, wo Polizisten und israelische Sicherheitskräfte zurückschießen, kommen 14 Menschen ums Leben, über 70 werden verletzt. In Wien liefern sich die Palästinenser und eine 40 Mann starke Anti-Terror-Einheit ein zehnminütiges Feuergefecht. Vier Personen sterben, mehr als 30 werden verletzt. Den Palästinensern gelingt die Flucht mit einem Auto. Sie werden jedoch bei Schwadorf nahe Wien gestellt. Ein Terrorist wird getötet, die übrigen ergeben sich schwer verletzt. Westliche Beobachter gehen davon aus, dass die Anschläge dazu dienen sollten, den sich abzeichnenden Friedensprozess im Nahen Osten zu stören. Die »Hardliner« im arabischen Lager um den militanten Palästinenserchef Abu Nidal wollen, nach offiziellen Erkenntnissen, einen Keil zwischen Israel und die friedensbereiten unter den arabischen Politikern treiben. Zu denjenigen, die zur Versöhnung bereit sind, zählen u.a. Ägyptens Staatschef Hosni Mubarak sowie PLO-Chef Jasir Arafat.

9. November 1985

Nervenkrieg um Schach-WM

Garri Kasparow (s. Abb.) entthront in Moskau mit 13:11 Punkten den seit zehn Jahren amtierenden Anatoli Karpow und wird Schachweltmeister. Zwei Titelkämpfe und mehr als 70 Spiele in mehreren Monaten waren notwendig, um den neuen Champion zu ermitteln. Nach Annullierung des ersten Titelkampfes wurde ein neues Reglement vereinbart: Wenn nach 24 Partien kein Spieler sechs Spiele gewonnen hat, ist derjenige Weltmeister, der die höhere Punktzahl hat.

Garri Kasparow

sowjetischer Schachspieler, * 13.4.1963 Baku

Kasparow gilt als bislang spielstärkster Schachweltmeister. Anders als viele seiner Vorgänger inszeniert er seine Auftritte mediengerecht. Legendär sind seine Spiele gegen Computer, in denen er – mit abnehmendem Erfolg – die Überlegenheit des menschlichen gegenüber dem künstlichen Schachspiel beweisen will. Kasparow spielt seit seinem fünften Lebensjahr Schach. Seine Spiele gegen Anatoli Karpow haben auch politischen Charakter: Während Karpow ein linientreuer Repräsentant des Regimes ist, gilt Kasparow als systemkritischer Individualist.

- 1977/78: Sowjetischer Landesmeister der Junioren
- 1980: Junioren-Weltmeister
- 1985: Weltmeister

Gut gelaunt: Gorbatschow (l.) und Reagan beim ersten Ost-West-Gipfel nach sechs Jahren

19. November 1985

Gipfel der Mächtigen

Nach einer Zeit des Stillstands gehen die Supermächte USA und UdSSR wieder aufeinander zu. Zum ersten Ost-West-Gipfel seit Juni 1979 treffen sich US-Präsident Ronald Reagan und der sowjetische Parteichef Michail S. Gorbatschow in Genf. Der NATO-Doppelbeschluss zur Stationierung neuer Mittelstreckenraketen und der sowjetische Einmarsch in Afghanistan 1979 hatten die Beziehungen erkalten lassen.

Mit dem Amtsantritt von Gorbatschow kommt neuer Schwung in das Verhältnis der beiden mächtigsten Staaten. Anders als bei früheren Gipfeln sind die Rollen der Staatschefs diesmal vertauscht: Der Kremlchef verkörpert Offenheit und Aufbruchstimmung, der 20 Jahre ältere US-Präsident wirkt weit verhaltener. Beide Seiten haben schon zuvor ihr Interesse an einem Dialog signalisiert. In dem gemeinsamen Schlussdokument bekunden sie ihre Bereitschaft zu weiteren Gipfeln. Zudem erklären beide, eine militärische Überlegenheit nicht anstreben zu wollen, und sprechen sich für eine 50-prozentige Reduzierung der nuklearen Waffen sowie für ein Zwischenergebnis der in Genf laufenden Abrüstungsgespräche über atomare Mittelstreckenraketen aus. Ausgeklammert bleiben u.a. das von den USA noch nicht ratifizierte SALT-II-Abkommen zur Rüstungsbegrenzung, das amerikanische SDI-Projekt sowie die Themen Menschenrechte und regionale Konfliktherde. Was beiden Politikern aber gelingt, ist die Anbahnung einer neuen Vertrauensbasis.

29. November 1985

Neue Gefahren durch synthetische Drogen

Erstmals wird die amerikanische Öffentlichkeit auf die neue Modedroge Crack aufmerksam. Mit Transparenten setzen sich besonders viele Bewohner der Farbigenviertel in den USA gegen die neue Droge zur Wehr (s. Abb.).

Die Drogenszene hat sich in den vergangenen Jahren radikal verändert. Außer den auf natürliche Weise hergestellten, pflanzlichen Rauschgiften wie Opium, Morphium und Kokain sowie Cannabis sind seit den 60er Jahren auch sog. Halluzinogene – wie LSD – bekannt. In den 80er Jahren geht der Trend zu harten Drogen (Heroin und Kokain) unvermindert weiter. Als besonders gefährlich werden die neuen sog. Designer-Drogen eingeschätzt, die ausschließlich aus synthetischen Substanzen bestehen. Das durch Rauchen konsumierte Crack etwa wird aus Kokain, Backpulver und Wasser hergestellt und sieht wie bröckelnder Putz aus. Wegen ihres relativ niedrigen Preises findet die »Droge der Armen« große Verbreitung. Crack-Genuss führt in kürzester Zeit zu Abhängigkeit und zu irreparablen Gesundheitsschäden.

Dezember 1985

1 So Bei einem Referendum in der Schweiz sprechen sich 70,5% der Stimmberechtigten für eine Beibehaltung der Tierversuche zu medizinischen Zwecken aus.

2 Mo In Manila werden 26 Angeklagte von dem Vorwurf der Ermordung des philippinischen Oppositionsführers Benigno Aquino freigesprochen.

3 Di In Luxemburg geht das 33. EG-Gipfeltreffen zu Ende. Einigkeit erzielte man über die Schaffung eines europäischen Binnenmarktes.

4 Mi In Düsseldorf wird bekannt, dass der Unternehmer Friedrich Karl Flick seinen ganzen Unternehmensbesitz an die Deutsche Bank verkaufen wird.

5 Do Ein Großfeuer bricht nach Schießübungen der Schweizer Armee auf einem Truppenübungsplatz an der Grenze zu Liechtenstein aus.

6 Fr Der SPD-Vorsitzende und ehemalige Bundeskanzler Willy Brandt trifft zu einem dreitägigen Polen-Besuch in der Hauptstadt Warschau ein.

7 Sa Die schiitische Terrororganisation Hisbollah verübt Attentate in den Pariser Kaufhäusern Galeries Lafayette und Printemps. 35 Menschen werden verletzt.

8 So Mit der Folge »Herzlich Willkommen« beginnt das Erste Deutsche Fernsehen die Ausstrahlung der Familienserie »Lindenstraße« von Hans W. Geissendörfer.

9 Mo In Argentinien werden die Urteile gegen die ehemals regierenden Generäle gefällt: Ex-Präsident Jorge Videla erhält eine lebenslängliche Haftstrafe.

10 Di Die UNO-Vollversammlung wählt den Schweizer Jean-Pierre Hocke zum neuen UN-Flüchtlingshochkommissar. → Klitzing

11 Mi Im oberpfälzischen Wackersdorf wird mit den Rodungsarbeiten für den Bau der Wiederaufbereitungsanlage für abgebrannte Brennelemente begonnen.

12 Do Die Sportjournalisten der Bundesrepublik wählen den Tennisspieler Boris Becker und die Fechterin Cornelia Hanisch zu den »Sportlern des Jahres«.

13 Fr Der Fußballverband UEFA hebt – sechs Monate nach den Ausschreitungen von Brüssel – die Sperre für Freundschaftsspiele englischer Clubs auf.

14 Sa Bei den Curling-Europameisterschaften im schweizerischen Grindelwald gewinnt bei den Herren die deutsche Mannschaft den Titel.

15 So In Offenburg endet die Bundesversammlung der Grünen. Der Bundesvorstand mit Jutta Ditfurth, Rainer Trampert und Lukas Beckmann bleibt weiter im Amt.

16 Mo Der am Vortag nominierte SPD-Kanzlerkandidat für 1987, Johannes Rau, erläutert in Ahlen seine Wahlkampfstrategie.

17 Di Der Staats- und Parteichef der DDR, Erich Honecker, empfängt Gerhard Schröder, den Spitzenkandidaten der SPD für die Landtagswahlen in Niedersachsen.

18 Mi In Bonn gibt das Bundeskabinett bekannt, dass sich die Bundesrepublik nicht an dem US-Projekt einer Raketenabwehr im Weltraum (SDI) beteiligen werde.

19 Do Das Landgericht Bochum verurteilt einen Unternehmer wegen des illegalen Entleihens von Arbeitskräften zu drei Jahren Haft.

20 Fr Eine Änderung der bestehenden Ladenschlusszeiten lehnt die Vertretung der Bundesländer, der Bundesrat, ab.

21 Sa In Hamburg wird der Türke Ramazan Avci von rechts gerichteten Skinheads zu Tode geprügelt. Die Tat löst eine Debatte über Gewalt gegen Ausländer aus.

22 So In München unterliegen die deutschen Tennis-Profis im Finale des Davis-Cups den Schweden mit 2:3. Boris Becker gewinnt die beiden Einzel.

23 Mo Um US-Farmer international wettbewerbsfähig zu machen, unterzeichnet Präsident Ronald Reagan ein sog. Farmgesetz.

24 Di Südafrikanische Grenztruppen überfallen mit Swasiland den einzigen Nachbarstaat, der bisher von Südafrikas Aggressionen verschont geblieben war

25 Mi Zwischen den schwarzafrikanischen Staaten Burkina Faso und Mali führen Grenzstreitigkeiten zu bewaffneten Auseinandersetzungen.

26 Do In Algier billigt ein Sonderparteitag der regierenden Nationalen Befreiungsfront (FNL) Pläne zur Einschränkung des islamischen Fundamentalismus.

27 Fr Der Ausbruch des Ätna auf Sizilien, mit 3340 m der höchste Vulkan Europas, fordert ein Todesopfer und 14 Verletzte. → Blutbad

28 Sa Drei der stärksten libanesischen Milizen unterzeichnen in Damaskus (Syrien) ein Abkommen über eine Feuereinstellung und politische Reformen.

29 So Das Bundesgesundheitsamt kündigt für 1986 angesichts der zunehmenden Zahl von Lebensmittelskandalen verstärkte Kontrollen an.

30 Mo Pakistans Staatschef Mohammad Zia ul-Haq hebt nach achteinhalbjähriger Dauer das Kriegsrecht auf. Die Verfassung von 1973 tritt wieder in Kraft.

31 Di Der Feuilleton-Chef der Hamburger Wochenzeitung »Die Zeit«, Fritz J. Raddatz, scheidet u.a. wegen eines falschen Goethe-Zitats aus der Redaktion aus.

Januar 1986

1 Mi Die erste Stufe der Bonner Steuerreform tritt in Kraft. Die Gesetzesänderungen dienen vor allem der Besserstellung von Familien.

2 Do Schiitische Amal-Milizen feuern mit Raketen auf die nordisraelische Stadt Kiryat Schemona. Es ist der erste Angriff auf Wohngebiete in Israel seit vier Jahren.

3 Fr Bei einem Zusammenstoß der Motorschiffe »Brady Maria« und »Waylink« in der Nähe von Brunsbüttel fließen 260 t schweres Heizöl in die Elbe.

4 Sa In Gore im US-Bundesstaat Oklahoma fordert ein Unfall in der Urananreicherungsanlage einen Toten und 91 Verletzte.

5 So Ein sechsstündiger Generalstreik legt Bangladeschs Hauptstadt Dacca lahm. Damit soll die Rückkehr zur Demokratie erzwungen werden.

6 Mo Der österreichische Skispringer Ernst Vettori gewinnt in Bischofshofen die 34. Vierschanzentournee. Es ist der erste Sieg für einen Österreicher seit 1981.

7 Di Polizeibeamte räumen das Hüttendorf der Atomkraftgegner in Wackersdorf. +++ Zwei Tote fordert der Zusammenstoß zweier US-Flugzeuge in Bitburg.

8 Mi Die Firmengruppe Feldmühle Nobel AG erklärt sich bereit, 5 Mio. DM zur Entschädigung von Zwangsarbeitern an die jüdische Claims Conference zu zahlen.

9 Do In London tritt Verteidigungsminister Michael Heseltine wegen des umstrittenen Verkaufs der Hubschrauberfirma Westland an eine US-Firma zurück.

10 Fr Im niederländischen Lelystad proklamiert Königin Beatrix das frühere Poldergebiet Flevoland zur zwölften Provinz des Landes.

11 Sa Demonstrierende Gewerkschafter greifen beim DGB-Neujahrsempfang in Frankfurt am Main Oberbürgermeister Walter Wallmann (CDU) tätlich an.

12 So Der 48. Internationale PEN-Kongress beginnt in New York. Der deutsche Schriftsteller Günter Grass erhebt schwere Vorwürfe gegen die US-Sozialpolitik.

13 Mo Bei Kämpfen rivalisierender Gruppen in der Demokratischen Volksrepublik Jemen (Südjemen) kommt Ex-Präsident Abdul Fattah Ismail al Jaufi ums Leben.

14 Di In Guatemala wird Vinicio Cerezo Arévalo als Präsident vereidigt. Er ist das erste zivile Staatsoberhaupt nach 30 Jahren Militärdiktatur.

15 Mi Der sowjetische Staats- und Parteichef Michail Gorbatschow schlägt in Moskau einen Drei-Stufen-Plan zum Abbau aller Atomwaffen bis zum Jahr 2000 vor.

16 Do Mit über 98% der abgegebenen Stimmen billigt das algerische Volk die neue Nationale Charta, die den islamischen Fundamentalismus ablehnt.

17 Fr Beim Zusammenstoß zweier US-Militärhubschrauber im bayerischen Marktredwitz werden ein Soldat getötet und vier weitere verletzt.

18 Sa 94 Tote – überwiegend Touristen – fordert der Absturz einer Verkehrsmaschine der privaten Luftfahrtgesellschaft Aerovias in Guatemala.

19 So Der Tschechoslowake Ivan Lendl gewinnt im New Yorker Madison Square Garden in drei Sätzen das Tennis-Masters-Finale gegen Boris Becker.

20 Mo In Lille (Frankreich) kündigen Premierministerin Margaret Thatcher und Präsident François Mitterrand den Bau eines Eisenbahntunnels unter dem Ärmelkanal an.

21 Di Mindestens 27 Tote und 70 Verletzte fordert die Explosion einer Autobombe in dem von libanesischen Christen bewohnten Ostteil Beiruts.

22 Mi In Neu-Delhi werden drei Sikhs wegen Beteiligung an der Ermordung von Indiens Premierministerin Indira Gandhi zum Tode verurteilt.

23 Do Die US-Raumsonde »Voyager 2« sendet über eine Distanz von 4,8 Mrd. km Daten vom Uranus. +++ Der Künstler Joseph Beuys stirbt 64-jährig in Düsseldorf.

24 Fr Nach tagelangen Kämpfen ist ein Putschversuch im Südjemen erfolgreich. Der bisherige Ministerpräsident Haidar Abu Bakr al-Attas wird neuer Staatspräsident.

25 Sa Die sowjetische Nachrichtenagentur TASS gibt die Ernennung von Alexander Wlasow zum Innenminister der UdSSR bekannt.

26 So Israels Ministerpräsident Shimon Peres trifft zu einem Staatsbesuch in der Bundesrepublik ein. U.a. sucht er die KZ-Gedenkstätte Bergen-Belsen auf.

27 Mo Wegen antisemitischer Äußerungen wird der Bürgermeister von Korschenbroich vom Vorstand der Jüdischen Gemeinde Düsseldorf angezeigt.

28 Di Wissenschaftler entdecken im US-Bundesstaat Wyoming fossile Reste des bislang ältesten gemeinsamen Vorfahren von Mensch und Affe. → Challenger

29 Mi In Uganda wird nach fünf Jahren Bürgerkrieg der Rebellenführer Yoweri Museveni als neuer Staatspräsident vereidigt.

30 Do Bei der Uraufführung des Films »Stammheim« von Reinhard Hauff kommt es in Hamburg zu Tumulten. Die Vorführung muss abgebrochen werden.

31 Fr In einem Interview der Wochenzeitung »Die Zeit« spricht sich DDR-Staatschef Erich Honecker für eine Ausweitung der deutsch-deutschen Kontakte aus.

10. Februar 1986

Mammutprozess gegen Mafia

In einem der größten Gerichtsverfahren der italienischen Geschichte sitzen in Palermo 474 mutmaßliche Mafiosi auf der Anklagebank. Die Anklageschrift umfasst 8632 Seiten und listet alle Arten von Kapitalverbrechen auf, u.a. Mord, Erpressung, Rauschgifthandel und Bestechung. Ein 600 000 Seiten starker Anhang dokumentiert zudem den organisatorischen Aufbau der Mafia. Zur Zeit sind allerdings nur 208 der 474 Angeklagten greifbar. Die Übrigen befinden sich noch in Freiheit bzw. auf der Flucht. Der gigantische Prozess wurde durch die Aussage des Kronzeugen Tommaso Buscetta möglich, der die Zusage erhält, nach dem Prozess unter falschem Namen in den USA untertauchen zu können. Für 35 Mio. DM lässt die Regierung eigens ein Gerichtsgebäude erbauen. 2000 Polizisten schützen die Verhandlung. Dem Richter, Alfonso Giordano, wird erstmals ein Stellvertreter an die Seite gestellt, damit die Verhandlung auch im Todesfall Giordanos fortgesetzt werden kann. Der Prozess zieht sich bis 1987 hin. Viele Angeklagte erhalten lebenslänglich. Das Gericht verhängt Strafen von insgesamt 30 000 Jahren Gefängnis.

25. Februar 1986

Machtwechsel in Manila

Machtwechsel auf den Philippinen: Ferdinand Marcos, der mehr als 20 Jahre lang diktatorisch regiert hat, wird in einem unblutigen Putsch gestürzt. Corazon Aquino (s. Abb.), Witwe des 1983 ermordeten Oppositionspolitikers Benigno Aquino, wird Staatspräsidentin. Am 7. Februar hatte Marcos Präsidentschaftswahlen abhalten lassen, in deren Verlauf es zu blutigen Auseinandersetzungen gekommen war. Die offizielle Stimmenauszählung behauptete einen Vorsprung für Marcos, die Opposition sprach von Wahlbetrug. Schließlich wenden sich die USA und das Militär von Marcos ab.

Corazon Aquino

philippinische Politikerin, * 25.1.1933 Manila

Als Staatspräsidentin behauptet sich Aquino, Integrationsfigur des demokratischen Widerstands gegen das Marcos-Regime, gegen mehrere Putschversuche rechts gerichteter Armeekreise und linker Guerillas. Ihre Anstrengungen zur Überwindung der wirtschaftlichen Misere des Landes und zur Bekämpfung der Massenarbeitslosigkeit bleiben jedoch weitgehend erfolglos. Weder gelingt es ihr, die Macht der Großgrundbesitzer einzuschränken, noch vermag sie Befugnisse des Militärs nachhaltig zu beschneiden. In der Bevölkerung wächst die Unzufriedenheit. 1992 verzichtet sie auf eine erneute Kandidatur für das höchste Amt im Staate.

- 1984: Wahlniederlage gegen Ferdinand Marcos
- 1989: Putschversuch des Militärs scheitert
- 1986-92: Staatspräsidentin

28. Januar 1986

Schock: Rau

Wie ein Feuerball verglüht die Raumfähre. Die beiden Feststoffraketen rasen auf ungesteuerten Zickzackbahnen davon.

7. Februar 1986

»Baby Doc« flieht aus Haiti

Ein Putsch beendet nach 29 Jahren die Herrschaft der Duvalier-Clans auf Haiti. Jean-Claude Duvalier (»Baby Doc«) flieht nach Frankreich und beantragt dort politisches Asyl. Er hatte den Karibikstaat wie vor ihm sein Vater François Duvalier (»Papa Doc«) mit diktatorischer Gewalt regiert und ausgeplündert. Um ihn zur Einhaltung der Menschenrechte zu zwingen, hatten die USA im Januar ihre Wirtschaftshilfe eingefroren. Daraufhin brach die Wirtschaft des Landes zusammen. Es kam zu Demonstrationen und Auseinandersetzungen zwischen der Bevölkerung und der Privatarmee Duvaliers, den gefürchteten »Tonton Macoutes« (»Schreckgespenstern«). Schließlich entzieht das Militär »Baby Doc« seine Unterstützung. Eine Militärjunta unter Führung von Generalleutnant Henri Namphy bildet eine neue Regierung. Sie verspricht die Einführung der Demokratie. Haiti kommt jedoch nicht zur Ruhe, denn die lange unterdrückten linken Oppositionsgruppen fordern den Rücktritt der Militärjunta, deren Mitglieder mit dem alten System verbunden waren.

hre Challenger explodiert

»Roger, schalte auf volle Kraft«, sind die letzten Worte, die die NASA-Kontrollbehörden von der Besatzung der »Challenger« auffängt. Dann verwandelt sich die Raumfähre, die 73 Sekunden zuvor in Cape Canaveral gestartet war, in einen Feuerball. Sieben Astronauten kommen bei diesem schlimmsten Unfall in der Geschichte der Raumfahrt ums Leben. Die Katastrophe legt das Raumfahrtprogramm der NASA vorübergehend lahm. Zu den Opfern gehört auch die Lehrerin Christa McAuliffe, die als erste Privatperson an einem Flug in den Weltraum teilnahm.

Die Regierung ordnet eine umfassende Untersuchung an. Als technische Ursache für die Explosion werden schadhafte Dichtungsringe der Feststoffzusatzraketen entdeckt. Die NASA sieht sich dem Vorwurf ausgesetzt, bei ihren Sicherheitsvorkehrungen »Urteilsvermögen und gesunden Menschenverstand« außer Acht gelassen zu haben. Im Bericht der Kommission heißt es, der Weltraumbehörde hätten schon ein Jahr zuvor genügend Warnhinweise zu Problemen mit den Dichtungen – insbesondere bei kalten Temperaturen – vorgelegen. Der Bericht gibt zudem detaillierte Empfehlungen zur Beseitigung technischer Schwierigkeiten und von Organisationsmängeln in der NASA-Führung. Generaldirektor Philip Culbertson muss seinen Hut nehmen.

Nach dem Unglück befürchten die Verantwortlichen in Regierung und NASA, die USA könnten im lukrativen Transportgeschäft von Satelliten ins All gegenüber der europäischen Konkurrenz ins Hintertreffen geraten. Auch militärisch ist der Absturz ein Debakel, denn 22 der 45 bis 1989 geplanten Raumflüge waren militärischen Zwecken vorbehalten. 1986 sollte das geschäftigste Jahr in der Geschichte des Raumfährenprogramms der NASA werden: Insgesamt waren 15 Starts geplant. Stattdessen bricht die Raumfahrtbehörde das Programm ab und setzt alle Flüge aus. Erst am 29. September 1988 wird das Raumfährenprogramm mit der ersten Mission der technisch überholten »Discovery« wieder aufgenommen. Beim Start hält eine ganze Nation den Atem an. Die Raumfähre hebt jedoch ohne Probleme ab, die Astronauten setzen einen Kommunikationssatelliten aus.

Die Besatzung der »Challenger« vor dem Unglück: stehend v.l. Ellison S. Onizuka, Christa McAuliffe, Gregory Jarvis, Judith Resnik; sitzend v.l. Michael J. Smith, Francis R. Scobee, Ronald E. McNair

28. Februar 1986

Ministerpräsident Olof Palme auf offener Straße erschossen

In der Stockholmer Innenstadt erschießt ein Unbekannter den schwedischen Ministerpräsidenten Olof Palme auf offener Straße. Der 59-Jährige befand sich mit seiner Frau gegen Mitternacht auf dem Heimweg von einem Kinobesuch – wie üblich ohne Leibwächter. Der Regierungschef stirbt auf dem Weg ins Krankenhaus. Seine ebenfalls von den Schüssen getroffene Frau überlebt leicht verletzt. Der Täter entkommt unerkannt.

Die Nachricht von dem Attentat löst in der Weltöffentlichkeit Bestürzung aus (Abb.: Ein Blumenmeer bedeckt den Tatort). Der Sozialist genoss international hohes Ansehen. Er hatte sich während seiner Regierungszeit u.a. für eine atomwaffenfreie Zone in Europa eingesetzt und war maßgeblich am Ausbau des schwedischen Wohlfahrtsstaates beteiligt. Die Suche nach den Mördern ist von haarsträubenden Pannen begleitet und bleibt erfolglos. Die Polizei geht rd. 13 000 Hinweisen nach – und gerät schließlich selbst ins Zwielicht: Ein Tonband, das zur Tatzeit den Sprechfunkverkehr dokumentierte, verschwindet auf mysteriöse Weise. 1996 beschuldigen ehemalige Angehörige des südafrikanischen Geheimdienstes ihre damaligen Auftraggeber des Mordes.

Februar 1986

1 Sa Wegen Zuschauerprotesten verzichtet das ZDF auf die Wiederholung der 19. Folge der »Schwarzwaldklinik«, in der eine Vergewaltigungsszene zu sehen ist.

2 So Der Sozialdemokrat Oscar Arias Sanchez siegt bei den Präsidentenwahlen in Costa Rica mit etwas mehr als 52% der Stimmen.

3 Mo Das Bundeskartellamt genehmigt ein Gemeinschaftsunternehmen von Bertelsmann, Springer-Verlag und Beta-Taurus zum Vertrieb von Pay-TV-Programmen.

4 Di Im Sprengel-Museum in Hannover wird eine Ausstellung mit Werken des deutschen Dadaisten Kurt Schwitters eröffnet.

5 Mi Das Bayerische Oberlandesgericht in München verurteilt eine Frau und einen Mann wegen Mitgliedschaft in der Roten Armee Fraktion zu je vier Jahren Haft.

6 Do Das Ministerium für Staatssicherheit der DDR wird in Ost-Berlin für »vorbildliche Pflichterfüllung« mit dem Karl-Marx-Orden ausgezeichnet.

7 Fr Auf den Philippinen finden Präsidentschaftswahlen statt. Die offizielle Auszählung sieht Amtsinhaber Ferdinand Marcos knapp in Führung. → Haiti

8 Sa In Havanna endet der III. Parteitag der Kommunistischen Partei Kubas. Staatschef Fidel Castro zog eine positive wirtschaftliche Bilanz.

9 So Der Iran startet eine Großoffensive gegen den Irak. Erstmals seit Ausbruch des Golfkriegs überqueren iranische Truppen den Fluss Schatt-al-Arab.

10 Mo Ost-Berlin erleichtert die Ausreise von Bürgern, die wegen »dringender Familienangelegenheiten« Verwandte im Westen besuchen wollen. → Mafia

11 Di Im Zuge eines Agentenaustauschs auf der Glienicker Brücke in Berlin gelangt der sowjetische Dissident Anatoli Schtscharanski in den Westen.

12 Mi Das Internationale Olympische Komitee gestattet auf einer Sitzung in Lausanne Berufssportlern bestimmter Sportarten die Teilnahme an Olympischen Spielen.

13 Do Das Bundeskartellamt genehmigt mit der Mehrheitsbeteiligung von Daimler-Benz an AEG den größten Unternehmenszusammenschluss der Bundesrepublik.

14 Fr Der Jazz-Posaunist Albert Mangelsdorff erhält den Frankfurter Musikpreis. +++ Eine fünfköpfige SED-Delegation besucht auf Einladung der SPD Bonn.

15 Sa Bei Unruhen nahe Johannesburg sterben 20 Menschen. +++ »Die Fremdenführerin« von Peter Handke wird an der Berliner Schaubühne uraufgeführt.

16 So Aus der Präsidenten-Stichwahl in Portugal geht der frühere Ministerpräsident Mario Soares als Sieger hervor. Der Sozialist erhält 51,28% der Stimmen.

17 Mo Frankreichs Präsident François Mitterrand eröffnet in Versailles die erste Konferenz französischsprachiger Länder. Delegationen aus 38 Staaten nehmen teil.

18 Di Der Ölpreis fällt aufgrund rückläufiger Nachfrage erstmals seit langer Zeit wieder unter 15 Dollar (rd. 35 DM) pro Barrel (159 l).

19 Mi Der Präsident der DDR-Volkskammer, Horst Sindermann, kommt nach Bonn. Er ist der bisher ranghöchste Vertreter der DDR in der Bundeshauptstadt.

20 Do Der DFB-Liga-Ausschuss beschließt in Frankfurt am Main, die Winterpause im bezahlten Fußball ab der Saison 1986/87 auf elf Wochen auszudehnen.

21 Fr Im Alter von 120 Jahren stirbt auf Tokunoshima der Japaner Shigechiyo, der als derzeit ältester Mensch der Welt gilt, an einer Lungenentzündung.

22 Sa US-Präsident Ronald Reagan schlägt dem sowjetischen Parteichef Michail S. Gorbatschow den Abbau aller Kurz- und Mittelstreckenraketen bis 1989 vor.

23 So Die DDR-Eisschnellläuferin Karin Enke-Kania wird im japanischen Karuizawa zum fünften Mal Weltmeisterin im Sprint.

24 Mo König Juan Carlos I. und Königin Sofia von Spanien kommen zu einem fünftägigen Staatsbesuch in die Bundesrepublik. U.a. besuchen sie VW in Wolfsburg.

25 Di Im Kairoer Stadtteil Gizeh bricht unter wehrpflichtigen Bereitschaftspolizisten eine Rebellion aus, bei der 107 Menschen ums Leben kommen. → Machtwechsel

26 Mi In Los Angeles wird »We are the World«, ein Lied von 45 namhaften Interpreten zugunsten der Hungernden in Afrika, mit vier Musikpreisen ausgezeichnet.

27 Do John (Iwan) Demjanjuk wird von den USA an Israel ausgeliefert. Dem gebürtigen Ukrainer werden Judenmorde im KZ Treblinka vorgeworfen.

28 Fr Der Bundestag in Bonn verabschiedet ein Gesetz zur Einführung eines maschinenlesbaren Personalausweises. → Palme

März 1986

1 Sa Der Telefonselbstwahlverkehr zwischen der Bundesrepublik und der DDR wird auf insgesamt 1106 von 1500 Ortsnetzen erweitert.

2 So Unbekannte Täter, vermutlich palästinensische Extremisten, ermorden den palästinensischen Bürgermeister von Nablus im Westjordanland, Safer al-Masri.

3 Mo Bei einem Großbrand in einem Bürohaus in Caracas (Venezuela) kommen 15 Menschen ums Leben, darunter auch Angehörige der chilenischen Botschaft.

4 Di Hessens Umweltminister Joschka Fischer (Grüne) setzt verschärfte Abwasserauflagen für Fabriken des Frankfurter Hoechst-Konzerns in Kraft.

5 Mi Zwei US-Ausschüsse lehnen die von Präsident Ronald Reagan beantragte Militärhilfe für die antisandinistischen Contras in Nicaragua ab.

6 Do In Moskau endet der XXVII. Parteitag der KPdSU. Parteichef Michail S. Gorbatschow kündigt »radikale Reformen« in der Wirtschaft an.

7 Fr Südafrika hebt den im Juli 1985 verhängten Ausnahmezustand auf. +++ Das »Jugendradio DT 64« des DDR-Rundfunks geht auf Sendung.

8 Sa Die CDU-Landesverbände Rheinland und Westfalen-Lippe schließen sich in Düsseldorf zum Landesverband Nordrhein-Westfalen zusammen.

9 So Andreas Felder aus Österreich gewinnt die Skiflug-WM im österreichischen Bad Mitterndorf und stellt mit 191 m den Weltrekord von Matti Nykänen ein.

10 Mo In Heidelberg beginnt ein Kongress der Deutschen Gesellschaft für Erziehungswissenschaften. 900 Vertreter diskutieren das Thema »Allgemeinbildung«.

11 Di Die britische Regierung lehnt die von UdSSR-Staatschef Michail S. Gorbatschow vorgeschlagene gegenseitige Reduzierung von Mittelstreckenraketen ab.

12 Mi In Hannover beginnt die CeBIT-Messe für Büro-, Informations- und Kommunikationstechnik – erstmals getrennt von der traditionellen Industriemesse.

13 Do Die Staatlichen Museen Preußischer Kulturbesitz erklären, das Bild »Der Mann mit dem Goldhelm« stamme nicht von Rembrandt.

14 Fr In Ecuador scheitert eine Militärrebellion, die der abgesetzte Luftwaffenchef Frank Vargas mit rd. 400 Anhängern in einem Stützpunkt begonnen hatte.

15 Sa Bundeskanzler Helmut Kohl und DDR-Staatschef Erich Honecker treffen in Stockholm bei der Trauerfeier für Olof Palme zu einem Gespräch zusammen.

16 So Aus den Parlamentswahlen in Frankreich geht die bürgerlich-liberale Opposition mit knapp 41% der Stimmen als Siegerin hervor.

17 Mo In zwei Westberliner Telefonzellen in der Nähe von innerstädtischen Grenzübergängen werden Abhörgeräte entdeckt.

18 Di Das Landgericht Düsseldorf untersagt dem Sänger und Heino-Parodisten Norbert Hähnel, sich als »wahrer Heino« zu bezeichnen.

19 Mi Nach der 3:7-Niederlage seines Vereins Dynamo Dresden im Europapokal bei Bayer Uerdingen setzt sich der Stürmer Frank Lippmann in den Westen ab.

20 Do Der Bundestag beschließt die umstrittene Änderung des »Streikparagraphen«116. +++ Der Neo-Gaullist Jacques Chirac wird Premierminister von Frankreich.

21 Fr US-Verteidigungsminister Caspar Weinberger erklärt auf einer NATO-Tagung in Würzburg, dass die USA nicht für das Ende von Atomwaffentests einträten.

22 Sa Der italienische Bankier Michele Sindona wird in seiner Mailänder Gefängniszelle vergiftet aufgefunden. Er wollte über seine Mafia-Kontakte aussagen.

23 So Martina Navratilova (USA) gewinnt in New York das Tennis-Masters-Turnier gegen die Tschechoslowakin Hana Mandlikova.

24 Mo Bei US-Manövern vor der libyschen Küste kommt es in der Großen Syrte zu Kampfhandlungen zwischen den USA und Libyen. → Afrika-Epos

25 Di Der Jüdische Weltkongress bezichtigt den österreichischen Präsidentschaftskandidaten Kurt Waldheim, Nationalsozialist gewesen zu sein.

26 Mi Auch in der Bundesrepublik wird mit Methylalkohol vergifteter Wein sichergestellt. In Italien waren dadurch bereits mehrere Menschen gestorben.

27 Do Mit Unterzeichnung zweier Abkommen beteiligt sich die Bundesrepublik am US-Forschungsprogramm des weltraumgestützten Raketenabwehrsystems SDI.

28 Fr Mexiko kündigt die Privatisierung von 59 staatlichen Unternehmen an. +++ 360 000 Menschen nehmen an den Ostermärschen in der Bundesrepublik teil.

29 Sa Im Prozess um das Attentat auf Papst Johannes Paul II. von 1981 werden drei Bulgaren und zwei Türken freigesprochen. Zwei Türken erhalten Haftstrafen.

30 So 50 Menschen kommen beim Absturz eines portugiesischen Militärflugzeugs im afrikanischen Mosambik ums Leben.

31 Mo Bei Demonstrationen gegen die geplante atomare Wiederaufbereitungsanlage setzt die Polizei im oberpfälzischen Wackersdorf das Reizgas CS ein.

26. April 1986

Jahrhundertkatastrophe i

Ein Atomunfall von alptraumhaftem Ausmaß schockiert die Welt und führt die unkalkulierbaren Risiken der Kernenergie vor Augen: Im ukrainischen Kernkraftwerk Tschernobyl gerät ein Experiment außer Kontrolle, mit verheerenden Folgen: Eine Wasserstoffexplosion zerstört das Reaktorgehäuse, die Brennstäbe beginnen zu schmelzen. Der Super-GAU (größter anzunehmender Unfall) ist eingetreten. Eine radioaktive Wolke breitet sich bis nach Nord- und Mitteleuropa aus. Strahlungen von 50 Mio. Curie werden frei. Insgesamt tritt 30-40-mal mehr Radioaktivität aus als beim Atombombenabwurf über Hiroschima.

Der zerstörte Reaktorblock 4 in Tschernobyl

Innenaufnahme des Unglücksreaktors

Auslöser des Unfalls waren Bedienungsfehler, die durch labile Konstruktionsmerkmale des Reaktors und die fehlenden Sicherheitseinrichtungen erst möglich wurden. 36 Stunden nach der Explosion beginnt die Evakuierung von insgesamt rd. 135 000 Menschen aus knapp 200 Dörfern und Städten. Von

24. März 1986

Erfolg für Afrika-Epos

Die Verfilmung der autobiografischen Erzählung »Jenseits von Afrika« der Dänin Tania Blixen erhält in Hollywood sieben »Oscars«. Die Arbeit von Regisseur Sydney Pollack ist der erfolgreichste Beitrag der diesjährigen Preisverleihung. Die Hauptrollen spielen u.a. Meryl Streep und Robert Redford (s. Abb.). Honoriert werden u.a. die Regie, das Drehbuch und die Kameraführung.

15. April 1986

USA bombardieren Libyen

Kampfflugzeuge der US-Luftwaffe bombardieren die libyschen Städte Tripolis und Bengasi. Obwohl offiziell nur militärische Anlagen Ziele sein sollten, kommen bei dem Angriff zahlreiche Zivilisten um. Insgesamt fordert die Attacke 100 Todesopfer, darunter die Adoptivtochter des libyschen Staatschefs Muammar al Gaddhafi. US-Präsident Ronald Reagan hatte den Angriff als Maßnahme gegen einen Drahtzieher des internationalen Terrorismus gerechtfertigt. Vorausgegangen war am 5. April ein Bombenattentat auf die Berliner Diskothek »La Belle«, ein bevorzugter Treffpunkt von US-Soldaten. Bei Untersuchungen wurden angeblich Indizien gefunden, die auf libysche Mittäterschaft hindeuteten.

chernobyl

offizieller Seite wird die Katastrophe in Tschernobyl erst am 28. April 21.08 Uhr Moskauer Zeit bestätigt. Bereits am Tag zuvor ist in Polen und am Vormittag des 28. April im Kernkraftwerk Forsmark in Nordschweden erhöhte Strahlung gemessen worden. In Tschernobyl werden erste Maßnahmen ergriffen, um die Katastrophe einzudämmen. Um ein Brennen des Reaktorgraphits zu verhindern, pumpt man Wasser in den Reaktor – ohne dass jedoch eine Wirkung eintritt. Am 28. April wird damit begonnen, Dolomit, Blei und Sand über der Unglücksstelle abzuwerfen. Als der Reaktor mit bis zu 5 m Sand bedeckt ist, brechen die Verantwortlichen die Aktion ab – wegen vermehrten Austritts von Radionukliden. Erst am 6. Mai ist der Temperaturanstieg stabilisiert. Im Juni beginnt der Bau einer sarkophag-ähnlichen Ummantelung des zerstörten Reaktorblocks. 300 000 m^3 Beton und 6000 t Metall werden dafür verwendet.

Durch die Katastrophe von Tschernobyl erhält die Diskussion über die Kernenergie eine neue Dimension. Atomkraftgegner sehen sich in der Ansicht bestätigt, dass diese Art der Energieerzeugung letztlich nicht sicher beherrschbar ist.

Schleichender Tod ist die Folge

Offiziell sprechen die sowjetischen Behörden von 32 Tschernobyl-Toten. Dabei sind die Mitglieder der Rettungsmannschaften noch nicht eingerechnet, die in den nächsten Wochen und Monaten langsam und qualvoll an ihren schweren Verstrahlungen sterben. Weltweit geht der Krebstod von mehreren tausend Menschen als Spätfolge auf das Konto der Tschernobyl-Katastrophe. Außerdem sind schwere genetische Schäden bei nachfolgenden Generationen zu erwarten. Durch den Unglücksfall wurden gewaltige Mengen Radioaktivität freigesetzt. Außer den Edelgasen Xenon und Krypton, die vollständig aus dem zerstörten Reaktorblock entweichen, gelangten nach sowjetischen Angaben von den Radionukliden Jod, Cäsium und Tellur bis zu 20% der vor dem Unfall im Reaktorkern enthaltenen Mengen in die Luft. Aufgrund des im Reaktor entstandenen Graphitbrandes sowie der Nachtwärme entstand ein Auftrieb, der die radioaktiven Stoffe bis zu 1700 m emporsteigen ließ. Dort wurden sie von der Höhenströmung erfasst und über weite Teile Europas verteilt.

Kinder, die radioaktiver Strahlung ausgesetzt waren, müssen jahrelang behandelt werden.

Chronologie der Katastrophe

Datum	Ereignis
25. April	• Testbeginn im Block 4 mit Turbogeneratorsatz • Abschaltung der Turbine 7
26. April	• Erfolglose Notabschaltung per Hand • Reaktorleistung liegt bei 5500 MW; Kühlmittel verdampft großflächig • Explosionen zerstören den Reaktor
28. April	• Abdeckung des Reaktors beginnt.

18. April 1986

Faszinierende Katzenmusik

Im Hamburger Operettenhaus am Spielbudenplatz findet die deutsche Erstaufführung des Musicals »Cats« (s. Abb.) statt. Vorlage des Musiktheaters ist der Gedichtband »Old Possum's Book of Practical Cats« von T. S. Eliot aus dem Jahre 1939. Die Aufführung wird zu einem grandiosen Publikumserfolg, der nicht zuletzt auf die umfangreichen Vermarktungsanstrengungen des Produzenten Friedrich Kurz zurückzuführen ist. Das Theater ist mit 1120 Plätzen zu 95% ausgebucht. »Cats« wurde 1981 in London uraufgeführt und zählt neben »Jesus Christ Superstar« (1971), »Evita« (1978) und »Starlight Express« (1984) zu den erfolgreichsten Werken des britischen Erfolgskomponisten Andrew Lloyd Webber.

1 Di An den deutschen Wertpapierbörsen wird der Optionshandel mit festverzinslichen Wertpapieren zugelassen.

2 Mi Ein Bombenattentat der palästinensischen Arabischen Revolutionären Zellen tötet vier Passagiere einer Maschine der US-Fluggesellschaft TWA.

3 Do Der Westberliner Senat tauscht mit der DDR Kulturgüter aus, die zuvor im jeweils anderen Teil der Stadt lagerten.

4 Fr Auf dem Marx-Engels-Forum in Ost-Berlin wird die große Bronzeplastik »Marx und Engels« von Ludwig Engelhardt aufgestellt.

5 Sa Ein Bombenanschlag auf die bei US-Soldaten beliebte Diskothek »La Belle« in West-Berlin fordert drei Menschenleben, 230 Personen werden verletzt.

6 So In Ootmarsum (Niederlande) beschließen die Finanzminister der dem EWS angehörenden Staaten Wechselkursänderungen, die auch die DM betreffen.

7 Mo Drei Westberliner Senatoren treten im Zusammenhang mit der Schmiergeldaffäre um den ehemaligen Baustadtrat Wolfgang Antes zurück.

8 Di Der Hollywoodstar Clint Eastwood wird zum Bürgermeister seines Wohnortes Carmel-by-Sea im US-Bundesstaat Kalifornien gewählt.

9 Mi Die pakistanische Oppositionspolitikerin Benazir Bhutto kehrt aus ihrem Londoner Exil zurück und wird Vorsitzende der Pakistanischen Volkspartei.

10 Do Südkoreas Staatspräsident Chun Doo Hwan trifft zu einem Besuch in Bonn ein. +++ Die Bundesbank meldet für 1985 einen Gewinn von 12,9 Mrd. DM.

11 Fr Moskau kündigt das einseitige Atomtestmoratorium auf, nachdem die USA in der Wüste Nevadas einen Atomversuch unternommen haben.

12 Sa Bei den ersten demokratischen Parlamentswahlen im Sudan seit 1968 erringt die gemäßigte islamische Umma-Partei die Mehrheit der Sitze.

13 So Papst Johannes Paul II. besucht die Hauptsynagoge in Rom und betritt damit als erstes katholisches Kirchenoberhaupt ein jüdisches Gotteshaus.

14 Mo 50 Menschen kommen bei der traditionellen Massenreinigung im Ganges, dem Höhepunkt des indischen Festes Khumbh Mela, ums Leben.

15 Di In Norwegen geht der schwerste Arbeitskampf seit 1931 zu Ende. Die Gewerkschaften erkämpften Lohnerhöhungen von bis zu 10%. → Libyen

16 Mi Bundeskanzler Helmut Kohl spricht von »beweisfähigen« Indizien einer Verantwortung Libyens für den Anschlag auf die Diskothek »La Belle« in West-Berlin.

17 Do Der Bundestag beschließt mit der Koalitionsmehrheit von CDU/CSU und FDP die Verlängerung des Grundwehrdienstes von 15 auf 18 Monate ab 1. Juni 1989.

18 Fr Über Kalifornien explodiert kurz nach dem Start eine Titan-Rakete. Sie sollte die US-Raumfähren als Satellitentransporter ablösen. → Katzenmusik

19 Sa Der »Spiegel« veröffentlicht Protokolle des Hamburger Untersuchungsausschusses über den Wohnungsbaukonzern »Neue Heimat«.

20 So Beim Untergang einer Fähre auf dem Dhaleschwari-Fluss in Bangladesch kommen rd. 1000 Menschen ums Leben.

21 Mo Die EG-Außenminister einigen sich in Luxemburg auf Maßnahmen gegen Libyen. +++ Italiens Staatspräsident Francesco Cossiga besucht die Bundesrepublik.

22 Di Die US-Behörden erklären, sie hätten ein illegales Waffengeschäft mit dem Iran mit einem Gesamtwert von umgerechnet über 470 Mrd. DM verhindert.

23 Mi Südafrikas Parlament beschließt die Aufhebung von 32 Gesetzen, die die Bewegungsfreiheit von nichtweißen Südafrikanern einschränken.

24 Do Der Rhein-Main-Donau-Kanal wird zur Bundeswasserstraße erklärt. +++ Moskaus neuer Botschafter in Bonn, Julij Kwizinski, tritt sein Amt an.

25 Fr Niedersachsens Ministerpräsident Ernst Albrecht bestätigt, dass der Verfassungsschutz den Anschlag auf die Haftanstalt Celle im Jahre 1978 vorgetäuscht hat.

26 Sa Der FC Bayern München wird am letzten Spieltag Deutscher Fußballmeister und fängt den lange führenden SV Werder Bremen ab. → Tschernobyl

27 So Als erste deutsche Unterhaltungssendung wird die ZDF-Serie »Schwarzwaldklinik« auf der Fernsehmesse in Cannes in die USA verkauft.

28 Mo Die UdSSR gewinnt in Moskau die Eishockey-WM und wird dadurch mit insgesamt 20 Titeln vor Kanada (19 Titel) alleiniger Rekord-Champion.

29 Di Die Universität Tübingen gibt die erfolgreiche Transplantation von gespendetem Knochenmark an ein leukämiekrankes Mädchen bekannt.

30 Mi Zur Eröffnung der Schwetzinger Festspiele wird die Oper »Die Leiden des jungen Werthers« von Hans-Jürgen Bose uraufgeführt.

Mai 1986

1 Do Das neue Widerrufsrecht tritt in der Bundesrepublik in Kraft. Es stärkt wesentlich die Rechte der Verbraucher bei sog. Haustürgeschäften.

2 Fr Für einen Bombenanschlag auf ein Kaufhaus, bei dem acht Menschen verletzt wurden, wird in Dortmund ein Lehrling zu fünf Jahren Haft verurteilt.

3 Sa Der FC Bayern München gewinnt nach der Deutschen Fußballmeisterschaft mit einem 5:2 in Berlin über den VfB Stuttgart auch das DFB-Pokalfinale.

4 So Der bisherige Geheimdienstchef Mohammed Nadschibullah löst in Kabul Babrak Karmal als Führer der Demokratischen Volkspartei Afghanistans ab.

5 Mo Mutmaßliche Angehörige der maoistischen Guerillaorganisation »Leuchtender Pfad« ermorden in Peru den Admiral Carlos Ponce de Leon Canessa.

6 Di Der »G 7«-Gipfel verabschiedet in Tokio Erklärungen zum Terrorismus, zur Nutzung der Kernenergie und zu Wirtschaftsfragen. → Kulturabkommen

7 Mi Steaua Bukarest gewinnt in Sevilla durch ein 2:0 gegen den FC Barcelona als erstes osteuropäisches Team den Fußball-Europapokal der Landesmeister.

8 Do Der von der Bundesregierung vorgelegte Bevölkerungsbericht stellt in der Bundesrepublik seit 1974 eine kontinuierlich sinkende Einwohnerzahl fest.

9 Fr Der Schweizer Schriftsteller Friedrich Dürrenmatt erhält den Büchner-Preis. +++ Gro Harlem Brundtland wird als norwegische Ministerpräsidentin vereidigt.

10 Sa Als Reaktion auf die Reaktorkatastrophe von Tschernobyl verbietet die EG vorübergehend die Einfuhr von Nahrungsmitteln aus Osteuropa.

11 So Der Klaviervirtuose Wladimir Horowitz tritt in Hamburg zum ersten Mal seit 54 Jahren wieder vor deutschem Publikum auf.

12 Mo Bei den Parlamentswahlen in Nepal gewinnen die Befürworter einer Reform der konstitutionellen Hindu-Monarchie mehr als die Hälfte der Mandate.

13 Di In Prag appellieren Vertreter der tschechoslowakischen KP, der SED und der SPD an die Länder Mitteleuropas, eine chemiewaffenfreie Zone zu schaffen.

14 Mi Baden-Württembergs Verwaltungsgerichtshof legt fest, dass Demonstranten zum Ersatz der Kosten von Polizeieinsätzen herangezogen werden können.

15 Do In Krefeld wird der ehem. SS-Mann Wolfgang Otto wegen Beteiligung am Mord an KPD-Chef Ernst Thälmann im Jahre 1944 zu vier Jahren Haft verurteilt.

16 Fr Der argentinische Ex-Präsident General Leopoldo Galtieri wird in Buenos Aires wegen des Falkland-Krieges zu zwölf Jahren Haft verurteilt.

17 Sa Bei Demonstrationen gegen die geplante Wiederaufbereitungsanlage in Wackersdorf werden über 300 Menschen, darunter 157 Polizisten, verletzt.

18 So Das Präsidium des Bundestages trifft unter Leitung von Bundestagspräsident Philipp Jenninger (CDU) zu einem fünftägigen offiziellen Besuch in Israel ein.

19 Mo Steffi Graf feiert beim Berliner Damen-Tennisturnier mit einem Sieg über die Weltranglistenerste Martina Navratilova (USA) ihren ersten großen Erfolg.

20 Di Nach fast 20-jähriger Unterbrechung wird auf dem Amur der Schiffsverkehr zwischen der Volksrepublik China und der Sowjetunion wieder aufgenommen.

21 Mi Bonn beschließt eine Soforthilfe für Landwirte, die nach Tschernobyl ihre Produkte wegen radioaktiver Verseuchung nicht verkaufen konnten.

22 Do Der Bayerische Rundfunk schaltet sich vor der Satiresendung »Scheibenwischer« mit Dieter Hildebrandt aus dem Gemeinschaftsprogramm der ARD aus.

23 Fr Der Deutsche Gewerkschaftsbund (DGB) spricht sich auf dem 13. ordentlichen Bundeskongress in Hamburg für ein Umdenken in der Energiepolitik aus.

24 Sa Margaret Thatcher trifft in Israel ein. Es ist der erste Besuch eines britischen Regierungschefs seit der israelischen Staatsgründung im Jahre 1948.

25 So In Bonn eröffnet Bundestagspräsident Philipp Jenninger die Interparlamentarische Konferenz über Sicherheit und Zusammenarbeit in Europa. → Kolumbien

26 Mo Die DDR verschärft in Berlin die innerstädtischen Grenzkontrollen für die im Ostteil der Stadt akkreditierten westlichen Diplomaten.

27 Di US-Präsident Ronald Reagan erklärt in Washington, die USA würden sich nicht mehr an die Bestimmungen des SALT-II-Abkommens mit der UdSSR halten.

28 Mi Österreich und Ungarn unterzeichnen in Wien einen Vertrag über den Bau des Donaukraftwerks Nagymaros auf ungarischem Gebiet.

29 Do Der Weltfußballverband FIFA bestätigt in Mexiko-Stadt den Brasilianer João Havelange für weitere vier Jahre in seinem Präsidentenamt.

30 Fr Dänemark verhängt als erstes westliches Industrieland einen totalen Handelsboykott gegen die Apartheid-Staaten Südafrika und Namibia.

31 Sa In Kourou (Französisch-Guayana) muss eine europäische »Ariane«-Rakete kurz nach dem Start wegen technischer Probleme per Funk zerstört werden.

8. Juni 1986

Skandal um Polizeiaktion

Ein Polizeiaufgebot kesselt bei einer Kundgebung in Hamburg rd. 800 Kernkraftgegner ein und hält die Demonstranten auf diese Weise 12 Stunden lang fest (s. Abb.). Während dieser Zeit erhalten die Protestler weder Essen noch Getränke. Die Polizei unterbindet auch die Verrichtung körperlicher Bedürfnisse. Die Demonstranten waren spontan

zusammengekommen, um gegen ungewöhnlich harte Polizeiaktionen vom Vortag zu protestieren. Bei Anti-Atomkraft-Demonstrationen in Brokdorf und Wackersdorf hatten sich am 7. Juni insgesamt 130 000 Menschen versammelt. Trotz des friedlichen Verlaufs der Aktionen setzte die Polizei Wasserwerfer und Tränengas ein. Um gegen dieses Vorgehen zu protestieren, haben sich die 800 Menschen auf dem Heiligengeistfeld in Hamburg zusammengefunden – und werden nun selbst Opfer der harten Gangart der Polizei. Der »Hamburger Kessel« hat ein politisches Nachspiel. Innensenator Rolf Lange (SPD) muss sein Amt niederlegen. Er hatte die Polizei zu der Aktion angehalten, um einen »geplanten gewalttägigen Zug durch die Stadt« zu verhindern.

26. Juni 1986

US-Hilfe für die »Contras«

Die USA greifen immer entschiedener in den Konflikt in Nicaragua zwischen der sandinistischen Regierung und rechts gerichteten »Contras« ein. Das Repräsentantenhaus in Washington billigt mit 221 gegen 209 Stimmen die von Präsident Ronald Reagan geforderten 100 Mio. Dollar zur Un-

terstützung der »Contras«. Damit erhalten die u.a. von Honduras aus agierenden antisandinistischen Guerillakämpfer (s. Abb.) erstmals offen militärische Hilfe von den USA. Das Ziel Washingtons ist es, die links gerichteten Sandinisten aus der von den USA beanspruchten Einflusszone in Mittelamerika zu verdrängen. Um Nicaragua in die Knie zu zwingen, hat Reagan bereits ein Handelsembargo und Wirtschaftssanktionen gegen das mittelamerikanische Land verhängt.

29. Juni 1986

Argentinien wird Weltmeister

Zum zweiten Mal nach 1978 wird Argentinien Fußballweltmeister. Im Finale im Aztekenstadion von Mexiko-Stadt bezwingt das südamerikanische Team um den exzentrischen Superstar Diego Armando Maradona (Abb.: mit Pokal) vor 117 000 Zuschauern die deutsche Elf mit 3:2. Bereits nach einer knappen Stunde scheint die Partie entschieden zu sein. Nach einem Foul von Lothar Matthäus an Maradona, der später zum besten Spieler des Turniers gewählt wird, schlägt Jorge Burruchaga den fälligen Freistoß vor das Gehäuse von Schlussmann Harald »Toni« Schumacher. Der deutsche Keeper greift ins Leere, José Luis Brown verwandelt zum 1:0. In der 56. Minute gelingt Jorge Valdano sogar das 2:0. Doch die deutsche Mannschaft gibt sich noch nicht geschlagen. In der 73. Minute gelingt Kapitän Karl-Heinz Rummenigge nach einem Eckball von Andreas Brehme der Anschlusstreffer. Nach einer erneuten Ecke von Brehme trifft Stürmer Rudi Völler, der den Ball in der 82. Minute aus kurzer Distanz zum 2:2-Ausgleich einnickt. Der Jubel bei der deutschen Elf ist kaum verklungen, da schlagen die Argentinier auch schon zurück: Maradona spielt steil auf Burruchaga, der Hans-Peter Briegel enteilt und Schumacher keine Chance lässt. Die von Franz Beckenbauer trainierte deutsche

Elf ist in Mexiko ihrem Ruf als Turniermannschaft erneut gerecht geworden. Nach schwachem Start steigerte sie sich von Spiel zu Spiel und schaffte schließlich den Sprung ins Finale.

25. Mai 1986

Umschwung in Kolumbien

Die Rechte in Kolumbien verliert die Macht. Virgilio Barco Vargas, Kandidat der Liberalen, geht mit 58,2% der Stimmen als Sieger aus den Präsidentschaftswahlen hervor. Der seit 1982 amtierende konservative Politiker Belisario Betancur Cuartas durfte nach dem Wahlgesetz nicht wieder für das höchste Amt im Staate kandidieren. Bereits im März hatte die Liberalen mit 58% der Stimmen die Parlamentswahlen für sich entschieden.
Mit der Wahl der Liberalen ist für weite Teile der Bevölkerung die Hoffnung verbunden, die durch Terror von rechts und links angespannte innenpolitische Lage Kolumbiens zu stabilisieren. Der scheidende Präsident hatte versucht, durch Waffenstillstandsabkommen mit zwei Guerillagruppen – der linksnationalistischen Bewegung M 19 und den kommunistischen Revolutionären Streitkräften Kolumbiens – das Land zu befrieden. Im November 1985 hatten Angehörige der M 19 den Justizpalast in der Hauptstadt Bogotá besetzt. Bei der Erstürmung durch Sicherheitskräfte starben 95 Menschen. Seither nahmen die Aktivitäten der linken Guerilla und rechts gerichteter Todesschwadrone wieder zu.

Waldheims Wahl wird von Kritik begleitet.

8. Juni 1986

Umstrittener Präsident

Kurt Waldheim

österreichischer Politiker, * 21.12.1918 St. Andrä-Wördern/Niederösterreich

Als Generalsekretär der UNO machte sich der Berufsdiplomat einen Namen als Vermittler zwischen den Interessen der Industriestaaten und der Dritten Welt. Hingegen bleibt der ehemalige Außenminister (ÖVP) als Bundespräsident wegen seiner Rolle zur NS-Zeit international weitgehend isoliert.

- 1939-45: Soldat
- 1972-81: UNO-Generalsekretär
- 1986-92: Bundespräsident

Überraschend klar entscheidet Kurt Waldheim die Stichwahl um das Amt des österreichischen Bundespräsidenten für sich. 53,9% der Stimmen verbucht der Kandidat der Österreichischen Volkspartei (ÖVP) für sich. Kurt Steyrer, Kandidat der Sozialistischen Partei Österreichs (SPÖ), erhält 46,1%. Am 8. Juli wird Waldheim als Bundespräsident vereidigt. Protest gegen die Wahl kommt namentlich aus den USA. Waldheim wird bezichtigt, im Zweiten Weltkrieg als Offizier der Wehrmacht in Kriegsverbrechen auf dem Balkan verstrickt gewesen zu sein. Eine Historikerkommission spricht ihn vom Vorwurf direkter Beteiligung frei. Als Reaktion auf die erste Niederlage der SPÖ bei einer Präsidentschaftswahl tritt Bundeskanzler Fred Sinowatz (SPÖ) zurück. Sein Nachfolger wird am 16. Juni Franz Vranitzky.

6. Mai 1986

Deutsch-deutscher Brückenschlag durch Kulturabkommen

Nach langwierigen Verhandlungen unterzeichnen die Bundesrepublik Deutschland und die DDR ein Kulturabkommen. Es regelt die künftige Zusammenarbeit der beiden deutschen Staaten u.a. in den Bereichen Literatur, Theater, Musik, Bildende Kunst, Bildung, Film und Fernsehen.

So sollen besondere kulturelle Veranstaltungen künftig gemeinsam veranstaltet werden. U.a. ist die Durchführung eines grenzübergreifenden Filmfestivals vorgesehen. Auch bezüglich des Austausches von Publikationen und Informationsmaterial sollen die Beschränkungen in Zukunft gelockert werden. Künstler und Kulturschaffende dürfen künftig in bestimmten Fällen aus beiderlei Richtungen in den Nachbarstaat reisen. Schon am 25. April war die erste deutsch-deutsche Städtepartnerschaft – zwischen Saarlouis und Eisenhüttenstadt – vereinbart worden. Die Unterzeichnung des Kulturabkommens findet in Ost-Berlin statt. Für die Bundesrepublik unterzeichnet Staatssekretär Hans-Otto Bräutigam, die DDR-Regierung ist durch den stellvertretenden Außenminister Kurt Nier vertreten. Die sich insgesamt über zwölf Jahre hinziehenden Verhandlungen waren vor allem durch die Forderung von SED-Chef Erich Honecker erschwert worden, die Stiftung Preußischer Kulturbesitz an die DDR zu übergeben. Erst 1982 willigte Honecker in einen Kompromiss ein, dem zufolge diese Streitfrage ausgeklammert wurde.

Juni 1986

1 So Bei Parlamentswahlen in Ecuador verliert die konservative Regierungskoalition unter Präsident Léon Febres Cordero ihre Mehrheit.

2 Mo CDU/CSU und FDP einigen sich im Bundestag auf die Einsetzung eines Untersuchungsausschusses zur Affäre um die Baugesellschaft »Neue Heimat«.

3 Di In Südkorea protestieren 265 Professoren gegen andauernde Menschenrechtsverletzungen und die Unterdrückung der Pressefreiheit durch die Regierung.

4 Mi Das Bundessozialgericht erkennt die Ableistung des Grundwehrdienstes in der DDR als versicherungspflichtige Tätigkeit im Sinne des Rentengesetzes an.

5 Do Der für die umstrittenen Einsätze in Wackersdorf verantwortliche Polizeichef Hermann Friker wird ohne Angabe von Gründen seines Postens enthoben.

6 Fr Jürgen Schult stellt in Neubrandenburg mit 74,08 m einen Weltrekord im Diskuswerfen auf. +++ Walter Wallmann (CDU) wird erster Bundesumweltminister.

7 Sa Margarethe von Trottas Film »Rosa Luxemburg« erhält bei der Bundesfilmpreisverleihung in West-Berlin das Filmband in Gold.

8 So Bei der staatlich gelenkten Wahl zur Volkskammer stimmen 99,94% der DDR-Wahlbürger für die Einheitsliste. → Präsident → Polizeiaktion

9 Mo Österreichs Bundeskanzler Fred Sinowatz (SPÖ) tritt wegen des schlechten Abschneidens des SPÖ-Präsidentschaftskandidaten Kurt Steyrer zurück.

10 Di In Nicaragua lassen die rechtsgerichteten »Contra«-Rebellen acht bundesdeutsche Aufbauhelfer frei, die sie am 17. Mai entführt hatten.

11 Mi Der Warschauer Pakt legt in Budapest einen Abrüstungsvorschlag vor, der u.a. den Abbau von Atomraketen mit bis zu 1000 km Reichweite vorsieht.

12 Do Aus Anlass des zehnten Jahrestags des Soweto-Aufstands verhängt die südafrikanische Regierung den Ausnahmezustand über das ganze Land.

13 Fr Die deutsche Nationalelf erreicht bei der Fußball-WM in Mexiko nach einer 0:2-Niederlage gegen Dänemark als Gruppenzweiter das Achtelfinale.

14 Sa Die Gewerkschaft der Polizei teilt mit, dass rd. 100 Beamte ihren Dienst aufgrund der schweren Ausschreitungen in Wackersdorf quittiert hätten.

15 So Die CDU verliert bei den Landtagswahlen in Niedersachsen die absolute Mehrheit. Ernst Albrecht bleibt durch eine Koalition mit der FDP Ministerpräsident.

16 Mo Die Volkskammer der DDR bestätigt die politische Führung. Erich Honecker bleibt Staatsratsvorsitzender, Willi Stoph Ministerpräsident.

17 Di In Mexiko wird Finanzminister Jesus Silva Herzog aufgrund der schweren Wirtschaftskrise vom bisherigen Entwicklungsbankchef Gustavo Petricciolli abgelöst.

18 Mi Der Bundestag beschließt mit den Stimmen der Regierungskoalition ein neues Abfallgesetz, das der Abfallvermeidung und -verwertung Vorrang gibt.

19 Do Die Niederschlagung von Gefangenenrevolten in Peru fordert nach offiziellen Angaben 159 Menschenleben. Inoffiziell ist von über 300 Toten die Rede.

20 Fr In Nürnberg beginnt der 50. Parteitag der CSU. Eine Resolution bezeichnet den Ausstieg aus der Kernenergie ohne Ersatz als »unverantwortlich«.

21 Sa Ungarn lehnt als erstes Ostblockland aus Umweltschutzgründen die bisher als Devisenquelle akzeptierte Übernahme von Müll aus dem Westen ab.

22 So Bei den Parlamentswahlen in Spanien verteidigt die regierende Sozialistische Arbeiterpartei von Ministerpräsident Felipe González ihre absolute Mehrheit.

23 Mo UdSSR-Parteichef Michail S. Gorbatschow erklärt sich in einem Brief an US-Präsident Ronald Reagan zu einem neuen Gipfeltreffen über Rüstungsfragen bereit.

24 Di Das Bundesverfassungsgericht in Karlsruhe stellt fest, dass der Länderfinanzausgleich in seiner bisherigen Form teilweise verfassungswidrig sei.

25 Mi DDR-Staats- und Parteichef Erich Honecker trifft zu einem Besuch in Schweden ein, bei dem u.a. Verträge zum Ausbau des Handels unterzeichnet werden.

26 Do 63,5% der Iren sprechen sich bei einer Volksbefragung gegen die vorgeschlagene Aufhebung des Scheidungsverbots aus. → »Contras«

27 Fr Der Bundestag billigt Ausnahmen im Ladenschlussgesetz, durch die an einigen Orten, z.B. Flughäfen, bis 22 Uhr eingekauft werden kann.

28 Sa Italien erhöht nach Fällen von Brunnenverseuchung durch Giftstoffe die Grenzwerte einiger Trinkwasserschadstoffe auf das Zehnfache.

29 So Auf einer Tagung in San Diego (USA) warnen Wissenschaftler vor Klimaveränderungen durch das sich vergrößernde Ozonloch über der Erde. → Argentinien

30 Mo Der Gründer der rechtsextremen »Wehrsportgruppe Hoffmann«, Karl-Heinz Hoffmann, wird in Nürnberg zu neuneinhalb Jahren Haft verurteilt.

Juli 1986

1 Di »Radio Schleswig-Holstein« startet als erster landesweiter Privatradiosender. Verantwortlich für das Programm sind 16 Zeitungsverlage.

2 Mi In Santiago kommen zehn Menschen bei Massendemonstrationen gegen die Militärdiktatur in Chile ums Leben.

3 Do Am österreichisch-italienischen Grenzübergang Thörl-Maglern wird die durchgehende Autobahnverbindung Alpen-Adria eröffnet.

4 Fr New York begeht den 100. Geburtstag der Freiheitsstatue mit einem großen Volksfest. »Miss Liberty« ist ein Geschenk Frankreichs an die USA.

5 Sa Die 30 Jahre alte norwegische Läuferin Ingrid Kristiansen stellt mit 30:13,74 min in Oslo einen Weltrekord über 10 000 m auf.

6 So Japans Liberaldemokratische Partei erringt bei den Parlamentswahlen die Mehrheit. +++ Boris Becker schlägt Ivan Lendl und gewinnt erneut in Wimbledon.

7 Mo In Malaysia werden die wegen Rauschgiftschmuggels zum Tode verurteilten Australier Brian Geoffrey Chambers und Kevin John Barlow hingerichtet.

8 Di Auf den Philippinen scheitert eine Revolte von Anhängern des gestürzten Präsidenten Ferdinand Marcos. U.a. beteiligen sich 400 Soldaten.

9 Mi Jüdische Gruppen verurteilen die tags zuvor erfolgte Vereidigung des Ex-Wehrmachtsoffiziers Kurt Waldheim zum österreichischen Bundespräsidenten. → RAF

10 Do Mit den Stimmen der SPD-Mehrheit billigt der nordrhein-westfälische Landtag den Ausstieg aus der Technologie des Schnellen Brüters.

11 Fr Im Bundesstaat Indiana wird die 16-jährige Paula Cooper als erstes Mädchen in den USA zum Tode verurteilt. Sie hatte ihre Religionslehrerin umgebracht.

12 Sa 100 Naturschützer besetzen die Tiroler Brenner-Bundesstraße, um auf die Umweltbelastungen durch den Autoverkehr aufmerksam zu machen.

13 So Die Kanadierin Gail Greenough gewinnt in Aachen mit einer fehlerfreien Finalrunde als erste Frau die Weltmeisterschaft der Springreiter.

14 Mo Das Bundesverfassungsgericht in Karlsruhe verkündet, dass Parteispenden nur noch bis zu einer Obergrenze von 100 000 DM steuerlich absetzbar seien.

15 Di Indien protestiert gegen einen Grenzzwischenfall, bei dem im Juni rd. 40 Chinesen bis zu 7 km tief auf indisches Territorium vorgedrungen waren.

16 Mi Der Drogenbericht der Bundesregierung kennzeichnet den Alkoholismus mit rd. 1,5 Mio. Behandlungsbedürftigen als das Suchtproblem Nr. 1.

17 Do Das polnische Parlament verabschiedet ein Amnestiegesetz für politische Gefangene. Freilassungen sind aber von Wohlverhaltenserklärungen abhängig.

18 Fr Der zweitgrößte US-Stahlproduzent, LTV Corporation, muss Vergleich anmelden. Es ist der größte Firmenzusammenbruch der US-Wirtschaftsgeschichte.

19 Sa Über 400 Asylanten kommen aus Ost-Berlin in den Westteil der Stadt. Sie können auf diesem Weg problemlos einreisen. Die Behörden schlagen Alarm.

20 So Bundesaußenminister Hans-Dietrich Genscher unterzeichnet während eines Aufenthalts in Moskau ein deutsch-sowjetisches Wissenschaftsabkommen.

21 Mo Herbert Meißner, Vizegeneralsekretär der DDR-Akademie der Wissenschaften, kehrt nach seiner Flucht in die Bundesrepublik in die DDR zurück.

22 Di Als letztes europäisches Land schafft Großbritannien die Prügelstrafe in den Schulen ab. +++ Israels Ministerpräsident Shimon Peres besucht Marokko.

23 Mi Bundesinnenminister Friedrich Zimmermann gibt die Zahl der Asylsuchenden im ersten Halbjahr mit 45% höher als im Vorjahreszeitraum an. → Andrew

24 Do In Edinburgh beginnen die 13. Commonwealth-Spiele. 32 Mannschaften nehmen aus Protest gegen die britische Südafrika-Politik nicht teil.

25 Fr Mit der Wiederaufnahme von »Tristan und Isolde« in der Inszenierung von Jean-Pierre Ponelle werden in Bayreuth die 75. Richard-Wagner-Festspiele eröffnet.

26 Sa Etwa 100 000 Zuschauer kommen zu einem Anti-Atomkraft-Festival prominenter deutscher Rockmusiker nach Burglengenfeld bei Wackersdorf.

27 So Anja Fichtel (Tauberbischofsheim) wird durch einen 8:3-Sieg gegen ihre Klubkameradin Sabine Bau in Sofia Weltmeisterin im Florettfechten. → Tour-Sieger

28 Mo Die Explosion zweier Autobomben in Beirut tötet 57 Menschen. +++ Michail S. Gorbatschow kündigt den Teilabzug sowjetischer Truppen aus Afghanistan an.

29 Di Das saarländische Umweltministerium bestätigt ein durch Blausäuresalze ausgelöstes Fischsterben in der Saar. Der Verursacher ist unbekannt. → Blutbad

30 Mi Frankreichs Außenminister Jean-Bernard Raimond spricht mit der spanischen Regierung in Madrid über Maßnahmen gegen baskische Separatisten.

31 Do In Paris wird der deutsche Modeschöpfer Karl Lagerfeld mit dem »Goldenen Fingerhut« der Haute Couture ausgezeichnet.

9. Juli 1986

Manager im Visier der RAF

In Straßlach bei München kommen bei einem Bombenanschlag der Siemens-Manager Karl Heinz Beckurts und sein Fahrer Eckhard Groppler ums Leben. Das Attentat geht auf das Konto des Kommandos »Mara Cagol« der Roten Armee

Fraktion. Der ungepanzerte Wagen (s. Abb.) des Atomphysikers, der bei Siemens den Zentralbereich Forschung und Technik leitete, fährt nur wenige Meter von Beckurts´ Wohnhaus entfernt an der fern gezündeten Bombe vorbei.

5. August 1986

OPEC in der Krise

Die Organisation Erdöl exportierender Länder (OPEC) einigt sich in Genf auf eine kurzfristige Kürzung der Förderquote für Erdöl. Ab dem 1. September soll die Fördermenge über zwei Monate auf 16,7 Mio. Barrel täglich begrenzt werden, um dem weltweiten Ölpreisverfall zu begegnen. Die OPEC befindet sich in der schwersten Krise ihrer Geschichte. Durch die Konkurrenz Erdöl exportierender Länder, die nicht der OPEC angehören (z.B. Großbritannien), sind die Preise dramatisch gesunken. Im ersten Halbjahr gingen die Einnahmen um 30,3% zurück, obwohl die Förderung im gleichen Zeitraum um 21,7% erhöht wurde. Reiche OPEC-Staaten wie Saudi-Arabien und Kuwait wollen weiterhin viel produzieren, um die Länder, die nicht ihrer Organisation angehören, zu Preis- und Mengenabsprachen zu zwingen. Ärmere Länder wie Nigeria und Venezuela wollen dagegen weniger fördern, um die Preise wieder anheben zu können. Die OPEC wurde im Jahre 1960 gegründet. Ihr Ziel ist es, die Interessen der Staaten zu vertreten, für die Erdöl ein wesentlicher Bestandteil des Exports ist.

23. Juli 1986

»Fergie« lotst Prinz Andrew

In London läuten erneut die Hochzeitsglocken: Prinz Andrew, zweitältester Sohn von Königin Elizabeth II., heiratet die Bürgerliche Sarah Ferguson. Die »Hochzeit des Jahres« lockt hunderttausende Menschen auf die Straße und Millionen vor die Fernsehgeräte. Der 26-jährige Andrew und die gleichaltrige »Fergie« tragen bei der Zeremonie in der Westminster Abbey zum ersten Mal den Titel eines Herzogs und einer Herzogin von York, den ihnen die Queen aus Anlass ihres Festtages traditions-

Umgeben von der königlichen Familie winkt das Brautpaar der jubelnden Menge zu.

27. Juli 1986

Erster Tour-Sieger aus USA

Als erster US-Sportler gewinnt der Radprofi Greg Lemond (s. Abb.) die Tour de France. Der 25-jährige Kalifornier besiegt den französischen Titelverteidiger Bernard Hinault mit einem Vorsprung von 3,10 min. Lemond gehört wie Hinault zur Mannschaft »La-Vie-Claire«. Teamchef und Sponsor ist der französische Industrielle Bernard Tapie. 1989 und 1990 kann Lemond, der 1983 Straßenweltmeister wurde, die Tour erneut gewinnen.

Ehehafen

gemäß geschenkt hat. In der Vergangenheit hatte Andrew vor allem durch seine tatsächlichen oder angeblichen Affären Schlagzeilen gemacht. Aber auch das Leben der als lebenslustig und unkonventionell geltenden Fergie wird umfassend von der in- und ausländischen Regenbogenpresse thematisiert.

Dem Hochzeitspaar ist jedoch kein dauerhaftes Eheglück vergönnt. Ebenso wie die Ehe von Charles und Diana gerät auch ihre Verbindung schon bald in eine tiefe Krise. Britische Boulevardblätter veröffentlichen im Jahre 1992 intime Fotos von Fergie. 1993 gibt ein Sprecher des Königshauses bekannt, dass Prinz Andrew und seine Frau nunmehr auch offiziell getrennt seien. Mit diesem Schritt soll Gerüchten über eine Versöhnung der beiden Eheleute, die seit 1992 getrennt leben, vorgebeugt werden.

Die beiden kleinen Töchter Beatrice und Eugenie bleiben bei der Mutter. Der Vater soll allerdings das Recht auf ungehinderten Zugang zu seinen Kindern erhalten. Trotz aller Geheimhaltungsversuche des Buckingham-Palastes sickern Informationen an die Presse, wonach es um die Höhe der Abfindung für Sarah Ferguson eine erbitterte Auseinandersetzung gegeben habe, weshalb auch die offizielle Trennung so lange hinausgezögert worden sei. Nach nicht bestätigten Informationen erhält Fergie umgerechnet rd. 6 Mio. DM. Dafür muss sie sich verpflichten, über intime Vorgänge und Konflikte in der britischen Königsfamilie Stillschweigen zu bewahren. Ein Großteil des Geldes solle, wie es heißt, der Ausbildung der Kinder dienen.

23. August 1986

Deutsche Schwimm-Asse

Michael Groß, überragender Schwimmer der 80er Jahre, bestätigt bei den Weltmeisterschaften in Madrid seine Ausnahmestellung. Der wegen der enormen Spannweite seiner Arme »Albatros« genannte, 2,01 m große Athlet gewinnt die 200-m-Freistil und die 200-m-Schmetterling. Im Verlauf seiner langen Karriere wird Groß dreimal Olympiasieger, fünfmal Weltmeister und 13 Mal Europameister. Auch das deutsche Schwimm-Ass Rainer Henkel triumphiert. Der Soldat bei der Bundeswehr gewinnt über 400-m-Freistil und über 1500-m-Freistil. Die Staffeln steuern zwei Silbermedaillen bei, Frank Hoffmann erschwimmt über 200-m-Rücken eine Bronzemedaille. In der inoffiziellen Nationenwertung belegen die bundesdeutschen Schwimmer einen hervorragenden zweiten Platz hinter den USA. Bei den Frauen dominieren einmal mehr die Schwimmerinnen aus der DDR, die sich 13 von 16 Titeln sichern. Herausragende Athletin ist die Leipzigerin Kristin Otto, die viermal Gold und einmal Silber holt.

Michael Groß

deutscher Schwimmer, * 17.6.1964 Frankfurt am Main

Zu den Spezialitäten des »Albatros« zählen die 100-m-Schmetterling und die 200-m-Freistil. Der Ausnahmeathlet schwimmt zwölf Welt-, 24 Europa- und 68 deutsche Rekorde. Groß startet für den EOSC Offenbach.

- 1981: Europameister über 200-m-Schmetterling
- 1982: Weltmeister 200-m-Schmetterling, 200-m-Freistil
- 1984: Zweifacher Olympiasieger in Los Angeles
- 1988: Olympiasieg in Seoul über 200-m-Schmetterling
- 1991: Weltmeister 4 x 200-m-Freistil-Staffel

29. Juli 1986

Blutbad im Präsidium

Der wegen fünffachen Mordes an Personen aus dem Hamburger Rotlichtmilieu vor Gericht stehende Werner Pinzner erschießt im Hamburger Polizeipräsidium am Berliner Tor den Staatsanwalt Wolfgang Bistry, dann seine Frau Jutta und schließlich sich selbst. Die Waffe hatte die Frau Pinzners, der in Kiez-Kreisen als professioneller Killer bekannt ist, eingeschmuggelt. Die Staatsanwaltschaft erhoffte sich von der Vernehmung Aufschluss über kriminelle Strukturen der Bordell- und Zuhälterszene. Pinzner schien bereit, über seine Unterweltkontakte »auszupacken«. Infolge des Blutbads treten am 6. August Innensenator Rolf Lange und Justizsenatorin Eva Leithäuser (beide SPD) zurück. Am 8. August wird die Anwältin Pinzners festgenommen – unter dem dringenden Verdacht, bei der Beschaffung der Waffe mitgeholfen zu haben. Sie war mit dem Ehepaar Pinzner in einer unheilvollen Beziehung verstrickt.

August 1986

1 Fr Nach einem Kompromiss mit den Christdemokraten wird der zurückgetretene italienische Ministerpräsident Bettino Craxi in Rom erneut vereidigt.

2 Sa Das irische Pfund wird gegenüber den Währungen des Europäischen Währungssystems um 8% abgewertet, um Irlands Wettbewerbsposition zu stärken.

3 So Präsident Ronald Reagan entscheidet, dass die USA der UdSSR wieder subventionierten Weizen verkaufen können. Das Exportvolumen beträgt 3,85 Mio. t.

4 Mo Friedrich Jahn übernimmt wieder den deutschen Konzernanteil der Wienerwald-Gruppe, für den er 1982 hatte Konkurs anmelden müssen.

5 Di Auf der Commonwealth-Gipfelkonferenz in London beschließen zahlreiche Teilnehmerstaaten Wirtschaftssanktionen gegen Südafrika. → OPEC

6 Mi Albanien weiht eine 60 km lange Bahnstrecke nach Jugoslawien ein, mit der das Land an das europäische Eisenbahnnetz angeschlossen wird.

7 Do Der französische Senat verabschiedet als letzte parlamentarische Instanz ein Antiterrorgesetz, das erstmals den Straftatbestand des Terrorismus definiert.

8 Fr 233 Jahre nach ihrer Fertigstellung wird in Stuttgart eine Markuspassion, die Carl Philipp Emanuel Bach zugeschrieben wird, uraufgeführt.

9 Sa In Brüssel einigen sich Vertreter der EG und der USA auf die vorläufige Aussetzung der gegenseitig angedrohten Importbeschränkungen.

10 So Der Brasilianer Nelson Piquet gewinnt mit dem Großen Preis von Ungarn in Budapest das erste Formel-1-Rennen in einem Ostblockstaat.

11 Mo Die USA schließen Neuseeland formell aus dem ANZUS-Pakt aus, weil der Inselstaat seine Häfen nicht für atomwaffengerüstete Schiffe freigeben will.

12 Di Kanadische Fischer bergen vor Neufundland zwei Boote mit tamilischen Flüchtlingen, die von der Bundesrepublik aus illegal nach Kanada reisen wollten.

13 Mi Auf einer Gedenkstunde zum 25. Jahrestag des Mauerbaus in West-Berlin sprechen Bundeskanzler Helmut Kohl und der frühere Bürgermeister Willy Brandt.

14 Do Zu blutigen Unruhen kommt es in Pakistan, als die Polizei am Vorabend des Unabhängigkeitstags hunderte führender Oppositionspolitiker verhaftet.

15 Fr Der Internationale Währungsfonds (IWF) erklärt den südamerikanischen Andenstaat Peru wegen ausstehender Schuldenrückzahlungen für kreditunwürdig.

16 Sa Der Konservative Joaquín Balaguer wird als Staatspräsident der Dominikanischen Republik vereidigt und löst damit Salvador Jorge Blanco ab.

17 So Im Westberliner Schloss Charlottenburg wird aus Anlass des 200. Todestages des preußischen Königs die Ausstellung »Friedrich der Große« eröffnet.

18 Mo In Helsinki kommt es nach 19 Jahren wieder zu offiziellen Kontakten zwischen Vertretern der Sowjetunion und Israels.

19 Di Der Vatikan entzieht dem US-Theologen Charles Curran wegen dessen von Roms Linie abweichenden Positionen zur Sexualethik die Lehrerlaubnis.

20 Mi Nach Freisetzung von Giftgas in einem Duisburger Werk der Mannesmann Demag AG werden 38 Mitarbeiter in einem Krankenhaus behandelt.

21 Do Ein sowjetischer Untersuchungsbericht gibt den Bediensteten des Kernkraftwerks Tschernobyl die Hauptschuld an der Reaktorkatastrophe im April.

22 Fr Das Stadtparlament von Frankfurt am Main billigt eine Verordnung, die das Bahnhofsviertel ab dem 30. Juli 1989 zum Sperrgebiet für Prostitution erklärt.

23 Sa Aus dem Kühlsystem des noch nicht in Betrieb genommenen französischen Kernkraftwerks Cattenom laufen 400 Mio. l Wasser aus. → Schwimm-Asse

24 So Der in Oslo lebende deutsche Skuller Peter-Michael Kolbe gewinnt bei den Ruderweltmeisterschaften in Nottingham zum fünften Mal den Titel im Einer.

25 Mo In Nürnberg beginnt der SPD-Parteitag. Kanzlerkandidat Johannes Rau betont den Willen zum Machtwechsel bei der Bundestagswahl am 25. Januar 1987.

26 Di Bei den in Stuttgart beginnenden Leichtathletik-Europameisterschaften gewinnen bundesdeutsche Athleten insgesamt elf Medaillen.

27 Mi Die Bundesregierung beschließt mit Blick auf die hohen Asylbewerberzahlen zahlreiche Verschärfungen der Einreisebedingungen in die Bundesrepublik.

28 Do Die Regierung von Bolivien verhängt den Ausnahmezustand über das Land, um die Proteste der Bergarbeiter gegen Minenschließungen zu unterbinden.

29 Fr Marokkos König Hassan II. kündigt nach der libyschen Kritik an seinem Treffen mit Israel den mit Libyen geschlossenen Vertrag über eine Staatenunion.

30 Sa Ein Erdbeben der Stärke 6,5 auf der nach oben offenen Richter-Skala erschüttert große Teile von Rumänien.

31 So Der wohl bekannteste zeitgenössische Bildhauer, Henry Moore, stirbt im Alter von 88 Jahren in seinem Haus in Südengland.

September 1986

1 Mo Volkskammerpräsident Horst Sindermann empfängt eine Delegation der Grünen, die sich zu politischen Gesprächen in der DDR aufhält.

2 Di Elisabeth Steup wird Präsidentin des Bundespatentgerichts. Sie ist damit die erste Frau an der Spitze eines deutschen Bundesgerichts.

3 Mi Der für Außenbeziehungen zuständige Schweizer Bundesrat Pierre Aubert trifft als erster Bundesrat seines Landes zu einem Besuch in der UdSSR ein.

4 Do Bundeskanzler Helmut Kohl erklärt in Stockholm, die Bundesrepublik wolle die skandinavische Initiative für einen weltweiten Atomteststopp unterstützen.

5 Fr Das Rettungsschiff »Cap Anamur« legt mit 357 Flüchtlingen an Bord in Hamburg an. Die Vietnamesen werden auf die Bundesländer verteilt.

6 Sa Bei der Bilanz der Leipziger Herbstmesse zeigen sich die Aussteller aus der Bundesrepublik trotz gesunkener Umsätze zufrieden. → Istanbul → Köln

7 So Nach einem missglückten Attentat auf Chiles Staatspräsident Augusto Pinochet in der Nähe von Santiago verhängt die Regierung den Belagerungszustand.

8 Mo Die Bulgarin Jordanka Donkowa läuft in Ljubljana (Jugoslawien) mit 12,26 sec zum vierten Mal in diesem Jahr Weltrekord über 100-m-Hürden.

9 Di Der Bundestag hält die ersten Plenarsitzung im ehemaligen Bonner Wasserwerk ab, das als provisorische Unterkunft während Umbauarbeiten dient.

10 Mi Auf dem in Aachen beginnenden 89. Deutschen Katholikentag kommt es zu politischen Meinungsverschiedenheiten, u.a. zum Thema Abtreibung.

11 Do In der Londoner Royal Academy of Arts werden erstmals in Europa die Skizzenbücher von Pablo Picasso gezeigt.

12 Fr In Alexandria endet das erste ägyptisch-israelische Gipfeltreffen seit fünf Jahren. +++ Polen beschließt die Freilassung aller politischen Gefangenen.

13 Sa Die österreichische FPÖ wählt auf ihrem Parteitag in Innsbruck den rechtsnationalen Kärntner Landesrat Jörg Haider zum Bundesobmann.

14 So Die Kölner Philharmonie, der modernste Konzertsaal der Welt, wird eröffnet. +++ Fünf Tote fordert eine Explosion auf dem Flughafen in Seoul (Südkorea).

15 Mo Die österreichische SPÖ kündigt wegen der Wahl Jörg Haiders zum Bundesobmann die Wiener Regierungskoalition mit der FPÖ auf. → Paris

16 Di Die EG-Außenminister einigen sich in Brüssel auf begrenzte Wirtschaftssanktionen gegen Südafrika, u.a. Einfuhrverbote für südafrikanische Produkte.

17 Mi Boris Becker scheitert bei den Internationalen Deutschen Tennismeisterschaften in Hamburg. Turniersieger wird der Franzose Henri Leconte.

18 Do Ost-Berlin gibt bekannt, dass ab 1. Oktober nur noch Personen mit Anschlussvisa anderer Staaten in die DDR einreisen dürfen. → »Neue Heimat«

19 Fr In Saarlouis besiegeln Vertreter der saarländischen Stadt und Abgesandte aus Eisenhüttenstadt (DDR) die erste deutsch-deutsche Städtepartnerschaft.

20 Sa Die Außenminister der USA und der UdSSR schätzen nach Gesprächen die Chancen für ein Gipfeltreffen ihrer Präsidenten als »besser denn je« ein.

21 So Der Brite Nigel Mansell gewinnt den Großen Preis der Formel-1 von Portugal in Estoril vor dem Franzosen Alain Prost.

22 Mo In der ARD läuft »Kir Royal« von Helmut Dietl und Patrick Süskind an. Die Serie, die in der Münchener Schickeria spielt, erzielt Einschaltquoten von bis zu 32%.

23 Di In Togo schlagen Armee-Einheiten, die Präsident Etienne Gnassingbe Eyadema stützen, einen Putschversuch oppositioneller Militärs nieder.

24 Mi Beide deutsche Fußballnationalteams treten in Skandinavien an: die Bundesrepublik besiegt Dänemark mit 2:0, die DDR spielt gegen Norwegen 0:0.

25 Do Der Bonner Bundestag beschließt im Bundessozialhilfegesetz bei der Sozialhilfe die Gleichstellung von NS-Opfern mit Kriegsopfern.

26 Fr Der Bertelsmann-Konzern (Gütersloh) kauft den zweitgrößten US-Buchverlag, Doubleday & Co., und wird damit größter Medienkonzern der Welt.

27 Sa Die USA führen eine Vereinfachung des Steuersystems ein. Ab 1987 gibt es nur noch zwei Einkommenssteuerklassen.

28 So Auf ihrem Parteitag in Nürnberg beschließen die Grünen ein Wahlprogramm zum ökologischen und sozialen Umbau der Industriegesellschaft.

29 Mo Führer der verbotenen polnischen Gewerkschaft »Solidarität« erklären sich in Danzig zum Übergang vom Untergrund zu legaler politischer Tätigkeit bereit.

30 Di Das Bundeskabinett verabschiedet einen Gesetzentwurf des Umweltministeriums zum Schutz der Bevölkerung gegen Strahlenbelastung.

4. Oktober 1986

Flutwehr der Superlative

»Wir haben das Meer gezähmt«, heißt es in einer stolzen Verlautbarung, als Königin Beatrix der Niederlande auf der künstlichen Arbeitsinsel Neeltje Sans das größte bewegliche Sturmflutwehr der Welt in Betrieb nimmt. Die Oosterschelde-Sperrmauer, eine der gewaltigsten technischen Leistungen des Jahrhunderts, ist der letzte Teil des umgerechnet über 10 Mrd. DM teuren sog. Delta-Projekts, mit dem sich die Niederländer dauerhaft vor den gewaltigen Sturmfluten der Nordsee schützen wollen.

Das Bauwerk an der Oosterschelde liegt inmitten der Gezeitenströmung zwischen den Halbinseln Schouwen-Duiveland und Noord-Beveland. Bei einer Sturmflut können die 62 Schleusentore innerhalb von einer Stunde geschlossen werden. Anstelle eines zunächst geplanten Dammes hatten sich die Planer auf Druck von Fischern und Umweltschützern im Jahre 1978 zum Bau einer beweglichen Flutwehranlage entschlossen, die den normalen Gezeitenstrom nicht behindert. Die Notwendigkeit zum Bau einer Schutzeinrichtung drängte sich nach der verheerenden Sturmflut von 1953 auf. Diese Flut hatte in den Niederlanden, in Belgien und an der englischen Ostküste schwere Schäden angerichtet. Die schwerste Sturmflut seit 500 Jahren forderte 1835 Todesopfer. Nach der Katastrophe begannen umfangreiche Prüfungen, die einen dauerhaften Schutz vor einer »Jahrhundertflut« gewährleisten sollten. 1967 konnten schließlich in den Niederlanden die Arbeiten am größten Deichbauprojekt der Welt beginnen, das u.a. mehrere Inseln durch Deiche verband.

Das Oosterschelde-Sperrwerk vollendet das gewaltige Bauwerk zum Schutz vor der Nordsee.

15. September 1986

Bombenserie erschüttert Paris

Die französische Regierung erlässt eine Visumspflicht für alle Personen, die nicht aus EG-Ländern bzw. 45 in einer Liste aufgeführten außereuropäischen Ländern stammen. Damit reagieren die Behörden auf eine Serie von Bombenattentaten in Paris, die innerhalb der letzten acht Tage insgesamt 3 Tote und 112 Verletzte forderte. Zu den Anschlägen bekennt sich die Gruppe »Bewaffnete Revolutionäre Libanesische Fraktion« des seit 1982 in Paris inhaftierten Libanesen Georges Ibrahim Abdallah. Ihr Ziel ist es, mit Gewaltakten gegen Zivilisten drei in Frankreich inhaftierte Terroristen – einen Iraner, einen Libanesen und einen Armenier – freizupressen. Trotz des Visum-Erlasses fordert ein Anschlag im Montparnasse-Viertel am 17. September fünf weitere Tote.

6. September 1986

Terror gegen Juden in Istanbul

In Istanbul kommen bei einem Terroranschlag auf die Neve-Shalom-Synagoge 21 Menschen ums Leben, sechs weitere werden verletzt. Die Attentäter, die nach Expertenmeinung zur palästinensischen Terrorgruppe um Abu Nidal gehören, sprengen sich nach dem Anschlag selbst in die Luft. Ein jüdischer Überlebender berichtet, die Täter seien während des Morgengebets am Sabat in die Synagoge eingedrungen und hätten mit Maschinenpistolen auf die anwesenden Betenden gefeuert, sie mit Benzin übergossen und angezündet sowie Handgranaten geworfen.

Der heimtückische Anschlag löst in der Türkei und in Israel Entsetzen aus. Auch die arabische Welt verurteilt die Tötung Unschuldiger zur Durchsetzung der eigenen Rechte.

12. Oktober 1986

Reykjavík-Gipfel scheitert

Die Regierungschefs der Supermächte UdSSR und USA, Michail S. Gorbatschow und Ronald Reagan, treffen sich zu Abrüstungsgesprächen in der isländischen Hauptstadt Reykjavík (s. Abb, v.l.). Ziel des Gipfeltreffens ist die Reduzierung der strategischen Atomwaffen. Die hohen Erwartungen der Weltöffentlichkeit werden jedoch enttäuscht. US-

Präsident Reagan hält unnachgiebig an seinen Plänen fest, das SDI-Projekt zu verwirklichen. Dabei handelt es sich um ein System von Abwehrwaffen, das die USA vom Weltraum aus gegen Nuklearangriffe unverwundbar machen soll. Gorbatschow schlägt vergeblich vor, SDI für die Dauer von zehn Jahre auszusetzen.

18. September 1986

Eine Mark für »Neue Heimat«

Der Berliner Brotfabrikant Horst Schiesser (Abb.: Mitte) ersteht zum symbolischen Preis von einer Mark das Wohnungsbauunternehmen »Neue Heimat«. Damit gehen zum einen 190 000 Wohnungen, zum anderen 17 Mrd. DM Schulden in den Besitz von Schiesser über. Mit dem Verkauf versucht der Deutsche Gewerkschaftsbund (DGB), Vorbesitzer der »Neuen Heimat«, einen Schlussstrich unter den Unternehmensskandal zu ziehen. 1982 hatte das Nachrichtenmagazin »Der Spiegel« Missstände in der Unternehmensführung aufgedeckt. Das Gewerkschaftsunternehmen war durch persönliche Bereicherung seines Führungspersonals hoch verschuldet. Der Vorstandsvorsitzende Albert Vietor und die Vorstandsmitglieder Wolfgang Vormbrock und

Harro Iden wurden ihrer Ämter enthoben. Sie ließen einen ruinierten Konzern zurück. Schiesser präsentiert nach dem Kauf der »Neuen Heimat« einen Sanierungsplan, den die Gläubigerbanken jedoch nicht akzeptieren. Zudem regt sich in der Öffentlichkeit Kritik an dem Verkauf. Schließlich muss der DGB-Vorstand die »Neue Heimat« zum selben Preis von Schiesser wieder zurückkaufen.

10. Oktober 1986

Mord an Spitzendiplomaten

In Bonn wird der deutsche Diplomat Gerold von Braunmühl vor seinem Haus von zwei Terroristen der Roten Armee Fraktion erschossen. Der 51-jährige Spitzenbeamte war als enger Mitarbeiter von Bundesaußenminister Hans-Dietrich Genscher und Leiter der Politischen Abteilung zwei für alle politischen Bereiche u.a. der NATO und der EG, für die Beziehungen zum Warschauer Pakt und zur UNO zuständig. Ein Bekennerschreiben des sog. Kommandos Ingrid Schubert der RAF kennzeichnet Braunmühl als »eine der zentralen Figuren in der Formierung westeuropäischer Politik im imperialistischen System«. Wie sich später herausstellt, wurde eine der beiden Tatwaffen schon 1977 bei der Ermordung des Arbeitgeberpräsidenten Hanns Martin Schleyer verwendet. Als Reaktion auf die jüngsten RAF-Anschläge verschärft die Bundesregierung im Dezember die Gesetze gegen Terrorismus. Danach sollen bereits Gründung und Mitgliedschaft in einer terroristischen Vereinigung strafbar sein.

6. September 1986

Neue Museen in Köln

Nach einer Bauzeit von zehn Jahren wird in Köln der größte Museumsbau seit Bestehen der Bundesrepublik eingeweiht (Abb.: Werbeplakat der Stadt Köln). Auf einer Ausstellungsfläche von rd. 260 000 m^2 beherbergt der zwischen Dom und Rhein gelegene Gebäudekomplex unter einem Dach das Museum Ludwig und das Wallraf-Richartz-Museum. Beide Museen bieten eine umfangreiche Sammlung von alter bis zu moderner Kunst. Die eine Woche später eröffnete neue Philharmonie befindet sich innerhalb des Domhügels und liegt an der tiefsten Stelle rd. 3 m unterhalb des Rheinspiegels. Die betont modernistisch gestaltete Dachkonstruktion und die Materialwahl der Kölner Architekten Peter Busmann und Godfried Haberer setzen den Bau in deutlichen Kontrast zum Kölner Dom und zum Altstadtpanorama. Die Innenräume des 273 Mio. DM teuren Komplexes bewerten die 650 anwesenden Journalisten aus aller Welt, genau wie Politiker und Bürger, weitgehend einhellig als gelungen. Der Plan für einen Neubau wurde bereits zu Beginn der siebziger Jahre gefasst, als der Aachener Schokoladenfabrikant Peter Ludwig die Schenkung seiner umfangreichen Kunstsammlung an die Stadt Köln mit der Bedingung eines Museumneubaus verknüpfte.

Oktober 1986

1 Mi Fünf Monate nach dem Super-GAU geht der erste der drei unzerstörten Reaktorblöcke im ukrainischen Tschernobyl wieder ans Netz.

2 Do Bei einem Attentat auf den indischen Ministerpräsidenten Rajiv Gandhi in Neu-Delhi werden zwei seiner Begleiter verletzt. Der Attentäter wird verhaftet.

3 Fr Ein sowjetisches Atom-U-Boot gerät rd. 1000 km vor den Bermuda-Inseln in Brand. Drei Menschen sterben, der Rest der Besatzung kann geborgen werden.

4 Sa Papst Johannes Paul II. bricht zu seiner dritten Reise nach Frankreich auf. Er besucht Lyon, Taizé, Ars und Annecy. → Flutwehr

5 So Im Rahmen der 38. Frankfurter Buchmesse erhält der polnische Historiker Wladyslaw Bartoszewski den Friedenspreis des Deutschen Buchhandels.

6 Mo Garri Kasparow (UdSSR) verteidigt durch ein Remis in der 23. Partie seinen Titel als Schachweltmeister gegen seinen Landsmann Anatoli Karpow.

7 Di Als erstes bundesdeutsche Anlage nach der Reaktorkatastrophe von Tschernobyl geht das Atomkraftwerk Brokdorf (Unterelbe) ans Netz.

8 Mi Bundespräsident Richard von Weizsäcker ernennt die bislang am Bundesgerichtshof tätige Karin Graßhoff zur Richterin am Bundesverfassungsgericht.

9 Do In Managua (Nicaragua) wird ein US-Militärberater, der vier Tage zuvor mit seiner Maschine abgeschossen worden ist, der Presse vorgeführt.

10 Fr Über 1000 Menschen sterben bei einem Erdbeben in El Salvador. +++ Der Peruaner Javier Pérez de Cuellar wird als UN-Generalsekretär bestätigt. → Mord

11 Sa Gegen die Stationierung von US-Marschflugkörpern demonstrieren in Hasselbach im Hunsrück mehr als 100 000 Menschen.

12 So Bei den Landtagswahlen in Bayern verteidigt die CSU mit 55,8% die absolute Mehrheit. Die SPD holt mit 27,5% ihr schlechtestes Ergebnis seit 1945. → Gipfel

13 Mo Bundespräsident Richard von Weizsäcker reist nach Ungarn. Es ist sein erster Besuch in einem Land des Warschauer Pakts.

14 Di Die Menschenrechtsorganisation Amnesty International wirft in ihrem Jahresbericht weltweit 128 Staaten elementare Menschenrechtsverletzungen vor.

15 Mi Bundeskanzler Helmut Kohl vergleicht in einem Interview den sowjetischen Parteichef Michail S. Gorbatschow mit NS-Propagandaminister Joseph Goebbels.

16 Do Mit Ersteigung des Lhotse (8571 m) hat der Südtiroler Reinhold Messner als erster Mensch alle 14 Achttausender-Gipfel der Erde bezwungen.

17 Fr Das IOC einigt sich auf Albertville (Frankreich) und Barcelona (Spanien) als Austragungsorte der Olympischen Winter- bzw. Sommerspiele im Jahre 1992.

18 Sa Der DDR-Staats- und Parteichef Erich Honecker beginnt eine Asienreise, die ihn nach Nordkorea, in die Volksrepublik China und in die Mongolei führt.

19 So Der Präsident von Mosambik, Samora Moises Machel, kommt bei einem Flugzeugabsturz mit ungeklärter Ursache in Südafrika ums Leben.

20 Mo Der bisherige Außenminister Yitzhak Schamir (Likud-Block) löst gemäß einer Vereinbarung Shimon Peres (Arbeiterpartei) als Ministerpräsident Israels ab.

21 Di Egon Bahr (SPD) und das SED-Politbüromitglied Hermann Axen legen in Bonn einen Plan zur Einrichtung eines atomwaffenfreien Korridors in Europa vor.

22 Mi Der 15. Kongress der IG Metall in Hamburg wählt Franz Steinkühler als Nachfolger von Hans Mayr zum Bundesvorsitzenden der Gewerkschaft.

23 Do Die seit 39 Jahren von den USA treuhänderisch verwalteten Marshall-Inseln in Ozeanien feiern den Beginn ihrer Selbstständigkeit.

24 Fr Wegen Syriens mutmaßlicher Verwicklungen in den internationalen Terrorismus bricht Großbritannien die diplomatischen Beziehungen zu Damaskus ab.

25 Sa SPD-Kanzlerkandidat Johannes Rau stellt in Offenburg sein Wahlprogramm vor. Schwerpunkte sind die Themen Arbeitslosigkeit und soziale Gerechtigkeit.

26 So Der Franzose Alain Prost gewinnt mit dem Großen Preis von Australien in Adelaide das letzte Formel-1-Rennen der Saison und wird Weltmeister.

27 Mo Vertreter aller Weltreligionen kommen auf Einladung von Papst Johannes Paul II. in der italienischen Stadt Assisi zu einem Gebet für den Frieden zusammen.

28 Di Eine Statistik des Bundeskriminalamts stellt fest, in der Bundesrepublik habe es seit Jahresbeginn 282 Brand- und 60 Sprengstoffanschläge gegeben.

29 Mi Der saudische König Fahd entlässt nach 24 Amtsjahren den Ölminister des Landes, Scheich Ahmed Saki al-Jamani. Neuer Amtsinhaber wird Hischam Naser.

30 Do Die in Ost-Berlin eröffnete Ausstellung »Positionen – Malerei aus der Bundesrepublik Deutschland« zeigt erstmals zeitgenössische Kunst aus dem Westen.

31 Fr Der DGB teilt mit, er wolle die gewerkschaftseigene Bank für Gemeinwirtschaft (BfG) an die Aachener und Münchener Versicherungsgruppe verkaufen.

November 1986

1 Sa In Hannover startet mit dem Abonnementfernsehen der privaten »Teleclub GmbH« das erste bundesdeutsche Pay-TV-Programm. → Sandoz

2 So Bei den von der Opposition boykottierten Wahlen in Tunesien werden alle 125 Kandidaten der regierenden Sozialistischen Destour-Partei gewählt.

3 Mo Außenminister Joaquim Chissano wird als Nachfolger des tödlich verunglückten Samora Moises Machel neuer Staatspräsident von Mosambik.

4 Di Das Bundesverfassungsgericht schreibt in seinem sog. 4. Fernsehurteil auch privaten Rundfunkveranstaltern ein möglichst hohes Maß an Vielfalt vor.

5 Mi Der in Bonn vorgelegte Waldschadensbericht 1986 der Bundesregierung stellt fest, dass insgesamt 54% der bundesdeutschen Waldfläche geschädigt seien.

6 Do Die britische Regierung legt ihren Haushaltsplan für 1987 vor, der Zuwächse im sozialen Sektor – wie z.B. bei der Bildung und im Wohnungsbau – vorsieht.

7 Fr Der Bundestag billigt eine Änderung des Bundesnaturschutzgesetzes. Dieses wird damit an das Washingtoner Artenschutzabkommen angepasst.

8 Sa In Venezuela wird nach 23 Jahren Bauzeit am Caroni-Fluss, rd. 600 km südöstlich von Caracas, das größte Wasserkraftwerk der Welt eingeweiht.

9 So Die SPD verliert bei den Bürgerschaftswahlen in Hamburg ihre absolute Mehrheit und fällt mit 41,8% knapp hinter die CDU (41,9%) zurück.

10 Mo Die EG-Außenminister einigen sich in London auf Sanktionen gegen Syrien, das sie terroristischer Aktivitäten beschuldigen.

11 Di Das Bundesverfassungsgericht in Karlsruhe entscheidet mit 4:4 Stimmen, dass Sitzblockaden vor militärischen Einrichtungen grundsätzlich strafbar seien.

12 Mi Bei der Squash-WM in Toulouse löst der Neuseeländer Ross Norman den über fünf Jahre unbesiegten Jahangir Khan (Pakistan) als Weltmeister ab.

13 Do Der Bundestag verabschiedet eine Novelle zum Asylverfahrensrecht. Damit sollen die Anerkennungsverfahren zügiger gestaltet werden.

14 Fr Zahlreiche Sachverständige tragen vor dem Rechtsausschuss des Bundestags Bedenken gegen die von der Koalition geplante sog. Kronzeugenregelung vor.

15 Sa Mit Carl Maria von Webers Oper »Euryanthe« wird die Deutsche Staatsoper Unter den Linden in Ost-Berlin nach dreijähriger Pause feierlich wiedereröffnet.

16 So Bei einem Bombenanschlag der »Kämpfenden Einheit Hind Alameh« auf das IBM-Forschungszentrum in Heidelberg entsteht Sachschaden in Millionenhöhe.

17 Mo Zwei Terroristinnen der französischen linken Gruppe »Action directe« erschießen vor seinem Pariser Haus den Renault-Generaldirektor Georges Besse.

18 Di Papst Johannes Paul II. beginnt seine bislang längste Auslandsreise. Stationen sind u.a. Bangladesch, Singapur, Australien und Neuseeland.

19 Mi In Moskau endet die Herbsttagung des Obersten Sowjets. Das Parlament billigt ein Gesetz über »zulässige individuelle Arbeit auf privater Basis«.

20 Do Im Züricher Kunsthaus beginnt eine Ausstellung mit Werken des Malers Joan Miró. +++ Mohammed Tschamkani wird afghanischer Staatspräsident.

21 Fr Die schleswig-holsteinische Landesregierung lehnt die Veröffentlichung einer Studie über die Sicherheit der Kernkraftwerke rund um Hamburg ab.

22 Sa Die Weltranglistenerste Martina Navratilova (USA) gewinnt in New York das Tennis-Masters-Turnier gegen die 17-jährige Steffi Graf. → K.o.-König

23 So Die philippinische Präsidentin Corazon Aquino entlässt nach Putschgerüchten ihren Verteidigungsminister Juan Ponce Enrile. → Österreich

24 Mo Das Bundesforschungsministerium stellt in einem Bericht über die ökologische Situation der Nordsee bedrohliche Zustände vor allem im Wattenmeer fest.

25 Di In Noumea (Neukaledonien) unterzeichnen 16 Anrainerstaaten ein Abkommen, das die Versenkung radioaktiver Abfälle im Pazifik verbietet. → Iran-Contra

26 Mi Gegen die Howaldtwerke-Deutsche Werft AG werden wegen des Verdachts auf Verkauf von U-Boot-Plänen an Südafrika Ermittlungen aufgenommen.

27 Do Zum Schutz britischer Handelsschiffe gegen irakische und iranische Angriffe beschließt London die Verstärkung seiner Militärpräsenz im Persischen Golf.

28 Fr Das Stuttgarter Oberlandesgericht verurteilt das frühere RAF-Mitglied Peter-Jürgen Boock im Revisionsprozess erneut zu lebenslanger Haft.

29 Sa Als zentrales Ziel der kommenden Tarifverhandlungen billigt die IG Metall in Frankfurt am Main die Forderung nach Einführung der 35-Stunden-Woche.

30 So Militante Sikhs ermorden im indischen Bundesstaat Pandschab 24 Hindus. Das Massaker verursacht schwere Unruhen im gesamten Land.

25. November 1986

Wirbel um Iran-Contra-Affäre

Im Zusammenhang mit der sog. Iran-Contra-Affäre müssen zwei enge Mitarbeiter von US-Präsident Ronald Reagan ihre Ämter niederlegen. Sicherheitsberater John Poindexter tritt zurück. Sein Assistent Oliver North wird wegen illegaler Waffengeschäfte mit dem Iran entlassen (Abb.: North, stehend, vor dem Untersuchungsausschuss). Trotz eines Verbotes des US-Kongresses hatte die US-Regierung Waffen an den Iran geliefert. Mit dem Erlös unterstützte Reagan die rechts stehenden »Contras« in Nicaragua, um die Machtposition der USA in Mittelamerika zu festigen.

22. November 1986

K.o.-König wird Champ

Der 20-jährige Mike Tyson (USA) schlägt im Kampf um die Schwergewichtsweltmeisterschaft in der WBC-Version Titelträger Trevor Berbick aus Kanada. Nach 2,35 min knockt Tyson seinen zwölf Jahre älteren Gegner aus und wird jüngster Schwergewichts-Weltmeister aller Zeiten. Berbick kann sich von Beginn an nicht gegen den Schlaghagel des bulligen Tyson schützen, der seine Fäuste ohne technische Feinheiten, aber unerhört wuchtig und schnell ins Ziel bringt. Einer von Tysons wichtigsten Kämpfen geht jedoch über die volle Distanz: 1987 gibt es erstmals seit neun Jahren wieder einen Schwergewichts-Champ aller Verbände. Tyson, bereits Weltmeister der Boxverbände WBA und WBC, schlägt den IBF-Weltmeister Tony Tucker (USA) nach Punkten. 1988 wird er seinem Ruf als K.o.-König wieder gerecht, als er Michael Spinks nach nur 97 sec auf die Bretter schickt.

Mike Tyson

US-Boxer, * 30.6.1966 New York

Tyson, einer der schlagkräftigsten Boxer aller Zeiten, ist innerhalb wie außerhalb des Rings stets für Schlagzeilen gut. »Iron Mike« ist für seine schnellen k.o.-Siege berüchtigt, sorgt jedoch auch immer wieder durch Prügeleien in der Öffentlichkeit und mehrfache Gefängnisaufenthalte für Aufsehen. Nach sechsjähriger Haft wegen Vergewaltigung wird er nach vorzeitiger Entlassung 1996 erneut Weltmeister, verliert jedoch den Titel gegen Evander Holyfield. Der Revanchekampf 1997 endet mit einem der größten Skandale in der Boxgeschichte, als Tyson seinem Gegner ein Stück vom Ohr abbeißt und disqualifiziert wird.

- 1986-90: Box-Weltmeister
- 1992: Haftstrafe wegen Vergewaltigung
- 1997: Disqualifikation im Kampf gegen E. Holyfield

1. November 1986

Feuer bei Sandoz

Nach einem Großbrand im Baseler Chemiekonzern Sandoz AG fließt Löschwasser, das mit giftigen Chemikalien belastet ist, in den Rhein. Flora und Fauna des Stromes leiden nachhaltig, sein Oberlauf ist biologisch nahezu tot, auch der Unterlauf wird schwer geschädigt.
Der Brand wird in der Nacht entdeckt. Die Flammen schlagen aus einer Lagerhalle, in der über 1200 t unterschiedlichste Chemikalien lagern – darunter Insektizide sowie organische Quecksilberverbindungen. Die Feuerwehrleute können nur mit Mühe ein Übergreifen der Flammen auf das in der Nähe gelagerte Natrium und Phosgen-Gas verhindern. Nach dem Ausbruch des Feuers zieht eine Gaswolke über die Stadt, Fenster und Türen sollen geschlossen bleiben. Noch am Tag des Unglücks beteiligen sich Tausende von Baseler Bürgern an einem Protestzug durch die Stadt, in dem sie gegen mangelnde Sicherheitsvorkehrungen in dem Werk protestieren. Kritisiert wird jedoch auch das Verhalten der Behörden, die nach Ansicht vieler Betroffener die Situation verharmlosen.
Nachdem im deutschen Teil des Stroms bereits mehrere tausend Fische verendet sind, lösen die

Löschfahrzeuge versorgen die Bürger mit Trinkwasser.

19. Dezember 1986

Sacharow kommt frei

In Moskau gibt der stellvertretende sowjetische Außenminister Wladimir Petrowskij bekannt, dass der Bürgerrechtler und Friedensnobelpreisträger Andrej Sacharow aus der Verbannung in Gorki nach Moskau zurückkehren dürfe. Drei Tage zuvor hatten Sacharow und seine Frau Jelena Bonner die Nachricht durch einen Telefonanruf von Parteichef Michail S. Gorbatschow erhalten.

Schutzanzüge sind Pflicht: Aufräumarbeiten nach der Katastrophe

Chemie-Katastrophen im 20. Jahrhundert (Auswahl)

Datum	Ereignis
1976	Dioxin-Katastrophe in Seveso (Italien)
1984	Giftgasunfall in Bhopal (Indien)
1986	Brandkatastrophe in Basel (Schweiz)

Bundesbehörden internationalen Rheinalarm aus. Allein in den ersten vier Tagen nach dem Unglück werden 150 000 tote Aale gezählt. Wasserflöhe und Kleinlebewesen sind fast vollständig vernichtet. Während diese jedoch, wie es heißt, nach einem Jahr wieder nachgewachsen sein sollen, ist die Wiederherstellung der Aalpopulation erst in rd. einem Jahrzehnt zu erwarten. Langfristige Folgen der Rheinverseuchung sind auch für die Wissenschaftler schwer abzuschätzen, weil nicht genau geklärt werden kann, wie die Chemikalien aufeinander reagieren. Auch die Menschen, die am Rhein leben, haben unter der Katastrophe zu leiden. Die Trinkwasserversorgung von rd. 20 Mio. Bürgern der Bundesrepublik, Frankreichs und der Niederlande ist gefährdet. Rheinland-Pfalz ordnet eine Schließung der Trinkwasserbrunnen an, ebenso wie wenige Tage später Nordrhein-Westfalen. Mehrere Gemeinden müssen durch Tanklastzüge mit Trinkwasser versorgt werden. Der Unfall bei der Sandoz AG und eine Reihe weiterer Störfälle bei deutschen Unternehmen lösen eine Diskussion darüber aus, ob eine Chemieproduktion entlang des Rheins unter ökologischen Gesichtspunkten weiterhin verantwortbar sei. Die Bundesregierung legt am 3. Dezember ein Sofortprogramm vor. Der Katalog schärferer Umweltschutzmaßnahmen enthält u.a. die Aufnahme verbreiteter Pflanzenschutzmittel in die sog. Liste gefährlicher Stoffe, für die seit 1980 eine besondere Störfallverordnung gilt.

23. November 1986

Große Koalition in Österreich

Die SPÖ bleibt – trotz Verlusten – die stärkste Partei in Österreich. Bei den vorgezogenen Parlamentswahlen erhält sie 43,13% der Stimmen. Die Sozialisten profitieren dabei von den Verlusten der konservativen ÖVP. Die Konkurrenzpartei erhält 41,29% der Stimmen – 1,93% weniger als bei den letzten Wahlen. Als Wahlsieger gilt die Rechtspartei FPÖ unter Jörg Haider, der sich nach einer rasanten Parteikarriere an die Spitze der Freiheitlichen gesetzt hat. Seit seinem Aufstieg sorgt der nationalliberale Populist mit nationalen und minderheitenfeindlichen Äußerungen immer wieder für Schlagzeilen. Bei den Wahlen kann die FPÖ ihren Stimmenanteil verdoppeln und zieht mit 18 Abgeordneten ins Parlament ein. Im Januar einigen sich SPÖ und ÖVP auf eine große Koalition unter Führung von Franz Vranitzky (SPÖ).

23. Dezember 1986

Rundherum mit »Voyager«

Nach 40 212 km und 216 h Non-Stop-Flug beendet das US-Experimentalflugzeug »Voyager« (s.

Abb.) auf der Luftwaffenbasis Edwards im US-Bundesstaat Kalifornien seine Erdumrundung und stellt damit einen Weltrekord auf. Die Konstrukteure sind die Piloten selbst, Dick Rutan und Jeana Yeager. Für den Antrieb des nur 7,6 m langen Leichtflugzeugs sorgen zwei Motoren, die extrem sparsam im Treibstoffverbrauch sind.

Dezember 1986

1 Mo Im ehemaligen Pariser Bahnhof Gare d'Orsay wird das im November fertig gestellte Museum für Kunst des 19. Jahrhunderts eröffnet.

2 Di Die Staatsanwaltschaft Frankfurt am Main bestätigt die Einstellung des gegen die Deutsche Bank eingeleiteten Verfahrens zur Parteispendenaffäre.

3 Mi Die UNO-Vollversammlung setzt Neukaledonien gegen den Widerstand Frankreichs auf die Liste der zu entkolonialisierenden Staaten.

4 Do 5000 Bergarbeiter der südafrikanischen Goldmine Grootvlei treten in den Streik, nachdem die Polizei einen der Kumpel erschossen hatte.

5 Fr Der Bundestag beschließt gegen die Stimmen der Opposition Gesetzesänderungen, die u.a. die Anleitung zu schweren Straftaten mit Strafe bedrohen.

6 Sa Bei Studentenprotesten gegen die geplante Hochschulreform stirbt in Paris der 22-jährige Malik Oussekine nach einem massiven Polizeieinsatz.

7 So Argentiniens Präsident Raul Alfonsín schlägt Gesetzesmaßnahmen zur Beendigung der Strafverfolgung von ehemaligen Militärjunta-Angehörigen vor.

8 Mo Die südafrikanische Polizei gibt erstmals die Inhaftierung Minderjähriger zu. 256 Kinder unter 16 Jahren seien in Haft, das jüngste ist elf Jahre alt.

9 Di In der Wiener Hofburg beginnt die erste Europäische Medienkonferenz. Das Thema lautet: »Die Zukunft des Fernsehens in Europa«.

10 Mi Der jüdische US-Schriftsteller Eli Wiesel, ehemals Häftling der Konzentrationslager Auschwitz und Buchenwald, erhält in Oslo den Friedensnobelpreis.

11 Do Der Aufsichtsrat der Gewerkschaftsholding BGAG wählt den bisherigen SPD-Schatzmeister Hans Matthöfer zu seinem Vorsitzenden.

12 Fr Bei einem Flugzeugabsturz in der Nähe des Ost-Berliner Flughafens Schönefeld kommen 71 Menschen ums Leben, elf werden verletzt.

13 Sa Auf dem sog. Internationalen Rheintribunal in Südbaden erheben Umweltschutzverbände und die Grünen schwere Vorwürfe gegen die Chemie-Industrie.

14 So 54 Menschen werden bei Auseinandersetzungen der rivalisierenden Bevölkerungsgruppen der Pathanen und Biharis im pakistanischen Karatschi getötet.

15 Mo Die sowjetische Zeitung »Prawda« berichtet, dass bereits 1987 mit der Rücksiedlung der evakuierten Bewohner von Tschernobyl begonnen werden soll.

16 Di Die EG-Landwirtschaftsminister einigen sich in Brüssel auf Maßnahmen zur Reduzierung der Überproduktion von Milch und Rindfleisch.

17 Mi Das Bonner Landgericht spricht den früheren Bundesminister für innerdeutsche Beziehungen, Egon Franke (SPD), vom Vorwurf der Veruntreuung frei.

18 Do Die bundesdeutschen Sportjournalisten wählen die Tennis-Jungstars Steffi Graf und Boris Becker in Baden-Baden zu den Sportlern des Jahres.

19 Fr Die Umweltminister der Anliegerstaaten beschließen in Rotterdam ein langfristiges Sanierungsprogramm für den ökologisch belasteten Rhein. → Sacharow

20 Sa In der Hamburger Innenstadt kommt es bei Protesten gegen die Räumung ehemals besetzter Häuser zu Zusammenstößen mit der Polizei.

21 So Der bundesdeutsche Skiläufer Armin Bittner gewinnt im österreichischen Hinterstoder das Weltcup-Rennen im Slalom.

22 Mo Bei der in Genf tagenden OPEC-Konferenz einigen sich die Mitglieder auf eine Drosselung ihrer Erdöl-Förderung. Der Irak verweigert die Zustimmung.

23 Di Die Studentenunruhen in China, bei denen Demokratie und Menschenrechte gefordert werden, greifen erstmals auch auf Peking über. → »Voyager«

24 Mi Als Vergeltung für irakische Luftangriffe startet der Iran eine Großoffensive im Golfkrieg. Der Angriff auf die Stadt Basra wird allerdings zurückgeschlagen.

25 Do Eine entführte irakische Boeing 737 fängt bei einer Notlandung in Saudi-Arabien Feuer. 62 Insassen kommen ums Leben, darunter die Entführer.

26 Fr Die US-Regierung lehnt Straffreiheit als Gegenleistung für die Aussagebereitschaft ehemaliger Sicherheitsberater in der Iran-Contra-Affäre ab.

27 Sa Eine Explosion in einem Garmischer Sporthotel tötet sieben Menschen. +++ Hans-Werner Große (Lübeck) stellt in Australien drei Segelflug-Weltrekorde auf.

28 So Mit einem 3:2-Erfolg über Titelverteidiger Schweden gewinnt die australische Mannschaft den Tennis-Davis-Cup in Melbourne.

29 Mo Der ehemalige britische Premierminister Harold Macmillan (1957-63) stirbt im Alter von 92 Jahren in Chelwood Gate (West Sussex).

30 Di Washington kündigt im Handelsstreit mit der EG eine Erhöhung der Importzölle für zahlreiche EG-Produkte von 10 bis 20% auf bis zu 200% an.

31 Mi Die ARD strahlt versehentlich die letztjährige Neujahrsansprache von Bundeskanzler Helmut Kohl aus. Die korrekte Fassung läuft einen Tag später.

Januar 1987

1 Do Die ARD macht »unglückliche Umstände« dafür geltend, dass am Silvesterabend die Neujahrsansprache von Helmut Kohl aus dem Vorjahr gesendet wurde.

2 Fr Die Regierungstruppen des Tschad eröffnen eine zweite Front, um den seit drei Jahren von libyschen Einheiten besetzten Norden des Landes zu befreien.

3 Sa Im Krieg gegen den Irak startet die iranische Luftwaffe erneut Angriffe auf ausländische Tanker im Persischen Golf.

4 So Im Keller einer Kairoer Villa stirbt ein 82-jähriger Jude, der sich dort 34 Jahre lang aus Angst um seine Sicherheit vor der Öffentlichkeit verborgen hielt.

5 Mo Der in den USA lebende deutsche Regisseur Volker Schlöndorff erhält für sein bisheriges Werk den mit 50 000 DM dotierten hessischen Kulturpreis.

6 Di Anlässlich ihres 10-jährigen Bestehens veröffentlicht die tschechoslowakische Bürgerrechtsbewegung »Charta 77« in Prag ein »Wort an die Mitbürger«.

7 Mi Der sowjetische Außenminister Eduard Schewardnadse beendet seine Gespräche in Kabul. Thema war der Abzug der UdSSR-Truppen aus Afghanistan.

8 Do Die südafrikanische Befreiungsbewegung ANC feiert in der sambischen Hauptstadt Lusaka den 75. Jahrestag ihrer Gründung.

9 Fr Nach Renovierungsarbeiten wird das Ostberliner Bode-Museum zu Beginn des Jubiläumsjahres zum 750-jährigen Bestehen Berlins wieder eröffnet.

10 Sa Elf Monate nach seiner ersten Kunstherzverpflanzung wagt der Chirurg Emil Bücherl in West-Berlin erneut eine solche umstrittene Operation.

11 So Die Europäische Gemeinschaft setzt zum elften Mal seit 1979 die Kurse der im Europäischen Währungssystem verbundenen Währungen neu fest.

12 Mo Vor dem US-Raketendepot in Mutlangen führen 20 Richter eine Sitzblockade gegen die geplante Stationierung von Pershing-Raketen durch.

13 Di Zwischen Regierungsvertretern Spaniens und Großbritanniens beginnt in London eine neue Verhandlungsrunde über die Zukunft von Gibraltar.

14 Mi Die Fraktionen von CDU und Grün-Alternativer Liste (GAL) überstimmen in der Hamburger Bürgerschaft den Minderheitssenat der SPD.

15 Do Der polnische Staats- und Parteichef Wojciech Jaruzelski trifft während seines Staatsbesuchs in Italien auch mit Papst Johannes Paul II. zusammen.

16 Fr Das in Braunschweig erscheinende älteste deutsche Kulturmagazin, »Westermanns Monatshefte«, wird nach 130 Jahren eingestellt. → China

17 Sa Hohe Schadstoffkonzentrationen in der Luft führen in einigen westdeutschen Großstädten zur Auslösung der Smog-Vorwarnstufe.

18 So Vertreter der Sendeanstalten ARD und ZDF sowie des Fernsehens der DDR einigen sich über den Kauf von Fernsehfilmen und vereinbaren Kooperationen.

19 Mo Die niederländische Regierung beschließt ein neues Gesetz zur Sterbehilfe. Ärzten wird das Recht auf Abbruch sinnloser Behandlungen eingeräumt.

20 Di Der Elektronik-Pionier Baron Manfred von Ardenne, einer der bekanntesten Wissenschaftler der DDR, feiert in Dresden seinen 80. Geburtstag.

21 Mi Ein Gericht in Georgetown (Malaysia) spricht einen des Rauschgiftbesitzes verdächtigten Bundesbürger frei. Dem 24-Jährigen hatte die Todesstrafe gedroht.

22 Do In Leningrad (St. Petersburg) wird das erste private Café eröffnet. +++ 10 000 Menschen demonstrieren in Manila für die Durchführung einer Landreform.

23 Fr Das Landgericht Nürnberg-Fürth verurteilt drei ehemalige Mitglieder der verbotenen rechtsextremen »Wehrsportgruppe Hoffmann« zu hohen Haftstrafen.

24 Sa Anlässlich des 275. Geburtstages von Preußenkönig Friedrich II. wird im Schloss Rheinsberg nach Renovierungsarbeiten ein Museum eingerichtet.

25 So Die sowjetischen Behörden schließen aus Umweltschutzgründen eine Zellstofffabrik am Baikalsee in Westsibirien. → Bundeskanzler

26 Mo Hunderttausende Schüler und Studenten demonstrieren in Spanien gegen Jugendarbeitslosigkeit und Studiengebühren.

27 Di Italiens Staatspräsident Francesco Cossiga eröffnet die Feierlichkeiten anlässlich des 50. Geburtstages der Filmstadt Cinecittà nahe Rom.

28 Mi Der Hessische Landtag verabschiedet ein Mediengesetz, das Modalitäten für die Verbreitung von TV-Satellitenprogrammen über Kabel regelt.

29 Do DDR-Außenminister Oskar Fischer hält sich zu einem offiziellen Besuch in Paris auf. Es werden u.a. Abrüstungsfragen erörtert. → Gorbatschow

30 Fr Japan verzeichnet für 1986 einen Rekordabschluss im Außenhandel. +++ In West-Berlin wird Ellis Huber zum Präsidenten der Ärztekammer gewählt.

31 Sa Ministerpräsident Johannes Rau (SPD) spricht sich in Düsseldorf für eine Zusammenarbeit mit den Grünen auf lokaler und regionaler Ebene aus.

29. Januar 1987

Gorbatschow bekräftigt P

Die programmatische Rede von Michail S. Gorbatschow macht die Sitzung des Zentralkomitees der KPdSU in Moskau zu einem weltweit beachteten Ereignis. Der Kremlchef setzt sich in seinem Vortrag vor dem Plenum u.a. kritisch mit der sowjetischen Geschichte sowie der Rolle Stalins auseinander. Zudem bekräftigt er sein Reformprogramm, benennt jedoch auch die Schwierigkeiten bei dessen Durchsetzung. Er bekräftigt nachdrücklich seinen Willen zur Liberalisierung des politischen und ökonomischen Systems in der UdSSR., die er bereits auf dem 27. Parteitag der KPdSU 1986 eingeleitet hatte. Die von ihm angekündigte Reformpolitik weckt, verbunden mit seiner Forderung nach »Glasnost« (Öffentlichkeit) und »Perestroika« (Umgestaltung), bei vielen Menschen die Hoffnung auf eine überlebensfähige und menschlichere Form des Sozialismus.

Gorbatschow (l.) und Nikolaj Ryschkow, der Vorsitzende des Ministerrats, der auf Anregung des Kremlchefs 1985 Politbüro-Mitglied wurde

In seinem fünfstündigen Referat über die Perestroika spart Gorbatschow nicht mit Kritik an der sozialen und wirtschaftlichen Entwicklung in der Sowjetunion der letzten Jahrzehnte. Er wendet sich gegen Korruption und fordert nachdrücklich innerparteiliche Demokratie. Alle Institutionen müssten wieder zu den Prinzipien Lenins, zu gesellschaftlicher Kontrolle und offener Kritik, zurückfinden. Voraussetzung dafür sei, so der Redner, u.a. eine Wahlreform. Gorbatschows Attacke gegen die verkrusteten Machtstrukturen stößt gerade bei der jüngeren Generation auf helle Begeisterung. Viele Parteifunktionäre, die um ihre Posten fürchten, reagieren hingegen mit Widerstand und Skepsis. Gorbatschow kritisiert aber nicht nur die politischen Eliten, er prangert auch gesellschaftliche Fehlentwicklungen »weiter unten« an. Im weit verbreiteten Alkoholmissbrauch sieht der Parteichef eine der Hauptursachen für Disziplinlosigkeit, die, gepaart mit Passivität und mangelndem Verantwortungsbewusstsein, den wirtschaftlichen Aufschwung des Landes lähmen würden.

Innerhalb des Ostblocks stößt Gorbatschows Kurs nicht gleichermaßen auf Begeisterung So distanziert sich die DDR-Führung klar und deutlich von »Glasnost« und »Perestroika«. SED-Generalsekretär Erich Honecker betont in einer politischen Grundsatzrede Anfang Februar die unterschiedlichen Bedingungen

25. Januar 1987

Trotz Stimmenverlusten bleibt Bundeskanzler Kohl im Amt

Bei der Bundestagswahl müssen Union und SPD Stimmenverluste hinnehmen. Zu den Gewinnern gehören die FDP und die Grünen. Trotz der Schlappe für die CDU/CSU kann die Regierungskoalition von Union und FDP ihre Mehrheit behaupten. Helmut Kohl (s. Abb.) bleibt Bundeskanzler, sein Herausforderer Johannes Rau (SPD) nordrhein-westfälischer Ministerpräsident.

Die – mit 21 verlorenen Mandaten – deutliche Schlappe der Union führt noch in der Wahlnacht zu heftigen Auseinandersetzungen zwischen der bayerischen CSU und der CDU. CSU-Chef Franz Josef Strauß fordert, dass die Bonner Politik »griffiger, profilierter, aussagekräftiger« werden müsse. Bei der CDU glaubt man hingegen, die Strauß-Attacken gegen die FDP seien es gewesen, die die eigene Position geschwächt hätten. Politische Beobachter führen auch die mangelnde Popularität von Bundeskanzler Kohl als Grund für das schlechte Abschneiden der Union ins Feld.

stroika

für den Aufbau des Sozialismus in der UdSSR und in der DDR. »Glasnost« und »Perestroika« hätten für die DDR keine Bedeutung, da sich die 1970 begonnene Umorientierung in der Volkswirtschaft bereits bestens bewährt habe. Honeckers

Erich Honecker (r.) empfängt den sowjetischen Außenminister Eduard Schewardnadse.

Rede ruft große Enttäuschung bei den Menschen hervor, die sich angesichts der Entwicklungen in Moskau auch für die DDR einen Wandel erhofft haben. Eine Liberalisierung ist angesichts des starren Kurses der Ostberliner Führung aber in nächster Zukunft wohl nicht zu erwarten. Viele Menschen in der DDR ziehen daraus die Konsequenz und beantragen ihre Ausreise. Andere schließen sich der Oppositionsbewegung an, die mehr und mehr zum Dorn im Auge der Regierenden wird. So verstärkt die Staatssicherheit den Druck auf Oppositionelle.
Im November 1987 wird die »Umweltbibliothek« der evangelischen Zionsgemeinde im Ostberliner Stadtbezirk Prenzlauer Berg durchsucht. Mehr als 20 Mitarbeiter von Umwelt-, Friedens- und Menschenrechtsgruppen werden festgenommen, Informationsblätter und Broschüren beschlagnahmt sowie Druckmaschinen sichergestellt.

16. Januar 1987

China: Sturz eines Reformers

Als Reaktion auf Kritik an seinem Verhalten gegenüber den Studentenunruhen im Vorjahr tritt Hu Yaobang, Generalsekretär der Kommunistischen Partei Chinas, von seinem Amt zurück. Während die Hardliner in der Führungsriege mit aller Macht gegen die aufbegehrenden Demonstranten vorgehen wollten, ließ Hu Yaobang Verständnis für die Studenten erkennen. Angesichts der Mehrheitsverhältnisse im Politbüro war der Sturz des reformfreudigen Hu Yaobang nicht zu verhindern. Bis dahin galt er als einer der wichtigsten Politiker der Volksrepublik. Er setzte sich für eine Umgestaltung des Landes ein. Die nach seinem Tod am 15. April 1989 laut werdende Forderung nach seiner Rehabilitierung wird zum Auslöser blutig verlaufender Demonstrationen.

9. Februar 1987

Rot-grüne Koalition am Ende

Mit der Entlassung des hessischen Umweltministers Joschka Fischer zerbricht das erste rot-grüne Experiment der Bundesrepublik. Hessens Ministerpräsident Holger Börner (SPD) entlässt Fischer (Die Grünen) wegen Uneinigkeit in der Atomenergiepolitik. Stein des Anstoßes war die Plutoniumfabrik Alkem in Hanau. Fischer verweigerte seine Zustimmung zur Fortsetzung der Produktion von spaltbarem Material in der Anlage. Damit stellte er sich gegen Bundesumweltminister Walter Wallmann (CDU), der eine Teilerlaubnis durchsetzen wollte. Ministerpräsident Börner stimmte den Plänen Wallmanns zu und stellte sich damit gegen Koalitionsabsprachen mit den Grünen. Fischer setzte Börner daraufhin ein Ultimatum: Innerhalb von zwei Wochen sollte die Zusage an die Firma zurückgezogen werden, sonst sei das Weiterbestehen der Koalition gefährdet. Tags darauf reagierte Börner mit der Entlassung Fischers aus dem Amt des Umweltministers. Auch aus den Reihen der SPD hagelte es Kritik an Börner.

22. Februar 1987

Papst der Kunstszene

In New York stirbt im Alter von 58 Jahren Andy Warhol, einer der populärsten und einflussreichsten Vertreter der amerikanischen Kunstszene. Grundlage seiner künstlerischen Entwicklung war die Medienwelt, die im Amerika der 60er Jahre immer deutlicher das öffentliche Leben zu prägen beginnt.

Andy Warhol

eigtl. Andrej Warhola, US-Künstler, * 6.8.1928 Pittsburgh; † 22.2.1987 New York

Der führende Vertreter der Pop-Art begann seine Karriere als Reklamezeichner und Schaufensterdekorateur in New York. Mit seinen drucktechnisch hergestellten Serien von prominenten Showgrößen und Alltagsgegenständen erklärt er auch Banales und Reproduzierbares zur Kunst. Seine Film- und Musik-Experimente erlangten rasch Kultstatus.

- 1949: Übersiedlung nach New York
- 1962: Entstehung der Marilyn-Monroe-Porträts (s.Abb.)
- 1967: Produzent des Albums »The Velvet Underground«

Februar 1987

1 So Hollywood feiert sein 100-jähriges Bestehen. +++ 81% der Bürger Äthiopiens stimmen der Verfassung einer künftigen sozialistischen Volksrepublik zu.

2 Mo In den USA tritt William Casey als Chef des Geheimdienstes CIA zurück. Hintergrund sind die illegalen Waffengeschäfte in der sog. Iran-Contra-Affäre.

3 Di Der französische Chansonsänger Charles Aznavour erhält in Paris den französischen Staatspreis für Kunst und Literatur.

4 Mi Mit der US-Jacht »Stars and Stripes« gewinnt Dennis Conner (USA) vor der australischen Küste den America's Cup, die begehrteste Segeltrophäe der Welt.

5 Do Der ehemalige kolumbianische Senator Carlos Rehder, mutmaßlicher Kopf des größten Kokainschmugglerringes der Welt, wird an die USA ausgeliefert.

6 Fr Ost-Berlin gibt bekannt, dass Markus Wolf, stellvertretender Minister für Staatssicherheit und DDR-Spionagechef, auf eigenen Wunsch zurücktritt.

7 Sa Im Rahmen der im Januar verkündeten Amnestie werden in Afghanistan 1300 politische Häftlinge von der Regierung begnadigt.

8 So Kurt Biedenkopf, CDU-Vorsitzender in Nordrhein-Westfalen, erklärt nach innerparteilichen Querelen seinen Verzicht auf eine weitere Spitzenkandidatur.

9 Mo Zwischen Regierungsvertretern aus China und der Sowjetunion beginnen in Moskau Verhandlungen über strittige Grenzfragen. → Rot-grüne Koalition

10 Di Bonn beschließt, dass künftig auch bei den sog. Trümmerfrauen (ab Jahrgang 1921) Kindererziehungszeiten auf die Rente angerechnet werden.

11 Mi Ein Konzept für eine friedliche und soziale Lösung des Problems der Hausbesetzungen in der Hafenstraße wird vom Hamburger Senat verabschiedet.

12 Do Israelische Militärflugzeuge bombardieren zum wiederholten Male Positionen palästinensischer Guerillas in der Nähe der südlibanesischen Hafenstadt Sidon.

13 Fr Nach einer Entscheidung des Bundesverfassungsgerichts ist der Ausschluss von Studenten vom Arbeitslosengeld nicht mit dem Grundgesetz vereinbar.

14 Sa Der iranische Außenminister Ali Akbar Welayati weilt zu einem zweitägigen offiziellen Besuch in Moskau, um für Unterstützung im Golfkrieg zu werben.

15 So Im Flensburger Kraftfahrtbundesamt wird das Zentrale Verkehrs-Informationssystem »Zenis«, das die Datenspeicherung verbessert, in Betrieb genommen.

16 Mo Durch die Ausstrahlung einer Khomeini-Satire von Rudi Carrell durch die ARD kommt es zu Unstimmigkeiten zwischen dem Iran und der Bundesrepublik.

17 Di Das Bundesverfassungsgericht entscheidet, dass unterschiedliche Altersgrenzen für Renten bei Frauen und Männern nicht verfassungswidrig seien.

18 Mi In Erlangen wird zum ersten Mal in der Bundesrepublik ein Kind geboren, das sich aus einer über drei Monate lang tief gefrorenen Eizelle entwickelt hat.

19 Do Als Folge der internationalen Stahlkrise kündigt die Thyssen Stahl AG die Schließung ihres Werkes in Hattingen an.

20 Fr Brasilien, mit etwa 108 Mrd. Dollar das höchstverschuldete Land der Welt, stellt für 90 Tage seine Zinszahlungen an ausländische Gläubiger ein.

21 Sa Die Stadt Mannheim zeichnet den Münchner Kabarettisten Dieter Hildebrandt mit dem Schillerpreis aus. Die Auszeichnung ist mit 25 000 DM dotiert.

22 So Boris Becker und Steffi Graf rücken nach ihren Siegen bei Tennisturnieren in den USA jeweils auf den zweiten Platz der Weltrangliste auf. → Kunstszene

23 Mo Der frühere Hamburger Bürgermeister Hans-Ulrich Klose wird vom Vorstand der SPD zum Schatzmeister seiner Partei ernannt.

24 Di Astronomen in aller Welt beobachten einen in der Großen Magellanschen Wolke lokalisierten veränderlichen Stern von großer Helligkeit – eine Supernova.

25 Mi Bayern führt einen umstrittenen Katalog zur Bekämpfung von AIDS ein. Er enthält u.a. Pflichttests für Bewerber um Stellen im öffentlichen Dienst.

26 Do Mit dem Auslösen einer unterirdischen Atomexplosion in Semipalatinsk beendet die Sowjetunion ihr einseitiges, 19 Monate dauerndes Testmoratorium.

27 Fr In Washington tritt der Stabschef des Weißen Hauses, Donald Regan, zurück. +++ In Wien endet eine UN-Tagung zum Schutz der Ozonschicht der Erde.

28 Sa Die hessische CDU nominiert Bundesumweltminister Walter Wallmann zu ihrem Spitzenkandidaten für die Landtagswahl am 5. April.

März 1987

1 So Bei der Deutschen Bundesbahn tritt eine neue Tarifstruktur in Kraft, wonach die Fahrpreise für Kurzreisen steigen und die für größere Entfernungen sinken.

2 Mo Im Ostberliner Friedrichstadtpalast gastiert der westdeutsche Sänger Udo Jürgens an drei Abenden hintereinander mit seinem Programm »Deinetwegen«.

3 Di Die Verhandlungen zwischen der SPD und der CDU über die Bildung einer funktionsfähigen Koalitionsregierung scheitern in Hamburg.

4 Mi Die US-Rocksängerin Tina Turner beginnt mit einem Konzert in München eine mehrwöchige Tournee durch die Bundesrepublik.

5 Do Haitis Ex-Diktator Jean Claude Duvalier (»Baby Doc«) steht in Grasse (Frankreich) wegen Veruntreuung von öffentlichen Geldern seines Heimatlandes vor Gericht.

6 Fr Ein Gericht spricht 115 Demonstranten, die im »Hamburger Kessel« von Polizei eingekreist gewesen waren, Schmerzensgeld zu. → Schiffskatastrophe

7 Sa Im Schauspielhaus Dresden findet unter Regie von Wolfgang Engel die DDR-Erstaufführung des Dramas »Warten auf Godot« von Samuel Beckett statt.

8 So Anlässlich des Internationalen Frauentages erscheint in Moskau die Mode-Illustrierte »burda moden« als erste westdeutsche Zeitung in russischer Sprache.

9 Mo In der Ostberliner Werner-Seelenbinder-Halle beginnt der westdeutsche Rocksänger Peter Maffay seine Gastspielreise durch die DDR.

10 Di Die Volkswagen AG in Wolfsburg teilt mit, dass Devisenmanipulationen in ihrem Haus zu Verlusten von voraussichtlich 480 Mio. DM geführt hätten.

11 Mi Felsproben, die aus rund 3000 m Tiefe geholt wurden, beweisen nach Ansicht von US-Geologen die Theorie, dass Florida früher mit Afrika verbunden war.

12 Do Der Europäische Gerichtshof in Luxemburg erklärt, das 471 Jahre alte deutsche Reinheitsgebot dürfe nicht als Importschranke für ausländisches Bier dienen.

13 Fr In Koblenz demonstrieren 10 000 Landwirte aus Rheinland-Pfalz gegen die Agrarbeschlüsse der Europäischen Gemeinschaft.

14 Sa Die britische Regierung schafft die Prügelstrafe an Schulen endgültig ab.+++ Katarina Witt (DDR) wird in Cincinnati (USA) Eiskunstlauf-Weltmeisterin.

15 So Auf der Leipziger Frühjahrsmesse treffen mehrere bundesdeutsche Politiker mit DDR-Staats- und Parteichef Erich Honecker zusammen.

16 Mo Bundesforschungsminister Heinz Riesenhuber (CDU) gibt die Förderung der Entwicklung einer neuen »lernfähigen« Computergeneration bekannt.

17 Di Bei einem Frontalzusammenstoß zwischen einem US-Panzer und einem Reisebus verletzen sich im bayerischen Edelsfeld 30 Menschen.

18 Mi Auf Großkundgebungen in Hattingen und Oberhausen protestieren etwa 60 000 Menschen gegen die geplante Entlassung von Thyssen-Stahlarbeitern.

19 Do Die Hamburger Bürgerschaft löst sich selbst auf, da seit der Wahl im November keine regierungsfähige Mehrheit zustande gekommen ist.

20 Fr Zwei Militärs der Bundeswehr nehmen an einem gemeinsamen Manöver sowjetischer Truppen und Soldaten der Nationalen Volksarmee der DDR teil.

21 Sa Die Streitkräfte des zentralafrikanischen Tschad erobern die von 4000 libyschen Soldaten gehaltene Oase Wadi Dum im Norden des Landes.

22 So Nach dem Abschlussrennen des Ski-Weltcups im jugoslawischen Sarajevo steht der Schweizer Pirmin Zurbriggen als Sieger der Gesamtwertung fest.

23 Mo 31 Verletzte fordert ein Bombenanschlag der Irisch-Republikanischen Armee (IRA) auf das britische Armee-Hauptquartier in Mönchengladbach. → Brandt

24 Di Das Bundesverfassungsgericht erklärt die geplanten Enteignungsverfahren für den Bau einer Daimler-Benz-Teststrecke in Boxberg für unzulässig.

25 Mi Die bundesdeutsche Fußballauswahl besiegt Israel mit 2:0. +++ Gerhard Boeden wird Präsident des Bundesamtes für Verfassungsschutz.

26 Do Erstmals erhält eine Schule in Hamburg den Namen eines kommunistischen Widerstandskämpfers. Die Bruno-Tesch-Gesamtschule liegt im Stadtteil Altona.

27 Fr Griechenlands Ministerpräsident Andreas Papandreou alarmiert die Streitkräfte, da die Türkei Erdölsuche in der Nähe der Ägäisinseln ankündigte. → Tschad

28 Sa Bundeskanzler Helmut Kohl trifft auf Schloss Chambord bei Orléans mit Frankreichs Staatspräsident François Mitterrand zusammen.

29 So Bei einem Referendum auf Haiti stimmt eine große Mehrheit der Bevölkerung für die neue Verfassung, die den Übergang zu einer zivilen Regierung vorsieht.

30 Mo Das Gemälde »Sonnenblumen« von Vincent van Gogh erzielt bei einer Auktion in London den Rekordpreis von umgerechnet 71,77 Mio. DM.

31 Di »Platoon«, der Antikriegsfilm des US-Regisseurs Oliver Stone, wird als »bester Film« bei der 59. »Oscar«-Verleihung in Hollywood ausgezeichnet.

3. April 1987

Länderchefs verständigen sich auf duales Rundfunksystem

Der Wandel des bundesdeutschen Rundfunksystems erhält seinen rechtlichen Rahmen: In Bonn unterzeichnen die Ministerpräsidenten der Bundesländer den Medienstaatsvertrag, der ein Nebeneinander von öffentlich-rechtlichen und privaten Sendern ermöglicht. Danach müssen die öffentlich-rechtlichen Hörfunk- und Fernsehprogramme die sog. Grundversorgung der Bevölkerung mit Information, Unterhaltung und Kultur sicherstellen. Jedes private Programm wird zur inneren Meinungsvielfalt verpflichtet, solange nicht mindestens drei bundesweit verbreitete Vollprogramme privater Anlieger zur Verfügung stehen. Nach Einführung des Satelliten- und Kabelfernsehens begannen 1984 in der Bundesrepublik auch Privatsender mit der Ausstrahlung ihrer Programme (Abb.: Gameshow).

6. März 1987

Schiffskatastrophe vor Belgiens Küste

Auf dem Weg nach Dover, nur 800 m vom Hafen der belgischen Stadt Zeebrugge entfernt, verunglückt die britische Fähre »Herald of Free Enterprise«. Das schnelle Kentern des Schiffes – innerhalb weniger Minuten neigt sich die Fähre und steht zu zwei Dritteln unter Wasser – kostet 209 Menschen das Leben. Das Unglück führt zu Diskussionen über die Sicherheit der sog. Roll on/Roll off-Schiffe.

Die Fähre kentert innerhalb weniger Minuten.

Als erste Helfer sind nach wenigen Minuten britische Froschmänner zur Stelle, die in der Nähe an einem NATO-Manöver teilnahmen. An der Rettungsaktion beteiligen sich 30 Schiffe, ein Dutzend Hubschrauber, Flugzeuge, Taucher und Bergungsmannschaften. 408 Passagiere können lebend geborgen werden. Für viele Menschen, die sich im Zwischendeck aufhielten, kam allerdings jede Hilfe zu spät.

Bei den sog. Roll on/Roll off-Schiffen fahren die Fahrzeuge durch große Bug- bzw. Heckklappen in den Schiffsrumpf ein und können diesen wieder verlassen, ohne rückwärts fahren zu müssen. Die Unterdecks dieser Fähren, die in kurzer Zeit beladen werden können, gleichen riesigen Garagen, die sich im Unglücksfall rasch mit Wasser füllen.

Eine unabhängige Untersuchungskommission, die ihren Bericht am 24. Juli in London veröffentlicht, stellt fest, dass die Bugtore des Schiffes nicht richtig geschlossen waren. Das dort einströmende Wasser brachte die 1980 in Bremen gebaute Fähre zum Kentern. Die mehrfache Forderung des Kapitäns nach Einbau von Kontrolllampen habe die Reederei abgelehnt. Dennoch wäre die Katastrophe nach Ansicht der Kommission bei Einhaltung der Sicherheitsvorschriften vermeidbar gewesen. So hatte der Erste Offizier nicht, wie es seine Pflicht gewesen wäre, die Schließung der Tore kontrolliert und dem Kapitän berichtet. Wegen dieser Versäumnisse erhält der Kapitän ein einjähriges Berufsverbot, der Erste Offizier verliert für zwei Jahre sein Patent. Die Reederei wird u.a. zu Schadenersatzzahlungen in Höhe von umgerechnet 3,2 Mio. DM verurteilt.

1. April 1987

Ausweis wird maschinenlesbar

Die Bundesrepublik Deutschland führt als erstes Land der EG maschinenlesbare Personalausweise ein. Damit verliert der seit 1949 gebräuchliche graue Ausweis in Heftform bis zum jeweiligen Ablaufdatum, spätestens jedoch am 1. April 1992, seine Gültigkeit. Die Vorzüge der neuen Kunststoffkarte (s. Abb.) liegen in ihrer Fälschungssicherheit und der Möglichkeit, mittels Kennzahlen und Computertechnik schnellen Zugriff auf die mit der Person verbundenen Daten zu erhalten. Die Einführung der neuen Ausweise wird von Protesten aus der Bevölkerung begleitet. Juristen befürchten, die Maschinenlesbarkeit gehe mit einer verstärkten staatlichen Überwachung und mit

Verstößen gegen den Datenschutz einher. Dennoch ist der Andrang bei den Meldestellen bereits am ersten Tag unerwartet hoch. Viele der Antragsteller möchten zu den ersten gehören, die in den Besitz des Dokuments kommen.

23. März 1987

Brandt verlässt SPD-Spitze

Altbundeskanzler Willy Brandt legt nach 23 Jahren sein Amt als SPD-Parteivorsitzender nieder. Grund für den Rücktritt ist u.a. die anhaltende Kritik aus den eigenen Reihen an Brandts Führungsstil.
Brandts Schritt vorausgegangen war ein Streit innerhalb der SPD um die Nominierung der Griechin Margarita Mathiopoulos als Parteisprecherin. Brandt hatte die promovierte Historikerin im Alleingang zur Kandidatin für das Pressesprecheramt gekürt. Kritiker warfen Mathiopoulos mangelnde Qualifikation und das Fehlen eines SPD-Parteibuchs vor. Daraufhin verzichtete die 30-Jährige auf das Amt. Brandt kehrt der SPD mit der Begründung den Rücken, er werte die Reaktion auf seine Entscheidung für Mathiopoulos als Spießertum. Er habe mit der Nominierung ein Zeichen von Liberalität in der SPD setzen wollen. Nach dem Rücktritt Willy Brandts beruft die SPD für den 14. Juni einen Sonderparteitag ein, auf dem Hans-Jochen Vogel zum neuen Parteivorsitzenden gewählt wird. Stellvertreter werden der saarländische Ministerpräsident Oskar Lafontaine und Nordrhein-Westfalens Regierungschef Johannes Rau. Die Delegierten erklären Brandt zum Ehrenvorsitzenden der SPD. Er verabschiedet sich mit einer dreistündigen Rede von seinen Genossen, worin er u.a. fordert, die Gleichberechtigung der Frau zu einem der Hauptziele der sozialdemokratischen Partei zu machen. Brandt hatte ursprünglich geplant, noch bis 1988 im Amt des Parteivorsitzenden zu verbleiben.

27. März 1987

Paris unterstützt den Tschad

Mit dem Rückzug der libyschen Armee aus dem Norden des Tschad kann die Regierung des afrikanischen Landes einen wichtigen Erfolg verzeichnen. Ihre Truppen drängen die libyschen Einheiten bis zur Grenze zurück, wo die Kämpfe jedoch zunächst weitergehen.
Die militärischen Erfolge sind Ausdruck einer gewissen innenpolitischen Stabilisierung des Tschad. Ende 1986 hatten sich die Parteigänger des amtierenden Präsidenten Hissen Habré und des Ex-Staatschefs Goukouni Queddei, die in einen Bürgerkrieg miteinander verstrickt waren, ausgesöhnt. Habré hatte im Jahre 1982 Queddei gestürzt, der sich in den Norden des Landes zurückzog und eine Gegenregierung bildete. Sein Versuch, mit libyscher Hilfe die Macht zurückzuerobern, verursachte erneut blutige Auseinandersetzungen in einem der ärmsten Länder der Welt. Der Sieg gegen Libyen ist aber auch der Militärhilfe zu verdanken, die vor allem die USA und Frankreich der Regierung gewähren. Ziel der Regierungen in Washington und Paris ist es, den Einfluss Libyens in der Region einzudämmen. Frankreich stellt dem Tschad allein 1987 Waffen im Wert von 150 Mio. DM zur Verfügung.

10. April 1987

Dopingtod einer Sportlerin

In der Mainzer Universitätsklinik stirbt die deutsche Leichtathletin Birgit Dressel (s. Abb.) im Alter von 26 Jahren an den Folgen jahrelanger Medikamenteneinnahme. Zwei Tage zuvor hatte die Siebenkämpferin während des Trainings einen vermeintlichen Hexenschuss erlitten und war sofort mit krampflösenden Medikamenten behandelt worden. Als sie aufgrund anhaltender Schmerzen ins Klinikum eingeliefert wird, ist es für eine Rettung bereits zu spät. Birgit Dressel stirbt, wie die Ärzte erst später diagnostizieren können, an einem verzögerten Allergieschock, der letztendlich auf die kontinuierliche Einnahme von Dopingmitteln zur Steigerung der körperlichen Leis-

tungsfähigkeit zurückzuführen ist. Ihr Tod löst in der Bundesrepublik eine neue Debatte über das schon lange bekannte Dopingproblem und die Grenzen des Leistungssports aus. Viele Sportler können sich dem enormen Leistungdruck im Spitzensport kaum entziehen und greifen immer wieder zu illegalen Methoden der Leistungssteigerung. Verbunden mit den kaum bekannten Langzeitwirkungen der Medikamenteneinnahme schadet Doping nicht nur der Gesundheit der Athleten, sondern auch dem Ansehen des Spitzensports allgemein.

April 1987

1 Mi — 20 000 Bauern demonstrieren in Bonn gegen die Agrarpolitik der EG und fordern Maßnahmen zum Erhalt der Familienbetriebe. → Ausweis

2 Do — Der Bayerische Verwaltungsgerichtshof hebt die erste Teilerrichtungsgenehmigung für die atomare Wiederaufbereitungsanlage in Wackersdorf auf.

3 Fr — In Briefen an Kanzler Helmut Kohl schlagen Ost-Berlin und Prag die Schaffung eines atomwaffenfreien Korridors in Europa vor. → Rundfunksystem

4 Sa — Das Leipziger Kunstmuseum eröffnet aus Anlass des 60. Geburtstags von Wolfgang Mattheuer eine Ausstellung mit Graphiken des DDR-Künstlers.

5 So — Die EG-Außenminister stimmen auf ihrem zweitägigen Treffen in Turnhout (Belgien) der sog. Nulllösung für atomare Mittelstreckenraketen zu.

6 Mo — Präsident Chaim Herzog trifft als erstes israelisches Staatsoberhaupt zu einem offiziellen Staatsbesuch in der Bundesrepublik Deutschland ein.

7 Di — Außenminister Hans-Dietrich Genscher (FDP) beginnt eine Reise durch Lateinamerika, um einen Beitrag zu einer Friedenslösung in Nicaragua zu leisten.

8 Mi — Das Bundesverfassungsgericht in Karlsruhe entscheidet, dass Privatschulen grundsätzlich Anspruch auf materielle Förderung durch den Staat haben.

9 Do — Wolfgang Mischnick, Vorsitzender der FDP-Bundestagsfraktion, befürwortet in Weimar offizielle Kontakte zwischen Bundestag und DDR-Volkskammer.

10 Fr — Die Regierung von Sri Lanka kündigt die Aussetzung der Angriffe auf die tamilischen Rebellen an, um Friedensverhandlungen zu ermöglichen. → Dopingtod

11 Sa — Der Reiseveranstalter TUI chartert das DDR-Kreuzfahrtschiff »Arkona«, das als »Traumschiff« im Fernsehen bundesweit populär geworden ist.

12 So — Papst Johannes Paul II. kehrt aus Südamerika zurück. Es war seine 33. Pastoralreise. +++ Katherine Burdsall (USA) gewinnt den Weltcup der Springreiter.

13 Mo — Bewaffnete Rebellen unterstreichen mit der Besetzung von fünf Radiostationen ihre Forderung zur Wiederherstellung der Demokratie in Chile.

14 Di — In Brüssel überreicht der türkische Staatsminister für Europafragen, Ali Bozer, das Beitrittsgesuch seines Landes zur Europäischen Gemeinschaft.

15 Mi — Wissenschaftlern des Pasteur-Instituts (Paris) gelingt die Entschlüsselung des genetischen Codes des zweiten bislang entdeckten AIDS-Virus.

16 Do — Die Maxhütte in Sulzbach-Rosenberg, mit 4000 Arbeitnehmern größter Arbeitgeber in der Oberpfalz, muss Konkurs anmelden.

17 Fr — Die US-Regierung verhängt gegen elektronische Produkte aus Japan Strafzölle. Anlass sind japanische Verstöße gegen ein Handelsabkommen.

18 Sa — Das Fußballländerspiel Bundesrepublik Deutschland gegen Italien endet in Köln mit einem 0:0-Unentschieden.

19 So — Argentiniens Präsident Raúl Alfonsín kann putschende Militärs zur Räson bringen, die Straffreiheit für Unrechtstaten während der Diktatur gefordert hatten.

20 Mo — 300 000 Menschen fordern auf den traditionellen Ostermärschen die Zustimmung der Bundesregierung zur sog. Nulllösung für Mittelstreckenraketen.

21 Di — Nachdem drei Stunden lang radioaktiver Dampf in die Atmosphäre entwichen ist, wird das französische Atomkraftwerk in Fessenheim (Elsass) abgeschaltet.

22 Mi — Als erster Vertreter des DGB hält der Vorsitzende Gustav Fehrenbach eine Rede auf dem Kongress des Freien Deutschen Gewerkschaftsbundes in Ost-Berlin.

23 Do — Das Gewandhausorchester Leipzig unter der Leitung von Kurt Masur beginnt eine bis zum 26. Mai dauernde Tournee durch Japan und die USA.

24 Fr — Die baden-württembergische Landesregierung beschließt die Errichtung eines Forschungszentrums für Solar- und Wasserstofftechnologie in Stuttgart.

25 Sa — Vor dem Kapitol in Washington demonstrieren 75 000 Menschen gegen die Außenpolitik der Regierung von US-Präsident Ronald Reagan.

26 So — Der polnische Sicherheitsdienst führt mit Hausdurchsuchungen und Festnahmen eine groß angelegte Einschüchterungsaktion gegen Oppositionelle durch.

27 Mo — US-Präsident Ronald Reagan gibt wegen der Kriegsvergangenheit von Kurt Waldheim ein Einreiseverbot für Österreichs Staatspräsidenten bekannt.

28 Di — In Moskau unterzeichnen die Staaten des Rates für Gegenseitige Wirtschaftshilfe einen Vertrag über die Gründung einer Forschungsgesellschaft.

29 Mi — Die Bundesrepublik und die USA beschließen die Verstärkung des Jugendaustauschs. 1986 reisten 6700 deutsche Jugendliche in die USA.

30 Do — Papst Johannes Paul II. trifft in der Bundesrepublik ein. U.a. will er die Karmeliterin Edith Stein und den Jesuitenpater Rupert Mayer selig sprechen.

Mai 1987

1 Fr Bei Krawallen von Jugendlichen und Auseinandersetzungen mit der Polizei werden im Westberliner Bezirk Kreuzberg mehr als 60 Menschen verletzt.

2 Sa Auf ihrem Bundesparteitag in Bremerhaven bestätigen die Delegierten der Partei »Die Republikaner« Franz Schönhuber als Vorsitzenden. → »Aida«

3 So In Wien erringt Schweden aufgrund der besseren Tordifferenz erstmals seit 25 Jahren wieder die Eishockey-Weltmeisterschaft – vor der Sowjetunion.

4 Mo Der libanesische Ministerpräsident Raschid Karami gibt seinen Rücktritt bekannt, nachdem das Kabinett seinen Wirtschaftsplänen nicht zustimmte.

5 Di Aus Anlass der 750-Jahr-Feier Berlins findet in Ost-Berlin ein zweitägiges Schriftstellertreffen mit 60 Autoren aus 25 Ländern statt.

6 Mi Die Deutsche Bundespost gibt bekannt, dass mittlerweile 2,54 Mio. Haushalte an die Kabelfernsehnetze angeschlossen seien.

7 Do Prinz Sihanuk gibt in Pjöngjang (Nordkorea) seinen Rücktritt als Präsident der kambodschanischen Exilregierung bekannt.

8 Fr Im Zusammenhang mit einer Liebesaffäre muss der US-Politiker Gary Hart, Favorit der Demokratischen Partei, seine Präsidentschaftskandidatur aufgeben.

9 Sa In der Frauenklinik der Medizinischen Hochschule Hannover werden Vierlinge geboren. Die Eltern hatten eine künstliche Befruchtung vornehmen lassen.

10 So Frankreich gewinnt bei den Judo-Weltmeisterschaften in Paris sechs Goldmedaillen und ist damit die erfolgreichste Nation.

11 Mo Bei den Parlamentswahlen auf den Philippinen erhalten die Regierungsparteien zwei Drittel der Mandate. Die Opposition spricht von Wahlbetrug.

12 Di Der Hamburger Senat beschließt die Übernahme von 41 600 Wohnungen der Neuen Heimat sowie der damit verbundenen Schulden von etwa 2 Mrd. DM.

13 Mi Den Fußball-Europapokal der Pokalsieger gewinnt in Athen Ajax Amsterdam durch einen 1:0 Sieg über den 1. FC Lokomotive Leipzig.

14 Do In Ost-Berlin wird mit der wieder errichteten Nikolaikirche das älteste Baudenkmal von Berlin als museale Einrichtung eröffnet.

15 Fr Der künftige SPD-Vorsitzende Hans-Jochen Vogel und DDR-Staatschef Erich Honecker sprechen sich am Werbelinsee für die doppelte Nulllösung aus.

16 Sa Karl Hohmann, Vorsitzender der Ludwig-Erhard-Stiftung, mahnt die Gewerkschaften, nicht in »Routine und Selbstgerechtigkeit« zu versinken.

17 So Die vorgezogenen Bürgerschaftswahlen in Hamburg machen die SPD wieder zur stärksten Partei und erwirken den Wiedereinzug der FDP ins Parlament.

18 Mo Bei einem versehentlichen irakischen Raketenangriff auf die US-Fregatte »Stark« im Persischen Golf kommen 37 Seeleute ums Leben.

19 Di Im Alleingang verabschiedet die bayerische CSU-Regierung einen rigiden Maßnahmenkatalog zur Bekämpfung der Immunschwächekrankheit AIDS.

20 Mi In Dundee (Schottland) gewinnt der IFK Göteborg (Schweden) durch ein 1:1 im Rückspiel (Hinspiel 1:0) gegen Dundee United den Fußball-UEFA-Pokal.

21 Do Der Bundestag billigt mit den Stimmen aller Fraktionen die Erhöhung des Kohlepfennigs, was eine Erhöhung des Strompreises zur Folge hat.

22 Fr Das Manuskript der neun vollständigen Mozart-Sinfonien erzielt bei einer Auktion in London einen Preis von umgerechnet 7,7 Mio. DM.

23 Sa Die deutsche Schauspielerin und Sängerin Ute Lemper erhält in Paris den Molière-Preis als »weibliche Entdeckung des Jahres« im französischen Theater.

24 So Bei den Turn-Weltmeisterschaften in Moskau erringen bundesdeutsche Turner Bronze-Medaillen: Anja Wilhelm am Balken, Andreas Aquilar an den Ringen.

25 Mo Die EG-Außenminister verabschieden eine gemeinsame Erklärung gegen den Einsatz chemischer Waffen im Iran-Irak-Konflikt. → Volkszählung

26 Di Bei den Parlamentswahlen auf Grönland kann die regierende Linkskoalition ihre absolute Mehrheit knapp verteidigen.

27 Mi Der Fußball-Nationalspieler Rudi Völler wechselt für eine Transfersumme von etwa sieben Mio. DM von Werder Bremen zu AS Rom.

28 Do Rafael del Pino Díaz, kubanischer Luftwaffengeneral, flieht mit einer Cessna-402 nach Key West, wo er um politisches Asyl in den USA bittet. → Landung

29 Fr An der Ostberliner Volksbühne werden neun Stücke verschiedener Genres auf sieben Bühnen des Hauses an einem Abend aufgeführt.

30 Sa Die turnusmäßige Tagung der Warschauer-Pakt-Staaten endet in Ost-Berlin mit einer Erklärung, die den »defensiven Charakter« des Bündnisses betont.

31 So Uwe Barschel, Ministerpräsident von Schleswig Holstein, verletzt sich beim Absturz mit einer Cessna 501 auf dem Lübecker Flughafen Blankensee.

28. Mai 1987

Landung auf dem Roten Platz

Der 19-jährige Hobbypilot Mathias Rust landet mit einem Sportflugzeug auf dem Roten Platz in Moskau. Rust war mit seiner Cessna 172 von Helsinki gestartet. Als Flugziel hatte er Stockholm angegeben, doch drang er ohne Vorankündigung bei Estland in den sowjetischen Luftraum ein. Die sowjetische Flugabwehr bemerkte die Privatmaschine erstaunlicherweise nicht, obwohl die Westgrenze der UdSSR mit Radargeräten und tausenden Luftabwehrraketen gesichert ist. Schließlich landet Rust vor der Basilius-Kathedrale mitten im Herzen von Moskau (s. Abb.). Bevor er verhaftet wird, verteilt er Autogramme an Passanten. Die Sowjetregierung unter Michail S. Gorbatschow ist

vor der Weltöffentlichkeit blamiert. Dementsprechend wird der Flug auch nicht als Lausbubenstreich behandelt, wie die bundesdeutsche Öffentlichkeit hofft. Der oberste Gerichtshof in Moskau verurteilt Mathias Rust zu vier Jahren Arbeitslager. Der Hamburger wird jedoch vorzeitig entlassen.

22. Juni 1987

Offensive gegen Kurden

Die türkische Regierung startet eine militärische Großoffensive gegen die aufständischen Kurden im Südosten des Landes. Begründet wird der Schritt mit dem vorausgegangenen Überfall von Kämpfern der Kurdischen Arbeiterpartei PKK auf das Dorf Pinarcik in der Provinz Mardin. Dabei wurden 31 der 80 Dorfbewohner getötet. Ein Kurdensprecher beschuldigt seinerseits den türkischen Geheimdienst, radikale Kurdengruppen unterwandert und blutige Anschläge durchgeführt zu haben. Seit Jahren eskaliert die Gewalt in der Auseinandersetzung zwischen Ankara und den nach Unabhängigkeit strebenden Kurden. Ihnen wird jegliche Eigenständigkeit verwehrt, die Pflege ihrer Kultur, sogar die Benutzung ihrer Sprache ist ihnen verboten. Die Politik der türkischen Regierung gegenüber den Kurden führte zur Entstehung einer radikalen Separatistenbewegung, die einen eigenen Staat fordert.

25. Mai 1987

Umstrittene Volkszählung

In der Bundesrepublik findet nach 17 Jahren wieder eine Volkszählung statt. Mit den zusammengetragenen Daten sollen u.a. Prognosen bei der Sozialversicherung sowie im Wohnungs- und Straßenbau aufgestellt werden können. Um die bundesweite Aktion durchführen zu können, hatte die Bundesregierung 500 000 Zähler engagiert, die mit Erhebungsbögen anonyme und persönliche Daten sammeln sollten. Viele Menschen entschließen sich jedoch zum Volkszählungsboykott. Sie befürchten eine Verletzung des Datenschutzes. Die Grünen rufen zum Widerstand gegen die Zählung auf, vielerorts bilden sich Bürgerinitiativen. Obwohl die Bonner Regierung mit Strafen droht und die Zähler wiederholt an die Haustür kommen, bleibt ein erheblicher Teil der Fragebögen unausgefüllt. In Berlin sammeln Boykott-Initiativen unausgefüllte Erhebungsbögen und tapezieren damit einen Teil der Berliner Mauer. Häufig lassen sich Boykotteure als Zähler einstellen und liefern nur unausgefüllte oder falsch gekennzeichnete Papiere ab. Durch eine Vielzahl an Gegenmaßnahmen erreicht der Volkszählungsboykott schließlich sein Ziel. Für eine statistisch korrekte Erhebung fehlen die Angaben von zu vielen Bundesbürgern. Die Regierung versucht, die Lücke durch eine weitere kleine Umfrage zu schließen. Aber auch danach reichen die vorhandenen Zahlen nur für eine ungenaue Hochrechnung aus.

4. Juni 1987

Ja zur Nulllösung

Die Zeichen stehen auf Abrüstung: In namentlicher Abstimmung spricht sich in Bonn die Mehrheit des Bundestages für die sog. doppelte Nulllösung bei Mittelstreckenraketen aus. CDU/CSU und FDP erklären sich zum Abbau von Mittelstreckenwaffen mit Reichweiten von 500 bis 1000 km bzw. von 1000 bis 5500 km bereit. Davon ausgenommen bleiben die 72 Pershing-1a-Raketen der Bundeswehr.

Die Entscheidung war im Regierungslager umstritten. Bundeskanzler Helmut Kohl und weite Kreise innerhalb der Unionsparteien sehen durch den Abbau der Mittelstreckenraketen – im Hinblick auf das Waffenarsenal der Sowjetunion – die Sicherheit Europas gefährdet. Verteidigungsminister Manfred Wörner (CDU) warnt vor einer sog. Abschreckungslücke im Sicherheitskonzept des Westens und der NATO. Bundesaußenminister Hans-Dietrich Genscher (FDP) hingegen plädiert für Abrüstung und wird im Parlament auch von den Fraktionen der SPD und der Grünen unterstützt. Der Außenminister lehnt den von Wörner geforderten Austausch der

14. Juni 1987

Integrator wird Parteichef

Hans-Jochen Vogel wird als Nachfolger von Willy Brandt Vorsitzender der SPD. Neuer Stellvertreter ist neben Johannes Rau der saarländische Ministerpräsident Oskar Lafontaine. Brandt (Abb.: 3.v.l) war nach einer umstrittenen Personalentscheidung zurückgetreten.

Hans-Jochen Vogel

deutscher Politiker, * 3.2.1926 Göttingen

Während seiner Amtszeit als SPD-Chef gelingt es Vogel, Flügelkämpfe einzudämmen und die Partei diszipliniert und sachlich zu führen. Der glänzende Jurist diente seiner Partei lange Jahre auf den unterschiedlichsten Positionen, u.a. als langjähriger und populärer Oberbürgermeister von München, als Bundesbauminister und als Regierender Bürgermeister von Berlin. 1983 ging er als Kandidat in das fast aussichtslos erscheinende Rennen um die Kanzlerschaft.

- 1950: Eintritt in die SPD
- 1960-72: Oberbürgermeister von München
- 1974-81: Bundesjustizminister
- 1987-91: Vorsitzender der SPD

2. Mai 1987

»Aida«-Aufführung in Luxor

In dem über 3000 Jahre alten Tempel des Gottes Amun im oberägyptischen Luxor, dem historischen Theben, findet eine Aufsehen erregende Premiere der Verdi-Oper »Aida« statt. Erstmals wird das Werk sozusagen am Originalschauplatz des Liebesmelodrams über den ägyptischen Hauptmann Radames und die äthiopische Sklavin Aida gespielt. Die Idee, »Aida« in Luxor aufzuführen, stammt von dem ägyptischen Reiseveranstalter Fawzi Mitawli, der gemeinsam mit der Produktionsfirma »Arena di Verona« und dem Regisseur Renzo Giacchieri das Mammutprojekt vorbereitete.

Als Solisten wurden Stars wie Placido Domingo sowie Maria Chiara und Fiorenza Cossotto verpflichtet. Mehrere Hundertschaften des ägyptischen Militärs hat man für Statistenrollen hinzugezogen. Trotz der Erfahrung der Veranstalter (auf der Freilichtbühne von Verona läuft die Oper seit 1913 erfolgreich), des immensen Aufwandes und der internationalen Werbekampagnen bleibt der Erfolg hinter den Erwartungen zurück. Von insgesamt 35 000 Karten für die nächsten Wochen wird nur die Hälfte verkauft.

Diese Pershing-2-Rakete auf einem Transportfahrzeug trägt einen Atomsprengkopf.

Pershing-2-Raketen gegen Waffen mit kürzerer Reichweite ab, wodurch einer Überlegenheit der Sowjetunion im Kurzstreckenbereich entgegengewirkt werden sollte. Aus diesem Konflikt zwischen den Koalitionspartnern resultiert die Beibehaltung der 72 Pershing-1a-Raketen, die den Liberalen abgetrotzt wurde.

Vor dem Hintergrund der doppelten Nulllösung und des offensichtlichen Entgegenkommens der sowjetischen Politik unter Michail S. Gorbatschow verstärkt die Friedensbewegung ihre Aktionen. Für den 13. Juni rufen zahlreiche Organisationen und Parteien zu einer Friedensdemonstration in Bonn auf. Bei strömendem Regen fordern mehr als 100 000 Menschen u.a. eine kompromisslose Zustimmung zum Abzug der Mittelstreckenraketen. Tatsächlich läuft Kohl aufgrund seiner starren Haltung in der Frage der Pershing-1a-Raketen Gefahr, international ins Abseits zu geraten. Am 26. August erklärt der Bundeskanzler schließlich seine Bereitschaft, die 72 Raketen für den Fall abzubauen, dass sich die Supermächte auf eine weltweite Nulllösung verständigen. Dies geschieht noch im Dezember des Jahres 1987.

Juni 1987

1 Mo Der libanesische Ministerpräsident Raschid Karami kommt bei einem Sprengstoffanschlag auf dem Flug von Tripolis nach Beirut ums Leben.

2 Di Der rumänische Staats- und Parteichef Todor Schiwkow beginnt einen viertägigen offiziellen Besuch der Bundesrepublik.

3 Mi DDR-Staats- und Parteichef Erich Honecker besucht die Niederlande, um drei Tage lang über Abrüstungsfragen und Wirtschaftsbeziehungen zu beraten.

4 Do Auf der Moorweide in Hamburg wird mit »Luna, Luna!« ein sog. Kunstrummel des österreichischen Künstlers André Heller eröffnet. → Nulllösung

5 Fr Das argentinische Parlament verabschiedet ein Gesetz, das niederen Militärs Straffreiheit für inhumane Taten während der Diktaturzeit gewährt.

6 Sa Steffi Graf gewinnt durch ihren Sieg bei den Internationalen Französischen Meisterschaften gegen Martina Navratilova (USA) ihren ersten Grand-Slam-Titel.

7 So In West-Berlin geht das Deutsche Turnfest zu Ende, zu dem 120 000 Sportler aus allen Teilen der Bundesrepublik angereist waren.

8 Mo In Ost-Berlin kommt es im Zusammenhang mit einem Rock-Konzert im Westteil der Stadt zu schweren Krawallen zwischen Jugendlichen und der Volkspolizei.

9 Di Im sächsischen Dessau beginnt ein Internationales Seminar des UNO-Zentrums für menschliche Siedlungen, an dem Architekten aus 15 Ländern teilnehmen.

10 Mi Die panamesische Regierung verhängt als Reaktion auf Proteste gegen den Kommandeur der Streitkräfte, Manuel Noriega, den Ausnahmezustand.

11 Do Bei den Unterhauswahlen in Großbritannien verteidigen die Konservativen unter Margaret Thatcher trotz leichter Verluste die absolute Mehrheit der Mandate.

12 Fr Aus Protest gegen den Besuch von US-Präsident Ronald Reagan in West-Berlin liefern sich Demonstranten heftige Straßenschlachten mit der Polizei.

13 Sa Im Bonner Hofgarten fordern 100 000 Menschen die uneingeschränkte Zustimmung der Regierung zur sogenannten doppelten Nulllösung.

14 So Zum ersten Mal nach dem Sturz von Kaiser Haile Selassie im Jahr 1974 finden in Äthiopien Parlamentswahlen statt. → Integrator

15 Mo UNO-Generalsekretär Javier Perez de Cuéllar trifft in Ost-Berlin zu Abrüstungsgesprächen mit DDR-Staats- und Parteichef Erich Honecker zusammen.

16 Di In Santiago de Chile kommt es zu Protestdemonstrationen, nachdem die Polizei während einer Hausdurchsuchung zwölf Menschen ermordet hatte.

17 Mi Bei Landtagswahlen im indischen Bundesstaat Haryana erleidet die Kongresspartei des Ministerpräsidenten Rajiv Gandhi schwere Verluste.

18 Do Bei einer Auktion in New York werden Briefe des Schriftstellers Franz Kafka an seine Verlobte Felice Bauer für umgerechnet 1,13 Mio. DM versteigert.

19 Fr Bei einem Bombenanschlag der baskischen Separatistenorganisation ETA in Barcelona sterben 18 Menschen, 37 werden teilweise schwer verletzt.

20 Sa Der Hamburger Sportverein gewinnt das Endspiel um den Pokal des Deutschen-Fußball-Bundes in Berlin gegen den Zweitligisten Stuttgarter Kickers mit 3:1.

21 So Bayerns Ministerpräsident Franz Josef Strauß (CSU) fordert auf dem Deutschlandtreffen der Schlesier einen »langen, langen Atem« in der deutschen Frage.

22 Mo Heinrich Windelen (CDU), Ex-Minister für innerdeutsche Beziehungen, löst Walter Hesselbach im Vorsitz des Verwaltungsrates der Bundespost ab. → Kurden

23 Di Der Leichtathlet Sergej Bubka (UdSSR) verbessert auf einem internationalen Sportfest in Prag seinen eigenen Stabhochsprung-Weltrekord auf 6,03 m.

24 Mi Die christlich-liberale Regierung verlängert die Amtszeit von Bundesbankpräsident Karl Otto Pöhl (SPD) gegen die Stimmen der CSU-Minister.

25 Do Papst Johannes Paul II. empfängt den österreichischen Bundespräsidenten Kurt Waldheim, der wegen seiner Wehrmachtsvergangenheit kritisiert wird.

26 Fr Der sowjetische Parteichef Michail S. Gorbatschow festigt durch Umbesetzungen im Politbüro der KPdSU seine Machtposition.

27 Sa Christian Quadflieg inszeniert zur Eröffnung der Bad Hersfelder Festspiele William Shakespeares Komödie »Was ihr wollt« nach eigener Übersetzung.

28 So Israels Außenminister Shimon Peres kritisiert bei einem Besuch in der Bundesrepublik deutsche Waffenlieferungen in den Nahen Osten.

29 Mo Die USA kündigen die Ausrüstung von elf kuwaitischen Schiffen mit US-Flaggen an. Die soll mögliche Angreifer im iranisch-irakischen Krieg abschrecken.

30 Di Die SPD-Kommission zur Entwicklung eines neuen Grundsatzprogramms tritt in Bonn zusammen. Hans-Jochen Vogel übernimmt den Vorsitz.

Juli 1987

1 Mi Der südkoreanische Präsident Chun Doo Hwan akzeptiert unter nationalem und internationalem Druck demokratische Reformen.

2 Do Der hessische Umweltminister Karl-Heinz Weimar (CDU) legt wegen sicherheitstechnischer Bedenken Teile der Hanauer Nuklearfabrik Nukem still.

3 Fr Nach tagelangen Unruhen revidiert Haitis Regierung ihre Absicht, die Wahlen zur Installierung einer Zivilregierung durch das Militär organisieren zu lassen.

4 Sa Steffi Graf verliert im Endspiel von Wimbledon gegen die Weltranglistenerste Martina Navratilova (USA) mit 5:7, 3:6. → Barbie

5 So Bundeskanzler Helmut Kohl und Frankreichs Premier Jacques Chirac gedenken in Reims der Aussöhnung der beiden Staaten vor 25 Jahren.

6 Mo In Moskau beginnt das 15. Internationale Moskauer Filmfestival. Filmschaffende aus mehr als 100 Ländern sind angereist.

7 Di Mit einem Brandanschlag vernichtet die linksradikale Gruppe »Revolutionäre Viren« 4500 Akten von Asylbewerbern im Landeseinwohneramt in West-Berlin.

8 Mi Die Hausbesetzer in der Hamburger Hafenstraße erklären sich auf Druck der Behörden bereit, die von ihnen errichteten Barrikaden wieder abzubauen.

9 Do Im Theater im Palast (TiP) in Ost-Berlin endet das dreitägige Gastspiel des westdeutschen Humoristen Loriot und seiner Partnerin Evelyn Hamann.

10 Fr In Dresden beginnt das von 3000 Menschen besuchte erste Katholikentreffen der DDR mit einem festlichen lateinischen Choralpontifikalamt.

11 Sa Bundespräsident Richard von Weizsäcker beendet einen Staatsbesuch in der UdSSR, bei dem er u.a. mit Andrej Sacharow zusammentraf. → Erdenbürger

12 So Eine Delegation sowjetischer Diplomaten trifft in Israel ein, um die Wiederaufnahme der 1967 abgebrochenen diplomatischen Beziehungen zu sondieren.

13 Mo Der Vorstandvorsitzende der Daimler-Benz AG, Werner Breitschwerdt, gibt sein vorzeitiges Ausscheiden bekannt. Sein Nachfolger ist Edzard Reuter.

14 Di In Hamburg verständigen sich SPD und FDP in ihren Koalitionsverhandlungen darauf, als erste Landesregierung das Ausländerwahlrecht einzuführen.

15 Mi Der Generalsekretär der regierenden Demokratischen Volkspartei Afghanistans, Mohammed Nadschibullah, bietet den Mudschaheddin Verhandlungen an.

16 Do Die philippinische Regierung erhebt gegen den früheren Staatschef Ferdinand Marcos Anklage wegen Diebstahls, Bestechung und Unterschlagung.

17 Fr Aus Anlass des 38. Jahrestages der Staatsgründung verkündet der Staatsrat der DDR eine allgemeine Amnestie und die Abschaffung der Todesstrafe.

18 Sa Nach heftigen Unwettern sterben bei Erdrutschen und Überschwemmungen in den italienischen Alpen 34 Menschen, u.a. beim Einsturz von Häusern.

19 So Nach einer vom US-Wirtschaftsmagazin »Forbes« veröffentlichten Liste befinden sich sieben deutsche Konzerne unter den 50 größten der Welt.

20 Mo Der UN-Sicherheitsrat droht dem Iran und dem Irak mit Sanktionen für den Fall, dass sie ihren 1980 begonnenen Krieg nicht durch Verhandlungen beenden.

21 Di Bundeskanzler Helmut Kohl (CDU) beendet seine am 12. Juli begonnene Asienreise, die ihn nach China und in das Königreich Nepal führte.

22 Mi Die philippinische Präsidentin Corazón Aquino unterzeichnet eine Verordnung, wonach landlose Bauern Landzuteilungen erhalten sollen. → Aouita

23 Do In Moskau demonstrieren erneut mehrere hundert Krimtataren für die Rückkehr in ihre Heimat. Sie fordern eine autonome tatarische Republik.

24 Fr Die panamesische Opposition stellt unter dem Vorwurf des Machtmissbrauchs formell Strafantrag gegen Armeechef Manuel Antonio Noriega.

25 Sa Mehr als 1000 Menschen fallen in Südeuropa einer Hitzewelle zum Opfer, bei der tagelang Temperaturen von über 40 °Celsius herrschen.

26 So Die bundesdeutschen Fechter erringen mit zwei Gold- und zwei Silbermedaillen den ersten Platz bei den Weltmeisterschaften in Lausanne (Schweiz).

27 Mo West-Berlin wird Sitz des geplanten Deutschen AIDS-Zentrums, das dem Bundesgesundheitsamt untersteht. Es soll seine Arbeit 1988 aufnehmen.

28 Di Der FC Bayern München gewinnt mit 2:1 über den Hamburger SV den erstmals offiziell ausgetragenen Supercup des Deutschen Fußball-Bundes (DFB).

29 Mi In Paris tauschen Vertreter Frankreichs und Großbritanniens die Ratifikationsurkunden des Vertrages für den Bau des Kanaltunnels aus.

30 Do Der aufwändig rekonstruierte Französische Dom wird am Ostberliner Platz der Akademie (Gendarmenmarkt) wiedereröffnet.

31 Fr Uwe Rahn von Borussia Mönchengladbach wird von bundesdeutschen Sportjournalisten zum »Fußballer des Jahres« gewählt.

11. Juli 1987

Fünf Milliarden Erdenbürger

In einer Klinik in der jugoslawischen Stadt Zagreb wird die Geburt des fünfmilliardsten Erdenbürgers bekannt gegeben. Der Generalsekretär der Vereinten Nationen, Javier Pérez de Cuellar, begrüßt den kleinen Matej Gaspar. Berechnungen des UN-Fonds für Bevölkerungsfragen hatten ergeben, dass das Ereignis auf den 11. Juli fallen müsse. Als symbolischen Ort hatte man Zagreb gewählt, weil dort gerade die internationalen Universitäts-Sportwettkämpfe stattfinden. Das feierliche Ereignis gibt jedoch auch Anlass zur Sorge. Die explosionsartige Entwicklung der Weltbevölkerung (s. Abb.) wird von Experten als einer der Hauptgründe für die wachsende Armut in den Entwicklungsländern angesehen. Vor allem die Einwohnerzahl auf der südlichen Erdhalbkugel nimmt stetig zu. Die Produktion von Nahrungsmitteln kann aber nicht im notwendigen Maße mit-

wachsen. Prognosen zufolge wird die Weltbevölkerung noch auf rd. 11,6 Mrd. Menschen anwachsen, ehe etwa ab 2150 mit einer Stagnation gerechnet werden kann.

4. Juli 1987

Lebenslang für Klaus Barbie

Das Schwurgericht von Lyon verurteilt den ehemaligen SS-Obersturmbannführer Klaus Barbie zu lebenslanger Haft. Der 73-Jährige hatte sich jahrelang im Exil in Bolivien aufgehalten, war 1983 jedoch wegen Betruges ausgewiesen und nach Frankreich abgeschoben worden. Zwischen 1942 und 1945 fungierte Barbie als Chef der Geheimen Staatspolizei (Gestapo) in Lyon. Seine Aktivitäten hatten ihm den Beinamen »Schlächter von Lyon« eingebracht. Die Anklage lautet auf Mord, Deportation in Konzentrationslager, Folterung und Verschleppung von Juden und NS-Gegnern in mehreren tausend Fällen. Der Angeklagte selbst taucht nur zur Verhandlungseröffnung und zur Urteilsverkündung auf. Für die ihm nachgewiesenen Gewalttaten fühlt sich Barbie nicht verantwortlich, sondern zieht sich auf die Position des Befehlsempfängers zurück. Sein Kommentar zum Urteil: »Das ist unglaublich!« Anwalt Jacques Verges unterstellt dem Schwurgericht Befangenheit und spricht von einem abgekarteten Spiel. Der Prozess gegen Barbie ist der erste in Frankreich, der wegen Verbrechen gegen die Menschlichkeit geführt wird. Insgesamt treten 100 Zeugen auf. 39 Nebenkläger beschuldigen den ehemaligen SS-Mann der ihm zur Last gelegten Verbrechen. Klaus Barbie stirbt im September 1991 in einem Lyoner Gefängnis.

22. Juli 1987

Wunderläufer Said Aouita

Unaufhaltsam dreht der 1,74 große und 64 kg leichte Marokkaner Said Aouita (s. Abb., r.) seine Runden im Stadion von Rom. Nach 5000 m bleibt

die Uhr bei der neuen Weltrekordzeit von 12:58,39 min stehen. Zum ersten Mal in der Geschichte des Sports gelingt es damit einem Menschen, die magische »Schallmauer« von 13 Minuten zu durchbrechen. Zudem verbessert er seinen eigenen Weltrekord aus dem Jahre 1985 um 1:59 sec. 40 000 Zuschauer jubeln dem leichtfüßigen Athleten aus dem Atlasgebirge begeistert zu. Sein Durchbruch zur absoluten Weltspitze gelang dem Nordafrikaner mit seinem 5000-m-Sieg bei den Olympischen Spielen 1984 in Los Angeles. Der in Italien lebende Nordafrikaner feiert seinen 34. Sieg im 34. Rennen seit Juli 1985.

1. August 1987

Champion aller Verbände

Zum ersten Mal seit neun Jahren gibt es mit dem US-Boxer Mike Tyson (s. Abb.) wieder einen von allen Verbänden anerkannten Profiweltmeister im Schwergewicht.

Vor 7600 Zuschauern im Spielerparadies Las Vegas schlägt Tyson seinen Landsmann Tony Tucker klar nach Punkten. Zu Beginn des Fights erweist sich der 1,98 m große Tucker – bislang Weltmeister der International Boxing Federation (IBF) – dank seiner um 27 cm größeren Reichweite noch als überlegen. Die Zuschauern wittern eine Sensation, als Tucker nach 20 Sekunden einen linken

Haken an Tysons Kinn krachen lässt. Doch »Iron Mike« übersteht den brenzligen Moment und greift nun seinerseits stürmisch an. Der 20-jährige Tyson wurde bislang nur von den beiden Boxverbänden World Boxing Association (WBO) und World Boxing Council (WBC) als Titelträger anerkannt. Für den Titelkampf erhält Tyson, der weniger als guter Techniker denn als »Schläger« gilt, eine Gage von umgerechnet 5 Mio. DM, während sich sein 28-jähriger Kontrahent mit 2,2 Mio. DM begnügen muss. Tyson verliert seinen Weltmeistertitel im Jahre 1990 in einem skandalträchtigen Kampf gegen James »Buster« Douglas.

Kraftvoll und dynamisch kämpft sich Steffi Graf an die Weltspitze.

16. August 1987

Tennis-Triumph: Steffi ist die Nummer eins

Erster Gipfelsturm einer großartigen Karriere: Die 18-jährige Deutsche Steffi Graf löst beim Tennisturnier in Manhattan Beach durch den Finalsieg über Chris Evert-Lloyd die US-Amerikanerin Martina Navratilova als Nummer eins der Weltrangliste ab. Die Brühlerin ist die erste Deutsche überhaupt auf dem Tennis-Thron. Sie verdrängt Martina Navratilova, die seit November 1985 ununterbrochen an der Spitze stand.

Der Aufstieg von »Miss Forehand« erfolgt genauso kometenhaft wie unaufhaltsam: 1983 ging die Tochter des Tennislehrers Peter Graf von der Schule ab. Ende 1984 erreichte sie auf der Weltrangliste Position 22. Bis April 1986 hatte sie sich auf Rang drei vorgeschoben. Am 6. Juni 1987 schlug sie im Finale der Internationalen Tennismeisterschaften von Frankreich Martina Navratilova und holte ihren ersten Grand-Slam-Titel.

Stefanie Graf

deutsche Tennisspielerin, * 14.6.1969 Brühl

Bis zu ihrer Ablösung durch Martina Hingis im März 1997 steht Steffi Graf mit Unterbrechungen 377 Wochen – länger als jede andere Tennisspielerin – an der Spitze der Damen-Weltrangliste. Ihre Karriere, die sich 1999 langsam dem Ende zuneigt, ist mit Superlativen gepflastert. Als dritte Spielerin der Tennisgeschichte gelingt ihr 1988 der Grand Slam, der Sieg bei den vier bedeutendsten Turnieren innerhalb eines Jahres. Im selben Jahr wird sie in Seoul zusätzlich Olympiasiegerin. Zu den Schattenseiten ihrer Karriere zählen langwierige Verletzungspausen und Probleme mit dem Fiskus, die ihrem Vater eine Haftstrafe eintrugen.

- 1986-89: Wahl zur Deutschen Sportlerin des Jahres
- 1987-88: French-Open-Sieg (u. 1993, 1995-96, 1999)
- 1996: siebter Wimbledon-Sieg (zuvor 1988-89, 1991-93, 1995)

21. August 1987

Moskau und Peking wollen Grenzstreit beilegen

Ein lange schwelender Konflikt nähert sich seinem friedlichen Ende: Moskau und Peking einigen sich auf die Festlegung ihrer umstrittenen Grenzen. Beide Seiten erklärten ihre grundsätzliche Bereitschaft, die Mitte der Flüsse Ussuri und Argun-Amru als Grenze anzuerkennen. Bislang vertraten sowohl die Volksrepublik China als auch die Sowjetunion die Auffassung, die im östlichen Teil der gemeinsamen Grenze gelegenen Flüsse gehörten in voller Breite jeweils zum eigenen Staatsgebiet. Besonders umstritten ist die im Zusammenfluss von Ussuri und Argun-Amur gelegene Insel Medwetschi. Das rd. 350 km^2 große, zur UdSSR gehörende Eiland besitzt wegen seiner Nähe zu der Stadt Chabarowsk erhebliche strategische Bedeutung. 1858 als russischer Militärstützpunkt gegründet ist Chabarowsk mit knapp 600 000 Einwohnern die größte sowjetische Stadt in der Region. Die Kompromissbereitschaft der beiden kommunistischen Mächte wird von Beobachtern als ein wichtiger Schritt auf dem Weg zur Normalisierung der Beziehungen gewertet. Diese hatten sich in den 50er Jahren verschlechtert, nachdem Moskau eine Politik der »Entstalinisierung« betrieb. Differenzen über ideologische Fragen bestimmten die Folgezeit.

August 1987

1 Sa Berater des bayerischen Regierungschefs Franz Josef Strauß empfehlen der CSU die Auflösung der Bonner Fraktionsgemeinschaft mit der CDU. → Champion

2 So In Calgary (Kanada) gewinnen die deutschen Damen die inoffizielle Mannschaftsweltmeisterschaft im Tennis mit einem 2:1-Sieg über Titelverteidiger USA.

3 Mo Vertreter der Bundesrepublik und der USA unterzeichnen in Washington eine Vereinbarung über die gemeinsame Entwicklung einer Flugabwehrrakete.

4 Di In einem Interview plädiert CDU-Generalsekretär Heiner Geißler für die Einspeisung des DDR-Fernsehens in das bundesdeutsche Kabelnetz.

5 Mi Das Amtsgericht Schwäbisch-Gmünd verurteilt einen Richter wegen der Teilnahme an der Blockade eines Raketendepots zu einer Geldstrafe von 2000 DM.

6 Do Pakistan weist die Forderung nach einer Inspektion seiner Atomanlagen zurück. Die USA verdächtigen das Land der Kernwaffenproduktion.

7 Fr In Guatemala-Stadt einigen sich die Präsidenten von fünf mittelamerikanischen Staaten auf einen umfassenden Friedensplan für die Region.

8 Sa Bei den Weltmeisterschaften im modernen Fünfkampf belegen die Damen aus der Bundesrepublik in Bensheim hinter der UdSSR den zweiten Platz.

9 So In Tel-Aviv beginnt der Prozess gegen Wissenschaftler, die der britischen Presse Einzelheiten über das israelische Nuklearwaffenprogramm verraten hatten.

10 Mo In Südafrika treten 340 000 Bergarbeiter in einen unbefristeten Streik für bessere Arbeitsbedingungen und gegen die Entlassung von 50 000 Kollegen.

11 Di Der Absturz eines Sportflugzeugs auf ein Schnellrestaurant in München fordert neun Todesopfer und zahlreiche Verletzte.

12 Mi Am deutsch-deutschen Grenzübergang Herleshausen findet ein Agentenaustausch zwischen der Bundesrepublik und der DDR statt.

13 Do Mit einer letzten Aufführung des Musicals »Cats« geht das Gastspiel des Theaters an der Wien in Ost-Berlin zu Ende.

14 Fr Der Bayerische Verfassungsgerichtshof lehnt den Antrag auf ein Volksbegehren gegen den Bau der Wiederaufbereitungsanlage Wackersdorf ab.

15 Sa Die feministische Gruppe »Rote Zora« verübt wegen »Ausbeutung« koreanischer Arbeiterinnen an mehreren Standorten Anschläge gegen die Firma Adler.

16 So Mit Isaac Neumann aus den USA, der eine DDR-Aufenthaltserlaubnis erhält, bekommt die jüdische Gemeinde Ost-Berlins wieder einen Rabbiner. → Steffi

17 Mo Im Spandauer Kriegsverbrechergefängnis nimmt sich der ehemalige Hitler-Stellvertreter Rudolf Heß im Alter von 93 Jahren das Leben.

18 Di Fußball-Nationalspieler Pierre Littbarski kehrt für eine Transfersumme von 2,8 Mio. DM von Racing Paris zum 1. FC Köln zurück.

19 Mi Die US-Gesundheitsbehörde erlaubt die Anwendung eines im Versuchsstadium befindlichen Serums gegen die Immunschwächekrankheit AIDS an Menschen.

20 Do Der Iran gibt erstmals öffentlich zu, im Persischen Golf Seeminen gelegt zu haben, um die iranische Küste gegen die US-Militärpräsenz zu verteidigen.

21 Fr Vertreter Österreichs und der DDR vereinbaren Entschädigungszahlungen für die Verstaatlichung österreichischen Besitzes in der DDR. → Grenzstreit

22 Sa Das Bundesumweltministerium gibt bekannt, dass in der Bundesrepublik noch Strahlenbelastungen durch die Tschernobylkatastrophe messbar seien.

23 So Das italienische Innenministerium beschließt, rd. 4000 als Touristen nach Italien eingereisten Polen politisches Asyl zu gewähren.

24 Mo Im Kaiser-Wilhelm-Koog in Dithmarschen (Schleswig-Holstein) wird der erste bundesdeutsche Windenergiepark eingeweiht.

25 Di Westliche Bankenkonsortien erklären Nordkorea für zahlungsunfähig, weil es seit 1984 keine Zins- und Tilgungszahlungen mehr leistet.

26 Mi Bundeswirtschaftsminister Martin Bangemann fordert die Spitzenverbände der deutschen Wirtschaft auf, keine Neuinvestitionen in Südafrika zu tätigen.

27 Do In Ost-Berlin veröffentlichen SED und SPD eine Erklärung, die den friedlichen Systemwettbewerb als einzige Form der Auseinandersetzung bezeichnet.

28 Fr Auf den Philippinen unternehmen rechtsgerichtete Militärs einen Putschversuch gegen Präsidentin Corazón Aquino. 50 Menschen kommen dabei um.

29 Sa Die 44. Filmbiennale beginnt in Venedig. Der französische Regisseur Louis Malle erhält den Goldenen Löwen für seinen Beitrag »Auf Wiedersehen, Kinder«.

30 So Der Kanadier Ben Johnson stellt bei der Leichtathletik-Weltmeisterschaft in Rom mit 9,83 sec einen Weltrekord über 100 m auf.

31 Mo Das Oberlandesgericht Düsseldorf verurteilt eine frühere Sekretärin im Bundespräsidialamt wegen Spionage für die UdSSR zu acht Jahren Haft.

September 1987

1 Di Bei einem Attentat der linksterroristischen »Revolutionären Zellen« wird der Verwaltungsrichter Günter Korbmacher verletzt.

2 Mi Paul Schockemöhle, der bislang erfolgreichste deutsche Springreiter, erklärt seinen Rücktritt vom aktiven Wettkampfsport.

3 Do Während eines Auslandsaufenthaltes wird der Staatschef von Burundi, Jean-Baptiste Bagaza, durch einen Militärputsch gestürzt. Er flieht nach Uganda.

4 Fr In Belgien wird das Rauchen in allen überdachten Örtlichkeiten, die der Öffentlichkeit zugänglich sind, gesetzlich verboten.

5 Sa In Ost-Berlin demonstrieren unabhängige Friedensgruppen gegen die atomare Rüstung in Ost und West. Die Sicherheitsorgane schreiten nicht ein.

6 So Bei einem Referendum in der Türkei fordern 50,24% der Stimmberechtigten die Aufhebung des Betätigungsverbots für Oppositionspolitiker.

7 Mo Offiziere der Nationalen Volksarmee der DDR nehmen zum ersten Mal als Beobachter an einem NATO-Manöver in der Bundesrepublik teil. → Honecker

8 Di Bei den Parlamentswahlen in Dänemark muss die bürgerliche Regierungskoalition unter Ministerpräsident Poul Schlüter starke Verluste hinnehmen.

9 Mi Bei einer Tagung in Bremerhaven weisen Forscher auf den steigenden Kohlendioxidgehalt in der Erdatmosphäre als Ursache für Klimaveränderungen hin.

10 Do Nach Angaben des Bundesgesundheitsamts in West-Berlin erkranken jährlich fast 269 000 Menschen in der Bundesrepublik an Krebs- und Tumorbildungen.

11 Fr Die Nürnberger Kunsthalle zeigt eine umfassende Retrospektive zum Schaffen des Malers und ehemaligen Bauhaus-Lehrers Paul Klee.

12 Sa »Der Spiegel« berichtet über eine Verleumdungskampagne gegen Björn Engholm (SPD), die CDU-Ministerpräsident Uwe Barschel veranlasst habe.

13 So Die SPD gewinnt die Landtagswahlen in Schleswig-Holstein. +++ Bei den Bremer Bürgerschaftswahlen behauptet die SPD die absolute Mehrheit.

14 Mo Friedensgruppen in der DDR fordern Staatschef Erich Honecker in einem offenen Brief auf, den Schießbefehl an der innerdeutschen Grenze zu widerrufen.

15 Di Nach jahrelangen Verhandlungen vereinbaren Albanien und die Bundesrepublik die Aufnahme diplomatischer Beziehungen.

16 Mi Das geistliche Oberhaupt der Tibeter, der im nordindischen Exil lebende Dalai-Lama, besucht die Bundesrepublik Deutschland.

17 Do Die Hanauer Brennelementefabrik Nukem kann ihren Betrieb mit Genehmigung des hessischen Umweltministeriums wieder aufnehmen.

18 Fr Um Erkenntnisse über den Aufbau und die Entwicklung der Erdkruste zu erhalten, beginnen Wissenschaftler in der Oberpfalz mit einer Tiefenbohrung.

19 Sa Die außerordentliche Bundesversammlung der Grünen in Oldenburg wird durch den Flügelstreit zwischen »Fundamentalisten« und »Realos« bestimmt.

20 So Die Kunstausstellung »documenta 8« endet in Kassel. +++ Die 52. Internationale Automobilausstellung (IAA) geht in Frankfurt am Main zu Ende.

21 Mo Zwei DDR-Grenzsoldaten gelingt die Flucht nach Niedersachsen. Sie überwinden unverletzt die Sperranlagen im Landkreis Helmstedt.

22 Di Die Bundesregierung beschließt eine Verordnung über Strahlengrenzwerte bei Lebensmitteln. Sie soll auslaufende EG-Richtlinien ersetzen.

23 Mi Der DDR-Staatsratsvorsitzende Erich Honecker reist zu einem Staatsbesuch nach Bulgarien. Thema der Gespräche ist die wirtschaftliche Zusammenarbeit.

24 Do Bundesaußenminister Hans-Dietrich Genscher fordert vor der UNO-Vollversammlung in New York weitere Abrüstungsschritte der Großmächte.

25 Fr Der schleswig-holsteinische Ministerpräsident Uwe Barschel erklärt seinen Rücktritt. Er übernimmt damit die politische Verantwortung in der »Pfeiffer-Affäre«.

26 Sa Die Westberliner Autorin Anna Jonas wird zur neuen Vorsitzenden des Verbandes deutscher Schriftsteller in der IG Druck und Papier gewählt. → Gottschalk

27 So Bei einem Erdrutsch am Rande der kolumbianischen Stadt Medellín kommen mehr als 400 Menschen ums Leben.

28 Mo Die mit 1030 m längste Eisenbahnbrücke der DDR wird nach sechsjähriger Bauzeit bei Wittenberg in Betrieb genommen.

29 Di Der Staatspräsident von Finnland, Maunu Koivisto, besucht Ost-Berlin. +++ Am Herzzentrum in West-Berlin wird zum 100. Mal ein Herz transplantiert.

30 Mi Generalbundesanwalt Kurt Rebmann untersagt »aus Sicherheitsbedenken« den Vertrieb des Buches »Das Info – Briefe von Gefangenen aus der RAF«.

11. Oktober 1987

Polit-Skandal in Kiel: Der Fall Uwe Barschel

Ein mysteriöser Politskandal – wohl der folgenschwerste und tragischste in der Geschichte der Bundesrepublik – endet mit dem Tod der Hauptperson: Reporter der Illustrierten »stern« finden den schleswig-holsteinischen Ministerpräsidenten Uwe Barschel leblos in der Badewanne eines Zimmers im Genfer Hotel »Beau Rivage«. Kriminalistische und gerichtsmedizinische Untersuchungen deuten auf Selbstmord, allerdings kann nicht zweifelsfrei geklärt werden, ob der hochrangige CDU-Politiker nicht doch Opfer eines Verbrechens geworden ist.

Eine Veröffentlichung des »Spiegel« brachte die Affäre ins Rollen. Am 7. September berichtete das Hamburger Nachrichtenmagazin, dass der SPD-Spitzenkandidat bei den bevorstehenden Landtagswahlen in Schleswig-Holstein, Björn Engholm, von Unbekannten beschattet worden sei. Hochrangige Beamte bestätigten, dass Engholm von Privatdetektiven überwacht worden sei und gegen ihn eine anonyme Anzeige wegen Steuerhinterziehung vorläge. Am 12. September, dem Vorabend der Landtagswahl, sickerte zudem durch, dass in der nächsten »Spiegel«-Ausgabe unter dem Titel »Barschels schmutzige Tricks« weitere Enthüllungen erfolgen würden, die den amtierenden Ministerpräsidenten schwer belasten müssten. Dessen ehemaliger Medienreferent Reiner Pfeiffer behauptete, die Beschattung Engholms auf Veranlassung Barschels in die Wege geleitet und die Anzeige erstattet zu haben. Unter dem Eindruck der Affäre gingen die Sozialdemokraten aus den Wahlen als stärkste Partei hervor. Am 18. September wies Barschel mit einer eidesstattlichen Erklärung, die er mit seinem persönlichen Ehrenworte bekräftigte, alle Anschuldigungen zurück und kündigte rechtliche Schritte gegen Pfeiffer und den

Titel zur »Ehrenwort-Pressekonferenz«

26. September 1987

Gottschalk übernimmt Erfolgsshow »Wetten, dass ...?«

Spektakuläre Wetten, illustre Gäste und eine munter-flockige Moderation zeichnen die beliebte ZDF-Quizsendung »Wetten, dass ...?« aus, die erstmals von Thomas Gottschalk (s. Abb., l., mit Frank Elstner) moderiert wird. Frank Elstner übergibt die

Leitung der Sendung an den wegen seiner Schlagfertigkeit allseits beliebten Gottschalk. Elstner hatte die populärste deutschsprachige TV-Unterhaltungsshow im Jahre 1981 aus der Taufe gehoben und 39-mal moderiert. 84% der bundesdeutschen Fernsehzuschauer sind der Meinung, dass Gottschalk der ideale Nachfolger Elstners sei. Auch in anderen Bereichen der Programmsparte »Show« zeichnet sich bei den öffentlich-rechtlichen Fernsehanstalten ein Generationenwechsel ab. TV-Legende Hans-Joachim Kulenkampff moderiert im November in der ARD zum letzten Mal das Quiz »Einer wird gewinnen«. Nachwuchs-Entertainer Jürgen von der Lippe erzielt mit der Show »Donnerlippchen« einen ersten großen Erfolg.

Auf die sich wandelnde Medienlandschaft in der Bundesrepublik, in der mehr und mehr private Sendeanstalten ihren Platz finden, reagieren die öffentlich-rechtlichen Anstalten mit einer veränderten Programmstruktur. Sie setzen neben ihrer starken Position im Informationsbereich vor allem auf die Eigenproduktion von Unterhaltungsserien. Ursprünglich hatten ARD und ZDF gehofft, dem Kommerzfunk durch den Großeinkauf von – zumeist teuren – Spielfilmen begegnen zu können. Deren Einschaltquoten bleiben jedoch oftmals hinter den Erwartungen zurück. Als regelrechte Straßenfeger erweisen sich dagegen Serien wie »Schwarzwaldklinik«, »Das Traumschiff« oder »Das Erbe der Guldenburgs«. Einen großen Erfolg erzielt das ZDF mit der Ausstrahlung des US-Mehrteilers »Fackeln im Sturm«.

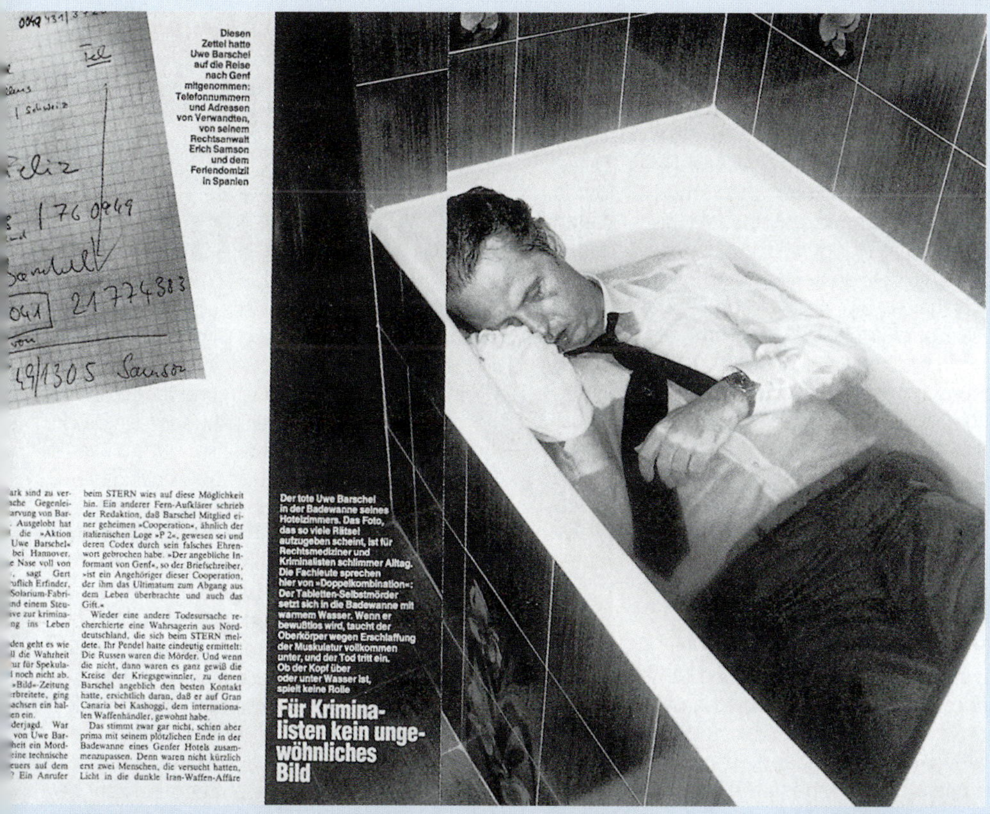

Pressefreiheit vor Pietät? Der Abdruck des letzten Barschel-Fotos

»Spiegel« an. Als jedoch weitere Beteiligte die gegen Barschel erhobenen Vorwürfe bestätigten, rückt die FDP als möglicher Koalitionspartner von ihm ab. Daraufhin legt Uwe Barschel am 2. Oktober sein Amt als Ministerpräsident Schleswig-Holsteins nieder. Kurz darauf bricht er zu einem Kurzurlaub nach Gran Canaria auf und dann, aus unbekannten Gründen, nach Genf. Bei der Obduktion werden im Magen des Toten Spuren von Schlaf- und Beruhigungsmitteln gefunden. Unbewiesene Gerüchte wollen wissen, Barschel sei in Geschäfte mit internationalen Waffenhändlern verwickelt gewesen. Ebenso wird nach dem Zusammenbruch der DDR über eine Beteiligung der Stasi spekuliert.

7. September 1987

Honecker erstmals in Bonn

Bundeskanzler Helmut Kohl empfängt den DDR-Staatsratsvorsitzenden Erich Honecker in Bonn. Der Besuch ist die erste Reise des ostdeutschen

Regierungschefs in die Bundesrepublik. Honecker wird mit allen protokollarischen Ehren empfangen (Abb.: Helmut Kohl und Erich Honecker, v.l.). Damit hat die DDR-Führung ihr Ziel erreicht, von der Bundesregierung als souveräner Staat anerkannt zu werden. Honecker unternimmt eine fünftägige Rundreise durch die Bundesrepublik. In Neunkirchen besucht der gebürtige Saarländer sein Elternhaus. In Wuppertal überreicht ihm Rocksänger Udo Lindenberg mit den Worten »Gitarren statt Knarren« ein elektrische Gitarre.

15. Oktober 1987

Sprachenstreit in Belgien

Wegen einer anhaltenden Koalitionskrise überreicht der belgische Ministerpräsident Wilfried Martens (Christdemokraten) König Baudouin I. sein Rücktrittsgesuch. Der Streit innerhalb der Regierung war ausgebrochen, als der Bürgermeister einer wallonischen Gemeinde sich weigerte, Ratssitzungen zweisprachig, in Niederländisch und Französisch, abzuhalten und damit Niederländisch als Amtssprache anzuerkennen.

Bereits seit Jahrzehnten schwelt in Belgien der Sprachenstreit zwischen den französisch sprechenden Wallonen und den niederländisch sprechenden Flamen. Mehrere Verfassungsreformen in den Jahren 1967-1971 teilten das Land in eine französischsprachige, eine niederländischsprachige und eine deutschsprachige Region mit jeweils begrenzter politischer Autonomie; die Hauptstadt Brüssel erhielt einen mehrsprachigen Status. Niederländisch und Französisch wurden gleichberechtigt nebeneinander als Amtssprachen zugelassen. Durch die zunehmende Ansiedlung ausländischer Institutionen in Brüssel befürchten die mit rd. 5,5 Mio. knapp die Bevölkerungsmehrheit bildenden Flamen, gegenüber den Wallonen benachteiligt zu werden. Ministerpräsident Martens scheitert bereits zum zweiten Mal an Reformen zur Regionalisierung des Staatswesens.

Oktober 1987

1 Do Hunderte Einwohner von Goiannia (Brasilien) werden radioaktiv verstrahlt, als ein Schrotthändler die Substanz Cäsium 137 an Nachbarn verteilt.

2 Fr 13 Menschen sterben an der spanischen Mittelmeerküste und auf den Balearen durch schwere Unwetter. Unter den Toten sind vier deutsche Touristen.

3 Sa Die Stadt Gera begeht ihre 750-Jahr-Feier mit einer Festwoche. +++ Im Dresdner Albertinum öffnet die X. Kunstausstellung der DDR ihre Pforten.

4 So Die Vereinigten Staaten und Kanada verständigen sich auf ein Freihandelsabkommen, das 1988 in Kraft treten und bis zur Jahrtausendwende gelten soll.

5 Mo Regierungsvertreter der Bundesrepublik und der Tschechoslowakei vereinbaren in Bonn eine Zusammenarbeit auf dem Gebiet des Umweltschutzes.

6 Di Der Bundesrechnungshof wirft dem Bund in seinem in Bonn veröffentlichten Jahresbericht einen zu sorglosen Umgang mit Steuergeldern vor.

7 Mi Die Überwachung von Arbeitnehmern durch verdeckte Videokameras wird durch eine Entscheidung des Bundesarbeitsgerichts in Kassel für unzulässig erklärt.

8 Do Zwischen dem Iran und den Vereinigten Staaten kommt es zu militärischen Auseinandersetzungen im Persischen Golf.

9 Fr Die Hanauer Nuklearfabrik Alkem erhält die erste ordentliche Teilerrichtungsgenehmigung. Bisher waren Übergangsbestimmungen Grundlage für den Betrieb.

10 Sa Rund 25 000 Kernkraftgegner demonstrieren im bayerischen Wackersdorf gegen den Weiterbau der atomaren Wiederaufbereitungsanlage.

11 So Der polnische Ministerpräsident Zbigniew Messner kündigt vor dem Parlament eine entschlossene Weiterführung der Wirtschaftsreformen an. → Barschel

12 Mo Die erste Antarktis-Expedition der DDR bricht zu einer Forschungsreise auf. Das berichtet die Nachrichtenagentur ADN.

13 Di Der DDR-Staatsratsvorsitzende Erich Honecker stattet Belgien einen Besuch ab. +++ Ein iranischer Raketenangriff tötet in Bagdad 31 Menschen.

14 Mi Nordrhein-Westfalens Ministerpräsident Johannes Rau (SPD) fordert in Düsseldorf den Ausstieg aus der Kernenergie. Vorrang müsse die Steinkohle haben.

15 Do Eine italienische Verkehrsmaschine stürzt bei ihrem Flug von Madrid nach Köln nahe dem Comer See ab. 29 der 37 Opfer sind Deutsche. → Belgien

16 Fr In Bad Frankenhausen (DDR) vollendet der Maler Werner Tübke nach elf Jahren das Wandgemälde »Frühbürgerliche Revolution in Deutschland«.

17 Sa Der Lyriker Erich Fried erhält in Darmstadt den Georg-Büchner-Preis. In seiner Dankesrede bringt er Büchner mit der Baader-Meinhof-Gruppe in Zusammenhang.

18 So Vor der niederländischen Küste verhindern die Umweltschutzorganisation Greenpeace und dänische Fischer die Verbrennung von Industriemüll.

19 Mo An der New Yorker Börse kommt es zu massiven Kursverlusten. Der Dow-Jones-Index sinkt innerhalb eines Tages um 22,6%.

20 Di Regierungsvertreter Polens und der DDR nehmen Verhandlungen über die strittige Grenzziehung in der Pommerschen Bucht auf.

21 Mi In der Anlage um den Goldenen Tempel in Amritsar (Pandschab) nimmt die indische Polizei insgesamt 250 Sikhs fest.

22 Do Auf seiner Peking-Reise vereinbart Bundesjustizminister Hans Engelhard (FDP) eine engere juristische Zusammenarbeit mit der Volksrepublik China.

23 Fr Hans-Dietrich Genscher besucht als erster Außenminister eines westeuropäischen Staates das lange Zeit politisch isolierte Albanien.

24 Sa Das jugoslawische Staatspräsidium in Belgrad entsendet eine Polizei-Sondereinheit in die von Nationalitätenunruhen betroffene autonome Provinz Kosovo.

25 So Der 13. Parteitag der Kommunistischen Partei Chinas beginnt in Peking. Im Mittelpunkt der Beratungen steht das Thema Wirtschaftsreformen.

26 Mo In Paris wird eine im Amt des Premierministers tätige Sekretärin festgenommen. Sie soll politisch-militärische Geheimnisse an den Iran geleitet haben.

27 Di Das Staatsoberhaupt der Sozialistischen Republik Birma, U San Yu, stattet der Bundesrepublik Deutschland einen einwöchigen Staatsbesuch ab.

28 Mi »Der Himmel über Berlin«, ein Film des deutschen Regisseurs Wim Wenders, eröffnet die 21. Internationalen Hofer Filmtage.

29 Do In Paris wird der geborgene Tresor der 1912 untergegangenen »Titanic« geöffnet, in dem sich nur kleinere Schmuckstücke und Münzen befinden.

30 Fr Die Bundesrepublik und die DDR tauschen mehr als 400 Kunstwerke aus, die während des Zweiten Weltkrieges ausgelagert worden waren.

31 Sa In Syrien kommt es zu einer Regierungskrise, in deren Verlauf vier Minister aufgrund von, wie es heißt, Korruption und Ineffizienz ihre Ämter verlieren.

November 1987

1 So Im innerdeutschen Reise- und Postverkehr treten Erleichterungen in Kraft, die beim Bonner Besuch von DDR-Staatschef Erich Honecker vereinbart wurden.

2 Mo Zwei Polizisten werden bei einer Demonstration gegen den Bau der Startbahn West am Flughafen Frankfurt am Main durch Pistolenschüsse getötet.

3 Di In West-Berlin fordert die Synode der Evangelischen Kirche in Deutschland das Recht für Arbeitslose auf eine sinnvolle Beschäftigung.

4 Mi Der Bundestag beschließt eine Anhebung der Bezüge für Männer, die zum Grundwehrdienst, zum Zivildienst oder zu Wehrübungen eingezogen werden.

5 Do US-Verteidigungsminister Caspar Weinberger tritt nach siebenjähriger Amtszeit aus privaten Gründen zurück. Sein Nachfolger ist Frank Carlucci.

6 Fr Nicaraguas Präsident Daniel Ortega erklärt in Managua seine Bereitschaft zur Verhandlungen mit den rechts gerichteten Contra-Rebellen.

7 Sa In Paris wählt die Generalkonferenz der UNESCO den Spanier Federico Mayor Zaragoza zum neuen Generaldirektor.

8 So In West-Berlin wird ein Japanisch-Deutsches Zentrum eröffnet. +++ Ein Anschlag der IRA tötet im nordirischen Enniskillen elf Menschen.

9 Mo Regierungsvertreter Griechenlands und der USA nehmen in Athen Verhandlungen über die Zukunft der vier US-Militärstützpunkte in Griechenland auf.

10 Di Das Statistische Bundesamt in Wiesbaden veröffentlicht eine Erhebung, nach der in der Bundesrepublik immer mehr Menschen als »Singles« leben.

11 Mi Nach Differenzen mit der KPdSU-Führung tritt der als Reformer geltende Moskauer Parteichef Boris Jelzin von seinem Amt zurück. → Van Gogh

12 Do Ein 26-jähriger Obdachloser legt ein Feuer im Bühnenhaus der Oper in Frankfurt am Main. Das Gebäude wird durch den Brand völlig zerstört.

13 Fr Ein in der DDR eingebürgerter Ausländer erhält die deutsche Staatsbürgerschaft im Sinne des Grundgesetzes, entscheidet das Bundesverfassungsgericht.

14 Sa Zum 125. Geburtstag des deutschen Dramatikers wird das Gerhart-Hauptmann-Museum in Erkner bei Ost-Berlin wieder eröffnet.

15 So Bundeskanzler Helmut Kohl bricht zu seiner ersten Afrikareise auf. Gespräche über wirtschaftliche und kulturelle Beziehungen stehen auf dem Terminplan.

16 Mo Bundespräsident Richard von Weizsäcker beruft Roman Herzog zum Präsidenten des Bundesverfassungsgerichts.

17 Di Die Landesregierung von Rheinland-Pfalz wendet sich gegen die Aufstellung des rekonstruierten Reiterstandbilds Kaiser Wilhelms I. am Deutschen Eck in Koblenz.

18 Mi Ein Großbrand im Londoner U-Bahnhof King's Cross fordert 31 Menschenleben. Weitere 80 Personen werden zum Teil schwer verletzt.

19 Do Im italienischen Genua wird die Konferenz »Frauen und Literatur« vorbereitet, deren offizielle Eröffnung am nächsten Tag erfolgt. → Hafenstraße

20 Fr Unter dem Motto »Die CSU in Bonn« beginnt in München der CSU-Parteitag. Franz Josef Strauß wird mit 90,7% der Stimmen als Vorsitzender bestätigt.

21 Sa Die europäische Trägerrakete »Ariane« bringt mit »TV Sat 1« den ersten deutsch-französischen Fernseh-Satelliten ins All.

22 So Steffi Graf gewinnt das Masters-Tennis-Turnier in New York. +++ Der Burda-Konzern kündigt die Gründung eines deutsch-sowjetischen Joint Ventures an.

23 Mo Die »Fünf Weisen« legen in Bonn ihr Gutachten zur wirtschaftlichen Lage der Bundesrepublik vor. Sie gehen von einem Anstieg der Arbeitslosenzahlen aus.

24 Di Bei einem Arbeitsbesuch in Schweden unterzeichnet DDR-Außenminister Oskar Fischer ein Abkommen zum Schutz der Nordsee.

25 Mi DDR-Sicherheitsorgane nehmen bei der Durchsuchung der »Umweltbibliothek« der evangelischen Zionsgemeinde in Ost-Berlin 20 Personen fest.

26 Do Storfälle bei den Chemiekonzernen Sandoz und BASF führen zu einer Verunreinigung des Rheins mit chemischen Substanzen.

27 Fr Nach anhaltenden Unruhen ruft die Regierung von Bangladesch den Ausnahmezustand aus. Die Oppositionsparteien fordern den Sturz des Präsidenten.

28 Sa Der FDP-Fraktionsvorsitzende im Bundestag, Wolfgang Mischnick, wird zum Vorstandsvorsitzenden der FDP-nahen Friedrich-Naumann-Stiftung gewählt.

29 So Ein Bombenanschlag ist vermutlich Ursache des Absturzes einer südkoreanischen Boeing zwischen Thailand und Birma, bei dem alle 115 Insassen sterben.

30 Mo In einem Interview mit der US-Fernsehanstalt NBC schließt der sowjetische Parteichef Michail S. Gorbatschow weitere Abrüstungsabkommen nicht aus.

8. Dezember 1987

Raketen werden verschrottet

US-Präsident Ronald Reagan und UdSSR-Staatschef Michail S. Gorbatschow unterzeichnen in Washington ein Abkommen über die Verschrottung von atomaren Mittelstreckenraketen. Damit ist das erste Abrüstungsabkommen zwischen den beiden Supermächten perfekt. Bisher hatten sich deren Regierungen nur auf gegenseitige Rüstungskontrollen einigen können. Nach dem fehlgeschlagenen Gipfeltreffen von Reykjavík nimmt die Weltöffentlichkeit das Ergebnis des Washingtoner Treffens mit Erleichterung auf. Während des Treffens herrscht zwischen Gorbatschow und Reagan auch persönlich eine gelöste Atmosphäre. Die Regierungschefs kommen überein, dass 1500 Waffen auf sowjetischer, 500 auf US-Seite verschrottet werden. Damit sind die START-Verhandlungen von 1982 abgeschlossen.

10. Dezember 1987

Nobelpreis für Bednorz

Ein deutscher Physiker erhält den Nobelpreis: Johannes Georg Bednorz wird zusammen mit seinem Schweizer Kollegen Alexander Müller für die Entdeckung eines neuen keramischen Supraleiters geehrt, der es möglich macht, dass elektrischer Strom ohne Widerstand durch Material fließt. Dieses muss dafür nahe an den absoluten Nullpunkt (- 273 °C) gekühlt werden. Als Urheber des Friedensplans für Mittelamerika erhält Oscar Arias Sánchez, Staatspräsident von Costa Rica, den Friedensnobelpreis. Mit dem Nobelpreis in der Sparte Chemie werden die US-Wissenschaftler Donald J. Cram und Charles J. Pedersen sowie der Franzose Jean-Marie Lehn für ihre Forschungen in der supramolekularen Chemie ausgezeichnet. Als erster Japaner erhält Susumu Tongawa den Medizinnobelpreis. Literaturnobelpreisträger wird der in den USA lebende Exilrusse Joseph Brodsky, dessen von »dichterischer Intensität« geprägter Lyrik die Auszeichnung gilt. Für seine Theorie, dass der technische Fortschritt Haupttriebfeder des Wirtschaftswachstums sei, erhält Robert M. Solow (USA) den diesjährigen Nobelpreis für Wirtschaftswissenschaften.

8. Dezember 1987

Intifada in Palästina

Der Kampf der Palästinenser um ihre Selbstbestimmung erhält eine neue Dimension. Mit der sog. Intifada (arab.: wach werden, sich erheben), einem vor allem von Kindern und Jugendlichen getragenen Aufstand, verstärkt sich der Druck auf die israelische Besatzungsmacht im Westjordanland und im Gazastreifen. Die Intifada dauert mehrere Jahre an. Hunderte von Menschen kommen bei blutigen Straßenschlachten ums Leben.

Auslöser des Aufstandes ist ein von einem israelischen Militärfahrzeug verursachter Unfall, bei dem vier Palästinenser getötet werden. In der Bevölkerung kommen Gerüchte auf, der Unfall sei ein vom israelischen Geheimdienst gesteuerter Anschlag gewesen. Erste spontane Protestmärsche finden statt. Innerhalb kürzester Zeit breiten sich die Unruhen in den gesamten besetzten Gebieten aus. Die jugendlichen Palästinenser errichten Barrikaden und fordern die arabische Bevölkerung zum Generalstreik auf. Israelische Sicherheitskräfte werden mit Steinen und Molotow-Cocktails beworfen, worauf sie mit äußerster Härte reagieren. In den folgenden Tagen und Wochen eskaliert der Konflikt. Mehrere Araber, darunter auch Kinder, kommen ums Leben. Allein bis zum 20. Dezember fordert die Intifada 21 Todesopfer, Mitte 1988 geben die Vereinten Nationen die Zahl der Toten mit 210 an, darunter vier Israelis. Mehrere tausend Menschen erleiden Verletzungen. Ausländische Beobachter berichten von Misshandlungen, u.a. sollen mehreren festgenommenen Jugendlichen die Beine oder Arme gebrochen worden sein. Zahlreiche Häuser von am Aufstand beteiligten Palästinensern werden dem Erdboden gleich gemacht. Das harte

11. November 1987

Van-Gogh-Bilder bringen Rekordpreise: Kunstmarkt ist überhitzt

Nie zuvor ist soviel Geld für ein einziges Gemälde bezahlt worden: Für umgerechnet 90 Mio. DM wird das Bild »Schwertlilien« (s. Abb.), ein wichtiges Werk des zeitlebens mittellosen Niederländers Vincent van Gogh, in New York versteigert. Den bisherigen Rekord hielt ebenfalls ein Van-Gogh-Werk: Am 30. März 1987 ersteigerte ein japanischer Geschäftsmann in London das Gemälde »Sonnenblumen«, eines von sieben des gleichen Motivs.

Kunstexperten bezeichnen die Preise für beide Bilder als unangemessen und stufen sie als exemplarisch für die Entwicklung auf dem internationalen Kunstmarkt der letzten Jahre ein. Während früher vor allem Museen den Handel bestimmten, sind mittlerweile zunehmend Unternehmen und Privatsammler am Erwerb der Kunstwerke interessiert. Oftmals stehe die Spekulation

auf einen exorbitanten Gewinnzuwachs in kurzer Zeit vor dem künstlerischen Interesse, glauben viele Beobachter der Kunstszene.

Vermummte Steinewerfer fordern die als Besatzer empfundenen Israelis heraus.

Jugendliche errichten Barrikaden.

Vorgehen der israelischen Armee stößt sowohl im Ausland als auch bei Teilen der eigenen Bevölkerung auf scharfe Kritik. Gefordert wird eine grundsätzliche Lösung der Palästinenserfrage. Der israelische Ministerpräsident Yitzhak Schamir (Likud-Block), der unter dem starken Druck rechts gerichteter Kreise seiner Partei steht, lehnt jedoch Verhandlungen mit den Palästinensern ab.

Die Bilder der jungen Palästinenser, die vermummt und Steine werfend die israelischen Sicherheitskräfte herausfordern, gehen um die Welt. Die Jugendlichen sind großteils ohne soziale Perspektive in Flüchtlingslagern aufgewachsen. In den besetzten Gebieten beträgt die Jugendarbeitslosigkeit 60%. Die Palästinensische Befreiungsorganisation (PLO) verfolgt zur Durchsetzung ihrer Ziele – Vertreibung der israelischen Besatzer und Errichtung eines unabhängigen Palästinenserstaates – nunmehr eine neue Strategie. Während sie sich vor allem in den siebziger Jahren terroristischer Methoden bedient hat, propagiert sie nun eine Kampagne des zivilen Ungehorsams. Dazu zählen u.a. Streiks, Verweigerung von Steuerzahlungen und ein Boykott israelischer Waren. Darüber hinaus sollen ständige Protestaktionen und Demonstrationen den Druck auf die Besatzungsmacht verstärken. Terrorakte, die den Israelis eine Rechtfertigung für militärisches Eingreifen liefern könnten, sollen unterbleiben. Erst 1993 zeichnet sich eine Lösung ab: Israel gewährt den Palästinensern nach zähen Verhandlungen mit PLO-Chef Jasir Arafat eine Teilautonomie.

19. November 1987

Dohnanyi vermittelt – Streit um Hafenstraße beigelegt

Mit einer friedlichen Lösung im Konflikt um die Hafenstraße im Hamburger Stadtteil St. Pauli war fast nicht mehr gerechnet worden. Umso überraschender die Wende: Nachdem die Bewohner der umstrittenen Häuser (s. Abb.) das letzte Ultimatum von Bürgermeister Klaus von Dohnanyi (SPD) erfüllt und die von ihnen errichteten Befestigungsanlagen abgebaut haben, stimmt der Senat für einen Vertragsschluss mit den Besetzern aus der links-alternativen Szene.

Seit der Besetzung der acht Häuser Anfang 1982 schwelte der Konflikt. Als die zwischen der stadteigenen Wohnungsbaugesellschaft SAGA und den Hafenstraßen-Bewohnern abgeschlossenen Mietverträge Ende 1986 ausliefen, kam es zur Fehde. CDU und rechter Flügel der SPD drängten auf Räumung, die Hafenstraßen-Bewohner verbarrikadierten sich. Um eine weitere Eskalation zu verhindern, erarbeitete Dohnanyi ein Vertragskonzept.

Dezember 1987

1 Di Zum Abschluss ihres Gipfeltreffens in Addis Abeba fordert die Organisation für afrikanische Einheit die Industrieländer zu einem Schuldenerlass auf.

2 Mi Das Bundeskabinett in Bonn beschließt ein Programm zur Konjunkturbelebung, wonach die Kommunen 21 Mrd. DM Kredithilfe erhalten sollen.

3 Do Der Zentralbankrat der Deutschen Bundesbank senkt den Diskontsatz auf 2,5%. +++ Die EG-Umweltminister verabschieden eine Abgashöchstgrenze für PKW.

4 Fr Die Kultusminister der Länder unterzeichnen in Karlsruhe eine Vereinbarung zur gegenseitigen Anerkennung der Schulabschlüsse.

5 Sa Die EG-Mitgliedstaaten können sich in Kopenhagen nicht auf ein Konzept zur Eindämmung der Subventionen für die Landwirtschaft einigen.

6 So Der Deutsche Eishockey-Bund untersagt dem ECD Iserlohn Trikotwerbung für »Das Grüne Buch« des libyschen Revolutionsführers Muammar al Gaddhafi.

7 Mo In London treffen der sowjetische Parteichef Michail S. Gorbatschow und die britische Premierministerin Margaret Thatcher zusammen.

8 Di Moskau lehnt ein Gnadengesuch des deutschen »Kreml-Fliegers« Mathias Rust ab, der eine vierjährige Haftstrafe verbüßt. → Raketen → Intifada

9 Mi Die Bundestagsfraktion der Grünen beschließt eine Grundsatzerklärung, in der die Zusammenarbeit der Partei mit militanten Gruppen abgelehnt wird.

10 Do Mehr als 100 000 Stahlarbeiter protestieren mit einem Streik gegen die geplante Schließung des Krupp-Hüttenwerkes in Rheinhausen. → Nobelpreis

11 Fr Die DDR-Staatsführung gibt bekannt, dass im Rahmen der im Juli verkündeten Amnestie bislang 24 621 Personen freigekommen seien.

12 Sa In der Hauptstadt Brasilia endet die Begegnung der Fußballnationalmannschaften Brasiliens und der Bundesrepublik Deutschland 1:1 unentschieden.

13 So Die christlich-liberale Koalition unter Ministerpräsident Wilfried Martens kann bei den belgischen Parlamentswahlen ihre Mehrheit knapp verteidigen.

14 Mo In Chile trifft eine bundesdeutsche Abordnung ein, die Menschenrechtsverletzungen in der von Deutschen gegründeten Colonia Dignidad prüfen soll.

15 Di Die Gewerkschaften Griechenlands rufen zum Generalstreik gegen die restriktive Lohnpolitik der sozialistischen Regierung von Andreas Papandreou auf.

16 Mi In Buenos Aires besiegt die Mannschaft von Weltmeister Argentinien die Nationalelf der Bundesrepublik Deutschland mit 1:0.

17 Do Bundesumweltminister Klaus Töpfer (CDU) entzieht dem Hanauer Unternehmen Transnuklear die Genehmigung für den Transport radioaktiver Abfälle.

18 Fr Das italienische Parlament beschließt den Planungsstopp für zehn Atomkraftwerke. Es setzt damit die Entscheidung eines Referendums um.

19 Sa In Sevilla (Spanien) endet eine Schachpartie zwischen Anatoli Karpow und Garri Kasparow (beide UdSSR) 12:12. Kasparow bleibt Weltmeister.

20 So Die Hockey-Damen der Bundesrepublik besiegen in Bad Neuenahr-Ahrweiler die Niederlande und werden zum fünften Mal in Folge Hallen-Europameister.

21 Mo Angola erklärt seine Bereitschaft zu Verhandlungen über den Abzug der im Land stehenden kubanischen Truppen, wenn Südafrika seine Angriffe einstelle.

22 Di Baden-Württembergs Ministerpräsident Lothar Späth (CDU) erklärt den Verzicht seines Landes auf den Ausbau der Atomenergie in diesem Jahrhundert.

23 Mi Zwei Kinder des Großkaufmanns Anton Schlecker werden in Ehingen (Alb-Donau-Kreis) entführt. Die Familie zahlt ein Lösegeld von 9,6 Mio. DM.

24 Do Ein geistig verwirrter, 15-jähriger Niederländer entführt eine Boeing 737 mit 97 Insassen auf dem Flug von Amsterdam nach Mailand.

25 Fr In Berlin-Kreuzberg verhindert die Polizei die Besetzung eines Hauses. 26 Personen werden bei den gewalttätigen Auseinandersetzungen festgenommen.

26 Sa Zwei katalanische Separatistenorganisationen übernehmen die Verantwortung für einen Terroranschlag in Barcelona, bei dem ein Mensch stirbt.

27 So Im Atlantik rettet das DDR-Fischereischiff »Ludwig Renn« die 14-köpfige Besatzung des in Seenot geratenen panamesischen Frachters »Island Queen«.

28 Mo Der bayerische Ministerpräsident Franz Josef Strauß (CSU) landet in einem eigenhändig gesteuerten Flugzeug zu einem offiziellen Besuch in Moskau.

29 Di Nach einem Aufenthalt von fast elf Monaten im All kehrt der sowjetische Kosmonaut Juri Romanenko von der Weltraumstation »Mir« zurück.

30 Mi In dem südafrikanischen Homeland Transkei bildet Armeechef Bantu Holonisa einen Militärrat und übernimmt die Macht.

31 Do Zum Jahresende wird der Kurs des US-Dollars in Frankfurt am Main mit dem bislang tiefsten Stand von 1,5815 DM notiert.

Januar 1988

1 Fr London veröffentlicht Berichte über einen schweren Störfall in der Wiederaufbereitungsanlage Sellafield, die 30 Jahre zurückgehalten wurden.

2 Sa US-Präsident Ronald Reagan und Kanadas Ministerpräsident Brian Mulroney unterzeichnen ein Abkommen über eine nordamerikanische Freihandelszone.

3 So Der evangelische Bischof von Ost-Berlin, Gottfried Forck, fordert die Einführung eines sozialen Friedensdienstes für Kriegsdienstverweigerer der DDR.

4 Mo Die ungarischen Behörden beginnen mit der Ausgabe von Reisepässen, mit denen Ungarn auch ohne Ausreisevisum ins westliche Ausland reisen können.

5 Di Mit einer feierlichen Zeremonie wird in Karlsruhe die Ablösung von Gerd Pfeiffer durch Walter Odersky als Präsident des Bundesgerichtshofs begangen.

6 Mi Nach dem Abschlussspringen in Bischofshofen steht der Finne Matti Nykänen als Gesamtsieger der deutsch-österreichischen Vierschanzentournee fest.

7 Do DDR-Staats- und Parteichef Erich Honecker trifft zu seinem ersten Staatsbesuch in Frankreich in der Hauptstadt Paris ein.

8 Fr Die USA heben das seit 1952, dem Höhepunkt der sog. McCarthy-Ära, bestehende Einreiseverbot für Mitglieder kommunistischer Organisationen auf.

9 Sa Das Münchener Prinzregententheater wird nach mehrjähriger Renovierung mit einem offiziellen Festakt wiedereröffnet.

10 So Jürgen Sparwasser, seit dem Siegtor im WM-Spiel gegen die Bundesrepublik 1974 ein DDR-Fußballidol, setzt sich in den Westen ab.

11 Mo In Lübeck wird eine 27-Jährige unter dem Verdacht festgenommen, 1986 am Anschlag auf die Westberliner Diskothek »La Belle« beteiligt gewesen zu sein.

12 Di Bundesaußenminister Hans-Dietrich Genscher (FDP) trifft während einer Polenreise den Vorsitzenden der Gewerkschaft »Solidarität«, Lech Walesa.

13 Mi Ungeachtet internationaler Proteste und der Missbilligung durch die UNO weist Israel vier Aktivisten des Palästinenseraufstandes Intifada aus.

14 Do Die evangelischen Kirchenleitungen in der DDR kritisieren auf ihrer Tagung in Ost-Berlin das Vorgehen einzelner Umwelt- und Friedensgruppen.

15 Fr Bundesaußenminister Hans-Dietrich Genscher trifft zu Gesprächen über die Lage im Nahen Osten in Syrien ein. Thema ist u.a. der libanesische Bürgerkrieg.

16 Sa Der Präsident Nicaraguas, Daniel Ortega, erklärt sich bereit, mit den von den USA unterstützten Contra-Rebellen direkte Verhandlungen aufzunehmen.

17 So Auf Haiti finden die ersten Präsidentschaftswahlen seit 30 Jahren statt. Gewinner ist der gemäßigte Politiker Leslie Manigat. → DDR

18 Mo Der sowjetische Bürgerrechtler Josef Begun darf mit seiner Familie aus der UdSSR ausreisen. Er hatte vor 17 Jahren erstmals einen Ausreiseantrag gestellt.

19 Di Der sowjetische Außenminister Eduard Schewardnadse beendet einen dreitägigen Arbeitsbesuch in der Bundesrepublik.

20 Mi In Kassel entscheidet das Bundesarbeitsgericht, dass Alkoholkranke während einer Entziehung nicht generell Anspruch auf Lohnfortzahlung haben.

21 Do Kambodschas Ministerpräsident Hun Sen und Oppositionsführer Prinz Sihanuk nehmen in Paris Verhandlungen über ein Ende des Bürgerkriegs auf.

22 Fr Bei der zehnten Rallye Paris-Dakar, die mit dem Sieg des finnischen Teams Juha Kankunnen/Juha Piironen endet, kommen sechs Menschen ums Leben.

23 Sa Das Wirtschaftsministerium der DDR gibt bekannt, 1987 seien wichtige Planziele bezüglich Wirtschaftswachstum und Produktivität nicht erreicht worden.

24 So Die Liechtensteiner Stimmbürger billigen mit absoluter Mehrheit die Erhöhung der Landtagsmandate in dem Fürstentum von 15 auf 25.

25 Mo Die Grünen-Politiker Petra Kelly und Gert Bastian werden wegen Teilnahme an einer Sitzblockade vor der Raketenbasis Hasselbach zu Geldstrafen verurteilt.

26 Di In Australien protestieren Vertreter der Ureinwohner gegen die Feierlichkeiten der Regierung zum 200. Jahrestag der Ankunft weißer Siedler.

27 Mi Bundespräsident Richard von Weizsäcker empfängt in Bonn Shpetim Caushi, den ersten Botschafter der Volksrepublik Albanien.

28 Do Bundesumweltminister Klaus Töpfer (CDU) gibt bekannt, dass seit Anfang des Jahres 95% aller Haar- und Deosprays ohne FCKW hergestellt würden.

29 Fr Zwölf Seeleute – vier Deutsche und acht Filipinos – kommen beim Untergang eines Frachters einer Bremer Reederei nördlich der Azoren ums Leben.

30 Sa Bayerns Ministerpräsident Franz Josef Strauß (CSU) beendet seine Südafrika-Reise. Die Opposition kritisiert seine engen Kontakte zum Apartheid-Regime.

31 So In Davos (Schweiz) kommen der griechische Ministerpräsident Andreas Papandreou und sein türkischer Amtskollege Turgut Özal zu Gesprächen zusammen.

23. Februar 1988

Menschenkette im Revier

Mehr als 80 000 Demonstranten bilden im Ruhrgebiet eine Menschenkette (s. Abb.), die sich über 70 km von Duisburg bis nach Dortmund zieht. Mit der spektakulären Aktion wollen die Teilnehmer gegen die geplante Schließung des Krupp-Stahlwerks im Duisburger Stadtteil Rheinhausen protestieren. Die Demonstration verläuft durchweg friedlich. Sie findet am Vorabend der Ruhrgebietskonferenz statt, auf der über die Zukunft des

Stahlwerks, die Sicherung der Arbeitsplätze und staatliche Hilfen für die Region beraten werden soll. Die Krise begann im November 1987, als das Krupp-Management bekannt gab, den Standort Rheinhausen wegen unrentabler Produktion schließen zu wollen. Mehr als 5300 Arbeitsplätze würden bei einer Schließung wegfallen. Bereits jetzt beträgt die Arbeitslosenquote in der Region rd. 15%. Seit 1980 haben über 60 000 Menschen wegen der Krise in der Stahlindustrie ihre Stellung verloren. Grund für die prekäre Lage sind Überproduktion und die Sättigung des Marktes durch billigen Stahl aus Osteuropa und den sog. Schwellenländern.

19. Februar 1988

Papst beklagt Armutsgefälle

Der Vatikan veröffentlicht die Sozialenzyklika »Sollicitudo Rei Socialis« (Über die soziale Sorge der Kirche). Darin äußert sich Papst Johannes Paul II. besorgt über die soziale Ungerechtigkeit in der Welt, insbesondere über die ungleiche Verteilung des Wohlstandes auf der Nord- und der Südhalbkugel der Erde. Um diese Probleme zu überwinden, fordert das Kirchenoberhaupt Reformen im internationalen Handels- und Finanzsystem.
Die vor allem in Südamerika populäre Befreiungstheologie stellt für Johannes Paul II. nach wie vor einen Irrweg dar, da sie die materiellen Belange der Menschen zu stark in den Vordergrund rücke. Die Protagonisten dieser Richtung verstehen sich als Kämpfer gegen Armut, Unterdrückung und Ausbeutung. Mit diesem Konzept gerieten sie in Konflikt mit der politischen Oberschicht und führenden Kreisen der katholischen Kirche. Motiv und Ziel der »Theologie der Befreiung« beschrieb der mexikanische Bischof Méndez Arceo mit den Worten: »Für unsere unterentwickelte Welt gibt es keine andere Lösung als den Sozialismus.« Papst Johannes Paul II. erklärte bereits während einer Lateinamerikareise im Jahre 1979: »Dieses Verständnis von Christus als Politiker, Revolutionär und Umstürzler von Nazareth lässt sich nicht mit der Katechese der Kirche in Einklang bringen.« Die Ablehnung der radikalen theologischen Richtung bekam zuletzt der brasilianische Geistliche Leonardo Boff zu spüren. Er wurde 1985 mit einem Publikationsverbot belegt.

17. Januar 1988

DDR weist Kritiker aus

Bei dem Versuch, sich mit eigenen regimekritischen Transparenten und Parolen an einem offiziellen Demonstrationszug zum Gedenken an die Ermordung der Spartakusführer Rosa Luxemburg und Karl Liebknecht im Jahre 1919 zu beteiligen, werden in Ost-Berlin über 120 Regimegegner festgenommen. Sie stammen aus dem Umfeld der Friedens-, Umwelt- und Menschenrechtsgruppen in der DDR. Gegen mindestens 22 von ihnen leiten die Behörden ein Ermittlungsverfahren u.a. wegen »Rowdytums« und »Landesverräterischer Beziehungen« ein. Zu den Verhafteten gehören u.a. Vera Wollenberger, Mitbegründerin der Gruppe »Kirche von unten«, und der Liedermacher Stephan Krawczyk. In den folgenden Tagen kommen noch weitere Regimekritiker in Haft. Nach Verurteilung zu Haftstrafen zwischen sechs Monaten und einem Jahr werden sie Anfang Februar überraschend aus dem Gefängnis entlassen und in die Bundesrepublik abgeschoben.
Seit 1987 hat sich die Gangart der DDR-Behörden gegen die ausgesprochen heterogen zusammengesetzten Oppositionsgruppen merklich verschärft. Die immer mutiger auftretenden Bürgerrechtler, die vielfach im Schutz der Kirche

28. Februar 1988

Winterspiele in Calgary

Im kanadischen Wintersportort Calgary gehen die XV. Olympischen Winterspiele zu Ende. Etwa 1800 Sportler aus 57 Nationen nahmen an den Wettkämpfen teil, die am 13. Februar begonnen hatten.

Mit jeweils drei Goldmedaillen waren die niederländische Eisschnellläuferin Yvonne van Gennip und der finnische Skispringer Matti Nykänen die erfolgreichsten Teilnehmer in Calgary. Die meisten Medaillen gewann das Team aus der UdSSR. Star der alpinen Skiwettbewerbe war der Italiener Alberto Tomba (s. Abb.), der sich die Goldmedaille im Slalom und im Riesenslalom sicherte. Im Eiskunstlauf der Damen verteidigte Katarina Witt (DDR) mit ihrer Interpretation der »Car-

Die Demonstration in Ost-Berlin

Ausgewiesen – ausgereist
(Auswahl von Prominenten, die die DDR verlassen mussten)

Name	Beruf	Jahr der Übersiedlung
Gerhard Zwerenz	Schriftsteller	1957
Ernst Bloch	Philosoph	1961
Wolf Biermann	Liedermacher	1976
Reiner Kunze	Lyriker	1977
Manfred Krug	Schauspieler	1977
Sarah Kirsch	Schriftstellerin	1977
Rudolph Bahro	Sozialwissenschaftler	1979

ihrem Engagement nachgehen, fordern u.a. das Recht auf freie Ausreise in den Westen und die Umsetzung von Reformen nach dem Vorbild von Perestroika und Glasnost in der Sowjetunion. Die Verhaftungen und Ausweisungen der Regimekritiker führen zu schweren Belastungen der innerdeutschen Beziehungen. Bundesregierung und Opposition verurteilen nahezu einmütig das Vorgehen der DDR-Behörden. Einige Politiker fordern, die weitere Vergabe von Krediten an die DDR zu überprüfen.

Katarina Witt

deutsche Eiskunstläuferin; * 3.12.1965 Staaken bei Berlin

Das »schönste Gesicht des Sozialismus« ist über Jahre das Aushängeschild des DDR-Sports. Mit ihren künstlerischen Darbietungen auf dem Eis – aber auch mit ihrer natürlichen Ausstrahlung – gewinnt die erfolgreichste Eiskunstläuferin aller Zeiten Sympathien in Ost und West. 1988 tritt sie erstmals in der Eis-Revue »Holiday on Ice« auf, später wirkt sie auch in verschiedenen Kinofilmen mit.

- 1983-88: Gewinn der Europameisterschaft
- 1984, 1988: Olympiasieg
- 1984-85, 1987-88: Gewinn der Weltmeisterschaft

men« ihr Olympisches Gold von 1984 in Sarajevo. Dabei verwies sie ihre Konkurrentin Debra Thomas (USA), die ebenfalls zur Musik aus Georges Bizets Oper »Carmen« angetreten war, auf den Platz zwei. Nach Abschluss der Spiele zieht das Organisationskomitee eine positive Bilanz. Mit dem Verkauf von Fernsehrechten, durch Sponsorenverträge und Lizenzvergaben standen die Wettkämpfe auf einem soliden finanziellen Sockel. Für Unzufriedenheit bei Organisatoren und Athleten sorgte lediglich das oftmals unberechenbare Wetter.

8. Februar 1988

Waldheim war Mitwisser

Eine internationale Historikerkommission legt der österreichischen Regierung einen Untersuchungsbericht über das Verhalten von Bundespräsident Kurt Waldheim während des Zweiten Weltkriegs vor. Die Kommission kommt zu dem Ergebnis, dass Waldheim als Wehrmachtsoffizier nicht direkt an Kriegsverbrechen auf dem Balkan beteiligt gewesen sei.

Die Diskussion um die Vergangenheit des Politikers war 1986 aufgeflammt, als der ehemalige UN-Generalsekretär für das Amt des österreichischen Bundespräsidenten kandidierte. Der jüdische Weltkongress hatte Waldheim beschuldigt, an Vergeltungsaktionen gegen Partisanen auf dem Balkan beteiligt gewesen zu sein und aktiv an Judendeportationen mitgewirkt zu haben. Die Untersuchungskommission spricht den Präsidenten von derartigen Vorwürfen frei. Sie wirft ihm allerdings vor, über derartige Vorgänge informiert gewesen zu sein und dennoch seinen Dienst weiter versehen zu haben. In dem Bericht heißt es: »Ganz allgemein kann bereits aus dem bloßen Wissen um Verletzungen der Menschenrechte am Ort des eigenen Einsatzes eine gewisse Schuld entwachsen ...«. Der Bundespräsident sieht sich mit diesem Bericht vollständig entlastet. Die Protestaktionen in Österreich gegen Waldheim gehen jedoch weiter.

Februar 1988

1 Mo Die sowjetische Parteizeitung »Prawda« eröffnet eine Kampagne gegen religiöse, nationalistische und antikommunistische Gruppierungen in der UdSSR.

2 Di In einem internen Bericht gibt die DDR-Staatssicherheit die Anzahl der rechtsextremen Skinheads in der DDR mit rund 800 an.

3 Mi Das US-Repräsentantenhaus verweigert Präsident Ronald Reagan die Freigabe von Hilfsgeldern für die rechts gerichteten nicaraguanischen Contra-Rebellen.

4 Do Bundesaußenminister Hans-Dietrich Genscher (FDP) fordert auf der Genfer UN-Abrüstungskonferenz ein weltweites Verbot chemischer Waffen.

5 Fr Mehrere DDR-Oppositionelle werden aus der Haft entlassen und gegen ihren Willen in die Bundesrepublik Deutschland abgeschoben.

6 Sa Eine zu Versuchzwecken abgefeuerte US-Atomrakete vom Typ »Trident 1« explodiert wenige Sekunden nach dem Start vor der Küste Floridas.

7 So US-Verteidigungsminister Frank Carlucci bekräftigt auf der jährlichen Wehrkundetagung in München die nukleare Verteidigungsgarantie der USA für Europa.

8 Mo Eine Passagiermaschine stürzt in der Nähe von Mülheim/Ruhr ab. Alle 21 Insassen kommen bei dem Unglück ums Leben. → Waldheim

9 Di Nach langjährigem Streit stimmt eine Mehrheit des britischen Unterhauses dafür, Fernsehübertragungen von Parlamentsdebatten zuzulassen.

10 Mi Die Bundesregierung in Bonn beschließt einen Gesetzentwurf zur Einschränkung der medizinischen Forschung an Embryonen.

11 Do DDR-Staatschef Erich Honecker vereinbart mit Berlins Regierendem Bürgermeister Eberhard Diepgen Reiseerleichterungen für Westberliner.

12 Fr Sowjetische Fregatten rammen vor der Halbinsel Krim zwei US-Kriegsschiffe, die sich in der von der UdSSR beanspruchten Zwölf-Meilen-Zone befinden.

13 Sa Um die Sicherheit Europas zu gewährleisten, fordert der Oberbefehlshaber der NATO-Streitkräfte die Modernisierung der nuklearen Trägersysteme.

14 So Die Berliner »Morgenpost« berichtet, dass aus dem unter US-Aufsicht stehenden Berlin Document Center rd. 80 000 NS-Akten verschwunden seien.

15 Mo Die Umweltminister der Ostsee-Anrainerstaaten verständigen sich in Helsinki (Finnland) auf eine Halbierung der Schadstoffeinleitung bis 1995.

16 Di Japanische Wissenschaftler entdecken eine neue supraleitende Verbindung, bei welcher der elektrische Widerstand bereits bei minus 153 °C schwindet.

17 Mi 32 000 britische Automobilarbeiter beenden einen zehntägigen Streik, mit dem sie sich eine Lohnerhöhung von 7% erkämpften.

18 Do Das Bundesverfassungsgericht in Karlsruhe bestätigt das Verbot der Leiharbeit im Baugewerbe, bei der Arbeiter ohne Sozialabgaben beschäftigt werden.

19 Fr Rund 100 000 Demonstranten fordern in Vilnius, der Hauptstadt der Sowjetrepublik Litauen, die Unabhängigkeit des Landes von Moskau. → Papst

20 Sa Udo Lattek, einer der erfolgreichsten deutschen Fußballtrainer, erklärt überraschend seinen Rücktritt als technischer Direktor beim 1. FC Köln.

21 So Fernseh-Evangelist Jimmy Swaggart bittet in Baton Rouge (Louisiana) in einer rührseligen Bekenntnisrede um Verzeihung für eine außereheliche Affäre.

22 Mo Angehörige des öffentlichen Dienstes bekräftigen mit bundesweiten Warnstreiks ihre Forderung nach weiterer Verkürzung der wöchentlichen Arbeitszeit.

23 Di Bei den Berliner Filmfestspielen wird der chinesische Regisseur Zhang Yimou für »Rotes Kornfeld« mit dem Goldenen Bären ausgezeichnet. → Menschenkette

24 Mi Südafrikas Präsident Pieter Willem Botha untersagt rund 170 Organisationen, u.a. schwarzen Jugendverbänden, jede »Aktivität in der Öffentlichkeit«.

25 Do In der südkoreanischen Hauptstadt Seoul tritt der neu gewählte Staatspräsident Roh Tae Woo die Nachfolge von Chun Doo Hwan an.

26 Fr Bei den Tarifverhandlungen der Stahlindustrie in Nordrhein-Westfalen einigt man sich u.a. auf die Einführung der 36,5-Stunden-Woche.

27 Sa Im Golfkrieg nehmen Irak und Iran nach rund viermonatiger Unterbrechung den sog. Städtekrieg, die gegenseitige Bombardierung mit Raketen, wieder auf.

28 So In Hamburg beginnt eine Tagung, an der die EG-Außenminister und ihre Amtskollegen aus neun süd- und mittelamerikanischen Staaten teilnehmen. → Calgary

29 Mo In der aserbeidschanischen Stadt Sumgait kommt es zu schweren Zusammenstößen von Armeniern mit Aserbeidschanern.

März 1988

1 Di In Düsseldorf, Essen und Bochum läuft ein Modellversuch zur ärztlich kontrollierten Versorgung Heroinsüchtiger mit der Ersatzdroge Methadon an.

2 Mi Die Bundesregierung legt einen Gesetzentwurf vor, nach dem die Verwendung des ozonschichtgefährdenden FCKW in Spraydosen vermieden werden soll.

3 Do In Großbritannien schließen sich die Liberalen und die Sozialdemokratische Partei zur Sozialen und Liberalen Demokratischen Partei zusammen.

4 Fr Mit Hinweis auf moralische Bedenken untersagt der Deutsche Fußballbund dem Bundesliga-Klub FC Homburg, auf seinen Trikots für Kondome zu werben.

5 Sa In Lhasa kommt es zu gewalttätigen Auseinandersetzungen mit der Polizei, als Tibeter gegen die Besetzung ihres Landes durch China demonstrieren.

6 So Mitglieder der britischen Armee erschießen in Gibraltar drei mutmaßliche IRA-Terroristen. Der Vorfall löst in Nordirland eine neue Welle der Gewalt aus.

7 Mo Mit koordinierten Aktionen in Salzburg, Wien, Ankara, Istanbul, Mailand und München zerschlägt die Polizei einen internationalen Rauschgiftring.

8 Di Die Bundesregierung beschließt eine Änderung des Asylverfahrensgesetzes, um nicht anerkannte Bewerber schneller abschieben zu können.

9 Mi In beiden Teilen Berlins wird »Ödipussi«, der erste abendfüllende Spielfilm des Satirikers und Zeichners Loriot, uraufgeführt.

10 Do Außenminister Hans-Dietrich Genscher eröffnet in Budapest ein bundesdeutsches Kulturzentrum. Eine derartige Einrichtung existiert bereits in Rumänien.

11 Fr In Österreich beginnt eine Reihe von Veranstaltungen zum Gedenken an den Anschluss an das nationalsozialistische Deutschland im Jahre 1938.

12 Sa Bei einem Fußballspiel in der nepalesischen Hauptstadt Katmandu bricht im Stadion eine Panik aus. 71 Menschen kommen dabei ums Leben.

13 So Nach 16 Jahren Bauzeit wird in Japan der mit 53,85 km längste Unterwassertunnel der Welt eröffnet. Er verbindet die Inseln Honshu und Hokkaido.

14 Mo Vietnamesische und chinesische Kriegsschiffe liefern sich im südchinesischen Meer ein kurzes Seegefecht um den Besitz der Spratlyinseln.

15 Di Die DDR hebt die im Januar erlassenen Geldwechselbeschränkungen für tschechische Kronen auf. DDR-Bürger dürfen wieder 40 Mark pro Tag umtauschen.

16 Mi Beim Begräbnis dreier IRA-Mitglieder in Belfast verübt ein Protestant einen Anschlag, bei dem drei Menschen sterben und 68 verletzt werden. → Kurden

17 Do Österreichs Altbundeskanzler Fred Sinowatz tritt als Vorsitzender der SPÖ zurück. Ihm wird Mitwisserschaft um illegalen Waffenhandel vorgeworfen.

18 Fr Bonner Behörden bestätigen Presseberichte, nach denen sich der Vize-Chef des DDR-Transportunternehmens Deutrans in den Westen abgesetzt habe.

19 Sa Am Bonner Schauspielhaus wird »Schlachten« uraufgeführt, ein Stück des persönlich als theaterkritisch geltenden Autors Rainald Goetz.

20 So Trotz deutlicher Stimmenverluste geht die CDU aus den Landtagswahlen in Baden-Württemberg als stärkste Partei hervor und kann weiter allein regieren.

21 Mo Der größte Teil der schwarzen Bevölkerung Südafrikas tritt in den Generalstreik. Damit soll an das Massaker der Polizei in Sharpeville 1960 erinnert werden.

22 Di Wegen ihrer regimekritischen Berichterstattung wird die katholische Zeitung »New Nation« von der Regierung Südafrikas für drei Monate verboten.

23 Mi Aus Baden-Württemberg wird gemeldet, dass in mehreren Geschäften vergiftetes Olivenöl sichergestellt worden sei. → Nicaragua

24 Do Die Bundesregierung beginnt mit dem Verkauf der noch in Bundesbesitz befindlichen Aktien der Volkswagen AG. Es handelt sich um rd. 16% der VW-Aktien.

25 Fr Auf ihrer Bundesversammlung in Ludwigsburg beschließen die Grünen die Gründung des parteinahen »Stiftungsverbands Regenbogen«.

26 Sa Nach dem Gewinn ihres vierten Weltmeistertitels in Budapest erklärt die DDR-Eiskunstläuferin Katarina Witt ihren Rücktritt vom Amateur-Wettkampfsport.

27 So Schwere Überschwemmungen richten in Bayern große Schäden an. Unter den Wassermassen brechen an einigen Stellen die Donau-Dämme.

28 Mo Generalbundesanwalt Kurt Rebmann gibt bekannt, den Staatsschutzbehörden seien sechs mutmaßliche KGB-Agenten ins Netz gegangen.

29 Di Um Ausschreitungen am »Tag der Erde« zu verhindern, riegelt die israelische Armee für drei Tage die besetzten arabischen Gebiete ab.

30 Mi Nur 1,5 km von zwei Kernkraftwerken entfernt stürzt bei Straubing ein Militärflugzeug ab. Dies sorgt für Diskussionen über Gefahren militärischer Tiefflüge.

31 Do Das Landgericht München verurteilt zwei Männer zu neun Jahren Haft. Sie hatten Anschläge auf Strommasten und Eisenbahnanlagen verübt.

23. März 1988

Friedens-Chance in Nicaragua

In Nicaragua einigen sich die sandinistische Regierung und die rechts gerichteten »Contra«-Rebellen auf einen 60-tägigen Waffenstillstand. Der Bürgerkrieg in dem mittelamerikanischen Land ist nach sieben Jahren damit de facto beendet. Präsident Daniel Ortega weist den Contras Gebiete zu, in die sie sich zurückziehen können. Gleichzeitig werden die Beschränkungen der Pressefreiheit wieder aufgehoben. Durch eine Amnestie kommen 3300 verhaftete »Contra«-Mitglieder und Anhänger des ehemaligen Diktators Anastasio Somoza aus den Gefängnissen frei.

12. April 1988

»Der letzte Kaiser« wird geehrt

Bernardo Bertoluccis Film »Der letzte Kaiser« gewinnt neun »Oscars«. Der Film erzählt in opulenten Bildern das wechselvolle Leben des chinesischen Kaisers Pu Yi (s. Abb.), der im Alter von zwei Jahren den Thron bestieg.

Die sowjetischen Truppen beginnen rasch mit dem Rückzug (o.). Im Februar des kommenden Jahres verlassen die letzten Einheiten das Land (r.).

Das Abkommen

Der Afghanistan-Vertrag, der nach sechsjährigen, unter Vermittlung der Vereinten Nationen geführten Verhandlungen zustande kommt, sieht vor, dass sämtliche sowjetische Truppen bis Februar 1989 das Land verlassen. Die ersten Einheiten werden, so die Planung, am 15. Mai abziehen. Bis Mitte August soll die Anzahl der Sowjetsoldaten auf die Hälfte reduziert sein. Die UNO wird die Erfüllung des Vertrags durch je eine Truppeneinheit in der afghanischen Hauptstadt Kabul und in der pakistanischen Hauptstadt Islamabad überwachen. Ferner werden die Beendigung jeglicher Einmischung von außen und die Repatriierung der 3 Mio. afghanischen Flüchtlinge aus Pakistan und dem Iran (2 Mio.) vereinbart. Eine Beendigung des Bürgerkriegs in dem mittelasiatischen Gebirgsstaat ist aber auch nach dem sowjetischen Abzug nicht in Sicht. Ein Stopp der Moskauer Rüstungshilfe für die kommunistisch ausgerichtete afghanische Regierung sieht der Vertrag ebenso wenig vor wie eine Einstellung der militärischen Unterstützung der Rebellen durch die USA und Pakistan. Die meist islamisch orientierten Widerstandsgruppen, die in Genf nicht mit am Tisch sitzen, sondern sich durch ihren engsten Verbündeten Pakistan vertreten lassen, erklären ihre Bereitschaft zur Fortsetzung des Kampfes gegen die Regierung in Kabul.

12. April 1988

Umstrittene Gentechnik: US-Behörde patentiert eine Maus

Wissenschaftler melden bei der Patentbehörde in der US-Hauptstadt Washington eine gentechnisch erzeugte Maus zum Patent an. Die Forscher hatten das Tier künstlich erschaffen, indem sie sämtliche notwendigen Gene aus anderen Organismen entnommen hatten. Derartig erzeugte Lebewesen werden in der Biologie als »transgen« bezeichnet (Abb.: Gentechnisch erzeugte Mäuse). Die Anmeldung eines Patentes auf ein Lebewesen entfacht erneut den Streit zwischen Gegnern und Befürwortern der Gentechnologie. Während die Befürworter auf die Vorteile u.a. in der Medizin und der Landwirtschaft hinweisen, befürchten die Gegner u.a. unwiderrufliche Veränderungen im ökologischen Gleichgewicht und kritisieren die ethische Fragwürdigkeit dieser wissenschaftlichen Forschung.

. April 1988

riegsende in fghanistan

Die Sowjetunion beendet ihr militärisches Engagement im Nachbarland Afghanistan. Regierungsvertreter Afghanistans und Pakistans unterzeichnen in Genf ein Abkommen, dem die UdSSR und die USA als Garantiemächte beitreten. Es schafft die Voraussetzung für den Abzug der rd. 115 000 in Afghanistan stationierten sowjetischen Soldaten.
Mit dem Abschluss des Afghanistanvertrags vollzieht der seit 1985 amtierende sowjetische Staats- und Parteichef Michail S. Gorbatschow einen radikale Schwenk in der Außenpolitik seines Landes. Zum ersten Mal entzieht Moskau der kommunistischen Regierung eines Nachbarlandes seine Unterstützung und nimmt dessen Sturz in Kauf. Aus diesem Grund ist der Abzug der Roten Armee in der Sowjetunion durchaus umstritten. Trotz der hohen Verluste – nach offiziellen Angaben kamen während der neunjährigen Intervention mehr als 13 000 sowjetische Soldaten ums Leben – werfen innerparteiliche Gegner Gorbatschow vor, mit der Preisgabe Afghanistans elementare Interessen der Sowjetunion zu verletzen. Auch bei Teilen der Armeeführung wächst der Widerstand gegen den Kremlchef, so dass Beobachter einen Putschversuch gegen den reformwilligen KPdSU-Generalsekretär nicht mehr ausschließen.
Der Abzug der Roten Armee bringt Afghanistan jedoch keinen Frieden. Die islamistischen Widerstandsgruppen bekämpfen weiterhin die Regierung in Kabul. Auch nach deren Sturz bleibt das Land eine Kriegs- und Krisenregion. Zu unterschiedlich sind die Pläne der Rebellen über die Zukunft des Landes. Während die Kämpfer der mächtigsten Gruppierung unter Gulbuddin Hekmatyar die Errichtung eines islamischen Staates unter einer Einheitspartei wollen, treten die Anhänger von Ahmed Schah Massud für einen gemäßigten islamischen Staat ein, dessen Regierung in freien Wahlen bestimmt werden soll.

16. März 1988

Giftgasangriff gegen Kurden

Der mit äußerster Brutalität geführte Golfkrieg zwischen dem Iran und dem Irak erreicht einen neuen schrecklichen Höhepunkt. Irakische Truppen greifen den Grenzort Halabja an, der von Kurden bewohnt wird. Das bei dem Überfall eingesetzte Giftgas tötet die 4000 in dem Ort lebenden Menschen, hauptsächlich Frauen und Kinder. Einige von ihnen hatten – erfolglos – Schutz in Kellerräumen gesucht.
Der Angriff erfolgt, nachdem der Ort zwei Tage zuvor von iranischen Truppen erobert worden war. Da auch kurdische Untergrundkämpfer auf Seiten des Iran kämpfen, wird der Angriff auf Halabja als Vergeltungsaktion gegen Kurden gerechtfertigt. Die schrecklichen Bilder der Giftgasopfer (s. Abb.) erschüttern die Weltöffentlichkeit und rufen heftige Proteste hervor. Der Einsatz chemischer und bakteriologischer Waffen ist seit dem Genfer Abkommen von 1925 verboten. Entsprechend verurteilt das Internationale Komitee vom Roten Kreuz den Angriff. Die Vereinten Nationen weisen darauf hin, dass der Irak seit 1984 bereits mehrfach Giftgas eingesetzt habe. Die US-Regierung in Washington beschuldigt auch den Iran, Gasangriffe durchgeführt zu haben. Die Regierung in Teheran bestreitet die Vorwürfe.

Mit dem Angriff auf Halabja weitet der Irak den 1980 ausgebrochenen Golfkrieg auf die kurdische Bevölkerung aus. Etwa ein Viertel der insgesamt 20 Mio. Kurden lebt im Iran, rd. 18% im Irak, der Großteil ist in der Türkei ansässig. Da die Kurden in diesen Staaten eine Minderheit bilden, sind sie Repressionen und Benachteiligungen ausgesetzt. Seit mehreren Jahrzehnten kämpfen sie deshalb für einen eigenen Staat. Bagdad verlangte von der Volksgruppe Mitte der 70er Jahre ultimativ, in den Iran überzusiedeln oder ihren Widerstand gegen die irakische Zentralregierung aufzugeben. Daraufhin setzte eine Massenflucht der irakischen Kurden in den Iran ein. Nach dem Gasangriff auf Halabja befinden sich erneut 60 000 Menschen auf der Flucht.

April 1988

1 Fr Israel hebt die dreitägige Absperrung des Gazastreifens auf. Während der Abriegelung konnten zehntausende Palästinenser nicht zur Arbeit gehen.

2 Sa Durch einen Viersatzsieg über den Schweden Stefan Edberg gewinnt der deutsche Tennisprofi Boris Becker in Dallas (USA) die WTC-Weltmeisterschaft.

3 So US-Außenminister George Shultz bricht zu einer Reise in den Nahen Osten auf. Die USA wollen den Friedensprozess wieder in Gang bringen.

4 Mo An mehreren Orten in der Bundesrepublik finden Ostermärsche statt. Die Veranstalter sprechen von etwa 200 000 Teilnehmern.

5 Di Pro-iranische Terroristen entführen ein kuwaitisches Flugzeug, das von Bagdad zum Persischen Golf unterwegs ist, und erschießen zwei Geiseln.

6 Mi Die Regierung Rumäniens verbietet die Verwendung deutscher und ungarischer Ortsnamen in den Siedlungsgebieten der beiden nationalen Minderheiten.

7 Do Um die Wirtschaftskrise zu überwinden, friert die Regierung Brasiliens per Dekret die Gehälter der im öffentlichen Dienst und beim Militär Beschäftigten ein.

8 Fr Die USA verlegen 800 Marinesoldaten nach Panama. In letzter Zeit haben sich die Spannungen zwischen Panama-Stadt und Washington verstärkt.

9 Sa Rund 500 Umweltpolitiker aus aller Welt konferieren in Antwerpen. Im Interesse der Umwelt wolle man künftig ideologische Konflikte vermeiden.

10 So Durch eine schwere Explosion in einem Munitionsdepot sterben etwa 100 Menschen, 1000 werden verletzt.

11 Mo Die katholischen Bischöfe der USA sprechen sich für mehr Rechte für Frauen in der Kirche aus. Das Priesteramt soll ihnen aber weiter verwehrt bleiben.

12 Di Dem Generalsekretär von Italiens Christdemokraten, Ciriaco de Mita, gelingt in Rom die Bildung einer Fünfparteienregierung. → Gentechnik → »Kaiser«

13 Mi Der westdeutsche Radprofi Rolf Gölz gewinnt in Belgien das klassische Straßenrennen Flèche Wallone vor dem Italiener Moreno Argentin.

14 Do Ein Gericht in Ost-Berlin verurteilt zwei Westdeutsche wegen »staatsfeindlichen Menschenhandels« zu sechs bzw. sieben Jahren Haft. → Afghanistan

15 Fr Sowjetische Behörden teilen mit, mehrere international bekannte Spitzenfußballer aus der UdSSR würden die Freigabe für westliche Vereine erhalten.

16 Sa In Tunis wird der stellvertretende PLO-Chef Abu Dschihad ermordet. Es wird vermutet, dass der israelische Geheimdienst Mossad die Tat begangen hat.

17 So Den Streik der irischen Gefängniswärter nutzen in Cork acht Strafgefangene zu einem Ausbruch. Das Gefängnispersonal fordert günstigere Arbeitszeiten.

18 Mo Auf das jüdische Gemeindezentrum in Frankfurt am Main wird ein Bombenanschlag verübt. Die jüdische Gemeinde kritisiert darauf die Sicherheitsbehörden.

19 Di Im Ostberliner Bezirk Treptow gelingt einem 31-Jährigen die Flucht: Er klettert auf einer mitgebrachten Leiter über die Mauer.

20 Mi Ein mit AIDS infizierter 22-Jähriger wird in München zu einer einjährigen Haftstrafe verurteilt, weil er ungeschützen Geschlechtsverkehr praktiziert hatte.

21 Do Bei einem Säureattentat in der Münchener Alten Pinakothek werden drei Gemälde von Albrecht Dürer stark beschädigt.

22 Fr Südafrikas Staatspräsident Pieter Willem Botha erklärt im Parlament, er halte eine Beteiligung der Schwarzen an der Regierung für denkbar.

23 Sa DDR-Behörden verhindern das Erscheinen von zwei evangelischen Kirchenzeitungen, die über regimekritische Äußerungen auf einer Tagung berichtet hatten.

24 So Der Vorstand des sowjetischen Jugendverbandes Komsomol bestätigt, dass die Mitgliedszahlen im Vorjahr um 2,5 Mio. gefallen seien.

25 Mo Ein Jerusalemer Gericht verurteilt den Exil-Ukrainer John Demjanjuk zum Tode. Er soll als Wächter im KZ Treblinka zahlreiche Greueltaten begangen haben.

26 Di Trotz der Friedensgespräche zwischen Regierung und Contras verlängert US-Präsident Ronald Reagan das Wirtschaftsembargo gegen Nicaragua um ein Jahr.

27 Mi Niedersachsens Umweltminister Werner Remmers erteilt dem Kohlekraftwerk Buschhaus eine Sondergenehmigung zum erhöhten Schadstoffausstoß.

28 Do Auf dem Flug nach Hawaii reißt einer US-Maschine ein Teil des Kabinendaches ab. Eine Stewardess kommt ums Leben, der Pilot kann notlanden.

29 Fr Der Bundesrat billigt einen Vorschlag von Niedersachsens Ministerpräsident Ernst Albrecht, wonach der Bund künftig 50% der Sozialhilfekosten tragen soll.

30 Sa In der irischen Hauptstadt Dublin gewinnt die Sängerin Celine Dion den »Grand Prix d'Eurovision de la Chanson« für die Schweiz.

Mai 1988

1 So ICE, der neue Hochgeschwindigkeitszug der Bundesbahn stellt auf der Strecke Fulda-Würzburg mit 406,9 km/h einen Tempoweltrekord für die Schiene auf.

2 Mo In Frankfurt am Main nimmt die genossenschaftlich organisierte Ökobank, die vor allem Umweltprojekte fördern will, ihre Geschäfte auf.

3 Di Mit einem 1:0-Sieg über Eintracht Frankfurt sichert sich der SV Werder Bremen bereits drei Spieltage vor Saisonschluss die Deutsche Fußballmeisterschaft.

4 Mi Zwischen Göttingen und der Lutherstadt Wittenberg in der DDR wird ein Vertrag über eine Städtepartnerschaft abgeschlossen.

5 Do In Bamberg beginnt die Jahrestagung der deutschen PEN-Sektion. Der Autor Eckart Kleßmann hält einen Vortrag über den Romantiker E.T.A. Hoffmann.

6 Fr Islamische Milizen liefern sich in der libanesischen Hauptstadt Beirut Feuergefechte, die erst durch das Eingreifen der syrischen Armee ein Ende finden.

7 Sa »Montag aus Licht«, eine Oper des deutschen Komponisten Karlheinz Stockhausen, wird an der Mailänder Scala uraufgeführt.

8 So François Mitterrand bleibt Staatspräsident von Frankreich. Mit 54,02% der Stimmen setzt er sich gegen seine Herausforderer Jacques Chirac durch.

9 Mo Die Beschäftigten der Bundesdruckereien beenden ihre Streiks, die die Auslieferung der neuen Personalausweise in Zeitverzug gebracht hatten.

10 Di Klaus von Dohnanyi (SPD) tritt nach sieben Jahren im Amt als Erster Bürgermeister der Hansestadt Hamburg zurück. Er gibt dafür »persönliche Gründe« an.

11 Mi Die Bundesregierung legt einen Gesetzentwurf zur Aufteilung der Bundespost in die Bereiche Brief- und Paketdienst, Postbank und Telekommunikation vor.

12 Do Vor der schwedischen Westküste wird ein giftiger Algenteppich entdeckt, der ein Massensterben von Robben verursacht. → Tempel

13 Fr Der Bundesgerichthof in Karlsruhe veröffentlicht ein Grundsatzurteil, wonach Sitzblockaden vor Militäreinrichtungen als »Nötigung« strafbar seien.

14 Sa Irakische Kampfbomber fliegen einen Angriff auf den iranischen Ölhafen Larak im persischen Golf. Dabei zerstören sie fünf Tanker.

15 So Steffi Graf gewinnt in West-Berlin die Internationale Deutsche Tennismeisterschaft. +++ Die UdSSR beginnt mit ihrem Truppenabzug aus Afghanistan.

16 Mo Die Bundesrepublik, Großbritannien und Italien unterzeichnen ein Abkommen über die Entwicklung des umstrittenen Militärflugzeugs »Jäger 90«.

17 Di Der Zentralrat der Juden in Deutschland bestätigt, dass der frühere Vorsitzende Werner Nachmann Wiedergutmachungsgelder veruntreut haben soll.

18 Mi Mit einem 3:2 im Elfmeterschießen gewinnt Bayer 04 Leverkusen vor heimischem Publikum das UEFA-Pokalfinale gegen den FC Barcelona.

19 Do Wegen schwerer technischer Probleme wird die 1981 an der Westküste Schleswig-Holsteins erbaute Große Windenergie-Anlage (GROWIAN) abgerissen.

20 Fr In West-Berlin wird »Jamais je ne retournerai ici« (Ich kehre nicht mehr zurück), ein Stück des polnischen Dramatikers Tadeusz Kantor, uraufgeführt.

21 Sa »Geist und Natur« – unter diesem Motto sucht ein dreitägiger Kongress in Hannover meditativ-spirituelle Lösungen für die Probleme der Gegenwart.

22 So Israel will sowjetischen Juden nur noch für die Einreise mit Direktflügen Visa erteilen. So soll ein »Umsteigen« Richtung USA verhindert werden. → Ungarn

23 Mo Die 41. Friedensfahrt der Radamateure gewinnt Uwe Ampler (DDR) mit einer Zeit von 50:45,02 h für die Strecke von Prag über Warschau nach Ost-Berlin.

24 Di In einer Vergeltungsaktion gegen die peruanische Untergrundorganisation »Leuchtender Pfad« töten Regierungstruppen in den Anden 28 Indio-Bauern.

25 Mi Konzepte zur Annäherung der Staaten stellt ein Schriftstellerkongress vor, der unter dem Motto »Ein Traum von Europa« in West-Berlin beginnt.

26 Do Bundesinnenminister Friedrich Zimmermann legt den aktuellen Verfassungsschutzbericht vor. Er stellt u.a. einen stärkeren Zulauf für rechte Organisationen fest.

27 Fr Der Vorsitzende der CDU/CSU-Bundestagsfraktion, Alfred Dregger, trifft in Ost-Berlin zu Gesprächen mit DDR-Staatschef Erich Honecker zusammen.

28 Sa Im Berliner Reichtagsgebäude feiert die SPD ihr 125-jähriges Bestehen. Der Ehrenvorsitzende Willy Brandt ruft die Mitglieder zu »Mut für die Zukunft« auf.

29 So Papst Johannes Paul II ernennt im Vatikan 25 neue Kardinäle, darunter auch den Essener Bischof Franz Hengsbach.

30 Mo Der designierte Erste Bürgermeister Hamburgs, Henning Voscherau (SPD), verzichtet auf seinen Wunschkandidaten Andreas von Schoeler als Innensenator.

31 Di Björn Engholm (SPD) wird vom neu gewählten Landtag Schleswig-Holsteins zum Ministerpräsidenten des nördlichsten Bundeslandes gewählt.

22. Mai 1988

Ungarn auf Reformkurs

In Ungarn gewinnen angesichts wachsender ökonomischer Probleme die reformorientierten Kräfte an Einfluss: Auf einer überraschend einberufenen Parteikonferenz fordern zahlreiche Redner einen radikalen Wandel in Politik und Wirtschaft. Der 75-jährige János Kádár wird als Generalsekretär der Kommunistischen Partei abgelöst. Weitere führende Politiker müssen ebenfalls ihren Hut nehmen. Der Sturz Kádárs, der rd. 30 Jahre lang in führenden Positionen die Politik seines Landes bestimmt hat, bedeutet einen tiefen Einschnitt in der ungarischen Nachkriegsgeschichte. Sein Nachfolger wird der seit 1987 amtierende Regierungschef Károly Grósz, der als Befürworter einer Reformpolitik gilt. Grósz, der seit 1945 der kommunistischen Partei angehört, steht für eine marktwirtschaftlich ausgerichtete Wirtschaftspolitik und kündigt sogleich ein Sparprogramm zu Verringerung der Schulden an. Im November übernimmt Miklós Németh das Amt des Regierungschefs. Der Reformer setzt sich gegen den Widerstand von Grósz für die Einführung eines Mehrparteiensystems ein. 1989 billigt das Zentralkomitee der Kommunistischen Partei Ungarns die Zulassung nichtkommunistischer Parteien.

Neu im Politbüro, v.l.: Die Reformer Rezsö Nyers, Jenö Kovács, Imre Pozsgay und Miklós Németh

János Kádár

ungarischer Politiker, * 25.5.1912 Rijeka (Kroatien), † 6.7.1989 Budapest

Kádár, gelernter Feinmechaniker, lenkte seit der Niederschlagung des Aufstands von 1956 die Geschicke Ungarns. Zwar bemühte er sich um vor allem wirtschaftliche Reformen (»Gulaschkommunismus«), hielt jedoch treu zu Moskau.

- 1948-51: Innenminister
- 1951-54: als sog. Titoist in Haft
- 1956-88: Parteichef
- 1989: Amtsenthebung als Ehrenpräsident

28. Juni 1988

EG-Staaten bereiten sich auf Währungsunion vor

In Hannover treffen die Staats- und Regierungschefs der EG-Staaten zu ihrem 39. Gipfeltreffen zusammen. Ziel der Verhandlungen ist es, einer Wirtschafts- und Währungsunion zum Durchbruch zu verhelfen. Durch die Existenz verschiedener Währungen entstehen den Unternehmen in Europa rd. 30 Mrd. DM an jährlichen Kosten. Eine Arbeitsgruppe soll sich nun mit der Ausarbeitung von Plänen für eine gesamteuropäische Währung beschäftigen – Ergebnisse werden, so der Zeitplan, bis Mitte 1989 vorliegen. Allerdings stößt die europäische Währungsunion auch auf Skepsis. Vor allem die britische Premierministerin Margaret Thatcher hegt starke Zweifel und fürchtet um die Eigenständigkeit Großbritanniens. Die Ausgestaltung des Europäischen Binnenmarktes nimmt während des Gipfeltreffens konkrete Formen an. 1986 vereinbart, soll er bis 1992 Realität geworden sein. Dazu gehören unter anderem die Abschaffung der Grenzkontrollen zwischen den Teilnehmerstaaten, die Angleichung von Rechtsvorschriften und Industrienormen und die Liberalisierung verschiedener Wirtschaftszweige, um freien Wirtschaftsverkehr zu gewährleisten.

12. Mai 1988

Kampf um Goldenen Tempel

Zwischen indischen Regierungstruppen und militanten Gläubigen kommt es zu blutigen Auseinandersetzungen. Die Soldaten stürmen nach tagelangen Gefechten den Goldenen Tempel von Amritsar, das höchste Heiligtum der Religionsgemeinschaft der Sikhs. Die Verteidiger geben auf, als die Regierungstruppen das Gebäude schwer beschädigen (Abb.: Indische Sicherheitskräfte vor

dem Tempel). Bereits 1984 war es zu Kämpfen um den Tempel von Amritsar gekommen. Die Sikhs fordern einen unabhängigen Teilstaat Khalistan im indischen Bundesstaat Pandschab. Die Regierung in Neu-Delhi macht die Mitglieder der Religionsgemeinschaft für eine Reihe von Terroranschlägen verantwortlich, die in den vergangenen Monaten Indien erschüttert hatten. U.a. wurde der Vizepräsident der Kongresspartei des Pandschab, Jagat Ram, Opfer eines Mordanschlags.

25. Juni 1988

Gullit führt Holland zum Sieg

Mit einem 2:0-Sieg über die UdSSR gewinnt die niederländische Nationalelf im Münchener Olympiastadion die Fußball-Europameisterschaft. Kapitän und Torschütze Ruud Gullit nimmt aus den Händen des UEFA-Präsidenten Jacques Georges den Pokal entgegen.
Neben Gullits Tor (s. Abb.) verhalfen ein Treffer von Marco van Basten und die hervorragende Leistung von Torwart Hans van Breukelen den Holländern zum verdienten Sieg. Die Oranje-Elf war schon in der Vorrunde der Gruppe 2 auf den Endspielgegner UdSSR getroffen. Diese Begegnung endete noch mit einer 0:1-Niederlage. Die

Mannschaft der Bundesrepublik schaffte als Sieger der Gruppe 1 nur den Einzug ins Halbfinale, wo sie gegen die starken Holländer nichts ausrichten konnten. Mit einer 2:1-Niederlage schieden Franz Beckenbauers Mannen aus.

30. Juni 1988

Lefèbvre exkommuniziert

Im Vatikan in Rom exkommuniziert Papst Johannes Paul II. den 82-jährigen französischen Erzbischof Marcel Lefèbvre. Damit erreicht der bereits seit über 20 Jahren währende Streit zwischen Lefèbvre und dem Heiligen Stuhl durch ein offizielles Schisma (Kirchenspaltung) einen Höhepunkt. Grund der jahrelangen Auseinandersetzungen ist die streng konservative Haltung des französischen Kirchenmanns, der sich der Tradition des Heiligen Pius X. (der 1910 den Antimodernisteneid zur Wahrung seiner päpstlichen Autorität eingeführt hatte) verpflichtet fühlt und jegliche Reformen, so auch das Zweite Vatikanische Konzil (1962-1965), ablehnt. Auf dem Konzil wurde u.a. eine Öffnung der katholischen Kirche zu anderen Glaubensrichtungen vorbereitet und die Messe in lateinischer Sprache abgeschafft. Zum Zeichen seiner Opposition gründete Lefèbvre 1965 die traditionalistische Bruderschaft des Heiligen Pius X., der Mitte der 80er Jahre rd. 200 Priester angehörten, und nahm trotz Verbots des Vatikans wiederholt Bischofsweihen vor. Auch die 1976 folgende Suspendierung von seinen priesterlichen Ämtern änderte an der Haltung des streitbaren Kirchenmannes nichts.

19. Juni 1988

Michael Jackson in Berlin

US-Superstar Michael Jackson gibt im Rahmen seiner Welt-Tournee vor dem Reichstagsgebäude in West-Berlin ein Open-Air-Konzert (s. Abb., M.). Um wenigstens akustisch an dem Spektakel teilhaben zu können, versammeln sich an der nahe

gelegenen Mauer im Ostteil der Stadt mehrere hundert Jugendliche aus der DDR. Schon kurze Zeit später jedoch greift die Volkspolizei ein und vertreibt die friedlichen Zuhörer mit Gewalt.
Michael Jackson wurde mit dem 1982 veröffentlichten Album »Thriller«, das alle Verkaufsrekorde brach, zum viel umjubelten Superstar. Auf der diesjährigen Tournee, bei der acht Konzerte in Deutschland stattfinden, präsentiert der exzentrische US-Sänger sein 1987 herausgebrachtes Album »Bad«, das sich ebenfalls wochenlang an der Spitze der internationalen Hitliste behaupten konnte. Mitte 1988 war »Bad« in der Bundesrepublik Deutschland bereits über eine Million Mal verkauft worden.
Ebenfalls in diesem Jahr finden die Dreharbeiten zu »Moonwalker«, Jacksons erstem Spielfilm, statt. Der 29-jährige Mega-Star verkörpert darin einen mit übernatürlichen Kräften ausgestatteten Ritter, der sich für Kinder einsetzt und sie vor bösen Menschen und den Gefahren dieser Welt, wie z.B. dem Drogenkonsum, beschützt.

Juni 1988

1 Mi In Moskau tauschen US-Präsident Ronald Reagan und Kreml-Chef Michail S. Gorbatschow die Ratifizierungsurkunden über den INF-Abrüstungsvertrag aus.

2 Do Ex-Nationaltorhüter Harald »Toni« Schumacher wechselt vom Fußballbundesligisten Schalke 04 zu Fenerbahce Istanbul.

3 Fr Der sowjetische Regimekritiker Andrej Sacharow fordert die Freilassung aller politischen Häftlinge und lobt die liberale Politik Michail S. Gorbatschows.

4 Sa Die USA liefern den Ex-Leiter der VW-Devisenabteilung an die deutsche Justiz aus. Er soll den Autokonzern um mehrere hundert Mio. DM geschädigt haben.

5 So In der Sowjetunion beginnen die mehrtägigen Veranstaltungen zum 1000-jährigen Bestehen der russisch-orthodoxen Kirche.

6 Mo Für 2,2 Mrd. DM erwerben die Rheinisch-Westfälischen Elektrizitätswerke die Mineralölfirma Deutsche Texaco und wandeln sie zur DEA um.

7 Di ARD und ZDF schließen mit dem DFB einen Vertrag über 25,5 Mio. DM für die Teilübertragungsrechte der kommenden Bundesligasaison.

8 Mi Das Parlament der Philippinen beschließt eine Bodenreform. Binnen zehn Jahren sollen 3 Mio. landlose Bauern Flächen von insgesamt 5,4 Mio. ha erhalten.

9 Do Der Stabhochspringer Sergej Bubka aus der Sowjetunion stellt im tschechoslowakischen Bratislava einen Weltrekord auf. Er überspringt 6,05 m.

10 Fr Innenminister Friedrich Zimmermann verleiht in West-Berlin die Bundesfilmpreise. Ein Filmband in Gold erhält Wim Wenders' »Der Himmel über Berlin«.

11 Sa Popstars wie Sting oder Joe Cocker treten im Londoner Wembley-Stadion zu Ehren des in Südafrika inhaftierten Schwarzenführers Nelson Mandela auf.

12 So Aus den vorgezogenen Parlamentswahlen in Frankreich gehen die Sozialisten als stärkste Fraktion hervor. Sie verfehlen knapp die absolute Mehrheit.

13 Mo Die Daimler-Benz AG kündigt eine Zahlung von 20 Mio. DM für ehemalige Gefangene an, die in der NS-Zeit in den Daimler-Werken arbeiten mussten.

14 Di Außenminister Hans-Dietrich Genscher trifft mit dem Führer der in Südafrika verbotenen schwarzen Befreiungsorganisation ANC, Oliver Tambo, zusammen.

15 Mi Wegen Meineides im Prozess um einen Bauskandal werden zwei frühere Politiker aus dem Westberliner Bezirk Tiergarten zu Bewährungsstrafen verurteilt.

16 Do Der rheinland-pfälzische Ministerpräsident Bernhard Vogel begnadigt den zu lebenslanger Haft verurteilten Ex-RAF-Terroristen Klaus Jünschke.

17 Fr Auf einem »Perspektivkongress« der Grünen greift Vorstandssprecherin Jutta Ditfurth den »Realo«-Flügel wegen dessen Kompromissbereitschaft an.

18 Sa Nach dem Fußball-EM-Spiel England-UdSSR greifen englische Hooligans in Frankfurt am Main Passanten an und beschädigen Autos und Geschäfte.

19 So An den Kommunalwahlen in Polen beteiligen sich nur 56% der Wahlbürger. Beobachter werten dies als Protest gegen Warschau. → Michael Jackson

20 Mo In Düsseldorf endet nach zwei Tagen der erste deutsch-deutsche Länderkampf der Leichtathleten. Die DDR-Sportler waren klar überlegen.

21 Di Italiens Kommunisten wählen Achille Occhetto zum Parteivorsitzenden. An Occhettos Wahl knüpft sich die Hoffnung auf eine Erneuerung der Partei.

22 Mi Die Bundesregierung beschließt die Einführung eines sog. Dienstleistungsabends, an dem die Geschäfte bis in den Abend hinein geöffnet bleiben können.

23 Do Mit den Stimmen von CDU/CSU und FDP beschließt der Bundestag eine Steuerreform, die vor allem den Mittelstand entlasten soll.

24 Fr Die DDR-Fluggesellschaft Interflug kauft drei Maschinen vom Typ Airbus 310 A. +++ Papst Johannes Paul II. besucht zum zweiten Mal Österreich.

25 Sa Traute Müller wird zur Vorsitzenden der Hamburger SPD gewählt und ist somit die erste Frau an der Spitze eines SPD-Landesverbandes. → Holland

26 So Bei einer Flugvorführung stürzt ein Airbus in der Nähe von Mülhausen/Elsass in ein Waldstück. Bei dem Unglück kommen drei Menschen ums Leben.

27 Mo Vor der rumänischen Botschaft in Budapest demonstrieren rd. 50 000 Menschen gegen die Unterdrückung der ungarischen Minderheit in Rumänien.

28 Di Kremlchef Michail S. Gorbatschow fordert die Einführung eines Präsidialsystems in der UdSSR, um die Reformen zu beschleunigen. → EG-Staaten

29 Mi Führende sowjetische Politiker und Wirtschaftsexperten fordern tief greifende Reformen in Politik und Wirschaft auf der Basis demokratischer Strukturen.

30 Do Die Anwältin des »St.-Pauli-Killers« Werner Pinzner wird zu einer Haftstrafe verurteilt. Sie hatte ihrem Mandanten eine Waffe beschafft. → Lefèbvre

Juli 1988

1 Fr Als erster Deutscher tritt in Brüssel der ehemalige Bundesverteidigungsminister Manfred Wörner das Amt des NATO-Generalsekretärs an.

2 Sa Steffi Graf gewinnt erstmals die offenen englischen Tennismeisterschaften in Wimbledon. Boris Becker unterliegt im Finale dem Schweden Stefan Edberg.

3 So Der US-Zerstörer »Vincennes« schießt – wie es heißt, versehentlich – ein iranisches Verkehrsflugzeug ab. Alle 290 Insassen kommen um.

4 Mo Als Ablöse-Entgelt für den Wechsel des Fußballstars Igor Belanow nach Italien wird die Lieferung von Erdöl im Wert von 500 000 DM an die UdSSR vereinbart.

5 Di Ein Jagdflugzeug der Bundeswehr stürzt rund 20 km südlich des Kernkraftwerks Stade ab. Pilot und Navigator retten sich mit dem Schleudersitz.

6 Mi Bei einer Explosion auf der Nordsee-Bohrinsel »Piper Alpha« sterben 167 Menschen. +++ Carlos Salinas de Gortari wird zum Präsidenten Mexikos gewählt.

7 Do Südkoreas Präsident Roh Tae Woo kündigt eine Öffnung gegenüber Nordkorea an. Bald sollen Familienbesuche und ein Studentenaustausch möglich sein.

8 Fr Italiens Industrieminister Adolfo Battaglia stellt einen Energieplan vor. Er sieht den Verzicht auf Kernenergie und die Förderung alternativer Energieforschung vor.

9 Sa In Neubrandenburg stellt die DDR-Diskuswerferin Gabriele Reinisch mit 76,80 m einen Weltrekord auf. Sie verbessert die alte Bestmarke um mehr als 2 m.

10 So Gespräche zwischen Umweltminister Klaus Töpfer und der DDR-Regierung über die Sanierung der Elbe scheitern am Streit um den Grenzverlauf.

11 Mo In Griechenland fällt nach wochenlangen Rekordtemperaturen endlich Regen. Allein in Athen sind 56 Menschen an den Folgen der Hitze gestorben.

12 Di In Schleswig-Holstein wird der sog. Radikalenerlass aufgehoben. Bewerber für den öffentlichen Dienst werden nicht mehr vom Verfassungsschutz geprüft.

13 Mi Die Fluggesellschaft British Airways bricht nach massiven Kundenprotesten ihr Experiment mit Nichtraucherflügen zwischen West-Berlin und Hannover ab.

14 Do Wegen ungünstiger Verkaufszahlen muss Volkswagen mit dem Werk in Westmoreland (Pennsylvania), seine einzige Fabrik in den USA schließen.

15 Fr In Wien wird im Rahmen des Donaufestivals das Musikdrama »1000 Airplanes on the roof« uraufgeführt. Spielort ist der Hangar des Flughafens Schwechat.

16 Sa Regen Zulauf verzeichnet die »Bauhaus-Ausstellung« in Köln. Sie zeigt Exponate aus den Bereichen Architektur, Kunst und Design. → »Flo-Jo«

17 So Peter-Michael Kolbe gewinnt bei den Deutschen Meisterschaften der Ruderer in Hamburg zum zehnten Mal den Titel im Einer.

18 Mo Die EG billigt den Verkauf von 20 000 t Butter an die Sowjetunion. Die Lieferung erfolgt zu einem Fünftel des Marktpreises. → Berg-Karabach

19 Di Der in Südafrika inhaftierte Schwarzenführer Nelson Mandela wird 70 Jahre alt. Staatsmänner aus aller Welt senden ihm Glückwünsche ins Gefängnis.

20 Mi Ajatollah Khomeini, Revolutionsführer des Iran, erklärt sich zu einem Waffenstillstand mit dem Irak bereit. Ein Ende des Golfkriegs ist in Sicht.

21 Do Der an Leukämie erkrankte spanische Tenor José Carreras tritt in Barcelona erstmals seit einem Jahr wieder öffentlich auf. 150 000 Zuschauer feiern ihn.

22 Fr Zum Abschluss ihres fünftägigen Konvents wählen die Demokraten in Atlanta (US-Bundesstaat Georgia) Michael Dukakis zum Präsidentschaftskandidaten.

23 Sa Das algerische Parlament verabschiedet ein neues Pressegesetz. Zeitungen dürfen Politiker und Beamte kritisieren, nicht aber die Regierung.

24 So Zehntausende Einheimische und Urlauber protestieren auf den Nord- und Ostfriesischen Inseln gegen die Verschmutzung der Nordsee.

25 Mo Erstmals seit der Invasion Kambodschas durch Vietnam im Jahre 1979 nimmt Hanoi Verhandlungen mit kambodschanischen Guerilla-Organisationen auf.

26 Di Kubas Regierungschef Fidel Castro lehnt eine Übernahme der sowjetischen Reformpläne ab. Jedes Land müsse seine Probleme mit eigenen Mitteln lösen.

27 Mi Griechenland und die UdSSR schließen ein Handelsabkommen. Ab 1992 soll jährlich eine Milliarde m^3 Erdgas nach Griechenland geliefert werden.

28 Do Der Hessische Landtag reagiert auf die öffentliche Kritik an der vorgesehenen Diätenerhöhung für die Abgeordneten mit der Aussetzung des Gesetzes.

29 Fr Belgiens Regierung schlägt eine Verfassungsreform vor, derzufolge gesamtstaatliche Kompetenzen auf die Regionen Flandern und Wallonien zu übertragen seien.

30 Sa Bei drei Bombenanschlägen von Separatisten auf staatliche italienische Einrichtungen in Südtirol wird u.a. ein Großbrand in einem Kraftwerk ausgelöst.

31 So König Hussein II. erklärt den Verzicht Jordaniens auf das seit 1967 von Israel besetzte Westjordanland und überträgt die Ansprüche darauf der PLO.

16. Juli 1988

Die Weltrekorde der »Flo-Jo«

Im Endlauf der US-Ausscheidungen zu den Olympischen Sommerspielen in Seoul läuft die US-Leichtathletin Florence Griffith-Joyner in Indianapolis mit 10,49 sec einen Weltrekord über 100 m. Bereits ihr Vorlauf war mit einer Zeit von 10,60 sec weltrekordverdächtig, wurde aber wegen Rückenwinds nicht anerkannt. Bei den Sommerspielen in Südkoreas Hauptstadt erläuft sie neben drei Goldmedaillen und einer Silbermedaille am 29. September mit 21,34 sec über 200 m einen weiteren Weltrekord. Die sensationellen Erfolge der Athletin provozieren in der Öffentlichkeit den Verdacht, solche Leistungen seien nur mittels Doping zu erreichen, was aber nicht nachgewiesen werden kann. 1989 kündigt »Flo-Jo«, die nicht zuletzt auch wegen ihrer spektakulären Rennanzüge (s. Abb., l.) und den überlangen, bunt lackierten Fingernägeln Aufmerksamkeit erregt, den Rücktritt aus dem Spitzensport an. Fast genau zehn Jahre nach Seoul, am 21. September 1998, stirbt Florence Griffith-Joyner im Alter von 39 Jahren in den USA.

28. August 1988

Das Inferno von Ramstein

Bei einer Flugschau im pfälzischen Ramstein kollidieren drei Flugzeuge einer italienischen Staffel. Eine Maschine stürzt in die Zuschauermenge und explodiert. Innerhalb weniger Sekunden verwandelt sich das Gelände im Umkreis von mehreren hundert Metern in ein Flammenmeer (s. Abb.). 70 Menschen sterben bei der Katastrophe, 345 Zuschauer tragen zum Teil schwere Verletzungen davon. Die Ursache des Absturzes ist menschliches Versagen bei einem riskanten Flugmanöver in geringer Höhe. Nach dem Unglück häufen sich Bedenken hinsichtlich der Durchführung von Flugschauen. Im Vorfeld sind u.a. die Grünen gegen die Veranstaltung eingetreten. Die Bundesregierung hatte Sicherheitsbedenken jedoch zurückgewiesen. Zum Zeitpunkt der Katastrophe befanden sich 350 000 Menschen auf dem US-Luftwaffenstützpunkt in Ramstein.

16. August 1988

Geiseldrama von Gladbec

Zu einem der makabersten Schauspiele der Kriminal- und Mediengeschichte wächst sich ein Banküberfall und eine anschließende Geiselnahme aus. Erst nach einer 54-stündigen Irrfahrt durch die Bundesrepublik gelingt es der Polizei, die Täter zu überwältigen. Bei der Geiselnahme kommen drei Menschen ums Leben, sechs werden schwer verletzt. Neben dem Polizeieinsatz steht vor allem das Verhalten zahlreicher Medienvertreter in der Kritik, die mit den Geiselgangstern vielfach Interviews führen.

Interview der Geiselgangster

Auftakt des Geiseldramas ist ein Überfall auf eine Filiale der Deutschen Bank in Gladbeck. Die Täter Dieter Degowski und Hans-Jürgen Rösner nehmen zwei Bankangestellte als Geiseln. Auf ihrer Flucht erzwingen sie u.a. die Bereitstellung weiterer Wagen. Nachdem sie einen Nahver-

8. August 1988

Feuerpause in Angola

Die regierende Linksregierung in Angola und ihr militärischer Verbündeter Kuba vereinbaren mit Südafrika, das bislang die rechts gerichtete Rebellenbewegung UNITA unterstützt hat, einen Waffenstillstand. Der Krieg in dem 1975 von Portugal in die Unabhängigkeit entlassenen westafrikanischen Land flammt jedoch in den folgenden Jahren immer wieder auf.

In Angola tobt im Zuge des Ost-West-Konflikts seit Jahren ein Stellvertreterkrieg: Kuba und die Sowjetunion unterstützen die Regierung, während die USA und Südafrika die UNITA mit Waffen fördern. Hinzu kommt ein Krieg um die Macht im benachbarten Namibia, in den auch Angola verwickelt ist. Die namibische Befreiungsorganisation SWAPO kämpft von angolanischen Stützpunkten aus für die Unabhängigkeit ihres Landes, das von Südafrika okkupiert ist. Auf Vorschlag der Vereinten Nationen werden in Zukunft der Angola- und der Namibia-Konflikt gemeinsam verhandelt. Südafrika erklärt sich Ende 1988 bereit, seine Truppen aus Namibia zurückzuziehen. Die Unruhen in Angola halten weiter an.

Dieter Degowski bedroht die später getötete Silke Bischoff mit dem Revolver.

kehrsbus gekapert haben, nimmt das Geschehen eine dramatische Wendung. Auf einer Raststätte wird Rösners Freundin, die zuvor zugestiegen war, von zwei Polizisten überwältigt. Als die wartenden Gangster Schreie ihrer Komplizin hören, erschießen sie eine 15-jährige Geisel. Bei der Verfolgung des Busses kommt es zu einem tragischen Verkehrsunfall, bei dem ein Beamter getötet wird. In den Niederlanden lassen die Gangster fünf Geiseln frei und fahren mit einem neuen Fluchtfahrzeug nach Deutschland zurück. Bei der Ankunft in Köln kommt es zu makabren Szenen. Nur mühsam können sich die Täter den Weg durch Reporter, Fotografen und Kamerateams bahnen. Während sie ihre Geiseln mit dem Tod bedrohen, geben sie bereitwillig Interviews. Auf der Autobahn nach Frankfurt am Main entschließt sich die Polizei zum Eingreifen. Eine weitere Geisel kommt ums Leben.

18. Juli 1988

Streit um Berg-Karabach

In Moskau beschließt der Oberste Sowjet der UdSSR den Verbleib der mehrheitlich von christlichen Armeniern bewohnten Enklave Berg-Karabach bei der islamisch dominierten Republik Aserbeidschan. Zuvor hatte sich das Regionalparlament des autonomen Gebiets Berg-Karabach eigenmächtig für den Anschluss an Armenien entschieden. Die aufkeimenden Nationalitätenkonflikte im Vielvölkerstaat UdSSR tragen zur Auflösung der UdSSR bei.

Trotz der Präsenz starker Truppenkontingente der Roten Armee kann der Konflikt in der Krisenregion nur vorübergehend unter Kontrolle gebracht werden. Auslösender Faktor für die immer stärker werdenden Unabhängigkeitsbestrebungen einzelner Völker in der Sowjetunion ist die Reformpolitik von Kremlchef Michail S. Gorbatschow. Mit Wirksamwerden seiner auf Liberalisierung und Öffnung ausgerichteten Politik brechen Konflikte auf, die u.a. durch die rücksichtslose Grenz- und Siedlungspolitik unter Lenin und Stalin entstanden und in den vergangenen Jahrzehnten durch staatliche Repressionen verschärft worden sind.

20. August 1988

Waffen schweigen am Golf

Mit dem Inkrafttreten eines Waffenstillstandabkommens endet der seit 1980 andauernde Krieg zwischen dem Iran und dem Irak (Abb.: Irakischer Soldat vor Khomeini-Porträt). Das Abkommen geht auf eine UN-Resolution von 1987 zurück, in der beide Parteien zum Rückzug aufgefordert wurden. Während der Irak unter Saddam Hussein sofort einwilligte, stimmte der Iran erst am 18. Juli 1988 einem Waffenstillstand zu. Mit dem Golfkrieg endet einer der blutigsten Kriege des Jahrhunderts. Experten schätzen die Zahl der Todesopfer auf bis zu 1 Mio. Menschen, die Bombardierung der Städte legte weite Teile der Wirtschaft lahm.

August 1988

1 Mo Die polnische Regierung gestattet Schriftstellern erstmals seit Verhängung des Kriegsrechts im Jahre 1981, wieder im Autorenverband PEN tätig zu werden.

2 Di Kurz nach dem Start vom Flughafen Sofia stürzt ein bulgarisches Linienflugzeug ab. Bei dem Unglück sterben 23 Passagiere.

3 Mi Der deutsche Sportpilot Mathias Rust, der 1987 mit seiner Cessna auf dem Roten Platz in Moskau gelandet war, wird nach einem Jahr Haft begnadigt.

4 Do Um die Marktfähigkeit der inländischen Produkte zu verbessern, beschließt der US-Senat die Erhebung von Schutzzöllen auf EG- und Japan-Importe.

5 Fr In Ost-Berlin kommt es zum ersten deutsch-deutschen Gewerkschaftstreffen. DAG-Chef Roland Issen trifft Werner Heilemann vom Vorstand des FDGB.

6 Sa Beim Untergang einer völlig überfüllten Fähre auf dem Ganges kommen im indischen Bundesstaat Bihar über 350 Passagiere ums Leben.

7 So Das 93. Deutsche Traberderby in Berlin-Mariendorf gewinnt der Hengst »Tornado Hannover« mit Gottlieb Jauß im Sulky.

8 Mo Nordrhein-Westfalens Umweltminister Klaus Matthiesen ordnet wegen des sog. Hormonskandals die Notschlachtung von 14 000 Kälbern an. → Angola

9 Di Im nordirischen Belfast protestieren Tausende gegen die vor 17 Jahren erlassenen Gesetze zum Umgang mit Sympathisanten der Untergrundorganisation IRA.

10 Mi Der kanadische Eishockeystar Wayne Gretzky wechselt für die Rekordsumme von umgerechnet 36 Mio. DM von den Edmonton Oilers zu den L.A. Kings.

11 Do Für die Pannenhilfe auf den innerdeutschen Transitautobahnen nach Berlin stellt der ADAC dem Verkehrskombinat Potsdam 15 Hilfsfahrzeuge zur Verfügung.

12 Fr Nach nur 17 Tagen im Amt erklärt der Staatspräsident Birmas, General Sein Lwin, seinen Rücktritt. Hintergrund sind die bürgerkriegsähnlichen Zustände.

13 Sa Äthiopiens Regierung verweigert dem Roten Kreuz den Zugang in den Landesteil Ogaden, in dem sich mehr als 300 000 somalische Flüchtlinge aufhalten.

14 So In Brazzaville verkündigt der Staatspräsident des Kongo, Denis Sassou-Nguesso, eine Amnestie für 463 teilweise seit 1963 inhaftierte Regimegegner.

15 Mo Oberschlesische Bergleute treten in einen unbefristeten Streik, um die Wiederzulassung der Gewerkschaft »Solidarität« in Polen zu erzwingen.

16 Di Die Terrorgruppe »Ein Tirol« verübt einen Bombenanschlag auf das Wasserkraftwerk in Lana (Norditalien). Es ist ihr 14. Attentat seit Mai 1988. → Gladbeck

17 Mi Pakistans Präsident Mohammad Zia ul Haq fällt einem Anschlag zu Opfer. Nahe der indischen Grenze wird sein Flugzeug von einer Bombe zerrissen.

18 Do Der saarländische Ministerpräsident Oskar Lafontaine trifft auf Schloss Hubertusstock am Werbellinsee mit DDR-Staatschef Erich Honecker zusammen.

19 Fr In New Orleans wählt die Republikanische Partei den amtierenden US-Vize-Präsidenten George Bush zum Kandidaten für die Nachfolge Ronald Reagans.

20 Sa Bei einem Bombenanschlag der Irisch-Rebublikanischen Armee auf einen Militärbus bei Belfast sterben acht Insassen. 28 werden verletzt. → Golf

21 So Ein schweres Erdbeben erschüttert den Himalaja im Grenzgebiet zwischen Indien und Nepal. Über 1000 Menschen kommen um.

22 Mo In Ost-Berlin vereinbaren Vertreter beider deutscher Staaten gemeinsame Forschungen in den Bereichen Kernenergie, Physik, Bauwesen und Soziologie.

23 Di Über 100 000 Balten fordern am 49. Jahrestag des sog. Hitler-Stalin-Paktes in Estland, Lettland und Litauen die Unabhängigkeit von der Sowjetunion.

24 Mi Das Landratsamt Schwandorf lehnt den Bauantrag für das Hauptgebäude der Wiederaufbereitungsanlage für Kernbrennstäbe in Wackersdorf ab.

25 Do Ein Großbrand zerstört Teile der Altstadt Lissabons. +++ Herbert von Karajan verlässt aus Gesundheitsgründen das Direktorium der Salzburger Festspiele.

26 Fr Bei einem Rockfestival in Schweinfurt kommt es zu schweren Ausschreitungen im Publikum. Es gibt über 100 Verletzte und 78 Verhaftungen.

27 Sa Die chilenische Militärregierung unter General Augusto Pinochet erklärt den 1973 ausgerufenen Ausnahmezustand für beendet.

28 So Die DDR sichert sechs Bürgern Straffreiheit zu, die in der ständigen Vertretung der Bundesrepublik in Ost-Berlin ihre Ausreise erzwingen wollten. → Ramstein

29 Mo Mit Abschluss der Bestandsaufnahme in den atomaren Waffenarsenalen der USA und UdSSR ist der erste Punkt des INF-Abrüstungsvertrages abgearbeitet.

30 Di 320 Delegierte aus sieben amerikanischen Staaten diskutieren in Nicaraguas Hauptstadt Managua über die Rechte der indianischen Ureinwohner.

31 Mi Im Rahmen ihres 33. Bundesparteitages beschließt die SPD in Münster die Einführung einer sog. Frauenquote von zunächst 30% für alle Parteiämter.

September 1988

1	Do	Auf dem US-Militärstützpunkt Waldheide bei Heilbronn beginnt der Abtransport der ersten von 92 atomaren Mittelstreckenraketen.
2	Fr	Die Staatsanwaltschaft Koblenz nimmt Ermittlungen gegen fünf Rüstungsunternehmen auf. Sie vermutet Bestechungsfälle bei Auftragsvergaben.
3	Sa	Mit 61,8% der Stimmen verteidigt die People's Action Party ihre Führungsposition in Singapur. Ministerpräsident Lee Kuan Yew bleibt an der Macht.
4	So	Bei den Kommunalwahlen im Schweizer Kanton St. Gallen erreicht die sog. Autopartei in den Städten St. Gallen und Wil erstmals Fraktionsstärke.
5	Mo	Der polnische Arbeiterführer Lech Walesa spricht sich in einem Interview für eine Beendigung der Streikwelle aus, da die Wirtschaft zu sehr geschwächt sei.
6	Di	Nach Salmonellenfunden im Nordseewasser verfügt das Landratsamt Aurich ein vorübergehendes Badeverbot an den Stränden der Insel Norderney.
7	Mi	Die Leitung des Hamburger Thalia-Theaters lehnt die Annahme einer 75 000-DM-Spende ab, weil sie vom Rüstungskonzern MBB kommt.
8	Do	In Memmingen (Allgäu) beginnt unter großem Medieninteresse der Prozess gegen einen Arzt, der 156 illegale Abtreibungen durchgeführt haben soll.
9	Fr	Wegen des Verstoßes gegen Sicherheitsvorschriften verfügt das Bundesverwaltungsgericht die sofortige Abschaltung des Atomkraftwerkes Mülheim-Kärlich.
10	Sa	Mit ihrem Sieg bei den internationalen Tennismeisterschaften der USA in Flushing Meadow gewinnt Steffi Graf als bislang dritte Spielerin den »Grand Slam«.
11	So	In West-Berlin wird die Ausstellung »Zeitvergleich '88« eröffnet. Sie bietet einen Überblick über das Kunstschaffen in der DDR.
12	Mo	Nach 605-tägiger Geiselhaft im Libanon lässt die schiitische Hisbollah-Miliz in Beirut den Hoechst-Manager Rudolf Cordes frei.
13	Di	Der Bundesrat der Schweiz lehnt eine Regierungsempfehlung für einen Beitritt zur EG ab. Dies sei nicht mit den Neutralität des Landes vereinbar.
14	Mi	Archäologen entdecken in Peru eine Grabanlage der Mochica-Indianer – und darin einen der wohl größten Gold- und Juwelenschätze aller Zeiten.
15	Do	Die 94. Vollversammlung des Internationalen Olympischen Komitees vergibt in Lausanne die Winterspiele 1994 an die norwegische Stadt Lillehammer.
16	Fr	Die Verkehrsministerien und Eisenbahnunternehmen beider deutscher Staaten vereinbaren den Bau einer Hochgeschwindigkeitsstrecke Berlin-Hannover.
17	Sa	General Prosper Avril lässt sich nach einem blutigen Militärputsch zum neuen Staatspräsidenten Haitis ausrufen. → Hurrikan → Sommerspiele
18	So	Die Wahlen in Schweden gewinnen die regierenden Sozialdemokraten. Erstmals seit 70 Jahren zieht mit den Grünen eine neue Partei in den Reichstag ein.
19	Mo	Die polnische Regierung unter Ministerpräsident Zbigniew Messner erklärt ihren Rücktritt. Sie begründet dies mit dem Scheitern ihrer Wirtschaftspolitik.
20	Di	Ein RAF-Anschlag auf Hans Tietmeyer, Staatssekretär im Finanzministerium, misslingt u.a. deshalb, weil eine Maschinenpistole Ladehemmungen hat.
21	Mi	Als erster deutscher Radrennfahrer gewinnt Rolf Gölz aus Bad Schussenried das klassische Straßenrennen Paris–Brüssel.
22	Do	Nach anhaltenden Kämpfen zwischen Christen und Moslems übernimmt die Rote Armee die Kontrolle über die aserbeidschanische Region Berg-Karabach.
23	Fr	Die Bundesrepublik gewährt Moskau zum Ausbau der Leichtindustrie und zur Sicherung der Nahrungsmittelversorgung Kredite in Höhe von 3 Mrd. DM.
24	Sa	Anlässlich des 35. Jahrestages der Gründung paramilitärischer Betriebskampfgruppen in der DDR findet in Ost-Berlin eine große Parade statt.
25	So	Mit einer Aufführung der Richard-Wagner-Oper »Die Meistersinger von Nürnberg« wird das Essener Aalto-Theater feierlich eröffnet.
26	Mo	Das Zentralkomitee der KP Chinas beschließt als Maßnahme gegen die Inflationsrate von derzeit 20% eine Lohn- und Preisreform nach Marktgesichtspunkten.
27	Di	In West-Berlin beginnt eine Tagung der Weltbank und des Internationalen Währungsfonds. Sie wird von z.T. gewalttätigen Demonstrationen begleitet.
28	Mi	»Lenins Tod«, ein Stück des DDR-Dramatikers Volker Braun, wird am Theater am Schiffbauerdamm in Ost-Berlin uraufgeführt.
29	Do	Den Bau einer ständigen Weltraumstation für umgerechnet 43 Mrd. DM vereinbaren die USA, Kanada, Japan, die Bundesrepublik und acht weitere Staaten.
30	Fr	Der sowjetische Parteichef Michail S. Gorbatschow setzt im Politbüro personelle Änderungen durch, um seine Machtposition zu stärken.

17. September 1988

Olympische Sommerspiele

Vor 100 000 Zuschauern werden in Seoul die XXIV. Olympischen Sommerspiele eröffnet. 9581 Sportler aus 159 Länder nehmen teil. Die Wettkämpfe in Südkorea – nach Tokio 1964 erst die zweiten Olympischen Spiele in einem asiatischen Land – werden von einem spektakulären Doping-Fall überschattet: Keiner der rd. 60 000 Zuschauer im Leichtathletik-Stadion ahnt am 24. September, dass das 100-m-Finale in zweifacher Hinsicht in die olympische Geschichte eingehen würde. Zunächst herrscht helle Begeisterung über den Fabelweltrekord des Kanadiers Ben Johnson, der die 100 m in 9,79 sec. zurücklegt. Sein schärfster Rivale Carl Lewis (9,92 sec.) ist ebenso geschlagen wie der Brite Linford Christie (9,97 sec.). Aber schon drei Tage später wird Johnson wegen Dopings die Goldmedaille wieder aberkannt. Der vermeintliche Superstar flieht in seine Heimat, wird jedoch bereits von Medienvertretern erwartet. Bei den Olympischen Spielen in Barcelona 1992 versucht Johnson ein Comeback, erreicht jedoch nicht den Endlauf. Nach einem weiteren Dopingvergehen wird er lebenslang gesperrt.

Ben Johnson (r.) eilt im 100-m-Finale dem Feld davon – aber er ist gedopt.

Bei den Damen sorgt einmal mehr die extravagante Florence Griffith-Joyner für Furore. Gold über 100 m, 200 m und mit der 4 x 100-m-Staffel sowie eine Silbermedaille in der 4 x 400-m-Staffel machen sie zur erfolgreichsten Leichtathletin der Spiele. Das meiste Gold sammelt die DDR-Schwimmerin Kristin Otto, die bei sechs Starts sechs Goldmedaillen holt. Keine Schwimmerin war in der olympischen Geschichte bislang erfolgreicher als die 22-Jährige. Die meisten Medaillen nimmt jedoch der US-Schwimmer Matt Biondi mit nach Hause. Er startet in sieben Wettbewerben und holt fünfmal Gold, einmal Silber und einmal Bronze. Keinen Grund zum Lachen hat

Superstar Matt Biondi auf Medaillenjagd

17. September 1988

Hurrikan »Gilbert« verwüstet Mexiko und Jamaika

Ein Hurrikan tobt in der Karibik und hinterlässt eine 4000 km lange Schneise der Verwüstung (s. Abb.). »Gilbert« ist einer der stärksten je registrierten tropischen Wirbelstürme. Das Unwetter wirbelt u.a. durch Mexiko und über Jamaika. 250 Menschen kommen bei dem Sturm ums Leben, rd. 1,2 Mio. werden obdachlos. Die Schäden belaufen sich auf mehrere Mrd. US-Dollar. Allein in Jamaika ist die gesamte Bananenernte vernichtet. »Gilbert« rast mit einer Geschwindigkeit von 290 km/h mehrere Tage lang über die Karibik und den Golf von Mexiko. Hurrikane von vergleichbarer Stärke sind im 20. Jahrhundert erst zweimal, 1935 und 1969, aufgetreten. Noch im Herbst verwüsten erneut Wirbelstürme weite Landstriche in Mittelamerika und Südostasien. Umweltschützer führen die starke Häufung von schweren Unwettern auf klimatische Veränderungen zurück. Insbesondere die Schädigung des Ozonlochs und die damit einhergehende Erwärmung der Erdatmosphäre sollen Ursachen für die Unwetter sein.

Seoul

hingegen Zehnkämpfer Jürgen Hingsen. Als einer der großen Favoriten zeigt er schlechte Nerven und wird nach drei Fehlstarts über 100 m disqualifiziert. »König der Athleten« wird Christian Schenk aus der DDR. Stabhochspringer Sergej Bubka (UdSSR) kann seiner Favoritenrolle hingegen entsprechen. Mit 5,90 m entscheidet er den Wettbewerb für sich. Gold gewinnt auch Steffi Graf, die zum Abschluss ihres Grand-Slam-Jahres auch das Finale des olympischen Tennisturniers – gegen die Argentinierin Gabriela Sabatini – für sich entscheidet. Tennis – bereits zwischen 1900 und 1924 olympisch – ist erstmals wieder im Programm der Spiele. Bei den Männern setzt sich mit einem Sieg gegen Tim Mayotte (USA) der Tschechoslowake Miroslav Mecir durch.

Medaillenspiegel

Land	G	S	B
UdSSR	55	31	46
DDR	37	35	30
USA	36	31	27
Südkorea	12	10	11
Bundesrep.	11	14	15

Silvia Sperber aus der Bundesrepublik trifft beim Dreistellungskampf ins Schwarze und holt Gold.

1. Oktober 1988

Gorbatschow wird Staatschef

Der Oberste Sowjet wählt den KPdSU-Generalsekretär Michail S. Gorbatschow zum neuen Staatsoberhaupt der UdSSR. Gorbatschow tritt damit die Nachfolge von Andrej A. Gromyko an. Mit der Funktion des Staatschefs erweitert sich die Machtposition Gorbatschows innerhalb der Sowjetführung erheblich. Das Amt des Staatsoberhauptes war bislang weitgehend auf Repräsentationsaufgaben beschränkt. Gorbatschow nutzt seine Position in den folgenden Monaten jedoch geschickt aus und treibt seine Reformpolitik voran. Dazu entlässt er politische Gegner aus hohen Ämtern und ersetzt sie durch loyale Nachfolger. U.a. muss Gorbatschows Gegenspieler Jegor K. Ligatschow seinen Posten im Politbüro räumen.

11. Oktober 1988

Kampf um Grauwale

An der Nordküste von Alaska kommt es zu einer dramatischen Rettungsaktion für drei vom Eis eingeschlossene Grauwale. Die Tiere waren zu nah an die Küste herangeschwommen und konnten wegen des starken Eisgangs nicht mehr ins offene Meer zurück. Gleichzeitig begann sich die Eisdecke über den Walen zu schließen. Da die Meeressäuger auf regelmäßige Sauerstoffaufnahme angewiesen sind, drohen sie unter dem Eis zu ersticken. Naturschützer und Eingeborene beginnen mit einer verzweifelten Rettungsaktion, indem sie Löcher in die Eisdecke schlagen (s. Abb.). Eine Kette von Löchern soll den Tieren wieder den Weg ins offene Meer weisen. Nach wenigen Tagen erleidet das Unternehmen einen schweren Rückschlag, als ein Wal trotz aller Bemühungen unter den Eismassen erstickt. Erst Ende des Monats gelingt es, den beiden noch lebenden Tieren den Weg ins Meer zu bahnen.

3. Oktober 1988

Trauer um Franz Josef Strauß

Der bayerische Ministerpräsident und CSU-Vorsitzende Franz Josef Strauß stirbt im Alter von 73 Jahren. Der wortgewaltige Politiker, eine der prägenden und zugleich umstrittensten Gestalten der deutschen Nachkriegsgeschichte, hatte vor zwei Tagen bei einem Jagdausflug einen Kreislaufzusammenbruch erlitten und war in ein Regensburger Krankenhaus eingeliefert worden. Der Tod des Politikers löst weit über Bayern hinaus Betroffenheit aus. Nach der Überführung des Leichnams nach München defilieren die Trauernden zwei Tage lang am Sarg ihres Landesvaters vorbei (Abb.: 1990 finden in München Gedenkfeiern für Strauß statt). Am 7. Oktober wird der Verstorbene durch einen Staatsakt in der Münchener Residenz geehrt. 16 Tage nach dem Tod des Ministerpräsidenten wählt der Bayerische Landtag Max Streibl zum neuen Regierungschef. Theo Waigel übernimmt im November das Amt des CSU-Vorsitzenden.

Oktober 1988

1 Sa Nigerias Staatsoberhaupt Ibrahim Babangida kündigt die Rückkehr zur Demokratie an. U.a. will er das Parteienverbot aufheben. → Gorbatschow

2 So Mit der Abschlussfeier im Olympiastadion der südkoreanischen Hauptstadt Seoul enden die 24. Olympischen Sommerspiele.

3 Mo Nach vier Tagen im All kehrt die Raumfähre »Discovery« zurück. Es war die erste US-Weltraummission nach der »Challenger«-Katastrophe 1986. → Strauß

4 Di Schwedens Ministerpräsident Ingvar Carlsson kündigt die schrittweise Senkung der Steuern an. Die schwedischen Steuersätze gelten als die höchsten der Welt.

5 Mi 54,8% der Chilenen sprechen sich in einer Volksabstimmung gegen eine Verlängerung der Amtszeit von Staatschef General Augusto Pinochet aus.

6 Do Der schweizerische Nationalrat beschließt, auf den Bau des seit 20 Jahren geplanten Kernkraftwerks bei Basel zu verzichten.

7 Fr In Peking eröffnet die EG ihre erste offizielle Handelsmission in China. Die EG ist nach Hongkong und Japan wichtigster Handelspartner Chinas.

8 Sa Das Schauspiel »Besucher« von Botho Strauß, das das Theater selbst zum Gegenstand hat, wird in den Münchener Kammerspielen uraufgeführt.

9 So Auf dem FDP-Bundesparteitag in Wiesbaden wird Otto Graf Lambsdorff als Nachfolger von Martin Bangemann zum Parteivorsitzenden gewählt.

10 Mo In Ost-Berlin zerschlagen Sicherheitsorgane eine Demonstration gegen die Zensur von Kirchenzeitungen. 80 Personen werden festgenommen.

11 Di Papst Johannes Paul II. fordert vor dem Europaparlament die Länder Westeuropas auf, die Demokratisierung in Osteuropa zu unterstützen. → Grauwale

12 Mi Nach einer Ölpreisspekulation, die Verluste von 699 Mio. DM erbracht hat, wird das private Handelshaus Klöckner von der Deutschen Bank übernommen.

13 Do Der Erzbischof von Turin, Carlo Anastasio Ballestro, gibt bekannt, dass das Turiner Grabtuch nachweislich aus dem 13. oder 14. Jahrhundert stammt.

14 Fr Eine parteiinterne Kommission wirft dem Vorstand der Grünen zweifelhaftes Finanzmanagement vor – u.a. beim Ausbau der Parteivilla Haus Wittgenstein.

15 Sa Vor der im Bau befindlichen Wiederaufbereitungsanlage im bayerischen Wackersdorf protestieren rund 10 000 Menschen gegen die nahende Fertigstellung.

16 So Bei den Landtagswahlen in Niederösterreich erreicht die rechts gerichtete FPÖ mit 7,9% der Stimmen einen Überraschungserfolg.

17 Mo Der türkische Staatspräsident Kenan Evren sichert in Gesprächen mit Bundeskanzler Helmut Kohl die Einhaltung der Menschenrechte in der Türkei zu.

18 Di In Anwesenheit sowjetischer Offiziere werden auf einem US-Luftwaffenstützpunkt – wie im INF-Vertrag vereinbart – die ersten 41 Atomraketen zerstört.

19 Mi Die schwedische Akademie der Wissenschaften erkennt den Chemienobelpreis den Deutschen Johann Deisenhofer, Robert Huber und Hartmut Michel zu.

20 Do Erstmals veranstalten bundesdeutsche Verlage eine Buchmesse in Ost-Berlin. Sie stellen in zehn Tagen rund 3000 Titel vor.

21 Fr Als Reaktion auf einen Terroranschlag bombardiert die israelische Luftwaffe Lager der pro-iranischen Hisbollah und der PLO im Nachbarstaat Libanon.

22 Sa In der litauischen Hauptstadt Vilnius gründet sich die »Bewegung für Perestroika«, die sich für Reformen und eine Autonomie Litauens einsetzt.

23 So Auf den Philippinen richtet der Taifun »Ruby« schwere Schäden an. Meterhohe Wellen und starke Stürme töten über 80 Menschen.

24 Mo Bundeskanzler Helmut Kohl trifft zu einem Staatsbesuch in Moskau ein. Gegenstand der Gespräche ist die politische und wirtschaftliche Zusammenarbeit.

25 Di Der niedersächsische Innenminister Wilfried Hasselmann (CDU) erklärt seinen Rücktritt. Er soll in die sog. Spielbankenaffäre verwickelt sein.

26 Mi 600 Lehrer und Erzieher demonstrieren in Hamburg für eine Arbeitszeitverkürzung und die Einstellung arbeitsloser Pädagogen.

27 Do Bei den Präsidentschaftswahlen in Sambia erreicht Amtsinhaber Kenneth Kaunda nach offiziellen Angaben 95,5% der Stimmen.

28 Fr Das französische Gesundheitsministerium fordert den Pharmakonzern Roussel Uclaf auf, die Abtreibungspille RU486 auf den Markt zu bringen.

29 Sa Der sowjetische Finanzminister Boris Gostew stellt den Haushaltsplan für das Jahr 1989 vor. Darin wird erstmals die Existenz eines Defizits zugegeben.

30 So Der Brasilianer Ayrton Senna gewinnt in Suzuka den Großen Preis von Japan. Damit sichert sich der Formel-1-Pilot zugleich den Weltmeistertitel.

31 Mo Der US-Tabakkonzern Philip Morris übernimmt für umgerechnet rund 23,5 Mrd. DM den Nahrungsmittelkonzern Kraft.

November 1988

1 Di Bundeskanzler Helmut Kohl und Frankreichs Präsident François Mitterrand erhalten für ihre Verdienste um die Einigung Europas den Aachener Karlspreis.

2 Mi DDR-Staats- und Parteichef Erich Honecker spricht sich in Ost-Berlin für weitere Abrüstungsmaßnahmen von NATO und Warschauer Pakt aus.

3 Do Das italienische Parlament beschließt, Drogenkonsum künftig unter Strafe zu stellen. Bislang waren Besitz und Konsum geringer Mengen straffrei.

4 Fr Indisches Militär schlägt eine Rebellion auf den Malediven nieder. Nach einem Putschversuch waren 1600 Fallschirmspringer gelandet. → »Heldenplatz«

5 Sa In Ost-Berlin wird der 62-jährige Manfred Ewald als Präsident des Deutschen Turn- und Sportbundes der DDR abgelöst. Sein Nachfolger ist Klaus Eischler.

6 So Ein heftiges Erdbeben fordert in der südchinesischen Provinz Yünnan über 900 Todesopfer. Die Region ist tagelang von der Außenwelt abgeschnitten.

7 Mo Die Bundesregierung beschließt zusätzliche Milliardensubventionen für den Bau des europäischen Großraumflugzeuges Airbus.

8 Di Bei den Präsidentschaftswahlen in den USA erhält der republikanische Kandidat George Bush die Stimmenmehrheit und wird 41. Präsident der USA.

9 Mi Anlässlich des 50. Jahrestages der von den Nationalsozialisten initiierten Reichspogromnacht finden in beiden Teilen Berlins Gedenkveranstaltungen statt.

10 Do In Hamburg endet nach vier Tagen der Kongress »Klima und Entwicklung«, auf dem Wissenschaftler die drohende Klimakatastrophe diskutiert haben.

11 Fr Nach seiner Niederlage bei der Wahl zum CDU-Landesvorsitzenden tritt Bernhard Vogel als Ministerpräsident von Rheinland-Pfalz zurück. → Gedenkrede

12 Sa Bundeskanzler Helmut Kohl trifft zu einem Staatsbesuch in den USA ein. U.a. spricht er mit dem designierten US-Präsidenten George Bush.

13 So Der NATO-Befehlshaber für Europa, US-General John Galvin, warnt vor einseitiger Abrüstung, da von der Sowjetunion noch immer eine Gefahr ausgehe.

14 Mo Bundesarbeitsminister Norbert Blüm legt den Entwurf für die Gesundheitsreform vor, der die Senkung der Ausgaben der Krankenkassen zum Ziel hat.

15 Di In Algier proklamiert das Exilparlament Palästinensischer Nationalrat einen unabhängigen Palästinenserstaat in den israelisch besetzten Gebieten.

16 Mi Auf der 83. Sitzung des Europarates in Straßburg wird der Kleinstaat San Marino als 22. Mitglied in die Staatenorganisation aufgenommen.

17 Do Die Umweltminister Dänemarks, der Niederlande und der Bundesrepublik vereinbaren Maßnahmen zum Schutz der Seehunde im Wattenmeer. → Pakistan

18 Fr Als Nachfolgerin von Hans Maier wird die CDU-Politikerin Rita Waschbüsch zur Vorsitzenden des Zentralkomitees der deutschen Katholiken gewählt.

19 Sa Die CSU wählt auf ihrem 52. Parteitag in München Theo Waigel zu ihrem Vorsitzenden. Er tritt die Nachfolge des verstorbenen Franz Josef Strauß an.

20 So Nach heftiger öffentlicher Kritik an dem Polizeieinsatz beim Gladbecker Geiseldrama räumt Bremens Innensenator Bernd Meyer (SPD) sein Amt.

21 Mo Der Vorstandsvorsitzende der gewerkschaftseigenen coop AG, Bernd Otto, tritt nach Berichten über finanzielle Unregelmäßigkeiten zurück.

22 Di Auf dem Stützpunkt Edwards in Kalifornien präsentiert die US-Luftwaffe den »Tarnkappenbomber« F-117 A, der per Radar nicht zu orten sein soll.

23 Mi Südkoreas früherer Staatspräsident Chun Doo Hwan gesteht im staatlichen Fernsehen Korruption und Amtsmissbrauch während seiner Regierungszeit ein.

24 Do Auf Vermittlung des Internationalen Komitees vom Roten Kreuz findet an der iranisch-irakischen Grenze der erste Austausch von Kriegsgefangenen statt.

25 Fr Rita Süssmuth (CDU) wird zur Präsidentin des Bundestages gewählt. +++ Das Gesetz zur Gesundheitsreform wird vom Bundestag verabschiedet.

26 Sa In West-Berlin wird erstmals der Europäische Filmpreis »Felix« vergeben. Er geht an Krysztof Kieslowski (Polen) für »Ein kurzer Film über das Töten«.

27 So Mit 80 Industrievertretern besucht Außenminister Hans-Dietrich Genscher den Iran. Er führt Gespräche über einen Ausbau der Wirtschaftsbeziehungen.

28 Mo Das ZK der KPdSU billigt eine Verfassungsänderung, nach der die Mitglieder des Volksdeputiertenkongresses künftig direkt gewählt werden.

29 Di Ursula Lehr (CDU) rückt für die zur Bundestagspräsidentin gewählte Rita Süssmuth nach und wird Ministerin für Jugend, Familie, Frauen und Gesundheit.

30 Mi Zum ersten Mal seit Verhängung des Kriegsrechts 1981 tritt der Vorsitzende der Gewerkschaft »Solidarität«, Lech Walesa, im polnischen Fernsehen auf.

17. November 1988

Premiere: Frau führt Pakistan

Die Parlamentswahl in Pakistan endet mit einer Überraschung: Die Volkspartei stellt mit 92 Mandaten die stärkste Fraktion in der 237-köpfigen Nationalversammlung. Der künftige Regierungschef ist eine Frau: Benazir Bhutto (s. Abb., M.), die Vorsitzende der Volkspartei. Das regierende Parteienbündnis erleidet eine schwere Niederlage.

Benazir Bhutto

pakistanische Politikerin, * 21.6.1953 Karatschi

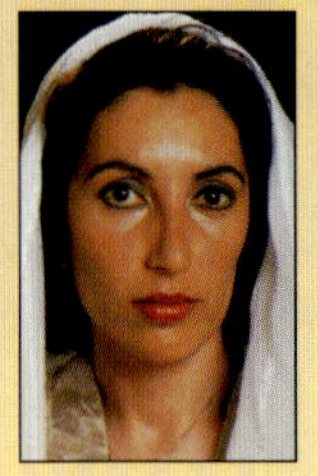

Die Tochter des 1977 gestürzten und später hingerichteten Ministerpräsidenten Zulfikar Ali-Khan Bhutto ist die erste Frau an der Spitze eines islamischen Staates. Da sie über keine ausreichende Parlamentsmehrheit verfügt, verlaufen viele ihrer Reformvorhaben im Sande. Nachdem sie 1990 unter dem Vorwurf der Korruption gestürzt wird, gelingt ihr drei Jahre später die Wiederwahl. 1996 wird sie erneut des Amtes enthoben.

- 1982: Vorsitzende der Pakistanischen Volkspartei
- 1988-90, 1993-96: Ministerpräsidentin

18. Dezember 1988

Becker & Co. holen Davis-Cup

Triumph für Deutschlands Tennis-Asse: Erstmals in der 88-jährigen Geschichte des Davis-Cups geht die begehrte Trophäe an ein deutsches Team. Boris Becker (M.), Eric Jelen, Carl-Uwe Steeb (r.) und Patrick Kühnen (l.) erringen die »hässlichste Salatschüssel der Welt«. Im mit Spannung erwarteten Endspiel besiegt das Team von Niki Pilic die Auswahl Schwedens klar mit 4:1.

Der Sieg war den Deutschen bereits am zweiten Tag des dreitägigen Wettkampfs sicher. Zum Auftakt gewann Carl-Uwe Steeb sensationell gegen den schwedischen Weltranglistenersten Mats Wilander in fünf Sätzen. Keine Mühe hatte im Anschluss ein höchst konzentriert spielender Boris Becker mit Stefan Edberg, dem er zwar noch in Wimbledon unterlegen war, der sich diesmal aber klar in drei Sätzen geschlagen geben musste. Den entscheidenden dritten Punkt holten Becker und Jelen im Doppel gegen Edberg und Anders Jarryd. Nach fast drei Stunden hatten die deutschen Tennisspieler einen 0:2-Rückstand in einen 3:2-Sieg verwandelt. Die beiden Einzel am Schlusstag verloren damit ihre Bedeutung.
Für Becker ist der Erfolg im Davis-Cup bereits der zweite große Sieg in diesem Monat. Am 5. Dezember hatte der Leimener im New Yorker Madison Square Garden zum ersten Mal das Masters Turnier der zwölf weltbesten Spieler gewonnen. Im Endspiel bezwang er den Tschechoslowaken Ivan Lendl, der selber diesen Wettbewerb bereits fünfmal gewonnen hatte, mit 5:7, 7:6, 3:6, 6:2 und 7:6. Beim Masters-Damenturnier war die durch eine Grippe geschwächte Steffi Graf bereits im Halbfinale gegen Pam Shriver aus den USA ausgeschieden. Das Finale gewann die Argentinierin Gabriela Sabatini gegen Shriver in drei Sätzen.

7. Dezember 1988

Erdbeben im Kaukasus

Ein schweres Erdbeben erschüttert die Sowjetrepublik Armenien. Besonders schwer betroffen ist die Stadt Leninakan, unter der das Epizentrum des Bebens lokalisiert wird. 40% der Stadt werden verwüstet. Nach offiziellen Angaben kommen 25 000 Menschen ums Leben. Schätzungen gehen jedoch von etwa 60 000 Opfern aus. 500 000 Menschen werden obdachlos. Das Beben erreicht eine Stärke von 6,9 auf der Richterskala. Es handelt sich um eine der schwersten Erdbebenkatastrophen des Jahrhunderts.

4. November 1988

»Heldenplatz« ärgert Wien

Am Burgtheater wird das Stück »Heldenplatz« von Thomas Bernhard in der Inszenierung von Claus Peymann uraufgeführt. Der erwartete Eklat, den die Medien, aber auch rechts gerichtete Politiker geschürt hatten, bleibt aus. Mit dem Titel des zeitkritischen Dramas spielt Bernhard auf die Begeisterung an, mit der die Wiener Bevölkerung Adolf Hitler im Jahre 1938 nach dem Anschluss Österreichs auf dem Heldenplatz empfing. 50 Jahre danach kehrt – in dem Stück – eine jüdische Familie nach Wien zurück und erschrickt über den immer noch vorhandenen Antisemitismus.

Thomas Bernhard

österreichischer Schriftsteller, * 9.2.1931 Kloster Heerlen (Niederlande); † 12.2.1989 Gmunden

Die satirischen Dramen von Bernhard verursachen immer wieder Skandale in Österreich. Angriffe auf nationale Institutionen und Personen öffentlichen Interesses verbindet der vielfach ausgezeichnete Schriftsteller mit Kritik an der Kunst und dem Kunstbetrieb. Eine zutiefst pessimistische Welt- und Menschensicht prägt seine Stücke, die sich durch brillante Dialogführung auszeichnen.

- 1947: Lehre als Lebensmittelhändler
- 1963: »Frost« (Roman)
- 1972: »Der Ignorant und der Wahnsinnige« (Drama)

11. November 1988

Skandal um Jenningers Gedenkrede zur Reichspogromnacht

Bundestagspräsident Philipp Jenninger erklärt seinen Rücktritt. Der CDU-Politiker hatte zwei Tage zuvor mit seiner Rede zum 50. Jahrestag der Reichspogromnacht einen Skandal ausgelöst. Die Ansprache vor dem Bundestag sollte den Versuch darstellen, den Aufstieg des Nationalsozialismus zu erklären. Durch unsensible Formulierungen entsetzte der Redner jedoch seine Zuhörer. Viele Abgeordnete aller Parteien verließen empört den Saal (Abb.: Jenninger und die fassungslose Schauspielerin Ida Ehre). U.a. formulierte der Bundestagspräsident: »Und was die Juden angeht: Hatten sie sich nicht in der Vergangenheit doch eine Rolle angemaßt, die ihnen nicht zukam? Mussten sie nicht endlich einmal Einschränkungen in Kauf nehmen? Hatten sie es nicht vielleicht verdient, in ihre Schranken gewiesen zu werden?«

21. Dezember 1988

Absturz über Lockerbie

Über der schottischen Kleinstadt Lockerbie explodiert ein Verkehrsflugzeug vom Typ Boeing 747. Alle 259 Passagiere sowie mehrere Dorfbewohner kommen ums Leben.
Der Jumbo-Jet der US-Luftfahrtgesellschaft hatte sich auf einem Flug von Frankfurt am Main nach New York befunden. In einer Höhe von 9500 m explodiert die Bombe und sprengt den vorderen Teil des Flugzeugs vom Rumpf. Für die Insassen gibt es keine Rettung. Trümmer und Leichenteile werden über ein Gebiet von 260 km² verstreut. Ein größeres Wrackteil stürzt mitten in die Ortschaft und richtet schreckliche Verwüstungen an.
Die Unglücksursache bleibt zunächst unbekannt. Erste Vermutungen, Materialermüdung habe zu der Katastrophe geführt, bestätigen sich nicht. Bei den mehrere Tage andauernden Bergungsarbeiten entdecken Spezialisten schließlich Trümmerteile, die darauf deuten, dass an Bord des Flugzeugs ein Koffer mit Plastiksprengstoff explodiert ist. Die Attentäter können zunächst nicht zweifelsfrei ermittelt werden. Zahlreiche Terrorgruppen aus dem Iran und dem Nahen Osten bekennen sich zu der Tat. Telefonisch übernimmt die Organisation »Wächter der islamischen Revolution« die Verantwortung. Sie bezeichnet den Terrorakt als »heroische Hinrichtung« und »Rache für den Abschuss des iranischen Flugzeugs durch die USA vor einigen Monaten und die Anwesenheit der Schah-Familie in Amerika«. Auch der als Drahtzieher des internationalen Terrorismus bekannte, von der PLO in Abwesenheit zum Tode verurteilte Palästinenserführer Abu Nidal wird der Tat verdächtigt. Schließlich kreisen die Ermittler die Täter im Umfeld des libyschen Geheimdienstes ein. Scharfe Kritik wird an der US-Luftfahrtbehörde FAA geübt. Sie war Anfang Dezember von einem anonymen Anrufer gewarnt worden, dass ein Anschlag geplant sei. Erst 1999 liefert Libyen auf jahrelangen internationalen Druck zwei Ex-Geheimdienstmitarbeiter aus.

Minutiös untersucht werden die Trümmer der abgestürzten Maschine.

Dezember 1988

1	Do	In seiner Antrittsrede erklärt Mexikos Staatspräsident Carlos Salinas de Gortari, das Land könne seine Auslandsschulden nicht zurückzahlen.
2	Fr	DDR-Staats- und Parteichef Erich Honecker bekräftigt in einer Rede in Ost-Berlin seine Ablehnung der Reformpolitik Michail S. Gorbatschows.
3	Sa	In der argentinischen Hauptstadt Buenos Aires schlagen Regierungstruppen einen Putsch rechts gerichteter Offiziere nieder.
4	So	Mit Waffengewalt löst die indische Polizei eine Demonstration auf, die an die Giftgaskatastrophe in Bhopal im Jahre 1984 erinnern soll.
5	Mo	Der kubanische Staatschef Fidel Castro spricht sich in Havanna gegen die Übernahme der sowjetischen Reformpolitik von Michail S. Gorbatschow aus.
6	Di	Das Oberverwaltungsgericht München genehmigt den Export von Kalbfleisch, das im Rahmen des sog. Hormonskandals beschlagnahmt wurde.
7	Mi	In einer Rede vor der UNO kündigt Kremlchef Michail S. Gorbatschow den Abbau der sowjetischen Truppen um 10% bis 1991 an. → Erdbeben
8	Do	Ein US-Militärflugzeug vom Typ »Thunderbolt II A« stürzt über der Innenstadt von Remscheid ab. Dabei werden sechs Menschen getötet, 50 verletzt.
9	Fr	Helmut Haussmann (FDP) wird zum Bundeswirtschaftsminister berufen. Sein Vorgänger Martin Bangemann (FDP) wechselte in die EG-Kommission.
10	Sa	Bei Auseinandersetzungen zwischen chinesischen Sicherheitsorganen und einheimischen Demonstranten wird in Tibet ein Mensch getötet.
11	So	Aus Protest gegen den Beitritt des Verbandes deutscher Schriftsteller zur IG Medien kündigen mehrere Autoren, u.a. Günter Grass, ihren Austritt an.
12	Mo	Die Boulevardzeitung »Frankfurter Abendpost/Nachtausgabe« (Auflage zuletzt: 130 000) muss aus finanziellen Gründen ihr Erscheinen einstellen.
13	Di	PLO-Chef Jasir Arafat erkennt in einer Rede vor der UN-Generalversammlung in Genf erstmals ausdrücklich das Existenzrecht des Staates Israel an.
14	Mi	Die schwedische Polizei nimmt in Stockholm einen 41-jährigen Mann fest, der 1986 den damaligen Ministerpräsidenten Olof Palme ermordet haben soll.
15	Do	Die Bewohner der Rheingau-Gemeinde Niederwalluf werden nach mehreren Explosionen in den unterirdischen Gasleitungen evakuiert.
16	Fr	Als Nachfolger des 1987 verstorbenen Kölner Erzbischofs Joseph Höffner wählt das Domkapitel den Berliner Kardinal Joachim Meisner.
17	Sa	Zum fünften Mal in Folge wird Claudia Leistner Deutsche Meisterin im Eiskunstlauf. Den Herren-Titel gewinnt in West-Berlin Richard Zander.
18	So	Eine behördliche Bilanz zum Abschluss des Wahlkampfes in Sri Lanka registriert 600 Todesopfer, die bei Unruhen ihr Leben ließen. → Davis-Cup
19	Mo	Im Niedersächsischen Landtag scheitert ein von den Sozialdemokraten eingebrachtes Misstrauensvotum gegen Ministerpräsident Ernst Albrecht (CDU).
20	Di	In Tel Aviv einigt sich die israelische Arbeiterpartei mit dem konservativen Likud-Block auf eine Fortsetzung der gemeinsamen Regierungsarbeit.
21	Mi	Die Regierung Neuseelands beschließt ein Programm zur Privatisierung von Staatsunternehmen. Mit dem Erlös sollen Kredite getilgt werden. → Lockerbie
22	Do	Vertreter Angolas, Südafrikas und aus Kuba, das Truppen entsandt hat, unterzeichnen in New York einen Vertrag über die Unabhängigkeit Namibias.
23	Fr	Im chinesischen Nanking brechen Unruhen aus. Die Krawalle richten sich gegen afrikanische Studenten, die als Träger des HIV-Virus verdächtigt werden.
24	Sa	Heimcomputer, Stereoanlagen und Schmuck sind nach Angaben des Einzelhandels in diesem Jahr die beliebtesten Gaben unter dem Weihnachtsbaum.
25	So	In der französischen Hauptstadt beginnt die Rallye Paris-Dakar. Bei dem umstrittenen Rennen sterben diesmal 24 Menschen, meist unbeteiligte Zuschauer.
26	Mo	Der US-Handelsbeauftragte Clayton Yeutter kündigt Strafzölle für Fleisch aus der EG an, weil diese kein hormonbehandeltes Fleisch aus den USA importiert.
27	Di	Juri Tschurbanow, zu Zeiten Breschnews Vize-Innenminister der UdSSR, wird wegen Bestechlichkeit und Amtsmissbrauch zu zwölf Jahren Haft verurteilt.
28	Mi	Nach Protesten der Bevölkerung nimmt die sudanesische Regierung die zwei Tage zuvor angekündigten Preiserhöhungen für Lebensmittel zurück.
29	Do	An der Deutschen Staatsoper Unter den Linden in Ost-Berlin wird der 70. Jahrestag der Gründung der Kommunistischen Partei Deutschlands begangen.
30	Fr	Die jugoslawische Regierung unter Branko Mikulić tritt nach einer Abstimmungsniederlage über geplante Wirtschaftsreformen komplett zurück.
31	Sa	Carlos Andrés Perez Rodriguez wird nach seinem Wahlsieg über Amtsinhaber Jaime Lusinchi als Staatspräsident Venezuelas vereidigt.

Januar 1989

1 So Das Freihandelsabkommen zwischen den USA und Kanada tritt in Kraft. Ziel ist die Stärkung der nordamerikanischen Wirtschaft. → Imhausen

2 Mo In Colombo, der Hauptstadt von Sri Lanka, wird der Sieger der Präsidentschaftswahlen, Ranasinghe Premadasa, vereidigt.

3 Di Abgesandte der Organisation FPOLISARIO, die für einen eigenen Staat in der Westsahara kämpft, beraten mit König Hassan II. von Marokko die strittige Frage.

4 Mi Zwei US-Kampfjets schießen über internationalen Gewässern im Mittelmeer zwei libysche MiG-23 ab. Die USA berufen sich auf »Selbstverteidigung«.

5 Do Das Bundesverkehrsministerium teilt mit, dass es – entgegen der Meinung einiger Kommunen – den Einsatz von Streusalz für unverzichtbar hält.

6 Fr In Frankfurt am Main beginnt der dreitägige Bundesparteitag der Deutschen Kommunistischen Partei, der von heftigen Flügelkämpfen geprägt ist.

7 Sa Der japanische Kaiser Hirohito stirbt im Alter von 87 Jahren in Tokio. +++ In Moskau finden erstmals westdeutsche Theatertage statt.

8 So Beim Absturz einer Boeing 737 der britischen Fluggesellschaft British Midland sterben in Mittelengland 44 Menschen, 82 werden zum Teil schwer verletzt.

9 Mo Im Prozess um den Diebstahl von NS-Akten aus dem Berlin Document Center verurteilt das Berliner Landgericht den Hauptangeklagten zu einer Haftstrafe.

10 Di Die peruanische Regierung verbietet die Einfuhr von Industriemüll, da das Land über keine Mittel zur Lagerung und Überwachung der Abfälle verfügt.

11 Mi Knapp 20 ausreisewillige DDR-Bürger verlassen die Vertretung der Bundesrepublik in Ost-Berlin, da die DDR-Behörden ihnen Straffreiheit zugesichert haben.

12 Do Unter dem Vorwurf, Amtsgeheimnisse an ihren Ehemann verraten zu haben, tritt die Schweizer Justizministerin Elisabeth Kopp zurück.

13 Fr Bei einer Tiefflugübung über Ostfriesland kollidieren eine britische und zwei deutsche Militärmaschinen. Zwei britische Offiziere kommen ums Leben.

14 Sa Die Niederlande liefern einen Deutschen aus, der an der Ermordung von zwei Polizisten an der Frankfurter Startbahn West beteiligt gewesen sein soll.

15 So Die 35 Teilnehmerstaaten des KSZE-Folgetreffens in Wien stimmen einem Schlussdokument über konventionelle Abrüstung in Europa zu.

16 Mo Die Leipziger Polizei löst einen Schweigemarsch für Pressefreiheit mit mehreren hundert Teilnehmern auf und nimmt zahlreiche Personen fest.

17 Di Der Bundestag in Bonn beschließt die Verlängerung des Grundwehrdienstes von 15 auf 18 Monate. Die Zivildienstzeit wird um vier Monate verlängert.

18 Mi Wegen eines Sprengstoffanschlags auf die Firma Dornier verurteilt das Oberlandesgericht Stuttgart zwei Mitglieder der RAF zu neun Jahren Haft.

19 Do In Österreich tritt Innenminister Karl Blecha (SPÖ) wegen seiner Verstrickung in die Versicherungsbetrugs-Affäre um den Frachter »Lukona« zurück.

20 Fr Laut Bundestagsbeschluss können künftig Landwirte eine sog. Produktionsrente beziehen, wenn sie ihre Produktionsflächen stillegen. → Bush

21 Sa Schwedens Ministerpräsident Ingvar Carlsson stattet der DDR als erster Vertreter seines Landes einen offiziellen Besuch ab.

22 So »Peer Gynt«, ein Ballett von Alfred Schnittke, wird in der Choreographie von John Neumeier in der Hamburgischen Staatsoper uraufgeführt.

23 Mo In Figueras stirbt der spanische Surrealist Salvador Dalí. +++ Bei einem Erdbeben in der Sowjetrepublik Tadschikistan sterben rd. 300 Menschen.

24 Di Das Bundeskabinett billigt den Jahreswirtschaftsbericht 1989, in dem eine Abschwächung des Wirtschaftswachstums prognostiziert wird.

25 Mi In Österreich tritt Nationalratspräsident Leopold Gratz (SPÖ) wegen seiner Verstrickung in die »Lukona«-Affäre von seinem Amt zurück.

26 Do Der Oberste Sowjet der Sowjetrepublik Litauen erhebt Litauisch zur Staatssprache. Litauen war von 1918-1940 unabhängig.

27 Fr In den Niederlanden begnadigt das Parlament die beiden letzten deutschen Kriegsverbrecher. Sie sitzen im Gefängnis von Breda ein.

28 Sa Die Grünen im Bundestag wählen in Bad Neuenahr Antje Vollmer, Helmut Lippelt und Jutta Oesterle-Schwerin zu ihren Sprechern. Otto Schily scheitert.

29 So Mit elf Abgeordneten schaffen die rechts gerichteten Republikaner bei Neuwahlen zum Berliner Abgeordnetenhaus den Einzug ins Parlament.

30 Mo Die Gefangenenhilfsorganisation Amnesty International fordert wegen der Exekution von über 1000 politisch Gefangenen internationalen Druck auf den Iran.

31 Di Das Bundesverfassungsgericht in Karlsruhe erweitert den Rechtsanspruch nichtehelicher Kinder auf Auskunft über ihren leiblichen Vater.

14. Februar 1989

Todesurteil gegen Salman Rushdie

Persiens Islamisten machen mobil gegen Meinungsfreiheit und missliebige Intellektuelle: Ajatollah Khomeini verkündet die sog. Fatwa – ein religiöses Edikt – gegen den britischen Schriftsteller Salman Rushdie. Wegen dessen von den Islamisten als blasphemisch angesehenen Roman »Die satanischen Verse« verurteilt der Revolutionsführer den gebürtigen Inder zum Tode, eine religiöse Stiftung setzt ein Jahr später ein Kopfgeld von zunächst 1 Mio. Dollar aus. Das 1988 erschienene Buch schildert die fantastischen Erlebnisse zweier Inder, die sich nach einem überstandenen Flugzeugabsturz in London wiederfinden. Einem der beiden, Gibril, begegnet im Traum der Religionsstifter des Islam. Die Darstellung gilt Fundamentalisten als Blasphemie. Weltweit sind die Muslime aufgerufen, das Todesurteil gegen den Autor des Buches, das sich angeblich »gegen den Islam, den Propheten und den Koran« richtet, zu vollstrecken. Bedroht werden auch diejenigen, die an der Herausgabe des Werkes beteiligt sind. Die »Fatwa« löst in vielen Staaten Proteste aus. Nach Bekanntgabe des Mordaufrufs taucht Rushdie unter und erhält Polizeischutz. 1991 wird der italienische Übersetzer des Rushdie-Romans durch Messerstiche verletzt, der japanische Übersetzer erstochen.
1998 erklärt die als vergleichsweise liberal geltende iranische Führung die Affäre für »völlig beendet«. Irans Außenminister Khamal Kharrasi versichert seinem britischen Amtskollegen Robin Cook am Rande der UN-Vollversammlung, seine Regierung habe nicht die Absicht, das Leben Rushdies zu bedrohen. Das Kopfgeld auf Rushdie, der sich bereits bei den Muslimen entschuldigt hatte, wird jedoch von einer religiösen Stiftung auf 2,8 Mio. DM erhöht.

Rushdie mit seinem umstrittenen Buch

Salman Rushdie

britischer Schriftsteller, * 15.6.1947 Bombay

Der Sohn eines indischen Moslems, seit 1964 britischer Staatsbürger, verquickt in seinen Werken indische Erzähltradition mit westlichen Erzählmustern. Der Mordaufruf Teherans zwingt Rushdie zu einem Leben im Untergrund – geschützt vom Geheimdienst. Trotz der Gefährdung für Leib und Leben wagt er sich immer wieder an die Öffentlichkeit.

- 1969-73: Werbetexter
- 1981: »Mitternachtskinder« (Roman)
- 1988: »Die Satanischen Verse« (Roman)
- 1999: »Der Boden unter ihren Füßen« (Roman)

15. Februar 1989

Der letzte sowjetische Soldat verlässt Afghanistan

Oberbefehlshaber Boris Gromow überschreitet als letzter von 115 000 Sowjetsoldaten die sog. Freundschaftsbrücke über den Grenzfluss Amudarja zwischen Afghanistan und der UdSSR. Damit ist der Abzug der sowjetischen Truppen aus dem Nachbarland abgeschlossen. Die Militärintervention in dem seit neun Jahren währenden Bürgerkrieg ist beendet. Wie Amerika in Vietnam, konnte sich die militärisch hochgerüstete Großmacht nicht gegen den Gegner durchsetzen.
1979 waren sowjetische Truppen in Afghanistan einmarschiert, um die durch einen Putsch an die Macht gekommene sozialistische Regierung gegen die muslimischen Mudschaheddin zu unterstützen. Rd. 14 000 Sowjetsoldaten kamen in den Kämpfen ums Leben, mehr als 30 000 wurden verwundet. Zwischen 1 Mio. und 1,5 Mio Afghanen sollen bis 1989 Opfer des Krieges geworden, etwa 6 Mio. nach Pakistan und in den Iran geflohen sein. Der Amtsantritt von KPdSU-Generalsekretär Michail S. Gorbatschow leitete einen Wandel in der Moskauer Afghanistan-Politik ein. Im Jahre 1988 regelte das Genfer Afghanistan-Abkommen den sowjetischen Truppenabzug.
Mit dem Ende des Abzugs der sowjetischen Soldaten kommt Afghanistan jedoch nicht zur Ruhe. Die Regierung von Präsident Mohammed Nadschibullah kann sich noch bis 1992 gegen die Mudschaheddin behaupten. Nach seinem Rücktritt und der Einnahme der afghanischen Hauptstadt Kabul beginnt ein blutiger Machtkampf unter den verschiedenen Widerstandsgruppen.

20. Januar 1989

George Bush im Weißen Haus

Unter den Augen von Ehefrau Barbara und Vorgänger Ronald Reagan wird George Bush (s. Abb.) vom obersten US-Richter William Rehnquist als 41. US-Präsident vereidigt. Der Republikaner hatte sich bei der Wahl am 8. November mit deutlicher Mehrheit gegen den demokratischen Kandidaten Michael Dukakis durchgesetzt.

Bush, bislang Vizepräsident Reagans, würdigt in seiner Antrittsrede seinen Vorgänger mit enthusiastischen Worten und kündigt an, dessen Weg fortsetzen zu wollen. Allerdings appelliert er auch an seine Landsleute, sich stärker bei der Lösung sozialer Probleme zu engagieren. Drogenmissbrauch, Kriminalität, Armut und Obdachlosigkeit könnten nicht allein von staatlichen Stellen bewältigt werden. Vor allem der Kampf gegen Drogen liegt dem neuen Präsidenten am Herzen.

26. Februar 1989

Skandal um co op

Der im Jahre 1974 vom Deutschen Gewerkschaftsbund und den Einzelgewerkschaften als Dachorganisation für über 100 ehemalige Konsumgenossenschaften gegründete Einzelhandelskonzern co op gerät ins Schlingern. Ein Konkurs der co op AG kann erst abgewendet werden, nachdem 143 Gläubigerbanken auf Forderungen in Höhe von 1,05 Mrd. DM verzichten.

1988 war der ehemalige Finanzminister Hans Friderichs zum Aufsichtsratsvorsitzenden gewählt

worden. Sein Ziel: die Rettung des Konzerns vor dem Ruin. Er trat die Nachfolge von Bernd Otto (Abb., r., mit dem Spitzenmanager Alfons Lappas) an, der nach einem Bericht des »Spiegel« über Unregelmäßigkeiten an der Firmenspitze und hohe Verschuldung des Unternehmens seinen Posten hatte räumen müssen. Otto wurde vorgeworfen, durch Scheinfirmen im Ausland Verluste verschleiert und der Firma Geld entzogen zu haben. Gegen Otto und andere Manager wird ermittelt.

1. Januar 1989

Imhausen baut Giftfabrik

Die »New York Times« veröffentlicht einen Bericht über die Beteiligung der süddeutschen Firma Imhausen-Chemie am Bau einer Fabrik im libyschen Rabta, die vermutlich zur Herstellung chemischer Waffen benutzt werden soll.

Die mögliche Hilfe für Libyen, dessen Revolutionsführer Muammar al Gaddhafi vor allem den USA als einer der Drahtzieher des internationalen Terrorismus gilt, trägt der Bundesrepublik international heftige Kritik ein. Die Fabrik in Rabta wird im März 1990 durch ein Feuer weitgehend zerstört. Nach Angaben des US-Geheimdienstes sollen dort seit Mitte 1989 bereits mindestens 50 t Giftgas produziert worden sein. Die libysche Regierung erklärt hingegen, die Fabrik habe der Herstellung von Medikamenten gedient.

Zum Abschluss einer internationalen Konferenz zur Beseitigung chemischer Waffen verpflichten sich die 149 Teilnehmerstaaten am 11. Januar in Paris, auf den Einsatz von C-Waffen zu verzichten. Sie verurteilen außerdem jede Verletzung des Genfer Protokolls von 1925, das den Einsatz von Giftgas und ähnlichen Kampfstoffen, nicht aber deren Herstellung und Lagerung untersagt.

3. Februar 1989

Putsch gegen Stroessner

Paraguays Präsident Alfredo Stroessner (s. Abb.) wird aus dem Amt geputscht. Der Diktator – 1954 selbst durch einen Putsch an die Macht gekommen – flieht nach Brasilien. Wegen seiner repressiven, antikommunistischen Innenpolitik gelang es Stroessner nie, seinen Ruf als Diktator abzulegen. Während seiner langen Amtszeit bescherte er dem südamerikanischen Land jedoch ein relativ stabiles Wirtschaftsfundament.

Zu dem Umsturz war es nach heftigen Auseinandersetzungen innerhalb der regierenden konservativen Colorado-Partei gekommen. Ihr gehören sowohl Stroessner als auch der Initiator des Putsches, Armeegeneral Andrés Rodríguez, an. Der neue starke Mann Paraguays, ein langjähriger Vertrauter Stroessners, verspricht nach der Machtübernahme demokratische Reformen. Am 1. Mai wird er mit 74% der Stimmen im Amt bestätigt, sein Hauptrivale Domingo Laino von der Authentischen Radikal-Liberalen Partei erhält 20%. Ausländische Beobachter und die Opposition sprechen jedoch von Wahlbetrug. Bei den zeitgleich abgehaltenen Wahlen zum Parlament werden die seit 1940 regierenden Colorados erneut stärkste Partei des Landes. Laut Verfassung erhalten sie dadurch automatisch zwei Drittel der Mandate und eine überragende Machtstellung.

Februar 1989

1	Mi	Insgesamt 28 Mitglieder der terroristischen Rote Armee Fraktion treten in mehreren westdeutschen Gefängnissen in den Hungerstreik.
2	Do	Die Wiener Verhandlungen zwischen der NATO und dem Warschauer Pakt über einen Truppenabbau enden nach über 15 Jahren ohne konkretes Ergebnis.
3	Fr	In der Hansestadt Bremen verabschiedet die Bürgerschaft ein Landesmediengesetz, das private Rundfunksender zulässt. → Stroessner
4	Sa	Laut einem Bericht des WDR sollen bundesdeutsche Firmen Materialien und Geräte für eine Bakterienwaffen-Fabrik in den Iran geliefert haben.
5	So	Die letzten 1000 Soldaten, die Kuba bis zum 1. April aus Angola abziehen wollte, treffen bereits jetzt in Havanna ein.
6	Mo	Bei seinem Fluchtversuch nach West-Berlin erschießen DDR-Grenzsoldaten an der Berliner Mauer den 20-jährigen Chris Gueffroy.
7	Di	Präservativ-Werbung auf Fußballtrikots verstößt nicht gegen gute Sitten. Das geht aus einem Urteil der Zivilkammer des Frankfurter Landgerichts hervor.
8	Mi	ARD und ZDF sichern sich in einem Vertrag mit dem Deutschen Tennisbund die Senderechte für die wichtigsten deutschen Tennisturniere von 1991 bis 1994.
9	Do	Auf einem unter der Flagge Singapurs fahrenden Frachter werden in Hamburg 8 t Haschisch im Wert von rund 50 Mio. DM beschlagnahmt.
10	Fr	Vor dem Tempel von Luxor in Ägypten wird der Öffentlichkeit ein sensationeller Fund von Statuen aus dem 14. bis 13. Jahrhundert v. Chr. präsentiert.
11	Sa	Die Außenminister der Golfkriegsgegner Iran und Irak einigen sich in New York auf eine Wiederaufnahme direkter Friedensverhandlungen.
12	So	Liberale Zeitungen beschuldigen die südafrikanische Bürgerrechtlerin Winnie Mandela, sie habe vier schwarze Jugendliche entführen lassen.
13	Mo	Nach vierwöchiger Geiselhaft wird der ehemalige belgische Premierminister Paul van den Boeynants aufgrund einer Lösegeldzahlung freigelassen.
14	Di	Als erstes Bundesland beschließt das sozialdemokratisch regierte Schleswig-Holstein ein kommunales Wahlrecht für ausländische Mitbürger. → Rushdie
15	Mi	Bei den ersten Parlamentswahlen seit 11 Jahren erreicht die in Sri Lanka regierende Vereinigte Nationalpartei die absolute Mehrheit. → Afghanistan
16	Do	Vier ausreisewillige DDR-Bürger dringen mit einem Auto gewaltsam in den Hof der Bonner Vertretung in Ost-Berlin ein und verletzen dabei einen Polizisten.
17	Fr	Mit der Unterzeichnung des Gründungsvertrages für eine Arabische Maghreb-Union endet in Marokko das Gipfeltreffen der nordwestafrikanischen Staaten.
18	Sa	In Washington stellen US-Forscher eine Studie vor, die belegt, dass die Ozonschicht nicht nur am Südpol, sondern auch am Nordpol gefährdet ist.
19	So	20 Roma treten in der Gedenkstätte des ehemaligen Konzentrationslagers Neuengamme in den Hungerstreik, um ihre Abschiebung zu verhindern.
20	Mo	Als erster hoher Repräsentant der UdSSR seit 15 Jahren besucht der sowjetische Außenminister Eduard Schewardnadse Ägypten.
21	Di	Aus Protest gegen die Vergewaltigung einer U-Bahn-Bediensteten und der Verharmlosung ähnlicher Fälle tritt das Pariser Metro-Personal in den Ausstand.
22	Mi	Die Proteste der albanischen Volksgruppe in der jugoslawischen Provinz Kosovo weiten sich zu einem allgemeinen Streik aus.
23	Do	Die Algerier billigen mit breiter Mehrheit die neue Verfassung, die das Monopol der Einheitspartei FNL beendet und neue Parteien zulässt.
24	Fr	Hamburgs Bürgermeister Henning Voscherau (SPD) und DDR-Staatschef Erich Honecker treffen zu Gesprächen über die Elbe-Verschmutzung zusammen.
25	Sa	Mike Tyson (USA) verteidigt in Las Vegas mit einem k.o.-Sieg über den Briten Frank Bruno seinen Titel als Schwergewichts-Boxweltmeister aller Weltverbände.
26	So	Israel und Ägypten unterzeichnen ein Abkommen, das die Rückgabe des Küstenstreifens Taba am Roten Meer an Ägypten vorsieht. → co op
27	Mo	Auf Preiserhöhungen reagiert die Bevölkerung Venezuelas mit Plünderungen. +++ Der österreichische Verhaltensforscher Konrad Lorenz stirbt 85-jährig.
28	Di	Die britische Premierministerin Margaret Thatcher beendet in Paris ihren zwei Tage dauernden Arbeitsbesuch. Themen waren u.a. Rüstungsfragen.

März 1989

1 Mi Der Trainer des kanadischen Dopingsünders Ben Johnson erklärt in Toronto, der Sprinter habe seit 1981 leistungssteigernde Anabolika eingenommen.

2 Do Die zwölf Staaten der Europäischen Gemeinschaft einigen sich auf die Produktionseinstellung Ozon zerstörender Chemikalien bis zur Jahrtausendwende.

3 Fr Mit einem Beschluss der DDR-Volkskammer erhalten ständig in der DDR lebende oder arbeitende Ausländer das Kommunalwahlrecht.

4 Sa Die Westberliner Polizei schiebt 161 Polen ab. +++ Manfred Kaltz vom Hamburger Sportverein bestreitet sein 553. Bundesliga-Spiel und wird Rekordhalter.

5 So Bei den vorgezogenen Landtagswahlen im Fürstentum Liechtenstein erreicht die regierende Vaterländische Union 13 der 25 Parlamentssitze.

6 Mo Bonn und Potsdam unterzeichnen einen Vertrag über ihre Städtepartnerschaft. +++ Die Außenminister der KSZE-Staaten beraten in Wien über Abrüstung.

7 Di Wegen Demonstrationen gegen die chinesische Besatzungsregierung in Tibet verhängt Peking das Kriegsrecht über die autonome Region.

8 Mi Das Bundeskabinett beschließt eine restriktivere Handhabung des Asylrechts. +++ Die DDR-Fußball-Auswahl unterliegt in Athen Griechenland mit 2:3.

9 Do Der von US-Präsident George Bush für das Amt des Verteidigungsministers vorgeschlagene John Tower wird vom Senat mit 53 zu 47 Stimmen abgelehnt.

10 Fr Die Regierung von Honduras stellt sämtliche Zins- und Tilgungszahlungen für ihre Auslandsschulden in Höhe von umgerechnet rund 5,6 Mrd. DM ein.

11 Sa Vertreter von 22 Ländern unterzeichnen in Den Haag eine Erklärung, worin die Bildung einer UN-Umweltbehörde gefordert wird.

12 So Nach Schüssen an der innerdeutschen Grenze sagt Bundeswirtschaftsminister Helmut Haussmann seinen Besuch auf der Leipziger Frühjahrsmesse ab.

13 Mo Die Sprengung einer Kaligrube in Merkers (DDR) führt zu einem Erdbeben der Stärke fünf bis sechs auf der Richter-Skala.

14 Di Die letzte Kaiserin von Österreich und Königin von Ungarn, Zita von Bourbon und Parma, stirbt im Alter von 96 Jahren in Zizers (Schweiz).

15 Mi Ägyptens Staatspräsident Muhammad Hosni Mubarak beendet nach zweitägiger Dauer seinen Besuch in der Bundesrepublik Deutschland.

16 Do Das Berliner Abgeordnetenhaus wählt mit den Stimmen der SPD und der Alternativen Liste Walter Momper (SPD) zum Regierenden Bürgermeister.

17 Fr Beim Einsturz des aus dem 11. Jahrhundert stammenden Stadtturms von Pavia in Norditalien sterben unter den Geröllmassen mehrere Menschen.

18 Sa Bei den Eiskunstlauf-Weltmeisterschaften in Paris gewinnen in den Einzeldisziplinen die Japanerin Midori Ito und der Kanadier Kurt Browning den Titel.

19 So In El Salvador wird Alfredo Cristiani Burkard, Kandidat der ultrarechten Partei ARENA, mit 54% der Stimmen zum Staatspräsidenten gewählt.

20 Mo Der Westberliner Senat aus SPD und Alternativer Liste (AL) lässt acht besetzte Häuser räumen. Der Beschluss ist innerhalb der AL umstritten.

21 Di Ein Erdbeben der Stärke fünf bis sechs auf der Richter-Skala erschüttert die Inselgruppe der Nördlichen Sporaden im Ägäischen Meer.

22 Mi Die bundesdeutsche Mannschaft gewinnt bei einem Fußballländerspiel in Sofia gegen die Auswahl der bulgarischen Gastgeber mit 2:1.

23 Do Zwei Wissenschaftler in Salt Lake City (US-Staat Utah) behaupten, ihnen sei eine Kernfusion im Reagenzglas gelungen. Fachkreise bezweifeln dies.

24 Fr Beim traditionellen Achterrennen zwischen Oxford und Cambridge werden erstmals – als Steuerleute – Frauen eingesetzt. → Ölpest

25 Sa Der Brite Nigel Mansell gewinnt auf Ferrari den ersten Lauf zur Formel-1-Weltmeisterschaft vor dem Franzosen Alain Prost.

26 So Aus den Kommunalwahlen in der Türkei gehen die Sozialdemokraten als Sieger hervor. Die regierende Mutterlandspartei wird drittstärkste Kraft. → UdSSR

27 Mo Der afghanische Staats- und Parteichef Mohammed Nadschibullah bietet den islamisch-fundamentalistischen Rebellen einen Waffenstillstand an.

28 Di In Teheran tritt Ajatollah Ali Hussein Montazeri zurück, der sich nach eigenen Angaben der Khomeini-Nachfolge nicht gewachsen fühlt.

29 Mi Im Innenhof des Pariser Louvre findet die Einweihung der heftig umstrittenen Glaspyramide des Amerikaners Ieoh Ming Pei statt.

30 Do Bei der »Oscar«-Verleihung in Los Angeles erhält »Rain Man« vier Auszeichnungen. Ein »Oscar« geht an Dustin Hoffmann, der die Titelrolle spielte.

31 Fr Bauarbeiter stoßen in Bremen auf ein frühmittelalterliches Binnenschiff. Es wird zur Untersuchung in das Schifffahrtmuseum nach Bremerhaven gebracht.

24. März 1989

Riesentanker-Havarie löst

Eine der gewaltigsten Umweltkatastrophen dieses Jahrhunderts ereignet sich im Prinz-William-Sund vor der Südküste von Alaska. Der mit 206000 t Rohöl beladene Tanker »Exxon Valdez« läuft auf ein Riff und schlägt leck. 42000 t Öl laufen aus und verseuchen die Küste auf einer Länge von 1300 km. Der Ölteppich dehnt sich auf einer Fläche von 1600 km^2 aus. Opfer der gewaltigen Ölpest in diesen fischreichen Gewässern sind tausende von Seehunden, Seelöwen und Wale. Die Küstenfischerei muss zunächst eingestellt werden. Der Gouverneur von Alaska, Steve Cowper, ruft am 26. März die Unglücksregion zum Katastrophengebiet aus. Im Mittelpunkt der Kritik stehen der Kapitän der »Exxon Valdez« sowie – als Schiffseigner – mit Exxon die größte Mineralölgesellschaft der Welt. Nach den Ermittlungen wurde der Supertanker vorschriftswidrig vom Dritten Offizier gesteuert, während sich der Kapitän angetrunken in seiner Kabine aufhielt. Bei dem Versuch des Dritten Offiziers, mehreren Eisschollen auszuweichen, kam die »Exxon Valdez« vom Kurs ab. Das 335 m lange Schiff kollidierte mit dem Bligh-Riff, lief dann noch zwei Seemeilen mit voller Kraft weiter, bis es auf mehreren Felsen aufsetzte. Die ersten Hilfsaktionen laufen nur schleppend an. Auch ein Versuch, Öl in ein anderes Schiff abzupumpen, scheitert zunächst an fehlendem Gerät. Die chemische Bekämpfung des Ölteppichs wird durch das stürmische Wetter erschwert.

Für viele ölverschmierte Tiere kommt jede Hilfe zu spät.

Immer wieder kam es in der Vergangenheit zu Ölhavarien. Der harte Konkurrenzkampf und die verhängnisvolle Praxis der Reedereien, ihre gefährliche Fracht mit möglichst wenig Aufwand für Sicherheit und Frachtpersonal über die Meere zu bringen, erhöht die Wahrscheinlichkeit von Katastrophen. Vier von fünf Reedern flüchten in sog. Billigflaggen-Länder (z.B. Liberia, Panama), weil dort die steuerliche Belastung niedriger ist, strenge Wartungsvorschriften fehlen und geringere Anforderungen an Kopfzahl und Qualifikation des Personals gestellt werden.

9. April 1989

Doppel-Sieg am grünen Tisch

10000 Zuschauer feiern in Dortmund frenetisch die Sensation im Tischtennis. Die beiden bundesdeutschen Asse Jörg Roßkopf und Steffen »Speedy« Fetzner (s. Abb., hinten v.l., im Finale) schlagen im Endspiel das polnisch-jugoslawische Duo Leszek Kucharski/Zoran Kalinić in drei Sätzen. Es ist der erste Weltmeistertitel für die Bundesrepublik in dieser Disziplin. Schon im Halbfinale hatten Roßkopf und Fetzner, die seit 1984 für die PSV Borussia Düsseldorf spielen, für eine Überraschung gesorgt. Mit 2:1 Sätzen schalteten sie die als nahezu unschlagbar geltenden Chinesen Chen Langcan und Wei Qingqang aus. Die Einzeltitel gehen an Jan Ove Waldner aus Schweden, das auch Mannschaftsweltmeister wird, und an Qiao Hong aus China.

26. März 1989

Freie Wahlen in der UdSSR

Erfolg der Perestroika: Bei den Wahlen zum ersten sowjetischen Volksdeputiertenkongress setzen sich zahlreiche Reformpolitiker durch. Das zu zwei Dritteln von der Bevölkerung gewählte Gremium wählt das Staatsoberhaupt und den Obersten Sowjet. Erstmals können die Bürger der UdSSR zwischen mehreren Kandidaten wählen (Abb.: Jelzin-Anhänger machen Wahlkampf). Insgesamt kandidieren 2895 Politiker für 1500 Sitze. In zahlreichen Städten müssen die Parteifunktionäre Niederlagen hinnehmen. Auf der konstituierenden Sitzung des Kongresses am 25. Mai wird Michail S. Gorbatschow zum Präsidenten gewählt. Für ihn stimmen 95,6% der Abgeordneten.

lpest aus

Die herbeibeorderte »Exxon San Francisco« (l.) pumpt Öl aus der »Exxon Valdez«.

12. April 1989

Aus für Standort Wackersdorf

Der bundesdeutsche Energiekonzern VEBA kündigt eine Zusammenarbeit mit der französischen COGEMA bei der atomaren Wiederaufbereitung in La Hague in der Normandie an. Die geplante Wiederaufbereitungsanlage in Wackersdorf wird damit überflüssig (Abb.: Baustelle). Anfang 1990 zieht die Deutsche Gesellschaft für Wiederaufbereitung von Kernbrennstoffen (DWK) ihren Antrag

für das atomrechtliche Genehmigungsverfahren zurück. Bislang hatte die Bundesregierung trotz heftiger Proteste in der Bevölkerung an Wackersdorf festgehalten. Seit 1985 beteiligten sich tausende Demonstranten an den Protesten gegen die Wiederaufbereitungsanlage.

21. April 1989

Streit um Kronzeugenbonus

Mit 209 gegen 151 Stimmen bei einer Enthaltung nimmt der Bundestag in Bonn ein neues Gesetz zur Verschärfung des Demonstrationsrechts an und billigt die probeweise Einführung der sog. Kronzeugenregelung.

Der Inhaftierungsgrund der Wiederholungsgefahr (Vorbeugehaft) wird auf besonders schwere Fälle von Landfriedensbruch ausgedehnt. Vermummung, sog. passive Bewaffnung (z.B. Helme) oder Aufruf zu behördlich verbotenen Versammlungen werden mit Strafe bedroht. Seit 1985 war es bereits verboten, an Demonstrationen »in einer Aufmachung, die geeignet und den Umständen nach darauf gerichtet ist, die Feststellung der Identität zu verhindern, teilzunehmen«.

Für heftige Diskussionen sorgte die Einführung der Kronzeugenregelung. Die FDP wandte sich gegen eine Straffreiheit für Terroristen, sie wollte allenfalls eine Strafmilderung einführen. Das deutsche Strafprozessrecht, das dem Legalitätsprinzip, der Pflicht zur Verfolgung von Straftaten, verhaftet ist, kannte den Begriff des Kronzeugen bisher nicht. Durch die Gesetzesneuregelung wird vorerst bis Ende 1992 außerhalb der Strafprozessordnung die Möglichkeit geschaffen, bei Angehörigen terroristischer Vereinigungen von der Strafverfolgung abzusehen bzw. die Strafe zu mildern, wenn die Angeschuldigten wichtige Tatsachen offen legen. Von der Kronzeugenregelung ausgenommen sind allerdings bestimmte Straftaten, u.a. Mord.

15. April 1989

Sheffield: Panik im Stadion

Im Fußballstadion von Sheffield (England) kommt es zur schwersten Katastrophe der europäischen Sportgeschichte: 95 Menschen kommen ums Leben, als rd. 4000 Fans ohne Eintrittskarten auf eine bereits überfüllte Stehtribüne drängen. Die 3 m hohen Stahlgitter, die verhindern sollen, dass Zuschauer auf das Spielfeld stürmen, werden zur tödlichen Falle. Menschen werden zu Tode gequetscht und ersticken. Viel zu spät werden die Notausgänge geöffnet. Vergeblich wird nach Stahlschneidern gesucht, um die Zäune zu durchtrennen. Die medizinische Versorgung erweist sich als völlig unzureichend.

Immer wieder kam es zu schweren Unglücken in englischen Stadien. 1946 starben in Bolton 38 Menschen bei dem Einsturz einer Tribüne, 1971 forderte eine Panik nach dem Lokalderby Celtic gegen Rangers im Ibrox Part in Glasgow 66 Tote. Bei dem Brand einer Tribüne in Bradford kamen 1985 insgesamt 52 Menschen ums Leben.

April 1989

1 Sa – Hamburg und Kiel werden in den sogenannten kleinen Grenzverkehr mit der DDR einbezogen, der u.a. Tagesreisen mit weniger Formalitäten ermöglicht.

2 So – Der Zentralrat der Palästinensischen Befreiungsorganisation PLO wählt Jasir Arafat zum Präsidenten des 1988 ausgerufenen unabhängigen Staates Palästina.

3 Mo – Ein Zugunglück in Süditalien fordert acht Menschenleben. +++ In Washington tagen die Gremien des Internationalen Währungsfonds und der Weltbank.

4 Di – Zum 40-jährigen Jubiläum der NATO erklärt Generalsekretär Manfred Wörner, er halte die Politik von Kreml-Chef Michail S. Gorbatschow für friedlich.

5 Mi – Das Bundeskabinett in Bonn beschließt schärfere Einreisebestimmungen für Polen und die Aufhebung der Visumfreiheit für Ausländer unter 16 Jahren.

6 Do – In der Hamburger Illustrierten »stern« erscheint ein Artikel über die Beteiligung bundesdeutscher Firmen an der Errichtung eines Raketenzentrums im Irak.

7 Fr – Die Wiener Polizei deckt eine Mordserie in einem Krankenhaus auf. Vier Beschäftigte sollen dort mindestens 49 schwer kranke Menschen getötet haben.

8 Sa – Der schwedische Skiläufer Ingemar Stenmark beendet mit einer Abschiedsfeier in Sälen seine Karriere, in deren Verlauf er 86 Weltcup-Siege errang.

9 So – Bei Nachwahlen in der kanadischen Provinz Alberta zieht mit der rechtsgerichteten Reform Party eine neue Partei ins Parlament ein. → Doppel-Sieg

10 Mo – Die Einschleusung ausländischer Frauen in die Bundesrepublik zum Zwecke der Heiratsvermittlung ist nach einem Urteil des Bundesgerichtshofs strafbar.

11 Di – In Ost-Berlin beginnt die Außenministerkonferenz der Staaten des Warschauer Pakts. Die Teilnehmer appellieren an die Einhaltung des Friedens.

12 Mi – Der rumänische Staatschef Nicolae Ceauşescu gibt bekannt, dass sein Land sämtliche Auslandsschulden – ca. 36,75 Mrd. DM – bezahlt habe. → Wackersdorf

13 Do – Helmut Kohl trifft zum ersten Besuch eines deutschen Bundeskanzlers in der Schweiz ein. Es werden Fragen der Wirtschafts- und Verkehrspolitik besprochen.

14 Fr – Der SPD-Vorstand beschließt die Zusammenlegung des traditionsreichen Parteiblattes »Vorwärts« mit dem »sozialdemokrat magazin«.

15 Sa – Der Tod des ehemaligen chinesischen Parteichefs Hu Yaobang löst in China die größte Demonstrationswelle seit mehr als zehn Jahren aus. → Sheffield

16 So – In Uruguay stimmt eine knappe Mehrheit der Bürger dafür, Menschenrechtsverstöße von Sicherheitskräften bei der Terrorbekämpfung nicht zu ahnden.

17 Mo – Nach siebenjähriger Untergrundtätigkeit wird die seit 1981 verbotene polnische Gewerkschaft »Solidarität« wieder legalisiert.

18 Di – Erstmals haben westliche Medienvertreter die Gelegenheit zur Berichterstattung über gemeinsame Truppenmanöver der DDR und der Sowjetunion.

19 Mi – 47 Seeleute kommen bei der Explosion eines Geschützturms auf dem US-Schlachtschiff »USS Iowa« ums Leben.

20 Do – Das Bundeskartellamt untersagt den Zusammenschluss der Daimler-Benz AG mit dem Luft- und Raumfahrtkonzern Messerschmitt-Bölkow-Blohm.

21 Fr – Das portugiesische Parlament verabschiedet eine Verfassungsreform, die Ausländern das kommunale Wahlrecht einräumt. → Kronzeugenbonus

22 Sa – Nach fünftägigen Verhandlungen beschließen die EG-Landwirtschaftsminister, die Agrarpreise für 1989/90 weitgehend auf Vorjahresniveau zu halten.

23 So – Ayrton Senna gewinnt das Formel-1-Rennen um den Großen Preis von San Marino auf McLaren mit einer Durchschnittsgeschwindigkeit von 201,939 km/h.

24 Mo – Herbert von Karajan, seit 1955 auf Lebenszeit künstlerischer Leiter der Berliner Philharmoniker, legt sein Amt nieder.

25 Di – Aus Altersgründen verlassen 74 Mitglieder, u.a. der frühere Staatschef Andrej A. Gromyko, das Zentralkomitee der KPdSU.

26 Mi – In einem Qualifikationsspiel für die Fußball-Weltmeisterschaft trennen sich die Niederlande und die bundesdeutsche Auswahl in Rotterdam mit 1:1.

27 Do – Niedersachsens Ministerpräsident Ernst Albrecht trifft zu einem Besuch in der DDR ein. U.a. geht es um die Schaffung eines neuen Grenzübergangs.

28 Fr – Im Prozess um die Fußballkatastrophe im Brüsseler Heysel-Stadion im Jahre 1985 werden 14 britische Fußballrowdies zu je drei Jahren Haft verurteilt.

29 Sa – In Le Puy im französischen Zentralmassiv demonstrieren 7000 Menschen gegen ein geplantes Staudammprojekt an der Loire.

30 So – Bei der Eishockey-Weltmeisterschaft in Stockholm (Schweden) wird das Team der Sowjetunion zum 21. Mal Weltmeister.

Mai 1989

1 Mo Eine von autonomen Gruppen veranstaltete »Revolutionäre 1. Mai-Demonstration« führt in Berlin-Kreuzberg zu heftigen Straßenschlachten mit der Polizei.

2 Di In West-Berlin tagt der Deutsche Ärztetag. Erstmals thematisiert die Versammlung die NS-Vergangenheit von deutschen Medizinern. → Ungarn

3 Mi Der niederländische Ministerpräsident Ruud Lubbers tritt nach Meinungsverschiedenheiten im Kabinett über die Finanzierung des Umweltschutzes zurück.

4 Do Die US-Raumfähre »Atlantis« bringt die Raumsonde »Magellan« auf ihren Weg zur Venus. »Magellan« soll die Oberfläche des Planeten kartographieren.

5 Fr Ein Memminger Frauenarzt wird wegen illegaler Schwangerschaftsabbrüche in 36 Fällen zu einer Haftstrafe von zweieinhalb Jahren verurteilt.

6 Sa Die jugoslawische Gruppe »Riva« gewinnt in Lausanne (Schweiz) den 34. Schlagerwettbewerb Grand Prix d'Eurovision de La Chanson.

7 So Andreas Aguilar aus Hannover gewinnt bei den Kunstturn-Europameisterschaften in Stockholm wie schon 1987 die Bronzemedaille. → DDR-Wahl

8 Mo Im Hamburger Kunstfehlerprozess verurteilt das Landgericht einen Orthopäden wegen fahrlässiger Körperverletzung zu 7000 DM Geldstrafe.

9 Di In Guatemala scheitert der Putschversuch von rechtsgerichteten Militärs gegen den christdemokratischen Präsidenten Vinicio Cerezo Arévalo.

10 Mi Amnesty International erklärt, dass in Ägypten zahlreiche islamische Fundamentalisten verhaftet und gefoltert worden seien.

11 Do Parteichef Michail S. Gorbatschow gibt anlässlich des Besuchs von US-Außenminister James Baker in Moskau eine einseitige Abrüstungsinitiative bekannt.

12 Fr 39 inhaftierte Mitglieder der Rote Armee Fraktion brechen ihren Hungerstreik für ihre Zusammenlegung in eine oder zwei große Gruppen ab.

13 Sa Auf dem Pekinger Platz des Himmlischen Friedens treten mehrere tausend Studenten für Demokratie und Pressefreiheit in den Hungerstreik.

14 So Aus der Präsidentenwahl in Argentinien geht der 58-jährige Peronist Carlos Saúl Menem mit 47% der Stimmen als Sieger hervor.

15 Mo Der sowjetische Staats- und Parteichef Michail S. Gorbatschow trifft zum ersten chinesisch-sowjetischen Gipfeltreffen seit 30 Jahren in Peking ein.

16 Di In Addis Abeba (Äthiopien) scheitert ein Versuch aufständischer Militärs, die Regierung von Mengistu Halie Mariam zu stürzen.

17 Mi Der italienische Fußballclub SSC Neapel sichert sich durch ein 3:3 gegen den VfB Stuttgart den UEFA-Pokal.

18 Do Der Europäische Gerichtshof untersagt Bonn, eine aus einem EG-Land stammende Familie auszuweisen, weil sie über keine angemessene Wohnung verfüge.

19 Fr Großbritannien verweist elf sowjetische Journalisten des Landes, denen Spionage vorgeworfen wird. Weiteren drei Sowjetbürgern wird die Einreise verweigert.

20 Sa In Leipzig trennen sich die Fußball-Auswahlmannschaften der DDR und Österreichs mit einem 1:1 Unentschieden.

21 So Steffi Graf gewinnt das Finale gegen Gabriela Sabatini (Argentinien) und damit die internationalen deutschen Damen-Tennismeisterschaften in West-Berlin.

22 Mo Der niedersächsische Oppositionsführer Gerhard Schröder rückt als Nachfolger von Erhard Eppler ins SPD-Präsidium auf.

23 Di Die Warschauer-Pakt-Staaten schlagen bei den Wiener Abrüstungsverhandlungen der NATO die gleichzeitige Auflösung der beiden Militärbündnisse vor.

24 Mi Der AC Mailand gewinnt in Barcelona durch einen 4:1-Sieg über Steaua Bukarest den europäischen Fußballpokal der Landesmeister.

25 Do Der Kongress der Volksdeputierten der Sowjetunion wählt auf seiner konstituierenden Sitzung Michail S. Gorbatschow zum Staatspräsidenten.

26 Fr Einem 34-jährigen DDR-Bürger gelingt in einem Ultraleicht-Flugzeug die spektakuläre Flucht aus Ost-Berlin. Er landet vor dem Westberliner Reichstag.

27 Sa US-Präsident Georg Bush tritt eine siebentägige Europareise an, auf der er seine Bereitschaft zur Zusammenarbeit mit dem Ostblock bekräftigen wird.

28 So Das deutsche Tennisteam mit Boris Becker, Eric Jelen und Carl-Uwe Steeb gewinnt in Düsseldorf den World Cup, die inoffizielle Tennis-Weltmeisterschaft.

29 Mo Der italienische Dirigent Giuseppe Patané stirbt im Orchestergraben der Bayerischen Staatsoper in München an akutem Herzversagen.

30 Di Auf dem Brüsseler NATO-Gipfel wird die Modernisierung der umstrittenen nuklearen Kurzstreckenraketen bis 1992 aufgeschoben.

31 Mi Bundesarbeitsminister Norbert Blüm (CDU) präsentiert ein Programm für Langzeitarbeitslose mit einem Volumen von 1,75 Mrd. DM.

7. Mai 1989

Protest gegen DDR-Wahl

Die Regierenden in Ost-Berlin bejubeln das Ergebnis der DDR-weiten Kommunalwahl als »eindrucksvolles Votum«, viele Bürger hingegen protestieren und erstatten Anzeige wegen des Verdachts der Wahlfälschung. Nach offiziellen Angaben stimmen 98,85% der Wähler für die Kandidaten der Nationalen Front, den Zusammenschluss der fünf zugelassenen Parteien unter Führung der SED sowie der Massenorganisationen und Verbände. Die Wahlbeteiligung soll bei 98,77% gelegen haben. In Leipzig kommt es nach Bekanntwerden der Wahlergebnisse zu spontanen Demonstrationen, an denen sich rd. 1000 Menschen beteiligen. Mehr als 100 Personen werden festgenommen. Zum Fürsprecher der Demonstranten macht sich die evangelische Kirche. Am 8. Mai werfen kirchliche Basisgruppen und Oppositionelle in der Ostberliner Elisabethkirche den Behörden offen Wahlfälschung vor.

3. Juni 1989

Schiiten trauern um Khomeini

In Teheran stirbt der iranische Revolutionsführer Ajatollah Khomeini. Im In- und Ausland besteht

Unsicherheit über den künftigen Kurs des Landes. US-Präsident George Bush drückt in einer Erklärung die Hoffnung aus, dass der Iran wieder eine »verantwortungsbewusste Rolle in der internationalen Gemeinschaft« übernehmen werde. Im Iran verhängen die Behörden eine 40-tägige Staatstrauer. Der Leichnam Khomeinis wird auf dem »Friedhof der Märtyrer« nahe Teheran beigesetzt. 4-5 Mio. Trauernde (s. Abb.) erweisen dem geistlichen Oberhaupt der schiitischen Moslems das letzte Geleit. Nachfolger Khomeinis als »Führer der Revolution« wird Staatspräsident Ali Khamenei.

4. Juni 1989

Panzer rollen

Chinas Demokratiebewegung wird in einem Blutbad erstickt. Mit Panzern setzt die Armee den seit Wochen anhaltenden Aktionen der Arbeiter und Studenten ein Ende. Der Platz des Himmlischen Friedens (Tiananmen-Platz) im Stadtzentrum von Peking, wo sich über 100000 Menschen versammelt haben, wird mit Panzern und Militärfahrzeugen regelrecht überrollt. Der von konservativen Kräften unter Führung von Deng Xiaoping angeordnete Militäreinsatz fordert nach westlichen Schätzungen insgesamt über 3000 Tote und mehr als 60000 Verletzte.

Deng Xiaoping rechtfertigt das Vorgehen mit dem Argument, ein Sieg der Demokratiebewegung würde zum Zusammenbrechen jeglicher Staatsautorität und zu wirtschaftlichem Chaos führen – wie in den Ländern Osteuropas und der UdSSR. Auslöser der zunächst von Studenten getragenen Protestbewegung war der Tod des früheren KP-Chefs Hu Yaobang am 15. April. An zahlreichen Hochschulen kam es zu spontanen Trauerkundgebungen für den liberalen Politiker, der im Jahre 1986 aufgrund seiner Forderung nach dem Rücktritt der überalterten Führungsspitze gestürzt worden war. Die Trauer der Studenten wandelte sich rasch in eine Protestbewegung gegen die Herrschenden. Täglich marschieren sie mit Spruchbändern, auf denen sie Presse- und Meinungsfreiheit fordern, zum Platz des Himmlischen Friedens. Immer mehr Menschen aller Bevölkerungsgruppen solidarisieren sich mit den Studenten. Die Protestwelle greift auch auf andere Städte Chinas über.

Die eigentlichen Wurzeln der politischen Krise im kommunistischen China liegen jedoch weit tiefer. Das mit über 1 Mrd. Menschen bevölkerungsreichste Land der Erde begann 1979 mit einer vorsichtigen Öffnung Richtung Westen und der Einführung stärker am Markt orientierter ökonomischer Strukturen. Der neue Kurs brachte vor allem wirtschaftlich einen Aufschwung. Der öko-

2. Mai 1989

Vorreiter: Ungarns Reformer öffnen die Grenze zum Westen

In Europa fällt der Eiserne Vorhang: Als erstes Land des Warschauer Pakts öffnet Ungarn seine Grenzen zum Westen. Mit dem Abbau der Sperranlagen fällt eine der bestbewachten Barrieren innerhalb Europas. Zudem bietet sich damit auch eine neue Fluchtmöglichkeit für DDR-Bürger, die ihrem Staat den Rücken kehren wollen. Im August setzt ein nicht enden wollender Flüchtlingsstrom über die »grüne Grenze« zwischen Ungarn und Österreich ein (s. Abb.).

In Ungarn hatte der demokratische Umbruch bereits mit dem Rücktritt des Generalsekretärs der Sozialistischen Arbeiterpartei, János Kádár, im Mai 1988 eingesetzt. Reformer übernahmen die zentralen Positionen in Partei und Regierung. Im Januar 1989 verabschiedete das Parlament in Buda-

pest Gesetze über die Grundrechte der Vereins- und Versammlungsfreiheit und damit die Bildung politischer Parteien.

egen Pekings Studenten

Ein Mann stellt sich den Panzern entgegen.

nomischen Neuausrichtung folgte jedoch keine politische Liberalisierung. Weil die Regierung im Zuge der Öffnung zum Westen immer mehr Studenten und Akademikern Auslandsaufenthalte gewährte, wurden zusehends mehr Ideen von Demokratie und Menschenrechten ins Land getragen. Die Versuche der politischen Elite, politische Diskussionen zu unterdrücken, bewirkten das Gegenteil. Auch nach dem Massaker in Peking bleibt die Lage in China brisant. Parteichef Zhao Ziyang, der mit den Reformern sympathisiert hatte, wird entmachtet. Der Westen reagiert mit Empörung und verhängt Sanktionen. Wirtschaftsunternehmen halten geplante Investitionen zurück. Erst im Jahre 1992 stellt Deng Xiaoping wieder die Reform der Wirtschaft ins Zentrum der Politik. Eine Demokratisierung von Politik und Gesellschaft ist jedoch weiterhin nicht vorgesehen.

Nachbildung der US-Freiheitsstatue in Peking

12. Juni 1989

Besuch aus Moskau: Bundesbürger feiern Michail Gorbatschow

Zu einem einzigen Triumphzug wird der viertägige Staatsbesuch von Kremlchef Michail S. Gorbatschow in der Bundesrepublik. Der sowjetische Staats- und Parteichef trifft auf ein überragendes Medieninteresse und spontane Sympathiekundgebungen der Bevölkerung (Abb.: Gorbatschow, M., und seine Frau Raissa inmitten einer begeisterten Menschenmenge in Bonn). Erster Höhepunkt der Visite ist die Unterzeichnung einer gemeinsamen Erklärung von Gorbatschow und Bundeskanzler Helmut Kohl. Die UdSSR bekräftigt darin erstmals gegenüber einem westlichen Land das Recht jedes Staates, »das eigene politische und soziale System frei zu wählen«. Besonderes Ziel beider Staaten sei der »Aufbau eines gemeinsamen europäischen Hauses«, in dem auch die USA und Kanada ihren Platz hätten. Neben den offiziellen Erklärungen überraschen vor allem die Sympathiebezeugungen, die Gorbatschow und seiner Frau entgegenschlagen. Mit Transparenten und »Gorbi, Gorbi«-Rufen« wird der Staatschef auf all seinen Stationen herzlich begrüßt.

Juni 1989

1 Do Mit der Mehrheit der Koalitionsparteien setzt der Bundestag die erst am 17. Januar beschlossene Wehrdienstverlängerung für drei Jahre aus.

2 Fr Der japanische Ministerpräsident Noburu Takeshita tritt wegen seiner Verstrickung in einen Korruptionsskandal zurück.

3 Sa In der Sowjetrepublik Usbekistan beginnen Pogrome an türkischstämmigen Mescheten. Nach offiziellen Angaben kommen 99 Menschen um. → Khomeini

4 So Beim Umwelttag kirchlicher Gruppen in Ost-Berlin fordern 700 Demonstranten ein Ende der Müll-Importe aus dem Westen. → Panzer

5 Mo Vertreter Jugoslawiens und der Bundesrepublik Deutschland unterzeichnen in Belgrad ein Abkommen über die Rückführung von Gastarbeitern.

6 Di Der erste bundesdeutsche Fernmeldesatellit, »Kopernikus 1«, wird mit der Europarakete »Ariane 4« in eine Erdumlaufbahn geschossen.

7 Mi Das epidemiehafte Auftreten von Algenschleim hat die Zahl der Hotelbuchungen an Italiens Adriaküste um 40% sinken lassen.

8 Do Bundesumweltminister Klaus Töpfer erlässt zum Schutz der vom Aussterben bedrohten afrikanischen Elefanten ein Importverbot für Elfenbein.

9 Fr Die Verteidigungsminister der NATO-Staaten geben in Brüssel bekannt, dass sie auch künftig ihre Rüstungsausgaben um jährlich 3% steigern wollen.

10 Sa Bei den Internationalen Tennismeisterschaften von Frankreich besiegt die 17-jährige Arantxa Sanchez (Spanien) die Titelverteidigerin Steffi Graf.

11 So Der DDR-Staats- und Parteichef Erich Honecker nimmt an einem Festgottesdienst zur Einweihung des Doms zu Greifswald teil.

12 Mo In der Kieler Kunsthalle gibt die Retrospektive »Durchsicht« einen Überblick über 40 Jahre bildende Kunst in der Bundesrepublik. → Gorbatschow

13 Di Das Bundesverfassungsgericht urteilt, dass ein fraktionsloser Abgeordneter Anspruch auf Mitwirkung in einem Bundestagsausschuss habe.

14 Mi Einen dramatischen Anstieg der Verbrechensrate in den ersten fünf Monaten des Jahres gibt das sowjetische Innenministerium in Moskau bekannt.

15 Do Bei den vorgezogenen Parlamentswahlen in Irland verfehlt die regierende Fianna-Fáil-Partei die angestrebte absolute Mehrheit.

16 Fr Das Parlament der jugoslawischen Teilrepublik Slowenien billigt eine Verfassungsänderung, die das Recht auf Abspaltung von Jugoslawien beinhaltet.

17 Sa Eine »Iljuschin 62« der DDR-Fluggesellschaft Interflug stürzt unmittelbar nach dem Start auf dem Ostberliner Flughafen Schönefeld ab.

18 So Bei den dritten Wahlen zum Europaparlament können sozialistische und sozialdemokratische, aber auch rechts gerichtete Parteien Gewinne erzielen.

19 Mo DDR-Außenminister Oskar Fischer trifft als erster hochrangiger Politiker eines Warschauer-Pakt-Staates zu einem offiziellen Besuch in Albanien ein.

20 Di Nach einer Welle von Gewalttätigkeiten verhängt die Regierung von Sri Lanka erneut den Ausnahmezustand, der erst im Januar aufgehoben wurde.

21 Mi Ungarische Behörden berichten, Rumänien lasse an der Grenze Zäune errichten, um nach der Grenzöffnung Ungarns Rumänen an der Flucht zu hindern.

22 Do Die bulgarische Regierung erlässt ein Notprogramm, um den Arbeitskräftemangel nach der Massenflucht türkischstämmiger Bulgaren auszugleichen.

23 Fr Nach über dreiwöchiger Dauer geht in Paris die erste KSZE-Menschenrechtskonferenz ohne Veröffentlichung eines Schlussdokuments zu Ende.

24 Sa Die Fußballmannschaft von Borussia Dortmund siegt im Endspiel um den DFB-Pokal in Berliner Olympiastadion mit 4:1 gegen Werder Bremen.

25 So Bundesarbeitsminister Norbert Blüm (CDU) trifft als erstes Bonner Regierungsmitglied seit elf Jahren zu einem privaten Besuch in Südafrika ein.

26 Mo Der Irak kündigt die Errichtung einer 30 km breiten unbewohnte Zone entlang der Grenze zur Türkei und zum Iran an. Zehntausende Kurden müssen umsiedeln.

27 Di Auf einer EG-Gipfelkonferenz in Madrid beschließen die Teilnehmer den Beginn der ersten Phase der Währungsunion am 1. Juli 1990.

28 Mi Über eine Mio. Serben feiern im Kosovo den 600. Jahrestag der Schlacht auf dem Amselfeld und demonstrieren ihren erstarkenden Nationalismus.

29 Do Die umstrittene Ausstellung »Bilderstreit« in Köln schließt vier Tage früher als geplant, nachdem mit 72 500 nur ein Drittel der erwarteten Besucher kamen.

30 Fr Mit überwältigender Mehrheit billigt das österreichische Parlament in Wien die EG-Beitrittsverhandlungen der Regierung.

Juli 1989

1 Sa Der sowjetische Staats- und Parteichef Michail S. Gorbatschow beschwört in einem landesweiten Rundfunk- und Fernsehappell die Einheit des Landes.

2 So Andrej A. Gromyko, ehemaliger sowjetischer Außenminister, stirbt.+++ Die DFB-Frauen werden nach einem 4:1 über Norwegen Fußball-Europameister.

3 Mo Das IBM-Werk in Sindelfingen beginnt als erste europäische Fertigungsstätte mit der Serienproduktion von 4-Megabit-Speicherchips.

4 Di Der Verfassungsschutzbericht 1988, den Innenminister Wolfgang Schäuble (CDU) vorlegt, verzeichnet eine Zunahme des Rechtsextremismus.

5 Mi Beim Besuch des DDR-Umweltministers Hans Reichelt in Bonn unterzeichnen beide Seiten eine Vereinbarung über gemeinsame Umweltschutzprojekte.

6 Do US-Oberleutnant Oliver North wird wegen seiner Verwicklung in die Iran-Contra-Affäre zu drei Jahren Haft auf Bewährung verurteilt.

7 Fr Ein kubanisches Militärgericht verhängt Todesurteile gegen vier hohe Offiziere wegen Rauschgiftschmuggels aus Südamerika in die USA.

8 Sa Die hessische SPD wählt den Kasseler Oberbürgermeister Hans Eichel zum neuen Landesvorsitzenden und Spitzenkandidaten für die Landtagswahl 1991.

9 So Der Formel-1-Pilot Alain Prost (Frankreich) gewinnt auf McLaren den Großen Preis von Frankreich in Le Castellet. → Wimbledon

10 Mo Der japanische Eisenbahnmagnat Yoshiaki Tsutsumi führt die vom US-Magazin Forbes veröffentlichte aktuelle Liste der Milliardäre an. → Sowjetunion

11 Di Dockarbeiter in 60 britischen Häfen treten in den Streik, um gegen die Abschaffung der lebenslangen Arbeitsplatzgarantie zu protestieren.

12 Mi Der Seniorenschutzbund »Graue Panther« kündigt seine Zusammenarbeit mit den Grünen auf und gründet eine eigene Partei, »Die Grauen«.

13 Do In Wien werden drei kurdische Exilpolitiker ermordet, die mit Abgesandten aus Teheran über eine friedliche Lösung anstehender Probleme verhandeln wollten.

14 Fr In Paris erreichen die Feierlichkeiten zum 200-jährigen Jubiläum der französischen Revolution mit einem Festumzug durch die Stadt ihren Höhepunkt.

15 Sa Venedig erlebt nach einem Gastspiel der britischen Rockgruppe »Pink Floyd« schwere Auseinandersetzungen von Rockfans mit der Polizei.

16 So Im Alter von 81 Jahren stirbt der österreichische Dirigent Herbert von Karajan, der die Berliner Philharmoniker zu Weltruhm führte, in Anif bei Salzburg.

17 Mo Der sog. Stealth-Bomber, der für gegnerisches Radar nahezu unsichtbar sein soll, absolviert seinen Jungfernflug über der kalifornischen Wüste.

18 Di Daniel Arap Moi, der Präsident Kenias, ruft die Weltgemeinschaft dazu auf, kein Elfenbein mehr zu kaufen. Elefanten seien von der Ausrottung bedroht.

19 Mi Der polnische Staatsratsvorsitzende und KP-Chef Wojciech Jaruzelski wird zum Staatspräsidenten gewählt. Am 29. Juli tritt er von dem Parteiamt zurück.

20 Do US-Präsident Georg Bush regt anlässlich des 20. Jahrestages der ersten bemannten Mondlandung ein neues Raumfahrtprogramm für eine Mondbasis an.

21 Fr Mike Tyson verteidigt in Atlantic-City (USA) gegen seinen Landsmann Carl Williams mit einem k.o. nach 93 Sekunden seinen Titel als Boxweltmeister.

22 Sa 40 000 Menschen fliehen nach vietnamesischen Bombardements aus einem kambodschanischen Flüchtlingslager nach Thailand.

23 So Bei der Wahl zum japanischen Oberhaus verlieren die seit 1955 regierenden Liberaldemokraten ihre absolute Mehrheit. → Lemond

24 Mo Das hoch verschuldete Mexiko einigt sich mit seinen wichtigsten Gläubigerbanken auf einen Teilerlass seiner Schulden. → Wirbel

25 Di Mit einer heftig kritisierten Neuinszenierung des »Parsifal« beginnen in Bayreuth die 78. Richard-Wagner-Festspiele.

26 Mi Polen und die Europäische Gemeinschaft schließen ein Abkommen über die Verbesserung ihrer Wirtschaftsbeziehungen.

27 Do Kubas Staats- und Parteichef Fidel Castro erklärt,der sozialistische Kurs seines Landes hinge nicht von der Unterstützung durch die Sowjetunion ab.

28 Fr Der EG-Ministerrat billigt für das Jahr 1990 im Haushaltsplan der Europäischen Gemeinschaft gegenüber dem Vorjahr eine Erhöhung der Ausgaben um 3%.

29 Sa In Peking werden 180 000 Bücher beschlagnahmt, die nach amtlichen Angaben von Verfechtern der »bürgerlichen Liberalisierung« stammen.

30 So Beim Großen Preis von Deutschland auf dem Hockenheimring ist erstmals seit 1983 kein deutscher Fahrer am Start. Es siegt Ayrton Senna (Brasilien).

31 Mo Die Organisation für wirtschaftliche Zusammenarbeit und Entwicklung (OECD) empfiehlt ihren 24 Mitgliedsstaaten, Langzeitarbeitslose stärker zu fördern.

9. Juli 1989

Deutsche Erfolge in Wimbledon

Steffi Graf und Boris Becker (s. Abb.) sorgen für eine Sternstunde des deutschen Tennissports: Beide Sportler setzen sich in den Einzelkonkurrenzen von Wimbledon durch. Der 21-jährige Becker bietet bei seinem Finalsieg über den Weltranglisten-Dritten Stefan Edberg (Schweden) eine seiner besten Leistungen auf Rasen. Die 20-jährige Graf kann sich gegen Martina Navratilova (USA) in drei Sätzen durchsetzen. Becker gewinnt das Turnier bereits zum dritten, Graf zum zweiten Mal.

23. Juli 1989

Knapper Sieg für Greg Lemond

Mit dem hauchdünnen Vorsprung von lediglich acht Sekunden gewinnt der US-Radrennfahrer Greg Lemond (s. Abb.) zum zweiten Mal (nach 1986) die Tour de France. Es ist der bisher knappste Sieg in der Tour-Geschichte. Der Franzose Laurent Fignon muss sich mit Platz zwei begnügen. Das Finale war dramatisch: Vor dem abschließenden Zeitfahren von Versailles nach Paris über 24,5 km liegt Fignon mit 50 Sekunden in Führung. Mit einer Durchschnittsgeschwindigkeit von 55 km/h schiebt sich Lemond noch vor den Konkurrenten. Der 28-Jährige erhält für seinen sportlichen Triumph umgerechnet 415 000 DM.

26. August 1989

»Runder Tisch« setzt Wandel in Polen durch

Der Wandel in Polen erscheint unumkehrbar: Immer weiter voran schreitet das Land auf dem Weg von einer sozialistischen Volksdemokratie sowjetischen Typs zu einer Demokratie westlicher Prägung. Vorläufiger Höhepunkt des tief greifenden Umbruchs ist die Wahl von Tadeusz Mazowiecki zum ersten nichtkommunistischen Ministerpräsidenten seit dem Zweiten Weltkrieg. Das polnische Parlament (Sejm) wählt den Kandidaten des »Bürgerkomitees Solidarität« mit 378 von 423 Stimmen.

Ausgangspunkt des Umbruchs waren die Gespräche der kommunistischen Führung mit der Opposition am eigens dafür gebauten, berühmt gewordenen »runden Tisch«, in denen der demokratische Wandel in Polen ausgehandelt wurde. Federführend für die Opposition war das Bürgerkomitee der Gewerkschaft »Solidarität«, das seit 1980 für soziale Verbesserungen und die Zulassung freier Gewerkschaften kämpft.

Partei und Regierung wollten bei den Gesprächen mit der Opposition die von Lech Walesa geführte »Solidarität« in den zur Überwindung der Wirtschaftskrise notwendigen Reformprozess einbinden, um Streiks und Protestaktionen zu verhindern. Am 17. April ließ das Warschauer Bezirksgericht daher die seit Verhängung des Kriegsrechts im Jahre 1981 verbotene Gewerkschaft wieder zu.

Darüber hinaus vereinbarten Regierung und Opposition im April Wahlen sowie eine Verfassungsreform. Gemeinsames Ziel ist es, Polen aus seiner gesellschaftlichen, wirtschaftlichen und politischen Krise herauszuführen. Am 4. und 18. Juni geht das »Bürgerkomitee Solidarität«, der politische Arm der Gewerkschaft, als Sieger aus den ersten freien Parlamentswahlen seit dem Zweiten Weltkrieg hervor. Allerdings stand nur ein Teil der Mandate zur freien Wahl. Das »Bürgerkomitee Solidarität« gewann 99 von 100 Sitzen im Senat, der neu geschaffenen Kammer des Parlaments, die ein Vetorecht gegen Gesetzesvorlagen hat. In der Abgeordnetenkammer holte sie alle in freier Wahl zu vergebenden Mandate. Hier blieben jedoch 60% der Sitze der sog. Patriotischen Front vorbehalten. Ihr gehören neben der kommunistischen Polnischen Vereinigten Arbeiterpartei die Demokratische Partei und die Vereinigte Bauernpartei an. Die restlichen 5% der Parlamentssitze sind kleineren regierungstreuen katholischen Gruppierungen vorbehalten.

In das neu geschaffene Amt eines Staatspräsidenten – anstelle des bisherigen Staatsrates – wählen beide Kammern des Parlaments am 18. Juli den amtierenden Staats- und Parteichef Wojciech Jaruzelski, der jedoch schon im folgenden Jahr vorzeitig aus dem Amt scheidet.

Zunächst wird der bisherige Innenminister Czeslaw Kiszczak zum Ministerpräsidenten gewählt. Ihm gelingt es jedoch nicht, die Mitglieder der Opposition in die Regierung einzubinden, so dass er umgehend wieder zurücktritt. Die Wahl des 63-jährigen Mazowiecki, seit 1952 Redakteur bei verschiedenen katholischen Zeitungen, wird erst möglich, als ihn Bauernpartei und Demokratische Partei unterstützen.

Anfang 1990 tritt eine radikale Wirtschaftsreform in Kraft, nach der u.a. die Preise freigegeben und die Fi-

10. Juli 1989

Streiks lähmen Sowjetunion

Innere Konflikte bringen die Sowjetunion ins Wanken. Während Kremlchef Michail S. Gorbatschow im Ausland für seine Politik gefeiert wird, nehmen die wirtschaftlichen und sozialen Spannungen in seiner Heimat zu. Im Kohlerevier Kusbass treten 12 000 Bergarbeiter in einen wilden Streik, der sich über die gesamte Region ausbreitet. Auf dem Höhepunkt beteiligen sich 500 000 Bergleute an dem Ausstand. Erst als die Regierung in Moskau den Streikenden Zugeständnisse macht, u.a. Lohnerhöhungen und eine Verbesserung der Arbeitsbedingungen, kehren die Kumpel Ende Juli an ihre Arbeitsstätten zurück. Neben den ökonomischen Problemen wachsen in der UdSSR die Nationalitätenkonflikte. Der Streit des überwiegend moslemischen Aserbeidschan mit Armenien um die unter aserbeidschanischer Verwaltung stehende, überwiegend von christlichen Armeniern bewohnte autonome Region Nagorny Karabach verschärft sich. Moskau versucht zu schlichten und stellt das Gebiet unter Sonderverwaltung.

Tadeusz Mazowiecki (l.) und Lech Walesa

nanzhilfen für defizitär arbeitende Betriebe gekürzt werden. Zudem wird der Zloty um 50% abgewertet. Dieses von Finanzminister Leszek Balcerowicz in Übereinstimmung mit dem Internationalen Währungsfonds (IWF) eingeleitete Programm führt zu drastischen Preissteigerungen. Polen wird seit mehr als 40 Jahren kommunistisch beherrscht. Im Jahre 1948 begann eine »volksdemokratische« Entwicklung nach dem Vorbild der Sowjetunion.

24. Juli 1989

Wirbel in der Medienbranche

Das US-Medienunternehmen Time Inc. übernimmt die Warner Communications Inc. und wird dadurch der weltgrößte Medienkonzern. Allerdings schwächt der Deal die Finanzkraft des Medienriesen, weil der Kaufpreis von umgerechnet rd. 24,5 Mrd. DM größtenteils durch Kredite aufgebracht wird.
Als wahrer Kassenschlager erweist sich der mit einem gewaltigen Werbeaufwand von der Verleih-

gesellschaft Warner Brothers am 23. Juni in den USA gestartete Film »Batman«. Er spielt allein in den ersten drei Tagen nach der Premiere am 23. Juni umgerechnet 86 Mio. DM ein. In der Bundesrepublik wird der Streifen mit 550 Kopien am 26. Oktober gestartet, doch bleibt die Zuschauerbilanz vergleichsweise enttäuschend. Der Film, in dem Michael Keaton (s. Abb.), Jack Nicholson und Kim Basinger die Hauptrollen spielen, beeindruckt u.a. durch seine technischen Effekte.

18. August 1989

Im Griff der Drogenkartelle

Kolumbiens Drogenmafia erklärt dem Staat den Krieg. Senator Luis Carlos Galán, erklärter Gegner des Drogenhandels und aussichtsreichster Bewerber für das Präsidentenamt, wird bei einer Kundgebung südlich der Hauptstadt Bogotá vor den Augen von 12 000 Menschen vermutlich im Auftrag der Drogenmafia erschossen. Daraufhin verschärft Präsident Virgilio Barco Vargas den Kampf gegen die Drogenkartelle. Er versetzt die Streitkräfte in Alarmbereitschaft und kündigt ein ganzes Paket von Notstandsmaßnahmen an – u.a. die Beschlagnahme von Vermögenswerten der Drogenmafia. Personen, die des

Rauschgifthandels verdächtigt werden, können bis zu einer Woche in Einzelhaft genommen werden. Den Besitzern von Grundstücken, die mit Geld aus dem Drogenhandel erworben wurden, drohen strenge Strafen. In Kolumbien kontrollieren vor allem das Medellín- und das Calí-Kartell den Drogenhandel. Chef des Medellín-Kartells ist Pablo Escobar, der im Jahre 1982 sogar in den Kongress gewählt wurde (Abb.: Rauschgiftfund in einem Urwaldversteck).

August 1989

1 Di Die Zeitungen und Zeitschriften des Axel Springer Verlages verzichten ab heute beim Begriff »DDR« auf die Anführungszeichen.

2 Mi Das polnische Parlament wählt den bisherigen Innenminister, General Czeslaw Kiszczak, mit 237 gegen 173 Stimmen zum Ministerpräsidenten.

3 Do Die Bundesregierung kritisiert Pläne des Berliner Senats, 36 wenig ausgelastete Flüge von und nach West-Berlin zu streichen.

4 Fr Im Bürgerkriegsland Nicaragua vereinbaren Regierung und Oppositionsparteien die Durchführung freier Wahlen im Februar 1990.

5 Sa Der bolivianische Kongress wählt in der Hauptstadt La Paz den Sozialdemokraten Jaime Paz Zamora zum neuen Präsidenten.

6 So Bei der Europameisterschaft der Dressurreiter in Mondorf-les-Bains (Luxemburg) gewinnt die Duisburgerin Nicole Uphoff auf Rembrandt den Einzeltitel.

7 Mo Fünf mittelamerikanische Staaten schließen ein Abkommen über die Entwaffnung der 12 000 von den USA unterstützten nicaraguanischen Contra-Rebellen.

8 Di Die bundesdeutschen Sportjournalisten wählen den 23-jährigen Thomas Häßler vom 1. FC Köln zum »Fußballspieler des Jahres« 1989.

9 Mi Ein Zugunglück im Norden Mexikos fordert 112 Menschenleben. Eine Eisenbahnbrücke war nach schweren Regenfällen eingestürzt.

10 Do Sieger im Rennen um den alle zwei Jahre ausgetragenen Admiral's Cup der Hochseesegler wird die Crew aus Großbritannien.

11 Fr Die SPD-Programmkommission unter Leitung des saarländischen Ministerpräsidenten Oskar Lafontaine stellt Pläne für ein ökologisches Steuersystem vor.

12 Sa Der türkische Ministerpräsident Turgut Özal gibt bekannt, dass das türkische Pfund ab dem 14 August wieder frei konvertierbar sei.

13 So 15 der 131 ausreisewilligen DDR-Bürger, die sich in der Ständigen Vertretung der Bundesrepublik in Ost-Berlin aufhalten, verlassen freiwillig das Gelände.

14 Mo Der 73-jährige südafrikanische Staatspräsident Pieter Willem Botha erklärt aus gesundheitlichen Gründen seinen Rücktritt.

15 Di Frederik Willem de Klerk wird Präsident Südafrikas. +++ Die Bundesbank spricht sich für unterschiedlich hohe Löhne in Nord- und Süddeutschland aus.

16 Mi Roger Kingdom (USA), zweimaliger Olympiasieger, läuft mit 12,92 sec über 110-m-Hürden beim Züricher Leichtathletik-Sportfest Weltrekord.

17 Do Im Libanon tritt nach Kämpfen zwischen den christlichen Truppen mit syrischen Truppen und Muslim-Milizen ein Waffenstillstand in Kraft.

18 Fr Nordrhein-westfälische Behörden geben die Aufdeckung eines neuen Kälbermastskandals im Münsterland bekannt. → Drogenkartelle

19 Sa Etwa 900 DDR-Bürger nutzen das »paneuropäische Picknick« an der österreichisch-ungarischen Grenze zu einer Massenflucht in den Westen.

20 So Bei den Schwimm-Europameisterschaften in Bonn stellt die DDR mit 16 Goldmedaillen die erfolgreichste Mannschaft.

21 Mo An der österreichisch-ungarischen Grenze wird ein DDR-Bürger bei einem Fluchtversuch von ungarischen Soldaten erschossen.

22 Di Die Türkei schließt ihre Grenze zu Bulgarien, um den Zustrom von türkischstämmigen Flüchtlingen zu unterbinden, die in Bulgarien unterdrückt werden.

23 Mi In Prag wird die Botschaft der Bundesrepublik Deutschland geschlossen, in der sich über 100 ausreisewillige DDR-Bürger aufhalten.

24 Do Das polnische Parlament wählt den Kandidaten des »Bürgerkomitees Solidarität«, Tadeusz Mazowiecki, mit 378 von 423 Stimmen zum Regierungschef.

25 Fr Meistdiskutierte Neuheit der in West-Berlin eröffneten Internationalen Funkausstellung ist die hoch auflösende Fernseh-Bildtechnik HDTV.

26 Sa Das SED-Organ »Neues Deutschland« fordert die DDR-Bürger in einer Leserbriefkampagne auf, ihr Land nicht zu verlassen. → Polen

27 So Schatzsucher entdecken vor der Küste South Carolinas (USA) an Bord eines 1857 gesunkenen Schiffes einen Goldschatz im Wert von rund 2 Mrd. DM.

28 Mo Nach der Tour de France gewinnt der US-Amerikaner Greg Lemond in Chambéry (Frankreich) den Weltmeistertitel in Straßenradrennfahren.

29 Di Anlässlich des 50 Jahrestages des Kriegsbeginns findet in Frankfurt am Main ein zweitägiger deutsch-polnischer Historiker-Kongress statt.

30 Mi Das Bundeskabinett beschließt zur Unterstützung der dortigen UN-Truppen die Entsendung von 50 Beamten des Bundesgrenzschutzes nach Namibia.

31 Do Vor 40 000 begeisterten Fans starten die Rolling Stones in Philadelphia nach achtjähriger Pause wieder eine Amerikatournee.

September 1989

1	Fr	In West-Berlin werden leer stehende Wohnungen beschlagnahmt. Die Behörden wollen darin angesichts der jüngsten Fluchtwelle DDR-Flüchtlinge unterbringen.
2	Sa	Die nicaraguanische Opposition nominiert die parteilose Verlegerin Violeta Barrios de Chamorro zu ihrer Präsidentschaftskandidatin.
3	So	Aus dem Westberliner Schloss Charlottenburg rauben Einbrecher zwei Gemälde von Carl Spitzweg – »Der arme Poet« und »Der Liebesbrief«.
4	Mo	Beim bisher größten Geldraub in Hamburg erbeuten die Täter in der Sicherheitsschleuse eines Kaufhauses 6,9 Mio. DM aus einem Geldtransporter.
5	Di	US-Präsident George Bush legt einen umfassenden Plan zur nationalen und internationalen Bekämpfung des Drogenhandels und -konsums vor.
6	Mi	Die südafrikanische Nationalpartei von Frederik Willem De Klerk muss bei den Wahlen schwere Verluste hinnehmen, behält aber die absolute Mehrheit.
7	Do	Ein Kommando der Irisch-Republikanischen Armee (IRA) erschießt in Dortmund die deutsche Ehefrau eines britischen Soldaten.
8	Fr	Bundeswirtschaftsminister Helmut Haussmann (FDP) genehmigt den Zusammenschluss der Daimler-Benz AG mit der Firma Messerschmitt-Bölkow-Blohm.
9	Sa	Kasdi Merbah wird als algerischer Ministerpräsident abgesetzt, weil er wirtschaftliche Reformen nur schleppend vorantrieb.
10	So	Ein Schiffsunglück auf der Donau fordert nahe dem rumänischen Galati 161 Tote. +++ Der westdeutsche Achter gewinnt bei der WM in Jugoslawien Gold.
11	Mo	In El Salvador verkünden die links gerichteten Rebellen zu Beginn der Friedensgespräche mit der Regierung eine einseitige Feuerpause.
12	Di	Bundeskanzler Helmut Kohl schlägt auf dem CDU-Parteitag in Bremen einen »Putsch« innerparteilicher Widersacher nieder und wird als CDU-Chef bestätigt.
13	Mi	Der wegen Missmanagements überschuldete Handelskonzern co-op AG stellt beim Amtsgericht Frankfurt am Main einen Vergleichsantrag.
14	Do	Das monumentale Bauernkriegspanorama des DDR-Malers Werner Tübke wird im thüringischen Bad Frankenhausen der Öffentlichkeit übergeben.
15	Fr	Die deutsche Lufthansa und die Air France vereinbaren eine enge Zusammenarbeit in wichtigen Geschäftsbereichen, u.a. bei Regionalflügen.
16	Sa	In Budapest wird die »Bewegung für ein Demokratisches Ungarn« gegründet. +++ In Ostchina fordert der schwerste Taifun seit 27 Jahren 162 Todesopfer.
17	So	Vor dem Präsidentenpalast in Brasilia protestieren 300 Indios mit Kriegstänzen gegen das illegale Eindringen von 40 000 Goldsuchern in ihre Reservate.
18	Mo	Ungarn und Israel nehmen ihre diplomatischen Beziehungen wieder auf, die Ungarn 1967 nach dem Sechstagekrieg abgebrochen hatte.
19	Di	Papst Johannes Paul II. schaltet sich in den Streit um ein polnisches Nonnenkloster neben dem KZ-Gelände in Auschwitz ein und ordnet eine Verlegung an.
20	Mi	Die achttägige LKW-Blockade am Brenner endet, nachdem Italien neue Verhandlungen über das Transitabkommen mit Österreich zugesagt hat.
21	Do	Aus Angst vor der Drogenmafia reicht die kolumbianische Justizministerin Monica de Greiff nach zwei Monaten Amtszeit ihrem Rücktritt ein.
22	Fr	Elf britische Soldaten fallen im südenglischen Deal einem Anschlag der Irisch-Republikanischen Armee (IRA) auf eine Militär-Musikschule zum Opfer.
23	Sa	Albert Batzill aus Schliersee und Peter Lang aus Immenstadt werden Segelweltmeister in der Flying-Dutchman-Klasse.
24	So	Der sowjetische Außenminister Eduard Schewardnadse gibt die Bereitschaft seiner Regierung bekannt, die Zahl der Interkontinentalraketen zu halbieren.
25	Mo	Belgiens König Baudouin I. weiht an der Schelde die weltgrößte Schleuse ein. Der 500 m lange Bau soll die Zufahrt zum Hafen von Antwerpen verbessern.
26	Di	Der Abzug vietnamesischer Truppen aus dem Nachbarland Kambodscha ist mit der Rückkehr der letzten 26 000 Soldaten offiziell abgeschlossen.
27	Mi	Nach etwa zehnjähriger Bauzeit wird in Japan die zweitgrößte Hängebrücke der Welt eingeweiht. Sie führt über die Bucht von Yokohama.
28	Do	Aus ökologischen Gründen spricht sich die ÖTV-Vorsitzende Monika Wulf-Mathies für eine Einschränkung des Parkplatzangebots in Innenstädten aus.
29	Fr	Die US-Kongressbibliothek ernennt 25 Filmklassiker, darunter »Manche mögen's heiß«, »Casablanca« und »High Noon«, zu nationalen Schätzen.
30	Sa	Erfolgreichste Nation bei den Boxweltmeisterschaften der Amateure in Moskau ist mit fünf Titeln das Gastgeberland Sowjetunion.

9. Oktober 1989

»Wer zu spät kommt, den bestraft das Leben«

»Wir sind das Volk«, ist erstmals das Motto von 75 000 Leipziger Montagsdemonstranten, die sich im Anschluss an den Gottesdienst in der Nikolaikirche zu friedlichem Protest versammeln. Sie demonstrieren für Umgestaltung und Demokratie in der DDR. Die Atmosphäre ist aufs äußerste gespannt, nachdem die Sicherheitskräfte in den Tagen zuvor mit brutaler Härte gegen Demonstranten in Ost-Berlin, Dresden, Potsdam und Jena vorgegangen waren. In Leipzig hat die Regierung starke Sicherheitskräfte zusammengezogen, die jedoch nicht eingreifen. Gerüchten zufolge soll Staats- und Parteichef Erich Honecker ein hartes Vorgehen gegen die Demonstranten angeordnet haben.

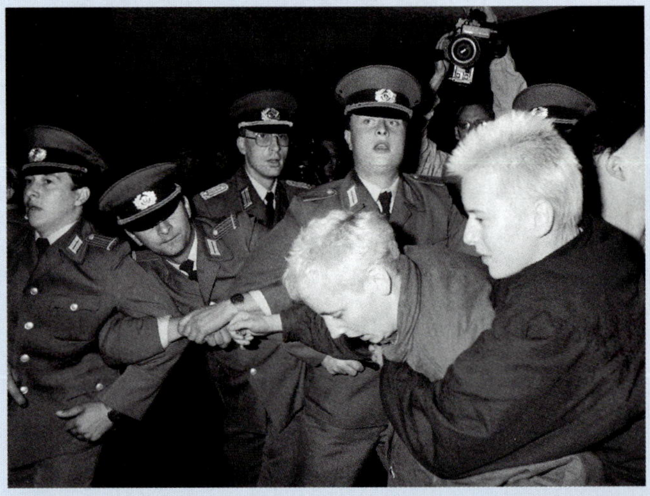

Volkspolizisten gehen gegen Demonstranten vor.

Die Leipziger Montagsdemonstrationen, die ihren Anfang im August nahmen, finden in den nächsten Wochen verstärkten Zulauf. Am 23. Oktober nehmen bereits 200 000 Menschen an den Protestkundgebungen teil. Mit fantasievollen Slogans und Transparenten fordern sie die Regierung zum Wandel auf. Die Behörden bezeichnen die Demonstranten als »Rowdies und Randalierer« und sprechen von »ungesetzlichen Zusammenrottungen«.

Trotz Massenflucht und anhaltenden Demonstrationen im ganzen Land feiern die Mächtigen der DDR sich selbst und den Sozialismus. Anlass ist der 40. Jahrestag der DDR-Gründung, den Honecker pompös zelebrieren lässt. Schon im Vorfeld hatte die Regierung für eine störungsfreie Veranstaltung sorgen wollen. Die Grenzen innerhalb Berlins wurden fast vollständig geschlossen, mehreren tausend Bundesbürgern, Westberlinern und Touristen aus dem westlichen Ausland wurde die Einreise in die DDR verweigert. Die Feierlichkeiten am 7. Oktober in Ost-Berlin geraten zu einem anachronistischen Schauspiel. Während die Führungsriege unter Honecker Militärparade und Aufmärsche abnimmt, macht das Volk mobil. Sicherheitskräfte gehen in mehreren Städten der DDR gegen Demonstranten vor. Sie setzen Schlagstöcke und auch Wasserwerfer ein, rd. 1000 Personen werden festgenommen. Die DDR-Nachrichtenagentur berichtet über die »Randalierer«: »Im Zusammenspiel mit westlichen Medien rotteten sie sich am Alexanderplatz zusammen und riefen republikfeindliche Parolen. Der Besonnenheit der Schutz- und Sicherheitsorgane ist es zu verdanken, dass beabsichtigte Provokationen nicht zur Entfaltung kamen.« Westliche Journalisten werden massiv an der Arbeit gehindert, einige Medienvertreter müssen das Land verlassen. Das Vorgehen der Sicherheitskräfte löst im Ausland heftigen Protest aus.

Gast der Feierlichkeiten ist auch der sowjetische Staats- und Parteichef Michail S. Gorbatschow. Dessen Reformpolitik ist bislang bei der DDR-Führung auf taube Ohren gestoßen. Gorbatschows Rede zum DDR-Geburtstag löst jedoch vielfach Enttäuschung aus, weil sie die DDR-Führung nicht nachdrücklich auf eine neue Politik verpflichtet. Abseits des offiziellen Geschehens wird der Kremlchef jedoch deutlicher. Auf die Frage eines Journalisten, ob die jetzige Lage in der DDR gefährlich sei, antwortet er: »Gefahren warten nur auf jene, die nicht auf das Leben reagieren.« Inoffiziell fällt, an die Adresse Honeckers gerichtet, sein berühmter Satz: »Wer zu spät kommt, den bestraft das Leben.«

Chronik des Umbruchs 1989

Datum	Ereignis
8. August	Die Ständige Vertretung der Bundesrepublik in Ost-Berlin wird wegen Überfüllung geschlossen.
11. September	Ungarn öffnet seine Grenze für DDR-Flüchtlinge.
30. September	DDR-Flüchtlingen in den bundesdeutschen Botschaften in Prag und Warschau wird die Ausreise gewährt.
18. Oktober	Der DDR-Staats- und Parteichef Erich Honecker tritt zurück.
7. November	Die DDR-Regierung unter Willi Stoph tritt zurück.
8. November	Das SED-Politbüro tritt zurück.
9. November	Die DDR öffnet Grenzübergänge nach Westen.
1. Dezember	Die Volkskammer streicht den Führungsanspruch der SED aus der DDR-Verfassung.
7. Dezember	Gespräche am »Runden Tisch« beginnen.

Die Leipziger Montagsdemonstrationen geben den Anstoß zum Wandel in der DDR.

Das Volk flieht – die SED ist am Ende

»Wir sind zu Ihnen gekommen, um Ihnen mitzuteilen, dass heute Ihre Ausreise ...« – die restlichen Worte der Erklärung von Bundesaußenminister Hans-Dietrich Genscher am 30. September gehen im Jubel von über 4000 DDR-Bürgern unter, die auf dem Gelände der Botschaft der Bundesrepublik Deutschland in Prag teils seit mehreren Wochen auf eine Ausreisegenehmigung harren. Auch in der bundesdeutschen Botschaft in Warschau warten DDR-Bürger auf die Ausreise in den Westen. In Sonderzügen werden sie nach Westdeutschland gebracht. Seit Anfang August kehren immer mehr DDR-Bürger ihrem Staat den Rücken. Es ist die größte Massenflucht aus der DDR seit dem Bau der Mauer im Jahre 1961. Viele Ausreisewillige versuchten über die westdeutschen Botschaften in den Ostblockstaaten ihr Glück. Auch nachdem diese wegen Überfüllung geschlossen werden mussten, drangen Ausreisewillige über Zäune und Absperrungen hinweg auf die Botschaftsgelände vor.

Für immer mehr verzweifelte DDR-Bürger sind die Botschaften der Bundesrepublik – wie hier in Prag – die letzte Zuflucht.

Die anschwellende Ausreisewelle und zunehmende Protestkundgebungen in der DDR selbst verfehlen ihre Wirkung auf die Herrschenden nicht: Nach 18-jähriger Amtszeit tritt Staats- und Parteichef Erich Honecker am 18. Oktober »aus gesundheitlichen Gründen« als SED-Generalsekretär zurück. Sein Nachfolger wird Politbüromitglied Egon Krenz, der auch das Amt des Staatsratsvorsitzenden übernimmt. Krenz, der schon seit längerer Zeit als »Kronprinz« Honeckers sowie als innerparteilicher Hardliner gilt, bemüht sich nach seinem Amtsantritt zusehends um Dialogbereitschaft. Vor allem in der bislang von Staat und Partei beherrschten Medienlandschaft wird eine kompromissbereitere Politik erkennbar. Die SED-Zeitung »Neues Deutschland« druckt erstmals auf mehreren Seiten kritische Leserbriefe ab, das Fernsehen lässt Oppositionelle zu Wort kommen. TV-Chefkommentator Karl-Eduard von Schnitzler, mit seinem »Schwarzen Kanal« 29 Jahre Speerspitze der SED-Propaganda, muss am 30. Oktober seinen Sessel räumen. Auch eine Amnestie für Flüchtlinge und die Ankündigung eines Reisegesetzes sollen die innenpolitischen Wogen glätten.

Volkskammerpräsident Horst Sindermann (r.) überreicht Egon Krenz, der vielen als »Wendehals« gilt, die Ernennungsurkunde.

Oktober 1989

1 So In Dänemark tritt eine Regelung in Kraft, nach der homosexuelle Paare ihre Verbindung künftig staatlich registrieren lassen können.

2 Mo Auf Antrag der Regierung verhängt der Oberste Sowjet zur Stabilisierung der Wirtschaft für die Schlüsselindustrien ein 15-monatiges Streikverbot.

3 Di Die DDR-Behörden setzen aufgrund des riesigen Andrangs den visumfreien Reiseverkehr mit der Tschechoslowakei vorerst aus.

4 Mi Der Vorsitzende der jüdischen Gemeinde in Belgien, Joseph Wybran, fällt einem Anschlag pro-iranischer islamischer Fundamentalisten zum Opfer.

5 Do Am ersten sog. langen Donnerstag bleiben die Geschäfte und Kaufhäuser in der Bundesrepublik Deutschland bis 20.30 Uhr geöffnet.

6 Fr Auf einer Versammlung in der Ostberliner Erlöserkirche billigen etwa 2500 Personen eine gemeinsame Erklärung regimekritischer Gruppen.

7 Sa In dem Ort Schwante im DDR-Bezirk Potsdam wird eine Sozialdemokratische Partei in der DDR (SDP) gegründet.

8 So Die Fußball-Auswahlmannschaften der DDR und der Sowjetunion trennen sich in Karl-Marx-Stadt (Chemnitz) mit 2:1.

9 Mo Jugoslawien verschiebt eine Wirtschaftsreform, weil sich die Teilrepubliken nicht über wichtige Reformgesetze einigen können. → »Wer zu spät kommt ...«

10 Di In Frankfurt am Main beginnt die 41. Internationale Buchmesse. Schwerpunktthema in diesem Jahr ist Frankreich.

11 Mi Als erste Gewerkschaft innerhalb des DGB beschließt die Gewerkschaft Holz und Kunststoff, Mitglieder der rechtsextremen »Republikaner« auszuschließen.

12 Do Im Rahmen seiner Südasienreise besucht Papst Johannes Paul II. auch die von Indonesien annektierte, früher portugiesische Provinz Ost-Timor.

13 Fr Ein Flottenverband der Bundesmarine besucht mit Leningrad (St. Petersburg) erstmals einen sowjetischen Hafen.

14 Sa Der US-Profi Mark Alen gewinnt den »Ironman«-Triathlon auf der Insel Hawaii (USA) in der Rekordzeit von 8:09,14 h.

15 So In Südafrika werden prominente politische Häftlinge, unter ihnen der Generalsekretär des Afrikanischen Nationalkongresses, Walter Sisulu, freigelassen.

16 Mo Die bundesdeutschen Aktienmärkte erleben mit dem Fall des deutschen Aktienindex (DAX) um 13% den massivsten Kurseinbruch der Nachkriegsgeschichte.

17 Di Ein Erdbeben der Stärke 7,0 auf der Richter-Skala erschüttert die Bucht von San Francisco (USA). Es ist die größte Naturkatastrophe dieser Art seit 1906.

18 Mi Der australische Senat billigt den etwa 150 000 Ureinwohnern (Aborigines) des Landes das Recht auf Selbstverwaltung zu.

19 Do Im spanischen Atomkraftwerk Vandellos I bei Tarragona ereignet sich ein Reaktorbrand – der schwerste Unfall seit Tschernobyl.

20 Fr Der Düsseldorfer Landtag beschließt ein Förderprogramm, das die bevorzugte Einstellung von Frauen im öffentlichen Dienst anstrebt.

21 Sa Bei den Kunstturnweltmeisterschaften in Stuttgart gewinnt Andreas Aguilar aus Hannover die Goldmedaille an den Ringen.

22 So Die Abgeordneten des libanesischen Parlaments stimmen einem Friedensplan für ihr Land zu. Dieser sieht u.a. mehr politische Rechte für Muslime vor.

23 Mo Ungarn streicht als erstes Ostblockland nach der Umgestaltung des wirtschaftlichen Systems die Bezeichnung »Volksrepublik« aus dem Staatsnamen.

24 Di Das Bundeskabinett stimmt dem Verkauf der bundeseigenen Salzgitter AG an den Metall- und Anlagenkonzern Preussag zu.

25 Mi Der libysche Revolutionsführer Muammar al Gaddhafi erklärt, sein Land habe jede Unterstützung terroristischer Organisationen eingestellt.

26 Do Die brasilianische Indianerstiftung gibt die Entdeckung eines bislang unbekannten Indianerstammes im Westen des Landes bekannt.

27 Fr Die Außenminister des Ostblocks erklären das Recht jedes Volkes auf freie Wahl seines gesellschaftlichen und wirtschaftlichen Entwicklungsweges.

28 Sa In der Tschechoslowakei werden die ersten Demonstrationen gegen die kommunistische Führung von Sicherheitskräften gewaltsam aufgelöst.

29 So Als erster hochrangiger bulgarischer Politiker bezeichnet KP-Chef Todor Schiwkow den Pluralismus als eine Notwendigkeit für zivilisierte Gesellschaften.

30 Mo US-Vizepräsident Dan Quayle wirft Kremlchef Michail S. Gorbatschow vor, er wolle die USA aus Europa vertreiben.

31 Di Der türkische Ministerpräsident Turgut Özal wird für sieben Jahre zum Staatspräsidenten gewählt. Die Opposition boykottiert die Abstimmung.

November 1989

1 Mi Der nicaraguanische Präsident Daniel Ortega kündigt den vor 19 Monaten einseitig erklärten Waffenstillstand mit den Contra-Rebellen auf.

2 Do In Bonn tritt Otto Schily, prominenter Bundestagsabgeordneter der Grünen, aus seiner Partei aus und kündigt den Übertritt zur SPD an.

3 Fr Die Ostberliner Regierung beschließt, dass DDR-Bürger das Land ohne irgendwelche Formalitäten über das Gebiet der Tschechoslowakei verlassen können.

4 Sa Das litauische Parlament verabschiedet ein Gesetz, nach dem neu zuziehende Russen künftig zehn Jahre auf ihre Einbürgerung warten müssen.

5 So In New York stirbt im Alter von 86 Jahren der Pianist Vladimir Horowitz. Er gilt als einer der bedeutendsten Musiker des 20. Jahrhunderts.

6 Mo Bei den Wahlen zur Verfassunggebenden Versammlung in Namibia erhält die Befreiungsbewegung SWAPO 57% der abgegebenen Stimmen.

7 Di Erstmals wird in den USA – mit Douglas Wilder in Virginia – ein Schwarzer Gouverneur. +++ Die DDR-Regierung unter Ministerpräsident Willi Stoph tritt zurück.

8 Mi Die England-Fähre »Hamburg« kollidiert 26 km südlich von Helgoland mit dem Containerfrachter »Nordic Stream«. Drei Fährpassagiere sterben.

9 Do Chinas Spitzenpolitiker Deng Xiaoping tritt als Vorsitzender der Militärkommission des Zentralkomitees der KPCh zurück. → Mauer

10 Fr Der bulgarische Parteichef Todor Schiwkow wird von Peter Mladenow als Vorsitzender der Kommunistischen Partei abgelöst.

11 Sa In El Salvador starten links gerichtete Rebellen eine Großoffensive gegen die Regierung. Erstmals im zehnjährigen Bürgerkrieg ist die Hauptstadt umkämpft.

12 So Auf Kundgebungen in rd. 150 Städten der USA demonstrieren mehr als 1 Mio. Menschen für die Beibehaltung des legalen Schwangerschaftsabbruchs.

13 Mo Das Nachrichtenmagazin »Der Spiegel« veröffentlicht einen Bericht über die Verschmutzung der Elbe durch Industriebetriebe und Kommunen in der DDR.

14 Di Der Oberste Sowjet der UdSSR erklärt die »volle politische Rehabilitierung« der Russlanddeutschen und anderer in der Stalinzeit deportierter Völker.

15 Mi Durch einen 2:1-Sieg über Wales schafft die bundesdeutsche Fußballauswahl in Köln die Qualifikation zur Weltmeisterschaft 1990 in Italien.

16 Do In seiner Regierungserklärung verspricht Bundeskanzler Helmut Kohl der DDR wirtschaftliche Hilfe, verlangt aber politischen und wirtschaftlichen Wandel.

17 Fr Nach Schlägereien zwischen Rechts- und Linksradikalen in Göttingen wird eine Studentin auf der Flucht vor der Polizei von einem Auto erfasst und getötet.

18 Sa Im Finale des Masters-Turniers der Tennisprofis in New York bezwingt die Brühlerin Steffi Graf in drei Sätzen Martina Navratilova (USA).

19 So Auf einem Perspektiven-Bundeskongress der Grünen in Saarbrücken sprechen sich die Delegierten mehrheitlich für eine Zusammenarbeit mit der SPD aus.

20 Mo Der Oberste Sowjet in Georgien beschließt eine Verfassungsänderung, die der Sowjetrepublik mehr Autonomie gegenüber Moskau verleiht.

21 Di Umweltminister Klaus Töpfer und Vertreter der chemischen Industrie vereinbaren, bis 1991 die Verbrennung von deutschem Giftmüll auf See einzustellen.

22 Mi Der erst am 5. November gewählte libanesische Präsident René Mouawad fällt in Beirut einem Bombenattentat zum Opfer.

23 Do In Rostock wird die Freie Demokratische Partei (FDP) der DDR gegründet; einen Tag später entsteht in Ost-Berlin die Grüne Partei der DDR.

24 Fr Nach tagelangen Massendemonstrationen für Demokratie und freie Wahlen tritt die gesamte Führung der tschechoslowakischen KP zurück.

25 Sa Bundesarbeitsminister Norbert Blüm (CDU) wird in Nordrhein-Westfalen zum Spitzenkandidaten für die Landtagswahl im Mai 1990 gewählt.

26 So Aus den Parlaments- und Präsidentenwahlen in Honduras gehen die Konservativen als Sieger hervor. Präsident wird Rafael Leonardo Callejas.

27 Mo Eine kolumbianische Verkehrsmaschine explodiert – vermutlich durch eine Bombe der Drogenmafia – nahe der Hauptstadt Bogotá in der Luft.

28 Di Bundeskanzler Helmut Kohl schlägt vor dem Bundestag in Bonn die Schaffung einer »bundesstaatlichen Ordnung« für beide deutsche Staaten vor.

29 Mi Fünf ehemalige Aufsichtsräte des Handelskonzerns co op werden unter dem Vorwurf der Untreue und der Bilanzfälschung verhaftet.

30 Do Der Vorstandssprecher der Deutschen Bank, Alfred Herrhausen, wird in Bad Homburg durch einen Bombenanschlag der Rote Armee Fraktion (RAF) getötet.

9. November 1989

Die Mauer ist gefallen – D

Eine eher beiläufige Erklärung des SED-Politbüromitglieds Günter Schabowski macht den 9. November zum Tag der Deutschen. Gelangweilt einen Zettel hervorkramend, beantwortet

Der Mauerfall leitet das Ende der Teilung ein.

Schabowski auf einer vom DDR-Fernsehen live übertragenen Pressekonferenz am Abend die Frage nach Maßnahmen der Regierung gegen die Ausreisewelle: »Etwas haben wir ja schon getan. Ich denke, Sie kennen das. Nein? Oh. Entschuldigung. Dann sage ich es Ihnen.« Dann platzt die Bombe: »Privatreisen nach dem Ausland können ohne Voraussetzungen beantragt werden ... Die zuständigen Abteilungen Pass- und Meldewesen der Volkspolizeikreisämter in der DDR sind angewiesen, Visa zur ständigen Ausreise unverzüglich zu erteilen ... Ständige Ausreisen können über alle Grenzübergangsstellen der DDR zur BRD beziehungsweise zu Berlin (West) erfolgen.«

Die Nachricht verbreitet sich wie ein Lauffeuer, eine unüberschaubare Menschenmenge strömt in Ost-Berlin noch am Abend zu den Grenzübergängen Richtung West-Berlin. Gegen 23 Uhr sind die Grenztruppen dem Ansturm nicht mehr gewachsen. Ein Hauptmann gibt den Befehl, die Schlagbäume zu öffnen. Tausende strömen auf Westberliner Gebiet, wo sich bewegende Szenen abspielen. Menschen umarmen sich, Trabis fahren durch Spaliere jubelnder Westberliner. Für viele ist es immer noch unbegreiflich, was sich ereignet. Viele Ostberliner zieht es sogleich auf den Kurfürstendamm. Innerhalb kürzester Zeit sind die Straßen der City hoffnungslos verstopft – ganz Berlin ist aus dem Häuschen.

Die Öffnung der Berliner Mauer, die zu diesem Zeitpunkt kaum jemand für möglich gehalten hat, trifft auch die Bonner Politiker unvorbereitet. Bundeskanzler Helmut Kohl hält sich seit dem Nachmittag zu einem Besuch in Polen auf. Der Bundestag berät am Abend des gleichen Tages das Vereinsförderungsgesetz. Nachdem die Eilmeldungen der Nachrichtenagenturen über den Ticker gelaufen sind, verliest der CSU-Abgeordnete Karl-Heinz Spilker, der eigentlich eine Rede halten will, die sensationelle Nachricht. Minutenlanger Beifall erfüllt den Plenarsaal, die Abgeordneten erheben sich und stimmen die Nationalhymne an. Mit dem Fall der Mauer stellt sich die Frage nach der Zukunft unter ganz neuem Blickwinkel. Umstritten ist, in welcher Form die

Jubelnd werden die DDR-Bürger im Westen begrüßt.

29. Dezember 1989

»Samtene Revolution« fegt Prager KP-Regime hinweg

Der Dramatiker und Bürgerrechtler Václav Havel wird zum tschechoslowakischen Staatspräsiden-

ten gewählt. Am Vortag war Alexander Dubček, Initiator des sog. Prager Frühlings von 1968 und Symbolfigur der Reformer, zum Vorsitzenden des Parlaments gewählt worden. Damit ist der Wandel in der Tschechoslowakei vollzogen, das kommunistische System weitgehend entmachtet. Am 24. November war die Führung der Kommunistischen Partei unter dem Druck von Massendemonstrationen zurückgetreten. Dieser Schritt beschleunigt einen Transformationsprozess, der wegen seiner relativen Gewaltlosigkeit den Beinamen »samtene Revolution« erhält. Seit Beginn des Jahres hatte die Oppositionsbewegung wachsenden Zulauf erhalten. Für eine Eskalation der Ereignisse sorgte eine Kundgebung von rd. 50 000 Menschen am 17. November auf dem Prager Wenzelsplatz, die von der Polizei brutal niedergeknüppelt wurde. Die Aktion gab vielen den Anstoß, sich gegen das Regime zu erheben. Am 19. November schlossen sich die einzelnen Oppositionsgruppen zu einem »Bürgerforum« zusammen, zu dessen Sprecher Havel (s. Abb., r., mit Alexander Dubček) gewählt wurde.

schland steht Kopf

Ein Traum, dessen Erfüllung viele nicht mehr für möglich hielten, wird wahr: Mauer und Brandenburger Tor, 28 Jahre lang Symbole der Teilung, werden zur deutsch-deutschen Begegnungsstätte.

Bundesrepublik und die DDR ein Miteinander gestalten sollen. Am 13. November wählt die DDR-Volkskammer den Dresdner SED-Chef Hans Modrow zum Ministerpräsidenten. Er gilt als einer der wenigen SED-Politiker, die in der Bevölkerung Rückhalt haben. Überraschend präsentiert Bundeskanzler Kohl am 28. November ein Konzept zur Zusammenarbeit beider deutscher Staaten, das letztlich auf eine Wiedervereinigung hinausläuft. Damit gelingt es Kohl, die Initiative zu ergreifen. Sein Zehn-Punkte-Plan, der für eine Übergangsphase »konföderative Strukturen« und schließlich eine »bundesstaatliche Ordnung« für die Bundesrepublik und die DDR vorsieht, erntet innenpolitisch Zustimmung, stößt jedoch im Ausland zunächst auf Ablehnung. Unterdessen wächst in der DDR der Druck der Straße. Die Parole »Wir sind das Volk« wird ersetzt durch »Wir sind ein Volk«. Der SED gleitet die Macht aus den Händen. Am 1. Dezember stimmt die Volkskammer für die Streichung des in der Verfassung festgelegten Führungsanspruchs der Partei. Am 3. Dezember tritt das Politbüro mit Egon Krenz an der Spitze zurück. SED-Chef wird am 8. Dezember Gregor Gysi.

Nicolae Ceauşescu

rumänischer Politiker, * 26.1.1918 Scorniceste/Walachei; † 25.12.1989 Tirgoviste

Ceauşescu, der sein Land jahrzehntelang mit einer Mischung aus Personenkult, Nepotismus und Unterdrückung diktatorisch beherrscht hat, konnte aufgrund seines außenpolitischen Kurses lange auf die Unterstützung westlicher Staaten setzen. Der »Conducator« (Führer) verfolgte einen von Moskau weitgehend unabhängigen Kurs. Sein Land wollte er mit allen Mitteln industrialisieren und modernisieren – und schuf dadurch ein ökonomisches Desaster. Oppositionelle Kräfte wurden rigoros unterdrückt.

- 1933-36: Mitglied des kommunistischen Jugendverbands
- 1965-89: Generalsekretär der KP Rumäniens
- 1974-89: Staatschef

25. Dezember 1989

Umsturz in Rumänien

Rumäniens Diktator Nicolae Ceauşescu ist am Ende. In einer Volkserhebung, der sich das Militär anschließt, wird das Terror-Regime gestürzt. Der Widerstand der Geheimpolizei Securitate fordert einen Blutzoll unter der Bevölkerung. Ceauşescu wird zusammen mit seiner Frau Elena vor ein Militärtribunal gestellt und anschließend hingerichtet. Das Fernsehbild des erschossenen Diktators geht um die Welt. Neuer starker Mann Rumäniens ist Ion Iliescu. Der politische Ziehsohn Ceauşescus distanziert sich von seinem Vorgänger. Bei Wahlen, deren korrekte Durchführung im Zweifel steht, wird er als Präsident bestätigt. In der Folgezeit verliert Iliescu an Glaubwürdigkeit, als er Sicherheitskräfte und regierungstreue Bergarbeiter mit brutaler Härte gegen Oppositionelle vorgehen lässt.

Dezember 1989

1 Fr – Der Deutsche Fußballbund kündigt an, dass Berti Vogts nach der Fußballweltmeisterschaft 1990 Franz Beckenbauer als Nationaltrainer ablösen wird.

2 Sa – In Baden-Baden werden die Tennis-Profis Steffi Graf und Boris Becker sowie der Ruder-Achter als bundesdeutsche Sportler des Jahres geehrt.

3 So – Generalsekretär Egon Krenz und die gesamte SED-Führung treten zurück. +++ Bei der Explosion in einem Brüsseler Schießklub sterben zwölf Menschen.

4 Mo – In Leipzig dringen Bürger in das Gebäude des Staatssicherheitsdienstes ein, um die Beseitigung und Vernichtung von Akten zu verhindern.

5 Di – Die britische Konservative Partei wählt Premierministerin Margaret Thatcher erneut zur Vorsitzenden. Erster Gegenkandidat seit 1975 war Anthony Meyer.

6 Mi – Das Bundeskabinett beschließt, die Bundeswehr ab 1995 um 75 000 auf 420 000 Soldaten zu verringern. Eine weitere Reduzierung ist geplant.

7 Do – In Ost-Berlin vereinbaren Oppositionsgruppen und Regierungsparteien die Auflösung des Staatssicherheitsdienstes der DDR und die Abhaltung freier Wahlen.

8 Fr – Auf einem SED-Sonderparteitag wird die gesamte Führungsspitze abgelöst. Neuer Parteivorsitzender ist der Rechtsanwalt Gregor Gysi.

9 Sa – Der US-Sondergesandte Brent Scowcroft nimmt in Peking erstmals seit dem Massaker vom 4. Juni wieder politische Kontakte zu China auf.

10 So – In Oslo und Stockholm werden die Nobelpreise vergeben. Den Friedensnobelpreis erhält der Dalai-Lama, das geistliche und politische Oberhaupt der Tibeter.

11 Mo – Nach 18 Jahren treffen die Botschafter der vier Alliierten erstmals wieder zusammen. Anlass sind die jüngsten politischen Entwicklungen in Deutschland.

12 Di – Der Mittelamerika-Gipfel in Costa-Rica legt sich darauf fest, die Bürgerkriege in El Salvador und Nicaragua durch Verhandlungen zu beenden.

13 Mi – Dem schweizerischen Schriftsteller Max Frisch wird der mit 25 000 DM dotierte Heinrich-Heine-Preis der Stadt Düsseldorf verliehen.

14 Do – Die Ostberliner Prominentensiedlung Wandlitz soll, laut Beschluss des DDR-Ministerrats, in ein Rehabilitationszentrum umgewandelt werden.

15 Fr – Ein außerordentlicher Parteitag der DDR-CDU wählt in Ost-Berlin den Rechtsanwalt Lothar de Maizière zum Parteivorsitzenden.

16 Sa – Bei einem Brand im Berliner Hotel »Central« am Kurfürstendamm kommen vier Menschen ums Leben, mehr als 40 werden verletzt.

17 So – In Stuttgart gewinnt die Mannschaft des Deutschen Tennisbundes zum zweiten Mal nach 1988 durch ein 3:2 über Schweden den Davis-Cup.

18 Mo – Bundeskanzler Helmut Kohl beendet einen dreitägigen Besuch in Ungarn. Im Mittelpunkt der Gespräche standen die Reformprozesse in Ost- und Mitteleuropa.

19 Di – Die DDR und die Bundesrepublik starten einen Agentenaustausch. Alle in der DDR inhaftierten Mitarbeiter bundesdeutscher und US-Geheimdienste kommen frei.

20 Mi – US-Truppen marschieren in Panama ein, um den diktatorisch regierenden Machthaber General Manuel Antonio Noriega zu stürzen.

21 Do – Als erstes Staatsoberhaupt einer westlichen Siegermacht des Zweiten Weltkriegs besucht Frankreichs Staatspräsident François Mitterrand die DDR.

22 Fr – Am Brandenburger Tor in Berlin wird ein Fußgänger-Grenzübergang geöffnet. +++ In Rumänien wird Staats- und Parteichef Nicolae Ceauşescu gestürzt.

23 Sa – Leonard Bernstein dirigiert in der Kaiser-Wilhelm-Gedächtniskirche Beethovens 9. Sinfonie – als »Wiedersehensfeier aller Berliner zur Öffnung der Mauer«.

24 So – Der sowjetische Staats- und Parteichef Michail S. Gorbatschow wird vom US-Nachrichtenmagazin »Time« zum »Mann des Jahrzehnts« gekürt.

25 Mo – KPdSU-Chef Michail S. Gorbatschow bezeichnet den Austritt der kommunistischen Partei Litauens aus der KPdSU vom 20. Dezember als »illegal«. → Rumänien

26 Di – Die Außenminister der Tschechoslowakei und der Bundesrepublik zerschneiden in einem symbolischen Akt den Grenzzaun zwischen den beiden Staaten.

27 Mi – Nach zehnjähriger Unterbrechung nehmen Syrien und Ägypten wieder volle diplomatische Beziehungen zueinander auf.

28 Do – Zum »Fest der unschuldigen Kinder« läuten im ganzen Bundesgebiet die Kirchenglocken. Die katholische Kirche will damit »Abtreibungsopfern« gedenken.

29 Fr – Das Zentralkomitee der bulgarischen KP beschließt, die Zwangsbulgarisierung der türkischen Minderheit einzustellen. → »Samtene Revolution«

30 Sa – Als erstes Land der Welt führt Kanada in allen kanadischen Flugzeugen sowohl im In- als auch im Auslandsverkehr ein generelles Rauchverbot ein.

31 So – Die Silvesterfeier am Brandenburger Tor wird von Zwischenfällen überschattet. Eine einstürzende Videowand verletzt rd. 300 Menschen.

1990-1999

1

2

3

1 – Der Reichstag in neuem Glanz: Rechtzeitig zum Milleniumswechsel wird die Republik von Berlin aus regiert. Künftig soll die Kuppel bei allen wichtigen politischen Ereignissen erstrahlen. 2 – Ein Idol für ganz Deutschland: Der Rostocker Jan Ullrich trägt 1997 als erster Deutscher das gelbe Trikot des Gesamtsiegers der Tour de France nach Paris. 3 – Dauerproblem Arbeitslosigkeit in den neunziger Jahren: Erwerbslose gehen – wie hier in Saarbrücken – auf die Straße.

4

5

6

7

8

9

10

4 – Besuch im Kaukasus: Bundeskanzler Helmut Kohl (2.v.l.) beim Spaziergang mit Kremlchef Michail S. Gorbatschow (r.). 5 – Locker: US-Präsident Bill Clinton und sein russischer Amtskollege Boris Jelzin. 6 – Lola rennt (Filmszene mit Franka Potente). 7 – Vollgas: Michael Schumacher in seinem Ferrari. 8 – Gipfeltreffen im All: »Mir« trifft »Atlantis«. 9 – Geist von gestern: Rechtsradikale in Dresden. 10 – »Star Wars«-Fortsetzung »Die dunkle Bedrohung«.

Die neunziger Jahre – Neue Konzepte dringend gesucht

Alles fließt: Die letzte Dekade dieses Jahrhunderts beginnt mit einer Vielzahl von neuen, optimistisch stimmenden Entwicklungen und Prozessen, deren Dynamik dem ganzen Jahrzehnt Schwung verleiht. Mit dem Ende der Sowjetunion löst sich der hartnäckig ausgetragene Ost-West-Konflikt, der jahrzehntelang die Weltpolitik überlagert hat, in nichts auf. Europas Staaten machen durch den Vertrag von Maastricht endlich Ernst mit ihrer Einigungspolitik und geben wesentliche Kompetenzen an die gesamteuropäischen Institutionen ab. Für Deutschland bedeutet dies u.a. den Abschied von der Mark, verbunden mit der Hoffnung auf einen ebenso stabilen Euro. Dennoch gehören die Deutschen – im Großen und Ganzen erfolgreich mit der Bewältigung der Folgen der neuen Einheit beschäftigt – zu den Glückskindern der neunziger Jahre.

Seit Herbst 1998 in der Pflicht (v.l): Rudolf Scharping, Joschka Fischer und Kanzler Gerhard Schröder

Anlass zur Sorge gibt die Orientierungslosigkeit der Regierungen bei der Schaffung einer weltweiten Friedensordnung. Das Zusammenspiel der Kräfte zwischen dem weitgehend geeinigten Europa, dem gefallenen Riesen Russland, einem aufstrebenden China und den USA als einzig verbliebener Supermacht wird eine Schlüsselfrage des nächsten Jahrhunderts. Unter dem Stichwort Globalisierung vernetzen sich darüber hinaus die internationalen Märkte mehr und mehr, feiern weltweit operierende Konzerne Elefantenhochzeiten – mit tiefgreifenden Konsequenzen für Konjunktur und Beschäftigungssituation in vielen Ländern der Welt. Auch in anderen Bereichen hinterlässt eine ungeschönte Zwischenbilanz mehr Fragen als Antworten. So sind mit dem Begriff Internet, einem Zauberwort der Dekade, vielfach auch Bedenken verbunden. Die weltweite Vernetzung und der direkte digitale Zugriff haben sich so schnell entwickelt, dass Kontrollmaßnahmen und der Schutz des Einzelnen weit hinterherhinken. Bei allen längst noch nicht ausgeschöpften faszinierenden Möglichkeiten der neuen Technologie ist nicht wirklich entschieden, ob das Internet neben Segen auch Fluch ist.

Ein Globus voller Konflikte

Mit dem Überfall auf das benachbarte Öl-Emirat Kuwait fordert der irakische Diktator Saddam Hussein 1990 die Weltgemeinschaft heraus. Eine gewaltige UNO-Streitmacht unter Führung der USA zwingt ihn schließlich zum Rückzug. Allerdings bleibt Saddam die gesamten neunziger Jahre ein Unruhefaktor in der Region. Viel weiter südwestlich, im afrikanischen Ruanda, werden 1994 mehr als eine halbe Million Menschen vor den Augen der Weltöffentlichkeit Opfer des weltweit größten Völkermordes der jüngsten Geschichte. Die verfeindeten Stämme der Hutu und Tutsi schreiben ein neues, blutiges Kapitel in der Historie des schwarzen Kontinents.

Der Zerfall des Vielvölkerstaates Jugoslawien, der am 25. Juni 1991 mit den Unabhängigkeitserklärungen von Slowenien und Kroatien beginnt, führt zu einem erbitterten Krieg inmitten unseres eigenen Kontinents, einem Krieg, dessen Brutalität nicht mehr in das aufgeklärte Europa der neunziger Jahre zu passen scheint. Im Verlauf des Jahres 1992 greifen die Kampfhandlungen auf Bosnien-Herzegowina über, wo sich auf der einen Seite bosnische Serben im Bund mit der jugoslawischen Bundesarmee und auf der anderen Seite kroatische und moslemische Bosnier in anfänglicher Waffenbrüderschaft gegenüberstehen. Vukovar, Srebrenica, Gorazde, Mostar und Sarajevo heißen die Orte, mit denen sich schreckliche Blut- und Greueltaten verbinden. Der zynische Begriff »ethnische Säuberung« – er scheint direkt aus der Wortschmiede des Unmenschen zu kommen – umschreibt nichts anderes als eine brutale Vertreibungspolitik. 1993 beginnen Kämpfe zwischen den bisher verbündeten Kroaten und Moslems. Die im Kriegsgebiet stationierten UN-Blauhelme sind mehr Opfer als Ordnungsfaktor. Ungenügend bewaffnet und ohne klaren Kampfauftrag, werden sie teilweise sogar zu tatenlosen Zeugen von Kriegsverbrechen. Im Gedächtnis haften die Bilder der hilflosen Blauhelm-Soldaten, die von Serben an mögliche Bombardierungsziele angekettet wurden.

Auch im ehemaligen Machtbereich des Kreml gärt es. Unter dem Vorzeichen des erzwungenen Verzichtes auf eine globale Führungsrolle einerseits und großrussischen Nationalismus' andererseits bricht Russlands Präsident Boris Jelzin einen Krieg gegen die abtrünnige Teilrepublik Tschetschenien vom Zaun.

Nach dem Kosovo-Krieg: UNO, NATO und EU sind gefordert

Als sich Ende 1998 die Lage im Kosovo zuspitzt und die Schergen des jugoslawischen Präsidenten Slobodan Milošević Massaker an der albanischstämmigen Bevölkerung anrichten, entschließt sich die NATO unter Führung der USA zum Eingreifen. Die wochenlangen Bombardierungen serbischer Ziele durch die Flugzeuge des Bündnisses sind – obwohl mit humanitären Motiven gerechtfertigt – weder durch ein UNO-Mandat noch völkerrechtlich gedeckt. Der Rückzug der Serben im Juni 1999, die Rückkehr der albanischen Flüchtlinge und die Aufteilung des Kosovo in Schutzzonen kann nicht darüber hinwegtäuschen, dass das Gebot der Stunde eine Neuordnung der supranationalen Strukturen ist. Als eine der dringlich zu lösenden Hauptaufgaben der nächsten Jahre zeichnet sich ab, die Interessen und Kompetenzen der UNO, der NATO und der EU sowie der USA und anderer Länder gegeneinander abzugrenzen und neu auszutarieren. Nur so können die Legitimationsdefizite bewaffneter internationaler Friedensinterventionen beseitigt werden.

Für die Europäische Union gilt es, die gesamte Balkanregion durch politische Annäherungen und finanzielle Hilfen behutsam in Europa einzubinden. Damit verknüpft sich die Hoffnung auf wirtschaftliche Stabilität und Demokratisierung. Den nationalistischen Scharfmachern auf allen Seiten soll die Agitationsgrundlage entzogen werden, um ein »gemeinsames Haus Europa« unter Einschluss der Balkanregion schaffen zu können.

Eine internationale Rolle für Deutschland

Bereits mit der Stationierung von Kampfflugzeugen in der Türkei während des Golfkrieges 1991 schlägt die Bundesrepublik Deutschland – vor allem auch aufgrund des Drängens der NATO-Partner – ein neues Kapitel in ihrer Geschichte auf. Endgültig führt die Krise auf dem Balkan dazu, dass Deutschland eine stärkere und aktivere Rolle in der Außenpolitik ausfüllt. Dazu zählt z.B. die Teilnahme von Bundeswehrsoldaten an der SFOR-Mission in Bosnien. Auch sind deutsche Kampfflugzeuge – eine Premiere – Teil der NATO-Streitmacht, die ab

Fusion Daimler-Chrysler: Die Automobilkonzerne rüsten sich für den Überlebenskampf

März 1999 Angriffe auf Jugoslawien fliegt. Seit Juni verwaltet die Bundeswehr zudem neben Frankreich, Großbritannien, Italien und den USA eine der fünf Sicherheitszonen im Kosovo.
Die Einschätzung der aktiveren deutschen Rolle schwankt – im In- und Ausland – zwischen dem Hinweis auf eine gänzlich normale Entwicklung und Warnungen vor einer neuen deutschen Hegemonie. Die stärkste Wirtschaftsmacht Europas löst vor allem bei den kleineren Nachbarstaaten Ängste vor einer deutschen Dominanz aus.

Bundeswehrsoldaten neben rückkehrenden Kosovaren: Flüchtlingsströme prägen die neunziger Jahre

Rückkehr zur Normalität oder Rückfall in historisch negativ belastete preußische Nationalstaatstradition, so gänzlich unterschiedlich lauten auch die Meinungen zur Hauptstadtfrage und zum Umzug der seit 1998 amtierenden rot-grünen Bundesregierung von Bonn nach Berlin im Sommer 1999.

Probleme mit der Einheit

Als historische Leistung von Bundeskanzler Helmut Kohl gilt heute, die aufblitzende Chance der – am 3. Oktober 1990 vollzogenen – deutschen Wiedervereinigung erkannt und entschieden genutzt zu haben. Angesichts des hohen vorgelegten Vereinigungstempos – u.a. in der Umstellung der ostdeutschen Plan- auf die westdeutsche Marktwirtschaft – treten die ungleichen sozialen Lebensumstände zwischen Ost und West offen zutage. Unter dem Eindruck von Preiserhöhungen, Massenarbeitslosigkeit und dem oft unsensiblen Auftreten der »Besserwessis« ebbt die Vereinigungseuphorie in den fünf neuen Bundesländern schnell ab. Nach dem Fall der realen Mauer 1989 erscheint nunmehr die Beseitigung der »Mauer in den Köpfen« als das Hauptproblem der gesamten neunziger Jahre.
Zum guten Teil, aber nicht nur, ist es der zunehmende Frust über die soziale Schieflage und berufliche Perspektivlosigkeit, der sich in Rostock-Lichtenhagen, Hoyerswerda und anderswo vor allem bei Jugendlichen in gewalttätiger Ausländerfeindlichkeit Luft verschafft. Vielerorts entwickelt sich in den neuen Bundesländern unter Jugendlichen ein geschlossen rechtsextremes Milieu. Glatzen, Springerstiefel und Reichskriegsflagge werden offen zur Schau getragen. Auch im Westen kommt es zu ausländerfeindlichen Aktionen, sogar zu Mordanschlägen mit mehreren Toten wie in Solingen oder Mölln. Auch hier bestimmt die Furcht vor dem wirtschaftlichen und sozialen Abstieg im Zuge einer als bedrohlich empfundenen gesellschaftlichen Entwicklung das Klima. Der über eine höhere Steuerbelastung finanzierte »Aufschwung Ost«, die Miteinbeziehung der Ostrenten in das westdeutsche Rentensystem sowie die 1994 erstmals auf über 4 Mio. angestiegene Arbeitslosenzahl lassen die Furcht vor einer Überbeanspruchung der Kräfte wachsen.
Die Ausbildung gänzlich unterschiedlicher Lebenserfahrungen, das Pochen auf eine jeweils eigene, zum Zweck der Abgrenzung gegeneinander in Stellung gebrachte »Ost-« oder »West«-Identität ist ein Muster der Vergangenheit, das voraussichtlich noch längere Zeit Bedeutung haben wird. Als Lichtblick mag gelten, dass inzwischen zumindest eine Generation herangewachsen ist, die bereits kein anderes als das vereinte Deutschland kennt.

»Abtanzen, Spaß haben, Party machen«

Die Jugend der neunziger Jahre ist noch weniger unter einem gleichmacherischen Schlagwort fassbar als frühere Generationen – sie lässt sich kein Label aufdrücken. Eine aktive Minderheit prägt das Bild der »Millenium-Kids« zumindest in den Medien: Sie vergnügen sich zu Hunderttausenden auf gigantischen Techno-Spektakeln wie der Berliner Love Parade und schalten die Sender MTV und VIVA ein. Als Schlagwort für ein Szenario wummernder Bässe, der Droge Ecstasy und Aufputschdrinks steht der stereotyp wiederholte Begriff »Party machen« – Ausdruck einer ekstatischen Event- und Feier-Kultur. Auch die Musikindustrie trägt dieser Entwicklung Rechnung, es bilden sich immer neue Sub-Genres wie Hip-Hop, House, Grunge und Jungle.
Der größere Teil der jungen Menschen ist allerdings – nach dem Urteil von Jugendforschern – weit weniger einseitig auf den reinen Spaß eingestimmt. In aufgeklärtem Realismus suchen die meisten weitgehend ideologiefrei und pragmatisch, nicht selten dabei auch egoistisch, jeder für sich den eigenen Weg zum Lebensglück. Dabei wird die Welt weniger als Gegenstand von Kritik und Veränderung wahrgenommen, viel eher sieht man sie als vorgegebenes Ausgangsmaterial, aus dem der eigene Vorteil zu filtern ist. Rechtzeitig zur Milleniumswende – so scheint es – spiegelt sich im Erscheinungsbild der Jugend auch ein Stück Bilanz des Jahrhunderts: Man ist sowohl Gruppe als auch Individuum, man liebt durchaus den Rausch, gibt jedoch im Zweifelsfall nüchterner Gelassenheit den Vorzug.

Fun-Sportarten – wie hier Air-Surfen – sind angesagt: Langeweile ist megaout.

++ Zitate +++ Zitate +++ Zitate ++

Aus dem Zwei-plus-Vier-Vertrag, in dem die beiden deutschen Staaten und die vier Siegermächte des Zweiten Weltkriegs die äußeren Aspekte der deutschen Einheit besiegeln (1990):
»Die Französische Republik, das Vereinigte Königreich Großbritannien und Nordirland, die Union der Sozialistischen Sowjetrepubliken und die Vereinigten Staaten von Amerika beenden hiermit ihre Rechte und Verantwortlichkeiten in Bezug auf Berlin und Deutschland als Ganzes ... Das vereinte Deutschland hat demgemäß volle Souveränität über seine inneren und äußeren Angelegenheiten.«

Boris Jelzin erklärt in seiner Antrittsrede als erster frei gewählter Präsident Russlands (1991):
»Der Sinn unserer Politik besteht nicht in der massenweisen Selbstaufopferung, sondern im Wohl und im Interesse jedes Menschen. Ein würdiges Leben wird nicht von oben beschert und kommt auch nicht von selbst. Zu ihm kann man unmöglich in Kolonnen gelangen, indem man von oben gegebene Befehle blind ausführt ... Unser Staat wird auf ... dem vollständigen Verzicht auf jedes beliebige ideologische Diktat beruhen.«

Nelson Mandela anlässlich seiner Amtseinführung als Präsident Südafrikas (1994):
»Es soll Gerechtigkeit für alle geben. Es soll Frieden für alle geben. Es soll Arbeit, Brot, Wasser und Salz für alle geben. Lasst alle wissen, dass Körper, Geist und Seele eines jeden befreit worden sind, um sich zu verwirklichen. Niemals, niemals, niemals darf es wieder geschehen, dass dieses schöne Land die Unterdrückung des einen durch den anderen erfährt und die Erniedrigung erleidet, der Lump der Welt zu sein ... Lasst die Freiheit regieren. Gott segne Afrika.«

Bundestrainer Berti Vogts zu den Gründen seines Rücktritts nach dem vorzeitigen Aus bei der Fußball-WM in Frankreich (1998):
»Außerdem bin ich es mir selbst schuldig, den letzten Rest Menschenwürde zu verteidigen, der mir noch verblieben ist.«

Bundeskanzler Gerhard Schröder zum Einsatz der Bundeswehr im ehemaligen Jugoslawien (1999):
»Es gab in Deutschland eine sehr lebhafte Debatte im Zusammenhang mit dem Hitlerfaschismus, bei der Kinder ihre Eltern gefragt haben: Warum habt ihr damals nichts getan? Damit haben sie wohl gemeint: Warum habt ihr das nicht verhindert? Ich möchte nicht in eine Situation kommen, in der ich, bezogen auf die Brutalitäten im Kosovo, ähnlichen Fragen ausgesetzt bin. Ich möchte dann sagen können: Das mir Mögliche und das Vertretbare habe ich getan.«

Wörter des Jahrzehnts

Algenpest • Datenautobahn • Dow Jones • Dreiliterauto • Elchtest • e-mail • Euro • Gauck-Behörde • Globalisierung • Golfkrieg • Handy • IM • Internet • Kosovo • Lauschangriff • Pay-TV • Skinhead • Solidaritätszuschlag • Techno • Telekommunikation • Treuhand • Viagra

Januar 1990

1 Mo In der Bundesrepublik tritt ein Bußgeldkatalog in Kraft, der die Strafen für Verkehrssünder erheblich verschärft.

2 Di Der deutsche Maler Anselm Kiefer erhält den mit 100 000 Dollar dotierten Kunstpreis der israelischen Wolf-Stiftung.

3 Mi Panamas gestürzter Diktator Manuel Noriega stellt sich den US-Interventionstruppen. In den USA erwartet ihn ein Prozess wegen Drogenschmuggels.

4 Do Die neue rumänische Führung erlässt eine Amnestie für alle politischen Gefangenen, die während der Diktatur seit 1947 abgeurteilt wurden.

5 Fr Auf Grund eines defekten Sicherheitsventils muss das Atomkraftwerk Brunsbüttel an der Unterelbe kurz nach Inbetriebnahme wieder abgeschaltet werden.

6 Sa Als erster westdeutscher Skispringer seit 30 Jahren gewinnt der 20-jährige Hinterzartener Dieter Thoma die deutsch-österreichische Vierschanzentournee.

7 So Alfredo Christiani, Staatspräsident von El Salvador, bestätigt die Ermordung von sechs Jesuitenpadres durch Regierungssoldaten im November 1989.

8 Mo In Ungarn werden die Preise für Lebensmittel sowie für Autos, Benzin und Zigaretten drastisch angehoben. Die Mieten steigen um 35%.

9 Di Der DDR-Devisenbeschaffer Alexander Schalck-Golodkowski wird aus Westberliner Haft entlassen. Eine Auslieferung an die DDR lehnt der Staatsanwalt ab.

10 Mi Die chinesische Führung hebt den seit der blutigen Niederschlagung der Demokratiebewegung über Peking verhängten Ausnahmezustand auf. → Siemens

11 Do In Lettland wird auf Parlamentsbeschluss hin die Passage über die führende Rolle der Kommunistischen Partei aus der Verfassung gestrichen.

12 Fr Nach tagelangen Unruhen verkündet in Rumänien die regierende »Front der nationalen Rettung« ein generelles Verbot der Kommunistischen Partei.

13 Sa Bei der Notlandung eines sowjetischen Verkehrsflugzeugs im südlichen Uralgebiet kommen 23 Menschen ums Leben.

14 So Im Zuge des Streits um die Enklave Berg-Karabach verfolgen und töten aserbeidschanische Nationalisten in ihrer Hauptstadt Baku rd. 100 Armenier.

15 Mo Das bulgarische Parlament garantiert der türkischen Minderheit im Land religiöse und kulturelle Rechte, lehnt eine Autonomie aber ab. → Stasi-Zentrale

16 Di Die UNO übernimmt bis zu den kommenden freien Wahlen die Verwaltung Kambodschas. +++ Sieger der Rallye Paris–Dakar wird der Finne Ari Vatanen.

17 Mi Das Europäische Parlament in Straßburg verleiht Alexander Dubček, der Symbolfigur des »Prager Frühlings«, den Sacharow-Preis.

18 Do Wegen Drogenmissbrauchs verhaftet das FBI Marion Barry, den Bürgermeister der Hauptstadt Washington und Weggefährten Martin Luther Kings.

19 Fr Im Alter von 83 Jahren stirbt der langjährige SPD-Fraktionschef Herbert Wehner, der zu den Schlüsselfiguren der deutschen Nachkriegsgeschichte zählte.

20 Sa Unterstützt von der bayerischen CSU, schließen sich in Leipzig zwölf Oppositionsgruppen zur konservativen Deutschen Sozialen Union (DSU) zusammen.

21 So Der haitianische Diktator Prosper Avril verhängt über sein Land den Ausnahmezustand und geht massiv gegen Oppositionelle vor.

22 Mo Zwischen der Arabischen Republik Jemen und der Demokratischen Volksrepublik Jemen öffnen sich als erster Schritt auf dem Weg zur Einheit die Grenzen.

23 Di Die slowenischen Delegierten verlassen den Parteitag des Jugoslawischen Bundes der Kommunisten. Damit zeichnet sich die Auflösung Jugoslawiens ab.

24 Mi Der deutsche Komponist Hans Werner Henze erhält den Ernst-von-Siemens-Musikpreis verliehen, der mit 150 000 DM dotiert ist.

25 Do Weite Teile West- und Mitteleuropas werden vom Orkan »Daria« verwüstet. Der Sturm fordert allein in Großbritannien 90 Todesopfer.

26 Fr Die DDR-Regierung zieht ihre Genehmigung zurück, Giftmüll aus der Bundesrepublik auf den Deponien Schöneiche und Vorketzin zu lagern.

27 Sa In Ost-Berlin beschließt die Bürgerbewegung »Neues Forum«, bei den kommenden Wahlen mit eigenen Kandidaten anzutreten.

28 So Bei den Landtagswahlen an der Saar baut die SPD unter Oskar Lafontaine mit 54,4% der Stimmen ihre absolute Mehrheit aus.

29 Mo Vor der Volkskammer in Ost-Berlin zeichnet DDR-Ministerpräsident Hans Modrow ein katastrophales Bild der Wirtschaft im Land.

30 Di In Wien beginnt der Prozess gegen Udo Proksch, der die Sprengung des Schiffes »Lukona« veranlasst haben soll, um die Versicherungssumme zu kassieren.

31 Mi Im christlichen Teil der libanesischen Hauptstadt Beirut liefern sich rivalisierende Milizen die schwersten Kämpfe seit Beginn des Bürgerkriegs.

11. Februar 1990

Mandela ist frei – Hoffnu

Mit der Freilassung des Schwarzenführers Nelson Mandela wird in Südafrika das Ende des Apartheid-Regimes eingeläutet. Nach mehr als 27 Jahren kann der 71-Jährige ungebeugt das Gefängnis auf Robben Island nahe Kapstadt verlassen. Zehntausende Anhänger der Befreiungsbewegung »African National Congress« (ANC) haben sich zur Freilassung ihres charismatischen Anführers versammelt (s. Abb. r.).

Die Freilassung Mandelas ist das Zeichen für den Beginn der Verhandlungen, die ein Ende der Apartheid herbeiführen sollen. Der Reformprozess am Kap der Guten Hoffnung hatte schon im vergangenen Jahr, unmittelbar nach der Amtseinführung von Präsident Frederik Willem de Klerk, begonnen. Im Oktober 1989 wurden acht prominente Gefangene aus der Haft entlassen, unter ihnen auch der frühere Generalsekretär des ANC, Walter Sisulu. Noch unter de Klerks Vorgänger Pieter W. Botha hatte die weiße Regierung starr am Prinzip der Rassentrennung festgehalten. Der Politikwandel in Südafrika hat mehrere Ursachen. Zum einen wirkt sich das Ende des Ost-West-Konflikts auch auf das südliche Afrika aus: Die Großmächte wollten die regionalen Konflikte beenden. Damit verloren auch ideologische Differenzen zwischen Sozialismus und Kapitalismus, die

Kämpferisch die Faust erhoben, verlässt Nelson Mandela mit Ehefrau Winnie das Gefängnis.

10. Januar 1990

Siemens übernimmt Nixdorf

Der Münchener Elektronik-Konzern Siemens übernimmt nach langwierigen Verhandlungen die Paderborner Computerfirma Nixdorf. Damit wird Siemens in Deutschland zum Marktführer auf dem Computersektor und überholt den Branchenriesen IBM. Siemens kauft für rd. 500 Mio. DM etwa 51% der Nixdorf-Stammaktien. Von den weltweit 28 000 Arbeitsplätzen bei Nixdorf werden 4800 gestrichen. Der Verkauf der ehemaligen Vorzeigefirma – 1986 war Firmengründer Heinz Nixdorf gestorben – erwies sich als unvermeidlich: 1989 machte Nixdorf 1 Mrd. DM Verlust.

25. Februar 1990

Sandinisten verlieren Wahl

Die Wahlen in Nicaragua enden mit der Niederlage von Päsident Daniel Ortega. Der Sandinistenführer wird von der Konservativen Violeta Chamorro abgelöst, die 54,7% der Stimmen auf sich vereinigen kann. Das Wahlergebnis spiegelt die Unzufriedenheit der Bevölkerung mit der wirtschaftlichen Situation im Land wieder. Seit 1981 ist das Bruttosozialprodukt Nicaraguas um 50% gesunken, die Reallöhne fielen um 90%. Die Inflationsrate liegt bei rd. 2000%. Hintergrund der katastrophalen Wirtschaftslage ist der Bürgerkrieg mit den rechtsgerichteten Contra-Rebellen.

m Kap

lange eine Annäherung zwischen den weißen Machthabern und der Anti-Apartheid-Opposition verhindert hatten, an Bedeutung. Außerdem musste die südafrikanische Regierung auf die wirtschaftlichen Probleme des Landes reagieren. Erstmals seit den 20er Jahren sind auch weiße Südafrikaner von den Auswirkungen der ökonomischen Talfahrt und von Armut betroffen. Die Sanktionen der internationalen Gemeinschaft, die aufgrund der Rassentrennungspolitik verhängt worden waren, zeigten Wirkung. Südafrika war danach kaum mehr in der Lage, seinen Kreditverpflichtungen nachzukommen und auf Umschuldungen angewiesen. Auch für die Unternehmen hatte die Apartheid negative Folgen.

Nelson Mandela

südafrikanischer Politiker, * 18.7.1918 Mvezo/Transkei

Der gelernte Rechtsanwalt ist die Führungspersönlichkeit der schwarzen Bevölkerungsmehrheit in Südafrika und Symbolfigur für den Kampf gegen die Apartheid. Seine Freilassung aus über 27-jähriger Haft und sein Aufstieg zum Staatspräsidenten sind Zeichen für den Wandel am Kap. Der Friedensnobelpreisträger von 1993 ist auch international einer der Hoffnungsträger des afrikanischen Kontinents. Seine Kindheit verlebte Mandela – dessen einheimischer Name Rolihlahla (»am Ast eines Baumes ziehen«) umgangssprachlich soviel wie Unruhestifter bedeutet – in der königlichen Familie der Thembu. Seinen englischen Namen Nelson erhielt er erst in der Schule. Das Jurastudium an der Fort Harare University musste er im Jahre 1940 abbrechen, da er sich als Mitglied der Studentenvertretung einem Streik angeschlossen hatte. 1944 gründete er gemeinsam mit Oliver Tambo, Walter Sisulu und anderen die Jugendliga des ANC. Ihr Ziel: der Aufbau einer nationalen Befreiungsbewegung. 1960, nach dem Massaker von Sharpeville und dem Verbot des ANC, erhielt Mandela von der Befreiungsbewegung den Auftrag, einen militärische Organisation aufzubauen. Nach 17 Monaten im Untergrund wurde er 1962 verhaftet und wegen »Aufwiegelung« zum Streik zu fünf Jahren Haft verurteilt. Als bald darauf noch belastende Dokumente entdeckt wurden, lautete 1964 der Schuldspruch für den Schwarzenführer und sieben weitere Angeklagte wegen Hochverrats auf lebenslänglich.

- 1944: Eintritt in den ANC
- 1962-90: In Haft
- 1994-99: Staatspräsident

15. Januar 1990

Menge stürmt Stasi-Zentrale

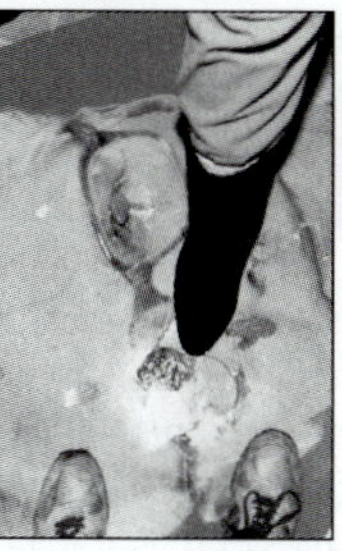

Das Misstrauen der DDR-Bürger und die Angst vor Vertuschung brechen sich Bahn: In Ost-Berlin stürmen 2000 Menschen das Gebäude der Staatssicherheit. Vorausgegangen waren Proteste gegen die »Aktion Reißwolf«, bei der Stasi-Mitarbeiter belastende Unterlagen vernichteten (Abb.: In der Stasi-Zentrale zerstörtes Honecker-Bild.).

10. Februar 1990

Moskau stimmt Einheit zu

Bundeskanzler Helmut Kohl trifft den sowjetischen Staats- und Parteichef Michail S. Gorbatschow in Moskau. Die Politiker beraten über Möglichkeiten, die beiden deutschen Staaten zu vereinigen. Gorbatschow gesteht schließlich zu, es sei »Sache der Deutschen, Zeitpunkt und Weg der Einigung selbst zu bestimmen.« Mit dieser Zustimmung der sowjetischen Regierung ist der Weg zur deutschen Wiedervereinigung frei.
Bereits im Januar hatte Gorbatschow dem amtierenden Ministerpräsidenten der DDR, Hans Modrow, signalisiert, die UdSSR habe »prinzipiell« nichts gegen eine deutsch-deutsche Wiedervereinigung einzuwenden. Zwar war der sowjetische Staatschef noch im Dezember 1989 einem derartigen Kurswechsel entgegengetreten, aber die Ereignisse der vergangenen Monate ließen Gorbatschow von seiner ursprünglichen Meinung abweichen: Der Einigungsprozess ist bereits weit fortgeschritten, genauso wie der wirtschaftliche Zerfall der DDR. Helmut Kohl versteht es ferner, seine guten Beziehungen zu Gorbatschow für die Verwirklichung der deutschen Einheit einzusetzen (Abb.: Zwischen Gorbatschow, l., und Kohl herrscht eine freundschaftliche Atmosphäre). Der

deutsche Bundeskanzler sichert Gorbatschow u.a. zu, sämtliche Lieferverpflichtungen der DDR gegenüber der Sowjetunion in vollem Umfang zu übernehmen.
Zur Gestaltung der deutschen Einheit gibt es indessen unterschiedliche Vorstellungen. In der DDR fordern Intellektuelle, die in Bürgerrechtsbewegungen entscheidend zur friedlichen Revolution beigetragen haben, einen demokratischen Sozialismus und einen Staatenbund mit der Bundesrepublik. Die breite Mehrheit der Bevölkerung unterstützt jedoch die Politik der Bundesregierung unter Helmut Kohl. Der Bundeskanzler hatte bereits im November 1989 einen 10-Punkte-Plan zur Wiedervereinigung vorgelegt. Danach sollten erste Maßnahmen in die Tat umgesetzt werden, sobald die Verfassung der DDR geändert worden sei. Als Übergangslösung sieht Kohl einen Staatenbund vor, der nach Abhaltung freier Wahlen in der DDR zustande kommen soll. Der nächste Schritt würde dann die Wiedervereinigung sein. Mit seinem 10-Punkte-Plan gelang es Helmut Kohl, die Initiative an sich zu ziehen. Kritisiert wurde allerdings sein Alleingang bei der Durchsetzung der deutschen Wiedervereinigung. Die westlichen Verbündeten und die Sowjetunion, die wie die Bonner Regierungsparteien und die Opposition nicht über den Plan unterrichtet worden waren, reagierten skeptisch bis ablehnend.

Februar 1990

1	Do	Die jugoslawische Führung setzt Panzer und Flugzeuge gegen albanische Demonstranten in der serbischen Provinz Kosovo ein.
2	Fr	Bei einem schweren S-Bahn-Unglück in Rüsselsheim sterben 17 Menschen, weil der Fahrer ein Haltesignal übersehen hatte.
3	Sa	Mit einer Menschenkette versuchen rd. 100 000 Demonstranten, den Bau des geplanten Donaukraftwerks Gabcikovo in der Slowakei zu verhindern.
4	So	Rafael Angel Calderón, Kandidat der oppositionellen Christlich-Sozialen Einheitspartei, gewinnt mit 51%-Mehrheit die Präsidentschaftswahlen in Costa Rica.
5	Mo	In Moskau schlägt Staats- und Parteichef Michail S. Gorbatschow auf einer Sitzung des Zentralkomitees eine radikale Erneuerung der KPdSU vor.
6	Di	Die rumänische Regierung wertet den Touristenkurs der Landeswährung um 58% ab, der Handelskurs sinkt um 32%.
7	Mi	Die DDR-Bürgergruppen »Neues Forum«, »Demokratie jetzt« und »Initiative für Frieden und Menschenrechte« schließen sich zum »Bündnis 90« zusammen.
8	Do	Die DDR-Regierung erlässt eine Regelung für den Zivildienst, die Wehrpflichtigen die Wahl zwischen jeweils zwölf Monaten Zivil- oder Wehrdienst freistellt.
9	Fr	Die irakische Armee hat einem UNO-Bericht zufolge auf Befehl Präsident Saddam Husseins alle kurdischen Dörfer an der Grenze zur Türkei zerstört.
10	Sa	In Südafrika kommen bei Kämpfen zwischen Anhängern des ANC und der Zulu-Partei Inkatha mehr als 100 Menschen ums Leben. → Einheit
11	So	James »Buster« Douglas (USA) wird nach einem k.o.-Sieg über seinen Landsmann Mike Tyson in Tokio Box-Weltmeister im Schwergewicht. → Mandela
12	Mo	Nach 92 Tagen beenden die Abenteurer Reinhold Messner aus Südtirol und der Deutsche Arved Fuchs die erste Antarktis-Durchquerung zu Fuß.
13	Di	Die Außenminister der Siegermächte des Zweiten Weltkriegs vereinbaren in Ottawa, die Sicherheitsfragen einer deutschen Vereinigung zu beraten.
14	Mi	92 Menschen kommen ums Leben, als erstmals – kurz vor dem südindischen Flughafen Bangalore – ein Airbus A 320 bei einem Linienflug verunglückt.
15	Do	Der litauische und der lettische Oberste Sowjet erklären den Anschluss ihrer Länder an die Sowjetunion im Jahre 1940 für ungültig.
16	Fr	In der Nähe seines Landhauses wird der kenianische Außenminister Robert Ouko ermordet aufgefunden. Die Täter konnten unerkannt entkommen.
17	Sa	Im ersten rein bundesdeutschen Grand-Prix-Finale seit 17 Jahren besiegt der Tennisspieler Boris Becker in Brüssel seinen Landsmann Carl-Uwe Steeb.
18	So	Die seit 35 Jahren regierende Liberal-Demokratische Partei (LDP) gewinnt bei Parlamentswahlen in Japan erneut die absolute Mehrheit.
19	Mo	Das südafrikanische Parlament beendet die seit 1953 bestehende Rassentrennung in öffentlichen und betrieblichen Einrichtungen.
20	Di	Für sein Werk »Music Box« erhält der Regisseur Constantin Costa-Gavras bei den Filmfestspielen in West-Berlin den Goldenen Bären.
21	Mi	Oskar Lafontaine (SPD) wird im Saarland als Ministerpräsident wieder gewählt. Dem neunköpfigen Kabinett gehören drei Frauen an.
22	Do	Wegen eines defekten Kühlwassersystems muss die europäische Trägerrakete »Ariane 4« kurz nach ihrem Start in Französisch-Guyana gesprengt werden.
23	Fr	Eine Massenkarambolage auf der Autobahn Frankfurt am Main–Würzburg fordert sieben Todesopfer. Ursache war zu schnelles Fahren im Nebel.
24	Sa	Bei den ersten freien Wahlen in Litauen seit 1945 erringt die Unabhängigkeitsbewegung »Sajudis« die absolute Mehrheit.
25	So	Nach einem PDS-Aufruf demonstrieren in Ost-Berlin über 50 000 Menschen gegen eine deutsche Vereinigung. → Sandinisten
26	Mo	Die links-alternative »Tageszeitung« (taz) erscheint als erste westdeutsche Zeitung mit einer eigenen Ausgabe in der DDR.
27	Di	Die Kongresspartei verliert bei Wahlen in acht indischen Unionstaaten ihre absolute Mehrheit. +++ In Peru sterben bei einem Bergrutsch 100 Menschen.
28	Mi	Der Oberste Sowjet der UdSSR ermöglicht mit einem neuen Gesetz die langfristige Verpachtung von Grund und Boden an private Bauern.

März 1990

1 Do Der DDR-Ministerrat erlässt eine Verordnung, nach der bisherige volkseigene Betriebe in Kapitalgesellschaften umgewandelt werden können.

2 Fr Aufgrund des Beschlusses des Aufsichtsrats der Firma Airbus-Industries wird das neue Modell A 321 in Hamburg gebaut.

3 Sa In Bern demonstrieren rd. 30 000 Menschen gegen die Bespitzelung von Staatsbürgern durch den Schweizer Geheimdienst.

4 So Bei Wahlen in den sowjetischen Republiken Russland, Weißrussland und Ukraine erringen die Reformer Erfolge – vor allem in den Großstädten.

5 Mo Für DDR-Bürger besteht ab sofort die Möglichkeit, 73 bundesdeutsche Zeitungen und Zeitschriften an ihren Kiosken zum Kaufkurs von 1:3 zu erwerben.

6 Di In Afghanistan scheitert ein Putschversuch gegen Präsident Mohammed Nadschibullah. Schwere Kämpfe in der Hauptstadt Kabul fordern 95 Todesopfer.

7 Mi Die italienische Kommunistische Partei beschließt in Bologna die Abkehr vom Kommunismus sowie die Umwandlung in eine sozialistische Reformpartei.

8 Do Nach 20 Jahren Bürgerkrieg unterzeichnet die kolumbianische Guerillabewegung »M-19« ein endgültiges Friedensabkommen und legt die Waffen nieder.

9 Fr Das Bundesverwaltungsgericht in Karlsruhe genehmigt die weitere Erkundung des Gorlebener Salzstocks, der als Atommülllager dienen soll.

10 Sa Jill Trenary aus den USA gewinnt die Eiskunstlauf-Weltmeisterschaft im kanadischen Halifax. Die Dortmunderin Marina Kielmann erreicht Platz zehn.

11 So Patricio Aylwin, erster frei gewählter Präsident Chiles nach 16 Jahren Militärdiktatur, tritt in der Hauptstadt Santiago de Chile sein Amt an. → Litauen

12 Mo Der Italiener Alberto Tomba gewinnt den letzten Weltcup-Slalom der Saison vor Rudi Nierlich (Österreich) und dem Deutschen Armin Bittner.

13 Di In Israel bricht die Große Koalition zwischen Likud-Block und Arbeiterpartei nach wochenlangen Konflikten über Friedensverhandlungen auseinander.

14 Mi In der mit deutscher Hilfe erbauten libyschen Chemiefabrik Rabta, die nach US-Angaben Chemiewaffen produziert, bricht ein Brand aus. → Stasi-Spitzel

15 Do Der im Dezember 1989 gewählte brasilianische Staatspräsident Fernando Collor de Mello tritt sein Amt an. Er erlässt einen Lohn- und Preisstopp.

16 Fr Erstmals seit 1961 tagt die Synode der Berlin-Brandenburgischen Kirche wieder gemeinsam. Protestanten aus Ost und West treffen sich in Ost-Berlin.

17 Sa Nach seinem vierten Gesamt-Weltcup-Sieg beendet der schweizerische Skirennläufer Pirmin Zurbriggen seine aktive Sportkarriere.

18 So In Boston werden beim größten Kunstraub der Nachkriegsgeschichte elf Gemälde, u.a. von Rembrandt, aus einem Museum gestohlen. → Wahlen

19 Mo Der saarländische Ministerpräsident Oskar Lafontaine wird vom SPD-Parteivorstand einstimmig zum Kanzlerkandidaten für die Bundestagswahl nominiert.

20 Di Auseinandersetzungen zwischen Rumänen und der ungarischen Minderheit enden im siebenbürgischen Tirgu Mures mit dem Tod von 8 Personen.

21 Mi Der 85-jährige Deng Xiaoping, mächtigster Mann Chinas, legt sein letztes offizielles Amt als Vorsitzender der Militärkommission nieder. → Namibia

22 Do Nach schweren Kämpfen in Nicaragua stimmen die rechtsgerichteten Contras formell der Beendigung des seit 1982 dauernden Bürgerkrieges zu.

23 Fr Ungarn verkürzt die Dauer des Wehrdienstes von 18 auf zwölf Monate und beschließt die Reduzierung der Streitkräfte um 35%. → »Pretty Woman«

24 Sa Nachdem es ihnen nicht gelungen ist, den Bürgerkrieg in Sri Lanka zu beenden, verlassen die letzten indischen Truppen das Land.

25 So Mindestens 87 Menschen sterben bei einem Brand im New Yorker Stadtteil Bronx. Ursache des Feuers ist nach Polizeiangaben Brandstiftung.

26 Mo Der Film »Miss Daisy und ihr Chauffeur«, der den alltäglichen Rassismus in den USA thematisiert, gewinnt in Hollywood vier »Oscars«.

27 Di Die sowjetische Rote Armee besetzt in der litauischen Hauptstadt Wilna das Gebäude des Zentralkomitees der unabhängigen Kommunisten.

28 Mi Auf dem Londoner Flughafen beschlagnahmt die Polizei 40 für den Irak bestimmte Zündvorrichtungen für atomare Sprengkörper.

29 Do Der Bundestag führt eine Schwerverkehrsabgabe für Lastwagen über 18 t Gewicht ein. Im Inland wird zum Ausgleich die Lkw-Steuer gesenkt.

30 Fr Das Oberste Gericht der DDR rehabilitiert den Philosophen Wolfgang Harich, der 1957 in einem Schauprozess zu zehn Jahren Haft verurteilt worden war.

31 Sa Der Oberste Sowjet der Sowjetrepublik Estland beschließt die Herstellung der Souveränität des Landes nach einer Übergangszeit.

23. März 1990

Erfolg für »Pretty Woman«

Regisseur Garry Marshall landet mit »Pretty Woman« den Kinoerfolg des Jahres. Allein in Deutschland lockt der Kassenschlager neun Mio. Zuschauer an. Marshall erzählt eine moderne »Aschenputtel«-Version um Liebe, Reichtum, Glanz und Schönheit.
Der Geschäftsmann Edward Lewis (Richard Gere) trifft auf die Prostituierte Vivian (Julia Roberts) und verpflichtet sie für 3000 Dollar als Begleitung

(Abb.: Filmszene). Das ungleiche Paar erlebt eine Love-Story mit Happy End. Für die junge Julia Roberts ist »Pretty Woman« das Sprungbrett in die Top-Riege der Hollywood-Stars, obwohl sie zuvor schon für ihre Rolle in »Magnolien aus Stahl« (1989) den »Golden Globe« erhalten hatte. Erst als »Pretty Woman« gelingt ihr der weltweite Durchbruch. Sie wird zur Traumfrau der 90er Jahre. Richard Gere erntete schon 1982 als »Offizier und Gentleman« Filmlorbeeren.

14. März 1990

Wirbel um Stasi-Spitzel

Kurz vor den ersten freien Wahlen in der DDR kommt es zu einem Skandal um den Vorsitzenden des »Demokratischen Aufbruchs«, Wolfgang Schnur. Dem Anwalt wird zur Last gelegt, jahrelang für die DDR-Staatssicherheit tätig gewesen zu sein. Der Spitzenkandidat zieht sofort Konsequenzen aus den Vorwürfen und legt sein Amt nieder, bestreitet jedoch, Stasi-Spitzel gewesen zu sein. Kurz darauf tauchen Beweise auf, die belegen, dass Schnur seit 1979 Mitarbeiter des DDR-Überwachungsapparates gewesen ist. Der Politiker bestätigt schließlich, die Stasi bis 1989 mit Informationen beliefert zu haben.
Der Fall Schnur ist nur die Spitze des Eisbergs. Immer wieder kommt es – quer durch alle Parteien – zu Stasi-Enthüllungen und -Verdächtigungen. Nur wenige Wochen nach dem Fall Schnur gerät Ibrahim Böhme, der Vorsitzende der Ost-SPD, unter Verdacht. Auch er bestreitet jegliche Stasi-Aktivitäten, muss aber schließlich wegen eindeutiger Beweislage sein Amt niederlegen. Auch zwei Politiker in Regierungsämtern müssen sich gegen ähnliche Anschuldigungen wehren: Lothar de Maizière (CDU), letzter Ministerpräsident der DDR, tritt wegen Vorwürfen über angebliche Spitzeldienste im Dezember als Bundesminister zurück. Brandenburgs Ministerpräsident Manfred Stolpe (SPD) bleibt im Amt. Ein Landtags-Ausschuss kann Stolpes Verpflichtung als Informeller Mitarbeiter der Staatssicherheit nicht nachweisen. Die Untersuchung wird im April 1994 beendet.

18. März 1990

Wahlen in der DDR

Die ersten und gleichzeitig auch letzten freien, geheimen und demokratischen Wahlen in der DDR gewinnt mit 48% überraschend deutlich das konservative Wahlbündnis »Allianz für Deutschland«. Innerhalb des Drei-Parteien-Bündnisses der Parteien »Demokratischer Aufbruch« (DA), »Deutsche Soziale Union« (DSU) und CDU erhält letztere mit 40,6% die größte Zustimmung. Das Resultat wird als eindeutiges Bekenntnis für die deutsche Einheit und für die Marktwirtschaft gewertet.
Schiffbruch erleidet die SPD, der Meinungsforscher einen Sieg vorausgesagt hatten. Nur 21% der 12,2 Mio. Wahlberechtigten stimmen für die Sozialdemokraten. Auch die im »Bündnis 90« vereinigten Bürgerbewegungen bleiben mit 2,9% hinter den Erwartungen zurück. Drittstärkste Kraft wird mit 16,3% die in PDS umbenannte ehemalige SED. Auf der konstituierenden Sitzung der Volkskammer am 5. April wird Sabine Bergmann-Pohl (CDU) zur Parlamentspräsidentin gewählt. Am 12. April wählt die Volkskammer erstmals eine demokratisch legitimierte Regierung: Lothar de Maizière wird Regierungschef einer Koalition aus CDU, DSU, DA, SPD und Liberalen. Der Wahlkampf war durch massive Auftritte der West-Prominenz geprägt. Bei sechs großen Veranstaltungen erreichte Bundeskanzler Helmut Kohl fast

25. April 1990

Attentat auf Lafontaine

Der SPD-Kanzlerkandidat Oskar Lafontaine wird Opfer eines Mordanschlags. Während einer Wahlkampfveranstaltung in Köln-Mülheim nähert sich eine Frau dem saarländischen Ministerpräsidenten und überreicht ihm einen Blumenstrauß. Dann sticht sie plötzlich mit einem Messer auf ihn ein. Lafontaine wird am Hals verletzt, der Stich verfehlt nur um Millimeter die Halsschlagader (Abb.: Helfer kümmern sich Sekunden nach dem Attentat um den Kanzlerkandidaten). Die unter schweren Wahnvorstellungen leidende Attentäterin wird überwältigt. Sie erklärt, dass sie bereits vor fünf Monaten den Plan gefasst hatte, einen Politiker zu ermorden. Der SPD-Kandidat sei nur zufällig ihr Opfer geworden.

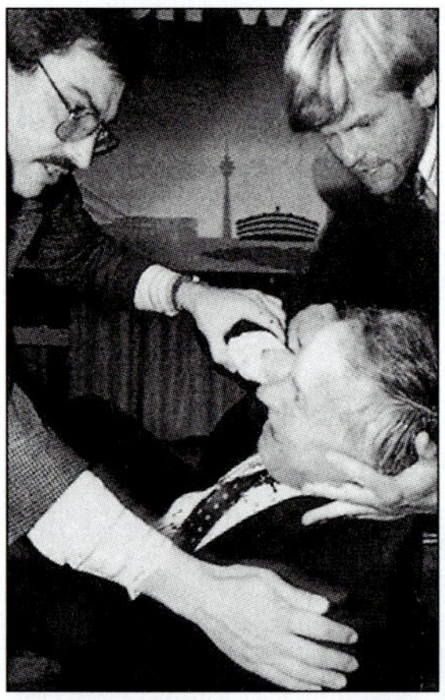

Bezeichnendes Mienenspiel der Parteichefs Hans-Jochen Vogel (l., SPD) und Helmut Kohl (CDU)

Lothar de Maizière

deutscher Politiker, * 2.3.1940 Nordhausen

Als erster frei gewählter Ministerpräsident der DDR versucht de Maizière, den Einigungsprozess so zu gestalten, dass Würde und Identität der DDR-Bürger gewahrt bleiben. Der Vorsitzende der Ost-CDU verhilft zudem der ehemaligen Blockpartei nach dem Zusammenbruch des SED-Regimes zu programmatischer Erneuerung. Unter dem Vorwurf nicht beweisbarer Stasi-Kontakte zieht sich der musisch veranlagte Jurist und Minister für besondere Aufgaben im Kabinett Kohl 1991 aus der Politik zurück.

- 1969-75: Nach Musikstudium (Viola) jurist. Fernstudium
- 1989/90: Minister für Kirchenfragen im Kabinett Modrow
- 1990: Stellvertretender Bundesvorsitzender der CDU

jeden zehnten Wähler persönlich. Nur ein Thema war für die Wahlentscheidung der DDR-Bürger von Interesse: die Einheit. Nach einer Umfrage der Mannheimer »Forschungsgruppe Wahlen« sprachen sich eine Woche vor der Wahl 91% der befragten Ostdeutschen für die deutsche Einheit aus, nur 5% votierten dagegen. Entscheidend für den Wahlausgang waren die unterschiedlichen Vorstellungen der Parteien über den Zeitplan der deutschen Einheit. Während die Ost-SPD zunächst eine gesamtdeutsche Verfassung auf der Basis des Grundgesetzes und eine Volksabstimmung darüber forderte, befürwortete Kohl den schnellen Beitritt zur Bundesrepublik. Die Warnungen Oskar Lafontaines (SPD) vor den sozialen und finanziellen Folgen der Vereinigung überzeugten die Wähler nicht.

21. März 1990

Namibia wird unabhängig

Als letzte ehemalige Kolonie in Afrika erlangt Namibia die Unabhängigkeit. UN-Generalsekretär Javier Pérez de Cuellar vereidigt Sam Nujoma als ersten Staatspräsidenten. Nujoma ist der Führer der Unabhängigkeitsbewegung South West African People's Organization (SWAPO). Die Autonomie Namibias ist der Höhepunkt einer wechselhaften Geschichte. Als Deutsch-Südwestafrika war das Land 1884 in den Kolonialbesitz des Deutschen Reiches übergegangen. Nach dem Ersten Weltkrieg übertrug der Völkerbund 1920 das Gebiet als Mandat an die Südafrikanische Union, die das Land jedoch wie eine eigene Provinz verwaltete. Als Reaktion auf dieses Vorgehen entzog die UNO im Jahre 1966 Südafrika das Mandatsrecht und unterstellte die Verwaltung Südwestafrikas der eigenen Zuständigkeit – allerdings nur formell. Das Land erhielt 1968 offiziell den Namen Namibia. 1971 erklärte der Internationale Gerichtshof in Den Haag die Präsenz Südafrikas in Namibia völkerrechtlich für illegal. Als Verhandlungen zwischen der SWAPO und Südafrika über die Unabhängigkeit des Landes fehlschlugen, kam es zum Bürgerkrieg. 1989 trat in Namibia ein Waffenstillstand in Kraft, in dessen Folge freie Wahlen durchgeführt werden konnten.

11. März 1990

Autonomie für Litauen

Litauen erklärt als erste Sowjetrepublik seine Unabhängigkeit von Moskau und leitet damit den endgültigen Zerfall der Sowjetunion ein (Abb.: Litauer feiern die Unabhängigkeit). Vier Tage später erklärt die Regierung in Moskau die Autonomie für ungültig und drosselt die Lieferung von Erdgas, Kohle und Öl. Bald kommt es zu Engpässen in der Versorgung. Im April einigen sich Kremlchef Michail S. Gorbatschow und das neue litauische Staatsoberhaupt Vitautas Landsbergis auf einen Kompromiss. Kurz darauf erklären sich auch die beiden anderen baltischen Staaten, Lettland und Estland, für unabhängig von der Sowjetunion.

April 1990

1 So Die CSU erleidet bei kommunalen Stichwahlen in Bayern schwere Niederlagen und verliert in acht großen Städten das Amt des Oberbürgermeisters.

2 Mo Titelverteidiger Deutschland unterliegt im Viertelfinale des Tennis-Davis-Cups mit 2:3 der Mannschaft aus Argentinien und scheidet damit frühzeitig aus.

3 Di Der belgische König Baudouin I. legt für zwei Tage sein Amt nieder. Dadurch kann ein von ihm abgelehntes liberales Abtreibungsgesetz in Kraft treten.

4 Mi Auf Vermittlung von UN-Generalsekretär Javier Pérez de Cuéllar unterzeichnen El Salvador und die Befreiungsfront FLMN in Genf ein Friedensabkommen.

5 Do Die Volkskammer in Ost-Berlin wählt in ihrer konstituierenden Sitzung Sabine Bergmann-Pohl (CDU) im zweiten Wahlgang zur Parlamentspräsidentin.

6 Fr Bei regierungsfeindlichen Demonstrationen in Nepal richten Sicherheitskräfte des Königsreichs ein Blutbad an. Nahezu 300 Menschen kommen ums Leben.

7 Sa Mindestens 160 Passagiere sterben bei einem Brand auf der dänischen Fähre »Skandinavian Star«. Ursache sind u.a. gravierende Sicherheitsmängel.

8 So Im Zuge der ersten freien Wahlen in der nordjugoslawischen Republik Slowenien entscheiden sich 55% der Wähler für das Oppositionsbündnis.

9 Mo Bei einem Postzugraub auf der Strecke Linz–Wien (Österreich) erbeuten drei Täter umgerechnet 6 Mio. DM. Ein Sicherheitsbeamter wird erschossen.

10 Di Im Libanon kommt das französisch-belgische Paar Jacqueline Valente und Fernand Houtekins mit seiner Tochter nach zweieinhalb Jahren Geiselhaft frei.

11 Mi Der britische Zoll beschlagnahmt im Hafen von Teesport eine Schiffsladung Stahlrohre für den Irak. Sie sind Teile einer riesigen Kanone.

12 Do Als erster Deutscher übernimmt der Leipziger Dirigent Kurt Masur die musikalische Leitung der berühmten New Yorker Philharmoniker.

13 Fr Die Sowjetunion bekennt sich zur Verantwortung für die Morde im westrussischen Katyn, wo 1940 tausende polnische Offiziere umgebracht wurden.

14 Sa In Wilna schließen die Regierungschefs der drei baltischen Staaten ein Abkommen über eine engere wirtschaftliche Zusammenarbeit.

15 So 49 Jahre nach ihrem Rückzug aus dem Filmgeschäft stirbt in New York die legendäre Schauspielerin und »Oscar«-Preisträgerin von 1955, Greta Garbo.

16 Mo In einem überfüllten Nahverkehrszug im ostindischen Bihar verbrennen nach der Explosion eines Gasbehälters über 100 Menschen.

17 Di Beim Absturz zweier kanadischer Kampfflugzeuge nahe Karlsruhe stirbt ein Pilot. Die Maschinen stießen während eines Übungsfluges zusammen.

18 Mi Die liberalen Parteien der DDR vereinbaren den Zusammenschluss mit der bundesdeutschen FDP bis spätestens Dezember dieses Jahres.

19 Do König Birendra von Nepal ernennt nach den Unruhen der letzten Wochen Oppositionsführer Krishna Prashad Bhatarai zum Regierungschef.

20 Fr Um die Gleichberechtigung beider Landesteile darzustellen, ändert die Tschechoslowakei ihren Namen in »Tschechische und Slowakische Föderative Republik.«

21 Sa Mit 77,5% wird der polnische Arbeiterführer Lech Walesa beim zweiten Kongress der Gewerkschaft »Solidarität« als Vorsitzender bestätigt.

22 So Die Organisation »Islamischer Heiliger Krieg« lässt den US-Amerikaner Robert Polhill frei. Er befand sich seit Januar 1987 in Geiselhaft im Libanon.

23 Mo Nachdem sich bei einer Bürgerbefragung 76% der Einwohner dafür ausgesprochen haben, wird Karl-Marx-Stadt wieder in Chemnitz umbenannt.

24 Di Das britische Parlament erlaubt Experimente mit menschlichen Embryonen, wenn die Versuche in den ersten 14 Tagen nach der Befruchtung erfolgen.

25 Mi Violeta Chamorro übernimmt als Präsidentin Nicaraguas die Amtsgeschäfte von ihrem sandinistischen Vorgänger Daniel Ortega. → Lafontaine

26 Do Ein neues Ausländergesetz soll nach einem Beschluss des Bundestages Einbürgerungen erleichtern, jedoch auch den Zuzug weiterer Ausländer erschweren.

27 Fr Im zweiten Wahlgang wählen die Abgeordneten des Bundestages Alfred Biehle (CSU) mit 275 Stimmen zum neuen Wehrbeauftragten.

28 Sa West- und ostdeutsche Neonazis liefern sich im thüringischen Nordhausen Straßenschlachten mit der Polizei. 150 Personen werden festgenommen.

29 So Zum dritten Mal lehnen es die allein wahlberechtigten Männer im Schweizer Halbkanton Appenzell-Innerrhoden ab, das Frauenwahlrecht einzuführen.

30 Mo Die Vorschrift für polnische Touristen, bei bis zu dreiwöchigen Reisen in die Bundesrepublik Devisen in der Höhe von 50 DM pro Tag nachzuweisen, entfällt.

Mai 1990

1 Di Bei Kundgebungen zum 1. Mai in Moskau verlässt Staatspräsident Michael S. Gorbatschow nach lautstarken Protesten von Demonstranten die Tribüne.

2 Mi Nach monatelangen Kontroversen einigen sich die beiden deutschen Regierungen auf einen Umtauschkurs von eins zu eins für die Währungsunion.

3 Do Der frühere SS-Offizier Josef Schwammberger, beteiligt an der Ermordung tausender Menschen, wird von Argentinien an die Bundesrepublik ausgeliefert.

4 Fr Lettland erklärt sich für unabhängig. Um Konflikte mit der Sowjetunion zu vermeiden, sollen Verhandlungen stattfinden. → 35-Stunden-Marke

5 Sa »Das verratene Meer«, Oper von Hans Werner Henze nach einem Roman Yukio Mishimas, feiert an der Deutschen Oper in West-Berlin Premiere. → 2+4

6 So Die ersten freien Kommunalwahlen in der DDR entscheidet die CDU mit 34,4% der Stimmen für sich. Es folgen die SPD mit 21,3% und die PDS mit 14,6%.

7 Mo Mit der Freilassung des 20-jährigen Fabrikantensohnes Carlo Celadon endet nach 830 Tagen die bisher längste Entführung in Italien.

8 Di Mit der Ankündigung einer Beteiligung seines Landes an der KSZE leitet der albanische Ministerpräsident Adil Çarçani einen Reformkurs ein.

9 Mi Im indischen Bundesstaat Andhra Pradesh fordert ein Taifun mit Windgeschwindigkeiten von bis zu 250 km/h mehr als 600 Menschenleben. → Italien

10 Do 211 chinesische Dissidenten, die nach der Niederschlagung der Demokratiebewegung 1989 verhaftet wurden, kommen frei. 431 bleiben weiter in Haft.

11 Fr Der Deutsche Eishockey-Bund in München gibt als erster westdeutscher Sportverband die Aufnahme von DDR-Vereinen bekannt.

12 Sa In Tallinn rufen die Präsidenten Litauens, Lettlands und Estlands den 1940 aufgelösten »Baltischen Rat« wieder ins Leben.

13 So In Nordrhein-Westfalen verteidigt die SPD unter Ministerpräsident Johannes Rau mit 50,0% der Stimmen knapp die absolute Mehrheit.

14 Mo Als Reaktion auf die Schändung des jüdischen Friedhofs in Carpentras demonstrieren rd. 200 000 Menschen in Paris gegen Rassismus und Intoleranz.

15 Di Bei einer Versteigerung in New York bezahlt ein Japaner für das Van-Gogh-Gemälde »Portrait des Dr. Gachet« rd. 135 Mio. DM. → Sonderfonds

16 Mi Die USA einigen sich mit der Sowjetunion auf einen Produktionsstopp für chemische Waffen sowie eine Reduzierung der Bestände um 80%. → Fußball

17 Do Bundesbürger benötigen für die Fahrt in die DDR nur noch ihren Personalausweis. In Berlin sollen ab dem 2. Juli alle Grenzkontrollen wegfallen.

18 Fr Die beiden deutschen Finanzminister Theo Waigel (CSU) und Walter Romberg (SPD) unterzeichnen in Bonn den Staatsvertrag zur Wirtschaftsunion.

19 Sa Im Finale der German Open beendet die jugoslawische Tennisspielerin Monica Seles die seit 354 Tagen andauernde Siegesserie von Steffi Graf.

20 So Mit 85,07% der Stimmen wird Übergangspräsident Ion Iliescu, der der »Front zur Nationalen Rettung« angehört, zum Staatsoberhaupt Rumäniens gewählt.

21 Mo Bei den Filmfestspielen in Cannes vergibt die Jury die Goldene Palme an den US-Regisseur David Lynch für seinen Film »Wild at Heart«.

22 Di Durch eine Änderung des Wahlgesetzes kann die Westberliner Bevölkerung künftig ihre Abgeordneten direkt wählen. → Jemenitische Staaten

23 Mi Der Tod eines Oppositionspolitikers löst in Gabun schwere Unruhen aus. Frankreich verstärkt daraufhin seine in West-Afrika stationierten Truppen.

24 Do Gyula Horn, früherer ungarischer Außenminister, erhält als erste Persönlichkeit aus Osteuropa den Internationalen Karlspreis der Stadt Aachen.

25 Fr Franz Schönhuber, Parteivorsitzender der rechtsradikalen Republikaner, tritt wegen innerparteilicher Machtkämpfe von seinem Amt zurück.

26 Sa Frankfurt und das Rhein-Main-Gebiet werden von einem leichten Erdbeben erschüttert. +++ Im Sudan fordert eine Erdbebenserie 31 Menschenleben.

27 So In Myanmar, dem vom Militär regierten früheren Birma, siegt bei Wahlen die oppositionelle »Nationale Liga für Demokratie« unter Aung San Suu Kyi.

28 Mo 250 Häftlinge des Hamburger Gefängnisses Fuhlsbüttel, auch »Santa Fu« genannt, streiken für eine Verbesserung ihrer Haftbedingungen.

29 Di In Paris unterzeichnen 40 Gründungsmitglieder die Statuten der Europäischen Bank für Wiederaufbau und Entwicklung. → Jelzin

30 Mi In Ost-Berlin wird Tino Schwierzina zum neuen Oberbürgermeister gewählt. SPD und CDU stellen gemeinsam die neue Stadtregierung.

31 Do Die DDR-Volkskammer beschließt, das Vermögen aller Parteien und Massenorganisationen von einer Treuhandkommission verwalten zu lassen.

6. Juni 1990

Stasi deckte RAF-Terroristen

Die Polizei verhaftet in Ost-Berlin die mutmaßliche Terroristin Susanne Albrecht. Das Mitglied der Rote Armee Fraktion (RAF) hatte dort zehn Jahre unter falschem Namen gelebt und als Chemielaborantin gearbeitet. Durch den Fall Albrecht werden zahlreiche Verbindungen zwischen der Stasi und der RAF aufgedeckt. Susanne Albrecht, der u.a. der Mordanschlag auf den Bankier Jürgen Ponto 1977 zur Last gelegt wird, konnte sich mit Hilfe des Staatssicherheitsdienstes der DDR eine neue Existenz im Osten aufbauen. Bis zum Monatsende verhaften die Sicherheitsbehörden neun weitere mutmaßliche Ex-Terroristen, darunter Inge Viett, Werner Lotze, Sigrid Sternebeck und Silke Maier-Witt (Abb.: Fahndungsfotos). Zahlreiche aussteigewillige RAF-Mitglieder wurden von dem DDR-Überwachungsapparat mit einer neuen Identität ausgestattet. Die Stasi unternahm auch die Ausbildung von RAF-Aktivisten an der Waffe.

4. Mai 1990

35-Stunden-Marke erreicht

Nach jahrelangem Tauziehen kann die Gewerkschaft IG Metall ihr Traumziel, die 35-Stunden-Woche, durchsetzen. Vorausgegangen waren Verhandlungen zwischen Gewerkschaftern und Arbeitgebern im Tarifgebiet Nordwürttemberg-Nordbaden. Die Arbeitszeitverkürzung soll in mehreren Stufen durchgeführt werden. Die zur Zeit vorgegebenen 37 Stunden reduzieren sich laut Plan im April 1993 auf 36. 1995 soll die 35-Stunden-Woche eingeführt werden. Der neue Tarifvertrag sieht zudem eine Lohnerhöhung um

6% vor. Die Verhandlungen zwischen den Tarifpartnern hatten sich über drei Monate hingezogen. IG-Metall-Bezirkschef Walter Riester gelang es, einen Streik (Abb.: Kundgebung) abzuwenden. Die Arbeitgeber handelten für den Kompromiss jedoch eine Flexibilisierung der Arbeitszeit aus: 18% der Belegschaft können freiwillig bis zu 40 Wochenstunden arbeiten.

9. Juni 1990

Mehrheit für Havel

In der Tschechoslowakei finden die ersten freien Wahlen statt. Präsident Václav Havel und seine Partei »Bürgerforum« können die meisten Stimmen auf sich vereinigen. Zusammen mit der Schwesterpartei »Öffentlichkeit gegen Gewalt« erhält das Bürgerforum 170 von 300 Mandaten. Die Kommunisten stellen 47 Abgeordnete.

Zum Ministerpräsidenten ernennt Havel am 27. Juni den bisherigen Amtsinhaber Marian Kalfa, der sein Kabinett aus den beiden Bürgerrechtsparteien und der »Christlich-demokratischen Bewegung« zusammenstellt. Havel, international geachteter Dichter und ehemaliger Dissident, wird am 5. Juli für weitere zwei Jahre in seinem Amt bestätigt. Mit dem Fall des Kommunismus in Osteuropa übernahmen in vielen Ländern ehemalige Regimegegner die politische Führung. Wie nirgendwo sonst aber haben in der Tschechoslowakei die früheren Dissidenten – neben Havel etwa Außenminister Jiří Dienstbier und Parlamentspräsident Alexander Dubček, die Symbolfigur des »Prager Frühlings« – Schlüsselpositionen inne. Mit der innenpolitischen Liberalisierung wird jedoch eine Spaltung des Landes in einen slowakischen und einen tschechischen Landesteil immer wahrscheinlicher.

5. Mai 1990

2+4-Gespräche für die Einheit

In Bonn treffen die Außenminister der beiden deutschen Staaten und der vier Siegermächte des Zweiten Weltkriegs zu Gesprächen zusammen. Verhandlungsthema sind die deutsche Einheit

und die daraus resultierenden außenpolitischen Konsequenzen. Durch die Vereinigung müssen die Rechte der Alliierten neu definiert werden. Von internationalem Interesse ist außerdem die Frage nach den Grenzen und der Bündniszugehörigkeit Gesamtdeutschlands.

Besonders die Position von Eduard Schewardnadse ist für den Ausgang der Verhandlungen entscheidend. Zwar stimmt er einer raschen Vereinigung Deutschlands zu, sperrt sich aber gegen eine Vollmitgliedschaft des geeinten Landes in der NATO. Schewardnadse befürchtet eine Verschiebung des europäischen Kräfteverhältnisses zugunsten des Westens. Die Gespräche bilden nur den Auftakt zu weiteren Treffen in den kommenden Monaten. Erst am 12. September können in Moskau die Zwei-plus-Vier-Gespräche erfolgreich abgeschlossen werden (Abb. v.l.: James Baker (USA), Eduard Schewardnadse (UdSSR), Markus Meckel (DDR), Hans-Dietrich Genscher (Bundesrepublik Deutschland), Douglas Hurd (Großbritannien) und Roland Dumas (Frankreich).

29. Mai 1990

Jelzin wird Präsident

Kremlchef Michail S. Gorbatschow erhält einen mächtigen Gegenspieler: Der russische Volkskongress wählt den Radikalreformer Boris Jelzin zum Parlamentspräsidenten und damit zum russischen Präsidenten. An der Spitze der größten und wirtschaftlich stärksten der 15 Teilrepubliken der Sowjetunion steht nunmehr der entschiedenste Kritiker Gorbatschows. Von der Kooperationsbereitschaft der beiden Männer wird das Schicksal der Perestroika abhängen.

Russlands Präsident Jelzin beim Amtseid

Dass die Zentrifugalkräfte im Sowjetreich zunehmen und Gorbatschow einen erheblichen Teil seines Einflusses verliert, zeigt sich am 12. Juni: Russland – im Besitz von über 80% der sowjetischen Bodenschätze – erklärt sich für souverän. Boris Jelzin kündigt bilaterale Verträge mit den bereits aus dem sowjetischen Staatsverband ausgeschiedenen baltischen Staaten Litauen, Lettland und Estland an. Im Verlauf des Jahres erklären sich alle Sowjetrepubliken für souverän oder beschließen, sowjetisches Recht auf ihrem Territorium außer Kraft zu setzen. Gorbatschows Standpunkt zur Loslösungspolitik der Teilrepubliken ist differenziert. Er begrüßt zwar die Souveränitätserklärungen als »eine der wichtigen Errungenschaften der Perestroika«, warnt aber vor zerstörerischen Begleiterscheinungen. Möglichst bald soll ein überarbeiteter Unionsvertrag auf der Grundlage einer neuen Union entstehen.
Das Verhältnis Jelzins zu Gorbatschow – zu Beginn der Perestroika galten beide noch als Verbündete – kühlte merklich ab, als Jelzin radikalere Demokratisierungsschritte anmahnte. Seine Attacken gegen die konservativen »Perestroika-Bremser« um Gorbatschow-Stellvertreter Jegor Ligatschow kosteten ihn im Oktober 1987 alle hohen Parteiämter. Zu seinem politischen Comeback – gegen den Willen Gorbatschows – verhalf Jelzin seine Popularität in der Hauptstadt Moskau. Mit fast 90% der Stimmen wählten ihn die Moskowiter in den sowjetischen Volksdeputiertenkongress. Am 12. Juli erklärt Boris Jelzin auf dem Parteitag der KPdSU seinen Austritt aus der Partei.

15. Mai 1990

Sonderfonds Deutsche Einheit

Um den Aufbau im Osten zu unterstützen, stellt die Bundesregierung der DDR 115 Mrd. DM zur Verfügung. Das Geld soll in einem Sonderfonds »Deutsche Einheit« vom 1. Juli 1990 bis zum 31. Dezember 1994 verfügbar sein. Die Vereinbarung ist das Ergebnis einer langwierigen Debatte zwischen Bund und Ländern. Schon bald zeigt sich, dass die Mittel für den Aufbau der zusammengebrochenen DDR-Wirtschaft nicht ausreichen.

22. Mai 1990

Jemenitische Staaten vereinigt

Die Demokratische Volksrepublik Jemen und die Arabische Republik Jemen vereinigen sich zu einem Staat. Damit sind die Streitigkeiten zwischen dem sozialistisch regierten Süden und dem islamischen Norden beigelegt. Präsident wird das bisherige Staatsoberhaupt des Nordjemen, Ali Abdullah Salih. Der Zusammenschluss kam zustande, weil die Sowjetunion ihre Wirtschaftshilfe für den Süden gekürzt und dadurch eine Wirtschaftskrise ausgelöst hatte. Zudem stimmte auch der mächtige Nachbar Saudi-Arabien der Vereinigung zu.

9. Mai 1990

Italiens Kicker räumen ab

Zum ersten Mal in der Fußballgeschichte gehen alle drei europäischen Cup-Wettbewerbe an Fußballmannschaften aus Italien. Zunächst schlägt Sampdoria Genua den belgischen Club RSC Anderlecht mit 2:0 und gewinnt den Europapokal der Pokalsieger. Am 16. Mai triumphiert Juventus Turin im Finale des UEFA-Cups mit 3:1 über den AC Florenz (Abb.: Roberto Baggio, Star des AC Florenz). Schließlich gewinnt der AC Mailand am 23. Mai durch ein 1:0 über den portugiesischen Vertreter Benfica Lissabon den Europapokal der Landesmeister.

Juni 1990

1 Fr Der Bonner Bundestag ändert das Außenwirtschaftsgesetz, um den Export von Kriegsmaterial und Waffen zu erschweren bzw. zu verbieten.

2 Sa In Dortmund wird ein Offizier der britischen Rheinarmee erschossen. Kurz darauf bekennt sich die nordirische Untergrundorganisation IRA zu dem Attentat.

3 So In Washington einigen sich US-Präsident George Bush und Kreml-Chef Michael S. Gorbatschow auf eine Reduzierung strategischer Atomwaffen um 30%.

4 Mo In Italien scheitert ein Referendum gegen den Einsatz von Pestiziden in der Landwirtschaft an der geringen Beteiligung von nur 43% der Wahlberechtigten.

5 Di Der Internationale Tennis-Verband zeichnet Steffi Graf und Boris Becker mit dem Titel »Tennis-Weltmeister 1989« aus.

6 Mi Gianni Bugno, italienischer Radrennfahrer, gewinnt die letzte Etappe des Giro d'Italia und belegt in der Gesamtwertung den ersten Platz. → Stasi

7 Do Die sieben Mitgliedsstaaten des Warschauer Paktes vereinbaren in Moskau die schrittweise Umwandlung des Paktes in ein rein politisches Bündnis.

8 Fr In Israel vereinbaren der konservative Likud-Block und religiöse Splittergruppen eine Koalitionsregierung. Ihr Ziel ist u.a. der Ausbau von Siedlungen.

9 Sa Nach einer Explosion gerät der vor der texanischen Küste liegende norwegische Tanker »Mega Borg« in Brand und verliert 14 000 t Rohöl. → Havel

10 So Beim zweiten Wahlgang um die Präsidentschaft in Peru setzt sich der unabhängige Alberto Fujimori gegen den Schriftsteller Mario Vargas Llosa durch.

11 Mo John Poindexter, Ex-Sicherheitsberater von Ronald Reagan, wird wegen seiner Verwicklung in die Iran-Contra-Affäre zu sechs Monaten Haft verurteilt.

12 Di Erstmals seit 42 Jahren tagen die beiden Stadtregierungen von Ost- und West-Berlin gemeinsam. Sie sprechen sich für eine rasche Wiedervereinigung aus.

13 Mi Der badische Unternehmer Jürgen Hippenstiehl-Imhausen gibt vor Gericht zu, am Bau der Chemiefabrik im libyschen Rabta beteiligt gewesen zu sein.

14 Do Bei Auseinandersetzungen zwischen Sicherheitskräften und Oppositionellen kommen in der rumänischen Hauptstadt Bukarest sechs Menschen ums Leben.

15 Fr Die beiden deutschen Regierungen geben bekannt, dass zwischen 1945 und 49 erfolgte Enteignungen in der Sowjetzone nicht rückgängig gemacht werden.

16 Sa Rund 10 000 Menschen demonstrieren in Bonn für die Streichung des Paragrafen 218 und ein neues, gesamtdeutsches Abtreibungsrecht.

17 So Bei den bulgarischen Parlamentswahlen erhält die frühere Kommunistische und jetzige Sozialistische Partei mit 53% die absolute Mehrheit.

18 Mo Die DDR-Volkskammer lässt die Privatisierung der Volkseigenen Betriebe und Kombinate zu. Eine sog. Treuhandanstalt soll die Umformung organisieren.

19 Di In der luxemburgischen Stadt Schengen vereinbaren die Bundesrepublik, Frankreich und die Benelux-Staaten den Wegfall der Grenzkontrollen ab 1992.

20 Mi Ion Iliescu wird als neuer Staatspräsident Rumäniens vereidigt. +++ Die ehemalige Sowjetrepublik Usbekistan erklärt sich für souverän.

21 Do Ein schweres Erdbeben im Nordwesten des Iran fordert mindestens 40 000 Todesopfer. Das Land akzeptiert westliche Hilfeleistungen.

22 Fr Der alliierte Kontrollpunkt »Checkpoint Charlie« – berühmtes Symbol des Kalten Kriegs im geteilten Berlin – wird abgebaut.

23 Sa In Kanada scheitert eine Verfassungsänderung, die der französischsprachigen Provinz Québec eine Sonderstellung verschaffen sollte.

24 So Als Reaktion auf die Kritik Belgiens an der Ermordung Oppositioneller lässt Zaires Staatschef Mobuto die belgischen Konsulate in seinem Land schließen.

25 Mo Auf Grund massiver Preiserhöhungen brechen in der sambischen Hauptstadt Lusaka schwere Unruhen aus, in deren Verlauf mehr als 30 Menschen sterben.

26 Di Für umgerechnet 38,5 Mio. DM versteigert das Londoner Aktionshaus Christie's das Gemälde »Les Tuileries« von Pablo Picasso .

27 Mi Die bundesdeutsche Versicherungsgesellschaft Allianz AG übernimmt 51% des bisherigen DDR-Monopolunternehmens Deutsche Versicherungs AG.

28 Do Nach einem Urteil des Europäischen Gerichtshofs muss die Bundesregierung auf Straßenbenutzungsgebühren für ausländische Lkw verzichten.

29 Fr Umweltminister aus 89 Nationen einigen sich in London darauf, die Produktion des Ozon-Killers FCKW bis zum Jahr 2000 zu stoppen.

30 Sa Im Sudan beschließt Staatschef Omar Hassan Ahmad al Baschir, das islamische Gesetzbuch, die Scharia, als Grundlage für die Gesetzgebung zu verwenden.

Juli 1990

1 So Die Deutsche Bundespost gibt ihr Monopol für den Verkauf und die Vermietung von Telefonen auf und öffnet so den Markt für private Anbieter. → DM

2 Mo 1426 moslemische Pilger kommen in Mekka (Saudi-Arabien) ums Leben, als ein Stromausfall in einem Fußgängertunnel eine Panik auslöst.

3 Di Mit der Flucht in ausländische Botschaften versuchen rund 5000 Albaner, ihre Ausreise aus der letzten kommunistischen Diktatur Europas zu erzwingen.

4 Mi In Griechenland richtet sich ein 24-stündiger Generalstreik gegen die Wirtschaftspolitik der neuen, konservativen Regierung.

5 Do Der NATO-Gipfel in London erklärt den Kalten Krieg für beendet. Das Bündnis betont für die Zukunft seine defensiven Absichten.

6 Fr In Ost-Berlin beginnen die Verhandlungen über den zweiten deutsch-deutschen Staatsvertrag. Er soll die rechtlichen Aspekte der Vereinigung festlegen.

7 Sa Anlässlich der Fußballweltmeisterschaft treten die drei Star-Tenöre José Carreras, Placido Domingo und Luciano Pavarotti in Rom erstmals gemeinsam auf.

8 So Titelverteidiger Boris Becker unterliegt im Endspiel der offenen Tennismeisterschaften von England in Wimbledon dem Schweden Stefan Edberg. → Weltmeister

9 Mo In Kubas Hauptstadt Havanna dringen 14 Oppositionelle in die tschechoslowakische Botschaft ein und verlangen die Erlaubnis zur Ausreise.

10 Di Der frühere Spionagechef des DDR-Geheimdienstes, Markus Wolf, fordert nach der Vereinigung Straffreiheit für die ehemaligen Agenten seines Dienstes.

11 Mi Wegen Einsturzgefahr muss die Inntal-Autobahnbrücke bei Kufstein, Teil der wichtigsten Verkehrsverbindung über die Alpen, gesperrt werden.

12 Do Während des Parteitages der KPdSU in Moskau tritt der zum russischen Präsidenten gewählte Radikalreformer Boris Jelzin aus der Partei aus.

13 Fr Das Bundeskabinett beschließt eine Verkürzung der Wehrdienstzeit von 15 auf zwölf und der Zivildienstzeit von 20 auf 15 Monate.

14 Sa Nach seiner Aufsehen erregenden Kritik an Deutschland und der EG muss der britische Handelsminister Nicolas Ridley zurücktreten.

15 So In seiner Münchener Wohnung wird der bekannte bayerische Volksschauspieler Walter Sedlmayr nach einem Gewaltverbrechen tot aufgefunden.

16 Mo Bei der schwersten Erdbebenkatastrophe seit 22 Jahren kommen im Norden der Philippinen über 1600 Menschen ums Leben. → Grünes Licht

17 Di Das Parlament Zaïres billigt die Zulassung weiterer Parteien und stimmt damit einer weiteren Demokratisierung des afrikanischen Landes zu.

18 Mi Als erste Mitgliedsstaaten des Warschauer Paktes nehmen Ungarn und die Sowjetunion diplomatische Beziehungen zur NATO auf.

19 Do Der Deutsche Fußballbund (DFB) und der Deutsche Fußballverband der DDR beschließen in Frankfurt am Main ihre Vereinigung.

20 Fr Über 50 000 Rekruten der Nationalen Volksarmee legen in der DDR erstmals einen Fahneneid ab, der sie nicht zur Verteidigung des Sozialismus verpflichtet.

21 Sa In der südkoreanischen Hauptstadt Seoul demonstrieren 300 000 Menschen gegen die Regierung. Dabei brechen schwere Krawalle aus. → »The Wall«

22 So Nach monatelangem Ringen wandelt die Volkskammer die bisherigen 14 DDR-Bezirke in fünf neue Länder um.

23 Mo Bundestagspräsidentin Rita Süssmuth schlägt vor, Beratungen einzuführen, nach deren Inanspruchnahme eine Abtreibung bis zum dritten Monat straffrei wäre.

24 Di Temperaturen von mehr als 32 °C stehen am Beginn einer wochenlangen Hitzewelle. Meteorologen sprechen von einem »Jahrhundertsommer«. → DDR

25 Mi Mehr als 100 000 Serben der kroatischen Krajina fordern auf einer Kundgebung Autonomie für die serbische Minderheit des Landes.

26 Do Die General-Staatsanwaltschaft der DDR lässt den ehemaligen Stasi-Chef Erich Mielke verhaften. Er soll RAF-Terroristen Unterschlupf gewährt haben.

27 Fr Hans Neusel, Staatssekretär im Bonner Innenministerium, wird bei einem RAF-Bombenattentat auf seinen Dienstwagen leicht verletzt.

28 Sa In Polen spaltet sich die überwiegend von Intellektuellen getragene »Bürgerbewegung für demokratische Aktion« von der Gewerkschaft »Solidarität« ab.

29 So Die US-Armee beginnt im rheinland-pfälzischen Clausen mit der Aktion »Lindwurm«, dem Abtransport ihrer dort stationierten Chemiewaffen.

30 Mo Regierungstruppen richten im liberianischen Bürgerkrieg ein Massaker an. Sie ermorden in einer Kirche der Hauptstadt Monrovia 600 Menschen.

31 Di Fußballmeister FC Bayern München gewinnt den DFB-Supercup. Pokalsieger 1. FC Kaiserslautern muss sich mit 1:4 geschlagen geben.

21. Juli 1990

»The Wall« begeistert Berlin

Im Verlauf eines gigantischen Rock-Spektakels auf dem Potsdamer Platz in Berlin bringt Roger Waters von der britischen Rockgruppe »Pink Floyd« die Mauer symbolisch ein zweites Mal zum Einsturz. 320 000 Menschen strömen zu dem Großereignis, 1 Mrd. verfolgt die Show vor dem Fernsehbildschirm. Roger Waters, ehemals Kopf von Pink Floyd, ist der Komponist des Kultstückes. Nach der letzten Aufführung 1981 hatte Waters erklärt, »The Wall« werde erst wieder auf die Bühne kommen, wenn die Berliner Mauer gefallen sei. Das Pop-Opus von 1979 erzählt die Geschichte des Rockmusikers Pink und seines Kampfes gegen die autoritäre Welt aus Familie, Schule und Staat. U.a. treten Van Morrison, Joni Mitchell, Ute Lemper und die »Scorpions« auf.

24. Juli 1990

Regierungskrise in der DDR

In Ost-Berlin führen Unstimmigkeiten zwischen den Regierungsparteien zum Bruch der Großen Koalition. Die Kontroversen begannen mit den Beratungen über den Einigungsvertrag. Ministerpräsident Lothar de Maizière (CDU) plädiert für einen Beitritt zur Bundesrepublik nach den ersten freien Wahlen, die mit getrennten Sperrklauseln durchgeführt werden sollen, um den kleinen Ost-Parteien den Einzug in den Bundestag zu ermöglichen. Der Bund Freier Demokraten (BFD) fordert wegen der schlechten wirtschaftlichen Lage den sofortigen Anschluss und verlässt die Koalition wegen unüberwindbarer Gegensätze. Nachdem de Maizière im August mehrere Minister u.a. wegen »Unfähigkeit« entlässt, verlassen auch die Sozialdemokraten die Regierung.

1. Juli 1990

DM für alle Deutschen

Der Staatsvertrag über die Wirtschafts-, Währungs- und Sozialunion zwischen der Bundesrepublik und der DDR tritt in Kraft. Augenfälligstes Merkmal: Die Westwährung »Deutsche Mark« wird als neues Zahlungsmittel in der DDR eingeführt. Damit endet die geteilte Währungsgeschichte der beiden deutschen Staaten, die 1948 begann. Bereits in der Nacht warten 10 000 Menschen auf die Öffnung der Deutschen Bank am Alexanderplatz in Ost-Berlin, die ab Mitternacht als erste Filiale DDR-Mark in DM eintauscht (s. Abb. r.). Am Tag der Umstellung heben DDR-Bürger rd. 3,4 Mrd. DM ab.

Am folgenden Tag, einem Montag, sind die Auswirkungen des deutsch-deutschen Staatsvertrages in den Auslagen der Konsumläden zu besichtigen. DDR-Produkte sind kaum noch zu finden, stattdessen füllen Waren aus dem Westen die Regale. Dafür müssen die Käufer teilweise erhebliche Preissteigerungen hinnehmen. Der ostdeutschen Wirtschaft bläst von nun an der kapitalistische Wind der Marktwirtschaft scharf entgegen. Die Betriebe mit ihrer vergleichsweise geringen Produktivität fallen der Konkurrenz aus dem Westen reihenweise zum Opfer. Zudem bricht der osteuropäische Markt für die DDR-Betriebe über Nacht zusammen, da die Ostblock-Volkswirtschaften kaum über ausreichend westliche Devisen verfügen. So geht die Produktion der Industriebetriebe in der DDR im 2. Halbjahr 1990 um 57,7% zurück.

Auch die DDR-Landwirtschaft leidet unter den neuen Verhältnissen, da selbst Produkte wie Butter und Obst aus heimischer Erzeugung in den Regalen liegen bleiben.

Löhne, Gehälter, Renten, Mieten, Pachten und Stipendien werden im Verhältnis eins zu eins umgestellt, ebenso wie Guthaben bis zu bestimmten Höchstgrenzen: Für Kinder bis zum 14. Lebensjahr können 2000 Mark im Verhältnis eins zu eins umgetauscht werden. Personen vom 15. bis zum 59. Lebensjahr dürfen 4000 Mark, ab dem 60. Lebensjahr 6000 Mark umtauschen. Mit der Wirtschaftsunion schafft die DDR die Grundlagen für die Marktwirtschaft: Privateigentum, Gewerbefreiheit und freie Preisbildung. Im Rahmen der Sozialunion führt die DDR u.a. eine Renten-, Kranken-, Arbeitslosen- und Unfallversicherung ein.

8. Juli 1990

Weltmeister Deutschland

In Rom besiegt die deutsche Fußball-Nationalelf (s. Abb.) im Endspiel um die 14. Weltmeisterschaft den zweimaligen Titelträger Argentinien mit 1:0. Damit ist Deutschland 16 Jahre nach dem letzten Titelgewinn 1974 in München zum dritten Mal Fußballweltmeister. Den Verlauf der Begegnung prägen – wie in den letzten Jahren üblich – weniger spielerische Elemente als taktisches Kalkül und Kampfkraft.
Entsprechend zeigen die Finalgegner vor rd. 73 000 Zuschauern im Olympiastadion in Rom eine eher mäßige Partie. Den Siegtreffer erzielt Andreas Brehme durch einen Elfmeter erst fünf Minuten vor Abpfiff des Spiels. Der Schiedsrichter hatte nach einem umstrittenen Foul an dem deutschen Mittelstürmer Rudi Völler auf Strafstoß entschieden. Mit dem Sieg seiner Mannschaft beendet Teamchef Franz Beckenbauer seine Tätigkeit als Natio-

naltrainer. Er gibt sein Amt an Berti Vogts ab und wechselt als Technischer Direktor zu Olympique Marseille. Der Ausgang des Turniers ist ein schwerer Schlag für den italienischen Fußball. Die Gastgeber wurden im Vorfeld als Favoriten gehandelt, scheiterten aber im Halbfinale im Elfmeterschießen an Argentinien. Den dritten Platz empfinden die italienischen Fans als bittere Niederlage. Die Tatsache, dass Italiens Stürmer Salvatore Schillaci mit sechs Treffern Torschützenkönig wird, mildert die Enttäuschung kaum. Mit ihrem erfrischenden Offensiv-Fußball wurde die Mannschaft aus Kamerun zum Liebling der Zuschauer, scheiterte aber im Viertelfinale an England.

Franz Beckenbauer

deutscher Fußballspieler und Trainer, * 11.9.1945 München

Als offensiv ausgerichteter Libero zählte der Spieler des FC Bayern München – u.a. als Kapitän der deutschen Weltmeistermannschaft von 1974 – in den sechziger und siebziger Jahren zu den weltbesten Fußballern. Zu seinen Erfolgen zählen fünf nationale Titel und vier Siege im Europapokal. Nach Abschluss seiner aktiven Karriere führte er als Teamchef die deutsche Mannschaft 1990 erneut zu Weltmeisterehren. Der von vielen als »Lichtgestalt des deutschen Fußballs« oder schlicht als »Kaiser« apostrophierte Beckenbauer leitet seit 1994 als Präsident die Geschicke des FC Bayern München.

- 1977: Wechsel in die USA zu Cosmos New York
- 1982: Deutscher Meister mit dem Hamburger SV
- 1984-90 Teamchef der dt. Nationalmannschaft

2. August 1990

Irak überfällt Kuwait

Truppen des irakischen Diktators Saddam Hussein fallen in das Emirat Kuwait ein und besetzen den Nachbarstaat. Den technisch hervorragend

ausgerüsteten und zahlenmäßig überlegenen Irakern haben die Verteidiger nichts entgegenzusetzen (Abb.: Irakische Panzer). Innerhalb von sieben Stunden befindet sich das Land unter der Kontrolle Saddam Husseins. Als Motiv für den Überfall gelten der Ölreichtum des Emirats sowie historische Ansprüche, da Kuwait zur Zeit des Osmanischen Reiches zum Irak gehörte. Ferner will sich die Regierung in Bagdad über Kuwait einen direkten Zugang zum Persischen Golf sichern. Der Überfall wird weltweit kritisiert. In New York tritt der UN-Sicherheitsrat zusammen und verurteilt die Invasion als »Bruch des Weltfriedens«.

16. Juli 1990

Grünes Licht von Gorbatschow

Der sowjetische Staats- und Parteichef Michail S. Gorbatschow und Bundeskanzler Helmut Kohl geben zum Abschluss ihres Treffens in Schelesnowodsk im Kaukasus die Ergebnisse ihrer Gespräche bekannt (Abb., sitzend, v.l.: Bundesaußenminister Hans-Dietrich Genscher, Gorbatschow, Kohl). Gorbatschow erklärt, die Sowjetunion billige Deutschland die volle Souveränität zu. Damit ende für ihn die Kontrollfunktion und die Präsenz

der Alliierten des Zweiten Weltkriegs im vereinigten Deutschland. Als souveräner Staat habe Deutschland auch selbstständig über die Frage seiner Bündniszugehörigkeit zu entscheiden. Wenige Monate zuvor hatte dieser Punkt bei den in Bonn geführten sog. Zwei-Plus-Vier-Gesprächen der deutschen und alliierten Außenminister noch zu Kontroversen geführt. Einen Beitritt Gesamtdeutschlands zur NATO lehnte der sowjetische Außenminister Eduard Schewardnadse damals ab. Als Gegenleistung für die umfangreichen Zugeständnisse Gorbatschows sichert der Bundeskanzler die Reduzierung der Bundeswehr auf eine Personalstärke von 370 000 Mann und verstärkte wirtschaftliche Zusammenarbeit zu.

August 1990

1 Mi Das bulgarische Parlament wählt den Oppositionspolitiker Schelju Schelew im sechsten Wahlgang zum neuen Staatspräsidenten.

2 Do Eine Bilanz der Behörden auf Sri Lanka gibt die Zahl der Opfer der seit Juni eskalierenden Unruhen unter Tamilen und Moslems mit rd. 1600 an. → Kuwait

3 Fr Bundesinnenminister Wolfgang Schäuble und DDR-Staatssekretär Günther Krause unterzeichnen den Wahlvertrag für die ersten gesamtdeutschen Wahlen.

4 Sa Erstmals seit dem Ende des Zweiten Weltkriegs landet wieder ein Flugzeug der Lufthansa auf dem Ostberliner Flughafen Schönefeld.

5 So Bei den Weltmeisterschaften in Stockholm erreicht die deutsche Dressurreiterin Nicole Uphoff die höchste Wertung, die je vergeben wurde (1569 Punkte).

6 Mo Pakistans Staatspräsident Ghulam Ishaq Khan entlässt Ministerpräsidentin Benazir Bhutto unter dem Vorwurf der Bestechlichkeit .

7 Di Bei einem Staatsbegräbnis nehmen zehntausende Menschen in Wien Abschied von dem verstorbenen österreichischen Ex-Bundeskanzler Bruno Kreisky.

8 Mi US-Präsident George Bush kündigt die Entsendung von Truppen nach Saudi-Arabien an, um den Öl-Staat gegen eine irakische Invasion zu schützen.

9 Do Nach der Ankündigung eines wirtschaftlichen Notprogramms und Preiserhöhungen brechen in Peru schwere Unruhen mit zahlreichen Plünderungen aus.

10 Fr Der irakische Präsident Saddam Hussein ruft alle Moslems dazu auf, die heiligen Stätten des Islam in Saudi-Arabien gegen die USA zu verteidigen.

11 Sa Beim 43. Filmfestival in Locarno gewinnt »Zukunftswalzer«, ein Film der sowjetischen Regisseurin Swetlana Proskurina, den »Goldenen Leoparden«.

12 So In Johannesburg (Südafrika) kommt es zu schweren Zusammenstößen zwischen Anhängern der Schwarzenorganisationen ANC und Inkatha.

13 Mo Kremlchef Michail S. Gorbatschow rehabilitiert alle Bürger, die in der Stalin-Zeit zwischen den zwanziger und den fünziger Jahren verfolgt wurden.

14 Di 800 Amazonas-Indianer marschieren über die Anden, um von den bolivianischen Behörden in La Paz die Rückgabe gestohlenen Landes zu fordern.

15 Mi Völlig überraschend entlässt DDR-Ministerpräsident Lothar de Maizière (CDU) Finanzminister Walter Romberg (SPD) aus seinem Amt.

16 Do Der französische Finanzmakler Bernard Tapie, Manager des Fußballklubs Olympique Marseille, übernimmt den deutschen Sportartikelhersteller adidas AG.

17 Fr Um die Wirtschaftssanktionen der UNO durchzusetzen, verhängt US-Präsident George Bush im Golfgebiet eine Seeblockade gegen den Irak.

18 Sa In Sambia demonstrieren bei der bislang größten Kundgebung der Opposition ca. 50 000 Menschen für die Einführung eines Mehrparteiensystems.

19 So Die Volksdeputierten der kaukasischen Volksgruppe rufen auf einem Kongress eine eigene Sowjetrepublik aus. Moldawien lehnt diese Erklärung ab.

20 Mo Nach nur fünfwöchiger Amtstätigkeit tritt der Präsident der DDR-Treuhandanstalt, Rainer Gohlke, zurück. Sein Nachfolger wird Detlef Rohwedder.

21 Di Im Libanon beschließt das Parlament Reformen, die künftig eine gleichmäßige Machtverteilung zwischen Christen und Moslems garantieren sollen.

22 Mi Jordanien schließt seine Grenzen zum Irak, nachdem ca. 200 000 Flüchtlinge aus Kuwait und dem Irak im Land Zuflucht gesucht haben.

23 Do In Rumänien erklären führende Politiker, der Sturz des Diktators Nicolae Ceausescu im Dezember 1989 sei von Parteifunktionären lange vorbereitet gewesen.

24 Fr Italien schließt seine Grenzen zu Österreich für den Schwerlastverkehr und reagiert damit auf ein entsprechendes Vorgehen im Bundesland Vorarlberg.

25 Sa Eine Friedenstruppe aus fünf westafrikanischen Ländern landet in Liberia. Sie soll den Bürgerkrieg zwischen der Regierung und den Rebellen beenden.

26 So Beim bislang schwersten Grubenunglück in der Geschichte Jugoslawiens kommen in der Nähe der Stadt Tuszla 180 Menschen ums Leben.

27 Mo Nach Ankündigung von Verteidigungsminister Gerhard Stoltenberg stellt die Bundeswehr ab September ihre Flüge unterhalb von 300 m Höhe ein.

28 Di Die fünf ständigen Mitglieder des Weltsicherheitsrates in New York einigen sich auf einen Sicherheitsplan für Kambodscha.

29 Mi 13 Menschen sterben beim Absturz eines US-Transportflugzeugs bei Ramstein. +++ Der Belgier Rudi Dhaenens wird Weltmeister im Bahnradfahren.

30 Do Bei den Wiener Abrüstungsverhandlungen legen die deutschen Vertreter die Stärke einer gesamtdeutschen Armee auf 370 000 Soldaten fest.

31 Fr In Ost-Berlin unterzeichnen DDR-Staatssekretär Günther Krause und Bundesinnenminister Wolfgang Schäuble den sog. Einigungsvertrag.

September 1990

1	Sa	In Split endet die Leichtathletik-Europameisterschaft. Die DDR wird erfolgreichstes Team. Letztmals haben zwei getrennte deutsche Teams teilgenommen.
2	So	Auf dem 8. Weltkongress für Kinderschutz in Hamburg beklagen die Delegierten die Zunahme von Kinderarbeit und Kindesmissbrauch.
3	Mo	Wegen Kontroversen über die Rolle der arabischen Staaten im Golfkonflikt tritt Chedli Klibi, Generalsekretär der Arabischen Liga, zurück.
4	Di	17 Jahre nach seinem Tod beim Militärputsch 1973 erhält der ehemalige chilenische Staatspräsident Salvador Allende ein offizielles Staatsbegräbnis.
5	Mi	Nach einer Entscheidung des Bundesgerichtshofs in Karlsruhe kann der sog. genetische Fingerabdruck in Prozessen als Beweismittel verwendet werden.
6	Do	Franz Beckenbauer, Teamchef der deutschen Weltmeisterelf, wechselt als Technischer Direktor zum französischen Fußballklub Olympique Marseille.
7	Fr	Ohne konkrete Ergebnisse endet das erste, als historisch eingestufte Treffen der Regierungschefs von Nord- und Südkorea in Seoul.
8	Sa	Der DDR-Jugendsender DT 64 sendet nach Protesten aus der Bevölkerung wieder auf der gewohnten Frequenz. Kurzzeitig hatte der RIAS die Frequenz inne.
9	So	Im liberianischen Bürgerkrieg nimmt Rebellenführer Prince Johnson Staatspräsident Samuel Kanyon Doe gefangen. Doe kommt ums Leben.
10	Mo	Papst Johannes Paul II. weiht am letzten Tag seiner Pastoralreise durch Afrika in Yamoussoukro (Elfenbeinküste) die größte Basilika des Kontinents ein.
11	Di	DDR-Verteidigungsminister Rainer Eppelmann teilt mit, dass der militärische Geheimdienst der DDR seine Akten vernichten werde.
12	Mi	Laut »amnesty international« starben durch die seit Beginn des Jahres in China durchgeführte Hinrichtungsserie 500 Menschen. → Zwei plus Vier
13	Do	Die Diäten der Abgeordneten werden nach einem Beschluss des Bundestags rückwirkend zum 1. Juni um 4,8% angehoben.
14	Fr	Irakische Soldaten verschleppen mehrere Personen aus der französischen Botschaft in Kuwait, darunter auch den Militärattaché.
15	Sa	Mit der Unterzeichnung der »Pariser Erklärung« im Zuge einer UNO-Konferenz wollen die Industriestaaten ihre Entwicklungshilfe-Aufwändungen erhöhen.
16	So	200 000 Menschen fordern bei einer Demonstration in Moskau den schnellen Übergang von der sozialistischen Plan- zur Marktwirtschaft.
17	Mo	Die Vollversammlung des Olympischen Komitees streicht bei seiner Konferenz in Tokio das bisherige offizielle Teilnahmeverbot für Profi-Sportler.
18	Di	Das Bundesverfassungsgericht verwirft die von der CDU angestrengte Klage gegen die Festlegung der Oder-Neiße-Linie als polnische Westgrenze.
19	Mi	Wegen Asbestverseuchung schließt die Ostberliner Bezirkshygiene-Inspektion den »Palast der Republik«, das Parlamentsgebäude der Volkskammer.
20	Do	Die irakische Regierung reagiert auf ein entsprechendes Vorgehen der EG und weist ihrerseits die Militärattachés der EG-Staaten aus. → Einigungsvertrag
21	Fr	Mit einer Revolte wollen die Gefangenen der Haftanstalt Brandenburg eine allgemeine Amnestie in der gesamten DDR durchsetzen.
22	Sa	Zwei US-Frachter mit 400 t Giftgas aus dem pfälzischen Clausen verlassen Nordenham und bringen die brisante Ladung zum Johnston-Atoll im Pazifik.
23	So	Bei einer Volksabstimmung in der Schweiz sprechen sich 55% der Teilnehmer für einen zehnjährigen Stopp beim Ausbau der Kernenergie aus.
24	Mo	Erstmals seit 30 Jahren beteiligen sich die katholischen Oberhirten der DDR an der traditionellen Herbstversammlung der deutschen Bischöfe in Fulda.
25	Di	Der sowjetische Außenminister Eduard Schewardnadse verurteilt vor der UN-Vollversammlung die Invasion des Irak in Kuwait als »terroristischen Akt«.
26	Mi	Die Volkswagen AG legt im ostdeutschen Mosel bei Zwickau den Grundstein für die sechste Produktionsstätte des Golf-Modells.
27	Do	Die Sozialdemokraten beider deutscher Staaten schließen sich auf einem gemeinsamen Parteitag in West-Berlin zusammen.
28	Fr	Serbiens Parlament streicht den Begriff »sozialistisch« wie auch den Zusatz »autonom« für die Provinzen Kosovo und Vojvodina aus der Verfassung.
29	Sa	Das Olympische Komitee Kanadas hebt die zweijährige Sperre gegen den des Doping überführten Leichtathleten Ben Johnson auf.
30	So	Fast 25 000 Menschen beteiligen sich am Berlin-Marathon, der erstmals durch das Brandenburger Tor führt. Sieger wird der Australier Steve Moneghetti.

3. Oktober 1990

Die Deutschen haben sich wieder

Deutschland feiert ausgelassen seine Einheit: 41 Jahre nach der Staatsgründung tritt die DDR der Bundesrepublik bei. Das vereinte Deutschland erhält seine volle Souveränität.

Rund um den Reichstag in Berlin herrscht den ganzen Tag über Volksfeststimmung. Deutschlandfahnen werden geschwenkt, tausende Menschen feiern fröhlich und friedlich die Einheit. Auf der Straße Unter den Linden, am Brandenburger Tor, drängen sich die Menschen vorbei an Imbiss-Ständen und ausgemusterten Fahrzeugen der Nationalen Volksarmee, die zum Verkauf stehen, und wiegen sich im Takt der unzähligen musikalischen Darbietungen. Außer mit dem Volksfest wird der Tag der deutschen Einheit mit einem ökumenischen Gottesdienst in der Ostberliner Marienkriche und einem Staatsakt in der Philharmonie begangen. Bundespräsident Richard von Weizsäcker erinnert an die »Verantwortung vor Gott und den Menschen«, ein Chor stimmt am Abend die Nationalhymne an, junge Sportler hissen eine 60 m^2 große Bundesflagge, ein Feuerwerk illuminiert zu den Klängen klassischer Musik die betont zurückhaltende Zeremonie vor dem Reichstag. Ohne patriotischen Überschwang feiern hunderttausende aus dem In- und Ausland den Freudentag der Deutschen mit.

Die Feierlichkeiten begannen bereits am Vortag. Lothar de Maizière (CDU), der letzte Ministerpräsident der DDR, hatte ins Schauspielhaus geladen. In seiner Regierungserklärung nannte er den Abschied seines Staates »einen Abschied ohne Tränen«. Er warnte davor, die Einheit als rein materielle Frage zu sehen: »Sie will nicht nur bezahlt, sondern auch gewollt sein.«

Bereits am 4. Oktober findet die erste gesamtdeutsche Sitzung des Bundestages statt. Mit den 144 Abgeordneten aus der ehemaligen DDR steigt die Zahl der Parlamentarier von 519 auf 663. Neben den Ex-Volkskammerabgeordneten, die die bislang im Bundestag vertretenen Parteien CDU, CSU, SPD, FDP und Grüne verstärken, sitzen einige fraktionslose Parlamentarier sowie 23 Abgeordnete der »Partei des Demokratischen Sozialismus« (PDS), der Nachfolgeorganisation der SED. Fünf ehemalige DDR-Politiker – Lothar de Maizière, Sabine Bergmann-Pohl, Günther Krause (alle CDU), Rainer Ortleb (FDP) und Hansjoachim Walther (DSU) – werden als »Minister ohne Geschäftsbereich« vereidigt.

Am Ziel aller Bemühungen: Helmut Kohl winkt der feiernden Menge zu.

14. Oktober 1990

CDU gewinnt Landtagswahlen in vier von fünf neuen Ländern

Aus den Landtagswahlen in den fünf neu gebildeten Bundesländern geht die CDU als klare Siegerin hervor. Der Kandidat der Christdemokraten in Sachsen, Kurt Biedenkopf, erhält mit 53,8% die absolute Mehrheit. Seine Kontrahentin Anke Fuchs (SPD) vereinigt lediglich 19,1% der Stimmen auf sich. Einen weiteren Wahlerfolg erringen die Christdemokraten in Thüringen mit 45,4%, Sachsen-Anhalt mit 39% und Mecklenburg-Vorpommern mit 38,3%.

Lediglich im Land Brandenburg spricht sich die Mehrheit der Wahlberechtigten für eine SPD-geführte Regierung aus. Der SPD-Kandidat und populäre Kirchenjurist Manfred Stolpe verweist mit 38,3% den ehemaligen DDR-Innenminister Peter-Michael Diestel (CDU), der 29,4% erreicht, auf den zweiten Rang. Das mit Spannung erwartete Wahlergebnis für PDS und DSU fällt unterschiedlich aus. Während die PDS, die Nachfolgepartei der SED, in Thüringen und in Mecklenburg-Vorpommern die Fünf-Prozent-Hürde überspringt, scheitert die DSU in allen fünf Ländern. Die Wahlbeteiligung bei den ersten Landtagswahlen in Ostdeutschland liegt bei rd. 70%.

Jubelfest für Schwarz-Rot-Gold: Tausende feiern die Einheit vor dem Reichstagsgebäude.

12. September 1990

Zwei plus Vier gleich deutsche Einheit

Die UdSSR, die USA, Großbritannien und Frankreich, die Siegermächte des Zweiten Weltkriegs, sowie die Regierungen der Bundesrepublik und der DDR ziehen in Moskau einen Schlussstrich unter die deutsche Nachkriegsgeschichte. Im schmucklosen Saal des Hotels »Oktjabrskaja« unterzeichnen die Außenminister das Schlussdokument der sog. Zwei-plus-Vier-Gespräche. Mit dem »Vertrag über die abschließende Regelung in Bezug auf Deutschland« – der einem Friedensvertrag gleichkommt – werden die äußeren Aspekte der deutschen Vereinigung völkerrechtlich verbindlich geregelt. Die Siegermächte verzichten auf ihre Rechte und Pflichten im künftig vereinten Deutschland, das dadurch als »gleichberechtigtes und souveränes Glied in einem vereinigten Europa« anerkannt wird. Um die Zeit bis zur Ratifizierung des Abkommens in den Parlamenten zu überbrücken, setzen die UdSSR, die USA, Großbritannien und Frankreich ihre Rechte bereits mit dem Beitritt der DDR zur Bundesrepublik am 3. Oktober außer Kraft. Bundeskanzler Helmut Kohl (CDU) würdigt den Vertrag als ein »weiteres Schlüsseldatum auf dem Weg zur deutschen Einheit«. Die abschließende Regelung der Deutschlandfrage stößt in der übrigen Welt weitgehend auf ein positives Echo. Lediglich in Israel wird das Abkommen zurückhaltend aufgenommen.

Als eine der letzten Hürden galt die Frage der finanziellen Beteiligung Gesamtdeutschlands an den Kosten des Abzugs der Roten Armee. Kohl und der sowjetische Staats- und Parteichef Michail S. Gorbatschow einigen sich darauf, dass Bonn 13 Mrd. DM für den Aufenthalt sowjetischer Soldaten auf DDR-Gebiet und ihren Abzug bis 1994 an die UdSSR zahlt. Am 13. September unterzeichnen Bundesaußenminister Hans-Dietrich Genscher und sein sowjetischer Amtskollege Eduard Schewardnadse in Moskau ein 20 Jahre lang geltendes bilaterales Abkommen über eine enge Zusammenarbeit.

12. Oktober 1990

Schüsse auf CDU-Hoffnungsträger Wolfgang Schäuble

Nach einer Wahlkampfveranstaltung im badischen Oppenau schießt ein 37-jähriger Mann auf Bundesinnenminister Wolfgang Schäuble (CDU). Schäuble wird zweimal getroffen, ein dritter Schuss trifft einen Leibwächter. Wie schon die Attentäterin von SPD-Kanzlerkandidat Oskar Lafontaine ist auch der Schütze von Oppenau geistig verwirrt. Der Vermessungstechniker kann sofort überwältigt werden. Der schwer verletzte Schäuble, Chef-Unterhändler der deutschen Vereinigung, wird in die Freiburger Universitätsklinik gebracht und dort mehrfach operiert. Neben einer Verletzung am Unterkiefer sind die Ärzte vor allem über einen Treffer im Rückenmark besorgt. Der CDU-Hoffnungsträger bleibt querschnittsgelähmt an den Rollstuhl gefesselt. Schäuble nimmt im November seine Arbeit wieder auf.

Oktober 1990

1 Mo Mit dem Einfall von 10 000 Rebellen des Tutsi-Stammes aus ihrem ugandischen Exil bricht in Ruanda ein blutiger Bürgerkrieg aus.

2 Di Eine Flugzeugentführung fordert in der chinesischen Stadt Kanton 127 Todesopfer, als die gekaperte Maschine in ein geparktes Flugzeug hineinrast.

3 Mi Stefano Casiraghi, Ehemann von Prinzessin Caroline von Monaco, verunglückt bei einem Bootrennen an der Côte d'Azur tödlich. → Die Deutschen

4 Do Für ihr Buch »Der Tod ist ein Meister aus Deutschland« bekommen Lea Rosh und Eberhard Jäckel den Geschwister-Scholl-Preis der Stadt München.

5 Fr Der Bundestag verabschiedet ein neues Wahlgesetz, das eine getrennte Fünf-Prozent-Klausel für Ost- und Westdeutschland vorsieht.

6 Sa In einem Vorort der französischen Stadt Lyon beginnen Jugendliche, vorwiegend Kinder afrikanischer Einwanderer, Straßenschlachten mit der Polizei.

7 So Bei den Parlamentswahlen in Österreich erleidet die ÖVP schwere Verluste. Starke Zugewinne verzeichnet die rechtsliberale FPÖ unter Jörg Haider.

8 Mo 21 Menschen kommen um, als israelische Soldaten auf dem Tempelberg in Jerusalem auf Palästinenser schießen. Zuvor hatten Jugendliche Steine geworfen.

9 Di Die Sowjetunion führt das Mehrparteiensystem ein. Die Weisungsbefugnis der Kommunistischen Partei gegenüber Polizei, Armee und Justiz entfällt.

10 Mi Die Bundesanwaltschaft lässt den Verfassungsschützer Klaus Kuron verhaften. Er soll für den früheren Staatssicherheitsdienst der DDR gearbeitet haben.

11 Do Prinz Saud al-Faisal, Außenminister Saudi-Arabiens, scheitert bei Bundeskanzler Helmut Kohl in Bonn mit seinem Ersuchen um Waffenlieferungen.

12 Fr In Kairo werden der ägyptische Parlamentspräsident Rifaat al-Mahgub sowie seine fünf Begleiter auf offener Straße erschossen. → Schäuble

13 Sa Der christlich-maronitische General Michel Aoun kapituliert im Libanon nach Bombenangriffen der syrischen Luftwaffe auf sein Hauptquartier in Beirut.

14 So Auf der Mannheimer Filmwoche wird die Kanadierin Cynthia Scott für »Company of Strangers« mit dem Großen Preis der Stadt geehrt. → Landtagswahlen

15 Mo Die Regierung in Pretoria lässt das seit 1953 geltende südafrikanische Apartheidgesetz ohne weitere Verlängerung auslaufen.

16 Di Um mehr Transitgenehmigungen für Lkw über die Alpen durchzusetzen, sperrt Italien seine Grenzen nach Österreich für den Schwerlastverkehr.

17 Mi Das Komitee in Stockholm spricht Elias J. Corey (USA) für seine Forschung auf dem Gebiet der Naturstoffsynthese den Nobelpreis für Chemie zu.

18 Do In Eastbourne müssen die britischen Konservativen bei einer Nachwahl eine schwere Niederlage hinnehmen. Ihre bisherige Hochburg fällt an die Liberalen.

19 Fr Bei Hausdurchsuchungen in der Berliner Zentrale der PDS hofft die Polizei, Beweise für Finanzmanipulationen der Partei zu finden.

20 Sa Südkorea und die Volksrepublik China vereinbaren die Einrichtung von Handelsvertretungen, die auch Verbindungsbüros für die Regierungen sein sollen.

21 So Beim Großen Preis von Japan, dem vorletzten Lauf zur Formel-1-Weltmeisterschaft, sichert sich der Brasilianer Ayrton Senna zum zweiten Mal den Titel.

22 Mo Obwohl das Todesurteil gegen den Schriftsteller Salman Rushdie weiter besteht, hebt die EG die Wirtschaftssanktionen gegen den Iran auf.

23 Di Laut offizieller Mitteilung des Bundeskanzleramtes sind seit dem Sturz der SED-Herrschaft in den alten Bundesländern 178 DDR-Spione enttarnt worden.

24 Mi Bei Attentaten der nordirischen Untergrundorganisation IRA in Londonderry und Newry kommen sechs britische Soldaten ums Leben.

25 Do Die sowjetische Teilrepublik Kasachstan erklärt ihre Souveränität. +++ In der Slowakei wird die slowakische Sprache zur Amtssprache erklärt.

26 Fr Der US-Boxer Evander Holyfield ist neuer Weltmeister im Schwergewicht. In Las Vegas besiegt er Titelverteidiger James Douglas durch k.o. in der 3. Runde.

27 Sa Bei den Parlamentswahlen in Neuseeland setzt sich die konservative Nationalpartei als Siegerin durch. Jim Bolger wird neuer Ministerpräsident.

28 So Im Finale der Volleyball-Weltmeisterschaft der Herren in Rio de Janeiro besiegt Italien die Auswahl Kubas mit 3:1. Bronze holt die UdSSR.

29 Mo Die norwegische Regierung unter Ministerpräsident Jan Pedar Syse tritt nach einem Konflikt um den EG-Beitritt des skandinavischen Landes zurück.

30 Di Mindestens 61 Menschen kommen bei Unruhen in der indischen Stadt Ayodha ums Leben, als extremistische Hindus eine Moschee zerstören.

31 Mi Das Bundesverfassungsgericht erklärt das kommunale Wahlrecht für Ausländer in Schleswig-Holstein und Hamburg für verfassungswidrig.

November 1990

1 Do Der Landtag von Brandenburg wählt Manfred Stolpe (SPD) mit der Koalitionsmehrheit von SPD, FDP und Bündnis 90 zum Ministerpräsidenten.

2 Fr Für umgerechnet 2,1 Mrd. DM erwirbt der italienische Medienunternehmer Giancarlo Papetti die US-Filmgesellschaft Metro Goldwyn Mayer/United Artists.

3 Sa Bei Krawallen von gewaltbereiten jugendlichen Fußballfans, die sich Straßenschlachten mit der Polizei liefern, wird in Leipzig ein 18-Jähriger erschossen.

4 So Das Parlament von Mosambik beschließt ein Mehrparteiensystem. Die allein regierende FRELIMO-Partei erhofft sich dadurch ein Ende des Bürgerkriegs.

5 Mo Ein arabischer Einwanderer erschießt in New York den Gründer der extremistischen jüdischen Kach-Partei, Meir Kahane.

6 Di Wegen einer Abhöraffäre tritt der hessische Innenminister Gottfried Milde (CDU) zurück. +++ Ungarn wird Vollmitglied des Europarates.

7 Mi Die linksliberale Frauenrechtlerin Mary Robinson gewinnt die Präsidentschaftswahlen in Irland. Damit wird erstmals eine Frau Staatsoberhaupt des Landes.

8 Do US-Präsident George Bush kündigt die Verstärkung der amerikanischen Truppen in der Golfregion um weitere 200 000 Mann an.

9 Fr Alt-Bundeskanzler Willy Brandt kehrt mit 175 Geiseln, deren Freilassung er bei Iraks Diktator Saddam Hussein erreicht hat, nach Deutschland zurück.

10 Sa Der Parteivorstand der PDS beschließt, auf 80% des Parteivermögens, dessen Höhe mit 2,3 Mrd. DM angegeben wird, zu verzichten.

11 So Bei Präsidentschaftswahlen in Guatemala verfehlen alle Bewerber die absolute Mehrheit. Im Wahlkampf starben 14 Politiker eines gewaltsamen Todes.

12 Mo Die Polizei beschlagnahmt in der Bundesgeschäftsstelle der Grünen Flugblätter, die zur Fahnenflucht im Golfkrieg aufrufen. → Japan

13 Di Aus Furcht vor Krawallen wird das Fußballspiel zwischen der DFB-Elf und einem Team des Deutschen Fußball-Verbandes der ehemaligen DDR abgesagt.

14 Mi Im Ostberliner Stadtteil Friedrichshain kommt es zu schweren Straßenschlachten zwischen Hausbesetzern und der Polizei.

15 Do In Berlin kündigt die Alternative Liste ihre Koalition mit der SPD auf. Sie reagiert damit auf die Räumung besetzter Häuser in den Tagen zuvor.

16 Fr Staatspräsident Michael S. Gorbatschow kündigt vor dem sowjetischen Parlament ein Notstandsprogramm an, das die Position des Präsidenten stärkt.

17 Sa Die tschechoslowakische Kommunistische Partei muss nach einem Beschluss des Parlaments ihr Vermögen dem Staat überschreiben.

18 So Beim Finale des Damen-Masters-Turniers in New York besiegt die jugoslawische Tennisspielerin Monica Seles die Argentinierin Gabriela Sabatini in fünf Sätzen.

19 Mo Bundeskanzler Helmut Kohl sagt Michail S. Gorbatschow Hilfslieferungen im Wert von über 700 Mio. DM für die Not leidende sowjetische Bevölkerung zu.

20 Di Der Automobilkonzern VW und die Volksrepublik China einigen sich auf einen Vertrag, der in China den Bau von 150 000 VW-Golf pro Jahr vorsieht.

21 Mi Erich Honecker, ehemaliger DDR-Staatschef, erklärt in einem Interview, sein Sturz sei »das Ergebnis eines groß angelegten Manövers«. → KSZE

22 Do Korsika erhält von Frankreich einen neuen Verwaltungsstatus. Die Insel soll dadurch eine erweiterte Selbstverwaltung genießen. → Downing Street

23 Fr Die bundesdeutsche Stiftung »Kulturförderung« zeichnet die schwedische Königin Silvia in München mit dem Deutschen Kulturpreis aus.

24 Sa Das deutsche Team Bernhard Langer und Torsten Gideon gewinnt in Orlando (US-Staat Florida) erstmals den World-Cup der Golf-Profis.

25 So Beim ersten Wahlgang um die polnische Präsidentschaft liegt Lech Walesa, Vorsitzender der Gewerkschaft »Solidarität«, mit 39,9% klar in Führung.

26 Mo In Ostdeutschland tritt die Mehrheit der 250 000 Mitarbeiter der Reichsbahn in den Streik. Sie fordern höhere Löhne und einen Kündigungsschutz.

27 Di Das Schweizer Bundesgericht in Lausanne verfügt die Einführung des Frauenstimmrechts auf regionaler Ebene für den Kanton Appenzell.

28 Mi Charles Taylor, liberianischer Rebellenführer, akzeptiert bei einem westafrikanischen Gipfeltreffen in Bamako (Mali) einen sofortigen Waffenstillstand.

29 Do Der bulgarische Ministerpräsident Andrej Lukanow tritt nach tagelangen Protesten der Bevölkerung gegen die schlechte Versorgungslage zurück.

30 Fr Wegen der Todesschüsse an der Mauer erlässt die Berliner Staatsanwaltschaft gegen Ex-DDR-Staatschef Erich Honecker einen Haftbefehl.

2. Dezember 1990

Koalition gewinnt Bunde

Die CDU/CSU unter Führung von Bundeskanzler Helmut Kohl geht als klarer Sieger aus den ersten gesamtdeutschen Bundestagswahlen hervor. Obwohl sie im Vergleich zu den Wahlen 1987 einen halben Prozentpunkt einbüßt, ist die Union die mit Abstand stärkste politische Kraft im Parlament. Die FDP gewinnt knapp zwei Prozentpunkte hinzu und geht damit gestärkt aus den Wahlen hervor. Die Koalitionsparteien verfügen zusammen über annähernd 55% der Stimmen und damit eine klare parlamentarische Mehrheit. Die Sozialdemokraten mit ihrem Kanzlerkandidaten Oskar Lafontaine müssen eine schwere Wahlschlappe einstecken. Sie erreichen mit 33,5% der Zweitstimmen 3,5 Prozentpunkte weniger als 1987 und verbuchen das schlechteste Ergebnis seit 1957. Ein Grund für das Wahldebakel sind Lafontaines unpopuläre Warnungen vor den finanziellen und sozialen Folgen der Wiedervereinigung, die der Saarländer im Bundestagswahlkampf zum Ausdruck gebracht hatte. Die Grünen aus dem Westen Deutschlands schaffen zur Überraschung vieler mit 4,8% der Zweitstimmen nicht den Sprung über die 5%-Hürde, die separat im Gebiet der ehemaligen Bundesrepublik und der ehemaligen DDR angewendet wird. Sie sind im Bundestag, in den sie im Jahre 1983 erstmals eingezogen, damit nicht mehr vertreten. Bundesweit erhalten sie 3,8%. Das Bündnis 90/Grüne – Bürgerbewegung schafft hingegen im Wahlgebiet Ost mit 6% den Sprung ins Parlament. Bundesweit erhält die Listenverbindung einen Stimmenanteil von 1,2%. Die konstituierende Sitzung des gesamtdeutschen Bundestags findet am 20. Dezember in Berlin statt. Ihm gehören 135 Frauen an – die höchste Zahl in der Geschichte des Parlaments. Rita Süssmuth (CDU)

Wahlsieger Kohl mit Ehefrau Hannelore am Abend des Triumphs

Das Wahlergebnis
Wahlbeteiligung: 77,8%

Partei	Angaben in %	Sitze
CDU/CSU	43,8	319
SPD	33,5	239
FDP	11,0	79
Bündnis 90/Grüne	3,8	8
PDS	2,4	17

22. November 1990

Wechsel in Downing Street

Nach elfjähriger Amtszeit gibt die britische Premierministerin Margaret Thatcher ihren Rücktritt bekannt. Ihr Nachfolger wird der 47-jährige Schatzkanzler John Major. Die »Eiserne Lady« zieht damit die Konsequenzen aus der parteiinternen Kritik an ihrer Europa- und Steuerpolitik. Die Thatcher-Regierung hatte mit der Ankündigung einer zusätzlichen Kopfsteuer im März die stärksten Krawalle der Nachkriegszeit zu verantworten. Thatchers schwindender Rückhalt in ihrer Konservativen Partei wurde zwei Tage zuvor deutlich: Auf dem Parteitag der Tories verlor sie gegen Michael Heseltine den für den Parteivorsitz notwendigen 15%-Vorsprung.

John Major

britischer Politiker, * 29.3.1943 Merton

Der ehemalige Bankangestellte, der 1979 für die Konservativen ins Unterhaus einzog, folgt als Premier dem von Vorgängerin Margaret Thatcher verfolgten Kurs der Ablehnung des europäischen Einigungsprozesses nicht. Trotz wirtschaftlicher Erfolge erleidet Major 1997 eine deutliche Niederlage gegen den »Labour«-Kandidaten Tony Blair.

- 1989: Außenminister
- 1989/90: Schatzkanzler
- 1990-97: Premierminister

gswahlen

bleibt Bundestagspräsidentin. Viele langjährige und profilierte Politiker und Politikerinnen ziehen nicht wieder in den Bundestag ein. So tritt Richard Stücklen (CSU), der seit 1949 ununterbrochen dem Parlament angehört hatte, von der politischen Bühne ab. Annemarie Renger (SPD), die 1949 als Wegbegleiterin des damaligen SPD-Vorsitzenden Kurt Schumacher nach Bonn kam, kehrt ebenfalls nicht in den Bundestag zurück. Der Start der neuen Regierung ist zäh: Die Regierungsbildung wird auf 1991 vertagt. Schon vor dem Beginn der offiziellen Koalitionsverhandlungen stellt die FDP ihren Forderungskatalog vor. »Ohne Regelung über die Steuerpolitik gibt es mit den Stimmen der FDP keine Kanzlerwahl«, erläutert Parteichef Otto Graf Lambsdorff. Schon wenige Wochen nach den Bundestagswahlen muss die neue Regierung von ihrem Wahlkampfversprechen, es gebe keine Steuererhöhungen zur Finanzierung der deutschen Einheit, abrücken – die Haushaltslöcher erweisen sich als zu groß.

Oskar Lafontaine

deutscher Politiker, * 16.9.1943 Saarlouis

Der Saarländer gehört zu den herausragenden Sozialdemokraten der 80er und 90er Jahre. Der ehemalige Oberbürgermeister von Saarbrücken (1976-85) verdrängt 1995 Rudolf Scharping als SPD-Parteivorsitzenden. In der Regierung Schröder übernimmt Lafontaine, der als Vordenker der sozialdemokratischen Traditionalisten gilt, das Finanzministerium. 1999 gibt er überraschend seine Ämter ab und zieht sich ins Privatleben zurück.

- 1985-98: Ministerpräsident des Saarlands
- 1990: Opfer eines Messerattentats in Köln
- 1995-99: SPD-Parteichef

21. November 1990

KSZE beschwört neues Europa

In Paris geht nach dreitägigen Gesprächen das Gipfeltreffen der 34 KSZE-Mitgliedsstaaten zu Ende. Mit einer Gewaltverzichtserklärung der Teilnehmerstaaten von NATO und Warschauer Pakt, der sog. »Charta für ein neues Europa«, endet offiziell der Kalte Krieg zwischen den beiden militärischen Bündnissystemen. Im »Vertrag über Konventionelle Streitkräfte in Europa« (VKSE) sind erstmals europaweite Abrüstungsmaßnahmen geregelt. U.a. wurden Schritte zur Verschrottung von Waffen und umfassende gegenseitige Kontrollmöglichkeiten vereinbart. Erst die politischen Entwicklungen in Osteuropa, verbunden mit der Einheit Deutschlands, hatten die Voraussetzungen für die Verhandlungen geschaffen.

9. Dezember 1990

Walesa wird Präsident

Aus einer Stichwahl zu den ersten freien Präsidentschaftswahlen in Polen geht der Gewerkschaftsführer Lech Walesa mit 74 % der Stimmen als eindeutiger Sieger hervor (Abb.: Kniefall Walesas vor der polnischen Fahne). Im ersten Wahl-

gang am 24. November hatte keiner der Kandidaten die absolute Mehrheit erreicht. Für Walesa sprachen sich 39 % der Wähler aus, seine Kontrahenten, der Geschäftsmann Stanislaw Tyminski und der amtierende Ministerpräsident Tadeusz Mazowiecki, erhielten 24 % bzw. 18 % der Stimmen. Damit fiel der Erfolg des populären Politikers nicht so eindeutig aus wie erwartet. Bei einer Wahlbeteiligung von 53 % votierte nur etwa jeder dritte Pole für den ehemaligen Werft-Arbeiter und Träger des Friedensnobelpreises. Die Zweifel an seiner Eignung für das Präsidentenamt stehen vor allem im Zusammenhang mit seinem autoritären Staatsverständnis. Die Überraschung der Wahl ist der Exilpole Stanislaw Tyminski. Mit seinem Wahlkampfversprechen »Wohlstand für alle« köderte er vor allem die arme Landbevölkerung.

12. November 1990

Japan hat einen neuen Kaiser

22 Monate nach dem Tod des japanischen Monarchen Hirohito besteigt dessen Sohn Akihito Tsuyu No Mija (s. Abb.) den Kaiserthron. Die feierliche Zeremonie findet in der Seidenhalle statt, dem Nachbau der Shishin-den-Halle in der alten Kaiserstadt Kioto. In Anwesenheit von 2500 Ehrengästen, darunter 158 ausländische Staatsgäste, verkündet der neue Kaiser im traditionellen Gewand den formellen Beginn seiner Herrschaft als 125. Tenno (Himmlischer Herrscher). Gemäß der Verfassung von 1946 verzichtet der 56-jährige Akihito wie bereits sein Vater auf den Anspruch der Göttlichkeit. Wegen befürchteter Anschläge von Extremisten wird die Inthronisation von umfangreichen Sicherheitsmaßnahmen begleitet. Nach der Thronbesteigung zeigt sich der neue Kaiser mit seiner Frau, Kaiserin Nagako Kuni, hinter Panzerglas dem jubelnden Volk. Über 32 000 Polizisten und 1670 Soldaten sorgen für einen planmäßigen Ablauf der Feierlichkeiten. Die Inthronisation verschlingt eine Summe von umgerechnet rd. 130 Mio. DM, die aus Steuermitteln finanziert wird.

Dezember 1990

1 Sa Im Tunnel unter dem Ärmelkanal wird das letzte Gestein durchstoßen, das die britische und die französische Bohrmannschaft noch voneinander trennt.

2 So In St. Petersburg (US-Bundesstaat Florida) gewinnen die USA mit einem 3:1-Sieg über Australien zum 29. Mal den Tennis-Davis-Cup. → Koalition

3 Mo Die argentinische Armee schlägt einen Putsch unzufriedener Militärs gegen Präsident Carlos Menem nieder. Fast 650 Verschwörer werden festgenommen.

4 Di Hussain Muhammed Ershad, seit 1981 amtierender Präsident von Bangladesch, muss auf Druck der Opposition von seinem Amt zurücktreten.

5 Mi Mit 208 von 230 Stimmen bestätigt die SPD-Bundestagsfraktion Hans-Jochen Vogel in seinem Amt als Fraktionschef.

6 Do Ein Militärflugzeug stürzt in der italienischen Stadt Casaleccio bei Bologna auf ein Schulgebäude. Zwölf Jugendliche kommen bei dem Unglück ums Leben.

7 Fr Der parteilose Politiker Dimitar Popow wird zum ersten nichtkommunistischen Ministerpräsidenten Bulgariens seit 1946 ernannt.

8 Sa Bei einem Sprengstoffanschlag der baskischen Untergrundorganisation ETA werden in der spanischen Stadt Sabadell (Katalonien) sechs Polizisten getötet.

9 So Die Wolfsburger Volkswagen AG gibt eine Beteiligung in Höhe von 9,5 Mrd. DM am tschechoslowakischen Autohersteller Skoda bekannt. → Walesa

10 Mo Das SPD-Präsidium nominiert den schleswig-holsteinischen Ministerpräsidenten Björn Engholm für die Wahl zum Parteivorsitzenden.

11 Di In Österreich einigen sich die SPÖ und die ÖVP auf eine Fortsetzung ihrer Großen Koalition unter Führung von Kanzler Franz Vranitzky (SPÖ).

12 Mi Mit großer Mehrheit stimmt das schwedische Parlament für einen Beitritt des Landes zur Europäischen Gemeinschaft. Dagegen votieren nur die Grünen.

13 Do Bundesinnenminister Friedrich Zimmermann ernennt den Vorstandsvorsitzenden der AEG, Heinz Dürr, zum Präsidenten der Deutschen Bundesbahn.

14 Fr Auf dem 21. Bundestag des Deutschen Sportbundes wird die Vereinigung mit der aufgelösten Organisation der DDR vollzogen.

15 Sa Ein brasilianisches Gericht verurteilt die Mörder des Umweltschützers und Bauernführers Chico Mendez zu hohen Freiheitsstrafen.

16 So Der linksgerichtete Priester Jean Bertrand Aristide gewinnt mit 66,7% der Stimmen die Präsidentschaftswahlen auf Haiti.

17 Mo In Kolumbien erlässt die Regierung eine Verordnung, die Drogenhändlern eine erhebliche Strafminderung verspricht, wenn sie sich der Polizei stellen.

18 Di Ministerpräsident Poul Schlüter bildet in Dänemark erneut eine Minderheitsregierung aus Konservativen und Liberalen.

19 Mi Gegen die Stimme des Irak verurteilt die Vollversammlung der Vereinten Nationen in New York Menschenrechtsverletzungen im besetzten Kuwait.

20 Do Überraschend erklärt der sowjetische Außenminister Eduard Schewardnadse seinen Rücktritt und warnt vor »reaktionären Widersachern« Gorbatschows.

21 Fr Die USA stellen ihre Militärhilfe für Guatemala ein, um gegen die Menschenrechtsverletzungen in dem mittelamerikanischen Land zu protestieren.

22 Sa Bei der Vereidigung Lech Walesas zum Präsidenten erhält der Arbeiterführer die seit 1939 in London aufbewahrten Insignien des polnischen Staates.

23 So 95% der Stimmberechtigten votieren bei einer Volksabstimmung in der jugoslawischen Teilrepublik Slowenien für die Unabhängigkeit.

24 Mo Lee-Teng-Hui, Präsident von Taiwan, gibt bekannt, dass der Kriegszustand mit der Volksrepublik China bis Mai 1991 beendet sei.

25 Di Nach knapp zwölfstündigem Aufenthalt in der Hauptstadt Bukarest wird Rumäniens Ex-König Michael von den Behörden wieder ausgewiesen.

26 Mi Schach-Weltmeister Garri Kasparow verteidigt in Lyon seinen Titel gegen seinen Landsmann und Herausforderer Anatoli Karpow.

27 Do Gennadij Janajew, langjähriger Gewerkschaftsvorsitzender, wird vom Kongress der Volksdeputierten zum sowjetischen Vizepräsidenten gewählt.

28 Fr In Bremen kommen beim Brand eines Aussiedlerheims, das eine verirrte Silvesterrakete ausgelöst hatte, vier Kinder und vier Erwachsene ums Leben.

29 Sa Bei den schwersten Zusammenstößen mit israelischen Besatzungssoldaten seit Monaten sterben im Gazastreifen vier Palästinenser.

30 So Nach massiven Protesten aus der Bevölkerung verzichtet die griechische Regierung darauf, die Chefs der Militärdiktatur von 1967-74 zu begnadigen.

31 Mo Der somalische Bürgerkrieg gerät in die entscheidende Phase, als Rebellentruppen den Palast von Staatspräsident Mohammed Siad Barre angreifen.

Januar 1991

1 Di Luxemburg übernimmt turnusgemäß die EG-Präsidentschaft. +++ Mit einem Konzert in Salzburg eröffnet das Mozarteum-Orchester das Mozartjahr.

2 Mi Der NATO-Rat beschließt die Entsendung von 40 Kampfflugzeugen in die Türkei, um das Land vor einem möglichen Angriff des Irak zu schützen.

3 Do Mehr als zwei Mio. Türken protestieren mit einem eintägigen Generalstreik gegen die Sozialpolitik der Regierung.

4 Fr Das polnische Parlament wählt den liberalen Wirtschaftsfachmann Jan Krysztof Bielecki als Nachfolger von Tadeusz Mazowiecki zum Ministerpräsidenten.

5 Sa Bei der Kandahar-Abfahrt in Garmisch-Partenkirchen liegen die ersten zwölf Skirennläufer nur eine Sekunde auseinander. Sieger wird Daniel Mahrer (Schweiz).

6 So Zum dritten Mal gewinnt der Skispringer Jens Weißflog aus Oberwiesenthal die deutsch-österreichische Vierschanzentournee.

7 Mo Auf Haiti scheitert ein Putsch von Anhängern des Ex-Diktators Jean-Claude Duvalier gegen den gewählten Präsidenten Jean Bertrand Aristide.

8 Di Der bedeutende mittelalterliche Quedlinburger Domschatz, von dem Teile nach Kriegsende in den USA auftauchten, kehrt nach Sachsen-Anhalt zurück.

9 Mi Aus Protest gegen die Erhöhung der Benzinpreise um 35% rufen die Gewerkschaften in Bolivien ihre Mitglieder zu einem 48-stündigen Generalstreik auf.

10 Do Im Verfahren um den Roman »Josefine Mutzenbacher« stellt das Bundesverfassungsgericht fest, auch Pornografie könne ein künstlerisches Mittel sein.

11 Fr Das Ruhrgebiet verzichtet auf die Austragung der Olympischen Sommerspiele im Jahr 2000. Berlin ist nunmehr der einzige deutsche Bewerber.

12 Sa In der südafrikanischen Stadt Sebokeng werden bei einer Trauerfeier 35 schwarze Bürger von einer rivalisierenden Schwarzengruppe ermordet.

13 So Lothar Späth (CDU) tritt wegen des Vorwurfs der Vorteilsannahme in der sog. Traumschiff-Affäre als Ministerpräsident Baden-Württembergs zurück.

14 Mo Als Nachfolger des erkrankten Nikolaj Ryschkow wird Valentin Pawlow zum Ministerpräsidenten der Sowjetunion gewählt.

15 Di Bei schweren Gefechten zwischen Rebellen und Regierungssoldaten kommen in El Salvador 28 Menschen ums Leben.

16 Mi Dragutin Zelenović wird serbischer Ministerpräsident. +++ Die Nationalversammlung in Paris billigt den Einsatz französischer Armee-Einheiten im Golfkrieg.

17 Do 87-jährig stirbt in Oslo der weltweit älteste Monarch, Norwegens König Olaf V., an Herzversagen. Sein Sohn tritt als Harald V. die Nachfolge an.

18 Fr Vor dem Bundestag in Bonn werden die 19 Minister des Bundeskabinetts, darunter drei Ressortchefs aus den neuen Bundesländern, vereidigt.

19 Sa Wegen des Golfkriegs sagen über 40 Karnevalsvereine die Fastnacht ab. In Bonn, Köln und Düsseldorf finden keine Rosenmontagszüge statt.

20 So Bei den Landtagswahlen in Hessen erhalten SPD und Grüne die Mehrheit der Stimmen. Neuer Regierungschef der rot-grünen Koalition wird Hans Eichel (SPD).

21 Mo Die Treuhandanstalt in Berlin kündigt zum 31. Januar die Einstellung der Produktion des ostdeutschen Personenwagens Wartburg an.

22 Di In einer Enzyklika ruft Papst Johannes Paul II. die katholische Kirche zur »Erneuerung des missionarischen Eifers« auf.

23 Mi Die Regierung Kolumbiens verkündet eine Amnestie für 2000 Rebellen. Der Kampf gegen die Drogenmafia soll hingegen fortgesetzt werden.

24 Do In einem der letzten großen NS-Prozesse verurteilt das Schwurgericht Siegen einen ehemaligen Blockwart wegen Mordes zu lebenslanger Haft.

25 Fr Außenminister Hans-Dietrich Genscher sichert Israel die Lieferung deutscher »Patriot«-Abwehrraketen zur Verteidigung gegen den Irak zu.

26 Sa In Somalia wird der Diktator Mohammed Siad Barre, dem Korruption und Menschenrechtsverletzungen vorgeworfen werden, von Rebellen gestürzt.

27 So Boris Becker gewinnt die Internationalen Tennismeisterschaften von Australien und erobert erstmals auch Platz eins der Weltrangliste.

28 Mo Das Landgericht Berlin stellt den Prozess um den Mord an dem Studenten Ulrich Schmücker ein, da die Tat von 1974 nicht mehr aufgeklärt werden könne.

29 Di Wegen des militärischen Eingreifens Frankreichs im Golfkrieg tritt Verteidigungsminister Jean-Pierre Chevènement von seinem Amt zurück.

30 Mi Bundeskanzler Helmut Kohl kündigt in seiner Regierungserklärung Steuererhöhungen zur Finanzierung der Kosten des Golfkriegs an.

31 Do Der Zentralbankrat der Deutschen Bundesbank erhöht die Leitzinsen Diskont und Lombard um jeweils einen halben Prozentpunkt auf 6,5% bzw. 9,0%.

28. Februar 1991

High-Tech-Krieg beendet D

Der Golfkrieg ist beendet – die »Operation Wüstensturm« mit einem militärischen Erfolg der multinationalen Truppen abgeschlossen: Die UN-Streitmacht unter Führung der USA besiegt die Armee des irakischen Diktators Saddam Husseins, die im August 1990 überraschend und völkerrechtswidrig in das Nachbarland Kuwait einmarschiert war. US-Präsident George Bush verkündet ein vorläufiges Ende der Kampfhandlungen in Kuwait und dem Irak. Tags zuvor waren – unter dem Jubel der Bevölkerung – zunächst kuwaitische, später ägyptische und US-Truppen in Kuwait City einmarschiert. Die durch

Saddam Hussein

irakischer Politiker, * 28.4.1937 Takrit

Im Golfkrieg gegen den Iran (1980-88) und mit dem Überfall auf Kuwait (1990) verfehlte der skrupellose Diktator sein Ziel, den Irak zur regionalen Vormacht zu machen. Sein Land unterliegt seither Sanktionen der UN. 1988 und 1991 befahl Saddam Giftgaseinsätze gegen Kurden.

- 1957: Eintritt in die Baath-Partei
- 1969: Vizepräsident des Revolutionären Kommandorates
- ab 1979: Präsident und Oberbefehlshaber der Armee

Das Feuer irakischer Luftabwehr erleuchtet den Himmel über Bagdad.

Militär manipuliert die Medien

Der Krieg am Golf ist auch ein Krieg der Worte und Bilder – und die Medien werden dabei von den Militärs beider Seiten benutzt. Was die UN-Position angeht, unterliegt die Berichterstattung auf Weisung des Pentagon der Zensur. Als Konsequenz aus dem Vietnam-Krieg, in dem die Journalisten zum Protest der US-Bevölkerung gegen das Engagement in Indochina beigetragen haben, werden alle schockierenden Bilder vom Fernsehschirm verbannt. Zugelassen sind nur Beiträge, die – wie bei einem Videospiel – den Eindruck eines »sauberen Krieges« vermitteln. Nach Ende der Kämpfe räumt US-General Norman Schwarzkopf ein, dass die Medien während der Bombenangriffe gezielt falsch informiert worden wären.

Nach dem Beginn der »Operation Wüstensturm« wendet sich der irakische Diktator Saddam Hussein über Radio Bagdad an sein Volk und ruft die »Mutter aller Schlachten« aus. Aus Bagdad berichtet nach Ausweisung aller anderen Korrespondenten allein der – von Saddam akzeptierte – CNN-Reporter Peter Arnett, dessen Berichterstattung allerdings irakischer Zensur unterliegt.

US-General Norman Schwarzkopf ist der strategische Kopf hinter der »Operation Wüstensturm«.

atorenträume

eine zangenartig vorgetragene Bodenoffensive vernichtend geschlagenen Iraker hatten zuvor fluchtartig das Land verlassen. General Norman Schwarzkopf, Oberkommandierender der US-Truppen, erklärt in Riad, die irakischen Streitkräfte stellten keine Bedrohung mehr dar. 29 von 42 gegnerischen Divisionen seien völlig aufgerieben, über 3000 Panzer und knapp 1900 Artilleriegeschütze außer Gefecht gesetzt worden. Die Zahl der Kriegsgefangenen beläuft sich auf annähernd 200000. Der irakische Außenminister Tarik Asis bestätigt dem Sicherheitsrat der Vereinten Nationen, dass sein Land alle zwölf UN-Resolutionen zum Golfkrieg bedingungslos akzeptiere.

Der Krieg hatte am 17. Januar begonnen, nachdem alle UN-Ultimaten verstrichen waren, die den Irak zum Rückzug aus Kuwait bewegen sollten. Von saudischen Militärbasen starteten alliierte Kampfflugzeuge zu mehr als 1300 Einsätzen in den ersten 14 Stunden. US-Kriegsschiffe feuerten 106 Marschflugkörper vom Typ »Tomahawk« ab. Saddam Hussein versuchte daraufhin erfolglos, den Konflikt auszuweiten, indem er den »Erzfeind« Israel bombardieren ließ und Giftgasangriffe ankündigte. Am 18. Januar schlagen die ersten irakischen »Scud«-Raketen in Israel ein. Die mit modernster Militärtechnik operierenden alliierten Streitkräfte erringen jedoch die Luftüberlegenheit. Zum Einsatz kommt u.a. der hochmoderne sog. Tarnkappenbomber.

Eine F-16 C startet zum Einsatz gegen irakische Truppen. Bodentechniker haben die an der Tragfläche platzierte 2000-Pfund-Bombe mit der Aufschrift »The Bagdad Express« versehen.

Ein Opfer des Krieges ist die Umwelt

Bei Kriegsende steht das Öl-Emirat Kuwait vor dem ökologischen Kollaps: Die Bilanz nach dem Sieg der Alliierten ist erschreckend. 727 Ölquellen sind von den abziehenden irakischen Soldaten in Brand gesetzt worden, gewaltige Rauchsäulen verdunkeln den Himmel. Nach Angaben des Washingtoner Worldwatch Instituts steigen aus Kuwait in den folgenden Monaten jeweils 2,5 Mio. t Ruß, 1 Mio. t Schwefel und 100000 t Stickoxide auf. Das entspricht der zehnfachen Schadstoffmenge des jährlichen Ausstoßes der US-Industrie einschließlich aller Kraftwerke. Unter dem Einfluss der Sommerhitze steigt die Rauchwolke über Kuwait auf eine Höhe von 7000 m. Das Ökosystem wird zudem von auslaufendem Öl schwer belastet. Noch im April laufen täglich fast 500000 l Rohöl aus zerstörten Hafenanlagen und geborstenen Rohrleitungen in den Persischen Golf. Weite Küstenstriche u.a. in Saudi-Arabien werden verseucht und belasten das sensible Ökosystem auf Dauer. Die klimatischen Folgen der Ölkatastrophe bleiben jedoch regional begrenzt. Befürchtungen, dass eine um den Erdball treibende Rauchwolke das Klima weltweit verändern könnte, bewahrheiten sich nicht. Die brennenden Ölquellen werden, u.a. mit Hilfe des US-Experten Red Adair, bis November sämtlich gelöscht.

Vor einem Horizont voller brennender Ölquellen und vorbei an gefallenen irakischen Soldaten überquert ein US-Soldat ein Schlachtfeld im Norden Kuwaits.

Februar 1991

1 Fr Ein Erdbeben der Stärke 6,5 erschüttert Pakistan, Indien, Afghanistan und Teile der Sowjetrepublik Tadschikistan. 1700 Menschen kommen ums Leben.

2 Sa Die Republikaner wählen auf ihrem Parteitag in Augsburg Franz Schönhuber, der zuvor die Vertrauensfrage gestellt hatte, erneut zum Vorsitzenden.

3 So Als erfolgreichste Nation beendet Gastgeber Österreich mit fünf Titeln die alpinen Ski-Weltmeisterschaften in Saalbach-Hinterglemm.

4 Mo Gegen Winnie Mandela, Frau des ANC-Vorsitzenden Nelson Mandela, wird wegen Entführung und Misshandlung von vier Jugendlichen Anklage erhoben.

5 Di Aus gesundheitlichen Gründen erklärt der Oppositionsführer im Landtag von Schleswig-Holstein, Heiko Hoffmann (CDU), seinen Rücktritt.

6 Mi In Phnom Penh verschiebt die Regierung der Sozialistischen Volksrepublik Kambodscha die für 1991 vorgesehenen freien Wahlen um ein Jahr.

7 Do Die irische Untergrundorganisation IRA verübt einen Granatenanschlag auf den Amtssitz des britischen Premierministers John Major in der Downing Street.

8 Fr Erstmals führen Wissenschaftler in Japan Freilandversuche mit gentechnisch veränderten, virusresistenten Tomatenpflanzen durch.

9 Sa Wegen der in der Hauptstadt Lima und einigen Küstengebieten grassierenden Cholera ruft die peruanische Regierung den nationalen Notstand aus.

10 So In Mailand schließen sich sechs norditalienische Autonomiebewegungen unter der Führung der Lega Lombarda zur »Lega Nord« zusammen.

11 Mo Nach Informationen des »Spiegel« soll die Kölner Baufirma Strabag mit Lieferungen an den Irak gegen das Embargo der UNO verstoßen haben.

12 Di Bundesaußenminister Hans-Dietrich Genscher sagt auf einer Nahostreise den arabischen Verbündeten im Golfkrieg 400 Mio. DM Unterstützung zu.

13 Mi Ein Kommando der linksterroristischen RAF feuert über den Rhein hinweg 250 Schüsse auf die Botschaft der USA in Bonn-Bad Godesberg ab.

14 Do Die ostdeutschen Ministerpräsidenten fordern auf ihrer zweitägigen Regionalkonferenz in Dresden eine Erhöhung der Finanzleistungen des Westens.

15 Fr Im VW-Werk Zwickau läuft die Fertigung des VW »Golf« an. +++ Bei der Explosion eines mit Dynamit beladenen Lkw sterben in Thailand 170 Menschen.

16 Sa 22 Menschen werden bei einer Bombenexplosion in der kolumbianischen Drogenmetropole Medellín getötet.

17 So In Fleimtal (Italien) gewinnt Deutschland bei den nordischen Ski-Weltmeisterschaften durch Jens Weißflog und die Springermannschaft zweimal Bronze.

18 Mo Bei zwei Bombenanschlägen der nordirischen Untergrundorganisation IRA auf Londoner Bahnhöfe werden 35 Menschen verletzt, einer kommt zu Tode.

19 Di Bundesumweltminister Klaus Töpfer stellt das Programm »Ökologischer Aufbau« zur Beseitigung der Umweltschäden in Ostdeutschland vor.

20 Mi In Tirana fordern Demonstranten den Rücktritt der albanischen Kommunisten und stürzen das Denkmal von Staatsgründer Enver Hodscha vom Sockel.

21 Do Der 80-jährige Essener »Ruhrbischof« und Kardinal Franz Hengsbach tritt aus Altersgründen von seinem Amt zurück.

22 Fr Um die tief greifende Wirtschaftskrise des Landes zu überwinden, erlaubt das rumänische Parlament den Privatbesitz landwirtschaftlicher Nutzflächen.

23 Sa In einem unblutigen Putsch übernimmt das Militär die Regierungsmacht in Thailand. Regierungschef Chatichai Choonhavan wird verhaftet.

24 So Durch ein 7:3 über England gewinnt Deutschland in Birmingham zum sechsten Mal in Folge die Europameisterschaft im Hallenhockey.

25 Mo Die Außen- und Verteidigungsminister der sechs verbliebenen Staaten des Warschauer Paktes besiegeln in Budapest die Auflösung des Militärbündnisses.

26 Di Bei den Filmfestspielen von Berlin wird der italienische Regisseur Marco Ferreri für »Das Haus des Lächelns« mit dem Goldenen Bären ausgezeichnet.

27 Mi Die von Begum Khaleda Zia geführte National-Partei wird bei Parlamentswahlen in Bangladesch mit 139 von 300 Sitzen stärkste politische Kraft.

28 Do Bei Gesprächen mit Kanzler Helmut Kohl erreichen die Ministerpräsidenten der neuen Länder eine Beteiligung an der Umsatzsteuerverteilung. → Krieg

März 1991

1 Fr In den Kohlerevieren der Sowjetunion treten rd. 28 000 Kumpel für höhere Löhne in den Ausstand. Bis Ende März wird ein Viertel aller Gruben bestreikt.

2 Sa In Düsseldorf gewinnt der Berliner Graziano Rocchigiani die Halbschwergewichts-Europameisterschaft gegen den britischen Boxer Ashley Crawford.

3 So Die von einem Amateurfilmer in Los Angeles dokumentierte Misshandlung eines schwarzen Autofahrers durch die Polizei löst heftige Proteste aus.

4 Mo Als letzter der beteiligten Vertragspartner ratifiziert die UdSSR das Zwei-plus-Vier-Abkommen über die volle Souveränität Deutschlands.

5 Di Um den Flüchtlingsstrom zu stoppen, erklären die albanischen Behörden die beiden Hafenstädte Durres und Vlore zu militärischen Sperrzonen.

6 Mi Wegen einer ungeklärten Abhöraffäre tritt der sozialistische Regierungschef Indiens, Chandra Shekhar, von seinem Amt zurück.

7 Do Der Frachter »Liriya« legt mit 10 000 albanischen Flüchtlingen an Bord nach Überquerung der Adria in der italienischen Hafenstadt Brindisi an.

8 Fr Die Weltgesundheitsorganisation WHO in Genf beziffert die Zahl der gemeldeten Fälle von AIDS auf weltweit 334 215. Die Dunkelziffer liegt weit höher.

9 Sa Bei der Auflösung einer von der jugoslawischen Opposition organisierten Demonstration durch die Polizei werden in Belgrad zwei Menschen getötet.

10 So Bei den Parlamentswahlen in El Salvador bleibt die rechtsextreme ARENA-Partei unter Präsident Alfredo Cristiani stärkste Partei.

11 Mo In Leipzig versammeln sich 25 000 Menschen zu einer Demonstration gegen die Treuhandanstalt und den Arbeitsplatzabbau im Osten. → Monica

12 Di Die Organisation der Erdöl exportierenden Länder (OPEC) verständigt sich auf eine freiwillige Drosselung der Ölförderung um eine Mio. Barrel.

13 Mi Zum ersten Mal seit 1967 belegt die deutsche Tischtennismannschaft wieder den ersten Platz in der Europaliga-Superdivision.

14 Do Das Bundesverfassungsgericht in Karlsruhe erklärt das deutsche Namensrecht als »mit dem Grundsatz der Gleichberechtigung nicht vereinbar«.

15 Fr Der Bundestag billigt das sog. Artikelgesetz. Es soll helfen, in den neuen Bundesländern Hindernisse für Privatisierungen und Investitionen abzubauen.

16 Sa Auf ihrem Landesparteitag in Baden-Württemberg schaffen die Grünen das sog. Rotationsprinzip für Vorstandsmitglieder ab.

17 So Bei den Reichstagswahlen in Finnland wird das oppositionelle Zentrum mit 55 von 200 Sitzen stärkste Partei im Parlament.

18 Mo Nach dem Ende des Guerillakrieges hebt die Regierung von Angola die seit 1977 bestehende nächtliche Ausgangssperre in der Hauptstadt Lusaka auf.

19 Di Durch ein 4:0 über den Kölner EC verteidigt die Düsseldorfer EG die Deutsche Eishockey-Meisterschaft und sichert sich zum fünften Mal den Titel.

20 Mi Nach Zuschauerkrawallen wird in Dresden das Fußball-Europacupspiel zwischen Dynamo Dresden und Roter Stern Belgrad abgebrochen.

21 Do Bundesforschungsminister Heinz Riesenhuber kündigt an, dass der umstrittene Schnelle Brüter in Kalkar am Niederrhein nicht in Betrieb genommen wird.

22 Fr Das Landgericht Essen verurteilt die beiden Geiselnehmer von Gladbeck wegen zweifachen Mordes im August 1988 zu lebenslanger Haft.

23 Sa Der irakische Präsident Saddam Hussein bildet seine Regierung um und ernennt den Schiiten Saadun Hammadi zum Ministerpräsidenten.

24 So Im westafrikanischen Benin verliert Präsident Mathieu Kérékou, der bei den Parlamentswahlen nur 36% der Stimmen erhielt, die Macht.

25 Mo Für den Aufbau ihrer Wirtschaft erhalten die ostdeutschen Bundesländer von der EG bis 1993 eine finanzielle Unterstützung in Höhe von 6,2 Mrd. DM.

26 Di Das Parlament von Angola beschließt eine Verfassungsänderung, wonach das marxistische Einparteiensystem abgeschafft werden soll. → »Oscar«-Flut

27 Mi Vier pakistanische Luftpiraten kapern einen »Airbus« der Singapur Airlines. In Singapur endet die Entführung mit der Erschießung der Kidnapper.

28 Do Paul Biya, Präsident von Kamerun, amnestiert 107 Oppositionelle, die wegen Teilnahme an einem Putschversuch 1984 inhaftiert worden waren.

29 Fr Das Wiener Landesgericht verurteilt vier Hilfspflegerinnen eines Krankenhauses wegen vierfachen Mordes an Patienten zu mehrjährigen Haftstrafen.

30 Sa In Ruanda tritt nach sechsmonatigem Bürgerkrieg ein Waffenstillstand zwischen den Volksstämmen der Hutu und der Tutsi in Kraft.

31 So In Georgien sprechen sich in einem Referendum 98,9% der Bürger für die Unabhängigkeit ihres Landes von der Sowjetunion aus. → Warschauer Pakt

11. März 1991

Monica stößt Steffi vom Thron

Die 17-jährige jugoslawische Tennisspielerin Monica Seles (s. Abb.) verdrängt Steffi Graf von Platz eins der Tennis-Weltrangliste. Die Brühlerin verteidigte ihre Spitzenposition im Damentennis seit

August 1987. Mit 186 Wochen in Folge bricht Steffi Graf damit alle Rekorde. Keine Tennisspielerin vor ihr konnte sich derart lange an der Spitzenposition behaupten. Als dritte Spielerin in der Tennisgeschichte gelang Steffi Graf 1988 der Grand Slam, der Sieg bei den vier bedeutendsten Turnieren innerhalb eines Jahres. Auch Monica Seles hat eine beispiellose Karriere hinter sich und stürmte noch schneller als Steffi Graf an die Spitze der Weltrangliste. Bereits im Alter von 16 Jahren gewann die in Novi Sad geborene neue Nr. 1 die French Open in Paris. 1991 siegt sie in Melbourne und bei den US-Open in Flushing Meadows. Monica Seles lebt seit 1988 in den USA.

26. März 1991

»Oscar«-Flut für Indianerfilm

Kevin Costners Indianer-Epos »Der mit dem Wolf tanzt« räumt bei der Verleihung der Academy Awards in Hollywood sieben »Oscars« ab. Die Auszeichnungen gelten dem besten Film, der besten Regie, dem besten adaptierten Drehbuch sowie Bestleistungen in den Ressorts Kamera, Schnitt, Ton und Originalmusik. In dem rd. 33,5 Mio. DM teuren Streifen erzählt Regisseur und Hauptdarsteller Costner (Abb., r., mit Graham Greene) die Geschichte eines Weißen, der zur Zeit des US-Sezessionskriegs mit der indianischen Kultur konfrontiert wird. Fasziniert von der Lebensweise der Sioux-Indianer, wird er Stammesmitglied. Anfangs wurden dem Film kaum Chancen

eingeräumt. Überlänge, lange Dialoge in der Indianersprache Lakota und das Thema schienen auf einen Flop hinzudeuten. Aber das Publikum ist von dem realistisch umgesetzten Stoff fasziniert. Der Film spielt allein in den USA umgerechnet 235 Mio. DM ein.

29. April 1991

Flutwelle über Bangladesch

Ein heftiger Wirbelsturm mit Geschwindigkeiten bis zu 235 km/h baut vor der Küste von Bangladesch eine sechs Meter hohe Flutwelle auf. Die Wassermassen ergießen sich über das in weiten Teilen unter dem Meeresspiegel liegende Land. Insbesondere die küstennahen Gebiete in den Mündungsregionen der Flüsse Ganges und Brahmaputra werden von der Katastrophe schwer getroffen. Die Zahl der Toten wird auf 140 000 bis 500 000 Menschen geschätzt, mehr als zehn Mio. werden obdachlos. Die internationalen Hilfsmaßnahmen für das unterentwickelte Land laufen nur zögerlich an. Innerhalb kurzer Zeit breiten sich Krankheiten und Seuchen aus. Zehntausende von Menschen kommen ums Leben. Bangladesch ist in den vergangenen Jahren mehrfach von schweren Unwettern heimgesucht worden. Nach den Flutkatastrophen von 1970 und 1988 wurden von der Regierung zahlreiche Schutzmaßnahmen beschlossen, die jedoch nur halbherzig in die Tat umgesetzt worden sind. Fachleute prophezeien für die Zukunft weitere Katastrophen in der Region und ein noch zunehmendes Absinken des Landes, wozu die mit der Überbevölkerung verbundene starke Grundwasserentnahme entscheidend mit beitrage.

31. März 1991

Ende des Warschauer Pakts

36 Jahre nach seiner Gründung löst der Warschauer Pakt seine militärischen Strukturen auf. In

Moskau unterzeichnen die Regierungs- und Staatschefs der Sowjetunion, der Tschechoslowakei, aus Bulgarien, Rumänien, Polen und Ungarn ein entsprechendes Protokoll (Abb.: der tschechoslowakische Präsident Václav Havel, 5.v.l., und Polens Präsident Lech Walesa, 3.v.r.). Die politischen Strukturen des Militärbündnisses der Ostblockstaaten werden am 1. Juli in Prag außer Kraft gesetzt. Die Auflösung des Paktes entspricht dem Wunsch der in Osteuropa an die Macht gelangten Reformer. Kremlchef Michail S. Gorbatschow hatte in den vergangenen Jahren durch seine Politik einer Demokratisierung der Sowjetunion und ihrer Bündnispartner die Grundlagen dafür geschaffen. Nach der Auflösung des östlichen Militärpaktes entsteht ein Machtvakuum. In vielen der ehemaligen Mitgliedsstaaten brechen Nationalitätenkonflikte auf. Die NATO geht aus dem jahrelangen Konflikt zwischen Ost und West als Sieger hervor und muss sich nun strategisch neu ausrichten.

1. April 1991

RAF-Attentat auf Rohwedder

Der Vorstandsvorsitzende der Berliner Treuhandanstalt, Detlev Karsten Rohwedder, wird in seinem Haus in Düsseldorf ermordet. Unbekannte Täter feuern vom Garten aus mehrere Schüsse auf den Manager ab. Drei Kugeln durchschlagen das Fenster des Arbeitszimmers, in dem sich das Ehepaar Rohwedder aufhält. Bereits der erste Schuss trifft den Treuhandchef tödlich. Seine Frau wird am Arm verletzt. Später bekennt sich das Kommando »Ulrich Wessel« der Terrorgruppe Rote Armee Fraktion (RAF) zu der Tat. Die Täter können trotz intensiver Fahndung nicht ermittelt werden. Rohwedder war in letzter Zeit wegen des soziale Härte einschließenden Sanierungskurses der Treuhandanstalt in die Kritik geraten.

8. April 1991

Visumpflicht für Polen entfällt

Zwischen Deutschland und Polen wird die Visumpflicht aufgehoben. Polnische Besucher können sich ab sofort ohne entsprechenden Vermerk bis zu drei Monate in der Bundesrepublik Deutschland aufhalten. Der erwartete Ansturm im deutsch-polnischen Grenzverkehr bleibt jedoch aus. Stattdessen kommt es zu Übergriffen rechtsradikaler Gruppen auf polnische Touristen. In Frankfurt an der Oder versammeln sich rd. 250 Jugendliche aus der Neonazi-Szene an der Friedensbrücke und bedrohen die auf der anderen Flussseite auf Grenzöffnung wartenden Polen. Die Polizei lässt den Bereich räumen. Im Laufe des Tages wird außerdem ein mit polnischen Besuchern besetzter Bus mit Steinen beworfen.

Viele kurdische Flüchtlinge sterben in den Lagern an Unterernährung und Kälte.

21. April 1991

Schutzzone für Kurden

US-Truppen beginnen bei Sachu im Nordwesten des Irak mit der Einrichtung einer militärisch abgeschirmten Schutzzone für die irakischen Kurden. Die Maßnahme soll rd. 2 Mio. Menschen, die nach der brutalen Niederschlagung der Kurden- und Schiitenaufstände durch die irakische Armee in das Grenzgebiet zur Türkei geflohen waren, die Rückkehr ermöglichen.
Seit die Elite-Einheiten Saddam Husseins, die Republikanischen Garden, Ende März die Städte Kirkuk, Erbil und Dahuk zurückerobert haben, harren die Flüchtlinge im gebirgigen Niemandsland aus. Teilweise wurden sie von irakischen Hubschraubern attackiert, die mit Phosphorbomben und Napalm bewaffnet waren. Der Abstieg in die türkischen Täler ist ihnen verwehrt, weil die Türkei Anfang April wegen ihres eigenen kurdischen Minderheitenproblems ihre Grenzen geschlossen hat. Täglich sterben in den Lagern bis zu 2000 Kurden an Unterernährung und Kälte. Erst die Grenzöffnung der Türkei am 15. April, die auf internationalen Druck und nach Hilfszusagen des Westens erfolgte, hatte die Voraussetzungen für internationale Hilfe geschaffen.
Die Sicherheit der Schutzzone wird zunächst von 21 000 alliierten Soldaten, ab Juni von einer UN-Truppe gewährleistet. Im Juli beschließen die Alliierten die Stationierung einer Eingreiftruppe im irakisch-türkischen Grenzgebiet, die die kurdische Bevölkerung vor Übergriffen des irakischen Militärs schützen soll. Saddam Hussein reagiert auf die Einrichtung der Schutzzonen mit verbalen Attacken, muss die Maßnahme aber unter dem militärischen Druck der Alliierten hinnehmen.

April 1991

1	Mo	In der Sowjetunion treten drastische Preiserhöhungen in Kraft. Teile der Bevölkerung reagieren mit Hamsterkäufen und Plünderungen. → RAF-Attentat
2	Di	Aus Enttäuschung über den Sieg der Kommunisten bei den ersten freien Wahlen in Albanien kommt es in der Stadt Shkoder zu blutigen Unruhen.
3	Mi	In Vevey am Genfer See stirbt der englische Schriftsteller Graham Greene, der u.a. durch den Roman »Der dritte Mann« weltberühmt wurde.
4	Do	Max Frisch, einer der bedeutendsten Vertreter der Schweizer Nachkriegsliteratur, stirbt kurz vor seinem 80. Geburtstag in Zürich.
5	Fr	Der Kongress der Volksdeputierten stattet den russischen Parlamentspräsidenten Boris Jelzin mit exekutiven Sondervollmachten aus.
6	Sa	In Frankfurt am Main findet die Einweihung der wieder aufgebauten Alten Oper statt. Das Gebäude war 1987 durch Brandstiftung zerstört worden.
7	So	Bei den Stichwahlen zum albanischen Parlament gewinnt die kommunistische Partei weitere 7 Mandate und erreicht damit eine Zweidrittelmehrheit.
8	Mo	Die Staats- und Regierungschefs der EG sprechen sich in Luxemburg für Sicherheitszonen für Kurden auf irakischem Territorium aus. → Visumpflicht
9	Di	Einstimmig beschließt das Parlament in Tiflis die Wiederherstellung der Unabhängigkeit der Sowjetrepublik Georgien.
10	Mi	Die italienische Fähre »Moby Prince« stößt vor Livorno mit dem Öltanker »Agip Abruzzo« zusammen und geht in Flammen auf. 141 Personen kommen um.
11	Do	Aus Furcht vor einem Angriff der jugoslawischen Armee beginnt die nach Autonomie strebende Teilrepublik Kroatien mit der Aufstellung einer Nationalgarde.
12	Fr	In Frankfurt am Main beginnt der Prozess gegen ehemalige Manager des Einzelhandelskonzerns co op. Die Anklage wirft ihnen Untreue und Betrug vor.
13	Sa	Bundesbildungsminister Rainer Ortleb wird mit 143 von 161 Stimmen zum Vorsitzenden der FDP in Mecklenburg-Vorpommern gewählt.
14	So	Als letztes Land der Europäischen Gemeinschaft führt Spanien eine Visumpflicht für Algerier, Marokkaner und Tunesier ein.
15	Mo	Die Treuhandanstalt genehmigt den Erwerb von zehn ostdeutschen Zeitungen durch mehrere Verlage aus den alten Bundesländern.
16	Di	In der Paulskirche in Frankfurt am Main wird das von Johannes Grützke geschaffene, 32 m lange Gemälde »Zug der Volksvertreter« feierlich enthüllt.
17	Mi	Schleswig-Holsteins Regierung legt einen Bericht vor, wonach das Leben in der Ostsee durch Nährstoffeinleitungen vom Erstickungstod bedroht sei.
18	Do	Für seinen Einsatz bei der deutschen Vereinigung erhält Bundesaußenminister Hans-Dietrich Genscher in Athen den Onassis-Preis für Mensch und Menschheit.
19	Fr	Im Berliner Martin-Gropius-Bau wird die Ausstellung »Metropolis« eröffnet, die Auskunft über die Kunsttendenzen der neunziger Jahre geben will.
20	Sa	Über 13 000 begeisterte Zuschauer verfolgen in der Dortmunder Westfalenhalle den ersten Auftritt japanischer Sumo-Ringer in Deutschland.
21	So	Der britische Geistliche George Carey wird in der Kathedrale von Canterbury als Oberhaupt der anglikanischen Kirche inthronisiert. → Kurden
22	Mo	Die sowjetische Regierung legt ein Programm zur Überwindung der Wirtschaftskrise vor, das u.a. Zwangsmaßnahmen gegen Streiks beinhaltet.
23	Di	Ein Comebackversuch des schwedischen Tennisprofis Björn Borg nach achtjähriger Pause beim Turnier in Monte Carlo scheitert in der ersten Runde.
24	Mi	In der Rekordzeit von 120 Tagen und 22:36,35 h gewinnt der Franzose Christoph Auguin das Einhandsegler-Rennen »Rund um die Welt«.
25	Do	Wegen der Kämpfe zwischen Regierungstruppen und tamilischen Rebellen verhängt die Regierung von Sri Lanka den Ausnahmezustand über die Insel.
26	Fr	Das albanische Parlament verabschiedet eine demokratische Verfassung. Der Staatsname des Balkanlandes wird in »Republik Albanien« geändert.
27	Sa	Die Staatsanwaltschaft beim Berliner Kammergericht erhebt Anklage gegen den früheren Minister des DDR-Staatssicherheitsdienstes, Erich Mielke.
28	So	Bei Stammesunruhen, u.a. in der Siedlung Soweto, sind laut Behördenbericht in den letzten 48 Stunden rd. 41 Südafrikaner ums Leben gekommen.
29	Mo	In Südkoreas Hauptstadt Seoul protestieren zehntausende Studenten gegen den Tod eines Kommilitonen durch einen Polizeieinsatz. → Bangladesch
30	Di	29 Staaten beschließen in Madrid für die Dauer von 50 Jahren ein Verbot des Abbaus von Bodenschätzen in der Antarktis.

Mai 1991

1 Mi Papst Johannes Paul II. warnt in seiner Sozialenzyklika »Centesimus annus« vor einer »radikalen kapitalistischen Ideologie«. → Libanon

2 Do Die Boulevard-Zeitung »Super!«, die sich ausdrücklich an Leser aus den fünf neuen Bundesländern wendet, erscheint erstmals in Ostdeutschland.

3 Fr Der Leichnam des 1975 im österreichischen Exil verstorbenen Primas der ungarischen Katholiken, József Mindszenty, wird in seine Heimat überführt.

4 Sa Schweden erringt bei den Titelkämpfen in Finnland durch ein 2:1 über die UdSSR zum fünften Mal die Weltmeisterschaft im Eishockey.

5 So Mit einem fünftägigen Konzertzyklus und internationalem Staraufgebot wird in New York das 100-jährige Bestehen der »Carnegie Hall« gefeiert.

6 Mo In Itaipú geht das weltgrößte Wasserkraftwerk ans Netz. Die Anlage erzeugt mit ihren 18 Turbinen rd. ein Drittel des brasilianischen Strombedarfs.

7 Di Der 37-jährige Attentäter, der Bundesinnenminister Wolfgang Schäuble 1990 mit Schüssen schwer verletzte, wird in eine Psychiatrie eingewiesen.

8 Mi Wegen Beihilfe zur Steuerhinterziehung verurteilt das Landgericht Düsseldorf den Schatzmeister der CDU, Walther Leisler Kiep, zu einer Geldstrafe.

9 Do Das Bundeskabinett beschließt eine neue Verpackungsordnung, wonach Industrie und Handel Transportverpackungen wieder verwenden müssen.

10 Fr Bei seinem ersten Besuch in den neuen Ländern nach der Wahl 1990 wird Bundeskanzler Helmut Kohl in Halle von Demonstranten mit Eiern beworfen.

11 Sa Fundamentalistische Grüne um Jutta Ditfurth schließen sich in Frankfurt am Main zur Ökologischen Linken/Alternative Liste zusammen.

12 So Die Sowjetunion vernichtet ihre letzte Mittelstreckenrakete vom Typ SS-20. Damit haben USA und UdSSR das INF-Abkommen von 1987 erfüllt.

13 Mo Winnie Mandela, südafrikanische Bürgerrechtskämpferin, wird in Johannesburg wegen Beihilfe zu schwerer Körperverletzung zu sechs Jahren Haft verurteilt.

14 Di Der Bundestag in Bonn beschließt einen 7,5-prozentigen Solidaritätszuschlag auf die Lohn-, Einkommen- und Körperschaftssteuer.

15 Mi Durch ein 2:1 über den FC Barcelona gewinnt Manchester United in Rotterdam den Fußball-Europapokal der Pokalsieger.

16 Do Frankreichs Präsident François Mitterrand bestimmt Edith Cresson zur Nachfolgerin des zurückgetretenen Ministerpräsidenten Michel Rocard.

17 Fr In einer Volksbefragung sprechen sich die Einwohner Wiens gegen die Ausrichtung der Weltausstellung 1995 in Wien und Budapest aus.

18 Sa König Hassan II. von Marokko akzeptiert das geplante UNO-Referendum über das politische Schicksal der von Marokko beanspruchten Westsahara.

19 So 94,3% der Bürger Kroatiens votieren in einer Volksabstimmung für die Unabhängigkeit der zweitgrößten jugoslawischen Teilrepublik.

20 Mo Durch einen Dreisatz-Erfolg gegen die Spanierin Arantxa Sanchez-Vicario wird Steffi Graf in Berlin zum 5. Mal Internationale Deutsche Tennismeisterin.

21 Di Äthiopiens Staatschef Mengistu Haile Mariam tritt nach schweren militärischen Niederlagen der Regierungsarmee im Bürgerkrieg zurück. → Gandhi

22 Mi Drei Monate früher als vorgesehen erfolgt 50 m unter dem Ärmelkanal der Durchstich für den Eisenbahntunnel zwischen Frankreich und Großbritannien.

23 Do Aktenfunde in den Archiven des Bezirksamts Berlin-Mitte beweisen, dass es in der DDR Zwangsadoptionen aus politischen Gründen gegeben hat.

24 Fr Bundesverteidigungsminister Gerhard Stoltenberg kündigt in Bonn die Schließung von 213 Bundeswehrstandorten in Westdeutschland an.

25 Sa Willi Piecyk wird als Nachfolger des künftigen SPD-Bundesvorsitzenden Björn Engholm zum schleswig-holsteinischen SPD-Landeschef gewählt.

26 So Eine Boeing 767 der österreichischen Fluggesellschaft Lauda Air stürzt mit 223 Menschen an Bord über Thailand ab. Es gibt keine Überlebenden.

27 Mo Die westpazifische Inselrepublik Belau klagt vor einem US-Gericht auf die Achtung ihrer Selbstbestimmung, die 1990 von den USA eingeschränkt wurde.

28 Di Mit der Einnahme der Hauptstadt Addis Abeba durch die Volksdemokratische Revolutionsfront endet der 30-jährige Bürgerkrieg in Äthiopien.

29 Mi In der katalanischen Stadt Vich tötet eine Autobombe neun Menschen. +++ Der TuS Walle Bremen wird erster gesamtdeutscher Damen-Handballmeister.

30 Do Frankreichs Staatspräsident François Mitterrand stellt einen Abrüstungsplan vor, der sich vor allem auf chemische und biologische Waffen bezieht.

31 Fr Mit der Unterzeichnung eines Waffenstillstandsabkommens in Lissabon endet nach 16 Jahren der Bürgerkrieg in Angola.

20. Juni 1991

Bundestag beschließt den

Nach einer überaus dramatischen Sitzung – Beobachter sprechen auch von einer Sternstunde des deutschen Parlamentarismus – gibt Bundestagspräsidentin Rita Süssmuth (CDU) in den Abendstunden das mit Spannung erwartete Ergebnis der namentlichen Abstimmung über den künftigen Parlaments- und Regierungssitz des vereinten Deutschland bekannt: 338 Abgeordnete votieren für Berlin, 320 für Bonn.

Der Umzug vom Rhein an die Spree soll in zehn bis zwölf Jahren abgeschlossen sein. Bonn soll Verwaltungszentrum Deutschlands bleiben und verschiedene Kompensationsleistungen erhalten. U.a. sind Behördenumzüge von Berlin nach Bonn angestrebt. Der knappen Entscheidung gingen wochenlange Werbe- und Unterschriftenaktionen von Bonn- und Berlin-Befürwortern voraus. Die unterschiedlichen Positionen zogen sich quer durch alle Parteien. Fraktionsübergreifend formieren sich Interessengruppen. Am Tag der Abstimmung greifen mehr als 100 Redner in die Debatte ein. Die Abgeordneten sind nicht an den Fraktionszwang gebunden und streiten in pointierten Reden für ihre Überzeugung. Bundesarbeitsminister Norbert Blüm (CDU), der sich für Bonn ausspricht, verweist darauf, dass es nicht um die Frage des Regierungssitzes, sondern um das Selbstverständnis des Staates gehe: »Wir haben uns nicht zum Deutschen Reich wieder vereint, sondern zu einem kräftigen Bundesstaat«. Zu den Berlin-Befürwortern gehören u.a. Bundeskanzler Helmut Kohl (CDU), der SPD-Ehrenvorsitzende Willy Brandt und Bildungsminister Rainer Ortleb (FDP). Sie sprechen sich gegen das »Provisorium« Bonn aus, weil die Einigung

Die Hauptstadtfrage ist von nationaler Bedeutung.

Deutschlands und die europäische Integration eine Verlagerung der Machtzentrale in die neuen Bundesländer und in die Nähe der jungen Demokratien Osteuropas verlange. Rita Süssmuth hält dagegen, dass vom Rhein »nicht nur westeuropäische Politik gemacht worden ist, sondern seit den fünfziger Jah-

9. Juni 1991

Ausbruch des Pinatubo

Nach über 600 Jahren bricht auf den Philippinen erstmals wieder der Vulkan Mount Pinatubo aus.

In den folgenden Tagen breitet sich eine 20 km hohe Rauchsäule über der Insel Luzon aus, kochender Schlamm und glühendes Geröll gehen in den Provinzen Zambales und Luzon nieder. Durch heftige Regenfälle verwandelt sich die Asche in eine dicke Schlammschicht (s. Abb.). 30 000 Menschen müssen aus der Gefahrenzone evakuiert werden, 565 kommen ums Leben.

21. Mai 1991

Attentat auf Rajiv Gandhi

Eine Selbstmord-Attentäterin ermordet in Sriperumbudur (Bezirk Madras) den Vorsitzenden der indischen Kongresspartei und ehemaligen Ministerpräsidenten Rajiv Gandhi. Die Frau hatte sich Gandhi während einer Wahlkampfveranstaltung genähert. Unter ihrer Kleidung hielt sie eine Bombe versteckt, die sie in der Nähe des Politikers zündete. Die Attentäterin, Gandhi und 15 weitere Personen kommen bei der Detonation ums Leben. Hinter dem Anschlag wird die srilankische Widerstandsorganisation »Befreiungstiger von Tamil Eelam« vermutet.

Gandhi war während seiner Zeit als indischer Premierminister (1984-89) militärisch gegen tamilische Separatisten vorgegangen. Durch seine mögliche Wiederwahl befürchten die Tamilen weitere Repressalien. Darüber hinaus verdächtigt die Polizei auch Angehörige der religiösen Gemeinschaft der Sikhs als potentielle Attentäter. Radikale Sikhs hatten bereits 1984 Gandhis Mutter, Premierministerin Indira Gandhi, die Tochter des Staatsgründers Jawaharlal Nehru, ermordet.

mzug

ren der Blick kontinuierlich auch nach Osteuropa gerichtet worden ist«. Willy Brandt – als Regierender Bürgermeister zur Zeit des Mauerbaus Berlin-Befürworter – sagt, es gehe um politische Glaubwürdigkeit und darum, die »Teilung durch Worthalten« zu überwinden. SPD-Fraktionschef Hans-Jochen Vogel begründet seine Berlin-Entscheidung damit, dass das Parlament dort seinen Sitz haben müsse, »wo wir nicht nur an die guten Tage der deutschen Geschichte, sondern an die ganze deutsche Geschichte mit ihren Höhen und Tiefen erinnert werden«. In einer bemerkenswerten Rede spricht sich auch Bundesinnenminister Wolfgang Schäuble (CDU) für Berlin aus. Er bezeichnet Berlin als »Symbol für Einheit und Freiheit, für Demokratie und Rechtstaatlichkeit für das ganze Deutschland«.
Die Entscheidung des Bundestages, Berlin zum deutschen Parlaments- und Regierungssitz zu machen, hat für die Stadt weitreichende Folgen. In der Metropole, die nach der Überwindung der Teilung 3,5 Mio. Einwohner besitzt, müssen eine Vielzahl von Wohnungen und Regierungsgebäuden errichtet, Verkehrswege innerhalb der Stadt und ins Umland neu erschlossen sowie Gewerbeflächen ausgewiesen werden. Von besonderem Interesse ist das Brachgelände am Potsdamer Platz, auf dem sich Großkonzerne wie Daimler-Benz und Sony bereits Grundstücke gesichert haben. Im November einigt sich der Ältestenrat des Deutschen Bundestages darauf, dass das Parlament in das Reichstagsgebäude am Brandenburger Tor einziehen soll. Die umfangreiche Renovierung des historischen Gebäudes wird erst 1999 abgeschlossen.

1. Mai 1991

Endlich Frieden im Libanon

Nach 16 Jahren endet der Bürgerkrieg im Libanon. Die reguläre libanesische Armee übernimmt die Kontrolle über die Hauptstadt Beirut und den gesamten Norden des Landes und entwaffnet die christlichen und drusischen Milizen. Die Bürgerkriegsparteien erkennen den 1989 gewählten christlichen Präsidenten Elias Hrawi an. Am 4. Juli bringt die Armee auch den bis dahin von rd. 40 000 PLO-Kämpfern beherrschten Süden des Landes unter Kontrolle.
Ende 1990 wurde im Libanon eine Regierung der nationalen Einheit gebildet. Das Kabinett entsprach in seiner Zusammensetzung den Verfassungsänderungen von 1989. Danach sind Christen und Moslems zu gleichen Teilen in der Regierung vertreten, die Staatsführung teilen sich, konstitutionell festgelegt, der christliche Präsident und der moslemische Regierungschef.
Israel weigert sich auch nach dem Ende des Bürgerkriegs, seine Truppen aus dem Südlibanon abzuziehen. Ein sog. Sicherheitsstreifen soll dem Schutz vor Terrorüberfällen dienen.

25. Juni 1991

Bürgerkrieg in Jugoslawien

Die jugoslawischen Teilrepubliken Slowenien und Kroatien erklären einseitig ihre Unabhängigkeit und treten aus dem Vielvölkerstaat Jugoslawien aus. Die jugoslawische Regierung in Belgrad erkennt die Autonomieerklärungen nicht an und entsendet Bundestruppen (s. Abb.).
Der jugoslawische Bürgerkrieg bricht aus. Die Kämpfe in Slowenien und Kroatien dauern

zunächst nur wenige Tage. Durch einen international vermittelten Waffenstillstand sollen die Truppen bis zum 26. Oktober abgezogen werden. Im Gegenzug sagen die Teilrepubliken zu, ihre Autonomiebestrebungen für drei Monate auszusetzen. Das Abkommen ist jedoch nur von kurzer Dauer. Die serbisch dominierte Regierung Jugoslawiens setzt darauf, die von Serben besiedelten Gebiete Kroatiens in Slawonien und der Krajina von Kroatien abspalten zu können, und greift erneut zu militärischen Mitteln. Im Juli weiten sich die Kämpfe großflächig aus. Die jugoslawische Armee startet eine Großoffensive und belagert u.a. die kroatische Hafenstadt Dubrovnik. Wo die Bundesarmee und die Serben sich durchsetzen, vertreiben sie die kroatische Bevölkerung.

2. Juni 1991

Neuer ICE legt Tempo 250 vor

Vom Hamburger Bahnhof Altona aus startet der erste Intercity Express (ICE) zu seiner Jungfernfahrt nach München. Der neuartige Zug (s. Abb.) ermöglicht Reisegeschwindigkeiten bis zu 250 km/h. Damit verkürzt sich die Fahrzeit auf der in

den letzten Jahren durch eine Schnellfahrtrasse stark ausgebauten Strecke Hamburg-München um volle drei Stunden. Mit der Entwicklung des ICE hofft die Deutsche Bundesbahn, Auto und Flugzeug Konkurrenz machen zu können. Bereits 1985 raste der erste ICE-Prototyp über eine Teststrecke. Im Mai 1988 wurden bei Testfahrten Höchstgeschwindigkeiten bis zu 406,9 km/h gemessen. Damit ist der ICE der zweitschnellste Zug der Welt. Den Geschwindigkeitsrekord hält der französische TGV mit 515,3 km/h auf der Teststrecke und 300 km/h Reisegeschwindigkeit. Hochgeschwindigkeitszüge sind u.a. in Japan, Spanien und Italien im Einsatz.

Juni 1991

1	Sa	In Dresden erschießen zwei Mannheimer Zuhälter in einem Racheakt auf offener Straße den Neonazi-Führer Rainer Sonntag .
2	So	Zum dritten Mal nach 1977 und 1979 lehnen die Schweizer Stimmbürger in einem Referendum die Einführung der Mehrwertsteuer ab. → ICE
3	Mo	Auf der japanischen Insel Kyushu bricht der Vulkan Unzen aus. Bei dieser Naturkatastrophe kommen mindestens 39 Menschen ums Leben.
4	Di	Israelische Kampfflugzeuge bombardieren palästinensische Stellungen im Südlibanon. Es sind die schwersten Luftangriffe seit 1982.
5	Mi	In Südafrika billigt das Parlament die Abschaffung bedeutender Apartheidgesetze, u.a. des Land Act, das Schwarzen verbot, Land zu erwerben.
6	Do	»Malina«, ein Film von Werner Schroeter nach dem gleichnamigen Roman von Ingeborg Bachmann, erhält den Deutschen Filmpreis 1991.
7	Fr	Der Bundestag in Bonn verabschiedet den ersten gesamtdeutschen Haushalt. Er hat ein Volumen von 410,3 Mrd. DM.
8	Sa	Im Kongo wählt eine Nationalkonferenz der politischen Parteien und Organisationen André Milongo zum Ministerpräsidenten.
9	So	Das bulgarische Parlament beschließt, dass die Opfer der kommunistischen Herrschaft eine finanzielle Entschädigung erhalten. → Pinatubo
10	Mo	Bei landesweiten Streiks fordern im krisengeschüttelten Rumänien zehntausende Arbeiter und Angestellte Lohnerhöhungen.
11	Di	In Italien sprechen sich die Bürger per Referendum für eine Änderung des Wahlsystems aus. Statt bisher vier soll künftig eine Stimme abgegeben werden.
12	Mi	Mit 57,30% der Stimmen wird Parlamentspräsident Boris Jelzin im ersten Wahlgang zum Präsidenten Russlands gewählt.
13	Do	Auf der 7. Internationalen AIDS-Konferenz in Florenz stellen US-Wissenschaftler einen Impfstoff gegen die Immunschwächekrankheit vor.
14	Fr	In der Schweiz demonstrieren Frauen für die Umsetzung des vor zehn Jahren in Kraft getretenen Gesetzes über die Gleichstellung von Mann und Frau.
15	Sa	Der 1. FC Kaiserslautern wird Deutscher Fußballmeister. +++ Das Internationale Olympische Komitee vergibt die Winterspiele 1998 nach Nagano (Japan).
16	So	Militante Sikhs überfallen im nordindischen Unionsstaat Pandschab zwei vorwiegend mit Hindus besetzte Eisenbahnzüge und töten 126 Menschen.
17	Mo	Mesut Yilmaz, Vorsitzender der regierenden konservativen Mutterlandspartei, wird zum türkischen Ministerpräsidenten ernannt.
18	Di	Ein Erdrutsch fordert in der chilenischen Stadt Antofagasta mindestens 150 Tote und Vermisste. Insgesamt 12 000 Häuser werden vollkommen zerstört.
19	Mi	Der seit dem Jahre 1984 flüchtige Anführer des Drogenkartells von Medellín, Pablo Escobar, stellt sich der kolumbianischen Justiz.
20	Do	Als erstes schwarzafrikanisches Land gibt Kenia den wegen der Apartheidspolitik beschlossenen Boykott des Sportverkehrs mit Südafrika auf. → Umzug
21	Fr	Wegen fragwürdiger Äußerungen zur NS-Zeit wird Jörg Haider (FPÖ) als Regierungschef des österreichischen Bundeslandes Kärnten abgewählt.
22	Sa	Weil sie seit Monaten keinen Sold erhalten haben, unternehmen Teile der Armee in Maputo, der Hauptstadt von Mosambik, einen Putschversuch.
23	So	Bei den Fechtweltmeisterschaften in Budapest gewinnt der Deutsche Ingo Weißenborn (Tauberbischofsheim) eine Goldmedaille im Herrenflorett.
24	Mo	In Thailand unterzeichnen die sich im kambodschanischen Bürgerkrieg bekämpfenden Gruppen einen unbefristeten Waffenstillstand.
25	Di	Nach der Kontrolle der PDS-Konten übernimmt die Treuhandanstalt auch die Verwaltung alter Liegenschaften aus dem PDS-Vermögen. → Jugoslawien
26	Mi	Die staatliche Porzellanmanufaktur Meißen geht nach 45-jähriger Unterbrechung wieder in den Besitz des Landes Sachsen über.
27	Do	Das Bundesverfassungsgericht in Karlsruhe bezeichnet die Praxis der Finanzämter bei der Besteuerung privater Zinserträge als verfassungswidrig.
28	Fr	In Budapest lösen die Mitgliedsstaaten den 1949 gegründeten osteuropäischen Rat für gegenseitige Wirtschaftshilfe (COMECON) auf.
29	Sa	US-Präsident George Bush droht dem Irak mit Militärschlägen, nachdem ein UN-Team daran gehindert wurde, eine Militäranlage zu kontrollieren.
30	So	Die in Berlin lebende türkische Schriftstellerin Emine Sevgi Özdamar erhält in Klagenfurt den mit 20 000 DM dotierten Ingeborg-Bachmann-Preis.

Juli 1991

1 Mo Das sowjetische Parlament nimmt ein Privatisierungsgesetz an, nach dem rd. 50% der Industriebetriebe nicht mehr unter staatlicher Kontrolle stehen sollen.

2 Di NASA-Forscher interpretieren in einem Artikel für die Zeitschrift »Nature« die Abnahme der arktischen Treibeisfläche als Anzeichen für eine Klimaänderung.

3 Mi Die seit Juni geführten Nordirland-Gespräche, an denen erstmals seit 16 Jahren alle Konfliktparteien teilgenommen haben, werden ergebnislos abgebrochen.

4 Do Siemens vereinbart mit dem US-Computerhersteller IBM die gemeinsame Produktion eines 16-Megabit-Chips im französischen IBM-Werk Corbeil-Essonnes.

5 Fr Wegen Betrugsverdachts wird die Londoner Zentrale der Bank of Credit and Commerce International (BCCI) geschlossen.

6 Sa Zum Auftakt der Münchener Opernfestspiele findet die Uraufführung der Oper »Ubu Rex« von Krysztof Penderecki statt.

7 So Das 122. Deutsche Galopp-Derby in Hamburg endet mit dem Außenseitersieg von Temporal unter Jockey Lanfranco Dettori. → Stich

8 Mo Die jugoslawische Teilrepublik Slowenien stimmt dem von der EG unterbreiteten sog. Kompromiss von Brioni zur Entschärfung des Krieges in Jugoslawien zu.

9 Di Nach einer 22-jährigen Sperre wegen der Apartheidspolitik lädt das IOC Südafrika wieder zur Teilnahme an Olympischen Spielen ein.

10 Mi Bei heftigen Auseinandersetzungen von kurdischen Demonstranten mit türkischen Sicherheitskräften im osttürkischen Diyarbakir gibt es acht Tote.

11 Do In der Nähe des saudi-arabischen Flughafens Dschidda stürzt eine nigerianische DC 8 ab. Dabei kommen alle 261 Insassen ums Leben.

12 Fr Der Oberste Sowjet billigt den neuen Unionsvertrag, der den Sowjetrepubliken gegenüber der Zentralregierung deutlich mehr Kompetenzen einräumt.

13 Sa In ihrem Vorschlag zur Neuregelung des Abtreibungsrechts, der sog. Ansbacher Erklärung, lehnt die CSU jede Form der Fristenlösung ab.

14 So Die deutsche Damenfußball-Nationalmannschaft verteidigt im dänischen Aalborg durch ein 3:1 gegen Norwegen erfolgreich den Europameistertitel.

15 Mo Nach Angaben der chinesischen Behörden sind bei einer Überschwemmungskatastrophe im Norden des Landes 1319 Menschen getötet worden.

16 Di Mit der Montage der Kupfer-Pferde auf dem Brandenburger Tor in Berlin sind die Restaurierungsarbeiten an der Quadriga nach 15 Monaten abgeschlossen.

17 Mi Nach erfolgreichem Start nimmt ERS-1, der bisher teuerste Erdbeobachtungssatellit der europäischen Weltraumbehörde, seine Arbeit auf.

18 Do Die türkische Regierung stimmt der Stationierung einer internationalen Eingreiftruppe zum Schutz der Kurden im Grenzgebiet zum Irak zu.

19 Fr Im US-Senat wird ein Gesetz verabschiedet, das AIDS-infizierte Ärzte verpflichtet, Patienten über das Risiko einer Übertragung aufzuklären.

20 Sa Angesichts fehlender Geldmittel beschließt die Stadt Schwerin, sich bis Juli 1992 von ihrem philharmonischen Landesorchester zu trennen.

21 So Vor der Westküste Australiens schlägt der griechische Öltanker »Kirki« leck. Dabei laufen rd. 12 000 t leichtes Rohöl ins Meer.

22 Mo Nach weltweiten Protesten verwirft ein Investor den Bau eines Supermarkts auf dem Gelände des ehemaligen Konzentrationslagers Ravensbrück.

23 Di Im US-Bundesstaat Wisconsin wird der mutmaßliche Massenmörder Jeffrey Dahmer festgenommen. Er gesteht, 17 Männer ermordet und zerstückelt zu haben.

24 Mi Der sowjetische Präsident Michail S. Gorbatschow und Vertreter der zur Bildung einer Union bereiten Republiken einigen sich auf einen Vertragsentwurf.

25 Do Die Oper »Lohengrin« in der Inszenierung von Werner Herzog eröffnet in Bayreuth die 80. Richard-Wagner-Festspiele.

26 Fr Erstmals seit der Loslösung von Frankreich im Jahr 1960 werden in Mauretanien politische Parteien zugelassen, sofern sie die Werte des Islam achten.

27 Sa Ein mit Benzin beladener Güterzug stößt in Oebisfelde bei Magdeburg mit dem D-Zug Dresden-Köln zusammen. Der Unfall fordert drei Todesopfer.

28 So Der spanische Radrennfahrer Miguel Indurain gewinnt mit einem Vorsprung von 3,36 min auf Gianni Bugno aus Italien die 78. Tour de France.

29 Mo Die russische Sowjetrepublik und die Baltenrepublik Litauen unterzeichnen einen Vertrag über die gegenseitige Anerkennung ihrer Souveränität.

30 Di Nach tagelangen heftigen Regenfällen bricht im Nordosten von Rumänien ein Staudamm. In den 30 überfluteten Gemeinden sterben 45 Menschen.

31 Mi Am Weltraumteleskop »Hubble« gefährden drei fehlerhaft arbeitende Lagestabilisatoren die wissenschaftlichen Arbeiten. → START-Vertrag

Die Bevölkerung errichtet Barrikaden, die die Panzer der Putschisten aufhalten sollen.

Jelzin stützt Gorbatschow

Die Menschen stehen hinter Boris Jelzin.

Unmittelbar nach dem Putsch gegen Gorbatschow ergreift der russische Präsident Boris Jelzin die Initiative. Der Radikalreformer, der über breite Unterstützung in der Bevölkerung verfügt, stellt sich gegen die Verschwörer und ruft zum zivilen Widerstand auf. Obendrein widerruft er sämtliche Erlasse der Regierungsjunta für das Territorium von Russland. Jelzin bezeichnet die Vorgänge als »rechtsreaktionären Umsturz«. In einem dramatischen Appell ruft er – auf einem Schützenpanzer stehend – zum landesweiten, unbefristeten Generalstreik auf. Er fordert die Wiedereinsetzung Gorbatschows in seine früheren Funktionen und appelliert an die Armee, sich nicht an dem Umsturz zu beteiligen. Während der Nacht wird Boris Jelzin, der sich mit seinen Mitarbeitern im russischen Parlamentsgebäude, dem sog. Weißen Haus, verschanzt, von loyalen Einheiten der Armee und mehreren tausend Anhängern geschützt. Am 20. August demonstrieren 50 000 Menschen gegen die Putschisten. In der Nacht werden drei Demonstranten von Panzern überrollt. Am 21. August bricht der Putsch zusammen, die Verschwörer fliehen. Gorbatschow kehrt tags darauf zurück.

23. August 1991

Mike Powell überspringt Bob Beamons Fabelrekord

Bei der einwöchigen Weltmeisterschaft der Leichtathleten in Tokio glänzen die Teilnehmer aus den USA mit drei Weltrekorden. Höhepunkt ist der Weitsprungwettbewerb, bei dem Mike Powell die sagenhafte Weite von 8,95 m überspringt (s. Abb.). Damit entscheidet der 1,88 m große Athlet ein Sprungduell gegen seinen Landsmann Carl Lewis für sich. Lewis legt zunächst 8,83 m und 8,87 m vor. Im vierten Versuch springt er sogar 8,91 m. Da der Rückenwind zu stark war, kann der letzte Sprung jedoch nicht als Rekord gewertet werden. Daraufhin sorgt Powell mit einem grandiosen Satz über 8,95 m für eine Sensation. Der Sprung wird gewertet, die Welt hat einen neuen Weitsprung-Champion. Mike Powell ist der erste, der den Jahrhundertsprung von Bob Beamon übertrifft. Beamon war bei den Olympischen Spielen von 1968 in Mexiko 8,90 m weit gesprungen. Seither hatten sich Generationen von Weitspringern vergeblich um eine neue Rekordmarke bemüht. Auch Carl Lewis wird neuer Weltrekordathlet. Den 100-m-Lauf legt er in 9,86 sec zurück und unterbietet die Bestmarke seines Landsmannes und Clubkameraden Leroy Burrell um vier Hundertstel Sekunden. Eine weitere Klasseleistung wird ebenfalls von US-Athleten erbracht. Die 4x100-m-Staffel verbessert den eigenen, erst am 7. August gelaufenen Weltrekord um 17 Zehntel Sekunden auf 37,50 sec. Zu dem Traum-Team gehören Dennis Mitchell, Andre Cason und – erneut – Carl Lewis. Neben den US-Stars ist die deutsche Sprinterin Katrin Krabbe herausragende Athletin der Weltmeisterschaft. Die Europameisterin bestätigt ihre bisherigen Leistungen und gewinnt in Tokio die 100 und 200 m.

19. August 1991

Putsch in Moskau

Die Welt hält den Atem an: Reformfeindliche Kommunisten putschen in Moskau gegen Staatspräsident Michail S. Gorbatschow. Einen Tag vor der Unterzeichnung eines neuen Unionsvertrags versuchen sie, das Rad der Geschichte aufzuhalten. Ein achtköpfiges sog. Notstandskomitee mit dem selbst ernannten Präsidenten Gennadi Janajew an der Spitze will die Macht übernehmen. Für die Dauer von acht Monaten soll der Ausnahmezustand gelten, Panzer besetzen das Stadtzentrum, Presse und Rundfunk unterliegen der Zensur. Die Verschwörer verfügen jedoch über keinen Rückhalt in der Bevölkerung und scheitern am entschlossenen Widerstand Boris Jelzins und der Bevölkerung.

Boris Jelzin (M.) ruft zum Widerstand auf.

7. Juli 1991

Stich gewinnt Wimbledon

Beim Endspiel der Herren im »Tennis-Mekka« Wimbledon treffen erstmals zwei Deutsche aufeinander. Der Elmshorner Michael Stich (s. Abb.) gewinnt das Rasen-Turnier gegen den dreifachen Champion Boris Becker mit 6:4, 7:6 und 6:4. Stich war als Außenseiter gegen Becker angetreten. Vor Wimbledon fiel Michael Stich allerdings durch seinen Sieg in Paris auf. Während des Wimbledon-Turniers setzte er sich u.a. gegen Jim Courier und Stefan Edberg, den Turnier-Sieger vom Vorjahr, durch. Sein Erfolg gegen Becker und Siege gegen den Ersten, Zweiten und Vierten der Weltrangliste machen Michael Stich selbst zur Nummer vier der besten Tennisspieler der Welt. Bei den Damen ist in diesem Jahr zum dritten Mal Steffi Graf erfolgreich. Damit gewinnen – wie 1989 – zwei deutsche Tennisstars die Trophäen des wohl renommiertesten Tennisturniers der Welt.

8. August 1991

Flucht über die Adria

In der italienischen Hafenstadt Bari läuft der mit 10000 albanischen Flüchtlingen beladene Frachter »Vlora« ein (s. Abb.). Die italienischen Behörden reagieren energisch: Binnen weniger Tage transportieren sie die Flüchtlinge, die wegen der katastrophalen Versorgungslage Albanien verlassen hatten, in ihre Heimat zurück. Rom verspricht aber wirtschaftliche Hilfe.

31. Juli 1991

START-Vertrag unterzeichnet

Das Abrüstungskarussell beginnt sich immer schneller zu drehen: Im Wladimir-Saal des Moskauer Kreml unterzeichnen der sowjetische Staatschef Michail S. Gorbatschow und US-Präsident George Bush den START-Vertrag zur Reduzierung der Atomraketen, die eine Reichweite von mehr als 5500 km haben. Das Abkommen, das seit 1982 vorbereitet wurde, verringert zum ersten Mal die Zahl der strategischen Waffensysteme, und zwar um durchschnittlich 25-30%.

Die UdSSR will die Zahl ihrer weit reichenden Atomwaffen von 11000 auf 7000 Sprengköpfe, die USA von 12000 auf 9000 vermindern. Eine nahezu lückenlose gegenseitige Überprüfung soll die Einhaltung des Vertrages garantieren. Inspektionen und ein ständiger Austausch von Informationen sind geplant. Der Vertrag hat einen Laufzeit von 15 Jahren und kann um jeweils fünf Jahre verlängert werden. Nach dem Abbau der Waffensysteme, der nach sieben Jahren abgeschlossen sein soll, werden so viele Atomwaffen wie zu Beginn der Verhandlungen 1982 stationiert sein. Gorbatschow wertet den Vertrag als »Abbau der Struktur der Angst«. Der Kreml-Chef und US-Präsident Bush setzen bei der Unterzeichnung auf Symbolik: Die Füllfederhalter bestehen aus eingeschmolzenen »Pershing«- und SS 20-Atomraketen.

George Bush

US-Politiker, * 12.6.1924 Milton (Massachusetts)

In die Amtszeit des gemäßigten Republikaners, der außenpolitisch konsequent die US-Interessen vertritt, fällt die Invasion in Panama (1989) und der Golfkrieg (1991). Der 41. US-Präsident gilt als typischer Vertreter des Ostküsten-Establishments. Vor seiner politischen Karriere war er erfolgreich in der texanischen Erdölindustrie tätig und leitete 1976/77 den Geheimdienst CIA.

- 1941-45: Dienst als Marineflieger
- 1949-64: Gründer und Direktor der Zapata Off Shore Corp.
- 1981-89: Vizepräsident, 1989-93 Präsident der USA

August 1991

1 Do Eine Feier auf der Rütliwiese, Ort des historischen Schwurs, bildet den Höhepunkt der Feiern zum 700-jährigen Bestehen der Schweizer Eidgenossenschaft.

2 Fr Von schweren Gewittern begleitete, sintflutartige Regenfälle richten in Südostbayern, vor allem in der Region Passau, Sachschäden in Millionenhöhe an.

3 Sa Die deutschen Sportjournalisten wählen Stefan Kuntz, Kapitän des Fußballmeisters 1. FC Kaiserslautern, zum »Fußballer des Jahres«.

4 So Vor der Küste Südafrikas sinkt der griechische Luxusdampfer »Oceanos«. Alle 571 Passagiere und Besatzungsmitglieder können gerettet werden.

5 Mo Kuba senkt das Mindestalter für Auslandsreisen auf das 20. Lebensjahr. Bisher galt eine Altersgrenze von 55 Jahren für Männer und 50 Jahren für Frauen.

6 Di Nach sechswöchigem Einsatz zieht das österreichische Bundesheer die an die Grenze zu Slowenien verlegten 7500 Soldaten wieder zurück.

7 Mi Beim Leichtathletik-Sportfest in Zürich läuft die US-Sprintstaffel – u.a. mit Leroy Burrell und Carl Lewis – in 37,67 sec Weltrekord über 4x100 m.

8 Do Wegen einer früheren Stasi-Mitarbeit tritt der stellvertretende Ministerpräsident von Sachsen-Anhalt, Gerd Brunner (FDP), zurück. → Adria

9 Fr Mitglieder der sog. Volksbefreiungsarmee Kurdistans entlassen nach mehr als einwöchiger Haft zehn in der Provinz Bitlis entführte deutsche Touristen.

10 Sa Als erster westlicher Regierungschef seit der Niederschlagung der Studentenproteste 1989 trifft der japanische Premier Toshiki Kaifu in Peking ein.

11 So Die pro-iranische Gruppe »Organisation der Revolutionären Gerechtigkeit« lässt in der libanesischen Hauptstadt Beirut zwei westliche Geiseln frei.

12 Mo Die US-Fluglinie Delta Air Lines erhält vom Bundeskonkursgericht in New York den Zuschlag für wesentliche Teile der Fluggesellschaft Pan American.

13 Di In Stuttgart beginnen die Rad-Weltmeisterschaften. Die mit sechs Goldmedaillen hervorragende deutsche Bilanz ist vor allem das Verdienst ostdeutscher Fahrer.

14 Mi Das Oberverwaltungsgericht Koblenz erklärt die Spielshow »Glücksrad« des privaten Fernsehsenders SAT 1 zur Werbesendung.

15 Do Zur Bekämpfung der Inflation erhöht die Deutsche Bundesbank den Diskontsatz von 6,5% auf 7,5% und den Lombardsatz von 9% auf 9,25%.

16 Fr Die südafrikanische Regierung vereinbart mit dem Hohen Flüchtlingskommissar der UNO eine Generalamnestie für alle politischen Exilanten.

17 Sa Mehr als 200 Jahre nach ihrem Tod werden die Sarkophage der Preußenkönige Friedrich Wilhelm I. und Friedrich II. nach Potsdam überführt.

18 So Bei den Parlamentswahlen in Mexiko erhält die seit 1929 regierende Partei der Institutionalisierten Revolution 61,4% der Stimmen.

19 Mo Die Länder Niedersachsen und Sachsen-Anhalt vereinbaren die Beteiligung von Sachsen-Anhalt an der Norddeutschen Landesbank. → Putsch

20 Di Die Staatsanwaltschaft durchsucht in mehreren Städten Räumlichkeiten der PDS, die im Verdacht steht, Vermögenswerte beiseite geschafft zu haben.

21 Mi Das Parlament der Baltenrepublik Lettland setzt – wie tags zuvor Estland – die bereits zuvor erklärte Unabhängigkeit in Kraft.

22 Do Die Treuhandanstalt teilt mit, dass die SPD gegen eine Zahlung von 75 Mio. DM auf ihre Eigentumsansprüche an ehemaligen SED-Zeitungen verzichtet.

23 Fr Der russische Präsident Boris Jelzin verbietet für das Staatsgebiet der Republik Russland alle Aktivitäten der Kommunistischen Partei. → Fabelrekord

24 Sa Rechtsradikale Jugendliche überfallen ein Asylantenheim bei Leipzig. Ähnliche Anschläge wurden bereits aus anderen ostdeutschen Orten gemeldet.

25 So Bei einer Offensive gegen die Befreiungsbewegung POLISARIO erobert die marokkanische Armee die Stadt Bir Lahlou in der Westsahara.

26 Mo Der erste gesamtdeutsche Duden seit 40 Jahren weist mit 115000 Stichwörtern den größten Textbestand in der Geschichte des Nachschlagewerks auf.

27 Di Karl Otto Pöhl wird mit einer Feierstunde in der Frankfurter Paulskirche als Präsident der Deutschen Bundesbank verabschiedet.

28 Mi Die deutsche Regierung unterzeichnet mit Litauen, Lettland und Estland einen Vertrag zur Aufnahme von diplomatischen Beziehungen.

29 Do Gegen den Ex-Devisenbeschaffer der DDR, Alexander Schalck-Golodkowski, wird ein Ermittlungsverfahren wegen Spionageverdachts eingeleitet.

30 Fr In Berlin wird die erste gesamtdeutsche Internationale Funkausstellung (IFA) seit 1961 eröffnet. Sie dauert bis zum 8. September.

31 Sa Die Ministerpräsidenten der 16 Bundesländer unterzeichnen in Bonn den ersten gesamtdeutschen Rundfunk-Staatsvertrag.

September 1991

1 So Der Libanon und Syrien unterzeichnen ein Sicherheitsabkommen, das u.a. den beiderseitigen Austausch von Gefangenen und Flüchtlingen regelt.

2 Mo Das Bundeskabinett in Bonn beschließt die Erhöhung der Mehrwertsteuer um einen Prozentpunkt auf 15% zum 1. Januar 1993.

3 Di In Venedig wird die 48. Filmbiennale eröffnet. +++ Die irakische Regierung lässt die Gründung von Oppositionsparteien zu.

4 Mi Im Bremen wird die Weserburg eröffnet, ein Museum neuen Typs, in dem Kunstfreunde ihre privaten Sammlungen präsentieren dürfen.

5 Do Europas größte Fotovoltaik-Anlage zur Produktion von Strom aus Sonnenenergie wird in Grevenbroich (Nordrhein-Westfalen) in Betrieb genommen.

6 Fr Der stellvertretende Bundesvorsitzende der CDU, Lothar de Maizière, zieht sich nach Stasi-Vorwürfen von allen Parteiämtern zurück. → Westsahara

7 Sa Die 17-jährige Jugoslawin Monica Seles gewinnt mit den US-Open in Flushing Meadows bereits das dritte von den vier Grand-Slam-Turnieren des Jahres.

8 So In Venedig wird die weltweit bisher größte Architekturausstellung eröffnet. Zu sehen sind Arbeiten von 1400 Architekten aus 40 Nationen.

9 Mo Nach der Erschießung von jugendlichen Autodieben durch Sicherheitskräfte kommt es im nordenglischen Newcastle-on-Tyne zu nächtlichen Unruhen.

10 Di Bonn ordnet wegen schwerer Sicherheitsbedenken den Abriss aller Reaktorblöcke des ostdeutschen Kernkraftwerks Greifswald an.

11 Mi Gegenüber US-Außenminister James Baker kündigt der sowjetische Staatspräsident Michail S. Gorbatschow den Abzug der Sowjettruppen aus Kuba an.

12 Do Unter dem Motto »Mobilität und Verantwortung« beginnt in Frankfurt am Main die 54. Internationale Automobilausstellung (IAA).

13 Fr Die belgische Regierung beschließt die teilweise Abschaffung der Todesstrafe. Ausgenommen bleiben schwere Kriegsverbrechen.

14 Sa In Südafrika schließen die verfeindeten Schwarzenorganisationen ANC und Inkatha ein Friedensabkommen, das allerdings keinen Bestand hat.

15 So Bei den Reichstagswahlen in Schweden erreichen die Sozialdemokraten mit 37,6% das schlechteste Ergebnis seit 1928 und müssen in die Opposition.

16 Mo Die Schweizer Regierung schafft die Todesstrafe auch im Militärstrafrecht ab. Für Friedenszeiten gilt sie bereits seit 1942 nicht mehr.

17 Di Kanada kündigt den Abzug der meisten seiner in Deutschland stationierten Truppen bis 1995 an. In Europa verbleiben 1100 Mann. → Hoyerswerda

18 Mi Von den Hängen des philippinischen Vulkans Pinatubo gehen Schlammlawinen auf zehn Ortschaften nieder. 10 000 Bewohner müssen evakuiert werden.

19 Do Afghanistan gibt dem im Exil lebenden Ex-König Sahir Schah und seinen 22 Familienmitgliedern die Staatsbürgerschaft zurück. → »Ötzi«

20 Fr Die Berliner Treuhandanstalt verfügt die Stilllegung der Robotron Büromaschinenwerk AG im thüringischen Sömmerda bis Ende 1991.

21 Sa Ostdeutsche Bürgerrechtsgruppen konstituieren sich auf ihrem Treffen in Potsdam unter dem Namen Bündnis 90 als bundesweit antretende Partei.

22 So Bei den Landtagswahlen in der österreichischen Steiermark muss die konservative ÖVP den Verlust ihrer absoluten Mehrheit hinnehmen.

23 Mo Irakische Behörden halten ein UN-Inspektionsteam vorübergehend fest, das in Bagdad auf Dokumente zum irakischen Atomwaffenbau gestoßen war.

24 Di Markus Wolf, ehemaliger Spionagechef der DDR, stellt sich an der bayerisch-österreichischen Grenze den deutschen Behörden.

25 Mi Weltweit erscheint der Roman »Scarlett« von Alexandra Ripley – als Fortsetzung des Klassikers »Vom Winde verweht« von Margaret Mitchell.

26 Do Rumänische Bergarbeiter erzwingen mit Demonstrationen in der Hauptstadt Bukarest den Rücktritt von Ministerpräsident Petre Roman.

27 Fr US-Präsident George Bush startet eine neue Abrüstungsinitiative. Er sagt der Sowjetunion den einseitigen Abbau von Atomwaffen zu.

28 Sa Der US-Jazzmusiker Miles Davis, führender Vertreter des Modern Jazz, stirbt im Alter von 65 Jahren im kalifornischen Santa Monica.

29 So Während die rechtsextreme Deutsche Volksunion Stimmgewinne verzeichnet, verliert die SPD bei den Bremer Bürgerschaftswahlen ihre absolute Mehrheit.

30 Mo Der CDU-Bundesvorstand billigt das von Bundesarbeitsminister Norbert Blüm (CDU) erarbeitete Modell zur Einführung einer Pflegeversicherung. → Haiti

Das Königliche Schloss in Madrid bildet den prunkvollen äußeren Rahmen der Friedensgespräche.

30. Oktober 1991

Poker um Nahostfriede

In Madrid beginnt eine als historisch eingestufte Nahostkonferenz. Erstmals sitzen Juden und Araber, Hauptkontrahenten des über 40-jährigen Nahostkonflikts, zu offiziellen Friedensgesprächen an einem Tisch. Ein weiterer Durchbruch ist die erstmalige offizielle Teilnahme von Palästinensern an einer internationalen Konferenz seit Gründung des Staates Israel 1948. Trotz hoher Erwartungen der Staatengemeinschaft wird mit jahrelangen Verhandlungen gerechnet.
Die Delegationen der arabischen Staaten und Israels sind im Zeichen schroffer Gegensätze und tief verwurzelten Misstrauens angereist. Israels Ministerpräsident Yitzhak Schamir und die Außenminister Syriens, Jordaniens und des Libanon auf der anderen Seite verweigern einander zum Auftakt den Handschlag. Die Tischbreite ist von den einfühlsamen spanischen Gastgebern so gewählt worden, dass ein Händedruck ohnehin nicht möglich wäre. Am zweiten und dritten Tag der Konferenz, die unter der Schirmherrschaft der beiden Großmächte USA und UdSSR steht, findet eine Aussprache statt. Schamir regt eine schrittweise Annäherung über bilaterale Friedensverträge an und schlägt vor, territoriale Streitfragen vorerst auszuklammern. Die arabischen Vertreter bündeln ihre Forderungen in der Formel »Land gegen Frieden«. Einzig greifbares Ergebnis der Konferenz, die am 4. November endet, ist, dass alle Delegationen ihre Bereitschaft erklären, die bilateralen Gespräche in der Zukunft fortsetzen zu wollen.

19. September 1991

Gletschermann »Ötzi« begeistert Archäologen

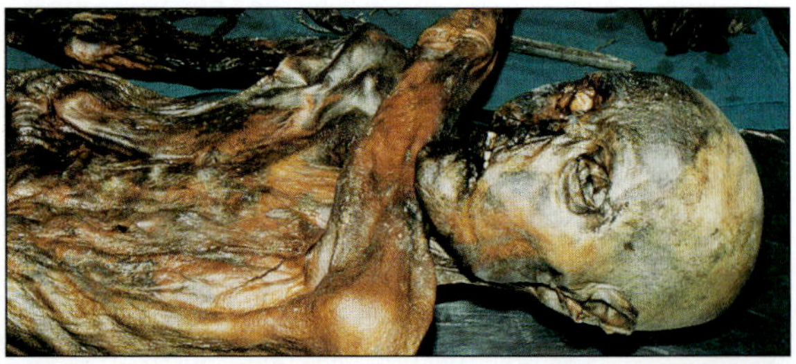

In den Ötztaler Alpen in Österreich entdecken Bergsteiger die rd. 5300 Jahre alten, gut erhaltenen Überreste eines Menschen aus der Jungsteinzeit. Die mumifizierte männliche Leiche (s. Abb.) fand sich in einer Höhe von 3200 m in einem Schmelzwassersee des Similaun-Gletschers. Bereits vier Tage nach dem sensationellen Fund wird der Gletschermann für wissenschaftliche Untersuchungen ins Gerichtsmedizinische Institut der Universität Innsbruck transportiert. Haut, Muskeln und Organe des 20- bis 40-jährigen Mannes sind in einem erstaunlich guten Zustand. Die Forscher erhoffen sich vor allem von der Untersuchung des Mageninhalts neue Erkenntnisse über die Lebensgewohnheiten unserer Vorfahren. Sie versuchen, die Todesursache und das Erbgut des kräftigen Mannes zu analysieren. In der Nähe des Fundorts werden außerdem ein Bogen aus Eibenholz, Nähzeug, ein Messer und ein Beil mit Kupferklinge gefunden. Vor der Kälte schützte sich der bunt tätowierte Gletschermann durch seine Lederkleidung, die mit Heu aufgepolstert war. Warum er sich in einer solchen Höhe aufhielt, ist noch nicht endgültig geklärt.

30. September 1991

Militärputsch auf Haiti

Eine Militärjunta stürzt Haitis erst acht Monate zuvor gewählten Staatspräsidenten Jean Bertrand Aristide. Drahtzieher des Putsches ist General Raoul Cédras, Oberkommandierender der haitianischen Streitkräfte.

Am 29. September hatten Soldaten damit begonnen, das Privathaus von Präsident Aristide zu beschießen. Nach schweren Kämpfen gelingt es den Putschisten, das Staatsoberhaupt gefangen zu nehmen. Aristide wird vorübergehend festgesetzt. Als sich zahlreiche westliche Staaten für den gestürzten Präsidenten einsetzen, lässt Cédras seinen Gefangenen frei und erlaubt ihm die Ausreise nach Frankreich. Unter Androhung von Gewalt zwingen die Militärs das haitianische Parlament, den 70-jährigen Richter Joseph Norette zum neuen Staatsoberhaupt zu wählen. Norette erklärt daraufhin den Aristide-Gegner Jacques Honorat zum neuen Regierungschef. Der links gerichtete Jean Bertrand Aristide war am 16. Dezember 1990 mit 67,5% der Stimmen zum Präsidenten Haitis gewählt worden. 1994 kehrt er mit Unterstützung der US-Regierung unter Präsident Bill Clinton in sein Amt zurück. 15000 US-Soldaten schützen zunächst die neue Regierung auf Haiti.

Kenneth Kaunda

sambischer Politiker, * 28.4.1924 Lubwe

Der zunächst pro-westliche Kaunda, einer der letzten Gründerväter aus der Ära der afrikanischen Entkolonialisierung, vertrat seit den siebziger Jahren einen gemäßigt sozialistischen Kurs. 1972 wandelte er das Land in einen Einparteienstaat um. Mit seinem »Humanismus« genannten Programm wird Kaunda zu einem Kritiker des Westens.

- 1949: Mitglied im African National Congress (ANC)
- 1953-58: Generalsekretär des ANC
- 1960: Gründer der UNIP (ab 1972 Einheitspartei)
- 1964-91: Präsident von Sambia

31. Oktober 1991

Abwahl des Patriarchen

Erstmals in der Geschichte Schwarzafrikas verliert ein Staatsgründer in demokratischen Wahlen Amt und Macht. Die Bevölkerung Sambias wählt Präsident Kenneth Kaunda ab, der das ehemals britische Nordrhodesien 1964 in die Unabhängigkeit geführt hatte. Unter dem Druck von Massenkundgebungen ließ der Alleinherrscher im Dezember 1990 Oppositionsparteien zu und erklärte seine Bereitschaft zu freien Wahlen. Aus diesen geht nun der 38-jährige Gewerkschaftsführer und Laienprediger Frederick Chiluba, der mit 64,4% fast doppelt so viele Stimmen auf sich vereinigt wie der Amtsinhaber, als klarer Sieger hervor. Bei den gleichzeitig durchgeführten Parlamentswahlen sichert sich die von Chiluba geführte Oppositionsbewegung für eine Mehrparteiendemokratie (MMD) vier Fünftel der 150 Sitze. Kaundas politische Gegner warfen dem Staatsgründer Misswirtschaft und Korruption vor.

17. September 1991

Fremdenhass in Hoyerswerda

In der sächsischen Stadt Hoyerswerda greifen rechtsradikale Jugendliche vietnamesische Händler an. An den folgenden Tagen eskaliert der Fremdenhass, als die Gewalttätigkeiten unter dem Beifall der Anwohner auch auf ein Ausländerwohnheim und eine Asylantenunterkunft übergreifen. Mit Benzinbomben, Steinen und Stahlkugeln attackieren hunderte von Neonazis die ausländischen Bewohner. Auch nach fünftä-

gigen Krawallen sehen sich die sächsischen Behörden nicht in der Lage, den Mob zu beruhigen und veranlassen die Evakuierung der Gastarbeiter und Asylanten an einen unbekannten Ort. Die Presse wertet diesen Schritt als Niederlage für den Staat, da er vor rechten Randalierern kapituliert. Bei den Ausschreitungen werden 32 Menschen verletzt, vier davon schwer. Die Ereignisse von Hoyerswerda ermuntern in den folgenden Wochen Rechtsradikale in Ost- und Westdeutschland zu ähnlichen Gewalttaten.

6. September 1991

Westsahara bleibt Zankapfel

Zwischen der marokkanischen Armee und der Befreiungsbewegung Frente POLISARIO tritt ein von den Vereinten Nationen initiierter Waffenstillstand in Kraft. Er ist Voraussetzung für eine Volksabstimmung, die im Januar 1992 unter UNO-Aufsicht in der Westsahara stattfinden soll. Dabei sollen die Saharauis darüber abstimmen, ob sie einen unabhängigen Staat bilden oder sich Marokko anschließen wollen.

Der Konflikt um das 266000 km^2 große Wüstengebiet im Nordwesten Afrikas schwelt seit dem Jahre 1975. Nach dem Abzug der spanischen Kolonialmacht erhoben Marokko im Norden, Mauretanien im Süden und die örtliche POLISARIO Anspruch auf das menschenleere, aber phosphatreiche Land. Am 6. November 1975 schickte der marokkanische König Hassan II. im »Grünen Marsch« 300000 Zivilisten sowie Panzer und Soldaten in die Westsahara. Spanien übergab am 14. November das Land an Marokko und Mauretanien. 1979 zog sich Mauretanien aus der Westsahara zurück. Seitdem befindet sich Marokko im Krieg mit der POLISARIO, die von Algerien und der Organisation für Afrikanische Einheit (OAU) unterstützt wird. In dem erbittert geführten Krieg sind bislang mehr als 10000 Menschen ums Leben gekommen.

Die geplante Volksabstimmung muss von der UNO auf unbestimmte Zeit verschoben werden, da es nicht zu einer Einigung über die Wahllisten kommt. Marokko fordert die Eintragung auch der seit 1975 eingewanderten Marokkaner.

Oktober 1991

1 Di In den neuen Bundesländern tritt ein Mieterhöhungsgesetz in Kraft, durch das die Mieten im Schnitt auf das Fünffache ansteigen.

2 Mi Die Stiftung für verantwortungsvolle Lebensführung nominiert in Stockholm u.a. Opfer der Atombombentests im Pazifik für den Alternativen Nobelpreis.

3 Do Aus 20 Ortschaften der Bundesrepublik Deutschland werden Anschläge und Übergriffe auf Ausländer und ihre Wohneinrichtungen gemeldet.

4 Fr Gegen eine Kaution von 250000 DM setzt der Bundesgerichtshof den ehemaligen Spionagechef der DDR, Markus Wolf, auf freien Fuß.

5 Sa Kreml-Chef Michail S. Gorbatschow antwortet auf die Abrüstungsinitiative der USA und kündigt u.a. einen einseitigen Atomteststopp an.

6 So Die jugoslawische Teilrepublik Kroatien ruft zur Generalmobilmachung auf. +++ Bernhard Langer gewinnt das German Masters der Golfer in Stuttgart.

7 Mo Die Regierungen in Bonn und Prag paraphieren einen Vertrag über »gute Nachbarschaft und freundschaftliche Zusammenarbeit«.

8 Di Der Paderborner Erzbischof Johannes Joachim Degenhardt entzieht dem katholischen Theologen Eugen Drewermann die kirchliche Lehrerlaubnis.

9 Mi Trainer bei Bayern München wird der Däne Sören Lerby. Vorgänger Jupp Heynckes musste nach einer 1:4-Niederlage gegen Kickers Stuttgart gehen.

10 Do CDU, CSU, FDP und SPD einigen sich bei einem Allparteiengespräch in Bonn auf die Beschleunigung und Vereinfachung von Asylverfahren.

11 Fr Im ukrainischen Atomkraftwerk Tschernobyl kommt es zu einem Störfall, bei dem nach offiziellen Angaben aber keine Radioaktivität austritt.

12 Sa Zwei Polizisten aus dem niedersächsischen Holzminden werden durch einen Telefonanruf in einen Hinterhalt gelockt und ermordet.

13 So Der ungarische Schriftsteller György Konrád wird in der Paulskirche in Frankfurt am Main mit dem Friedenspreis des Deutschen Buchhandels ausgezeichnet.

14 Mo In Japan veranlassen mehrere Börsen- und Finanzskandale den japanischen Finanzminister Ryutaro Hashimoto zum Rücktritt.

15 Di In der finnischen Hauptstadt Helsinki unterzeichnen die Präsidenten der baltischen Staaten Litauen, Lettland und Estland die KSZE-Schlussakte.

16 Mi In einem Qualifikationsspiel zur Fußball-Europameisterschaft gewinnt die deutsche Nationalmannschaft in Nürnberg gegen Wales mit 4:1.

17 Do Das deutsch-polnische Abkommen über gute Nachbarschaft und freundschaftliche Zusammenarbeit tritt mit der Zustimmung des Bundestages in Kraft.

18 Fr Israels Ministerpräsident Yitzhak Schamir erklärt seine Bereitschaft zur Teilnahme an einer Nahostkonferenz, zu der auch Palästinenservertreter geladen sind.

19 Sa Dem Liedermacher und Schriftsteller Wolf Biermann wird in Darmstadt der mit 60 000 DM dotierte Georg-Büchner-Preis verliehen.

20 So Bei den Parlamentswahlen in der Türkei wird die Partei des rechten Weges (DYP) stärkste Kraft. +++ Der Brasilianer Ayrton Senna wird Formel-1-Weltmeister.

21 Mo Nach vier Jahren Geiselhaft im Libanon wird der US-Wissenschaftler Jesse Turner von der Terrororganisation Islamischer Heiliger Krieg freigelassen.

22 Di Die Außenminister der sieben EFTA- und der zwölf EG-Staaten beschließen die Bildung eines gemeinsamen Europäischen Wirtschaftsraums (EWS).

23 Mi In Paris unterzeichnen die vier kambodschanischen Bürgerkriegsparteien ein Abkommen über einen von der UN kontrollierten Waffenstillstand.

24 Do Nord- und Südkorea einigen sich auf ein Grundsatzabkommen, das u.a einen gegenseitigen Nichtangriffspakt enthält.

25 Fr Bei einem von der türkischen Armee durchgeführten Angriff auf ein kurdisches Lager im Norden des Irak sterben 17 Menschen.

26 Sa Die polnische und die sowjetische Regierung einigen sich in Moskau über den Abzug der sowjetischen Truppen aus Polen bis Ende 1995.

27 So Bei den Parlaments- und Gouverneurswahlen in Kolumbien kann die von Präsident César Gaviria Trujillo geführte Liberale Partei ihre Position festigen.

28 Mo Der SPD-Fraktionsvorsitzende Hans-Joachim Vogel erklärt seinen Verzicht auf eine erneute Kandidatur. Den Parteivorsitz hatte er bereits abgegeben.

29 Di Großbritannien und Vietnam vereinbaren, rd. 50000 in die britische Kronkolonie Hongkong geflüchtete Vietnamesen in ihre Heimat zurückzuführen.

30 Mi Innen- und Justizminister aus 27 europäischen Staaten kommen in Berlin zu einer zweitägigen Migrationskonferenz zusammen. → Nahostfriede

31 Do Auf Madagaskar werden die seit Monaten anhaltenden Auseinandersetzungen zwischen der Regierung und der Opposition beigelegt. → Abwahl

November 1991

1 Fr Der russische Volkskongress billigt radikale Reformen zur Einführung der Marktwirtschaft und stattet Präsident Boris Jelzin mit Sondervollmachten aus.

2 Sa Durch einen 4:3-Sieg über den Racing Club Paris gewinnt das Team SC Berlin das Europacup-Finale der Judoka.

3 So In Darmstadt ergeht Haftbefehl gegen zwei Männer, die verdächtigt werden, die Vergiftung von Nahrungsmitteln der Firma Milupa angedroht zu haben.

4 Mo Begrüßt von tausenden von Anhängern, kehrt Imelda Marcos, Witwe des gestürzten philippinischen Diktators Ferdinand Marcos, in ihr Land zurück.

5 Di Der 17. tropische Sturm des Jahres, der Taifun Thelma, fordert auf den Philippinen mehr als 7000 Tote. In den betroffenen Gebieten brechen Seuchen aus.

6 Mi Der britische Großverleger Robert Maxwell ertrinkt während einer Kreuzfahrt mit seiner Jacht unter mysteriösen Umständen vor den Kanarischen Inseln.

7 Do Der US-Basketball-Star Earvin »Magic« Johnson gibt seine Infizierung mit dem HIV-Virus und den Rücktritt vom Leistungssport bekannt.

8 Fr Bei einer Zusammenkunft in Rom beschließen die EG-Außenminister Wirtschaftssanktionen gegen Jugoslawien, um dem Bürgerkrieg Einhalt zu gebieten.

9 Sa Im britischen Culham gelingt Kernphysikern des europäischen Gemeinschaftsprojekts »Joint European Torus« die Energieerzeugung durch Kernfusion.

10 So Die Deutsche Jutta Müller wird vor Hawaii Surf-Weltmeisterin. +++ Die US-Tennisspielerin Martina Navratilova erringt in Oakland (USA) ihren 157. Turniersieg.

11 Mo In Bonn verständigt sich die Kohlerunde mit Bundeswirtschaftsminister Jürgen Möllemann (FDP) darauf, die jährliche Steinkohleförderung zu verringern.

12 Di Indonesische Streitkräfte erschießen in Dili (Osttimor) mindestens 20 Menschen, die einen von der Polizei getöteten Demonstranten ehren wollten.

13 Mi Die EG-Außenminister stimmen der Erhöhung der Zahl der deutschen Abgeordneten im Europa-Parlament von 81 auf 99 zu.

14 Do In Bonn beschließt der Deutsche Bundestag das Stasi-Unterlagengesetz, das allen bespitzelten Bürgern Einblick in ihre Stasi-Akte ermöglichen soll.

15 Fr Das Bayerische Oberste Landesgericht verurteilt einen Ex-Stasi-General wegen Beihilfe zum Landesverrat zu zwei Jahren Haft auf Bewährung.

16 Sa Als »Europäisches Zentrum moderner Skulptur« wird nach vierjährigem Umbau das Wilhelm-Lehmbruck-Museum in Duisburg wieder eröffnet.

17 So Der jordanische König Hussein II. benennt Said ben Schaker als Nachfolger von Tahir al Masri zum Regierungschef.

18 Mo Im Libanon werden von der Gruppe Islamischer Heiliger Krieg eine britische und eine US-Geisel freigelassen, die sich vier bzw. sechs Jahre in Haft befanden.

19 Di Auf der Flucht vor Hunger und Gewalt in ihrer Heimat Haiti ertrinken beim Untergang eines Segelbootes vor der kubanischen Küste rd. 140 Flüchtlinge.

20 Mi Das französische Schiff »La Rance« läuft mit 100 t Hilfsgütern in den Hafen der von jugoslawischen Truppen belagerten kroatischen Stadt Dubrovnik ein.

21 Do In Bukarest verabschiedet das Parlament eine neue Verfassung, durch die Rumänien zu einem demokratischen und sozialen Rechtsstaat erklärt wird.

22 Fr Als Nachfolger von Javier Pérez de Cuellar (Peru) wird der Ägypter Butros Butros-Ghali von der UNO als neuer UN-Generalsekretär nominiert.

23 Sa Bei den Titelkämpfen der Amateure im australischen Sydney werden Marco Rudolph im Leichtgewicht und Torsten May im Halbschwergewicht Weltmeister.

24 So 45-jährig stirbt der englische Rockstar Freddy Mercury an AIDS. +++ Die Jugoslawin Monica Seles gewinnt das Tennis-Masters-Turnier in New York.

25 Mo Die Unionsfraktion im Deutschen Bundestag wählt Bundesinnenminister Wolfgang Schäuble als Nachfolger von Alfred Dregger zu ihrem Vorsitzenden.

26 Di In der Debatte über den Haushalt 1992 gibt die Regierung bekannt, dass die Neuverschuldung des Bundes geringer ausfallen werde als angenommen.

27 Mi Der Mitteldeutsche Rundfunk (MDR) und der Ostdeutsche Rundfunk (ODR) treten mit Wirkung vom 1. Januar 1992 der ARD bei.

28 Do Frankreichs Regierung verabschiedet ein Gesetz zur Entschädigung von rd. 7000 Personen, die sich bei Bluttransfusionen mit AIDS infiziert haben.

29 Fr Die fünfte KSZE-Dringlichkeitssitzung in Prag spricht sich für die Entsendung von UN-Friedenstruppen in die Krisenregionen Jugoslawiens aus.

30 Sa In Kanton (Volksrepublik China) gewinnen die USA die erste offizielle Damen-Fußballweltmeisterschaft. Europameister Deutschland erreicht nur Rang vier.

10. Dezember 1991

Ehrung für Bürgerrechtlerin

Der 18-jährige Sohn Alexander nimmt in Oslo den Friedensnobelpreis für seine Mutter Aung San Suu Kyi entgegen, die in ihrer Heimat Birma unter Hausarrest steht. In Stockholm übergibt der schwedische König Carl XVI. Gustav die Nobelpreise für wissenschaftliche Leistungen. Ausgezeichnet werden in der Sparte Literatur die Südafrikanerin Nadine Gordimer, die sich in ihren Romanen und Erzählungen mit der Apartheid auseinander setzt. Die weiteren Preise gehen an den Schweizer Richard Ernst (Chemie), die Deutschen Erwin Neher und Bert Sakmann (Medizin), den Franzosen Pierre-Gilles de Gennes (Physik) und den Briten Ronald H. Coase (Wirtschaftswissenschaften).

Aung San Suu Kyi

birmanische Politikerin; * 19.6.1945 Rangun

Ihr gewaltloser Einsatz für demokratische Reformen bringt Aung San Suu Kyi weltweite Achtung ein und macht sie zur größten Gefahr für das Militärregime in Birma. Aufgrund internationalen Drucks wird der Hausarrest gegen sie 1994 gelockert, ein Jahr später aufgehoben. Seither weigert sie sich beharrlich, das Land zu verlassen. Ihren überwältigenden Sieg bei den freien Wahlen von 1990 hat das Militärregime ignoriert.

- 1969-71: Mitarbeiterin der UNO
- 1989-95: Hausarrest
- 1989: Generalsekretärin der von ihr gegründeten National League of Democracy

21. Dezember 1991

Die UdSSR zerfällt – eine Ära geht zu Ende

Das Ende der Sowjetunion ist gekommen: In Kasachstans Hauptstadt Alma-Ata schließen sich elf von 15 ehemaligen Sowjetrepubliken zur Gemeinschaft Unabhängiger Staaten (GUS) zusammen. 69 Jahre nach ihrer Gründung existiert die UdSSR damit nicht mehr. Die drei baltischen Staaten und das von inneren Unruhen erschütterte Georgien treten dem Staatenbund nicht bei. Die elf GUS-Präsidenten setzen ein militärisches Oberkommando ein und kündigen eine gemeinsame Kontrolle der Atomwaffen an. Die GUS ist eine Erweiterung des Dreierbundes, der am 8. Dezember von Russland, Weißrussland und der Ukraine geschlossen worden war.

Demütigende Szene im russischen Parlament: Nach dem erfolglosen Putsch muss ein hilflos wirkender Gorbatschow (l.) auf Verlangen Jelzins (r.) die Namen der Verschwörer verlesen.

Der Zerfall der Sowjetunion hatte sich nach dem erfolglosen Putsch gegen den sowjetischen Präsidenten Michail S. Gorbatschow zusehends beschleunigt. Russlands Präsident Boris Jelzin erkennt die Gunst der Stunde und bricht mit einer Reihe von Maßnahmen die Macht der kommunistischen Partei sowie der sowjetischen Führung.

In einer demütigenden Sitzung im Parlament stellt er Gorbatschow bloß, der sich mehrfach von Jelzin unterbrechen lassen und Auskunft über seine Rolle während des Putsches geben muss. Zudem unterzeichnet Jelzin ein Dekret, das alle Aktivitäten der Kommunistischen Partei in Russland verbietet und unterstellt darüber hinaus die Armee, den Geheimdienst KGB und die Polizei auf dem Gebiet der Russischen Republik dem Staat. Schließlich zwingt er Gorbatschow, sein erst tags zuvor berufenes Kabinett zu entlassen.

Am 24. August erklärt Gorbatschow seinen Rücktritt als Generalsekretär der Kommunistischen Partei der Sowjetunion (KPdSU). Die Parlamente der Republiken sollen das Parteieigentum treuhänderisch verwalten. Dem Zentralkomitee schlägt er die Selbstauflösung vor. Gorbatschow setzt sich weiterhin für den Erhalt der Sowjetunion ein, muss aber erkennen, dass die Einheit der Union nicht mehr zu erhalten ist. Mit einer Welle von Unabhängigkeitserklärungen geben die Ukraine, Georgien, Weißrussland, Moldawien, Aserbeidschan, Usbekistan und Kirgisien ihrem neuen Status als unabhängige Nationen Ausdruck.

11. Dezember 1991

Mit dem Maastrichter Vertrag schlägt die Geburtsstunde der EU

Die Staats- und Regierungschefs der Europäischen Gemeinschaft (EG) kommen zu einem Gipfeltreffen im niederländischen Maastricht zusammen (s. Abb.). Während des Treffens stimmen die Teilnehmer dem Vertrag zur Europäischen Union (EU) zu. Es handelt sich um den bedeutendsten Reformschritt seit Gründung der EG im Jahre 1957. Kernstück der EU soll eine Wirtschafts- und Währungsunion sein. Ferner will man in der Außen- und Sicherheitspolitik enger zusammenarbeiten. Der Unionsvertrag wird am 7. Februar 1992 unterzeichnet. Er tritt am 1. November 1993 in Kraft. Die Reform der EG war u.a. im Interesse einer dynamischeren Wirtschaftsentwicklung notwendig geworden.

Die Gemeinschaft Unabhängiger Staaten

REPUBLIK	UNABHÄNGIGKEIT
Armenien	23.09.1991
Aserbeidschan	30.08.1991
Estland	20.08.1991
Kasachstan	30.08.1991
Kirgisistan	31.08.1991
Lettland	21.08.1991
Litauen	11.03.1990
Moldawien	27.08.1991
Russland	12.04.1990[1]
Tadschikistan	09.09.1991
Turkmenistan	27.10.1991
Ukraine	24.08.1991
Usbekistan	31.08.1991
Weißrussland	25.08.1991

[1] Russland hat als einziger Gliedstaat der früheren UdSSR nicht seine Unbahängigkeit, sondern seine Souveränität erklärt.

Staaten der ehemaligen UdSSR, die nicht zur GUS gehören

Eine Vielzahl unabhängiger Staaten entstehen nach dem Ende der Sowjetunion

Gorbatschow hat die Welt verändert

Mit dem Ende der Sowjetunion geht auch die Ära ihres großen Reformers zu Ende: Am 25. Dezember tritt Michail S. Gorbatschow vom Amt des sowjetischen Staatspräsidenten und als Oberbefehlshaber der Streitkräfte zurück. Seine Reformpolitik hat den Bestand der UdSSR nicht sichern können. In seiner Abschiedsrede wiederholt er seine Kritik an der Auflösung der Sowjetunion. Er sei davon überzeugt, dass »Entscheidungen dieser Tragweite auf der Grundlage einer Willenskundgebung des Volkes getroffen werden müssen.« Seine Reformpolitik habe der »Gesellschaft Freiheit gegeben«, wodurch sie sich »politisch und geistig« aus der Enge des Kommandosystems habe befreien können. In den souveränen Staaten der ehemaligen Sowjetunion wird der Rücktritt des ehemaligen Kreml-Chefs nur wenig beachtet. Demgegenüber äußern sich führende Staatsmänner des Westens voller Anerkennung über den entscheidenden Beitrag des letzten sowjetischen Präsidenten zur Demokratisierung in Mittel-, Ost- und Südosteuropa.

In dem Maße, in dem Gorbatschow an Einfluss verlor, steigerten Boris Jelzin und die Staatsoberhäupter der übrigen Republiken ihre Machtfülle. Gorbatschow, der sich auf die KPdSU stützte, verlor seine Basis mit dem Ende der allumfassenden Macht der Partei. Anders als Jelzin, der vom Volk am 12. Juni mit 57,3% der Stimmen in sein Amt gewählt wurde, kann sich Gorbatschow nicht auf eine demokratische Legitimation stützen. Zusammen mit den Präsidenten von zehn der 15 Republiken hatte er zuletzt versucht, ein Übergangssystem aufzubauen, um den vollständigen Zerfall der Union doch noch stoppen zu können. Ende November scheiterte dieser Versuch jedoch an Unstimmigkeiten.

Dezember 1991

1 So Nach 59 Jahren gewinnt Frankreich durch ein 3:1 im Finale gegen die USA in Lyon wieder den Tennis-Davis-Cup.

2 Mo Die schiitische Organisation Revolutionäre Gerechtigkeit entlässt den Amerikaner Joseph Cicippio nach 1907 Tagen aus der Geiselhaft im Libanon.

3 Di Die Vollversammlung der Vereinten Nationen wählt den Ägypter Butros Butros Ghali zum sechsten UNO-Generalsekretär.

4 Mi Bonn suspendiert mit Wirkung zum 10. Dezember das Verkehrsabkommen mit Jugoslawien, soweit es die Teilrepubliken Serbien und Montenegro betrifft.

5 Do An seinem 200. Todestag wird Wolfgang Amadeus Mozart mit einer weltweit übertragenen Aufführung seines Requiems im Wiener Stephansdom geehrt.

6 Fr Nach einem erneuten serbischen Angriff auf Dubrovnik sind nach Angaben der UNESCO rd. 30% der historischen Gebäude der kroatischen Stadt zerstört.

7 Sa In Frankfurt am Main wird die Ökologische Linke/Alternative Liste gegründet. Gründungsmitglied ist u.a. die ehemalige Grünen-Politikerin Jutta Ditfurth.

8 So Russland, Weißrussland und die Ukraine unterzeichnen in Viskuli bei Brest ein Abkommen über die Bildung eines Staatenbundes.

9 Mo Mehr als 30 000 Menschen demonstrieren in Albaniens Hauptstadt Tirana gegen die Verschlechterung der wirtschaftlichen und politischen Situation.

10 Di In Stockholm werden die Nobelpreise überreicht. Den Medizin-Nobelpreis erhalten die Deutschen Erwin Neher und Bert Sakmann. → Aung San Suu Kyi

11 Mi William Kennedy Smith, ein Mitglied des Kennedy-Clans, wird von einem US-Gericht vom Vorwurf der Vergewaltigung freigesprochen. → Maastricht

12 Do In »stern TV« wird ein Video gezeigt, das die Vorwürfe gegen den Stall Schockemöhle wegen Tierquälerei durch das sog. Barren von Springpferden erhärtet.

13 Fr Zum Abschluss ihrer zweitägigen Gespräche unterzeichnen die Regierungschefs von Nord- und Südkorea ein Versöhnungsabkommen.

14 Sa Der Hauptausschuss des Deutschen Sportbundes beschließt, künftig keine dopingbelasteten Funktionsträger aus der ehemaligen DDR zu beschäftigen.

15 So In Dresden beginnt der Parteitag der CDU. Bundesfrauenministerin Angela Merkel wird zur Stellvertreterin des Bundesvorsitzenden Helmut Kohl gewählt.

16 Mo Der Oberste Sowjet von Kasachstan verabschiedet das Gesetz über die Unabhängigkeit der Republik. Der 16. Dezember wird künftig Nationalfeiertag.

17 Di In der somalischen Hauptstadt Mogadischu flammen Kämpfe zwischen rivalisierenden Clans auf, die bis Ende Dezember rd. 4000 Tote fordern.

18 Mi Durch ein 4:0 über Luxemburg sichert sich Weltmeister Deutschland die Qualifikation zur Fußball-Europameisterschaft 1992 in Schweden.

19 Do Die deutsche Sportpresse wählt die Sprinterin Katrin Krabbe und den Tennisspieler Michael Stich zu den »Sportlern des Jahres«.

20 Fr Südafrikas Regierung erklärt auf dem Kongress für ein demokratisches Südafrika (CODESA), Schwarze an einer Übergangsregierung beteiligen zu wollen.

21 Sa Eis und Schnee lösen auf Autobahnen in Süddeutschland ein Chaos aus. Auf der Strecke Frankfurt-München entsteht ein Stau über 175 km. → UdSSR

22 So Südlich von Beirut wird die Leiche des 1987 im Libanon verschleppten und im Juli 1989 hingerichteten US-Oberleutnants William R. Higgins aufgefunden.

23 Mo Die Bundesrepublik Deutschland erkennt formell die bisherigen jugoslawischen Teilrepubliken Kroatien und Slowenien als unabhängige Staaten an.

24 Di In seiner traditionellen Weihnachtsansprache ruft Bundespräsident Richard von Weizsäcker zu Verständnis und Toleranz gegenüber Ausländern auf.

25 Mi Bei einem Bombenanschlag kurdischer Extremisten auf ein Kaufhaus in Istanbul kommen mindestens elf Menschen ums Leben.

26 Do In Algerien findet der erste Wahlgang der ersten freien und geheimen Parlamentswahlen statt. Die Islamische Heilsfront erringt einen überwältigenden Sieg.

27 Fr Die Nationalversammlung von Kambodscha billigt eine Verfassungsänderung, welche die Einführung eines Mehrparteiensystems ermöglicht.

28 Sa Der deutsche Fernsehsender 3sat schließt das Mozart-Jahr mit der sechsteiligen Filmreihe »Alles... nur nicht Mozart« ab.

29 So In Aserbeidschan sprechen sich rd. 90% der Bevölkerung in einem Referendum für die Unabhängigkeit der transkaukasischen Republik aus.

30 Mo Nationalisten sprengen im korsischen Ort Sorbo Ocagnano aus Protest gegen Immobilienspekulationen 30 Ferienbungalows in die Luft.

31 Di In seiner Neujahrsansprache ruft Bundeskanzler Helmut Kohl die Bürger zur Vollendung der deutschen Einheit auf.

Januar 1992

1 Mi Der Ostdeutsche Rundfunk Brandenburg (ORB) und der Mitteldeutsche Rundfunk (MDR) starten in den neuen Bundesländern ihre Programme.

2 Do Ein Friedensplan des UN-Sonderbotschafters Cyrus Vance führt zum 15. Waffenstillstand im kroatisch-jugoslawischen Bürgerkrieg. → Stasi-Unterlagengesetz

3 Fr Die Europäische Gemeinschaft beginnt mit Hilfsgütertransporten im Gesamtwert von 400 Mio. DM nach Russland.

4 Sa Ein Sturm mit Geschwindigkeiten bis 110 km/h richtet in den US-Bundesstaaten Delaware und Maryland, insbesondere in Baltimore, schwere Schäden an.

5 So Laut Bericht des Magazins »Kontraste« ist der Ostberliner Autor Sascha Anderson eindeutig als Mitarbeiter der Stasi identifiziert worden.

6 Mo Milizen und Opposition stürzen nach zweiwöchigen Kämpfen den georgischen Präsidenten Swiad Gamsachurdia. Ein Militärrat übernimmt die Macht.

7 Di In Dresden steht Ex-Oberbürgermeister Wolfgang Berghofer wegen Wahlfälschung vor Gericht – er habe unter dem Namen »Falk« für die Stasi gearbeitet.

8 Mi US-Präsident George Bush erleidet während eines Staatsbanketts in Japan einen Schwächeanfall. Am 10. Januar beendet er seine elftägige Asienreise.

9 Do Sachsens Innenminister Heinz Eggert geht gerichtlich gegen Ärzte vor, die ihm zur DDR-Zeit Psychopharmaka und Viren verabreicht hätten.

10 Fr 13 Menschen fallen im Südlibanon einem Angriff israelischer Flugzeuge gegen vermutete Stellungen palästinensischer Freischärler zum Opfer.

11 Sa Um den endgültigen Sieg der Islamischen Heilsfront (FIS) zu verhindern, sagt der Hohe Sicherheitsrat in Algerien die zweite Runde der Parlamentswahlen ab.

12 So Jüdische Kunst und Kultur sind das Thema der neu eröffneten Ausstellung »Jüdische Lebenswelten« im Berliner Martin-Gropius-Bau.

13 Mo Die Zeitschrift »freundin« veröffentlicht eine Umfrage, nach der sich ein Drittel der berufstätigen Frauen am Arbeitsplatz regelmäßig sexuell belästigt fühlt.

14 Di Die ersten 50 von 10 000 Soldaten der UN-Friedenstruppe treffen in Belgrad und Zagreb ein. Sie bereiten die Stationierung ihrer Kollegen vor.

15 Mi Auf Drängen der deutschen Bundesregierung erkennt die Europäische Gemeinschaft Kroatien und Slowenien als selbstständige Staaten an.

16 Do Der Bürgerkrieg in El Salvador endet mit der Unterzeichnung eines Friedensvertrags durch Vertreter der Regierung und der Befreiungsorganisation FLMN.

17 Fr Ein Athener Sondergericht spricht den früheren griechischen Ministerpräsidenten Andreas Papandreou vom Vorwurf der Bestechlichkeit frei.

18 Sa Brandenburgs Ministerpräsident Manfred Stolpe (SPD) schildert dem Nachrichtenmagazin »Der Spiegel« seine früheren Kontakte zur Stasi.

19 So Bei den ersten freien und direkten Präsidentschaftswahlen in Bulgarien wird der seit 1990 amtierende Schelju Schelew als Staatsoberhaupt bestätigt.

20 Mo Der SPD-Vorsitzende Björn Engholm erklärt sich vor dem Präsidium seiner Partei dazu bereit, bei den Bundestagswahlen 1994 als Kanzlerkandidat anzutreten.

21 Di Im Rahmen ihres wirtschaftlichen Reformprogramms hebt die russische Regierung in Moskau die Preisbindung der meisten Waren auf.

22 Mi Der Deutsche Ulf Merbold startet zu seiner zweiten Mission ins All. +++ »amnesty international« spricht von »staatlichen Morden« in dem Karibikstaat Haiti.

23 Do In Erfurt muss Thüringens Ministerpräsident Josef Duchac (CDU) zurücktreten. Er war zur DDR-Zeit Mitglied einer Betriebskampfgruppe gewesen.

24 Fr Die Umweltschutzorganisation Greenpeace kritisiert in Hamburg, japanische Walfänger würden das Washingtoner Artenschutzabkommen ignorieren.

25 Sa Am Landestheater in Tübingen findet die Uraufführung des Stücks »Ein Jud aus Hechingen« von Walter Jens statt.

26 So Der israelische Regierungschef Yitzhak Schamir unterstreicht in einer Rede, dass Israel den Siedlungsbau in besetzten Gebieten nicht einstellen werde.

27 Mo In Singapur beschließen die ASEAN-Staaten Brunei, Indonesien, Malaysia, Philippinen, Singapur und Thailand die Schaffung einer Freihandelszone.

28 Di Das Verbot der Nachtarbeit für Frauen ist nach Auffassung des Bundesverfassungsgerichts verfassungswidrig, da es den Gleichheitsgrundsatz verletze.

29 Mi Georges Habasch, Chef der Volksfront zur Befreiung Palästinas, lässt sich in Paris medizinisch behandeln. Dies löst eine politische Krise in Frankreich aus.

30 Do Die bundesdeutsche Marine stoppt im Mittelmeer das deutsche Frachtschiff »Godewind«, das tschechoslowakische Panzer für Syrien geladen hat.

31 Fr Eine Jury aus Germanisten und Sprachwissenschaftlern wählt das Wort »ausländerfrei« zum »Unwort des Jahres« 1991.

21. Februar 1992

Die Kämpfe auf dem Balkan weiten sich aus

Der Sicherheitsrat der Vereinten Nationen beschließt die Entsendung einer 14 000 Mann starken Friedenstruppe nach Kroatien, wo zwischen den Kriegsparteien vereinbarte Waffenstillstände immer wieder gebrochen werden. Jedoch können die UN-Blauhelme weder den Krieg in Kroatien zwischen Serben und Kroaten noch den im März auf Bosnien-Herzegowina übergreifenden Nationalitätenkonflikt zwischen Serben, Kroaten und Muslimen beenden. Stattdessen schaffen die fortdauernden bewaffneten Auseinandersetzungen, Massaker und die sog. ethnischen Vertreibungen immer neues, unüberwindliches Unrecht auf dem Balkan.

Seit dem Ausbruch der Feindseligkeiten im Juni 1991 haben serbische Freischärler, sog. Tschetniks, die von der serbisch dominierten jugoslawischen Bundesarmee unterstützt werden, mehr als ein Drittel des kroatischen Territoriums besetzt. Neben Ost- und Westslawonien mit ihren starken serbischen Minderheiten halten die Serben auch die mehrheitlich serbische Baranija und die Krajina besetzt. Nach den Worten des Serbenführers Slobodan Milošević ist »Serbien überall, wo Serben leben oder serbische Tote begraben liegen.« Darüber hinaus belagern Serben die südkroatische Hafenstadt Dubrovnik. In diesem Stadium des Bürgerkrieges waren den Kämpfen mehr als 10 000 Menschen zum Opfer gefallen, eine halbe Mio. Menschen wurden aus ihrer Heimat vertrieben.

Auf Drängen des deutschen Außenministers Hans-Dietrich Genscher (FDP) hatte die Europäische Gemeinschaft Slowenien und Kroatien am 15. Januar in ihren bestehenden Grenzen anerkannt. Im März greift der Krieg schließlich auf Bosnien-Herzegowina über. Am 6. April folgt die Anerkennung von dessen Unabhängigkeit durch die EG.

Bevölkerungsgruppen auf dem Balkan

Der Balkan ist traditionell ein multi-ethnisches Siedlungsgebiet.

2. Januar 1992

Stasi-Unterlagengesetz demaskiert den Überwachungsstaat

Das am 14. November 1991 vom Bundestag verabschiedete sog. Stasi-Unterlagengesetz tritt in Kraft. Laut Gesetzestext erhält damit jeder Deutsche das Recht, alle über ihn vorhandenen Unterlagen einzusehen, die der DDR-Staatssicherheitsdienst (Stasi) seit seiner Gründung 1950 angelegt hat. Vom erweiterten Zugriff auf die Stasi-Akten können neben Privatpersonen (s. Abb.) auch Betriebe, Verbände und Kirchen Gebrauch machen, um Mitarbeiter zu überprüfen.

Das Archiv der DDR-Geheimpolizei in Berlin umfasst allein in der zentralen Personenkartei Akten von 180 km Gesamtbreite, eine Mio. Bilddokumente sowie rd. 200 000 Tonträger mit aufgezeichneten Gesprächen. Selbst Kuriositäten wie »Geruchsproben« wurden in Weckgläsern gesammelt. Insgesamt dokumentierten die Stasi-Mitarbeiter das Leben von rd. sechs Mio. Personen, davon rd. zwei Mio. Westdeutsche und Bürger West-Berlins. Trotz der Befürchtung, in den Akten Beweise für eine Bespitzelung durch Freunde oder Verwandte zu finden, gehen bis Mitte des Jahres über 1,2 Mio. Anträge auf Akteneinsicht ein. Joachim Gauck, Bundesbeauftragter für die Stasi-Unterlagen und als ehemaliger Rostocker Pfarrer selbst DDR-Dissident, befürwortet den Versuch der Regierung, die Vergangenheit durch gezielte Aufklärung aufzuarbeiten. Viele Personen des öffentlichen Lebens werden der Stasi-Mitarbeit beschuldigt, davon viele auch zu Unrecht. Andere Fälle werden durch die Akteneinsicht erst aufgedeckt.

Oben: Die völlig zerstörte kroatische Stadt Vukovar. Links: Flüchtende UN-Blauhelme in Mostar – oft mehr hilflose Opfer als Beschützer

Abscheu über »ethnische Säuberung«

Ganz Europa ist über die Brutalität des Bürgerkriegs im ehemaligen Jugoslawien zutiefst erschüttert. Zum Arsenal des Schreckens zählen sog. ethnische Säuberungen, ein Begriff, der die Vertreibung von Minderheiten durch Terror und Mord und die Schaffung ethnisch homogener Gebiete umschreibt. Mitte 1992 befinden sich rd. 2,2 Mio. Menschen auf der Flucht. UN-Ermittler kommen trotz erheblicher propagandistischer Vernebelung zu klaren Erkenntnissen. Verletzt werden die Menschenrechte zwar von allen Seiten, in einem höchst gravierenden Ausmaß und zudem als bewusst eingesetztes politisches Mittel aber vor allem von den Serben unter Radovan Karadžić, die systematisch »ethnische Säuberungen« betreiben – mit Vergewaltigungen, Folter, Untaten in Gefangenenlagern und Zerstörung von Eigentum.

Serbisches Internierungslager in Bosnien-Herzegowina

23. Februar 1992

Winterspiele in Albertville zwischen Sport und Kommerz

Mit einer spektakulären Eröffnungsfeier beginnen in Albertville die XVI. Olympischen Winterspiele. Über 2000 Sportler aus 64 Nationen treten zu den verschiedenen Wettkämpfen an. Mit dem Ende der Spiele am 23. Februar steht die Langläuferin Ljubow Jegorowa (GUS) mit drei Gold- und zwei Silbermedaillen als erfolgreichste Teilnehmerin fest. Die Norweger Vegard Ulvang und Björn Daehlie folgen mit je drei Siegen und einem zweiten Platz. Beste Deutsche sind die Eisschnellläuferin Gunda Niemann und der Biathlet Mark Kirchner mit zweimal Gold und einmal Silber. »Silberpfeil« Georg Hackl (s. Abb.) gewinnt Gold im Rodel-Einsitzer.

Kritik erntet das französische Organisationskomitee unter Jean-Claude Killy für die beispiellose kommerzielle Ausrichtung der Spiele. Großunternehmen wie Kodak und Mars treten als Sponsoren auf. Zudem mache die Verteilung der Wettkämpfe auf zwölf Austragungsorte das olympische Ideal der Völkerverständigung zunichte. Des weiteren kritisieren Ökologen die Verschandelung der Alpen durch die mit 1,2 Mrd. DM bislang teuersten Winterspiele.

Februar 1992

1 Sa Im Südosten der Türkei fallen mehr als 300 Menschen einer Serie von Lawinenunglücken zum Opfer. Viele Dörfer sind von der Außenwelt abgeschnitten.

2 So Der Länderrat der Grünen bietet dem ostdeutschen »Bündnis 90« im Hinblick auf die Bundestagswahlen 1994 eine zügige Fusion an.

3 Mo Präsident Carlos Menem übergibt bisher geheim gehaltene Akten über die Flucht von Nazis nach Argentinien an das Generalarchiv seines Landes.

4 Di Sechs Mitarbeiter des Elektronik-Konzerns Siemens stehen im Zusammenhang mit der sog. Münchener Schmiergeldaffäre vor Gericht.

5 Mi Bernhard Vogel (CDU) wird in Erfurt zum neuen Regierungschef von Thüringen gewählt. +++ Das Bundeskabinett verabschiedet den Agrarbericht 1992.

6 Do Bei der Überfahrt über die Meerenge von Melilla ersticken 20 Marokkaner, die illegal nach Spanien einreisen wollten, in einem überfüllten Fischkutter.

7 Fr Das Düsseldorfer Oberlandesgericht verurteilt den Ex-Verfassungsschutz-Mitarbeiter Klaus Kuron wegen Landesverrats zu 12 Jahren Haft.

8 Sa Mit einer Eröffnungszeremonie, an der 2500 Akteure teilnehmen, beginnen im französischen Albertville die bislang teuersten Olympischen Winterspiele.

9 So Bei einem Wohnungsbrand in Trippstadt in der Pfalz sterben acht Kinder und zwei Erwachsene. Nur der Vater überlebt die Familientragödie.

10 Mo Erich Mielke, ehemaliger Chef der DDR-Staatssicherheit, ist vor dem Berliner Landgericht wegen zweier im Jahre 1931 begangener Morde angeklagt.

11 Di In Indianapolis spricht ein Geschworenengericht den früheren Boxweltmeister Mike Tyson (USA) schuldig. Er soll eine 18-jährige Frau vergewaltigt haben.

12 Mi Der brandenburgische Landtag setzt einen Untersuchungsausschuss ein, der frühere Kontakte von Ministerpräsident Manfred Stolpe zur Stasi klären soll.

13 Do Seit fünf Tagen anhaltende, starke Regenfälle lösen in Kalifornien riesige Überschwemmungen aus. Mindestens sechs Menschen kommen um.

14 Fr Im »Methodist Medical Center« in Dallas (USA) gelingt es Ärzten erstmals, Herz, Niere und Bauchspeicheldrüse gleichzeitig zu verpflanzen.

15 Sa Das Nachrichtenmagazin »Der Spiegel« berichtet, in der Erfurter Frauenklinik seien zu DDR-Zeiten Frühgeborene, die keine Atmung zeigten, ertränkt worden.

16 So Israelische Kampfhubschrauber töten den Generalsekretär der islamisch-fundamentalistischen Hisbollah im Libanon, Scheich Abbas Mussawi.

17 Mo Ein Gericht in Milwaukee (US-Bundesstaat Wisconsin) verurteilt den Massenmörder Jeffrey Dahmer zu fünfzehnmal lebenslänglicher Haft.

18 Di Emil Skala, tschechischer Germanist, erhält von der Deutschen Akademie für Sprache und Dichtung den mit 20 000 DM dotierten Friedrich-Gundolf-Preis.

19 Mi Papst Johannes Paul II. besucht als erste Station seiner Westafrika-Reise den Senegal. Er verurteilt den Sklavenhandel als »enormes Verbrechen«.

20 Do Ein Box-Promoter und seine Freundin werden in Frankfurt/M wegen Erpressung von Peter Graf, dem Vater von Tennis-Star Steffi Graf, zu Haft verurteilt.

21 Fr Nach gescheiterten Tarifverhandlungen treten erstmals in der westdeutschen Wirtschaftsgeschichte Bankangestellte in den Streik. → Balkan

22 Sa Die Umweltminister der EG-Mitgliedsstaaten sprechen sich für einen weltweiten Produktionsstopp ozonzerstörender Stoffe ab Ende 1995 aus.

23 So Haitis gestürzter Präsident Jean Bertrand Aristide vereinbart in Washington mit haitianischen Volksvertretern seine Rückkehr. → Albertville

24 Mo In Stuttgart wird die frühere Terroristin Monika Helbing wegen Mordes an Arbeitgeberpräsident Hanns-Martin Schleyer zu sieben Jahren Haft verurteilt.

25 Di Bei Zusammenstößen mit der Polizei sterben in Albanien mindestens fünf Menschen. Zuvor kam es zu Unruhen in dem von Hunger bedrohten Land.

26 Mi In San Antonio (US-Bundesstaat Texas) beginnt der zweite Drogengipfel. Es diskutieren Experten aus den USA und mehreren lateinamerikanischen Staaten.

27 Do 6000 Beschäftigte der Schiffswerften in Mecklenburg-Vorpommern demonstrieren mit der Besetzung der Betriebe gegen den Abbau ihrer Arbeitsplätze.

28 Fr Nach einem Beschluss des UN-Sicherheitsrats sollen 15 900 Blauhelme nach Kambodscha entsandt werden, um dort beim Wiederaufbau zu helfen.

29 Sa Bei den Hallen-Europameisterschaften in Genua gewinnt die Hochspringerin Heike Henkel mit 2,02 m als einzige Deutsche einen Titel.

März 1992

1 So Bei einer Volksabstimmung in Montenegro entscheiden sich zwei Drittel der Wähler für die Gründung eines »neuen Jugoslawien« zusammen mit Serbien.

2 Mo In einer umstrittenen Zählaktion bestellt Schleswig-Holstein alle Asylbewerber in die Sozialämter, um Mehrfachbezieher von Leistungen aufzuspüren.

3 Di Beim Abschuss eines Hubschraubers im Krieg um Berg-Karabach sterben 30 Menschen. +++ Ein Bergbauunglück in der Türkei fordert 265 Todesopfer.

4 Mi Aus Verzweiflung über den Anspruch eines Westbürgers auf sein Haus begeht ein ostdeutscher Kommunalpolitiker Selbstmord.

5 Do Die 84-jährige Kinderbuchautorin Astrid Lindgren (»Pippi Langstrumpf«) gibt in Stockholm bekannt, dass sie keine neuen Bücher mehr schreiben werde.

6 Fr Auf dem Ekström-Schelfeis in der Antarktis enden nach zwei Monaten die Bauarbeiten an der 20 Mio. DM teuren deutschen Forschungsstation.

7 Sa Drei Monate nach den Parlamentswahlen kommt in Belgien nach schwierigen Koalitionsverhandlungen eine Mitte-Links-Regierung zustande.

8 So Die deutsche Eisschnellläuferin Gunda Niemann feiert in Heerenveen (Niederlande) ihren zweiten Mehrkampf-Weltmeistertitel in Folge.

9 Mo China tritt formell dem Atomwaffensperrvertrag bei. +++ Das SPD-Präsidium beschließt, die Europa-Verträge von Maastricht zu unterstützen.

10 Di Der Kooperationsrat der NATO nimmt bis auf Georgien die Nachfolgestaaten der ehemaligen UdSSR als Mitglieder auf. → Schewardnadse

11 Mi In der Fußball-Bundesliga dreht sich mit der Entlassung von Bayern Münchens Sören Lerby das Trainer-Karussell. Lerbys Nachfolger wird Erich Ribbeck.

12 Do Eine vom Bundestag eingesetzte Enquête-Kommission unter Leitung von Rainer Eppelmann (CDU) soll die Geschichte der SED erforschen.

13 Fr Der Bundesrat spricht sich dafür aus, in der Bundesrepublik Deutschland die Promille-Grenze einheitlich von 0,8 auf 0,5 Promille abzusenken.

14 Sa UNO und KSZE beschließen zur Beendigung des Bürgerkrieges die Entsendung eines Sonderbeauftragten und einer Delegation nach Berg-Karabach.

15 So Die Bevölkerung des Kongo stimmt mit 96,3% der Stimmen der Einführung einer demokratischen Verfassung für das afrikanische Land zu.

16 Mo Bundesarbeitsminister Norbert Blüm (CDU) gibt die Rentenerhöhung zum 1. Juli – im Westen um 2,7% und im Osten um maximal 12,8% – bekannt.

17 Di Der Bundesgerichtshof in Karlsruhe gibt der Richtgeschwindigkeit von 130 km/h auf Autobahnen erstmals eine verbindliche Rechtswirkung. → Südafrika

18 Mi Mit einer Mehrheit von 108 gegen 55 Stimmen und 32 Enthaltungen spricht sich der finnische Reichstag für einen Beitritt in die Europäische Gemeinschaft aus.

19 Do Die armenische Regierung ruft im Konflikt mit Aserbeidschan um die Enklave Berg-Karabach den wirtschaftlichen Notstand aus.

20 Fr Überraschend akzeptiert der Irak die UNO-Forderung, alle Materialien zur Herstellung von Raketen zu vernichten.

21 Sa Wegen anhaltend hoher Luftverschmutzung ruft die Regierung Mexikos den Umweltnotstand aus. Einige Betriebe müssen ihre Produktion um 75% drosseln.

22 So Katholische Erzdiözesen in den USA wollen, wie die Presse meldet, künftig Kandidaten für das Priesteramt auf AIDS untersuchen lassen.

23 Mo Mit zweijähriger Verspätung – wegen Verzögerungen beim Museums-Neubau – öffnet in Speyer die Ausstellung »Das Reich der Salier« ihre Pforten.

24 Di Russland entgeht knapp einer atomaren Katastrophe. Techniker können im Atomkraftwerk Sosnowi Bor die Kernschmelze gerade noch verhindern.

25 Mi Im Bundeskabinett wird ein Gesetzentwurf verabschiedet, wonach Kinderpornografie strenger bestraft werden soll.

26 Do Die Bundesregierung stoppt die Lieferung von Rüstungsgütern an die Türkei, da diese die Waffen im Kampf gegen die Kurden einsetze. → Drewermann

27 Fr Bis Ende 1993 plant der Axel Springer Verlag die Entlassung von 1400 Mitarbeitern, um die Ausgaben des Betriebes um 16% zu senken.

28 Sa Bei der Eiskunstlauf-WM in Oakland (US-Bundesstaat Kalifornien) gewinnt die US-Amerikanerin Kristi Yamaguchi den Titel in der Damen-Konkurrenz.

29 So Albaniens Demokratische Partei erringt bei den Parlamentswahlen die Mehrheit und löst nach 46 Jahren die kommunistische Partei von der Macht ab.

30 Mo Mikis Theodorakis, weltbekannter griechischer Komponist, tritt von seinen Ämtern als Minister ohne Geschäftsbereich zurück.

31 Di Der Psychothriller »Das Schweigen der Lämmer« erhält bei der Verleihung der »Oscars« in Los Angeles fünf Auszeichnungen.

17. März 1992

Südafrika: »Buch der Apartheid geschlossen«

Das Ende der Apartheid rückt näher, am Kap keimen Friedenshoffnungen. Mit der überraschend deutlichen Mehrheit von 68,7% stimmt die weiße Bevölkerung Südafrikas für die Abschaffung der Rassentrennung und die Fortsetzung der 1990 von Präsident Frederik Willem de Klerk begonnenen Reformpolitik.
Das Ergebnis des Referendums verknüpfte de Klerk mit seiner politischen Zukunft. Nach dem positiven Votum würdigt der Präsident, der eine Regierungsbeteiligung der bisher von der politischen Teilhabe ausgeschlossenen schwarzen Bevölkerung anstrebt, die historische Volksbefragung: »Heute haben wir das Buch der Apartheid geschlossen.« Die Hoffnung auf eine friedliche Zukunft ist allerdings noch brüchig. Der Sieg der Reformbefürworter wird von der Nachricht überschattet, dass bei neuen Unruhen zwischen Schwarzen 18 Menschen getötet worden sind. ANC und Inkatha, die Stammesvertretung der Zulu (36% der Schwarzen), liefern sich im Kampf um die Vorherrschaft immer wieder blutige Gefechte. Mit 3000 Todesopfern erreichen die Kämpfe 1992 einen neuen Höhepunkt. Der am 6. Februar gegründete, 19 Parteien umfassende Konvent für ein demokratisches Südafrika (CODESA) soll Regelungen für eine Verfassunggebende Versammlung und eine Interimsregierung unter schwarzer Beteiligung erarbeiten. Wichtigste Teilnehmer neben der Regierung und dem ANC unter Nelson Mandela ist die mit dem ANC konkurrierende konservative Inkatha unter Mangosuthu Buthelezi. Am 17. Juni verüben 200 Anhänger der Inkatha in der Schwarzensiedlung Boipatong ein Massaker an 39 Menschen. Laut Augenzeugen unternimmt die Polizei nichts gegen die Gewalttaten. Der ANC bricht deshalb die Verhandlungen mit der Regierung bis September ab. Die unabhängige Kommission des Richters Richard J. Goldstone berichtet im November von Versuchen des militärischen Geheimdienstes, den ANC zu unterwandern. Eine geheime Agentur habe zudem vermutlich über 100 Gegner der Apartheid getötet.

Partner für das neue Südafrika: Mandela (l.) und de Klerk

26. März 1992

Amtskirche straft Kritiker

Der Paderborner Erzbischof Johannes Joachim Degenhardt entzieht dem Kirchenkritiker Eugen Drewermann (s. Abb.) das Priesteramt. Der Theologe erhält damit die Quittung für seine Kritik an dem hierarchischen Aufbau der Kirche und katholischen Dogmen wie der Jungfräulichkeit Marias und den Wundertaten Jesu.

Eugen Drewermann

dt. Theologe und Psychotherapeut, * 20.6.1940 Bergkamen

Mit seiner Kritik an der Amtskirche spricht der charismatische Theologe vielen Menschen aus der Seele, die schon lange eine Anpassung der traditionellen Amtskirche an das moderne Leben fordern. Die Bestrafung Drewermanns macht den ohnehin meistgelesenen katholischen Buchautor noch populärer.

- 1979: Privatdozent für Theologie, Universität Paderborn
- 1988/89: »Tiefenpsychologie und Exegese« (Schrift)
- 1991: Entzug der Lehrerlaubnis

29. April 1992

Urteil löst Rassenkrawalle aus

Im kalifornischen Los Angeles brechen auf Grund des Freispruches von vier Polizisten, die der Misshandlung des Schwarzen Rodney G. King angeklagt waren, die schwersten Unruhen seit den sechziger Jahren aus (Abb.: Protestkundgebung). Trotz der Existenz von Videoaufnahmen, auf denen die Schläge gegen King deutlich zu erkennen sind, hatten die vorwiegend weißen Geschworenen in Simi Valley die Polizisten für unschuldig befunden. In kurzer Zeit greifen die Unruhen auch auf Städte über. Erst mit Ausrufung des Ausnahmezustands am 1. Mai und einem Großeinsatz von Sicherheitskräften können die Krawalle einen Tag später beendet werden. Insgesamt fordert der Aufstand 58 Todesopfer und 2300 Verletzte.

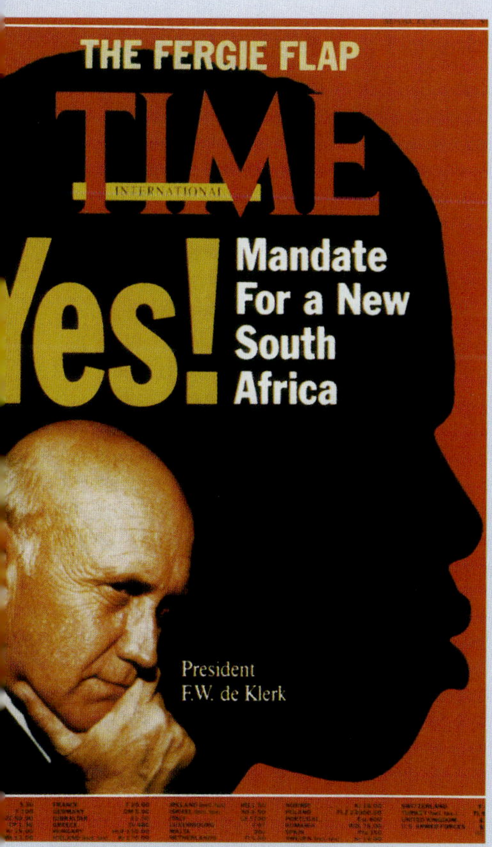

Der Ausgang des Votums als Titelstory

Frederik Willem de Klerk

südafrikanischer Politiker, * 18.3.1936 Johannesburg

Der Chef der Nationalen Partei (seit 1988), der zuvor nicht als Reformer galt, überraschte seit 1990 durch die schrittweise Abschaffung der Apartheidspolitik. 1993 erhält er zusammen mit Nelson Mandela den Friedensnobelpreis.

- 1972: Abgeordneter der Nationalen Partei
- 1989-94: Staatspräsident Südafrikas

10. März 1992

Schewardnadse nach Georgien

In der georgischen Hauptstadt Tiflis wird der frühere Außenminister der UdSSR, Eduard Schewardnadse, zum Chef des neu gebildeten Staatsrats ernannt. Der international angesehene Georgier tritt die Nachfolge des geflohenen Präsidenten Swiad Gamsachurdia an. Gamsachurdia, der 1991 in freien Wahlen zum Staatspräsidenten gewählt worden war, hatte durch diktatorische Staatsführung die Bevölkerung enttäuscht. Mit seiner Weigerung, der GUS beizutreten, geriet das Land zudem immer stärker in die außenpolitische Isolation. Aufflammende Nationalitätenkonflikte in Südossetien und Abchasien bedrohen zudem die politische Stabilität des seit 1991 unabhängigen Landes. In dem nach Unabhängigkeit strebenden Abchasien brechen im August Kämpfe zwischen Regierungstruppen und Gamsachurdia-Anhängern aus, die den Innenminister und Regierungsbeamte gefangen halten. Schewardnadse, der nach Bevölkerungsumfragen der beliebteste Politiker in Georgien ist, schickt daraufhin 3000 Nationalgardisten in die Krisenregion. Die Konflikte weiten sich dennoch aus.

10. April 1992

RAF beendet langen Kampf

Ein tragisches Kapitel der bundesdeutschen Nachkriegsgeschichte neigt sich dem Ende zu. »Wir haben uns entschieden, dass wir von uns aus die Eskalation zurücknehmen«, heißt es in einem Schreiben, das die Rote Armee Fraktion (RAF) der französischen Nachrichtenagentur afp zukommen lässt. Nach 22 Jahren des bewaffneten Kampfes, der über 50 Menschen das Leben kostete, kündigen die Linksterroristen unerwartet einen Gewaltverzicht an.

Die RAF gesteht das Scheitern ihrer Strategie ein. Nun müsse eine neue »Gegenmacht von unten« organisiert werden. Als eine Ursache für die Umkehr der RAF gilt der Vorstoß von Justizminister Klaus Kinkel (FDP), der zu Beginn des Jahres in einer »Versöhnungsoffensive« die Entlassung kranker oder schon lange inhaftierter RAF-Mitglieder angeregt hatte. Zudem kam der Terrorgruppe mit dem Zusammenbruch des Ostblocks und dem Bekanntwerden ihrer Zusammenarbeit mit der Stasi die strategische Perspektive abhanden. 1990 war bekannt geworden, dass die DDR zehn Ex-Terroristen Unterschlupf gewährt und andere militärisch ausgebildet hatte. Der Streit um die Frage des Gewaltverzichts führt im Herbst 1993 zu einer Spaltung innerhalb der RAF, als die inhaftierte Brigitte Mohnhaupt den ca. 30 in Freiheit befindlichen Terroristen einen Handel mit dem Staat vorwirft, der der »Abwicklung von RAF und Gefangenen« diene. Dabei wird sie von den meisten RAF-Häftlingen unterstützt.

16. April 1992

Mudschaheddin stürmen Kabul

Der kommunistische afghanische Staatspräsident Mohammed Nadschibullah, der bis zum Zusammenbruch der UdSSR von Moskau gestützt wurde, tritt zurück und flieht in das Kabuler UN-Büro. Anlass ist der unmittelbar bevorstehende Einmarsch der Mudschaheddin, der islamischen Widerstandskämpfer, in der Hauptstadt.

Nadschibullah war im März unter Druck geraten, als der zuvor mit dem Kabuler Regime verbündete usbekische Milizenchef Abdul Raschid Dostam die Fronten gewechselt hatte und sich mit dem Tadschikenführer Ahmed Schah Massud zusammentat. Nach der Kapitulation der Regierungstruppen kommt es in Kabul zu heftigen Gefechten zwischen den verschiedenen Mudschaheddin-Gruppen um strategisch wichtige Punkte. Darüber hinaus werden Repräsentanten des kommunistischen Regimes hingerichtet (Abb.: Exekution eines Geheimdienstoffiziers).

April 1992

1 Mi Die Weltgesundheitsorganisation WHO teilt in Genf mit, dass bisher offiziell aus 164 Ländern 484 148 AIDS-Fälle gemeldet worden seien.

2 Do Die zweite Stufe der Verpackungsverordnung tritt in Deutschland in Kraft. Hersteller und Vertreiber sind künftig zu Rücknahme und Entsorgung verpflichtet.

3 Fr Der siebte chinesische Volkskongress in Peking spricht sich für die Weiterführung des Reformkurses in der Wirtschaftspolitik aus.

4 Sa In Bonn einigen sich die Tarifpartner im Bankgewerbe auf eine Anhebung der Bezüge von 450 000 Angestellten um 5,4 %.

5 So Die CDU verliert bei den Wahlen in Baden-Württemberg 9,45 % der Stimmen.+++ In Schleswig-Holstein kann sich die regierende SPD knapp behaupten.

6 Mo Auf einer Konferenz ihrer Außenminister erkennt die Europäische Gemeinschaft die Unabhängigkeit Bosnien-Herzegowinas an.

7 Di PLO-Chef Jasir Arafat überlebt die Notlandung seines Flugzeuges leicht verletzt. Die Maschine musste wegen eines Motorschadens in Libyen niedergehen.

8 Mi Der französische Staat erwirbt beim Pariser Auktionshaus Drouot für umgerechnet rd. 530 000 DM die Originalpartitur des »Boléro« von Maurice Ravel.

9 Do Die britischen Konservativen unter Führung von Premierminister John Major gewinnen zum vierten Mal in Folge die britischen Unterhauswahlen.

10 Fr Durch einen Bombenanschlag tötet die Nordirische Untergrundorganisation IRA in der Londoner Innenstadt drei Menschen. → RAF

11 Sa Die Westberliner Akademie der Künste wählt Walter Jens mit großer Mehrheit erneut zum Präsidenten. Er erhält über 90% der Stimmen.

12 So In Genf gibt die UNO bekannt, dass weltweit 200 Mio. Kinder als billige Arbeitskräfte ausgebeutet würden und 10 Mio. zur Prostitution gezwungen seien.

13 Mo Mit der Aufnahme diplomatischer Beziehungen erkennt Deutschland als erster westlicher Staat das Land Georgien als unabhängige Republik an.

14 Di Brandenburg verabschiedet als erstes ostdeutsches Bundesland den Entwurf für eine Landesverfassung. Eine umfassende soziale Sicherung wird Staatsziel.

15 Mi In Hanoi ermöglicht die Nationalversammlung Vietnams mit der Verabschiedung einer neuen Verfassung die Einführung der Marktwirtschaft.

16 Do »Kreuz und quer«, ein Stück des Schweizer Dramatikers Lukas B. Suter, erlebt in Tübingen seine Uraufführung. → Mudschaheddin

17 Fr Türkische Sicherheitskräfte erschießen bei mehreren Razzien in Istanbul und Südostanatolien nach eigenen Angaben 41 Menschen, vor allem Kurden.

18 Sa Der Beschluss des Stadtrats von Venedig, auf dem Grund der Lagune ein 32 km langes U-Bahn-Netz zu bauen, ruft Proteste von Umweltschützern hervor.

19 So Eishockey-Nationalspieler Udo Kießling beendet gegen Russland – in seinem 320. Spiel im Nationaltrikot – seine internationale Karriere.

20 Mo Jörg Roßkopf aus Düsseldorf wird als erster deutscher Tischtennisspieler Europameister. Er gewinnt das Finale gegen den Belgier Jean-Michel Saive.

21 Di Hans-Dietrich Genscher und Adrian Nastase, die Außenminister Deutschlands und Rumäniens, unterzeichnen in Bukarest einen Freundschaftsvertrag.

22 Mi Die FDP beansprucht offiziell Vermögenswerte der früheren DDR-Blockparteien LDPD und NDPD in Höhe von mindestens 20 Mio. DM.

23 Do Deutsch-russische Regierungskommissionen vereinbaren in Bonn, dass die deutsche Wolgarepublik in Russland stufenweise wiederhergestellt werden soll.

24 Fr Der UN-Sicherheitsrat in New York beschließt zur Sicherung von Nahrungsmittellieferungen die Entsendung von 500 Blauhelm-Soldaten nach Somalia.

25 Sa Nach Angaben des Deutschen Allergiker- und Asthmatikerbundes leidet in den Industriestaaten jedes dritte bis vierte Kind an einer Allergie.

26 So Keiner der Kandidaten erringt beim ersten Durchgang der österreichischen Wahlen zum Bundespräsidenten die erforderliche absolute Mehrheit.

27 Mo Vertreter der Kosovo-Albaner boykottieren die Gründung der neuen Bundesrepublik Jugoslawien durch Serbien und Montenegro.

28 Di Italiens Staatspräsident Francesco Cossiga tritt zwei Monate vor dem Ende seiner Amtszeit zurück, um »die Politiker aus ihrer Lethargie« zu reißen.

29 Mi In Sierra Leone übernimmt das Militär die Macht und verhängt den Ausnahmezustand. Zwölf Menschen fallen dem Putsch zum Opfer. → Rassenkrawalle

30 Do Der Bundestag billigt die Privatisierung der Bundesanstalt für Flugsicherung. Die Regelung tritt nach der Ergänzung des Grundgesetzes 1993 in Kraft.

Mai 1992

1 Fr In Moskau gehen über 50 000 Altkommunisten und Nationalisten gegen die Reformpolitik von Staatspräsident Boris Jelzin auf die Straße.

2 Sa Über 100 000 Menschen demonstrieren nach dem Rassenkrawallen vom April in Los Angeles für das friedliche Zusammenleben der Rassen in den USA.

3 So Der deutsche Ringer Andreas Schröder gewinnt bei den Freistil-Europameisterschaften im ungarischen Kaposvar den Titel im Superschwergewicht.

4 Mo Nordkorea übergibt der Internationalen Atomenergie-Kommission (IAEO) in Wien erstmals Informationen über sein Atomprogramm.

5 Di Die Adam Opel AG kündigt an, die Belegschaft ihres Stammwerkes in Rüsselsheim – 30 000 Mitarbeiter – bis 1996 um 6 000 Mitarbeiter zu reduzieren.

6 Mi Der Weltstar Marlene Dietrich stirbt in Paris. +++ Der SV Werder Bremen gewinnt in Lissabon mit 2:0 gegen AS Monaco den Europapokal der Pokalsieger.

7 Do Im Tarifstreit im öffentlichen Dienst der Bundesrepublik einigen sich Arbeitgeber und Gewerkschaften nach elftägigem Arbeitskampf auf 5,4% mehr Lohn.

8 Fr Die Menschenrechtsorganisation »amnesty international« wirft der Türkei die Ermordung politischer Gegner durch Polizei und Militär vor.

9 Sa »Die Stunde, da wir nichts voneinander wussten«, ein Stück von Peter Handke, erlebt im Theater an der Wien seine Uraufführung.

10 So Schweden gewinnt durch einen 5:2-Finalsieg gegen Finnland bei den Eishockey-Weltmeisterschaften in Prag zum sechsten Mal den Titel.

11 Mo Die EG-Außenminister beschließen angesichts der sich ausweitenden Kämpfe in Bosnien-Herzegowina, ihre Botschafter aus Jugoslawien abzuziehen.

12 Di In einer Erklärung bezeichnen die Mitgliedsstaaten der KSZE Serbien als Hauptverantwortlichen für den Krieg in Bosnien-Herzegowina.

13 Mi Erstmals erteilt das Europäische Patentamt in München ein Patent für ein genetisch verändertes Tier: die »Harvard-Krebsmaus«.

14 Do Libyen nimmt die Anti-Terrorismus-Resolution der UNO an und verpflichtet sich damit, jeden auszuweisen, der an terroristischen Handlungen beteiligt war.

15 Fr Hamburgs Bürgermeister Henning Voscherau (SPD) schlägt im Bundesrat vor, Modellversuche zur legalen Abgabe von Heroin zu ermöglichen.

16 Sa Bundesverteidigungsminister Volker Rühe (CDU) geht wegen der hohen Kosten auf Distanz zu dem Europäischen Rüstungsprojekt »Jäger 90«.

17 So Im Erdinger Moos nimmt der neue Großflughafen München II, der nach Franz Josef Strauß benannt ist, den Betrieb auf. → Außenpolitik

18 Mo Das Stuttgarter Landgericht verurteilt den SS-Oberscharführer und Kriegsverbrecher Josef Schwammberger wegen Mordes zu lebenslanger Haft.

19 Di Der Europäische Gerichtshof verbietet wegen »Wettbewerbswidrigkeit« die in Deutschland geplante Einführung einer Straßenbenutzungsgebühr.

20 Mi Das Bundesgesundheitsamt in Berlin stellt fest, dass in den neuen Bundesländern 5 bis 10% weniger Menschen an Krebs stürben als in den alten.

21 Do In Genf präsentiert die Weltgesundheitsbehörde eine Studie, nach der in den Industriestaaten jeder fünfte Mensch an den Folgen des Rauchens sterben werde.

22 Fr Bundeskanzler Helmut Kohl und Frankreichs Staatspräsident François Mitterrand vereinbaren die Bildung eines deutsch-französischen Armeekorps.

23 Sa Der Zweitligist Hannover 96 gewinnt durch ein 4:3 nach Elfmeterschießen gegen Borussia-Mönchengladbach den DFB-Pokal. → Mafia-Attentat

24 So Der konservative Politiker Thomas Klestil gewinnt die Präsidentschaftswahlen in Österreich und wird im zweiten Wahlgang Nachfolger von Kurt Waldheim.

25 Mo Als Kompromisskandidat wird der 73-jährige Christdemokrat Oscar Luigi Scalfaro im 16. Wahlgang zum italienischen Staatspräsidenten gewählt.

26 Di Sieben Wochen nach der Landtagswahl einigen sich CDU und SPD in Baden-Württemberg auf die Bildung einer großen Koalition.

27 Mi Das Bundesverfassungsgericht verpflichtet Bund und Länder, Ländern in Notlagen stärker zu helfen, als dies im Fall Bremen und Saarland geschehen sei.

28 Do Die EG will Serbien und Montenegro mit einem umfassenden Handelsembargo zur Einstellung des Krieges in Bosnien-Herzegowina zwingen.

29 Fr Die israelische Regierung verhängt ein Einreiseverbot für Palästinenser aus dem Gazastreifen, nachdem ein Mädchen und ein Rabbi ermordet worden waren.

30 Sa Die Europäische Fußball-Union UEFA schließt Jugoslawien von der Europameisterschaft in Stockholm aus. Dänemark rückt in das Teilnehmerfeld auf.

31 So Der saarländische Ministerpräsident Oskar Lafontaine (SPD) bestreitet Vorwürfe des Magazins »Der Spiegel«, er beziehe unberechtigt eine Pension.

28. Juni 1992

Karriereknick für Krabbe

In London spricht das Schiedsgericht des Leichtathletik-Weltverbands (IAAF) die ostdeutschen Sprinterinnen Katrin Krabbe (s. Abb.), Silke Möller und Grit Breuer vom Verdacht des Dopings frei. Das Ergebnis eines Tests hatte im Januar Anlass zur Sperrung der Sportlerinnen gegeben. Trotz des Freispruchs sagen die Athletinnen die Teilnahme an den Olympischen Spielen in Barcelona jedoch ab. Durch ein Geständnis ihres Trainers, er habe Krabbe das Mittel Clenbuterol verabreicht, erhält die »Sportlerin des Jahres 1990 und 1991« eine erneute Sperre, die erst 1995 aufgehoben wird.

23. Mai 1992

Attentat auf Mafia-Jäger

Durch einen von der Mafia ferngezündeten Sprengsatz kommt in Palermo der Richter Giovanni Falcone ums Leben. Der als Mafia-Jäger populäre Jurist befand sich gerade in seinem Wagen auf dem Weg vom Flughafen in die City der sizilianischen Hauptstadt. Mit ihm sterben noch sechs Menschen, darunter seine Frau und drei Polizisten. Falcone geriet in die Schusslinie der Mafia, als er 1956 den Kampf gegen das organisierte Verbrechen aufnahm. Wie sich herausstellt, kamen die Informationen über die Reise des Richters nach Palermo aus den Reihen des italienischen Geheimdienstes, was den Verdacht der Infiltration des Staatsapparates durch Mafia-Angehörige bestätigt. Der Staat reagiert mit der Entsendung von 7000 Soldaten nach Sizilien, einer Verschärfung der Gesetze und der Einrichtung einer Anti-Mafia-Behörde.

14. Juni 1992

Umweltgipfel – Enttäusch

100 Staatschefs und 3000 Diplomaten aus 170 Ländern kommen in Rio de Janeiro zum bislang größten Gipfeltreffen der Geschichte zusammen, um über die brennenden Probleme globaler Umweltpolitik zu diskutieren. Viele Umweltschützer sind am Ende von den Ergebnissen des Treffens am Zuckerhut enttäuscht und sprechen von »Worthülsen und Absichtserklärungen«. Grundlegende Prinzipien zur Umwelt- und Entwicklungspolitik werden zwar festgeschrieben, eine rechtsverbindliche Zusage über ihre Umsetzung ist jedoch weitgehend in das Ermessen der einzelnen Regierungen gestellt.

Die Abholzung der Regenwälder, die gerade im Konferenz-Gastgeberland stark betrieben wird, ist eines der größten weltweiten Umweltprobleme.

In der »Deklaration von Rio«, die im Zentrum der Erklärungen steht, werden Leitlinien für den Umweltschutz und entwicklungspolitische Grundsätze formuliert. Sie beschreibt Rechte und Pflichten der Menschheit im Umgang mit der Natur und soll, nach Auffassung der Unterzeichnerstaaten, eine ähnlich wichtige Bedeutung wie die Erklärung der Menschenrechte bekommen. Die »Erdcharta« betont insbesondere, »dass die Menschen im Zentrum des Interesses für eine nachhaltige Entwicklung stehen.« Damit wird erstmals ein deutlicher Bezug zwischen Umweltschutz und der Entwicklung in der sog. Dritten Welt hergestellt. Der Handlungsplan »Agenda 21« beschreibt Regeln für die Nutzung der natürlichen Ressourcen.

23. Juni 1992

Machtwechsel in Israel

Weite Teile der israelischen Bevölkerung wollen eine Politik der Verständigung mit den Palästinensern. Zu diesem Schluss kommen Beobachter nach den Parlamentswahlen, aus denen die oppositionelle Arbeitspartei von Yitzhak Rabin (s. Abb., l.) als Siegerin hervorgeht. Der seit 1977 in der Regierungsverantwortung stehende konservative Likud-Block von Ministerpräsident Yitzhak Schamir (s. Abb., r.) muss Einbußen hinnehmen. Wahlsieger Rabin, der erste in Israel geborene Regierungschef des Landes, stoppt u.a. den Siedlungsbau im besetzten Westjordanland.

17. Mai 1992

Doyen der Außenpolitik

Nach 18 Amtsjahren tritt Hans-Dietrich Genscher, der dienstälteste Außenminister der Welt, aus Altersgründen zurück. Nachfolger des 65-jährigen FDP-Politikers wird Klaus Kinkel, der am 18. Mai ins Amt eingeführt wird. Der Rücktritt Genschers findet in der Presse angesichts der schwierigen Lage auf dem Balkan und anstehender EG-Entscheidungen ein geteiltes Echo.

Hans-Dietrich Genscher

deutscher Politiker, * 21.3.1927 Reideburg bei Halle/Saale

Genscher, langjähriger Chef-Diplomat und FDP-Vorsitzender, prägt die deutsche Nachkriegsgeschichte nachhaltig. 1982 hatte der ausgewiesene Taktiker maßgeblichen Anteil am Koalitionswechsel seiner Partei von der SPD zur Union. In der Folgezeit war Genscher ein Garant für Kontinuität in der Ost- und Entspannungspolitik sowie einer der Väter der deutschen Einheit.

- 1965-98: Mitglied des Bundestags
- 1974-85: Vorsitzender der FDP
- 1974-92: Außenminister

g in Rio

Die Industriestaaten sitzen in Rio als Umweltsünder auf der Anklagebank. Unter ihrem übermäßigen Energieverbrauch leidet, so der Vorwurf, die gesamte Erdatmosphäre. Allein die USA waren im Jahre 1991 für rd. 23% des weltweiten Ausstoßes von Kohlendioxid verantwortlich, eines der sog. Treibhausgase, die zur Erwärmung der Atmosphäre beitragen. Weiterhin wird in Rio eine »Klimaschutzkonvention«, eine »Artenschutzkonvention« und eine »Waldschutzkonvention« verabschiedet.
Neben dem offiziellen Gipfel mit Regierungsvertretern beraten rd. 13 000 Vertreter von etwa 600 Umwelt- und Naturschutzorganisationen auf

Entwicklungshilfe – Geberländer

Land	%-Anteil am Bruttosozialprodukt	Mrd. Dollar
Norwegen	1,16	1,3
Schweden	1,03	2,5
Niederlande	0,86	2,8
Frankreich	0.63	8,3
Deutschland	0,39	7,6
Italien	0,34	4,1
Großbritannien	0,31	3,2
Japan	0,30	11,2
USA	0,20	11,7

dem »Globalen Forum« über Schritte zur Rettung des Planeten. Sie kritisieren viele als halbherzig empfundenen Entscheidungen der Regierungsvertreter. Viele Prominente, unter ihnen der Dalai Lama, verhelfen dem »Gegengipfel« zu einem internationalen Medienecho. Darüber hinaus gelingt es den Umweltschützern auf der Konferenz aber auch, die offiziellen Delegationen zu beraten und ihre eigenen Vorstellungen vorzutragen.

26. Juni 1992

Dänen sind Europameister

Im schwedischen Göteborg endet das Finale um die Fußball-Europameisterschaft überraschend mit einem 2:0-Sieg Dänemarks über die deutsche Nationalmannschaft (Abb.: Spielszene mit v.r.: Jür-

gen Klinsmann, Matthias Sammer). Ein beherztes Spiel, das frühe Führungstor durch Jon Jensen und der zweite Treffer durch Kim Vilfort in der 78. Minute verhalfen den Dänen zu einem verdienten Sieg. Dabei hatte die Elf aus dem Norden nach einer gescheiterten Qualifikation ihre Teilnahme an dem Turnier allein dem kriegsbedingten Ausschluss der jugoslawischen Mannschaft zu verdanken. Die UEFA beteiligte sich damit an dem von der UNO ausgesprochenen Boykott gegen das vom Bürgerkrieg erschütterte Jugoslawien. Die beiden Finalgegner gingen jeweils als Gruppenzweite ins Halbfinale. Nach einem 3:2-Sieg der deutschen Elf über Schweden hoffte der Weltmeister von 1990 vergebens, nun auch den Europameistertitel holen zu können.

Juni 1992

1 Mo In Prag vereinbaren der deutsche Umweltminister Klaus Töpfer und sein tschechoslowakischer Amtskollege ein Sofortprogramm zum Schutz der Elbe.

2 Di Die Dänen stimmen bei einem Referendum mit der knappen Mehrheit von 50,7% gegen den Vertrag von Maastricht und die Europäische Union.

3 Mi Der Auswärtige Ausschuss des Bundestages hebt mit einer umstrittenen Entscheidung den Stopp der Waffenlieferungen an die Türkei auf.

4 Do »Schtonk«, die Verfilmung der Affäre um die gefälschten Hitler-Tagebücher, erhält den Deutschen Filmpreis in Gold. Regisseur ist Helmut Dietl.

5 Fr Die Tennis-Weltranglistenerste Monica Seles (Jugoslawien) gewinnt in Paris gegen Steffi Graf das Finale der French Open mit 6:2, 3:6 und 10:8.

6 Sa In der Schweiz wird bekannt gegeben, dass das erste Kondom für die Frau noch in diesem Jahr europaweit auf den Markt kommen soll.

7 So In New York stirbt ein 16-Jähriger, der Passanten mit einer Wasserpistole bespritzt hatte. Ein Mann schoss daraufhin mit scharfer Munition zurück.

8 Mo Die bislang schwersten Kämpfe erschüttern Bosniens Hauptstadt Sarajevo. Mindestens 30 Menschen sterben bei den Gefechten.

9 Di Die Deutsche Airbus GmbH gibt bekannt, dass sie nach jahrelangen Verlusten 1991 erstmals einen Gewinn – in Höhe von 421 Mio. DM – erzielte habe.

10 Mi Der thailändische König Bhumibol Adulyadej beruft den früheren Regierungschef Anand Panyarachun erneut zum Ministerpräsidenten.

11 Do Erwin Teufel (CDU) kündigt nach seiner Wiederwahl zum Ministerpräsidenten Baden-Württembergs durch den Stuttgarter Landtag eine harte Sparpolitik an.

12 Fr Die Bürger Hannovers stimmen per Postkarte darüber ab, ob die »Weltausstellung 2000« in ihrer Stadt stattfinden soll. 51,7% votieren für die Schau.

13 Sa Der deutsche Kanu-Verband sperrt Weltmeister Detlef Hoffmann wegen Dopings für zwei Jahre. Er kann damit nicht an den Olympischen Spielen teilnehmen.

14 So Brandenburgs Bürger nehmen bei einer Volksabstimmung die vom Landtag beschlossene neue Verfassung an. → Umweltgipfel von Rio

15 Mo Ein »kleiner Parteitag« der CDU wählt Peter Hintze auf Vorschlag des Parteivorsitzenden, Bundeskanzler Helmut Kohl, zum neuen Generalsekretär.

16 Di Das Bundesgesundheitsamt bestätigt, dass Salmonellen-Erkrankungen in den letzten fünf Jahren weltweit erheblich zugenommen haben.

17 Mi In Karlsruhe beginnt der 91. Deutsche Katholikentag. Er steht unter dem Motto »Eine neue Stadt ersteht – Europa bauen in der neuen Welt«.

18 Do Bundespräsident Richard von Weizsäcker bezeichnet die deutschen Parteien in einem Interview mit der »Zeit« als »machtversessen« und »machtvergessen«.

19 Fr Die katholische Bischofskonferenz der USA beschließt, härter gegen Geistliche vorzugehen, die Kinder sexuell missbraucht haben.

20 Sa Schwergewichtsboxer Evander Holyfield verteidigt in Las Vegas (USA) mit einem Punktsieg den Weltmeistertitel gegen seinen Landsmann Larry Holmes.

21 So Zum Sommerbeginn weisen Meteorologen darauf hin, dass die in Norddeutschland herrschende Dürreperiode zur schlimmsten seit 1847 werden könne.

22 Mo Das Berliner Landgericht spricht im dritten »Mauerschützenprozess« vier frühere Grenzsoldaten der DDR frei.

23 Di BMW bestätigt Pläne, in Greenville (US-Bundesstaat South Carolina) ein neues Automobilwerk errichten zu wollen. → Israel

24 Mi Der russische Präsident Boris Jelzin und Georgiens Staatschef Eduard Schewardnadse beschließen einen Waffenstillstand im Bürgerkrieg um Südossetien.

25 Do Die Präsidenten Russlands, der Ukraine, Moldawiens und Rumäniens beschließen, den Krieg im Dnjestr-Gebiet durch gemeinsame Anstrengung zu beenden.

26 Fr Der Bundestag beschließt ein Abtreibungsgesetz, das eine Fristenlösung mit medizinisch-psychologischer Pflichtberatung vorsieht. → Europameister

27 Sa Der französische Staatspräsident François Mitterrand trifft zu einem überraschenden Besuch in der bosnischen Hauptstadt Sarajevo ein.

28 So 100 000 Anhänger der Opposition fordern in Belgrad Neuwahlen und die Bildung einer »Regierung der Nationalen Rettung«. → Krabbe

29 Mo Algeriens Präsident Mohammed Boudiaf wird von einem Leibwächter erschossen. Nach Ansicht von Beobachtern steckt der Geheimdienst hinter der Tat.

30 Di Die Bonner Koalition beschließt, gemeinsam mit den europäischen Partnern eine billigere Version des Jagdflugzeugs »Jäger 90« in Auftrag zu geben.

Juli 1992

1 Mi Die EG-Landwirtschaftsminister beschließen nach eineinhalbjährigen Verhandlungen eine Reform der Agrarpolitik in der Europäischen Gemeinschaft.

2 Do Die US-Regierung gibt bekannt, dass die Vereinigten Staaten ihre gesamten taktischen Atomwaffen aus Europa abgezogen hätten. → Sarajevo

3 Fr Václav Havel, tschechoslowakischer Präsident, erhält keine Mehrheit für eine neue Amtszeit. Die slowakischen Abgeordneten versagen ihm ihre Zustimmung.

4 Sa Die Sozialdemokratische Partei (SDP) gewinnt die Wahlen zum nigerianischen Parlament mit 314 Mandaten. Eine geheime Stimmabgabe war untersagt.

5 So Andre Agassi (USA) gewinnt zum ersten Mal das Tennisturnier von Wimbledon. Bei den Damen erobert die Deutsche Steffi Graf ihren vierten Titel.

6 Mo Erstmals seit 1921 treffen Politiker der Republik Irland und Nordirlands zu Gesprächen über die Zukunft der britischen Provinz Nordirland zusammen.

7 Di Die »Türkische Stiftung für Menschenrechte« gibt bekannt, dass in der ersten Jahreshälfte in der Türkei 1038 Menschen Opfer politischer Gewalt wurden.

8 Mi Drei Menschen kommen bei einem Chemieunfall in Uithorn bei Amsterdam ums Leben. Der Sachschaden wird auf 90 Mio. DM geschätzt.

9 Do Die 51 Mitgliedsstaaten der KSZE verabreden bei einem Gipfeltreffen in Helsinki (Finnland) ein neues Regelwerk zur Bekämpfung von internationalen Krisen.

10 Fr Ein Gericht in Miami (US-Bundesstaat Florida) verurteilt den früheren Diktator Panamas, Manuel Antonio Noriega, zu 40 Jahren Haft.

11 Sa PDS-Chef Gregor Gysi ruft zusammen mit zahlreichen ostdeutschen Prominenten zur Gründung eines »Komitees für Gerechtigkeit« auf.

12 So Das Freiburger Öko-Institut berichtet von einer starken Nachfrage nach Sonnenenergieanlagen in der Bundesrepublik.

13 Mo Das Karlsruher Bundesverfassungsgericht bezeichnet die Anerkennung der Oder-Neiße-Linie als deutsche Ostgrenze als verfassungsgemäß.

14 Di Die Ausländerbeauftragte der Bundesregierung, Cornelia Schmalz-Jakobsen (FDP), setzt sich in ihrem Jahresbericht für einfachere Einbürgerungsregeln ein.

15 Mi Das Bundeskabinett beschließt, Schiffe der Bundesmarine an der Überwachung des UN-Embargos gegen Restjugoslawien zu beteiligen.

16 Do Die Deutsche Bundesbank erhöht den Diskontsatz um 0,75 Prozentpunkte auf 8,75%, den höchsten Stand seit Bestehen des Instituts.

17 Fr Erstmals kommen im jugoslawischen Bürgerkrieg UN-Soldaten ums Leben. Im kroatischen Zadar sterben zwei Franzosen durch eine Minenexplosion.

18 Sa Die britische Labour Party wählt den 53-jährigen John Smith mit 91% der Stimmen zum Nachfolger Neil Kinnocks als Parteivorsitzenden.

19 So Bei den Parlamentswahlen in Vietnam haben die Bürger erstmals die Möglichkeit, zwischen mehreren Kandidaten zu wählen.

20 Mo Experten berichten auf dem achten Welt-AIDS-Kongress in Amsterdam, 80% aller HIV-Infizierten würden in Entwicklungsländern leben.

21 Di Das Berliner Landgericht hebt den im März erlassenen Haftbefehl gegen den DDR-Unterhändler und Anwalt Wolfgang Vogel wieder auf.

22 Mi Pablo Escobar, kolumbianischer Drogenboss, kommt mit seiner Flucht aus einem Luxusgefängnis bei Medellín seiner Verlegung in ein Militärgefängnis zuvor.

23 Do 17 Staats- und Regierungschefs, darunter Kubas Präsident Fidel Castro, beteiligen sich an der zweiten Iberoamerikanischen Gipfelkonferenz in Madrid.

24 Fr Ein deutscher Reisebus stürzt am Nufenpass in den Schweizer Alpen in die Tiefe und reisst sieben Menschen in den Tod.

25 Sa Im Südosten der Türkei wird der Atatürk-Staudamm offiziell eingeweiht. Zehn Jahre hatte der Bau des Stauwehrs gedauert. → Barcelona

26 So Der 28-jährige baskische Radprofi Miguel Indurain (Spanien) wiederholt seinen Vorjahressieg bei der Tour de France.

27 Mo Der UN-Sicherheitsrat beschließt, den drohenden Hungertod von 1,5 Mio. Menschen in Somalia mit einer Luftbrücke zu verhindern.

28 Di Zwei Menschen werden getötet, als bei den Aufbauarbeiten für ein Volksfest in Düren ein Wagen in eine Gruppe von Arbeitern rast.

29 Mi Laut Behörden hat die Infektionskrankheit Listeriose, die für immunschwache Personen gefährlich ist, in Frankreich seit März 35 Opfer gefordert. → Gericht

30 Do Per Kaiserschnitt wird die 61-jährige Norditalienerin Liliana Cantadori Mutter. Ein Spezialist hatte eine künstliche Befruchtung der Frau vorgenommen.

31 Fr Brasilianische Oppositionsparteien streben ein Verfahren an, um den Präsidenten Fernando Collor de Mello seines Amtes zu entheben.

2. Juli 1992

Luftbrücke nach Sarajevo

Die Vereinten Nationen (UN) eröffnen eine Luftbrücke in die von Serben belagerte bosnische Hauptstadt Sarajevo. Nach einem Beschluss des UN-Sicherheitsrats vom 8. Juni soll damit die Versorgung der Not leidenden Bevölkerung Bosnien-Herzegowinas gewährleistet werden.

Das erste Transportflugzeug trifft am kommenden Tag in Sarajevo ein, ab dem 4. Juli beteiligen sich auch zwei deutsche Maschinen an der internationalen Hilfsaktion. Überland-Transporte in die Krisenregion waren zunehmend Schikanen der Bürgerkriegsparteien ausgesetzt gewesen. Oftmals wurden die mit Nahrungsmitteln und Medikamenten beladenen Konvois wieder zurückgeschickt, manchmal konnte die Weiterfahrt nur mit einem Teil der Ladung erkauft werden. Zusehends verschlechterte sich die Lage der Zivilbevölkerung im eingeschlossenen Sarajevo und den von der Welt abgeschnittenen Moslem-Enklaven. Viele ernähren sich nur noch von Brennnesseln und Mehl, teilweise müssen die Menschen Hunde und Katzen essen, um dem Hungertod zu entgehen. Der Einsatz von Flugzeugen ist nicht ungefährlich: Am 3. September wird ein italienisches Hilfsflugzeug in der Nähe von Sarajevo abgeschossen, die vierköpfige Besatzung kommt ums Leben. Raketenangriffe verhindern oder verzögern immer wieder die Lieferung der Hilfsgüter.

29. Juli 1992

Spitzengenosse vor Gericht

Nach 232-tägigem Aufenthalt in der chilenischen Botschaft in Moskau trifft der ehemalige SED-Generalsekretär und DDR-Staatschef Erich Honecker zusammen mit seiner Frau Margot in Berlin ein. Der wegen seiner Verantwortung für den Tod von 49 Menschen an der innerdeutschen Grenze per Haftbefehl gesuchte Honecker wird auf dem Flughafen Tegel von Justizvertretern verhaftet. Der Prozess gegen den Krebskranken beginnt im November (Abb.: Honecker, l., beim Verlassen der Botschaft).

Erich Honecker

deutscher Politiker, * 25.8.1912 Wiebelskirchen/Saarland; † 29.5.1994 Santiago de Chile

In diktatorischer Machtfülle prägte der gelernte Dachdecker eine ganze Ära der DDR, die im Innern zunehmend von Repression, Stagnation und wirtschaftlichem Niedergang gekennzeichnet war. Reformen nach dem Vorbild Gorbatschows lehnte er ab. 1989 musste er von allen Ämtern zurücktreten. Wegen seiner Erkrankung wird der Prozess gegen ihn 1993 eingestellt.

- 1939-45: Als Widerstandskämpfer in NS-Haft
- 1946-55: Vorsitzender der FDJ
- 1971-89: 1. Sekretär/Generalsekretär der SED

22. August 1992

Fremdenhass

Rostock ist Schauplatz schwerer Ausschreitungen und Straßenschlachten zwischen rechtsradikalen Jugendlichen und der Polizei. Bis zu 5000 Schaulustige feuern die Gewalttäter an. Die Bilder der fünf Tage lang anhaltenden Exzesse gehen um die Welt. Das Ausland reagiert – in Erinnerung an das nationalsozialistische Deutschland – mit Sorge über den offenkundig zunehmenden Fremdenhass auf die tagelang anhaltenden Unruhen im Stadtteil Lichtenhagen.

Ihren Ausgang nahmen die Krawalle bei einer Demonstrationen gegen die Zentrale Aufnahmestelle für Asylbewerber (ZAST) in Lichtenhagen. Die Einrichtung, geplant für die Unterbringung von 320 Menschen, ist vollkommen überfüllt. Allein im Juni wurden etwa 1300 Menschen aufgenommen. Zeitweise mussten bis zu 200 Asylbewerber mitten in einem Wohngebiet im Freien ohne sanitäre Einrichtungen campieren.

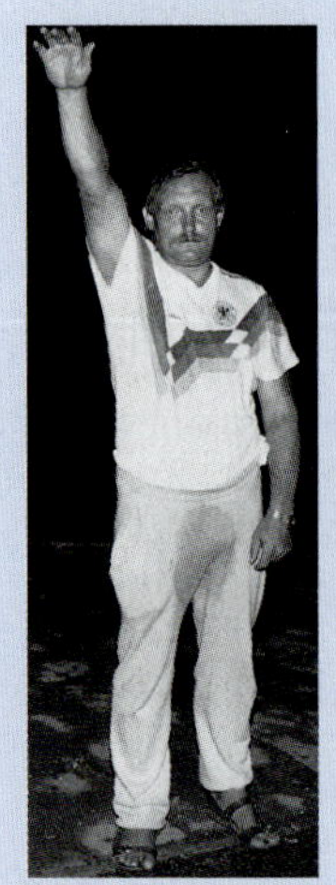

Anwohner in Rostock

Obwohl die Pläne für rechtsextrem motivierte Aufmärsche gegen die ZAST im Vorfeld bekannt sind, ist die Polizei völlig unvorbereitet. Die Ordnungshüter sind zunächst sowohl zahlenmäßig als auch logistisch unzureichend ausgestattet. Die mit lediglich 50 Mann anrückende Polizei ist gegen die gut organisierten Randalierer offenkundig überfordert. In der folgenden Nacht liefern sich die inzwischen um mehrere Hundertschaften verstärkten Polizei-Einheiten Straßenschlachten mit den Rechtsradikalen, die mit Steinen, Flaschen und Feuerwerkskörpern gegen die Beamten vorgehen. Mehr als 110 Polizisten werden verletzt. In den

30. August 1992

Erste Frau im Bischofsamt

In Hamburg wird die Theologin Maria Jepsen als weltweit erste evangelisch-lutherische Bischöfin in ihr Amt eingeführt. Damit untersteht ihr der Sprengel Hamburg der Nordelbischen Kirche. Bereits in den Jahren zuvor hatten sich zwei Frauen um ein deutsches Bischofsamt beworben, waren aber gescheitert. Jepsen, die wegen ihrer Nähe zur feministischen Theologie ebenfalls mit Widerständen zu kämpfen hatte, konnte bei der Wahl durch die Synode am 4. April von 137 Stimmen 78 auf sich vereinen. Die Hamburger Bischöfin macht es sich zum Ziel, den »Glauben im Alltag wieder lebbar zu machen«. Maria Jepsens Wahl nehmen andere Kirchen zum Vorbild: Mitte November ringt sich die anglikanische Kirche von England mit knapper Mehrheit dazu durch, künftig auch Frauen zum Priesteramt zuzulassen.

as Fanal von Rostock

Rechtsextreme Gewalt eskaliert zu bürgerkriegsähnlichen Zuständen.

anschließenden Nächten weiten sich die Krawalle zu bürgerkriegsähnlichen Zuständen aus. Eine taktische Fehleinschätzung der Ordnungskräfte bringt am Abend des 24. August das Leben von über 100 vietnamesischen Gastarbeitern sowie ein ZDF-Kamerateam in Gefahr, als die Polizei unter einem Hagel von Steinen, Molotowcocktails und Leuchtraketen etwa 500 Randalierern das Feld überlässt. Die Menge zündet daraufhin das Haus der Vietnamesen neben der inzwischen geräumten ZAST an und hindert die Feuerwehr am Löschen. Erst nach etwa eineinhalb Stunden werden die Beamten zurückbeordert, um die Menschen zu retten.

Bei den schwersten Auseinandersetzungen in der Nacht zum 26. August werden 1600 Beamte von etwa 1200 militanten Rechtsextremen direkt angegriffen. Bilanz: Über 100 Ordnungshüter erleiden schwere Verletzungen, 290 Randalierer werden festgenommen. Als Ursache für die Krawalle wird u.a. die schwierige soziale Lage der Menschen in der Trabantenstadt genannt. In der Landeshauptstadt Schwerin spitzt sich die Kontroverse um Versäumnisse der Polizei zu. Im Mittelpunkt der Kritik steht die Einsatzleitung der Polizei und als oberster Dienstherr Innenminister Lothar Kupfer (CDU), dessen Rücktritt gefordert wird. Im Ausland wird vor allem die massive Unterstützung der Bevölkerung für die Randalierer kritisiert. Selbst für den Bundesverfassungsschutz ist »besonders erschreckend«, dass die Randalierer von mehreren tausend Schaulustigen »angestachelt, unterstützt und vor polizeilicher Verfolgung geschützt« werden.

Die Ereignisse in Rostock-Lichtenhagen bilden das Fanal zu einer Welle von Attentaten gegen Minderheiten in Deutschland.

25. Juli 1992

Barcelona begeistert Zuschauer mit Bestleistungen

In der katalanischen Metropole Barcelona beginnen mit einer farbenprächtigen Eröffnungsfeier die XXV. Olympischen Sommerspiele.

Fast 10 000 Sportler und Sportlerinnen treten zum Kampf um die 257 Goldmedaillen an. Zum Abschluss der Spiele am 9. August stehen die Athleten der Gemeinschaft Unabhängiger Staaten (GUS) mit 45 Gold-, 38 Silber- und 28 Bronzemedaillen an der Spitze des inoffiziellen Medaillenspiegels, vor den USA (37/34/37) und Deutschland (33/21/28). Mit sechsmal Gold ist Vitali Sherbo, ein 20-jähriger Turner aus Weißrussland, erfolgreichster Teilnehmer. Sein drittes Olympiagold in Folge sicherte sich der US-Spitzenathlet Carl Lewis, dessen 8,67 m im Weitsprung auch diesmal nicht übertroffen wurden. Unvergesslich bleibt der mitreißende 5000-m-Finalsieg des »Schwabenpfeils« Dieter Baumann (s. Abb., M.). Auch die Weitsprungspezialistin Heike Drechsler und die Hochspringerin Heike Henkel kämpften sich an die Spitze der Weltkonkurrenz.

August 1992

1 Sa Claude Conjugo, Chef des Oppositionsbündnisses für Demokratie in Zentralafrika, wird nach einer Demonstration von Soldaten erschlagen.

2 So Nachdem es zuvor zu technischen Problemen gekommen war, gelingt der US-Raumfähre »Atlantis« die Abkoppelung des Forschungssatelliten »Eureca«.

3 Mo Frankreich unterschreibt als letzte Nuklearmacht den Atomwaffensperrvertrag, der die Verbreitung von Nuklearwaffen verhindern soll.

4 Di Das Bundesverfassungsgericht stoppt das neue Abtreibungsrecht mit einer einstweiligen Verfügung. Das begleitende Sozialpaket kann jedoch in Kraft treten.

5 Mi Der kirchenkritische brasilianische Befreiungstheologe Leonardo Boff bestätigt in einem Interview, der Franziskanerorden habe ihn zum Austritt gezwungen.

6 Do Serbische Truppen starten eine neue Offensive gegen moslemisch-kroatische Orte in Bosnien. Die Hauptstadt Sarajevo ist erneut Ziel schwerer Artillerieangriffe.

7 Fr Das britische Passagierschiff »Queen Elizabeth II« läuft vor der Küste des US-Bundesstaates Massachusetts auf Grund und wird beschädigt.

8 Sa In der afghanischen Hauptstadt Kabul flammen die Kämpfe zwischen den rivalisierenden islamischen Milizen erneut auf. Es kommt zu Artillerieduellen.

9 So Im Bundesstaat Pandschab tötet die indische Polizei Sukhdev Singh Babbar, den Chef der rechtsextremen Sikh-Organisation »Babbar Khalsa International«.

10 Mo PLO-Chef Jasir Arafat begrüßt die Ankündigung der israelischen Regierung, Kontakte zwischen Israelis und Palästinensern nicht mehr unter Strafe zu stellen.

11 Di Vom Weltraumbahnhof Kourou in Französisch-Guyana aus startet eine »Ariane«-Rakete der europäischen Raumfahrtbehörde ESA.

12 Mi Die USA, Kanada und Mexiko einigen sich in Washington auf die Bildung einer gemeinsamen nordamerikanischen Freihandelszone (NAFTA).

13 Do Der UN-Sicherheitsrat ermöglicht mit einer neuen Resolution die militärische Sicherung von Hilfslieferungen in Bosnien-Herzegowina.

14 Fr Aus gesundheitlichen Gründen gewährt das Berliner Kammergericht dem ehemaligen DDR-Ministerpräsidenten Willi Stoph eine Haftverschonung.

15 Sa Erstmals seit 30 Jahren strahlt nicht die ARD-»Sportschau« Erstberichte der Fußball-Bundesliga aus, sondern die Sat1-Sendung »ran«.

16 So Beim Großen Preis von Ungarn belegt der Brite Nigel Mansell den zweiten Platz hinter Ayrton Senna aus Brasilien und wird damit Formel-1-Weltmeister.

17 Mo Walter Momper, Berlins früherer Regierender Bürgermeister, tritt als SPD-Landeschef zurück, nachdem er für seine Maklertätigkeit kritisiert worden war.

18 Di Die Sommerhitze verursacht große Waldbrände in Russland, Polen und den Mittelmeerländern. Allein in Russland werden 18 000 Brände registriert.

19 Mi Der deutsche Homosexuellenverband demonstriert mit der »Aktion Standesamt« für gleichgeschlechtliche Ehen. 250 Paare beantragen ihre Eheschließung.

20 Do Ein Orkan mit Windstärken bis zu 160 km/h sorgt in Südwest- und Mitteldeutschland für Überschwemmungen, abgedeckte Häuser und Straßenschäden.

21 Fr Auf der Nordseeinsel Pellworm wird die Kapazität von Europas größtem Solar-Wind-Kraftwerk von 300 auf 600 Kilowatt erweitert.

22 Sa Die SPD-Parteiführung erklärt, sie schließe eine Änderung des Asylparagrafen im Grundgesetz nicht mehr aus. → Rostock

23 So US-Außenminister James Baker legt sein Amt nieder, um als Generalsekretär Präsident George Bush im Wahlkampf zu unterstützen.

24 Mo Im US-Bundesstaat Florida verursacht der Wirbelsturm »Andrew« verheerende Schäden. »Andrew« ist der drittstärkste je in den USA registrierte Hurrikan.

25 Di In Berlin unterzeichnen Bundeskanzler Helmut Kohl und der Regierende Bürgermeister Eberhard Diepgen den »Hauptstadt-Vertrag« für den Ausbau der Stadt.

26 Mi Ein Untersuchungsausschuss stimmt mit großer Mehrheit einem Bericht zu, der Brasiliens Präsident Fernando Collor de Mello der Bestechlichkeit bezichtigt.

27 Do Der Hamburger Bauer-Verlag stellt die 1948 gegründete Illustrierte »Quick« wegen eines dramatischen Rückgangs des Anzeigengeschäfts ein.

28 Fr Die japanische Regierung beschließt, die Wirtschaftskrise mit einem Konjunkturprogramm von 10 Billionen Yen (115 Mrd. DM) Volumen zu bekämpfen.

29 Sa Armenien und Aserbeidschan, die seit vier Jahren um die armenische Enklave Berg-Karabach Krieg führen, vereinbaren einen 60-tägigen Waffenstillstand.

30 So Der deutsche Formel-1-Pilot Michael Schumacher gewinnt mit dem Großen Preis von Spa in Belgien seinen ersten Grand Prix. → Bischofsamt

31 Mo Heinrich Weiss, Präsident des Bundesverbandes der Deutschen Industrie, erklärt wegen interner Streitigkeiten seinen Rücktritt.

September 1992

1 Di Das slowakische Parlament gibt dem Land eine eigene Verfassung und unterstreicht damit den Willen zur Trennung von der tschechischen Republik.

2 Mi Der Chemnitzer Radprofi Michael Hübner gewinnt bei den Bahnrad-Weltmeisterschaften in Valencia sowohl den Sprint wie den Keirin-Wettbewerb.

3 Do Nach 24-jährigen Verhandlungen einigt sich die UN-Abrüstungskonferenz in Genf auf eine umfassende Ächtung der chemischen Waffen.

4 Fr Todor Schiwkow, früherer bulgarischer Staats- und Parteichef, wird vom obersten Gericht des Landes wegen Veruntreuung zu sieben Jahren Haft verurteilt.

5 Sa In der Kathedrale von Amiens (Frankreich) setzen Wissenschaftler erstmals Laserstrahlen zur Reinigung eines historischen Gebäudes ein.

6 So Der US-Leichtathlet Dan O'Brien verbessert beim Mehrkampf-Meeting in Talence (Frankreich) den Zehnkampf-Weltrekord auf 8891 Punkte.

7 Mo Drei Monate nach der Operation stirbt ein US-Amerikaner, dem als erstem Menschen eine Pavianleber eingepflanzt wurde.

8 Di Russlands Präsident Boris Jelzin sagt seinem litauischen Amtskollegen Vitautas Landsbergis zu, die russische Armee bis zum 31. August 1993 abzuziehen.

9 Mi Israels Ministerpräsident Yitzhak Rabin bietet Syrien an, im Tausch gegen »wirklichen Frieden« einen Teil der besetzten Golanhöhen zurückzugeben.

10 Do Winnie Mandela, die Ehefrau des Schwarzenführers Nelson Mandela, verzichtet auf alle Ämter innerhalb der südafrikanischen Befreiungsbewegung ANC.

11 Fr Neun schwer bewaffnete Kriminelle brechen aus der Haftanstalt Clairvaux (Frankreich) aus und erschießen dabei zwei Menschen.

12 Sa Der Bundesvorstand der SPD unterstützt auf einer Tagung in Bad Salzuflen die Wende von Parteichef Björn Engholm in der Asylpolitik. → Top-Terrorist

13 So Bei den thailändischen Parlamentswahlen erringen militärkritische Parteien die Mehrheit. Neuer Ministerpräsident des Landes wird Chuan Leekpai.

14 Mo Die Deutsche Bundesbank lockert erstmals seit vier Jahren wieder ihre Geldpolitik und senkt den Diskontsatz um 0,5%, den Lombardsatz um 0,25%.

15 Di In Berlin beginnt ein Kongress der Sozialistischen Internationale. Zum Nachfolger des erkrankten Willy Brandt wird der Franzose Pierre Mauroy gewählt.

16 Mi Großbritannien und Italien steigen aus dem Europäischen Währungssystem (EWS) aus. Damit reagieren sie auf die Turbulenzen an den Devisenmärkten.

17 Do Ecuador verlässt im Streit um Förderquoten die OPEC. +++ Vier führende Politiker der iranischen Opposition fallen in Berlin einem Attentat zum Opfer.

18 Fr Das Verteidigungsministerium gibt erstmals zu, dass beim Flugzeugabsturz 1988 in Remscheid evtl. Dioxine, Furane und Phosgene freigesetzt wurden.

19 Sa Im Pariser Grand Palais wird die Ausstellung »Die Etrusker und Europa« eröffnet. 650 Objekte verdeutlichen die Leistungen des vorrömischen Kulturvolkes.

20 So Konservative und nationalistische Parteien gewinnen ein Jahr nach Erklärung der Unabhängigkeit des Staates die ersten freien Wahlen in Estland.

21 Mo Nach drei Jahrhunderten zieht Spanien die Wachen an der Grenze zur britischen Kronkolonie Gibraltar ab, die von Madrid beansprucht wird.

22 Di Die UNO-Vollversammlung in New York lehnt die Anerkennung der »Bundesrepublik Jugoslawien« als Nachfolgestaat Jugoslawiens ab.

23 Mi Die Rüsselsheimer Adam Opel AG, eine Tochter des US-Konzerns General Motors, nimmt in Eisenach das modernste Automobilwerk Europas in Betrieb.

24 Do Die Bundesanwaltschaft erhebt gegen den früheren DDR-Spionagechef Markus Wolf Anklage wegen Landesverrats, Agententätigkeit und Bestechung.

25 Fr Ein Gericht in Florida erlaubt einem 12-Jährigen, sich von seiner Mutter zu trennen, da diese sich nicht ausreichend um das Kind gekümmert habe.

26 Sa Brandstifter zerstören in der Nacht ein Museumsgebäude in der KZ-Gedenkstätte Sachsenhausen. Politiker nennen den Anschlag »einen Akt der Barbarei«.

27 So Die Schweizer billigen die »Neue Eisenbahn-Alpentransversale« (NEAT), die den Bau zweier Tunnel unter dem Gotthard und dem Lötschberg umfasst. → Kanal

28 Mo In der Nähe der nepalesischen Hauptstadt Kathmandu prallt ein pakistanischer Airbus gegen einen Berg. Bei dem Unglück sterben 166 Menschen.

29 Di 8200 Verleger aus 103 Ländern nehmen an der 44. Internationalen Buchmesse teil, die in Frankfurt beginnt. Schwerpunktthema ist Mexiko. → Brasilien

30 Mi Nach fast einem halben Jahrhundert beenden die USA ihre Präsenz auf den Philippinen. Die Marinebasis Subic Bay wird aufgegeben.

2. Oktober 1992

Hungersnot in Afrika

Nach Schätzungen des Kinderhilfswerks der Vereinten Nationen, UNICEF, sind im südlichen Afrika bis zu 18 Mio. Menschen von einer schweren Hungersnot bedroht. Besonders betroffen sind die Länder Mosambik, Simbabwe und Botswana.

Ursachen für die Katastrophe sind eine der schlimmsten Dürren des Jahrhunderts sowie andauernde kriegerische Konflikte und Stammesfehden in vielen afrikanischen Staaten. Die Dürre breitete sich zuerst im Süden aus und griff dann auch auf Länder weiter nördlich über. Lesotho, Namibia, Malawi und Swasiland verlieren bis zu 90% ihrer Ernte. Simbabwe, in den Jahren zuvor noch Exporteur von Nahrungsmitteln, muss in diesem Jahr 1,7 Mio. t Mais einführen. Nach Schätzung der UNO sind rd. 12 Mio. t Lebensmittel notwendig, um das Überleben der Menschen zu gewährleisten.

Die Situation für die Bevölkerung wird durch Krieg, blutige Stammesrivalitäten und Vertreibung zusätzlich erschwert. So nimmt Malawi, das selbst unter der Jahrhundert-Dürre zu leiden hat, noch eine Million Flüchtlinge auf, die aus dem Bürgerkriegsland Mosambik eingeströmt sind.

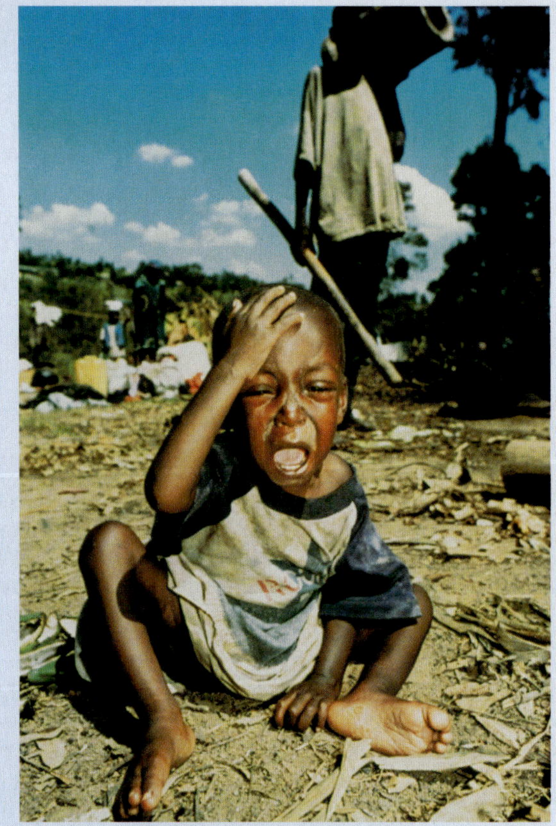

Vor allem kleine Kinder werden zu Opfern.

Im August hatten die Vereinten Nationen bereits damit begonnen, Lebensmittel nach Somalia bringen zu lassen, um dort eine Hungersnot der Bevölkerung abzuwenden. Nach Angaben des Roten Kreuzes sind allein am Horn von Afrika 1,5 Mio. Menschen vom Hungertod bedroht. Die Luftbrücke ist Auftakt einer Aktion, mit der insgesamt 200 000 t Lebensmittel nach Somalia gebracht werden. Seit Monaten war die Katastrophe abzusehen, da sich Millionen Somalier auf der Flucht vor Krieg und Dürre befanden. Die größte internationale Hilfsoperation seit 1984 beginnt jedoch zu spät – hunderttausende fallen dennoch dem Hungertod zum Opfer.

29. September 1992

Brasiliens Präsident abgesetzt

Die brasilianische Abgeordnetenkammer beschließt in einer namentlichen Abstimmung die Absetzung von Präsident Fernando Collor de Mello. Das Parlament reagiert damit auf Vorwürfe gegen den 43-Jährigen wegen illegaler Bereicherung, Korruption und Amtsmissbrauch.

In der Bevölkerung löst die Abwahl eine Welle der Zustimmung aus. In der Hauptstadt Brasilia kommen 100 000 Menschen zusammen, um das Abstimmungsergebnis zu feiern. Collor de Mello, der erste demokratisch gewählte Präsident des Landes seit 1961, hatte bei seinem Amtsantritt 1990 ein Ende der Vetternwirtschaft und ein »neues Brasilien« versprochen. Stattdessen schrumpfte die Industrieproduktion, während die Abeitslosenzahlen stiegen. Trotz zahlreicher Protestveranstaltungen gegen die Politik Collor de Mellos weigerte sich dieser bisher, selbst den Rücktritt einzureichen. Sein Nachfolger wird Itamar Franco.

4. Oktober 1992

Frieden in Mosambik

Auf Vermittlung der UNO hin unterzeichnen in Rom die Bürgerkriegsparteien Mosambiks einen Friedensvertrag. Damit endet der seit 16 Jahren andauernde Kampf zwischen der regierenden leninistischen Frente Libertaçao de Moçambique (FRELIMO) und der rechts gerichteten Resistencia Nacional Moçambicana (RENAMO). Im Verlauf des Krieges starben mehr als 1 Mio. Menschen, rd. 6 Mio. Mosambikaner wurden vertrieben. Der Friedensvertrag sieht eine Generalamnestie für Soldaten und Rebellen vor. In absehbarer Zeit sollen freie Wahlen durchgeführt werden. Für die Überwachung des Abkommens veranlasst die UNO die Stationierung von 7500 Blauhelm-Soldaten. Trotz den schweren Kriegsfolgen, die das afrikanische Land zu überwinden hat, bleibt der Frieden bis auf wenige Verstöße stabil. Mit den Wahlen 1994, bei denen die FRELIMO siegt, ziehen sich die Blauhelme aus Mosambik zurück.

27. September 1992

Kanal vom Main zur Donau

In Berching weiht Bundespräsident Richard von Weizsäcker das letzte Teilstück des 171 km langen Rhein-Main-Donaukanals zwischen Bamberg und Kelheim ein (Abb.: Schleuse Hilpoltstein). Durch die Verbindung des Mains mit der Donau wird eine 3500 km lange Wasserstraße von der Nordsee zum Schwarzen Meer schiffbar. Naturschützer und Verkehrsexperten bezweifeln allerdings, dass sich das gigantische Bauwerk rechnet.
20 Mio. t Fracht müssten jährlich den Kanal passieren, damit Bau- und Unterhaltskosten von jährlich 25 Mio. DM gedeckt werden können. Zudem benötigt ein Frachter auf dem Binnenschiffsweg von Rotterdam nach Odessa vier Wochen, über die 6500 km lange Seeroute jedoch nur sechs bis zehn Tage. Hauptstreitpunkt sind aber die Folgen des Kanalbaus für die Natur. Besonders das idyllische Altmühltal mit seinen Feuchtwiesen – Heimat zahlreicher bedrohter Tier- und Pflanzenarten – ist durch die Baumaßnahmen schwer getroffen. Zur Eindämmung der ökologischen Folgen wurde eine künstlich verzweigte Wasserlandschaft als Rückzugsgebiet für die betroffene Fauna und Flora angelegt.

12. September 1992

Top-Terrorist verhaftet

In Lima verhaftet die peruanische Polizei den Philosophieprofessor Abimael Guzmán Reynoso (s. Abb.), den Führer der berüchtigten Guerilla-Organisation »Sendero Luminoso« (Leuchtender Pfad). Guzmán, dessen politische Ideologie sich aus marxistischen und maoistischen Versatzstücken zusammensetzt, wird von seinen Anhängern wie ein Halbgott verehrt.
Seit 1980 starben bei Anschlägen der Guerilla rd. 25 000 Menschen. Die Terrorgruppe, der bis zu 8000 Anhänger angehören, wurde in den 70er Jahren von Guzmán gegründet und verfolgt seither das Ziel, mit den Mitteln der Gewalt eine Machtübernahme der Militärs in Peru zu provozieren. Deren repressiver Führungsstil sollte wiederum den Boden für den Sturz der ungeliebten Militärmachthaber bereiten und die eigene Organisation an die Spitze des Landes bringen. Der ausbleibende Erfolg, verbunden mit rücksichtslosen Gewalttaten, schwächte den Rückhalt in der Bevölkerung zusehends. Mit der Verhaftung Guzmáns gelingt der Regierung von Alberto Fujimori ein entscheidender Schlag gegen den Terrorismus. Bei der Bevölkerung erntet der Präsident dafür große Sympathien. Seit seiner Wahl 1990 hatte er sich auch mit unpopulären Mitteln um eine Stabilisierung des Landes bemüht.

19. Oktober 1992

Selbstmord von Kelly und Bastian wirft viele Fragen auf

Die beiden Grünen-Politiker Petra Kelly und Gert Bastian (s. Abb., v.r.) werden in ihrem Haus tot aufgefunden. Die Ermittlungen der Polizei deuten darauf hin, dass der 69-jährige Ex-General zuerst seine 44-jährige Lebensgefährtin und anschließend sich selbst erschoss. Freunde und politische Weggefährten rätseln über das Motiv für die Tat. Ein Abschiedsbrief, der Licht in das Dunkel bringen könnte, wird nicht gefunden. Freunde der Verstorbenen und Politiker nehmen in einer Feierstunde am 31. Oktober in der Bonner Beethovenhalle Abschied von Kelly und Bastian. Hessens Umweltminister Joschka Fischer (Grüne) bedauert, dass es der Partei vor allem in den letzten Jahren nicht mehr gelungen sei, die beiden Integrationsfiguren der Friedensbewegung einzubinden.

Gert Bastian

deutscher Politiker und General a.D., * 26.3.1923 München, † Oktober 1992 Bonn

Der Ex-General wurde nach seinem Abschied von der Bundeswehr zu einer wichtigen Figur der nationalen und internationalen Friedensbewegung. Im Jahre 1979 kritisierte er öffentlich den NATO-Doppelbeschluss. Er schloss sich den Grünen an und wurde 1983 Abgeordneter des Bundestags. In den 80er Jahren engagierte er sich u.a. in der Anti-Atombewegung.

- 1941: Eintritt in die Wehrmacht
- 1954-63: Mitglied der CSU
- 1987: Rückzug von den Grünen

Petra Kelly

deutsche Politikerin, * 29.11.1947 Günzburg, † Oktober 1992 Bonn

Die international angesehene Streiterin für Frieden und Abrüstung war Mitgründerin der Grünen. Anfang der 80er Jahre prägte sie maßgeblich das Erscheinungsbild der Partei. 1983 zog sie erstmals mit den Grünen in den Bundestag ein und wurde in den Sprecherrat der Fraktion gewählt. Auch als Bundestagsabgeordnete nahm sie an gewaltfreien Aktionen gegen Krieg teil.

- 1966-72: Politologie-Studium in den USA
- 1971-82: Mitarbeiterin der EG in Brüssel
- 1983-90: Mitglied des Bundestages

Oktober 1992

1 Do In Russland beginnt auf Anordnung von Präsident Boris Jelzin die Privatisierung von 5500 Staatsbetrieben und ihre Umwandlung in Aktiengesellschaften.

2 Fr Die NATO beginnt in Bielefeld mit dem Aufbau der »Schnellen Eingreiftruppe«. +++ Bei einer Häftlingsrevolte in Brasilien sterben 110 Gefangene. → Afrika

3 Sa US-Präsident George Bush unterzeichnet ein Gesetz, wonach die USA ihre unterirdischen Atomtests zum 1. Oktober 1996 einstellen.

4 So Eine israelische Boeing 747 stürzt über einem Amsterdamer Vorort ab und zerstört zwei Hochhäuser. Dabei sterben etwa 70 Menschen. → Mosambik

5 Mo Aus Großbritannien verlautet, dass der Eurotunnel unter dem Ärmelkanal wegen technischer Schwierigkeiten nicht fristgerecht eröffnet werden kann.

6 Di Im Bürgerkrieg in Ex-Jugoslawien erobern Serben Bosanski Brod im Norden Bosnien-Herzegowinas und sichern sich damit einen wichtigen Landkorridor.

7 Mi Die Stiftung »Right Livelihood« gibt die Träger des sog. Alternativen Nobelpreises bekannt. Ausgezeichnet wird u.a. ein Bangladescher Gesundheitszentrum.

8 Do Willy Brandt, der erste sozialdemokratische Bundeskanzler, langjährige Parteivorsitzende und Träger des Friedensnobelpreises, stirbt in Unkel bei Bonn.

9 Fr Der UN-Sicherheitsrat in New York verhängt über Bosnien-Herzegowina ein Flugverbot, um serbische Luftangriffe zu verhindern.

10 Sa Auf dem Hauptbahnhof in Frankfurt am Main entdecken Polizeibeamte in einem Schließfach eingeschmuggeltes, hochradioaktives Material.

11 So Eduard Schewardnadse wird als georgischer Präsident bestätigt. +++ Rumäniens Präsident Ion Iliescu siegt bei der Stichwahl um das Präsidentenamt.

12 Mo Bei dem spektakulärsten Kunstraub der deutschen Nachkriegszeit erbeuten Diebe aus dem Schlossmuseum in Weimar acht Werke von Lucas Cranach d. Ä.

13 Di Der Nobelpreis für Wirtschaftswissenschaften geht an den US-Ökonomen Gary Stanley Becker für seine Erforschung der sog. mikroökonomischen Theorie.

14 Mi Mit 86% der Stimmen wählt die IG Metall in Augsburg Detlef Hensche zum neuen Vorsitzenden. Er tritt die Nachfolge von Erwin Ferlemann an.

15 Do Bei einem Freundschaftsspiel gegen Mexiko nimmt Stürmerstar Rudi Völler in Dresden nach 85 Einsätzen Abschied von der Nationalmannschaft.

16 Fr Der Bundesrat billigt eine Verordnung, die künftig Abgas-Sonderuntersuchungen für Katalysatoren- und Dieselfahrzeuge vorsieht.

17 Sa Jugendliche überfallen in Thale im Harz ein überwiegend von Vietnamesen bewohntes Asylbewerberheim. Drei Frauen werden sexuell genötigt.

18 So Schwere Verletzungen erleidet Heiner Geißler, stellvertretender Fraktionschef der CDU/CSU, durch einen Sturz beim Gleitschirmfliegen in der Pfalz.

19 Mo In Zentral-Bosnien brechen erstmals Kämpfe zwischen den zuvor gegen die Serben verbündeten Moslems und Kroaten aus. → Selbstmord

20 Di Die Ausländerbeauftragten von Bund, Ländern und Gemeinden fordern ein Konzept für die Einwanderung von Ausländern nach Deutschland.

21 Mi Etwa 50 000 Bergarbeiter gehen in London auf die Straße, um gegen die geplante Schließung britischer Zechen zu protestieren.

22 Do Die britische Königin Elizabeth II. wird bei ihrem Besuch Dresdens, das im Zweiten Weltkrieg von den Alliierten weitgehend zerstört wurde, kühl empfangen.

23 Fr Die Bundesprüfstelle für jugendgefährdende Schriften überprüft erstmals drei CDs mit rechtsradikalen Texten und Aufrufen zu Gewalt und Rassenhass.

24 Sa Gegen den Willen des Nachbarn und Donau-Anrainerstaates Ungarn leitet die Slowakei den Strom in einen Kanal zum Kraftwerk Gabćikovo um.

25 So Die pro-iranische Untergrundorganisation Hisbollah tötet im Südlibanon fünf israelische Soldaten. Israel antwortet mit Angriffen auf libanesisches Gebiet.

26 Mo Im Rahmen eines Deutschlandbesuchs macht der Schriftsteller Salman Rushdie auf seine schwierige Lage nach dem iranischen Mordbefehl aufmerksam.

27 Di Das baden-württembergische Umweltministerium erlässt die abschließende Genehmigung für das Atomkraftwerk Obrigheim.

28 Mi Nördlich der australischen Metropole Sydney erschießt ein Amokläufer ohne jegliches Motiv sechs Menschen und stellt sich dann der Polizei.

29 Do Die drei Konfliktparteien in Bosnien-Herzegowina akzeptieren den sog. Vance-Owen-Plan. Zwei Tage später nehmen die Serben ihre Zustimmung zurück.

30 Fr Die Abgeordneten des Bundestages beziehen erstmals den neuen Plenarsaal in Bonn, der von dem Star-Architekten Günter Behnisch geplant wurde.

31 Sa 350 Jahre nach seinem Tod rehabilitiert die katholische Kirche offiziell den Physiker und Philosophen Galileo Galilei.

November 1992

1 So Als erste Land in Europa führt Frankreich ein Gesetz ein, welches das Rauchen in öffentlichen Räumen ab sofort untersagt. Die Regelung stößt auf Protest.

2 Mo Bundesaußenminister Klaus Kinkel besucht als erster deutscher Spitzenpolitiker seit der Unterdrückung der Demokratiebewegung 1989 die Volksrepublik China.

3 Di Russland ratifiziert als erste der vier einbezogenen Republiken der Gemeinschaft Unabhängiger Staaten (GUS) den Abrüstungsvertrag START 1. → Clinton

4 Mi Mit der knappen Mehrheit von drei Stimmen billigt das britische Unterhaus den europapolitischen Kurs von Premierminister John Major.

5 Do Italiens Regierung gibt bekannt, ab 1993 würde nur noch Autos mit mindestens drei Insassen die Zufahrt zu historischen Stadtzentren erlaubt werden.

6 Fr Im Bundesrat wird eine Gesetzesinitiative zur Streichung des Homosexuellen-Paragrafen 175 aus dem Strafgesetzbuch beschlossen.

7 Sa Der CSU-Parteitag in Nürnberg lehnt den im Grundgesetz verankerten Rechtsanspruch auf die Gewährung von Asyl ab.

8 So Unter dem Motto »Die Würde des Menschen ist unantastbar« demonstrieren in Berlin ca. 350 000 Menschen gegen die Ausländerfeindlichkeit.

9 Mo Im Frankfurter co op-Prozess fällt das erste Urteil: Ein früherer Spitzenmanager erhält zwei Jahre Haft auf Bewährung wegen Beihilfe zur Untreue.

10 Di Als erster Staatsmann aus Osteuropa spricht Russlands Präsident Boris Jelzin vor dem britischen Unterhaus in London.

11 Mi Auf einer Auktion bei Christie's in New York erzielt das Gemälde »Harmonie in Gelb« von Henri Matisse einen Preis von umgerechnet 22 Mio. DM.

12 Do In Berlin beginnt der Prozess gegen Erich Honecker und fünf weitere ehemalige Mitglieder des Nationalen Verteidigungsrates der DDR. → Waldschäden

13 Fr Zwei rechtsradikale Skinheads verbrennen in einer Wuppertaler Gaststätte den Frührentner Karl-Heinz Rohn, weil sie ihn für einen Juden hielten.

14 Sa Weit über 100 000 Menschen demonstrieren in Bonn gegen Fremdenhass und fordern, keine Änderung am Asylrecht vorzunehmen.

15 So Bei einem Zugunglück kurz vor dem Bahnhof von Northeim bei Göttingen kommen elf Menschen ums Leben, 52 werden verletzt.

16 Mo In Paris wird der neue Katechismus der katholischen Kirche vorgestellt, eine auf alle Lebensbereiche bezogene, umfassende Glaubenslehre.

17 Di Im Rahmen der größten landesweiten Aktion gegen die Mafia nimmt die italienische Polizei über 100 verdächtige Personen fest.

18 Mi US-Außenminister Lawrence Eagleburger gibt Nachforschungen seiner Beamten im Präsidentschaftswahlkampf über das Vorleben Bill Clintons zu.

19 Do Der Weltsicherheitsrat verhängt ein Waffenembargo gegen Liberia. +++ Die Mercedes-Benz AG kündigt erstmals in der Firmengeschichte Kurzarbeit an.

20 Fr Ein 65-jähriger Rentner, der versucht hatte, die Bundespost durch Briefbomben zu erpressen, wird in Kufstein (Österreich) verhaftet.

21 Sa Die letzten russischen Kampfverbände verlassen Thüringen. Im ersten der neuen Bundesländer ist damit der Truppenabzug abgeschlossen.

22 So Der EG-Währungsausschuss wertet die spanische Peseta um 6% ab. +++ In St. Pauli wird das neue »Museum der Erotischen Kunst« eröffnet.

23 Mo In Bonn besiegeln Vertreter der westdeutschen Grünen und des ostdeutschen Bündnis 90 den Zusammenschluss der beiden Gruppierungen. → Mölln

24 Di Die UN-Vollversammlung verurteilt indirekt die verschärften US-Sanktionen gegen Kuba und bereitet damit den USA eine deutliche Niederlage.

25 Mi Norwegen beantragt die Mitgliedschaft in der EG. +++ In Irland müssen die Regierungsparteien bei Parlamentswahlen erhebliche Verluste hinnehmen.

26 Do Der Orkan »Ismene« verursacht in Norddeutschland Schäden in Höhe von 60 Mio. DM. Ein Mensch kommt durch den Sturm ums Leben.

27 Fr In der Nacht vernichtet ein Brand Teile der Wiener Hofburg. Die Redoutensäle versinken in Schutt und Asche. Als Ursache wird ein Kabelbrand vermutet.

28 Sa 12 000 Menschen demonstrieren in Mölln gegen Ausländerfeindlichkeit. In weiteren 30 Städten gibt es Veranstaltungen gegen Rechtsradikalismus.

29 So Die israelische Regierung fordert Bonn dazu auf, entschieden gegen den Rechtsradikalismus in der Bundesrepublik vorzugehen.

30 Mo Im Konsensverfahren verabschiedet die UN-Vollversammlung in New York den Vertrag zum Verbot aller Chemiewaffen.

23. November 1992

Abscheu über Morde von Mölln

Bei einem Brandanschlag Rechtsradikaler auf ein von Ausländern bewohntes Haus (s. Abb.) in der schleswig-holsteinischen Stadt Mölln kommen zwei türkische Mädchen und eine Frau ums Leben. Neun weitere Personen werden schwer verletzt.

Wenige Tage später verhaftet die Polizei die mutmaßlichen Täter – einen 25-jährigen Gelegenheitsarbeiter und einen 19-jährigen Lehrling. Am 1. Dezember gestehen sie die Tat. Mit dem Anschlag von Mölln erreicht die Gewaltwelle gegen Ausländer in Deutschland ihren bisherigen Höhepunkt. Am selben Abend finden in vielen Städten Protestmärsche gegen Fremdenhass und den rechtsradikalen Terror statt. Mitverantwortlich für die bislang beispiellose Häufung rechtsextremer Gewalt im vereinten Deutschland sind nach Ansicht vieler auch die z.T. polemisch geführten Debatten über Maßnahmen gegen den Ausländerzustrom.

12. Dezember 1992

Das Ende einer Sport-Ära

Mit dem Rücktritt von Willi Daume als Präsident des Nationalen Olympischen Komitees geht eine Ära des Sports zu Ende. 31 Jahre lang amtierte der Sportfunktionär als NOK-Chef, war darüber hinaus in zahlreichen weiteren sportpolitischen Ämtern tätig. Der »Sportphilosoph«, der sich stets gegen das Vorurteil einer kopflosen Leistungsmaschinerie im Sport einsetzte, hatte maßgeblichen Anteil an der Entscheidung des Internationalen Olympischen Komitees, die Spiele 1972 in Deutschland zu veranstalten. Obwohl Daume als Präsident der Zulassungskommission des IOC die Öffnung Olympischer Spiele für Profis förderte, erschreckt ihn die zunehmende Kommerzialisierung des Sports – 1993 beruft Daume einen Runden Tisch ein, der sich vor allem diesem Thema widmet.

Willi Daume

deutscher Sportfunktionär, * 24.5.1913 Hückeswagen; † 20.5.1996 München

Der Olympiateilnehmer von 1936 (Basketball) zählt zu den prägenden Persönlichkeiten des Sports und der olympischen Bewegung. Der Vorkämpfer für einen sauberen, fairen Sport war Organisator der Olympischen Spiele in München 1972. Daume sprach sich 1980 gegen den Olympiaboykott aus.

- 1950-70: Präsident des Deutschen Sportbundes
- 1961-92: Präsident des Nationalen Olympischen Komitees
- 1988-91: Vorsitzender der Deutschen Sporthilfe

3. November 1992

Clinton wird Präsident

Erstmals seit zwölf Jahren zieht wieder ein demokratischer Politiker ins Weiße Haus ein. Bill Clinton, der – mit 46 Jahren nach Theodore Roosevelt und John F. Kennedy – drittjüngste Präsident der US-Geschichte, setzt sich gegen den 68-jährigen republikanischen Amtsinhaber George Bush sowie den unabhängigen texanischen Milliardär Ross Perot durch. Mit der Wahl Clintons wird ein Generationenwechsel vollzogen. Der künftige Präsident wurde ebenso wie sein 44-jähriger Vizepräsident Al Gore nach dem Zweiten Weltkrieg geboren. Er gilt im Gegensatz zu Bush als Verkörperung des modernen Amerika, das neue Konzepte für die Zeit nach dem Ende des Kalten Kriegs entwickeln will.

Clinton, dessen Amtszeit am 20. Januar 1993 beginnt, verspricht den Bürgern ein neues Amerika. »Das amerikanische Volk hat für einen Neubeginn gestimmt«, ruft er seinen jubelnden Anhängern in seiner Heimatstadt Little Rock zu. Clintons Sieg ist eindrucksvoll. Der langjährige Gouverneur von Arkansas siegt in allen Regionen der USA und bei allen Wählergruppen. Selbst in traditionell republikanisch wählenden Südstaaten wie Georgia und Louisiana erreicht er einen deutlichen Vorsprung. Clinton vereinigt mit 43% der Stimmen in 32 Staaten 370 von insgesamt 538 Wahlmännerstimmen auf sich. Bush gewinnt mit 39% der Stimmen 168 Wahlmänner in 18 Staaten.

10. Dezember 1992

Friedenspreis für Indianerin

In Oslo und Stockholm hat das Nobelkomitee zur Verleihung der Nobelpreise geladen. Traditionsgemäß findet in der norwegischen Hauptstadt Oslo die feierliche Übergabe des Friedensnobelpreises statt. Preisträgerin ist die Indianerführerin Rigoberta Menchú, deren Einsatz gegen die Unterdrückung der Indianer in Guatemala gewürdigt wird. Die Verleihung fällt mit dem 500. Jahrestag der Entdeckung Amerikas durch die Weißen zusammen und rückt die fortdauernde Diskriminierung der amerikanischen Urbevölkerung ins Rampenlicht.

Auch der Nobelpreis für Literatur, der in Stockholm verliehen wird, geht nach Lateinamerika – an den karibischen Lyriker, Dramatiker und Essayist Derek Walcott. Das Werk des 62-Jährigen, der als »Wanderer zwischen den Kulturen« bezeichnet wird, umfasst 14 Gedichtbände und 20 veröffentlichte Dramen. Der Nobelpreis für Physik geht an den französischen Forscher Georges Charpak. Den Wirtschaftspreis erhält der US-Ökonom Gary Stanley Becker, die Auszeichnung für Medizin teilen sich die US-Wissenschaftler Edmond Fischer und Edwin Krebs, deren neue Erkenntnisse über Stoffwechselvorgänge gewürdigt werden.

Clinton mit Tochter Chelsea und Gattin Hillary

Bill Clinton

US-Politiker, * 19.8.1946 Hope (US-Bundesstaat Arkansas)

Als Präsident verzeichnet der Politiker der Demokratischen Partei sozial- und wirtschaftspolitische Erfolge, ohne dass er die Fülle seiner angekündigten Reformvorhaben (Gesundheitsreform etc.) in vollem Maße verwirklichen könnte. Außenpolitisch verbucht Clinton Erfolge in der Nahost- und in der Balkanpolitik. Der Verlust der demokratischen Mehrheit in beiden Häusern des Kongresses im November 1994 machen Clinton in vielen Belangen handlungsunfähig. 1999 scheitert ein Amtsenthebungsverfahren, das wegen einer Sex-Affäre gegen ihn eingeleitet wird.

- 1978-81, 1983-93: Gouverneur von Arkansas
- 1996: Sieg bei den Präsidentschaftswahlen
- 1998/99: Lewinsky-Affäre

Perot kann 19% der Stimmen verbuchen, erhält aber, weil er in keinem der US-Bundesstaaten eine Mehrheit bekommt, keine Wahlmännerstimmen. Der designierte Präsident kann sich in beiden Häusern des Kongresses auf eine Mehrheit seiner Partei stützen. Zu den vorrangigen Aufgaben, die Clinton bewältigen will, gehört die Bekämpfung der sozialen und wirtschaftlichen Krisensymptome. Armut und Rassenunruhen sind nicht nur für Clinton ein Zeichen für einen Wandel in Politik und Gesellschaft. In der Außenpolitik will der neue Präsident statt eines Führungsanspruchs der USA eine Partnerschaft gleichrangiger Mächte durchsetzen.

6. Dezember 1992

Neues Asylrecht umstritten

In Bonn kommt es nach fast 50-stündigen Verhandlungen der Regierungsparteien CDU/CSU und FDP mit der SPD zu einer Einigung über die Neuregelung des Asylrechts im Grundgesetz. Dieser Schritt wurde möglich, nachdem SPD-Parteichef Björn Engholm auf dem Sonderparteitag im November die Parteibasis von einem Kurswechsel überzeugen und die Zustimmung zu einer Verfassungsänderung erwirken konnte. Nach wie vor bleibt das Recht auf Asyl erhalten, künftig dürfen aber Asylsuchende, die aus einem sog. sicheren Drittland nach Deutschland einreisen wollen, bereits an der Grenze abgeschoben werden. Außerdem legt das neue Gesetz fest, welche Staaten grundsätzlich als »verfolgungsfrei« angesehen werden. Behauptet ein Asylsuchender dennoch, in seiner Heimat bedroht zu sein, muss er den Nachweis dafür erbringen. Die Änderung des Grundgesetzes, die nach Auskunft der Politiker auch eine Antwort auf die jüngsten Anschläge gegen Ausländer in Deutschland sind, stößt bei Experten und Flüchtlingsorganisationen auf heftige Kritik. In der Drittstaatenregelung sehen sie die Gefahr, dass Flüchtlinge künftig von einem Land zum nächsten abgeschoben werden.

12. November 1992

Alarmierende Waldschäden

In Bonn wird der Bundesregierung der Waldschadensbericht vorgelegt. Demnach ist im Westen Deutschlands mehr als jeder vierte Baum erkrankt (s. Abb.). Im Osten trifft dies bereits für jeden dritten Baum zu, in Thüringen sind bereits mehr als die Hälfte der Bäume betroffen. Die – relativ – geringsten Schäden gibt es im Norden und im Westen Deutschlands. Der Anteil der kranken Bäume stieg im Vergleich zum Vorjahr um insgesamt 2%. Am stärksten betroffen sind Buche (38%) und Eiche (32%), gefolgt von den Nadelhölzern Kiefer und Fichte. Ursache der Schäden ist die zunehmende Luftverschmutzung durch den immer stärker werdenden Autoverkehr und die Emissionen der Industrie. Der sog. saure Regen stellt aber nicht nur für die Vegetation eine Gefahr dar. Auch Gebäude und Monumente, wie z.B. der Kölner Dom, werden in Mitleidenschaft gezogen.

Dezember 1992

1 Di In Deutschland sind seit dem Auftreten der Immunschwäche 4771 Menschen an AIDS gestorben. Das berichten Mediziner auf dem Welt-AIDS-Tag in Bonn.

2 Mi Die Bundesanstalt für Arbeit startet eine Großrazzia in zahlreichen Betrieben und deckt dabei ein erschreckendes Ausmaß illegaler Beschäftigung auf.

3 Do Ein griechisches Tankschiff läuft vor der nordwestspanischen Küste auf Grund und löst eine Ölpest aus. 72 000 t Rohöl laufen in kurzer Zeit aus.

4 Fr Aus Peking verlautet, dass in China Reservate für Riesenpandas geschaffen werden sollen, um deren Aussterben zu verhindern.

5 Sa Nach fünfjährigen Restaurierungsarbeiten öffnet die Gemäldegalerie Alte Meister im Dresdener Zwinger wieder ihre Pforten.

6 So Mit 50,5% lehnt die Schweiz den Beitritt zum Europäischen Wirtschaftsraum ab. +++ Extremistische Hindus zerstören die Babri-Moschee. → Asylrecht

7 Mo Der Tennis-Weltranglistenerste Jim Courier sichert mit seinem Erfolg gegen den Schweizer Jakob Hlasek den USA den Sieg im Davis-Cup-Finale.

8 Di Serbische Truppen schneiden mit einer Großoffensive die bosnische Hauptstadt Sarajevo von der Außenwelt ab. Mehr als 400 Zivilisten lassen ihr Leben.

9 Mi Premierminister John Major gibt im Londoner Unterhaus bekannt, dass der britische Thronfolger Prinz Charles und seine Frau Diana sich getrennt hätten.

10 Do Bundesinnenminister Rudolf Seiters (CDU) verbietet die neonazistische »Deutsche Alternative«, die etwa 350 Mitglieder zählt. → Friedenspreis

11 Fr Die Klöckner-Werke AG Duisburg und ihre beiden Tochtergesellschaften stellen beim Amtsgericht Vergleichsantrag.

12 Sa Mehr als 2500 Menschen fallen einem starken Erdbeben auf der ostindonesischen Insel Flores und der Nachbarinsel Babi zum Opfer. → Sport-Ära

13 So In einer Volksabstimmung befürworten 55,8% der stimmberechtigten Bürger Liechtensteins den Beitritt ihres Landes zum Europäischen Wirtschaftsraum.

14 Mo Der russische Volksdeputiertenkongress wählt mit Viktor Tschernomyrdin den bisherigen Energieminister zum Ministerpräsidenten.

15 Di Bundesverteidigungsminister Volker Rühe (CDU) kürzt den Rüstungsbeschaffungsetat der Bundeswehr für die Jahre 1994 bis 2004 um 24 Mrd. DM.

16 Mi Bundeskanzler Helmut Kohl sagt in Moskau Präsident Boris Jelzin die Stundung der russischen Schulden in Höhe von 17,6 Mrd. DM bis zum Jahr 2000 zu.

17 Do Die israelische Regierung reagiert mit Massenausweisungen von Hamas-Anhängern auf die Ermordung eines Grenzpolizisten.

18 Fr Das Parlament der international nicht anerkannten serbischen Republik Bosnien-Herzegowina in Pale wählt Radovan Karadžić zum Präsidenten.

19 Sa Südafrikas Präsident Frederik Willem de Klerk entlässt im Rahmen seiner Reformpolitik sechs Generäle, die sich gegen den Demokratisierungsprozess stellten.

20 So Serbiens Präsident Slobodan Milošević wird bei den vorgezogenen Parlamentswahlen mit 56,3% der Stimmen in seinem Amt bestätigt.

21 Mo Das Antifolterkomitee des Europarats gibt erstmals die Vertraulichkeit von Untersuchungsergebnissen preis und prangert Folterungen in der Türkei an.

22 Di US-Präsident George Bush hebt das Waffenembargo gegen China auf, das 1989 wegen der Zerschlagung der Demokratiebewegung verhängt worden war.

23 Mi Ein Amtsgericht in Frankfurt am Main unterstützt erstmals die Eheschließung von Homosexuellen. Die Stadt legt Beschwerde ein.

24 Do US-Präsident George Bush begnadigt sechs Mitglieder der Vorgängerregierung, die sich wegen Falschaussagen vor Gericht verantworten sollten.

25 Fr Rd. 200 000 Menschen demonstrieren in Berlin mit einer Lichterkette gegen die Ausländerfeindlichkeit in der Bundesrepublik Deutschland.

26 Sa Russlands Präsident Boris Jelzin unterstellt das staatliche Fernsehen und die Nachrichtenagenturen seiner direkten Kontrolle.

27 So Erstmals seit Verhängung des Flugverbots über dem südlichen Irak schießen US-Flugzeuge eine irakische Militärmaschine ab.

28 Mo Der Schriftsteller Günter Grass tritt wegen der Wende der SPD in der Asylpolitik aus der Partei aus. Die Parteibeschlüsse seien »ein Stück Heuchelei«.

29 Di Das jugoslawische Parlament stürzt Ministerpräsident Milan Panić, der damit endgültig dem serbischen Präsidenten Slobodan Milošević unterliegt.

30 Mi Christoph Duffner aus Schönwald gewinnt überraschend das Auftaktspringen der deutsch-österreichischen Vierschanzentournee in Oberstdorf.

31 Do Russlands Ministerpräsident Viktor Tschernomyrdin führt erneut Preiskontrollen für wichtige Grundnahrungsmittel wie Brot, Fleisch und Kindernahrung ein.

Januar 1993

1 Fr In Russland tritt zum Jahreswechsel ein neues Krankenversicherungssystem in Kraft. Russische Bürger müssen sich künftig selbst versichern. → Staaten

2 Sa In Indien kommt es nach der Zerstörung der Babri-Moschee im Staat Uttar-Pradesh durch Hindus zu Kämpfen zwischen Hindus und Moslems. → Balkan

3 So Russlands Präsident Boris Jelzin und sein US-Amtskollege George Bush unterzeichnen in Moskau das START-II-Abrüstungsabkommen. → Polit-Affären

4 Mo Staatschefs aus fünf zentralasiatischen Staaten der Gemeinschaft unabhängiger Staaten (GUS) vereinbaren die Bildung eines gemeinsamen Marktes.

5 Di Vor der Küste der Shetlandinseln (Großbritannien) läuft der Großtanker »Braer« auf Grund und löst eine Ölpest aus. Rund 84 000 t Rohöl laufen aus.

6 Mi In Bischofshofen sichert sich der 20-jährige Österreicher Andreas Goldberger den Gesamtsieg bei der deutsch-österreichischen Vierschanzentournee.

7 Do Das polnische Parlament verabschiedet in Warschau eine Verschärfung des Abtreibungsgesetzes, die u.a. auch eine soziale Indikation ausschließt.

8 Fr Im australischen Perth gewinnen Steffi Graf und Michael Stich durch ihren Finalsieg über Spanien den Hopman-Cup für gemischte Doppel.

9 Sa Violeta Chamorro, Präsidentin von Nicaragua, beruft zwei Angehörige der links gerichteten Sandinisten in ihr Kabinett.

10 So Beim Schwimm-Weltcup in Schanghai und Peking stellt die 14-jährige Berlinerin Franziska van Almsick in vier Tagen drei Kurzbahn-Weltrekorde auf.

11 Mo Rund 120 irakische Soldaten dringen in den kuwaitischen Teil der Grenzstadt Umm-Qasr ein und transportieren Güter aus Lagerhäusern über die Grenze.

12 Di Der konservative irische Ministerpräsident Albert Reynolds (Fianna-Fáil) bildet in Dublin eine Koalitionsregierung mit der Labour-Party.

13 Mi Das Berliner Landgericht stellt das Verfahren gegen den an Lungenkrebs erkrankten ehemaligen DDR-Staats- und Parteichef Erich Honecker ein.

14 Do In Grosny nehmen Vertreter von Russland und Tschetschenien Verhandlungen über die Unabhängigkeit der nordkaukasischen Republik auf.

15 Fr Italienische Polizeieinheiten nehmen in der sizilianischen Hauptstadt Palermo einen Mafiaboss fest, der seit 23 Jahren im Untergrund lebte.

16 Sa Der kroatische Ministerpräsident Hrvoje Zarinić trifft zu Wirtschaftsgesprächen in der ungarischen Hauptstadt Budapest ein.

17 So US-Streitkräfte greifen mit Marschflugkörpern eine mutmaßliche Anlage zur Anreicherung von Nuklearstoffen nahe der irakischen Hauptstadt Bagdad an.

18 Mo In München gibt der Burda-Verlag die erste Ausgabe des Nachrichtenmagazins »Focus« heraus, das dem Monopolisten »Spiegel« Konkurrenz machen soll.

19 Di Armenische Verbände schießen in der umkämpften Kaukasus-Enklave Nagorny-Karabach drei aserbeidschanische Kampfflugzeuge ab.

20 Mi Das serbische Parlament in Pale billigt grundsätzlich den Vance-Owen-Plan zur Beendigung des Krieges in Bosnien-Herzegowina, verlangt aber Korrekturen.

21 Do Anlässlich des 30. Jahrestages der deutsch-französischen Freundschaft trifft Frankreichs Staatspräsident François Mitterrand zu einem Besuch in Bonn ein.

22 Fr Kroatische Verbände brechen mit der Eroberung der von Serben besetzten Gebiete in der Krajina den vor einem Jahr geschlossenen Waffenstillstand.

23 Sa In Wien beteiligen sich rd. 250 000 Menschen an einem »Lichtermeer gegen Ausländerfeindlichkeit und Fremdenhass«.

24 So Gunda Niemann stürzt bei den Eisschnelllauf-Europameisterschaften in Heerenveen (Niederlande) und verliert ihre Chance auf die Titelverteidigung.

25 Mo Der als anspruchsvoller Informations- und Unterhaltungskanal konzipierte Privatsender Vox nimmt in Köln den Sendebetrieb auf.

26 Di In Nairobi kommt es zu gewalttätigen Auseinandersetzungen von Sicherheitskräften mit Gegnern des kenianischen Staatschef Daniel Arap Moi.

27 Mi Die französischen Rennfahrer Didier Auriol und Bernard Occelli gewinnen auf Toyota die traditionsreiche Rallye Monte Carlo.

28 Do Bernhard Jagoda tritt die Nachfolge von Heinrich Franke als Präsident der Nürnberger Bundesanstalt für Arbeit an.

29 Fr Die luxemburgische Regierung beschließt die Einrichtung eines Fonds für Entwicklungsländer aus beschlagnahmten Geldern von Drogenhändlern.

30 Sa Der in Berlin tagende Parteitag der PDS wählt Lothar Bisky zum neuen Parteivorsitzenden. Er tritt die Nachfolge von Gregor Gysi an.

31 So In Pasadena (US-Bundesstaat Kalifornien) gewinnen die Dallas Cowboys durch einen 52:17-Sieg über die Buffalo Bills den Superbowl im American Football.

Mit dem Aufstellen der Grenzpfosten erhält die europäische Landkarte ein anderes Gesicht.

1. Januar 1993

Zwei neue Staaten

Mit der Proklamation der Tschechischen Republik und der Slowakischen Republik wird die Teilung der Tschechoslowakei in zwei souveräne Staaten vollzogen. Ein konfliktreicher Trennungsprozess ist damit nach rd. drei Jahren zu seinem Ende gekommen. Václav Havel wird am 26. Januar zum Staatspräsidenten der Tschechischen Republik gewählt. Das Parlament der Slowakei bestimmt am 15. Februar Michal Kovač zum ersten Präsidenten. Die Auflösung der 1918 gegründeten Tschechoslowakei war vor allem von slowakischer Seite betrieben worden. An die Spitze der Separatistenbewegung setzte sich der slowakische Politiker Vladimir Mečiar. Mit Auflösung der Tschechoslowakei stehen vor allem die Slowaken vor großen wirtschaftlichen Problemen – in Tschechien hingegen ist ein ökonomischer Aufschwung bereits spürbar.

Václav Havel

tschechischer Politiker und Dramatiker, * 5.10.1936 Prag

Der international geachtete Autor, der in seinen dem absurden Theater nahe stehenden Stücken die politische Lage in seiner Heimat reflektierte, gehörte zu den Mitgründern der Bürgerrechtsbewegung »Charta 77«. Nach dem Umbruch in der Tschechoslowakei wurde er Staatsoberhaupt. Die Teilung des Landes konnte der »Dichterpräsident« nicht verhindern.

- ab 1969: Berufs- und Publikationsverbot
- 1977-79: Mehrfach inhaftiert
- ab 1989: Staatspräsident
- 1991: Träger des Karlspreises der Stadt Aachen

24. Februar 1993

»Unplugged«: Eric Clapton zieht den Stecker aus der Dose

Bei der 35. Grammy-Verleihung in Los Angeles wird der britische Gitarrist und Sänger mit sechs Grammies ausgezeichnet (s. Abb.). Mit einer der Trophäen würdigt die Jury der Music Academy Claptons Erfolgsalbum »Unplugged« (engl., »nicht angestöpselt«), das weltweit bislang über 4,5 Mio. Mal über den Ladentisch ging. Neu an Claptons Album ist der komplette Verzicht auf elektronische Verstärkertechnik und der ausschließliche Einsatz akustischer Instrumente. Zum besten Song des Jahres wird Claptons »Tears in Heaven« ausgewählt. Darin besingt der 47-jährige Musiker den Tod seines vierjährigen Sohnes. Die »unplugged«-Version des 1972 veröffentlichten »Layla«-Hits erhält den Preis für den besten Rocksong des Jahres. Claptons Erfolg löst eine regelrechte »unplugged«-Welle aus. In den nächsten Monaten folgen zahlreiche Musiker dem Vorbild Claptons und bringen »unplugged«-Versionen ihrer Erfolgsstücke heraus. Unter den weiteren Preisträgern befinden sich auch deutsche Musiker. Für die Filmmusik in »Die Schöne und das Biest« werden die Nürnberger Symphoniker unter Dirigent Richard Kaufmann gewürdigt.

17. Februar 1993

Protest bei Krupp und Thyssen

Mit nächtlichen Fackelzügen protestieren im gesamten Ruhrgebiet mehr als 27 000 Menschen gegen geplante Betriebsstilllegungen und Massenentlassungen in der Stahlindustrie. Die sog. Nacht der 1000 Feuer (s. Abb.) verhindert jedoch nicht, dass Mitte August das Stahlwerk in Duisburg-Rheinhausen stillgelegt wird und rd. 2100 Arbeitsstellen verloren gehen.
Obwohl die Stahlarbeiter wichtige Verkehrsverbindungen blockieren, zeigen die meisten Autofahrer Verständnis für die Situation der Demonstrierenden. So verlaufen die Protestaktionen weitgehend friedlich. Dem Aufmarsch der Stahlarbeiter war die Ankündigung des Essener Krupp-

Hoesch-Konzerns über die Stilllegung des Standorts Dortmund oder Duisburg-Rheinhausen vorausgegangen. Zudem wurde bekannt, dass der Thyssen-Konzern bis 1994 mindestens 8000 Arbeitsplätze abbauen wolle.

2. Januar 1993

Balkan-Diplomatie ohne Erfolg

Im schweizerischen Genf wird die Internationale Jugoslawienkonferenz eröffnet. Die Delegierten sollen mit den Kriegsparteien Wege zu einem Frieden für Bosnien-Herzegowina ausloten.
EG-Vermittler Lord David Owen und UN-Unterhändler Cyrus Vance (s. Abb. l. u. r.) leiten die Gespräche, an denen die Präsidenten Rest-Jugoslawiens, Kroatiens und Bosnien-Herzegowinas – Slobodan Milošević (s. Abb. M.), Franjo Tudjman, und Alija Izetbegović – teilnehmen, daneben der bosnische Serbenführer Radovan Karadžić und der Kroate Mate Boban. EG und UNO sind bemüht, die Konflikte auf dem Balkan mit diplomatischen Mitteln zu lösen. So legen Vance und Owen einen Plan vor, der – bei Wahrung der staatlichen Einheit Bosnien-Herzegowinas – die Einrichtung von je einer serbischen, einer kroatischen und einer moslemischen Provinz vorsieht. Die Region Sarajevo soll neutral bleiben. Schon bald zeigt sich, dass der sog. Vance-Owen-Plan zum Scheitern verurteilt ist. U.a. lehnt Izetbegović den Plan ab, weil für die Moslems damit die Anerkennung der Gebietsverluste und der sog. ethnischen Säuberungen verbunden wären.

3. Januar 1993

Polit-Affären am Fließband

Auf Druck der Öffentlichkeit tritt Bundeswirtschaftsminister Jürgen Möllemann von seinem Amt zurück. Der FDP-Politiker reagiert damit auf Vorwürfe in der sog. Briefbogenaffäre. Möllemann hatte – nach seinen Angaben unwissentlich – auf offiziellen Briefbögen des Wirtschaftsministeriums mehreren Einzelhandelsketten Produkte seines Vetters empfohlen. Er habe die Briefe mit vielen anderen in seiner Unterschriftenmappe gefunden und auch unterzeichnet.
In den kommenden Tagen machen noch weitere Bundes- und Landespolitiker negative Schlagzeilen. Bundesbauministerin Irmgard Schwaetzer (FDP) wird vorgeworfen, ihr Ministeramt zu Werbezwecken einer Münchener Immobilienfirma missbraucht zu haben, indem sie in deren Werbebroschüre als Ministerin zu Problemen des Wohnungsbaus Stellung nahm. Am 16. Januar erhebt das Nachrichtenmagazin »Spiegel« in einem Bericht Vorwürfe gegen den saarländischen Ministerpräsidenten Oskar Lafontaine (SPD). Ihm und dem saarländischen SPD-Fraktionsvorsitzenden Reinhardt Klimmt werden Verbindungen zur Unterwelt vorgeworfen. Außer Möllemann sieht sich jedoch keiner der Beschuldigten gezwungen, sein Amt niederzulegen. In der Öffentlichkeit lösen die Skandale und die mangelnde Einsicht der Politiker »Politikverdrossenheit« aus.

26. Februar 1993

Bombe im World Trade Center

In New York verüben islamische Fundamentalisten einen Bombenanschlag auf das World Trade Center. Dabei kommen sechs Menschen ums Le-

ben, mehr als 300 werden verletzt (s. Abb.). Das mit 420 m zweithöchste Bürogebäude der Welt beherbergt u.a. Teile der New Yorker Börse und zahlreiche Investmentfirmen. Zum Zeitpunkt der Detonation befinden sich rd. 100 000 Menschen in dem zweitürmigen Bau. Der Sprengstoff gelangte mit einem Lieferwagen in die Tiefgarage des Gebäudes. Neben den unmittelbar darüber liegenden Etagen beschädigt die Explosion auch Versorgungsleitungen. U.a. funktionieren die Fahrstühle nicht mehr – die Menschen müssen über Treppen evakuiert werden. Der Anschlag löst in den USA Angst und Schrecken aus. Er zeigt, dass Terrorakte kaum zu verhindern sind.

Februar 1993

1 Mo In Brüssel beginnen die Verhandlungen über die Aufnahme Österreichs, Schwedens und Finnlands in die Europäische Gemeinschaft.

2 Di Auf der Prager Burg wird der neu gewählte tschechische Präsident Václav Havel in Anwesenheit der Staatsoberhäupter der Nachbarländer vereidigt.

3 Mi Das weißrussische Parlament beschließt die Aufhebung des Verbotes der KP. +++ In China wird der Bürgerrechtler Wang Xizhe aus der Haft entlassen.

4 Do In Wien spaltet sich der liberale Flügel der Freiheitlichen Partei Österreichs (FPÖ) von der rechts gerichteten Mutterpartei ab.

5 Fr An der New Yorker Börse erreicht der Dow Jones, ein aus den Kursen führender Aktienpapiere errechneter Index, einen Rekordstand.

6 Sa Bundesinnenminister Rudolf Seiters (CDU) gibt bekannt, dass die Zahl der rechtsextremen Straftaten gegenüber dem Vorjahr stark zugenommen habe.

7 So In Berlin gewinnt die Erfurterin Gunda Niemann zum dritten Mal in Folge den Weltmeistertitel der Eisschnellläuferinnen im Großen Vierkampf.

8 Mo Die algerische Regierung verfügt die Verlängerung des vor einem Jahr verhängten Ausnahmezustands auf unbestimmte Dauer.

9 Di In Dresden erklärt die Gesellschaft für deutsche Sprache die Formulierung »ethnische Säuberung« zum Unwort des Jahres 1992.

10 Mi Papst Johannes Paul II. beendet in der sudanesischen Hauptstadt Khartum mit einer Messe vor rd. 200 000 Gläubigen seine Afrikareise.

11 Do Bei den Biathlon-Weltmeisterschaften im bulgarischen Borowetz gewinnt Petra Schaaf aus Willingen die Goldmedaille im 15-km-Lauf.

12 Fr In Bonn verfügt Bundesverteidigungsminister Volker Rühe (CDU) die Schließung von 41 der 745 Bundeswehrstandorte, um Finanzmittel einzusparen.

13 Sa Der Landesparteitag der Hamburger Grünen spricht sich gegen ein militärisches Eingreifen zur Beendigung des Bürgerkriegs in Ex-Jugoslawien aus.

14 So Bei den ersten Direktwahlen in Litauen wird der ehemalige Kommunist Algirdas Brazauskas zum Staatspräsidenten gewählt.

15 Mo Vertreter von 35 Staaten treffen zu einer Konferenz des Europarates in Budapest (Ungarn) ein, auf der die »illegale Einwanderung« bekämpft werden soll.

16 Di Bundesverteidigungsminister Volker Rühe (CDU) kündigt in Washington die Bildung zweier deutsch-amerikanischer Korps in Deutschland an.

17 Mi Trotz heftiger Proteste unterzeichnet Ägyptens Präsident Hosni Mubarak ein Gesetz gegen den islamischen Fundamentalismus. → Protest

18 Do Laut Infas-Institut sprechen sich 69% der Bürger in den neuen Bundesländern gegen Steuererhöhungen zur Finanzierung des Aufbaus in Ostdeutschland aus.

19 Fr In einem Interview bezichtigt SPD-Sozialexperte Rudolf Dreßler die Bundesregierung des Diebstahls. Sie habe Rentengelder anderen Zwecken zugeführt.

20 Sa Südafrikas Präsident Frederik Willem de Klerk beruft drei Schwarze in seine Regierung – die ersten in der Geschichte des Landes.

21 So Die deutsche Rodelmannschaft gewinnt bei der Weltmeisterschaft in Calgary (Kanada) zum dritten Mal hintereinander den Titel.

22 Mo Im Hoechst-Werk Griesheim treten als Folge eines Bedienungsfehlers rund 10 t Chemikalien aus, darunter 2,5 t des giftigen o-Nitroanisol.

23 Di Das neu gewählte Parlament von Taiwan wählt in Taipeh den früheren Außenminister Lien Chan (Kuomintang) zum Regierungschef.

24 Mi Bei den Wahlen zum kubanischen Volkskongress erhalten alle Kandidaten – zu 95% KP-Mitglieder – die erforderliche Mehrheit. → »Unplugged«

25 Do Giorgio La Malfa, Vorsitzender der oppositionellen Republikanischen Partei Italiens (PRI), erklärt in Rom seinen Rücktritt.

26 Fr Bei der nordischen Ski-WM in Falun (Schweden) wird der Norweger Björn Daehlie mit drei Goldmedaillen erfolgreichster Teilnehmer. → Bombe

27 Sa In Potsdam erzielen die Ministerpräsidenten der Länder eine Einigung über den sog. Solidarpakt zur Finanzierung der deutschen Einheit.

28 So Im schwedischen Falun enden die zehn Tage zuvor begonnenen nordischen Ski-Weltmeisterschaften. Erfolgreichster Teilnehmer ist Björn Dæhlie (Norwegen).

März 1993

1 Mo Die Hamburger Kunsthalle erwirbt für einen Kaufpreis von 3,5 Mio. DM das Gemälde »Meeresufer im Mondschein« von Caspar David Friedrich.

2 Di In Oslo (Norwegen) endet die Tagung des Nordischen Rates, der den schwedischen Ministerpräsidenten Carl Bildt zu seinem Vorsitzenden wählte.

3 Mi Das jugoslawische Parlament (Serbien und Montenegro) wählt in Belgrad Radoje Kontić zum Ministerpräsidenten. Er tritt die Nachfolge von Milan Panić an.

4 Do Klaus Croissant, ehemaliger RAF-Anwalt, wird in Berlin wegen Agententätigkeit für die ehemalige DDR zu 21 Monaten Haft auf Bewährung verurteilt.

5 Fr Der Internationale Leichtathletikverband verhängt über den kanadischen Sprinter Ben Johnson wegen Dopings eine lebenslange Wettkampfsperre.

6 Sa Afghanische Mudschaheddinführer treffen sich in Islamabad (Pakistan), um einen Frieden im 14 Jahre währenden Bürgerkrieg auszuhandeln. → Angola

7 So Die schweizerische Bevölkerung spricht sich in einer Volksabstimmung für die Erhöhung der Steuern auf Benzin und Dieselkraftstoff aus.

8 Mo In Portugal tritt ein Gesetz in Kraft, das die Einreise von Ausländern erschwert. Bürger aus den Mitgliedsstaaten der EG sind nicht betroffen.

9 Di In Kuala Lumpur, der Hauptstadt Malaysias, beschließt das Parlament, die Privilegien der Sultane in den Bundesstaaten zu beschneiden.

10 Mi Bei den Eiskunstlauf-Weltmeisterschaften in Prag gewinnt der Kanadier Kurt Browning zum insgesamt vierten Mal den Wettbewerb im Herren-Einzel.

11 Do Der US-Senat in Washington billigt mit der Ernennung der Juristin Janet Reno zur Justizministerin erstmals die Berufung einer Frau in dieses Amt.

12 Fr Bei einem Besuch in Österreich regt der slowenische Außenminister Lojze Peterle an, der slowenischen Minderheit in Kärnten Autonomie zu gewähren.

13 Sa Die Labour Party unter Premierminister Paul Keating geht aus den Parlamentswahlen in Australien als Siegerin hervor. → Solidarpakt

14 So Israels Ministerpräsident Yitzhak Rabin trifft zu Gesprächen mit US-Präsident Bill Clinton in Washington ein. Thema ist der Friedensprozess im Nahen Osten.

15 Mo In Niederschmierenberg nimmt die sächsische Foron Hausgeräte GmbH die Serienproduktion des weltweit ersten sog. Öko-Kühlschranks auf.

16 Di Regierungsvertreter Kroatiens und Sloweniens erzielen in Zagreb eine grundsätzliche Einigung über ihre gemeinsame Grenze.

17 Mi Die kurdische Arbeiterpartei PKK verkündet einen einseitigen Waffenstillstand, um Friedensverhandlungen mit der Türkei zu ermöglichen.

18 Do Das US-Baptistenprediger Billy Graham führt in Essen eine Evangelisation durch. Die Missionsshow wird per Satellit in 55 Länder übertragen.

19 Fr Südkoreas Regierung verabschiedet in Seoul ein Programm zur Ankurbelung der Wirtschaft und verhängt einen Lohn- und Preisstopp im öffentlichen Bereich.

20 Sa In Moskau verkündet Präsident Boris Jelzin vorübergehend die Präsidialherrschaft für Russland, was seine Machtbefugnisse erweitert. → Boxen

21 So Nach 13 Tagen endet in der nicaraguanischen Botschaft in San José (Costa Rica) eine Geiselnahme durch rechts gerichtete Contra-Rebellen unblutig.

22 Mo Islamische Fundamentalisten überfallen in der algerischen Hauptstadt Algier eine Kaserne. Dabei werden 41 Menschen getötet.

23 Di Aufgrund eines Gutachtens über die Asbestverseuchung des Berliner Palastes der Republik befürworten Bund und Senat den Abriss des Gebäudes.

24 Mi Der ehemalige israelische Verteidigungsminister Ezer Weizman (Arbeiterpartei) tritt als Staatspräsident die Nachfolge von Chaim Herzog an.

25 Do Ein Militärputsch gegen den seit 1967 mit diktatorischer Gewalt in Togo herrschenden Staatschef Gnassinbé Eyadéma scheitert.

26 Fr In New York beschließt der Sicherheitsrat der Vereinten Nationen die Entsendung von rd. 30 000 Blauhelmsoldaten nach Somalia.

27 Sa Die Düsseldorfer EG besiegt den Kölner EC mit 2:1 und gewinnt zum vierten Mal in Folge die deutsche Eishockeymeisterschaft. → RAF-Anschlag

28 So Bei den französischen Parlamentswahlen erleiden die Sozialisten eine schwere Niederlage gegen die Neogaullisten unter Edouard Balladur.

29 Mo Erfolgreichster Film bei der »Oscar«-Verleihung in Los Angeles (USA) wird mit vier Auszeichnungen der Clint-Eastwood-Western »Erbarmungslos«.

30 Di In Bonn gibt Bundesverteidigungsminister Volker Rühe im Zuge von Sparmaßnahmen die Schließung weiterer 28 Bundeswehrstandorte bekannt.

31 Mi Das dänische Parlament billigt den Maastrichter Vertrag. Am 18. Mai soll die Bevölkerung in einem Referendum über die endgültige Annahme entscheiden.

19. April 1993

Das blutige Sektendrama

Der texanische Ort Waco ist Schauplatz eines blutigen Dramas, in dessen Zentrum das Sektenunwesen steht. Mehr als 80 Menschen kommen in einem wahren Flammeninferno ums Leben, als die US-Bundespolizei FBI das Anwesen der Davidianer-Sekte stürmt. Vorausgegangen waren mehrere Explosionen auf dem festungsartig ausgebauten Gelände, auf dem sich die fanatisierte Sekte, die über eine große Anzahl von Waffen verfügte, 51 Tage lang verschanzt hielt. Begonnen hatte die Tragödie am 28. Februar, als sich die Davidianer gegen eine Durchsuchung ihrer Farm durch FBI-Beamte widersetzten. Bei dem anschließenden Feuergefecht wurden vier Polizisten und eine unbekannte Zahl von Sektenmitgliedern getötet. In der Folgezeit belagerten Polizisten das Gelände, konnten die Sektenmitglieder aber weder durch nächtliche Beleuchtung noch durch Stromsperren zum Einlenken bewegen.
Chef der Davidianer ist David Koresh, ein früherer Rocksänger mit dem bürgerlichen Namen Vernon Howell. Im Jahre 1987 hatte er die Führung der Sekte übernommen, die 1934 als Abspaltung der Sieben-Tages-Adventisten gegründet worden war. Howell gab sich als wiedergekehrter Messias aus. Unter Berufung auf seinen religiösen Auftrag übte er eine nahezu unumschränkte Herrschaft aus. Zur Begründung seiner Handlungen, auch der Verschanzung in der Farm, beruft er sich auf Zeichen Gottes.
Das Drama um die Davidianersekte lenkt die öffentliche Aufmerksamkeit auf die Sekten-Szene in den USA. Dort existieren rd. 1200 Sekten unterschiedlicher Größe. Zu ihren gemeinsamen Kennzeichen

Auch 17 Kinder starben in der Flammenhölle von Waco.

27. März 1993

RAF-Anschlag auf Gefängnis

Im südhessischen Weiterstadt verübt die terroristische Rote Armee Fraktion (RAF) einen Sprengstoffanschlag auf die im Bau befindliche modernste Justizvollzugsanstalt Deutschlands (s. Abb.). Damit tritt die RAF erstmals seit 1991 wieder mit einem Terrorakt hervor. Zum Zeitpunkt der Detonation hielten sich keine Personen auf dem Baugelände auf. Hintergrund des Anschlags ist das 1992 von Justizminister Klaus Kinkel (FDP) ausgesprochene, aber bislang noch nicht eingelöste Angebot, inhaftierte RAF-Mitglieder vorzeitig zu entlassen, sofern sie ihren Verzicht auf weitere Gewalttaten erklärten.

13. März 1993

Solidarpakt für Aufbau Ost

In Bonn beschließen die Koalitionsregierung aus CDU/CSU und FDP, die Oppositionspartei SPD und die Ministerpräsidenten der Länder einen Solidarpakt zur Finanzierung der deutschen Einheit. Demnach soll der Bund die Hauptlast tragen. Ab 1995 wird auf die Lohn- und Einkommensteuer ein unbefristeter Solidarzuschlag von 7,5% erhoben. Durch Haushaltseinsparungen sollen weitere Gelder der Einheit zugute kommen.

25. April 1993

Jelzin erhält freie Hand

Bei einem vier Fragen umfassenden landesweiten Referendum in Russland bestätigen rd. 69% der Russen ihr Vertrauen in Präsident Boris Jelzin und dessen Reformpolitik. Mit der Abstimmung will Jelzin seine Position gegenüber seinen Gegnern stärken. Vor allem konservative und altkommunistische Kräfte wie der russische Vizepräsident Alexander Ruzkoj und der Parlamentspräsident Ruslan Chasbulatow kritisieren die Politik Jelzins.

Waco

gehören ein selbstzerstörerischer religiöser Fanatismus und die Unterwerfung unter eine als charismatisch empfundene Führungspersönlichkeit. Im Zentrum der Lehre steht zumeist die Erwartung eines baldigen Weltuntergangs, dem ein Kampf zwischen dem Guten – repräsentiert durch die jeweilige Sekte – und dem Bösen vorausgehen soll. Die blinde Gefolgschaft kann soweit gehen, dass die Sektenmitglieder auf Befehl ihres Anführers Gewalt gegen Sektenfremde anwenden oder auch kollektiven Selbstmord begehen. Experten führen die Anziehungskraft der Sekten auf die Orientierungslosigkeit vieler Menschen in den modernen, oft als unüberschaubar empfundenen Industriegesellschaften zurück. Auf der Suche nach geistigem Halt und Gemeinschaft sind viele Menschen ganz besonders empfänglich für vermeintliche Wahrheiten und religiöse Gruppen mit klaren Hierarchien.
Bereits in der Vergangenheit haben Sekten immer wieder für Schlagzeilen gesorgt. So trieb im Jahre 1978 der Amerikaner Jim Jones im Dschungel von Guyana die 912 Anhänger seiner »Volkstempel«-Sekte in den kollektiven Selbstmord, nachdem sie zuvor den Kongressabgeordneten Leo J. Ryan und vier Begleiter ermordet hatten. Der Politiker hatte prüfen sollen, ob Jones US-Staatsbürger gegen deren Willen festhielt. 1985 führte ein Großeinsatz der Polizei gegen die radikale schwarze »Move«-Sekte in Philadelphia zu einer tödlichen Konfrontation. Elf Personen kamen ums Leben, nachdem die Polizei das Hauptquartier der Sekte mit Bomben angegriffen und dabei ein ganzes Viertel niedergebrannt hatte.

30. April 1993

Attentat stoppt Seles-Karriere

Beim internationalen Tennisturnier am Hamburger Rothenbaum verletzt ein offenbar geistesgestörter Mann die gebürtige Jugoslawin Monica Seles mit einem Messerstich. Der 39-jährige arbeitslose Dreher aus Thüringen sticht der Weltranglistenersten während des Seitenwechsels 1,5 cm tief in die rechte Schulter, nur zwei Zentimeter von der Wirbelsäule entfernt.

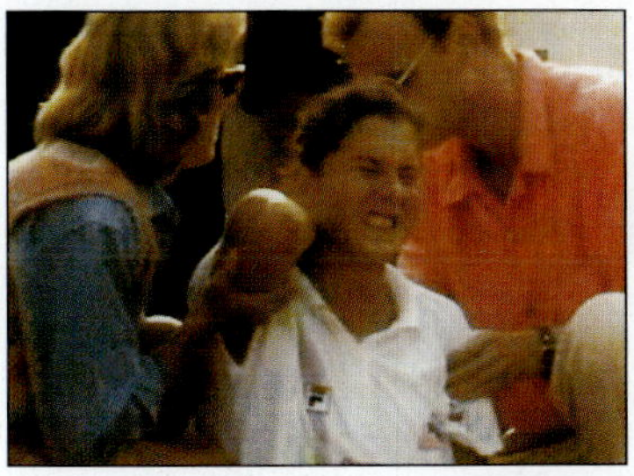

Der Täter gibt an, er wollte mit der Verletzung von Seles seiner Favoritin Steffi Graf, der Weltranglistenzweiten, behilflich sein. Seles setzt 1995 ihre Karriere zwar fort, leidet aber noch lange unter den psychischen Folgen des Attentats.

6. März 1993

Angola: Etappensieg im Krieg

Im seit Jahren andauernden Bürgerkrieg in Angola erobert die rechts gerichtete angolanische Rebellenorganisation UNITA mit Huambo die zweitgrößte Stadt des Landes. Die UNITA kämpft bereits seit den 70er Jahren gegen die regierende marxistische MPLA (Abb.: Verletzte). Die finanzielle Unterstützung der ideologisch entgegengesetzten Parteien durch die USA und Südafrika einerseits sowie der Sowjetunion und Kuba auf der anderen Seite schürte

den Konflikt in dem zu den ärmsten Ländern der Erde gehörenden Angola seit den siebziger Jahren. Erst mit dem Zerfall der UdSSR wurden die Waffenlieferungen eingestellt.

20. März 1993

Boxen wird salonfähig

Der deutsche Profiboxer Henry Maske (s. Abb., l.) gewinnt in Düsseldorf gegen den Ti-

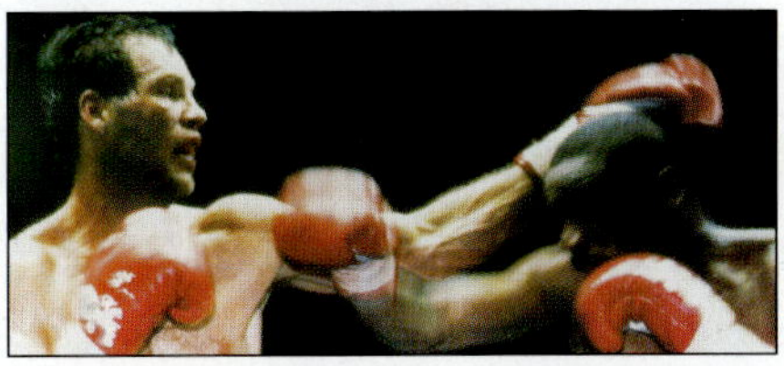

telverteidiger »Prince« Charles Williams (r.) aus den USA die Weltmeisterschaft im Halb-

Henry Maske

deutscher Boxer, * 6.1.1964 Treuenbrietzen bei Berlin

Die Erfolge des filigranen Technikers, der durch tadelloses Auftreten innerhalb und außerhalb des Rings überzeugt, sorgen in Deutschland für einen Boxboom, wie es ihn seit den Zeiten Max Schmelings nicht mehr gegeben hat. Der 1,92 m große Athlet wurde 1988 Olympiasieger im Mittelgewicht und 1989 Weltmeister. Von 181 Amateurkämpfen beendete er 163 siegreich. Seinen IBF-Weltmeistertitel verteidigte das gesamtdeutsche Sportidol zehnmal mit Erfolg.

- 1978: DDR-Nachwuchsmeister (erneut 1980, 1981)
- 1985: Europameister (erneut 1987, 1989)
- 1996: Verlust des WM-Titels an Virgil Hill (USA)

schwergewicht nach der IBF-Version. Der über zwölf Runden geführte, denkwürdige Punktsieg bringt dem Herausforderer in seinem 20. Kampf als Profi den 20. Sieg. Der erfolgreiche DDR-Amateurboxer war nach dem Fall der Mauer ins Lager der Berufsboxer gewechselt. Betreut wird der »Gentleman-Boxer«, der seinen Sport aus der Sphäre der Halbwelt herausholt und einem Millionenpublikum erschließt, von Trainer Manfred Wolke und Promoter Wilfried Sauerland.

April 1993

1 Do In Budapest beendet Bundespräsident Thomas Klestil den ersten offiziellen Besuch eines österreichischen Staatsoberhauptes in Ungarn seit 16 Jahren.

2 Fr Die Vereinten Nationen berufen den bisherigen norwegischen Außenminister Thorvald Stoltenberg zum Vermittler in Bosnien-Konflikt.

3 Sa Aserbeidschan verhängt vor dem Hintergrund der militärischen Erfolge armenischer Truppen im Kampf um die Enklave Berg-Karabach den Ausnahmezustand.

4 So Mit Hilfe eines gestohlenen Panzers der Bundeswehr befreit ein Fluchthelfer im hessischen Schwalmstadt einen Häftling aus der Justizvollzugsanstalt.

5 Mo Umweltminister Klaus Töpfer (CDU) und sein rumänischer Amtskollege Aurel Constantin vereinbaren enge Zusammenarbeit beim Schutz der Umwelt.

6 Di Eine Explosion in der westsibirischen Atomfabrik Tomsk-7 verseucht ein 120 bis 200 km² großes Gebiet radioaktiv.

7 Mi Die Europäische Gemeinschaft verfügt ein vorläufiges Einfuhrverbot für Milch- und Fleischprodukte aus mehreren osteuropäischen Staaten.

8 Do In München wird der Verein zur Rettung der letzten Personenumlaufzüge gegründet. Die »Paternoster« sollen aus Sicherheitsgründen verboten werden.

9 Fr Das weißrussische Parlament billigt das Verteidigungsbündnis mit sechs Mitgliedsstaaten der Gemeinschaft Unabhängiger Staaten (GUS).

10 Sa Weiße Rechtsextremisten ermorden den schwarzen Generalsekretär der Kommunistischen Partei Südafrikas, Chris Hani, in Johannesburg.

11 So Zum zweiten Mal nach 1985 gewinnt der deutsche Golf-Profi Bernhard Langer das renommierte Masters-Turnier in Augusta (US-Bundesstaat Georgia).

12 Mo Nach Kritik an seiner Wirtschaftspolitik kündigt der sozialistische spanische Regierungschef Felipe Gonzales die Ausschreibung von Neuwahlen an.

13 Di Bundesverteidigungsminister Volker Rühe vereinbart in Moskau einen Kooperationsvertrag zum Zweck des gegenseitigen Informationsaustausches.

14 Mi Die Außen- und Finanzminister der sieben führenden westlichen Industrienationen beschließen in Tokio umfassende Finanzhilfen für Russland.

15 Do Das Medellín-Drogenkartell verübt in der kolumbianischen Hauptstadt Bogotá einen Sprengstoffanschlag, der 15 Menschen das Leben kostet.

16 Fr Libyens Revolutionsführer Muammar al Gaddhafi erklärt in einem Presseinterview, sein Land sei zur Aussöhnung mit den USA bereit.

17 Sa Serbische und bosnische Militärs vereinbaren eine Waffenruhe für die Stadt Srebrenica, die unter UN-Kontrolle entmilitarisiert werden soll.

18 So Fanatisierte weiße Rechtsextremisten ermorden bei einem Bombenanschlag in der Nähe von Johannesburg 15 Schwarze.

19 Mo Zum 15. Jahrestag des Aufstands im Warschauer Ghetto finden in der polnischen Hauptstadt zahlreiche Gedenkveranstaltungen statt. → Sektendrama

20 Di Spaniens Ministerpräsident Felipe Gonzales trifft zu einem zweitägigen Staatsbesuch in Wien ein, um Fragen der Europapolitik zu besprechen.

21 Mi Im Rahmen einer Volksabstimmung in Brasilien sprechen sich zwei Drittel der Wähler für die Beibehaltung der Präsidialdemokratie aus.

22 Do Ein ägyptisches Militärgericht in Kairo verurteilt sieben islamische Extremisten zum Tode. Ihnen werden Anschläge auf Touristen zur Last gelegt.

23 Fr Der japanische Kaiser Akihito trifft zu einem ersten offiziellen Besuch auf der Insel Okinawa ein, die wiederholt gegen den Anschluss an Japan protestierte.

24 Sa Bei einem Bombenanschlag der nordirischen Untergrundorganisation IRA im Londoner Bankenviertel kommt ein Mensch ums Leben.

25 So Der deutsche Gewichtheber Manfred Nerlinger gewinnt bei den Europameisterschaften in Sofia (Bulgarien) den Titel im Superschwergewicht. → Jelzin

26 Mo In Cape Canaveral (USA) startet die US-Raumfähre »Columbia« mit zwei deutschen Astronauten an Bord zu einem Flug ins All.

27 Di Ali Abdullah Saleh, amtierender Präsident des Jemen, gewinnt mit dem Allgemeinen Volkskongress die ersten freien Wahlen in der Geschichte des Landes.

28 Mi Fast die gesamte sambische Fußball-Nationalelf kommt bei einem Flugzeugabsturz unweit von Gabuns Hauptstadt Libreville ums Leben.

29 Do Erstmals erkennt der Bundesgerichtshof den Anspruch auf Schmerzensgeld im Falle rechtswidrig erlittener Haft an.

30 Fr Der Verfassungsentwurf von Boris Jelzin, der ihm als Russlands Präsidenten mehr Vollmachten einräumt, wird von den Volksdeputierten kritisiert. → Attentat

Mai 1993

1 Sa Bei den traditionellen Maifeiern auf dem Roten Platz in Moskau kommt es zu Ausschreitungen militanter Kommunisten. 200 Polizisten werden verletzt.

2 So Die russische Mannschaft erringt bei den Eishockey-Weltmeisterschaften in München durch einen 3:1 Finalsieg über Titelverteidiger Schweden den Titel.

3 Mo In Belgien wird für 300 bestimmte Produkte die staatliche Preisregulierung aufgehoben, die seit Ende des Zweiten Weltkriegs bestand. → Engholm

4 Di Das Hamburger Verfassungsgericht erklärt die Bürgerschaftswahlen von 1991 wegen Verstößen bei der Kandidatenaufstellung der CDU für ungültig.

5 Mi König Baudouin I. besiegelt mit seiner Unterschrift die Umwandlung Belgiens von einem einheitsstaatlichen Königreich in einen Bundesstaat.

6 Do Die konservative Regierungspartei unter Premierminister John Major erleidet bei den Kommunalwahlen in England und Wales Verluste.

7 Fr Gewinner der ersten Präsidentschaftswahlen im ostafrikanischen Staat Dschibuti ist der amtierende Staatspräsident Hassan Gouled Aptidon.

8 Sa In Istanbul wird Thomas Zander aus Aalen Europameister der Ringer im griechisch-römischen Stil. Zander hatte den Titel bereits 1990 und 1992 errungen.

9 So Am Hamburger Rothenbaum gewinnt Michael Stich mit einem Sieg über Andrej Tschesnokow (Russland) die Internationalen Deutschen Tennismeisterschaften.

10 Mo Beim Brand einer Spielzeugfabrik sterben in Bangkok 210 Menschen. Die Feuerwehr macht unzugängliche Fluchtwege für die hohe Opferzahl verantwortlich.

11 Di Russland verhindert mit einem Veto im Weltsicherheitsrat die Verlängerung des Mandats für die seit 1964 auf Zypern stationierten UN-Truppen.

12 Mi In Mogadischu treffen die ersten Transportmaschinen der Bundeswehr mit Material für die Ausrüstung des deutschen Blauhelmkommandos in Somalia ein.

13 Do Wegen des Wegfalls der sowjetischen Bedrohung verkündet Washinton die Einstellung der 1983 verkündeten Strategischen Verteidigungsinitiative (SDI).

14 Fr In Straßburg erfolgt die formelle Aufnahme von Estland, Litauen und Slowenien als neue Mitglieder in den Europarat. → Ost- und West-Grüne

15 Sa Erstmals in Deutschland werden einem Patienten in der Universitätsklinik Hamburg gleichzeitig Herz und Leber transplantiert.

16 So Die türkische Nationalversammlung wählt Süleyman Demirel zum Nachfolger des am 17. April verstorbenen Staatspräsidenten Turgut Özal.

17 Mo Vor dem Gericht in Schleswig beginnt der Prozess gegen die Brandstifter von Mölln. Sie sollen in einem von Türken bewohnten Haus Feuer gelegt haben.

18 Di Die dänische Bevölkerung spricht sich mit 56,8% der Stimmen für den Vertrag von Maastricht zur Schaffung eines europäischen Binnenmarktes aus.

19 Mi Mit der Wahl von Heide Simonis (SPD) zur Ministerpräsidentin Schleswig-Holsteins steht erstmals eine Frau an der Spitze eines Bundeslandes.

20 Do Das britische Unterhaus billigt den Vertrag von Maastricht. Die damit verbundene Preisgabe von Souveränitätsrechten ist in Großbritannien umstritten.

21 Fr In Kiew ermächtigt das ukrainische Parlament Präsident Leonid Krawtschuk, die Wirtschaftspolitik des Landes per Dekret zu bestimmen.

22 Sa Bei Zusammenstößen rivalisierender Gruppen in dem südafrikanischen Township Thokoza nahe Johannesburg kommen 13 Menschen ums Leben.

23 So Aus den unter UN-Aufsicht stehenden Wahlen in Kambodscha gehen die Anhänger von Prinz Norodom Sihanuk als stärkste politische Kraft hervor.

24 Mo Paul Keating, australischer Premierminister, vereinbart mit Neuseeland eine Intensivierung der wirtschaftlichen Zusammenarbeit. → Eritrea → »Das Piano«

25 Di Jorge Serrano Elías, autoritär regierender Präsident von Guatemala, erklärt das Parlament des mittelamerikanischen Landes für aufgelöst. → Steinkühler

26 Mi Der Bundestag in Bonn beschließt ein neues Asylrecht, wonach Ankömmlinge aus sog. sicheren Ländern zurückgewiesen werden können.

27 Do Vor der Uffizien-Galerie in Florenz explodiert eine Bombe. Als Drahtzieher des Anschlags, der fünf Todesopfer fordert, gilt die Mafia. → Streibl

28 Fr Das Bundesverfassungsgericht bezeichnet die 1992 vom Bundestag beschlossene Neuregelung des Abtreibungsrechts als verfassungswidrig.

29 Sa Ein neuer Raketenprototyp, die »Rodong-1« mit einer Reichweite von mehr als 1000 km, startet in Nordkorea zum ersten Testflug. → Solingen

30 So In Mülheim/Ruhr erhält der Autor Rainald Goetz zum Abschluss der Theatertage »stücke '93« den mit 20000 DM dotierten Dramatikerpreis.

31 Mo Das Parlament von Jugoslawien beschließt auf Antrag der Sozialisten und der Radikalen Partei Serbiens die Absetzung von Präsident Dobrica Ćosić.

24. Mai 1993

Eritrea ist unabhängig

Der längste Bürgerkrieg auf dem afrikanischen Kontinent endet mit einem Sieg der Rebellen. Eritrea erklärt nach jahrzehntelangen Kämpfen seine Unabhängigkeit von Äthiopien. Im Bürgerkrieg, der von beiden Seiten mit großer Härte geführt worden war, hatte sich seit Anfang der 90er Jahre eine Entscheidung zugunsten der Volksbefreiungsfront EPLF abgezeichnet. Die EPLF kontrollierte weite Teile des Landes am Horn von Afrika, eroberte im Mai 1991 die Hauptstadt Asmara und setzte eine provisorische Nationalversammlung ein. Bereits vor 1961, als die ehemalige italienische Kolonie formal in das damalige äthiopische Kaiserreich eingegliedert worden war, tobten die Kämpfe. Sowohl Kaiser Haile Selassie als auch die spätere kommunistische Führung des Landes waren jedoch nicht bereit, einer Autonomie der wirtschaftlich und strategisch bedeutsamen Provinz am Roten Meer zuzustimmen.

24. Mai 1993

Ehrung für »Das Piano«

Bei den Filmfestspielen im südfranzösischen Cannes wird der Wettbewerbsbeitrag der neuseeländischen Regisseurin Jane Campion, »Das Piano«, mit der »Goldenen Palme« ausgezeichnet. Campion ist damit die erste Frau, die in Cannes in der Sparte Regie mit dem Hauptpreis gewürdigt wird. »Piano«-Hauptdarstellerin Holly Hunter (s. Abb.) wird für die beste schauspielerische Leistung ausgezeichnet. Auch der chinesische Film »Lebe wohl, meine Konkubine« erhält den Hauptpreis.

27. Juni 1993

Pannenserie bei GSG-9-Einsatz

Im mecklenburgischen Bad Kleinen werden bei einem Anti-Terror-Einsatz ein Beamter der Bundesgrenzschutztruppe GSG 9 und der mutmaßliche RAF-Terrorist Wolfgang Grams getötet. Eine weitere, der RAF nahe stehende Person, Birgit Hogefeld, wird unverletzt festgenommen.
Der Tathergang auf dem Bahnhof der Kleinstadt ist umstritten. Wie sich erst Tage später herausstellt, hatten sich Grams, Hogefeld und ein vom Verfassungsschutz in die RAF-Szene eingeschleuster V-Mann im Bahnhofscafé getroffen. Beim Verlassen der Gaststätte überwältigen Männer der GSG 9 Hogefeld, woraufhin Grams eine Waffe zieht, den GSG-9-Beamten tödlich verletzt und auf den Bahnsteig entkommt. Dort trifft Grams ein Schuss in den Kopf, dem er wenige Stunden später im Krankenhaus erliegt. Fraglich ist, wie Grams zu Tode gekommen ist. Die Spekulationen reichen von Selbstmord über Versehen bis hin zum vorsätzlichen Mord durch GSG-9-Beamte. Die ungeklärten Fragen führen am 4. Juli zum Rücktritt von Bundesinnenminister Rudolf Seiters (CDU).

29. Mai 1993

Brandanschlag in Solingen

Im Solingen (Nordrhein-Westfalen) kommen bei einem von Rechtsextremen verübten Brandanschlag auf ein von Türken bewohntes Haus (s. Abb.) fünf Menschen ums Leben. Der Brand wurde im Treppenhaus gelegt und versperrte den Bewohnern den Fluchtweg. Bei den Opfern handelt es sich um zwei türkische junge Frauen und drei Mädchen. Drei weitere Mädchen erleiden schwere Verbrennungen. Zwei Tage später wird ein 16-jähriger Schüler festgenommen, der gesteht, die Tat mit zwei weiteren Jugendlichen begangen zu haben.

3. Mai 1993

Engholm gib

Die langen Schatten der Barschel-Affäre holen Björn Engholm ein: Der SPD-Chef und schleswig-holsteinische Ministerpräsident tritt von allen politischen Ämtern zurück. Der Hoffnungsträger der Sozialdemokraten, der bei den kommenden Bundestagswahlen gegen Bundeskanzler Helmut Kohl antreten sollte, zieht die Konsequenz aus der Tatsache, dass er vor dem parlamentarischen Untersuchungsausschuss zur Barschel-Affäre eine Falschaussage gemacht hat.
Durch den Rücktritt gerät die SPD in eine akute Führungskrise. Als Zwischenlösung übernimmt

Johannes Rau (l.) und Björn Engholm

der nordrhein-westfälische Ministerpräsident Johannes Rau den SPD-Vorsitz. Auf einem Sonderparteitag am 25. Juni wählen die Delegierten den rheinland-pfälzischen Ministerpräsidenten Rudolf Scharping mit 78,5% der Stimmen zum neuen Parteivorsitzenden. Damit bestätigt der Parteitag erwartungsgemäß das Ergebnis einer Mitglie-

27. Mai 1993

Streibl stürzt über »Amigos«

Der bayerische Ministerpräsident Max Streibl (CSU) zieht die Konsequenzen aus der sog. Amigo-Affäre und nimmt seinen Abschied. Der Rücktritt Streibls bildet den Schlusspunkt eines Affären-Monats. Neben dem SPD-Vorsitzenden Björn Engholm waren am 6. Mai Bundesverkehrsminister Günther Krause (CDU) und am 25. Mai IG-Metall-Chef Franz Steinkühler wegen Fehlverhaltens zurückgetreten.
Ministerpräsident Streibl hatte in den 80er Jahren als Finanzminister Zuwendungen aus der Industrie angenommen, u.a. verbrachte er zwei Urlaube in Brasilien auf Kosten des befreundeten Flugzeugbauers Burkhart Grob. Gleichzeitig setzte er sich beim Bundesverteidigungsministerium für das von Grob entwickelte Flugabwehrsystem ein. Trotz des öffentlichen Skandals bestreitet Streibl einen Zusammenhang zwischen seinem Amt und den Geschenken.
Zum neuen Ministerpräsidenten Bayerns wird am 28. Mai vom Bayerischen Landtag Edmund Stoiber gewählt.

14. Mai 1993

Ost- und West-Grüne vereint

Auf dem Treffen der ostdeutschen Partei Bündnis 90 mit den westdeutschen Grünen in Leipzig beschließen die Delegierten den Zusammenschluss beider Parteien zu Bündnis 90/Die Grünen. Mit der Fusion verbinden beide Parteien die Hoffnung, ihre Ausgangslage für die Bundestagswahlen 1994 zu verbessern. Anders als Ost-CDU und Ost-SPD hatte sich das Bündnis 90 nach der Wende geweigert, der größeren Westpartei beizutreten und die eigene Identität aufzugeben. Zu Vorstandssprechern werden die frühere brandenburgische Bildungsministerin Marianne Birthler (Abb. l.) und der bisherige Grünen-Sprecher Ludger Vollmer (Abb. 3.v.l.) gewählt.

lschaussage zu

derbefragung, bei der sich die SPD-Basis am 13. Juni mit 40,3% der Stimmen für Scharping ausgesprochen hatte. Die Befragung der Mitglieder bei der Wahl eines Parteivorsitzenden ist ein Novum in der deutschen Parteiengeschichte. Sie hat jedoch keinen bindenden, sondern lediglich empfehlenden Charakter. Die SPD-Führungsspitze hatte sich von der Befragung der Basis einen Motivationsschub erhofft. Freude herrschte über die Beteiligung von 56,6% der SPD-Mitglieder. Neben Scharping waren der niedersächsische Ministerpräsident Gerhard Schröder (33,2%) und die dem linken Flügel zugerechnete Heidemarie Wieczorek-Zeul (26,5%) angetreten. Der neue Parteichef Scharping erhebt auch Anspruch auf die Kanzlerkandidatur für die Bundestagswahl 1994. Engholms Nachfolge in Schleswig-Holstein tritt Heide Simonis (SPD) an. Die 49-jährige Diplom-Volkswirtin ist die erste Frau an der Spitze eines Bundeslandes. Für die bisherige Finanzministerin stimmen alle 45 SPD-Abgeordneten sowie der Mandatsträger des Südschleswigschen Wählerverbandes. Simonis wird vor allem wirtschaftspolitische Kompetenz zugestanden. Bereits kurz nach ihrer Amtsübernahme legt sie ein Sparprogramm vor, das insbesondere im öffentlichen Dienst Kürzungen vorsieht. Unmut bei den Betroffenen erregt u.a. die geplante Verlängerung der Wochenarbeitszeit für Landes- und Kommunalbeamte um eine Stunde als Ausgleich für die gestiegenen Sozialabgaben für Arbeiter und Angestellte.

V.l.: Scharping mit den unterlegenen Konkurrenten Wieczorek-Zeul und Schröder

Juni 1993

1 Di Bei den ersten freien Präsidentenwahlen in Burundi erhält Oppositionsführer Melchior Ndadaye die Mehrheit der Stimmen.

2 Mi In Kopenhagen vereinbaren die Innenminister der EG-Staaten die Einrichtung einer grenzüberschreitenden europäischen Polizeieinheit (Europol).

3 Do Zur Unterstützung der UN-Truppen wird auf Beschluss der Bundesregierung ein Bundeswehrkontingent nach Somalia entsandt.

4 Fr Die Regierung von Kuwait gibt bekannt, dass sie den Wirtschaftsboykott gegen Israel aussetze. Syrien kritisiert die Entscheidung scharf.

5 Sa Am letzten Bundesligaspieltag entscheidet der SV Werder Bremen mit einem 3:0-Sieg gegen den VfB Stuttgart die Deutsche Fußballmeisterschaft für sich.

6 So Trotz Stimmenverlusten können sich bei den Spanischen Parlamentswahlen die regierenden Sozialisten unter Felipe Gonzáles behaupten.

7 Mo Auf Initiative von Willi Daume treffen sich in Bonn Vertreter von Politik und Wirtschaft zu Gesprächen über die verstärkte Förderung des Leistungssports.

8 Di Auf dem Welt-AIDS-Kongress in Berlin beraten Mediziner aus aller Welt über Maßnahmen zur Bekämpfung der Immunschwächekrankheit.

9 Mi Nach einem jahrhundertealten, geheimen Ritus findet in Tokio die Trauung des japanischen Kronprinzen Naruhito mit der Diplomatin Masako Owada statt.

10 Do Der schweizerische Nationalrat spricht sich für die Aufstellung eines Kontingents von 600 Soldaten aus, die ab 1995 der UNO zur Verfügung gestellt werden.

11 Fr Als Nachfolger von Otto Graf Lambsdorff wählt der in Münster tagende Parteitag der FDP Bundesaußenminister Klaus Kinkel zum Parteivorsitzenden.

12 Sa Nach massiven Überfällen auf Einheiten der UN-Friedenstruppe in Mogadischu (Somalia) beginnen US-Kampfhubschrauber mit gezielten Luftangriffen.

13 So In der italienischen Lagunenstadt Venedig öffnet die 45. Kunstbiennale ihre Pforten. Zu sehen sind Werke von 715 Künstlern aus 53 Ländern.

14 Mo Auf dem Luftwaffenstützpunkt Edwards in Kalifornien stellt die US-Luftwaffe den ersten vierstrahligen Transporter C-17 von McDonnell Douglas in Dienst.

15 Di Wegen seiner Verstrickung in die Affäre um die Mülldeponie Schöneberg tritt der schleswig-holsteinische FDP-Vorsitzende Wolfgang Kubicki zurück.

16 Mi In Kiel fordert Ministerpräsidentin Heide Simonis (SPD) in ihrer Regierungserklärung wegen der angespannten Haushaltslage Mehrarbeit von Beamten.

17 Do Die Regierungen Russlands und der Ukraine beenden den jahrelangen Streit um die Schwarzmeerflotte. Beide Staaten erhalten jeweils die Hälfte der Schiffe.

18 Fr Nach einer Militärrebellion muss der aserbeidschanische Staatschef Abulfas Eltschibej aus der Hauptstadt Baku fliehen. Nachfolger wird Gaidar Alijew.

19 Sa In Detroit gewinnt die deutsche Fußballnationalmannschaft durch einen 2:1-Sieg über England das international besetzte Turnier um den US-Cup.

20 So Aus den italienischen Kommunal- und Bürgermeisterwahlen geht die Demokratische Partei der Linken als stärkste politische Kraft hervor.

21 Mo In der spanischen Hauptstadt Madrid fordern zwei Bombenanschläge 7 Todesopfer. Urheber des Attentats ist die baskische Untergrundorganisation ETA.

22 Di Aufgrund von Finanznöten verfügt der Berliner Senat die Schließung des traditionsreichen Schiller-Theaters bis zum Ende der laufenden Saison.

23 Mi In Japan spaltet sich die regierende Liberaldemokratische Partei. +++ Die Bundesregierung beschließt ein Gesetz zur Einführung der Pflegeversicherung.

24 Do Militante Kurden nehmen in München im türkischen Generalkonsulat 23 Geiseln. Die Polizei kann die Aktion ohne Blutvergießen beenden.

25 Fr Als erste Frau übernimmt Kim Campbell von der Konservativen Partei in Ottawa das Amt des kanadischen Ministerpräsidenten. → Scharping

26 Sa In rund 120 deutschen Städten findet eine »Nacht der Wohnungslosen« statt. Tausende Bundesbürger bekunden dabei ihre Solidarität mit Obdachlosen.

27 So Bei einem Bombenanschlag der kurdischen PKK werden in einem Restaurant der türkischen Stadt Antalya 23 Menschen verletzt. → Pannenserie

28 Mo Andrew Wiles von der Universität Cambridge veröffentlicht seine Lösung des Fermat'schen Theorems, eines der bekanntesten Probleme der Mathematik.

29 Di Der Europäische Gerichtshof in Luxemburg lehnt einen Antrag der Bundesregierung nach Aussetzung der neuen EG-Bananenverordnung ab.

30 Mi In El Salvador versetzt die Regierung 18 Militärs, denen Menschenrechtsverletzungen während des Bürgerkriegs vorgeworfen werden, in den Ruhestand.

Juli 1993

1 Do In der Bundesrepublik tritt die Neuregelung des Asylrechts in Kraft, das künftig durch Zusatzbestimmungen stark eingeschränkt wird.

2 Fr Bei einem Brandanschlag islamischer Fundamentalisten auf ein Hotel in der osttürkischen Stadt Sivas kommen 37 Menschen ums Leben. → Bundeswehr

3 Sa Steffi Graf gewinnt durch einen Dreisatzsieg über die Tschechin Jana Novotna zum fünften Mal das Tennisturnier von Wimbledon.

4 So Durch einen sensationellen Sieg über die Mannschaft Russlands wird die deutsche Basketball-Nationalmannschaft in München Europameister.

5 Mo Israels Außenminister Shimon Peres erörtert in Ägypten mit Präsident Hosni Mubarak eine umfassende Friedensregelung im Nahen Osten.

6 Di Angesichts fortdauernder Kämpfe verhängt Georgiens Präsident Eduard Schewardnadse das Kriegsrecht über die Provinz Abchasien.

7 Mi Das Parlament von Lettland wählt in der Hauptstadt Riga den Kandidaten der Bauernunion, Guntis Ulmanis, zum Staatspräsidenten.

8 Do In Torgau wird eine neue Elbbrücke freigegeben, die jene historische ersetzt, auf der im April 1945 US-Soldaten mit Rotarmisten zusammentrafen.

9 Fr Der Sicherheitsrat der Vereinten Nationen beschließt in New York die Entsendung von 50 Militärbeobachtern nach Georgien.

10 Sa Bei den Fecht-Weltmeisterschaften in Essen gewinnt das deutsche Team insgesamt drei Gold-, zwei Silber- und sechs Bronzemedaillen.

11 So Nachdem eine UN-Inspektorengruppe von irakischen Behörden an der Ausübung ihrer Kontrollaufgaben gehindert wird, reist sie unter Protest ab.

12 Mo In Nordjapan fordert eine Flutwelle mehr als 250 Menschenleben. Ursache dieser Umweltkatastrophe ist eine Seebeben. → Musical-Boom

13 Di Bundesverteidigungsminister Volker Rühe verabschiedet in Lahr (Baden-Württemberg) die letzten kanadischen Einheiten auf deutschem Boden.

14 Mi Das russische Parlament setzt einen neuen Mindestlohn in Höhe von ca. 13 DM im Monat fest. Die monatliche Mindestrente steigt auf 25 DM.

15 Do Die beiden Kammern des belgischen Parlaments billigen eine Verfassungsänderung, durch die das Land zu einem föderalen Bundesstaat wird.

16 Fr Zum Abschluss eines Deutschlandbesuchs des russischen Ministerpräsidenten Viktor Tschernomyrdin wird ein Luftverkehrsabkommen unterzeichnet.

17 Sa In Hamar (Norwegen) verbessert der schottische Radamateur Graeme Obree den Stunden-Weltrekord um mehr als 400 m auf 51,596 km.

18 So Nach Parlamentswahlen in Japan muss die seit 38 Jahren regierende Liberaldemokratische Partei erstmals die Oppositionsrolle übernehmen.

19 Mo Wegen des Verdachts der Steuerhinterziehung wird in Berlin Wolfgang Vogel, einstiger DDR-Unterhändler in Menschenrechtsfragen, verhaftet.

20 Di In Brüssel einigen sich die EG-Außenminister auf eine Neuverteilung der Strukturfonds-Mittel für die ärmsten Regionen Europas.

21 Mi Bundeskanzler Helmut Kohl stattet in Potsdam erstmals einer Bundeswehreinheit in den neuen Ländern einen offiziellen Besuch ab.

22 Do Nach der Niederlage bei den japanischen Unterhauswahlen tritt Ministerpräsident Kiichi Miyazawa vom Amt des Parteivorsitzenden zurück.

23 Fr Ein Killerkommando erschießt im brasilianischen Rio de Janeiro acht Straßenkinder. +++ Südafrika und Nigeria nehmen diplomatische Beziehungen auf.

24 Sa Die von der russischen Zentralbank überraschend verfügte Geldreform, bei der alte Rubelscheine in neue umgetauscht werden, löst Panikkäufe aus.

25 So Im Südlibanon startet die israelische Armee eine Großoffensive gegen Stellungen der islamischen Terrororganisation Hisbollah.

26 Mo Angesichts der Wirtschaftskrise entschließt sich Kubas Revolutionsführer Fidel Castro zu ökonomischen Reformen, u.a. der Legalisierung von Devisenbesitz.

27 Di VW wehrt sich gegen den Vorwurf der Industriespionage beim Wechsel des Ex-Opel-Spitzenmanagers José Ignacio López nach Wolfsburg.

28 Mi Nach dem Konkurs des Frankfurter Reiseunternehmens MP Touristik müssen zahlreiche Urlauber tagelang auf Rückreisemöglichkeiten warten.

29 Do Mangels Beweisen hebt der Oberste Gerichtshof Israels das Todesurteil gegen John Demjanjuk, Aufseher im NS-Konzentrationslager Treblinka, auf.

30 Fr In Genf erzielen Vertreter der Bürgerkriegsparteien im ehemaligen Jugoslawien eine vorläufige Einigung über die Aufteilung Bosnien-Herzegowinas.

31 Sa Der belgische König Baudouin I. erliegt in seinem spanischen Feriendomizil Montril im Alter von 62 Jahren einem Herzversagen. → Clinton

22. August 1993

Dickes Lob für WM-Publikum

Im Stuttgarter Gottlieb-Daimler-Stadion geht die vierte Leichtathletik-Weltmeisterschaft zu Ende. Mehr als 1800 Sportler aus 189 Nationen nahmen seit dem13. August an der Veranstaltung teil. 585 000 Zuschauer sorgten für einen WM-Besucherrekord. Die Nationenwertung führen die Athleten aus den USA mit 13 Weltmeistertiteln an, gefolgt von der Volksrepublik China mit vier, Großbritannien und Kenia jeweils mit drei Goldmedaillen. Insgesamt wurden vier Weltrekorde gebrochen. Neben der gelungenen Organisation erntete vor allem das Publikum für seine Begeisterungsfähigkeit und Fairness Lob. IOC-Präsident Juan Antonio Samaranch erklärt die Veranstaltung zur »besten aller Weltmeisterschaften«. Lediglich gegen die Sportler aus der Volksrepublik China werden am Ende der Titelkämpfe Vorwürfe laut, da der chinesische Verband keine internationalen Doping-Kontrollen zuließ.

12. Juli 1993

Musical-Boom rollt weiter

Premiere für »Sunset Boulevard«: In London wird das neue Musical des britischen Erfolgskomponisten Andrew Lloyd Webber (s. Abb.) mit großem Erfolg uraufgeführt. Die Vorlage dazu bildete Billy Wilders gleichnamiger Film aus dem Jahre 1950. Das Stück erzählt die tragische Geschichte einer alternden, vom Publikum vergessenen Filmdiva, die versucht, der Bedeutungslosigkeit zu entkommen. Mit Hilfe eines jungen Aufsteigers arbeitet sie an ihrem Comeback, scheitert aber tragisch. Anders als Wilder verzichtet Webber auf den zynischen Blick hinter die Kulissen des glamourösen Filmgeschäfts.

»Sunset Boulevard« lebt von seinen spektakulären Bühnen-Effekten. So wird auf einer riesigen Leinwand eine Autojagd simuliert. Die Produktionskosten betragen insgesamt 7,5 Mio. DM. Obwohl das sentimentale Musical mit seinen eingängigen Melodien zu einem wahren Publikumsmagneten wird, bemängeln Kritiker fehlende Originalität.

Andrew Lloyd Webber

brit. Komponist, * 22.3.1948 London

Webber gilt als der erfolgreichste Musicalkomponist der Gegenwart. Mit Werken wie »Cats« (1981), »Starlight Express« (1984) oder »Das Phantom der Oper« (1986) zog er ein Millionenpublikum auf der ganzen Welt an. Sein musikalisches Erfolgsrezept besteht in der eingängigen Mischung der verschiedenen Musikstile von Klassik über Jazz bis hin zu Rock und Pop.

- 1970/71: Durchbruch mit »Jesus Christ Superstar«
- 1986: Uraufführung von »Evita« in London
- 1992: Erhebung in den Adelsstand

31. Juli 1993

Clinton ruft Notstand aus

US-Präsident Bill Clinton erklärt die von verheerenden Überschwemmungen heimgesuchten Bundesstaaten Illinois, Iowa und Missouri zum Katastrophengebiet. Tausende von Helfern, darunter auch die US-Nationalgarde, treffen in der Krisenregion ein. Nach wochenlangen Regenfällen war der Mississippi mit seinen mehr als 50 Nebenarmen über die Ufer getreten und hatte mehrere 100 km² überflutet.

Die Naturkatastrophe fordert mindestens 29 Todesopfer. Die Ernte in den betroffenen Gebieten wird zum größten Teil vernichtet. Experten schätzen den Sachschaden (Abb.: überflutete Straße) auf rd. 15 Mrd. Dollar. Klimaforscher machen für das Ansteigen der Wasserstände den sog. El-Niño-Effekt verantwortlich. Bei der alle fünf bis zehn Jahre auftretenden Störung der großen Meeresströmung im Zentralpazifik gelangen subtropische Luftmassen in den Mittelwesten und lösen heftige Regenfälle aus.

8. August 1993

Sechs Titel für »Franzi«

In Sheffield enden nach zehntägigen Wettkämpfen die 21. Europameisterschaften der Schwimmer. Mit 15 Goldmedaillen verlässt das Team des Deutschen Schwimm-Verbands als Überraschungssieger die mittelenglische Stadt. Beste Teilnehmerin ist die 15-jährige Franziska van Almsick (s. Abb.). Die Berlinerin entscheidet insgesamt drei Einzel-Wettbewerbe im Freistil – über 50 m, 100 m und 200 m – für sich. Mit den Staffeln über 4 x 100-m- und 4 x 200-m-Freistil sowie den 4 x 100-m-Lagen holt sie drei weitere Male Gold. Im Finale über 100-m-Delfin landet »Franzi« hinter Titelverteidigerin Cathérine Plewinski aus Frankreich auf Platz zwei.

Auch die deutschen Kunstspringer stellen ihr Können unter Beweis: Bei den Herren siegen Peter Böhler vom 1-m- und Jan Hempel vom 3-m-Brett. Im Turmspringen holt Hempel außerdem Bronze. Lediglich die Wasserballer müssen sich mit Platz neun begnügen.

2. Juli 1993

Bundeswehr beteiligt sich an UN-Einsatz

Die Frage einer Beteiligung deutscher Soldaten an der UN-Friedensmission in Somalia führt zu heftigem Pro und Kontra in Politik und Gesellschaft. Der Bundestag billigt – trotz heftiger Kritik aus den Reihen der Opposition – den Einsatz. Kampfhandlungen verwickelt werden. Aus diesem Grund riefen die Sozialdemokraten bereits im Vorfeld das Bundesverfassungsgericht zur Klärung des Sachverhalts an. Die Karlsruher Richter verkündeten am 23. Juni in einer einstweiligen

Ein Bundeswehrsoldat in Belet Huen, ca. 300 km vom Kampfgebiet in Mogadischu entfernt

Bündnis 90/Die Grünen und die PDS lehnen Auslandseinsätze deutscher Soldaten aus grundsätzlichen Erwägungen ab. Die SPD erklärt ihre Zustimmung zu rein humanitären Maßnahmen, sieht diese Voraussetzung bei dem geplanten Somalia-Einsatz jedoch als nicht erfüllt an. Sie hält es durchaus für möglich, dass die Soldaten in dem vom Bürgerkrieg zerrissenen Land in Verfügung, dass die Teilnahme an der Hilfsaktion für Somalia nicht gegen das Grundgesetz verstoße. Die Entsendung müsse jedoch zuvor vom Bundestag bewilligt werden. Im Juli und August werden rd. 1700 Soldaten nach Somalia verlegt. Ein Vorauskommando der Bundeswehr hatte bereits im Mai mit der Vorbereitung der Aktion begonnen. Standort ist die Provinzstadt Belet Huen.

18. August 1993

Historische Kapellbrücke in Luzern brennt lichterloh

In der schweizerischen Stadt Luzern am Vierwaldstätter See fällt die weltberühmte Kapell-

brücke über die Reuss einem Brand zum Opfer (s. Abb.). Nur durch den Großeinsatz der Feuerwehr gelingt es, die Brückenköpfe und den 34 m hohen Wasserturm in der Mitte der ältesten europäischen Holzbrücke vor der Zerstörung zu bewahren. Die 1333 erbaute und 200 m lange Kapellbrücke zählt zu den berühmtesten Baudenkmälern der Schweiz und ist das Wahrzeichen der Stadt Luzern. Auf dem Dachstuhl befanden sich über 100 Bilder des Züricher Malers Hans Heinrich Wägmann (um 1610), die die Geschichte der Schweiz und Luzerns schilderten. Die Gegend um den Vierwaldstätter See wird als Wiege der Eidgenossenschaft angesehen. Wie sich bei den Ermittlungen herausstellt, hat vermutlich eine brennende Zigarette den Brand ausgelöst.

August 1993

1 So Die in Konkurs gegangene traditionsreiche Saarstahl AG in Völklingen entlässt 2150 der noch verbliebenen 7200 Mitarbeiter.

2 Mo Die Finanzminister der Mitgliedsstaaten des Europäischen Währungssystems beschließen in Brüssel größere Schwankungsbreiten der Wechselkurse.

3 Di Im niedersächsischen Hameln nimmt die Polizei zwei Männer fest, die Panzerminen auf Straßen in Hameln und Celle ausgelegt haben sollen.

4 Mi Regierungsvertreter und Abgesandte der Rebellenorganisation Patriotische Front unterzeichnen in Ruanda einen von der UNO vermittelten Friedensvertrag.

5 Do Wegen seiner Verwicklung in ein umstrittenes Immobiliengeschäft erklärt der brandenburgische Verkehrsminister Jochen Wolf (SPD) seinen Rücktritt.

6 Fr Mit dem Abzug der letzten russischen Militäreinheit aus Polen ist das Land erstmals seit 54 Jahren frei von Besatzungstruppen.

7 Sa Erstmals in der Geschichte des Londoner Buckingham Palastes werden Teile der Residenz des britischen Königshauses für Touristen zur Besichtigung freigegeben.

8 So Laut Organisationskomitee beteiligen sich an der Weltausstellung in Taejon (Südkorea) 130 Länder und internationale Organisationen. → »Franzi«

9 Mo Das britische Außenministerium gibt in London die Aufhebung des seit 1978 bestehenden Waffenembargos gegen Angola bekannt.

10 Di Die kurdische Untergrundorganisation PKK lässt vier französische Touristen frei, die sie zwei Wochen zuvor in ihre Gewalt gebracht hatte.

11 Mi In Bonn stimmt das Bundeskabinett den Sparplänen von Finanzminister Theo Waigel zu, die Einsparungen in Höhe von 22,6 Mrd. DM bringen sollen.

12 Do Nach fast 15 Monaten endet mit der Rückkehr der letzten Beamten des Bundesgrenzschutzes dessen UN-Einsatz in Kambodscha.

13 Fr Die Verlautbarung von US-Wissenschaftlern, ein Gen ermittelt zu haben, das die Alzheimerkrankheit mitverursacht, nährt neue Therapiehoffnungen.

14 Sa In Fulda versammeln sich rd. 500 Neonazis zu einer Gedenkveranstaltung für den einstigen »Führer-Stellvertreter« Rudolf Heß.

15 So Zum ersten Mal seit über vier Jahrzehnten wird in Paraguay mit Juan Carlos Wasmosy ein Zivilist als Staatspräsident vereidigt.

16 Mo Das Bundesamt für Naturschutz, das sich u.a. um den Artenschutz in Deutschland kümmert, nimmt in Bonn seine Arbeit auf.

17 Di Das Landgericht Berlin stellt das Verfahren gegen Ex-DDR-Ministerpräsident Willi Stoph als Mitverantwortlichen für die Todesschüsse an der Mauer ein.

18 Mi Bei einem Bombenattentat auf den ägyptischen Innenminister Hassan El Alfi werden in Kairo vier Menschen getötet. → Kapellbrücke

19 Do Neun Israelis sterben bei den seit Wochen schwersten Gefechten zwischen Hisbollah-Kämpfern und der israelischen Armee im Südlibanon.

20 Fr In Genf legen die Bosnien-Vermittler David Owen und Thorvald Stoltenberg einen Friedensplan vor, der eine Dreiteilung des Landes vorsieht.

21 Sa Nach Korruptionsvorwürfen tritt der russische Minister für Außenwirtschaftsbeziehungen, Sergej Glasew, von seinem Amt zurück.

22 So Unbekannte Täter überfallen in Johannesburg (Südafrika) eine schwarze Kirchengemeinde und töten dabei zehn Menschen. → WM-Publikum

23 Mo Der Leichtathletik-Weltverband verlängert die Sperre für die deutsche Sprinterin Katrin Krabbe im Zusammenhang mit Doping-Vorwürfen um zwei Jahre.

24 Di Die US-Luftwaffe beginnt mit dem Abwurf von Hilfsgütern über der von bosnischen Serben eingeschlossenen Stadt Mostar.

25 Mi US-Behörden leiten ein Verfahren gegen den Popstar Michael Jackson ein, dem sexueller Missbrauch eines 13-Jährigen vorgeworfen wird.

26 Do Der französische Ministerpräsident Edouard Balladour trifft mit Bundeskanzler Helmut Kohl in Bonn zu politischen Gesprächen zusammen.

27 Fr In Berlin wird die Internationale Funkausstellung eröffnet, an der rund 740 Aussteller der Unterhaltungselektronik und Telekommunikation teilnehmen.

28 Sa Der 19-jährige Deutsche Jan Ullrich gewinnt in der norwegischen Hauptstadt Oslo die Straßenweltmeisterschaft der Radamateure.

29 So Über 300 Menschen kommen in Nordwestchina ums Leben, als bei Quinghai eine 60 m hohe Staumauer bricht.

30 Mo In Casablanca weiht König Hassan II. von Marokko die nach ihm benannte zweitgrößte Moschee der Welt ein. Die Baukosten lagen bei 1 Mrd. DM.

31 Di Beim 50. Internationalen Filmfestival in Venedig geht der Goldene Löwe u.a. an den US-Regisseur Robert Altman für seinen Film »Short Cuts«.

September 1993

1	Mi	Ein Potsdamer Gericht spricht im zweiten sog. Mauerschützenprozess gegen Ex-DDR-Grenzsoldaten die Angeklagten vom Vorwurf des Totschlags frei.
2	Do	Die Regierung Aserbeidschans bietet den armenischen Rebellenführern in der Region Nagorny-Karabach einen Waffenstillstand an. → »Jurassic Park«
3	Fr	Umweltminister Klaus Töpfer (CDU) einigt sich mit der Industrie auf ein Sanierungskonzept für das Recyclingkonzept Duales System Deutschland.
4	Sa	In der hessischen Stadt Butzbach entdeckt ein Marburger Germanist auf einem Dachboden zwei bislang unbekannte Briefe des Dichters Georg Büchner.
5	So	Der deutsche Achter siegt in Tschechien bei der Ruder-WM . +++ Die deutsche Dressur-Mannschaft der Reiter gewinnt die Europameisterschaft in Slowenien.
6	Mo	PLO-Chef Jasir Arafat bezeichnet in seinem ersten Interview für das israelische Fernsehen den eingeleiteten Friedensprozess als »unumkehrbar«.
7	Di	Zyperns Regierung bittet anlässlich eines Gesprächs mit EU-Ratspräsident Willy Claes um rasche Aufnahme des Landes in die Europäische Gemeinschaft.
8	Mi	Bei einem Raubüberfall in Miami wird ein deutscher Tourist getötet. Er ist seit Jahresbeginn das siebente Todesopfer bei Überfällen auf Urlauber in Florida.
9	Do	Aufgrund sinkender Absatzzahlen kündigt die Firma Deutsche Aerospace die Entlassung von 2700 Mitarbeitern an.
10	Fr	Israels Premier Yitzhak Rabin signiert ein Schreiben an PLO-Chef Jasir Arafat, wodurch die PLO als legitime Vertreterin der Palästinenser akzeptiert wird.
11	Sa	Die Innenminister Italiens und Russlands unterzeichnen in Rom ein Abkommen zur Bekämpfung des Drogenhandels und des organisierten Verbrechens.
12	So	Die Deutsche Steffi Graf gewinnt in Flushing Meadow bei New York zum dritten Mal die offenen US-Tennismeisterschaften.
13	Mo	Bei Parlamentswahlen in Norwegen kann die Sozialdemokratische Arbeiterpartei unter Gro Harlem Brundtland ihre Position behaupten. → Israel
14	Di	Auf dem Warschauer Flughafen kommen bei einer missglückten Landung einer Lufthansa-Maschine zwei Menschen ums Leben.
15	Mi	Nach schweren Kämpfen zwischen kroatischen und serbischen Einheiten in der zu Kroatien gehörenden Krajina vermittelt die UN einen Waffenstillstand.
16	Do	Ein Berliner Gericht verurteilt u.a. Ex-DDR-Verteidigungsminister Heinz Keßler wegen der Todesschüsse an der innerdeutschen Grenze zu mehrjähriger Haft.
17	Fr	In Stuttgart gibt der Vorstand des Daimler-Benz-Konzerns die Absicht bekannt, bis Ende 1994 weltweit ca. 44 000 Arbeitsplätze abzubauen.
18	Sa	Der SPD-Landesparteitag in Bremen wählt Christine Fischer mit 121 von 148 Stimmen zur Landesvorsitzenden.
19	So	Bei den polnischen Parlamentswahlen erzielen die aus den Kommunisten hervorgegangenen links orientierten Oppositionsparteien Stimmengewinne.
20	Mo	Der Ausnahmezustand in Aserbeidschan wird aufgehoben. Das Land tritt der Gemeinschaft Unabhängiger Staaten (GUS) bei.
21	Di	Der russische Präsident Boris Jelzin verfügt die Auflösung des von Reformgegnern dominierten Parlaments und setzt Neuwahlen für Dezember 1993 an.
22	Mi	US-Präsident Bill Clinton stellt in Washington dem Kongress seine Pläne für eine umfassende Gesundheitsreform vor.
23	Do	In Monte Carlo vergibt das Internationale Olympische Komitee (IOC) die Olympischen Spiele im Jahr 2000 an die australische Stadt Sydney.
24	Fr	Mit seiner Unterschrift setzt Prinz Sihanuk in Phnom Penh die neue kambodschanische Verfassung für eine konstitutionelle Monarchie in Kraft.
25	Sa	Beim Abschuss eines US-Hubschraubers durch somalische Rebellen kommen in dem ostafrikanischen Bürgerkriegsland drei Soldaten ums Leben.
26	So	Der Deutsche Dirk Raudies wird auf der Rennstrecke von Jarama (Spanien) auf einer Honda-Maschine Motorradweltmeister in der 125-ccm-Klasse.
27	Mo	Nach zweiwöchigen Kämpfen gegen georgische Regierungssoldaten erobern separatistische Truppenverbände die abchasische Hauptstadt Suchumi.
28	Di	Der westdeutsche Metallarbeitgeberverband teilt die vorzeitige Kündigung der Tarifverträge mit. +++ Die EG schließt ein Fischereiabkommen mit Argentinien.
29	Mi	In der Wüste von Arizona endet das Experiment »Biosphäre 2«, bei dem acht Menschen zwei Jahre autark in einer Glaskuppel gelebt haben.
30	Do	In Indien kommen bei einem schweren Erdbeben rd. 21 000 Menschen ums Leben. Die Rettungsarbeiten werden durch heftigen Monsunregen erschwert.

4. Oktober 1993

Jelzin schlägt Putsch nieder

In Moskau stürmen regierungstreue Truppen das Weiße Haus, den Sitz des russischen Parlaments, und zwingen die Putschisten, die sich dort verschanzt haben, zur Aufgabe. Zum zweitenmal nach 1991 gelingt es Boris Jelzin, einen Staatsstreich reformfeindlicher Kräfte niederzuschlagen. Mehr als 100 Menschen kommen bei den Kämpfen ums Leben, das Parlamentsgebäude ist durch Artilleriebeschuss völlig zerstört (s. Abb.). Das Scheitern des Putsches wird international mit Erleichterung aufgenommen.

Die Führer des Aufstandes, u.a. Parlamentspräsident Ruslan Chasbulatow und Gegenpräsident

Alexander Ruzkoj, ergeben sich. Sie wollten einen Umsturz herbeiführen, nachdem der parlamentarische Widerstand gegen Jelzin erfolglos geblieben war. Seit Monaten tobt ein Machtkampf zwischen dem von Altkommunisten und Nationalisten dominierten Parlament und dem autoritär regierenden Jelzin. Die Abgeordneten hatten wiederholt Gesetze blockiert und Anordnungen Jelzins außer Kraft gesetzt. Am 21. September löste der Präsident unter Missachtung der Verfassung das Parlament auf. Der Oberste Sowjet beschloss daraufhin die Absetzung Jelzins. Zum Nachfolger wurde der am 1. September vom Amt des Vizepräsidenten suspendierte Ruzkoj bestimmt. Jelzin ordnet daraufhin Neuwahlen an und fordert die Abgeordneten vergeblich auf, das Weiße Haus zu räumen.

13. September 1993

Israel und di

Die Hoffnung auf einen dauerhaften Frieden im Nahen Osten erhält neue Nahrung: In Washington unterzeichnen der israelische Ministerpräsident Yitzhak Rabin und PLO-Chef Jasir Arafat ein Abkommen über die Autonomie des Gazastreifens und Jerichos im Westjordanland. Dabei kommt es zu einem historischen Händedruck der einstigen Erzfeinde Rabin und Arafat. Der unter Vermittlung Norwegens und der USA in monatelangen Geheimverhandlungen zustandegekommene Vertrag wird weltweit als erster Schritt zu einem dauerhaften Frieden zwischen den Israelis und den Palästinensern angesehen.

Der Vertrag soll am 1. Oktober 1993 in Kraft treten. Kernpunkt der Vereinbarungen ist die Selbstverwaltung der Palästinenser im Gazastreifen und in Jericho. Sie soll für eine bis 1999 befristete Übergangszeit gelten. Für 1996 sind Verhandlungen über eine politische und räumliche Ausweitung der Autonomie vorgesehen. Dann sollen umstrittene Fragen wie Grenzziehungen, der Status Jerusalems, die Zukunft israelischer Militärstützpunkte und Siedlungen sowie die Rückkehr von Flüchtlingen behandelt werden. Nach jahrzehntelangen Kämpfen zwischen Israelis und Palästinensern setzte sich seit Anfang der 90er Jahre die Erkenntnis durch, dass

2. September 1993

»Jurassic Park« lässt auch deutsche Kinokassen klingeln

In den deutschen Kinos läuft der US-Erfolgsstreifen »Jurassic Park« von Steven Spielberg an.

Wie erwartet, wird der Film auch vom deutschen Publikum begeistert aufgenommen. In den USA spielte das 65 Mio. Dollar teure Fantasy-Epos bereits in der ersten Woche ein Rekordergebnis von 79,2 Mio. Dollar ein und ist damit – vorerst – der kommerziell erfolgreichste Filme aller Zeiten. Die Geschichte handelt von Forschern, denen es gelungen ist, Dinosaurier aus fossilem Erbmaterial zu klonen und heranzuzüchten. Auftraggeber ist ein exzentrischer Milliardär, dessen Freizeitpark durch diese Attraktion bereichert werden soll. Als die Schöpfer der neuen Dinosaurier-Generation die Kontrolle über die Riesenechsen verlieren, verbreiten diese Angst und Schrecken (Abb.: Filmszene). Erfolgsregisseur Spielberg setzte für »Jurassic Park« auf neueste Produktionstechniken. Sensationell ist die täuschend echt wirkende Computeranimation der Saurier.

O auf Friedenskurs

Yitzhak Rabin und Jasir Arafat reichen sich die Hände – im Hintergrund US-Präsident Bill Clinton.

eine Lösung des Nahostproblems nur auf diplomatischem Wege zu erreichen ist. Premierminister Rabin, seit 1992 im Amt, sprach sich gegen Widerstände im eigenen Land für eine Politik der Aussöhnung aus. Als Arafat das Gesprächsangebot des israelischen Premiers annahm, stieß das auch bei vielen Palästinensern auf starke Vorbehalte. Die Gegner der Aussöhnung scheinen zunächst recht zu behalten. Der im Gaza-Jericho-Abkommen vereinbarte Abzug der israelischen Truppen bis zum 13. Dezember wird nicht eingehalten. Rabin begründet die Verzögerung mit Sicherheitsfragen, über die mit der PLO keine Einigung erzielt werden konnte. Eine weitere Hürde für einen Frieden im Nahen Osten stellen die 120000 im Gazastreifen und Westjordanland lebenden jüdischen Siedler dar. Sie erkennen die palästinensische Verwaltung nicht an und leisten zum Teil offenen Widerstand. Blutige Anschläge von extremistischen Friedensgegnern bedrohen mehrmals das bereits Erreichte. Aber trotz aller Schwierigkeiten ist der Friedensprozess unumkehrbar.

Ein weiterer Schritt erfolgt im Oktober 1993 mit der Unterzeichnung des israelisch-jordanischen Friedensvertrags. In dem Abkommen wird u.a. eine Einigung über die Nutzung des Jordanwassers und eine Regelung über die Rückführung der 1,5 Mio. in Jordanien lebenden palästinensischen Flüchtlinge in das Westjordanland erzielt. Bei der Kommunalwahl in Israel im November wird deutlich, dass die Bevölkerung die Politik der Regierung nicht vollständig mitträgt: Der konservative Likud-Block erzielt Stimmengewinne, die regierende Arbeiterpartei Rabins erleidet Verluste.

Steven Spielberg

US-Regisseur und Produzent, * 18.12.1947 Cincinnati/Ohio

Mit zahlreichen Erfolgsfilmen wie »Der weiße Hai« (1974), »E.T.« (1982) oder der »Indiana Jones«-Trilogie (1980-88) ist Spielberg der kommerziell erfolgreichste Regisseur der Filmgeschichte. Dabei verwandelt er auch ernste Stoffe wie die Schwarzensaga »Die Farbe Lila« (1987) oder den Holocaust-Film »Schindlers Liste« (1993) in Publikumsmagneten. Bekannt ist Spielberg vor allem für seine aufwändige Tricktechnik und die gekonnte Vermarktung seiner Filme durch Merchandising, aber auch für sein Einfühlungsvermögen in die kindliche Fantasie.

- 1968: Regisseur beim Fernsehen
- 1971: Regiedebüt mit »Duell«
- 1987: Ehren-»Oscar« für sein Lebenswerk

6. Oktober 1993

Skandal um Blutkonserven

In Bonn legt das Bundesgesundheitsamt (BGA) eine Liste von Personen vor, die mit hoher Wahrscheinlichkeit durch Bluttransfusionen mit dem AIDS-Virus infiziert wurden. Die Verantwortung tragen Pharmafirmen und Labors, die nach unzureichenden Tests infizierte Blutkonserven vertrieben haben. Bundesgesundheitsminister Horst Seehofer löst wegen des Skandals das BGA wegen Verletzung seiner Informationspflicht auf (Abb.: Protest).

Oktober 1993

1 Fr Hans Tietmeyer wird Präsident der Deutschen Bundesbank. +++ Russland warnt Deutschland vor einer Ausweitung der NATO nach Osten.

2 Sa Der IG-Metall-Gewerkschaftstag wählt den Tarifexperten Klaus Zwickel zum Nachfolger des zurückgetretenen IG-Metall-Chefs Franz Steinkühler.

3 So In Bonn nominiert der CDU-Bundesvorstand den sächsischen Justizminister Steffen Heitmann (CDU) zum Kandidaten für das Amt des Bundespräsidenten.

4 Mo Nachfolger des NATO-Oberbefehlshabers in Europa, General John M. Shalikashvili, wird General George A. Joulvan. → Jelzin

5 Di Trotz starker internationaler Proteste beginnt die Volksrepublik China mit einer Serie von unterirdischen Tests von Atomsprengköpfen.

6 Mi In Pakistan gewinnt die Pakistanische Volkspartei unter Führung der früheren Ministerpräsidentin Benazir Bhutto die Präsidentenwahlen. → Skandal

7 Do US-Präsident Bill Clinton gibt in Washington die Entsendung von weiteren 5300 Soldaten nach Somalia bekannt.

8 Fr Nach anhaltenden Kurssteigerungen an den Börsen überschreitet der Deutsche Aktienindex (DAX) erstmals die 2000-Punkte-Marke.

9 Sa Der somalische Rebellenführer Mohammed Farah Aidid befiehlt seinen Truppen in Mogadischu die Einstellung der Kampfhandlungen.

10 So Bei den vorgezogenen Parlamentswahlen in Griechenland wird der Sozialist Andreas Papandreou erneut zum Ministerpräsidenten gewählt.

11 Mo US-amerikanische und kanadische UN-Beobachter werden von bewaffneten Banden daran gehindert, in Haiti an Land zu gehen.

12 Di Das Bundesverfassungsgericht in Karlsruhe erklärt den Maastricht-Vertrag über die Schaffung der Europäischen Union für verfassungsgemäß.

13 Mi Die US-Molekularbiologen Jerry Hall und Robert Stillman geben bekannt, dass es ihnen gelungen sei, menschliche Embryonen zu klonen.

14 Do Die russische Regierung verbietet mehrere Zeitungen unter dem Vorwurf, sie hätten bei der Organisation des niedergeschlagenen Aufstandes geholfen.

15 Fr In Johannesburg werden zwei rechtsextremistische Weiße wegen der Ermordung des schwarzen Kommunistenführers Chris Hani zum Tode verurteilt.

16 Sa Der Weltsicherheitsrat in New York verhängt über Haiti eine Seeblockade, um das Militärregime zum Machtverzicht zu zwingen.

17 So Nach dem Rücktritt der polnischen Ministerpräsidentin Hanna Suchocka wird Waldemar Pawlak mit der Bildung eines neuen Kabinetts beauftragt.

18 Mo Durch ein Remis in der 19. Partie verteidigt Schachweltmeister Garri Kasparow in London seinen Titel gegen den Briten Nigel Short.

19 Di In Bosnien beginnen Kroaten und Moslems auf Vermittlung des Internationalen Komitees vom Roten Kreuz mit dem Austausch von Kriegsgefangenen.

20 Mi Das Bundeskabinett lehnt die Aufforderung der UN ab, Bundeswehrsoldaten für die Friedensmission in Somalia zu entsenden.

21 Do In Regensburg endet die vom Londoner Auktionshaus Sotheby's organisierte Versteigerung von Kunstgegenständen der Familie Thurn und Taxis.

22 Fr Der Führer der moslemisch dominierten Region Bihac in Nordwestbosnien unterzeichnet eine Friedensvereinbarung mit dem Führer der bosnischen Serben.

23 Sa Bei einem Bombenanschlag der katholischen Untergrundorganisation IRA in einem protestantischen Geschäftsviertel sterben in Belfast zehn Menschen.

24 So In Liechtenstein erringt die Vaterländische Union, bislang Oppositionspartei, mit 50,1% die absolute Mehrheit bei den Parlamentswahlen.

25 Mo Im Deutschen Theater in Berlin findet in festlichem Rahmen die offizielle Übergabe des Nachlasses von Marlene Dietrich an das Land Berlin statt.

26 Di Das Landgericht Berlin verurteilt Erich Mielke, Ex-DDR-Minister für Staatssicherheit, wegen zweifachen Mordes im Jahr 1931 zu sechs Jahren Haft.

27 Mi Russlands Präsident Boris Jelzin verfügt per Dekret, dass russische Staatsbürger von nun an Eigentum an Land erwerben können.

28 Do Vor dem Berliner Landgericht beginnt der sog. Mykonos-Prozess um die Ermordung von vier iranischen Oppositionellen im Jahr 1992.

29 Fr In Südkalifornien vernichten nahe Los Angeles verheerende Waldbrände mehr als 700 Häuser. Etwa 50 Menschen werden verletzt.

30 Sa Aus Protest gegen die Ermordung eines jüdischen Siedlers durch arabische Terroristen blockieren jüdische Siedler im Westjordanland rund 50 Straßen.

31 So In Rom stirbt der italienische Filmregisseur Federico Fellini im Alter von 73 Jahren an Herzversagen. Filme wie »La dolce vita« machten ihn weltberühmt.

November 1993

1 Mo Der Vertrag von Maastricht über die Schaffung einer Europäischen Union mit einer einheitlichen Währung tritt nach der Ratifizierung in Kraft.

2 Di Die regierende Arbeiterpartei von Ministerpräsident Yitzhak Rabin erleidet bei den Kommunalwahlen in Israel eine Niederlage.

3 Mi Angesichts verstärkter Aufrüstung Nordkoreas bekräftigen die USA, Südkorea militärisch unterstützen zu wollen – im Notfall auch mit Atomwaffen.

4 Do Bei Anschlägen auf türkische Einrichtungen in Deutschland und anderen europäischen Ländern werden ein Mensch getötet und 18 Personen verletzt.

5 Fr Der Europarat erklärt auf seiner Sitzung in Straßburg die schwedische Hauptstadt Stockholm und Weimar zu Kulturhauptstädten für die Jahre 1998 und 1999.

6 Sa Durch einen Punktsieg über Weltmeister Riddick Bowe holt sich Evander Holyfield in Las Vegas den Titel des Box-Weltmeisters im Schwergewicht zurück.

7 So Ein zweiter Platz beim Großen Preis von Australien genügt dem Franzosen Alain Prost zum Gewinn seinen vierten WM-Titels in der Formel-1.

8 Mo Aktivisten der Umweltschutzorganisation Greenpeace protestieren auf dem Gelände des Atommülllagers Morsleben gegen weitere Atommülleinlagerungen.

9 Di Angehörige der fundamentalistischen Hisbollah beschießen in Teheran die französische Botschaft und das Büro der Fluggesellschaft Air France.

10 Mi Die Grün-Alternative Liste (GAL) bricht die Koalitionsverhandlungen mit der SPD nach den Bürgerschaftswahlen in Hamburg ab.

11 Do Die Aufsichtsräte der Kaufhauskonzerne Karstadt AG und Hertie Waren- und Kaufhaus GmbH beschließen die Übernahme von Hertie durch die Karstadt AG.

12 Fr Mit den Stimmen von CDU/CSU und FDP sowie zahlreicher SPD-Abgeordneter billigt der Bundestag die Neuregelung der Parteienfinanzierung.

13 Sa Zusammen mit dem pakistanischen Parlament wählt der Senat und die Provinzversammlung Faruk Leghari zum neuen Präsidenten von Pakistan.

14 So In Berlin wird die von Karl Friedrich Schinkel erbaute Neue Wache an der Straße Unter den Linden als zentrale Gedenkstätte der Bundesrepublik eingeweiht.

15 Mo Bundeskanzler Helmut Kohl trifft zu einem Besuch der Volksrepublik China in Peking ein. Der Aufenthalt soll u.a. die Handelsbeziehungen vertiefen.

16 Di Das Internationale Tribunal über Kriegsverbrechen im früheren Jugoslawien tritt in Den Haag zu seiner konstituierenden Sitzung zusammen.

17 Mi In Seattle (US-Staat Washington) findet die erste Konferenz der APEC-Staaten (Asiatisch-Pazifische Wirtschaftliche Zusammenarbeit) statt. → NAFTA

18 Do Südafrikas Parteien einigen sich auf eine Verfassung, die allen Bürgern, unabhängig von ihrer Rasse, die gleichen Rechte zubilligt. → Louvre

19 Fr Senat und Nationalversammlung, die beiden Kammern des französischen Parlaments billigen in Paris ein neues Asylgesetz.

20 Sa In Schwerin wird der Abschlussbericht über den Tod des mutmaßlichen RAF-Terroristen Wolfgang Grams bei der Aktion der GSG 9 in Bad Kleinen vorgelegt.

21 So Der Elmshorner Michael Stich wird durch einen Sieg über Pete Sampras (USA) in Frankfurt am Main ATP-Tennisweltmeister.

22 Mo Unter starkem Polizeiaufgebot werden abgebrannte Brennelemente aus Brokdorf in die britische Wiederaufbereitungsanlage Sellafield transportiert.

23 Di Israelische Sicherheitskräfte erschießen bei einer Razzia im Gazastreifen den militärischen Führer der fundamentalistischen Hamas-Bewegung, Imad Akel.

24 Mi In England wird ein elfjähriger Junge wegen Mordes zu einer Haftstrafe verurteilt. +++ Der US-Kongress beschließt, den Erwerb von Waffen zu erschweren.

25 Do Die Schwimmerin Franziska van Almsick und der Boxer Henry Maske werden von Deutschlands Sportjournalisten zu »Sportlern des Jahres« gewählt.

26 Fr Die Ankündigung der Evangelisch-Lutherischen Landeskirche Hannover vom Vortag, homosexuelle Pfarrer zuzulassen, führt zu Kontroversen. → PKK

27 Sa Gunda Niemann aus Erfurt gewinnt beim Weltcup der Eisschnellläufer in Berlin das Rennen über 1500 m vor Emese Hunyady aus Österreich.

28 So Die CDU/FDP-Landesregierung in Sachsen-Anhalt erklärt nach der sog. Gehälteraffäre in Magdeburg ihren Rücktritt.

29 Mo In Deutschland tritt ein Gesetz gegen Geldwäsche in Kraft, welches das Einschleusen illegaler Gelder, z.B. aus dem Drogenhandel, erschweren soll.

30 Di Moskau fordert die Ukraine auf, unverzüglich die auf ihrem Territorium stationierten Atomsprengköpfe zur Vernichtung in Russland abzuliefern.

10. Dezember 1993

Ehrung für Mandela und d

Für die »friedliche Beendigung des Apartheid-Regimes und die Schaffung der Grundlagen für ein mischtrassige Übergangs-Exekutivrat, der die 340-jährige Alleinherrschaft der Weißen am Kap beendet.

Die Friedenspartner (v.l.) Mandela und de Klerk präsentieren ihre Nobelpreis-Urkunden.

neues, demokratisches Südafrika« werden der Schwarzenführer Nelson Mandela und der südafrikanische Präsident Frederik Willem de Klerk in Oslo mit dem Friedensnobelpreis geehrt. Seit dem 7. Dezember amtiert in Südafrika der ge-

Dem Engagement beider Politiker ist es zu verdanken, dass der Prozess zur Abschaffung der Apartheid und die Demokratisierung des Landes nach Jahrzehnten weißer Vorherrschaft und Unterdrückung der schwarzen Bevölkerungsmehrheit in raschem

26. November 1993

Bonn verbietet die PKK

Bundesinnenminister Manfred Kanther (CDU) spricht ein Verbot der kurdischen Arbeiterpartei PKK aus. Damit reagiert Bonn auf die jüngste Anschlagserie von PKK-Anhängern in vier westeuropäischen Ländern (Abb.: PKK-Kämpfer). Allein in Deutschland verzeichnete die Polizei am 4. November in über 30 Städten Anschläge auf türkische Konsulate, Banken, Reisebüros und Geschäfte. Mit den Aktionen will die PKK unter ihrem in Syrien residierenden Führer Abdullah Öcalan auf die Unterdrückung der Kurden in der Türkei aufmerksam machen. Während die Türkei den Schritt der Bundesregierung begrüßt, erklärt Öcalan Deutschland zum »Feind Nummer zwei«.

5. Dezember 1993

Neonazis senden Briefbomben

In Wien wird der Oberbürgermeister der Stadt, Helmut Zilk (SPÖ), fünftes Opfer einer Serie von Briefbomben-Anschlägen, die sich innerhalb von wenigen Tagen in Wien und der Steiermark ereigneten. Die Detonation erfolgte beim Öffnen eines mit Nitroglyzerin präparierten Briefes und verursachte schwere Verletzungen an der linken Hand des Politikers (s. Abb.). Wie Zilk hatten sich alle Opfer der Terrorserie für Ausländer und Minderheiten eingesetzt. Die Urheber der Anschläge werden in der österreichischen bzw. deutschen rechtsradikalen Szene vermutet.

erk

Tempo und bislang friedlich verlaufen ist. Mandela verbrachte für seinen Kampf gegen die Apartheid über 25 Jahre im Gefängnis. Der burischstämmige de Klerk hat sich von altem Denken befreit und auch den weißen Südafrikanern eine friedliche Perspektive in einem demokratisierten Südafrika eröffnet. Vor allem auf Nelson Mandela, der 1994 das Amt des südafrikanischen Präsidenten übernimmt, lastet nun die Aufgabe, das Land in einen schwierigen Umgestaltungsprozess hineinzuführen.
Die übrigen Nobelpreise verleiht am selben Tag in Stockholm der schwedische König Carl XVI. Gustav. Die US-Astronomen Russell A. Hulse und Joseph Taylor jr. erhalten die Auszeichnung im Ressort Physik für ihre 1974 gemachte Entdeckung von sog. Doppelpulsator-Sternensystemen. Für ihre Arbeiten auf dem Gebiet der Genetik werden Kary B. Mullis (USA) und der Kanadier Michael Smith ausgezeichnet. Beide Chemiker haben unabhängig voneinander wegweisende Methoden für die Gentechnik entwickelt. Dieses Forschungsgebiet wurde auch in der Sparte Medizin für preiswürdig befunden. Der Brite Richard Roberts und der US-Amerikaner Phillip Sharp erhalten den Nobelpreis für ihre Entdeckung von »diskontinuierlich aufgebauten Genen«, die u.a. bei der Erforschung von Krebs von Bedeutung sind. Den Nobelpreis für Wirtschaftswissenschaften erhalten Robert W. Fogel und Douglass C. North (beide USA). Toni Morrison (USA) wird als erste Frau schwarzer Hautfarbe mit dem Literaturnobelpreis ausgezeichnet.

2. Dezember 1993

Drogenboss erschossen

In Medellín erschießen Sondereinheiten der kolumbianischen Polizei den Chef des Medellín-Cartells und meistgesuchten Verbrecher des Landes, Pablo Escobar. Die Ermittler spürten Escobar durch ein Telefongespräch auf. Nachdem es für die Familie des Drogenbosses in Kolumbien immer gefährlicher wurde, erbat sie im Herbst Asyl in Deutschland. Mit der prompten Abweisung gab sich Escobar nicht zufrieden und protestierte telefonisch bei einer Rundfunkstation.

17. November 1993

NAFTA fordert EG heraus

In Washington stimmt das US-Repräsentantenhaus dem Nordamerikanischen Freihandelsabkommen (NAFTA) zwischen den USA, Kanada und Mexiko zu. Vorgesehen ist die allmähliche Aufhebung der Zölle und Handelsbeschränkungen. Der 1992 gegründete Wirtschaftsbund stellt die größte Freihandelszone der Welt dar und ist als amerikanisches Gegengewicht zur EG gedacht. US-Gewerkschaften befürchten eine Verlagerung der Produktion nach Mexiko.

12. Dezember 1993

Freie Wahlen in Russland

Besorgt nimmt die Weltöffentlichkeit den Ausgang der ersten demokratischen Wahlen in Russland zur Kenntnis. Sicher ist, dass sich Präsident Boris Jelzin (s. Abb.) auch im neuen Parlament auf einen zahlenmäßig starken reformfeindlichen Block einstellen muss. Jelzin-Gegner erringen mehr als die Hälfte der bei der Listenwahl verteilten Mandate. Die Haltung der direkt gewählten Kandidaten ist schwer einschätzbar, da rd. 100 von ihnen keiner Partei angehören. Bei der Listenwahl zur Duma liegt die ultranationalistische Liberal-Demokratische Partei des Wladimir Schirinowski mit 22,8% der Stimmen vorn. Sowohl bei demokratischen Kräften in Russland als auch im Westen löst dieses Ergebnis Befürchtungen über eine neuerliche Großmachtpolitik sowjetischer Prägung aus. Einen Erfolg erzielt Jelzin bei der gleichzeitig von ihm zur Abstimmung vorgelegten Verfassung, die mit 58,8% der Stimmen angenommen wird. Sie sichert ihm eine für ein demokratisches Land einzigartige Machtfülle. U.a. wird der Präsident vom Volk direkt gewählt und kann per Dekret am Parlament vorbei regieren.

18. November 1993

Louvre schlägt alle Rekorde

In Paris eröffnet der französische Staatspräsident François Mitterrand den neu gestalteten Richelieu-Flügel des Louvre. Bis 1997 sollen noch weitere 9000 m^2 Ausstellungsfläche hinzukommen. Mit einer vorläufigen Gesamtfläche von 51 000 m^2 ist das ehemalige Königsschloss aber schon jetzt das größte Kunstmuseum der Welt.
Mit der Eröffnungsfeier begeht der Louvre gleichzeitig sein 200-jähriges Bestehen als Kunstmuseum. Der Richelieu-Flügel beherbergte bis 1989 das Finanzministerium. Mit dem Umbau hatte Mitterrand die Architekten Michel Macary, Jean-Michel Wilmotte und Ieoh Ming Pei beauftragt, dessen berühmte Glaspyramide im Innenhof des Louvre bereits 1989 eingeweiht wurde (Abb.: Ieoh Ming Peis umgekehrte Pyramide – Pendant zur Glaspyramide im Innenhof – in der unterirdischen Einkaufszone des Louvre).

Dezember 1993

1 Mi In Algerien läuft ein Ultimatum islamischer Fundamentalisten aus, das Ausländer zum Verlassen des Landes aufgefordert hat.

2 Do Vor einem Theaterbesuch in Hamburg wird Bundespräsident Richard von Weizsäcker bei einem Attentat mit einem Messer leicht verletzt. → Drogenboss

3 Fr Die EU-Umweltminister einigen sich auf ein Verbot der Produktion ozonschädigender Fluorchlorkohlenwasserstoffe (FCKW) bis zum Jahre 2015.

4 Sa In Dortmund werden 63 Rechtsradikale festgenommen, die einen Landesverband der Deutschen Nationalsozialisten gründen wollten.

5 So Die deutsche Tennisauswahl gewinnt in Düsseldorf durch ein 4:1 über Australien zum dritten Mal nach 1988 und 1989 den Davis-Cup. → Briefbomben

6 Mo Der ehemalige Spionagechef der DDR, Markus Wolf, wird u.a. wegen Landesverrats zu sechs Jahren Gefängnis verurteilt.

7 Di In einer aufwändigen Aktion gelingt US-Astronauten die Reparatur des nicht voll funktionsfähigen Weltraumteleskops »Hubble«.

8 Mi Das Bundeskabinett spricht sich für den Bau der Magnetschwebebahn Transrapid aus und billigt ein von der Industrie vorgelegtes Finanzierungskonzept.

9 Do Angesichts des fortschreitenden Demokratisierungsprozesses in Südafrika hebt die UNO das seit Jahren bestehende Öl-Embargo gegen das Land auf.

10 Fr Die Länder der Europäischen Union beschließen einen gemeinsamen Aktionsplan zur Bekämpfung der Arbeitslosigkeit. → Mandela

11 Sa Der Christdemokrat Eduardo Frei gewinnt in Chile die Präsidentschaftswahlen. +++ Die CSU fordert eine Beobachtung der PDS durch den Verfassungsschutz.

12 So Mit einer Wahlbeteiligung von 81% werden in Andorra erstmals nach Erklärung der vollen Souveränität Parlamentswahlen abgehalten. → Russland

13 Mo PLO-Chef Jasir Arafat fordert in seiner Rede vor dem Europäischen Parlament in Straßburg u.a. die strikte Einhaltung des Zeitplans des Autonomieabkommens.

14 Di In Kirgisistan wird nach dem Rücktritt von Tursunbek Tschyngyschew und seiner Regierung Apas Dschumagulow neuer Regierungschef.

15 Mi Vertreter von 117 Staaten unterzeichnen in Genf den mühsam erreichten Kompromiss für ein neues GATT-Abkommen zur Liberalisierung des Welthandels.

16 Do Bundesverteidigungsminister Volker Rühe (CDU) gibt Planungen bekannt, nach denen die Stärke der Bundeswehr um 20 000 Mann verringert werden soll.

17 Fr Der Deutsche Bundesrat billigt die Bahnreform. +++ Der Tennisstar Boris Becker heiratet in seinem Heimatort Leimen die Schauspielerin Barbara Feltus.

18 Sa Mit dem zweiten Platz bei den deutschen Meisterschaften in Herne gelingt der zweifachen Eiskunstlauf-Olympiasiegerin Katarina Witt ein Comeback.

19 So Bundesaußenminister Klaus Kinkel (FDP) beendet einen zweitägigen Staatsbesuch in Russland. Inhalt der Gespräche war u.a. der Balkankrieg.

20 Mo Bonn fasst den Beschluss, die in Somalia stationierten UN-Blauhelmsoldaten der Bundeswehr bis zum 31. März 1994 abzuziehen.

21 Di Die angolanische Rebellenbewegung UNITA erklärt ihre Bereitschaft, die Friedensverhandlungen mit der links gerichteten Regierung wieder aufzunehmen.

22 Mi Nach Regenfällen tritt in Köln der Rhein über die Ufer und überflutet die Altstadt. Auch andere Orte melden Hochwasser. → Südafrika

23 Do Die türkische Regierung begnadigt den deutschen Journalisten Stefan Waldberg, der vor 14 Monaten zu 45 Monaten Haft verurteilt worden war.

24 Fr In Russland tritt eine neue Verfassung in Kraft, die u. a. die Rechte des Präsidenten gegenüber dem Parlament stärkt.

25 Sa Kasachstan und Russland treffen eine Vereinbarung über die Vermietung des in Kasachstan gelegenen »Weltraumbahnhofs« Baikonur an Russland.

26 So UN-Generalsekretär Butros Butros Ghali trifft in Peking zu Gesprächen ein. Thema ist u.a. die Unterstützung Nordkoreas durch China.

27 Mo Der amerikanische Bürgerrechtler und Politiker Jesse Jackson verlangt in Havanna die Freilassung und Ausreise bestimmter in Kuba inhaftierter Personen.

28 Di Aus der seit Monaten von Serben belagerten bosnischen Hauptstadt Sarajevo werden mit Bussen ca. 950 Menschen evakuiert.

29 Mi Die Bundesregierung verweigert dem ultranationalistischen russischen Politiker Wladimir Schirinowski die Einreise nach Deutschland.

30 Do Zwischen Israel und dem Vatikan wird ein Grundlagenvertrag geschlossen, der u.a. auch die Aufnahme diplomatischer Beziehungen vorbereiten soll.

31 Fr In Sondershausen wird zwischen der Kali und Salz GmbH und dem Betriebsrat eine Vereinbarung über einen Sozialplan geschlossen.

Januar 1994

1 Sa Die Deutsche Bundesbahn und die Deutsche Reichsbahn werden zur privatwirtschaftlichen Deutschen Bahn AG zusammengefasst. → Indio-Aufstand

2 So Mit der Rekordzahl von 1,5 Mio. Besuchern endet im Musée d'Orsay in Paris die Ausstellung »Von Cézanne bis Matisse – die Schätze der Barnes-Sammlung«.

3 Mo In einem venezolanischen Gefängnis sterben bei einem Bandenkrieg mehr als 100 Menschen . +++ Ein Flugzeugabsturz in Sibirien fordert 121 Opfer.

4 Di Litauen beantragt als erste ehemalige sowjetische Republik formell die Mitgliedschaft im Nordatlantikpakt NATO.

5 Mi In Fulda absolviert der deutsche Handball-Torhüter Andreas Thiel (Dormagen) beim 29:22 gegen Russland sein 200. Länderspiel.

6 Do Gesamtsieger der deutsch-österreichischen Vierschanzentournee wird in Bischofshofen der norwegische Skispringer Espen Bredesen. → Attentat

7 Fr Verheerende Buschbrände im australischen Bundesstaat Neusüdwales greifen auf die Vororte Sydneys über und fordern vier Todesopfer.

8 Sa Drei russische Kosmonauten starten mit dem Raumschiff Sojus TM-18 zur Raumstation »Mir«, um dort medizinische Experimente durchzuführen.

9 So Der Iran kündigt eine Amnestie bzw. Strafverkürzung für 2389 seiner nach Angaben der UNO ca. 19 000 politischen Gefangenen an.

10 Mo Mit der »Partnerschaft für den Frieden« bietet die NATO den mittel- und osteuropäischen Staaten eine sicherheitspolitische Kooperation an.

11 Di Der Rat des Europäischen Währungsinstituts (EWI), Vorläufer der Europäischen Zentralbank, tritt in Frankfurt zu seiner konstituierenden Sitzung zusammen.

12 Mi In der Revision wird der Memminger Frauenarzt Horst Theissen wegen illegaler Abtreibungen zu eineinhalb Jahren Haft auf Bewährung verurteilt.

13 Do Nach achtmonatiger Amtszeit tritt der christdemokratische Politiker Carlo Azeglio Ciampi als italienischer Ministerpräsident zurück.

14 Fr In einem Abkommen mit den USA und Russland willigt die Ukraine ein, die auf ihrem Gebiet stationierten Atomwaffen zu vernichten.

15 Sa 120 Gläubigerbanken billigen ein Sanierungskonzept für die nach Ölspekulationsgeschäften in Schwierigkeiten geratene Metallgesellschaft AG.

16 So In der französischen Hauptstadt Paris demonstrieren ca. 600 000 Menschen gegen vermehrten kirchlichen Einfluss im Schul- und Bildungswesen.

17 Mo Das Amtsgericht im thüringischen Suhl verurteilt zwei Skinheads wegen eines Überfalls auf US-Rennrodler in Oberhof zu Haftstrafen. → Erdbeben

18 Di Das Energieversorgungsunternehmen Preussen Elektra übernimmt für 500 Mio. DM die Aktienmehrheit an fünf Stromversorgern in den neuen Bundesländern.

19 Mi Im mittleren Westen und an der Ostküste der USA herrschen extreme Kältegrade. Die Behörden melden mindestens 130 Todesopfer.

20 Do Niederländische Behörden sperren Strände, nachdem tausende über Bord gegangene Beutel des giftigen Pestizids »Apron Plus« angeschwemmt worden sind.

21 Fr In Somalia erschießt ein deutscher Blauhelm-Soldat einen Einheimischen, der bei Nacht in ein Betriebsstofflager eingedrungen ist.

22 Sa Eine Granate tötet in Sarajevo sechs spielende Kinder. Daraufhin fordert die bosnische Regierung Luftangriffe der UNO auf serbische Stellungen.

23 So Der frühere FDP-Politiker Manfred Brunner gründet in Hessens Hauptstadt Wiesbaden die konservativ-liberale Partei Bund Freier Bürger.

24 Mo CDU und CSU nominieren in München Roman Herzog (CDU), den Präsidenten des Bundesverfassungsgerichts, für das Amt des Bundespräsidenten.

25 Di Eine zweitägige Konferenz der Nationalen Versöhnung in Algerien, die von allen wichtigen Parteien Algeriens boykottiert wird, bleibt ohne Ergebnis.

26 Mi Beim Einsturz eines Supermarktes in der südfranzösischen Stadt Nizza kommen drei Menschen ums Leben, über 90 werden verletzt.

27 Do Das öffentliche Leben in Spanien wird durch einen eintägigen Generalstreik weitgehend lahmgelegt. Die Proteste richten sich gegen das neue Arbeitsrecht.

28 Fr Die türkische Luftwaffe bombardiert ein Lager der Kurdenpartei PKK, das sich ca. 100 km jenseits der türkischen Grenze auf irakischem Gebiet befindet.

29 Sa Als Nachfolger von Georges Marchais wird Robert Hue zum Chef der Kommunistischen Partei Frankreichs gewählt. → Todessturz

30 So Zum vierten Mal gewinnt Tennis-Ass Steffi Graf in Melbourne die Australian Open. Das Finale gegen die Spanierin Arantxa Sanchez-Vicario endet 6:0, 6:2 .

31 Mo BMW übernimmt den britischen Automobilkonzern Rover. +++ Die Bundesanstalt für Arbeit vermeldet erstmals über vier Mio. Arbeitslose.

6. Januar 1994

Attentat mit Eisenstange

Die Konkurrenz der US-Eiskunstläuferinnen Nancy Kerrigan und Tonya Harding kulminiert in einem skurrilen Gewaltakt: Während des Trainings zu den Eiskunstlaufmeisterschaften der USA verletzt ein Attentäter Titelverteidigerin Nancy Kerrigan mit einer eisernen Stange schwer am Knie (Abb.: Kerrigan, r., und Harding). Harding gewinnt den Titel und qualifiziert sich damit für die Olympischen Spiele in Lillehammer. Wie sich herausstellt, standen ein Leibwächter und der Ex-Ehemann von Tonya Harding hinter dem Attentat. Später muss auch diese selbst vor Gericht eingestehen, dass sie in die Pläne eingeweiht war. Damit entgeht sie einer Gefängnisstrafe, muss aber 160 000 Dollar (rd. 260 000 DM) Strafe zahlen. Das Drama um »Die Schöne und das Biest« wird zu einem Medienspektakel ersten Ranges. Nancy Kerrigan verkauft die Filmrechte ihrer Story an den Disney-Konzern.

17. Januar 1994

Erdbeben trifft Los Angeles

In den frühen Morgenstunden bebt die Erde in Los Angeles. Die Erdstöße zerstören Teile der kalifornischen Metropole. 57 Menschen sterben, 5300 Personen werden zum Teil schwer verletzt. Die Sachschäden belaufen sich auf rd. 15 Mrd. US-Dollar. In der gesamten Stadt sind Tausende Gebäude zerstört oder stark in Mitleidenschaft gezogen (Abb.: Durch einen Erdrutsch entzweigerissenes Haus in Pacific Palisades). 20 000 Menschen verlieren ihr Dach über dem Kopf. Da elf der wichtigsten Hauptstraßen ebenfalls unpassierbar sind, versinkt der Verkehr in der Stadt im Chaos. Vielerorts lodern Brände, die durch aufgerissene Gasleitungen entfacht worden sind. Geplatzte Wasserrohre überfluten zahlreiche Viertel. Die gesamte Region wird zum Katastrophengebiet erklärt. Los Angeles liegt im Einzugsbereich des Sankt-Andreas-Grabens, eines der am stärksten erdbebengefährdeten Gebiete der Welt.

12. Februar 1994

Das Fest von Lillehammer

Norwegens König Harald V. eröffnet die XVII. Olympischen Winterspiele in Lillehammer mit einer sympathischen Feier im Skistadion Lysgardsbakkene. Als olympisches Freudenfest geht »Lillehammer« in die Sportgeschichte ein. Die Wettkämpfe, die erstmals nicht im selben Jahr wie die Olympischen Sommerwettkämpfe stattfinden, begeistern durch ihre ausgelassene Stimmung und die spannungsreichen Wettkämpfe. Fast 2000 Sportler aus 67 Ländern treten in 61 Disziplinen an. Als neue Wettkämpfe sind Kurzbahn-Eisschnelllauf und Trickski-Springen in das olympische Programm aufgenommen worden.

Medaillenspiegel

Land	G	S	B
Russland	11	8	4
Norwegen	10	11	5
Deutschland	9	7	8
Italien	7	5	8
USA	6	5	2

Anders als bei den Winterspielen 1992 in Albertville, wo Kritiker den Einsatz von zuviel Technik und eine rücksichtslose Zerstörung der Umwelt bemängelten, stehen bei den Wettbewerben in Lillehammer wieder der Sport und die Athleten im Mittelpunkt des Zuschauerinteresses. »Die besten Winterspiele aller Zeiten« – so IOC-Präsident Juan Antonio Samaranch – setzen auch für die Ausrichtung der Olympischen Spiele in den

1. Januar 1994

Indio-Aufstand in Mexiko

Der mexikanische Bundesstaat Chiapas wird von einem Aufstand der indianischen Ureinwohner erschüttert. Die in der Nationalen Befreiungsarmee Zapata (EZLN) organisierten Aufständischen (s. Abb.) besetzen neun Ortschaften und verlangen eine Verbesserung ihrer Lebensverhältnisse. Das Militär schlägt den Aufstand blutig nieder. Die meisten Indios sind Kleinbauern, die von Großgrundbesitzern spanischer Abstammung abhängen und am Rande des Existenzminimums leben.

Nordische Folklore: Pferdeschlitten und Trachten prägen das Bild bei der Eröffnungsfeier.

Ausgepumpt, aber glücklich: Langlaufsieger Daehlie im Ziel

folgenden Jahren Maßstäbe. Das gilt nicht zuletzt für die Sportler des Gastgeberlands: Johann Olav Koss rast im Eisschnelllauf jeweils in Weltrekordzeit über 1500 m, 5000 m und 10 000 m zum umjubelten Sieg, Skilangläufer Björn Daehlie holt sich über 10 km im klassischen Stil und über 15 km im freien Stil die Goldmedaille.

Auch die Deutschen haben Grund zum Jubel: Im Super-G und im Riesenslalom sichert sich der Schlierseer Markus Wasmeier den ersten Platz. Neun Jahre nach seinem Riesenslalom-Erfolg bei den Weltmeisterschaften 1985 wird er damit zum bislang erfolgreichsten deutschen Skiläufer. Einen Doppel-Olympiasieg feiert auch der Skispringer Jens Weißflog aus Oberwiesenthal. Weitere Goldmedaillen gehen an Katja Seizinger in der Abfahrt, an Georg Hackl im Rennrodeln, an Claudia Pechstein im Eisschnelllauf sowie den Viererbob und die Herrenstaffel im Biathlon.

29. Januar 1994

Todessturz bei Abfahrtsrennen

Beim Kandahar-Abfahrtsrennen in Garmisch-Partenkirchen erleidet die Österreicherin Ulrike Maier bei einem schweren Sturz tödliche Verletzungen. Die zweimalige Weltmeisterin kommt bei einer Geschwindigkeit von 105 km/h von der Ideallinie ab und verliert die Kontrolle über ihre Skier. Sie stürzt und prallt gegen einen Pfosten der Zeitmessanlage. In der Unfallklinik Murnau diagnostizieren die Ärzte Genickbruch. Ulrike Maier war Mutter einer dreieinhalbjährigen Tochter. Sie wollte ihre Karriere nach dieser Saison beenden. Der Unfall verschärft die Diskussion über die Sicherheit im Skisport. Insbesondere bei den riskanten Abfahrtsläufen häuften sich Stürze mit tödlichem Ausgang. Seit 1959 starben 18 Menschen im alpinen Skirennsport. Zuletzt gerieten die Sicherheitsanforderungen durch den Tod des Österreichers Gernot Reinstadler in die Kritik, der am 18. Januar 1991 bei der Qualifikationsabfahrt in Wengen zu Tode kam. Seither hat der Ski-Weltverband FIS die Anforderungen an die Pistensicherheit erhöht. Nach Überprüfung bezeichnen die Organisatoren die Strecke in Garmisch als sicher.

5. Februar 1994

Sarajevo: Zivilisten sind Opfer

Eine Granate schlägt auf dem belebten Marktplatz der bosnischen Hauptstadt Sarajevo ein und richtet ein Inferno an. 68 Menschen sterben durch die Explosion, mehr als 200 erleiden zum Teil schwere Verletzungen (Abb.: Passanten helfen einer von Granatsplittern getroffenen Frau). Die Stadt wird bereits seit Monaten von den Serben belagert. Das Massaker löst eine härtere Gangart der NATO im Jugoslawienkonflikt aus. Unter Androhung von Luftangriffen erreichen die Vermittler einen kurzfristigen Waffenstillstand.

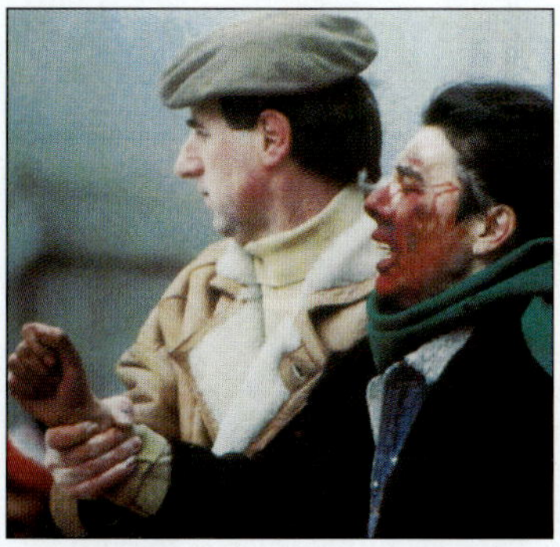

Februar 1994

1 Di Der UN-Botschafter von Ecuador, José Ayala Lasso, tritt in Genf sein Amt als erster Hochkommissar der Vereinten Nationen für Menschenrechte an.

2 Mi Bonn beschließt eine Änderung des Bundesausbildungsförderungsgesetzes (BAföG), wonach die Höhe der Darlehen bis 1996 eingefroren wird.

3 Do In Tiflis unterzeichnen die Präsidenten von Russland und Georgien, Boris Jelzin und Eduard Schewardnadse, einen Freundschaftsvertrag.

4 Fr Bei einem Protestmarsch bretonischer Fischer gegen den Preisverfall für ihre Fänge durch Billigimporte kommt es in Rennes zu schweren Straßenschlachten.

5 Sa Hermann Josef Abs, früherer Chef der Deutschen Bank und Berater von Bundeskanzler Konrad Adenauer, stirbt im Alter von 92 Jahren. → Sarajevo

6 So Der Sozialdemokrat Martti Ahtisaari geht aus der Stichwahl zum Amt des finnischen Präsidenten als Sieger hervor.

7 Mo Das Landgericht Wuppertal verurteilt drei Rechtsextremisten wegen Mordes an einem 53-jährigen Mann zu Haftstrafen zwischen 8 und 14 Jahren.

8 Di Japans Regierung beschließt angesichts der schlechten Wirtschaftslage ein Konjunkturprogramm in der Rekordhöhe von umgerechnet ca. 245 Mrd. DM.

9 Mi PLO-Chef Jasir Arafat und Israels Außenminister Shimon Peres unterzeichnen eine Vereinbarung über Details der Autonomie im Gazastreifen und in Jericho.

10 Do Bei den 44. Internationalen Filmfestspielen in Berlin erhält der irisch-britische Film »Im Namen des Vaters« von Jim Sheridan den Goldenen Bären.

11 Fr Aus einer Buchveröffentlichung geht hervor, dass Willi Lemke, Manager des SV Werder Bremen, im Auftrag des Verfassungsschutzes KGB-Kontakte hatte.

12 Sa Im Osloer Nationalmuseum wird der Diebstahl des expressionistischen Gemäldes »Der Schrei« von Edvard Munch entdeckt. → Lillehammer

13 So Die ersten 102 im Rahmen einer UN-Mission in Somalia eingesetzten deutschen Soldaten kehren nach Deutschland zurück.

14 Mo In den USA wird das in allen Industrienationen geltende metrische System eingeführt. Es löst Maßeinheiten wie Meile, Fuß, Unze und Pfund ab.

15 Di Der US-Kabelsender Viacom übernimmt für 9,75 Mrd. US-Dollar 74,6% der Anteile der Filmgesellschaft Paramount Communications.

16 Mi Der wegen mehrerer Affären in die Schlagzeilen geratene bayerische Umweltminister Peter Gauweiler (CSU) erklärt seinen Rücktritt.

17 Do Der Zentralbankrat der Deutschen Bundesbank senkt den Diskontsatz um einen halben Prozentpunkt auf 5,25%. Dies ist der niedrigste Stand seit 1989.

18 Fr Bundesarbeitsminister Norbert Blüm verzichtet auf die erneute Spitzenkandidatur für die CDU bei der nordrhein-westfälischen Landtagswahl 1995.

19 Sa Mit Straßenblockaden protestieren jüdische Siedler gegen den Mord an einer israelischen Frau durch ein palästinensisches Untergrundkommando.

20 So 51,9% der Schweizer Stimmbürger sprechen sich für die sog. Alpeninitiative aus, die den Fracht-Transitverkehr bis 2004 komplett auf die Schiene verlegen will.

21 Mo Ein hoher Beamter des US-Geheimdienstes CIA und seine Frau werden wegen Spionage für die Sowjetunion und Russland festgenommen.

22 Di Wissenschaftler warnen in Bonn in ihrem »Umweltgutachten 1994« davor, aufgrund finanzieller Probleme die Umweltpolitik zögerlich zu betreiben.

23 Mi Die von Nationalisten und Kommunisten beherrschte russische Duma beschließt eine Amnestie für die Putschisten vom August 1991 und vom Oktober 1993.

24 Do Der Bonner Bundestag beschließt ein Psychotherapeutengesetz. Ein Viertel der Kosten müssen die Patienten künftig selbst bezahlen.

25 Fr In einer Moschee in Hebron im Westjordanland erschießt ein radikaler israelischer Siedler während des Freitagsgebets 29 Palästinenser.

26 Sa Nach einjährigen Verhandlungen mit den USA stimmt Nordkorea einer internationalen Inspektion von sieben seiner neun Atomanlagen zu.

27 So Als Reaktion auf das Massaker von Hebron erklärt das israelische Kabinett alle besetzten arabischen Gebiete zu geschlossenen Militärzonen.

28 Mo Beim ersten Kampfeinsatz der NATO seit ihrer Gründung 1949 schießen zwei US-amerikanische F-16 Maschinen vier serbische Militärmaschinen ab.

März 1994

1 Di Das seit 1810 in Frankreich geltende Strafgesetzbuch »Code Pénal« wird erstmals an gesellschaftliche Veränderungen angepasst. → Europäische Union

2 Mi Das Bundeskabinett billigt den Bau einer Versuchstrasse für die Magnetschwebebahn Transrapid zwischen Hamburg und Berlin.

3 Do Das Bundesverfassungsgericht in Karlsruhe schränkt die Möglichkeiten zur Annahme einer Verfassungsbeschwerde ein.

4 Fr Der UN-Sicherheitsrat ermächtigt die UN-Truppen in Bosnien, gegebenenfalls auch Waffengewalt einzusetzen und Blockaden gewaltsam zu durchbrechen.

5 Sa Im Zusammenhang mit der sog. Whitewater-Affäre legt der Rechtsberater von US-Präsident Bill Clinton, Bernard W. Nussbaum, sein Amt nieder.

6 So Bei einem Referendum in Moldawien votieren über 90% der Stimmberechtigten für einen »unabhängigen, einheitlichen und unteilbaren Staat«.

7 Mo In Kasachstan gewinnen die Anhänger des Staatspräsidenten Nursultan Nasarbajew die ersten freien Parlamentswahlen seit der Unabhängigkeit.

8 Di Fünf Tage nach dem Nationalrat billigt auch der Ständerat der Schweiz eine Verschärfung der Zwangsmaßnahmen im Ausländerrecht.

9 Mi Im Amtsgericht von Euskirchen erschießt ein wegen Körperverletzung Angeklagter sechs Menschen und sprengt sich anschließend selbst in die Luft.

10 Do Muslimische Extremisten stürmen das Gefängnis der algerischen Stadt Tazoult und verhelfen rund 900 Häftlingen zur Flucht.

11 Fr Das Parlament der Slowakei stürzt den wegen seines autokratischen Führungsstils kritisierten Ministerpräsidenten Vladimír Mečiar. → Pflegegesetz

12 Sa In der Kathedrale von Bristol erhebt die anglikanische Kirche die ersten 32 Diakoninnen in den Priesterstand. Bis Mitte 1994 folgen ca. 600 weitere Frauen.

13 So Bei Landtagswahlen in Niedersachsen gewinnt die SPD unter Gerhard Schröder mit 44,3% der Stimmen die absolute Mehrheit der Mandate.

14 Mo IBM, Apple und Motorola stellen in New York eine neue PC-Generation vor. Herzstück des Joint Venture ist der Mikroprozessor Power-PC 601.

15 Di Der Bundesgerichtshof in Karlsruhe hebt ein Urteil – u.a. wegen Volksverhetzung – gegen den NPD-Bundesvorsitzenden Günter Deckert auf.

16 Mi Die deutsche Skirennläuferin Katja Seizinger gewinnt in Vail (US-Bundesstaat Colorado) die alpinen Weltcups in der Abfahrt und im Super-G.

17 Do In den USA bekennt sich die US-Eiskunstläuferin Tonya Harding mitschuldig an dem Anschlag auf ihre Konkurrentin Nancy Kerrigan.

18 Fr Mit 209 m stellt der Norweger Espen Bredesen bei der Skiflug-Weltmeisterschaft in Planica (Slowenien) einen Weitenweltrekord auf.

19 Sa Bei Protesten von Kurden gegen die Kurdenpolitik der Türkei kommt es in Augsburg zu heftigen Ausschreitungen.

20 So Bei den ersten Wahlen in El Salvador nach dem Ende des zwölfjährigen Krieges wird die rechts gerichtete ARENA-Partei mit 44% stärkste politische Kraft.

21 Mo Nordkorea droht den Atomwaffensperrvertrag zu kündigen, nachdem Südkorea die Stationierung von US-Raketen des Typs »Patriot« gebilligt hat.

22 Di In Brandenburg zerbricht die sog. Ampelkoalition zwischen Bündnis 90/Die Grünen, FDP und SPD unter Ministerpräsident Manfred Stolpe (SPD). → Erfolg

23 Mi Als erstes Land der ehemaligen Sowjetunion paraphiert in Kiew die Ukraine ein Partnerschaftsabkommen mit der Europäischen Union.

24 Do 15 somalische Bürgerkriegsparteien unterzeichnen in Kenias Hauptstadt Nairobi ein Versöhnungsabkommen, das einen Waffenstillstand vorsieht.

25 Fr Auf die Synagoge in Lübeck wird ein Brandanschlag verübt. +++ Wegen der Schweinepest wird Niedersachsen von der EU mit einem Handelsverbot belegt.

26 Sa Bei den Eiskunstlaufweltmeisterschaften in Chiba (Japan) belegt die Düsseldorferin Tanja Szewczenko den dritten Platz.

27 So Der EU-Ministerrat einigt sich auf einen Kompromiss bei Mehrheitsentscheidungen. Künftig liegt die Sperrminorität bei 27 Stimmen. → Italien

28 Mo Bei der Wahl für eine verfassunggebende Versammlung in Uganda erringt das National Resistance Movement (NRM) 145 der 214 Sitze.

29 Di In Köln geben die Gesellschafter des Fernsehsenders VOX, der im Januar 1993 startete, die Liquidation bekannt.

30 Mi Unter russischer Vermittlung wird in Zagreb zwischen Kroatien und der sog. Republik Serbische Krajina ein Waffenstillstand unterzeichnet.

31 Do In Somalia endet das UNO-Mandat für die Blauhelmtruppen aus den USA und Europa. Es verbleiben ca. 22 000 UNO-Soldaten aus Afrika und Asien.

11. März 1994

Pflegegesetz kostet Feiertag

Der Deutsche Bundestag billigt das Gesetz zur Einführung der Pflegeversicherung. In langen Verhandlungen mit der SPD-Opposition hatte Bundesarbeitsminister Norbert Blüm (CDU) einen Kompromiss ausgehandelt. Danach wird die Pflegeversicherung je zur Hälfte von Arbeitnehmern und Arbeitgebern finanziert. Um die Kosten der Arbeitgeber zu kompensieren, soll ein Feiertag im Jahr gestrichen werden. Die meisten Länder entscheiden sich dafür, den Buß- und Bettag abzuschaffen. Die Einführung einer Pflegeversicherung wird seit 1975 debattiert, konnte aber bislang nicht durchgesetzt werden. Zur Zeit leben in der Bundesrepublik rd. 1,65 Mio. Pflegebedürftige.

15. April 1994

Schneider stellt Banken bloß

Der Bau-Investor Jürgen Schneider meldet den Konkurs seiner Immobiliengruppe an und löst damit einen bundesweiten Skandal aus. Die Schneider-Affäre deckt den Leichtsinn der Kreditinstitute auf, die ohne Sicherheiten Großkredite an den smarten Baulöwen vergeben haben. Schneider selbst flieht nach der Pleite außer Landes. Er hinterlässt einen Schuldenberg von 6,7 Mrd. DM. Vor allem kleinere Handwerksbetriebe, bei denen Schneider noch Rechnungen in Höhe von 50 Mio. DM offen hat, sind betroffen. Hilmar Kopper, Vorstandssprecher der Deutschen Bank, bezeichnet diese Summe am 25. April als »Peanuts« (Kleinkram) und prägt so das »Unwort des Jahres«.

1. März 1994

Europäische Union wird zum Klub der Fünfzehn

Zum vierten Mal seit ihrer Gründung im Jahre 1957 wird die Europäische Union erweitert. Die neu hinzukommenden Länder – Österreich, Finnland und Schweden – weisen wirtschaftliche und soziale Strukturen auf, die mit denen der derzeitigen zwölf Mitgliedsstaaten vergleichbar sind. Mit Ausnahme Finnlands werden die neuen Mitglieder Nettozahler sein – sie erhalten weniger Finanzhilfen aus Brüssel, als sie in den gemeinsamen »Topf« einzahlen.

Auch mit Norwegen war bereits eine Einigung über einen Beitritt zur Europäischen Gemeinschaft ausgehandelt worden, der Vollzug scheitert jedoch am Willen des Volkes: Im November lehnen die Norweger in einer konsultativen Volksbefragung den Beitritt des skandinavischen Landes zur EU ab. Am 4. Mai billigt das Europäische Parlament in Straßburg mit großer Mehrheit die Aufnahme der neuen Länder, die der 1960 gegründeten Europäischen Freihandelszone (EFTA) angehören. Weil die EFTA, die ab 1994 – allerdings ohne das Mitgliedsland Schweiz – einen gemeinsamen Binnenmarkt mit der EU bildet, mit den noch verbleibenden Staaten allein nicht überlebensfähig ist, wird im Juni 1994 ihre Auflösung eingeleitet. Die Erweiterung der EU ist indessen noch längst nicht abgeschlossen. Mit mehreren Antragstellern ging Brüssel bereits in den zurückliegenden Jahren sog. Assoziierungsverträge ein. Im Juni 1994 werden Partnerschaftsverträge mit der Ukraine und Russland unterzeichnet. Im Juli vereinbart die Europäische Union Freihandelsabkommen mit den drei baltischen Staaten, die im Jahre 1995 in Kraft treten.

Österreichs Außenminister Alois Mock und 66% seiner Landsleute sagen beim Referendum am 12. Juni Ja zur EU.

27. März 1994

Medienzar erobert Italien

Das von Silvio Berlusconi geführte Rechtsbündnis erreicht bei Wahlen in Italien die absolute Mehrheit im Abgeordnetenhaus und eine relative Mehrheit im Senat. Fundament des Berlusconi-Sieges ist seine gewaltige Medienmacht, die er für seine politischen Zwecke einsetzt. Seine Bewegung Forza Italia wird mit 137 Sitzen stärkste Kraft im Abgeordnetenhaus. Zu dem Rechtsbündnis gehören außerdem die neofaschistische Nationale Allianz und die separatistische Lega Norte. Der am 11. Mai als Regierungschef vereidigte Berlusconi wirft jedoch bereits im Dezember – nach Ermittlungen der Staatsanwaltschaft gegen ihn – das Handtuch.

Silvio Berlusconi

italienischer Unternehmer und Politiker, * 29.9.1936 Mailand

Mit den Versprechen, die Wirtschaftskrise zu überwinden, Steuern zu senken und Arbeitsplätze zu schaffen, tritt der Chef des größten nicht an der Börse notierten Konzerns Italiens, der Fininvest SpA, sein Amt als Ministerpräsident an. Berlusconi, der zunächst im Bau-, später im Medienbereich (Fernsehsender, Verlage, Film) ein milliardenschweres Wirtschaftsimperium aufbaute, gerät schon bald ins Zwielicht und muss zurücktreten.

- 1982: Gründung der Fininvest SpA
- 1986: Präsident und Großaktionär des Fußballvereins AC Mailand
- 1994: Ministerpräsident Italiens

26. April 1994

Neue Ära: Ende der Apartheid

In Südafrika beginnen die ersten freien Wahlen in der Geschichte des Landes. Die Prozedur dauert drei Tage, um auch der Bevölkerung in den entlegensten Gebieten des großflächigen Staates die Stimmabgabe zu ermöglichen (Abb.: Ein Zulu in Stammestracht an der Wahlurne). Die Wahl besiegelt endgültig das Ende der Apartheid. Klarer Wahlsieger wird Nelson Mandela, der Spitzen-

kandidat des African National Congress (ANC). Mandela ist der erste farbige Präsident Südafrikas. Mit 62,65% der Stimmen und 252 Parlamentssitzen verfehlt der ANC nur knapp die Zweidrittelmehrheit, die ihm die Alleinregierung ermöglicht hätte. Die nationale Partei des amtierenden Staatspräsidenten Frederik Willem de Klerk geht mit 82 Sitzen als zweitstärkste Kraft aus den Wahlen hervor. Weitere 43 Mandate gehen an die »Inkatha Freedom Party« (IFP) des Zulu-Stammes. Von 22,7 Mio. stimmberechtigten Bürger beteiligen sich 86,9% an der Wahl.
Im Vorfeld war es vielerorts zu Unruhen und Ausschreitungen gekommen. Militante weiße Extremisten lehnten die Durchführung der Wahlen ab, da der Sieg Mandelas – und damit einer farbigen Regierung – vorhersehbar war. Auch die Zulu versuchten mehrfach, die Wahlen durch Gewaltakte zu verhindern. Sie befürchteten, gegenüber den Xhosas, die mehrheitlich dem ANC angehören, benachteiligt zu werden. Vielerorts kam es zu Ausschreitungen wegen alter Stammesrivalitäten. Als Zulu-König Zwelithini am 16. März in seinem »Homeland« ein unabhängiges Königreich ausrief, schickte De Klerk Truppen und verhängte den Ausnahmezustand über das Homeland.

22. März 1994

Erfolg für »Schindlers Liste«

Steven Spielbergs Filmepos »Schindlers Liste« gewinnt bei der Vergabe der Academy Awards in Hollywood sieben »Oscars«. Der auf Tatsachen beruhende Film erzählt die Geschichte des deutschen Industriellen Oskar Schindler, der während der NS-Zeit 1100 Juden vor dem Vernichtungslager rettet.
Schindler (Liam Neeson) nutzt seine guten Kontakte zu Nationalsozialisten und erhält Juden als Arbeitskräfte zugewiesen. Der Unternehmer und sein jüdischer Buchhalter Stern (Ben Kingsley) fertigen eine immer umfangreicher werdende Liste an, die die Namen derer enthält, die in Schindlers Fabrik arbeiten sollen (Abb.: Schindler, l., und Stern bei der Arbeit). Dabei wird der Industrielle immer wagemutiger. Es gelingt ihm u.a., jüdische Frauen zu retten, die mit dem Zug bereits ins Vernichtungslager Auschwitz transportiert worden waren. Im Mittelpunkt der Handlung stehen die psychologischen Duelle zwischen Oskar Schindler und Amon Goeth, dem Kommandanten des Lagers Plaszów. Mit »Schindlers Liste« weicht Starregisseur Steven Spielberg erstmals von seiner kommerziellen Linie ab. Anders als Spielbergs farbenreiche Erfolgsfilme wurde das Drama in

Schwarz-weiß gedreht. Wenig publikumskonform ist auch die Länge des Films, der seine bewegende Geschichte über drei Stunden erzählt. Neben den sieben »Oscars« für das Holocaust-Epos kürt die Jury auch Spielbergs »Jurassic Park« für Ton, Tonschnitt und Spezialeffekte. Der Filmemacher hatte im Vorjahr durch bahnbrechende Tricktechnik die Dinosaurier auf der Leinwand auferstehen lassen und den kommerziell erfolgreichsten Film aller Zeiten geschaffen.

April 1994

1	Fr	In der Bundesrepublik Deutschland tritt ein neues Namensrecht in Kraft. Eheleute müssen nicht mehr einen gemeinsamen Familiennamen führen.
2	Sa	Die rechtsradikale Liberal-Demokratische Partei Russlands bestätigt Wladimir Schirinowski als Vorsitzenden und verleiht ihm erweiterte Vollmachten.
3	So	Der EC Hedos München wird nach drei Siegen über Titelverteidiger Düsseldorfer EG erstmals Deutscher Eishockeymeister.
4	Mo	Lebensmittelkontrolleure in Stuttgart entdecken in Babykost aus Spanien überhöhte Werte des Pflanzenschutzmittels Lindan.
5	Di	Staatsanwaltschaft und Staatsschutz beschlagnahmen das in Hamburg von Rechtsextremisten installierte sog. Nationale Info-Telefon.
6	Mi	Der englische Fußballverband sagt aus Angst vor rechtsradikalen Ausschreitungen das am 20. April in Berlin geplante Länderspiel gegen Deutschland ab.
7	Do	Ein Spendenaufruf in allen französischen Fernsehprogrammen erbringt Zusagen von umgerechnet 14,8 Mio. DM zur Finanzierung der AIDS-Bekämpfung.
8	Fr	Der Rockmusiker Kurt Cobain, Kopf der Kultband »Nirvana« und einer der Popmusik-Idole der neunziger Jahre, verübt in Seattle (USA) Selbstmord.
9	Sa	Der sog. Block A des Kernkraftwerks Biblis geht wieder ans Netz. Wegen technischer Pannen musste der Start immer wieder verschoben werden.
10	So	Algerien wertet auf Druck des Internationalen Währungsfonds den Dinar um 40,17% ab. Daraufhin tritt Ministerpräsident Redha Malek zurück.
11	Mo	In der Nähe von Kitzingen (Bayern) rast ein Intercity-zug in einen Bautrupp. Drei Arbeiter werden getötet und drei weitere verletzt.
12	Di	Als letzter Club der Fußball-Bundesliga scheitert der Karlsruher SC im UEFA-Cup mit 1:1 im Halbfinale gegen Casino Salzburg (Hinspiel 0:0).
13	Mi	Der brandenburgische Landtag lehnt ein gegen Ministerpräsident Manfred Stolpe (SPD) gerichtetes Rücktrittsverlangen mehrheitlich ab.
14	Do	Der vom Bundesamt für Verfassungsschutz vorgelegte Jahresbericht 1993 verzeichnet ein weiteres Ansteigen rechts- und linksextremistischer Straftaten.
15	Fr	104 Staaten unterzeichnen in Marrakesch das Dokument über die Gründung der Welthandelsorganisation (WTO). → Schneider
16	Sa	Ein Schwurgericht in Rom spricht im Prozess um die 1981 entdeckte und verbotene Geheimloge P2 die 13 Angeklagten frei.
17	So	Die Berlinerin Uta Pippig gewinnt in 2:21,45 h, der drittschnellsten je von einer Frau über die Distanz von 42,19 km gelaufenen Zeit, den Boston-Marathon.
18	Mo	Erstmals beginnt ein offizieller Staatsbesuch in Berlin. Der norwegische König Harald V. und Königin Sonja bleiben bis zum 21. April in Deutschland.
19	Di	Ein US-Gericht verurteilt die Stadt Los Angeles dazu, dem von Polizisten misshandelten Schwarzen Rodney King 3,85 Mio. Dollar Entschädigung zu zahlen.
20	Mi	Der Nazi-Kollaborateur Paul Touvier, der seit Kriegsende in einem Kloster untergetaucht war, wird in Versailles zu lebenslanger Haft verurteilt.
21	Do	Das US-Repräsentantenhaus billigt das Gesetz zur effektiveren Verbrechensbekämpfung. Es sieht u.a. vor, die Polizei um 50000 Beamte aufzustocken.
22	Fr	In einer Telefonzelle in Berlin-Treptow nimmt die Polizei den seit zwei Jahren gesuchten Kaufhaus-Erpresser »Dagobert« fest.
23	Sa	Als neue liberale Partei konstituiert sich in Bratislava die »Demokratische Union der Slowakei« unter Führung von Regierungschef Jozef Moravčík.
24	So	Der Kandidat der rechts gerichteten ARENA-Partei, Armando Calderón Sol, gewinnt die Stichwahlen für das Amt des Staatspräsidenten in El Salvador.
25	Mo	In Tokio wird Tsutomu Hata als Nachfolger Morihiro Hosokawas zum japanischen Ministerpräsidenten gewählt.
26	Di	Beim Absturz eines taiwanesischen Airbus in der Nähe des Flughafens von Nagano (Japan) sterben 264 Menschen. → Apartheid
27	Mi	Ein Gefecht zwischen nord-und südjemenitischen Truppen unweit von Sana leitet einen Bürgerkrieg im 1990 wiedervereinigten Jemen ein.
28	Do	Das Bundesverfassungsgericht erklärt, dass der Umgang mit Haschisch und Marihuana grundsätzlich strafbar bleibe.
29	Fr	Der Dalai Lama, das geistige Oberhaupt der Tibeter, trifft in Bonn zu einem dreitägigen Besuch der Bundesrepublik Deutschland ein.
30	Sa	Russland und Lettland vereinbaren in Moskau den Abzug der russischen Truppen aus der baltischen Republik bis zum 31. August 1994.

Mai 1994

1 So Hauptthema der gewerkschaftlichen Maikundgebungen in Deutschland ist der Kampf gegen die Arbeitslosigkeit und seine politische Folgen. → Brasilien

2 Mo Bundespräsident Richard von Weizsäcker begnadigt einen psychisch kranken Häftling, der 1977 als Terrorist zu lebenslanger Haft verurteilt worden war.

3 Di Bei Parlamentswahlen in den Niederlanden verliert die Koalition aus Christdemokraten und Sozialdemokraten ihre Mehrheit.

4 Mi Israels Premier Yitzhak Rabin und PLO-Chef Jasir Arafat unterzeichnen das Abkommen über palästinensische Autonomie im Gazastreifen und in Jericho.

5 Do Das US-Repräsentantenhaus billigt mit 216 gegen 214 Stimmen ein Verbot des Verkaufs von 19 Modellen halbautomatischer Waffen in den USA.

6 Fr Der Sicherheitsrat der UNO beschließt mit Wirkung vom 22. Mai ein umfassendes Handelsembargo gegen das Militärregime in Haiti. → Kanaltunnel

7 Sa Durch ein 2:0 über den FC Schalke 04 wird der FC Bayern München unter Teamchef Franz Beckenbauer zum 13. Mal Deutscher Fußballmeister.

8 So Ernesto Pérez Balladares, Kandidat der oppositionellen Demokratisch-Revolutionären Partei (PRD), siegt bei den Präsidentschaftswahlen in Panama.

9 Mo Der ANC-Vorsitzende Nelson Mandela wird vom Parlament in Kapstadt per Aklamation zum ersten schwarzen Präsidenten Südafrikas bestimmt.

10 Di Als 18. Land und erste zentralasiatische frühere Sowjetrepublik tritt Turkmenistan der NATO-Initiative »Partnerschaft für den Frieden« bei.

11 Mi Inter Mailand gewinnt den Fußball UEFA-Cup. +++ Der saarländische Landtag beschließt ein neues, im Vorfeld umstrittenes Pressegesetz.

12 Do In Magdeburg kommt es zu schweren Krawallen, als eine Gruppe von ca. 60 Jugendlichen wahllos Jagd auf Ausländer macht.

13 Fr Der italienische Riva-Konzern verzichtet endgültig auf den Kauf der Eko-Stahl AG im brandenburgischen Eisenhüttenstadt.

14 Sa Im Berliner Olympiastadion gewinnt der SV Werder Bremen durch ein 3:1 gegen den Zweitligisten Rot Weiß Essen den DFB-Pokal.

15 So Durch einen Sieg über Brenda Schultz (Niederlande) gewinnt Steffi Graf zum achten Mal die Internationale Deutsche Tennismeisterschaft in Berlin.

16 Mo Zwischen Kirche und Staat entbrennt ein Streit darüber, ob Flüchtlingen, die aus Deutschland abgeschoben werden sollen, Kirchenasyl gewährt werden kann.

17 Di Der Sicherheitsrat der Vereinten Nationen billigt die Entsendung einer 5500 Mann starken Blauhelmtruppe in das Bürgerkriegsland Ruanda.

18 Mi Durch ein 4:0 über den FC Barcelona gewinnt der AC Mailand in Athen zum fünften Mal den Fußball-Europapokal der Landesmeister.

19 Do Die US-Bundesbehörde für Lebensmittelkontrolle erlaubt in den Vereinigten Staaten den Verkauf gentechnisch behandelter Tomaten.

20 Fr Das pro-russische Parlament der zur Ukraine gehörenden Krim setzt die Verfassung von 1992 wieder in Kraft und erklärt sich somit de facto für unabhängig.

21 Sa In Aden erklärt die sozialistische Führung des Südjemen die Vereinigung mit dem Norden für zurückgenommen und proklamiert einen unabhängigen Staat.

22 So Das 29. Deutsche Turnfest in Hamburg geht nach einwöchiger Dauer zu Ende. Über 100 000 Aktive haben daran teilgenommen.

23 Mo Bei den 47. Internationalen Filmfestspielen in Cannes geht die »Goldene Palme« an den US-Film »Pulp Fiction« von Quentin Tarantino. → Herzog

24 Di Vier Muslim-Fundamentalisten werden in New York für den Anschlag auf das World Trade Center im Februar 1993 zu je 240 Jahren Haft verurteilt.

25 Mi Nach Angaben der US-Weltraumbehörde NASA bestätigen Weltraumfotos die Existenz eines sog. schwarzen Lochs in einer benachbarten Galaxie.

26 Do Der Bundestag verabschiedet in Bonn eine Neufassung des Abtreibungsparagraphen 218, die jedoch im Bundesrat an der SPD-Mehrheit scheitert.

27 Fr Nach 20 Jahren Exil in den USA kehrt der russische Schriftsteller und Literaturnobelpreisträger Alexander Solschenizyn in seine Heimat zurück.

28 Sa Mit einer Ausstellung von Werken des französischen Malers Fernand Léger wird in Wolfsburg das für 70 Mio. DM erbaute Kunstmuseum eröffnet.

29 So Im Alter von 81 Jahren stirbt in Santiago de Chile Erich Honecker, der im Exil lebende ehemalige Staats- und Parteichef der DDR.

30 Mo Papst Johannes Paul II. erteilt in seinem apostolischen Schreiben »Ordinatio sacerdotalis« der Priesterweihe für Frauen erneut eine Absage.

31 Di Der bosnische Kroatenführer Krešimir Zubak wird zum ersten Präsidenten der muslimisch-kroatischen Föderation Bosnien-Herzegowina gewählt.

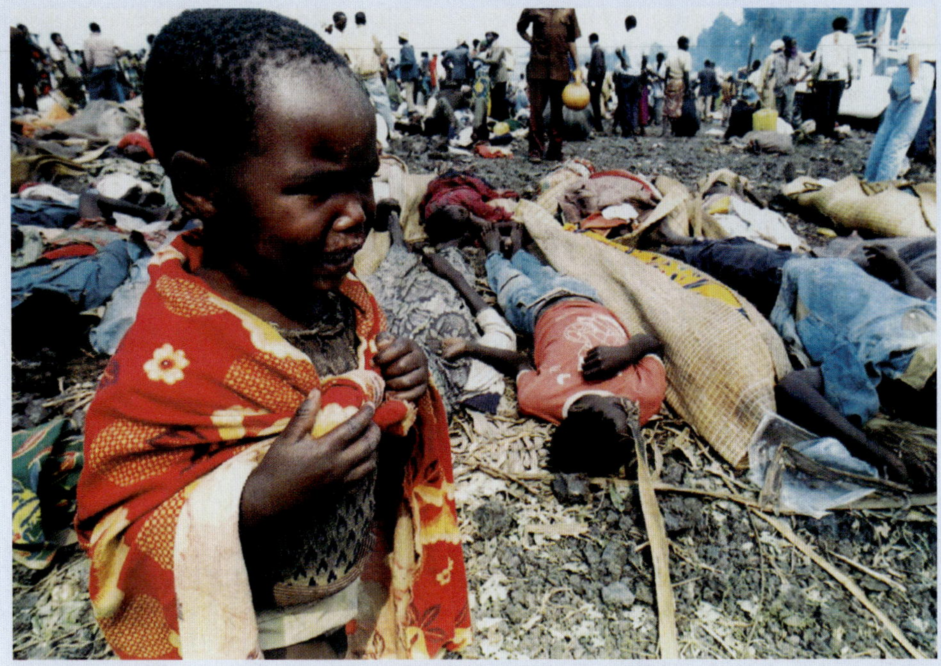

Flüchtlingselend – Ein weinendes Kind vor den Leichen seiner Verwandten

Blutiger Konflikt – Hutu gegen Tutsi

Die Gewaltausbrüche in Ruanda haben den seit Jahrhunderten schwelenden ethnischen Konflikt zwischen Hutu und Tutsi zum Hintergrund. Die Hutu, ein Landwirtschaft treibendes Bantu-Volk, stellten in Ruanda sowie im Nachbarstaat Burundi die Mehrheit, wurden aber von der Minderheit der äthiopischen Tutsi beherrscht. In Ruanda beendeten die Hutu im Jahre 1959 die rd. 500 Jahre währende Vorherrschaft der Tutsi durch einen blutigen Aufstand und gingen ihrerseits mit brutalen Mitteln gegen die Tutsi vor. Durch Mord und Vertreibung sank der Bevölkerungsanteil der Tutsi in Ruanda fast um die Hälfte. Auch nach der Unabhängigkeit des Landes im Jahre 1962 blieb der Konflikt ungelöst. Ein Unruheherd war vor allem die Dominanz der verbliebenen Tutsi in der sozialen Oberschicht des Landes sowie die von ihrem Exil in Uganda aus agierenden Tutsi-Rebellen der FPR. Im August 1993 schlossen die ruandische Hutu-Regierung und die Tutsi-Rebellen einen Friedensvertrag, der u.a. die Wiederansiedlung von 500 000 Tutsi in Ruanda sowie eine Übergangsregierung unter FPR-Beteiligung vorsah. Allerdings flammten in der Folge die Kämpfe immer wieder auf.

23. Mai 1994

Herzog wird Bundespräsident

Die Bundesversammlung wählt Roman Herzog (CDU) zum siebten Präsidenten der Bundesrepublik Deutschland (Abb.: Herzog schwört den Eid auf die Verfassung). Der angesehene ehemalige Bundesverfassungsrichter tritt die Nachfolge Richard von Weizsäckers an, der nach zwei Perioden für das Amt nicht mehr zur Verfügung steht. Herzog gewinnt die Wahl im dritten Wahlgang eindeutig gegen seine Konkurrenten Johannes Rau (SPD), Hildegard Hamm-Brücher (FDP) und Jens Reich (Bündnis 90/Die Grünen).

6. Mai 1994

Freie Fahrt durch Kanaltunnel

Nach fast achtjähriger Bauzeit eröffnen die britische Königin Elizabeth II. und der französische Staatspräsident François Mitterrand in Calais den Eurotunnel. Das rd. 50 Kilometer lange Bauwerk verläuft unter dem Ärmelkanal und verbindet die britischen Inseln mit dem europäischen Festland. Damit verfügen Briten und Franzosen erstmals über eine Landgrenze.

Die Verbindung besteht aus zwei Eisenbahntunneln und einem kleineren Servicetunnel. Die drei Betonröhren liegen 38 m unter dem Meeresspiegel. Bei den Arbeiten kamen sich Franzosen und Engländer rd. 1 m pro Tag entgegen. Im Oktober 1990 fand der Durchstoß statt. An beiden Enden des Tunnels wurden Verladebahnhöfe und Shopping-Center eingerichtet. Von hier aus transportieren Züge Reisende in 35 Minuten zum anderen Tunnelende. Im Dezember 1994 wird eine zusätzliche Hochgeschwindigkeitstrasse in Betrieb genommen, auf der Züge mit einer Spitzengeschwindigkeit bis 300 km/h verkehren können. Der Bau des Eurotunnels kostete umgerechnet rd. 30 Mrd. DM. Erste Überlegungen für einen Kanaltunnel wurden bereits im Jahre 1751 angestellt.

23. Juni 1994

Schlachthaus Ruanda

Eine 2500 Mann starke französische Truppe startet die Militäraktion »Türkis«, die dem anhaltenden Völkermord im ostafrikanischen Ruanda Einhalt gebieten soll. Der UN-Sicherheitsrat hatte tags zuvor die in der Öffentlichkeit umstrittene Aktion mit neun Stimmen bei fünf Enthaltungen gebilligt.
Nach dem Tod des ruandischen Präsidenten Juvénal Habyarimana, der am 6. April bei einem mysteriösen Flugzeugabsturz um Leben gekommen war, begannen die blutigen Ausschreitungen, die sich zu regelrechten Massenmorden ausweiteten. Hintergrund sind jahrhundertealte ethnische Konflikte zwischen der Bevölkerungsmehrheit der Hutu und der Tutsi-Minderheit. Regierungssoldaten und Hutu-Milizen begannen nach dem Tod des Präsidenten mit der systematischen Ermordung von Angehörigen des Tutsi-Volkes. Bis Mitte des Jahres wurden 500 000 Menschen abgeschlachtet, hunderttausende ergriffen die Flucht. Den Regierungstruppen stehen die Rebellen der von Tutsi dominierten Patriotischen Front Ruandas (FPR) gegenüber. Bis zum Eintreffen der Franzosen haben FPR-Milizen weite Teile des Landes unter ihre Kontrolle bringen können. Anfang Juli nehmen sie die Hauptstadt Kigali ein und erklären am 18. Juli den Bürgerkrieg für beendet. Als Zeichen der Versöhnungsbereitschaft setzen sie zwei gemäßigte Hutu-Politiker als Staats- und Regierungschef ein. Das Leid der Bevölkerung ist mit der politischen Neuordnung jedoch noch nicht beendet. Vornehmlich Hutu, die mit Racheakten der Tutsi rechnen, verlassen das Land. Ihre Angst vor den siegreichen Tutsi wird durch Beiträge eines von radikalen Hutu betriebenen Radiosenders noch zusätzlich geschürt.

Flüchtlingslager im Süden

UN-Blauhelme in Ruanda

1. Mai 1994

Ganz Brasilien in tiefer Trauer

Beim Großen Preis von San Marino kommt der brasilianische Top-Fahrer Ayrton Senna mit seinem Wagen von der Strecke ab. Mit 300 km/h rast er in eine Mauer und erliegt seinen schweren Verletzungen. Das Rennen wird nach kurzer Unterbrechung fortgesetzt, es siegt am Ende der Deutsche Michael Schumacher.
Der Unfall des in seinem Heimatland als Idol vergötterten Senna ist bereits das zweite Unglück in Imola. Tags zuvor verunglückte der Österreicher Roland Ratzenberger im Training tödlich. Er war mit seinem Wagen gegen eine Streckenbegrenzung geprallt. Schon am 12. Mai folgt der nächste schwere Unfall: Der Österreicher Karl Wendlinger verunglückt beim Großen Preis von Monaco – überlebt jedoch. Nach der Unglücksserie werden bessere Sicherheitsmaßnahmen an der Strecke und in den Autos gefordert. Der Automobil-Weltverband ordnet zunächst technische Veränderungen an, um die Autos langsamer zu machen und den Fahrer in seinem Cockpit besser zu schützen.

Ayrton Senna

brasilianischer Automobilrennfahrer, * 21.3.1960 São Paulo; † 1.5.1994 Bologna

In seinem Heimatland Brasilien stand die großartige Formel-1-Karriere von Senna für den Traum von Millionen Unterprivilegierter vom sozialen Aufstieg. Viele Rennsportexperten halten den dreifachen Weltmeister darüber hinaus für einen der besten Fahrer aller Zeiten. Seit Anfang der 90er Jahre dominiert Senna die Konkurrenz und erringt bei 161 Starts 41 Siege. Legendär sind seine oftmals waghalsigen Positionskämpfe mit seinem französischen Konkurrenten Alain Prost. Nach seinem Unfalltod verhängt der Präsident des größten südamerikanischen Landes, Itamar Franco, eine dreitägige Staatstrauer. Millionen zutiefst bestürzte Brasilianer nehmen Abschied von ihrem Idol.

- ab 1984: Fahrer für die Teams Toleman-Hart, Lotus, McLaren, Williams
- 1988, 1990-91: Formel-1-Weltmeister
- 1989: Formel-1-Vizeweltmeister

Juni 1994

1 Mi Ein Kommando der baskischen Untergrundorganisation ETA erschießt in Madrid den spanischen Brigadegeneral Juan José Hernandez Rovira.

2 Do Bei einem israelischen Angriff auf den Hisbollah-Stützpunkt Ain Dandara im Südlibanon werden 45 Menschen getötet und 90 weitere verletzt.

3 Fr Die USA beginnen mit dem 1977 vereinbarten Abzug ihrer Truppen aus Panama, der bis Ende 1999 vollzogen sein soll.

4 Sa Im niederländischen Hengelo läuft der Äthiopier Haile Gebreselassie mit 12:56,96 min Weltrekord über 5000 m.

5 So Im rein spanischen Finale des French-Open-Tennisturniers besiegt Sergi Bruguera Alberto Berasategui in vier Sätzen.

6 Mo An der Küste der Normandie gehen die zweitägigen Gedenkfeiern zum 50. Jahrestag der Landung der alliierten Truppen im Zweiten Weltkrieg zu Ende.

7 Di Nach Dänemark und Norwegen erkennt auch Schweden homosexuelle Partnerschaften gesetzlich an und stellt sie heterosexuellen Ehen in vielen Bereichen gleich.

8 Mi Im Rahmen seiner Europareise besucht US-Präsident Bill Clinton die englische Universität Oxford und erhält dort die Ehrendoktorwürde.

9 Do Bei der Vergabe der Bundesfilmpreise in Berlin wird die Produktion »Kaspar Hauser« von Peter Sehr als bester deutscher Film ausgezeichnet.

10 Fr In Brasilien beschließt die Organisation Amerikanischer Staaten (OAS) eine Verschärfung der Sanktionen gegen das undemokratische Regime auf Haiti.

11 Sa Der Sozialdemokrat Moshood Abiola, offizieller Sieger der Wahlen von 1993, proklamiert sich in Lagos (Nigeria) zum Präsidenten einer Gegenregierung.

12 So Bei den Europawahlen bauen die Sozialisten im Europaparlament ihren Vorsprung vor den Konservativen aus. Die Wahlbeteiligung liegt bei 57%.

13 Mo Ein Bundesgericht in Alaska verurteilt den Ölkonzern Exxon zur Zahlung einer Entschädigung an die durch das Tankerunglück von 1989 geschädigten Fischer.

14 Di Dieter Schulte wird zum Vorsitzenden des Deutschen Gewerkschaftsbundes gewählt. +++ Die russische Regierung verleiht der Polizei Sonderbefugnisse.

15 Mi In Tschetscheniens Hauptstadt Grosny fordern Kämpfe zwischen Anhängern und Gegnern von Präsident Dschochar Dudajew mehrere hundert Tote.

16 Do Mit der Aufhebung von Vorschriften des Gesetzes gegen unlauteren Wettbewerb in Deutschland können Verbraucher jetzt um Preisnachlässe feilschen.

17 Fr Unter dem Verdacht des Mordes an seiner Frau und deren Begleiter wird der frühere US-Footballstar O.J. Simpson in Los Angeles festgenommen.

18 Sa Auf der Straße des 17. Juni marschieren die in Berlin stationierten Truppen der drei Westalliierten zu ihrer letzten gemeinsamen Parade auf.

19 So Michel Rocard tritt wegen des schlechten Abschneidens der Sozialistischen Partei Frankreichs bei der Europawahl als Parteichef zurück.

20 Mo Der Literaturkritiker Marcel Reich-Ranicki räumt gegenüber dem »Spiegel« ein, dass er nach dem Krieg Mitarbeiter des polnischen Geheimdienstes war.

21 Di In Bonn legt der Untersuchungsausschuss über die Tätigkeit des DDR-Devisenbeschaffers Alexander Schalck-Golodkowski seinen Bericht vor.

22 Mi Rudolf Scharping wird vom Bundesparteitag der SPD mit 95,4% der Delegiertenstimmen zum Kanzlerkandidaten für die Bundestagswahlen gekürt.

23 Do Nach Gesprächen mit dem ehemaligen US-Präsidenten Jimmy Carter sichert Nordkorea eine ungehinderte Kontrolle seiner Atomanlagen zu. → Ruanda

24 Fr Der Bonner Bundestag erweitert die Kompetenzen des Bundesgrenzschutzes, um die zunehmende illegale Einwanderung zu unterbinden.

25 Sa In Frankfurt am Main demonstrieren rd. 50 000 Kurden gegen deutsche Waffenlieferungen an die Türkei und für eine friedliche Lösung des Kurdenproblems.

26 So Die konservativ-liberale Regierungskoalition in Sachsen-Anhalt verliert bei der Landtagswahl durch das Abrutschen der FDP auf 3,6% ihre Mehrheit.

27 Mo Eine Giftgaswolke fordert in der japanischen Stadt Matsumoto sieben Menschenleben und verletzt weitere 58 Personen.

28 Di Der spanische Star-Tenor Placido Domingo wird vom 1. Juli 1996 an für vier Jahre künstlerischer Direktor der Washingtoner Oper.

29 Mi Bonn billigt die Postreform II, die eine Privatisierung der Postunternehmen vorsieht. +++ Der Bundestag billigt die EU-Erweiterung von 12 auf 16 Staaten.

30 Do In der Nähe des südfranzösischen Toulouse stürzt bei einem Testflug ein Airbus A 330 ab. Die siebenköpfige Besatzung kommt bei dem Unglück ums Leben.

Juli 1994

1 Fr In Brasilien wird der durch die galoppierende Inflation entwertete Cruzeiro Real durch den Real ersetzt, der an den US-Dollar gekoppelt ist.

2 Sa Der kolumbianische Fußball-Nationalspieler Andres Escobar wird in Medellín erschossen – vermutlich als Vergeltung für sein Eigentor bei der WM in den USA.

3 So Der am 29. Juni eröffnete 92. Deutsche Katholikentag geht zu Ende. Das Laientreffen in Dresden stand unter dem Motto »Unterwegs zur Einheit«.

4 Mo Der chinesische Ministerpräsident Li Peng beginnt in Bonn seinen bis zum 9. Juli dauernden Deutschlandbesuch, der von Protesten begleitet wird.

5 Di Die internationale Kontaktgruppe für Bosnien legt in Genf den Kriegsparteien einen Friedensplan und eine Karte über die mögliche Aufteilung des Landes vor.

6 Mi Leroy Burrell (USA) läuft in Lausanne mit 9,85 sec Weltrekord über 100 m und unterbietet die Bestmarke von Carl Lewis (USA) um eine Hundertstelsekunde.

7 Do Mit dem Fall von Aden, der Hauptstadt des marxistisch orientierten Südens, endet der zweimonatige Bürgerkrieg im Jemen.

8 Fr Auf dem Gipfel der sieben führenden westlichen Industrieländer in Neapel wird Russland erstmals in vollem Umfang einbezogen. → Nordkorea

9 Sa Etwa 15 000 Kurden beteiligen sich in Hannover an einem Trauermarsch für den 16-jährigen Halim Dener, der von der Polizei erschossen worden war.

10 So Die ersten Direktwahlen zum Präsidenten von Weißrussland gewinnt mit 81,7% Alexander Lukaschenko, der mit populistischen Parolen auf Stimmenfang ging.

11 Mo Das Hauptquartier der Palästinensischen Befreiungsorganisation (PLO) wird aus der tunesischen Hauptstadt Tunis nach Gaza verlegt.

12 Di Unter Berufung auf das Grundgesetz knüpft das Bundesverfassungsgericht Auslandseinsätze der Bundeswehr an die Zustimmung des Bundestages.

13 Mi Das Oberlandesgericht München stoppt wegen angeblicher Falschaussagen das sektenkritische Buch »Scientology – Ich klage an«.

14 Do Erstmals nehmen deutsche Soldaten des Eurokorps an der Truppenparade zum französischen Nationalfeiertag auf den Champs Elysées in Paris teil.

15 Fr Norwegen verschärft seine Gesetze gegen eine Störung des Walfangs und reagiert damit auf die Aktivitäten militanter Walschützer.

16 Sa Am Abend vor dem Finale der Fußball-WM singen in Los Angeles die Tenöre Luciano Pavarotti, Placido Domingo und José Carreras vor 56 000 Menschen.

17 So Bei einem Angriff von Palästinensern auf einen israelischen Kontrollpunkt am Gazastreifen werden zwei Menschen getötet. → Brasilien

18 Mo In der Innenstadt von Buenos Aires kommen bei einem Anschlag auf ein jüdisches Zentrum fast 100 Menschen um. Über 200 werden verletzt.

19 Di Das Europäische Parlament wählt den SPD-Politiker Klaus Hänsch mit 365 von 534 Stimmen zu seinem Präsidenten.

20 Mi In der Gedenkstätte Deutscher Widerstand in Berlin findet die zentrale Gedenkstunde zum 50. Jahrestag des Attentats auf Adolf Hitler statt.

21 Do Das Europäische Parlament wählt den luxemburgischen Regierungschef Jacques Santer zum neuen Präsidenten der Europäischen Kommission.

22 Fr Drei Jugendliche, die an ausländerfeindlichen Ausschreitungen teilgenommen haben, werden in Magdeburg zu Jugendstrafen verurteilt. → Komet

23 Sa Der frühere Bremer Bürgermeister Hans Koschnick wird in sein Amt als EU-Administrator für Mostar, der Hauptstadt der Herzegowina, eingeführt.

24 So Zum vierten Mal in Folge kann der spanische Radprofi Miguel Indurain die Tour de France, das berühmteste Radrennen der Welt, für sich entscheiden.

25 Mo In Bayreuth beginnen die 83. Richard-Wagner-Festspiele. Im Mittelpunkt steht die Neuinszenierung des »Ring des Nibelungen« durch Alfred Kirchner.

26 Di Wegen Nichtbeachtung der schwarzen Disqualifikationsflagge beim Großen Preis von England wird der Formel-1-Pilot Michael Schuhmacher gesperrt.

27 Mi Gegen Paolo Berlusconi, den Bruder des italienischen Ministerpräsidenten, wird wegen Zahlung von Schmiergeldern Haftbefehl erlassen.

28 Do Diebe entwenden aus der Kunsthalle Schirn in Frankfurt am Main drei Gemälde von Caspar David Friedrich und William Turner.

29 Fr Der französische Verfassungsrat erklärt das am 5. Mai erlassene Gesetz zum Schutz der französischen Sprache für teilweise verfassungswidrig.

30 Sa Vertreter Russlands und Estlands unterzeichnen ein Abkommen über die Stilllegung zweier ehemals sowjetischer Atomreaktoren in Estland. → Hitzewelle

31 So Mit 26 Goldmedaillen ist Deutschland erfolgreichste Nation bei den Weltmeisterschaften der Behinderten-Sportler in Berlin.

31. August 1994

Russlands Soldaten kehre

Abschied mit Gesang: Mit einem deutschen Marschlied auf den Lippen paradieren die russischen Soldaten in Berlin-Köpenick.

Mit einem Festakt, an dem auch Russlands Präsident Boris Jelzin teilnimmt, werden die letzten russischen Soldaten aus Deutschland verabschiedet. Höhepunkt der Feierlichkeiten in Berlin ist ein Appell auf dem Gendarmenmarkt, bei dem Generaloberst Matwej Burlakow, Oberkommandierender der Westgruppe der russischen Streitkräfte, offiziell Meldung über den Truppenabzug macht.
Betont freundschaftlich fällt die Abschiedsfeier für die Westalliierten am 8. September aus, an der Frankreichs Staatspräsident François Mitterrand, der britische Premier John Major und US-Außenminister Warren Christopher teilnehmen. Abgeschirmt von der Öffentlichkeit wird damit auch die Präsenz der Westalliierten in Berlin offiziell beendet.

Während sich bereits am 18. Juni die Truppen der drei Westmächte auf der Straße des 17. Juni von rd. 75 000 Zuschauern hatten bejubeln lassen, fiel die letzte Parade der russischen 6. Garde-Schützenbrigade am 25. Juni im Bezirk Köpenick bescheiden

17. Juli 1994

Vierter Titel für Brasilien

Nach einem dramatischen Elfmeterschießen gewinnt Brasilien in Los Angeles das Finale der Fußballweltmeisterschaft gegen Italien mit 3:2. Das vierwöchige Turnier in den USA bot zahlreiche

Überraschungen. So wurde der argentinische Star Diego Maradona des Dopings überführt und für ein Jahr gesperrt.
Bester Spieler dieser Weltmeisterschaft war der Brasilianer Romario, der seinem Team fünf Tore bescherte (Abb.: Brasilianischer Torjubel von Mazinho, Bebeto und Romario, v.l.). Weniger glücklich schnitten die Deutschen ab. Der Titelverteidiger schied bereits im Viertelfinale durch ein 1:2 gegen Bulgarien aus. Taktik und Auftreten von Bundestrainer Berti Vogts gerieten in die Kritik der Medien. Von den sog. Außenseitern imponierten vor allem die Nigerianer, die sich bis ins Achtelfinale vorkämpften. 3,6 Mio. Zuschauer besuchten die 52 Begegnungen in den USA.

31. August 1994

IRA lässt Waffen schweigen

Die katholische Untergrundorganisation IRA kündigt im nordirischen Bürgerkrieg einen Waffenstillstand an. Der überraschende Gewaltverzicht findet allgemein Zustimmung, lediglich der britische Premierminister John Major kritisiert, dass kein zeitliches Limit für die Einstellung des Kampfes genannt wird. Weil die Waffen anschließend tatsächlich schweigen, willigt nun auch die protestantische Gegenseite, die Untergrundorganisation »Ulster Defense Association« (UDA), in einen unbefristeten Waffenstillstand ein. Der Frieden hält zwei Jahre. 1996 ruft die IRA das Ende des Gewaltverzichts aus.

22. Juli 1994

Komet kollidiert mit Jupiter

Der Komet »Shoemaker-Levy 9« schlägt auf dem Jupiter auf und lässt auf dem Planeten einen Feuerball entstehen, der so groß ist wie die Erdkugel. Astronomen bezeichnen den Aufprall als Jahrtausendereignis. Der gigantische Komet wird in das Schwerkraftfeld Jupiters gezogen und zerbricht in einzelne Stücke von mehreren Kilometern Durchmesser. Der Aufprall findet auf der abgewandten Seite Jupiters statt und kann von der Erde aus nur als Reflexion auf den Jupitermonden verfolgt werden. Wissenschaftler vermuten, dass vor rd. 65 Mio. Jahren ein ähnlicher Vorgang auf der Erde stattgefunden hat, dessen klimatische Folgen zum Aussterben der Dinosaurier führte.

eim

aus. Im Vorfeld der Zeremonie hatte es Unstimmigkeiten zwischen den Westalliierten und Moskau gegeben. Jelzin hatte nicht durchsetzen können, dass die russischen Truppen gemeinsam mit den britischen, französischen und amerikanischen Einheiten Abschied nehmen. Auch der deutsche Plan, die russischen Einheiten nicht in Berlin, sondern in Weimar zu verabschieden, musste fallen gelassen werden. Mit dem Abzug

Russlands Präsident Boris Jelzin (l.) und Bundeskanzler Helmut Kohl (r.) erhalten offiziell Meldung vom russischen Truppenabzug.

der russischen Truppen werden in Ostdeutschland rd. 250000 ha Bodenfläche frei, um deren Nutzung es Streit gibt.

30. Juli 1994

Hitzewelle füllt Sommerloch

In der brandenburgischen Stadt Preschen klettern die Temperaturen auf die Rekordmarke von 39,9°C. In der Bundesrepublik schwitzen die Menschen im heißesten Sommer seit Beginn der Wetteraufzeichnungen. Die Hitzewelle dauert von

Mitte Juni bis Mitte August – aber noch andere Ereignisse treiben den Menschen den Schweiß auf die Stirn: Ein Kaiman hat sich in einen Dormagener Baggersee geflüchtet. Das Reptil mit dem Namen Sammy war seinem Besitzer entlaufen und hatte das Gewässer zu seinem neuen Revier erkoren. Der See muss gesperrt werden. Alle Fangversuche sind umsonst. Sammy trickst seine Verfolger immer wieder aus und entkommt den Häschern der Polizei, der Feuerwehr und des DLRG. Für die Medien ist das »Ungeheuer von Loch Neuss« Sommerloch-Thema Nummer 1. Nach sechs Tagen ist die Jagdsaison schließlich vorbei. Sammy wird gefangen und einem Zoo übergeben (s. Abb.).

5. August 1994

Massenflucht aus Kuba

In der kubanischen Hauptstadt Havanna kommt es zu den schwersten Unruhen seit der Machtübernahme durch die Revolutionäre um Fidel Castro im Jahre 1959. Mit der Regierung unzufriedene Demonstranten und Sicherheitskräfte liefern sich Straßenschlachten, bei denen 35 Menschen verletzt werden. Zahlreiche Regierungsgegner werden festgenommen. Ursache der Unruhen ist die katastrophale Wirtschaftslage Kubas, die zu einer dramatischen, nun schon seit 1992 anhaltenden Lebensmittelknappheit geführt hat.

Kuba verlor nach dem Zusammenbruch der Sowjetunion einen engen Verbündeten, der jährlich fünf Mrd. US-Dollar Wirtschaftshilfe nach Havanna überwies. Seit dem Ausbleiben dieser Finanzspritze mussten bereits 69% der Staatsbetriebe Konkurs anmelden. Lebensmittel werden auf der Insel wie Luxusgüter gehandelt.

Viele Kubaner suchen ihr Heil in der Flucht. Pro Tag bis zu 3000 Verzweifelte versuchen, in selbst zusammengebastelten Flößen über den gefährlichen Seeweg in das 145 km entfernte Florida zu gelangen, wo sie auf US-Asyl hoffen. Der neue Ansturm stellt US-Präsident Bill Clinton vor ein schwer wiegendes Problem. Schließlich kommen die beiden Staaten darin überein, dass jährlich insgesamt 20000 Emigranten legal in die USA einreisen dürfen.

8. Juli 1994

Wechsel in Nordkorea

Kim Il Sung, der sich im kommunistischen Nordkorea als »Großer Führer« verehren ließ, erliegt im Alter von 82 Jahren einem Herzversagen. Nachfolger wird sein Sohn Kim Jong Il, der schon im April 1992 als Führer von Partei, Staat und Armee präsentiert wurde. Kim Jong Il ist zunächst kaum in der Öffentlichkeit zu sehen. Bis zum Jahresende wird er zudem nicht formell in seine neuen Ämter eingeführt. Offizielle Begründung dafür ist die noch nicht abgeschlossene Trauerzeit. Im Ausland wird hingegen spekuliert, dass der Nachfolger Kim Il Sungs nicht über ausreichenden Einfluss in Partei und Armee verfüge, um ähnlich unumschränkt wie sein Vater über das abgeschlossene Land herrschen zu können.

Kim Il Sung

koreanischer Politiker, * 15.4.1912 Mangjongdae bei Pjöngjang; † 8.7.1994 Pjöngjang

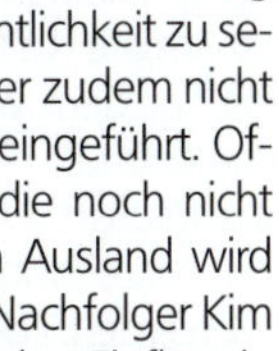

Mit der Spaltung des Landes und der Ausrufung der Demokratischen Volksrepublik im Jahre 1948 steuerte der stalinistische Diktator einen streng kommunistischen Kurs. Er isolierte Nordkorea nahezu vollständig und ließ sich in einem beispiellosen Personenkult verehren. In den 90er Jahren versuchte Kim Il Sung, der finanziell und politisch jahrzehntelang von China unterstützt worden war, vergeblich, eine Hungersnot abzuwenden.

- seit 1946: Vorsitzender der Kommunistischen Partei
- 1948-72: Ministerpräsident
- seit 1972: Staatspräsident

August 1994

1 Mo Bundespräsident Roman Herzog bittet zum 50. Jahrestag des Warschauer Aufstandes die Polen um Vergebung für die deutschen Taten.

2 Di In den USA wird bekannt gegeben, dass der Pop-Star Michael Jackson die Tochter von Elvis Presley, Lisa Marie Presley, geheiratet hat.

3 Mi Aufgrund des zum Monatsanfang in Kraft getretenen Beschäftigungsförderungsgesetzes erhält in München der erste private Arbeitsvermittler eine Lizenz.

4 Do Um seine internationale Isolierung zu überwinden, bricht Rest-Jugoslawien alle Beziehungen zu den bosnischen Serben ab und schließt die Grenzen.

5 Fr Beim dritten schweren Luftunglück in Russland innerhalb von acht Monaten sterben in Ostsibirien alle 47 Insassen einer Militärmaschine. → Kuba

6 Sa In Schleswig-Holstein tritt eine Sommersmog-Verordnung in Kraft. Sie gilt jährlich von Mai bis September und schreibt bei Ozonalarm Tempolimits vor.

7 So Bei der WM der Springreiter in Den Haag gewinnt die deutsche Equipe den Preis der Nationen, im Einzel siegt Franke Sloothaak aus Steinfeld.

8 Mo Yitzhak Rabin besucht als erster israelischer Ministerpräsident offiziell Jordanien und wird in der Hafenstadt Akaba von König Hussein empfangen.

9 Di Die von Fundamentalisten in Bangladesch mit dem Tode bedrohte Schriftstellerin Taslima Nasreen darf ihre Heimat verlassen und geht ins Exil nach Schweden.

10 Mi Auf dem Flughafen München II wird 363 g hoch reines Plutonium sichergestellt. Es ist die größte Menge, die bisher in die Bundesrepublik geschmuggelt wurde.

11 Do Dschochar Dudajew, Präsident der von Moskau abtrünnigen Kaukasusrepublik Tschetschenien, ordnet die Generalmobilmachung an.

12 Fr In Saugerties (US-Bundesstaat New York) beginnt ein dreitägiges Woodstock-Revival-Konzert zur Erinnerung an das legendäre Festival von 1969.

13 Sa NATO-Generalsekretär Manfred Wörner stirbt im Alter von 59 Jahren. +++ Nordkorea erklärt, es wolle nicht aus dem Atomwaffensperrvertrag ausscheiden.

14 So Der Sudan liefert den Top-Terroristen Ilich Ramirez Sanchez, genannt Carlos, unmittelbar nach seiner Festnahme an Frankreich aus.

15 Mo Indiens Ministerpräsident Narasimha Rao erneuert in einer Rede den Anspruch seines Landes auf den von Pakistan verwalteten Teil Kaschmirs.

16 Di Niedersachsen beschließt eine Ozonverordnung mit Tempolimits von 90 km/h auf Autobahnen und Tempo 80 auf Landstraßen.

17 Mi Der König des ganz von südafrikanischem Territorium umgebenen Staates Lesotho, Letsie III., entlässt die Regierung und löst das Parlament auf.

18 Do Robert C. Altman, stellvertretender US-Finanzminister, tritt wegen der sog. Whitewater-Affäre um Grundstücksgeschäfte Präsident Clintons zurück.

19 Fr Das Bundesverfassungsgericht erlaubt den Gemeinden, eine Verpackungssteuer auf die Verwendung von Einweggeschirr in der Gastronomie zu erheben.

20 Sa Mit einem Festkonzert im Berliner Konzerthaus am Gendarmenmarkt begeht das Bundesjugendorchester den 25. Jahrestag seiner Gründung.

21 So Das US-Repräsentantenhaus billigt die sog. Crime Bill, das größte Gesetzespaket der US-Geschichte zur Verbrechensbekämpfung.

22 Mo Deutschland und Russland vereinbaren in Moskau eine bessere Zusammenarbeit der Geheimdienste im Kampf gegen den Atomschmuggel.

23 Di Im thüringischen Weimar wird eine Festwoche zum 250. Geburtstag des Philosophen und Dichters Johann Gottfried Herder eröffnet.

24 Mi Der Internationale Fußball-Verband FIFA sperrt den während der Fußball-WM des Dopings überführten Argentinier Diego Armando Maradona bis 1995.

25 Do Mit einem historischen Umzug und einem Volksfest feiert Paris den 50. Jahrestag der Befreiung von der deutschen Besatzung im Zweiten Weltkrieg.

26 Fr In Algerien kündigt die Bewaffnete Islamische Gruppe (GIA), eine radikale islamistische Untergrundorganisation, die Bildung einer sog. Kalifatsregierung an.

27 Sa Im serbisch besetzten Teil von Bosnien-Herzegowina beginnt ein Referendum über den internationalen Friedensplan und die Aufteilung des Landes.

28 So Jordaniens König Hussein trifft anlässlich seines dreitägigen Deutschlandbesuchs in Berlin Bundesaußenminister Klaus Kinkel (FDP).

29 Mo Der SPD-Vorsitzende und Kanzlerkandidat Rudolf Scharping stellt in Bonn sein Schattenkabinett für die Bundestagswahl im Oktober vor.

30 Di In den USA fusionieren die Unternehmen Martin Marietta Corp. und Lockheed im Rahmen eines Aktientausches zum weltweit größten Rüstungskonzern.

31 Mi Mit dem Abzug der letzten russischen Soldaten endet die 55-jährige Militärpräsenz Moskaus in den baltischen Staaten. → IRA → Russland

September 1994

1 Do Bei den 51. Filmfestspielen in Venedig geht der Goldene Löwe zu gleichen Teilen an »Before the Rain« (Mazedonien) und »Vive l'Amour« (Taiwan).

2 Fr Der Ältestenrat der in Alaska lebenden Tlingit-Indianer verurteilt zwei straffällig gewordene Jugendliche zu anderthalb Jahren Verbannung auf eine Insel.

3 Sa Die deutschen Sportjournalisten wählen Nationalstürmer Jürgen Klinsmann (Tottenham Hotspur) zum zweiten Mal nach 1988 zum Fußballer des Jahres.

4 So Zum Auftakt des Musikfestes in Hamburg wird das Oratorium »Hagadah« uraufgeführt, das der Komponist Paul Dessau vor 60 Jahren schrieb.

5 Mo In Kairo beginnt die dritte UNO-Weltbevölkerungskonferenz. Acht Tage beraten 182 Staaten über die Begrenzung des Bevölkerungswachstums.

6 Di Die EU-Außenminister und die Entwicklungsgemeinschaft des Südlichen Afrika verabschieden die »Berliner Erklärung«, in der Kooperation vereinbart wird.

7 Mi Der UNO-Flüchtlingsbeauftragte für Ex-Jugoslawien, Tadeusz Mazowiecki, berichtet über den Fortgang der sog. ethnischen Säuberungen in Bosnien.

8 Do Umgerechnet 224 000 DM erbringt im Londoner Auktionshaus Christie's die Versteigerung eines Plastiksaxophons des US-Jazzmusikers Charlie Parker.

9 Fr Der Landtag von Sachsen-Anhalt lehnt mit den Stimmen der PDS einen Misstrauensantrag gegen die rot-grüne Minderheitsregierung ab.

10 Sa Drei Tippgemeinschaften und ein Einzelspieler teilen sich den auf rd. 42 Mio. DM angewachsenen Super-Jackpot im deutschen Zahlenlotto.

11 So Bei der Schwimm-Weltmeisterschaft in Rom gewinnt Franziska van Almsick über 200-m-Freistil ihren ersten Weltmeistertitel.

12 Mo In Washington stürzt sich ein lebensmüder Mann mit einem Sportflugzeug auf den Rasen vor dem Präsidentensitz und kommt dabei ums Leben.

13 Di Zwei führende Mitglieder der verbotenen Islamischen Heilsfront (FIS) werden von der algerischen Regierung aus der Haft entlassen.

14 Mi Die französische Fluggesellschaft Air France verkauft ihre Mehrheitsbeteiligung an den Meridian-Hotels an den britischen Hotelkonzern Forte.

15 Do Die Deutsche Eishockey-Liga (DEL) startet mit einem Spiel der Maddogs München gegen die Augsburger Panther (6:1) in ihre erste Saison.

16 Fr Anlässlich eines Staatsbesuchs in Bonn empfängt Bundespräsident Roman Herzog das philippinische Staatsoberhaupt Fidel Ramos.

17 Sa Zwei US-Astronauten unternehmen beim 28. Flug der Raumfähre »Discovery« erstmals seit 1984 wieder einen frei schwebenden Weltraumspaziergang.

18 So Mit 45,5% der Stimmen gehen die oppositionellen Sozialdemokraten aus den Wahlen zum schwedischen Reichstag als Sieger hervor.

19 Mo Das Bundesverfassungsgericht entscheidet, dass das von einem Sozialarbeiter benutzte Tucholsky-Zitat »Soldaten sind Mörder« nicht strafwürdig sei. → USA

20 Di Drei Menschen sterben, als in München ein Linienbus in einen Erdkrater stürzt, der durch einen Wassereinbruch beim Bau einer U-Bahn-Linie entstanden ist.

21 Mi In Hamburg wird Hartmuth Wrocklage (SPD) zum Innensenator gewählt. +++ Russische Reformpolitiker gründen die Sozialdemokratische Partei Russlands.

22 Do Ein internationales Forscherteam findet in Äthiopien 4,4 Mio. Jahre alte Knochen und Zähne des vermutlich ältesten menschlichen Vorfahren.

23 Fr Aus der westindischen Stadt Surat fliehen mehr als 250 000 Menschen, nachdem dort die Pest ausgebrochen ist.

24 Sa Das kroatische Parlament in Zagreb erklärt das zweijährige UN-Mandat in der von Serben besetzten Krajina für beendet.

25 So Bei der Landtagswahl in Bayern behauptet die CSU trotz leichter Verluste ihre absolute Mehrheit. FDP und Republikaner scheitern an der Fünf-Prozent-Klausel.

26 Mo In einer Rede vor der UNO-Vollversammlung in New York fordert der russische Präsident Boris Jelzin eine Stärkung der Weltorganisation.

27 Di Der französische Pay-TV-Veranstalter Canal Plus erwirbt eine Beteiligung an dem in finanzielle Schwierigkeiten geratenen Kölner Sender VOX.

28 Mi US-Präsident Bill Clinton und Russlands Präsident Boris Jelzin unterzeichnen das Abkommen »Partnerschaft für den wirtschaftlichen Fortschritt«. → »Estonia«

29 Do Beim Zusammenstoß zweier Züge einer Hamburger Vorortbahnlinie werden in Bad Bramstedt (Schleswig-Holstein) acht Menschen getötet.

30 Fr Der deutsche Außenminister Klaus Kinkel nimmt in Prag an einer Feierstunde zum fünften Jahrestag der Grenzöffnung für DDR-Flüchtlinge teil.

+++ US-Intervention auf Haiti +++ 912 Tote bei Fä

19. September 1994

USA setzen Aristide wieder ein

Auf Haiti landen 3000 US-Soldaten und besetzen die strategisch wichtigsten Punkte des Landes. Ihnen folgen bis zum Monatsende weitere Truppen. Ziel des Einmarsches ist es, den 1991 gestürzten Präsidenten Jean Bertrand Aristide wieder in sein Amt einzusetzen. Der frühere Salesianerpriester war kurz nach seiner Wahl zum Präsidenten vom Militär gestürzt worden und lebt derzeit im US-amerikanischen Exil.

Am Ende der Invasion befinden sich 20 000 Soldaten auf der Insel (Abb.: US-Soldaten auf Haiti). Kampfhandlungen finden nicht statt. Die dreiköpfige Militärjunta beugt sich der Drohung der USA, gegebenenfalls ihre Ziele auch mit Waffengewalt durchzusetzen. Auch der UNO-Sicherheitsrat hatte der Intervention auf Haiti zugestimmt. Die Junta unter General Raoul Cédras hatte sich nach ihrer Machtübernahme zahlreicher Menschenrechtsverletzungen schuldig gemacht. Tausende Aristide-Anhänger wurden hingerichtet, hunderttausende Haitianer befinden sich auf der Flucht. Nach der Intervention der USA muss Cédras im Oktober zurücktreten. Unter dem Jubel vor allem des ärmeren Teils der Bevölkerung landet daraufhin Aristide auf dem Flughafen von Port-au-Prince und übernimmt wieder die Regierungsgeschäfte.
Das ärmste Land der westlichen Hemisphäre steht vor dem wirtschaftlichen und sozialen Zusammenbruch. 75% der Haitianer sind arbeitslos, paramilitärische Banden terrorisieren die Bevölkerung. Polizei und Justiz müssen völlig neu aufgebaut werden. Das US-Militär bleibt zur Unterstützung Aristides bis März 1995 auf Haiti präsent. Für 1995 sind demokratische Wahlen vereinbart.

28. September 1994

Untergang der »Estonia

912 Menschen kommen beim Untergang der estnischen Fähre »Estonia« vor der finnischen Südküste ums Leben – nur 137 überleben das Unglück. In schwerer See war die äußere Bugklappe abgerissen. Experten gehen davon aus, dass die »Estonia« innerhalb von 30 Minuten sank und die meisten der Passagiere im Schlaf von der Katastrophe überrascht wurden.
Die Fähre befand sich rd. 35 km südwestlich der finnischen Insel Utö, als sie um 0.24 Uhr SOS funkte und den Ausfall der Maschinen und der Elektrik meldete. Das Schiff hatte bereits 30 Grad Schlagseite. Die sofort eingeleiteten Rettungsmaßnahmen werden jedoch durch das schlechte Wetter behindert. Die meisten Opfer werden mit der »Estonia« in die Tiefe gerissen, jedoch sterben auch zahlreiche Menschen, die sich zunächst aus dem Schiff retten konnten, aber nicht rechtzeitig gefunden werden konnten.
Nach dem Unglück setzt eine heftige Diskussion über die Schuldfrage sowie die Sicherheit des Fährverkehrs ein. Bei der »Estonia« handelt es

Ein Militärhubschrauber hievt ein Opfer an Bord.

Jörg Haider

österreichischer Politiker, * 26.1.1950 Bad Goisern/Oberösterreich

Der Chef der rechtsnationalen Freiheitlichen Partei Österreichs ist – trotz einiger Rückschläge – seit Jahren im Aufwind. Als Landeshauptmann von Kärnten war er seit 1949 der erste Politiker an der Spitze eines Bundeslandes, der nicht einer der beiden großen Parteien ÖVP und SPÖ angehörte. Wegen rechtslastiger Äußerungen musste er diesen Posten jedoch 1991 vorübergehend wieder räumen – konnte seine starke Machtposition in seiner Partei jedoch behaupten.

- 1969-73: Jurastudium
- 1971-75: Sprecher des Rings Freiheitlicher Jugend
- 1986: Bundesobmann der FPÖ
- 1989-91: Landeshauptm. von Kärnten (erneut ab 1999)

9. Oktober 1994

Debakel für Volksparteien

Die Nationalratswahlen in Österreich enden mit schweren Verlusten für die seit 1986 regierende Große Koalition aus Sozialistischer Partei Österreichs (SPÖ) und der konservativen Österreichischen Volkspartei (ÖVP). Die großen Volksparteien verlieren erstmals seit 1945 ihre Zweidrittelmehrheit, wollen aber ihre Koalition fortsetzen. Wahlgewinner ist Jörg Haider, dessen rechtsnationale FPÖ 22,5% erhält, 5,9% mehr als 1990. Von der Unzufriedenheit der Wähler mit der schwarz-roten Koalition profitieren auch die Grüne Alternative mit 7% und das Liberale Forum mit 5,7%. Am 29. November wird das neue Kabinett unter dem bisherigen Regierungschef Franz Vranitzky (SPÖ) vereidigt.

Die Bugklappe der Unglücksfähre wird geborgen.

sich um ein sog. Ro/Ro-Schiff (Roll on/Roll off), von denen weltweit etwa 4500 im Einsatz sind. Bei dieser Art Fähre fahren die Autos in Höhe der Wasserlinie durch große Bug- und Heckklappen in das Schiff hinein und können es – auf der gegenüberliegenden Seite – wieder verlassen, ohne wenden zu müssen. Das schnelle Be- und Entladen bedeutet einen wirtschaftlichen Vorteil für die Reeder. Die Gefahren steigen jedoch. Weil wasserdichte Querschotten fehlen, gewinnen die Schiffe bei Wassereinbruch rasch Schlagseite. Das erste Unglück mit einer Fähre dieses Typs geschah 1953, als vor der nordirischen Küste die britische »Princess Victoria« mit 134 Menschen an Bord sank.

Videoaufnahmen von der auf Grund liegenden »Estonia«, die am 2. Oktober gemacht werden, zeigen, dass sich die rd. 50 t schwere Bugklappe aus ihrer Halterung gelöst hatte und abgerissen war. Als erste Reaktion auf das Unglück geben die finnischen und schwedischen Fährlinien bekannt, dass die Bugtore ihrer Schiffe zugeschweißt werden sollen. Britische und deutsche Gesellschaften wollen sich dem nicht anschließen. Eine Mitverantwortung an dem Unglück wird auch den Aufsichtsämtern sowie dem Kapitän der Fähre zugesprochen. Geborgen wird die »Estonia« nicht: Schwedens Regierung erklärt die Unglücksstelle zum Seegrab.

Fährunglücke
(Auswahl)

Datum	Ereignis	Opfer
1987	Beim Verlassen des belgischen Hafens Zeebrügge kentert die britische Fähre »Herald of Free Enterprise«.	209
1990	Auf der dänischen Fähre »Scandinavian Star«, die auf den Bahamas registriert ist, bricht im Skagerrak ein Brand aus.	160
1991	Vor Livorno rammt die italienische Fähre »Moby Prince« den Tanker »Agip Abruzzo« und geht in Flammen auf.	141
1993	Das polnische Fährschiff »Jan Heweliusz« kentert vor der Küste Rügens.	54

5. Oktober 1994

Massentod gibt Rätsel auf

Im schweizerischen Kanton Fribourg entdeckt die Polizei im Keller eines brennenden Gehöfts 22 Tote. Der Raum war als Kapelle hergerichtet (s. Abb.). Die Aufgefundenen gehörten der kanadisch-schweizerischen Sekte »Das Kreuz und die Rose« an und sind entweder durch Selbstmord oder aber durch Mord zu Tode gekommen. Die Motive liegen im Dunkeln. In derselben Nacht finden Beamte im Kanton Wallis 25 weitere Leichen.

16. Oktober 1994

Kohl bleibt Kanzler

Die Bundestagswahlen krönen das deutsche »Superwahljahr 1994«. Die Regierungskoalition von CDU/CSU und FDP kann zwar die meisten Wählerstimmen auf sich vereinigen, muss allerdings schwere Verluste hinnehmen. 6,4% der Wähler entziehen Bundeskanzler Helmut Kohl ihr Vertrauen. Mit 41,5% (CDU/CSU) und 6,9% (FDP) kann sich die Koalition nur knapp gegen die Opposition behaupten. Die SPD unter Spitzenkandidat Rudolf Scharping vermag Kohl zwar nicht vom Thron zu stoßen, verzeichnet jedoch mit 36,4% einen Zugewinn von 2,9%. Bündnis 90/Die Grünen nehmen erfolgreich die Fünf-Prozent-Hürde, die bei der vorherigen Bundestagswahl 1990 verfehlt wurde, und steigen mit 7,3% zur drittstärksten politischen Kraft auf.

Oktober 1994

1 Sa Der Bundeshauptausschuss der weit rechts angesiedelten Partei Die Republikaner setzt in Bonn den Mitbegründer Franz Schönhuber als Vorsitzenden ab.

2 So Der aus der Armee entlassene Offizier James Hewitt enthüllt in einer britischen Wochenzeitung, er habe mit Prinzessin Diana ein intimes Verhältnis gehabt.

3 Mo Der deutsche Astronaut Ulf Merbold startet vom russischen Raumfahrtzentrum Baikonur zur Raumstation »Mir«. +++ Der Schauspieler Heinz Rühmann stirbt.

4 Di Das neu gewählte Parlament des südamerikanischen Staates Panama billigt eine Verfassungsänderung, wonach das stehende Heer abgeschafft wird.

5 Mi Der Europäische Gerichtshof in Luxemburg weist die deutsche Klage gegen die umstrittene EU-Marktordnung für Bananen ab. → Massentod

6 Do Als Nachfolger des nach Bonn gewechselten Joschka Fischer wird Rupert von Plottnitz (beide Bündnis 90/Die Grünen) zum hessischen Umweltminister gewählt.

7 Fr Mit dem Selbstmord des Bankräubers endet ein Banküberfall mit anschließender Geiselnahme in Herzogenrath bei Aachen.

8 Sa Iraks Staatschef Saddam Hussein stockt die an der Grenze zu Kuwait stationierten Truppen durch weitere 16 000 Soldaten auf.

9 So Der spanische Schriftsteller Jorge Semprún erhält in der Frankfurter Paulskirche den diesjährigen Friedenspreis des Deutschen Buchhandels. → Debakel

10 Mo In Frankfurt am Main endet die 46. Buchmesse, an der 8600 Aussteller aus 110 Ländern teilnahmen und die 298 000 Besucher verzeichnete.

11 Di Der Landtag von Brandenburg bestätigt mit der absoluten Mehrheit der SPD den seit 1990 regierenden Ministerpräsidenten Manfred Stolpe im Amt.

12 Mi Als Reaktion auf den dramatischen Kursverlust des Rubels an der Moskauer Börse entlässt Präsident Boris Jelzin Finanzminister Sergej Dubinin.

13 Do Nach dem Gewaltverzicht der katholischen Untergrundorganisation IRA kündigen auch die protestantischen Extremisten Nordirlands eine Feuerpause an.

14 Fr Nach 31 337 km erreicht die 27 Jahre alte Ffyona Campbell wieder ihren schottischen Heimatort, den sie 1983 zu einer Weltumwanderung verlassen hatte.

15 Sa Der in vier Jahren erbaute, 7,7 km lange Tunnel unter dem Großen Belt zwischen der dänischen Hauptinsel Seeland und der Insel Sprogö ist fertig gestellt.

16 So Bei einer Volksabstimmung in Finnland votieren 57% der Wähler für den Beitritt ihres Landes zur Europäischen Union. → Kohl

17 Mo Als erstes britisches Staatsoberhaupt trifft Königin Elizabeth II. – in Begleitung von Prinz Philip – zu einem Besuch in Russland ein.

18 Di Die SPD-Bundestagsfraktion wählt den bisherigen rheinland-pfälzischen Ministerpräsidenten Rudolf Scharping zu ihrem Vorsitzenden.

19 Mi Ein Bombenanschlag der islamischen Untergrundorganisation Hamas auf einen Linienbus fordert in Tel Aviv (Israel) 22 Todesopfer.

20 Do In 35 Ländern gleichzeitig erscheint das Buch »Die Schwelle der Hoffnung überschreiten« von Papst Johannes Paul II.

21 Fr Der Bayerische Landtag bestätigt Edmund Stoiber (CSU) als Ministerpräsidenten. +++ Die USA und Nordkorea legen in Genf ihren Atomstreit bei.

22 Sa In Bordeaux verbessert der Schweizer Radrennfahrer Tony Rominger den erst am 2. September aufgestellten Stundenweltrekord um 792 m auf 53,832 km.

23 So Eine eingeschränkte Abkehr vom Prinzip der offenen Abstimmung beschließen die Stimmbürger des Schweizer Halbkantons Nidwalden.

24 Mo Auf dem Frankfurter Rhein-Main-Flughafen wird das Terminal 2 eröffnet, dessen Kapazität jedoch nach Ansicht von Kritikern am Bedarf vorbeigeplant ist.

25 Di Russische Behörden bestätigen, dass in der Nähe der nordrussischen Stadt Usinsk der Damm eines riesigen Ölsees gebrochen sei.

26 Mi In Anwesenheit von mehr als 4500 internationalen Gästen wird an der Grenze zwischen Jordanien und Israel ein bilateraler Friedensvertrag unterzeichnet.

27 Do In der russischen Staatsduma scheitert ein Misstrauensantrag der Opposition gegen Ministerpräsident Viktor Tschernomyrdin.

28 Fr Das Landgericht Ansbach verhängt gegen 21 Angeklagte wegen des massenhaften sexuellen Missbrauchs von Kindern Haftstrafen.

29 Sa Ein 26-jähriger Mann feuert von der Straße aus auf das Weiße Haus in Washington. Verletzt wird niemand, Passanten überwältigen den Schützen.

30 So Der deutsche Tennisprofi Boris Becker gewinnt das Hallenturnier in Stockholm und schlägt dabei die drei führenden Spieler der Weltrangliste.

31 Mo Schleswig-Holsteins wegen eines Beratervertrags in die Kritik geratener Ex-Ministerpräsident Björn Engholm kündigt an, aus dem Landtag auszuscheiden.

November 1994

1 Di In einer hessischen Ferienanlage nimmt die Polizei zwei Geiselgangster fest, die im Oktober aus einer Hamburger Haftanstalt ausgebrochen waren.

2 Mi An der Potsdamer Universität wird der erste fächerübergreifende Magisterstudiengang für Jüdische Studien in Deutschland eröffnet.

3 Do Die Vollversammlung der Vereinten Nationen fordert den UN-Sicherheitsrat auf, das Waffenembargo gegen Bosnien-Herzegowina aufzuheben.

4 Fr Ludwig Averkamp, bisheriger Bischof von Osnabrück, wird zum Erzbischof des neu errichteten Erzbistums Hamburg ernannt.

5 Sa Mit großer Mehrheit beschließt die Bundesversammlung der Grünen in Köln, an der strikten Trennung von Amt und Mandat festzuhalten. → Box-Opa

6 So Bei einem Referendum in Albanien wird eine neue Verfassung, die das Staatsgrundgesetz von 1976 ablösen sollte, mit rd. 62% der Stimmen abgelehnt.

7 Mo Michael Häupl (SPÖ) wird Bürgermeister und Landeshauptmann von Wien. Er löst seinen Parteifreund Helmut Zilk ab.

8 Di Die Demokratische Partei von US-Präsident Bill Clinton verliert bei den Kongress- und Gouverneurwahlen ihre Mehrheit in beiden Häusern des Parlaments.

9 Mi Chandrika Kumaratunga, bisher Regierungschefin von Sri Lanka, wird mit 62,3% der Stimmen zur Staatspräsidentin gewählt.

10 Do Bonn verbietet die neonazistische Wiking-Jugend. +++ Der Schriftsteller und PDS-Abgeordnete Stefan Heym eröffnet als Alterspräsident den Bundestag.

11 Fr Erstmals in Deutschland operieren Ärzte eines Hamburger Krankenhauses mit Hilfe eines Laserstrahls einen Fötus im Mutterleib.

12 Sa Washington weist die US-Marine in der Adria an, sich nicht mehr an der Überwachung des Waffenembargos gegen Bosnien zu beteiligen.

13 So In einem Referendum entscheiden sich die schwedischen Wahlberechtigten mit 52,2% für einen Beitritt ihres Landes zur Europäischen Union. → Formel-1

14 Mo Der frühere Fußballnationalspieler Franz Beckenbauer wird zum Präsidenten des Fußballclubs FC Bayern München gewählt.

15 Di Mit 338 von 671 Stimmen wählt der Bundestag in Bonn Helmut Kohl (CDU) zum fünften Mal zum deutschen Bundeskanzler.

16 Mi In vielen evangelischen Kirchen in Deutschland kommt es zu Protestaktionen gegen die Abschaffung des Buß- und Bettages als offizieller Feiertag.

17 Do Das Oberlandesgericht Düsseldorf verurteilt einen Ex-NATO-Mitarbeiter, der unter dem Namen »Topas« für die DDR spioniert hatte, zu zwölf Jahren Haft.

18 Fr Mit der früheren Berliner Justizsenatorin Jutta Limbach (SPD) übernimmt erstmals eine Frau den Vorsitz des Bundesverfassungsgerichts.

19 Sa Drei Wochen nach den ersten freien Wahlen in Mosambik wird Präsident Joaquim Chissano und seine FRELIMO-Partei zum Wahlsieger erklärt.

20 So Im Finale der ATP-Tennis-Weltmeisterschaft in Frankfurt am Main unterliegt Boris Becker dem Weltranglistenersten Pete Sampras. → Angola

21 Mo Einen Tag vor dem geplanten Termin stoppt das Verwaltungsgericht Lüneburg den Transport von atomaren Abfällen in das niedersächsische Gorleben.

22 Di Nach Bekanntwerden einer Finanzlücke von 3,75 Mio. DM erklärt der Pianist Justus Frantz seinen Rücktritt als Intendant des Schleswig-Holstein-Festivals.

23 Mi Kultusbeamte und Wissenschaftler aus Deutschland, Österreich und der Schweiz legen in Wien ein Regelwerk zur Vereinfachung der deutschen Sprache vor.

24 Do Im Hamburger Freihafen entdecken Zollbeamte fast 20 t Marihuana im Schwarzmarktwert von rd. 100 Mio. DM. Das Schmuggelgut kam aus Kolumbien.

25 Fr Die Umweltminister der Bundesländer beschließen, dass bei Sommersmog Fahrverbote für Pkw und Krafträder ohne geregelten Katalysator erfolgen.

26 Sa Einen Monat nach der Scheidung von seiner ersten Frau heiratet Bundesfinanzminister Theo Waigel (CSU) die ehemalige Skirennläuferin Irene Epple.

27 So Julio Sanguinetti, Kandidat der liberalen Colorado-Partei, geht als Sieger aus den Präsidentschaftswahlen in Uruguay hervor.

28 Mo Der Bundesverband der Deutschen Industrie (BDI) wählt den Computer-Manager Hans-Olaf Henkel zu seinem Vorsitzenden. → Norwegen

29 Di Ein Hamburger Gericht verurteilt den früheren CDU-Bürgerschaftsabgeordneten Gerd Löffler wegen Spionagetätigkeit für die DDR zu zweieinhalb Jahren Haft.

30 Mi Aus Protest gegen Steuerforderungen von mehr als 67 Mio. DM an ihre Partei treten in Berlin führende PDS-Politiker in einen Hungerstreik.

5. November 1994

Box-Opa feiert Comeback

George Foreman, bereits 1973/74 Weltmeister im Schwergewicht, gewinnt in Las Vegas gegen Michael Moorer erneut die Boxweltmeisterschaft und wird mit 45 Jahren ältester Boxchampion aller Zeiten (s. Abb.). Zunächst beherrscht der 19 Jahre jüngere Moorer den Kampf, doch dann

setzt Foreman eine harte Gerade, die Moorer direkt ausknockt. Der siegreiche Baptistenprediger will sein Preisgeld in Höhe von umgerechnet 6,6 Mio. DM für die Jugendarbeit verwenden.

28. November 1994

Norwegen geht eigenen Weg

Die konsultative Befragung der norwegischen Bevölkerung zum EU-Beitritt wird zu einer Absage an die europäische Staatengemeinschaft. 52,2% der Norweger sagen Nein zur EU und durchkreuzen damit die Pläne ihrer Regierung. Die sozialdemokratische Ministerpräsidentin Gro Harlem Brundtland hatte vergeblich versucht, zumindest die Anhänger ihrer Partei hinter sich zu sammeln. Ihrer Befürchtung einer norwegischen Isolation setzten die EU-Gegner entgegen, dass nationale Eigenständigkeit mit einer Mitgliedschaft in der Europäischen Union unvereinbar sei. Hauptwidersacherin der Ministerpräsidentin ist Anne Enger Lahnstein, die Vorsitzende der Zentrums-Partei. Sie lieferte sich mit der Regierungschefin hitzige Debatten über den EU-Beitritt. Dabei zog die Zentrumspolitikerin unter anderem Parallelen zum früheren Jugoslawien, das ebenfalls eine »künstliche Union« gewesen sei. Lahnstein betont, dass sie sich nicht grundsätzlich gegen Europa wende, aber die Bürokratie in Brüssel ablehne.

11. Dezember 1994

Militärschlag gegen Tsche

Mit Waffengewalt geht Russland gegen die Unabhängigkeitsbestrebungen der Kaukasusrepublik Tschetschenien vor. Russische Truppen marschieren in die Unruheregion ein. Reformpolitiker kritisieren die größte Militäraktion seit der Invasion in Afghanistan im Jahre 1979 als Gefahr für die russische Demokratie.

Beobachter vermuten, dass Russlands Präsident Boris Jelzin einem Nachahmungseffekt der anderen Kaukasusrepubliken vorbeugen will, der dann zu befürchten wäre, wenn er dem Unabhängigkeitswillen der Tschetschenen nachgibt. Den Einmarsch begründet er mit der »Gefährdung der Einheit Russlands« durch die Separatisten. Er verweist darauf, dass ein Austritt aus der Russischen Föderation, zu der Tschetschenien gehört, in der Verfassung nicht vorgesehen sei. Tschetscheniens Präsident Dschochar Dudajew lehnt jedoch alle Verhandlungen über eine Kapitulation ab.

Bei ihrem Einmarsch stellen sich den russischen Einheiten tschetschenische Soldaten und Freiwilligen-Verbände entgegen. Es kommt zu blutigen Kämp-

Tschetschenische Unabhängigkeitskämpfer stellen sich den russischen Invasoren entgegen.

31. Dezember 1994

Treuhand zieht Schlussstrich

Die Treuhandanstalt in Berlin stellt nach viereinhalb Jahren ihre Tätigkeit ein. Präsidentin Birgit Breuel (s. Abb.) zieht insgesamt eine positive Bilanz, räumt aber auch Fehler ein. Die größte Staatsholding der Welt war eingerichtet worden, um die ehemals volkseigenen Betriebe in den neuen Bundesländern zu sanieren und zu privatisieren. Rd. 95% der ostdeutschen Unternehmen wurden im Rahmen der Treuhandarbeit in private Hand übergeben. Die Treuhand konnte allerdings nur 65 Mrd. DM erwirtschaften und hinterlässt 300 Mrd. DM Schulden.

henien

fen, die zahlreiche Opfer fordern. Die russische Luftwaffe fliegt Angriffe auf Ziele in der tschetschenischen Hauptstadt Grosny. Nach wochenlangen erbitterten Kämpfen nehmen russische Truppen im Januar 1995 den Präsidentenpalast ein. Dabei muss die russische Seite mit ihren zum Teil unerfahrenen und schlecht ausgebildeten Truppen im Häuserkampf große Verluste hinnehmen. Nach offiziellen Angaben kommen dabei 1146 russische Soldaten ums Leben, Militärexperten schätzen die Zahl der Toten jedoch weit höher ein. Von den bewaffneten Separatisten verlieren etwa 100 bei den Kämpfen um Grosny ihr Leben. Weit höher liegt die Zahl der getöteten Zivilisten: etwa 24500 Menschen sterben, viele bei Luftangriffen. Die meisten der rd. 350000 Bewohner von Grosny fliehen aus ihrer weitgehend zerstörten Stadt. Das Internationale Rote Kreuz schätzt die Zahl der Flüchtlinge in Tschetschenien auf 300000. Nach dem Fall Grosnys erklärt der russische Präsident die militärische Phase für praktisch beendet. Dennoch dauern die Kämpfe noch bis in den Sommer hinein an.

Volksgruppen im Kaukasus (Auswahl)

Bevölkerung	Zahl
Abchasen	100000
Adscharen	200000
Armenier	4500000
Aseri	6800000
Georgier	4000000
Inguschen	190000
Osseten	400000
Russen	2000000
Tschetschenen	700000

13. November 1994

Deutscher Formel-1-Triumph

Mit dem hauchdünnen Vorsprung von nur einem Punkt gewinnt Michael Schumacher als erster Deutscher die Formel-1-Weltmeisterschaft vor seinem schärfsten Rivalen Damon Hill aus Großbritannien. Nach einer Kollision scheiden im australischen Adelaide zum Saisonabschluss beide Kontrahenten aus. Kritiker zweifeln dabei am fahrerisch korrekten Verhalten des neuen Weltmeisters. Schumacher widmet seinen Titel dem Brasilianer Ayrton Senna, der beim Großen Preis von San Marino tödlich verunglückt war. Mit dem WM-Triumph geht für das Benetton-Team eine erfolgreiche Saison zu Ende. Sie war durch die spannende Aufholjagd von Hill geprägt, der den fast uneinholbar scheinenden Vorsprung Schumachers noch in eine zeitweise Führung im Gesamtklassement umwandeln konnte.

Michael Schumacher

deutscher Automobilrennfahrer, * 3.1.1969 Hürth-Hermülheim

Der erste deutsche Formel-1-Weltmeister zählt mit seiner Nervenstärke und fahrerischen Präzision zu den dominierenden Fahrern der 90er Jahre. Die Erfolge des gelernten Kfz-Mechanikers führen in Deutschland zu einem Formel-1-Boom. Seine ersten Rennerfahrungen erwarb sich Schumacher ab 1973 auf dem Motorkart. 1987 gewann er die Kart-Europameisterschaft. 1991 fuhr er für Jordan-Ford sein erstes Formel-1-Rennen und wurde von Benetton-Ford abgeworben. 1996 wechselt Schumacher zu Ferrari.

- 1992: Erster Formel-1-Sieg
- 1994: Formel-1-Weltmeister (erneut 1995)
- 1999: Schwerer Unfall in Silverstone

20. November 1994

Friedensschluss in Angola

In Lusaka, der Hauptstadt Sambias, unterzeichnen Vertreter der sozialistischen Regierung Angolas und der rechtsgerichteten Rebellenorganisation UNITA ein Friedensabkommen. Damit endet der Krieg in Angola, der seit 1961 in dem Land tobt. Damals richteten sich die Kämpfe noch gegen die portugiesischen Kolonialherren. 1975, nach Gewährung der Unabhängigkeit, weitete sich der Konflikt zu einem Bürgerkrieg aus.

Dem Friedensabkommen ging ein Waffenstillstand voraus, der 1991 geschlossen worden war. Schon im folgenden Jahr kam es aber erneut zu Kämpfen. Die Parteien kamen erst 1993 wieder zu Gesprächen zusammen, nachdem die USA die Unterstützung der UNITA eingestellt hatten. Der Friedensvertrag sieht vor, dass die UNITA unter Jonas Savimbi mit vier Ministerposten an der Regierung beteiligt wird. Die Rebellen müssen ihre Waffen abliefern. Im Gegenzug entlässt die Regierung die von ihr angeheuerten südafrikanischen Söldner. Der Frieden wird nicht sofort von allen Beteiligten akzeptiert. Immer wieder brechen kleinere Kämpfe aus. 1995 beschließt die UNITA ihre Umwandlung in eine politische Partei.

Dezember 1994

1 Do Der russische Außenminister Andrej Kosyrew verweigert in Brüssel die geplante Besiegelung eines Kooperationsabkommens mit der NATO.

2 Fr In einem eigens erbauten Erlebnis-Center in Stuttgart hat das Musical »Miss Saigon« von Claude-Michel Schönberg und Alain Boublil deutsche Premiere.

3 Sa Die Bundesversammlung von Bündnis 90/Die Grünen wählt Jürgen Trittin und Krista Sager in Potsdam zu Vorstandssprechern.

4 So Bei einer Volksabstimmung billigen 72,8% der Schweizer Stimmbürger eine drastische Verschärfung des Ausländerrechts.

5 Mo Auf Betreiben von Partei- und Fraktionschef Rudolf Scharping beschließt der SPD-Parteivorstand eine scharfe inhaltliche Abgrenzung zur PDS.

6 Di Auf dem Gipfeltreffen der KSZE in Budapest kommt es zu Differenzen zwischen Russland und der NATO über eine künftige Sicherheitsstruktur in Europa.

7 Mi Der in Bonn vorgelegte Waldzustandsbericht 1994 bilanziert, dass 64% aller Bäume krank sind. Am stärksten betroffen ist mit 83% die Eiche.

8 Do Die EU billigt den Bonner Sanierungsplan für die Eko-Stahl in Eisenhüttenstadt. +++ Sam Nujoma wird zum Präsidenten von Namibia gewählt.

9 Fr Im Belfaster Parlamentsgebäude finden die ersten direkten Gespräche der irischen Untergrundorganisation IRA mit der britischen Regierung statt.

10 Sa Der Bonner Reinhard Selten bekommt in Stockholm als erster Deutscher den Nobelpreis für Wirtschaftswissenschaften überreicht.

11 So Die Skisportler Katja Seizinger und Markus Wasmeier sowie die Skispringer-Mannschaft werden zu Sportlern des Jahres gewählt. → Tschetschenien

12 Mo Trotz heftiger Kritik an der Erfolgsbilanz Klaus Kinkels spricht der FDP-Parteitag in Gera dem Parteivorsitzenden mit rd. 65% der Stimmen das Vertrauen aus.

13 Di Auf Drängen von »Spiegel«-Herausgeber Rudolf Augstein wird Chefredakteur Werner Kilz von seinem Amt entbunden. Nachfolger wird Stefan Aust.

14 Mi Die Verteidigungsminister der NATO fordern in Brüssel einen wirksameren Einsatz der UNPROFOR-Truppen in Bosnien.

15 Do Wegen Leugnung des Völkermordes an den Juden im Dritten Reich wird der Neonazi Ewald Althans in München zu 18 Monaten Haft verurteilt.

16 Fr In einem eigens erbauten Zelttheater im Hamburger Hafen startet das Musical »Buddy« über die Lebensgeschichte des Rockmusikers Buddy Holly.

17 Sa Durch k.o. gegen den Argentinier Nestor Giovanni wird in Hamburg Lokalmatador Dariusz Michalczewski WBO-Weltmeister im Cruisergewicht.

18 So Bei den vorgezogenen Parlamentswahlen in Bulgarien erreicht die aus den Kommunisten hervorgegangene Sozialistische Partei die absolute Mehrheit.

19 Mo Der Bulgare Hristo Stoitschkow (FC Barcelona) wird vor dem Italiener Roberto Baggio zu »Europas Fußballer des Jahres« gewählt.

20 Di In Stuttgart entscheidet der Daimler-Benz-Vorstand, dass der »Smart«, eine Coproduktion mit dem Uhrenhersteller Swatch, in Lothringen gebaut werden soll.

21 Mi 45 Menschen werden zum Teil schwer verletzt, als ein arbeitsloser Computerexperte in der New Yorker U-Bahn eine Brandbombe zur Explosion bringt.

22 Do Nach siebenmonatiger Amtszeit reicht der unter Korruptionsverdacht stehende italienische Ministerpräsident Silvio Berlusconi seinen Rücktritt ein.

23 Fr Auf Vermittlung von Ex-US-Präsident Jimmy Carter kommt in Bosnien eine Feuerpause zustande. +++ Lee Hong Koo wird Premierminister von Südkorea.

24 Sa In seiner Weihnachtsansprache nennt Bundespräsident Roman Herzog die Arbeitslosigkeit die »brennendste Wunde in unserer Wohlstandsgesellschaft«.

25 So In Japan tritt eine Verfassungsänderung in Kraft, die u.a. eine Verringerung der Sitze im Unterhaus von 511 auf 500 Sitze zum Inhalt hat.

26 Mo Französische Elitesoldaten stürmen in Marseille ein Flugzeug, das zwei Tage zuvor von einer algerischen Terroristengruppe gekapert worden war.

27 Di Der russische Präsident Boris Jelzin kündigt in einer Fernsehrede an, dass Moskau weiterhin eine harte Haltung gegen Tschetschenien einnehmen werde.

28 Mi In Kabul erklärt der afghanische Staatspräsident Burhanuddin Rabbani, er wolle über seine Amtsperiode hinaus unbefristet im Amt bleiben.

29 Do Der Vorsitzende der Hilfsorganisation CARE Deutschland, Klaus Nöldner, der wegen eines Ruanda-Einsatzes in die Kritik geraten war, tritt zurück.

30 Fr Wegen nachgewiesenen Dopings sperrt der Internationale Schwimmverband sieben chinesische Schwimmerinnen und Schwimmer bis Ende 1996.

31 Sa Die Kriegsparteien in Bosnien-Herzegowina unterzeichnen einen von der UNO vermittelten viermonatigen Waffenstillstand. → Treuhand

Januar 1995

1 So Der UNO-Sicherheitsrat nimmt Deutschland für die Dauer von zwei Jahren als nicht ständiges Mitglied auf.

2 Mo Bei Anschlägen islamischer Fundamentalisten in Oberägypten sterben elf Menschen, zwei weitere erleiden schwere Verletzungen.

3 Di Mexikos Präsident Ernesto Zedillo erlässt ein Notstandsprogramm zur Behebung der Währungs- und Finanzkrise.

4 Mi Das thailändische Parlament billigt eine Verfassungsreform, nach der u.a. das Wahlalter gesenkt und die Gleichberechtigung betont wird.

5 Do Vor dem Sicherheitsrat der Vereinten Nationen fordert Generalsekretär Butros Butros Ghali klare Richtlinien für künftige friedenserhaltende Einsätze.

6 Fr Knapp 34 000 Rentner müssen für 1983 Krankenkassenbeiträge nachzahlen. Das berichtet der Verband deutscher Rentenversicherungsträger.

7 Sa Nach 1150 Jahren wird Hamburg wieder zum eigenständigen Erzbistum. Neuer Erzbischof wird der ehemalige Bischof von Osnabrück, Ludwig Averkamp.

8 So Zwischen Regierungstruppen und tamilischen Rebellen im Nordosten von Sri Lanka herrscht ab heute eine 14-tägige Waffenruhe.

9 Mo Wegen der Todesschüsse an der innerdeutschen Grenze wird in Berlin Anklage gegen sieben Mitglieder des ehemaligen SED-Politbüros erhoben.

10 Di Als erste UN-Institution zieht die Freiwilligenorganisation (UVF) mit rd. 150 Mitarbeitern von Genf nach Bonn um.

11 Mi Das Staatssicherheitsgericht der Türkei spricht überraschend sechs Beschuldigte frei, die der Verbreitung kurdischer Propaganda angeklagt sind.

12 Do Auf den Philippinen beginnt Papst Johannes Paul II. seine elftägige Reise durch vier Länder Asiens und der Pazifikregion.

13 Fr Kalifornien wird von dem heftigsten Unwetter seit dem Jahre 1985 heimgesucht. Mindestens 20 Menschen kommen dabei ums Leben.

14 Sa Die Freiheitliche Partei Österreichs (FPÖ) ändert ihren Namen in Die Freiheitlichen (F), um sich von den sog. Altparteien SPÖ und ÖVP abzugrenzen.

15 So Wegen eines Steuerungsfehlers in der Trägerrakete stürzt der deutsch-japanische Forschungssatellit »Express« in den Pazifik.

16 Mo Griechenlands Parlament lehnt mit 154 gegen 102 Stimmen die Einleitung eines Prozesses gegen Ex-Regierungschef Konstandinos Mitsotakis ab.

17 Di Lamberto Dini, parteiloser Wirtschaftsexperte, wird von Italiens Staatspräsident Oscar Luigi Scalfaro als Ministerpräsident vereidigt. → Japan

18 Mi Der französische Premierminister Edouard Balladur kündigt offiziell seine Kandidatur für das Amt des Staatspräsidenten an. → Sensation

19 Do Nach dreiwöchigen erbitterten Kämpfen erobern russische Truppen den Präsidentenpalast in der tschetschenischen Hauptstadt Grosny.

20 Fr Die Sprengung eines Abluftkamins beendet den Abriss des Kernkraftwerks Niederaichbach. +++ Jean-Claude Juncker wird Regierungschef Luxemburgs.

21 Sa In Bremen beginnt der 14. Kongress der Gewerkschaft Handel, Banken und Versicherungen (HBV). Margret Mönig-Raane wird als Vorsitzende bestätigt.

22 So Bei einem Bombenanschlag palästinensischer Fundamentalisten in Tel Aviv (Israel) sterben 23 Menschen, über 60 werden verletzt.

23 Mo Das Oberverwaltungsgericht Lüneburg erlaubt den Transport von abgebrannten Brennelementen aus dem Kernkraftwerk Philippsburg nach Gorleben.

24 Di In einer Rede zur Lage der Nation kündigt US-Präsident Bill Clinton u.a. Steuererleichterungen für die Mittelschicht an.

25 Mi Trotz der Proteste von Palästinensern beschließt die israelische Regierung den Ausbau jüdischer Siedlungen in der Umgebung von Jerusalem. → Comeback

26 Do Die mit 856 m längste Schrägseilbrücke der Welt wird freigegeben. Sie führt zwischen Le Havre und Honfleur über die Seine-Mündung. → Dschungelkrieg

27 Fr Delegationen aus 30 Ländern und ehemalige Häftlinge gedenken im ehemaligen Konzentrationslager Auschwitz der rd. 1,5 Mio. dort Ermordeten.

28 Sa In Hanoi eröffnen die USA ein Verbindungsbüro, das sich u.a. um das Schicksal vermisster US-Soldaten im Vietnamkrieg kümmern soll.

29 So Der dreitägige Bundesparteitag der PDS endet in Berlin mit der Bestätigung von Lothar Bisky als Parteivorsitzendem.

30 Mo In Köln erreicht das Rhein-Hochwasser mit 10,69 m den höchsten Stand seit 1926. +++ Durch eine Autobombe kommen in Algier 42 Menschen um.

31 Di Die erste gesamtdeutsche Arbeitsmarktstatistik aus Nürnberg weist 3,850 Mio. erwerbslose Menschen in der Bundesrepublik aus.

25. Januar 1995

Comeback der Linken

Das bulgarische Parlament wählt mit 138 von 231 Stimmen Schan Widenow, dessen Bulgarische Sozialistische Partei (BSP) bei den Wahlen im Dezember 1994 die Mehrheit errungen hatte, zum Ministerpräsidenten. Widenow ist Chef der BSP, die aus der Kommunistischen Partei hervorgegangen ist.

Ihren Erfolg verdanken die Linken nicht zuletzt der miserablen Wirtschaftslage des Landes. Mit einem Pro-Kopf-Einkommen von umgerechnet 162 DM pro Monat zählt das Land am Schwarzen Meer zu den ärmsten Ländern Europas. Der neue Ministerpräsident will entsprechend den Schwerpunkt seiner Politik auf die ökonomische Entwicklung Bulgariens legen. Der 35-Jährige kündigt an, er wolle die Privatisierung der Wirtschaft nach tschechischem Muster vorantreiben. Ein wichtiges Ziel sei zudem die Eindämmung der Inflation, die im Jahre 1994 121,9% erreicht hat. Widenow, der die klassische Schulung eines kommunistischen Parteifunktionärs durchlaufen hat, bemüht sich – obwohl er angesichts der Mehrheitsverhältnisse im Parlament nicht darauf angewiesen ist – um Koalitionspartner. So will er gleich zu Beginn der Amtszeit seine Politik auf eine breite Basis stellen. Die bürgerliche Opposition mit der bisher regierenden Union Demokratischer Kräfte (UDK) an der Spitze lehnt eine Zusammenarbeit mit den Postkommunisten jedoch ab. Lediglich der Businessblock (BBB) signalisiert seine Bereitschaft zur Unterstützung der neuen Regierung.

1. Februar 1995

Triumph für Wötzel/Steuer

Mit Harmonie zum Europameistertitel im Eiskunstlauf: Die 21-jährige Mandy Wötzel und der 28-jährige Ingo Steuer (s. Abb.) aus Chemnitz werden in Dortmund Paarlauf-Europameister. Sie

siegen vor den Tschechen Radka Kovarikova/Rene Novotny und den amtierenden Weltmeistern Jewgenia Schischkowa/Wadim Naumow aus Russland. Es ist der erste EM-Erfolg für ein deutsches Paar seit 1983, als Sabine Baess und Tassilo Thierbach für die DDR erfolgreich waren. Der Meistertitel ist der vorläufige Höhepunkt einer wechselvollen Karriere. Im ersten gemeinsamen Winter 1993 wurden Wötzel/Steuer Vize-Welt- und -Europameister, doch bei den Olympischen Spielen 1994 in Lillehammer fehlte das Glück: Mandy Wötzel stürzte spektakulär und prallte mit dem Kinn aufs Eis. Bei den Weltmeisterschaften im März 1995 in Birmingham werden sie Fünfte.

17. Januar 1995

Erdbeben in Japan

Mehr als 6000 Menschen kommen bei der schwersten Erdbebenkatastrophe in Japan seit 1923 ums Leben. Den Sachschaden beziffern Experten auf umgerechnet rd. 200 Mrd. DM.

20 Sekunden bebt die Erde um die westjapanischen Millionenstädte Kobe und Osaka. Die Erdstöße erreichen eine Stärke von 7,2 auf der nach oben offenen Richterskala. Das Epizentrum des Bebens liegt etwa 20 km unter der Insel Awajishima. Weite Teile von Kobe sind nach der Naturkatastrophe verwüstet, im Gefolge der Zerstörungen brechen gewaltige Feuer aus. Dunkle Rauchwolken verdüstern den Himmel über der Stadt. Auch die für erdbebensicher gehaltene Hochstraße Hanshin Expressway konnte den Erdstößen nicht standhalten und brach zusammen. Zahlreiche Autofahrer sterben in den Trümmern. Etwa ein Drittel aller Häuser ist eingestürzt. Das Erdbeben erschüttert den Glauben der Japaner, auf Naturkatastrophen gut vorbereitet zu sein. Die Regierung in Tokio sagt den Menschen in Kobe und Umgebung rasche Hilfe zu, doch sind die Behörden kaum in der Lage, die Überlebenden zu unterstützen. Vor allem die unzureichende Versorgung der Bevölkerung mit Trinkwasser und Lebensmitteln offenbart Schwächen in der Organisation.

Die Folgen des Bebens sind nicht so schnell aus der Welt zu schaffen: Ein halbes Jahr nach der Katastrophe leben noch 17 000 der anfänglich rd.

5. Februar 1995

BSE hemmt Rindfleischgenuss

Das Auftreten der gefürchteten Rinderseuche BSE in Großbritannien hat Fleischimporte von der Insel ins Gerede gebracht. Entsprechend einem Beschluss der Europäischen Union setzt Bundesgesundheitsminister Horst Seehofer (CSU) eine zunächst auf sechs Monate befristete Verordnung in Kraft, die den Import von frischem Rindfleisch aus Großbritannien ohne Auflagen erlaubt – sofern die Rinder (s. Abb.) nach dem 1. Januar 1992 geboren sind. Bislang war die Einfuhr aus Großbritannien nur möglich, wenn die Tiere nachweislich aus Beständen kamen, in denen BSE seit sechs Jahren nicht mehr aufgetreten ist. SPD und Grüne fordern ein generelles Importverbot. Schon 1994 hatte der sog. Rinderwahnsinn die Verbraucher verunsichert.

Auf einer Länge von mehreren hundert Metern stürzt eine Hochautobahn ein.

300 000 Obdachlosen in Notunterkünften. Die Betroffenen äußern sich enttäuscht über die staatlichen Hilfsmaßnahmen.

Japan wurde in diesem Jahrhundert immer wieder von schweren Beben heimgesucht. Im Jahre 1923 forderte ein Erdbeben der Stärke 7,9 rd. 140 000 Menschenleben. Unter Seismologen gilt das Land als ganz besonders gefährdet. Drei der zwölf großen Erdplatten – die Eurasische, die Pazifische und die Philippinische Platte – stoßen in dieser Region zusammen. Entlang der Platten-Grenzen kommt es immer wieder zu schweren Erdstößen. Überlebenswichtig ist es, bereits so früh wie möglich über die Gefahr eines Erdbebens informiert zu sein. Seismologische Forschungen werden deshalb von der Regierung in Tokio großzügig unterstützt. Die Erfolge halten sich jedoch in Grenzen – die bisherigen geophysikalischen Erkenntnisse reichen für ein wirksames Frühwarnsystem offenbar noch nicht aus. Allerdings wird in Japan bereits ein Verfahren angewendet, das die unterschiedlichen Geschwindigkeiten von seismischen Wellen ausnutzt. Werden dabei Phänomene registriert, die auf ein Erdbeben hindeuten, führt dies z.B. zum Stopp aller Hochgeschwindigkeitszüge. Aufgrund der Kurzfristigkeit der Prognosen ist allerdings zur Zeit noch keine ausreichende und umfassende Warnung der Bevölkerung möglich.

26. Januar 1995

Dschungelkrieg in Südamerika

Zwischen Peru und Ecuador kommt es zu einem bewaffneten Grenzkonflikt. Im Quellgebiet des Rio Cenepa eskalieren Scharmützel der Soldaten beider Länder. Bei dem Streit geht es um ein unwegsames Urwaldgebiet, in dem Erdöl und Gold vermutet werden. Hintergrund ist eine unklare Grenzziehung aus nachkolonialer Zeit: Seit Erlangung seiner Souveränität im Jahre 1830 büßte Ecuador, zuletzt 1941, über die Hälfte seines Staatsgebiets ein. Im aktuellen Streitfall wird um die Herrschaft über ein rd. 340 km^2 großes Grenzstück von 78 km Länge gerungen. Den Regierungschefs beider Länder kommt der Konflikt gelegen, da er jeweils von innenpolitischen Problemen ablenkt. Durch einen Erfolg im Dschungelkrieg erwarten sie einen Popularitätszuwachs.

Bis zu einem Friedensschluss, der am 17. Februar in Brasilia unterzeichnet wird, kommen bei den Kämpfen mehr als 200 Menschen ums Leben – die meisten sind im Kampfgebiet lebende Indios. Mindestens 6000 Indianer sind nach Angaben von Menschenrechtsgruppen aus ihren Siedlungen geflohen.

18. Januar 1995

Prähistorische Sensation

Auerochse, Pferd und Nashorn (s. Abb.) zieren die Wände einer Tropfsteinhöhle im südfranzösischen Departement Ardèche. Frankreichs Kulturminister Jacques Toubon gibt in Paris bekannt, dass am 18. Dezember 1994 drei Amateurforscher die 267 Tierdarstellungen entdeckt hätten. Das Alter der

Malereien wird auf 30 000 bis 32 000 Jahre geschätzt. Es handelt sich damit um die ältesten Zeugnisse prähistorischer Kunst, die bislang entdeckt worden sind. Nach Bekanntwerden der Funde wird die nordwestlich von Avignon gelegene Höhle für Besucher gesperrt.

Februar 1995

1 Mi Die bisher unbekannte Gruppierung »Keine Verbindung e.V.« bekennt sich zum Anschlag auf Telekom-Leitungen bei Frankfurt am Main. → Triumph

2 Do Politiker aller Parteien reagieren empört auf den Freispruch zweier Funktionäre der rechtsextremen FAP durch das Amtsgericht Hamburg.

3 Fr Ein militärisches Zeremoniell besiegelt auf dem Truppenübungsplatz Klietz bei Potsdam die Eingliederung der ostdeutschen Streitkräfte in die NATO.

4 Sa Bei einem Sprengstoffanschlag im österreichischen Burgenland sterben vier Roma. Das Attentat löst in der Öffentlichkeit Abscheu und Erschütterung aus.

5 So Sozialsenatorin Ingrid Stahmer wird von den Berliner SPD-Mitgliedern zur Kandidatin für das Amt des Regierenden Bürgermeisters bestimmt. → BSE

6 Mo Die EU-Außenminister in Brüssel stimmen – nachdem Griechenland seinen Protest aufgegeben hat – einer 1996 in Kraft tretenden Zollunion mit der Türkei zu.

7 Di Am Streit über die eigenmächtige Ausweisung eines Naturschutzgebietes durch Umweltsenator Ralf Fücks (Grüne) scheitert die Bremer Ampel-Koalition.

8 Mi Russland und die Ukraine einigen sich auf einen Freundschaftsvertrag, der u.a. die Aufteilung der beiderseits beanspruchten Schwarzmeerflotte regelt.

9 Do Serbische Truppen beginnen eine neue Offensive gegen die UNO-Schutzzone Bihać in Bosnien. +++ Belgien beschließt die Abschaffung der Wehrpflicht.

10 Fr Der Bundesgerichtshof in Karlsruhe spricht zwei ehemalige Grenzsoldaten der DDR vom Vorwurf des versuchten Totschlags frei.

11 Sa Henry Maske verteidigt in Frankfurt am Main durch einen Punktsieg über den Kanadier Egerton Marcus den IBF-Weltmeistertitel im Halbschwergewicht.

12 So Auf einem Kongress der italienischen Partei Lega Nord in Mailand wird Parteichef Umberto Bossi in seinem Amt bestätigt.

13 Mo Der seit 1981 beim Fußball-Bundesligisten SV Werder Bremen als Trainer tätige Otto Rehhagel kündigt seinen Wechsel zum FC Bayern München an.

14 Di Mit einer »Aktion Paukenschlag« räumt die Züricher Polizei den seit drei Jahren geduldeten Drogentreff am stillgelegten Bahnhof Letten.

15 Mi Die Hamburger Bürgerschaft billigt mit 66 gegen 49 Stimmen den Verkauf der ehemals besetzten Häuser der Hafenstraße an einen privaten Investor.

16 Do Im ersten Doping-Urteil der Fußball-Bundesliga verurteilt das DFB-Bundesgericht den Bochumer Roland Wohlfahrt zu einer Spiel-Sperre.

17 Fr Im afghanischen Bürgerkrieg besetzt die fundamentalistische Taliban-Miliz strategisch wichtige Stellungen in der Nähe der Hauptstadt Kabul.

18 Sa Die Sozialdemokratische Volkspartei und die oppositionelle Republikanische Volkspartei der Türkei vereinigen sich auf einem Parteitag in Ankara.

19 So Unter Führung des Journalisten Alexander Jakowlew konstituiert sich eine Sozialdemokratische Partei Russlands (SDAPR) als unabhängige Reformpartei.

20 Mo Die 45. Berlinale endet mit der Verleihung des Goldenen Bären an den französischen Regisseur Bertrand Tavernier für seinen Film »Der Lockvogel«.

21 Di Die Französin Jeanne Calment, älteste Frau der Welt, feiert in Arles ihren 120. Geburtstag. +++ Das Parlament in Tallinn erklärt Estnisch zur Amtssprache.

22 Mi Die umkämpfte Muslim-Enklave Bihać im Nordwesten Bosniens erhält erstmals seit Monaten Lebensmittelhilfe durch einen Konvoi der UNO.

23 Do Unter Protesten von Umweltschützern verlässt der britische Frachter »Pacific Pintail« mit 14 t hoch radioaktivem Müll den französischen Hafen Cherbourg.

24 Fr Bundesinnenminister Manfred Kanther verbietet die rechtsextreme Freiheitliche Arbeiterpartei (FAP). In Hamburg wird zugleich die Nationale Liste verboten.

25 Sa Nach seinem Zusammenbruch im Titelkampf um die Supermittelgewicht-Weltmeisterschaft wird dem US-Boxer Gerald McClellan ein Blutgerinnsel entfernt.

26 So Tausende säumen bei der ersten Fahrt des in Papenburg gebauten Kreuzfahrtschiffes »Oriana« das Ufer der Ems, die eigens ausgebaggert wurde.

27 Mo Wegen der Ermordung eines deutschen Urlaubers sowie zweier Ägypter werden in Kairo zwei radikale Islamisten durch den Strang hingerichtet.

28 Di Roman Herzog reist nach Albanien und ist somit das erste deutsche Staatsoberhaupt, das dem Balkanland einen offiziellen Besuch abstattet.

März 1995

1 Mi Durch ein konstruktives Misstrauensvotum stürzt das polnische Parlament Premierminister Waldemar Pawlak. Sein Nachfolger wird Józef Oleksy.

2 Do US-Forscher teilen mit, dass sie die nur vermutete Existenz der sog. Top-Quarks – Elementarteilchen der Materie – experimentell nachgewiesen hätten.

3 Fr Die Presse berichtet über Hintergründe, die zum Verbot des Kurdistan-Informationsbüros durch Bundesinnenminister Manfred Kanther führten. → Somalia

4 Sa Mit rd. 135 000 verkauften Fahrkarten verzeichnet die Deutsche Bahn AG den bisher größten Erfolg ihres Billig-Tickets »Schönes Wochenende«.

5 So Bei den Parlamentswahlen in Estland büßt die bürgerlich-konservative Regierungskoalition ihre Mehrheit ein. Zu den Wahlsiegern zählen linke Parteien.

6 Mo Aufgrund anhaltender Währungsturbulenzen beschließen die EU-Finanzminister die Abwertung der spanischen Peseta und des portugiesischen Escudo.

7 Di Fritz Pleitgen wird Intendant des Westdeutschen Rundfunks. +++ Der US-Bundesstaat New York führt die Todesstrafe wieder ein.

8 Mi Das Parlament in Athen wählt den von der sozialistischen PASOK nominierten Kostis Stephanopoulos zum griechischen Staatspräsidenten.

9 Do Die israelische Marine beendet die am 8. Februar begonnene Blockade eines rd. 50 km langen Küstenstreifens vor dem Libanon.

10 Fr Bei einem Bombenanschlag auf eine schiitische Moschee in Karatschi, der größten Stadt Pakistans, sterben mindestens zwölf Menschen.

11 Sa Nach der Ermordung von zwei Politikern beginnen in Bujumbura, der Hauptstadt des ostafrikanischen Staates Burundi, Kämpfe zwischen Hutu und Tutsi.

12 So Nach sechs Tagen endet in Kopenhagen die UNO-Konferenz für soziale Entwicklung. +++ Die Schweizer stimmen gegen eine Reform ihrer Agrarpolitik.

13 Mo Ein Fehler in einer Großrechenanlage der Deutschen Bahn legt für mehrere Tage den gesamten Fernreiseverkehr über Hamburg-Altona lahm.

14 Di Sieben Jahre und neun Monate Haft lautet das Urteil des Berliner Landgerichts für den sog. Kaufhauserpresser »Dagobert«.

15 Mi Der Verteidigungsausschuss des Bundestages billigt eine Bundeswehrreform, wonach die Wehrzeit verkürzt und die Anzahl der Soldaten verringert wird.

16 Do In einem Spitzengespräch der Tarifparteien mit Kanzler Helmut Kohl versprechen Wirtschaft und Verwaltung jedem Jugendlichen eine Lehrstelle.

17 Fr Trotz internationaler Proteste wird in Singapur ein philippinisches Hausmädchen wegen zweifachen Mordes hingerichtet.

18 Sa Ein Angriff der algerischen Armee auf einen Lastwagenkonvoi mit bewaffneten islamischen Fundamentalisten fordert 800 Todesopfer.

19 So Königin Elizabeth II. stattet der Republik Südafrika einen Staatsbesuch ab, der erste eines britischen Monarchen seit dem Jahre 1947.

20 Mo Nahe der UNO-Schutzzone Tuzla in Bosnien brechen erneut Gefechte zwischen bosnischen Serben und Regierungssoldaten aus. → Giftgasanschlag → Türkei

21 Di In Paris endet die zweitägige sog. Stabilitätskonferenz der Organisation für Sicherheit und Zusammenarbeit in Europa (OSZE).

22 Mi Wegen eines Schmiergeldskandals um die Lieferung italienischer Militärhubschrauber tritt der belgische Außenminister Frank Vandenbroucke zurück.

23 Do Russlands Präsident Boris Jelzin setzt für die abtrünnige Republik Tschetschenien ein Übergangsparlament ein. Es soll eine neue Verfassung erarbeiten.

24 Fr Die UNESCO nimmt die über 1000 Jahre alte Stadt Quedlinburg in Sachsen-Anhalt in die Liste des Weltkultur- und Naturerbes der Menschheit auf.

25 Sa Mike Tyson, ehemaliger Schwergewichts-Boxweltmeister, kann vorzeitig das Gefängnis verlassen, wo er wegen Vergewaltigung einsaß.

26 So Mit dem Inkrafttreten des Schengener Abkommens entfallen zwischen sieben Staaten der Europäischen Union die Personenkontrollen.

27 Mo Im Zuge einer Kabinettsumbildung wird der Sozialdemokrat Erdal Inönü zum Außenminister der Türkei ernannt. → »Forrest Gump«

28 Di Durch die Fusion der beiden japanischen Geldhäuser Mitsubishi Bank und Bank of Tokyo entsteht das größte Kreditinstitut der Welt.

29 Mi Mit dem Lieferungsstopp deutscher Rüstungsgüter an die Türkei reagiert Bonn auf die türkische Offensive gegen die Kurdische Arbeiterpartei im Nordirak.

30 Do Die CDU-Politikerin Claire Marienfeld wird vom Deutschen Bundestag in Bonn zur Wehrbeauftragten gewählt.

31 Fr Ein UNO-Verband löst die von den USA geführte multinationale Truppe auf Haiti ab. Das Eingreifen der USA hatte zum Rücktritt des Militärregimes geführt.

19. April 1995

Terror in Oklahoma schockiert Amerikaner

Rechtsextremistischer Terror im Herzen Amerikas: Der schwerste Anschlag, der bislang in den USA verübt wurde, löst bei der Bevölkerung blankes Entsetzen aus. Eine Autobomben-Explosion zerstört ein neunstöckiges Bürohaus in Oklahoma City im Mittleren Westen der Vereinigten Staaten. Mindestens 167 Menschen kommen ums Leben, über 400 erleiden Verletzungen. Als mutmaßliche Täter werden drei Mitglieder der Arizona-Patrioten, einer rechtsradikalen Miliz, festgenommen. Hass gegen die Regierung in Washington gilt als Tatmotiv.

Der Anschlag auf das Gebäude ereignet sich um 9.04 Uhr. Die Wucht der Detonation zerstört die Vorderfront des Gebäudes völlig. Dort, wo der mit rd. 2000 kg Sprengstoff beladene Kleintransporter abgestellt ist, klafft ein Loch mit einem Durchmesser von zweieinhalb Metern. Rettungstrupps und Hunderte von Freiwilligen suchen das Gebäude nach Überlebenden ab. Am 5. Mai wird die Suche eingestellt, die Ruine gesprengt. US-Präsident Bill Clinton erklärt Oklahoma City zum Notstandsgebiet und verurteilt das Attentat als einen bösartigen »Akt der Feigheit«. Die Polizei sucht die Täter zunächst in islamisch-fundamentalistischen Kreisen, doch konzentrieren sich die Ermittlungen bald auf Angehörige und Sympathisanten rechtsradikaler Milizen. Bei einer Großfahndung führt ein Zufall zur Verhaftung eines Verdächtigen, der bei einer Verkehrskontrolle wegen Verstoßes gegen das Waffengesetz verhaftet wird.

Nur noch eine geborstene Ruine ist nach dem Anschlag von dem Hochhaus in Oklahoma City übrig.

26. April 1995

Atomschmuggel hat Nachspiel

Einmütig billigt der Deutsche Bundestag die Einsetzung eines Untersuchungsausschusses zur Aufdeckung einer peinlichen Affäre.

Dabei soll vorrangig geklärt werden, ob staatliche Stellen schon vorab davon wussten, dass im August 1994 ein Koffer mit Plutonium aus Russland nach Deutschland geschmuggelt werden sollte. In seiner Ausgabe vom 10. April hatte das Hamburger Nachrichtenmagazin »Der Spiegel« dem Bundesnachrichtendienst vorgeworfen, den Fall von Plutoniumschmuggel selbst inszeniert zu haben. Ziel der Aktion sei es gewesen, die staatlichen Behörden in Moskau zu schärferen Kontrollen zu zwingen.

3. März 1995

Somalia: UN-Mission beendet

Viele Experten bewerten die UN-Mission in Somalia, die mit dem Abzug der letzten Blauhelme beendet wird, als Fehlschlag. Der internationalen Truppe sei es nicht gelungen, die Bürgerkriegsparteien zu entwaffnen und einen dauerhaften Frieden in dem ostafrikanischen Land sicherzustellen. Nach dem Abzug der UN-Einheiten geht der Krieg mit unverminderter Härte weiter. Die Ende 1992 begonnene Friedensmission konnte jedoch immerhin die Hungersnot in Somalia lindern. Im Verlauf des Einsatzes, an dem auch deutsche Soldaten beteiligt waren, starben 132 »Blauhelme« sowie zahlreiche Journalisten und Vertreter von Hilfsorganisationen durch Anschläge.

27. März 1995

Paraderolle »Forrest Gump«

Sein Name ist »Forrest ... Forrest Gump«, und er stolpert durch die Geschichte der USA wie sonst niemand vor ihm – immer begleitet von tiefsinnigen Weisheiten, die ihm seine Mutter mit auf den Weg gegeben hat: »Das Leben ist wie eine Pralinenschachtel: Man weiß nie, was man kriegt.« Mit sechs Trophäen ist »Forrest Gump« von Regisseur Robert Zemeckis der erfolgreichste Film bei der diesjährigen »Oscar«-Verleihung. Kinopublikum und Kritiker lieben den naiven Tölpel, der durch dokumentarische Tricksequenzen scheinbar mit den Größen seiner Zeit zusammentrifft. Titelheld Tom Hanks (s. Abb.) erringt nach »Philadelphia« (1994) zum zweiten Mal die begehrte Auszeichnung als bester männlicher Hauptdarsteller. Jessica Lange wird für ihre Rolle in dem Film »Blue Sky« geehrt. Der »Oscar« für den besten ausländischen Film geht an den Russen Nikita Michalkov für »Burnt by the Sun«.

Der gebürtige Frankfurter Hans Zimmer, spätestens seit seiner Komposition für den Streifen »Rain Man« von 1987 einer der Etablierten in Hollywood, erhält den »Oscar« für die Musik zum Disney-Zeichentrickfilm »König der Löwen«.

25. April 1995

Streit um Atommülltransporte

Mit neun abgebrannten Brennstäben aus dem Kernkraftwerk Philippsburg in Baden-Württemberg trifft der erste sog. Castor-Behälter im Zwischenlager in Gorleben ein. Der von einer blauen Plane verdeckte Container wird von einem massiven Polizeiaufgebot geschützt (s. Abb.). Die Kosten des Transports werden auf insgesamt rd. 55 Mio. DM veranschlagt. Allein in Niedersachsen sind angesichts massiver Proteste von Atomkraft-Gegnern 7600 Beamte im Einsatz. Durch Anschläge auf Gleisanlagen entstehen Schäden in Millionenhöhe. Zwei Monate nach dem von Bundesumweltministerin Angela Merkel durchgesetzten Castor-Transport scheitern am 21. Juni die sog. Energiekonsensgespräche zwischen Bundesregierung und SPD an unterschiedlichen Auffassungen über die Zukunft der Kernenergie.

20. März 1995

Giftgasanschlag in der U-Bahn

Weltweites Entsetzen löst ein ganz neuer Typus von Verbrechen aus: Zwölf Menschen sterben bei einem Giftgasanschlag auf die U-Bahn in Tokio, mehr als 5000 Fahrgäste müssen wegen akuter Atem- und Kreislaufbeschwerden ärztlich versorgt werden. Zum ersten Mal in der Geschichte des internationalen Terrorismus ist eine ganze Stadt im Visier der Täter.

In sechs U-Bahn-Wagen der Linien Hibiya, Chiyoda und Marunouchi deponieren die Täter kurz nach 8.15 Uhr Pakete mit dem Nervengas Sarin. Das Gas lässt viele Passagiere in Ohnmacht fallen, die übrigen drängen zur Tür hinaus, sobald die Bahn die nächste Station erreicht. Dort spielen sich Szenen des Grauens ab: Hunderte fallen aus den Türen der U-Bahnen oder brechen zusammen, viele bluten aus Auge und Mund (Abb.: Verletzte werden noch auf der Straße versorgt). Die Ermittler stoßen bei ihrer Suche nach den Attentätern auf die geheimnisumwitterte Aum-Sekte, die in den folgenden Tagen noch weitere Giftgas-Anschläge unternimmt. Zwei Monate nach dem Anschlag befinden sich die mutmaßlichen Drahtzieher in Haft, unter ihnen der Sektenchemiker Masami Tsuchiya und der Chef der Aum-Sekte, Asahara. Im Hauptquartier der Sekte werden große Mengen Chemikalien sichergestellt.

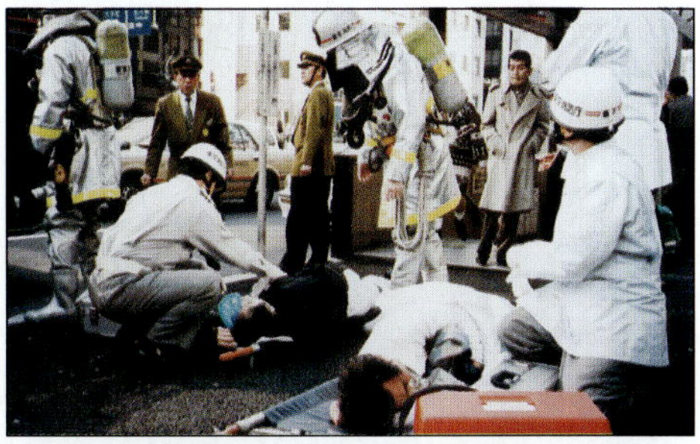

20. März 1995

Türkei: Offensive gegen PKK

Der militärische Konflikt zwischen türkischer Armee und Einheiten der Arbeiterpartei Kurdistans (PKK) eskaliert: Mit 35 000 Soldaten beginnt Ankara eine Offensive gegen PKK-Anhänger im Norden des benachbarten Irak. Dort löst das auch international heftig kritisierte Vorgehen der türkischen Armee eine Flüchtlingswelle aus. Gleichzeitig werden Vorwürfe laut, es käme zu Übergriffen auf die Zivilbevölkerung. Die türkische Regierung bestreitet dies ebenso wie die Vermutungen westlicher Staaten, sie strebe eine dauerhafte Kontrolle der Gebiete an. Die Region nördlich des 36. Breitengrads im Norden des Irak wurde 1991 von der UNO als Schutzzone für die kurdische Bevölkerung ausgewiesen (Abb.: Türkische Truppen heben ein kurdisches Waffenlager im Nordirak aus).

April 1995

1 Sa US-Verteidigungsminister William Perry und sein ukrainischer Amtskollege Waleri Schmarow vereinbaren die Verschrottung ukrainischer Atomwaffen.

2 So Die Delegierten der dritten Islamischen Volkskonferenz in Khartum (Sudan) sprechen sich gegen jede Normalisierung der Beziehungen mit Israel aus.

3 Mo Russlands Verteidigungsminister Pawel Gratschow warnt seinen US-Amtskollegen William Perry vor einer Osterweiterung der NATO.

4 Di Im Zuge sozialer Proteste kommt es im iranischen Islamschahr zu Kämpfen zwischen Demonstranten und Sicherheitskräften.

5 Mi Das US-Repräsentantenhaus billigt mit der Mehrheit der republikanischen Abgeordneten ein Gesetzespaket zur Steuersenkung.

6 Do Bei den Lokalwahlen in Schottland erringt die Labour-Party in 20 der 29 Regionalräten die Mehrheit vor der Schottischen Nationalpartei.

7 Fr Russische Truppen starten eine Offensive zur Eroberung des letzten großen Stützpunktes der tschetschenischen Rebellen.

8 Sa Zweitägige Gedenkveranstaltungen erinnern an den 50. Jahrestag der Befreiung des KZ Buchenwald, in dem rund 56 000 Menschen ermordet wurden.

9 So Durch ein 4:0 im fünften und letzten Play-off-Finale beim EV Landshut gewinnen die »Kölner Haie« zum siebten Mal die deutsche Eishockeymeisterschaft.

10 Mo Robert Dole, republikanischer Mehrheitsführer im US-Senat, gibt seine Kandidatur für die Präsidentschaftswahlen 1996 bekannt.

11 Di Laut ihrem Frühjahrsgutachten erwarten die sechs führenden deutschen Wirtschaftsforschungsinstitute ein geringeres Wirtschaftswachstum als im Vorjahr.

12 Mi 65 Abgeordnete, die von Kurden aus mehreren Kontinenten gewählt wurden, konstituieren sich in Den Haag als kurdisches Exilparlament.

13 Do Der Vatikan stellt dem des Kindesmissbrauchs verdächtigten Wiener Erzbischof Hans Hermann Groer einen Koadjutor zur Seite.

14 Fr Japans Regierung billigt ein Wirtschaftsprogramm, das die negativen Folgen des Dollar-Verfalls für die japanische Exportwirtschaft dämpfen soll.

15 Sa Mit einer Fangquotenvereinbarung für Schwarzen Heilbutt zwischen der EG und Kanada wird der spanisch-kanadische Fischereikonflikt vorerst beigelegt.

16 So Iraks Regierung weist das Angebot der UNO, das Exportverbot für Rohöl zu lockern, unter dem Vorwurf des Eingriffs in die Souveränität des Landes zurück.

17 Mo Die Türkei verweist elf Mitglieder deutscher Kurdistan-Solidaritätsgruppen des Landes, die tags zuvor in Ostanatolien festgenommen worden waren.

18 Di Russlands Außenminister Andrej Kosyrew droht den baltischen Staaten mit der Anwendung auch »direkter Gewalt« zum Schutz der russischen Minderheiten.

19 Mi Der spanische Oppositionsführer José Maria Aznar entgeht leicht verletzt einem Attentat der baskischen Untergrundorganisation ETA. → Oklahoma

20 Do Die ugandische Armee gibt bekannt, dass die christlich-militante Sekte »Widerstandsarmee Gottes« im Norden des Landes 82 Zivilisten ermordet habe.

21 Fr Die russische Staatsduma beschließt einen vorläufigen Rückgabestopp für Kulturgüter, die während des Zweiten Weltkriegs in die Sowjetunion gelangten.

22 Sa Durch einen umstrittenen Punktsieg über Herausforderer Axel Schulz in Las Vegas bleibt George Foreman (USA) IBF-Boxweltmeister im Schwergewicht.

23 So Bei den Regional- und Kommunalwahlen in Italien wird die aus den Kommunisten hervorgegangene PDS landesweit stärkste Partei.

24 Mo Der mutmaßliche serbische Kriegsverbrecher Dusan Tadić wird dem internationalen Strafgerichtshof in Den Haag überstellt.

25 Di Oberbefehlshaber General Martín Balza bittet die Bevölkerung Argentiniens um Verzeihung für die Verbrechen der Armee zur Diktaturzeit. → Streit

26 Mi In einem Qualifikationsspiel zur Fußball-Europameisterschaft trennen sich Deutschland und Wales in Düsseldorf 1:1. → Atomschmuggel

27 Do Die Regierungschefs von Berlin und Brandenburg, Eberhard Diepgen (CDU) und Manfred Stolpe (SPD), vereinbaren den Zusammenschluss ihrer Länder.

28 Fr Mindestens 102 Menschen kommen in der südkoreanischen Millionenstadt Taegu bei einer Explosion an einer U-Bahn-Baustelle ums Leben.

29 Sa Ein Sonderparteitag der britischen Labour-Party spricht sich für eine grundsätzliche Reform des Parteiprogramms aus.

30 So In einer Rede vor dem Jüdischen Weltkongress kündigt US-Präsident Bill Clinton ein Handelsembargo gegen den Iran an.

Mai 1995

1 Mo Nach gewalttätigen Auseinandersetzungen zum Maifeiertag nimmt die Polizei im Berliner Stadtbezirk Prenzlauer Berg 159 Personen fest.

2 Di Als Reaktion auf eine kroatische Offensive gegen die Serben in Westslawonien beschießen serbische Milizen die kroatische Hauptstadt Zagreb mit Raketen.

3 Mi Bundesverteidigungsminister Volker Rühe (CDU) rückt aus militärstrategischen Gründen vom Bau eines rd. 600 Mio. DM teuren Mehrzweckschiffes ab.

4 Do Trotz chinesischer Proteste empfängt Bundesaußenminister Klaus Kinkel (FDP) in Bonn den Dalai Lama, das geistliche und weltliche Oberhaupt der Tibeter.

5 Fr Königin Beatrix widerspricht auf einem Festakt zum Ende des Zweiten Weltkriegs dem Mythos, alle Niederländer seien Widerstandskämpfer gewesen.

6 Sa Der Chef der rechts gerichteten UNITA-Rebellen, Jonas Sawimbi, erkennt José Eduardo dos Santos als rechtmäßiges Staatsoberhaupt Angolas an.

7 So In der Oranienburger Straße in Berlin wird die 1943 durch Bomben zerstörte Neue Synagoge als Centrum Judaicum wieder eröffnet. → Machtwechsel

8 Mo Mit einem Staatsakt in Berlin gedenken Repräsentanten der Bundesrepublik Deutschland und der Alliierten des Kriegsendes in Europa am 8. Mai 1945.

9 Di Erstmals seit 1972 treffen sich Vertreter der britischen Regierung und der Sinn Féin, des politischen Flügels der irischen Untergrundorganisation IRA.

10 Mi Bei einem der schwersten Grubenunglücke in Südafrika sterben in der Mine Vaal Reefs über 100 Kumpel, als ihr Förderkorb 500 m in die Tiefe stürzt.

11 Do In New York verlängern die Unterzeichnerstaaten des Atomwaffensperrvertrags das Abkommen per Akklamation auf unbegrenzte Dauer.

12 Fr Über 20 000 Bürger protestieren in München gegen ein Urteil des Bayerischen Verwaltungsgerichtshofes, das die Biergartensperrzeit auf 21.30 Uhr vorzieht.

13 Sa Den Grand Prix d'Eurovision de la Chanson gewinnt in Dublin die norwegische Gruppe Secret Garden mit dem Titel »Nocturne«. → Killer-Virus

14 So Mit 82,4% der Stimmen unterstützen die Weißrussen die Annäherung ihres Staates an Russland, die ihr Präsident Alexander Lukaschenko anstrebt.

15 Mo China startet seinen 42. unterirdischen Atomtest. Die Sprengkraft der Bombe wird auf das Zwei- bis Siebeneinhalbfache der Hiroshima-Bombe geschätzt.

16 Di Die Menschenrechtsorganisation Amnesty International beschuldigt die deutsche Polizei, in mehr als 70 Fällen Ausländer misshandelt zu haben.

17 Mi Amsterdams Bürger verwerfen in einem Referendum die Pläne der Stadtverwaltung zur Umwandlung der Gemeindestruktur.

18 Do 13 Monate nach ihrer Flucht nimmt die Polizei in Miami (USA) den deutschen Immobilienspekulanten Jürgen Schneider und seine Frau fest.

19 Fr Mit der Mehrheit von CDU/CSU und FDP weist der Bundestag Änderungsvorschläge des Vermittlungsausschusses zum Bundeshaushalt zurück.

20 Sa Eine Serie von Erdstößen auf der indonesischen Insel Sulawesi erreicht eine Stärke von 5,8 auf der Richter-Skala. 31 Menschen kommen zu Schaden.

21 So Bei den belgischen Parlamentswahlen behauptet die Koalition aus Christdemokraten und Sozialisten ihre absolute Mehrheit.

22 Mo Vor Studenten der Erasmus-Universität in Rotterdam nennt Bundeskanzler Helmut Kohl (CDU) den deutschen Luftangriff auf die Stadt 1940 verbrecherisch.

23 Di Das Bundesverfassungsgericht urteilt, dass die Bestrafung von in der Bundesrepublik tätigen DDR-Spionen verfassungswidrig sei.

24 Mi Der Bundestag billigt die neuen Mietrechtsregelungen für Ostdeutschland, nach denen die Mieten in den neuen Ländern weiter steigen können.

25 Do In Darwin (Australien) billigt das Parlament die Legalisierung von Sterbehilfe bei unheilbar Kranken, falls bestimmte Bedingungen erfüllt seien.

26 Fr Bosnische Serben nehmen UN-Mitarbeiter als Geiseln, nachdem die NATO ihre Munitionsdepots mit Flugzeugen angegriffen hatte.

27 Sa Ägyptens Parlament billigt ein Gesetz, das Journalisten mit bis zu 15 Jahren Haft bedroht, die von der Pressefreiheit »schlechten Gebrauch« machen.

28 So Der bosnische Regisseur Emir Kusturica wird für seinen Film »Underground« beim Filmfestival in Cannes mit der »Goldenen Palme« ausgezeichnet.

29 Mo Sachsens Ministerpräsident Kurt Biedenkopf (CDU) verlangt mit Blick auf die Bundestagswahlen 1998 eine Neuorientierung seiner Partei.

30 Di Nach Angaben ausländischer Diplomaten unternimmt China erfolgreiche Tests mit einer neuen Interkontinentalrakete.

31 Mi Der russische Außenminister Andrej Kosyrew nimmt die Dokumente zur Umsetzung der NATO-Initiative »Partnerschaft für den Frieden« entgegen.

23. Juni 1995

Christo verpackt den Rei

Der traditionsbeladene Reichstag in Berlin präsentiert sich den Besuchern in ungewohntem, gleichwohl spektakulärem Gewand: 100 000 m^2 silbrig glänzendes Polypropylengewebe – metallisiert mit 4 kg Aluminium und von 1300 km Nähgarn zusammengehalten – sowie 15 600 m blaues Seil mit Bodengewichten umschließen die alten Mauern im Herzen der Hauptstadt und machen aus dem Bau- ein Kunstwerk.
Verantwortlich für die Aufsehen erregende Aktion sind der Verpackungskünstler Christo und seine Ehefrau Jeanne-Claude. Zwei Wochen lang beherrscht »The Wrapped Reichstag« das Stadtbild und die Schlagzeilen der nationalen und internationalen Presse. Mehr als 5 Mio. Besucher pilgern zu dem verhüllten Bau und – zumindest die meisten von ihnen – genießen das ungewohnte Bild. Kunstkritiker bescheinigen dem Christo-Objekt eine überwältigende Ausstrahlung. Berlins Regierender Bürgermeister Eberhard Diepgen (CDU) lobt das Werk und den Künstler, der der Stadt ein schönes, großes und unvergessliches Fest beschert habe. Je länger die Verhüllung des Reichstags dauert, umso größer wird die Akzeptanz. Eine wahre Volksfestszenerie – mit Bratwurstständen, Livemusik und Zauberkünstlern – macht sich rund um den Reichstag breit. Als »größtes Kunstereignis des Jahrhunderts« bezeichnet Berlins Kultursenator Ulrich Roloff-

Der verhüllte Reichstag ist ein gewaltiger Publikumsmagnet.

13. Mai 1995

Neuer Killer-Virus aus Zaïre

Die Stadt Kikwitt in Zaïre steht unter Quarantäne. Zwei Tage zuvor hat die Weltgesundheitsorganisation in Genf bestätigt, dass das rätselhafte, zumeist tödlich wirkende Ebola-Virus eine Epidemie ausgelöst hat

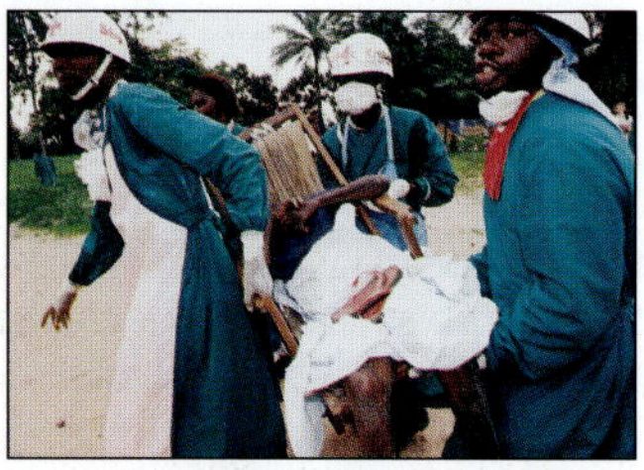

(Abb.: Helfer und Opfer). Bis zur Aufhebung der Quarantäne sterben 244 Menschen.

29. Juni 1995

Fristenregelung mit Beratung

Der Bundestag in Bonn billigt mit 486 gegen 145 Stimmen bei 21 Enthaltungen eine Neuregelung des Abtreibungsrechts. Entsprechend dem Bundesverfassungsurteil von 1993 ist eine Fristenregelung plus Beratungspflicht vorgesehen. Grundsätzlich bleibt Abtreibung ein krimineller Tatbestand, der allerdings nicht bestraft wird, sofern der Abbruch innerhalb der ersten zwölf Wochen der Schwangerschaft erfolgt und die Schwangere sich bei einer eigens dafür zugelassenen Stelle beraten lässt. Bezahlen müssen die Frauen die Abtreibungen künftig selbst. Personen aus dem Umfeld der Frau, welche sie zur Abtreibung nötigen, machen sich strafbar.

ag

Momin die Christo-Aktion. Mit ihr sei – so wendet es sein Chef Diepgen ins Politische – in »beglückender Weise zum ersten Mal etwas von jener Leichtigkeit des Seins spürbar geworden, die wir uns als Würze der Berliner Republik immer gewünscht haben«. Die internationale Presse urteilt ähnlich: »Nirgendwo wird Ästhetik so zum Ereignis«, stellt die »Neue Zürcher Zeitung« fest. Die Pariser Tageszeitung »Le Monde« notiert erstaunt die »ungewohnt verspielte Atmosphäre« in der einstigen Reichshauptstadt.

Die Kosten für das gesamte Projekt belaufen sich auf 15 Mio. DM, rd. 3,5 Mio. DM mehr als ursprünglich geplant. Das Künstlerpaar bringt sie durch den Verkauf von Graphiken und Modellzeichnungen selbst auf und ist somit weder auf Sponsorengelder noch auf staatliche Subventionen angewiesen. Zu einer Verlängerung ihrer spektakulären Aktion sind Christo und Jeanne-Claude trotz der euphorischen Reaktionen aber nicht bereit. Zudem soll ihrem Wunsch gemäß nach dem Ende der Aktion nichts von der Verpackung übrig bleiben: Die Kunststoffhülle wird von einem westfälischen Spezialunternehmen zu Nadelfilz weiterverarbeitet.

Die Verhüllung des Reichstags ist das bisher größte Objekt des bulgarischen Verpackungskünstlers. Zugleich hat es die längste Vorbereitungszeit gekostet. Schon im Jahre 1971 hatte Christo den Reichstag verhüllen wollen, doch erst nach jahrelanger Überzeugungsarbeit erhielt er grünes Licht. Die Erlaubnis gab der Bundestag am 25. Februar 1994 mit 292 gegen 223 Stimmen für das Projekt. Der Künstler selbst hatte die angeregte Debatte von der Besuchertribüne aus verfolgt. Christos Konzept ist es seit Jahren, durch Verhüllung von Objekten deren Formen und Inhalte erlebbar zu machen. Der Künstler will bewusst Vergängliches produzieren, um beim Betrachter ein Gefühl für die Endlichkeit des Daseins zu erwecken. Nach dem Ende der Verhüllung beginnt der Umbau des Reichstags zum Plenarbereich des Bundestages.

7. Mai 1995

Machtwechsel in Paris

Bei der Wahl zum französischen Staatspräsidenten setzt sich der Neogaullist Jacques Chirac (s. Abb., l., mit François Mitterrand) im

zweiten Wahlgang mit 52,64% der Stimmen gegen den Sozialisten Lionel Jospin (47,36%) durch. Am 17. Mai übernimmt Chirac von dem

Jacques Chirac

französischer Politiker, * 29.11.1932 Paris

Als Staatspräsident demonstriert Chirac den eigenständigen militärischen und politischen Kurs Frankreichs. Nach zwei vergeblichen Anläufen 1981 und 1988 hat der vielseitige Technokrat und brillante Redner den Sprung ins höchste Staatsamt geschafft. Als Premierminister war er zweimal zurückgetreten, weil er sich mit der untergeordneten Position nicht zufrieden geben konnte. Chiracs Machtbasis ist die neogaullistische Partei RPR sowie der Bürgermeisterposten in Paris, den er seit 1977 innehatte.

- 1967: Deputierter der Neogaullisten
- 1972/73: Landwirtschaftsminister
- 1974-76, 1986-88: Premierminister
- seit 1995: Staatspräsident

schwer erkrankten Sozialisten François Mitterrand das höchste Staatsamt und beruft den bisherigen Außenminister Alain Juppé zum Regierungschef. Juppé, seit 1993 Außenminister, übernahm 1994 die Führung der Neogaullisten. Eine Analyse der Wahl zeigt, dass Frankreich mehr denn je in ein rechtes und ein linkes Lager gespalten ist: Für Chirac stimmt die Mehrzahl der Landwirte, Handwerker und Gewerbetreibenden und erstmals auch die der Jungwähler. Auf Jospin, der als Mann ohne Skandale, aber auch ohne Charisma gilt, setzen vor allem die Lohn- und Gehaltsempfänger sowie die Arbeitslosen.

20. Juni 1995

»Brent Spar«: Shell beugt sich internationalem Druck

Unter dem Eindruck internationaler Proteste und einem europaweiten Boykott von Shell-Tankstellen widerruft die britische Muttergesellschaft des Mineralölkonzerns Royal Dutch/Shell ihre Ankündigung, die ausgemusterte Ölverladestation »Brent Spar« im Nordatlantik zu versenken. Stattdessen wird die Plattform, in der die Umweltschutzorganisation »Greenpeace« giftige Abfälle vermutet, in einen norwegischen Fjord geschleppt, bis eine Entsorgung an Land möglich ist. Die Versenkung der »Brent Spar« wäre der Auftakt einer groß angelegten Verschrottungsaktion von Ölplattformen gewesen (Abb.: Greenpeace-Aktivisten vor der umstrittenen Ölverladestation).

Juni 1995

1 Do Prinz Charles stattet als erstes Mitglied des britischen Königshauses seit der Teilung Irlands im Jahre 1921 der Republik Irland einen Besuch ab.

2 Fr Der römisch-katholische Bischof von Basel, Hansjörg Vogel, erklärt seinen Rücktritt, weil eine Frau ein Kind von ihm erwarte.

3 Sa In Paris beschließen die Verteidigungsminister der NATO-Staaten die Bildung einer Schnellen Eingreiftruppe zum Schutz der UNO-Truppen in Bosnien.

4 So Der Radrennfahrer Tony Rominger (Schweiz) gewinnt in einer Zeit von 97:39,50 h den 78. Giro d'Italia vor dem Vorjahressieger Jewgeni Berzin (Russland)

5 Mo Bayerns Ministerpräsident Edmund Stoiber (CSU) verlangt in München von der tschechischen Regierung ein Aufenthaltsrecht für Sudetendeutsche.

6 Di Das südafrikanische Parlament in Kapstadt schafft die Todesstrafe ab, da sie mit der bis 1999 geltenden Übergangsverfassung nicht vereinbar sei.

7 Mi Die deutsche Fußball-Nationalelf unterliegt in Sofia Gastgeber Bulgarien in einem Qualifikationsspiel zur Europameisterschaft 1996 mit 2:3.

8 Do Bosnische Serben lassen erstmals seit Wochen wieder einen Hilfskonvoi in die eingeschlossene Hauptstadt Sarajevo durch.

9 Fr Im Münchener Studio des Fernsehsenders Pro Sieben explodiert eine Briefbombe, die an die Moderatorin Arabella Kiesbauer adressiert ist.

10 Sa Der Bundesparteitag der FDP wählt in Mainz den hessischen Landesvorsitzenden Wolfgang Gerhard als Nachfolger von Klaus Kinkel zum Parteichef.

11 So Die Bremer SPD-Mitglieder entscheiden sich in einer Urwahl für den bisherigen Kultursenator Henning Scherf als Kandidaten für das Bürgermeisteramt.

12 Mo Die Ministerpräsidenten der drei baltischen Staaten unterzeichnen mit den Außenministern der Europäischen Union ein Assoziierungsabkommen.

13 Di Die Ankündigung weiterer Atomtests im Südpazifik durch Frankreichs Staatspräsident Jacques Chirac löst internationale Proteste aus.

14 Mi Tschetschenische Freischärler besetzen ein Krankenhaus in der südrussischen Stadt Budjonnowsk und nehmen rd. 1500 Geiseln.

15 Do Bosnische Regierungstruppen starten eine Offensive, um den serbischen Belagerungsring um die Stadt Sarajevo aufzubrechen.

16 Fr Das Internationale Olympische Komittee (IOC) vergibt auf einer Tagung in Budapest die Olympischen Winterspiele 2002 an Salt Lake City (USA).

17 Sa Durch ein 2:0 über den Hamburger SV am letzten Spieltag der Bundesliga wird Borussia Dortmund vor heimischem Publikum Deutscher Fußballmeister.

18 So Bei der Stichwahl für das Amt des Bürgermeisters von Toulon (Frankreich) erringt erstmals ein Kandidat der rechtsextremen Front National (FN) die Mehrheit.

19 Mo Sachsens Ministerpräsident Kurt Biedenkopf (CDU) beurlaubt Innenminister Heinz Eggert wegen des Vorwurfs sexueller Übergriffe auf Mitarbeiter.

20 Di Der 100. Geburtstag des Nord-Ostsee-Kanals, der meistbefahrensten Wasserstraße der Welt, wird mit einem Schiffskorso gefeiert. → »Brent Spar«

21 Mi An der Frage der künftigen Nutzung der Kernenergie scheitern in Bonn die Energiekonsensgespräche zwischen Bundesregierung und SPD-Opposition.

22 Do Eine gemeinsame Regelung für den Transport von Tieren vereinbaren die Landwirtschaftsminister der Europäischen Union (EG) in Brüssel.

23 Fr In einem Freundschaftspiel gewinnt die deutsche Fußball-Nationalmannschaft in Bern mit 2:1 gegen Gastgeber Schweiz. → Reichstag

24 Sa Ein Sonderkommando der italienischen Polizei nimmt in Palermo den Mafia-Boss Leoluca Bagarella wegen vierfachen Polizistenmordes fest.

25 So Die Schweizer lehnen die Erleichterung des Grunderwerbs für Ausländer ab. +++ Petra Roth (CDU) wird Oberbürgermeisterin von Frankfurt am Main.

26 Mo US-Präsident Bill Clinton fordert auf einem Festakt zum 50. Jahrestag der Unterzeichnung der UN-Charta eine Reform der Organisation.

27 Di Im arabischen Emirat Katar löst Kronprinz Scheich Hamad ibn Khalifa ath-Thani durch einen unblutigen Putsch seinen Vater ab.

28 Mi Das Oberlandesgericht Celle verurteilt Donna Maguire, Mitglied der nordirischen Untergrundorganisation IRA, wegen versuchten Mordes zu neun Jahren Haft.

29 Do Der Einsturz eines fünfstöckigen Kaufhauses in der südkoreanischen Hauptstadt Seoul fordert über 600 Tote. → Fristenregelung

30 Fr Der Bundestag billigt das Vorhaben der Regierung, Bundeswehrsoldaten zur Unterstützung der europäischen Eingreiftruppe nach Bosnien zu verlegen.

Juli 1995

1 Sa Die Deutsche Bahn AG führt in Zusammenarbeit mit der Citybank eine neue Bahncard ein, die auch als Kreditkarte verwendet werden kann.

2 So Bei seinem Pastoralbesuch in der Slowakei spricht Papst Johannes Paul II. drei katholische Würdenträger heilig, die 1619 von Calvinisten getötet wurden.

3 Mo Der ukrainische Präsident Leonid Kutschma trifft zu einem viertägigen Deutschlandbesuch in Bonn ein. Er wirbt für deutsche Investitionen in der Ukraine.

4 Di Bremens Bürgerschaft wählt Henning Scherf (SPD) zum Präsidenten des Senats. Scherf steht einer großen Koalition mit der CDU vor.

5 Mi Zwei Monate nach ihrem Rückzug aus dem Irak dringen türkische Truppen bei der Verfolgung kurdischer Rebellen erneut tief in das Nachbarland ein.

6 Do Der Bundesgerichtshof in Karlsruhe erklärt drei Anzeigenmotive des italienischen Textilherstellers Benetton für sitten- und damit wettbewerbswidrig.

7 Fr Aufgrund einer Revision des Strafgesetzbuches wird Ramiz Alia, der letzte kommunistische Staatschef von Albanien, vorzeitig aus der Haft entlassen.

8 Sa Zum sechsten Mal gewinnt Steffi Graf das Tennisturnier in Wimbledon. Sie besiegt die Spanierin Arantxa Sanchez-Vicario mit 4:6, 6:1 und 7:5.

9 So Im Norden von Sri Lanka eröffnen Regierungstruppen die bisher größte Offensive in dem seit 1983 andauernden Krieg mit den tamilischen Rebellen.

10 Mo Das Militärregime von Myanmar (Birma) hebt den 1989 verhängten Hausarrest gegen die Bürgerrechtlerin Aung San Suu Kyi auf.

11 Di Der Präsident der Volksrepublik China, Jiang Zemin, trifft in Bonn zu einem Deutschlandbesuch ein, um wirtschaftspolitische Fragen zu erörtern.

12 Mi In Nizza verbessert der algerische Mittelstreckenläufer Noureddine Morceli seinen Weltrekord über 1500 m um 1,49 sec. auf 3:27,37 min.

13 Do König Albert II. und Königin Paola von Belgien beenden einen am 10. Juli begonnenen Staatsbesuch in der Bundesrepublik Deutschland.

14 Fr Deutschland erlebt den ersten Superstau dieses Sommers. Allein zwischen Hamburg und der dänischen Grenze staut sich der Verkehr auf 160 km.

15 Sa In der Nähe von Györ (Ungarn) werden 17 Tamilen tot in einem Lastwagen aufgefunden. Sie sind auf der Flucht nach Deutschland erstickt.

16 So Iraks Staatschef Saddam Hussein begnadigt zwei US-Bürger, die wegen Grenzverletzung aufgegriffen und zu acht Jahren Haft verurteilt worden waren.

17 Mo Die Präsidenten Weißrusslands und der Ukraine, Alexander Lukaschenko und Leonid Kutschma, vereinbaren eine enge Zusammenarbeit ihrer Länder.

18 Di Der britische Dreispringer Jonathan Edwards verbessert den seit 1985 geltenden Weltrekord um einen Zentimeter auf 17,98 m.

19 Mi Südafrikas Staatspräsident Nelson Mandela setzt die Kommission für Wahrheit und Versöhnung ein, die Verbrechen der Apartheid untersuchen soll.

20 Do Drei Mitglieder der Opel-Führung legen im Zusammenhang mit einer Korruptionsaffäre bei dem Rüsselsheimer Autohersteller ihre Ämter nieder.

21 Fr Frankreich, Großbritannien und die USA sprechen sich gegen den Widerstand Russlands für massive Luftangriffe auf die bosnischen Serben aus.

22 Sa Die Portugiesin Fernanda Ribeiro verbessert in Hechtel (Belgien) den 1986 aufgestellten 5000-m-Weltrekord um 88 Hundertstelsekunden auf 14:36,45 min.

23 So Durch ein 5:3 nach Elfmeterschießen gegen Brasilien wird Uruguay in Montevideo zum 14. Mal Südamerika-Meister. → Indurain

24 Mo Der russische Präsident Boris Jelzin ernennt den Sicherheitschef des Kreml, Generaloberst Michail Barsukow, zum Chef des Föderalen Sicherheitsdienstes.

25 Di Bei einem Bombenanschlag algerischer Fundamentalisten auf den Pariser U-Bahnhof Saint Michel sterben sieben Menschen, 94 weitere werden verletzt.

26 Mi Gegen den Willen von US-Präsident Bill Clinton votiert der US-Senat für die Aufhebung des Waffenembargos gegen Bosnien-Herzegowina.

27 Do Eine Niederlage bei Nachwahlen im nordenglischen Bezirk Littleborough und Saddleworth schmälert die konservative Mehrheit im britischen Unterhaus.

28 Fr Die 28. Außenministertagung in Brunei nimmt Vietnam als siebtes Mitglied in den Verband Südostasiatischer Staaten (Asean) auf.

29 Sa In Atlantic City (USA) besiegt die von den Verletzungen durch einen Attentäter genesene Monica Seles die Tennis-Altmeisterin Martina Navratilova.

30 So Auf die sofortige Einstellung aller Kämpfe einigt sich die russische Armeeführung mit Unterhändlern der tschetschenischen Milizen.

31 Mo Die Walt Disney Company übernimmt das Fernseh-Network Capital Cities/ABC und ist damit der größte Medienkonzern der Welt.

24. August 1995

Rummel um »Windows 95«

Wenn man der Werbung trauen kann, dann hat die Computer-Welt auf diesen Tag gewartet: Nach jahrelanger Vorarbeit und immer wieder aufgetretenen Verzögerungen bringt der US-Software-Gigant Microsoft das Betriebssystem »Windows 95« auf den Markt. Während in den USA die Computerfans die Läden stürmen, verläuft der Deutschland-Start weniger spektakulär. Das neue System, das für 100 Mio. Dollar entwickelt wurde, soll dazu beitragen, dass Microsoft seine Spitzenstellung im Software-Bereich weiter ausbauen kann. »Windows 95« ist eine Weiterentwicklung der Kombination aus dem 16-Bit-Betriebssystem MS-DOS und der grafischen Benutzeroberfläche Windows, die die Bedienung des Computers verbessern und seine Möglichkeiten erweitern soll. Zudem soll der Rechner schneller arbeiten. Das neue System stößt jedoch auch auf Kritik, weil es nach Meinung einiger Anwender nicht stabil genug laufe.

Bill Gates

US-Unternehmer, * 28.10.1955 Seattle

Der erfolgreiche Chef von Microsoft – 1994 vom Wirtschaftsmagazin »Forbes« als reichster Mann der Welt bezeichnet – ist als Selfmademan und Wirtschaftsführer schon zu Lebzeiten eine Legende. Seinen 1975 mit Paul Allen gegründeten Betrieb baute der Multimilliardär zum weltweit dominierenden Konzern für Computersoftware aus. Die von ihm entwickelten Programmiersprachen sowie die Betriebssysteme MS-DOS und Windows sichern ihm eine monopolartige Vormachtstellung, die Kritiker und sogar die US-Regierung auf den Plan rufen.

- 1975: Gründung von Microsoft
- 1981: Kooperation mit IBM
- 1990: Einführung von Windows

30. August 1995

NATO-Flieger

Der Krieg auf dem Balkan erreicht eine neue Stufe der Gewalt: Beim größten Kampfeinsatz in der Geschichte der NATO greifen Kampfflugzeuge serbische Stellungen rund um Sarajevo und die Muslim-Enklaven Tuzla und Goražde sowie die Serben-Hochburg Pale an. Das westliche Bündnis reagiert damit auf den serbischen Granatenangriff auf einen Marktplatz in Sarajevo, bei dem am 28. August 37 Menschen starben und mindestens 68 teils schwer verletzt werden.

Da die Urheberschaft der bosnischen Serben nach Ansicht der Vereinten Nationen außer Zweifel steht, gibt die NATO 60 Flugzeugen den Einsatzbefehl. Munitionsdepots, Kommunikationssysteme, Radar- und Fernmeldeeinrichtungen sowie die Flugabwehrstellungen der bosnischen Serben sind Hauptziel der Angriffe. Unterstützt wird die Luftoffensive durch die Europäische Schnelle Eingreiftruppe. Zum Einsatz kommt die 4000 Mann starke multinationale Brigade, die u.a. am Berg Igman stationiert ist. Die Luftoffensive wird am 1. September unterbrochen, setzt aber am 5. September erneut ein, weil die Serben der ultimativen Forderung nach Abzug der schweren Waffen aus der Umgebung von Sarajevo nicht nachgekommen sind. Erst am 14. September, als die Serben ihr Einlenken signalisieren, enden die Angriffe.

Noch im Juli hatten NATO- und UNO-Einheiten weitgehend tatenlos zugesehen, wie die ostbosnischen Muslim-Enklaven Srebrenica und Zepa von bosnischen Serben erobert wurden. Am 13. Juli beginnen die Serben mit der planmäßigen Vertreibung der muslimischen Bevölkerung aus Srebrenica. Bis zum 25. Juli werden 30000 der vor Beginn der serbischen Offensive in der Stadt lebenden 42000 Einwohner abgeschoben. Viele von ihnen, vor allem Männer in wehrfähigem Alter, werden ermordet. Im August veröffentlicht die Presse Luftaufnahmen, die nach Angaben des CIA Massengräber zeigen. Die Serben werden des Massenmordes beschuldigt.

10. August 1995

Kruzifix-Urteil des Verfassungsgerichts erregt die Bayern

Der Kampf ums Kruzifix in bayerischen Klassenzimmern (s. Abb.) lässt die Emotionen hoch schlagen. Das Bundesverfassungsgericht in Karlsruhe ist zusammengetreten und verkündet folgenden Richterspruch: Der Paragraph 13 der Schulordnung für die Volksschule in Bayern, der das Anbringen von Kreuzen in jedem Klassenzimmer vorschreibt, ist verfassungswidrig.

Katholische Kirche, Laienorganisationen und die CSU sind empört und üben heftige Kritik an dem höchstrichterlichen Urteil. Die Richter verweisen in ihrer Begründung auf die im Grundgesetz verankerte garantierte »Freiheit des religiösen und weltanschaulichen Bekenntnisses«. Eine Pflicht zum Anbringen von Kreuzen in Klassenzimmern überschreite die »Grenze religiös-weltanschaulicher Ausrichtung der Schule.« Anlass für das Urteil ist die Klage eines anthroposophisch orientierten Ehepaares aus Nittenau bei Regensburg. Es hatte 1987 erreicht, dass die Kruzifixe in den Klassenräumen ihrer Kinder durch einfache Kreuze ersetzt wurden.

ombardieren Bosnien

Der Krieg löst große Fluchtwellen aus. Die vorwiegend bäuerliche Bevölkerung verliert Haus und Hof.

Kroaten erobern die Krajina zurück

Die kroatische Armee erobert Anfang August in einem dreitägigen Feldzug die sog. Serbische Republik Krajina. Zuvor hatten die Serben eine Wiedereingliederung der umstrittenen Region in das kroatische Staatsgebiet abgelehnt. Über das serbisch besetzte Ostslawonien mit der Stadt Vukovar, das an Rest-Jugoslawien grenzt, soll mit Belgrad »politisch verhandelt« werden.
Die Krajina ist ein rd. 150 km langer Gebietsstreifen im Süden von Kroatien. Im Dezember 1991 hatten die Krajina-Serben ihre Autonomie erklärt und im März 1993 den Anschluss an die sog. Serbische Republik Bosnien vollzogen. Mit der Rückeroberung der Krajina ist auch der Ring um die Muslim-Enklave Bihać im äußersten Nordwesten Bosniens gebrochen, die 1201 Tage lang von bosnischen und kroatischen Serben sowie von der Privatarmee des abtrünnigen Muslimführers Fikret Abdić belagert worden war. In der zur UNO-Schutzzone erklärten Region leben außer den etwa 200 000 Einwohnern noch rd. 65 000 Flüchtlinge. Mit der kroatischen Offensive beginnt eine neue Massenflucht – die Krajina-Serben fliehen nach Bosnien. Als Vergeltung beginnen die bosnischen Serben mit der Vertreibung der noch in Banja Luka lebenden 45 000 Bosnier und 15 000 Kroaten. Nach der Eroberung der Krajina zieht die UNO einen Großteil ihrer Blauhelme ab. Mit dem militärischen Erfolg ist auch Kroatiens Staatschef Franjo Tudjman auf dem Gipfel seiner Macht.

6. August 1995

Punker mischen Stadt auf

Die niedersächsische Landeshauptstadt Hannover erlebt drei unruhige Tage. Bei den sog. Chaostagen 95, zu denen rd. 1700 Punker angereist sind, kommt es zu Krawallen und Straßenschlachten. Dabei werden in der Nordstadt 240 Polizeibeamte und etwa 200 Punker verletzt. Die Randalierer errichten Barrikaden, legen zahlreiche Brände und plündern einen Supermarkt. Die Polizeiführung und der niedersächsische Innenminister Gerhard Glogowski (SPD) geraten wegen des Polizeieinsatzes in die Kritik. Den Ordnungshütern wird eine falsche Taktik angelastet. Erst Wochen nach den Chaos-Tagen gesteht die Polizei Fehler bei der Einsatzleitung ein. U.a. sei die Gewaltbereitschaft der Punker unterschätzt worden.

23. Juli 1995

Indurains Tour-Triumph

Wie ein Uhrwerk arbeiten die Beine des Basken Miguel Indurain (s. Abb., M. mit Alex Zülle r. und Bjarne Rijs).

Lohn der Qualen ist der erneute Sieg bei der Tour de France, der härtesten Radrundfahrt der Welt. Zum fünften Mal in Folge trägt sich Indurain in das Buch der Sieger bei der »Tour der Leiden« ein. Fünf Siege sind bislang nur Jacques Anquetil, Eddy Merckx und Bernard Hinault gelungen.

August 1995

1 Di Der ehemalige Stasi-Chef Erich Mielke wird vorzeitig aus der Haft entlassen. Er war wegen zweier 1931 begangener Polizistenmorde verurteilt worden.

2 Mi In seinem Haus in Brühl wird Peter Graf, Vater der Tennisspielerin Steffi Graf, unter dem dringenden Verdacht der Steuerhinterziehung festgenommen.

3 Do Der italienische Senat billigt das von Ministerpräsident Lamberto Dini vorgelegte Paket zur Rentenreform, das eine Erhöhung des Rentenalters vorsieht.

4 Fr Beide Kammern des japanischen Parlaments in Tokio billigen ohne Gegenstimmen eine Resolution gegen weitere Atomtests.

5 Sa In der schwedischen Hafenstadt Göteborg beginnen die fünften Leichtathletik-Weltmeisterschaften. Sie dauern bis zum 13. August.

6 So Mehr als 100 000 Menschen gedenken in der japanischen Stadt Hiroschima der Opfer der Atombombenabwürfe im Jahre 1945. → Punker

7 Mo Bei Restaurierungsarbeiten stürzt der historische Rote Turm in der Innenstadt von Jena ein. Vier Arbeiter kommen bei dem Unglück ums Leben.

8 Di Zwei Schwiegersöhne des irakischen Diktators Saddam Hussein setzen sich mit ihren Ehefrauen nach Jordanien ab.

9 Mi Der griechische Regierungschef Andreas Papandreou verfügt den Ausschluss des Abgeordneten Kyriakos Spyriounis aus der Regierungspartei PASOK.

10 Do Beim 20. Admiral's Cup gewinnt Italien die begehrte Trophäe. Auf den Plätzen zwei und drei folgen die USA und Deutschland. → Kruzifix-Urteil

11 Fr Israels Außenminister Shimon Peres und PLO-Chef Jasir Arafat einigen sich über die Ausweitung der palästinensischen Autonomie im Westjordanland.

12 Sa Aufsteiger FC St. Pauli ist nach einem 4:2 Sieg über den TSV 1860 München vor dem FC Bayern München erster Tabellenführer der 33. Bundesligasaison.

13 So Das Amtsgericht Chemnitz erlässt gegen 55 Rechtsextremisten Vorbeugungsgewahrsam, um neonazistische Aktionen zu unterbinden.

14 Mo Die Umweltschutzorganisation Greenpeace bereitet öffentliche Proteste gegen die jüngsten chinesischen Atomversuche vor.

15 Di Ministerpräsident Tomiichi Murayama entschuldigt sich als erster japanischer Premier für die im Zweiten Weltkrieg begangenen Greueltaten der Armee.

16 Mi Der wegen Bestechungsvorwürfen in die Kritik geratene kolumbianische Präsident Ernesto Samper verkündet für 90 Tage den Ausnahmezustand.

17 Do Eine Bombenexplosion in der Nähe des Arc de Triomphe in Paris verletzt 17 Menschen. Eine algerische Terrororganisation übernimmt die Verantwortung.

18 Fr Das Bundesverfassungsgericht in Karlsruhe erklärt die bisherige Besteuerung von Grundstücken und Häusern für verfassungswidrig.

19 Sa Der Patriarch von Moskau und Russland, Alexej II., zelebriert im wieder aufgebauten Teil der Erlöser-Kathedrale in Moskau den ersten Gottesdienst.

20 So Deutschlands Kanuten erringen bei den Weltmeisterschaften in Duisburg 13 Medaillen, davon dreimal Gold. Die erfolgreichste Teilnehmernation ist Ungarn.

21 Mo Der »Spiegel« veröffentlicht einen herben Verriss des Literaturkritikers Marcel Reich-Ranicki über den Günter-Grass-Roman »Ein weites Feld«.

22 Di In Bonn beschließt das Bundeskabinett die Verlegung von zwei hohen deutschen Gerichten und einer Bundesbehörde in die neuen Länder.

23 Mi Der israelische Geheimdienst Schin Beth gibt die Verhaftung von 30 Mitgliedern der islamischen Untergrundorganisation Hamas bekannt.

24 Do Die Deutsche Bundesbank senkt den Diskont- und den Lombardsatz um jeweils 0,5 Prozentpunkte auf 3,5% und 5,5%. → »Windows 95«

25 Fr In Hamburg startet der Prototyp des Airbus A 319 zu seinem Jungfernflug. Stellenabbaupläne der Herstellerfirma DASA überschatten die Premiere.

26 Sa Die französische Polizei macht einen Sprengsatz unschädlich, der an einer vom Hochgeschwindigkeitszug TGV befahrenen Strecke angebracht war.

27 So Bei den Schwimm-Europameisterschaften in Wien erringt die Berlinerin Franziska van Almsick fünf Gold- und eine Silbermedaille.

28 Mo Ihren Entschluss zur Fusion geben die US-amerikanischen Banken Chemical Banking Corporation und Chase Manhattan Bank bekannt.

29 Di Georgiens Präsident Eduard Schewardnadse entgeht auf dem Hof des Präsidentengebäudes in Tiflis nur knapp einem Attentat durch eine Autobombe.

30 Mi Bei einem Referendum in Kasachstan billigt die Bevölkerung die von Präsident Nursultan Nasarbajew vorgelegte Verfassung. → NATO

31 Do Der Parteivorsitzende der SPD, Rudolf Scharping, entlässt seinen Widersacher Gerhard Schröder aus dem Amt des wirtschaftspolitischen Sprechers der Partei.

September 1995

1 Fr Auf dem Petersberg in der thüringischen Hauptstadt Erfurt wird ein »Denkmal für den unbekannten Wehrmachtsdeserteur« enthüllt.

2 Sa Die Opposition in Bangladesch versucht mit der Ausrufung eines 32-stündigen Generalstreiks freie Wahlen zu erzwingen.

3 So Vom Weltraumbahnhof Baikonur in Kasachstan aus startet der deutsche Astronaut Thomas Reiter zusammen mit zwei russischen Kosmonauten ins All.

4 Mo Die Explosion einer Autobombe islamischer Terroristen fordert in Srinagar, der Hauptstadt des indischen Teils von Kaschmir, 15 Todesopfer. → Frauen

5 Di Kubas Nationalversammlung eröffnet Ausländern die Möglichkeit, Firmen zu gründen und Landbesitz auf der Karibikinsel zu erwerben. → Frankreich

6 Mi Die irische Regierung in Dublin sagt kurzfristig ein mit Großbritannien vereinbartes Nordirland-Gespräch auf der Ebene der Premierminister ab.

7 Do Bundespräsident Roman Herzog beendet einen Besuch in der Schweiz, auf dem er für den EU-Beitritt der Eidgenossenschaft geworben hatte.

8 Fr Auf einer Pressekonferenz in Moskau übt der russische Präsident Boris Jelzin heftige Kritik an den Bombenangriffen der NATO auf serbische Stellungen.

9 Sa Durch einen Dreisatzerfolg über Monica Seles (USA) gewinnt Steffi Graf in New York zum vierten Mal in ihrer Tenniskarriere die US-Open.

10 So Der außerordentliche Bundeskongress der Jungsozialisten wählt die 25-jährige Andrea Nahles zur Bundesvorsitzenden der SPD-Nachwuchsorganisation.

11 Mo In Santiago de Chile findet zum 22. Jahrestag des Militärputsches in Chile eine Protestkundgebung statt. Die Polizei erschießt einen 16-jährigen Schüler.

12 Di Soziale Unruhen in Khartum (Sudan) fordern mindestens drei Tote. Die Inflationsrate des von einem Bürgerkrieg erschütterten Landes liegt bei 400%.

13 Mi In New York bestätigen die Außenminister Griechenlands und der ehemaligen jugoslawischen Republik Mazedonien die gegenseitige Anerkennung.

14 Do Ein Erdbeben mit einer Stärke von 7,2 auf der nach oben offenen Richter-Skala verursacht an der mexikanischen Pazifikküste schwere Sachschäden.

15 Fr Der Bundesgerichtshof in Karlsruhe urteilt, dass DDR-Richter und Staatsanwälte nur bedingt für die Verfolgung der Republikflucht belangt werden können.

16 Sa Bei seiner Ankunft in Südafrika beglückwünscht Papst Johannes Paul II. Präsident Nelson Mandela zu seinem Sieg über die Apartheid.

17 So Die Demokratische Partei gewinnt die ersten freien Wahlen in der britischen Kronkolonie Hongkong, die 1997 an China zurückgegeben wird.

18 Mo Zu einem dreitägigen Deutschlandbesuch trifft Brasiliens Präsident Fernando Henrique Cardoso in Frankfurt am Main ein.

19 Di Zwei der führenden US-Tageszeitungen drucken eine Erklärung des sog. Una-Bombers ab, um weitere Anschläge des Technologie-Kritikers zu verhindern.

20 Mi Tansu Çiller, die türkische Ministerpräsidentin, tritt nach dem Scheitern der vor vier Jahren gebildeten Mitte-Links-Koalition zurück.

21 Do US-Botschafter Walter F. Mondale entschuldigt sich offiziell bei der Regierung Japans für die Vergewaltigung einer japanischen Schülerin durch US-Soldaten.

22 Fr Österreichs Bundespräsident Thomas Klestil beendet eine China-Visite, die der wirtschaftlichen Zusammenarbeit mit der Volksrepublik dienen sollte.

23 Sa Bundeskanzler Helmut Kohl (CDU) erklärt auf Mallorca, nicht alle Mitglieder der Europäischen Union könnten der Währungsunion beitreten.

24 So Ein 16-jähriger Amokschütze tötet in dem französischen Dorf Cuers bei Toulon elf Menschen und erschießt sich anschließend selbst.

25 Mo In dem arabischen Emirat Bahrain werden mehrere führende Oppositionelle aus der Haft entlassen, darunter ein hochrangiger schiitischer Geistlicher.

26 Di Der frühere italienische Ministerpräsident Giulio Andreotti muss sich in Palermo wegen angeblicher Kooperation mit der Mafia vor Gericht verantworten.

27 Mi Delegierte der IG-Bergbau billigen in Saarbrücken die für 1997 geplante Selbstauflösung und die Fusion mit der IG-Chemie und der Gewerkschaft Leder.

28 Do Die Tarifparteien des Baugewerbes verhandeln in Frankfurt am Main die Finanzierung des witterungsbedingten Arbeitsausfalls. → Abzug

29 Fr Günter Verheugen legt sein Amt als Bundesgeschäftsführer der SPD nieder, bleibt aber Stellvertretender Vorsitzender der SPD-Bundestagsfraktion.

30 Sa Der deutsche Boxer Ralf Rocchigiani bleibt in Hannover durch einen Punktsieg gegen Marc Randazzo (USA) WBO-Weltmeister im Cruisergewicht.

22. Oktober 1995

Schumi erneut Vollgas-König

Triumph für Michael Schumacher (s. Abb.): Durch seinen Sieg beim Großen Preis des Pazifik in Japan sichert sich der 26-jährige Formel-1-Pilot vorzeitig den Titel des Weltmeisters. Obwohl bereits ein vierter Platz zur Titelverteidigung genügt hätte, lässt sich der Kerpener seinen viel umjubelten achten Saisonsieg nicht nehmen. Fehlte dem Vorjahressieg wegen einer umstrittenen WM-Entscheidung noch ein wenig der Glanz, so besteht in dieser Saison kein Zweifel an der Überlegenheit des Benetton-Renault-Fahrers. Die italienische Zeitung »Gazzetto dello Sport« resümiert: »Der Bessere hat gewonnen, weil er meistens der Schnellste auf der Strecke war und sein Team immer die beste Taktik gewählt hatte.«

28. September 1995

Abzug der israelischen Armee

Schritt für Schritt nähern sich Israel und die Palästinenser einem Frieden, der jedoch noch auf wackeligen Füßen steht: In Washington unterzeichnen Israels Ministerpräsident Yitzhak Rabin und PLO-Chef Jasir Arafat ein Abkommen über den weitgehenden Abzug der israelischen Armee aus dem Westjordanland. Die Vereinbarung macht auch den Weg frei für die Wahl eines palästinensischen Parlaments und regelt den Zugang zu den für beide Seiten heiligen Stätten. Die Folgen des Abkommens werden von israelischer und von palästinensischer Seite unterschiedlich interpretiert: Arafat erklärt, der Vertrag sei ein Schritt hin zur Errichtung eines Palästinenserstaates. Rabin will ihn jedoch lediglich als Grundstein für eine israelisch-palästinensische Föderation gewertet wissen. Am 26. September stimmen die Palästinensische Autonomiebehörde und das PLO-Exekutivkomitee dem Abkommen zu. In Israel löst die Ratifizierung durch die Knesset heftige Emotionen aus. Gegner demonstrieren gegen den Vertrag, der am 6. Oktober mit 61 gegen 59 Stimmen vom Parlament gebilligt wird.

3. Oktober 1995

Freispruch für Simpson spaltet Amerika

»Nicht schuldig«, lautet das Votum der Geschworenen in einem der spektakulärsten Indizienprozesse der US-Justizgeschichte. Der farbige Ex-Football-Star und Schauspieler O.J. Simpson, der des Doppelmordes an seiner Ex-Frau Nicole Simpson Brown und ihrem Bekannten Ronald Goldman angeklagt war, wird freigesprochen. Während der Urteilsverkündung ruht für eine Stunde die New Yorker Börse, die Elektrizitätswerke verzeichnen einen sprunghaften Anstieg des Stromverbrauchs, die Telefongesellschaften einen abrupten Rückgang der Ferngespräche. Das Urteil, das nach 371 Verhandlungstagen, der Anhörung von 133 Zeugen, der Vorlage von 1105 Beweisstücken, angefallenen Kosten von 8 Mio. Dollar und 45 000 Protokollseiten gefällt wird, spaltet die Nation: Der Prozess wird auch als Ausdruck des Gegensatzes zwischen weißen und farbigen Amerikanern bewertet. Viele weiße US-Bürger sind fassungslos über das Urteil, eine Mehrheit der Farbigen nimmt den Freispruch für Simpson dagegen mit Jubel auf, vielerorts tanzen die Menschen auf den Straßen. Die Polizei von Los Angeles – in Erwartung von Krawallen bei einer Verurteilung in Alarmbereitschaft versetzt – hat einen normalen Arbeitstag.

EXTRA

Los Angeles Times

Simpson Not Guilty

He Is Freed After 15 Months in Jail

Voices

A Dog's Howls Signaled Start of Tragic Episode

Eine Extra-Ausgabe der »Los Angeles Times« erscheint mit dem Foto (oben), das O. J. Simpson im Augenblick des Freispruchs zeigt.

4. September 1995

Frauen fordern Rechte ein

In Peking beginnt die vierte Weltfrauenkonferenz der Vereinten Nationen. Etwa 30 000 Frauen aus 189 Ländern, unter ihnen 10 000 offizielle Delegierte, sind in die chinesische Hauptstadt gekommen. Die Tagung endet am 15. September mit der sog. Pekinger Deklaration und einer Aktionsplattform für Frauenrechte. Amerikas First Lady Hillary Clinton verlangt in einer viel beachteten Rede, Frauenrechte als Menschenrechte anzuerkennen. Zugleich kritisiert sie die in vielen Ländern vorgenommenen Zwangsabtreibungen und Tötungen von weiblichen Babys (Abb.: Protest gegen chinesische Unterdrückung Tibets). Parallel zur UN-Konferenz findet ein Gesprächsforum regierungsunabhängiger Frauengruppen statt.

Stationen des Prozesses

Datum	Ereignis
1994	
12.06	Nicole Brown und Ronald Goldman werden erstochen.
17.06.	Die Polizei verhaftet O.J. Simpson.
22.07	Bei Eröffnung der Mordanklage erklärt sich Simpson für nicht schuldig.
1995	
24.01.	Der Prozess wird eröffnet.
12.02.	Die Jury inspiziert den Tatort.
26.09.	Staatsanwältin und Verteidiger halten ihre Schlussplädoyers.
02.10.	Die zwölf Geschworenen beginnen mit ihren Beratungen.

Dass Simpson trotz der scheinbar überwältigenden Beweislast und trotz des fehlenden Alibis für die Tatnacht freigesprochen wurde, lag nach Ansicht von Beobachtern vor allem daran, dass Hauptverteidiger Johnnie Cochran die »Rassismuskarte« zog. Cochrans Trumpf war einer der Hauptbelastungszeugen, der Kripobeamte Mark Fuhrman: Er fand auf Simpsons Grundstück einen blutbeschmierten Handschuh – das Gegenstück zu einem am Tatort gefundenen Handschuh –, den die Anklage als Hauptbeweismittel präsentierte. Cochran säte bei den Geschworenen mit Erfolg Zweifel an der Aussage des Polizisten, der – so die Verteidigung – den Handschuh in Simpsons Garten geschmuggelt habe. Simpson erklärt nach dem Ende des Prozesses: »Ich bin glücklich, dass der Alptraum vorbei ist. Aber ich werde den Mörder von Nicole und Ron finden. Er muss irgendwo da draußen sein.« Das gewaltige Interesse an dem Prozess wurde vor allem durch die Medien geschürt, die live aus dem Gerichtssaal berichten durften. Richter Lance Ito und die Anwälte standen stets im Rampenlicht.

5. September 1995

Frankreich beharrt auf Bombe

Frankreichs Staatspräsident Jacques Chirac demonstriert militärische Eigenständigkeit und lässt – trotz heftiger internationaler Proteste – Atomwaffen in der Südsee testen. In einer Tiefe von 600 m detoniert um 23.30 Uhr mitteleuropäischer Sommerzeit unter dem Mururoa-Atoll im Südpazifik ein nuklearer Sprengsatz. Die Druckwelle lässt das Wasser aufschäumen und die Erde für 15 Sekunden erbeben. Am folgenden Tag kommt es in Papeete, der Hauptstadt von Französisch-Polynesien, zu antifranzösischen Unruhen, in deren Verlauf mindestens 20 Menschen verletzt werden. Die aufgebrachte Menge setzt mehrere Gebäude in Brand. Die Atomexplosion auf Mururoa ist der 193. Kernwaffentest der Franzosen. Seit dem 13. Juni, als Chirac eine neue Serie von acht Nukleartests angekündigt hatte, sieht sich Frankreich heftiger Kritik ausgesetzt. Die Glaubwürdigkeit und die Zuverlässigkeit der französischen Atomstreitmacht (Force de frappe) hingen, so heißt es aus Paris, von den Tests ab.

30. Oktober 1995

Quebec bleibt bei Kanada

Die Einheit Kanadas bleibt gewahrt. Mit der hauchdünnen Mehrheit von 50,6% der Stimmen scheitert ein Referendum über die weitgehende Selbstständigkeit des französischsprachigen Quebec, der flächenmäßig größten kanadischen Provinz. Lediglich etwas mehr als 50 000 Stimmen geben den Ausschlag für den Verbleib Quebecs bei Kanada (Abb.: Demonstration in Montreal gegen eine Autonomie Quebecs).

Kanadas liberaler Premierminister Jean Chrétien verspricht nach dem Referendum »innovative« Lösungen bei den Bemühungen um einen Ausgleich zwischen Quebec und dem übrigen Kanada. Der Premierminister der Provinz, Jacques Parizeau, ein Befürworter der Abspaltung, kündigt einen Tag nach der Niederlage seinen Rücktritt als Regierungschef und als Vorsitzender der Separatistenpartei Parti Québécois an.

Oktober 1995

1 So In Bayern votieren bei einem Volksentscheid 57,8% der Stimmberechtigten für die Einführung eines Bürgerentscheids auf kommunaler Ebene.

2 Mo Bei einem französischem Atomtest im Pazifik wird eine Bombe mit der sechsfachen Sprengkraft der Hiroshimabombe gezündet.

3 Di Der mazedonische Präsident Kiro Gligorov wird bei einem Bombenanschlag in der Hauptstadt Skopje schwer verletzt. → O. J. Simpson

4 Mi Sondereinheiten der Polizei beenden eine Geiselnahme in der Justizvollzugsanstalt Bützow in Mecklenburg-Vorpommern.

5 Do Uwe Seeler, ehemaliger Fußball-Nationalspieler, übernimmt zunächst kommissarisch die Führung des Bundesligavereins Hamburger SV.

6 Fr US-Präsident Bill Clinton kündigt in Washington eine Lockerung der Sanktionen gegen Kuba an – u.a. im Reiseverkehr nach Havanna.

7 Sa Erstmals in der Geschichte der britischen Konservativen Partei tritt mit Alan Howarth ein Unterhausabgeordneter zur Labour Party über.

8 So Die deutschen Sportjournalisten zeichnen Matthias Sammer (Borussia Dortmund) als »Fußballer des Jahres« aus.

9 Mo Russlands Regierung setzt das am 30. Juli mit den tschetschenischen Freischärlern geschlossene Militärabkommen zunächst aus.

10 Di Ein Anschlag auf den Fernzug »Sunset Limited« der Eisenbahngesellschaft Amtrak bei Hyder (US-Bundesstaat Arizona) fordert ein Todesopfer.

11 Mi In New York verteidigt der russische Schach-Weltmeister Garri Kasparow seinen Titel gegen den Inder Viswanathan Anand nach 18 Partien.

12 Do An dem Streit um den Haushalt zerbricht in Wien Österreichs große Koalition aus Sozialdemokratischer Partei (SPÖ) und Volkspartei (ÖVP).

13 Fr Mit dem symbolischen ersten Spatenstich eröffnet Bundeskanzler Helmut Kohl (CDU) in Berlin die Bauarbeiten für den umstrittenen Tiergartentunnel.

14 Sa Der deutsche Boxer Henry Maske verteidigt in München den IBF-Weltmeistertitel im Halbschwergewicht gegen seinen Landsmann Graciano Rocchigiani.

15 So Nach offiziellen Angaben bestätigen 99,96% der stimmberechtigten Bürger den irakischen Staatschef Saddam Hussein für weitere sieben Jahre im Amt.

16 Mo Die Regierungschefs 17 lateinamerikanischer Staaten sowie Spaniens verurteilen in San Carlos di Bariloche (Argentinien) das US-Handelsembargo gegen Kuba.

17 Di Der Europäische Gerichtshof in Luxemburg erklärt die im Bundesland Bremen geltende Frauenquote für unvereinbar mit europäischem Recht.

18 Mi Zum Abschluss des CDU-Parteitages in Karlsruhe erleidet Bundeskanzler Helmut Kohl mit der Ablehnung des »Frauenquorums« eine Abstimmungsniederlage.

19 Do Das libanesische Parlament bestätigt Präsident Elias Hrawi bis 1998 als Staatsoberhaupt. Der maronitische Christ ist seit 1989 im Amt.

20 Fr Wegen der sogenannten Augusta-Spendenaffäre legt der ehemalige belgische Wirtschaftsminister Willi Claes sein Amt als NATO-Generalsekretär nieder.

21 Sa Im Neuen Schloss in Baden Baden werden Kunst- und Gebrauchsgegenstände aus dem Besitz des Markgrafen Max von Baden versteigert.

22 So Bei der Wahl zum Berliner Abgeordnetenhaus bleibt die CDU mit 37,4% der Stimmen stärkste Partei. Die SPD muss starke Verluste hinnehmen. → Schumi

23 Mo Der EU-Ministerrat beschließt in Luxemburg die Kennzeichnungspflicht genmanipulierter Lebensmittel nur für Fälle »signifikanter« Manipulationen.

24 Di Mit sechs Anschlägen bringen militante Atomkraftgegner den Zugverkehr auf mehreren Strecken in Norddeutschland für zwei Stunden zum Erliegen.

25 Mi Bundeskanzler Helmut Kohl und Frankreichs Präsident Jacques Chirac demonstrieren in Bonn Übereinstimmung in Fragen der europäischen Einigung.

26 Do Das Europäische Parlament verurteilt die französischen Atomversuche im Pazifik sowie die Nukleartests der Volksrepublik China.

27 Fr Der Bundestag in Bonn verkürzt zum 1. Januar 1996 den Grundwehrdienst von zwölf auf zehn Monate und den Zivildienst von 15 auf 13 Monate.

28 Sa In Ankara mildert das türkische Parlament den sog. Separatismus-Artikel im Antiterrorgesetz, der bereits das Eintreten für kurdische Interessen sanktioniert.

29 So Aus den Kommunalwahlen in Bulgarien geht das von der regierenden Sozialistischen Partei dominierte Wahlbündnis Demokratische Linke als Sieger hervor.

30 Mo Laut Agenturmeldungen haben Regierung, Arbeitgeber und Gewerkschaften in Mexiko einen Sozialpakt zur Inflationsbekämpfung geschlossen. → Quebec

31 Di Das internationale Jugoslawien-Tribunal in Den Haag kündigt eine Anklageerhebung wegen der Massaker an Muslimen in der UN-Schutzzone Srebrenica an.

November 1995

1 Mi IG-Metall-Chef Klaus Zwickel bietet in Berlin den Arbeitgebern Zugeständnisse beim Lohnzuwachs an, wenn diese neue Arbeitsplätze schaffen.

2 Do In Buenos Aires billigt der Oberste Gerichtshof Argentiniens die Auslieferung des früheren SS-Hauptsturmführers Erich Priebke an Italien.

3 Fr Als Reaktion auf die Ermordung des konservativen Politikers Alvaro Gomez Hurtado gilt in Kolumbien nach 14 Tagen Pause wieder der Ausnahmezustand.

4 Sa Ein Taifun hat mit Windgeschwindigkeiten von bis zu 280 km/h nach einer Bilanz der philippinischen Behörden 538 Tote gefordert. → Hoffnungsträger

5 So Aus den Präsidentschaftswahlen in Georgien geht Amtsinhaber Eduard Schewardnadse mit 70% der abgegebenen Stimmen als klarer Sieger hervor.

6 Mo Das Bundesverwaltungsgericht in Berlin verfügt, dass ehemalige DDR-Richter trotz SED-Mitgliedschaft in den Justizdienst übernommen werden können.

7 Di Die Regierungskoalition aus CDU/CSU und FDP einigt sich darauf, dass alle Geschäfte werktags von 6 bis 20 Uhr geöffnet bleiben können.

8 Mi Der Niedersächsische Landtag setzt mit den Stimmen von SPD und Bündnis 90/Die Grünen das aktive Wahlrecht bei Kommunalwahlen auf 16 Jahre herab.

9 Do Die für Verbraucherfragen zuständigen Minister der Europäischen Union genehmigen vergleichende Werbung in allen Staaten der EU.

10 Fr Ungeachtet weltweiter Proteste wird der oppositionelle Schriftsteller Ken Saro-Wiwa auf Veranlassung der nigerianischen Militärjunta gehängt.

11 Sa Tamilische Rebellen töten bei einem Anschlag auf das Hauptquartier der Armee Sri Lankas in der Hauptstadt Colombo 17 Menschen.

12 So Der britische Regisseur Ken Loach wird für »Land and Freedom«, einen Film über den Spanischen Bürgerkrieg, mit dem Europäischen Filmpreis ausgezeichnet.

13 Mo Palästinensische Autonomiebehörden übernehmen nach Abzug der letzten israelischen Truppen die Verwaltung der Stadt Dschenin im Westjordanland.

14 Di Während seiner Chinareise besucht Bundeskanzler Helmut Kohl in Tianjing eine Einheit der chinesischen Volksbefreiungsarmee.

15 Mi Die frühere jugoslawische Teilrepublik Mazedonien tritt der NATO-Initiative »Partnerschaft für den Frieden« zur militärischen Zusammenarbeit in Europa bei.

16 Do In Algerien gewinnt der 1994 von den Militärs als Staatschef eingesetzte General Liamine Zeroual die Präsidentschaftswahl. → Scharping

17 Fr Die Staaten der UNO-Konvention über biologische Vielfalt einigen sich auf erste Schutzmaßnahmen gegen die Freisetzung genmanipulierter Organismen.

18 Sa Unter großer Anteilnahme der Bevölkerung heiratet der dänische Prinz Joachim in Hilleröd die aus Hongkong stammende Alexandra Manley.

19 So In Frankfurt am Main gewinnt Boris Becker zum dritten Mal nach 1988 und 1992 den Titel des ATP-Tennis-Weltmeisters. → Polen

20 Mo Prinzessin Diana gibt in einem mit Spannung erwarteten BBC-Interview öffentlich Auskunft über die Umstände ihrer Ehe mit Prinz Charles.

21 Di Frankreich führt – trotz internationaler Proteste – unter dem Mururoa-Atoll im Pazifik einen erneuten Atombombentest durch. → Dayton

22 Mi Eine offenbar geistig verwirrte Frau wirft in Magdeburg einen Molotow-Cocktail auf das Auto des Innenministers von Sachsen-Anhalt, Manfred Püchel.

23 Do Laut Wissenschaftsmagazin »Nature« haben Gen-Analysen die Existenz eines »Ur-Adams« bestätigt, der vor 188 000 Jahren in Afrika gelebt haben soll.

24 Fr Mit knapper Mehrheit entscheiden sich die Wahlberechtigten in der Republik Irland für die Streichung des Scheidungsverbots aus der Verfassung.

25 Sa Durch technischen k.o. über Dan Ward (USA) verteidigt der Berliner Ralf Rocchigiani in Braunschweig seinen Titel als WBO-Weltmeister im Cruisergewicht.

26 So Franz-Josef Bode wird als neuer Bischof von Osnabrück in sein Amt eingeführt. Mit 44 Jahren ist er der jüngste Bischof Deutschlands.

27 Mo In Barcelona endet eine zweitägige Mittelmeerkonferenz. Die Anrainerstaaten haben sich auf die Schaffung einer Freihandelszone geeinigt.

28 Di Das Bundeskabinett in Bonn beschließt die Entsendung von rd. 4000 Soldaten als Unterstützung für die NATO-Friedenstruppe in Bosnien.

29 Mi Ausländische Beobachter konstatieren schwere Unregelmäßigkeiten bei der Stimmauszählung zu den Parlamentswahlen in Ägypten.

30 Do US-Präsident Bill Clinton wird bei seinem Aufenthalt in der nordirischen Stadt Belfast von der Bevölkerung begeistert gefeiert.

4. November 1995

Hoffnungsträger ermordet

Der israelische Regierungschef Yitzhak Rabin (s. Abb.) fällt in Tel Aviv einem Attentat zum Opfer. Die tödlichen Kugeln treffen den weltweit geachteten Politiker am Ende einer Kundgebung, nachdem er eine Rede gehalten und mit den über 100 000 Menschen auf dem Platz der Könige ein Friedenslied gesungen hat. Der Attentäter, der der religiösen Rechten angehört, wird noch am Tatort festgenommen. Die Nachricht von der Ermordung Rabins, auf dem die Hoffnungen für den Friedensprozess im Nahen Osten ruhten, wird auch außerhalb Israels mit Trauer und Bestürzung aufgenommen. Nur bei den radikalen Islamisten löst die Meldung Freude aus.

Yitzhak Rabin

israelischer Politiker, * 1.3.1922 Jerusalem, † 4.11.1995 Tel Aviv

Als Regierungschef leitete Rabin den Friedensprozess im Nahen Osten ein, eine Leistung, für die er im Jahre 1994 zusammen mit Außenminister Shimon Peres und PLO-Chef Jasir Arafat den Friedensnobelpreis erhielt. Die Hälfte seines Lebens war Rabin Soldat: Er wurde 1940 Mitglied der jüdischen Palmach-Miliz, trat 1941 in britische Dienste ein und kämpfte ab 1944 gegen die britischen Mandatstruppen für ein jüdisches Palästina. In der Armee stieg er bis zum Generalstabschef auf und wurde im Sechstagekrieg durch die Eroberung von Ostjerusalem zum Nationalhelden. Nach seinem Wechsel in die Politik war er Botschafter, Landwirtschaftsminister und mehrfach Premierminister.

- 1965-67: Generalstabschef
- 1974-77 (erneut ab 1992): Premierminister
- 1984-90: Verteidigungsminister
- 1994: Friedensnobelpreis

16. November 1995

Scharpings schwere Stunde

Eine bittere Niederlage muss der SPD-Vorsitzende Rudolf Scharping (Abb., Mitte) hinnehmen. Auf dem Bundesparteitag in Mannheim setzt sich der saarländische Regierungschef Oskar Lafontaine in einer Kampfabstimmung um den Posten des Parteivorsitzenden gegen den Amtsinhaber durch. In einer mitreißenden Rede hatte Lafontaine bei den Delegierten einen Stimmungswechsel herbeigeführt. Schwacher Trost für Scharping: Mit der besten Stimmenzahl wird er zu einem von fünf Stellvertretern gewählt. Zudem bleibt er auch SPD-Fraktionsvorsitzender.

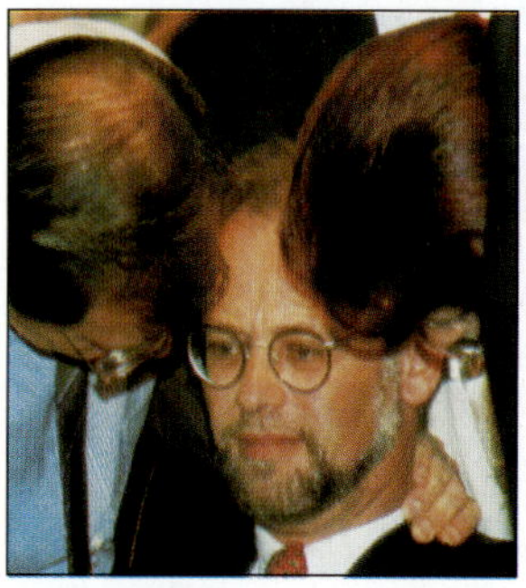

21. November 1995

Der Friede von Dayton

Nach vierjährigem blutigen Bürgerkrieg in Bosnien-Herzegowina wird der Frieden besiegelt. In Dayton (US-Bundesstaat Ohio) paraphieren die Präsidenten Slobodan Milošević (Serbien), Alija Izetbegović (Bosnien-Herzegowina) und Franjo Tudjman (Kroatien) ein Friedensabkommen, das am 14. Dezember in Paris unterzeichnet wird. Bis zuletzt stand der Erfolg der am 1. November auf dem Luftwaffenstützpunkt Wright-Patterson bei Dayton eröffneten Konferenz auf des Messers Schneide. Nur der Druck der USA – in erster Linie in Gestalt des Vermittlers Richard C. Holbrooke – zwang die Konfliktparteien immer wieder an den Verhandlungstisch zurück. Der Vertrag von Dayton sieht vor, dass Bosnien-Herzegowina als international anerkannter Staat erhalten bleibt. Es soll allerdings aus zwei nahezu gleich großen, in ihrem Status nicht genau definierten Teilen bestehen: der moslemisch-kroatischen Fö-

V.l.: Milošević, Izetbegović und Tudjman

10. Dezember 1995

Ehrung für deutsche Biologin

Freude in Tübingen: Die deutsche Entwicklungsbiologin Christiane Nüsslein-Volhard, Direktorin am Max-Planck-Institut, wird – zusammen mit den US-Wissenschaftlern Eric F. Wieschaus und Edward B. Lewis – mit dem Nobelpreis für Medizin ausgezeichnet. Das Komitee würdigt die Entdeckungen der Forscher im Zusammenhang mit der genetischen Kontrolle früher Embryonalentwicklungen. Es gelang den Wissenschaftlern, die Erbträger im Ei der Fruchtfliege zu identifizieren. Der Chemie-Nobelpreis geht an die US-Forscher Sherwood F. Rowland und Mario José Molina sowie den Niederländer Paul Crutzen. In der Sparte Physik werden Frederick Reines und Martin L. Perl (beide USA) geehrt. Die Auszeichnung für Wirtschaftswissenschaften erhält der US-Ökonom Robert E. Lucas. Friedensnobelpreisträger ist der 87-jährige britische Physiker Joseph Rotblat.

deration und der Serbischen Republik. Sarajevo bleibt die ungeteilte Hauptstadt des Landes. Zudem wird vereinbart, dass Bosnien eine Zentralregierung und ein Parlament erhält. Die ostbosnische Moslem-Enklave Goražde, die mitten im serbischen Gebiet liegt, wird durch einen 8 bis 15 km breiten Korridor mit Sarajevo verbunden. Über den Status der nordostbosnischen Stadt Brčko soll eine internationale Schlichtungskommission entscheiden. Das Abkommen von Dayton garantiert allen Bürgern Bosniens, sich frei auf dem Territorium ihrer Republik bewegen zu dürfen. Die Flüchtlinge erhalten das Recht, in ihre Heimat zurückzukehren. Eine unabhängige Kommission und eine aus internationalen Experten gebildete zivile Polizeitruppe überwachen die Einhaltung der Menschenrechte. Zudem organisiert die Völkergemeinschaft ein Programm für den Wiederaufbau des durch den Krieg zerstörten Landes. Weltweit wird die Einigung mit großer Erleichterung aufgenommen. Auch in Sarajevo, wo sich seit dem Inkrafttreten des Waffenstillstands am 12. Oktober das Leben normalisiert hat, und in der serbischen Metropole Belgrad, die spürbar unter von der UNO verhängten Sanktionen gelitten hat, sind viele erleichtert. Der Sicherheitsrat der Vereinten Nationen hebt den Wirtschaftsboykott auf. Nur bei den bosnischen Serben stößt das Abkommen auf Ablehnung. Zwar akzeptiert die Führung in Pale grundsätzlich den Vertrag, doch nur wenige Tage später verlangt der bosnische Serbenführer Radovan Karadžić u.a. die Teilung Sarajevos.

19. November 1995

Polen: Postkommunist siegt

Ex-Arbeiterführer Lech Walesa wird als Staatspräsident Polens abgewählt. In der Stichwahl triumphiert stattdessen der Ex-Kommunist Alexander Kwasniewski. Auf ihn entfallen 51,7% der Stimmen, auf Walesa, der während seiner Amtszeit aufgrund seines autoritären Staatsverständnisses Sympathien eingebüßt hat, 48,3%. Walesas Niederlage trifft auch die katholische Kirche in Polen: Die Bischöfe hatten dazu aufgerufen, an Gottesdiensten und Gebeten für die Wiederwahl Walesas teilzunehmen, und die Gläubigen davor gewarnt, für den ehemaligen Kommunisten Kwasniewski zu stimmen. Noch vor dem Amtswechsel muss der designierte Staatschef einräumen, die Wähler mit Details aus seiner Biografie getäuscht zu haben.

Alexander Kwasniewski

polnischer Politiker, * 15.11.1954 Bialogard

Der Wende-Kommunist führte einen Wahlkampf nach amerikanischem Muster und lässt auch darüber hinaus keinen Zweifel an seiner Westorientierung. Kwasniewski hatte in der kommunistischen Polnischen Vereinigten Arbeiterpartei (PVAP) rasch Karriere gemacht: Zunächst wurde er 1985 zum Kabinettsmitglied ohne Geschäftsbereich, dann zum Minister für Jugend und Sport berufen. Als KP-Vertreter handelte er mit Lech Walesa und anderen Vertretern der Opposition den Übergang zur Demokratie aus.

- 1976: Eintritt in die PVAP
- 1989: Teilnahme an Gesprächen am »Runden Tisch«
- seit 1995: Staatspräsident

Dezember 1995

1 Fr Die Kultusminister der deutschen Bundesländer billigen in Mainz eine Rechtschreibreform, die vom 1. August 1998 an gelten soll.

2 Sa In Hamburg wird die Türkische Gemeinde Deutschland (TGD) als erste bundesweite Interessenvertretung türkischer Einwanderer gegründet.

3 So In Bremen bittet die Bundesversammlung von Bündnis 90/Die Grünen die Bundestagsfraktion, dem Bundeswehreinsatz in Bosnien nicht zuzustimmen.

4 Mo Ein Sprengstoffanschlag vor dem Sitz der von Moskau eingesetzten Regionalverwaltung in Grosny fordert fünf Tote und 61 Verletzte.

5 Di In Brüssel ernennen die Außenminister der NATO-Staaten ihren spanischen Amtskollegen Javier Solana zum neuen Generalsekretär des Militärbündnisses.

6 Mi Der russische Außenminister Sergej Kosyrew lehnt auf einer NATO-Konferenz in Brüssel die geplante Osterweiterung des Militärbündnisses strikt ab.

7 Do In Wien erklären die 24 wichtigsten Industrieländer, sie wollten im Jahr 2010 – zehn Jahre früher als vorgesehen – den sog. Ozonkiller FCKW verbieten.

8 Fr Im Tshilumpo-Kloster der tibetischen Stadt Shigatse wird auf Initiative der Volksrepublik China ein sechsjähriger Junge zum 11. Pantschen-Lama erhoben.

9 Sa Ein 1:0 beim SC Freiburg sichert dem deutschen Fußballmeister Borussia Dortmund den inoffiziellen Titel des Herbstmeisters der Fußball-Bundesliga.

10 So Bei den Nachwahlen zur französischen Nationalversammlung müssen die liberal-konservativen Regierungsparteien Verluste hinnehmen. → Ehrung

11 Mo Sechs Tage vor der Wahl zum österreichischen Nationalrat detoniert in einem Briefkasten in Graz erneut eine Briefbombe und verletzt einen Passanten.

12 Di Mit landesweiten Streiks im öffentlichen Dienst protestieren die französischen Gewerkschaften gegen die Sparpläne der Regierung Alain Juppé.

13 Mi Trotz fortdauernder Bedenken gegen die türkische Menschenrechtspolitik billigt das Europaparlament in Straßburg eine Zollunion mit der Türkei.

14 Do Bundesjustizministerin Sabine Leutheusser-Schnarrenberger (FDP) tritt wegen der Zustimmung der FDP-Basis zum sog. Großen Lauschangriff zurück.

15 Fr Das erste Fußball-Länderspiel der Nationalmannschaften Südafrikas und Deutschlands endet in Johannesburg 0:0 unentschieden.

16 Sa In Madrid beschließen die Regierungschefs der Europäischen Union u.a., dass die künftige europäische Währung den Namen »Euro« erhalten soll.

17 So Die von Gennadi Sjuganow geführten Kommunisten werden mit 22,3% der abgegebenen Stimmen stärkste Kraft bei den Wahlen zur russischen Staatsduma.

18 Mo Atomkraftgegner legen mit mehreren Anschlägen auf Bahnstrecken in Rheinland-Pfalz und Hessen den Zugverkehr im südhessischen Raum lahm.

19 Di Der Hamburger Senat billigt den Verkauf der ehemals besetzten Häuser an der Hafenstraße an die Genossenschaft »Alternativen am Elbufer«.

20 Mi Die Implementation Force der NATO übernimmt, gemäß dem Dayton-Abkommen, von den UN-Truppen die Befehlsgewalt in Bosnien-Herzegowina.

21 Do Ein Mailänder Gericht verurteilt Paolo Berlusconi, Bruder des früheren Regierungschefs Silvio Berlusconi, wegen einer Schmiergeldaffäre zu 16 Monaten Haft.

22 Fr Der erste NATO-Einsatz der Bundeswehr im Rahmen der Bosnien-Friedenstruppe beginnt mit der Verlegung von 175 Soldaten nach Kroatien.

23 Sa In der Nähe von Saint-Pierre-de-Chérenne (Frankreich) werden die verkohlten Leichen von 16 Angehörigen der Sonnentempler-Sekte entdeckt.

24 So Aus den vorgezogenen Neuwahlen zum türkischen Parlament geht die islamische Wohlfahrtspartei als stärkste Kraft hervor.

25 Mo Wegen eines Schwächeanfalls muss Papst Johannes Paul II. in Rom den traditionellen Weihnachtssegen »Urbi et Orbi« unterbrechen.

26 Di Bei der 40. Kür von »Europas Fußballer des Jahres« wird in Paris mit dem Liberianer George Weah (AC Mailand) zum ersten Mal ein Nichteuropäer gewählt.

27 Mi Israel und Syrien beginnen in Wye nahe Washington eine neue Runde ihrer Friedensgespräche, in der die Zukunft der Golanhöhen verhandelt werden soll.

28 Do Das Bundesverfassungsgericht entscheidet, dass DDR-Anwälte, die auch als Stasi-Zuträger tätig waren, nicht automatisch ihre Zulassung verlieren.

29 Fr Vom Libanon aus feuert die schiitische Hisbollah-Miliz 16 Raketen des sowjetischen Typs »Katjuscha« auf den Norden Israels ab.

30 Sa Der italienische Staatspräsident Oscar Luigi Scalfaro lehnt die Demission des Ministerpräsidenten Lamberto Dini ab.

31 So Über fünf Jahre nach der Wiedervereinigung wird der DDR-Personalausweis ungültig und muss gegen einen fälschungssicheren Ausweis getauscht werden.

Januar 1996

1 Mo Beim Start in die neue Tarifära unterläuft der Deutschen Telekom ein Panne. Statt des Feiertagstarifs wird der Nachmittagstarif für Werktage berechnet.

2 Di Ägyptens Staatspräsident Hosni Mubarak entlässt Ministerpräsident Atef Sidki und ernennt Vizepremier Kamal Ahmed al-Gansuri zu dessen Nachfolger.

3 Mi Sechs Tote und mindestens 20 Verletzte fordert ein Bombenanschlag in der indischen Hauptstadt Delhi. Zur Tat bekennen sich Separatisten aus Kaschmir.

4 Do In Tunis verpflichten sich 20 Staaten Nordafrikas und des Vorderen Orients, keinerlei terroristische Aktivitäten auf ihrem Gebiet zu dulden.

5 Fr Das Hochenergie-Forschungszentrum für Teilchenphysik (CERN) bei Genf bestätigt, dass dort 1995 erstmals der Nachweis von Antimaterie gelungen sei.

6 Sa Ein Bericht der US-Menschenrechtsorganisation Human Rights Watch macht auf Misshandlungen in chinesischen Waisenhäusern aufmerksam. → Rekord

7 So Im zweiten Durchgang der Präsidentenwahl in Guatemala setzt sich Álvaro Arzú Irigoyen von der Partei der Nationalen Vorhut mit 51,22% durch.

8 Mo 297 Menschen kommen ums Leben, als eine russische Transportmaschine auf einen Marktplatz der zairischen Hauptstadt Kinshasa stürzt. → Mitterrand

9 Di Nach etwa 13 000 Flügen wird die im Juli 1992 eingerichtete internationale Luftbrücke in die bosnische Hauptstadt Sarajevo eingestellt. → Geiseldrama

10 Mi Eigenhändig steuert König Hussein II. von Jordanien seinen Helikopter zu einer eintägigen Freundschaftsvisite in Israel nach Tel Aviv.

11 Do Der bisherige Handelsminister und Vorsitzende der Liberaldemokraten, Ryutaro Hashimoto, wird zum Ministerpräsidenten Japans gewählt.

12 Fr In der dänischen Hauptstadt wird das Kulturjahr eröffnet. Kopenhagen ist somit »Europas Kulturhauptstadt 1996«.

13 Sa Die deutschen Segler Roland Gäbler und Frank Parlow gewinnen im australischen Mooloolaba die Weltmeisterschaft in der Tornado-Klasse.

14 So Aus den Präsidentenwahlen in Portugal geht der sozialistische Politiker Jorge Sampaio mit 53,8% der Stimmen als klarer Sieger hervor.

15 Mo Der schwerkranke griechische Ministerpräsident Andreas Papandreou tritt zurück. +++ Bei einem Verkehrsunfall stirbt König Moshoeshoe II. von Lesotho.

16 Di In einer Rede vor dem Bonner Bundestag ruft Israels Staatspräsident Ezer Weizman zur Wachsamkeit gegenüber neonazistischen Tendenzen auf.

17 Mi Die Hamburgische Bürgerschaft billigt den Verkauf der ehemals besetzten Häuser in der St. Pauli an eine Genossenschaft.

18 Do Nachdem die Einwohnerzahl Hessens die 6-Mio.-Grenze überschritten hat, erhält das Bundesland nunmehr fünf Stimmen im Bundesrat. → Lübeck

19 Fr Unblutig endet im türkischen Hafen Eregli nach drei Tagen die Entführung der Fähre »Avrasya« durch ein pro-tschetschenisches Kommando.

20 Sa In Österreich wird bekannt, dass der US-Geheimdienst CIA dort während der Besatzungszeit insgesamt 79 Waffenarsenale angelegt habe. → PLO-Chef

21 So Bei der Verleihung der »Golden Globes« in Beverly Hills erhält die Jane-Austen-Verfilmung »Sinn und Sinnlichkeit« die Auszeichnung »Bester Film«.

22 Mo Daimler-Benz beschließt die Einstellung aller Zahlungen an den niederländischen Flugzeugbauer Fokker und leitet damit dessen Konkurs ein.

23 Di Mit der ÖVP-Politikerin Waltraud Klasnic wird im Bundesland Steiermark erstmals in Österreich eine Frau auf den Posten eines Landeshauptmanns gewählt.

24 Mi Die US-Lebensmittelbehörde FDA lässt das erste kalorien- und cholesterinfreie Retortenfett zu. Es trägt die Bezeichnung »Olestra«.

25 Do Mit großer Mehrheit nimmt die parlamentarische Versammlung des Europarats in Straßburg Russland als 39. Mitglied auf.

26 Fr »Les Misérables«, das Erfolgsmusical des Komponisten Claude-Michel Schönberg, erlebt im neuen Duisburger Musicaltheater seine deutsche Premiere.

27 Sa Im westafrikanischen Staat Niger übernimmt das Militär die Macht. Der seit 1993 amtierende Präsident Mahamane Ousmane wird für abgesetzt erklärt.

28 So Zu Drohgebärden Griechenlands gegenüber der Türkei führt das Hissen der türkischen Flagge durch Journalisten auf der griechischen Ägäisinsel Imia.

29 Mo Frankreichs Staatspräsident Jacques Chirac erklärt in einer Fernsehansprache den Verzicht seines Landes auf weitere Atomversuche im Südpazifik.

30 Di Der 1992 wegen einer AIDS-Infektion zurückgetretene Earvin »Magic« Johnson feiert in Los Angeles ein Comeback in der US-Basketballliga.

31 Mi Wegen illegaler Waffengeschäfte erhält der einstige DDR-Devisenbeschaffer Alexander Schalck-Golodkowski ein Jahr Haft auf Bewährung.

9. Januar 1996

Geiseldrama im Kaukasus endet mit Blutvergießen

350 tschetschenische Separatisten überfallen die Stadt Kisljar in der Kaukasusrepublik Dagestan. Tags darauf ziehen die schwer bewaffneten Rebellen mit 165 Geiseln ab.

Weil die russische Armee und Einheiten des Geheimdienstes die Weiterfahrt verhindern, verschanzen sich die Tschetschenen (s. Abb.) mit ihren Geiseln im Grenzdorf Perwomaiskoje. Nach erfolglosen Verhandlungen greifen die russischen Truppen an – unterstützt von Panzern, Kampfhubschraubern und Artillerie. Erst am 18. Januar, nach Zerstörung fast aller Häuser, melden die Russen die Eroberung des Ortes. Über die Zahl der befreiten Geiseln herrscht Unklarheit. Nach russischen Angaben sind 153 Tschetschenen getötet worden.

23. Februar 1996

Baulöwe Schneider von den USA ausgeliefert

22 Monate nach seiner Flucht aus Deutschland trifft der von den USA ausgelieferte Immobilienhändler und Milliardenpleitier Jürgen Schneider mit seiner Frau Claudia in Frankfurt am Main ein und wird sogleich dem Haftrichter vorgeführt. Am 30. Juni 1997 beginnt der Prozess um den größten Immobilienschwindel in der Geschichte der Bundesrepublik.

Das Ehepaar war am 18. Mai 1995 aufgrund eines internationalen Haftbefehls in Miami (US-Bundesstaat Florida) verhaftet worden. Das Landgericht Frankfurt am Main verurteilt Schneider am 23. Dezember 1997 wegen schweren Betrugs, Kreditbetrugs und Urkundenfälschung zu sechs Jahren und neun Monaten Haft. Der Beschuldigte hat nach Auffassung der Richter in den fünf vom Gericht behandelten Fällen seine Kreditgeber um insgesamt 165 Mio. DM betrogen.

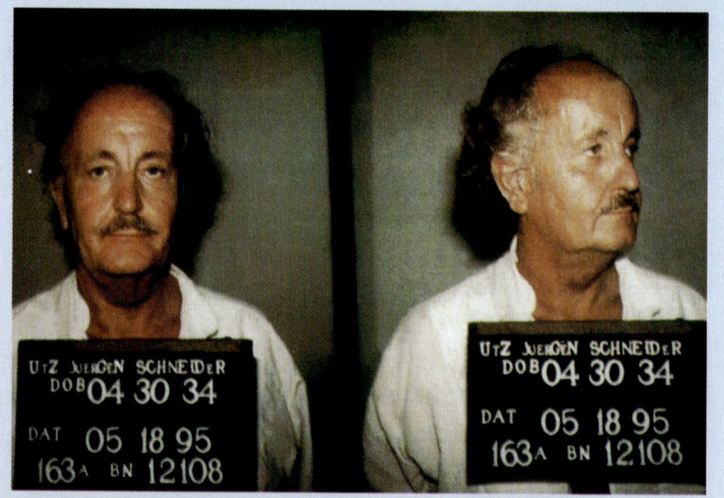

Schneider bei der erkennungsdienstlichen Behandlung in Miami

Mit manipulierten Unterlagen hatte Schneider für seine Prestige-Bauobjekte – darunter die Zeil-Galerie in Frankfurt am Main und die Mädler-Passage in Leipzig – bei den beteiligten Banken sehr viel höhere Kredite beantragt, als notwendig war, und mit dem überzähligen Geld ein Festgeldkonto gefüllt, das ihm wiederum als Beweis für seine Bonität diente. Als der promovierte Betriebswirt sich im April 1994 auf der Flucht vor seinen Gläubigern und einem bevorstehenden Verfahren ins Ausland absetzte, hinterließ er einen Schuldenberg von 6,7 Mrd. DM – zum Schaden von Großbanken, zahlreichen Bauunternehmen und Handwerksbetrieben. Allein die Forderung des Hauptgläubigers Deutsche Bank belief sich auf 1,2 Mrd. DM. Nur rd. die Hälfte der Schulden Schneiders waren durch Immobilien gedeckt. Insofern bescheinigt das Gericht, das mehrere hochrangige Vertreter von Kreditinstituten als Zeugen geladen hat, den Gläubigerbanken Fahrlässigkeit und grobe Pflichtverletzung.

In der Urteilsbegründung halten die Richter dem Angeklagten sein Alter, sein untadeliges Verhalten vor seinen Machenschaften und die Tatsache zugute, dass er einen Schlussstrich unter seine Vergangenheit gezogen habe. Die Auslieferungs- und Untersuchungshaft in einer Gesamtlänge von 31 Monaten wird angerechnet.

6. Januar 1996

Zum Abschied ein Rekord

Mit einem neuen Rekord verabschiedet sich der deutsche Skispringer Jens Weißflog vom internationalen Sportgeschehen. Durch einen Sieg beim Abschlussspringen gewinnt der 31-Jährige als erster Skispringer zum vierten Mal nach 1984, 1985 und 1991 die deutsch-österreichische Vierschanzentournee. Schon vor dem Start des Wettbewerbs hatte der »Floh vom Fichtelberg« seinen Abschied vom aktiven Sport angekündigt. Einmal noch geht Weißflog am 17. März am traditionsreichen Holmenkollen in Oslo an den Start und nimmt am 15. Juni im heimischen Oberwiesenthal endgültig Abschied von der Schanze.

Jens Weißflog

deutscher Skispringer, * 21.7.1964 Erlabrunn-Steinheidel

Der 1,68 m große und 58 kg schwere Oberwiesenthaler ist einer der erfolgreichsten Skispringer aller Zeiten. Der dreifache Olympiasieger und zweifache Weltmeister (1985,1989) gehörte mehr als zehn Jahre lang zur absoluten Weltspitze. Auch nach der Wende sammelte der gelernte Elektro-Installateur aus dem Erzgebirge viele Titel, u.a. im Weltcup.

- 1984: Olympiasieg (für die DDR) auf der Normalschanze
- 1991, 93-94: Deutscher Meister
- 1994: Olympiasieg (Großschanze und mit der Mannschaft)

8. Januar 1996

Trauer um Mitterrand

Die Welt verabschiedet einen großen Staatsmann: François Mitterrand, der als Staatspräsident 14 Jahre lang die Geschicke der Französischen Republik gelenkt hat, erliegt im Alter von 79 Jahren einem Krebsleiden (Abb.: Titel-Story). Am 11. Januar wird der Sozialist in seinem Heimatort Jarnac im Beisein der Familie beigesetzt. Mehr als 60 Staats- und Regierungschefs aus aller Welt nehmen zeitgleich an einem Trauergottesdienst in der Kathedrale Notre-Dame in Paris Abschied. Staatspräsident Jacques Chirac würdigt seinen Amtsvorgänger als einen Mann, der das Frankreich der achtziger Jahre entscheidend geprägt habe.

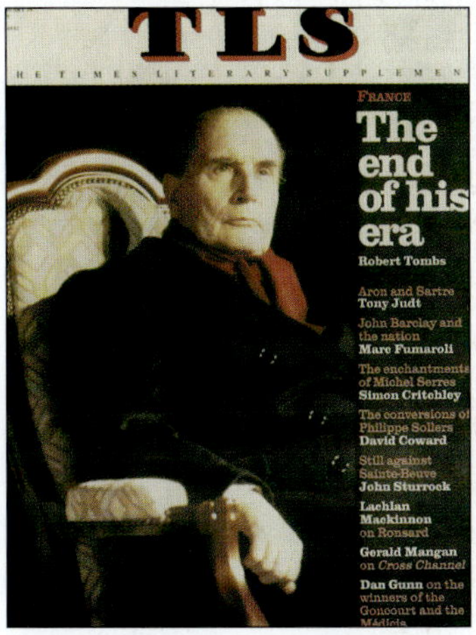

18. Januar 1996

Brandanschlag in Lübeck

Zehn Tote fordert ein Brand in einem Heim für Asylbewerber in Lübeck (s. Abb.), 38 Personen erleiden Brandverletzungen. Die Hintergründe der Tat bleiben zunächst im Dunkeln, die Polizei stellt jedoch Brandstiftung fest.

Die Katastrophe löst bundesweit eine Welle der Empörung und der Anteilnahme aus. Bundespräsident Roman Herzog erklärt, sollte es sich um einen Anschlag handeln, werde er »öffentlich die Frage aufwerfen, ob wir genug für die öffentliche Sicherheitspolitik tun«. Lübecks Bürgermeister Michael Bouteiller (SPD) verlangt ein Bleiberecht für die Hinterbliebenen. Bei der Suche nach den Brandstiftern fahndet die Polizei in der Neonazi-Szene. Als Tatverdächtiger wird jedoch am 19. Januar ein 21-jähriger Libanese festgenommen, der selbst in der Ausländerunterkunft lebte. Am 2. Juli kommt der Verdächtige auf freien Fuß, weil kein dringender Tatverdacht bestehe. Dennoch wird wenig später Anklage erhoben. 1997 spricht das Gericht den Libanesen frei.

20. Januar 1996

Wahl-Triumph für PLO-Chef

Die ersten demokratischen Wahlen im palästinensischen Autonomiegebiet entscheidet PLO-Chef Jasir Arafat (s. Abb. M.) klar für sich. Mit 87,1% der Stimmen wird er zum Vorsitzenden des Autonomierates gewählt. Seine Al Fatah erringt 50 Sitze in dem 88-köpfigen Gremium.

Die Wahlen wurden durch das Abkommen von 1995 ermöglicht, das Arafat und der im selben Jahr ermordete israelische Ministerpräsident Yitzhak Rabin unterzeichnet hatten. 1 Mio. Palästinenser waren aufgerufen, ihr Votum abzugeben. Die einzige Gegenkandidatin Arafats, die Sozialarbeiterin Samiha Khalil, erringt 9,6% der Stimmen. Für den Palästinensischen Rat, der legislative und exekutive Befugnisse u.a. in den Bereichen Wirtschaft, lokale und regionale Verwaltung, Polizei, Gesundheit und Erziehung wahrnimmt, bewarben sich insgesamt 672 Kandidaten von fünf Parteien und Bewegungen. Mit 30 Sitzen ist der Gazastreifen repräsentiert, sieben Abgeordnete vertreten Ost-Jerusalem, die übrigen das Westjordanland. Sechs Mandate sind christlichen Repräsentanten, ein Sitz ist einem Vertreter der altjüdischen Samaritaner-Sekte vorbehalten.

Februar 1996

1 Do Mit einer Arbeitsniederlegung bekräftigen die russischen Bergleute ihre Forderung auf Nachzahlung der seit Monaten ausstehenden Löhne.

2 Fr Der Gerichtshof des australischen Bundesstaats Neu-Südwales verurteilt eine lesbische Frau zur Zahlung von Unterhalt an ihre ehemalige Lebenspartnerin.

3 Sa Beim Aufheben eines vermeintlichen Blindgängers wird erstmals ein US-Soldat als Angehöriger der IFOR-Friedenstruppe in Bosnien getötet.

4 So In Inzell (Bayern) gewinnt die Erfurterin Gunda Niemann zum fünften Mal den Weltmeistertitel im Mehrkampf der Eisschnellläuferinnen.

5 Mo Papst Johannes Paul II. tritt seine 69. Auslandsreise an. Sie führt ihn nach Guatemala, Nicaragua, El Salvador und Venezuela.

6 Di 189 Todesopfer, darunter 164 deutsche Urlauber, fordert der Absturz einer Boeing 757 der türkischen Linie Birgen Air vor der Dominikanischen Republik.

7 Mi Eine Spionageaffäre führt zum Wechsel an der Spitze der polnischen Regierung. Neuer Premierminister wird Wlodzimierz Cimoszewics.

8 Do Als Nachfolger von Klaus Naumann übernimmt der bisherige Heeresinspekteur Hartmut Bagger das Amt des Generalinspekteurs der Bundeswehr.

9 Fr Nach 17 Monaten Waffenruhe verübt die katholische Untergrundorganisation IRA einen Anschlag auf ein Bürohaus in London. Zwei Menschen kommen um.

10 Sa Auf der japanischen Insel Hokkaido sterben 20 Menschen, als bei einem Erdrutsch ein Felsbrocken die Decke eines Straßentunnels durchbricht.

11 So Am Schlusstag der Biathlon-Weltmeisterschaften in Ruhpolding gewinnt die deutsche Männerstaffel hinter Russland die Silbermedaille.

12 Mo Das Landgericht Koblenz verurteilt erstmals einen Steuerflüchtigen, der mit Hilfe einer Filiale der Dresdner Bank Geld in Luxemburg versteckt hatte.

13 Di In Polen werden die Ermittlungen gegen den früheren Staatschef Wojciech Jaruzelski wegen der Verhängung des Kriegsrechts im Jahr 1981 eingestellt.

14 Mi Die französische Bergwacht rettet acht deutsche Skifahrer, die fast 48 Stunden lang in 2500 m Höhe am Col de la Madeleine eingeschlossen waren.

15 Do In der Einfahrt zum walisischen Hafen Milford läuft der mit rd. 130 000 t Rohöl beladene Öltanker »Sea Empress« auf Grund. 70 000 t laufen aus.

16 Fr König Mswati III. von Swasiland stellt in einer Rede zur Eröffnung des Parlaments in Lobamba die Rückkehr zur Demokratie in Aussicht.

17 Sa Durch einen Punktsieg nach 12 Runden über den Herausforderer Duran Williams (Jamaika) bleibt Henry Maske Box-Weltmeister im Halbschwergewicht.

18 So Im Hamburger Thalia-Theater liest der österreichische Schriftsteller Peter Handke aus seinem umstrittenen Text »Gerechtigkeit für Serbien«.

19 Mo Unter dem Namen »Newstalk« geht in Berlin das erste nachrichtenorientierte Telefon-Talk-Radio Deutschlands auf Sendung.

20 Di Japan kündigt ebenso wie Südkorea die Einrichtung einer Wirtschaftszone von jeweils 200 Seemeilen vor seiner Küste an.

21 Mi Der vom Konkurs bedrohte Werftverbund Bremer Vulkan stellt angesichts eines Kreditbedarfs von 2,2 Mrd. DM einen Vergleichsantrag beim Amtsgericht.

22 Do Eine Reform der Streitkräfte kündigt der französische Präsident Jacques Chirac an. Dazu zählt u.a. die Abschaffung der 1973 eingeführten Wehrpflicht.

23 Fr Der Fernsehrat des ZDF bestätigt Dieter Stolte für weitere fünf Jahre als Intendant. Er führt den Mainzer Sender seit 1982. → Schneider

24 Sa Über der Floridastraße, nordwestlich von Havanna, schießt die kubanische Luftwaffe zwei in den USA registrierte Privatmaschinen von Exilkubanern ab.

25 So Zwei von der islamischen Untergrundorganisation Hamas verübte Bombenanschläge fordern in Jerusalem und in Aschkelon 27 Tote und rund 80 Verletzte.

26 Mo Vor ihrer endgültigen Trennung veröffentlicht die britische Teenie-Popband »Take That« als letzte Single das Lied »How Deep is Your Love«.

27 Di Das Parlament von Singapur billigt ein Gesetz, demzufolge »unzüchtige Nacktheit« mit einer Geldstrafe von umgerechnet 2150 DM bedroht wird.

28 Mi Laut Testament des Schauspielers Josef Meinrad erhält Bruno Ganz, als »bedeutendster Bühnenkünstler des deutschsprachigen Theaters«, den Iffland-Ring.

29 Do In Berlin eröffnet das baulich spektakuläre französische Kaufhaus Lafayette seine Pforten. Hauptattraktion ist ein 35 m hoher gläserner Lichtkegel.

März 1996

1 Fr Mit der Begründung, Kolumbien habe zu wenig für die Bekämpfung des Drogenhandels getan, kürzt US-Präsident Bill Clinton die Finanzhilfe für das Land.

2 Sa In Australien enden die vorgezogenen Parlamentswahlen mit einem klaren Sieg der oppositionellen Konservativen unter John Winston Howard.

3 So Bei einem Sprengstoffanschlag der radikal-islamischen Untergrundorganisation Hamas auf einen Linienbus in Jerusalem sterben 19 Menschen. → Spanien

4 Mo Rony Smarth tritt nach seiner Bestätigung durch das haitianische Parlament in Port-au-Prince sein Amt als Regierungschef des Karibikstaates an.

5 Di Das Einlenken von Bündnis 90/Die Grünen im Haushaltsstreit beendet die erste schwere Krise der rot-grünen Koalition in Nordrhein-Westfalen.

6 Mi Katja Seizinger sichert sich im norwegischen Lillehammer vorzeitig den Gewinn des Gesamtweltcups der alpinen Skirennläuferinnen.

7 Do Unter dem Namen Novartis fusionieren in Basel die beiden Schweizer Chemie- und Pharmakonzerne Ciba-Geigy und Sandoz. → Klon-Schafe

8 Fr Ein türkischer Luftpirat zwingt ein Flugzeug der türkisch-zyprischen Fluggesellschaft KTHY zur Landung in München. Tags darauf stellt er sich der Polizei.

9 Sa 20000 Menschen fordern auf einer von der Opposition veranstalteten Kundgebung in Belgrad den Rücktritt des serbischen Präsidenten Slobodan Milošević.

10 So Mit 76,1% der Stimmen sprechen sich die Schweizer dafür aus, das in Teilen Graubündens gesprochene Rätoromanisch zur vierten Amtssprache zu erheben.

11 Mo Die deutschen Leichtathleten kehren mit vier Goldmedaillen von den Hallen-Europameisterschaften aus Stockholm zurück. → Malaysia

12 Di In Österreich wird das fünfte Kabinett von Bundeskanzler Franz Vranitzky (SPÖ) vereidigt. Die große Koalition mit der ÖVP bleibt bestehen.

13 Mi Ein Amokläufer erschießt im schottischen Dunblane 16 Schulkinder sowie deren Lehrerin und nimmt sich anschließend das Leben.

14 Do Beim einzigen Deutschland-Konzert auf seiner Europatournee gastiert der Regisseur Woody Allen mit seiner Jazz-Band in Frankfurt am Main.

15 Fr In dem vom Bürgerkrieg erschütterten westafrikanischen Staat Sierra Leone wird der frühere UNO-Diplomat Alhaji Kabbah zum Präsidenten gewählt.

16 Sa Durch einen k.o.-Sieg in der dritten Runde gegen den Briten Frank Bruno wird Mike Tyson in Las Vegas Box-Weltmeister im Schwergewicht (WBC-Version).

17 So Bei der Präsidentschaftswahl im Sudan wird der seit 1989 als Staatschef amtierende Generalleutnant Omar Hassan Ahmed al-Bashir im Amt bestätigt.

18 Mo Ein Brand in einer Diskothek in der philippinischen Hauptstadt Manila fordert 151 Menschenleben. Ursache des Feuers war ein technischer Defekt.

19 Di Polizisten der muslimisch-kroatischen Föderation übernehmen Grbavica, den letzten von fünf bisher serbisch kontrollierten Bezirken Sarajevos.

20 Mi Erstmals nach 35 Jahren Bürgerkrieg in Guatemala erklärt die links gerichtete Guerillaorganisation URNG eine unbefristete Waffenruhe.

21 Do Der schwedische Reichstag in Stockholm wählt mit 178 von 349 Stimmen den Sozialdemokraten Göran Persson zum neuen Regierungschef. → »Toy Story«

22 Fr Trotz internationaler Proteste machen norwegische Fischer nach 6-jähriger Pause wieder Jagd auf Seehunde. Oslo hat 28000 Tiere zur Jagd freigegeben.

23 Sa Bei den ersten direkten Präsidentschaftswahlen auf Taiwan erzielt Präsident Lee Teng-hui mit 54% der Stimmen einen klaren Erfolg.

24 So In Schleswig-Holstein büßt die SPD bei Landtagswahlen nach acht Jahren Alleinregierung ihre absolute Mehrheit ein.

25 Mo Mit einem Abstand von 15 Mio. km erreicht der nach einem japanischen Amateurastronomen benannte Komet Hyakutake seinen erdnächsten Punkt.

26 Di 77 Jahre nach ihrer Ausweisung hebt die österreichische Regierung das Aufenthaltsverbot für die letzten Angehörigen des Kaiserhauses Habsburg auf.

27 Mi Wegen der BSE-Seuche verhängt die Kommission der Europäischen Union ein weltweites Importverbot für britisches Rindfleisch.

28 Do Der Landtag von Brandenburg beschließt die Einführung des Faches »Lebensgestaltung-Ethik-Religion« anstelle des kirchlichen Religionsunterrichts.

29 Fr In Moskau vereinbaren die Präsidenten von Russland, Kasachstan, Kirgisien und Weißrussland die Gründung der »Gemeinschaft Integrierter Staaten« (GIS).

30 Sa In Bangladesch nimmt eine Übergangsregierung ihre Arbeit auf. +++ Thomas Gottschalk moderiert in Düsseldorf die 100. ZDF-Spielshow »Wetten, dass ...?«.

31 So Aus dem Zusammenschluss der Chase Manhattan Corp. und der Chemical Banking Corp. entsteht das größte Kreditinstitut der USA.

26. April 1996

Reemtsma wieder frei

Eine der spektakulärsten Entführungsfälle, die es je in Deutschland gab, endet mit der glücklichen Freilassung des Opfers. Nach 33 Tagen Haft in einem Kellerverlies und einer im dritten Anlauf geglückten Lösegeldübergabe setzen die Entführer den Multimillionär Jan Philipp Reemtsma (s. Abb.) auf freien Fuß. Unmittelbar danach beginnt die Fahndung mit Hochdruck.

Der Entführungsfall Reemtsma weist in vielerlei Hinsicht einmalige Besonderheiten auf. So ist für die Medien der Fall bis zur Freilassung Reemtsmas tabu, obwohl viele Redaktionen von der Entführung wissen. Kein Journalist will für den Tod des Millionenerben, der einer bekannten Tabakdynastie entstammt, mitverantwortlich sein. Die Entführer gehen von Beginn an höchst professionell zu Werke und vermitteln den Eindruck, es mit ihren Drohungen wirklich ernst zu meinen. Die Kommunikation mit den Gangstern erfolgt über Kleinanzeigen in der Grußrubrik der »Hamburger Morgenpost«. Dort beginnen die Botschaften jeweils unter dem Kennwort »Alles Gute Ann Kathrin« (s. Abb. r.). Reemtsma, der sich als Literaturwissenschaftler und gleichermaßen großzügiger und öffentlichkeitsscheuer Mäzen einen Namen gemacht hat, war am 25. März vor seinem Haus im Hamburger Stadtteil Blankenese überfallen und brutal zusammengeschlagen worden. Am Tatort hinterließen die Entführer eine Handgranate sowie einen Zettel mit einer Lösegeldforderung über 20 Mio. DM. Dann verschleppten sie ihr Opfer in ein abgelegenes Haus in Garlstedt bei Bremen und ketteten es in einem 11 m^2 großen Raum an. Trotz der Warnungen der Entführer schalteten Reemtsmas Frau Ann Kathrin und ein mit der Familie befreundeter Anwalt die Polizei ein. Die Hamburger Kripo setzte eine Sonderkommission ein, der zeitweise 250 Beamte Tag und Nacht zuarbeiteten. Diese Soko 96/2 sollte die Familie beraten sowie den Kontakt mit den Entführern und die Geldübergabe organisieren. Nachdem auch der zweite Versuch einer Geldübergabe am 14. April an der Autobahn Luxemburg-Trier gescheitert war, wurden auf Wunsch der Entführer und auf Anregung des Entführten zwei enge Vertraute der Familie mit der Übergabe des Lösegelds betraut. Diese stellten ein Auto mitsamt der verlangten Summe – sie war inzwischen auf 30 Mio. DM angewachsen – auf einem Autobahnparkplatz nahe

7. März 1996

Klon-Schafe aus dem Labor

Die Reproduktionsmedizin geht neue, umstrittene Wege: Am schottischen Roslin-Institut geben Wissenschaftler bekannt, sie hätten zwei walisische Bergschafe geklont. Die neun Jahre alten, identischen Tiere erhalten die Namen Megan und Marag (s. Abb. v.l. oder v.r.). Bei ihrem Experiment wandten die Forscher eine neue Methode an: Sie vervielfältigten Stammzellen eines neun Tage alten Schaf-Embryos. Anschließend wurden unbefruchtete Eizellen eines Schafes gewonnen und deren Erbmasse mit der aus den Embryozellen vertauscht. Die auf diese Weise bearbeiteten Eizellen wuchsen zu Embryos heran, die wiederum in die Gebärmutter von Schafen verpflanzt wurden. Drei der insgesamt fünf Lämmer verendeten allerdings kurz nach der Geburt. Kritiker verurteilen den Eingriff in das Erbgut von Lebewesen.

11. April 1996

Flughafen wird zur Feuerfalle

Bei einem Großbrand auf dem Düsseldorfer Flughafen kommen 17 Menschen ums Leben, 62 werden verletzt. Alle Opfer sterben an Kohlenmonoxydvergiftungen. Die Brandkatastrophe war durch Schweißarbeiten auf einer Zufahrtsstraße über der Abflugebene ausgelöst worden. Vermutlich durch Funkenflug wurde die PVC-Ummantelung einer Leitung in Brand gesetzt. Da sich die Kabel-, Luft- und Klimaschächte nicht automatisch schließen, breitet sich das um 15.31 Uhr entdeckte Feuer über die Kabel- und Dämmmaterialien rasch aus. Giftige Dämpfe treten aus – weite Teile des Flughafengebäudes werden zur Todesfalle. Erst um 15.58 Uhr wird die Düsseldorfer Berufsfeuerwehr zur Unterstützung gerufen. Zu diesem Zeitpunkt kommt jedoch für viele Opfer bereits jede Hilfe zu spät. Nach dem Brand werden die Flüge von und nach Düsseldorf zunächst zum Flughafen Köln/Bonn umgeleitet. Angesichts der Zerstörungen und Dioxin-Belastungen stellt man zur Wiederaufnahme des Flugbetriebs Zelte auf. Ab November werden provisorische Hallen zur Abfertigung der Charterflieger eingerichtet. Die Höhe des Feuerschadens soll zwischen 350 und 485 Mio. DM liegen.

ektakuläre Entführungsfälle

um	Ereignis
4	Der siebenjährige Timo Rinnelt wird in Wiesbaden gekidnappt und ermordet. Der Täter kann drei Jahre später gefasst werden.
1	In Herten wird der Millionär Theo Albrecht entführt. Die später gefassten Täter erpressen sieben Mio. DM Lösegeld.
5	Der Springreiter Hendrik Snoek wird in München entführt und im Innern einer Autobahnbrücke festgehalten. Zwei Täter werden gefasst.
6	Entführer verschleppen in München den Konzernerben Richard Oetker und erpressen 21 Mio. DM. 1980 erhält ein Täter 15 Jahre Haft
0	Sardische Gangster entführen in der Toskana zwei Töchter des Journalisten Dieter Kronzucker und deren Cousin. Die Täter erpressen 4,4 Mio. DM.

Krefeld ab. 43 Stunden später befindet sich Reemtsma wieder auf freiem Fuß. Insgesamt waren offenbar mehrere Männer an der Tat beteiligt, allerdings nur zwei an der unmittelbaren Entführung. Bei den Ermittlungen hat die Polizei vor allem zwei Trümpfe in der Hand: Die Stimme eines der Entführer, die bei Anrufen aufgezeichnet wurde, und das phänomenale Erinnerungsvermögen des Entführungsopfers. Reemtsma gibt präzise Auskunft über Größe und Ausstattung seines Gefängnisses, über Lebensmittel, Verpackungen und sogar über Preisschilder, aus denen sich Rückschlüsse ziehen lassen. Ende Mai schnappen die Handschellen für zwei der Entführer, die als Mittäter eingestuft werden, in Spanien zu. Der Drahtzieher, Thomas Drach, wird am 28. März 1998 in Buenos Aires verhaftet. Große Teile des Lösegeldes bleiben verschollen. Jan Philipp Reemtsma verarbeitet seine Geiselhaft 1997 in dem in Buchform erscheinenden Tatsachenbericht »Im Keller«.

21. März 1996

Computer erzählt »Toy Story«

In den deutschen Kinos startet mit der Walt-Disney-Produktion »Toy Story« (Abb.: Filmszene) der

erste vollständig am Computer realisierte abendfüllende Spielfilm. Regisseur John Lassater und der technische Leiter William Reeves zeichnen für den Streifen verantwortlich. Der technische Aufwand für das innovative Produkt war gewaltig: Insgesamt 117 Hochleistungscomputer berechneten die 1536 x 922 Bildpunkte jedes Bildes für die 114 000 Bilder des 81 Minuten langen Films. In vielen Hollywood-Filmen gehören computeranimierte Szenen bereits zum Standard.

11. März 1996

Riesenzwillinge in Malaysia

Im Vergleich mit den neu errichteten Bürotürmen in der malaysischen Hauptstadt Kuala Lumpur wirkt der 157 m hohe Kölner Dom beinahe wie eine Spielzeugkirche: 451,9 m recken sich die Zwillingstürme (s. Abb.) des staatlichen Mineralölkonzerns Petronas in den Himmel. Sie sind damit um 8,90 m höher als der Sears Tower in Chicago und halten – zumindest vorerst – den Welthöhenrekord. An den beiden Turmspitzen mussten eigens Apparate zur Reinigung der oberhalb des 88. Stockwerks befindlichen Fenster installiert werden.

Die Rohbauten der Petrona-Towers sind innerhalb von nur drei Jahren vollendet worden. Die Baukosten für die Zwillings-Giganten belaufen sich auf umgerechnet knapp 1,2 Mrd. DM.

3. März 1996

Spanien: Adios Felipe

Machtwechsel in Spanien: Die Sozialisten unter Ministerpräsident Felipe González werden abgewählt, die konservative Volkspartei (PP) wird bei den vorgezogenen Parlamentswahlen stärkste Kraft. Die PP erreicht 38,85% der Stimmen, verfehlt jedoch die absolute Mehrheit der Mandate. Die Sozialistische Arbeiterpartei (PSOE) verbucht 37,48%. José María Aznar wird am 4. Mai – nach schwieriger Koalitionsbildung – im Parlament zum Regierungschef gewählt. Das Ansehen von González, der die Geschicke des Landes mehr als 13 Jahre lang gelenkt hat, hatte unter Skandalen innerhalb der PSOE gelitten.

José María Aznar

spanischer Politiker, * 25.2.1953 Madrid

Der konservative Politiker, ein gelernter Jurist, kündigt als erstes Reformvorhaben seiner »Regierung der Mitte« eine drastische, aber sozialverträgliche Sparpolitik an. Angesichts der Ankündigung eines Waffenstillstands der Terrororganisation ETA, lässt Aznar 1998 Gesprächsbereitschaft erkennen.

- ab 1979: beamteter Finanzinspektor
- 1987-89: Regierungschef von Castilla y Leon
- 1990: Wahl zum Vorsitzenden der PP

April 1996

1 Mo Ein kalifornisches Fernsehteam filmt die Misshandlung zweier Mexikaner durch US-Polizeibeamte. Die Mexikaner wollten illegal in die USA einreisen.

2 Di Die Bertelsmann AG gibt die Fusion der UfA Film- und Fernseh GmbH mit dem luxemburgischen Rundfunkunternehmen CTL bekannt.

3 Mi Im US-Bundesstaat Montana nimmt das FBI den Hochschullehrer Theodor Kaczynski fest. Er soll der als »Una-Bomber« gesuchte Sprengstoffattentäter sein.

4 Do Durch ein 4:2 im vierten Play-Off-Spiel gegen die Kölner Haie wird die Düsseldorfer EG zum achten Mal Deutscher Eishockeymeister.

5 Fr Im Südosten der Türkei eröffnet die türkische Armee erneut eine Offensive gegen Kämpfer der verbotenen kurdischen Arbeiterpartei PKK.

6 Sa Durch k.o. über den Tschetschenen Asluddin Umarow verteidigt Dariusz Michalczewski in Hannover seinen Box-Weltmeistertitel im Halbschwergewicht.

7 So Durch eine 0:5-Niederlage gegen Frankreich scheidet die deutsche Mannschaft in Limoges in der zweiten Runde des Tennis-Davis-Cups aus.

8 Mo Die Bundesrepublik Jugoslawien und die Republik Mazedonien vereinbaren in Belgrad ihre gegenseitige staatsrechtliche Anerkennung.

9 Di In Bayern erteilt das Umweltministerium die erste atomrechtliche Teilgenehmigung für den Bau des Forschungsreaktors Garching.

10 Mi Ein zwischen der Regierung und zwei Rebellengruppen unterzeichneter Friedensvertrag soll den Bürgerkrieg im Süden des Sudan beenden.

11 Do Bei einem Rekordflugversuch kommt die erst sieben Jahre alte Pilotin Jessica Dubroff bei Cheyenne (US-Bundesstaat Wyoming) ums Leben. → Flughafen

12 Fr Bundespräsident Roman Herzog eröffnet das neue Messezentrum in Leipzig. Es wurde in dreijähriger Bauzeit für 1,3 Mrd. DM errichtet.

13 Sa Auf der Geberkonferenz für Bosnien einigen sich die Teilnehmerstaaten in Brüssel auf eine Wiederaufbauhilfe in Höhe von 2,7 Mrd. DM für 1996.

14 So Nach einem Beschluss der EU-Finanzminister in Verona erhält die untere Einheit des Euro, der künftigen europäischen Währung, die Bezeichnung Cent.

15 Mo Die in den USA lebende Berlinerin Uta Pippig siegt als erste Frau zum dritten Mal in Folge beim Boston-Marathon.

16 Di In Deutschland ist der Anbau von Hanf wieder erlaubt. +++ Die Bundeswehr kündigt die Vernichtung aller ihrer 400 000 Anti-Personen-Minen an.

17 Mi Mindestens 19 Demonstranten werden bei einer Kundgebung landloser Bauern von Angehörigen der brasilianischen Militärpolizei erschossen.

18 Do Militante Islamisten verüben in der ägyptischen Hauptstadt Kairo ein Attentat auf einen griechischen Reisebus. 17 Touristen kommen dabei ums Leben.

19 Fr Im Trierer Dom wird ab heute der sog. Heilige Rock, der Legende nach eine von Jesus Christus getragene Tunika, ausgestellt.

20 Sa Eine engere Kooperation in der Nuklearsicherheit vereinbaren die Teilnehmer des ersten »Atomgipfels«, den Russlands Präsident Boris Jelzin einberufen hat.

21 So In Italien siegt das Mitte-Links-Bündnis »Ulivo« (Ölbaum) unter Romano Prodi gegen die rechte Parteienallianz des Medienunternehmers Silvio Berlusconi.

22 Mo Bei bewaffneten Kämpfen zwischen Albanern und serbischen Polizisten sterben in der ehemals autonomen Provinz Kosovo fünf Menschen.

23 Di Laut Gerichtsurteil muss der Internationale Skiverband der Tochter der 1994 tödlich verunglückten Rennläuferin Ulrike Maier Schadenersatz zahlen.

24 Mi In Gaza billigt das Parlament der PLO die Streichung aller gegen das Existenzrecht Israels gerichteten Klauseln aus der Palästina-Charta.

25 Do Mit dem von den Koalitionsparteien CDU und FDP beschlossenen »Programm für mehr Wachstum und Beschäftigung« sollen Einsparungen erreicht werden.

26 Fr Der Verlag der Hamburger Zeitung »Die Zeit« teilt mit, dass die Stuttgarter Verlagsgruppe Georg von Holtzbrinck das Blatt übernommen hat. → Reemtsma

27 Sa Nach der 0:1 Heimschlappe gegen den Aufsteiger Hansa Rostock trennt sich der FC Bayern München von Trainer Otto Rehhagel.

28 So Ein Amokläufer tötet auf der zu Australien gehörenden Insel Tasmanien 35 Menschen. Er wird am folgenden Tag festgenommen.

29 Mo Russland und seine Gläubigerstaaten vereinbaren die Stundung der Rückzahlung der russischen Auslandsschulden bis zum Jahr 2002.

30 Di Wegen seiner Beteiligung an der Ermordung von acht Straßenkindern wird in Rio de Janeiro ein Polizist zu 309 Jahren Freiheitsstrafen verurteilt.

Mai 1996

1 Mi Als linke Alternative zu der von Tony Blair geführten britischen Labour Party gründet der frühere Bergarbeiterführer Arthur Scargill die Socialist Labour Party.

2 Do Das portugiesische Parlament billigt eine Dezentralisierung der Verwaltung des Landes. An die Stelle der bislang 18 Distrikte treten neun Regionen.

3 Fr Auf eine Begrenzung des Einsatzes von Anti-Personen-Minen einigen sich nach über zweijährigen Verhandlungen die Vertreter von 55 Staaten in Genf.

4 Sa Ohne konkrete Beschlüsse endet in Visby auf der schwedischen Insel Gotland das erste Treffen der Regierungschefs aus den Ostsee-Anrainerstaaten.

5 So Elf Jahre nach dem letzten Triumph wird das Team von Tschechien durch ein 4:2 im Finale über Kanada in Wien Eishockey-Weltmeister. → Länder-Hochzeit

6 Mo Vertreter der Regierung von Guatemala und der Guerillabewegung URNG unterzeichnen in Mexico-Stadt eine Übereinkunft über eine künftige Agrarreform.

7 Di Aus Protest gegen die erhöhten Steuerabgaben für ausländische Künstler sagt US-Popstar Michael Jackson alle in Deutschland geplanten Konzerte ab.

8 Mi Mit großer Mehrheit billigt in Kapstadt die verfassunggebende Versammlung die erste demokratische Verfassung Südafrikas.

9 Do Bei der Präsidentschaftswahl in Uganda entscheiden sich nach offiziellen Angaben 74,2% für den seit 1986 amtierenden Staatschef Yoweri Museveni.

10 Fr Nach der Niederlage der regierenden Kongresspartei bei den Parlamentswahlen erklärt der indische Ministerpräsident Narasimha Rao seinen Rücktritt.

11 Sa Alle 110 Insassen sterben beim Absturz einer DC-9 der US-Fluglinie ValuJet über den Everglades-Sümpfen (US-Bundesstaat Florida).

12 So Erstmals gewinnt mit dem Spanier Roberto Carretero ein Qualifikant die Internationalen Tennismeisterschaften in Hamburg.

13 Mo Die bisher verfeindeten afghanischen Politiker Burhanuddin Rabbani und Gulbuddin Hekmatyar vereinbaren ein Militärbündnis gegen die Taliban-Milizen.

14 Di Belgiens Parlament gewährt Ministerpräsident Jean-Luc Dehaene wirtschaftspolitische Sondervollmachten, um das Defizit im Staatshaushalt zu verringern.

15 Mi Nach dem 2:0 im Hinspiel siegt der FC Bayern München 3:1 über Girondins Bordeaux und erringt erstmals in der Vereinsgeschichte den UEFA-Pokal.

16 Do Die niederländische Königin Beatrix erhält u.a. wegen ihrer Verdienste um die europäische Einigung den Internationalen Karlspreis der Stadt Aachen.

17 Fr Israelische Militärs nehmen im Westjordanland den Hamas-Aktivisten Hassan Salameh fest. Er gilt als Drahtzieher der jüngsten Selbstmordanschläge.

18 Sa Borussia Dortmund verteidigt mit sechs Punkten Vorsprung auf Bayern München den 1995 gewonnenen Titel des deutschen Fußballmeisters.

19 So In Berlin besiegt Steffi Graf die Slowakin Karina Habsudova und gewinnt zum neunten Mal die Internationalen Damen-Tennismeisterschaften von Deutschland.

20 Mo Für seinen Film »Secrets and Lies« erhält der englische Regisseur Mike Leigh beim 49. Internationalen Filmfestival in Cannes die »Goldene Palme«.

21 Di Mit dem Spiel einer Prominentenelf gegen die deutsche Nationalelf (1:3) nimmt der Nationalspieler Rudi Völler in Leverkusen Abschied vom aktiven Fußball.

22 Mi Im Kieler Landtag wird Heide Simonis (SPD) in ihrem Amt als schleswig-holsteinische Ministerpräsidentin bestätigt.

23 Do Als erster aus Nordkorea geflohener Kampfpilot seit 1983 setzt sich Hauptmann Lee Chul Soo mit seiner MiG-19 in den Süden des Landes ab.

24 Fr Die algerische Untergrundorganisation »Bewaffnete Islamische Gruppe« teilt mit, dass sie sieben entführte französische Trappistenmönche ermordet habe.

25 Sa Im südfranzösischen Nîmes wird die spanische Stierkämpferin Christina Sanchez als erste Frau in die Bruderschaft der Matadore aufgenommen.

26 So Die Polizei nimmt in Halle an der Saale zwei Brüder fest, die mit Sprengstoffanschlägen den Lebensmittelkonzern Aldi erpressen wollten.

27 Mo Russlands Präsident Boris Jelzin und Selimchan Jandarbijew, Anführer der tschetschenischen Unabhängigkeitskämpfer, unterzeichnen einen Waffenstillstand.

28 Di Ein US-Gericht spricht im Zusammenhang mit der Whitewater-Affäre drei mit Präsident Bill Clinton bekannte Personen des Kreditbetrugs für schuldig.

29 Mi Bundestrainer Berti Vogts erklärt, er wolle Lothar Matthäus wegen seiner negativen Äußerungen über Jürgen Klinsmann nicht mehr berufen. → Israel

30 Do Die 1986 geschlossene Ehe des britischen Prinzen Andrew mit Sarah Ferguson wird offiziell geschieden. Das Paar lebt seit 1992 getrennt.

31 Fr »Der Totmacher« von Regisseur Romuald Karmakar erhält bei der Vergabe des Deutschen Filmpreises in Berlin als beste Produktion das Filmband in Gold.

29. Mai 1996

Richtungswechsel in Israel

Der 46-jährige Chef des konservativen Likud-Blocks, Benjamin Netanjahu, gewinnt überraschend gegen den amtierenden Regierungschef Shimon Peres die Direktwahl zum israelischen Ministerpräsidenten. Weniger als 30000 Stimmen geben den Ausschlag für den bisherigen Oppositionsführer.

Benjamin Netanjahu

israelischer Politiker, * 21.10.1949 Jerusalem

Die wenig flexible Politik des bislang jüngsten israelischen Regierungschefs bringt den Friedensprozess im Nahen Osten nahezu zum Stillstand. In Jerusalem geboren, verbrachte der Sohn eines Professors seine Jugend überwiegend in den USA. Er war Soldat in der israelischen Armee, ehe er in den diplomatischen Dienst eintrat. Bis zu seiner Abwahl 1999 überstand der fintenreiche und eloquente Likud-Premier mehrere Skandale.

- 1984: UN-Botschafter Israels in New York
- 1993-99: Vorsitzender des Likud-Blocks
- 1996-99: Regierungschef

Peres hatte im Februar vorgezogene Neuwahlen angesetzt, in der Erwartung, von der Bevölkerung ein Mandat für seine Friedenspolitik mit den Palästinensern zu erhalten. Zu diesem Zeitpunkt führte er bei Meinungsumfragen deutlich vor seinem Konkurrenten. Für einen Umschwung sorgten nicht zuletzt die Attentate, die das Land erschütterten. Netanjahu setzt in der Folgezeit die Verhandlungen mit den Palästinensern zunächst aus.

28. Juni 1996

Bonn schnallt Gürtel enger

Das umstrittene Sparpaket der Bonner Regierung wird im Bundestag in namentlicher Abstimmung mehrheitlich gebilligt. Durch tiefe Einschnitte ins soziale Netz will die Bundesregierung vor allem die Arbeit billiger machen, die Hilfen für die Bundesanstalt für Arbeit kürzen und die Ausgaben der Kranken- und Rentenversicherung entlasten. Schon ab 1. Oktober gelten Kürzungen bei der Lohnfortzahlung im Krankheitsfall und Beschränkungen im Kündigungsschutz. Bei Arbeitnehmern und Gewerkschaften lösen die Bonner Beschlüsse Unmut und Widerspruch aus. Am 15. Juni demonstrieren rd. 350000 Menschen in Bonn auf der größten Kundgebung der Gewerkschaften in der Geschichte der Bundesrepublik gegen die Sparbeschlüsse (s. Abb.). DGB-Chef Dieter Schulte erklärt, diese bedeuteten einen »Angriff auf den Sozialstaat«.

29. Juni 1996

Islamisten regieren die Türkei

Neçmettin Erbakan übernimmt als erster islamistischer Politiker in der 73-jährigen Geschichte der Türkischen Republik das Amt des Regierungschefs. Der Gründer und Vorsitzende der fundamentalistischen Wohlfahrtspartei, die im Dezember 1995 stärkste Kraft im Parlament wurde, sucht engere Kontakte zum Iran und zum Irak.

Nach den Wahlen hatte zunächst eine neue Regierung ohne Beteiligung der Wohlfahrtspartei ihre Arbeit aufgenommen. Mesut Yilmaz führte ein Rechtsbündnis aus seiner Mutterlandspartei und der von Ex-Regierungschefin Tansu Çiller geführten Partei des Rechten Weges. Am 12. März hatte das Minderheitskabinett das Vertrauen der Nationalversammlung erhalten, doch erwies sich die neue Regierung als äußerst labil und brach schon nach drei Monaten wieder auseinander. Am 14. Mai erklärte das Verfassungsgericht das Vertrauensvotum für Yilmaz aus formalen Gründen für ungültig. Hinzu kamen Differenzen zwischen Yilmaz und Çiller.

30. Juni 1996

Deutschland gewinnt EM

Durch zwei Tore von Italien-Legionär Oliver Bierhoff (Udinese Calcio) wird die deutsche Fußball-Nationalmannschaft im Finale gegen die Tschechische Republik zum dritten Mal Fußball-Europameister. Das Siegtor im Londoner Wembley-Stadion zum 2:1 geht in die Sportgeschichte ein: Erstmals bei Europa- oder Weltmeisterschaften entscheidet das »Golden Goal« über Triumph oder Niederlage: Das Siegtor – dem tschechischen Torwart Petr Kouba rutscht der Ball unglücklich über die Finger – beendet die Verlängerung und das Spiel in der 94. Minute.

Nach einer torlosen ersten Halbzeit waren die Tschechen durch einen von Patrik Berger verwandelten Elfmeter in der 59. Minute in Führung gegangen. Bundestrainer Berti Vogts (s. Abb.) wechselte Bierhoff ein, der in der 73. Minute per Kopf ausgleichen konnte. Herausragende spielerische Akzente vermochte die Vogts-Truppe nicht zu setzen. Der als Spielmacher ausersehene Andreas Möller fehlt im Finale wegen zweier zuvor erfolgter »Gelb«-Verwarnungen. Stürmer

4. Juni 1996

Fehlschlag für »Ariane 5«

Der Jungfernflug von Europas Hightech-Trägerrakete »Ariane 5« wird zu einem spektakulären Fehlschlag: 41 Sekunden nach dem Start in Französisch-Guyana explodiert die 750 t schwere »Ariane 5« in 4000 m Höhe. Ihre Trümmer regnen über das Raumfahrtzentrum Kourou herab (s. Abb.). Mit »Ariane 5«, die zwei Satelliten ins All bringen sollte, wollte sich die Europäische Weltraumorganisation ESA weitere Marktanteile im lukrativen Satellitengeschäft sichern. 11,6 Mrd. DM – wovon Deutschland einen Anteil von 22% trägt – waren seit dem Jahre 1985 investiert worden.

5. Mai 1996

Länder-Hochzeit geplatzt

Die bereits von den Parlamenten beider Bundesländer gebilligte Fusion von Berlin und Brandenburg wird von der Bevölkerung abgelehnt. Zwar votieren die Berliner mit 53,4% der Stimmen für die Verschmelzung, in Brandenburg gibt es jedoch 62,7% Nein-Stimmen. Das Abstimmungsergebnis ist auch eine Niederlage für Brandenburgs Ministerpräsident Manfred Stolpe (SPD). Er hatte sein Ansehen als »Landesvater« für den Zusammenschluss in die Waagschaale geworfen.
Auch in Berlin war die Zustimmung nicht einhellig: Zwar unterstützte in allen westlichen Bezirken eine Mehrheit die geplante Vereinigung, im Osten wurde aber nur aus Köpenick und Weißensee eine Unterstützung für die Fusion gemeldet. Die PDS, die Nachfolgepartei der DDR-Staatspartei SED, hatte sich zur Wortführerin der Fusionsgegner gemacht. Nach dem Bürgerentscheid kündigt Berlins Regierender Bürgermeister Eberhard Diepgen (CDU) an, in der Wirtschaftsförderung stärker auf die eigenen Interessen achten zu wollen.

Jürgen Klinsmann (l.) und Andreas Köpke bejubeln den Triumph, Queen Elizabeth (M.) teilt die Freude.

Berti Vogts

eigtl. Hans-Hubert Vogts, deutscher Fußballspieler und Bundestrainer, * 30.12.1946 Büttgen

Der Gewinn der Fußball-Europameisterschaft 1996 ist Vogts' größter Erfolg als Bundestrainer. Erst mit diesem Titel tritt er aus dem Schatten seines populären Vorgängers Franz Beckenbauer. Seine Bilanz nach seinem Rücktritt als Coach im Jahre 1998 weist in 102 Länderspielen 67 Siege, 23 Unentschieden und 12 Niederlagen auf. Trotz dieser Erfolge wurden ihm als Bundestrainer vielfach taktische Fehler und ein verkrampfter Umgang mit den Medien vorgeworfen. Der Außenverteidiger bestritt in seiner aktiven Laufbahn 96 Länderspiele und stand 1974 in der Weltmeisterelf. Mit seinem Stammverein Borussia Mönchengladbach wurde der »Terrier«, wie er wegen seiner engagierten Spielweise genannt wurde, fünfmal Deutscher Meister.

- 1965-79: Spieler bei Borussia Mönchengladbach
- 1967: Erstes Länderspiel
- 1979-90: Nachwuchstrainer beim DFB
- 1990-98: Bundestrainer

Jürgen Klinsmann, kaum von einem Muskelfaserriss im Viertelfinale gegen Kroatien (2:1) genesen, konnte dem Spiel keine Impulse geben. Rückhalt gaben der Mannschaft in erster Linie Torwart Andreas Köpke und Dieter Eilts als »Abräumer« im Mittelfeld. Für Berti Vogts, der in England seinen ersten großen Titel als Bundestrainer gewinnt, lautet die Forderung und das Fazit angesichts fehlender Ausnahmespieler denn auch: »Der Star ist die Mannschaft.«
Zu den Höhepunkten der EM zählte das Halbfinale Deutschland gegen England. Nach 132 Sekunden schoss Alan Shearer die Briten in Führung, in der 16. Minute glich Stefan Kuntz aus. Nach torloser Verlängerung verlor der englische Verteidiger Gareth Southgate im Elfmeterschießen beim Stand von 6:6 das Duell gegen Köpke. Möller schoss zum 7:6 Endstand ein. Vier der sechs Viertel- und Halbfinalspiele in England wurden per Elfmeterschießen entschieden.

Juni 1996

1 Sa In Schönebeck (Sachsen-Anhalt) entgleist ein mit hochgiftigem Vinylchlorid beladener Waggon eines Güterzuges und explodiert.

2 So Bei der Landtagswahl im österreichischen Burgenland steigern die von Jörg Haider geführten Freiheitlichen ihren Stimmenanteil von 9,8% auf 14,6%.

3 Mo Die Regierung des Emirats Bahrain gibt die Aufdeckung eines Putschplans bekannt. Die Oppositionellen sollen Kontakte zum Iran gehabt haben.

4 Di Als erstes Staatsoberhaupt der Republik Irland stattet Präsidentin Mary Robinson Großbritannien einen offiziellen Besuch ab. → »Ariane 5«

5 Mi Die EU-Kommission erlaubt Großbritannien wieder, die Rinderprodukte Talg, Gelatine und Sperma auszuführen. Das Fleisch-Exportverbot bleibt bestehen.

6 Do Beim Absturz eines Helikopters der Bundeswehr kommen während der Dortmunder Jugendmesse »YOU 96« 13 der 14 Insassen ums Leben.

7 Fr In Panama-Stadt endet die Vollversammlung der Organisation Amerikanischer Staaten. Eine Verschärfung des Handelsembargos gegen Kuba wurde abgelehnt.

8 Sa Durch einen Sieg über Arantxa Sanchez-Vicario aus Spanien gewinnt Steffi Graf zum fünften Mal die Internationalen Tennismeisterschaften von Frankreich.

9 So In Den Haag geht die Werkschau des niederländischen Malers Jan Vermeer (1632-1675) zu Ende. Rd. 438 000 Besucher sahen die Ausstellung.

10 Mo Als erster Nachfolgestaat des einstigen Jugoslawien unterzeichnet Slowenien als Vorstufe zur Vollmitgliedschaft einen Assoziierungsvertrag mit der EU.

11 Di Das Landgericht Oldenburg verurteilt den ehemaligen Eier-Großproduzenten Anton Pohlmann u.a. wegen Tierquälerei zu zwei Jahren Haft auf Bewährung.

12 Mi Im Hamburger Thalia Theater erlebt das musikalische Werk »Time Rocker« in der Inszenierung von Robert Wilson seine Uraufführung.

13 Do Als letztes Land der Europäischen Union schafft Belgien die Todesstrafe ab. Die letzte Hinrichtung wurde im Jahre 1918 durchgeführt.

14 Fr Der Bonner Bundestag hebt die Immunität des unter Korruptionsverdacht geratenen CSU-Abgeordneten Erich Riedl auf.

15 Sa In Manchester fordert ein IRA-Anschlag auf ein Einkaufszentrum 207 Verletzte. +++ 350 000 Menschen protestieren in Bonn gegen Sparpläne der Regierung.

16 So Der amtierende russische Präsident Boris Jelzin erringt bei den Präsidentschaftswahlen nur 35,3% der Stimmen. Er muss sich einer Stichwahl stellen.

17 Mo Mit dem Gotteshaus schwarzer Baptisten in Rocky Point (North-Carolina) geht in den US-Südstaaten bereits die 36. Kirche seit 1995 in Flammen auf.

18 Di Der UN-Sicherheitsrat hebt das Waffenembargo gegen Ex-Jugoslawien vollständig auf. Daraufhin stellt die NATO die Embargokontrolle in der Adria ein.

19 Mi Die deutsche Fußball-Nationalelf erreicht mit einem 0:0 gegen Italien das Viertelfinale der Fußball-Europameisterschaft in England.

20 Do Der Bonner Bundestag fordert in einer Resolution die Volksrepublik China auf, die Lage der Menschenrechte in Tibet zu verbessern.

21 Fr In Bonn billigt der Bundestag das neue Ladenschlussgesetz: U.a. dürfen die Geschäfte ab dem 1. November bis 20 Uhr, samstags bis 16 Uhr geöffnet bleiben.

22 Sa Im Kampf um den Schwergewichtstitel des Box-Weltverbandes IBF unterliegt der Deutsche Axel Schulz in Dortmund Michael Moorer (USA) nach Punkten.

23 So Mit einer Messe im Berliner Olympiastadion und einer Ansprache am Brandenburger Tor beendet Papst Johannes Paul II. seinen dritten Deutschland-Besuch.

24 Mo Die irakische Regierung erklärt sich in Bagdad bereit, auch weiterhin Kontrollen seiner Militäranlagen durch UN-Inspekteure zuzulassen.

25 Di Bei der Explosion einer Autobombe vor einer Kaserne in Dhahran (Saudi-Arabien) werden 19 US-Soldaten getötet, 386 Personen werden verletzt.

26 Mi In Düsseldorf verurteilt das Oberlandesgericht den früheren SPD-Spitzenpolitiker Karl Wienand wegen Spionage für die DDR zu zweieinhalb Jahren Haft.

27 Do Das Bundesverfassungsgericht fordert den Gesetzgeber auf, die Erziehungszeiten berufstätiger Mütter höher als bisher auf die Renten anzurechnen.

28 Fr Die nordirische Untergrundorganisation IRA verübt einen Granatenanschlag auf die britische Quebec-Kaserne in Osnabrück. → Bonn

29 Sa Im Bottroper Stadtteil Kirchhellen wird der Freizeitpark »Movie World« des US-Filmkonzerns Warner Brothers eröffnet. → Türkei

30 So Der bosnische Serbenführer Radovan Karadžić übergibt sein Präsidentenamt in der bosnischen Serbenrepublik an Biljana Plasić. → EM

Juli 1996

1	Mo	Im Nordterritorium von Australien tritt ein Gesetz in Kraft, das Ärzten unter bestimmten Bedingungen die aktive Sterbehilfe erlaubt.
2	Di	Amtsinhaber Idriss Déby setzt sich bei den ersten freien Präsidentschaftswahlen im Tschad in der Stichwahl gegen Wadal Abdelkader Kamougue durch.
3	Mi	Der russische Präsident Boris Jelzin wird im Amt bestätigt. Bei der Stichwahl gegen den Kommunisten Gennadi Sjuganow erhielt Jelzin 53,8% der Stimmen.
4	Do	Der tschechische Ministerpräsident Václav Klaus wird mit seinem Kabinett vereidigt. Der konservative Politiker führt eine Drei-Parteien-Koalition.
5	Fr	Russlands Staatsduma billigt ein Gesetz zur sog. Beutekunst. Demnach gehen Kunstwerke, die nach 1945 in die UdSSR gelangten, in Staatseigentum über.
6	Sa	Durch ein 6:3, 7:5 gegen die Spanierin Arantxa Sanchez-Vicario gewinnt gewinnt Steffi Graf zum siebten Mal das Tennisturnier von Wimbledon.
7	So	Im Dorf Cerska (Bosnien) öffnen UNO-Experten Massengräber, um das Verschwinden von rd. 8000 muslimischen Kriegsgefangenen aufzuklären.
8	Mo	Die türkische Nationalversammlung spricht der Regierung von Necmettin Erbakan, dem Führer der islamistischen Refah-Partei, das Vertrauen aus.
9	Di	In einer Stellungnahme lehnen die Rektoren und Präsidenten der deutschen Hochschulen die Einführung von Studiengebühren gegenwärtig ab.
10	Mi	Erstmals werden Aufnahmen vom Jupiter-Mond Ganymed veröffentlicht. Die US-Raumsonde »Galileo« hatte die Fotos aus 1000 km Entfernung geschossen.
11	Do	Anhänger des protestantischen Oranier-Ordens erzwingen ihren Traditionsmarsch durch ein katholisches Wohnviertel im nordirischen Portadown.
12	Fr	Der albanische Ministerpräsident Aleksander Meksi (Demokratische Partei) leistet in Tirana den Amtseid für seine zweite Legislaturperiode.
13	Sa	Zur 8. Loveparade, der größten Jugenddemonstration in der Geschichte der Bundesrepublik, kommen etwa 750000 Techno-Fans nach Berlin.
14	So	Als Reaktion auf den Oranierzug in Portadown drei Tage zuvor detoniert im nordirischen Enniskillen eine Autobombe. 17 Menschen werden verletzt.
15	Mo	Dreieinhalb Jahre nach der Trennung wird das Scheidungsverfahren zwischen dem britischen Thronfolger Prinz Charles und Prinzessin Diana eingeleitet.
16	Di	Der Drogenbeauftragte der Bundesregierung Eduard Lintner meldet in der Halbjahresbilanz einen Anstieg der Zahl der Drogentoten auf 753 (1995: 682 Tote).
17	Mi	Frankreich gibt bekannt, bis 1999 insgesamt 38 Regimenter auflösen und nahezu all seine Soldaten aus Deutschland abziehen zu wollen. → Jumbo
18	Do	Kämpfer der tamilischen Rebellenbewegung LTTE überfallen einen Stützpunkt der Regierungsarmee im Nordosten von Sri Lanka und töten 1200 Soldaten.
19	Fr	»Ithaka«, ein Schauspiel von Botho Strauß, wird an den Münchener Kammerspielen uraufgeführt. Bruno Ganz spielt die Hauptrolle. → Jahrhundert-Spiele
20	Sa	Auf dem Flughafen von Reus (Spanien) explodiert ein vermutlich von der baskischen Untergrundbewegung ETA gelegter Sprengsatz. 35 Personen werden verletzt.
21	So	Der für das Team Deutsche Telekom fahrende dänische Profi Bjarne Riis gewinnt die 83. Tour de France. Zweiter wird Stallgefährte Jan Ullrich (Deutschland).
22	Mo	Sechs Todesopfer und mehr als 50 Verletzte fordert eine auf dem Flughafen der pakistanischen Stadt Lahore explodierende Bombe.
23	Di	Als erstes Mitglied der neuen israelischen Regierung trifft Außenminister David Levy im Gazastreifen mit Palästinenserchef Jasir Arafat zusammen.
24	Mi	In Colombo (Sri Lanka) fordert ein Bombenanschlag auf einen Zug 78 Tote und 450 Verletzte. Tamilische Rebellen werden für die Tat verantwortlich gemacht.
25	Do	Ein Hamburger Gericht spricht Prinzessin Caroline von Monaco 180000 DM Schmerzensgeld zu. Das Magazin »Bunte« hatte ein erfundenes Interview gedruckt.
26	Fr	Im Westjordanland eröffnen unbekannte Täter das Feuer auf ein vorbeifahrendes israelisches Zivilfahrzeug. Drei Personen werden getötet.
27	Sa	Zwei Tote und 111 Verletzte fordert die Explosion einer Rohrbombe im Centennial Park in Atlanta, dem Austragungsort der Olympischen Sommerspiele.
28	So	Nach 68 Tagen endet der Hungerstreik von rd. 2000 türkischen Häftlingen für humanere Haftbedingungen. Zwölf Männer hatten sich zu Tode gehungert.
29	Mo	China zündet auf dem Testgelände Lop Nor seinen 45. atomaren Sprengsatz seit 1964. Danach kündigt Peking den Verzicht auf weitere Versuche an.
30	Di	Das Bundesverfassungsgericht lehnt einen Antrag der Bundesregierung aus dem Jahre 1992 ab, zwei Neonazis die Grundrechte zu entziehen.
31	Mi	Mit der absoluten Mehrheit der CSU billigt der Bayerische Landtag in München den Sonderweg des Freistaates im Abtreibungsrecht.

28. August 1996

Diana und Charles geschieden

Ein Stempel und die Eingangsbestätigung der Gebühr von umgerechnet 46 DM sind die letzten Amtshandlungen. Bereits seit März 1992 leben Prinzessin Diana und Prinz Charles (s. Abb.) getrennt, jetzt ist ihre Ehe, deren Beginn vor 15 Jahren so glanzvoll begann, auch amtlich beendet. Am 28. Februar hatte »Lady Di« in die Scheidung

eingewilligt. Zuvor war bekannt geworden, dass Königin Elizabeth II. das Ex-Traumpaar zu diesem Schritt aufgefordert hatte. Mit Hilfe ihrer Anwälte konnte Diana einige ihrer Forderungen durchsetzen. So bleibt sie »Prinzessin von Wales« und behält ihre Gemächer im Kensington-Palast. Sie gibt ihren Anspruch auf, jemals Königin zu werden, und verliert den Titel »Ihre Königliche Hoheit«. Für die Erziehung ihrer Kinder sollen die Eltern gemeinsam verantwortlich sein.

31. August 1996

Ein General bringt Frieden

Es ist die Stunde von Alexander Lebed (s. Abb.): »Der Krieg ist zu Ende, wir haben genug gekämpft«, erklärt der russische Sicherheitsberater. Lebed und Aslan Maschadow,

Generalstabschef der tschetschenischen Rebellen, unterzeichnen in Chassawjurt ein Abkommen über den Frieden in Tschetschenien. Die Entscheidung über die Zukunft der nach Unabhängigkeit strebenden Region wird vertagt.

Alexander I. Lebed

russischer General und Politiker, * 20.4.1950 Nowotscherkassk

Lebed wurde nach seinem guten Abschneiden bei der Präsidentschaftswahl 1996 (14,5%) zum »Königsmacher« für Präsident Jelzin. Der bullige Fallschirmjäger, dem seine Soldaten bescheinigten, »das Gehirn von Einstein und die Physis von Schwarzenegger« zu besitzen, fordert immer wieder »Recht und Ordnung« ein. 1996 wird Lebed als Sicherheitsberater entlassen.

- 1969-73: Militärausbildung an der Luftwaffenschule
- 1991: Unterstützung Jelzins gegen Putschisten
- seit 1998: Gouverneur in der Provinz Krasnojarsk

19. Juli 1996

Jahrhundert-

Die Olympische Bewegung feiert 100 Jahre nach den ersten Spielen der Neuzeit in Athen ihr rundes Jubiläum. Die vollmundig als »größte Show des Jahrhunderts« angekündigten XXVI. Olympischen Sommerspielen in Atlanta (US-Bundesstaat Georgia) beginnen mit einer glanzvollen Feier im Olympiastadion der Südstaatenmetropole. Bei den Wettkämpfen, die bis zum 4. August dauern, wahren die Gastgeber ihren Heimnimbus und setzen sich erstmals seit den Boykott-Spielen von 1984 in Los Angeles wieder an die Spitze des Medaillenspiegels. Erfolgreichste Teilnehmerin ist die US-Schwimmerin Amy van Dyken mit viermal Gold. Der russische Schwimmer Alexander Popow holt zweimal Gold und zweimal Silber. Bei den Leichtathleten gibt es gleich drei Doppelsieger: Der Sprinter Michael Johnson

Medaillenspiegel

Land	G	S	B
USA	44	32	25
Russland	26	21	16
Deutschland	20	18	27
China	16	22	12
Frankreich	15	7	15
Italien	13	10	12
Australien	9	9	23
Kuba	9	8	8
Ukraine	9	2	12
Südkorea	7	15	5

Sprinterkönig Donovan Bailey

17. August 1996

Belgien im Affären-Sumpf

Zwei Tage nach seinem Geständnis führt der belgische Kinderschänder Marc Dutroux die Polizei zu den Leichen zweier Mädchen, die im Keller seines Hauses verhungert sind. Am 3. September werden zwei weitere Leichen entdeckt. Zwei Kinder können lebend befreit werden. Der Kriminalfall Dutroux löst eine Staatskrise aus, nachdem bekannt wird, dass Schlampereien bei Justiz und Polizei eine frühere Aufklärung der Verbrechen verhindert haben. Dutroux ist für die Behörden kein Unbekannter. Er ist einschlägig vorbestraft. Wie viele Kinder Dutroux und seine Bande entführt haben, ist unklar. Mit weißen Blumen und weißen Luftballons ziehen am 20. Oktober über 250000 Belgier durch Brüssel, um gegen Politik, Polizei und Justiz zu demonstrieren.

piele im Süden der USA

Überraschend gewinnt im Zehnkampf der Deutsche Frank Busemann die Silbermedaille.

Weitsprung-Sieger Carl Lewis (M.) sagt goodbye.

(USA) siegt über 200 m und 400 m, sein kanadischer Kollege Donovan Bailey über 100 m und in der 4x100-m-Staffel. Die Französin Marie-José Pérec triumphiert über 200 m und 400 m. Mit einem Satz über 8,50 m gewinnt der 35-jährige US-Amerikaner Carl Lewis zum vierten Mal in Folge den olympischen Weitsprungwettbewerb. Gold für Deutschland holen im Diskuswerfen Lars Riedel und Ilke Wyludda (beide Chemnitz) sowie die Kugelstoßerin Astrid Kumbernuss (Neubrandenburg). Nicht alles indessen, was da glänzt in der hektischen Stadt Atlanta – die den Getränkekonzern Coca Cola und den Nachrichtensender CNN beherbergt –, ist Gold. Kritiker bemängeln den übermäßigen Kommerz, Pannen im innerstädtischen Transportverkehr und fehlenden »olympischen Geist« in den Straßen der Stadt. Ein Bombenattentat mit zwei Todesopfern überschattet die Spiele noch zusätzlich.

17. Juli 1996

Jumbo mit 230 Menschen an Bord abgestürzt

Alle 212 Passagiere sowie die 18 Besatzungsmitglieder kommen ums Leben, als eine Boeing 747 der US-Fluggesellschaft TWA vor der Küste von Long Island explodiert (Abb.: »Flug TWA 800 annulliert« meldet die Ankunftstafel in Paris). Das Unglück ereignet sich kurz nach dem Start vom New Yorker John-F.-Kennedy-Flughafen. Tausende von Ausflüglern werden an diesem Sommerabend Augenzeugen des Unglücks. In die Trauer der Hinterbliebenen mischt sich vielfach Zorn: Die Ermittlung der Unglücksursache – vermutlich ein technischer Defekt – zieht sich über Jahre hin. Zunächst dauert es sieben Tage, ehe der Flugschreiber und der Voicerecorder mit den Stimmen der Piloten in dem nur 40 m tiefen Wasser geortet werden. Bis November werden für die Suche nach der Ursache umgerechnet rd. 36 Mio. DM ausgegeben.

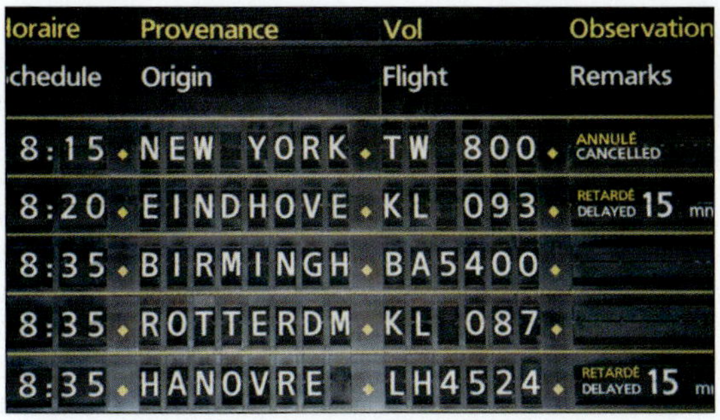

August 1996

1 Do Ein Militärgericht in Rom spricht den wegen Kriegsverbrechen angeklagten früheren deutschen SS-Offizier Erich Priebke frei.

2 Fr Die israelische Regierung beschließt die Aufhebung des seit 1992 geltenden Baustopps für jüdische Siedlungen in den palästinensischen Autonomiegebieten.

3 Sa Der österreichische Bundeskanzler Franz Vranitzky (SPÖ) beendet in Singapur eine Südostasienreise, zu deren Stationen auch Malaysia gehört hatte.

4 So In einer Volksabstimmung votieren die Bürger der japanischen Stadt Maki gegen den Verkauf eines Grundstücks zum Bau eines Kernkraftwerks.

5 Mo US-Präsident Bill Clinton unterzeichnet ein Gesetz, welches Sanktionen gegen ausländische Firmen ermöglicht, die im Iran oder in Libyen investieren.

6 Di Bei einer Übung vor Neustadt an der Ostsee stürzt der Hamburger Polizeihubschrauber »Libelle 3« ins Meer. Die fünfköpfige Besatzung kommt ums Leben.

7 Mi US-Forscher veröffentlichen die Ergebnisse einer Meteoriten-Analyse: Demnach gab es vor drei Mrd. Jahren primitives Leben auf dem Mars.

8 Do In Paraguay wird General Lino César Oviedo Silva vorläufig aus der Haft entlassen. Er hatte im April einen Putsch gegen Präsident Juan Carlos Wasmosy versucht.

9 Fr Boris Jelzin legt im Kreml in Moskau seinen Amtseid auf die Verfassung ab und beginnt damit seine zweite Amtszeit als russischer Präsident.

10 Sa In Londonderry (Nordirland) verzichten die protestantischen »Apprentice Boys« auf den Marsch durch katholische Viertel und vermeiden so weitere Unruhen.

11 So Alexander Lebed, Tschetschenien-Bevollmächtigter und Sicherheitsberater von Russlands Präsident Boris Jelzin, reist zu Friedensgesprächen nach Tschetschenien.

12 Mo Der türkische Regierungschef Necmettin Erbakan schließt in Teheran einen Vertrag über die Lieferung von iranischem Erdgas an die Türkei ab.

13 Di Die Umweltschutzorganisation Greenpeace präsentiert in Luzern (Schweiz) ein eigenes Drei-Liter-Auto, einen umgebauten Renault »Twingo Easy«.

14 Mi Aus einem gerade gelandeten Airbus A 320 stehlen Unbekannte im südfranzösischen Perpignan Geldsäcke, in denen sich 28 kg Pesetenscheine befinden.

15 Do In Atlanta beginnen die 10. Paralympics, die Weltspiele der Behindertensportler. Über 3500 Sportler aus 127 Nationen sind am Start.

16 Fr Das offizielle Auftaktspiel der 34. Bundesligasaison gewinnt der FC Bayern München gegen den Hamburger SV in der Hansestadt mit 2:1.

17 Sa Wegen Beleidigung des Präsidenten werden fünf Persönlichkeiten des öffentlichen Lebens in Dschibuti zu sechs Monaten Haft verurteilt. → Belgien

18 So In Jordanien greifen die seit Tagen herrschenden Aufstände wegen der geplanten Verdopplung der Brot- und Weizenpreise auf die Hauptstadt Amman über.

19 Mo Im australischen Canberra eskaliert ein Protest von 15 000 Menschen gegen geplante Sparmaßnahmen der Regierung. 60 Menschen werden verletzt.

20 Di Auf der UN-Abrüstungskonferenz in Genf legt Indien sein Veto gegen ein weltweites Verbot von Atomtests ein und verhindert einen Teststopp-Vertrag.

21 Mi Südafrikas Ex-Präsident Frederik Willem de Klerk entschuldigt sich vor der Wahrheits- und Versöhnungskommission für Menschenrechtsverletzungen.

22 Do Weil die Moderatorin Margarete Schreinemakers in ihrer Live-Sendung zu eigenen Steuerangelegenheiten Stellung nehmen will, bricht SAT.1 die Show ab.

23 Fr Unter Einsatz von Tränengas und Schlagstöcken dringen Polizisten in die Kirche Saint-Bernard in Paris ein und nehmen 300 illegale Einwanderer aus Afrika fest.

24 Sa Bei einem Übungsflug über Neufundland stoßen in der Nähe von Goose Bay zwei Tornado-Kampfflugzeuge der Bundesmarine zusammen. Ein Pilot stirbt.

25 So Der ukrainische Präsident Leonid Kutschma unterzeichnet einen Erlass über eine Währungsreform. Der bisherige Karbowanez wird in Hrywna umgetauscht.

26 Mo Ein Bezirksgericht in Seoul verurteilt den früheren Präsidenten Südkoreas, Chun Doo Hwan, wegen politischer Verfehlungen zum Tode.

27 Di Ohne Blutvergießen endet auf dem Londoner Flughafen Stansed die Entführung eines sudanesischen Linienflugzeugs. Die irakischen Entführer ergeben sich.

28 Mi In Hannover öffnet die erste CeBIT Home ihre Pforten. Bis zum 1. September besuchen 210 000 Interessierte die Computermesse. → Diana und Charles

29 Do In Chicago endet der Nominierungsparteitag der Demokratischen Partei. Der amtierende Präsident Bill Clinton wird für eine zweite Amtszeit nominiert.

30 Fr Wenige Minuten vor Ablauf der Wechselfrist unterzeichnet der frühere Nationaltorhüter Bodo Illgner (1. FC Köln) einen Vertrag bei Real Madrid.

31 Sa Der deutsche Cruisergewichtler Torsten May unterliegt im WM-Titelfight in Palma de Mallorca dem US-Amerikaner Adolpho Washington nach Punkten. → Frieden

September 1996

1 So Für den Europameistertitel ehrt Bundespräsident Roman Herzog die Fußball-Nationalelf. Trainer Berti Vogts erhält das Bundesverdienstkreuz.

2 Mo In Manila werden die Kämpfe der philippinischen Regierungstruppen gegen die Muslim-Rebellen auf der Insel Mindanao per Friedensvertrag beendet.

3 Di Die USA greifen irakische Stellungen an, nachdem Truppen des Irak in die Kurden-Schutzzone im Norden des Landes eingedrungen sind.

4 Mi Erstmals nach seiner Amtseinführung trifft Israels Regierungschef Benjamin Netanjahu mit PLO-Chef Jasir Arafat zusammen. → Goldhagen-Thesen

5 Do Das Landgericht Mannheim eröffnet den Steuerprozess gegen Peter Graf, den Vater der Tennisspielerin Steffi Graf, und seinen ehemaligen Steuerberater.

6 Fr Nach einem Urteil des Stuttgarter Landgerichts dürfen Kreditinstitute sich weigern, der umstrittenen Scientology-Sekte ein Girokonto einzurichten.

7 Sa Für »Michael Collins« erhält der irische Regisseur Neil Jordan bei den Internationalen Filmfestspielen in Venedig den »Goldenen Löwen«. → Jacko-Fieber

8 So Im Finale der US-Open in New York besiegt Steffi Graf die US-Spielerin Monica Seles. Beide teilen sich Platz eins der Weltrangliste im Damentennis.

9 Mo Der Erzbischof von Gitega und Primas der katholischen Kirche von Burundi, Joachim Ruhuna, wird in einen Hinterhalt gelockt und ermordet.

10 Di Sechs ehemalige Kommandeure der DDR-Grenztruppen werden in Berlin wegen Schusswaffeneinsatz gegen Fluchtwillige zu Haftstrafen verurteilt.

11 Mi Deutsche Sportjournalisten wählen Matthias Sammer (Borussia Dortmund) wie im Vorjahr zum »Fußballer des Jahres«.

12 Do In Oberhausen öffnet das neu errichtete »CentrO« seine Tore. Das Einkaufszentrum mit Freizeit- und Gewerbepark ist das größte seiner Art in Europa.

13 Fr Der Bundestag billigt Teile des umstrittenen Sparpakets der Regierung. U.a. wird die Kürzung der Lohnfortzahlung im Krankheitsfall beschlossen.

14 Sa Bei den ersten landesweiten Wahlen in Bosnien-Herzegowina seit dem Ende des Bürgerkriegs siegt der amtierende Präsident Alija Izetbegović.

15 So Bei den Kommunalwahlen in Niedersachsen bleibt die CDU führende Partei. Erstmals gingen bei den Wahlen auch 16-Jährige zur Urne.

16 Mo Staatspräsident Jacques Chirac lässt im Rahmen seiner Militärreform den Atomraketenstützpunkt auf dem südfranzösischen Plateau d'Albion schließen.

17 Di Auf der 51. Vollversammlung der Vereinten Nationen (UNO) in New York wird Razali Ismail aus Malaysia zum Präsidenten gewählt.

18 Mi Vor Südkorea läuft ein U-Boot aus dem verfeindeten Nordkorea auf Grund. 11 Besatzungsmitglieder sterben, 13 weitere werden von Südkoreanern getötet.

19 Do Die US-Raumfähre »Atlantis« dockt an der russischen Raumstation »Mir« an, um die US-Astronautin Shannon Lucid abzuholen. → »Independence Day«

20 Fr Der Deutschland-Besuch von Jasir Arafat geht zu Ende. Der PLO-Chef war einer Einladung des hessischen Ministerpräsidenten Hans Eichel (SPD) gefolgt.

21 Sa Auf dem kolumbianischen Militärflughafen Catam entdecken Sicherheitsbeamte in der Maschine von Staatspräsident Ernesto Samper Pizano 3 kg Heroin.

22 So Zwei Tage nach dem Verschwinden der siebenjährigen Natalie wird ihre Leiche unweit des elterlichen Hauses im niederbayerischen Epfach gefunden.

23 Mo Angesichts massiver Korruptionsvorwürfe legt der frühere indische Ministerpräsident Narasimha Rao den Vorsitz der Kongresspartei nieder.

24 Di Als erstes Großunternehmen will Daimler-Benz das neue Gesetz zur Lohnfortzahlung anwenden. Bei Krankheit zahlt Daimler nur noch 80% des Lohnes.

25 Mi Beim Absturz einer 53 Jahre alten DC-3 »Dakota« über dem Wattenmeer vor der niederländischen Küste sterben alle 32 Insassen. → Tempelberg-Tunnel

26 Do Das Amtsgericht München verurteilt den Sänger Konstantin Wecker wegen Drogenmissbrauchs zu zweieinhalb Jahren Haft ohne Bewährung.

27 Fr Die Top-Models Claudia Schiffer, Naomi Campbell und Christy Turlington eröffnen in London ein »Fashion Café«. → Taliban

28 Sa Auf der traditionsreichen englischen Pferderennbahn in Ascot erzielt der Italiener Frankie Dettori mit Siegen in allen sieben Rennen einen Rekord.

29 So Die US-Tennisspielerinnen gewinnen durch ein 5:0 über Titelverteidiger Spanien in Atlantic City zum 15. Mal den Federation Cup.

30 Mo In Frankreich streiken hunderttausende Lehrer gegen den geplanten Stellenabbau und die vorgesehenen Einsparungen im Bildungsbereich. → Raubgold

27. September 1996

Taliban erobern Kabul

Islamische Fundamentalisten übernehmen die Macht in Afghanistan. Ihre Milizen, die sich als Vorhut eines islamischen sog. Gottesstaates verstehen, erobern die Hauptstadt Kabul. Die bislang miteinander verfeindeten Bürgerkriegsparteien verbünden sich gegen die fundamentalistischen »Gotteskrieger« und setzen ihren Kampf nördlich der Stadt fort. Die Anhänger der früheren Regierung fliehen aus Kabul. Taliban-Chef Mullah Mohammad Omar setzt eine sechsköpfige Übergangsregierung ein. In einer Erklärung heißt es, Afghanistan sei ein islamischer Staat, in dem ein umfassendes islamisches System durchgesetzt werden müsse. Zum Vorsitzenden des regierenden Übergangsrates wird Omars Stellvertreter Mullah Mohammad Rabbani ernannt. Omar weist alle afghanischen Botschafter im Ausland an, ihre Tätigkeit auszusetzen und keine Regierungsgelder auszugeben.

Bei der Eroberung Kabuls, das durch die jahrelangen Kämpfe zu mehr als zwei Dritteln zerstört ist, kam es zu schweren Straßenkämpfen und zahlreichen Hinrichtungen von politischen Gegnern. Der kommunistische frühere Präsident Mohammed Nadschibullah wird ermordet. Die Taliban-Kämpfer verschleppen ihn aus dem UNO-Hauptquartier und hängen ihn öffentlich auf. Mit der Eroberung Kabuls ist der Krieg in Afghanistan jedoch keineswegs beendet. Nördlich von Kabul sammeln Taliban-Gegner ihre Gefolgsleute.

Frauen müssen – nach dem Willen der Taliban – völlig verschleiert sein.

Nach der Machtübernahme der Taliban in der Hauptstadt wird, wie in den übrigen Gebieten unter ihrer Kontrolle auch, das islamische Recht rigoros durchgesetzt. Männer müssen einen angemessen langen Bart tragen, Frauen dürfen keine öffentlichen Arbeitsplätze besetzen und Mädchen keine Schulen besuchen.

31. Oktober 1996

Rekordkanzler Helmut Kohl

Bundeskanzler Helmut Kohl (CDU) hat's geschafft: Mit 5145 Amtstagen ist er länger im Amt des Regierungschefs als jeder seiner Vorgänger. Das denkwürdige Jubiläum kann der Rekordkanzler (s. Abb., als Ehrendoktor der Universität Manila) am siebten Tag seiner Asienreise feiern. Der philippinische Staatschef Fidel Ramos setzt die lange Amtszeit des deutschen Kanzlers in Beziehung: In den 14 Jahren Kohl-Regentschaft habe es drei amerikanische Präsidenten, vier russische Staatschefs, acht japanische Premierminister und drei philippinische Präsidenten gegeben. Die lange Amtszeit von Helmut Kohl, der in seiner Partei alle Fäden in der Hand hält, birgt für die CDU jedoch auch ein Problem: Ein Kronprinz des Rekord-Kanzlers ist bislang noch nicht in Sicht.

25. September 1996

Streit um Tempelberg-Tunnel

In Jerusalem kommt es zu heftigen Zusammenstößen der israelischen Armee mit Palästinensern. Auslöser ist die Öffnung eines 2500 Jahre alten Tunnels unter dem Tempelberg. Der 488 m lange Gang, der auf die Via Dolorosa führt, verläuft unter dem arabischen Ostteil der Altstadt. Für die Israelis ist der Tunnel eine touristische Sensation, die Palästinenser sehen ihre heiligen Stätten entweiht. Seit Jahren schon war der Tunnel bis auf die letzten zwei Meter begehbar.

30. September 1996

Raubgold diskreditiert Schweiz

Der Nationalrat in Bern billigt die Einsetzung einer Kommission zur Klärung aller Vermögensgeschäfte mit dem »Dritten Reich«. Die Schweiz war ins Gerede gekommen, nachdem neue Berichte über den Transfer von jüdischem »Raubgold« aus Nazi-Deutschland in die Alpenrepublik bekannt geworden waren. Die britische Regierung hatte am 10. September zugegeben, dass die Alliierten über den Transfer von Vermögenswerten in neutrale Länder, vor allem in die Schweiz, Bescheid gewusst hatten. Es soll sich dabei um Werte von insgesamt 550 Mio. Dollar gehandelt haben.

4. September 1996

Wirbel um Goldhagen-Thesen

»Hitlers willige Vollstrecker – Ganz gewöhnliche Deutsche und der Holocaust« ist der Titel des Buches von Daniel Jonah Goldhagen, das in Deutschland für einen heftigen Streit sorgt. In deutscher Übersetzung erst seit August im Handel, ist das 730 Seiten starke Werk in kürzester Zeit zum Bestseller geworden. Als erster Wissenschaftler stellt der US-Historiker bei der Analyse des Holocaust den Antisemitismus in den Vordergrund.

Goldhagens Studie beruht auf der These, der Massenmord sei von sog. Durchschnittsdeutschen verübt worden. Diese hätten sich überwiegend freiwillig in den Dienst der Mordmaschinerie gestellt. Im »Dritten Reich« habe somit ein – historisch gewachsener – Judenhass der Deutschen für eine breite Übereinstimmung zwischen der Bevölkerung und den Nationalsozialisten gesorgt. Goldhagens Aussage, die Täter seien »ganz gewöhnliche Deutsche« und »Mörder aus Überzeugung« gewesen, und sein Begriff von einem »eliminatorischen Antisemitismus« rufen Kritik bei namhaften deutschen Historikern hervor.

7. September 1996

Jacko-Fieber grassiert

Michael Jackson (s. Abb.), der »King of Pop«, geht auf Welttournee, und seine Anhänger liegen ihm erneut zu Füßen. Mit einem Auftritt in Prag startet der Superstar nach dreijähriger Bühnenabstinenz seine sog. HIStory-Tour. Jacksons Konzert versetzt die tschechische Hauptstadt einen Tag lang in den Ausnahmezustand. Unzählige Fans belagern das Hotel, in dem der Mega-Star wohnt. Bei seinem Auftritt heben Mütter ihre Kinder auf die Bühne und lassen sie von »Jacko« umarmen.

Michael Jackson

US-Pop-Sänger, * 29.8.1958 Gary (US-Bundesstaat Indiana)

Jackson ist der »König des Pop« in den 80er und 90er Jahren. Schon mit fünf Jahren stand er auf der Bühne. Mit seinen Brüdern feierte der Kinderstar als Teil der »Jackson Five« erste große Erfolge. Seinen Ruhm als Superstar begründete die LP »Thriller«, die sich 37 Wochen lang an der Spitze der US-Hitparade hielt und mit weltweit 50 Mio. Exemplaren zur meistverkauften LP aller Zeiten wurde. Vor allem bei der Umsetzung seiner Hits in Video-Clips setzte der brillante Tänzer Maßstäbe. Der Mega-Star erwarb sich den Ruf eines knallharten Geschäftsmanns und gilt wegen seines bizarren Lebensstils als Sonderling. Unzählige Gesichtsoperationen, Vorwürfe des Kindesmissbrauchs und seine überraschenden Eheschließungen – zunächst mit der Elvis-Tochter Lisa Marie Presley, nach der Scheidung mit Deborah Rowe – bringen Jackson in die Schlagzeilen.

- 1969: »Jackson-Five« gegründet
- 1982: »Thriller« (LP)
- 1984: Acht Grammies, neun American Music-Awards

19. September 1996

»Independence Day« räumt ab

»Independence Day« (Abb.: Filmszene) heißt der Science-Fiction-Streifen des deutschen Regisseurs Roland Emmerich, der in deutschen Kinos anläuft. Das patriotische Spektakel, das in den USA pünktlich zum Unabhängigkeitstag am 4. Juli angelaufen war, spielte dort in nur 21 Tagen umgerechnet 299 Mio. DM ein. Demgegenüber stehen Produktionskosten von 104 Mio. DM, die weitaus geringer waren als bei vergleichbaren US-Streifen. Trotzdem ist der 144-Minuten-Film gespickt mit technischen Tricks: Das Weiße Haus in Washington explodiert, ganze Hochhäuser-Fluchten werden dem Erdboden gleichgemacht, zahllose Städte auf der ganzen Welt versinken in Schutt und Asche: Die Außerirdischen kommen – und sie sind feindlich gesinnt. Ihre riesigen Raumschiffe – jeweils mit einem Durchmesser von rd. 24 km – können jedoch unter der entschlossenen Führung des US-Präsidenten besiegt werden. Ein Air-Force-Pilot und ein Computerexperte unterstützen das Staatsoberhaupt in seinem Kampf.

6. Oktober 1996

Kritik an Rechtschreibreform

Autoren, Germanisten und Journalisten haben die »Frankfurter Erklärung gegen die Rechtschreibreform« unterzeichnet, die heute vorgelegt wird. Die Konferenz der Kultusminister erklärt daraufhin am 25. Oktober, die Kritik sei unbegründet und komme außerdem zu spät. Am 1. Juli hatten Vertreter Deutschlands, Österreichs, der Schweiz und Liechtensteins sowie von vier Staaten mit deutschen Minderheiten die »Wiener Erklärung« über die Reform der deutschen Rechtschreibung unterzeichnet. Nach diesem Schritt erhob sich eine Welle des Protestes gegen die Neuregelung (Abb.: Nachschlagewerk mit den neuen Regeln der Rechtschreibreform).

Oktober 1996

1 Di Mehr als 100 000 Beschäftigte der Metallindustrie protestieren bundesweit gegen die geplante Kürzung der Lohnfortzahlung im Krankheitsfall.

2 Mi Der Deutsche Dom in Berlin ist nach zwölf Jahren Umbauzeit wieder der Öffentlichkeit zugänglich. Der Bau wurde im Zweiten Weltkrieg schwer beschädigt.

3 Do In Paris vereinbaren der serbische Präsident Slobodan Milošević und sein bosnischer Amtskollege Alija Izetbegović die Normalisierung ihrer Beziehungen.

4 Fr Nach 15-monatiger Ehe lässt sich Prinzessin Stephanie von Monaco scheiden. Ihr Ehemann Daniel Ducruet war bei einem Seitensprung ertappt worden.

5 Sa Auf ihrem Gipfeltreffen in Dublin bekräftigen die Staats- und Regierungschefs der 15 EU-Staaten das Festhalten an der geplanten Osterweiterung.

6 So Ein nächtlicher Raketenangriff auf eine Party der Rockergruppe »Hells Angels« fordert in Kopenhagen zwei Tote und 19 Verletzte. → Rechtschreibreform

7 Mo Der Schriftsteller Stephan Hermlin gesteht gegenüber dem »Spiegel«, seine angeblich im Frühjahr 1934 erlittene KZ-Haft erfunden zu haben.

8 Di Papst Johannes Paul II. lässt sich in der Gemelli-Klinik in Rom den Blinddarm entfernen. Meldungen, der Papst sei an Krebs erkrankt, werden dementiert.

9 Mi Bayern schiebt als erstes Bundesland einen dreifach wegen verschiedener Delikte in Deutschland vorbestraften Bosnier in seine Heimat ab.

10 Do Zeitgleich mit dem Beginn einer Asterix-Ausstellung im Pariser Museum für Kunst und Tradition erscheint das 30. »Asterix«-Heft: »Obelix auf Kreuzfahrt«.

11 Fr Mit den Stimmen von CDU/CSU und FDP beschließt der Deutsche Bundestag, die Zahl seiner Abgeordneten von derzeit 672 auf 598 zu verringern.

12 Sa Die Akademie für Sprache und Dichtung in Darmstadt vergibt den mit 60 000 DM dotierten Georg-Büchner-Preis an die Lyrikerin Sarah Kirsch.

13 So Durch einen Sieg beim letzten Rennen der Saison im japanischen Suzuka wird der Brite Damon Hill neuer Formel-1-Weltmeister.

14 Mo Finnland tritt dem europäischen Währungssystem (EWS) bei. +++ Der Europarat beschließt in Straßburg die Aufnahme Kroatiens als 40. Mitgliedsland.

15 Di Die in finanzielle Schwierigkeiten geratene Magdeburger Maschinenbaufirma SKET leitet die Gesamtvollstreckung ein, der die Liquidation der Firma folgt.

16 Mi Bei einer Massenpanik vor Beginn des Fußballländerspiels Guatemala gegen Costa Rica werden 83 Menschen zu Tode getrampelt.

17 Do Angesichts des offenen Machtkampfs mit Innenminister Anatoli Kulikow entlässt der russische Präsident Boris Jelzin Sicherheitsberater Alexander Lebed.

18 Fr UNO-Generalsekretär Butros Butros Ghali vereidigt in Hamburg die 21 Richter des neu geschaffenen Internationalen Seegerichtshofes.

19 Sa Im Taunus wird die Leiche des am 1. Oktober entführten und vier Tage später ermordeten Frankfurter Geschäftsmanns Jakob Fiszman gefunden.

20 So Bei der Präsidentenwahl in Nicaragua setzt sich der rechtsliberale Kandidat Arnoldo Alemán gegen den links gerichteten Ex-Staatschef Daniel Ortega durch.

21 Mo Auf dem CDU-Bundesparteitag in Hannover wird Bundeskanzler Helmut Kohl mit 95,5% der Stimmen als Parteivorsitzender bestätigt.

22 Di Japan erlebt die größte Firmenpleite der Nachkriegszeit, als die Finanzgruppe Nichiei Finance angesichts von 820 Mrd. Yen Schulden Konkurs anmeldet.

23 Mi Rund 10 000 Landwirte demonstrieren in Bern gegen die vom Schweizer Bundesrat angeordnete Schlachtung von eventuell BSE-verseuchten Kühen.

24 Do Nach der Erschießung eines schwarzen Autofahrers durch einen Polizisten in der kalifornischen Stadt St. Petersburg kommt es zu schweren Rassenkrawallen.

25 Fr Nach zehn Regierungsjahren tritt die norwegische Ministerpräsidentin Gro Harlem Brundtland zurück. Nachfolger wird Thorbjörn Jagland.

26 Sa Mit einem Stimmenanteil von 50,7% gewinnt die Labour Party die Parlamentswahl auf dem Inselstaat Malta. Als neuer Premier wird Alfred Sant vereidigt.

27 So Durch die Einweihung des 11 000 ha umfassenden Nationalparks Donauauen in Österreich entsteht das größte Ökosystem dieser Art auf der Erde.

28 Mo Das Parlament der Stadtrepublik Singapur billigt eine Verfassungsreform, welche die Befugnisse des Präsidenten einschränken, Beschlüsse zu blockieren.

29 Di Aufgrund einer Strafanzeige wegen sexueller Nötigung tritt der seit 1990 amtierende niedersächsische Finanzminister Hinrich Swieter (SPD) zurück.

30 Mi Nach nur vierstündiger Verhandlung verurteilt ein Volksgericht in Peking den Dissidenten und Bürgerrechtler Wang Dan zu elf Jahren Gefängnis.

31 Do Kurz nach dem Start stürzt eine Fokker 100 in ein Wohnviertel der brasilianischen Stadt São Paulo. 101 Menschen kommen dabei ums Leben. → Kohl

November 1996

- **1** Fr In Deutschland tritt das novellierte Ladenschlussgesetz in Kraft, das werktags die Öffnung bis 20 Uhr und an Samstagen bis 16 Uhr erlaubt.
- **2** Sa Mit einem 4:2-Sieg über die kanadische Mannschaft gewinnt das deutsche Eishockey-Nationalteam in Stuttgart den Deutschland-Cup.
- **3** So Bei der Wahl zum bulgarischen Präsidenten setzt sich der Liberale Peter Stojanow gegen den Sozialisten Iwan Marasow durch. → Rumänien → Brötchen
- **4** Mo In Bayern protestieren mehr als 100 000 Arbeitnehmer gegen die neu eingeführte Kürzung der Lohnfortzahlung im Krankheitsfall um 20%.
- **5** Di Pakistans Präsident Faruk Leghari setzt Regierungschefin Benazir Bhutto ab. +++ Russlands Präsident Boris Jelzin übersteht eine Herz-Operation. → Clinton
- **6** Mi Nachdem Kroatien in den Europarat aufgenommen wurde, unterzeichnet Außenminister Mate Granić die Menschenrechtskonvention.
- **7** Do In Nigeria kommen beim Absturz einer Boeing 727 alle 143 Insassen ums Leben. Die Maschine befand sich auf einem Flug von Port Harcourt nach Lagos.
- **8** Fr Ein schwerer Wirbelsturm im südindischen Bundesstaat Andhra Pradesh fordert über 1000 Menschenleben und zerstört 320 000 ha Reisfelder.
- **9** Sa Evander Holyfield (USA) wird in Las Vegas durch technisches k.o. in der 11. Runde gegen Mike Tyson (USA) Box-Weltmeister im Schwergewicht.
- **10** So Gewinner der Parlamentswahl in Slowenien ist der amtierende Ministerpräsident Janez Drnovšek mit seiner Liberaldemokratischen Partei.
- **11** Mo Erstmals seit dem Ausbruch der Bürgerkriegskämpfe Anfang Oktober erreicht ein UNO-Hilfskonvoi die Flüchtlingsstadt Goma im Osten von Zaïre.
- **12** Di Die Kollision einer saudischen Boeing 747 mit einer Iljuschin 76 der Kazak Airways nahe der indischen Hauptstadt Neu-Delhi fordert 349 Todesopfer.
- **13** Mi In Kopenhagen nimmt der britische Schriftsteller Salman Rushdie den Aristeion-Literaturpreis der Europäischen Union entgegen.
- **14** Do Der Bonner Bundestag billigt ein Gesetz über eine schnellere Abschiebung von kriminellen und gewalttätigen Ausländern.
- **15** Fr Rd. 500 Iraner fordern vor der deutschen Botschaft in Teheran angesichts des sog. Mykonos-Prozesses in Berlin den Abbruch der diplomatischen Beziehungen.
- **16** Sa Zu einem Fehlschlag wird der Start der russischen Mission »Mars 96«. Die Sonde stürzt nach 28-stündigem Irrflug westlich von Chile ins Meer.
- **17** So Beim zweiten Durchgang der Kommunalwahlen in Serbien erzielt – nach inoffiziellen Angaben – das Oppositionsbündnis »Zajedno« große Erfolge.
- **18** Mo Im Eurotunnel unter dem Ärmelkanal bricht in einem Güterzug ein Feuer aus. Die 34 Zuginsassen werden in Sicherheit gebracht. → T-Aktie
- **19** Di Zum ersten Mal empfängt Papst Johannes Paul II. im Vatikan den kubanischen Revolutionsführer und Staatschef Fidel Castro zu einer Privataudienz.
- **20** Mi Vertreter der Bundesrepublik und Bosnien-Herzegowinas unterzeichnen in Bonn ein Abkommen über die Rückführung bosnischer Kriegsflüchtlinge.
- **21** Do Der Nationale Gerichtshof Spaniens verurteilt in Madrid drei Mitglieder der baskischen Separatistenorganisation ETA zu je 1170 Jahren Haft.
- **22** Fr Der Amokschütze, der am 28. April in Port Arthur (Australien) 35 Menschen getötet hat, wird zu 35-mal lebenslänglich und 777 Jahren Haft verurteilt.
- **23** Sa Ein entführtes äthiopisches Flugzeug mit 175 Passagieren an Bord stürzt wegen Treibstoffmangels vor der Küste der Komoren ins Meer. → Abgang
- **24** So In Weißrussland gewinnt Präsident Alexander Lukaschenko die von ihm angesetzte Volksabstimmung, mit der seine Machtbefugnisse ausgeweitet werden.
- **25** Mo Die UNO lockert ihr Embargo gegen den Irak. Die Regierung in Bagdad darf – u.a. für Medikamente – in begrenztem Umfang wieder Rohöl verkaufen.
- **26** Di Europacup-Sieger Juventus Turin gewinnt in Tokio durch ein 1:0 gegen den Südamerika-Meister River Plate Buenos Aires den Fußball-Weltpokal.
- **27** Mi Südafrikas Präsident Nelson Mandela kündigt die diplomatische Anerkennung der Volksrepublik China und den Abbruch der Kontakte zu Taiwan an.
- **28** Do Der österreichische Nationalrat billigt eine Reform des Sexualstrafrechts. Ehebruch ist nun auch formell nicht mehr strafbar.
- **29** Fr Schottland hat sein Nationalheiligtum wieder: England gibt den 1296 erbeuteten Krönungsstuhl »Stone of Scone« zurück. → Autogiganten
- **30** Sa In Suhl wählen die Delegierten der Bundesversammlung von Bündnis 90/Die Grünen Gunda Röstel und Jürgen Trittin zu Vorstandssprechern der Partei.

+++ Run auf Telekom-Aktie +++ Henry Maske

5. November 1996

Zweite Amtszeit für Clinton

Als 14. US-Präsidenten gelingt Bill Clinton eine Wiederwahl. Bei einer Wahlbeteiligung von nur 50% setzt er sich mit 49% der Stimmen gegen seinen republikanischen Herausforderer Bob Dole durch, der 41% der Stimmen erhält. Der Milliardär Ross Perot, der als Kandidat seiner Reformpartei antrat, erhält 8%. Gegen den 1923 geborenen Dole – er ist der älteste Kandidat, der je für eine erste Amtszeit antrat – war es dem mit seinen 50 Jahren jugendlich wirkenden Clinton ein Leichtes, sich als Mann der Zukunft zu präsentieren. Zudem kam dem Amtsinhaber, der versprach, »Brücken ins nächste Jahrtausend« zu bauen, die positive Wirtschaftsentwicklung zu Hilfe. Vergeblich hatte Dole versucht, mit einem Hinweis auf Clintons Skandale zu punkten. Auch die Tatsache, dass viele Pläne der Clinton-Regierung in der Innen- und Rechtspolitik gescheitert sind, schadeten dem Präsidenten nicht.

3. November 1996

Sonntags frische Brötchen

In deutschen Backstuben bricht ein neues Zeitalter an: Zum ersten Mal dürfen Bäcker aufgrund

der Aufhebung des entsprechenden Backverbots auch sonntags frische Brötchen verkaufen (s. Abb.). Drei Stunden lang können Bäckereien zwischen 7 Uhr und 16 Uhr am Sonntag Brötchen und Kuchen anbieten. Allerdings gibt es je nach Bundesland unterschiedliche Regelungen. So sollen sich z.B. in Nordrhein-Westfalen die Öffnungszeiten der Backstuben nicht mit den Gottesdienstzeiten überschneiden.

Grundlage für die Neuregelung war eine Entscheidung des Deutschen Bundestages vom 21. Juni. Mit der knappen Mehrheit von 327 gegen 321 Stimmen billigten die Volksvertreter das novellierte Ladenschlussgesetz. Am 5. Juli machte die Länderkammer endgültig den Weg für die seit langem geforderte, aber heftig umstrittene Liberalisierung frei. Neben den Neuregelungen für Bäckereien gibt es auch für die übrigen Geschäfte Neues: Sie dürfen seit dem 1. November an den normalen Werktagen von 6 bis 20 Uhr geöffnet sein. Bislang galt eine Öffnungszeit von 7 Uhr bis 18.30 Uhr. An Samstagen können die Kunden seit der Neuregelung bis 16 Uhr einkaufen – bislang schlossen die Geschäfte um 14.30 Uhr. Viele Ladenbesitzer, die sich für längere Öffnungszeiten entscheiden, kehren aber – wegen ausbleibender Kundschaft – schon bald zur alten Regelung zurück.

29. November 1996

Kampf der Autogiganten

Der Aufsichtsrat der Volkswagen AG entbindet Einkaufschef José Ignacio López (s. Abb. l., mit VW-Vorstandschef Ferdinand Piëch) seines Vorstandsamtes. Konkurrent Opel und dessen US-Mutterfirma General Motors (GM) werfen dem ehemaligen Opel-Manager López die

Mitnahme von geheimen Unterlagen bei seinem Wechsel zu VW vor. López, von dem sich VW-Chef Ferdinand Piëch nur ungern trennt, gilt in der Branche als »Kostenkiller«.

Mit der Ablösung des Basken fordert der seit drei Jahren tobende »Autokrieg«, den Opel und VW führen, ein prominentes Opfer. Nach einer Schadenersatzklage von GM ist VW um eine außergerichtliche Einigung bemüht. Am 6. Januar 1997 kommt eine Einigung zustande. Danach werden alle Klagen gegen VW zurückgezogen. VW überweist GM 155 Mio. DM und kauft sieben Jahre lang beim Konkurrenten Autoteile im Gesamtwert von 1 Mrd. Dollar.

23. November 1996

Maskes großer Abgang

Seinen letzten Kampf hat sich der deutsche Profi-Boxer Henry Maske (s. Abb.) sicherlich anders vorgestellt: Als IBF-Weltmeister im Halbschwergewicht war er gegen den US-Amerikaner Virgil Hill in den Ring gestiegen. Nach zwölf Runden verlässt er geschlagen die Halle – im 31. Profikampf muss er seine erste Niederlage hinnehmen. In dem ausgeglichenen Fight ist Hill von Beginn an der Schnellere. Er trifft Maske immer wieder mit überraschenden Kombinationen und gewinnt die ersten drei Runden. Der als Spätstarter bekannte IBF-Champion kann sich erst ab der

sechsten Runde besser in Szene setzen. Er fügt dem Amerikaner einen Cut an der linken Augenbraue zu. Hill erholt sich jedoch und kann den Kampf letztendlich für sich entscheiden. Nach dem Verlust der Trophäe kämpft der große deutsche Boxer mit den Tränen: »Es tut mir Leid für euch«, sagt er mit stockender Stimme zu seinen betrübten Fans.

3. November 1996

Rumänien und Bulgarien: Aus für Postkommunisten

In Rumänien ist das Ende der kommunistischen Herrschaft angebrochen. In Bukarest hatten sich die Kommunisten auch nach der Wende 1989 – allerdings auch unter anderem Namen – zunächst an der Regierung halten können. Aus den Parlamentswahlen geht nunmehr aber das Bündnis Demokratische Konvention mit 30,2% der Stimmen als stärkste Kraft hervor. Die bislang regierenden Sozialen Demokraten von Präsident Ion Iliescu erreichen nur noch 21,5% der Stimmen. Am 9. Dezember bildet Victor Ciorbea eine konservativ-liberale Koalitionsregierung.

Ebenso wird im Nachbarland Bulgarien das Ende der postkommunistischen Herrschaft eingeläutet: Bei der Präsidentenwahl am 3. November setzt sich der Konservative Petar Stojanow durch, der vom liberalen Parteienbündnis Union der Demokratischen Kräfte nominiert worden war. Die Regierung des Sozialisten Schan Widenow hatte aufgrund der wirtschaftlichen Misere und wachsender Kriminalität bei der Bevölkerung rapide an Rückhalt verloren. Nach seinem Rücktritt im Dezember und anhaltenden Protesten finden 1997 vorgezogene Parlamentswahlen statt.

Telekom-Chef Ron Sommer zeigt auf den Einführungskurs »seiner« T-Aktie.

18. November 1996

Börsenboom mit T-Aktie

Die Deutsche Telekom geht an die Börse – und viele gehen mit. Die Aktie erlebt an der Frankfurter Börse einen glanzvollen Start. Der Preis bei der Börseneinführung von 28,50 DM – niedriger, als viele aufgrund der hohen Nachfrage erwartet hatten – schnellt rasch auf 33,90 DM hoch. Auch an den Börsen in New York und in Tokio wird die T-Aktie gehandelt.

Die umfangreiche Werbung der Telekom – u.a. mit Schauspieler Manfred Krug – löste in Deutschland sogar ein regelrechtes Börsenfieber aus. Insgesamt werden 713 Mio. Aktien ausgegeben, die 20,18 Mrd. DM in die Kassen der Telekom spült. 67% der Aktien bleiben im Inland. Privatanlegern verspricht die Telekom eine attraktive Verzinsung: Für 1996 will das Unternehmen den Aktionären eine Dividende von 60 Pfennig je Anteilsschein zahlen, 1997 soll die Ausschüttung pro Aktie 1,20 DM betragen.

Mit der T-Aktie wird zum ersten Mal ein nennenswerter Teil der bisher eher aktienscheuen deutschen Privatanleger für die Börse begeistert. Nur 5,4% der Bevölkerung waren vor dem Börsengang der Telekom Aktionäre. In anderen Staaten ist die Hemmschwelle beim Kauf von Aktienpaketen geringer. So beteiligen sich in Schweden 27,6% der Bürger an Aktiengeschäften, in den USA 21,1%. Der Kursverlauf der T-Aktie zeichnet sich im ersten Jahr durch starke Schwankungen aus. Bis Juli 1997 steigt das Papier auf einen Höchstwert von 44,55 DM, fällt dann – stärker als der Deutsche Aktienindex – auf 29,90 DM und erholt sich bis Mitte November wieder auf 34,95 DM. Viele Aktionäre, die zum Start T-Aktien erworben haben, bleiben dem Papier treu – nicht zuletzt wegen des Versprechens der Telekom, ihnen im September 1999 für je zehn Stück eine Bonus-Aktie zu übereignen.

Dezember 1996

1 So Bei der Präsidentenwahl in der ehemaligen Sowjetrepublik Moldawien setzt sich der für eine stärkere Bindung an Moskau eintretende Petru Lucinschi durch.

2 Mo Die USA und Japan unterzeichnen ein Abkommen über die Rückgabe von elf US-Militärbasen auf der japanischen Pazifikinsel Okinawa.

3 Di Vier Menschen werden getötet und 91 z.T. schwer verletzt, als in der Pariser U-Bahn-Station Port-Royal eine Bombe explodiert.

4 Mi Eine Delta-Trägerrakete startet in Cape Canaveral mit der US-Marssonde »Pathfinder« ins Weltall. +++ Arnold Koller wird Bundespräsident der Schweiz.

5 Do In Huelva (Andalusien) bringt die mit acht Kindern schwangere Spanierin Rosario Clavijo sechs Kinder in der 30. Schwangerschaftswoche lebend zur Welt.

6 Fr In Ouagadougou, der Hauptstadt Burkina Fasos, endet nach zwei Tagen das 19. französisch-afrikanische Gipfeltreffen von 23 Staats- und Regierungschefs.

7 Sa Sieger der Präsidentschaftswahl in Ghana ist nach offiziellen Angaben mit 57,2% der Stimmen der amtierende Staatschef Jerry John Rawlings.

8 So Boris Becker gewinnt in München den mit fast 3 Mio. DM dotierten Grand-Slam-Cup durch ein 6:3, 6:4 und 6:4 im Finale über den Kroaten Goran Ivanisevic.

9 Mo In Österreich erfolgt drei Jahre nach der ersten Briefbombenserie erneut ein Anschlag. Adressatin ist die Stiefmutter von Innenminister Caspar Einem.

10 Di Bischof Carlos Felipe Ximénes Belo und der Oppositionspolitiker José Ramos-Horta aus Ost-Timor nehmen in Oslo den Friedensnobelpreis entgegen.

11 Mi Der zweitgrößte deutsche Kaffeeproduzent, die Firma Tchibo, übernimmt den Konkurrenten Eduscho und schließt damit zum Marktführer Jacobs auf.

12 Do Dieter Hundt wird in Bonn zum Präsidenten der Bundesvereinigung der Deutschen Arbeitgeberverbände (BDA) gewählt.

13 Fr Im Colosseum in Essen hat das Musical »Joseph and the Amazing Technicolor Dreamcoat« von Andrew Lloyd Webber Premiere.

14 Sa Namenspatron Max Schmeling eröffnet eine für 200 Mio. DM erbaute Sporthalle im Berliner Stadtbezirk Prenzlauer Berg.

15 So In Washington geben die Flugzeughersteller Boeing und McDonnell Douglas ihre Fusionsabsicht bekannt. Damit entsteht der weltgrößte Luftfahrtkonzern.

16 Mo Das Landgericht Dresden verurteilt den früheren SED-Bezirkschef Hans Modrow wegen fahrlässigen Meineids zu zehn Monaten Haft auf Bewährung.

17 Di Die UNO-Vollversammlung in New York wählt den Diplomaten Kofi Annan aus Ghana zum neuen Generalsekretär der Vereinten Nationen.

18 Mi In der EU kann nach einer Entscheidung der Europäischen Kommission trotz Protesten von Umweltschützern ab sofort Gen-Mais auf den Markt kommen.

19 Do Die skandinavischen EU-Staaten Dänemark, Finnland und Schweden treten dem Schengener Abkommen über den freien Grenzverkehr bei.

20 Fr In Kopenhagen wird in Zusammenhang mit dem dänischen »Rockerkrieg« ein Mitglied der »Hells Angels« wegen Mordes zu 16 Jahren Haft verurteilt.

21 Sa Angesichts massiver öffentlicher Proteste tritt Bulgariens Ministerpräsident Schan Widenow zurück. Zum Nachfolger wird Georgi Parwanow gewählt.

22 So Nach monatelangem Tauziehen billigt das italienische Parlament den Sparhaushalt der Regierung von Ministerpräsident Romano Prodi.

23 Mo In Paris wählen Fachjournalisten Matthias Sammer (Borussia Dortmund) vor dem Brasilianer Ronaldo (FC Barcelona) zu »Europas Fußballer des Jahres«.

24 Di Während der Weihnachtsmesse sprengt sich in einer Kirche in Frankfurt am Main eine psychisch Kranke in die Luft und reißt zwei Menschen mit in den Tod.

25 Mi Papst Johannes Paul II. prangert in seiner Weihnachtsbotschaft die weltweite Gleichgültigkeit angesichts des Flüchtlingsdramas in Ostafrika an.

26 Do In Belgrad demonstrieren 60 000 Menschen gegen Serbiens Präsident Slobodan Milošević und die Nichtanerkennung des Wahlsieges der Opposition.

27 Fr Mit der Unterzeichnung eines Protokolls bekräftigen China und Russland ihr Vorhaben, ihre wirtschaftliche und militärische Kooperation zu vertiefen.

28 Sa Ein heftiger Schneesturm im Westen der USA führt in rund 200 000 Haushalten und Betrieben in Oregon und Washington zu einem Stromausfall.

29 So In Guatemala-Stadt unterzeichnen Vertreter der Regierung und Führer der Guerillabewegung URNG ein Abkommen zur Beendigung des Bürgerkriegs.

30 Mo Die Leichen der 24 Nordkoreaner, die mit einem U-Boot vor Südkorea verunglückt und dort getötet worden waren, werden an der Grenze übergeben.

31 Di Bei der von einer militanten islamischen Gruppe ausgelösten Explosion eines Reisebusses in Damaskus (Syrien) kommen neun Menschen ums Leben.

Januar 1997

1 Mi Die Benutzung der österreichischen Autobahnen wird gebührenpflichtig. +++ »Der Kinderkanal« von ARD und ZDF geht auf Sendung. → Annan

2 Do Christen, Muslime und Juden feiern die Wiederherstellung der Grabeskirchenkuppel in Jerusalem, die nach 16-jähriger Bauzeit in neuem Glanz erstrahlt.

3 Fr Nach starken Regenfällen rufen die Behörden im Westen der USA den Notstand aus. In Kalifornien müssen über 50 000 Menschen evakuiert werden.

4 Sa Einen Monat nach seiner schweren Lungenoperation heiratet der tschechische Präsident Václav Havel in Prag die Schauspielerin Dagmar Veskrnová.

5 So Überraschend gewinnt die erst 14-jährige Eva-Maria Fitze in Oberstdorf den Titel bei den Deutschen Meisterschaften der Eiskunstläuferinnen.

6 Mo Die ersten 120 Bundeswehrsoldaten der neuen internationalen Friedenstruppe für Bosnien (SFOR) treffen in Sarajevo ein.

7 Di Newt Gingrich, Chef der republikanischen Mehrheit im US-Repräsentantenhaus, wird erneut zum Parlamentspräsidenten gewählt.

8 Mi Der niederländische Philips-Konzern kündigt die unternehmerische Führung beim deutschen Rundfunkhersteller Grundig auf.

9 Do 34 Hollywood-Prominente protestieren in einem Brief an Bundeskanzler Helmut Kohl gegen die angebliche Verfolgung der Scientology-Sekte in Deutschland.

10 Fr In einem Acht-Punkte-Programm formuliert Innenminister Manfred Kanther seine Vorschläge zur Senkung des Krankenstandes bei Bundesbediensteten.

11 Sa Aufgrund der geplanten Stationierung russischer Raketen im griechischen Süden Zyperns droht die Türkei mit militärischen Maßnahmen.

12 So Beim Entgleisen eines Hochgeschwindigkeitszugs vom Typ »Pendolino« stürzen in Norditalien mehrere Waggons um. Acht Menschen werden getötet.

13 Mo Unter massivem Polizeischutz verlässt ein mit Atommüll beladener Frachter den französischen Hafen Cherbourg in Richtung Japan.

14 Di Mit einem Gedenkgottesdienst beginnen in Roskilde die Feierlichkeiten zum 25-jährigen Thronjubiläum der dänischen Königin Margrethe II.

15 Mi Kinder aus der Türkei, Marokko, Tunesien und den Nachfolgestaaten Jugoslawiens benötigen ab sofort ein Einreisevisum für Deutschland.

16 Do Zur Eröffnung der Grünen Woche in Berlin plädiert Bundeslandwirtschaftsminister Jochen Borchert dafür, die Chancen der Bio- und Gentechnik zu nutzen.

17 Fr Israel zieht rd. 80% seiner in Hebron stationierten Soldaten zurück. Die Verwaltung übernehmen die Palästinenser.

18 Sa Als erster Mensch hat der Norweger Börge Ousland allein und ohne Hilfsmittel die Antarktis durchquert. Er legte täglich bis zu 225 km zurück. → Wien

19 So Der nur mit Außenseiterchancen ins Rennen gegangene Berchtesgadener Georg Hackl holt sich bei den Rodelweltmeisterschaften in Innsbruck den Titel.

20 Mo 120 Nationaltrainer wählen in Lissabon den 20-jährigen brasilianischen Superstar Ronaldo (FC Barcelona) zum »Weltfußballer des Jahres 1996«.

21 Di In Südkorea vereinbaren Opposition und Regierungspartei, einen Dialog über das umstrittene Arbeitsgesetz aufzunehmen. → Bonn und Prag

22 Mi Bei den Eiskunstlauf-Europameisterschaften in Paris holen Mandy Wötzel und Ingo Steuer aus Chemnitz die Silbermedaille im Paarlauf.

23 Do »Rossini oder die mörderische Frage, wer mit wem schlief«, Helmut Dietls Komödie über die Münchener Schickeria, läuft in den deutschen Kinos an.

24 Fr In Frankreich legt ein Streik, zu dem die Gewerkschaften des öffentlichen Transports aufgerufen haben, in vielen Städten den Verkehr lahm. → Peter Graf

25 Sa Die 16-jährige Schweizerin Martina Hingis gewinnt in Melbourne die Australien Open und wird damit jüngste Siegerin eines Grand-Slam-Tennisturniers.

26 So Zum dritten Mal gewinnen die Green Bay Packers den Super Bowl, die Meisterschaft der nordamerikanischen Football-Liga.

27 Mo Aslan Maschadow wird zum Präsidenten der nach Unabhängigkeit von Russland strebenden Kaukasusrepublik Tschetschenien gewählt.

28 Di Die Türkei droht mit einem Veto gegen die geplante NATO-Osterweiterung, falls dem Land keine vollwertige Mitgliedschaft in der EU zugestanden werde.

29 Mi Die neuen Bundesländer, Berlin und der Bund einigen sich über die Rückzahlung von rd. 8,4 Mrd. DM kommunaler Altschulden aus DDR-Zeiten.

30 Do Am Nebelhorn bei Oberstdorf wird die erste Viersesselbahn Deutschlands eingeweiht. Sie ersetzt einen veralteten Schlepplift sowie eine Seilbahn.

31 Fr Der Bundesrat stimmt dem Gesetz zur Reform des Beamtenrechts zu, womit eine stärker auf Leistung ausgerichtete Besoldung eingeführt wird.

1. Januar 1997

Annan wird Chef der UNO

Mit dem Ghanaer Kofi Annan tritt erstmals ein Schwarzafrikaner den Vorsitz der Vereinten Nationen an. Annan löst Butros Butros Ghali ab, dessen erneute Kandidatur am Widerstand der USA gescheitert war.

Der Ägypter hatte die US-Regierung in der Vergangenheit scharf angegriffen, da seit Jahren deren Beitragszahlungen an die Vereinten Nationen ausblieben. Insgesamt schulden die USA der Weltorganisation 1,5 Mrd. US-Dollar. Unterstützung erhielt Ghali aus Frankreich, das die Vormachtstellung der USA innerhalb der UNO kritisierte. Die Kandidatur Annans schreibt diesen Gegensatz fort: Annan wurde von den Vereinigten Staaten favorisiert, Frankreich wandte sich gegen den Ghanaer. Schließlich kann sich Annan durchsetzen. Mit ihm tritt ein erfahrener Diplomat an die Spitze der Weltorganisation. Seit 1962 steht Kofi Annan bereits im Dienst der UNO, seit 1993 ist er Chef der UN-Friedensmissionen. Nach der Auflösung des Ost-West-Konfliktes ist es nun Annans Aufgabe, in einer sich rasch verändernden Welt eine neue Rolle für die UNO zu definieren.

19. Februar 1997

Chinas graue Eminenz

In Peking stirbt im Alter von 92 Jahren Deng Xiaoping, der jahrzehntelang die chinesische Politik bestimmt hat. Staatsmänner in aller Welt würdigen Deng als einen Mann, der zwar ein politischer Hardliner war, gleichwohl aber die wirtschaftliche Öffnung Chinas eingeleitet hat. Obwohl schon seit 1990 ohne offizielles Amt, galt Deng bis zu seinem Tod als heimlicher Herrscher des Landes. Seine Wirtschaftsreformen bedeuteten eine Abkehr von den starren Strukturen kommunistischer Planwirtschaft. U.a. hat er viele Landwirtschaftskollektive auflösen lassen. Folge der Reformen waren steigender Wohlstand, aber auch eine wachsende Arbeitslosigkeit.

Deng Xiaoping

chinesischer Politiker, * 22.8.1904 Guan'an (Sichuan); † 19.2.1997 Peking

Die politische Karriere des Weggefährten Mao Tse-tungs verlief wechselvoll. Der Teilnehmer am legendären »Langen Marsch« (1934/35) stieg 1955 zum Mitglied des Politbüros auf. Während der Kulturrevolution wurde Deng entmachtet. Wenig später begann sein Wiederaufstieg, der 1976 abermals ein jähes Ende nahm. Erst nach dem Sturz der sog. Viererbande um die Mao-Witwe Chiang Ch'ing 1977 gelang Deng die endgültige Rückkehr an die Schalthebel der Macht. Der Pragmatiker setzte eine Liberalisierung der Wirtschaft durch und wandte sich außenpolitisch stärker dem Westen zu. Innenpolitische Reformen wurden jedoch von ihm blockiert. Auch für das Massaker auf dem Platz des Himmlischen Friedens 1989 trägt er Mitverantwortung.

- seit 1924: Mitglied der Kommunistischen Partei Chinas
- 1967: Parteiausschluss und »Umerziehung«
- 1981-90: Vorsitz der Zentralen Militärkommission

21. Januar 1997

Bonn und Prag versöhn

Im Prager Liechtenstein-Palais unterzeichnen Bundeskanzler Helmut Kohl (CDU) und der tschechische Regierungschef Václav Klaus die deutsch-tschechische Aussöhnungserklärung. Damit soll ein Schlussstrich unter die Vergangenheit gezogen und das Verhältnis der beiden Nachbarstaaten zueinander verbessert werden. In der Deklaration bedauern beide Seiten das im

Wechselvolle Beziehungen zweier Nachbarn

Datum	Ereignis
1918	In der nach dem Zerfall Österreich-Ungarns gegrün Tschechoslowakischen Republik leben 3,1 Mio. De
1933	Konrad Henlein gründet die Sudetendeutsche Heim front, die von Hitler-Deutschland unterstützt wird.
1938	Die Tschechoslowakei muss im Münchener Abkom das Sudetenland an Deutschland abtreten.
1939	Deutsche Truppen besetzen die Tschechoslowakei und errichten das Protektorat Böhmen und Mähren
1946	Die Massenausweisung der Deutschen beginnt.
1973	Grundlagenvertrag zur Normalisierung der Beziehu

21. Februar 1997

Opposition regiert Belgrad

Drei Monate nach den jugoslawischen Kommunalwahlen von 1996 wird der Chef der Demokratischen Partei (DS), Zoran Djindjić, zum Oberbürgermeister der serbischen Hauptstadt Belgrad gewählt. Damit bestimmt erstmals seit dem Ende des Zweiten Weltkriegs ein mehrheitlich nichtkommunistisches Stadtparlament in Jugoslawien einen Bürgermeister auf demokratischem Wege.

Während die Bürger die Wahl auf den Straßen feiern, zeigen sich jedoch schon die ersten Risse im antikommunistischen Bündnis Zajedno. Djindjićs Partner – der schillernde Literat Vuk Drašković als Chef der Serbischen Erneuerungsbewegung und die Bürgerrechtlerin Vesna Pesić – waren sich mit dem neuen Stadtoberhaupt nur einig in der Gegnerschaft zum serbischen Präsidenten Slobodan Milošević. Politisch gehen ihre Vorstellungen weit auseinander. Djindjić, der in Deutschland Philosophie studiert hat, versteht sich als Marktwirtschaftler und konservativer Realpolitiker. Drasković hingegen liebäugelt mit der Einführung der konstitutionellen Monarchie. Er will sich um das Amt des serbischen Staatschefs bewerben und Milošević beerben. Milošević lässt sich am 15. Juli zum Präsidenten der Bundesrepublik Jugoslawien, bestehend aus Serbien und Montenegro, wählen. Am 30. September zerbricht das Bündnis gegen Milošević, Djindjić wird abgesetzt.

Helmut Kohl (l.) mit Tschechiens Präsident Václav Havel und dessen Frau Dagmar Veskrnová

Zusammenhang mit dem Zweiten Weltkrieg begangene Unrecht. Zur Stärkung der gutnachbarlichen Beziehungen soll ein sog. Zukunftsfonds eingerichtet werden, in den Deutschland 140 Mio. DM und Tschechien 20 bis 25 Mio. DM einbringen will. Der Deutsche Bundestag billigt am 30. Januar in namentlicher Abstimmung die Erklärung – 23 Abgeordnete enthalten sich. Hauptstreitpunkt vor der Abstimmung ist die Frage nach privatrechtlichen Ansprüchen auf Wiedergutmachung und Entschädigung für die Enteignungen der Sudetendeutschen, die nach dem Zweiten Weltkrieg vertrieben worden waren.

Das tschechische Abgeordnetenhaus billigt die Erklärung am 14. Februar. Nicht nur die rechtsextremen Republikaner und die Kommunisten, sondern auch Teile der oppositionellen Sozialdemokraten lehnen jedoch die Erklärung ab.

18. Januar 1997

Wechsel in Wien

Franz Vranitzky tritt als österreichischer Bundeskanzler und als Vorsitzender der SPÖ zurück. Nachdem die Sozialdemokraten bei den vergangenen Europawahlen eine herbe Schlappe einstecken mussten, wuchs die Kritik an dem seit mehr als zehn Jahren amtierenden 59-Jährigen. Nachfolger als Regierungschef wird Finanzminister Viktor Klima.

Franz Vranitzky

österreichischer Politiker, * 4.10.1937 Wien

Bei seinem Amtsantritt hatte der erfolgreiche Banken-Sanierer einen schweren Stand in der SPÖ. Er galt als »Kanzler der Wirtschaft« und Technokrat. Doch folgte die Partei Vranitzkys Vorstellungen von einer Leistungsgesellschaft mit sozialer Verantwortung. Nach dem Bruch der Koalition mit der FPÖ stand Vranitzky seit 1987 einer großen Koalition vor.

- 1961-70: Tätigkeit bei der Nationalbank
- 1981-84: Generaldirektor der Länderbank
- 1986-97: Bundeskanzler
- 1988-97: Vorsitzender der SPÖ

24. Januar 1997

Steuerskandal um Peter Graf

Peter Graf, Vater von Tennis-Star Steffi Graf, wird in Mannheim wegen Steuerhinterziehung zu drei Jahren und neun Monaten Haft verurteilt. Dem 58-Jährigen wird zur Last gelegt, auf die erwirtschafteten 42 Mio. DM seiner Tochter die fälligen Steuern in Höhe von 19,6 Mio. DM nicht gezahlt zu haben.

Zwischen 1989 und 1993 hatte Peter Graf, so das Gericht, versucht, den Fiskus mittels Briefkastenfirmen in den Niederlanden, auf den Niederländischen Antillen und in Liechtenstein zu täuschen. Am Tag der Urteilsverkündung hat er bereits über ein Jahr in Untersuchungshaft zugebracht. In diesem Zeitraum waren die ausstehenden Steuern bezahlt worden. Mit Peter Graf wird auch sein ehemaliger Steuerberater verurteilt. Er muss für zwei Jahre und sechs Monate ins Gefängnis. Die Staatsanwaltschaft hatte während des Prozesses ursprünglich einen weitaus höheren Strafrahmen gefordert. Das Gericht unter dem Vorsitz von Richter Joachim Plass vertritt jedoch die Ansicht, »der einfache Strafrahmen« reiche für ein angemessenes Urteil aus.

Gegen Steffi Graf wurden alle Vorwürfe schon bei Prozessbeginn im September 1996 fallen gelassen. Richter Plass attestiert ihr »keine aktive Tatbeteiligung«. Peter Graf tritt seine Reststrafe am 28. Juli an. Am 29. April 1998 wird er vorzeitig entlassen.

Februar 1997

1 Sa Beim Absturz eines überwiegend mit französischen Touristen besetzten Flugzeugs kommen im Senegal 20 Menschen ums Leben.

2 So Die Bob-Weltmeisterschaft in St. Moritz endet mit einem Eklat. Drei siegreiche Schweizer Bobs werden wegen technischer Manipulationen disqualifiziert.

3 Mo Bei den vorgezogenen Parlamentswahlen in Pakistan gewinnt die Muslim-Liga des früheren Regierungschefs Nawaz Sharif die absolute Mehrheit.

4 Di In Lothringen entgleist ein mit deutschem Atommüll beladener Zug. Nach Angaben der Behörden ist dabei keine Radioaktivität freigesetzt worden.

5 Mi Der Aufsichtsrat der Krupp-Hoesch-Stahl AG billigt in Dortmund ein Vorstandskonzept, das den Abbau von 2200 der derzeit 10 000 Stellen vorsieht.

6 Do In Ecuador setzt das Parlament den amtierenden Präsidenten Abdalá Bucaram wegen »geistiger Unzurechnungsfähigkeit« ab.

7 Fr Der russische Verteidigungsminister Igor Rodionow kündigt ein Stufenprogramm an, das der Armee bis zum Jahr 2010 wieder Schlagkraft verleihen soll.

8 Sa In einer Fernsehrede warnt der türkische Staatspräsident Süleyman Demirel vor einem Missbrauch der Religion zur Erreichung politischer Ziele.

9 So Auf den Sieg der rechtsradikalen Front National bei der Bürgermeisterwahl in Vitrolles reagieren die großen Parteien Frankreichs mit Besorgnis.

10 Mo Vom Weltraumzentrum Baikonur in Kasachstan startet der deutsche Astronaut Reinhold Ewald zu einem 18-tägigen Aufenthalt in der Raumstation »Mir«.

11 Di Die israelische Luftwaffe fliegt ihre seit Monaten massivsten Angriffe gegen Ziele im Libanon, um Stellungen der Hisbollah-Milizen zu zerstören.

12 Mi Ein führendes Mitglied der kommunistischen Partei Nordkoreas setzt sich in die südkoreanische Botschaft in Peking ab und bittet um politisches Asyl.

13 Do Zum ersten Mal seit seiner Einführung überschreitet der amerikanische Dow-Jones-Index für 30 Industrieaktien die 7000-Punkte-Marke.

14 Fr Etwa 220 000 Demonstranten unterstreichen mit einer Menschenkette quer durch das Ruhrgebiet ihre Forderung nach dem Erhalt des Steinkohlebergbaus.

15 Sa In Ankara demonstrieren mehrere tausend Frauen gegen eine Islamisierungskampagne der in der Türkei regierenden Wohlfahrtspartei.

16 So Bei den Mehrkampf-Weltmeisterschaften der Eisschnellläufer im japanischen Nagano gewinnt Gunda Niemann aus Erfurt zum sechsten Mal den Titel.

17 Mo Der Bruch einer Erdölpipeline löst im Süden Russlands eine Umweltkatastrophe aus. Innerhalb weniger Stunden fließen 1200 t Öl aus der defekten Leitung.

18 Di Wegen schwerer Fehler im Zusammenhang mit der Rinderseuche BSE übt das Europaparlament scharfe Kritik an der EU-Kommission.

19 Mi Nach heftigen Regenfällen reißt eine Schlammlawine in den peruanischen Anden Dutzende Häuser weg. 29 Menschen kommen ums Leben. → Eminenz

20 Do Im portugiesischen Parlament scheitert der Versuch, das durch eine strenge Indikationslösung gekennzeichnete Abtreibungsrecht zu liberalisieren.

21 Fr In Arles feiert Jeanne Calment ihren 122. Geburtstag. Laut dem Guinness-Buch der Rekorde ist die rüstige Französin die älteste Frau der Welt. → Belgrad

22 Sa Die Bürgerkriegsparteien in Tadschikistan unterzeichnen in der nordostiranischen Stadt Mesched ein Versöhnungsabkommen.

23 So Forscher des schottischen Roslin-Institutes geben bekannt, dass sie mit dem Schaf »Dolly« erstmals ein erwachsenes Säugetier geklont haben.

24 Mo In München wird die umstrittene Ausstellung über die Beteiligung der deutschen Wehrmacht an Verbrechen während des Zweiten Weltkriegs eröffnet.

25 Di EU-Diplomaten protestieren im israelischen Außenministerium gegen Pläne, im arabischen Ostjerusalem eine neue jüdische Siedlung zu bauen.

26 Mi Johannes Ludewig, Staatssekretär im Bundeswirtschaftsministerium, wird vom Aufsichtsrat zum neuen Chef der Deutschen Bahn AG gewählt.

27 Do Die Wiener Philharmoniker brechen mit einer 155 Jahre alten Tradition und erlauben die Aufnahme von Frauen in ihr renommiertes Orchester.

28 Fr In Deutschland ist die Zahl der Arbeitslosen auf den Nachkriegsrekord von 4,67 Mio. gestiegen. Besonders dramatisch ist die Lage in den neuen Ländern.

März 1997

1 **Sa** Bei einem schweren Erdbeben im Nordwesten Irans kommen rd 500 Menschen ums Leben, weitere 2000 werden verletzt.

2 **So** Durch den Zusammenbruch mehrerer Anlagegesellschaften verlieren tausende Albaner ihre Ersparnisse. Das Parlament verhängt den Ausnahmezustand.

3 **Mo** Mit einem Generalstreik protestieren die Palästinenser im Westjordanland, im Gazastreifen und in Ost-Jerusalem gegen die israelische Siedlungspolitik.

4 **Di** Der neue russische Weltraumbahnhof Swobodnyin in Ostsibirien wird mit dem Start einer Trägerrakete vom Typ »Start-1« in Betrieb genommen.

5 **Mi** Trotz heftiger Auseinandersetzungen zwischen Demonstranten und Polizei erreicht der bisher größte deutsche Atommüll-Transport das Lager Gorleben.

6 **Do** Nachdem ihr weitere Kredite verweigert wurden, stellt die Danziger Werft, Gründungsort der polnischen Gewerkschaft »Solidarität«, den Betrieb ein.

7 **Fr** Israel setzt seinen Abzug aus dem Westjordanland fort und übergibt weitere 9% des besetzten Gebietes der palästinensischen Autonomieverwaltung.

8 **Sa** Wie aus Rom verlautet, will Italien Flüchtlingen aus Albanien kein Asyl gewähren. Man fürchtet eine Wiederholung der Flüchtlingswelle von 1991.

9 **So** In Melbourne erringt der schottische Formel-1-Pilot David Coulthard auf McLaren-Mercedes nach über 40 Jahren den ersten Sieg für einen »Silberpfeil«.

10 **Mo** Der Vatikan und das islamische Libyen, wo aber auch rd. 50 000 Katholiken leben, nehmen erstmals diplomatische Beziehungen auf.

11 **Di** Beim Brand in einer atomaren Wiederaufbereitungsanlage in der Nähe von Tokio werden mindestens 30 Arbeiter radioaktiv verstrahlt.

12 **Mi** Sieben deutsche Touristen, die eine Woche zuvor während einer Motorradtour durch den Südjemen verschleppt wurden, sind wieder auf freiem Fuß.

13 **Do** Als Nachfolgerin für die 86-jährige Mutter Teresa wählen die »Missionarinnen der Nächstenliebe« die Inderin Nirmala zur Generaloberin. → Kumpel

14 **Fr** Mit Tumulten endet in Berlin eine Protestwoche von Beschäftigten am Bau gegen die hohe Arbeitslosigkeit in ihrer Branche.

15 **Sa** Der Sportsoldat Sven Fischer aus Oberhof holt beim Saisonfinale der Biathleten in Nowosibirsk den Gesamtweltcup und die Prämie von 10 000 DM.

16 **So** Bei der Parlamentswahl in El Salvador wird die frühere Guerillabewegung FMLN mit 27 der 84 Sitze überraschend zweitstärkste Kraft.

17 **Mo** Mit Baseballschlägern und Messern bewaffnete Bundeswehrsoldaten machen in der ostwestfälischen Stadt Detmold Jagd auf Ausländer.

18 **Di** Die SPD-Bundestagsfraktion wählt ihren stellvertretenden Fraktionsvorsitzenden Günter Verheugen ab und ersetzt ihn durch Ottmar Schreiner.

19 **Mi** Zwei Jahre nach dem Gewinn des Europameistertitels werden die Chemnitzer Mandy Wötzel und Ingo Steuer in Lausanne Weltmeister im Eiskunst-Paarlauf.

20 **Do** Der Tabakkonzern Liggett schließt mit 22 US-Bundesstaaten eine Vergleich. Diese hatten die Firma wegen der Kosten für Raucherkrankheiten verklagt.

21 **Fr** Nach einmonatigem Aufenthalt in Frankreich kehrt der krebskranke Präsident Zaires, Mobutu Sésé-Séko, in seine Heimat zurück, in der Bürgerkrieg herrscht.

22 **Sa** Fast acht Jahre nach dem Ende der kommunistischen Herrschaft in Polen billigen beide Kammern des Parlaments in Warschau eine neue Verfassung.

23 **So** Als erster deutscher Radprofi seit Rudi Altig im Jahr 1968 gewinnt Erik Zabel (Team Telekom) den »Frühjahrsklassiker« Mailand-San Remo. → Hale-Bopp

24 **Mo** Die Literaturverfilmung »Der englische Patient« erhält bei der diesjährigen »Oscar«-Verleihung in Los Angeles neun der begehrten Trophäen.

25 **Di** 41 Männer und Frauen werden bei der ersten größeren Sammelabschiebung von Bosniern von München nach Sarajevo geflogen.

26 **Mi** In einer Luxusvilla nahe der kalifornischen Stadt San Diego verüben 39 Mitglieder der Sekte »Heaven's Gate« kollektiven Selbstmord.

27 **Do** Rund 2 Mio. Menschen protestieren in ganz Russland gegen soziale Missstände. Die staatlichen Betriebe schulden ihren Beschäftigten etwa 15 Mrd. DM.

28 **Fr** Über weite Teile Deutschlands fegen schwere Stürme mit Geschwindigkeiten bis zu 180 km/h hinweg. In Brandenburg ist ein Todesopfer zu beklagen.

29 **Sa** Zehntausende demonstrieren in Straßburg gegen die rechtsradikale Front National des Jean-Marie Le Pen, die in der elsässischen Stadt einen Parteitag abhält.

30 **So** Seinen Wunsch nach Frieden in Albanien und den anderen Balkanstaaten bringt Papst Johannes Paul II. in seiner Osteransprache zum Ausdruck.

31 **Mo** Die US-Raumfahrtbehörde NASA bricht den Kontakt zu »Pioneer 10« ab. Die Sonde hatte 1973 die ersten Daten über den Jupiter zur Erde gesendet. → Hingis

13. März 1997

Kumpel wehren sich gegen Kürzung der Bergbausubventionen

Nach tagelangen Protesten deutscher Bergarbeiter gegen Subventionskürzungen einigen sich Gewerkschaft und Regierung auf einen Kompromiss: Die Steinkohlehilfen des Staates sinken zwar wie vorgesehen von 9 Mrd. DM auf 5,5 Mrd. DM jährlich bis zum Jahr 2005, die Kürzungen werden jedoch in größeren, sozialverträglicheren Schritten vorgenommen. Auch soll es nicht im vorgesehenen Umfang zu Massenentlassungen kommen. Seit die Bonner Regierung am 20. Februar den Subventionsabbau angekündigt hatte, fanden in den betroffenen Regionen zahlreiche Demonstrationen statt. Die protestierenden Bergleute hatten sich sogar auf den Weg nach Bonn gemacht und waren im Regierungsviertel bis in die Bannmeile vorgedrungen (Abb.: Kumpel ketten sich vor der FDP-Zentrale an.).

22. April 1997

Geiseldrama in Lima

Elite-Einheiten der peruanischen Armee beenden nach 126 Tagen gewaltsam die Geiselnahme in der japanischen Botschaft. 71 Geiseln werden befreit, darunter Perus Außenminister Francisco Tudela. Alle 14 Botschaftsbesetzer, die Männer die Botschaft verlassen. Im Laufe der folgenden Verhandlungen kommen auch die meisten übrigen Geiseln frei. Bis zuletzt hatte es die Regierung abgelehnt, den Forderungen der Geiselnehmer nach Freilassung von rd. 440 inhaf-

Rauchwolken über dem Botschaftsgebäude

der links gerichteten Revolutionären Bewegung Túpac Amaru (MRTA) angehören, sowie zwei Offiziere und eine Geisel kommen ums Leben. »Peru hat der ganzen Welt ein Beispiel gegeben, wie man gegen den Terrorismus kämpft und dass man sich nicht erpressen zu lassen braucht«, erklärt Präsident Alberto Fujimori nach Ende des blutigen Dramas.
Die Rebellen hatten das Botschaftsgebäude am 17. Dezember im Handstreich erobert. Während eines Empfangs konnten sie die Residenz des Botschafters besetzen und etwa 490 Menschen in ihre Gewalt bringen. Unmittelbar nach der Geiselnahme dürfen alle Frauen und mehrere ältere tierten Gesinnungsgenossen nachzukommen. Das Angebot Fujimoris, den Rebellen freies Geleit bei Beendigung der Geiselnahme zu gewähren, lehnten die MRTA-Kämpfer ab. Nach dem Ende des Dramas bedankt sich Japan bei dem japanischstämmigen Fujimori für die Befreiung von 24 seiner Landsleute. In Peru wird jedoch auch Kritik laut. Nach Aussagen einiger Geiseln seien mehrere Rebellen erschossen worden, nachdem sie sich bereits ergeben hätten. Fujimori weist die Vorwürfe zurück. Die MRTA ist in den 80er Jahren entstanden. Der Name Túpac Amaru geht auf den letzten Inka-Führer zurück, den die Spanier 1572 hingerichtet hatten.

23. März 1997

Hale-Bopp am Nachthimmel

Der Komet Hale-Bopp passiert die Erde. Der Himmelskörper kommt unserem Planeten dabei so nahe, dass er mit blossem Auge zu erkennen ist (Abb.: Hale-Bopp über der Wüste von Arizona). Das mehrere Tage anhaltende Himmels-Spektakel ist eine der großen astronomischen Sensationen des Jahrhunderts. 1995 entdeckten die US-Amateurastronomen Bob Hale und Thomas Bopp den Kometen und gaben ihm seinen Namen. Hale-Bopp rast mit 160 000 Stundenkilometern durch das All und zieht einen rd. 150 Mio. km langen, leuchtenden Schweif hinter sich her. Der Kern der Himmelserscheinung weist einen Durchmesser von rd. 40 km auf. Bis Mitte Mai kann der Komet mit bloßem Auge von der Erde aus erkannt werden, dann verschwindet er wieder im Sonnensystem. Berechnungen zufolge wird Hale-Bopp erst in rd. 2400 Jahren wieder dicht an unserem Planeten vorüberziehen.

31. März 1997

Hingis Nr. 1 der Weltrangliste

Die schweizerische Tennisspielerin Martina Hingis (s. Abb.) besiegt Monica Seles (USA) im Finale des Tennisturniers von Key Biscayne. Damit verdrängt die Schweizerin die Deutsche Steffi Graf von Platz eins der Tennis-Weltrangliste. Graf stand 377 Wochen unangefochten an erster Stelle. Die erst 16-jährige Hingis setzt mit dem Triumph über ihre Rivalin ihren Siegeszug fort. Bereits am 25. Januar gewann sie die Australian Open. Für den Sieg im Finale gegen Mary Pierce aus Frankreich benötigte Hingis dabei nur 59 Minuten. Damit ist sie zudem die jüngste Siegerin eines Grand-Slam-Tennisturniers in diesem Jahrhundert. Im Juli gelingt Martina Hingis ein weiterer Triumph. Bei den All England Championship in Wimbledon besiegt sie die Tschechin Jana Novotna und wird damit auch die jüngste Wimbledonsiegerin des Jahrhunderts. Das junge Talent stand bereits als Kleinkind auf dem Court. Ihre Mutter, früher selbst Weltklassespielerin, sorgte schon früh für eine intensive Ausbildung ihrer Tochter. 1993 gewann die damals Zwölfjährige das Jugendturnier der French Open und wurde zum Star der internationalen Tennisszene.

10. April 1997

Urteile im »Mykonos-Prozess«

Ein Berliner Kammergericht verurteilt die Angeklagten im »Mykonos-Prozess« zu hohen Haftstrafen. Die vier Iraner waren angeklagt, 1992 vier iranisch-kurdische Exilpolitiker in dem Berliner Lokal »Mykonos« ermordet zu haben. Das iranische Regime wird im Prozess als mutmaßlicher Drahtzieher hinter dem Anschlag benannt. Der Prozess wurde zu einem Politikum.

Nach der Urteilsverkündung spitzt sich die Lage zwischen dem Iran und der Bundesrepublik erheblich zu. Kurzfristig werden die Botschafter aus beiden Ländern abberufen. Auch die anderen EU-Mitgliedstaaten ziehen ihre Diplomaten aus Teheran ab. Im Iran wie in der Bundesrepublik kommt es zu Protesten von Iranern gegen die deutsche Regierung. Am 29. April erklärten die EU-Außenminister den »kritischen Dialog« mit dem Iran für beendet. Erst im Verlauf der nächsten Monate nehmen einige EU-Staaten die diplomatischen Beziehungen zum Mullah-Regime wieder auf. Der deutsche Botschafter kehrt erst im November nach Teheran zurück.

26. April 1997

Präsident fordert »Ruck«

»In Deutschland herrscht ganz überwiegend Mutlosigkeit, Krisenszenarien werden gepflegt. Ein Gefühl der Lähmung liegt über unserer Gesellschaft«, diagnostiziert Bundespräsident Roman Herzog (s. Abb.) in seiner Berliner Rede im Hotel Adlon. Das Staatsoberhaupt wirft den Eliten in Politik und Wirtschaft Versagen bei dringenden Reformen vor und verlangt die Entwicklung von Visionen für das nächste Jahrtausend. »Durch Deutschland muss ein Ruck gehen«, verlangt Herzog in seiner Rede, die weithin große Beachtung findet.

Roman Herzog

deutscher Politiker, * 5.4.1934 Landshut

Der renommierte Verfassungsjurist gilt als unabhängige Persönlichkeit mit wertkonservativer Grundhaltung. Die mahnenden Reden des bürgernahen Präsidenten stoßen in der Öffentlichkeit auf große Resonanz. Bei seiner Wahl war er u.a. angetreten, die innere Einheit Deutschlands zu vollenden, der Ausländerfeindlichkeit entgegenzuwirken und dem Misstrauen der Nachbarländer gegen das vereinte Deutschland vorzubeugen.

- 1970: Beitritt zur CDU
- 1980-83: Innenminister Baden-Württembergs
- 1987-94: Präsident des Bundesverfassungsgerichts
- 1994-99: Bundespräsident

April 1997

1 Di In der EU beginnt die letzte Liberalisierungsstufe des Luftverkehrs. Alle Fluggesellschaften dürfen in Mitgliedsländern unbegrenzt Inlandsflüge anbieten.

2 Mi Der russische Präsident Boris Jelzin und sein weißrussischer Kollege Alexander Lukaschenko unterzeichnen einen Unionsvertrag beider Länder.

3 Do Die Fachzeitschrift »Nature Genetics« berichtet über Experimente mit künstlich hergestellten Chromosomen zur Behandlung von Erbkrankheiten.

4 Fr 21 der 40 Mitgliedsstaaten des Europarats unterzeichnen in der spanischen Stadt Oviedo eine Konvention über Bioethik.

5 Sa Wegen einer Bombendrohung – vermutlich von der IRA – wird das britische Pferderennen Grand National eine halbe Stunde vor dem Start abgesagt.

6 So Die Brücken- und Tunnelverbindung zwischen den dänischen Inseln Seeland und Fünen, die die Fahrzeit um die Hälfte verkürzt, wird dem Verkehr übergeben.

7 Mo In einem Saarländer Supermarkt entdeckt die Polizei eine mit Zyanid vergiftete »Thomy«-Senftube. Ein Unbekannter erpresst damit den Hersteller Nestlé.

8 Di Den begehrten Pulitzer-Preis erhält der aus Irland stammende Schriftsteller Frank McCourt für sein Buch »Die Asche meiner Mutter«.

9 Mi Im Kampf gegen die Arbeitslosigkeit regt IG-Metall-Chef Klaus Zwickel in Berlin eine 32-Stunden-Woche ohne vollen Lohnausgleich an.

10 Do Das Bundesverfassungsgericht erklärt die im Wahlrecht verankerte Regelung zu Überhangmandaten im Bundestag für grundgesetzgemäß. → Urteile

11 Fr Fast zweieinhalb Jahre nach Beendigung des Bürgerkriegs erhält Angola eine »Regierung der nationalen Versöhnung« unter Fernando Franca Van Dúnem.

12 Sa Ein Feuer beschädigt die Kathedrale San Giovanni Battista in Turin schwer. Das dort aufbewahrte Grabtuch Christi wird unversehrt geborgen.

13 So Mit 270 Schlägen – dem besten Resultat in der Geschichte des Golfturniers – gewinnt der 21-jährige Eldrick »Tiger« Woods (USA) das Masters in Augusta.

14 Mo Laut US-Forschern ist die Ozonschicht über dem Nordpolarmeer so dünn wie nie zuvor. +++ In Hannover öffnet die weltgrößte Industriemesse ihre Tore.

15 Di 343 Menschen kommen in Mekka ums Leben, als in einem Zeltlager für Pilger Feuer ausbricht. Brandursache ist die Explosion einer Gasflasche.

16 Mi Turnolympiasieger Andreas Wecker erklärt nach einem schweren Trainingsunfall seinen Rücktritt vom aktiven Leistungssport.

17 Do Laut Nürnberger Polizei sollen im bisher größten deutschen Umweltskandal rd. 70 000 t Sondermüll aus Schredderanlagen illegal beseitigt worden sein.

18 Fr Bei der Kurzbahn-Weltmeisterschaft der Schwimmer im schwedischen Göteborg sichert sich die Hamburgerin Sandra Völker die Goldmedaille.

19 Sa Von der Öffentlichkeit streng abgeschirmt geben sich der Tennisspieler Andre Agassi und Filmstar Brooke Shields im kalifornischen Monterey das Ja-Wort.

20 So In einem Bürgerentscheid lehnen die Einwohner von Feldafing (Oberbayern) das »Museum der Fantasie« des Kunstsammlers Lothar-Günther Buchheim ab.

21 Mo Nach dem Eingeständnis, einmal Kokain geschnupft zu haben, wird Skiflug-Weltmeister Andreas Goldberger vom österreichischen Ski-Verband gesperrt.

22 Di Die Ernennung Claus Peymanns zum Intendanten des Berliner Ensembles am Vortag findet ein breites Presse-Echo. → Geiseldrama

23 Mi Französische Fischer blockieren aus Protest gegen EU-Beschlüsse mehrere Häfen am Ärmelkanal und legen den Fährverkehr nach Großbritannien lahm.

24 Do Die wegen zweifachen Kindesmordes angeklagte Monika Böttcher, geschiedene Weimar, wird in einem Wiederaufnahmeverfahren freigesprochen.

25 Fr Bundesverkehrsminister Matthias Wissmann erklärt in Bonn, die umstrittene Transrapid-Strecke von Hamburg nach Berlin werde trotz höherer Kosten gebaut.

26 Sa Nach kontroverser Diskussion wählt der Verband deutscher Schriftsteller den Autor und Anwalt Fred Breinersdorfer zum neuen Vorsitzenden. → Präsident

27 So Bei der ersten Parlamentswahl im Jemen seit dem Ende des Bürgerkriegs 1994 gewinnt der Allgemeine Volkskongress die absolute Mehrheit.

28 Mo Laut Verordnung der Bundesregierung müssen alte Batterien künftig vom Verbraucher zurückgebracht und vom Handel kostenlos angenommen werden.

29 Di Die UN-Konvention über die weltweite Ächtung von Chemiewaffen, die u.a. die Entwicklung und Anwendung chemischer Kampfstoffe verbietet, tritt in Kraft.

30 Mi In Manchester verteidigt die chinesische Tischtennis-Mannschaft mit einem 3:1 Sieg über Frankreich zum zwölften Mal ihren Weltmeistertitel.

Mai 1997

1 Do Bei den Kundgebungen zum Tag der Arbeit demonstrieren in ganz Deutschland mehr als 100 000 Menschen gegen den Sozialabbau. → New Labour

2 Fr Der Elmshorner Tennisspieler Michael Stich, Wimbledonsieger von 1991, gibt seinen Rücktritt vom Profisport bekannt.

3 Sa In Dublin gewinnt die britische Band »Katrina and the Waves« den Grand Prix Eurovision de la Chanson. Der deutsche Beitrag »Zeit« landet auf Platz 18.

4 So Während einer Messe in Rom spricht Papst Johannes Paul II. erstmals einen Angehörigen des Volkes der Sinti und Roma, Ceferino Jimenez Malla, selig.

5 Mo Knapp drei Wochen nach Russland unterzeichnet auch die Ukraine das Europäische Protokoll zur Abschaffung der Todesstrafe.

6 Di Nach Beschluss des Bundesgerichtshofs in Karlsruhe müssen Banken ihren Kunden Überweisungen noch am Tag des Eingangs gutschreiben.

7 Mi Das UN-Kriegsverbrechertribunal für das ehemalige Jugoslawien in Den Haag spricht den bosnischen Serben Dušan Tadić wegen Beihilfe zum Mord schuldig.

8 Do In London startet die Spielwarenkette »Toys-'r'-us« eine Werbekampagne für das japanische Elektronik-Küken Tamagotchi.

9 Fr Zum 52. Jahrestag des Sieges über Nazi-Deutschland nimmt der russische Präsident Boris Jelzin auf dem Roten Platz in Moskau eine Militärparade ab.

10 Sa Die chilenische Polizei ermittelt wegen sexuellen Missbrauchs gegen sechs Mitglieder der umstrittenen deutschen Siedlung »Colonia Dignidad«.

11 So Im Duell der Superhirne unterliegt der russische Schachweltmeister Garri Kasparow in New York dem IBM-Schachcomputer »Deep Blue« mit 3,5:2,5.

12 Mo Die 22-jährige Australierin Susie Maroney durchschwimmt als erster Mensch die sog. Floridastraße zwischen Kuba und den USA.

13 Di Am Neubau der Deutschen Bibliothek in Frankfurt am Main werden die letzten Arbeiten verrichtet. Er bietet Platz für 20 Mio. Bücher. → Bernsteinzimmer

14 Mi Kanada wird in Finnland Eishockey-Weltmeister. Im dritten Play-off-Finale besiegen die Profis aus Übersee Schweden mit 3:1.

15 Do Der Bundestag verabschiedet ein Gesetz, nach dem eine Vergewaltigung auch dann als Verbrechen bestraft wird, wenn sie in der Ehe begangen wird.

16 Fr Bundeskanzler Helmut Kohl räumt nach Bekanntwerden neuer Haushaltslöcher erstmals Schwierigkeiten der Regierung beim Etatausgleich ein.

17 Sa In der Paulskirche in Frankfurt am Main stürzt die 167 Jahre alte sog. Christusglocke aus ihrer Halterung und zerschellt. → Kabila

18 So Mary Joe Fernandez (USA) gewinnt die German Open der Tennis-Damen. Sie besiegt im Finale die Französin Mary Pierce mit 6:4 und 6:2.

19 Mo Bei gewalttätigen Auseinandersetzungen am Rande einer griechisch-türkischen Kulturveranstaltung auf Zypern werden 40 Menschen verletzt.

20 Di Der 59-jährige Börsenexperte Rolf-Ernst Breuer übernimmt von Hilmar Kopper das Amt des Vorstandssprechers der Deutschen Bank.

21 Mi In Tuscaloosa (US-Bundesstaat Alabama) eröffnet die Daimler-Benz AG ihr erstes ausländisches Werk, in dem nur PWK produziert werden. → Revier

22 Do Etwa 200 Kurden stürmen das Gebäude der Vereinten Nationen in Genf, um gegen die türkische Militäroffensive im Norden des Irak zu protestieren.

23 Fr Bei den iranischen Präsidentenwahlen setzt sich der als liberal geltende ehemalige Kulturminister Seyed Mohammed Katami durch.

24 Sa Durch versehentlich abgegebene Schüsse kommen bei den Vorbereitungen für eine Patrouillenfahrt in Bosnien zwei Bundeswehrsoldaten ums Leben.

25 So Nach 14-monatiger Amtszeit wird die erste frei gewählte Regierung im westafrikanischen Sierra Leone durch putschende Militärs gestürzt.

26 Mo Der Schweizer Chemiekonzern Hoffmann-La Roche übernimmt das Diagnostik- und Pharmaunternehmen Boehringer Mannheim.

27 Di Markus Wolf, Ex-DDR-Spionagechef, wird wegen Entführung von vier Menschen zwischen 1955 und 1962 zu zwei Jahren Haft auf Bewährung verurteilt.

28 Mi Zum Aktionstag der Gewerkschaften für mehr Beschäftigung demonstrieren europaweit tausende Menschen gegen die Arbeitslosigkeit.

29 Do Bergsteiger aus der ganzen Welt feiern in der nepalesischen Hauptstadt Katmandu den 44. Jahrestag von Edmund Hillarys Erstbesteigung des Mount Everest.

30 Fr Das Berliner Landgericht verurteilt vier frühere DDR-Spitzenmilitärs wegen der Todesschüsse an der innerdeutschen Grenze zu Haftstrafen.

31 Sa Nach 148 Jahren stellt die Deutsche Post den Bahnpostverkehr ein. Künftig erfolgt die Beförderung der Sendungen ausschließlich per Flugzeug bzw. LKW.

+++ Briten wählen Wechsel +++ Rebellen nehmen

Mobutu Sésé-Séko

zaïrischer Politiker, * 14.10.1930 Lisala; † 7.9.1997 Rabat (Marokko)

Der Mann mit der Leopardenfell-Mütze putschte sich 1965 an die Macht im ehemals belgischen Kongo (1971-97: Zaïre). Fast 32 Jahre lang regierte – und ruinierte – Mobutu Sése-Séko (»Der Hahn, der keine Henne unbesprungen lässt«) sein Land mit eiserner Hand. Unter dem Vorzeichen des Ost-West-Konflikts konnte er sich der Unterstützung des Westens sicher sein. Dabei häufte der Despot ein Privatvermögen an, das auf 4 Mrd. Dollar geschätzt wurde.

- 1948-56: Dienst in der belgischen Kolonialarmee
- 1960: Oberst und Stabschef der Armee
- 1965-97: Diktator

17. Mai 1997

Kabila übernimmt die Macht

Nahezu kampflos rücken die Rebellen des Laurent-Désiré Kabila in Kinshasa ein. Diktator Mobutu Sésé-Séko flieht aus der Hauptstadt Zaïres. Kabila schwingt sich zum Staatsoberhaupt auf und benennt Zaïre in »Demokratische Republik Kongo« um. Ihren Ausgang nahm die Rebellion im Oktober 1996, nachdem die Regierung die sofortige Ausweisung der seit Generationen am Westufer des Tanganjika-Sees ansässigen rd. 300 000 Banyamulenge-Tutsi befohlen hatte. Der Machtwechsel in Zaïre markiert einen Wendepunkt in der Geschichte Afrikas: Erstmals wurde ein großer Konflikt ohne das Eingreifen westlicher Mächte beendet.

21. Mai 1997

Revier im Fußballhimmel

Fußballexperten, die nicht aus Bayern stammen, haben es immer schon gewusst: Das Herz des deutschen Fußballs schlägt im Ruhrgebiet. Den Beweis für diese These tritt zunächst der FC Schalke 04 (s. Abb. o.) an. Die von Huub Stevens trainierten Blau-Weißen vollbringen das Wunder und schalten im Rückspiel des UEFA-Pokalendspiels die hoch favorisierte Mannschaft von Inter Mailand aus. 4:1 heißt es nach dem Elfmeterschießen.

Eine Woche später, am 28. Mai, besiegt der BVB Borussia Dortmund (s. Abb. u.) im Finale der Champions League Titelverteidiger Juventus Turin mit 3:1. Zwei Treffer von Karlheinz Riedle und ein sensationelles Tor des erst 15 Sekunden zuvor

eingewechselten Lars Ricken machen den Erfolg im Münchener Olympiastadion perfekt. Der Finalsieg krönt einen Aufwärtstrend der Dortmunder, der 1989 mit dem Pokalsieg begann und sich mit zwei Meisterschaften 1995 und 1996 fortsetzte. Garant des Erfolges ist Trainer Ottmar Hitzfeld, der nach dem Champions League-Triumph auf den Posten des Sportdirektors wechselt.

1. Mai 1997

Sieg für New Labour

Triumph für »New Labour«: Mit dem höchsten Sieg ihrer Parteigeschichte gewinnt die von Tony Blair auf gemäßigten Kurs getrimmte Linkspartei die Wahlen zum Unterhaus. Die seit 18 Jahren regierenden Konservativen müssen auf den Oppositionsbänken Platz nehmen. Mit 43,4% der Stimmen erringt Labour aufgrund des Mehrheitswahlrechts 419 der 659 Sitze – 148 mehr als bei der Wahl 1992. Die Konservativen schicken lediglich 165 Abgeordnete ins Parlament.
Als Vater des Erfolges gilt Tony Blair, der jüngster britischer Premier seit 1812 wird. Die Konservativen müssen die schwerste Wahlschlappe seit 1832 hinnehmen, in Wales und Schottland können sie keinen einzigen Parlamentssitz erobern. Der geschlagene Regierungschef John Major legt auch den Parteivorsitz nieder. Im Wahlkampf konnte er die sinkende Arbeitslosigkeit und die rückläufige Inflation nicht in Wählerstimmen um-

Tony Blair

britischer Politiker, * 6.5.1953 Edinburgh

Mit dem »britischen Clinton« gelingt der Labour Partei die Rückkehr an die Macht. Der Jurist hat es geschafft, seine Partei hinter sich und auf neuen Kurs zu bringen. Mit seinem Wahlprogramm öffnet sich »New Labour« für neue Wählerschichten. Zudem verkörpert der erst 44-Jährige einen Neuanfang in Politik und Wirtschaft. 1999 ergreift er – gemeinsam mit Bundeskanzler Gerhard Schröder – auch die Initiative zur Modernisierung der europäischen Sozialdemokratie.

- 1975: Beitritt zur Labour Party
- 1994: Wahl zum Parteivorsitzenden
- seit 1997: Premierminister

1. Juni 1997

Jospin neuer Regierungschef

Die Wahl zur französischen Nationalversammlung endet mit dem Sieg von Sozialistenchef Lionel Jospin (Abb. Mitte). Zum dritten Mal seit 1958 kommen Präsident und Regierungschef aus unterschiedlichen politischen Lagern. Präsident Jacques Chirac hatte vorgezogene Neuwahlen angekündigt, um aus einer gestärkten Position heraus in die Diskussionen um den Euro zu gehen. Der Triumph der Sozialisten ist insofern eine schwere Niederlage für Chirac.

13. Mai 1997

Hinweis auf Bernsteinzimmer

Die Polizei stellt bei einem Bremer Notar ein Mosaik sicher (s. Abb.), das möglicherweise zu dem seit 1944 verschollenen sog. Bernsteinzimmer gehört. Preußens »Soldatenkönig« Friedrich Wilhelm I. hatte die prächtige Wandverkleidung 1717 dem russischen Zaren Peter I. geschenkt. Im Zweiten Weltkrieg brachte die Wehrmacht das Bernsteinzimmer in das Königsberger Schloss. Dort verlor sich die Spur des legendären Schatzes.

Eine jubelnde Menschenmenge begrüßt den neuen Premier (M.) in Downing Street Nr. 10.

münzen. Viele Briten waren offenbar der Ansicht, die Torys wären nach 18 Jahren Regierungsarbeit personell und inhaltlich verbraucht. Darüber hinaus war der Wahlkampf geprägt vom internen Streit bei den Konservativen in der Europa-Frage und von zahlreichen Skandalen einzelner Politiker. Die Liste der Fehltritte reichte von einer bis ins Jahr 1994 zurückgehenden Schmiergeldaffäre bis hin zu diversen Sexaffären, die in der Boulevardpresse ausführlich behandelt wurden. Demgegenüber konnte sich Blair – auch dank der Hilfe freundlich gesonnener Presseorgane – ins rechte Licht setzen. Sein »New Labour«-Konzept, das die Abkehr von alten, gewerkschaftsnahen Positionen bedeutete, machte die Partei auch für Wähler der Mitte attraktiv.

Am 2. Mai ernennt Königin Elizabeth II. den Hoffnungsträger zum neuen Premierminister. In der Besetzung der Ministerposten verlässt sich der Regierungschef auf seine engsten Berater, berücksichtigt aber auch die verschiedenen Flügel der Partei. Außenminister wird der »Linke« Robin Cook, der am 12. Mai ankündigt, Großbritannien werde in Europa eine aktivere Rolle als bisher spielen. John Prescott, Repräsentant des gewerkschaftsnahen Flügels, wird Vizepremier und Minister für Verkehr, Umwelt und Regionales.

In ersten Statements kündigt Blair eine Reform des Wohlfahrtsstaats an. Danach sind 26 Gesetzesinitiativen und vier Referenden vorgesehen, Reformen in der Bildungs- und Gesundheitspolitik in Planung. Zu den wichtigsten Vorhaben zählen die Erhebung einer einmaligen Sondersteuer von privatisierten Unternehmen, durch die umgerechnet rd. 14,7 Mrd. DM zur Finanzierung eines Arbeitsbeschaffungsprogramms in die Staatskasse fließen sollen. Zudem soll es Vorschriften für die Festsetzung von Mindestlöhnen und Volksabstimmungen in Wales und Schottland über die Einrichtung eigener Parlamente geben.

Juni 1997

1 So Der ICE »Fliegender Hamburger«, der für die Strecke Hamburg-Berlin 2:15 h benötigt, nimmt seinen planmäßigen Betrieb auf. → Jospin

2 Mo Bei der vorgezogenen Parlamentswahl in Kanada behaupten die regierenden Liberalen unter Ministerpräsident Jean Chrétien ihre absolute Mehrheit.

3 Di Die schwedische Regierung erklärt in Stockholm den Verzicht des Landes auf einen Beitritt zur Teilnahme an der Europäischen Währungsunion.

4 Mi Die räumliche Aufenthaltsbeschränkung für Asylbewerber ist nach einer Entscheidung des Bundesverfassungsgerichts mit dem Grundgesetz vereinbar.

5 Do Aus den Parlamentswahlen in Algerien gehen Nationalisten und gemäßigte Muslime als Gewinner hervor. Die Islamische Heilsfront war nicht zugelassen.

6 Fr In der Nähe der sizilianischen Stadt Palermo nimmt die Polizei den seit 1989 flüchtigen Pietro Aglieri fest. Er ist der meistgesuchte Mafiaboss Italiens.

7 Sa Zum Abschluss ihrer Tagung in Malmö bekennen sich die europäischen Sozialdemokraten ausdrücklich zur termingerechten Einführung des Euro.

8 So Die Schweizer lehnen in einem Volksentscheid ein Verbot von Rüstungsexporten ab. Die Beteiligung an der Abstimmung ist mit 30% sehr niedrig.

9 Mo Mit Verkehrsblockaden an wichtigen Knotenpunkten demonstrieren europaweit Fernfahrer für bessere Arbeitsbedingungen in der Europäischen Union.

10 Di Als erstes Land der Welt will Singapur bis Ende 1998 jedem Bürger den Zugang zum Internet verschaffen, indem alle Haushalte einen Anschluss erhalten.

11 Mi Das britische Unterhaus beschließt ein völliges Verbot für kleinkalibrige Handfeuerwaffen. Die Verschärfung der Waffengesetzgebung tritt Ende 1997 in Kraft.

12 Do Bundeskanzler Helmut Kohl würdigt in einer Regierungserklärung zum 50. Jahrestag des Marshallplans die große Hilfsbereitschaft der US-Bevölkerung.

13 Fr Durch ein 90:86 im sechsten Play-Off-Spiel gegen die Utah Jazz sichern sich die Chicago Bulls um Michael Jordan die Meisterschaft der US-Basketball-Liga.

14 Sa Das Oberste Gericht Israels lehnt eine Anklage gegen Regierungschef Benjamin Netanjahu wegen angeblich manipulierter Vergabe eines hohen Postens ab.

15 So Bei Präsidentenwahlen in Kroatien wird Franjo Tudjman für weitere fünf Jahre im Amt bestätigt. +++ Jupp Heynckes wird Fußballtrainer von Real Madrid.

16 Mo Im Südlibanon stirbt ein israelischer Soldat durch einen Sprengsatz, der am Straßenrand deponiert war. Drei weitere Menschen erleiden Verletzungen.

17 Di Deutsche Schulbuchverlage appellieren an die Kultusminister, die Rechtschreibreform nicht zu stoppen, da bereits 50 Mio. DM investiert worden seien.

18 Mi Der türkische Regierungschef Necmettin Erbakan tritt wegen eines Konfliktes seiner islamistischen Wohlfahrts-Partei mit dem Militär zurück.

19 Do Der Handel mit Elfenbein wird in kontrollierter Form wieder zugelassen. Darauf einigen sich die Teilnehmer der UN-Artenschutzkonferenz in Harare.

20 Fr Nach jahrelangen Verhandlungen wird der Vertrag über die Serienfertigung des deutsch-französischen Kampfhubschraubers »Tiger« unterzeichnet.

21 Sa Die türkische Armee beendet die im Mai begonnene Offensive gegen Kurden im Nordirak. +++ In Kassel öffnet die Kunstschau »documenta« ihre Tore.

22 So Zum Abschluss des 27. Evangelischen Kirchentages in Leipzig ruft Kirchentagspräsident Rainer Meusel zu Maßnahmen gegen die Arbeitslosigkeit auf.

23 Mo Der Bertelsmann-Konzern einigt sich mit dem Medienunternehmer Leo Kirch auf einen gemeinsamen Aufbau des gebührenpflichtigen Digital-Fernsehens.

24 Di Per einstweiliger Anordnung stoppt das Bundesverfassungsgericht die bayerische Sonderregelung zum Schwangerschaftsabbruch.

25 Mi Bei einem schweren Ausbruch des Vulkans Soufrière auf der britischen Karibikinsel Montserrat kommen mindestens zehn Menschen ums Leben.

26 Do Das Bundesverwaltungsgericht Berlin lehnt die Forderung der Zeugen Jehovas nach rechtlicher Gleichstellung mit den großen Kirchen ab.

27 Fr In Brüssel verpflichten sich zum Abschluss der internationalen Minenkonferenz 97 Staaten zu einem vollständigen Verbot von Landminen.

28 Sa Beim Revanchekampf in Las Vegas beißt der US-Boxer Mike Tyson seinem Landsmann Evander Holyfield in der dritten Runde ein Stück des rechten Ohrs ab.

29 So Beim ersten Durchgang der Parlamentswahlen im krisengeschüttelten Albanien zeichnet sich ein Sieg der Sozialisten ab.

30 Mo Mesut Yilmaz von der nationalliberalen Mutterlandspartei tritt als Nachfolger des Islamisten Necmettin Erbakan das Amt des türkischen Regierungschefs an.

Juli 1997

1 **Di** Mit Inkrafttreten der dritten Stufe der Gesundheitsreform werden u.a. höhere Zuzahlungen für Medikamente und Verbandsmittel erhoben. → Hongkong

2 **Mi** Unter dem Protest von Umweltschützern führen die USA in der Wüste von Nevada den ersten einer Reihe von Atomtests durch.

3 **Do** Die Präsidenten von Russland und Aserbeidschan unterzeichnen einen Vertrag über Freundschaft, Zusammenarbeit und Sicherheit zwischen beiden Ländern.

4 **Fr** Zum ersten Mal seit über 20 Jahren landet eine Marssonde sicher auf dem Roten Planeten. »Pathfinder« sendet rd. 10 000 Bilder zur Erde.

5 **Sa** Gerichtsmediziner indentifizieren ein Skelett im bolivianischen Vallegrande als die Überreste des kubanischen Revolutionshelden Ernesto »Che« Guevara.

6 **So** Bei den mexikanischen Parlamentswahlen büßt die seit 68 Jahren regierende Partei der Institutionalisierten Revolution erstmals die absolute Mehrheit ein.

7 **Mo** Mit der stimmrechtslosen Pro-7-Vorzugsaktie werden an der Frankfurter Börse zum ersten Mal Aktien eines deutschen Fernsehsenders notiert.

8 **Di** Mit dem Beschluss zur Aufnahme von Beitrittsverhandlungen mit Polen, Tschechien und Ungarn leiten die NATO-Staaten in Madrid die Osterweiterung ein.

9 **Mi** In New York nehmen die verfeindeten Volksgruppen Zyperns – Türken und Griechen – unter Vermittlung der UNO Gespräche auf.

10 **Do** Beim Versuch seiner Festnahme töten SFOR-Soldaten in Bosnien den als Kriegsverbrecher gesuchten serbischen Ex-Polizeichef von Prijedor, Simo Drljaca.

11 **Fr** Wegen verschlossener Notausgänge sterben bei einer Brandkatastrophe in einem Luxushotel im thailändischen Pattaya 91 Menschen.

12 **Sa** Eine Mio. Techno-Jünger besuchen die 9. Love-Parade in Berlin. +++ Die deutschen Fußball-Frauen werden durch ein 2:0 gegen Italien Europameister.

13 **So** Das von der baskischen ETA freigelassene Entführungsopfer Miguel Garrido, ein Kommunalpolitiker, erliegt einem Kopfschuss.

14 **Mo** Nach Wochen fast täglicher Straßenkämpfe in Hebron (Westjordanland) können Polizisten der Palästinensischen Autonomiebehörde die Lage beruhigen.

15 **Di** In Miami Beach (US-Bundesstaat Florida) wird der italienische Modeschöpfer Gianni Versace vor seiner Luxusvilla aus nächster Nähe erschossen.

16 **Mi** An der New Yorker Wallstreet überschreitet der Dow-Jones-Index für die 30 stärksten Industrieaktien erstmals die Grenze von 8000 Punkten.

17 **Do** Die Regierungschefs von Deutschland, Österreich und Italien einigen sich über den geplanten Abbau von Grenzkontrollen zwischen den drei Staaten.

18 **Fr** Der russische Ministerpräsident Viktor Tschernomyrdin äußert in Brüssel, sein Land wolle langfristig gesehen Mitglied der EU werden.

19 **Sa** Bei den ersten Wahlen in Liberia nach mehr als sieben Jahren Bürgerkrieg setzen sich der frühere Warlord Charles Taylor und seine Partei NPP durch.

20 **So** Der 1994 verkündete Waffenstillstand, den die IRA für kurze Zeit ausgesetzt hatte, hat laut der nordirischen Untergrundorganisation wieder Gültigkeit.

21 **Mo** In München geben die Bayerische Hypothekenbank sowie die Bayerische Vereinsbank ihre Fusion zu Deutschlands zweitgrößtem Bankhaus bekannt.

22 **Di** Wegen Geiselerschießungen im Zweiten Weltkrieg werden die ehemaligen SS-Offiziere Erich Priebke und Karl Hass in Rom zu Haftstrafen verurteilt.

23 **Mi** Schweizer Banken veröffentlichen die Namen der Inhaber sog. nachrichtenloser Konten aus der Zeit des Zweiten Weltkriegs. → Oder-Hochwasser

24 **Do** Nach einer Prüfung im Flugsimulator erhält der deutsche Astronaut Thomas Reiter als erster Ausländer das Recht, eine russische Sojus-Kapsel zu steuern.

25 **Fr** In einem Schauprozess verurteilt ein sog. Volkstribunal der Roten Khmer ihren Ex-Führer, den kambodschanischen Diktator Pol Pot, zu lebenslanger Haft.

26 **Sa** Bei der internationalen Luftfahrtschau im belgischen Ostende stürzt ein Doppeldecker ab. Mindestens acht Menschen kommen dabei ums Leben.

27 **So** Formel-1-Pilot Michael Schumacher erreicht auf dem Hockenheimring hinter Gerhard Berger aus Österreich den zweiten Platz. → Ullrich

28 **Mo** Mindestens 14 Menschenleben fordert die Explosion eines Gasbehälters in einer Erdölraffinerie im zentralrussischen Kueda bei Perm.

29 **Di** Eine ungewöhnliche Hitzewelle verschlimmert nach Angaben der nordkoreanischen Führung die Hungersnot in dem kommunistischen Land.

30 **Mi** Zwei blutige Selbstmordanschläge in Jerusalem machen die Hoffnung auf eine Wiederbelebung des Nahost-Friedensprozesses vorerst zunichte.

31 **Do** Im Mittelmeer wird ein gut erhaltener Schiffsfriedhof entdeckt, zu dem fünf Wracks von antiken römischen Handelsbooten gehören.

31. August 1997

Schock nach Dianas Tod

Die Welt hält den Atem an, so unglaublich ist die Nachricht, die von den Medien über alle Kontinente verbreitet wird: Die britische Prinzessin Diana ist tot. Lady Di, eine der weltweit populärsten Frauen, stirbt an den Folgen eines Autounfalls in Paris.

Der Wagen, in dem sie mit ihrem Begleiter, dem ägyptischen Millionärssohn Emad »Dodi« al-Fayed, ihrem Leibwächter Trevor Rees-Jones und dem französischen Fahrer Henri Paul saß, ist gegen 0.35 Uhr in einem Straßentunnel an der Seine bei hoher Geschwindigkeit ins Schleudern geraten und gegen einen Betonpfeiler geprallt. Während al-Fayed und Paul sofort tot sind, wird die 36-jährige Prinzessin schwerverletzt ins Krankenhaus eingeliefert. Dort stirbt sie gegen vier Uhr früh. Ihr Leibwächter, der als Einziger angeschnallt war, überlebt den Unfall schwer verletzt. Nach dem letzten Stand der Ermittlungen führte eine Verkettung unglücklicher Umstände zu dem Unglück. Das prominente Paar befand sich offensichtlich auf der Flucht vor Fotografen, als der unter Alkohol- und Medikamenteneinfluss stehende Fahrer bei Tempo 196 km/h die Kontrolle über das Fahrzeug verlor.

Abtransport des Unglückswagens in Paris

Blumen als Zeichen der Anteilnahme vor dem Buckingham-Palast

Dianas Ex-Ehemann, der britische Thronfolger Charles, begleitet den Sarg mit dem Leichnam nach London. Am 6. September nimmt Großbritannien in einer Trauerfeier Abschied von seiner Prinzessin, die zwei Söhne, William und Harry, hinterlässt. »Goodbye, England's Rose« singt Popsänger Elton John.

27. Juli 1997

Jan Ullrich gewinnt die Tour

Der 23-jährige Jan Ullrich gewinnt als erster Deutscher die Tour de France. Der Rostocker und seine Mitstreiter vom Team Deutsche Telekom beherrschen das Langstreckenrennen über 3942 km von Rouen bis Paris über weite Strecken (Abb.: Jan Ullrich, l., und Vorjahressieger Bjarne Rijs). Ullrich gewinnt mit einem Vorsprung von 9:09 min.

1. Juli 1997

Hongkong fällt an China

Nach 154 Jahren britischer Herrschaft wird die Kronkolonie Hongkong an China übergeben. Die Regierung in Peking sichert der Wirtschaftsmetropole zu, das kapitalistische System in der Stadt bis 2047 nicht anzutasten. Außerdem wird die Wahrung der Rede- und Pressefreiheit garantiert. Um Mitternacht, dem Zeitpunkt der Übergabe, explodiert ein Meer von Feuerwerkskörpern über Hongkong (s. Abb.).

Diana

Prinzessin von Wales, * 1.7.1961 Park House; † 31.8.1997 Paris

Als Lady Diana Spencer im Alter von 20 Jahren unter den Augen von 750 Mio. Fernsehzuschauern Europas begehrtesten Junggesellen, den britischen Thronfolger Prinz Charles, heiratete, schien ein Traum wahr zu werden. Doch in der Ehe kriselte es schon bald. Charles' Beziehung zu seiner Jugendliebe und Dianas Liebschaft mit ihrem Ex-Reitlehrer boten der Regenbogenpresse ausreichend Stoff für reißerische Berichte. Im Zuge der Bewältigung ihrer privaten Probleme entwickelte sich Diana zu einer selbstbewussten jungen Frau, die mit gewinnendem Charme und jugendlicher, sympathischer Ausstrahlung ihre öffentlichen Auftritte absolvierte. Dianas Popularität überstieg bald die der übrigen »Royals«. Die meistfotografierte Frau der Welt nutzte aber auch die Medien, um ihre vielfältigen sozialen Anliegen publik zu machen.

- 1981: Eheschließung mit Prinz Charles
- 1982: Geburt ihres Sohnes William
- 1984: Geburt ihres Sohnes Harry
- 1996: Scheidung

Die »Königin der Herzen«

Für viele Menschen ist die britische Prinzessin eine bewunderungswürdige junge Frau. Ihr Engagement für AIDS-Kranke und für die Kampagne gegen Landminen brachten ihr weltweite Achtung und das Attribut »Königin der Herzen« ein. Schon in den ersten Stunden nach der Nachricht von ihrem Tod setzt ein Pilgerstrom der Fans ein. Vor den königlichen Palästen in London legen viele Menschen Blumen nieder, dazu Fotos, selbst gemalte Bilder, Kuscheltiere und Souvenirs. Während Premierminister Tony Blair seine persönliche Trauer öffentlich zum Ausdruck bringt, reagiert das Königshaus spät und zieht damit scharfe Kritik auf sich. Königin Elizabeth II., ihre Enkelsöhne und Prinz Charles kehren erst einen Tag vor der Beisetzung Dianas aus Schottland nach England zurück. Nach der Trauerfeier in der Westminster Abtei wird der Sarg mit Dianas sterblichen Überresten auf den Familiensitz der Spencers, Gut Althorp, rd. 120 km nördlich von London, gebracht. Dort erhält die Prinzessin auf einer Insel im ovalen Teich des Lustgartens ihre letzte Ruhestätte. Der Platz hinter den Mauern des Familiengutes wird ausgewählt, um einen Massenandrang von Diana-Fans zu verhindern.

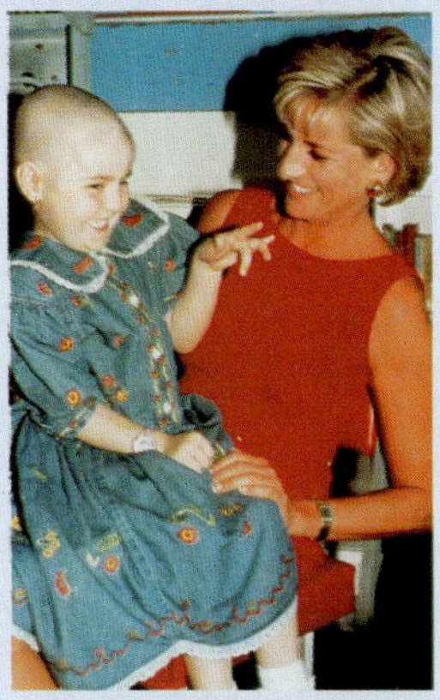

Prinzessin Diana mit einem krebskranken Kind

Sympathieträger: Lady Di mit Südafrikas Präsident Nelson Mandela

23. Juli 1997

Oder-Hochwasser lässt in Brandenburg die Dämme brechen

Unter dem Druck des steigenden Wasserpegels der Oder brechen südlich von Frankfurt an der Oder die ersten Dämme auf deutschem Gebiet. Die Region wird von einer beispiellosen Hochwasserkatastrophe heimgesucht (s. Abb.). Der Wasserstand in Frankfurt erreicht den historischen Höchststand von 6,57 m. Um den Fluten Einhalt zu gebieten, sichern 45000 Helfer die Dämme mit Sandsäcken. Rd. 6500 Menschen müssen vor den Wassermassen evakuiert werden.

Auch in Polen und Tschechien überspült der über die Ufer getretene Fluss ganze Dörfer. Ursache für das Hochwasser sind die starken Regenfälle, die in den vergangenen Wochen auf das Gebiet um Oder, Neiße und Weichsel niedergegangen sind. Der Kampf gegen die Oderflut dauert drei Wochen. Es ist der größte Katastropheneinsatz in Deutschland seit Kriegsende.

August 1997

1 Fr In Deutschland tritt das Multimediagesetz in Kraft. Es regelt Dienstleistungen – wie z.B. das Telebanking –, die über Computer abgewickelt werden.

2 Sa Mehrere hundert Menschen protestieren am deutsch-österreichischen Grenzübergang Walserberg bei Salzburg gegen Schlachttiertransporte.

3 So In den Alpen kommen zwölf Bergsteiger, darunter zwei Deutsche, ums Leben. Innerhalb einer Woche starben somit 30 Menschen bei Klettertouren.

4 Mo Nach zweijährigen Verhandlungen setzt die Gewerkschaft ÖTV in Baden-Württemberg den ersten Flächentarifvertrag zur Altersteilzeit durch.

5 Di Der Absturz eines Jumbo-Jets der Korean Airlines auf der Pazifikinsel Guam fordert unter den 254 Passagieren 227 Todesopfer.

6 Mi Völlig überraschend kauft sich der weltweit führende Anbieter von Computersoftware, Microsoft, beim finanziell angeschlagenen Erzrivalen Apple ein.

7 Do Mit einem deutschen Forschungssatelliten an Bord startet die US-Raumfähre »Discovery« von Cape Canaveral aus zu einer neuen Mission ins All.

8 Fr Eine Gruppe von Skinheads überfällt einen Campingplatz in Hagnau am Bodensee. Zwei Camper werden mit Kopfverletzungen ins Krankenhaus gebracht.

9 Sa Greenpeace-Aktivisten besetzen im Nordostatlantik eine Plattform, mit der die Ausbeutung neu erschlossener Ölvorkommen ermöglicht werden soll.

10 So Am letzten Tag der Leichtathletik-Weltmeisterschaften in Athen erringt der Deutsche Lars Riedel den Titel im Diskuswerfen.

11 Mo Über 100 Chinesen reichen in Tokio Schadenersatzklage gegen Japan ein. Dieses habe im Zweiten Weltkrieg bakteriologische Waffen eingesetzt.

12 Di Das tschetschenische Parlament nimmt ein Gesetz an, das Tschetschenisch zur einzigen Staatssprache und Russisch zur Fremdsprache erklärt.

13 Mi Mit Hilfe von Löschflugzeugen und Hubschraubern werden die Waldbrände nahe des türkischen Ferienortes Marmaris unter Kontrolle gebracht.

14 Do Bei den Feiern zum 50. Jahrestag der Unabhängigkeit fordert der indische Präsident Kocheril Raman Narayanan, Korruption und Armut zu bekämpfen.

15 Fr Die Bremer Vulkan-Werft stellt im 104. Jahr ihres Bestehens den Betrieb ein. Knapp 2000 Menschen verlieren ihren Arbeitsplatz.

16 Sa In der Türkei billigt das Parlament ein umstrittenes Schulgesetz, durch das der Einfluss der Koranschulen zurückgedrängt werden soll.

17 So Auf der Berliner Galopprennbahn Hoppegarten starten anlässlich des 25. Gründungsjubiläums der Vereinigten Arabischen Emirate 18 Rennkamele.

18 Mo Der russische Präsident Boris Jelzin stellt Tschetschenien Souveränitätsrechte in Aussicht, besteht aber auf den Verbleib der Republik bei Russland.

19 Di Die Bundesregierung nimmt mit Vertretern jüdischer Überlebender des Holocaust in Osteuropa Verhandlungen über Entschädigungen auf.

20 Mi Mit einem 3:1-Sieg über Nordirland kommt Deutschlands Fußball-Nationalmannschaft der WM-Endrunde in Frankreich ein großes Stück näher.

21 Do In Afghanistan kommen vier führende Oppositionspolitiker, darunter Taliban-Gegner Abdul Rahin Gharfursai, bei einem Flugzeugabsturz ums Leben.

22 Fr Papst Johannes Paul II. besucht in der Nähe von Paris das Grab des 1994 verstorbenen Mediziners und militanten Abtreibungsgegners Jerôme Lejeune.

23 Sa Nach zweieinhalbjähriger Bauzeit öffnet auf dem Pariser Platz in Berlin-Mitte das wieder errichtete Traditionshotel Adlon offiziell seine Pforten.

24 So Beim Kölner Grand-Prix-Meeting der Leichtathleten läuft der für Dänemark startende Kenianer Wilson Kipketer in 1:41,11 min Weltrekord über 800 m.

25 Mo Der letzte Staatschef der DDR, Egon Krenz, wird wegen der Todesschüsse an der deutsch-deutschen Grenze zu sechseinhalb Jahren Haft verurteilt.

26 Di Carl Lewis, US-Sprinter und Weitspringer, nimmt beim internationalen Stadionfest (ISTAF) in Berlin seinen Abschied von der Leichtathletik.

27 Mi Aus Protest gegen die Kritik an seinem Umgang mit den Menschenrechten tritt Nordkorea aus dem UN-Pakt über bürgerliche und politische Rechte aus.

28 Do In Algerien verüben Muslim-Extremisten in der Nähe von Algier an 300 Dorfbewohnern das blutigste Massaker seit Beginn des Bürgerkriegs im Jahr 1992.

29 Fr Beim Frontalzusammenstoß zweier Personenzüge im österreichischen Burgenland kommt ein Mensch ums Leben, 30 Passagiere werden verletzt.

30 Sa Großbritannien und die Philippinen schließen ein weltweit bislang einzigartiges Bündnis gegen Sextourismus und Kindesmissbrauch.

31 So Als erster deutscher Bundespräsident nach dem Ende der Sowjetunion trifft Roman Herzog zu einer fünftägige Visite in Russland ein. → Schock

September 1997

1 Mo Die Deutsche Post erhöht das Porto. Postkarten müssen von heute an mit 1 DM, Standardbriefe mit 1,10 DM frankiert werden.

2 Di In Hannover gibt die Unternehmensleitung der Preussag bekannt, dass der Mischkonzern die Transport- und Touristikfirma Hapag-Lloyd übernimmt.

3 Mi Lediglich zwei Kinder überleben den Absturz eines vietnamesischen Verkehrsflugzeugs in der Nähe der kambodschanischen Hauptstadt Phnom Penh.

4 Do Bei Bombendetonationen in einer Fußgängerzone im Westteil von Jerusalem kommen die drei Selbstmordattentäter sowie fünf weitere Personen ums Leben.

5 Fr Das IOC entscheidet sich für Athen als Austragungsort der Olympischen Spiele 2004. +++ In Kalkutta stirbt die Friedensnobelpreisträgerin Mutter Teresa.

6 Sa Für seinen Film »Hana-Bi« erhält der japanische Regisseur Takeshi Kitano bei den Filmfestspielen in Venedig den »Goldenen Löwen«.

7 So Deutsche Ruderer gewinnen bei den Weltmeisterschaften im französischen Aiguebelette viermal Gold, zweimal Silber und zweimal Bronze.

8 Mo Der weltweit größte Online-Dienst, America Online (AOL), übernimmt für umgerechnet 2,06 Mrd. DM den Konkurrenten Compuserve.

9 Di In Nordkorea wird eine neue Zeitrechnung eingeführt, die sich am Geburtstag des 1994 verstorbenen Staatsgründers Kim Il Sung orientiert.

10 Mi Die Deutsche Nationalmannschaft schlägt in einem Qualifikationsspiel zur Fußball-Weltmeisterschaft im Dortmunder Westfalenstadion Armenien mit 4:0.

11 Do Die barock geprägte Altstadt von Salzburg wird offiziell in die UNESCO-Liste des Weltkulturerbes aufgenommen. → Schotten

12 Fr Nachdem die US-Raumsonde »Global Surveyor« in einem 10-monatigen Flug 700 Mio. km zurückgelegt hat, tritt sie in eine Umlaufbahn um den Mars ein.

13 Sa Eine »Tupolew 154« der Bundeswehr kollidiert vor der Küste Namibias mit einem US-Flugzeug. Beim Absturz beider Maschinen sterben 33 Menschen.

14 So Zwei russische Staatsangehörige entführen bei Potsdam einen 20-Jährigen, verstecken ihn in einem Erdloch und fordern 1 Mio. DM Lösegeld.

15 Mo Nach Stimmenverlusten seiner sozialdemokratischen Arbeiterpartei tritt Norwegens Ministerpräsident Thorbjörn Jagland zurück.

16 Di Marokko und die Rebellengruppe Polisario verständigen sich auf ein Referendum über die Zugehörigkeit der ehemals spanischen Kolonie Westsahara.

17 Mi Aufgrund eines Pilotenfehlers prallt ein Hubschrauber der SFOR-Friedensmission in Bosnien westlich von Sarajevo bei Nebel gegen einen Berg.

18 Do Neun deutsche Touristen fallen vor dem Ägyptischen Museum in Kairo einem politisch motivierten Anschlag von islamischen Extremisten zum Opfer.

19 Fr Der US-Medienunternehmer Ted Turner kündigt an, er werde innerhalb der nächsten zehn Jahre den Vereinten Nationen 1 Mrd. Dollar spenden.

20 Sa In Mailand demonstrieren rund 1 Mio. Menschen gegen die Pläne des Politikers Umberto Bossi, den reichen Norden vom Süden Italiens abzuspalten.

21 So Bei Parlamentswahlen in Serbien büßt Slobodan Milošević die absolute Mehrheit ein. +++ In Polen verliert das regierende Linksbündnis (SLD) die Wahlen.

22 Mo Nachdem Jacques Villeneuve den Großen Preis von Österreich gewonnen hat, führt er das Gesamtklassement in der Formel-1 an. → Algier

23 Di Die britische Rockgruppe Rolling Stones startet in Chicago ihre Welttournee »Bridges to Babylon«, die sie auch nach Europa führt.

24 Mi Südafrikas Präsident Nelson Mandela eröffnet die frühere Gefangeneninsel Robben Island – wo er selbst einsaß – als nationale Gedenkstätte.

25 Do Der Bonner Bundestag verabschiedet die Reform des Kindschaftsrechtes, das die Möglichkeiten des gemeinsamen Sorgerechtes für Kinder ausweitet.

26 Fr Ein Gericht auf Sizilien verurteilt 24 Mafiabosse wegen Beteiligung am Mord des Richters Giovanni Falcone zu lebenslanger Haft. → Rauchwolke → Erdbeben

27 Sa Die US-Raumfähre »Atlantis« bringt Ersatzteile zur russischen Station »Mir«. Zugleich wird der US-Astronaut Michael Foale nach 4 Monaten abgelöst.

28 So Ein Massenstreik gegen die Politik von Ministerpräsident Benjamin Netanjahu bringt in Israel das öffentliche Leben zum Erliegen. → Landsgemeinde

29 Mo Bei einem Besuch in Afghanistan wird eine EU-Delegation wegen Verletzung islamischer Vorschriften in Polizeigewahrsam festgehalten.

30 Di Bei einem pakistanischen Angriff auf die indische Grenzstadt Kargil kommen15 Menschen ums Leben. Streitpunkt zwischen beiden Ländern ist Kaschmir.

26. September 1997

Rauchwolke über Südostasien

Beim Absturz eines Flugzeugs über der Insel Sumatra kommen alle 234 Insassen ums Leben. Ursache des Unglücks ist möglicherweise der dichte Rauch, der seit Wochen den Himmel über

Indonesien verdunkelt. Auf der Insel toben Waldbrände, die bereits 300000 ha Regenwald vernichtet haben. Ursache für die Brände ist das Ausbleiben des Monsunregens in diesem Jahr. Wissenschaftler machen das Klimaphänomen El Niño für die ungewöhnliche Trockenzeit verantwortlich. Die Brände fressen sich über die gesamte Insel, die gigantische Rauchentwicklung beeinträchtigt das Klima in der gesamten südostasiatischen Inselwelt. Die Auswirkungen sind bis nach Australien spürbar. Im Kerngebiet der Brandkatastrophe muss die Bevölkerung Atemmasken tragen, die Sichtweite verringert sich auf rd. hundert Meter (s. Abb.). U.a. beschuldigt die indonesische Regierung Holzfirmen, die Brände gelegt zu haben, um Flächen für die Anpflanzung von Nutzwäldern zu gewinnen.

11. September 1997

Schotten feiern ihre Freiheit

Überschäumender Jubel in Schottland (s. Abb.): Zum ersten Mal seit 1707 erhalten die Schotten wieder eine eigene Volksvertretung. Mit der überwältigenden Mehrheit von 74,3% der Stimmen spricht sich die Bevölkerung in einem Referendum für die Einrichtung eines eigenen Regionalparlaments aus. 63,5% der Wähler votieren auch für eine begrenzte Steuerhoheit.

Die Labour Party unter dem Vorsitz des neuen Regierungschefs Tony Blair hatte die Weichen für eine begrenzte Autonomie gestellt. Die ersten Wahlen sind für 1999 geplant, ein schottisches Parlament soll Anfang 2000 seine Arbeit aufnehmen. Die Schottische Nationalistische Partei, die sich für ein eigenes Parlament einsetzt, kann auf prominenten Zuspruch rechnen: Sean Connery, James-Bond-Darsteller und leidenschaftlicher Verfechter der schottischen Eigenständigkeit, gehört der Partei an – natürlich mit der Mitgliedsnummer 007.

23. Oktober 1997

Finanzkrise in Asien

Die Krise der asiatischen Boom-Staaten spitzt sich immer mehr zu – die Aktienkurse purzeln in der Folge weltweit. Der Handel mit den Wertpapieren erlebt den stärksten prozentualen Einbruch seit 1990: Der Deutsche Aktienindex fällt um 194,19 Punkte. Jahrelang standen die sog. Tigerstaaten in Asien für ungebremstes Wachstum, jetzt werden für viele die Folgen einer Finanzpolitik auf Pump spürbar.

Auslöser des Crashs ist die Börse in Hongkong. Der Hang-Seng-Index sackt um 1211 Punkte oder 10,4% im Vergleich zum Vortag. Während sich die europäischen und US-Börsenkurse schon bald wieder erholen und sich anschicken, neue Rekordmarken zu erklimmen, sind die Kurseinbrüche in Asien Zeichen einer schweren und vor allem lang anhaltenden Finanz- und Wirtschaftskrise, in die sich die »Tigerstaaten« mit einer exzessiven Schuldenpolitik manövriert haben. Lange Jahre galten die Staaten in Asien als Vorbild für wirtschaftliches Wachstum und innovative Produktion. U.a. aufgrund immer höherer Auslandsverschuldung und einer chronisch negativen Leistungsbilanz der südostasiatischen Länder verloren jedoch zusehends mehr ausländische Kapitalgeber ihr Vertrauen in deren Wirtschaftskurs

22. September 1997

Barbarische Gewalt in Algier

Islamische Fundamentalisten richten in Bentalha, einem Vorort der algerischen Hauptstadt Algier, ein Blutbad unter Zivilisten an. Nach Augenzeugenberichten metzeln die Täter Passanten auf offener Straße mit Äxten und Messern nieder. Rd. 200 Menschen sterben bei dem Massaker.

Die Bluttat gehört zu einer Reihe von Anschlägen, die seit Jahren das Land erschüttern. In Algerien tobt seit 1991 ein Bürgerkrieg zwischen den Militärmachthabern und der Oppositionspartei Islamische Heilsfront, deren Terrorgruppe GIA für die Attentate verantwortlich gemacht wird. Auslöser für den Bürgerkrieg waren die Wahlen von 1991. Als sich ein Sieg der islamistischen Opposition abzeichnete, ließ die Regierung die Wahlen annullieren. Seither tobt ein Sturm der Gewalt durch das Land. Obwohl sich die Oppositionspartei inzwischen von dem Morden distanziert hat, geht der Terror militanter Islamisten weiter. Bisher starben rd. 60000 Menschen durch Terrorakte. Fast täglich explodieren in Algerien Sprengsätze. Die Islamisten richten ihre Aktionen hauptsächlich gegen die Zivilbevölkerung. 90% der Opfer kommen in der Region südlich von Algier um. Das Gebiet erhält den Beinamen »Dreieck des Todes«. Erst am 29. August war es in der Terrorzone zu einem Massaker gekommen, bei dem 300 Menschen getötet wurden.

Blankes Entsetzen in Hongkong über die Aktienkurse

und zogen ihr Geld ab. Ihren Ausgang nahm die Finanzkrise nach Ansicht von Experten in Thailand – aber auch Hongkong, Singapur, die Philippinen und Indonesien weisen ähnlich alarmierende ökonomische Basisdaten auf.

In Thailand führte die Kursfreigabe der heimischen Währung Baht – sie war vorher an den Dollar gebunden – zur Talfahrt der Devisen- und Aktienkurse. Zuvor hatten wochenlang internationale Banken und Finanzfonds gegen den Baht spekuliert. Die Finanzkrise beendet damit einen weitgehend kreditfinanzierten Boom in dem Land.

Der Internationale Währungsfonds reagiert rasch auf die Krise in Asien und hilft zunächst mit Krediten, die jedoch an harte Auflagen gebunden sind. Die Einbrüche in Asien führen zu einer Dämpfung des globalen Wachstums, doch die Auswirkungen auf die übrigen Industriestaaten – mit Ausnahme von Japan – bleiben gering. Trotz millionenschwerer Konjunkturprogramme steckt Japan Mitte 1998 erstmals seit 1975 wieder in einer Rezession. Das Unterhaus beschließt im Oktober 1998 ein umfangreiches Gesetzespaket zur Sanierung des Finanzsektors. Auch in vielen anderen asiatischen Staaten sind die Folgen der Krise noch Mitte 1999 spürbar.

26. September 1997

Schweres Erdbeben in Italien

Ein schweres Erdbeben erschüttert die italienischen Regionen Umbrien und Marken. Das Epizentrum des Bebens liegt rd. 150 km nordöstlich von Rom. Durch die Erdstöße, die Werte um 5,7 auf der Richterskala erreichen, stürzen tausende Gebäude ein. Elf Menschen sterben, tausende werden obdachlos. In Assisi kommen viele Kunstschätze aus der Renaissance zu Schaden (Abb.: Folgen des Bebens – Riss durch ein altes Fresko).

28. September 1997

Landsgemeinde abgeschafft

Im Schweizer Halbkanton Appenzell Ausserrhoden endet eine 600 Jahre alte Tradition: Die Bevölkerung erklärt in einer Abstimmung die sog. Landsgemeinde für abgeschafft. Dabei handelt es sich um die Versammlung aller stimmberechtigten Bürger unter freiem Himmel (Abb.: Die letzte Versammlung der Landsgemeinde in Ausserrhoden). Die Landsgemeinde hatte die Aufgabe, einmal im Jahr den Regierungsrat sowie im dreijährigen Turnus den Recht sprechenden Kantonsrat zu wählen. Ferner konnte die Landsgemeinde durch ein obligatorisches Referendum die Rechtsprechung mitbestimmen. Dieses System war in der Vergangenheit oft kritisiert worden. Bemängelt wurde zum einen das fehlende Wahlgeheimnis, zum anderen, dass Alte und Kranke meist nicht an den Abstimmungen teilnehmen konnten. Nach der Abschaffung der Landsgemeinde in Appenzell Ausserrhoden finden derartige Abstimmungen noch in Glarus, Appenzell Innerrhoden und Obwalden statt.

Oktober 1997

1 Mi Als humanitäre Geste entlässt Israel den geistigen Führer der radikalen Palästinenserorganisation Hamas, Scheich Ahmed Jassin, aus dem Gefängnis.

2 Do Spitzenpolitiker der Bonner Regierungskoalition einigen sich darauf, den Solidaritätszuschlag um zwei Prozentpunkte abzusenken.

3 Fr Gegen die Mitbewerber Montreal (Kanada) und Murcia (Spanien) kann sich Bonn als Sitz der neuen UN-Behörde zur Wüstenbekämpfung durchsetzen.

4 Sa Die spanische Königstochter Cristina, an dritter Stelle der Thronfolge, heiratet in Barcelona den baskischen Handballspieler Inaki Urdangarin.

5 So Wegen Mitgliederschwunds beschließt die Gewerkschaft Holz und Kunststoff die Fusion mit der IG Metall, deren Kopfzahl sich dadurch auf 3 Mio. erhöht.

6 Mo In der westjapanischen Forschungsstadt Hirama wird die weltweit größte Ringanlage für Synchroton-Strahlen in Betrieb genommen.

7 Di Österreich und Italien treten dem Schengener Abkommen bei. +++ Boris Becker übernimmt die Leitung des deutschen Davis-Cup-Teams.

8 Mi Die neue Industriegewerkschaft Bergbau-Chemie-Energie wählt den bisherigen Vorsitzenden der IG Chemie, Hubertus Schmoldt, zu ihrem neuen Chef.

9 Do Der Hurrikan »Pauline« rast mit einer Geschwindigkeit von 160 km/h über den Süden Mexikos hinweg und richtet an der Pazifikküste schwere Schäden an.

10 Fr Gegen die Stimmen der Opposition verabschiedet der Bundestag die Rentenreform, die eine schrittweise Reduzierung des Rentenniveaus vorsieht.

11 Sa Mit einem 4:3-Sieg über Albanien qualifiziert sich die deutsche Fußball-Nationalmannschaft in Hannover für die Teilnahme an der Weltmeisterschaft.

12 So In Berlin feiert der im Jahre 1847 dort gegründete Elektrokonzern Siemens mit einem Festakt sein 150-jähriges Bestehen.

13 Mo Englands Premierminister Tony Blair trifft im Rahmen der Friedensgespräche für Nordirland den Chef der irischen Sinn-Féin-Partei, Gerry Adams.

14 Di Jacques Santer, Präsident der Europäischen Kommission, eröffnet die 49. Frankfurter Buchmesse mit 9587 Ausstellern aus 107 Ländern.

15 Mi Der Brite Andy Green erreicht mit seinem düsengetriebenen Fahrzeug in der Wüste von Nevada eine Geschwindigkeit von 1227,72 km/h.

16 Do Durch die Fusion der Zürich Versicherungen mit der britischen Firma BAT entsteht der weltgrößte Versicherungs- und Vermögensverwaltungskonzern.

17 Fr Drei Wochen nach der Scheidung von seiner Ehefrau Hiltrud heiratet der niedersächsische Ministerpräsident Gerhard Schröder die Journalistin Doris Köpf.

18 Sa Der spanische König Juan Carlos eröffnet in Bilbao das Guggenheim-Museum, ein spektakuläres Bauwerk des US-Architekten Frank O. Gehry.

19 So In der Frankfurter Paulskirche erhält der türkische Schriftsteller Yasar Kemal den Friedenspreis des Deutschen Buchhandels.

20 Mo Niedersachsen setzt als erstes Bundesland die Umsetzung der Rechtschreibreform an Schulen bis zu einer gerichtlichen Klärung aus.

21 Di Der des Betrugs angeklagte Immobilienunternehmer Jürgen Schneider gesteht vor dem Landgericht Frankfurt erstmals die Fälschung von Kreditunterlagen.

22 Mi Deutschland, Dänemark und die Niederlande einigen sich auf ein einheitliches Schutzkonzept für das bedrohte Wattenmeer der Nordsee.

23 Do Die deutschen Feuilletons würdigen die Verleihung des japanischen Kulturpreises »Praemium Imperiale« an den deutschen Maler Gerhard Richter. → Asien

24 Fr Nach 30 Jahren und 300 Sendungen moderiert »Fernseh-Fahnder« Eduard Zimmermann letztmals die ZDF-Sendung »Aktenzeichen XY ... ungelöst«.

25 Sa Der österreichische Lyriker H. C. Artmann erhält in Darmstadt den mit 60 000 DM dotierten Georg-Büchner-Preis.

26 So Durch einen dritten Platz beim letzten Rennen der Formel-1-Saison im spanischen Jerez gewinnt der Kanadier Jacques Villeneuve die Weltmeisterschaft.

27 Mo Nach Angaben des britischen Schatzkanzlers Gordon Brown beteiligt sich sein Land nicht an der geplanten EU-Währungsunion.

28 Di In Sambia scheitert ein Militärputsch von Hauptmann Steven Lungu gegen Frederick Chiluba, den amtierenden Präsidenten des afrikanischen Landes.

29 Mi Nach Entscheid des Bundesverfassungsgerichts haben behinderte Kinder keinen generellen Anspruch auf gemeinsamen Unterricht mit Nichtbehinderten.

30 Do Die Bewohner der Republik Irland wählen die nordirische Juraprofessorin Mary McAleese als Nachfolgerin von Mary Robinson zur neuen Präsidentin.

31 Fr Bei verheerenden Unwettern auf der zu Portugal gehörenden Inselgruppe der Azoren kommen 31 Menschen ums Leben.

November 1997

1 Sa Die Versteigerung von Gegenständen aus der New Yorker Wohnung des 1992 verstorbenen Filmstars Marlene Dietrich erbringt umgerechnet 1,13 Mio DM.

2 So Russlands Präsident Boris Jelzin vereinbart mit dem japanischen Regierungschef Ryutaro Hashimoto, bis zum Jahr 2000 einen Friedensvertrag abzuschließen.

3 Mo Der Taifun »Linda« verwüstet Küstenregionen in Vietnam und Teile von Kambodscha und Thailand. Mehr als 500 Menschen kommen ums Leben.

4 Di Das Kabinett in Wien verabschiedet einen Gesetzesvorschlag, wonach Österreichs Armee vom 1. Januar 1998 an auch Frauen offen stehen soll.

5 Mi In Wetzlar wählt die Synode der Evangelischen Kirche Deutschlands den rheinischen Präses Manfred Kock zum Ratsvorsitzenden.

6 Do Bei einem Busunglück in der Nähe von Aliwal North in Südafrika kommen sieben deutsche Touristen und eine Schweizerin ums Leben.

7 Fr Die UNESCO erkennt die Flusslandschaft der Elbe zwischen Prettin in Sachsen-Anhalt und Tesperhude in Schleswig-Holstein als Biosphärenreservat an.

8 Sa Wegen Bauarbeiten für das weltweit größte Wasserkraftwerk wird der chinesische Strom Jangtse am Ausgang der berühmten Drei Schluchten gesperrt.

9 So Götz George tritt nach sechs Jahren Pause wieder als Kommissar Schimanski in einem »Tatort«-Krimi des Westdeutschen Rundfunks auf.

10 Mo Im Zuge des teuersten Firmeneinkaufs in der Geschichte der USA übernimmt die Telefongesellschaft WorldCom für 34,7 Mrd. Dollar den Konzern MCI.

11 Di Der Europäische Gerichtshof erklärt die in Nordrhein-Westfalen geltende Frauenquote im öffentlichen Dienst für zulässig. → Elchtest

12 Mi In Leipzig wird der umgebaute Hauptbahnhof, der größte Kopfbahnhof Europas, offiziell seiner Bestimmung übergeben.

13 Do Der Vatikan setzt der Mitarbeit von Laien in Pfarrgemeinden enge Grenzen und erteilt damit den Reformkräften unter den Katholiken eine Abfuhr.

14 Fr Nach einer Änderung des Straßenverkehrsgesetzes müssen Autofahrer künftig ab 0,5 Promille Alkohol im Blut mit Strafen rechnen. → Kindesmissbrauch

15 Sa In einem Freundschaftsspiel besiegt die deutsche Fußball-Nationalmannschaft in Düsseldorf die Auswahl Südafrikas mit 3:0.

16 So Aus – wie offiziell verlautet – medizinischen Gründen wird der seit 1979 inhaftierte chinesische Dissident Wei Jingsheng in die USA abgeschoben.

17 Mo Ein Beamter des Auswärtigen Amtes hat, wie in Bonn bestätigt wird, während der Golfkrise 1990 den Irak mit Geheiminformationen versorgt. → Luxor

18 Di In München wird bekannt, dass die Allianz AG die Aktienmehrheit beim französischen Versicherer Assurance Générales de France übernehmen will.

19 Mi Bobbi McCaughey wird in Iowa Mutter von Siebenlingen. Die 4 Jungen und 3 Mädchen kommen innerhalb von sechs Minuten per Kaiserschnitt zur Welt.

20 Do Im österreichischen Mauterndorf (Bundesland Salzburg) erschießt ein Amokläufer sechs Menschen und richtet sich anschließend selbst.

21 Fr Die neuseeländische Regierung und Vertreter der Maori-Ureinwohner einigen sich in einem seit mehr als 150 Jahre anhaltenden Konflikt um Bodenrechte.

22 Sa Mit dem schlechtesten Ergebnis seiner Amtszeit wird Bundesfinanzminister Theo Waigel auf dem Münchener CSU-Parteitag als Vorsitzender bestätigt.

23 So Bei Gefechten zwischen israelischen Truppen und der prosyrischen Amal-Miliz kommen im Süden Libanons neun Menschen um, 20 werden verletzt.

24 Mo Japans viertgrößtes Wertpapierhaus, Yamaichi Securities Co., bricht unter einer Schuldenlast von mehr als 40 Mrd. DM zusammen.

25 Di Zwei Astronauten der US-Raumfähre »Columbia« fangen mit Hilfe eines Roboterarms den im All trudelnden defekten Satelliten »Spartan« wieder ein.

26 Mi Nach jahrelangen Verhandlungen billigt der Bundestag mit den Stimmen der Regierungskoalition die Anschaffung des Jagdflugzeugs »Eurofighter«.

27 Do 40 000 Studenten demonstrieren in Bonn gegen die Finanzmisere an den Hochschulen und die schlechten Studienbedingungen.

28 Fr Das türkische Staatsgericht verurteilt in einem Massenprozess gegen islamische Fundamentalisten 33 Angeklagte wegen eines Brandanschlags zum Tode.

29 Sa Durch einen 2:1-Sieg über den Hamburger SV sichert sich der 1.FC Kaiserslautern als erster Aufsteiger in die Fußball-Bundesliga die Herbstmeisterschaft.

30 So Nachdem seine bürgerliche Drei-Parteien-Koalition auseinander gebrochen ist, erklärt der tschechische Ministerpräsident Václav Klaus seinen Rücktritt.

19. Dezember 1997

»Titanic« schlägt Publikum

Es ist das Filmereignis des Jahres – »Titanic«, ein Streifen der Superlative, läuft in Los Angeles an. Der Film hat alles, was ein Kassenschlager braucht: eine spannende Story, perfekte Technik, umjubelte Stars und eine Dramaturgie, die das Publikum in ihren Bann schlägt.

Liebespaar für eine Schiffstour – Leonardo DiCaprio und Kate Winslet

»Titanic« ist mit Produktionskosten von mehr als 200 Mio. Dollar der bislang teuerste Film der Kinogeschichte. Sein Thema ist die spektakulärste Schiffskatastrophe dieses Jahrhunderts, der Untergang des als unsinkbar geltenden Luxusliners »Titanic« im Jahre 1912. Knapp 1500 Menschen fanden den Tod, nur etwa 700 konnten geborgen werden. Im Gegensatz zu früheren Filmen, die sich des Unglücks im Eismeer bereits angenommen hatten, verarbeitet der Streifen von James Cameron neueste Erkenntnisse über den tatsächlichen Hergang der Katastrophe. Dadurch erreicht der Film beinahe dokumentarischen Wert. Gestützt auf diese Detailkenntnisse der Vorgänge in der Nacht auf den 15. April 1912, als der Dampfer während

Bedrohlich neigt sich die »Titanic« (Filmszene).

17. November 1997

Luxor: Blutbad an Touristen vor ägyptischem Tempel

Im ägyptischen Luxor richten islamische Fundamentalisten ein Massaker unter Touristen an. Vor dem Hatschepsut-Tempel ziehen sechs als Polizisten verkleideten Attentäter ohne Vorwarnung ihre Waffen und schießen wahllos in die Menge. Überlebende, die versuchen, sich in das Innere des Tempels zu retten, werden verfolgt und erstochen. Anschließend kommen die Terroristen bei einem Schusswechsel mit der Polizei um. Insgesamt sterben 58 ausländische Urlauber bei dem Anschlag, darunter vier Deutsche und 35 Schweizer. Wenig später bekennt sich die radikalfundamentalistische Organisation Gamaa Islamija (Islamische Vereinigung) zu dem Massaker. Regierungschef Muhammad Hosni Mubarak reagiert mit drastischen Maßnahmen (Abb.: Mubarak, vorne l., besucht den Ort des Attentats). Es kommt zu Verhaftungswellen unter den Fundamentalisten. Einberufene Schnellgerichte verhängen Todesurteile und langjährige Haftstrafen. Schwere Vorwürfe treffen vor allem die Sicherheitskräfte, die sich zum Zeitpunkt des Überfalls nicht am Tempel selbst, sondern zwei Kilometer weit entfernt aufgehalten hatten. Der Schaden für das vom Tourismus abhängige Ägypten ist hoch. Touristen bringen der Staatskasse jährlich rd. 3 Mrd. US-Dollar ein. Die Besucherzahlen gehen nach dem Attentat drastisch zurück. Die islamischen Fundamentalisten bezwecken, die Regierung Mubaraks durch Eindämmen ihrer Haupteinnahmequelle in die Knie zu zwingen, um anschließend einen Gottesstaat nach iranischem Vorbild zu errichten. Bereits vor dem Attentat von Luxor war es zu Anschlägen auf Urlauber gekommen. Am 18. September hatten Terroristen einen Reisebus überfallen und dabei neun deutsche Urlauber und einen ägyptischen Fahrer ermordet. Insgesamt starben seit 1992 rd. 1000 Menschen durch Attentate.

den Bann

seiner Jungfernfahrt einen Eisberg rammte, auseinander brach und vom Meer verschlungen wurde, zeichnet Cameron in schwelgerischer Perfektion, minutengenau den Hergang der Havarie nach. Er verwendet dabei eine nach Originalplänen erbaute Schiffskulisse und erreicht durch den Einsatz der Computer des Studios Digital Domain nie dagewesene Spezialeffekte: In rd. 700 computeranimierten Szenen kann der Kinobesucher den Untergang aus verblüffenden Perspektiven nacherleben.

Doch nicht nur der Untergang des Schiffes, mit dem der Glaube an die Allmacht der Technik in seinen Grundfesten erschüttert wurde, ist das Thema des Films. Cameron erzählt darin eine ergreifende Liebesgeschichte unter einem aus der Literaturgeschichte bekannten Topos: Liebe überwindet alle Schranken – zwischen oben und unten, Arm und Reich. Jack (Leonardo DiCaprio), ein Künstler und Dritte-Klasse-Passagier, und die einer wohlhabenden Familie entstammende Rose (Kate Winslet) vom Luxusdeck finden zueinander. DiCaprio steigt dank seiner Rolle in »Titanic« zum Teenie-Idol auf.

Wie groß das allgemeine Interesse am »Titanic«-Mythos ist, beweist eine Ausstellung mit Fundstücken aus dem Wrack, die in Hamburg über Monate hinweg wahre Besuchermassen anzieht. Zu sehen ist u.a. die Signalglocke, die vermutlich der Ausguck im »Krähennest« läutete, als er – zu spät – den Eisberg erspähte.

6. Dezember 1997

Skandal bei der Bundeswehr

Mit knapp dreijähriger Verspätung wird bekannt, dass der Rechtsextremist Manfred Roeder einen Vortrag vor Bundeswehroffizieren gehalten hat. Angeblich war Roeder weder den Organisatoren noch den Anwesenden bekannt. Auch nahm bei der Veranstaltung in Hamburg-Blankenese niemand am Thema des Vortrags Anstoß: »Übersiedlung von Russlanddeutschen in den Raum Königsberg«. Roeder ist dem Verfassungsschutz als »Rechtsterrorist« bekannt. Er war an mehreren Sprengstoffanschlägen beteiligt und wurde wegen Bildung einer terroristischen Vereinigung zu 13 Jahren Haft verurteilt. Sein Auftritt vor den Offizieren schädigt das Ansehen der Bundeswehr nachhaltig. Auch Bundesverteidigungsminister Volker Rühe gerät in die Kritik. Er verspricht sofortige Aufklärung des Sachverhalts.

Der Skandal ist der vorerst letzte einer Reihe von ähnlich gearteten Vorfällen innerhalb der Bundeswehr: Im März hatte eine Gruppe von Soldaten mit Messern und Baseballschlägern bewaffnet Jagd auf Ausländer gemacht. Im Juli wird dem Privatsender Sat1 ein Videoband zugespielt, das Bundeswehrsoldaten zeigt, die Hinrichtungen und Vergewaltigungen simulieren. Ein weiteres Band zeigt im Oktober Soldaten beim Hitler-Gruß.

11. November 1997

Elchtest legt A-Klasse flach

Die Daimler-Benz AG setzt die Auslieferung von Wagen der neuen A-Klasse vorübergehend aus. Grund für den Stopp sind wiederholte Unfälle bei Testfahrten. Die Unzulänglichkeiten an dem neuen Mercedes-Kleinwagen waren erstmals am 21. Oktober aufgefallen. Eine schwedische Automobilzeitschrift hatte den Neuling auf Herz und Nieren geprüft. Als der Testfahrer den sog. Elchtest durchführt, das plötzliche Ausweichen beim Auftauchen etwa eines Tieres auf der Fahrbahn, verliert der Wagen das Gleichgewicht und kippt auf die Seite (s. Abb.). Der Hersteller reagiert erst nach heftiger öffentlicher Kritik. Die A-Klasse wird nachträglich mit einer Fahrdynamikregelung ausgestattet, die den weit oben liegenden Schwerpunkt des Fahrzeugs ausgleichen soll. Die ausgelieferten Modelle werden zurückgerufen und nachgerüstet. Der Imageschaden für die Daimler-Benz AG ist enorm.

14. November 1997

Kindesmissbrauch im Blickfeld

Der Bundestag beschließt mit parteiübergreifender Mehrheit eine Änderung des Strafrechts bezüglich Kindesmissbrauchs. In den vergangenen Jahren hatten viele Fälle von Kindesmissbrauch

und Mord Aufsehen erregt. Erst im September 1996 war die siebenjährige Natalie A. in Bayern Opfer eines Sexualmordes geworden. Im Januar war die zehnjährige Kim K. im niedersächsischen Varel missbraucht und ermordet worden.

Das als zu milde empfundene Strafrecht geriet daraufhin zunehmend in die öffentliche Kritik (Abb.: Protest von Eltern). Bislang wurde schwerer sexueller Missbrauch an Kindern in der Bundesrepublik nicht als Verbrechen, sondern als Vergehen behandelt. Das neue Gesetz sieht nun eine härtere Bestrafung der Täter vor.

Dezember 1997

1 Mo Wegen Polizistenmordes und zweifachen Mordversuchs wird ein Rechtsextremist in Lübeck zu einer lebenslangen Freiheitsstrafe verurteilt.

2 Di Die Delegierten des Bundesparteitags der SPD in Hannover bestätigen Oskar Lafontaine mit 93,2% der Stimmen als Parteivorsitzenden.

3 Mi Vertreter von 121 Staaten unterzeichnen im kanadischen Ottawa ein Abkommen, das die Herstellung, Ausfuhr und Anwendung von Landminen verbietet.

4 Do Mit deutlicher Mehrheit beschließen die Gesundheitsminister der EU, nach geregelten Übergangsfristen die Tabakwerbung ganz zu verbieten.

5 Fr In Stuttgart hat das Musical »Die Schöne und das Biest« Premiere. Es handelt sich dabei um die Bühnenfassung des Disney-Zeichentrickfilms von 1991.

6 Sa Vor der dänischen Nordseeinsel Römö verendet der letzte von 13 dort gestrandeten Pottwalen. Alle Rettungsversuche waren gescheitert. → Bundeswehr

7 So Deutsche Journalisten wählen in Ludwigsburg den Radsportler Jan Ullrich und die Leichtathletin Astrid Kumbernuss zu Sportlern des Jahres.

8 Mo Unter dem Namen »Soziale Bewegung AWS« gründet die polnische Gewerkschaft »Solidarität« in Warschau eine konservative Partei.

9 Di Auf Grund der sicherheitspolitischen Lage billigt das Bundeskabinett die Schließung des atombombensicheren Regierungsbunkers in Marienthal.

10 Mi Mit einem Festakt in Neubrandenburg schließt die Deutsche Telekom den Aufbau des Telefonnetzes in den neuen Bundesländern offiziell ab.

11 Do Der Vermittlungsausschuss von Bundestag und Bundesrat verständigt sich auf eine Anhebung der Mehrwertsteuer von 15% auf 16%.

12 Fr Ein Jahr vor Einführung der neuen europäischen Währung Euro schränkt der Bundestag die Kompetenzen der Deutschen Bundesbank ein.

13 Sa Während des Halbfinales der Frauen-Handball-Weltmeisterschaft ersticht ein deutscher Zuschauer in der Berliner Max-Schmeling-Halle zwei dänische Fans.

14 So Bei den schwersten Unruhen seit Beginn einer neuerlichen Waffenruhe erleiden bei Straßenschlachten in Nordirland fünf Menschen Verletzungen.

15 Mo Laut Urteil des Bundesverfassungsgerichts müssen Ärzte nach misslungener Sterilisation für ungewollte Kinder Unterhalt zahlen.

16 Di Jürgen Sarrazin, Vorstandssprecher der Dresdner Bank, legt sein Amt nieder. Er zieht damit die Konsequenzen aus einer Steueraffäre des Bankhauses.

17 Mi Im Rahmen der Auflösung des Bundespostministeriums verabschiedet Bundespräsident Roman Herzog Minister Wolfgang Bötsch.

18 Do Wegen zu niedriger Einschaltquoten moderiert Margarethe Schreinemakers zum letzten Mal die nach ihr benannte Talkshow beim Fernsehsender RTL.

19 Fr Keiner der 104 Passagiere überlebt den Absturz einer Boeing 737 der SilkAir, einer Tochter der Singapore Airlines, über der Insel Sumatra. → »Titanic«

20 Sa Nachdem bei einer Verfolgungsjagd zwei Jugendliche von der Polizei getötet worden sind, kommt es in Paris und Lyon zu schweren Ausschreitungen.

21 So Der Kandidat der Sozialistischen Partei (SPS), der bisherige jugoslawische Außenminister Milan Milutinović, wird zum Präsidenten Serbiens gewählt.

22 Mo Angehörige von Söldnertrupps verüben in einem Indio-Flüchtlingslager im Süden von Mexiko ein Massaker, dem 45 Menschen zum Opfer fallen.

23 Di Das Landgericht Frankfurt am Main verurteilt den Milliardenpleitier Jürgen Schneider wegen schweren Betrugs zu sechs Jahren und neun Monaten Haft.

24 Mi Wegen dreifachen Mordes wird der unter dem Decknamen »Carlos« bekannt gewordene Terrorist Ilich Ramirez Sanchez in Paris zu lebenslänglich verurteilt.

25 Do Nach 28-jähriger Pause wird im sozialistischen Kuba erstmals wieder das Weihnachtsfest als offizieller Feiertag begangen.

26 Fr Nach 109 Tagen entlassen muslimische Rebellen auf den Philippinen den entführten deutschen Direktor einer Fischkonservenfabrik aus ihrer Gewalt.

27 Sa Drei katholische Insassen erschießen im nordirischen Hochsicherheitsgefängnis Maze den dort inhaftierten protestantischen Terroristen Billy Wright.

28 So Um eine weitere Ausbreitung der »Vogelgrippe« zu verhindern, ordnen die Behörden von Hongkong die Tötung aller Hühner und von weiterem Geflügel an.

29 Mo Nach elfmonatigen, zähen Verhandlungen einigen sich Deutschland und Tschechien über die Modalitäten des einzurichtenden Zukunftsfonds.

30 Di Wegen chaotischer Verhältnisse bei der Stimmabgabe werden die Präsidentschaftswahlen in Kenia um einen Tag verlängert. Es gewinnt Daniel Arap Moi.

31 Mi Bei einem Skiunfall in Aspen (US-Bundesstaat Colorado) kommt Michael Kennedy, Sohn des 1968 ermordeten US-Senators Robert F. Kennedy, ums Leben.

Januar 1998

1 Do Der Bundesgrenzschutz (BGS) übernimmt im Zuge seiner Neuorganisation auch Aufgaben der Bahnpolizei und der Luftsicherheit. → Telefonmonopol

2 Fr Hongkongs Behörden untersuchen nach der angeordneten Massentötung von Geflügel im Zuge der Vogelgrippe-Epidemie auch Hunde und Katzen.

3 Sa Mexikos Präsident Ernesto Zedillo entlässt wegen eines Massakers an indianischen Landarbeitern im Bundesstaat Chiapas Innenminister Emilio Chuayffet .

4 So Israels Außenminister David Levy begründet seinen Rücktritt mit der Sozialpolitik der Regierung, die zu Lasten der sozial Schwachen gehe.

5 Mo In Kenia legt der in umstrittenen Wahlen bestätigte Präsident Daniel Arap Moi den Eid für seine fünfte Amtszeit ab. → »Beetle«

6 Di In Cape Canaveral startet die US-Raumfahrtbehörde ihre erste Mondexpedition seit 25 Jahren. Die Oberfläche des Erdtrabanten soll kartografiert werden.

7 Mi Mohammed Khatami, Präsident des Iran, spricht sich in einem Interview mit dem US-Nachrichtensender CNN für bessere Beziehungen zu den USA aus.

8 Do Die Polizeichefs der sechs Staaten des Schengener Grenzabkommens vereinbaren in Rom Maßnahmen gegen kurdische Flüchtlinge aus der Türkei.

9 Fr Anatoli Karpow (Russland) verteidigt in Lausanne den Weltmeistertitel des Schachverbandes FIDE gegen den Inder Viswanathan Anand.

10 Sa Nach Zugeständnissen der Pariser Regierung endet die frankreichweite dreiwöchige Besetzung von Arbeitsämtern durch Erwerbslose.

11 So Militante Islamisten töten bei einem Überfall auf den algerischen Ort Sidi Hamed 428 Zivilisten. 140 weitere Dorfbewohner werden verletzt.

12 Mo Der Konkursantrag eines der größten asiatischen Investmenthäuser, Peregrine Investment Holding Ltd., führt zu Kurseinbrüchen an den Börsen in Asien.

13 Di Bundesinnenminister Manfred Kanther hält am Verbot der Kurdischen Arbeiterpartei fest, obwohl diese nicht mehr als terroristische Vereinigung gilt.

14 Mi Das Bundesverwaltungsgericht entzieht dem Atomkraftwerk Mülheim-Kärlich die Betriebsgenehmigung, weil das Gelände nicht erdbebensicher sei.

15 Do Im mecklenburgischen Losten bricht im größten deutschen Zucht- und Mastbetrieb die Schweinepest aus. Sie breitet sich auch auf andere Regionen aus.

16 Fr Das türkische Verfassungsgericht verbietet die islamische Wohlfahrtspartei wegen Verstoßes gegen die Prinzipien der weltlichen Republik. → Lauschangriff

17 Sa US-Präsident Bill Clinton gibt erstmals eidesstattliche Erklärungen zu Protokoll, um eine Anklage wegen sexueller Belästigung im »Fall Lewinsky« abzuwenden.

18 So In Abwesenheit der Ultranationalisten wählt das in Bijeljina tagende Parlament der bosnischen Serbenrepublik eine neue Regierung.

19 Mo Kurz vor der Ankunft einer hochrangigen Delegation der Europäischen Union kommt es in Algerien erneut zu blutigen Gewalttaten.

20 Di Beide Kammern des tschechischen Parlaments bestätigen in einem zweiten Wahlgang Präsident Václav Havel für weitere fünf Jahre im Amt.

21 Mi Papst Johannes Paul II. trifft zu einem fünftägigen Besuch der kommunistisch regierten Karibikinsel Kuba in der Hauptstadt Havanna ein.

22 Do NATO-Generalsekretär Javier Solana fordert in einer Rede vor dem Parlament in Warschau Polen zur Modernisierung seiner Streitkräfte auf.

23 Fr Bei einem Lawinenunglück in der Nähe von Les Orres in den französischen Alpen sterben elf Menschen – zwei Erwachsene und neun Schüler.

24 Sa Nach mehr als drei Jahren erzielen die Schweiz und die EU-Kommission einen Durchbruch im Streit um die Transitgebühren für Lastkraftwagen.

25 So In der indischen Unruheprovinz Kaschmir werden bei einem Anschlag 17 Menschen getötet. Vermutlich haben Muslimrebellen die Tat begangen.

26 Mo Bei der größten Firmenübernahme der Computerbranche erwirbt der PC-Hersteller Compaq Computer Corporation die Digital Equipment Corporation.

27 Di US-Präsident Bill Clinton gibt bekannt, dass für 1999 erstmals seit 30 Jahren ein ausgeglichener Haushalt präsentiert werden könne.

28 Mi Japans Parlament billigt den Nachtragsetat 1997/98, mit dem die Wirtschaft des Landes u.a. durch massive Steuererleichterungen angekurbelt werden soll.

29 Do Die ausgemusterte Ölplattform »Brent Spar« soll nach Angaben des britsch-niederländischen Mineralölkonzerns Shell zerlegt und recycelt werden.

30 Fr Der Kommunalpolitiker Alberto Jimenez Becerril und seine Ehefrau werden in Sevilla erschossen – vermutlich von der baskischen Untergrundorganisation ETA.

31 Sa Giovane Elber (Bayern München) erzielt nach 11,48 Sekunden gegen den Hamburger SV das früheste Tor aller bisherigen Bundesligaspiele.

5. Januar 1998

»Beetle« setzt auf Nostalgie

Die Volkswagen AG stellt auf der Detroit Motor Show den »New Beetle« vor (s. Abb.). Der Nachfolger des legendären VW Käfer ist bereits seit Monaten im Gespräch. Zwar orientiert sich die

Form am Vorgängermodell, doch wird der »New Beetle« – technisch auf dem neuesten Stand – nicht mehr über den Heckmotor angetrieben. Ab März in den USA im Handel, soll der Wagen dort umgerechnet 27 200 Mark kosten. In Deutschland wechselt der »New Beetle« ab November für 34 950 DM den Besitzer. Bereits jetzt liegen VW zahlreiche Vorbestellungen vor.

3. Februar 1998

Flugzeug kappt Seilbahntrosse

Ein US-Militärflugzeug durchtrennt bei einem Tiefflug nahe dem italienischen Ort Cavalese das Trägerseil einer Seilbahn. Die mit 20 Urlaubern besetzte Gondel stürzt über 100 m in die Tiefe. Alle Insassen, darunter acht deutsche Touristen, sterben in den Trümmern.

Nach der Katastrophe in den Dolomiten sieht sich das US-Militär schweren Vorwürfen ausgesetzt. Wie sich herausstellt, war die Maschine von ihrer vorgegebenen Route abgewichen. Statt der zulässigen Flughöhe von 600 m flog das mit vier Soldaten besetzte Flugzeug in nur 150 m Höhe und außerdem viel zu schnell. Gegen den Piloten und den Navigator wird Anklage wegen Totschlags und fahrlässiger Tötung erhoben. Gleichzeitig wird der Stopp der Militärflüge in den Alpen und die Schließung der dortigen NATO-Militärbasen gefordert. Bei der Katastrophe von Cavalese handelt es sich bereits um das zweite Seilbahnunglück in dem Dolomitenort. Bereits im Jahre 1976 war eine Gondel mit 42 Insassen 30 m in die Tiefe gestürzt. Damals war technisches Versagen die Unglücksursache.

1. Januar 1998

In Deutschland fällt das T

Call by Call und Preselection, Freephone und Carrier sind Begriffe, mit denen die Telefonkunden in Deutschland ab sofort umworben werden – denn mit dem Fall des Telekommunikationsmonopols für private Sprachdienste beginnt der Kampf um den lukrativen Telefonmarkt. Zahlreiche private Anbieter wollen der Deutschen Telekom Kunden abjagen. Der Verbraucher profitiert davon: Allgemein sinken die Preise. Allerdings hat es der Kunde nicht immer ganz leicht, sich im Tarifdickicht der einzelnen Anbieter zurecht zu finden.

Viele Großkonzerne haben sich seit langem auf den Fall des Telefonmonopols vorbereitet und Telekommunikations-Unternehmen gegründet. Hinter den großen Konkurrenten zur Telekom stehen deutsche Konzerne oder ausländische Telefonfirmen: Veba und RWE (otelo), Viag, British Telecom und die norwegische Telenor (Viag Interkom) sowie Mannesmann und die Deutsche Bahn AG (arcor).

Telekom-Chef Ron Sommer

Zu Beginn des Jahres kann noch kein Rivale ein ähnlich umfangreiches Angebot präsentieren wie die Deutsche Telekom. Eine Auswahl ist zunächst nur bei Ferngesprächen möglich. Hier kann der Kunde generell zwischen zwei Arten wählen: Im »Call by Call«-Verfahren muss vor jedem Ferngespräch die Nummer des Anbieters vorgewählt werden. Beim »Preselection«-Verfahren wird die Vorwahl des Anbieters nur einmal »eingestellt«. Jedes Ferngespräch läuft danach automatisch über den Carrier (Telekommunikationsanbieter). Neben den großen Privatanbietern etablieren sich viele City-Carrier und regionale Telekommunikationsanbieter wie z.B. Tesion in Stuttgart, Isis in Düsseldorf und VEW TELNET in Dortmund.

Zum Streit zwischen der Telekom und der aufsichtsführenden Bonner Regulierungsbehörde für Post

7. Februar 1998

Schlusspunkt in Nagano

Japans Kaiser Akihito eröffnet die XVIII. Olympischen Winterspiele, gleichzeitig die letzten Winterspiele dieses Jahrhunderts. In Nagano treten 2450 Athleten aus 72 Nationen an. Es handelt sich, nach Tokio und Sapporo, um die insgesamt dritten Olympischen Spiele in Japan. Star des zweiwöchigen Sportspektakels wird Björn Daehlie. Der dreifach siegreiche norwegische Ski-Athlet ist mit insgesamt acht Gold- und vier Silbermedaillen der erfolgreichste Winterolympionike aller Zeiten. In der Mannschaftswertung belegt das deutsche Team Platz eins vor Norwegen und Russland (Abb. v.l.: Martina Ertl, Katja Seizinger und Hilde Gerg jubeln im Schneegestöber über ihren Dreifach-Triumph in der Kombination).

onmonopol

und Telekommunikation kommt es bei der Festlegung der Umschaltgebühr auf das Preselection-Verfahren. Dafür fordert die Telekom zunächst 94,99 DM als einmalige Gebühr. Die hält die Überwachungsbehörde für überhöht. Sie entscheidet am 15. Juni, dass die Telekom als Wechselgebühr im Jahr 1998 einmalig nur 27 DM verlangen darf. 1999 beträgt die Gebühr 20 DM, später 10 DM. Überlässt die Telekom einen Anschluss vollständig einem Wettbewerber, darf sie – so wird am 10. März festgelegt – monatlich höchstens 20,65 DM Miete verlangen. Im November kündigt Telekom-Chef Ron Sommer angesichts der starken Konkurrenz bei Ferngesprächen einen aggressiven Preiskampf an. 1999 kommt es zu ersten Übernahmen in der Branche.

23. Februar 1998

Als Vermittler erfolgreich

Weltweit herrscht Erleichterung, nachdem UN-Generalsekretär Kofi Annan und Iraks Vize-Regierungschef Tarik Asis ein Abkommen über Waffeninspektionen im Irak unterzeichnet haben. Damit ist der angedrohte Militärschlag der USA und Großbritanniens zur Durchsetzung der Rüstungskontrollen abgewendet. Nach den Worten von Annan sichert der Irak den UNO-Waffeninspekteuren ungehinderten Zugang zu sämtlichen verdächtigen Anlagen zu. Im Mittelpunkt des Streits standen die Paläste Saddam Husseins.

Kofi Annan

ghan. Politiker und UNO-Generalsekretär, * 8.4.1938 Kumasi

Mit Annan rückt erstmals ein Schwarzafrikaner an die Spitze der Weltorganisation. Seit 1962 steht er in UNO-Diensten. Der erfahrene Diplomat ist mit dem Willen angetreten, eine Strukturreform der UNO in die Tat umzusetzen, die u.a. Einsparungen und eine Verschlankung der Bürokratie vorsieht.

- ab 1957: Wirtschaftsstudium in den USA
- 1993: Leiter der UNO-Friedenssicherungsoperationen
- seit 1997: UNO-Generalsekretär

23. Februar 1998

Tornados suchen Florida heim

Im US-Bundesstaat Florida verwüsten mehrere Wirbelstürme ganze Landstriche (Abb.: Verwüstungen im Ort Kissimmee). Die Tornados erreichen Geschwindigkeiten von bis zu 400 km/h. 39

Menschen kommen bei den Unwettern ums Leben, über 250 werden verletzt. Für die Häufung der schweren Stürme machen Wetterexperten das Klimaphänomen El Niño verantwortlich.

16. Januar 1998

Lauschangriff ermöglicht

Der Bundestag stimmt einer Grundgesetzänderung über die Unverletzlichkeit der Wohnung zu und billigt damit den umstrittenen sog. Großen Lauschangriff. Durch das neue Gesetz wird das Abhören von subversiven Wohnungen ermöglicht. Bei den Ausführungsgesetzen setzt sich am 5. März im Bundestag ein vom Vermittlungsausschuss vorgelegter Entwurf mit einer Ausweitung des Schutzes vor Abhörmaßnahmen durch.

Februar 1998

1 So – Im Finale der Australian Open in Melbourne bezwingt der tschechische Tennisspieler Petr Korda den Chilenen Marcelo Rios mit 6:2, 6:2 und 6:2.

2 Mo – Der Absturz einer DC-9 der Cebu Pacifik Airways in der Nähe von Cagayan de Oro auf der philippinischen Insel Mindanao fordert 104 Menschenleben.

3 Di – In Texas wird mit der wegen Mordes zum Tode verurteilten Karla Faye Tucker erstmals seit 1863 wieder eine Frau hingerichtet. → Flugzeug

4 Mi – Ein Erdbeben im Nordosten Afghanistans fordert vermutlich 4500 Tote. Die Bergregion ist für Rettungskräfte nur schwer zugänglich.

5 Do – Am Tag der Bekanntgabe der neuen Arbeitslosenzahlen demonstrieren in 200 deutschen Städten mindestens 40 000 Menschen.

6 Fr – Claude Erignac, Präfekt der französischen Mittelmeerinsel Korsika, wird in der Hauptstadt Ajaccio durch Pistolenschüsse militanter Nationalisten getötet.

7 Sa – 2000 Demonstranten protestieren gegen den Bundeswahlkongress der rechtsextremen NPD im bayerischen Passau. → Nagano

8 So – Mit einem Volksentscheid in Bayern votieren 69,2% der Wähler für die Abschaffung des Senats, dessen Mitglieder nicht gewählt, sondern ernannt werden.

9 Mo – In einer Presseerklärung fordern 155 deutsche Wirtschaftprofessoren die Verschiebung der für 1999 geplanten Europäischen Währungsunion.

10 Di – Die französische Nationalversammlung billigt in erster Lesung das Gesetz zur Verkürzung der Arbeitszeit auf 35 Wochenstunden.

11 Mi – Das Oberlandesgericht in Celle verurteilt den Sprecher der Kurdischen Arbeiterpartei, Kani Yilmaz, zu siebeneinhalb Jahren Haft.

12 Do – Als wichtigstes Ergebnis des Papstbesuches wird in der kubanischen Öffentlichkeit die Freilassung von 299 Dissidenten gewertet.

13 Fr – Ein in der Hauptstadt Canberra tagender Verfassungskonvent rät zur Umwandlung Australiens von einer parlamentarischen Monarchie in eine Republik.

14 Sa – Wegen der steigenden Lebensmittelpreise aufgebrachte Indonesier plündern auf der Hauptinsel Java Häuser und Geschäfte chinesischer Einwanderer.

15 So – 20 000 Menschen protestieren in Brüssel gegen Korruption und schlampige Ermittlungen bei der belgischen Polizei und im Justizapparat.

16 Mo – Beim Landeanflug auf den Flughafen von Taipeh (Taiwan) stürzt ein Airbus der China Airlines auf ein Wohnhaus und reißt 203 Menschen in den Tod.

17 Di – Anlässlich der Verleihung der Ehrendoktorwürde durch die Universität Breslau würdigt Bundespräsident Herzog die deutsch-polnische Verständigung.

18 Mi – In einem Länderspiel besiegt Fußball-Europameister Deutschland in Maskat das Nationalteam des Sultanats Oman mit 2:0.

19 Do – Bundesfinanzminister Theo Waigel (CSU) gibt in Bangkok bekannt, dass Deutschland Thailand bei der Überwindung der Wirtschaftkrise helfen werde.

20 Fr – Zwei Jahre nach dem Beitritt Russlands zum Europarat ratifiziert die Staatsduma die Europäische Menschenrechtskonvention.

21 Sa – Frankreich, Polen und Deutschland wollen die Integration Polens in die Europäische Union und die NATO gemeinsam mit aller Kraft vorantreiben.

22 So – Hessens Umwelt- und Familienministerin Margarethe Nimsch (Bündnis 90/Die Grünen) erklärt wegen umstrittener Auftragsvergaben ihren Rücktritt .

23 Mo – Albanische Polizei-Einheiten bringen die von rd. 100 Bewaffneten besetzte Stadt Shkoder wieder unter ihre Kontrolle. → Vermittler → Tornados

24 Di – Zum neuen Staatsoberhaupt von Laos wählen die Abgeordneten in Vientiane den bisherigen Premierminister Khamtay Siphandone.

25 Mi – Der ehemalige Dissident Kim Dae Jung wird in Seoul nach seinem Sieg bei den Präsidentschaftswahlen als neues Staatsoberhaupt von Südkorea vereidigt.

26 Do – Schlagerstar Guildo Horn gewinnt die erstmals per TED-Umfrage entschiedene deutsche Qualifikation für den »Grand Prix d'Eurovision de la Chanson«.

27 Fr – Die Staatsanwaltschaft Schweinfurt stellt die Ermittlungen wegen des Horrorvideos ein, das im Bundeswehrstandort Hammelburg gedreht wurde.

28 Sa – Der Irak kann, wie aus Bagdad verlautet, derzeit wegen technischer Probleme die von der UN genehmigte höhere Ölexportquote nicht erfüllen.

März 1998

1 So Hamburgs Sozialsenatorin Helgrit Fischer-Menzel (SPD) erklärt wegen einer Affäre um eine Auftragsvergabe ihren Rücktritt. → Schröder

2 Mo Der UN-Sicherheitsrat erklärt, dass der Irak bei einem Verstoß gegen das UNO-Abrüstungsabkommen mit »schwersten Konsequenzen« rechnen müsse.

3 Di Verteidigungsminister Volker Rühe (CDU) weist Vorwürfe zurück, die Bundeswehr wahre nicht genügend Distanz zur früheren deutschen Wehrmacht.

4 Mi Das israelische Parlament, die Knesset, bestätigt den 73-jährigen Ezer Weizman im Amt des Staatspräsidenten für eine zweite fünfjährige Amtszeit.

5 Do Bei der Abstimmung über den Großen Lauschangriff erleidet die Regierung von CDU/CSU und FDP erstmals seit 1983 eine Niederlage im Bundestag.

6 Fr UN-Waffenexperten inspizieren erstmals seit der Entspannung der Irak-Krise wieder eine irakische Rüstungsanlage.

7 Sa Bündnis 90/Die Grünen beschließen in Magdeburg ein Ökosteuerkonzept, das die schrittweise Anhebung des Benzinpreises auf 5 DM pro Liter vorsieht.

8 So Aus den Parlamentswahlen in Kolumbien gehen die regierenden Liberalen von Präsident Ernesto Samper mit 44,9% der Stimmen als stärkste Kraft hervor.

9 Mo Die Bosnien-Kontaktgruppe beschließt in London Sanktionen gegen die serbische Führung, um eine politische Lösung der Kosovo-Krise durchzusetzen.

10 Di Der frühere chilenische Diktator Augusto Pinochet gibt nach fast 25 Jahren den Oberbefehl über die chilenische Armee ab. → Trapattoni

11 Mi In Dänemark regiert nach den Wahlen zum Folketing weiterhin der sozialdemokratische Premierminister Poul Nyrup Rasmussen.

12 Do Auf der ersten Konferenz der EU-Staaten mit den elf Beitrittskandidaten wird in London eine enge Zusammenarbeit in Fragen der inneren Sicherheit vereinbart.

13 Fr Bei einem Raubüberfall in Nairobi wird ein deutscher Entwicklungshelfer, Mitarbeiter der Gesellschaft für technische Zusammenarbeit (GTZ), erschossen.

14 Sa Als Voraussetzung für die Teilnahme am europäischen Wechselkursmechanismus wertet die griechische Regierung ihre Landeswährung um 14% ab.

15 So Mit 36,6% der Stimmen wird bei Regionalwahlen das Linksbündnis des französischen Ministerpräsidenten Lionel Jospin landesweit stärkste politische Kraft.

16 Mo Der Vatikan räumt in einem Dokument zur Rolle der katholischen Kirche während des Holocaust erstmals ein, Fehler begangen zu haben.

17 Di Mit großer Mehrheit bestimmt der chinesische Volkskongress den Wirtschaftsreformer Zhu Rongji zum neuen Ministerpräsidenten.

18 Mi Unter dem Schlagwort »Agenda 2000« legt die EU-Kommission ein umfassendes Reformpaket für ihre Agrar-, Struktur- und Finanzpolitik vor.

19 Do In Indien wird der Chef der Hindu-Partei BJP, Atal Behari Vajpayee, als Premierminister vereidigt. Seine Regierungskoalition besteht aus 13 Parteien.

20 Fr Nach 17-stündiger Fahrt erreicht ein Castor-Transport mit Atommüll aus zwei süddeutschen Kraftwerken das Zwischenlager im westfälischen Ahaus.

21 Sa Der deutsche Boxer Graciano Rocchigiani besiegt in Berlin Michael Nunn (USA) nach Punkten und ist damit Weltmeister im Halbschwergewicht.

22 So Die albanische Bevölkerungsmehrheit in der serbischen Provinz Kosovo wählt ein autonomes Parlament und bestätigt Ibrahim Rugova als Präsidenten.

23 Mo In Moskau entlässt Präsident Boris Jelzin überraschend Ministerpräsident Viktor Tschernomyrdin sowie das gesamte Kabinett.

24 Di Ein Elf- und ein 13-Jähriger richten vor einer Schule in Jonesboro (US-Bundesstaat Arkansas) ein Blutbad an. Sie erschießen vier Mädchen und eine Lehrerin.

25 Mi Nach langem Zögern entschließt sich die Regierung Brasiliens, UN-Hilfe zur Bekämpfung der Waldbrände im Amazonas-Gebiet in Anspruch zu nehmen.

26 Do Mit 555 gegen 37 Stimmen stimmt der Bonner Bundestag dem geplanten Beitritt Polens, Tschechiens und Ungarns zur NATO zu. → Viagra

27 Fr Ein Schlichterspruch, der rückwirkend Lohnerhöhungen um 1,5% vorsieht, wendet in Deutschland einen Arbeitskampf im öffentlichen Dienst ab.

28 Sa In Buenos Aires verhaftet ein Sonderkommando der argentinischen Polizei den seit zwei Jahren gesuchten Reemtsma-Entführer Thomas Drach.

29 So Durch seinen Finalsieg beim Turnier in Key Biscayne löst der Chilene Marcelo Rios den US-Tennisspieler Pete Sampras an der Spitze der Weltrangliste ab.

30 Mo Der britische Vickers-Konzern gibt bekannt, er wolle die Nobelautomarke Rolls Royce für umgerechnet 1,01 Mrd. DM an BMW verkaufen.

31 Di Die Europäische Union nimmt offizielle Beitrittsverhandlungen mit Zypern, Polen, Ungarn, Tschechien, Estland und Slowenien auf.

1. März 1998

Schröder geht ins Rennen

Ministerpräsident Gerhard Schröder (SPD) gewinnt die Landtagswahlen in Niedersachsen. Die SPD-Spitze hatte den Urnengang zur Entscheidung für die Kür zum SPD-Kanzlerkandidaten erklärt. Schröder erhält 47,9% der Stimmen. Das entspricht einem Zuwachs von 3,6%.
Schröder hatte angekündigt, seine Ambitionen auf eine Kanzlerkandidatur aufzugeben, falls die

SPD mehr als zwei Prozentpunkte verlieren würde. In diesem Fall wäre Parteichef Oskar Lafontaine bei der kommenden Bundestagswahl im September angetreten (Abb. v.l.: Schröder und Lafontaine). Im April bestätigt der SPD-Parteitag Schröder als Kandidaten.

26. April 1998

PDS toleriert SPD-Regierung

Aus den Landtagswahlen in Sachsen-Anhalt geht die SPD unter Ministerpräsident Reinhold Höppner als stärkste Partei hervor, verfehlt aber die erhoffte absolute Mehrheit klar. Die Sozialdemokraten erhalten 35,9% der Stimmen, 1,9% mehr als 1994. Eine Wahlschlappe müssen Bündnis 90/Die Grünen hinnehmen. Sie scheitern mit 3,2% an der Fünf-Prozent-Hürde. Durch die Ankündigung, den Benzinpreis auf 5 DM erhöhen zu wollen, hatten sich die Bündnisgrünen offensichtlich ins Abseits manövriert.
Die CDU mit Spitzenkandidat Christoph Bergner verbucht dramatische Verluste: 12,4% weniger Sachsen-Anhaltiner als 1994 wählen die Christdemokraten, die nur noch 22,0% der Stimmen erhalten. Mit 19,6% drittstärkste Kraft ist die PDS, die 0,3% der Stimmen einbüßt. Als Gewinner zieht die DVU in den Landtag ein. Die Rechtsextremen erhalten auf Anhieb 12,9% der Stimmen. Nachdem die Grünen den Sprung ins Parlament verpasst haben, stellt sich für Ministerpräsident Höppner die Frage nach Alternativen. Eine große Koalition mit der CDU scheitert bereits in der ersten Gesprächsrunde. Nachdem ein PDS-Parteitag die Tolerierung einer SPD-Minderheitsregierung gebilligt hat, wird Höppner am 26. Mai erneut zum Regierungschef gewählt.

10. April 1998

Friedensplan für Nordirlan

In Nordirland keimt nach beinahe 30-jähriger Gewalt zwischen Protestanten und Katholiken die Hoffnung auf einen dauerhaften Frieden: Am Karfreitag einigen sich die acht Teilnehmer der Allparteiengespräche im Belfaster Schloss Stormont nach 21 Monaten Verhandlungsdauer und 17 Stunden nach Ablauf der ursprünglich gesetzten Frist auf einen Friedensplan. Die Leitung der Runde lag in den Händen von US-Vermittler George Mitchell.
Nach den Vereinbarungen soll Nordirland einen halb-autonomen Status erhalten, aber bei Großbritannien verbleiben. In einem zu bildenden nordirischen Parlament wird die Macht zwischen Katholiken und Protestanten geteilt. Wichtige Entscheidungen bedürfen einer Mehrheit der Abgeordneten beider Konfessionen. Darüber hinaus legt das 67 starke Dokument die Beziehungen zwischen Nordirland und Irland fest.
Als die Gespräche über eine Beendigung des Konflikts ins Stocken geraten waren, hatten der britische Premier Tony Blair und sein irischer Amtskollege Bertie Ahern direkt in die Gespräche eingegriffen. Nach der Vereinbarung sollen die Regelungen des sog. Stormont-Abkommens von den Parlamenten in London und Dublin verabschiedet werden. Darüber hinaus müssen die Menschen in Nordirland und in der Republik Irland dem Friedenswerk zustimmen. Nach wie vor gibt es zahlreiche Radikale, die jede Versöhnung mit dem jeweiligen Gegner ablehnen.
Eine erste wichtige Unterstützung erfährt die Friedensvereinbarung am 18. April. Die von David Trimble – der an der Ausarbeitung selbst beteiligt war – geführte protestantische Ulster Unionist Party billigt das Abkommen. Die radikalen Mit-

26. März 1998

Viagra: Potenz aus der Dose

Das Potenzmittel »Viagra« wird auf dem US-Arzneimittelmarkt zugelassen. Bereits im Vorfeld hatte es eine Reihe von Gerüchten über das vermeintliche Wundermittel (s. Abb.) des Arzneimittelherstellers Pfizer gegeben. »Viagra« ist das erste Medikament, das Erektionsschwächen erfolgreich bekämpft. Schnell wird die blaue Pille als »Lifestyle-Medikament« zu einem weltweiten Verkaufserfolg. Allerdings werden auch Todesfälle durch Unverträglichkeit bei Herzerkrankungen mit »Viagra« in Verbindung gebracht.

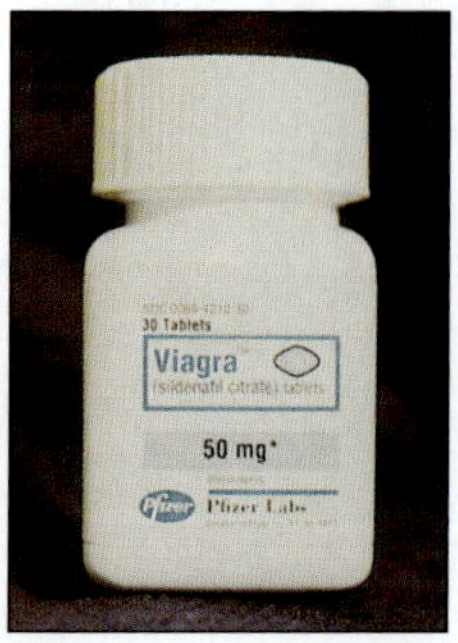

Der britische Premier Tony Blair (M.) im Gespräch mit David Trimble (l.) und John Hume

Demonstration für Frieden

glieder des sog. Oranier-Ordens hingegen empfehlen ihren insgesamt 80000 Mitgliedern, gegen die Vereinbarungen zu stimmen. Auch zwei andere protestantische Parteien, die Democratic Unionist Party und die United Kingdom Unionist Party, die bereits die Friedensgespräche boykottiert hatten, lehnen das Abkommen ab. Auf katholischer Seite stellt sich die Organisation Sinn Féin, parlamentarischer Arm der Untergrundbewegung IRA, hinter das Abkommen. Gleiches gilt für die von John Hume geführte katholische sozialdemokratische SDLP und drei überkonfessionelle Gruppen.

Am 22. April machen die Parlamente in Dublin und London den Weg frei für die Volksabstimmung am 22. Mai. Das Votum ist ein klares Bekenntnis zum Frieden: Mit jeweils großer Mehrheit wird der Friedensplan in der Republik Irland (94,4%) und in der britischen Provinz Nordirland (71,1%) gebilligt. Bei der Wahl zu einem Regionalparlament in Nordirland tragen am 25. Juni die Befürworter des Stormont-Abkommens ebenfalls einen klaren Sieg davon. Sie können rd. 75% der Wählerstimmen auf sich vereinigen. Stärkste Kraft in der 108-köpfigen Volksvertretung wird die führende protestantische Partei der Ulster Unionists mit 28 Mandaten.

10. März 1998

»Ich habe fertig« – Trapattoni bringt es auf den Punkt

Giovanni Trapattoni (s. Abb.), Trainer des Fußball-Rekordmeisters FC Bayern München, verliert – nach drei Niederlagen seiner Mannschaft in der Bundesliga und öffentlicher Kritik der Nationalspieler Mehmet Scholl, Mario Basler und Thomas Strunz an seiner Taktik – bei einer Pressekonferenz die Fassung und erheitert unfreiwillig die Zuhörer. »Ich habe fertig« und »Diese Spieler waren schwach wie eine Flasche leer« bricht es aus dem italienischen Gentleman heraus.

Sein Verzweiflungsausbruch über die Berufsauffassung von Fußballprofis ist ein Medienereignis. Der Sender SWF 3 mixt die Zitate des beliebten Coachs, der nach Ansicht von Experten in der Sache recht hat, zu einem Rap-Song zusammen. Wolfgang Mentrup vom Institut für deutsche Sprache bescheinigt Trapattoni außerdem, er habe die Sache auf den Punkt gebracht und den Deutschen etwas Befreiendes vermittelt: »Endlich können sie über sich selbst lachen.« Trapattoni zählt zu den erfolgreichsten Trainern der Welt. Er errang mit Inter Mailand und Juventus Turin 16 nationale und internationale Titel. Mit Bayern München wurde er 1997 Deutscher Meister.

April 1998

1 Mi Durch den Beitritt Österreichs und Italiens zum Schengener Abkommen entfallen die Grenzkontrollen zwischen Deutschland, Österreich und Italien.

2 Do Der französische Nazi-Kollaborateur und Ex-Minister Maurice Papon wird in Bordeaux wegen Mitschuld an Judendeportationen zu Haft verurteilt.

3 Fr Nach einem Beschluss des Bundestags müssen die rund 1,8 Mio. deutschen Beamten künftig einen eigenen Beitrag zu ihrer Altersversorgung leisten.

4 Sa Die irakische Führung fordert nach dem vorläufigen Abschluss der UN-Waffeninspektionen die Aufhebung der seit 1991 geltenden Wirtschaftssanktionen.

5 So In Japan wird die mit 3,9 km längste Hängebrücke der Welt dem Verkehr übergeben. Sie verbindet die Hafenstadt Kobe mit der Insel Awaji.

6 Mo Durch die Fusion der Firmen Citicorp und Travelers Group, die in New York angekündigt wird, soll die weltgrößte Finanzgruppe entstehen.

7 Di Die Westeuropäische Union verlängert auf einer Tagung in Brüssel das Mandat für ihre Polizeitruppe in Albanien um ein Jahr bis April 1999.

8 Mi In Frankreich billigt die Nationalversammlung ein neues Ausländerrecht. Es sieht schärfere Maßnahmen gegen illegale Einwanderung vor.

9 Do Bei einer Panik unter Mekka-Pilgern während der sog. Steinigung des Teufels von Mina nördlich der Pilgerstätte kommen 118 Menschen ums Leben.

10 Fr Zehntausende Albaner beteiligen sich an friedlichen Protestspaziergängen gegen die serbische Herrschaft im Kosovo. → Nordirland

11 Sa Die türkische Armee und Kämpfer der verbotenen Kurdischen Arbeiterpartei PKK liefern sich in der Nähe von Antalya heftige Gefechte.

12 So Ein Autofahrer, der mit 140 km/h in eine Baustelle rast, verursacht auf der Autobahn Hannover-Berlin einen schweren Unfall. Acht Menschen sterben.

13 Mo In den USA geben Bank of America und Nations Bank ihre Fusion bekannt. +++ Unter schwacher Beteiligung enden in Deutschland die Ostermärsche.

14 Di Der unter dem Vorwurf der sexuellen Belästigung stehende frühere Wiener Erzbischof Hans Hermann Groer gibt alle Amtsfunktionen ab.

15 Mi Der kambodschanische Ex-Diktator Pol Pot, unter dessen Schreckensherrschaft rd. 2 Mio. Menschen ums Leben kamen, erliegt einem Herzversagen.

16 Do Pastor Klaus Geyer wird in Braunschweig zu acht Jahren Haft verurteilt. Erstmals in Deutschland stand ein Pfarrer wegen eines Tötungsdelikts vor Gericht.

17 Fr Zum zweiten Mal verweigert die russische Staatsduma dem Kandidaten von Boris Jelzin, Sergej Kirijenko, die Zustimmung bei der Wahl zum Regierungschef.

18 Sa Der chinesische Bürgerrechtler Wang Dan wird aus Gesundheitsgründen vorzeitig aus der Haft entlassen und reist zu ärztlicher Behandlung in die USA.

19 So Thomas Klestil erreicht im ersten Wahlgang die nötige absolute Mehrheit und bleibt für weitere sechs Jahre Österreichs Staatspräsident.

20 Mo In einem Schreiben an die Nachrichtenagentur Reuters erklärt sich die terroristische Rote Armee Fraktion fast 28 Jahre nach ihrer Gründung für aufgelöst.

21 Di Ein Gericht in Diyarbakir verurteilt den islamistischen Bürgermeister Istanbuls, Recep Tayyip Erdogan, wegen angeblicher Hetzreden zu zehn Monaten Haft.

22 Mi In Köln gewinnt die deutsche Nationalelf das wegen der Militärdiktatur in Nigeria umstrittene Länderspiel gegen den afrikanischen Staat mit 1:0.

23 Do Die kommunistische Regierung von Nordkorea gibt erstmals internationalen Fluggesellschaften die Erlaubnis zum Überfliegen ihres Staatsgebiets.

24 Fr Ungeachtet weltweiter Proteste werden in Ruanda 22 Menschen wegen Beteiligung an den Massakern im Jahre 1994 öffentlich hingerichtet.

25 Sa Der Bruch eines Auffangbeckens für giftige Abfälle aus einer Schwefelkiesmine in der Nähe von Sevilla (Spanien) löst eine ökologische Katastrophe aus.

26 So Durch ein 4:1 im vierten Play-Off-Spiel gegen die Eisbären Berlin verteidigen die Mannheimer Adler den Titel des Deutschen Eishockeymeisters. → PDS

27 Mo Ein Gericht verurteilt Japan zu Entschädigungszahlungen an Koreanerinnen, die im Zweiten Weltkrieg u.a. zur Prostitution gezwungen worden sind.

28 Di Laut Europäischem Gerichtshofs müssen deutsche Krankenkassen auch Kosten erstatten, die durch Behandlungen im europäischen Ausland anfallen.

29 Mi Peter Graf, Vater der Tennisspielerin Steffi Graf, der wegen Steuerhinterziehung in der Haftanstalt Ulm einsitzt, wird vorzeitig auf Bewährung entlassen.

30 Do Mit 80 gegen 19 Stimmen billigt der US-Senat die für 1999 geplante Osterweiterung der NATO um Polen, Tschechien und Ungarn.

Mai 1998

1 Fr Bei einer Kundgebung der rechtsextremen NPD in Leipzig kommt es zu Krawallen, als linke Gegendemonstranten die Polizei attackieren.

2 Sa Mit der CDU-Bundestagsabgeordneten Erika Steinbach wird in Berlin erstmals eine Frau an die Spitze des Bundes der Vertriebenen gewählt.

3 So Bei der Nachwahl im französischen Toulon verliert die rechtsextreme Nationale Front ihren einzigen Sitz in der Nationalversammlung. → Währungsunion

4 Mo Drastische Preiserhöhungen für Benzin, Strom und öffentliche Verkehrsmittel lösen in Indonesien neue Proteste gegen die Regierung aus.

5 Di Unwetter lösen in der süditalienischen Provinz Kampanien Erdrutsche und Schlammlawinen aus. Mindestens 148 Menschen finden dabei den Tod.

6 Mi Bei der Parlamentswahl in den Niederlanden behaupten sich die Sozialdemokraten von Ministerpräsident Wim Kok als stärkste politische Kraft.

7 Do Das Bundesverfassungsgericht erklärt die von zahlreichen Gemeinden erhobene Ökosteuer auf Einweggeschirr für unzulässig. → Daimler

8 Fr Wegen des Vorwurfs, als Stasispitzel gearbeitet zu haben, kündigt der PDS-Politiker Gregor Gysi eine Klage vor dem Bundesverfassungsgericht an.

9 Sa Nachdem in Sachsen-Anhalt Gespräche über eine große Koalition gescheitert sind, strebt die SPD eine Duldung durch die PDS an. → Guildo → Meister

10 So Die seit 1947 in Paraguay regierende Colorado-Partei gewinnt klar die Präsidenten- und Parlamentswahlen. Neues Staatsoberhaupt wird Raúl Cubas Grau.

11 Mo Bei den Präsidentenwahlen auf den Philippinen setzt sich der amtierende Vizepräsident und frühere Schauspieler Joseph Estrada durch.

12 Di Das EU-Parlament billigt eine Rechtsgrundlage für Erbgut-Patente. +++ Cristina Sanchez wird in Madrid als erste Frau in den Rang eines Matadors erhoben.

13 Mi Oliver Bierhoff wechselt für 25,5 Mio. DM von Udinese Calcio zum AC Mailand. Es ist die für einen deutschen Fußballer bisher höchste Ablösesumme.

14 Do In Rom beschließt das Abgeordnetenhaus, dass der italienische Staatspräsident künftig direkt vom Volk und nicht mehr vom Parlament gewählt werden soll.

15 Fr Mit großer Mehrheit stimmt die westdeutsche Sektion des Schriftstellerverbandes PEN in München dem Zusammenschluss mit dem Ost-PEN zu.

16 Sa Im Finale des DFB-Vereinspokals besiegt der FC Bayern München in Berlin den MSV Duisburg mit 2:1 und gewinnt damit die Trophäe zum neunten Mal.

17 So Per Bürgerentscheid wählen die Potsdamer ihr Stadtoberhaupt ab. Bürgermeister Horst Gramlich (SPD) war u.a. wegen Bausünden in die Kritik geraten.

18 Mo Bundespräsident Roman Herzog ruft zum 150-jährigen Jubiläum der Nationalversammlung in Frankfurt am Main zum Aufbruch in ein neues Zeitalter auf.

19 Di Die französische Nationalversammlung billigt ein Rahmengesetz zur Einführung der 35-Stunden-Woche ab dem Jahr 2000.

20 Mi In Jugoslawien wählt das Parlament Momir Bulatović, einen Gefolgsmann von Staatspräsident Slobodan Milošević, zum Ministerpräsidenten.

21 Do »Die Ozeane – ein Erbe für die Zukunft« ist das Motto der in Lissabon eröffneten letzten Weltausstellung des 20. Jahrhunderts. → Suharto

22 Fr Der US-Senat spricht sich für Sanktionen gegen Staaten und ausländische Firmen aus, die Waffentechnologie in den Iran exportieren.

23 Sa Johannes Rau tritt nach 21 Jahren als Vorsitzender der nordrhein-westfälischen SPD zurück. Sein Nachfolger wird Franz Müntefering.

24 So Nach Parlamentswahlen findet in Ungarn ein Regierungswechsel statt. Die siegreiche Fidesz-Partei stellt mit Viktor Orbán den Ministerpräsidenten.

25 Mo Nach zehnjähriger Renovierung, die umgerechnet 4,5 Mio. DM verschlang, wird in Ägypten die Sphinx vor den Großen Pyramiden feierlich enthüllt.

26 Di Einen Monat nach der Landtagswahl regiert in Sachsen-Anhalt eine SPD-Minderheitsregierung, die von der PDS toleriert wird.

27 Mi Die Europäische Kommission lehnt die digitale Fernsehallianz zwischen den Medienkonzernen Kirch und Bertelsmann aus Wettbewerbsgründen ab.

28 Do Nach jahrelangen Kontroversen hebt der Deutsche Bundestag alle in der NS-Zeit zwischen 1933 und 1945 ergangenen rd. 500 000 Unrechtsurteile auf.

29 Fr Im Mordfall der 11-jährigen Christina nimmt die Polizei im Raum Cloppenburg den anhand einer Speichelprobe identifizierten mutmaßlichen Täter fest.

30 Sa Bei einer Parade des protestantischen Oranier-Ordens kommt es in der nordirischen Stadt Portadown zu Ausschreitungen.

31 So Aus der Wahl in der jugoslawischen Teilrepublik Montenegro geht die Partei des reformorientierten Präsidenten Milo Djukanović als Sieger hervor.

Ein Bild des Grauens bietet sich den Rettungsmannschaften am Ort der Katastrophe.

Sicherheitslücken aufgedeckt

Zwei Wochen nach dem Unglück bestätigt das Eisenbahnbundesamt, dass der ICE durch den Bruch eines Radreifens aus der Spur gebracht worden ist. Ein Radreifen besteht aus 60 mm dickem, hochfestem Stahl und wird – ähnlich wie ein Autoreifen – auf die Radscheibe gezogen. Auch das bordeigene Frühwarnsystem weist Defizite auf: So wird ein Bruch des Radreifens nicht angezeigt. Zwar liegt der Deutschen Bahn AG – so wird später bekannt – seit 1995 ein Vorschlag für eine elektronische Radreifenüberwachung während der Fahrt vor, doch wurde er aus technischen und finanziellen Gründen nicht weiter verfolgt. Monatelange Untersuchungen ergeben, dass eine Abnutzung des Radreifens als entscheidende technische Ursache für das Unglück anzusehen ist.

9. Mai 1998

Kaiserslautern wird Meister

Der 1. FC Kaiserslautern gewinnt die Deutsche Fußballmeisterschaft 1998. Mit dem Team um

Trainer Otto Rehhagel gewinnt erstmals in der Geschichte der Bundesliga eine Aufsteigermannschaft die Meisterschale (s. Abb.). Der letzte Spieltag der Saison bricht noch einen weiteren Bundesliga-Rekord: 395 000 Besucher kommen in die Stadien – mehr als an irgendeinem Spieltag zuvor. Erfolgreichster Torschütze der Saison ist Ulf Kirsten von Bayer Leverkusen mit 22 Treffern.

3. Mai 1998

Gipfel zur Währungsunion

Die Staats- und Regierungschefs der Europäischen Union treffen in Brüssel endgültige Vereinbarungen zur Einführung der gemeinsamen Währung Euro. Am 1. Januar 1999 wollen elf europäische Staaten den Euro als offizielles Zahlungsmittel einführen. Die neue Währung soll schrittweise bis 2002 die bisherigen nationalen Zahlungsmittel ablösen.

Zunächst nehmen Deutschland, Frankreich, die Niederlande, Italien, Belgien, Luxemburg, Spanien, Portugal, Irland, Österreich und Finnland an der Europäischen Währungsunion teil. Griechenland wurde wegen wirtschaftlicher Instabilität ausgeschlossen. Die EU-Mitgliedsstaaten Großbritannien, Schweden und Dänemark halten weiter an ihren bisherigen Währungen fest. Im Vorfeld hatte es monatelange Auseinandersetzungen zwischen den EU-Ländern über den Vorsitz der Europäischen Zentralbank gegeben. Vor allem Bundeskanzler Helmut Kohl und Frankreichs Staatspräsident Jacques Chirac gerieten über die Personalfrage aneinander. Chirac favorisierte den Pariser Notenbankchef Jean-Claude Trichet, Kohl plädierte für den Niederländer Wim Duisenberg.

. Juni 1998

Das Unglück von Eschede

101 Menschen sterben beim schwersten Zugunglück in der Geschichte der Bundesrepublik. Die Katastrophe erschüttert den Glauben an das vermeintlich sichere Reisen mit der Bahn und die technische Perfektion des deutschen Hochgeschwindigkeitszuges ICE.

Der 410 m lange ICE 884 »Wilhelm Conrad Röntgen« entgleist auf seiner Fahrt von München nach Hamburg kurz vor dem Bahnhof des kleinen Heideortes Eschede. Der vordere Triebkopf wird vom Rest des Zuges getrennt und kommt nach 2 km nahezu unversehrt zum Stehen. Die ersten drei Wagen schlittern noch einige hundert Meter über den Bahndamm, der vierte stürzt in einen angrenzenden Wald. Der fünfte Waggon prallt gegen eine Brücke und wird nahezu vollständig zerfetzt. Der hintere Triebkopf schiebt den restlichen Teil des Zuges wie einen Zollstock zusammen. Nur wenige Minuten nach dem schrecklichen Unglück sind die ersten Rettungsmannschaften vor Ort. Bereits 90 Minuten nach der Katastrophe sind alle schwer Verletzten geborgen und werden in die umliegenden Krankenhäuser transportiert. Bis zu 1200 Ärzte, Sanitäter, Bundeswehrsoldaten, Feuerwehrleute, Mitarbeiter des Technischen Hilfswerks und freiwillige Helfer sind im Einsatz. Als erste Reaktion ordnet die Deutsche Bahn AG an, dass ICE-Züge vorläufig maximal 160 km/h statt der bisher erlaubten 200 km/h fahren dürfen.

21. Mai 1998

Suharto tritt unter Zwang ab

Indonesiens Staatschef Suharto (s. Abb.) erklärt seinen Rücktritt. Der diktatorisch herrschende 76-Jährige übergibt die Regierungsgewalt nach 32 Jahren an Jusuf Habibie, seinen Vertrauten und Vizepräsidenten. Suharto zieht mit seinem Rücktritt die Konsequenzen aus den schweren Unruhen, die seit Wochen das Land erschüttern. Im Zuge der Asienkrise war es zu Demonstrationen gegen die Regierung gekommen. Habibie kündigt die Abhaltung freier Wahlen an.

9. Mai 1998

Guildo singt für Deutschland

Mit dem Ohrwurm »Guildo hat euch lieb« belegt Guildo Horn beim internationalen Schlagerwettbewerb »Grand Prix d'Eurovision« in Birmingham Platz 7 für Deutschland. Damit ist der »Meister«, wie ihn seine Fans nennen, auf dem vorläufigen Höhepunkt seiner Karriere angelangt. Der furiose Auftritt des Sängers (s. Abb.) ist der Höhepunkt einer Guildo-Horn-Hysterie, die in den vergangen Monaten in der deutschen Öffentlichkeit grassierte. Horn, der eigentlich Horst Köhler heißt, versteht sich als »Wiedererwecker des deutschen Schlagers«. Bei seinen Konzerten verteilt die Kultfigur Nussecken ans Publikum.

7. Mai 1998

Daimler: Ehe mit Chrysler

Daimler-Konzernchef Jürgen Schrempp und Chrysler-Boss Robert J. Eaton (s. Abb., v.l.) verkünden in London die Vereinigung der Daimler-Benz AG in Stuttgart und der Chrysler Corporation in Auburn Hills (US-Bundesstaat Michigan). Damit wird – nach General Motors und Ford – der drittgrößte Autokonzern der Welt aus der Taufe gehoben. Das neue Unternehmen wird rd. 230 Mrd. DM umsetzen und 421 000 Mitarbeiter beschäftigen.

Jürgen Schrempp

deutscher Industriemanager, * 15.9.1944 Freiburg im Breisgau

Schrempp gilt als risikofreudiger und dynamischer Macher. Mit seinen Sanierungs- und Umstrukturierungskonzepten stieß der Ingenieur zwar innerhalb des Konzerns immer wieder auf Widerstände, konnte sich jedoch durchsetzen. Die Wirtschaftspresse rühmt seine »kalkulierbare Geradlinigkeit«.

- 1985: Vorstandsvorsitzender der Daimler-Benz-Tochter in Südafrika
- 1989: Vorstandsvorsitzender der DASA
- ab 1995: Konzernchef der Daimler-Benz AG

Juni 1998

1	Mo	Gegen geplante Kürzungen ihrer Gehälter treten die Piloten der staatlichen französischen Fluggesellschaft Air France in einen Streik.
2	Di	Die US-Raumfähre »Discovery« startet zu einem Rendezvous mit der russischen Raumstation »Mir«, wo sich der US-Astronaut Andrew Thomas aufhält.
3	Mi	Das für 4,5 Mrd. DM erbaute neue Braunkohlekraftwerk Schwarze Pumpe (Lausitz) geht im Süden Brandenburgs in Betrieb. → Eschede
4	Do	Terry Nichols, zweiter Hauptangeklagter im Prozess um den Bombenanschlag von Oklahoma City 1995, wird in Denver (Colorado) zu lebenslänglich verurteilt.
5	Fr	Die britische Automarke Rolls Royce wird nach einer Entscheidung der Aktionäre für umgerechnet 1,28 Mrd. DM an den Volkswagen-Konzern verkauft.
6	Sa	Der Streifen »Comedian Harmonists« von Joseph Vilsmaier erhält als Gewinner des Deutschen Filmpreises das mit 1 Mio. DM dotierte Filmband in Gold.
7	So	66,6% der stimmberechtigten Schweizer Bürger lehnen in einer Volksabstimmung gesetzliche Einschränkungen bei der Gentechnologie ab.
8	Mo	Die zuständigen EU-Minister beschließen zum Schutz von Delfinen, Walen, Schildkröten und Seevögeln ab 2002 das Verbot der Treibnetzfischerei in der EU.
9	Di	Bei einem Wirbelsturm im Westen Indiens sterben 1040 Menschen. +++ Der Deutsche Gewerkschaftsbund bestätigt Dieter Schulte als Vorsitzenden.
10	Mi	Präsident Nursultan Nasarbajew stellt der internationalen Öffentlichkeit die neue Hauptstadt von Kasachstan vor. Astana hat 280 000 Einwohner.
11	Do	Auf dem Mainzer Katholikentag appelliert Bundespräsident Roman Herzog an die Kirche, in der staatlichen Schwangerschaftsberatung zu verbleiben.
12	Fr	Nach sechsjähriger Bauzeit wird in Berlin eine neue Gemäldegalerie eröffnet, die Meisterwerke der europäischen Malerei beherbergt.
13	Sa	Mit einer Blockade der Brenner-Autobahn protestieren Umweltschützer und Anwohner gegen die zunehmende Verkehrsbelastung der Alpenregion.
14	So	Dänemarks Königin Margrethe II. gibt die neue, für umgerechnet 7,5 Mrd. DM erbaute Brücke über den Großen Belt für den Autoverkehr frei.
15	Mo	Die NATO führt zur Demonstration ihrer militärischen Stärke an den Grenzen der südserbischen Krisenprovinz Kosovo ein Luftmanöver durch.
16	Di	Der Technologiekonzern Jenoptik geht an die Börse. Insgesamt werden 22,7 Mio. Aktien des Thüringer Unternehmens zum Preis von 34 DM platziert.
17	Mi	Russlands Präsident Jelzin ernennt den früheren Chefreformer Anatoli Tschubais zum Sonderbeauftragten für Verhandlungen mit Finanzorganisationen.
18	Do	In Genf billigen die 174 Mitgliedsstaaten der Internationalen Arbeitsorganisation ILO eine Grundsatzerklärung zum Schutz der Arbeiterrechte.
19	Fr	Der Bundesrechnungshof wirft der Bundeswehr den Missbrauch der Flugbereitschaft vor. Als Beispiel wird der Transport von 30 t Bier ins Ausland genannt.
20	Sa	Aus der vorgezogenen Parlamentswahl in der Tschechischen Republik gehen die von Miloš Zeman geführten Sozialdemokraten als Gewinner hervor.
21	So	Der als Reformer geltende iranische Innenminister Abdollah Nuri wird von der konservativ-religiösen Mehrheit im Parlament seines Amtes enthoben.
22	Mo	Aus Protest gegen Schikanen der Behörden ziehen die in Weißrussland vertretenen EU-Staaten sowie die USA ihre Botschafter ab.
23	Di	Im süditalienischen Salerno gelingt mit Hilfe eines von Komplizen gegrabenen Tunnels zwei Gangsterbossen die spektakuläre Flucht aus einem Gerichtssaal.
24	Mi	Laut Bundestagsbeschluss kann der genetische Fingerabdruck zur Erweiterung der Gen-Datei auch bei bereits verurteilten Tätern gespeichert werden.
25	Do	Bei der Wahl zum Regionalparlament in Nordirland erringen die Befürworter des Friedensabkommens mit Großbritannien einen klaren Sieg.
26	Fr	Der UN-Angola-Beauftragte Alioune Blondin Beye kommt im westafrikanischen Staat Elfenbeinküste durch einen Flugzeugabsturz ums Leben.
27	Sa	Ein Erdbeben im Südosten der Türkei fordert 144 Todesopfer. Epizentrum des Bebens der Stärke 6,3 ist die Zweimillionenstadt Adana.
28	So	Unter Anteilnahme der Bevölkerung wird der von islamischen Extremisten ermordete algerische Sänger Lounès Matoub in seinem Heimatdorf beigesetzt.
29	Mo	Ein explodierender Lkw verwandelt die Innenstadt von Stavelot im Osten Belgiens in ein Flammenmeer. Zwei Menschen kommen dabei ums Leben.
30	Di	Nach Provokationen durch Radarpeilungen greift ein US-Jet des Typs F16 eine irakische Luftabwehrstellung im Süden des Landes mit einer Rakete an.

Juli 1998

1 Mi In Deutschland tritt die Reform des Kindschaftsrechts, das Kindern erstmals ein eigenständiges Recht auf den Umgang mit beiden Elternteilen gibt, in Kraft.

2 Do Der frühere italienische Staatspräsident und Christdemokrat Francesco Cossiga gründet in Rom die neue Partei Demokratische Union für die Republik.

3 Fr Russische Bergarbeiter blockieren die Transsibirische Eisenbahn, um ihrer Forderung nach Zahlung ausstehender Löhne Nachdruck zu verleihen.

4 Sa Japan schickt seine erste Sonde zum Mars. »Nozomi« soll den Planeten ab Oktober 1999 umkreisen und herausfinden, ob es dort Wasser gibt.

5 So In fünf Sätzen schlägt der US-Tennisspieler Pete Sampras im Finale der offenen englischen Meisterschaften von Wimbledon den Kroaten Goran Ivanisevic.

6 Mo Hongkongs internationaler Flughafen Chep Lap Kok, auf einer künstlich angelegten Insel gelegen, nimmt nach sieben Jahren Bauzeit den Betrieb auf.

7 Di Als Folge des überraschenden Herztodes des inhaftierten Regimegegners Moshood Abiola kommt es in Nigeria zu schweren Unruhen.

8 Mi Erstmals in seiner zehnjährigen Geschichte übersteigt der Deutsche Aktienindex (DAX) die Marke von 6000 Punkten.

9 Do Mit einer Menschenkette erinnern 3500 Hamburger an einen Lebensmittelhändler, der bei einem Raubüberfall von zwei Jugendlichen erstochen wurde.

10 Fr Fußballprofi Jörg Heinrich wechselt für eine Ablösesumme von 25 Mio. DM von Borussia Dortmund zum italienischen Club AC Florenz.

11 Sa In Casal di Principe südlich von Neapel geht der Polizei mit Francesco Schiavone einer der führenden sog. Paten der neapolitanischen Mafia ins Netz.

12 So Bei einem Brandanschlag radikaler Protestanten auf eine gemischt-konfessionelle Familie sterben im nordirischen Ballymoney drei Kinder. → Triumph

13 Mo Die Kölner Ford-Werke rufen fast 124 000 Pkw zurück, weil sich bei den Autos durch elektrostatische Aufladungen der Beifahrer-Airbag aufblasen kann.

14 Di Laut Urteil des Bundesverfassungsgerichts in Karlsruhe widerspricht die umstrittene Rechtschreibreform nicht dem Grundgesetz.

15 Mi Im niederländischen Zaandvoort sprengt die Polizei mit der Sicherstellung von 9000 Fotos und Disketten einen weltweit operierenden Kinderporno-Ring.

16 Do Um die Versorgung von 2,6 Mio. hungernder Menschen zu erleichtern, vereinbaren Regierung und Aufständische im Sudan eine Feuerpause im Bürgerkrieg.

17 Fr In St. Petersburg werden die sterblichen Überreste des 1918 ermordeten letzten russischen Zaren und seiner Familie feierlich beigesetzt. → Lassing

18 Sa Der südafrikanische Präsident Nelson Mandela heiratet an seinem 80. Geburtstag die 52-jährige Witwe des Ex-Präsidenten von Mosambik, Graça Machel.

19 So Bei der Wahl des Stuttgarter Oberbürgermeisters setzt sich im zweiten Wahlgang mit 45,9% der CDU-Politiker Heinz Fenrich durch.

20 Mo Wegen illegaler Lieferungen von Rüstungsgütern an Pakistan wird ein Stuttgarter Unternehmer zu einer Haft- und Geldstrafe verurteilt.

21 Di Die frühere norwegische Ministerpräsidentin Gro Harlem Brundtland tritt in Genf ihr Amt als Generalsekretärin der Weltgesundheits-Organisation WHO an.

22 Mi Vor allem in Israel löst der erfolgreiche Test einer iranischen Mittelstreckenrakete mit einer Reichweite von 1300 km Besorgnis aus.

23 Do 15 europäische Länder einigen sich auf der Meeresschutzkonferenz im portugiesischen Sintra auf eine drastische Reduzierung radioaktiver Einleitungen.

24 Fr Ein vermutlich psychisch kranker Mann dringt in Washington ins Parlamentsgebäude (Kapitol) ein und tötet dort zwei Polizisten.

25 Sa Der rassistische Ku-Klux-Clan wird zu 38 Mio Dollar Geldstrafe verurteilt. Mitglieder hatten in einer Baptisten-Kirche in South-Carolina Feuer gelegt.

26 So Aus den Parlamentswahlen in Kambodscha gehen Ministerpräsident Hun Sen und seine post-kommunistische Volkspartei CCP als Sieger hervor.

27 Mo Günter Grass, Siegfried Lenz, Martin Walser und weitere namhafte deutsche Autoren fordern in einer Erklärung zum Boykott der Rechtschreibreform auf.

28 Di Die US-Telefonkonzerne Bell Atlantic Corp. und GTE Corp. schließen sich im Zuge eines Aktientausches zusammen.

29 Mi Mit Vereinbarungen zur Sicherung von Arbeitsplätzen und zur Produktivitätssteigerung endet ein achtwöchiger Streik beim US-Autobauer General Motors.

30 Do Keizo Obuchi wird zum neuen japanischen Regierungschef gewählt. Sein Vorgänger Ryutaro Hashimoto ist am 13. Juli zurückgetreten.

31 Fr Wegen seiner Beteiligung am größten Korruptionsskandal Chinas wird der frühere Pekinger Bürgermeister Chen Xitong zu 16 Jahren Haft verurteilt.

17. August 1998

Clinton in Bedrängnis

Bill Clinton muss als erster Präsident in der Geschichte der USA in einem Zivilverfahren sein Intimleben offen legen. Der mächtigste Mann der Welt räumt ein, zu der ehemaligen Praktikantin Monica Lewinsky eine »unangemessene« Beziehung unterhalten zu haben (Abb.: Clintons Aus-

sage wird im Fernsehen übertragen). Clinton war ursprünglich von der früheren Staatsangestellten Paula Jones der sexuellen Belästigung bezichtigt worden. Die Klage war im April abgewiesen worden. Während der Ermittlungen gegen den Präsidenten deckte Sonderermittler Kenneth Starr jedoch das Verhältnis mit Monica Lewinsky auf. Clinton bestreitet die Vorwürfe zunächst unter Eid, revidiert seine Aussage aber später. Damit macht er sich zur Zielscheibe der oppositionellen Republikaner. Am 19. Dezember wird gegen Clinton ein Amtsenthebungsverfahren (Impeachment) wegen Meineids eingeleitet.

17. Juli 1998

Das Unglück von Lassing

Im Lassing sterben zehn Menschen bei dem schwersten Grubenunglück in der österreichischen Nachkriegsgeschichte. Nach tagelangen Regenfällen stürzt die Talkgrube in der Steiermark

ein. Es entsteht ein Krater von 180 m Durchmesser, der u.a. ein Haus in die Tiefe reißt (s. Abb.). In der Schachtanlage wird der 24-jährige Georg Hainzl eingeschlossen. Als sich eine zehnköpfige Rettungsmannschaft um seine Rettung bemüht, passiert ein weiteres Unglück: Nachrutschende Schlammmassen verschütten die Helfer im Steigschacht. Neun Tage später finden die Bergungsmannschaften Georg Hainzl. Wie durch ein Wunder hat der Bergmann in einem Pausenraum die Katastrophe überlebt. Bis Mitte August wird die Suche nach den übrigen zehn Verschütteten fortgesetzt, bleibt aber ohne Erfolg. Im September wird bekannt, dass Teile der Schachtanlage ohne Genehmigung betrieben wurden.

7. August 1998

Bomben auf US-Botschaften

Die US-Vertretungen in Kenia und Tansania werden fast zeitgleich Ziele von Terrorakten. Im Abstand weniger Minuten explodieren vor beiden Gebäuden Sprengsätze. Im kenianischen Nairobi ist die Wirkung verheerend. Die Detonation bringt ein mehrstöckiges Bürogebäude zum Einsturz, dessen Trümmer auf die Botschaft fallen. 253 Menschen kommen bei dem Anschlag um.
Die US-Botschaft in Daressalam (Tansania) wird durch eine schützende Mauer vor dem Schlimmsten bewahrt, doch sterben auch hier zehn Menschen durch das Attentat. Als Drahtzieher der Anschläge machen die USA den Islamistenführer Osama bin Laden verantwortlich, der schon seit Jahren den weltweiten Kampf gegen die USA organisiert. US-Präsident Bill Clinton – der wegen der Lewinsky-Affäre innenpolitisch angeschlagen ist – verspricht, die Täter kompromisslos aufspüren und zur Verantwortung ziehen zu lassen. Am 20. August bombardieren US-Kriegsschiffe vom Roten und Arabischen Meer aus Ziele im Sudan und in Afghanistan, die als Ausbildungslager islamischer Terroristen gelten.

12. Juli 1998

Zidanes Triumph

Vive la France – ganz Frankreich steht Kopf, nachdem seine Fußballnationalmannschaft im Endspiel um die Weltmeisterschaft die hochfavorisierten Brasilianer mit 3:0 abgefertigt hat. Zwei Tage vor dem Nationalfeiertag fällt das Land in einen Freudentaumel. Frankreich reiht sich in den exklusiven Club der Weltmeisternationen ein, dem Uruguay (1930, 1950), Italien (1934, 1938, 1982), Deutschland (1954, 1974, 1990), Brasilien (1958, 1962, 1970, 1994), England (1966) und Argentinien (1978, 1986) angehören. Die Franzosen sind es außerdem, die eine 40 Jahre gültige Serie bestätigen: Seit 1958 ist niemals ein Team aus Südamerika in Europa Weltmeister geworden.
Held des Spiels ist Zinedine Zidane (Juventus Turin), der in der 27. und 45. Minute für die 2:0-Führung sorgt. Emanuel Petit lässt in der 90. Minute sogar noch das 3:0 folgen. Brasiliens Team um den 21-jährigen Superstar Ronaldo wirkt gegen die spielfreudigen Franzosen machtlos und fast lethargisch. Die meisten Zweikämpfe gehen verloren. Die Ballkünstler vom Zuckerhut können in keiner Phase des Spiels an ihre Leistungen in den Vorrunden anknüpfen. Der Sieg der Equipe tricolore trägt auch in gesellschaftspolitischer Hinsicht Früchte. Die bunt gemischte Mannschaft aus Nachkommen nordafrikanischer und überseeischer Einwanderer zieht den Stolz ganz Frankreichs auf sich. Angesichts dieser erfolgreichen Integrationsleistung verblassen die Rassis-

2. August 1998

Tour im Doping-Zwielicht

Der Italiener Marco Pantani gewinnt die Tour de France. Vorjahressieger und Publikumsliebling Jan Ullrich kann seinen hartnäckigen Verfolger nicht abschütteln und verliert schließlich das Duell gegen den Italiener (Abb.: Pantani klebt an Ullrichs Hinterrad). Die 85. Tour geht als Skandal-Rennen in die Geschichte ein. Der Masseur des Festina-Teams war an der französischen Grenze festgenommen worden. Im Kofferraum seines Wagens befanden sich Dopingmittel. Das gesamte Team wird wegen Dopings ausgeschlossen. Festina-Star Richard Virenque gibt daraufhin seinen Rücktritt vom Radsport bekannt. Wegen der rauhen Verhörmethoden der französischen Polizei hatten viele Fahrer die Tour mit Sitzstreiks lahm gelegt.

26. August 1998

Überschwemmung in China

Die Hochwasserkatastrophe in China kostete bisher mehr als 3000 Menschen das Leben. Diese Zahl gibt die chinesische Regierung bekannt – und berichtigt damit die Verlautbarungen der vergangenen Woche. Internationale Beobachter schätzen die Zahl der Toten auf Zehntausende. Seit Juni haben anhaltende Regenfälle die Flüsse Jangtse und Songhua anschwellen lassen. Rd. 233 Mio. Menschen werden durch das Hochwasser obdachlos. Pausenlos ist das chinesische Militär mit Hilfsmaßnahmen beschäftigt (s. Abb.). Um die Großstädte vor den Fluten zu schützen, werden die Deiche in den ländlichen Gebieten gesprengt, damit die Wassermassen noch vor den Metropolen abfließen können. Die Katastrophe ist u.a. eine Folge intensiver Waldrodung.

Im richtigen Moment zur Stelle: Zidane (5.v.r.) köpft zum 2:0 ins Tor der Brasilianer.

muskampagnen der französischen Rechtsparteien. Ein besonderer Triumph ist der Titel für Trainer Aimé Jacquet. Er musste sich vor der WM von der Presse vorwerfen lassen, seine Mannschaft spiele »langweilig«.
Die deutsche Mannschaft enttäuscht und scheidet im Viertelfinale aus – durch ein bitteres 0:3 gegen Kroatien. Routine und eine Portion Glück hatten die Mannen von Bundestrainer Berti Vogts – mit einem Durchschnittsalter von 29,8 Jahren die älteste deutsche WM-Truppe aller Zeiten – unter die letzten acht gespült. »Wir fahren nach Hause, warum auch immer, das haben andere Leute zu verantworten«, gab sich Vogts nach dem Aus als schlechter Verlierer. Die Weltmeisterschaft wird überschattet von schweren Ausschreitungen gewalttätiger Hooligans. Englische Randalierer liefern sich in Marseille Straßenschlachten mit der Polizei. Der schlimmste Vorfall ereignet sich jedoch am Rande des Spiels Deutschland gegen Jugoslawien am 21. Juni in Lens. Das Bild des blutüberströmten Gendarmen Daniel Nivel, der von deutschen Gewalttätern fast zu Tode geprügelt wurde, geht um die Welt und ruft Abscheu und Entsetzen hervor. Die Polizei nimmt zunächst 93 deutsche Hooligans fest. Sechs werden sofort ausgewiesen, 15 kommen in Untersuchungshaft.
DFB-Präsident Egidius Braun unter dem Eindruck der Ereignisse: »Das ist die schwärzeste Stunde meines Lebens. Ich habe überlegt, nach Hause zu fahren. Das ist blanker Terrorismus, was sich in Lens abgespielt hat«.

August 1998

1 Sa Die Illustrierte »stern« feiert in Hamburg ihr 50-jähriges Bestehen. +++ In Deutschland, Österreich und der Schweiz treten neue Rechtschreibregeln in Kraft.

2 So Den Großen Preis von Deutschland auf dem Hockenheimring gewinnt der Finne Mika Häkkinen mit einem »Silberpfeil« von McLaren-Mercedes. → Tour

3 Mo Um seine Marktposition auszubauen, geht der deutsche Software-Hersteller SAP als achtes deutsches Unternehmen an die New Yorker Aktienbörse.

4 Di Sieben Menschen kommen beim Einsturz eines Mehrfamilienhauses im Berliner Stadtteil Steglitz ums Leben. Unglücksursache war eine Gasexplosion.

5 Mi Wegen anhaltender Kämpfe gegen tamilische Separatisten verhängt Präsidentin Chandrika Kumaratunga über Sri Lanka den Ausnahmezustand.

6 Do Winde fachen die Waldbrände in Griechenland erneut an. Allein auf der Halbinsel Attika wurden bereits mehr als 100 000 ha Waldland vernichtet.

7 Fr Mit einem Friedensappell und der Ankündigung sozialer Reformen tritt Andres Pastrana sein Amt als kolumbianischer Präsident an. → Bomben

8 Sa Wegen Unstimmigkeiten mit dem autoritären Präsidenten Alberto Fujimori erklärt der peruanische Ministerpräsident Javier Valle Riesta seinen Rücktritt.

9 So 130 000 Schaulustige verfolgen die Überführung des neu gebauten Ozeanriesen »Super Star Leo« auf der Ems von Papenburg in Richtung Nordsee.

10 Mo Der Bundesgerichtshof in Leipzig hebt die Verurteilung des früheren DDR-Unterhändlers Wolfgang Vogel wegen Erpressung Ausreisewilliger auf.

11 Di Vor fast 60 000 Menschen feiert die britische Rockband Rolling Stones im renovierten Stadion Luschniki in Moskau ihren ersten Auftritt in Russland.

12 Mi Die nigerianische Militärregierung hebt das Streik- und Organisationsverbot für Gewerkschaften auf, das seit den Streiks in der Ölindustrie 1994 besteht.

13 Do Am 37. Jahrestag des Mauerbaus wird in der deutschen Hauptstadt an der Bernauer Straße die Gedenkstätte »Berliner Mauer« eingeweiht.

14 Fr Nach Angaben des Bundesfamilienministeriums in Bonn zahlen in Deutschland die Väter von 519 000 Kindern keinen Unterhalt.

15 Sa 28 Menschen, darunter neun Kinder, kommen bei einem Bombenanschlag der sog. wahren IRA im Zentrum der nordirischen Stadt Omagh, um.

16 So Die britisch-niederländische Popgruppe »Caught in the Act« gibt in Magdeburg nach 6-jährigem Bestehen ihr letztes Konzert und löst sich dann auf.

17 Mo Angesichts der anhaltenden Finanzkrise gibt die russische Zentralbank den Wechselkurs des Rubels gegenüber dem Dollar frei. → Clinton

18 Di Vertreter der Bundesregierung und der UNO vereinbaren die Einrichtung eines UN-Sekretariats zur Bekämpfung der Wüstenbildung mit Sitz in Bonn.

19 Mi Vor dem Hintergrund eines Skandals um verschmutztes Trinkwasser tritt die jordanische Regierung unter Ministerpräsident Abdassalam al-Madschali zurück.

20 Do Der Oberste Gerichtshof Kanadas weist die Möglichkeit einer einseitigen Abspaltung der französischsprachigen Provinz Quebec zurück.

21 Fr Nach der Ermordung eines jüdischen Siedlers durch einen Palästinenser riegelt die israelische Armee die Stadt Hebron im Westjordanland ab.

22 Sa Als Symbol für die neuen Beziehungen zwischen Deutschland und Polen legen in der Grenzstadt Guben Soldaten beider Staaten ein Gelöbnis ab.

23 So Überraschend entlässt der russische Präsident Boris Jelzin Premierminister Sergej Kirijenko, der sein Amt erst seit fünf Monaten innehat.

24 Mo Der türkischen Verlegerin Ayse Nur Zarakolu wird der erstmals verliehene Menschenrechtspreis der Internationalen Verlegerunion zuerkannt.

25 Di Mit der Festnahme des Palästinensers Abu Nidal in Ägypten geht einer der meistgesuchten Terroristen der Welt ins Netz der Fahnder.

26 Mi Die Presse berichtet über die Entscheidung der British Airways, erstmals Airbus-Maschinen für den europäischen Kurzstreckenverkehr zu erwerben. → China

27 Do Eine Trägerrakete vom Typ »Delta 3« mit einem Kommunikationssatelliten an Bord explodiert auf ihrem Jungfernflug kurz nach dem Start in Cape Canaveral.

28 Fr Zum ersten Mal gewinnt der englische Fußballklub FC Chelsea – durch ein 1:0 gegen Real Madrid – den europäischen Supercup.

29 Sa 79 Menschen sterben, als eine kubanische Verkehrsmaschine nach mehreren Startversuchen auf dem Flughafen Quito (Ecuador) verunglückt.

30 So Der durch die Fusion von SDR und SWF entstandene Südwestrundfunk, zweitgrößter ARD-Sender nach dem WDR, nimmt den Betrieb auf.

31 Mo In Vogosca, einem Vorort Sarajevos, feiert der VW-Konzern die Wiedereröffnung seines im Bosnien-Krieg schwer beschädigten Werkes.

September 1998

1 Di Ehemalige NS-Zwangsarbeiter verklagen in den USA zwölf deutsche Unternehmen auf Entschädigung. Betroffen sind u.a. Siemens, Daimler-Benz und VW.

2 Mi Polizeifahndern aus 21 Staaten gelingt ein Schlag gegen einen Kinderporno-Händlerring, der seine Angebote über das Internet abwickelte. → Swissair

3 Do Zu ihrem einzigen Rededuell vor den Bundestagswahlen treffen Kanzler Helmut Kohl und Herausforderer Gerhard Schröder im Bundestag aufeinander.

4 Fr Der 14-jährige türkische Serienstraftäter »Mehmet« darf vorerst nicht abgeschoben werden, verfügt der Bayerische Verwaltungsgerichtshof.

5 Sa Bei einem Treffen in Stettin vereinbaren die Verteidigungsminister Deutschlands, Polens und Dänemarks die Gründung eines gemeinsamen »Korps Nordost«.

6 So Russlands Ersuchen um Finanzspritzen oder eine Stundung seiner Schulden wolle die EU nicht nachkommen, erklären die EU-Außenminister in Salzburg.

7 Mo Die russische Staatsduma lehnt Viktor Tschernomyrdin auch im zweiten Wahlgang als neuen Ministerpräsidenten des Landes ab. → Vogts

8 Di In der Normandie geht der französischen Polizei der seit 1976 steckbrieflich gesuchte mutmaßliche Terrorist Hans-Joachim Klein ins Netz.

9 Mi In Belfast kommen der Chef der nordirischen Protestantenpartei UUP, David Trimble, und Sinn-Féin-Führer Gerry Adams zusammen.

10 Do Für seine Aufarbeitung des Holocaust in dem Film »Schindlers Liste« erhält US-Regisseur Steven Spielberg in Berlin das Bundesverdienstkreuz.

11 Fr Russische Sicherheitskräfte töten auf einer Marinebasis einen Soldaten, der acht Kameraden erschossen und sich dann in einem U-Boot verschanzt hatte.

12 Sa In Albanien wird der Oppositionspolitiker Azem Hajdari vor seiner Parteizentrale in Tirana erschossen. Er galt als Vertrauter vom Ex-Präsident Sali Berisha.

13 So Bei der Landtagswahl in Bayern verteidigt die CSU mit 52,9% ihre absolute Mehrheit. +++ Oliver Bierhoff wird deutscher »Fußballer des Jahres«.

14 Mo Das irakische Parlament fordert eine Lockerung der UN-Sanktionen und droht, die Zusammenarbeit mit der UNO-Waffenkommission zu beenden.

15 Di Kurz vor der Wahl zieht sich Familienministerin Claudia Nolte (CDU) mit der Ankündigung einer Mehrwertsteuererhöhung Kritik aus der eigenen Partei zu.

16 Mi In Jericho wird das erste Spielkasino in den palästinensischen Autonomiegebieten eröffnet. Palästinensern ist der Besuch jedoch untersagt.

17 Do Zwei Monate nach dem Grubeneinsturz im österreichischen Lassing wird bekannt, dass die Katastrophe durch illegalen Abbau von Talk ausgelöst wurde.

18 Fr Mit überwältigender Mehrheit stimmen die Aktionäre der Automobilkonzerne Daimler-Benz und Chrysler für die Fusion der beiden Unternehmen.

19 Sa Überwacht von einem massiven Polizeiaufgebot demonstrieren in Rostock rd. 3500 Anhänger der rechtsextremen NPD.

20 So Beim Straßenmarathon in Berlin verbessert der Brasilianer Ronaldo da Costa den zehn Jahre alten Weltrekord auf 2:06,05 h.

21 Mo Weltweit übertragen TV-Sender – vollständig oder in Auszügen – die Videobänder von US-Präsident Bill Clintons Aussage in der Lewinsky-Affäre.

22 Di Nach wochenlanger Verzögerung fliegt die Bundesluftwaffe die erste Hilfslieferung für hungernde Menschen in den Süden des Sudan.

23 Mi Dem 48-jährigen Australier Clint Hallam, der bei einem Unfall seine rechte Hand verloren hatte, wird in Lyon die Hand eines fremden Spenders angenäht.

24 Do Verteidigungsminister Volker Rühe erklärt, dass sich Deutschland an einem Militärschlag gegen Serbien mit 14 »Tornado«-Kampfjets beteiligen würde.

25 Fr Beim Absturz einer spanischen Passagiermaschine in Marokko kommen alle 38 Insassen ums Leben. Die Maschine gehörte der Gesellschaft Pauknair.

26 Sa Nach dem gewaltsamen Tod einer Asylbewerberin, die beim Versuch der Abschiebung gestorben war, tritt Belgiens Innenminister Louis Tobback zurück.

27 So Bei den Landtagswahlen in Mecklenburg-Vorpommern wird die SPD die stärkste Kraft. Sie erhält 34,4% der Stimmen. → Machtwechsel

28 Mo Der bisherige Bundesfinanzminister Theo Waigel kündigt nach der Niederlage bei der Bundestagswahl seinen Rücktritt vom Amt des CSU-Vorsitzenden an.

29 Di Auf dem Pariser Autosalon stellt VW mit dem »Lupo« erstmals ein serienreifes Drei-Liter-Auto vor. Der Wagen soll im Frühjahr 1999 auf den Markt kommen.

30 Mi Die Weltausstellung in Lissabon endet mit deutlich weniger Besuchern als erwartet. Statt 15 Mio. kamen nur knapp 10 Mio. Menschen.

27. September 1998

Machtwechsel in Bonn – Mehrheit für Rot-Grün

Die Demoskopen hatten es vorausgesagt, und dem überwiegenden Teil der Medien war es sowieso schon lange klar gewesen: Die Zeit von Bundeskanzler Helmut Kohl (CDU) ist abgelaufen – die Deutschen wollen den Wechsel. Die bislang oppositionellen Sozialdemokraten werden zur stärksten Kraft im neuen Bundestag (669 Sitze). Gemeinsam mit Bündnis 90/Die Grünen stellt die SPD die Mehrheit im neuen Bundestag. Mit Kanzlerkandidat Gerhard Schröder an der Spitze erringt sie 40,9% der Stimmen und zieht mit 298 Abgeordneten in die Volksvertretung ein. Zusammen mit den 47 Mandaten von Bündnis 90/Die Grünen, die 6,7% der Wählerstimmen erringen, haben die Sozialdemokraten eine regierungsfähige Mehrheit. Die bisherige Regierungskoalition verliert deutlich. CDU/CSU erreichen nur noch 35,1% der Stimmen (1994: 41,5%) und erzielen damit das zweitschlechteste Ergebnis ihrer Geschichte. Schon eine Stunde nach Schließung der Wahllokale gesteht Kohl die Niederlage ein, für die er die Verantwortung übernimmt. Souverän und gefasst nimmt er am Wahlabend das Ende seiner Kanzlerschaft an und verkündet, dass er auch nicht mehr als Parteivorsitzender zur Verfügung stehen werde.

Zwei Konkurrenten im Sieg vereint: Lafontaine (l.) und Schröder

Auch für die CSU wird die Bundestagswahl – zwei Wochen nach ihrem Erfolg bei der Landtagswahl – zur Enttäuschung. Theo Waigel zieht die Konsequenz aus dem schlechten Abschneiden und legt den Parteivorsitz nieder.

Die SPD verbucht spektakuläre Gewinne vor allem im Osten und wird in 13 von 16 Ländern bei den Zweitstimmen stärkste Partei. Nur Bayern, Baden-Württemberg und Sachsen bleiben Hochburgen der Union. Die FDP gewinnt 6,2% der Wählerstimmen, die PDS überspringt mit 5,1% knapp die Fünf-Prozent-Hürde. Sie erreicht damit ihr wichtigstes Ziel, den Wiedereinzug ins Parlament. Zudem ist sie – anders als im vorherigen Bundestag – auf Fraktionsstärke gewachsen. Die Gründe für den Wahlausgang liegen nach Meinung von Experten u.a. darin, dass die Wähler nach 16-jähriger Kanzlerschaft Kohl eine personelle Erneuerung wollen. Schröder bot sich an als Kandidat der »neuen Mitte« und versprach, »nicht alles anders, aber vieles besser« zu machen – eine offenbar verlockende Alternative.

2. September 1998

Absturz der Swissair-Maschine

Ein Flugzeug der schweizerischen Luftfahrtgesellschaft Swissair stürzt vor der kanadischen Küste ins Meer. Alle 229 Insassen kommen bei der Katastrophe ums Leben. Die Maschine war auf dem Weg von New York nach Genf. Kurz nach dem Start meldete der Pilot Rauch im Cockpit und ersuchte die Flugsicherungsstelle Moncton über Funk um Erlaubnis, in Boston notlanden zu dürfen. Die Maschine wurde auf das näher gelegene Halifax verwiesen. Da die Distanz zur Landebahn nur rd. 50 km betrug, musste der Pilot eine Kurve fliegen und Treibstoff ablassen. Kurz darauf brach der Funkkontakt mit dem Kontrollturm in Moncton ab. Minuten später stürzt die Swiss-Air-Maschine vom Typ MD-11 ins Meer. Untersuchungen weisen im Nachhinein auf Kabelbrand mit starker Rauchentwicklung als Unglücksursache hin. Sechs Minuten vor dem Absturz fiel der gesamte Strom aus, die Piloten mussten das Großraumflugzeug in völliger Dunkelheit steuern.

7. September 1998

Vogts macht Ribbeck Platz

Nach acht Jahren im Amt gibt Berti Vogts überraschend seinen Rücktritt als Fußball-Bundestrainer bekannt. Vogts reagiert damit auf die in letzter Zeit stärker gewordene Kritik an Taktik, Aufstellung und Leistung der Nationalmannschaft. Auf der Suche nach einem Nachfolger erhält DFB-Präsident Egidius Braun mehrere Absagen, u.a. von Otto Rehhagel und Ottmar Hitzfeld. Schließlich geht das Gespann Erich Ribbeck und – als Assistenztrainer – Uli Stielike ins Rennen (s. Abb. v.l.).

Auch die Grünen sind am Ziel: v.l. Joschka Fischer, Kerstin Müller und Jürgen Trittin

Ein Pragmatiker unter Erfolgsdruck

Am 27. Oktober wird Gerhard Schröder (s. Abb.) mit großer Mehrheit zum Bundeskanzler gewählt. Er ist nach Willy Brandt und Helmut Schmidt der dritte SPD-Politiker in diesem Amt. Als das Ergebnis der geheimen Abstimmung verkündet wird, herrscht Jubel bei SPD und Bündnis 90/Die Grünen. 351 von 666 anwesenden Parlamentariern stimmen für Schröder – danach müssen mindestens sieben Abgeordnete der Opposition für den SPD-Politiker votiert haben.

Gerhard Schröder

deutscher Politiker, * 7.4.1944 Mossenberg

Mit Gerhard Schröder gelingt der SPD erneut der Sprung ins Kanzleramt. Schröder, der sich vom linken Juso-Chef zum industriefreundlichen Macher wandelte, steht für eine pragmatische Politik innerhalb der SPD und gilt als Gallionsfigur der sog. Modernisierer. 1980 und 1983 hatte der medienerfahrene Politiker bereits den Sprung in den Bundestag geschafft. Ab 1990 führte er in Niedersachsen eine rot-grüne Regierungskoalition, und 1994 bildete Schröder in Hannover eine SPD-Alleinregierung.

- 1990-1998: Ministerpräsident von Niedersachsen
- ab 1998: Bundeskanzler
- ab 1999: Vorsitzender der SPD

23. Oktober 1998

Das Abkommen von Wye erneuert den Nahost-Friedensprozess

In Wye (US-Bundesstaat Maryland) enden die Friedensgespräche zwischen Israels Ministerpräsident Benjamin Netanjahu und Palästinenserpräsident Jasir Arafat (Abb.: Arafat, M., mit Netanjahu, r.). Nach neun Verhandlungstagen einigen sich die Kontrahenten auf einen Abzug der israelischen Truppen aus 13% des Westjordanlandes. Damit ist der Friedensprozess wieder in Gang gesetzt, der durch die Ermordung des israelischen Ministerpräsidenten Yitzhak Rabin 1995 ins Stocken geraten war. Rabin und Arafat hatten kurz vor dem Attentat vereinbart, dass die Israelis Palästina etappenweise verlassen würden.

Maßgeblichen Anteil am Erfolg der Gespräche von Wye hatte US-Präsident Bill Clinton, der an dem Treffen teilnahm und vor allem auf Netanjahu Druck ausübte. Auch die Bedeutung von Jordaniens König Hussein II., der sich zur Behandlung eines Krebsleidens in den USA aufhält, als Vermittler ist nicht zu unterschätzen. Nach der Räumungszusage Netanjahus sind immer noch 60% des Westjordanlandes von den Israelis besetzt. In vier Monaten soll über einen weiteren Truppenabzug entschieden werden. Im Gegenzug verspricht Arafat u.a., Palästinenser, die an Anschlägen gegen Israel beteiligt waren, vor Gericht zu stellen.

Oktober 1998

1 Do – Genau zwei Jahre nach der Entführung des Kaufmannes Jakub Fiszman wird dessen Mörder in Frankfurt am Main zu lebenslanger Haft verurteilt.

2 Fr – Der Deutsche Aktienindex fällt bis auf 3962,5 Punkte. Dies sind 36% weniger als bei dem am 20. Juli erreichten Höchststand.

3 Sa – Bayern boykottiert den Festakt zum Tag der deutschen Einheit in Hannover wegen eines Musikstücks, in dem die frühere DDR-Hymne verarbeitet wurde.

4 So – Das deutsche Top-Model Claudia Schiffer kündigt in Mailand ihren Abschied vom Laufsteg mit der Begründung an, ihr gefalle die Arbeit nicht mehr.

5 Mo – Chinas Regierung unterzeichnet bei den Vereinten Nationen das Abkommen über bürgerliche und politische Rechte, das u.a. Meinungsfreiheit garantiert.

6 Di – Das Europa-Parlament hebt die Immunität des französischen Rechtsextremisten Jean-Marie Le Pen auf, gegen den Münchener Staatsanwälte ermitteln.

7 Mi – Wegen Dopingverdachts suspendiert der Deutsche Leichtathletikverband die in den USA lebende Berliner Marathonläuferin Uta Pippig.

8 Do – Das US-Repräsentantenhaus votiert für die Einleitung eines Amtsenthebungsverfahrens gegen Präsident Bill Clinton wegen Verfehlungen in der Lewinsky-Affäre.

9 Fr – Nach einer äußerst knappen Niederlage in einer Vertrauensabstimmung tritt Italiens Ministerpräsident Romano Prodi von seinem Amt zurück.

10 Sa – Im ersten Qualifikationsspiel für die Fußballeuropameisterschaft 2000 unterliegt die deutsche Nationalelf der Türkei in Bursa mit 0:1.

11 So – Martin Walser nimmt den Friedenspreis des Deutschen Buchhandels engegen. +++ Papst Johannes Paul II. spricht die Ordensschwester Edith Stein heilig.

12 Mo – Im Kongo erobern die Rebellen nach eigenen Angaben die Stadt Kindu, den letzten wichtigen Stützpunkt der Regierungstruppen im Osten des Landes.

13 Di – Jugoslawiens Präsident Slobodan Milošević stimmt auf Druck der NATO der Stationierung von 2000 internationalen Beobachtern im Kosovo zu.

14 Mi – Nach fast vier Jahren kehrt der nigerianische Literatur-Nobelpreisträger Wole Soyinka in seine Heimat zurück, aus der der Regimekritiker fliehen musste.

15 Do – Papst Johannes Paul II. warnt in seiner Enzyklika »Glaube und Vernunft« vor einer ausschließlich weltlich ausgerichteten Wissenschaft.

16 Fr – Mit der 281. Folge von »Derrick« verabschiedet sich Horst Tappert als Oberinspektor in der international erfolgreichsten deutschen Fernsehserie.

17 Sa – Der scheidende Bundeskanzler Helmut Kohl wird in Speyer mit einem großen Zapfenstreich von der Bundeswehr geehrt.

18 So – 700 Menschen sterben bei der Explosion einer riesigen Benzinlache, die sich an einer leckgeschlagenen Pipeline in Nigeria gebildet hatte.

19 Mo – Aus Protest gegen die Beschneidung seiner Zuständigkeiten verzichtet der Parteilose Jost Stollmann auf den Posten des Bundeswirtschaftsministers.

20 Di – SPD und Bündnis 90/Die Grünen unterzeichnen nach den bislang kürzesten Verhandlungen über eine Bonner Regierung den Koalitionsvertrag.

21 Mi – Nach Massenprotesten französischer Schüler gegen den akuten Lehrermangel stellt die Regierung zusätzliche Mittel für die Schulen bereit.

22 Do – Der Schweizer Bundesrat beschließt einen Ausstieg aus der Atomenergie, ohne sich jedoch auf einen genauen Termin festzulegen.

23 Fr – Das erste U-Bahn-Kino der Welt hat in Berlin Premiere. Die Fahrgäste der Linie 9 fahren an einer 545 m langen Folge von Einzelbildern vorbei. → Wye

24 Sa – In Münster wird der 350. Jahrestag des Westfälischen Friedens gefeiert. +++ Boxprofi Sven Ottke wird IBF-Weltmeister im Supermittelgewicht.

25 So – Bei den Parlamentswahlen im spanischen Baskenland gehen die gemäßigten Nationalisten als die stärkste politische Kraft hervor.

26 Mo – Der US-Kunstkritiker Okwui Enwezor wird zum Leiter der nächsten, der 11. Kasseler Kunstausstellung »documenta« bestimmt. Sie beginnt im Juni 2002.

27 Di – Das Bundesverfassungsgericht erklärt wesentliche Teile der bayerischen Sondervorschriften zum Abtreibungsrecht für verfassungswidrig.

28 Mi – Als Nachfolger für Bundeskanzler Gerhard Schröder (SPD) wählt der Niedersächsische Landtag Gerhard Glogowski (SPD) zum Ministerpräsidenten.

29 Do – Die Kommission zur Aufarbeitung der Apartheid in Südafrika wirft in ihrem Bericht schwarzen und weißen Politikern Menschenrechtsverletzungen vor.

30 Fr – Nach jahrelangem Streit einigen sich die nordrhein-westfälische Landesregierung und die RWE-Tochter Rheinbraun über das Braunkohleprojekt Garzweiler II.

31 Sa – Der Irak bricht die Zusammenarbeit mit den UN-Waffeninspekteuren ab, um der Forderung nach Aufhebung der Sanktionen Nachdruck zu verleihen.

November 1998

1 So Der finnische McLaren-Mercedes-Pilot Mika Häkkinen wird durch seinen Sieg beim Großen Preis von Japan in Suzuka erstmals Formel-1-Weltmeister.

2 Mo Als Kandidaten für die Wahl des Bundespräsidenten nominiert der SPD-Vorstand den früheren Ministerpräsidenten Nordrhein-Westfalens, Johannes Rau.

3 Di In Straßburg nimmt der neue Ständige Europäische Gerichtshof für Menschenrechte seine Arbeit auf. Er besteht aus 40 Richtern. → Hurrikan

4 Mi Unter dem Druck sinkender Gewinne kündigt der Siemenskonzern den Rückzug aus 50 Geschäftsfeldern mit insgesamt 60 000 Beschäftigten an.

5 Do Das russische Verfassungsgericht entscheidet, dass Präsident Boris Jelzin im Jahr 2000 nicht zur Wiederwahl antreten darf.

6 Fr Der Freispruch für die mit dem Mord an ihren Kindern in Verbindung gebrachte Monika Böttcher (»Fall Weimar«) wird vom Bundesgerichtshof aufgehoben.

7 Sa Wolfgang Schäuble übernimmt in Bonn den Vorsitz der CDU. +++ Die US-Raumfähre »Discovery« kehrt mit dem 77-jährigen John Glenn aus dem All zurück.

8 So Das deutsche Eishockeyteam steigt im Qualifikationsturnier in Ljubljana (Slowenien) nach 23 Jahren erstmals in die B-Gruppe der Weltmeisterschaft ab.

9 Mo Bundespräsident Roman Herzog bezeichnet in Berlin die Pogrome vor genau 60 Jahren als einen der beschämendsten Momente deutscher Geschichte.

10 Di Bundeskanzler Gerhard Schröder gibt die erste Regierungserklärung ab. Er bezeichnet die Bekämpfung der Arbeitslosigkeit als sein vorrangiges Ziel.

11 Mi Die Staatsoberhäupter Frankreichs, Großbritanniens, Irlands und Belgiens gedenken in Paris des Tages, an dem 1918 der Erste Weltkrieg endete.

12 Do Der auf der Flucht befindliche Führer der verbotenen kurdischen Arbeiterpartei PKK, Abdullah Öcalan, wird auf dem Flughafen in Rom festgenommen.

13 Fr Mit 540 Ja- und 30 Gegenstimmen billigt der Bundestag die deutsche Beteiligung an der NATO-Luftüberwachung im Kosovo.

14 Sa Der in Deutschland aufgewachsene, 14-jährige türkische Serienstraftäter »Mehmet« wird aus München nach Istanbul abgeschoben.

15 So Palästinenserführer Jasir Arafat warnt in Ramallah vor einer Vereinnahmung Ostjerusalems durch Israel und kündigt die Ausrufung eines Palästinenserstaates an.

16 Mo Die Staatsanwaltschaft in Frankfurt am Main bestätigt, dass der mutmaßliche Nestlé-Erpresser bereits am 26. September verhaftet wurde.

17 Di Bei seinem Antrittsbesuch in Moskau weist Bundeskanzler Gerhard Schröder neue russische Kreditwünsche zurück.

18 Mi Ernüchternde Prognosen stellen die »Fünf Weisen« für das Wirtschaftswachstum 1999. Es werde bei voraussichtlich 2% liegen.

19 Do Der Bundestag billigt die Beteiligung von bis zu 250 Bundeswehrsoldaten an einer NATO-Schutztruppe für die OSZE-Beobachter im Kosovo.

20 Fr Bei einem nächtlichen Überfall wird die bekannte russische Reformpolitikerin Galina Starowoitowa in St. Petersburg ermordet.

21 Sa Nach einem Bericht von »Focus« fordert Nordrhein-Westfalens Ministerpräsident Wolfgang Clement (SPD) einen Kurswechsel der neuen Bundesregierung.

22 So Mit 93,5% billigen die wahlberechtigten Albaner eine neue Landesverfassung. Die Beteiligung an der Volksabstimmung lag bei 50,57%. → »Pallas«

23 Mo In Berlin wird das Bundespräsidialamt, die Dienststelle des Bundespräsidenten, eröffnet. Damit arbeitet das erste Verfassungsorgan in der neuen Hauptstadt.

24 Di In ihrer Thronrede verkündet die britische Königin Elizabeth II. den Plan der Regierung, dem Erbadel Sitz und Stimmrecht im Oberhaus zu entziehen.

25 Mi Der chilenische Ex-Diktator Augusto Pinochet bleibt in britischer Haft. Die Lordrichter entschieden in London, dass Pinochet keine Immunität genieße.

26 Do Bei einem Zugunglück im nordindischen Bundesstaat Pandschab kommen 209 Menschen um, als ein Schnellzug auf eine kurz zuvor entgleiste Bahn rast.

27 Fr VW beginnt mit dem Verkauf des »New Beetle« in Deutschland. +++ Der DFB bewirbt sich um die Austragung der Fußballweltmeisterschaft 2006.

28 Sa Als Vergeltung für den Tod zweier israelischer Soldaten bombardiert Israel mutmaßliche Stützpunkte der pro-iranischen Hisbollah-Miliz im Libanon.

29 So Die Gemeinde Quellendorf in Sachsen-Anhalt wählt ihren transsexuellen Bürgermeister Norbert Lindner ab. Seit 1998 trat der Familienvater als Frau auf.

30 Mo Exxon und Mobil schließen ihre Gespräche ab. Am folgenden Tag wird die Fusion zum weltgrößten Mineralölkonzern publik gemacht. → Deutsche Bank

22. November 1998

Öko-Drama um die »Pallas«

Nach vier Wochen ist der Brand auf dem gestrandeten Frachter »Pallas« (s. Abb.) gelöscht. Das unter der Flagge der Bahamas fahrende Schiff war vor der Insel Amrum havariert und konnte wegen hohen Seegangs nicht geborgen werden. Von

den 580 t Rohöl, die sich im Rumpf befanden, liefen 50 t in die Nordsee. An der Küste Amrums kam es zu einer Umweltkatastrophe. Rd. 28 000 Seevögel gerieten mit der zähen Ölschicht auf dem Wasser in Berührung. Trotz intensiver Rettungsbemühungen verendeten rd. 8000 Tiere. Nach der Katastrophe vereinbaren die Umweltminister von Bund und Ländern ein Sicherheitskonzept für die Nord- und Ostseeküste.

9. Dezember 1998

Frau an der Spitze der Schweiz

Ruth Dreifuss wird als erste Frau zum Staatsoberhaupt der Schweiz gewählt. Von 210 Stimmberechtigten der Bundesversammlung wählen 158 die Sozialdemokratin zur Bundespräsidentin für das Jahr 1999 (Abb.: Die 58-Jährige mit ihrem Lieblingssymbol, einer Sonne). Dreifuss gilt als Feministin. Seit 1993 ist sie als einer der sieben schweizerischen Bundesräte tätig und steht dem Innen-Department vor. Vor der Wahl zum Staatsoberhaupt reformierte sie u.a. den Mutterschutz sowie die Sozial- und Krankenversicherung. Dreifuss sieht ihre Wahl als Ausdruck für einen Wandel in der Schweiz: Als Gewerkschafterin, Sozialdemokratin und Mitglied der jüdischen Gemeinde stehe sie im Gegensatz zu dem konservativen Bild, das die Eidgenossenschaft im Ausland abgebe. Die Schweiz existiert als moderner Staat seit 150 Jahren. Der Bundespräsident wird jährlich gewählt.

3. November 1998

Hurrikan zieht Schneise de

Der Hurrikan »Mitch« richtet in Honduras und Nicaragua schwerste Verwüstungen an – Überschwemmungen und Erdrutsche im Anschluss an den Wirbelsturm sorgen für eine Zuspitzung der Katastrophe. Die mittelamerikanischen Staaten bitten die internationale Gemeinschaft um Unterstützung. Mehr als 11 000 Menschen sind in Honduras, Nicaragua sowie in Guatemala und El Salvador durch die Naturkatastrophe ums Leben gekommen. Die Sachschäden werden auf bis zu 5 Mrd. Dollar geschätzt. Der Tropensturm macht etwa 2,8 Mio. Menschen obdachlos.

In Tegucigalpa, der Hauptstadt von Honduras, arbeiten sich die Helfer mit Schaufeln durch den Schlamm.

10. Dezember 1998

Nobelpreise vergeben

In Oslo wird der diesjährige Friedensnobelpreis verliehen. Preisträger sind die nordirischen Politiker John Hume und David Trimble, die für ihre Bemühungen um den Frieden in Nordirland geehrt werden (Abb. v.l.: Trimble und Hume mit dem Preis). Am selben Tag vergibt Schwedens König Carl XVI. Gustav in Stockholm die Nobelpreise in den wissenschaftlichen und künstlerischen Sparten. Die Auszeichnung für Literatur nimmt der Portugiese José Saramago entgegen. Mit Horst Störmer erhält seit neun Jahren erstmals wieder ein Deutscher die Auszeichnung für Physik. Der Wissenschaftler wird für seine Entdeckung der Quasiteilchen geehrt. Der Medizinpreis geht an drei US-Pharmakologen, deren Arbeit die Entwicklung der Potenzpille Viagra ermöglicht hat.

30. November 1998

Koloss Deutsche Bank

Die Deutsche Bank übernimmt für 17,1 Mrd. DM das US-Investmenthaus Bankers Trust Corp. Damit wächst das Unternehmen zum größten Kreditinstitut der Welt und verdrängt die erst Ende 1997 gegründete United Bank of Switzerland von ihrem Spitzenplatz (Abb.: Die Zentrale der Deutschen Bank in Frankfurt am Main). Die Übernahme soll im Mai 1999 vollzogen sein. Danach verfügt die Deutsche Bank über eine Bilanzsumme von 1,3 Bio. DM und einen Mitarbeiterstamm von 96 000 Menschen weltweit. Allerdings werden durch die Fusion zunächst 5500 Arbeitsplätze in New York und London aufgelöst. Obwohl der Chef der Deutschen Bank, Rolf Ernst Breuer, erklärt, die Übernahme von Bankers Trust Corp. sei eine ideale Ergänzung für das deutsche Geldinstitut, bleiben viele Finanzexperten skeptisch. Bankers Trust gilt nicht als eine der ersten Adressen an der Wall Street. Bei dem Institut handelt es sich um eine Kombination aus Geschäfts- und Investmentbank.

erwüstung

Ganze Dörfer verschwinden durch die Wucht der Katastrophe von der Landkarte, viele Maisfelder, Bananen-, Kaffee- und Zuckerrohrplantagen werden fortgeschwemmt, die Infrastruktur ist weitgehend zerstört. Mit Windgeschwindigkeiten von bis zu 250 km/h hat sich »Mitch« in der letzten Oktoberwoche in der Karibik ausgetobt. Der Hurrikan löst sintflutartige Regengüsse aus. Fünf Tage lang prasseln die Wassermassen auf Honduras und Nicaragua nieder. Viele Flüsse treten über die Ufer, die niedrig gelegenen Landesteile werden rasch überflutet. Die heftigen Regenfälle treffen Honduras und Nicaragua nahezu unvorbereitet. Während in Costa Rica ein funktionierender Rettungsdienst dafür sorgt, dass besonders gefährdete Personen evakuiert werden, fehlt in Honduras und in dem bis 1990 vom Bürgerkrieg erschütterten Nicaragua ein Katastrophenschutz. Allein im Nordwesten Nicaraguas werden durch einen kilometerbreiten Erdrutsch bis zu 1500 Menschen mitgerissen und getötet. Nach den starken Regenfällen gerät ein Hang des 1405 m hohen Vulkans Casitas ins Rutschen. Augenzeugen berichten von unzähligen aus dem Schlammfeld am Vulkan herausragenden Körpern. Den Helfern vor Ort bietet sich ein Bild des Grauens. Neben technischer und finanzieller Hilfe will die internationale Staatengemeinschaft den betroffenen Ländern, die zu den ärmsten der Welt zählen, auch durch massive Schuldenerlasse beistehen.

19. Dezember 1998

Schlammschlacht um Clinton

Das US-Repräsentantenhaus beauftragt den Senat, ein Amtsenthebungsverfahren gegen Präsident Bill Clinton einzuleiten. Clinton wird Meineid und Behinderung der Justiz vorgeworfen. Das US-Staatsoberhaupt hatte zunächst unter Eid ausge-

sagt, keine sexuelle Beziehung zu der ehemaligen Praktikantin Monica Lewinsky unterhalten zu haben, dies jedoch im August revidiert. Seither findet in der Öffentlichkeit eine einzigartige Schlammschlacht zwischen Republikanern und Demokraten statt, die das Ansehen der US-Politik nachhaltig schädigt. Schließlich einigen sich die Abgeordneten mit 228 gegen 206 Stimmen darauf, dass Clinton einen Meineid geleistet habe (s. Abb.). Der Vorwurf, Clinton habe die Justiz behindert, wird mit 221 gegen 212 Stimmen unterstützt. Es kommt zu einem Amtsenthebungsverfahren. Da sich die Stimmen jedoch gemäß den politischen Mehrheitsverhältnissen verteilen, wird Clinton im März freigesprochen.

Dezember 1998

1 Di Nach vierjährigen Verhandlungen mit der EU willigt die Schweiz ein, ihre Straßen schrittweise für Fahrzeuge bis zu 40 t Gewicht (bislang 28 t) zu öffnen.

2 Mi Die israelische Regierung unter Benjamin Netanjahu setzt den im Wye-Abkommen vereinbarten Truppenabzug aus dem Westjordanland vorerst aus.

3 Do Katja Seizinger, Georg Hackl und die Fußballer des 1. FC Kaiserslautern werden von Sportjournalisten zu »Sportlern des Jahres« gewählt. → Clinton

4 Fr Die Ministerpräsidenten der 16 Bundesländer einigen sich in Potsdam auf eine Neuregelung der Finanzbeziehungen zwischen den Ländern.

5 Sa Beim Unfall eines Reisebusses aus München kommen bei Windischgarsten südlich von Linz (Österreich) vier Menschen ums Leben.

6 So Kritik erntet die rechtspolitische Sprecherin der PDS-Bundestagsfraktion, Evelyn Kenzler, mit ihrer Forderung nach einer Amnestie für DDR-Hoheitsträger.

7 Mo Russlands Präsident Boris Jelzin unterbricht für drei Stunden einen Krankenhausaufenthalt, um seinen Amtsleiter Valentin Jumaschew zu entlassen.

8 Di Bundesaußenminister Joschka Fischer findet mit einem Vorschlag, auf die Option des atomaren Erstschlages zu verzichten, bei der NATO kein Gehör.

9 Mi Erneut verwehrt der Irak Waffenkontrolleuren der Vereinten Nationen den Zutritt – diesmal zu Gebäuden der regierenden Baath-Partei. → Schweiz

10 Do Politiker aus aller Welt rufen zum Kampf für Menschenrechte auf. Anlass ist der 50. Jahrestag der »Erklärung der Menschenrechte.« → Nobelpreise

11 Fr Vom US-Weltraumbahnhof Cape Canaveral aus wird eine Sonde auf den Weg zum Mars gebracht. Sie soll u.a. die Jahreszeiten des roten Planeten erkunden.

12 Sa Auf der Delegiertenversammlung von Bündnis 90/Die Grünen wird mit Gunda Röstel und Antje Radcke erstmals eine komplett weibliche Führung gewählt.

13 So In Berlin wird eine Liste mit »100 Wörtern des Jahrhunderts« vorgestellt, die zuvor eine Jury aus Geisteswissenschaftlern und Journalisten erstellt hatte.

14 Mo Im Beisein von US-Präsident Bill Clinton streicht der palästinensische Nationalkongress eine Klausel aus der PLO-Charta, die die Vernichtung Israels fordert.

15 Di Bundesverkehrsminister Franz Müntefering erklärt, dass er keine gesetzliche Altersgrenze für Führerscheine plane.

16 Mi Nach erneuten Behinderungen der UN-Waffenkontrolleure beginnen die USA und Großbritannien eine viertägige Luftoffensive gegen den Irak.

17 Do Lügendetektoren werden in Deutschland auch künftig nicht für Strafprozesse zugelassen, beschließt der Bundesgerichtshof in einem Grundsatzurteil.

18 Fr Bei Anklam springt ein Güterzug aus von Attentätern präparierten Gleisen. Zu dem Anschlag bekennt sich eine Gruppe namens »Freunde der Bahn«.

19 Sa Zum zweiten Mal wird in Berlin das Grab des früheren Vorsitzenden des Zentralrates der Juden in Deutschland, Heinz Galinski, geschändet. → Clinton

20 So China lässt den Dissidenten Liu Nianchun frei und schiebt ihn in die USA ab. Er wurde 1995 wegen der Forderung nach freien Gewerkschaften verhaftet.

21 Mo Die Hamburger Universität veröffentlicht eine Studie, nach der (mit 48) die Anzahl der Kriege 1998 erstmals seit Jahren wieder zugenommen habe.

22 Di In der Bundesregierung bricht offener Streit über die Atompolitik aus. Bundeskanzler Gerhard Schröder kritisiert Umweltminister Jürgen Trittin scharf.

23 Mi Im Prozess um Schmiergelder in der belgischen Parteispendenaffäre erhält der ehemalige NATO-Generalsekretär Willy Claes eine Bewährungsstrafe.

24 Do Nach neuen serbischen Angriffen im Norden des Kosovo hebt die Untergrundorganisation UÇK den Waffenstillstand, den sie im Oktober erklärt hatte, auf.

25 Fr Drei Ballonfahrer, die am 18. Dezember in Marokko zu einer Erdumrundung gestartet waren, müssen 16 km vor der Hawaii-Insel Oahu notlanden.

26 Sa Russlands zuletzt gesundheitlich angeschlagener Präsident Boris Jelzin lehnt in einem Interview Neuwahlen vor dem regulären Termin im Jahr 2000 ab.

27 So Die russischen Streitkräfte stellen die ersten zehn strategischen Atomraketen des neuen Typs »Topol-M« in Dienst. Sie werden an der Wolga stationiert.

28 Mo US-Kampfjets greifen Stellungen im Nordirak an, nachdem zuvor US-Piloten bei der Überwachung der Flugverbotszonen beschossen worden waren.

29 Di Bei dem Versuch von jemenitischen Sicherheitskräften, 16 gekidnappte Ausländer zu befreien, kommen drei Briten und ein Australier ums Leben.

30 Mi Zum zweiten Mal in dieser Woche geraten US- und britische Militärflugzeuge auf Kontrollflügen in irakisches Flugabwehrfeuer.

31 Do In Brüssel wird der Wechselkurs für den Euro festgelegt. +++ Die letzte deutsche Küstenfunkstelle, Norddeich Radio, stellt nach 91 Jahren ihren Dienst ein.

Januar 1999

1 Fr Mit 123 m stellt Martin Schmitt im zweiten Skispringen der Vierschanzentournee in Garmisch-Partenkirchen einen neuen Schanzenrekord auf. → Euro

2 Sa Unita-Rebellen schießen in Huambo/Angola kurz nach dem Start ein Flugzeug der Vereinten Nationen ab. Alle acht Insassen kommen ums Leben.

3 So In Tel Aviv beginnt der Prozess gegen den Deutschen Steven Smyrek. Ihm wird vorgeworfen, einen Anschlag der islamischen Hisbollah geplant zu haben.

4 Mo Am ersten Handelstag nach seiner Einführung weist der Euro starke Kursgewinne gegenüber den führenden Währungen Dollar und Yen auf.

5 Di Dem früheren Stasi-Chef Erich Mielke wird eine Entschädigung von 2000 DM für seine 1991 verbüßte Untersuchungshaft zugesprochen.

6 Mi Der finnische Skispringer Janne Ahonen sichert sich bei der in Bischofshofen zu Ende gehenden Vierschanzentournee den Gesamtsieg.

7 Do Der US-Senat beginnt in Washington mit dem Amtsenthebungsverfahren gegen Präsident Bill Clinton, dem Anstiftung zum Meineid vorgeworfen wird.

8 Fr Die Bundesanstalt für Arbeit gibt in Nürnberg die Zahl der Arbeitslosen für Dezember bekannt: Bundesweit waren knapp 4,2 Mio. Erwerbslose registriert.

9 Sa Der ehemalige Präsident des Organisationskomitees der Winterspiele 2002 in Salt Lake City räumt ein, dass bei der Vergabe Bestechungsgelder flossen.

10 So SPD-Mitglieder bilden in Brandenburg eine Arbeitsgemeinschaft, die eine zukünftige parlamentarische Zusammenarbeit mit der PDS verhindern möchte.

11 Mo Der weltweit zweitgrößte Tabakhersteller British American Tobacco gibt die Fusion mit dem Zigarettenkonzern Rothmans International bekannt.

12 Di Bundesinnenminister Otto Schily legt seinen Entwurf zum neuen Staatsbürgerschaftsgesetz vor. Die CDU/CSU-Opposition kündigt Widerstand an.

13 Mi US-Basketballstar Michael Jordan erklärt seinen Rücktritt. +++ Ein neues Atomgesetz leitet den Ausstieg der Bundesrepublik aus der Atomwirtschaft ein.

14 Do Vier Soldaten sterben beim Absturz eines US-Tankflugzeugs in der Nähe der nordrhein-westfälischen Stadt Geilenkirchen.

15 Fr Nach dem Urteil des Bundesverwaltungsgerichts dürfen Polizisten im Freistaat Bayern künftig kleine Ohrringe tragen.

16 Sa OSZE-Mitarbeiter finden in der Nähe von Račak Beweise für ein Massaker an 45 Kosovo-Albanern durch serbische Polizeieinheiten. → Stoiber

17 So Die CDU beginnt im Zuge des hessischen Landtagswahlkampfes mit einer umstrittenen Unterschriftenkampagne gegen die doppelte Staatsbürgerschaft.

18 Mo Abdullah Öcalan, untergetauchter Chef der verbotenen kurdischen Arbeiterpartei PKK, kündigt eine Verstärkung des Unabhängigkeitskampfes an.

19 Di Nach einer Entscheidung des Bundesarbeitsgerichts dürfen Arbeitgeber und Betriebsrat in Betriebsvereinbarungen Rauchverbote am Arbeitsplatz verhängen.

20 Mi In China wird ein Computerunternehmer wegen der Verschickung von e-Mail-Adressen an ausländische Dissidenten zu einer 2-jährigen Haftstrafe verurteilt.

21 Do Falls Deutschland seine Verträge mit der Atommüll-Wiederaufbereitungsanlage La Hague nicht einhält, verlangt Frankreich Entschädigungszahlungen.

22 Fr Der gelernte Briefträger Gert Postel, der ohne Medizinstudium jahrelang als Psychiatrie-Oberarzt arbeitete, wird in Leipzig zu vier Jahren Haft verurteilt.

23 Sa In Berlin wird das von Daniel Libeskind entworfene Jüdische Museum eröffnet. +++ Monacos Prinzessin Caroline heiratet Ernst August von Hannover.

24 So Im Zuge des Bestechungsskandals um die Vergabe der Olympischen Winterspiele 2002 in Salt Lake City suspendiert das IOC sechs Mitglieder.

25 Mo Mehrere Hundert Menschen sterben in Kolumbien nach einem Erdbeben. Viele Überlebende, die ihr Hab und Gut verloren haben, plündern Geschäfte.

26 Di Bundeskanzler Gerhard Schröder verkündet nach einem Konsensgespräch mit der Stromindustrie, dass für den Atomausstieg nunmehr keine Fristen gelten.

27 Mi Beim Zusammenstoß von zwei Tornado-Kampfjets über der Nordsee kommen zwei Bundeswehrsoldaten ums Leben.

28 Do Ford gibt die Übernahme der Volvo Pkw-Produktion bekannt. +++ Südafrikas Präsident Nelson Mandela erhält in Baden-Baden den Deutschen Medienpreis.

29 Fr In Kopenhagen findet ein spektakulärer Kunstraub statt. Zwei Männer stehlen in einer Galerie ein Frauenportrait von Rembrandt sowie ein Werk Bellinis.

30 Sa Generalsekretär Javier Solana erhält vom NATO-Rat die Ermächtigung, nach eigenem Ermessen Luftangriffe gegen serbische Ziele anzuordnen.

31 So Durch einen 69:48-Erfolg im Finale gegen den MTV Gießen gewinnt der deutsche Basketball-Meister Alba Berlin in Frankfurt am Main den Pokalwettbewerb.

Ein Prosit auf die neue Währung: Wim Duisenberg (3.v.l.), Präsident der Europäischen Zentralbank in Frankfurt am Main, mit EU-Finanzministern

1. Januar 1999

Der Euro hält Einzug

Als vorläufiger Höhepunkt des europäischen Einigungswerkes wird der Euro eingeführt: In elf Ländern der EU (Belgien, Deutschland, Finnland, Frankreich, Irland, Italien, Luxemburg, Niederlande, Österreich, Portugal und Spanien) ist der Euro ab 1999 das gemeinsame Zahlungsmittel.

Die neuen Euro-Geldscheine: bunt und fälschungssicher

Der von vielen Deutschen als schmerzlich empfundene Abschied von der DM vollzieht sich in Raten. Die nationalen Währungen bleiben noch bis zum Jahre 2002 im Umlauf. Erst dann werden auch die neuen Münzen und Scheine ausgegeben. Der Euro-Umrechnungskurs wurde am Vortag für alle beteiligten Länder festgelegt. Nach diesem Fixing sind die Wechselkurse gegenüber dem Euro unveränderbar, genauso wie die Verhältnisse der beteiligten Währungen untereinander. Ein Euro ist künftig 1,95583 DM wert. Umgekehrt entspricht 1 DM 0,5113 Euro.

Der Euro fordert als neue Weltwährung den amerikanischen Dollar heraus. Die EU stellt mit ihren 370 Mio. Einwohnern und einer Wirtschaftskraft von 14 Billionen DM noch vor den USA den größten Binnenmarkt der Welt.

Der Start des Euro verläuft allerdings nicht ganz reibungslos. Gegenüber dem Dollar verliert er bis Mitte des Jahres 12% an Wert, ehe er sich langsam wieder erholt. Als Grund für die Schwäche nennen internationale Finanzanalysten mangelndes Vertrauen in die stabilitätsorientierte Politik der elf Teilnehmerländer.

16. Januar 1999

Edmund Stoiber ist der neue starke Mann im Süden

Die CSU wählt auf einem Sonderparteitag in München den bayerischen Ministerpräsidenten Edmund Stoiber mit 93,4% der Delegiertenstimmen zum Parteivorsitzenden. Der bisherige Amtsinhaber und ehemalige Bundesfinanzminister Theo Waigel hatte nach der Bundestagswahl vom 27. September 1998 die Verantwortung für die Stimmenverluste und die geschmälerte bundespolitische Rolle der CSU übernommen und seinen Rückzug als Parteichef angekündigt. Erstmals seit 1957 war die CSU bei Bundestagswahlen mit 47,7% unter die 50-Prozent-Marke gefallen. Bei den bayerischen Landtagswahlen zwei Wochen zuvor hatte Ministerpräsident Stoiber hingegen noch 52,9% der Stimmen eingefahren. Dem CSU-Chef werden nunmehr Ambitionen auf die Kanzlerkandidatur der Unionsparteien im Jahre 2002 nachgesagt.

19. Februar 1999

Kulturhauptstadt Weimar

In Weimar beginnt das europäische Kulturstadtjahr. In über 300 Veranstaltungen setzt sich die thüringische Stadt mit ihrer Vergangenheit als Zentrum deutscher Hochkultur und Ort der NS-Barbarei auseinander. Im benachbarten Konzentrationslager Buchenwald wurden in der Zeit des Nationalsozialismus mindestens 56 000 Menschen umgebracht. Einer der Programmschwerpunkte in der Hauptstadt der deutschen Klassik ist Johann Wolfgang von Goethe (Abb.: Goethe-Schiller-Denkmal in Weimar), dessen 250. Geburtstag am 28. August gefeiert wird.

7. Februar 1999

Verlust für den Frieden

Nach langer schwerer Krankheit stirbt in der jordanischen Hauptstadt Amman im Alter von 63 Jahren König Hussein II. Umgehend vereidigt das Parlament dessen ältesten Sohn Abdallah (s. Abb.) als Monarchen und bestätigt damit die Herrschaft der Haschemiten-Dynastie. Mit dem an westlichen Eliteschulen ausgebildeten 37-jährigen Abdallah verbindet sich die Hoffnung auf eine Modernisierung der jordanischen Gesellschaft sowie auf die Fortführung der Friedens- und Vermittlerrolle, die König Hussein II. ausgefüllt hatte.

Hussein II.

eigtl. Hussein Ibn Talal, König von Jordanien, * 14.11.1935 Amman; † 7.2.1999 Amman

Der politische Überlebenskünstler war in den fast 47 Jahren seiner Regentschaft in Krieg und Frieden ein Hauptakteur auf der politischen Bühne des Nahen Ostens. 1967 beteiligte er sich am Sechstagekrieg gegen Israel und verlor die Herrschaft über das Westjordanland und Ost-Jerusalem. Gegen Palästinenser, die in Jordanien einen »Staat im Staate« errichten wollten, griff der Haschemiten-Herrscher militärisch hart durch. 1994 schloss er Frieden mit Israel. Seitdem war Hussein II. ein gefragter Vermittler in kritischen Phasen des Nahost-Friedensprozesses.

- 1952: Proklamation zum König (Inthronisation 1953)
- 1970/71: Bürgerkrieg gegen Palästinenser
- 1998: Vermittlung beim Friedensabkommen von Wye

23. Februar 1999

Horrorwinter in den Alpen

Bei Lawinenabgängen im österreichischen Galtür und – am folgenden Tag – im benachbarten Valzur sterben 38 Menschen, darunter 21 deutsche Urlauber. Es ist die folgenreichste Katastrophe dieses Schreckenswinters in den Alpen. Am 9. Februar und am 21. Februar forderten Lawinenunglücke in Chamonix (Frankreich) und in Evoléne (Schweiz) zwölf bzw. zehn Todesopfer. Allein im Monat Februar waren in den Alpen über 70 Lawinentote zu beklagen, mehr als 100 000 Skitouristen wurden in ihren Urlaubsorten eingeschlossen. Häufung und Wucht der Lawinenabgänge sind in der mehr als 300-jährigen Geschichte der Lawinenaufzeichnungen annähernd einmalig.
Die Häufung der Lawinen ist nach Aussage von Experten auf eine klimatische und meteorologische Ausnahmesituation zurückzuführen. Ein Wärmeeinbruch mit Regen bis in die mittleren Lagen unterbrach eine Schneefallperiode, in deren Verlauf die Schneedecke innerhalb von 20 Tagen um zwei Meter anwuchs. Verschärfend kommt hinzu, dass für die Rodung der Hochwälder bis dato kein Ersatz geschaffen wurde, die Lawinen entsprechend ungebremst zu Tal rollen können. Als entscheidende Ursache für die hohe Opferzahl der Lawinenabgänge gilt die hohe Besiedelungsdichte der Alpen. Sie hat dazu geführt, dass sich die Bebauung auch auf ursprüngliche Bauverbotszonen erstreckt. Dazu zählen vor allem touristische Einrichtungen wie Ferienwohnungen und Sporthotels. Mit mittlerweile jährlich 120 Mio. Besuchern sind die Alpen das weltweit größte zusammenhängende Feriengebiet.

15. Februar 1999

PKK-Chef Öcalan in Haft

Nach einer spektakulären Verhaftungsaktion in Kenia wird der Chef der verbotenen kurdischen Arbeiterpartei (PKK), Abdullah Öcalan (s. Abb.), von Spezialagenten des Geheimdienstes in die Türkei entführt. Ankara macht Öcalan, dessen Organisation im Südosten der Türkei einen Guerillakrieg für einen Kurdenstaat führt, für den Tod von 30 000 Menschen verantwortlich. Der PKK-Chef befand sich seit Monaten auf der Flucht. Auf der Gefängnisinsel Imrali wird ihm der Prozess gemacht, der am 29. Juni mit der Verhängung der Todesstrafe endet. Im August bietet Öcalan dem türkischen Staat gegen eine Amnestie die Kapitulation der PKK an.

Februar 1999

1 Mo Zum zweiten Mal in Folge gewinnen die Denver Broncos mit einem Sieg über die Atlanta Falcons die US-Football-Meisterschaft.

2 Di Im Grazer Landesgericht beginnt der Prozess gegen den mutmaßlichen österreichischen Briefbombenbauer Franz Fuchs.

3 Mi Im italienischen Cavalese wird der 20 Toten des Seilbahn-Unglücks vom 3. Februar 1998 gedacht. Auf dem Friedhof wird ein Gedenkstein enthüllt.

4 Do Historiker finden in den Archiven der Deutschen Bank Beweise dafür, dass das Geldinstitut den Bau des Konzentrationslagers Auschwitz mitfinanziert hat.

5 Fr Im Guggenheim-Museum in New York wird die viel beachtete Ausstellung »Picasso and the War Years« eröffnet.

6 Sa Die deutsche Fußballnationalmannschaft muss die höchste Niederlage in einem Freundschaftsspiel seit 1986 hinnehmen. Sie verliert gegen die USA mit 0:3.

7 So Die CDU gewinnt die Landtagswahlen in Hessen. Ihr Spitzenkandidat Roland Koch (CDU) löst als Ministerpräsident Hans Eichel (SPD) ab. → Hussein II.

8 Mo In Washington verhandelt Kanzleramtsminister Bodo Hombach mit Opferverbänden über die Höhe von Entschädigungszahlungen an NS-Zwangsarbeiter.

9 Di Der französische Ex-Premier Laurent Fabius muss sich vor einem Pariser Gericht wegen der verzögerten Einführung von HIV-Tests für Blutspenden verantworten.

10 Mi US-Präsident Bill Clinton verspricht auf seiner Reise durch die von Hurrikan »Mitch« schwer verwüsteten Länder Mittelamerikas finanzielle Hilfeleistungen.

11 Do Bundesaußenminister Joschka Fischer setzt sich in Israel für die Fortsetzung des Friedensprozesses im Nahen Osten ein.

12 Fr Der US-Senat spricht Präsident Bill Clinton von den Anklagepunkten Meineid und Behinderung der Justiz im Zuge der Lewinsky-Affäre frei.

13 Sa Der aus Algerien stammende Asylbewerber Ben Noui stirbt in der sächsischen Stadt Guben an den Folgen einer Hetzjagd durch Jugendliche.

14 So Auf scharfe Kritik stößt der Vorschlag von Bundesarbeitsminister Walter Riester, die Renten nicht mehr an die Entwicklung der Nettolöhne anzupassen.

15 Mo Linke Extremisten verüben auf den Dienstwagen von Hartmuth Wrocklage, Innensenator von Hamburg, einen Brandanschlag. → Öcalan

16 Di Auf Druck der Bundesregierung richten zwölf deutsche Großkonzerne einen Fonds für Entschädigungszahlungen an ehemalige NS-Zwangsarbeiter ein.

17 Mi Der Bundesgerichtshof hebt den Freispruch gegen Ex-DDR-Innenminister Peter Diestel auf. Dieser hatte eine Villa vom eigenen Ministerium erworben.

18 Do Der Zusammenstoß eines Interregios mit einem entgleisten IC bei Immenstadt fordert zwei Todesopfer. Unglücksursache war eine falsch gestellte Weiche.

19 Fr Serbiens Präsident Slobodan Milošević weigert sich, im Kosovo-Konflikt den US-Vermittler Christopher Hill zu empfangen. → Weimar

20 Sa Neue Gefechte im Kosovo: In Studencane, 20 km nördlich von Prizren, kommt es zu Zusammenstößen zwischen Serben und albanischen Freischärlern.

21 So Der südwestliche Teil der Bundesrepublik wird von einer Hochwasserwelle heimgesucht. Nach starken Regenfällen treten zahlreiche Flüsse über ihre Ufer.

22 Mo Gegen die von der EU-Kommission geplante Agrarreform mit Preissenkungen von 30% demonstrieren in Brüssel zehntausende aufgebrachte Landwirte.

23 Di In Rambouillet bei Paris verstreicht das Ultimatum für den Kosovo-Friedensplan. Serben und Kosovo-Albaner erhalten drei Wochen Bedenkzeit. → Alpen

24 Mi Dieter Vogel, ehemaliger Thyssen-Chef, tritt die Nachfolge von Heinz Dürr als Aufsichtsratsvorsitzender der Deutschen Bahn an.

25 Do Die zweite Gesprächsrunde des »Bündnisses für Arbeit« in Bonn endet mit dem Versprechen der Arbeitgebervertreter, mehr Lehrstellen einzurichten.

26 Fr Gegen zwei Kurden, die in Leipzig das griechische Generalkonsulat besetzten, werden Ausweisungsverfügungen erlassen.

27 Sa Gewerkschaften und Arbeitgeber beenden in Stuttgart den Tarifkonflikt im öffentlichen Dienst. Die Löhne und Gehälter steigen zum 1. April um 3,1%.

28 So Als Vergeltung für den Mord an einem General bombardieren israelische Kampfflugzeuge im Libanon Stellungen der radikalislamischen Hisbollah.

März 1999

1 Mo Das von 65 Staaten ratifizierte Abkommen zur Ächtung von Landminen tritt in Kraft. +++ In Uganda ermorden Hutu-Rebellen acht Touristen.

2 Di Pannenserie setzt sich fort: In der Nähe von Göttingen blockiert ein brennender Güterwagen einen Tunnel der ICE-Strecke Hannover-Würzburg.

3 Mi Trotz intensiver Bemühungen kann die Bundesregierung die Hinrichtung des deutschen Raubmörders Walter LaGrand in Arizona nicht verhindern.

4 Do US-Pilot Richard Ashby, der im Februar 1998 das Seilbahnunglück in Cavalese/Italien verschuldete, wird von einem US-Militärgericht freigesprochen.

5 Fr Bei einem Bombenanschlag einer PKK-nahen Gruppe auf den Gouverneur der türkischen Provinz Çankiri kommen drei Menschen ums Leben.

6 Sa In Berlin wird die 33. Internationale Tourismusbörse eröffnet. Schwerpunkt der weltgrößten Reise-Messe ist umweltfreundlicher Tourismus.

7 So Bei Landtagswahlen in Österreich wird die Freiheitliche Partei unter Jörg Haider mit 42,1% erstmals in einem Bundesland stärkste politische Kraft.

8 Mo Gegenüber Ministerpräsident Miloš Zeman bekräftigt Bundeskanzler Gerhard Schröder den Verzicht auf Vermögensansprüche in Tschechien.

9 Di In Saarbrücken verüben unbekannte Täter auf die umstrittene Wehrmachtausstellung einen Sprengstoffanschlag.

10 Mi Ein Sondergericht in Gaza spricht drei ehemalige Hamas-Mitglieder des Mordes an einem palästinensischen Polizisten für schuldig.

11 Do Der Energiekonzern RWE stellt die Technologie »Powerline« vor, mit der Sprache und Daten über Stromkabel übertragen werden können. → Lafontaine

12 Fr In Independence (US-Bundesstaat Missouri) findet die feierliche Aufnahme von Ungarn, Polen und Tschechien in die NATO statt.

13 Sa Ein von kurdischen Separatisten verübter Brandanschlag auf ein belebtes Einkaufszentrum in Istanbul fordert insgesamt 13 Todesopfer.

14 So Luftangriffe auf den Irak: US-Kampfflugzeuge, die zuvor beschossen wurden, greifen Luftabwehrstellungen westlich der Stadt Mossul an.

15 Mo Eine vom kommunistischen Volkskongress verabschiedete Verfassungsänderung macht in China den Weg zur Ausweitung der Marktwirtschaft frei.

16 Di Laut Beschluss des britischen Unterhauses verliert der Erb-Adel sein seit Generationen geltendes automatisches Stimm- und Sitzrecht im Oberhaus. → Europa

17 Mi An der Volksbühne in Berlin findet die Premiere von Christoph Schlingensiefs Boulevardkomödie »Die Berliner Republik« statt.

18 Do Der Bundestag gibt nach heftigen Diskussionen den offiziellen Namen des neurenovierten Reichstages in Berlin bekannt: »Plenarbereich Reichstagsgebäude«.

19 Fr Auf Empfehlung der Bundesregierung verlassen die meisten noch in Jugoslawien lebenden Deutschen wegen der steigenden Kriegsgefahr den Balkan.

20 Sa Nachdem im Kosovo schwere Kämpfe entbrannt sind, werden 1400 OSZE-Beobachter in das benachbarte Mazedonien evakuiert. → Ballonflug

21 So Für seine Leistung im Film »Das Leben ist schön« erhält der italienische Schauspieler und Regisseur Roberto Benigni in Los Angeles einen »Oscar«.

22 Mo Beim Bundesverfassungsgericht geht eine Klage der FDP ein, die der Regierung Steuerverschwendung bei der Staatsbürgerschaftsreform-Kampagne vorwirft.

23 Di Roland Dumas, ehemaliger französischer Außenminister, wird wegen Korruptionsvorwürfen von seinem Amt als Verfassungsratspräsident suspendiert.

24 Mi Ein brennender Lkw löst im französischen Montblanc-Tunnel eine Katastrophe aus. 41 Menschen sterben. → Luftangriffe

25 Do In Leipzig wird die Buchmesse feierlich eröffnet. Schwerpunktthema der Veranstaltung ist dieses Jahr Literatur aus Bulgarien.

26 Fr Die Teilnehmer des EU-Gipfels in Berlin verabschieden das umfangreiche Reformpaket »Agenda 2000«, das u.a. eine Ausweitung der Union festlegt.

27 Sa Der französische Automobilkonzern Renault wird größter Anteilseigner beim angeschlagenen japanischen Unternehmen Nissan.

28 So In Paraguay wird Parlamentssprecher Luis González Macchi zum Nachfolger des zurückgetretenen Präsidenten Raúl Cubas gewählt.

29 Mo Ein Erdbeben am Fuß des zwischen Indien und China gelegenen Himalaja-Gebirges fordert mindestens 100 Todesopfer.

30 Di Nach dem Urteil eines US-Gerichts erhalten Hinterbliebene eines an Lungenkrebs gestorbenen Rauchers vom Tabakkonzern Philip Morris 147 Mio. DM.

31 Mi Nach Angaben der NATO setzen serbische Einheiten im Westen des Kosovo schwere Waffen gegen flüchtende Albaner ein.

11. März 1999

Lafontaine geht in Rente

Völlig überraschend tritt Bundesfinanzminister und SPD-Chef Oskar Lafontaine (s. Abb. mit Sohn) von allen seinen politischen Ämtern zurück. Bundeskanzler Gerhard Schröder, lange Zeit innerparteilicher Kontrahent des früheren saarländischen Ministerpräsidenten, bedauert Lafontaines Schritt und dankt ihm für seine Arbeit. Das SPD-Präsidium tritt zu einer Krisensitzung zusammen, die Opposition spricht von einer Bankrotterklärung der neuen Koalition. Während Journalisten in den folgenden Tagen das Privathaus Lafontaines belagern, wird über die Motive für den Rücktritt des Finanzministers spekuliert. So soll es politische Differenzen zwischen Schröder und Lafontaine gegeben haben. In einem ersten knappen Kommentar macht Lafontaine, der nur 136 Tage im Amt war, das »schlechte Mannschaftsspiel« in der Koalition für seinen Rücktritt mitverantwortlich. Zudem sah sich Lafontaine mit seinen wirtschaftspolitischen Ansätzen in Deutschland, aber auch innerhalb der Europäischen Union weit gehend isoliert. Dementsprechend begeistert wird sein Rücktritt im Ausland kommentiert. So jubelt das britische Blatt »The Sun«: »Wir haben ihn geschafft!« Lediglich in Frankreich wird auch Bedauern über Lafontaines Entscheidung laut. Als weiteres Motiv für Lafontaines Abgang wird vermutet, dass sich der Saarländer, der einen zweijährigen Sohn hat, in Zukunft mehr als bislang dem Privatleben und der Familie widmen will.

Der Vollblutpolitiker Lafontaine hatte im November 1995 nach einer kämpferischen Rede auf dem SPD-Parteitag in Mannheim Rudolf Scharping als Parteivorsitzenden abgelöst. Im März 1998 hatte der Saarländer nach dem Sieg Schröders bei der Landtagswahl in Niedersachsen diesen zum Kanzlerkandidaten der SPD erklärt. Das Zweckbündnis der beiden führenden SPD-Politiker wurde zur Grundlage für den Sieg der Sozialdemokraten bei der Bundestagswahl 1998.
Nachfolger Lafontaines wird der frühere hessische Ministerpräsident Hans Eichel (SPD). Zum neuen Vorsitzenden der SPD wird Schröder gewählt.

24. März 1999

NATO beginn

Nachdem es auf diplomatischem Wege nicht gelungen ist, den serbischen Präsidenten Slobodan Milošević zum politischen Einlenken und die serbischen Truppen zum Abzug aus dem Kosovo zu bewegen, beginnt die NATO mit Luftangriffen auf Jugoslawien. NATO-Generalsekretär Javier Solana erteilte den Befehl zum Angriff, weil es »keine Alternative mehr zum Militäreinsatz« gebe. Ziel ist die Rückkehr der vertriebenen Kosovaren, die u.a. in Albanien und Griechenland Zuflucht vor serbischen Milizen gesucht hatten. Das UNO-Flüchtlingshilfswerk geht von einer halben Million Flüchtlingen aus.

Serben in Belgrad

Unter den ersten Kampfflugzeugen, die Jugoslawien angreifen, sind auch vier Tornados der Bundeswehr. Damit sind erstmals seit dem Ende des Zweiten Weltkriegs deutsche Soldaten an Kampfhandlungen beteiligt. Ziel der ersten Angriffswellen der NATO-Flugzeuge sind vor allem die serbische Luftabwehr sowie Flughäfen, Fernmeldeeinrichtungen und Munitionslager. Knapp drei Stunden nach dem Start kehren die ersten Maschinen unversehrt von ihrem Einsatz zurück. In den folgenden Tagen verstärkt die westliche Verteidigungsallianz ihre Angriffe, die kontinuierlich auf das gesamte jugoslawische Staatsgebiet ausgeweitet werden.
Ein US-Tarnkappenbomber wird am 27. März über Jugoslawien abgeschossen. Der Pilot kann sich retten. Eine Spezialeinheit birgt den Soldaten. Anfang April wird die Innenstadt von Belgrad

20. März 1999

Abenteuer Ballonflug: In 19 Tagen um die Welt

Eines der letzten großen Abenteuer geht erfolgreich zu Ende: Dem Schweizer Ballonfahrer Bertrand Piccard und dem Briten Brian Jones gelingt es als Ersten, die Erde mit einem Ballon (s. Abb.) in einem Nonstopp-Flug zu umrunden. Um 10.54 Uhr passiert der »Breitling Orbiter« über Mauretanien in Westafrika die »Ziellinie«. 19 Tage brauchten die Abenteurer für ihren Flug.

uftangriffe gegen Serbien

Oben: Die Kosovo-Hauptstadt Priština nach einem Bombenangriff der NATO
Links: Flüchtlinge aus dem Kosovo überqueren die albanische Grenze.

zum ersten Mal das Ziel von NATO-Bomben. Ein schneller Sieg gegen die serbischen Truppen ist jedoch nicht möglich. Die NATO-Strategie basiert auf der Zerstörung von Nachschublinien, Treibstofflagern und Kommunikationseinrichtungen.

Kritiker des Einsatzes bezweifeln die Rechtmäßigkeit des NATO-Angriffs auf Jugoslawien. Zudem wird befürchtet, dass sich der Konflikt ausweiten könnte. Der serbische Präsident erhofft sich Hilfe von Russland, die europäischen Staaten versuchen ihrerseits, Moskau in eine Lösung des Konflikts einzubinden. Die umstrittene Provinz Kosovo, die zu 90% von Albanern bewohnt wird, gilt den Serben als »heiliger Boden«. Es wird als Stammland und Wiege der Nation angesehen. Am 28. Juni 1389 wurde der Mythos um das Kosovo geschaffen: Auf dem Amselfeld, nahe Priština, gelang es dem serbischen Heer, den türkischen Sultan Murad I. zu töten. Diesen militärischen Erfolg bezahlten die Serben mit der Vernichtung ihres gesamten Heeres. Seit dieser Zeit sehen sich die Serben als Helden, die sich für das christliche Abendland geopfert hätten. Mit Milošević wurde der serbische Nationalismus neu entfacht. 1990 wurde die Autonomie des Kosovo innerhalb Jugoslawiens aufgehoben und es kam immer wieder zu blutigen Zusammenstößen zwischen Kosovaren und serbischer Polizei.

16. März 1999

Europas Regierung tritt zurück

Unter dem Druck schwerer Vorwürfe der Vetternwirtschaft tritt zum ersten Mal in ihrer Geschichte eine Europäische Kommission zurück. Tags zuvor war in Brüssel ein Untersuchungsbericht unabhängiger Juristen und Rechnungsprüfer veröffentlicht worden, in dem den 20 Kommissaren der Europäischen Union (EU) vorgeworfen wird, sie hätten die Kontrolle über Finanzen und Verwaltung verloren. Am 24. März wird der frühere italienische Regierungschef Romano Prodi zum neuen Präsidenten der EU-Kommission ernannt.

20. April 1999

Massaker von Littleton

Ein Massaker erschüttert Amerika: In der Kleinstadt Littleton bei Denver erschießen zwei Jugendliche in einer High-School zwölf Mitschüler und einen Lehrer, nachdem sie den Geburtstag Adolf Hitlers im Internet als »Tag der Abrechnung« angekündigt hatten. 20 Menschen werden zum Teil schwer verletzt. Im Anschluss an das bislang blutigste Massaker an einer US-Schule begehen die Attentäter Selbstmord. Der Amoklauf ist erneut Anlass für eine Debatte über eine Verschärfung der liberalen Waffengesetze in den USA.

April 1999

1 Do In Berlin-Brandenburg startet Europas größter Verkehrsverbund. Mehr als 30 Verkehrsunternehmen beteiligen sich am einheitlichen Tarifsystem.

2 Fr Ein Gericht in der Ukraine verurteilt den 39-jährigen Anatoli Onoprienko zum Tode. Er gestand, von 1989 bis 1996 insgesamt 52 Menschen getötet zu haben.

3 Sa Erstmals seit Beginn der NATO-Bombardierungen wird mit dem Innenministerium ein Ziel in Jugoslawiens Hauptstadt Belgrad angegriffen.

4 So Durch eine 2:3-Niederlage gegen das Team aus Russland scheidet die deutsche Mannschaft aus dem Tennis-Davis-Cup aus.

5 Mo Libyen lenkt nach jahrelangem Tauziehen ein und überstellt die Verdächtigen des Flugzeugattentats von Lockerbie (1988) an ein schottisches Gericht.

6 Di Es wird bekannt, dass zwei Mitarbeiter der Barmer Ersatzkasse durch fingierte Rechnungen einen Schaden von 2,5 Mio. DM verursacht haben.

7 Mi Roland Koch (CDU) wird neuer hessischer Ministerpräsident. +++ Die ersten aus dem Kosovo vertriebenen albanischen Flüchtlinge treffen in Nürnberg ein.

8 Do Im Rahmen des ersten USA-Besuchs eines chinesischen Regierungschefs seit 15 Jahren empfängt US-Präsident Bill Clinton Ministerpräsident Zhu Rongji.

9 Fr Kreml-Chef Boris Jelzin droht im Falle einer NATO-Invasion auf dem Balkan ein militärisches Eingreifen Russlands an.

10 Sa Im Mittleren Westen der USA kommen sechs Menschen bei heftigen Stürmen und einer Serie von Tornados ums Leben.

11 So Der in Teheran wegen einer Beziehung zu einer Muslimin inhaftierte Deutsche Helmut Hofer wird aus der Haft entlassen, darf das Land aber nicht verlassen.

12 Mo Drei Todesopfer sowie 47 zum Teil schwer Verletzte fordert der Absturz einer Kabine der berühmten Schwebebahn in Wuppertal.

13 Di Ein US-Gericht verurteilt den prominenten Mediziner Jack Kevorkian wegen geleisteter Sterbehilfe zu einer mehrjährigen Haftstrafe.

14 Mi Der Konflikt zwischen Indien und Pakistan verschärft sich. Beide Staaten testen Raketen, mit denen Atomsprengköpfe transportiert werden können.

15 Do Archäologen entdecken auf dem Kapitolshügel in Rom eine Kinderleiche aus dem achten Jahrhundert vor Christus.

16 Fr Der Parteivorsitzende der französischen Neogaullisten, Philippe Séguin, gibt in Paris seinen Rücktritt bekannt.

17 Sa In der Nähe von Koblenz entgleist auf gerader Strecke der von Wien nach Dortmund fahrende Eurocity »Donau-Kurier« der Deutschen Bahn.

18 So Die Demokratische Linkspartei unter Ministerpräsident Bülent Ecevit geht mit 22% der Stimmen als Sieger aus den türkischen Parlamentswahlen hervor.

19 Mo Der Warenhauskonzern Karstadt und das Versandhaus Quelle geben ihren Zusammenschluss bekannt. Das neue Unternehmen beschäftigt 120 000 Leute.

20 Di Ufa-Sports sichert sich für 50 Mio. DM die exklusiven Vermarktungsrechte für den Fußballverein Borussia Dortmund. → Massaker

21 Mi Rd. 24 000 Menschen strömen am ersten Tag der offenen Tür in den Berliner Reichstag. Hauptattraktion ist die neue Glaskuppel.

22 Do Wegen sexuellen Missbrauchs von Kindern verurteilt das Landgericht von Hechingen (Baden-Württemberg) einen katholischen Priester zu einer Haftstrafe.

23 Fr Aufgrund des Kosovo-Krieges feiern hochrangige Vertreter der 19 Mitgliedsstaaten in Washington den 50. Geburtstag der NATO nur verhalten.

24 Sa In London explodiert zum zweiten Mal innerhalb einer Woche in einem Ausländerviertel eine Bombe. Neonazis bekennen sich zu den Anschlägen.

25 So Die Meisterfeier des Fußballklubs Feyenoord Rotterdam gerät außer Kontrolle. Um Hooligans zu bändigen, macht die Polizei von Schusswaffen Gebrauch.

26 Mo Um den Druck auf Serbien zu erhöhen, beschließen in Luxemburg die EU-Außenminister, die Sanktionen gegen Jugoslawien zu verschärfen.

27 Di Rund 2000 Krankenhausbeschäftigte protestieren in Potsdam gegen den drohenden Abbau von Stellen in Ostdeutschland.

28 Mi Die nach der Wende beschlossenen Kürzungen von Renten ehemaliger DDR-Funktionäre werden teilweise wieder zurückgenommen.

29 Do Erstmals in Deutschland entzieht in Thüringen der Landtag einer PDS-Abgeordneten wegen Stasi-Verwicklungen das Mandat.

30 Fr Weltpremiere: Ex-Beatle Paul McCartney stellt erstmals 70 seiner Bilder aus. Ort der Präsentation ist die südwestfälische Stadt Siegen.

Mai 1999

1 Sa Erstmals seit 50 Jahren veranstalten DGB und DAG eine gemeinsame Mai-Kundgebung zum Tag der Arbeit. 6000 Menschen kommen nach Dortmund.

2 So Vor 150 000 Gläubigen auf dem Petersplatz spricht Papst Johannes Paul II. den 1968 verstorbenen italienischen Mönch Padre Pio selig.

3 Mo Schwere Wirbelstürme verwüsten die US-Bundesstaaten Oklahoma und Kansas. 46 Menschen kommen bei der Katastrophe ums Leben.

4 Di Der Frauensender TM 3, hinter dem der Unternehmer Rupert Murdoch steht, erwirbt für 880 Mio. DM die Übertragungsrechte der Champions League.

5 Mi US-Präsident Bill Clinton kündigt an, die NATO werde die Luftangriffe gegen Jugoslawien bis zur Erfüllung der Forderungen »erbarmungslos intensivieren«.

6 Do Die Schotten wählen zum ersten Mal seit 300 Jahren wieder ein eigenes Parlament. Wahlsieger wird mit 56 Sitzen die Labour-Partei vor den Nationalisten.

7 Fr Mit großer Mehrheit beschließt der Bundestag eine Reform des Staatsbürgerschaftsrechts. U.a. wird die Einbürgerung von Kindern erleichtert.

8 Sa NATO-Piloten bombardieren in Belgrad versehentlich die chinesische Botschaft. In Peking kommt es daraufhin zu Ausschreitungen gegen die US-Botschaft.

9 So Bayern München sichert sich mit einem 1:1 gegen Hertha BSC Berlin den Titel des deutschen Fußballmeisters. Es ist die 15. Meisterschaft der Bayern.

10 Mo Ein Stillleben des französischen Malers Paul Cézanne wird bei Sotheby's versteigert. Das Gemälde erzielt einen Preis von umgerechnet 110 Mio. DM.

11 Di Das Bundeskabinett beschließt, dass der hessische Landeszentralbankchef Ernst Welteke Nachfolger von Bundesbankpräsident Hans Tietmeyer werden soll.

12 Mi Russlands Präsident Boris Jelzin entlässt Jewgenij Primakow aus dem Amt des Ministerpräsidenten. Nachfolger wird dessen Stellvertreter Sergej Stepaschin.

13 Do Auf einem Sonderparteitag der Grünen in Bielefeld befürwortet die Mehrheit der Delegierten die Kosovo-Politik der Bundesregierung.

14 Fr Der US-Kongress lehnt es ab, die beantragten 40 Mio. Dollar Schadensersatz für die Opfer des Seilbahnunglücks von Cavalese (Italien) zu zahlen.

15 Sa In Moskau scheitert der Versuch von Nationalisten und Kommunisten, mittels eines Amtsenthebungsverfahrens Russlands Präsident Boris Jelzin zu stürzen.

16 So Der Formel-1-Pilot Michael Schumacher gewinnt den Großen Preis von Monaco. Zweiter wird sein Ferrari-Teamkollege Eddie Irvine, Dritter Mika Häkkinen.

17 Mo In Helsinki beraten die Regierungschefs der Bundesrepublik, Italiens und Finnlands über Möglichkeiten, die Kosovo-Krise zu beenden. → Barak

18 Di In einer Stellungnahme zur Kosovo-Krise lehnt Bundeskanzler Gerhard Schröder den Einsatz von Bodentruppen nachdrücklich ab.

19 Mi Der ADAC hat eine neue Rekordmarke erreicht: Ingeburg Pielert aus Essen ist das 14-millionste Mitglied des Automobilclubs.

20 Do Vor Malaysia gerät das Kreuzfahrtschiff »Sun Vista« in Brand und sinkt. Alle 472 Passagiere können jedoch gerettet werden.

21 Fr Der Haushalt 1999 passiert den Bundesrat. Er sieht Ausgaben in Höhe von 485,7 Mrd. DM und eine Neuverschuldung von 53,5 Mrd. DM vor.

22 Sa Sintflutartige Regenfälle gehen über den Alpen nieder. In Österreich, der Schweiz und Bayern kommt es zu katastrophalen Überschwemmungen.

23 So Für ihren Film »Rosetta« erhalten die belgischen Regisseure Luc und Jean-Pierre Dardenne die »Goldene Palme« der Filmfestspiele in Cannes. → Rau

24 Mo Im Berliner Reichstag feiert die Bundesregierung mit einem Staatsakt den 50. Jahrestag der Unterzeichnung des Grundgesetzes.

25 Di In Frankreich scheitert ein Misstrauensantrag der bürgerlich-konservativen Opposition gegen die sozialistische Regierung unter Lionel Jospin.

26 Mi Fußball-Drama: Durch Gegentreffer in der 91. und 93. Minute verliert der FC Bayern München das Champions-League-Finale gegen Manchester United mit 1:2.

27 Do Das Jugoslawien-Tribunal der UN erlässt Haftbefehl gegen den jugoslawischen Präsidenten Slobodan Milošević wegen der Verbrechen an Kosovo-Albanern.

28 Fr Im Kaukasus kommt es zu schweren Kämpfen zwischen der russischen Armee und tschetschenischen Freischärlern, bei denen zehn Menschen sterben.

29 Sa Im Tauern-Tunnel bei Salzburg ereignet sich ein schwerer Unfall, bei dem ein Lkw in Brand gerät. Zwölf Menschen sterben bei dem Unglück.

30 So Die FDP-Delegierten bestätigen auf ihrem Parteitag in Bremen Wolfgang Gerhardt als Parteivorsitzenden. Gerhardt erhält 84,9% der Stimmen.

31 Mo Bei der Eröffnung des Prozesses gegen PKK-Chef Abdullah Öcalan bietet der Angeklagte an, »dem türkischen Staat zu dienen«.

10. Juni 1999

Serben ziehen Truppen au

Der Weg zu einer Einstellung der Kampfhandlungen im Kosovo-Krieg ist nach 79 Tagen frei. Am Nachmittag erklärt NATO-Generalsekretär Javier Solana die Luftangriffe gegen Jugoslawien offiziell für vorläufig beendet. Zuvor hatte ihm NATO-Oberbefehlshaber Wesley Clark bestätigt, dass die Serben mit dem Rückzug aus der umkämpften Provinz Kosovo begonnen haben. Am Abend verabschiedet der UN-Sicherheitsrat mit 14 Ja-Stimmen und einer Enthaltung aus China die lange umstrittene Kosovo-Resolution, die den Weg für die Entsendung der 50 000 Mann starken KFOR-Friedenstruppe frei macht.
Der Durchbruch war am Vortag bei Militärgesprächen erzielt worden. Dabei hatte sich die serbische Seite verpflichtet, ihre 40 000 Soldaten innerhalb von elf Tagen aus dem Kosovo abzuziehen. Unmittelbar danach soll die KFOR-Truppe einrücken und die Grundlage für eine sichere Rückkehr der rd. 800 000 Kosovo-Flüchtlinge schaffen. Das Kosovo wird in fünf Zonen

Oben: Fliehende serbische Zivilisten.
Rechts: Abzug der serbischen Armee

2. Juni 1999

Belgien: Dioxin in Geflügel

Die Europäische Kommission verhängt einen Exportstopp für Geflügel und Eier aus Belgien sowie deren Folgeprodukte und ordnet die Vernichtung an (s. Abb).

Ursache ist die Überschreitung des von der WHO festgelegten Dioxin-Grenzwertes um das Zehn- bis Fünfzigfache. Darüber hinaus droht EU-Kommissar Franz Fischler der belgischen Regierung wegen ihrer zögerlichen Informationspolitik mit rechtlichen Schritten. Offensichtlich wussten Regierungs- und Verwaltungsstellen seit März von dem Skandal. Ausgangspunkt der Dioxin-Verseuchung ist ein Futtermittel-Betrieb in Gent, der dem Tierfutter dioxinverseuchtes Altfett beimischte. In Deutschland werden belgische Produkte aus den Supermarkt-Regalen genommen.

23. Juni 1999

Eichel setzt Sparkurs durch

Die rot-grüne Bundesregierung, der allgemein ein Fehlstart in ihre erste Legislaturperiode bescheinigt wird, sucht den Durchbruch auf dem Gebiet der Haushaltssanierung. Das Bundeskabinett verabschiedet in Bonn den Etat des Jahres 2000. Er enthält Planungen für ein 30 Mrd. DM umfassendes Sparpaket, das Bundesfinanzminister Hans Eichel (SPD) vorgelegt hat.
Eichels Streichliste soll alle Ressorts prozentual gleich – in Höhe von 7,4% – betreffen. Die Nettokreditaufnahme des Bundes, die im Haushalt 2000 bei 49,5 Mrd. DM liegt, soll laut mittelfristiger Finanzplanung bis 2003 auf 30,4 Mrd. DM abgesenkt werden. Bundeskanzler Gerhard Schröder (SPD) weist darauf hin, dass von den Belastungen durch das Sparpaket niemand ausgenommen werde. Finanzminister Eichel führt fort, dass damit die Voraussetzungen für mehr Wachstum und Beschäftigung geschaffen würden. Kernstück des Sparprogramms, das am 25. August vom Kabinett beschlossen wird, ist die Beschränkung der Rentenerhöhungen auf den Inflationsausgleich in den nächsten zwei Jahren. Neben dem Sparpaket verabschiedet die Koalition weitere Reformprojekte wie die Unternehmens- und Ökosteuerreform. Gegen das Sparprogramm der Regierung regt sich u.a. von Ländern und Gemeinden teilweise massiver Widerstand.

osovo ab

aufgeteilt. Die Schutzmächte der einzelnen Sektoren sind Italien, Frankreich, Großbritannien, die USA und Deutschland. Der deutsche Sektor erstreckt sich um die Stadt Prizren im Süden des Kosovo. Hier wie in den anderen Orten ist die erste Aufgabe der Schutztruppen die Entwaffnung der albanischen Untergrundarmee UCK, die nach dem Abzug der Serben ebenfalls Machtansprüche anmeldet.
Unmittelbar nach ihrem Einmarsch entdecken die KFOR-Truppen eine Vielzahl von Massengräbern im Kosovo. Serbische Armee und Sondereinheiten hatten viele tausend Kosovo-Albaner umgebracht und verscharrt. In der Regel führen Überlebende und rückkehrende Flüchtlinge die Soldaten und internationalen Ermittler des Haager Tribunals an diese Stätten des Grauens. Die meisten im Kosovo lebenden Serben fliehen in das serbische Kernland. Verschärft kommt es zu Spannungen zwischen KFOR-Truppen und Albanern bzw. UCK-Freischärlern, die Rache an Serben verüben. Auf dem Kölner Gipfel der sieben führenden westlichen Industriestaaten und Russland, der zeitlich mit dem Ende der Luftangriffe zusammenfällt, vereinbaren die Teilnehmer u.a. einen Stabilitätspakt für Südosteuropa. Die Kosten für den Wiederaufbau des zerstörten Balkan werden auf 190 Mrd. DM geschätzt.

23. Mai 1999

Rau wird Bundespräsident

Die Bundesversammlung wählt im Berliner Reichstag den SPD-Politiker Johannes Rau (Abb.: Bundeskanzler Gerhard Schröder gratuliert Rau, M.) als Nachfolger von Roman Herzog (CDU) zum achten deutschen Bundespräsidenten. Der ehemalige Ministerpräsident von Nordrhein-Westfalen erzielt im zweiten Wahlgang mit 690 von 1333 Stimmen die notwendige absolute Mehrheit.

Die Kandidatin der CDU, Dagmar Schipanski, erhält 572, Uta Ranke-Heinemann, die von der PDS aufgestellt wurde, 62 Stimmen.

Johannes Rau

deutscher Politiker, * 16.1.1931 Wuppertal

Bürgernähe und Integrationsfähigkeit zeichnen den SPD-Politiker aus, der zwei Dekaden lang Ministerpräsident des bevölkerungsreichsten Bundeslandes Nordrhein-Westfalen war. Seit dem Verlust der absoluten SPD-Mehrheit 1995 regierte Rau in Düsseldorf mit den Grünen als Koalitionspartner. 1987 unterlag er als Kanzlerkandidat Helmut Kohl, 1994 bei der Bundespräsidentenwahl seinem Amtsvorgänger Roman Herzog. Sein Motto »Versöhnen statt Spalten« soll auch für seine Präsidentschaft gelten, in der er vor allem das Gespräch mit den Bürgern suchen will.

- 1957: SPD-Mitgl. (zuvor Mitgl. der Gesamtdt. Volkspartei)
- 1958-99: Mitglied des Landtages in Nordrhein-Westfalen
- 1978-98: Ministerpräsident von Nordrhein-Westfalen

17. Mai 1999

Barak neuer Premier Israels

Die israelischen Wähler führen einen einschneidenden Kurswechsel herbei: Bei der Direktwahl des Premiers siegt Ehud Barak (s. Abb. r.) von der

Arbeiterpartei mit 56% der Stimmen über Amtsinhaber Benjamin Netanjahu vom konservativen Likud-Block. Von Barak, dem ehemaligen Generalstabschef und höchstdekorierten Soldaten Israels, erwarten die Wähler eine Fortführung der Aussöhnung mit den Nachbarn. Seit dem tödlichen Attentat auf Ministerpräsident Yitzhak Rabin 1995 war der Nahost-Friedensprozess ins Stocken geraten. Netanjahu hatte in seiner Amtszeit durch übermäßiges Taktieren selbst Verbündete gegen sich aufgebracht.

25. Juni 1999

Mahnmal für den Holocaust

Der deutsche Bundestag beschließt die Errichtung eines zentralen Mahnmals für die während der NS-Herrschaft ermordeten Juden in Europa. Neben dem Berliner Reichstag entsteht nunmehr ein Betonstelenfeld nach dem Entwurf des amerikanischen Architekten Peter Eisenman (Entwurf Eisenman II). Es sieht ein Feld von 2700 bis 4 m hohen Pfeilern vor, das von Lindenbäumen eingefasst wird. Die Anlage (s. Abb.) soll um ein Informationszentrum ergänzt werden. Mit dem Entschluss endet eine jahrelange Debatte um eine würdige Gedenkstätte am neuen Regierungssitz. Baubeginn ist der Gedenktag der NS-Opfer am 27. Januar 2000.

Juni 1999

1 Di Der deutsche Lesben- und Schwulenverband legt einen Gesetzentwurf vor, nach dem gleichgeschlechtliche Partnerschaften Ehestatus bekommen sollen.

2 Mi In Südafrika gewinnt die Regierungspartei Afrikanischer Nationalkongress (ANC) die Parlamentswahlen mit 66,35% der Stimmen. → Belgien

3 Do Eine Abstimmung im serbischen Parlament ergibt mehrheitlich eine Zustimmung zu den von den EU-Vermittlern vorgelegten Friedensbedingungen.

4 Fr Bei ihrem Gipfeltreffen in Köln beschließen die Staats- und Regierungschefs der Europäischen Union, einen stärkeren Akzent auf die Sicherheitspolitik zu legen.

5 Sa In Paris gewinnt Steffi Graf zum sechsten Mal die internationalen französischen Tennismeisterschaften. Es ist ihr 22. Sieg in einem Grand-Slam-Turnier.

6 So Die Bremer SPD erhält bei den Bürgerschaftswahlen mit Spitzenkandidat Henning Scherf 42,6% der Stimmen und kann ihre Mehrheit weiter ausbauen.

7 Mo Zum ersten Mal seit 1955 werden in Indonesien freie Wahlen abgehalten. Stärkste Kraft wird die demokratisch-nationalistische Oppositionspartei PDI-P.

8 Di In Wuppertal explodiert ein Teil des Bayer-Werks. Bei der Detonation werden 91 Menschen leicht verletzt. Giftige Dämpfe treten nach Werksangaben nicht aus.

9 Mi Drei Bundesländer befürworten einen Modellversuch mit elektronischen Fußfesseln. Dabei handelt es sich um ein Ortungssystem für Freigänger.

10 Do Die Europäische Raumfahrt-Organisation ESA gibt bekannt, im Jahr 2003 eine Forschungssonde zum Mars schicken zu wollen. → Serben

11 Fr Der Bundestag beschließt, das deutsche KFOR-Kontingent im Kosovo um 2500 Soldaten auf 8500 Mann aufzustocken.

12 Sa Noch bevor die NATO-Truppen das Kosovo erreichen, besetzen 200 russische Soldaten den strategisch wichtigen Flugplatz von Priština.

13 So In der EU finden die Wahlen zum Europaparlament statt. In Deutschland behaupten sich CDU und CSU mit 48,7% der Stimmen vor der SPD mit 30,7%.

14 Mo Ein Berliner Gericht weist eine Klage von Margot Honecker über die Herausgabe eines Guthabens von 100 000 DM ab.

15 Di Als bekannt wird, dass Coca-Cola-Getränke aus belgischer und französischer Produktion verunreinigt sind, wird der Verkauf des Produktes gestoppt.

16 Mi Der US-Athlet Maurice Greene läuft in Athen die 100-m-Strecke in 9,79 sec und stellt damit einen Weltrekord auf.

17 Do Papst Johannes Paul II. beendet seinen Besuch in Polen. Das Kirchenoberhaupt wurde von jubelnden Menschen in Tschenstochau und Gleiwitz empfangen.

18 Fr Das US-Repräsentantenhaus spricht sich gegen Kontrollen beim Verkauf von Handfeuerwaffen aus. Auslöser für die Debatte war das Massaker von Littleton.

19 Sa In Großbritannien findet mit der Trauung von Prinz Edward und Sophie Rhys-Jones die Hochzeit des Jahres statt.

20 So Die Vertreter der G 8-Staaten beschließen nach dreitägigen Beratungen in Köln u.a. Teilentschuldung der ärmsten Länder und Aufbauhilfe für den Balkan.

21 Mo Willi Lemke, Ex-Manager des Fußballvereins SV Werder Bremen, wird von der Bürgerschaft zum Bildungssenator Bremens gewählt.

22 Di Verhandlungen zwischen Vertretern der Atomwirtschaft und der Bundesregierung über einen Ausstieg aus der Kernenergie enden ergebnislos.

23 Mi Die Nachfolge von Dirigent Claudio Abbado steht fest. Künftig leitet der Brite Simon Rattle die Berliner Symphoniker. → Sparkurs

24 Do Im Auktionshaus »Christie's« bringen 100 Gitarren des Rockmusikers Eric Clapton 9,6 Mio. DM für einen wohltätigen Zweck ein.

25 Fr Krieg zwischen Israels Armee und der Hisbollah: Elf Menschen kommen bei Gefechten im Libanon ums Leben. → Mahnmal

26 Sa Nach den Bürgerschaftswahlen in Bremen stimmt der Landesparteitag der SPD dem Koalitionsvertrag mit der CDU zu.

27 So In München gibt Popstar Michael Jackson ein Konzert vor 60 000 Fans. Als sich eine Hebebrücke zu schnell senkt, erleidet der Sänger Schürfwunden.

28 Mo Nach dem Friedensschluss im Kosovo beginnt das UNO-Flüchtlingshilfswerk mit der Rückführung der vertriebenen Albaner in ihre Heimat.

29 Di Der geplante Wechsel von Martin Bangemann, EU-Kommissar für Telekommunikation, zu einem spanischen Telefonkonzern löst einen Skandal aus.

30 Mi Nachdem Boris Becker im Achtelfinale von Wimbledon gegen den Australier Patrick Rafter unterliegt, erklärt er seinen Ausstieg aus dem Tennissport.

Juli 1999

1 Do Johannes Rau wird als achter Bundespräsident vereidigt. +++ Bei einem Seilbahnunglück am Pic de Bure in den französischen Alpen kommen 20 Insassen um.

2 Fr Die Jury der deutschen Akademie für Sprache und Dichtung spricht dem Schriftsteller Arnold Stadler den Georg-Büchner-Preis zu.

3 Sa Der Börsenmakler Nick Leeson wird in Singapur aus der Haft entlassen. Er hatte die Barings-Bank in den Ruin getrieben – die größte Bankenpleite der Welt.

4 So Mit seinem sechsten Wimbledon-Sieg – dem zwölften Grand-Slam-Titel insgesamt – wird Pete Sampras (USA) erfolgreichster Tennisspieler aller Zeiten.

5 Mo Mit dem Abtransport der ersten 40 Container vom Kölner Umschlagebahnhof Eifeltor beginnt der Umzug der Bundesregierung von Bonn nach Berlin.

6 Di Gegen heftige Proteste der katholischen Kirche wird in Deutschland die Abtreibungspille »Mifegyne« zugelassen.

7 Mi Zur Friedenssicherung im Kosovo beschließt die Bundesregierung im UN-Auftrag die Entsendung von 210 Polizeibeamten in das Krisengebiet.

8 Do Die norwegische Ostseefähre »Princess Ragnhild« gerät vor Göteborg in Brand. Alle 1339 Passagiere können gerettet werden.

9 Fr Die KFOR-Friedenstruppe im Kosovo entdeckt bei Ljubenic das bisher größte Massengrab. Darin sind rd. 350 von Serben getötete Albaner verscharrt.

10 Sa In Berlin strömen Hunderttausende zur Love-Parade. Während des Spektakels wird in der Menge ein Mann von einem unbekannten Täter erstochen.

11 So Beim Großen Preis von England in Silverstone rast der Ferrari-Pilot Michael Schumacher mit 100 km/h in einen Reifenstapel und zieht sich einen Beinbruch zu.

12 Mo Wegen des Versuchs, Walfänger zu behindern, setzt die norwegische Küstenwacht 15 Greenpeace-Aktivisten fest und beschlagnahmt deren Schiff.

13 Di Vor dem Landgericht Hagen reicht ein an Lungenkrebs Erkrankter die erste Privatklage in Deutschland gegen Tabakkonzerne ein.

14 Mi Die EU-Kommission hebt das weltweite Exportverbot für britisches Rindfleisch auf, das im März 1996 wegen der Seuche BSE verhängt worden war.

15 Do Ibrahim Rugova, Führer der Kosovo-Albaner, kehrt unter dem Jubel von hunderttausenden seiner Anhänger aus dem Exil in das Kosovo zurück.

16 Fr Wegen Kokain-Handels wird der ehemalige deutsche Boxprofi und Europameister René Weller zu sieben Jahren Haft verurteilt. → Kennedy

17 Sa Zum dritten Mal wird in Deutschland der Fußball-Ligapokal ausgespielt. Bayern München gewinnt die Trophäe durch ein 2:1 gegen Werder Bremen.

18 So China begegnet den Unabhängigkeitsbestrebungen Taiwans mit militärischer Gewalt. Peking hält Seemanöver ab und droht mit einer Invasion.

19 Mo Das Robert-Koch-Institut in Berlin erteilt die Genehmigung, dass erstmals in Deutschland gentechnisch veränderter Wein angebaut werden darf.

20 Di Hohe Strafen kündigen die Behörden gegen Bauarbeiter an, die einen Teil der chinesischen Mauer zerstörten, um Platz für eine Autobahn zu schaffen.

21 Mi Wegen des Regierungsumzugs nach Berlin wird die historische SPD-Zentrale in Bonn, das Erich-Ollenhauer-Haus (»Baracke«), geschlossen.

22 Do Die Ermittlungen gegen Manfred Stolpe, den Ministerpräsidenten Brandenburgs, wegen angeblicher Stasi-Kontakte werden nach sieben Jahren eingestellt.

23 Fr Bei einem Besuch im Kosovo trifft Bundeskanzler Gerhard Schröder mit Vertretern der Konfliktparteien zusammen. → Marokko

24 Sa Beim Confederations Cup in Mexiko verliert die deutsche Fußball-Nationalmannschaft das Auftaktspiel gegen den viermaligen Weltmeister Brasilien mit 0:4.

25 So In Paris endet die letzte Etappe der 86. Tour de France. Sieger des diesjährigen Wettbewerbs ist der US-Radprofi Lance Armstrong.

26 Mo Eine Lottospieler-Familie aus Schleswig-Holstein – die Eltern und drei erwachsene Kinder – knackt den Jackpot mit fast 21 Mio. DM.

27 Di Johannes Rau wird auf seiner ersten Auslandsreise als Bundespräsident in Paris von Frankreichs Präsident Jacques Chirac empfangen.

28 Mi In Brüssel beschließen die EU-Mitgliedsstaaten, 2,2 Mrd. DM für das Kosovo bereitzustellen, bevor der Winter einbricht.

29 Do Die chinesischen Behörden erlassen einen Haftbefehl gegen den Gründer der Falun-Gong-Sekte. Die KPCh fürchtet um ihr Machtmonopol.

30 Fr In Sarajevo treffen sich Staats- und Regierungschefs von 35 Ländern, um über die Zukunft der Balkanregion zu beraten.

31 Sa Die Landesregierung in Thüringen feiert den 80. Jahrestag der Deutschen Reichsverfassung von Weimar, der Grundlage der ersten deutschen Demokratie.

Erdbebenopfer vor ihren zerstörten Häusern

17. August 1999

Beben am Bosporus

In der nordwestlichen Türkei ereignet sich ein verheerendes Erdbeben: Das Epizentrum liegt in Izmit am östlichen Ende des Marmarameeres. Betroffen sind aber auch die Städte Gölcük, Bolu, Bursa sowie die Millionen-Metropole Istanbul. Die Erdstöße mit der Stärke 7,8 auf der nach oben offenen Richter-Skala lassen Gebäude wie Kartenhäuser einstürzen. Unmittelbar nach dem Beben beginnen Überlebende teilweise mit bloßen Händen nach Verschütteten zu graben.
Die gemeldete Zahl der Opfer steigt stündlich an. Ende August haben die Helfer bereits mehr als 14500 Todesopfer geborgen. Mehr als 24000 Menschen erlitten Verletzungen. Die hohe Zahl der Opfer erklärt sich u.a. aus dem schlechten Zustand der Gebäude, die dem Beben aufgrund baulicher Mängel nicht Stand hielten. Beim Bau vieler Häuser waren die Vorschriften nicht eingehalten worden. Der Zorn der Überlebenden richtet sich aber auch gegen die Regierung in Ankara, die keinerlei Vorsorge gegen eine Katastrophe dieses Ausmaßes getroffen hatte. Nur Stunden nach dem Beben treffen Hilfstrupps aus dem Ausland – u.a. aus Japan und Deutschland – ein, die sich mit Suchhunden und modernem technischen Gerät an den Bergungsarbeiten beteiligen. Noch Tage nach dem Unglück gelingt es, Verschüttete zu bergen.

13. August 1999

Trauer um Bubis

Im Alter von 72 Jahren stirbt Ignatz Bubis, der Präsident des Zentralrats der Juden in Deutschland. Sein Tod löst im In- und Ausland Trauer aus. Als Deutscher jüdischen Glaubens, dessen Vater und Geschwister während des Holocaust ermordet wurden, hatte er sich nach 1945 bewusst für die Rückkehr nach Deutschland entschieden. Bubis galt als moralische Instanz. Sein Ziel war die Überwindung von Antisemitismus und Fremdenhass. Im letzten Interview vor seinem Tod zog er allerdings resigniert Bilanz: Er hätte fast nichts bewirkt.

27. August 1999

Jelzin in Bedrängnis

Der russische Präsident Boris Jelzin und sein Umfeld geraten unter schweren Verdacht: Nach Darstellung der Zeitung »USA Today« wurden für Russland bestimmte, westliche Hilfsgelder in Höhe von bis zu 15 Mrd. Dollar zur Bank of New York transferiert und dort »gewaschen«. Eine Jelzin-Tochter soll in die Transaktion verwickelt sein. Noch schwerer wiegt der Vorwurf, Jelzin selbst solle von einer Schweizer Baufirma als Gegenleistung für lukrative Renovierungsaufträge im Kreml eine Mio. Dollar erhalten haben.

11. August 1999

Mond knipst die Sonne aus

Millionen Menschen in ganz Europa bejubeln ein faszinierendes Jahrhundertschauspiel, als sich der Mond komplett vor die Sonne schiebt und die Erde verdunkelt. Ein rd. 100 km breiter Schatten, die Zone der totalen Sonnenfinsternis, rast mit doppelter Schallgeschwindigkeit zwischen London und Paris hindurch, südlich an Wien vorbei, über Bukarest in Richtung Anatolien.
In diesem sog. Kernschatten liegen u.a. die Städte Saarbrücken, Karlsruhe, Stuttgart, Augsburg

und München. Nur wenige vom Wetter begünstigte Beobachter können das seltene Naturphänomen (Abb. oben: Die Bildung des sog. Diamant-Rings über Bulgarien) in voller Pracht bestaunen. Außerhalb des Kernschattens ist nur eine leichte Verdunkelung wahrnehmbar. Auch führen gelegentlich Regenschauer und ein wolkenverhangener Himmel zu enttäuschten Erwartungen (Abb. unten: Peruanische Nonnen – im französischen Wallfahrtsort Lourdes – freuen sich, als der Himmel urplötzlich aufreisst).
Schon Tage im voraus meldeten Optiker den Ausverkauf von Schutzbrillen, allein die Ankündigung von limitierten Nachlieferungen führte zu Gedränge und Tumulten in den Geschäften. Auf den Autobahnen Richtung Süden kommt es am Vormittag zu einem Verkehrs-Chaos mit kilometer-

langen Staus. U.a. Stuttgart erlebt einen Massenandrang. Allerdings bleibt auf dem Schlossplatz tausenden Schaulustigen ein klarer Blick auf das Naturereignis verwehrt, weil Wolken und Regen dem entgegen stehen. Im Regen stehen allerdings auch die Weltuntergangspropheten, als nach dem Ende der Sonnenfinsternis der Alltag wieder einkehrt. Sektenführer, Wahrsager und Endzeit-Astrologen hatten wahlweise den Dritten Weltkrieg oder den Weltuntergang prophezeit.

16. Juli 1999

Neues Kennedy-Drama

Ein erneuter tragischer Schicksalsschlag erschüttert die bekannteste Familie der USA und die gesamte amerikanische Öffentlichkeit: John F. Kennedy jr. (Abb. l. mit Ehefrau Carolyn), Sohn des 1963 ermordeten US-Präsidenten, stürzt in der Nacht vor der Küste von Massachusetts mit seiner Privatmaschine ins Meer. Mit ihm an Bord waren und ebenfalls tot geborgen werden einige Tage später seine Frau Carolyn und deren Schwester Lauren. John F. Kennedy jr., erfolgreicher Herausgeber des Magazins »George«, hatte seinen Pilotenschein erst seit einem Jahr und hätte bei den schwierigen Wetterverhältnissen nach Ansicht erfahrener Piloten nicht starten dürfen.
John F. Kennedy jr. rührte als Dreijähriger die ganze Welt, als er am Grab seines ermordeten Vaters salutierte. Seine besondere Tragik bezieht der Unglücksfall daraus, dass John F. Kennedy jr. im Begriff war, in die Rolle des Familienoberhauptes hineinzuwachsen. Erneut verweisen die Illustrierten auf den vermeintlichen »Fluch der Kennedys«.

23. Juli 1999

Marokkos Monarch tot

Nach 38 Jahren Regentschaft stirbt König Hassan II. von Marokko (s. Abb.) in der Hauptstadt Rabat.

Unmittelbar nach seinem Tod wird sein ältester Sohn, Kronprinz Sidi Mohammed, als König vereidigt.
Hassan II. regierte sein Land mit eiserner Hand und absolutistischer Machtfülle. Er duldete keine Opposition, verletzte die Menschenrechte und setzte seinen Machtanspruch – u.a. im Kampf gegen die Befreiungsbewegung Polisario in der Westsahara – unerbittlich durch. Im Verlauf seiner Regentschaft überlebte Hassan II. etliche Attentate. Seinem Land bescherte der Autokrat, der von seinen 29 Mio. Untertanen wie ein Gott verehrt wurde, jedoch Stabilität. Zudem praktizierte Hassan II. eine stille Diplomatie, mit der er im Sinne der arabisch-israelischen Aussöhnung wirkte. Nach dem Tod von König Hussein von Jordanien im Februar dieses Jahres muss der Nahost-Friedensprozess den Verlust eines weiteren wichtigen Vermittlers hinnehmen.
Auf den Schultern des 35-jährigen Königs Mohammed VI. ruhen nunmehr die Hoffnungen auf eine Demokratisierung des nordafrikanischen Staates. Nach dem Tod der Integrationsfigur Hassan werden auch Befürchtungen laut, dass – wie im Nachbarstaat Algerien – nun auch in Marokko radikale islamische Kräfte an Einfluss gewinnen.

August 1999

1	So	Zum Abschluss der Schwimm-Europameisterschaften in Istanbul schwimmt die Hamburgerin Sandra Völker über 50 m Rücken in 28,71 sec Weltrekord.
2	Mo	Bei einem der schwersten Zugunglücke in der Geschichte Indiens prallen bei Gaisal zwei Züge aufeinander. Rd. 500 Menschen kommen ums Leben.
3	Di	China setzt seine Truppen vor Taiwan in höchste Alarmbereitschaft und droht, die nach völliger Unabhängigkeit strebende Insel anzugreifen.
4	Mi	Die britische Königinmutter Elizabeth feiert ihren 99. Geburtstag. Hunderttausende jubeln »Queen Mum« auf den Londoner Straßen zu.
5	Do	18 Tage nach der Geburt des ersten Kindes bringt eine Frau im italienischen Perugia ein zweites Kind zur Welt. Die Geschwister sind Zwillinge.
6	Fr	Die deutsche Telekom übernimmt für umgerechnet 19,6 Mrd. DM einen der führenden britischen Mobilfunkbetreiber, das Unternehmen »One2One«.
7	Sa	Ein Unwetter in Südwestfrankreich fordert fünf Menschenleben. In den Urlaubsregionen müssen zahlreiche Zeltplätze evakuiert werden.
8	So	Russische Truppen beginnen mit einer Offensive gegen moslemische Rebellen in der nach Unabhängigkeit strebenden Kaukasus-Republik Dagestan.
9	Mo	Der russische Präsident Boris Jelzin entlässt Premier Sergej Stepaschin. Es handelt sich um die vierte Entlassung eines Ministerpräsidenten in 17 Monaten.
10	Di	Indien schießt einen Aufklärungsjet Pakistans ab, der sich angeblich über indischem Territorium befunden hat. Alle 16 Insassen der Maschine sterben.
11	Mi	Ein Tornado rast durch Salt Lake City (US-Bundesstaat Utah). Ein Mensch stirbt, über 100 Personen werden verletzt. → Sonne
12	Do	Bauarbeiter entdecken in Bochum eine Zehn-Zentner-Bombe aus dem Zweiten Weltkrieg. 50 000 Menschen müssen evakuiert werden.
13	Fr	Steffi Graf, die erfolgreichste deutsche Tennisspielerin aller Zeiten, erklärt auf einer Pressekonferenz ihren sofortigen Rücktritt vom Tennissport. → Bubis
14	Sa	Schwedens Kronprinzessin Viktoria und der dänische Thronfolger Frederik weihen die Öresund-Brücke ein, die erste Straßenverbindung zwischen den Staaten.
15	So	Am ersten Jahrestag des Bombenanschlags von Omagh kommt es im nordirischen Londonderry und in Belfast zu schweren Unruhen.
16	Mo	Nach seiner Nominierung durch Präsident Boris Jelzin wählt die russische Duma Wladimir Putin zum neuen Ministerpräsidenten des Landes.
17	Di	Einen Tag nach dem Attentat auf einen Geistlichen liefern sich radikale Palästinenser und die israelische Armee im Südlibanon schwere Kämpfe. → Beben
18	Mi	Die 34-fache Medaillengewinnerin Merlene Ottey sagt ihre Teilnahme an der Leichtathletik-WM in Sevilla ab, weil sie unter Dopingverdacht steht.
19	Do	Die Polizei verhaftet in Greifswald den seit acht Monaten flüchtigen Mörder Dieter Zurwehme. +++ In Deutschland startet der Star-Wars-Film »Episode I«.
20	Fr	Das größte Solardach der Welt geht in Herne in Betrieb. Das Dach einer Fortbildungsakademie sammelt auf einer Fläche von 10 000 m^2 Sonnenenergie.
21	Sa	Belgische Zeitungen berichten, dass eine Frau in Ost-Flandern ihr 20. Kind zur Welt gebracht hat und ihre Familie damit zur größten des Landes geworden ist.
22	So	Der Dortmunder Hammerwerfer Karsten Kobs gewinnt bei der Leichtathletik-Weltmeisterschaft in Sevilla die erste Goldmedaille für das deutsche Team.
23	Mo	Ephraim Kishon, israelischer Satiriker, feiert seinen 75. Geburtstag. Die Gesamtauflage seiner Bücher beträgt 41 Mio. Exemplare in 36 Sprachen.
24	Di	Im Ärmelkanal stoßen das Kreuzfahrtschiff »Norwegian Dream« und der Frachter »Ever Decent« zusammen. 20 Passagiere werden verletzt.
25	Mi	Die Polizei sprengt einen Drogenring im Ruhrgebiet. Gegen 70 tatverdächtige Drogenhändler werden Ermittlungsverfahren eingeleitet.
26	Do	Der US-Athlet Michael Johnson läuft bei den Leichtathletikmeisterschaften in Sevilla die schnellste Stadionrunde des Jahrhunderts: 400 m in 43,18 sec.
27	Fr	Das türkische Parlament verabschiedet eine Amnestie für kurdische PKK-Rebellen. Diese gilt jedoch nur für nicht an Kämpfen beteiligte Rebellen. → Jelzin
28	Sa	In ganz Deutschland – vor allem aber in Frankfurt am Main und Weimar – finden Feierlichkeiten zum 250. Geburtstag Johann Wolfgang von Goethes statt.
29	So	Am Schlusstag der Leichtathletik-Weltmeisterschaften in Sevilla holt die deutsche 4x400 m-Staffel der Damen die Bronzemedaille.
30	Mo	In Frankfurt am Main wird Bundesbankpräsident Hans Tietmeyer verabschiedet. Seine Nachfolge tritt Ernst Welteke an.
31	Di	Im Nordwesten der Türkei ereignet sich ein Nachbeben der Stärke 5,2. +++ Ein Bombenanschlag in einem Moskauer Kaufhaus fordert über 40 Verletzte.

31. Dezember 1999

Die Welt feiert den Jahrtausendwechsel

Das größte Fest der Welt und des Jahrhunderts steht vor der Tür. Rund um die Erde laufen die letzten Vorbereitungen für die Millennium-Feier. In Champagnerlaune rein ins Getümmel heißt die Devise. Viele werden auf der Jagd nach dem ultimativen Millennium-Kick sogar zu Weltenbummlern: Ab zu den Shows und Revuen der Glücksspielstadt Las Vegas, zur Samba-Strandparty an die Copacabana, zum Trommel-Festival nach Kapstadt oder zum Feuerwerk nach Hongkong. Auf der Jagd nach dem außergewöhnlichsten Event stehen des Weiteren Dschungelparties, Wildnistouren oder die Fahrt mit einem Luxusschiff über die Datumsgrenze – so kann zweimal Silvester gefeiert werden – zur Auswahl. Insbesondere die Metropolen sind rund um die Welt mit großem Ehrgeiz dabei, die bombastischste Party zum Jahrtausendwechsel auszurichten:

New York: Die bei Millenniumsreisenden weltweit beliebteste Stadt wartet mit einer Mega-Party am Times Square auf. Hier an der Kreuzung Broadway und 6th Avenue beginnen die Feiern bereits am frühen Morgen des 31. Dezember. Sechs riesige Videotafeln übertragen die Silvester-Feiern aus allen Zeitzonen. Den Reigen eröffnet um sieben Uhr morgens die Millennium-Feier von den Fidschi-Inseln. Weitere Stationen sind z. B. die Chinesische Mauer und der Eiffelturm. 250 Mio. Zuschauer rund um die Welt werden dieses Ereignis an den Fernseh-Bildschirmen verfolgen, am Times Square selbst wird am Abend mit mehr als einer Million Menschen gerechnet. Wer es gerne etwas ruhiger und exklusiver haben möchte, kann sich das Treiben für 4400 DM aus der 107. Etage des World Trade Center ansehen oder in der Met für 5400 DM »Die Fledermaus« von Johann Strauß mit anschließendem Dinner genießen.

London: Die britische Metropole am Nullmeridian, die sich selbst zur »Millennium City of the World« erklärt hat, präsentiert im »Millennium Dome«, einem 80 000 Quadratmeter großen Zelt, eine Show mit großartigen Lichteffekten. Die »Millennium Parade«, an der Musikkapellen aus aller Welt teilnehmen, ist als farbenprächtiges Straßenspektakel geplant. Im Greenwich Park findet eine riesige Open-Air-Feier statt, die in alle Erdteile übertragen wird. Das mit 135 Metern größte Riesenrad der Welt dreht sich nahe der County Hall an der Themse. Nirgendwo besser als von dort aus kann das größte Feuerwerk der Stadt am Alexandra Palace genossen werden. Eine Umdrehung des gigantischen Rades dauert 30 Minuten. Ab 1. Januar finden dann im »Dome« unter Mitwirkung von 200 Schauspielern täglich drei Vorstellungen zum Thema »Geschichte der Menschheit« statt.

Paris: Auch die elegante Stadt an der Seine zeigt sich gerüstet für die Millenniumsparty und geizt nicht mit Superlativen. Ein Laserstrahl auf dem Arc de Triomphe ragt in den Himmel und bewegt sich für den Mitternachts-Countdown wie ein Uhrzeiger. Punkt zwölf Uhr werden dann auf den Champs-Elysées 24 illuminierte Riesenräder angestrahlt, die sich – Uhrwerke symbolisierend – zu drehen beginnen. Und es wird noch verrückter: Der Eiffelturm legt um Mitternacht ein erleuchtetes »Ei«, aus dem sich eine Videowand schält. Diese überträgt Silvesterfeiern aus anderen Ländern. Selbstverständlich findet auch hier die »größte Straßenparty der Welt« statt. Dazu leuchten in der Seine 2000 bunte Plastikfische.

Berlin: Die deutsche Hauptstadt, laut weltweiten Online-Umfragen nach New York und Sydney drittgrößter Anziehungspunkt von Millennium-Touristen, verspricht ein Jahrhundert-Feuerwerk am Brandenburger Tor. Von drei verschiedenen Plätzen aus werden die Raketen gezündet. An der Siegessäule und in der Straße des 17. Juni findet ein »Young Generation Dance« statt. In der Friedrichstraße werden die »Goldenen Zwanziger« wiederbelebt, eine Huldigung an die Blütezeit der

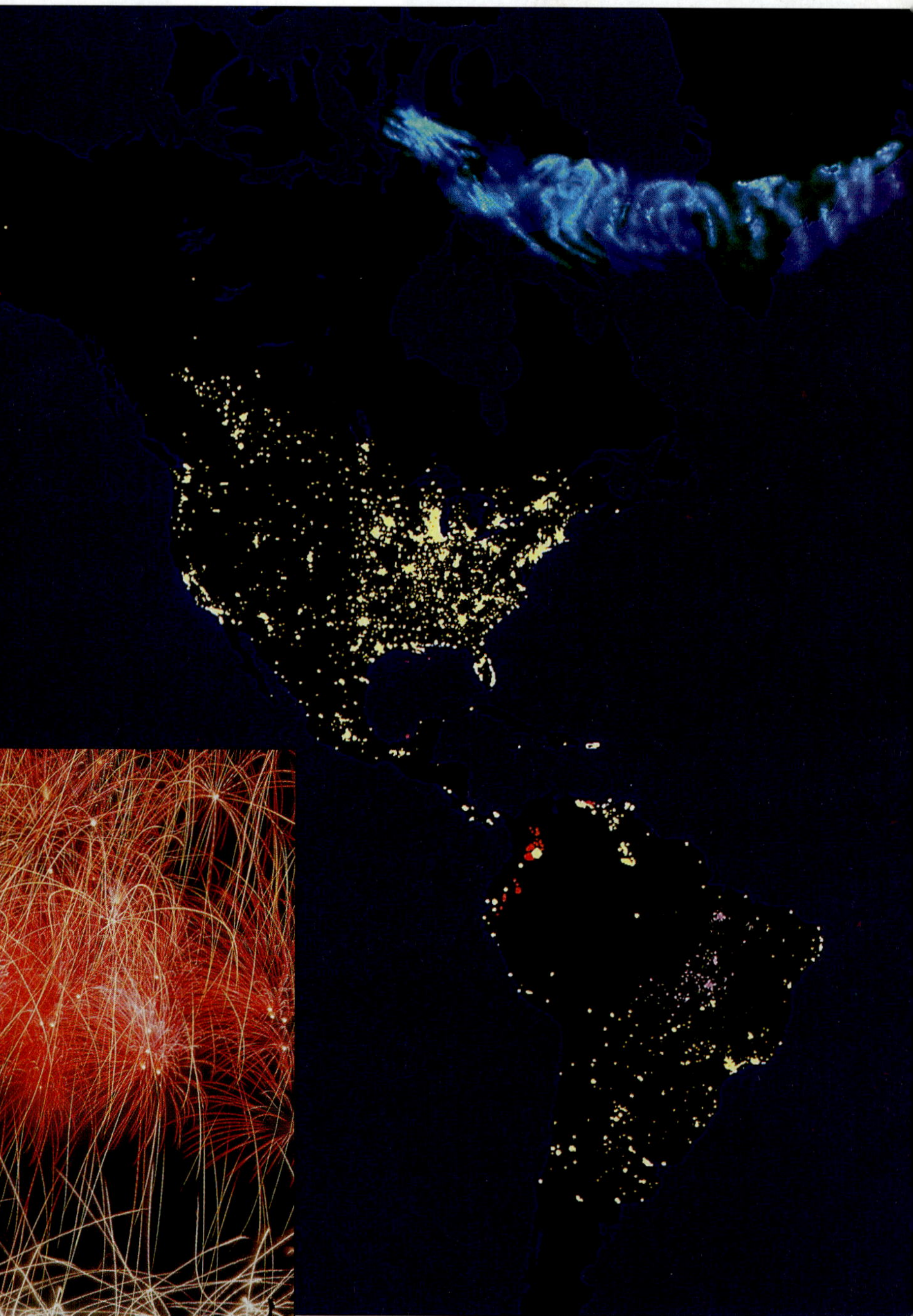

Die Welt bei Nacht: Große Städte und Ballungsräume der Kontinente erstrahlen in gelbem Licht, die gewaltigen Ölproduktionsanlagen in Rot und riesige Waldbrände in Lila. Die Fischfangflotten vor Japan sind in grüner Färbung sichtbar. Das Polarlicht legt sich wie ein blauer Schleier über den arktischen Bereich (Satellitenaufnahme aus dem Weltraum).

Stadt während der Weimarer Republik. 1999 Gäste aus Politik, Showbusiness, Sport und Kultur drängeln sich auf der Gala am Reichstag, deren Erlös wohltätigen Zwecken zugeführt wird.

Erster Sonnenstrahl 2000: Betuchte Touristen, die vom Millennium-Fieber besonders heftig infiziert sind, wollen es sich nicht nehmen lassen, vor allen anderen Sterblichen einen Blick auf den ersten Sonnenstrahl des neuen Jahrtausends zu werfen. Ein fast kurios anmutender Wettstreit entzündete sich an der Frage, an welchem Ort denn nun zuerst das neue Jahrtausend heraufdämmert. Gleich vier Aspiranten im Pazifischen Ozean – Fidschi, Neuseeland, Tonga und Kiribati – befinden sich im Rennen. Allesamt sind es Anrainer des 180. Breitengrades, an dem sich die im Zickzackkurs verlaufende Datumsgrenze zumeist orientiert und der darüber hinaus neben der Antarkis nur noch ein Stück von Sibirien schneidet.

Für Fidschi spricht, dass der 180. Breitengrad drei der 360 Fidschi-Inseln durchläuft. Tonga hingegen führt die größere Nähe zur tatsächlichen Datumsgrenze ins Feld. Der Atoll-Staat Kiribati hat 1995 die Datumslinie eigenmächtig nach Osten verschoben, um das sich über drei Zeitzonen erstreckende Land in einem Tag zu vereinen. Damit kommt Kiribatis östlichste Insel, das unbewohnte Caroline Island, ins Spiel. Vorsorglich hat die Regierung die Insel in Millennium Island umtaufen lassen. Gut im Rennen liegen auch die zu Neuseeland gehörenden Chatham-Inseln, denen das Königlich Britische Observatorium in Greenwich bereits wegen ihrer Nähe zur Datumsgrenze und ihrer südlichen Lage den ersten Sonnenaufgang zugestand. Auf Pitt Island, der östlichsten der Chatham-Inseln, erwarben clevere Geschäftsleute einen ganzen Berg, um noch früher einen Blick auf die Morgenröte zu erhaschen und diesen via TV zu vermarkten. Die Konkurrenz kontert mit einem Heißluftballon. Egal wie dieser unsinnig anmutende Wettstreit ausgeht, die ersten Millenniumsgrüße wurden bereits um Mitternacht ausgetauscht. Sie mögen – überall auf unserer Erde – lauten: Die Menschheit wünscht sich ein Jahrtausend des Friedens!

Register

Erfasst sind die wichtigsten Ereignisse, Begriffe (auch Abkürzungen) und handelnden Personen sämtlicher Artikel ausschließlich der Tageseinträge. Die *kursiv* erscheinenden Seitenzahlen verweisen auf eine Abbildung, die **halbfett** gesetzten auf eine Kurzbiografie.

A

B

D

E

F

G

H

L

M

N

Q

R

S

T

U

V

Bildnachweis

action press, Hamburg: 1175 o.; **ADAC:** 52 u.r., 108 o.; **AEG:** 56 u.; **Aisa, Barcelona:** 847 r.M., 892 u., 963 o.l.; **Archiv für Kunst und Geschichte, Berlin:** 8 o., 8 u.r., 9 M., 10 o., 10 u.l., 11 o., 17 M., 48 u.r., 81 o., 85 u.r, 93 o., 116 M., 118 u., 136 o.r., 156 u.l., 163 u., 267 o.r., 257 Nr. 11, 270 u., 273 o.l., 275 u., 323 u., 326 o., 365 u.l., 383, 427 o., 504 Nr. 3, 507 o., 505 Nr. 9, 528, 529 o.l., 532 o., 533 o., 537 M., 539 o., 545 u., 552 u., 563 o.l., 609 u., 625 M., u., 627 o.r., 631 l., 628 Nr. 2, Nr. 5, 645 r.o., 629 Nr. 8, Nr. 13, 650 r., 655 o., 699 r.u., 752 Nr. 5, 778 u., 753 Nr. 7, Nr. 8, Nr. 12, 812 o., 866 u., 877 Nr. 5, Nr. 8, Nr. 10, 912 r.o., 1001 Nr. 10, 1237 l.o.; **Allg. Verwaltungsarchiv, Wien:** 416 u.; **amnesty international, Bonn:** 975 u.; **Archiv der Sozialen Demokratie, Bonn:** 677 r.M., 840 u.; **Archive Photos, New York:** 855 r.o.; **Arcor:** 1224 M.l.; **Associated Press GmbH, Frankfurt:** 570 l.u., 672 l.u., 788 u.l., 812 u.l., 841 o.r., 885 o.r., 935 u., 953 u.r., 967 u., 1003 o., 1031 u., 1048 u.r., 1067 u., 1077 u., 1086 r.o., 1093 u., 1107 o., 1115 u.l., 1129 l., 1131 o., 1149 l., 1154 u.l., 1161 u., 1168 r.u., 1171 (2), 1177 u., 1183 o., 1194 u., 1203 o., u.r., 1204 u.l., 1210 r.u., 1214 o., 1215 u.r., 1216 u.l., 1221 u.l., 1223 u., 1224 m.r., 1226 l., 1228 u., 1234 o.l., u., 1235 u., 1238 u.; **Audi AG:** 848 r.o.; **BASF AG:** 70 u.; **Bauhaus-Archiv, Berlin:** 247 u.l., 303 u.r.; **Pressefoto Baumann, Ludwigsburg:** 1010 u.; **Bayreuther Festspiele, Bayreuth:** 651 o.; **Bettmann-Corbis, New York:** 13 o., 17 o., 19 M., 24 o., 26 o., 32 o., 33 o., 34 o.l., 39, 40 M., 41 u., 44 o., 47 u., 48 u.l., 54 u.l., 55 l., 58 u.l., u.r., 59 u., 72 o., 77 r., 79 o., 80 u.r., 82 u., 83 o.r., u., 84, 86 o., 87 o., 90 u., 97 o., 104 o., u., 107 o.r., 114 u.r., 115 o., u.r., 118 o.r., 119 o., 121 o., 122 o., u., 124 o., 126 u., 131 o., 135 o., 132 Nr. 5, 137 u., 144 u., 146 o., 153 (3), 152 o., 155, 133 Nr. 8, Nr. 11, Nr. 15, 170 o.r., 172, 173 u.r., 176 u., 177 o., 178 o., 179 o., 181 M., u., 182 o., 183, 188 o., 191 (3), 190 o.l., 194 u., 198 (3), 197 o., 211 o., 217, 218 u.l., 219 o., 222 u.l., u.r., 223 o.l., u., 225 o., 226 u.r., 231 o.l., r.M., 232 o.l., 233 o., 239 u.l., 240 o., 246 o., 259 (2), 258 l., 260 r.o., u.l., 261 o., 273 o.r., 281 o.r., 284 l.u., 257 Nr. 6, Nr. 7, Nr. 8, Nr. 10, 291, 294 l., 295 r., 298 r.u., 301 o.r., 309 u., 310 u.l., 312 l.u., 320 o., 327 u.r., 328 u.l., u.r., 329 u., 330 u.r., 333 o., 334, 335 o., 339 (3), 342 (2), 343, 345 u.r., 349 o., 351 o., 354 o., u.l., 355 u., 357 u., 359 o., 363 r.u., 364 o., 365 o., 367 o., 372 r.o., 373 o.r., 382 u., 390 o., 392 u.r., 394 u., 397 u., 381 Nr. 8, Nr. 9, 404 o.r., 418 r.o., 425 o., 428 u.l., 432 l., 449 r.M., 452 l.u., 453 u., 454 l.u., 456 l.u., r.o., 461 M.l., r.u., 463 o., 470 o., 481 l.o., 488 r.o., 489 o., 491 u.r., 494 o., u., 495 r.u., 503 o., 504 Nr. 2 505 Nr. 10, 517 o., 523 u., 530 r.u., 533 u.l, u.r., 536 u.l., 537 u., 540 r.M., 541 o., 542 o., 551 u., 560 o., 568 r.M.o., 574 u., 597 u., 608 l., 614 l.M., 628 Nr. 4, 637 o.l., o.r., 640 u.r., 647 o., 662 l.o., 669 r.u., 670 o., 674 r.o., 680 o., 692 l.o., 694 u.r., 695 u., 701 r.M., l.u., 709 l.u., 710 r.o., 725 u., 730 u.l., 741 o.l., 750 o., 754 l., 752 Nr. 3, 758 M., 767 u., 771 r., 787 o.r., 789 u.l., 789 u., 794 u.r., 797 u.r., 798 o., 804 o., 807 o., 809 o., 818 l., 820 u.l., 824 r., 827 l., 830 u., 831 u., 839 o., 853 o., 855 l.u., 864 u.r., 871 o.r., 874 o., 877 Nr. 4, 885 u.l., 892 o.r., 894 u.l., u.r., 898 o., 900 o.r., 909 o., 919 o., 925 o., 936 (3), 951 u., 955 o., 955 u.r., 970 o., 982 o., 988 o., 990 r., 994 M., 994 u., 995 u., 1002 l., 1005 o., 1001 Nr. 5, 1007 u., 1010 o., 1014 o., 1038 l., 1048 u.l., 1062 o., 1069, 1080 u., 1083 l., 1086 o.l., 1086 r.u., 1089 u., 1094 r.u., 1106 o.l., 1118 r., 1132 u.r., 1140 u., 1141 o., 1145 o., 1150 u., 1157 o.l., 1159 o., 1160, 1164 M., u., 1170 l., 1181 o.l., 1181 u., 1187 r. - **AFP:** 1000 Nr. 2, 1014 u., 1023 o.r., 1060 o., 1086 u.l., 1125 Nr. 5, 1138 u., 1190, 1197 o., 1206 l.u., 1218 M. - **Reuters:** 309 o.l., 373 o.l., 598 u.r., 925 u., 943 u.r., 981 u.r., 986 u., 1000 Nr. 1, 1002 r., 1001 Nr. 7, 1030 l., 1036 o., 1066 r., 1068 o.r., 1071 r.u., 1072 o.r., 1074 u.r., 1076 l., 1079 o., 1081 o., 1082 o., 1090 u., 1092, 1101 u., 1102 u., 1106 o.r., 1110 o.l., 1111 u., 1112, 1116 u., 1117 o., 1119 u.r., 1128 u., 1129 r., 1134 (2), 1139 u., 1140 M., 1141 u., 1142 l.o., r.u., 1143, 1144 u., 1150 o., 1153 l.M., 1155 u., 1156 o., 1164 o., 1165 u.r., 1168 r.o., 1176 o., u.l., 1177 o., M., 1180 o., 1186 o. - **Springer:** 199 o.l., 353 u., 359 u., 363 r.o., 495 r.M., 542 M., 653 l.o., r.o., 659 r.u., 690 u., 703 u., 744 lu., 758 o., 806 o.l., 967 r.o. - **UPI:** 18 M., 18 u., 21 o., 25 o., 35 o., 60 u.r., 67 u.l., 75, 88 u., 95 o., 103 o., M., 114 o., 123 u.r., 125 o., 142 u., 159 o., 163 o., 173 o.l., 175 u., 186 o., 213 o.l., o.r., 215 o., 226 o., 229 u., 235 o., 244 o.r., 248, 249 o., 266 o.l., l.u., 267 u., 269 (2), 286 o.r., 287 o., 288 u., 289 M., 293 r.o., 305 u.r., 307 M., 315 o.r., 321 o., 332 u.l., 336 (2), 337 o., 344 r., 349 M., 351 M., 357 o., 360 M., 366 u.l., 368 l.o., l.u., 372 l.u., 377 o.l., o.r., 386 o., 391 o., 381 Nr. 4, Nr. 7, 392 u.l., 395 u., 400 o., 410 r., 411 o.l., 412 r.u., 417 u., 419 o., 421 o., 422 o., 424 o., 428 o.r., 431 u., 434 u., 441 u., 442, 444 u.l., 445 r.u., 446 u.r., 450 r.o., 451 o., 456 r.u., 460 r.o., 461 M.r., 462 M., 463 u., 465 r.o., 466 o.l., o.r., u.l., 468 l.o., r.o., 473 o., 475 u., 477 u.r., 478 l.u., 479 u., 482 o., 483 o., 484 u.r., 486 u.r., 488 u.l., 489 u., 490 l.o., l.u., 491 M., 492 o.r., 493 o., 495 o.l., 499 (2), 500 u., 501 r., 506 r., 507 u., 511 u., 512 o., 514 (2), 513 o.r., 516 o., 519 o., 522 r.M., 524 u ., 505 Nr. 6, Nr. 8, Nr. 11, 531 o., 536 o., 537 o., 544 o., 547 o., 550 r., 555 o., 560 M., u., 561 o., u.l., 565 o.r., 568 r.u., 569 o., 571 o.l., o.r., 575 (2), 579 o., 582 (2), 581 u., 584 r, 585 o., 586 o.l., 587 o.l., 587 u.l., 590 o., 592 o., 593 l.o., l.u., 597 o., 598 r.M., u.l., 602 o., 608 o., 609 o., 610 o., 611 r.u., 612 M., 615, 618 o., 620 o., 621 o., 624 u.l., 630 l., 628 Nr. 3, 634 o., 635 l.o, l.u., 637 u.r., 641 u., 646 l.o., 650 l.o., 629 Nr. 7, Nr. 9, Nr. 11, 663 l.o., 664 u.r., 666 r.o., 668 u., 670 u., 671 l.o., 672 r.o., 673 o., 675 o., 676 l., 685 o.l., o.r., u.l., 686 u., 688 u., 691 u., 694 l.M., l.u., 695 o., M., 696 o., 697 r.u., 699 r.o., 700 l.u., 701 r.u., 704 u., 705 u.r., 706 o.l., 707 M., u., 709 o.r., 712 r.o., 713 u.l., 718 o., 719 o., 722 r.o., 724 o., u., 727 o., 732 (2), 731 o., 737 o., 738 M., 740 o., M., 743 u., 745, 747 u.l., 748, 749 r.M., r.u., 755 (2), 757 r.o., 752 Nr. 2, Nr. 4, 760 u.l., 762 o., u., 763, 764 u., 765 o.l., 767 o.l., o.r., 768 o., 770 M., u., 771 o.l., 778 o., 786 u., 797 u.l., 800 u., 802 u., 803 M., 805 M., 809 u.l., u.r., 811 u.l., 813 M., 816 u., 820 o., 822 u., 824 l., 829 u., 833 o., 835 (2), 834 M., 836 M., 838 o., 841 u.l., u.r., 845 (2), 846 r.u., 847 r.o., 848 l., 849 u., 850 u., 851 u., 852 o., 855 l.o., 856 u., 858 o., 859 M., 861 (2), 860 u.r., 862 o., 863 r.o., 864 o.l., 867 l.u., 872 u., 873 o., 876 Nr. 3, 881 u., 882 u., 883 o., 884 u., 877 Nr. 9, 888 l.u., 891 (2), 894 o.l., o.r., 902 u., 903 o.r., 904 o., 906 l., 908 r.o., 910 o., 910 M., 913 o., 915 u.r., 916 u., 917 u., 918, 919 u.r., 924 o.r., 929 o., 933 M., 935 o., 942 o.l., 942 u., 943 u.l., 944 o., 947 u.r., 951 o., 956 o., 958 o.l., u.l., 961 o., 962 u., 967 l.o., 968 r.o., 970 u., 971 o.l., u.l., 972 u., 973 l., 974 r.o., 979 o., 981 l., 984 (2), 983 u.r., 985 o., 989 o.l., o.r., 991 o., 993 o.l., 999 u.r., 1004 u., 1006 o., 1008 u., 1009 u.r., 1012 u., 1016 (2), 1020 u.l., u.r., 1023 o.l., 1045 u., 1049 u., 1055 u., 1060 u., 1061 r.u., 1070 o.r., 1104 u., 1108 o., 1114 o., 1115 o., 1154 u.r., 1157 o.r.; **Giuliano Bevilacqua, Alicante:** 1034 o.l.; **Bildarchiv Preußischer Kulturbesitz, Berlin:** 134 u.r., 348 o., 505 Nr. 7, 525 o.; **Blaupunkt Werke GmbH:** 1034 u.; **Bongarts, Hamburg:** 1046 o.r., 1047 u., 1094 r.o., 1108 M., 1109 l. 1118 l., 1133 u., 1147 u.l., 1153 u., 1159 u., 1162 u., 1167 r.M., r.u., 1170 r.u., 1188 l., 1196 o., 1201 o.l., 1205 u., 1227 u.; **Borgward Clubarchiv, Berlin:** 776 o.; **Botschaft des Königsreichs Saudi-Arabien:** 332 u.r.; **Botschaft des Staates Israel:** 779 o.l.; **Britische Botschaft:** 1022; **Neill Bruce, Newbury:** 366 u.r.; **Bundesarchiv, Koblenz:** 44 u., 504 Nr. 4, 659 l.o., 677 o.l., 702 r.o., 892 o.l., 896 M., 915 o., 954 u., 979 u.; **Bundesbildstelle, Bonn:** 6 o.r., 612 o., 624 o., 975 o., 1043 r.M., 1085 u.r., 1236 u.; **Bundeskriminalamt, Wiesbaden:** 1132 o.; **Burda GmbH, Offenburg:** 867 r.o.; **Carlsen Verlag, Reinbek:** 903 o.l.; **Chronos Film GmbH:** 563 l.u.; **Cinetext, Frankfurt:** 345 o., 365 u.r., 369 o., 386 u., 498 u.l., u.r., 543 l., 620 u., 631 r.o., 744 l.o., 753 Nr. 10, Nr. 13, 780 u., 802 o., 851 o., 879 u., 877 Nr. 6, 913 u., 931 o.l., 951 M., 1001 Nr. 8, 1025 u., 1078 u., 1102 o., 1119 o.r., 1130 o., 1125 Nr. 6, Nr. 10, 1142 l.u., 1168 l., 1191 o.l., 1222 o., M.; **Circus Roncalli:** 957 u.; **Claasen, Hermann, Köln:** 596 u.r., 617 u.; **Corbis UK, London:** 942 o.r.; **J. H. Darchinger, Bonn:** 1137 u., 1139 o.l., 1233 M.; **Das Fotoarchiv, Essen:** 1013 o., 1041 l.o., 1046 l.u., 1065 o., 1075 u.; **Deutsche Airbus GmbH, Hamburg:** 912 r.u.; **Deutsche Bahn, Frankfurt:** 901 u., 1024 u.; **Deutsche Bank AG, Frankfurt:** 1235 o.r.; **Deutsche Bundesbank, Frankfurt:** 723; **Deutsche Fotothek, Dresden:** 151 o., M., 568 l.; **Deutsche Messe AG, Hannover:** 599 u.; **Deutscher Sportbund, Frankfurt:** 883 u.; **Deutsches Museum, München:** 406 u.; **Deutsches Historisches Museum, Berlin** 629 Nr. 12; **Deutsches Museum, München:** 31 o., 393 o., 491 u.l.; **Deutsches Plakat Museum, Essen:** 12; **Deutsches Postmuseum, Frankfurt:** 121 u.; **documenta-Archiv, Kassel** 698 u., 969 o.; **Dornier GmbH, Friedrichshafen:** 392 r.o.; **dpa, Frankfurt:** 6 o.l., 374 o., 504 Nr. 1, 591 l.u., 617 o., 623 u., 628 Nr. 1, 629 nr. 14, 664 o., 668 o., 672 r.u., 682 u., 716 r.u., 717 u., 734 r.u., 738 u., 746 u., 747 o.l., 754 r.o., 756 o., 761 r.o., r.u., 766 u., 769 u., 771 u.l., 772 u., 773 l., 777 o., 777 u., 779 l.u., 789 M.r., 792, 793 u., 795 o., 796 o., u., 797 o., 798 u., 810 u., 821, 826 u., 829 o.l., 834 o., 836 o., 837 u.r., 844 r.o., 846 o.l., 852 u., 855 r.u., 856 o., 859 o., 862 u.,

X, Y

Z

863 r.u., 868 u.r., 872 o., 878 u., 881 o., 883 M., 884 o., 890 r., 901 o., 903 u., 906 r., 907 o., 908 r.M., r.u., 912 l.o., 922 o., 926 u., 931 o.r., 932 u., 933 o., 939 o., 941 l., 944 M., 948 o., 953 u.l., 958 u.r., 960 l., 963 r.u., 964 r.u., 966 o., 972 o., 976 u.r., 980 o.l., o.r., 983 r.o., 983 u.l., 987 u.r., 990 l., 996 u.l., 997, 998 u., 1003 u., 1007 o., 1008 o., 1009 o., 1015 o., 1017 u., 1018 o., 1027 u., 1028 o., 1033 l.o., l.M., 1034 o.r., 1035 u., 1039 l., 1040 u., 1041 r., 1042 o., 1043 r.o., r.u., 1050 l., 1051, 1052 o., 1059 u., 1061 l.u., 1065 u., 1068 r.u., 1070 o.l., 1073 o., u.l., 1074 o., 1079 u., 1085 u.l., 1087 (2), 1088 u., 1091 (2), 1090 o., 1093 o.l., o.r., 1095, 1098, 1099 u., 1101 o., 1105 u.l., 1109 r.u., 1110 u.l., 1111 o., 1113 l.u., 1114 r.u., 1117 M., u., 1121 o., 1126 (2), 1124 Nr. 1, 1128 o., 1132 u.l., 1133 o., 1125 Nr. 9, 1135 o.l., 1135 u.r., 1136, 1138 o., 1145 u., 1149 r., 1152, 1156 u., 1157 u., 1158 l., 1162 o., 1166 u., 1167 r.o., 1167 l.u., 1169 (2), 1182 o., 1184 M., 1187 l., 1198 l.u., 1200 o., 1202 o., 1204 u.r., 1205 o., 1206 l.o., 1207 o., 1207 u., 1208 u., 1210 l., o.r., 1211, 1215 u.l., 1216 M., 1219 u., 1221 o., 1223 o., 1232 u., 1233 o., 1237 u.r., 1238 o.l., o.r., 1240 u., 1241 o., 1241 u.r., 1243 o.l., u.l., 6459 r.o.; **Eastfoto, New York:** 832 o.l.; **Editura Enciclopedica, Bukarest:** 1123 u.; **Emma:** 965 r.o.; **Klaus Eschen, Berlin:** 398 u.l.; **Europäische Kommission:** 992 u.; **Evang. Pressedienst, Frankfurt:** 436 u.l.; **Fagus-GreCon GmbH:** 135 u.r.; **Fischer Verlag GmbH, Frankfurt:** 33 u.r.; **Focus, Hamburg:** 1244 o., 1245 o.; **Ford-Werke AG:** 55 r.; **Rainer Gaertner, Wiehl:** 335 M.l.; **Archiv Gerstenberg, Wietze:** 66 o., 190 o.r., 243 M., 272 u., 318 r.u., 396 o.l., 437 o.r., 553 l., 556 r.u.; **Giraudon, Paris:** 154 u.r.; **Goetheanum, Dornach:** 45 o.; **Greenpeace, Hamburg/Keziere:** 902 o.; **Gerhard Gronefeld, München:** 558 o.; **Grünes Gedächtnis, Bornheim-Widdig:** 1004 o.; **Hapag-Lloyd AG:** 374 l.M.; **Fotoagentur Hecht, München:** 889 u.; **James Heffernan:** 837 o.; **Horst Hille, Leipzig:** 57 o.r.; **Hipp-Foto, Berlin:** 1096 u.; **Historisches Archiv der Stadt Köln:** 300 o., 622 o.l.; **Franklin Hollander, Hamburg:** 976 o.; **Horstmüller, Düsseldorf:** 714 o., 764 M.l., 799 o., 807 u., 853 u.r., 857 l., 865 r.u., 909 u., 945 o., 956 u., 977 o., 993 o.r., 1033 l.u., 1066 l., 1114 l.u.; **Hulton Getty Picture Library, London:** 56 o., 583 u.l., 624 u.r., 662 r.o., 671 l.M., 681 o.l., 729 u., 733 l.o., 787 o.l., 844 l., 848 r.u., 920 u., 1063 r.u., 1093 M., 1179 l.; **IFA-Bilderteam, München:** 954 o.; **IG Bergbau und Energie:** 629 Nr. 10; **IG Metall:** 1058 l.; **Interfoto, München:** 116 o., 245 u., 256 Nr. 1, Nr. 2, 257 Nr. 13, 380 Nr. 2, 788 u.r., 1096 o.; **Jürgens Ost + Europa-Photo, Berlin:** 628 Nr. 6, 879 o., 971 u.r., 996 u.r., 1000 Nr. 3, 1029 o., 1035 o., 1038 r., 1039 r., 1044 u., 1053 l., 1088 o., 1089 o., 1104 o., 1121 u.r., 1146 M.; **Archiv Karkosch, Gilching:** 284 r., 330 u.l., 529 o.r., 549 l.u., 631 r.u., 853 u.l., 1042 u.; **Keystone, Hamburg:** 371 u.r., 376 o., 406 o., 448 M., 450 l.o., 453 o., 496 r.M., 517 r.u., 525 u., 526 o., 540 u.l., u.r., 545 o., 546 u.r., 548 u., 549 l.o., 550 l., 557 u., 570 l.o., 583 r.o., 585 u.l., 587 l.M., 606 u.r., 611 r.M., 621 u., 627 o.l., 646 r.u., 654 o., M., 669 r.o., 675 u., 681 o.r., r.u., 683 l.u., 708 u., 715 o., 728 o., 739 o., 739 u.r., 741 o.r., 744 u.r., 754 r.u., 757 l.o., r.u., 758 u., 759, 760 o., 761 l.u., 753 Nr. 9, 781 o.l., u.l., 782 o.r., u.r., 784, 785 u.l., u.r., 786 o., 788 o., 790 u.r., 791 o., 793 o., 794 o., 795 u., 799 u., 803 o., u., 806 l.u., 808 u., 811 o., 812 u.r., 814 M., 823 o., 825 u., 836 u., 843(2), 842 o.l., 842 u.r., 850 o., 854 (2), 856 M., 858 u., 864 o.r., 871 u., 873 u., 874 u., 875 u., 885 o.l., 888 r.o., r.u., 910 u., 912 l.M., 919 u.l., 920 o., 924 u., 928 o., 929 u., 930 l., 932 o., 938 (2), 939 u.l., 941 r., 948 u., 962 o., 964 l.o., 965 r.u., 968 r.u., 973 r. (3), 978 o.l., 995 o., 1028 u., 1029 u.l., 1037 u.r., 1054 (3), 1080 o., 1084, 1094 l., 1151, 1161 o.l., 1165 u.l., 1173 o., 1221 u.r., 1234 o.r.; **Barbara Klemm, Frankfurt:** 1048 r.o.; **KNA, Frankfurt:** 826 o., 859 u., 939 u.r., 1015 u.; **Kobal Collection, London:** 423 r.o., 659 r.M.; **Köln Messe:** 720 M., u.; **Kom(m)ödchen Düsseldorf:** 595 r.u.; **Ekkehard Kroll, Bonn:** 693 u.; **Krupp GmbH, Essen:** 151 u., 235 u.l., 538 o.r.; **Landesbildstelle Berlin:** 256 Nr. 4; **Langen Müller Herbig, München:** 7; **Langewiesche, Königstein:** 415 o.r.; **Wolfgang Lauter, München:** 1018 u.l.; **Robert Lebeck, Hamburg:** 140 o.; **Reinhard Lintelmann, Espelkamp:** 519 u., 671 r.u.; **Look, Hamburg:** 1146 u.; **Maggi GmbH, Frankfurt:** 132 Nr. 3; **Marine Presse- u. Informationszentrum, Wilhelmshaven:** 734 r.o.; **Martini, Rainer, Landsberg** 933 u., 934, 1047 o.; **MBB, Bremen:** 896 u.; **Mercedes Benz Classic-Archiv:** 131 u.; **MobliCom GmbH:** 1224 u.r.; **Maria Mühlberger, München:** 904 u.; **Musée de Prehistoire, Les Eyzies-de-Tayac:** 33 u.l.; **Musée Olympique, Lausanne** 462 r.o.; **Museum of London:** 28 o.; **NASA Johnson Space Center, Houston** 863 l., 870 u., 1052 u., 1125 Nr. 8; **National Museum of Finnland, Helsinki:** 65 o.; **Markus Naumann, Köln:** 1130 u.; **NDR, Hamburg:** 648 r.o.; 689 r.u.; **Nestlé Chocoladen GmbH:** 133 Nr. 17; **Hans-Otto Neubauer, Hamburg:** 318 r.o.; **Newark's Western Americana and Historical Pictures, Bath:** 204 o.r.; **Nordbild, Hamburg:** 832 u.; **O.TEL.O:** 1225 u.l.; **Bildarchiv Okapia KG, Frankfurt:** 1030 r.; **Österr. Nationalbibliothek, Wien:** 8 l.M., 42 u., 72 M., 91 l., 132 Nr. 2, 148 o.r., 187, 381 Nr. 10, 413 u.; **Österr. Gesellschaft für Zeitgeschichte/Steininger:** 588 o.; **Österr. Institut für Zeitgeschichte, Wien/Hilscher:** 432 r; **Otto Dix Stiftung, Vaduz:** 325 o.; **Paramount Films:** 742 l.u.; **Bildarchiv Paturi, Rodenbach:** 27 o.l., 747 u.r.; **Pharmacia & Upjohn, Erlangen:** 1026 o.l.; **Picture Press, Hamburg:** 506 l., 804 u., 814 u., 817 u., 875 o., 899 u., 898 u.; **Bildarchiv Piekalkiewicz, Rösrath:** 559 o.; **Paul Popper Ltd., London:** 62 o., 769 o., 837 u.l., 869, 992 o.; **Wolf P. Prange, Porz:** 963 r.o.; **Preussag AG:** 742 o.r.; **Prins Archief, Gravenhage:** 238 u.; **Public Address, Hamburg:** 1135 u.l.; **Quelle:** 352 u.; **Hans Rauchensteiner, München:** 1059 o.; **Redferns Music picture library, London:** 1105 u.r.; **Ingrid Reuter, Dortmund:** 457 u.; **Reuters AG, Frankfurt:** 1124 Nr. 3; **RIAS, Berlin:** 588 u.l.; **A. Richter, München:** 601 o.; **Roger Viollet, Paris:** 251 o., 302 u., 384 r.o.; **Werner Rogge, Lünen:** 801 o.; **Rolls-Royce & Bentley Motor Cars, Crewe:** 893 u.r.; **Klaus Rose, Iserlohn:** 923 u.; **Rowohlt Verlag, Reinbek:** 636 o.l., o.r.; **Ruhrgas AG:** 880 o.; **Schauspielhaus Zürich:** 590 u.; **Schiller Nationalmuseum, Marbach:** 351 u., 376 u.l., u.r., 455 o., 603 u.; **Schirner Sportfoto, Berlin:** 54 u.r., 133 Nr. 13, 335 u., 390 u., 662 l.u., r.u., 686 o., 760 u.r., 764 o.l., 764 mr., 805 u.; **Manfred Scholz, Essen:** 922 u.; **Traute Schürmann-Baetzel, Haver:** 15 u.; **Irmgard Senoner, Vico Morcote:** 865 r.o.; **Jürgen Siegmann, Bielefeld:** 1158 r.; **Silvestris, Kastl:** 331 u.l.; **Sipa Press, Paris:** 684 o., 752 Nr. 6, 753 Nr. 11, 857 r.u., 867 r.u., 876 Nr. 2, 880 u., 887 r., 888 l.o., 895 o., 900 o.l., 927 r., 930 r., 931 u., 937 o.l., 949 u., 952 u.l., 957 o.r., 974 r.u., 982 u., 985 u.l., 987 o., 1006 M., 1001 Nr. 6, 1011, 1012 o., 1017 M., 1021 o., 1025 o.l., 1026 u., 1027 o., 1031 o., M., 1041 l.u., 1044 o., 1046 o.l., 1050 r.o., 1056 o., 1063 l.u., 1064 o., 1068 o.l., 1073 u.r., 1080 M., 1085 o., 1106 l.u., 1113 l.o., 1116 o., 1119 l., 1121 u.l., 1122 o., 1124 Nr. 2, 1127 o., 1125 Nr. 4, 1146 o., 1147 r.o., 1153 o., 1163 u., 1166 o., 1170 r.o., 1172 (2), 1174 (3), 1175 u., 1176 u.r., 1178, 1179 r.o., r.u., 1182 u., 1183 u.l., u.r., 1185 (2), 1184 u., 1186 u., 1189 (2), 1188 r., 1191 o.r., u.l., u.r., 1194 M., 1195 u., 1197 u., 1201 o.r., 1203 u.l., 1208 o., 1209 l., o.r., 1213 o., 1214 u., 1217 (3), 1215 o., 1216 o., 1216 u.r., 1218 u.l., u.r., 1220 (2), 1219 l.o., l.M., r.o., 1222 u., 1225 o.l., u.r., 1226 r., 1229 (3), 1231 (3), 1230 u., 1232 o., 1233 u., 1235 o.l., 1236 o., 1239 u., 1207 M. - **Abbas:** 844 r.u., 924 o.l. - **Acikalin:** 1071 o.r. - **Adenis:** 1180 u., 1192 o. - **Alfred:** 1099 o., M., 1123 o., 1201 u.r. - **Apesteguy:** 959 o., M. - **Barthelemy:** 1026 o.r. - **Billon:** 887 l. - **Boccon-Gibod:** 900 r.u., 985 u.r., 1036 u., 1097 u. - **Bocxe:** 1161 o.r. - **Borrel:** 949 o. - **Calcinci:** 1110 u.r. - **Cham:** 1227 M. - **Chamussy:** 1193 o., 1225 o.r. - **Chesnot:** 978 o.r. - **Chronicle:** 1072 u. - **Cook:** 1224 o. - **Delage:** 1001 Nr. 4 - **Desprez:** 1070 u.r. - **Drose:** 1228 o. - **East News:** 1078 o., 1147 o.l. - **EFE:** 1017 o. - **El Tiempo:** 1074 u.l. - **Facelly:** 1227 o. - **Faud:** 1033 r.u. - **Frazier:** 1062 u. - **Frilet:** 980 u. - **Greenpeace:** 1193 u. - **Gromik:** 1125 Nr. 7, 1206 r. - **Haley:** 1063 r.o., 1122 M., u., 1230 o. - **Hernandez:** 989 u.r. - **Herve:** 1153 r.M. - **Hoffmann:** 1078 M. - **Hounsfield:** 1218 o. - **Hussein:** 1082 u. - **Joachim:** 1049 o. - **Jobard:** 1184 o. - **Johnstons:** 1202 u. - **La Penna:** 684 u., 1113 r. - **Lafaille:** 1006 u. - **Laski:** 1102 M., 1131 u., 1139 o.r. - **Lauron:** 1198 r. - **Laytner:** 1200 u. - **Leroy:** 1110 o.r. - **Levine:** 1204 l.o. - **Ludwig:** 1056 u., 1105 o. - **Machado:** 912 l.u. - **Macierzynski:** 1199 - **Manzer:** 1192 u. - **Middleton:** 1018 u.r. - **Mingam:** 893 o., 969 r.u., 1212 - **Minor:** 1115 u.r. - **Mordzinski:** 1148 o. - **Morvan:** 1032 o., u. - **NASA:** 1023 u. - **Nate Koden:** 987 u.l. - **Nauzer:** 1181 o.r. - **Obermann:** 1025 o.r. - **Orth:** 969 u.l. - **Oxley** 998 o., 1173 u.l. - **Ozturk:** 1103 u. - **Peters:** 1154 o. - **Post:** 1108 u. - **Schaefer:** 1127 u. - **Schneider:** 1194 o. - **Schultz:** 1109 r.o. - **Setboun:** 999 o.r., 1005 M., 1140 o. - **Shone:** 1195 o. - **Sichov:** 1075 o., 1131 M. - **Sisson:** 1076 r. - **Snozzi:** 960 r. - **Sobol:** 1005 u. - **Steiber:** 978 u. - **Stevens:** 1081 u. - **Strong:** 1163 o. - **Stumpf:** 964 r.o. - **Torregano:** 1107 u. - **Trioli:** 1148 u. - **Trippet:** 1147 r.u., 968 l.o., 1198 l.o. - **Valtat:**

907 u. - **Wheeler:** 877 Nr. 7, 943 o., 946 o., 953 o. - **Witt:** 1021 M. - **Zeta:** 1061 r.o.; **Staatsarchiv Hamburg:** 622 o.r.; **Städt. Karl-Ernst-Osthaus-Museum, Hagen:** 43 u.; **Stadtarchiv Duisburg:** 508 o.; **Stadtarchiv München:** 622 o.M.; **Stadtarchiv Nürnberg:** 452 r.o.; **Stadtarchiv Wuppertal:** 27 M.; **Karl Stehle, München:** 9 u.M.l., 9 o.r., 9 r.M.u., 10 u.r., 13 u., 125 u.r., 133 Nr. 7, Nr. 12, Nr. 16, 256 Nr. 5, 257 Nr. 9, 380 Nr. 3, 630 r.; **Liselotte Strelow, Hamburg:** 916 o.; **Studio X, Limours:** 986 o., 1024 o., 1043 l.u., 1067 o., 1103 o., 1135 o.r., 1237 l.M., l.u., 1239 o., 1240 o., M., 1241 u.l., 1241, 1243 o.r., u.r., 1244 u., 1245 u.; **Süddeutscher Verlag Bilderdienst/DIZ, München:** 37 u., 49 o., 51 l., 61 u., 76 u., 89 u.l., 91 r., 113 o., 126 o.l., 134 u.l., 135 u.l. 133 Nr. 14, 184, 207, 235 u.r., 236 u., 243 o., 278 (2), 279 r.M., 320 u., 325 u., 330 o., 380 Nr. 1, 382 o., 388 u., 392 M.l., 399 o.r., 408 o.r., 414 u., 420 o., 423 r.M., 441 o., 444 u.r., 446 l.M., 448 o. 449 r.u., 458 o., 459 o.l., 459 r.u., 462 u., 464 u., 468 l.u., 475 o., 485 u., 486 l.M., 491 o., 536 u.r., 538 o.l., 539 u., 549 r.u., 551 o., 552 o., 569 u., 573 u., 584 u.l., 635 r.u., 649, 660, 673 u., 683 o.l., 691 o., 710 l., 733 r.u., 749 o.l., u.l., 751 o., 765 o.r., 780 o., 813 u., 832 o.r., 840 o., 842 o.r., 866 o., 878 o., 885 u.r., 914 u., 917 o., 937 u., 940 o., 944 u., 952 o., 955 u.l., 957 o.l., 961 u., 964 l.u., 977 u., 981 o.r., 996 o.l., o.r., 1037 u.l., 1045 o., 1057 o., 1173 u.r.; **Erika Sulzer-Kleinemeier, Gleisweiler:** 849 o.; **Sven Simon, Essen:** 911, 952 u.r., 1053 r., 1058 r., 1083 r., 1100 u., 1120, 1071 o.l.; **Talkline GmbH:** 1224 u.l.; **The Historical Press, Stockholm:** 57 o.l.; **Theater der Zeit, Berlin:** 993 u.; **Theatermuseum der Universität zu Köln:** 396 o.r.; **TXT, Lünen:** 463 M., 1137 o.; **Ullstein Bilderdienst, Berlin:** 132 Nr. 1, 134 o., 133 Nr. 6, Nr. 9, 203, 257 Nr. 12, 175 o.; **Anita Umminger, Neureichenau:** 66 u.; **Volkswagen Werk AG:** 485 o.; 976 u.l.; **Manfred Vollmer, Essen:** 926 o.,988 u ., 1013 M., u., 1064 u., 1072 o.l., 1100 o., 1165 o.; **Wallraff-Richartz-Museum, Köln/Rhein. Bildarchiv:** 76 M.; **Peter Wassen, Gütersloh:** 965 l.u.; **WDR, Köln:** 876 Nr. 1, 1021 u.; **Wolfgang Weide, Habichtswald:** 740 u.; **Jörg Weigelt, Hannover:** 447 u.l.; **Gustav Weißkopf Flughistorische Fluggemeinschaft, Leutershausen:** 31 M.; **Weltwoche, Zürich:** 893 u.l.; **Werek, Düsseldorf:** 860 u.l., 1057 u.; **Westfalenhallen, Dortmund:** 657 r.o.; **Dr. Christian Zentner, München:** 503 u., 538 u.l.; **Zydowski Instytut Historyczny, Warschau:** 510 r.u.

Die übrigen hier nicht aufgeführten Abbildungen stammen aus dem Archiv Bertelsmann Lexikon Verlag, Gütersloh.

Trotz größter Sorgfalt konnten die Urheber des Bildmaterials nicht in allen Fällen ermittelt werden. Es wird gegebenenfalls um Mitteilung gebeten.

1900 1901 1902 1903 1904
1910 1911 1912 1913 1914
1920 1921 1922 1923 1924
1930 1931 1932 1933 1934
1940 1941 1942 1943 1944
1950 1951 1952 1953 1954
1960 1961 1962 1963 1964
1970 1971 1972 1973 1974
1980 1981 1982 1983 1984
1990 1991 1992 1993 1994